Guía para consultar este dicc~

Categorías semánticas separadas por números arábigos.	**plástico,-a** I *adj* plasti~ *(disco)* record.	
Marcas registradas.	**plastilina®** *nf* Plasticine®.	..ade marks.
Traducción en inglés americano.	**platea** *nf Cin Teat* stalls *pl, L* ~ ..uoor.	American English translation.
Homógrafos indicados mediante números volados.	**regata**[1] *nf Agr* irrigation channel. **regata**[2] *nf Náut* regatta, boat race.	Homographs indicated by superscript numbers.
Siglas y abreviaturas como entradas.	**S.A. 1** *abr de* **Sociedad Anónima,** Limited, Ltd, PLC, plc. **2** *abr de* **Su Alteza,** His *o* Her Highness, H.H.	Acronyms and abbreviations as entries.
Etiqueta de nivel de lenguaje. Indicación de nombres invariables.	**sacamuelas** *nmf inv fam* dentist; *fig* **hablar más que un s.,** to be a chatterbox. **sacapuntas** *nm inv* pencil sharpener.	Register labels. Invariable nouns.
Numeración de verbos irregulares según la tabla de verbos que figura en el apéndice. Elementos alternativos separados por *o*.	**sacrificar** [1] I *vtr* **1** *(ofrecer en sacrificio)* to sacrifice. **2** *(matar reses)* to slaughter. **II sacrificarse** *vr* to make a sacrifice *o* sacrifices; **s. por algn/algo,** to sacrifice oneself for sb/sth.	Reference to irregular verb model in appendix. Alternative elements separated by *o*.
Categorías gramaticales separadas por números romanos.	**salino,-a** I *adj* saline. **II** *nf* **1** *Min* salt mine. **2** *(instalación)* saltworks *sing*.	Grammatical categories separated by Roman numerals.
Ortografía americana de traducción inglesa.	**salitre** *nm Quím* saltpetre, *US* saltpeter.	American English spelling of translation.
Categoría gramatical de la entrada. Verbos reflexivos.	**satisfacer** [85] *(pp satisfecho)* I *vtr* **1** *(deseos, necesidades)* to satisfy. **2** *(cumplir)* to meet, satisfy. **3** *(deuda)* to pay. **II satisfacerse** *vr* to be satisfied, satisfy oneself.	Grammatical category of headword. Reflexive verbs.
Adverbios de manera como subentradas. En los nombres, indicación del género. Abreviaturas indicando tecnicismos y campos semánticos. Palabra de entrada representada por letra inicial seguida de punto.	**significativo,-a** *adj (relevante)* significant; *(expresivo, con sentido)* meaningful; **un gesto s.,** a meaningful gesture. ◆**significativamente** *adv (con relevancia)* significantly; *(expresivamente, con sentido)* meaningfully. **signo** *nm* **1** *(gen)* sign; **cantar es s. de alegría,** singing is a (sure) sign of happiness. **2** *Astrol* sign; **s. del zodiaco,** zodiac sign. **3** *Ling* mark. ■ **s. de admiración,** exclamation mark; **s. de interrogación,** question mark. **4** *Mat* sign; **s. de sumar,** plus sign; **s. positivo,** positive sign. **5** *lit (destino)* fate, destiny.	Adverbs of manner as subheadwords. Gender of noun entry. Field labels show which specialized area the word belongs to. Initial letter followed by full point represents headword in phrases.
Preposiciones que acompañan a la palabra de entrada en una determinada traducción.	**solidarizar** [4] I *vtr (unir)* to unite. **II solidarizarse** *vr* to show one's solidarity *(con,* with); **s. con,** *(apoyar)* to support; *(unirse a)* to join.	Prepositional complementation of verb.
Americanismos especificando a qué país corresponden.	**sorpresivo,-a** *adj Am* unexpected, surprising. **suba** *nf Arg Urug Com* rise.	Words used in Latin America or in specific Latin American countries.

HARRAP'S
CONCISE
SPANISH
AND ENGLISH
DICTIONARY

HARRAP'S
CONCISE
SPANISH
AND ENGLISH
DICTIONARY

English-Spanish/Spanish-English
in one volume

HARRAP
London

Distributed in the United States by
PRENTICE HALL
New York

First published in Great Britain in 1991
by Harrap Books Ltd
Chelsea House, 26 Market Square
Bromley, Kent BR1 1NA

ISBN 0 245-54197-7

ISBN 0-13-377615-8 (United States)

Typeset by Grijelmo, Bilbao, and
Tecfa, Barcelona.
Printed and bound in France by
Partenaires S.A., Malesherbes

Contents

Contents

Preface

Produced jointly by Harrap and VOX, the new *Harrap's Concise Spanish and English Dictionary* combines the lexicographic and editorial expertise of the two publishing houses.

It is a general-purpose dictionary aimed at a wide range of both English and Spanish speakers; those who are just starting to learn the other language and need help with the basics; those who already possess some knowledge of it and want to improve their command of its vocabulary and grammar, and those who have reached a certain level of proficiency and need to express themselves accurately and fluently in the spoken and written word.

This is an entirely new dictionary, the first modern English-Spanish bilingual to adopt the latest Spanish alphabetical order in which the digraphs Ch and Ll cease to be considered separate letters and, as its name implies, one which manages to compress a wealth of information into a relatively small space: over 115,000 references are given, complete with examples of usage, common expressions, collocations and idioms. Every effort has been made to give users as much guidance as possible on the most frequently encountered items and potentially problematic areas. The headword list is completely up to date and the range is very wide indeed with comprehensive coverage of many fields and of the different registers, including slang.

A major feature of this dictionary is its systematic use of signposting to guide users and enable them to locate the translation they require quickly, accurately and with a minimum of effort. Where two or more non-synonymous translations are given these are distinguished by field labels such as *Zool*, *Culin* or *Ftb*, or by bracketed indicators. As an additional aid to consultation, these are in English on the English-Spanish side and in Spanish on the Spanish-English side.

The majority of translations are also supported by abundant illustrative phrases and examples of usage to enable users not only to translate a given word correctly, but also to apply it in context. Numerous set expressions and collocations are also given so that users will learn to express themselves more naturally and fluently in the foreign language. Furthermore, North American English and Central and South American Spanish receive ample treatment in order to assist users with the understanding and translation of words and expressions used throughout the English-and Spanish-speaking worlds.

Grammatical information is given at relevant dictionary entries on such points as irregular parts of verbs, irregular noun plurals, prepositional complementation of verbs, and spelling changes. There is also a summary of grammar for each of the two languages which will prove extremely useful to the learner, and on the Spanish side an exhaustive new verb classification system which provides models for every type of irregular verb. Reference numbers for such verbs are given at the headword entry so that their irregularity may be seen at a glance.

Phonetic transcriptions based on the International Phonetic Alphabet are given for all English headwords. The symbols for English sounds are explained in Spanish and exemplified in the pronunciation section of the English Grammar. In the Spanish Grammar there is a section on Spanish pronunciation, with examples and explanations in English.

We are confident that learners and users will find this an eminently practical and easy-to-use reference work which will become an indispensable tool for all tasks involving the two languages.

ENGLISH - SPANISH

Abbreviations used in this dictionary

abbr	abbreviation	*esp*	especially
adj	adjective	*etc*	etcetera
adj phrase	adjective phrase	*euph*	euphemism
Admin	administration	*exclam*	exclamatory
adv	adverb	*f*	feminine
adv phrase	adverbial phrase	*fam*	familiar, colloquial
Agr	agriculture	*Fenc*	fencing
also	also	*fig*	figurative use
Am	Latin America in general	*Fin*	finance
Anat	anatomy	*Fishing*	fishing
approx	approximately	*fml*	formal use
arch	archaic	*fpl*	feminine plural
Archeol	archaeology	*Ftb*	football
Archit	architecture	*Furn*	furniture
Art	art	*fut*	future
art	article	*GB*	British, Great Britain
Astrol	astrology	*gen*	general
Astron	astronomy	*Geog*	geography
Astronaut	space travel	*Geol*	geology
Athlet	athletics	*Geom*	geometry
Austral	Australia	*ger*	gerund
Aut	motoring, road traffic	*Golf*	golf
aux	auxiliary	*Gymn*	gymnastics
Av	aviation	*Hairdr*	hairdressing
Baseb	baseball	*Herald*	heraldry
Bill	billiards	*Hist*	history
Biol	biology	*Hond*	Honduras
Bot	botany	*Hortic*	horticulture
Bowling	bowling	*hum*	humorous
Box	boxing	*Hunt*	hunting
Bridge	bridge	*imperat*	imperative
CAm	Central America	*impers*	impersonal
Canada	Canada	*Ind*	industry
Cards	cards	*indef*	indefinite
Carib	Caribbean	*indic*	indicative
Carp	carpentry	*infin*	infinitive
Cat	Catalonia	*Ins*	insurance
Chem	chemistry	*interj*	interjection
Chess	chess	*interr*	interrogative
Chi	Chile	*inv*	invariable
Cin	cinema, films	*Ir*	Ireland
C of E	Church of England	*iron*	ironic
Com	commerce	*irreg*	irregular
comp	comparative	*Jur*	law, legal
Comput	computers, data processing	*Knit*	knitting
cond	conditional	*Ling*	linguistics
conj	conjunction	*Lit*	literature
Constr	building industry	*lit*	literary
Crick	cricket	*m*	masculine
Culin	cookery	*Math*	mathematics
Cycl	cycling, bicycles	*Med*	medicine
def	definite	*Metal*	metallurgy
defect	defective	*Meteor*	meteorology, weather
dem	demonstrative	*Mil*	military
Dent	dentistry	*Min*	mining, mineralogy
dimin	diminutive	*Mount*	mountaineering
Draughts	draughts	*mpl*	masculine plural
Ecol	ecology	*Mus*	music
Econ	economics	*Myth*	mythology
Educ	education	*n*	noun
ºg	for example	*Naut*	navigation, naval
Elec	electricity	*neg*	negative
Ent	entomology	*neut*	neuter
Equit	horse riding	*Numis*	coin collecting, coins

offens	offensive	*sb*	somebody, someone
Opt	optics	*Sch*	school
Orn	ornithology	*Scot*	Scotland
Parl	Parliament	*see*	see
pass	passive voice	*Sew*	sewing
pej	pejorative	*sing*	singular
pers	personal	*Ski*	skiing
Petrol	petroleum industry	*sl*	slang
Pharm	pharmacy	*Span*	Spanish, Spain
Philat	philately	*Sport*	sport
Philos	philosophy	*sth*	something
Phot	photography	*subj*	subjunctive
phr	phrase	*suff*	suffix
Phys	physics	*superl*	superlative
Physiol	physiology	*Swimming*	swimming
pl	plural	*Tech*	technical
Pol	politics	*Tel*	telephones
poss	possessive	*Telec*	telecommunications
pp	past participle	*Ten*	tennis
pref	prefix	*Tex*	textiles
prep	preposition	*Theat*	theatre
pres	present	*TV*	television
pres p	present participle	*Typ*	typography
Press	press	*Univ*	university
Print	printing	*US*	United States
pron	pronoun	*usu*	usually
prov	proverb	*v*	verb
Psych	psychology, psychiatry	*v aux*	auxiliary verb
pt	past tense	*v impers*	impersonal verb
®	registered trademark	*Vet*	veterinary medicine
Rad	radio	*vi*	intransitive verb
Rail	railways	*vr*	reflexive verb
RC	Roman Catholic Church	*vtr*	transitive verb
Rel	religion	*vulg*	vulgar
rel	relative	*W*	Wales
Rugby	rugby	*Wrest*	wrestling
SAm	South America	*Zool*	zoology

Resumen de gramática inglesa

1. Fonética

En este diccionario la transcripción fonética de las palabras inglesas se basa en el sistema de la Asociación Fonética Internacional (AFI) con algunas modificaciones. Cada entrada viene seguida de su correspondiente transcripción fonética entre corchetes ([ ]). El acento primario se indica mediante un ' delante de la sílaba acentuada.

1.1. Las consonantes

[p]	-	pen [pen], capital ['kæpɪtəl], rip [rɪp].
[b]	-	bill [bɪl], rubber ['rʌbəʳ], rib [rɪb].
[t]	-	tent [tent], writer ['raɪtəʳ], writ [rɪt].
[d]	-	desk [desk], rider ['raɪdəʳ], rid [rɪd].
[k]	-	car [kɑ:ʳ], baker ['beɪkəʳ], lock [lɒk].
[g]	-	goal [gəʊl], bigger ['bɪgəʳ], dog [dɒg].
[tʃ]	-	church [tʃɜ:tʃ], teacher ['ti:tʃəʳ], watch [wɒtʃ].
[dʒ]	-	jam [dʒæm], suggest [sə'dʒest], age [eɪdʒ].
[f]	-	fish [fɪʃ], offer ['ɒfəʳ], roof [ru:f].
[v]	-	voice [vɔɪs], ever ['evəʳ], have [hæv].
[θ]	-	throw [θrəʊ], method ['meθəd], earth [ɜ:θ].
[ð]	-	then [ðen], mother ['mʌðəʳ], with [wɪð].
[s]	-	sat [sæt], pencil ['pensəl], ice [aɪs].
[z]	-	zero ['zɪərəʊ], easy ['i:zɪ], is [ɪz].
[ʃ]	-	shoe [ʃu:], machine [mə'ʃi:n], wash [wɒʃ].
[ʒ]	-	gigolo ['ʒɪgələʊ], measure ['meʒəʳ], prestige [pre'sti:ʒ].
[h]	-	how [haʊ], hat [hæt], behind [bɪ'haɪnd].
[m]	-	milk [mɪlk], lemon ['lemən], game [geɪm].
[n]	-	name [neɪm], dinner ['dɪnəʳ], gone [gɒn].
[ŋ]	-	finger ['fɪŋgəʳ], think [θɪŋk], sing [sɪŋ].
[l]	-	light [laɪt], ugly ['ʌglɪ], will [wɪl].
[r]	-	read [ri:d], very ['verɪ].
[j]	-	yoghurt ['jɒgət], university [ju:nɪ'vɜ:sɪtɪ], huge [hju:dʒ].
[w]	-	watch [wɒtʃ], squash [skwɒʃ], language ['læŋgwɪdʒ].
[x]	-	loch [lɒx].
[ʳ]	-	se llama 'linking r' y se encuentra únicamente a final de palabra. Se pronuncia sólo cuando la palabra siguiente empieza por una vocal: mother ['mʌðəʳ].

1.2. Las vocales y los diptongos

[i:]	-	sheep [ʃi:p], be [bi:], leaf [li:f], field [fi:ld].
[ɪ]	-	ship [ʃɪp], city ['sɪtɪ], houses ['haʊzɪz], ladies ['leɪdɪz], village ['vɪlɪdʒ].
[e]	-	bed [bed], head [hed], many ['menɪ], bury ['berɪ], friend [frend].
[æ]	-	cat [kæt], hand [hænd], plait [plæt].
[ɑ:]	-	father ['fɑ:ðəʳ], car [kɑ:ʳ], heart [hɑ:t], clerk [klɑ:k], calm [kɑ:m], aunt [ɑ:nt].
[ɒ]	-	dog [dɒg], was [wɒz], cough [kɒf], because [bɪ'kɒz].
[ɔ:]	-	horse [hɔ:s], saw [sɔ:], bought [bɔ:t], cause [kɔ:z], all [ɔ:l], oar [ɔ:ʳ], floor [flɔ:ʳ].
[ʊ]	-	foot [fʊt], full [fʊl], woman ['wʊmən], could [kʊd].
[u:]	-	food [fu:d], do [du:], group [gru:p], rude [ru:d], blue [blu:], shoe [ʃu:], chew [tʃu:].
[ʌ]	-	cup [kʌp], son [sʌn], young [jʌŋ], flood [flʌd], does [dʌz].
[ɜ:]	-	bird [bɜ:d], her [hɜ:ʳ], earth [ɜ:θ], turn [tɜ:n], word [wɜ:d], journey ['dʒɜ:nɪ].
[ə]	-	doctor ['dɒktəʳ], colour ['kʌləʳ], about [ə'baʊt].
[ə]	-	opcional. En algunos casos se pronuncia y en otros se omite: trifle ['traɪfəl].
[eɪ]	-	table ['teɪbəl], day [deɪ], rain [reɪn], eight [eɪt], they [ðeɪ], great [greɪt].
[əʊ]	-	go [gəʊ], road [rəʊd], toe [təʊ], though [ðəʊ], know [nəʊ].
[aɪ]	-	time [taɪm], high [haɪ], height [haɪt], die [daɪ], dye [daɪ], aisle [aɪl], either ['aɪðəʳ].
[aʊ]	-	house [haʊs], cow [kaʊ].
[ɔɪ]	-	boy [bɔɪ], boil [bɔɪl].
[ɪə]	-	ear [ɪəʳ], here [hɪəʳ], deer [dɪəʳ], idea [aɪ'dɪə], museum [mju:'zɪəm], weird [wɪəd], fierce [fɪəs].
[eə]	-	care [keəʳ], air [eəʳ], bear [beəʳ].
[ʊə]	-	sure [ʃʊəʳ], during ['djʊərɪŋ], tourist ['tʊərɪst].

2. Acento

En este apartado analizaremos de manera resumida las diferencias más importantes entre los sistemas de acentuación del inglés y del español. La correcta utilización del acento y el ritmo, especialmente en inglés, es esencial para una comunicación eficaz.

2.1. Ritmo

Existen dos tipos de sílabas en inglés: la acentuada y la no acentuada. Al mismo tiempo, la persona que habla coloca un acento enfático en aquellas palabras que quiere resaltar. El español también tiene dos tipos de acento, 'fuerte' y 'suave', y acentúa, de forma similar al inglés, los componentes léxicos más importantes. No obstante, el inglés es una lengua que basa su tempo en el acento; las sílabas acentuadas de una oración llegan en intervalos regulares mientras que las no acentuadas deben ocupar, comprimiéndose, los espacios que quedan entre las acentuadas. Por ello, en los ejemplos que siguen, y dado que el intervalo entre *house* y *small*, y entre *small* y *hill* es virtualmente el mismo en cada caso, las frases tendrán una duración prácticamente idéntica.

Utilizaremos el símbolo * para indicar el ritmo en cada lengua.

		*		*		*
a)	the	**house**	on the	**hill** is		**small**
b)	the	**house**	over the	**hill** is not		**small**

Por otro lado, en español, lengua cuyo ritmo se basa en las sílabas, el intervalo de tiempo entre sílabas, independientemente de si están o no acentuadas, es casi el mismo. En los siguientes ejemplos se aprecia que se tardará más en decir b) que a) y c) que b), ya que, en cada caso, se van añadiendo más sílabas:

	*	*	*	*	*	*	*	*	*	*	*
a)	la	**ca**	sa	es	pe	**que**	ña				
b)	es	ta	**ca**	sa	no	es	pe	**que**	ña		
c)	a	**que**	lla	**ca**	sa	no	es	muy pe	**que**	ña	

Los hablantes españoles no suelen percatarse de que el ritmo en inglés se basa en las sílabas acentuadas por lo que suelen otorgar el mismo tiempo tanto a las sílabas acentuadas como a las no acentuadas. Por ejemplo, la palabra *impossible* [ɪm'pɒsəbəl], tenderá a ser dividida por los castellanohablantes en sílabas proporcionales [ɪm] [pɒs] [si:] [bəl], mientras que en inglés la sílaba [sə] no está acentuada y no tiene un intervalo de tiempo equivalente. Lo mismo sucede con los anglohablantes que estudian español y que suelen producir una distinción excesiva entre el acento 'suave' y 'fuerte' del español. El tempo inglés basado en el acento puede acabar imponiéndose al tempo silábico del español.

2.2. Acento de contraste

2.2.1. Palabras

El acento se puede trasladar, en inglés, de la sílaba normalmente acentuada a otra en la misma palabra por motivos de contraste o énfasis. Esto es imposible en español. Por ejemplo, el acento habitual de la palabra *disadvantages* debe trasladarse si la palabra es comparada con *advantages* en una misma frase: *There are advantages and disadvantages*. El acento se adelanta a *dis-*, el elemento distintivo y por ello importante, para enfatizar el contraste. El español no permite este tipo de cambios: el acento en una palabra nunca puede cambiarse para adaptarse al sentido de una frase. El acento de las palabras ven**ta**jas y desven**ta**jas, por ejemplo, es inamovible.

2.2.2. Oraciones

El acento dentro de una oración puede trasladarse desde las palabras normalmente acentuadas a otras con los mismos fines de contraste y énfasis. Compare las siguientes frases:

(Acento habitual)   *It's not my **problem**, I'm afraid*

(Acento de contraste)   *It's not **my** problem, it's **your** problem*

Los vicios de los no nativos pueden aparecer cuando un español hablando en inglés no consigue comunicar el contraste por culpa de una acentuación incorrecta:

(Uso incorrecto)   *It's not my **problem**, it's your **problem***

El inglés utiliza con frecuencia un acento fuerte para contrastar una palabra concreta dentro de una oración con otra que no aparece de forma explícita pero que el interlocutor puede deducir con facilidad. Los siguientes ejemplos indican un cambio en el significado: *How do **you** go from here to the University?* (en oposición a *I, we, etc*); *How do you go from **here** to the University?* (en oposición a *my house, the centre, etc*).

De la misma forma:

a) *A Spanish **book***   *Un libro español*

   (no *a Spanish **newspaper*** o *a Spanish **magazine**, etc*)

b) *A **Spanish** book*   *Un libro de español*

   (no *a **German** book, a **French** book* o *an **English** book, etc*)

3. Ortografía

3.1. Puntuación

La puntuación del inglés difiere de la del español en los siguientes aspectos:
El inglés sólo usa signo exclamativo o interrogativo al final de la frase: *What a fantastic view!, Where is my book?*
Escribiendo en estilo directo, el inglés suele usar comillas allí donde el español usa guiones: *"We're looking forward to seeing you," Sharon said; "Go away!" he shouted.*

3.2. Mayúsculas

Se usan menos en español que en inglés. Los casos en los que el inglés usa mayúsculas y el castellano no, son los siguientes:

a) Los derivados de los nombres propios: *Jacobite, Aristotelian.*
b) Los pueblos, razas, tribus y lenguas: *English, Englishman, German.*
c) Los nombres de órdenes monásticas, confesiones y religiones: *Benedictine, Catholic, Muslim.*
d) Las palabras *Battle, Street, Square,* etc, en los nombres de batallas, calles, plazas, etc: *the Battle of Trafalgar, Leicester Square.*
e) Los días y los meses: *Tuesday, January.*
f) El pronombre sujeto de la primera persona singular: *I.*
g) En cargos importantes: *the Minister of Finance, the Foreign Secretary.*

3.3. Contracciones

Las contracciones son formas abreviadas tales como *he's, I'd, don't, where's.* Se usan en inglés familiar escrito. El apóstrofo ocupa el lugar de la letra suprimida.
Las contracciones más usadas en inglés son las siguientes: *'m* para *am; 'd* para *would* y *had; 'll* para *will* y *shall; 're* para *are; 've* para *have; 's* para *is* y *has; n't* para *not; can't* para *cannot* y *won't* para *will not.*

Observaciones
Las contracciones afirmativas no pueden usarse en palabras acentuadas, como por ejemplo a final de frase: *Can you tell me where it is?;* pero sí se pueden usar las contracciones de formas negativas: *Have you got any milk? No, I haven't.*
Con algunas contracciones de formas negativas pueden usarse dos formas diversas: *He isn't* o *He's not.*

3.4. Tabla de cambios ortográficos

Formación del Presente Simple/Formación del Plural de los Nombres

A los verbos se añade -s para he/she/it y a los nombres se añade -s para el plural.

look	-	he looks
dance	-	she dances
eat	-	it eats
sock	-	socks
table	-	tables
chair	-	chairs

A los verbos y nombres que terminan en -ch, -sh, -s, -x, -z y algunos terminados en -o se añade -es para he/she/it y para el plural de los nombres.

teach	-	he teaches
wash	-	she washes
miss	-	he misses
mix	-	she mixes
go	-	she goes
church	-	churches
bus	-	buses
box	-	boxes
potato	-	potatoes

En los verbos y los nombres que terminan en consonante + -y, ésta se transforma en -ies para he/she/it y para el plural de los nombres.

try	-	he tries
cry	-	she cries
city	-	cities
daisy	-	daisies

Formación del participio presente

Se añade -ing al infinitivo.

look	-	looking
see	-	seeing

Cuando el infinitivo termina en una sola -e, se omite esta letra en el participio presente.

smoke	-	smoking
live	-	living

pero:

dye	-	dyeing
singe	-	singeing
hoe	-	hoeing

Si la palabra acaba en -ie, el participio presente se forma con -y + -ing.

die	-	dying
lie	-	lying

Consonantes dobles

Cuando el infinitivo es de una sílaba y termina en una sola vocal escrita + consonante, esta última aparece duplicada en el participio presente.

rub	-	rubbing
stop	-	stopping

Si una palabra de dos sílabas o más termina en vocal + consonante, se suele duplicar la letra final si el acento tónico está en la última sílaba.
Esto no sucede si el acento no recae en la última sílaba.

admit [əd'mɪt]	-	admitting
refer [rɪ'fɜː^r]	-	referring
suffer ['sʌfə^r]	-	suffering
offer ['ɒfə^r]	-	offering

Observaciones: las consonantes -y, -w y -x no se duplican.

Formación del pasado simple

Se añade al infinitivo la terminación -ed, o sólo -d en caso de que el infinitivo ya termine en -e.

look	-	looked
dance	-	danced

Cuando el infinitivo termina en una o más consonantes + y ésta se transforma en -ied.

worry	-	worried
marry	-	married

Pero si termina en vocal + y sólo añade -ed.

play	-	played

Las consonantes aparecen duplicadas de la misma manera que en el participio presente (véase **Consonantes dobles**).

rub	-	rubbed
stop	-	stopped
admit	-	admitted
refer	-	referred

pero:

offer	-	offered

Formación del superlativo y del comparativo del adjetivo

Para formar el comparativo y el superlativo de palabras de una sílaba se añade -er y -est (por ejemplo: *cheap, cheaper*). Cuando este adjetivo termina en <u>una sola</u> vocal + consonante se suele duplicar la letra final.

big	-	*bigger*
		biggest
fat	-	*fatter*
		fattest

Formación del adverbio

Se añade -ly al adjetivo.

slow	-	*slowly*
careful	-	*carefully*

En caso de que el adjetivo termine en -y, ésta se transforma en -i y se añade -ly.

easy	-	*easily*
pretty	-	*prettily*

4. Morfosintaxis

4.1. Género

En inglés, a diferencia de lo que ocurre en español, los nombres, los adjetivos y los artículos no tienen ningún rasgo distintivo de género. Sólo algunos nombres tienen forma femenina: *host, hostess, prince, princess*.

Las diferencias de género sólo conciernen a los pronombres y adjetivos posesivos:

he (him, his...) hacen referencia a hombre (o animal macho)
she (her...) hacen referencia a mujer (o animal hembra).
it (its...) hacen referencia a cosas y animales en general.

Observaciones

Los barcos y los países suelen mencionarse como femeninos: *She's a wonderful ship, isn't she?; Yugoslavia mourned the loss of her leader.*

Los animales también pueden tratarse de *he* o *she* cuando son animales domésticos.

4.2. Número

4.2.1. El número

Para formar el plural:

La mayoría de nombres añaden -s: *animal, animals; chair, chairs; record, records; house, houses; office, offices.*

Los nombres que terminan en -ch, -sh, -s, -x o -z añaden -es: *watch, watches; brush, brushes; bus, buses; box, boxes.*

Los nombres que terminan en consonante + y cambian a -ies: *city, cities; country, countries; lady, ladies.*

Los que terminan en vocal + y añaden -s: *day, days; key, keys; boy, boys.*

Algunos nombres terminados en -f o -fe cambian a -ves en el plural: *wife, wives; knife, knives; life, lives.*

Los nombres que terminan en -o pueden hacer el plural añadiendo -s o añadiendo -es: *photo, photos; potato, potatoes.*

Algunos nombres cambian su vocal o vocales: *man, men; woman, women; tooth, teeth; foot, feet; mouse, mice.*

Existen nombres que no cambian en plural: *sheep, sheep; deer, deer; species, species; series, series.*

Algunos nombres tienen un plural irregular: *ox, oxen; child, children.*

Hay algunos nombres en inglés que sólo existen en el plural y, que por lo tanto, tienen que concordar con el verbo en plural, por ejemplo:

cattle (ganado) *The cattle were grazing in the field.*
people (gente) *These people are not allowed in here.*
police (policía) *The police have taken him to court.*

Otros nombres terminan en -s pero son singulares:

news (noticias) *The news is on TV.*
mathematics (matemáticas) *Mathematics is an interesting subject.*

Los detalles sobre irregularidades pueden encontrarse en las entradas pertinentes.

Hay una serie de nombres que pueden usarse en singular y en plural, éstos corresponden generalmente a nombres de grupos de personas, por ejemplo *team, committee, family*. Se utilizan en plural cuando el hablante se refiere más a los individuos que forman el grupo: *The committee are meeting on Friday morning* (los miembros del comité se reúnen el viernes por la mañana); *The team have just arrived* (los miembros del equipo acaban de llegar). Se usa en singular cuando corresponde a una unidad, a la totalidad de un conjunto: *The committee plays an important role in decision making* (el comité juega un papel importante en la toma de decisiones).

4.2.2. Indicadores de cantidad

Palabras que pueden utilizarse con sustantivos contables (para la diferencia entre contables e incontables véase el apartado 4.3.1): *all, most, a lot/many, several, a few/some/any, few, both, none.*
Palabras que pueden utilizarse con sustantivos incontables: *all, most, a lot/much, a little/some/any, little, none, most.*

Si nos referimos a un sustantivo específico se utiliza *most of* + un sustantivo o pronombre contable/incontable. Si nos referimos a un sustantivo en general, se utiliza *most* + un nombre contable/incontable: *Most of them decided to come* (*them* se refiere a un grupo específico de gente); *Most of the books have arrived* (*the books* se refiere a libros concretos); *Most people like going on holiday* (la gente en general).

all/both
Con nombres contables, se usa *all* para cantidades superiores a dos y *both* para cantidades de dos: *All of my friends came to the party; Both of my friends came to the party.*

all/everything
all necesita ir acompañado de un sustantivo cuando significa *everything* o *everybody*: *All the people came to the end-of-term dinner; Everyone/Everybody came to the end-of-term dinner; Everything is ready. Let's go!*

a lot/many/much
Se utiliza *many* con un nombre contable en plural y *much* con un nombre incontable, principalmente en preguntas y oraciones negativas. En oraciones afirmativas, negativas y preguntas y con sustantivos contables e incontables se puede utilizar *a lot/lots of: There were a lot of books on the table; How many people were there?; Did we make much noise last night?*

a little/little, a few/few
Se usa *a little* con nombres incontables y *a few* con contables. Ambos tienen el significado de *some: There's a little coffee left, who wants it?; He lived only a few miles from London.*
Little y *few* sirven para expresar una idea negativa. *Little* significa "casi nada" y *few* "un número muy pequeño". Compárese: *There's a little wine left, would you like some?* (algo de vino). *There's little chance of ever finding your wallet again* (casi ninguna); *A few people came to the party* (idea positiva: vino gente); *Few people came to the party* (idea negativa: no vino casi nadie).

none
Véase apartado 4.3.4.

4.2.3. *Some* y *any*

Como regla general, podemos decir que *some* se usa en oraciones afirmativas y algunas preguntas y *any* en preguntas y oraciones negativas: *There are some apples in the bowl; There's some wine left over; There aren't any children here; There hasn't been any rain for 2 months; Have you got any records?; Can you lend me any money?*
En preguntas e invitaciones puede usarse tanto *some* como *any*, pero existe una distinción en cuanto a la respuesta esperada: *Can you lend me some money?* (se espera respuesta afirmativa); *Can you lend me any money?* (la respuesta puede ser negativa o afirmativa); *Would you like some more tea?* (algo más cortés); *Would you like any more tea?* (menos cortés).
También puede usarse *any* en aseveraciones afirmativas cuando significa "casi todos" o "cualquiera": *Any fool can understand that; You can choose any one you want.*

Los compuestos *someone/somebody, anyone/anybody, no one/nobody, something, anything, nothing, somewhere, anywhere, nowhere* funcionan como *some* y *any*. La diferencia es que representan tanto a *some* como a *any* + nombre.
Someone/somebody, anyone/anybody, no one/nobody hacen referencia a personas. *Something, anything, nothing* se refieren a cosas. *Somewhere, anywhere, nowhere* se refieren a sitios; *Someone called you this morning but she didn't give her name; I haven't got anything to say; My book must be somewhere in this room, because I left it on the table.*

4.3. Partes de la oración

4.3.1. El sustantivo

En inglés los nombres se clasifican en contables e incontables. Nombres contables son los que pueden ser contados y que, por tanto, pueden optar a tener singular y plural: *letter, letters; record, records*. Por ejemplo *chair* (silla) es un nombre contable porque se puede contar una silla, dos sillas, etc, mientras que *oxygen* (oxígeno) es incontable porque no se puede decir un oxígeno, dos oxígenos, etc.

Los nombres incontables sólo tienen forma singular: *butter, bread, wine, gold, sand, wood, chaos, honesty, peace*. Sin embargo, muchos incontables tienen su correspondiente contable: *furniture, a piece of furniture; wine, a bottle of wine* o *a glass of wine; coffee, a cup of coffee; bread, a loaf of bread*.

Algunos nombres pueden presentarse bien como contables bien como incontables; a veces esto implica un cambio de significado: *He's got 50 lambs* (tiene 50 corderos) / *I like lamb* (me gusta la carne de cordero); *a glass of wine* (un vaso de vino) / *it's made of glass* (es de vidrio).

Hay algunos nombres incontables en inglés que como tales concuerdan con el verbo en singular aunque no suceda lo mismo en español:

inglés incontable	inglés contable	español
advice	*a piece of advice*	consejo
news	*a piece of news*	noticias
information	*a piece of information*	información
work	*a job, a piece of work*	trabajo
furniture	*a piece of furniture*	muebles
luggage	*a suitcase, a piece of luggage*	equipaje
bread	*a loaf of bread*	pan
accommodation	*a place to stay*	alojamiento

4.3.2. El adjetivo

Concordancia

Los adjetivos en inglés permanecen invariables ante los nombres, sean éstos singulares o plurales: *a rich man/woman, rich men/women*.

Cuando un nombre se usa como adjetivo, se usa en la forma singular: *a three-year-old child; a three-week holiday*.

Posición

Los adjetivos van normalmente delante del nombre al que califican o determinan: *an expensive car; a good man*.

Los adjetivos pueden colocarse detrás de los verbos *be, look, seem, appear, feel, taste, smell, sound: You look tired; Don't be silly; She seems strange*.

Orden

Cuando hay más de dos adjetivos juntos, el orden es el siguiente: Opinión - tamaño - edad - forma - color - origen - material - uso - nombre. Por ejemplo: *A beautiful old writing table; a brown cotton dress*.

Comparativos y superlativos

Los comparativos se usan para comparar una o dos personas, cosas, etc, con otra u otras. Los superlativos se usan para comparar una persona o cosa de un grupo con dos o más personas o cosas del mismo grupo.

Generalmente después de la comparación hay un *than: He's taller than his brother*.

Generalmente usamos *the* delante de los superlativos: *The nicest of; The biggest in*.

Podemos usar *the* + comparativo ... *the* + comparativo ... con el sentido "cuanto más ..., más ...". *The more you eat, the fatter you get* (cuanto más comes, más engordas); *The larger the house, the higher the price* (cuanto más grande es la casa, más cara es).

Usamos comparativo + *and* + comparativo con el sentido de "cada vez más". *She's getting taller and taller* (cada día es más alta); *It's getting more and more difficult* (es cada vez más difícil); *It's less and less common to have a manual typewriter in an office* (es cada vez más inusual tener una máquina de escribir manual en una oficina).

As ... as (tanto ... como) se usa para decir que dos cosas, personas, etc, son parecidas. La forma negativa puede ser *as ... as* o *so ... as: You're as old as me* o *You're as old as I am* (tienes la misma edad que yo); *She's not as/so tall as he is* (ella no es tan alta como él).

Se puede usar *(very) much, a lot, a little, a (little) bit* o *far* delante de un comparativo: *She's much quicker than Maria; Richard's a lot taller than Tim; Victor's a little bit fatter than she is* o *Victor's a little bit fatter than her; Joan is far calmer than Sally (is)*.

Formación del comparativo y del superlativo

Los adjetivos de una sola sílaba forman el comparativo añadiendo *-er* y el superlativo añadiendo *-est*. Para los cambios ortográficos que experimentan ver la sección de cambios ortográficos. Algunos ejemplos:

big	*bigger*	*biggest*
small	*smaller*	*smallest*
clean	*cleaner*	*cleanest*
fast	*faster*	*fastest*

Los adjetivos de dos sílabas que terminan en *-y, -er, -le* o *-ow* forman el comparativo con *-er* y el superlativo con *-est*. Los otros lo forman anteponiendo la partícula *more* para el comparativo y *most* para el superlativo. Véase por ejemplo:

silly	*sillier*	*silliest*
clever	*cleverer*	*cleverest*
simple	*simpler*	*simplest*
narrow	*narrower*	*narrowest*
careful	**more** *careful*	**most** *careful*
certain	**more** *certain*	**most** *certain*
decent	**more** *decent*	**most** *decent*

Algunos adjetivos de dos sílabas pueden usar indiferentemente las formas mencionadas, por ejemplo:

polite	*politer/***more** *polite*	*politest/***most** *polite*
common	*commoner/***more** *common*	*commonest/***most** *common*
pleasant	*pleasanter/***more** *pleasant*	*pleasantest/***most** *pleasant*

Los adjetivos de tres o más sílabas anteponen siempre la partícula *more* para comparación y la partícula *most* para superlativo:

expensive	**more** *expensive*	**most** *expensive*
colourful	**more** *colourful*	**most** *colourful*
interesting	**more** *interesting*	**most** *interesting*

Hay unos cuantos adjetivos con formas irregulares de comparativo y superlativo. Son los siguientes:

good	**better**	**best**
bad	**worse**	**worst**
old	**older/eldest**	**oldest/eldest**
far	**farther/further**	**farthest/furthest**
many/much	**more**	**most**
little	**less**	**least**

Elder y eldest se usan sobre todo para comparaciones con miembros de la familia: *My **elder** brother is a doctor.*

Elder sólo puede usarse antepuesto al sustantivo; no se puede decir *He's elder than his brother*, se dice *He's **older** than …*

Farther y farthest sólo pueden usarse para indicar distancia mientras que *further* puede usarse para decir "más" o "adicionalmente": *Are there any **further** questions?*

4.3.3. El artículo

El artículo indefinido es *a* o *an* y el artículo definido es *the*. Los artículos no experimentan cambio alguno respecto al género.

a se usa delante palabras contables en singular que comienzan por consonante: *a book, a friend, a car, a yacht.*

También se usa *a* delante de *u* cuando esta letra suena como [j]: *a university* [juːnɪˈvɜːsɪtɪ]; *a union* [ˈjuːnjən]; *a European* [juərəˈpɪən].

an se usa ante palabras contables en singular que comienzan por vocal: *an apple, an orange, an idiot, an envelope, an umpire* [ˈʌmpaɪəʳ].

Se usa también *an* delante de *h* cuando es muda: *a house* pero *an hour, an honest man. the* puede usarse tanto con nombres contables como incontables: *the book, the books, the milk.*

Observaciones

En inglés cuando hablamos de algo en general usamos la forma plural, si es que existe, sin el artículo *the*: *Patience is a virtue* (la paciencia — en general — es una virtud); *Dogs are not allowed in this bar* (no se admiten perros — en general — en este bar).

Podemos usar *the* + adjetivo seguido del verbo en plural para referirnos a grupos específicos de gente: ***The poor** are always with us; **The English** drink a lot of tea.*

4.3.4. El pronombre

Pronombres personales

pronombre sujeto	pronombre objeto directo/indirecto	adjetivo posesivo	pronombre posesivo	pronombre reflexivo
I	*me*	*my*	*mine*	*myself*
you	*you*	*your*	*yours*	*yourself*
he	*him*	*his*	*his*	*himself*
she	*her*	*her*	*hers*	*herself*
it	*it*	*its*	—	*itself*
we	*us*	*our*	*ours*	*ourselves*
you	*you*	*your*	*yours*	*yourselves*
they	*them*	*their*	*theirs*	*themselves*

Uso del pronombre sujeto y del pronombre de complemento directo/indirecto

Contrariamente a lo que ocurre en español, en inglés el pronombre sujeto debe figurar siempre: *He's very tall; We went to a disco last night.*

El pronombre de complemento directo se coloca detrás del verbo que complementa: *We saw them; He invited us.*

El pronombre de complemento indirecto — sin *to* ni *for* — se coloca también detrás del verbo que complementa: *She gave me a present; I bought her lunch.*

Pero cuando se presentan a la vez un pronombre de complemento directo y otro de indirecto, es más corriente usar las preposiciones *to* o *for: I bought it for you; I gave it to him.*

El pronombre con función de complemento también se usa detrás de preposición: *She goes out with him; Look at them.*

El pronombre con función de complemento se usa detrás de *than* y *as ... as ...* en los comparativos: *He's taller than her; She's as quick as him.*

El pronombre con función de complemento se usa también en inglés informal detrás del verbo *to be: It's me; It was him.*

El pronombre con función de complemento se usa para respuestas cortas como: *Who's done their homework? —Me!*

Uso de los adjetivos y pronombres posesivos

Los adjetivos posesivos no varían según lo poseído sino según el poseedor: *my sister, my sisters, their friend, their friends.*

Los pronombres posesivos se usan para sustituir la estructura adjetivo posesivo + nombre: *This is my car. Where's yours? (= your car); His family is bigger than mine (= my family).*

Uso de los pronombres reflexivos

Se usan:
a) cuando el sujeto y el complemento del verbo son el mismo: *I've hurt myself; Please help yourselves!* Nótese la diferencia entre el significado de los pronombres reflexivos y el significado de *each other: They were speaking to themselves* (hablaban consigo mismos); *They were speaking to each other* (hablaban entre sí). Es mejor usar *one another* en lugar de *each other* cuando nos referimos a más de una persona: *The whole family were very fond of one another.*
b) cuando se quiere poner de relieve que es una persona y no otra quien realiza la acción: *Are you busy? Then I'll have to do it myself; Can't you repair it for me? No, repair it yourself.*

Observaciones

También usamos el pronombre reflexivo en las expresiones siguientes: *Enjoy yourself!; Behave yourself!; By yourself/himself/myself,* etc; *I did it by myself.*

El español usa muchos verbos reflexivos que en inglés no lo son. Por ejemplo: sentirse, *to feel;* relajarse, *to relax;* morirse, *to die.*

one/you

En inglés coloquial se usa *you* como pronombre impersonal: *You have to relax now and then; In English pubs you can only drink alcohol if you're 18 or over.*

En inglés formal se usa *one* como pronombre impersonal: *One can never earn enough these days.*

this, that, these, those

Aparte de su empleo como adjetivos demostrativos en frases como *this house, that car,* etc, *this, that, these* y *those* también pueden presentarse solos como pronombres sustituyendo a un nombre: *I like these paintings —I don't, I prefer those (= those paintings); Did you see that? (= that accident etc).*

one, ones, none

Se usan en lugar de un nombre cuando no queremos repetirlo en la conversación. *One* y *ones* pueden sustituir solamente nombres contables. *None* puede sustituir a nombres contables e incontables: *I like the blue ones best; Haven't you got a smaller one?; None of them have arrived; None of it has been done.*

Pronombres interrogativos

Preguntas con *wh-*

Las preguntas con *wh-* son las que empiezan con las partículas interrogativas: *what* (qué), *where* (dónde), *who* (quién), *why* (por qué), *how* (cómo), *when* (cuándo), *whose* (de quién), y *which* (cuál). La mayor parte de este tipo de preguntas comportan una entonación descendente. Se forman intercambiando la posición del sujeto y el verbo auxiliar, o los verbos *have* y *be* (para la formación de frases interrogativas véase apartado 4.3.5.1.):

Se utiliza:
a) *what* para preguntar sobre cosas:
   What *is she doing?*
   What *do you know about the salary increase?*

b) *where* para preguntar por un lugar:
   Where *are we going on holiday?*

c) *who* para preguntar por una persona (sujeto u objeto):
   Who *left the window open?* (sujeto)
   Who *did you go out with last night?* (objeto)

d) *whom* para preguntar, en inglés formal, por una persona (objeto):
   Whom *have you informed about this?*

e) *why* para preguntar por el motivo de algo:
   Why *is she crying?*

f) *how* para preguntar por la manera en que ocurrió algo:
   How *did you find out?*

g) *when* para preguntar por la hora, fecha, etc:
   When *did you arrive?*

h) *whose* para preguntar a quién pertenece algo:
   Whose *book is this?*

i) *which* para preguntar por cosas, generalmente cuando existe elección:
   Which *do you prefer, green or blue?*

Pronombres relativos

Subordinadas especificativas

Las usamos para individualizar un determinado grupo del colectivo al cual pertenecen. En la oración *The lambs which/that were out in the field were eaten by wolves* la especificativa *which/that were out in the field* indica exactamente qué corderos fueron comidos por los lobos e implica que había otros corderos que se salvaron porque no estaban en el campo. Como que *the lambs which were out in the field* forma una sola unidad no va separado por comas y puede usarse con *who (cuando se trata de personas), which* y *that.*

Se usa *who,* o *that* en inglés coloquial, cuando nos referimos a personas: *The woman who/that lives next door lost her purse.*

Se usa *which* o *that* para cosas: *I saw the books that/which you wanted to buy.*

Cuando *who, which* y *that* van seguidos de un sujeto y otro verbo pueden (y suelen) omitirse: *The man (who/that) you saw just now is my uncle; The cake (which/that) she made was very nice.*

Cuando el pronombre relativo hace de sujeto no se puede omitir: *That's the man who/that lives next door; Cats which/that have no ears have usually been in a fight.*

Subordinadas explicativas

Las subordinadas de relativo explicativas son las que únicamente proporcionan información adicional. *The lambs, which were out in the field, were eaten by wolves* nos dice que los corderos (todos ellos) fueron comidos por unos lobos, y que además, dichos corderos, en el momento de ser atacados por los lobos, estaban en un campo. Como que *which were out in the field* sólo nos proporciona una información adicional se escribe entre comas. En este tipo de subordinada no se puede usar *that* ni tampoco omitir el pronombre, sea éste *who* o *which.*

whose/of which

Son pronombres relativos posesivos, se usa *whose* para personas y *whose/of which* para cosas y animales: *That's the man whose wife died last week; It's a book whose title/the title of which I've forgotten.*

whom
Se usa en inglés formal como pronombre relativo (de persona) en función de complemento: *The man whom/ who I met was a government minister.*
En inglés informal o bien se usa *who* o bien se omite el pronombre relativo.

La preposición que acompaña a las subordinadas

La preposición que rige en las subordinadas se coloca al final: *The girl (who/that) I went out with is over there; The place (which/that) we went to isn't far from here.*

4.3.5. El verbo

4.3.5.1. El verbo

La mayoría de los verbos tienen cuatro temas:

	Infinitivo	Pasado simple	Participio pasado	Participio presente
Verbos regulares	*walk*	*walked*	*walked*	*walking*
	smoke	*smoked*	*smoked*	*smoking*
Verbos irregulares	*write*	*wrote*	*written*	*writing*
	think	*thought*	*thought*	*thinking*

Formación del pasado simple y del participio pasado

Verbos regulares
Para la formación tanto del pasado simple como del participio pasado, se añade al infinitivo la terminación *-ed* o sólo *-d* en caso que el infinitivo termine en *-e*, teniendo en cuenta las normas ortográficas que se dan en el apartado 3.4.

Verbos irregulares
Los pasados simples y participios pasados irregulares aparecen en las entradas de los infinitivos correspondientes dentro del diccionario y también en la lista de verbos irregulares impresa al final de ésta gramática.

La formación de las frases negativas e interrogativas

Negativas
En inglés, la mayoría de los tiempos verbales forman las frases negativas añadiendo *not* después del verbo auxiliar: *He has arrived - He has not arrived; It will be here tomorrow - It will not be here tomorrow.* En el presente simple la negación se forma empleando el infinitivo del verbo (que es invariable) junto con el verbo auxiliar *do* (*does* para la tercera persona singular) seguido de *not*: *She drinks white coffee - She does not drink white coffee; I speak Russian - I do not speak Russian.* Para el pasado simple el auxiliar *do/does* toma la forma del pasado *did* mientras que el verbo principal se mantiene en infinitivo: *She drank white coffee - She did not drink white coffee; I spoke Russian - I did not speak Russian.*

Interrogativas
La mayoría de los tiempos verbales forman las frases interrogativas invirtiendo el orden del sujeto y del verbo auxiliar: *She is having a shower - Is she having a shower?; We shall come to help you - Shall we come to help you?.* En el presente simple se forma empleando el infinitivo del verbo (que es invariable) junto con el verbo auxiliar *do* (*does* para la tercera persona singular): *She drinks white coffee - Does she drink white coffee?; They speak Russian - Do they speak Russian?* Para el pasado simple el auxiliar *do/does* toma la forma del pasado *did*: *She drank white coffee - Did she drink white coffee?; They spoke Russian - Did they speak Russian?*

(Ver también la sección **Estructura** de cada tiempo verbal explicado en este apartado.)

Formación del participio presente

Verbos regulares e irregulares
Para la formación del participio presente se añade *-ing* al infinitivo, teniendo en cuenta las normas ortográficas que se dan en el apartado 3.4.

Estructura y uso de los tiempos (véase apartado 3.4. para las normas ortográficas y apartado 3.3. para las contracciones).

Presente simple

Estructura
Tiene la misma forma que el infinitivo, con la excepción de la tercera persona del singular en que se le añade la terminación -s o -es: *You work; You do not work; Do you work?*, etc.

Uso
a) Acciones habituales. El verbo suele ir acompañado de *usually, sometimes, often, seldom, always, never: I usually **have** a drink after work; I **watch** football every Sunday.*
b) Situaciones permanentes: *Mr Smith **lives** in Birmingham.*
c) Verdades objetivas: *Water **boils** at 100 °C.*

Presente continuo

Estructura
Presente del verbo *to be* + participio presente: *You are working; You are not working; Are you working?*, etc.

Uso
a) Acciones que tienen lugar en el momento en que se habla: *Don't disturb me, I'm **working**; She's **having** a bath now; We're **trying** to find somewhere to live.*
b) Acciones que suceden en el presente pero no necesariamente en el momento en que se habla: *I'm **playing** a lot of badminton these days.*

Observaciones
Algunos verbos no pueden utilizarse en el presente continuo, como por ejemplo: *know, understand, think (that), believe, suppose, doubt, forget, remember, agree, disagree, realize, imagine, consider (that), recall, notice, recognize, like, dislike, love, hate, prefer, forgive, wish, want.*

Pretérito perfecto simple

Estructura
have/has + participio pasado: *You have worked; Have you worked?*, etc.

Uso
a) Acciones que tienen lugar en el pasado, sin precisión del momento: *I've **been** to America; He's **seen** that film before.*
b) Con *already, not ... yet: I've already **done** the washing up; I **haven't finished** yet; He **hasn't spoken** to him about it yet.*
c) Acciones que empiezan en el pasado y continúan hasta el presente: *I've **been** here for 2 hours.*
Con *since*. Desde un momento del pasado hasta el presente: *He's **lived** here since 1955; I've **been** in London since 12th June.*
Con *for*. Durante un período de tiempo que llega hasta el presente: *He's **lived** here for 25 years; I've **been** in London for two months.*

Pretérito perfecto continuo

Estructura
have/has + *been* + participio presente: *You have been working; You have not been working; Have you been working?*, etc.

Uso
a) Acciones que empiezan en el pasado (desde un momento determinado) y continúan en el presente: *I've **been living** in Germany since 1976; He's **been waiting** since 6.30.*
b) Acciones que empiezan en el pasado (durante un período determinado) y continúan en el presente: *I've **been learning** English for six months.*
c) Acciones que empiezan en el pasado y acaban de terminar: *I've **been working** hard all morning* (pero ahora ya no trabajo); *She's **been trying** to contact him since 9.00* (y por fin lo ha conseguido).

Pasado simple

Estructura
El pasado simple de los verbos regulares se forma añadiendo la terminación -ed o -d si el infinitivo termina en -e. Para los verbos irregulares, véase la lista al final de esta gramática: *You worked; You did not work; Did you work?*, etc.

Uso
a) Acciones que tienen lugar en un momento determinado en el pasado. A menudo se usa con expresiones de tiempo como *yesterday, last week* o *six days ago: I **went** to Rome last month* (se menciona el momento). Compárese con *I **have been** to Rome* (no se menciona el momento).

b) Acciones que tienen lugar en el pasado durante un período de tiempo y ya se han terminado: *I lived in Paris for two years* (la persona ya no vive en París). Compárese con *I have lived in Paris for two years* (la persona sigue viviendo en París).

c) En frases interrogativas que empiezan con *when* (cuándo), *how* (de qué manera): *When did you arrive?; How did you get here?*

Pasado continuo

Estructura

was/were + participio presente: *I was snoring; I was not snoring; Was I snoring?*, etc.

Uso

a) Acciones que se estaban desarrollando en un momento determinado del pasado sin que la acción empezara ni acabara en ese momento: *I was working upstairs.*

b) Acciones que se estaban desarrollando en el pasado y sufren alguna interrupción: *I was having a bath when the phone rang.*

c) Descripción de una escena o situación, sin especificación de límites de tiempo: *It was getting dark.* Compárese con la frase: *A man came up to me and asked me the way* (su utiliza el pasado simple para las acciones y acontecimientos de la historia).

Observaciones

Algunos verbos no se usan en el pasado continuo (véase **Presente continuo** más arriba).

Pluscuamperfecto simple

Estructura

had + participio pasado: *You had worked; You had not worked; Had you worked?*, etc.

Uso

a) Acciones pasadas anteriores a otras acciones también pasadas: *He died in 1957. His wife had died five years earlier; By 10.00 I had already written six letters; When she arrived he had just left.*

b) Con *after* para indicar una secuencia de acciones: *After I had finished, I went outside; After she had made the coffee, she sat down.*

Observaciones

Con frecuencia se usa *when* para conectar dos acciones en pasado simple pero solamente cuando queda claro que una sucedió a la otra. Muchas veces hay una idea de consecuencia: *When he took off his hat they could see that he was bald.*

Pluscuamperfecto continuo

Estructura

had + *been* + participio presente: *You had been working; You had not been working; Had you been working?*, etc.

Uso

a) Acciones que se estaban desarrollando hasta cierto momento del pasado ya mencionado y que aún siguen desarrollándose: *By 7.00 I had been waiting for half an hour and she still hadn't arrived.*

b) Acciones que se estaban desarrollando hasta cierto momento del pasado ya mencionado y que en ese momento terminaron: *We had been waiting for hours when the train finally arrived.*

Observaciones

Si se ha completado la acción, sólo es posible usar la forma simple: *I had smoked thirty cigarettes* (pero *I had been smoking* all evening).

Futuro

1.

Estructura

will/shall + infinitivo: *It will work; It will not work; Will it work?*, etc.

Uso

a) *will* se usa para predecir el futuro: *I will earn more money in my new job; they will not come back till Friday.*

b) Cuando decidimos algo en el momento en que hablamos: *Don't worry, I'll do the shopping for you; Oh, I think I'll come with you.*

2.

Estructura

Presente del verbo *to be* + *going to* + infinitivo: *You are going to work; You are not going to work; Are you going to work?*, etc.

Uso
a) Esta forma se usa con mucha más frecuencia y generalmente expresa intención: *I am going to sell my car next month; She is going to have a party in June.*
b) También se usa cuando el hablante puede decir, basándose en las circunstancias presentes, lo que va a suceder en un futuro generalmente próximo: *It is going to rain* (va a llover); *I am going to be sick* (voy a enfermar).

3.
Estructura
Véase **Presente continuo** al principio de este apartado.

Uso
Se usa para expresar compromisos o planes fijados para el futuro: *I am having lunch with the boss tomorrow; I am seeing the doctor on Thursday.*

4.
Estructura
Véase **Presente simple** al principio de este apartado.

Uso
a) Se usa para expresar acontecimientos que seguirán un horario en el futuro: *We leave tonight at 6.00, and arrive in Athens on Thursday morning; Dallas is on TV tonight.*
b) Se usa el presente simple para expresar el futuro en oraciones en las que intervienen conjunciones como *when* y *if*: *When I finish this work, I can go home; If he calls you, give him this message.*

Futuro continuo

Estructura
will/shall + be + participio presente: *They will be working; They will not be working; Will they be working?,* etc.

Uso
a) Se usa para expresar acciones que tienen lugar en un período de tiempo que queda dentro del futuro: *I will be working all day tomorrow; She will be teaching from 2.00 until 4.00.*
b) Se usa para hablar de acciones planeadas o que sabemos que se producirán: *When we get to London it will probably be raining; This time next week I will be lying on a beach in Yugoslavia.*

Observaciones
Algunos verbos no pueden usarse en el futuro continuo (véase **Presente continuo** al principio de este apartado).

Futuro perfecto simple

Estructura
will/shall + have + participio pasado: *It will have finished; It will have not finished; Will it have finished?,* etc.

Uso
Acciones que pertenecerán al pasado en un momento determinado del futuro: *This time next year I will have finished my course in London; Will you have finished by the time I get back?*

Futuro perfecto continuo

Estructura
will/shall + have + been + participio presente: *I will have been working, etc.*

Uso
Acciones que empiezan en el futuro y terminan o se desarrollan en un futuro más lejano: *By 1995, I will have been living in London for ten years; When it's finished, he will have been working on this project for four years.*

Observaciones
a) En las oraciones negativas normalmente se usa la forma simple.
b) Las oraciones interrogativas en este tiempo son poco usuales.

Condicional

Hay tres tipos de oración condicional encabezados por *if*.

1. Condicional abierto (real)

a)

Estructura   *If* + presente simple + *will/shall* + infinitivo:
If it rains   *I will get wet*

Uso

Se utiliza para hablar de una posibilidad inmediata o directa: *If he finds out, he will be angry; We will catch the train if we hurry.*

b)

Estructura   *If* + presente simple + imperativo
If he comes   *ring me*

Uso

Se utiliza para hablar de una posibilidad inmediata o directa: *If they come without an invitation, tell them to go away* (existe la posibilidad de que vengan sin invitación); *Tell them to go away if they come without an invitation.*

c)

Estructura   *If* + presente simple + presente simple
If you heat ice   *it melts*

Uso

Se utiliza para hablar de hechos o verdades objetivas: *If you heat water to 100 °C, it boils; Water boils if you heat it to 100 °C.*

2. Condicional segundo (irreal)

Estructura   *If* + pasado simple + *would* + infinitivo
If it rained   *I would get wet*

Uso

Se utiliza para hablar de una posibilidad no inmediata, sino remota: *If I won lots of money, I would take a long holiday* (pero probablemente no ganaré mucho dinero).

Observaciones

En inglés a menudo usamos *were* en vez de *was* cuando la oración empieza con *if*: *If I were rich, I would buy a new car* (en vez de *I was*).

3. Condicional pasado (irreal de pasado)

Estructura   *If* + pluscuamperfecto + *would have* + participio pasado
If it had rained   *I would have got wet*

Uso

Se utiliza para hablar de una posibilidad en el pasado que no se hizo realidad: *If I had seen a red light, I would have stopped* (pero no lo vi y, por lo tanto, no me paré); *I would not have bought it if I had realized you already had one* (pero no me di cuenta y lo compré).

Imperativo

Estructura

Tanto en singular como en plural, el imperativo se forma con el infinito sin *to*: *Sit down!; Go away!; Give it to me!*

Las oraciones negativas se forman con *do not (don't)* + infinitivo: *Don't go too near!; Don't bring dirty shoes into the kitchen!*

En inglés se usa *let us (let's)* + infinitivo (sin *to*) como imperativo para la primera persona del plural o para hacer sugerencias: *Let's go to the cinema this evening; Let's not go to the theatre this evening; Don't let's go to the cinema this evening.*

Observaciones

En inglés el imperativo es un modo muy directo y familiar de dirigirse a alguien, excepto cuando se usa en tono formal en avisos públicos del tipo: *Keep out* (No entrar); *Do not walk on the grass* (No pisar la hierba). Para los ruegos formales se utilizan las formas *would, can* o *may* + infinitivo (sin *to*): *Could you please open the window?; Can I use your tape recorder?* (más familiar); *May I go now?* (usado a menudo por los niños).

4.3.5.2. Verbos preposicionales y adverbiales

Los tipos básicos
Hay tres tipos básicos de los llamados *phrasal verbs* en inglés:
a) verbo + preposición (llevan complemento directo y están marcados *vtr* en el diccionario)
   climb up   look at   sit on   take after

b) verbo + adverbio (si llevan complemento directo, están marcados *vtr* en el diccionario y si no lo llevan están marcados *vi*; generalmente tienen un sentido idiomático)
   look up   get across   hold up

c) verbo + adverbio + preposición (llevan complemento directo y están marcados *vtr* en el diccionario)
   run out of   look up to   get on with

Nótese que muchas preposiciones aparecen también como partículas adverbiales, mientras que *away, back* y *out* funcionan tan sólo como partículas adverbiales.
La diferencia entre una preposición y una partícula adverbial es que la preposición depende de y va unida a un sustantivo o pronombre: la partícula adverbial forma parte del verbo y es independiente de los sustantivos o pronombres que la puedan seguir. Por ejemplo *look up* existe como verbo preposicional y también como verbo adverbial:

a) preposicional: *Where did he look?*   *(He looked) up the chimney*

b) adverbial: *What did he look up?*   *(He looked up) the word* o
                                          (He looked) the word (up)

En el caso del verbo preposicional la preposición ha de ir delante del complemento sea éste sustantivo o pronombre (aunque puede intervenir en ocasiones un adverbio), mientras que en el caso del verbo adverbial el complemento sustantivo puede ir entre el verbo y la partícula o después de ésta, pero el complemento pronombre ha de ir forzosamente entre el verbo y la partícula.

a) preposicional   *He looked up the chimney*
                    He looked up it

b) adverbial   *He looked up the words* o *He looked the words up*
                He looked them up

Sin embargo, la partícula adverbial no suele ir separada de su verbo por un sintagma extenso; en el ejemplo siguiente *up* no suele ir al final de la proposición: *He looked up the words he didn't understand.*

Verbo preposicional + complemento (transitivo)
Como ya se ha dicho, la preposición no puede ir en otro lugar que entre el verbo y el complemento directo tanto en el caso de sustantivos como en el de pronombres:

He jumped over the fence; He jumped over it.
The burglar broke into her flat; He broke into it during the night.

Pero es posible que en ocasiones intervenga un adverbio como en el ejemplo siguiente: *She climbed slowly up the hill.*
Aunque la mayoría de estos verbos preposicionales son literales, existen también algunos que son idiomáticos. He aquí algunos de los más corrientes: *come across; run across/into; look after; look into; take after; jump at; go through; go for; get over; do without; make for.*

Verbo adverbial + complemento (transitivo)
Como ya se ha dicho, cuando el complemento es un sustantivo la partícula adverbial puede ir indistintamente detrás del verbo o detrás del complemento: *I rang up my aunt* o *I rang my aunt up; Switch on the light* o *Switch the light on.*
Pero si el complemento es pronombre la partícula ha de ir forzosamente detrás del verbo: *I rang her up; Switch it on.*
La mayoría de estos verbos son idiomáticos, he aquí algunos de los más corrientes: *bring up; call off; carry out; clear up; do up; give up; hold up; keep up; look up; make out; pull off; put off; put up; ring up; sort out; take down; take in; take over; think over; turn down.*

Verbo adverbial sin complemento (intransitivo)
He aquí algunos de los verbos adverbiales idiomáticos de uso más frecuente: *break down; break off; come off; drop in; fall through; get on; grow up; hang around; hold on; knock off; look out; look up; make off; ring off, hang up; set off; stand out; turn up.*

Verbo adverbial + preposición + complemento (transitivo)
Algunos adverbiales se combinan con una preposición para formar un verbo compuesto. Tanto la partícula adverbial como la preposición permanecen junto al verbo sea el complemento sustantivo o pronombre: *We've run out of sugar. We ran out of it last week.*

He aquí algunos de los verbos adverbiales compuestos idiomáticos más frecuentes: *be in for; be fed up with; carry on with; do away with; get away with; get on with; look forward to; make up for; put up with; stand up to.*

4.3.6. El adverbio

Formación de adverbios a partir de adjetivos.
La regla general para la formación de adverbios de manera es la de añadir *-ly* al adjetivo:

adjetivo	adverbio
slow	*slowly*
careful	*carefully*
bad	*badly*

Observaciones
En algunos casos la conversión de adjetivo a adverbio conlleva cambios ortográficos. Para estos casos consultar la tabla de cambios ortográficos del apartado 3.4.
Las siguientes palabras se usan indistintamente como adjetivos y como adverbios: *hard, late, early, fast, far, much, little, high, low, near.* Obsérvese cómo funcionan en las frases siguientes: *it's a hard life* (*hard* funciona como adjetivo) y *he works hard* (*hard* es adverbio). El adverbio de *good* es *well*: *she is a good actress, she acts very well.*
Los siguientes adverbios cambian su sentido respecto al sentido del adjetivo de origen:

hardly: *I hardly ever go there* (casi nunca voy allí).
lately: *He hasn't been well lately* (recientemente no ha estado muy bien).
highly: *She speaks highly of him* (habla muy bien de él).
       The situation is highly dangerous (es una situación muy peligrosa).
nearly: *I nearly died of shock* (casi me muero del susto).

Posición
El adverbio se coloca detrás del verbo y el complemento: *He sings beautifully; He wrote the composition quickly; I like her very much.*
Los adverbios *usually, never, always, still, already, just, almost* y *only* normalmente se ponen delante del verbo: *He usually arrives about 9; He almost won the race.* Pero van detrás en el caso que vayan con los verbos *be, have* o los auxiliares *have, will,* etc: *She's usually late; We'll never finish the work.* Cuando hay más de un verbo auxiliar, estos adverbios se coloca detrás del primero: *The car would never have been towed away if it had been properly parked.*

Comparación de los adverbios
La regla general es como la de los adjetivos:
a) Los adverbios de dos o más sílabas anteponen siempre la partícula *more* para la comparación y la partícula *most* para superlativo:

slowly	*more slowly*	*most slowly*
carefully	*more carefully*	*most carefully*

pero:

early	*earlier*	*earliest*

b) Los adverbios de una sola sílaba forman el comparativo añadiendo *-er* y el superlativo añadiendo *-est*.

hard	*harder*	*hardest*
fast	*faster*	*fastest*

c) Las formas irregulares son:

well	*better*	*best*
badly	*worse*	*worst*
little	*less*	*least*
much	*more*	*most*
far	*farther/further*	*farthest/furthest*
late	*later*	*last* (*latest* es adjetivo)

Uso
La comparación en formas adverbiales funciona como la del adjetivo. Ver el apartado correspondiente para más información.

4.3.7. La preposición

Preposiciones de situación y de movimiento

Situación Ejemplos	Sólo situación	Situación o movimiento	Sólo movimiento	Movimiento Ejemplos
Your pen is *on* the table. Obsérvese también: *on* the wall/*on* televisión.		on	on, onto	The cat jumped *on*/*onto* the table.
			off	We got *off* the bus.
He's in the kitchen. It's *in*/*inside* the box.	in inside		into	She came *into* the room.
I'll meet you *outside* the cinema.	outside		out of	She went *out of* the room.
It's *under* the table.		under		We sailed *under* the bridge.
It's *below* the surface.	below			
It's *above* the surface.	above			
The picture's hanging *over* the fireplace.		over		The dog jumped *over* the fence.
We stood *round* the piano.		round		We walked *round* the building.
We stood *round*/*around* in groups.		round/around (= here and there)		The walked *round*/*around* the market.
Frankenstein has a bolt *through* his neck.		through		The train went *through* the tunnel.
Among the guests was a famous actress.		among		He wandered *among* the crowd.
Guildford is *near* London.		near*		Don't go too *near* the edge!
He was sitting *behind* the tree.		behind		The mouse ran *behind* the fridge.
My car is parked *in front of* the hotel.		in front of		He ran straight *in front of* the car.
			past	He walked *past* me without saying a word.
			along	It's nice to walk *along* the river.
There was a police barricade *across* the road.		across		She ran *across* the road.
			up	We climbed *up* the mountain.
			down	He ran *down* the hill.

She sat **next to/by/ beside me.** We sat **by** the river.	next to/ beside/by			
			from	We've come all the way **from** London.
The post office is **opposite** the hotel.	opposite			
Situación Ejemplos	Sólo situación	Situación o movimiento	Sólo movimiento	Movimiento Ejemplos
			to towards	She drove **to** Edinburgh. He came **towards** me.
He was leaning **against** the wall.		against		The wind is (blowing) **against** us.
Royston is **between** London and Cambridge.		between		He came **between** us.

* *near* puede usarse como preposición: *It's near the hotel* o como adverbio: *Don't go too near*; *nearby* no puede usarse como preposición, sino solamente como adverbio: *He lives nearby* o como adjetivo: *In a nearby village*.

at (i) Se usa para indicar situación:
He's at the bar, over there.
He's waiting at the bus stop.

They're sitting at the table in the corner.
They're all at the cinema.

(ii) Se usa sin artículo con *home, school, work*:
at home   *at school/university*   *at work*

Preposiciones de desplazamiento

from, to
con *go, travel, drive, etc*:
We travelled from London to Edinburgh.

arrive at, get to
(hotel, teatro, aeropuerto, estación, una dirección):

We $\begin{Bmatrix} arrived\ at \\ got\ to \end{Bmatrix}$ the hotel at 6.00.

They $\begin{Bmatrix} arrived\ at \\ got\ to \end{Bmatrix}$ the theatre just in time.

home
Ninguna preposición con *home*:

We $\begin{Bmatrix} got \\ arrived \\ went \end{Bmatrix}$ home at 6.00.

pero

We $\begin{Bmatrix} got\ to \\ arrived\ at \\ went\ to \end{Bmatrix}$ his/her, etc **home** at 6.00

arrive in
(pueblo, ciudad, país):
We arrived in London last Friday.
The Prime Minister arrived in Japan today.

by
medio de desplazamiento:
We went by car/taxi/bus/train/plane/air/boat/sea
pero: *on foot*

get
preposiciones con *get*:
get in/into y *out of*: automóvil, taxi
get on/on to y *off*: autobús, tren, avión, barco.

Preposiciones de tiempo y fecha

at, on, in
at (hora): *at 9.00, at midnight, at midday/noon.*
también: *at Christmas, Easter, etc; at night.*
on (día): *on Saturday, on June 12th, on Christmas Day.*
también: *on the morning/afternoon/evening/night of May 5th.*
in (período): *in the morning/afternoon/evening.*
                in October, in 1968, in (the) summer.

at, by, till/until
at 7.00 significa "a esa hora exacta":
Dinner will be served at 7.00
by 7.00 significa, bien "a esa hora", o, más frecuentemente, "algo antes de esa hora":
You must be ready by 7.00 (tienes como máximo hasta las 7 para estar listo).
till/until 7.00 significa "desde un determinado momento hasta las 7":
I'll be working till/until 7.00.

on time y *in time*
on time = en el momento preciso: *The train left on time.*
in time = sin retraso, con tiempo: *We won't be in time for the film!*

after y *afterwards*
after es preposición, mientras que *afterwards* es adverbio:
After supper, we watched television. We watched television afterwards.
She left after the film. She left afterwards.

from y *since*
from puede usarse para tiempo y lugar, mientras que *since* sólo puede usarse para tiempo; *since* sólo se emplea con el pretérito perfecto y el pluscuamperfecto:

I worked from 9.00 am to/till/until midday.
We drove from London to Cheltenham.
She's been in London since August 1st.

since y *for*
since se usa con respecto a un momento preciso; *for* se usa con respecto a un período de tiempo:
She's been talking on the phone since half past seven.
She's been talking on the phone for half an hour.

for y *during*
for se usa con respecto a un período de tiempo cuando la acción se desarrolla durante todo el período:
for five years   for a month   for a long time
Nota: *for* no es necesario en expresiones con *all*:
I've worked hard all morning/afternoon/evening/day/night.
during se usa cuando la acción tiene lugar en algún momento dentro de un determinado período:
Someone phoned during the evening (es decir, en el transcurso de la tarde).
during puede usarse también cuando la acción se desarrolla durante todo el período, si se nombra o determina ese período:
During the war we lived outside London. He was ill during that week.
Nota: con períodos determinados (julio, Navidad, el verano), *for* se usa cuando hay una idea de propósito:
I hired a car for July. The stayed with us for Christmas.
(*during* es posible aquí, naturalmente, pero no denotaría propósito).

Preposiciones seguidas de gerundios o de nombres

be fond of (= gustarle a uno)	*I'm fond of listening to Bach* (gerundio).
	I'm fond of Bach (nombre).
be good at	*She's good at playing tennis* (gerundio).
	She's good at tennis (nombre).
be interested in	*I'm interested in collecting stamps* (gerundio).
	I'm interested in stamps (nombre).
be used to	*I'm used to getting wet* (gerundio).
	I'm used to the rain (nombre).

a method/way of/insist on

That's a good way of earning money (sólo gerundio).
I insist on seeing the manager! (gerundio).
I must insist on absolute silence (nombre).

accuse someone of

She accused him of stealing her purse (gerundio).
She accused him of robbery (nombre).

Tabla de verbos irregulares ingleses

abide	abode/abided	abode/abided
arise	arose	arisen
awake	awoke/awaked	awoken/awaked
awaken	awakened	awoken
backbite	backbit	backbitten, *US* backbit
be	was/were	been
bear[1]	bore	born, borne
beat	beat	beaten
become	became	become
befall	befell	befallen
beget	begot	begotten
begin	began	begun
behold	beheld	beheld
bend	bent	bent
beseech	besought/beseeched	besought/beseeched
beset	beset	beset
bet	bet/betted	bet/betted
bid[1]	bade/bid	bidden/bid
bide	bided/bode	bided
bind	bound	bound
bite	bit	bitten
bleed	bled	bled
bless	blessed/blest	blessed/blest
blow	blew	blown
break	broke	broken
breast-feed	breast-fed	breast-fed
breed	bred	bred
bring	brought	brought
broadcast	broadcast	broadcast
browbeat	browbeat	browbeaten
build	built	built
burn	burnt/burned	burnt/burned
burst	burst	burst
buy	bought	bought
can	could	
cast	cast	cast
catch	caught	caught
chide	chid/chided	chidden/chided
choose	chose	chosen
cleave[1]	cleaved/cleft/clove	cleaved/cleft/cloven
cling	clung	clung
clothe	clad/clothed	clad/clothed
come	came	come
cost	cost	cost
creep	crept	crept
crossbreed	crossbred	crossbred
crow	crowed/crew	crowed
cut	cut	cut
deal	dealt	dealt
dig	dug	dug
dive	dived, *US also* dove	dived
do	did	done
draw	drew	drawn
dream	dreamed/dreamt	dreamed/dreamt
drink	drank	drunk
drive	drove	driven
dwell	dwelt	dwelt
eat	ate	eaten
fall	fell	fallen
feed	fed	fed
feel	felt	felt

fight	fought	fought
find	found	found
flee	fled	fled
fling	flung	flung
fly	flew	flown
forbear	forbore	forborne
forbid	forbade	forbidden
force-feed	force-fed	force-fed
forecast	forecast	forecast
forego	forewent	foregone
foresee	foresaw	foreseen
foretell	foretold	foretold
forget	forgot	forgotten
forgive	forgave	forgiven
forgo	forwent	forgone
forsake	forsook	forsaken
freeze	froze	frozen
gainsay	gainsaid	gainsaid
get	got	got, *US* gotten
gild	gilded/gilt	gilded/gilt
gird	girt	girt
give	gave	given
go	went	gone
grind	ground	ground
grow	grew	grown
hang[1]	hung/hanged	hung/hanged
have	had	had
hear	heard	heard
heave[1]	heaved/hove	heave/hove
hew	hewed	hewed/hewn
hide	hid	hidden
hit	hit	hit
hold	held	held
hurt	hurt	hurt
inlay	inlaid	inlaid
input	input	input
interweave	interwove	interwoven
keep	kept	kept
kneel	knelt	knelt
knit	knit/knitted	knit/knitted
know	knew	known
lay	laid	laid
lead	led	led
lean	leant/leaned	leant/leaned·
leap	leapt/leaped	leapt/leaped
learn	learnt/learned	learnt/learned
leave	left	left
lend	lent	lent
let	let	let
lie	lay	lain
light	lighted/lit	lighted/lit
lip-read	lip-read	lip-read
lose	lost	lost
make	made	made
may	might	
mean	meant	meant
meet	met	met
miscast	miscast	miscast
mishear	misheard	misheard
mislay	mislaid	mislaid
mislead	misled	misled
misread	misread	misread
misspell	misspelled/misspelt	misspelled/misspelt
mistake	mistook	mistaken
misunderstand	misunderstood	misunderstood
mow	mowed	mowed/mown

offset	offset	offset
outbid	outbid	outbid/outbidden
outdo	outdid	outdone
outgrow	outgrew	outgrown
overcome	overcame	overcome
overdo	overdid	overdone
overdraw	overdrew	overdrawn
overeat	overate	overeaten
overfeed	overfed	overfed
overfly	overflew	overflown
overhang	overhung	overhung
overhear	overheard	overheard
overpay	overpaid	overpaid
override	overrode	overridden
overrun	overran	overrun
oversee	oversaw	overseen
overshoot	overshot	overshot
oversleep	overslept	overslept
overspend	overspent	overspent
overtake	overtook	overtaken
overthrow	overthrew	overthrown
partake	partook	partaken
pay[1]	paid	paid
plead	pleaded/plead	pleaded/plead
prepay	prepaid	prepaid
proofread	proofread	proofread
prove	proved	proved/proven
put	put	put
quit	quitted/quit	quitted/quit
read	read	read
rebuild	rebuilt	rebuilt
recast	recast	recast
rend	rent	rent
remake	remade	remade
repay	repaid	repaid
rerun	reran	rerun
retake	retook	retaken
retell	retold	retold
rethink	rethought	rethought
rewrite	rewrote	rewritten
rid	rid	rid
ride	rode	ridden
ring	rang	rung
rise	rose	risen
run	ran	run
saw	sawed	sawed/sawn
say	said	said
see	saw	seen
seek	sought	sought
sell	sold	sold
send	sent	sent
set	set	set
sew	sewed	sewn/sewed
shake	shook	shaken
shear	sheared	shorn/sheared
shed	shed	shed
shine	shone	shone
shit	shitted/shat	shitted/shat
shoe	shod	shod
shoot	shot	shot
show	showed	shown/showed
shrink	shrank	shrunk
shut	shut	shut
sing	sang	sung
sink	sank	sunk
sit	sat	sat
slay	slew	slain
sleep	slept	slept

slide	slid	slid
sling	slung	slung
slink	slunk	slunk
slit	slit	slit
smell	smelled/smelt	smelled/smelt
smite	smote	smitten
sow	sowed	sown
speak	spoke	spoken
speed[1]	sped/speeded	sped/speeded
spell	spelled/spelt	spelled/spelt
spend	spent	spent
spill	spilled/spilt	spilled/spilt
spin	spun	spun
spit	spat	spat
split	split	split
spoil	spoiled/spoilt	spoiled/spoilt
spoon-feed	spoon-fed	spoon-fed
spread	spread	spread
spring	sprang	sprung
stand	stood	stood
stave[1]	stove/staved	stove/staved
steal	stole	stolen
stick	stuck	stuck
sting	stung	stung
stink	stank	stunk
strew	strewed	strewed/strewn
stride	strode	stridden
strike[1]	struck	struck/stricken
string	strung	strung
strive	strove	striven
swear	swore	sworn
sweat	sweat/sweated	sweat/sweated
sweep	swept	swept
swell	swelled	swollen
swim	swam	swum
swing	swung	swung
take	took	taken
teach	taught	taught
tear	tore	torn
tell	told	told
think	thought	thought
thrive	throve/thrived	thriven/thrived
throw	threw	thrown
thrust	thrust	thrust
tread	trod	trodden/trod
typecast	typecast	typecast
typeset	typeset	typeset
unbend	unbent	unbent
undercut	undercut	undercut
undergo	underwent	undergone
undersell	undersold	undersold
understand	understood	understood
undertake	undertook	undertaken
underwrite	underwrote	underwritten
undo	undid	undone
unfreeze	unfroze	unfrozen
unwind	unwound	unwound
uphold	upheld	upheld
upset	upset	upset
wake	woke	woken
wear	worn	worn
weave	wove	woven
wed	wed/wedded	wed/wedded
weep	wept	wept
wet	wet	wet
win	won	won
wind	wound	wound
withdraw	withdrew	withdrawn

withhold	withheld	withheld
withstand	withstood	withstood
wring	wrung	wrung
write	wrote	written

1. Las variantes del pasado y/o participio de estos verbos dependen del significado del verbo. Por ejemplo el verbo *to hang* hace el pasado *hanged* cuando quiere decir "ahorcar" y *hung* en todos sus otras acepciones. Para más información consultar las entradas pertinentes.

A, a [eɪ] *n* **1** *(the letter)* A, a *f*; **a for ace**, a de as; *fig* **from A to Z**, de principio a fin. **2** *Mus* la *m*.

A *abbr of* **ampère**, amperio *m*, A.

a [eɪ, *unstressed* ə] *indef art (before vowel or silent h an)* **1** un, una; **a man/a woman**, un hombre/una mujer; **an idea**, una idea; **a woman has to be strong**, las mujeres tienen que ser fuertes; **I didn't understand a word**, no entendí ni jota; **he has a big nose**, tiene la nariz grande. **2** *(omitted in Span)* **half a litre/ an hour**, medio litro/media hora; **Bangor, a city in Wales**, Bangor, ciudad de Gales; **let's have a drink/ a snack**, vamos a beber/comer algo; **he's a doctor**, es médico; **many a time**, muchas veces; **she got in without an invitation**, entró sin invitación; **what a coincidence!**, ¡qué casualidad!; **what a day!**, ¡vaya día!; **what a pity**, qué pena *or* lástima. **3** *(each)* **60 pence a kilo**, 60 peniques el kilo; **to eat grapes two at a time**, comer las uvas de dos en dos; **three times a week**, tres veces a la *or* por semana. **4** *(a certain)* un *or* una tal; **a Mr Rees phoned**, llamó un tal Sr. Rees; **in a sense**, hasta cierto punto.

AA [eɪ'eɪ] **1** *abbr of* **Alcoholics Anonymous**, Alcohólicos *mpl* Anónimos, AA. **2** *abbr of* **Automobile Association**, ≈ Automóvil Club *m*, AC.

AAA [eɪeɪ'eɪ] **1** *GB abbr of* **Amateur Athletic Association**, Asociación *f* Atlética Amateur, AAA. **2** *US abbr of* **Automobile Association of America**, ≈ Automóvil Club *m*, AC.

AB [eɪ'biː] **1** *GB abbr of* **able-bodied (seaman)**, marinero *m* de primera. **2** *US abbr see* BA

aback [ə'bæk] *adv* **to be taken a.**, sorprenderse; *fam* quedarse de una pieza (by, por).

abacus ['æbəkəs] *n (pl abacuses or abaci* ['æbəsaɪ]) ábaco *m*.

abandon [ə'bændən] **I** *n* desenfreno *m*; **with reckless a.**, desenfrenadamente. **II** *vtr (child, family)* abandonar; *(job)* dejar; *(project)* renunciar a; **the match was abandoned because of rain**, se suspendió el partido a causa de la lluvia; **to a. ship**, abandonar el barco.

abase [ə'beɪs] *vtr* humillar, degradar; **to a. oneself**, humillarse, degradarse.

abashed [ə'bæʃt] *adj* desconcertado,-a, confuso,-a.

abate [ə'beɪt] *vi (anger)* apaciguarse; *(flood)* decrecer; *(storm, wind)* amainar.

abatement [ə'beɪtmənt] *n* reducción *f*, supresión *f*; **noise a. campaign**, campaña *f* contra el ruido (en el medio ambiente).

abattoir ['æbətwɑːʳ] *n* matadero *m*.

abbess ['æbɪs] *n* abadesa *f*.

abbey ['æbɪ] *n* abadía *f*.

abbot ['æbət] *n* abad *m*.

abbreviate [ə'briːvɪeɪt] *vtr* abreviar.

abbreviation [əbriːvɪ'eɪʃən] *n* abreviatura *f*.

ABC¹ [eɪbiː'siː] *n* abecé *m*, abecedario *m*, alfabeto *m*; **an ABC of hotels**, una guía completa de hoteles.

ABC² [eɪbiː'siː] **1** *abbr of* **American Broadcasting Company**, compañía *f* americana de radiodifusión, ABC. **2** *abbr of* **Australian Broadcasting Commission**, Comisión *f* australiana de radiofusión, ABC.

abdicate ['æbdɪkeɪt] **I** *vtr (throne)* abdicar; *(right, responsibility)* renunciar; **he abdicated in favour of his son**, abdicó en su hijo. **II** *vi (monarch)* abdicar.

abdication [æbdɪ'keɪʃən] *n (of throne by monarch)* abdicación *f*; *(of right, responsibility)* renunciación *f*.

abdomen ['æbdəmən] *n* abdomen *m*, vientre *m*.

abdominal [æb'dɒmɪnəl] *adj* abdominal, de vientre, ventral.

abduct [æb'dʌkt] *vtr* raptar, secuestrar.

abduction [æb'dʌkʃən] *n* rapto *m*, secuestro *m*.

abductor [æb'dʌktəʳ] *n* secuestrador,-a *m,f*.

aberrant [æ'berənt] *adj (behaviour)* anormal; *(example, specimen)* aberrante.

aberration [æbə'reɪʃən] *n* aberración *f*, defecto *m*; **mental a.**, desvarío *m*.

abet [ə'bet] *vtr Jur* **to aid and a. sb**, ser cómplice de algn.

abeyance [ə'beɪəns] *n* desuso *m*; **to be in/fall into a.**, estar en/caer en desuso.

abhor [əb'hɔːʳ] *vtr (pt & pp abhorred)* aborrecer, detestar.

abhorrence [əb'hɒrəns] *n* aborrecimiento *m*; **to have an a. of sth**, aborrecer algo.

abhorrent [əb'hɒrənt] *adj* aborrecible, odioso,-a; **it is a. to me**, lo aborrezco.

abide [ə'baɪd] *vtr (pt & pp abode or abided) (tolerate)* tolerar, aguantar; **I can't a. him**, no le puedo ver, me cae muy mal; **I can't a. it**, no lo aguanto.

◆**abide by** *vtr (promise)* cumplir con; *(rules)* atenerse a.

ability [ə'bɪlɪtɪ] *n (capability)* capacidad *f*, aptitud *f*; *(talent)* talento *m*, dotes *fpl*; **a pupil of great a.**, un alumno de grandes dotes; **she did it to the best of her a.**, lo hizo lo mejor que pudo; **to have a. to do sth**, tener capacidad para hacer algo.

abject ['æbdʒekt] *adj (state)* miserable; *(apology)* rastrero,-a; **a. poverty**, miseria *f*.

ablaze [ə'bleɪz] *adj & adv* en llamas, ardiendo; **to be a.**, arder; *fig* **a. with light**, resplandeciente de luz.

able ['eɪbəl] *adj (person) (capable)* capaz; *(piece of work) (satisfactory)* bien hecho,-a; **is he a. to swim ten miles?**, ¿es capaz de nadar diez millas?; **will you be a. to come on Tuesday?**, ¿podrás venir el martes?

able-bodied [eɪbəl'bɒdɪd] *adj* sano,-a, robusto,-a. ■ **a.-b. seaman**, marinero *m* de primera.

ablutions [ə'bluːʃənz] *npl fml hum* **to perform one's a.**, lavarse.

ABM [eɪbiː'em] *abbr of* **anti-ballistic missile**, misil *m* antibalístico, ABM.

abnormal [æb'nɔːməl] *adj* anormal. ◆**abnormally** *adv* anormalmente; *(large etc)* de modo anormal, extraordinariamente.

abnormality [æbnɔː'mælɪtɪ] *n* anormalidad *f*; *Biol* anomalía *f*; *Med* deformidad *f*.

aboard [ə'bɔːd] **I** *adv* a bordo; **to go a.**, *(ship)* embarcarse, subir a bordo; *(train)* subir; **all aboard!**, *(ship)* ¡pasajeros a bordo!; *(train)* ¡viajeros al tren! **II** *prep* a bordo de; **a. ship**, a bordo del barco, en barco; **a. the train**, en el tren.

abode [ə'bəʊd] I *pt & pp see* **abide** . II *n Jur* of no fixed a., sin domicilio fijo.

abolish [ə'bɒlɪʃ] *vtr* abolir, suprimir; *(law)* derogar.

abolition [æbə'lɪʃən] *n* abolición *f*, supresión *f*; *(of law)* derogación *f*.

abominable [ə'bɒmɪnəbəl] *adj* abominable; *(dreadful)* terrible; **the A.** Snowman, el Abominable Hombre de las Nieves, el Yeti.◆**abominably** *adv* abominablemente; **a. rude**, terriblemente grosero,-a **(towards, hacia)**.

abomination [əbɒmɪ'neɪʃən] *n* abominación *f*; **it's an a.**, es un escándalo.

aboriginal [æbə'rɪdʒɪnəl] *adj* aborigen.

aborigine [æbə'rɪdʒɪnɪ] *n* aborigen *mf* australiano,-a.

abort [ə'bɔːt] I *vtr Med (foetus)* hacer abortar; *fig (plan etc)* archivar, cancelar. II *vi Med* abortar.

abortion [ə'bɔːʃən] *n Med* aborto *m*; **a. law**, ley *f* del aborto; **to have an a.**, abortar.

abortionist [ə'bɔːʃənɪst] *n* abortista *mf*.

abortive [ə'bɔːtɪv] *adj fig (attempt, plan, etc)* fracasado,-a.

abound [ə'baʊnd] *vi* to a. in or with, abundar en.

about [ə'baʊt] *adv & prep* **1** *(concerning)* acerca de, sobre; **a book a.** Keats, un libro sobre Keats; **I've come a.** the washing machine, vengo por lo de la lavadora; **to be worried a. sth**, estar preocupado,-a por algo; **to enquire a. sth**, preguntar por algo; **to speak a. sth**, hablar de algo; **tell me all a. it**, cuéntamelo todo; **what's it all a.?**, *(what's happening?)* ¿qué pasa?; *(what does it mean?)* ¿qué quiere decir?; *(story, play, etc)*, ¿de qué se trata?; **what a. it?**, *(what do you think?)* ¿qué te parece?; *(so what?)* ¿y qué?; **you know all a. it**, ya estás muy enterado,-a; *fam* **how a. a game of tennis?**, ¿qué te parece un partido de tenis?; *fam* **how a. a cup of coffee?**, ¿te apetece un café? **2** *(around)* por todas partes, de un lado para otro; **don't leave things lying a.**, no dejes las cosas por ahí; **he's somewhere a.**, está aquí por algún lado; **there are a lot of crazy people a.**, anda mucha gente loca suelta; **there's a lot of violence a.**, hoy en día hay mucha violencia; **there's nobody a.**, no hay nadie; **to be up and a.**, estar levantado,-a; *(after illness)* hacer vida normal; **to look a.**, mirar a su alrededor; **to rush a.**, correr de un lado para otro; **we went for a walk a.** the town, dimos una vuelta por el pueblo; *fam* **bring me a cup of tea while you're a. it**, y traeme un té, de paso. **3** *(approximately)* más o menos, casi, a eso de; **it's a. 3 o'clock**, son más o menos las 3; **it's a. time you got up**, ya es hora de que te levantes; **it's just a. finished**, está casi terminado; **on or a.** the 5ᵗʰ of May, hacia el día 5 de mayo; **she's a. 40**, tendrá unos 40 años; *iron* **a. time too!**, ¡a buenas horas! **4** *Mil* **a turn!**, ¡media vuelta! **5** *(just ready)* **I'm a.** to do it now, lo voy a hacer ahora; **it's a.** to start, está a punto de empezar; **they'll be just a.** arriving, estarán al llegar. **6** to go a. (doing) sth, hacer algo; **how do you go a.** opening a bank account?, ¿qué hay que hacer para abrir una cuenta bancaria?

about-turn [əbaʊt'tɜːn], *US* **about-face** [əbaʊt'feɪs] I *n* media vuelta *f*; **to do an a.-t.**, hacer media vuelta; *fig* cambiar de idea por completo. II *vi* dar media vuelta; *fig* cambiar de idea por completo.

above [ə'bʌv] *adv & prep* I *(higher, higher than)* encima de, sobre, arriba; **a voice from a.**, una voz desde lo alto; **his voice was heard a.** the noise, se oyó su voz por encima del ruido *or* a pesar de tanto ruido; **100 metres a.** sea level, 100 metros sobre el

nivel del mar; **it's a.** the door, está encima de la puerta; **the flat a.**, el piso de arriba; **the River Miño a.** Orense, el río Miño antes de pasar por Orense; **the shelf a.** the sink, el estante de encima del fregadero; **the town seen from a.**, el pueblo visto desde arriba *or* a vista de pájaro. **2** *(greater, greater than)* superior (a); **amounts a. £10**, cantidades superiores a las 10 libras; **tickets numbered 200 and a.**, entradas a partir del número 200; **to be a. sb** in rank/ status, estar por encima de algn en rango/jerarquía; *fig* **a policy imposed from a.**, una política impuesta desde arriba. **3** *fig (beyond)* **a. all**, sobre todo, encima de todo; **a. reproach**, intachable; **he's not a.** stealing, es capaz incluso de robar; **she's a.** all that, está muy encima de todo esto; **it's a. me**, está por encima de mis posibilidades, es demasiado difícil para mí. **4** *(in book etc)* más arriba; **see paragraph 6 a.**, véase el párrafo 6 más arriba.

above-board [ə'bʌvbɔːd] *adj (scheme)* legítimo,-a; *(person)* honesto,-a.

above-mentioned [ə'bʌvmenʃənd] *adj* arriba citado,-a, susodicho,-a.

Abp *abbr of* **Archbishop**, Arzobispo *m*, Arz., Arzpo.

abrasion [ə'breɪʒən] *n* abrasión *f*.

abrasive [ə'breɪsɪv] I *adj (substance)* abrasivo,-a; *fig (voice, wit, etc)* cáustico,-a. II *n* abrasivo *m*.

abreast [ə'brest] *adv* **to walk 3 abreast**, ir de 3 en fondo; *fig* **to keep a.** of things, mantenerse al día, estar al tanto de las cosas.

abridged [ə'brɪdʒd] *adj (book)* abreviado,-a, resumido,-a.

abroad [ə'brɔːd] *adv* **1** *(foreign places)* en el *or* al extranjero; **to be a.**, estar en el extranjero; **to go a.**, irse al extranjero; **to live a.**, vivir en el extranjero. **2** *(extensively)* **the news spread a.**, la noticia se divulgó rápidamente; **there's a rumour a. that ...**, corre el rumor que ... .

abrupt [ə'brʌpt] *adj (manner)* brusco,-a; *(tone, voice)* áspero,-a; *(change, stop)* repentino,-a, súbito,-a.◆**abruptly** *adv (act)* bruscamente; *(speak)* con aspereza; *(change, stop)* repentinamente.

abscess ['æbses] *n* absceso *m*; *(on gum)* flemón *m*.

abscond [əb'skɒnd] *vi* huir, fugarse; **he absconded with the money**, se fugó con el dinero.

absence ['æbsəns] *n (of person)* ausencia *f*; *(of thing)* falta *f*; *Jur* **she was sentenced in her a.**, fue juzgada en rebeldía; **in the a. of any details ...**, a falta de datos ...; *fig* **a. of mind**, distracción *f*.

absent ['æbsənt] I *adj* ausente; *Mil* **a. without leave**, ausente sin permiso; **to be a. from school**, faltar a clase; **far a. look**, una mirada distraída. II [æb'sent] *vtr* **to a. oneself**, ausentarse.◆**absently** *adv (distractedly)* distraídamente.

absentee [æbsən'tiː] *n* ausente *mf*. ■ **a. landlord**, absentista *m*.

absenteeism [æbsən'tiːɪzəm] *n* absentismo *m*.

absent-minded [æbsənt'maɪndɪd] *adj* distraído,-a, despistado,-a.

absolute ['æbsəluːt] *adj (majority, power)* absoluto,-a; *(certain)* completo,-a; *(confidence, failure)* total; *(truth)* puro,-a; *(proof)* incontrovertible; **it's an a. disgrace**, es una auténtica vergüenza.◆**absolutely** I *adv (completely)* completamente, totalmente; **a. wrong**, totalmente equivocado,-a; **a. not**, en absoluto; **you're a. right**, tienes toda la razón. II *interj* **a.!**, ¡desde luego!, ¡claro!, ¡por supuesto!

absolution [æbsə'luːʃən] *n Rel* absolución *f*.

absolve [əb'zɒlv] *vtr* absolver (**from**, de).

absorb [əb'zɔːb] *vtr* (*liquid, costs*) absorber; (*heat, sound, blow*) amortiguar; (*energy, time*) ocupar; *fig* **to be absorbed in sth,** estar absorto,-a en algo.

absorbing [əb'zɔːbɪŋ] *adj* (*book, work*) absorbente; **it's an a. hobby,** es un pasatiempo que distrae mucho.

abstain [əb'steɪn] *vi* abstenerse (**from**, de).

abstainer [əb'steɪnəʳ] *n* abstemio,-a *m,f*.

abstemious [əb'stiːmɪəs] *adj* abstemio,-a, sobrio,-a.

abstention [əb'stenʃən] *n* abstención *f*.

abstinence ['æbstɪnəns] *n* abstinencia *f*.

abstract ['æbstrækt] **I** *adj* abstracto,-a; **an a. painting,** una pintura de estilo abstracto. **II** *n* (*of thesis etc*) resumen *m*; (*painting*) abstracto *m*; **to talk in the a.,** hablar en términos abstractos. **III** [æb'strækt] *vtr* (*summarize*) abstraer; *euph* (*steal*) sustraer.

abstruse [əb'struːs] *adj* abstruso,-a, embrollado,-a.

absurd [əb'sɜːd] *adj* absurdo,-a; **it's a.!,** ¡qué disparate!; **don't be a.!,** ¡no seas ridículo,-a!

absurdity [əb'sɜːdɪtɪ] *n* disparate *m*, locura *f*.

ABTA ['æbtə] *abbr of* **Association of British Travel Agents,** Asociación *f* de agentes de viaje británicos.

abundance [ə'bʌndəns] *n* abundancia *f*; **in a.,** en abundancia, abundantemente.

abundant [ə'bʌndənt] *adj* abundante, rico,-a (**in**, en).◆**abundantly** *adv* abundantemente, en abundancia; **it's a. clear,** está clarísimo, es evidente; **she made it a. clear to me that she was offended,** me constató claramente que se sentía ofendida.

abuse [ə'bjuːs] **I** *n* **1** (*ill-treatment*) malos tratos *mpl*; (*misuse*) (*of power, confidence*) abuso *m*. **2** (*insults*) insultos *mpl*, improperios *mpl*, injurias *fpl*; **to shower a. on sb,** colmar a algn de insultos *or* injurias. **II** [ə'bjuːz] *vtr* **1** (*ill-treat*) maltratar; (*misuse*) abusar de. **2** (*insult*) insultar, injuriar.

abusive [əb'juːsɪv] *adj* (*insulting*) insultante, grosero,-a, ofensivo,-a; **to use a. language,** decir groserías *or* injurias.

abysmal [ə'bɪzməl] *adj* (*poverty, conditions*) extremo,-a; *fam* (*very bad*) (*weather, film, food, etc*) fatal, pésimo,-a.

abyss [ə'bɪs] *n* abismo *m*, sima *f*; *fig* extremo *m*.

Abyssinia [æbɪ'sɪnɪə] *n* Abisinia *f*.

Abyssinian [æbɪ'sɪnɪən] *adj & n* abisinio,-a (*m,f*).

AC ['eɪsiː] *Elec abbr of* **alternating current,** corriente *f* alterna, CA.

a/c *Fin abbr of* **account,** cuenta *f*, cta.

acacia [ə'keɪʃə] *n Bot* acacia *f*. ■ **false a.,** acacia *f* falsa, robinia *f*.

academic [ækə'demɪk] **I** *adj* **1** *Educ* académico,-a, escolar; (*career*) universitario,-a; (*question, discussion*) teórico,-a; **a. year,** año escolar. **II** *n* académico,-a *m,f*, profesor,-a *m,f* de universidad.

academy [ə'kædəmɪ] *n* (*society*) academia *f*; *Scot Educ* instituto *m* de enseñanza media; **Royal A. (of Arts),** Real Academia (de Bellas Artes). ■ **military a.,** escuela *f* militar; **a. of music,** conservatorio *m*.

ACAS ['eɪkæs] *GB abbr of* **Advisory Conciliation and Arbitration Service,** organismo que arbitra en cuestiones laborales.

accede [æk'siːd] *vi* (*throne*) acceder (**to**, a); (*petition, request*) consentir (**to**, en), acceder (**to**, a).

accelerate [æk'seləreɪt] **I** *vtr* (*engine*) acelerar; (*step*) apretar, apresurar. **II** *vi* (*car, engine*) acelerar.

acceleration [ækselə'reɪʃən] *n Aut* aceleración *f*.

accelerator [æk'seləreɪtəʳ] *n Aut* acelerador *m*.

accent ['æksənt] *n* acento *m*; **he has a Scottish a.,** tiene acento escocés; *fig* **fashion with the a. on comfort,** la moda con especial atención al confort.

accentuate [æk'sentʃʊeɪt] *vtr* (*word*) acentuar; (*difference etc*) subrayar.

accept [ək'sept] *vtr & vi* (*cheque, gift, invitation*) aceptar; (*theory*) admitir, aprobar; (*person*) aceptar, acoger; **do you a. that ...?,** ¿estás de acuerdo en que ...?; **it's the accepted thing,** es la norma, es lo normal; **to a. defeat,** admitir la derrota.

acceptable [ək'septəbəl] *adj* (*satisfactory*) aceptable; (*tolerable*) admisible; (*welcome*) grato,-a; **that isn't (socially) a.,** eso no se hace *or* no se admite (entre gente educada).

acceptance [ək'septəns] *n* (*act of accepting*) aceptación *f*, admisión *f*; (*good reception*) aprobación *f*, acogida *f*.

access ['ækses] *n* acceso *m*; **a. road,** carretera *f or* camino *m* de acceso; **to have/gain a. to sth,** tener/conseguir libre acceso a algo.

accessibility [æksesə'bɪlɪtɪ] *n* accesibilidad *f*.

accessible [ək'sesəbəl] *adj* (*place, position*) accesible; (*person*) asequible.

accession [ək'seʃən] *n* **1** (*of monarch*) subida *f* (al trono). **2** (*acquisition*) (*in library etc*) adquisición *f*.

accesory [ək'sesərɪ] *n* **1** *Jur* cómplice *mf*; **a. before/after the fact,** cómplice instigador/encubridor. **2** **accessories,** accesorios *mpl*; (*for outfit*) complementos *mpl*.

accident ['æksɪdənt] *n* **1** (*misadventure*) accidente *m*; **to have an a.,** tener *or* sufrir un accidente; **it was an a. on my part,** lo hice sin querer. ■ **car *or* road a.,** accidente *m* de carretera; **industrial a.,** accidente laboral. **2** (*coincidence*) casualidad *f*; **by a.,** por casualidad; **it was quite by a.,** fue una pura casualidad.

accidental [æksɪ'dentəl] *adj* (*by chance*) fortuito,-a; (*unexpected*) imprevisto,-a.◆**accidentally** *adv* (*by chance*) por casualidad; **he did it a.,** (*unintentionally*) lo hizo sin querer.

accident-prone ['æksɪdəntprəʊn] *adj* propenso,-a a los accidentes.

acclaim [ə'kleɪm] **I** *n* aclamación *f*. **II** *vtr* aclamar.

acclamation [æklə'meɪʃən] *n* aclamación *f*, alabanza *f*.

acclimate [ə'klaɪmət] *vtr US see* **acclimatize.**

acclimated ['æklɪmeɪtɪd] *adj US see* **acclimatized.**

acclimation [æklɪ'meɪʃən] *n US see* **acclimatization.**

acclimatization [əklaɪmətaɪ'zeɪʃən] *n* aclimatación *f*.

acclimatize [ə'klaɪmətaɪz] *vtr* aclimatar; **to a. oneself,** aclimatarse.

acclimatized [ə'klaɪmətaɪzd] *adj* aclimatado,-a; **to become a.,** aclimatarse.

accolade ['ækəleɪd] *n* elogio *m*.

accommodate [ə'kɒmədeɪt] *vtr* **1** (*guests etc*) alojar, hospedar; **the hotel can a. 100 guests,** el hotel tiene capacidad para cien huéspedes. **2** (*satisfy, provide for*) **to a. sb's wishes,** complacer a algn; **whatever you need, we try to a. you,**

procuramos facilitarle cualquier cosa que necesite. 3 *(adapt)* **to a. oneself to a new situation,** amoldarse *or* adaptarse a una nueva situación.

accommodating [ə'kɒmədeɪtɪŋ] *adj (obliging)* complaciente; *(understanding)* comprensivo,-a.

accommodation [əkɒmə'deɪʃən] *n* 1 *(US also accommodations) (lodgings)* alojamiento *m*; *(space)* sitio *m*; **do you have any a. for tonight?**, ¿tiene *or* quedan habitaciones libres para esta noche?; **overnight a.**, camas *fpl*; **we don't have the a. for so many people,** no tenemos sitio para tanta gente. 2 *(agreement)* acuerdo *m*; **to reach an a. over sth,** llegar a un acuerdo sobre algo.

accompaniment [ə'kʌmpənɪmənt] *n* acompañamiento *m*.

accompanist [ə'kʌmpənɪst] *n Mus* acompañante *mf*.

accompany [ə'kʌmpənɪ] *vtr* acompañar; **to be accompanied by sb,** ir acompañado de algn; *Mus* **to a. sb on the piano,** acompañar a algn al piano.

accomplice [ə'kʌmplɪs] *n* cómplice *mf*.

accomplish [ə'kʌmplɪʃ] *vtr (aim)* conseguir, lograr, realizar; *(task, mission)* llevar a cabo; **what have you accomplished?**, ¿qué has conseguido?

accomplished [ə'kʌmplɪʃt] *adj (musician)* dotado,-a, experto,-a.

accomplishment [ə'kʌmplɪʃmənt] *n* 1 *(fulfilment) (of task)* realización *f*; *(of duty)* cumplimiento *m*. 2 **accomplishments,** *(talents)* talentos *mpl*, dotes *fpl*.

accord [ə'kɔ:d] I *n (agreement)* acuerdo *m*; **of her** *or* **his own a.**, espontáneamente, voluntariamente; **with one a.**, de común acuerdo, de una voz. II *vtr (honour, permission)* conceder. III *vi (agree)* concordar (**with**, con).

accordance [ə'kɔ:dəns] *n* **in a. with,** de acuerdo con, conforme a.

according [ə'kɔ:dɪŋ] *prep* **a. to,** según; **a. to instructions,** con arreglo a las instrucciones; **a. to them,** según ellos; **everything went a. to plan,** todo salió conforme a los planes; **lined up a. to age,** alineados por edades.

accordingly [ə'kɔ:dɪŋlɪ] *adv* 1 *(appropriately)* en consecuencia; **to act a.,** obrar según y conforme. 2 *(therefore)* así pues, por consiguiente; **a. I rang her,** así pues, la llamé.

accordion [ə'kɔ:dɪən] *n Mús* acordeón *m*.

account [ə'kaʊnt] *n* 1 *(report)* informe *m*; **by all accounts,** al decir de todos; **to bring** *or* **call sb to a.,** pedirle cuentas a algn; **to give sb an a. of sth,** informar a algn de algo. 2 *(importance)* importancia *f*; *(consideration)* consideración *f*; *(advantage)* provecho *m*; **I was fearful on her a.,** sufría por ella; **it's of no a.,** no tiene importancia; **on a. of,** a causa de; **on no a.,** bajo ningún concepto; **to take a. of sth,** take sth into a., tener algo en cuenta; **to turn sth to good a.,** sacar provecho de *or* aprovechar algo. 3 *Com* cuenta *f*; **to keep the accounts,** llevar las cuentas *or* la contabilidad; **to open/close an a.,** abrir/ cancelar una cuenta; *fig* **to settle accounts with sb,** ajustar cuentas con algn. ◆**account for** *vtr (explain)* explicar, dar cuentas de; **everyone has been accounted for,** no falta nadie; **I can't a. for it,** no me lo explico; **there's no accounting for tastes,** sobre gustos no hay nada escrito.

accountable [ə'kaʊntəbəl] *adj* **to be a. to sb for sth,** ser responsable ante algn de algo; **I'm not a. to them,** no tengo por qué darles explicaciones a ellos.

accountancy [ə'kaʊntənsɪ] *n* contabilidad *f*; **to study a.,** estudiar para contable.

accountant [ə'kaʊntənt] *n* contable *mf*; **chartered a.,** perito,-a *m,f* contable.

accredited [ə'kredɪtɪd] *adj* acreditado,-a, autorizado,-a.

accrue [ə'kru:] *vi (interest)* acumularse; **interest will a. at a rate of 10 per cent,** le corresponderá un interés del 10 por ciento.

acct. *Fin abbr of* **account,** cuenta *f*, cta.

accumulate [ə'kju:mjʊleɪt] I *vtr* acumular, amontonar; *(fortune)* amasar. II *vi* acumularse, amontonarse.

accumulation [əkju:mjʊ'leɪʃən] *n* acumulación *f*, amontonamiento *m*; **an a. of things,** un montón de cosas.

accuracy ['ækjʊrəsɪ] *n (of figure, number, instrument)* exactitud *f*, precisión *f*; *(of shot, criticism)* certeza *f*; *(of translation)* fidelidad *f*.

accurate ['ækjərɪt] *adj (figure, number)* exacto,-a, preciso,-a; *(shot, criticism)* certero,-a; *(answer)* correcto,-a; *(comment, observation)* acertado,-a; *(instrument, watch)* de precisión; *(translation)* fiel. ◆**accurately** *adv* exactamente; *(translate)* fielmente.

accusation [ækjʊ'zeɪʃən] *n* acusación *f*.

accuse [ə'kju:z] *vtr* acusar; **they accused Peter of stealing the money,** acusaron a Peter de robar el dinero.

accused [ə'kju:zd] *n Jur* **the a.,** *(man)* el acusado; *(woman)* la acusada.

accusing [ə'kju:zɪŋ] *adj (look, tone)* acusador,-a. ◆**accusingly** *adv* acusatoriamente, en un tono acusador.

accustom [ə'kʌstəm] *vtr* acostumbrar; **to a. sb to (doing) sth,** acostumbrar a algn a (hacer) algo; **to be accustomed to doing sth,** estar acostumbrado,-a a hacer algo; **to get accustomed to sth,** acostumbrarse a algo.

ace [eɪs] *n* 1 *Cards* as *m*; **a. of clubs/spades,** as de tréboles/picas; **to play one's a.,** jugar su mejor baza; *fig* **to have an a. up one's sleeve,** guardar un as en la manga. 2 *fig* as *m*; **he's an a. driver,** es un as del volante. 3 *Tennis (service)* ace *m*.

acerbic [ə'sɜ:bɪk] *adj (wit)* acerbo,-a, mordaz.

acerbity [ə'sɜ:bɪtɪ] *n (of wit)* acerbidad *f*.

acetate ['æsɪteɪt] *n* acetato *m*.

acetone ['æsɪtəʊn] *n* acetona *f*.

ache [eɪk] I *n (pain)* dolor *m*; **aches and pains,** achaques *mpl*. II *vi (hurt)* doler; **it makes my head a.,** me da dolor de cabeza; **my back aches,** me duele la espalda; *fig* **I was aching to tell them,** ansiaba decírselo.

achieve [ə'tʃi:v] *vtr (attain)* conseguir, lograr, alcanzar; *(complete, accomplish)* llevar a cabo, realizar.

achievement [ə'tʃi:vmənt] *n (attainment, success)* logro *m*; *(completion)* realización *f*; *(feat)* hazaña *f*; **éxito** *m*; **what an a.!,** ¡vaya hazaña!

acid ['æsɪd] I *adj Chem* ácido,-a; *(taste)* agrio,-a; *fig (remark, wit)* mordaz. II *n* 1 *Chem* ácido *m*. ▪ *fig* **a. test,** prueba *f* decisiva. 2 *(drugs)* ácido *m*.

acidity [ə'sɪdɪtɪ] *n* acidez *f*; *fig (of remark, wit)* mordacidad *f*.

acknowledge [ək'nɒlɪdʒ] *vtr* **1** *(recognize)* *(person, truth)* reconocer; *(claim, defeat)* admitir; *(present)* agradecer, dar las gracias por; *(letter, invoice)* acusar recibo de. **2** *(greet)* saludar.

acknowledgement [ək'nɒlɪdʒmənt] *n* **1** *(recognition)* reconocimiento *m*; *(admission)* admisión *f*; *(of letter, invoice)* acuse *m* de recibo. **2 acknowledgements,** *(in preface)* menciones *fpl*.

acme ['ækmɪ] *n* colmo *m*, punto *m* culminante, apogeo *m*.

acne ['æknɪ] *n* acné *m*.

acolyte ['ækəlaɪt] *n Rel* acólito *m*; *fig* seguidor,-a *m,f*.

acorn ['eɪkɔːn] *n* bellota *f*.

acoustic [ə'kuːstɪk] **I** *adj* acústico,-a. **II acoustics** *npl* acústica *f sing*.

acquaint [ə'kweɪnt] *vtr* **1** *(facts)* dar a conocer; **to a. sb with the facts,** informar a algn de *or* sobre los detalles; **to a. oneself with sth,** familiarizarse con algo; **to be acquainted with the procedure,** estar al corriente de como se procede. **2** *(person)* **to be acquainted with sb,** conocer a algn; **they are acquainted,** se conocen; **they're getting acquainted,** se van conociendo.

acquaintance [ə'kweɪntəns] *n* **1** *(familiarity)* *(with facts etc)* conocimiento *m*; *(with person)* conocimiento *m*, relación *f*; **to make sb's a.,** conocer a algn. **2** *(person)* conocido,-a *m,f*; **he's an a. of ours,** le conocemos.

acquiesce [ækwɪ'es] *vi* consentir **(in,** en), conformarse **(in,** con).

acquiescence [ækwɪ'esəns] *n* consentimiento *m*, conformidad *f*.

acquiescent [ækwɪ'esənt] *adj* conforme.

acquire [ə'kwaɪə^r] *vtr* *(get)* obtener, adquirir; *(possessions, property)* adquirir; *(territories)* tomar posesión de; *(habit, reputation)* adquirir, contraer; **to a. a taste for sth,** tomarle gusto a algo; **it's an acquired taste,** es un gusto que hay que aprender a apreciar.

acquisition [ækwɪ'zɪʃən] *n* adquisición *f*.

acquisitive [ə'kwɪzɪtɪv] *adj* codicioso,-a, acaparador,-a.

acquit [ə'kwɪt] *vtr* *(pt & pp acquitted)* **1** *Jur* **to a. sb of sth,** absolver a algn de algo. **2 to a. oneself well,** comportarse *or* defenderse bien.

acquittal [ə'kwɪtəl] *n Jur* absolución *f*.

acre ['eɪkə^r] *n* acre *m* (= 40,47 áreas).

acrid ['ækrɪd] *adj* *(smell, taste)* acre; *fig (remark, manner)* cáustico,-a, mordaz.

acrimonious [ækrɪ'məʊnɪəs] *adj* *(remark, manner)* cáustico,-a, mordaz; *(dispute)* enconado,-a, amargo,-a.

acrimony ['ækrɪmənɪ] *n* acritud *f*, aspereza *f*.

acrobat ['ækrəbæt] *n* acróbata *mf*.

acrobatics [ækrə'bætɪks] *npl* acrobacia *f sing*.

across [ə'krɒs] **I** *adv* **1** de través; **the river is 30 metres a.,** el río mide 30 metros de ancho; **to go** *or* **come a.,** atravesar; **to lay sth a.,** poner algo transversalmente *or* de través; **to run/jump a.,** atravesar corriendo/de un salto; *fig* **to put one's point of view a. to sb,** exponer su punto de vista a algn; *fig* **we couldn't get it a. to him,** no logramos hacerle comprender. **2** *(in crossword)* horizontalmente. **II** *prep* **1** a través de; **they live a. the road,** viven enfrente; **to go a. the bridge/the street,** cruzar *or* atravesar el puente/la calle. **2** *(at the other side of)* al otro lado de; **our house is a. the park,** nuestra casa se encuentra al otro lado del parque.

across-the-board [əkrɒsðə'bɔːd] *adj* generalizado,-a, indiscriminado,-a.

acrylic [ə'krɪlɪk] *adj* acrílico,-a.

act [ækt] **I** *n* **1** *(action)* acto *m*, acción *f*; **an a. of aggression/violence,** una agresión/violencia; **an a. of folly,** una tontería, una locura; **an a. of kindness,** un gesto de amabilidad; **to catch sb in the a.,** sorprender a algn en flagrante; *fam* pillar a algn con las manos en la masa. ■ **a. of God,** caso *m* de fuerza mayor. **2** *Parl* ley *f*, decreto *m*. **3** *Theat (part of play)* acto *m*; *(turn in circus, show)* número *m*; *fig* **to put on an a.,** fingir, disimular; *fig* **to get in on the a.,** meterse en el asunto. **II** *vtr Theat (part)* hacer el papel de, interpretar; *(character)* representar; *fig* **to a. the fool,** hacer el tonto, hacer tonterías; *fig* **to a. big,** presumir. **III** *vi* **1** *Theat* hacer teatro, ser actor *or* actriz; *Cin* hacer cine, ser estrella de cine; *fig (pretend)* fingir, disimular; **to a. dumb,** hacerse el sueco. **2** *(behave)* comportarse; *(react)* reaccionar; **why did she a. like that?,** ¿por qué se comportó así? **3** *(take action)* actuar, obrar, tomar medidas; **to a. for** *or* **on behalf of sb,** representar a algn, obrar en nombre de algn; **to a. on sb's advice,** seguir el consejo de algn; **to a. with the best of intentions,** obrar con las mejores intenciones. **4** *(work)* funcionar; *(drug, medicine, etc)* actuar; **to a. as a brake,** servir de freno; **to a. as an incentive/a deterrent,** servir de incentivo/disuasivo. **5 to a. as director/secretary,** hacer de director/de secretaria. ◆**act out** *vtr (feelings)* exteriorizar. ◆**act up** *vi fam (machine)* funcionar mal; *(child)* dar guerra; *(injury, wound, etc)* doler.

acting ['æktɪŋ] **I** *adj* interino,-a, en funciones. **II** *n* **1** *(profession)* profesión *f* de actor, teatro *m*; **he's done some a.,** ha hecho algo de teatro; **she wants to do a.,** quiere hacer teatro *or* ser actriz. **2** *(performance)* actuación *f*, interpretación *f*, representación *f*; *fig* **it's only a.,** es pura comedia.

action ['ækʃən] *n* **1** *(functioning)* funcionamiento *m*, marcha *f*; *(deed)* acción *f*, hecho *m*; *Theat Cin* acción, historia *f*; *Mil* acción de combate; *Mil* **killed in a.,** muerto en batalla; **the a. takes place in Africa,** la acción transcurre en Africa; **to be out of a.,** *(machine)* estar estropeado,-a *or* averiado,-a; *(person)* estar fuera de servicio; **to put sth into a.,** poner algo en marcha; **to take a.,** tomar medidas; *prov* **actions speak louder than words,** hechos son amores y no buenas razones. **2** *Jur* demanda *f*, proceso *m*; **to bring an a. against sb,** entablar una demanda contra algn. **3** *TV Sport* **a. replay,** repetición *f* (de la jugada).

activate ['æktɪveɪt] *vtr* activar.

active ['æktɪv] *adj* activo,-a; *(energetic)* vigoroso,-a, enérgico,-a; *(interest)* vivo,-a; *(volcano)* en erupción; *(law)* vigente; *(life)* ajetreado,-a; *Ling* **a. voice,** voz *f* activa; *Mil* **to be on a. service,** estar en servicio activo; **to take an a. part in sth,** tomar parte activa en algo. ◆**actively** *adv* activamente; **to be a. involved in sth,** estar metido,-a en algo.

activist ['æktɪvɪst] *n* activista *mf*.

activity [æk'tɪvɪtɪ] *n* *(movement)* *(of person)* actividad *f*; *(of street, office, etc)* movimiento *m*, bullicio *m*; **outdoor activities,** actividades al aire libre; **social activities,** vida *f* social.

actor ['æktə^r] *n* actor *m*.

actress ['æktrɪs] *n* actriz *f*.

actual ['æktʃʋəl] *adj* real, verdadero, a; **his a. address,** su dirección verdadera; **in a. fact,** en realidad; **let's look at an a. case,** veamos un caso concreto.

actually ['æktʃʋəlı] *adv (really)* en efecto, realmente; *(even)* incluso, hasta; *(well, in fact)* pues, de hecho; **he a. paid for our meal!,** ¡y hasta nos pagó la comida!; **well a. I'm not hungry,** pues no tengo hambre; **what a. happened?,** ¿qué pasó realmente?

actuary ['æktʃʋərı] *n* actuario *m*.

actuate ['æktʃʋeıt] *vtr* mover, motivar; **to be actuated by,** ser movido,-a *or* motivado,-a por.

acumen ['ækjʋmən] *n* perspicacia *f*.

acupuncture ['ækjʋpʌŋktʃəʳ] *n* acupuntura *f*.

acute [ə'kju:t] *adj (illness)* agudo,-a; *(pain)* intenso,-a; *(hearing, smell)* muy fino,-a; *(danger, situation, shortage)* grave, crítico,-a; *(person, mind)* perspicaz, sagaz; *(angle)* agudo,-a; *Ling* **a. accent,** acento agudo. ◆**acutely** *adv (suffer)* intensamente; **to be a. aware of sth,** ser perfectamente consciente de algo.

AD [eı'di:] *abbr of* **Anno Domini** (in the year of our Lord), después de Cristo, d.d.C.

ad [æd] *n fam* anuncio *m*.

Adam ['ædəm] *n* Adán *m*; *Anat* **A.'s apple,** nuez *f* de la garganta; *fam* **I don't know him from A.,** no le conozco ni por asomo.

adamant ['ædəmənt] *adj* firme, inflexible; **to be a. about sth,** mantenerse firme en algo.

adapt [ə'dæpt] **I** *vtr* adaptar, ajustar, acomodar (**to,** a); **a play adapted from a novel,** una obra adaptada de una novela; **to a. oneself to sth,** adaptarse *or* amoldarse a algo. **II** *vi* adaptarse, acomodarse, amoldarse; **to a. to a situation,** adaptarse a una situación.

adaptability [ədæptə'bılıtı] *n* capacidad *f* de adaptación.

adaptable [ə'dæptəbəl] *adj (instrument, tool)* ajustable; *(person)* adaptable; **he's very a.,** se amolda fácilmente a las circunstancias.

adaptation [ædəp'teıʃən] *n* adaptación *f*; *(of play, text)* versión *f*.

adapter *n*, **adaptor** [ə'dæptəʳ] *n Elec* ladrón *m*.

ADC [eıdı:'si:] *Mil abbr of* **aide-de-camp,** edecán *m*.

add [æd] **I** *vtr (numbers)* sumar; *(one thing to another)* añadir, agregar. **II** *vi (count)* sumar. ◆**add to** *vtr* ampliar, aumentar. ◆**add up I** *vtr (numbers)* sumar. **II** *vi (numbers)* sumar; *fig (make sense)* tener sentido; **it doesn't a. up,** no tiene sentido, no lo entiendo; **it doesn't a. up to much,** no es gran cosa.

added ['ædıd] *adj* adicional.

adder ['ædəʳ] *n* víbora *f*.

addict ['ædıkt] *n* adicto,-a *m,f*; **drug a.,** drogadicto,-a *m,f*, toxicómano,-a *m,f*; **heroin a.,** heroinómano,-a *m,f*; *fam* **football a.,** hincha *mf*; *fam* **television a.,** fanático,-a *m,f* de la televisión.

addicted [ə'dıktıd] *adj* adicto,-a; **to become a. to sth,** enviciarse con algo.

addiction [ə'dıkʃən] *n (to gambling etc)* vicio *m*; *(to drugs)* adicción *f*.

addictive [ə'dıktıv] *adj* que crea dependencia, que causa adición; **smoking is a.,** el fumar crea hábito.

addition [ə'dıʃən] *n (adding)* el añadir; *Math* adición *f*, suma *f*; *(increase)* aumento *m*, adición *f*; **an a. to the family,** un nuevo miembro de la familia; **additions to the staff,** aumento *m* del personal; **in a. to,** además de.

additional [ə'dıʃənəl] *adj* adicional, suplementario,-a, supletorio,-a; **that's an a. reason for going,** eso es una razón de más para ir.

additive ['ædıtıv] *n* aditivo *m*.

address [ə'dres] **I** *n* **1** *(on letter)* dirección *f*, señas *fpl*; **a. book,** libreta *f* de direcciones. **2** *(speech)* discurso *m*, conferencia *f*; **election a.,** discurso electoral. **3** *form of a.,* tratamiento *m*. **II** *vtr* **1** *(send) (letter)* dirigir, poner la dirección en; **the letter was incorrectly addressed,** la carta llevaba la dirección incorrecta. **2** *(speak to)* dirigirse (**to,** a); **to a. an assembly,** pronunciar un discurso ante una asamblea; *Pol Parl* **to a. the floor,** tomar la palabra. **3** *(use form of address)* tratar de; **they addressed me as sister,** me trataron de *or* me llamaron hermana.

addressee [ædre'si:] *n* destinatario,-a *m,f*.

Adelaide ['ædıleıd] *n* Adelaida.

Aden ['eıdn] *n* Adén.

adenoidal [ædı'nɔıdəl] *adj* gangoso,-a.

adenoids ['ædınɔıdz] *npl Med* vegetaciones *fpl* (adenoideas).

adept [ə'dept] **I** *adj* experto,-a, ducho,-a (**at,** en); **to be a. at doing sth,** ser experto,-a en hacer algo. **II** *n* experto,-a; **to be an a. in sth,** ser experto,-a en algo.

adequate ['ædıkwıt] *adj (enough)* bastante, suficiente; *(satisfactory)* apropiado,-a, adecuado,-a, idóneo,-a; *(person)* **to feel/prove a. to a task,** sentirse/mostrarse competente para hacer una tarea. ◆**adequately** *adv* suficientemente; *(satisfactorily)* apropiadamente.

adhere [əd'hıəʳ] *vi (stick)* pegarse (**to,** a). ◆**adhere to** *vtr (cause, policy)* adherirse a; *(contract, promise)* cumplir con; *(regulations)* observar; *(belief)* aferrarse a.

adherence [əd'hıərəns] *n (to cause etc)* adhesión *f*; *(to beliefs)* fidelidad *f*.

adherent [əd'hıərənt] *n (supporter)* partidario,-a *m,f*; *(to religious beliefs)* adepto,-a *m,f*.

adhesive [əd'hi:sıv] **I** *adj* adhesivo,-a, adherente; *(sticky)* pegajoso,-a. ■ **a. tape,** cinta *f* adhesiva, celo *m*. **II** *n* adhesivo *m*, pegamento *m*.

ad hoc [æd'hɒk] *adj* a propósito; **an ad h. committee,** un comité especial.

ad infinitum [ædınfı'naıtəm] *adv* a lo infinito, sin fin; **it goes on ad i.,** no tiene fin.

adjacent [ə'dʒeısənt] *adj (building)* contiguo,-a; *(land)* colindante; *(country)* limítrofe; *Geom* **a. angle,** ángulo *m* adyacente; **a. to,** contiguo,-a a.

adjective ['ædʒektıv] *n* adjetivo *m*.

adjoin [ə'dʒɔın] **I** *vtr (building)* ser contiguo,-a a; *(land)* lindar con. **II** *vi (building)* estar contiguo,-a; *(land)* colindar.

adjoining [ə'dʒɔınıŋ] *adj (buildings)* contiguo,-a; *(land)* colindante; **the a. room,** la habitación de al lado.

adjourn [ə'dʒɜ:n] **I** *vtr (postpone)* aplazar, suspender; *(court, session, etc)* levantar; **the meeting was adjourned,** se levantó la sesión; **the trial is adjourned until after lunch,** se aplaza el juicio hasta después de comer. **II** *vi (meeting etc)* aplazarse *(until,* hasta), suspenderse; *(parliament)* disolverse; *fam* **let's a. to the sitting room,** pasemos *or* vamos al salón.

adjournment [ə'dʒɜ:nmənt] *n (of trial, meeting, etc)* aplazamiento *m*, suspensión *f*.

adjudicate [ə'dʒu:dıkeıt] *vtr (contest etc)* juzgar, actuar de juez *or* de árbitro.

adjudication [ədʒuːdɪ'keɪʃən] *n (of contest)* fallo *m*.

adjudicator [ə'dʒuːdɪkeɪtəʳ] *n* juez *mf*, árbitro,-a *m,f*.

adjunct ['ædʒʌŋkt] *n* adjunto *m*, accesorio *m*, añadidura *f*.

adjust [ə'dʒʌst] I *vtr (machine, piece of furniture)* ajustar; *(engine)* arreglar; *fig (methods)* variar; **to a. oneself to sth**, adaptarse a algo. II *vi (person)* adaptarse **(to, a)**, amoldarse **(to, a)**.

adjustable [ə'dʒʌstəbəl] *adj* ajustable.

adjusted [ə'dʒʌstɪd] *adj* equilibrado,-a.

adjustment [ə'dʒʌstmənt] *n* 1 *(act of adjusting) (machine etc)* ajuste *m*; *(person)* adaptación *f*; **period of a.**, período *m* de adaptación. 2 *(change)* cambio *m*, modificación *f*.

ad lib [æd'lɪb] I *adv (speak)* sin preparación; *(continue)* a voluntad. II *adj (speech, performance)* improvisado,-a. III **ad-lib** *vtr (pt & pp ad-libbed)* improvisar. IV **ad-lib** *vi (pt & pp ad-libbed)* improvisar; *(actor)* meter morcillas.

Adm 1 *abbr of* **Admiral**, Almirante *m*, Almte. 2 *abbr of* **Admiralty**, Almirantazgo *m*.

adman ['ædmæn] *n (pl admen* ['ædmen]*)* agente *m* publicitario.

administer [əd'mɪnɪstəʳ] *vtr (country)* gobernar; *(goods, company)* administrar; *(justice, laws)* aplicar; **to a. an oath to sb**, tomar juramento a algn.

administration [ədmɪnɪ'streɪʃən] *n* 1 *(act of administering) (of country)* gobierno *m*; *(of goods, company)* administración *f*; *(of justice, laws)* aplicación *f*. 2 *(governing body)* dirección *f*, administración *f*, gobierno *m*.

administrative [əd'mɪnɪstrətiv] *adj* administrativo,-a.

administrator [əd'mɪnɪstreɪtəʳ] *n* administrador,-a *m,f*.

admirable [æd'mərəbəl] *adj* admirable, digno,-a de admiración.

admiral ['ædmərəl] *n* almirante *m*.

admiration [ædmə'reɪʃən] *n* admiración *f*.

admire [əd'maɪəʳ] *vtr* admirar; **to a. oneself**, contemplarse con satisfacción.

admirer [əd'maɪərəʳ] *n* admirador,-a *m,f*; *(wooer)* pretendiente *mf*.

admiring [əd'maɪərɪŋ] *adj (look)* lleno,-a de admiración. ◆**admiringly** *adv (look)* con admiración.

admissible [əd'mɪsəbəl] *adj* admisible, aceptable.

admission [əd'mɪʃən] *n* 1 *(to school, hospital)* ingreso *m*; *(price)* entrada *f*; **'free a.'**, 'entrada libre or gratis'. 2 *(acknowledgement)* reconocimiento *m*; *(confession)* confesión *f*; **that's an a. of failure**, eso es reconocer el fracaso.

admit [əd'mɪt] *vtr (pt & pp admitted)* 1 *(allow to enter) (person)* dejar entrar, admitir; *(to hospital)* admitir; **an invitation which admits two people**, una entrada para dos personas; **'dogs are not admitted'**, 'no se admiten perros'; **to be admitted to hospital**, ser ingresado,-a en el hospital. 2 *(acknowledge)* reconocer, admitir; *(crime, guilt)* confesar; **I must a. it's difficult**, debo reconocer que es difícil.

admittance [əd'mɪtəns] *n (entry)* entrada *f*; **'no admittance'**, 'se prohíbe la entrada', 'prohibida la entrada'; **to gain a.**, lograr entrar.

admittedly [əd'mɪtɪdlɪ] *adv* la verdad es que, lo cierto es que; **a., it was dark when I saw him**, reconozco que era de noche cuando le vi.

admonish [əd'mɒnɪʃ] *vtr (scold)* amonestar, reprender; **to a. sb for (doing) sth**, amonestar *or* reprender a algn por (hacer) algo.

ad nauseam [æd'nɔːzɪæm] *adv* hasta la saciedad.

ado [ə'duː] *n without further a.**, sin más; *prov* **much a. about nothing**, mucho ruido y pocas nueces.

adolescence [ædə'lesəns] *n* adolescencia *f*.

adolescent [ædə'lesənt] *n* adolescente *mf*.

adopt [ə'dɒpt] *vtr (child, method, tone of voice)* adoptar; *(suggestion)* aceptar.

adopted [ə'dɒptɪd] *adj* adoptado,-a; **a. child**, hijo,-a *m,f* adoptivo,-a.

adoption [ə'dɒpʃən] *n* adopción *f*; **country of a.**, país *m* adoptivo.

adorable [ə'dɔːrəbəl] *adj* adorable; *fam* encantador,-a; **what an a. little dog!**, ¡qué perrito más lindo!

adoration [ædə'reɪʃən] *n* adoración *f*.

adore [ə'dɔːʳ] *vtr (worship)* adorar; *fam (love) (person)* querer muchísimo a; **I a. your new hairstyle**, me encanta tu nuevo peinado; **we a. eating out**, nos encanta comer fuera.

adorn [ə'dɔːn] *vtr* adornar, embellecer.

adornment [ə'dɔːnmənt] *n* adorno *m*.

adrenaline [ə'drenəlɪn] *n* adrenalina *f*.

Adriatic [eɪdrɪ'ætɪk] *adj* adriático,-a; **the A. (Sea)**, el (Mar) Adriático.

adrift [ə'drɪft] *adv* **to come a.**, *(boat)* irse a la deriva; *(rope)* soltarse, desatarse; *fig (plans)* **to go a.**, ir a la deriva.

adroit [ə'drɔɪt] *adj* hábil, mañoso,-a, diestro,-a. ◆**adroitly** *adv* hábilmente.

adulation [ædjʊ'leɪʃən] *n* adulación *f*.

adult ['ædʌlt] I *adj (person)* adulto,-a, mayor; *(film, education)* para adultos. II *n* adulto,-a *m,f*, persona *f* mayor.

adulterate [ə'dʌltəreɪt] *vtr* adulterar.

adulteration [ə'dʌltə'reɪʃən] *n* adulteración *f*.

adulterer [ə'dʌltərəʳ] *n* adúltero *m*.

adulteress [ə'dʌltrɪs] *n* adúltera *f*.

adulterous [ə'dʌltərəs] *adj* adúltero,-a.

adultery [ə'dʌltərɪ] *n* adulterio *m*.

advance [əd'vɑːns] I *n* 1 *(movement)* avance *m*; *fig (progress)* adelanto *m*, progreso *m*; **the latest advances in medicine**, los últimos adelantos en medicina; **to arrive half an hour in a.**, llegar media hora antes; **to book tickets in a.**, reservar entradas con anticipación; **to have sth ready in a.**, tener algo preparado de antemano; **to make advances**, *(move forward)* avanzar; *fig (to a person)* insinuarse **(to, a)**; **to pay in a.**, pagar por adelantado. 2 *(loan)* adelanto *m*, anticipo *m*. II *adj (before time)* adelantado,-a, anticipado,-a; *Mil* **a. party** *or* **guard**, avanzadilla *f*; *Cin Theat* **a. bookings**, reservas *fpl* por adelantado; *Print* **a. copy**, ejemplar *m* de anticipo; **a. notice**, previo aviso *m*. III *vtr* 1 *(move forward) (troops)* avanzar; *(time, date)* adelantar; *fig (promote) (arts, sciences)* fomentar, promover; *(interest)* promover; *(cause)* favorecer. 2 *(propose) (idea)* proponer; *(suggestion)* hacer; *(opinion)* dar. 3 *Fin (salary)* adelantar, anticipar; *(loan)* prestar. IV *vi (move forward)* avanzar, adelantarse; *(troops)* avanzar; *fig (make progress) (person)* hacer progresos; *(technology etc)* progresar, adelantarse; *(gain promotion)* ascender.

advanced [əd'vɑːnst] *adj (developed) (civilization)* avanzado,-a; *(child, student)* adelantado,-a; *(course)* superior; **to be a. in years**, estar entrado,-a en años; *Educ* **A. level,** examen *m* superior de segunda enseñanza, ≈ COU *m* (Curso *m* de Orientación Universitaria).

advancement [əd'vɑːnsmənt] *n (progress)* adelanto *m*, progreso *m*; *(promotion)* ascenso *m*.

advantage [əd'vɑːntɪdʒ] *n* ventaja *f*; *Tennis* **a. Velasco,** ventaja para Velasco; **he has the a.** of being **tall,** tiene la ventaja de ser alto; **it would be to your a. if you went,** saldrías ganando si te fueras; **to show sth off to a.,** hacer lucir algo; **to take a.** of **sb/sth,** abusar de algn/aprovechar algo; **to turn sth to a.,** sacar partido de algo.

advantageous [ædvən'teɪdʒəs] *adj* ventajoso,-a, conveniente **(to,** para).

advent ['ædvent] *n (arrival)* llegada *f*; *(coming)* (of Christ) advenimiento *m*; **A.,** Adviento *m*. ■ **A. calendar,** calendario *m* de Adviento.

adventure [əd'ventʃə^r] *n* aventura *f*; **a. story,** historia *f* or novela *f* de aventuras.

adventurous [əd'ventʃərəs] *adj (person)* aventurero,-a; *(plan, decision)* aventurado,-a, arriesgado,-a.

adverb ['ædvɜːb] *n* adverbio *m*.

adversary ['ædvəsərɪ] *n* adversario,-a *m,f*, contrario,-a *m,f*.

adverse ['ædvɜːs] *adj (effect)* desfavorable; *(conditions, decision)* adverso,-a; *(winds)* contrario,-a. ◆**adversely** *adv* desfavorablemente.

adversity [əd'vɜːsɪtɪ] *n* adversidad *f*.

advert ['ædvɜːt] *n fam* anuncio *m*.

advertise ['ædvətaɪz] I *vtr* anunciar; **to a. sth in the newspaper,** anunciar algo en el periódico. II *vi* hacer publicidad; *(in newspaper)* poner un anuncio; **to a. for sth/sb,** buscar algo/a algn mediante un anuncio.

advertisement [əd'vɜːtɪsmənt] *n (on television)* anuncio *m*, spot *m* publicitario; *(in newspaper)* anuncio *m*; **advertisements,** publicidad *f sing*, anuncios *mpl*.

advertiser ['ædvətaɪzə^r] *n* anunciante *mf*.

advertising ['ædvətaɪzɪŋ] I *n* publicidad *f*, propaganda *f*; *(in newspaper)* anuncios *mpl*. II *adj* publicitario,-a; **a. agency,** agencia *f* de publicidad; **a. campaign,** campaña *f* publicitaria.

advice [əd'vaɪs] *n* consejos *mpl*; **a piece of a.,** un consejo; **to ask for sb's a.,** pedir consejos a algn; **to take legal a. on a matter,** consultar el caso con un abogado; **to take sb's a.,** seguir los consejos de algn.

advisable [əd'vaɪzəbəl] *adj* aconsejable, conveniente; **it's a. for us to start again,** mejor si volvemos a empezar.

advise [əd'vaɪz] *vtr (give advice)* aconsejar, recomendar; *(on business, financial matters)* asesorar; I **a. you to do it,** te aconsejo que lo hagas; **we don't a. it,** no lo recomendamos or aconsejamos.

adviser [əd'vaɪzə^r] *n* consejero,-a *m,f*; *(in business, financial matters)* asesor,-a *m,f*.

advisory [əd'vaɪzərɪ] *adj (in business etc)* consultivo,-a, asesor,-a.

advocate ['ædvəkɪt] I *n Scot Jur* abogado,-a *m,f* defensor,-a; *fig (supporter)* defensor,-a *m,f*. II ['ædvəkeɪt] *vtr (reform)* abogar por; *(plan)* apoyar.

aegis ['iːdʒɪs] *n* **under the a. of,** bajo el patrocinio de.

aeon ['iːən] *n* eón *m*, eternidad *f*.

aerate ['eəreɪt] *vtr (liquid)* airear, gasificar; *(blood)* oxigenar.

aerial ['eərɪəl] I *adj* aéreo,-a; **a. photograph,** aerofoto *f*. II *n (for radio, television)* antena *f*.

aero- ['eərəʊ] *pref* aero-.

aerobatics [eərəʊ'bætɪks] *n sing & pl* acrobacia *f* aérea.

aerobics [eə'rəʊbɪks] *n* aerobic *m*.

aerodrome ['eərədrəʊm] *n GB* aeródromo *m*.

aerodynamics [eərəʊdaɪ'næmɪks] *n* 1 *(science)* aerodinámica *f*, 2 *pl (qualities)* aerodinámica *f sing*.

aerogram(me) ['eərəʊgræm] *n* aerograma *f*.

aeronautics [eərə'nɔːtɪks] *n* aeronáutica *f*.

aeroplane ['eərəpleɪn] *n* avión *m*.

aerosol ['eərəsɒl] *n* aerosol *m*, atomizador *m*.

aerospace ['eərəʊspeɪs] I *n* aire *m* y espacio *m* extraterrestre. II *adj* **a. industry,** industria *f* aeroespacial.

aesthetic [iːs'θetɪk] *adj* estético,-a.

aesthetics [iːs'θetɪks] *n* estética *f*.

afar [ə'fɑː^r] *adv* lejos; **from a.,** desde lejos.

affable ['æfəbəl] *adj* afable, amable.

affair [ə'feə^r] *n (matter)* asunto *m*; *(event)* acontecimiento *m*; **to put one's affairs in order,** arreglar sus asuntos personales; **the wedding was a big a.,** la boda fue todo un acontecimiento; **that's my a.,** eso es asunto mío. ■ **business affairs,** negocios *mpl*; **foreign affairs,** asuntos *mpl* exteriores; **love a.,** aventura *f* amorosa.

affect [ə'fekt] *vtr* 1 *(influence) (person, health)* afectar; *(prices, decision, future, etc)* influir en; *Med (attack) (organ, people)* afectar or atacar a; **countries affected by cholera,** países afectados or atacados por el cólera; **it affects us all,** nos afecta a todos; **will the delay a. the price?,** ¿influirá en el retraso en el precio? 2 *(touch emotionally)* afectar, conmover, emocionar; **to be affected by sth,** conmoverse or emocionarse por algo; **we were greatly affected by her death,** su muerte nos afectó mucho.

affectation [æfek'teɪʃən] *n (false behaviour)* afectación *f*; amaneramiento *m*.

affected [ə'fektɪd] *adj* 1 *(unnatural)* afectado,-a, amanerado,-a. 2 *(influenced)* afectado,-a, influido,-a; *Med* atacado,-a **(by,** por). 3 *(touched emotionally)* afectado,-a, conmovido,-a, emocionado,-a **(by,** por). 4 *(pretended)* fingido,-a.

affection [ə'fekʃən] *n* afecto *m*, cariño *m*.

affectionate [ə'fekʃənɪt] *adj* afectuoso,-a, cariñoso,-a. ◆**affectionately** *adv* afectuosamente, cariñosamente, con cariño.

affidavit [æfɪ'deɪvɪt] *n Jur* declaración *f* escrita y jurada.

affiliated [ə'fɪlɪeɪtɪd] *adj* afiliado,-a, asociado,-a; **to be** or **become a.,** afiliarse **(to, with,** a), asociarse **(to, with,** a); **a. company,** filial *f*.

affiliation [əfɪlɪ'eɪʃən] *n* afiliación *f*.

affinity [ə'fɪnɪtɪ] *n (connexion)* afinidad *f*, punto *m* de contacto; *(liking)* simpatía *f*; **there's a great a. between them,** les une una gran simpatía.

affirm [ə'fɜːm] *vtr* afirmar, sostener.

affirmation [æfə'meɪʃən] *n* afirmación *f*.

affirmative [ə'fɜːmətɪv] I *adj* afirmativo,-a. II *n* afirmativa *f*; **he answered in the a.,** contestó que sí.

affix [ə'fɪks] *vtr (stamp)* poner, pegar.

afflict [ə'flɪkt] *vtr* afligir; **to be afflicted with,** sufrir or padecer de.

affliction [ə'flɪkʃən] *n (suffering)* aflicción *f*; *(grief)* pena *f*; *(illness)* mal *m*.

affluence ['æfluəns] *n* opulencia *f*.

affluent ['æfluənt] *adj* opulento,-a, rico,-a; **the a. society**, la sociedad del consumo.

afford [ə'fɔ:d] *vtr* 1 *(be able to buy)* darse *or* permitirse el lujo de; **I can't a. a new car**, no puedo pagar un coche nuevo; **she can a. it**, se lo puede permitir. 2 *(be able to do)* permitirse; **I can a. to leave it for a few days**, no pasa nada si lo dejo unos días; **you can't a. to miss the opportunity**, no puedes perderte la ocasión.

affray [ə'freɪ] *n* refriega *f*, reyerta *f*.

affront [ə'frʌnt] I *n* afrenta *f*, ofensa *f*. II *vtr* afrentar, ofender; **to be affronted**, ofenderse.

afield [ə'fi:ld] *adv* **far a.**, muy lejos.

AFL-CIO [eɪefelsiː:aɪ'əʊ] *US abbr of* **American Federation of Labor and Congress of Industrial Organizations**.

afloat [ə'fləʊt] *adv* a flote; **to keep a.**, mantenerse a flote.

afoot [ə'fʊt] *adv* **there's a plan a.**, hay un proyecto en marcha; **there's something strange a.**, se está tramando algo.

aforementioned [əfɔ:'menʃənd] *adj*, **aforesaid** [ə'fɔ:sed] *adj* susodicho,-a, arriba citado,-a.

afraid [ə'freɪd] *adj* 1 *(frightened)* **to be a.**, tener miedo (**of sb**, a algn; **of sth**, de algo); **I'm a. of it**, me da miedo; **we were a. to go in**, nos daba miedo entrar. 2 *(sorry)* **I'm a. he's out**, lo siento pero no está; **I'm a. not**, me temo que no; **I'm a. so**, me temo que sí, eso me temo; **I'm a. you're wrong**, me temo que estás equivocado,-a.

afresh [ə'freʃ] *adv* de nuevo, otra vez; **to start a.**, volver a empezar.

Africa ['æfrɪkə] *n* Africa. ■ **South A.**, Sudáfrica.

African ['æfrɪkən] *adj* & *n* africano,-a *(m,f)*.

Afro ['æfrəʊ] *n* & *adj fam (hairstyle)* afro *(m)*.

Afro-American [æfrəʊə'merɪkən] *adj* & *n* afroamericano,-a *(m,f)*.

aft [ɑ:ft] *adv Naut* en popa; **to go a.**, ir en popa.

after ['ɑ:ftər] I *adv* después; **soon a.**, poco después; **the day/week a.**, el día/la semana siguiente; **to come a.**, seguir; **to run a.**, perseguir. II *prep* 1 *(later)* después de, al cabo de; **a. a few weeks**, al cabo de unas semanas; **come a. lunch**, ven después de comer; *US* **it's half a. five**, son las cinco y media; **soon a. arriving**, al poco rato de llegar; **the day a. tomorrow**, pasado mañana. 2 *(behind)* detrás de, tras; **a. you!**, ¡usted primero!, ¡pase usted!; **it comes a. 'M' in the alphabet**, sigue a la 'M' en el alfabeto; **she came day a. day**, vino día tras día; **they went in one a. the other**, entraron uno tras otro; *fam* **the police are a. them**, la policía anda tras ellos. 3 *(about, concerning)* por; **I see what you're a.**, ya veo lo que buscas; **they asked a. you**, preguntaron por ti; **what's he a.?**, ¿qué pretende? 4 *(like)* **he takes a. his uncle**, se parece a su tío; **she was named a. her grandmother**, le llamaron como su abuela. III *conj* después de, después que; **I came a. you left**, vine después de que te marchases.

afterbirth ['ɑ:ftəbɜ:θ] *n* placenta *f*.

aftercare ['ɑ:ftəkeə] *n (after hospital)* convalescencia *f; (after prison)* vigilancia *f*.

after-effect ['ɑ:ftərɪfekt] *n* efecto *m* secundario.

afterlife ['ɑ:ftəlaɪf] *n* vida *f* después de la muerte.

aftermath ['ɑ:ftəmæθ] *n* secuelas *fpl*, consecuencias *fpl*, repercusiones *fpl*.

afternoon [ɑ:ftə'nu:n] *n* tarde *f*; **good a.!**, ¡buenas tardes!; **in the a.**, por la tarde.

afters ['ɑ:ftəz] *npl fam (dessert)* postre *m*; **what's for a.?**, ¿qué hay de postre?

after-sales service [ɑ:ftəseɪlz'sɜ:vɪs] *n Com* servicio *m* posventa.

aftershave (lotion) ['ɑ:ftəʃeɪv ('ləʊʃən)] *n* loción *f* para después del afeitado.

aftertaste ['ɑ:ftəteɪst] *n* regusto *m*.

afterthought ['ɑ:ftəθɔ:t] *n* ocurrencia *f* tardía.

afterwards ['ɑ:ftəwədz] *adv* después, más tarde.

again [ə'gen] *adv* 1 *(another time)* otra vez, de nuevo; **don't do it a.**, no lo vuelves a hacer; **I'm well a.**, ya estoy bien; **I tried a. and a.**, lo intenté repetidas veces; **to begin a.**, volver a empezar; **to do sth a.**, volver a hacer algo; **never a.!**, ¡nunca más!; **now and a.**, de vez en cuando; **once a.**, otra vez; *fam* **come a.?**, ¿cómo? 2 *(besides)* además; **then a.**, por otra parte.

against [ə'genst] *prep* 1 *(touching)* contra; **put the ladder a. the wall**, coloca la escalera en la pared; **to lean a. sth**, apoyarse contra algo. 2 *(opposing)* contra, en contra (de); **a. the grain**, a contrapelo; *fig* **it goes a. the grain**, esto va contra mis principios; **his height is a. him**, su estatura no le ayuda nada; **it's a. the law**, es ilegal, va en contra de la ley; **my father is a. it**, mi padre se opone; **6 votes in favour, 4 a.**, 6 votos a favor, 4 en contra; **to fight a. sth**, luchar contra algo; **to work a. the clock**, trabajar contra reloj. 3 **as a.**, en contraste con, comparado con; **she had two, as a. my one**, ella tenía dos, y yo solamente uno.

agape [ə'geɪp] *adj (open-mouthed)* boquiabierto,-a.

age [eɪdʒ] I *n* 1 *(of person)* edad *f*; **he doesn't look his a.**, no representa la edad que tiene; **she's 18 years of a.**, tiene 18 años; **the 20-30 a. group**, las personas de edades comprendidas entre los 20 y 30 años; **to be under a.**, ser menor de edad; **to come of a.**, llegar a la mayoría de edad; **what a. are you?**, ¿qué edad tienes? ■ **a. of consent**, edad *f* núbil; **a. limit**, límite *m* de edad; **old a.**, vejez *f*. 2 *(period)* edad *f*, época *f*, era *f*; **the Middle Ages**, la Edad Media; **the Golden A.**, el Siglo de Oro; **the Iron A.**, la Edad de Hierro. 3 *fam (very long time)* eternidad *f*; **it's ages since I last saw her**, hace siglos que no la veo; **I've been waiting ages for you**, una eternidad que te estoy esperando. II *vtr* & *vi* envejecer.

aged[1] [eɪdʒd] *adj* de *or* a la edad de; **Anne, a. 26**, Anne, de 26 años; **he died a. 80**, murió a la edad de 80 años.

aged[2] ['eɪdʒɪd] I *adj (very old)* anciano,-a. II **the a.** *npl* los ancianos, la gente *sing* muy mayor.

ageing ['eɪdʒɪŋ] I *adj (person)* envejecido,-a, viejo,-a; *(thing)* viejo,-a. II *n (process)* envejecimiento *m*.

ageless ['eɪdʒlɪs] *adj (person)* siempre joven; *(beauty etc)* eterno,-a.

agency ['eɪdʒənsɪ] *n* 1 *Com* agencia *f*; *US (delegation)* representación *f*, delegación *f*; **advertising/employment/travel a.**, agencia de publicidad/de trabajo/de viajes. 2 **by the a. of**, por medio de.

agenda [ə'dʒendə] *n* programa *m*, orden *m* del día; **what's on the a. today?**, ¿qué programa tenemos para hoy?

agent ['eɪdʒənt] *n* 1 *(person)* agente *mf; (representative)* representante *mf*, delegado,-a *m,f*; **estate/insurance a.**, agente inmobiliario/de seguros; **to be a free a.**, actuar *or* trabajar por cuenta propia *or* por libre. 2 *(instrument)* agente *m*, causa *f*.

age-old ['eɪdʒəʊld] *adj (custom etc)* viejo,-a, antiquísimo,-a, milenario,-a.

agglomeration[əglɒmə'reɪʃən] *n* aglomeración *f*, concentración *f*.

aggravate ['ægrəveɪt] *vtr* *(worsen)* agravar, empeorar; *fam (annoy)* molestar.

aggravating ['ægrəveɪtɪŋ] *adj* 1 agravador,-a. 2 *fam (annoying)* molesto,-a.

aggravation [ægrə'veɪʃən] *n* 1 agravamiento *m*, empeoramiento *m*. 2 *fam (problems)* líos *mpl*, camorra *f*.

aggregate['ægrɪgɪt] *n* 1 *(total)* conjunto *m*, total *m*; **on a.**, en conjunto, en total. 2 *(stones)* conglomerado *m*.

aggression[ə'greʃən] *n* agresión *f*.

aggressive[ə'gresɪv] *adj (violent)* agresivo,-a, violento,-a; *(dynamic)* dinámico,-a. ◆**aggressively** *adv (violently)* agresivamente; *(dynamically)* dinámicamente.

aggressor[ə'gresəʳ] *n* agresor,-a *m,f*.

aggrieved[ə'griːvd] *adj* apenado,-a; **to be a. about sth**, estar herido,-a por algo.

aggro['ægrəʊ] *n fam see* **aggravation** 2.

aghast[ə'gɑːst] *adj (shocked)* espantado,-a, horrorizado,-a; **to be a. at the thought of sth**, quedarse horrorizado,-a *or* pasmado,-a de pensar en algo.

agile['ædʒaɪl] *adj* ágil.

agility[ə'dʒɪlɪtɪ] *n* agilidad *f*.

agitate['ædʒɪteɪt] I *vtr (shake)* agitar; *fig (disturb, worry)* inquietar, perturbar; **to be agitated about sth**, estar inquieto,-a *or* nervioso,-a por algo. II *vi Pol* **to a. about/against sth**, hacer campaña a favor de/en contra de algo.

agitated['ædʒɪteɪtɪd] *adj (person)* inquieto,-a, perturbado,-a, nervioso,-a.

agitation [ædʒɪ'teɪʃən] *n* 1 *(anxiety)* inquietud *f*, perturbación *f*, nerviosismo *m*. 2 *Pol* agitación *f*.

agitator['ædʒɪteɪtəʳ] *n Pol* agitador,-a *m,f*, alborotador,-a *m,f*.

aglow[ə'gləʊ] *adj (glowing)* resplandeciente, brillante; **to be a.**, resplandecer, brillar.

AGM [eɪdʒiː'em] *abbr of* **annual general meeting**, junta *f* general anual.

agnostic[æg'nɒstɪk] *n* agnóstico,-a *m,f*.

agnosticism[æg'nɒstɪsɪzəm] *n* agnosticismo *m*.

ago[ə'gəʊ] *adv* hace; **a long time a.**, hace mucho tiempo; **a short while a.**, hace un ratito; **as long a as 1910**, ya en 1910; **a week a.**, hace una semana; **how long a. was it that you last saw him?**, ¿cuánto tiempo hace que no le ves?

agog[ə'gɒg] *adj (expectant)* ansioso,-a, curioso,-a; **the whole town was a.**, en todo el pueblo había una gran expectación.

agonize ['ægənaɪz] *vi* angustiarse, atormentarse *(over, por)*.

agonizing ['ægənaɪzɪŋ] *adj (pain)* atroz, horroroso,-a; *(decision)* angustioso,-a.

agony['ægənɪ] *n (great pain)* dolor *m* muy fuerte; *(anguish)* angustia *f*; **he was in a. with his back**, tenía un dolor insoportable de espalda; **it was a. having to wait**, fue horroroso tener que esperar. ■ **a. column**, consultorio *m* del corazón.

agoraphobia[ægərə'fəʊbɪə] *n* agorafobia *f*.

agoraphobic [ægərə'fəʊbɪk] *adj* & *n* agorafóbico,-a *(m,f)*.

agree [ə'griː] I *vi* 1 *(be in agreement)* estar de acuerdo; *(reach agreement)* ponerse *or* quedar de acuerdo; *(consent)* consentir; **don't you a.?**, ¿no te parece?; **I agreed with him on Monday**, quedé en

verle el lunes; **to a. about** *or* **on (doing) sth**, ponerse de acuerdo en (hacer) algo); **to a. to do sth**, consentir en hacer algo; **to a. with sb**, estar de acuerdo con algn; **we agreed to differ**, acordamos conservar cada uno sus propias opiniones. 2 *(harmonize) (things, adjectives)* concordar; *(people)* congeniar; *(food)* sentar bien; *(climate)* convenir; **raw onion doesn't a. with me**, la cebolla cruda no me sienta bien. II *vtr* convenir, acordar; **I a. that she should come**, estoy de acuerdo en que venga; **it was agreed that he would pay**, se acordó que pagaría; **to a. a price/the terms of a contract**, convenir un precio/los términos de un contrato.

agreeable [ə'griːəbəl] *adj (pleasant)* agradable; *(person)* simpático,-a; *(in agreement)* de acuerdo, conforme; **to be a. to (doing) sth**, consentir en (hacer) algo.

agreement [ə'griːmənt] *n (arrangement)* acuerdo *m*, arreglo *m*; *Pol (treaty)* pacto *m*; *Com* contrato *m*, trato *m*; **by mutual a.**, de común acuerdo; **to be in a. with sb**, estar de acuerdo con algn; **to come to** *or* **reach an a. with sb**, llegar a un acuerdo *or* ponerse de acuerdo con algn.

agricultural [ægrɪ'kʌltʃərəl] *adj* agrícola,-a; *(college)* de agricultura.

agriculturalist [ægrɪ'kʌltʃərəlɪst] *n* ingeniero,-a *m,f* agrónomo,-a.

agriculture['ægrɪkʌltʃəʳ] *n* agricultura *f*.

agronomy[ə'grɒnəmɪ] *n* agronomía *f*.

aground [ə'graʊnd] *adv Naut* encallado,-a, varado,-a; **to run a.**, encallar, varar.

ahead [ə'hed] *adv (in front)* adelante, delante; *(early)* antes, con antelación; *Naut* **full speed a.!**, ¡avante toda!; **go a.!**, ¡adelante!; **to be a.**, ir en cabeza; *fig* llevar la ventaja; **to go a.**, adelantar, ir adelante; *fig* **to go a. with sth**, llevar algo adelante; *fig* **to get a.**, triunfar, tener éxito; *fig* **to look a.**, pensar en el futuro; **to plan a.**, planear el futuro; *(anticipate)* anticipar.

ahoy[ə'hɔɪ] *interj Naut* **ship a.!**, ¡barco a la vista!

AI[eɪ'aɪ] 1 *abbr of* **artificial intelligence**, inteligencia *f* artificial. 2 *abbr of* **artificial insemination**, inseminación *f* artificial.

aid[eɪd] I *n (help)* ayuda *f*; *(rescue)* auxilio *m*, socorro *m*; **in a. of**, a beneficio de, en pro de; **to come to the a. of sb**, acudir en ayuda *or* en auxilio de algn; *fam* **what's all this in a. of?**, ¿a qué viene todo esto? ■ *Educ* **audiovisual a.**, ayuda *f* audiovisual; **hearing a.**, audífono *m*. II *vtr* ayudar; *Jur* **to a. and abet sb**, ser cómplice de algn.

aide[eɪd] *n Pol* ayudante *mf*, consejero,-a *m,f*.

aide-de-camp[eɪddə'kɒŋ] *n (pl* **aides-de-camp***) Mil* edecán *m*.

AIDS[eɪdz] *n (abbr of* **Acquired Immune Deficiency Syndrome**), SIDA *m* (Síndrome *m* de Inmunodeficiencia Adquirida).

ailment['eɪlmənt] *n* enfermedad *f* (leve), achaque *m*.

ailing['eɪlɪŋ] *adj* enfermizo,-a, achacoso,-a.

aim[eɪm] I *n (with weapon)* puntería *f*; *fig (target)* propósito *m*, objetivo *m*; **he has no a. in life**, no tiene objetivos en la vida; **to miss one's a.**, errar el tiro; **to take a.**, apuntar; **what's her a.?**, ¿qué se propone? II *vtr (gun)* apuntar (at, a, hacia); *(stone)* lanzar (at, a, hacia); *fig (attack, action)* dirigir (at, a, hacia). ◆**aim at** *vtr (target)* tirar para; *fig* **to a. at doing sth**, querer *or* tener pensado hacer algo. ◆**aim to***vtr* **to a. to do sth**, tener la intención de *or* pensar *or* proponer hacer algo.

aimless ['eɪmlɪs] *adj* sin objeto, sin propósito.
◆**aimlessly** *adv (wander)* sin rumbo fijo.

air [eəʳ] I *n* 1 aire *m; fresh a.*, aire fresco; *in the open a.*, al aire libre; *to go out for a breath of a.*, salir a tomar el aire; *to send a letter by a.*, mandar una carta por avión; *to travel by a.*, viajar en avión; *to throw sth up in the a.*, arrojar *or* lanzar algo al aire; *fig it's still in the a. at the moment*, todavía queda por resolver; *fig there's something in the a.*, se está tramando algo; *fig to be walking on a.*, estar en la gloria; *fig to vanish into thin a.*, esfumarse. ■ *a. base*, base *f* aérea; *a. bed*, colchón *m* hinchable *or* neumático; *a. brake*, freno *m* neumático; *a. conditioner*, acondicionador *m* de aire; *a. conditioning*, aire *m* acondicionado; *A. Force*, Fuerzas *fpl* Aéreas; *a. freight*, transporte *m* aéreo; *a. gun*, pistola *f* de aire comprimido; *a. hostess*, azafata *f* (de vuelo); *a. lane*, ruta *f* aérea; *a. letter*, carta *f* aérea; *a. pocket*, bache *m; a. pressure*, presión *f* atmosférica; *a. raid*, ataque *m* aéreo; *a. shuttle*, puente *m* aéreo; *a. terminal*, terminal *f* aérea; *a. traffic control*, control *m* de tráfico aéreo; *a. traffic controller*, controlador,-a *m,f* aéreo,-a. 2 *Rad TV to be on the a.*, *(programme)* estar emitiendo; *(person)* estar transmitiendo; *to go off the a.*, *(programme)* cerrar la emisión; *(person)* dejar de transmitir. 3 *Mus* aire *m*, tonada *f*. 4 *(appearance, feeling)* aire *m*, aspecto *m; there was an a. of expectancy about the meeting*, había cierta expectación entre los asistentes a la reunión; *to put on airs (and graces)*, darse tono, presumir. II *vtr (bed, clothes)* airear; *(room, cupboard)* ventilar; *fig (grievance)* airear; *(knowledge)* hacer alarde de.

airborne ['eəbɔːn] *adj (aircraft)* en vuelo, en el aire; *Mil (troops)* aerotransportado,-a; *soon we were a.*, pronto estuvimos volando.

air-conditioned ['eəkɒndɪʃənd] *adj* climatizado,-a, con aire acondicionado.

aircraft ['eəkrɑːft] *n inv* avión *m*. ■ *a. carrier*, portaviones *m inv*.

aircrew ['eəkruː] *n* tripulación *f* del avión.

airdrome ['eədrəum] *n US* aeródromo *m*.

airfield ['eəfiːld] *n* campo *m* de aviación.

airing ['eərɪŋ] *n to give a room/clothes an a.*, ventilar un cuarto/airear la ropa; *fig the subject needs a good a.*, hace falta someter el tema a una buena discusión. ■ *a. cupboard*, armario *m* caliente para secar la ropa.

airless ['eəlɪs] *adj (room)* mal ventilado,-a; *(atmosphere)* cargado,-a.

airlift ['eəlɪft] I *n* puente *m* aéreo. II *vtr* transportar por avión.

airline ['eəlaɪn] *n* línea *f* aérea.

airlock ['eəlɒk] *n (in pipe)* bolsa *f* de aire; *(in spacecraft)* esclusa *f* de aire.

airmail ['eəmeɪl] *n* correo *m* aéreo; *by a.*, por avión.

airplane ['eəpleɪn] *n US* avión *m*.

airport ['eəpɔːt] *n* aeropuerto *m*.

airship ['eəʃɪp] *n* aeronave *f*.

airsick ['eəsɪk] *adj* mareado,-a; *to be a.*, marearse en avión.

airsickness ['eəsɪknɪs] *n* mareos *mpl* (en avión).

airspace ['eəspeɪs] *n* espacio *m* aéreo.

airspeed ['eəspiːd] *n* velocidad *f* relativa *or* aerodinámica.

airstrip ['eəstrɪp] *n* pista *f* de aterrizaje.

airtight ['eətaɪt] *adj* hermético,-a.

airworthy ['eəwɜːðɪ] *adj (airworthier, airworthiest)* en condiciones de vuelo.

airy ['eərɪ] *adj (airier, airiest) (well-ventilated)* bien ventilado,-a; *(vague, carefree)* ligero,-a, despreocupado,-a.

airy-fairy ['eərɪ'feərɪ] *adj (impractical)* poco realista.

aisle [aɪl] *n (in church)* nave *f* lateral; *(in theatre, bus)* pasillo *m; fam they were rolling in the aisles*, se troncharon de risa.

ajar [ə'dʒɑːʳ] *adj & adv* entreabierto,-a.

akimbo [ə'kɪmbəu] *adj & adv* en jarras; *with arms a.*, con los brazos en jarras.

akin [ə'kɪn] *adj* parecido,-a a, semejante a; *my lifestyle is a. to yours*, mi forma de vivir se parece a la tuya.

alabaster ['æləbɑːstəʳ] *n* alabastro *m*.

alacrity [ə'lækrɪtɪ] *n with a.*, con presteza.

Alan ['ælən] *adj & n Hist* alano,-a *(m,f)*.

alarm [ə'lɑːm] I *n* 1 *(warning signal)* alarma *f*, alerta *m; to give or raise the a.*, dar la alarma. ■ *a. clock*, despertador *m; burglar a.*, alarma *f* antirrobo; *false a.*, falsa alarma *f*. 2 *(fear)* temor *m*, inquietud *f*, alarma *f; to cause a.*, provocar temor. II *vtr* alarmar, asustar; *to be alarmed at sth*, asustarse por *or* de algo.

alarming [ə'lɑːmɪŋ] *adj* alarmante.

alarmist [ə'lɑːmɪst] *n* alarmista *mf*.

alas [ə'læs] *interj* ¡ay!, ¡ay de mí!

albatross ['ælbətrɒs] *n* albatros *m*.

albeit [ɔːl'biːɪt] *conj* aunque, no obstante; *things are changing, a. slowly*, las cosas están cambiando, aunque lentamente.

albino [æl'biːnəu] *adj & n* albino,-a *(m,f)*.

album ['ælbəm] *n* álbum *m*.

albumen ['ælbjumɪn] *n* albúmina *f*.

alcohol ['ælkəhɒl] *n* alcohol *m*, alcool *m; he doesn't drink a.*, no bebe alcohol, es abstemio.

alcoholic [ælkə'hɒlɪk] *adj & n* alcohólico,-a *(m,f)*.

alcoholism ['ælkəhɒlɪzəm] *n* alcoholismo *m*.

alcove ['ælkəuv] *n* nicho *m*, hueco *m*.

alder ['ɔːldəʳ] *n Bot* aliso *m*.

ale [eɪl] *n* cerveza *f; brown/pale a.*, cerveza negra/rubia.

alert [ə'lɜːt] I *adj (person) (quick to act)* alerta, vigilante; *(lively)* despierto,-a, despabilado,-a; *(mind)* vivo,-a. II *n* alerta *m; to be on the a.*, estar alerta. III *vtr to a. sb to sth*, alertar *or* avisar a algn de algo.

Aleutian [ə'luːʃən] *adj & n* aleutiano,-a *(m,f)*. ■ *A. Islands*, Islas *fpl* Aleutianas.

A-level ['eɪlevəl] *GB Educ abbr of* **Advanced level**, ≈ Curso *m* de Orientación Universitaria, COU *m*.

Alexandria [ælɪg'zændrɪə] *n* Alejandría *f*.

alfalfa [æl'fælfə] *n* alfalfa *f*.

alfresco [æl'freskəu] *adj & adv* al aire libre.

algae ['ældʒiː] *npl Bot* algas *fpl*.

algebra ['ældʒɪbrə] *n* álgebra *f*.

Algeria [æl'dʒɪərɪə] *n* Argelia *f*.

Algerian [æl'dʒɪərɪən] *adj & n* argelino,-a *(m,f)*.

Algiers [æl'dʒɪəz] *n* Argel.

alias ['eɪlɪəs] I *n* alias *m*, apodo *m*. II *adv* alias, apodado,-a.

alibi ['ælɪbaɪ] *n (pl alibis)* coartada *f*.

alien ['eɪlɪən] I *adj (foreign)* extranjero,-a; *(from space)* extraterrestre; *(stranger)* ajeno,-a; *such behaviour is a. to him*, semejante comportamiento es ajeno a él. **II** *n (foreigner)* extranjero,-a *m,f; (from space)* extraterrestre *mf; (stranger)* ajeno,-a *m,f.*

alienate ['eɪlɪəneɪt] *vtr* **1 to a.** sb, ofender a algn, ganarse la antipatía de algn; **to a. oneself from sb,** alejarse de algn. **2** *Jur* enajenar.

alienation [eɪlɪə'neɪʃən] *n (feeling of not belonging)* alienación *f; (separation)* alejamiento *m.*

alight[1] [ə'laɪt] *adj (on fire)* ardiendo,-a, encendido,-a; **to be a.,** *(fire)* estar ardiendo; *(light)* estar encendido,-a; **to catch a.,** incendiarse; **to set sth a.,** prender fuego a algo.

alight[2] [ə'laɪt] *vi (get off)* apearse, bajar **(from,** de); *(bird)* posarse **(on,** en).

align [ə'laɪn] *vtr* alinear; **to a. oneself with sb,** alinearse con algn.

alignment [ə'laɪnmənt] *n* alineación *f;* **out of a. with,** mal alineado,-a con.

alike [ə'laɪk] **I** *adj (similar)* parecidos,-as, semejantes; *(the same)* iguales; **they're all a.!,** ¡son todos iguales! **II** *adv (in the same way)* de la misma manera, igualmente; **dressed a.,** vestidos,-as iguales; **summer and winter a.,** tanto en verano como en invierno.

alimentary [ælɪ'mentərɪ] *adj* alimenticio,-a; *Anat* **a. canal,** tubo *m* digestivo.

alimony ['ælɪmənɪ] *n Jur* pensión *f* alimenticia, alimentos *mpl.*

alive [ə'laɪv] *adj (living)* vivo,-a, con vida; *(lively)* vivaz, vivaracho,-a, activo,-a; *fig (teeming)* lleno,-a **(with,** de); *(aware)* consciente **(to,** de); **look a.!,** ¡anímate!, ¡despabílate!; **to be a.,** estar vivo,-a *or* con vida; *fig* **to come a.,** *(party etc)* animarse; *(person)* despabilarse; **she's a. to the risks,** es consciente de los riesgos; **to keep the conversation a.,** mantener (viva) la conversación.

alkali ['ælkəlaɪ] *n (pl alkalis or alkalies)* álcali *m.*

alkaline ['ælkəlaɪn] *adj* alcalino,-a.

all [ɔːl] **I** *adj* todo,-a, todos,-as; **a. along the valley,** a lo largo del valle; **a. children,** todos los niños; **a. the town,** todo el pueblo, el pueblo entero; **a. year,** (durante) todo el año; **a. kinds of things,** todo tipo de cosas; **at a. hours,** a todas horas; **at a. times,** siempre; **by a. accounts,** según se dice; **in a. honesty,** con toda franqueza, francamente; **John of a. people,** John entre todos; **of a. the cheek!,** ¡qué carota!, ¡qué jeta!; **on a. fours,** a gatas; **she works a. the time,** siempre está trabajando; *fam* **to be a. in,** estar agotado,-a. ■ *Rel* **A. Saints' Day,** Día *m* de Todos los Santos; **A. Souls' Day,** Día *m* de los Santos Difuntos. **II** *pron* todo,-a, todos,-as; **after a.,** al fin y al cabo, después de todo; **a. but Paul are here,** todos menos Paul están aquí; **a. of his work,** toda su obra; **a. of us,** todos,-as nosotros,-as; **a. who saw it,** todos los que lo vieron; **a. you can do is wait,** lo único que puedes hacer es esperar; **it costs £50 in a.,** cuesta 50 libras en total; **I don't like it at a.,** no me gusta en absoluto; **is that a.?,** ¿eso es todo?; **it wasn't a. that good,** no era nada del otro mundo; **most of** *or* **above a.,** sobre todo; **not at a.,** en absoluto; **once and for a.,** de una vez para siempre; **thanks —not at a.,** gracias —de nada; **that's a.,** ya está; **that's a. there is,** se acabó; **the score was one a.,** empataron a uno; **they watched a. of it,** lo miraron en su totalidad; **they will arrive late, if they come at a.,** llegarán tarde, si es que vienen; **we ate a. of it,** nos lo comimos todo. **III** *adv* todo, completamente; **a. alone,** completamente solo,-a; **a. at once,** *(suddenly)* de repente; *(altogether)* de una vez; **a. over the place,** por todas partes; **a. the**

better, tanto mejor; **a. the same,** de todos modos; **he knew a. along,** lo sabía desde el principio; **I'd like to go a. the same,** a pesar de todo, me gustaría ir; **if it's a. the same to you,** si no te importa; **I'm a. for it,** me parece estupendo; **I'm not a. that tired,** no estoy tan cansado,-a como eso; **it's a. but impossible,** es casi imposible; **it's a. the same to me,** me da igual; **I've a. but finished,** me falta poco para terminar; **painted a. in red,** pintado,-a todo,-a de rojo; **there were ten a. told,** había diez en total; *fam* **she's not a. there,** es un poco tonta. **IV** *n* todo *m;* **to give one's a.,** darse por completo.

Allah ['ælə] *n* Alá *m.*

allay [ə'leɪ] *vtr (fears, doubts)* clamar, apaciguar.

allegation [ælɪ'geɪʃən] *n* alegato *m.*

allege [ə'ledʒ] *vtr* alegar, pretender **(that,** que); **the alleged criminal,** el presunto criminal.

allegedly [ə'ledʒɪdlɪ] *adv* supuestamente.

allegiance [ə'liːdʒəns] *n* lealtad *f;* **to swear a. to the crown,** rendir homenaje a la corona.

allegorical [ælɪ'gɒrɪkəl] *adj* alegórico,-a.

allegory ['ælɪgɒrɪ] *n* alegoría *f.*

allergic [ə'lɜːdʒɪk] *adj* alérgico,-a **(to,** a).

allergy ['ælədʒɪ] *n* alergia *f.*

alleviate [ə'liːvɪeɪt] *vtr (pain)* aliaviar, mitigar.

alleviation [əliːvɪ'eɪʃən] *n* alivio *m.*

alley ['ælɪ] *n* callejón *m,* callejuela *f;* **blind a.,** callejón sin salida.

alliance [ə'laɪəns] *n* alianza *f;* **to enter into an a. with sb,** aliarse con algn.

allied ['ælaɪd] *adj Pol* aliado,-a; *(connected)* relacionado,-a, asociado,-a **(with, to,** con).

alligator ['ælɪgeɪtə^r] *n* caimán *m.*

all-important [ɔːlɪm'pɔːtənt] *adj* trascendental, de suma importancia.

all-in ['ɔːlɪn] *adj (price)* todo incluido, global. ■ *Sport* **a.-in wrestling,** lucha *f* libre.

alliteration [əlɪtə'reɪʃən] *n* aliteración *f.*

all-night ['ɔːlnaɪt] *adj (café, cinema, etc)* abierto,-a toda la noche; *(vigil)* que dura toda la noche.

allocate ['æləkeɪt] *vtr (time, accommodation)* asignar; *(money)* destinar **(to,** para).

allocation [ælə'keɪʃən] *n* **1** *(distribution) (of time, accommodation)* asignación *f; (of money)* distribución *f.* **2** *(amount allocated)* cuota *f.*

allot [ə'lɒt] *vtr (pt & pp allotted) (time)* asignar; *(money)* destinar, distribuir.

allotment [ə'lɒtmənt] *n* **1** *(distribution) (of time)* asignación *f; (of money)* distribución *f.* **2** *(land)* parcela *f,* huerta *f.*

all-out [ɔːl'aʊt] **I** *adj (effort)* supremo,-a; *(attack)* concentrado,-a; *(strike)* total. **II** **all out** *adv* **to go a. o. to do sth,** emplearse a fondo para hacer algo.

allow [ə'laʊ] *vtr* **1** *(permit)* permitir, dejar; *(a request)* acceder a; **a. me!,** ¡permítame!; **are we allowed to smoke here?,** ¿se puede fumar aquí?; **to a. sb to do sth,** permitir *or* dejar que algn haga algo; **you are not allowed to go in,** está prohibido *or* se prohíbe entrar. **2** *(allot) (time)* dejar, conceder; *(money)* destinar; **to a. a week to finish the job,** dejar una semana para terminar el trabajo; **to a. sb time to pay,** conceder a algn tiempo para pagar.
◆**allow for** *vi* tener en cuenta, tomar en consideración; **allowing for delays,** teniendo en cuenta los retrasos.

allowable [ə'laʊəbəl] *adj (expense)* deducible.

allowance [əˈlaʊəns] n (payment) pensión f, subvención f; (of food) ración f; (discount) descuento m, rebaja f; **to make allowances for sb/sth**, disculpar a algn/tener algo en cuenta. ■ **family a.**, subsidio m familiar; **tax a.**, desgravación f fiscal; **travel a.**, dietas fpl de viaje.

alloy [ˈælɔɪ] n aleación f.

all-powerful [ˈɔːlpaʊəfʊl] adj todopoderoso,-a.

all-purpose [ˈɔːlpɜːpəs] adj para todos los usos.

all right [ɔːlˈraɪt] I adj (okay) bien; **it's a.** r., **but it's nothing special**, está bien, pero no es nada especial; **don't worry, you'll soon be a.** r., no te preocupes, pronto te encontrarás bien; **thank you very much —that's a.** r., muchas gracias —de nada; fam **she's a bit of a.** r., está buenísima. II adv 1 (well) bien; **is the car going a.** r.?, ¿va bien el coche? 2 (definitely) ciertamente, sin duda; **he's dead a.** r., está muerto y bien muerto. 3 (agreement) de acuerdo, vale; **I'll give you a ring tomorrow —a.** r., te llamaré mañana —vale.

all-round [ɔːlˈraʊnd] adj (artist, athlete, picture, etc) completo,-a, polifacético,-a.

all-rounder [ɔːlˈraʊndəʳ] n polifacético,-a m,f, persona f que hace de todo.

allspice [ˈɔːlspaɪs] n pimienta f inglesa.

all-star [ˈɔːlstɑːʳ] adj Theat Cin **a.-s. cast**, reparto m estelar.

all-time [ˈɔːltaɪm] adj **an a.-t. low**, una baja sin antecedente; Theat Cin **the a.-t. greats**, los grandes de siempre.

allude [əˈluːd] vi aludir, hacer alusión or referencia (**to**, a).

allure [əˈljʊəʳ] n atractivo m, encanto m.

alluring [əˈljʊərɪŋ] adj (person) atractivo,-a; (thing) tentador,-a.

allusion [əˈluːʒən] n alusión f, referencia f.

alluvial [əˈluːvɪəl] adj aluvial.

ally [ˈælaɪ] I n aliado,-a m,f. II vtr (pt & pp **allied**) **to a. oneself to/with sb**, aliarse a/con algn.

almanac [ˈɔːlmənæk] n almanaque m.

almighty [ɔːlˈmaɪtɪ] I adj (all-powerful) todopoderoso,-a, omnipotente; fam (great, terrible) **an a. din**, un ruido de mil demonios. II **the A.** n El Todopoderoso.

Almohade [ˈælməheɪd] n Hist almohade m.

almond [ˈɑːmənd] n (nut) almendra f. ■ **a. tree**, almendro m.

almost [ˈɔːlməʊst] adv casi, por poco; **it's a. noon**, es casi mediodía; **he a. cried**, por poco llora.

alms [ɑːmz] npl limosna f sing.

aloft [əˈlɒft] adv arriba, en lo alto; Naut en la arboladura.

alone [əˈləʊn] I adj solo,-a; **can I speak to you a.?**, ¿puedo hablar contigo a solas?; **I can't afford a bicycle, let a. a car**, no me puedo pagar una bicicleta, y muchos menos un coche; **I did it a.**, lo hice yo solo; **leave it a.!**, ¡no lo toques!; **leave me a.**, déjame en paz, déjame tranquilo; **to be a.**, estar solo,-a; **you're not a. in thinking like that**, no eres el único que piensa así. II adv solamente, sólo; **they a. know**, sólo ellos lo saben.

along [əˈlɒŋ] I adv (forward, on) **come a.!**, ¡anda, ven!; **he'll be a. in 10 minutes**, llegará dentro de 10 minutos; **move a. please!**, ¡circulen, por favor!; **she came a. with us**, vino con nosotros, nos acompañó; **the whole family was there, a. with the dog**, estaba allí toda la familia, junto con el perro; **to go** or **move a.**, avanzar. II prep (the length of) a lo largo de, por;

he walked a. the street, anduvo por la calle; **their house is a. here**, su casa está por aquí; **there are trees a. the path**, hay árboles a lo largo del camino.

alongside [əˈlɒŋsaɪd] I adv Naut de costado; **to come a.**, atracar. II prep al lado de; Naut al costado de; **to come a. the quay**, atracar en el muelle.

aloof [əˈluːf] I adj (person) distante, reservado,-a. II adv a distancia; **to keep oneself a.**, mantenerse a distancia (**from**, de).

aloofness [əˈluːfnɪs] n distanciamiento m, reserva f.

aloud [əˈlaʊd] adv en voz alta.

alphabet [ˈælfəbet] n alfabeto m.

alphabetical [ælfəˈbetɪkəl] adj alfabético,-a. ◆**alphabetically** adv por orden alfabético.

alpine [ˈælpaɪn] adj (club, hotel) alpino,-a; (scenery) alpestre.

Alps [ælps] npl **the A.**, los Alpes.

already [ɔːlˈredɪ] adv ya; **have you finished a.?**, ¿ya has terminado?

alright [ɔːlˈraɪt] adj & adv see **all right**.

Alsatian [ælˈseɪʃən] n (dog) pastor m alemán.

also [ˈɔːlsəʊ] adv también, además; **not only milk but a. butter**, no solamente leche sino también mantequilla.

also-ran [ˈɔːlsəʊræn] n (horse) caballo m no clasificado; fam (person) nulidad f.

alt abbr of **altitude**, altitud f, alt.

altar [ˈɔːltəʳ] n altar m.

alter [ˈɔːltəʳ] I vtr (change) (plan) cambiar, retocar; (project) modificar; (opinion) cambiar de; (clothing) arreglar, retocar; (timetable) revisar. II vi cambiar, cambiarse; **we found it greatly altered**, lo encontramos muy cambiado.

alteration [ɔːltəˈreɪʃən] n (to plan) cambio m; (to project) modificación f; (to clothing) arreglo m, retoque m; (to timetable) revisión f; Archit **alterations**, reformas fpl, obras fpl.

altercation [ɔːltəˈkeɪʃən] n altercado m, disputa f.

alternate [ɔːlˈtɜːnɪt] I adj alterno,-a; **on a. days**, cada dos días, un día sí y otro no. II [ˈɔːltəneɪt] vtr alternar. III vi **to a. with sb/sth**, alternar con algn/algo; Elec **alternating current**, corriente f alterna. ◆**alternately** adv alternativamente; **a. hot and cold**, ahora caliente, ahora frío.

alternative [ɔːlˈtɜːnətɪv] I adj (possibilities, routes, etc) alternativo,-a; (medicine, theatre, etc) **an a. proposal**, una contrapropuesta. II n alternativa f; opción f; **I have no a. but to accept**, no tengo más remedio que aceptar; **let's look at the alternatives**, miremos las alternativas. ◆**alternatively** adv por otra parte, o bien; **a. you could walk**, o bien podrías ir andando.

alternator [ˈɔːltəneɪtəʳ] n Aut Elec alternador m.

although [ɔːlˈðəʊ] conj aunque; **a. it's late**, aunque es tarde.

altitude [ˈæltɪtjuːd] n altitud f.

alto [ˈæltəʊ] adj & n (pl **altos**) Mus (male singer, instrument) alto (m); (female singer) contralto (f).

altogether [ɔːltəˈɡeðəʳ] adv (in total) en conjunto, en total; (completely) enteramente, completamente, del todo; **we weren't a. happy with the result**, no quedamos del todo satisfechos con el resultado; fam **in the a.**, (naked) en cueros.

altruism [ˈæltruːɪzəm] n altruismo m.

altruist [ˈæltruːɪst] n altruista mf.

aluminium [ælju'mɪnɪəm] *n, US* **aluminum** [ə'lu:mɪnəm] *n* aluminio *m*.

always ['ɔ:lweɪz] *adv* 1 siempre; **he's a. working,** siempre está trabajando; **I will a. love you,** te quiero para siempre. 2 *(as a last resort)* como último recurso; **you can a. take the train,** como último recurso puedes ir en tren.

AM [eɪ'em] 1 *Rad abbr of* **amplitude modulation,** modulación *f* de amplitud, AM. 2 *US see* **MA**.

am [æm] *1st person sing pres see* **be**.

a.m. [eɪ'em] *abbr of* **ante meridiem** (before noon), de la mañana.

amalgam [ə'mælgəm] *n* amalgama *f*.

amalgamate [ə'mælgəmeɪt] I *vtr (metals)* amalgamar; *(companies)* fusionar. II *vi (metals)* amalgamarse; *(companies)* fusionarse.

amalgamation [əmælgə'meɪʃən] *n* fusión *f*, unión *f*.

amass [ə'mæs] *vtr (fortune)* amasar; *(money)* amontonar; *(information)* acumular.

amateur ['æmətə'] I *n* amateur *mf*, aficionado,-a *m,f*; *pej* chapucero,-a *m,f*. II *adj (painter etc)* aficionado,-a; *(work etc)* de aficionado,-a; *pej* chapucero,-a, poco profesional.

amateurish ['æmətərɪʃ] *adj* chapucero,-a, inexperto,-a.

amaze [ə'meɪz] *vtr* asombrar, pasmar; **to be amazed at sth,** quedarse pasmado,-a de algo.

amazement [ə'meɪzmənt] *n* asombro *m*, sorpresa *f*; **they watched in a.,** miraron asombrados; **to my a., they arrived,** para gran sorpresa mía, llegaron.

amazing [ə'meɪzɪŋ] *adj* asombroso,-a, extraordinario,-a, increíble.

ambassador [æm'bæsədə'] *n* embajador,-a *m,f*.

amber ['æmbə'] I *n* ámbar *m*. II *adj* ambarino,-a; *(traffic light)* amarillo,-a.

ambidextrous [æmbɪ'dekstrəs] *adj* ambidextro,-a, ambidiestro,-a.

ambiguity [æmbɪ'gju:ɪtɪ] *n* ambigüedad *f*, doble sentido *m*.

ambiguous [æm'bɪgjʊəs] *adj* ambiguo,-a.

ambition [æm'bɪʃən] *n* ambición *f*; **her a. is to be famous,** ambiciona ser famosa; **to have a.,** tener ambición.

ambitious [æm'bɪʃəs] *adj (person)* ambicioso,-a; *(plan)* grandioso,-a.

ambivalent [æm'bɪvələnt] *adj* ambivalente.

amble ['æmbəl] *vi (horse)* amblar; *(person)* deambular, andar a paso lento.

ambulance ['æmbjʊləns] *n* ambulancia *f*. ■ **a. man,** ambulanciero *m*.

ambush ['æmbʊʃ] I *n* emboscada *f*. II *vtr* tender una emboscada a; *fig* atacar por sorpresa.

ameba [ə'mi:bə] *n (pl amebas or amebi* [ə'mi:bi:] *US* amiba *f*.

amen [ɑ:'men] *interj* amén.

amenable [ə'mi:nəbəl] *adj* susceptible, sumiso,-a; **a. to reason,** razonable; **he isn't a. to reason,** no se deja convencer.

amend [ə'mend] I *vtr (text, law)* enmendar; *(error)* subsanar, corregir. II *vi (text, law)* enmendarse; *(error)* subsanarse, corregirse.

amendment [ə'mendmənt] *n* enmienda *f*.

amends [ə'mendz] *npl* **to make a. to sb for sth,** compensar a algn por algo.

amenities [ə'mi:nɪtɪz] *npl (of house etc)* comodidades *fpl*; *(of district etc)* facilidades *fpl*.

America [ə'merɪkə] *n (continent)* América; *(USA)* (los) Estados Unidos. ■ **Central A.,** América Central, Centroamérica; **North A.,** América del Norte, Norteamérica; **South A.,** América del Sur, Sudamérica; **(the) United States of A.,** (los) Estados Unidos.

American [ə'merɪkən] *adj & n (gen)* americano,-a *(m,f)*; *(of USA)* norteamericano,-a *(m,f)*, estadounidense *(mf)*; **Central A.,** centroamericano,-a *(m,f)*; **North A.,** norteamericano,-a *(m,f)*; **South A.,** sudamericano,-a *(m,f)*.

Americanism [ə'merɪkənɪzəm] *n* americanismo *m*.

amethyst ['æmɪθɪst] *n* amatista *f*.

amiable ['eɪmɪəbəl] *adj* amable, afable, simpático,-a **(to, towards,** con).

amicable ['æmɪkəbəl] *adj (relationship, agreement, etc)* amistoso,-a, amigable.

amid(st) ['æmɪd(st)] *prep* entre, en medio de.

amiss [ə'mɪs] *adj & adv* mal; **there's sth a.,** algo anda mal; **to take sth a.,** tomar algo a mal.

ammonia [ə'məʊnɪə] *n* amoníaco *m*.

ammunition [æmjʊ'nɪʃən] *n* municiones *fpl*; *fig (in argument etc)* argumentos *mpl*.

amnesia [æm'ni:ʒə] *n* amnesia *f*.

amnesty ['æmnɪstɪ] *n* amnistía *f*.

amoeba [ə'mi:bə] *n (pl amoebas or amoebae* [ə'mi:bi:]) amiba *f*.

amok [ə'mɒk] *adv* **to run a.,** *(person)* volverse loco,-a, destruirlo todo a su paso; *fig (inflation etc)* desbocarse.

among(st) [ə'mʌŋ(st)] *prep* entre; **he was a. those chosen,** se encontraba entre los elegidos; **sort it out a. yourselves,** arreglásolo entre vosotros; **the money was divided a. them,** se repartieron el dinero entre sí.

amoral [eɪ'mɒrəl] *adj* amoral.

amorous ['æmərəs] *adj* cariñoso,-a, tierno,-a.

amorphous [ə'mɔ:fəs] *adj* amorfo,-a.

amount [ə'maʊnt] *n (quantity)* cantidad *f*; *(of money)* suma *f*; *(of bill)* importe *m*; **don't worry, you'll have any a. of time,** no te preocupes, tendrás muchísimo tiempo; **the work requires a certain a. of patience,** el trabajo exige mucha paciencia. ◆**amount to** *vtr* ascender *or* subir a; *fig* equivaler a, significar; **her debts a. to £500,** sus deudas ascienden a 500 libras esterlinas; *fig* **it amounts to a go-ahead,** equivale a una autorización; *fig* **it amounts to the same thing,** eso viene a ser lo mismo; *fig* **it doesn't a. to much,** no llega a ser gran cosa.

amp ['æmp] *n fam,* **ampère** ['æmpeə'] *n Elec* amperio *m*; **13 a. plug,** enchufe *m* de 13 amperios.

ampersand ['æmpəsænd] *n Typ* signo *m* '&' que significa **and**.

amphetamine [æm'fetəmi:n] *n* amfetamina *f*.

amphibian [æm'fɪbɪən] *adj & n* anfibio,-a *(m)*.

amphibious [æm'fɪbɪəs] *adj* anfibio,-a.

amphitheatre, *US* **amphitheater** ['æmfɪθɪətə'] *n* anfiteatro *m*.

ample ['æmpəl] *adj (enough)* bastante; *(more than enough)* abundante; *(large)* amplio,-a; **a. resources,** grandes recursos; **a. time,** mucho tiempo. ◆**amply** *adv (sufficiently)* bastante, suficientemente; *(abundantly)* abundantemente; *(greatly)* ampliamente; **we were a. rewarded,** nos recompensaron plenamente.

amplifier ['æmplɪfaɪə'] *n* amplificador *m*.

amplify ['æmplıfaı] *vtr (pt & pp amplified) (sound)* amplificar; *(statement etc)* ampliar.

amputate ['æmpjʊteıt] *vtr* amputar.

amputation [æmpjʊ'teıʃən] *n* amputación *f.*

Amsterdam ['æmstədæm] *n* Amsterdam.

amuck [ə'mʊk] *adv* see **amok** .

amuse [ə'mjuːz] *vtr* divertir, entretener, distraer; **to a. oneself (by) doing sth,** entretenerse haciendo algo; **to be amused by sth,** encontrar algo divertido; **to keep sb amused,** entretener a algn.

amusement [ə'mjuːzmənt] *n (enjoyment)* diversión *f,* distracción *f; (laughter)* risa *f; (pastime)* pasatiempo *m;* **much to our a.,** para gran regocijo nuestro. ■ **a. arcade,** salón *m* de juegos; **a. park,** parque *m* de atracciones.

amusing [ə'mjuːzıŋ] *adj (fun)* divertido,-a, entretenido,-a; *(funny)* gracioso,-a; **I found it very a.,** me reí mucho; **the a. thing is ...,** lo gracioso del caso es ... .

an [æn, *unstressed* ən] *indef art* see **a** .

anabolic steroid [ænəbɒlık'stıərɔıd] *n* esteroide *m* anabolizante.

anachronism [ə'nækrənızəm] *n* anacronismo *m.*

anaemia [ə'niːmıə] *n* anemia *f.*

anaemic [ə'niːmık] *adj* anémico,-a; *fig (weak)* débil.

anaesthesia [ænıs'θiːzıə] *n* anestesia *f.*

anaesthetic [ænıs'θetık] *n* anestesia *f;* **local/general a.,** anestesia local/general *or* total.

anaesthetist [ə'niːsθətıst] *n* anestesista *mf.*

anaesthetize [ə'niːsθətaız] *vtr* anestesiar.

anagram ['ænəgræm] *n* anagrama *m.*

anal ['eınəl] *adj* anal.

analgesic [ænəl'dʒiːsık] *adj & n* analgésico,-a *(m).*

analog ['ænəlɒg] *n US* see **analogue** .

analogous [ə'næləgəs] *adj* **a. to** *or* **with,** análogo,-a *or* semejante a.

analogue ['ænəlɒg] *n* análogo *m.* ■ **a. computer,** ordenador *m* analógico; **a. watch,** reloj *m* de agujas.

analogy [ə'nælədʒı] *n* analogía *f,* semejanza *f;* **to draw an a. with sth/between two things,** señalar una semejanza con algo/entre dos cosas.

analyse ['ænəlaız] *vtr* analizar; *(psychoanalyse)* sicoanalizar.

analysis [ə'nælısıs] *n (pl analyses* [ə'nælısiːz]*)* análisis *m inv; (psychoanalysis)* sicoanálisis *m;* **in the final a.,** a fin de cuentas.

analyst ['ænəlıst] *n* analista *mf; (psychoanalyst)* sicoanalista *mf.*

analyze ['ænəlaız] *vtr US* see **analyse** .

analytic(al) [ænə'lıtık(əl)] *adj* analítico,-a.

anarchist ['ænəkıst] *n* anarquist *mf.*

anarchy ['ænəkı] *n* anarquía *f.*

anathema [ə'næθəmə] *n Rel* anatema *m; fig (curse)* maldición *f;* **the very idea was a. to him,** le repugnaba sólo de pensarlo.

anatomical [ænə'tɒmıkəl] *adj* anatómico,-a.

anatomy [ə'nætəmı] *n* anatomía *f.*

ancestor ['ænsestər] *n* antepasado *m.*

ancestral [æn'sestrəl] *adj* ancestral; **a. home,** casa *f* solariega.

ancestry ['ænsestrı] *n (ancestors)* ascendencia *f; (line)* solera *f,* abolengo *m;* **of noble a.,** de rancio abolengo.

anchor ['æŋkər] **I** *n Naut* ancla *f; fig* ancora *f,* seguridad *f;* **to drop a.,** echar el ancla; **to weigh a.,** levar anclas, zarpar. **II** *vtr Naut* anclar; *fig (fix securely)* sujetar. **III** *vi Naut* anclar, echar el ancla.

anchovy ['æntʃəvı] *n (pl anchovy or anchovies) (salted)* anchoa *f; (fresh)* boquerón *m.*

ancient ['eınʃənt] *adj (gen)* antiguo,-a; *(monument)* histórico,-a; *fam (very old)* viejísimo,-a; **the a. world,** el mundo antiguo; **the ancients,** los antiguos.

ancillary [æn'sılərı] *ad & n* auxiliar *(mf);* **a. staff,** *(in hospital)* personal *m* auxiliar.

and [ænd, *unstressed* ənd, ən] *conj* y; *(before i-, hi-)* e; **a hundred a. one,** ciento uno; **a. so on,** etcétera; **Bill a. Pat,** Bill y Pat; **Chinese a. Indian,** chino e indio; **come a. see us,** ven a vernos; **four a. a half,** cuatro y medio; **she cried a. cried,** no paró de llorar; **try a. help me,** trata de ayudarme; **wait a. see,** espera a ver; **worse a. worse,** cada vez peor.

Andalusia [ændə'luːzıə] *n* Andalucía.

Andalusian [ændə'luːzıən] *adj* andaluz,-a.

Andean [æn'diːən, 'ændıən] *adj* andino,-a.

Andes ['ændiːz] *npl* **the A.,** los Andes.

Andorra [æn'dɔːrə] *n* Andorra.

Andorran [æn'dɔːrən] *adj & n* andorrano,-a *(m,f).*

androgynous [ən'drɒdʒınəs] *adj* androgino,-a.

anecdote ['ænıkdəʊt] *n* anécdota *f.*

anemia [ə'niːmıə] *n US* see **anaemia** .

anemic [ə'niːmık] *adj US* see **anaemic** .

anemone [ə'nemənı] *n Bot* anémona *f.* ■ **sea a.,** anémona *f* de mar.

aneroid ['ænərɔıd] *adj* aneroide.

anesthesia [ænıs'θiːzıə] *n US* see **anaesthesia** .

anesthesiologist [ænısθiːzı'ɒlədʒıst] *n US* see **anaesthetist** .

anesthetic [ænıs'θetık] *n US* see **anaesthetic** .

anesthetize [ə'niːsθətaız] *vtr US* see **anaesthetize** .

angel ['eındʒəl] *n* ángel *m; fam (nice person)* encanto *m,* cielo *m,* sol *m;* **be an a.,** sé amable; **you're an a.!,** ¡eres un cielo! ■ **guardian a.,** ángel *m* custodio *or* de la guarda.

angelic [æn'dʒelık] *adj (face)* angelical; *(smile, expression)* angélico,-a.

angelica [æn'dʒelıkə] *n Culin* angélica *f.*

anger ['æŋgər] **I** *n* cólera *f,* ira *f;* **fit of a.,** ataque *m* de cólera; **to act/speak in a.,** obrar llevado,-a por la cólera/hablar con indignación. **II** *vtr* encolerizar, enojar.

angina (pectoris) [æn'dʒaınə ('pektərıs)] *n Med* angina *f* (del pecho).

Angle ['æŋgəl] *n Hist* anglo,-a *m,f.*

angle[1] ['æŋgəl] *n Math* ángulo *m; fig* punto *m* de vista, perspectiva *f;* **a new a. to the story,** una nueva perspectiva de la historia; **at an a. of 45°,** en ángulo de 45 grados. ■ **right a.,** ángulo *m* recto.

angle[2] ['æŋgəl] *vi (fish)* pescar con caña; *fig* **to a. for an invitation,** intentar hacerse una invitación.

angler ['æŋglər] *n* pescador,-a *m,f* de caña. ■ **a. fish,** rape *m.*

Anglican ['æŋglıkən] *adj & n* anglicano,-a *(m,f).*

Anglicism ['æŋglısızəm] *n* anglicismo *m.*

anglicize ['æŋglısaız] *vtr* anglicanizar.

Anglophile ['æŋgləʊfaıl] *n* anglófilo,-a *m,f.*

Anglo-Saxon [æŋgləʊ'sæksən] *adj & n* anglosajón,-ona *(m,f).*

Angola [æŋ'gəʊlə] *n* Angola.

Angolan [æŋ'gəʊlən] *adj & n* angoleño,-a *(m,f).*

angora [æŋˈgɔːrə] n Tex angora f. ■ a. goat/rabbit, cabra f/conejo m de angora.

angry [ˈæŋgrɪ] adj (angrier, angriest) (person, letter, etc) enfadado,-a, ofendido,-a; (wound) inflamado,-a; (sky) tormentoso,-a; (voice) airado,-a; to be a., ofenderse; to get a. with sb about sth, enfadarse con algn por algo. ◆angrily adv con enfado, furiosamente.

anguish [ˈæŋgwɪʃ] n angustia f.

anguished [ˈæŋgwɪʃt] adj angustiado,-a.

angular [ˈæŋgjʊləʳ] adj (shape) angular; (face, features) anguloso,-a.

animal [ˈænɪməl] I adj animal. II n animal m; fig bestia f.

animate [ˈænɪmɪt] I adj vivo,-a, animado,-a. II [ˈænɪmeɪt] vtr animar; fig estimular.

animated [ˈænɪmeɪtɪd] adj (lively) animado,-a, vivo,-a; a. cartons, dibujos mpl animados; to become a., animarse.

animation [ænɪˈmeɪʃən] n (liveliness) animación f, vivacidad f.

animator [ˈænɪmeɪtəʳ] n animador,-a m,f.

animosity [ænɪˈmɒsɪtɪ] n animosidad f.

aniseed [ˈænɪsiːd] n anís m.

Ankara [ˈæŋkərə] n Ankara.

ankle [ˈæŋkəl] n tobillo m. ■ a. boots, botines mpl; a. socks, calcetines mpl cortos.

anklebone [ˈæŋkəlbəʊn] n hueso m del tobillo.

annals [ˈænəlz] npl anales mpl.

annex [æˈneks] vtr (territory) anexar.

annexe, US **annex** [ˈæneks] n (building) (edifico m) anexo m.

annihilate [əˈnaɪəleɪt] vtr aniquilar.

annihilation [ənaɪəˈleɪʃən] n aniquilación f.

anniversary [ænɪˈvɜːsərɪ] n aniversario m. ■ wedding a., aniversario m de bodas.

annotate [ˈænəteɪt] vtr (book etc) hacer anotaciones en, comentar; an annotated edition, una edición crítica.

annotation [ænəˈteɪʃən] n anotación f; annotations, notas fpl.

announce [əˈnaʊns] vtr (arrival, wedding) anunciar; (news) comunicar, participar; (fact, statement) hacer saber, declarar; she announced that she was going home, declaró que se iba a casa; (in competition etc) to a. the winner, proclamar or anunciar el ganador.

announcement [əˈnaʊnsmənt] n (of arrival, wedding) anuncio m; (news) comunicación f, participación f; (statement) declaración f; (in newspaper) announcements, anuncios mpl; to make an a. about sth, anunciar or comunicar or participar algo.

announcer [əˈnaʊnsəʳ] n TV Rad locutor,-a m,f.

annoy [əˈnɔɪ] vtr (irritate) molestar, contrariar, fastidiar; (anger) enfadar; he only does it to a., lo hace sólo para fastidiar; to be annoyed with sb about or because of sth, enfadarse or molestarse con algn por algo; to get annoyed, enfadarse, molestarse.

annoyance [əˈnɔɪəns] n (feeling) enfado m, enojo m; (annoying thing) molestia f, fastidio m.

annoying [əˈnɔɪɪŋ] adj molesto,-a, fastidioso,-a, enojoso,-a; how a.!, ¡qué fastidio!

annual [ˈænjʊəl] I adj anual. II n (book) anuario m; (plant) anual m, planta f anual. ◆annually adv anualmente, cada año.

annuity [əˈnjuːɪtɪ] n (pension) renta f vitalicia.

annul [əˈnʌl] vtr (pt & pp annulled) (contract, marriage) anular.

annulment [əˈnʌlmənt] n (of contract, marriage) anulación f.

anode [ˈænəʊd] n Elec ánodo m.

anodyne [ˈænədaɪn] I adj (bland) anodino,-a, neutro,-a. II n (comforter) calmante m.

anoint [əˈnɔɪnt] vtr ungir, untar (with, con).

anomaly [əˈnɒməlɪ] n anomalía f.

anomalous [əˈnɒmələs] adj anómalo,-a.

anon[1] [əˈnɒn] adv lit & hum (soon) dentro de poco, ahora.

anon[2] [əˈnɒn] abbr of anonymous, anónimo,-a.

anonymity [ænəˈnɪmɪtɪ] n anonimato m.

anonymous [əˈnɒnɪməs] adj anónimo,-a; a. letter, anónimo m; to remain a., conservar el anonimato. ◆anonymously adv anónimamente.

anorak [ˈænəræk] n anorak m.

anorexia [ænɒˈreksɪə] n Med anorexia f. ■ a. nervosa, anorexia f nerviosa.

another [əˈnʌðəʳ] I adj (additional) otro,-a; (different) (otro,-a) distinto,-a; a. one, otro,-a; a. orange, otra naranja; in a. few days, dentro de unos pocos días; in a. 10 years, en otros 10 años; one way or a., de una forma o de otra; that's a. matter, eso es harina de otro costal; they say he's a. Picasso, según dicen, él es otro Picasso; we'll do it a. time, lo haremos en otra ocasión; without a. word, sin más. II pron otro,-a; have a., toma otro,-a; to love one a., quererse el uno al otro or los unos a los otros; we help one a., nos ayudamos mutuamente.

answer [ˈɑːnsəʳ] I n (to letter, telephone call) contestación f; (to question) respuesta f; (to problem) solución f, arreglo m; (to criticism) explicación f, justificación f; in a. to your letter, contestando a su carta; in a. to your question, en respuesta a su pregunta; the only a. is to spend less, la única solución es gastar menos; there's no a., (on telephone) no contestan; (at door) no abren. II vtr (letter) contestar a; (person, question) contestar or responder a; (criticism) explicar, justificar; to a. the door to sb, abrir la puerta a algn; to a. the telephone, contestar el teléfono. III vi contestar, responder. ◆answer back vi replicar; don't a. back!, ¡no repliques!, ¡no seas respondón! ◆answer for vtr responder de; to a. to sb for sth, ser responsable ante algn de algo; he's got a lot to a. for, es responsable de muchas cosas. ◆answer to vtr (name) responder a; (description) corresponder a; it answers to the name of Shandy, atiende por Shandy.

answerable [ˈɑːnsərəbəl] adj (responsible) responsable; (question) que tiene solución; he's a. to no one, no tiene que dar cuentas a nadie; to be a. to sb for sth, ser responsable ante algn de algo.

answering machine [ˈɑːnsərɪŋməʃiːn] n contestador m automático.

ant [ænt] n hormiga f. ■ a. hill, hormiguero m.

antacid [æntˈæsɪd] n antiácido m.

antagonism [ænˈtægənɪzəm] n antagonismo m, rivalidad f (between, entre), hostilidad f (towards, hacia).

antagonist [ænˈtægənɪst] n antagonista mf, adversario,-a m,f.

antagonistic [æntægəˈnɪstɪk] adj hostil, agresivo,-a (to, towards, con).

antagonize [ænˈtægənaɪz] vtr enemistarse con, provocar la enemistad de.

Antartic [ænt'ɑ:ktɪk] I adj antártico,-a. ■ **A. Ocean,** océano m Antártico. II the A. n (polar region) la zona antártica.

Antarctica [ænt'ɑ:ktɪkə] n Antártida.

ante- ['æntɪ] pref ante-.

anteater ['ænti:təʳ] n oso m hormiguero.

antecedent [æntɪ'si:dənt] n antecedente m; **antecedents,** (past family) antepasados mpl; (past events) antecedentes mpl.

antedate [æntɪ'deɪt] vtr (document, cheque) antedatar, poner fecha anterior a; (building, invention, etc) anteceder, ser anterior a; **this building antedates that one by 50 years,** este edificio es cincuenta años más antiguo a aquél.

antelope ['æntɪləʊp] n (pl antelope or antelopes) antílope m.

antenatal [æntɪ'neɪtəl] adj antenatal; (clinic) prenatal.

antenna [æn'tenə] n 1 (pl antennae [æn'teni:]) (of animal, insect) antena f. 2 (pl antennas) TV Rad antena f.

anteroom ['æntɪru:m] n antesala f; (waiting room) sala f de espera.

anthem ['ænθəm] n Mus Rel motete m. ■ **national a.,** himno m nacional.

anthology [æn'θɒlədʒɪ] n antología f.

anthracite ['ænθrəsaɪt] n antracita f.

anthropologist [ænθrə'pɒlədʒɪst] n antropólogo,-a m,f.

anthropology [ænθrə'pɒlədʒɪ] n antropología f.

anti- ['æntɪ] I pref anti-, contra-. II prep en contra de. III adj fam en contra; **she's very a.,** está muy en contra.

anti-aircraft [æntɪ'eəkrɑ:ft] adj antiaéreo,-a.

antibiotic [æntɪbaɪ'ɒtɪk] n antibiótico m.

antibody ['æntɪbɒdɪ] n anticuerpo m.

anticipate [æn'tɪsɪpeɪt] vtr 1 (expect) esperar; **do you a. any problems?,** ¿crees que surgirá algún problema?; **it was better than I anticipated,** era mejor de lo que esperaba. 2 (predict) prever; (problems) anticipar; (get ahead of) anticiparse a, adelantarse a.

anticipation [æntɪsɪ'peɪʃən] n (expectation) esperanza f; (expectancy) ilusión f; **in a. of good weather,** esperando el buen tiempo; **we waited in eager a.,** esperamos con gran ilusión.

anticlimax [æntɪ'klaɪmæks] n gen anticlímax m; (disappointment) decepción f.

anticlockwise [æntɪ'klɒkwaɪz] adv en sentido contrario a las agujas del reloj.

antics ['æntɪks] npl (foolish behaviour) payasadas fpl; (naughtiness) travesuras fpl.

anticyclone [æntɪ'saɪkləʊn] n anticiclón m.

antidote ['æntɪdəʊt] n Med antídoto m; fig remedio m, solución f.

antifreeze ['æntɪfri:z] n anticongelante f.

Antigua [æn'ti:gə] n Antigua.

antihistamine [æntɪ'hɪstəmɪn] n antihistamínico m.

Antilles [æn'tɪli:z] npl Antillas. ■ **Greater A.,** Grandes Antillas; **Lesser A.,** Pequeñas Antillas.

antinuclear [æntɪ'nju:klɪəʳ] adj antinuclear.

antipathy [æn'tɪpəθɪ] n antipatía f, ojeriza f (to, towards, a, hacia).

antipodes [æn'tɪpədi:z] npl (point) antípoda m sing; (people) antípodas mpl; **the A.,** Australia y Nueva Zelanda.

antiquarian [æntɪ'kweərɪən] I adj a. **bookseller,** librero m de viejo. II n anticuario,-a m,f.

antiquated ['æntɪkweɪtɪd] adj anticuado,-a.

antique [æn'ti:k] I adj (furniture etc) antiguo,-a, de época. II n antigüedad f. ■ a. **dealer,** anticuario,-a m,f; a. **shop,** tienda f de antigüedades.

antiquity [æn'tɪkwɪtɪ] n (ancient times) antigüedad f; (ancient monument) monumento m antiguo or histórico; **of great a.,** muy antiguo,-a.

anti-Semitic [æntɪsɪ'mɪtɪk] adj antisemita, antisemítico,-a.

anti-Semitism [æntɪ'semɪtɪzəm] n antisemitismo m.

antiseptic [æntɪ'septɪk] adj & n antiséptico,-a (m).

antisocial [æntɪ'səʊʃəl] adj (delinquent) (behaviour) antisocial; (unsociable) (person) insociable.

antitheft [æntɪ'θeft] adj (device etc) antirrobo inv.

antithesis [æn'tɪθɪsɪs] n (pl antitheses [æn'tɪθɪsi:z]) antítesis f.

antler ['æntləʳ] n cuerna f; **antlers,** cornamenta f.

antonym ['æntənɪm] n antónimo m.

Antwerp ['æntwɜ:p] n Amberes.

anus ['eɪnəs] n ano m.

anvil ['ænvɪl] n yunque m.

anxiety [æŋ'zaɪtɪ] n (concern) inquietud f, desasosiego m; (worry) preocupación f; (fear) ansiedad f, angustia f; (eagerness) ansia f, ansias fpl; **it's a great a. to us,** nos preocupa muchísimo.

anxious ['æŋkʃəs] adj (concerned) inquieto,-a; (worried) preocupado,-a; (fearful) angustiado,-a; (eager) ansioso,-a, deseoso,-a; **an a. moment,** un momento de angustia; a. **to please,** deseoso,-a de complacer; **to be a. about sth,** estar preocupado,-a por algo. ◆**anxiously** adv (worriedly) con inquietud or preocupación; (eagerly) ansiosamente.

any ['enɪ] I adj (in questions) algún,-una; (in negative clauses) ningún,-una; (no matter which) cualquier,-a; (every) todo,-a; a. **doctor will tell you the same thing,** cualquier médico te dirá lo mismo; **are there a. seats left on the express?,** ¿quedan plazas en el expreso?; **at a. moment,** en cualquier momento; **have you a. apples?,** ¿tienes manzanas?; **have you a. money?,** ¿tienes (algo de) dinero?; **I don't have a. time,** no tengo tiempo; **in a. case,** en todo caso, de todas formas; **she did it without a. difficulty,** lo hizo sin ninguna dificultad. II prep (in questions) alguno,-a; (in negative clauses) ninguno,-a; (no matter which) cualquiera; **have they got a.?,** ¿tienen alguno?; **I don't want a.,** no quiero ninguno,-a; **I need some paper, have you a.?,** necesito papel, ¿tienes?; **you can have a. (one),** coge el or la que quieras. III adv **we don't go a. longer,** ya no vamos más; **is there a. more?,** ¿hay más?; **I used to like it but not a. more,** antes me gustaba pero ya no; **is it a. good?,** ¿sirve para algo?

anybody ['enɪbɒdɪ] pron (in questions) alguien, alguno,-a; (in negative clauses) nadie, ninguno,-a; (no matter who) cualquiera, cualquier persona; a. **but me,** cualquiera menos yo; a. **will tell you so,** cualquiera te lo dirá; a. **would think he was poor,** cualquiera diría que es pobre; **bring a. you like,** trae a quien quieras; **do you see a. over there?,** ¿ves a alguien allí?; **I can't find a.,** no encuentro a nadie; **it's a.'s guess,** quién sabrá; **we don't know a. else,** no conocemos a nadie más.

anyhow ['enɪhaʊ] adv 1 (in spite of that) en todo caso, de todas formas; (changing the subject) bueno, pues; a., **I said to him ...,** bueno, pues le dije ...; a., they arrived eventually, de todas formas al final llegaron. 2 *(carelessly)* desordenadamente, de cualquier modo *or* forma; **don't just leave it a.**, no lo dejes de cualquier forma.

anyone ['enɪwʌn] *pron* see **anybody** .

anyplace ['enɪpleɪs] *adv US Canada* see **anywhere** .

anything ['enɪθɪŋ] I *pron* 1 *(in questions)* algo, alguna cosa; *(in negative clauses)* nada; *(no matter what)* cualquier cosa; **a. but that**, cualquier cosa menos eso; **a. else?**, ¿algo más?; **can I do a. for you?**, ¿puedo ayudarte en algo?; **don't think a. of it**, no tiene importancia; **hardly a.**, casi nada; **he's a. but shy**, tímido no lo es; **if a., I'd buy the big one**, de comprar uno compraría el grande. II *adv fam* **as easy/hard as a.**, de lo más fácil/difícil; **is this a. like what you wanted?**, ¿viene a ser éste lo que tu querías?; **to run/work like a.**, correr/trabajar a más no poder.

anyway ['enɪweɪ] *adv* see **anyhow** .

anywhere ['enɪweəʳ] *adv* 1 *(in questions) (situation)* en algún sitio, en alguna parte; *(movement)* a algún sitio *or* alguna parte; **could it be a. else?**, ¿podría estar en otro sitio?; **did you go a. yesterday?**, ¿fuiste a alguna parte ayer? 2 *(in negative clauses) (situation)* en ningún sitio *or* ninguna parte; *(movement)* a ningún sitio *or* ninguna parte; *(no matter where)* dondequiera, donde sea, a *or* en cualquier parte; **go a. you like**, ve a donde quieras; **she isn't a. near as clever as her sister**, no es ni con mucho tan inteligente como su hermana; **she'll look for a job a. she can**, buscará un trabajo donde sea; **we aren't a. near finished**, no hemos terminado ni mucho menos; **we couldn't find a shop open a.**, no encontramos una tienda abierta en ningún sitio.

aorta [eɪ'ɔ:tə] *n (pl aortas or aortae* [eɪ'ɔ:ti:]*)* aorta *f*.

apart [ə'pɑ:t] *adv* 1 *(in pieces)* aparte; **to come** *or* **fall a.**, deshacerse; *(unstuck)* despegarse; **to take sth a.**, desmontar algo. 2 *(distant)* alejado,-a; *(separate)* aparte, separado,-a; **the chairs are too far a.**, las sillas están demasiado separadas; **they live a.**, viven separados; **to be poles a.**, ser polos opuestos; **you can't tell the twins a.**, no se puede distinguir los mellizos el uno del otro. 3 *(except for)* aparte de; **joking a.**, bromas aparte; **a. from a few scratches he was unhurt**, aparte de algunos rasguños salió ileso; **a. from the fact that it was late**, dejando aparte el hecho de que era tarde.

apartheid [ə'pɑ:theɪt] *n* apartheid *m*.

apartment [ə'pɑ:tmənt] *n (large room)* salón *m*; *US (flat)* apartamento *m*, piso *m*. ■ **a. block**, bloque *m* de pisos.

apathetic [æpə'θetɪk] *adj* apático,-a.

apathy ['æpəθɪ] *n* apatía *f*.

ape [eɪp] I *n (anthropoid)* antropomorfo *m*, antropoideo *m*; *(loosely)* mono *m*, simio *m*. II *vtr* imitar, copiar.

Apennines ['æpənaɪnz] *npl* the A., los Apeninos.

apéritif [ə'perɪti:f] *n* aperitivo *m*.

aperture ['æpətʃəʳ] *n (hole, crack)* resquicio *m*, rendija *f*; *Phot* abertura *f*.

APEX ['eɪpeks] *Av abbr of* **Advance Purchase Excursion**, APEX.

apex ['eɪpeks] *n (pl apexes or apices* ['eɪpɪsi:z]*) (top)* ápice *m*; *(of triangle)* vértice *m*; *fig* cumbre *f*.

aphid ['eɪfɪd] *n* afidio *m*.

aphorism ['æfərɪzəm] *n* aforismo *m*.

aphrodisiac [æfrə'dɪzɪæk] I *adj* afrodisíaco,-a. II *n* afrodisíaco *m*.

apiece [ə'pi:s] *adv* cada uno,-a; **they cost 100 pesetas a.**, cuestan 100 pesetas la unidad; **we were given two a.**, nos dieron dos para cada uno.

aplomb [ə'plɒm] *n* aplomo *m*, sangre *f* fría.

apocalypse [ə'pɒkəlɪps] *n* apocalipsis *m inv*.

apocalyptic [ɒpɒkə'lɪptɪk] *adj* apocalíptico,-a.

Apocrypha [ə'pɒkrɪfə] *npl* libros *mpl* apócrifos de la Biblia.

apocryphal [ə'pɒkrɪfəl] *adj* apócrifo,-a.

apogee ['æpədʒi:] *n* apogeo *m*.

apolitical [eɪpə'lɪtɪkəl] *adj* apolítico,-a.

apologetic [əpɒlə'dʒetɪk] *adj (remorseful)* compungido,-a; **he was very a.**, pidió mil perdones; **to be a. towards sb about sth**, pedirle a algn perdón por algo.◆**apologetically** *adv* disculpándose, pidiendo perdón.

apologize [ə'pɒlədʒaɪz] *vi (say sorry)* disculparse, pedir perdón; *(for absence)* presentar sus excusas; **they apologized to us for the delay**, nos pidieron perdón por el retraso, se disculparon con nosotros por el retraso.

apology [ə'pɒlədʒɪ] *n* disculpa *f*, excusa *f*; **I owe you an a.**, tengo que pedirte perdón; **please accept our apologies**, le rogamos nos disculpe; **to offer one's apologies**, presentar sus excusas, disculparse; *fam* **what an a. for a meal!**, ¡vaya birria de comida!

apoplectic [æpə'plektɪk] *adj Med* apopléctico,-a; *fam* **to be a. with rage**, ponerse furioso,-a.

apoplexy ['æpəpleksɪ] *n Med* apoplegía *f*.

apostasy [ə'pɒstəsɪ] *n* apostasía *f*.

apostle [ə'pɒsəl] *n* apóstol *m*.

apostolic [æpə'stɒlɪk] *adj* apostólico,-a.

apostrophe [ə'pɒstrəfɪ] *n* apóstrofo *m*.

apotheosis [əpɒθɪ'əʊsɪs] *n (pl apotheoses* [əpɒθɪ'əʊsi:z]*)* apoteosis *f inv*.

appal, *US* **appall** [ə'pɔ:l] *vtr (pt & pp appalled)* horrorizar; **to be appalled by sth**, quedar horrorizado,-a por algo.

Appalachians [æpə'leɪtʃɪənz] *npl* los (montes) Appalaches.

appalling [ə'pɔ:lɪŋ] *adj (horrifying)* horroroso,-a; *fam (very bad)* pésimo,-a, fatal.

apparatus [æpə'reɪtəs] *n (pl apparatuses or apparatus) (instrument)* aparato *m*; *(equipment)* equipo *m*; *(in gymnasium)* aparatos de gimnasia; **a piece of a.**, un aparato. ■ **breathing a.**, aparato *m* respiratorio; **scientific a.**, utensilios *mpl* de laboratorio.

apparent [ə'pærənt] *adj (obvious)* evidente, manifiesto,-a; *(seeming)* aparente; **it's a. that he's wrong**, está claro *or* es evidente que está equivocado; **her a. indifference**, su aire de indiferencia; **to become a.**, ponerse de manifiesto, quedar claro.◆**apparently** *adv (obviously)* evidentemente; *(seemingly)* aparentemente, por lo visto.

apparition [æpə'rɪʃən] *n (appearance)* aparición *f*; *(spirit)* aparición *f*, fantasma *m*, espectro *m*.

appeal [ə'pi:l] I *n* 1 *(request)* ruego *m*, solicitud *f*; *(plea)* súplica *f*; **an a. for help/money**, una solicitud de ayuda/dinero; **to make an a. for sth**, pedir *or* solicitar algo. 2 *(attraction)* atractivo *m*, encanto *m*; *(interest)* interés *m*; **that type of music has lost its a.**, esa clase de música ha perdido su encanto. ■ **sex a.**, atractivo *m* sexual. 3 *Jur* apelación *f*, recurso *m*; **to lodge an a.**, presentar una apelación, interponer un recurso. ■ **right of a.**, derecho *m* de apelación.

II *vi* 1 *(plead)* rogar, suplicar (**to**, a); **to a. for help**, pedir *or* solicitar ayuda; **to a. to sb's better nature**, apelar a los sentimientos humanitarios de algn. 2 *(attract)* atraer; *(interest)* interesar; **it doesn't a. to me**, no me atrae. 3 *Jur* apelar; **to a. against a decision**, apelar contra un fallo. 4 *Sport* apelar; **to a. to the referee**, apelar al árbitro.

appealing [əˈpiːlɪŋ] *adj (moving)* conmovedor,-a; *(attractive)* atractivo,-a, bonito,-a; *(tempting)* atrayente, tentador,-a.

appear [əˈpɪəʳ] *vi (become visible)* aparecer; *(publicly)* presentarse; *(on stage)* actuar; **she appeared round the corner**, apareció por la esquina; **to a. before a court/a committee**, comparecer ante un tribunal/un comité; **to a. in the shops**, salir a la venta; **to a. on behalf of sb**, aparecer en nombre de algn; **to a. on television**, salir en la televisión. 2 *(seem)* parecer; **he appears relaxed**, parece relajado; **she appears to be right**, parece que tiene razón; **so it appears**, según parece; **there appears to have been a mistake**, parece que ha habido un error.

appearance [əˈpɪərəns] *n* 1 *(becoming visible)* aparición *f*; *(publicly)* presentación *f*; *(on stage)* actuación *f*; *(before court, committee)* comparecencia *f*; *(of book etc)* publicación *f*; *(in shops)* salida *f* a la venta; **to make one's first a.**, debutar; **to put in an a.**, hacer acto de presencia. 2 *(look)* apariencia *f*, aspecto *m*; **by** *or* **to all appearances**, al parecer, a todas luces; **don't judge by appearances**, no juzgues según las apariencias; **smart in a.**, de aspecto elegante; **to keep up appearances**, guardar las apariencias.

appease [əˈpiːz] *vtr (anger)* apaciguar, aplacar; *(curiosity, hunger)* satisfacer.

appeasement [əˈpiːzmənt] *n* *Pol* **policy of a.**, política *f* de pacificación.

append [əˈpend] *vtr* añadir (**to**, a).

appendage [əˈpendɪdʒ] *n* apéndice *m*, añadidura *f*.

appendicitis [əpendɪˈsaɪtɪs] *n* *Med* apendicitis *f*.

appendix [əˈpendɪks] *n* (*pl* **appendixes** *or* **appendices** [əˈpendɪsiːz]) apéndice *m*; **to have one's a. taken out**, operarse de apendicitis.

appetite [ˈæpɪtaɪt] *n* apetito *m* (**for**, para); *fig* deseo *m*, ganas *fpl* (**for**, de); **it will spoil your a.**, te quitará el apetito; **to have a good** *or* **healthy a.**, tener buen apetito; **to whet one's a.**, abrirse el apetito.

appetizer [ˈæpɪtaɪzəʳ] *n* *(drink)* aperitivo *m*; *(snack)* aperitivo *m*, tapa *f*, pincho *m*.

appetizing [ˈæpɪtaɪzɪŋ] *adj* apetitoso,-a.

applaud [əˈplɔːd] **I** *vtr* aplaudir; *fig (actions, decision)* aprobar. **II** *vi* aplaudir, palmotear.

applause [əˈplɔːz] *n* aplausos *mpl*.

apple [ˈæpəl] *n (fruit)* manzana *f*; **she's the a. of his eye**, la cuida como si fuera la niña de los ojos. ■ **a. core**, corazón *m* de la manzana; **a. pie**, tarta *f* de manzana; **a. tree**, manzano *m*; **cooking a.**, manzana *f* para compota.

apple-pie [ˈæpəlpaɪ] *adj fam* **in a.-p. order**, arreglado,-a, ordenadito,-a.

appliance [əˈplaɪəns] *n* aparato *m*, dispositivo *m*; **electrical appliances**, electrodomésticos *mpl*.

applicable [əˈplɪkəbəl] *adj* aplicable; **it's a. only to students**, se aplica *or* se refiere *or* se extiende sólo a estudiantes; **this rule is a. only after 6 o'clock**, esta norma sólo es aplicable a partir de las 6.

applicant [ˈæplɪkənt] *n (for post)* candidato,-a *m,f*; *(to court, for tickets)* solicitante *mf*.

application [æplɪˈkeɪʃən] *n* 1 *(of cream, ointment)* aplicación *f*; **for external a. only**, para uso externo. 2 *(request) (for post, tickets, to court, etc)* solicitud *f*, petición *f*; *Com* **samples on a.**, pídanos muestras. ■ **a. form**, solicitud *f*; **job a.**, solicitud *f* de empleo. 3 *(effort)* aplicación *f*; **she lacks a.**, no se aplica.

applied [əˈplaɪd] *adj* aplicado,-a; **a. mathematics**, matemática *f* aplicada.

appliqué [æˈpliːkeɪ] *n* *Sew* aplicación *f*.

apply [əˈplaɪ] (*pt & pp* **applied**) **I** *vtr (cream, ointment, paint)* aplicar; *(brake)* echar; *(rule)* aplicar; *(law)* recurrir a; *(force)* usar; *(discoveries, knowledge)* aplicar; **to a. oneself to a task**, dedicarse a una tarea; **to a. one's mind to sth**, concentrarse en algo. **II** *vi* 1 *(refer)* aplicarse, referirse (**to**, a); **does it a. in this case?**, ¿se aplica en este caso?; **this rule does not a. to children**, esta norma no se aplica a los niños. 2 *(ask) (for job)* presentar una solicitud; *(for information, to court)* presentar una petición. ◆**apply for** *vtr (post)* solicitar; *(information, tickets)* pedir.

appoint [əˈpɔɪnt] *vtr* 1 *(choose) (person)* nombrar; *(committee)* elegir; **he was appointed Treasurer**, le nombraron Tesorero. 2 *(fix) (time, place, etc)* fijar, señalar; **at the appointed time**, a la hora señalada.

appointment [əˈpɔɪntmənt] *n* 1 *(to post)* nombramiento *m*; *(post)* cargo *m*, puesto *m*; **to make an a.**, nombrar a algn. 2 *(meeting)* cita *f*, compromiso *m*; **to have/make an a. with sb**, tener una cita/citarse con algn; *(at doctor's)* tener/pedir hora; **to keep an a.**, acudir a una cita.

apportion [əˈpɔːʃən] *vtr (food, money)* distribuir, repartir; *fig (blame)* asignar, echar (**between, among**, a).

appraisal [əˈpreɪzəl] *n* evaluación *f*, valoración *f*; **to make an a. of sth**, evaluar algo.

appraise [əˈpreɪz] *vtr* evaluar, valorar.

appreciable [əˈpriːʃəbəl] *adj (difference)* apreciable; *(loss)* sensible; *(sum)* importante. ◆**appreciably** *adv* sensiblemente.

appreciate [əˈpriːʃɪeɪt] **I** *vtr* 1 *(be thankful for) (help, advice, etc)* apreciar, agradecer; **I would a. it if you didn't do that**, te agradecería que no hicieras eso. 2 *(understand) (difficulty, difference)* entender, reconocer; **I a. the problem**, entiendo el problema; **do you a. the danger involved?**, ¿te das cuenta del peligro que representa? 3 *(value)* apreciar, valorar; **to a. classical music/fine wine**, saber apreciar la música clásica/el buen vino. **II** *vi (increase in value)* cobrar valor, aumentarse en valor.

appreciation [əpriːʃɪˈeɪʃən] *n* 1 *(of help, advice)* aprecio *m*, agradecimiento *m*, gratitud *f*; *(of difficulty, difference)* comprensión *f*; *(of music, wine, etc)* aprecio *m*; *(appraisal) (of play)* evaluación *f*, comentario *m*; *(of situation)* apreciación *f*; **as a token of our a.**, en señal de nuestra gratitud; **to show one's a.**, mostrar su aprecio. 2 *(increase in value)* aumento *m* en valor.

appreciative [əˈpriːʃɪətɪv] *adj (thankful)* agradecido,-a; *(responsive)* apreciativo,-a, sensible; *(audience)* atento,-a ; **to be a. of sb's efforts**, agradecerle los esfuerzos a algn.

apprehend [æprɪˈhend] *vtr* 1 *(arrest)* detener, apresar. 2 *(old use) (understand)* comprender.

apprehension [æprɪˈhenʃən] *n* 1 *(arrest)* detención *f*. 2 *(fear)* aprensión *f*, temor *m*, recelo *m*; **he did it with a certain amount of a.**, lo hizo con cierto recelo.

apprehensive [æprɪ'hensɪv] *adj (fearful)* aprensivo,-a, receloso,-a; **to be a. about sth,** temer por algo. ◆**apprehensively** *adv* con aprensión, con recelo.

apprentice [ə'prentɪs] **I** *n* aprendiz,-a *m,f.* **II** *vtr* **to a. sb to a firm,** colocar *or* poner a algn de aprendiz en una empresa; **to be apprenticed to a firm,** estar de aprendiz en una empresa.

apprenticeship [ə'prentɪsʃɪp] *n* aprendizaje *m.*

appro ['æprəʊ] *n (abbr of approval) fam* **to get sth on a.,** adquirir algo sin compromiso de compra.

approach [ə'prəʊtʃ] **I** *n* **1** *(coming near)* acercamiento *m; (of season)* llegada *f; (to town etc)* acceso *m,* entrada *f;* **the approaches to the city,** los alrededores de la ciudad; *fig* **to make approaches to sb about sth,** abordar *or* dirigirse a algn sobre algo. ■ **a. road,** vía *f* de acceso. **2** *(to problem etc)* enfoque *m,* planteamiento *m;* **his a. to the problem was different,** su manera de enfocar el problema era distinta. **II** *vtr (come near to)* acercarse a; *(city)* entrar en; *(be similar to)* aproximarse a; *fig (tackle) (problem etc)* abordar, enfocar; *(person)* abordar a, dirigirse a; **his ideas are approaching fanaticism,** sus ideas se aproximan al fanatismo; **she's approaching forty,** tiene casi cuarenta años; **temperatures approaching 40 °C,** temperaturas llegando a los 40 grados centígrados; **to a. sb about sth,** dirigirse a algn sobre algo; **we approached the house,** nos acercamos a la casa. **III** *vi* acercarse.

approachable [ə'prəʊtʃəbəl] *adj (person)* abordable, afable.

approaching [ə'prəʊtʃɪŋ] *adj (event)* próximo,-a; *(traffic)* en dirección opuesta; **the a. car,** el coche que viene de frente.

approbation [æprə'beɪʃən] *n* aprobación *f;* **a look of a.,** una mirada aprobatoria.

appropriate[1] [ə'prəʊprɪt] *adj (suitable) (clothing, style, etc)* apropiado,-a, adecuado,-a, apto,-a; *(convenient) (moment, comment, etc)* oportuno,-a; **you must contact the a. authority,** tendrás que dirigirte a la autoridad competente. ◆**appropriately** *adv (suitably)* de una forma apropiada *or* adecuada; *(conveniently)* convenientemente.

appropriate[2] [ə'prəʊprɪeɪt] *vtr* [3]*(allocate) (money etc)* asignar, destinar; *(steal)* apropiarse de.

appropriation [əprəʊprɪ'eɪʃən] *n (allocation)* asignación *f; (seizure)* apropiación *f.*

approval [ə'pru:vəl] *n (approbation)* aprobación *f,* visto bueno *m;* **to give one's a. to sth,** dar el visto bueno a algo; *Com* **to get sth on a.,** adquirir algo sin compromiso de compra.

approve [ə'pru:v] *vtr (plans etc)* aprobar, sancionar, dar el visto bueno a; **approved school,** reformatorio *m.* ◆**approve of** *vtr* aprobar, estar de acuerdo con, consentir en; **I don't a. of his friends,** no me agradan sus amigos.

approving [ə'pru:vɪŋ] *adj (look etc)* aprobatorio,-a, de aprobación. ◆**approvingly** *adv* en aprobación; **she smiled a.,** hizo una sonrisa de aprobación.

approx [ə'prɒks] **1** *abbr of* **approximate,** aproximado,-a. **2** *abbr of* **approximately,** aproximadamente, aprox.

approximate [ə'prɒksɪmɪt] **I** *adj* aproximado,-a. **II** [ə'prɒksɪmeɪt] *vtr* aproximarse a, acercarse a. ◆**approximately** *adv* aproximadamente; **it's a. 10 miles away,** está a 10 millas más o menos de distancia.

approximation [əprɒksɪ'meɪʃən] *n* aproximación *f;* **a rough a. of the cost,** una estimación aproximada del coste.

Apr *abbr of* **April,** abril *m,* abr.

apricot ['eɪprɪkɒt] *n (fruit)* albaricoque *m.* ■ **a. tree,** albaricoquero *m.*

April ['eɪprəl] *n* abril *m;* **to play an A. Fool on sb,** hacerle una inocentada a algn; **A. Fool!,** ¡inocente! ■ **A. Fools' Day,** día *m* uno de abril, ≈ día *m* de los Inocentes (28 de diciembre); *see also* **May.**

apron ['eɪprən] *n (for cook, cleaner)* delantal *m; (for workman)* mandil *m; Av* pista *f* de servicio; *fam* **he's tied to his wife's/mother's a. strings,** está pegado a las faldas de su mujer/de su madre. ■ *Theat* **a. stage,** proscenio *m.*

apropos [æprə'pəʊ] **I** *adj (suitable)* oportuno,-a, acertado,-a. **II** *adv* **a. of her new job,** y hablando de su nuevo trabajo.

apse [æps] *n* ábside *m.*

APT [eɪpi:'ti:] *GB abbr of* **Advanced Passenger Train,** ≈ Tren *m* de Alta Velocidad, TAV.

apt [æpt] *adj* **1** *(suitable)* apropiado,-a, conveniente; *(remark, reply)* acertado,-a, oportuno,-a; *(word, name)* justo,-a; *(description)* exacto,-a; *(student)* dotado,-a, inteligente. **2** *(inclined)* **to be a. to do sth,** ser propenso,-a a *or* tender a hacer algo; **he's a. to forget,** tiende a *or* suele olvidar. ◆**aptly** *adv* acertadamente.

apt. *abbr of* **apartment,** apartamento *m,* piso *m.*

aptitude ['æptɪtju:d] *n (ability)* capacidad *f.* ■ **a. test,** prueba *f* de aptitud.

aptness ['æptnɪs] *n (of remark etc)* lo acertado, lo oportuno.

aqualung ['ækwəlʌŋ] *n* botella *f* de oxígeno.

aquamarine [ækwəmə'ri:n] **I** *n Min* aguamarina *f; (colour)* color *m* de aguamarina. **II** *adj* de color de aguamarina.

aquaplane ['ækwəpleɪn] **I** *n* esquí *m* acuático. **II** *vi Sport* hacer esquí acuático; *Aut* patinar.

aquarium [ə'kweərɪəm] *n* acuario *m.*

Aquarius [ə'kweərɪəs] *n Astrol Astron* Acuario *m.*

aquatic [ə'kwætɪk] *adj* acuático,-a.

aqueduct ['ækwɪdʌkt] *n* acueducto *m.*

aquiline ['ækwɪlaɪn] *adj* aguileño,-a.

Arab ['ærəb] *adj & n* árabe *(mf).*

arabesque [ærə'besk] *n* arabesco *m.*

Arabian [ə'reɪbɪən] *adj* árabe, arábigo,-a; **the A. Gulf,** el golfo Arábigo.

Arabic ['ærəbɪk] **I** *adj* árabe, arábigo,-a; **A. literature/numerals,** literatura *f*/numeración *f* arábiga. **II** *n (language)* árabe *m.*

arable ['ærəbəl] *adj (land)* cultivable, de cultivo.

Aragon ['ærəgən] *n* Aragón *m.*

Aragonese [ærəgə'ni:z] *adj & n* aragonés,-esa *(m,f).*

arbiter ['ɑ:bɪtəʳ] *n (referee)* árbitro *m.*

arbitrary ['ɑ:bɪtrərɪ] *adj (choice, decision)* arbitrario,-a.

arbitrate ['ɑ:bɪtreɪt] *vtr & vi* arbitrar **(between,** entre).

arbitration [ɑ:bɪ'treɪʃən] *n* arbitraje *m;* **they agreed to submit the dispute to a.,** acordaron someter la cuestión a arbitraje.

arbitrator ['ɑ:bɪtreɪtəʳ] *n* árbitro *m.*

arc [ɑ:k] *n* arco *m.* ■ **a. lamp, a. light,** arco *m* voltaico; **a. welding,** soldadura *f* por arco.

arcade [ɑ:'keɪd] *n Archit (arches)* arcos *mpl; (passageway)* pasaje *m.* ■ **amusement a.,** salón *m* de juegos; **shopping a.,** galerías *fpl* (comerciales).

arch [ɑ:tʃ] **I** n **1** Archit arco m; (vault) bóveda f. **2** Anat empeine m; **fallen arches,** pies mpl planos. **II** vtr (back) arquear, doblar; **to a. one's back,** arquear la espalda.

arch- ['ɑ:tʃ] pref archi-.

archaeological [ɑ:kɪə'lɒdʒɪkəl] adj arqueológico,-a.

archaeologist [ɑ:kɪ'ɒlədʒɪst] n arqueólogo,-a m,f.

archaeology [ɑ:kɪ'ɒlədʒɪ] n arqueología f.

archaic [ɑ:'keɪɪk] adj arcaico,-a.

archaism ['ɑ:keɪɪzəm] n arcaísmo m.

archangel ['ɑ:keɪndʒəl] n arcángel m.

archbishop [ɑ:tʃ'bɪʃəp] n arzobispo m; **the A. of York,** el Arzobispo de York.

arched [æ:tʃt] adj Archit arqueado,-a; (vaulted), abovedado,-a.

archeological [ɑ:kɪə'lɒdʒɪkəl] adj US see archaeological.

archeologist [ɑ:kɪ'ɒlədʒɪst] n US see archaeologist.

archeology [ɑ:kɪ'ɒlədʒɪ] n US see archaeology.

archer ['ɑ:tʃəʳ] n arquero,-a m,f.

archery ['ɑ:tʃərɪ] n tiro m al arco.

archetypal ['ɑ:kɪtaɪpəl] adj arquetípico,-a.

archetype [ɑ:kɪ'taɪp] n (original) arquetipo m; (example) modelo m.

archipelago [ɑ:kɪ'pelɪɡəʊ] n (pl **archipelagos** or **archipelagoes**) archipiélago m.

architect ['ɑ:kɪtekt] n arquitecto,-a m,f.

architectural [ɑ:kɪ'tektʃərəl] adj arquitectónico,-a.

architecture ['ɑ:kɪtektʃəʳ] n arquitectura f.

archives ['ɑ:kaɪvz] npl archivos mpl.

archway ['ɑ:tʃweɪ] n (arch) arco m; (vault) bóveda f; (in church) atrio m; (passage) pasaje m.

arctic ['ɑ:ktɪk] **I** adj (conditions, weather) ártico,-a; fam (very cold) glacial. **II** the **A.** n el Ártico. ■ **A. Circle,** círculo m polar Ártico; **A. Ocean,** océano m Ártico.

ardent ['ɑ:dənt] adj (admirer, supporter, lover) apasionado,-a; (desire) ardiente.

ardour, US **ardor** ['ɑ:dəʳ] n (passion) pasión f, ardor m; (zeal) fervor m.

arduous ['ɑ:djʊəs] adj (climb, journey) arduo,-a, penoso,-a; (task, work) difícil.

are [ɑ:ʳ] 2nd person sing pres, 1st, 2nd, 3rd person pl pres see **be**.

area ['eərɪə] n (surface) area f, superficie f; (space) espacio m, extensión f; (region) región f; (of town, city) zona f; fig (field) (of knowledge etc) campo m, terreno m; **an a. of 10 square metres,** una superficie de 10 metros cuadrados; **disaster a.,** zona del desastre; fig **his personal life is a disaster a.,** tiene una vida personal desastrosa; **it's a grey a.,** es un campo poco trabajado. ■ US Tel **a. code,** prefijo m local; Com **a. sales manager,** representante mf regional; Sport **penalty a.,** área f de castigo; **postal a.,** distrito m postal; Educ **subject a.,** especialidad f.

arena [ə'ri:nə] n (stadium) estadio m; (bullring) plaza f; (circus) pista f; fig (stage) palestra f, campo m de batalla.

Argentina [ɑ:dʒən'ti:nə] n Argentina.

Argentinian [ɑ:dʒən'tɪnɪən] adj & n argentino,-a (m,f).

arguable [ɑ:gjʊəbəl] adj discutible (**that, whether, que**). ◆**arguably** adv **it's a. the best,** hay quienes dicen que es el mejor.

argue ['ɑ:gju:] **I** vtr (reason) (case etc) discutir, debatir; (point of view, position) mantener; **she argued that it wouldn't be practical,** sostenía que no sería factible. **II** vi (quarrel) discutir, reñir; (reason) argumentar, razonar; **don't a. just do it,** hazlo y no discutas; **to a. for,** abogar por; **to a. against sth,** ponerse en contra de algo; **to a. about sth with sb,** discutir algo con algn, reñir con algn por algo.

argument ['ɑ:gjʊmənt] n (reason) argumento m, razonamiento m (**for,** en pro de, a favor de; **against,** en contra de); (quarrel) discusión f, disputa f, riña f; **let's say £50 for the sake of a.,** pongamos 50 libras (esterlinas) por decir algo; **to follow sb's (line of) a.,** seguir el razonamiento de algn; **to have an a. with sb,** discutir or reñir con algn.

argumentative [ɑ:gjʊ'mentətɪv] adj discutidor,-a.

aria ['ɑ:rɪə] n Mus aria f.

arid ['ærɪd] adj árido,-a.

aridity [ə'rɪdɪtɪ] n aridez f.

Aries ['eərɪ:z] n Astrol Astron Aries m.

arise [ə'raɪz] vi (pt **arose;** pp **arisen** [ə'rɪzən] (old use) (get up) levantarse; (happen) surgir, presentarse; **problems have arisen,** han surgido problemas; **difficulties which arise from lack of time,** dificultades que provienen de la falta de tiempo; **should the occasion/need a.,** si se presenta la ocasión/si hace falta.

aristocracy [ærɪ'stɒkrəsɪ] n aristocracia f.

aristocrat ['ærɪstəkræt] n aristócrata mf.

aristocratic [ærɪstə'krætɪk] adj aristocrático,-a.

arithmetic [ə'rɪθmətɪk] n aritmética f. ■ **mental a.,** cálculo m mental.

arithmetical [ærɪθ'metɪkəl] adj aritmético,-a.

ark [ɑ:k] n arca f; **Noah's A.,** el arca de Noé.

arm [ɑ:m] **I** n **1** Anat brazo m; (of garment) manga f; (of chair) brazo m; **he took my a.,** me agarró del brazo; **to walk a. in a.,** ir cogidos,-as del brazo; fig **to keep sb al a.'s length,** mantener a algn a distancia; fig **to welcome sb with open arms,** recibir a algn con los brazos abiertos. **2** Mil **arms,** armas fpl; fig **to be up in a. about sth,** protestar por or rebelar contra algo. ■ **a. race,** carrera f armamentística; Herald **coat of a.,** escudo m, blasón m. **II** vtr (person, country) armar; **to a. oneself against sth,** armarse contra algo.

armaments ['ɑ:məmənts] npl (weapons) armamentos mpl, material m sing bélico.

armband ['ɑ:mbænd] n Mil etc brazalete m; (for swimming) flotador m.

armchair ['ɑ:mtʃeəʳ] n sillón m.

armed ['ɑ:md] adj armado,-a. ■ **a. forces,** fuerzas fpl armadas; **a. robbery,** robo m a mano armada.

armful ['ɑ:mfʊl] n brazada f.

armhole ['ɑ:mhəʊl] n (of garment) sisa f.

armistice ['ɑ:mɪstɪs] n armisticio m.

armour, US **armor** ['ɑ:məʳ] n Mil (suit of) a., armadura f; (on vehicle) blindaje m.

armoured car, US **armored car** [ɑ:məd'kɑ:ʳ] n coche m blindado.

armour-plated, US **armor-plated** ['ɑ:məpleɪtɪd] adj acorazado,-a.

armoury, US **armory** ['ɑ:mərɪ] n armería f, arsenal m.

armpit ['ɑ:mpɪt] n axila f, sobaco m.

army ['ɑ:mɪ] n ejército m; **to join the a.,** alistarse, hacerse militar; **to be in the a.,** ser militar; fig **an a. of workers,** un ejército de trabajadores.

aroma [ə'rəʊmə] n aroma m, olor m.

aromatic [ærə'mætɪk] adj aromático,-a.

arose [ə'rəʊz] pt see **arise**.

around [ə'raʊnd] I adv (in the vicinity) alrededor; **all a.**, por todos los lados; **are the children a.?**, ¿están los niños por aquí?; **computers have been a. for some time**, hace bastante tiempo que la gente tiene ordenadores; **he looked a.**, miró (a su) alrededor; **let me show you a.**, ven que te enseñe (la casa, etc); **to fool a.**, hacer el tonto or el indio; **to rush a.**, correr de un lado para otro; **to turn a.**, darse media vuelta; fam **he's been a.**, ha corrido mucho mundo. II prep 1 (in the vicinity of) alrededor de; **a. the corner**, a la vuelta de la esquina; **a. the world**, por todo el mundo; **is there a bank a. here?**, ¿hay un banco por aquí? 2 (approximately) aproximadamente, a eso de; **it's a. 10 o'clock**, son a eso de las 10.

arouse [ə'raʊz] vtr (wake up) (person) despertar; fig (desire) despertar; (suspicion) levantar; (person) (incite) estimular; (sexually) excitar.

arr 1 abbr of **arrival**, llegada f. 2 abbr of **arrives**, llega. 3 abbr of **arriving**, llega. 4 abbr of **arrived**, llegó.

arrange [ə'reɪndʒ] I vtr 1 (put into order) (books, furniture) ordenar, colocar; (hair, flowers) arreglar; Mus adaptar. 2 (plan) (visit, outing) organizar, planear; (agree on) quedar en; **to a. a time**, fijar una hora; **it was arranged that ...**, se acordó que ...; **we arranged to meet in the hotel**, quedamos en vernos en el hotel; **arranged marriage**, boda f arreglada. II vi (make plans) hacer preparativos or planes, arreglarlo; **he's arranged for a taxi to come**, ha avisado a un taxi para que venga; **I shall a. for him to be there**, lo arreglaré para que pueda asistir; **we arranged for flowers to be bought**, mandamos comprar flores.

arrangement [ə'reɪndʒmənt] n 1 (display) colocación f; Mus adaptación f. ■ **flower a.**, adorno m floral. 2 (agreement) acuerdo m, arreglo m; **appointments by a.**, visitas fpl a horas convenidas; **I'm pleased with the a.**, me gusta el arreglo; **to come to an a. with sb about sth/to do sth**, llegar a un acuerdo con algn sobre algo/para hacer algo. 3 **arrangements**, (plans) planes mpl; (preparations) preparativos mpl; (projects) proyectos mpl; **to make a. to do sth**, hacer planes or preparativos or proyectos para hacer algo; **what are your holiday a.?**, ¿qué proyectos de vacaciones tienes?

arrant ['ærənt] adj total, absoluto,-a.

array [ə'reɪ] n (collection) colección f; **a great a. of goods**, un gran surtido de productos.

arrears [ə'rɪəz] npl (money, work) atrasos mpl; **to be in a. with the rent**, estar atrasado,-a con el alquiler; **to be paid in a.**, cobrar con retraso.

arrest [ə'rest] I n 1 (of criminal) detención f; **to be under a.**, quedar detenido,-a. 2 (of machine) paro m. ■ Med **cardiac a.**, paro m cardíaco. II vtr (criminal) detener; fig (development, progress) frenar, detener.

arresting [ə'restɪŋ] adj llamativo,-a, que llama la atención.

arrival [ə'raɪvəl] n llegada f; **a new a.**, un,-a recién llegado,-a; (in class etc) un nuevo miembro; (in family) un,-a recién nacido,-a; **I'll phone on a.**, llamaré al llegar.

arrive [ə'raɪv] vi llegar (at, in, a); fig (succeed) triunfar; **to a. unexpectedly**, llegar de improviso. ◆**arrive at** vtr (reach) (decision, agreement) llegar a; (price) fijar.

arrogance ['ærəgəns] n arrogancia f.

arrogant ['ærəgənt] adj arrogante, altanero,-a. ◆**arrogantly** adv con arrogancia.

arrow ['ærəʊ] n flecha f.

arse ['ɑ:s] n vulg culo m.

arsenal ['ɑ:sənəl] n arsenal m.

arsenic ['ɑ:sənɪk] n arsénico m.

arson ['ɑ:sən] n incendio m provocado.

arsonist ['ɑ:sənɪst] n pirómano,-a m,f, incendiario,-a m,f.

art [ɑ:t] n 1 (painting, drama, etc) arte m; (drawing) dibujo m; **the arts**, las bellas artes; **arts and crafts**, artes fpl y oficios mpl; **a. exhibition**, exposición f de arte; **a. school**, escuela f de bellas artes. ■ **a. gallery**, galería f (de arte); **a. nouveau**, art m nouveau; **fine a.**, arte f; **work of a.**, obra f de arte. 2 (skill) habilidad f, arte m; **there's an a. to driving in thick snow**, conducir en mucha nieve requiere su técnica; **the a. of conversation**, saber conversar. 3 **arts**, (branch of knowledge) letras fpl; **a. and science**, ciencias y letras. ■ Univ **Faculty of A.**, Facultad f de Filosofía y Letras.

artefact ['ɑ:tɪfækt] n artefacto m.

arterial [ɑ:'tɪərɪəl] adj Anat arterial; (road) principal.

arteriosclerosis [ɑ:tɪərɪəʊsklɪ'rəʊsɪs] n (pl **arterioscleroses** [ɑ:tɪərɪəʊsklɪ'rəʊsi:z]) arterioesclerosis f inv.

artery ['ɑ:tərɪ] n Anat arteria f; (road) vía f principal; (railway) línea f principal.

artesian well [ɑ:ti:zɪən'wel] n pozo m artesiano.

artful ['ɑ:tfʊl] adj (cunning) mañoso,-a, ladino,-a, astuto,-a.

arthritic [ɑ:'θrɪtɪk] adj artrítico,-a.

arthritis [ɑ:'θraɪtɪs] n artritis f.

artichoke ['ɑ:tɪtʃəʊk] n alcachofa f. ■ **globe a.**, alcachofa f; **Jerusalem a.**, aguaturma f.

article ['ɑ:tɪkəl] I n 1 (thing) artículo m, cosa f; Press artículo; Jur artículo, cláusula f. ■ **a. of clothing**, prenda f de vestir; Ling **definite/indefinite a.**, artículo m definido/indefinido; Press **leading a.**, editorial m. 2 **articles**, contrato m sing de aprendizaje. II vtr **to be articled to** or **with a firm of solicitors**, ser abogado,-a en aprendizaje con un gabinete de abogados.

articulate¹ [ɑ:'tɪkjʊlɪt] adj (speech) claro,-a; (person) que se expresa bien or con facilidad.

articulate² [ɑ:'tɪkjʊleɪt] vtr & vi articular; (words) pronunciar. ■ **articulated lorry**, camión m articulado.

articulation [ɑ:tɪkjʊ'leɪʃən] n articulación f.

artifact ['ɑ:tɪfækt] n see **artefact**.

artifice ['ɑ:tɪfɪs] n (cunning) astucia f, ingenio m; (clever trick) artificio m, estratagema f.

artificial [ɑ:tɪ'fɪʃəl] adj (light, flowers, flavouring) artificial; (hair, limb) postizo,-a; (smile) falso,-a. ■ **a. insemination**, inseminación f artificial, **a. intelligence**, inteligencia f artificial; **a. respiration**, respiración f artificial. ◆**artificially** adv de un modo artificial.

artillery [ɑ:'tɪlərɪ] n Mil artillería f.

artisan ['ɑ:tɪzæn] n artesano,-a m,f.

artist ['ɑ:tɪst] n artista mf; (painter) pintor,-a m,f.

artistic [ɑ:'tɪstɪk] adj artístico,-a; **he's a.**, tiene talento artístico.

artistry ['ɑ:tɪstrɪ] n arte m, talento m artístico.

artless ['ɑ:tlɪs] adj (simple) sencillo,-a, simple.

arty['ɑːtɪ] adj (artier, artiest) fam (person) que se las da de artista.

as[æz, unstressed əz] I adj & conj 1 (comparison) as ... as ..., tan ... como ...; (distance) as far as, hasta; fig as far as I'm concerned, por lo que a mi respecta; as many as, tantos,-as como; as much as, tanto,-a; as tall as me, tan alto,-a como yo; as opposed to, a diferencia de; at the same time as us, a la (misma) vez que nosotros; from as little as £18 a week, desde tan sólo dieciocho libras por semana; I did as much as I could, hice todo que pude; I'll stay as long as I can, me quedo tanto como puedo; just as big, igual de grande; there were as many as 500, hubo hasta 500; the same as, igual que, el mismo que; we now pay £100, as against last year's £80, ahora nos cuesta 100 libras, comparado con las 80 del año pasado. 2 (manner) como; as a motorist, I can't agree, como conductor, no estoy de acuerdo; as a rule, por regla general; as you know, it isn't true, como ya sabéis, no es verdad; as you like, como quieras; do as I say, not as I do, haz lo que yo te digo, no lo que yo hago; he's working as a doctor, está trabajando de médico; I thought as much, ya me lo suponía; it serves as a table, sirve de mesa; leave it as it is, déjalo tal como está; she was dressed as a gypsy, iba vestida de gitana; Theat with Núria Espert as Phaedra, con Núria Espert en el papel de Fedra. 3 (while, when) mientras (que); as a child, she was very bright, de niña era muy espabilada; as I was eating, mientras comía; as we were leaving we saw Pat, al salir vimos a Pat. 4 (though) ya que, aunque; be that as it may, por mucho que así sea; much as I like it I can't afford to buy it, por mucho que me guste, no me lo puedo comprar; young as he is, aunque es joven. 5 (because) como, puesto que, ya que; as he was out, we left a message, como no estaba, dejamos un recado; I'll come early as I want to see your mother, vendré temprano porque quiero ver a tu madre. 6 (and so) como, igual que; as well, también; I like fish, as does my wife, me gusta el pescado y a mi mujer también. 7 (purpose) para; so as to do sth, para hacer algo; they left early so as to avoid the traffic, salieron temprano para evitar el tráfico. 8 (concerning) en cuanto a; as for my brother, en cuanto a mi hermano, en lo que se refiere a mi hermano. 9 as from, as of, a partir de; as of tomorrow, a partir de mañana, empezando mañana. 10 as if, as though, que; he did it as if his life depended on it, lo hizo como si su vida dependiera de ello; it looks as if the concert is off, parece ser que no habrá concierto; she spoke as though (she was) tired, habló como si estuviera atontada; fam as if I cared!, ¿y a mí qué? 11 as it is, (in fact) de por sí; as it is we won't finish till tomorrow, tal como van las cosas no terminaremos hasta mañana; it's late enough as it is, without stopping for a meal, ya es muy tarde, no hay tiempo para parar a comer; as it were, por así decirlo, como si dijéramos. 12 as long as, (only if) siempre que, con tal de que; I'll come as long as it isn't for long, vendré siempre que no sea por mucho rato; I'll go as long as you come too, yo iré con tal de que vayas tú también. 13 as regards, en cuanto a, por lo que se refiere a; as usual, como siempre; as yet, aún, todavía; there's no news as yet, no hay noticias todavía. II rel pron such as, como por ejemplo, tal como; fruits such as apples and pears, frutas tales como manzanas y peras.

ASA [eɪes'eɪ] GB abbr of Advertising Standards Authority, organismo m regulador de la publicidad.

asbestos[æz'bestəs] n amianto m, asbesto m.

asbestosis[æzbes'təʊsɪs] n Med amiantosis f.

ascend[ə'send] I vtr (mountain) subir a, ascender; (throne) subir or acceder a. II vi subir, ascender.

ascendancy[ə'sendənsɪ] n ascendiente m, dominio m.

ascendant[ə'sendənt] n ascendiente m; to be in the a., estar en auge, predominar.

ascension[ə'senʃən] n Rel ascensión f. ■ A. Day, Día m de la Ascensión.

ascent[ə'sent] n (slope) subida f, cuesta f; (act of going up) subida f, ascenso m.

ascertain[æsə'teɪn] vtr averiguar, enterarse de.

ascetic[ə'setɪk] I adj ascético,-a. II n asceta mf.

asceticism[ə'setɪsɪzəm] n ascetismo m.

ascribe[ə'skraɪb] vtr to a. sth to sb/sth, atribuir or imputar algo a algn/algo.

aseptic[ə'septɪk] adj aséptico,-a.

asexual[eɪ'seksjʊəl] adj asexual.

ASH [æʃ] GB abbr of Action on Smoking and Health, organización f anti-tabaco.

ash[1][æʃ] n Bot fresno m. ■ mountain a., serbal m silvestre.

ash[2][æʃ] n ceniza f. ■ a. bin, US a. can, cubo m de la basura; Rel A. Wednesday, miércoles m inv de cenizas.

ashamed[ə'ʃeɪmd] adj avergonzado,-a; he was too a. to answer, le daba vergüenza contestar; I'm a. of you, esperaba otra cosa de ti; it's nothing to be a. of, no es motivo para avergonzarte; she was a. of her behaviour, estaba avergonzada de su comportamiento; you ought to be a. of yourself!, ¡se te debería caer la cara de vergüenza!, ¡no te da vergüenza!

ashen['æʃən] adj (face) pálido,-a, lívido,-a.

ashore[ə'ʃɔːʳ] adv Naut en tierra; to go a., desembarcar.

ashtray['æʃtreɪ] n cenicero m.

Asia['eɪʃə] n Asia. ■ A. Minor, Asia Menor.

Asian['eɪʃən] adj & n asiático,-a (m,f).

aside[ə'saɪd] I adv al lado, aparte; to cast a., echar a un lado; to put or set sth a., apartar or reservar algo; to stand a., hacerse a un lado, apartarse; to take sb a., llevarle a algn a un lado. II prep US a. from, (apart from) aparte de; (as well as) además de. III n Theat aparte m; to say in an a., decir un aparte.

asinine['æsɪnaɪn] adj estúpido,-a, imbécil.

ask[ɑːsk] I vtr 1 (inquire) preguntar; to a. sb a question, hacer una pregunta a algn; to a. sb the time, preguntar la hora a algn; don't a. me!, ¡yo que sé!, ¡ni idea!; I only asked!, ¡sólo era por saber! 2 (request) pedir, solicitar; I asked them to go, les pedí que se fueran; I asked permission to leave, pedí permiso para marcharme; she asked me to post it, me pidió que lo echara al buzón; she asked to see the manager, dijo que quería hablar con el encargado; that's asking a lot, eso es mucho pedir. 3 (invite) invitar; we didn't go to the party because we weren't asked, no fuimos a la fiesta porque no nos invitaron. II vi (inquire) preguntar; (request) pedir. ◆**ask after** vtr to a. after sb, preguntar por algn. ◆**ask back** vtr to a. sb back, devolver la invitación a algn. ◆**ask for** vtr (help, advice) pedir, solicitar; (person) preguntar por, buscar; (price) pedir por;

he **asked for a grant,** solicitó una beca; **how much are they asking for the car?,** ¿cuánto piden por el coche?; **it's someone asking for Clare,** preguntan por Clare; **that's asking for trouble,** eso es buscarse problemas; **you asked for it,** ¡te lo buscaste! ◆**ask out** *vtr* **to a. sb out,** invitar a algn a salir. ◆**ask round** *vtr* **to a. sb round (to one's home),** invitar a algn a casa.

askance [ə'skæns] *adv* **to look a. at sth/sb,** mirar algo/a algn con recelo.

askew [ə'skju:] I *adj* ladeado,-a. II *adv* de lado, de través.

asleep [ə'sli:p] *adj (person)* dormido,-a; *(limb)* adormecido,-a; **to be fast** *or* **sound a,** estar profundamente dormido,-a; **to fall a.,** quedarse dormido,-a; **my foot is a.,** se me ha dormido el pie.

asp [æsp] *n* áspid *m*.

asparagus [ə'spærəgəs] *n inv (plant)* espárrago *m*; *(shoots)* espárragos *mpl*.

aspect ['æspekt] *n* **1** *(of question, situation)* aspecto *m*; **to examine all the aspects of a problem,** estudiar un problema bajo todos los aspectos. **2** *(of building)* orientación *f*; **a house with a south-facing a.,** una casa orientada al sur.

aspen ['æspən] *n Bot* álamo *m* temblón.

asperity [æ'speritı] *n* aspereza *f*.

aspersions [ə'spɜ:ʃənz] *npl* **to cast a. on sb,** difamar a algn.

asphalt ['æsfælt] *n* asfalto *m*. ■ **a. road,** carretera *f* asfaltada.

asphyxia [æs'fıksıə] *n* asfixia *f*.

asphyxiate [æs'fıksıeıt] I *vtr* asfixiar; **to be asphyxiated,** morir asfixiado,-a. II *vi* asfixiarse, morir asfixiado,-a.

asphyxiation [æsfıksı'eıʃən] *n* asfixia *f*.

aspic ['æspık] *n Culin* gelatina *f*; **chicken in a.,** pollo *m* en gelatina.

aspidistra [æspı'dıstrə] *n Bot* aspidistra *f*.

aspirant [ə'spaıərənt] *n* aspirante *mf*.

aspirate¹ ['æspıreıt] *vtr & vi Ling* aspirar.

aspirate² ['æspırıt] *n Ling* aspirado *m*.

aspiration [æspə'reıʃən] *n* **1** *(ambition)* aspiración *f*, ambición *f*. **2** *Ling* aspiración *f*.

aspire [ə'spaıə'] *vi* **to a. to do sth,** aspirar a hacer algo.

aspirin® ['æsprın] *n (pl aspirin or aspirins)* aspirina® *f*.

ass¹ [æs] *n Zool* asno,-a *m,f*, burro,-a *m,f*; *fam fig (stupid person)* burro,-a *m,f*; **to make an a. of oneself,** hacer el ridículo.

ass² [æs] *n US vulg* culo *m*.

assail [ə'seıl] *vtr (attack)* atacar **(with,** con); *fig* asaltar; **assailed by doubts,** asaltado,-a por las dudas.

assailant [ə'seılənt] *n (attacker)* agresor,-a *m,f*, atacante *mf*.

assassin [ə'sæsın] *n* asesino,-a *m,f*.

assassinate [ə'sæsıneıt] *vtr* asesinar.

assassination [əsæsıneı'ʃən] *n* asesinato *m*.

assault [ə'sɔ:lt] I *n Mil* ataque *m* **(on,** a, contra), asalto *m* **(on,** sobre); *Jur* agresión *f*, violencia *f*. ■ **a. and battery,** lesiones *fpl*; *Mil* **a. course,** pista *f* de entrenamiento; **indecent a.,** ofensa *f* al pudor. II *vtr Mil* asaltar, atacar; *Jur* agredir; *(sexually)* violar; **to be assaulted,** ser agredido,-a.

assemble [ə'sembəl] I *vtr (people)* reunir, juntar; *(furniture)* montar. II *vi (people)* reunirse, juntarse.

assembly [ə'semblı] *n (meeting)* reunión *f*, asamblea *f*; *Tech* montaje *m*. ■ *Comput* **a. language,** lenguaje *m* ensamblador; *Ind* **a. line,** cadena *f* de montaje; *Educ* **morning a.,** servicio *m* matinal; **right of a.,** derecho *m* de reunión.

assent [ə'sent] I *n (agreement)* asentimiento *m*; *(consent)* consentimiento *m*; *(approval)* aprobación *f*. II *vi (agree)* asentir **(to,** a); *(consent)* consentir **(to,** en).

assert [ə'sɜ:t] *vtr (declare)* afirmar, mantener; **he asserted that ...,** mantuvo que ...; **to a. oneself,** imponerse; **to a. one's rights,** hacer valer sus derechos.

assertion [ə'sɜ:ʃən] *n (declaration)* afirmación *f*, declaración *f*; *(of a right)* reivindicación *f*.

assertive [ə'sɜ:tıv] *adj* enérgico,-a, dinámico,-a.

assess [ə'ses] *vtr (estimate value)* valorar, tasar; *(calculate) (damages, price)* calcular, fijar; *(tax)* gravar; *fig (evaluate) (effect etc)* evaluar, juzgar.

assessment [ə'sesmənt] *n (of value)* valoración *f*, tasación *f*; *(of damages, price)* cálculo *m*; *(of taxes)* gravamen *m*; *fig (evaluation)* evaluación *f*, juicio *m*.

assessor [ə'sesə'] *n* asesor,-a *m,f*. ■ **tax a.,** tasador,-a *m,f*.

asset ['æset] *n* **1** *(valuable quality)* calidad *f* positiva, ventaja *f*; **her greatest a. is her sense of humour,** lo mejor que tiene es su sentido del humor; **he's an a. to the firm,** es una valiosa aportación a la empresa. **2** *Fin* **assets,** bienes *mpl*. ■ **current a.,** activo *m* disponible; **fixed a.,** bienes *mpl* raíces.

asset-stripping ['æsetstrıpıŋ] *n Fin* acaparamiento *m* de activos de una empresa en crisis para su posterior reventa.

assiduous [ə'sıdjʊəs] *adj* asiduo,-a. ◆**assiduously** *adv* asiduamente.

assign [ə'saın] *vtr (allot) (task, duty)* asignar, señalar; *(give) (property etc)* ceder; **to a. sb to a job,** asignar *or* designar a algn para un trabajo.

assignation [æsıg'neıʃən] *n (secret meeting)* cita *f* a escondidas.

assignment [ə'saınmənt] *n (allocation)* asignación *f*; *(task)* tarea *f*; *(mission)* misión *f*; *(appointment)* cita *f*.

assimilate [ə'sımıleıt] *vtr (food, facts)* asimilar; **to be assimilated into,** asimilarse *or* incorporarse a.

assimilation [əsımı'leıʃən] *n* asimilación *f*.

assist [ə'sıst] I *vtr (help)* ayudar; **to a. sb in doing** *or* **to do sth,** ayudar a algn a *or* en hacer algo; *Jur* **he's assisting the police with their inquiries,** le está interrogando la policía. II *vi (help)* ayudar; **to a. in sth/in doing sth,** ayudar en algo/en hacer algo.

assistance [ə'sıstəns] *n (help)* ayuda *f*, auxilio *m*; **can I be of any a.?,** ¿puedo ayudarle?; *(in shop)* ¿qué quería?; **to come to sb's a.,** acudir en ayuda *or* en auxilio de algn.

assistant [ə'sıstənt] *n* ayudante *mf*. ■ **a. manager,** subdirector,-a *m,f*; *(in school)* **a. master/mistress** profesor,-a *m,f* (de instituto); **laboratory a.,** ayudante *mf* de laboratorio; **shop a.,** dependiente,-a *m,f*.

assizes [ə'saızız] *npl Jur* sesión *f sing* de un tribunal.

assoc 1 *abbr of* **association,** asociación *f*. **2** *abbr of* **associated,** asociado,-a.

associate¹ [ə'səʊʃıeıt] I *vtr (connect) (ideas)* relacionar, asociar; *(companies)* asociar; **to be associated with sth,** estar relacionado,-a con algo, estar involucrado,-a en algo. **II** *vi (person)* relacionarse, tratar (**with,** con).

associate[2] [ə'səʊʃɪɪt] **I** *adj (company, etc)* asociado,-a; *(member)* correspondiente. **II** *n (colleague)* colega *mf*; *(partner)* socio,-a *m,f*; *(accomplice)* cómplice *mf*; *(member)* socio,-a *m,f*.

association [əsəʊsɪ'eɪʃən] *n (partnership)* asociación *f*; *(company, organization)* sociedad *f*; *(connection)* asociación *f*, conexión *f*; **to set up an a.,** formar una sociedad; **in a. with,** asociado,-a con; **a. of ideas,** asociación de ideas; **it has pleasant associations for me,** me trae buenos recuerdos. ■ **a. football,** fútbol *m*.

assorted [ə'sɔːtɪd] *adj* surtido,-a, variado,-a.

assortment [ə'sɔːtmənt] *n* surtido *m*, variedad *f*.

asst. *abbr of* **assistant,** ayudante *mf*, ayte.

assuage [ə'sweɪdʒ] *vtr (pain)* aliviar; *(thirst)* saciar, apagar.

assume [ə'sjuːm] *vtr* **1** *(power, authority)* asumir; *(attitude, name)* adoptar; **to a. power,** tomar el poder; **an assumed name,** un nombre falso. **2** *(suppose)* suponer, dar por sentado,-a; **we can a. that the store is true,** es de suponer que la historia es de verdad; **assuming that they arrive on time,** suponiendo que lleguen a la hora.

assumption [ə'sʌmpʃən] *n* **1** *(of power, authority)* toma *f*; **a. of office,** toma de posesión, entrada *f* en funciones. **2** *(supposition)* suposición *f*, supuesto *m*; **on the a. that we succeed,** suponiendo que tengamos éxito. **3** *Rel* **the A.,** la Asunción.

assurance [ə'ʃʊərəns] *n* **1** *(guarantee)* garantía *f*; **to give one's a. that ...,** asegurar *or* prometer que ... . **2** *(confidence)* confianza *f*, aplomo *m*. **3** *(insurance)* seguro *m*. ■ **life a.,** seguro *m* de vida.

assure [ə'ʃʊəʳ] *vtr* asegurar; **I can a. you of that,** se lo puedo asegurar; **she will do it, I a. you,** te aseguro que lo hará.

assured [ə'ʃʊəd] *adj* seguro,-a, asegurado,-a; **you can rest a. that ...,** puede estar totalmente seguro,-a de que ... .

Assyria [ə'sɪrɪə] *n Hist* Asiria.

Assyrian [ə'sɪrɪən] *adj & n Hist* asirio,-a *(m,f)*.

aster ['æstəʳ] *n Bot* áster *f*.

asterisk ['æstərɪsk] *n* asterisco *m*.

astern [ə'stɜːn] *adv* a popa.

asteroid ['æstərɔɪd] *n* asteroide *m*.

asthma ['æsmə] *n* asma *f*.

asthmatic [æs'mætɪk] *adj & n* asmático,-a *(m,f)*.

astigmatism [ə'stɪgmətɪzəm] *n* astigmatismo *m*.

astonish [ə'stɒnɪʃ] *vtr* asombrar, pasmar; **he looked astonished,** pareció asombrado; **I was astonished,** me quedé pasmado,-a; **you a. me!,** ¡no me digas!, ¡fíjate tú!

astonishing [ə'stɒnɪʃɪŋ] *adj* asombroso,-a, pasmoso,-a; **I find it a. that ...,** me asombra que ... . ◆**astonishingly** *adv* asombrosamente.

astonishment [ə'stɒnɪʃmənt] *n* asombro *m*; **a look of a.,** una expresión de desconcierto; **to my a.,** para gran sorpresa mía.

astound [ə'staʊnd] *vtr* asombrar, pasmar; **we were astounded,** nos quedamos pasmados; **you a. me,** me dejas de piedra.

astounding [ə'staʊndɪŋ] *adj* asombroso,-a, pasmoso,-a.

astral ['æstrəl] *adj* estelar.

astray [ə'streɪ] *adv* **to go a.,** *(be lost)* extraviarse; *fig (make a mistake)* equivocarse; *(decline morally)* ir por mal camino; **to lead sb a.,** llevar a algn por mal camino.

astride [ə'straɪd] *prep* a horcajadas sobre; **to sit a. a chair,** sentarse a caballo *or* a horcajadas sobre una silla.

astringent [ə'strɪndʒənt] *adj & n* astringente *(m)*.

astrologer [ə'strɒlədʒəʳ] *n* astrólogo,-a *m,f*.

astrology [ə'strɒlədʒɪ] *n* astrología *f*.

astronaut ['æstrənɔːt] *n* astronauta *mf*.

astronomer [ə'strɒnəməʳ] *n* astrónomo,-a *m,f*.

astronomical [æstrə'nɒmɪkəl] *adj* astronómico,-a.

astronomy [ə'strɒnəmɪ] *n* astronomía *f*.

astrophysics [æstrəʊ'fɪzɪks] *n* astrofísica *f*.

astute [ə'stjuːt] *adj* astuto,-a. ◆**astutely** *adv* astutamente.

asylum [ə'saɪləm] *n* **1** *(protection)* asilo *m*; **to seek political a.** pedir asilo político. **2** **mental a.,** manicomio *m*.

asymmetrical [æsɪ'metrɪkəl] *adj* asimétrico,-a.

at [æt] *prep* **1** *(place) (position)* a, en; **at home,** en casa; **at school,** en el colegio *or* la escuela; **at the door/window,** a la puerta/la ventana; **at the top,** en lo alto; **at work,** en el trabajo; **he's at work,** está trabajando; **to knock at the door,** llamar a la puerta. **2** *(direction)* a; **to be angry at sb/sth,** enfadarse con algn/por algo; **to be surprised at sth,** sorprenderse por algo; **to laugh at sb,** reírse de algn; **to look at sth/sb,** mirar algo/a algn; **to shoot at sb,** disparar contra algn; **to shout at sb,** gritarle a algn. **3** *(time)* a; **at Christmas,** por Navidades, en Navidad; **at Easter,** en Semana Santa; **at 4 o'clock,** a las 4; **at first,** al principio; **at last,** por fin; **at once,** en seguida; **at that time,** en aquel momento, entonces; **at the moment,** ahora. **4** *(manner)* a, en; **at all events,** en cualquier caso; **at best/worst,** en el mejor/peor de los casos; **at hand,** a mano; **at least,** por lo menos; **at peace,** en paz; **not at all,** *(absolutely not)* en absoluto; *(don't mention it)* de nada; **to be at a loss for words,** no saber qué decir; **to be good at sth,** ser fuerte en algo. **5** *(cause)* **to be angry at sb,** enfadarse con algn; **to be surprised at sth,** sorprenderse por algo. **6** *(rate)* a; **they retail at 100 pesetas each,** se venden a 100 pesetas la unidad; **two at a time,** de dos en dos; *fam* **it isn't a very good one at that,** ni siquiera es bueno. **7** **while you're at it, could you make a cup of tea?,** ¿y de paso, podrías hacer un té?; **she's at it again,** ya empieza con la misma canción; *(working hard)* **they've been hard at it all morning,** han estado dándole que te pego toda la mañana.

ate [et, eɪt] *pt see* **eat.**

atheism ['eɪθɪɪzəm] *n* ateísmo *m*.

atheist ['eɪθɪɪst] *n* ateo,-a *m,f*.

Athenian [ə'θiːnɪən] *adj & n* ateniense *(mf)*.

Athens ['æθɪnz] *n* Atenas.

athlete ['æθliːt] *n* atleta *mf*. ■ *Med* **a.'s foot,** pie *m* de atleta.

athletic [æθ'letɪk] **I** *adj* atlético,-a; *(sporty)* deportista. **II athletics** *npl* atletismo *m sing*.

Atlantic [ət'læntɪk] *adj* **the A. (Ocean),** el (océano) Atlántico.

atlas ['ætləs] *n* atlas *m*; **world a.,** atlas del mundo.

ATM [eɪtiː'em] *abbr of* **automated telling machine,** cajero *m* automático.

atmosphere ['ætməsfɪə'] *n (air)* atmósfera *f; fig (ambience)* ambiente *m;* **a tense a.**, un ambiente de tensión; **the earth's a.**, la atmósfera terrestre.

atmospheric [ætməs'ferɪk] I *adj (pressure etc)* atmosférico,-a. II **atmospherics** *npl Rad* perturbaciones *fpl* atmosféricas, parásitos *mpl.*

ATOL ['ætɒl] *GB abbr of* **Air Tour Operating Licence**, permiso *m* para organizar vuelos chárter.

atom ['ætəm] *n* átomo *m; fig* pizca *f.* ▪ **a. bomb**, bomba *f* atómica.

atomic [ə'tɒmɪk] *adj* atómico,-a. ▪ **a. energy**, energía *f* atómica; **a. warfare**, guerra *f* atómica.

atone [ə'təʊn] *vi (crime, sin)* expiar **(for**, -); *(mistake)* reparar **(for**, -).

atonement [ə'təʊnmənt] *n (for crime, sin)* expiación *f; (for mistake)* reparación *f.*

atrocious [ə'trəʊʃəs] *adj (wicked, cruel)* atroz; *fam (very bad)* fatal, malísimo,-a.

atrocity [ə'trɒsɪtɪ] *n* atrocidad *f.*

atrophy ['ætrəfɪ] I *n Med* atrofia *f.* II *vi* atrofiarse.

attach [ə'tætʃ] *vtr (tie)* atar; *(stick)* pegar; *(fasten)* sujetar; *(document)* adjuntar; **she's attached to the embassy**, está agregada a la embajada; **the attached letter**, la carta adjunta; **to a. importance to sth**, conceder *or* dar importancia a algo; **to a. oneself to a group**, unirse *or* pegarse a un grupo; *fig (be fond of)* **to be attached to sb/sth**, encariñarse a algn/algo; *fig* **Tom's very attached to that old pullover**, Tom le tiene mucho cariño a ese viejo jersey.

attaché [ə'tæʃeɪ] *n Pol* agregado,-a *m,f.* ▪ **a. case**, maletín *m;* **cultural a.**, agregado,-a *m,f* cultural.

attachment [ə'tætʃmənt] *n* 1 *Tech (piece)* accesorio *m*, dispositivo *m; (action)* acoplamiento *m.* 2 *(fondness)* cariño *m*, apego *m* **(to**, por).

attack [ə'tæk] I *n* 1 *(assault)* ataque *m*, asalto *m; fig (criticism)* ataque *m;* **an a. on sb's life**, un atentado contra la vida de algn; **to come under a.**, ser agredido,-a; **to lauch an a. on sb**, lanzar un ataque sobre algn. 2 *Med* ataque *m; (of fever)* acceso *m; (of nerves)* crisis *f.* ▪ **heart a.**, infarto *m.* II *vtr (assault)* atacar, asaltar; *fig (problem)* abordar, enfrentar; *(job)* emprender; *fig (criticize)* atacar, criticar; *fig (theory)* impugnar.

attacker [ə'tækə'] *n* asaltante *mf*, agresor,-a *m,f.*

attain [ə'teɪn] *vtr (ambition, aim)* lograr; *(rank, age)* llegar a.

attainment [ə'teɪnmənt] *n (achievement)* logro *m; (skill)* talento *m;* **the a. of his goals**, la realización de sus metas.

attempt [ə'tempt] I *n (trip)* intento *m*, tentativa *f;* **at the second/third a.**, a la segunda/tercera; **to make an a. to do sth**, procurar *or* intentar hacer algo; **at least make an a. to smile**, por lo menos procura sonreír; **an a. on sb's life**, un atentado contra la vida de algn. II *vtr (task, problem, etc)* intentar; **to a. to do sth**, tratar de *or* intentar hacer algo; *Jur* **attempted murder/rape**, intento *m* de asesinato/violación.

attend [ə'tend] I *vtr (be present at) (meeting, school, etc)* asistir a; *(care for) (patient)* atender, cuidar; *(wait on)* servir; *(bride)* acompañar. II *vi (be present)* asistir; *(pay attention)* atender, prestar atención; **he'll a. if he's free**, irá si se encuentra libre. ◆**attend to** *vtr (business, job, etc)* atender a, ocuparse de; *(in shop)* **to a. to a customer**, servir a un cliente.

attendance [ə'tendəns] *n (being, present)* asistencia *f; (those present)* asistentes *mpl;* **regular a.**, asiduidad *f;* **there was a good a.**, asistió mucha gente.

attendant [ə'tendənt] *n (in cinema, theatre)* acomodador,-a *m,f; (in museum)* guía *mf; (in car park)* vigilante,-a *m,f; (at wedding)* acompañante *mf; (bridesmaid)* dama *f* de honor.

attention [ə'tenʃən] *n* 1 atención *f;* **for the a. of Miss Jones**, a la atención de la Srta. Jones; **pay a.!**, ¡atiende!; **to attract sb's a.**, llamar la atención de algn; **to pay a. to sb/sth**, atender *or* prestar atención a algn/algo. 2 *Mil* **a.!**, ¡firmes!; **to stand to a.**, estar firmes, cuadrarse.

attentive [ə'tentɪv] *adj (listener, class)* atento,-a; *(helpful)* solícito,-a; **to be a. to** *or* **towards sb**, ser solícito,-a con algn.

attest [ə'test] I *vtr (verify)* atestiguar; *Jur (document, signature)* legalizar. II *vi (bear witness to)* **to a. to**, dar testimonio a.

attic ['ætɪk] *n* desván *m.*

attire [ə'taɪə'] *n fml* traje *m;* **formal a.**, traje de ceremonia.

attitude ['ætɪtjuːd] *n (opinion, way of behaving)* actitud *f; (position of body)* postura *f;* **an a. of mind**, un estado de ánimo; **don't take that a.**, no te pongas así.

attn *Com abbr of* **(for the) attention of**, a la atención de.

attorney [ə'tɜːnɪ] *n* 1 *US (lawyer)* abogado,-a *m,f.* ▪ **A. General**, ≈ Ministro,-a *m,f* de Justicia; **district a.**, fiscal *mf.* 2 *Jur* **power of a.**, poderes *mpl.*

attract [ə'trækt] *vtr* atraer; **to a. attention**, llamar la atención; **to a. a waiter's attention**, llamar a un camarero; **to be attracted to sb/sth**, sentirse atraído,-a por algn/algo.

attraction [ə'trækʃən] *n* 1 *(power)* atracción *f;* **to feel a. towards sb**, sentirse atraído,-a por algn; **what's the a.?**, ¿porqué te atrae? 2 *(attractive thing)* atractivo *m; (charm)* encanto *m; (incentive)* aliciente *m;* **the job has many attractions**, el trabajo tiene muchos alicientes; **the main a.**, el número fuerte.

attractive [ə'træktɪv] *adj (person)* atractivo,-a, guapo,-a; *(idea, proposition)* interesante, atrayente. ◆**attractively** *adv* atractivamente, de modo atrayente.

attribute¹ ['ætrɪbjuːt] *n (quality)* atributo *m.*

attribute² [ə'trɪbjuːt] *vtr* atribuir; **the poem is attributed to Keats**, el poema se atribuye a Keats.

attributable [ə'trɪbjʊtəbəl] *adj* atribuible, imputable **(to**, a).

attributive [ə'trɪbjʊtɪv] *adj Ling* atributivo,-a.

attrition [ə'trɪʃən] *n* **war of a.**, guerra *f* de agotamiento *or* de desgaste.

attuned [ə'tjuːnd] *adj* **to be a. to sb's way of thinking**, entender la forma de pensar de algn.

atypical [eɪ'tɪpɪkəl] *adj* atípico,-a, anormal.

aubergine ['əʊbəʒiːn] *n Bot* berenjena *f.*

auburn ['ɔːbən] *adj (hair)* castaño rojizo *inv.*

auction ['ɔːkʃən] I *n* subasta *f;* **to put sth up for a.**, poner algo a subasta. ▪ **a. room**, sala *f* de subastas; **a. sale**, subasta *f.* II *vtr* subastar.

auctioneer [ɔːkʃə'nɪə'] *n* subastador,-a *m,f.*

audacious [ɔː'deɪʃəs] *adj (daring)* audaz, intrépido,-a; *(bold)* atrevido,-a; *(impudent)* descarado,-a.

audacity [ɔ:'dæsɪtɪ] n (daring) audacia f, intrepidez f; (boldness) atrevimiento m; (impudence) descaro m.

audible ['ɔ:dɪbəl] adj audible, perceptible al oído; **it was barely** or **scarcely a.**, apenas se le oía. ◆**audibly** adv audiblemente; (clearly) claramente.

audience ['ɔ:dɪəns] n 1 (spectators etc) público m, espectadores mpl; (at concert, conference) auditorio m; (television) telespectadores mpl. ■ **a. participation,** participación f del público. 2 (meeting) audiencia f; **to be granted an a. with sb,** ser recibido,-a en audiencia por algn.

audio-visual [ɔ:dɪəʊ'vɪzjʊəl] adj audiovisual. ■ **a. aids,** ayudas fpl or medios mpl audiovisuales.

audit ['ɔ:dɪt] I n revisión f de cuentas, intervención f. II vtr revisar, intervenir.

audition [ɔ:'dɪʃən] I n Theat Cin prueba f; **to hold auditions for a part,** probar gente para un papel. II vtr **to a. sb for a part,** probar a algn para un papel. III vi **to a. for a part,** presentarse a una prueba para un papel.

auditor ['ɔ:dɪtə'] n Com revisor,-a m,f de cuentas, interventor,-a m,f.

auditorium [ɔ:dɪ'tɔ:rɪəm] n (pl **auditoriums** or **auditoria** [ɔ:dɪ'tɔ:rɪə]) auditorio m, sala f.

Aug abbr of **August,** agosto m, ago.

augment [ɔ:g'ment] vtr aumentar.

augur ['ɔ:gə'] vi **to a. well/ill for sth,** ser buen/mal agüero para algo.

August ['ɔ:gəst] n agosto m; see also **May.**

aunt [ɑ:nt] n (also fam **auntie, aunty** ['ɑ:ntɪ]) tía f; **her a. and uncle,** sus tíos. ■ **A. Sally,** objeto m de burla.

au pair [əʊ'peə'] n **au p.** (girl), (chica f) au pair f.

aura ['ɔ:rə] n (pl **auras** or **aurae** ['ɔ:ri:]) (of person) aura f; Rel aureola f; (of place) sensación f.

aural ['ɔ:rəl] adj auditivo,-a, del oído.

auricle ['ɔ:rɪkəl] n Anat aurícula f.

auspices ['ɔ:spɪsɪz] npl **under the a. of,** bajo los auspicios de, patrocinado,-a por.

auspicious [ɔ:'spɪʃəs] adj propicio,-a, de buen augurio; **an a. start,** un feliz comienzo. ◆**auspiciously** adv felizmente.

Aussie ['ɒzɪ] adj & n fam australiano,-a (m,f).

austere [ɒ'stɪə'] adj austero,-a, sobrio,-a.

austerity [ɒ'sterɪtɪ] n austeridad f; Pol **economic a.,** restricciones fpl.

Australia [ɒ'streɪlɪə] n Australia.

Australian [ɒ'streɪlɪən] adj & n australiano,-a (m,f).

Austria ['ɒstrɪə] n Austria.

Austrian ['ɒstrɪən] adj & n austríaco,-a (m,f).

authentic [ɔ:'θentɪk] adj auténtico,-a. ◆**authentically** adv auténticamente.

authenticate [ɔ:'θentɪkeɪt] vtr (document etc) probar la autenticidad de.

authenticity [ɔ:θen'tɪsɪtɪ] n autenticidad f.

author ['ɔ:θə'] n autor,-a m,f.

authoritarian [ɔ:θɒrɪ'teərɪən] adj autoritario,-a.

authoritative [ɔ:'θɒrɪtətɪv] adj (reliable) autorizado,-a, digno,-a de crédito, fidedigno,-a; (authoritarian) autoritario,-a.

authority [ɔ:'θɒrɪtɪ] n (power, right) autoridad f; (governing body) autoridad f; (expert) autoridad, experto,-a m,f; **the authorities,** las autoridades; **to be an a. on sth,** ser experto,-a or una autoridad en

algo; **to be in** or **have a. over sb,** tener autoridad sobre algn; **I have it on good a. that ...,** se de buena fuente que ...; **who is in a. here?,** ¿quién manda aquí? ■ Pol **local a.,** ayuntamiento m.

authorization [ɔ:θəraɪ'zeɪʃən] n autorización f.

authorize ['ɔ:θəraɪz] vtr (person) autorizar; (payment etc) aprobar; **to a. sb to do sth,** autorizar a algn a or para hacer algo.

autistic [ɔ:'tɪstɪk] adj autístico,-a, autista.

auto ['ɔ:təʊ] n US Canada fam coche m, auto m.

auto- ['ɔ:təʊ] pref auto-.

autobiographical [ɔ:təbaɪə'græfɪkəl] adj autobiográfico,-a.

autobiography [ɔ:təʊbaɪ'ɒgrəfɪ] n autobiografía f.

autocratic [ɔ:tə'krætɪk] adj autocrático,-a.

autograph ['ɔ:təgrɑ:f] I n (signature) autógrafo m. II vtr (sign) firmar; (book, photo) dedicar.

automat ['ɔ:təmæt] n US restaurante m de autoservicio.

automatic [ɔ:tə'mætɪk] I adj (washing machine, car, gun, etc) automático,-a. ■ **a. pilot,** piloto m automático. II n (car) coche m automático; (gun) pistola f automática. ◆**automatically** adv automáticamente.

automation [ɔ:tə'meɪʃən] n automatización f.

automaton [ɔ:'tɒmətɒn] n (pl **automatons** or **automata** [ɔ:'tɒmətə]) (robot) autómata m; fig (person) autómata mf.

automobile ['ɔ:təməbi:l] n US coche m, automóvil m, auto m.

autonomous [ɔ:'tɒnəməs] adj autónomo,-a.

autonomy [ɔ:'tɒnəmɪ] n autonomía f.

autopsy ['ɔ:təpsɪ] n autopsia f.

autumn ['ɔ:təm] n otoño m.

autumnal [ɔ:'tʌmnəl] adj otoñal, de otoño.

auxiliary [ɔ:g'zɪljərɪ] I adj auxiliar. II n 1 (helper) auxiliar mf, ayudante mf; Mil **auxiliaries,** tropas fpl auxiliares. 2 Ling (verb) auxiliar m.

a-v, A-V, AV [eɪ'vi:] abbr of **audio-visual,** audiovisual.

av abbr of **average,** promedio.

Av., av. abbr of **Avenue,** avenida f, Av., Avda.

avail [ə'veɪl] I n **to no a.,** en vano. II vtr **to a. oneself of sth,** aprovecharse de algo.

available [ə'veɪləbəl] adj (thing) disponible; (person) libre; **is Mr Marshall a.?,** ¿está libre el Sr. Marshall?; **it's a. in green and blue,** lo hay en verde y en azul; **there are no tickets a.,** están agotadas las localidades; **to make sth a. to sb,** poner algo a la disposición de algn.

availability [əveɪlə'bɪlɪtɪ] n disponibilidad f.

avalanche ['ævəlɑ:nʃ] n avalancha f.

avarice ['ævərɪs] n avaricia f.

avaricious [ævə'rɪʃəs] adj avaro,-a.

Ave abbr of **Avenue,** Avenida f, Av., Avda.

avenge [ə'vendʒ] vtr vengar; **to a. oneself on sb,** vengarse en algn.

avenue ['ævɪnju:] n (road) avenida f, paseo m; fig vía f, posibilidad f.

average ['ævərɪdʒ] I n promedio m, media f; **above/below a.,** por encima de/debajo de la media; **on a.,** por término medio. II adj medio,-a, mediano,-a; (result, conditions) regular. III vtr sacar la media de; **he averages 8 hours' work a day,** hace un promedio de 8 horas de trabajo al día. ◆**average out at** vtr salir en un promedio de.

averse [ə'vɜːs] adj opuesto,-a, reacio,-a; **to be a. to sth,** ser reacio,-a a algo; **he's not a. to an occasional glass of wine,** no rechaza una copa de vino de vez en cuando.

aversion [ə'vɜːʃən] n (feeling) aversión f; (thing) bestia f negra; **it's my pet a.,** es lo que más odio; **to have an a. to sth,** odiar algo, sentir repugnancia hacia algo.

avert [ə'vɜːt] vtr (turn away) (eyes, thoughts) apartar (from, de); (prevent) (accident) impedir; (danger) evitar.

aviary ['eɪvjərɪ] n pajarera f.

aviation [eɪvɪ'eɪʃən] n aviación f.

avid ['ævɪd] adj (reader) voraz; **to be a. for sth,** ser ávido,-a por algo. ◆**avidly** adv vorazmente, con voracidad.

avocado [ævə'kɑːdəʊ] n (pl avocados) (also avocado pear) aguacate m.

avocet ['ævəset] n Orn avoceta f.

avoid [ə'vɔɪd] vtr (object) evitar; (person) esquivar; (question) eludir; (answer) evadir; (argument, danger) evitar; **to a. doing sth,** evitar hacer algo, procurar no hacer algo.

avoidable [ə'vɔɪdəbəl] adj evitable.

avow [ə'vaʊ] vtr reconocer, confesar, declarar.

avowal [ə'vaʊəl] n confesión f, declaración f.

avowed [ə'vaʊd] adj confesado,-a, declarado,-a.

await [ə'weɪt] vtr esperar, aguardar; **a warm welcome awaited her,** le esperaba una calurosa acogida; **parcels awaiting delivery,** paquetes mpl para repartir.

awake [ə'weɪk] I adj despierto,-a; **coffee keeps me a.,** el café me desvela; **to be a.,** estar despierto,-a; **to lie a.,** desvelar; **wide a.,** totalmente despierto,-a. II vtr (pt awoke, awaked; pp awoken, awaked) despertar; fig (memories etc) despertar, traer. III vi fig **to a. to the dangers/consequences of sth,** darse cuenta del peligro/de las consecuencias de algo.

awaken [ə'weɪkən] vtr & vi (pt awakened; pp awoken) see **awake** II & III.

awakening [ə'weɪkənɪŋ] n despertar m; fig **a rude a.,** un brusco despertar.

award [ə'wɔːd] I n (prize) premio m; (medal) condecoración f; (trophy) trofeo m; Jur indemnización f; Educ (grant) beca f. II vtr (prize) conceder, otorgar; (medal) dar, conferir; Jur (damages) adjudicar.

aware [ə'weə'] adj (knowledgeable) enterado,-a, informado,-a; **not that I'm a. of,** que yo sepa no; **politically a.,** políticamente consciente; **to be a. of sth,** ser consciente de algo; **to become a. of sth,** darse cuenta de algo.

awareness [ə'weənɪs] n conciencia f (of, de).

awash [ə'wɒʃ] adj inundado,-a (with, de).

away [ə'weɪ] adv **a a long way a.,** lejos; far a., lejos; **go a.!,** ¡fuera de aquí!; (familiar form) ¡vete!, ¡lárgate!; (polite form) ¡váyase!; **it's 3 miles a.,** está a 3 millas de distancia; **keep a. from the fire!,** ¡no te acerques al fuego!; (at once) **right a.,** en seguida, ahora mismo; **to be a.,** (absent) estar ausente; (out) estar fuera; (travelling) estar de viaje; **to die a.,** (sound) desvanecerse; **to give sth a.,** (thing) regalar algo; (secret) revelar algo; **to go a.,** irse, largarse; Sport **to play a.,** jugar fuera; **to put sth a.,** guardar algo; **to sign one's rights a.,** ceder sus derechos; **to stand a. from sth,** mantenerse a distancia de algo; **to turn a.,** volver la cara; (continue working) **to work a.,** seguir trabajando.

awe [ɔː] n (fear) temor m; (amazement) asombro m; **to be or stand in a. of sb,** ser intimidado,-a por algn.

awe-inspiring ['ɔːɪnspaɪərɪŋ] adj impresionante, imponente; **an a. sight,** un espectáculo grandioso.

awesome ['ɔːsəm] adj impresionante.

awful ['ɔːfʊl] adj fam espantoso,-a, horroroso,-a; **an a. noise,** un escándalo, un ruido de mil demonios; **an a. lot of work,** muchísimo trabajo; **how a.!,** ¡qué horror!; **what a. weather!,** ¡qué tiempo tan horrible! ◆**awfully** adv fam terriblemente; **I'm a. sorry,** lo siento muchísimo; **it's a. funny,** es graciosísimo, es de lo más divertido.

awhile [ə'waɪl] adv **wait a.,** espera un poco.

awkward ['ɔːkwəd] adj (person) (clumsy) torpe; (difficult) difícil, pesado,-a; (object) incómodo,-a; (moment, time) inoportuno,-a; (situation) embarazoso,-a; (problem) difícil; **an a. silence,** un silencio embarazoso; **a. to handle,** difícil de manejar; **he's being a.,** está poniendo reparos.

awl [ɔːl] n lezna f.

awning ['ɔːnɪŋ] n (on ship) toldo m, toldilla f; (on shop etc) marquesina f.

awoke [ə'wəʊk] pt see **awake.**

awoken [ə'wəʊkən] pp see **awake.**

axe, US **ax** [æks] I n hacha f; fig **to have an a. to grind,** tener un interés creado or personal. II vtr fig (jobs, costs) reducir; (plan) cancelar; (person) despedir.

axiom ['æksɪəm] n axioma m.

axiomatic [æksɪə'mætɪk] adj axiomático,-a; **it's a.,** está claro.

axis ['æksɪs] n (pl axes ['æksiːz]) Geom etc eje m.

axle ['æksəl] n eje m, árbol m. ■ Aut **rear a.,** eje m trasero; **a. shaft,** palier m.

ayatollah [aɪə'tɒlə] n Rel ayatolá m.

azalea [ə'zeɪljə] n Bot azalea f.

Aztec ['æztek] adj & n azteca (mf).

azure ['eɪʒə'] adj & n azul (m) celeste.

B

B, b [biː] n 1 (the letter) B, b f. ■ **B movie,** película f de serie B; Aut **B road,** carretera f secundaria. 2 Mus si m. ■ **B flat,** si m bemol.

b abbr of **born,** nacido,-a, n.

BA [biː'eɪ] abbr of **Bachelor of Arts,** Licenciado,-a

m,f en Filosofía y Letras, Lic en Fil y Let.

baa [bɑː] I n balido m. II vi balar.

babble ['bæbəl] I n 1 (of baby) balbuceo m; (of adult) barboteo m, parloteo m. 2 (of brook) murmullo m. II vi 1 (baby) balbucear; (adult) barbotear, farfullar, parlotear. **2** *(brook)* murmurar.

babbling ['bæblɪŋ] **I** *n* see **babble I. II** *adj* **1** *(baby)* balbuceante; *(adult)* farfullador,-a. **2** *(brook)* murmurador,-a.

babe [beɪb] *n* **1** *(baby)* bebé *m*, rorro *m*; **b. in arms,** niño *m* de pecho. **2** *US fam (young woman)* chica *f*; **hi, b.**!, ¡hola, nena!, ¡hola, guapa!

baboon [bə'buːn] *n Zool* zambo *m*, babuino *m*, papión *m*.

baby ['beɪbɪ] *n* **1** *(infant)* bebé *m*; *(young child)* niño,-a *m,f*; **the b. of the family,** el benjamín; **to have a b.,** tener un bebé; *fam* **that's your b.,** eso es cosa tuya; *fam* **to be left holding the b.,** cargar con el muerto, pagar el pato. ■ **b. buggy,** *US* **b. carriage,** cochecito *m* de niño; **b. face,** cara *f* de niño; **b. sling,** canguro *m*; **b. tooth,** diente *m* de leche. **2** *(animal)* cría *f*. **3** *fam (darling)* querido,-a *m,f*. **4** *Mus* **b. grand,** piano *m* de media cola.

baby-battering ['beɪbɪbætərɪŋ] *n* malos tratos *mpl* a los niños.

babyhood ['beɪbɪhʊd] *n* infancia *f*.

babyish ['beɪbɪʃ] *adj* infantil.

Babylonian [bæbɪ'ləʊnɪən] *adj & n* babilonio,-a *(m,f)*.

baby-scales ['beɪbɪskeɪlz] *n* pesabebés *m inv*.

baby-sit ['beɪbɪsɪt] *vi (pt & pp baby-sat)* cuidar a niños, hacer de canguro.

baby-sitter ['beɪbɪsɪtə'] *n* canguro *mf*.

baby-sitting ['beɪbɪsɪtɪŋ] *n* hacer *m* de canguro.

baby-walker ['beɪbɪwɔːkə'] *n* tacataca *m*, tacatá *m*, andador *m*.

bachelor ['bætʃələ'] *n* **1** soltero *m*; **old b.,** solterón *m*. ■ **b. girl,** soltera *f*; *fam* **b. pad,** piso *m* de soltero. **2** *Univ* licenciado,-a *m,f*. ■ **B. of Arts,** licenciado,-a *m,f* en Filosofía y Letras; **B. of Science** licenciado,-a *m,f* en Ciencias.

bacillus [bə'sɪləs] *n (pl bacilli* [bə'sɪlaɪ]*) Biol* bacilo *m*.

back [bæk] **I** *n* **1** *(of person)* espalda *f*; *(of animal)* lomo *m*; **b. to b.,** espalda con espalda; **b. to front,** al revés; **to fall on one's b.,** caer(se) de espaldas; *fig* **to be glad to see the b. of sb,** alegrarse de que algn se vaya; *fig* **to break the b. of a job,** hacer la parte más difícil de un trabajo; *fig* **to do sth behind sb's b.,** hacer algo a espaldas de algn; *fig* **to get sb's b. up,** fastidiar a algn, poner negro a algn; *fig* **to have one's b. to the wall,** estar en un aprieto; *fig* **to put one's b. into sth,** deslomarse en hacer algo; *fam* **get off my b.!,** ¡deja de fastidiarme! **2** *(of book)* lomo *m*; *(of chair)* respaldo *m*; *(of cheque)* dorso *m*; *(of coin)* reverso *m*; *(of hand)* dorso *m*, revés *m*; *(of head)* parte *f* posterior; *(of house, car)* parte *f* de atrás; **at the b. of,** *US* **in b. of,** detrás de; **the dress fastens at the b.,** el vestido se abrocha por detrás; *fig* **he knows Leeds like the b. of his hand,** conoce Leeds como la palma de la mano; *fig* **who is at the b. of all this?,** ¿quién está detrás de todo esto? **3** *(of garden, stage, cupboard)* fondo *m*; *fam* **to live at the b. of beyond,** vivir en el quinto pino. **4** *Ftb (position)* defensa *f*; *(player)* defensa *mf*. **II** *adj* **1** trasero,-a, posterior, de atrás. ■ *Aut* **b. axle,** eje *m* trasero; **b. door,** *(house)* puerta *f* de atrás; *(tradesman's entrance)* puerta *f* de servicio; *fig* **to get in by the b. door,** conseguir algo por enchufe; **b. room,** cuarto *m* trasero; **b. seat,** asiento *m* de detrás; *fig* **to take a b. seat,** pasar al segundo plano; *Aut* **b. wheel,** rueda *f* trasera; **the b. streets,** las callejuelas. **2** *(in arrears)* atrasado,-a. ■ **b. rent,** alquiler *m* atrasado; **b. pay,** atrasos *mpl*; *Press* **b. number,**

número *m* atrasado. **III** *adv* **1** *(to the rear)* atrás, detrás; *(towards the rear)* hacia atrás; **b. and forth,** de acá para allá; **stand b.**!, ¡atrás! **2** *(in return)* **to hit b.,** devolver el golpe; *fig* contestar a una denuncia *or* acusación; **he hit b. at his critics,** replicó a sus detractores. **3** *(to starting point)* **as soon as you get b.,** tan pronto como vuelvas; **to be b.,** estar de vuelta; **to call sb b.,** hacer volver a algn; *Tel* volver a llamar a algn; **to come b.,** volver; **to put sth b.,** *(replace)* devolver algo a su sitio; *(delay)* aplazar algo; **to put the clock b.,** retrasar el reloj. **4** *(in time)* **as far b. as 1950,** ya en 1950; **some years b.,** hace unos años. **IV** *vtr* **1** *(support)* apoyar, respaldar. **2** *Fin* financiar. **3** *(bet)* apostar por. **4** *(car, bus, lorry)* dar marcha atrás a, hacer marcha atrás con; **he tried to b. the car into the garage,** intentó meter el coche en el garaje marcha atrás. **V** *vi* **1** *(move backwards)* retroceder. **2** *Aut (car, bus)* ir marcha atrás, dar marcha atrás; **she backed into a tree,** chocó por detrás con un árbol. ◆**back away** *vi* retirarse. ◆**back down** *vi* echarse atrás, claudicar. ◆**back off** *vi* echarse atrás, desistir. ◆**back on to** *vtr* dar a. ◆**back out** *vi* **1** *Aut* salir marcha atrás. **2** *(withdraw)* retractarse, volverse atrás. ◆**back up I** *vtr* apoyar. **II** *vi Aut* ir marcha atrás.

backache ['bækeɪk] *n* dolor *m* de espalda, dolor *m* de riñones.

backbencher ['bækbentʃə'] *n Parl* diputado,-a *m,f* que no es ministro.

backbite ['bækbaɪt] *vi (pt backbit* ['bækbɪt]*; pp backbitten* ['bækbɪtən]*, US backbit)* murmurar, hablar mal de.

backbiter ['bækbaɪtə'] *n* murmurador,-a *m,f*.

backbiting ['bækbaɪtɪŋ] *n* murmuración *f*, maledicencia *f*.

backbone ['bækbəʊn] *n Anat* columna *f*; *fig* **he's got no b.,** le faltan agallas.

backbreaking ['bækbreɪkɪŋ] *adj* agotador,-a, matador,-a.

backchat ['bæktʃæt] *n fam* impertinencias *fpl*; **I don't want any more b. from you,** ¡deja de contestarme!, ¡no seas respondón!

backcloth ['bækklɒθ] *n Theat* telón *m* de fondo.

backcomb ['bækkəʊm] *vtr* cardar.

backdate [bæk'deɪt] *vtr* antedatar.

backdated [bæk'deɪtɪd] *adj* con efecto retroactivo; **b. pay rise,** aumento *m* de sueldo con efecto retroactivo.

backdrop ['bækdrɒp] *n Theat* telón *m* de fondo.

backer ['bækə'] *n* **1** *Fin* promotor,-a *m,f*. **2** *Pol* partidario,-a *m,f*. **3** *(person who bets)* apostante *mf*.

backfire [bæk'faɪə'] **I** *vi* **1** *Aut* petardear. **2** *fig* salir rana, fallar; **our plan backfired,** nos salió el tiro por la culata. **II** *n Aut* petardeo *m*.

backgammon ['bækgæmən] *n* backgammon *m*.

background ['bækgraʊnd] *n* **1** fondo *m*; *Art Phot* fondo *m*, ultimo término *m*; **on a yellow b.,** sobre un fondo amarillo; **to stay in the b.,** quedarse en segundo plano. ■ **b. music,** música *f* de fondo. **2** *(origin)* origen *m*; *(past)* pasado *m*; *(education)* formación *f*; **from a working-class b.,** de clase obrera. **3** *(circumstances)* antecedentes *mpl*. **4** *(atmosphere)* ambiente *m*; **against a b. of political unrest,** en un ambiente de malestar político.

backhand ['bækhænd] *n* **1** *Sport* revés *m*. ■ **b. volley,** volea *f* de revés. **2** *(handwriting)* letra *f* inclinada hacia la izquierda.

backhanded ['bækhændɪd] *adj* equívoca,-a, ambiguo,-a; **a b. compliment,** un cumplido ambiguo.

backhander ['bækhændəʳ] *n* 1 *(blow with hand)* revés *m*. 2 *sl (bribe)* soborno *m*.

backing ['bækɪŋ] *n* 1 *(support)* apoyo *m*; *Com Fin* respaldo *m* financiero. 2 *(of picture)* soporte *m*. 3 *Mus* acompañamiento *m*.

backlash ['bæklæʃ] *n* reacción *f* violenta y repentina.

backlog ['bæklɒg] *n* acumulación *f* (de cosas); **to have a b. of work,** tener un montón de trabajo atrasado.

backpack ['bækpæk] *n* mochila *f*.

backpacker ['bækpækəʳ] *n* mochilero,-a *m,f*; *(hiker)* excursionista *mf*.

backpacking ['bækpækɪŋ] *n* **to go b.,** viajar con mochila; *(hiking)* ir de excursión.

backpedal ['bækpedəl] *vi (pt & pp backpedalled)* *fam* dar marcha atrás.

back-seat ['bæksi:t] *adj Aut* **b.-s. driver,** pasajero *m* que da consejos innecesarios al conductor.

backside [bæk'saɪd] *n fam* trasero *m*, culo *m*.

backslide ['bækslaɪd] *vi* reincidir.

backsliding ['bækslaɪdɪŋ] *n* reincidencia *f*.

backstage [bæk'steɪdʒ] *adv Theat* entre bastidores.

backstairs ['bæksteəz] *n* escalera *f* de servicio. ■ **b. gossip,** comadreo *m*; **b. influence,** enchufe *m*.

backstroke ['bækstrəʊk] *n Swimming* espalda *f*.

backtrack ['bæktræk] *vi* volver hacia atrás; *fig* volverse *or* echarse atrás.

backup ['bækʌp] *n* apoyo *m*, respaldo *m*.

backward ['bækwəd] **I** *adj* 1 *(movement)* hacia atrás. 2 *(country)* subdesarrollado,-a; *(child)* atrasado,-a. **II** *adv esp US* atrás, hacia atrás.

backwardness ['bækwədnɪs] *n (of country)* subdesarrollo *m*; *(of child)* atraso *m*, retraso *m*.

backwards ['bækwəds] *adv* hacia atrás, al revés; **to walk b.,** andar de espaldas; **to walk b. and forwards,** andar de acá para allá.

backwash ['bækwɒʃ] *n* 1 remolinos *mpl* de agua. 2 *fig (of event, situation)* repercusión *f*.

backyard [bæk'jɑ:d] *n* patio *m* trasero; *US* jardín *m* trasero.

bacon ['beɪkən] *n* tocino *m*, bacon *m*; **streaky b.,** tocino entreverado; *fam* **to bring home the b.,** *(provide)* ganarse los garbanzos *or* el pan; *(be successful)* llevarse la palma; *fam* **to save sb's b.,** salvarle el pellejo a algn.

bacteria [bæk'tɪərɪə] *npl (sing bacterium)* bacterias *fpl*.

bacterial [bæk'tɪərɪəl] *adj* bacteriano,-a.

bactericide [bæk'tɪərɪsaɪd] *n* bactericida *m*.

bacteriological [bæktɪərɪə'lɒdʒɪkəl] *adj* bacteriológico,-a.

bacteriologist [bæktɪərɪ'ɒlədʒɪst] *n* bacteriólogo,-a *m,f*.

bacteriology [bæktɪərɪ'ɒlədʒɪ] *n* bacteriología *f*.

bacterium [bæk'tɪərɪəm] *n (pl bacteria)* bacteria *f*.

bad [bæd] **I** *adj (worse, worst)* 1 *(poor, inferior)* malo,-a; **a b. translation,** una mala traducción; **he's a b. driver,** conduce muy mal; **she's b. at mathematics,** se le dan mal las matemáticas; **to go from b. to worse,** ir de mal en peor. 2 *(decayed)* podrido,-a; **to go b.,** echarse a perder, estropearse. 3 *(unfortunate)* **he'll come to a b. end,** acabará

mal; **it's too b. that ...,** qué lástima que ...; **that's too b.!,** ¡qué pena!; **to be in a b. way,** estar en un mal paso. 4 *(wicked)* malo,-a; *(naughty)* travieso,-a; **a b. word,** un taco; **to use b. language,** ser mal hablado,-a; *fam* **she's a b. lot,** es un elemento de mucho cuidado. 5 *(unpleasant)* **b. joke,** broma de mal gusto; **b. news,** malas noticias; **b. smell,** mal olor; **they had a b. time,** lo pasaron muy mal; **to be in a b. mood,** estar de mal humor; **to be on b. terms with sb,** estar a malas con algn. 6 *(serious) (accident, mistake)* grave; *(headache)* fuerte; **to have a b. cold,** estar muy acatarrado,-a. 7 *(harmful)* nocivo,-a; **to be b. for one's health,** ser perjudicial para la salud. 8 *(ill)* enfermo,-a, malo,-a; **she's very b. today,** hoy está muy mal; **to have a b. leg,** tener problemas con la pierna, dolerle la pierna a uno. 9 **b. coin,** moneda falsa; **b. debt,** deuda incobrable. **II** *n* lo malo; **to take the b. with the good,** aceptar lo bueno y lo malo; **I'm a thousand pounds to the b.,** he perdido mil libras. ◆**badly** *adv* 1 mal; **he did b. in the exam,** le salió mal el examen; **to be b. off,** andar mal de dinero. 2 *(seriously)* gravemente; **b. injured,** gravemente herido,-a, herido,-a de gravedad. 3 *(very much)* mucho; **to miss sb b.,** echar mucho de menos a algn; **we need it b.,** nos hace mucha falta.

baddie *n*, **baddy** ['bædɪ] *n Cin fam* malo *m*.

bade [beɪd] *pt see* bid.

badge [bædʒ] *n* 1 *(emblem)* insignia *f*; *(metal disc)* chapa *f*. 2 *fig* símbolo *m*, señal *f*.

badger ['bædʒəʳ] **I** *n Zool* tejón *m*. **II** *vtr* acosar, importunar, fastidiar; **to b. sb with questions,** acosar a algn con preguntas.

bad-looking [bæd'lʊkɪŋ] *adj* **he's not b.-l.,** no está nada mal.

badminton ['bædmɪntən] *n Sport* bádminton *m*.

badness ['bædnɪs] *n* 1 *(of person)* maldad *f*. 2 *(of road)* mal estado *m*.

bad-tempered [bæd'tempəd] *adj* gruñón,-ona; **to be b.-t.,** *(temperament)* tener mal genio; *(temporarily)* estar de mal humor.

baffle ['bæfəl] **I** *vtr* desconcertar, confundir. **II** *n* baffle *m*, pantalla *f* acústica.

baffling ['bæflɪŋ] *adj* incomprensible, enigmático,-a.

BAFTA ['bæftə] *abbr of* **British Academy of Film and Television Arts,** Academia *f* Británica de Cine y Televisión.

bag [bæg] **I** *n* 1 *(large)* bolsa *f*; *(handbag)* bolso *m*; **to pack one's bags and go,** liar el petate; *fig* **to be a b. of bones,** estar en los huesos; *fam* **bags of,** montones de; *fam* **I've got bags of them,** tengo la tira; *fam* **they've got bags of time,** tienen tiempo de sobra. ■ **diplomatic b.,** valija *f* diplomática; **shopping b.,** bolsa *f* de la compra; **sleeping b.,** saco *m* de dormir; **travel b.,** bolsa *f* de viaje. 2 *(hunting)* caza *f*; *fam* **it's in the b.,** está en el bote, es cosa hecha. 3 *pej (woman)* **old b.,** arpía *f*, bruja *f*. 4 **bags,** *(under eyes)* ojeras *fpl*. 5 *fam* **bags,** pantalones *mpl*. **II** *vtr (pt & pp bagged)* 1 *(put into sacks)* ensacar, meter en sacos. 2 *(hunting)* cazar. 3 *fam* coger; **he always bags the best seat,** siempre coge el mejor sitio.

bagatelle [bægə'tel] *n* 1 *(trifle)* bagatela *f*, fruslería *f*. 2 *(pinball)* millón *m*.

bagful ['bægfʊl] *n* bolsa *f*, saco *m*.

baggage ['bægɪdʒ] *n* 1 equipaje *m*. ■ *US Rail* **b. car,** furgón *m* de equipajes. 2 *Mil* bagaje *m*.

baggy ['bægɪ] *adj* (**baggier, baggiest**) holgado,-a; **b. trousers**, pantalones anchos; **my trousers have gone b. at the knees**, mis pantalones han dado de sí por las rodillas.

Baghdad [bæg'dæd] *n* Bagdad.

bagpiper ['bægpaɪpəʳ] *n* gaitero,-a *m,f*.

bagpipes ['bægpaɪps] *npl* gaita *f sing*; **to play the b.**, tocar la gaita.

Bahamas [bə'hɑːməz] *npl* **the B.**, las Bahamas.

Bahamian [bə'heɪmɪən] *adj & n* bahameño,-a *(m,f)*.

Bahrain [bɑː'reɪn] *n* Bahrein.

bail[1] [beɪl] *n Jur* fianza *f*; **on b.**, bajo fianza; **to jump b.**, huir estando bajo fianza; **to release sb on b.**, poner a algn en libertad bajo fianza; **to stand b. for sb**, salir fiador por algn. ◆**bail out** *vtr* **1** *Jur* conseguir la libertad de algn bajo fianza; *fig (person)* sacar de un apuro; *fam* echar un cable a. **2** *Av* saltar en paracaídas de un avión.

bail[2] [beɪl] *vi Naut* achicar (**out**, -).

bail[3] [beɪl] *n Crick* travesaño *m*.

bailiff ['beɪlɪf] *n* **1** *Jur* alguacil *m*. **2** *(steward)* administrador *m*.

bain-marie [bænmə'riː] *n Culin* baño *m* maría.

bairn [beən] *n Scot* niño,-a *m,f*.

bait [beɪt] **I** *n* **1** *Fishing* cebo *m*, carnada *f*. **2** *fig* cebo *m*, señuelo *m*; *Fishing & fig* **to swallow the b.**, **rise to the b.**, tragar el anzuelo, picar. **II** *vtr* **1** *Fish (hook)* cebar. **2** *(torment)* hostigar.

baize [beɪz] *n* bayeta *f*; *(on games tables)* **green b.**, tapete *m* verde.

bake [beɪk] **I** *vtr* **1** *(cake etc)* cocer al horno. **2** *(harden)* endurecer. **II** *vi fam* hacer mucho calor; **it's baking in here!**, ¡hace un calor terrible aquí dentro!

baked ['beɪkt] *adj* al horno; **freshly b. bread**, pan recién hecho. ■ **b. potato**, patata *f* al horno.

baker ['beɪkəʳ] *n* panadero,-a *m,f*; *(pastrycook)* pastelero,-a *m,f*. ■ **b.'s (shop)**, panadería *f*; **b.'s dozen**, docena *f* de fraile.

bakery ['beɪkərɪ] *n* panadería *f*.

baking ['beɪkɪŋ] *n* cocción *f*. ■ **b. dish**, fuente *f* para horno; **b. powder**, levadura *f* en polvo; **b. tin**, molde *m*.

balaclava [bælə'klɑːvə] *n* **b. (helmet)**, pasamontañas *m inv*.

balance ['bæləns] **I** *n* **1** *(scales)* balanza *f*; *fig* **to hang in the b.**, estar en juego, estar en la balanza. **2** *(equilibrium)* equilibrio *m*; *Pol* **b. of power**, equilibrio *m* de fuerzas; **to lose one's b.**, perder el equilibrio; *fig* trastornarse; **to throw sb off his b.**, hacerle perder el equilibrio a algn; *fig* desconcertar a algn. **3** *Fin* saldo *m* de una cuenta. ■ **b. due**, saldo *m* deudor; **b. in hand**, saldo *m* disponible; **b. of payments**, balanza *f* de pagos; **b. sheet**, balance *m*; **credit b.**, saldo *m* acreedor. **4** *(remainder)* resto *m*. **5** *(of clock)* volante *m*. **II** *vtr* **1** poner en equilibrio (**on**, en). **2** *Fin (budget)* equilibrar; *(account)* saldar; **to b. the books**, hacer el balance. **3** *(weigh up)* sopesar, comparar. **III** *vi* **1** guardar el equilibrio, mantenerse en equilibrio. **2** *Fin (tally)* cuadrar. ◆**balance out** *vtr* compensarse.

balanced ['bælənst] *adj* equilibrado,-a; **a b. diet**, una alimentación equilibrada.

balcony ['bælkənɪ] *n* **1** *Archit* balcón *m*. **2** *Theat* anfiteatro *m*.

bald [bɔːld] *adj* **1** *(person)* calvo,-a; **b. patch**, calva *f*; **to go b.**, quedarse calvo; *fam* **to be as b. as a coot**,

estar más calvo que una bola de billar. **2** *(tyre)* desgastado,-a. **3** *(style)* escueto,-a, sencillo,-a; **b. statement**, simple exposición de los hechos. ◆**baldly** *adv* francamente.

balderdash ['bɔːldədæʃ] *n fam* tonterías *fpl*, disparates *mpl*.

bald-headed [bɔːld'hedɪd] *adj* calvo,-a.

baldness ['bɔːldnɪs] *n* **1** *(of person)* calvicie *f*. **2** *(of tyre)* desgaste *m*. **3** *(of style)* sencillez *f*.

bale[1] [beɪl] **I** *n* **1** *Com (of goods)* bala *f*, fardo *m*; *(of cotton)* bala *f*, paca *f*. **II** *vtr* embalar, empacar.

bale[2] [beɪl] *vtr see* **bail**[2]. ◆**bale out I** *vi* **1** *Naut* achicar. **2** *Av* saltar en paracaídas de un avión. **II** *vtr fig (person)* sacar de apuro; *fam* echar un cable a.

Balearic [bælɪ'ærɪk] *adj* balear, baleárico,-a; **the B. Islands**, las Islas Baleares.

baleful ['beɪlfʊl] *adj* funesto,-a, siniestro,-a.

balk [bɔːk] **I** *vtr* poner obstáculos a; *(project, plan)* frustrar. **II** *vi (horse)* plantarse (**at**, en); *(person)* **to b. at doing sth**, negarse *or* resistirse a hacer algo.

Balkan ['bɔːlkən] *adj* balcánico,-a; **the B. States, the Balkans**, los Balcanes.

ball[1] [bɔːl] **I** *n* **1** *Crick Ten Baseb* pelota *f*; *Ftb* balón *m*; *Bill Golf* bola *f*; **to play b.**, jugar a la pelota; *fig* **the b. is in your court**, ahora te toca a ti; *fig* **to keep the b. rolling**, mantener; *fig* **to play b. with sb**, cooperar con algn; *fig* **to start the b. rolling**, poner las cosas en marcha; *fam* **to be on the b.**, ser un espabilado. ■ *Tech* **b. bearing**, rodamiento *m* de bolas, cojinete *m* de bolas; *Ten* **b. boy**, **b. girl**, recogepelotas *mf inv*. **2** *(of paper)* bola *f*; *(of wool)* ovillo *m*. **3** *Anat* **b. of the foot**, metatarso *m*. **4** *US* béisbol *m*. ■ **b. game**, partido *m* de béisbol; *fig* **it's a whole new b. game**, es otra historia; **b. park**, campo *m* de béisbol; *fam* **a b. park figure**, una cifra aproximativa. **5** *vulg offens* **balls**, cojones *mpl*, huevos *mpl*; **b.!**, ¡y una mierda!; **he's got a lot of b.**, tiene huevos, tiene mucha cara. **II** *vtr US vulg* follar. ◆**ball(s) up** *vtr US vulg (task, activity)* cagar, pifiar, joder.

ball[2] [bɔːl] *n* baile *m* de etiqueta; *fam* **to have a b.**, pasarlo en grande.

ballad ['bæləd] *n* **1** *Lit* balada *f*. **2** *Mus* balada *f*, copla *f*.

ball-and-socket joint [bɔːlənd'sɒkɪtdʒɔɪnt] *n Tech* articulación *f* de rótula.

ballast ['bæləst] *n* **1** *Naut* lastre *m*. **2** *Rail* balasto *m*.

ballcock ['bɔːlkɒk] *n Tech* llave *f* de bola, llave *f* de flotador.

ballerina [bælə'riːnəʳ] *n* bailarina *f*.

ballet ['bæleɪ] *n* ballet *m*, baile *m* clásico. ■ **b. dancer**, bailarín,-ina *m,f*; **b. shoe**, zapatilla *f* de ballet.

ballistic [bə'lɪstɪk] *adj* balístico,-a; **b. missile**, misil balístico.

ballistics [bə'lɪstɪks] *n* balística *f*.

balloon [bə'luːn] **I** *n* **1** *(gen)* globo *m*; *Av* **hot-air b.**, globo aerostático; **to go up in a b.**, montar en un globo; *fig* **to go down like a lead b.**, ser un fracaso total. **2** *(in cartoon)* bocadillo *m*. **II** *vi* hincharse (**out, up**, -); *fig* aumentar rápidamente.

ballooning [bə'luːnɪŋ] *n* aerostación *f*.

balloonist [bə'luːnɪst] *n* aeróstata *mf*.

ballot ['bælət] **I** *n* **1** *(vote)* votación *f*; **to take a b. on sth**, someter algo a votación. ■ **b. box**, urna *f*; **b.**

paper, papeleta *f*; **postal b.,** votación *f* por correo; **secret b.,** votación *f* secreta. **2** *(paper)* papeleta *f*. **II** *vi* votar **(for,** por). **III** *vtr* someter a votación, hacer votar; **the union has balloted its members on the issue,** el sindicato ha sometido el asunto a la votación de sus miembros.

ballpen ['bɔ:lpen]·*n fam* boli *m*.

ballpoint (pen) ['bɔ:lpɔɪnt ('pen)] *n* bolígrafo *m*.

ballroom ['bɔ:lruːm] *n* salón *m* de baile.

balls-up ['bɔ:lzʌp] *n vulg* cagada *f*; **he's made a real b.-up of the project!,** en este proyecto, la ha cagado.

ballyhoo [bælɪ'huː] *n fam* **1** *(fuss)* jaleo *m*. **2** *(noisy publicity)* propaganda *f* sensacionalista.

balm [bɑːm] *n* bálsamo *m*.

balmy ['bɑːmɪ] *adj* **(balmier, balmiest)** *(like balm)* balsámico,-a; *(fragrant)* fragante; *(weather)* suave.

baloney [bə'ləʊnɪ] *n fam* tonterías *fpl*.

balsa ['bɔːlsə] *n* balsa *f*.

balsam ['bɔːlsəm] *n* bálsamo *m*.

Baltic ['bɔːltɪk] *adj* báltico,-a; **the B. (Sea),** el (Mar) Báltico.

balustrade ['bæləstreɪd] *n* balaustrada *f*, barandilla *f*.

bamboo [bæm'buː] *n Bot* bambú *m*; **b. shoots,** brotes *mpl* de bambú.

bamboozle [bæm'buːzəl] *vtr fam* **1** *(puzzle)* dejar perplejo. **2** *(trick)* burlar, embaucar.

ban [bæn] **I** *n* prohibición *f*. **II** *vtr* *(pt & pp banned)* **1** *(prohibit)* prohibir. **2** *(exclude)* excluir. **3** *(driving)* suspender; **he was banned from driving for six months,** le retiraron el carnet durante seis meses.

banal [bə'nɑːl] *adj* banal, trivial. ◆**banally** *adv* trivialmente.

banality [bə'nælɪtɪ] *n* banalidad *f*, trivialidad *f*.

banana [bə'nɑːnə] *n* **1** *(fruit)* plátano *m*, banana *f*; *fam* **to be bananas,** estar chiflado,-a; *fam* **to go bananas,** volverse loco,-a. ■ *Pol* **b. republic,** república *f* bananera; *Culin* **b. split,** postre *m* de plátano, helado y jarabe. **2** *(tree)* plátano *m*, banano *m*.

band [bænd] **I** *n* **1** *(strip of material)* tira *f*, faja *f*; *(ribbon)* cinta *f*. ■ **elastic b.,** goma *f* elástica. **2** *(stripe)* raya *f*, franja *f*. **3** *Rad* banda *f*. ■ **frequency b.,** banda *f* de frecuencia. **4** *(group)* grupo *m*; *(of youths)* pandilla *f*; *(of thieves)* banda *f*. **5** *Mus* banda *f*. ■ **jazz b.,** orquesta *f* de jazz; **military b.,** banda *f* militar; **pop b.,** conjunto *m*. **II** *vi* **to b. together,** unirse, juntarse.

bandage ['bændɪdʒ] *Med* **I** *n* venda *f*. **II** *vtr* vendar.

Band-Aid® ['bændeɪd] *n US* tirita® *f*.

B & B [biːən'biː] *n abbr of* **bed and breakfast,** cama *f* y desayuno *m*.

bandit ['bændɪt] *n* bandido *m*. ■ **one-armed b.,** máquina *f* tragaperras.

bandmaster ['bædmɑːstəʳ] *n* director *m* de una banda.

bandsman ['bændzmən] *n (pl bandsmen)* músico *m* de banda.

bandstand ['bændstænd] *n* quiosco *m* de música.

bandwagon ['bændwægən] *n fig* **to jump on the b.,** subirse al tren.

bandy ['bændɪ] **I** *vtr* *(pt & pp bandied)* *(words, ideas)* intercambiar. **II** *adj* **(bandier, bandiest)** torcido,-a hacia fuera; **with b. legs,** patizambo,-a. ◆**bandy about** *vtr* *(rumours, ideas)* propagar, difundir.

bandy-legged ['bændɪleg(ɪ)d] *adj* patizambo,-a.

bane [beɪn] *n* perdición *f*, ruina *f*; **it's the b. of my life,** me está amargando la vida.

bang [bæŋ] **I** *n* **1** *(blow)* golpe *m*. **2** *(noise)* ruido *m*; *(explosion)* estallido *m*; *(of gun)* estampido *m*, detonación *f*; **supersonic b.,** estampido supersónico; **to go off with a b.,** estallar; *fam fig* ser un exitazo; **to shut the door with a b.,** dar un portazo. **II** *vtr* **1** golpear, dar golpes en; **to b. one's head,** darse un golpe en la cabeza; **to b. sth shut,** cerrar algo de golpe; *fam* **to b. one's head against a brick wall,** hacer esfuerzos en vano. **2** *vulg* *(have sex with)* follar. **III** *vi* golpear, dar golpes; **to b. at the door,** dar golpes en la puerta; **to b. shut,** cerrarse de golpe. **IV** *interj* *(blow)* ¡zas!; *(crash)* ¡cataplum!; *(of gun)* b., b.!, ¡pum, pum! **V** *adv fam* justo; **b. in the middle,** justo en medio; **b. on time,** justo a tiempo. ◆**bang about, bang around** *vi fam* hacer mucho ruido.

banger ['bæŋəʳ] *n* **1** *(firework)* petardo *m*. **2** *fam* *(sausage)* salchicha *f*. **3** *Aut fam* *(car)* **old b.,** cacharro *m*.

Bangladesh [bæŋglə'deʃ] *n* Bangladesh.

Bangladeshi [bæŋglə'deʃɪ] **I** *adj* de Bangladesh. **II** *n* habitante *mf* de Bangladesh.

bangle ['bæŋgəl] *n* ajorca *f*, brazalete *m*.

banish ['bænɪʃ] *vtr* desterrar.

banishment ['bænɪʃmənt] *n* destierro *m*.

banister ['bænɪstəʳ] *n* barandilla *f*, pasamanos *m inv*.

banjo ['bændʒəʊ] *n (pl banjos or banjoes) Mus* banjo *m*.

bank¹ [bæŋk] **I** *n* **1** *Com Fin* banco *m*. ■ **b. account,** cuenta *f* bancaria; **b. bill,** letra *f* de cambio, *US* billete *m* de banco; **b. clerk,** empleado,-a *m,f* de banca; **b. credit,** crédito *m* bancario; **b. draft,** letra *f* bancaria; **b. holiday,** fiesta *f* nacional; **b. rate,** tipo *m* de interés bancario; **b. statement,** extracto *m* de cuenta; **merchant b.,** banco *m* mercantil; **savings b.,** caja *f* de ahorros; **World B.,** Banco *m* Mundial. **2** *(in gambling)* banca *f*; **to break the b.,** hacer saltar la banca. **3** *(store)* banco *m*. ■ *Med* **blood b.,** banco *m* de sangre; *Comput* **data b.,** banco *m* de datos. **II** *vtr Com Fin* depositar, ingresar. **III** *vi Com Fin* **to b. with,** tener una cuenta en. ◆**bank on** *vtr* contar con.

bank² [bæŋk] **I** *n* **1** *(mound)* loma *f*; *(embankment)* terraplén *m*; *(slope)* pendiente *f*; **b. of snow,** montón *m* de nieve. **2** *(of river)* ribera *f*; *(edge)* orilla *f*; **on the banks of the Thames,** a orillas del Támesis. **II** *vtr* *(heap up)* amontonar. **III** *vtr & vi Av* ladear, ladearse. ◆**bank up** *vtr* *(fire)* avivar.

bank³ [bæŋk] *n* hilera *f*, fila *f*; *Elec* **b. of lights,** batería *f* de luces.

bankbook ['bæŋkbʊk] *n* libreta *f or* cartilla *f* de ahorros.

banker ['bæŋkəʳ] *n* banquero,-a *m,f*.

banking ['bæŋkɪŋ] *n* banca *f*; **to be in b.,** ser banquero,-a. ■ **b. house,** banco *m*.

banknote ['bæŋknəʊt] *n* billete *m* de banco.

bankroll ['bæŋkrəʊl] *US* **I** *n* fondos *mpl*. **II** *vtr fam* financiar.

bankrupt ['bæŋkrʌpt] **I** *adj* quebrado,-a, en quiebra, insolvente; **to go b.,** quebrar. **II** *n* quebrado *m*. **III** *vtr* hacer quebrar, llevar a la bancarrota.

bankruptcy ['bæŋkrʌptsɪ] *n* Com quiebra *f*, bancarrota *f*.

banner ['bænəʳ] *n* (*in demonstration, festival*) pancarta *f*; (*flag*) bandera *f*; *fig* under the b. of socialism, en nombre del socialismo. ▪ Press b. headlines, grandes titulares *mpl*.

bannister ['bænɪstəʳ] *n see* banister.

banns [bænz] *npl* amonestaciones *fpl*; to publish the b., correr las amonestaciones.

banquet ['bæŋkwɪt] I *n* banquete *m*. II *vi* banquetear.

banshee [bæn'ʃiː] *n* Ir hada *f* que anuncia la muerte.

bantam ['bæntəm] *n* (*cock*) gallo *m*; (*hen*) gallina *f* bantam.

bantamweight ['bæntəmweɪt] *n* Box peso *m* gallo.

banter ['bæntəʳ] I *n* bromas *fpl*, chanzas *fpl*. II *vi* bromear.

bap [bæp] *n* Culin bollo *m*, panecillo *m*.

baptise [bæp'taɪz] *vtr see* baptize.

baptism ['bæptɪzəm] *n* 1 (*sacrament*) bautismo *m*. 2 (*christening*) bautizo m.

baptistry ['bæptɪstrɪ] *n* bautisterio *m*.

baptize [bæp'taɪz] *vtr* bautizar.

bar [baːʳ] I *n* 1 (*of iron, gold*) barra *f*; (*of chocolate*) tableta *f*; (*of soap*) pastilla *f*. 2 (*of cage, prison*) barrote *m*; *fam* to be behind bars, estar a la sombra. 3 (*sand, mud*) barra *f*, bajío *m*, medano *m*. 4 (*obstacle*) obstáculo *m*; (*barrier*) barrera *f*. ▪ colour b., segregación *f* racial. 5 Jur (*dock*) banquillo *m*; (*court*) tribunal *m*; the prisoner at the b., el acusado, la acusada. 6 Jur the B., (*profession*) abogacía *f*; (*body of lawyers*) colegio *m* de abogados; to be called to the B., entrar en el colegio de abogados. 7 (*room in pub etc*) bar *m*; (*counter*) barra *f*, mostrador *m*. ▪ singles b., bar *m* de solteros. 8 Gymn barra *f*; horizontal b., barra fija. 9 Mus compás *m*. II *vtr* (*pt & pp* barred) 1 (*door*) atrancar; Aut (*road*) cortar; (*window*) poner barrotes a. 2 (*exclude*) excluir (from, de). 3 (*prohibit*) prohibir; no holds barred, todo vale; she was barred from the club, le prohibieron la entrada en el club. III *prep* salvo, a excepción de; b. none, sin excepción.

barb [baːb] I *n* 1 (*point*) lengüeta *f*. 2 (*gibe*) observación *f* mordaz. II *vtr* poner lengüetas en un dardo.

Barbados [baː'beɪdɒs] *n* Barbados.

barbarian [baː'beəriən] *adj & n* bárbaro,-a (*m,f*).

barbaric [baː'bærɪk] *adj* bárbaro,-a; the hunting of foxes is b., la caza de zorros es una barbaridad.

barbarity [baː'bærɪtɪ] *n* barbaridad *f*.

barbarous ['baːbərəs] *adj* bárbaro,-a.

Barbary ['baːbərɪ] *n* Hist Berbería *f*. ▪ Zool B. ape, mona *f* de Berbería *or* de Gibraltar.

barbecue ['baːbɪkjuː] I *n* barbacoa *f*. II *vtr* asar a la parrilla.

barbed [baːbd] *adj* 1 (*arrow*) con lengüeta; b. wire, alambre *m* de púas. 2 *fig* (*remark*) mordaz.

barbel ['baːbəl] *n* (*fish*) barbo *m*.

barber ['baːbəʳ] *n* barbero,-a *m,f*, peluquero,-a *m,f*; b.'s (shop), barbería *f*, peluquería *f*.

barbershop ['baːbəʃɒp] *n* US 1 barbería *f*. 2 b. quartet, cuarteto *m* de voces.

barbiturate [baː'bɪtjʊrɪt] *n* Med barbitúrico *m*.

Barcelona [baːsɪ'ləʊnə] *n* Barcelona.

bard [baːd] *n* Lit bardo *m*.

bare [beəʳ] I *adj* 1 (*naked*) desnudo,-a; (*head*) descubierto,-a; (*foot*) descalzo,-a; (*room*) sin muebles; (*landscape*) raso,-a; (*style*) escueto,-a; Elec b. wire, cable descubierto; to lay b., poner al descubierto; with his b. hands, sólo con las manos. 2 (*basic*) mero,-a; the b. minimum, lo mínimo; to earn a b. living, ganar lo justo para vivir. II *vtr* (*make naked*) desnudar; (*uncover*) descubrir; to b. one's head, descubrirse; *fig* to b. one's soul, desnudar el alma.

bareback(ed) ['beəbæk(t)] *adj & adv* to ride b., montar un caballo a pelo.

barefaced ['beəfeɪst] *adj* desvergonzado,-a; b. lie, mentira descarada.

barefoot ['beəfʊt] *adj & adv* descalzo,-a; to go b., ir descalzo.

bareheaded [beə'hedɪd] *adj* descubierto,-a, sin sombrero.

barely ['beəlɪ] *adv* apenas; I b. know you, apenas te conozco.

bareness ['beənɪs] *n* desnudez *f*; (*of style*) sencillez *f*, claridad *f*.

bargain ['baːgɪn] I *n* 1 (*agreement*) trato *m*; pacto *m*; (*deal*) negocio *m*; into the b., por añadidura, además; it's a b.!, ¡trato hecho!; to drive a hard b., imponer condiciones duras; to make *or* strike a b., cerrar un trato. 2 (*cheap purchase*) ganga *f*, oportunidad *f*; it's a real b., es una verdadera ganga. ▪ b. basement, sección *f* de oportunidades; b. offer, oferta *f*; b. price, precio *m* de oferta. II *vi* 1 negociar; the union bargained with the management for more pay, el sindicato negoció el aumento de salario con la patronal. 2 (*haggle*) regatear; to b. over the price of sth, regatear el precio de algo. ◆bargain for *vtr* esperar, contar con; I didn't b. for that, no contaba con eso.

bargaining ['baːgɪnɪŋ] *n* 1 (*negotiation*) negociación *f*. ▪ Ind collective b., negociación *f* sobre el convenio colectivo. 2 (*about price*) regateo *m*.

barge [baːdʒ] I *n* gabarra *f*. ▪ b. pole, bichero *m*; *fam* I wouldn't touch it with a b. pole, no lo quiero ni regalado, no lo cogería ni con pinzas. II *vtr fam* to b. into, (*room*) irrumpir en; (*person*) tropezar con. ◆barge in *vi fam* 1 (*go in*) entrar sin permiso. 2 (*interfere*) entrometerse.

bargee [baː'dʒiː] *n* gabarrero *m*.

baritone ['bærɪtəʊn] *adj & n* Mus barítono (*m*).

barium ['beərɪəm] *n* Chem bario *m*. ▪ Med b. meal, sulfato *m* de bario.

bark¹ [baːk] I *n* ladrido *m*; his b. is worse than his bite, perro ladrador poco mordedor. II *vi* (*dog*) ladrar; *fam* to b. up the wrong tree, ir descaminado,-a. III *vtr* gritar; to b. (out) an order, gritar una orden.

bark² [baːk] I *n* Bot corteza *f*. II *vtr* rasguñar; she barked her shins on the desk, se hizo un rasguño en la espinilla con el borde del la mesa.

bark³ [baːk] *n* US Naut barco *m* de vela; Lit barco *m*.

barking ['baːkɪŋ] *n* ladridos *mpl*.

barley ['baːlɪ] *n* cebada *f*. ▪ Culin pearl b., cebada *f* perlada; b. sugar, azúcar *m* cande.

barmaid ['baːmeɪd] *n* camarera *f*.

barman ['baːmən] *n* (*pl* barmen) camarero *m*, barman *m*.

barmy ['baːmɪ] *adj* (*barmier, barmiest*) *fam* chalado,-a, chiflado,-a.

barn [baːn] *n* 1 Agr granero *m*. ▪ b. dance, baile *m* popular. 2 *pej* (*large house*) caserón *m*.

barnacle ['bɑːnəkəl] *n Zool* percebe *m*.

barnstorm ['bɑːnstɔːm] *vi US* hacer campaña electoral por los pueblos.

barnyard ['bɑːnjɑːd] *n* corral *m*.

barometer [bə'rɒmɪtəʳ] *n* barómetro *m*.

barometric [bærə'metrɪk] *adj* barométrico,-a.

baron ['bærən] *n* 1 *(nobleman)* barón *m*. 2 *(powerful businessman)* barón *m*, magnate *m*. ■ **oil b.**, magnate *m* del petróleo; **the press barons,** los barones de la prensa.

baroness ['bærənɪs] *n* baronesa *f*.

baronet ['bærənɪt] *n* baronet *m*.

baronial [bə'rəʊnɪəl] *adj* de barón.

baroque [bə'rɒk] *adj* barroco,-a.

barque [bɑːk] *n Naut* barco *m* de vela; *Lit* barco *m*.

barrack[1] ['bærək] I *n (usu pl) Mil* cuartel *m sing*; **confined to barracks,** bajo arresto en el cuartel. II *vtr Mil* acuartelar.

barrack[2] ['bærək] *vtr* abuchear.

barrack-room ['bærəkruːm] *n Mil* dormitorio *m* de cuartel. ■ **b.-r. language,** lenguaje *m* de cuartel.

barrage ['bærɑːdʒ] *n* 1 *(dam)* presa *f*. 2 *Mil* barrera *f* de fuego. 3 *fig (of questions)* bombardeo *m*, lluvia *f*.

barrel ['bærəl] *n* 1 *(of wine)* tonel *m*, cuba *f*; *(of beer, oil)* barril *m*; *fig* **to scrape the bottom of the b.,** tocar fondo, estar a las últimas; *fam* **to have sb over a b.,** tener contra las cuerdas a algn. ■ **biscuit b.,** caja *f* de galletas. 2 *(firearm)* cañón *m*. 3 *Mus* **b. organ,** organillo *m*.

barren ['bærən] *adj* estéril.

barrenness ['bærənes] *n* esterilidad *f*.

barricade [bærɪ'keɪd] I *n* barricada *f*. II *vtr* levantar *or* montar barricadas; **to b. oneself in,** parapetarse.

barrier ['bærɪəʳ] *n* 1 barrera *f*, valla *f*. ■ **b. method,** método *m* de barrera; **b. reef,** banco *m* de coral, barrera *f* de coral; **sound b.,** barrera *f* del sonido. 2 *fig (hindrance)* barrera *f*, obstáculo *m*; **a b. to progress,** un obstáculo para el progreso.

barrister ['bærɪstəʳ] *n GB* abogado,-a *m,f* capacitado,-a para ejercer ante tribunales superiores.

barrow ['bærəʊ] *n* 1 *(wheelbarrow)* carretilla *f*. 2 *(handcart)* carretilla *f*, carrito *m*. ■ **b. boy,** vendedor *m* ambulante de fruta. 3 *(burial mound)* túmulo *m*.

barstool ['bɑːstuːl] *n* taburete *m* de bar.

Bart [bɑːt] *abbr see* Bt.

bartender ['bɑːtendəʳ] *n US* camarero *m*, barman *m*.

barter ['bɑːtəʳ] I *n* trueque *m*, permuta *f*. II *vtr* trocar *(for,* por).

base [beɪs] I *n (gen)* base *f*; *(foot)* pie *m*; *Archit (of column)* basa *f*. ■ **air/naval/submarine b.,** base *f* aérea/naval/submarina; **b. camp,** campo *m* base, campamento *m* permanente. II *vtr* 1 basar, fundar **(on,** en). 2 *Mil (troops)* estacionar. III *adj* 1 *(low, despicable)* bajo,-a, vil, despreciable; **b. motives,** móviles despreciables. 2 *(metals)* común.

baseball ['beɪsbɔːl] *n Sport* béisbol *m*.

baseboard ['beɪsbɔːd] *n US Archit* zócalo *m*.

Basel ['bɑːzəl] *n* Basilea.

baseless ['beɪslɪs] *adj* infundado,-a, que carece de fundamento.

baseline ['beɪslaɪn] *n Ten* línea *f* de saque.

basement ['beɪsmənt] *n* sótano *m*.

baseness ['beɪsnɪs] *n* bajeza *f*, vileza *f*.

bash [bæʃ] I *n* 1 *(heavy blow)* golpetazo *m*. 2 *(dent)* bollo *m*; **his car has had a b.,** tiene el coche abollado. 3 *fam (attempt)* intento *m*; **to have a b. at sth,** intentar hacer algo. II *vtr (hit)* golpear, aporrear; **she bashed her head against the wall,** se dio con la cabeza contra la pared; *fam* **to b. sb's head in,** romperle la crisma a algn. ◆**bash up** *vtr fam* dar una paliza a.

bashful ['bæʃfʊl] *adj* tímido,-a.

bashfulness ['bæʃfʊlnɪs] *n* timidez *f*.

basic ['beɪsɪk] I *adj* básico,-a, fundamental; **b. pay,** sueldo *m* base; **b. vocabulary,** vocabulario elemental. II **basics** *npl* lo fundamental, lo esencial, la base. ◆**basically** *adv* fundamentalmente, esencialmente.

basil ['bæzəl] *n Bot* albahaca *f*.

basilica [bə'zɪlɪkə] *n* basílica *f*.

basilisk ['bæzɪlɪsk] *n* basilisco *m*.

basin ['beɪsən] *n* 1 *(washbowl)* palangana *f*, jofaina *f*; *(for washing up)* barreño *m*; *(in bathroom)* lavabo *m*; *Culin (dish)* cuenco *m*, taza *f*, fuente *f*. 2 *Geog (of river)* cuenca *f*.

basis ['beɪsɪs] *n (pl* **bases** ['beɪsiːz]) base *f*; **on the b. of,** en base a.

bask [bɑːsk] *vi* tostarse; **to b. in the sun,** tomar el sol, estar tumbado al sol; *fig* **to b. in sb's favour,** gozar del favor de algn.

basket ['bɑːskɪt] *n* cesta *f*, cesto *m*. ■ **b. chair,** sillón *m* de mimbre; **b. maker,** cestero,-a *m,f*; **shopping b.,** cesta *f* de la compra; **wastepaper b.,** papelera *f*.

basketball ['bɑːskɪtbɔːl] *n Sport* baloncesto *m*. ■ **b. player,** baloncestista *mf*.

basketwork ['bɑːskɪtwɜːk] *n* cestería *f*.

Basque [bæsk, bɑːsk] I *adj* vasco,-a. ■ **B. Country,** País Vasco, Vascongadas, Euskadi. II *n* 1 *(person)* vasco,-a *m,f*. 2 *(language)* vasco *m*, vascuence *m*, euskera *m*.

bas-relief ['bæsrɪliːf] *n* bajorrelieve *m*.

bass[1] [bæs] *n inv (fish) (seawater)* lubina *f*, róbalo *m*; *(freshwater)* perca *f*.

bass[2] [beɪs] I *n* 1 *(singer)* bajo *m*. 2 *(notes)* graves *mpl*; **turn up the b. a little,** sube los graves un poco. ■ **b. clef,** clave *f* de fa; **b. drum,** bombo *m*; **b. guitar,** guitarra *f* baja; **double b.,** violón *m*, contrabajo *m*. II *adj* bajo,-a.

basset ['bæsɪt] *n Zool* basset *m*; **b. (hound),** perro *m* basset.

bassoon [bə'suːn] *n Mus* fagot *m*.

bassoonist [bə'suːnɪst] *n* fagotista *mf*.

bastard ['bɑːstəd, 'bæstəd] I *n* 1 bastardo,-a *m,f*. 2 *fam* **the poor b.'s broken his leg,** el pobre desgraciado se ha roto la pierna; **this car's a b. to start,** este coche es la hostia de difícil de arrancar; **you lucky b.!** ¡qué suerte tienes, cabrón! 3 *offens* cabrón *m*, hijo *m* de puta; **he's a real b.!,** ¡es un hijo de puta! II *adj* bastardo,-a.

bastardize ['bɑːstədaɪz, 'bæstədaɪz] *vtr* corromper.

baste[1] [beɪst] *vtr Culin* pringar, untar.

baste[2] [beɪst] *vtr Sew* hilvanar.

bastion ['bæstɪən] *n* baluarte *m*, bastión *m*.

bat[1] [bæt] I *n Baseb Crick* bate *m*; *(table tennis)* pala *f*, paleta *f*; *fig* **to do sth off one's own b.,** hacer algo por cuenta propia. II *vi (pt & pp batted) Baseb Crick* batear.

bat[2] [bæt] *n Zool* murciélago *m*; *fam* **to have bats in the belfry,** estar mal de la azotea.

bat³ [bæt] *vtr (pt & pp batted)* pestañear; *fam* **without batting an eyelid**, sin inmutarse, sin pestañear.

batch [bætʃ] *n (bread)* hornada *f; (goods)* lote *m*, serie *f*, remesa *f; Mil (recruits)* partida *f*, grupo *m*. ■ *Comput* **b. processing**, procesamiento *m* por lotes.

bated ['beɪtɪd] *adj* **with b. breath**, sin respirar.

bath [bɑ:θ] *I n* 1 baño *m;* **to give sb a b.**, bañar a algn; **to have** *or* **take a b.**, bañarse; **to run a b.** llenar un bañera de agua. ■ **b. mat**, alfombra *f* de baño; **b. salts**, sales *fpl* de baño; **b. towel**, toalla *f* de baño; **swimming b.**, piscina *f* municipal. 2 *(tub)* bañera *f.* 3 *Phot Ind* baño *m.* 4 **baths**, piscina *f* municipal; **I go to the b. once a week**, voy a la piscina una vez por semana. *II vtr (baby)* bañar. *III vi* bañarse.

bathe [beɪð] *I vi* 1 *(swim)* bañarse. 2 *US (wash)* bañarse, tomar un baño. *II vtr* 1 *Med (wound)* lavar. 2 *(cover)* empapar; **he was bathed in sweat**, estaba empapado de sudor; *fig* **the room was bathed in sunlight**, el sol bañaba la habitación. *III n (in the sea, river)* baño *m;* **let's go for a b.**, vamos a bañarnos.

bather ['beɪðəʳ] *n* bañista *m.*

bathing ['beɪðɪŋ] *n* baño *m;* **no b!**, ¡prohibido bañarse! ■ **b. cap**, gorro *m* de baño; **b. costume**, traje *m* de baño, bañador *m* de mujer; **b. trunks**, bañador *m* de hombre.

bathos ['beɪθɒs] *n Lit* paso *m* de lo sublime a lo común.

bathrobe ['bɑ:θrəʊb] *n* albornoz *m.*

bathroom ['bɑ:θru:m] *n* cuarto *m* de baño.

bathtub ['bɑ:θtʌb] *n* bañera *f.*

batman ['bætmən] *n (pl batmen) Mil* ordenanza *m.*

baton ['bætən, 'bætɒn] *n* 1 *Mus* batuta *f.* 2 *(truncheon)* porra *f.* ■ **b. charge**, carga *f* con la porra. 3 *Athlet (in relay race)* testigo *m.*

batsman ['bætsmən] *n (pl batsmen) Crick* bateador *m.*

batswoman ['bætswʊmən] *n (pl batswomen* ['bætswɪmɪn]*) Crick* bateadora *f.*

battalion [bə'tæljən] *n Mil* batallón *m.*

batten¹ ['bætən] *I n Naut* listón *m.* *II vtr* listonar. ◆**batten down** *vtr* **to b. down the hatches**, sujetar las escotillas con listones.

batten² ['bætən] *vi* cebarse, enriquecerse **(on**, de, a costa de).

batter¹ ['bætəʳ] *vtr* aporrear, apalear; **to b. down a door**, derribar una puerta a golpes; **to b. sb to death**, matar a algn a palos.

batter² ['bætəʳ] *n Baseb Crick* bateador-a, *m,f.*

batter³ ['bætəʳ] *Culin I n* pasta *f* (para rebozar); **fish in b.**, pescado rebozado. *II vtr* rebozar.

battered ['bætəd] *adj (car)* abollado,-a, desvenciado,-a; *(hat)* estropeado,-a; *(person)* maltratado,-a; **b. baby**, niño maltratado; **b. wives**, mujeres maltratadas *or* apaleadas.

battering ['bætərɪŋ] *n* paliza *f;* **to take a b.**, recibir golpes *or* una paliza. ■ *Mil* **b. ram**, ariete *m.*

battery ['bætərɪ] *n* 1 *Elec (for torch, radio)* pila *f; Aut* batería *f;* **the b. has gone flat**, se ha descargado la batería. ■ **storage b.**, acumulador *m.* 2 *Mil* batería *f.* 3 *Agr (for hens)* batería *f.* ■ **b. hens**, gallinas *fpl* de batería. 4 *Jur* **assault and b.**, lesiones *fpl*, agresión *f.*

battle ['bætəl] *I n* batalla *f*, combate *m; fig* lucha *f* **(for**, por); **that's half the b.**, ya llevamos medio camino andado; **the B. of Hastings**, la batalla de Hastings; **to do b.**, **fight a b.**, librar batalla; **to fight a losing b.**, luchar por una causa perdida. ■ **b. cry**,

Mil grito *m* de guerra; *fig* lema *m;* **b. dress**, uniforme *m* de campaña; **b. royal** *or* **pitched b.**, batalla *f* campal. *II vi* luchar **(for**, por; **against**, contra).

battle-axe ['bætəlæks] *n* 1 *Mil* hacha *f* de guerra. 2 *fam (woman)* arpía *f*, bruja *f.*

battlefield ['bætəlfi:ld] *n* campo *m* de batalla.

battlements ['bætəlmənts] *npl* almenas *fpl.*

battleship ['bætəlʃɪp] *n* acorazado *m.*

batty ['bætɪ] *adj fam (crazy)* loco,-a; *(eccentric)* excéntrico,-a.

bauble ['bɔːbəl] *n* chuchería *f.*

baulk [bɔːlk] *vtr & vi see* **balk**.

Bavaria [bə'veərɪə] *n* Baviera *f.*

Bavarian [bə'veərɪən] *adj & n* bávaro,-a *(m,f).*

bawdy ['bɔːdɪ] *adj* obsceno,-a; **a b. joke**, un chiste verde.

bawl [bɔːl] *vi* gritar, chillar. ◆**bawl out** *vtr* gritar, vociferar; *US fam* **to b. sb out**, echar una bronca a algn.

bay¹ [beɪ] *n Geog* bahía *f; (large)* golfo *m;* **B. of Biscay**, golfo *m* de Vizcaya; **B. of Bengal**, golfo *m* de Bengala.

bay² [beɪ] *n* 1 *Archit (recess)* hueco *m.* ■ **b. window**, ventana *f* salediza. 2 *Arch (building)* crujía *f; (factory)* nave *f.* ■ *Naut* **cargo b.**, bodega *f* de carga; *Com* **loading b.**, cargadero *m; Aut* **parking b.**, lugar *m* de aparcamiento.

bay³ [beɪ] *n Bot* laurel *m.* ■ *Culin* **b. leaf**, hoja *f* de laurel.

bay⁴ [beɪ] *n Zool* caballo *m* bayo.

bay⁵ [beɪ] *I vi (dog)* ladrar, aullar. *II n* ladrido *m; fig* **at b.**, acorralado,-a; *fig* **to keep sb at b.**, mantener a algn a raya.

bayonet ['beɪənɪt] *n Mil* bayoneta *f.*

bazaar [bə'zɑːʳ] *n* 1 *(market)* bazar *m* oriental. 2 *(charity sale)* **(Church) b.**, venta *f* benéfica, rastrillo *m* benéfico.

bazooka [bə'zuːkə] *n Mil* bazuca *f.*

BBC [bi:bi:'si:] *abbr of* **British Broadcasting Corporation**, Compañía *f* británica de radiofusión, BBC *f.*

BC [bi:'si:] 1 *abbr of* **before Christ**, antes de Christo, a.d.C; antes de Jesucristo, a.d.J.C. 2 *abbr of* **British Council**, consejo *m* británico (para la promoción de la cultura británica en el extranjero).

be [bi:, *unstressed* bɪ] *I vi (pres 1st person sing* **am**; *3rd person sing* **is**; *2nd person sing & all persons pl* **are**; *pt 1st & 3rd persons sing* **was**; *2nd person sing & all persons pl* **were**; *pp* **been**) 1 *(permanent characteristic, essential quality)* ser; **he is very tall**, es muy alto; **Madrid is the capital**, Madrid es la capital; **sugar is sweet**, el azúcar es dulce; **they are intelligent**, son inteligentes; *Math* **three and two are five**, tres y dos son cinco; **to be or not to be**, ser o no ser. 2 *(nationality, religion, occupation)* ser; **he's Italian**, es italiano; **she's a Catholic**, es católica; **they are both doctors**, ambos son médicos. 3 *(origin, ownership, authorship)* ser; *(price) (established)* costar, valer; *(variable)* estar a, valer; *(total)* ser; **a return ticket is £24**, un billete de ida y vuelta cuesta £24; **how much is a kilo of cod?**, ¿a cuánto está el kilo de bacalao?, ¿cuánto vale el kilo de bacalao?; **how much is a single room?**, ¿cuánto cuesta una habitación individual?; **how much is it?**, ¿cuánto es?; **it's £5 for adults and £2 for children, so that's £14**, son £5 para (los) adultos y £2 para (los) niños, así que son £14; **peaches are 25 pence each**, los melocotones están a *or* valen 25 peniques la unidad; **I**

am from Boston, soy de Boston; **the car is Domingo's,** el coche es de Domingo; **this painting is by Goya,** este cuadro es de Goya. **4** *(temporary state)* estar; **how are you?** —**I'm very well, thank you,** ¿cómo estás? —estoy muy bien, gracias; **she's tired,** está cansada; **this soup is cold,** esta sopa está fría; **to be cold/afraid/hungry,** tener frío/miedo/hambre; **to be in danger,** estar en peligro; **to be in a fix,** estar en un apuro; **to be very lucky,** tener mucha suerte. **5** *(location)* estar; **Aberdeen is in Scotland,** Aberdeen está en Escocia; **the ashtray is on the table,** el cenicero está encima de la mesa. **6** *(age)* tener; **how old are you?,** ¿cuántos años tienes?; **she is thirty (years old),** tiene treinta años. **II** *v aux* **1** *(with pres p)* estar; **he is writing a letter,** está escribiendo una carta; **she was singing,** cantaba; **they are always laughing at us,** siempre se ríen de nosotros; **they are leaving tomorrow,** se van mañana; **we have been waiting for a long time,** hace mucho que esperamos. **2** *(passive)* ser; **he was murdered,** fue asesinado; **it was invented by an Australian,** lo inventó un australiano; **she is allowed to smoke,** se le permite fumar; **what's to be done?,** ¿qué se puede hacer? **3** *(expectation, intention, obligation)* **I am to see him this afternoon,** debo verle esta tarde; **you are not to smoke here,** no se puede fumar aqui. **III** *v impers* **1** *(with there)* haber; **there is, there are,** hay; **there was, there were,** había; **there will be,** habrá; **there would be,** habría; **there have been a lot of complaints,** ha habido muchas quejas; **there is lots to see,** hay mucho que ver; **there weren't any potatoes,** no había patatas; **there were ten of us,** éramos diez. **2** *(with it)* **it is essential that we go,** es imprescindible que vayamos; **it's late,** es tarde, se hace tarde; **it is said/thought that,** se dice/piensa que; **it was easy to learn,** era fácil de aprender; **who is it?** —**it's me,** ¿quién es? —soy yo; **what is it?,** ¿qué hay?, ¿qué pasa?** **3** *(weather)* **it's foggy/misty,** hay niebla/neblina; **it's cold/cool/hot,** hace frío/fresco/calor; **it's sunny/windy,** hace sol/viento. **4** *(time)* ser; **it's one o'clock/half past one,** es la una/una y media; **it's four o'clock/twenty to four,** son las cuatro/cuatro menos veinte. **5** *(date)* **it's the 11th/Tuesday today,** hoy es el día 11/martes, hoy estamos a día 11/a martes. **6** *(tag questions)* ¿verdad?, ¿no?; **it's lovely, isn't it?,** ¿es mono, no?, ¿verdad que es mono?; **you're happy, aren't you?,** ¿estás contento, verdad? **7** *(unreal conditions)* **if I was/were you ...,** yo en tu lugar ...; **if you were a millionaire ...,** si fueras millonario ... . **8** *pres & past perfect* *(visit, go)* estar, ir; **I've been to Paris,** he estado en París.

beach [bi:tʃ] **I** *n* playa *f*; **on the b.,** en la playa. **II** *vtr* varar.

beachcomber ['bi:tʃkəʊmə^r] *n* **1** *(person)* raquero,-a *m,f*. **2** *(wave)* ola *f*.

beachhead ['bi:tʃhed] *n Mil* cabeza *f* de playa.

beachwear ['bi:tʃweə^r] *n* ropa *f* de playa.

beacon ['bi:kən] *n* **1** *(fire)* almenara *f*. **2** *Av Naut* baliza *f*. **3** *(lighthouse)* faro *m*.

bead [bi:d] *n* **1** *(of rosary, necklace, etc)* cuenta *f*; **glass b.,** abalorio *m*; **string of beads,** collar *m*. **2** *(drop of liquid)* gota *f*; **beads of sweat,** gotas de sudor. **3 beads,** *(rosary)* rosario *m sing*; **to say** *or* **tell one's b.,** rezar el rosario.

beading ['bi:dɪŋ] *n Archit* astrágalo *m*.

beady ['bi:dɪ] *adj (beadier, beadiest)* *(eyes)* pequeños y brillantes.

beagle ['bi:gəl] *n Zool* beagle *m*.

beak [bi:k] *n* **1** *(of bird)* pico *m*. **2** *fam (nose)* nariz *f* ganchuda.

beaker ['bi:kə^r] *n* **1** *(cup, tumbler)* taza *f* alta, jarra *f*. **2** *Chem* vaso *m* de precipitación.

be-all ['bi:ɔ:l] *n fam* **the be-a. and end-all,** lo único importante, la razón de vivir.

beam [bi:m] **I** *n* **1** *Archit* viga *f*. **2** *(of light)* rayo *m*; *Phys* haz *m*; *Rad (signal)* onda *f* dirigida; *fam* **to be off b.,** estar equivocado. **3** *Gymn* barra *f* fija, barra *f* de equilibrio. **4** *(smile)* sonrisa *f* radiante. **5** *Naut (width of ship)* manga *f*; *fam* **broad in the b.,** ancho de caderas. **II** *vi* **1** *(sun)* brillar. **2** *(smile)* sonreír. **III** *vtr* **1** *(broadcast)* difundir, emitir. **2** *(transmit)* transmitir.

beaming ['bi:mɪŋ] *adj (smiling)* radiante.

bean [bi:n] *n* **1** *Bot* alubia *f*, judía *f*, fríjol *m*; *fam* **not to have a b.,** no tener un duro; *fam* **to be full of beans,** rebosar vitalidad; *fam* **to spill the beans,** descubrir el pastel. ■ *Culin* **baked beans,** alubias *fpl* cocidas en salsa de tomate; **broad b.,** haba *f*; **butter b.,** judía *f*; **coffee b.,** grano *m* de café; **French** *or* **green b.,** judía *f* verde; **haricot b.,** alubia *f*; **kidney b.,** fríjol *m*; **runner** *or* **string b.,** judía *f* verde. **2** *GB fam (chap)* hombre *m*; **thank you, old b.!,** ¡gracias, hombre!

beanfeast ['bi:nfi:st] *n fam* comilona *f*.

beanpole ['bi:npəʊl] *n* **1** *(stick)* palo *m*, estaca *f*. **2** *fam (person)* larguirucho,-a *m,f*.

beansprout ['bi:nspraʊt] *n* brote *m* de soja.

bear¹ [beə^r] **I** *vtr (pt bore; pp borne)* **1** *(carry) (inscription, signature)* llevar. **2** *(support) (weight)* soportar, aguantar, sostener. **3** *(endure)* soportar, aguantar; **I can't b. him,** no lo soporto; **I couldn't b. it any longer,** ya no aguantaba más. **4** *(produce) (fruit)* dar; *Fin (interest)* devengar. **5** *(show) (scar etc)* llevar; **to b. a resemblance to,** parecerse a. **6** *(hold)* **to b. a grudge against sb,** guardar rencor a algn; **to b. in mind,** tener presente, tener en cuenta. **7** *(render, supply)* **to b. witness,** atestiguar, dar testimonio. **8** *(pp born passive only, not followed by by) (give birth to) (child)* dar a luz; **he was born in Wakefield,** nació en Wakefield. **II** *vi* **1** *(turn) (car, road)* girar, torcer; **to b. left,** girar a la izquierda; *(ship)* **to b. north,** dirigirse hacia el norte. ◆**bear down** *vi (press)* apoyarse (**on,** sobre); *Naut (approach)* correr (**on,** sobre). ◆**bear out** *vtr (confirm)* confirmar. ◆**bear up** *vi (endure)* resistir; **b. up!,** ¡ánimo! ◆**bear with** *vtr* tener paciencia con; **b. with me,** ten paciencia conmigo.

bear² [beə^r] *n* **1** *Zool* oso *m*. ■ **b. cub,** osezno *m*; *Astr* **Great B.,** Osa *f* Mayor; **Little B.,** Osa *f* Menor; **polar b.,** oso *m* polar; **teddy b.,** osito *m* de peluche. **2** *Fin* bajista *mf*.

bearable ['beərəbəl] *adj* soportable.

beard [bɪəd] *n* barba *f*; **to have a b.,** llevar barba.

bearded ['bɪədɪd] *adj* barbudo,-a.

beardless ['bɪədlɪs] *adj (youth)* imberbe; *(man)* barbilampiño.

bearer ['beərə^r] *n* **1** *(porter)* portador,-a *m,f*; **b. of sad news,** portador,-a de malas noticias. **2** *(of cheque)* portador,-a *m,f*; *(of passport)* titular *mf*; *(of office)* poseedor,-a *m,f*.

bearing ['beərɪŋ] *n* **1** *(posture)* porte *m*; **of noble b.,** de noble porte. **2** *(relevance)* relación *f*, conexión *f*; **to have a b. on,** estar relacionado,-a con. **3** *Tech* cojinete *m*, soporte *m*. **4** *Naut* **bearings,** posición *f*, orientación *f*; **to get one's b.,** orientarse; **to lose one's b.,** desorientarse.

bearish ['beərɪʃ] *adj Fin* de tendencia bajista.

beast [biːst] *n* 1 *(animal)* bestia *f*; **wild b.**, fiera *f*. ■ **b. of burden**, bestia *f* de carga; **b. of prey**, depredador *m*. 2 *fig* bestia *f*, bruto *m*. 3 **beasts**, *(cattle)* reses *fpl*, ganado *m sing*.

beastly ['biːstlɪ] *adj (beastlier, beastliest) fam* asqueroso,-a, abominable; **what b.** weather!, ¡qué tiempo más feo!

beat [biːt] I *vtr (pt beat; pp beaten* ['biːtən]*)* 1 *(hit) (person)* pegar, azotar, golpear; *(clothes)* sacudir; *(metal)* martillear; **it's off the beaten track**, está en un lugar muy apartado; **to b. a drum**, tocar un tambor; *fam* **to b. one's brains (out)**, estrujarse el cerebro; *sl* **b. it!**, ¡lárgate!; *sl* **to b. sb's brains out**, matar a algn a palizas. 2 *Culin* batir; **add the eggs and b. well**, añada los huevos y bata bien. 3 *(defeat)* batir, vencer; **we b. them 5-2**, les ganamos 5 a 2; *fig* **that beats everything!**, ¡eso ya es el colmo!; *fam* **to b. sb hollow, b. the pants off sb**, aplastar a algn. 4 *(hunting) (game)* batir. 5 *Mil* **to b. a retreat**, batirse en retirada. 6 *Mus (indicate) (time)* marcar, llevar. 7 *(anticipate)* llegar antes que; **he left early to b. the heavy traffic**, se marchó temprano para evitar los embotellamientos de tráfico; *fam* **I b. you to it**, te gané. 8 *sl (puzzle)* extrañar; **it beats me how she stands him**, es que no entiendo como lo aguanta; **it beats me that they refused to come**, me extraña cantidad que se negaran a venir. II *vi* 1 *(heart)* latir. 2 *(strike, pound)* dar golpes; **someone's beating at the door**, alguien da golpes en la puerta; *fig* **to b. about the bush**, andarse por las ramas. III *n* 1 *(of heart)* latido *m*. 2 *Mus* ritmo *m*, compás *m*. 3 *(of policeman)* ronda *f*; **to walk one's b.**, hacer la ronda. IV *adj fam (exhausted)* agotado,-a, rendido,-a; **I'm dead b.**, estoy rendido,-a. ◆**beat back** *vtr* rechazar; **to b. back the tears**, reprimir las lágrimas. ◆**beat down** I *vi (rain)* azotar; *(sun)* caer a plomo. II *vtr (price)* regatear. ◆**beat off** *vtr (attack)* rechazar. ◆**beat up** *vtr fam* dar una paliza a.

beater ['biːtə'] *n* 1 *Culin* batidora *f*. 2 *(hunting)* batidor *m*, ojeador *m*.

beatification [bɪætɪfɪ'keɪʃən] *n Rel* beatificación *f*.

beatify [bɪ'ætɪfaɪ] *vtr (pt & pp beatified) Rel* beatificar.

beating ['biːtɪŋ] *n* 1 *(thrashing)* paliza *f*. 2 *(defeat)* derrota *f*; **to take a b.**, sufrir una derrota; *fam* **that idea takes some b.**, esa idea es inmejorable. 3 *(of drum)* toque *m*. 4 *(of heart)* latido *m*. 5 *(of wings)* aleteo *m*.

beatitude [bɪ'ætɪtjuːd] *n Rel* beatitud *f*; **the Beatitudes**, las Bienaventuranzas.

beatnik ['biːtnɪk] *n* hippy *mf*, pasota *mf*.

beautician [bjuː'tɪʃən] *n* esteticista *mf*, esteticienne *f*.

beautiful ['bjuːtɪfʊl] *adj (lovely)* hermoso,-a, bello,-a, precioso,-a; *(delicious) (meal, dish)* delicioso,-a; **what a b. woman!**, ¡qué mujer más bonita! ■ **b. people**, gente *f* guapa. ◆**beautifully** *adv* hermosamente; *fam (very)* **she did b. well in her exams**, le fueron estupendamente los exámenes.

beautify ['bjuːtɪfaɪ] *vtr (pt & pp beautified)* embellecer, adornar.

beauty ['bjuːtɪ] *n* belleza *f*, hermosura *f*. ■ **b. contest**, concurso *m* de belleza; **b. parlour** *or* **salon**, salón *m* de belleza; **b. spot**, *(on face)* lunar *m*; *(place)* lugar *m* pintoresco.

beaver ['biːvə'] I *n Zool* castor *m*; *fig* **to work like a b.**, trabajar como un negro. ■ *fam* **eager b.**, lanzado,-a *m,f*. II *vi* **to b. away at sth**, meterse de lleno en algo.

became [bɪ'keɪm] *pt see* **become**.

because [bɪ'kɒz] I *conj* porque; **I'm hot b. I've been playing tennis**, tengo calor porque he estado jugando al tenis. II *prep* **b. of**, a causa de, debido a; **he lost his job b. of his wife**, perdió el empleo por culpa de su mujer.

beckon ['bekən] *vtr & vi* llamar (con la mano); **to b. to sb**, hacer señas a algn.

become [bɪ'kʌm] I *vtr (pt became; pp become)* 1 *(come to be)* (doctor, priest, etc) hacerse; *(mayor, officer)* llegar a ser; *(angry, sad)* volverse, ponerse; **the palace became a hotel**, el palacio se convirtió en hotel; **to b. accustomed to**, acostumbrarse a. 2 *(fall to)* acontecer; **what has b. of them?**, ¿qué ha sido de ellos? II *vtr* 1 *(suit)* sentar bien a, favorecer; **that hat really becomes you**, ese sombrero te sienta muy bien. 2 *(be appropriate)* ser propio de; **it doesn't b. you to say that**, no te conviene decir eso.

becoming [bɪ'kʌmɪŋ] *adj* 1 *(dress)* favorecedor,-a, que sienta bien. 2 *(behaviour)* conveniente, apropiado,-a.

bed [bed] I *n* 1 cama *f*; **double b.**, cama de matrimonio; **single b.**, cama individual; **to get into b.**, meterse en la cama; **to get out of b.**, levantarse de la cama; **to go to b.**, acostarse; **to make the b.**, hacer la cama; **to put to b.**, acostar; *Press (magazine etc)* cerrar; **to take to one's b.**, guardar cama; *fam* **to get out of b. on the wrong side**, levantarse con el pie izquierdo. ■ *GB* **b. and breakfast**, *(service)* cama *f* y desayuno *m*; *(sign)* 'pensión'; **b. linen**, ropa *f* de cama; **bunk b.**, litera *f*; **spare b.**, cama *f* adicional *or* supletoria. 2 *(of river)* lecho *m*, cauce *m*; *(of sea)* fondo *m*. 3 *Geol* capa *f*, yacimiento *m*. 4 *(flower)* **b.**, macizo *m*, cuadro *m*, arriate *m*; *fam* **a b. of roses**, un lecho de rosas. II *vtr (pt & pp bedded) sl* acostarse con. ◆**bed down** *vi* acostarse.

bedbug ['bedbʌg] *n (insect)* chinche *mf*.

bedclothes ['bedkləʊðz] *npl*, **bedding** ['bedɪŋ] *n* ropa *f* de cama.

bedfellow ['bedfeləʊ] *n* compañero,-a *m,f* de cama.

bedlam ['bedləm] *n (uproar)* algarabía *f*, alboroto *m*, jaleo *m*.

Bedouin ['bedʊɪn] *adj & n* beduino,-a *(m,f)*.

bedpan ['bedpæn] *n* orinal *m* (de cama).

bedraggled [bɪ'drægəld] *adj (wet)* mojado,-a; *(dirty)* ensuciado,-a.

bedridden ['bedrɪdən] *adj* postrado,-a en cama.

bedrock ['bedrɒk] *n* 1 *Geol* roca *f* de fondo. 2 *fig* fondo *m*; **to get down to b.**, ir al grano.

bedroom ['bedruːm] *n* dormitorio *m*, habitación *f*, cuarto *m* de dormir, alcoba *f*, *Am* recámara *f*; **master b.**, dormitorio principal.

bedside ['bedsaɪd] *n* cabecera *f*; **at sb's b.**, junto a la cama. ■ *Med* **b. manner**, comportamiento *m* para con los enfermos; **b. table**, mesilla *f* de noche.

bedsit ['bedsɪt] *n fam*, **bedsitter** [bed'sɪtə'] *n* cuarto *m* con cama y cocina, estudio *m*.

bedspread ['bedspred] *n* cubrecama *f*, colcha *f*.

bedtime ['bedtaɪm] *n* hora *f* de acostarse.

bed-wetting ['bedwetɪŋ] *n Med* enuresis *f*.

bee [biː] *n* abeja *f*; *fam* **the b.'s knees**, lo ideal; *fam* **to have a b. in one's bonnet**, tener una idea fija *or* una obsesión. ■ **queen b.**, abeja *f* reina *or* maestra; **worker b.**, abeja *f* neutra *or* obrera.

Beeb [biːb] *n fam* **the B.**, la BBC.

beech [biːtʃ] *n Bot* haya *f*. ■ **copper b.**, haya *f* cobriza.

beechnut ['biːtʃnʌt] *n* hayuco *m*.

bee-eater ['biːiːtəʳ] *n Orn* abejaruco *m* común.

beef [biːf] I *n Culin* carne *f* de vaca, *Am* carne *f* de res. ■ b. **tea**, caldo *m* de carne de vaca; *Agr* **b. cattle**, ganado *m* vacuno; **roast** b., rosbif *m*. II *vi fam* quejarse (**about**, de). ◆beef up *vtr fam* reforzar.

beefburger ['biːfbɜːgəʳ] *n* hamburguesa *f*.

beefeater ['biːfiːtəʳ] *n* alabardero *m* de la Torre de Londres.

beefsteak ['biːfsteɪk] *n Culin* bistec *m*, *Arg* bife *m*.

beefy ['biːfɪ] *adj (beefier, beefiest) fam (muscular)* robusto,-a, corpulento,-a.

beehive ['biːhaɪv] *n* colmena *f*.

beekeeper ['biːkiːpəʳ] *n* apicultor,-a *m,f*.

beeline ['biːlaɪn] *n fam* atajo *m*; **to make a b. for sth**, ir directo hacia algo.

been [biːn, bɪn] *pp see* be.

beep [biːp] *n (noise) (of apparatus)* pitido *m*; *(of horn)* pito *m*.

beer [bɪəʳ] *n* cerveza *f*; **a glass of b.**, una caña; **draught b.**, cerveza de barril.

beery ['bɪərɪ] *adj (beerier, beeriest)* que huele *or* sabe a cerveza.

beeswax ['biːzwæks] *n* cera *f* de abejas.

beet [biːt] *n* remolacha *f*. ■ *US* **red b.**, remolacha *f*; **sugar b.**, remolacha *f* azucarera.

beetle ['biːtəl] *n Zool* escarabajo *m*. ◆beetle off *vi fam* escabullirse.

beetroot ['biːtruːt] *n* remolacha *f*.

befall [bɪˈfɔːl] I *vtr (pt befell* [bɪˈfel]*; pp befallen* [bɪˈfɔːlən]*)* acontecer a. II *vi* acontecer, ocurrir.

befit [bɪˈfɪt] *vtr (pt & pp befitted)* convenir a, corresponder a.

befitting [bɪˈfɪtɪŋ] *adj* conveniente, propio,-a.

before [bɪˈfɔːʳ] I *conj* 1 *(earlier than)* antes de que (*+ subj*), antes de (*+ infin*); **b. leaving**, antes de salir; **I'll see her b. she goes**, la veré antes de que se vaya. 2 *(rather than)* antes que (*+ infin*); **he'd die b. he asked for money**, antes moriría que pedir dinero. II *prep* 1 *(place)* delante de; *(in the presence of)* ante; **b. God**, ante Dios; **to appear b. court**, comparecer ante el juez. 2 *(order, time)* antes de; **b. Christ**, antes de Jesucristo; **b. long**, dentro de poco; **b. 1950**, antes de 1950; **b. tax**, antes de deducir los impuestos; **I saw it b.**, yo lo vi antes que tú; **ladies b. gentlemen**, las señoras primero; **that was b. my time**, eso fue antes de que yo naciera. 3 *(preference)* **death b. defeat**, antes morir que entregarse. III *adv* 1 *(time)* antes; **I have met him b.**, ya lo conozco; **not long b.**, poco antes; **the night b.**, la noche anterior. 2 *(place)* delante, por delante.

beforehand [bɪˈfɔːhænd] *adv* 1 *(earlier)* antes; **tell me b.**, déjame saberlo antes; **they left 10 minutes b.**, se fueron diez minutos antes. 2 *(in advance)* de antemano, con anticipación; **to pay b.**, pagar por adelantado.

befriend [bɪˈfrend] *vtr* trabar amistad con; **he befriended her**, le ofreció su amistad.

befuddled [bɪˈfʌdəld] *adj* 1 *(confused)* perplejo,-a. 2 *(by alcohol)* atontado,-a.

beg [beg] I *vtr (pt & pp begged)* 1 *(ask for) (money etc)* pedir. 2 *(beseech)* rogar, suplicar; **he begged her to help him**, le rogó que le ayudara; **I b. to differ**, no estoy de acuerdo, no siento conforme; **I b. to inform you that**, tengo el honor de informarles que; **I b. you!**, ¡se lo suplico!; **I b. your pardon!**, ¡per-

done usted!, ¡perdón!; **I b. your pardon?**, ¿cómo ha dicho usted?; **to b. the question**, hacer una petición de principio. II *vi* 1 *(solicit)* mendigar; **to b. for money**, pedir limosna; *(dog)* pedir; *fam* **it's going begging**, no lo quiere nadie. 2 *(beseech)* **to b. for help/mercy**, implorar ayuda/compasión.

began [bɪˈgæn] *pt see* begin.

beget [bɪˈget] *vtr (pt begot; pp begotten) (children)* engendrar.

beggar ['begəʳ] I *n* 1 *(mendicant)* mendigo,-a *m,f*, pordiosero,-a *m,f*; *prov* **beggars can't be choosers**, los pobres no escogen. 2 *fam euph (chap)* tío *m*, tipo *m*; **he's a lucky b.!**, ¡qué suerte tiene el tío!; **poor b.!**, ¡pobre diablo!; **what a silly b.!**, ¡qué tío más tonto! II *vtr* 1 *(impoverish)* arruinar, empobrecer. 2 *(defy)* sobrepasar; **it beggars description**, es imposible describirlo.

beggarly ['begəlɪ] *adj* miserable; mezquino,-a; **a b. wage**, un sueldo irrisorio.

begin [bɪˈgɪn] *vtr & vi (pt began; pp begun)* empezar, comenzar; **classes b. at nine**, las clases empiezan a las nueve; **he began a letter to his mother**, empezó una carta a su madre; **I cannot b. to thank you**, no encuentro palabras para agradecerle; **she can't b. to level up to the rest**, no puede ni mucho menos compararse con los demás; **they began a campaign against him**, iniciaron una campaña en contra suya; **to b. again**, volver a empezar; **to b. a new life**, comenzar una nueva vida; **to b. at the beginning**, empezar por el principio; **to b. doing or to do sth**, empezar a hacer algo; **to b. on sth**, emprender algo; *(initially)* **to b. with ...**, para empezar ..., en primer lugar ...; **to b. with sth**, empezar con algo.

beginner [bɪˈgɪnəʳ] *n* principiante *mf*; **English for beginners**, inglés para principiantes.

beginning [bɪˈgɪnɪŋ] *n* 1 *(start)* principio *m*, comienzo *m*; **at the b. of May**, a principios de mayo; **at the b. of the month**, a principios de mes; **from b. to end**, desde el principio hasta el final; **from the b.**, desde el principio; **in the b.**, al principio; **the b. of the civil war**, el comienzo de la guerra civil; **the b. of the end**, el principio del fin; **to make a b.**, empezar. 2 *(origin, cause)* origen *m*, causa *f*; **the b. of the incident**, el origen del incidente; **the beginnings of the cold war**, los orígenes de la guerra fría.

begone [bɪˈgɒn] *interj arch* ¡fuera de aquí!, ¡vade retro!

begonia [bɪˈgəʊnjə] *n Bot* begonia *f*.

begot [bɪˈgɒt] *pt see* beget.

begotten [bɪˈgɒtən] *pp see* beget.

begrudge [bɪˈgrʌdʒ] *vtr* 1 *(give unwillingly)* dar de mala gana; regatear, escatimar; **she begrudges spending money on clothes**, le duele gastar dinero en ropa. 2 *(envy)* envidiar; **to b. sb sth**, envidiarle algo a algn.

beguile [bɪˈgaɪl] *vtr* 1 *(deceive)* engañar; **he beguiled me out of my money**, me timó. 2 *(charm, seduce)* seducir.

beguiling [bɪˈgaɪlɪŋ] *adj* 1 *(deceiving)* engañoso,-a, tramposo,-a. 2 *(seducing)* seductor,-a.

begun [bɪˈgʌn] *pp see* begin.

behalf [bɪˈhɑːf] *n* nombre *m*; **on b. of**, *US* **in b. of**, en nombre de; **a collection on b. of orphans**, una colecta en favor de los huérfanos; **don't worry on my b.**, no te preocupes por mí; **I thanked them on her b.**, les di las gracias de su parte; **on b. of everyone**, en nombre de todos; **to plead on sb's b.**, abogar por algn.

behave [bɪ'heɪv] *vi* **1** *(person)* portarse, comportarse; **b. yourself!**, ¡pórtate bien!; **she behaved herself all afternoon**, se portó bien toda la tarde; **to b. well/badly**, portarse bien/mal. **2** *(machine)* funcionar.

behaviour, US **behavior** [bɪ'heɪvjəʳ] *n* **1** *(of person)* comportamiento *m*, conducta *f*; **to be on one's best b.**, portarse lo mejor posible. **2** *(of machine)* funcionamiento *m*.

behavioural, US **behavioral** [bɪ'heɪvjərəl] *adj* conductista, behaviorístico,-a. ■ **b. science**, ciencia *f* de la conducta.

behaviourism, US **behaviorism** [bɪ'heɪvjərɪzəm] *n* conductismo *m*, behaviorismo *m*.

behaviourist, US **behaviorist** [bɪ'heɪvjərɪst] *adj* conductista, behaviorístico,-a.

behead [bɪ'hed] *vtr* decapitar, descabezar.

beheld [bɪ'held] *pt & pp see* behold.

behest [bɪ'hest] *n* instancia *f*; **at the b. of**, a petición de, a instancia de.

behind [bɪ'haɪnd] I *prep* **1** *(at the back of)* detrás de; **b. sb's back**, a espaldas de algn; **b. the house**, detrás de la casa; **b. the scenes**, entre bastidores; **she left a bitter memory b. her**, dejó tras ella un recuerdo amargo; **to be b. sb**, apoyar a algn; **we're solidly b. you**, te apoyamos de todo corazón; **what is b. all this?**, ¿qué hay detrás de todo esto?; **what is there b. that smile?**, ¿qué hay tras esa sonrisa?; **what motive was there b. the crime?**, ¿qué motivo había para el crimen?; *fig* **to put sth b. one**, olvidarse de algo, dejar algo atrás. **2** *(less advanced than)* **b. the times**, anticuado,-a; **Paul is b. the rest of the class in maths**, Paul está por debajo del resto de la clase en matemáticas; **that country is b. Japan in the data-processing field**, ese país es inferior al Japón en el campo de la informática; **to be b. schedule**, *(work)* ir atrasado,-a; *(plane, train)* llevar retraso. II *adv* **1** *(in the rear)* detrás, atrás; **I've left my umbrella b.**, se me ha olvidado el paraguas; **to approach sb from b.**, acercarse a algn por detrás; **to attack sb from b.**, atacar a algn por la espalda; **to fall** *or* **lag b.**, quedarse atrás; **to leave sb behind**, dejar atrás a algn; **to stay b.**, quedarse. **2** *(late)* **to be b. with one's payments**, estar atrasado,-a en los pagos; **to be b. with one's work**, tener trabajo atrasado. III *n fam* trasero *m*, culo *m*.

behindhand [bɪ'haɪndhænd] I *adj* retrasado,-a, atrasado,-a. II *adv* en retraso.

behind-the-scenes [bɪ'haɪndðəsiːnz] *adj* de entre bastidores; **b.-t.-s. talks**, negociaciones de entre bastidores.

behold [bɪ'həʊld] *vtr (pt & pp* beheld*) arch (see)* percibir; *(observe)* contemplar; **b.!**, ¡mirad!, ¡he aquí!

beholden [bɪ'həʊldən] *adj* agradecido,-a **(to**, a**)**; **he is b. to nobody for anything**, no le debe nada a nadie.

beholder [bɪ'həʊldəʳ] *n prov* **beauty is in the eye of the b.**, el amor depende del color del cristal con que se mire.

beige [beɪʒ] *adj & n* beige *(m)*.

being ['biːɪŋ] *n* **1** *(living thing)* ser *m*. ■ **human b.**, ser *m* humano. **2** *(existence)* existencia *f*; **to come into b.**, nacer.

bel [bel] *n Phys* bel *m*, belio *m*.

belated [bɪ'leɪtɪd] *adj* tardío,-a.

belay [bɪ'leɪ] *vtr* **1** *Naut (line)* amarrar. **2** *(mountaineering) (climber)* asegurar.

belch [beltʃ] I *vi (person)* eructar. II *vtr (chimney etc) (smoke, flames)* vomitar, arrojar. III *n* eructo *m*, regüeldo *m*.

beleaguered [bɪ'liːgəd] *adj (city)* sitiado,-a, asediado,-a; *(person)* acosado,-a, asediado,-a.

belfry ['belfrɪ] *n* campanario *m*.

Belgian ['beldʒən] *adj & n* belga *(mf)*.

Belgium ['beldʒəm] *n* Bélgica *f*.

Belgrade [bel'greɪd] *n* Belgrado.

belie [bɪ'laɪ] *vtr* **1** *(contradict)* desmentir, contradecir. **2** *(disappoint)* falsear. **3** *(disappoint)* defraudar.

belief [bɪ'liːf] *n* **1** *(gen)* creencia *f*; **beyond b.**, increíble; **religious/political beliefs**, creencias religiosas/políticas. **2** *(opinion)* opinión *f*; **it's my b. that ...**, estoy convencido de que ...; **to the best of my b.**, que yo sepa, a mi entender. **3** *Rel (faith)* fe *f*. **4** *(confidence)* confianza *f* **(in**, en**)**.

believable [bɪ'liːvəbəl] *adj* creíble, verosímil.

believe [bɪ'liːv] I *vi* **1** *(have faith in)* creer; **I b. in God**, creo en Dios. **2** *(be in favour of)* ser partidario,-a de; **she believes in having a good breakfast**, es de las que cree que un buen desayuno es importante. **3** *(think, suppose)* creer; **I b. so**, creo que sí. II *vtr* creer; **b. me!**, ¡créeme!; **don't you b. it!**, ¡no te lo creas!; **I can't b. it of her**, me parece imposible que ella hiciera tal cosa; **she is believed to be in Brazil**, se supone que está en Brasil.

believer [bɪ'liːvəʳ] *n* **1** *Rel* creyente *mf*; **I'm no b. in miracles**, yo no creo en los milagros. **2** partidario,-a *m,f* **(in**, de**)**, entusiasta *mf* **(in**, de**)**; **he's a great b. in telling the truth**, es partidario de decir la verdad.

belittle [bɪ'lɪtəl] *vtr* despreciar; **to b. oneself**, rebajarse, quitarse importancia.

Belize [be'liːz] *n* Belice.

Belizean [be'liːzɪən] *adj & n* belicense *(mf)*, beliceño,-a *(m,f)*.

bell [bel] *n (of church, school)* campana *f*; *(handbell)* campanilla *f*; *(decorative)* cascabel *m*; *(on animal)* cencerro *m*; *(of door, bicycle, device)* timbre *m*; **to ring the b.**, tocar el timbre; *fig* **that rings a b.**, eso me suena. ■ **b. jar** *or* **glass**, campana *f*, fanal *m*; **b. tower**, campanario *m*.

belladonna [belə'dɒnə] *n Bot* belladona *f*.

bell-bottoms ['belbɒtəmz] *npl* pantalones *mpl* acampanados.

bellboy ['belbɔɪ] *n* botones *m inv*.

belle [bel] *n (beautiful woman)* belleza *f*.

belles-lettres [bel'letrə] *npl* bellas *or* buenas letras *fpl*.

bellhop ['belhɒp] *n US* botones *m inv*.

bellicose ['belɪkəʊs] *adj* belicoso,-a, pendenciero,-a.

belligerence [bɪ'lɪdʒərəns] *n* agresividad *f*.

belligerent [bɪ'lɪdʒərənt] *adj* agresivo,-a.

bellow ['beləʊ] I *vi (bull)* bramar; *(person)* bramar, rugir. II *n* *(bull)* bramido *m*; *(person)* bramido *m*, rugido *m*.

bellows ['beləʊz] *npl* **(pair of) b.**, fuelle *m sing*.

bell-ringer ['belrɪŋəʳ] *n* campanero,-a *m,f*.

belly ['belɪ] *n* **1** *(of person)* vientre *m*, barriga *f*; *fam* tripa *f*. ■ **b. dance**, danza *f* del vientre; *Swimming* **b. flop**, panzada *f*; *fam* **b. laugh**, carcajada *f*. **2** *(of animal, plane)* panza *f*. ■ *Av* **b. landing**, aterrizaje *m* sobre la panza.

bellyache ['belɪeɪk] I *n fam* dolor *m* de vientre *or* barriga. II *vi sl* refunfuñar.

bellybutton ['belɪbʌtən] *n fam* ombligo *m*.

bellyful ['belɪfʊl] *n* panzada *f*, hartazgo *m*; *sl* **to have had a b.**, estar harto,-a, estar hasta las narices (**of,** de).

belong [bɪ'lɒŋ] *vi* 1 (*be the property of*) pertenecer (**to,** a); **this book belongs to him,** este libro le pertenece, este libro es suyo. 2 (*be a member*) ser socio,-a (**to,** de); **to b. to a club,** ser socio de un club; *Pol* **to b. to a party,** ser miembro de un partido. 3 (*have a proper place*) corresponder; **put it back where it belongs,** ponlo en su sitio; **she felt she didn't b.**, no se sentía cómoda; **this chair belongs in the other room,** esta silla va en la otra habitación; **this record doesn't b.** in **this cover,** esta funda no corresponde a este disco.

belongings [bɪ'lɒŋɪŋz] *npl* efectos *mpl* personales, pertenencias *fpl*.

beloved [bɪ'lʌvɪd, bɪ'lʌvd] I *adj* amado,-a, querido,-a; **b. by all,** querido,-a de todos. II *n* amado,-a *m,f*.

below [bɪ'ləʊ] I *prep* debajo de; **b. sea level,** por debajo del nivel del mar; **b. (the) average,** por debajo de la media; (*skirt*) **b. the knee,** por debajo de la rodilla; **he lives b. us,** vive debajo de nosotros; **temperatures b. normal,** temperaturas inferiores a las normales; **ten degrees b. zero,** diez grados bajo cero. II *adv* abajo; **above and b.**, arriba y abajo; **here b.**, aquí abajo; (*on document etc*) **see b.**, véase más abajo; **the shops b.**, las tiendas de abajo.

belt [belt] I *n* 1 cinturón *m*; **blow below the b.**, golpe *m* bajo; *fig* **to tighten one's b.**, apretarse el cinturón. ■ *Sport* **black b.**, cinturón *m* negro; *Aut Av* **safety b.**, **seat b.**, cinturón *m* de seguridad; **please fasten your seat belts,** abróchense los cinturones de seguridad, por favor. 2 *Tech* correa *f*, cinta *f*. ■ **conveyor b.**, cinta *f* transportadora; *Aut* **fan b.**, correa *f* del ventilador. 3 (*area*) zona *f*. ■ *US* **cotton b.**, zona *f* algodonera; **green b.**, franja *f* de protección, zona *f* rural no urbanizable. II *vtr sl* pegar una paliza. ◆**belt along** *vi fam* ir a todo gas. ◆**belt out** *vtr fam* (*song*) cantar a voz en grito. ◆**belt up** *vi fam* callarse; **b. up!**, ¡cierra el pico!, ¡cállate la boca!

bemoan [bɪ'məʊn] *vtr* (*loss, fate*) lamentar, llorar.

bemused [bɪ'mju:zd] *adj* perplejo,-a.

bench [bentʃ] *n* 1 (*seat*) banco *m*; **to sit on a b.**, sentarse en un banco. 2 (*work table*) banco *m*. 3 *Parl* escaño *m*. 4 *Jur* **the b.**, (*judges*) la magistratura; **to be on the b.**, ser juez *or* magistrado. 5 *Sport* banquillo *m*. 6 *Geol* banco *m*. ■ **b. mark,** cota *f* de referencia; *fig* punto *m* de referencia.

bend [bend] I *vtr* (*pt & pp* **bent**) (*metal*) curvar, doblar; (*envelope*) doblar; (*back*) encorvar; (*head*) inclinar; (*knee, elbow*) doblar; **'do not b.'**, 'no doblar'; *fig* **to bend the knee,** de rodillas; *fam* **to b. the rules,** hacer una excepción. II *vi* 1 (*metal*) curvarse, doblarse; (*road*) torcerse, desviarse. 2 **to b. (over),** (*person*) (*stoop down*) inclinarse, agacharse; *fam* **he bends over backwards to please her,** hace lo imposible por complacerla. III *n* 1 (*in river, road*) curva *f*; (*in pipe*) recodo *m*, ángulo *m*; *GB sl* **round the b.,** loco,-a perdido,-a. ■ **hairpin b.**, curva *f* cerrada. 2 *Med* **the bends,** aeroembolismo *m sing*, enfermedad *f sing* de los buzos. ◆**bend back** *vi* inclinarse hacia atrás. ◆**bend down** *vi* inclinarse. ◆**bend forward** *vi* inclinarse hacia adelante.

bender ['bendəʳ] *n fam* **to go on a b.**, irse de borrachera.

beneath [bɪ'ni:θ] I *prep* (*below*) bajo, debajo de; **b. the bushes,** entre los arbustos; **to marry b. oneself,** casarse con algn de clase inferior; *fig* **it's b. him,** es indigno de él. II *adv* debajo.

Benedictine [benɪ'dɪktɪn] I *n* 1 *Rel* (*monk*) benedictino,-a *m,f*. 2 [benɪ'dɪkti:n] (*liqueur*) benedictino *m*. II *adj Rel* benedictino,-a.

benediction [benɪ'dɪkʃən] *n Rel* bendición *f*.

benefactor ['benɪfæktəʳ] *n* benefactor *m*, bienhechor *m*.

benefactress ['benɪfæktrɪs] *n* benefactora *f*, bienhechora *f*.

benefice ['benɪfɪs] *n Rel* beneficio *m*.

beneficent [bɪ'nefɪsənt] *adj* (*person*) benefactor,-a; (*thing*) benéfico,-a.

beneficial [benɪ'fɪʃəl] *adj* 1 (*doing good*) benéfico,-a; **b. climate,** clima benéfico. 2 (*advantageous*) beneficioso,-a, provechoso,-a.

beneficiary [benɪ'fɪʃərɪ] *n* beneficiario,-a *m,f*.

benefit ['benɪfɪt] I *vtr* (*US pt & pp* **benefitted**) beneficiar. II *vi* beneficiarse, aprovecharse, sacar provecho (**from** *or* **by,** de). III *n* 1 (*advantage*) beneficio *m*, ventaja *f*, provecho *m*; **for the b. of,** en beneficio de. 2 *Com* (*gain*) beneficio *m*, ganancia *f*. 3 (*good*) bien *m*; **I did it for your b.**, lo hice por tu bien. 4 (*allowance*) subsidio *m*; **unemployment b.**, subsidio *m or* seguro *m* de desempleo. ■ **fringe b.**, extra *m*. 5 (*event*) función *f* benéfica. ■ *Sport* **b. match,** partido *m* benéfico.

benevolence [bɪ'nevələns] *n* (*kindness*) benevolencia *f*, bondad *f*; (*generosity*) caridad *f*.

benevolent [bɪ'nevələnt] *adj* 1 (*kindly*) benévolo,-a. 2 (*charitable*) caritativo,-a; **b. society,** sociedad de beneficencia.

Bengal [beŋ'gɔ:l] *n* Bengala. ■ **B. light,** bengala *f*, luz *f* de Bengala.

Bengali [beŋ'gɔ:lɪ] *adj & n* bengalí (*mf*).

benign [bɪ'naɪn] *adj* benigno,-a; *Med* **b. tumour,** tumor benigno.

Benin [be'ni:n] *n* Benín.

Beninese [benɪ'ni:z] *adj & n* benimeño,-a (*m,f*).

bent [bent] I *pt & pp see* **bend.** II *adj* 1 (*curved*) curvado,-a, doblado,-a, torcido,-a. 2 (*determined*) empeñado,-a; **to be b. on doing sth,** estar empeñado,-a en hacer algo. 3 *sl* (*corrupt*) deshonesto,-a. 4 *sl* (*homosexual*) gay, de la acera de enfrente. III *n* 1 (*inclination*) inclinación *f* (**towards,** hacia); **to follow one's b.**, hacer lo que le apetezca. 2 (*aptitude*) facilidad *f* (**for,** para).

Benzedrine® ['benzədri:n] *n Med* Bencedrina® *f*.

benzene ['benzi:n] *n Chem* benceno *m*.

benzine ['benzi:n] *n Chem* bencina *f*.

bequeath [bɪ'kwi:ð] *vtr Jur* legar.

bequest [bɪ'kwest] *n Jur* legado *m*.

berate [bɪ'reɪt] *vtr* (*scold*) regañar.

Berber ['bɜ:bəʳ] *adj & n* bereber (*mf*), berebere (*mf*).

bereaved [bɪ'ri:vd] I *adj* desconsolado,-a. II **the b.** *npl* su desconsolada familia.

bereavement [bɪ'ri:vmənt] *n* 1 (*loss*) pérdida *f*. 2 (*mourning*) duelo *m*, luto *m*.

bereft [bɪ'reft] *adj* **b. of,** privado,-a de.

beret ['bereɪ] *n* boina *f*.

bergamot ['bɜ:gəmɒt] *n Bot* 1 (*fruit*) bergamota *f*. 2 (*tree*) bergamoto *m*.

beriberi [berɪ'berɪ] *n Med* beriberi *m*.

Berlin [bɜ:'lɪn] *n* Berlín. ■ **East B.**, Berlín Este; **West B.**, Berlín Oeste.

Berliner [bɜ:'lɪnəʳ] *n* berlinés,-esa *m,f*.

Bermuda [bə'mjuːdə] *n* las (Islas) Bermudas; **B. shorts,** bermudas *mpl.*

Bern [bɜːn] *n* Berna.

berry ['berɪ] *n Bot* baya *f.*

berserk [bə'sɜːk, bə'zɜːk] *adj* enloquecido,-a; **he'll drive me b.,** me volverá loco,-a; **to go b.,** volverse loco,-a.

berth [bɜːθ] *Naut* **I** *n* **1** *(mooring place)* atracadero *m,* amarradero *m; fig* **to give sb a wide b.,** evitar a algn. **2** *(on train, ship) (bed)* litera *f.* **II** *vtr (dock) (ship)* poner en dique. **III** *vi* atracar.

beryl ['berɪl] *n Min* berilo *m.*

beseech [bɪ'siːtʃ] *vtr (pt & pp* **beseeched** *or* **besought)** suplicar, implorar; **to b. sb to do sth,** suplicar a algn que haga algo.

beset [bɪ'set] *vtr (pt & pp* **beset)** acosar; **it is b. with dangers,** está plagado de peligros; **to be b. by temptations,** estar acosado por las tentaciones.

beside [bɪ'saɪd] *prep* **1** *(next to)* al lado de, junto a; *(near)* cerca de. **2** *(compared with)* comparado con, al lado de. **3** *(away from)* he was b. himself with joy, estaba loco de alegría; **that's b. the point,** eso no viene al caso; **to be b. oneself,** estar fuera de sí.

besides [bɪ'saɪdz] **I** *prep* **1** *(in addition to)* además de; **who is coming b. Alan?,** ¿quién viene además de Alan? **2** *(except)* excepto, menos; **no one b. me,** nadie más que yo. **II** *adv* además; **it's late and b., I'm tired,** es tarde, y además estoy cansado.

besiege [bɪ'siːdʒ] *vtr* **1** *Mil (city)* sitiar, asediar. **2** *fig (person)* asediar, acosar.

besom ['biːzəm] *n* escoba *f.*

besotted [bɪ'sɒtɪd] *adj* **1** *(infatuated)* locamente enamorado,-a **(with,** de). **2** *(intoxicated)* atontado,-a; **b. with drink,** aturdido,-a por la bebida.

besought [bɪ'sɔːt] *pt & pp see* **beseech.**

bespatter [bɪ'spætə^r] *vtr* salpicar **(with,** de).

bespectacled [bɪ'spektəkəld] *adj* con gafas, que lleva gafas.

bespoke [bɪ'spəʊk] *adj esp GB* **1** *(suit)* hecho,-a a la medida. **2** *(tailor)* que confecciona ropa a la medida.

best [best] **I** *adj (superl of* **good)** mejor; **b. man,** ≈ padrino *m* de boda; **her b. friend,** su mejor amiga; **it's the b. film of the year,** es la mejor película del año; **he's the b. (pupil) in the class,** es el mejor (alumno) de la clase; **the b. thing would be to phone them,** lo mejor sería llamarles; **we had to wait the b. part of a year,** tuvimos que esperar casi un año; *(in letter)* **with b. wishes from Mary,** con mis mejores deseos, Mary. **II** *adv (superl of* **well)** mejor; **as b. I can,** lo mejor que pueda; **I like this one b.,** éste es el que más me gusta; **I sleep b. in winter,** en invierno duermo mejor; **the world's b. dressed man,** el hombre mejor vestido del mundo; **to come off b.,** salir ganando; **we had b. go,** es mejor que nos vayamos. **III** *n* lo mejor; **all the b.!,** ¡que te vaya bien!; **at b.,** a lo más; **it's all for the b.,** más vale que sea así; **one has to make the b. of it,** hay que conformarse; **she wants the b. of both worlds,** quiere tenerlo todo; **the b. of it is that ...,** lo mejor del caso es que ...; **to be at one's b.,** estar en plena forma, estar como nunca; **to do one's b.,** hacer todo lo posible; **to do sth to the b. of one's ability,** hacer algo lo mejor posible; **to get the b. out of sth,** aprovechar algo al máximo; **to look one's b.,** tener muy buen aspecto; **to make the b. of a bad job,** poner al mal tiempo buena cara; **to make the b. of sth,** sacar el mejor partido de algo; **to the b. of my knowledge,** que yo sepa; **with the b. of them,** como el que más.

bestial ['bestɪəl] *adj* bestial.

bestiality [bestɪ'ælɪtɪ] *n* bestialidad *f.*

bestow [bɪ'stəʊ] *vtr (favour etc)* conceder; *(honours, power)* otorgar **(on,** a); *(title etc)* conferir **(on,** a).

best-seller [best'selə^r] *n* superventas *m inv,* bestseller *m.*

best-selling ['bestselɪŋ] *adj* **a b.-s. author,** un autor de superventas *or* éxito.

bet [bet] **I** *n* apuesta *f;* **to make** *or* **place a b.,** hacer una apuesta; **to make a b. on sth,** apostar a algo. **II** *vtr (pt & pp* **bet** *or* **betted)** apostar; **I b. you five pounds that ...,** te apuesto cinco libras a que ... . **III** *vi* apostar **(on,** a); *fam* **you b.!,** ¡y tanto!

beta ['biːtə] *n (Greek letter)* beta *f.* ■ *Phys* **b. particle,** partícula *f* beta; **b. ray,** rayo *m* beta.

betel ['biːtəl] *n Bot* betel *m.*

bête noire [bet'nwɑː^r] *n (pl* **bêtes noires)** bestia *f* negra.

Bethlehem ['beθlɪhem] *n* Belén *m.*

betide [bɪ'taɪd] *vtr & vi* **woe b. you if ...!,** ¡ay de ti si ...!

betray [bɪ'treɪ] *vtr* **1** traicionar. **2** *(be unfaithful to)* engañar. **3** *(reveal)* revelar; **to b. one's ignorance,** demostrar *or* dejar ver la ignorancia.

betrayal [bɪ'treɪəl] *n* **1** traición *f;* **b. of trust,** abuso *m* de confianza. **2** *(unfaithfulness)* engaño *m.*

betrayer [bɪ'treɪə^r] *n* traidor,-a *m,f.*

betrothal [bɪ'trəʊðəl] *n Lit* desposorios *mpl,* esponsales *mpl.*

betrothed [bɪ'trəʊðd] **I** *adj* prometido,-a. **II the b.** *npl* los prometidos.

betted ['betɪd] *pt & pp see* **bet.**

better¹ ['betə^r] **I** *adj* **1** *(comp of* **good)** mejor; **a b. class of hotel,** un hotel de más categoría; **Suzanne's a b. athlete than me,** Suzanne es mejor atleta que yo; **that's b.!,** ¡eso es!; ¡eso está mejor!; **the weather is b. than last week,** hace mejor tiempo que la semana pasada; **to be no b. than ...,** no ser más que ...; **to get b.,** mejorar; *fam (spouse)* **b. half,** media naranja *f,* costilla *f.* **2** *(healthier)* mejor (de salud); **she was ill, but she's b. now,** estuvo enferma, pero ahora está mejor. **3 b. off,** *(better)* mejor; *(richer)* mejor situado,-a; **you'd be b. off going home,** te mejor es que te vayas a casa; **they are b. off than we are,** tienen más dinero que nosotros. **4** *(larger)* mayor; **the b. part of the day,** la mayor parte del día. **II** *adv (comp of* **well)** **1** *(gen)* mejor; **all the b.,** so much the b.,** tanto mejor; *(healthier)* **are you b.?,** ¿te encuentras mejor?, ¿estás mejor?; **b. and b.,** cada vez mejor; **he knows b. than to make such a silly mistake,** un error así no es propio de él; **he swims b. than me,** nada mejor que yo; **the sooner the b.,** cuanto antes mejor; *prov* **b. late than never,** más vale tarde que nunca. **2 had b.,** más vale que *(+ subj)*; **we had b. leave,** más vale que nos vayamos. **3 to think b. of,** *(plan, idea)* cambiar de; *(person)* tener en más consideración. **III** *n* **1** mejor; **a change for the b.,** una mejora; **for b. (or) worse,** *(marriage)* en lo bueno y en lo malo; *(come what may)* pase lo que pase; **this one is the b. of the two,** éste es el mejor de los dos; **to get the b. of sb,** vencer a algn. **2 betters,** superiores *mpl;* **to respect one's b.,** respetar a los superiores. **IV** *vtr* **1** *(improve)* mejorar; **he must b. himself,** debe mejorar su situación. **2** *Com (surpass)* superar.

better², *US* **bettor** ['betə^r] *n* apostante *mf;* *(committed)* apostador,-a *m,f.*

betterment ['betəmənt] *n* mejoría *f*.

betting ['betɪŋ] *n* apuestas *fpl*. ■ *GB* **b. shop**, quiosco *m* de apuestas; **b. slip**, resguardo *m* de una apuesta.

between [bɪ'twiːn] I *prep* entre; **b. now and October**, de ahora a octubre; **b. the door and the window**, entre la puerta y la ventana; **b. you and me**, entre nosotros; **the supermarket is closed b. 1 and 2**, el supermercado está cerrado de 1 a 2. II *adv* en *or* por medio; **in b.**, *(position)* en medio; *(time)* entretanto, mientras (tanto).

betwixt [bɪ'twɪkst] *adv arch* entre; **b. and between**, entre las dos cosas, ni una cosa ni la otra.

bevel ['bevəl] I *n* bisel *m*. II *vtr* (*pt* & *pp* **bevelled**) biselar.

beverage ['bevərɪdʒ] *n* bebida *f*; **non-alcoholic b.**, bebida sin alcohol.

bevvy ['bevɪ] *n sl* cacharro *m*.

bevy ['bevɪ] *n* bandada *f*.

beware [bɪ'weəʳ] *vi* tener cuidado (**of**, con); **b.!**, ¡cuidado!, ¡ojo!; *Com* **'b. of imitations'**, 'desconfíe de las imitaciones'; *(sign)* **'b. of the dog'**, 'cuidado con el perro'.

bewilder [bɪ'wɪldəʳ] *vtr* desconcertar, confundir.

bewildered [bɪ'wɪldəd] *adj* desconcertado,-a, perplejo,-a.

bewilderment [bɪ'wɪldərmənt] *n* desconcierto *m*.

bewitch [bɪ'wɪtʃ] *vtr* 1 *(cast a spell over)* hechizar. 2 *(enchant)* fascinar, encantar.

bewitching [bɪ'wɪtʃɪŋ] *adj* fascinante.

beyond [bɪ'jɒnd] I *prep* 1 *(on the other side of)* más allá de; **b. the mountains**, más allá de las montañas; **b. the seas**, allende los mares, acullá de los mares. 2 *(outside the scope of)* más allá de; **b. belief**, increíble; **b. doubt**, sin lugar a dudas, indudablemente; **b. my reach**, fuera de mi alcance; **it is b. me why ...**, no comprendo por qué ...; **it's b. a joke**, ya no tiene gracia; **she is b. caring**, ya no le importa; **this task is b. me**, no puedo con esta tarea; **to live b. one's means**, vivir por encima de las posibilidades de uno. II *adv* más allá, más lejos; **he owns the palace and the gardens b.**, es dueño del palacio y de los jardines de más allá. III **the b.** *n* el más allá.

Bhutan [buː'tɑːn] *n* Bhutan.

bias ['baɪəs] *n* 1 *(tendency)* tendencia *f*, inclinación *f* (**towards**, hacia). 2 *(prejudice)* prejuicio *m*. 3 *Sew* sesgo *m*; **cut on the b.**, cortado al sesgo.

bias(s)ed ['baɪəst] *adj* parcial; **to be b. against sth/sb**, tener prejuicio en contra de algo/algn.

bib [bɪb] *n* 1 *(for baby)* babero *m*. 2 *(of apron, dungarees)* peto *m*. 3 *(fish)* faneca *f*.

Bible ['baɪbəl] *n* Biblia *f*; **the Holy B.**, la Santa Biblia. ■ *sl* **B. basher**, **B. thumper**, evangelista *mf*, proselitista *mf*; *US* **B. Belt**, zona *f* habitada por los integristas protestantes; **B. paper**, papel *m* biblia.

biblical ['bɪblɪkəl] *adj* bíblico,-a.

bibliographer [bɪblɪ'ɒgrəfəʳ] *n* bibliógrafo,-a *m,f*.

bibliographic(al) [bɪblɪəʊ'græfɪk(əl)] *adj* bibliográfico,-a.

bibliography [bɪblɪ'ɒgrəfɪ] *n* bibliografía *f*.

bibliophile ['bɪblɪəʊfaɪl] *n* bibliófilo,-a *m,f*.

bicameral [baɪ'kæmərəl] *adj Parl* bicameral.

bicameralism [baɪ'kæmərəlɪzəm] *n Parl* bicameralismo *m*.

bicarbonate [baɪ'kɑːbənɪt] *n Chem* bicarbonato *m*.
■ **b. of soda**, bicarbonato *m* sódico *or* de sosa.

bicentenary [baɪsen'tiːnərɪ], *US* **bicentennial** [baɪsen'tenɪəl] I *adj* bicentenario,-a. II *n* bicentenario *m*.

biceps ['baɪseps] *n Anat* bíceps *m*.

bicker ['bɪkəʳ] *vi* discutir, reñir.

bickering ['bɪkərɪŋ] *n* discusiones *fpl*, riñas *fpl*.

bicycle ['baɪsɪkəl] I *n* bicicleta *f*; **b. pump**, bomba *f* de aire; **to go by b.**, ir en bicicleta; **to ride a b.**, montar en bicicleta. II *vi* ir en bicicleta.

bid [bɪd] I *vtr* (*pt* **bid** *or* **bade**; *pp* **bid** *or* **bidden** ['bɪdən]) 1 *(say)* decir; **to b. sb welcome**, dar la bienvenida a algn. 2 *(command)* mandar, ordenar; **she bade him be quiet**, le mandó que se callase. 3 *(invite)* invitar; **he bade me sit down**, me invitó a sentarme. 4 *(seem)* parecer; **to b. fair**, parecer probable. 5 *(at auction)* (*pt* & *pp* **bid**) pujar, ofrecer. 6 *Bridge* (*pt* & *pp* **bid**) subastar, cantar. II *n* 1 *(at auction)* puja *f*, oferta *f* (**for**, por). 2 *Bridge* declarar. III *n* 1 *(offer)* oferta *f*. 2 *(at auction)* puja *f*, postura *f*. 3 *Bridge* subasta *f*. 4 *(attempt)* intento *m*, tentativa *f*; **a b. for power**, un intento por conseguir el poder.

bidder ['bɪdəʳ] *n* *(at auction)* postor,-a *m,f*; **the highest b.**, el mejor postor.

bidding ['bɪdɪŋ] *n* 1 *(at auction)* puja *f*, licitación *f*. 2 *Bridge* subasta *f*. 3 *(order)* orden *f*; **to do sb's b.**, cumplir la orden de algn.

biddy ['bɪdɪ] *n fam (gossip)* **old b.**, vieja *f* chismosa.

bide [baɪd] *vtr* (*pt* **bided** *or* **bode**; *pp* **bided**) esperar; **to b. one's time**, esperar el momento oportuno.

bidet ['biːdeɪ] *n* bidé *m*.

biennial [baɪ'enɪəl] I *adj* bienal. II *n* 1 *(plant)* planta *f* bienal. 2 *(event)* bienal *f*.

bier [bɪəʳ] *n (stand)* féretro *m*, andas *fpl*.

biff [bɪf] *fam* I *n* puñetazo *m*. II *vtr* dar un puñetazo a.

bifocal [baɪ'fəʊkəl] I *adj* bifocal. II **bifocals** *npl* lentes *fpl* bifocales.

big [bɪg] I *adj* (**bigger, biggest**) grande (**gran** *before sing noun*); **a b. clock**, un reloj grande; **a b. surprise**, una gran sorpresa; **he's too b. for his boots** *or US* **for his breeches**, es muy fanfarrón; **my b. brother**, mi hermano mayor; **she's bigger than me**, es más alta que yo; **to get b.**, *(gen)* hacerse grande; *(child)* crecer, hacerse mayor; **to have b. ideas**, ver las cosas en grande; *fam* **what's the b. idea?**, ¿qué pretendes?; *fam iron* **that's b. of you**, ¡qué amable eres conmigo!; *fam iron* **b. deal!**, ¿y qué? ■ **B. Brother**, el Gran Hermano; *US fam* **b. bucks**, muchas pelas *fpl*; **b. business**, los grandes negocios; *(at fairground)* **b. dipper**, montaña *f* rusa; *Astron US* **B. Dipper**, Osa *f* Mayor; *Aut GB* **b. end**, cabeza *f* de biela; **b. game**, caza *f* mayor; **b. toe**, dedo *m* gordo del pie; *Pol* **the B. Five**, las Cinco Potencias *or* Superpotencias; *fam* **b. gun**, **b. noise**, **b. shot**, pez *m* gordo; *fam* **b. time**, éxito *m* profesional; **to make the b. time**, tener éxito; *fam* **b. top**, tienda *f* mayor del circo. II *adv* 1 *(on a grand scale)* a gran escala; **to think b.**, planear a lo grande; *fam* **to talk b.**, fanfarronear. 2 *(well)* de manera excepcional; **his plans went over b. with the committee**, sus planes tuvieron mucho éxito entre los miembros del comité.

bigamist ['bɪgəmɪst] *n* bígamo,-a *m,f*.

bigamous ['bɪgəməs] *adj* bígamo,-a.

bigamy ['bɪgəmɪ] *n* bigamia *f*.

big-boned [bɪg'bəʊnd] *adj* corpulento,-a.

big-eared [bɪg'ɪəd] *adj* orejudo,-a.

bighead ['bɪghed] *n fam* creído,-a *m,f*, engreído,-a *m,f*.

bigheaded [bɪg'hedɪd] *adj* creído,-a, engreído,-a.

big-hearted [bɪg'hɑːtɪd] *adj* generoso,-a.

bighorn ['bɪghɔːn] *n Zool* carnero *m* de cuernos grandes (oriundo de las Montañas Rocosas).

bight [baɪt] *n* bahía *f*. ■ **Great Australian B.**, Gran Bahía *f* Australiana.

bigmouth ['bɪgmaʊθ] *n fam* bocazas *mf inv*.

bigot ['bɪgət] *n* fanático,-a *m,f*, intolerante *mf*.

bigoted ['bɪgətɪd] *adj* fanático,-a, intolerante.

bigotry ['bɪgətrɪ] *n* fanatismo *m*, intolerancia *f*.

big-sounding [bɪg'saʊndɪŋ] *adj* altisonante.

bigwig ['bɪgwɪg] *n fam* pez *m* gordo.

bike [baɪk] *fam (abbr of bicycle or motorbike)* **I** *n* **1** *(bicycle)* bici *f*; **b.** **lane**, carril-bici *m*; *sl* **on your b.!**, ¡vete de aquí!, ¡lárgate de aquí! **2** *(motorcycle)* moto *f*. **II** *vi* **1** *(bicycle)* ir en bici. **2** *(motorcycle)* ir en moto.

bikini [bɪ'kiːnɪ] *n* bikini *m*.

bilabial [baɪ'leɪbɪəl] *adj Ling* bilabial.

bilateral [baɪ'lætərəl] *adj (agreement etc)* bilateral.

bilberry ['bɪlbərɪ] *n Bot* arándano *m*.

bile [baɪl] *n* **1** *Med* bilis *f*, hiel *f*; **b.** **stone**, cálculo *m* biliar. **2** *fig (irritability)* bilis *f*, hiel *f*, mal genio *m*.

bilge [bɪldʒ] *n* **1** *Naut (bottom)* pantoque *m*. ■ **b.** **keel**, quilla *f*. **2** *Naut (also pl) (cavity)* sentina *f*. ■ **b.** **water**, agua *f* de sentina. **3** *fam (rubbish)* tonterías *fpl*, idioteces *fpl*.

bilingual [baɪ'lɪŋgwəl] *adj* bilingüe.

bilingualism [baɪ'lɪŋgwəlɪzəm] *n* bilingüismo *m*.

bilious ['bɪlɪəs] *adj* **1** *Med* bilioso,-a; **b.** **attack**, cólico bilioso. **2** *fam (colour etc)* asqueroso,-a. **3** *fig (irritable)* bilioso,-a, colérico,-a.

Bill [bɪl] *n dimin of* **William**; *GB sl* **the Old B.**, *(police)* la poli.

bill¹ [bɪl] **I** *n* **1** *(for electricity, services, etc)* factura *f*; **the gas b.**, la factura del gas. **2** *esp GB (in restaurant, hotel)* cuenta *f*; **the b., please**, la cuenta, por favor; *fam* **to foot the b.**, pagar la cuenta. **3** *Parl* proyecto *m* de ley; **to pass a b.**, aprobar un proyecto de ley. **4** *US (banknote)* billete *m* de banco; **a ten-dollar b.**, un billete de diez dólares. **5** *(poster)* cartel *m*; **on the b.**, en cartel; **'post no bills'**, 'prohibido fijar carteles'; *Theat* **to top the b.**, encabezar el reparto; *fam* **to fit the b.**, cumplir. **6** *(document)* documento *m*. ■ **b. of exchange**, letra *f* de cambio; **b.** **of fare**, menú *m*; *Naut* **b. of health**, patente *f* de sanidad; *fam* **the doctor gave him a clean b. of health**, el médico certificó su buen estado de salud; **b. of lading**, conocimiento *m* de embarque; *Pol* **B.** **of Rights**, declaración *f* de derechos; *Jur* **b. of sale**, contrato *m or* escritura *f* de venta. **II** *vtr* **1** *(send bill to)* facturar, extender una factura. **2** *Theat (schedule)* programar; **she is billed to appear as Joan of Arc**, figura en el cartel en el papel de Juana de Arco; **the play is billed for next Monday**, la obra se representará el lunes que viene.

bill² [bɪl] *n (of bird)* pico *m*.

billabong ['bɪləbɒŋ] *n Austral* rebalsa *f*, embalse *m*.

billboard ['bɪlbɔːd] *n US (hoarding)* cartelera *f*.

billet ['bɪlɪt] *Mil* **I** *n* alojamiento *m*, acantonamiento *m*. **II** *vtr (troops)* alojar, acantonar.

billet-doux [bɪlɪ'duː] *n (pl billets-doux)* *arch* carta *f* de amor.

billfold ['bɪlfəʊld] *n US* cartera *f*, billetero *m*, billetera *f*.

billhook ['bɪlhʊk] *n Agr* podadera *f*.

billiard ['bɪljəd] *n* billar *m*. ■ **b.** **ball**, bola *f* de billar; **b.** **cue**, taco *m* de billar; **b. room**, sala *f* de billar.

billiards ['bɪljədz] *n* billar *m*.

billing ['bɪlɪŋ] *n Theat* **to get top b.**, estar a la cabeza del reparto.

billion ['bɪljən] *n (pl billion or billions)* **1** *GB* billón *m*. **2** *US* mil millones *mpl*.

billionaire [bɪljə'neəʳ] *n* multimillonario,-a *m,f*.

billow ['bɪləʊ] **I** *n* **1** *(of water)* ola *f*. **2** *(of smoke)* nube *f*. **II** *vi* **1** *(sea)* ondear. **2** *(sail)* hincharse, inflarse; **clouds of black smoke billowed from the burning building**, grandes nubes de humo negro surgían del edificio en llamas.

billowy ['bɪləʊɪ] *adj (sea)* ondoso,-a; *(sail)* hinchado,-a.

billposter ['bɪlpəʊstəʳ] *n*, **billsticker** ['bɪlstɪkəʳ] *n* cartelero,-a *m,f*.

billycan ['bɪlɪkæn] *n* cazo *m*.

billy goat ['bɪlɪgəʊt] *n* macho *m* cabrío.

billy-(h)o ['bɪlɪəʊ] *adj GB fam* **like b.-(h)o**, a más no poder, a toda pastilla.

bin [bɪn] *n* **1** *(for storage)* cajón *m*, arca *f*. ■ **bread b.**, caja *f* del pan; *GB* **wine b.**, botellero *m*; *sl* **loony b.**, manicomio *m*. **2** *(for rubbish)* **(rubbish) b.**, cubo *m* de la basura; **waste-paper b.**, papelera *f*.

binary ['baɪnərɪ] *adj* binario,-a; *Math* **b. number**, número binario.

bind [baɪnd] **I** *vtr (pt & pp bound)* **1** *(tie up) (hands, package, etc)* atar; *Agr (cereal)* agavillar. **2** *Med (bandage)* vendar. **3** *Print (book)* encuadernar. **4** *(require)* obligar; **the contract binds him to pay interest**, el contrato le obliga a pagar intereses. **5** *(cohere) (glue etc)* unir. **II** *vi (agreement)* tener fuerza obligatoria. **III** *n fam* aprieto *m*; **to be in a b.**, estar en un aprieto. ◆**bind over** *vtr Jur* obligar legalmente.

binder ['baɪndəʳ] *n* **1** *Agr* agavilladora *f*. **2** *Print (person)* encuadernador,-a *m,f*. **3** *(file)* carpeta *f*.

binding ['baɪndɪŋ] **I** *adj* **1** *(promise)* comprometedor,-a; *(decision)* obligatorio,-a. **2** *Med (constipating)* que estriñe, astringente. **II** *n* **1** *Print* encuadernación *f*. **2** *Sew* ribete *m*. **3** *Ski* fijación *f*.

bindweed ['baɪndwiːd] *n Bot* enredadera *f*.

binge [bɪndʒ] *n fam* borrachera *f*; **to go on a b.**, irse de juerga, irse de parranda.

bingo ['bɪŋgəʊ] *n* bingo *m*; **to play b.**, jugar al bingo. ■ **b. hall**, (sala *f* de) bingo *m*.

binoculars [bɪ'nɒkjʊləz] *npl* prismáticos *mpl*, gemelos *mpl*.

biochemical [baɪəʊ'kemɪkəl] *adj* bioquímico,-a.

biochemist [baɪəʊ'kemɪst] *n* bioquímico,-a *m,f*.

biochemistry [baɪəʊ'kemɪstrɪ] *n* bioquímica *f*.

biodegradable [baɪəʊdɪ'greɪdəbəl] *adj* biodegradable.

biofeedback [baɪəʊ'fiːdbæk] *n* bioretracción *f*.

biographer [baɪ'ɒgrəfəʳ] *n* biógrafo,-a *m,f*.

biographical [baɪə'græfɪkəl] *adj* biográfico,-a.

biography [baɪ'ɒgrəfɪ] *n* biografía *f*.

biological [baɪə'lɒdʒɪkəl] *adj* biológico,-a; **b. warfare**, guerra biológica.

biologist [baɪ'ɒlədʒɪst] *n* biólogo,-a *m,f*.

biology [baɪ'ɒlədʒɪ] *n* biología *f*.

bionic [baɪ'ɒnɪk] *adj* biónico,-a.

bionics [baɪ'ɒnɪks] *n* biónica *f*.

biophysical [baɪəʊ'fɪzɪkəl] *adj* biofísico,-a.

biophysicist [baɪəʊ'fɪzɪsɪst] *n* biofísico,-a *m,f*.
biophysics [baɪəʊ'fɪzɪks] *n* biofísica *f*.
biopsy ['baɪɒpsɪ] *n Med* biopsia *f*.
biorhythm ['baɪəʊrɪðəm] *n* biorritmo *m*.
biosphere ['baɪəsfɪə^r] *n* biosfera *f*.
bipartisan [baɪ'pɑːtɪzæn] *adj* bipartito,-a.
bipartite [baɪ'pɑːtaɪt] *adj* **1** *(with two parts)* bipartido,-a, bipartito,-a. **2** *(shared by two parties)* bipartito,-a, bilateral; **b. agreement,** acuerdo bipartito.
biped ['baɪped] **I** *n Zool* bípedo *m*. **II** *adj* bípedo,-a.
biplane ['baɪpleɪn] *n Av* biplano *m*.
birch [bɜːtʃ] **I** *n* **1** *Bot* abedul *m*. **2** *(rod)* vara *f* (de abedul). **II** *vtr* azotar.
bird [bɜːd] *n* **1** *Orn* (*small*) pájaro *m*; *(large)* ave *f*; *fig Theat* **to give sb the b.,** abuchear a algn; *fig* **to kill two birds with one stone,** matar dos pájaros de un tiro; *sl* **to do b.,** estar en el talego; *prov* **a b. in the hand is worth two in the bush,** más vale pájaro en mano que ciento volando; *prov* **birds of a feather flock together,** Dios los cría y ellos se juntan; **they're birds of a feather,** son tal para cual; *prov* **the early b. catches the worm,** a quien madruga Dios le ayuda. ■ **b. of paradise,** ave *f* del Paraíso; **b. of passage,** ave *f* de paso; **b. of prey,** ave *f* de rapiña; **night b.,** ave *f* nocturna. **2** *GB sl (girl)* tía *f*, chica *f*.
birdbath ['bɜːdbɑːθ] *n* pila *f* para pájaros.
birdcage ['bɜːdkeɪdʒ] *n* jaula *f*.
birdie ['bɜːdɪ] *n* **1** *fam (bird)* pajarito *m*. **2** *Golf* birdie *m*.
birdseed ['bɜːdsiːd] *n* alpiste *m*.
bird's-eye view [bɜːdzaɪ'vjuː] *n* vista *f* panorámica *or* de pájaro.
bird-watcher ['bɜːdwɒtʃə^r] *n* ornitólogo,-a *m,f*, observador,-a *m,f* de pájaros.
bird-watching ['bɜːdwɒtʃɪŋ] *n* ornitología *f*, observación *f* de pájaros.
biretta [bɪ'retə] *n Rel* birrete *m*, birreta *f*.
Biro® ['baɪrəʊ] *n fam* boli *m*.
birth [bɜːθ] *n* **1** *(of baby etc)* nacimiento *m*; *Med (childbirth)* parto *m*; **Spanish by b.,** español de nacimiento; **to give b. to a child,** dar a luz a un niño. ■ **b. certificate,** partida *f* de nacimiento; **b. control,** *(family planning)* control *m* de la natalidad; *(contraception)* métodos *mpl* anticonceptivos; **b. rate,** índice *m* de natalidad. **2** *(descent, parentage)* linaje *m*, origen *m*; **of noble b.,** de noble linaje.
birthday ['bɜːθdeɪ] *n* cumpleaños *m inv*; **happy b.!,** ¡feliz cumpleaños!; *fam* **to be in one's b. suit,** estar como Dios le trajo al mundo, estar en cueros. ■ **b. party,** fiesta *f* de cumpleaños.
birthmark ['bɜːθmɑːk] *n* antojo *m*, marca *f* de nacimiento.
birthplace ['bɜːθpleɪs] *n* lugar *m* de nacimiento.
birthright ['bɜːθraɪt] *n (individual)* derechos *mpl* de nacimiento, derechos *mpl* de primogenitura; *(heritage)* patrimonio *m*.
birthstone ['bɜːθstəʊn] *n* piedra *f* preciosa que corresponde al mes de nacimiento y que trae suerte al portador.
Biscay ['bɪskeɪ] *n* Vizcaya; **the Bay of B.,** el golfo de Vizcaya.
biscuit ['bɪskɪt] *n* **1** *Culin* galleta *f*; *fam* **that really takes the b.!,** ¡eso ya es el colmo!, ¡eso realmente se lleva la palma! **2** *(muffin)* bollo *m*, bizcocho *m*. **3** *(colour)* beige *m*.

bisect [baɪ'sekt] *vtr* bisegmentar; *Geom* bisecar.
bisexual [baɪ'seksjʊəl] *adj* bisexual.
bishop ['bɪʃəp] *n* **1** *Rel* obispo *m*. **2** *Chess* alfil *m*.
bishopric ['bɪʃəprɪk] *n Rel* obispado *m*.
bismuth ['bɪzməθ] *n Chem* bismuto *m*.
bison ['baɪsən] *n inv Zool* bisonte *m*.
bistro ['biːstrəʊ] *n* restaurante *m* pequeño.
bit¹ [bɪt] *n* **1** *(small piece)* trozo *m*, pedazo *m*; **a b. of cake,** un trozo de pastel; **the table has come to bits,** la mesa se ha roto; **to smash sth to bits,** hacer añicos algo; **to take sth to bits,** desmontar algo; *fig* **he went to bits,** se puso histérico; *fig* **I'm every b. as keen as you,** estoy tan entusiasmado,-a como tú; *fig* **thrilled to bits,** muy emocionado,-a, entusiasmado,-a; *fig* **to do one's b.,** hacer *or* poner de su parte; *fam* **b. of all right,** *(woman)* tía *f* buena; *(man)* tío *m* bueno. ■ *Theat* **b. part,** papel *m* secundario. **2** *(small quantity)* poco *m*; **a b. of sugar,** un poco de azúcar; **a b. of advice,** un consejo; **a b. of news,** una noticia; **bits and pieces,** trastos *mpl*; **he's a b. of a philosopher,** es un poco filósofo; **she's got a b. of money put aside,** tiene algo de dinero ahorrado; *fig* **b. by b.,** poco a poco; *fig* **not a b. of it!,** ¡ni hablar!; **are you angry?** —**not a b.!,** ¿estás enfadado? —¡en absoluto! **3** *(slightly, quite)* **a b.,** un poco; **a b. longer,** un ratito más; **a b. worried,** un poco preocupado; **a good b.,** bastante. **4** *(coin)* moneda *f*. ■ *Hist* **threepenny b.,** moneda *f* de tres peniques.
bit² [bɪt] *n (of bridle)* bocado *m*; *fig* **to take the b. between one's teeth,** desbocarse.
bit³ [bɪt] *n (of tool)* broca *f*, filo *m*; *(of drill)* broca *f*, taladro *m*, barrena *f*.
bit⁴ [bɪt] *n Comput* bit *m*.
bit⁵ [bɪt] *pt see* bite.
bitch [bɪtʃ] **I** *n* **1** *Zool (female)* hembra *f*; *(dog)* perra *f*. **2** *fam (spiteful woman)* bruja *f*, arpía *f*; *(prostitute)* zorra *f*; *sl* **offens son of a b.,** hijo *m* de puta *or* perra. **II** *vi fam* **to b. (about),** *(complain)* quejarse (de); *(criticize)* criticar, despellejar; **he's always bitching about his workmates,** *(criticizing)* siempre habla mal de sus compañeros de trabajo.
bitchy ['bɪtʃɪ] *adj fam (spiteful)* maldiciente; *(resentful)* rencoroso,-a; *(malicious)* malicioso,-a; *(malevolent)* malévolo,-a, malintencionado,-a.
bite [baɪt] **I** *n* **1** *(act)* mordisco *m*. **2** *(wound)* mordedura *f*; **(insect) b.,** picadura *f* (de insecto). **3** *(mouthful)* bocado *m*; **a b. of chocolate,** un bocado de chocolate. **4** *fam (snack)* bocado *m*, piscolabis *m*; **she hasn't had a b. to eat all day,** no ha probado bocado en todo el día. **5** *fig* mordacidad *f*, garra *f*. **II** *vtr (pt bit; pp bitten)* morder; *(insect)* picar; **to b. one's nails,** morderse las uñas; *fig* **to b. the dust,** morder el polvo; *fam* **don't b. off more than you can chew,** quien mucho abarca poco aprieta; *fam* **to b. sb's head off,** echarle una bronca a algn; *fam* **what's biting you?,** ¿qué mosca te ha picado?; *prov* **once bitten twice shy,** gato escaldado del agua fría huye. **III** *vi* **1** morder; *(insect)* picar. **2** *fig (take effect)* surtir efecto; **the economic measures are beginning to b.,** las medidas económicas están empezando a tener efecto. **3** *Fishing* picar, morder el anzuelo.
biting ['baɪtɪŋ] *adj (wind)* cortante, *fig (criticism)* mordaz, cáustico,-a.
bitten ['bɪtən] *pp see* bite.
bitter ['bɪtə^r] **I** *adj* **1** amargo,-a; **b. lemon,** limonada *f* amarga. **2** *(weather)* glacial; *(wind)* cortante. **3** *(memory)* amargo,-a; *(person)* amargado,-a; **the experience has made him feel b.,** la experiencia le ha

amargado. **4** (struggle) enconado,-a; (hatred) implacable; **to the b. end,** hasta el final. **II** n **1** (beer) cerveza f amarga. **2 bitters,** bíter m. ◆**bitterly** adv **1** amargamente, con amargura; **she was b. disappointed,** sufrió una terrible decepción. **2** (weather) **it's b. cold,** hace un frío glacial.

bittern ['bɪtən] n Orn avetoro m común. ■ **little b.,** avetorillo m común.

bitterness ['bɪtənɪs] n **1** (gen) amargura f. **2** (weather) crudeza f, severidad f. **3** (person) amargura f, rencor m. **4** (of struggle) encono m.

bittersweet [bɪtə'swiːt] adj agridulce.

bitty ['bɪtɪ] adj (bittier, bittiest) fragmentario,-a, incoherente.

bitumen ['bɪtjʊmɪn] n betún m.

bituminous [bɪ'tjuːmɪnəs] adj bituminoso,-a.

bivouac ['bɪvʊæk, 'bɪvwæk] Mil **I** n vivaque m, vivac m. **II** vi (pt & pp **bivouacked**) vivaquear.

biweekly [baɪ'wiːklɪ] **I** adj **1** (every two weeks) quincenal. **2** (twice a week) bisemanal. **II** adv **1** (every two weeks) quincenalmente, cada quincena. **2** (twice a week) dos veces por semana. **III** n publicación f quincenal or bisemanal.

bizarre [bɪ'zaːʳ] adj **1** (odd) extraño,-a, raro,-a. **2** (eccentric) estrafalario,-a, extravagante.

blab [blæb] vi (pt & pp **blabbed**) **1** fam parlotear; (chatter) **he's always blabbing,** nunca para de hablar. **2** (let out a secret) descubrir el pastel, chivarse.

black [blæk] **I** adj **1** (colour) negro,-a; **a b. and white television,** un televisor en blanco y negro; **as b. as coal,** negro como el carbón; fig **b. and blue,** amoratado,-a, lleno,-a de cardenales; fig **to be in sb's b. books,** estar en la lista negra de algn; fam **to put sth down in b. and white,** poner algo por escrito. ■ Av **b. box,** caja f negra; **b. coffee,** café n solo; **b. eye,** ojo n morado or a la funeral; Astron **b. hole,** agujero n negro; **b. humour,** humor m negro; **b. magic,** magia f negra; GB **B. Maria,** coche m celular, furgón m policial; **b. mark,** mala nota f; **b. market,** mercado m negro; **b. market goods,** artículos mpl de estraperlo; **b. marketeer,** estraperlista mf; US **B. Power,** movimiento m a favor de los derechos de los negros; **b. pudding,** morcilla f; **B. Sea,** Mar m Negro; Aut **b. spot,** punto m negro; GB **the B. Country,** la región de los Midlands; Hist **the B. Death,** la peste negra; **the b. economy,** la economía negra; fig **b. sheep,** oveja f negra. **2** (gloomy) negro,-a; **it was a b. day for the army,** fue un día aciago para el ejército; **the outlook is b.,** la perspectiva es negra. **II** n **1** (colour) negro m. **2** (person) negro,-a m,f. **3** (mourning) luto m; **he was in b.,** iba de luto. **III** vtr **1** (make black) ennegrecer; fig **to b. sb's eye,** ponerle a algn un ojo a la funerala. **2** (polish) limpiar, lustrar. **3** (boycott) boicotear. ◆**black out I** vtr **1** (extinguish lights) apagar las luces de; **the city was blacked out during the air raids,** durante los bombardeos se apagaron todas las luces de la ciudad. **2** Rad TV (censor) censurar. **II** vi (faint) perder el conocimiento, desmayarse.

blackball ['blækbɔːl] **I** n (veto) veto m; (negative vote) voto m negativo or en contra. **II** vtr votar en contra de algn.

blackberry ['blækbərɪ] n Bot zarzamora f, mora f; **to go blackberrying,** ir a recoger moras.

blackbird ['blækbɜːd] n Orn mirlo m.

blackboard ['blækbɔːd] n pizarra f, encerado m.

blackcap ['blækkæp] n Orn curruca f capirotada.

blackcurrant [blæk'kʌrənt] n Bot grosella f negra.

blacken ['blækən] vtr **1** (make black) ennegrecer, tiznar. **2** fig (defame) manchar.

blackguard ['blægɑːd] n sinvergüenza mf.

blackhead ['blækhed] n Med espinilla f.

blackish ['blækɪʃ] adj negruzco,-a.

blackjack ['blækdʒæk] n **1** US (truncheon) porra f, cachiporra f. **2** Cards veintiuna f.

blackleg ['blækleg] n esquirol m.

blacklist ['blæklɪst] **I** n lista f negra. **II** vtr poner en la lista negra.

blackmail ['blækmeɪl] **I** n chantaje m. **II** vtr hacer chantaje, chantajear.

blackmailer ['blækmeɪləʳ] n chantajista mf.

blackness ['blæknɪs] n (colouring) negrura f; (darkness) oscuridad f.

blackout ['blækaʊt] n **1** (of lights) apagón m. **2** Rad TV (censorship) censura f. **3** (fainting) pérdida f de conocimiento.

Blackshirt ['blækʃɜːt] n Hist camisa negra m, fascista mf.

blacksmith ['blæksmɪθ] n herrero m.

blackthorn ['blækθɔːn] n **1** Bot endrino m. **2** (stick) bastón m.

black-tie ['blæktaɪ] adj de etiqueta. ■ **b.-t. dinner,** cena f de etiqueta.

bladder ['blædəʳ] n Anat vejiga f. ■ **gall b.,** vesícula f biliar.

blade [bleɪd] n **1** (of grass) brizna f. **2** (of knife, sword, razor) hoja f; (of ice skate) cuchilla f. ■ **razor b.,** hoja f de afeitar. **3** (of propeller) pala f, paleta f; (of oar) pala f.

blame [bleɪm] **I** n culpa f; **to put the b. for sth on sb,** echar la culpa de algo a algn; **to take the b. for sth,** asumir la responsabilidad de algo. **II** vtr culpar, echar la culpa a; **he is to b.,** él tiene la culpa; **I don't b. Tom,** la culpa no es de Tom; **I've only myself to b.,** la culpa es sólo mía; **to be to b.,** ser el culpable or el responsable, tener la culpa.

blameless ['bleɪmlɪs] adj (person) inocente; (conduct) intachable.

blameworthy ['bleɪmwɜːðɪ] adj culpable, censurable.

blanch [blɑːntʃ] **I** vtr Culin (boil) escaldar. **II** vi (go pale) palidecer.

blancmange [blə'mɒnʒ] n Culin tipo de budín m dulce.

bland [blænd] adj **1** (climate) suave, templado,-a. **2** (person) agradable, amable. **3** (food) soso,-a.

blandishments ['blændɪʃmənts] npl halagos mpl, lisonjas fpl.

blank [blæŋk] **I** adj **1** (without writing) en blanco; **leave a b. space,** deja un espacio en blanco. **2** (empty) vacío,-a; **a. b. look,** una mirada vacía; **my mind went b.,** me quedé en blanco. ■ Mil **b. cartridge,** cartucho m de fogueo; Fin **b. cheque,** cheque m en blanco; Lit **b. verse,** verso m blanco or suelto. **3** (absolute) tajante, categórico,-a; **a b. refusal,** una negativa rotunda. **II** n **1** (space) espacio m en blanco, blanco m, hueco m; **fill in the blanks,** rellene los espacios en blanco; **his mind was a b.,** se quedó en blanco; **to draw a b.,** no tener éxito. ■ Mil cartucho m de fogueo. **2** US (form) impreso m, formulario m en blanco. **3** US (form) impreso m, formulario m en blanco. ◆**blankly** adv **1** (expressionless) con la mirada vacía. **2** (without understanding) sin comprender.

blanket ['blæŋkɪt] **I** n **1** manta f, frazada f; **electric b.,** manta eléctrica. ■ fam **wet b.,** aguafiestas mf inv. **2** fig capa f, manto m; **a b. of snow,** una capa de nieve. II *adj* general, comprensivo,-a; **a b. agreement**, un acuerdo general.

blare [bleəʳ] I *n* 1 *(loud noise)* estruendo *m*. 2 *(of trumpet)* trompetazo *m*. II *vi (trumpet)* sonar, resonar. ◆**blare out** *vtr (announce)* pregonar.

blarney ['blɑːnɪ] *n fam* coba *f*, labia *f*.

blasé ['blɑːzeɪ] *adj* hastiado,-a, de vuelta de todo.

blaspheme [blæs'fiːm] *vtr & vi* blasfemar **(against,** contra).

blasphemer [blæs'fiːməʳ] *n* blasfemador,-a *m,f*, blasfemo,-a *m,f*.

blasphemous ['blæsfɪməs] *adj* blasfemo,-a.

blasphemy ['blæsfɪmɪ] *n* blasfemia *f*.

blast [blɑːst] I *n* 1 *(of wind)* ráfaga *f*; *(of sand, water, compressed air)* chorro *m*. 2 *Mus (of horn etc)* toque *m*; **at full b.**, a toda marcha; **the radio was on full b.**, la radio sonaba a todo volumen; **trumpet b.**, trompetazo *m*. 3 *(explosion)* explosión *f*. ■ **b. furnace**, alto horno *m*. 4 *(shock wave)* onda *f* expansiva, onda *f* de choque. II *vtr* 1 *(blow up)* volar, hacer volar; *fam* **b. (it)!**, ¡maldito sea! 2 *fig (destroy)* acabar con, arruinar. 3 *fig (criticize)* criticar. ◆**blast off** *vi Astronaut* despegar.

blasted ['blɑːstɪd] *adj* maldito,-a, condenado,-a; *sl (drugs)* **to get b.**, ponerse ciego,-a.

blasting ['blɑːstɪŋ] *n Min* voladura *f*. ■ **b. charge**, carga *f* explosiva.

blast-off ['blɑːstɒf] *n Astronaut* despegue *m*.

blatant ['bleɪtənt] *adj (very obvious)* evidente, patente; *(shameless)* descarado,-a; **a b. lie**, una mentira patente.

blather ['blæðəʳ] *vi esp US* decir disparates.

blaze¹ [bleɪz] I *n* 1 *(burst of flame)* llamarada *f*. 2 *(fierce fire)* incendio *m*. 3 *(of sun, light)* resplandor *m*. 4 *(outburst)* arranque *m*, arranque *m*; *fig* **in a b. of anger**, en un arranque de cólera. 5 *fam* **blazes**, *(hell)* **go to b.!**, ¡vete a la porra!; **to run like b.**, correr como un descosido; **to work like b.**, trabajar como un demonio; **what the b. are you doing here?**, ¿qué demonios haces tú aquí? II *vi* 1 *(fire)* arder; *fig* **to b. with anger**, echar chispas. 2 *(sun, light, jewels)* resplandecer, brillar; **the sun was blazing down**, el sol pegaba con fuerza.

blaze² [bleɪz] I *n Zool* estrella *f*, mancha *f* blanca. II *vtr* **to b. a trail**, abrir un camino.

blazer ['bleɪzəʳ] *n* chaqueta *f* sport, blazer *m*.

blazing ['bleɪzɪŋ] *adj* 1 *(building)* en llamas. 2 *(sun)* abrasador,-a; *(light)* brillante. 3 *(rowdy)* violento,-a; **a b. row**, una discusión muy violenta.

blazon ['bleɪzən] I *n Herald* blasón *m*. II *vtr Herald* blasonar; *fig* proclamar.

bleach [bliːtʃ] I *n (household)* lejía *f*; *Chem* decolorante *m*. II *vtr* 1 *(whiten)* blanquear; *(fade)* descolorir; **the sun has bleached the dress**, el sol ha descolorido el vestido. 2 *Hairdr* decolorar, aclarar con agua oxigenada.

bleachers ['bliːtʃəz] *npl US Sport (seats)* gradas *fpl*, graderío *m*.

bleak¹ [bliːk] *adj* 1 *(countryside)* desolado,-a. 2 *(weather)* frío,-a, desapacible. 3 *(future)* poco prometedor,-a.

bleak² [bliːk] *n (fish)* alburno *m*.

bleary ['blɪərɪ] *adj (blearier, bleariest) (eyes) (due to tears)* nublado,-a; *(due to tiredness)* legañoso,-a.

bleary-eyed [blɪərɪ'aɪd] *adj* con los ojos nublados *or* legañosos.

bleat [bliːt] I *n* balido *m*. II *vi* 1 *(animal)* balar. 2 *fam (person)* quejarse.

bled [bled] *pt & pp see* **bleed**.

bleed [bliːd] I *vi (pt & pp bled) Med* sangrar; **his nose is bleeding**, le sangra la nariz; **to b. to death**, morir desangrado,-a; *iron* **my heart bleeds for you**, ¡qué pena me das! II *vtr Med* sangrar; *fam* **to b. sb white** *or* **dry**, sacarle a algn hasta el último céntimo.

bleeder ['bliːdəʳ] *n* 1 *fam Med* hemofílico,-a *m,f*. 2 *sl offens* hijo *m* de tal; **you lucky b.!**, ¡menuda suerte tienes, macho!

bleeding ['bliːdɪŋ] I *n Med (blood-letting)* sangría *f*; *(loss of blood)* pérdida *f* de sangre, hemorragia *f*. II *adj* 1 *Med* sangrante, que sangra. 2 *sl offens* puñetero,-a, jodido,-a.

bleed-valve ['bliːdvælv] *n Tech* válvula *f* de desahogo.

bleep [bliːp] I *n* bip *m*, pitido *m*. II *vi* hacer bip, pitar. III *vtr fam* **to b. sb**, localizar a algn con un busca.

bleeper ['bliːpəʳ] *n fam* busca *m*, buscapersonas *m inv*.

blemish ['blemɪʃ] *n* 1 *(defect, flaw)* defecto *m*, imperfección *f*; *(on fruit)* maca *f*; *fig* mancha *f*; *fig* **without b.**, sin tacha. 2 *(on skin)* mancha *f*.

blench¹ [blentʃ] *vi (flinch)* echarse atrás; **without blenching**, sin pestañear.

blench² [blentʃ] *vi (turn pale)* palidecer.

blend [blend] I *n (mixture)* mezcla *f*, combinación *f*. II *vtr (mix)* mezclar, combinar; *(match)* casar, armonizar. III *vi (mix)* mezclarse, combinarse; *(colours)* casar, armonizar.

blender ['blendəʳ] *n Culin* licuadora *f*. ■ **hand b.**, batidora *f*.

bless [bles] *vtr (pt & pp blessed or blest)* 1 bendecir; *fam* **b. my soul!**, ¡caramba!; *fam (after a sneeze)* **b. you!**, ¡Jesús!; *fam* **b. God b. you!**, ¡Dios te bendiga! 2 dotar; **blessed with good eyesight**, dotado,-a de buena vista; **they were blessed with five children**, Dios les bendijo con cinco hijos.

blessed ['blesɪd] *adj* 1 *Rel* bendito,-a; **b. be Thy Name**, bendito sea Tu Nombre; **the B. Sacrament**, el Santísimo Sacramento; **the B. Virgin**, la Santa Virgen. 2 *(happy)* bienaventurado,-a, feliz. 3 *fam (damned)* maldito,-a, dichoso,-a; **I don't know a b. thing about it**, no tengo ni la más remota idea; **the whole b. day**, todo el santo día; **where's that b. book?**, ¿dónde estará ese maldito libro?

blessing ['blesɪŋ] *n* 1 *Rel* bendición *f*; **to give the b.**, dar la bendición; *fig* **the government gave its b. to the project**, el gobierno aprobó el proyecto. 2 *(advantage)* ventaja *f*; **a mixed b.**, una ventaja relativa; **it's a b. in disguise**, no hay mal que por bien no venga; **one must count one's blessings**, se debe apreciar lo que uno tiene; **the blessings of civilization**, las ventajas de la civilización.

blest [blest] *pt & pp see* **bless**.

blew [bluː] *pt see* **blow**.

blight [blaɪt] I *n Agr* añublo *m*; *fig* plaga *f*. II *vtr* 1 *Agr* tener añublo, atizonar. 2 *fig (spoil)* arruinar, destrozar; *(frustrate)* frustrar.

blighter ['blaɪtəʳ] *n fam* 1 *(fellow)* tío *m*, tipo *m*; **you lucky b.!**, ¡qué suerte tienes, tío! 2 *(annoying person)* cabrón,-ona *m,f*.

Blighty ['blaɪtɪ] *n fam* Inglaterra *f*.

blimey ['blaɪmɪ] *interj fam* ¡caramba!, ¡caray!

blimp [blɪmp] *n Av* dirigible *m*.

blind [blaɪnd] I *adj* 1 *(medical condition)* ciego,-a; **a b. man**, un ciego; **a b. woman**, una ciega; **b. in one eye**, tuerto,-a; **b. man's buff**, *(game)* la gallinita ciega; **to go b.**, quedarse ciego; *fig* **b. faith**, fe ciega; *fig* **b. obedience**, obediencia ciega; *fig* **to be b. to sth**, no ver algo; **he is b. to the consequences**, no ve las consecuencias; *fig* **to turn a b. eye**, hacer la vista gorda; *fam* **to be as b. as a bat**, no ver tres en un burro. 2 *(bad visibility)* ciego,-a. ■ **b. alley**, callejón *m* sin salida; *Aut* **b. corner**, curva *f* sin visibilidad; *Sport* **b. side**, lado *m* estrecho; **b. spot**, ángulo *m* muerto; *fam* **b. date**, cita *f* a ciegas. **II** *adv* a ciegas; *Av* **to fly b.**, volar sin visibilidad; *fam* **to get b. drunk**, agarrar una curda; *Cards* **to go b.**, apostar a ciegas. **III** *n* 1 *(on window)* persiana *f*. 2 *pl* **the b.**, los ciegos; *fig* **it's the b. leading the b.**, es como un ciego conduciendo a otro ciego. **IV** *vtr* 1 *(deprive of sight)* cegar, dejar ciego; *fig* **blinded by ambition**, cegado por la ambición. 2 *(dazzle)* deslumbrar.

blinder ['blaɪndə'] *n fam* borrachera *f*; **to go on a b.**, irse de juerga; *GB Sport* **to have** *or* **play a b.**, jugar muy bien.

blinders ['blaɪndəz] *npl US* anteojeras *fpl*.

blindfold ['blaɪndfəʊld] **I** *n* venda *f*. **II** *vtr* vendar los ojos.

blindfolded ['blaɪndfəʊldɪd] *adj & adv* con los ojos vendados.

blinding ['blaɪndɪŋ] *adj* cegador,-a, deslumbrante.

blindly ['blaɪndlɪ] *adv* a ciegas, ciegamente.

blindness ['blaɪndnɪs] *n Med* ceguera *f*; *fig* ceguera *f*, obcecación *f*.

blink [blɪŋk] **I** *n* *(of eyes)* parpadeo *m*; *fam* **to be on the b.**, estar averiado,-a. **II** *vi* 1 *(eyes)* pestañear, parpadear. 2 *(lights)* parpadear.

blinkered ['blɪŋkəd] *adj* *(horse)* con anteojeras; *fig* *(attitude)* de miras estrechas.

blinkers ['blɪŋkəz] *npl* 1 *(on horse)* anteojeras *fpl*. 2 *Aut* intermitentes *mpl*. 3 *fam* *(eyes)* ojos *mpl*.

blinking ['blɪŋkɪŋ] *adj fam* *(damned)* maldito,-a, condenado,-a.

blip [blɪp] *n Rad* pip *m*.

bliss [blɪs] *n* felicidad *f*, dicha *f*; **it was b.!**, ¡fue maravilloso!, ¡fue estupendo!

blissful ['blɪsfʊl] *adj* *(happy)* feliz, dichoso,-a; *(marvellous)* maravilloso,-a. ◆**blissfully** *adv* **b. happy**, verdaderamente feliz.

blister ['blɪstə'] **I** *n* 1 *Med* *(on skin)* ampolla *f*. 2 *(on paint)* burbuja *f*. **II** *vtr Med* ampollar, provocar ampollas. **III** *vi Med* ampollarse.

blithe [blaɪð] *adj* alegre. ◆**blithely** *adv* alegremente.

blithering ['blɪðərɪŋ] *adj fam* **he's a b. idiot**, es tonto perdido.

blitz [blɪts] **I** *n* bombardeo *m* aéreo; *fig* **to have a b. on sth**, atacar algo. **II** *vtr* bombardear.

blitzkrieg ['blɪtskriːg] *n* guerra *f* relámpago.

blizzard ['blɪzəd] *n* ventisca *f*.

bloated ['bləʊtɪd] *adj* hinchado,-a, inflado,-a; *fig* **b. with pride**, henchido de orgullo.

bloater ['bləʊtə'] *n Culin* arenque *m* ahumado.

blob [blɒb] *n* *(of liquid)* gota *f*; *(of colour)* mancha *f*.

bloc [blɒk] *n Pol* bloque *m*; **the Eastern B. countries**, los países del bloque del Este.

block [blɒk] **I** *n* 1 bloque *m*; *(of wood)* taco *m*; *(butcher's)* tajo *m*; *(toy)* **building b.**, cubo *m* de madera; **in b. capitals**, en mayúsculas. ■ **b. diagram**, diagrama *m* de bloques. 2 *(building)* edificio *m*, bloque *m*; **a b. of flats**, un bloque de pisos *or* de viviendas. 3 *(group of buildings)* manzana *f*; **to run**

round the b., dar la vuelta a la manzana. 4 *(obstruction)* bloqueo *m*, obstrucción *f*; **a mental b.**, un bloqueo mental. 5 *(group, series)* bloque *m*; *Theat* **a b. of seats**, un grupo de asientos; *Fin* **a b. of shares**, una serie de acciones. ■ **b. vote**, voto *m* por delegación. 6 *Tech* **b. and tackle**, aparejo *m* de poleas. 7 *fam* *(head)* coco *m*; **to knock sb's b. off**, romperle la crisma a algn. **II** *vtr* 1 *(obstruct)* bloquear, obstruir; *Aut* **'road blocked'**, 'carretera cortada'; **to b. the way**, cerrar el paso; **to b. (up) a pipe**, obstruir una tubería. 2 *Sport* *(player)* obstaculizar; *(ball)* bloquear. 3 *Fin Parl* bloquear. **III** *vi* 1 obstruirse. 2 *Theat* poner en escena. ◆**block up** *vtr* bloquear, obstruir; *(pipe)* **to get blocked up**, obstruirse.

blockade [blɒˈkeɪd] *n* bloqueo *m*; **to run a b.**, romper *or* burlar un bloqueo.

blockage ['blɒkɪdʒ] *n* 1 bloqueo *m*, obstrucción *f*. 2 *Aut* *(traffic jam)* atasco *m*, embotellamiento *m*.

blockbuster ['blɒkbʌstə'] *n fam* 1 *Mil* bomba *f* de gran potencia. 2 *(success)* exitazo *m*; *Cin TV* gran éxito *m* de taquilla; *(book)* éxito *m* de ventas.

blockhead ['blɒkhed] *n* tarugo,-a *m,f*, zoquete *mf*.

blockhouse ['blɒkhaʊs] *n Mil* blocao *m*, fortín *m*.

blocking ['blɒkɪŋ] *n Theat* puesta *f* en escena, dirección *f* escénica.

bloke [bləʊk] *n fam* tío *m*, tipo *m*, individuo *m*.

blond [blɒnd] *adj & n* rubio *(m)*.

blonde [blɒnd] *adj & n* rubia *(f)*. ■ *Cin* **dumb b.**, rubia *f* tonta.

blood [blʌd] *n* 1 *Biol* sangre *f*; *fig* **in cold b.**, a sangre fría; *fig* **to make sb's b. run cold**, helarle la sangre a algn; *fig* **to sweat b.**, sudar sangre; *fam* **it makes my b. boil**, me hierve la sangre; *fam* **it's like trying to get b. from a stone**, es como querer sacar agua del desierto. ■ **b. bank**, banco *m* de sangre; **b. cell**, glóbulo *m*; **b. count**, recuento *m* de glóbulos sanguíneos; **b. donor**, donante *mf* de sangre; **b. group**, grupo *m* sanguíneo; **b. orange**, naranja *f* sanguina; **b. poisoning**, envenenamiento *m* de la sangre; **b. pressure**, tensión *f* arterial; **b. sports**, deportes *mpl* cruentos; **b. test**, análisis *m* de sangre; **b. transfusion**, transfusión *f* de sangre; **b. vessel**, vaso *m* sanguíneo; **blue b.**, sangre *f* azul; **high/low b. pressure**, hipertensión *f*/hipotensión *f*; **to have high/low b. pressure**, tener la tensión alta/baja. 2 *(race)* sangre *f*, raza *f*; **of Scottish b.**, de descendencia escocesa; *fig* **new b.**, sangre *f* nueva; *fam* **b. is thicker than water**, son muy fuertes los lazos de parentesco. ■ **b. brother**, hermano *m* carnal; **b. relation**, pariente *m* consanguíneo, parienta *f* consanguínea.

blood-and-thunder [blʌdənˈθʌndə'] *adj Cin Theat* emocionante, melodramático,-a.

bloodbath ['blʌdbɑːθ] *n fig* baño *m* de sangre, carnicería *f*.

bloodcurdling ['blʌdkɜːdlɪŋ] *adj* espeluznante, horripilante.

bloodhound ['blʌdhaʊnd] *n Zool* sabueso *m*.

bloodless ['blʌdlɪs] *adj* 1 *(anaemic)* anémico,-a. 2 *(without bloodshed)* sin derramamiento de sangre, incruento,-a.

bloodletting ['blʌdletɪŋ] *n Med* sangría *f*; *fig* carnicería *f*.

blood-red ['blʌdred] *adj* de color rojo sangre.

bloodshed ['blʌdʃed] *n* derramamiento *m* de sangre.

bloodshot ['blʌdʃɒt] *adj* *(eyes)* inyectado,-a de sangre.

bloodstain ['blʌdsteɪn] *n* mancha *f* de sangre.

bloodstained ['blʌdsteɪnd] *adj* manchado,-a de sangre.

bloodstream ['blʌdstri:m] *n* corriente *f* sanguínea.

bloodsucker ['blʌdsʌkəʳ] *n Zool* sanguijuela *f*.

bloodthirsty ['blʌdθɜ:stɪ] *adj* sanguinario,-a.

bloody ['blʌdɪ] **I** *adj (bloodier, bloodiest)* **1** *(battle)* sangriento,-a. **2** *(bloodstained)* manchado,-a de sangre. **3** *sl (damned)* condenado,-a, puñetero,-a; **they took no b.** notice of me, no me hicieron ni puñetero caso; **where's that b.** book?, ¿dónde está ese condenado libro? **II** *adv sl* **it's b.** difficult, ¡joder, qué difícil!; **not b.** likely!, ¡ni de coña!; **not b.** once, ni una puñetera vez.

bloody-minded [blʌdɪ'maɪndɪd] *adj fam* terco,-a, tozudo,-a.

bloody-mindedness [blʌdɪ'maɪndɪdnɪs] *n fam* terquedad *f*.

bloom [blu:m] **I** *n* **1** *(flower)* flor *f*; **in full b.**, en flor, florecido,-a; *fig* **in the b.** of youth, en la flor de la juventud. **2** *(on fruit)* vello *m*, pelusa *f*. **II** *vi* **1** *(blossom)* florecer; *fig* prosperar, florecer. **2** *(look radiant)* resplandecer; **blooming with health**, rebosante de salud.

bloomer[1] ['blu:məʳ] *n Culin* pan *m* casero.

bloomer[2] ['blu:məʳ] *n fam* metedura *f* de pata, plancha *f*.

bloomers ['blu:məz] *npl* pololos *mpl*, bombachos *mpl*.

blooming ['blu:mɪŋ] *adj* **1** *(blossoming)* floreciente. **2** *(glowing)* resplandeciente, radiante. **3** *fam euph (damned)* maldito,-a, condenado,-a.

blooper ['blu:pəʳ] *n US fam* metedura *f* de pata, plancha *f*.

blossom ['blɒsəm] **I** *n (flower)* flor *f*; **in b.**, en flor. ■ **orange b.**, flor *f* de azahar. **II** *vi* florecer; *fig* **to b. out**, alcanzar la plenitud.

blot [blɒt] **I** *n (of ink)* borrón *m*, mancha *f*; *fig* mancha *f*; *fig* **to be a b. on the landscape**, afear el paisaje. **II** *vtr (pt & pp blotted)* **1** *(with ink)* emborronar; *fam* **to b. one's copybook**, manchar su reputación. **2** *(dry with blotting paper)* secar. **III** *vi (ink)* correrse. ◆**blot out** *vtr (memories)* borrar; *(view)* ocultar.

blotch [blɒtʃ] **I** *n (on skin)* mancha *f*, rojez *f*. **II** *vi* enrojecer.

blotchy ['blɒtʃɪ] *adj (skin, face, etc)* enrojecido,-a; *(paint etc)* cubierto,-a de manchas.

blotter ['blɒtəʳ] *n* **1** *(blotting paper)* papel *m* secante. **2** *US (record book)* registro *m*.

blotting-paper ['blɒtɪŋpeɪpəʳ] *n* papel *m* secante.

blotto ['blɒtəʊ] *adj sl* **to be b.**, estar trompa *or* como una cuba.

blouse [blaʊz] *n* blusa *f*.

blow[1] [bləʊ] *n* **1** golpe *m*; **b. with a hammer**, martillazo *m*; **b. with the fist**, puñetazo *m*; **to exchange blows**, pegarse; **to come to blows**, llegar a las manos; *fig* **a b. by b. account**, un relato minucioso; *fig* **to strike sb a b.**, asestar un golpe a algn. **2** *(shock)* golpe *m*; **it was a terrible b. for her**, fue un golpe duro para ella.

blow[2] [bləʊ] **I** *vi (pt blew; pp blown)* **1** *(wind)* soplar; **it blew out of the window**, voló por la ventana; **it's blowing hard**, hace mucho viento; **to b. on one's fingers**, soplarse los dedos; **to b. open/shut**, abrirse/cerrarse de golpe; *fig* **to b. hot and cold**, jugar con dos barajas. **2** *(whistle)* sonar. **3** *Elec (fuse)* fundirse. **4** *Aut (tyre)* reventar. **II** *vtr* **1** *(kiss)* mandar, enviar. **2** *Mus (trumpet etc)* tocar; *(horn)* tocar; *(whistle)*

pitar; *fig* **to b. one's own trumpet**, darse bombo. **3** *(glass)* soplar. **4** *(one's nose)* sonarse. **5** *Elec (fuse)* fundir. **6** *fam (waste)* despilfarrar; **to b. all one's savings on a new car**, ventilarse sus ahorros en un coche nuevo; *fam* **b. the expense!**, ¡no importa el gasto! **7** *fam euph (damn)* **b. you!**, ¡vete a hacer puñetas!; **well, I'm blowed!**, ¡caray! **8** *fam (lose)* pifiar; **he blew his chances of getting the job**, perdió cualquier posibilidad de conseguir el empleo. **9** *(explode)* volar, hacer explotar; **it blew the bank sky-high**, hizo volar el banco por los aires; *fig* **to b. sb's cover**, descubrir la tapadera de algn; *fam* **to b. the gaff**, descubrir el pastel; *fam* **to b. one's top**, salirse de sus casillas. ◆**blow away** *vtr (wind)* arrastrarse, llevarse. ◆**blow down** *vtr* derribar. ◆**blow in** *vtr* derribar. ◆**blow off** **I** *vtr (remove)* quitar; *fam (in anger)* **to b. sb's head off**, volarle la cabeza a algn. **II** *vi (hat)* salir volando. ◆**blow out** **I** *vtr (extinguish)* apagar. **II** *vi* **1** *(become extinguished)* apagarse. **2** *Aut (tyre)* reventar. ◆**blow over** **I** *vtr* derribar. **II** *vi* **1** *(storm)* calmarse. **2** *fig (scandal)* olvidarse. ◆**blow up** **I** *vtr* **1** *(building)* volar. **2** *(inflate)* inflar. **3** *Phot* ampliar. **II** *vi* **1** *(explode)* explotar. **2** *fam (lose one's temper)* salirse de sus casillas.

blower ['bləʊəʳ] *n* **1** **glass b.**, soplador,-a *m,f* de vidrio. **2** *fam (telephone)* teléfono *m*; **to get on the b. to sb**, llamar a algn por teléfono.

blowfly ['bləʊflaɪ] *n Ent* moscarda *f*, mosca *f* azul.

blowhole ['bləʊhəʊl] *n* **1** *(in tunnel)* ventilador *m*. **2** *(in ice)* respiradero *m*. **3** *(of whale)* orificio *m* nasal.

blowlamp ['bləʊlæmp] *n* soplete *m*.

blown [bləʊn] *pp see* **blow**.

blowout ['bləʊaʊt] *n* **1** *Aut* reventón *m*. **2** *sl* comilona *f*.

blowsy ['blaʊzɪ] *adj (blowsier, blowsiest) fam* desaliñado,-a.

blowtorch ['bləʊtɔ:tʃ] *n US* soplete *m*.

blow-up ['bləʊʌp] *n Phot* ampliación *f*.

blowy ['bləʊɪ] *adj (blowier, blowiest)* ventoso,-a.

blub [blʌb] *vi fam (pt & pp blubbed)* lloriquear.

blubber ['blʌbəʳ] **I** *n Zool* grasa *f* de ballena. **II** *vi fam* lloriquear, llorar a moco tendido.

bludgeon ['blʌdʒən] **I** *n* maza *f*, cachiporra *f*. **II** *vtr* aporrear; *fig* **to b. sb into doing sth**, forzar a algn a hacer algo.

blue [blu:] **I** *adj* **1** *(colour)* azul; **b. with cold**, amoratado de frío; *fig* **once in a b. moon**, de Pascuas a Ramos, de higos a brevas; *fig* **you can complain till you're b. in the face**, te puedes quejar hasta desgañitarte; *fam* **to be in a b. funk**, tener canguelo; *fam* **to scream b. murder**, gritar como un loco. **2** *(sad)* triste, melancólico,-a; *(depressed)* deprimido,-a; **to feel b.**, sentirse deprimido. **3** *(obscene)* verde; **b. joke**, chiste *m* verde; **b. film**, película *f* pornográfica. **II** *n* **1** *(colour)* azul *m*. ■ **navy b.**, azul *m* marino; **sky b.**, azul *m* celeste; *fam* **the boys in b.**, los maderos, la bofia, la policía. **2** *(in laundering)* añil *m*, azulete *m*. **3** *Pol* conservador,-a *m,f*. **4** *GB Univ Sport* jugador,-a *m,f* que representa la universidad. **5** **the b.**, *(sea)* el mar; *(sky)* el cielo; **out of the b.**, *(suddenly)* de repente; *(unexpectedly)* como llovido del cielo.

bluebell ['blu:bel] *n Bot* campanilla *f*.

blueberry ['blu:bərɪ] *n Bot* arándano *m*.

bluebird ['blu:bɜ:d] *n Orn* azulejo *m*.

bluebottle ['bluːbɒtəl] n Ent moscarda f, mosca f azul.

blue-collar ['bluːkɒləʳ] adj b.-c. **worker,** obrero,-a m,f.

blue-eyed ['bluːaɪd] adj de ojos azules; GB fam **he's mummy's b.-e. boy,** es el niño mimado de mamá.

blueprint ['bluːprɪnt] n Archit cianotipo m; fig anteproyecto m.

blues [bluːz] n 1 Mus **the b.,** el blues. 2 fam (sadness) tristeza f, melancolía f; **to have the b.,** sentirse deprimido.

bluestocking ['bluːstɒkɪŋ] n sabionda f, marisabidilla f.

bluetit ['bluːtɪt] n Orn herrerillo m común.

bluff [blʌf] I n 1 (trick) bluff m, farol m, fanfarronada f; **to call sb's b.,** hacer que algn ponga sus cartas encima de la mesa. 2 Geog (cliff) acantilado m. II adj 1 (down-to-earth) campechano,-a; (abrupt) brusco,-a; (forthright) francote,-a. 2 Geog (cliff) escarpado,-a. III vi tirarse un farol, fanfarronear; **to b. one's way through sth,** hacer colar algo.

bluffer ['blʌfəʳ] n farolero,-a m,f, fanfarrón,-ona m,f.

bluish ['bluːɪʃ] adj azulado,-a.

blunder ['blʌndəʳ] I n metedura f de pata; fam plancha f. II vi meter la pata or una plancha, cometer un planchazo; **to b. into sth,** tropezar con algo.

blunderbuss ['blʌndəbʌs] n trabuco m.

blunderer ['blʌndərəʳ] n torpe mf, metepatas mf inv.

blunt [blʌnt] I adj 1 (knife) embotado,-a, desafilado,-a; (pencil) despuntado,-a, romo,-a; **b. instrument,** instrumento contundente. 2 (direct, frank) directo,-a, francote,-a; (statement, answer) tajante, terminante, categórico,-a. II vtr 1 embotar, desafilar; (knife) despuntar. 2 fig (emotions, feelings) embotar. ◆**bluntly** adv francamente, sin rodeos.

bluntness ['blʌntnɪs] n fig franqueza f.

blur [blɜːʳ] I n aspecto m borroso; **everything was just a b.,** veía todo borroso. II vtr (pt & pp blurred) (windows) empañar; (shape) desdibujar; (vision, memory) enturbiar; **his memory was blurred,** no se acordaba de nada.

blurb [blɜːb] n (bumph) propaganda f; (book) resumen m, reseña f.

blurred [blɜːd] adj Phot TV borroso,-a.

blurt [blɜːt] vtr **to b. out,** dejar escapar, soltar.

blush [blʌʃ] I n rubor m, sonrojo m. II vi ruborizarse, ponerse colorado,-a.

blusher ['blʌʃəʳ] n colorete m.

blushing ['blʌʃɪŋ] adj ruborizado,-a.

bluster ['blʌstəʳ] I n fig fanfarronadas fpl, bravatas fpl. II vi 1 (sea, wind) bramar. 2 fig (person) fanfarronear, echar bravatas.

blustery ['blʌstərɪ] adj borrascoso,-a; **a b. day,** un día ventoso.

boa ['bəʊə] n 1 Zool (snake) boa f. ■ **b. constrictor,** boa f constrictor. 2 (of fur, feathers) boa m.

boar [bɔːʳ] n Zool verraco m. ■ **wild b.,** jabalí m.

board [bɔːd] I n 1 (plank) tabla f; Theat **to tread the boards,** pisar las tablas. 2 (work surface) tabla f, mesa f; (blackboard) pizarra f, encerado m; (for games) tablero m. ■ **chess b.,** tablero m de ajedrez; **drawing b.,** tablero m de dibujo; **it's back to the drawing b.!,** ¡volvamos a empezar!; **ironing b.,**

tabla f de planchar; **notice b.,** US **bulletin b.,** tablón m de anuncios. 3 Print **in boards,** en cartoné. 4 (meals) pensión f; **full b.,** pensión completa; **b. and lodging,** casa f y comida. 5 (committee, council) junta f, consejo m; **b. of directors,** junta directiva, consejo de administración; Com **B. of Trade,** Ministerio m de Comercio. ■ **b. room,** sala f del consejo. 6 Naut **on b.,** a bordo; **to go on b.,** subir a bordo. 7 fig **above b.,** en regla; **across-the-b.,** general; **an across-the-b. pay increase,** un aumento lineal del sueldo; **is it all above b.?,** ¿es legal?; **to let sth go by the b.,** abandonar algo. II vtr 1 (lodge) alojar. 2 (ship, plane, etc) embarcar, embarcarse en, subir. III vi 1 (lodge) alojarse; **he boarded with my sister,** se alojó en casa de mi hermana. 2 (at school) estar interno,-a. ◆**board up** vtr tapar.

boarder ['bɔːdəʳ] n 1 (in boarding house) huésped mf. 2 (at school) interno,-a m,f, pensionista mf.

boardgame ['bɔːdɡeɪm] n juego m de mesa.

boarding ['bɔːdɪŋ] 1 (floor) entablado m. 2 (embarkation) embarque m. ■ **b. card, b. pass,** tarjeta f de embarque. 3 (lodging) alojamiento m, pensión f. ■ **b. house,** casa f de huéspedes, pensión f; **b. school,** internado m.

boardsailing ['bɔːdseɪlɪŋ] n US windsurf m, windsurfing m.

boardwalk ['bɔːdwɔːk] n US paseo m marítimo construido sobre tablas.

boast [bəʊst] I n jactancia f, alarde m. II vi jactarse, alardear (**about,** de). III vtr presumir de, alardear de; **the town boasts an Olympic swimming pool,** la ciudad disfruta de una piscina olímpica.

boaster ['bəʊstəʳ] n jactancioso,-a m,f.

boastful ['bəʊstfʊl] adj jactancioso,-a.

boasting ['bəʊstɪŋ] n jactancia f.

boat [bəʊt] n 1 Naut barco m; (small) barca f, bote m; (launch) lancha f; (large) buque m; **to go by b.,** ir en barco; **to burn one's boats,** quemar las naves; fig **to miss the b.,** perder el tren; fig **we're all in the same b.,** todos estamos en el mismo barco. ■ **fishing b.,** barco m de pesca; **rowing b.,** bote m de remos; **sailing b.,** barco m de vela, velero m. 2 Culin **gravy b.,** salsera f.

boatbuilder ['bəʊtbɪldəʳ] n constructor,-a m,f de barcos.

boater ['bəʊtəʳ] n canotié m, canotier m.

boathouse ['bəʊthaʊs] n cobertizo m (para barcas).

boating ['bəʊtɪŋ] n paseo m en barco; **to go boating,** dar un paseo en barco. ■ **b. club,** club m náutico.

boatload ['bəʊtləʊd] n barcada f; fam montón m.

boatman ['bəʊtmən] n (pl boatmen) barquero m.

boatswain ['bəʊsən] n contramaestre m.

boatwoman ['bəʊtwʊmən] n (pl boatwomen ['bəʊtwɪmɪn]) barquera f.

boatyard ['bəʊtjɑːd] n astillero m.

Bob [bɒb] n dimin of **Robert;** fam **you just add a little water, and B.'s your uncle!,** ¡le añades un poco de agua y listo!

bob [bɒb] I n 1 (haircut) pelo m a lo chico. 2 fam inv (shilling) chelín m; **five b.,** cinco chelines. 3 (curtsey) reverencia f. 4 Sport trineo m. II vi (pt & pp bobbed) **to b. up and down,** balancearse, subir y bajar. III vtr (hair) cortar; **she's had her hair bobbed,** le han cortado el pelo a lo chico.

bobbin ['bɒbɪn] n (of spinning machine) bobina f; (of sewing machine) canilla f; (for lace-making) bolillo m.

bobby ['bɒbɪ] n 1 fam (policeman) poli m. 2 US Hairdr b. pin, pasador m. 3 US b. socks, b. sox, calcetines mpl.

bobby-soxer ['bɒbɪsɒksəʳ] n US adolescente f, quinceañera f.

bobsled ['bɒbsled] n Sport see bobsleigh.

bobsleigh ['bɒbsleɪ] n Sport bobsleigh m, trineo m.

bobtail ['bɒbteɪl] adj 1 (tail) cortada. 2 (horse) rabicorto,-a.

bod [bɒd] n fam tío m.

bode¹ [bəʊd] pt see bide.

bode² [bəʊd] vtr & vi presagiar; **to b. well/ill,** ser de buen/mal agüero.

bodice ['bɒdɪs] n 1 (sleeveless undergarment) corpiño m. 2 (of dress) cuerpo m.

bodily ['bɒdɪlɪ] I adj físico,-a; **b. harm,** daños mpl corporales; **b. needs,** necesidades fpl físicas. II adv **to carry sb b.,** llevar a algn en brazos.

body ['bɒdɪ] n 1 Anat cuerpo m; fig **to earn enough to keep b. and soul together,** ganar lo justo para vivir. ■ **b. language,** expresión f corporal; **b. odour,** olor m corporal. 2 (corpse) cadáver m; fam **over my dead b.!,** ¡tendrás etc que pasar por encima de mi cadáver! ■ **b. snatcher,** ladrón m de cadáveres. 3 Chem Phys cuerpo m. ■ Astron **heavenly b.,** cuerpo m celeste. 4 (main part) parte f principal, parte f central. 5 Aut carrocería f; Av fuselaje m; Naut casco m. 6 (organization) organismo m; (profession) cuerpo m; **legislative b.,** cuerpo m or órgano m legislativo; **the b. politic,** el estado. 7 (group of people) conjunto m, grupo m; **a large b. of students,** un gran número de estudiantes. 8 (wine) cuerpo m.

body-blow ['bɒdɪbləʊ] n fig golpe m duro.

body-builder ['bɒdɪbɪldəʳ] n culturista mf.

body-building ['bɒdɪbɪldɪŋ] n culturismo m.

bodyguard ['bɒdɪgɑːd] n guardaespaldas mf inv.

bodystocking ['bɒdɪstɒkɪŋ] n body m.

bodywave ['bɒdɪweɪv] n Hairdr moldeado m.

bodywork ['bɒdɪwɜːk] n Aut carrocería f.

Boer ['bəʊəʳ] adj & n bóer (mf); **the B. War,** la guerra del Transvaal.

boffin ['bɒfɪn] n fam científico,-a m,f, investigador,-a m,f.

bog [bɒg] n 1 ciénaga f, pantano m; Ir (peat) b., turbera f. 2 sl (lavatory) meódromo m. ◆**bog down** vtr fig atascar; **to get bogged down,** atascarse.

bogey ['bəʊgɪ] n 1 (spectre) espectro m, fantasma m. 2 (bugbear) pesadilla f. 3 Golf bogey m. 4 sl (mucus) moco m.

bogeyman ['bəʊgɪmən] n (pl bogeymen) fam **the b.,** el hombre del saco, el coco.

boggle ['bɒgəl] vi sobresaltarse; fam **the mind boggles,** ¡es alucinante!

boggy ['bɒgɪ] adj (boggier, boggiest) pantanoso,-a.

bogie ['bəʊgɪ] n Rail carretón m, bogie m.

bogus ['bəʊgəs] adj falso,-a; **b. company,** compañía f fantasma; **b. policemen,** policía f ful.

bogy ['bəʊgɪ] n see bogey.

Bohemia [bəʊ'hiːmɪə] n Bohemia.

Bohemian [bəʊ'hiːmɪən] adj & n bohemo,-a (m,f), bohemio,-a (m,f).

boil¹ [bɔɪl] I n Culin **to be on the b.,** hervir, estar hirviendo; **to come to the b.,** empezar a hervir. II vtr Culin (water) hervir; (food) hervir, cocer; (egg) cocer, pasar por agua. III vi Culin hervir, cocer; fig **to b. with rage,** estar furioso. ◆**boil down** vi reducirse (**to,** a); fig **it boils down to money,** en el fondo es una cuestión de dinero; fig **it all boils down to this,** todo se reduce a esto. ◆**boil over** vi (milk) salirse.

boil² [bɔɪl] n Med furúnculo m.

boiled [bɔɪld] adj hervido,-a; **b. egg,** huevo m pasado por agua.

boiler ['bɔɪləʳ] n caldera f; **b. room,** sala f de calderas. ■ **b. suit,** mono m.

boilermaker ['bɔɪləmeɪkəʳ] n calderero,-a m,f.

boiling ['bɔɪlɪŋ] adj (water) hirviente; **it's b. hot,** (food) quema, está quemando; (weather) hace un calor agobiante. ■ **b. point,** punto m de ebullición.

boisterous ['bɔɪstərəs] adj 1 (person, party) alborotador,-a, bullicioso,-a. 2 (weather) borrascoso,-a, tempestuoso,-a.

bold [bəʊld] adj 1 (brave) valiente, intrépido,-a. 2 (daring) audaz, atrevido,-a. 3 (marked) marcado,-a, pronunciado,-a; **b. features,** rasgos marcados. ■ Typ **b. type,** negrita f. 4 Lit (style) vigoroso,-a. 5 (impudent) descarado,-a; **to be as b. as brass,** tener mucha cara.

bold-faced [bəʊld'feɪst] adj descarado,-a.

boldness ['bəʊldnɪs] n 1 (courage) valor m. 2 (daring) audacia f, osadía f. 3 (impudence) descaro m.

bolero¹ [bə'leərəʊ] n Mus bolero m.

bolero² ['bɒlərəʊ] n (jacket) chaleco m.

Bolivia [bə'lɪvɪə] n Bolivia.

Bolivian [bə'lɪvɪən] adj & n boliviano,-a (m,f).

bollard ['bɒlɑːd] n 1 Naut bolardo m, noray m. 2 Aut baliza f.

bollocking ['bɒləkɪŋ] n GB vulg bronca f.

bollocks ['bɒləks] npl vulg cojones mpl, huevos mpl; **b.!,** (anger) ¡cojones!; (disagreement) ¡y un huevo!, ¡y una mierda!

boloney [bə'ləʊnɪ] n fam disparates mpl, tonterías fpl.

Bolshevik ['bɒlʃəvɪk] adj & n bolchevique (mf).

Bolshevism ['bɒlʃɪvɪzəm] n bolchevismo m, bolcheviquismo m.

Bolshevist ['bɒlʃəvɪst] adj & n bolchevique (mf).

bolshie ['bɒlʃɪ] adj GB fam 1 Pol rojo,-a. 2 (rebellious) rebelde.

bolster ['bəʊlstəʳ] I n (pillow) cabezal m, travesaño m. II vtr (strengthen) reforzar; (support) sostener, apoyar.

bolt [bəʊlt] I n 1 (on door, window) (large) cerrojo m; (small) pestillo m. 2 Tech perno m, tornillo m. 3 (of lightning) rayo m. 4 (crossbow) flecha f; fig **a b. from the blue,** un acontecimiento inesperado. 5 (dash) huida f, fuga f; **to make a b. for it,** huir, escaparse. II vtr 1 (lock) cerrar con cerrojo or pestillo, echar el cerrojo. 2 Tech sujetar con pernos or tornillos. 3 fam (food) engullir. III vi (person) largarse, escaparse; (horse) desbocarse. IV adv **b. upright,** derecho; **to sit b. upright in bed,** sentarse muy derecho en la cama.

bomb [bɒm] I n bomba f; **to burst like a b.,** caer como una bomba; **to plant a b.,** poner una bomba; GB fam **to go like a b.,** (vehicle etc) andar como un rayo; (party etc) ser todo un éxito; GB sl **to cost a b.,** costar un ojo de la cara. ■ **atomic b.,** bomba f atómica; **b. disposal squad,** brigada f de artificieros; **b. scare,** amenaza f de bomba; **b. shelter,** refugio m antiaéreo; **b. site,** sitio m bombardeado; **car b.,** coche-bomba m; **hydrogen b.,** bomba f de hidrógeno; **letter b.,** carta-bomba f; **smoke b.,** bomba f de humo; **stink b.,** bomba f fétida. II vtr (city etc) bombardear; (terrorists) volar, colocar una bomba en. **III** *vi fam* **to b. (along),** *(car)* ir a toda pastilla *or* mecha.

bombard [bɒm'bɑːd] *vtr* 1 *(bomb)* bombardear. 2 *fig (attack)* bombardear; **she was bombarded with questions,** la bombardearon a preguntas.

bombardment [bɒm'bɑːdmənt] *n* bombardeo *m.*

bombast ['bɒmbæst] *n* rimbombancia *f,* ampulosidad *f.*

bombastic [bɒm'bæstɪk] *adj (language)* rimbombante, altisonante, pomposo,-a.

bomber ['bɒmə*ʳ*] *n* 1 *Av* bombardero *m.* ■ **b. jacket,** cazadora *f* de piel *or* de piloto. 2 terrorista *mf* que coloca bombas.

bombing ['bɒmɪŋ] *n* bombardeo *m.*

bomb-proof ['bɒmpruːf] *adj* a prueba de bombas.

bombshell ['bɒmʃel] *n* 1 *Mil* obús *m.* 2 *fig (surprise)* bomba *f;* **to fall like a b.,** caer como una bomba. 3 *fam (attractive woman)* mujer *f* explosiva; **a blonde b.,** una rubia explosiva.

bona fide [bəʊnə'faɪdɪ] *adj* 1 *(genuine)* auténtico,-a; **a b. f. document,** un documento auténtico. 2 *(in good faith)* de buena fe; **a b. f. offer,** una oferta seria.

bonanza [bə'nænzə] *n* 1 *(luck)* bonanza *f.* 2 *fig* mina *f* de oro.

bonbon ['bɒnbɒn] *n (sweet)* caramelo *m.*

bonce [bɒns] *n GB sl (head)* coco *m,* mollera *f.*

bond [bɒnd] **I** *n* 1 *(link, tie)* lazo *m,* vínculo *m;* **the bonds of friendship,** los lazos de la amistad. 2 *Fin* bono *m,* obligación *f;* **Treasury bonds,** bonos *mpl* del Tesoro; **b. issue,** emisión *f* de bonos. 3 *Jur (bail)* fianza *f.* 4 *(binding agreement)* acuerdo *m,* contrato *m.* 5 *Com (warehouse)* depósito *m;* **to be in b.,** estar en depósito. 6 *US (guarantee)* garantía *f.* 7 *Constr (of bricks)* aparejo *m.* 8 **bonds,** *(shackles)* cadenas *fpl;* **to be in b.,** estar en cautiverio. **II** *vtr* 1 *(join, unite)* ligar. 2 *Com (merchandise)* poner en depósito. 3 *(guarantee) (employee etc)* garantizar. 4 *Constr (bricks)* aparejar.

bondage ['bɒndɪdʒ] *n (slavery)* esclavitud *f;* (*servitude)* servilismo *m.*

bonded ['bɒndɪd] *adj Fin (debt)* garantizado,-a. 2 *Com (goods)* depositado,-a, en depósito. ■ **b. warehouse,** almacén *m* de depósito.

bondholder ['bɒndhəʊldə*ʳ*] *n Fin* obligacionista *mf.*

bone [bəʊn] **I** *n* 1 *Anat (gen)* hueso *m;* *(in corset)* ballena *f;* *(in fish)* espina *f; fig* **b. of contention,** manzana *f* de la discordia; *fig* **to feel sth in one's bones,** tener un presentimiento de algo; *fig* **to have a b. to pick with sb,** tener que ajustar cuentas a algn; *fig* **to make no bones about sth,** no andarse con rodeos en un asunto; *fam* **funny b.,** hueso de la alegría. ■ **b. china,** porcelana *f* fina; **b. meal,** harina *f* de huesos. 2 **bones,** *(remains)* huesos *mpl,* restos *mpl;* *(essentials)* **the bare b.,** el meollo *sing,* lo esencial. **II** *vtr Culin (meat, chicken)* deshuesar; *(fish)* quitar las espinas a. ◆**bone up** *vi fam* empollar; **to b. up on a subject,** empollar una asignatura.

bone-dry [bəʊn'draɪ] *adj* completamente seco,-a.

bonehead ['bəʊnhed] *n sl* majadero,-a *m,f,* imbécil *mf.*

bone-idle [bəʊn'aɪdəl] *adj* muy vago,-a, gandul,-a.

boner ['bəʊnə*ʳ*] *n sl* metedura *f* de pata, plancha *f,* planchazo *m,* patinazo *m.*

bonesetter ['bəʊnsetə*ʳ*] *n* ensalmador,-a *m,f,* curandero,-a *m,f.*

boneshaker ['bəʊnʃeɪkə*ʳ*] *n sl (car)* cacharro *m,* cafetera *f.*

bonfire ['bɒnfaɪə*ʳ*] *n* hoguera *f,* fogata *f;* **B. Night,** noche *f* del cinco de noviembre.

bongo ['bɒŋgəʊ] *n (pl bongos or bongoes) Mus* **b. (drum),** bongó *m,* bongo *m.*

bonhomie [bɒnɒmiː] *n* afabilidad *f.*

bonkers ['bɒŋkəz] *adj GB sl* chalado,-a; **to drive sb b.,** volver tarumba a algn.

Bonn [bɒn] *n* Bonn.

bonnet ['bɒnɪt] *n 1 (child's)* gorra *f,* gorro *m; Hist (woman's)* toca *f.* 2 *Aut* capó *m.*

bonny ['bɒnɪ] *adj (bonnier, bonniest) Scot (gen)* precioso,-a; *(of person)* majo,-a, mono,-a.

bonus ['bəʊnəs] *n* 1 *(on wages, salary)* prima *f;* **b. scheme,** sistema *m* de primas; **Christmas b.,** prima de Navidad; **cost-of-living b.,** plus *m* de carestía de vida. 2 *Fin (on shares)* dividendo *m* extraordinario. 3 *GB Ins (on policy)* beneficio *m.*

bony ['bəʊnɪ] *adj (bonier, boniest) (person)* huesudo,-a; *(fish)* lleno,-a de espinas.

boo [buː] **I** *interj* ¡bu!; **not to say b.,** no decir ni pío; **she wouldn't say b. to a goose,** es incapaz de matar una mosca. **II** *n* abucheo *m,* pateo *m.* **III** *vtr* abuchear, patear.

boob [buːb] *sl* **I** *n* 1 *GB (silly mistake)* plancha *f,* planchazo *m,* metedura *f* de pata. 2 **boobs,** *(breasts)* tetas *fpl.* **II** *vi GB* tirarse una plancha, meter la pata.

booby ['buːbɪ] *n (fool)* bobo,-a *m,f.* ■ **b. prize,** premio *m* de consolación; **b. trap,** trampa *f; Mil* trampa *f* explosiva.

booby-trap ['buːbɪtræp] *vtr (pt & pp booby-trapped) Mil* poner una trampa explosiva en; **booby-trapped car,** coche *m* cebo.

boogie ['buːgɪ] *vi fam* bailar.

boogie-woogie [buːgɪ'wuːgɪ] *n Mus* bugui-bugui *m.*

boohoo [buː'huː] *vi* berrear.

book [bʊk] **I** *n* 1 *(gen)* libro *m;* **a b. on do-it-yourself,** un libro sobre bricolaje; **economics is a closed b. to me,** no sé nada de economía; **in my b.,** según mi punto de vista; *fig* **by the b.,** según las reglas; *fig* **to be in sb's bad books,** estar en la lista negra de algn; *fig* **to be in sb's good books,** estar en buenos términos con algn; *fig* **to take a leaf out of sb's b.,** tomar ejemplo de algn. ■ **address b.,** agenda *f,* libro *m* de direcciones; **b. review,** reseña *f* de libros; **b. club,** círculo *m* de lectores; **b. end,** sujetalibros *m inv; GB* **b. token,** vale *m* para comprar libros; **b. trade,** sector *m* editorial; **complaints b.,** libro *m* de reclamaciones; **exercise b.,** cuaderno *m;* **reference b.,** libro *m* de consulta; **savings b.,** libreta *f* de ahorros; **telephone b.,** guía *f* telefónica, listín *m* (telefónico). 2 *(of stamps)* carpeta *f;* *(of tickets)* taco *m;* *(of matches)* cajetilla *f.* 3 *Com* **books,** libros *mpl,* cuentas *fpl;* **to keep the b.,** llevar las cuentas. **II** *vtr* 1 *(reserve) (room, passage)* reservar; **the hotel is fully booked up,** el hotel está completo. 2 *(engage) (performer etc)* contratar. 3 *(police)* poner una multa a; **he was booked for speeding,** lo multaron por exceso de velocidad. 4 *Ftb (player)* amonestar. ◆**book into** *vtr (hotel)* reservar una habitación en. ◆**book out** *vi (of hotel)* marcharse. ◆**book up** *vtr* reservar; *Av* **the flight is booked up,** el vuelo está completo.

bookable ['bʊkəbəl] *adj* que se puede(n) reservar; *Theat* **'seats b. in advance',** 'las localidades se pueden reservar con antelación'.

bookbinder ['bʊkbaɪndə'] *n* encuadernador, a *m,f.*
bookbinding ['bʊkbaɪndɪŋ] *n* encuadernación *f.*
bookie ['bʊkɪ] *n fam see* **bookmaker.**
booking ['bʊkɪŋ] *n* 1 *esp GB (reservation)* reserva *f.* ■ *Theat Rail* **b. office,** taquilla *f.* 2 *Theat (hiring) (of performer etc)* contratación *f.*
bookish ['bʊkɪʃ] *adj* 1 *(fond of reading)* aficionado,-a a la lectura. 2 *(academic) (view etc)* académico,-a. 3 *Lit (style)* libresco,-a.
bookmaker ['bʊkmeɪkə'] *n* corredor,-a *m,f* de apuestas.
bookmobile ['bʊkməbi:l] *n US* bibliobús *m,* biblioteca *f* ambulante.
bookplate ['bʊkpleɪt] *n* ex libris *m inv.*
bookrest ['bʊkrest] *n* atril *m.*
bookseller ['bʊkselə'] *n* librero,-a *m,f.*
bookshelf ['bʊkʃelf] *n (pl* **bookshelves** ['bʊkʃelvz]*)* estante *m;* **bookshelves,** estantería *f sing.*
bookshop ['bʊkʃɒp] *n* librería *f.*
bookstall ['bʊkstɔ:l] *n,* **bookstand** ['bʊkstænd] *n* quiosco *m.*
bookstore ['bʊkstɔ:'] *n US* librería *f.*
bookworm ['bʊkwɜ:m] *n fam* ratón *m* de biblioteca.
boom[1] [bu:m] I *n* 1 *(noise)* estampido *m,* trueno *m.* 2 *(sudden prosperity)* boom *m,* auge *m.* ■ **b. town,** ciudad *f* en pleno desarrollo. II *vi* 1 *(thunder)* retumbar, tronar; *(cannon)* tronar. 2 *(prosper)* estar en auge.
boom[2] [bu:m] *n* 1 *Naut (mast)* botalón *m.* 2 *Cin Rad (of microphone)* jirafa *f.* ■ **b. operator,** jirafista *mf.* 3 *(barrier across harbour)* barrera *f.*
boomerang ['bu:məræŋ] *n* bumerang *m,* bumeran *m.*
booming ['bu:mɪŋ] *adj* 1 *(resonant) (cannon)* que truena; *(voice, thunder)* que retumba. 2 *(prosperous) (industry etc)* en auge.
boon [bu:n] *n (blessing)* bendición *f;* **the new computer is a real b.,** el nuevo ordenador es una verdadera bendición.
boor [bʊə'] *n* patán *m,* paleto,-a *m,f,* palurdo,-a *m,f.*
boorish ['bʊərɪʃ] *adj* tosco,-a, paleto,-a.
boost [bu:st] I *n* 1 *(push)* empujón *m.* 2 *fig (encouragement)* estímulo *m,* empujón *m.* II *vtr* 1 *(increase) (sales)* aumentar, incrementar. 2 *(improve) (morale)* levantar; **to b. sb's confidence,** subirle la moral a algn. 3 *(promote) (product)* promover; *(business)* fomentar. 4 *Elec (voltage)* elevar.
booster ['bu:stə'] *n* 1 *Elec* elevador *m* de voltaje. 2 *Astronaut* **b. rocket,** cohete *m* acelerador. 3 *Rad TV (amplifier)* amplificador *m.* 4 *Med* **b. (shot),** revacunación *f.*
boot[1] [bu:t] I *n* 1 bota *f; (short)* botín *m; fig* **he's too big for his boots,** es muy creído; *fig* **the b. is on the other foot,** se ha dado la vuelta a la tortilla; *fig* **to die with one's boots on,** morir con las botas puestas; *fig* **to lick sb's boots,** hacer la pelota a algn; *fam* **to put the b. in,** pisotear; *fam* **she got the b.,** la echaron (del trabajo). ■ **b. polish,** betún *m.* 2 *GB Aut* maletero *m.* II *vtr fam Ftb (kick) (ball)* chutar. 2 **to b. (out),** *(expel)* echar a patadas. 3 *(dismiss from employment)* dar la patada a, echar, despedir.
boot[2] [bu:t] *n* **to b.,** además; **he's handsome, and rich to b.,** es guapo, y además, rico.
bootblack ['bu:tblæk] *n esp US* limpiabotas *mf inv, Am* lustrabotas *mf inv.*

bootee ['bu:ti:, bu:'ti:] *n* 1 *(baby's)* peúco *m,* botita *f* de lana. 2 *(woman's)* botín *m.*
booth [bu:ð, bu:θ] *n* 1 *(in language lab etc)* cabina *f.* ■ **telephone b.,** cabina *f* telefónica. 2 *(in market, fair)* puesto *m.*
bootleg ['bu:tleg] *adj (liquor etc)* de contrabando.
bootlegger ['bu:tlegə'] *n* contrabandista *m.*
bootlicker ['bu:tlɪkə'] *n fam* pelota *mf.*
booty ['bu:tɪ] *n* botín *m.*
booze [bu:z] *fam* I *n* alpiste *m;* **to go on the b.,** irse de juerga *or* de borrachera. II *vi* mamar, soplar, mamarse.
boozer ['bu:zə'] *n fam* 1 *(person)* borracho,-a *m,f.* 2 *GB (pub)* tasca *f.*
booze-up ['bu:zʌp] *n fam* borrachera *f.*
bop[1] [bɒp] I *n* 1 *Mus* be-bop *m.* 2 *fam (dance)* baile *m.* II *vi fam (pt & pp* **bopped)** *(dance)* bailar, menear el esqueleto.
bop[2] [bɒp] *vtr (pt & pp* **bopped)** *fam (hit)* golpear.
boracic [bə'ræsɪk] *adj Chem* bórico,-a.
borage ['bɒrɪdʒ] *n Bot* borraja *f.*
borax ['bɔ:ræks] *n (pl* **boraxes** *or* **boraces** ['bɔ:rəsi:z]*) Chem* bórax *m.*
Bordeaux [bɔ:'dəʊ] *n* 1 *(city)* Burdeos. 2 *(wine)* burdeos *m.*
border ['bɔ:də'] I *n* 1 *(edge)* borde *m,* margen *m.* 2 *Sew* ribete *m.* 3 *(frontier)* frontera *f;* **to cross the b.,** cruzar la frontera; **to escape over the b.,** pasar la frontera. ■ **b. incident,** incidente *m* fronterizo; **b. town,** pueblo *m* fronterizo. 4 *(flower bed)* arriate *m.* III *vtr Sew (edge)* ribetear. ◆**border on** *vi* 1 *Geog* lindar con. 2 *fig* rayar en, bordear; **this borders on the ridiculous,** esto raya en lo ridículo.
bordering ['bɔ:dərɪŋ] *adj* limítrofe; **Spain and France are b. countries,** España y Francia son países limítrofes.
borderland ['bɔ:dəlænd] *n* zona *f* fronteriza.
borderline ['bɔ:dəlaɪn] I *n* 1 *(border)* frontera *f.* 2 *(dividing line)* línea *f* divisoria. II *adj* 1 *(on the border)* fronterizo,-a. 2 *fig (case etc)* dudoso,-a.
bore[1] [bɔ:'] I *vtr Tech* taladrar, barrenar, perforar. II *n* 1 *Tech (hole)* taladro *m.* 2 *Mil (inside of gun barrel)* ánima *f,* alma *f; (calibre)* calibre *m;* **a 12-b. shotgun,** una escopeta de calibre 12.
bore[2] [bɔ:'] I *vtr* aburrir; **the film bored me to tears,** la película fue aburridísima. II *n (person)* pesado,-a *m,f,* pelma *m,f,* pelmazo,-a *m,f; (thing)* lata *f,* rollo *m;* **what a b.!,** ¡qué rollo!
bore[3] [bɔ:'] *pt see* **bear**[1].
bored [bɔ:d] *adj* aburrido,-a; **to be b. stiff** *or* **to tears,** aburrirse como una ostra; **to be b. with sth,** estar harto,-a de algo.
boredom ['bɔ:dəm] *n* aburrimiento *m.*
borer ['bɔ:rə'] *n Tech (machine)* taladradora *f; (hand tool)* taladro *m.*
boric ['bɔ:rɪk] *adj Chem* bórico,-a.
boring ['bɔ:rɪŋ] *adj (uninteresting)* aburrido,-a; *(tedious)* pesado,-a, latoso,-a; **a b. film,** una película aburrida.
born [bɔ:n] I *pp see* **bear**[1]; **to be b.,** nacer; **I wasn't b. yesterday,** no nací ayer; **she was b. in 1900,** nació en 1900; **to be b. again,** volver a nacer; *fam* **in all my b. days,** en toda mi vida. II *adj (having natural ability)* nato,-a; **b. poet,** poeta nato; **she's a b. leader,** nació para mandar; *fig* **b. fool,** tonto,-a de remate.

born-again ['bɔːnəgen] *adj* converso,-a, renacido,-a.

borne [bɔːn] *pp see* bear¹.

borough ['bʌrə] *n* 1 *(town)* ciudad *f*, villa *f*; US *(municipality)* municipio *m*. 2 *(local district)* barrio *m*, distrito *m*. 3 *esp GB (constituency)* distrito *m* electoral.

borrow ['bɒrəʊ] I *vtr* 1 pedir *or* tomar prestado; **can I b. your pen?**, ¿me dejas tu bolígrafo?; **to be living on borrowed time**, estar a dos pasos de la muerte. 2 *(appropriate) (ideas etc)* apropiarse. II *vi* pedir *or* tomar prestado.

borrower ['bɒrəʊəʳ] *n (of money)* prestatario,-a *m,f*.

borstal ['bɔːstəl] *n GB fam* reformatorio *m*.

bosh [bɒʃ] *n fam* tonterías *fpl*; **that's a load of b.**, no son más que tonterías.

bosom ['bʊzəm] *n* 1 *(breast)* pecho *m*; *(breasts)* pechos *mpl*. ■ **b. friend**, amigo,-a *m,f* íntimo,-a, amigo,-a *m,f* del alma. 2 *fig (centre)* seno *m*; **the b. of the family**, el seno de la familia.

bosomy ['bʊzəmɪ] *adj fam (woman)* pechugona.

Bosphorus ['bɒsfərəs] *n (strait)* **the B.**, el Bósforo.

boss [bɒs] I *n* 1 *(head)* jefe,-a *m,f*; *(factory owner etc)* patrón,-ona *m,f*, amo *m*. 2 *esp US Pol* jefe *m*; *pej* cacique *m*. II *vtr* **to b. sb about** *or* **around**, mangonear a algn.

boss-eyed ['bɒsaɪd] *adj GB sl* bizco,-a.

bossy ['bɒsɪ] *adj (bossier, bossiest) fam* mandón,-ona, mangoneador,-a.

Bostonian [bɒ'stəʊnɪən] *adj & n* bostoniano,-a *(m,f)*.

bosun ['bəʊsən] *n Naut* contramaestre *m*.

botanic(al) [bə'tænɪk(əl)] *adj* botánico,-a. ■ **b. garden**, jardín *m* botánico.

botanist ['bɒtənɪst] *n* botánico,-a *m,f*, botanista *mf*.

botany ['bɒtənɪ] *n* botánica *f*.

botch [bɒtʃ] I *vtr* chapucear; **a botched job**, una chapuza. II *n* chapucería *f*, chapuza *f*; **to make a b. of sth**, chapucear algo.

botcher ['bɒtʃəʳ] *n (person)* chapucero,-a *m,f*.

both [bəʊθ] I *adj* ambos,-as, los dos, las dos; **b. men are teachers**, ambos (hombres) son profesores; **hold it with b. hands**, sujétalo con las dos manos; **she wants to have it b. ways**, quiere tenerlo todo; **there were mistakes on b. sides**, hubo errores por ambas partes. II *pron* ambos,-as, los dos, las dos; **b. of you**, vosotros dos. III *conj* a la vez; **b. England and Spain are in Europe**, tanto Inglaterra como España están en Europa; **it is b. sad and depressing**, es triste y deprimente a la vez.

bother ['bɒðəʳ] I *vtr* 1 *(disturb)* molestar; *(be a nuisance to)* dar la lata a; **don't b. me!**, ¡déjame en paz! 2 *(worry)* preocupar; **his behaviour bothered me**, me extrañó su comportamiento; *fam* **I can't be bothered**, no tengo ganas. II *vi* molestarse; **don't b. about me**, no te preocupes por mí; **don't b. to write**, no se moleste en escribir; **he didn't b. shaving**, no se molestó en afeitarse. III *n* 1 *(disturbance)* molestia *f*; *(nuisance)* lata *f*; **to give sb a lot of b.**, dar la lata a algn. 2 *(trouble)* problemas *mpl*; **I had a spot of b. with the police**, tuve un pequeño roce con la policía. IV *interj GB* ¡maldito sea!

bothersome ['bɒðəsəm] *adj* molesto,-a, fastidioso,-a.

Botswana [bɒt'ʃwɑːnə] *n* Botsuana.

Botswanan [bɒt'ʃwɑːnən] *adj & n* botsuano,-a *(m,f)*.

bottle ['bɒtəl] I *n* 1 *(gen) (of drink)* botella *f*; *(of perfume, ink)* frasco *m*; *fam* **to take to** *or* **hit the b.**, darse a la bebida. ■ **baby's b.**, biberón *m*; **b. opener**, abrebotellas *m inv*; **b. party**, fiesta *f* en la que cada invitado lleva una botella de vino o de licor; **b. rack**, botellero *m*; **hot-water b.**, bolsa *f* de agua caliente. 2 *sl (nerve)* agallas *fpl*; **to have a lot of b.**, tener muchas agallas. II *vtr (wine)* embotellar; *(fruit etc)* enfrascar, envasar. ◆**bottle out** *vi GB sl (lose one's nerve)* encogerse, achantarse. ◆**bottle up** *vtr (restrain) (emotion etc)* reprimir, sofocar.

bottle-bank ['bɒtəlbæŋk] *n* contenedor *m* de vidrio (para reciclar).

bottlebrush ['bɒtəlbrʌʃ] *n* escobilla *f*.

bottled ['bɒtəld] *adj (beer, wine)* en botella, embotellado,-a; *(fruit)* envasado,-a.

bottle-feed ['bɒtəlfiːd] *vtr (pt & pp bottle-fed* ['bɒtəlfed]*) (baby)* criar con biberón.

bottle-green ['bɒtəlgriːn] *adj* verde botella; **a b.-g. car**, un coche verde botella.

bottleneck ['bɒtəlnek] *n Aut* embotellamiento *m*, atasco *m*.

bottler ['bɒtələʳ] *n* embotellador,-a *m,f*.

bottling ['bɒtəlɪŋ] *n (of wine etc)* embotellado *m*.

bottom ['bɒtəm] I *adj* 1 *(lowest)* más bajo,-a; **b. price**, precio más bajo. ■ *GB* **b. drawer**, ajuar *m*; *Aut* **b. gear**, primera *f*. 2 *(last)* último,-a; **to bet one's b. dollar**, jugarse hasta la camisa. ■ **b. line**, *Fin* saldo *m* final; *fig* resultado *m* final. 3 *(at the end)* del fondo; **the b. room**, la habitación del fondo. ■ *Aut* **b. end**, cabeza *f* de biela. II *n* 1 *(gen)* parte *f* inferior; *(of river, sea, garden, street, corridor, bag, box)* fondo *m*; *(of bottle)* culo *m*; *(of page, hill)* pie *m*; *(of dress)* bajo *m*; *(of trousers)* bajos *mpl*; *(of suitcase)* false b., doble fondo; *Fin* **the b. has fallen out of the market**, los precios han caído en vertical; *Educ* **to be (at) the b. of the class**, ser el último *or* la última de la clase; **to sink to the b.**, irse a pique; **to touch b.**, tocar fondo; *fig* **to scrape the b. of the barrel**, estar en las últimas; *fam* **bottoms up!**, ¡salud! 2 *(cause)* origen *m*, causa *f*; **to get to the b. of a matter**, llegar al meollo de una cuestión; **who is at the b. of all this?**, ¿quién está detrás de todo esto? 3 *(buttocks)* trasero *m*. ◆**bottom out** *vi Fin* tocar fondo; **the recession is bottoming out**, la recesión se está estabilizando.

bottomless ['bɒtəmlɪs] *adj* 1 *(pit)* sin fondo; *(mystery)* insondable. 2 *(supply)* inagotable.

bottommost ['bɒtəmməʊst] *adj (lowest)* del fondo; *(last)* último,-a.

botulism ['bɒtjʊlɪzəm] *n Med* botulismo *m*.

boudoir ['buːdwɑːʳ] *n* boudoir *m*, tocador *m*.

bougainvillea [buːgən'vɪlɪə] *n Bot* buganvilla *f*.

bough [baʊ] *n Bot* rama *f*.

bought [bɔːt] *pt & pp see* buy.

bouillabaisse ['buːjəbes] *n Culin* (sopa *f*) bullabesa *f*.

bouillon ['buːjɒn] *n Culin* caldo *m*. ■ **b. cube**, pastilla *f* de caldo.

boulder ['bəʊldəʳ] *n* canto *m* rodado.

boulevard ['buːlvɑːʳ] *n* bulevar *m*.

bounce [baʊns] I *vi* 1 *(ball)* botar, rebotar. 2 *(jump)* saltar; **he bounced into the room**, irrumpió en la habitación; **stop bouncing on the bed!**, ¡para de saltar encima de la cama! 3 *sl (cheque)* ser rechazado (por el banco); **she gave him a cheque which bounced**, le dio un cheque sin fondos. II *vtr* *(ball)* hacer botar. **III** *n* 1 *(of ball)* bote *m*. 2 *(jump)* salto *m*, brinco *m*. 3 *(life, energy) (of person, hair)* vitalidad *f*; **she's full of b.**, es muy dinámica. ◆**bounce back** *vi (recover health)* recuperarse, recobrarse.

bouncer ['baʊnsə'] *n sl* gorila *m*.

bouncing ['baʊnsɪŋ] *adj (of baby)* robusto,-a, con nervio.

bouncy ['baʊnsɪ] *adj* (**bouncier, bounciest**) 1 *(ball)* elástico,-a. 2 *(person)* dinámico,-a, vital.

bound[1] [baʊnd] **I** *pt & pp see* **bind** **II** *adj* 1 *(tied up)* atado,-a; **b. hand and foot**, atado de pies y manos. 2 *Print (book)* encuadernado,-a; **b. in leather**, encuadernado en piel. 3 *(obliged)* obligado,-a; **you're b. by the contract**, estás obligado por el contrato. 4 **b.** (**up**), *(linked)* vinculado,-a, ligado,-a **with**, **a**); **it is b.** up with government policy, está estrechamente vinculado a la política del gobierno. 5 **to be b. to** (+ *infin*), *(certain)* ser seguro que (+ *fut*); **he is b. to arrive on time**, seguro que llegará a tiempo; **it's b. to happen**, sucederá con toda seguridad; **it was b. to fail**, estaba destinado al fracaso.

bound[2] [baʊnd] **I** *vi* 1 *(jump)* saltar, moverse dando saltos. 2 *(bounce) (ball)* botar. **II** *n* 1 *(jump)* salto *m*. 2 *(bounce) (of ball)* bote *m*, rebote *m*.

bound[3] [baʊnd] *adj (destined)* **b. for**, con destino a, rumbo a; **to be b. for**, dirigirse a; **this train is b. for London**, este tren se dirige a Londres.

boundary ['baʊndərɪ] *n (border)* límite *m*, frontera *f*.

bounder ['baʊndə'] *n GB sl* sinvergüenza *mf*.

boundless ['baʊndlɪs] *adj* ilimitado,-a, sin límites; *(universe)* infinito,-a.

bounds [baʊndz] *npl (limits)* límites *mpl*; **beyond the b. of reality**, más allá de la realidad; **her ambition knows no b.**, su ambición no conoce límites; **the river is out of b.**, está prohibido bajar al río.

bounteous ['baʊntɪəs] *adj*, **bountiful** ['baʊntɪfʊl] *adj* 1 *(generous)* generoso,-a. 2 *(abundant)* abundante.

bounty ['baʊntɪ] *n* 1 *(generosity)* generosidad *f*. 2 *(gift)* regalo *m*, presente *m*. 3 *(reward)* prima *f*, gratificación *f*.

bouquet [buːˈkeɪ, bʊˈkeɪ] *n* 1 *(of flowers)* ramo *m* de flores, ramillete *m*. 2 [buːˈkeɪ] *(of wine)* aroma *m*, bouquet *m*, buqué *f*.

bourbon ['bɜːbən] *n* whisky *m* americano, bourbon *m*.

Bourbon ['bʊəbən] **I** *n* Borbón *m*. **II** *adj* Borbón, borbónico,-a.

bourgeois ['bʊəʒwɑː] *adj & n* burgués,-esa *(m,f)*.

bourgeoisie [bʊəʒwɑːˈziː] *n* burguesía *f*.

bout [baʊt] *n* 1 *(of time)* rato *m*; *(of work)* turno *m*, tanda *f*; *(of illness)* ataque *m*; **drinking b.**, juerga *f*, borrachera *f*. 2 *Box* encuentro *m*, combate *m*.

boutique [buːˈtiːk] *n* boutique *f*, tienda *f*.

bovine ['bəʊvaɪn] **I** *adj* bovino,-a. **II** *n* bovino *m*.

bovver ['bɒvə'] *n GB sl (rowdiness)* camorra *f*; **b. boys**, camorristas *mpl*, delincuentes *mpl*.

bow[1] [baʊ] **I** *vi* 1 hacer una reverencia, inclinarse; **to b. and scrape**, hacer zalemas *or* zalamerías. 2 *(give in)* ceder; **to b. to the inevitable**, someterse a lo inevitable. **II** *n* 1 *(with head, body)* reverencia *f*; *Theat* **to take a b.**, salir a saludar. ◆**bow out** *vi* retirarse (**of**, de).

bow[2] [bəʊ] **I** *n* 1 *Sport* arco *m*. 2 *Mus (of violin)* arco *m*; *fig* **to have more than one string to one's b.**, ser una persona de recursos. 3 *(knot)* lazo *m*. ■ **b. tie**, pajarita *f*. 4 *Archit* bóveda *f*. ■ **b. window**, mirador *m*. **II** *vi (wall)* arquearse, combarse.

bow[3] [baʊ] *n esp Naut* proa *f*.

bowdlerize ['baʊdləraɪz] *vtr (book etc)* expurgar.

bowed [baʊd] *adj* 1 *(head, body)* inclinado,-a. 2 **b. down**, cargado,-a (**by** *or* **with**, de); **b. down by sorrow**, apenado,-a.

bowel ['baʊəl] *n* 1 *(intestine)* intestino *m*. ■ **b. movement**, evacuación *f* intestinal. 2 **bowels**, entrañas *fpl*; *fig* **the b. of the earth**, las entrañas de la tierra.

bower ['baʊə'] *n (arbour)* emparrado *m*, enramada *f*.

bowl[1] [bəʊl] *n* 1 *(dish)* cuenco *m*; *(for soup)* tazón *m*, plato *m* hondo; *(for washing hands)* jofaina *f*, palangana *f*; *(for washing clothes, dishes)* barreño *m*; *(of toilet)* taza *f*; *(of pipe)* cazoleta *f*; **sugar b.**, azucarero *m*. 2 *Geol* cuenca *f*.

bowl[2] [bəʊl] *Sport* **I** *n (ball)* bola *f*. **II** *vtr* *Crick (ball)* lanzar, tirar. **III** *vi* 1 *(play bowls)* jugar a los bolos. 2 *Crick* lanzar la pelota. ◆**bowl along** *vi fam (of car)* deslizarse rápidamente. ◆**bowl out** *vtr Crick* eliminar, poner fuera de juego. ◆**bowl over** *vtr* 1 *(knock down)* derribar. 2 *fig (astonish)* desconcertar; **he was bowled over by the news**, quedó pasmado ante la noticia.

bow-legged ['bəʊleg(ɪ)d] *adj* patizambo,-a.

bowler[1] ['bəʊlə'] *n Crick* lanzador,-a *m,f*.

bowler[2] ['bəʊlə'] *n (hat)* bombín *m*, sombrero *m* hongo.

bowling ['bəʊlɪŋ] *n* 1 *(game)* bolos *mpl*. ■ **b. alley**, bolera *f*; **b. green**, campo de bolos. 2 *Crick* lanzamiento *m* de la pelota.

bowls [bəʊlz] *npl Sport* bolos *mpl*, bochas *fpl*.

bowser ['baʊzə'] *n Av Naut* camión *m* cisterna.

bowsprit ['baʊsprɪt] *n Naut* bauprés *m*.

bow-wow ['baʊwaʊ] *n (baby talk)* guau-guau *m*.

box[1] [bɒks] **I** *n* 1 *(gen)* caja *f*; *(large)* cajón *m*; *(of chocolates)* caja *f*; *(of matches)* cajetilla *f*; *Av* **black b.**, caja *f* negra; **jewellery b.**, joyero *m*. ■ *Phot* **b. camera**, cámara *f* de cajón; *Theat* **b. office**, taquilla *f*; **b. office success**, éxito *m* taquillero or de taquilla; *(tools)* **b. spanner**, llave *f* de tubo; **Christmas b.**, aguinaldo *m*; **letter b.**, buzón *m*; **post-office b.**, apartado *m* de correos. 2 *Press* recuadro *m*. 3 *Jur* **(witness) b.**, barra *f* de los testigos. 4 *Theat* palco *m*; **b. seat**, asiento *m* de palco. 5 *Equit (in stable)* box *m*; *(vehicle)* furgón *m* para el transporte de caballos. 6 *GB fam (television)* caja *f* tonta. **II** *vtr* 1 *(pack)* embalar. 2 *Naut* **to b. the compass**, cuartear la aguja.

box[2] [bɒks] *Sport* **I** *vi* boxear. **II** *vtr* 1 boxear con. 2 *fam (hit)* pegar; **to b. sb's ears**, dar un cachete a algn, abofetear a algn. **III** *n (punch on the ears)* cachete *m*, bofetada *f*.

box[3] [bɒks] *n Bot* boj *m*.

boxer ['bɒksə'] *n* 1 *Box* boxeador *m*. 2 *Zool (dog)* bóxer *m*.

boxing ['bɒksɪŋ] *n Sport* boxeo *m*. ■ **b. glove**, guante *m* de boxeo; **b. match**, encuentro *m* de boxeo; **b. ring**, cuadrilátero *m*.

Boxing Day ['bɒksɪŋdeɪ] *n GB* el día de San Esteban (26 de diciembre).

boxroom ['bɒksruːm] *n* trastero *m*.

boy [bɔɪ] *n* **1** *(child)* niño *m*, chico *m*, muchacho *m*; *(youth)* joven *m*; **old b.**, *(former pupil)* antiguo alumno *m*; *(old man)* viejo *m*; *(old friend)* amigo *m*; **listen, old b.**, escúchame, amigo; *fam* **the boys**, los amigotes; *fam* **oh b.!**, ¡vaya!; *prov* **boys will be boys**, así son los chicos. ■ **b. scout**, explorador *m*. **2** *(son)* hijo *m*.

boycott ['bɔɪkɒt] **I** *n* boicot *m*, boicoteo *m*. **II** *vtr* boicotear.

boyfriend ['bɔɪfrend] *n* *(gen)* novio *m*; *(live-in)* compañero *m*.

boyhood ['bɔɪhʊd] *n* niñez *f*, juventud *f*.

boyish ['bɔɪʃ] *adj* juvenil, de muchacho.

bra [brɑ:] *n abbr of* **brassiere**.

brace [breɪs] **I** *n* **1** *(clamp)* abrazadera *f*; *Tech (of drill)* berbiquí *m*; *(for straightening teeth)* aparato *m*. ■ **b. and bit**, berbiquí y barrena *f*. **2** *Constr (gen)* riostra *f*; *(of wood)* puntal *m*. **3** *Naut (rope)* braza *f*. **4** *Typ* llave *f*, corchete *m*. **5** *Mus (accolade)* corchete *m*. **6** *(pair)* par *m*; **a b. of pheasants**, un par de faisanes. **7** *GB* **braces**, tirantes *mpl*. **II** *vtr* **1** *(prop)* *(wall)* apuntalar. **2** *(strengthen)* *(building)* reforzar. **3** *(steady)* **to b. oneself**, prepararse (**for**, para). ◆**brace up** *vi* cobrar ánimo, animarse.

bracelet ['breɪslɪt] *n* pulsera *f*.

bracing ['breɪsɪŋ] *adj* *(of wind, climate)* *(cool)* fresco,-a; *(stimulating)* tonificante.

bracken ['brækən] *n Bot* helecho *m*.

bracket ['brækɪt] **I** *n* **1** *(support)* soporte *m*; *(for lamp)* brazo *m*; *(for balcony)* ménsula *f*; *(shelf)* repisa *f*. **2** *Typ (round)* paréntesis *m*; *(square)* corchete *m*; *(brace)* llave *f*; **in brackets**, entre paréntesis. **3** *(group)* grupo *m*, sector *m*; **the middle-income b.**, el sector de ingresos medios. **II** *vtr* **1** *Ling (phrase etc)* poner entre paréntesis. **2** *(group together)* agrupar, juntar.

brackish ['brækɪʃ] *adj* *(water)* salobre.

bradawl ['brædɔ:l] *n* lezna *f*, punzón *m*.

brag [bræg] **I** *vi* *(pt & pp* **bragged***)* jactarse (**about**, de); **stop bragging!**, ¡deja de fanfarronear! **II** *n* **1** *(bragging)* jactancia *f*, fanfarronería *f*. **2** *(braggart)* fanfarrón,-ona *m,f*.

braggart ['brægət] *n* fanfarrón,-ona *m,f*.

Brahman ['brɑ:mən] *n* (*pl* **Brahmans**), **Brahmin** ['brɑ:mɪn] *n* (*pl* **Brahmin** or **Brahmins**) brahmán *m*, brahmín *m*.

braid [breɪd] **I** *vtr* *(hair, thread)* trenzar. **II** *n* **1** *Sew* galón *m*; **gold b.**, galón de oro. **2** *esp US* trenza *f*.

Braille [breɪl] *n* Braille *m*; **books in B.**, libros en Braille.

brain [breɪn] **I** *n* **1** *Anat* cerebro *m*; **he was the brains behind the job**, fue el cerebro del trabajo; **she's got cars on the b.**, está obsesionada por los coches; **to blow one's brains out**, saltarse *or* volarse la tapa de los sesos; **to pick sb's brains**, aprovechar los conocimientos de algn; **to rack one's brains**, devanarse los sesos; *fam* **use your b.!**, ¡usa la cabeza! ■ *Med* **b. death**, muerte *f* cerebral; *fig* **b. drain**, fuga *f* de cerebros; *US* **b. trust**, consejeros *mpl* del gobierno; **b. tumour**, tumor *m* cerebral; **b. wave**, idea *f* genial; **electronic b.**, cerebro *m* electrónico. **2** *fam* **brains**, inteligencia *f*; **to have b.**, ser inteligente, tener mucho seso. ■ **b. trust**, asociación *f* de expertos. **3** *Culin* **brains**, sesos *mpl*. **II** *vtr fam* **to b. sb**, romperle la crisma a algn.

brainchild ['breɪntʃaɪld] *n* invento *m*, idea *f* genial, genialidad *f*.

brainless ['breɪnlɪs] *adj* tonto,-a, memo,-a.

brainpower ['breɪnpaʊəʳ] *n* capacidad *f* intelectual.

brainstorm ['breɪnstɔ:m] *n* **1** *(outburst)* arranque *m*. **2** *(brain wave)* genialidad *f*, lluvia *f* de ideas.

brainstorming ['breɪnstɔ:mɪŋ] *n* brainstorming *m*.

brainwash ['breɪnwɒʃ] *vtr* lavar el cerebro a; **she's been brainwashed**, le han lavado el cerebro.

brainwashing ['breɪnwɒʃɪŋ] *n* lavado *m* de cerebro.

brainy ['breɪnɪ] *adj* *(brainier, brainiest)* *fam* listo,-a, inteligente.

braise [breɪz] *vtr Culin (meat)* cocer a fuego lento.

brake[1] [breɪk] **I** *n Aut (also pl)* freno *m*; **to apply/release the brakes**, frenar/soltar el freno. ■ **b. blocks**, pastillas *fpl* del freno; **b. drum**, tambor *m* del freno; **b. fluid**, líquido *m* para frenos; **b. light**, luz *f* de freno; **b. lining**, guarnición *f* del freno; **b. shoe**, zapata *f* del freno. **II** *vi* frenar, echar el freno.

brake[2] [breɪk] *n Bot (bracken)* helecho *m*; *(thicket)* matorral *m*.

braking ['breɪkɪŋ] *n* frenado *m*. ■ *Aut* **b. distance**, distancia *f* de seguridad.

bramble ['bræmbəl] *n Bot* zarza *f*, zarzamora *f*.

brambling ['bræmblɪŋ] *n Orn* pinzón *m* real.

bran [bræn] *n* salvado *m*, afrecho *m*.

branch [brɑ:ntʃ] **I** *n* **1** *(of tree, family)* rama *f*; *(of road, railway)* ramal *m*; *(of river)* brazo *m*; *(of science, industry, arts)* rama *f*, ramo *m*. **2** *Com* **b.** **(office)**, sucursal *f*. **II** *vi (road)* bifurcarse. ◆**branch off** *vi* desviarse; **the road branches off to the left**, la carretera se desvía hacia la izquierda. ◆**branch out** *vi* diversificarse; **they have branched out into insurance**, han ampliado su campo de acción a los seguros.

brand [brænd] **I** *n* **1** *Com* marca *f*. ■ **b. image**, imagen *m* de marca; **b. name**, marca *f* de fábrica. **2** *(type)* clase *f*; **he has his own b. of humour**, tiene un sentido del humor muy particular. **3** *(on cattle)* hierro *m*. **II** *vtr* **1** *(animal)* marcar con hierro candente; *fig* **to b. sb for life**, dejar marcado a algn para toda la vida. **2** *(label)* tildar; **to b. sb a traitor**, tildar a algn de traidor.

branding-iron ['brændɪŋaɪən] *n* hierro *m* candente *or* de marcar.

brandish ['brændɪʃ] *vtr* **1** *(weapon)* blandir. **2** *fig (threat etc)* esgrimir.

brand-new [brænd'nju:] *adj* flamante, completamente nuevo,-a.

brandy ['brændɪ] *n* coñac *m*, brandy *m*; **cherry b.**, aguardiente *m* de cerezas.

brash [bræʃ] *adj* **1** *(impudent)* descarado,-a, insolente. **2** *(reckless)* temerario,-a. **3** *(loud, showy)* chillón,-ona.

brass [brɑ:s] *n* **1** *(metal)* latón *m*; *fig* **to be as bold as b.**, tener mucha cara; *fig* **the top b.**, los peces gordos; *GB fam* **it's not worth a b. farthing**, no vale un real; *fam* **to get down to b. tacks**, ir al grano. ■ **b. rubbing**, calco *m* sacado de una placa de latón. **2** *sl (money)* pasta *f*, guita *f*, *Am* plata *f*. **3** *Mus* instrumentos *mpl* de metal, metal *m*. ■ **b. band**, banda *f*, charanga *f*, fanfarria *f*.

brassiere ['bræzɪəʳ] *n* sostén *m*, sujetador *m*.

brassy ['bræsɪ] *adj* *(brassier, brassiest)* **1** *(of brass)* de latón. **2** *(harsh)* estridente. **3** *(brazen)* descarado,-a.

brat [bræt] *n fam* mocoso,-a *m,f*.

bravado [brə'vɑ:dəʊ] *n* (*pl* **bravadoes** or **bravados**) bravata *f*, baladronada *f*, fanfarronada *f*.

brave [breɪv] **I** *adj* valiente, valeroso,-a; **a b. attempt,** un intento valeroso. **II** *n US* **(Indian) b.,** guerrero *m* indio. **III** *vtr* **1** *(face) (danger)* hacer frente a. **2** *(defy) (death)* desafiar. ◆**bravely** *adv* valientemente.

bravery ['breɪvərɪ] *n* valentía *f*, valor *m*, arrojo *m*.

bravo [brɑːˈvəʊ] *interj* ¡bravo!

brawl [brɔːl] **I** *n* pendencia *f*, reyerta *f*. **II** *vi* pelearse.

brawler ['brɔːləʳ] *n* pendenciero,-a *m,f*, alborotador,-a *m,f*.

brawn [brɔːn] *n* **1** *(strength)* fuerza *f* física. **2** *Culin GB* carne *f* de cerdo adobada.

brawny ['brɔːnɪ] *adj* **(brawnier, brawniest)** musculoso,-a, fornido,-a.

bray [breɪ] **I** *n* *(of donkey)* rebuzno *m*. **II** *vi* rebuznar.

brazen ['breɪzən] *adj* **1** *(metal)* de latón. **2** *(shameless)* descarado,-a.

brazier ['breɪzɪəʳ] *n* *(brass-worker)* brasero *m*.

Brazil [brəˈzɪl] *n* (el) Brasil.

brazil [brəˈzɪl] *n* **b. nut,** nuez *f* del Brasil.

Brazilian [brəˈzɪlɪən] *adj & n* brasileño,-a *(m,f)*, *Am* brasilero,-a *(m,f)*.

breach [briːtʃ] **I** *n* **1** *(in wall)* brecha *f*; *fig* **to step into the b.,** echar una mano (en una situación difícil). **2** *(violation etc)* incumplimiento *m*; **b. of confidence,** abuso *m* de confianza; **b. of contract,** incumplimiento de contrato; **b. of faith,** falta *f* de lealtad; **b. of promise,** incumplimiento de una promesa; **b. of the law,** violación *f* de la ley; **b. of the peace,** alteración *f* del orden público. **3** *(break in relations)* ruptura *f*. **II** *vtr* *(law, contract)* violar.

bread [bred] *n* **1** pan *m*; **a loaf of b.,** un pan, una barra de pan; **b. and butter,** pan con mantequilla; **piece of b.,** pedazo *m* de pan; **sliced b.,** pan de molde; **slice of b.,** rebanada *f* de pan; **stale b.,** pan duro; **unleavened b.,** pan ácimo; **white b.,** pan blanco *or* candeal; **wholemeal b.,** pan integral; *fig* **our daily b.,** el pan nuestro de cada día; *fig* **to earn one's daily b.,** ganarse el pan de cada día; *fig* **to know which side one's b. is buttered on,** saber dónde aprieta el zapato, saber qué terreno se pisa. ■ *Culin* **b. sauce,** salsa *f* bechamel con pan rallado. **2** *sl (money)* pasta *f*, guita *f*, parné *m*, *Am* plata *f*.

bread-and-butter [bredənˈbʌtəʳ] *adj* **1** *(reliable) (player)* seguro,-a. **2** *(expressing gratitude)* **b.-a.-b. letter,** carta *f* de agradecimiento.

breadbasket ['bredbɑːskɪt] *n* cesta *f* del pan.

breadboard ['bredbɔːd] *n* tabla *f* (para cortar el pan).

breadcrumb ['bredkrʌm] *n* **1** miga *f* de pan. **2 breadcrumbs,** *Culin* pan *m sing* rallado.

breadfruit ['bredfruːt] *n* *(pl* **breadfruits** *or* **breadfruit)** *Bot (tree)* árbol *m* del pan; *(fruit)* fruto *m* del árbol del pan.

breadline ['bredlaɪn] *n fam* miseria *f*; **to be on the b.,** vivir en la miseria.

breadth [bredθ] *n* **1** *(width)* anchura *f*, ancho *m*; **it is two metres in b.,** tiene dos metros de ancho. **2** *(extent)* amplitud *f*.

breadwinner ['bredwɪnəʳ] *n* cabeza *mf* de familia, el *or* la que gana el pan.

break [breɪk] **I** *vtr (pt* **broke;** *pp* **broken) 1** *(gen)* romper; **he broke his glasses,** se le rompieron las gafas; *Med* **to b. a leg,** fracturarse la pierna; *Sport* **to b. a record,** batir un récord; **to b. cover,** salir al descubierto; **to b. even,** no tener ni ganancias ni pérdidas; **to b. open a door,** derribar una puerta; *Av* **to b. the sound barrier,** cruzar la barrera del sonido; *fig* **to b. one's back,** matarse a trabajar; *fig* **to b. sb's heart,** partirle el corazón a algn; *fig* **to b. the ice,** romper el hielo. **2** *(fail to keep)* faltar a; **to b. a contract,** romper un contrato; **to b. a promise,** faltar a una promesa; **to b. one's word,** faltar a su palabra; **to b. the law,** violar la ley. **3** *(destroy)* destrozar; *Fin* arruinar; **to b. a rebellion,** sofocar una rebelión; *Pol* **to b. a strike,** romper una huelga; **to b. sb's health,** quebrantar la salud de algn; **to b. the bank,** hacer saltar la banca. **4** *(interrupt)* interrumpir; **to b. (short) a journey/one's holidays,** cortar *or* interrumpir un viaje/las vacaciones; **to b. silence,** romper el silencio. **5** *(decipher) (code)* descifrar. **6** *(cushion, soften) (fall, blow)* amortiguar. **7** *(disclose)* desvelar; **she broke the news to him,** le comunicó la noticia. **II** *vi* **1** *(gen)* romperse; *(clouds)* dispersarse; *(waves)* romper; **it fell and broke,** se cayó y se rompió. **2** *(storm)* estallar. **3** *(voice)* cambiar. **4** *(health)* resentirse, quebrantarse. **5** *(day)* rayar, romper; **when day breaks,** al rayar el alba. **6** *(news, story)* propalarse, divulgarse, propagarse. **7** *Box* separarse. **III** *n* **1** *(split, fracture)* rotura *f*; *(crack)* grieta *f*; *(opening)* abertura *f*; *(in the clouds)* claro *m*. ■ **b. dance,** break (dance) *m*; **b. of day,** amanecer *m*. **2** *(in relationship)* ruptura *f*. **3** *(pause)* pausa *f*, descanso *m*; *(in a journey)* alto *m*; *(at school)* recreo *m*; **to take a b.,** descansar un rato; *(holiday)* tomar unos días libres; **without a b.,** sin parar. **4** *fam (chance)* oportunidad *f*; **a lucky b.,** un golpe de suerte; **give me a b.!,** ¡deja de fastidiarme, quieres! **5** *Elec* corte *m*, interrupción *f*. ◆**break away** *vi* **1** *(become separate)* desprenderse, separarse **(from,** de). **2** *(escape)* escaparse. ◆**break down I** *vtr* **1** *(knock down) (door etc)* derribar. **2** *(weaken) (resistence)* minar, acabar con. **3** *Fin (prices)* desglosar. **II** *vi* **1** *Aut* tener una avería; **we broke down on the motorway,** el coche se nos averió en la autopista. **2** *(end) (resistence)* acabar con. **3** *(health)* debilitarse. **4** *(weep)* ponerse a llorar. ◆**break in I** *vtr* acostumbrar; **to b. in a horse,** domar un caballo; **to b. in a new employee,** iniciar en su trabajo a un empleado nuevo; **to b. in new shoes,** acostumbrarse a unos zapatos nuevos. **II** *vi (burglar)* entrar por la fuerza, allanar. ◆**break into** *vtr* **1** *(burgle) (house)* entrar por la fuerza en, forzar, allanar; *(safe)* forzar. **2** *(begin)* irrumpir en; **to b. into song,** ponerse a cantar. ◆**break off I** *vtr* **1** *(detach)* romper, cortar. **2** *fig* romper; **to b. off negotiations,** romper las negociaciones; **to b. off an engagement,** romper un compromiso. **II** *vi* **1** *(become detached)* desprenderse. **2** *(talks)* interrumpirse. **3** *(stop)* pararse. ◆**break out** *vi* **1** *(prisoners)* escaparse. **2** *(war, epidemic, fire)* estallar; *Med* **to b. out in a rash,** salirle a uno una erupción (en la piel). ◆**break through I** *vtr* **1** *(make one's way through) (crowd)* abrirse camino *or* paso por; *(barricade)* atravesar; *(cordon)* romper. **2** *(sun) (clouds, fog)* atravesar, filtrarse a través de. **II** *vi* abrirse camino *or* paso. ◆**break up I** *vtr* **1** *(object)* romper; *(earth)* mullir; *(car)* desguazar. **2** *(disperse) (crowd)* disolver. **II** *vi* **1** romperse, hacerse pedazos. **2** disolverse; *(meeting)* levantarse. **3** *(marriage, relationship)* fracasar; *(couple)* separarse. **4** *Educ* terminar; **the schools b. up next week,** las vacaciones empiezan la semana que viene. ◆**break with** *vtr (past, family)* romper con.

breakable ['breɪkəbəl] **I** *adj* frágil, quebradizo,-a. **II breakables** *npl* objetos *mpl* frágiles.

breakage ['breɪkɪdʒ] *n* **1** *(breaking)* rotura *f*. **2** **breakages,** *(broken articles)* objetos *mpl* rotos.

breakaway ['breɪkəweɪ] *adj* disidente; **b. group,** grupo de escisión.

break-dance ['breɪkdɑ:ns] *vi* bailar el break *(dance)*.

breakdown ['breɪkdaʊn] *n* **1** *Aut* avería *f*; **b. truck,** grúa *f*, camión *m* grúa. **2** *(crisis)* crisis *f*; *Med* **(nervous) b.,** crisis *f* nerviosa. **3** *(in communications)* ruptura *f*; **there was a b.** in talks, hubo una ruptura en las negociaciones. **4** *(analysis)* análisis *m*; *Fin* desglose *m*; **price b.,** desglose de precios.

breaker ['breɪkəʳ] *n* **1** *(large wave)* ola *f* grande. **2** *Tech (crusher)* trituradora *f*. **3** *Elec (switch)* interruptor *m* automático. **4** *Rad sl* radioaficionado,-a *m,f*.

breakfast ['brekfəst] **I** *n* desayuno *m*; **he likes b. in bed,** le gusta desayunar en la cama; **she only has a cup of tea for b.,** sólo desayuna una taza de té; **to have b.,** desayunar. **II** *vi* desayunar.

break-in ['breɪkɪn] *n* *(burglary)* robo *m* (con allanamiento de morada).

breaking ['breɪkɪŋ] *n* **1** rotura *f*. ■ **b. point,** punto *m* de ruptura; **my patience was at b. point,** no podía más. **2** *Jur* **b. and entering,** allanamiento *m* de morada. **3** *Jur (of law)* violación *f*.

breakneck ['breɪknek] *adj (speed, pace)* de vértigo.

break-out ['breɪkaʊt] *n* *(from prison)* fuga *f*.

breakthrough ['breɪkθru:] *n* *(major achievement)* adelanto *m*, avance *m*; **it was an important b. in the treatment of burns,** fue un avance importante en el tratamiento de las quemaduras.

break-up ['breɪkʌp] *n* *(disintegration)* desintegración *f*; *(of empire)* desmembramiento *m*; *(of marriage, relationship)* fracaso *m*; *(of couple)* separación *f*; *(of talks)* ruptura *f*.

breakwater ['breɪkwɔ:təʳ] *n* rompeolas *m inv*.

bream [bri:m] *n inv Zool* brema *f*. ■ **Couch's sea b.,** pagro *m*, pargo *m*; **gilt-head b.,** dorada *f*; **Ray's b.,** japuta *f*, palometa *f*; **red b.,** besugo *m*.

breast [brest] *n* **1** *(chest)* pecho *m*; *(of woman)* pecho *m*, seno *m*; *(of chicken etc)* pechuga *f*; **b. pocket,** bolsillo *m* de pecho; *fig* **to make a clean b. of it,** dar la cara. **2** *(of hill)* repecho *m*.

breastbone ['brestbəʊn] *n Anat* esternón *m*.

breast-fed ['brestfed] **I** *pt & pp see* **breast-feed**. **II** *adj (baby)* criado,-a con el pecho.

breast-feed ['brestfi:d] *vtr (pt & pp **breast-fed**)* *(baby)* dar el pecho a, amamantar a.

breast-feeding ['brestfi:dɪŋ] *n* amamantamiento *m*.

breaststroke ['breststrəʊk] *n Swimming* braza *f*.

breath [breθ] *n* **1** *(gen)* aliento *m*; *(breathing)* respiración *f*; **bad b.,** mal aliento; **in the same b.,** al mismo tiempo; **out of b.,** sin aliento; **take a deep b.,** respire hondo; **to catch one's b.,** recobrar el aliento; **to draw b.,** respirar; **to get one's b. back,** recobrar el aliento or la respiración; **under one's b.,** en voz baja; *fig* **to take sb's b. away,** dejar pasmado a algn; *fig* **to waste one's b.,** gastar saliva en balde. ■ *Aut* **b. test,** prueba *f* del alcohol. **2** *(gust)* soplo *m* (de aire); **to go out for a b. of air,** salir a tomar el aire; *fig* **her presence was like a b. of fresh air,** su presencia fue como una bocanada de aire fresco.

breathalyze ['breθəlaɪz] *vtr* hacer la prueba del alcohol a.

Breathalyzer® ['breθəlaɪzəʳ] *n GB* alcohómetro *m*, alcoholímetro *m*.

breathe [bri:ð] **I** *vtr (air etc)* respirar; **to b. again, b. a sigh of relief,** dar un suspiro de alivio; **to b. heavily,** resoplar; **to b. one's last,** exhalar el último suspiro; *fig* **don't b. a word of it!,** ¡no digas ni una palabra a nadie!, ¡no digas ni mu! **II** *vi* respirar; **he's still breathing,** vive aún, aún respira; **to b. in,** aspirar; **to b. out,** espirar; *fig* **now we can b. again,** ya podemos estar tranquilos; *fig* **to b. down sb's neck,** atosigar a algn.

breather ['bri:ðəʳ] *n fam (rest)* (momento *m* de) respiro *m*, descanso *m*; **give me a b.,** déjame respirar un momento; **to take a b.,** tomarse un descanso *or* un respiro.

breathing ['bri:ðɪŋ] *n* respiración *f*. ■ **b. apparatus,** equipo *m* respiratorio; **b. space,** pausa *f*, respiro *m*.

breathless ['breθlɪs] *adj* sin aliento, jadeante.

breathtaking ['breθteɪkɪŋ] *adj (scenery etc)* impresionante, asombroso,-a.

bred [bred] *pt & pp see* **breed**.

breech [bri:tʃ] *n* **1** *(of gun)* recámara *f*. **2** *Med* **b. baby,** niño *m* que nace de nalgas.

breeches ['brɪtʃɪz, 'bri:tʃɪz] *npl (gen)* bombachos *mpl*. ■ **knee b., riding b.,** pantalones *mpl* de montar.

breech-loading ['bri:tʃləʊdɪŋ] *adj (gun)* de retrocarga.

breed [bri:d] **I** *n* **1** *(of animal)* raza *f*. **2** *fig (class)* clase *f*, género *m*; **a new b. of writers,** una nueva generación de escritores. **II** *vtr (pt & pp **bred**)* **1** *(animals)* criar. **2** *fig (ideas)* engendrar; *prov* **familiarity breeds contempt,** la confianza hace perder el respeto, donde hay confianza da asco. **III** *vi (animals)* reproducirse.

breeder ['bri:dəʳ] *n* **1** *(person)* criador,-a *m,f*. **2** *(animal)* reproductor,-a *m,f*. **3** *Tech* **(fast) b. reactor,** reactor *m* generador.

breeding ['bri:dɪŋ] *n* **1** *(of animals)* cría *f*. ■ **b. farm, b. ground,** criadero *m*; *fig (for activity, behaviour)* origen *m*. **2** *(of person)* educación *f*; **(good) b.,** buena crianza *f*; **to lack b.,** carecer de educación.

breeze [bri:z] **I** *n* **1** brisa *f*; **sea b.,** brisa marina. ■ *Constr* **b. block,** bloque *m* de cemento. **II** *vi* **to b. in/out,** entrar/salir despreocupadamente.

breezy ['bri:zɪ] *adj (breezier, breeziest)* **1** *(weather)* ventoso,-a. **2** *(person, attitude)* despreocupado,-a.

Bren gun ['brenɡʌn] *n Mil* fusil *m* ametrallador.

brethren ['breðrɪn] *npl Rel* hermanos *mpl*.

Breton ['bretən] **I** *adj & n* bretón,-ona *(m,f)*. **II** *n (language)* bretón *m*.

breve [bri:v] *n Ling Mus* breve *f*.

breviary ['brevjərɪ] *n Rel* breviario *m*.

brevity ['brevɪtɪ] *n* brevedad *f*.

brew [bru:] **I** *vtr* **1** *(beer)* hacer, elaborar. **2** *Culin (hot drink)* preparar. **3** *fig (crisis etc)* tramar. **II** *vi* **1** *(tea)* reposar; **let the tea b.,** deja reposar el té. **2** *fig* prepararse; **a storm is brewing,** se prepara una tormenta; *fam* **something's brewing,** algo se está cociendo. **III** *n* **1** *(of tea)* infusión *f*; *fam (of beer)* birra *f*. **2** *(magic potion)* brebaje *m*; *(strange mixture)* mezcolanza *f*.

brewer ['bru:əʳ] *n* cervecero,-a *m,f*. ■ **b.'s yeast,** levadura *f* de cerveza.

brewery ['brʊərɪ] *n* fábrica *f* de cerveza, cervecería *f*.

brewing ['bru:ɪŋ] **I** *adj* cervecero,-a; **the b. industry,** la industria cervecera. **II** *n (of beer)* elaboración *f* de la cerveza.

briar ['braɪəʳ] n Bot brezo m. ▪ b. **pipe**, pipa f de brezo.

bribe [braɪb] I vtr sobornar. II n soborno m; **to take a b. from sb**, dejarse sobornar por algn.

bribery ['braɪbərɪ] n (process) soborno m.

bric-a-brac ['brɪkəbræk] n baratijas fpl, chucherías fpl.

brick [brɪk] I n 1 Constr ladrillo m; b. **wall**, muro m de ladrillo; **solid b.**, ladrillo macizo; fam **to come down on sb like a ton of bricks**, echar una bronca de miedo a algn; GB fam **to drop a b.**, meter la pata. 2 GB (child's block) cubo m (de madera). 3 (of ice, ice cream) bloque m. 4 fam (reliable person) persona f de confianza. II vtr **to b. (in, over, up)**, tapiar con ladrillos.

brickbat ['brɪkbæt] n 1 trozo m de ladrillo. 2 (criticism) crítica f.

bricklayer ['brɪkleɪəʳ] n albañil m.

brickwork ['brɪkwɜ:k] n ladrillos mpl, enladrillado m.

bridal ['braɪdəl] adj nupcial. ▪ b. **suite**, suite f nupcial.

bride [braɪd] n (on wedding day) novia f; (newly-married woman) recién casada f; **the b. and groom**, los novios.

bridegroom ['braɪdgru:m] n (on wedding day) novio m; (newly-married man) recién casado m.

bridesmaid ['braɪdzmeɪd] n dama f de honor.

bridge¹ [brɪdʒ] I n (over river, of violin, for teeth) puente m; (of nose) caballete m; (of ship) puente m de mando; **suspension b.**, puente colgante. II vtr 1 (river) tender un puente sobre. 2 (distances etc) acortar; (gap) llenar; Fin **bridging loan**, crédito m a corto plazo.

bridge² [brɪdʒ] n Cards bridge m.

bridgehead ['brɪdʒhed] n Mil cabeza f de puente.

bridle ['braɪdəl] I n brida f; (bit) freno m; b. **path**, camino m de herradura. II vtr (horse) embridar, poner la brida a.

brief [bri:f] I adj 1 (short) breve; **a b. pause**, una breve pausa; **a b. stay**, una estancia corta. 2 (concise) conciso,-a. II n 1 (report) informe m; (summary) resumen m; **in b.**, en resumen. 2 Jur expediente m. 3 Mil instrucciones fpl. 4 Rel (letter) breve m. 5 **briefs**, (for men) calzoncillos mpl, slip m sing; (for women) bragas fpl. III vtr 1 (inform) informar. 2 (instruct) dar instrucciones a. ◆**briefly** adv brevemente; **as b. as possible**, con la mayor brevedad (posible).

briefcase ['bri:fkeɪs] n cartera f, portafolios mpl.

briefing ['bri:fɪŋ] n 1 (instructions) instrucciones fpl. 2 (meeting) reunión f informativa.

briefness ['bri:fnɪs] n brevedad f.

brier ['braɪəʳ] n see **briar**.

brig¹ [brɪg] n Naut bergantín m.

brig² [brɪg] Mil abbr of **Brigadier**, General m de Brigada, Gral. Brig.

brigade [brɪ'geɪd] n Mil brigada f.

brigadier [brɪgə'dɪəʳ] n Mil general m de brigada.

brigand ['brɪgənd] n bandido m, bandolero m.

bright [braɪt] adj 1 (light, sun, eyes) brillante; (colour) vivo,-a; (day) claro,-a, despejado,-a. 2 (cheerful) alegre, muy animado,-a; b. **and early**, muy temprano; **to look on the b. side**, mirar el lado bueno de las cosas. 3 (clever) listo,-a, despierto,-a, espabilado,-a; **a b. idea**, una idea luminosa; fam **a b. spark**, un espabilado. 4 (promising) prome-

tedor,-a; **a b. future**, un futuro prometedor, un brillante porvenir. ◆**brightly** adv brillantemente; (cleverly) inteligentemente.

brighten ['braɪtən] vi 1 (prospects) mejorarse. 2 (face, eyes) iluminarse. ◆**brighten up** I vtr 1 (make more attractive) hacer más alegre; **the new carpet brightens up the room**, la alfombra nueva anima mucho la habitación. 2 (polish metal) pulir. II vi 1 (weather) aclararse, despejarse. 2 (person) animarse.

brightness ['braɪtnɪs] n 1 (light) luminosidad f, intensidad f; (sun) resplandor m; (of day) claridad f; (colour) viveza f. 2 (cleverness) inteligencia f.

brilliance ['brɪljəns] n 1 (light) brillo m; (colour) viveza f. 2 (of person) brillantez f.

brilliant ['brɪljənt] I adj 1 (light) brillante, reluciente. 2 (person) brillante, admirable; (idea) luminoso,-a, genial; **a b. writer**, un escritor brillante. 3 fam (very good) estupendo,-a, fantástico,-a. II n (diamond) brillante m.

brilliantine ['brɪljənti:n] n Hairdr brillantina f.

brim [brɪm] I n 1 (of cup etc) borde m; **full to the b.**, lleno hasta el borde. 2 (of hat) ala f. II vi rebosar (with, de); **her eyes brimmed with tears**, las lagrimas cegaban sus ojos; **to be brimming with happiness**, estar rebosante de alegría. ◆**brim over** rebosar.

brimstone ['brɪmstəʊn] n Min azufre m; lit **fire and b.**, el infierno.

brine [braɪn] n salmuera f.

bring [brɪŋ] vtr (pt & pp **brought**) 1 (carry sth to sb) traer; **b. me a cup of coffee**, tráigame un café; **to b. bad luck**, traer mala suerte; **to b. news**, traer noticias. 2 (take sth or sb with you) traer; **could you b. that book tomorrow?**, ¿podrías traerme el libro mañana?; **he brought his camera**, se trajo la máquina de hacer fotos; **she brought her boyfriend to the party**, trajo a su novio a la fiesta. ▪ **b.-and-buy sale**, venta f de artículos de segunda mano or de fabricación casera. 3 (to take to a different position) llevar; **Tina brought her hand to her head**, Tina se llevó la mano a la cabeza. 4 (cause) llevar, provocar; **he brought it upon himself**, se lo buscó; **the experience brought her to suicide**, aquella experiencia la llevó al suicidio; **the war brought hunger to many homes**, la guerra llevó el hambre a muchos hogares; **what brings you here?**, ¿qué te trae por aquí? 5 (persuade) persuadir, convencer; **how did they b. themselves to do it?**, ¿cómo llegaron a hacerlo?; **I can't b. myself to do it**, no puedo resignarme a hacerlo; **she can't b. herself to believe it**, no le cabe en la cabeza. 6 (lead) llevar, conducir; **the path brings you to a wood**, el camino lleva a un bosque; **this now brings us to the question of inflation**, esto nos conduce a hablar de la inflación. 7 Jur **to b. an action against**, acusar; **to b. a complaint**, hacer una reclamación; **to b. evidence against**, presentar pruebas contra. 8 (sell for) vender; **this old car will b. about £50**, este coche viejo se venderá por unas £50. ◆**bring about** vtr causar, provocar, ocasionar; **to b. about a change**, efectuar un cambio. ◆**bring along** vtr traer. ◆**bring back** vtr 1 (return) devolver. 2 (reintroduce) volver a introducir; **they are trying to b. back the mini-skirt**, quieren poner de moda la minifalda otra vez. 3 (make one remember) traerle a la memoria; **it brings back my school days**, me recuerda los días del colegio. ◆**bring down** vtr 1 (from upstairs) bajar (algo); **b. down the trunk from the attic**, baja el baúl del desván. 2 *(destroy)* derribar; **to b. down a government/a dictator,** derribar un gobierno/un dictador; *Theat* **to b. the house down,** hacer que el teatro se venga abajo con los aplausos. 3 *(reduce)* rebajar; **to b. down prices,** hacer bajar los precios. ◆**bring forward** *vtr* 1 *(arrange to happen earlier)* adelantar. 2 *(present)* presentar; **she brought forward some good ideas,** presentó algunas ideas buenas. 3 *Fin (in accounts)* pasar a otra cuenta; **brought forward,** suma y sigue. ◆**bring in** *vtr* 1 *(yield)* dar; **tourism brings in £7 million a year,** el turismo proporciona £7 millones cada año. 2 *(show in)* hacer entrar. 3 *(introduce a law, custom, etc)* introducir; *(a fashion)* lanzar. 4 *Agr (collect)* recoger. 5 *Jur (verdict)* pronunciar. ◆**bring off** *vtr* lograr, conseguir. ◆**bring on** *vtr (cause an illness)* causar, provocar. ◆**bring out** *vtr* 1 *(publish)* publicar, sacar un libro. 2 *(reveal) (error, colour)* recalcar; **that woman brings out the worst in me,** esa mujer despierta lo peor que hay en mí. 3 *(draw out)* ayudar a algn a tener confianza en sí mismo. ◆**bring round** *vtr* 1 *(revive)* hacer volver en sí. 2 *(persuade)* convencer, persuadir; **to b. sb round to your point of view,** convencer a algn, poner a algn de tu lado. ◆**bring to** *vtr* reanimar, hacer volver en sí. ◆**bring up** *vtr* 1 *(care for, educate)* criar, educar; **he was brought up by his grandmother,** lo crió su abuela. 2 *(raise a subject)* plantear. 3 *(vomit)* devolver.

brink [brɪŋk] *n (edge)* borde *m*; *fig* **on the b. of ruin,** al borde de la ruina; **on the b. of tears,** a punto de llorar.

brinkmanship ['brɪŋkmənʃɪp] *n Pol* política *f* de cuerda floja.

briny ['braɪnɪ] *adj* salado,-a.

briquette [brɪ'ket] *n (coal, peat)* briqueta *f*.

brisk [brɪsk] *adj* enérgico,-a; *(pace)* rápido,-a; *(trade)* activo,-a; *(weather)* fresco,-a.

briskness ['brɪsknɪs] *n* energía *f*; *(pace)* ligereza *f*; *(trade)* actividad *f*.

bristle ['brɪsəl] I *n (hair)* cerda *f*. II *vi* 1 erizarse, ponerse de punta. 2 *(to show anger)* enfurecer **(at, -); she bristled at the suggestion,** mostró su enfado ante tal sugerencia. ◆**bristle with** *vtr (be full of)* estar lleno,-a de, erizar; **bristling with difficulties,** sembrado *or* lleno de dificultades; **the street was bristling with policemen,** la calle estaba llena de policía.

Brit [brɪt] *n* 1 *abbr of* British. 2 *fam* británico,-a *m,f*.

Britain ['brɪtən] *n* **(Great) B.,** Gran Bretaña.

British ['brɪtɪʃ] I *adj* británico,-a; **the B. Isles,** las Islas Británicas. II **the B.** *npl* los británicos.

Britisher ['brɪtɪʃər] *n US* británico,-a *m,f*.

Briton ['brɪtən] *n Lit Hist* britano,-a *m,f*, británico,-a *m,f*.

brittle ['brɪtəl] *adj* quebradizo,-a, frágil.

brittleness ['brɪtəlnɪs] *n* fragilidad *f*.

broach [brəʊtʃ] *vtr* 1 *(subject)* abordar, sacar a colación. 2 *arch (barrel, bottle)* abrir.

broad [brɔːd] I *adj* 1 *(wide)* ancho,-a; *(large)* extenso,-a; **a b. smile,** una sonrisa abierta; *US Sport* **b. jump,** salto *m* de longitud; **she has a b. range of interests,** tiene intereses muy variados; *fig* **it's as b. as it's long,** da lo mismo. 2 *(clear)* obvio,-a; **a b. hint,** una indirecta inconfundible. 3 *(daylight)* pleno,-a. 4 *(not detailed)* general, básico,-a; **a b. outline,** un esquema general; **in the b. sense,** en sentido amplio. 5 *(accent)* marcado,-a, cerrado,-a; **in a b. Italian accent,** en un marcado acento italiano. II

n US sl (woman) tía *f*, pájara *f*. ◆**broadly** *adv* en general, en términos generales; **b. speaking,** hablando en términos generales.

broadcast ['brɔːdkɑːst] *Rad TV* I *n* emisión *f*; **live b.,** retransmisión *f* en directo; **repeat b.,** reposición *f*. II *vtr (pt & pp broadcast or broadcasted)* 1 *Rad TV* emitir, transmitir. 2 *(make widely known)* propagar, difundir.

broadcaster ['brɔːdkɑːstər] *n* locutor,-a *m,f*.

broadcasting ['brɔːdkɑːstɪŋ] *n Rad* radiodifusión *f*; *TV* transmisión *f*. ■ *Rad* **b. station,** emisora *f*.

broaden ['brɔːdən] *vtr* 1 ensanchar. 2 ampliar; **to b. one's horizons,** ampliar horizontes; **travel broadens the mind,** viajar amplia los horizontes.

broad-minded [brɔː'maɪndɪd] *adj* liberal, tolerante, de miras amplias.

broad-mindedness [brɔː'maɪndɪdnɪs] *n* tolerancia *f*, amplitud *f* de miras.

broadness ['brɔːdnɪs] *n* anchura *f*.

broadsheet ['brɔːdʃiːt] *n* folleto *m*.

broad-shouldered [brɔː'dʃəʊldəd] *adj* ancho,-a de espaldas.

broadside ['brɔːdsaɪd] *n* 1 *(side of ship)* costado *m*. 2 *(volley of shots)* andanada *f*; **to fire a b.,** soltar una andanada. 3 *(insults)* andanada *f*, reprensión *f*.

brocade [brəʊ'keɪd] *n Tex* brocado *m*.

broccoli ['brɒkəlɪ] *n Bot* brécol *m*, bróculi *m*.

brochette [brɒ'ʃet] *n Culin (skewer)* brocheta *f*, broqueta *f*, pinchito *m*.

brochure ['brəʊʃər, 'brəʊʃʊər] *n* folleto *m*.

brogue¹ [brəʊg] *n* zapato *m* grueso.

brogue² [brəʊg] *n* acento *m* (irlandés) muy marcado.

broil [brɔɪl] *vtr Culin US* asar a la parrilla.

broiler ['brɔɪlər] *n Culin* pollo *m*.

broke [brəʊk] I *pt see* break. II *adj fam* **to be (flat) b.,** estar sin blanca, no tener ni un clavo.

broken ['brəʊkən] I *pp see* break. II *adj* 1 *(stick, cup, etc)* roto,-a; *(tool, machinery)* estropeado,-a; *(bone)* fracturado,-a; *(promise)* roto,-a; *(sleep)* interrumpido,-a. 2 *(home)* deshecho,-a; *(man, woman)* destrozado,-a; *(language)* chapurreado,-a; *(ground)* accidentado,-a, desnivelado,-a; **to speak b. English,** chapurrear el inglés.

broken-down ['brəʊkəndaʊn] *adj (car, engine)* averiado,-a; *(machine)* estropeado,-a.

broken-hearted [brəʊkən'hɑːtɪd] *adj fig* con el corazón destrozado.

broker ['brəʊkər] *n Fin* corredor *m*, agente *mf* de Bolsa, comisionista *mf*. ■ **insurance b.,** agente *mf* de seguros.

brokerage ['brəʊkərɪdʒ] *n Fin* corretaje *m*.

brolly ['brɒlɪ] *n fam* paraguas *m inv*.

bromide ['brəʊmaɪd] *n Chem* bromuro *m*; *fig fml* **please do not come out with those old bromides,** no me vengan con las mismas historias de siempre.

bromine ['brəʊmiːn] *n Chem* bromo *m*.

bronchial ['brɒŋkɪəl] *adj Anat* bronquial; **b. tubes,** bronquios *mpl*.

bronchitic [brɒŋ'kɪtɪk] *adj Med* bronquítico,-a.

bronchitis [brɒŋ'kaɪtɪs] *n Med* bronquitis *f*.

bronze [brɒnz] I *n* bronce *m*. ■ **B. Age,** Edad *f* de Bronce. II *adj* 1 *(material)* de bronce. 2 *(colour)* bronceado,-a.

bronzed [brɒnzd] *adj (suntanned)* bronceado,-a.

brooch [brəʊtʃ] *n* broche *m*, alfiler *m*.

brood [bru:d] **I** *n (birds)* cría *f*, nidada *f*; *hum (children)* prole *m*. **II** *vi (hen)* empollar; *fig (ponder)* rumiar; **dark clouds were brooding over the city**, oscuras nubes se cernían sobre la cuidad; *fig* **to b. over a problem**, darle vueltas a un problema.

broody ['bru:dı] *adj* **1 b. hen**, gallina *f* clueca; *fam (women)* con ganas de tener hijos. **2** *(pensive)* pensativo,-a. **3** *(moody)* melancólico,-a.

brook¹ [brʊk] *n* arroyo *m*.

brook² [brʊk] *vtr (usu in negative)* soportar, aguantar; **she will b. no interference**, no tolerará ni la más mínima ingerencia.

broom [bru:m] *n* **1** *(sweeping-brush)* escoba *f*; *fig* **a new b.**, una persona con nuevas ideas. **2** *Bot* retama *f*, hiniesta *f*.

broomstick ['bru:mstɪk] *n* palo *m* de escoba.

Bros *Com abbr of* **Brothers**, Hermanos *mpl*, Hnos.

broth [brɒθ] *n Culin* caldo *m*.

brothel ['brɒθəl] *n* burdel *m*.

brother ['brʌðə'] *n* **1** hermano *m*; **brothers and sisters**, hermanos; **older b.**, hermano mayor; **younger b.**, hermano menor. **2** *(colleague)* colega *m*, compañero *m*; *(comrade)* camarada *f*. **3** *Rel* hermano *m*.

brotherhood ['brʌðəhʊd] *n* **1** *(condition of brother)* fraternidad *f*, hermandad *f*. **2** *(association)* gremio *m*; *Rel* cofradía *f*, hermandad *f*.

brother-in-law ['brʌðərɪnlɔ:] *n (pl* **brothers-in-law)** cuñado *m*, hermano *m* político.

brotherly ['brʌðəlɪ] *adj* fraternal, fraterno,-a; **b. love**, amor fraternal.

brought [brɔ:t] *pt & pp see* **bring**.

brow [braʊ] *n* **1** *(forehead)* frente *f*. **2** *(eyebrow)* ceja *f*. **3** *(of hill)* cima *f*, cumbre *f*.

browbeat ['braʊbi:t] *vtr (pt* **browbeat***; pp* **browbeaten)** intimidar a algn; **to b. sb into doing sth**, obligar a algn a hacer algo.

brown [braʊn] **I** *adj* **1** marrón, pardo,-a; *(hair, eyes)* castaño,-a. ▪ **b. bread**, pan *m* integral; **b. paper**, papel *m* de estraza; **b. sugar**, azúcar *m* & *f* moreno,-a. **2** *(suntanned)* moreno,-a; **to go b.**, ponerse moreno; **as b. as a berry**, muy moreno. **II** *n* marrón *m*; *(hair, eyes)* castaño *m*. **III** *vtr* **1** *Culin* dorar. **2** *(tan)* broncear, poner moreno.

browned-off [braʊnd'ɒf] *adj fam* estar hasta las narices *or* hasta la coronilla **(with**, de).

Brownie ['braʊnı] *n (in Guide Movement)* niña *f* exploradora.

brownie ['braʊnı] *n US Culin* bizcocho *m* de chocolate con nueces.

brownish ['braʊnıʃ] *adj* pardusco,-a.

brownout ['braʊnaʊt] *n US* apagón *m* parcial.

browse [braʊz] **I** *vi* **1** *(animal) (grass)* pacer; *(leaves)* ramonear. **2** *(person in shop)* mirar; *(through book, magazine)* hojear; **I spend hours browsing in bookshops**, me paso horas en las librerías hojeando libros. **II** *n* ojeada *f*; **to have a b.**, dar un vistazo *or* una ojeada **(in**, a).

bruise [bru:z] **I** *n* morado *m*, contusión *f*, magulladura *f*, cardenal *m*; **I've got a b.**, me ha salido un morado. **II** *vtr (body)* contusionar, magullar; *(fruit)* estropear, machucar; *fig (feelings)* herir; **I feel bruised and upset by his accusation**, me siento herido y afectado por su acusación. **III** *vi (body)* magullarse; *(fruit)* estropearse.

bruiser ['bru:zə'] *n fam* matón *m*.

brunch [brʌnʃ] *n* brunch *m*, combinación *f* de desayuno y almuerzo.

Brunei [bru:'naı] *n* Brunei.

brunette [bru:'net] *adj & n (woman)* morena *(f)*.

brunt [brʌnt] *n* lo peor; **to bear** *or* **take the b.**, llevar el peso, aguantar: **we bore the b. of the expense**, llevamos la mayor parte del gasto.

brush¹ [brʌʃ] **I** *n* **1** *(for hair, teeth, clothes)* cepillo *m*; *Art* pincel *m*; *(for house-painting)* brocha *f*. ▪ **shaving b.**, brocha *f* de afeitar; **scrubbing b.**, cepillo *m* de fregar. **2** *(act of brushing)* cepillado *m*. **3** *fig* **to have a b. with the law**, tener un roce con la policía. **II** *vtr* **1** cepillar; **to b. one's hair**, peinarse; **to b. one's teeth**, limpiarse los dientes. **2** *(touch lightly)* rozar la pared; **her hair brushed his cheek**, su pelo rozó su mejilla. **III** *vi* rozar al pasar **(against**, -). ◆**brush aside** *vtr* dejar de lado. ◆**brush off** *vtr* ignorar. ◆**brush up** *vtr* mejorar, revisar; **to b. up one's French**, volver a estudiar francés.

brush² [brʌʃ] *n (undergrowth)* broza *f*, maleza *f*.

brush-off ['brʌʃɒf] *n fam* **to give sb the b.-o.**, mandar a algn a paseo.

brushwood ['brʌʃwʊd] *n* maleza *f*.

brusque [bru:sk, brʊsk] *adj (person)* brusco,-a; *(words)* áspero,-a.

brusqueness ['bru:sknıs, 'brʊsknıs] *n* brusquedad *f*.

Brussels ['brʌsəlz] *n* Bruselas.

brutal ['bru:təl] *adj* brutal, cruel; *fig* **the b. truth**, la cruel verdad.

brutality [bru:'tælıtı] *n* brutalidad *f*; *(behaviour)* crueldad *f*.

brute [bru:t] **I** *adj* bruto,-a, brutal; **b. force**, fuerza bruta. **II** *n (animal)* bruto *m*, bestia *mf*; *(person)* bestia *f*; *fam* **a b. of a job**, un trabajo de locos.

brutish ['bru:tıʃ] *adj* **1** *(savage)* bestial. **2** *(rough)* brutal. **3** *(stupid)* bruto,-a.

BSc [bi:es'si:], *US* **BS** [bi:'es] *abbr of* **Bachelor of Science**, Licenciado,-a *m,f* en Ciencias.

BST [bi:es'ti:] *abbr of* **British Summer Time**, hora *f* británica de verano.

BT [bi:'ti:] *abbr of* **British Telecom**, Telecomunicaciones *fpl* británicas.

Bt *abbr of* **Baronet**, baronet *m*.

BTA [bi:ti:'eı] *abbr of* **British Tourist Authority**.

Bthu, Btu *abbr of* **British Thermal Unit**, unidad *f* calorífica británica, BTU *f*.

bubble ['bʌbəl] **I** *n* burbuja *f*. ▪ **b. bath**, espuma *f* de baño; **b. gum**, chicle *m*; **soap b.**, pompa *f* de jabón. **II** *vi* burbujear; *Culin* borbotear; *fig* **to b. over with happiness**, rebosar de alegría.

bubble-and-squeak [bʌbələn'skwi:k] *n GB Culin* guiso *m* de col, patatas y carne.

bubbly ['bʌblı] **I** *adj (bubblier, bubbliest)* efervescente, con burbujas; **she has a b. personality**, tiene una personalidad muy vivaz. **II** *n fam* champán *m*, cava *m*.

bubonic [bju:'bɒnık] *adj Med* bubónico,-a. ▪ **b. plague**, peste *f* bubónica.

buccaneer [bʌkə'nıə'] *n* bucanero *m*.

Bucharest [bu:kə'rest] *n* Bucarest.

buck¹ [bʌk] **I** *n* **1** *Zool (male species)* macho *m*; *(male deer)* ciervo *m*; *(male goat)* macho *m* cabrío; *fam* **to pass the b. to sb**, echarle el muerto a algn. **2** *Gymn* potro *m*. **3** *(young man)* galán *m*. **II** *vi (horse)* corcovear. **III** *vtr fam (avoid)* esquivar. ◆**buck up I** *vtr fam* **b. your ideas up, laddie!**, ¡espabílate chico! **II** *vi (cheer up)* animarse.

buck² [bʌk] n US fam dólar m; **to make a fast** or **a quick b.,** hacer dinero rápido.

bucket ['bʌkɪt] I n cubo m; **a b.** of water, un cubo de agua; fam **to kick the b.,** estirar la pata, guiñarla; fam **it rained buckets,** llovía a cántaros; fam **she cried buckets,** lloraba como una Magdalena. ■ Aut **b. seat,** asiento m envolvente; **b. shop,** agencia f de viajes que vende billetes de avión a bajo precio. II vi fam (of rain) llover a cántaros (**down,** -); **it's been bucketing down all day,** ha llovido a cántaros todo el día.

bucketful ['bʌkɪtfʊl] n cubo m; **a b.** of water, un cubo lleno de agua.

buckle ['bʌkəl] I n (on belt, shoe) hebilla f. II vtr abrochar con hebilla. III vi 1 (wall, metal) combarse, torcerse. 2 (knees) doblarse. ◆**buckle down** vi fam dedicarse (**to,** a), concentrarse (**to,** en); **to b. down to work,** ponerse a trabajar en serio.

buckshee [bʌkˈʃiː] fam arch I adj gratuito,-a. II adv gratis.

buckshot ['bʌkʃɒt] n perdigón m, posta f.

buckskin ['bʌkskɪn] n ante m.

bucktooth ['bʌktuːθ] n (pl **buckteeth** ['bʌktiːθ]) diente m saliente.

buckwheat ['bʌkwiːt] n Bot alforfón m.

bucolic [bjuːˈkɒlɪk] adj bucólico,-a.

bud [bʌd] I n Bot (shoot) brote m; (flower) capullo m. II vi Bot brotar; fig florecer.

Budapest [bjuːdəˈpest] n Budapest.

Buddha ['bʊdə] n Rel Buda m.

Buddhism ['bʊdɪzəm] n Rel budismo m.

Buddhist ['bʊdɪst] adj & n Rel budista (mf).

budding ['bʌdɪŋ] adj fam en ciernes; **a b. gymnast,** una gymnasta que promete.

buddy ['bʌdɪ] n US fam compañero m, amigote m, compinche m.

budge [bʌdʒ] vi 1 (move) moverse; **this screw won't b.,** este tornillo no se mueve. 2 (yield) ceder; **she won't b.,** no cederá.

budgerigar ['bʌdʒərɪgɑːʳ] n Orn periquito m.

budget ['bʌdʒɪt] I n presupuesto m; **the B.,** el presupuesto estatal. ■ **b. account,** cuenta f presupuestaria. II vi hacer un presupuesto (**for,** para).

budgetary ['bʌdʒətərɪ] adj presupuestario,-a; **b. control,** control presupuestario.

budgie ['bʌdʒɪ] n fam see **budgerigar.**

buff¹ [bʌf] I n 1 (leather) piel f de búfalo or de ante; fam arch **in the b.,** en cueros. 2 (colour) amarillo m, color m de ante. II adj amarillo,-a, de color de ante. III vtr dar brillo.

buff² [bʌf] n fam (enthusiast) aficionado,-a m,f, entusiasta mf. ■ **film b.,** cinéfilo,-a m,f.

buffalo ['bʌfələʊ] n Zool (pl **buffaloes** or **buffalo**) búfalo m.

buffer¹ ['bʌfəʳ] I n 1 (device) amortiguador m; Rail tope m; US Aut parachoques m inv. ■ Pol **b. state,** estado m tapón; **b. zone,** zona f intermedia. 2 Comput memoria f intermedia. 3 Chem regulador m. II vtr (insulate from shock) amortiguar.

buffer² ['bʌfəʳ] n fam old **b.,** viejo m chocho.

buffet¹ ['bʊfeɪ] n 1 (snack bar) bar m; (at railway station) cantina f. ■ Rail **b. car,** coche m restaurante. 2 (self-service meal) bufet m libre. 3 Furn (sideboard) aparador m, cristalera f.

buffet² ['bʌfɪt] I vtr (hit) golpear; **the ship was buffeted by the waves,** las olas golpeaban el barco. II n (fist) golpe m; (hand) puñetazo m.

buffoon [bəˈfuːn] n bufón m, payaso m.

buffoonery [bəˈfuːnərɪ] n payasada f, payasadas fpl.

bug [bʌg] I n 1 (insect) bicho m, insecto m. 2 fam (microbe) microbio m. ■ **the flu b.,** el virus de la gripe. 3 (hidden microphone) micrófono m oculto. 4 fam (enthusiasm) afición f; **he's caught the photography b.,** le ha dado por la fotografía. 5 Comput error m. II vtr (pt & pp **bugged**) fam 1 (in spying) **to b. a room,** ocultar micrófonos en una habitación; Tel **to b. a telephone,** intervenir or pinchar el teléfono. ■ **bugging device,** aparato m para realizar escuchas telefónicas. 2 (annoy) fastidiar, molestar; **what's bugging her?,** ¿qué mosca la ha picado?, ¿qué le pasa?

bugbear ['bʌgbeəʳ] n tormento m, pesadilla f.

bugger ['bʌgəʳ] I n 1 sodomita m. 2 sl offens (person) cabrón,-ona m,f, gilipollas mf inv; **you stupid b.!,** ¡qué gilipollas eres!; fam **you lucky b.!,** ¡menuda suerte tienes, macho! 3 (thing) coñazo m; **this computer is a right b. to work with,** trabajar con este ordenador es un verdadero coñazo! II interj sl offens ¡¡joder!; **b. it!,** ¡joder!, ¡mierda! III vtr sodomizar. ◆**bugger about** vulg I vi hacer gilipolladas or chorradas, hacer el gilipollas; **stop buggering about and do your work,** deja de hacer chorradas y ponte a trabajar. II vtr hacer la puñeta; **they buggered him about,** se las hicieron pasar canutas. ◆**bugger off** vi sl offens largarse, pirarse; **b. off!,** ¡vete a la mierda! ◆**bugger up** vtr sl vulg joder, jorobar; **the strike really buggered up our holiday,** la huelga nos jodió las vacaciones.

buggery ['bʌgərɪ] n sodomía f.

buggy ['bʌgɪ] n 1 (carriage) calesa f, buggy m. 2 (baby's pushchair) cochecito m de niño.

bugle ['bjuːgəl] n Mus bugle m.

bug-ridden ['bʌgrɪdən] adj lleno,-a de bichos.

build [bɪld] I vtr (pt & pp **built**) construir; (nest) hacer; **English-built,** de fabricación inglesa; fig **to b. a society,** fundar una sociedad. II n (physique) tipo m, constitución f, físico m. ◆**build up** vtr 1 (cover with buildings) urbanizar. 2 (accumulate) (traffic) aumentar; **to b. up a collection,** hacer una colección; **to b. up a reputation,** labrarse una buena reputación.

builder ['bɪldəʳ] n constructor,-a m,f; (contractor) contratista mf.

building ['bɪldɪŋ] n edificio m, construcción f. ■ **b. site,** solar m; (under construction) obra f; **b. society,** sociedad f hipotecaria.

build-up ['bɪldʌp] n 1 (accumulation) aumento m; (gas) acumulación f; Mil (troops) concentración f. 2 (publicity) propaganda f.

built [bɪlt] pt & pp see **build**

built-in [bɪltˈɪn] adj 1 Carp empotrado,-a; **b.-in cupboard,** armario empotrado. 2 (incorporated) incorporado,-a; **this system has b. safeguards,** este sistema lleva medidas de seguridad incorporadas.

built-up [bɪltˈʌp] adj urbanizado,-a; **a b.-up area,** una zona urbanizada.

bulb [bʌlb] n 1 Bot bulbo m. 2 Elec (lightbulb) bombilla f.

bulbous ['bʌlbəs] adj bulboso,-a.

Bulgaria [bʌlˈgeərɪə] n Bulgaria.

Bulgarian [bʌlˈgeərɪən] I adj búlgaro,-a. II n 1 (person) búlgaro,-a m,f. 2 (language) búlgaro m.

bulge [bʌldʒ] I *n* 1 protuberancia *f*; *(in pocket)* bulto *m*. 2 *(increase)* aumento *m*; **the population b.**, el rápido aumento de población. II *vi (swell)* hincharse; *(be full)* estar repleto,-a; **his pockets were bulging with sweets**, tenía los bolsillos llenos de caramelos.

bulging ['bʌldʒɪŋ] *adj* abultado,-a; **b. eyes**, ojos saltones *or* desorbitados.

bulk [bʌlk] I *n* 1 *(mass)* masa *f*, volumen *m*; **Com** *(goods)* **in b.**, a granel, suelto,-a, al por mayor; **to buy in b.**, comprar algo en grandes cantidades *or* al por mayor. 2 *(greater part)* mayor parte *f*, mayoría *f*; **the b. of the people stayed in their seats**, la mayoría de la gente permaneció en sus asientos. II *vi Lit* **to b. large**, parecer grande.

bulk-buying [bʌlk'baɪɪŋ] *n* **Com** compra *f* en grandes cantidades *or* al por mayor.

bulkhead ['bʌlkhed] *n* **Naut** mamparo *m*.

bulkiness ['bʌlkɪnɪs] *n* volumen *m*, magnitud *f*.

bulky ['bʌlkɪ] *adj* **(bulkier, bulkiest)** 1 *(large)* voluminoso,-a, pesado,-a. 2 *(difficult to handle)* de difícil manejo.

bull[1] [bʊl] *n* 1 *Zool* toro *m*; *fig* **to take the b. by the horns**, coger al toro por los cuernos; **like a b. in a china shop**, como una elefante en una cristalería. ■ **b. elephant**, elephante *m* macho. 2 *(speculator) Fin* alcista *mf*. 3 *sl (rubbish)* tonterías *fpl*; **it's a load of b.**, no son más que tonterías.

bull[2] [bʊl] *n* **Rel** *(papal announcement)* bula *f*.

bulldog ['bʊldɒg] *n* **Zool** buldog *m*. ■ **Com b. clip**, pinza *f* sujetapapeles.

bulldoze ['bʊldəʊz] *vtr* **Const** *(land)* nivelar; *(building)* derribar; *fam* **to b. sb into doing sth**, forzar a algn a hacer algo; **to b. one's way through a crowd**, abrirse paso a codazos entre una muchedumbre.

bulldozer ['bʊldəʊzə^r] *n* bulldozer *m*.

bullet ['bʊlɪt] *n* bala *f*; **plastic b.**, bala de plástico. ■ **b. wound**, balazo *m*.

bulletin ['bʊlɪtɪn] *n* boletín *m*, comunicado *m*. ■ **Rad TV news b.**, *(radio)* boletín *m* de noticias; *(television)* telediario *m*.

bullet-proof ['bʊlɪtpruːf] *adj* a prueba de balas; **b.-p. vest**, chaleco *m* antibalas.

bullfight ['bʊlfaɪt] *n* corrida *f* de toros.

bullfighter ['bʊlfaɪtə^r] *n* torero,-a *m,f*.

bullfighting ['bʊlfaɪtɪŋ] *n* los toros; *(art)* tauromaquia *f*; **he loves b.**, le encantan los toros.

bullfinch ['bʊlfɪntʃ] *n* **Orn** camachuelo *m* común.

bullfrog ['bʊlfrɒg] *n* **Zool** rana *f* toro.

bullion ['bʊljən] *n* *(gold, silver)* lingote *m*.

bullish ['bʊlɪʃ] *adj* **Fin** *(market)* en alza.

bullock ['bʊlək] *n* **Zool** buey *m*.

bullring ['bʊlrɪŋ] *n* plaza *f* de toros.

bull's-eye ['bʊlzaɪ] *n* *(of target)* centro *m* del blanco; **to score a b.-e.**, dar en el blanco.

bullshit ['bʊlʃɪt] *vulg* I *n* gilipolleces *fpl*, chorradas *fpl*; **that's b.!**, esto son chorradas. II *vi* decir gilipolleces.

bully ['bʊlɪ] I *n* matón *m*. II *vtr* **(pt & pp bullied)** *(terrorize)* intimidar; *(bulldoze)* tiranizar. III *interj* *iron* **b. for you!**, ¡bravo!, ¡a mí qué!

bullying ['bʊlɪŋ] *n* intimidación *f*.

bully-off [bʊlɪ'ɒf] *n* **Sport** *(hockey)* saque *m*.

bulrush ['bʊlrʌʃ] *n* **Bot** anea *f*, espadaña *f*.

bulwark ['bʊlwək] *n* baluarte *m*, bastión *m*; *(small)* luneta *f*.

bum[1] [bʌm] *n fam (bottom)* culo *m*.

bum[2] [bʌm] I *n* 1 *US fam (tramp)* vagabundo *m*. 2 *fam (idler, good-for-nothing)* holgazán,-ana *m,f*, vago,-a *m,f*. 3 *fam (incompetent)* **he is a b.** of a writer, como escritor as muy malo. II *adj fam (poor quality)* malo,-a, de mala calidad; *(useless)* inútil; *(damaged)* dañado,-a, estropeado,-a. III *vi (pt & pp bummed) fam* gorrear; **he bummed a pencil off me**, me gorreó un lápiz. ◆**bum around** *vi fam* vagabundear, vaguear.

bumble ['bʌmbəl] *vi* 1 *(move)* andar a tropezones. 2 *(speak)* murmurar, refunfuñar.

bumblebee ['bʌmbəlbiː] *n* **Ent** abejorro *m*.

bumbling ['bʌmblɪŋ] *adj* torpe.

bumf [bʌmf] *n fam see* **bumph**.

bump [bʌmp] I *n* 1 *(swelling)* chichón *m*; *(lump)* abolladura *f*, bollo *m*; *(on road etc)* bache *m*. 2 *(blow)* choque *m*, golpe *m*. 3 *(jolt)* sacudida *f*. II *vtr* golpear; **to b. one's head**, darse un golpe en la cabeza; **to b. one's head against the door**, dar con la cabeza contra la puerta. III *vi* chocar, darse un golpe (**into**, contra). ◆**bump into** *vtr (meet)* tropezar con, encontrarse a; **fancy bumping into you here!**, ¡qué casualidad encontrarte aquí! ◆**bump off** *vtr sl* liquidar, matar; **she bumped off her husband and ran off with the money**, mató a su marido y escapó con el dinero. ◆**bump up** *vtr fam* aumentar.

bumper ['bʌmpə^r] I *adj* abundante; **a b. crop**, una cosecha abundante; **b. edition**, edición *f* especial. II *n Aut* parachoques *m inv*.

bumph [bʌmf] *n fam* papeleo *m*.

bumpkin ['bʌmpkɪn] *n* paleto *m*, palurdo *m*.

bumptious ['bʌmpʃəs] *adj* presuntuoso,-a, engreído,-a, creído,-a.

bumpy ['bʌmpɪ] *adj* **(bumpier, bumpiest)** *(road)* lleno,-a de baches; *(journey, flight)* muy zarandeado,-a *or* sacudido,-a.

bun [bʌn] *n* 1 **Culin** *(bread)* panecillo *m*; *(sweet)* bollo *m*; *(small cake)* magdalena *f*; *fig vulg* **she's got a b. in the oven**, esta preñada. 2 **Hairdr** moño *m*.

bunch [bʌntʃ] I *n* *(of herbs, keys)* manojo *m*; *(of flowers)* ramo *m*, ramillete *m*; *(of grapes)* racimo *m*; *(of people)* grupo *m*; *(gang)* pandilla *f*; **the best of a bad b.**, el único del grupo que se salva. II *vi* juntarse, agruparse **(together, -)**.

bundle ['bʌndəl] I *n* *(of clothes)* bulto *m*, fardo *m*; *(of papers)* fajo *m*; *(of wood)* haz *m*; *fam* **to be a b. of nerves**, ser un manojo de nervios. II *vtr* 1 *(make a bundle)* liar, atar; **to b. up clothes**, meter ropa en un hatillo. 2 *(push)* empujar; **the police bundled the thief into the car**, la policía obligó al ladrón a meterse en el coche. ◆**bundle off** *vi* despachar, mandar; **he was bundled off to stay with friends**, se lo sacaron de encima mandándolo a casa de unos amigos.

bung [bʌŋ] I *n* tapón *m*. II *vtr* 1 *fam (throw)* largar, arrojar; **b. it over here**, tíramelo. 2 *fam (put)* meter, poner; **b. it here**, ponlo aquí. ◆**bung up** *vtr fam* atascar.

bungalow ['bʌŋgələʊ] *n* chalet *m*, chalé *m*.

bunged up ['bʌŋgdʌp] *adj fam (pipe)* atascado,-a; *(nose)* tapado,-a; *(person)* acatarrado,-a.

bungle ['bʌŋgəl] *vtr* chapucear, chafallar.

bungler ['bʌŋgələ^r] *n* chapucero,-a *m,f*.

bungling ['bʌŋgəlɪŋ] I *adj* chapucero,-a; *(inaptitude)* torpe. II *n* torpeza *f*.

bunion ['bʌnjən] *n* juanete *m*.

bunk[1] [bʌŋk] *n (bed)* litera *f*.

bunk² [bʌŋk] *n sl (nonsense)* tonterías *fpl*.

bunk³ [bʌŋk] *n* **to do a b.**, pirárselas. ◆**bunk off** *vi sl (run away)* largarse, abrirse, pirarse; *(play truant)* hacer las campañas.

bunker ['bʌŋkəʳ] *n* **1** *(coal)* carbonera. **2** *Mil* búnker *m*, refugio *m* subterráneo. **3** *Golf* bunker *m*, trampa *f* de arena.

bunkum ['bʌŋkəm] *n US (nonsense)* tonterías *fpl*.

bunny ['bʌnɪ] *n fam (baby talk)* **b. (rabbit)**, conejito *m*. ■ **b. girl**, camarera *f* vestida de conejito.

bunting¹ ['bʌntɪŋ] *n (material)* lanilla *f*; *(flags)* banderas *fpl*; *Naut* empavesada *f*.

bunting² ['bʌntɪŋ] *n Orn* escribano *m*. ■ **cirl b.**, escribano *m* soteño; **corn b.**, escribano *m* triguero; **ortolan b.**, escribano *m* hortelano; **reed b.**, escribano *m* palustre; **rock b.**, escribano *m* montesino.

buoy [bɔɪ] **I** *n Naut* boya *f*. **II** *vtr* **1** sostener, mantener a flote **(up, a)**. **2** *Naut* señalar con boyas. ◆**buoy up** *vtr* alentar, animar; **he did his best to b. her up,** hizo todo lo posible para animarla.

buoyancy ['bɔɪənsɪ] *n* **1** *(of object)* flotabilidad *f*. **2** *Fin (of market, prices)* tendencia *f* alcista. **3** *(optimism)* optimismo *m*.

buoyant ['bɔɪənt] *adj* **1** *(object)* flotante, boyante. **2** *Fin (economy)* con tendencia alcista. **3** *(optimistic)* optimista.

burble ['bɜːbəl] *vi* **1** *(stream)* murmurar; *(baby)* hacer gorgoritos, balbucear. **2** *(talk quickly and unclearly)* farfullar, mascullar; **she burbled her thanks and left,** farfulló su agradecimento y se fue.

burden ['bɜːdən] **I** *n* **1** *(load)* carga *f*; **beast of b.**, bestia *f* de carga; *Jur* **b. of proof,** carga de la prueba. **2** *fig* carga *f*, peso *m*; **to be a b. to sb,** ser una carga para algn. **II** *vtr* cargar **(with, con)**.

burdensome ['bɜːdənsəm] *adj fml* oneroso,-a.

bureau ['bjʊərəʊ] *n (pl* **bureaus** *or* **bureaux)** **1** *(desk)* escritorio *m*, mesa *f*. **2** *(office)* agencia *f*, oficina *f*. **3** *US (chest of drawers)* cómoda *f*. **4** *US Pol* departamento *m* del Estado, agencia *f* del gobierno.

bureaucracy [bjʊə'rɒkrəsɪ] *n* burocracia *f*.

bureaucrat ['bjʊərəkræt] *n* burócrata *mf*.

bureaucratic [bjʊərə'krætɪk] *adj* burocrático,-a.

burgeon ['bɜːdʒən] *vi Bot* brotar, retoñar; *fig Lit* crecer, florecer.

burger ['bɜːgəʳ] *n fam abbr of* **hamburger.**

burglar ['bɜːgləʳ] *n (of houses and shops)* ladrón,-ona *m,f*. ■ **b. alarm,** alarma *f* antirrobo.

burglarize ['bɜːgləraɪz] *vtr US* robar.

burglar-proof ['bɜːgləpruːf] *adj* a prueba de robo.

burglary ['bɜːglərɪ] *n* robo *m* con allanamiento de morada.

burgle ['bɜːgəl] *vtr* robar una casa *or* un edificio.

burial ['berɪəl] *n* entierro *m*. ■ **b. ground,** cementerio *m*, camposanto *m*.

Burkina-Faso [bɜːkiːnə'fæsəʊ] *n* Burkina Faso.

burlap ['bɜːlæp] *n Tex* arpillera *f*.

burlesque [bɜː'lesk] **I** *adj* burlesco,-a. **II** *n Lit* género *m* burlesco.

burly ['bɜːlɪ] *adj (burlier, burliest)* fornido,-a, fuerte.

Burma ['bɜːmə] *n* Birmania.

Burmese [bɜː'miːz] **I** *adj* birmano,-a. **II** *n (pl* **Burmese) 1** *(person)* birmano,-a *m,f*. **2** *(language)* birmano *m*.

burn [bɜːn] **I** *n* quemadura *f*. **II** *vtr (pt & pp* **burnt** *or* **burned)** quemar; **she burnt her hand,** se quemó la mano; **to be burned to death,** morir carbonizado,-a; *fam* **to b. the midnight oil,** quemarse las

cejas. **III** *vi* **1** *(fire)* arder; *(building)* arder, quemarse. **2** *(lamp, light)* estar encendido,-a. **3** *(of sore)* escocer. ◆**burn down I** *vtr* **1** *(of fire)* extinguirse. **2** *(of machines)* desgastarse, dejar de funcionar. **3** *(of people)* quemarse; **you'll b. yourself out if you carry on working so hard,** si trabajas así acabaras quemado. ◆**burn up I** *vtr* quemar energía. **II** *vi (rocket, etc)* consumirse completamente.

burner ['bɜːnəʳ] *n* quemador *m*; *fam fig* **to put sth on the back b.,** dejar algo a un lado, aparcar algo. ■ **Bunsen b.,** quemador *m* Bunsen.

burning ['bɜːnɪŋ] **I** *adj* **1** *(on fire)* incendiado,-a; *(hot)* abrasador,-a. **2** *(passionate)* apasionado,-a, ardiente; **b. desire,** deseo ardiente. **3** *(crucial, intense)* vital; **a b. question,** una cuestión candente. **II** *n (combustion)* combustión *f*; **there's a smell of b.,** huele a quemado.

burnt [bɜːnt] **I** *pt & pp see* **burn. II** *adj Culin* quemado,-a; **b. almonds,** almendras *fpl* tostadas.

burnt-out [bɜːnt'aʊt] *adj* **1** *(volcano, etc)* apagado,-a. **2** *fig (worn-out) (person)* quemado,-a; *(passion)* consumido,-a.

burp [bɜːp] **I** *n* eructo *m*. **II** *vi* eructar, regoldar. **III** *vtr* **to b. a baby,** hacer eructar a un bebé.

burr¹ [bɜːʳ] *n Bot* erizo *m*.

burr² [bɜːʳ] *n* **1** *(humming)* zumbido *m*. **2** *(pronunciation)* pronunciación *f* fuerte de la r; **she speaks with a West-Country b.,** tiene un marcado acento del West Country.

burrow ['bʌrəʊ] **I** *n* madriguera *f*; *(for rabbits)* conejera *f*. **II** *vi* **1** hacer una madriguera; *fig* **to b. into an affair,** escudriñar un asunto. **2** *(search)* hurgar; **she burrowed around in the drawer looking for the other glove,** removió en el cajón buscando el otro guante.

bursar ['bɜːsəʳ] *n Univ* tesorero,-a *m,f*.

bursary ['bɜːsərɪ] *n* beca *f*.

burst [bɜːst] **I** *n* **1** *(explosion)* estallido *m*, explosión *f*; *(of tyre)* reventón *m*. **2** *(sudden outbreak) (activity, speed)* arranque *m*; *(rage)* arrebato *m*; *(applause)* salva *f*; *Mil* **b. of gunfire,** ráfaga *f* de tiros; **b. of laughter,** carcajada *f*. **II** *vtr (pt & pp* **burst)** *(balloon)* reventar; *fig* **the river b. its banks,** el río se salió de madre. **III** *vi* **1** *(balloon, tyre, boil, pipe)* reventarse; *(shell)* estallar. **2** *(dam)* romperse. **3** *(enter suddenly)* irrumpir **(into,** en**).** ◆**burst into** *vi* empezar a; **to b. into tears,** echarse a llorar, deshacerse en lágrimas; **to b. into laughter,** echarse a reír. ◆**burst open** *vi* abrirse violentamente. ◆**burst out** *vi* **1** *(shout)* gritar, exclamar. **2** empezar a; **to b. out laughing,** echarse a reír.

bursting ['bɜːstɪŋ] *adj* estar lleno,-a a revantar; **the bar was with people,** había un montón de gente en el bar; *fam* **to be b. to do sth,** reventar por hacer algo, ansiar hacer algo; **I'm b. to tell you,** reviento si no te lo digo.

Burundi [bə'rʊndɪ] *n* Burundi.

Burundian [bə'rʊndɪən] *adj & n* burundés,-esa *(m,f)*.

bury ['berɪ] *vtr (pt & pp* **buried) 1** *(inter)* enterrar. **2** *(hide)* esconder, ocultar; **to be buried in thought,** estar absorto en pensamientos; **to b. oneself in the country,** refugiarse en el campo.

bus [bʌs] **I** *n (pl* **buses,** *US* **busses)** autobús *m*, *Arg* ómnibus *m*, *Cuba PR* guagua *f*, *Mex* camión *m*. ■ **b. conductor,** cobrador *m*, revisor *m*; **b. driver,** conductor,-a *m,f*; **b. station,** estación *f* de autobuses; **b. stop,** parada *f* de autobús. II *vtr (pt & pp bused,* US **bussed)** llevar *or* trasladar en autobús.

bush [buʃ] *n* 1 *Bot (shrub)* arbusto *m*, matorral *m*; *fig* **to beat about the b.,** andarse con rodeos, andarse por las ramas. 2 *Austral* **the b.,** el monte. ■ *fam* **b. telegraph,** radio *f* macuto.

bushed [buʃt] *adj fam (exhausted)* molido,-a, reventado,-a.

bushel ['buʃəl] *n (measure)* GB = 36,35 litros, US = 35,23 litros; *fig* **to hide one's light under a b.,** ser muy modesto.

bushman ['buʃmən] *n (pl bushmen)* bosquimán *m*.

bushy ['buʃɪ] *adj* espeso,-a, tupido,-a; **b. eyebrows,** cejas tupidas.

business ['bɪznɪs] *n* 1 *(commerce)* negocio *m*, negocios *mpl*; **big b.,** los grandes negocios; **b. is good,** los negocios andan bien; **how's b.?,** ¿cómo andan los negocios?; **to be away on b.,** estar en viaje de negocios; **to do b. with sb,** negociar con algn; **to go into b.,** dedicarse a los negocios. ■ **b. deal,** negocio *m*; **b. hours,** horas *fpl* de oficina, horas *fpl* hábiles *or* laborables; **b. relations,** relaciones *fpl* comerciales; **b. trip,** viaje *m* de negocios. 2 *(firm)* negocio *m*, empresa *f*; **family b.,** empresa familiar. 3 *(matter)* asunto *m*, cuestión *f*; **a dreadful b.,** un asunto lamentable; **I mean b.,** estoy hablando en serio; **it's no b. of mine,** no es asunto mío; **the b. of the day,** el orden del día; **to make it one's b. to ...,** encargarse de ...; **to get down to b.,** ir al grano; **to go about one's b.,** ocuparse de sus asuntos; **what a b.!,** qué lío!; *fam* **like nobody's b.,** muy bien; *fam* **mind your own b.,** no te metas donde no te llaman.

businesslike ['bɪznɪslaɪk] *adj (practical)* práctico,-a, eficiente; *(methodical)* metódico,-a; *(serious)* serio,-a.

businessman ['bɪznɪsmən] *n (pl businessmen)* hombre *m* de negocios, empresario *m*.

businesswoman ['bɪznɪswʊmən] *n (pl businesswomen* ['bɪznɪswɪmɪn]) mujer *f* de negocios, empresaria *f*.

busk [bʌsk] *vi* GB cantar *or* tocar música en la calle.

busker ['bʌskəʳ] *n fam* músico,-a *m,f* callejero,-a *or* ambulante.

busman ['bʌsmən] *n fam* **b.'s holiday,** día *m* de fiesta en el que uno tiene que hacer el mismo trabajo que de costumbre.

bust¹ [bʌst] *n* 1 *(of woman)* pecho *m*, busto *m*. 2 *Art (sculpture)* busto *m*.

bust² [bʌst] I *vtr* 1 *fam (damage)* estropear; *(break)* destrozar. 2 *sl (person)* trincar; *(place)* hacer una redada; **to b. sb for possession of drugs,** pescar a algn por posesión ilegal de drogas. II *adj* 1 *fam (burst)* reventado,-a; *(damaged)* estropeado,-a; *(broken)* destrozado,-a. 2 *fam (bankrupt)* **to go b.,** quebrar.

bustard ['bʌstəd] *n Orn* **great b.,** avutarda *f*; **little b.,** sisón *m*.

bustle¹ ['bʌsəl] I *n (activity, noise)* bullicio *m*; animación *f*. II *vi* ir y venir (**about,** -).

bustle² ['bʌsəl] *n arch* polisón *m*.

bustling ['bʌslɪŋ] *adj* bullicioso,-a.

bust-up ['bʌstʌp] *n fam* riña *f*, pelea *f*; **to have a b.,** *(fight)* pelearse; *(break a relationship)* romper.

busy ['bɪzɪ] I *adj* 1 *(person)* ocupado,-a, atareado,-a; *(day)* lleno,-a; *(life)* ajetreado,-a; *(street)* concurrido,-a, bullicioso,-a; **to be as b. as a bee,** estar ocupadísimo; **to keep oneself b.,** mantenerse ocupado. 2 *esp* US *Tel (line)* ocupado,-a; **b. signal,** señal *f* de comunicando. II *vtr (pt & pp busied)* occuparse, dedicarse; **to b. oneself doing sth,** ocuparse en hacer algo.

busybody ['bɪzɪbɒdɪ] *n* entrometido,-a *m,f*.

but [bʌt] I *conj* 1 pero; **b. yet,** pero, a pesar de todo; **poor b. honest,** pobre pero honrado. 2 *(after negative)* sino; **not two b. three,** no dos sino tres; **she's not Spanish b. Portuguese,** no es española sino portuguesa. 3 que; **there's no doubt b. he's guilty,** no hay duda de que es culpable; **we can b. try,** al menos podemos intentarlo. 4 **b. for her we would have drowned,** si no hubiera sido por ella, nos habríamos ahogado. II *adv* no más que, sólo, solamente; **had we b. known,** si lo hubiéramos sabido, de haberlo sabido; **he is b. a child,** no es más que un niño. III *prep* salvo, excepto, menos; **everyone b. her,** todos menos ella; **he's anything b. handsome,** es todo menos guapo; **the last b. one,** el penúltimo. IV **buts** *npl* peros *mpl*; **ifs and b.,** pegas *fpl*; **stop all your ifs and b.!,** ¡no pongas más pegas!; **no b.,** no hay peros que valgan.

butane ['bju:teɪn] *n Chem* butano *m*. ■ **b. gas,** gas *m* butano.

butch [bʊtʃ] *adj* 1 *fam offens (woman)* hombruno,-a. 2 *(man) fam* macho.

butcher ['bʊtʃəʳ] I *n (person)* carnicero,-a *m,f*; *fig* carnicero,-a; **b.'s (shop),** carnicería *f*. II *vtr (animals)* matar; *(people)* matar, asesinar.

butcher's ['bʊtʃəz] *n sl* mirada; **let's have a b.,** déjame ver.

butchery ['bʊtʃərɪ] *n* 1 *(work)* carnicería *f*. 2 *(killing)* matanza *f*, carnicería *f*.

butler ['bʌtləʳ] *n* mayordomo *m*.

butt¹ [bʌt] *n* 1 *(end)* extremo *m*; *(of rifle)* culata *f*; *(of cigarette)* colilla *f*. 2 *(target)* blanco *m*; **he was the b. of all the jokes,** era el blanco de todas las bromas. 3 US *sl (bottom)* culo *m*.

butt² [bʌt] I *n (blow with head)* cabezazo *m*. II *vtr* 1 *(strike with head or horns)* topetar. 2 *(shove)* **to b. your way somewhere,** abrirte paso. ◆**butt in** *vi* entrar en la conversación.

butt³ [bʌt] *n (barrel)* tonel *m*.

butter ['bʌtəʳ] I *n* mantequilla *f*; **he always looks as if b. wouldn't melt in his mouth,** siempre se hace la mosquita muerta. ■ **b. dish,** mantequera *f*. II *vtr (bread)* untar pan con mantequilla; *(vegetables)* aderezar con mantequilla. ◆**butter up** *vtr* dar coba a algn.

buttercup ['bʌtəkʌp] *n Bot* ranúnculo *m*, botón *m* de oro.

butterfingered ['bʌtəfɪŋgəd] *adj fam* torpe, patoso,-a.

butterfingers ['bʌtəfɪŋgəz] *n fam* manazas *mf inv*.

butterfly ['bʌtəflaɪ] *n* 1 *Ent* mariposa *f*; *fig* **to have butterflies,** tener los nervios de punta, estar muy nervioso. 2 *Swimming* mariposa *f*.

buttermilk ['bʌtəmɪlk] *n* suero *m* de la leche.

buttock ['bʌtək] *n* nalga *f*; **buttocks,** nalgas *fpl*, trasero *m*; *(of horse)* grupa *f*.

button ['bʌtən] I *n* 1 *Sew* botón *m*. 2 *(on machine, etc)* botón *m*, pulsador *m*; **press the b.,** apriete el botón. 3 US *(badge)* chapa *f*. II *vtr* **to b. (up),** abrocharse.

buttonhole ['bʌtənhəʊl] I *n* 1 *Sew* ojal *m*. 2 *(flower)* flor *f* que se lleva en el ojal. II *vtr fig (detain)* enganchar m.

buttress ['bʌtrɪs] I *n* 1 *Arch* contrafuerte *m*. ■ **flying b.**, arbotante *m*. 2 *(support)* apoyo *m*, sostén *m*. II *vtr Arch* apuntalar, reforzar; *fig* reforzar, apoyar.

butty ['bʌtɪ] *n fam (sandwich)* bocata *f*.

buxom ['bʌksəm] *adj (woman) (big breasts)* pechugona; *(robust)* macizorra, rolliza.

buy [baɪ] I *n (purchase)* compra *f*; **a good b.**, una ganga. II *vtr (pt & pp bought)* 1 comprar; **she bought that car from a neighbour**, compró ese coche a un vecino. 2 *(bribe)* comprar, sobornar. 3 *sl (believe)* tragar, aceptar, creer; **he won't b. it**, no colará. ◆**buy off** *vtr* sobornar, comprar. ◆**buy out** *vtr* adquirir la parte de; **he borrowed money to b. out his partner**, pidió dinero para adquirir la parte de negocio de su socio. ◆**buy up** *vtr* comprar en grandes cantidades.

buyer ['baɪəʳ] *n* comprador,-a *m,f*; *Com* **it's a b.'s market**, es un mercado que favorece al comprador. ■ **chief b.**, jefe *m* de compras.

buzz [bʌz] I *n* 1 *(of bee)* zumbido *m*; *(of conversation)* rumor *m*, runruneo *m*. 2 *fam (telephone call)* telefonazo *m*; **to give sb a b.**, hacer una llamada a algn. 3 *sl* **skating gives me a real b.**, esto de patinar me pone a cien. II *vtr fam (telephone)* dar un toque. III *vi (bee, room, head)* zumbar; *fam* **b. off!**, ¡lárgate!

buzzard ['bʌzəd] *n Orn* ratonero *m* común, águila *f* ratonera; *US (vulture)* buitre *m*.

buzzer ['bʌzəʳ] *n* zumbador *m*.

buzzing ['bʌzɪŋ] *n* zumbido *m*.

by [baɪ] I *prep* 1 *(indicating agent)* por; **composed by Bach**, compuesto,-a por Bach; **it was built b. her father**, fue construido por su padre. 2 *(via)* por; **he left by the back door**, salió por la puerta trasera. 3 *(manner)* por; **by car**, en coche; **by chance**, por casualidad; **by heart**, de memoria; **by oneself**, solo,-a; **by rail**, en tren; **made by hand**, hecho a mano; **you can obtain a ticket by filling in the compon**, puede conseguir una entrada llenando el cupón. 4 *(amount)* por; **little by little**, poco a poco; **they are sold by the dozen**, se venden por docenas; **to be paid by the hour**, cobrar por horas. 5 *(extent)* **by far**, con mucho; **he won by a foot**, ganó por un pie. 6 *(beside)* al lado de, junto a; **side by side**, juntos, uno al lado del otro; **sit by me**, siéntate a mi lado. 7 *(past)* **to walk by a building**, pasar por delante de un edificio. 8 *(not later than)* para; **by now**, ya; **by then**, para

entonces; **we have to be there by nine**, tenemos que estar allí para las nueve. 9 *(during)* de; **by day**, de día; **by night**, de noche. 10 *(in an oath)* por; **by God!**, ¡por Dios!; **she swears by herbal remedies**, tiene una fe ciega en las hierbas medicinales. 11 *Math* por; **to multiply six by four**, multiplicar seis por cuatro. 12 *(according to)* según; **to go by the rules**, actuar según las reglas. 13 *(origin)* **English by blood**, de sangre inglesa; **he had two children by his first wife**, tuvo dos hijos con su primera esposa. 14 *(rate)* **bit by bit**, poco a poco; **day by day**, día a día, día tras día. 15 *(quoting something)* con, por; **what do you mean by that?**, ¿qué quieres decir con eso?; **by 'Lesley' I assumed she meant Lesley Dent**, supuse que por 'Lesley' quería decir Lesley Dent. 16 *(in measurements)* por; **the room is twenty metres by ten**, la habitación hace veinte metros por diez. II *adv* 1 *(past)* **to go by**, pasar; **she just walked by**, pasó de largo. 2 **by and by**, con el tiempo.

bye [baɪ] *n* 1 *fam* ¡adiós!, ¡hasta luego! 2 **by the b.** por cierto, a propósito.

bye-bye ['baɪbaɪ] *n fam* ¡adiós!, ¡hasta luego!

by-election ['baɪɪlekʃən] *n Pol* elección *f* parcial.

bygone [':qxbaɪgɒn] I *adj* pasado,-a. II **bygones** *npl* **let b. be b.**, lo pasado pasado está.

by-law ['baɪlɔ:] *n* ley *f* municipal.

bypass ['baɪpɑ:s] I *n* 1 *(road)* carretera *f* de circunvalación. 2 *Med* **b. surgery**, cirugía *f* de by-pass. II *vtr* evitar; **let's b. Bristol, as we are in a hurry**, como tenemos prisa no entramos en Bristol; **she bypassed the normal procedures by writing directly to the director**, escribió al director desestimando el sistema usual.

by-product ['baɪprɒdʌkt] *n Chem Ind* derivado *m*, subproducto *m*; *fig* consecuencia *f*.

byre [baɪəʳ] *n arch* establo *m* para vacas.

by-road ['baɪrəʊd] *n* carretera *f* secundaria.

bystander ['baɪstændəʳ] *n* espectador,-a *m,f*, mirón,-a *m,f*.

byte [baɪt] *n Comput* byte *m*, octeto *m*.

by-way ['baɪweɪ] *n* carretera *f* secundaria.

byword ['baɪwɜ:d] *n* 1 *(perfect example)* sinónimo *m*; **the film became a b. for modernity**, la película se convirtió en un sinónimo de modernidad. 2 *(common saying)* decir *m*.

Byzantine [bɪ'zæntaɪn, baɪ'zæntaɪn] *adj & n* bizantino,-a *(m,f)*.

C

C, c [si:] *n* 1 *(the letter)* C, c *f*. 2 *Mus* do *m*.

C1 *abbr of* **Celsius**, Celsius, C. 2 *abbr of* **Centigrade**, centígrado *m*, C.

c1 *abbr of* **cent(s)**, céntimo(s) *m(pl)*. 2 *abbr of* **century**, siglo *m*, s. 3 *abbr of* **circa** (about, approximately), hacia, h. 4 *abbr of* **copyright**, propiedad *f* literaria, copyright *m*, c.

c/a *abbr of* **current account**, cuenta *f* corriente, c/c.

cab [kæb] *n US* taxi *m*; **by c.**, en taxi. ■ **c. driver**, taxista *mf*.

cabaret ['kæbəreɪ] *n* cabaret *m*; **is there a c.?**, ¿hay espectáculo?

cabbage ['kæbɪdʒ] *n* col *f*, repollo *m*, berza *f*; **red c.**, (col *f*) lombarda *f*. ■ *Ent* **c. white**, mariposa *f* de la col.

cabbie ['kæbɪ] *n US fam* taxista *mf*.

cabin ['kæbɪn] *n* 1 *(hut)* choza *f*; **log c.**, cabaña *f*. 2 *Naut* camarote *m*. ■ **c. cruiser**, yate *m* de motor. 3 *(of lorry, plane)* cabina *f*.

cabinet ['kæbɪnɪt] *n* 1 *Furn (gen)* armario *m*; *(glass-fronted)* vitrina *f*; **filing c.**, archivador *m*; **kitchen c.**, armario de cocina. **2** *(in government)* gabinete *m* ministerial, consejo *m* de ministros; **c. meeting,** consejo *m* de ministros; **shadow c.,** portavoces *mpl* de la oposición.

cable ['keɪbəl] **I** *n* **1** cable *m*. ■ **c. car,** funicular *m*; **c. TV,** televisión *f* por cable. **2** *(message)* cable *m*, cablegrama *m*. **II** *vtr & vi* cablegrafiar, telegrafiar.

caboodle [kə'buːdəl] *n fam* **the whole c.,** y toda la pesca.

cacao [kə'kɑːʊʊ] *n Bot* cacao *m*.

cache [kæʃ] *n* depósito *m* secreto.

cack-handed [kæk'hændɪd] *adj fam* torpe.

cackle ['kækəl] **I** *vi (hen)* cacarear; *(person)* tener la risa tonta. **II** *n (of hen)* cacareo *m*; *(of person)* risa *f* tonta; *fam* **cut the c.,** corta el rollo.

cactus ['kæktəs] *n (pl cactuses or cacti* ['kæktaɪ]*) Bot* cactus *m*.

CAD [kæd] *abbr of* **computer-aided** *or* **-assisted design** *or* **draughting,** diseño *m* con ayuda de ordenador.

cad [kæd] *n GB fam* canalla *m*.

cadaverous [kə'dævərəs] *adj* cadavérico,-a.

caddie ['kædɪ] *n Golf* cadi *m*. ■ **c. car, c. cart,** carrito *m* de golf.

caddy ['kædɪ] *n GB* cajita *f* or lata *f* donde se guarda el té.

cadence ['keɪdəns] *n* cadencia *f*.

cadenza [kə'denzə] *n* cadencia *f*.

cadet [kə'det] *n Mil* cadete *m*. ■ **c. school,** escuela *f* militar.

cadge [kædʒ] *fam* **I** *vtr (cigarettes etc)* gorronear; **to c. a lift from sb,** conseguir que algn te lleve en coche; **to c. money from sb,** darle un sablazo a algn. **II** *vi (gen)* gorronear; *(involving money)* dar un sablazo, sablear.

cadger ['kædʒər] *n GB* gorrón,-ona *m,f*.

cadmium ['kædmɪəm] *n Chem* cadmio *m*.

Caesarean [siː'zeərɪən] *n Med* cesárea *f*; **she had a c.,** le hicieron una cesárea. ■ **C. section,** operación *f* cesárea.

café ['kæfeɪ] *n* cafetería *f*.

cafeteria [kæfɪ'tɪərɪə] *n* cafetería *f*, autoservicio *m*.

caffeine ['kæfiːn] *n* cafeína *f*; **c.-free,** descafeinado,-a.

caftan ['kæftæn] *n see* kaftan.

cage [keɪdʒ] **I** *n* **1** *(for bird etc)* jaula *f*. **2** *Min* ascensor *m*. **II** *vtr* enjaular; *fig* **to feel caged in,** sentirse enjaulado,-a, tener claustrofobia.

cagey ['keɪdʒɪ] *adj (cagier, cagiest) fam* reservado,-a, disimulado,-a.

cagoule [kə'guːl] *n (garment)* canguro *m*.

cahoots [kə'huːts] *npl US fam* **to be in c. with sb,** haber confabulado con algn.

cairn [keən] *n* **1** *(monument)* monumento *m* formado de piedras apiladas. **2** *(boundary marker)* hito *m* formado por piedras.

Cairo ['kaɪrəʊ] *n* (el) Cairo.

cajole [kə'dʒəʊl] *vtr* engatusar; **he cajoled me into lending him money,** me engatusó para que le prestara dinero.

cajolery [kə'dʒəʊlərɪ] *n* engatusamiento *m*.

cake [keɪk] **I** *n* **1** *Culin* pastel *m*, tarta *f*, torta *f*; *fam fig* **it's a piece of c.,** está chupado; *fam fig* **to sell like hot cakes,** venderse como rosquillas; *prov* **you can't have your c. and eat it,** tiene que ser una cosa u otra. ■ **birthday c.,** pastel *m* de cumpleaños; **c.**

shop, pastelería *f*; **fish c.,** medallón *m* or croqueta *f* de pescado; **fruit c.,** plum cake *m*; **sponge c.,** bizcocho *m*. **2** *(of soap)* pastilla *f*. **II** *vi (mud)* endurecerse; **caked with ...,** cubierto,-a de ... .

CAL [kæl] *abbr of* **computer-aided** *or* **-assisted learning,** instrucción *f* or aprendizaje *m* con ayuda de ordenador.

cal *abbr of* **calorie(s),** caloría(s) *f(pl)*, cal.

calamine ['kæləmaɪn] *n* calamina *f*.

calamitous [kə'læmɪtəs] *adj* calamitoso,-a.

calamity [kə'læmɪtɪ] *n* calamidad *f*.

calcification [kælsɪfɪ'keɪʃən] *n* calcificación *f*.

calcify ['kælsɪfaɪ] **I** *vtr (pt & pp calcified)* calcificar. **II** *vi* calcificarse.

calcium ['kælsɪəm] *n Chem* calcio *m*.

calculate ['kælkjʊleɪt] **I** *vtr* calcular; **it was calculated to upset the plans,** se planeó con la intención de estropear los planes. **II** *vi* contar (**on,** con).

calculated ['kælkjʊleɪtɪd] *adj* deliberado,-a, premeditado,-a.

calculating ['kælkjʊleɪtɪŋ] *adj* **1 c. machine,** calculador *m*, calculadora *f*. **2** *pej (person)* interesado,-a.

calculation [kælkjʊ'leɪʃən] *n* cálculo *m*.

calculator ['kælkjʊleɪtər] *n* calculador *m*, calculadora *f*. ■ **pocket c.,** calculadora *f* de bolsillo.

calculus ['kælkjʊləs] *n* **1** *(pl calculuses) Math* cálculo *m* matemático. **2** *(pl calculi* ['kælkjʊlaɪ]*) Med* cálculo *m*.

caldron ['kɔːldrən] *n see* cauldron.

calendar ['kælɪndər] *n* calendario *m*. ■ **c. year,** año *m* civil.

calf[1] [kɑːf] *n (pl calves* [kɑːvz]*) Zool* **1** *(of cattle)* becerro,-a *m,f*, ternero,-a *m,f*; **a cow in c.,** una vaca preñada. **2** *(of other animals)* cría *f*.

calf[2] [kɑːf] *n (pl calves* [kɑːvz]*) Anat* pantorilla *f*.

calfskin ['kɑːfskɪn] *n* piel *f* de becerro.

caliber ['kælɪbər] *n US see* calibre.

calibrate ['kælɪbreɪt] *vtr (gun)* calibrar; *(thermometer)* graduar.

calibre ['kælɪbər] *n* **1** *(of gun)* calibre *m*. **2** *fig (of person)* calibre *m*.

calico ['kælɪkəʊ] *n (pl calicos or calicoes) Tex* calicó *m*.

Californian [kælɪ'fɔːnɪən] *adj & n* californiano,-a *(m,f)*.

calipers ['kælɪpəz] *npl US see* callipers.

calisthenics [kælɪs'θenɪks] *n US see* callisthenics.

call [kɔːl] **I** *vtr* **1** *(gen)* llamar; **c. me at eight o'clock,** llámame a las ocho; **to c. sb a liar,** llamar a algn embustero; **to c. sb names,** poner verde a algn; **what's he called?,** ¿cómo se llama?; *fam* **let's c. it a day,** vamos a dar esto por terminado, vamos a dejarlo; *fam* **let's c. it £1,** dejémoslo en una libra. **2** *(summon) (meeting etc)* convocar; **to c. sth to mind,** traer algo a la memoria. **3** *Tel* **to c. sb (up),** llamar a algn (por teléfono); **c. 999 in an emergency,** en caso de emergencia llamar al 999. **4** *(expose)* **to c. sb's bluff,** devolver la pelota a algn. **II** *vi* **1** *(gen)* llamar; **to c. out for help,** gritar pidiendo socorro *or* ayuda. **2** *Tel* llamar; **who's calling?,** ¿de parte de quién? **3** *(visit)* pasar; **to c. at sb's (house),** pasar por casa de algn; **to c. for sth/sb,** pasar a recoger algo/a algn; **to c. (in) on sb,** ir a ver a algn. **4** *(trains)* parar, hacer parada; **this train calls at every station,** este tren para en todas las estaciones. **5** *(require)* **to c. for,** *(food)* pedir; *(measures, courage)* exigir; **that wasn't called for,** eso no estaba justificado. **III** *n* **1**

(gen) llamada *f*, grito *m*; **a c. for help,** un grito de socorro; **give me a c. when dinner is ready,** llámame cuando esté lista la comida. ■ *Rad* **c. sign,** indicativo *m*; *Theat* **curtain c.,** salida *f* (a escena para recibir aplausos). **2** *(of bird)* reclamo *m*. **3** *(short visit)* visita *f*; **to pay** *or* **make a c. on sb,** visitar a *or* ir a ver a algn; *fam* **to pay a c.,** cambiar el agua a las aceitunas. ■ *Naut* **port of c.,** puerto *m* de escala. **4** *Tel* **(phone) c.,** llamada *f* (telefónica *or* por teléfono). ■ **c. box,** cabina *f* telefónica; **trunk c.,** conferencia *f* (interurbana). **5** *Fin (demand)* solicitud *f*; **money payable on c.,** dinero *m* (pagadero) a la vista; *fig* **I have too many calls on my time,** tengo demasiadas obligaciones. **6** *Med* **to be on c.,** estar de guardia. **7** *(need)* motivo *m*; **there's no c. for you to worry,** no hay motivo para que te preocupes. ◆**call away** *vtr* **to be called away on business,** tener que ausentarse por motivos de trabajo. ◆**call back** **I** *vtr* **1** *(phone in reply)* llamar; *(phone again)* llamar otra vez. **2** *Pol* cesar. **II** *vi* *(phone in reply)* llamar; *(phone again)* llamar otra vez; *(visit again)* volver. ◆**call in** **I** *vtr* **1** *(doctor, police)* llamar. **2** *(coins etc)* retirar de circulación; **to c. in a loan,** exigir el pago de un empréstito. **II** *vi* **1** *(visit)* ir a ver, visitar. **2** *Naut* hacer escala (**at,** en). ◆**call off** *vtr* **1** *(strike etc)* suspender. **2** *(dog)* llamar. ◆**call on** *vtr* **1** *(visit)* visitar, ir a ver a. **2 to c. on** *or* **upon sb for support,** recurrir *or* acudir a algn en busca de apoyo. ◆**call out** **I** *vtr* **1** *(shout)* gritar. **2** *(summon) (troops)* hacer intervenir, sacar a la calle; *(doctor)* hacer venir; *(workers)* llamar a la huelga. **II** *vi* gritar; **to c. out for sth,** pedir algo en voz alta. ◆**call up** *vtr* **1** *Tel* llamar. **2** *Mil* llamar a filas, reclutar.

callboy ['kɔːlbɔɪ] *n Theat* traspunte *m*.

caller ['kɔːlə*r*] *n* **1** *(visitor)* visitante *mf*, visita *f*. **2** *Tel* persona *f* que llama.

calligrapher [kəˈlɪgrəfə*r*] *n* calígrafo,-a *m,f*.

calligraphy [kəˈlɪgrəfɪ] *n* caligrafía *f*.

calling ['kɔːlɪŋ] *n* vocación *f*, llamada *f*.

callipers ['kælɪpəz] *npl* **1** *Tech* calibrador *m sing*. **2** *Med* aparato *m sing* ortopédico.

callisthenics [kælɪsˈθenɪks] *n* gimnasia *f* sueca.

callous ['kæləs] *adj* insensible, duro,-a. ◆**callously** *adv* con dureza.

callousness ['kæləsnɪs] *n* insensibilidad *f*, dureza *f*.

call-up ['kɔːlʌp] *n Mil* llamamiento *m* a filas, reclutamiento *m*.

callus ['kæləs] *n (pl calluses) Med* callo *m*.

calm [kɑːm] **I** *adj* **1** *(still) (weather)* en calma; *(sea)* en calma, sereno,-a. **2** *(relaxed)* sosegado,-a, tranquilo,-a; **keep c.!,** ¡tranquilo,-a!, ¡calma! **II** *n* **1** *(of weather, sea)* calma *f*. **2** *(tranquility)* serenidad *f*, sosiego *m*, tranquilidad *f*. **III** *vtr* calmar, sosegar, tranquilizar. **IV** *vi* **to c. (down),** calmarse, sosegarse, tranquilizarse. ◆**calmly** *adv* con calma, tranquilamente.

calmness ['kɑːmnɪs] *n* calma *f*, sosiego *m*, tranquilidad *f*.

Calor Gas® ['kælərgæs] *n* (gas *m*) butano *m*.

calorie *n*, **calory** ['kælərɪ] *n* caloría *f*.

calorific [kæləˈrɪfɪk] *adj* calorífico,-a.

calumny ['kæləmnɪ] *n (gen)* calumnia *f*; *Jur* difamación *f*.

calvary ['kælvərɪ] *n Rel* calvario *m*.

calve [kɑːv] *vi* parir (un becerro).

calves [kɑːvz] *npl see* **calf**[1], **calf**[2].

calypso [kəˈlɪpsəʊ] *n (pl calypsos) Mus* calipso *m*.

cam [kæm] *n Tech* leva *f*.

camaraderie [kæməˈrɑːdərɪ] *n* compañerismo *m*.

camber ['kæmbə*r*] *n* combadura *f*, convexidad *f*.

Cambodia [kæmˈbəʊdɪə] *n* Camboya.

Cambodian [kæmˈbəʊdɪən] *adj & n* camboyano,-a *(m,f)*.

came [keɪm] *pt see* **come** .

camel ['kæməl] **I** *n* **1** *Zool* camello,-a *m,f*. **2** *(colour)* color *m* leonado. **II** *adj (colour)* leonado,-a.

camelhair ['kæməlheə*r*] *n* pelo *m* de camello.

camellia [kəˈmiːlɪə] *n Bot* camelia *f*.

cameo ['kæmɪəʊ] *n (pl cameos)* camafeo *m*.

camera ['kæmərə] *n* **1** *Phot* cámara *f or* máquina *f* fotográfica; *Cin TV* cámara *f*; **on c.,** en cámara. **2** *Jur* **in c.,** a puerta cerrada.

cameraman ['kæmərəmən] *n (pl cameramen)* cámara *mf*.

Cameroon [kæməˈruːn] *n* Camerún.

Cameroonian [kæməˈruːnɪən] *adj & n* camerunés,-esa *(m,f)*.

camomile ['kæməmaɪl] *n Bot* camomila *f*, manzanilla *f*; **c. tea,** (infusión *f* de) manzanilla *f*.

camouflage ['kæməflɑːʒ] **I** *n* camuflaje *m*. **II** *vtr* camuflar.

camp[1] [kæmp] **I** *n* campamento *m*; **to break** *or* **strike c.,** levantar el campamento. ■ *Mil* **army c.,** campamento militar; **c. bed,** cama *f* plegable; **c. follower,** vivandero,-a; **c. site,** camping *m*, campamento *m*; **holiday c.,** colonia *f* de verano *or* de vacaciones. **II** *vi* **to c. (out),** acampar; **to go camping,** ir de camping.

camp[2] [kæmp] *adj fam* **1** *(effeminate)* afeminado,-a. *(affected)* amanerado,-a. **2** *(homosexual)* marica. **3** *(style)* cursi.

campaign [kæmˈpeɪn] **I** *n* campaña *f*; **election c.,** campaña electoral; **publicity c.,** campaña publicitaria. **II** *vi* **to c. for sb/sth,** hacer una campaña en pro de *or* en favor de algn/de algo.

campaigner [kæmˈpeɪnə*r*] *n (gen)* defensor,-a *m,f* **(for,** de); *Pol* militante *mf*.

camper ['kæmpə*r*] *n* **1** *(person)* campista *mf*. **2** *US (vehicle)* caravana *f*.

campfire ['kæmpfaɪə*r*] *n* fogata *f*.

camphor ['kæmfə*r*] *n Chem* alcanfor *m*.

camping ['kæmpɪŋ] *n* **c. ground, c. site,** camping *m*, campamento *m*.

campus ['kæmpəs] *n (pl campuses)* campus *m*, ciudad *f* universitaria.

camshaft ['kæmʃɑːft] *n Tech* árbol *m* de levas.

can[1] [kæn] *v aux (pt could)* **1** *(be able to)* poder; **he could have come,** podría haber venido; **I'll phone you as soon as I c.,** te llamaré en cuanto pueda; **she can't do it,** no puede hacerlo. **2** *(know how to)* saber; **I c. drive,** sé conducir; **they couldn't speak French,** no sabían francés. **3** *(be permitted to)* poder; **he cannot** *or* **can't go out tonight,** no le dejan salir esta noche. **4** *(be possible or likely)* poder; **she could have forgotten,** puede (ser) que lo haya olvidado; **they can't be very poor,** no deben ser muy pobres; **what c. it be?,** ¿qué será?, ¿qué podrá ser? **5** *(not translated)* **c. I have two coffees, please,** dos cafés, por favor; **you can't be serious!,** ¡no hablarás en serio!

can[2] [kæn] **I** *n* **1** *(container) (of oil etc)* bidón *m*. ■ *US* **trash c.,** cubo *m* de la basura; **watering c.,** regadera *f*. **2** *US (tin)* lata *f*, bote *m*; **a c. of beer/beans,** una lata de cerveza/judías; *fam fig* **to carry the c.,** pagar el pato. **II** *vtr (pt & pp canned)* **1** *(fish,* *fruit)* envasar, enlatar. **2** *US fam* desestimar, pasar de; **they canned the whole idea,** decidieron olvidarlo todo.

Canada ['kænədə] *n* Canadá.

Canadian [kə'neɪdɪən] *adj & n* canadiense *(mf).*

canal [kə'næl] *n Anat Geog* canal *m.*

canary [kə'neərɪ] **I** *n Orn* canario *m.* **II** *adj (colour)* **c. yellow,** amarillo vivo.

Canary Islands [kə'neərɪaɪləndz] *npl* (Islas *fpl)* Canarias *fpl.*

cancel ['kænsəl] **I** *vtr (pt & pp* **cancelled,** *US* **canceled) 1** *(train, contract)* cancelar; *Com* anular. **2** *(revoke) (permission)* retirar; *(decree)* revocar. **3** *(stamp)* matasellar. **II** *vi* **to c. out,** anular, contrarrestar; **they c. each other out,** se anulan mutuamente.

cancellation [kænsɪ'leɪʃən] *n (gen)* cancelación *f;* *Com* anulación *f.*

cancer ['kænsə'] *n* **1** *Med* cáncer *m;* **breast c.,** cáncer de mama; **c. research,** cancerología *f.* **2** *Astrol Astron* **C.,** Cáncer *m; Geog* **tropic of C.,** trópico *m* de Cáncer.

cancerous ['kænsərəs] *adj* canceroso,-a.

candelabra [kændɪ'lɑ:brə] *n* candelabro *m.*

candid ['kændɪd] *adj* franco,-a, sincero,-a; **he's being less than c.,** oculta algo. ■ **c. camera,** cámara *f* indiscreta. ◆**candidly** *adv* con franqueza.

candidacy ['kændɪdəsɪ] *n* candidatura *f.*

candidate ['kændɪdeɪt, 'kændɪdɪt] *n* **1** *(in election, for job)* candidato,-a *m,f.* **2** *(in examination)* opositor,-a *m,f.*

candidature ['kændɪdətʃə'] *n see* candidacy.

candied ['kændɪd] *adj Culin* escarchado,-a, confitado,-a.

candle ['kændəl] *n (gen)* vela *f; (in church)* cirio *m;* **to light/blow out a c.,** encender/apagar una vela; *fig* **to burn the c. at both ends,** trabajar a marchas forzadas; *fam* **she can't hold a c. to him,** ella no tiene ni punto de comparación con él. ■ **c. grease,** sebo *m.*

candlelight ['kændəllaɪt] *n* luz *f* de vela; **by c.,** a la luz de las velas.

Candlemas ['kændəlməs] *n Rel* candelaria *f.*

candlestick ['kændəlstɪk] *n (gen)* candelero *m,* palmatoria *f; (in church)* cirial *m.*

candlewick ['kændəlwɪk] *n* **1** *Tex* tela *f* afelpada. **2** *(wick)* pábilo *m,* mecha *f.*

candour, *US* **candor** ['kændə'] *n* franqueza *f,* sinceridad *f.*

candy ['kændɪ] *n US* caramelo *m.* ■ **c. store,** confitería *f.*

candyfloss ['kændɪflɒs] *n GB (sweet)* algodón *m.*

candy-striped ['kændɪstraɪpt] *adj* de rayas multicolores.

cane [keɪn] **I** *n* **1** *Bot* caña *f.* ■ **c. sugar,** azúcar *m* de caña; **raspberry c.,** frambueso *m.* **2** *Furn* mimbre *m,* junco *m.* ■ **c. chair,** silla *f* de mimbre. **3** *(walking stick)* bastón *m; (for punishment)* palmeta *f.* **II** *vtr* castigar con la palmeta.

canine ['keɪnaɪn] *adj* **1** *Zool* canino,-a. **2** *Dent* **c. tooth,** colmillo *m.*

caning ['keɪnɪŋ] *n* castigo *m* con la palmeta.

canister ['kænɪstə'] *n* bote *m.*

canker ['kæŋkə'] *n Med* chancro *m; fig* cáncer *m.*

canned [kænd] *adj* **1** enlatado,-a, envasado,-a; **c. beer,** cerveza enlatada; **c. foods,** conservas *fpl.* **2** *fam pej* **c. music,** música *f* grabada. **3** *sl (drunk)* mamado,-a.

cannery ['kænərɪ] *n* fábrica *f* de conservas.

cannibal ['kænɪbəl] *adj & n* caníbal *(mf),* antropófago,-a *(m,f).*

cannibalize ['kænɪbəlaɪz] *vtr (machinery)* desmontar para utilizar de nuevo las piezas.

canning ['kænɪŋ] *n* enlatado *m.* ■ *US* **c. factory,** fábrica *f* de conservas; **c. industry,** industria *f* conservera.

cannon ['kænən] **I** *n (pl* **cannons** *or* **cannon) 1** *(in aircraft)* cañón *m* antiaéreo. **2** *Hist* cañón *m; fig iron* **c. fodder,** carne *f* de cañón. **3** *Bill* carambola *f.* **II** *vi* chocar **(into,** contra).

cannonball ['kænənbɔ:l] *n* bala *f* de cañón.

cannot ['kænɒt, kæ'nɒt] *v aux see* can[1].

canoe [kə'nu:] *n (gen)* canoa *f; Sport* piragua *f.*

canon ['kænən] *n Rel (decree, rule)* canon *m.*

canopy ['kænəpɪ] *n* **1** *(over head)* dosel *m; (ceremonial)* palio *m.* **2** *(awning)* toldo *m.* **3** *Av* carlinga *f.*

cant [kænt] *n* **1** *(platitudes)* hipocresías *fpl.* **2** *(jargon)* jerga *f.*

can't [kɑ:nt] *v aux see* can[1].

Cantab [kæn'tæb] *abbr of* **Cantabrigiensis** (of Cambridge University), de la Universidad de Cambridge.

Cantabrigian [kæntə'brɪdʒɪən] *adj & n* nativo,-a *(m,f)* o habitante *(mf)* de Cambridge.

cantankerous [kæn'tæŋkərəs] *adj* intratable, irascible.

canteen [kæn'ti:n] *n* **1** *(restaurant)* cantina *f.* **2** *(set of cutlery)* juego *m* de cubiertos. **3** *(flask)* cantimplora *f.*

canter ['kæntə'] *Equit* **I** *n* medio galope *m.* **II** *vi* ir a medio galope.

cantilever ['kæntɪli:və'] *n Archit* voladizo *m.* ■ **c. bridge,** puente *m* con voladizos.

canvas ['kænvəs] *n* **1** *Tex* lona *f.* **2** *(painting)* lienzo *m.* **3 under c.,** *(in tent)* bajo lona; *Naut* con velamen desplegado.

canvass ['kænvəs] *vi* **1** *Pol* hacer propaganda electoral. **2** *Com* hacer promoción, buscar clientes.

canvasser ['kænvəsə'] *n* **1** *Pol* persona *f* que hace propaganda electoral. **2** *Com* promotor,-a *m,f* de un producto.

canyon ['kænjən] *n Geog* cañón *m;* **the Grand C.,** el Gran Cañón.

cap [kæp] **I** *n* **1** *(men's)* gorro *m; fig* **c. in hand,** con el sombrero en la mano; *prov* **if the c. fits, wear it,** el que se pica ajos como *or* si te das por aludido,-a peor para ti. **2** *(soldier's)* gorra *f; (academic)* birrete *m; (nurse's)* cofia *f; (cardinal's)* capelo *m.* **3** *GB Sport* **to get** *or* **win a c. for England,** ser seleccionado,-a para el equipo de Inglaterra. **4** *(cover) (of pen)* capuchón *m; (of bottle)* chapa *f.* **5** *Mech Geog* casquete *m.* **6** *(for toy pistol)* fulminante *m.* **7** *Med* **(Dutch) c.,** diafragma *m.* **II** *vtr (pt & pp* **capped) 1** *(hills etc)* coronar; *(bottle)* poner la chapa a; *fig* **to c. it all,** para colmo; *fam* **to c. sb's joke,** contar un chiste todavía mejor. **2** *GB Sport* seleccionar.

capability [keɪpə'bɪlɪtɪ] *n* habilidad *f;* **it was beyond my capabilities,** estaba fuera de mis posibilidades.

capable ['keɪpəbəl] *adj* **1** *(skilful)* competente, hábil. **2** *(able)* capaz **(of,** de).

capacious [kə'peɪʃəs] *adj* espacioso,-a.

capacitor [kə'pæsɪtə'] *n Elec* condensador *m* gerente.

capacity [kə'pæsɪtɪ] *n* 1 *(of container)* capacidad *f*, cabida *f*; *Aut* **engine c.**, cilindrada *f*. 2 *(of bus, theatre)* capacidad *f*; **a seating c.** of **300**, capacidad *or* cabida para 300 personas; **there was a c. crowd**, estaba totalmente lleno de gente; **to be filled to c.**, estar al completo. 3 *(ability)* capacidad *f* **(for, de)**; **at full c.**, a pleno rendimiento. 4 *(position)* puesto *m*; **in her c. as manageress**, en su calidad de gerente.

cape[1] [keɪp] *n (garment)* capa *f*.

cape[2] [keɪp] *n Geog* cabo *m*, promontorio *m*. ■ **C. Horn**, Cabo *m* de Hornos; **C. Town**, Ciudad del Cabo; **C. Verde**, Cabo Verde; **C. Verdean**, caboverdiano,-a *m,f*.

caper[1] ['keɪpə'] **I** *n* 1 *(jump)* brinco *m*. 2 *(prank)* travesura *f*. **II** *vi (jump about)* brincar.

caper[2] ['keɪpə'] *n* 1 *Culin* alcaparra *f*. 2 *Bot* alcaparro *m*.

capercaillie [kæpə'keɪljɪ] *n Orn* urogallo *m*.

capillary [kə'pɪlərɪ] *adj* & *n* capilar *(m)*.

capital[1] ['kæpɪtəl] **I** *n* 1 *(town)* capital *f*. 2 *Fin* capital *m*; *fig* **to make c. (out) of sth**, sacar provecho de algo. ■ **c. expenditure**, inversión *f* de capital; *GB* **c. transfer tax**, impuesto *m* sobre sucesiones. 3 *(letter)* mayúscula *f*. **II** *adj* 1 *(city)* capital. 2 *Jur (punishment)* capital. 3 *(very serious)* grave. 4 *(primary)* primordial, prioritario,-a. 5 *(letter)* mayúscula; **c. C**, C mayúscula.

capital[2] ['kæpɪtəl] *n Archit* capitel *m*.

capitalism ['kæpɪtəlɪzəm] *n* capitalismo *m*.

capitalist ['kæpɪtəlɪst] *adj* & *n* capitalista *(mf)*.

capitalize ['kæpɪtəlaɪz] **I** *vi Fin* capitalizar; *fig* **to c. on sth**, sacar provecho *or* beneficio de algo. **II** *vtr (letter)* escribir con mayúscula.

capitulate [kə'pɪtjʊleɪt] *vi* capitular.

capo ['keɪpəʊ] *n (pl capos) Mus* traste *m*.

capon ['keɪpən] *n* capón *m*.

caprice [kə'priːs] *n* capricho *m*.

capricious [kə'prɪʃəs] *adj* caprichoso,-a.

Capricorn ['kæprɪkɔːn] *n Astrol Astron* Capricornio *m*; *Geog* **tropic of C.**, trópico *m* de Capricornio.

capsicum ['kæpsɪkəm] *n Bot* pimiento *m*.

capsize [kæp'saɪz] **I** *vtr Naut* hacer zozobrar. **II** *vi* zozobrar.

capstan ['kæpstən] *n Naut* cabrestante *m*.

capsule ['kæpsjuːl] *n* cápsula *f*. ■ **space c.**, cápsula *f* espacial.

Capt *Mil Naut abbr of* **Captain**, Capitán *m*, Cap.

captain ['kæptɪn] **I** *n* 1 *Naut Av* capitán *m*. 2 *Sport* capitán,-ana *m,f*. **II** *vtr* capitanear.

captaincy ['kæptɪnsɪ] *n* capitanía *f*.

caption ['kæpʃən] *n* 1 *(under picture)* leyenda *f*. 2 *Cin* subtítulo *m*.

captivate ['kæptɪveɪt] *vtr* cautivar.

captivating ['kæptɪveɪtɪŋ] *adj* encantador,-a, seductor,-a.

captive ['kæptɪv] **I** *n* cautivo,-a *m,f*. **II** *adj* 1 cautivo,-a; **to hold sb c.**, poner *or* mantener a algn en cautiverio. 2 *fig* fascinado,-a; **a c. audience**, un auditorio que escucha sin querer.

captivity [kæp'tɪvɪtɪ] *n* cautiverio *m*.

capture ['kæptʃə'] **I** *vtr* 1 *(fugitive)* capturar, apresar; *Mil (town)* tomar. 2 *Com (market)* acaparar. 3 *fig (mood etc)* captar. **II** *n* 1 *(seizure)* *(of*

fugitive) captura *f*, apresamiento *m*; *(of town)* toma *f*. 2 *(person)* prisionero,-a *m,f*.

car [kɑː'] *n* 1 *Aut* coche *m*, automóvil *m*, *Am* carro *m*; **racing c.**, coche de carreras. ■ **c. ferry**, transbordador *m* para coches; *GB* **c. park**, parking *m*, aparcamiento *m*; **c. wash**, túnel *m* de lavado. 2 *GB Rail* coche *m*, vagón *m*. ■ **dining c.**, coche *m* restaurante; **sleeping c.**, coche *m* cama.

carafe [kə'ræf, kə'rɑːf] *n* garrafa *f*.

caramel ['kærəmel] *n Culin* 1 azúcar *m* quemado; **c. custard**, flan *m*. 2 *(sweet)* caramelo *m*.

carat, *US* **karat** ['kærət] *n* kilate *m*; **24-c. gold**, oro de 24 kilates.

caravan ['kærəvæn] *n* 1 *(vehicle)* remolque *m*, caravana *f*. 2 *(in the desert)* caravana *f*.

caravel ['kærəvel] *n Naut* carabela *f*.

caraway ['kærəweɪ] *n* 1 *Bot* alcaravea *f*. 2 *Culin* **c. seed**, carví *m*.

carbohydrate [kɑːbəʊ'haɪdreɪt] *n* 1 hidrato *m* de carbono, carbohidrato *m*. 2 **carbohydrates**, *(in diet)* féculas *fpl*.

carbolic [kɑː'bɒlɪk] *adj Chem* **c. acid**, fenol *m*.

carbon ['kɑːbən] *n Chem* carbono *m*. ■ **c. copy**, copia *f* hecha con papel carbón; *fig* copia *f* exacta; **c. dioxide**, bióxido *or* dióxido *m* de carbono; **c. paper**, papel *m* carbón.

carbonated ['kɑːbəneɪtɪd] *adj (drink)* efervescente.

carbonize ['kɑːbənaɪz] *vtr* carbonizar.

carboy ['kɑːbɔɪ] *n* bombona *f*.

carbuncle ['kɑːbʌŋkəl] *n* 1 *(gem)* granate *m*. 2 *Med* carbunco *m*.

carburettor [kɑːbjʊ'retə'], *US* **carburetor** ['kɑːbjʊreɪtə'] *n Aut* carburador *m*.

carcass ['kɑːkəs] *n* 1 res *f* muerta; *(at butcher's)* res *f* abierta en canal. 2 *Archit Naut* armazón *m*. 3 *fam pej* cadáver *m*.

carcinogenic [kɑːsɪnə'dʒenɪk] *adj Med* cancerígeno,-a, carcinógeno,-a.

card[1] [kɑːd] *n* 1 *(gen)* tarjeta *f*; *(piece of cardboard)* cartulina *f*; **birthday/visiting c.**, tarjeta *f* de cumpleaños/de visita. 2 *(in file)* ficha *f*; *(identity, membership)* carnet *m*; *Ind fig* **to get one's cards**, ser despedido,-a. ■ **c. index**, fichero *m*; *Com* **credit c.**, tarjeta *f* de crédito. 3 *Cards* **game of cards**, partida *f* (de cartas); **pack of cards**, baraja *f*, naipes *mpl*, cartas *fpl*; **(playing) c.**, naipe *m*, carta *f*; *fig* **on the cards**, *US* **in the cards**, previsto; *fig* **to lay one's cards on the table**, poner las cartas boca arriba; *fig* **to play one's cards right**, jugar bien sus cartas. ■ **c. table**, mesa *f* de juego; **c. trick**, truco *m* con las cartas. 4 *fam fig* **he's a real c.**, este tío es la monda.

card[2] [kɑːd] *vtr (wool)* cardar.

Card *Rel abbr of* **Cardinal**, Cardenal *m*, Card.

cardamom ['kɑːdəməm] *n*, **cardamon** ['kɑːdəmən] *n Bot* cardamomo *m*.

cardboard ['kɑːdbɔːd] *n* cartón *m*. ■ **c. box**, caja *f* de cartón; **c. cutout**, recortable *m*.

cardiac ['kɑːdɪæk] *adj* cardíaco,-a; **c. arrest**, paro cardíaco.

cardigan ['kɑːdɪgən] *n* rebeca *f*, chaqueta *f* de punto.

cardinal ['kɑːdɪnəl] **I** *n Rel* cardenal *m*. **II** *adj* cardinal; **c. numbers**, números *mpl* cardinales.

cardiologist [kɑːdɪ'ɒlədʒɪst] *n Med* cardiólogo,-a *m,f*.

cardiology [kɑːdɪ'ɒlədʒɪ] *n Med* cardiología *f*.

cardsharp ['kɑːdʃuːp] *n*, **cardsharper** ['kɑːd-ʃɑːpəʳ] *n* fullero,-a *m,f*, tramposo,-a *m,f* (en el juego de cartas).

care [keəʳ] **I** *vi* **1** *(be concerned)* preocuparse **(about,** por), importar; **he cares very much about social issues,** le preocupan mucho los asuntos sociales; **I don't c. (at all),** no me importa (en absoluto); **she only cares about money,** sólo le interesa el dinero; *fam* **for all I c.,** me trae sin cuidado; *fam* **he couldn't c. less,** le importa un bledo. **2** *(like, want)* gustar; **would you c. to go to the theatre tonight?,** ¿te gustaría ir al teatro esta noche? **II** *n* **1** *(attention, protection)* cuidado *m*, atención *f*; *(on letter)* **'c. of ...',** 'al cuidado de ...'; **medical c.,** asistencia *f* médica; *Jur* **to take (a child) into c.,** poner (a un niño) bajo la custodia de una institución; **to take c. of,** *(child etc)* cuidar; *(business, matters)* ocuparse de, hacerse cargo de; **under the doctor's c.,** al cuidado del médico; *sl* **I'll take c. of him,** ya me encargaré de él. **2** *(carefulness)* cuidado *m*; *(on parcel)* **'handle with c.',** 'frágil'; **take c.,** *(be careful)* ten cuidado; *(as farewell)* ¡cuídate!; **take c. not to spill your tea,** ten cuidado. de no derramar el té. **3** *(worry)* preocupación *f*; **free of c.,** sin preocupaciones; **he hasn't a c. in the world,** no hay nada que le preocupe. ◆**care for** *vtr* **1** *(look after)* cuidar; **well cared for,** bien cuidado,-a. **2** *(like, want)* gustar, interesar; **I don't c. much for television,** la televisión no me interesa mucho; **she really cares for him,** él le importa mucho; **would you c. for a coffee?,** ¿te apetece un café?

career [kə'rɪəʳ] **I** *n* *(profession)* carrera *f*; **a c. in medicine,** una carrera en medicina. **II** *vi* correr a toda velocidad.

carefree ['keəfriː] *adj* despreocupado,-a.

careful ['keəfʊl] *adj* *(painstaking)* cuidadoso,-a; *(cautious)* prudente; **a c. examination of sth,** un examen minucioso de algo; **be c.!,** ¡ojo!, ¡cuidado!; **be c. not to drop it,** procura no dejarlo caer; **c. with one's money,** ahorrador,-a; *pej* tacaño,-a; **to be c.,** tener cuidado; **you can't be too c.,** hay que andar con mucho cuidado. ◆**carefully** *adv* *(painstakingly)* cuidadosamente; *(cautiously)* con cuidado, con precaución.

careless ['keəlɪs] *adj* descuidado,-a, despreocupado,-a; *(about clothes, appearance)* desaliñado,-a; *(driving etc)* negligente; **a c. mistake,** un descuido. ◆**carelessly** *adv* descuidadamente, a la ligera.

carelessness ['keəlɪsnɪs] *n* descuido *m*, despreocupación *f*.

caress [kə'res] **I** *n* caricia *f*. **II** *vtr* acariciar.

caretaker ['keəteɪkəʳ] *n* *(in school, business, premises)* bedel-a *m,f*; *(in block of flats)* portero,-a *m,f*. ■ **c. government,** gobierno *m* provisional.

careworn ['keəwɔːn] *adj* agobiado,-a (de preocupaciones).

cargo ['kɑːgəʊ] *n* *(pl* **cargoes** *or* **cargos)** carga *f*, cargamento *m*. ■ *Naut* **c. boat,** buque *m* de carga, carguero *m*.

Caribbean [kærɪ'bɪən, *US* kə'rɪbɪən] *adj* caribe, caribeño,-a; **the C. (Sea),** el Mar de las Antillas.

caribou ['kærɪbuː] *n* *Zool* caribú *m*.

caricature ['kærɪkətjʊəʳ] **I** *n* caricatura *f*. **II** *vtr* caricaturizar.

caricaturist ['kærɪkətjʊərɪst] *n* caricaturista *mf*.

caries ['keəriːz] *n inv Dent* caries *f*.

caring ['keərɪŋ] *adj* solícito,-a, dedicado,-a.

carmine ['kɑːmaɪn] **I** *n* carmín *m*. **II** *adj* carmín, carmíneo,-a.

carnage ['kɑːnɪdʒ] *n fig* carnicería *f*.

carnal ['kɑːnəl] *adj* carnal.

carnation [kɑː'neɪʃən] *n Bot* clavel *m*.

carnival ['kɑːnɪvəl] *n* carnaval *m*.

carnivore ['kɑːnɪvɔːʳ] *n Zool* carnívoro,-a *m,f*.

carnivorous [kɑː'nɪvərəs] *adj Zool* carnívoro,-a.

carol ['kærəl] *n Mus* villancico *m*.

carouse [kə'raʊz] *vi* ir de juerga.

carousel [kærə'sel] *n US* tiovivo *m*.

carp[1] [kɑːp] *n* *(pl* **carp** *or* **carps)** *(fish)* carpa *f*.

carp[2] [kɑːp] *vi* refunfuñar, criticar.

Carpathians [kɑː'peɪθɪənz] *npl* (Montes *mpl*) Cárpatos *mpl*.

carpenter ['kɑːpɪntəʳ] *n* carpintero,-a *m,f*.

carpentry ['kɑːpɪntrɪ] *n* carpintería *f*.

carpet ['kɑːpɪt] **I** *n* alfombra *f*; **fitted c.,** moqueta *f*; *fig* **to roll out the red c. for sb,** acoger a algn con la máxima ceremonia; *fam* **to be on the c.,** tener que aguantar una reprimenda. ■ **c. slippers,** zapatillas *fpl*. **II** *vtr* alfombrar; *fig* **carpeted with flowers,** cubierto,-a de flores; *fam fig* **to c. sb,** echar una bronca a algn.

carpetbagger ['kɑːpɪtbægəʳ] *n US Pol* candidato,-a *m,f* electoral no oriundo,-a (de la zona que pretende representar).

carpeting ['kɑːpɪtɪŋ] *n* alfombrado *m*; **wall-to-wall c.,** moqueta *f*.

carport ['kɑːpɔːt] *n* cobertizo *m* para coches.

carriage ['kærɪdʒ] *n* **1** *(horse-drawn)* carruaje *m*; *Rail* vagón *m*, coche *m*; *(of gun)* cureña *f*; *(of typewriter)* carro *m*. **2** *(of goods)* porte *m*, transporte *m*. ■ **c. forward,** cobro *m* al destinatario; **c. free,** franco *m* de porte. **3** *(bearing)* porte *m*.

carriageway ['kærɪdʒweɪ] *n GB* carril *m*, calzada *f*; **dual c.,** carretera *f* de dos carriles en cada sentido.

carrier ['kærɪəʳ] *n* **1** *(company, person)* transportista *mf*; *(on bicycle)* portaequipajes *m inv*. ■ *Av* **aircraft c.,** portaaviones *m inv*; *GB* **c. bag,** bolsa *f* de plástico *or* de papel; **c. pigeon,** paloma *f* mensajera. **2** *Med* portador,-a *m,f*.

carrion ['kærɪən] *n* carroña *f*.

carrot ['kærət] *n* zanahoria *f*.

carroty ['kærətɪ] *adj fam (hair)* rojizo,-a.

carry ['kærɪ] **I** *vtr* *(pt & pp* **carried) 1** *(gen)* llevar; *(money, passport, gun)* llevar (encima); *Com (goods, load)* transportar; *(electricity)* conducir; *Archit (load)* sostener; **she carries herself very nicely,** tiene buen porte; *fig* **to c. a joke too far,** llevar una broma demasiado lejos. **2** *(have, bear)* llevar; *(stock)* tener; *(responsibility, penalty)* conllevar, implicar; *Press* **the newspaper carried the story on the front page,** el periódico publicó la noticia en primera página; *fig* **that argument doesn't c. any weight,** ese argumento se cae por sí solo. **3** *Math (in multiplication etc)* llevar. **4** *Jur Parl (vote etc)* ganar; **the motion was carried,** se aprobó la moción. **5** *Med (disease)* ser portador,-a de; *(in pregnancy)* **she's carrying twins,** está embarazada de gemelos. **6** *fig (spread)* extender; **he carried his style of music to the West,** extendió su estilo musical a Occidente. **II** *vi (sound, voice)* oírse, tener alcance. ◆**carry away** *vtr* llevarse; **to get carried away,** exaltarse, entusiasmarse, enfadarse. ◆**carry forward** *vtr. Com* llevar a la columna *or* página siguiente; **carried forward,** suma y sigue. ◆**carry off** *vtr (prize)* llevarse; *fam* **to c. it off (well),** salir airoso,-a. ◆**carry on** **I** *vtr* continuar; *(conversation)* mantener; *(business)* llevar, dirigir;

II *vi* **1** continuar, seguir adelante; **c. on!**, ¡continúa!, ¡adelante! **2** *fam (make a fuss)* hacer una escena, exaltarse; **don't c. on about it**, ¡no te enrolles! **3** *fam (have liaison)* **to c. on with sb**, estar liado,-a con algn. ✦**carry out** *vtr (plan, work)* llevar a cabo, realizar; *(test)* verificar; *(threat)* cumplir; *(repair)* hacer. ✦**carry through** *vtr (complete)* completar, finalizar.

carryall ['kærɔ:l] *n US* bolsa *f* de viaje.

carrycot ['kærɪkɒt] *n* cuna *f* portátil *or* plegable.

carry-on ['kærɪ'ɒn] *n GB fam* follón *m*, lío *m*; **what a c.-on!**, ¡menudo lío!

carsick ['kɑːsɪk] *adj* mareado,-a (en el coche); **he always gets c.**, siempre se marea en coche.

cart [kɑːt] **I** *n (horse-drawn)* carro *m*; *(handcart)* carretilla *f*; *prov* **to put the c. before the horse**, empezar la casa por el tejado. **II** *vtr* **1** carretear, acarrear. **2** *fam* **to c. about**, llevar; **she spends Saturdays carting the children about**, se pasa los sábados llevando y trayendo a los niños. ✦**cart off** *vtr fam* llevarse a la fuerza.

carte blanche [kɑːt'blɑːntʃ] *n* carta *f* blanca.

cartel [kɑː'tel] *n Ind Fin* cártel *m*.

carthorse ['kɑːtɔːs] *n* caballo *m* de tiro.

Carthaginian [kɑːθə'dʒɪnɪən] *adj & n* cartaginense *(mf)*.

cartilage ['kɑːtɪlɪdʒ] *n Anat* cartílago *m*.

cartload ['kɑːtləʊd] *n* carretada *f*.

cartographer [kɑː'tɒgrəfəʳ] *n* cartógrafo,-a *m,f*.

cartography [kɑː'tɒgrəfɪ] *n* cartografía *f*.

carton ['kɑːtən] *n (of cream, yoghurt)* bote *m*; **a c. of cigarettes**, un cartón de tabaco.

cartoon [kɑː'tuːn] *n* **1** viñeta *f*; *(strip)* tira *f* cómica, historieta *f*. **2** *Art* cartón *m*. **3** *(animated)* dibujos *mpl* animados.

cartoonist [kɑː'tuːnɪst] *n* caricaturista *mf*, dibujante *mf*.

cartridge ['kɑːtrɪdʒ] *n* **1** *Mil* cartucho *m*; **blank c.**, cartucho sin bala *or* de fogueo. ■ **c. belt**, canana *f*, cartuchera *f*. **2** *(for pen)* recambio *m*. ■ **c. paper**, papel *m* guarro. **3** *(for camera)* cartucho *m*.

cartwheel ['kɑːtwiːl] *n* **1** rueda *f* de carreta. **2** *Gymn* voltereta *f*; **to turn cartwheels**, hacer volteretas.

carve [kɑːv] *vtr* **1** *(wood)* tallar; *(stone, metal)* cincelar, esculpir. **2** *(meat)* trinchar.

carver ['kɑːvəʳ] *n* **1** *Art (of wood)* tallista *mf*; *(of stone)* escultor,-a *m,f*. **2** *(knife)* cuchillo *m* de trinchar.

cascade [kæs'keɪd] **I** *n* cascada *f*. **II** *vi* caer a torrentes.

case[1] [keɪs] *n* **1** *(gen)* caso *m*; **a c. in point**, un buen ejemplo; **in any c.**, en todo *or* en cualquier caso, de todas formas; **in c. of doubt**, en caso de duda; **just in c.**, por si acaso; **to make out a c. for sth**, exponer los argumentos en favor de algo. **2** *Med* caso *m*; **a c. of whooping cough**, un caso de tosferina. ■ **c. history**, historial *m* clínico. **3** *Jur* causa *f*, proceso *m*; **the c. for the defence/prosecution**, la defensa/acusación. ■ **c. law**, ley *f* de casos, jurisprudencia *f*. **4** *Ling* caso *m*; **the genitive c.**, el (caso) genitivo. **5** *fam (person)* caso *m*; **he's a c.**, es (todo) un caso.

case[2] [keɪs] **I** *n* **1** *(suitcase)* maleta *f*; *(small)* estuche *m*; *(soft)* funda *f*. ■ **cigarette c.**, cigarrera *f*; *Furn* **glass c.**, vitrina *f*; **pillow c.**, funda *f* (de almohada); **spectacle c.**, funda *f* de gafas; **watch c.**, estuche *m* de reloj. **2** *(box)* caja *f*; **a c. of wine**, una caja de botellas de vino. **3** *Print Typ* caja *f*; **lower c.**, caja

baja, minúscula *f*; **upper c.**, caja alta, mayúscula *f*. **II** *vtr sl* **to c. the joint**, reconocer el terreno.

casement ['keɪsmənt] *n* ventana *f* de bisagras.

caseworker ['keɪswɜːkəʳ] *n* asistente,-a *m,f* social.

cash [kæʃ] **I** *n* dinero *m* efectivo, metálico *m*; **hard c.**, metálico; **petty c.**, dinero para gastos menores; **to be short of c.**, tener poco dinero; **to pay at the c. desk**, pagar en (la) caja; **to pay c.**, pagar al contado *or* en efectivo. ■ **c. desk**, caja *f*; *Fin* **c. flow**, movimiento *m or* flujo *m* de efectivo; **c. on delivery**, entrega *f* contra reembolso; **c. register**, caja *f* registradora. **II** *vtr (cheque)* cobrar, hacer efectivo,-a. ✦**cash in I** *vi fam fig* **to c. in on sth**, sacar provecho de algo. **II** *vtr* hacer efectivo,-a. ✦**cash up** *vi GB* rendir cuentas.

cash-and-carry [kæʃən'kærɪ] *adj & adv* de renta al por mayor y pago al contado.

cashew ['kæʃuː] *n* **c. (nut)**, anarcado *m*.

cashier[1] [kæ'ʃɪəʳ] *n* cajero,-a *m,f*.

cashier[2] [kæ'ʃɪəʳ] *vtr Mil* dar de baja a.

cashmere ['kæʃmɪəʳ] **I** *n Tex* cachemira *f*. **II** *adj* de cachemira.

casino [kə'siːnəʊ] *n (pl casinos)* casino *m*.

cask [kɑːsk] *n* tonel *m*, barril *m*.

casket ['kɑːskɪt] *n* **1** *(small box)* cofre *m*. **2** *(coffin)* ataúd *m*.

Caspian ['kæspɪən] *adj* **C. Sea**, Mar Caspio.

cassava [kə'sɑːvə] *n Bot* mandioca *f*.

casserole ['kæsərəʊl] *n* **1** *(dish)* cacerola *f*. **2** *Culin* guisado *m*; **chicken c.**, pollo a la cazuela.

cassette [kæ'set] *n* casete *f*. ■ **c. recorder**, casete *m*.

cassock ['kæsək] *n Rel* sotana *f*.

cast [kɑːst] **I** *vtr (pt & pp cast)* **1** *(throw) (net, fishing line)* echar, arrojar; *(shadow, light)* proyectar; *(dice)* tirar; **to c. a glance at sb/sth**, volver la mirada hacia algn/algo; *Naut* **to c. anchor**, echar el ancla; **to c. a spell on sb**, hechizar a algn; *fig* **to c. one's eye over sth**, echar una ojeada a algo. **2** *(of vote)* emitir. **3** *(of snake)* **to c. its skin**, mudar la piel. **4** *fig (set, put)* poner; **to c. doubts on sth**, poner algo en duda; **to c. suspicion on sb**, levantar sospechas sobre algn; *fig* **the die is c.**, la suerte está echada. **5** *Tech (of metal)* moldear, vaciar. ■ **c. iron**, hierro *m* fundido *or* colado. **6** *Theat (play)* hacer el reparto de; **to c. an actor for the part of ...**, asignar a un actor el papel de ... . **II** *n* **1** *(throw)* lanzamiento *m*. **2** *Tech (mould)* molde *m*; *(product)* pieza *f*. **3** *Med (plaster) c.*, escayola *f*; **to have a c. in one's eye**, tener un defecto ocular. **4** *Theat* reparto *m*; **c. list**, reparto *m*, lista *f* de actores. ✦**cast about for, cast around for** *vi* buscar, andar buscando. ✦**cast away** *vtr Naut* **to be c. away**, naufragar. ✦**cast off I** *vtr (clothes)* desechar, deshacerse de. **II** *vi* **1** *Knit* cerrar los puntos. **2** *Naut* soltar (las) amarras. ✦**cast on** *vi Knit* montar los puntos.

castanets [kæstə'nets] *npl* castañuelas *fpl*.

castaway ['kɑːstəweɪ] *n* náufrago,-a *m,f*.

caste [kɑːst] *n* casta *f*.

caster ['kɑːstəʳ] *n* **1** **c. sugar**, azúcar *m* molido muy fino. **2** *(wheel)* ruedecilla *f*.

castigate ['kæstɪgeɪt] *vtr fml* castigar.

Castile [kæ'stiːl] *n* Castilla.

Castilian [kæ'stɪljən] **I** *adj* castellano,-a. **II** *n* **1** *(person)* castellano,-a *m,f*. **2** *(language)* **C. (Spanish)**, castellano *m*.

casting ['kɑːstɪŋ] *n* **1** *Tech* vaciado *m*. **2** *Theat* reparto *m* de papeles. **3** **c. vote**, voto *m* de calidad.

cast-iron ['kɑːstaɪən] adj de hierro fundido or colado; fig irrefutable.

castle ['kɑːsəl] I n 1 castillo m; fig castles in the air, castillos en el aire. 2 Chess torre f. II vi Chess enrocar.

cast-off ['kɑːstɒf] adj desechado,-a.

castoffs ['kɑːstɒfs] npl ropa f sing vieja.

castor[1] ['kɑːstəʳ] n Zool castor m. ■ c. oil, aceite m de ricino.

castor[2] ['kɑːstəʳ] n see caster.

castrate [kæ'streɪt] vtr castrar.

castration [kæ'streɪʃən] n castración f.

casual ['kæʒjʊəl] adj 1 (meeting etc) casual, fortuito,-a. 2 (worker) ocasional, temporero,-a. 3 (clothes, shoes) (de) sport. 4 (unimportant) casual, de paso; a c. remark, un comentario sin importancia. 5 (not serious) despreocupado,-a, informal; he has a c. attitude to life, le trae todo sin cuidado.
◆**casually** adv de paso, sin darle importancia.

casualty ['kæʒjʊəltɪ] n 1 Mil baja f; casualties, pérdidas fpl. 2 (injured) herido,-a m,f; Med c. (department), departamento m de traumatología.

CAT [siː'eɪ'tiː] GB abbr of College of Advanced Technology, ≈ colegio m de formación profesional.

cat [kæt] n Zool gato,-a m,f; the c. family, los felinos; fig to be like a c. on a hot tin roof or on hot bricks, estar sobre ascuas, estar como un flan; fig to let the c. out of the bag, descubrir el pastel; fig to play c. and mouse with sb, jugar con algn al gato y el ratón; fig to put the c. among the pigeons, meter los perros en danza; fam there isn't room to swing a c., no cabe ni un alfiler; fam fig it's raining cats and dogs, llueve a cántaros. ■ c. burglar, ladrón m que escala edificios para robar.

cataclysm ['kætəklɪzəm] n cataclismo m.

catacombs ['kætəkuːmz] npl catacumbas fpl.

Catalan ['kætəlæn] I adj catalán,-ana. II n 1 (person) catalán,-ana m,f. 2 (language) catalán m.

catalogue, US **catalog** ['kætəlɒg] I n catálogo m. II vtr catalogar.

Catalonia [kætə'ləʊnɪə] n Cataluña.

Catalonian [kætə'ləʊnɪən] adj catalán,-ana.

catalyst ['kætəlɪst] n catalizador m.

catamaran [kætəmə'ræn] n Naut catamarán m.

catapult ['kætəpʌlt] I n 1 (toy) tiragomas m inv, tirador m. 2 (for aircraft) catapulta f. II vtr (aircraft) catapultar. III vi salir disparado,-a.

cataract ['kætərækt] n Med catarata f.

catarrh [kə'tɑːʳ] n Med catarro m.

catastrophe [kə'tæstrəfi] n catástrofe f.

catastrophic [kætə'strɒfɪk] adj catastrófico,-a.

catcall ['kætkɔːl] n (in theatre etc) silbido m, silbo m.

catch [kætʃ] I vtr (pt & pp caught) 1 (grasp, take, capture) coger, alcanzar; (fish) pescar; (mouse etc) coger, atrapar; (thief) coger; the bullet c. her in the heart, la bala le alcanzó en el corazón; to c. fire, prender fuego, incendiarse, encenderse; to c. hold of, agarrar, echar mano a; to c. one's finger in a door, pillarse el dedo en una puerta; to c. sb's eye, captar la atención de algn; to c.¹ sight of, entrever; fam you'll c. it!, ¡te vas a ganar una bronca! 2 (surprise) pillar, sorprender; to c. sb doing sth, pillar or sorprender a algn haciendo algo; to get caught in a storm/the traffic, pillarle a uno una tormenta/el tráfico. 3 (train, bus) coger, agarrar, tomar; (person) pillar, dar con; I caught him as he was leaving the

office, lo pillé saliendo de la oficina. 4 (understand, hear) entender, oír; I didn't quite c. that, no lo he entendido bien. 5 Med to c. a cold, coger un resfriado; to c. one's breath, (hold) sostener la respiración; (recover) recuperar el aliento. II vi (sleeve etc) engancharse (on, en); (fire) encenderse. III n 1 (of ball) parada f; (of fish) presa f, captura f. 2 (on door) pestillo m. 3 (drawback) pega f; c. question, pega f; c.-22, círculo m vicioso. 4 (slogan) c. phrase, slogan m. 5 (game) juego m de pelota. ◆catch at vtr agarrarse de, asirse a. ◆catch on vi fam 1 (become popular) ganar popularidad. 2 (understand) entender, caer en la cuenta. ◆catch out vtr fam to c. sb out, pillar a algn cometiendo una falta. ◆catch up vi 1 (reach) to c. up (with) sb, alcanzar a algn. 2 (make up for lost ground) (with news) ponerse al corriente (on, de); to c. up on sleep, recuperar el sueño perdido; to c. up with work, ponerse al día de trabajo.

catcher ['kætʃəʳ] n Sport receptor,-a m,f (de pelota).

catching ['kætʃɪŋ] adj 1 (disease) contagioso,-a. 2 (attractive) atractivo,-a, llamativo,-a.

catchment ['kætʃmənt] n captación f; c. area of a hospital/school, zona f de captación de un hospital/ una escuela.

catchword ['kætʃwɜːd] n slogan m, lema m, reclamo m.

catchy ['kætʃɪ] adj (catchier, catchiest) fam (tune) pegadizo,-a.

catechism ['kætɪkɪzəm] n Rel catequismo m.

categoric(al) [kætɪ'gɒrɪk(əl)] adj categórico,-a.

categorize ['kætɪgəraɪz] vtr categorizar, clasificar.

category ['kætɪgərɪ] n categoría f.

cater ['keɪtəʳ] vi 1 (at wedding etc) proveer comida. 2 to c. for, (taste, needs) atender a; a TV channel that caters for minority groups, un canal de televisión dirigido a los grupos minoritarios.

caterer ['keɪtərəʳ] n proveedor,-a m,f.

catering ['keɪtərɪŋ] n (gen) abastecimiento m (de comidas por encargo); (on plane) catering m.

caterpillar ['kætəpɪləʳ] n 1 Ent oruga f. 2 c. (tractor), tractor m de oruga.

caterwaul ['kætəwɔːl] vi maullar, berrear.

catfish ['kætfɪʃ] n (fish) barbo m.

catgut ['kætgʌt] n 1 Mus cuerda f de tripa. 2 Med catgut m.

Cath abbr of **Catholic**, católico,-a m,f.

catharsis [kə'θɑːsɪs] n catarsis f.

cathedral [kə'θiːdrəl] n catedral f; c. city, ciudad f catedralicia.

Catherine wheel ['kæθrɪnwiːl] n (firework) rueda f.

catheter ['kæθɪtəʳ] n Med catéter m.

cathode ['kæθəʊd] n cátodo m. ■ c. ray, rayo m catódico; c.-ray tube, tubo m de rayos catódicos.

Catholic ['kæθəlɪk] adj & n Rel católico,-a (m,f).

catholic ['kæθəlɪk] adj (universal) católico,-a, liberal; we have c. tastes, nos gusta todo.

Catholicism [kə'θɒlɪsɪzəm] n Rel catolicismo m.

catkin ['kætkɪn] n Bot candelilla f, amento m.

catnap ['kætnæp] n siesta f corta, cabezadilla f.

Catseye® ['kætsaɪ] n GB catafaro m.

catsuit ['kætsuːt] n (clothing) mono m.

cattle ['kætəl] *npl* ganado *m* vacuno; *(roadsign)* 'c. crossing', 'paso de ganado'. ■ **c. market**, mercado *m* de ganado; **c. shed**, cobertizo *m* para ganado; **c. show**, feria *f* de ganado.

cattle-grid ['kætəlgrɪd] *n* reja *f*, rejilla *f*.

cattleman ['kætəlmən] *n* (*pl cattlemen*) ganadero *m*.

catty ['kætɪ] *adj* (*cattier, cattiest*) *fam* (*remark*) malintencionado,-a; (*person*) malicioso,-a, criticón,-ona.

catwalk ['kætwɔːk] *n* pasarela *f*.

Caucasian [kɔː'keɪzɪən] *adj & n* **1** (*from the Caucasus*) caucasiano,-a (*m,f*). **2** (*by race*) caucásico,-a (*m,f*).

Caucasus ['kɔːkəsəs] *n* Cáucaso.

caucus ['kɔːkəs] *n* (*pl caucuses*) *Pol* comité *m* central, ejecutiva *f*.

caught [kɔːt] *pt & pp see* catch.

cauldron ['kɔːldrən] *n* caldero *m*.

cauliflower ['kɒlɪflaʊəʳ] *n* **1** *Bot* coliflor *f*. **2** *Box* **c. ear**, oreja *f* deformada por los golpes.

causality [kɔː'zælɪtɪ] *n* causalidad *f*.

cause [kɔːz] **I** *n* **1** (*origin*) causa *f*; **the causes of poverty**, las causas de la pobreza. **2** (*reason*) motivo *m*, razón *f*; **she has no c. for complaint** *or* **to complain**, no tiene motivos para quejarse; **to have good c. for doing sth**, tener razón en hacer algo; **to have motivo para hacer algo. 3** (*purpose*) causa *f*; **for a good c.**, por una buena causa. **4** *Jur* pleito *m*, causa *f*. **II** *vtr* causar; **to c. damage/anxiety**, causar daño/ansiedad; **to c. sb to do sth**, hacer que algn haga algo; **it caused him to miss the train**, le hizo perder el tren.

causeway ['kɔːzweɪ] *n* carretera *f* elevada.

caustic ['kɔːstɪk] *adj* cáustico,-a; *fig* **a c. remark**, un comentario mordaz. ■ **c. soda**, sosa *f* or soda *f* cáustica.

cauterization [kɔːtəraɪ'zeɪʃən] *n* *Med* cauterización *f*.

cauterize ['kɔːtəraɪz] *vtr* *Med* cauterizar.

caution ['kɔːʃən] **I** *n* **1** (*care, wariness*) precaución *f*, cautela *f*, prudencia *f*. **2** (*warning*) aviso *m*, advertencia *f*. **3** *GB Jur* reprensión *f*; **to give sb a c.**, amonestar a algn. **II** *vtr* advertir, amonestar.

cautionary ['kɔːʃənərɪ] *adj* admonitorio,-a; **c. tales**, cuentos morales.

cautious ['kɔːʃəs] *adj* cauteloso,-a, cauto,-a, prudente. ◆**cautiously** *adv* cautelosamente, con precaución *or* prudencia.

cautiousness ['kɔːʃəsnɪs] *n* precaución *f*, prudencia *f*, cautela *f*.

cavalcade [kævəl'keɪd] *n* (*gen*) desfile *m*; (*on horseback*) cabalgata *f*.

cavalier [kævə'lɪəʳ] **I** *adj* (*manner*) arrogante. **II** *n* caballero *m*.

cavalry ['kævəlrɪ] *n* *Mil* caballería *f*.

cavalryman ['kævəlrɪmən] *n* (*pl cavalrymen*) *Mil* soldado *m* de caballería.

cave [keɪv] *n* cueva *f*. ■ **c. dweller**, cavernícola *mf*, troglodita *mf*; **c. paintings**, pinturas *fpl* rupestres *or* prehistóricas. ◆**cave in** *vi* (*roof etc*) derrumbarse, hundirse.

caveman ['keɪvmæn] *n* (*pl cavemen* ['keɪvmen]) hombre *m* de las cavernas.

cavern ['kævən] *n* caverna *f*.

cavernous ['kævənəs] *adj* cavernoso,-a.

caviar(e) ['kævɪɑːʳ] *n* caviar *m*.

cavil ['kævɪl] *vi* (*pt & pp cavilled*, *US caviled*) poner reparos *or* pegas (**at, about,** a).

caving ['keɪvɪŋ] *n* espeleología *f*.

cavity ['kævɪtɪ] *n* **1** (*hole*) cavidad *f*. ■ *Constr* **c. wall**, pared *f* de tabique doble. **2** *Dent* caries *f inv*.

cavort [kə'vɔːt] *vi* retozar, brincar.

caw [kɔː] **I** *n* graznido *m*. **II** *vi* graznar.

cayenne [keɪ'en] *n* *Culin* **c. (pepper)**, (pimienta *f* de) cayena *f*.

cayman ['keɪmən] *n* **1** (*pl caymans*) *Zool* caimán *m*. **2 C. Islands**, Islas *fpl* Cayman.

CB [siː'biː] *Rad abbr* **Citizens' Band**, banda *f* ciudadana, CB.

CBI [siːbiːˈaɪ] *GB abbr of* **Confederation of British Industry**, ≈ Confederación *f* Española de Organizaciones Empresariales, CEOE.

cc [siːˈsiː] **1** *Com abbr of* **carbon copy (to)**, copia *f* a papel carbón (a). **2** *abbr of* **cubic centimetre(s)**, centímetro(s) *m(pl)* cúbico(s), cc.

CD [siːˈdiː] *abbr of* **compact disc**, disco *m* compacto, compact disc *m*, CD.

Cdr *Mil abbr of* **Commander**, Comandante *m*, Cte.

Cdre *Mil abbr of* **Commodore**, Comodoro *m*.

CE *Rel abbr of* **Church of England**, Iglesia *f* Anglicana.

cease [siːs] *vtr* suspender, cesar; *Mil* **c. fire**, cesar el fuego. **II** *vi* cesar; **to c. doing** *or* **to do sth**, dejar de hacer algo.

cease-fire [siːsˈfaɪəʳ] *n* *Mil* alto *m* el fuego.

ceaseless ['siːslɪs] *adj* incesante.

cedar ['siːdəʳ] *n* *Bot* cedro *m*. ■ **Atlas c.**, cedro *m* del atlas; **c. of Lebanon**, cedro *m* del Líbano; **western red c.**, tuya *f* gigante.

cede [siːd] *vtr* *Jur* ceder.

cedilla [sɪ'dɪlə] *n* *Ling* cedilla *f*.

ceiling ['siːlɪŋ] *n* **1** techo *m*; *fam fig* **to hit the c.**, ponerse negro,-a. **2** (*limit*) tope *m*, límite *m*. ■ *Com* **c. price**, precio *m* tope.

celebrate ['selɪbreɪt] **I** *vtr* (*occasion*) celebrar, conmemorar; *Rel* **to c. Mass**, celebrar la misa. **II** *vi* divertirse; **let's c.**, vamos a celebrarlo *or* festejarlo.

celebrated ['selɪbreɪtɪd] *adj* famoso,-a, célebre.

celebration [selɪ'breɪʃən] *n* **1** celebración *f*; **in c.**, para celebrar; **this calls for a c.**, esto hay que celebrarlo *or* festejarlo. **2 celebrations**, festividades *fpl*, festejos *mpl*.

celebrity [sɪ'lebrɪtɪ] *n* celebridad *f*, personaje *m* famoso.

celery ['selərɪ] *n* apio *m*.

celestial [sɪ'lestɪəl] *adj* **1** (*heavenly*) celestial. **2** *Astron* celeste; **c. navigation**, navegación *f* astronómica.

celibacy ['selɪbəsɪ] *n* celibato *m*.

celibate ['selɪbɪt] *adj & n* célibe (*mf*).

cell [sel] *n* **1** (*in prison, monastery*) celda *f*. **2** (*of honeycomb*) celdilla *f*. **3** *Biol Pol* célula *f*. **4** *Elec* pila *f*.

cellar ['seləʳ] *n* **1** (*basement*) sótano *m*. **2** (*for wine*) bodega *f*.

cellist ['tʃelɪst] *n* *Mus* violoncelista *mf*.

cello ['tʃeləʊ] *n* (*pl cellos*) *Mus* violoncelo *m*.

cellophane ['seləfeɪn] *n* celofán *m*.

cellular ['seljʊləʳ] *adj* celular.

celluloid ['seljʊlɔɪd] *n* celuloide *m*.

cellulose ['seljʊləʊs] *n* celulosa *f*.

Celsius ['selsɪəs] *adj* Celsio.

Celt [kelt, selt] *n* celta *mf*.

Celtic ['keltɪk, 'seltɪk] **I** *n (language)* celta *m*. **II** *adj* celta.

cement [sɪ'ment] **I** *n* cemento *m*; **c. mixer,** hormigonera *f*. **II** *vtr Constr (bind)* unir con cemento; *(cover)* revestir de cemento; *fig (friendship)* cimentar.

cemetery ['semɪtrɪ] *n* cementerio *m*.

cenotaph ['senəta:f] *n* cenotafio *m*.

censer ['sensər] *n Rel* incensario *m*.

censor ['sensər] **I** *n* censor,-a *m,f*. **II** *vtr* censurar.

censorship ['sensəʃɪp] *n* censura *f*.

censure ['senʃər] **I** *n* censura *f*; **vote of c.,** voto de censura. **II** *vtr* censurar.

census ['sensəs] *n (pl censuses)* censo *m*, padrón *m*; **to take a c.,** realizar un censo.

cent [sent] *n* 1 centavo *m*, céntimo *m*. 2 **per c.,** por ciento.

centaur ['sentɔ:ʳ] *n Myth* centauro *m*.

centenarian [sentɪ'neərɪən] *n* centenario,-a *m,f*.

centenary [sen'ti:nərɪ] *n* centenario *m*.

centennial [sen'tenɪəl] *adj & n* centenario,-a *(m)*.

center ['sentəʳ] *n & vtr US see* centre.

centerfold ['sentəfəʊld] *n US see* centrefold.

centigrade ['sentɪgreɪd] *adj* centígrado,-a; **37ºC.,** 37 grados centígrados.

centigram(me) ['sentɪɡræm] *n* centigramo *m*.

centilitre, US **centiliter** ['sentɪli:təʳ] *n* centilitro *m*.

centimetre, US **centimeter** ['sentɪmi:təʳ] *n* centímetro *m*.

centipede ['sentɪpi:d] *n Ent* ciempiés *m inv*.

central ['sentrəl] *adj* central; *Pol* **c. government,** gobierno central; **c. heating,** calefacción central; **the c. character,** el personaje principal. ■ **C. African,** centroafricano,-a *m,f*; **C. African Republic,** República Centroafricana; **C. America,** Centroamérica; **C. American,** centroamericano,-a *m,f*. ◆**centrally** *adv* **c. heated,** con calefacción central; **c. situated,** céntrico,-a.

centralize ['sentrəlaɪz] *vtr* centralizar.

centre ['sentəʳ] **I** *n* 1 *(gen)* centro *m*; **town c.,** centro de la ciudad. ■ *Ftb* **c. forward,** delantero *m* centro; *Ftb* **c. half,** medio *m* centro; *Pol* **c. party,** partido *m* centrista *or* de centro. 2 **shopping c.,** centro *m* comercial; **sports c.,** centro *m* deportivo; **arts c.,** centro *m* cultural. 3 *fig* **c. of interest/attention,** centro *m* de interés/de todas las miradas. **II** *vtr (attention etc)* centrar, concentrar **(on, upon,** en, sobre).

centrefold ['sentəfəʊld] *n (of magazine)* página *f* central.

centrepiece ['sentəpi:s] *n* centro *m* de mesa; *fig* atracción *f* principal.

centrifugal [sen'trɪfjʊgəl, 'sentrɪfju:ɡəl] *adj* centrífugo,-a.

centripetal [sen'trɪpɪtəl, 'sentrɪpi:təl] *adj* centrípeto,-a.

centrist ['sentrɪst] *adj & n Pol* centrista *(mf)*.

centurion [sen'tjʊərɪən] *n Hist* centurión *m*.

century ['sentʃərɪ] *n* 1 siglo *m*; **the nineteenth c.,** el siglo diecinueve. 2 *Cricket (score)* centena *f*.

ceramic [sɪ'ræmɪk] **I** *n* cerámica *f*. **II** *adj* de cerámica; **c. tile,** azulejo *m*, teja *f*.

ceramics [sɪ'ræmɪks] *n sing Art* cerámica *f*.

cereal ['sɪərɪəl] *n* cereal *m*; **breakfast c.,** cereales *mpl* para el desayuno.

cerebral ['serɪbrəl, sɪ'ri:brəl] *adj* 1 *Med* cerebral; **c. palsy,** parálisis cerebral. 2 *(person)* cerebral.

ceremonial [serɪ'məʊnɪəl] **I** *adj* ceremonioso,-a, formal. **II** *n* ceremonial *m*.

ceremonious [serɪ'məʊnɪəs] *adj* ceremonioso,-a.

cert [sɜ:t] *n fam* **it's a dead c.,** no puede fallar, no cabe duda.

CertEd [sɜ:t'ed] *GB Educ abbr of* **Certificate in Education,** título *m* de profesor.

certain ['sɜ:tən] **I** *adj* 1 *(sure)* seguro,-a; **he's c. to win,** no cabe duda que ganará; **I'm c. she didn't pay,** estoy seguro,-a (de) que no ha pagado; **to make c. of sth,** asegurarse de algo. 2 *(moderate)* cierto,-a; **to a c. extent,** hasta cierto punto. 3 *(not known)* cierto,-a; **a c. Miss Ward,** una tal señorita Ward; **for c. reasons,** por razones desconocidas. 4 *(true)* cierto,-a, verdadero,-a. **II** *adv* **for c.,** seguro; **I know for c.,** sé a ciencia cierta, sé con toda seguridad. ◆**certainly** *adv* naturalmente, desde luego, por supuesto; **c. not,** por supuesto que no, de ninguna manera, ni hablar.

certainty ['sɜ:təntɪ] *n (gen)* certeza *f*; *(assurance)* seguridad *f*.

certifiable ['sɜ:tɪfaɪəbəl] *adj* 1 certificable. 2 *Med* demente.

certificate [sə'tɪfɪkɪt] *n* 1 *(gen)* certificado *m*; *Educ* diploma *m*; **birth c.,** partida *f* de nacimiento; **death c.,** certificado *m* de defunción; **medical c.,** certificado médico. 2 *Fin* **savings c.,** bono *m* de ahorro.

certified ['sɜ:tɪfaɪd] *adj (gen)* certificado,-a; *(copy)* legalizado,-a.

certify ['sɜ:tɪfaɪ] *vtr (pt & pp certified)* certificar; **this is to c. that ...,** certifico que ...; **to c. sb (as being) insane,** declarar enfermo,-a mental a algn.

certitude ['sɜ:tɪtju:d] *n* certeza *f*.

cervical ['sɜ:vɪkəl, sə'vaɪkəl] *adj* 1 *(neck)* cervical. 2 *(uterus)* del útero; **c. cancer,** cáncer del útero; **c. smear,** frotis cervical.

cervix ['sɜ:vɪks] *n (pl cervixes or cervices* [sə'vaɪsi:z]*) Anat* 1 *(uterus)* cuello *m* del útero. 2 *(neck)* cerviz *f*, cuello *m*.

Cesarian [sɪ'zeərɪən] *n US see* Caesarean.

cessation [se'seɪʃən] *n (of hostilities etc)* cese *m*.

cesspit ['sespɪt] *n*, **cesspool** ['sespu:l] *n* pozo *m* negro.

Ceylon [sɪ'lɒn] *n* Ceilán.

Ceylonese [selə'ni:z] *adj & n* ceilanés,-esa *(m,f)*.

cf *abbr of* confer *(compare)*, compárese, cfr.

CFE [si:ef'i:] *GB Educ abbr of* **College of Further Education,** instituto *m* de estudios superiores.

ch *abbr of* chapter, capítulo *m*, cap., c.

Chad [tʃæd] *n* Chad.

Chadian ['tʃædɪən] *adj & n* chadiano,-a *(m,f)*.

chafe [tʃeɪf] **I** *vtr* 1 *(make sore)* rozar, excoriar. 2 *(warm up)* calentar. **II** *vi* 1 *(skin)* irritarse. 2 *(person)* irritarse **(at,** a causa de).

chaff[1] [tʃɑ:f] *n* barcia *f*, granzas *fpl*; *(fodder)* paja *f*; *fig* **to separate the wheat from the c.,** separar el grano de la paja.

chaff[2] [tʃɑ:f] *vtr* burlarse de.

chaffinch ['tʃæfɪntʃ] *n Orn* pinzón *m* vulgar.

chagrin ['ʃægrɪn] *n* disgusto *m*, desilusión *f*.

chain [tʃeɪn] **I** *n (gen)* cadena *f*; *fig (of events)* serie *f*; **c. of mountains,** cordillera *f*; *Com* **supermarket c.,** cadena de supermercados; *(people)* **to make a c.,**

formar una cadena humana; *(in WC)* **to pull the c.**, **tirar de la cadena.** ■ *US* **c. gang,** cadena *f* de presidiarios; **c. letter,** cadena *f* de cartas; **c. mail,** cota *f* de malla; **c. reaction,** reacción *f* en cadena; **c. saw,** sierra *f* mecánica; *Knit* **c. stitch,** cadeneta *f*. **II** *vtr* **to c. (up),** encadenar.

chain-smoke ['tʃeɪnsməʊk] *vi* fumar un pitillo tras otro.

chair [tʃeəʳ] **I** *n* **1** *Furn* silla *f*; *(with arms)* sillón *m*, butaca *f*; **high c.**, trono *m*; **please take a c.**, siéntese por favor. ■ *Ski* **c. lift,** telesilla *m*. **2** *(position)* presidencia *f*; *Univ* cátedra *f*; **to address the c.**, dirigirse al presidente; **to be in the c.**, **to take the c. (at a meeting),** presidir (una reunión). **II** *vtr (meeting)* presidir.

chairman ['tʃeəmən] *n (pl chairmen)* presidente *m*.

chairmanship ['tʃeəmənʃɪp] *n* presidencia *f*.

chairperson ['tʃeəpɜːsən] *n* presidente,-a *m,f*.

chairwoman ['tʃeəwʊmən] *n (pl chairwomen* ['tʃeəwɪmɪn]*)* presidenta *f*.

Chaldean [kæl'diːən] *adj & n Hist* caldeo,-a *(m,f)*.

chalet ['ʃæleɪ] *n* chalet *m*, chalé *m*.

chalice ['tʃælɪs] *n* cáliz *m*.

chalk [tʃɔːk] **I** *n Min* creta *f*, roca *f* caliza; *(for writing)* tiza *f*; *GB fam* **not by a long c.**, ni mucho menos, ni por mucho; *fam* **they are as different as c. and cheese,** se parecen como un huevo a una manzana. **II** *vtr* **to c. (out),** *(area etc)* marcar con tiza; *(plan)* trazar. ◆**chalk up** *vtr fam (victory)* apuntarse; **c. it up to me!,** ¡ponlo en mi cuenta!

chalky ['tʃɔːkɪ] *adj (chalkier, chalkiest)* cretáceo,-a, calcáreo,-a.

challenge ['tʃælɪndʒ] **I** *vtr* **1** *(to game of football etc)* retar, desafiar; **to c. sb to do sth,** retar a algn a que haga algo. **2** *(person, authority)* poner a prueba; *(statement)* poner en duda. **3** *Mil* dar el alto *or* quién vive a. **4** *Jur* recusar. **II** *n* **1** *(gen)* reto *m*, desafío *m*; *Sport* desafío; **the job will be a real c. to her,** el trabajo pondrá a prueba sus cualidades; **to take up a c.,** aceptar un reto. **2** *Mil* quién vive *m*. **3** *Jur* recusación *f*.

challenger ['tʃælɪndʒəʳ] *n* desafiador,-a *m,f*; *Sport* aspirante *mf* a un título.

challenging ['tʃælɪndʒɪŋ] *adj (idea)* provocativo,-a; *(task)* que presenta un reto *or* un desafío.

chamber ['tʃeɪmbəʳ] *n* **1** *(hall)* cámara *f*; *Parl* **Lower/Upper C.,** cámara baja/alta; **C. of Commerce,** Cámara de Comercio. **2** *Mus* **c. music,** música *f* de cámara. **3** *(of gun)* recámara *f*. **4** *GB Jur* **chambers,** despacho *m sing*, gabinete *m sing*.

chambermaid ['tʃeɪmbəmeɪd] *n* doncella *f*, camarera *f*.

chamberpot ['tʃeɪmbəpɒt] *n* orinal *m*.

chameleon [kə'miːlɪən] *n Zool* camaleón *m*.

chamois ['ʃæmwɑː] *n inv* **1** *Zool* gamuza *f*. **2** ['ʃæmɪ] **c. (leather),** gamuza *f*.

champ[1] [tʃæmp] **I** *vtr (fodder)* mascar. **II** *vi fam* mordisquear; *fig* **to c. at the bit,** comerle a uno la impaciencia.

champ[2] [tʃæmp] *n fam* campeón,-ona *m,f*.

champagne [ʃæm'peɪn] *n (French)* champán *m*; *(from Catalonia)* cava *m*.

champion ['tʃæmpɪən] **I** *n* campeón,-ona *m,f*; **a c. swimmer,** un campeón de natación; **world c.,** campeón mundial; *fig* **c. of human rights,** defensor,-a de los derechos humanos. **II** *vtr fig (cause)* defender.

championship ['tʃæmpɪənʃɪp] *n Sport* campeonato *m*.

chance [tʃɑːns] **I** *n* **1** *(fate, fortune)* casualidad *f*, azar *m*; **by c.**, por casualidad; **games of c.**, juegos de azar; **on the c.**, por si acaso; **to take a c.**, arriesgarse, correr un riesgo; **I'm not taking any chances,** no quiero arriesgarme. ■ **c. discovery,** descubrimiento *m* fortuito; **c. meeting,** encuentro *m* casual. **2** *(likelihood)* posibilidad *f*; **I don't stand a c.**, I've got no c.**, no tengo ni la más remota posibilidad; **(the) chances are that ...,** lo más posible es que ... . **3** *(opportunity)* oportunidad *f*; **to have an eye for the main c.**, cuidar de sus propios intereses; **to miss a c.**, perder una oportunidad. **II** *vi* **to c. on** *or* **upon,** encontrar por casualidad; **I chanced to look,** miré por casualidad. **III** *vtr* arriesgar; *fam* **let's c. it,** vamos a arriesgarnos.

chancel ['tʃɑːnsəl] *n Archit Rel* presbiterio *m*.

chancellor ['tʃɑːnsələʳ] *n* **1** *Pol (head of state, in embassy)* canciller *m*. **2** *GB Univ* rector,-a *m,f*. **3** *GB* **C. of the Exchequer,** ministro,-a *m,f* de Hacienda.

chancy ['tʃɑːnsɪ] *adj (chancier, chanciest)* *fam* arriesgado,-a.

chandelier [ʃændɪ'lɪəʳ] *n* araña *f* (de luces).

change [tʃeɪndʒ] **I** *vtr* cambiar (de); *Aut* **to c. gear,** cambiar de marcha *or* de velocidad; **to c. one's mind/the subject,** cambiar de opinión/de tema; **to c. pesetas into dollars,** cambiar pesetas en dólares; **to c. places with sb,** cambiarse de sitio con algn; *Mil* **to c. the guard,** cambiar la guardia; **to c. trains,** transbordar, cambiar de tren; **to get changed,** mudarse, cambiarse de ropa; *fig* **to c. hands,** cambiar de dueño,-a. **II** *vi* cambiar, cambiarse; *Rail* **all c.!**, ¡cambio de tren! **I think he's changed,** le veo cambiado; **to c. for the better/worse,** mejorar/empeorar; **to c. into,** convertirse *or* transformarse en. **III** *n* **1** cambio *m*; **c. for the better/worse,** cambio beneficioso/desventajoso; **c. of address/occupation,** cambio de domicilio/trabajo; **c. of clothes,** muda *f* de ropa; **for a c.,** para variar; *Aut* **gear c.,** cambio de velocidades; **to ring the changes,** variar; *fig* **c. of heart,** cambio de parecer; *fig* **c. of scene,** cambio de aires; *euph* **the c. of life,** la menopausia. **2** *(money)* cambio *m*; **keep the c.**, quédese con la vuelta; **small c.,** cambio *m*, suelto *m*; **to give c. for a pound,** cambiar una libra; *fam* **you won't get much c. out of him,** no esperes gran cosa de él. ◆**change down** *vi Aut* reducir (marcha). ◆**change over** *vi* cambiarse; *GB Sport* cambiar de campo. ◆**change up** *vi Aut* cambiar a una velocidad *or* marcha superior.

changeable ['tʃeɪndʒəbəl] *adj (weather)* variable; *(person)* inconstante, voluble.

changeless ['tʃeɪndʒlɪs] *adj* inmutable.

changeover ['tʃeɪndʒəʊvəʳ] *n* **1** *(gen)* conversión *f*. **2** *Mil* cambio *m*, relevo *m* (de la guardia). **3** *Sport (of runner etc)* relevo *m*.

changing ['tʃeɪndʒɪŋ] **I** *n* **1** *(gen)* cambio *m*. ■ **c. room,** vestuario *m*. **2** *Mil* cambio *m*, relevo *m* (de la guardia). **II** *adj* cambiante.

channel ['tʃænəl] **I** *n* **1** *Geog* canal *m*; *(bed of river)* cauce *m*, lecho *m*. ■ **C. Islands,** las Islas Anglonormandas; **the English C.,** el Canal de la Mancha. **2** *Admin* vía *f*, conducto *m*; **c. of communication,** vía de comunicación; **through the official channels,** por los conductos oficiales. **3** *TV Rad* canal *m*, cadena *f*. **II** *vtr (pt & pp channelled, US channeled) fig (ideas etc)* canalizar, encauzar.

chant [tʃɑ:nt] I *n* 1 *Rel* canto *m* litúrgico, cántico *m*. 2 *(of demonstrators)* slogan *m*. II *vtr & vi* 1 *Rel* cantar (cánticos). 2 *(demonstrators)* corear, repetir.

chaos ['keɪɒs] *n* caos *m*.

chaotic [keɪ'ɒtɪk] *adj* caótico,-a.

chap¹ [tʃæp] *n fam* chico *m*, tío *m*; **a good c.**, un tío fenomenal *or* fantástico.

chap² *abbr of* **chapter**, capítulo *m*, cap., c.

chapel ['tʃæpəl] *n Rel* capilla *f*; **c. of rest**, capilla ardiente.

chaperon(e) ['ʃæpərəʊn] I *n* carabina *f*, dama *f* de compañía. II *vtr fam* ir de carabina con.

chaplain ['tʃæplɪn] *n Rel* capellán *m*.

chapter ['tʃæptə'] *n* 1 capítulo *m*; *fig* serie *f*; **to quote c. and verse**, citar palabra por palabra. 2 *Rel* cabildo *m*.

chapterhouse ['tʃæptəhaʊs] *n Rel* sala *f* capitular.

char¹ [tʃɑ:'] I *vtr (pt & pp charred)* chamuscar, carbonizar. II *vi* chamuscarse, carbonizarse.

char² [tʃɑ:'] *GB fam* I *n* asistenta *f*, interina *f*. II *vi (pt & pp charred)* trabajar de asistenta.

character ['kærɪktə'] *n* 1 carácter *m*; **a person of good c.**, una persona de buena reputación; **to have a lot of c.**, tener mucho carácter *or* mucha personalidad; **to have a strong c.**, tener un carácter fuerte; *fig* **to be in/out of c.**, conformar/no conformar al tipo; *fam* **she's quite a c.**, es todo un carácter. 2 *fam (person)* tipo *m*; **a suspicious c.**, un tipo de mucho cuidado. 3 *Theat* personaje *m*. 4 *(letter)* carácter *m*.

characteristic [kærɪktə'rɪstɪk] I *n* característica *f*. II *adj* característico,-a.

characterization [kærɪktəraɪ'zeɪʃən] *n* caracterización *f*.

characterize ['kærɪktəraɪz] *vtr* caracterizar.

characterless ['kærɪktəlɪs] *adj* de poco carácter.

charade [ʃə'rɑ:d] *n* 1 *GB* farsa *f*. 2 **charades**, *(game)* charadas *fpl*.

charcoal ['tʃɑ:kəʊl] *n Min* carbón *m* vegetal. ■ *Art* **c. drawing**, carboncillo *m*, dibujo *m* al carboncillo; *(colour)* **c. grey**, gris *m* marengo *or* oscuro.

chard [tʃɑ:d] *n Bot* acelga *f*.

charge [tʃɑ:dʒ] I *vtr* 1 cobrar; *Com* **c. it to my account**, cárguelo en mi cuenta; **how much do you c.?**, ¿cuánto cobra?; **they c. £10 an hour**, cobran 10 libras la hora. 2 *Jur* acusar; **to c. sb with a crime**, acusar a algn de un crimen. 3 *Mil* atacar, cargar contra. 4 *Elec (battery)* cargar. II *vi* 1 *Elec (battery)* cargar. 2 *Mil* atacar, cargar. 3 **to c. about**, andar a lo loco; **to c. in**, entrar alocadamente. III *n* 1 *(cost)* precio *m*; **bank charges**, comisión *f* (por servicio bancario); **extra c.**, suplemento *m*; **free of c.**, gratis, sin gasto alguno; **service c.**, servicio *m*. ■ **c. account**, cuenta *f* corriente. 2 *(responsibility)* cargo *m*; **to be in c. of**, estar a cargo de; **to take c. of**, hacerse cargo de; **who is in c.?**, ¿quién es el encargado?; *fig* **a nanny and her c.**, una niñera y el niño a su cargo. 3 *Jur* cargo *m*, acusación *f*; **to bring a c. against sb**, formular una acusación contra algn; **to face a c. of ...**, responder a una acusación de ... . 4 *Mil (explosive)* carga *f* explosiva; *(by cavalry)* carga *f*. 5 *Elec* carga *f*.

chargeable ['tʃɑ:dʒəbəl] *adj (expenses, debts)* **c. to**, a cargo de.

charged [tʃɑ:dʒd] *adj Elec* cargado,-a; *fig (issue)* emotivo,-a; **emotionally c.**, con una carga afectiva.

chargé d'affaires [ʃɑ:ʒeɪdæ'feə'] *n (pl chargés d'affaires)* *Pol* encargado,-a *m,f* de negocios.

charger ['tʃɑ:dʒə'] *n* 1 *Elec* cargador *m*. 2 *(horse)* caballo *m* de guerra.

chariot ['tʃærɪət] *n* carro *m* (de guerra).

charisma [kə'rɪzmə] *n* carisma *m*.

charismatic [kærɪz'mætɪk] *adj* carismático,-a.

charitable ['tʃærɪtəbəl] *adj* 1 *(person)* caritativo,-a; *(attitude)* comprensivo,-a. 2 *(work, organization)* benéfico,-a.

charity ['tʃærɪtɪ] *n* 1 caridad *f*; **to do sth out of c.**, hacer algo por caridad; *prov* **c. begins at home**, la caridad empieza por uno mismo. 2 *(organization)* institución *f* benéfica.

charlady ['tʃɑ:leɪdɪ] *n GB* mujer *f* de la limpieza, asistenta *f*.

charlatan ['ʃɑ:lətən] *n (doctor)* curandero,-a *m,f*.

charm [tʃɑ:m] I *n* 1 *(quality)* encanto *m*. 2 *(spell)* hechizo *m*; **lucky c.**, amuleto *m*; **to work like a c.**, funcionar a las mil maravillas. ■ **c. bracelet**, pulsera *f* de dijes. II *vtr* encantar; *fig* **she can c. the birds off the trees**, es muy coqueta.

charmer ['tʃɑ:mə'] *n* 1 *fam* atractivo,-a *m,f*, simpático,-a *m,f*, encantador,-a *m,f*. 2 *(of snakes)* encantador,-a *m,f*.

charming ['tʃɑ:mɪŋ] *adj* encantador,-a.

chart [tʃɑ:t] I *n* 1 *Naut* carta *f* de marear; *Av* carta de navegación. 2 *(giving information)* tabla *f*; *(graph)* gráfico *m*. ■ *Med* **temperature c.**, gráfico *m* de temperaturas; **weather c.**, mapa *m* meteorológico *or* del tiempo. 3 *Mus* **the charts**, la lista de éxitos, el hit parade. II *vtr* 1 *Av Naut (on map)* trazar. 2 *(information)* poner en un gráfico *or* una tabla.

charter ['tʃɑ:tə'] I *n* 1 *(of institution)* estatutos *mpl*; *(of company)* carta *f* de privilegios; *(of rights)* carta *f*. 2 *Av Naut* fletamento *m*; **c. flight**, vuelo *m* chárter. II *vtr (plane, boat)* fletar.

chartered accountant [tʃɑ:tədə'kaʊntənt] *n GB* contable *mf* diplomado,-a.

charwoman ['tʃɑ:wʊmən] *n (pl charwomen* ['tʃɑ:wɪmɪn]) *GB see* **charlady**.

chary ['tʃeərɪ] *adj (charier, chariest) fam (wary)* cauteloso,-a, cauto,-a; **to be c. of doing sth**, tener cuidado al hacer algo.

chase [tʃeɪs] I *vtr* perseguir; *(hunt)* cazar. II *vi fam* **to c. about** *or* **around**, correr de un lado para otro. III *n* persecución *f*; *(hunt)* caza *f*; **to give c. to sb**, dar caza a algn; *fig* **a wild goose c.**, una empresa descabellada.

chaser ['tʃeɪsə'] *n* 1 *fam fig* copita *f* (de licor) que se toma después de cerveza. 2 *(that chases)* perseguidor,-a *m,f*.

chasm ['kæzəm] *n Geog* sima *f*; *fig* abismo *m*.

chassis ['ʃæsɪ] *n (pl chassis* ['ʃæsɪz]) *Aut* chasis *m inv*.

chaste [tʃeɪst] *adj* casto,-a; *(style)* sobrio,-a.

chasten ['tʃeɪsən] *vtr (punish)* castigar.

chastise [tʃæs'taɪz] *vtr* castigar.

chastisement ['tʃæstɪzmənt, tʃæs'taɪzmənt] *n* castigo *m*.

castity ['tʃæstɪtɪ] *n* castidad *f*.

chat [tʃæt] I *n* charla *f*; **I'll have a c. with him**, hablaré con él un ratito; *GB Rad TV* **c. show**, coloquio *m*, entrevista *f*. II *vi (pt & pp chatted)* charlar, dar palique; **chatting away**, dando palique. ◆**chat up** *vtr fam (intentar)* ligar con algn.

chattels ['tʃætəlz] *npl Jur* bienes *mpl* muebles.

chatter ['tʃætər] I vi (person) chacharear, parlotear; (bird) piar, gorjear; (teeth) castañetear; (monkeys) chillar. II n (of person) cháchara f, parloteo m; (of birds) gorjeo m; (of teeth) castañeteo m; (of monkeys) chillidos mpl.

chatterbox ['tʃætəbɒks] n fam parlanchín,-ina m,f.

chatty ['tʃætɪ] adj (chattier, chattiest) parlanchín,-ina, hablador,-a.

chauffeur ['ʃəʊfər, ʃəʊ'fɜːr] n chófer m, chofer m.

chauvinism ['ʃəʊvɪnɪzəm] n chovinismo m, chauvinismo m; **male c.**, machismo m.

chauvinist ['ʃəʊvɪnɪst] adj & n chovinista (mf), chauvinista (mf); **male c.**, machista m.

cheap [tʃiːp] I adj barato,-a; (fare) económico,-a; (joke) fácil; fig pej (contemptible) vil, bajo,-a; **to be c.**, ser barato,-a, estar a buen precio; fig **to feel c.**, avergonzarse, sentir vergüenza; fam **c. and nasty**, barato,-a (y malo,-a); fam **dirt c.**, tirado,-a, baratísimo,-a. II n GB fam **on the c.**, en plan barato; **to get sth on the c.**, conseguir algo muy barato. III adv barato. ◆**cheaply** adv barato, en plan económico or barato.

cheapen ['tʃiːpən] vtr abaratar, rebajar el precio de; fig degradar, rebajar.

cheapness ['tʃiːpnɪs] n baratura f, lo barato.

cheat [tʃiːt] I vtr engañar; **to c. sb out of sth**, estafar algo a algn. II vi 1 (at games) hacer trampa. 2 fam (husband, wife) poner cuernos (on, a). III n (trickster) tramposo,-a m,f, fullero,-a m,f; (involving money) estafador,-a m,f.

cheating ['tʃiːtɪŋ] n (trickery) trampa f, fullería f; (involving money) estafa f, timo m.

check [tʃek] I vtr visar, repasar; (facts, statement) comprobar; (passports, tickets) revisar, controlar; (luggage at Customs) registrar; Aut (tyres, oil) revisar; **to c. sth against a list**, cotejar or comparar algo con una lista. 2 (anger, impulse) contener, refrenar; (growth, progress) retrasar, retardar. 3 (stop, control) detener; **to keep in c.**, (disease, feelings) contener, controlar; (enemy) mantener a raya; **to keep imports in c.**, poner freno a las importaciones. 4 Chess dar jaque a. II vi mirar, comprobar; **I have to c. to see if I locked the car**, tengo que comprobar si he cerrado el coche. III n 1 (of documents, goods, people) revisión f; (of results, facts) comprobación f, verificación f; **a c. on all people leaving the country**, una revisión de todas las personas que salgan del país. ■ **c. list**, lista f de cotejo. 2 Chess jaque m. 3 (pattern) cuadro m. 4 US see **cheque**. ◆**check in** vi (at airport) facturar; (at hotel) registrarse (at, en). ◆**check off** vtr ir tachando (de una lista); **c. the names off as I read them out**, tacha los nombres a medida que los vaya leyendo. ◆**check out** I vi (of hotel) dejar el hotel, pagar la cuenta y marcharse. II vtr (facts) verificar. ◆**check up** vi **to c. up on sb**, hacer averiguaciones sobre algn; **to c. up on sth**, averiguar or comprobar algo.

checked [tʃekt] adj a cuadros; **c. material**, tela a cuadros.

checker ['tʃekər] n US (cashier) cajero,-a m,f.

checkerboard ['tʃekəbɔːd] n US see **chequerboard**

checkered ['tʃekəd] adj US see **chequered**.

checkers ['tʃekəz] n US (game) damas fpl.

check-in ['tʃekɪn] n registro m; **c.-in desk**, recepción f.

checkmate ['tʃekmeɪt] I n Chess jaque mate m. II vtr Chess dar mate a; fig poner en un callejón sin salida.

checkout ['tʃekaʊt] n (counter) caja f.

checkpoint ['tʃekpɔɪnt] n control m; **she passed the c. with no difficulty**, pasó el control sin problemas.

checkup ['tʃekʌp] n Med chequeo m, examen m médico.

cheek [tʃiːk] I n 1 Anat mejilla f; fig **c. by jowl**, lado a lado; fig **to say sth tongue in c.**, decir algo para burlarse; fig **to turn the other c.**, dar la otra mejilla. 2 fam (nerve) jeta f, cara f; **to have the c. of the devil**, tener jeta, ser un caradura; **what (a) c.!**, ¡vaya jeta! II vtr fam insolentarse con.

cheekbone ['tʃiːkbəʊn] n pómulo m.

cheeky ['tʃiːkɪ] adj (cheekier, cheekiest) fam fresco,-a, insolente, descarado,-a.

cheep [tʃiːp] I n (of bird) pío m, piada f, gorjeo m. II vi piar, gorjear.

cheer [tʃɪər] I vi aplaudir, aclamar. II vtr 1 (applaud with shouts) vitorear, aclamar, ovacionar. 2 (make hopeful) animar. III n viva m, vítor m; **loud cheers**, una ovación cerrada; **three cheers**, tres hurras; **to the cheers of the crowd**, a los aplausos del público; fam **cheers!**, (thank you) gracias; (goodbye) adiós; (before drinking) ¡salud! ◆**cheer on** vtr (athlete) alentar. ◆**cheer up I** vi alegrarse, animarse; **c. up!**, ¡ánimo!, ¡alegra esa cara! II vtr **to c. sb up**, alegrar or animar a algn; **your letter cheered me up**, tu carta me dio ánimos.

cheerful ['tʃɪəfʊl] adj 1 (person) alegre, animado,-a. 2 (place, colour) alegre; (tune, conversation) animado,-a. 3 (willing) contento,-a. ◆**cheerfully** adv alegremente, con buena disposición.

cheerfulness ['tʃɪəfʊlnɪs] n alegría f.

cheering ['tʃɪərɪŋ] n ovaciones fpl, vítores mpl.

cheerio [tʃɪərɪ'əʊ] interj GB fam ¡adiós!, ¡hasta luego!

cheerleader ['tʃɪəliːdər] n persona f que inicia los vítores (en un partido).

cheerless ['tʃɪəlɪs] adj (place) triste; (day) melancólico,-a, triste.

cheery ['tʃɪərɪ] adj (cheerier, cheeriest) alegre, optimista. ◆**cheerily** adv de buen humor.

cheese [tʃiːz] n Culin queso m; **a piece of c.**, un trozo de queso; fam (for photograph) **say c.!**, ¡una sonrisa para la prensa! ■ **cottage c.**, requesón m.

cheesecake ['tʃiːzkeɪk] n Culin tarta f de queso.

cheesecloth ['tʃiːzklɒθ] n Tex estopilla f.

cheesed off [tʃiːzd'ɒf] adj GB fam **to be c. off**, estar harto,-a or desencantado,-a.

cheeseparing ['tʃiːzpeərɪŋ] I adj tacaño,-a. II n tacañería f.

cheetah ['tʃiːtə] n Zool guepardo m.

chef [ʃef] n chef m.

chemical ['kemɪkəl] I n sustancia f química, producto m químico. II adj químico,-a.

chemist ['kemɪst] n 1 Chem químico,-a m,f. 2 GB **c.'s (shop)**, farmacia f; **dispensing c.**, farmacéutico,-a m,f.

chemistry ['kemɪstrɪ] n química f.

cheque [tʃek] n Fin cheque m, talón m; **a c. for £50**, un cheque de cincuenta libras; **blank c.**, cheque en blanco; **to pay by c.**, pagar con (un) cheque. ■ **c. book**, talonario m (de cheques); **c. card**, tarjeta f de identificación bancaria; **traveller's c.**, cheque m de viaje.

chequerboard ['tʃekəbɔːd] *n* tablero *m* de damas.

chequered ['tʃekəd] *adj (cloth)* a cuadros; *fig* **a c. career**, una carrera con altibajos. ■ *Sport* **c. flag**, bandera *f* a cuadros.

cherish ['tʃerɪʃ] *vtr* 1 *(person)* querer, tenerle mucho cariño a. 2 *fig (hopes etc)* abrigar.

cherry ['tʃerɪ] *n Bot* cereza *f*. ■ **c. red**, *(colour)* rojo *m* cereza; **c. brandy**, licor *m* de cerezas; **c. tree**, cerezo *m*.

cherub ['tʃerəb] *n (pl* **cherubs** *or* **cherubim** ['tʃerəbɪm]*)* querubín *m*.

cherubic [tʃə'ruːbɪk] *adj* de querubín, de ángel.

chervil ['tʃɜːvɪl] *n Bot* cerafolio *m*.

chess [tʃes] *n* ajedrez *m*; **game of c.**, partida *f* de ajedrez; **to play c.**, jugar al ajedrez.

chessboard ['tʃesbɔːd] *n* tablero *m* de ajedrez.

chessman ['tʃesmən] *(pl* **chessmen***)* pieza *f* de ajedrez.

chesspiece ['tʃespiːs] *n* pieza *f* de ajedrez.

chest [tʃest] *n* 1 *Anat* pecho *m*; *fig* **to get sth off one's c.**, desahogarse. 2 *(for linen)* arca *f*; *(for valuables)* cofre *m*; *(for shipping)* baúl *m*, caja *f*; **tea c.**, cajón *m* de té. ■ *Furn* **c. of drawers**, cómoda *f*.

chestnut ['tʃesnʌt] *n* 1 *Bot (tree, wood, colour)* castaño *m*; *(nut)* castaña *f*. ■ **horse c.**, castaño *m* de las Indias; **Spanish c.**, **sweet c.**, castaño *m*. 2 *(horse)* alazán,-ana *m,f*. 3 *fam (joke)* **an old c.**, un chiste gastado.

chesty ['tʃestɪ] *adj (chestier, chestiest)* 1 bronquítico,-a; **a c. cough**, una tos de pecho. 2 *fam (woman)* pechugona.

chevron ['ʃevrən] *n Mil* galón *m*.

chew [tʃuː] *vtr* masticar, mascar; **to c. the cud**, rumiar; *fam fig* **to c. sth over**, darle vueltas a algo.

chewing gum ['tʃuːɪŋɡʌm] *n* chicle *m*, goma *f* de mascar.

chewy ['tʃuːɪ] *adj (chewier, chewiest)* enganchoso,-a, difícil de masticar *or* mascar.

chic [ʃiːk] **I** *adj* elegante. **II** *n* elegancia *f*.

chick [tʃɪk] *n* pollito *m*.

chicken ['tʃɪkɪn] **I** *n* 1 pollo *m*; *fam* **she's no c.**, tiene sus años; *prov* **don't count your chickens before they hatch** *or* **are hatched**, no hagas como en el cuento de la lechera. ■ *sl* **c. feed**, una miseria; **c. farming**, avicultura *f*; *Culin* **c. stock**, caldo *m* de gallina. 2 *sl (coward)* gallina *f*. **II** *adj sl (cowardly)* gallina. **III** *vi fam* **to c. out**, rajarse (por miedo).

chickenpox ['tʃɪkɪnpɒks] *n Med* varicela *f*.

chickpea ['tʃɪkpiː] *n Culin* garbanzo *m*.

chickweed ['tʃɪkwiːd] *n Bot* pamplina *f*.

chicory ['tʃɪkərɪ] *n* achicoria *f*.

chide [tʃaɪd] *vtr (pt* **chided** *or* **chid** [tʃɪd]*; pp* **chided** *or* **chidden** ['tʃɪdən]*)* regañar, reprender.

chief [tʃiːf] **I** *n (gen)* jefe *m*; *(of tribe)* cacique *m*; *Mil* **c. of staff**, jefe *m* del estado mayor; **commander in c.**, comandante *m* en jefe. **II** *adj* principal; **the c. engineer**, el ingeniero principal. ◆**chiefly** *adv (above all)* sobre todo; *(mainly)* principalmente.

chieftain ['tʃiːftən] *n* cacique *m*, jefe *m*.

chiffchaff ['tʃɪftʃæf] *n Orn* mosquito *m* común.

chiffon [ʃɪ'fɒn, 'ʃɪfɒn] *n Tex* gasa *f*.

chihuahua [tʃɪ'waːwə] *n Zool* chihuahua *m*.

chilblain ['tʃɪlbleɪn] *n Med* sabañón *m*.

child [tʃaɪld] *n (pl* **children***)* niño,-a *m,f*; *(son)* hijo *m*; *(daughter)* hija *f*; **children's books**, libros *mpl* para niños; **children's stories**, cuentos *mpl* infan-

tiles; *fam* **that's c.'s play**, eso es un juego de niños. ■ **c. minder**, persona *f* que cuida niños en su propia casa.

childbirth ['tʃaɪldbɜːθ] *n* parto *m*, alumbramiento *m*; **in c.**, de parto.

childhood ['tʃaɪldhʊd] *n* infancia *f*, niñez *f*; **in one's second c.**, en la segunda infancia.

childish ['tʃaɪldɪʃ] *adj* pueril; **don't be c.!**, ¡no seas niño!

childlike ['tʃaɪldlaɪk] *adj* infantil, ingenuo,-a.

children ['tʃɪldrən] *npl see* child.

Chile ['tʃɪlɪ] *n* Chile.

Chilean ['tʃɪlɪən] *adj & n* chileno,-a *(m,f)*.

chill [tʃɪl] **I** *n* 1 *Med* resfriado *m*; **to catch a c.**, resfriarse, enfriarse, coger frío. 2 *(coldness)* fresco *m*, frío *m*; **there's a c. in the air**, hace fresquito; **to take the c. off sth**, entibiar *or* templar algo; *fig* **to cast a c. over sb**, caer como un jarro de agua fría sobre algn. **II** *adj (wind etc)* frío,-a. **III** *vtr (meat)* refrigerar; *(wine)* enfriar; *fig* **to be chilled to the bone**, estar helado,-a de frío.

chil(l)i ['tʃɪlɪ] *n (pl* **chil(l)ies***) Culin* chile *m*.

chilling ['tʃɪlɪŋ] *adj* glacial; *fig (story, crime)* espeluznante.

chilly ['tʃɪlɪ] *adj (chillier, chilliest)* frío,-a; **to feel c.**, sentir *or* tener frío; *fig* **a c. reception**, una acogida fría.

chime [tʃaɪm] **I** *n* carillón *m*; *(peal)* repique *m* de campanas. **II** *vtr (bells)* tocar; *(clock)* dar; **the bells chimed six**, las campanas tocaron las seis. **III** *vi (bell)* repicar, tañer; *(clock)* sonar. ◆**chime in** *vi fam* intervenir, intrometerse.

chimney ['tʃɪmnɪ] *n* chimenea *f*; *fam* **he smokes like a c.**, fuma como un carretero. ■ **c. stack**, fuste *m*; **c. sweep**, deshollinador *m*.

chimneypot ['tʃɪmnɪpɒt] *n* cañón *m*.

chimp [tʃɪmp] *n*, **chimpanzee** [tʃɪmpæn'ziː] *n Zool* chimpancé *m*.

chin [tʃɪn] *n* barbilla *f*, mentón *m*; **double c.**, papada *f*; *fam* **keep your c. up**, no te desanimes.

China ['tʃaɪnə] *n* 1 *(People's Republic of)* C., (República *f* Popular de la) China. 2 *Bot* C. **tree**, jabonero *m* de la China.

china ['tʃaɪnə] *n* loza *f*; **bone c.**, porcelana *f*.

Chinese [tʃaɪ'niːz] **I** *adj* chino,-a; **C. lantern**, farolillo *m* de papel. **II** *n* 1 *(person)* chino,-a *m,f*. 2 *(language)* chino *m*.

Chink [tʃɪŋk] *n sl pej* chino,-a *m,f*.

chink[1] [tʃɪŋk] *n (opening)* resquicio *m*; *(crack)* grieta *f*.

chink[2] [tʃɪŋk] **I** *vtr (glasses, coins)* hacer sonar *or* tintinear. **II** *vi* sonar, tintinear. **III** *n* tintineo *m*.

chintz [tʃɪnts] *n Tex* chintz *m*.

chinwag ['tʃɪnwæɡ] *n GB fam* charla *f*.

chip [tʃɪp] *n* 1 *(of wood)* astilla *f*; *(of stone)* lasca *f*; *(of china)* pedacito *m*, trocito *m*; *(in cup, dish)* desportilladura *f*; *(in furniture)* astilladura *f*; *fam fig* **a c. off the old block**, de tal palo tal astilla; *fam* **to have a c. on one's shoulder**, estar amargado,-a. 2 *GB Culin* **chips**, patatas *fpl* fritas. ■ *GB fam* **chip shop**, tienda *f* que vende pescado y patatas fritas para llevar. 3 *Tech Comput* **silicon c.**, chip *m*. 4 *(in gambling)* ficha *f*; *fam fig* **when the chips are down**, a la hora de la verdad. **II** *vtr (pt & pp* **chipped***) (wood)* astillar; *(stone)* resquebrajar; *(china, glass)* desportillar, resquebrajar; *(paint)* descascarillar, desconchar. **III** *vi (wood)* astillarse; *(stones)* resquebrajarse; *(china, glass)* desportillarse; *(paint)* descascarillarse, desconcharse. ◆**chip in** *vi fam* **1** meterse, saltar y decir algo. **2** *(with money)* contribuir, poner algo.

chipboard ['tʃɪpbɔːd] *n Carp* aglomerado *m*, madera *f* aglomerada.

chipmunk ['tʃɪpmʌŋk] *n Zool* ardilla *f* listada.

chiropodist [kɪˈrɒpədɪst] *n* podólogo,-a *m,f*, pedicuro,-a *m,f*, callista *mf*.

chiropody [kɪˈrɒpədɪ] *n Med* pedicura *f*.

chirp [tʃɜːp] **I** *vi (birds)* gorjear; *(insects)* chirriar, cantar. **II** *n (of birds)* gorjeo *m*; *(of insects)* chirrido *m*.

chisel ['tʃɪzəl] **I** *n* cincel *m*. **II** *vtr (pt & pp chiselled, US chiseled)* **1** cincelar. **2** *sl* timar, estafar.

chit¹ [tʃɪt] *n* nota *f*; *(small invoice)* vale *m*.

chit² [tʃɪt] *n pej* mocoso,-a *m,f*.

chitchat ['tʃɪttʃæt] *n fam* palique *m*, habladurías *fpl*.

chivalrous ['ʃɪvəlrəs] *adj* caballeroso,-a.

chivalry ['ʃɪvəlrɪ] *n* **1** *(bravery etc)* caballerosidad *f*. **2** *Hist* caballería *f*.

chives [tʃaɪvz] *npl Bot* cebolleta *f sing*.

chloride ['klɔːraɪd] *n Chem* cloruro *m*.

chlorinate ['klɔːrɪneɪt] *vtr* tratar con cloro.

chlorine ['klɔːriːn] *n* cloro *m*.

chloroform ['klɔːrəfɔːm] *n Chem* cloroformo *m*.

chlorophyll, US **chlorophyl** ['klɒrəfɪl] *n Biol* clorofila *f*.

choc-ice ['tʃɒkaɪs] *n* helado *m* cubierto de chocolate.

chock [tʃɒk] *n* calzo *m*, cuña *f*.

chock-a-block [tʃɒkəˈblɒk] *adj fam*, **chock-full** [tʃɒkˈfʊl] *adj fam* hasta los topes, de bote en bote.

chocolate ['tʃɒkəlɪt] **I** *n* **1** chocolate *m*; **bar of c.**, chocolatina *f*, tableta *f* de chocolate; **drinking c.**, chocolate *m* (en taza). **2 chocolates**, bombones *mpl*; **a box of c.**, una caja de bombones. **II** *adj (cake etc)* de chocolate; *(colour)* de color chocolate.

choice [tʃɔɪs] **I** *n* elección *f*, selección *f*; **a big** *or* **wide c.**, un gran surtido; **by c.**, por gusto; **she's my c. for the post**, es la candidata que yo recomiendo para el puesto; **to make a c.**, escoger, elegir. **II** *adj* selecto,-a, de primera calidad.

choir ['kwaɪə'] *n Mus* coro *m*, coral *f*.

choirboy ['kwaɪəbɔɪ] *n Mus* niño *m* de coro.

choirmaster ['kwaɪəmɑːstə'] *n* **1** *Mus* director *m* de coro. **2** *(in church)* maestro *m* de capilla.

choke [tʃəʊk] **I** *vtr* **1** *(person)* ahogar, asfixiar. **2** *(obstruct)* obstruir, atascar. **II** *vi* ahogarse, asfixiarse; **to c. on food**, atragantarse con la comida. **III** *n Aut* stárter *m*. ◆**choke back** *vtr (anger, tears)* contener, tragarse.

choker ['tʃəʊkə'] *n* gargantilla *f*.

cholera ['kɒlərə] *n Med* cólera *m*.

cholesterol [kəˈlestərɒl] *n* colesterol *m*.

choose [tʃuːz] **I** *vtr (pt chose; pp chosen)* **1** *(select)* escoger, elegir; **to c. sb to be** *or* **as a candidate**, designar a algn como candidato,-a; *fig* **the chosen few**, los elegidos. **2** *(decide)* optar por, decidir; **he chose not to do anything**, decidió no hacer nada. **II** *vi* escoger, elegir; **do as you c.**, haz lo que quieras; **there's little to c. between them**, son muy parecidos, tanto monta monta tanto; **there's little** *or* **not much to c. from**, no hay dónde escoger.

choos(e)y ['tʃuːzɪ] *adj (choosier, choosiest) fam* exigente, difícil de complacer.

chop¹ [tʃɒp] **I** *vtr (pt & pp chopped)* **1** *(wood, branch)* cortar; **to c. a branch off a tree**, cortar una rama de un árbol; **to c. a tree down**, talar *or* cortar un árbol; **to c. sth up**, cortar algo en pedazos. **2** *Culin (meat, onions)* cortar a pedacitos. **II** *n* **1** *(blow)* tajo *m*, golpe *m*; *(with axe)* hachazo *m*; *fam* **to get the c.**, ser despedido,-a (del trabajo). **2** *Culin* chuleta *f*; **pork c.**, chuleta de cerdo.

chop² [tʃɒp] *vi (pt & pp chopped)* cambiar bruscamente; **to c. and change**, cambiar *or* estar cambiando como el viento.

chopper ['tʃɒpə'] *n* **1** cuchilla *f* de carnicero. **2** *fam* helicóptero *m*.

choppy ['tʃɒpɪ] *adj (choppier, choppiest) (sea)* picado,-a.

chopsticks ['tʃɒpstɪks] *npl* palillos *mpl*.

choral ['kɔːrəl] *adj Mus* coral; **c. society**, orfeón *m*.

chorale [kɒˈrɑːl] *n Mus* coral *m*.

chord¹ [kɔːd] *n* **1** *Math* cuerda *f*. **2** *fig (response)* **it strikes a c.**, (me) suena; *fig* **to touch the right c.**, conmover (a algn). **3** *Anat see* cord.

chord² [kɔːd] *n Mus (group of sounds)* acorde *m*.

chore [tʃɔː'] *n* quehacer *m*, tarea *f*; **to do the chores**, hacer la limpieza de la casa.

choreographer [kɒrɪˈɒgrəfə'] *n* coreógrafo,-a *m,f*.

choreography [kɒrɪˈɒgrəfɪ] *n* coreografía *f*.

chorister ['kɒrɪstə'] *n* corista *mf*.

chortle ['tʃɔːtəl] **I** *vi* reírse, reír con ganas. **II** *n* risa *f* alegre.

chorus ['kɔːrəs] *n (pl choruses) Mus Theat* coro *m*; *(in a song)* estribillo *m*; **in c.**, a coro; **there was a c. of protest**, todos protestaron a la vez. ■ **c. girl**, corista *f*.

chose [tʃəʊz] *pt see* choose.

chosen ['tʃəʊzən] *pp see* choose.

chough [tʃʌf] *n Orn* chova *f* piquirroja.

chowder ['tʃaʊdə'] *n US Culin* crema *f* de almejas *or* de pescado.

Christ [kraɪst] *n Rel* Cristo *m*, Jesucristo *m*.

christen ['krɪsən] *vtr Rel* bautizar.

christening ['krɪsənɪŋ] *n Rel (sacrament)* bautismo *m*; *(celebration)* bautizo *m*.

Christian ['krɪstʃən] *Rel* **I** *adj* cristiano,-a; **c. name**, nombre *m* de pila. **II** *n* cristiano,-a *m,f*.

Christianity [krɪstɪˈænɪtɪ] *n Rel* cristianismo *m*.

Christmas ['krɪsməs] *n* Navidad *f*; **at C.**, por Navidades; **Father C.**, Papá Noel *m*, Santa Claus *m*; **merry C.**, feliz Navidad. ■ **C. card**, tarjeta *f* de Navidad; **C. carol**, villancico *m*; **C. Day**, día *m* de Navidad; **C. Eve**, Nochebuena *f*.

chrome [krəʊm] *n* cromo *m*.

chromium ['krəʊmɪəm] *n Chem* cromo *m*; *Tech* **c. plated**, cromado,-a. ■ *Tech* **c. plating**, cromado *m*.

chromosome ['krəʊməsəʊm] *n Biol* cromosoma *m*.

chronic ['krɒnɪk] *adj* **1** crónico,-a; **to suffer from c. ill health**, tener mala salud. **2** *fam* horroroso,-a, fatal.

chronicle ['krɒnɪkəl] **I** *n* crónica *f*. **II** *vtr* hacer la crónica de,

chronicler ['krɒnɪklə'] *n* cronista *mf*.

chronological [krɒnəˈlɒdʒɪkəl] *adj* cronológico,-a.

chronometer [krəˈnɒmɪtə'] *n* cronómetro *m*.

chrysalis ['krɪsəlɪs] *n (pl chrysalises) Ent* crisálida *f*.

chrysanthemum [krɪˈsænθəməm] *n Bot* crisantemo *m*.

chub [tʃʌb] n (fish) cacho m.

chubby ['tʃʌbɪ] adj (chubbier, chubbiest) llenito,-a, gordinflón,-ona; **c. cheeked**, mofletudo,-a.

chuck [tʃʌk] vtr fam tirar; **c. it (in)!**, ¡déjalo!, ¡deja eso!; **to c. one's job in** or **up**, dejar el trabajo; **to c. sb out**, echar a algn; (from work) poner a algn de patitas en la calle; **to c. sth away** or **out**, tirar algo.

chuckle ['tʃʌkəl] I vi reír en silencio. II n sonrisita f.

chug [tʃʌg] vi (pt & pp chugged) (engine) resoplar; (while moving) traquetear.

chum [tʃʌm] n compinche mf, compañero,-a m,f.

chummy ['tʃʌmɪ] adj (chummier, chummiest) fam simpático,-a; **to be c. with sb**, ser amigo,-a de algn; **they're very c.**, son carne y uña.

chump [tʃʌmp] n 1 fam (idiot) imbécil m. 2 (of meat) **c. chop**, chuletón m. 3 GB sl (head) coco m; **to be off one's c.**, estar mal de la azotea.

chunk [tʃʌŋk] n fam cacho m, pedazo m.

chunky ['tʃʌŋkɪ] adj (chunkier, chunkiest) (wood) grueso,-a; (marmalade) con pedazos de fruta.

church [tʃɜ:tʃ] n iglesia f; **to go to c.**, ir al oficio or a misa; fig **to enter the c.**, hacerse cura or pastor or monja. ■ **c. hall**, sala f parroquial; **C. of England**, Iglesia f Anglicana.

churchgoer ['tʃɜ:tʃgəʊəʳ] n Rel practicante mf.

churchwarden [tʃɜ:tʃ'wɔ:dən] n C of E capillero m.

churchyard ['tʃɜ:tʃjɑ:d] n cementerio m, campo m santo.

churlish ['tʃɜ:lɪʃ] adj grosero,-a, maleducado,-a.

churlishness ['tʃɜ:lɪʃnɪs] n grosería f, mala educación f.

churn [tʃɜ:n] n 1 (for butter) mantequera f. 2 GB (for milk) lechera f. II vtr (butter) hacer; (cream) batir. III vi revolverse, agitarse. ◆**churn out** vtr fam producir en serie. ◆**churn up** vtr revolver, agitar.

chute [ʃu:t] n 1 (channel) conducto m. 2 (slide) tobogán m.

chutney ['tʃʌtnɪ] n Culin conserva f (de frutas) picante.

CIA [si:aɪ'eɪ] US abbr of **Central Intelligence Agency**, Agencia f Central de Información, CIA f.

cicada [sɪ'kɑ:də] n (pl cicadas or cicadae [sɪ'kɑ:di:] Ent cigarra f.

CID [si:aɪ'di:] GB abbr of **Criminal Investigation Department**, ≈ Brigada f de Investigación Criminal, BIC.

cider ['saɪdəʳ] n sidra f.

cig [sɪg] n (abbr of cigarette) fam pitillo m.

cigar [sɪ'gɑ:ʳ] n puro m, cigarro m.

cigarette [sɪgə'ret] n cigarrillo m; **a packet/carton of cigarettes**, un paquete/un cartón de tabaco. ■ **c. case**, pitillera f; **c. end**, colilla f; **c. holder**, boquilla f; **c. lighter**, mechero m, encendedor m.

C-in-C [si:ɪn'si:] Mil abbr of **Commander-in-Chief**, Comandante m en jefe.

cinch [sɪntʃ] n fam **it's a c.**, está chupado or tirado.

cinder ['sɪndəʳ] n ceniza f, pavesa f.

Cinderella [sɪndə'relə] n Cenicienta f.

cine camera ['sɪnɪkæmərə] n GB cámara f cinematográfica.

cinema ['sɪnɪmə] n cine m.

cinnamon ['sɪnəmən] n canela f.

cipher ['saɪfəʳ] n 1 (numeral) cifra f; (code) código m; **in c.**, cifrado,-a. 2 fig (nonentity) cero m a la izquierda, don nadie m.

circa ['sɜ:kə] prep hacia, alrededor de.

circle ['sɜ:kəl] I n 1 (shape) círculo m; Geom circunferencia f; (of people) corro m; fig **to go round in circles**, dar muchas vueltas. 2 (cycle) ciclo m; fig **to come full c.**, completar un ciclo; fig **vicious c.**, círculo m vicioso. 3 (group) círculo m; **a c. of friends**, un círculo de amigos; **in business circles**, en el mundo de los negocios. 4 Theat piso m; **upper c.**, segundo piso. 5 US **traffic c.**, glorieta f. II vtr (form a circle round) rodear; (move round) dar la vuelta a. III vi dar vueltas.

circuit ['sɜ:kɪt] n 1 (journey round) recorrido m; **to make a c. of**, recorrer. 2 Elec circuito m; **short c.**, cortocircuito m. ■ **c. breaker**, cortacircuitos m inv. 3 Sport (events) liga f; GB (racing track) circuito m. 4 Cin Theat cadena f. 5 GB Jur distrito m; **c. judge**, juez mf de distrito.

circuitous [sə'kju:ɪtəs] adj indirecto,-a, tortuoso,-a.

circular ['sɜ:kjʊləʳ] I adj circular; **c. saw**, sierra circular; **c. tour**, circuito m. II n circular f.

circulate ['sɜ:kjʊleɪt] I vtr (news) hacer circular. II vi circular; **circulating library**, biblioteca f ambulante.

circulation [sɜ:kjʊ'leɪʃən] n 1 (of blood) circulación f. 2 Press (of newspaper) tirada f; (of news) difusión f.

circumcise ['sɜ:kəmsaɪz] vtr Med circuncidar.

circumcision [sɜ:kəm'sɪʒən] n Med circuncisión f.

circumference [sə'kʌmfərəns] n circunferencia f.

circumflex ['sɜ:kəmfleks] n circumflejo m.

circumlocution [sɜ:kəmlə'kju:ʃən] n circunloquio m.

circumnavigate [sɜ:kəm'nævɪgeɪt] vtr circunnavegar.

circumscribe ['sɜ:kəmskraɪb] vtr 1 (restrict) restringir, limitar. 2 Geom circunscribir.

circumspect ['sɜ:kəmspekt] adj circunspecto,-a, prudente, cauteloso,-a.

circumstance ['sɜ:kəmstəns] n (gen pl) circunstancia f; **in** or **under no circumstances**, en ningún caso, bajo ningún concepto; **in the circumstances**, dadas las circunstancias; **it depends on your circumstances**, depende de tu situación económica.

circumstantial [sɜ:kəm'stænʃəl] adj (gen) circunstancial; (report) circunstanciado,-a.

circumvent [sɜ:kəm'vent] vtr fig (law) burlar; (plans) frustrar.

circus ['sɜ:kəs] n (pl circuses) 1 circo m. 2 GB (part of town) glorieta f, plaza f redonda.

cirrhosis [sɪ'rəʊsɪs] n Med cirrosis f.

cistern ['sɪstən] n cisterna f.

citadel ['sɪtədəl] n ciudadela f; fig bastión f.

citation [saɪ'teɪʃən] n 1 (quotation) cita f. 2 Mil (award) mención f. 3 Jur (summons) citación f.

cite [saɪt] vtr 1 (quote) citar. 2 Mil mencionar.

citizen ['sɪtɪzən] n (native) ciudadano,-a m,f, súbdito,-a m,f.

citizenship ['sɪtɪzənʃɪp] n ciudadanía f.

citric ['sɪtrɪk] adj cítrico,-a; **c. acid**, ácido cítrico.

citr(o)us ['sɪtrəs] adj cítrico,-a; **c. fruit**, agrios mpl, cítricos mpl.

city ['sɪtɪ] n 1 (town) ciudad f. ■ **c. centre**, centro m de la ciudad; **c. hall**, ayuntamiento m. 2 Fin **the C.**, el centro financiero de Londres.

civic ['sɪvɪk] adj cívico,-a; **c. authorities**, autoridades municipales; GB **c. centre**, centro cívico; **c. duties**, obligaciones cívicas.

civics ['sɪvɪks] npl educación f cívica.

civil ['sɪvəl] adj 1 (non-military etc) civil. ■ **c. defence**, defensa f civil; **c. disobedience**, resistencia f pasiva; **c. law**, derecho m civil; **c. rights**, derechos mpl civiles; Pol **c. servant**, funcionario,-a m,f; Pol **c. service**, administración f pública. 2 (polite) cortés, educado,-a.

civilian [sɪ'vɪljən] adj & n civil (mf).

civility [sɪ'vɪlɪtɪ] n cortesía f.

civilization [sɪvɪlaɪ'zeɪʃən] n civilización f.

civilize ['sɪvɪlaɪz] vtr civilizar.

cl abbr of **centilitre(s)**, centilitro(s) m(pl), cl.

clad [klæd] lit I pt & pp see **clothe.** II adj vestido,-a.

claim [kleɪm] I vtr 1 (property, benefits, rights) reclamar; Jur (compensation) exigir. 2 (assert) afirmar, alegar, sostener. II n 1 (demand) reclamación f; Ins demanda f de indemnización, reclamación; Jur demanda, reclamación judicial; Jur **to lay c. to sth**, reclamar el derecho a algo; **to make a c. for**, reclamar; **to put in a c.**, reclamar una indemnización; **to put in a c. for damages**, demandar por daños. 2 (right) derecho m; **to have a c. on sth**, tener derecho a algo; fig **his only c. to fame is ...**, su único mérito es ... . 3 (assertion) pretensión f, afirmación f; **he made a c. to be a millionaire**, alegó que era millonario. 4 Min concesión f.

claimant ['kleɪmənt] n (gen) reclamante mf, pretendiente mf; Jur demandante mf.

clairvoyance [kleə'vɔɪəns] n clarividencia f.

clairvoyant [kleə'vɔɪənt] n clarividente mf.

clam [klæm] n Zool almeja f. ◆**clam up** vi (pt & pp **clammed**) fam callarse.

clamber ['klæmbəʳ] vi trepar (over, por).

clammy ['klæmɪ] adj (clammier, clammiest) (weather) húmedo,-a, bochornoso,-a; (hands) pegajoso,-a.

clamor ['klæməʳ] n US see **clamour.**

clamorous ['klæmərəs] adj (demand) clamoroso,-a; (crowd) vociferante.

clamour ['klæməʳ] I n clamor m, griterío m. II vi clamar, vociferar; **to c. for**, (things) pedir a gritos; (justice) clamar por.

clamp [klæmp] I n Carp tornillo m de banco; Tech abrazadera f; **wheel c.**, cepo m. II vtr sujetar con abrazaderas. ◆**clamp down on** vtr (restrict) restringir; (supress) suprimir.

clampdown ['klæmpdaʊn] n restricción f.

clan [klæn] n clan m.

clandestine [klæn'destɪn] adj clandestino,-a.

clang [klæŋ] I vi sonar. II vtr hacer sonar. III n sonido m metálico.

clanger ['klæŋəʳ] n fam metedura f de pata; **to drop a c.**, meter la pata.

clank [klæŋk] I n sonido m seco y metálico. II vtr (chains) hacer sonar. III vi sonar.

clannish ['klænɪʃ] adj exclusivista.

clansman ['klænzmən] n (pl **clansmen**) miembro m de un clan.

clap¹ [klæp] I vtr (pt & pp **clapped**) 1 (person, performance) aplaudir; **to c. one's hands**, aplaudir; **to c. sb on the back**, dar a algn una palmada en la espalda. 2 fam **to c. eyes on**, ver; **to c. sb in prison**, meter a algn en chirona. II vi aplaudir; **to c. to the music**, seguir la música con las palmas. III n 1 (with hands) palmada f; **to give sb a c.**, aplaudir a algn. 2 (light blow) palmada f, golpecito m con la mano. 3 (noise) ruido m seco; **a c. of thunder**, un trueno.

clap² [klæp] n sl gonorrea f.

clapped-out [klæpt'aʊt] adj GB Austral fam rendido,-a.

clapper ['klæpəʳ] n badajo m.

clapping ['klæpɪŋ] n aplausos mpl.

claptrap ['klæptræp] n fam disparates mpl.

claret ['klærət] n 1 GB (wine) clarete m. 2 (colour) burdeos m.

clarification [klærɪfɪ'keɪʃən] n aclaración f, clarificación f.

clarify ['klærɪfaɪ] vtr (pt & pp **clarified**) aclarar, clarificar.

clarinet [klærɪ'net] n Mus clarinete m.

clarity ['klærɪtɪ] n claridad f.

clash [klæʃ] I vi 1 (cymbals) sonar; (swords) chocar; fig **to c. with sb**, estar en desacuerdo con algn. 2 (colours) desentonar. 3 (dates) coincidir. II n 1 (sound) sonido m, ruido m; **the c. of cymbals**, el sonido de los platillos; fig **a border c.**, un encuentro fronterizo. 2 (fight) choque m, encuentro m; fig (conflict) conflicto m, desacuerdo m; **a c. of interest**, un conflicto de intereses.

clasp [klɑ:sp] I n 1 (on belt) cierre m, hebilla f; (on necklace) broche m. 2 (grasp) apretón m. ■ **c. knife**, navaja f. II vtr (object) agarrar, asir; **to c. hands**, juntar las manos.

class [klɑ:s] I n 1 (kind) clase f, especie f, género m; Biol **a c. of mammal**, una clase de mamífero; fig **in a c. of its own**, sin par or igual. 2 (in society) clase f; **he's working c.**, es de la clase obrera. ■ Pol **c. struggle**, lucha f de clases; **social c.**, clase f social; **middle c.**, clase f media, burguesía f; **upper c.**, aristocracia f. 3 Educ clase f; US Educ **c. of '84**, promoción f de 1984; **evening classes**, clases nocturnas; GB Educ **first-c. honours degree**, título m con sobresaliente; **she's in one c.**, está en or es de mi clase. 4 (of travel) clase f; Rail **first/second c. ticket**, billete m de primera/segunda (clase); **tourist c.**, clase f turista. II vtr clasificar.

class-conscious [klɑ:s'kɒnʃəs] adj clasista, con conciencia de clase.

classic ['klæsɪk] I adj clásico,-a. II n 1 (author) autor m clásico; (work) obra f clásica. 2 **the classics**, (literature) las obras clásicas, los clásicos; (languages) clásicas fpl.

classical ['klæsɪkəl] adj clásico,-a.

classification [klæsɪfɪ'keɪʃən] n clasificación f.

classified ['klæsɪfaɪd] adj (information) secreto,-a; Press **c. advertisements**, anuncios mpl por palabras.

classify ['klæsɪfaɪ] vtr (pt & pp **classified**) clasificar.

classless ['klɑ:slɪs] adj sin clases.

classmate ['klɑ:smeɪt] n compañero,-a m,f de clase.

classroom ['klɑ:sru:m] n aula f, clase f.

classy ['klɑ:sɪ] adj (classier, classiest) sl con clase, elegante.

clatter ['klætəʳ] I vi (pots etc) hacer ruido; (things falling) hacer estrépito; (machinery) traquetear; (hoofs) chacolotear. II n (of pots etc) ruido m; (of things falling) estrépito m; (of machinery) traqueteo m; (of hoofs) chacoloteo m.

clause [klɔ:z] *n Ling Jur* cláusula *f.*

claustrophobia [klɔ:strə'fəʊbɪə] *n* claustrofobia *f.*

claustrophobic [klɔ:strə'fəʊbɪk] *adj (person)* que padece claustrofobia; *(situation)* claustrofóbico,-a, que produce claustrofobia.

clavicle ['klævɪkəl] *n Anat* clavícula *f.*

claw [klɔ:] **I** *n* 1 *Zool (of bird, lion)* garra *f; (of cat)* uña *f; (of crab)* pinza *f.* 2 **c. hammer,** martillo *m* de orejas. **II** *vtr* agarrar, arañar; *(tear)* desgarrar. ◆**claw at** *vtr* agarrar, arañar. ◆**claw back** *vtr (money)* lograr recuperar.

clay [kleɪ] *n* arcilla *f.* ■ **c. pigeon,** plato *m*; **c. pigeon shooting,** tiro *m* al plato.

clean [kli:n] **I** *adj* 1 *(not dirty)* limpio,-a. 2 *(unmarked, pure)* correcto,-a, sin defecto; **a c. copy,** una copia en limpio; **they gave him a c. bill of health,** lo declararon en perfecto estado de salud; **to have a c. record,** no tener antecedentes penales; **to have a c. (driving) licence,** no haber cometido infracciones (de tráfico). 3 *(shape)* limpio,-a; **a c. cut,** un corte limpio; **the building has c. lines,** el edificio tiene unas líneas bien definidas. 4 *(not obscene)* decente; **keep it c.!,** ¡nada de groserías! 5 *fig* **to make a c. breast of it,** contarlo todo; **to make a c. sweep of it,** arrasar. **II** *adv* 1 limpiamente; *Sport* **to play c.,** jugar limpio; *fam* **to come c.,** confesarlo todo. 2 *fam* por completo; **it went c. through the middle,** pasó justo por el medio; **they got c. away,** desaparecieron por completo. **III** *vtr (room)* limpiar; **to c. one's teeth,** lavarse los dientes. **IV** *n* limpieza *f*; **to give sth a c.,** limpiar algo. ◆**clean out** *vtr* 1 *(room)* limpiar a fondo. 2 *sl (leave broke)* dejar limpio,-a *or* sin blanca. ◆**clean up** *vtr & vi* limpiar.

clean-cut ['kli:nkʌt] *adj* 1 *(person)* limpio,-a, pulcro,-a. 2 *(decision)* claro,-a, bien definido,-a.

cleaner ['kli:nə'] *n (person)* encargado,-a *m,f* de la limpieza; *fam fig* **to take sb to the c.'s,** dejar limpio,-a *or* sin blanca a algn. ■ **c.'s (shop),** tintorería *f.*

cleaning ['kli:nɪŋ] *n* limpieza *f.* ■ **c. lady,** asistenta *f,* mujer *f* de la limpieza.

cleanliness ['klenlɪnɪs] *n* limpieza *f.*

cleanse [klenz] *vtr* limpiar.

clean-shaven [kli:n'ʃeɪvən] *adj (man)* sin barba ni bigote.

cleansing ['klenzɪŋ] *n* limpieza *f.* ■ **c. lotion,** leche *f* limpiadora.

clear [klɪə'] **I** *adj* 1 *(image, handwriting, instruction)* claro,-a; *(road, view, day)* despejado,-a; **c. conscience,** conciencia *f* limpia; *Culin* **c. soup,** consomé *m.* 2 *(obvious, certain)* claro,-a; **have I made myself c.?,** ¿me explico (con claridad)?; **it's c. to me that ...,** me parece evidente que ...; **to make sth c.,** aclarar algo; *fam* **I'm not very c. about it,** no me aclaro. 3 *(complete, definite)* neto,-a, absoluto,-a; **c. majority,** mayoría absoluta; **c. profit,** beneficio *m* neto; **he earns a c.** £150 **a week,** gana 150 libras semanales limpias; **three c. days,** tres días completos. 4 *(free)* libre; **c. of,** libre de; **when the coast is c.,** cuando el campo esté libre. **II** *adv* 1 claramente; *fig* **loud and c.,** claramente. 2 *(away)* **stand c.!,** ¡apártese!; **to keep** *or* **stay c. of,** evitar, apartarse de. **III** *n* **in the c.,** *(from danger)* fuera de peligro; *(from suspicion)* fuera de toda sospecha. **IV** *vtr* 1 *(snow)* limpiar; *(room)* vaciar; *(pipe)* desatascar; *Com (stock, debt)* liquidar; **to c. one's throat,** aclararse la garganta; **to c. the table,** quitar la mesa; **to c. the way,** abrir (el) camino; *fig* **to c. the air,** aclarar las cosas. 2 *(authorize)* autorizar; **c. it with the boss,**

pregúntaselo al jefe. 3 *(pass)* pasar por encima de; *Sport (hurdle)* salvar, saltar sin tocar; **to c. customs,** pasar por la aduana. 4 *Jur* descargar; **to c. sb of a charge,** exculpar a algn de un delito. **V** *vi (weather, sky)* despejarse. ◆**clear away** *vtr (dishes etc)* quitar. ◆**clear off I** *vtr (debts)* liquidar. **II** *vi fam* largarse; **c. off!,** ¡largo!, ¡fuera de aquí!! ◆**clear out I** *vtr (room)* limpiar a fondo; *(cupboard)* vaciar; *(old clothes)* tirar. **II** *vi fam* largarse. ◆**clear up I** *vtr* 1 *(tidy)* recoger; *(arrange)* ordenar, poner en orden. 2 *(mystery)* resolver; *(misunderstanding)* aclarar. **II** *vi* 1 *(tidy up)* recoger. 2 *(weather)* despejarse; *(illness, problem)* desaparecer. ◆**clearly** *adv* 1 claramente, con claridad; *fig* **to see c.,** entender bien. 2 *(at start of sentence)* evidentemente.

clearance ['klɪərəns] *n* 1 *(of area)* despeje *m.* ■ *Com* **c. sale,** liquidación *f* (de existencias). 2 *(space)* espacio *m* libre. 3 *(authorization)* autorización *f.*

clear-cut [klɪə'kʌt] *adj* claro,-a, bien definido,-a.

clear-headed [klɪə'hedɪd] *adj* lúcido,-a, perspicaz.

clearing ['klɪərɪŋ] *n* 1 *(in wood)* claro *m.* 2 *(of rubbish)* limpieza *f; (of pipe)* desatasco *m.* 3 *Fin (of cheque)* compensación *f.*

clearness ['klɪənɪs] *n* claridad *f.*

clear-sighted [klɪə'saɪtɪd] *adj fig* clarividente, perspicaz.

clearway ['klɪəweɪ] *n GB Aut* carretera *f* donde está prohibido parar.

cleavage ['kli:vɪdʒ] *n* 1 *fam (in dress)* escote *m.* 2 *(split)* división *f.*

cleave¹ [kli:v] *vtr (pt* cleft, cleaved *or* clove; *pp* cleft, cleaved *or* cloven) dividir, partir (por la mitad).

cleave² [kli:v] *vi (cling)* adherirse (**to,** a).

cleaver ['kli:və'] *n* cuchillo *f* de carnicero.

clef [klef] *n Mus* clave *f*; **bass/treble c.,** clave de fa/ de sol.

cleft [kleft] **I** *pt & pp see* **cleave¹.** **II** *n* hendidura *f,* grieta *f.* ■ *Med* **c. palate,** fisura *f* del paladar.

clematis ['klemətɪs] *n Bot* clemátide *f.*

clemency ['klemənsɪ] *n* clemencia *f*; **to appeal for c.,** pedir clemencia.

clementine ['kleməntaɪn] *n* clementina *f.*

clench [klentʃ] *vtr (teeth, fist)* apretar; **with clenched fist,** con el puño cerrado.

clergy ['klɜ:dʒɪ] *n Rel* clero *m.*

clergyman ['klɜ:dʒɪmən] *n (pl* clergymen) *Rel* clérigo *m.*

cleric ['klerɪk] *n Rel* eclesiástico *m.*

clerical ['klerɪkəl] *adj* 1 *Rel* clerical, eclesiástico,-a. ■ **c. collar,** alzacuello *m.* 2 *Admin* de oficina. ■ **c. staff,** oficinistas *mfpl.*

clerk [klɑ:k, *US* klɜ:rk] *n* 1 *(office worker)* oficinista *mf; Admin* funcionario,-a *m,f.* ■ **bank c.,** empleado,-a *m,f* de banco; *Jur* **c. of the court,** secretario,-a *m,f* de juzgado; *Constr* **c. of the works,** maestro *m* de obras. 2 *US Com* dependiente,-a *m,f,* vendedor,-a *m,f.*

clever ['klevə'] *adj* 1 *(person)* inteligente, listo,-a, espabilado,-a; **c. at maths,** fuerte en matemáticas; **she's c. with her hands,** tiene mucha destreza manual; **that was/wasn't very c. of you,** lo hiciste muy bien/mal; **to be c. at sth,** tener habilidad *or* aptitud para algo; *fam* **he's too c. by half,** se pasa de listo. ■ *fam* **c. Dick,** sabiondo,-a *m,f,* sabelotodo *mf.* 2 *(argument)* ingenioso,-a, astuto,-a. ◆**cleverly** *adv* con inteligencia; *(skilfully)* hábilmente.

cleverness ['klevənɪs] *n* **1** *(intelligence)* inteligencia *f*; *(skill)* habilidad *f*. **2** *(of argument)* ingenio *m*.

cliché ['kliːʃeɪ] *n* cliché *m*, lugar *m* común.

click [klɪk] **I** *n (sound)* clic *m*; *(with the tongue)* chasquido *m*. **II** *vtr (tongue)* chasquear; **to c. one's heels,** taconear. **III** *vi* **1** *(realize)* captar; **suddenly I clicked,** de pronto caí en la cuenta. **2** *fam* congeniar; **they clicked at once,** enseguida congeniaron.

clicking ['klɪkɪŋ] *n* chasquido *m*.

client ['klaɪənt] *n* cliente *mf*.

clientele [kliːɒn'tel] *n* clientela *f*.

cliff [klɪf] *n* acantilado *m*, precipicio *m*.

cliffhanger ['klɪfhæŋəʳ] *n* momento *m* de suspense.

climate ['klaɪmɪt] *n* clima *m*.

climatic [klaɪ'mætɪk] *adj* climático,-a.

climax ['klaɪmæks] *n* **1** *(peak)* clímax *m*, punto *m* culminante. **2** *(sexual)* orgasmo *m*.

climb [klaɪm] **I** *vtr* trepar a, subir a; **to c. a ladder,** subir una escalera; **to c. a mountain,** subir a una montaña; *Sport* escalar una montaña; **to c. (up) a tree,** trepar a un árbol. **II** *vi* subir, trepar; *(plants)* trepar; *Av* subir; *(sun)* ascender; *fig (socially)* ascender, subir. **III** *n* subida *f*, ascensión *f*. ◆**climb down** *vi* bajar; *fig* volverse atrás.

climber ['klaɪməʳ] *n* **1** *Sport* alpinista *mf*. **2** *Bot* enredadera *f*. **3** *fig* **social c.,** arribista *mf*.

climbing ['klaɪmɪŋ] *n Sport* montañismo *m*, alpinismo *m*. ■ **c. frame,** barras *fpl*.

clinch [klɪntʃ] **I** *vtr* resolver; **to c. a deal,** cerrar un trato; *fam* **that clinches it!,** ¡ni una palabra más!, ¡se acabó! **II** *n sl* abrazo *m* apasionado.

cling [klɪŋ] *vi (pt & pp clung) (hang on)* agarrarse; *(clothes)* ajustarse; *(smell)* pegarse; **to c. together,** unirse; *fig* **to c. to an opinion,** seguir fiel a una opinión.

clinging ['klɪŋɪŋ] *adj (child)* enmadrado,-a; *(person)* pegajoso,-a; *(clothing)* ceñido,-a, ajustado,-a.

clingy ['klɪŋɪ] *adj (clingier, clingiest)* see **clinging** .

clinic ['klɪnɪk] *n Med* **1** *(in state hospital)* ambulatorio *m*, dispensario *m*. **2** *(specialized)* clínica *f*; **dental c.,** clínica dental.

clinical ['klɪnɪkəl] *adj* **1** *Med* clínico,-a; **c. thermometer,** termómetro *m* clínico. **2** *(detached)* imparcial, frío,-a.

clink[1] [klɪŋk] **I** *vi* tintinear. **II** *vtr* **to c. glasses (with sb),** chocar copas *or* hacer chinchín (con algn). **III** *n (of keys, glasses)* tintineo *m*.

clink[2] [klɪŋk] *n sl* chirona *f*, trena *f*.

clinker ['klɪŋkəʳ] *n* escoria *f* de hulla.

clip[1] [klɪp] **I** *vtr (pt & pp clipped)* **1** *(cut)* cortar; *(sheep's wool)* esquilar; *(ticket)* picar; *fig* **to c. sb's wings,** cortar las alas a algn. **2** *fam* dar un cachete a. **II** *n* **1** *Cin (of film)* extracto *m*, escenas *fpl*. **2** *(with scissors)* tijeretada *f*. **3** *fam* cachete *m*.

clip[2] [klɪp] **I** *n (for hair)* pasador *m*, clip *m*; *(for paper)* clip *m*, sujetapapeles *m inv*; *(brooch)* alfiler *m* de pecho, clip *m*. **II** *vtr (pt & pp clipped)* sujetar (con un clip).

clip-on ['klɪpɒn] *adj (earrings etc)* de clip.

clipped [klɪpt] *adj fig (speech)* entrecortado,-a.

clipper ['klɪpəʳ] *n Naut* clíper *m*.

clippers ['klɪpəz] *npl (for hair)* maquinilla *f* para cortar el pelo; *(for nails)* cortaúñas *m inv*; *(for hedge)* tijeras *fpl* de podar.

clipping ['klɪpɪŋ] *n* recorte *m*.

clique [kliːk, klɪk] *n pej* camarilla *f*.

cliqu(e)y ['kliːkɪ] *adj*, **cliquish** ['kliːkɪʃ] *adj pej* exclusivista.

clitoris ['klɪtərɪs] *n Anat* clitoris *m*.

cloak [kləʊk] **I** *n (garment)* capa *f*; *fig* pretexto *m*; **under the c. of,** so capa de. **II** *vtr* encubrir; **to c. in secrecy,** rodear de secreto.

cloak-and-dagger [kləʊkən'dægəʳ] *adj (gen)* clandestino,-a; *(films, books)* de capa y espada, de espías.

cloakroom ['kləʊkruːm] *n* guardarropa *m*; *euph (toilets)* servicios *mpl*.

clobber[1] ['klɒbəʳ] *vtr fam* **to c. sb,** dar una paliza a algn.

clobber[2] ['klɒbəʳ] *n GB sl* trastos *mpl*, cachivaches *mpl*.

clock [klɒk] **I** *n* reloj *m*; **it's five o'c.,** son las cinco; **to put the c. forward/back,** adelantar/atrasar el reloj; *fig* **to work round the c.,** trabajar día y noche. ■ **alarm c.,** despertador *m*; **grandfather c.,** reloj *m* de pie. **II** *vtr (race)* cronometrar. ◆**clock in, clock on** *vi* fichar, llegar al trabajo. ◆**clock off, clock out** *vi* fichar a la salida. ◆**clock up** *vtr (mileage)* hacer.

clock-watcher ['klɒkwɒtʃəʳ] *n fam* empleado,-a *m,f* que sólo piensa en salir del trabajo.

clockwise ['klɒkwaɪz] *adj & adv* en el sentido de las agujas del reloj.

clockwork ['klɒkwɜːk] *n* mecanismo *m*; *fig* **to go like c.,** ir sobre ruedas. ■ **c. toy,** juguete *m* de cuerda.

clod [klɒd] *n* terrón *m*.

clodhoppers ['klɒdhɒpəz] *npl fam* zapatones *mpl*.

clog [klɒg] **I** *vtr (pt & pp clogged)* obstruir; *(pipe)* atascar; **to get clogged up,** atascarse. **II** *vi* **to c. (up),** obstruirse, atascarse. **III** *n (footwear)* zueco *m*.

cloister ['klɔɪstəʳ] *n* claustro *m*.

close[1] [kləʊs] **I** *adj* **1** *(in space, time)* cercano,-a; *(print, weave)* compacto,-a; *(encounter)* cara a cara; *(contact)* directo,-a; **c. to,** cerca de; **c. together,** juntos; *fig* **at c. quarters,** de cerca; *fig* **we had a c. shave,** nos libramos de un pelos. **2** *(of relationships)* cercano,-a; **c. friends,** amigos íntimos; **c. relative,** pariente cercano; **they're very c.,** están muy unidos *or* muy compenetrados. **3** *(careful) (inspection, examination)* detallado,-a; *(watch)* atento,-a; *(translation)* fiel, exacto,-a; **to pay c. attention,** prestar mucha atención. **4** *(resemblance)* muy parecido,-a; *(contest, match, finish)* reñido,-a. **5** *(room, air)* cargado,-a; *(weather)* sofocante, bochornoso,-a. **6** *(secretive)* reservado,-a; **she's very c.,** es muy reservada; **to be c. about sth,** ser reacio a hablar de algo. **7** *(mean)* tacaño,-a. **8** *(hunting)* **c. season,** veda *f*. **II** *adv (nearby)* **they live c. by** *or* **c. at hand,** viven cerca; **to come closer together,** acercarse; **to follow c. behind sb,** seguir a algn de cerca; **to stand c. together,** estar apretados,-as; *fig* **to be c. on forty,** andar rondando los cuarenta. ◆**closely** *adv* **1** *(tightly, extremely)* estrechamente, muy; **c. connected,** estrechamente relacionado,-a; *(election, match)* **c. contested,** muy reñido,-a; *(people)* **they are c. related,** son parientes próximos; **they c. resemble each other,** se parecen muchísimo. **2** *(attentively)* con atención; **to follow (events) c.,** seguir *or* observar de cerca (los acontecimientos); **to watch/listen c.,** observar/escuchar atentamente.

close[2] [kləʊz] **I** *vtr* **1** *(shut)* cerrar; *Com* **closing time,** hora *f* del cierre (del comercio); *Aut* **'road closed to traffic',** 'carretera cerrada al tráfico'; *Mil* **to c. ranks,** cerrar filas; *fig* **to c. one's eyes to sth,** cerrar los ojos a algo. 2 *(end)* concluir, terminar, cerrar; *(meeting)* levantar; **the closing lines of the play,** el final de la obra. 3 *Fin Com* cerrar; **to c. a deal,** cerrar un trato; **to c. an account,** cerrar *or* liquidar una cuenta. II *vi* 1 *(shut)* cerrar, cerrarse. 2 *(end)* concluirse, terminarse. III *n* fin *m,* final *m,* conclusión *f;* **to bring to a c.,** concluir, terminar; **to draw to a c.,** tocar a su fin. ◆**close down I** *vtr (business)* cerrar. II *vi (business)* cerrar; *Rad TV (broadcast)* cerrar. ◆**close in** *vi* 1 *(days)* acortarse; *(night)* caer. 2 **to c. in on sb,** rodear a algn. ◆**close up I** *vtr (business)* cerrar del todo. II *vi* cerrarse; *(wound)* cicatrizar; *Mil (ranks)* apretarse.

closed [kləʊzd] *adj* cerrado,-a; *fig* **a c. book,** un tema que se desconoce. ■ **c. circuit television,** televisión *f* por circuito cerrado; *Ind* **c. shop,** empresa *f* que emplea solamente a miembros de un sindicato.

close-down ['kləʊzdaʊn] *n* cierre *m.*

close-fitting [kləʊs'fɪtɪŋ] *adj (garment)* ajustado,-a, ceñido,-a.

close-knit [kləʊs'nɪt] *adj fig* unido,-a.

closeness ['kləʊsnɪs] *n* 1 *(nearness)* proximidad *f; (of connection, relationship)* intimidad *f; (of translation)* fidelidad *f.* 2 *(of weather)* falta *f* de aire.

close-set [kləʊs'set] *adj* **c.-s. eyes,** ojos *mpl* muy juntos.

closet ['klɒzɪt] **I** *n US* armario *m.* **II** *vtr fig* **to be closeted with sb,** estar encerrado,-a con algn; **to c. oneself,** recluirse.

close-up ['kləʊsʌp] *n Phot* primer plano *m; fig* retrato *m.*

closing ['kləʊzɪŋ] *n* cierre *m; Com* **early c. day,** día *m* de cierre temprano. ■ *Fin* **c. price,** precio *m* al cierre; **c. time,** hora *f* de cerrar.

closure ['kləʊʒəʳ] *n* cierre *m.*

clot [klɒt] **I** *n* 1 *(of blood)* coágulo *m; Med* **c. on the brain,** embolia *f* cerebral. 2 *GB fam* tonto,-a *m,f,* bobo,-a *m,f.* **II** *vi (pt & pp clotted)* coagularse, cuajar; *Culin* **clotted cream,** nata *f* cuajada.

cloth [klɒθ] *n (pl cloths* [klɒθs, klɒðz]*) (gen)* tela *f,* paño *m; (rag)* trapo *m; (tablecloth)* mantel *m.* ■ *Print* **c. binding,** encuadernación *f* en tela.

clothe [kləʊð] *vtr (pt & pp clothed or clad)* vestir **(in, with,** de); *fig* revestir, cubrir **(in, with,** de).

clothes [kləʊðz] *npl* ropa *f sing,* vestidos *mpl;* **in plain c.,** de paisano; **to put on/take off one's c.,** ponerse/quitarse la ropa; **with one's c. on/off,** vestido,-a/desnudo,-a. ■ **c. brush,** cepillo *m* de la ropa; **c. hanger,** percha *f,* colgador *m;* **c. horse,** tendedero *m* plegable; **c. line,** tendedero *m;* **c. peg,** pinza *f.*

clothing ['kləʊðɪŋ] *n* ropa *f;* **article of c.,** prenda *f* de vestir; **the c. industry,** la industria de la confección.

cloud [klaʊd] **I** *n* nube *f; fig* **a c. of insects,** una nube de insectos; *fig* **to be under a c.,** estar bajo sospecha; *fam* **to be on c. nine,** estar en el séptimo cielo; *prov* **every c. has a silver lining,** no hay mal que por bien no venga. **II** *vtr* nublar, anublar; **eyes clouded with tears,** ojos nublados *or* empañados de lágrimas; *fig* **to c. the issue,** complicar el asunto. **III** *vi (sky)* **to c. over,** nublarse.

cloudburst ['klaʊdbɜːst] *n Meteor* chaparrón *m.*

cloudiness ['klaʊdɪnɪs] *n* nubosidad *f.*

cloudy ['klaʊdɪ] *adj (cloudier, cloudiest)* 1 *(sky)* nublado,-a. 2 *(liquid)* turbio,-a.

clout [klaʊt] *fam* **I** *n* 1 *(blow)* tortazo *m.* 2 *(influence)* influencia *f,* fuerza *f.* **II** *vtr* dar *or* arrear un tortazo a.

clove[1] [kləʊv] *n Bot Culin (spice)* clavo *m.*

clove[2] [kləʊv] *n Culin (of garlic)* diente *f.*

clove[3] [kləʊv] *pt see* cleave[1].

cloven ['kləʊvən] **I** *pp see* cleave[1]. **II** *adj* **c. hoof,** pezuña *f* hendida.

clover ['kləʊvəʳ] *n Bot* trébol *m; fam* **to be in c.,** vivir como un rey.

cloverleaf ['kləʊvəliːf] *n (pl cloverleaves* ['kləʊvəliːvz]*) Bot* hoja *f* de trébol.

clown [klaʊn] **I** *n* payaso *m.* **II** *vi* **to c. (about** *or* **around),** hacer el payaso.

clowning ['klaʊnɪŋ] *n* payasadas *fpl.*

cloy [klɔɪ] *vi* empalagar.

club [klʌb] **I** *n* 1 *(society)* club *m,* círculo *m;* **sports c.,** club deportivo; **youth c.,** club juvenil; *fam* **join the c.!,** ¡ya somos dos! 2 *(heavy stick)* garrote *m,* porra *f; Golf* palo *m.* ■ *Med* **c. foot,** pie *m* zopo. 3 *Cards (English pack)* trébol *m; (Spanish pack)* bastos *mpl.* 4 *Culin* **c. sandwich,** sandwich *m* doble. **II** *vtr (pt & pp clubbed)* aporrear, dar *or* pegar garrotazos a. **III** *vi* **to c. together,** pagar entre varios.

clubhouse ['klʌbhaʊs] *n Sport* sede *f* de un club.

cluck [klʌk] **I** *n* cloqueo *m.* **II** *vi* cloquear.

clue [kluː] *n (sign)* indicio *m; (to mystery)* pista *f; (in crossword)* clave *f; fam* **I haven't a c.,** no tengo (ni) idea, no tengo la menor idea; *pej* **he hasn't a c.,** es muy despistado, no se entera. ◆**clue up** *vtr fam* poner al tanto; **to be clued up,** estar al tanto.

clueless ['kluːlɪs] *adj* despistado,-a, que no se entera de nada.

clump [klʌmp] **I** *n* 1 *(of trees)* grupo *m; (of plants)* mata *f,* macizo *m.* 2 *(noise)* ruido *m* de pisadas. **II** *vi* andar ruidosamente.

clumsiness ['klʌmsɪnɪs] *n* desmaña *f,* torpeza *f.*

clumsy ['klʌmzɪ] *adj (clumsier, clumsiest)* desmañado,-a, torpe; *(awkward)* tosco,-a, basto,-a.

clung [klʌŋ] *pt & pp see* cling.

cluster ['klʌstəʳ] **I** *n (of trees, stars)* grupo *m; (of grapes)* racimo *m; (of plants)* macizo *m; (of flowers)* ramillete *m.* **II** *vi* agruparse **(round,** en torno a).

clutch [klʌtʃ] **I** *vtr (bag)* agarrar; *(child, doll)* estrechar; **to c. at,** echar mano a, tratar de agarrar; *fig* **to c. at straws,** aferrarse a cualquier cosa. **II** *n* 1 *Aut* embrague *m;* **to let in/out the c.,** embragar/desembragar. 2 *(hold)* agarrón *m; fig* **to fall into sb's clutches,** caer en las garras de algn.

clutter ['klʌtəʳ] **I** *vtr* **to c. (up),** llenar, atestar; **cluttered up with books,** atestado,-a de libros. **II** *n* desorden *m,* revoltijo *m;* **in a c.,** desordenado,-a, revuelto,-a.

cm *abbr of* **centimetre(s),** centímetro(s), cm.

CND [siːen'diː] *GB abbr of* **Campaign for Nuclear Disarmament,** campaña *f* para el desarme nuclear.

CO [siː'əʊ] *Mil abbr of* **Commanding Officer,** Comandante *m,* Cte.

Co 1 *Com abbr of* **Company,** Compañía *f,* C., Cª, Cía. 2 *abbr of* **County,** condado *m.*

co- [kəʊ] *pref* **c.-author,** coautor,-a *m,f;* **co-driver,** copiloto *mf;* **copilot,** copiloto *m.*

c/o [siː'əʊ] *abbr of* **care of,** en casa de, c/d.

coach [kəʊtʃ] **I** *n* 1 *Aut* autocar *m; (carriage)* carruaje *m.* ■ **c. tour,** excursión *f* en autocar. 2 *Rail* coche *m,* vagón *m.* 3 *Sport* entrenador,-a *m,f; Educ* *(tutor)* profesor,-a *m,f* particular. II *vtr Sport* entrenar; *Educ* dar clases particulares a, preparar.

coach-builder ['kəʊtʃbɪldəʳ] *n* carrocero,-a *m,f*.

coachwork ['kəʊtʃwɜːk] *n* carrocería *f*.

coagulant [kəʊ'ægjʊlənt] *n Med* coagulante *m*.

coagulate [kəʊ'ægjʊleɪt] I *vtr* coagular. II *vi* coagularse.

coagulation [kəʊægjʊ'leɪʃən] *n* coagulación *f*.

coal [kəʊl] *n Min* carbón *m*, hulla *f*; *fig* **to carry coals to Newcastle,** llevar leña al monte; *fig* **to haul sb over the coals,** echar un rapapolvo a algn. ■ **c. bunker,** carbonera *f*; **c. gas,** gas *m* de hulla; **c. merchant,** carbonero *m*; **c. mine,** mina *f* de carbón; **c. mining,** explotación *f* hullera; **c. scuttle,** cubo *m* para el carbón; **c. tar,** alquitrán *m* de hulla.

coalesce [kəʊə'les] *vi* fundirse; *(unite)* unirse.

coalfield ['kəʊlfiːld] *n Min* yacimiento *m* de carbón.

coalition [kəʊə'lɪʃən] *n Pol* coalición *f*.

coarse [kɔːs] *adj* 1 *(material)* basto,-a, tosco,-a; *(skin)* áspero,-a; *(salt)* grueso,-a. 2 *(language)* grosero,-a, ordinario,-a.

coarse-grained ['kɔːsgreɪnd] *adj* de grano grueso.

coarseness ['kɔːsnɪs] *n (gen)* tosquedad *f*; *(of manner)* grosería *f*, ordinariez *f*.

coast [kəʊst] I *n* costa *f*, litoral *m*; *fam fig* **the c. is clear,** no hay moros en la costa. II *vi Aut* ir en punto muerto; *(on bicycle)* deslizarse sin pedalear.

coastal ['kəʊstəl] *adj* costero,-a.

coaster ['kəʊstəʳ] *n* 1 *GB Naut* barco *m* de cabotaje. 2 *(mat)* salvamanteles *m inv*.

coastguard ['kəʊstgɑːd] *n* guardacostas *m inv*.

coastline ['kəʊstlaɪn] *n* litoral *m*, costa *f*.

coat [kəʊt] I *n* 1 *(overcoat)* abrigo *m*; *(short)* chaquetón *m*. ■ **c. hanger,** percha *f*. 2 *(of animal)* pelo *m*, pelaje *m*. 3 *(of paint)* mano *f*, capa *f*. 4 *Herald* **c. of arms,** escudo *m* de armas. II *vtr* cubrir **(with,** de); *(with liquid)* bañar **(with,** en); *Culin (with egg, flour)* rebozar **(with,** con).

coating ['kəʊtɪŋ] *n* capa *f*, baño *m*.

coax [kəʊks] *vtr* engatusar; **to c. sb into doing sth,** engatusar a algn para que haga algo; **to c. sth out of sb,** sonsacar algo a algn.

coaxing ['kəʊksɪŋ] *n* zalamerías *fpl*, halagos *mpl*.

cob [kɒb] *n* mazorca *f*.

cobalt ['kəʊbɔːlt] *n Chem* cobalto *m*. ■ **c. blue,** azul *m* cobalto.

cobble ['kɒbəl] *n* adoquín *m*.

cobbled ['kɒbəld] *adj* adoquinado,-a.

cobbler ['kɒbləʳ] *n* zapatero *m*.

cobblers ['kɒbləz] *npl GB sl vulg (balls)* huevos *mpl*; **a load of old c.,** *(nonsense)* chorradas *fpl*, gilipolleces *fpl*; *(film etc)* una birria, un asco.

cobra ['kəʊbrə] *n Zool* cobra *f*.

cobweb ['kɒbweb] *n* telaraña *f*.

cocaine [kə'keɪn] *n* cocaína *f*.

cock [kɒk] I *n* 1 *Orn* gallo *m*; *(male bird)* macho *m*; **c. sparrow,** gorrión *m* macho; *fig* **c. and bull story,** cuento *m* chino. 2 *(on gun)* percutor *m*, percusor *m*. 3 *sl vulg (penis)* polla *f*. II *vtr (gun)* amartillar; *(ears)* erguir; *fam* **to c. a snook at sb,** burlarse de algn. ◆**cock up** *vtr GB sl* chapucear.

cockade [kɒ'keɪd] *n Mil* escarapela *f*.

cock-a-doodle-doo [kɒkəduːdəl'duː] *interj* quiquiriquí.

cock-a-hoop [kɒkə'huːp] *adj fam* contento,-a como unas pascuas.

cock-a-leekie [kɒkə'liːkɪ] *n Scot Culin* sopa *f* de pollo y puerros.

cockatoo [kɒkə'tuː, 'kɒkətuː] *n Orn* cacatúa *f*.

cockcrow ['kɒkkrəʊ] *n* canto *m* del gallo; **at c.,** al amanecer.

cocked [kɒkt] *adj (hat)* de tres picos; *sl* **to knock sb into a c. hat,** dar cien vueltas a algn.

cocker ['kɒkəʳ] *n Zool* **c. spaniel,** cocker *m*.

cockerel ['kɒkərəl] *n Orn* gallo *m* joven.

cockeyed ['kɒkaɪd] *adj fam (lopsided)* torcido,-a; *(scheme)* disparatado,-a.

cockle ['kɒkəl] *n* berberecho *m*; *fig* **it warmed the cockles of my heart,** me llenó de alegría.

cockney ['kɒknɪ] I *adj* del East End londinense. II *n* persona *f* del East End londinense.

cockpit ['kɒkpɪt] *n* cabina *f* del piloto, carlinga *f*.

cockroach ['kɒkrəʊtʃ] *n Ent* cucaracha *f*.

cockscomb ['kɒkskəʊm] *n* cresta *f* de gallo.

cocksure [kɒk'ʃʊəʳ] *adj* presumido,-a, creído,-a.

cocktail ['kɒkteɪl] *n* 1 *Culin* cóctel *m*. ■ **c. lounge,** bar *m*; **c. party,** cóctel *m*, aperitivo *m*; **fruit c.,** macedonia *f* de frutas; **prawn c.,** cóctel *m* de gambas. 2 **Molotov c.,** cóctel *m* Molotov.

cockup ['kɒkʌp] *n GB sl* chapuza *f*, chapucería *f*.

cocky ['kɒkɪ] *adj (cockier, cockiest) fam* creído,-a.

cocoa ['kəʊkəʊ] *n* cacao *m*. ■ **c. butter,** manteca *f* de cacao.

coconut ['kəʊkənʌt] *n* 1 *(fruit)* coco *m*. ■ *Bot* **c. palm,** cocotero *m*. 2 *(fibre)* fibra *f* de coco. ■ **c. matting,** estera *f* de fibra de coco.

cocoon [kə'kuːn] *n Ent* capullo *m*.

COD [siːəʊ'diː] *GB abbr of* **cash on delivery,** *US* **collect (payment) on delivery,** pagar contra reembolso, cóbrese a la entrega, CAE.

cod [kɒd] *n (pl cod or cods) (fish)* bacalao *m*. ■ **c. liver oil,** aceite *m* de hígado de bacalao; **salt c.,** bacalao *m* seco.

coddle ['kɒdəl] *vtr* 1 *(child)* mimar. 2 *Culin (eggs)* escaldar.

code [kəʊd] I *n* 1 *(gen)* código *m*; **c. of conduct,** ética *f* profesional; *Aut* **highway c.,** código *m* de la circulación. 2 *(symbol)* clave *f*; **Morse c.,** alfabeto *m* Morse; **secret c.,** clave secreta; **to break a c.,** descifrar una clave. 3 *Tel* **c. (number),** *US* **area c. (number),** prefijo *m*; **postal c.,** código *m* postal. II *vtr (message)* cifrar, poner en clave.

codfish ['kɒdfɪʃ] *n (fish)* bacalao *m*.

codify ['kəʊdɪfaɪ] *vtr (pt & pp codified)* codificar.

codswallop ['kɒdzwɒləp] *n GB sl* chorradas *fpl*, estupideces *fpl*.

co-ed [kəʊ'ed] *fam* I *adj* mixto,-a. II *n* colegio *m* mixto.

coeducation [kəʊedjʊ'keɪʃən] *n* enseñanza *f* mixta.

coeducational [kəʊedjʊ'keɪʃənəl] *adj* mixto,-a.

coefficient [kəʊɪ'fɪʃənt] *n Math* coeficiente *m*.

coerce [kəʊ'ɜːs] *vtr* coaccionar; **to c. sb into doing sth,** coaccionar a algn a que haga algo.

coercion [kəʊ'ɜːʃən] *n* coacción *f*.

coercive [kəʊ'ɜːsɪv] *adj* coercitivo,-a.

coexist [kəʊɪg'zɪst] *vi* coexistir.

coexistence [kəʊɪg'zɪstəns] *n* coexistencia *f*.

C of E [siːəv'iː] *Rel abbr of* **Church of England,** Iglesia *f* Anglicana.

coffee ['kɒfɪ] n café m. ■ **black c.**, café m solo; **c. bar**, cafetería f, snack bar m; **c. break**, descanso m; **c. cup**, taza f para café; **c. grinder**, **c. mill**, molinillo m de café; **c. shop**, cafetería f, café m; **c. table**, mesita f de café; **high roast c.**, café m torrefacto; **instant c.**, café m instantáneo; **white c.**, café m con leche.

coffeepot ['kɒfɪpɒt] n cafetera f.

coffer ['kɒfəʳ] n arca f, caja f de caudales.

coffin ['kɒfɪn] n ataúd m.

cog [kɒg] n Tech diente m; fig **to be just a c. in the machine**, no ser más que una pieza del mecanismo.

cogent ['kəʊdʒənt] adj lógico,-a, válido,-a.

cognac ['kɒnjæk] n coñac m.

cogwheel ['kɒgwiːl] n Tech rueda f dentada.

cohabit [kəʊ'hæbɪt] vi cohabitar.

cohabitation [kəʊhæbɪ'teɪʃən] n cohabitación f.

cohere [kəʊ'hɪəʳ] vi adherirse; fig ser coherente, concordar.

coherent [kəʊ'hɪərənt] adj coherente, lógico,-a.

cohesion [kəʊ'hiːʒən] n cohesión f.

cohesive [kəʊ'hiːsɪv] adj adherente, cohesivo,-a.

coil [kɔɪl] I vtr **to c. (up)**, enrollar. II vi (snake) enroscarse; **to c. up**, hacerse un ovillo. III n 1 (loop) vuelta f; (of rope) rollo m; (of hair) rizo m; (of smoke) espiral f. ■ **c. spring**, muelle m en espiral. 2 Med (contraceptive) espiral f. 3 Elec carrete m, bobina f.

coin [kɔɪn] I n moneda f; **to toss a c.**, echar a cara o cruz. II vtr 1 (money) acuñar. 2 (invent) (word) crear; fig **to c. a phrase**, por así decirlo or como se suele decir.

coinage ['kɔɪnɪdʒ] n moneda f, sistema m monetario.

coincide [kəʊɪn'saɪd] vi coincidir (**with**, con).

coincidence [kəʊ'ɪnsɪdəns] n coincidencia f.

coincidental [kəʊɪnsɪ'dentəl] adj casual. ◆**coincidentally** adv por casualidad or coincidencia, casualmente.

coin-op ['kɔɪnɒp] n fam lavandería f automática.

coitus ['kɔʊɪtəs] n coito m.

Coke® [kəʊk] n (abbr of **Coca-Cola**®) fam coca f.

coke[1] [kəʊk] n (coal) coque m.

coke[2] [kəʊk] n (abbr of cocaine) sl coca f.

col 1 abbr of **colour**, color m. 2 abbr of **column**, columna f, col.

Col Mil abbr of **Colonel**, Coronel m, Cnel.

colander ['kʌləndəʳ] n colador m.

cold [kəʊld] I adj 1 (gen) frío,-a; **I'm c.**, tengo frío; **it's c.**, (weather) hace frío; (thing) está frío,-a; **to get c.**, enfriarse; fig **as c. as ice**, helado,-a; fig **to get** or **have c. feet** (about doing sth), entrarle miedo a algn (de hacer algo); fam fig **to put into c. storage**, aplazar, dejar en suspenso. ■ **c. cream**, crema f hidratante; Meteor **c. front**, frente m frío; **c. meats**, fiambres mpl; **c. war**, guerra f fría. 2 fig (unenthusiastic) indiferente; **it leaves me c.**, tanto me da igual. 3 fig (unemotional, unfriendly) frío,-a; **in c. blood**, a sangre fría; **to give sb the c. shoulder**, tratar a algn con frialdad. ■ fig **c. comfort**, poco consuelo m; Pol **c. war**, guerra f fría. 4 (unconscious) inconsciente; **to knock sb out c.**, dejar a algn inconsciente (de un golpe). II n 1 frío m; **to feel the c.**, ser friolero,-a; fig **to be left out in the c.**, quedarse al margen. 2 Med resfriado m; **to catch a c.**, coger un resfriado, resfriarse, acatarrarse; **to have a c.**, estar resfriado,-a or acatarrado,-a. ■ Med **c. sore**, herpes m.

cold-blooded [kəʊld'blʌdɪd] adj 1 (animal) de sangre fría. 2 fig (person) frío,-a, insensible; (crime) a sangre fría, premeditado,-a.

cold-hearted [kəʊld'hɑːtɪd] adj frío,-a, insensible.

coldness ['kəʊldnɪs] n frialdad f.

coleslaw ['kəʊlslɔː] n Culin ensalada f de col.

colic ['kɒlɪk] n Med cólico m.

colitis [kɒ'laɪtɪs] n Med colitis f.

collaborate [kə'læbəreɪt] vi colaborar (**with**, con).

collaboration [kəlæbə'reɪʃən] n colaboración f.

collaborator [kə'læbəreɪtəʳ] n colaborador,-a m,f; Pol colaboracionista mf.

collage [kɒ'lɑːʒ] n Art collage m.

collapse [kə'læps] I vi 1 (break down) derrumbarse; (cave in) hundirse, venirse abajo. 2 fig (currency, prices) caer en picado. 3 Med sufrir un colapso. 4 (table, tent) plegarse. II vtr (table) plegar. III n 1 (breaking down) derrumbamiento m; (caving in) hundimiento m. 2 fig (of currency, prices) caída f en picado. 3 Med colapso m.

collapsible [kə'læpsəbəl] adj plegable, desmontable.

collar ['kɒləʳ] I n (of garment) cuello m; (for dog) collar m; **detachable c.**, cuello falso; fig **blue c. worker**, obrero m industrial; fig **hot under the c.**, enfadado,-a, indignado,-a. II vtr fam pescar, agarrar.

collarbone ['kɒləbəʊn] n Anat clavícula f.

collate [kɒ'leɪt] vtr cotejar.

collateral [kɒ'lætərəl] I n Fin garantía f subsidiaria. II adj colateral.

collation [kɒ'leɪʃən] n cotejo m.

colleague ['kɒliːg] n colega mf.

collect [kə'lekt] I vtr 1 (gather) recoger; fig **to c. one's thoughts**, poner en orden sus ideas. 2 (stamps, records) coleccionar. 3 Fin (taxes etc) recaudar. II vi 1 (people) reunirse, congregarse. 2 (for charity) hacer una colecta (**for**, para). III adv US Tel **a cobro revertido**; **to call c.**, llamar a cobro revertido.

collected [kə'lektɪd] adj 1 (composed) sosegado,-a, tranquilo,-a. 2 Lit **c. works**, obras fpl completas.

collection [kə'lekʃən] n 1 (of mail) recogida f; (of money) colecta f; **to make** or **take up a c.**, hacer or efectuar una colecta. 2 (of stamps) colección f. 3 (of taxes) recaudación f. 4 (group) (of people) grupo m; (heap) montón m.

collective [kə'lektɪv] I adj (ownership, efforts) colectivo,-a. ■ Ind **c. bargaining**, negociaciones fpl colectivas; **c. farm**, (granja f) cooperativa f. II n (group) comunidad f; (business) cooperativa f.

collector [kə'lektəʳ] n 1 (of stamps etc) coleccionista mf. ■ **c.'s item**, **c.'s piece**, pieza f de coleccionista. 2 Fin **tax c.**, recaudador,-a m,f (de impuestos). 3 (on bus etc) **ticket c.**, cobrador,-a m,f.

college ['kɒlɪdʒ] n Educ (school) colegio m, escuela f; (of university) colegio mayor; **c. of further education**, escuela de formación profesional; **military c.**, escuela militar; **teachers' training c.**, escuela normal; **technical c.**, escuela de formación profesional.

collide [kə'laɪd] vi chocar, colisionar; fig estar en conflicto (**with**, con).

collie ['kɒlɪ] n Zool perro m pastor escocés, collie m.

collier ['kɒlɪəʳ] n GB Min minero m.

colliery ['kɒljərɪ] *n GB Min* mina *f* de carbón.

collision [kə'lɪʒən] *n* choque *m*, colisión *f*.

colloquial [kə'ləʊkwɪəl] *adj* coloquial, familiar.

colloquialism [kə'ləʊkwɪəlɪzəm] *n* expresión *f* coloquial.

collusion [kə'lu:ʒən] *n* colusión *f*, conspiración *f*; **to act in c. with sb,** conspirar con algn.

collywobbles ['kɒlɪwɒbəlz] *npl sl (upset stomach)* retortijones *mpl; fig* **I've got the c.,** estoy muy nervioso,-a.

Cologne [kə'ləʊn] *n* Colonia.

cologne [kə'ləʊn] *n (agua f de)* colonia *f*.

Colombia [kə'lɒmbɪə] *n* Colombia.

Colombian [kə'lɒmbɪən] *adj & n* colombiano,-a *(m,f)*.

colon[1] ['kəʊlən] *n Typ* dos puntos *mpl*.

colon[2] ['kəʊlən] *n (pl colons or cola ['kəʊlə]) Anat* colon *m*.

colonel ['kɜ:nəl] *n Mil* coronel *m*.

colonial [kə'ləʊnɪəl] **I** *adj* colonial; **c. rule,** gobierno colonial. **II** *n (person)* colono,-a *m,f*.

colonialism [kə'ləʊnɪəlɪzəm] *n* colonialismo *m*.

colonialist [kə'ləʊnɪəlɪst] *adj & n* colonialista *(mf)*.

colonist ['kɒlənɪst] *n* colonizador,-a *m,f*.

colonization [kɒlənaɪ'zeɪʃən] *n* colonización *f*.

colonize ['kɒlənaɪz] *vtr* colonizar.

colonnade [kɒlə'neɪd] *n Archit* columnata *f*.

colony ['kɒlənɪ] *n* colonia *f*.

color ['kʌlər] *n & vtr & vi US see* colour.

color-blind ['kʌləblaɪnd] *adj US see* colour-blind.

colored ['kʌləd] *adj US see* coloured.

colorful ['kʌləfʊl] *adj US see* colourful.

coloring ['kʌlərɪŋ] *n US see* colouring.

colorless ['kʌləlɪs] *adj US see* colourless.

colossal [kə'lɒsəl] *adj* colosal.

colour ['kʌlər] **I** *n* 1 *(gen)* color *m*; **in full c.,** a todo color; **to have no c.,** estar pálido,-a; **what c. is it?,** ¿de qué color es?; *fig* **to be/feel off c.,** no encontrarse/sentirse bien; *fig* **to lose c.,** palidecer; *fam* **let's see the c. of your money!,** ¡a ver, saca el dinero! ▪ **c. blindness,** daltonismo *m*; **c. film,** película *f* en color; **c. printing,** cromolitografía *f*; **c. scheme,** combinación *f* de colores; **c. television,** televisión *f* en color; *Art* **water c.,** acuarela *f*. 2 *(race)* color *m*. ▪ **c. bar,** discriminación *f* racial; **c. problem,** problema *m* del racismo. 3 **colours,** *GB Sport* colores *mpl; Mil (flag)* bandera *f sing,* enseña *f sing; Mil* **to salute the c.,** saludar la bandera; *fig* **to pass (an examination) with flying c.,** salir airoso,-a *or* victorioso,-a de un examen; *fig* **to show oneself in one's true c.,** mostrarse como uno es de verdad. **II** *vtr* colorear; **to c. sth red,** colorear algo en rojo. **III** *vi* **to c. (up),** ruborizarse.

colour-blind ['kʌləblaɪnd] *adj* daltónico,-a.

coloured ['kʌləd] **I** *n* persona *f* de color. **II** *adj* de color.

coloured ['kʌləd] *adj (photograph)* en color; **straw-c.,** de color paja.

colourful ['kʌləfʊl] *adj* 1 *(with colour)* lleno,-a de color, vistoso,-a. 2 *fig (vivid)* vivo,-a, lleno,-a de colorido; *(person)* pintoresco,-a.

colouring ['kʌlərɪŋ] *n (colour)* tinta *m*, colorido *m*; *(dye)* colorante *m*.

colourless ['kʌlələs] *adj* incoloro,-a, sin color; *fig* soso,-a; **a c. life,** una vida gris.

colt [kəʊlt] *n* potro *m*.

column ['kɒləm] *n* columna *f*. ▪ *Press* **gossip c.,** ecos *mpl* mundanos; *Anat* **spinal c.,** columna *f* vertebral.

columnist ['kɒləmnɪst] *n Press* columnista *mf*.

coma ['kəʊmə] *n Med* coma *m*; **to go into a c.,** caer en coma.

comatose ['kəʊmətəʊs] *adj* en estado comatoso.

comb [kəʊm] **I** *n* 1 peine *m*. 2 *Orn* cresta *f*. 3 *(honeycomb)* panal *m*. **II** *vtr* 1 peinar; **to c. one's hair,** peinarse. 2 *fig (area etc)* peinar, registrar a fondo.

combat ['kɒmbæt] **I** *n* combate *m*. ▪ *Mil* **c. duty,** servicio *m* de frente; **single c.,** duelo *m*. **II** *vtr (enemy, disease)* combatir. **III** *vi* combatir **(against,** contra).

combatant ['kɒmbətənt] *n* combatiente *mf*.

combination [kɒmbɪ'neɪʃən] *n (gen)* combinación *f; (of people)* asociación *f*. ▪ **c. lock,** cerradura *f* de combinación.

combine [kəm'baɪn] **I** *vtr* combinar; **to c. business with pleasure,** combinar el trabajo con la diversión. **II** *vi (gen)* combinarse; *(companies)* asociarse; *(people)* unirse; *(workers)* sindicarse. **III** ['kɒmbaɪn] *n* 1 *Com* asociación *f*. 2 *Agr* **c. harvester,** cosechadora *f*.

combined [kəm'baɪnd] *adj* combinado,-a, conjunto,-a; **c. efforts,** esfuerzos combinados; *Mil* **c. operations,** operaciones conjuntas.

combustible [kəm'bʌstəbəl] *adj* combustible.

combustion [kəm'bʌstʃən] *n* combustión *f*. ▪ **c. chamber,** cámara *f* de combustión; **c. engine,** motor *m* de combustión.

come [kʌm] *vi (pt came; pp come)* 1 *(gen)* venir; *(arrive)* llegar; **c. and see us soon,** ven a vernos pronto; **c. here,** ven aquí; **c. with me,** ven conmigo; **coming!,** ¡voy!; **he comes every day,** viene cada día; **to c. and go,** ir y venir; **who comes next?,** ¿quién va ahora?; *fig* **in years to c.,** en el futuro; *fig* **to take things as they c.,** tomarse las cosas con calma; *fig* **I could see it coming,** lo veía venir; *fam* **you had it coming to you,** te lo merecías. 2 *(travel)* venir; **she's c. a long way,** viene desde lejos; *fig* **ha progresado** mucho. 3 *(appear)* venir, aparecer; **it comes in three colours,** viene en tres colores; **that comes on page ten,** eso se encuentra en la página diez; *fig* **that comes easy to me,** eso lo encuentro fácil. 4 *(become)* **to c. apart/undone,** desatarse/soltarse. 5 *(occur, happen)* suceder; **how does the door c. to be open?,** ¿cómo es que la puerta está abierta?; **nothing good will c. of it,** acabará *or* terminará mal; **nothing much came of it,** resultó ser poca cosa; **that's what comes of being too impatient,** es lo que pasa por ser demasiado impaciente; *fam* **how c.?,** ¿cómo es eso? 6 *(become aware of)* llegar a pensar; **I came to believe that ...,** llegué a creer que ...; **now that I c. to think of it,** ahora que lo pienso. 7 *fam* **c. again?,** ¿cómo?; **c. now!, don't exaggerate,** ¡anda!, no exageres. 8 *(subjunctive use)* **c. spring,** cuando venga la primavera; *fig* **c. what may,** pase lo que pase. 9 *sl (have orgasm)* correrse. ◆**come about** *vi* ocurrir, suceder; **how did it c. about that ...?,** ¿cómo ocurrió que ...? ◆**come across I** *vtr (thing)* encontrar por casualidad; **to c. across sb,** encontrarse con algn por casualidad, tropezar con algn. **II** *vi* 1 cruzar, atravesar. 2 *fig* **to c. across well/badly,** causar buena/mala impresión. ◆**come after** *vtr & vi* seguir. ◆**come along** *vi* 1 *(arrive)* venir, llegar; **c. along!,** ¡venga!, ¡date prisa! 2 *(make progress)* ir bien, progresar. ◆**come at** *vtr (attack)* atacar. ◆**come**

away *vi (leave)* salir; *(part)* separarse, desprenderse **(from,** de)**; c. away from there!,** ¡quítate de allí! ◆**come back** *vi* 1 *(return)* volver; **to c. back to what I was saying,** volviendo a lo que decía. 2 *US (retort)* replicar **(at,** a). ◆**come before** *vtr* 1 preceder. 2 *Jur (court)* comparecer ante. ◆**come by** *vtr* adquirir, conseguir. ◆**come down** I *vtr* bajar. II *vi (gen)* bajar; *Av* aterrizar; *(rain)* caer; *(prices)* bajar; *(building)* venirse abajo, ser derribado,-a; **it comes down to the ground,** llega hasta el suelo; **to c. down with the flu,** coger la gripe; *fig* **to c. down in the world,** venir a menos; *fig* **to c. down on sb's side,** ponerse de parte de algn. ◆**come forward** *vi (advance)* avanzar; *(volunteer)* ofrecerse, presentarse. ◆**come in** *vi* 1 *(enter)* entrar; **c. in!,** ¡pase!, ¡adelante! 2 *(arrive)* *(train)* llegar; *(tide)* crecer, subir; *Athlet* **to c. in first/second,** llegar el primero/segundo; *fam fig* **where do I c. in?,** y yo ¿qué pinto? 3 *(prove to be)* resultar; **to c. in handy** *or* **useful,** venir bien, ser útil. 4 **to c. in for,** ser objeto de; **to c. in for criticism,** ser blanco de críticas. ◆**come into** *vtr* 1 *(enter)* entrar en; *Jur* **to c. into force,** entrar en vigor; *fig* **I said the first thing that came into my head,** dije lo primero que me vino a la cabeza; *fig* **to c. into the world,** venir al mundo. 2 *(inherit)* heredar. ◆**come off** I *vtr (fall from)* caerse de; **to c. off a horse,** caerse de un caballo; *fam* **c. off it!,** ¡venga ya!, ¡no te pases! II *vi* 1 *(fall)* caerse; *(stain, lid)* quitarse; *(button)* caerse, despegarse. 2 *fam (take place)* pasar, ocurrir; *(succeed)* salir bien, tener éxito; **to c. off badly,** salir mal. ◆**come on** *vi* 1 *(hurry)* darse prisa; **c. on!,** ¡venga!, ¡date prisa! 2 *(make progress)* ir bien, progresar. 3 *(actor)* entrar en escena. 4 *(rain, illness)* comenzar; **I have a cold coming on,** tengo síntomas de resfriado; **it came on to rain,** se puso a llover. ◆**come out** *vi* 1 *(gen)* salir **(of,** de), mostrarse; *(sun, book)* salir, aparecer; *(product)* estrenarse; *(facts)* revelarse. 2 *(appear) (on stage)* entrar en escena; *(in society)* presentarse en sociedad. 3 *(be removed) (stain)* quitarse; *(colour)* desteñir. 4 *(declare oneself)* declararse; **to c. out against/in favour of sth,** declararse en contra/a favor de algo; *GB Ind* **to c. out (on strike),** hacer huelga, declararse en huelga; **to c. out with a remark,** soltar un comentario. 5 *(turn out)* resultar, salir; **the photos didn't c. out very well,** las fotos no han salido muy bien; *Educ* **to c. out on top,** ser el primero (de la clase). 6 *(be covered with)* **to c. out in a rash,** salirle a uno una erupción *or* un sarpullido. ◆**come over** I *vi* venir, llegar **(from,** de); *fig* **I've c. over to your way of thinking,** me has convencido; *fig* **to c. over well/badly,** causar buena/mala impresión; *fam* **to c. over faint** *or* **funny,** marearse, sentirse indispuesto,-a. II *vtr* 1 *(hill etc)* aparecer en lo alto de. 2 *fam (feeling)* pasar; **what's c. over you?,** ¿qué te pasa? ◆**come round** I *vtr (corner)* dar la vuelta a. II *vi* 1 *(visit etc)* venir; *(festival)* volver; **c. round on Monday,** ven a verme el lunes. 2 *(regain consciousness)* volver en sí. 3 *(accept)* **to c. round to sb's way of thinking,** dejarse convencer por algn. ◆**come through** I *vtr* 1 *(cross)* atravesar, cruzar. 2 *fig (illness)* recuperarse de; *(operation, accident)* sobrevivir, salir con vida de. II *vi* 1 *(message)* llegar. 2 *fig (from illness)* recuperarse; *(from operation, accident)* sobrevivir, salir con vida. ◆**come to** I *vi (regain consciousness)* volver en sí. II *vtr* 1 **to c. to one's senses,** volver en sí; *fig* recobrar la razón. 2 *(amount to)* costar; **how much does it c. to?,** ¿cuánto es?; **the lunch came to £30,** la comida costó 30 libras en total. 3 *(arrive at, reach)* llegar a; **it came to my notice that ...,** me enteré de que ...; **it comes to the same thing,** viene a ser lo mismo; **the idea came to me that ...,** me vino a la mente que ...; **to c. to an end,** terminar, acabar; **what are things coming to?,** ¿a dónde irá a parar todo esto?; *fig* **if it comes to that,** si hace falta; *fig* **when it comes to religion,** en cuanto a la religión; *fam* **c. to that,** a propósito. ◆**come under** *vtr* 1 *Jur (person)* estar bajo la jurisdicción de. 2 *(be part of)* estar comprendido,-a en; *fig* **to c. under fire from sb,** ser criticado,-a por algn; *fig* **to c. under sb's influence,** caer bajo la influencia de algn. ◆**come up** I *vtr* subir. II *vi* 1 *(rise)* subir; *(approach)* acercarse **(to,** a); **the water came up to his knees,** el agua le llegaba hasta las rodillas. 2 *(arise) (difficulty, question)* presentarse, surgir; *(number)* salir; **something's c. up,** ha surgido algo; **to c. up with a solution,** encontrar una solución. 3 *(rise) (plants)* brotar; *(sun)* salir. 4 **to c. up to,** igualar; **to c. up to sb's expectations,** satisfacer a algn. 5 *Jur* **to c. up before the courts,** *(person)* comparecer ante el tribunal; *(case)* llegar ante el tribunal. 6 *fam (of food)* **three chips, coming up!,** ¡van tres de patatas fritas! ◆**come upon** *vtr see* **come across.**

comeback ['kʌmbæk] *n fam* 1 *(of person)* reaparición *f*; **to make a c.,** reaparecer. 2 *(answer)* réplica *f*, respuesta *f*.

comedian [kə'miːdɪən] *n* cómico *m*.

comedienne [kəmiːdɪ'en] *n* cómica *f*.

comedown ['kʌmdaʊn] *n fam* desilusión *f*, revés *m*.

comedy ['kɒmɪdɪ] *n* comedia *f*.

comer ['kʌmə'] *n* asistente *mf*; **first c.,** primero,-a *m,f* (en llegar); **open to all comers,** abierto a todos los que quieran asistir.

comet ['kɒmɪt] *n Astron* cometa *m*.

comeuppance [kʌm'ʌpəns] *n fam* merecido *m*; **to get one's c.,** llevarse su merecido.

comfort ['kʌmfət] I *n* 1 *(well-being)* comodidad *f*; **creature comforts,** comodidades *fpl*; **to live in c.,** vivir cómodamente. ■ *US* **c. station,** servicios *mpl*, aseos *mpl*. 2 *(consolation)* consuelo *m*; **to take c. in** *or* **from sth,** consolarse con algo; *fig* **cold c.,** triste consuelo. II *vtr* consolar.

comfortable ['kʌmfətəbəl] *adj (chair, clothes, etc)* cómodo,-a; *(atmosphere, temperature)* agradable; *Med (patient)* tranquilo,-a; **he doesn't feel c. with us,** no se encuentra a gusto con nosotros; **it's so c. here,** aquí se está de maravilla; **make yourself c.,** ponte cómodo,-a; *fig* **to win by a c. majority,** ganar por amplia mayoría; *fam* **c. income,** buenos ingresos. ◆**comfortably** *adv* cómodamente; *fam* **to be c. off,** vivir cómodamente.

comforter ['kʌmfətə'] *n* 1 *(person)* consolador,-a *m,f*. 2 *GB (scarf)* bufanda *f*. 3 *(dummy)* chupete *m*. 4 *US* edredón *m*.

comforting ['kʌmfətɪŋ] *adj (gen)* consolador,-a; *(news)* alentador,-a, reconfortante.

comfortless ['kʌmfətlɪs] *adj* incómodo,-a.

comfy ['kʌmfɪ] *adj (comfier, comfiest) fam* cómodo,-a.

comic ['kɒmɪk] I *adj* cómico,-a. ■ *Theat* **c. opera,** ópera *f* bufa; **c. strip,** tira *f* cómica, historieta *f*. II *n* 1 *(person)* cómico,-a *m,f*. 2 *Press* tebeo *m*.

comical ['kɒmɪkəl] *adj* cómico,-a.

coming ['kʌmɪŋ] I *adj (day, year)* próximo,-a; *(generation)* venidero,-a, futuro,-a. II *n* venida *f*, llegada *f*; **comings and goings,** idas y venidas; *fig* **c. and going,** ajetreo *m*, vaivén *m*.

comma ['kɒmə] n Ling coma f. ■ **inverted c.**, comilla f.

command [kə'mɑ:nd] I vtr (order) mandar, ordenar; Mil mandar; **to c. sb to do sth**, ordenar a algn que haga algo. 2 (respect) imponer, infundir; (sympathy) merecer; (money, resources) disponer de; **it commanded a high price**, se vendió muy caro; **to c. a view**, tener vista. II vi mandar. III n 1 (order) orden f; (authority) mando m; **to be at sb's c.**, estar a las órdenes de algn; **to have/take c. of**, tener/tomar el mando de; **under his c.**, a su mando. 2 (of language) dominio m; **she has many languages at her c.**, domina muchos idiomas. 3 (disposal) disposición f; **to have a lot of money at one's c.**, disponer de mucho dinero.

commandant ['kɒməndænt] n Mil comandante m.

commandeer [kɒmən'dɪəʳ] vtr requisar.

commander [kə'mɑ:ndəʳ] n Mil comandante m; Naut capitán m de fragata. ■ Mil **c. in chief**, comandante m en jefe.

commanding [kə'mɑ:ndɪŋ] adj dominante. ■ Mil **c. officer**, comandante m.

commandment [kə'mɑ:ndmənt] n mandamiento m.

commando [kə'mɑ:ndəʊ] n (pl commandos or commandoes) Mil comando m.

commemorate [kə'meməreɪt] vtr conmemorar.

commemoration [kəmemə'reɪʃən] n conmemoración f.

commemorative [kə'memərətɪv] adj conmemorativo,-a.

commence [kə'mens] vtr & vi fml comenzar.

commencement [kə'mensmənt] n 1 fml comienzo m. 2 US Univ ceremonia f de graduación.

commend [kə'mend] vtr 1 (praise) alabar, elogiar. 2 (entrust) encomendar. 3 (recommend) recomendar; **it has little to c. it**, poco se puede decir a su favor.

commendable [kə'mendəbəl] adj encomiable, recomendable.

commendation [kɒmen'deɪʃən] n 1 (praise) elogio m, encomio m. 2 US (award) medalla f.

commensurate [kə'menʃərɪt] adj proporcional, equiparable; **c. to** or **with**, en proporción con; **salary c. with experience**, salario según experiencia.

comment ['kɒment] I n comentario m, observación f; **no c.**, sin comentario; **to cause c.**, dar lugar a comentarios; **to make a c.**, hacer un comentario or una observación. II vi hacer comentarios; **to c. on sth**, comentar algo, hacer comentarios sobre algo.

commentary ['kɒməntərɪ] n comentario m.

commentate ['kɒmənteɪt] vi Rad TV comentar, retransmitir.

commentator ['kɒmənteɪtəʳ] n Rad TV comentarista mf.

commerce ['kɒmɜ:s] n comercio m.

commercial [kə'mɜ:ʃəl] I adj comercial, mercantil. ■ **c. art**, arte m publicitario; **c. college**, escuela f de estudios administrativos; **c. traveller**, viajante mf de comercio. II n TV spot m, anuncio m televisivo.

commercialize [kə'mɜ:ʃəlaɪz] vtr comercializar.

commie ['kɒmɪ] adj & n fam pej rojo,-a (m,f).

commiserate [kə'mɪzəreɪt] vi compadecerse (with, de).

commiseration [kəmɪzə'reɪʃən] n conmiseración f.

commissar ['kɒmɪsɑ:ʳ] n Pol comisario m.

commissariat [kɒmɪ'seərɪət] n Mil intendencia f.

commission [kə'mɪʃən] I n 1 Mil (officer's) despacho m (de oficial); **into/out of c.**, en/fuera de servicio. 2 (of enquiry) comisión f; (job) encargo m. 3 (payment) comisión f; **to sell (goods) on c.**, vender (productos) a comisión. II vtr 1 Mil nombrar. 2 (order) encargar; **to c. sb to do sth**, encargar a algn que haga algo. 3 Naut poner en servicio.

commissionaire [kəmɪʃə'neəʳ] n GB portero m, conserje m.

commissioner [kə'mɪʃənəʳ] n (official) comisario m; Jur **C. for Oaths**, ≈ notario m; **c. of police**, comisario m jefe de policía.

commit [kə'mɪt] vtr (pt & pp committed) 1 (crime) cometer; **to c. suicide**, suicidarse. 2 (dedicate, give) dedicar; **to c. oneself (to do sth)**, comprometerse a hacer algo). 3 (entrust) **to c. sth to memory**, aprenderse algo de memoria; **to c. sth to sb's care**, confiar algo a algn. 4 Jur **to c. for trial**, citar ante los tribunales; **to c. to prison**, encarcelar.

commitment [kə'mɪtmənt] n compromiso m, obligación f.

committal [kə'mɪtəl] n 1 (burial) entierro m. 2 Jur **c. to prison**, encarcelamiento m.

committed [kə'mɪtɪd] adj comprometido,-a.

committee [kə'mɪtɪ] n comisión f, comité m; **parliamentary c.**, comisión parlamentaria; **to sit on a c.**, ser miembro de una comisión or de un comité.

commode [kə'məʊd] n Furn (chair) silla f con orinal; (chest of drawers) cómoda f.

commodious [kə'məʊdɪəs] adj espacioso,-a.

commodity [kə'mɒdɪtɪ] n Com artículo m, producto m; **a basic c.**, un artículo de primera necesidad.

commodore ['kɒmədɔ:ʳ] n Naut comodoro m.

common ['kɒmən] I adj 1 (shared) común; **to have sth in c. with sb**, tener algo en común con algn; **c. belief**, creencia general; **that's c. knowledge**, eso lo sabe todo el mundo. ■ Math **c. denominator**, denominador m común; **c. factor**, factor m común; Jur **c. law**, derecho m consuetudinario; **C. Market**, Mercado m Común; GB Educ **c. room**, sala f de profesores or de estudiantes. 2 (ordinary) corriente, frecuente; **a c. event**, un hecho corriente; **the c. people**, la gente corriente; fam **c. or garden**, normal y corriente. ■ Med **c. cold**, resfriado m común; Ling **c. noun**, nombre m común. 3 (vulgar) ordinario,-a, maleducado,-a. II n (land) campo m or terreno m comunal.

commoner ['kɒmənəʳ] n plebeyo,-a m,f.

commonplace ['kɒmənpleɪs] I adj ordinario,-a, corriente. II n (remark) tópico m, lugar m común.

Commons ['kɒmənz] npl GB **the (House of) C.**, (la Cámara de) los Comunes.

Commonwealth ['kɒmənwelθ] n GB **the C.**, la Mancomunidad Británica.

commotion [kə'məʊʃən] n conmoción f, alboroto m, confusión f; **to cause a c.**, armar un escándalo.

communal ['kɒmjʊnəl] adj comunal, comunitario,-a.

commune[1] [kə'mju:n] vi (converse) conversar; (with nature) estar en comunión (with, con).

commune[2] ['kɒmju:n] n comuna f, comunidad f.

communicable [kə'mju:nɪkəbəl] adj Med transmisible.

communicant [kə'mju:nɪkənt] n Rel comulgante mf.

communicate [kə'mju:nɪkeɪt] I *vi* 1 *(people)* comunicarse (**with,** con). 2 *(rooms)* comunicarse; **communicating door,** puerta *f* que comunica. II *vtr* comunicar.

communication [kəmju:nɪ'keɪʃən] *n* 1 *(gen)* comunicación *f*; **radio c.,** comunicación por radio. 2 *(message)* comunicado *m.* 3 *GB Rail* **c. cord,** timbre *m* de alarma.

communicative [kə'mju:nɪkətɪv] *adj* comunicativo,-a.

communion [kə'mju:njən] *n* comunión *f*; *Rel* **to take c.,** comulgar.

communiqué [kə'mju:nɪkeɪ] *n* comunicado *m* oficial.

communism ['kɒmjʊnɪzəm] *n Pol* comunismo *m.*

communist ['kɒmjʊnɪst] *adj & n* comunista *(mf).*

community [kə'mju:nɪtɪ] *n* *(gen)* comunidad *f*; *(people)* colectividad *f*; **the immigrant c.,** la comunidad de inmigrantes; **the local c.,** el vecindario. ■ **c. centre,** centro *m* social; **c. singing,** canto *m* colectivo; **c. spirit,** espíritu *m* comunitario.

commute [kə'mju:t] I *vi* viajar diariamente al lugar de trabajo. II *vtr Jur* conmutar.

commuter [kə'mju:tə'] *n* persona *f* que viaja diariamente al lugar de trabajo.

Comoros ['kɒmərəʊz] *n* Comoras.

compact[1] [kəm'pækt] I *adj (gen)* compacto,-a; *(style)* conciso,-a. ■ **c. disc,** disco *m* compacto. II ['kɒmpækt] *n (for powder)* polvera *f.*

compact[2] ['kɒmpækt] *n Pol* pacto *m,* convenio *m.*

companion [kəm'pænjən] *n* 1 *(mate)* compañero,-a *m,f.* ■ **lady's c.,** señora *f* de compañía. 2 *(handbook)* guía *f.*

companionable [kəm'pænjənəbəl] *adj* sociable, agradable.

companionship [kəm'pænjənʃɪp] *n* compañerismo *m.*

company ['kʌmpənɪ] *n* 1 *(gen)* compañía *f*; **to keep sb c.,** hacer compañía a algn; **she's good c. for me,** me hace mucha compañía; **to part c. with sb,** separarse de algn; **we're expecting c.,** esperamos visita; *fig* **to get into bad c.,** andar con malas compañías. 2 *Com* empresa *f,* compañía *f*; **Smith & C.,** Smith y Compañía. ■ **c. car,** coche *m* de la empresa. 3 *Mil Theat* compañía *f*; *Naut* **ship's c.,** tripulación *f.*

comparable ['kɒmpərəbəl] *adj* comparable (**to, with,** con).

comparative [kəm'pærətɪv] I *adj (gen)* comparativo,-a; *(relative)* relativo,-a; *(subject)* comparado,-a; **a c. study,** un estudio comparativo; **he's a c. stranger,** es prácticamente un desconocido; *Ling* **the c. form,** el comparativo. II *n Ling* comparativo *m.* ◆**comparatively** *adv* relativamente.

compare [kəm'peə'] I *vtr* comparar (**to, with,** con); (**as) compared with,** en comparación con; *fig* **to c. notes,** cambiar impresiones. II *vi* comparar, compararse; **to c. favourably with sth,** no desmerecer de algo, no perder por comparación con algo. III *n* **beyond c.,** sin comparación.

comparison [kəm'pærɪsən] *n* comparación *f*; **by** *or* **in c.,** en comparación; **there's no c.,** no se puede comparar, no tiene ni punto de comparación.

compartment [kəm'pɑ:tmənt] *n* 1 *(section)* compartimento *m*; *Naut* **watertight c.,** compartimento estanco. 2 *Rail* departamento *m.*

compass ['kʌmpəs] *n* 1 *(for finding direction)* brújula *f.* 2 *Geom* (**pair of) compasses,** compás *m.* 3 *fig (range)* espectro *m,* límites *mpl.*

compassion [kəm'pæʃən] *n* compasión *f.*

compassionate [kəm'pæʃənət] *adj* compasivo,-a. ■ *Mil* **c. leave,** permiso *m* por asuntos personales. ◆**compassionately** *adv* con compasión.

compatibility [kəmpætə'bɪlɪtɪ] *n* compatibilidad *f.*

compatible [kəm'pætəbəl] *adj* compatible (**with,** con).

compatriot [kəm'pætrɪət] *n* compatriota *mf.*

compel [kəm'pel] *vtr (pt & pp compelled)* 1 *(oblige)* obligar; **to c. sb to do sth,** obligar a algn a hacer algo; **to be compelled to do sth,** verse obligado,-a a hacer algo. 2 *(demand) (respect)* imponer; *(admiration)* despertar.

compelling [kəm'pelɪŋ] *adj* irresistible; **a c. reason,** una razón apremiante.

compendium [kəm'pendɪəm] *n (pl compendiums or compendia* [kəm'pendɪə]*)* compendio *m.*

compensate ['kɒmpenseɪt] I *vtr* compensar; **to c. sb for sth,** indemnizar a algn de algo. II *vi* compensar; **to c. for sth,** compensar algo.

compensation [kɒmpen'seɪʃən] *n (gen)* compensación *f*; *(for loss)* indemnización *f.*

compere ['kɒmpeə'] *GB* I *n* presentador,-a *m,f,* animador,-a *m,f.* II *vtr* presentar.

compete [kəm'pi:t] *vi* competir; **to c. for a prize,** competir por un premio; **to c. with sb,** competir con algn.

competence ['kɒmpɪtəns] *n* 1 *(ability)* competencia *f,* aptitud *f.* 2 *Jur (of court etc)* competencia *f.*

competent ['kɒmpɪtənt] *adj* 1 *(person)* competente, apto,-a. 2 *Jur* competente.

competition [kɒmpɪ'tɪʃən] *n* 1 *(contest)* concurso *m,* competición *f.* 2 *Com* competencia *f*; **fierce c.,** competencia feroz; **in c. with,** en competencia con.

competitive [kəm'petɪtɪv] *adj* 1 *(person)* que tiene espíritu competitivo. ■ **c. examination,** oposición *f.* 2 *Com (price, goods)* competitivo,-a.

competitor [kəm'petɪtə'] *n* competidor,-a *m,f.*

compilation [kɒmpɪ'leɪʃən] *n* compilación *f,* recopilación *f.*

compile [kəm'paɪl] *vtr* compilar, recopilar.

complacency [kəm'pleɪsənsɪ] *n* complacencia *f.*

complacent [kəm'pleɪsənt] *adj* satisfecho,-a de sí mismo,-a, suficiente; **a c. attitude,** una actitud de complacencia. ◆**complacently** *adv* de modo satisfecho.

complain [kəm'pleɪn] *vi* quejarse (**of, about,** de); **I can't** *or* **mustn't c.,** no me puedo quejar.

complaint [kəm'pleɪnt] *n* 1 *(gen)* queja *f*; *Com* reclamación *f*; **reason for c.,** motivo *m* de queja. 2 *Jur* demanda *f*; **to lodge a c.,** presentar *or* entablar una demanda. 3 *Med* enfermedad *f.*

complement ['kɒmplɪmənt] I *n* 1 *Ling Math* complemento *m.* 2 *Mil* efectivos *mpl*; *Naut* dotación *f*; **a full c.,** la totalidad. II *vtr* complementar.

complementary [kɒmplɪ'mentərɪ] *adj* complementario,-a.

complete [kəm'pli:t] I *adj* 1 *(entire)* completo,-a; **is the work c. now?,** ¿está terminado ya el trabajo?; **the c. works of Shakespeare,** las obras completas de Shakespeare. 2 *(absolute)* total; **he's a c. idiot,** es tonto de remate; **she's a c. stranger,** es totalmente desconocida. II *vtr* completar, rellenar; **to c. a form,**

rellenar un formulario. ◆**completely** adv completamente, por completo.

completion [kəm'pli:ʃən] n finalización f, terminación f; **near c.**, casi terminado,-a; **on c.**, en cuanto se termine; Jur **on c. of contract**, cuando se haya firmado el contrato.

complex ['kɒmpleks] I adj complejo,-a. II n 1 (group) complejo m; **industrial c.**, complejo industrial. 2 Psych complejo m; **inferiority c.**, complejo de inferioridad.

complexion [kəm'plekʃən] n tez f, cutis m; fig **that puts a different c. on things**, así la cosa cambia de aspecto.

complexity [kəm'pleksɪtɪ] n complejidad f.

compliance [kəm'plaɪəns] n conformidad f, acuerdo m; **in c. with a request**, en or de conformidad con una solicitud; **in c. with the law**, de acuerdo con la ley.

compliant [kəm'plaɪənt] adj sumiso,-a.

complicate ['kɒmplɪkeɪt] vtr complicar.

complicated ['kɒmplɪkeɪtɪd] adj complicado,-a.

complication [kɒmplɪ'keɪʃən] n complicación f.

complicity [kəm'plɪsɪtɪ] n complicidad f.

compliment ['kɒmplɪmənt] I n 1 (praise) cumplido m; **to pay sb a c.**, hacerle un cumplido a algn. 2 **compliments**, saludos mpl; **to send sb one's c.**, dar sus recuerdos or saludos a algn; **with my c.**, de mi parte. II ['kɒmplɪment] vtr felicitar; **to c. sb on sth**, felicitar a algn por algo.

complimentary [kɒmplɪ'mentərɪ] adj 1 (praising) elogioso,-a. 2 (free) gratis; **c. copy (of a book)**, ejemplar gratis; **c. ticket**, invitación f.

comply [kəm'plaɪ] vi (pt & pp complied) obedecer; **to c. with**, (order) cumplir con; (request) acceder a.

component [kəm'pəʊnənt] I n componente m. II adj componente; **c. part**, parte f, componente m.

compose [kəm'pəʊz] vtr & vi 1 Mus Print componer; **to be composed of**, componerse de. 2 (calm) **to c. oneself**, calmarse, serenarse.

composed [kəm'pəʊzd] adj (calm) sereno,-a, tranquilo,-a.

composer [kəm'pəʊzə^r] n Mus Print compositor,-a m,f.

composite ['kɒmpəzɪt] adj compuesto,-a.

composition [kɒmpə'zɪʃən] n (gen) composición f; Educ (essay) redacción f.

compositor [kəm'pɒzɪtə^r] n Print cajista mf.

compos mentis [kɒmpəs'mentɪs] adj **to be c. m.**, estar en su sano juicio.

compost ['kɒmpɒst] n Agr abono m.

composure [kəm'pəʊʒə^r] n calma f, serenidad f.

compound[1] ['kɒmpaʊnd] I n Chem Ling compuesto m. II [kəm'paʊnd] vtr (things) componer, combinar; (problem) agravar; **compounded of**, compuesto,-a de. III ['kɒmpaʊnd] adj compuesto,-a; Med (fracture) complicado,-a; (word) compuesto,-a. ■ Fin **c. interest**, intereses mpl compuestos.

compound[2] ['kɒmpaʊnd] n (enclosure) recinto m.

comprehend [kɒmprɪ'hend] vtr comprender.

comprehensible [kɒmprɪ'hensəbəl] adj comprensible.

comprehension [kɒmprɪ'henʃən] n comprensión f; **that's beyond my c.**, no llego a entenderlo.

comprehensive [kɒmprɪ'hensɪv] I adj 1 (broad) (view, knowledge) amplio,-a; (study, description) detallado,-a, global. 2 Ins a todo riesgo. 3 GB Educ **c. school**, ≈ instituto m de segunda enseñanza. II n GB Educ ≈ instituto m de segunda enseñanza.

compress [kəm'pres] I vtr (squeeze) comprimir; fig (text) condensar. II ['kɒmpres] n Med compresa f.

compression [kəm'preʃən] n compresión f.

compressor [kəm'presə^r] n compresor m.

comprise [kəm'praɪz] vtr (include) comprender; (consist of) constar de.

compromise ['kɒmprəmaɪz] I n acuerdo m, término m medio; **the art of c.**, el arte de la negociación; **to reach a c.**, llegar a un acuerdo. II vi llegar a un acuerdo, transigir. III vtr (person) comprometer; **to c. oneself**, comprometerse.

compromising ['kɒmprəmaɪzɪŋ] adj comprometido,-a.

compulsion [kəm'pʌlʃən] n obligación f, coacción f; **under c.**, bajo coacción.

compulsive [kəm'pʌlsɪv] adj compulsivo,-a.

compulsory [kəm'pʌlsərɪ] adj obligatorio,-a.

compunction [kəm'pʌŋkʃən] n remordimiento m; **without c.**, sin escrúpulos.

computation [kɒmpjʊ'teɪʃən] n cálculo m.

compute [kəm'pju:t] vtr & vi calcular.

computer [kəm'pju:tə^r] n ordenador m, computadora f. ■ **c. programmer**, programador,-a m,f de ordenadores; **c. science**, informática f; **personal c.**, ordenador m personal.

computerization [kəmpju:təraɪ'zeɪʃən] n automatización f, informatización f.

computerize [kəm'pju:təraɪz] vtr automatizar, informatizar.

computing [kəm'pju:tɪŋ] n informática f.

comrade ['kɒmreɪd] n 1 (companion) compañero,-a m,f. 2 Pol camarada mf.

comradeship ['kɒmreɪdʃɪp] n camaradería f.

Con GB Pol abbr of **Conservative**, conservador,-a m,f.

con[1] [kɒn] sl I vtr (pt & pp conned) estafar, timar; **I've been conned!**, ¡me han timado! II n estafa f, camelo m. ■ **c. man**, estafador m; **c. trick**, estafa f, camelo m.

con[2] [kɒn] n fam contra m; **the pros and cons**, los pros y los contras.

concave ['kɒnkeɪv] adj cóncavo,-a.

conceal [kən'si:l] vtr (gen) ocultar (from, de); (facts) encubrir; fig (emotions) disimular.

concealed [kən'si:ld] adj oculto,-a; **c. lighting**, luz indirecta.

concealment [kən'si:lmənt] n ocultación f, encubrimiento m; **in c.**, oculto,-a.

concede [kən'si:d] vtr conceder; **to c. defeat**, admitir la derrota, rendirse; **to c. victory**, conceder la victoria.

conceit [kən'si:t] n presunción f, vanidad f.

conceited [kən'si:tɪd] adj presuntuoso,-a, engreído,-a, vano,-a.

conceivable [kən'si:vəbəl] adj concebible. ◆**conceivably** adv posiblemente; **she may c. have done it**, es posible que lo haya hecho.

conceive [kən'si:v] I vtr 1 (child, idea) concebir. 2 (understand) comprender. II vi **to c. of**, concebir, imaginar.

concentrate ['kɒnsəntreɪt] vtr concentrar. I vi concentrarse; **to c. on sth**, concentrarse en algo, aplicarse a algo. III n concentrado m.

concentrated ['kɒnsəntreɪtɪd] *adj (gen)* concentrado,-a; *(efforts)* intenso,-a.

concentration [kɒnsən'treɪʃən] *n* concentración *f*. ■ **c. camp,** campo *m* de concentración.

concentric [kən'sentrɪk] *adj* concéntrico,-a.

concept ['kɒnsept] *n* concepto *m*.

conception [kən'sepʃən] *n Med* concepción *f*; *fig (understanding)* concepto *m*, idea *f*.

concern [kən'sɜːn] **I** *vtr* **1** *(affect)* concernir, involucrar, afectar; **as far as I'm concerned,** por lo que a mí se refiere; **it doesn't c. me,** no me afecta; **'to whom it may c.',** 'a quien corresponda'; **where your interests are concerned,** en cuanto a tus intereses. **2** *(worry)* preocupar; **to c. oneself about** *or* **with,** preocuparse por, tomarse interés por. **II** *n* **1** *(affair)* interés *m*; **it's no c. of mine,** no es asunto mío; **what c. is it of yours?,** ¿a ti qué te importa? **2** *(worry)* preocupación *f*, inquietud *f*; **there's no cause for c.,** no hay motivo para preocuparse; **to show c.,** mostrar preocupación. **3** *Com (business)* negocio *m*; **a going c.,** un negocio en marcha.

concerned [kən'sɜːnd] *adj* **1** *(affected)* afectado,-a, involucrado,-a; **everybody c.,** los interesados; **the person c.,** la persona a la cual nos referimos. **2** *(worried)* preocupado,-a **(about,** por).

concerning [kən'sɜːnɪŋ] *prep* referente a, con respecto a, en cuanto a.

concert ['kɒnsət, 'kɒnsɜːt] *n* **1** *Mus* concierto *m* ■ **c. hall,** sala *f* de conciertos. **2** *fig* acuerdo *m*; **in c. with,** de acuerdo con.

concerted [kən'sɜːtɪd] *adj* concertado,-a.

concertina [kɒnsə'tiːnə] *n Mus* concertina *f*.

concerto [kən'tʃeətəu] *n (pl concertos or concerti* [kən'tʃeəti]*) Mus* concierto *m*.

concession [kən'seʃən] *n* **1** *(gen)* concesión *f*, privilegio *m*; **tax c.,** privilegio fiscal. **2** *Com* reducción *f*.

concessionary [kən'seʃənərɪ] *adj* **1** *(gen)* concesionario,-a. **2** *Com (price)* rebajado,-a.

conciliate [kən'sɪlɪeɪt] *vtr* conciliar.

conciliation [kənsɪlɪ'eɪʃən] *n* conciliación *f*.

conciliatory [kən'sɪljətərɪ] *adj (gen)* conciliador,-a; *(procedure)* conciliatorio,-a.

concise [kən'saɪs] *adj* conciso,-a. ◆**concisely** *adv* con concisión.

concision [kən'sɪʒən] *n* concisión *f*, brevedad *f*.

conclave ['kɒnkleɪv] *n RC* cónclave *m*.

conclude [kən'kluːd] **I** *vtr (finish)* concluir, terminar. **II** *vi* **1** *(finish)* concluir. **2** *(deduce)* concluir, llegar a una conclusión.

concluding [kən'kluːdɪŋ] *adj* final, concluyente.

conclusion [kən'kluːʒən] *n* **1** *(resolution)* conclusión *f*; **a foregone c.,** un final *or* un desenlace anticipado; **to reach a c.,** llegar a una conclusión. **2** *(end)* conclusión *f*; **in c.,** en conclusión.

conclusive [kən'kluːsɪv] *adj* concluyente.

concoct [kən'kɒkt] *vtr (dish)* confeccionar; *fig (lie, plan)* fraguar, urdir; *fig (excuse)* inventar.

concoction [kən'kɒkʃən] *n (mixture)* mezcolanza *f*; *pej (brew)* brebaje *m*.

concord ['kɒŋkɔːd] *n* concordia *f*, armonía *f*.

concordance [kən'kɔːdəns] *n* **1** *(harmony)* concordancia *f*. **2** *(book)* concordancias *fpl*.

concourse ['kɒŋkɔːs] *n* **1** *(of people)* concurrencia *f*, concurso *m*. **2** *Rail* explanada *f*.

concrete ['kɒnkriːt] **I** *n* hormigón *m*. ■ **c. mixer,** hormigonera *f*; **reinforced c.,** hormigón *m or* cemento *m* armado. **II** *adj* **1** *(definite)* específico,-a, concreto,-a. **2** *(made of concrete)* de hormigón.

concur [kən'kɜː^r] *vi (pt & pp concurred)* **1** *(agree)* **to c. with,** estar de acuerdo con. **2** *(coincide)* coincidir, concurrir.

concurrence [kən'kʌrəns] *n* **1** *(agreement)* acuerdo *m*, conformidad *f*. **2** *(of events etc)* concurrencia *f*, concurso *m*.

concurrent [kən'kʌrənt] *adj* concurrente, simultáneo,-a. ◆**concurrently** *adv* simultáneamente.

concussion [kən'kʌʃən] *n Med* conmoción *f* cerebral.

condemn [kən'dem] *vtr (gen)* condenar; *(house)* declarar en ruina; **the condemned cell,** la celda de los condenados a muerte; **to c. sb to death,** condenar a muerte a algn.

condemnation [kɒndem'neɪʃən] *n* condena *f*.

condensation [kɒnden'seɪʃən] *n (gen)* condensación *f*; *(on glass)* vaho *m*.

condense [kən'dens] **I** *vtr* condensar. **II** *vi* condensarse.

condensed [kən'denst] *adj (gen)* condensado,-a; *fig (reduced)* resumido,-a; **c. milk,** leche condensada.

condensor [kən'densə^r] *n Tech* condensador *m*.

condescend [kɒndɪ'send] *vi* condescender, dignarse; **to c. to sb,** tratar a algn con condescendencia.

condescending [kɒndɪ'sendɪŋ] *adj* condescendiente; **he's very c.,** se da aires de superioridad.

condiment ['kɒndɪmənt] *n* condimento *m*.

condition [kən'dɪʃən] **I** *n* **1** *(state)* condición *f*, estado *m*; **to be in good/bad c.,** estar en buen/mal estado; **to be in no c. to do sth,** no estar en condiciones de hacer algo. **2** *(requirement)* condición *f*; **on c. that ...,** a condición de que ...; **on no c.,** de ningún modo; **on one c.,** con una condición; **to make a c.,** poner una condición. **3** *Med* **heart c.,** enfermedad *f* cardíaca; **to be out of c.,** no estar en forma. **4** **conditions,** *(circumstances)* circunstancias *fpl*; **under favourable c.,** en condiciones ventajosas. ■ **weather c.,** condiciones *fpl* atmosféricas; **working c.,** condiciones *fpl* de trabajo. **II** *vtr* condicionar.

conditional [kən'dɪʃənəl] *adj* condicional; *Ling* **c. clause,** oración condicional.

conditioner [kən'dɪʃənə^r] *n* acondicionador *m*; **hair c.,** *(crema f)* suavizante *m* (para el pelo).

condolences [kən'dəulənsɪz] *npl* pésame *m sing*; **please accept my c.,** le acompaño en el sentimiento; **to send one's c.,** dar el pésame.

condom ['kɒndəm] *n* preservativo *m*, condón *m*.

condominium [kɒndə'mɪnɪəm] *n (pl condominiums)* condominio *m*.

condone ['kən'dəun] *vtr* consentir, perdonar.

condor ['kɒndɔː^r] *n Zool* cóndor *m*.

conducive [kən'djuːsɪv] *adj* conducente; **to be c. to sth,** favorecer algo.

conduct ['kɒndʌkt] **I** *n (behaviour)* conducta *f*, comportamiento *m*; *(management)* dirección *f*. **II** [kən'dʌkt] *vtr (lead)* guiar, conducir; *(business)* conducir, dirigir; *(orchestra)* dirigir; **a conducted tour,** una visita acompañada; **to c. oneself,** comportarse, portarse. **III** *vi Mus* dirigir.

conduction [kən'dʌkʃən] *n Phys* conducción *f*.

conductor [kən'dʌktə^r] *n* **1** *(on bus)* cobrador *m*. **2** *US Rail* revisor,-a *m,f*. **3** *Mus* director,-a *m,f*. **4** *Phys* conductor *m*.

conductress [kən'dʌktrɪs] *n (on bus)* cobradora *f.*

cone [kəʊn] *n* **1** *Geom* cono *m*; **c.-shaped**, en forma de cono. ■ **ice-cream c.**, cucurucho *m.* **2** *Bot* piña *f.*

confab ['kɒnfæb] *n fam* plática *f*, charla *f.*

confectioner [kən'fekʃənə^r] *n* confitero,-a *m,f*; **c.'s (shop)**, confitería *f*; *US* **confectioners' sugar**, azúcar *m* glas.

confectionery [kən'fekʃənərɪ] *n* dulces *mpl.*

confederacy [kən'fedərəsɪ] *n* confederación *f.*

confederate [kən'fedərɪt] **I** *adj* confederado,-a. **II** *n* confederado *m*; *Jur* cómplice *m.* **III** [kən'fedəreɪt] *vtr* confederar. **IV** *vi* confederarse.

confederation [kənfedə'reɪʃən] *n* confederación *f.*

confer [kən'fɜː^r] **I** *vtr (pt & pp conferred)* conferir; **to c. a title on sb**, conferir *or* otorgar un título sobre algn. **II** *vi* consultar **(about, sobre)**.

conference ['kɒnfərəns] *n* conferencia *f.*

confess [kən'fes] **I** *vi* confesar; *Rel* **to c. (oneself)**, confesarse. **II** *vtr* confesar, admitir; **to c. to having done sth**, confesar haber hecho algo.

confession [kən'feʃən] *n* confesión *f*; **on his own c.**, según su propia confesión; *Rel* **to go to c.**, confesarse.

confessional [kən'feʃənəl] *n Rel* confesionario *m.*

confessor [kən'fesə^r] *n Rel* confesor *m.*

confetti [kən'fetɪ] *n* confeti *m.*

confidant [kɒnfɪ'dænt] *n* confidente *m.*

confidante [kɒnfɪ'dænt] *n* confidenta *f.*

confide [kən'faɪd] **I** *vtr* confiar. **II** *vi* confiarse; **to c. in sb**, confiar en *or* fiarse de algn.

confidence ['kɒnfɪdəns] *n* **1** *(trust)* confianza *f*; **to have every c. in sb**, tener absoluta confianza en algn; **to take sb into one's c.**, depositar su confianza en algn; *Pol* **vote of c./no c.**, voto *m* de confianza/ de censura. ■ *fam* **c. trick**, engaño *m*, camelo *m.* **2** *(self-assurance)* confianza *f*; **self-c.**, confianza *or* seguridad *f* en sí mismo,-a. **3** *(secret)* confidencia *f*; **in c.**, en confianza; **to exchange confidences**, hacerse confidencias.

confident ['kɒnfɪdənt] *adj* seguro,-a; **a c. smile**, una sonrisa confiada; **in a c. tone**, en un tono seguro *or* de seguridad. ◆**confidently** *adv* con seguridad.

confidential [kɒnfɪ'denʃəl] *adj (secret)* confidencial; *(entrusted)* de confianza. ◆**confidentially** *adv* confidencialmente, en confianza.

confine [kən'faɪn] *vtr* encerrar; *fig* limitar; **confined space**, espacio *m* reducido; **he's confined to bed**, tiene que guardar cama; *fig* **to c. oneself to sth**, limitarse a algo.

confinement [kən'faɪnmənt] *n* **1** *(prison)* prisión *f*, reclusión *f*; **to be in solitary c.**, estar incomunicado,-a. **2** *Med* parto *m.*

confirm [kən'fɜːm] *vtr (verify, assert)* confirmar; *(ratify)* ratificar.

confirmation [kɒnfə'meɪʃən] *n* confirmación *f.*

confirmed [kən'fɜːmd] *adj* empedernido,-a, inveterado,-a.

confiscate ['kɒnfɪskeɪt] *vtr* confiscar.

confiscation [kɒnfɪs'keɪʃən] *n (gen)* confiscación *f*; *Com* comiso *m*, decomiso *m.*

conflagration [kɒnflə'greɪʃən] *n* conflagración *f*, incendio *m.*

conflict ['kɒnflɪkt] **I** *n* conflicto *m.* **II** [kən'flɪkt] *vi* estar en desacuerdo *or* oposición **(with, con)**, chocar **(with, con)**.

conflicting [kən'flɪktɪŋ] *adj (reports, evidence)* contradictorio,-a; *(views)* incompatible, contrario,-a.

confluence ['kɒnfluəns] *n* confluencia *f.*

conform [kən'fɔːm] *vi* conformarse; **to c. to** *or* **with**, *(customs)* ajustarse a; *(rules)* someterse a.

conformist [kən'fɔːmɪst] *adj & n* conformista *(mf).*

conformity [kən'fɔːmɪtɪ] *n* conformidad *f*; **in c. with**, conforme a, en conformidad con.

confound [kən'faʊnd] *vtr* **1** *(bewilder)* confundir, desconcertar. **2** [kɒn'faʊnd] *(damn)* **c. it!**, ¡maldito sea!; **you confounded fool!**, ¡imbécil!

confront [kən'frʌnt] *vtr (enemy, problem)* confrontar, hacer frente a, plantar cara a.

confrontation [kɒnfrʌn'teɪʃən] *n* confrontación *f.*

confuse [kən'fjuːz] *vtr (person)* despistar, hacer confuso,-a; *(thing)* confundir **(with, con)**; **to get confused**, confundirse, hacerse un lío.

confused [kən'fjuːzd] *adj (person)* confundido,-a, despistado,-a; *(mind, ideas)* confuso,-a.

confusing [kən'fjuːzɪŋ] *adj* confuso,-a.

confusion [kən'fjuːʒən] *n (gen)* confusión *f*, desconcierto *m*; *(of personal)* despiste *m*; **to throw into c.**, confundir, desconcertar.

congeal [kən'dʒiːl] **I** *vtr* coagular. **II** *vi* coagularse.

congenial [kən'dʒiːnjəl] *adj (atmosphere etc)* agradable; *(person)* simpático,-a, amable.

congenital [kən'dʒenɪtəl] *adj* congénito,-a.

conger ['kɒŋgə^r] *n Zool* **c. eel**, congrio *m.*

congested [kən'dʒestɪd] *adj* **1** *(street)* repleto,-a *or* lleno,-a de gente; *(city)* superpoblado,-a. **2** *Med* congestionado,-a.

congestion [kən'dʒestʃən] *n* **1** *(traffic)* retención *f*, aglomeración *f.* **2** *Med* congestión *f.*

conglomeration [kənglɒmə'reɪʃən] *n* conglomeración *f.*

Congo ['kɒŋgəʊ] *n* Congo.

Congolese [kɒŋgə'liːz] *adj & n* congoleño,-a *(m,f).*

congratulate [kən'grætjʊleɪt] *vtr* felicitar, dar la enhorabuena a.

congratulations [kəngrætjʊ'leɪʃənz] *npl* felicitaciones *fpl*, enhorabuena *f sing*; **c.!**, ¡felicidades!; **to offer c.**, dar la enhorabuena.

congratulatory [kən'grætjʊlətərɪ] *adj* de felicitación.

congregate ['kɒŋgrɪgeɪt] *vi* congregarse.

congregation [kɒŋgrɪ'geɪʃən] *n (group)* congregación *f*; *Rel* fieles *mpl*, feligreses *mpl.*

congress ['kɒŋgres] *n* congreso *m*; *US* **C.**, el Congreso.

congressional [kən'greʃənəl] *adj* del congreso.

Congressman ['kɒŋgresmən] *n (pl Congressmen)* miembro *m* del Congreso, congresista *m.*

Congresswoman ['kɒŋgreswʊmən] *n (pl Congresswomen* ['kɒŋgreswɪmɪn]*)* miembro *f* del Congreso, congresista *f.*

conical ['kɒnɪkəl] *adj* cónico,-a.

conifer ['kɒnɪfə^r] *n Bot* conífera *f.*

coniferous [kɒ'nɪfərəs] *adj* conífero,-a.

conjectural [kən'dʒektʃərəl] *adj* conjetural.

conjecture [kən'dʒektʃə^r] **I** *n* conjetura *f*, suposición *f.* **II** *vtr* conjeturar, suponer. **III** *vi* hacer conjeturas.

conjugal ['kɒndʒʊgəl] *adj* conyugal.

conjugate ['kɒndʒʊgeɪt] *vtr* conjugar.

conjugation [kɒndʒʊ'geɪʃən] *n* conjugación *f.*

conjunction [kən'dʒʌɳkʃən] n conjunción f; fig **in c. with,** conjuntamente con.

conjunctivitis [kəndʒʌɳktɪ'vaɪtɪs] n Med conjuntivitis f.

conjure ['kʌndʒər] I vtr **to c. (up),** (magician) hacer aparecer; fig (memories etc) evocar. II vi hacer juegos de manos; fig **a name to c. with,** un nombre todopoderoso.

conjurer ['kʌndʒərər] n prestidigitador,-a m,f.

conjuring ['kʌndʒərɪɳ] n c. (tricks), juegos mpl de manos.

conjuror ['kʌndʒərər] n see conjurer.

conk [kɒɳk] sl I vtr pegarle una piña a. II n (nose) napias fpl, narices fpl. ◆conk out vi fam averiarse.

conker ['kɒɳkər] n fam castaña f (de las Indias).

connect [kə'nekt] I vtr (join) juntar, unir; (wires, cables) empalmar; (two cities) unir, conectar; fig **to be connected by marriage,** estar emparentado,-a por matrimonio. 2 Tech (instal) instalar; Elec (to power supply) enchufar, conectar. 3 Tel (call) conectar; Tel (person) poner (en comunicación). 4 fig (associate) asociar; **are they connected?,** ¿tienen alguna relación entre sí? II vi unirse; (rooms) comunicarse; (train, flight) enlazar or empalmar (**with,** con).

connected [kə'nektɪd] adj (gen) unido,-a, conectado,-a; (events) relacionado,-a; fig **to be well c.,** (person) tener muchos contactos; fam tener enchufe.

connection [kə'nekʃən] n 1 (joint) juntura f, unión f. 2 Elec Tech conexión f, empalme m. 3 Tel instalación f, conexión f. 4 Rail correspondencia f. 5 fig (of ideas) relación f; (regarding) **in c. with,** con respecto a. 6 fig (person) contacto m; fam **to have connections,** tener enchufe.

conned [kɒnd] pt & pp see con¹.

connexion [kə'nekʃən] n see connection.

connivance [kə'naɪvəns] n connivencia f, complicidad f.

connive [kə'naɪv] vi conspirar; **to c. at,** hacer la vista gorda con.

connoisseur [kɒnɪ'sɜːʳ] n conocedor,-a m,f.

connotation [kɒnə'teɪʃən] n connotación f.

conquer ['kɒɳkər] vtr (enemy, bad habit) vencer; (country) conquistar.

conquering ['kɒɳkərɪɳ] adj victorioso,-a, conquistador,-a.

conqueror ['kɒɳkərər] n conquistador m, vencedor m.

conquest ['kɒɳkwest] n conquista f.

consanguinity [kɒnsæɳ'gwɪnɪtɪ] n consanguinidad f.

conscience ['kɒnʃəns] n conciencia f; **to have a clear or easy c.,** tener la conciencia limpia; **to have a guilty c.,** sentirse culpable; fig **to have sth on one's c.,** llevar or tener un peso en la conciencia.

conscience-stricken ['kɒnʃənsstrɪkən] adj lleno,-a de remordimientos.

conscientious [kɒnʃɪ'enʃəs] adj concienzudo,-a. ■ Mil **c. objector,** objetor,-a m,f de conciencia. ◆conscientiously adv concienzudamente, a conciencia.

conscientiousness [kɒnʃɪ'enʃəsnɪs] n escrupulosidad f.

conscious ['kɒnʃəs] adj 1 Med consciente; **to become c.,** volver en sí. 2 (aware) consciente; (choice etc) deliberado,-a, intencional.

consciousness ['kɒnʃəsnɪs] n 1 Med conocimiento m; **to lose/regain c.,** perder/recuperar el conocimiento. 2 (awareness) consciencia f.

conscript ['kɒnskrɪpt] Mil I n recluta m. II [kən'skrɪpt] vtr reclutar.

conscription [kən'skrɪpʃən] n servicio m militar obligatorio.

consecrate ['kɒnsɪkreɪt] vtr Rel consagrar.

consecration [kɒnsɪ'kreɪʃən] n Rel consagración f.

consecutive [kən'sekjʊtɪv] adj consecutivo; **on four c. days,** cuatro días seguidos.

consensus [kən'sensəs] n consenso m; **the c. of opinion,** la opinión general.

consent [kən'sent] I n consentimiento m; **age of c.,** edad f núbil; **by common c.,** de común acuerdo. II vi consentir (**to,** en); I c., lo consiento.

consequence ['kɒnsɪkwəns] n consecuencia f; **in c.,** por consiguiente; **to take the consequences,** aceptar las consecuencias; fig **it's of no c.,** no tiene importancia.

consequent ['kɒnsɪkwənt] adj consiguiente; **c. on or upon,** consecutivo,-a. ◆consequently adv por consiguiente, en consecuencia.

consequential [kɒnsɪ'kwenʃəl] adj consecuente.

conservation [kɒnsə'veɪʃən] n conservación f. ■ **c. area,** zona f protegida.

conservationist [kɒnsə'veɪʃənɪst] n ecologista mf.

conservatism [kən'sɜːvətɪzəm] n Pol conservadurismo m.

conservative [kən'sɜːvətɪv] I adj (estimate etc) moderado,-a, cauteloso,-a, prudente. II adj & n Pol C., conservador,-a (m,f).

conservatoire [kən'sɜːvətwɑːʳ] n Mus conservatorio m.

conservatory [kən'sɜːvətrɪ] n 1 (greenhouse) invernadero m. 2 Mus conservatorio m.

conserve [kən'sɜːv] I vtr 1 (guard) conservar; **to c. one's strength,** reservar las fuerzas, reservarse. 2 Culin poner en conserva. II ['kɒnsɜːv] n Culin conserva f.

consider [kən'sɪdər] vtr 1 (ponder on) considerar; **all things considered,** pensándolo bien; **to c. doing sth,** pensar hacer algo. 2 (keep in mind) tener en cuenta. 3 (regard, judge) considerar; **he's considered to be an expert,** le tienen por experto; I c. myself happy, me considero feliz; fam **c. it done!,** ¡dalo por hecho!

considerable [kən'sɪdərəbəl] adj considerable. ◆considerably adv bastante; **this car is c. cheaper,** este coche es mucho más barato.

considerate [kən'sɪdərɪt] adj considerado,-a, atento,-a.

consideration [kənsɪdə'reɪʃən] n consideración f; **out of c. for,** en consideración a; **the matter is under c.,** se está estudiando or examinando el asunto; **without due c.,** sin reflexión.

considered [kən'sɪdəd] adj considerado,-a; **my c. opinion,** mi opinión después de pensarlo bien.

considering [kən'sɪdərɪɳ] I prep teniendo en cuenta. II adv fam **it's not so bad, c.,** no está tan mal, después de todo.

consign [kən'saɪn] vtr Com (goods) consignar; fig entregar, enviar.

consignment [kən'saɪnmənt] n Com envío m, remesa f. ■ **c. note,** talón m de expedición.

consist [kən'sɪst] vi consistir; **to c. of,** consistir en, constar de.

consistency [kən'sıstənsı] n 1 (of actions) consecuencia f, lógica f. 2 (of mixture) consistencia f.

consistent [kən'sıstənt] adj consecuente, lógico,-a; **c. with,** consecuente or de acuerdo con.

consolation [kɒnsə'leıʃən] n consuelo m, consolación f. ■ **c. prize,** premio m de consolación.

console[1] [kən'səʊl] vtr consolar.

console[2] ['kɒnsəʊl] n Mus Tech consola f.

consolidate [kən'sɒlıdeıt] I vtr consolidar. II vi consolidarse.

consolidation [kənsɒlı'deıʃən] n consolidación f.

consoling [kən'səʊlıŋ] adj consolador,-a, reconfortante.

consommé ['kɒnsɒmeı, kən'sɒmeı] n Culin consomé m, caldo m.

consonant ['kɒnsənənt] n Ling consonante f.

consort [kən'sɔ:t] I vi asociarse (with, con). II ['kɒnsɔ:t] n consorte mf. ■ **prince c.,** príncipe m consorte.

consortium [kən'sɔ:tıəm] n (pl consortia [kən'sɔ:tıə]) consorcio m.

conspicuous [kən'spıkjʊəs] adj (striking) llamativo,-a; (easily seen) visible; (colour) chillón,-ona; (mistake, difference) evidente; (remarkable) que destaca; **in a c. position,** a la vista de todos; **to make oneself c.,** llamar la atención; fig **to be c. by one's absence,** brillar por su ausencia.

conspiracy [kən'spırəsı] n conspiración f, conjura f.

conspirator [kən'spırətəʳ] n conspirador,-a m,f.

conspiratorial [kənspırə'tɔ:rıəl] adj conspirador,-a.

conspire [kən'spaıəʳ] vi conspirar (against, contra); fig everything conspired against him, todo se volvió en contra suya.

constable ['kʌnstəbəl] n policía m, guardia m; **chief c.,** jefe m de policía.

constabulary [kən'stæbjʊlərı] n GB comisaría f, policía f.

constancy ['kɒnstənsı] n constancia f.

constant ['kɒnstənt] I adj (fixed) constante, estable. 2 (continuous) incesante, continuo,-a. 3 (loyal) fiel, leal. II n Math Phys constante f.

Constantinople [kɒnstæntı'nəʊpəl] n Hist Constantinopla.

constellation [kɒnstı'leıʃən] n Astron constelación f.

consternation [kɒnstə'neıʃən] n consternación f; **in c.,** consternado,-a.

constipate ['kɒnstıpeıt] vtr estreñir; **to be constipated,** sufrir estreñimiento.

constipation [kɒnstı'peıʃən] n estreñimiento m.

constituency [kən'stıtjʊənsı] n Pol circunscripción f electoral.

constituent [kən'stıtjʊənt] I adj (component) constituyente, constitutivo,-a. II n 1 (part) componente m. 2 Pol votante mf, elector,-a m,f.

constitute ['kɒnstıtju:t] vtr constituir.

constitution [kɒnstı'tju:ʃən] n constitución f.

constitutional [kɒnstı'tju:ʃənəl] I adj constitucional. II n (walk) paseo m. ◆**constitutionally** adv según la constitución.

constrained [kən'streınd] adj 1 (obliged) obligado,-a; **to feel c. to do sth,** sentirse obligado,-a a hacer algo. 2 (unnatural) forzado,-a.

constraint [kən'streınt] n coacción f; **to feel or show c. in sb's presence,** sentirse coartado,-a ante algn.

constrict [kən'strıkt] vtr apretar, oprimir, restringir.

constriction [kən'strıkʃən] n constricción f.

construct [kən'strʌkt] vtr construir.

construction [kən'strʌkʃən] n 1 (act, building) construcción f; **under c.,** en construcción. 2 fig (interpretation) interpretación f; **to put a wrong c. on sth,** interpretar mal algo.

constructive [kən'strʌktıv] adj constructivo,-a.

constructor [kən'strʌktəʳ] n constructor m.

construe [kən'stru:] vtr interpretar.

consul ['kɒnsəl] n Pol cónsul mf.

consular ['kɒnsjʊləʳ] adj Pol consular.

consulate ['kɒnsjʊlıt] n Pol consulado m.

consult [kən'sʌlt] vtr & vi consultar (about, sobre); **to c. with sb,** consultar con algn.

consultant [kən'sʌltənt] n 1 Med especialista mf. 2 Com Ind consultor,-a m,f, asesor,-a m,f.

consultation [kɒnsəl'teıʃən] n consulta f.

consultative [kən'sʌltətıv] adj consultivo,-a.

consulting [kən'sʌltıŋ] adj 1 Med **c. room,** consulta f. 2 Com Ind asesor,-a; **c. engineer,** ingeniero m asesor.

consume [kən'sju:m] vtr consumir; **consumed by fire,** consumido,-a or devorado,-a por las llamas; fig **to be consumed with envy/jealousy,** estar muerto,-a de envidia/de celos.

consumer [kən'sju:məʳ] n consumidor,-a m,f. ■ **c. advice,** orientación f al consumidor; **c. goods,** bienes mpl de consumo.

consuming [kən'sju:mıŋ] adj fig arrollador,-a, devorador,-a.

consummate ['kɒnsəmeıt] I vtr consumar. II ['kɒnsəmıt] adj consumado,-a, completo,-a.

consummation [kɒnsə'meıʃən] n consumación f.

consumption [kən'sʌmpʃən] n 1 (of food, energy) consumo m; **fit for c.,** apto,-a para el consumo. 2 Med tisis f.

cont. 1 abbr of **contents,** contenido m. 2 abbr of **continued,** sigue.

contact ['kɒntækt] I n 1 (gen) contacto m; **to be in c. with,** estar en contacto con; **to make c. with,** (touch) tocar; fig establecer contacto con, entrar en contacto con. ■ **c. lenses,** lentes fpl de contacto, lentillas fpl. 2 (person) contacto m, relación f; **she has a lot of contacts,** tiene muchos contactos. II vtr ponerse en contacto con, comunicar con.

contagion [kən'teıdʒən] n contagio m.

contagious [kən'teıdʒəs] adj contagioso,-a.

contain [kən'teın] vtr 1 (hold) contener. 2 (restrain) reprimir; **to c. oneself,** contenerse.

container [kən'teınəʳ] n 1 (box, package) recipiente m, caja f; (wrapping) envase m. 2 Com container m.

contaminate [kən'tæmıneıt] vtr contaminar.

contamination [kəntæmı'neıʃən] n contaminación f.

contd. abbr of **continued,** sigue.

contemplate ['kɒntempleıt] vtr 1 (consider) considerar, pensar en. 2 (look at) contemplar.

contemplation [kɒntem'pleıʃən] n contemplación f; **deep in c.,** absorto,-a, ensimismado,-a.

contemplative ['kɒntempleıtıv, kən'templətıv] adj contemplativo,-a.

contemporaneous [kǝntempǝ'reɪnɪǝs] *adj* contemporáneo,-a.

contemporary [kǝn'temprǝrɪ] *adj & n* contemporáneo,-a *(m,f)*.

contempt [kǝn'tempt] *n* desprecio *m*; **to hold in c.,** despreciar. ■ *Jur* **c. of court,** desacato *m* a los tribunales.

contemptible [kǝn'temptǝbǝl] *adj* despreciable.

contemptuous [kǝn'temptjʊǝs] *adj* despectivo,-a, despreciativo,-a.

contend [kǝn'tend] I *vi* contender, competir; **to c. for a prize/a position,** competir por un premio/una posición; *fig* **there are many problems to c. with,** se han planteado muchos problemas. II *vtr* sostener, afirmar.

contender [kǝn'tendǝ'] *n* contendiente *mf*.

content[1] ['kɒntent] *n (of book, pocket)* contenido *m*; **alcohol c.,** grado *m* de alcohol; **some cereals have a high fibre c.,** algunos cereales contienen mucha fibra; **table of contents,** índice *m* de materias.

content[2] [kǝn'tent] I *adj* contento,-a, satisfecho,-a; **he's quite c. to stay in the background,** se conforma con quedarse en segundo plano. II *vtr* contentar; **to c. oneself,** contentarse **(with,** con). III *n* contento *m*; **to one's heart's c.,** hasta quedar satisfecho,-a, todo lo que uno quiera.

contented [kǝn'tentɪd] *adj* contento,-a, satisfecho,-a; **a c. smile,** una sonrisa de contento *or* de satisfacción.

contention [kǝn'tenʃǝn] *n* 1 *(dispute)* controversia *f*; *fig* **bone of c.,** manzana *f* de la discordia. 2 *(point)* punto *m* de vista; **my c. is that ...,** mi opinión es que ... .

contentious [kǝn'tenʃǝs] *adj* contencioso,-a.

contentment [kǝn'tentmǝnt] *n* contento *m*.

contest ['kɒntest] I *n Sport* competición *f*, prueba *f*; *(of music)* concurso *m*; *fig* **it was a c. of wills,** fue una lucha de poderes. II [kǝn'test] *vtr* 1 *(question, matter)* rebatir, refutar; *(decision, verdict)* impugnar; *fig (will)* disputar. 2 *Pol (seat)* luchar por.

contestant [kǝn'testǝnt] *n* concursante *mf*.

context ['kɒntekst] *n* contexto *m*.

continent ['kɒntɪnǝnt] *n* continente *m*; **(on) the C.,** (en) Europa.

continental [kɒntɪ'nentǝl] *adj* 1 *Geol* continental; **c. climate,** clima continental; **c. shelf,** plataforma continental. 2 *GB* **C.,** europeo,-a. ■ **c. breakfast,** desayuno *m* continental; **c. quilt,** edredón *m* de pluma.

contingency [kǝn'tɪndʒǝnsɪ] *n* contingencia *f*, eventualidad *f*; **c. plans,** planes *mpl* para casos de emergencia.

contingent [kǝn'tɪndʒǝnt] I *adj* contingente, fortuito,-a; **c. on** *or* **upon,** dependiente de. II *n* 1 *Mil (of troops)* contingente *m*. 2 *(group)* representación *f*.

continual [kǝn'tɪnjʊǝl] *adj* continuo,-a, constante.

continuance [kǝn'tɪnjʊǝns] *n (gen)* continuación *f*; *(duration)* duración *f*.

continuation [kǝntɪnjʊ'eɪʃǝn] *n (sequel etc)* continuación *f*; *(extension)* prolongación *f*.

continue [kǝn'tɪnju:] *vtr & vi* continuar, seguir; **please c.,** siga, por favor; **to c. to do sth,** seguir *or* continuar haciendo algo; **'to be continued',** 'continuará'.

continuity [kɒntɪ'nju:ɪtɪ] *n* continuidad *f*. ■ *Cin* **c. girl/man,** secretaria *f*/secretario *m* de rodaje.

continuous [kǝn'tɪnjʊǝs] *adj* continuo,-a; *Cin* **c. performance,** sesión continua.

contort [kǝn'tɔ:t] *vtr (body)* retorcer; *(face)* contraer.

contorted [kǝn'tɔ:tɪd] *adj* contorsionado,-a, retorcido,-a.

contortion [kǝn'tɔ:ʃǝn] *n* contorsión *f*.

contortionist [kǝn'tɔ:ʃǝnɪst] *n* contorsionista *mf*.

contour ['kɒntʊǝ'] *n* contorno *m*. ■ **c. line,** línea *f* de nivel; **c. map,** mapa *m* topográfico.

contraband ['kɒntrǝbænd] *n* contrabando *m*.

contraception [kɒntrǝ'sepʃǝn] *n* anticoncepción *f*.

contraceptive [kɒntrǝ'septɪv] I *adj* anticonceptivo,-a. II *n* anticonceptivo *m*.

contract [kǝn'trækt] I *vi* 1 *Phys* contraerse. 2 *(make agreement)* hacer un contrato; **to c. to do sth,** comprometerse por contrato a hacer algo. II *vtr (marriage, illness, debts)* contraer. III ['kɒntrækt] *n* contrato *m*; **breach of c.,** incumplimiento *m* de contrato; **to enter into a c.,** hacer un contrato. ■ *Bridge* **c. bridge,** contrato *m*; **marriage c.,** capitulaciones *fpl* matrimoniales. ◆**contract out** *vi GB* optar por no hacer algo; **to c. out of a pension scheme,** optar por no participar en un sistema de pensión.

contraction [kǝn'trækʃǝn] *n Phys* contracción *f*.

contractor [kǝn'træktǝ'] *n Constr* contratista *mf*.

contractual [kǝn'træktjʊǝl] *adj* contractual.

contradict [kɒntrǝ'dɪkt] *vtr* contradecir; *(deny)* desmentir.

contradiction [kɒntrǝ'dɪkʃǝn] *n* contradicción *f*; **it's a c. in terms,** no tiene lógica.

contradictory [kɒntrǝ'dɪktǝrɪ] *adj* contradictorio,-a.

contralto [kǝn'træltǝʊ] *n (pl* **contraltos** *or* **contralti** [kǝn'træltɪ]*) Mus (voice)* contralto *m*; *(singer)* contralto *f*.

contraption [kǝn'træpʃǝn] *n fam* invento *m*, cacharro *m*.

contrariness [kǝn'treǝrɪnɪs] *n* terquedad *f*, obstinación *f*.

contrary ['kɒntrǝrɪ] I *adj* 1 contrario,-a, en contra; **a c. wind,** un viento contrario. 2 [kǝn'treǝrɪ] terco,-a, obstinado,-a, que siempre lleva la contraria. II *n* contrario *m*; **on the c.,** todo lo contrario, al contrario; **unless I tell you to the c.,** a menos que te diga lo contrario. III *adv* contrariamente, en contra de; **c. to common belief,** en contra de lo que se suele creer.

contrast [kǝn'trɑ:st] I *vi* contrastar, distinguirse. II ['kɒntrɑ:st] *n* contraste *m*; **to be in c. to** *or* **with,** contrastar con.

contrasting [kǝn'trɑ:stɪŋ] *adj* opuesto,-a.

contravene [kɒntrǝ'vi:n] *vtr Jur* contravenir.

contravention [kɒntrǝ'venʃǝn] *n Jur* contravención *f*.

contribute [kǝn'trɪbju:t] I *vtr (money)* contribuir; *(one's share)* pagar; *(ideas, information)* aportar. II *vi* 1 *(gen)* contribuir; *(in discussion)* participar. 2 *Press* colaborar **(to,** en).

contribution [kɒntrɪ'bju:ʃǝn] *n* 1 *(of money)* contribución *f*; *(of ideas etc)* aportación *f*. 2 *Press* colaboración *f*.

contributor [kǝn'trɪbjʊtǝ'] *n* 1 *(to fund)* contribuyente *mf*. 2 *(to newspaper)* colaborador,-a *m,f*.

contributory [kǝn'trɪbjʊtǝrɪ] *adj* contribuyente; **to be a c. cause of sth,** contribuir a algo. ■ *Jur* **c. negligence,** responsabilidad *f* de la víctima; *Ins* **c.**

pension scheme, plan *m* privado de jubilación para los trabajadores de una empresa.

contrite[kən'traɪt, 'kɒntraɪt] *adj* contrito,-a.

contrition[kən'trɪʃən] *n Rel* contrición *f*.

contrivance [kən'traɪvəns] *n* 1 *(device)* artefacto *m*, invento *m*. 2 *(plan)* estratagema *m*.

contrive[kən'traɪv] I *vtr* inventar, idear. II *vi* to c. to do sth, buscar la forma de hacer algo.

contrived[kən'traɪvd] *adj* artificial, forzado,-a.

control[kən'trəʊl] I *vtr (pt & pp controlled)* 1 *(gen)* controlar; *(person)* dominar, ejercer control sobre; *(animal)* dominar; *(vehicle)* manejar. 2 *(feelings)* gobernar; **to c.** oneself *or* one's temper, controlarse. II *n* 1 *(power)* control *m*, mando *m*, dominio *m*; *(authority)* autoridad *f*; *Sport* dominio *m*; **birth c.,** control de natalidad; **circumstances beyond our c.,** circunstancias fuera de nuestro control; **out of c.,** fuera de control; **parental c.,** autoridad de los padres; **the situation is under c.,** la situación está bajo control; **to be in c.,** estar al mando *or* a cargo; *(situation)* **to be under c.,** estar bajo control; *(fire, disease etc)* **to bring under c.,** conseguir controlar; **to go out of c.,** descontrolarse; **to keep a dog under c.,** controlar un perro; **to lose c.,** perder el control, perder los estribos; **we brought the fire under c.,** conseguimos controlar el fuego. ■ **c. group,** grupo *m* de control. 2 *Tech* control *m*, mando *m*. ■ **remote c.,** control *m or* mando *m* a distancia. 3 *Aut Av (device)* mando *m*; *Rad TV* botón *m* de control; **dual controls,** doble mando *m sing;* **to take over the controls,** *Aut* tomar el volante; *Av* tomar los mandos. ■ **c. panel,** tablero *m* de instrumentos; **c. room,** sala *f* de control; *Av* **c. tower,** torre *f* de control; **volume c.,** botón *m* del volumen.

controller [kən'trəʊləʳ] *n* 1 *Admin Fin* interventor,-a *m,f*. 2 *Rad TV* director,-a *m,f* de programación; *Av* **air traffic c.,** controlador,-a *m,f* del tráfico aéreo.

controlling [kən'trəʊlɪŋ] *adj* controlador,-a; *Com* **c. interest,** participación *f* mayoritaria.

controversial[kɒntrə'vɜːʃəl] *adj* controvertido,-a, polémico,-a.

controversy ['kɒntrəvɜːsɪ, kən'trɒvəsɪ] *n* controversia *f*, polémica *f*.

contusion[kən'tjuːʒən] *n Med* contusión *f*.

conundrum [kə'nʌndrəm] *n fml* enigma *m*, problema *m*.

conurbation[kɒnɜː'beɪʃən] *n* conurbación *f*.

convalesce[kɒnvə'les] *vi* convalecer.

convalescence[kɒnvə'lesəns] *n* convalecencia *f*.

convalescent[kɒnvə'lesənt] *adj* convaleciente; **c. home,** clínica *f* de reposo.

convection [kən'vekʃən] *n Phys Meteor* convección *f*.

convector[kən'vektəʳ] *n* estufa *f* de convección.

convene [kən'viːn] I *vtr (meeting)* convocar. II *vi* reunirse.

convenience [kən'viːnɪəns] *n (suitability)* conveniencia *f*, comodidad *f*; **all modern conveniences,** todas las comodidades; **at your c.,** cuando le convenga; **at your earliest c.,** tan pronto como le sea posible; *fig* **to make a c. of sb,** abusar (la amabilidad) de algn. ■ **c. food,** comida *f* precocinada; *GB euph* **public conveniences,** aseos *mpl* públicos.

convenient[kən'viːnɪənt] *adj (time, arrangement)* conveniente, oportuno,-a; *(place)* bien situado,-a; **if it is c. for you,** si te conviene, si te viene bien.

convent['kɒnvənt] *n Rel* convento *m*.

convention[kən'venʃən] *n* 1 *(conference)* convención *f*, congreso *m*. 2 *(custom)* convención *f*. 3 *(treaty)* convención *f*.

conventional [kən'venʃənəl] *adj* convencional, clásico,-a.

converge[kən'vɜːdʒ] *vi* convergir **(on, en).**

convergent[kən'vɜːdʒənt] *adj* convergente.

conversant [kən'vɜːsənt] *adj fml* familiarizado,-a; **to be c. with a subject,** ser versado,-a en una materia; **to become c. with,** familiarizarse con.

conversation [kɒnvə'seɪʃən] *n* conversación *f*; **in c.,** conversando.

conversational [kɒnvə'seɪʃənəl] *adj* coloquial; **c. English,** inglés coloquial; **c. style,** estilo familiar.

conversationalist [kɒnvə'seɪʃənəlɪst] *n* hablador,-a *m,f*; **to be a good c.,** brillar en la conversación.

converse[kən'vɜːs] *vi* conversar, hablar.

converse[ˈkɒnvɜːs] I *adj* opuesto,-a. II **the c.***n* lo opuesto. ◆**conversely***adv* a la inversa.

conversion[kən'vɜːʃən] *n* 1 *Math Rel* conversión *f* **(to,** a; **into,** en). ■ *Math* **c. table,** tabla *f* de conversión. 2 *(of house etc)* reconstrucción *f*. 3 *Rugby* transformación *f*.

convert[kən'vɜːt] I *vtr* 1 *(gen)* convertir. 2 *Rugby* transformar. II *vi* convertirse; **a settee that converts into a bed,** un sofá que se convierte en cama. III ['kɒnvɜːt] *n Rel* converso,-a *m,f*.

converter[kən'vɜːtəʳ] *n Tech Elec* convertidor *m*, transformador *m*.

convertible [kən'vɜːtəbəl] I *adj* 1 *(gen)* convertible. 2 *Aut* descapotable. II *n Aut* descapotable *m*.

convex['kɒnveks, kɒn'veks] *adj* convexo,-a.

convey[kən'veɪ] *vtr* 1 *(transport, carry)* transportar, llevar. 2 *(communicate) (sound)* transmitir; *(idea)* comunicar, expresar. 3 *Jur* preparar escrituras de traspaso.

conveyance[kən'veɪəns] *n* 1 *(carrying)* transporte *m*, transmisión *f*. 2 *(means)* transporte *m*, vehículo *m*.

conveyancing [kən'veɪənsɪŋ] *n Jur* preparación *f* de escrituras de traspaso.

conveyor [kən'veɪəʳ] *n (person)* transportista *mf*. ■ *Tech* **c. belt,** cinta *f* transportadora.

convict[kən'vɪkt] I *vtr* declarar culpable **(of,** de), condenar. II [ˈkɒnvɪkt] *n* presidiario,-a *m,f*.

conviction[kən'vɪkʃən] *n* 1 *(belief)* creencia *f*, convicción *f*; **to carry c.,** convencer. 2 *Jur* condena *f*; **he has no previous convictions,** no tiene antecedentes penales.

convince[kən'vɪns] *vtr* convencer; **to c. sb to do sth,** convencer a algn para que haga algo.

convincing [kən'vɪnsɪŋ] *adj* convincente. ◆**convincingly***adv* con convicción.

convivial [kən'vɪvɪəl] *adj (sociable)* sociable; *(festive)* jovial, festivo,-a.

conviviality[kənvɪvɪ'ælɪtɪ] *n* alegría *f*, jovialidad *f*.

convocation[kɒnvə'keɪʃən] *n* 1 *(gen)* convocatoria *f*. 2 *GB Univ* asamblea *f*.

convoke[kən'vəʊk] *vtr* convocar.

convoluted ['kɒnvəluːtɪd] *adj* 1 *(argument)* complejo,-a. 2 *Bot (leaf)* enrollado,-a.

convoy['kɒnvɔɪ] I *n* convoy *m*; **in or under c.,** bajo escolta. II *vtr* escoltar.

convulse [kən'vʌls] *vtr* convulsionar; **her face was convulsed with pain**, tenía la cara distorsionada por el dolor; *fam* **to be convulsed with laughter**, troncharse de risa.

convulsion [kən'vʌlʃən] *n* convulsión *f*; *fam* **convulsions of laughter**, ataques *mpl* de risa.

convulsive [kən'vʌlsɪv] *adj* convulsivo,-a.

coo [ku:] *vi (baby)* gorjear; *(pigeon)* arrullar.

cooing ['ku:ɪŋ] *n (of baby)* gorjeos *mpl*; *(of pigeon)* arrullo *m*.

cook [kʊk] I *vtr (chicken, potatoes)* cocinar, guisar; *(food, dinner)* preparar, hacer; **how long do you c. the meat (for)?**, ¿cuánto tiempo pones a cocer la carne?; *fam* **to c. up an excuse**, inventarse una excusa; *sl* **to c. the books**, falsificar las cuentas. II *vi (person)* cocinar, guisar, cocer; *(food)* cocerse; **c. slowly**, cocer a fuego lento; **I can't c.**, no sé guisar; *fam* **what's cooking?**, ¿cómo está el patio? III *n Culin* cocinero,-a *m,f*; **he's a good c.**, guisa bien.

cookbook ['kʊkbʊk] *n US* libro *m* de cocina.

cooker ['kʊkə'] *n* 1 *(apparatus)* cocina *f*. ■ **gas c.**, cocina *f* de gas. 2 *GB (apple)* manzana *f* ácida para cocinar.

cookery ['kʊkərɪ] *n* cocina *f*. ■ **c. book**, libro *m* de cocina.

cookie ['kʊkɪ] *n US* galleta *f*.

cooking ['kʊkɪŋ] I *n* cocina *f*; **home c.**, comida casera. II *adj* **c. apple**, manzana *f* ácida para cocinar.

cookout ['kʊkaʊt] *n US* barbacoa *f*.

cool [ku:l] I *adj* 1 *(gen)* fresco,-a; *(drink)* refrescante; *(weather)* **it's c.**, hace fresquito; **it's getting cooler**, está refrescando, refresca. 2 *fig (calm)* tranquilo,-a; *(reserved)* frío,-a; **a c. reception**, una acogida fría; **c. as a cucumber**, fresco,-a como una lechuga; **keep c.!**, ¡tranquilo,-a! 3 *fam (cheeky)* fresco,-a, descarado,-a; **a c. £10,000**, la friolera de 10.000 libras; **he's a c. customer**, es un fresco *or* un caradura. II *n* 1 *(coolness)* fresco *m*; **the c. of the evening**, el frescor de la tarde. 2 *sl* calma *f*; **to lose** *or* **blow one's c.**, perder la calma. III *vtr (room, air)* refrescar; *(drink)* enfriar; *fam* **to c. one's heels**, hacer antesala. IV *vi* enfriarse; **to c. down**, *(engine, feelings)* enfriarse; *(person)* calmarse. V *adv fam* **to play it c.**, hacer como si nada. ✦**cool off** *vi fig (person)* calmarse; *(feelings)* enfriarse. ✦**coolly** *adv* 1 *(gen)* fríamente. 2 *fam (cheekily)* descaradamente.

coolant ['ku:lənt] *n* líquido *m* refrigerante.

cooler ['ku:lə'] *n* 1 *(box)* nevera *f* portátil. 2 *sl* chirona *f*.

cooling ['ku:lɪŋ] *n Tech* refrigeración *f*, enfriamiento *m*. ■ **c. system**, sistema *m* de refrigeración; *fig* **c.-off period**, período *m* de reflexión.

coolness ['ku:lnɪs] *n* 1 *(of air etc)* frescor *m*. 2 *fig (calmness)* calma *f*, frialdad *f*; *(composure)* sangre *f* fría. 3 *fam* frescura *f*.

coop [ku:p] I *n* gallinero *m*. II *vtr* **to c. (up)**, encerrar.

co-op ['kəʊɒp] *n abbr of* co-operative, cooperativa *f*.

co-operate [kəʊ'ɒpəreɪt] *vi* cooperar, colaborar.

co-operation [kəʊɒpə'reɪʃən] *n* cooperación *f*.

co-operative [kəʊ'ɒpərətɪv] I *adj* 1 *(helpful)* cooperador,-a. 2 *(society)* cooperativo,-a. ■ **c. farm**, cooperativa *f* agrícola. II *n* cooperativa *f*.

co-opt [kəʊ'ɒpt] *vtr fml* nombrar como nuevo miembro.

co-ordinate [kəʊ'ɔ:dɪneɪt] I *vtr* coordinar. II [kəʊ'ɔ:dɪnɪt] *n* 1 *Math* coordenada *f*. 2 **co-ordinates**, *(clothes)* conjunto *m sing*.

co-ordination [kəʊɔ:dɪ'neɪʃən] *n* coordinación *f*.

co-ordinator [kəʊ'ɔ:dɪneɪtə'] *n* coordinador,-a *m,f*.

coot [ku:t] *n Orn* focha *f* común.

cop[1] [kɒp] *sl* I *n (policeman)* poli *m*. II *vtr (pt & pp* copped*)* pillar, pescar; **you'll c. it**, te vas a ganar una buena. ✦**cop out** *vi* rajarse.

cop[2] [kɒp] *n GB sl (value)* **it's not much c.**, no es nada del otro jueves.

cope [kəʊp] *vi* adaptarse, arreglárselas; **she's coping well**, se las arregla *or* apaña bien; **to c. with**, *(person, work)* poder con; *(problem)* hacer frente a.

Copenhagen [kəʊpən'heɪgən] *n* Copenhague.

copier ['kɒpɪə'] *n* copiadora *f*.

copilot ['kəʊpaɪlət] *n Av* copiloto *m*.

copious ['kəʊpɪəs] *adj* copioso,-a, abundante.

copper[1] ['kɒpə'] I *n* 1 *Min* cobre *m*. 2 *fam (money)* perra *f*, pela *f*; **it cost only a few coppers**, me costó cuatro perras. II *adj (colour)* cobrizo,-a. ■ *Bot* **c. beech**, haya *f* de hoja oscura.

copper[2] ['kɒpə'] *n sl* poli *m*; **the coppers**, la pasma.

copperplate ['kɒpəpleɪt] *n* 1 *(plate)* lámina *f* de cobre. 2 *(print)* grabado *m* en cobre. 3 **c. (writing)**, letra *f* caligrafiada.

coppice ['kɒpɪs] *n*, **copse** [kɒps] *n* arboleda *f*, bosquecillo *m*.

copulate ['kɒpjʊleɪt] *vi* copular.

copulation [kɒpjʊ'leɪʃən] *n* copulación *f*.

copy ['kɒpɪ] I *n* 1 *(reproduction)* copia *f*. ■ **rough c.**, borrador *m*. 2 *(of book, magazine)* ejemplar *m*. 3 *Print* manuscrito *m*. 4 *Press fam* tema *m*, asunto *m*; **it makes good c.**, es un asunto de interés. II *vtr (pt & pp* copied*)* *(notes)* copiar; *(imitate)* copiar, imitar; **to c. out a letter**, copiar una carta. III *vi (gen)* copiar; *(in exam)* copiar.

copybook ['kɒpɪbʊk] *n* cuaderno *m* (de caligrafía); *fam* **to blot one's c.**, manchar su reputación.

copycat ['kɒpɪkæt] *n fam* copión,-ona *m,f*.

copyright ['kɒpɪraɪt] *n* derechos *mpl* de autor, propiedad *f* literaria *or* intelectual.

copywriter ['kɒpɪraɪtə'] *n* redactor,-a *m,f* de textos publicitarios.

cor [kɔ:'] *interj GB sl* **c.!**, ¡ostras!, ¡toma!

coral ['kɒrəl] *n* coral *m*. ■ **c. island**, isla *f* coralina; **c. reef**, arrecife *m* de coral; **C. Sea**, Mar *m* del Coral.

cord [kɔ:d] *n* 1 *(string, rope)* cuerda *f*; *Elec* cordón *m*. ■ *Anat* **spinal c.**, médula *f* espinal; **umbilical c.**, cordón *m* umbilical; **vocal cords**, cuerdas *fpl* vocales. 2 *Tex (corduroy)* pana *f*; *(garment)* **cords**, pantalones *mpl* de pana.

cordial ['kɔ:dɪəl] I *adj* cordial, afectuoso,-a. II *n (drink)* licor *m*.

cordon ['kɔ:dən] I *n* cordón *m*. II *vtr* acordonar; **to c. off a street**, acordonar *or* aislar una calle.

corduroy ['kɔ:dərɔɪ] *n Tex* pana *f*.

core [kɔ:'] I *n 1 (of apple, pear)* corazón *m*; *Elec Tech* núcleo *m*; *Pol fig* **hard c.**, los incondicionales; *fig* **to the c.**, hasta la médula. II *vtr (apple)* quitarle el corazón a.

corer ['kɔ:rə'] *n Culin* deshuesadora *f*.

coriander [kɒrɪ'ændə'] *n Bot* coriandro *m*, culantro *m*.

cork [kɔːk] **I** n **1** *(material)* corcho m. ∎ *Bot* c. oak, alcornoque m. **2** *(stopper)* corcho m, tapón m; to **pull the c. out of a bottle**, descorchar una botella. **II** vtr *(bottle)* poner el corcho a, taponar.

corked [kɔːkt] adj que sabe a corcho.

corkscrew ['kɔːkskruː] n sacacorchos m inv.

cormorant ['kɔːmərənt] n *Orn* cormorán m grande.

corn[1] [kɔːn] n *(grain)* granos mpl; *(seed)* cereal m; *(maize)* maíz m; **c. oil**, aceite de maíz; **c. on the cob**, mazorca f de maíz.

corn[2] [kɔːn] n *Med* callo m; *GB fam* to **tread on sb's corns**, disgustar or ofender a algn.

corncob ['kɔːnkɒb] n mazorca f de maíz.

corncrake ['kɔːnkreɪk] n *Orn* guión m de codornices.

cornea ['kɔːnɪə] n *Anat* córnea f.

corner ['kɔːnə[r]] **I** n **1** *(of street)* esquina f; *(bend in road)* curva f, recodo m; *(of table)* esquina f, pico m; **(just) round the c.**, a la vuelta de la esquina; **out of the c. of one's eye**, con el rabillo del ojo; *fig* from **all corners of the world**, de todos los rincones del mundo; *fig* to **cut corners**, tomar un atajo. ∎ *Ftb* c. **kick**, córner m; **c. shop**, tienda f pequeña de barrio. **2** *(of room)* rincón m; *fig* to **be in a tight c.**, estar en un aprieto; *fig* to **drive sb into a c.**, arrinconar or acorralar a algn. ∎ **c. table**, mesa f rinconera. **3** *Com* monopolio m. **II** vtr **1** *(enemy)* arrinconar, acorralar. **2** *Com (market)* acaparar, monopolizar. **III** vi *Aut* tomar una curva.

cornerstone ['kɔːnəstəʊn] n piedra f angular; *fig* base f.

cornet ['kɔːnɪt] n **1** *Mus* corneta f. **2** *GB (for ice cream)* cucurucho m.

cornfield ['kɔːnfiːld] n **1** *GB* trigal m. **2** *US* campo m de maíz.

cornflakes ['kɔːnfleɪks] npl copos mpl de maíz.

cornflour ['kɔːnflaʊə[r]] n harina f de maíz, maicena f.

cornflower ['kɔːnflaʊə[r]] n *Bot* aciano m, azulina f.

cornice ['kɔːnɪs] n *Archit* cornisa f.

Cornish ['kɔːnɪʃ] adj de Cornualles. ∎ *Culin* C. **pasty**, empanadilla f de carne picada y verduras.

cornstarch ['kɔːnstɑːtʃ] n *US see* **cornflour**.

Cornwall ['kɔːnwəl] n Cornualles.

corny ['kɔːnɪ] adj *(cornier, corniest)* *fam (joke)* gastado,-a, rancio,-a; *(film)* hortera.

corolla [kə'rɒlə] n *Bot* corola f.

corollary [kə'rɒlərɪ] n corolario m.

coronary ['kɒrənərɪ] *Med* **I** adj coronario,-a; **c. thrombosis**, trombosis coronaria. **II** n trombosis f coronaria.

coronation [kɒrə'neɪʃən] n coronación f.

coroner ['kɒrənə[r]] n *Jur* juez mf de instrucción.

Corp 1 *Mil abbr of* **corporal**, cabo m. **2** *US abbr of* **Corporation**, sociedad f anónima, S.A.

corporal[1] ['kɔːpərəl] adj corporal; **c. punishment**, castigo corporal.

corporal[2] ['kɔːpərəl] n *Mil* cabo m.

corporate ['kɔːpərɪt] adj corporativo,-a; **c. body**, corporación f; **c. responsibility/action**, responsabilidad/acción colectiva.

corporation [kɔːpə'reɪʃən] n **1** *(business)* sociedad f anónima. **2** *Admin (of city)* **(municipal) c.**, ayuntamiento m.

corps [kɔː[r]] n *(pl corps* [kɔːz]*)* cuerpo m; *Mil* the **medical c.**, el cuerpo médico.

corpse [kɔːps] n cadáver m.

corpulence ['kɔːpjʊləns] n corpulencia f.

corpulent ['kɔːpjʊlənt] adj corpulento,-a.

corpuscle ['kɔːpʌsəl] n corpúsculo m, glóbulo m.

corral [kə'rɑːl] n *US* corral m.

correct [kə'rekt] **I** vtr **1** *(mistake)* corregir, rectificar. **2** *(child etc)* reprender. **II** adj **1** *(free from error)* correcto,-a, exacto,-a; **you're quite c.**, tienes toda la razón. **2** *(behaviour)* formal.

correction [kə'rekʃən] n corrección f.

corrective [kə'rektɪv] adj correctivo,-a.

correctness [kə'rektnɪs] n **1** *(accuracy)* exactitud f. **2** *(of behaviour)* formalidad f.

correlate ['kɒrəleɪt] **I** vtr poner en correlación, correlacionar. **II** vi tener or guardar correlación (**with**, con).

correlation [kɒrə'leɪʃən] n correlación f.

correspond [kɒrɪ'spɒnd] vi **1** *(one thing with another)* corresponder; **A corresponds with B**, A y B se corresponden; **to c. to**, equivaler a. **2** *(by letter)* escribirse, mantener correspondencia; **they c.**, se escriben; **to c. with sb**, mantener correspondencia con algn.

correspondence [kɒrɪ'spɒndəns] n **1** *(between two things)* correspondencia f. **2** *(letters)* correo m. ∎ **c. course**, curso m por correspondencia.

correspondent [kɒrɪ'spɒndənt] n *Press* corresponsal mf. ∎ **special c.**, enviado,-a m,f especial.

corresponding [kɒrɪ'spɒndɪŋ] adj *(gen)* correspondiente; *(in accordance with)* conforme. ◆**correspondingly** adv igualmente.

corridor ['kɒrɪdɔː[r]] n pasillo m, corredor m; *fig* the **corridors of power**, las altas esferas del poder.

corroborate [kə'rɒbəreɪt] vtr corroborar.

corroboration [kərɒbə'reɪʃən] n corroboración f.

corrode [kə'rəʊd] **I** vtr corroer. **II** vi corroerse.

corrosion [kə'rəʊʒən] n corrosión f.

corrosive [kə'rəʊsɪv] **I** adj corrosivo,-a. **II** n sustancia f corrosiva.

corrugate ['kɒrʊgeɪt] vtr *Tech* ondular; **corrugated iron**, hierro ondulado.

corrupt [kə'rʌpt] **I** adj *(person)* corrompido,-a, corrupto,-a; *(actions)* deshonesto,-a; **c. practices**, corrupción f sing. **II** vtr & vi corromper.

corruption [kə'rʌpʃən] n, **corruptness** [kə'rʌptnɪs] n corrupción f.

corset ['kɔːsɪt] n *(garment)* faja f.

Corsica ['kɔːsɪkə] n Córcega f.

Corsican ['kɔːsɪkən] adj & n corso,-a *(m,f)*.

cortège [kɔː'teɪʒ] n cortejo m, comitiva f.

cortisone ['kɔːtɪzəʊn] n cortisona f.

Corunna [kə'rʌnə] n La Coruña.

cos[1] [kɒs] n c. *(lettuce)*, lechuga f romana.

cos[2] *Math abbr of* **cosine**, coseno m, cos.

cosh [kɒʃ] *GB* **I** n porra f. **II** vtr dar un porrazo a, aporrear.

cosmetic [kɒz'metɪk] **I** n producto m de belleza, cosmético m. **II** adj cosmético,-a; **c. surgery**, cirugía plástica.

cosmic ['kɒzmɪk] adj cósmico,-a; **c. rays**, rayos cósmicos.

cosmonaut ['kɒzmənɔːt] n *Astron* cosmonauta mf.

cosmopolitan [kɒzmə'pɒlɪtən] adj cosmopolita.

cosmos ['kɒzmɒs] n cosmos m.

cosset ['kɒsɪt] vtr mimar.

cost [kɒst] **I** n (price) precio m, costo m, coste m; (expense) gasto m; **at c. price,** a precio de coste; **c. of living,** coste de vida; **the c. of running a car,** los gastos de mantenimiento de un coche; Jur **to pay costs,** pagar las costas; **whatever the c.,** cueste lo que cueste; fig **to count the c.,** considerar las desventajas. **II** vtr & vi (pt & pp cost) costar, valer; **how much does it c.?,** ¿cuánto cuesta?, ¿cuánto vale?; **it c. me £50 to have the car repaired,** me costó 50 libras arreglar el coche; **whatever it costs,** cueste lo que cueste; fig **it costs the earth,** cuesta una fortuna or un riñón. **III** vtr (pt & pp costed) Com Ind calcular el coste de.

co-star ['kɑʊstɑːᵣ] Cin Theat **I** n coprotagonista mf. **II** vi (pt & pp co-starred) **to c. with sb,** coprotagonizar con algn.

Costa Rica [kɒstə'riːkə] n Costa Rica.

Costa Rican [kɒstə'riːkən] adj & n costarricense (mf).

cost-effective [kɒstɪ'fektɪv] adj rentable.

costing ['kɒstɪŋ] n Com Ind cálculo m de coste.

costliness ['kɒstlɪnɪs] n (in price) alto precio m; (in value) lujo m.

costly ['kɒstlɪ] adj (costlier, costliest) (dear) costoso,-a, caro,-a; (valuable) costoso,-a.

costume ['kɒstjuːm] n traje m. ▪ **bathing** or **swimming c.,** bañador m; **c. ball,** baile m de disfraces; **c. jewellery,** bisutería f; **fancy dress c.,** disfraz m; **national c.,** traje m típico.

cosy ['kəʊzɪ] **I** adj (cosier, cosiest) (room, atmosphere) acogedor,-a; (bed) calentito,-a; **it's c. in here,** aquí se está bien. **II** n **tea/egg c.,** cubierta f para tetera/huevo pasado por agua.

cot [kɒt] n cuna f. ▪ Med **c. death (syndrome),** muerte f inexplicable de un bebé en la cuna.

cottage ['kɒtɪdʒ] n (gen) casa f de campo; US (for holiday) chalet m. ▪ Culin **c. cheese,** requesón m; GB **c. hospital,** hospital m rural; **c. industry,** industria f casera; GB Culin **c. pie,** pastel m de carne picada con puré de patatas.

cotton ['kɒtən] n **1** Bot algodonero m; Tex algodón m; **the c. industry,** la industria algodonera. ▪ **c. dress,** vestido m de algodón; **c. wool,** algodón m hidrófilo, guata f. **2** (thread) hilo m. ◆**cotton on** vi fam **to c. on to sth,** caer en la cuenta de algo.

couch [kaʊtʃ] **I** n Furn canapé m, sofá m; (in surgery) camilla f. **II** vtr expresar, formular.

couchette [kuː'ʃet] n Rail litera f.

cough [kɒf] **I** vi toser. **II** n tos f; **to have a (bad) c.,** tener (mucha) tos. ▪ **c. drop,** pastilla f para la tos; **c. mixture,** jarabe m para la tos. ◆**cough up I** vtr escupir; fam **to c. up the money,** soltar la pasta. **II** vi escupir; fam **c. up!,** ¡suéltalo!

could [kʊd] v aux see **can**¹.

council ['kaʊnsəl] n **1** (assembly, body) consejo m. ▪ GB **c. house,** vivienda f de protección oficial; **town** or **city c.,** consejo m municipal, ayuntamiento m. **2** Rel concilio m.

councillor, US **councilor** ['kaʊnsələᵣ] n concejal mf.

counsel ['kaʊnsəl] **I** n **1** (advice) consejo m; **to take c. with sb,** consultar con algn; fig **to keep one's own c.,** guardar silencio. **2** Jur (barrister) abogado,-a m,f; **c. for the defence,** abogado defensor; **c. for the prosecution,** fiscal mf. **II** vtr aconsejar.

counselling, US **counseling** ['kaʊnsəlɪŋ] n orientación f.

counsellor, US **counselor** ['kaʊnsələᵣ] n **1** (adviser) asesor,-a m,f. **2** US Jur abogado,-a m,f.

count¹ [kaʊnt] **I** vtr **1** (gen) contar; **six not counting the dog,** seis sin contar el perro. **2** fig (consider) considerar; **to c. one's blessings, to c. oneself lucky,** considerarse afortunado,-a. **II** vi contar; (be valid) valer; **counting from tomorrow,** a partir de mañana; **he doesn't c.,** él no cuenta or no tiene importancia; **that doesn't c.,** eso no vale; **to c. to ten,** contar hasta diez; fig **to c. against sb,** perjudicar a algn. **III** n **1** (gen) cuenta f; (total) recuento m; **to keep/lose c. of sth,** llevar/perder la cuenta de algo. ▪ Med **blood c.,** recuento m de hemoglobina. **2** Box **to be out for the c.,** estar fuera de combate. **3** Jur cargo m, acusación f. ◆**count in** vtr fam incluir, contar con; **c. me in!,** ¡yo me apunto! ◆**count on, count upon** vtr contar con. ◆**count out** vtr **1** (banknotes) contar uno por uno. **2** fam no contar con; **c. me out!,** ¡no cuentes conmigo!

count² [kaʊnt] n (nobleman) conde m.

countdown ['kaʊntdaʊn] n cuenta f atrás.

countenance ['kaʊntɪnəns] **I** n **1** (face) semblante m, rostro m. **2** (composure) compostura f. **II** vtr aprobar, dar aprobación a.

counter¹ ['kaʊntəᵣ] n **1** (in shop) mostrador m; (in bank) ventanilla f; **to buy a medicine over the c.,** comprar un medicamento sin receta médica; fig **under the c.,** clandestinamente. **2** (in board games) ficha f.

counter² ['kaʊntəᵣ] n contador m.

counter³ ['kaʊntəᵣ] **I** adv en contra; **c. to,** en contra de; **to run c. to,** ir en contra de. **II** vtr (attack) contestar a; (blow) parar; (tendency) contrarrestar. **III** vi contestar, replicar.

counteract [kaʊntər'ækt] vtr contrarrestar.

counterattack ['kaʊntərətæk] **I** n contraataque m. **II** vtr & vi contraatacar.

counterbalance ['kaʊntəbæləns] **I** n contrapeso m. **II** [kaʊntə'bæləns] vtr contrapesar, equilibrar.

counterclockwise [kaʊntə'klɒkwaɪz] adj & adv US en sentido contrario a las agujas del reloj.

counterespionage [kaʊntər'espɪənɑːʒ] n contraespionaje m.

counterfeit ['kaʊntəfɪt] **I** adj falsificado,-a; **c. coin,** moneda falsa. **II** n falsificación f. **III** vtr falsificar.

counterfoil ['kaʊntəfɔɪl] n GB (of cheque) matriz f.

counterintelligence [kaʊntərɪn'telɪdʒəns] n contraespionaje m.

countermand [kaʊntə'mɑːnd] vtr (command) revocar; Com (order) anular.

countermeasure ['kaʊntəmeʒəᵣ] n contramedida f.

counteroffensive ['kaʊntərəfensɪv] n Mil contraofensiva f.

counterpane ['kaʊntəpeɪn] n cubrecama m,f, colcha f.

counterpart ['kaʊntəpɑːt] n homólogo,-a m,f, colega mf.

counterpoint ['kaʊntəpɔɪnt] n Mus contrapunto m.

counterproductive [kaʊntəprə'dʌktɪv] adj contraproducente.

counter-revolution [kaʊntərevə'luːʃən] n Pol contrarrevolución f.

counter-revolutionary [kaʊntərevə'luːʃənərɪ] adj contrarrevolucionario,-a.

countersign ['kaʊntəsaɪn] *vtr* refrendar.

countess ['kaʊntɪs] *n* condesa *f*.

countless ['kaʊntlɪs] *adj* innumerable, incontable.

country ['kʌntrɪ] *n* 1 *(state, nation)* país *m*; **native c.**, patria *f*; *Pol fig* **to go to the c.**, celebrar elecciones generales. 2 *(rural area)* campo *m*. ■ **c. and western (music)**, música *f* country; **c. dancing**, baile *m* country; **c. seat**, finca *f*, hacienda *f*.

countryfolk ['kʌntrɪfəʊk] *n* gente *f* del campo.

countryman ['kʌntrɪmən] *n (pl countrymen)* 1 *(rural)* hombre *m* del campo. 2 *(compatriot)* compatriota *m*.

countryside ['kʌntrɪsaɪd] *n (area)* campo *m*; *(scenery)* paisaje *m*.

countrywoman ['kʌntrɪwʊmən] *n (pl countrywomen* ['kʌntrɪwɪmɪn]*)* 1 *(rural)* mujer *f* del campo. 2 *(compatriot)* compatriota *f*.

county ['kaʊntɪ] *n* condado *m*. ■ **c. town**, capital *f* de un condado.

coup [ku:] *n* golpe *m*. ■ *Pol* **c. d'état**, golpe *m* de estado.

coupé ['ku:peɪ] *n* Aut cupé *m*.

couple ['kʌpəl] **I** *n* 1 *(people)* pareja *f*; **a married c.**, un matrimonio; **a young c.**, una pareja joven. 2 *(things)* par *m*; **a c.**, un par; *fam* **a c. of times**, un par de veces; *fam* **when he's had a c.**, cuando ha bebido más de la cuenta. **II** *vtr Tech (wagons)* enganchar; *fig* **coupled with**, junto a. **III** *vi (mate)* aparearse.

couplet ['kʌplɪt] *n Lit* (verso *m*) pareado *m*.

coupling ['kʌplɪŋ] *n Rail* enganche *m*.

coupon ['ku:pɒn] *n* 1 *(gen)* cupón *m*. 2 *GB Ftb* boleto *m*.

courage ['kʌrɪdʒ] *n* coraje *m*, valor *m*, valentía *f*; **he has the c. of his convictions**, tiene el valor de atenerse a sus principios.

courageous [kə'reɪdʒəs] *adj* valeroso,-a, valiente.

courgette [kʊə'ʒet] *n Culin* calabacín *m*.

courier ['kʊərɪə'] *n* 1 *(messenger)* mensajero,-a *m,f*. 2 *(guide)* guía *mf* turístico,-a.

course [kɔ:s] **I** *n* 1 *(onward movement)* curso *m*, marcha *f*; *(direction)* curso *m*, dirección *f*; *Naut* rumbo *m*; *(of river)* curso *m*; *Av* trayectoria *f*; **to be on/off c.**, seguir/perder el rumbo; **to change c.**, cambiar de rumbo *or* dirección; **to set c.**, poner rumbo. 2 *fig* curso *m*, marcha *f*; *(of illness)* desarrollo *m*; **his c. of action was to ...**, su opción fue ...; **in due c.**, a su debido tiempo; **in the c. of construction**, en vías de construcción; **in the c. of our conversation**, mientras hablábamos; **in the c. of time**, con el tiempo; **let things take their c.**, deja que todo siga su curso; **that will happen as a matter of c.**, eso ya vendrá por sí solo; **the c. of events**, el curso de los acontecimientos. 3 *(set, series)* ciclo *m*, serie *f*; *(of lectures)* ciclo *m*; **a c. of treatment**, un tratamiento. 4 *Educ (year-long)* curso *m*; *(short)* cursillo *m*; *Univ* asignatura *f*; **refresher c.**, cursillo de reciclaje; **to take a c.**, seguir *or* hacer un curso. 5 *Constr* hilada *f*. 6 *Sport (for golf)* campo *m*; *(for racing)* pista *f*; *(for horse-racing)* hipódromo *m*. 7 *Culin* plato *m*; **first c.**, entrada *f*, primer plato *m*. 8 **of c.**, claro, naturalmente, por supuesto; **of c. not!**, ¡claro que no! **II** *vi (liquid)* correr, fluir.

court [kɔ:t] **I** *n* 1 *Jur* tribunal *m*; **high c.**, tribunal supremo; **to settle out of c.**, llegar a un acuerdo sin ir a juicio; **to take sb to c.**, llevar a algn a los tribunales. ■ *Mil* **c. martial**, consejo *m* de guerra; *GB* **c. of inquiry**, comisión *f* de investigación; **c. of jus-** tice, tribunal *m* de justicia; **c. order**, orden *f* judicial. 2 *(royal)* corte *f*. ■ **c. shoe**, escarpín *m*. 3 *Sport* pista *f*, cancha *f*. **II** *vtr (woman)* festejar a, hacer la corte a; *fig* **to c. and spark**, pelar la pava; *fig* **to c. danger**, buscar el peligro; *fig* **to c. disaster**, exponerse al desastre. **III** *vi (couple)* llevar *or* tener relaciones.

courteous ['kɜ:tɪəs] *adj* cortés, fino,-a, educado,-a.
◆**courteously** *adv* cortésmente, con cortesía.

courtesy ['kɜ:tɪsɪ] *n* 1 *(politeness)* cortesía *f*, educación *f*; **he didn't have the c. to visit her**, no tuvo la atención de visitarla. 2 *(favour)* permiso *m*; **by c. of**, con permiso de. 3 *Aut* **c. light**, luz *f* interior.

courthouse ['kɔ:thaʊs] *n Jur* palacio *m* de justicia.

courtier ['kɔ:tɪə'] *n* cortesano *m*.

court-martial ['kɔ:tmɑ:ʃəl] *vtr (pt & pp court-martialled, US court-martialed)* someter a consejo de guerra.

courtroom ['kɔ:tru:m] *n Jur* sala *f* de justicia.

courtship ['kɔ:tʃɪp] *n (of people)* noviazgo *m*; *(of animals)* cortejo *m*.

courtyard ['kɔ:tjɑ:d] *n* patio *m*.

cousin ['kʌzən] *n* primo,-a *m,f*; **first c.**, primo,-a hermano,-a.

cove [kəʊv] *n Geog* cala *f*, ensenada *f*.

covenant ['kʌvənənt] *n* 1 *Jur* convenio *m*, pacto *m*. **II** *vi* convenir (**with sb**, con algn), comprometerse (**to do sth**, a hacer algo).

Coventry ['kʌvəntrɪ] *n fam* **to send sb to C.**, hacer el vacío a algn.

cover ['kʌvə'] **I** *vtr* 1 cubrir (**with**, de); *(floor, furniture)* revestir (**with**, de); *(with lid)* tapar; *(book)* forrar. 2 *(hide)* cubrir, disimular; *fig* **to c. one's tracks**, no dejar rastro. 3 *(protect)* abrigar, proteger; **to c. oneself**, protegerse a sí mismo. 4 *(financially)* cubrir; **£10 should c. it**, con diez libras habrá bastante. 5 *(distance)* recorrer, cubrir; **to c. expenses**, cubrir gastos. **to c. a great deal of ground**, hacer mucho camino. 6 *Ins* asegurar, cubrir (contra riesgos); **he's covered against fire**, tiene un seguro antiincendios. 7 *Journ* investigar, hacer un reportaje sobre. 8 *(deal with)* tratar, abarcar. 9 *(include)* incluir, comprender; **to c. all eventualities**, tener en cuenta todas las eventualidades. 10 *(aim at)* apuntar a; **to c. sb with a revolver**, apuntar a algn con una pistola. 11 *Sport (player)* marcar. **II** *vi* **to c. for sb**, encubrir a algn. **III** *n* 1 *(gen)* cubierta *f*; *(lid)* tapa *f*; *(on bed)* manta *f*, colcha *f*; *(of chair, typewriter)* funda *f*. 2 *(of book)* tapa *f*, cubierta *f*; *(of magazine)* portada *f*; *fig* **to read a book from c. to c.**, leer un libro de cabo a rabo. ■ **c. girl**, modelo *f* de revista. 3 *(in restaurant)* cubierto *m*. ■ **c. charge**, precio *m* del cubierto. 4 *(envelope)* sobre *m*; **under separate c.**, por separado. 5 *Ins* **full c.**, cobertura *f* completa. ■ *GB* **c. note**, seguro *m* provisional. 6 *fig (protection)* abrigo *m*, protección *f*; **to take c.**, abrigarse, refugiarse; **under c.**, al abrigo; *(indoors)* bajo techo. ◆**cover up I** *vtr* 1 cubrir. 2 *fig (crime)* encubrir; *(truth)* disimular. **II** *vi* 1 *(person)* abrigarse, taparse. 2 *fig* **to c. up for sb**, encubrir a algn.

coverage ['kʌvərɪdʒ] *n* 1 *Journ* reportaje *m* (**of**, sobre); **news c.**, reportaje *m*. 2 *Ins* cobertura *f*.

coveralls ['kʌvərɔ:lz] *npl US (garment)* mono *m* sing.

covering ['kʌvərɪŋ] **I** *n* cubierta *f*, envoltura *f*. **II** *adj (letter)* explicatorio,-a.

coverlet ['kʌvəlɪt] *n* cubrecama *m*, colcha *f*.

covert ['kʌvət] *adj* disimulado,-a, secreto,-a.

cover-up ['kʌvərʌp] *n* disimulo *m*, encubrimiento *m*.

covet ['kʌvɪt] *vtr* codiciar.

covetous ['kʌvɪtəs] *adj* codicioso,-a.

cow¹ [kaʊ] *n* **1** *Zool* vaca *f*; *(of elephant, seal)* hembra *f*; *fam* **till the cows come home,** hasta que las ranas echen pelo. ■ **c. shed,** establo *m*. **2** *pej (woman)* arpía *f*, bruja *f*.

cow² [kaʊ] *vtr* intimidar, acobardar.

coward ['kaʊəd] *n* cobarde *mf*.

cowardice ['kaʊədɪs] *n* cobardía *f*.

cowardly ['kaʊədlɪ] *adj* cobarde.

cowboy ['kaʊbɔɪ] *n* vaquero *m*.

cower ['kaʊəʳ] *vi* agacharse; *(with fear)* encogerse.

cowhide ['kaʊhaɪd] *n* piel *f* de vaca, cuero *m*.

cowl [kaʊl] *n* **1** *(hood)* capucha *f*. **2** *(of chimney)* sombrerete *m*.

cowslip ['kaʊslɪp] *n Bot* primavera *f*, prímula *f*.

cox [kɒks] **I** *n* timonel *m*. **II** *vtr (boat)* gobernar. **III** *vi* servir de timonel.

coy [kɔɪ] *adj (shy)* tímido,-a; *(demure)* coquetón,-ona. ◆**coyly** *adv* tímidamente.

cozy ['kəʊzɪ] *adj US see* **cosy.**

CP [siː'piː] *Pol abbr of* **Communist Party,** Partido *m* Comunista, PC.

crab [kræb] *n* **1** *Zool* cangrejo *m*. ■ **fiddler c.,** nécora *f*; **spider c.,** centolla *f*. **2** *Bot* **c. apple,** manzana *f* silvestre.

crabbed ['kræbɪd] *adj* **1** *(irritable)* irritable, tosco,-a. **2** *(handwriting)* apretado,-a.

crabby ['kræbɪ] *adj (crabbier, crabbiest) fam* **to be c.,** tener mala leche.

crack [kræk] **I** *vtr* **1** *(break) (cup)* rajar; *Med (bone)* fracturar; *(nut)* cascar; *(safe)* forzar; *(head)* golpearse. **2** *(whip)* hacer restallar. **3** *fig (problem)* dar con la solución de; *(clue)* descifrar; *(joke)* contar, soltar. **II** *vi* **1** *(glass)* rajarse, resquebrajarse; *(wall)* agrietarse. **2** *(whip)* restallar; *(voice)* cascarse. **3** *fam* **to get cracking on** *or* **with sth,** ponerse a hacer algo; **get cracking!,** ¡a trabajar!, ¡manos a la obra! **III** *n* **1** *(in cup)* raja *f*; *(in ice, wall, ground)* grieta *f*. **2** *(of whip)* restallido *m*; *(of gun)* detonación *f*; *fam fig* **he had a fair c. of the whip,** ha tenido su oportunidad. **3** *fam (blow)* golpetazo *m*; **a c. on the head,** un tostón en la cabeza. **4** *fam (attempt)* intento *m*; **to have a c. at sth,** intentar hacer algo. **5** *sl (wisecrack)* réplica *f* aguda. **6** *sl (drug)* crack *m*. **7 the c. of dawn,** el amanecer. **IV** *adj sl* bestial, de primera; **a c. shot,** un tirador de primera. ◆**crack down on** *vtr* castigar. ◆**crack up I** *vi (pathway etc)* agrietarse; *fam fig (person)* desquiciarse, venirse abajo. **II** *vtr fam* poner por los cielos; **it's not all that it's cracked up to be,** no es tan bueno,-a como se dice.

crackbrained ['krækbreɪnd] *adj fam,* **cracked** [krækt] *adj fam* chalado,-a, chiflado,-a.

cracker ['krækəʳ] *n* **1** *(biscuit)* galleta *f* seca. **2** *(firework)* buscapiés *m inv.*

crackers ['krækəz] *adj fam see* **crackbrained**

crackle ['krækəl] **I** *vi* crujir, chasquear. **II** *n* crujido *m*, chasquido *m*.

crackling ['kræklɪŋ] *n Culin* chicharrones *mpl*, cortezas *fpl* de cerdo.

crackpot ['krækpɒt] **I** *n* chiflado,-a *m,f*. **II** *adj (person)* chiflado,-a; *(idea)* excéntrico,-a, desorbitado,-a.

cradle ['kreɪdəl] **I** *n (baby's)* cuna *f*; *Tel* soporte *m*; *Constr* andamio *m* volante; *fig* **the c. of civilization,** la cuna de la civilización; *fig* **from the c. to the grave,** toda la vida. **II** *vtr (baby)* acunar (en los brazos).

craft ['krɑːft] *n* **1** *(occupation)* oficio *m*; *(art)* arte *m*; *(skill)* destreza *f*, habilidad *f*; **arts and crafts,** artesanía *f*. **2** *(cunning)* astucia *f*, maña *f*. **3** *Naut* embarcación *f*.

craftiness ['krɑːftɪnɪs] *n* astucia *f*, maña *f*.

craftsman ['krɑːftsmən] *n (pl craftsmen)* artesano *m*.

craftsmanship ['krɑːftsmənʃɪp] *n* arte *m*, artificio *m*.

crafty ['krɑːftɪ] *adj (craftier, craftiest)* astuto,-a, taimado,-a. ◆**craftily** *adv* astutamente, con astucia *or* maña.

crag [kræg] *n* peña *f*, peñasco *m*.

craggy ['krægɪ] *adj (craggier, craggiest)* **1** *(place)* peñascoso,-a, escarpado,-a. **2** *(face)* de facciones marcadas.

crake [kreɪk] *n Orn* polluela *f*.

cram [kræm] **I** *vtr (pt & pp crammed)* **1** *(room etc)* atestar, henchir, atiborrar; **crammed with people,** llenísimo,-a de gente; **to c. oneself with food,** atiborrarse de comida. **2** *Educ fam (subject)* empollar. **II** *vi Educ fam* empollar.

cram-full [kræm'fʊl] *adj fam* atiborrado,-a, atestado,-a.

cramp¹ [kræmp] *n Med* calambre *m*; **cramps,** *(gen)* retortijones *mpl*; *(menstrual)* molestias *fpl* menstruales.

cramp² [kræmp] *vtr (restrict)* limitar; *(development)* poner trabas a; **to be cramped for space,** estar abarrotado,-a; *fam fig* **to c. sb's style,** cortar el vuelo a algn.

cramped [kræmpt] *adj* **1** *(place)* atestado,-a, abarrotado,-a. **2** *(writing)* apretado,-a.

cranberry ['krænbərɪ] *n Bot* arándano *m*.

crane [kreɪn] **I** *n* **1** *Zool* grulla *f* común. **2** *(device)* grúa *f*. **3** *Ent* **c. fly,** típula *f*. **II** *vtr* estirar; **to c. one's neck (to see sth),** estirar el cuello (para ver algo).

cranium ['kreɪnɪəm] *n (pl craniums or crania* ['kreɪnɪə]*) Anat* cráneo *m*.

crank [kræŋk] *n* **1** *Tech* cigüeñal *m*. **2** *Tech (starting handle)* manivela *f*. **3** *fam (eccentric)* maniático,-a *m,f*, pájaro *m* raro. **II** *vtr* **to c. (up),** *(engine)* arrancar con la manivela.

crankshaft ['kræŋkʃɑːft] *n Tech* árbol *m* del cigüeñal.

cranky ['kræŋkɪ] *adj (crankier, crankiest) fam* excéntrico,-a, chiflado,-a.

cranny ['krænɪ] *n* grieta *f*; *fig* **in every nook and c.,** en todos los rincones.

crap [kræp] *n fam* mierda *f*.

crash [kræʃ] **I** *vtr* **1 to c. one's car,** tener un accidente con el coche. **2** *fam* colarse; **she crashed the party,** se coló en la fiesta. **II** *vi* **1** *(car, plane)* estrellarse; *(collide)* chocar; **to c. into,** estrellarse contra, chocar con *or* contra. **2** *Com* quebrar, hundirse. **3** *sl* **to c. (out),** quedarse roque. **III** *n* **1** *(noise)* estrépito *m*; **c.!,** ¡patapún! **2** *(collision)* choque *m*, colisión *f*; **car/plane c.,** accidente *m* de coche/avión. ■ **c. barrier,** barrera *f*; *fig* **c. course,** curso *m* intensivo; *fig* **c. diet,** régimen *m* riguroso; **c. helmet,** casco *m* protector. **3** *Com* quiebra *f*.

crashing ['kræʃɪŋ] *adj fam* enorme, pelma *mf*, pelmazo *mf*.

crash-land [kræʃ'lænd] *vi Av* hacer un aterrizaje forzoso.

crass [kræs] *adj (person)* grosero,-a; *(ignorance)* indisculpable, garrafal.

crate [kreɪt] I *n* caja *f*, cajón *m* (para embalaje). II *vtr* embalar.

crater ['kreɪtəʳ] *n Geol* cráter *m*.

cravat [krə'væt] *n* pañuelo *m* (de hombre).

crave [kreɪv] *vi* ansiar; **to c. for sth**, ansiar algo; *(in pregnancy)* antojar algo.

craving ['kreɪvɪŋ] *n (gen)* ansia *f*; *(in pregnancy)* antojo *m*.

crawfish ['krɔːfɪʃ] *n (fish)* langosta *f*.

crawl [krɔːl] I *vi (baby)* gatear; *(insect)* arrastrarse; *(vehicle)* avanzar lentamente; *fig* **to be crawling with vermin**, estar plagado,-a de bichos; *fig* **to c. to sb**, arrastrarse a los pies de algn, lamer a algn; *fam fig* **it makes my flesh c.**, me pone los pelos de punta. II *n* 1 *Aut* velocidad *f* lenta; **to go at a c.**, ir *or* avanzar lentamente. 2 *Swimming* crol *m*; **to do the c.**, nadar crol.

crawler ['krɔːləʳ] *n sl* cobista *mf*, adulador,-a *m,f*.

crayfish ['kreɪfɪʃ] *n Zool* cangrejo *m* de río.

crayon ['kreɪɒn] I *n* pastel *m*, lápiz *m* pastel. ■ *Art* **c. drawing**, dibujo *m* al pastel. II *vtr* dibujar al pastel.

craze [kreɪz] *n* manía *f*, moda *f*; **it's the latest c.**, es la última moda, es lo que se lleva.

crazed [kreɪzd] *adj* loco,-a (**with**, de); **half c.**, medio loco,-a.

craziness ['kreɪzɪnɪs] *n fam* locura *f*.

crazy ['kreɪzi] *adj (crazier, craziest) fam* loco,-a, chalado,-a; **like c.**, como un,-a loco,-a; **to drive sb c.**, volver loco a algn. ■ *GB* **c. paving**, pavimento *m* en mosaico. ◆**crazily** *adv fam* locamente.

creak [kriːk] I *vi (floor, stairs)* crujir, hacer un crujido; *(hinge)* chirriar. II *n (of floorboards, new boots)* crujido *m*; *(of hinge)* chirrido *m*.

creaky ['kriːki] *adj (creaker, creakiest) (floor)* que cruje; *(hinge)* chirriante.

cream [kriːm] I *n* 1 *(of milk)* nata *f*; **c. coloured**, color crema; **c. of chicken soup**, crema *f* de pollo; **whipped c.**, nata montada; *fig* **the c.**, la flor y nata. ■ **c. cheese**, queso *m* cremoso; **double c.**, nata *f* para montar. 2 *(cosmetic)* crema *f*; **face/hand c.**, crema para el cutis/las manos. II *vtr* 1 *(milk)* desnatar. 2 *Culin* batir; **c. the butter and sugar**, batir la mantequilla con el azúcar. ■ **creamed potatoes**, puré *m* de patatas. ◆**cream off** *vtr fig* seleccionar.

creamery ['kriːməri] *n* lechería *f*, mantequería *f*.

creamy ['kriːmi] *adj (creamier, creamiest)* cremoso,-a.

crease [kriːs] I *n (wrinkle)* arruga *f*; *(fold)* pliegue *m*; *(on trousers)* raya *f*. II *vtr (clothes)* arrugar; *(with iron)* hacer la raya. III *vi* arrugarse.

create [kriː'eɪt] I *vtr* 1 *(gen)* crear; *(sensation)* producir; *(difficulties)* crear; **to c. a diversion**, distraer la atención. 2 *(appoint)* nombrar. II *vi GB sl* armar un jaleo.

creation [kriː'eɪʃən] *n* creación *f*.

creative [kriː'eɪtɪv] *adj* 1 *(person)* creativo,-a. 2 *(work)* original.

creativity [kriːeɪ'tɪvɪti] *n* creatividad *f*.

creator [kriː'eɪtəʳ] *n* creador,-a *m,f*.

creature ['kriːtʃəʳ] *n* 1 *(animal)* criatura *f*. 2 *(human being)* ser *m*; **c. of habit**, esclavo,-a *m,f* de los hábitos. ■ **c. comforts**, comodidades *fpl*.

crèche [kreɪʃ, kreʃ] *n* guardería *f*.

credence ['kriːdəns] *n* crédito *m*; **to give c. to**, dar crédito a.

credentials [krɪ'denʃəlz] *npl* credenciales *fpl*.

credibility [kredɪ'bɪlɪti] *n* credibilidad *f*. ■ **c. gap**, falta *f* de credibilidad.

credible ['kredɪbəl] *adj* creíble.

credit ['kredɪt] I *n* 1 *Com* crédito *m*; *(in accountancy)* haber *m*; **c. and debit**, debe y haber; **on c.**, a crédito. ■ **c. card**, tarjeta *f* de crédito; **c. sales**, ventas *fpl* a crédito; **c. squeeze**, restricciones *fpl* al crédito. 2 *(acknowledgement)* reconocimiento *m*; **to give c. to sb for sth**, reconocer algo a algn; *fig* **c. where c. is due**, reconocimiento al mérito. 3 *(benefit)* honor *m*; **it does you c.**, puedes estar orgulloso,-a; **to be a c. to**, hacer honor a. 4 *Cin TV* **credits**, ficha *f sing* técnica. 5 *US Univ* punto *m*, crédito *m*. II *vtr* 1 *Com (sum to sb's account)* abonar, acreditar. 2 *(believe)* creer; **you wouldn't c. it!**, ¡no te lo creerías! 3 *fig* atribuir; **he was credited with the invention of the new machine**, se le atribuyó el invento de la nueva máquina; **to c. sb with common sense**, creer que algn tiene sentido común.

creditable ['kredɪtəbəl] *adj* loable, digno,-a de crédito.

creditor ['kredɪtəʳ] *n Com* acreedor,-a *m,f*.

credulity [krɪ'djuːlɪti] *n* credulidad *f*.

credulous ['kredjʊləs] *adj* crédulo,-a.

creed [kriːd] *n* credo *m*.

creek [kriːk] *n* 1 *GB* cala *f*. 2 *US Austral* riachuelo *m*; *sl* **to be up the c.**, estar jodido,-a.

creel [kriːl] *n* nasa *f*.

creep [kriːp] I *vi (pt & pp crept) (insect)* arrastrarse, trepar; *(cat)* deslizarse (sigilosamente); *(plant)* trepar; *Med* **creeping paralysis**, parálisis *f* progresiva; **to c. in/out of a house**, entrar/salir sigilosamente de una casa; **to c. up on sb**, sorprender a algn; *fig* **it is made in flesh c.**, me dio escalofríos; *fig* **middle age is creeping up on me**, me estoy haciendo mayor. II *n fam* 1 *(person)* pelotillero *mf*, pelota *mf*. 2 **to give sb the creeps**, hacerle poner la carne de gallina a algn, dar asco a algn.

creeper ['kriːpəʳ] *n Bot* trepadora *f*.

creepy ['kriːpi] *adj (creepier, creepiest) fam* horripilante, espeluznante.

creepy-crawly ['kriːpi'krɔːli] *n GB fam* bicho *m*.

cremate [krɪ'meɪt] *vtr* incinerar.

cremation [krɪ'meɪʃən] *n* incineración *f*.

crematorium [kremə'tɔːrɪəm] *n (pl crematoriums or crematoria* [kremə'tɔːrɪə]*)* (horno *m*) crematorio *m*.

creole ['kriːəʊl] I *adj* criollo,-a. II *n* 1 *(person)* criollo,-a *m,f*. 2 *(language)* criollo *m*.

creosote ['krɪəsəʊt] *n Chem* creosota *f*.

crepe [kreɪp] *n* 1 *Tex* crepé *m*, crespón *m*. 2 **c. paper**, papel *m* crespón.

crept [krept] *pt & pp see* **creep**

crescendo [krɪ'ʃendəʊ] *n Mus* crescendo *m*.

crescent ['kresənt] *n* 1 *(shape)* medialuna *f*; *GB (street)* calle *f* en medialuna. II *adj* creciente; **c. moon**, luna creciente.

cress [kres] *n Bot* berro *m*.

crest [krest] *n* 1 *(of cock, wave)* cresta *f*; *(on helmet)* penacho *m*; *(of hill)* cima *f*. 2 *Herald* blasón *m*.

crested ['krestɪd] *adj* crestado,-a.

crestfallen ['krestfɔ:lən] *adj* abatido,-a, desanimado,-a.

Cretan ['kri:tən] *adj* cretense.

Crete [kri:t] *n* Creta.

cretin ['kretɪn] *n* cretino,-a *m,f*.

cretinous ['kretɪnəs] *adj* cretino,-a.

crevasse [krɪ'væs] *n* grieta *f*, fisura *f*.

crevice ['krevɪs] *n* grieta *f*, raja *f*, hendedura *f*.

crew[1] [kru:] I *n Av Naut* tripulación *f*; *(team)* equipo *m*; *fam* banda *f*; *Cin* **camera c.**, equipo *m* de filmación; *Hairdr* **c. cut**, corte *m* al rape; **c.-neck sweater**, jersey *m* con cuello redondo; **ground c.**, personal *m* de tierra. III *vi* tripular.

crew[2] [kru:] *pt see* **crow**[2].

crib [krɪb] I *n* 1 *(manger)* pesebre *m*; *(for baby)* cuna *f*. 2 *fam (plagiarism)* hurto *m*, plagio *m*. II *vtr (pt & pp cribbed) fam* 1 *(steal)* hurtar. 2 *(copy)* copiar, plagiar.

crick [krɪk] *n fam (in the neck)* tortícolis *f*.

cricket[1] ['krɪkɪt] *n Ent* grillo *m*.

cricket[2] ['krɪkɪt] *n Sport* cricket *m*; *fam* **that's not c.**, eso no se hace. ■ **c. ball**, pelota *f* de cricket; **c. bat**, paleta *f* de cricket.

cricketer ['krɪkɪtə[r]] *n Sport* jugador,-a *m,f* de cricket.

crikey ['kraɪkɪ] *interj sl* ¡mecachis!, ¡ostras!

crime [kraɪm] *n Jur* delito *m*; **to prevent c.**, prevenir la criminalidad. ■ **c. fiction**, novelas *fpl* policíacas.

criminal ['krɪmɪnəl] *adj & n* criminal *(mf)*; **C. Investigation Department**, ≈ Brigada *f* de Investigación Criminal; **c. law**, derecho *m* penal; **c. offender**, infractor,-a *m,f*; **c. record**, antecedentes *mpl* penales.

criminology [krɪmɪ'nɒlədʒɪ] *n* criminología *f*.

crimp [krɪmp] *vtr (hair)* rizar (con tenacillas).

crimson ['krɪmzən] *adj & n* carmesí *(m)*.

cringe [krɪndʒ] *vi* abatirse, encogerse; **to c. before sb**, rebajarse ante algn.

cringing ['krɪndʒɪŋ] *adj (behaviour)* servil; *(gesture)* de servilismo.

crinkle ['krɪŋkəl] I *vtr (gen)* fruncir, arrugar; *(paper)* hacer pliegues en. II *vi* arrugarse, plegarse.

crinkly ['krɪŋklɪ] *adj (crinklier, crinkliest)* fruncido,-a, arrugado,-a; *(paper)* con pliegues.

cripple ['krɪpəl] I *n* lisiado,-a *m,f*, mutilado,-a *m,f*. II *vtr* mutilar, dejar cojo,-a; *fig* paralizar.

crippled ['krɪpəld] *adj* tullido,-a, lisiado,-a.

crisis ['kraɪsɪs] *n (pl crises* ['kraɪsi:z]*)* crisis *f inv*.

crisp [krɪsp] I *adj (toast, biscuit, snow)* crujiente; *(lettuce)* fresco,-a, tierno,-a; *(banknote)* nuevo,-a; *(air, weather)* frío,-a y seco,-a; *fig (style)* directo,-a, resuelto,-a. II *n GB Culin (potato)* **c.**, patata *f* frita (de churrería); **burnt to a c.**, achicharrado,-a. ◆**crisply** *adv* decididamente.

crispbread ['krɪspbred] *n Culin* biscote® *m*.

crispy ['krɪspɪ] *adj (crispier, crispiest) (crisp)* crujiente.

crisscross ['krɪskrɒs] I *vi* entrecruzarse. II *vtr* entrecruzar. III *n* líneas *fpl* entrecruzadas.

criterion [kraɪ'tɪərɪən] *n (pl criterions or criteria* [kraɪ'tɪərɪə]*)* criterio *m*.

critic ['krɪtɪk] *n* 1 *Art Theat* crítico,-a *m,f*. 2 *(of person)* criticón,-ona *m,f*.

critical ['krɪtɪkəl] *adj* 1 *(judging, analytical)* crítico,-a; **a c. remark**, un comentario de crítica; **to be c. of sb**, criticar a algn. 2 *(crucial)* crítico,-a, crucial,

decisivo,-a. ◆**critically** *adv* críticamente; **c. ill**, gravemente enfermo,-a.

criticism ['krɪtɪsɪzəm] *n* crítica *f*; **he doesn't like c.**, no le gusta que le critiquen; **literary c.**, crítica literaria.

criticize ['krɪtɪsaɪz] *vtr* criticar.

critique [krɪ'ti:k] *n Lit Philos* crítica *f*.

croak [krəʊk] I *n* 1 *(of frog)* canto *m*; *(of raven)* graznido *m*. 2 *(of person)* voz *f* ronca. II *vi* 1 *(frog)* croar; *(raven)* graznar. 2 *(person)* hablar con voz ronca. 3 *sl (die)* estirar la pata.

crochet ['krəʊʃeɪ] *Knit* I *vtr* hacer a ganchillo. II *vi* hacer ganchillo. III *n* ganchillo *m*. ■ **c. hook**, aguja *f* de ganchillo.

crock[1] [krɒk] *n (pot)* cántaro *m*.

crock[2] [krɒk] *n GB sl (old person)* carca *mf*, carroza *mf*; *(car)* trasto *m*, cacharro *m*.

crockery ['krɒkərɪ] *n* loza *f*.

crocodile ['krɒkədaɪl] *n* 1 *Zool* cocodrilo *m*; *fig* **c. tears**, lágrimas *fpl* de cocodrilo. 2 *GB fam (line)* fila *f* (de niños) de dos en dos.

crocus ['krəʊkəs] *n Bot* azafrán *m*.

crone [krəʊn] *n* vieja *f*, bruja *f*.

crony ['krəʊnɪ] *n* amiguete *mf*, compinche *mf*.

crook [krʊk] I *n* 1 gancho *m*; *(of shepherd)* cayado *m*. 2 *fam* caco *m*, delincuente *mf*. II *vtr (arm)* doblar.

crooked ['krʊkɪd] *adj* 1 *(stick, picture)* torcido,-a; *(path)* tortuoso,-a. 2 *fam (dishonest)* deshonesto,-a.

croon [kru:n] *vtr & vi* canturrear.

crooner ['kru:nə[r]] *n* cantante *m* de música ligera.

crop [krɒp] I *n* 1 cultivo *m*; *(harvest)* cosecha *f*; *(of hair)* mata *f*. 2 *(of bird)* buche *m*. 3 *(whip)* fusta *f*. II *vtr (pt & pp cropped) (hair)* rapar, cortar al rape; *(grass)* pacer. ◆**crop up** *vi fam* surgir, presentarse.

croquet ['krəʊkeɪ] *n Sport* croquet *n*.

cross [krɒs] I *n* 1 cruz *f*; *fig* cruz *f*, calvario *m*. ■ **Red C.**, Cruz *f* Roja. 2 *(breeds, animals)* cruce *m*. 3 *Sew* sesgo *m*; **cut on the c.**, cortado,-a al sesgo. 4 *Math* **c. section**, sección *f* transversal. II *vtr* 1 *(street)* cruzar, atravesar; *(legs)* cruzar; *(cheque)* cruzar; **it crossed my mind that ...**, se me ocurrió que ...; *fam* **to keep one's fingers crossed**, tocar madera. ■ *Tel* **crossed line**, mala comunicación *f*. 2 *Rel* santiguar(se); **to c. oneself**, hacer la señal de la cruz; *fam* **c. my heart!**, ¡te lo juro! 3 *(thwart)* contrariar. III *vi (gen)* cruzar; *(roads)* cruzarse; **to c. from Dover to Calais**, hacer la travesía de Dover a calais; **to c. into another country**, pasar la frontera a otro país; **to c. over**, atravesar, cruzar, pasar. IV *adj* 1 transversal; *fig* **they are at c. purposes**, hay un malentendido entre ellos. 2 *(angry)* de mal humor, enfadado,-a; **to get c. with sb**, enfadarse con algn. ◆**cross off, cross out** *vtr* tachar, rayar. ◆**crossly** *adv* de mal humor.

crossbar ['krɒsbɑ:[r]] *n* travesaño *m*.

crossbill ['krɒsbɪl] *n Orn* piquituerto *m* (común).

crossbow ['krɒsbəʊ] *n* ballesta *f*.

crossbreed ['krɒsbri:d] I *pt & pp see* **crossbreed**. I *adj* híbrido,-a.

crossbreed ['krɒsbri:d] I *n* 1 mestizo *m*. II *vtr (pt & pp crossbred)* cruzar.

crosscheck ['krɒstʃek] I *vtr* comprobar por otro sistema. II *n* comprobación *f* adicional.

cross-country ['krɒskʌntrɪ] I *adj* 1 campo través. 2 *Sport* de cros. II *n Sport* **c.-c. race**, cros *m*. III ['krɒs'kʌntrɪ] *adv* campo través.

cross-examination [krɒsɪgzæmɪˈneɪʃən] *n Jur* interrogatorio *m*.

cross-examine [krɒsɪgˈzæmɪn] *vtr Jur (witness)* interrogar.

cross-eyed [ˈkrɒsaɪd] *adj* bizco,-a.

crossfire [ˈkrɒsfaɪəʳ] *n Mil* fuego *m* cruzado.

crossing [ˈkrɒsɪŋ] *n* cruce *m*. ■ **pedestrian c.**, paso *m* de peatones; **sea c.**, travesía *f*.

cross-legged [krɒsˈlegɪd] *adj* con las piernas cruzadas.

cross-reference [krɒsˈrefərəns] *n* remisión *f*.

crossroads [ˈkrɒsrəʊdz] *n* encrucijada *f*.

crosswind [ˈkrɒswɪnd] *n* viento *m* lateral.

crosswise [ˈkrɒswaɪz] *adv* transversal, de través.

crossword [ˈkrɒswɜːd] *n* **c.** (puzzle), crucigrama *m*.

crotch [krɒtʃ] *n (of body, garment)* entrepierna *f*.

crotchet [ˈkrɒtʃɪt] *n Mus* negra *f*.

crotchety [ˈkrɒtʃɪtɪ] *adj fam* cascarrabias *inv*, gruñón,-ona.

crouch [kraʊtʃ] *vi* **to c.** (down), agacharse.

croup [kruːp] *n Med* crup *m*.

croupier [ˈkruːpɪə] *n (in casino)* crupié *mf*, crupier *mf*.

crow¹ [krəʊ] *n Orn* cuervo *m*; *fig* **as the c. flies**, en línea recta; *US fig* **to eat c.**, humillarse. ■ **carrion c.**, corneja *f* negra; **c.'s-feet**, patas *fpl* de gallo; *Naut* **c.'s-nest**, vigía *f*.

crow² [krəʊ] **I** *vi (pt crowed or crew; pp crowed)* **1** *(cock)* cantar; *(person)* **to c. over sth**, jactarse de algo. **2** *(baby)* balbucir. **II** *n (cry of bird)* canto *m*.

crowbar [ˈkrəʊbɑːʳ] *n* palanca *f*.

crowd [kraʊd] **I** *n* **1** multitud *f*, muchedumbre *f*, gentío *m*; **the c.**, el populacho; **to push through the c.**, abrirse paso por entre la muchedumbre; *fig* **to follow the c.**, seguir a la mayoría; *fam* **he's a real c. puller**, atrae a las masas. ■ *Cin* **c. scene**, escena *f* de masas. **2** *fam (gang)* pandilla *f*. **II** *vi (streets, area)* llenar, atestar. **III** *vi* apiñarse, aglomerarse; **to c. in/out**, entrar/salir en tropel; **to c. round sb**, apiñarse alrededor de algn.

crowded [ˈkraʊdɪd] *adj* atestado,-a, lleno,-a; **the animals were c. together**, los animales estaban todos apiñados.

crown [kraʊn] **I** *n* **1** *(headdress)* corona *f*; *(garland)* guirnalda *f*; **the c. jewels**, las joyas de la corona. ■ *GB Jur* **c. court**, tribunal *m* superior; **C. Prince**, príncipe *m* heredero. **2** *Anat* coronilla *f*; *(of hat, tree)* copa *f*; *Dent* corona *f*. **II** *vtr* **1** *(king, queen)* coronar; **crowned heads**, testas coronadas. **2** *Dent* poner una corona a. **3** *fam* **to c. sb**, dar un golpe en la cabeza a algn; *fam fig* **to c. it all**, y para colmo, y para más inri.

crowning [ˈkraʊnɪŋ] **I** *adj* supremo,-a. **II** *n* coronación *f*.

crucial [ˈkruːʃəl] *adj* crucial, decisivo,-a, crítico,-a.

crucible [ˈkruːsɪbəl] *n* crisol *m*.

crucifix [ˈkruːsɪfɪks] *n* crucifijo *m*.

crucifixion [kruːsɪˈfɪkʃən] *n* crucifixión *f*.

crucify [ˈkruːsɪfaɪ] *vtr (pt & pp crucified)* crucificar.

crude [kruːd] *adj* **1** *(manners, style)* tosco,-a, grosero,-a. **2** *(unrefined) (oil)* crudo,-a; *(tool)* primitivo,-a. ◆**crudely** *adv* con crudeza, con tosquedad.

crudeness [ˈkruːdnɪs] *n*, **crudity** [ˈkruːdɪtɪ] *n* crudeza *f*, tosquedad *f*.

cruel [ˈkruːəl] *adj* cruel **(to**, con). ◆**cruelly** *adv* cruelmente, con crueldad.

cruelty [ˈkruːəltɪ] *n* crueldad *f* **(to**, hacia).

cruet [ˈkruːɪt] *n Culin* **c. set**, vinagreras *fpl*.

cruise [kruːz] **I** *vi* **1** *Naut* hacer un crucero. **2** *Aut* viajar *or* circular a velocidad constante; *Av Naut* viajar a velocidad de crucero. **3** *fam* ir de ligue. **II** *n* **1** *Naut* crucero *m*. **2** *Mil* **c. missile**, misil *m* teledirigido.

cruiser [ˈkruːzəʳ] *n Naut (barco m)* crucero *m*.

cruising [ˈkruːzɪŋ] *adj* **c. speed**, *Aut* velocidad *f* constante; *Av* velocidad de crucero.

crumb [krʌm] *n* miga *f*, migaja *f*; *fig* **a c. of comfort**, una pizca de consuelo.

crumble [ˈkrʌmbəl] **I** *vtr (bread)* desmigar, desmenuzar. **II** *vi (wall, building)* desmoronarse; *(empire)* derrumbarse; *fig (hopes)* desvanecerse.

crumbly [ˈkrʌmblɪ] *adj (crumblier, crumbliest) (bread, cake)* que se desmigaja.

crummy [ˈkrʌmɪ] *adj (crummier, crummiest) fam* chungo,-a.

crumpet [ˈkrʌmpɪt] *n GB Culin* clase *f* de crepe grueso que se puede tostar.

crumple [ˈkrʌmpəl] **I** *vtr (paper)* estrujar; *(clothes)* arrugar. **II** *vi (material)* arrugarse, estrujarse.

crunch [krʌntʃ] **I** *vtr (food)* ronchar, mascar; *(with feet, tyres)* hacer crujir. **II** *vi* ronchar, crujir. **III** *n (of snow, gravel)* crujido *m*; *fam* **when it comes to the c.**, a la hora de la verdad.

crunchy [ˈkrʌntʃɪ] *adj (crunchier, crunchiest)* crujiente, que cruje.

crusade [kruːˈseɪd] **I** *n* cruzada *f*. **II** *vi* **to c. for/against**, hacer una cruzada *or* campaña a favor/en contra de.

crusader [kruːˈseɪdəʳ] *n Hist* cruzado *m*; *(champion)* campeón,-ona *m,f*.

crush [krʌʃ] **I** *vtr* **1** *(mash, squash)* aplastar; *(wrinkle)* arrugar; *(grind)* moler; *(squeeze)* exprimir; *fig* **to c. people into a train**, apiñar gente en un tren. **2** *fig (defeat utterly)* aplastar. **II** *vi (clothes)* arrugarse, ajarse; *fig* **to c. into a car**, apretujarse en un coche. **II** *n* **1** *(of people)* gentío *m*, aglomeración *f*. **2** *Culin* jugo *m*; **orange c.**, naranjada *f*. **3** *fam* enamoramiento *m*; **to have a c. on sb**, estar loco,-a por algn.

crushing [ˈkrʌʃɪŋ] *adj fig (defeat, reply)* aplastante.

crust [krʌst] *n* **1** *(of bread)* corteza *f*, cuscurro *m*; *(of pastry)* pasta *f*. **2** *Geol (of earth)* corteza *f*.

crustacean [krʌˈsteɪʃən] *adj & n Zool* crustáceo,-a *(m)*.

crusty [ˈkrʌstɪ] *adj (crustier, crustiest)* **1** *(bread)* crujiente. **2** *fig (person)* brusco,-a, áspero,-a, irritable.

crutch [krʌtʃ] *n* **1** *Med* muleta *f*; *fig* apoyo *m*. **2** *GB see* **crotch**.

crux [krʌks] *n (pl cruxes or cruces* [ˈkruːsiːz]*)* quid *m*, meollo *m*; **the c. of the matter**, el quid de la cuestión.

cry [kraɪ] **I** *vi (pt & pp cried)* **1** gritar; **to c. for help**, pedir socorro a voces. **2** *(weep)* llorar; **to c. over sth**, lamentarse por algo; **to c. with joy**, llorar de alegría; *fig* **to c. for the moon**, pedir peras al olmo; *prov* **don't c. over spilt milk**, a lo hecho, pecho. **II** *vtr* **1** gritar; **'it's true!' he cried**, '¡es cierto!' gritó; *fig* **to c. wolf**, dar una falsa alarma. **2** *fig* **to c. one's eyes out**, llorar a lágrima viva. **III** *n* **1** grito *m*; **to give a c.**, gritar; *fig* **it's a far c. from ...**, tiene poco que ver con ... . **2** *(weep)* llanto *m*; **to have a good c.**, desahogarse llorando. ◆**cry down** *vtr* despreciar, desacreditar. ◆**cry off** *vi fam* volverse atrás, rajarse. ◆**cry out** *vi* gritar; **to c. out against,** clamar contra; **to c. out for sth,** pedir algo a gritos.

crybaby ['kraɪbeɪbɪ] *n* niño,-a *m,f* llorón,-ona.

crying ['kraɪɪŋ] I *n* 1 *(shouts)* gritos *mpl.* 2 *(weeping)* llanto *m.* II *adj* 1 *(child)* que llora. 2 *fig (need)* urgente, apremiante; *(injustice)* que clama al cielo; **it's a c. shame,** es una vergüenza.

crypt [krɪpt] *n Rel* cripta *f.*

cryptic ['krɪptɪk] *adj* enigmático,-a.

crystal ['krɪstəl] *n* cristal *m;* **a c. vase,** un florero de cristal. ■ **c. ball,** bola *f* de cristal; **c. gazing,** predicciones *fpl* que se hacen mirando una bola de cristal.

crystal-clear [krɪstəl'klɪəʳ] *adj* claro,-a como el agua.

crystalline ['krɪstəlaɪn] *adj* cristalino,-a.

crystallize ['krɪstəlaɪz] I *vtr* cristalizar; **crystallized fruits,** frutas *fpl* confitadas. II *vi* cristalizarse.

ct 1 *abbr of* **carat,** quilate *m,* quil. 2 *abbr of* **cent,** céntimo *m,* centavo *m.*

cu *abbr of* **cubic,** cúbico,-a.

cub [kʌb] *n* 1 *(animal)* cachorro *m.* 2 *(junior scout)* niño *m* explorador.

Cuba ['kjuːbə] *n* Cuba.

Cuban ['kjuːbən] *adj & n* cubano,-a *(m,f).*

cubbyhole ['kʌbɪhəʊl] *n* chiribitil *m.*

cube [kjuːb] I *n* 1 *(shape)* cubo *m; (of sugar)* terrón *m; Culin* stock **c.,** pastilla *f* de caldo. 2 *Math* cubo *m.* ■ **c. root,** raíz *f* cúbica. II *vtr* 1 *Math* elevar al cubo. 2 *Culin* cortar en dados.

cubic ['kjuːbɪk] *adj* cúbico,-a; **c. centimetre,** centímetro cúbico.

cubicle ['kjuːbɪkəl] *n (gen)* cubículo *m; (at swimming pool)* caseta *f.*

cubism ['kjuːbɪzəm] *n Art* cubismo *m.*

cuckoo ['kʊkuː] I *n Orn* cuco *m* común; *(call)* cucú *m.* ■ **c. clock,** reloj *m* de cuco. II *adj fam* lelo,-a, majareta.

cucumber ['kjuːkʌmbəʳ] *n Culin* pepino *m.*

cud [kʌd] *n* **to chew the c.,** rumiar.

cuddle ['kʌdəl] I *vtr* abrazar, acariciar; *(baby)* acunar (en los brazos). II *vi* abrazarse; **to c. up to sb,** acurrucarse contra algn. III *n* abrazo *m* afectuoso or amoroso.

cuddly ['kʌdlɪ] *adj (cuddlier, cuddliest) (child)* mimoso,-a; **c. toy,** muñeco *m* de peluche.

cudgel ['kʌdʒəl] *n* porra *f; fig* **to take up the cudgels for sb,** salir en defensa de algn.

cue[1] [kjuː] *n Theat* pie *m; fig* **to take one's c. from sb,** seguirle la corriente a algn. ◆**cue in** *vtr* indicar a, hacer una señal a.

cue[2] [kjuː] *n Bill* taco *m.* ■ **c. ball,** bola *f* blanca or con que se juega.

cuff[1] [kʌf] *n (of sleeve)* puño *m; US (of trousers)* dobladillo *m; fig* **to do sth off the c.,** improvisar.

cuff[2] [kʌf] I *vtr* abofetear. II *n* bofetada *f.*

cufflinks ['kʌflɪŋks] *npl (for shirt)* gemelos *mpl.*

cul-de-sac ['kʌldəsæk] *n (pl cul-de-sacs)* calle *f* sin salida.

culinary ['kʌlɪnərɪ] *adj* culinario,-a.

cull [kʌl] I *vtr* 1 *(choose)* escoger. 2 *(take out) (animals)* eliminar. II *n (of animals)* eliminación *f.*

culminate ['kʌlmɪneɪt] *vi* culminar; **to c. in,** terminar en.

culmination [kʌlmɪ'neɪʃən] *n* culminación *f,* punto *m* culminante, apogeo *m.*

culottes [kjuː'lɒts] *npl (garment)* falda-pantalón *f sing.*

culpability [kʌlpə'bɪlɪtɪ] *n* culpabilidad *f.*

culpable ['kʌlpəbəl] *adj* culpable.

culprit ['kʌlprɪt] *n Jur* culpable *mf.*

cult [kʌlt] *n* culto *m.* ■ **c. figure,** ídolo *m.*

cultivate ['kʌltɪveɪt] *vtr* cultivar.

cultivated ['kʌltɪveɪtɪd] *adj* 1 *(person)* culto,-a. 2 *(grown, tended)* cultivado,-a.

cultivation [kʌltɪ'veɪʃən] *n* cultivo *m* (de la tierra).

cultivator ['kʌltɪveɪtəʳ] *n* 1 *(person)* cultivador,-a *m,f.* 2 *Tech* cultivador *m.*

cultural ['kʌltʃərəl] *adj* cultural.

culture ['kʌltʃəʳ] *n* 1 cultura *f;* **ancient c.,** cultura de la antigüedad. 2 *Biol* cultivo *m.*

cultured ['kʌltʃəd] *adj see* **cultivated**

cumbersome ['kʌmbəsəm] *adj (awkward)* incómodo,-a; *(bulky)* voluminoso,-a.

cum(m)in ['kʌmɪn] *n Bot* comino *m.*

cumulative ['kjuːmjʊlətɪv] *adj* acumulativo,-a.

cunning ['kʌnɪŋ] I *adj* astuto,-a, mañoso,-a. II *n* astucia *f,* maña *f.* ◆**cunningly** *adv* con astucia or maña.

cunt [kʌnt] *n offens* coño *m.*

cup [kʌp] I *n* 1 taza *f;* **a c. of tea,** un té; *fam* **it's not everyone's c. of tea,** no es lo que le gusta a todos. 2 *Sport* copa *f.* ■ **C. Final,** final *f* de copa; **c. tie,** partido *m* de copa. II *vtr (pt & pp cupped) (hands)* ahuecar *(round,* alrededor de).

cupboard ['kʌbəd] *n Furn (for clothes, books)* armario *m; (on wall)* alacena *f; (for crockery)* aparador *m.*

cupful ['kʌpfʊl] *n* taza *f* (llena).

Cupid ['kjuːpɪd] *n* Cupido *m.*

cupidity [kjuː'pɪdɪtɪ] *n* codicia *f.*

cupola ['kjuːpələ] *n Archit* cúpula *f.*

cuppa ['kʌpə] *n GB fam* **a c.,** un té.

cur [kɜːʳ] *n* 1 *(dog)* perro *m* de mala raza. 2 *(person)* canalla *m.*

curable ['kjʊərəbəl] *adj* curable.

curate ['kjʊərɪt] *n C of E* cura *m* coadjutor.

curative ['kjʊərətɪv] *adj & n* curativo,-a *(m).*

curator [kjʊə'reɪtəʳ] *n (of museum)* conservador,-a *m,f,* director,-a *m,f.*

curb [kɜːb] I *n* 1 *(for horse)* barbada *f; fig* **to put a c. on,** poner freno a. 2 *(kerb)* bordillo *m* (de la acera). II *vtr (horse)* refrenar; *fig (public spending)* contener; *fig (emotions)* controlar.

curd [kɜːd] *n Culin* cuajada *f;* **lemon c.,** crema *f* de limón.

curdle ['kɜːdəl] I *vtr (milk)* cuajar. II *vi (milk)* cuajarse; *(sauce)* cortarse; *fig* **his blood curdled,** se le heló la sangre en las venas.

cure [kjʊəʳ] I *vtr* 1 *(illness)* curar; *(habit)* quitar. 2 *(fish)* curar; *(hide)* curtir. II *n (remedy)* cura *f;* *(recovery)* curación *f,* cura *f.*

cure-all ['kjʊərɔːl] *n* panacea *f.*

curette [kjʊə'ret] *n Med* raspado *m.*

curfew ['kɜːfjuː] *n* toque *m* de queda.

curiosity [kjʊərɪ'ɒsɪtɪ] *n* curiosidad *f.*

curious ['kjʊərɪəs] *adj* 1 *(inquisitive)* curioso,-a. 2 *(odd)* extraño,-a, singular; *(object)* curioso,-a, interesante; **the c. thing is that ...,** lo curioso es que ... . ◆**curiously** *adv* curiosamente; **c. enough,** aunque parezca mentira.

curl [kɜ:l] I *vtr (hair)* rizar; *(lip)* fruncir. II *vi (hair)* rizarse; *(smoke)* formar una espiral; *(dry leaves)* enrollarse; *(wave)* encresparse. III *n (of hair)* rizo *m*; *(of smoke)* espiral *f*, voluta *f*; **soft c.**, bucle *m*; **with a c. of the lips**, con una mueca. ◆**curl up** *vi* enroscarse, acurrucarse; *fam* **to c. up with a good book**, echarse acurrucado,-a leyendo un libro interesante.

curlew ['kɜ:lju:] *n Orn* zarapito *m* real. ■ **stone c.**, alcaraván *m*.

curling ['kɜ:lɪŋ] I *n Sport* curling *m*. II *adj* **Hairdr c. tongs**, tenacillas *fpl* de rizar el pelo.

curly ['kɜ:lɪ] *adj (curlier, curliest) (hair)* rizado,-a.

currant ['kʌrənt] *n* 1 *Culin (dried grape)* pasa *f* (de Corinto); **c. bun**, bollo *m* con pasas. 2 *(fruit, on bush)* grosella *f*; **c. bush**, grosellero *m*.

currency ['kʌrənsɪ] *n* 1 moneda *f*; **foreign c.**, divisa *f*, moneda extranjera; **hard c.**, divisa fuerte. 2 *(acceptance)* aceptación *f*; *(idea etc)* **to gain c.**, ganar fuerza, irse extendiendo.

current ['kʌrənt] I *adj* 1 *(opinions, beliefs, tendency)* general; *(word, phrase)* actual; *(year, month)* en curso. ■ **c. affairs**, actualidad *f sing* (política); *Fin* **c. assets**, activo *m sing* disponible. 2 *Fin (bank account)* corriente. 3 *Press (latest)* **the c. issue** *or* **number**, el último número. II *n* 1 *(of gas, air, water)* corriente *f*; *Elec* **alternating/direct c.**, corriente alterna/continua. 2 *(trend)* corriente *f*. ◆**currently** *adv* actualmente, en la actualidad.

curriculum [kə'rɪkjʊləm] *n (pl* **curriculums** *or* **curricula** [kə'rɪkjʊlə]) *Educ* plan *m* de estudios. ■ **c. vitae**, curriculum *m* (vitae).

curry[1] ['kʌrɪ] I *n Culin* curry *m*; **chicken c.**, pollo *m* al curry. II *vtr (pt & pp* **curried**) preparar *or* guisar al curry.

curry[2] ['kʌrɪ] *vtr (pt & pp* **curried**) **to c. favour with sb**, congraciarse *or* insinuarse con algn.

currycomb ['kʌrɪkəʊm] *n* almohaza *f*.

curse [kɜ:s] I *n* maldición *f*; *(oath)* palabrota *f*; *fig* azote *m*, plaga *f*; *fam (woman)* **to have the c.**, tener la regla. II *vtr* maldecir; *fig (illness)* **to be cursed with**, sufrir de. III *vi* blasfemar, maldecir; **to c. at sb**, maldecir a algn.

cursed [kɜ:st] *adj* maldito,-a.

cursory ['kɜ:sərɪ] *adj (glance, reading)* rápido,-a, superficial. ◆**cursorily** *adv* precipitadamente, superficialmente.

curt [kɜ:t] *adj* brusco,-a, seco,-a.

curtail [kɜ:'teɪl] *vtr (expenses)* reducir; *(text)* acortar, abreviar.

curtain ['kɜ:tən] I *n* cortina *f*; *Theat* telón *m*; *fig (of smoke, fog)* velo *m*; **to draw the curtains**, correr las cortinas; **to drop/raise the c.**, bajar/alzar el telón; *Pol fig* **the Iron C.**, el telón de acero; *fig* **to draw a c. over sth**, correr un tupido velo sobre algo; *fam* **take care** *or* **it'll be curtains for us**, ten cuidado o será nuestra perdición. ■ *Theat* **c. call**, llamada *f* a escena; **c. ring**, anillo *m* (de cortina); **c. rod**, varilla *f* de la cortina. II *vtr* poner cortinas a; **to c. off (an area)**, esconder *or* dividir (una zona) con una cortina.

curts(e)y ['kɜ:tsɪ] I *n* reverencia *f*. II *vi (pt & pp* **curtseyed** *or* **curtsied**) hacer una reverencia (**to, a**).

curvaceous [kɜ:'veɪʃəs] *adj fam (woman)* cachas *inv*.

curvature ['kɜ:vətʃə'] *n* curvatura *f*; *Med (of the spine)* encorvamiento *m*.

curve [kɜ:v] I *n (in road etc)* curva *f*; *(of woman)* redondez *f*; *Aut* **to take a c.**, doblar una curva. II *vtr* encorvar. III *vi (road, river)* torcer, describir una curva.

curved [kɜ:vd] *adj* curvo,-a, encorvado,-a.

cushion ['kʊʃən] I *n* cojín *m*; *(large)* almohadón *m*; *(of billiard table)* banda *f*. ■ *Tech* **air c.**, colchón *m* de aire; **c. cover**, funda *f* de almohadón *or* de cojín. II *vtr* poner cojines a; **cushioned seat**, asiento *m* con almohadilla. 2 *fig (person)* proteger; *(blow)* suavizar; *(defeat, setback)* mitigar.

cushy ['kʊʃɪ] *adj (cushier, cushiest) fam (job, life)* fácil, cómodo,-a; **a c. number**, un chollo.

cussedness ['kʌsɪdnɪs] *n fam* terquedad *f*; **out of sheer c.**, por narices.

custard ['kʌstəd] *n* 1 *Culin* natillas *fpl*. ■ **c. powder**, polvos *mpl* para natillas. 2 *(fruit)* **c. apple**, chirimoya *f*.

custodian [kʌs'təʊdɪən] *n (of public building)* conserje *mf*, guarda *mf*.

custody ['kʌstədɪ] *n* custodia *f*; *Jur* **in c.**, bajo custodia; **to take into c.**, detener.

custom ['kʌstəm] *n* 1 *(habit, tradition)* costumbre *f*, hábito *m*. 2 *Com (patronage)* clientela *f*; **to lose c.**, perder clientes *or* clientela; **to withdraw one's c. from a shop**, dejar de ser cliente de una tienda.

customary ['kʌstəmərɪ] *adj* acostumbrado,-a, habitual.

custom-built [kʌstəm'bɪlt] *adj* hecho,-a por encargo.

customer ['kʌstəmə'] *n* cliente *mf*; *fam* **an odd c.**, un tipo raro.

customize ['kʌstəmaɪz] *vtr* personalizar, hacer por encargo.

custom-made [kʌstəm'meɪd] *adj (suit etc)* hecho,-a a la medida.

customs ['kʌstəmz] *n sing or pl* aduana *f*; **to go through c.**, pasar la aduana. ■ **c. duty**, derechos *mpl* de aduana; **c. officer**, agente *mf* de aduana; **c. post**, puesto *m* aduanero.

cut [kʌt] I *vtr (pt & pp* **cut**) 1 cortar; *(stone)* tallar; *(film)* hacer cortes en; *(record)* grabar; **he's cutting a tooth**, le está saliendo un diente; *Aut* **to c. a corner**, tomar una curva muy cerrada; **to c. one's finger**, cortarse el dedo; **to c. one's hair**, cortarse el pelo (uno mismo); **to c. one's way through the jungle**, abrirse paso por la selva; **to c. short a visit**, acortar una visita; **to have one's hair c.**, hacerse cortar el pelo; *fig* **that cuts no ice**, no convence; *fig* **to c. a long story short**, en resumidas cuentas; *fig* **c. corners**, recortar presupuestos; *fig* **to c. it fine**, llegar *or* contar con el tiempo justo; *fig* **to c. sb to the quick**, herir a algn en lo más vivo. 2 *(reduce)* reducir, rebajar; **to c. one's losses**, cortar por lo sano. 3 *(divide up)* dividir, partir; **to c. a cake into four**, dividir un pastel en cuatro (partes). 4 *(cards)* cortar. 5 **to c. sb dead**, negarse a saludar a algn. II *n* 1 *Elec Med* corte *m*; *(in skin)* cortadura *f*; *(wound)* herida *f*; *(with knife)* cuchillada *f*; **a short c.**, un atajo; *fig* **the c. and thrust of politics**, la esgrima política. 2 *(part cut off)* parte *f*; *(of meat)* clase *f* de carne; *fam* **to get one's c.**, recibir su parte; *fam* **a c. of the profits**, una parte de los beneficios. ■ *Culin* **cold cuts**, fiambres *mpl*. 3 *(reduction)* reducción *f*; *Press (deletion)* corte *m*. 4 *(of clothes, hair)* corte *m*. 5 *(insult)* desaire *m*, corte *m*. 6 *Cin* corte *m*. 7 *fig* **to be a c. above sb**, estar por encima de algn. III *adj* cortado,-a; *(price)* reducido,-a; **well c.** *(clothes)* de buen corte; *fig* **c. and dried**, conve-

nido,-a de antemano. ■ **c. glass,** cristal *m* tallado.
IV *vi* **1** cortar; **cloth that cuts easily,** tela que se corta
fácilmente; *fig* **that cuts both ways,** eso es un arma
de dos filos; *fam fig* **to c. loose,** romper con todo. **2**
Cin **c.!,** ¡corten!; **to c. to the next scene,** pasar a la
siguiente escena. **3 to c. across the fields,** coger un
atajo campo través. ◆**cut back** *vt (tree)* talar;
(plant) podar; *(expenses)* reducir; *(production)* disminuir. ◆**cut down** *vtr (tree)* talar, cortar; *(spending)* **to c. down on,** reducir; **to c. down on smoking,**
fumar menos. ◆**cut in** *vi (in conversation)* interrumpir; *(driver)* adelantar bruscamente. ◆**cut off**
vtr (water supply etc) cortar; *(place)* aislar; *(leg)* amputar; *(heir)* excluir; *Tel* **I've been c. off,** me han
cortado (la comunicación); *fig* **to c. sb off without a
penny,** desheredar a algn; *fig* **to feel c. off,** sentirse
aislado,-a. ◆**cut out I** *vtr* **1** *(from newspaper)* recortar; *Sew (dress)* cortar; *(person)* **to be c. out for
sth,** estar hecho,-a para algo; *fam* **he's got his work
c. out,** tiene cantidad de trabajo. **2** *(exclude, delete)*
suprimir; **to c. out alcohol,** dejar el alcohol; *fam* **c.
that out!,** ¡basta ya! **II** *vi (engine)* calarse, pararse.
◆**cut up I** *vtr* cortar en pedazos, partir; *Culin* cortar
a pedacitos; *fam* **he's very c. up about it,** está profundamente afectado por ello. **II** *vi* **to c. up rough,**
enfadarse, ponerse agresivo,-a.
cutaneous [kjuːˈteɪnɪəs] *adj* cutáneo,-a.
cutback [ˈkʌtbæk] *n* reducción *f* (**in,** de).
cute [kjuːt] *adj* mono,-a, lindo,-a; *US fam* listillo,-a.
cuticle [ˈkjuːtɪkəl] *n* cutícula *f*. ■ **c. remover,** crema
f or líquido *m* para quitar la cutícula.
cutlery [ˈkʌtlərɪ] *n* cubiertos *mpl*, cubertería *f sing*.
cutlet [ˈkʌtlɪt] *n* *Culin* chuleta *f*.
cut-price [kʌtˈpraɪs] *adj (article)* a precio rebajado;
(shop) de rebajas.
cutter [ˈkʌtə] *n* **1** *(person)* cortador,-a *m,f*; *(of
gems)* lapidario,-a *m,f*; *(of stone)* cantero *m*. **2** *Naut*
cúter *m*, patrullero *m*.
cutthroat [ˈkʌtθrəʊt] **I** *n* asesino,-a *m,f*, matón *m*.
II *adj (cruel)* cruel; *(fierce)* feroz.
cutting [ˈkʌtɪŋ] **I** *n* *(from newspaper)* recorte *m*; *Bot*
esqueje *m*; *Tex* retal *m*; *Rail* tajo *m*. ■ *Cin* **c. room,**

sala *f* de montaje. **II** *adj (edge)* cortante; *fig (wind)*
penetrante; *fig (remark)* mordaz.
cuttlefish [ˈkʌtəlfɪʃ] *n Zool* jibia *f*, sepia *f*.
CV, cv [siːˈviː] *abbr of* curriculum vitae, currículum
m (vitae).
cwt. *abbr of* hundredweight, quintal *m*.
cyanide [ˈsaɪənaɪd] *n Chem* cianuro *m*.
cyclamen [ˈsɪkləmən] *n Bot* ciclamen *m*.
cycle [ˈsaɪkəl] **I** *n* **1** *(of events)* ciclo *m*. **2** *(bicycle)*
bicicleta *f*; *(motorcycle)* moto *f*. ■ **c. track,** pista *f*
para bicicletas; **c. racing track,** velódromo *m*. **II** *vi*
ir en bicicleta.
cyclic(al) [ˈsaɪklɪk(əl), ˈsɪklɪk(əl)] *adj* cíclico,-a.
cycling [ˈsaɪklɪŋ] *n* ciclismo *m*.
cyclist [ˈsaɪklɪst] *n* ciclista *mf*.
cyclone [ˈsaɪkləʊn] *n Meteor* ciclón *m*.
cygnet [ˈsɪgnɪt] *n Orn* pollo *m* de cisne.
cylinder [ˈsɪlɪndə] *n* **1** *Geom Tech* cilindro *m*. **2** *(for
gas)* bombona *f*; **oxygen c.,** balón *m* de oxígeno.
cylindrical [sɪˈlɪndrɪkəl] *adj* cilíndrico,-a.
cymbal [ˈsɪmbəl] *n Mus* címbalo *m*, platillo *m*.
cynic [ˈsɪnɪk] *n* cínico,-a *m,f*.
cynical [ˈsɪnɪkəl] *adj* cínico,-a.
cynicism [ˈsɪnɪsɪzəm] *n* cinismo *m*.
cypress [ˈsaɪprəs] *n Bot* ciprés *m*. ■ **Italian c.,** ciprés *m*; **swamp c.,** ciprés *m* de los pantanos.
Cypriot [ˈsɪprɪət] *adj & n* chipriota *(mf)*.
Cyprus [ˈsaɪprəs] *n* Chipre.
cyst [sɪst] *n Med* quiste *m*.
cystitis [sɪˈstaɪtɪs] *n Med* cistitis *f*.
czar [zɑː] *n* zar *m*.
Czech [tʃek] **I** *adj* checo,-a. **II** *n* **1** *(person)* checo,-a
m,f. **2** *(language)* checo *m*.
Czechoslovak [tʃekəˈsləʊvæk] *adj & n* checoslovaco,-a *(m,f)*.
Czechoslovakia [tʃekəʊsləˈvækɪə] *n* Checoslovaquia.
Czechoslovakian [tʃekəʊsləˈvækɪən] *adj & n see*
Czechoslovak

D

D, d [diː] *n (the letter)* D, d *f*.
D [diː] *n Mus* re *m*.
'd = would; had; **he'd seen,** había visto; **I'd have
gone,** habría ido.
D.A. [diːˈeɪ] *US Jur abbr of* District Attorney, fiscal
mf.
dab[1] [dæb] **I** *n* **1** *(small quantity)* toque *m*. **2** *GB fam*
dabs, *(fingerprints)* huellas *fpl* digitales. **II** *vtr (pt &
pp* **dabbed) 1** *(apply)* aplicar. **2** *(touch lightly)* tocar
ligeramente; *(spilt liquid)* frotar.
dab[2] [dæb] *n (fish)* ≈ acedia *f*.
dab[3] [dæb] *n GB fam* **to be a d. hand,** ser un manitas.
dabble [ˈdæbəl] **I** *vi* interesarse superficialmente,
tener afición; **to d. in politics,** meterse en política.
II *vtr (in water)* chapotear.

dabbler [ˈdæblə] *n pej* pseudoaficionado,-a *m,f*,
amateur *mf*; *(in politics)* politiquero,-a *m,f*.
dachshund [ˈdækshʊnd] *n* perro *m* salchicha.
dad [dæd] *n fam,* **daddy** [ˈdædɪ] *n fam* papá *m*, papi
m.
daddy-longlegs [dædɪˈlɒŋlegz] *n inv Ent GB fam*
típula *f*.
daffodil [ˈdæfədɪl] *n Bot* narciso *m*.
daft [dɑːft] *adj GB fam (person)* chalado,-a, majareta; *(action, idea)* tonto,-a; **to be d. about sb/sth,**
estar loco,-a por algn/algo.
dagger [ˈdægə] *n* puñal *m*, daga *f*; *fig* **to be at daggers drawn (with sb),** estar a matar (con algn); *fig*
to look daggers at sb, fulminar a algn con la mirada.
dago [ˈdeɪgəʊ] *n (pl* **dagos** *or* **dagoes)** *sl offens* persona *f* de raza latina.

dahlia ['deɪljə] *n Bot* dalia *f*.

daily ['deɪlɪ] **I** *adj* diario,-a, cotidiano,-a; **our d. bread,** el pan nuestro de cada día. **II** *adv* diariamente, a diario; **three times d.,** tres veces al día. **III** *n* 1 *(newspaper)* diario *m*. 2 *GB fam (cleaning lady)* asistenta *f*.

dainty ['deɪntɪ] **I** *adj (daintier, daintiest)* 1 *(lace, china, flower)* delicado,-a, fino,-a. 2 *(child)* precioso,-a; *(figure, manners)* exquisito,-a. **II dainties** *npl (sweets)* golosinas *fpl*.

dairy ['deərɪ] *n (on farm)* vaquería *f*; *(shop)* lechería *f*; **d. farming,** industria *f* lechera; **d. produce,** productos *mpl* lácteos.

dais ['deɪs] *n (in hall etc)* tarima *f*; *(in official ceremony)* estrado *m*.

daisy ['deɪzɪ] *n Bot* margarita *f*; *fam hum* **to be pushing up the daisies,** estar criando malvas. ■ **d. chain,** collar *m* de margaritas.

daisywheel ['deɪzɪwi:l] *n (typewriter, printer)* margarita *f*.

dale [deɪl] *n lit* valle *m*, hondonada *f*.

dally ['dælɪ] *vi (pt & pp dallied) (be slow)* tardar *(over,* en); *(waste time)* perder el tiempo; **don't d. about,** no te entretengas. ◆**dally with** *vtr (idea, thought)* acariciar; *dated (person)* flirtear con, coquetar con.

Dalmatian [dæl'meɪʃən] *n Zool* perro *m* dálmata, dálmata *m*.

dam¹ [dæm] **I** *n (barrier)* dique *m*; *(lake)* embalse *m*, presa *f*. **II** *vtr (pt & pp dammed) (water)* embalsar, represar, estancar; **to d. (up) a river,** construir una presa sobre un río. ◆**dam up** *vtr fig (emotion)* contener, reprimir.

dam² [dæm] *n Zool (of lamb etc)* madre *f*.

damage ['dæmɪdʒ] **I** *n* 1 *(gen)* daño *m*; *(to health, reputation)* perjuicio *m*; *(to relationship)* deterioro *m*; *esp GB fam* **what's the d.?,** la dolorosa, por favor. 2 *Jur* **damages,** daños *mpl* y perjuicios *mpl*. **II** *vtr (harm)* dañar, hacer daño a; *(spoil)* estropear; *(undermine)* perjudicar, causar deterioro en.

damaging ['dæmɪdʒɪŋ] *adj* perjudicial.

damask ['dæməsk] *n Tex* damasco *m*.

dame [deɪm] *n* 1 *US fam* mujer *f*, tía *f*. 2 *(title)* dama *f*. 3 *Theat (in pantomime)* vieja *f*.

damn [dæm] **I** *vtr (gen)* condenar; *fam* **(I'm) damned if I know,** (no tengo) ni idea. **II** *interj fam* **d. (it)!,** ¡maldito,-a sea!; **well, I'm or I'll be damned!,** ¡vaya por Dios!, ¡mecachis! **III** *n fam* **I don't give a d.,** me importa un rábano *or* un bledo. **IV** *adj fam* maldito,-a, condenado,-a; **it's a d. nuisance!,** ¡vaya lata! **V** *adv fam* muy, sumamente; **I was d. lucky,** tuve muchísima suerte; **you know d. well what I mean,** sabes de sobra lo que quiero decir.

damnation [dæm'neɪʃən] **I** *n Rel* condenación *f*. **II** *interj fam* ¡maldito,-a sea!

damned [dæmd] **I** *adj see* **damn** IV. **II** *adv see* **damn** V. **III the d.** *npl Rel* los condenados.

damnedest ['dæmdɪst] *n fam* **to do one's d. to ...,** hacer todo lo posible para ... .

damning ['dæmɪŋ] *adj* 1 *(proof, evidence)* indiscutible, irrefutable. 2 *(remark, criticism)* mordaz.

damp [dæmp] **I** *adj (gen)* húmedo,-a; *(wet)* mojado,-a. **II** *n* humedad *f*. **III** *vtr* 1 *(for ironing)* humedecer. 2 **to d. (down),** *(fire)* sofocar; *fig (violence)* reducir, frenar; *(enthusiasm)* desalentar.

dampcourse ['dæmpkɔ:s] *n Constr* aislante *m* hidrófugo.

dampen ['dæmpən] *vtr* humedecer; *fig* reducir, frenar.

damper ['dæmpəʳ] *n* 1 *(in chimney)* regulador *m* de tiro. 2 *Mus* sordina *f*. 3 *fam fig (restraint)* freno *m*; *fig* **to put a d. on sth,** poner freno a algo.

damsel ['dæmzəl] *n lit* doncella *f*; **d. in distress,** chica *f* en apuros.

damson ['dæmzən] *n Bot (fruit)* ciruela *f* damascena; *(tree)* ciruelo *m* damasceno.

dance [dɑ:ns] **I** *n (gen)* baile *m*; *(classical, tribal)* danza *f*; *(formal)* baile *m* de etiqueta; *GB fam fig* **to lead sb a (merry) d.,** traer a algn al retortero. ■ **d. band,** orquesta *f* de baile; **d. floor,** pista *f* de baile; **d. hall,** salón *m* de baile. **II** *vi* 1 *(gen)* bailar; **to d. about,** dar saltos, brincar. 2 *(leaves, waves)* danzar, agitarse, moverse. **III** *vtr (gen)* bailar; *GB fig* **to d. attendance on sb,** desvivirse por complacer a algn.

dancer ['dɑ:nsəʳ] *n (by profession)* bailarín,-ina *m,f*; *(of flamenco)* bailador,-a *m,f*; *(person dancing)* bailador,-a *m,f*.

dancing ['dɑ:nsɪŋ] *adj* de baile; *fig (eyes)* que baila. ■ **d. girl,** corista *f*.

dandelion ['dændɪlaɪən] *n Bot* diente *m* de león.

dandruff ['dændrʌf] *n* caspa *f*.

dandy ['dændɪ] **I** *n pej* dandy *m*, petimetre *m*. **II** *adj US fam* estupendo,-a; **fine and d.,** perfecto, de perlas.

Dane [deɪn] *n* danés,-esa *m,f*.

danger ['deɪndʒəʳ] *n* 1 *(risk)* riesgo *m*; **there was a or some d. of war,** amenazaba la posibilidad de una guerra. 2 *(peril)* peligro *m*; **'d.',** 'peligro'; **out of d.,** fuera de peligro; *Med* **to be on the d. list,** estar en estado crítico, estar grave. ■ **d. money,** prima *f* de peligrosidad.

dangerous ['deɪndʒərəs] *adj (gen)* peligroso,-a; *(risky)* arriesgado,-a; *(harmful)* nocivo,-a; *(illness)* grave. ◆**dangerously** *adv (gen)* peligrosamente.

dangle ['dæŋgəl] **I** *vi (hang)* colgar, pender; *(swing)* balancearse; *fam* **to keep sb dangling,** tener a algn pendiente. **II** *vtr (arms, legs)* colgar; *(bait)* dejar colgado,-a; *(swing)* balancear en el aire; *fig* **bonuses were dangled before the workers,** se intentaba persuadir a los trabajadores ofreciéndoles primas.

Danish ['deɪnɪʃ] **I** *adj* danés,-esa. ■ *Culin* **D. pastry,** brioche *m* danés. **II** *n* 1 *pl* **the D.,** los daneses. 2 *(language)* danés *m*.

dank [dæŋk] *adj* húmedo,-a y malsano,-a.

dapper ['dæpəʳ] *adj* pulcro,-a, aseado,-a.

dappled ['dæpəld] *adj (shade)* moteado,-a; *(horse)* rodado,-a.

dapple-grey [dæpəl'greɪ] *adj & n (horse)* tordo,-a *(m,f)*.

dare [deəʳ] **I** *vi* atreverse, osar; **don't you d. (to) tell him!,** ¡no se te ocurra decírselo!; **he d. not** *or* **he doesn't d. be late,** no se atreve a llegar tarde; **how d. you!,** ¿cómo te atreves?, ¡qué cara tienes!; *esp GB* **I d. say,** quizás, posiblemente; *iron* ya (lo creo). **II** *vtr (challenge)* desafiar; **hit me —I d. you!,** ¡pégame! —¡a que no te atreves! **III** *n* desafío *m*, reto *m*; **I did it as a d.,** me lo tomé como un desafío.

daredevil ['deədevəl] *adj & n* atrevido,-a *(m,f)*, temerario,-a *(m,f)*.

daring ['deərɪŋ] **I** *adj* 1 *(bold)* audaz, osado,-a, atrevido,-a. 2 *(unconventional)* original; *(shocking)* atrevido,-a. **II** *n* atrevimiento *m*, osadía *f*.

dark [dɑːk] **I** *adj* **1** *(unlit)* oscuro,-a; **it gets d. by five,** a las cinco ya es de noche. **2** *(colour)* oscuro,-a; *(hair, complexion)* moreno,-a; *(eyes)* negro,-a; *(glasses)* oscuro,-a. **3** *fig (gloomy)* triste; *(future)* negro,-a, tenebroso,-a; *(forebodings)* sombrío,-a. ■ **D. Ages,** la Edad de las tinieblas. **4** *fig (secret)* secreto,-a, misterioso,-a, oscuro,-a; *fig* **to be a d. horse,** ser una incógnita. **5** *fig (sinister)* siniestro,-a, tenebroso,-a. **II** *n* **1** *(darkness)* oscuridad *f*, tinieblas *fpl*; **before/after d.**, antes/después del anochecer. **2** *fig* **to be in the d. (about sth),** estar a oscuras *or* estar en tinieblas (sobre algo), no saber nada (sobre algo); **to keep sb in the d. (about sth),** no dar a conocer (algo) a algn.

darken [ˈdɑːkən] **I** *vtr (sky)* oscurecer; *(room, colour)* hacer más oscuro,-a; *fig* **never d. my door again!**, ¡no vuelvas nunca a pisar (el umbral) de mi casa! **II** *vi (gen)* oscurecerse, ponerse más oscuro,-a; *(sky)* nublarse; *fig (face, eyes)* ensombrecerse.

darkish [ˈdɑːkɪʃ] *adj (colour)* tirando a *or* bastante oscuro,-a; *(complexion, hair)* tirando a *or* bastante moreno,-a.

darkness [ˈdɑːknɪs] *n* oscuridad *f*, tinieblas *fpl*; **in d.**, a oscuras.

darkroom [ˈdɑːkruːm] *n Phot* cuarto *m* oscuro, cámara *f* oscura.

darky *n*, **darkie** [ˈdɑːkɪ] *n offens* negrito,-a *m,f*.

darling [ˈdɑːlɪŋ] **I** *n* querido,-a *m,f*, cariño *m*, amor *m*; *fig* **she's the d. of the press,** es la favorita de los periodistas; *fam* **be a d. and get me a drink,** sé bueno,-a y tráeme algo para beber. **II** *adj* **1** *(loved)* querido,-a. **2** *fam (charming)* encantador,-a, precioso,-a; **what a d. little baby!**, ¡qué monada de criatura!

darn¹ [dɑːn] **I** *vtr (sock etc)* zurcir. **II** *n (in sock etc)* zurcido *m*.

darn² [dɑːn] **I** *vtr fam euph see* **damn I. II** *adj fam euph see* **damn IV. III** *interj fam euph see* **damn II.**

darning [ˈdɑːnɪŋ] *n* **1** *(act)* zurcidora *f*. ■ **d. needle,** aguja *f* de zurcir. **2** *(before)* cosas *fpl* por zurcir; *(after)* cosas *fpl* zurcidas.

dart [dɑːt] **I** *n* **1** *(missile)* dardo *m*, rehilete *m*. **2** *(sudden rush)* movimiento *m* rápido; **to make a d. for sth,** lanzarse *or* precipitarse hacia algo. **3** *Sew* pinza *f*. **4** **darts,** *sing (game)* dardos *mpl*. **II** *vi (rush suddenly)* lanzarse, precipitarse; *(run about)* corretear; *(fly about)* revolotear; **to d. in/out,** entrar/salir corriendo. **II** *vtr (look, glance)* echar un vistazo.

dartboard [ˈdɑːtbɔːd] *n* blanco *m* de tiro.

dash¹ [dæʃ] **I** *n* **1** *(rush)* carrera *f*; *fam* **to make a d. for it,** echarse a correr. **2** *esp US (race)* sprint *m*, esprint *m*. **3** *(small amount)* poco *m*, poquito *m*; *(of salt, spice)* pizca *f*; *(of liquid)* chorrillo *m*, chorrito *m*, gota *f*; *fig* nota *f*, toque *m*. **4** *Typ* raya *f*; *(hyphen)* guión *m*; *(in Morse)* raya *f*. **5** *(vitality)* brío *m*, dinamismo *m*; *(style)* elegancia *f*; *fig* **to cut a d.**, causar sensación. **II** *vtr* **1** *(throw)* lanzar, arrojar; **to d. sth to the ground,** tirar algo al suelo. **2** *(smash)* estrellar, romper; **to d. sth to pieces,** hacer algo añicos; *fig* **to dash sb's hopes,** desvanecer las esperanzas de algn. **III** *vi* **1** *(rush)* correr; **to d. around** *or* **about,** correr de un lado a otro; **to d. away** *or* **out,** salir corriendo *or* disparado,-a; *fam* **I must d.!**, ¡me voy pitando! **2** *(waves etc)* **to d. against/over,** estrellarse *or* romper contra/sobre. ◆**dash off I** *vtr (letter, note)* escribir a la carrera. **II** *vi* salir corriendo *o* disparado,-a.

dash² [dæʃ] *interj GB fam* ¡mecachis!

dashboard [ˈdæʃbɔːd] *n Aut* salpicadero *m*.

dashing [ˈdæʃɪŋ] *adj (appearance)* garboso,-a, gallardo,-a; *(performance)* dinámico,-a, lleno,-a de brío.

data [ˈdeɪtə, ˈdɑːtə] *npl* datos *mpl*, información *f*. ■ *Comput* **d. bank** *or* **base,** banco *m* de datos; **d. capture,** recolección *f* de datos; *Comput* **d. processing** *(act)* proceso *m* de datos; *(science)* informática *f*.

date¹ [deɪt] **I** *n* **1** fecha *f*; **at a later d.**, más tarde; **out of d.**, *(ideas)* anticuado,-a, pasado,-a de moda; *(expression)* desusado,-a; *(invalid)* caducado,-a, vencido,-a; **to d.**, hasta la fecha; **what's the d. today?**, ¿a qué fecha estamos hoy?; *fig* **to be up to d. (on sth),** estar al tanto *or* estar al corriente (de algo). ■ **closing d.**, fecha *f* tope *or* límite; **d. of birth,** fecha *f* de nacimiento; **d. stamp,** sello *m* de fecha; *(on foods)* **sell-by d.**, fecha *f* de caducidad. **2** *(social event)* compromiso *m*; *fam (with girl, boy)* cita *f*. ■ **blind d.**, cita *f* a ciegas. **3** *US fam (person dated)* ligue *m*; **who's your d.?**, ¿con quién sales?, ¿con quién tienes cita? **II** *vtr* **1** *(ruins etc)* datar. **2** *(person)* demostrar la edad de, hacer parecer mayor. **3** *US fam (girlfriend, boyfriend)* salir con; *(for fun)* ligarse a. **III** *vi (ideas)* quedar anticuado,-a, pasar de moda; *(expression)* caer en desuso. **IV** *vtr* **to d. (back** *or* **from),** remontar a, datar de.

date² [deɪt] *n (fruit)* dátil *m*. ■ **d. palm,** palmera *f* datilera.

dated [ˈdeɪtɪd] *adj (ideas)* anticuado,-a; *(fashion)* pasado,-a de moda; *(expression)* desusado,-a.

dative [ˈdeɪtɪv] *n Ling* dativo *m*; **d. case,** caso *m* dativo.

daub [dɔːb] **I** *vtr (with mud, paint, ink)* embadurnar **(with,** con, de); *(with oil, grease)* untar **(with,** con). **II** *vi fam (paint badly)* pintorrear, pintarrajear.

daughter [ˈdɔːtər] *n* hija *f*; **baby d.**, nena *f*, hijita *f*; **only d.**, hija *f* única; *fig* **she was a true d. of her times,** era hija de su tiempo. ■ *Biol* **d. cell,** célula *f* hija.

daughter-in-law [ˈdɔːtərɪnlɔː] *n (pl* **daughters-in-law)** nuera *f*, hija *f* política.

daunt [dɔːnt] *vtr* intimidar, desanimar, desalentar.

daunting [ˈdɔːntɪŋ] *adj* desalentador,-a, que inspira miedo.

dauntless [ˈdɔːntlɪs] *adj esp lit* intrépido,-a, impávido,-a.

dawdle [ˈdɔːdəl] *vi fam (walking)* andar despacio; *(waste time)* perder el tiempo, entretenerse.

dawn [dɔːn] **I** *n* **1** alba *f*, amanecer *m*, aurora *f*; **at (the) break of d.**, al rayar el alba; *fig* **to work from d. till dusk,** trabajar de sol a sol. ■ **d. chorus,** canto *m* de los pájaros al amanecer. **2** *fig (birth)* amanecer *m*, albores *mpl* **(of,** de). **II** *vi* **1** *(day)* amanecer. **2** *fig (age, hope)* comenzar, nacer. **3** *fig (truth)* **to d. (on** *or* **upon),** comprender poco a poco; **suddenly it dawned on him that ...,** de repente se dio cuenta *or* cayó en la cuenta de que ... .

day [deɪ] *n* **1** *(24 hours)* día *m*; **any d. now,** cualquier día de éstos, de un día a otro; **d. after d., d. in, d. out,** día tras día; **d. by d.,** diariamente, día a día; **every d.**, todos los días, a diario; **every other d.**, cada dos días, un día sí y otro no; **from one d. to the next,** de un día para otro; **from this d. onward(s),** de hoy en adelante; **good d.!**, ¡buenos días!; **in a few days' time,** dentro de unos días; **once a d.**, una vez al día; **one (fine) d., some d.,** one of

these days, un día de éstos; **(on) the next** *or* **following d.,** el *or* al día siguiente; **the d. after tomorrow,** pasado mañana; **the d. before yesterday,** anteayer; **the d. that ...,** el día en que ...; **the other d.,** el otro día; **this very d.,** hoy mismo; **two years ago to the d.,** hoy hace dos años; *fig* **to live from d. to d.,** vivir al día; *fig* **to win the d.,** llevarse la palma; *fam* **from d. one,** desde el primer momento; *fam* **he's forty if he's a d.,** tendrá los cuarenta años cumplidos; *fam* **that'll be the d.!,** ¡cuándo las ranas críen pelos será!; *fam* **to call it a d.,** *(finish)* dar por acabado un trabajo; *(give up)* darse por vencido,-a; *fam* **today was one of those days,** hoy todo ha salido mal; *fam* **to make sb's d.,** poner contento,-a a algn. ■ **Christmas D.,** día *m* de Navidad; *GB (on train, bus, etc)* **d. return (ticket),** billete *m* de ida y vuelta para el mismo día; **d. trip,** excursión *f* de un día. **2** *(period of daylight)* día *m*; **a winter's d.,** un día de invierno; **by d.,** de día; **d. and night,** continuamente, de día y de noche; **we had a d. in the country,** fuimos un día de campo; **what an awful d.!,** ¡qué día más malo! ■ *GB* **d. care,** servicio *m* de guardería *(infantil)*; **d. nursery,** guardería *f* (infantil); *Ind (time, staff)* **d. shift,** turno *m* de día. **3** *(period of work)* jornada *f*; **an eight-hour d.,** una jornada de ocho horas; **paid by the d.,** pagado,-a a jornal; *esp US* **to work days,** trabajar de día; *fig* **it's all in a d.'s work,** son gajes del oficio. ■ **d. off,** día *m* de fiesta. **4** *(era)* época *f*; **in (the) olden days,** antaño; **in those days,** en aquellos tiempos; **the best poet of his d.,** el mejor poeta de su tiempo; **the good old days,** los buenos tiempos de antaño; **these days, in this d. and age,** hoy (en) día; *fig* **he's had his d. as an athlete,** ya no sirve para ser atleta; *fig* **it's still early days,** aún es temprano.

dayboy ['deɪbɔɪ] *n* *esp GB Educ* externo *m*.

daybreak ['deɪbreɪk] *n* amanecer *m*, alba *f*; **at d.,** al amanecer, al alba.

daydream ['deɪdriːm] **I** *n* *(reverie)* ensueño *m*; *(vain, hope)* fantasía *f*, ilusión *f*. **II** *vi* *(have reverie)* soñar despierto,-a; *(hope vainly)* hacerse ilusiones.

daygirl ['deɪgɜːl] *n* *GB Educ* externa *f*.

daylight ['deɪlaɪt] *n* **1** *(sunlight)* luz *f* del día; **in broad d.,** en pleno día; **in** *or* **by d.,** de día; **it's still d.,** aún es de día; *fig* **to (begin to) see d.,** (empezar a) ver las cosas claras; *esp US* *fig* **it's d. robbery!,** ¡es un robo *or* una estafa! **2** *fam* **to beat/ knock the (living) daylights out of sb,** darle/ pegarle a algn una paliza tremenda; **to scare the (living) daylights out of sb,** pegarle a algn un susto de muerte.

daytime ['deɪtaɪm] *n* día *m*; **in the d.,** de día.

day-to-day ['deɪtədeɪ] *adj* cotidiano,-a, diario,-a.

daze [deɪz] **I** *n* aturdimiento *m*; **in a d.,** aturdido,-a, atontado,-a. **II** *vtr* aturdir, atontar.

dazed [deɪzd] *adj* aturdido,-a, atontado,-a.

dazzle ['dæzəl] **I** *n* *(momentary blindness)* deslumbramiento *m*; *(brightness)* resplandor *m*. **II** *vtr* deslumbrar.

dB *Tech abbr of* **decibel(s),** decibel(es), decibelio(s) *m(pl)*, dB.

D-day ['diːdeɪ] *n* día *m* D.

deacon ['diːkən] *n* diácono *m*.

deaconess ['diːkənɪs] *n* diaconisa *f*.

deactivate [diːˈæktɪveɪt] *vtr* desactivar.

dead [ded] **I** *adj* **1** *(gen)* muerto,-a; *(matter)* inerte; **d. woman,** muerta *f*; **he was shot d.,** le mataron de un tiro *or* a tiros; **to be d.,** estar muerto,-a; **to drop (down) d.,** caer muerto,-a; *fig* **to be d. to the world,** *(asleep)* estar dormido,-a como un tronco; *(unconscious)* estar sin sentido; *fam* **drop d.!,** ¡vete al cuerno!; *fam* **I wouldn't be seen d. in that hat!,** no me pondría ese sombrero por nada del mundo; *fam* **to be d. and buried, to be d. as a doornail,** estar muerto,-a y bien muerto,-a; *fam* *fig* **I'm absolutely d!,** ¡estoy muerto,-a!, ¡estoy agotado,-a!; *fam* *fig* **over my d. body!,** ¡moriré antes!; *fam* *fig* **to be d. from the neck up,** estar más torpe que un arado. ■ **d. body,** cadáver *m*; *fam* *fig* **d. duck,** fracaso *m* total; **d. man,** muerto *m*; **d. march,** marcha *f* fúnebre; **d. weight,** peso *m* muerto; **the D. Sea,** el Mar Muerto. **2** *(match)* calado,-a; *(machine)* averiado,-a; *(telephone)* cortado,-a. **3** *(out of use)* *(language)* muerto,-a; *(custom)* desusado,-a; *(topic, issue)* agotado,-a. **4** *(numb)* entumecido,-a; *(limb, foot, etc)* adormecido,-a; **my leg's gone d.,** se me ha dormido la pierna. **5** *(total)* *(silence, secrecy)* total, completo,-a, absoluto,-a; **to come to a d. stop,** pararse en seco. ■ **d. end,** callejón *m* sin salida; *fig* **d.-end job,** trabajo *m* sin porvenir; *Sport* **d. heat,** empate *m*, final *m* reñido; *fam* **d. loss,** nulidad *f*, inútil *m*, birria *f*. **II** *adv* **1** *(totally)* completamente, absolutamente, totalmente; *fam* **d. drunk,** borracho,-a perdido,-a; *fam* **d. easy,** sumamente fácil; *Aut* **'d. slow',** 'al paso'; *fam* **to be d. (set) against sth,** oponerse totalmente a algo; *fam* **to be d. set on sth/on doing sth,** empeñarse en algo/en hacer algo; *fam* **you're d. right,** tienes toda la razón. **2** *(exactly)* justo; **d. in the centre,** justo *or* precisamente en medio; **d. on time,** a la hora en punto. **3** *(suddenly)* abruptamente; **to stop d.,** pararse en seco. **4** *(very)* muy; *fam* **d. beat, d. tired,** muerto,-a, rendido,-a; *fam* **it's d. easy!,** ¡está chupado,-a! **III** *n* **1 the d.,** *pl* los muertos. **2** *(depths)* **at d. of night,** a altas horas de la noche; **in the d. of winter,** en pleno invierno.

deadbeat ['dedbiːt] **I** *n* *US fam (drop-out)* pasota *mf*. **II** *adj* *fam (tired)* reventado,-a, hecho,-a polvo.

deaden ['dedən] *vtr (impact, noise)* amortiguar; *fig (pain, feeling)* calmar, aliviar.

deadline ['dedlaɪn] *n* *(date)* fecha *f* tope; *(time)* hora *f* tope; **to meet a d.,** acabar *or* entregar un trabajo dentro del plazo; **to work to deadlines,** respetar plazos.

deadlock ['dedlɒk] *n* punto *m* muerto, callejón *m* sin salida; **the talks reached d.,** las discusiones llegaron a un punto muerto.

deadly ['dedlɪ] **I** *adj* **(deadlier, deadliest) 1** *(gen)* mortal; *(weapon, gas)* mortífero,-a; *(aim)* certero,-a; *Rel* **the seven d. sins,** los siete pecados capitales. **2** *(absolute)* completo,-a, total; **d. silence,** silencio de muerte. **3** *fam (very dull)* aburridísimo,-a. **II** *adv (extremely)* terriblemente, sumamente; **d. boring,** aburridísimo,-a.

deadpan ['dedpæn] *fam* **I** *adj* **1** *(face)* sin expresión, inexpresivo,-a. **2** *(humour, grin)* socarrón,-ona, guasón,-ona. **II** *adv* **1** *(look)* sin expresión. **2** *(act)* de una manera socarrona.

deadwood ['dedwʊd] *n* *fig* persona *f* *or* cosa *f* inútil; **to prune out the d.,** *(in organization)* echar al personal que ya no sirve; *(in text)* quitar el material que sobra.

deaf [def] **I** *adj* sordo,-a; **to be d. in one ear,** estar sordo,-a de un oído; **to go d.,** quedarse sordo,-a; *fig* **to turn a d. ear,** hacerse el sordo; *fam* **to be stone d.,** be as d. as a (door)post,** estar más sordo,-a que una tapia. ■ **d. mute,** sordomudo,-a *m,f*. **II the d.** *npl* los sordos; **the d. and dumb,** los sordomudos.

deaf-aid ['defeɪd] *n* *GB* audífono *m*.

deaf-and-dumb [defən'dʌm] *adj* sordomudo,-a.

deafen ['defən] *vtr* ensordecer.

deafening ['defənɪŋ] *adj* ensordecedor,-a.

deafness ['defnɪs] *n* sordera *f*.

deal[1] [diːl] *n* madera *f* de abeto *or* de pino.

deal[2] [diːl] **I** *n* **1** *Com Pol* trato *m*, pacto *m*; **a new d. for nurses**, un programa de reformas para enfermeras; **business d.**, negocio *m*, transacción *f*; **fair or square d.**, trato *m* justo; **the d.'s on/off**, vale/no vale el trato; **to do** *or* **make a d. with sb**, *(transaction)* hacer *or* cerrar un trato con algn; *(agreement)* pactar algo con algn, llegar a un acuerdo con algn; **iron big d.!**, ¡vaya cosa!; *fam* **it's a d.!**, ¡trato hecho!, ¡de acuerdo!; *fam fig* **he got a rough** *or* **raw d. from life**, la vida le trató mal. **2** *(amount)* cantidad *f*; **a good** *or* **great d. (of sth)**, una gran parte *or* cantidad (de algo); **a good d. slower**, mucho más despacio; **it means a good d. to me**, me importa mucho, significa mucho para mí; *fig* **to make a great d. of sb**, tratar a algn con mucha atención. **3** *Cards* reparto *m*; **it's your d.**, te toca a ti repartir. **II** *vtr (pt & pp dealt)* **1** *Cards* repartir (**to**, a), dar (**to**, a). **2** *(give)* dar; **to d. sb a blow**, asestarle un golpe a algn; *fig* **the article dealt a blow for freedom**, el artículo ganó la batalla de la libertad. **III** *vi Cards* repartir, dar. ◆**deal in** *vtr (goods)* comerciar en, tratar en; *(illegal drugs)* traficar en *or* con. ◆**deal out** *vtr Cards* repartir, dar; *fig* repartir. ◆**deal with** *vtr* **1** *(firm, person)* tratar con. **2** *(subject, problem)* abordar, ocuparse de, encargarse de; *Com (order)* despachar; **it's not to be dealt with lightly**, no se debe tomar a la ligera. **3** *(subject, theme)* tratar de.

dealer ['diːləʳ] *n* **1** *Com (in goods)* comerciante *mf*, negociante *mf*; *(in illegal drugs)* traficante *mf*. **2** *Cards* repartidor,-a *m,f*.

dealings ['diːlɪŋz] *npl* **1** *(relations)* trato *m sing*, relaciones *fpl* personales; **to have d. with sb**, tener trato con algn. **2** *Com (transactions)* negocios *mpl*, transacciones *fpl*.

dealt [delt] *pt & pp see* **deal**[2].

dean [diːn] *n* **1** *Rel* deán *m*. **2** *Univ* decano *m*.

dear [dɪəʳ] **I** *adj* **1** *(loved)* querido,-a; **a d. friend**, un amigo *o* una amiga entrañable; **my dearest wife**, mi queridísima mujer; **to hold sth/sb d.**, apreciar mucho algo/a algn, tener cariño a algo/algn. **2** *(in letter)* Querido,-a; *fam* **D. Andrew**, Querido Andrew; *fml* **D. Madam**, Estimada señora; *fml* **D. Sir(s)**, Muy señor(es) mío(s). **3** *(precious)* **it is very d. to me**, le tengo un gran cariño. **4** *GB (expensive)* caro,-a; *(price)* elevado,-a. **II** *adv (buy, sell)* caro; *fig* **it cost me d.**, me costó caro. **III** *n* querido,-a *m,f*, cariño, cielo *m*, chato,-a *m,f*; *GB* **be a d. and hold this**, sé bueno,-a y aguántame esto; **my d.**, mi vida, mi amor; **she's a d.**, es un amor *or* un cielo *or* un encanto; *(you)* **poor d.!**, ¡pobrecito,-a! ■ *fam (woman)* **old d.**, viejecita *f*. **IV** *interj* **oh d.!**, **d. me!**, *(surprise)* ¡vaya por Dios!, ¡caramba!; *(disappointment)* ¡qué pena!, ¡qué lástima! ◆**dearly** *adv* mucho, muchísimo; **he loved her d.**, le tenía gran cariño; **I'd d. love to know**, me encantaría saberlo; *fig* **he paid d. for his mistake**, su error le costó caro.

dearie *n*, **deary** ['dɪərɪ] *n GB fam* querido,-a *m,f*, chato,-a *m,f*.

dearth [dɜːθ] *n fml* escasez *f*, falta *f*, carencia *f*.

death [deθ] *n* **1** *(gen)* muerte *f*; *fml* fallecimiento *m*, defunción *f*; **to bleed to d.**, morir desangrado,-a; **to die a natural/violent d.**, morir de muerte natural/violenta; **to fight to the d.**, luchar hasta la muerte; **to put sb to death**, matar *o* dar muerte a algn; **to**

sentence *or* **condemn sb to death**, condenar a algn a muerte; *fig* **he works his employees to d.**, hace trabajar muy duro a sus trabajadores; *fig* **that subject's been done to d.**, es un tema muy trillado; *fig* **to be at d.'s door**, estar a las puertas de la muerte; *fam* **he drank himself to d.**, **drink was the d. of him**, le mató la bebida; *fam* **to be bored to d.**, aburrirse como una ostra; *fam* **to catch one's d. (of cold)**, pelarse de frío; *fam* **to be scared** *or* **frightened to d.**, estar muerto,-a de miedo; *fam* **to worry oneself to d.**, estar muy preocupado,-a; *fam fig* **to be sick to d. of sb/sth**, estar hasta la coronilla de algn/algo; *fam fig* **to look like d. warmed up**, parecer un muerto viviente *or* un cadaver; *fam fig* **you'll be the d. of me!**, ¡me vas a matar! ■ **d. cell**, celda *f* de los condenados a muerte; *Jur* **d. certificate**, certificado *m* de defunción; *fig* **d. knell**, golpe *m* de gracia; **d. mask**, mascarilla *f*; *Jur* **d. penalty**, **d. sentence**, pena *f* de muerte; **d. rate**, índice *m* de mortalidad; **d. rattle**, estertor *m* de la muerte; **d. squad**, brigada *f* de muerte; **d. throes**, agonia *f*; *fig* **the firm was in its d. throes**, la empresa estaba a punto de irse a pique; **d. toll**, mortandad *f*, número *m* de muertos *or* de víctimas; *Psych* **d. wish**, ganas *fpl* de morir. **2** *fig (end)* fin *m*.

deathbed ['deθbed] *n* lecho *m* de muerte; **to be on one's d.**, estar en el lecho de muerte.

deathblow ['deθbləʊ] *n* golpe *m* mortal.

deathly ['deθlɪ] *adj (deathlier, deathliest) (silence)* sepulcral; *(pallor)* cadavérico,-a, de muerte; **d. pale**, pálido,-a como un muerto.

deathtrap ['deθtræp] *n fam (place)* lugar *m* peligroso.

deathwatch ['deθwɒtʃ] *n* velatorio *m*. ■ *Ent* **d. beetle**, escarabajo *m* del reloj de la muerte.

deb [deb] *n fam abbr of* **debutante**.

debacle [deɪ'bɑːkəl] *n* debacle *f*, desastre *m*, catástrofe *f*.

debar [dɪ'bɑːʳ] *vtr (pt & pp debarred) fml* excluir, prohibir, privar.

debase [dɪ'beɪs] *vtr* **1** *(coinage)* alterar. **2** *fig* desvalorizar, envilecer, degradar; *(meaning, word)* quitar el sentido de; **to d. oneself**, rebajarse *or* humillarse.

debasement [dɪ'beɪsmənt] *n* desvalorización *f*.

debate [dɪ'beɪt] **I** *n (gen)* debate *m*; **a heated d.**, una discusión acalorada; **it's a matter for d.**, **the matter is open to d.**, se podría discutir la cuestión. **II** *vtr* **1** *(discuss)* debatir, discutir. **2** *(wonder about)* considerar, dar vueltas a; **to d. (with oneself) whether ...**, preguntarse si .... . **III** *vi* discutir; **to d. on** *or* **about sth**, discutir sobre algo.

debat(e)able [dɪ'beɪtəbəl] *adj* discutible.

debater [dɪ'beɪtəʳ] *n* participante *mf* en un debate.

debating [dɪ'beɪtɪŋ] *n* debate *m*, discusión *f*. ■ **d. society**, grupo *m* de discusión, tertulia *f*.

debauch [dɪ'bɔːtʃ] *vtr fml* corromper, pervertir, seducir.

debauched [dɪ'bɔːtʃt] *adj (person)* libertino,-a, inmoral; *(life, behaviour)* vicioso,-a, licencioso,-a.

debauchery [dɪ'bɔːtʃərɪ] *n* libertinaje *m*, corrupción *f*.

debilitate [dɪ'bɪlɪteɪt] *vtr (weaken)* debilitar; *(exhaust)* agotar.

debilitating [dɪ'bɪlɪteɪtɪŋ] *adj (gen)* debilitante; *(heat, climate)* agotador,-a.

debility [dɪ'bɪlɪtɪ] *n* decaimiento *m*, abatimiento *m*.

debit ['dɛbɪt] I *n Fin* débito *m*. ■ **d. balance,** saldo *m* negativo. II *vtr (account, person)* cargar en cuenta; **to d. £20 against Mr Jones, d.** Mr Jones with **£20,** cargar la suma de veinte libras en la cuenta del Sr. Jones.

debonair [dɛbə'neə'] *adj (cheerful)* alegre, despreocupado,-a; *(elegant)* garboso,-a, elegante; *(polite)* cortés; *(pleasant)* afable.

debrief [di:'bri:f] *vtr* interrogar, pedir un informe de.

debriefing [di:'bri:fɪŋ] *n* informe *m*.

debris ['dɛbri:, 'deɪbri:] *n sing (of building)* escombros *mpl*; *(of vehicle)* restos *mpl*.

debt [dɛt] *n* deuda *f*; **to be deeply in d.,** cargado,-a de deudas; **to get into d.,** to run up debts, contraer deudas; **to pay (off)** one's debts, saldar las deudas; *fig* **to be in sb's d.,** estar en deuda con algn. ■ **national d.,** deuda *f* pública.

debtor ['dɛtə'] *n* deudor,-a *m,f*.

debug [di:'bʌg] *vtr (pt & pp debugged)* 1 *Comput (program)* eliminar fallos de. 2 *(telephone, room)* quitar micrófonos ocultos de.

debunk [di:'bʌŋk] *vtr fam (idea, belief)* desacreditar, desprestigiar; *(institution)* desmitificar; *(expose)* desenmascarar.

debut ['debju:, 'deɪbju:] *n* debut *m*; **to make one's d.,** debutar, estrenarse.

debutante ['debjʊtɑ:nt] *n* debutante *f*.

Dec *abbr of* **December,** diciembre *m*, dic.

decade [de'keɪd, 'dekeɪd] *n* decenio *m*, década *f*.

decadence ['dekədəns] *n* decadencia *f*.

decadent ['dekədənt] *adj* decadente.

decaffeinated [di:'kæfɪneɪtɪd] *adj* descafeinado,-a.

decalitre, US **decaliter** ['dekəli:tə'] *n* decalitro *m*.

decametre, US **decameter** ['dekəmi:tə'] *n* decámetro *m*.

decamp [di:'kæmp] *vi fam (go away)* largarse, pirárselas.

decant [dɪ'kænt] *vtr* decantar.

decanter [dɪ'kæntə'] *n* jarra *f*, jarro *m*.

decapitate [dɪ'kæpɪteɪt] *vtr* decapitar.

decapitation [dɪkæpɪ'teɪʃən] *n* decapitación *f*.

decathlon [dɪ'kæθlɒn] *n Sport* decatlón *m*.

decay [dɪ'keɪ] I *n (of food, body)* descomposición *f*, putrefacción *f*; *(of teeth)* caries *f inv*; *(of buildings)* ruina *f*, deterioro *m*, desmoronamiento *m*; *fig* decadencia *f*, corrupción *f*; *fig* **to fall into d.,** entrar en decadencia. II *vi (gen)* descomponerse, pudrirse; *(teeth)* cariarse, picarse; *(buildings)* deteriorarse, desmoronarse; *fig* corromperse, estar en decadencia. III *vtr (teeth)* cariar.

decease [dɪ'si:s] *n fml* fallecimiento *m*, defunción *f*.

deceased [dɪ'si:st] *fml* I *adj* difunto,-a, fallecido,-a. II *n* **the d.,** *sing* el difunto, la difunta, el fallecido, la fallecida; *pl* los difuntos, los fallecidos, las difuntas, las fallecidas.

deceit [dɪ'si:t] *n* 1 *(dishonesty)* falta *f* de honradez, falsedad *f*. 2 *(trick)* engaño *m*, mentira *f*.

deceitful [dɪ'si:tfʊl] *adj (person)* falso,-a, embustero,-a, mentiroso,-a; *(words)* falso,-a, mentiroso,-a; *(behaviour)* falso,-a, engañoso,-a.

deceitfulness [dɪ'si:tfʊlnɪs] *n* falsedad *f*.

deceive [dɪ'si:v] *vtr (mislead)* engañar; *(lie to)* mentir; **to d. oneself,** engañarse; **to d. sb into doing sth,** engañar a algn para que haga algo.

decelerate [di:'seləreɪt] *vi* reducir la velocidad, desacelerar.

December [dɪ'sembə'] *n* diciembre *m*; *see also* **May.**

decency ['di:sənsɪ] *n* 1 *(seemliness)* decencia *f*, decoro *m*; *(modesty)* pudor *m*; *(morality)* moralidad *f*; **to have a** *or* **some sense of d.,** tener sentido del decoro. 2 *(politeness)* educación *f*, cortesía *f*; **he did have the d. to apologize,** tuvo suficiente educación como para disculparse; **to do sth out of common d.,** hacer algo por cumplir.

decent ['di:sənt] *adj* 1 *(dress, behaviour)* decente; *(person)* honrado,-a, bueno,-a, decente; **to do the d. thing,** hacer lo correcto; *fam (dressed)* **are you d. yet?,** ¿estás presentable ya? 2 *(meal, wage)* adecuado,-a, decente; *(price)* razonable. 3 *fam (kind)* simpático,-a, bueno,-a; **it's very d. of you to help,** es muy amable de tu parte ayudar. ◆**decently** *adv* 1 *(honourably)* decentemente, honradamente. 2 *(adequately)* adecuadamente. 3 *fam (kindly)* con amabilidad.

decentralization [di:sentrəlaɪ'zeɪʃən] *n* descentralización *f*.

decentralize [di:'sentrəlaɪz] I *vtr* descentralizar; **to become decentralized,** descentralizarse. II *vi* descentralizarse.

deception [dɪ'sepʃən] *n (act, trick)* engaño *m*; *(lie)* mentira *f*.

deceptive [dɪ'septɪv] *adj* engañoso,-a, falso,-a. ◆**deceptively** *adv* **it looks d. simple,** parece engañosamente sencillo,-a.

decibel ['desɪbel] *n Tech* decibel *m*, decibelio *m*.

decide [dɪ'saɪd] I *vtr* 1 *(gen)* decidir; **I can't d. which one to choose,** no sé cuál escoger; **that was what decided me,** *(determined)* fue eso lo que me hizo tomar la decisión; *(convinced)* fue eso lo que me convenció; **to d. to do sth,** decidir *or* determinar hacer algo. 2 *(matter, question)* resolver, determinar; **that move decided the outcome,** esa jugada determinó el resultado. II *vi (reach decision)* decidirse, tomar una decisión; **it's for you to d.,** tú eres quien decide; **to d. against sth,** decidirse en contra de algo; **to d. in favour of sth,** optar por algo. ◆**decide on** *vtr (choose)* optar por.

decided [dɪ'saɪdɪd] *adj* 1 *(noticeable)* marcado,-a, claro,-a. 2 *(resolute)* decidido,-a, resuelto,-a; *(views)* categórico,-a. ◆**decidedly** *adv fml* 1 *(clearly)* indudablemente, sin duda; **he's d. better,** se encuentra francamente mejor. 2 *(resolutely)* decididamente, con resolución.

deciding [dɪ'saɪdɪŋ] *adj* decisivo,-a.

deciduous [dɪ'sɪdjʊ:əs] *adj Bot* de hoja caduca.

decilitre, US **deciliter** ['desɪli:tə'] *n* decilitro *m*.

decimal ['desɪməl] I *adj* decimal; **to six d. places,** hasta la sexta cifra. ■ **d. point,** coma *f* (de fracción decimal). II *n* decimal *m*.

decimalize ['desɪməlaɪz] *vtr GB* convertir al sistema decimal.

decimalization [desɪməlaɪ'zeɪʃən] *n GB* conversión *f* al sistema decimal.

decimate ['desɪmeɪt] *vtr* diezmar.

decimation [desɪ'meɪʃən] *n* reducción *f* catastrófica.

decimetre, US **decimeter** ['desɪmi:tə'] *n* decímetro *m*.

decipher [dɪ'saɪfə'] *vtr* descifrar.

decision [dɪ'sɪʒən] *n* 1 *(conclusion)* decisión *f; Jur* fallo *m;* **to come to** *or* **reach a d.**, llegar a una decisión; **to take** *or* **make a d.**, tomar una decisión. 2 *(resolution)* resolución *f*, determinación *f*.

decisive [dɪ'saɪsɪv] *adj* 1 *(resolute)* decidido,-a, resuelto,-a, firme. 2 *(conclusive)* decisivo,-a.

decisiveness [dɪ'saɪsɪvnɪs] *n* resolución *f*, firmeza *f*, determinación *f*.

deck [dek] I *n* 1 *(of ship)* cubierta *f;* **below decks**, en la bodega; **on/below d.**, en/bajo cubierta. ■ **d. chair**, tumbona *f.* 2 *(of bus, coach)* piso *m;* **top d.**, piso de arriba. 3 *esp US (of cards)* baraja *f.* 4 *(of record player)* plato *m*, platina *f.* ■ **cassette d.**, platina *f.* II *vtr* **to d. out**, adornar, decorar; **she decked herself (out) in all her finery**, se puso de punta en blanco.

declaim [dɪ'kleɪm] *vtr & vi fml* declamar.

declamatory [dɪ'klæmətərɪ] *adj fml* declamatorio,-a.

declaration [deklə'reɪʃən] *n* declaración *f*.

declare [dɪ'kleəʳ] I *vtr (gen)* declarar; *(winner, innocence)* proclamar; *(war)* declarar; *(decision)* manifestar; *(in customs)* **have you anything to d.?**, ¿tiene vd. algo que declarar? II *vi* 1 I **(do) d.!**, ¡vaya por Dios!, ¡no me digas! 2 pronunciarse; **to d. against/for**, pronunciarse en contra de/a favor de.

declared [dɪ'kleəd] *adj (opponent, supporter)* declarado,-a, reconocido,-a; *(intention)* manifiesto,-a.

declassify [di:'klæsɪfaɪ] *vtr (pt & pp declassified) (information etc)* levantar el secreto oficial de.

declension [dɪ'klenʃən] *n Ling* declinación *f*.

decline [dɪ'klaɪn] I *n* 1 *(decrease)* disminución *f; (amount)* baja *f;* **to be on the d.**, *(gen)* ir disminuyendo, ser menos frecuente; *(traditions etc)* ir perdiéndose; *(prestige etc)* ir a menos. 2 *(deterioration)* deterioro *m*, decadencia *f; (of health)* empeoramiento *m; (empire etc)* ocaso *m;* **to go** *or* **fall into d.**, empezar a decaer. II *vi* 1 *(decrease)* disminuir; *(strength etc)* declinar; *(amount)* bajar; *(business)* ir de baja. 2 *(deteriorate)* deteriorarse; *(health)* empeorarse. 3 *(refuse)* negarse. 4 *Ling* declinarse. III *vtr* 1 *(refuse)* rehusar, rechazar; *(offer, invitation)* declinar. 2 *Ling* declinar.

declining [dɪ'klaɪnɪŋ] *adj (decreasing)* disminuyendo; *(deteriorating)* deteriorando.

declutch [dɪ'klʌtʃ] *vi Aut* desembragar.

decode [di:'kəʊd] *vtr* descifrar.

decolonize [di:'kɒlənaɪz] *vtr* descolonizar.

decompose [di:kəm'pəʊz] I *vtr* 1 *(rot)* descomponer, pudrir. 2 *Chem (separate)* descomponer. II *vi* 1 *(rot)* descomponerse, pudrirse. 2 *Chem (separate)* descomponerse.

decomposition [di:kɒmpə'zɪʃən] *n* descomposición *f*, putrefacción *f*.

decompression [di:kəm'preʃən] *n* descompresión *f.* ■ **d. chamber**, cámara *f* de descompresión; **d. sickness**, aeroembolismo *m*.

decongestant [di:kən'dʒestənt] *adj & n* descongestionante (*m*).

decontaminate [di:kən'tæmɪneɪt] *vtr* descontaminar.

decontamination [di:kəntæmɪ'neɪʃən] *n* descontaminación *f*.

décor ['deɪkɔːʳ] *n*, **decor** ['dekɔːʳ] *n* decoración *f; Theat* decorado *m*.

decorate ['dekəreɪt] I *vtr* 1 *(adorn)* decorar, adornar **(with**, con). 2 *(paint)* pintar; *(wallpaper)* empapelar. 3 *(honour)* condecorar. II *vi (paint)* pintar; *(wallpaper)* empapelar.

decorating ['dekəreɪtɪŋ] *n* decoración *f; (painting)* pintura *f; (wallpapering)* empapelamiento *m*.

decoration [dekə'reɪʃən] *n* 1 *(decor)* decoración *f.* ■ **Christmas decorations**, adornos *mpl* navideños. 2 *(medal)* condecoración *f*.

decorative ['dekərətɪv] *adj* decorativo,-a, ornamental.

decorator ['dekəreɪtəʳ] *n* 1 decorador,-a *m,f; (painter)* pintor,-a *m,f; (paperhanger)* empapelador,-a *m,f.* 2 *(designer)* interiorista *mf*.

decorous ['dekərəs] *adj fml* decoroso,-a, correcto,-a.

decorum [dɪ'kɔːrəm] *n* decoro *m*.

decoy ['di:kɔɪ] I *n* 1 *(bird)* cimbel *m; (artificial bird)* señuelo *m.* 2 *fig* señuelo *m.* II *vtr (person, ship, etc)* atraer con señuelo **(into**, a).

decrease ['di:kri:s] I *n (strength)* disminución *f*, decrecimiento *m; (price, temperature)* baja *f; Fin* merma *f; (weight, speed, size)* reducción *f;* **to be on the d.**, ir disminuyendo. II [dɪ'kri:s] *vi (gen)* disminuir; *(strength, intensity)* menguar; *(price, temperature)* bajar; *Fin* mermar, perder valor; *(weight, speed, size)* reducir; *Knit* menguar. III *vtr (gen)* disminuir, reducir; *(price, temperatures)* bajar; *Knit* menguar.

decreasing [dɪ'kri:sɪŋ] *adj* decreciente.

decree [dɪ'kri:] I *n* 1 *Pol Rel* decreto *m;* **to issue a d.**, promulgar un decreto. 2 *esp US Jur* sentencia *f.* ■ **d. absolute**, sentencia *f* definitiva de divorcio; **d. nisi**, sentencia *f* provisional de divorcio. II *vtr Pol Rel* decretar, pronunciar.

decrepit [dɪ'krepɪt] *adj* decrépito,-a.

decry [dɪ'kraɪ] *vtr fml* censurar, criticar.

dedicate ['dedɪkeɪt] *vtr (gen)* consagrar, dedicar; **to d. oneself/one's life to science**, dedicarse/dedicar su vida a la ciencia.

dedicated ['dedɪkeɪtɪd] *adj* ardiente, convencido,-a; **d. to**, entregado,-a a.

dedication [dedɪ'keɪʃən] *n* 1 *(act)* consagración *f*, dedicación *f.* 2 *(commitment)* entrega *f*, compromiso *m.* 3 *(in book, on music)* dedicatoria *f*.

deduce [dɪ'dju:s] *vtr fml* deducir, inferir, concluir **(from**, de).

deduct [dɪ'dʌkt] *vtr* restar, descontar, deducir **(from**, de).

deductible [dɪ'dʌktəbəl] *adj* deducible **(from**, de).

deduction [dɪ'dʌkʃən] *n* 1 *(conclusion)* conclusión *f*, deducción *f; (reasoning)* deducción *f.* 2 *(subtraction)* deducción *f*, descuento *m*.

deductive [dɪ'dʌktɪv] *adj* deductivo,-a.

deed [di:d] *n* 1 *lit (act)* acto *m; (feat)* hazaña *f*, proeza *f; fam* **to do one's good d. for the day**, hacer su buena obra diaria. 2 *Jur* escritura *f; esp GB* **to do sth by d. poll**, hacer algo por escritura legal. ■ **d. box**, caja *f* de caudales, caja *f* fuerte; **title deeds**, título *m sing* de propiedad.

deejay ['di:dʒeɪ] *n fam* pinchadiscos *mf inv*, disc-jockey *mf*.

deem [di:m] *vtr fml* considerar, juzgar.

deep [di:p] I *adj* 1 *(well, river, etc)* profundo,-a, hondo,-a; *(wrinkle, gash)* profundo,-a; *(breath)* hondo,-a; **it's ten metres d.**, tiene diez metros de profundidad; *fam fig* **to be thrown in at the d. end**, hacer algo por primera vez; *fam fig* **to go off the d.**

end, salirse de casillas, perder los estribos. **2** *(shelf etc)* de fondo; *(hem, border)* ancho,-a. **3** *(sound, voice)* grave, bajo,-a; *(disgrace, shame)* grande; *(silence, mystery)* profundo,-a, completo,-a; *(interest)* vivo,-a; *(mourning)* riguroso,-a; *(sigh)* hondo,-a. **4** *(colour)* oscuro,-a. **5** *(serious)* grave, serio,-a; *fam* pseudofilosófico,-a. **II** *adv* **1** *(down)* profundamente; **to dig d.,** cavar hondo; **he thrust his hand d. into his pocket,** metió la mano hasta el fondo del bolsillo; **to sleep d.,** dormir profundamente; *fig* **d. down (inside me), I knew he was right,** en *or* para mis adentros, sabía que tenía razón; *fig* **to be d. in thought,** estar absorto,-a, estar ensimismado,-a. **2** *(back)* lejos; **d. in the woods,** en lo más profundo del bosque; **to look d. into sb's eyes,** penetrar a algn con la mirada; *fig* **nine d.,** de nueve en fondo. **III** *n lit* **the d.,** el piélago. ◆**deeply** *adv* **1** *(gen)* profundamente; *(breathe)* hondo; **to be d. in debt,** estar cargado,-a de deudas. **2** *(very)* muy, profundamente, sumamente; **I was d. hurt,** me hirió *or* me tocó en lo vivo.

deepen ['di:pən] **I** *vtr (well etc)* profundizar, ahondar; *fig (knowledge etc)* aumentar; *(colour, emotion)* intensificar; *(sound, voice)* hacer más grave. **II** *vi (river etc)* hacerse más hondo *or* profundo; *fig (knowledge etc)* aumentarse; *(colour, emotion)* intensificarse; *(sound, voice)* hacerse más grave.

deep-freeze [di:p'fri:z] **I** *n* congelador *m*. **II** *vtr (pt deep-froze* [di:p'frəʊz] *pp deep-frozen* [di:p'frəʊzən]) *(food)* congelar.

deep-fry [di:p'fraɪ] *vtr (pt & pp deep-fried)* freír en mucho aceite.

deep-rooted [di:p'ru:tɪd] *adj fig* profundo,-a, arraigado,-a.

deep-sea ['di:psi:] *adj (fishing)* de altura *f*; *(fish)* de aguas profundas, de alta mar.

deep-seated [di:p'si:tid] *adj fig* profundo,-a, arraigado,-a.

deep-set [di:p'set] *adj (eyes)* hundido,-a.

deer [dɪə^r] *n inv Zool* ciervo *m*, venado *m*. ■ **red d.,** ciervo *m* común.

deface [dɪ'feɪs] *vtr (break)* mutilar; *(mark)* desfigurar con garabatos; *(tear)* desgarrar.

de facto [deɪ'fæktəʊ] *adj & adv fml* de hecho.

defamation [defə'meɪʃən] *n fml* difamación *f*.

defamatory [dɪ'fæmətərɪ] *adj fml* difamatorio,-a.

defame [dɪ'feɪm] *vtr fml* difamar.

default [dɪ'fɔ:lt] **I** *n* **1** *(not act)* faltar a sus compromisos, incumplir un acuerdo *or* una promesa. **2** *(not appear)* Sport* perder por incomparecencia; *Jur* estar en rebeldía. **3** *(not pay)* suspender pagos. **II** *n* **1** *(failure to act)* omisión *f*, negligencia *f*. **2** *(failure to pay)* incumplimiento *m* de pago. **3** *(failure to appear)* Jur* rebeldía *f*; *fml* ausencia *f*; **in d. of,** a falta de, en ausencia de; *Sport* **to win by d.,** ganar por incomparecencia del adversario.

defaulter [dɪ'fɔ:ltə^r] *n (on loan, rent)* moroso,-a *mf*; *Jur Mil* rebelde *mf*.

defeat [dɪ'fi:t] **I** *vtr* **1** *(gen)* derrotar, vencer; *(motion, bill)* rechazar. **2** *fig* frustrar; **to d. an outrage,** hacer fracasar un atentado. **II** *n* **1** *(of army, team)* derrota *f*; *(of motion)* rechazo *m*. **2** *fig* fracaso *m*.

defeatism [dɪ'fi:tɪzəm] *n* derrotismo *m*.

defeatist [dɪ'fi:tɪst] *adj & n* derrotista *(mf)*.

defecate ['defɪkeɪt] *vi fml* defecar.

defecation [defɪ'keɪʃən] *n fml* defecación *f*.

defect ['di:fekt] **I** *n (gen)* defecto *m*; *(flaw)* desperfecto *m*. **II** [dɪ'fekt] *vi* desertar **(from,** de); *(from country)* huir.

defection [dɪ'fekʃən] *n (from or to party)* deserción *f*, defección *f*; *(from or to country)* huida *f*, fuga *f*.

defective [dɪ'fektɪv] *adj* **1** *(faulty)* defectuoso,-a; *(flawed)* con desperfectos; *(lacking)* incompleto,-a, deficiente. **2** *Ling* defectivo,-a.

defector [dɪ'fektə^r] *n Pol* tránsfuga *mf*, trásfuga *mf*.

defence [dɪ'fens] *n* **1** *(gen)* defensa *f*; *(of rights, wildlife)* protección *f*; **d. against air attack,** protección *f* antiaérea; **to act in self-d.,** actuar en defensa propia; **the Ministry of D.,** el Ministerio de Defensa; **to come to sb's d.,** salir en defensa de algn. ■ *Physol & Psych* **d. mechanism,** mecanismo *m* de defensa; **d. spending,** gastos *mpl* militares. **2** *usu sing Jur* defensa *f*; **counsel for the d.,** abogado,-a *m,f* defensor,-a. **3** *Sport GB* [dɪ'fens], *US* ['di:fens] **the d.,** la defensa.

defenceless [dɪ'fensɪs] *adj* indefenso,-a.

defend [dɪ'fend] *vtr* **1** *(gen)* defender **(from,** de; **against,** contra); *(rights, wildlife)* proteger **(from,** de; **against,** contra); **to d. oneself,** defenderse. **2** *Jur (accused, case)* defender. **3** *(claim, action, decision)* defender, vindicar, justificar.

defendant [dɪ'fendənt] *n Jur* demandado,-a *m,f*, acusado,-a *m,f*.

defender [dɪ'fendə] *n (gen)* defensor,-a *m,f*; *Sport* defensa *mf*.

defending [dɪ'fendɪŋ] *adj* **1** *Sport* defensor,-a; **d. champion,** campeón,-ona *m,f* titular. **2** *Jur* **d. counsel,** abogado,-a *m,f* defensor,-a.

defense [dɪ'fens, 'di:fens] *n US see* **defence** .

defenseless [dɪ'fensɪs] *adj US see* **defenceless** .

defensible [dɪ'fensəbəl] *adj* defendible, justificable.

defensive [dɪ'fensɪv] *adj* defensivo,-a; **to be on the d.,** estar a la defensiva.

defer[1] [dɪ'fɜ:] *vtr (pt & pp deferred)* aplazar, retrasar.

defer[2] [dɪ'fɜ:] *vi (pt & pp deferred)* **to d. to sth/sb,** deferir a algo/a algn.

deference ['defərəns] *n fml* deferencia *f*, respeto *m*, consideración *f*; **out of or in d. to sth/sb,** por respeto *or* por deferencia a algo/a algn.

deferential [defə'renʃəl] *adj fml* deferente, respetuoso,-a.

deferment [dɪ'fɜ:mənt] *n*,**deferral** [dɪ'fɜ:rəl] *n fml* aplazamiento *m*.

defiance [dɪ'faɪəns] *n* **1** *(challenge)* desafío *m*; **in d. of,** a despecho de. **2** *(resistence)* resistencia *f*, oposición *f*.

defiant [dɪ'faɪənt] *adj (challenging)* de desafío, provocador,-a; *(bold)* insolente.

deficiency [dɪ'fɪʃənsɪ] *n* **1** *(lack)* deficiencia *f*, falta *f*, carencia *f*. **2** *(shortcoming)* defecto *m*.

deficient [dɪ'fɪʃənt] *adj* deficiente; **to be d. in sth,** carecer de algo, estar falto,-a de algo.

deficit ['defɪsɪt] *n Com Fin* déficit *m*.

defile[1] [dɪ'faɪl] *vtr fml* **1** *(water)* contaminar; *(mind)* corromper; *(honour)* manchar; *(memory)* profanar; *(woman)* deshonrar. **2** *(desecrate)* profanar.

defile[2] [dɪ'faɪl, 'di:faɪl] *n* desfiladero *m*.

definable [dɪ'faɪnəbəl] *adj* definible.

define [dɪ'faɪn] *vtr fml* **1** *(explain)* definir, explicar; *(functions, duties, powers)* delimitar. **2** *(show clearly)* definir, perfilar.

definite ['defɪnɪt] adj 1 (clear) claro,-a, preciso,-a, categórico,-a; (improvement, progress) notable. 2 (date, place) determinado,-a, fijo,-a; **is it d.?**, ¿es seguro?; **it's quite d. that** ..., no hay or no cabe ninguna duda que ... . 3 Ling **d. article**, artículo m determinado. ◆**definitely I** adv (without doubt) sin duda, seguramente; **he was d. drunk**, no cabe duda que estaba borracho; **I'm d. going**, yo voy, seguro. **II** interj ¡desde luego!, ¡claro que sí!, ¡por supuesto!

definition [defɪ'nɪʃən] n 1 (explanation) definición f; **by d.**, por definición. 2 (clarity) nitidez f.

definitive [dɪ'fɪnɪtɪv] adj definitivo,-a.

deflate [dɪ'fleɪt] **I** vtr 1 (tyre, balloon) desinflar, deshinchar. 2 fig rebajar; fig **to d. sb**, hacer bajar los humos a algn; fig **to feel deflated**, sentirse desilusionado,-a. 3 Econ reducir la inflación. **II** vi 1 (tyre, balloon) desinflarse, deshincharse. 2 Econ sufrir la deflación.

deflation [dɪ'fleɪʃən] n 1 Econ deflación f. 2 fig (disappointment) decepción f, desilusión f.

deflationary [dɪ'fleɪʃənərɪ] adj Econ deflacionista, deflacionario,-a.

deflect [dɪ'flekt] **I** vtr (gen) desviar; fig (attention) desviar, distraer. **II** vi (gen) desviarse.

deflection [dɪ'flekʃən] n desviación f.

deflower [di:'flaʊəʳ] vtr lit (of virginity) desflorar, desvirgar.

defoliant [di:'fəʊlɪənt] n Tech defoliante m.

defoliate [di:'fəʊlɪeɪt] vtr defoliar, deshojar.

deforestation [di:fɒrɪs'teɪʃən] n deforestación f.

deform [dɪ'fɔ:m] vtr deformar, desfigurar.

deformation [di:fɔ:'meɪʃən] n deformación f.

deformed [dɪ'fɔ:md] adj deforme.

deformity [dɪ'fɔ:mɪtɪ] n deformidad f.

defraud [dɪ'frɔ:d] vtr estafar.

defrost [di:'frɒst] **I** vtr 1 (freezer, food) descongelar. 2 US (windscreen) desempañar. **II** vi descongelarse.

deft [deft] adj (skilful) hábil, diestro,-a; (adroit) experto,-a.

defunct [dɪ'fʌŋkt] adj (person) difunto,-a; (thing) en desuso.

defuse [di:'fju:z] vtr (bomb) desactivar; fig **to d. a situation**, reducir la tensión de una situación.

defy [dɪ'faɪ] vtr (pt & pp defied) 1 (person) desafiar; (law, order) desobedecer, contravenir. 2 (challenge) retar, desafiar; fig **it defies reason**, se escapa a la razón.

degeneracy [dɪ'dʒenərəsɪ] n degeneración f, decadencia f.

degenerate [dɪ'dʒenəreɪt] **I** vi degenerar (**into**, en). **II** [dɪ'dʒenərɪt] adj & n degenerado,-a (m,f).

degeneration [dɪdʒenə'reɪʃən] n degeneración f.

degenerative [dɪ'dʒenərətɪv] adj degenerativo,-a.

degrade [dɪ'greɪd] vtr degradar, envilecer; **to d. oneself by doing sth**, rebajarse a hacer algo.

degrading [dɪ'greɪdɪŋ] adj degradante.

degree [dɪ'gri:] n 1 (unit of measurement) grado m. 2 (amount, extent) grado m, cantidad f; **a certain d. of skill**, una cierta habilidad; **it involves a high d. of risk**, es sumamente arriesgado,-a; **to some d.**, hasta cierto punto. 3 (stage) punto m, etapa m; **first-d. burns**, quemaduras fpl de primer grado; **to do sth by degrees**, hacer algo poco a poco or paso a paso. 4 (qualification) título m; **first d.**, licenciatura f; **higher d.**, (of Master) licenciatura f superior; (of doctor) doctorado m; **honorary d.**, doctorado m

'honoris causa'; **to have/take a d. in science**, ser licenciado,-a/licenciarse en ciencias.

dehydrate [di:haɪ'dreɪt] vtr deshidratar.

dehydrated [di:haɪ'dreɪtɪd] adj (person) deshidratado,-a; (milk) en polvo; (vegetables) seco,-a.

dehydration [di:haɪ'dreɪʃən] n deshidratación f.

de-ice [di:'aɪs] vtr quitar el hielo a, deshelar.

de-icer [di:'aɪsəʳ] n (device) dispositivo m anticongelante; (chemical) anticongelante m.

deify ['deɪfaɪ] vtr (pt & pp deified) deificar.

deign [deɪn] vi dignarse.

deity ['deɪtɪ] n deidad f.

dejected [dɪ'dʒektɪd] adj desalentado,-a, desanimado,-a, abatido,-a. ◆**dejectedly** adv con desánimo.

dejection [dɪ'dʒekʃən] n desaliento m, desánimo m, abatimiento m.

dekko ['dekəʊ] n GB fam ojeada f; **let's have a d. at the menu**, echemos un vistazo al menú.

delay [dɪ'leɪ] **I** vtr 1 (make late) (flight, train) retrasar; (person) entretener; (fuse, bomb, camera shutter) **delayed action**, acción f retardada. 2 (defer) aplazar; (payment) demorar, aplazar, diferir. **II** vi (be late) tardar; **don't d.!**, ¡no te entretengas!; **to d. in doing sth**, demorarse en hacer algo. **III** n (gen) retraso m, demora f; (to traffic) atasco m, embotellamiento m; **trains are subject to d.**, es posible que los trenes lleguen con retraso.

delaying [dɪ'leɪɪŋ] adj dilatorio,-a, prorrogativo,-a.

delectable [dɪ'lektəbəl] adj lit delicioso,-a.

delegate ['delɪgɪt] **I** n delegado,-a m,f. ■ **conference d.**, congresista mf. **II** ['delɪgeɪt] vtr 1 (command, responsibility) delegar (**to**, en). 2 (to representative) delegar; **to d. sb to do sth**, encargar a algn que haga algo. **III** vi delegar responsabilidad.

delegation [delɪ'geɪʃən] n delegación f.

delete [dɪ'li:t] vtr (cross out) tachar (**from**, de); (remove) suprimir (**from**, de).

deletion [dɪ'li:ʃən] n (crossing out) tachadura f; (removal) supresión f.

deleterious [delɪ'tɪərɪəs] adj fml nocivo,-a.

deliberate [dɪ'lɪbərɪt] **I** adj 1 (intentional) deliberado,-a, intencionado,-a; (studied) premeditado,-a; **was it d.?**, ¿fue a propósito? 2 (careful) prudente; (unhurried) pausado,-a, lento,-a. **II** [dɪ'lɪbəreɪt] (consider) deliberar, considerar, examinar. **III** vi (consider) deliberar, reflexionar (**on, about**, sobre). ◆**deliberately** adv 1 (intentionally) a propósito, adrede. 2 (carefully) prudentemente; (unhurriedly) pausadamente; **to speak d.**, ser pausado,-a en el hablar.

deliberation [dɪlɪbə'reɪʃən] n 1 esp pl (consideration) deliberación f, consideración f; **our deliberations produced little result**, nuestras discusiones tuvieron poco resultado. 2 (care) cuidado m; (unhurriedness) pausa f, lentitud f.

delicacy ['delɪkəsɪ] n 1 (exquisiteness) delicadeza f. 2 (fragility) (of glass etc) fragilidad f; fig (of health) debilidad f. 3 (sensitivity) lo delicado. 4 (tact) delicadeza f, consideración f, atención f, gentileza f. 5 (food) manjar m (exquisito or delicioso).

delicate ['delɪkɪt] adj 1 (exquisite) (gen) delicado,-a; (embroidery, handiwork) fino,-a; (touch) ligero,-a. 2 (fragile) (china etc) frágil; fig (health) delicado,-a. 3 (sensitive) (question, matter) delicado,-a; (instrument) sensible; (sense of smell or taste) fino,-a. 4 (subtle) (colour) suave; (flavour) delicado,-a, fino,-a; (perfume) delicado,-a, fino,-a. ◆**delicately** adv 1 *(exquisitely)* delicadamente, con finura. 2 *(tactfully)* con delicadeza *or* consideración. 3 *(precisely)* con sensibilidad.

delicious [dɪ'lɪʃəs] *adj (food)* delicioso,-a; *(taste, smell)* exquisito,-a; *fig (feeling)* agradable; **it's d.!**, ¡está buenísimo,-a *or* riquísimo,-a!

delight [dɪ'laɪt] **I** *n* 1 *(great pleasure)* gusto *m*, placer *m*, alegría *f*; **to take a d. in sth**, encantarle algo. 2 *(source of pleasure)* encanto *m*, delicia *f*; **that player's a d. to watch**, da gusto ver ese jugador. **II** *vtr* encantar, dar gusto, deleitar. **III** *vi* **to d. in doing sth**, encantar hacer algo, deleitarse en *or* con hacer algo.

delighted [dɪ'laɪtɪd] *adj (gen)* encantado,-a, contentísimo,-a; *(smile, shout)* de alegría; **d. to meet you**, encantado,-a (de conocerle), mucho gusto (de conocerle); **I am d. with** *or* **by the result**, el resultado me pone muy contento,-a; **I'm d. to see you**, me alegro mucho de verte.

delightful [dɪ'laɪtful] *adj (house, person, film)* encantador,-a; *(view, person)* muy agradable; *(meal, weather, conversation)* delicioso,-a; **how d.!**, ¡qué delicia! ◆**delightfully** *adv* de una manera encantadora, deliciosamente.

delineate [dɪ'lɪnɪeɪt] *vtr fml (outline)* delinear, esbozar, perfilar; *fig (describe) (plan, argument)* perfilar, describir *or* explicar con todo detalle.

delinquency [dɪ'lɪŋkwənsɪ] *n* delincuencia *f*. ■ **juvenile d.**, delincuencia *f* juvenil.

delinquent [dɪ'lɪŋkwənt] *adj & n* delincuente *(mf)*.

delirious [dɪ'lɪrɪəs] *adj* 1 *Med* delirante; **to be d.**, delirar, tener delirios, desvariar. 2 *fig (audience)* muy entusiasmado,-a *or* emocionado,-a; **to be d. with joy**, estar loco,-a de alegría.

delirium [dɪ'lɪrɪəm] *n (pl deliriums or deliria* [dɪ'lɪrɪə]) *Med & fig* delirio *m*, desvarío *m*.

deliver [dɪ'lɪvə'] *vtr* 1 *(take, mail) (goods)* repartir, entregar **(to**, a); *(message)* dar **(to**, a); *(order)* despachar **(to**, a); *fig* **to d. the goods**, cumplir con la obligación. 2 *(give) (kick, push, blow)* dar; *Sport (shot, fast ball)* lanzar; *(speech, sermon, verdict)* pronunciar; *(lecture)* dar. 3 *Med (baby)* asistir al parto; *fml* **she was delivered of a son**, dio a luz un niño; **the baby was delivered safely**, el niño nació sano. 4 *fml (rescue)* liberar, rescatar **(from**, de). 5 *(fulfill)* cumplir.

deliverance [dɪ'lɪvərəns] *n fml* liberación *f*, rescate *m*.

delivery [dɪ'lɪvərɪ] *n* 1 *(of goods)* reparto *m*, entrega *f*; *(of mail)* reparto *m*; **cash on d.**, entrega *f* contra reembolso; **special d.**, correo *m* urgente; **to take d. of an order**, recibir un pedido. ■ **d. boy**, recadero *m*, chico *m* de los recados; **d. man**, repartidor *m*; **d. note**, albarán *m* de entrega; **d. service**, servicio *m* a domicilio; *GB* **d. van**, furgoneta *f* de reparto. 2 *(of speech etc)* declamacion *f*, pronunciación *f*, modo *m* de hablar. 3 *(of baby)* parto *m*, alumbramiento *m*. ■ **d. room**, sala *f* de partos.

dell [del] *n Lit* valle *m* pequeño.

delphinium [del'fɪnɪəm] *n Bot* espuela *f* de caballero.

delta ['deltə] *n* 1 *(Greek letter)* delta *f*. 2 *Geog* delta *m*; **the Nile d.**, el delta del Nilo.

delude [dɪ'lu:d] *vtr* engañar; **don't d. yourself**, no te hagas ilusiones, no te dejes engañar; **to d. sb into doing sth**, engañar a algn para que haga algo.

deluge ['delju:dʒ] **I** *n (flood)* inundación *f*; *(rain)* diluvio *m*; *fig (of questions, complaints)* avalancha *f*, alud *m*. **II** *vtr fml (flood)* inundar; *fig* inundar

(with, de), abrumar **(with**, con); **I was deluged with enquiries**, me llovieron las preguntas.

delusion [dɪ'lu:ʒən] *n (state, act)* engaño *m*. 2 *(false belief)* ilusión *f* (falsa); **delusions of grandeur**, delirios *mpl* de grandeza; **he was under the d. that ...**, pensaba equivocadamente que ...; *Psych* **to suffer from delusions**, tener alucinaciones.

delusive [dɪ'lu:sɪv] *adj* 1 *(misleading)* engañoso,-a. 2 *(illusory)* ilusorio,-a.

de luxe [də'lʌks, də'luks] *adj* de lujo *inv*.

delve [delv] *vi* 1 *(search) (bag, pocket)* hurgar **(into**, en). 2 *(gen)* investigar; *(subject)* profundizar, ahondar **(into**, en); *(past, private affairs)* escarbar **(into**, en).

demagogue, *US* **demagog** ['deməgɒg] *n Pol pej* demagogo,-a *m,f*.

demand [dɪ'mɑ:nd] **I** *n* 1 *(request) (gen)* solicitud *f*; *(for pay rise, rights, etc)* reclamación *f*; *(need)* necesidad *f*; **by popular d.**, a petición del público; **final d.**, ultimo aviso *m*; **on d.**, a petición. 2 *(claim)* exigencia *f*; **the work makes great demands on me**, me absorbe totalmente el trabajo; **to be in d.**, ser solicitado,-a; **to make demands on sb**, pedir mucho de algn. 2 *Econ* demanda *f*; **there's a big d. for this product**, este producto tiene mucha demanda. **II** *vtr* 1 *(request firmly) (gen)* exigir; *(pay rise, rights)* reclamar; **to d. that ...**, insistir en que ... . 2 *(need)* exigir, requerir.

demanding [dɪ'mɑ:ndɪŋ] *adj* 1 *(hard to please)* exigente. 2 *(wearing)* agotador,-a.

demarcation [di:mɑ:'keɪʃən] *n* demarcación *f*. ■ *Ind* **d. dispute**, conflicto *m* (laboral) de competencias; **d. line**, línea *f* de demarcación.

demean [dɪ'mi:n] *vtr fml* **to d. oneself**, rebajarse; **I won't d. myself by accepting**, no me voy a humillar por aceptar.

demeaning [dɪ'mi:nɪŋ] *adj fml* humillante, vergonzoso,-a.

demeanour, *US* **demeanor** [dɪ'mi:nə'] *n fml* 1 *(behaviour)* comportamiento *m*, conducta *f*. 2 *(bearing)* porte *m*.

demented [dɪ'mentɪd] *adj Med* demente, trastornado,-a; *fam* loco,-a.

dementia [dɪ'menʃɪə] *n Med* demencia *f*. ■ **senile d.**, demencia *f* senil.

demerara [demə'reərə] *n* **d. (sugar)**, azúcar *m & f* moreno,-a.

demerit [di:'merɪt] *n fml* demérito *m*, defecto *m*; **the merits and demerits of the system**, las ventajas y desventajas del sistema.

demi- ['demɪ] *pref* medio-, semi-; *Myth* **d.-god**, semidiós *m*.

demise [dɪ'maɪz] *n fml (death)* fallecimiento *m*, defunción *f*; *(of institution)* desaparición *f*; *fig (of ambition etc)* fracaso *m*.

demist [di:'mɪst] *vtr Aut* desempañar.

demo ['deməʊ] *n (pl demos) fam* manifestación *f*.

demob [di:'mɒb] *vtr (pt & pp demobbed) Mil fam abbr of* **demobilize**, desmovilizar.

demobilize [di:'məʊbɪlaɪz] *vtr* desmovilizar.

democracy [dɪ'mɒkrəsɪ] *n* democracia *f*.

democrat ['deməkræt] *n* demócrata *mf*; *Pol* **Christian D.**, democratacristiano,-a *m,f*; **Social D.**, socialdemócrata *mf*.

democratic [demə'krætɪk] *adj* democrático,-a; *US Pol* **D. party**, partido *m* demócrata. ◆**democratically** *adv* democráticamente, con democracia.

demography [dɪ'mɒgrəfɪ] *n* demografía *f*.

demolish [dɪ'mɒlɪʃ] *vtr (building etc)* derribar, echar abajo, demoler; *fig (theory, proposal)* echar por tierra, destruir.

demolition [demə'lɪʃən] *n* demolición *f*, derribo *m*. ▪ **d. squad**, equipo *m* de demolición.

demon ['diːmən] *n* 1 *(devil, bad child)* demonio *m*, diablo *m*. 2 *fam (energetic person)* fiera *f*; *(skilful person)* hacha *m*.

demoniac [dɪ'məʊnɪæk] *adj*, **demoniacal** [diːmə'naɪəkəl] *adj (person)* endemoniado,-a, demoniaco,-a; *(laughter, urge)* demoniaco,-a, diabólico,-a.

demonstrable [dɪ'mɒnstrəbəl] *adj* demostrable. ◆**demonstrably** *adv* claramente.

demonstrate ['demənstreɪt] I *vtr* 1 *(gen)* demostrar, probar; **to d. one's affection,** dar prueba de su cariño. 2 *(explain) (procedure, system)* demostrar, explicar; **he demonstrates microwave ovens,** enseña cómo funcionan los hornos microondas. II *vi Pol* manifestarse, hacer una manifestación.

demonstration [demən'streɪʃən] *n* 1 *(proof)* demostración *f*, prueba *f*. 2 *(explanation)* demostración *f*, explicación *f*. 3 *Pol (march)* manifestación *f*; **to hold** *or* **stage a d.,** manifestarse, hacer una manifestación.

demonstrative [dɪ'mɒnstrətɪv] I *adj* franco,-a, expansivo,-a, que muestra sus sentimientos. II *n Ling* demostrativo *m*. ▪ **d. pronoun,** pronombre *m* demostrativo.

demonstrator ['demənstreɪtər] *n* 1 *Pol* manifestante *mf*. 2 *Com* persona *f* que hace demostraciones.

demoralize [dɪ'mɒrəlaɪz] *vtr* desmoralizar; **to be** *or* **become demoralized,** desmoralizarse.

demoralizing [dɪ'mɒrəlaɪzɪŋ] *adj* desmoralizador,-a, desmoralizante.

demote [dɪ'məʊt] *vtr* rebajar de graduación *or* de categoría; *Mil* degradar.

demotion [dɪ'məʊʃən] *n* reducción *f* de categoría; *Mil* degradación *f*.

demur [dɪ'mɜːr] *fml* I *vi (pt & pp demurred) (object)* oponerse, objetar; *(be reluctant)* vacilar **(at,** ante); **I demurred at paying the bill,** puse reparos a pagar la cuenta. II *n* **without d.,** sin reparo(s) *m(pl)*.

demure [dɪ'mjʊər] *adj* 1 *(reserved) (person)* recatado,-a; *(behaviour)* tímido,-a, discreto,-a. 2 *(affected, coy)* remilgado,-a. ◆**demurely** *adv* 1 con recato, discretamente. 2 con remilgos.

den [den] *n* 1 *(of lions, wolves, etc)* guarida *f*; *fig* **d. of vice** *or* **iniquity,** antro *m* de perdición. 2 *fam (study)* estudio *m*.

denial [dɪ'naɪəl] *n* 1 *(repudiation) (of charge)* mentís *m inv*, desmentido *m*; **he issued a firm d. of the report,** desmintió rotundamente el informe. 2 *(refusal) (of rights)* denegación *f*; *(of request)* negativa *f*, rechazo *m*. 3 *(rejection) (of doctrine, principles)* negación *f*.

denier ['denɪər] *n Tex* denier *m*.

denigrate ['denɪgreɪt] *vtr fml* denigrar.

denim ['denɪm] *n Tex* 1 dril *m*; **d. skirt,** falda *f* tejana. 2 **denims,** tejanos *mpl*, pantalón *m sing* vaquero, vaqueros *mpl*; **a pair of blue d.,** unos tejanos *or* vaqueros azules.

denizen ['denɪzən] *n lit* habitante *mf*.

Denmark ['denmɑːk] *n* Dinamarca.

denomination [dɪnɒmɪ'neɪʃən] *n* 1 *Rel* confesión *f*, secta *f*. 2 *Fin (of coins)* valor *m*.

denominational [dɪnɒmɪ'neɪʃənəl] *adj Rel* confesional.

denominator [dɪ'nɒmɪneɪtər] *n Math* denominador *m*. ▪ **common d.,** común denominador *m*.

denote [dɪ'nəʊt] *vtr* 1 *(show) (illness, satisfaction)* indicar, denotar; *(position, exit, weight)* marcar. 2 *(mean)* significar.

denouement [deɪ'nuːmɒn] *n* desenlace *m*.

denounce [dɪ'naʊns] *vtr* censurar, denunciar; **she denounced him as a fraud,** le acusó de ser un impostor.

dense [dens] *adj* 1 *(jungle etc)* denso,-a, cerrado,-a; *(crowd)* numeroso,-a. 2 *(thick) (fog etc)* espeso,-a. 3 *fam (stupid)* torpe, estúpido,-a. ◆**densely** *adv* densamente.

density ['densɪtɪ] *n* densidad *f*; **the d. of the fog,** lo espeso de la niebla.

dent [dent] I *n (in metal)* abolladura *f*; *(in cushion, pillow)* hueco *m*; *fig* **the trip made a d. in her savings,** el viaje mermó sus ahorros. II *vtr (car)* abollar; *(cushion)* hacer un hueco en; *fig* **to d. sb's confidence,** hacer que algn pierda la confianza.

dental ['dentəl] *adj* dental; **d. floss,** hilo *m* dental; **d. hygienist,** ayudante *mf or* asistente *mf* de dentista. ▪ **d. surgeon,** odontólogo,-a *m,f*; **d. surgery,** *(place)* consultorio *m* odontológico, clínica *f* dental; *(treatment)* cirugía *f* dental.

dentist ['dentɪst] *n* dentista *mf*.

dentistry ['dentɪstrɪ] *n* odontología *f*.

denture ['dentʃər] *n usu pl* dentadura *f* postiza.

denude [dɪ'njuːd] *vtr* despojar **(of,** de); **hillsides denuded of soil,** laderas erosionadas.

denunciation [dɪnʌnsɪ'eɪʃən] *n* denuncia *f*, condena *f*, censura *f*.

deny [dɪ'naɪ] *vtr (pt & pp denied)* 1 *(repudiate)* negar; *(rumour, report)* desmentir; *(charge)* rechazar; **he denied knowing her** *or* **that he knew her,** afirmó que no la conocía; **there's no denying that ...,** no se puede negar que ... . 2 *(refuse)* negar, privar; **he denies her nothing,** le consiente todo; **I was denied access,** no me permitieron entrar; **to d. sb his** *or* **her rights,** privar a algn de sus derechos. 3 *arch (disown) (person)* desconocer, negar a; *(faith)* rechazar.

deodorant [diː'əʊdərənt] *n* desodorante *m*.

deodorize [diː'əʊdəraɪz] *vtr* desodorizar.

dep *abbr of* **departure, departs, departing** *or* **departed,** salida *f*, sale, saliendo *or* salió.

depart [dɪ'pɑːt] *vi (leave)* marcharse, irse **(from,** de); *fig (deviate) (from subject)* desviarse **(from,** de); *(from routine)* salirse **(from,** de).

departed [dɪ'pɑːtɪd] *euph* I *adj* difunto,-a. II **the d.,** *n sing or pl* el difunto, la difunta, los difuntos, las difuntas.

department [dɪ'pɑːtmənt] *n* 1 *(division) (in office, bank, etc)* sección *f*, servicio *m*; *(in hospital)* departamento *m*; *(in shop)* sección *f*, departamento *m*; *(in university etc)* departamento *m*, facultad *f*; *(in government)* ministerio *m*, departamento *m*. ▪ **Com accounts/sales d.,** (sección *f* de) contabilidad *f*/ventas *pl*; **d. store,** grandes almacenes *mpl*. 2 *fam (responsibility)* campo *m*, esfera *f*; **pets aren't my d.,** no me toca a mí cuidar los animales domésticos.

departmental [diːpɑːt'mentəl] *adj* departamental.

departure [dɪ'pɑ:tʃəʳ] n 1 (leaving) marcha f, partida f. ■ (at airport, station) d. board, tablón m de salidas; Av d. lounge, sala f de embarque; d. times, horas fpl de salida. 2 fig (from routine) salida f (from, de); (from previous policy) reorientación f.

depend [dɪ'pend] vi 1 (rely) fiarse (on, upon, de); a friend you can d. on, un amigo or una amiga de confianza; he'll forget, (you can) d. on it!, ¡se olvidará, puedes estar seguro,-a! 2 impers (be determined by) depender (on, upon, de); it depends on the weather, según el tiempo que haga; that or it all depends, según, eso depende.

dependable [dɪ'pendəbəl] adj (person) responsable, fiable, digno,-a de confianza; (income) seguro,-a; (car, machine) fiable.

dependant, US **dependent** [dɪ'pendənt] n dependiente mf.

dependence [dɪ'pendəns] n 1 (need) dependencia f. 2 (trust) confianza f.

dependency [dɪ'pendənsɪ] n Pol dependencia f.

dependent [dɪ'pendənt] I adj 1 (reliant) dependiente; Pol d. territories, territorios mpl anexos; to be d. on sth, depender de algo. 2 Ling subordinado,-a. ■ d. clause, oración f subordinada. II n US see dependant

depict [dɪ'pɪkt] vtr Art representar, pintar, retratar; fig describir, retratar.

depilatory [dɪ'pɪlətərɪ] n depilatorio m. ■ d. cream, crema f depilatoria.

deplete [dɪ'pli:t] vtr fml reducir.

depletion [dɪ'pli:ʃən] n fml reducción f.

deplorable [dɪ'plɔ:rəbəl] adj lamentable, deplorable.

deplore [dɪ'plɔ:ʳ] vtr lamentar, deplorar.

deploy [dɪ'plɔɪ] vtr Mil (troops, ships etc) desplegar; fig (staff, resources) utilizar.

depopulate [di:'pɒpjʊleɪt] vtr despoblar.

deport [dɪ'pɔ:t] vtr expulsar, deportar (from, de; to, a).

deportation [dɪpɔ:'teɪʃən] n expulsión f, deportación f. ■ d. order, orden f de expulsión.

deportment [dɪ'pɔ:tmənt] n fml porte m.

depose [dɪ'pəʊz] I vtr (leader, president) deponer, destituir; (king) destronar. II vi Jur declarar, prestar declaración, deponer.

deposit [dɪ'pɒzɪt] I n 1 (gen) sedimento m; Min yacimiento m; (wine) poso m, heces mpl; Chem precipitado m. 2 (in bank etc) depósito m. ■ d. account, cuenta f de ahorros. 3 Com (on purchase) señal f; (on rented car, property) depósito m; (on house purchase) entrada f; Com to put a d. on sth, dejar una señal para algo. II vtr 1 (leave) depositar. 2 (put down) depositar, poner, colocar; the taxi deposited me at the door, el taxi me dejó en la puerta. 3 (store) (valuables etc) depositar; (luggage) dejar en consigna. 4 (pay) (into account) ingresar; (towards sth) pagar un depósito de.

deposition [depə'zɪʃən] n 1 (of leader, president) deposición f, destitución f; (king) destronamiento m. 2 Jur (of witness) declaración f.

depositor [dɪ'pɒzɪtəʳ] n depositante mf.

depot ['depəʊ] n 1 gen almacén m; Mil depósito m; (bus garage) cochera f (de autobuses); (rail siding) depósito m de locomotoras. 2 US (bus station) estación f de autobuses; (railway station) estación f de ferrocarriles.

deprave [dɪ'preɪv] vtr depravar.

depraved [dɪ'preɪvd] adj (person) depravado,-a.

depravity [dɪ'prævɪtɪ] n depravación f.

deprecate ['deprɪkeɪt] vtr fml desaprobar, censurar.

deprecatory ['deprɪkətərɪ] adj desaprobatorio,-a.

depreciate [dɪ'pri:ʃɪeɪt] vi depreciarse.

depreciation [dɪpri:ʃɪ'eɪʃən] n depreciación f, desvalorización f.

depress [dɪ'pres] vtr 1 (discourage) deprimir, desanimar, desalentar. 2 Econ (reduce) (profits) reducir; (trade) dificultar; (prices, wages) disminuir, hacer bajar. 3 fml (press down) (switch, lever, etc) apretar; (clutch, piano pedal) pisar.

depressed [dɪ'prest] adj 1 (person) deprimido,-a, desanimado,-a, desalentado,-a; to get d., desanimarse. 2 Econ (area) deprimido,-a; (stockmarket) paralizado,-a, en crisis. 3 (surface) hundido,-a, deprimido,-a.

depressing [dɪ'presɪŋ] adj deprimente; I find it d., me deprime.

depression [dɪ'preʃən] n 1 (low spirits) depresión f. 2 Econ crisis f inv económica. 3 (hollow) depresión f. 4 Meteor depresión f.

depressive [dɪ'presɪv] adj depresivo,-a.

deprivation [deprɪ'veɪʃən] n (hardship) privación f; (loss) perdida f.

deprive [dɪ'praɪv] vtr (gen) privar (of, de); (of office) destituir (of, de).

deprived [dɪ'praɪvd] adj pobre, necesitado,-a.

Dept abbr of **Department**, departamento m, dpt, dpto; (in store) sección f.

depth [depθ] n 1 (of pond, hole) profundidad f; (of cupboard, shelf) fondo m; (of hem, border) ancho m; to be or get out of one's d., (in water) perder pie; fig (in conversation etc) meterse en camisa de once varas. ■ Mil d. charge, carga f de profundidad. 2 fig (of emotion, colour, gaze) intensidad f; (of shame, anxiety, silence, mystery) profundidad f; (of thought) complejidad f; in the depths of the forest, en el corazón del bosque; in the depths of night, a altas horas de la noche; in the depths of winter, en pleno invierno; in the depths of despair, estar completamente desesperado,-a; to study sth in d., estudiar algo a fondo.

deputation [depjʊ'teɪʃən] n inv delegación f.

depute [dɪ'pju:t] vtr fml (reponsibility, power) delegar (to, en); (person) diputar.

deputy ['depjʊtɪ] n 1 (substitute) suplente mf, sustituto,-a m,f. ■ d. chairman, vicepresidente m; d. director, director,-a m,f adjunto,-a; Educ d. head, subdirector,-a m,f. 2 Pol (representative) diputado,-a m,f.

derail [dɪ'reɪl] vtr hacer descarrilar.

deranged [dɪ'reɪndʒd] adj trastornado,-a, loco,-a.

derby ['dɑ:bɪ] n 1 Sport prueba f; **donkey d.**, carrera f de burros; GB the D., carrera f (anual) clásica de caballos. 2 ['dɜ:rbɪ] US sombrero m hongo, bombín m.

derelict ['derɪlɪkt] adj abandonado,-a, en ruinas.

dereliction [derɪ'lɪkʃən] n (ruin) abandono m; fml d. of duty, incumplimiento m del deber.

deride [dɪ'raɪd] vtr ridiculizar, burlarse, mofarse.

derision [dɪ'rɪʒən] n mofa f, burla f; his views met with d., se mofaron de sus opiniones; laugh of d., risa f burlona.

derisive [dɪ'raɪsɪv] adj burlón,-ona, irónico,-a.

derisory [dɪ'raɪsərɪ] adj irrisorio,-a, ridículo,-a.

derivation [derɪ'veɪʃən] n derivación f.

derivative [de'rɪvətɪv] I *adj (art, writing)* sin originalidad, poco original. II *n (of word, substance)* derivado *m*.

derive [dɪ'raɪv] *fml* I *vtr* sacar; I **d. comfort from my family**, la familia es un consuelo para mí. II *vi (word)* derivarse **(from**, de); *(skill)* provenir **(from**, de).

dermatitis [dɜ:mə'taɪtɪs] *n Med* dermatitis *f*.

dermatology [dɜ:mə'tɒlədʒɪ] *n Med* dermatología *f*.

derogatory [dɪ'rɒgətərɪ] *adj (remark, article)* despectivo,-a; *(meaning)* peyorativo,-a.

derrick ['derɪk] *n* 1 *Naut (crane)* grúa *f*. 2 *Petrol* torre *f* de perforación.

DES [di:i:'es] *GB abbr of* **Department of Education and Science**, ≈ Ministerio *m* de Educación y Ciencia, MEC *m*.

descant ['deskænt] *n Mus* contrapunto *m*.

descend [dɪ'send] I *vi* 1 *(come or go down) (gen)* bajar, descender; *fig* **night descended**, se hizo de noche. 2 **to d. on**, *(invade) (enemy)* caer sobre, atacar; *(area)* invadir; *fig* **they descended on us at lunchtime**, se dejaron caer por casa a la hora del almuerzo. 3 *(lower yourself) (gossip, rudeness)* rebajarse **(to**, a); **to d. to telling lies**, recurrir a mentiras. 4 *(be related to)* descender. II *vtr (stairs)* bajar.

descendant [dɪ'sendənt] *n* descendiente *mf*.

descent [dɪ'sent] *n* 1 *(way down)* descenso *m*, bajada *f*. 2 *(degeneration)* caída *f*; **d. into poverty**, caída en la miseria. 3 *(slope)* declive *m*, pendiente *f*. 4 *(ancestry)* ascendencia *f*, familia *f*; **she is of Russian d.**, es de ascendencia rusa. 5 *(attack)* incursión *f*.

describe [dɪ'skraɪb] *vtr* 1 describir; **d. him to me**, cuéntame cómo es; **I wouldn't d. her as an expert**, no la calificaría de experta. 2 *Tech (arc, circle)* trazar.

description [dɪ'skrɪpʃən] *n* 1 *(portrayal, account)* descripción *f*; **it was painful beyond d.**, el dolor era indescriptible; **to beggar** *or* **defy d.**, superar la descripción. 2 *(type)* clase *f*; **fish of all descriptions**, peces de toda clase; **transport of some d.**, algún medio de transporte.

descriptive [dɪ'skrɪptɪv] *adj* descriptivo,-a.

desecrate ['desɪkreɪt] *vtr* profanar.

desecration [desɪ'kreɪʃən] *n* profanación *f*.

desegregate [di:'segrɪgeɪt] *vtr* suprimir la segregación racial.

desert[1] ['dezət] *n* desierto *m*; **the Sahara D.**, el desierto del Sáhara. ■ **d. island**, isla *f* desierta.

desert[2] [dɪ'zɜ:t] I *vtr (place, family)* abandonar; *(political party, attributes)* desertar; *fam* **you've deserted us!**, ¡nos has abandonado! II *vi Mil* desertar **(from**, de).

deserter [dɪ'zɜ:tə'] *n Mil* desertor,-a *m,f*.

desertion [dɪ'zɜ:ʃən] *n (gen)* abandono *m*; *Pol* defección *f*; *Mil* deserción *f*; *Jur* **divorce on the grounds of d.**, divorcio *m* por abandono del domicilio conyugal.

deserts [dɪ'zɜ:ts] *npl* merecido *m*; **to get one's just d.**, llevarse su merecido.

deserve [dɪ'zɜ:v] *vtr (rest, punishment)* merecer; *(prize, praise)* ser digno,-a de; **she got what she deserved**, se llevó su merecido.

deservedly [dɪ'zɜ:vɪdlɪ] *adv* con (toda) razón.

deserving [dɪ'zɜ:vɪŋ] *adj (person)* de valía, que vale; *(action, cause)* meritorio,-a; *fml* **to be d. of praise/blame**, ser digno,-a de elogio/censura.

desiccated ['desɪkeɪtɪd] *adj fml (gen)* desecado,-a; *(skin)* deshidratado,-a. ■ *Culin* **d. coconut**, coco *m* rallado.

design [dɪ'zaɪn] I *n* 1 *Art* diseño *m*, dibujo *m*; **fashion d.**, creación *f or* diseño *m* de modas. 2 *(preliminary plan) (of building, vehicle)* plano *m*; *(of dress etc)* patrón *m*; *(of painting, sculpture)* boceto *m*; *(of course, test, computer program)* modelo *m*. 3 *(general arrangement, form)* diseño *m*; *(of room, city centre)* disposición *f*; **the d. of the car was wrong**, el coche estaba mal concebido; **the overall d.**, el concepto *or* la idea general. 4 *(decoration, pattern)* dibujo *m*, diseño *m*, motivo *m* ornamental *or* decorativo. 5 *fig (scheme)* plan *m*, intención *f*, proyecto *m*; **was it by accident or by d.?**, ¿ocurrió por casualidad o bien a propósito?; *fam* **to have designs on sth/sb**, tener puestas las miras en algo/en algn. II *vtr* 1 *(draw, create) (gen)* diseñar; *(fashions)* crear. 2 *(intend, plan)* concebir; **the oven is designed to switch itself off**, el horno está programado para autodesconectarse. III *vi Art* diseñar.

designate ['dezɪgneɪt] I *vtr* 1 *(appoint)* designar, nombrar. 2 *fml (mark, show) (boundary)* señalar, indicar. II ['dezɪgnɪt] *adj* designado,-a, nombrado,-a.

designation [dezɪg'neɪʃən] *n fml* 1 *(appointment)* nombramiento *m*; **his d. as minister**, su designación como ministro. 2 *(title)* denominación *f*.

designer [dɪ'zaɪnə'] *n Art* diseñador,-a *m,f*. ■ **d. jeans/shoes**, pantalones *mpl*/zapatos *mpl* de marca; *Tex* **dress** *or* **fashion d.**, diseñador,-a *m,f* de modas, modisto,-a *m,f*; *Cin Theat* **set d.**, escenógrafo,-a *m,f*.

designing [dɪ'zaɪnɪŋ] *adj pej* intrigante.

desirable [dɪ'zaɪərəbəl] *adj* 1 *(attractive) (asset, position, offer)* atractivo,-a; *(residence)* de alto standing; *(woman)* deseable, seductora. 2 *(advisable)* conveniente, prudente; **it is d. that safety helmets should be worn**, es aconsejable llevar casco de seguridad; **make what changes you think are d.**, haga los cambios que le parezcan oportunos.

desire [dɪ'zaɪə'] I *n* 1 *(longing)* deseo *m*, anhelo *m*, ansia *f*; *(sexual longing)* deseo *m*, instinto *m* sexual. 2 *(wish)* deseo *m*; **I haven't the slightest d. to go**, no me apetece nada ir. II *vtr* 1 *(long for)* desear, anhelar, ansiar; *(person)* desear. 2 *(wish for)* desear; *iron* **it leaves much** *or* **a lot** *or* **a great deal to be desired**, deja mucho que desear.

desirous [dɪ'zaɪərəs] *adj fml* deseoso,-a.

desist [dɪ'zɪst] *vi fml* desistir **(from**, de); **to d. from smoking**, abstenerse de fumar.

desk [desk] *n (in school)* pupitre *m*; *(in office etc)* escritorio *m*. ■ **cash d.**, caja *f*; *US (in hotel)* **d. clerk**, recepcionista *mf*; **d. job**, **d. work**, trabajo *m* de oficina; **information d.**, (oficina *f* de) información *f*; **news d.**, redacción *f*; **reception d.**, recepción *f*.

desolate ['desəlɪt] I *adj* 1 *(uninhabited)* deshabitado,-a, desierto,-a, desocupado,-a, despoblado,-a, solitario,-a; *(barren)* yermo,-a, desolado,-a. 2 *(person) (forlorn)* desconsolado,-a, afligido,-a; *(friendless)* solitario,-a. II ['desəlert] *vtr lit* desolar.

desolation [desə'leɪʃən] *n* 1 *(of place)* desolación *f*; *(by destruction)* asolamiento *m*. 2 *(of person)* desconsuelo *m*, aflicción *f*; **to feel a sense of d.**, sentirse abandonado,-a.

despair [dɪ'speə^r] I *n* desesperación *f*; **to drive sb to d.**, desesperar a algn; *fig* **he's the d. of his parents**, es una cruz para sus padres. II *vi* desesperar(se), perder la esperanza (**of,** de); **don't d.!**, ¡no te desanimes!, ¡ánimo!

despairing [dɪ'speərɪŋ] *adj* de desesperación, desperado,-a. ◆**despairingly** *adv* con desesperación.

despatch [dɪ'spætʃ] *n & vtr see* **dispatch.**

desperate ['despərɪt] *adj* **1** *(reckless)* desesperado,-a; *(sight, struggle)* encarnizado,-a; **to do something d.**, cometer un acto de desesperación; **to get d.**, estar a punto de desesperarse. **2** *(critical, extreme)* *(situation)* desesperado,-a, grave; *(need)* urgente, apremiante; *(conditions)* malísimo,-a; **to be d. for sth/to do sth**, necesitar algo/hacer algo con gran urgencia. ◆**desperately** *adv (recklessly)* desesperadamente; *(struggle)* encarnizadamente; *(ill)* gravemente, de gravedad; *(in love)* locamente; *(difficult, serious)* sumamente; **he was d. in need of sleep,** le hacía muchísima falta dormir.

desperation [despə'reɪʃən] *n* desesperación *f*; **in d.**, a la desesperada; **the children drove her to d.**, los niños la volvían loca.

despicable [dɪ'spɪkəbəl] *adj (person, act)* despreciable, vil; *(behaviour)* indigno,-a. ◆**despicably** *adv* de una manera despreciable *or* vil.

despise [dɪ'spaɪz] *vtr* despreciar, menospreciar.

despite [dɪ'spaɪt] *prep fml* a pesar de.

despondent [dɪ'spɒndənt] *adj* abatido,-a, desanimado,-a, desalentado,-a. ◆**despondently** *adv* con desánimo, sin entusiasmo.

despot ['despɒt] *n* déspota *mf*.

despotism ['despətɪzəm] *n* despotismo *m*.

dessert [dɪ'zɜ:t] *n Culin* postre *m*. ■ **d. wine**, vino *m* dulce.

dessertspoon [dɪ'zɜ:tspu:n] *n* **1** cuchara *f* de postre. **2** **d.(ful),** *(measure)* cucharada *f* de postre.

destination [destɪ'neɪʃən] *n* destino *m*.

destined ['destɪnd] *adj* **1** *(meant, fated)* destinado,-a; **he was d. to be king,** estaba llamado a ser rey; **she was d. to meet him,** el destino quiso que le conociera; **the attempt was d. to fail,** el atentado estaba condenado al fracaso. **2** *(bound)* con destino (**for,** a).

destiny ['destɪnɪ] *n* destino *m*, sino *m*.

destitute ['destɪtju:t] *adj* indigente; **to be d.**, estar en la miseria.

destitution [destɪ'tju:ʃən] *n* indigencia *f*; **in d.**, en la miseria.

destroy [dɪ'strɔɪ] *vtr* **1** *(building, letter, area)* destruir; *(vehicle, old furniture)* destrozar; *(plans, hopes, chances)* destruir, destrozar; *(health, career, reputation)* destruir, arruinar. **2** *euph (kill)* *(sick or unwanted animal)* matar, abatir; *(insects, pests, vermin)* aniquilar.

destroyer [dɪ'strɔɪə^r] *n Naut* destructor *m*.

destruction [dɪ'strʌkʃən] *n (gen)* destrucción *f*, ruina *f*; **the d. caused by floods,** los destrozos *or* daños causados por las inundaciones.

destructive [dɪ'strʌktɪv] *adj (gale, fire, etc)* destructor,-a; *(power, tendency)* destructivo,-a; *(child)* destrozón,-ona; *(criticism)* destructivo,-a, perjudicial.

destructiveness [dɪ'strʌktɪvnɪs] *n (of gale etc)* poder *m* destructor, destructividad *f*; *(of criticism)* poder *m* destructivo.

desultory ['desəltərɪ] *adj fml* **1** *(fitful, unplanned)* *(attempts)* irregular; **he worked in a d. way,** trabajaba sin orden ni concierto. **2** *(random)* *(remark, conversation)* inconexo,-a, vago,-a. ◆**desultorily** *adv (randomly)* vagamente.

detach [dɪ'tætʃ] *vtr (remove)* separar, quitar (**from,** de); *Mil* destacar (**from,** de); **she detached herself from the group,** se apartó del grupo.

detachable [dɪ'tætʃəbəl] *adj (gen)* separable (**from,** de); *(collar)* postizo,-a.

detached [dɪ'tætʃt] *adj* **1** *(separated)* separado,-a, suelto,-a. ■ **d. house,** casa *f* independiente; *Med* **d. retina,** retina *f* desprendida. **2** *(impartial)* objetivo,-a, desinteresado,-a, imparcial; *(unemotional)* indiferente.

detachment [dɪ'tætʃmənt] *n* **1** *(impartiality)* objetividad *f*, imparcialidad *f*; *(aloofness)* desapego *m*; **an air of d.**, un aire de indiferencia. **2** *Mil* destacamento *m*.

detail ['di:teɪl] I *n* **1** *(item, particulars)* detalle *m*, pormenor *m*; **attention to d.**, preocupación *f* por los detalles; **to have an eye for d.**, fijarse en los detalles; **without going into detail(s),** we won the match, sin entrar en detalles *or* pormenores, ganamos el partido. **2** **details,** *(information)* información *f sing*; **please send full d. of your activities,** rogamos envíe información completa sobre sus actividades. **3** *Mil* destacamento *m*. II *vtr* **1** *(list)* detallar, enumerar. **2** *Mil (appoint)* destacar; **to d. sb for sth/to do sth**, destacar a algn para algo/para hacer algo.

detailed ['di:teɪld] *adj (description)* detallado,-a, minucioso,-a, pormenorizado,-a.

detain [dɪ'teɪn] *vtr* **1** *Jur (hold)* detener. **2** *(delay)* retener; **I won't d. you any longer,** no le entretengo más.

detainee [di:teɪ'ni:] *n Jur* detenido,-a *m,f*; *Pol* preso,-a *m,f*.

detect [dɪ'tekt] *vtr* **1** *(error, movement)* advertir, detectar; *(sarcasm, difference)* notar; *(smell, sound)* percibir. **2** *(discover)* *(substance, fraud)* descubrir; *(enemy ship)* detectar; *(position)* localizar.

detectable [dɪ'tektəbəl] *adj (difference, flaw)* detectable; **a barely d. scent of roses,** un perfume de rosas que apenas se percibía.

detection [dɪ'tekʃən] *n* **1** *(noticing) (of error, substance)* descubrimiento *m; (of smell, sound)* percepción *f*; **to escape d.**, pasar inadvertido,-a. **2** *(discovery) (of criminal)* descubrimiento *m; (of enemy ship)* detección *f*; **police d. work,** averiguaciones *fpl or* investigaciones *fpl* policiales.

detective [dɪ'tektɪv] *n* detective *mf*. ■ **d. story,** novela *f* policíaca; **d. work,** investigaciones *fpl*.

detector [dɪ'tektə^r] *n* aparato *m* detector. ■ **metal d.**, detector *m* de metales.

detention [dɪ'tenʃən] *n (of suspect etc)* detención *f*, arresto *m; Educ* **to give/get d.**, castigar/quedar castigado,-a. ■ *Jur* **d. centre,** centro *m* de internamiento.

deter [dɪ'tɜ:r] *vtr (pt & pp deterred) (dissuade)* disuadir (**from,** de); *(stop)* impedir, hacer desistir (**from,** de); **he was not deterred by,** no se desanimaba.

detergent [dɪ'tɜ:dʒənt] *n* detergente *m*.

deteriorate [dɪ'tɪərəreɪt] *vi (gen)* deteriorar, empeorar; *(substance, friendship)* deteriorar.

deterioration [dɪtɪərə'reɪʃən] *n (gen)* empeoramiento *m; (of substance, friendship)* deterioro *m*.

determination [dɪtɜ:mɪˈneɪʃən] n 1 (resolution) resolución f, decisión f, determinación f; **with an air of d.**, con un aire decidido. 2 (settling) determinación f.

determine [dɪˈtɜ:mɪn] vtr 1 (find out) (cause, meaning) determinar, averiguar; (position, speed) determinar, calcular. 2 (settle) (date, price) fijar, determinar; (limit, boundary) determinar, definir. 3 (influence) (reaction, expenditure) determinar, condicionar. 4 fml (decide) determinar, decidir, resolver.

determined [dɪˈtɜ:mɪnd] adj (person) decidido,-a, resuelto,-a; (attempt, effort) enérgico,-a, persistente.

deterrent [dɪˈterənt] I adj disuasivo,-a, disuasorio,-a. II n fuerza f de disuasión, fuerza f disuasoria or disuasiva; **to act as a d.**, disuadir, servir como fuerza disuasoria. ■ Mil **nuclear d.**, arma f nuclear disuasoria.

detest [dɪˈtest] vtr detestar, odiar, aborrecer.

detestable [dɪˈtestəbəl] adj detestable, odioso,-a.

detestation [di:tesˈteɪʃən] n odio m, aborrecimiento m.

dethrone [dɪˈθrəʊn] vtr destronar.

detonate [ˈdetəneɪt] I vtr hacer detonar, hacer estallar, hacer explotar. II vi detonar, estallar, explotar.

detonation [detəˈneɪʃən] n detonación f, explosión f.

detonator [ˈdetəneɪtər] n detonador m.

detour [ˈdi:tʊər] n desvío m; **to make a d.**, dar un rodeo.

detract [dɪˈtrækt] vi quitar mérito (from, a).

detractor [dɪˈtræktər] n detractor,-a m,f.

detriment [ˈdetrɪmənt] n fml detrimento m (to, de), perjuicio m (to, de).

detrimental [detrɪˈmentəl] adj fml (gen) perjudicial (to, para); (noxious) nocivo,-a (to, para).

detritus [dɪˈtraɪtəs] n Geol & fig detrito m, detritus m inv.

deuce [dju:s] n Ten cuarenta iguales mpl.

devaluation [di:væljuˈeɪʃən] n devaluación f, desvalorización f.

devalue [di:ˈvælju:] vtr devaluar, desvalorizar.

devastate [ˈdevəsteɪt] vtr 1 (city, area) devastar, asolar, destruir. 2 fig (person) anonadar, apabullar; **he was devastated by the news**, se quedó or se sintió anonado por la noticia.

devastating [ˈdevəsteɪtɪŋ] adj 1 (storm, fire) devastador,-a, asolador,-a; (wind, flood) arrollador,-a. 2 fig (argument) apabullante, abrumador,-a; (charm, beauty) fatal; fam **you look d.!**, ¡estás guapísimo,-a!, ¡estás irresistible! ◆**devastatingly** adv (witty, simple) extraordinariamente.

devastation [devəˈsteɪʃən] n devastación f, asolación f, asolamiento m.

develop [dɪˈveləp] I vtr 1 (cultivate) (gen) desarrollar; (trade, arts) fomentar; (skill, system) perfeccionar. 2 (start) (roots) echar; (plan, programme) elaborar, formar; (illness) contraer, coger; **he soon developed spots**, pronto le empezaron a salir granos. 3 fml (acquire) (talent, interest) mostrar; (habit) contraer, adquirir; (tendency) revelar, manifestar; (accent) contraer; **to d. a taste/hatred for sth**, cogerle gusto/odio a algo. 4 (exploit) (natural resources) aprovechar, explotar; (region) desarrollar, explotar; Constr (site, area) urbanizar; **the area will be developed soon**, próximamente se urbanizará

esta zona. 5 Phot revelar. II vi 1 (grow) (body, muscles, industry) desarrollarse; (system) perfeccionarse; (feeling, interest) aumentar, crecer; (plot, theme) elaborarse; **it developed from friendship into love**, se transformó de amistad en amor. 2 fml (appear) aparecer; (situation) producirse.

developer [dɪˈveləpər] n 1 Phot revelador m. 2 Constr (property) d., inmobiliaria f, empresa f constructora.

development [dɪˈveləpmənt] n 1 (growth) desarrollo m; (of trade, arts) fomento m; (of skill, system) perfección f; (of plot, theme, plan) elaboración f; (of character, writer) formación f; **at the peak or height of d.**, en pleno desarrollo. 2 (advance) avance m; **the latest developments in science**, los últimos descubrimientos de la ciencia. 3 (change) cambio m; (in situation, policy, attitude) dirección f, rumbo m; **let's await developments**, esperemos a ver lo que pasa; **there are no new developments**, no hay ninguna novedad. 4 (exploitation) explotación f, aprovechamiento m. 5 Constr urbanización f. ■ GB **d. area**, zona f de reindustrialización; **housing d.**, conjunto m residencial.

developmental [dɪveləpˈmentəl] adj de desarrollo.

deviance [ˈdi:vɪəns] n desviación f.

deviant [ˈdi:vɪənt] I adj (behaviour, action) anormal, irregular; (sexuality) pervertido,-a. II n pervertido,-a m,f.

deviate [ˈdi:vɪeɪt] vi desviarse (from, de).

deviation [di:vɪˈeɪʃən] n (from norm, route) desviación f (from, de); (from truth) alejamiento m; **sexual d.**, perversión f sexual.

device [dɪˈvaɪs] n 1 (object) (gen) aparato m; (mechanism) mecanismo m. ■ **electronic d.**, dispositivo m electrónico; **explosive d.**, artefacto m explosivo; **orthopaedic d.**, aparato m ortopédico. 2 (trick, scheme) ardid m, estratagema f, plan m; **to leave sb to his own devices**, dejar que algn se las apañe solo.

devil [ˈdevəl] n 1 (evil spirit) diablo m, demonio m; **d.'s advocate**, abogado,-a m,f del diablo; **the D.**, el Diablo, el Demonio; fig **between the d. and the deep blue sea**, entre la espada y la pared; fam **it's the (very) d. to fix**, es dificilísimo de arreglar; fam **talk or speak of the d.!**, ¡hablando del rey de Roma!; fam **to have the luck of the d.**, desafiar a la suerte y tener éxito; fam **to run/work like the d.**, correr/trabajar como un loco,-a; fam **where the d. did you put it?**, ¿dónde demonios lo pusiste?; prov **better the d. you know**, más vale malo conocido. 2 fam **go on, be a d.!**, ¡anda!, ¡atrévete!; (child) **little d.**, diablillo m; **poor d.**, (unlucky person) pobre m,f, pobre diablo m; (wretched person) desgraciado,-a m,f; **you lucky d.!**, ¡vaya suerte que tienes! 3 fam **he had a or the d. of a job selling his car**, sudó tinta para vender su coche; **it's a d. of a problem**, menudo problemón.

devilish [ˈdevəlɪʃ] adj 1 (wicked) malvado,-a, diabólico,-a. 2 (difficult) diabólico,-a. ◆**devilishly** adv fam muy, sumamente; **we were d. lucky**, tuvimos una gran suerte.

devilry [ˈdevəlrɪ] n diablura f; **to be full of d.**, ser de la piel del diablo.

devious [ˈdi:vɪəs] adj 1 (winding) (path etc) tortuoso,-a. 2 esp pej (not straight forward) (person) tortuoso,-a, taimado,-a, falso,-a; (mind) tortuoso,-a; (process, argument) intrincado,-a, enrevesado,-a; **by d. means**, (complicated) por medios complicados; *(underhand)* por medios poco limpios; **she's very d.**, disimula *or* finge a la perfección.

deviousness ['di:vɪəsnɪs] *n (of person)* tortuosidad *f*, falsedad *f; (of argument)* intrincamiento *m*.

devise [dɪ'vaɪs] *vtr* idear, concebir, inventar.

devoid [dɪ'vɔɪd] *adj* desprovisto,-a **(of**, de); **d. of interest**, falto,-a de interés.

devolution [di:və'lu:ʃən] *n Pol* transmisión *f* de poderes; **the nationalists want d.**, los nacionalistas quieren la autonomía.

devolve [dɪ'vɒlv] **I** *vtr Pol* delegar; *(autonomy)* descentralizar; **to d. government on** *or* **to the regions**, dar autonomía a las regiones. **II** *vi (duty, task)* **to d. on sth/sb**, recaer sobre algo/algn, corresponder a algo/algn.

devote [dɪ'vəʊt] *vtr* dedicar; **she devoted her life to helping the poor**, consagró su vida a la ayuda de los pobres.

devoted [dɪ'vəʊtɪd] *adj* fiel, leal **(to**, a); **he's d. to sport**, tiene gran afición al deporte; **to be d. to sb**, tenerle mucho cariño a algn.

devotee [devə'ti:] *n* **1** *(of religion)* devoto,-a *m,f*. **2** *(of theatre, sport)* aficionado,-a *m,f; Pol* partidario,-a *m,f*.

devotion [dɪ'vəʊʃən] *n* **1** *(to friend, master)* lealtad *f*, fidelidad *f; (to family, wife)* cariño *m*, afecto *m*, amor *m; (to research, cause)* dedicación *f*, entrega *f*; **d. to duty**, cumplimiento *m* fiel de su deber. **2** *Rel* devoción *f*, fervor *m*; **devotions**, oraciones *fpl*; **he was at his devotions**, rezaba.

devour [dɪ'vaʊə'] *vtr (meal)* devorar, zampar; *(prey, book)* devorar; *fig* **I was devoured by jealousy**, me devoraban *or* me consumían los celos.

devout [dɪ'vaʊt] *adj Rel* devoto,-a; *(prayer, hope)* sincero,-a. ◆**devoutly** *adv* con devoción.

dew [dju:] *n* rocío *m*.

dewy ['dju:ɪ] *adj (dewier, dewiest)* rociado,-a, cubierto,-a de rocío.

dewy-eyed [dju:ɪ'aɪd] *adj fig (innocent)* inocente, ingenuo,-a; *(loving)* romántico,-a, sentimental.

dexterity [dek'sterɪtɪ] *n (of hands, fingers)* destreza *f*, habilidad *f; (of movement)* agilidad *f*.

dext(e)rous ['dekstrəs] *adj (skilful)* diestro,-a, hábil; *(agile)* ágil.

DHSS [di:eɪtʃes'es] *abbr of* **Department of Health and Social Services**, Departamento *m* de Sanidad y Servicios Sociales.

diabetes [daɪə'bi:ti:z, daɪə'bi:tɪs] *n Med* diabetes *f*.

diabetic [daɪə'betɪk] *Med* **1** *adj (person)* diabético,-a; *(diet, treatment)* para diabéticos. **II** *n* diabético,-a *m,f*.

diabolical [daɪə'bɒlɪkəl] *adj* **1** *(evil)* diabólico,-a. **2** *fam (difficult)* diabólico,-a; *(unbearable) (noise, delay, weather)* insoportable, espantoso,-a.

diagnose ['daɪəgnəʊz] *vtr Med (condition)* diagnosticar; *fig (fault)* descubrir; **his illness was diagnosed as hepatitis**, le diagnosticaron una hepatitis.

diagnosis [daɪəg'nəʊsɪs] *n (pl diagnoses* [daɪəg'nəʊsi:z]*) Med* diagnóstico *m*; **to make** *or* **give a d.**, hacer un diagnóstico.

diagnostic [daɪəg'nɒstɪk] *adj Med* diagnóstico,-a.

diagonal [daɪ'ægənəl] *adj & n* diagonal *(f)*. ◆**diagonally** *adv (cut)* en diagonal; *(go across)* diagonalmente.

diagram ['daɪəgræm] *n (gen)* diagrama *m; (of process, system)* esquema *m; (of workings)* gráfico *m*, plano *m*.

dial ['daɪəl, daɪl] **I** *n (of clock, barometer)* esfera *f; (of radio, time-switch)* dial *m*, cuadrante *m; (of telephone)* disco *m*, dial *m; (of machine)* botón *m* selector. **II** *vi & vtr (pt & pp* **dialled**, *US* **dialed)** *Tel* marcar; *(operator)* llamar; **to d. a wrong number**, equivocarse de número. ■ **dialling code**, prefijo *m*; **dialling tone**, señal *f* de marcar.

dialect ['daɪəlekt] *n Ling* dialecto *m*.

dialectic(s) [daɪə'lektɪk(s)] *n* dialéctica *f*.

dialogue, *US* **dialog** ['daɪəlɒg] *n* diálogo *m*.

dialysis [daɪ'ælɪsɪs] *n Med* diálisis *f*.

diameter [daɪ'æmɪtə'] *n* diámetro *m*.

diametrically [daɪə'metrɪkəlɪ] *adv* diametralmente.

diamond ['daɪəmənd] *n* **1** diamante *m*, brillante *m; fig* **rough d.**, diamante *m* (en) bruto. ■ **d. jubilee**, sexagésimo aniversario *m*; **d. wedding**, bodas *fpl* de diamante. **2** *(shape)* rombo *m*. **3** *Cards* diamante *m*.

diaper ['daɪəpə'] *n US* pañal *m*.

diaphragm ['daɪəfræm] *n Med Anat* diafragma *m*.

diarrhoea, *US* **diarrhea** [daɪə'rɪə] *n* diarrea *f*.

diary ['daɪərɪ] *n* **1** *(of thoughts, events)* diario *m*; **to keep a d.**, llevar un diario. **2** *GB (for appointments)* agenda *f*. ■ **desk d.**, agenda *f* de sobremesa.

dice [daɪs] **I** *npl* dados *mpl*; **to play d.**, jugar a los dados. **II** *vtr Culin* cortar en cuadritos; *fig* **to d. with death**, jugar con la muerte.

dicey ['daɪsɪ] *adj (dicier, diciest) fam (risky)* arriesgado,-a; *(dangerous)* peligroso,-a; *(uncertain)* dudoso,-a.

dichotomy [daɪ'kɒtəmɪ] *n fml* dicotomía *f*.

dicta ['dɪktə] *npl see* **dictum**.

dictate [dɪk'teɪt] **I** *vtr* **1** *(letter)* dictar. **2** *(order)* dar. **II** *vi (order about)* dar órdenes; **I won't be dictated to!**, ¡a mí no me manda nadie! **III** ['dɪkteɪt] *n (order)* mandato *m*, orden *f; fig* **the dictates of conscience**, los dictados de la conciencia.

dictation [dɪk'teɪʃən] *n* **1** *(of letter, passage)* dictado *m*; **to take d.**, escribir al dictado. **2** *(by authority)* mandato *m*.

dictator [dɪk'teɪtə'] *n* dictador,-a *m,f*.

dictatorial [dɪktə'tɔ:rɪəl] *adj* dictatorial.

dictatorship [dɪk'teɪtəʃɪp] *n* dictadura *f*.

diction ['dɪkʃən] *n* dicción *f*.

dictionary ['dɪkʃənərɪ] *n* diccionario *m*. ■ **French d.**, diccionario de francés.

dictum ['dɪktəm] *n (pl dictums or dicta)* **1** *(formal statement)* afirmación *f*, declaración *f; Jur* dictamen *m*. **2** *(saying)* dicho *m*.

did [dɪd] *pt see* **do**.

diddle ['dɪdəl] *vtr fam* estafar, timar; **to d. sb out of sth**, sacar algo a algn con maña.

die[1] [daɪ] *vi (pt & pp* **died**) **1** *(person, animal, plant)* morir, morirse; **to be dying**, estar agonizando,-a; *fam fig* **I nearly died!**, ¡lo could have died!; *(of laughter)* ¡me moría *or* me mondaba de risa!; *(of shock, shame)* ¡me moría!; *fam fig* **to be dying for sth/to do sth**, morirse por algo/dc ganas dc hacer algo. **2** *fig (light, flame)* extinguirse, agonizar; *(day, wave)* morir; *(feeling)* morir, desaparecer; *(smile)* desaparecer; *fig (habit, custom)* morir. **3** **to d. hard**, tardar en desaparecer. **3** *(machine, engine)* calarse, pararse; *(battery)* agotarse; *Tel* **the phone** *or* **the line died**, la línea se cortó. ◆**die away** *vi (sound)* desvanecerse. ◆**die back** *vi (plant)* morir hasta las raíces. ◆**die down** *vi (fire)* extinguirse, apagarse; *(wind, storm)* amainar; *(noise, excitement)* disminuir. ◆**die off** vi (members of group, family relations) morir uno por uno. ◆**die out** vi (tribe, species) extinguirse, perderse.

die² [daɪ] n 1 (pl **dies**) (for coins) cuño m, troquel m; fig **the d. is cast,** la suerte está echada. 2 (pl **dice**) arch dado m.

die-hard ['daɪhɑːd] n reaccionario,-a m,f, intransigente mf.

diesel ['diːzəl] n 1 (oil, fuel) gasoil m, gasóleo m. ■ **d. engine,** motor m diesel. 2 fam (vehicle) vehículo m diesel.

diet ['daɪət] I n 1 (normal food) alimentación f, dieta f. 2 (selected food) régimen m; Med dieta f; **to be** or **go on a d.,** estar a régimen. II vi estar a régimen or a dieta.

dietary ['daɪətərɪ] adj alimenticio,-a, dietético,-a; (products) de régimen; Med de dieta.

dietician [daɪˈtɪʃən] n Med especialista mf en dietética.

differ ['dɪfəʳ] vi 1 (be unlike) ser distinto,-a, diferir. 2 (disagree) discrepar; **to agree to d.,** quedarse cada uno con la suya; fml **I beg to d.,** permítame decir que no estoy de acuerdo.

difference ['dɪfərəns] n 1 (dissimilarity) diferencia f; **a job with a d.,** un trabajo fuera de lo normal; **it makes no d. (to me),** (me) da lo mismo, (me) da igual; **what d. does it make?,** ¿qué más da? 2 (disagreement) desacuerdo m; **to settle one's differences,** llegar a un acuerdo.

different ['dɪfərənt] adj 1 (unlike) diferente, distinto,-a; **that's quite a d. matter,** ésa es otra cuestión, eso es harina de otro costal; **you look d.,** pareces otro,-a. 2 (several) distinto,-a; **I spoke to d. people,** hablé con varias personas. ◆**differently** adv de otra manera.

differential [dɪfəˈrenʃəl] n Econ Mat diferencial f; GB pay **differentials,** diferencia f sing salarial. ■ Aut d. (gear), diferencial f.

differentiate [dɪfəˈrenʃɪeɪt] I vtr distinguir, diferenciar (from, de). II vi distinguir (between, entre).

difficult ['dɪfɪkəlt] adj (gen) difícil; **I find it d. to believe** (that …), me cuesta creer (que …); **to make life d. for sb,** hacerle la vida imposible a algn.

difficulty ['dɪfɪkəltɪ] n (trouble) dificultad f; (problem) problema m; **to be in difficulties,** estar en un apuro or un aprieto; **to get into difficulties,** meterse en un lío; **to make difficulties,** crear problemas, poner pegas; **with d.,** difícilmente, a duras penas; **without d.,** fácilmente, sin problema or problemas.

diffidence ['dɪfɪdəns] n timidez f, falta f de confianza en uno,-a mismo,-a.

diffident ['dɪfɪdənt] adj tímido,-a.

diffuse [dɪˈfjuːs] I adj 1 (light) difuso,-a; fig (feeling) vago,-a. 2 pej (style, writer) prolijo,-a. II [dɪˈfjuːz] vtr (light, perfume) difundir; (heat) desprender; fig (knowledge) difundir, extender. III [dɪˈfjuːz] vi difundirse.

diffusion [dɪˈfjuːʒən] n difusión f.

dig [dɪg] I n 1 (poke) codazo m. 2 fam (gibe) pulla f; (hint) indirecta f. 3 Archeol excavación f. 3 **digs,** GB (lodgings) alojamiento m sing; (room) habitación f sing alquilada. II vtr (pt & pp **dug**) 1 (earth, well) cavar; (tunnel, trench) excavar; (hole) hacer; (potatoes etc) sacar; fig **to d. one's own grave,** cavar la (propia) tumba. 2 (thrust) clavar, hincar; **I dug my feet into the sand,** hundí los pies en la arena; fig **to d. sb in the ribs,** darle un codazo a algn; fam fig

to d. one's heels in, mantenerse en sus trece. 3 fam (enjoy) molar, gustar; (understand) ligar, comprender. III vi (person) cavar, excavar; (animal) escarbar; Archeol Tech excavar. ◆**dig in** I vtr 1 (compost etc) enterrar. 2 Mil **to d. oneself in,** atrincherarse; fam fig **we're well dug into our new home,** estamos bien instalados en nuestra casa nueva. II vi 1 Mil atrincherarse. 2 GB fam (start eating) empezar a comer; (serve oneself) servirse; **d. in!,** ¡al ataque!, ¡a comer! ◆**dig out** vtr (trapped person) sacar, desenterrar; fig (old suit etc) sacar, desenterrar; fig (information) encontrar, descubrir. ◆**dig up** vtr (weeds) arrancar; (buried object) desenterrar; (lawn) roturar; (pavement, road) levantar; fig (scandal, facts) sacar a relucir.

digest ['daɪdʒest] I n (summary) resumen m. II [dɪˈdʒest] vtr (food) digerir; fig (facts, novel) digerir, asimilar.

digestible [dɪˈdʒestəbəl] adj digerible, digestible.

digestion [dɪˈdʒestʃən] n digestión f.

digestive [dɪˈdʒestɪv] adj digestivo,-a. ■ GB **d. biscuit,** galleta f integral; **d. system,** aparato m digestivo.

digger ['dɪgəʳ] n (machine) excavadora f; (person) excavador,-a m,f.

digit ['dɪdʒɪt] n 1 Math dígito m. 2 fml Anat (finger, toe) dedo m; (thumb) pulgar m.

digital ['dɪdʒɪtəl] adj Math & Anat digital.

dignified ['dɪgnɪfaɪd] adj (manner) solemne, serio,-a; (appearance) majestuoso,-a, señorial.

dignify ['dɪgnɪfaɪ] vtr (pt & pp **dignified**) dignificar.

dignitary ['dɪgnɪtərɪ] n fml dignatario m.

dignity ['dɪgnɪtɪ] n dignidad f; **to stand on one's d.,** hacerse respetar.

digress [daɪˈgres] vi fml apartarse (from, de), desviarse (from, de).

digression [daɪˈgreʃən] n fml digresión f.

dike [daɪk] n US see dyke.

dilapidated [dɪˈlæpɪdeɪtɪd] adj (gen) en mal estado, muy estropeado,-a; (ruined) derruido,-a; (falling apart) desvencijado,-a.

dilapidation [dɪlæpɪˈdeɪʃən] n (gen) mal estado m; (ruin) estado m ruinoso.

dilate [daɪˈleɪt] I vi dilatarse. II vtr dilatar.

dilatory ['dɪlətərɪ] adj fml lento,-a, tardo,-a; **to be d. in** or **about doing sth,** tardar en hacer algo.

dilemma [dɪˈlemə, daɪˈlemə] n dilema m; fig **to be on the horns of a d.,** estar entre la espada y la pared.

dilettante [dɪlɪˈtɑːntɪ] n (pl **dilettantes** or **dilettanti** [dɪlɪˈtɑːntiː]) diletante mf.

diligence ['dɪlɪdʒəns] n diligencia f.

diligent ['dɪlɪdʒənt] adj (worker, student) diligente, aplicado,-a, concienzudo,-a; (inquiries, search) minucioso,-a, esmerado,-a.

dill [dɪl] n Bot eneldo m.

dilute [daɪˈluːt] I vtr diluir; (wine, milk) aguar; fig (effect, influence) atenuar, suavizar. II vi diluirse. III adj (solution) diluido,-a.

dilution [daɪˈluːʃən] n (of liquid) dilución f; fig (of effect) atenuación f.

dim [dɪm] I adj (**dimmer, dimmest**) 1 (light) difuso,-a, débil, tenue; (room, street) oscuro,-a; (outline) borroso,-a; (eyesight) defectuoso,-a; fig (memory) vago,-a, lejano,-a; fig (prospects, future) sombrío,-a; **his eyes are growing d.,** le falla la vista; fam **to take a d. view of sth,** ver algo con malos ojos. 2 fam (stupid) torpe, tonto,-a. II vtr (pt & pp **dimmed**) *(light)* bajar; *(sight, eyes)* nublar, empañar; *fig (memory)* borrar, difuminar; *fig (joy, hope)* apagar. **III** *vi (light)* bajarse; *(daylight)* oscurecerse; *(sight, eyes)* nublarse, empañarse; *fig (memory)* borrarse, difuminarse; *fig (joy)* apagarse. ◆**dimly** *adv* vagamente, de una manera confusa.

dime [daɪm] *n US* moneda *f* de diez centavos; *fam fig* **they're a d. a dozen**, los hay a porrillo. ■ **d. store**, tienda *f* de baratijas.

dimension [daɪˈmenʃən] *n* dimensión *f*.

dimensional [daɪˈmenʃənəl] *adj* dimensional.

diminish [dɪˈmɪnɪʃ] **I** *vtr* 1 *(size, number)* disminuir, reducir. ■ *Jur* **diminished responsibility**, responsabilidad *f* disminuida. 2 *(person, importance)* rebajar, menospreciar. **II** *vi (size, number)* disminuir, reducirse.

diminution [dɪmɪˈnjuːʃən] *n fml* disminución *f*, reducción *f*.

diminutive [dɪˈmɪnjʊtɪv] **I** *adj fml* diminuto,-a. **II** *n Ling* diminutivo *m*.

dimmer [ˈdɪməʳ] *n Elec* **d. (switch)**, regulador *m* de voltaje.

dimness [ˈdɪmnɪs] *n* 1 *(of light)* palidez *f*; *(of room)* oscuridad *f*; *fig (of memory)* imprecisión *f*. 2 *(of shape)* lo borroso; *(of eyesight)* debilidad *f*. 3 *fam (of person)* torpeza *f*.

dimple [ˈdɪmpəl] *n* hoyuelo *m*.

dimwit [ˈdɪmwɪt] *n fam* tonto,-a *m,f*, mentecato,-a *m,f*, imbécil *mf*.

din [dɪn] **I** *n (of crowd)* alboroto *m*; *(of machinery)* ruido *m* ensordecedor. **II** *vi (pt & pp dinned) fam* **to d. sth into sb**, meterle algo en la cabeza a algn.

dine [daɪn] *vi fml* cenar; **to d. on** *or* **off caviar**, cenar caviar; **to d. out**, cenar fuera, salir a cenar; **to wine and d. sb**, invitar a algn a comer *or* a cenar.

diner [ˈdaɪnəʳ] *n* 1 *(person)* comensal *mf*. 2 *US (restaurant)* restaurante *m* barato.

ding-dong [ˈdɪŋdɒŋ] **I** *n* 1 *(sound)* din dan *m*, din don *m*. 2 *fam (quarrel)* riña *f*; *(fight)* pelea *f*. **II** *adj fam (argument, contest)* reñido,-a, disputado,-a.

dinghy [ˈdɪŋɪ] *n Naut* bote *m*. ■ **(rubber) d.**, bote *m* neumático; **(sailing) d.**, bote *m* con vela.

dingy [ˈdɪndʒɪ] *adj* **(dingier, dingiest)** 1 *(street, house)* oscuro,-a, sórdido,-a. 2 *(dirty)* sucio,-a. 3 *(colour)* desteñido,-a, descolorido,-a.

dining car [ˈdaɪnɪŋkɑːʳ] *n Rail* vagón *m* restaurante.

dining room [ˈdaɪnɪŋruːm] *n* comedor *m*.

dinner [ˈdɪnəʳ] *n (at midday)* comida *f*; *(in evening)* cena *f*; *fml* **to attend a d.**, asistir a una cena. ■ **d. jacket**, smoking *m*; **d. service**, vajilla *f*; **d. table**, mesa *f* de comedor.

dinosaur [ˈdaɪnəsɔːʳ] *n* dinosaurio *m*.

dint [dɪnt] *n* **by d. of**, a fuerza de.

diocese [ˈdaɪəsɪs] *n Rel* diócesis *f inv*.

dioxide [daɪˈɒksaɪd] *n Chem* bióxido *m*, dióxido *m*.

dip [dɪp] *n* 1 *fam (quick bathe)* chapuzón *m*. 2 *(drop) (of road, land)* pendiente *f*, declive *m*; *(in ground)* depresión *f*; *(of price, temperature)* caída *f*. 3 *(for sheep)* baño *m* desinfectante. 4 *Culin (sauce)* salsa *f*. **II** *vtr (pt & pp dipped)* 1 *(put into liquid)* bañar; *(pen)* mojar; *(spoon, hand)* meter. 2 *(disinfect) (sheep)* bañar en desinfectante. 3 *GB Aut* **to d. one's lights**, poner luces de cruce. **III** *vi (drop) (road, land)* bajar; *Av* bajar en picado; *(prices, temperature)* bajar; **the sun dipped below the horizon**, el sol desapareció bajo el horizonte. ◆**dip into** *vtr*

1 *(savings, capital)* echar mano de. 2 *(book, magazine)* hojear.

DipEd [dɪpˈed] *GB abbr of* **Diploma in Education**, título *m* de profesor,-a.

diphtheria [dɪpˈθɪərɪə] *n Med* difteria *f*.

diphthong [ˈdɪfθɒŋ] *n Ling* diptongo *m*.

diploma [dɪˈpləʊmə] *n* diploma *m*.

diplomacy [dɪˈpləʊməsɪ] *n Pol & fig* diplomacia *f*; *(tact)* tacto *m*, discreción *f*.

diplomat [ˈdɪpləmæt] *n Pol & fig* diplomático,-a *m,f*.

diplomatic [dɪpləˈmætɪk] *adj Pol & fig* diplomático,-a. ■ *GB* **d. bag**, valija *f* diplomática; **d. corps**, cuerpo *m* diplomático.

dipper [ˈdɪpəʳ] *n* 1 *(for sherry etc)* venencia *f*; *(for soup etc)* cazo *m*, cacillo *m*. 2 *Orn* mirlo *m* acuático.

dipsomania [dɪpsəʊˈmeɪnɪə] *n Med* dipsomanía *f*.

dipsomaniac [dɪpsəʊˈmeɪnɪæk] *n Med* dipsómano,-a *m,f*, dipsomaníaco,-a *m,f*.

dipstick [ˈdɪpstɪk] *n Aut* indicador *m* de nivel del aceite.

Dir *abbr of* **Director**, Director,-a *m,f*, Dir.

dire [daɪəʳ] *adj* 1 *(urgent)* extremo,-a, urgente. 2 *(serious)* fatal, grave; **to be in d. straits**, estar en una situación desesperada. 3 *(terrible)* espantoso,-a, terrible.

direct [dɪˈrekt, ˈdaɪrekt] **I** *adj* 1 *(route, flight, link)* directo,-a. 2 *(result, action)* directo,-a, inmediato,-a; **to be a d. descendent of sb**, ser descendiente por línea directa de algn. ■ *Elec* **d. current**, corriente *f* continua; *Ling* **d. speech**, estilo *m* directo. 3 *(person, manner)* franco,-a, sincero,-a. 4 *(exact)* exacto,-a; **the d. opposite (of sth)**, todo *or* exactamente lo contrario (de algo); *fig* **to make** *or* **score a d. hit**, dar en el blanco. **II** *adv (go, write)* directamente; *(broadcast)* en directo. **III** *vtr* 1 *(send)* dirigir; **can you d. me to a bank?**, ¿me puede indicar dónde hay un banco? 2 *(control)* dirigir. 3 *fml (order)* mandar, ordenar.

direction [dɪˈrekʃən, daɪˈrekʃən] *n* 1 *(way)* dirección *f*; **in every d., in all directions**, en todas direcciones; **sense of d.**, sentido *m* de la orientación; *fig* **a step in the right d.**, un paso hacia adelante. 2 *(control)* dirección *f*; **under the d. of**, bajo la dirección de. 3 **directions**, *(to place)* señas *fpl*; **d. for use**, instrucciones *fpl* de uso, modo *m* de empleo.

directional [dɪˈrekʃənəl, daɪˈrekʃənəl] *adj Tech* direccional.

directive [dɪˈrektɪv, daɪˈrektɪv] *n fml* directiva *f*, directriz *f*.

directly [dɪˈrektlɪ, daɪˈrektlɪ] **I** *adv* 1 *(above, opposite, etc)* exactamente, justo. 2 *(speak)* francamente, sinceramente. 3 *(descend)* directamente. 4 *(come)* en seguida, dentro de poco. **II** *conj fam* en cuanto, tan pronto como.

directness [dɪˈrektnɪs, daɪˈrektnɪs] *n* franqueza *f*, sinceridad *f*.

director [dɪˈrektər, daɪˈrektəʳ] *n* 1 *(of operation, company)* director,-a *m,f*; **board of directors**, consejo *m* de administración, (junta *f*) directiva *f*. ■ **managing d.**, director,-a *m,f*, gerente *mf*. 2 *(of film, programme)* director,-a *m,f*. ■ *GB Jur* **D. of Public Prosecutions**, Fiscal *mf* General del Estado.

directorate [dɪˈrektərɪt, daɪˈrektərɪt] *n* consejo *m* de administración, (junta *f*) directiva *f*.

directorship [dɪˈrektəʃɪp, daɪˈrektəʃɪp] *n* cargo *m* de director.

directory [dı'rektərı, daı'rektərı] *n Tel* guía *f* telefónica. ▪ *Tel* **d. enquiries,** (scrvicio *m* dc) información *f*; **(street)** d., callejero *m*.

dirge [dɜ:dʒ] *n* canto *m* fúnebre.

dirt [dɜ:t] *n* **1** *(dirtiness)* suciedad *f*; *(filth, grime)* mugre *f*; *(grease)* porquería *f*; *(mud)* barro *m*; *fam fig* **to treat sb like d.,** tratar a algn como a una zapatilla. **2** *(earth)* tierra *f*. ▪ **d. road,** pista *f* de tierra; *Sport* **d. track,** pista *f* de ceniza. **3** *fam (obscenity)* porquerías *fpl*; *(scandal)* chisme *m*.

dirt-cheap [dɜ:t'tʃi:p] *adv & adj fam* tirado,-a.

dirtiness ['dɜ:tınıs] *n* suciedad *f*.

dirty ['dɜ:tı] **I** *adj (dirtier, dirtiest)* **1** *(not clean)* sucio,-a; *(muddy)* embarrado,-a; **a d. mark,** una mancha; **to get d.,** ensuciarse. **2** *(dishonest)* sucio,-a, deshonesto,-a; *(dealer)* sin escrúpulos; *(player, fighter)* sucio,-a, tramposo,-a; *fam* **to do the d. on sb,** hacer a algn una mala jugada. **3** *fam (night, weather)* borrascoso,-a, de perros; *(thief)* vil, despreciable; **to give sb a d. look,** fulminar a algn con la mirada. **4** *(story, joke)* verde; *(mind, sense of humour)* pervertido,-a. ▪ **d. word,** palabrota *f*; *(insult)* insulto *m*; **d. old man,** viejo *m* verde; *fam* **d. weekend,** aventura *f* de fin de semana. **III** *vtr (pt & pp dirtied)* ensuciar. **IV** *adv GB fam* **1** *(play, fight)* sucio. **2** *(intensifier)* muy; **a d. great hole,** un agujero enorme.

dis- [dıs] *pref* des-; **disconnected,** desconectado,-a; **disgrace,** desgracia.

disability [dısə'bılıtı] *n* **1** *(handicap)* desventaja *f*, hándicap *m*. **2** *(state)* incapacidad *f* (física *or* mental), invalidez *f*. ▪ **d. allowance, d. pension,** pensión *f* por invalidez.

disable [dıs'eıbəl] *vtr* **1** *(physically)* dejar imposibilitado,-a; *(mentally)* dejar incapacitado,-a. **2** *(ship, gun)* inutilizar.

disabled [dı'seıbəld] **I** *adj* minusválido,-a. **II** the d. *npl* los minusválidos.

disabuse [dısə'bju:z] *vtr fml* desengañar.

disadvantage [dısəd'vɑ:ntıdʒ] *n* desventaja *f*; *(obstacle)* inconveniente *m*; **to be at a d.,** estar en inferioridad de condiciones.

disadvantaged [dısəd'vɑ:ntıdʒd] *adj* desheredado,-a, discriminado,-a.

disadvantageous [dısædvɑ:n'teıdʒəs] *adj* desfavorable.

disaffectal [dısə'fektıd] *adj* desafecto,-a.

disaffection [dısə'fekʃən] *n* desafección *f*.

disagree [dısə'gri:] *vi* **1** *(differ)* no estar de acuerdo **(with,** con); **to d. on** *or* **over** *or* **about sth,** reñir por algo. **2** *(not match)* discrepar **(with,** de, con), no corresponder **(with,** a). **3** *(upset) (climate)* no convenir **(with,** a); *(food)* sentar mal **(with,** -).

disagreeable [dısə'grıəbəl] *adj* desagradable.

disagreement [dısə'gri:mənt] *n* **1** *(difference)* desacuerdo *m*; *(argument)* riña *f*, altercado *m*. **2** *(non-correspondence)* discrepancia *f*, disconformidad *f*.

disallow [dısə'laʊ] *vtr fml (goal)* anular; *(objection)* rechazar.

disappear [dısə'pıə'] *vi* desaparecer; *fam (person)* esfumarse; **to d. from view,** perderse de vista.

disappearance [dısə'pıərəns] *n* desaparición *f*.

disappoint [dısə'pɔınt] *vtr (person)* decepcionar, defraudar, desilusionar; *(hope, ambition)* frustrar.

disappointed [dısə'pɔıntıd] *adj (person)* decepcionado,-a, desilusionado,-a; *(hope, ambition)* frustrado,-a; **to be d. in sth,** sufrir *or* llevarse un desengaño con algo.

disappointing [dısə'pɔıntıŋ] *adj* decepcionante.

disappointment [dısə'pɔıntmənt] *n* decepción *f*, desilusión *f*.

disapproval [dısə'pru:vəl] *n* desaprobación *f*.

disapprove [dısə'pru:v] *vi* desaprobar.

disapproving [dısə'pru:vıŋ] *adj* de desaprobación.

disarm [dıs'ɑ:m] **I** *vtr* desarmar. **II** *vi (country)* desarmarse.

disarmament [dıs'ɑ:məmənt] *n* desarme *m*.

disarming [dıs'ɑ:mıŋ] *adj fig* que desarma.

disarray [dısə'reı] *n fml* **in d.,** *(room, papers)* en desorden; *(hair)* desarreglado,-a, desaliñado,-a; *(thoughts)* confuso,-a.

disaster [dı'zɑ:stə'] *n* desastre *f*, catástrofe *f*.

disastrous [dı'zɑ:strəs] *adj* desastroso,-a, catastrófico,-a.

disavow [dısə'vaʊ] *vtr fml* negar, rechazar.

disband [dıs'bænd] **I** *vtr (group)* disolver, deshacer; *(army)* licenciar. **II** *vi (group)* disolverse, deshacerse; *(army)* licenciarse.

disbelief [dısbı'li:f] *n* incredulidad *f*.

disbelieve [dısbı'li:v] *vtr fml* no creer, dudar.

disburse [dıs'bɜ:s] *vtr fml* desembolsar.

disbursement [dıs'bɜ:smənt] *n* desembolso *m*.

disc [dısk] *n* disco *m*; *Comput* disquete *f*. ▪ *Mus* **d. jockey,** disc-jockey *mf*, pinchadiscos *mf inv*.

discard [dıs'kɑ:d] *vtr (tr old things)* desechar, deshacerse de; *(idea, plan)* descartar, desechar, rechazar; *(playing card)* descartarse de.

discern [dı'sɜ:n] *vtr fml (shape)* percibir, distinguir; *(merit, difference)* distinguir, discernir; *(truth)* darse cuenta de.

discernible [dı'sɜ:nəbəl] *adj (shape)* visible; *(merit)* perceptible.

discerning [dı'sɜ:nıŋ] *adj (person)* perspicaz; *(taste)* refinado,-a.

discernment [dı'sɜ:nmənt] *n (perception)* discernimiento *m*, perspicacia *f*; *(judgement)* buen criterio *m*.

discharge [dıs'tʃɑ:dʒ] *fml* **I** *vtr* **1** *(release)* verter; *(electric current, cargo)* descargar; *(smoke, pus)* echar, emitir; **factories d. waste into the sea,** las fábricas vierten los residuos en el mar. **2** *(allow to go) (prisoner)* liberar, soltar; *(patient)* dar de alta; *(soldier etc)* licenciar; *(injured soldier etc)* dar de baja; *(dismiss)* despedir. **3** *(pay)* saldar. **4** *(fulfil)* cumplir. **II** *vi* **1** *(release) (sewer, pipe)* verter, desembocar; *(chimney)* emitir; *(wound)* supurar. **III** *[dıstʃɑ:dʒ] n* **1** *(of electric current, load)* descarga *f*; *(of smoke)* emisión *f*; *(of gases)* escape *m*; *(of waste)* vertido *f*; *(of wound)* supuración *f*. **2** *(of prisoner)* liberación *f*, puesta *f* en libertad; *(of patient)* alta *f*; *(of soldier etc)* licencia *f* (absoluta); *(of worker)* despido *m*. **3** *(of debt)* descargo *m*, pago *m*. **4** *(of duty)* cumplimiento *m*; **in the d. of her duties,** en el ejercicio de sus funciones.

disciple [dı'saıpəl] *n* discípulo,-a *m,f*.

disciplinary ['dısıplınərı] *adj* disciplinario,-a.

discipline ['dısıplın] **I** *n* **1** *(training, behaviour)* disciplina *f*; **self-d.,** autodisciplina *f*. **2** *(punishment)* castigo *m*. **3** *fml (subject)* disciplina *f*. **II** *vtr* **1** *(punish) (child)* castigar; *(worker)* sancionar; *(official)* expedientar. **2** *(train)* disciplinar.

disclaim [dɪs'kleɪm] *vtr fml (knowledge, responsibility)* negar tener; *(credit)* renunciar a, rechazar.

disclaimer [dɪs'kleɪmə^r] *n fml (in contract etc)* (nota *f* de) rectificación *f*; *(denial)* renuncia *f*.

disclose [dɪs'kləʊz] *vtr* 1 *(reveal)* revelar, dar a conocer. 2 *(show)* mostrar, dejar ver.

disclosure [dɪs'kləʊʒə^r] *n (revelation)* revelación *f*.

disco ['dɪskəʊ] *n (pl discos) (abbr of discotheque) fam* disco *f*, discoteca *f*.

discoloration [dɪskʌlə'reɪʃən] *n* descoloramiento *m*.

discolour, *US* **discolor** [dɪs'kʌlə^r] I *vtr* descolorar. II *vi* descolorarse.

discomfiture [dɪs'kʌmfɪtʃə^r] *n fml* desconcierto *m*.

discomfort [dɪs'kʌmfət] *n* 1 *(lack of comfort)* incomodidad *f*. 2 *(pain)* malestar *m*, molestia *f*. 3 *(unease)* inquietud *f*, preocupación *f*.

disconcert [dɪskən'ʃɜːt] *vtr* desconcertar, perturbar.

disconcerting [dɪskən'sɜːtɪŋ] *adj* desconcertante.

disconnect [dɪskə'nekt] *vtr (gen)* desconectar *(from,* de); *(gas or electricity supply)* cortar.

disconnected [dɪskə'nektɪd] *adj (speech)* deshilvanado,-a; *(thoughts)* inconexo,-a.

disconsolate [dɪs'kɒnsəlɪt] *adj (gen)* desconsolado,-a; *(look)* abatido,-a.

discontent [dɪskən'tent] *n* descontento *m*, disgusto *m*.

discontented [dɪskən'tentɪd] *adj* descontento,-a, disgustado,-a.

discontentment [dɪskən'tentmənt] *n see* **discontent**.

discontinue [dɪskən'tɪnjuː] *vtr fml (gen)* abandonar; *(work)* interrumpir, suspender; *Com* **discontinued line,** restos *mpl* de serie.

discontinuity [dɪskɒntɪ'njuːɪtɪ] *n* discontinuidad *f*; *fml* interrupción *f*.

discontinuous [dɪskən'tɪnjʊəs] *adj* discontinuo,-a, interrumpido,-a.

discord ['dɪskɔːd] *n* 1 *fml* discordia *f*, disensión *f*. 2 *Mus* disonancia *f*.

discordant [dɪs'kɔːdənt] *adj* 1 *(views)* discordante; *(personalities)* discorde. 2 *Mus* discordante.

discotheque ['dɪskətek] *n* discoteca *f*.

discount ['dɪskaʊnt] I *n* descuento *m*; **a ten percent d., a d. of ten percent,** un descuento de diez por ciento. II [dɪs'kaʊnt] *vtr* 1 *(price)* hacer descuento de, rebajar. 2 *(view, suggestion, possibility)* descartar.

discourage [dɪs'kʌrɪdʒ] *vtr* 1 *(dishearten)* desanimar, desalentar. 2 *(deter) (investment)* no fomentar; *(advances)* rechazar, resistirse a; *(bad habit)* hacer desistir de.

discouragement [dɪs'kʌrɪdʒmənt] *n* 1 *(depression)* desánimo *m*, desaliento *m*. 2 *(dissuasion)* desaprobación *f*. 3 *(obstacle)* obstáculo *m*.

discouraging [dɪs'kʌrɪdʒɪŋ] *adj* desalentador,-a, desmoralizador,-a.

discourse ['dɪskɔːs, dɪs'kɔːs] *fml* I *n (spoken)* discurso *m*, plática *f*; *(written)* discurso *m*, tratado *m*. II [dɪs'kɔːs] *vtr* disertar **(on,** sobre), conversar **(on,** sobre).

discourteous [dɪs'kɜːtɪəs] *adj fml* maleducado,-a, descortés,-esa.

discourtesy [dɪs'kɜːtɪsɪ] *n fml* descortesía *f*, falta *f* de educación.

discover [dɪ'skʌvə^r] *vtr (gen)* descubrir; *(missing person, object)* encontrar, hallar; *(mistake, loss)* darse cuenta de; *(secret reason)* aprender, enterarse de.

discovery [dɪ'skʌvərɪ] *n* descubrimiento *m*.

discredit [dɪs'kredɪt] I *n* descrédito *m*. II *vtr (person, régime)* desacreditar, desprestigiar; *(idea, theory)* poner en duda.

discreditable [dɪs'kredɪtəbəl] *adj* indigno,-a, vergonzoso,-a.

discreet [dɪ'skriːt] *adj (gen)* discreto,-a; *(distance, silence)* prudente; *(hat, house)* modesto,-a.

discrepancy [dɪ'skrepənsɪ] *n (stories, facts)* discrepancia *f* **(between,** entre); *(figures)* diferencia *f* **(between,** entre).

discrete [dɪs'kriːt] *adj fml* discreto,-a.

discretion [dɪ'skreʃən] *n (gen)* discreción *f*; *(prudence)* prudencia *f*; **at the d. of ...,** a juicio de ...; **use your own d.,** haz lo que te parezca (bien).

discretionary [dɪ'skreʃənərɪ] *adj fml* discrecional.

discriminate [dɪ'skrɪmɪneɪt] I *vtr* distinguir **(from,** de). II *vi* discriminar **(between,** entre); **to d. against sth/sb,** discriminar algo/a algn; **to d. in favour of sth/ sb,** dar un trato preferencial a algo/a algn.

discriminating [dɪ'skrɪmɪneɪtɪŋ] *adj (person)* entendido,-a, exigente; *(taste)* refinado,-a, fino,-a.

discrimination [dɪskrɪmɪ'neɪʃən] *n* 1 *(bias)* discriminación *f*. 2 *(distinction)* diferenciación *f*, distinción *f*. 3 *(taste)* juicio *m*, buen gusto *m*, discernimiento *m*.

discriminatory [dɪ'skrɪmɪnətərɪ] *adj* discriminatorio,-a.

discursive [dɪ'skɜːsɪv] *adj* divagador,-a.

discus ['dɪskəs] *n (pl discuses or disci* ['dɪskaɪ]*) Sport* disco *m*.

discuss [dɪ'skʌs] *vtr* 1 *(talk about)* discutir; *(in writing)* tratar de; **to d. sth in detail,** examinar algo a fondo. 2 *(debate)* discutir.

discussion [dɪ'skʌʃən] *n* discusión *f*.

disdain [dɪs'deɪn] I *n* desdén *m*, desprecio *m*. II *vtr* desdeñar, despreciar; **he disdained to notice me,** no se dignó a hacerme caso.

disdainful [dɪs'deɪnfʊl] *adj fml* desdeñoso,-a, despectivo,-a.

disease [dɪ'ziːz] *n* enfermedad *f*; *fig* mal *m*, enfermedad *f*.

diseased [dɪ'ziːzd] *adj* enfermo,-a.

disembark [dɪsɪm'bɑːk] *vtr & vi* desembarcar **(from,** de).

disembarkation [dɪsɪmbɑː'keɪʃən] *n (of people)* desembarco *m*; *(of goods)* desembarque *m*.

disembodied [dɪsɪm'bɒdɪd] *adj* incorpóreo,-a.

disembowel [dɪsɪm'baʊəl] *vtr (pt & pp disembowelled, US disemboweled)* desentrañar, destripar.

disenchanted [dɪsɪn'tʃɑːntɪd] *adj* desencantado,-a, desilusionado,-a.

disenchantment [dɪsɪn'tʃɑːntmənt] *n* desencanto *m*, desilusión *f*.

disengage [dɪsɪn'geɪdʒ] I *vtr* 1 *(free)* desprender, soltar. 2 *(clutch, gears)* desembragar. II *vi (troops)* retirar **(from,** de).

disentangle [dɪsɪn'tæŋgəl] *vtr* desenmarañar, desenredar.

disfavour, *US* **disfavor** [dɪs'feɪvə^r] *n fml* desaprobación *f*; **to fall into d.,** caer en desgracia.

disfigure [dɪs'fɪgə^r] *vtr* desfigurar.

disfigurement [dɪs'fɪgəmənt] *n* desfiguración *f*.

disgorge [dɪs'gɔːdʒ] *vtr (liquid, waste)* verter; *(smoke, fumes)* emitir.

disgrace [dɪs'greɪs] **I** *n* **1** *(loss of favour)* desgracia *f*; **to be in d.**, *(official etc)* estar desacreditado,-a; *(child)* estar castigado,-a; **to fall into d.**, caer en desgracia. **2** *(shame)* vergüenza *f*, escándalo *m*. **II** *vtr (family, name)* deshonrar, desacreditar.

disgraceful [dɪs'greɪsfʊl] *adj* vergonzoso,-a; **it's d!**, ¡es una vergüenza!, ¡es un escándalo!

disgruntled [dɪs'grʌntəld] *adj (person, expression) (sulky)* contrariado,-a, disgustado,-a; *(bad-tempered)* malhumorado,-a.

disguise [dɪs'gaɪz] **I** *n* disfraz *m*; **in d.**, disfrazado,-a; *fig* **it's a blessing in d.**, no hay mal que por bien no venga. **II** *vtr* **1** *(person)* disfrazar **(as,** de**);** *(voice, handwriting)* cambiar. **2** *(feelings, views)* disfrazar, disimular, esconder; **there's no disguising the fact that ...,** no se puede ocultar que ... .

disgust [dɪs'gʌst] **I** *n* **1** *(loathing)* repugnancia *f*, asco *m*; **to fill sb with d.**, repugnar a *or* dar asco a algn. **2** *(strong disapproval)* indignación *f*. **II** *vtr* **1** *(revolt)* repugnar, dar asco a. **2** *(disapprove)* indignar, disgustar; **I'm disgusted with** *or* **at your rudeness,** tu falta de educación me indigna.

disgusting [dɪs'gʌstɪŋ] *adj* **1** *(loathsome) (sight, habit)* asqueroso,-a, repugnante; *(smell)* nauseabundo,-a; *(behaviour, state of affairs)* desagradable, intolerable, reprobable. **2** *fam (weather)* asqueroso,-a, horrible.

dish [dɪʃ] *n* **1** *(for serving)* fuente *f*; *(course)* plato *m*; **to wash** *or* **do the dishes,** fregar los platos. **2** *fam (attractive man, woman)* bombón *m*. ◆**dish out** *vtr fam (food)* servir; *(books, passes, advice)* repartir; **to d. it out (to sb),** *(punish)* castigar (a algn); *(criticize)* criticar (a algn). ◆**dish up** *vtr (meal)* servir.

dishcloth ['dɪʃklɒθ] *n* trapo *m* de fregar.

dishearten [dɪs'hɑːtən] *vtr* desanimar, descorazonar, desalentar.

disheartening [dɪs'hɑːtənɪŋ] *adj* desalentador,-a.

dishevelled, US **disheveled** [dɪ'ʃevəld] *adj (hair)* despeinado,-a; *(appearance, clothes)* desaliñado,-a, desarreglado,-a.

dishonest [dɪs'ɒnɪst] *adj (person, behaviour)* poco honrado,-a, deshonesto,-a; *(means)* fraudulento,-a.

dishonesty [dɪs'ɒnɪstɪ] *n (of person, behaviour)* falta *f* de honradez; *(of means)* fraude *m*.

dishonour, US **dishonor** [dɪs'ɒnə^r] **I** *n fml* deshonra *f*. **II** *vtr* **1** *(family, name)* deshonrar. **2** *(cheque)* rechazar, negarse a pagar.

dishonourable, US **dishonorable** [dɪs'ɒnərəbəl] *adj* deshonroso,-a.

dishtowel ['dɪʃtaʊəl] *n US* trapo *m* de cocina.

dishwasher ['dɪʃwɒʃə^r] *n (machine)* lavaplatos *m inv*, lavavajillas *m inv*; *(person)* lavaplatos *mf inv*.

dishy ['dɪʃɪ] *adj* **(dishier, dishiest)** *GB fam* guapo,-a; **he's really d.**, está buenísimo, está como un tren.

disillusion [dɪsɪ'luːʒən] **I** *n* desilusión *f*. **II** *vtr* desilusionar.

disillusionment [dɪsɪ'luːʒənmənt] *n* desilusión *f*.

disincentive [dɪsɪn'sentɪv] *n* freno *m*.

disinclination [dɪsɪnklɪ'neɪʃən] *n* aversión *f*.

disinfect [dɪsɪn'fekt] *vtr* desinfectar.

disinfectant [dɪsɪn'fektənt] *n* desinfectante *m*.

disingenuous [dɪsɪn'dʒenjʊəs] *adj* falso,-a, poco sincero,-a.

disinherit [dɪsɪn'herɪt] *vtr* desheredar.

disintegrate [dɪs'ɪntɪgreɪt] *vi* desintegrarse.

disintegration [dɪsɪntɪ'greɪʃən] *n* desintegración *f*.

disinter [dɪsɪn'tɜː^r] *vtr fml* desenterrar.

disinterested [dɪs'ɪntrɪstɪd] *adj* desinteresado,-a, imparcial, objetivo,-a.

disjointed [dɪs'dʒɔɪntɪd] *adj* inconexo,-a, sin relación.

disk [dɪsk] *n US* disco *m*; *Comput* disquete *m*. ■ **d. drive,** disquetera *f*.

diskette [dɪs'ket] *n Comput* disquete *m*.

dislike [dɪs'laɪk] **I** *n* antipatía *f*, aversión *f* **(for, of,** a, hacia**). II** *vtr* tener antipatía *or* aversión a *or* hacia; **I d. her intensely,** me cae muy mal *or* gorda.

dislocate ['dɪsləkeɪt] *vtr* **1** *(joint)* dislocar; **he dislocated his hip,** se dislocó *or* se desencajó la cadera. **2** *fig (routine, plan)* trastornar, desarreglar.

dislocation [dɪslə'keɪʃən] *n* dislocación *f*.

dislodge [dɪs'lɒdʒ] *vtr* desalojar, sacar.

disloyal [dɪs'lɔɪəl] *adj* desleal.

disloyalty [dɪs'lɔɪəltɪ] *n* deslealtad *f*.

dismal ['dɪzməl] *adj* **1** *(gloomy) (prospect)* sombrío,-a; *(place, weather)* deprimente; *(person)* triste. **2** *(hopeless)* lamentable.

dismantle [dɪs'mæntəl] **I** *vtr (tent, clock)* desarmar, desmontar; *fig (company, system)* desmantelar. **II** *vi (tent, clock)* desarmarse, desmontarse.

dismay [dɪs'meɪ] **I** *n* consternación *f*. **II** *vtr (concern)* consternar; *(discourage)* desanimar, desalentar.

dismember [dɪs'membə^r] *vtr* desmembrar.

dismiss [dɪs'mɪs] *vtr* **1** *(put aside) (idea etc)* descartar; *(thought)* alejar; *(subject)* despachar. **2** *fml (sack) (employee)* despedir; *(official)* destituir. **3** *(send away) (gen)* dar permiso para retirarse; *(butler etc)* despedir; *(troops)* hacer romper filas; **the teacher dismissed the class,** el profesor dio por terminada la clase. **4** *(reject)* rechazar; *Jur* desestimar; *Jur (case, charge)* sobreseer.

dismissal [dɪs'mɪsəl] *n* **1** *(of idea, suggestion)* descarte *m*, abandono *m*. **2** *(of employee)* despido *m*; *(of official)* destitución *f*. **3** *(of claim)* rechazo *m*; *Jur* desestimación *f*.

dismissive [dɪs'mɪsɪv] *adj* despectivo,-a.

dismount [dɪs'maʊnt] *vi fml* desmontarse, apearse **(from,** de**).**

disobedience [dɪsə'biːdɪəns] *n* desobediencia *f*.

disobedient [dɪsə'biːdɪənt] *adj* desobediente.

disobey [dɪsə'beɪ] *vtr & vi (person)* desobedecer; *(law, rules)* contravenir, violar.

disobliging [dɪsə'blaɪdʒɪŋ] *adj fml (unhelpful)* poco complaciente; *(unpleasant)* desagradable.

disorder [dɪs'ɔːdə^r] *n* **1** *(untidiness)* desorden *m*. **2** *(riot)* disturbio *m*, desórdenes *mpl*. **3** *(ailment) (of stomach etc)* indisposición *f*; *(of mind)* trastorno *m* (nervioso); *(of speech)* defecto *m*.

disordered [dɪs'ɔːdəd] *adj* **1** *(untidy)* desordenado,-a, desarreglado,-a. **2** *(malfunctioning) (stomach)* indispuesto,-a; *(mind)* enfermo,-a, trastornado,-a.

disorderly [dɪs'ɔːdəlɪ] *adj* **1** *(untidy)* desordenado,-a, desarreglado,-a. **2** *(unruly)* desordenado,-a; *(meeting)* alborotado,-a; *(conduct)* escandaloso,-a. ■ *Jur* **d. house,** casa *f* de lenocinio.

disorganized [dɪs'ɔːgənaɪzd] *adj (person)* desorganizado,-a; *(schedule, system)* desorganizado,-a, caótico,-a.

disorient[dɪs'ɔːrɪənt] vtr, disorientate[dɪs'ɔːrɪenteɪt] vtr desorientar.

disown[dɪs'əʊn] vtr desconocer.

disparage [dɪ'spærɪdʒ] vtr menospreciar, despreciar.

disparaging[dɪ'spærɪdʒɪŋ] adj despectivo,-a.

disparate['dɪspərɪt] adj fml dispar, diferente.

disparity[dɪ'spærɪtɪ] n fml disparidad f.

dipassionate[dɪs'pæʃənɪt] adj desapasionado,-a.

dispatch[dɪ'spætʃ] I n 1 (message) mensaje m; (official message) despacho m; (journalist's report) noticia m, reportaje m; (military message) parte m. ■ Admin d. box, cartera f; d. case, portafolios m inv; d. rider, mensajero m. 2 (sending) (of mail, parcel) envío m; (of goods) consignación f; (of courier, message) despacho m, envío m. 3 fml (speed) prontitud f; to act with d., obrar con diligencia. II vtr 1 (send) (mail, parcel) expedir, remitir, enviar; (goods) expedir, consignar; (courier, message) despachar, enviar. 2 fam (finish quickly) (food) zampar; (job, business) despachar. 3 euph (kill) despachar, matar.

dispel[dɪ'spel] vtr (pt & pp dispelled) disipar.

dispensable[dɪ'spensəbəl] adj innecesario,-a, superfluo,-a.

dispensary[dɪ'spensərɪ] n dispensario m.

dispensation[dɪspen'seɪʃən] n 1 fml (handing out) administración f. 2 (exemption) exención f; Rel dispensa f.

dispense[dɪ'spens] vtr 1 (supplies, funds) repartir, distribuir; fig (justice) administrar; fig (favours) conceder. 2 Pharm preparar y despachar. ◆dispense with vi 1 (do without) prescindir de, pasar sin. 2 (make unnecessary) eliminar la necesidad de.

dispenser[dɪ'spensəʳ] n máquina f expendedora. ■ cash d., cajero m automático; soap d., dosificador m de jabón.

dispensing chemist[dɪspensɪŋ'kemɪst] n GB farmacéutico,-a m,f.

dispersal[dɪ'spɜːsəl] n dispersión f.

disperse[dɪ'spɜːs] I vtr dispersar. II vi dispersarse; (fog) disiparse.

dispirited [dɪ'spɪrɪtɪd] adj abatido,-a, desanimado,-a, desalentado,-a.

displace[dɪs'pleɪs] vtr 1 (gen) desplazar; (bone) dislocar. ■ displaced person, refugiado,-a m,f. 2 (supplant) sustituir, reemplazar; (official) destituir.

displacement[dɪs'pleɪsmənt] n 1 (removal) desplazamiento m. 2 (supplanting) sustitución f, reemplazo m. 3 Tech desplazamiento m.

display[dɪ'spleɪ] I n (of paintings, goods) exposición f; Comput visualización f; (of feelings, skills) demostración f; (of strength, force) despliegue m, exhibición f. ■ Comput d. terminal, terminal f de ordenador; d. window, escaparate m; Mil military d., desfile m or despliegue m militar. II vtr 1 (gen) mostrar; (china, medals) exhibir; (goods) exponer; (advert) colocar; Comput visualizar. 2 fig fml (feelings) demostrar, manifestar; (skill, courage) mostrar.

displease[dɪs'pliːz] vtr fml disgustar, desagradar, contrariar; (offend) ofender.

displeasure[dɪs'pleʒəʳ] n fml disgusto m, desagrado m; to voice one's d., expresar la desaprobación.

disport[dɪs'spɔːt] vtr fml to d. oneself, entretenerse.

disposable[dɪ'spəʊzəbəl] adj 1 (throwaway) desechable, de usar y tirar. 2 (available) disponible.

disposal[dɪ'spəʊzəl] n 1 (removal) eliminación f. ■ bomb d., desactivación f de artefactos explosivos; waste d., recogida f de basuras; waste d. unit, trituradora f de basura. 2 (availability) disponibilidad f; at my d., a mi disposición. 3 fml (arrangement) disposición f. 4 (sale) venta f; (of property) traspaso m.

dispose[dɪ'spəʊz] I vi to d. of, (remove) eliminar; (rubbish) tirar; (unwanted object) deshacerse de; (argument) echar por tierra; (problem, matter) resolver; (sell) vender; (property) traspasar; (free time) emplear; euph (kill) liquidar, despachar. II vtr fml (arrange) disponer.

disposed[dɪ'spəʊzd] adj (inclined) dispuesto,-a.

disposition [dɪspə'zɪʃən] n 1 (temperament) carácter m, genio m, naturaleza f. 2 (readiness) predisposición f. 3 fml (arrangement) disposición f.

dispossess[dɪspə'zes] fml I the dispossessednpl los desposeídos. II vtr desposeer (of, de).

disproportion[dɪsprə'pɔːʃən] n desproporción f.

disproportionate[dɪsprə'pɔːʃənɪt] adj desproporcionado,-a (to, a).

disprove[dɪs'pruːv] vtr refutar.

dispute[dɪ'spjuːt] I n 1 (disagreement) discusión f, controversia f; beyond or without d., indiscutiblemente. 2 (quarrel) disputa f. ■ industrial d., conflicto m laboral. II [dɪ'spjuːt] vtr 1 (claim, right) refutar. 2 (territory) disputar. 3 (matter, question) discutir; a hotly disputed affair, un asunto muy controvertido. III vi discutir (about, over, de, sobre).

disqualification [dɪskwɒlɪfɪ'keɪʃən] n descalificación f.

disqualify[dɪs'kwɒlɪfaɪ] vtr (pt & pp disqualified) 1 Sport descalificar. 2 (make ineligible) incapacitar.

disquiet[dɪs'kwaɪət] n preocupación f, inquietud f.

disquieting[dɪs'kwaɪətɪŋ] adj preocupante, inquietante.

disquisition [dɪskwɪ'zɪʃən] n fml disquisición f, razonamiento m.

disregard [dɪsrɪ'gɑːd] I n (lack of concern) indiferencia f; (for risk, safety) despreocupación f. II vtr descuidar; (ignore) ignorar.

disrepair[dɪsrɪ'peəʳ] n mal estado m; in (a state of) d., en mal estado; (building) que amenaza ruina; (road) carretera f muy bacheada; to fall into d., deteriorarse.

disreputable[dɪs'repjʊtəbəl] adj (person, area) de mala fama; (behaviour) vergonzoso,-a, lamentable; (clothes) asqueroso,-a.

disrepute[dɪsrɪ'pjuːt] n mala fama f, oprobio m.

disrespect[dɪsrɪ'spekt] n falta f de respeto.

disrespectful[dɪsrɪ'spektfʊl] adj irrespetuoso,-a.

disrobe[dɪs'rəʊb] vi fml desvestirse, desnudarse.

disrupt[dɪs'rʌpt] vtr (meeting, traffic) interrumpir; (order) trastornar; (schedule etc) desbaratar.

disruption[dɪs'rʌpʃən] n (of meeting, traffic) interrupción f; (of order) trastorno m; (of schedule etc) desbaratamiento m.

disruptive [dɪs'rʌptɪv] adj (behaviour, influence) perjudicial, nocivo,-a; (person) que trastorna or desorganiza todo.

dissatisfaction[dɪssætɪs'fækʃən] n descontento m, insatisfacción f.

dissatisfied [dɪs'sætɪsfaɪd] adj descontento,-a, insatisfecho,-a.

dissect[dɪ'sekt, daɪ'sekt] vtr disecar.

dissemble[dɪ'sembəl] vi fml disimular.

disseminate [dɪˈsemɪneɪt] *vtr fml* diseminar, difundir, propagar.

dissemination [dɪsemɪˈneɪʃən] *n fml* diseminación *f*, difusión *f*, propagación *f*.

dissension [dɪˈsenʃən] *n* disensión *f*, discordia *f*.

dissent [dɪˈsent] **I** *n* disenso *m*, disentimiento *m*. **II** *vi* disentir **(from, de)**.

dissenter [dɪˈsentəʳ] *n Rel* disidente *mf*.

dissertation [dɪsəˈteɪʃən] *n (gen)* disertación *f*; *(for master's degree)* tesina *f* **(on, sobre)**.

disservice [dɪsˈsɜːvɪs] *n* perjuicio *m*; **to do sth/sb a d.**, perjudicar algo/a algn.

dissident [ˈdɪsɪdənt] *adj & n Pol* disidente *(mf)*.

dissimilar [dɪˈsɪmɪləʳ] *adj* distinto,-a, diferente.

dissimilarity [dɪsɪmɪˈlærɪtɪ] *n* desemejanza *f*, diferencia *f*.

dissimulation [dɪsɪmjʊˈleɪʃən] *n fml* disimulo *m*, disimulación *f*.

dissipate [ˈdɪsɪpeɪt] **I** *vtr* **1** *(clear)* disipar; *(crowd)* dispersar; *fig (doubt, fear)* disipar, desvanecer. **2** *(waste)* derrochar. **II** *vi* *(fog, cloud)* disiparse; *(crowd)* dispersarse; *fig (doubt, fear)* disiparse, desvanecerse.

dissipated [ˈdɪsɪpeɪtɪd] *adj* disoluto,-a.

dissipation [dɪsɪˈpeɪʃən] *n* **1** *(clearing)* disipación *f*. **2** *(waste)* derroche *m*. **3** *(debauchery)* disolución *f*, libertinaje *m*.

dissociate [dɪˈsəʊʃɪeɪt] *vtr* separar.

dissolute [ˈdɪsəluːt] *adj* disoluto,-a.

dissolution [dɪsəˈluːʃən] *n* disolución *f*; *(of agreement)* rescisión *f*.

dissolve [dɪˈzɒlv] **I** *vtr* disolver. **II** *vi* **1** *(disintegrate)* disolverse; *fig* **to d. in** *or* **into tears/laughter**, deshacerse en lágrimas/en risa. **2** *(disappear)* desvanecerse, esfumarse.

dissuade [dɪˈsweɪd] *vtr* disuadir **(from, de)**.

distance [ˈdɪstəns] **I** *n* **1** *(gen)* distancia *f*; **at a (good) d.**, *(bastante)* lejos; **in the d.**, a lo lejos, en la lejanía; *fam* **it's no d. to the beach**, la playa está a la vuelta de la esquina *or* está a dos pasos; *fam (in race, competition)* **to go/stay the d.**, acabar/completar la prueba. **2** *fig (coldness)* distancia *f*; **to keep sb at a d.**, tratar a algn con frialdad. **II** *vtr* distanciarse, alejarse.

distant [ˈdɪstənt] *adj* **1** *(place)* distante, lejano,-a, remoto,-a, apartado,-a; *(time)* lejano,-a; *(look)* distraído,-a; *(cousin etc)* lejano,-a. **2** *fig (aloof)* distante, frío,-a. ◆**distantly** *adv (see, hear)* a lo lejos, de lejos; *(smile)* con frialdad; *(absent-mindedly)* distraídamente.

distaste [dɪsˈteɪst] *n* aversión *f*.

distasteful [dɪsˈteɪstfʊl] *adj (joke)* de mal gusto; *(idea)* desagradable.

distemper[1] [dɪsˈtempəʳ] *n Art* temple *m*.

distemper[2] [dɪsˈtempəʳ] *n Vet* moquillo *m*.

distend [dɪˈstend] *fml* **I** *vtr* dilatar. **II** *vi* dilatarse.

distil, *US* distill [dɪsˈtɪl] *vtr (pt & pp distilled)* destilar.

distillation [dɪstɪˈleɪʃən] *n* destilación *f*.

distiller [dɪsˈtɪləʳ] *n* destilador,-a *m,f*.

distillery [dɪsˈtɪlərɪ] *n* destilería *f*.

distinct [dɪsˈtɪŋkt] *adj* **1** *(different)* diferente, distinto,-a; **as d. from**, a diferencia de. **2** *(smell, likeness, change)* marcado,-a; *(idea, sign, intention)* claro,-a, evidente; *(tendency)* bien determinado,-a.

distinction [dɪsˈtɪŋkʃən] *n* **1** *(difference)* diferencia *f*. **2** *(excellence)* distinción *f*; **an expert of d.**, un,-a experto,-a notable *or* distinguido,-a; *iron* **I had the d. of coming last**, tuvo el gran honor de llegar el último. **3** *Educ* sobresaliente *m*; **he got two distinctions**, sacó dos sobresalientes.

distinctive [dɪsˈtɪŋktɪv] *adj* distintivo,-a.

distinguish [dɪsˈtɪŋgwɪʃ] **I** *vtr* **1** *(differentiate)* distinguir **(from, de)**. **2** *(see, hear, taste)* notar, percibir. **3** *(bring honour to)* distinguirse, descollar, destacar. **II** *vi (differentiate)* distinguirse.

distinguishable [dɪsˈtɪŋgwɪʃəbəl] *adj* distinguible.

distinguished [dɪsˈtɪŋgwɪʃt] *adj (appearance)* distinguido,-a; *(career, position)* distinguido,-a, eminente.

distinguishing [dɪsˈtɪŋgwɪʃɪŋ] *adj* distintivo,-a, característico,-a.

distort [dɪsˈtɔːt] *vtr* **1** *(misrepresent)* deformar, desfigurar; *(words)* distorsionar. **2** *(contort)* distorsionar; *(shape, object)* deformar.

distortion [dɪsˈtɔːʃən] *n* **1** *(of case, motive, truth)* deformación *f*, distorsión *f*. **2** *(of sound, image)* distorsión *f*; *(of shape)* deformación *f*; *(of features)* alteración *f*.

distract [dɪsˈtrækt] *vtr (person)* distraer; *(attention)* distraer, desviar, apartar.

distracted [dɪsˈtræktɪd] *adj* distraído,-a.

distracting [dɪsˈtræktɪŋ] *adj* **1** *(amusing)* que distrae, ameno,-a. **2** *(annoying)* molesto,-a.

distraction [dɪsˈtrækʃən] *n* **1** *(interruption)* interrupción *f*, distracción *f*. **2** *(amusement)* distracción *f*, entretenimiento *m*, diversión *f*. **3** *(confusion)* confusión *f*; **to drive sb to d.**, sacar a algn de quicio; **to love sb to d.**, estar loco,-a por algn.

distraught [dɪsˈtrɔːt] *adj (anguished)* afligido,-a; *(upset)* turbado,-a; *(crazed)* trastornado,-a, enloquecido,-a.

distress [dɪsˈtres] **I** *n* **1** *(mental)* aflicción *f*, angustia *f*; *(physical)* dolor *m*; *(exhaustion)* agotamiento *m*. **2** *(poverty)* miseria *f*; **in economic d.**, en un apuro económico. **3** *(danger)* peligro *m*. ■ **d. call, d. signal**, señal *f* de socorro. **II** *vtr (upset)* dar pena *f*.

distressing [dɪsˈtresɪŋ] *adj* penoso,-a.

distribute [dɪsˈtrɪbjuːt] *vtr* distribuir, repartir.

distribution [dɪstrɪˈbjuːʃən] *n* distribución *f*.

distributor [dɪsˈtrɪbjutəʳ] *n* **1** *Com* distribuidor,-a *m,f*. **2** *Aut* delco *m*.

district [ˈdɪstrɪkt] *n (of country)* región *f*; *(of town, city)* barrio *m*, distrito *m*. ■ *US Jur* **d. attorney**, fiscal *m* (de un distrito judicial); **d. council**, municipio *m*; **d. nurse**, practicante *mf*; **federal d.**, distrito *m* federal; **postal d.**, distrito *m* postal.

distrust [dɪsˈtrʌst] **I** *n* desconfianza *f*, recelo *m*. **II** *vtr* desconfiar, recelar.

distrustful [dɪsˈtrʌstfʊl] *adj* desconfiado,-a, receloso,-a.

disturb [dɪsˈtɜːb] *vtr* **1** *(inconvenience)* molestar, estorbar; **'do not d.'**, 'se ruega no molestar'. **2** *(silence)* romper; *(sleep)* interrumpir; *Jur* **to d. the peace**, alterar el orden público. **3** *(worry)* perturbar, inquietar, preocupar. **4** *(disarrange) (papers)* desordenar; *(lake, grass)* agitar, mover.

disturbance [dɪsˈtɜːbəns] *n* **1** *(worry)* preocupación *f*, inquietud *f*; *(nuisance)* molestia *f*. **2** *(of routine)* alteración *f*; *(of plans)* desarreglo *m*. **3** *(commotion)* disturbio *m*, alboroto *m*.

disturbed [dɪsˈtɜːbd] *adj* desequilibrado,-a, inestable.

disturbing [dɪ'stɜ:bɪŋ] adj inquietante.

disunity [dɪs'ju:nɪtɪ] n desunión f.

disuse [dɪs'ju:s] n desuso m.

disused [dɪs'ju:zd] adj abandonado,-a.

ditch [dɪtʃ] I n (gen) zanja f; (at roadside) cuneta f; (for irrigation) acequia f; (round earthworks) foso m; fig to make a last-d. attempt to do sth, hacer un último esfuerzo para conseguir algo. II vtr fam (plane) hacer un amerizaje forzoso; (plan, friend) abandonar; (relationship, lover) deshacerse de.

dither ['dɪðə^r] fam GB I n confusión f. II vi vacilar, titubear; **stop dithering about!**, ¡decídete ya de una vez!

ditto ['dɪtəʊ] I n (pl dittos) (in list) ídem m. II adv fam lo mismo, ídem; **I love chocolate —d.**, me encanta el chocolate —a mí también.

ditty ['dɪtɪ] n cantinela f.

diurnal [daɪ'ɜ:nəl] adj diurno,-a.

divan [dɪ'væn] n Furn diván m. ■ **d. (bed)**, cama f turca.

dive [daɪv] I n 1 (into water) zambullida f; (of diver) buceo m; (of submarine, whale) inmersión f; (of plane) picado m; (of bird) descenso m; Sport salto m. 2 fam (bar etc) antro m. II vi (US pt also dove) 1 (to plunge) zambullirse, tirarse; (plane) bajar en picado; Sport saltar; fig **he dived into the discussion**, se metió de lleno en la discusión. 2 (diver) bucear; (submarine, whale) sumergirse. 3 (person, animal) meterse rápidamente, precipitarse hacia; **he dived for the phone**, se precipitó hacia el teléfono; fig **she dived into her pocket**, se metió la mano rápidamente en el bolsillo. ◆**dive in** vi fam (eat) **d. in!**, ¡a comer!, ¡al ataque!

diver ['daɪvə^r] n 1 (person) buceador,-a m,f; (professional) buzo m; Sport saltador,-a m,f. 2 Orn colimbo m. ■ **black-throated d.**, colimbo m ártico; **great northern d.**, colimbo m grande; **red-throated d.**, colimbo m chico.

diverge [daɪ'vɜ:dʒ] vi divergir; (roads etc) bifurcarse.

divergence [daɪ'vɜ:dʒəns] n divergencia f.

divergent [daɪ'vɜ:dʒənt] adj divergente.

diverse [daɪ'vɜ:s] adj 1 (varied) diverso,-a, variado,-a. 2 (different) distinto,-a, diferente.

diversify [daɪ'vɜ:sɪfaɪ] I vtr (pt & pp diversified) diversificar. II vi diversificarse.

diversion [daɪ'vɜ:ʃən] n 1 (distraction) distracción f. 2 GB (detour) desvío m.

diversity [daɪ'vɜ:sɪtɪ] n diversidad f, variedad f.

divert [daɪ'vɜ:t] vtr desviar.

divest [daɪ'vest] vtr **to d. sb of sth**, quitar algo a algn, desvestir a algn de algo; fig despojar a algn de algo.

divide [dɪ'vaɪd] I vtr 1 (separate) dividir, separar; (classify) dividir, clasificar, agrupar; **to d. sth in two** or **in half**, partir algo por la mitad. 2 (share) dividir, repartir. 3 Math dividir; **d. 40 by 8**, cuarenta dividido entre or por ocho. II vi 1 (separate) (road, stream) dividirse, bifurcarse. 2 fig (disagree) dividirse, enfrentarse; prov **d. and rule**, divide y vencerás. 3 GB Parl votar. III n 1 fml (split) división f, diferencia f. 2 US Geog línea f divisoria de las aguas.

dividend ['dɪvɪdend] n Com dividendo m; fig beneficio m, provecho m.

dividers [dɪ'vaɪdəz] npl compás m sing de puntas.

divination [dɪvɪ'neɪʃən] n adivinación f, futurología f.

divine [dɪ'vaɪn] adj (gen) divino,-a; fam fig (dress, house) divino,-a, precioso,-a.

diving board ['daɪvɪŋbɔ:d] n trampolín m.

divinity [dɪ'vɪnɪtɪ] n 1 (subject) teología f. 2 (quality, personage) divinidad f.

divisible [dɪ'vɪzəbəl] adj divisible.

division [dɪ'vɪʒən] n 1 (separation) división f, separación f; (classification) clasificación f. 2 (sharing) división f, reparto m. ■ **d. of labour**, división f or distribución f del trabajo. 3 (of organization) sección f; Mil división f. 4 Math división f. 5 GB Parl votación f (secreta). 6 Ftb división f.

divisional [dɪ'vɪʒənəl] adj (gen) divisional; Mil de división.

divisive [dɪ'vaɪsɪv] adj divisivo,-a.

divorce [dɪ'vɔ:s] I n divorcio m; fig divorcio m; **to get a d.**, obtener el divorcio; **to start d. proceedings**, iniciar los trámites de divorcio. II vtr divorciar; fig divorciar, separar; **she divorced him**, se divorció de él. III vi divorciarse.

divorcé [dɪ'vɔ:seɪ] n, **divorcée** [dɪvɔ:'si:] n divorciado,-a m,f.

divulge [daɪ'vʌldʒ] vtr fml divulgar, revelar.

dizziness ['dɪzɪnɪs] n (sickness) mareo m; (giddiness) vértigo m.

dizzy ['dɪzɪ] adj (dizzier, dizziest) 1 (person) (unwell, giddy) mareado,-a. 2 (height, pace) vertiginoso,-a.

DIY [di:aɪ'waɪ] GB abbr of **do-it-yourself**, bricolaje m.

DJ fam 1 GB abbr of **dinner jacket**, smoking m. 2 abbr of **disc jockey**, pinchadiscos m inv, disc-jockey mf.

Djibouti [dʒɪ'bu:tɪ] n Djibouti, Yibuti.

DLitt [di:'lɪt] abbr of **Doctor of Letters**, Doctor,-a m,f en Letras.

DNA [di:en'eɪ] Chem abbr of **deoxyribonucleic acid**, ácido m desoxirribonucleico, ADN m.

do [du:, unstressed də, də] I v aux (3rd person sing pres does; pt did; pp done) 1 (in negatives and questions) (not translated in Span) **do you drive?**, ¿tienes carnet de conducir?; **don't you want to come?**, ¿no quieres venir?; **he does not** or **doesn't smoke**, no fuma. 2 (emphatic) (not translated in Span) **do come with us!**, ¡ánimo, vente con nosotros!; **I do like your bag**, me encanta tu bolso. 3 (substituting main verb) (in sentence) (not translated in Span) **I don't believe him —neither do I**, no le creo —yo tampoco; **I'll go if you do**, si vas tú, voy yo; **I think it's dear, but he doesn't**, a mí me parece caro pero a él no; who went? **—I did**, ¿quién asistió? —yo. 4 (in question tags) **he refused, didn't he?**, dijo que no, ¿verdad?; **I don't like it, do you?**, a mí no me gusta, ¿y a ti? II vtr 1 (gen) hacer; (task) realizar, llevar a cabo; (puzzle) solucionar; (duty) cumplir con; **are you doing anything?**, ¿estás ocupado,-a?; **he did nothing but laugh**, no hizo más que reír; **that dress doesn't do much for you**, ese vestido no te favorece; **to do business for sb**, hacer negocios con algn; **to do one's best** or **all one can**, hacer todo lo posible; **to do sth again**, volver a hacer algo; **to do sth for sb**, hacer algo por algn; **to do the cooking/cleaning**, cocinar/limpiar; **we must do something about it**, tenemos que ocuparnos de ello; **what can I do about it?**, ¿qué quieres que haga?; **what can I do for you?**, ¿en qué puedo servirle?; **what do you do (for a living)?**, ¿en qué trabajas?; **what's to be done?**, ¿qué se puede hacer?; fam **he's done it!**, ¡lo ha conseguido!; fam **you've done it now!**, ¡buena la has hecho!; fam **well done!**, ¡enhorabuena!, ¡muy bien!; *prov* what's done is done, a lo hecho, pecho. **2** *(produce, make, offer) (film)* hacer; *(meat, food)* dar, producir; **do you do sportswear?**, ¿aquí venden *or* tienen ropa de deporte? **3** *(study)* estudiar. **4** *(suffice)* bastar; **ten will do us,** con diez tenemoś suficiente *or* bastante. **5** *(tour, visit)* recorrer, visitar, ver. **6** *Aut (speed)* ir a; *(distance)* recorrer; **we were doing eighty,** íbamos a ochenta. **7** *GB fam (injure)* **I'll do you if you don't shut up!,** ¡como no te calles te voy a dar! **8** *GB fam* **I've been done!,** ¡me han timado! **III** *vi* **1** *(act, perform, function)* hacer, actuar; **do as I tell you,** haz lo que te digo; **you did right,** hiciste bien. **2** *(proceed)* **he did badly in the exams,** los exámenes le fueron mal; **how are you doing?,** ¿qué tal? **2** *(proceed)* **how do you do?,** ¿cómo te van las cosas?; **how do you do?,** *(greeting)* ¿cómo está usted?; *(answer)* mucho gusto, encantado,-a (de conocerle); **to do well,** *(person)* tener éxito, salir adelante; *(business)* ir bien. **3** *(suffice)* bastar; **will five pounds do?,** ¿tendrás suficiente *or* bastante con cinco libras?; *fam* **that will do!,** ¡basta ya!, ¡ya está bien! **4** *(be suitable)* servir; **this cushion will do for** *or* **as a pillow,** este cojín servirá de almohada; **this won't do,** esto no puede ser. **IV** *n* *(pl* **dos** *or* **do's** [du:z]) *fam* **1** *GB (party)* fiesta *f*, guateque *m*; *(gathering)* celebración *f*; *(event)* ceremonia *f*. **2 do's and don'ts,** reglas *fpl* de conducta. ◆**do away with** *vtr* **1** *(abolish)* abolir, suprimir; *(discard)* deshacerse de. **2** *(kill)* asesinar. ◆**do down** *vtr fam* **1** *(humiliate)* hacer quedar mal, rebajar. **2** *(cheat)* estafar, timar. ◆**do for** *fam* **I** *vtr (destroy, ruin)* arruinar, destrozar; *fig* **I'm done for if I don't finish this,** estoy perdido,-a si no acabo esto. **II** *vi* llevar la casa a; **Amanda has been doing for them since their mother died,** Amanda lleva la casa desde que murió su madre. ◆**do in** *vtr sl* **1** *(kill)* matar, cargarse. **2** *(exhaust)* agotar; **I'm done in,** estoy hecho,-a polvo. ◆**do out** *vtr fam* **1** *GB (clean)* limpiar a fondo; *(decorate)* decorar. **2 to do sb out of sth,** quitarle algo a algn por engaño. ◆**do over** *vtr fam* **1** *US (repeat)* repetir, volver a hacer, hacer de nuevo. **2** *(redecorate)* decorar. **3** *GB (thrash)* dar una paliza a. ◆**do up** *vtr* **1** *(wrap)* envolver. **2** *(fasten) (belt etc)* abrochar; *(laces)* atar. **3** *(dress up)* arreglar; **she was really done up,** se había puesto guapísima. **4** *fam (redecorate)* renovar, decorar. ◆**do with** *vtr* **1** *(need)* **I could do with a rest,** un descanso me vendría muy bien *or* no me vendría nada mal. **2** *(concern)* **to have** *or* **be to do with,** tener que ver con, tratarse de. ◆**do without** *vtr* pasar sin, prescindir de; **I can't do without your help,** no puedo pasar sin tu ayuda.

doc [dɒk] *n (abbr of* **doctor)** *fam* doctor *m*.

docile ['dəʊsaɪl] *adj (person)* dócil, sumiso,-a; *(animal)* manso,-a.

dock¹ [dɒk] **I** *n Naut (gen)* muelle *m*; *(for cargo)* dársena *f*; **to work on** *or* **at the docks,** trabajar en el puerto. ■ **dry d.,** dique *m* seco. **II** *vtr* **1** *(ship)* atracar **(at,** en). **2** *(spacecraft)* acoplar. **III** *vi* **1** *(ship)* atracar. **2** *(spacecraft)* acoplarse.

dock² [dɒk] **I** *n (tail)* cola *f*, rabo *m*. **II** *vtr* **1** *(tail)* descolar, cortar la cola a. **2** *(reduce)* deducir, descontar.

dock³ [dɒk] *n Jur* **the d.,** el banquillo (de los acusados).

docker ['dɒkər] *n* estibador *m*.

docket ['dɒkɪt] *GB* **I** *n (label)* rótulo *m*, etiqueta *f*. ■ **customs d.,** recibo *m* de aduanas. **II** *vtr* rotular.

dockland ['dɒklænd] *n* zona *f* del puerto.

dockyard ['dɒkjɑːd] *n* astillero *m*.

doctor ['dɒktər] **I** *n* **1** *Med* médico,-a *m,f*, doctor,-a *m,f*; **D. Jane Wells,** la doctora Jane Wells. ■ **family d.,** médico,-a *m,f* de cabecera. **2** *Univ* doctor,-a *m,f*; **D. of Law,** doctor en derecho. **II** *vtr* **1** *pej (tamper with) (figures, bill)* falsificar; *(text)* arreglar, amañar; *(food, drink)* adulterar. **2** *GB (castrate)* castrar, esterilizar.

doctoral ['dɒktərəl] *adj* doctoral.

doctorate ['dɒktərɪt] *n Educ* doctorado *m*.

doctrinal [dɒk'traɪnəl] *adj* doctrinal.

doctrine ['dɒktrɪn] *n* doctrina *f*.

document ['dɒkjʊmənt] **I** *n (gen)* documento *m*. ■ **legal d.,** escritura *f* (pública); **travel documents,** documentación *f* para viajar. **II** *vtr* documentar.

documentary [dɒkjʊ'mentərɪ] *adj & n* documental *(m)*.

documentation [dɒkjʊmen'teɪʃən] *n* documentación *f*.

dodder ['dɒdər] *vi fam (of old person)* andar con paso inseguro.

doddle ['dɒdəl] *n GB fam* pan *m* comido; **it's a d.!,** ¡está chupado!

dodge [dɒdʒ] **I** *vtr* **1** *(avoid) (blow etc)* esquivar; *(pursuer)* despistar, dar esquinazo a; *(queue etc)* evitar; *fig* evitar, esquivar, soslayar. **2** *fam (evade) (tax)* evadir; *(class, meeting)* fumarse; *(punishment, commitment)* librarse *or* zafarse de. **II** *vi (move aside)* echarse a un lado. **III** *n* **1** *(movement)* regate *m*, evasión *f*. **2** *fam (trick)* truco *m*, astucia *f*; **to be up to all the dodges,** sabérselas todas. ■ **tax d.,** elusión *f* fiscal *or* de impuestos.

Dodgem® ['dɒdʒəm] *n fam* **d. (car),** auto *m* de choque.

dodgy ['dɒdʒɪ] *adj (dodgier, dodgiest) GB fam* **1** *(risky)* arriesgado,-a; *(tricky)* difícil, problemático,-a. **2** *(person)* poco honesto,-a, que no es de fiar.

dodo ['dəʊdəʊ] *n (pl* **dodos** *or* **dodoes)** *Orn* dodo *m*; *fam fig* **as dead as a d.,** muerto y bien muerto.

doe [dəʊ] *n inv (of deer)* gama *f*; *(of rabbit)* coneja *f*; *(of hare)* liebre *f*.

DOE [di:əʊ'i:] *GB abbr of* **Department of the Environment,** Departamento *m* del Medio Ambiente.

doer ['du:ər] *n fam* persona *f* dinámica.

does [dʌz] *3rd person sing pres see* **do.**

doesn't ['dʌzənt] = **does not.**

dog [dɒg] **I** *n* **1** *Zool* perro,-a *m,f*; **to d.-paddle,** nadar como los perros; *fig* **d. eat d.,** competencia *f* despiadada; *fig* **not to have a d.'s chance,** no tener ni la más remota posibilidad; *GB fam* **to be dressed (up) like a d.'s dinner,** estar hecho,-a un cromo; *US fam* **to put on the d.,** darse pisto; *fam fig* **a d.'s life,** una vida de perros; *prov* **every d. has his day,** a cada cerdo le llega su San Martín; *prov* **let sleeping dogs lie,** las cosas como están; *prov* **you can't teach an old d. new tricks,** loro viejo no aprende a hablar. ■ **d. collar,** *(of dog)* collar *m* de perro; *Rel fam* alzacuello *m*; **to d. show,** exhibición *f* canina; **guard d.,** perro *m* guardián; **pedigree d.,** perro *m* de raza. **2** *(male canine)* macho *m*; *(fox)* zorro *m*; *(wolf)* lobo *m*. **3** *GB Sport fam* **the dogs,** carreras *fpl* de galgos; *fig* **to go to the dogs,** arruinarse. **4** *fam (fellow)* **dirty d.,** canalla *m*, sinvergüenza *m*; **lucky d.,** tío *m* con suerte. **5** *US fam (disappointment)* desastre *m*, fracaso *m*. **II** *vtr (pt & pp* **dogged)** *(pursue)* seguir de cerca, acosar; **to d. sb's footsteps,** seguir los pasos de algn; *fig* **dogged by bad luck,** perseguido,-a por la mala suerte.

dogcart ['dɒgkɑːt] *n* coche *m* de un solo caballo.

dog-eared ['dɒgɪəd] *adj (newspaper, book)* con los bordes de las páginas doblados; *(shabby)* sobado,-a.

dogfight ['dɒgfaɪt] *n* 1 *Av* combate *m* aéreo. 2 *(between dogs)* pelea *f* entre perros; *fig* altercado *m*.

dogfish ['dɒgfɪʃ] *n inv* cazón *m*, perro *m* marino.

dogged ['dɒgɪd] *adj (refusal)* obstinado,-a; *(determination)* tenaz, persistente.

doggerel ['dɒgərəl] *n sing Lit* aleluyas *fpl*.

doggie ['dɒgɪ] *n see* **doggy**.

doggo ['dɒgəʊ] *adv GB fam* **to lie d.**, permanecer escondido,-a.

doggone ['dɒgɒn] *adj US fam euph see* **damned**.

doggy ['dɒgɪ] I *n (child's talk)* perrito,-a *m,f*. ■ **d. bag,** bolsa *f* para el perro. II *adj (fond of dogs)* aficionado,-a a los perros.

doghouse ['dɒghaʊs] *n US fam* perrera *f*; *fig* **to be in the d.,** tener la negra.

dogma ['dɒgmə] *n (pl* **dogmas** *or* **dogmata** ['dɒgmətə]) *Rel Pol* dogma *m*.

dogmatic [dɒg'mætɪk] *adj* dogmático,-a.

do-gooder [duː'gʊdəʳ] *n fam* persona *f* bien intencionada.

dogsbody ['dɒgzbɒdɪ] *n GB fam (drudge)* burro *m* de carga.

dog-tired ['dɒgtaɪəd] *adj fam* rendido,-a, hecho,-a polvo.

doh [dəʊ] *n Mus* do *m*.

doily ['dɔɪlɪ] *n (of paper)* tapete *m* decorativo (de papel).

doing ['duːɪŋ] *n* 1 *(action)* obra *f*; **it was none of my d.,** yo no tuve nada que ver; *fig* **it took some d.,** costó trabajo hacerlo. 2 **doings,** *(activities)* actividades *fpl*.

do-it-yourself [duːɪtjə'self] *n* bricolaje *m*. ■ **do-it-y. shop,** tienda *f* de bricolaje.

doldrums ['dɒldrəmz] *npl fam fig* **to be in the d.,** *(person)* estar deprimido,-a *or* abatido,-a; *(business, trade)* estar estancado,-a.

dole [dəʊl] I *n GB fam* **the d.,** el paro; **to be** *or* **go on the d.,** estar en el paro. ■ *fig* **d. queue,** los parados. II *vtr* **to d. (out),** repartir.

doleful ['dəʊlfʊl] *adj* triste, afligido,-a.

doll [dɒl] I *n* 1 *(toy)* muñeca *f*. 2 *US sl (girl)* muñeca *f*. II *vtr sl (girl etc)* **to d. oneself up,** ponerse guapa, arreglarse.

dollar ['dɒləʳ] *n* dólar *m*. ■ **d. bill,** billete *m* de un dólar.

dollop ['dɒləp] *n fam* cucharada *f*; *(of ice cream)* porción *f*.

dolly ['dɒlɪ] *n* 1 *(child's talk)* muñeca *f*. 2 *GB sl* **d. (bird),** muñeca *f*.

Dolomites ['dɒləmaɪts] *npl* **the D.,** las Dolomitas.

dolphin ['dɒlfɪn] *n Zool* delfín *m*.

dolt [dəʊlt] *n* idiota *mf*, tonto,-a *m,f*, mentecato,-a *m,f*.

domain [də'meɪn] *n* 1 *(sphere)* campo *m*, esfera *f*; **that's not my d.,** no es de mi competencia. 2 *(territory)* dominio *m*.

dome [dəʊm] *n Archit (roof)* cúpula *f*; *(ceiling)* bóveda *f*; *fam fig (head)* coronilla *f*.

domestic [də'mestɪk] I *adj* 1 *(appliance, pet)* doméstico,-a; **d. bliss,** felicidad conyugal; **d. troubles,** problemas familiares. ■ *Educ* **d. science,** economía *f* doméstica. 2 *(home-loving)* hogareño,-a, ca-

sero,-a. 3 *(national) (flight, news)* nacional; *(trade, policy)* interior. II *n* **d. (help),** servicio *m* doméstico.

domesticate [də'mestɪkeɪt] *vtr* 1 *(animal)* domesticar; *(plant)* aclimatar. 2 *(make home-loving)* volver hogareño,-a *or* casero,-a.

domesticity [dəʊme'stɪsɪtɪ] *n* vida *f* casera.

domicile ['dɒmɪsaɪl] *n Jur* domicilio *m*.

dominance ['dɒmɪnəns] *n* dominio *m*, control *m*.

dominant ['dɒmɪnənt] *adj* dominante.

dominate ['dɒmɪneɪt] *vtr & vi* dominar.

domineering [dɒmɪ'nɪərɪŋ] *adj pej* dominante, autoritario,-a; *(woman)* marimandona.

Dominica [də'mɪnɪkə] *n* Dominica.

Dominican [də'mɪnɪkən] *adj & n* 1 *(of Dominica)* dominicano,-a *(m,f)*. ■ **D. Republic,** República *f* Dominicana. 2 *Rel* dominicano,-a *(m,f)*.

dominion [də'mɪnjən] *n* dominio *m*.

domino ['dɒmɪnəʊ] *n (pl* **dominoes)** *(piece)* ficha *f* de dominó; *(game)* **dominoes,** dominó *m sing*.

don[1] [dɒn] *vtr (pt & pp* **donned)** *fml* ponerse.

don[2] [dɒn] *n GB Univ* catedrático,-a *m,f*.

donate [dəʊ'neɪt] *vtr (money)* hacer un donativo de; *(books, clothes)* donar; *(property)* hacer donación de.

donation [dəʊ'neɪʃən] *n* 1 *(gift)* donativo *m*. 2 *(act)* donación *f*.

done [dʌn] I *pp see* **do**. II *adj* 1 *(finished)* terminado,-a, acabado,-a, completado,-a; **I'm** *or* **I've d. with the matter,** no quiero tener más que ver con el asunto; **it's over and d. with,** se acabó; *fam* **d.!,** ¡trato hecho! 2 *fam (tired)* rendido,-a, agotado,-a. 3 *(cooked) (meat)* hecho,-a; *(vegetables)* cocido,-a; **d. to a turn,** en su punto. 4 *GB (acceptable)* **it's not d. to ...,** es de mal gusto ...; **it's the d. thing,** es de rigor, es lo que se hace.

donkey ['dɒŋkɪ] *n (animal, person)* burro,-a *m,f*; *fam* **I haven't seen you for d.'s years,** hace siglos que no te veo. ■ *GB* **d. jacket,** chaqueta *f* gruesa de obrero.

donor ['dəʊnəʳ] *n* donante *m*.

don't [dəʊnt] = **do not**.

donut ['dəʊnʌt] *n US see* **doughnut**.

doodle ['duːdəl] *fam* I *vi (write)* garabatear *(distraídamente)*; *(draw)* hacer dibujos. II *n (writing)* garabato *m*; *(drawing)* dibujo *m*.

doom [duːm] I *n (fate)* destino *m (funesto)*; *(ruin)* perdición *f*; *(death)* muerte *f*. II *vtr usu pass (destine)* destinar; *(condemn)* condenar; **doomed to failure,** condenado,-a al fracaso.

doomsday ['duːmzdeɪ] *n Rel* día *m* del juicio final; *fam fig* **till D.,** para siempre.

door [dɔːʳ] *n* 1 *(entrance)* puerta *f*; **front/back d.,** puerta principal/trasera; **to answer the d.,** ir a abrir la puerta; **to be at the d.,** estar en la puerta; **to be on the d.,** hacer de portero; **to knock at the d.,** llamar a la puerta; **to see sb to the d.,** acompañar a algn hasta la puerta *or* a la salida; **to slam the d.,** dar un portazo; *fig* **behind closed doors,** a puerta cerrada; *fig* **to get in by the back d.,** colarse por la puerta falsa; *fig* **to lay sth at sb's d.,** echar la culpa de algo a algn; *fig* **to show sb the d.,** echar a algn (a la calle); *fig* **to shut** *or* **slam the d. in sb's face,** darle a algn con la puerta en las narices. ■ **d. handle,** manilla *f* (de la puerta); **d. knocker,** picaporte *m*; **revolving d.,** puerta *f* giratoria; **sliding d.,** puerta *f* corredera. 2 *(house, building)* casa *f*, puerta *f*; **next d. (to),** (en) la casa de al lado (de);

two doors up/down (the street), en la segunda casa calle arriba/abajo.

doorbell ['dɔːbel] *n* timbre *m* (de la puerta).

doorknob ['dɔːnɒb] *n* pomo *m* (de la puerta).

doorman ['dɔːmən] *n (pl doormen)* portero *m*.

doormat ['dɔːmæt] *n* felpudo *m*, esterilla *f*; *fam fig (person)* trapo *m*.

doornail ['dɔːneɪl] *n fam* as dead as a d., muerto,-a y bien muerto,-a.

doorstep ['dɔːstep] *n* peldaño *m*; *fig* on one's d., al lado de casa.

doorstop ['dɔːstɒp] *n (to prevent over-opening)* tope *m* (de puerta); *(to prop open)* cuña *f* (de puerta).

door-to-door [dɔːtə'dɔːʳ] *adj* a domicilio.

doorway ['dɔːweɪ] *n* portal *m*, entrada *f*; he stood in the d., se quedó en la puerta.

dope [dəʊp] I *n* 1 *sl (illegal drug)* chocolate *m*; to take *or* be on d., drogarse. ■ d. addict, drogadicto,-a *m,f*. 2 *fam (person)* imbécil *mf*, pelmazo *mf*. 3 *fam (news)* información *f* confidencial, soplo *m*. II *vtr (food, drink)* adulterar con drogas; *Sport (athlete, horse)* drogar, dopar.

dop(e)y ['dəʊpɪ] *adj (dopier, dopiest) fam* 1 *(sleepy)* medio dormido,-a; *(fuddled)* atontado,-a. 2 *sl (silly)* torpe, tonto,-a.

Dordogne [dɔːˈdɒŋ] *n* Dordoña.

dorm [dɔːm] *n fam abbr of* **dormitory**.

dormant ['dɔːmənt] *adj (gen)* inactivo,-a; *fig (rivalry)* latente; *fig* the idea lay d. in her mind, le bullía la idea en la cabeza.

dormer ['dɔːməʳ] *n* d. (window), buhardilla *f*.

dormitory ['dɔːmɪtərɪ] *n* 1 *(in school, hostel)* dormitorio *m*. ■ *GB* d. suburb *or* town, ciudad *f* dormitorio. 2 *US (in university)* residencia *f*, colegio *m* mayor.

dorsal ['dɔːsəl] *adj Anat* dorsal.

dosage ['dəʊsɪdʒ] *n fml (amount)* dosis *f inv*; *(on medicine bottle)* posología *f*.

dose [dəʊs] I *n* dosis *f inv*; *fig* a nasty d. of flu, un ataque fuerte de gripe. II *vtr (patient)* medicar; he's always dosing himself (up) with pills, siempre se está automedicando con pastillas.

doss [dɒs] *vi GB sl* dormir, clapar; I'll just d. (down) on the sofa, me echaré a dormir *or* me acostaré en el sofá.

dosser ['dɒsəʳ] *n GB sl* vago,-a *m,f*, gandul,-a *m,f*.

dosshouse ['dɒshaʊs] *n GB sl* pensión *f* barata *or* de mala muerte.

dossier ['dɒsɪeɪ] *n* expediente *m*, dossier *m*; to keep a d. on sth/sb, abrir un expediente sobre algo/a algn.

dot [dɒt] I *n* punto *m*; at two on the d., on the d. of two, a las dos en punto; *fam* the year d., el año de la pera. II *vtr (pt & pp dotted)* 1 *(letter)* poner el punto a; *fam* to d. one's i's and cross one's t's, poner los puntos sobre las íes. 2 *(scatter)* esparcir, desparramar; fields dotted with daisies, campos salpicados de margaritas.

dotage ['dəʊtɪdʒ] *n* chochez *f*; to be in one's d., estar chocho,-a.

dote [dəʊt] *vi* chochear.

double ['dʌbəl] I *adj (gen)* doble; *Tel* d. six five nine, sesenta y seis cincuenta y nueve; he's d. my age, me dobla la edad; it's d. the price, cuesta dos veces más; to reach d. figures, ascender a una cantidad de dos cifras; written with a d. 't', escrito,-a

con dos tes; *GB fam* it's d. Dutch to me, me suena a chino; *fam* to do a d. take, reaccionar tarde. ■ d. agent, agente *mf* doble; *Mus* d. bass, contrabajo *m*; d. bed, cama *f* de matrimonio; *Cin Theat* d. bill, programa *m* doble; d. check, segundo repaso *m*, segunda verificación *f or* revisión *f*; d. chin, papada *f*; *GB* d. cream, nata *f* para montar; d. glazing, ventana *f* doble; d. standard, doble moral *m*; d. talk, palabras *fpl* ambiguas; d. time, *(pay)* paga *f* doble; *(time)* horas *fpl* extra. II *adv* doble; sheets folded d., sábanas dobladas por la mitad; to be bent d., estar encorvado,-a. III *n* 1 *(lookalike)* imagen *f* viva, vivo retrato *m*; *Cin Theat (substitute)* doble *m*. 2 *(amount)* doble *m*; to earn d., ganar el doble, ganar dos veces más; *fam* at *or* on the d., enseguida, corriendo. 3 *Ten* doubles, partido *m sing* de dobles; men's/ladies' d., partido de dobles masculino/femenino. IV *vtr* 1 *(gen)* doblar, duplicar; *fig (efforts)* redoblar. 2 *(bend, fold)* doblar; she doubled (back *or* over) the sheet, dobló la sábana para hacer reborde. V *vi* 1 *(increase)* doblarse, duplicarse. 2 *(serve)* to d. as sth/sb, hacer las veces de algo/de algn. 3 *(turn sharply)* girar bruscamente. ◆double back *vi* to d. back on one's tracks, volver sobre sus pasos. ◆double up I *vtr (bend)* doblar; to be doubled up with *or* in pain, retorcerse de dolor. II *vi* 1 *(bend)* doblarse; to d. up with laughter, mondarse *or* partirse de risa. 2 *(share room)* compartir la habitación (with, con).

double-barrelled, US **double-barreled** ['dʌbəlbærəld] *adj* 1 *(gun)* de dos cañones. 2 *GB (surname)* compuesto,-a.

double-breasted ['dʌbəlbrestɪd] *adj (garment)* cruzado,-a.

double-check [dʌbəl'tʃek] *vtr & vi* repasar *or* verificar *or* revisar dos veces.

double-cross [dʌbəl'krɒs] *fam* I *vtr* engañar, traicionar. II *n* engaño *m*, traición *f*.

double-dealing [dʌbəl'diːlɪŋ] *n fig* duplicidad *f*, doblez *f*.

double-decker [dʌbəl'dekəʳ] *n* 1 *GB* d.-d. (bus), autobús *m* de dos pisos. 2 *US fam* d.-d. (sandwich), sandwich *m* doble.

double-edged [dʌbəl'edʒd] *adj* de doble filo.

double-jointed [dʌbəl'dʒɔɪntɪd] *adj* con articulaciones dobles.

double-park [dʌbəl'pɑːk] *vtr & vi Aut* aparcar en doble fila.

doubt [daʊt] I *n (gen)* duda *f*; *(uncertainty)* incertidumbre *f*; beyond (all reasonable) d., sin duda alguna, fuera de (toda) duda; if *or* when in d., en caso de duda; no d., sin duda, seguramente; there's no d. about it, no cabe la menor duda; there's some d. whether he'll go, no se sabe si irá; to be in d. about sth, dudar algo; to be in d., be open to d., *(fact, integrity)* ser incierto,-a; *(outcome)* ser incierto,-a; to cast d. on sth, poner en duda *or* en tela de juicio. II *vtr* 1 *(distrust)* dudar de, desconfiar de. 2 *(not be sure of)* dudar; I d. if *or* whether he'll come, dudo que *or* no creo que venga; I very much d. it, lo dudo mucho.

doubter ['daʊtəʳ] *n Pol Rel* escéptico,-a *m,f*.

doubtful ['daʊtfʊl] *adj* 1 *(uncertain) (future)* dudoso,-a, incierto,-a; *(look, feeling)* dubitativo,-a, de duda; I'm a bit d. about it, no me convence del todo; it's d. whether ..., no se sabe seguro si ... . 2 *(questionable)* dudoso,-a, sospechoso,-a.

doubtless ['daʊtlɪs] I *adv* sin duda, seguramente. II *adj* indudable.

douche [duːʃ] n Med (process) irrigación f; (instrument) irrigador m.

dough [dəʊ] n 1 Culin (for bread) masa f; (for pastries) pasta f. 2 sl (money) pasta f.

doughnut ['dəʊnʌt] n rosquilla f, dónut® m. ■ **jam/ cream d.**, rosquilla f rellena de mermelada/nata.

dour [dʊəʳ] adj hosco,-a.

Douro ['dəʊrəʊ] n the D., el Duero.

douse [daʊs] vtr 1 (soak) mojar. 2 (extinguish) apagar.

dove¹ [dʌv] n paloma f. ■ **collared d.**, tórtola f turca; **stock d.**, paloma f zurita; **turtle d.**, tórtola f común.

dove² [dəʊv] pt US see **dive**

dovetail ['dʌvteɪl] I n Tech d. (joint), cola f de milano. II vtr fig (plans) sincronizar.

dowager ['daʊədʒəʳ] n 1 (widower) viuda f (de un noble); d. **countess**, condesa f viuda. 2 fam vieja dama f.

dowdy ['daʊdɪ] adj (dowdier, dowdiest) sin gracia, poco elegante or atractivo,-a.

dowel ['daʊəl] n Carp clavija f.

down¹ [daʊn] I prep 1 (to or at a lower level) (hacia) abajo; d. **the hill/river**, cuesta/río abajo; **he ran a finger d. the list**, recorrió la lista con el dedo; **to go d. the road**, bajar la calle. 2 (along) por; **cut it d. the middle**, córtalo por la mitad. II adv 1 (to lower level) (hacia) abajo; (to floor) al suelo; (to ground) a tierra; **to drink sth d.**, beberse hasta la última gota de algo; **to fall d.**, caerse; **to go d.**, (price, person) bajar; (sun) ponerse; fig **to come d. in the world**, venir a menos. 2 (at lower level) abajo; d. **here/ there**, aquí/allí abajo; **face d.**, boca abajo; **he's just d. from Scotland**, acaba de llegar de Escocia; fig **he can't keep food d.**, no retiene la comida; fig **to be d. with a cold**, estar resfriado,-a; fam fig **to feel d.**, estar deprimido,-a. ■ fam fig **d. under**, Australia f, Nueva Zelanda f. 3 (of smaller size, volume) **I'm d.** **to my last stamp**, no me queda más que un solo sello; **sales are d. by five percent**, las ventas han bajado un cinco por ciento; **the tyres are d.**, los neumáticos están desinflados; **to put prices d.**, reducir los precios; fig **I'm one pound d.**, me falta una libra. 4 (in writing) **I'm d. for the French course**, me he matriculado para el cursillo de francés; **to take or write sth d.**, apuntar algo; **to be d. in writing**, estar puesto,-a por escrito. 5 (in succession) d. **through the ages**, a través de los siglos; **from 1800 d. to the present day**, desde 1800 hasta el día de hoy. 6 (as payment) **to pay ten pounds d.**, pagar diez libras al contado como paga y señal. III adj 1 (train) que va hacia las afueras; (escalator, draught) de bajada. 2 (payment) al contado; (on property) de entrada. IV vtr 1 (knock over) derribar; (defeat) derrotar. 2 fam (drink) tomarse de un trago; (food) zamparse. V n 1 (misfortune) desgracia f; **ups and downs**, altibajos mpl, vicisitudes fpl. 2 fam (dislike) **to have a d. on sb**, guardarle rencor a algn, tenerle manía a algn. VI interj d.!, (to dog) ¡quieto!; **d. with taxes!**, ¡abajo los impuestos!

down² [daʊn] n 1 (on bird) plumón m. 2 (on cheek, peach) pelusa f, pelusilla f; (on body) vello m.

down-and-out ['daʊnənaʊt] I adj en las últimas. II n (pl **down-and-outs**) vagabundo,-a m,f.

downbeat ['daʊnbiːt] adj fam (gloomy) triste, deprimido,-a.

downcast ['daʊnkɑːst] adj abatido,-a, desalentado,-a; **with d. eyes**, con los ojos bajos.

downer ['daʊnəʳ] n sl (drug) calmante m, sedante m; fig **to be on a d.**, estar depre.

downfall ['daʊnfɔːl] n (of régime) caída f; (of person) perdición f, ruina f.

downgrade ['daʊngreɪd] vtr degradar.

downhearted [daʊn'hɑːtɪd] adj desalentado,-a, descorazonado,-a.

downhill [daʊn'hɪl] I adj (road etc) en pendiente; (skiing) de descenso; fam **after his first exam, the rest were all d.**, después del primer examen, los demás le fueron sobre ruedas. II adv (slide) cuesta abajo; **to go d.**, (gen) ir cuesta abajo; fig (person, health) desmejorar; fig (standards) perderse.

down-market [daʊn'mɑːkɪt] adj Com barato,-a, de baja calidad.

downpour ['daʊnpɔːʳ] n chaparrón m, aguacero m.

downright ['daʊnraɪt] fam I adj (blunt) tajante; (categorical) categórico,-a; **a d. fool**, un tonto de remate; **it's a d. lie**, es una mentira y gorda. II adv (totally) completamente.

downstairs [daʊn'steəz] I adv abajo; (to ground floor) a la planta baja; **to go d.**, bajar la escalera. II adj (rooms) (on ground floor) de la planta baja.

downstream [daʊn'striːm] adv río abajo.

down-to-earth [daʊntʊ'ɜːθ] adj práctico,-a, realista.

downtown [daʊn'taʊn] US I adv al or en el centro (de la ciudad). II adj céntrico,-a; d. **New York**, el centro de Nueva York.

downtrodden ['daʊntrɒdən] adj oprimido,-a, pisoteado,-a.

downturn ['daʊntɜːn] n baja f, reducción f.

downward ['daʊnwəd] adj (slope) descendente; (look) hacia abajo; Fin (tendency) a la baja.

downward(s) ['daʊnwəd(z)] adv (gen) hacia abajo; **face d.**, boca abajo.

dowry ['daʊrɪ] n dote f.

dowse [daʊs] vtr see **douse**

doyl(e)y ['dɔɪlɪ] n see **doily**.

doz abbr of **dozen**, docena f, doc.

doze [dəʊz] I vi dormitar, echar una cabezada. II n cabezada f; **to have a d.**, echar una cabezada.

◆**doze off** vi quedarse dormido,-a, dormirse.

dozen ['dʌzən] n docena f; **half a d./a d. eggs**, media docena/una docena de huevos; **twenty pence a d.**, veinte peniques la docena; fam **dozens of**, (times) miles de, cantidad de; (things, people) un montón de.

DPh, DPhil abbr of **Doctor of Philosophy**, Doctor,-a m,f en Filosofía.

DPP [diːpiː'piː] GB Jur abbr of **Director of Public Prosecutions**, Director,-a m,f del Ministerio Público or Fiscal.

Dr Med Univ abbr of **Doctor**, Doctor,-a m,f, Dr., Dra.

drab [dræb] adj (drabber, drabbest) 1 (ugly) feo,-a; (dreary) monótono,-a, gris. 2 (colour) pardo,-a.

drachma ['drækmə] n (pl **drachmas** or **drachmae** ['drækmiː]) (coin) dracma f.

Draconian [drə'kəʊnɪən] adj pej draconiano,-a.

draft [drɑːft] I n 1 (of letter, speech) borrador m; (of plot) esbozo m, bosquejo m. 2 (bill of exchange) letra f de cambio, giro m. 3 US servicio m militar obligatorio. ■ **d. dodger**, prófugo m. 4 US see **draught** II vtr 1 (letter) hacer un borrador de; (novel) esbozar, bosquejar. 2 US Mil reclutar.

draftsman ['drɑːftsmən] *n (pl draftsmen) US see* **draughtsman**.

draftsmanship ['drɑːftsmənʃɪp] *n US see* **draughtsmanship**.

drafty ['drɑːftɪ] *adj (draftier, draftiest) US see* **draughty**.

drag [dræg] I *vtr (pt & pp dragged)* 1 *(pull)* arrastrar; **to d. sb out of bed,** sacar a algn de la cama; *fig* **to d. one's feet** *or* **heels (over sth),** dar largas (a algo); *fig* **we couldn't d. ourselves away from the scene,** nos fue imposible marcharnos del lugar. 2 *(trawl)* dragar, rastrear. II *vi* 1 *(trail, be pulled)* arrastrarse. 2 *(go slowly) (person)* rezagarse, quedarse atrás; *(film, time)* hacerse largo,-a. III *n* 1 *Tech (force)* resistencia *f* (aerodinámica); *fig (hindrance)* estorbo *m*; **to be a d. on progress,** poner trabas al progreso. 2 *fam (nuisance)* lata *f*; **the party was a d.,** la fiesta fue un rollo. 3 *fam (on cigarette etc)* calada *f*, chupada *f*. 4 *sl (man)* **to be in d.,** ir vestido de mujer. ■ **d.** artist, travesti *mf*, travestí *mf*. 5 *US sl (street)* calle *f*. ◆**drag off, drag away** *vtr* llevar *or* llevarse arrastrando. ◆**drag down** *vtr (depress)* deprimir, hundir. ◆**drag in** *vtr (subject)* arrastrar por los cabellos; **don't d. me into it,** a mí no me metas. ◆**drag on** *vi (war, strike)* prolongarse, hacerse interminable. ◆**drag out** *vtr (speech, meeting)* alargar, prolongar. ◆**drag up** *vtr fam* 1 *(revive)* sacar a relucir. 2 *GB (child)* criar a la buena de Dios.

dragon ['drægən] *n Myth* dragón *m*; *fam fig (woman)* bruja *f*.

dragonfly ['drægənflaɪ] *n* libélula *f*.

dragoon [drə'guːn] I *n Mil* dragón *m*. II *vtr* **to d. sb into doing sth,** obligar a algn a hacer algo.

drain [dreɪn] I *n* 1 *(pipe) (for water)* desagüe *m*, desaguadero *m*; *(for sewage)* alcantarilla *f*; **the drains,** el alcantarillado. 2 *(grating)* alcantarilla *f*, sumidero *m*; *fam fig* **to go down the d.,** *(money)* esfumarse; *(work)* echarse a perder; *(business)* fracasar. 3 *fig (on energy)* pérdida *f*, disminución *f* (**on,** de); **the boys are a d. on her strength,** los niños le dejan agotada. II *vtr* 1 *(dry out) (marsh etc)* avenar; *(reservoir, region)* desecar, desaguar. 2 **to d. (off),** *(glasses etc)* escurrir; *(person)* drenar. 3 *(empty) (radiator)* vaciar; *(glass)* apurar; *fig (wound, capital, etc)* agotar. III *vi* 1 *(crockery etc)* escurrirse; **the colour drained from her cheeks,** quedó pálida. 2 **to d. (away),** *(liquid)* irse; *fig (run out)* agotarse; *fig (disappear)* desaparecer.

drainage ['dreɪnɪdʒ] *n (of marsh etc)* avenamiento *m*; *(of reservoir, region)* desagüe *m*, desecación *f*; *(of town etc)* alcantarillado *m*; *(of building)* desagüe *m*.

drainpipe ['dreɪnpaɪp] *n* tubo *m* de desagüe.

drake [dreɪk] *n Orn* pato *m* (macho).

dram [dræm] *n fam* trago *m* (de whisky).

drama ['drɑːmə] *n* 1 *(play)* obra *f* de teatro, drama *m*; *fig* drama; *fig* **human d.,** drama humano. 2 *Lit (subject)* teatro *m*.

dramatic [drə'mætɪk] *adj* 1 *(change, reduction)* impresionante, notable; *(moment)* emocionante; *(entrance)* teatral, afectado,-a. 2 *Theat* dramático,-a, teatral.

dramatics [drə'mætɪks] *n (acting)* teatro *m*; *esp pej* afectación *f*.

dramatist ['dræm'ətɪst] *n* dramaturgo,-a *m,f*.

dramatization [dræmətaɪ'zeɪʃən] *n* adaptación *f* teatral, dramatización *f*.

dramatize ['dræmətaɪz] I *vtr* 1 *(adapt)* hacer una adaptación teatral de. 2 *pej (exaggerate)* dramatizar. II *vi pej* dramatizar, exagerar.

drank [dræŋk] *pt see* **drink**.

drape [dreɪp] I *vtr* 1 *(cloth)* drapear; **chairs draped with** *or* **in sheets,** sillas cubiertas con sábanas. 2 *(part of body)* dejar colgado,-a. II *n* 1 *(of fabric)* caída *f*. 2 *US* cortina *f*.

draper ['dreɪpəʳ] *n GB* pañero,-a *m,f*; **d.'s (shop),** pañería *f*.

drapery ['dreɪpərɪ] *n* 1 *(fabric)* tela *f*; *(hanging)* colgadura *f*. 2 *GB (goods)* pañería *f*. 3 *esp pl US* cortina *f*.

drastic ['dræstɪk] *adj* 1 *(severe)* drástico,-a, severo,-a. 2 *(important)* radical, importante.

draught [drɑːft] I *n* 1 *(of cold air)* corriente *f* (de aire); **to make a d.,** hacer aire. 2 *(of liquid)* trago *m*. 3 **d. (beer),** cerveza *f* de barril; **on d.,** a presión. 4 *GB (in game)* dama *f*, pieza *f*; **draughts,** *(game)* damas *fpl*. 5 *Naut* calado *m*. II *adj* 1 *(animal)* de tiro. 2 *(beer)* de barril, a presión.

draughtboard ['drɑːftbɔːd] *n GB* tablero *m* de damas, damero *m*.

draughtsman ['drɑːftsmən] *n (pl draughtsmen)* delineante *mf*.

draughtsmanship ['drɑːftsmənʃɪp] *n (drawing)* dibujo *m* lineal; *(skill)* ejecución *f* gráfica.

draughty ['drɑːftɪ] *adj (draughtier, draughtiest)* lleno,-a de corrientes (de aire).

draw [drɔː] I *vtr (pt drew; pp drawn)* 1 *(sketch) (picture)* dibujar; *(line, circle)* trazar; *(map)* hacer. 2 *(pull) (cart)* tirar de; *(train, carriage)* arrastrar; *(curtains) (open)* descorrer; *(close)* correr; *(blinds)* bajar; **he drew his hand over his eyes,** se pasó la mano por los ojos; *fig* **I was drawn into the discussion,** me envolvieron en la discusión. 3 *(take out) (remove, withdraw)* sacar, extraer; *(salary, wage)* cobrar; *Fin (cheque)* librar, extender; **to d. blood,** hacer sangrar. 4 *(attract) (crowd)* atraer; *(response)* provocar; *(attention)* llamar. 5 *(derive)* atraer; *fig (strength)* sacar. 6 *Sport (equalize)* empatar. 7 *(take in) (breath)* aspirar, respirar; *fig* **to have no time to d. breath,** estar ocupadísimo,-a. 8 *(choose)* escoger; **to d. lots,** echar a suertes; *fam fig* **to d. a blank,** seguir sin saber algo. 9 *(formulate) (comparison)* hacer; *(conclusion)* sacar. II *vi* 1 *(sketch)* dibujar. 2 *(move)* moverse, desplazarse; **the train drew into/ out of the station,** el tren entró en/salió de la estación; **to d. apart (from),** separarse (de); *fig* echarse atrás (de); **to d. to an end,** acabarse; **to d. towards** *or* **near,** acercarse (a). 3 *(equalize)* empatar; **they drew two all,** empataron a dos. 4 *(produce draught) (chimney)* tirar. III *n* 1 *(raffle)* sorteo *m*; **the luck of the d.,** toca a quien toca. 2 *(score)* empate *m*. 3 *fig (attraction)* atracción *f*. ◆**draw in** *vi (days)* acortarse, hacerse más corto,-a. ◆**draw on** *vtr* 1 *(exploit) (savings)* utilizar, recurrir a; *(experience)* aprovecharse de. 2 *(suck)* chupar. ◆**draw out** *vtr* 1 *(make long)* alargar. 2 *(encourage to speak)* hacer hablar, desatar la lengua. 3 *(withdraw)* sacar. ◆**draw up** *vtr* 1 *(contract)* preparar, hacer; *(plan)* esbozar. 2 *(straighten up)* enderezarse.

drawback ['drɔːbæk] *n* desventaja *f*, inconveniente *m*.

drawbridge ['drɔːbrɪdʒ] *n* puente *m* levadizo.

drawer ['drɔːəʳ] *n* cajón *m*; **chest of drawers,** cómoda *f*.

drawers [drɔːz] *npl arch (for men)* calzoncillos *mpl*; *(for women)* bragas *fpl*.

drawing ['drɔːɪŋ] n (picture, skill) dibujo m; **rough d.**, esbozo m; fam fig **to go back to the d. board**, volver a empezar, empezar de nuevo. ■ **d. board**, tablero m de dibujo; **charcoal d.**, dibujo m al carbón; GB **d. pin**, chincheta f; fml **d. room**, sala f de estar, salón m.

drawl [drɔːl] I vtr & vi hablar arrastrando las palabras. II n voz f cansina; US **a Southern d.**, un acento sureño.

drawn [drɔːn] I pp see draw. II adj (tired) cansado,-a, ojeroso,-a; (worried) preocupado,-a.

drawstring ['drɔːstrɪŋ] n cordón m. ■ **d. waist**, cintura f (de pantalón etc) que se cierra con cordón.

dread [dred] I vtr temer, tener pavor a. II n temor m, pavor m.

dreadful ['dredfʊl] adj 1 (shocking) espantoso,-a, terrible, atroz. 2 fam (awful) fatal, malísimo,-a; **how d.!**, ¡qué horror! ◆**dreadfully** adv fam (horribly) terriblemente; (very) muy, sumamente; **it was d. hot**, hacía un calor espantoso.

dream [driːm] I n 1 (while asleep) sueño m; fig (hope) sueño m (dorado), deseo m, ilusión f; **bad d.**, pesadilla f; **to have a d.** about sth/sb, soñar con algo/algn; fig **a d. come true**, un sueño hecho realidad; fig **she was happy beyond her wildest dreams**, era más feliz de lo que jamás había soñado. 2 (while awake) ensueño m; **to go round in a d.**, tener la cabeza en las nubes. 3 fam (marvel) encanto m, maravilla f; **things turned out like a d.**, todo salió a las mil maravillas. II vtr (pt & pp dreamed or dreamt) soñar, imaginar. III vi soñar (of, about, con); fam **I wouldn't d. of it!**, ¡ni pensarlo! ◆**dream up** vtr fam pej (excuse) inventarse; (plan) idear.

dreamer ['driːmər] n soñador,-a m,f, visionario,-a m,f.

dreamlike ['driːmlaɪk] adj (state) de ensueño.

dreamt [dremt] pt & pp see dream..

dreamy ['driːmɪ] adj (dreamier, dreamiest) 1 (absent-minded) distraído,-a. 2 (dreamlike) (state) de ensueño; (vision) nebuloso,-a. 3 fam (wonderful) maravilloso,-a, encantador,-a.

dreary ['drɪərɪ] adj (drearier, dreariest) 1 (gloomy) melancólico,-a, triste, deprimente. 2 fam (boring) aburrido,-a, pesado,-a.

dredge [dredʒ] vtr & vi dragar, rastrear. ◆**dredge up** vtr 1 (body) sacar del agua. 2 fam fig sacar a relucir.

dredger ['dredʒər] n Naut draga f.

dregs [dregz] npl (of tea etc) heces fpl, sedimento m sing, poso m sing; fig **the d. of society**, la hez de la sociedad.

drench [drentʃ] vtr (person, clothes) empapar, mojar; **to be drenched to the skin**, estar calado,-a hasta los huesos.

Dresden ['drezdən] n Dresde.

dress [dres] I n 1 (frock) vestido m. ■ **wedding d.**, traje m de novia. 2 (clothing) ropa f, vestimenta f. ■ Theat **d. circle**, piso m principal; Theat **d. rehearsal**, ensayo m general; **d. shirt**, camisa f de etiqueta; **evening d.**, (men) traje m de etiqueta; (women) traje m de noche; **fancy d.**, disfraz m. II vtr 1 (person) vestir; **he was dressed in a grey suit**, llevaba (puesto) un traje gris; **to be dressed in green/ silk**, ir (vestido,-a) de verde/seda. 2 Culin (salad) aliñar; (poultry, crab) aderezar. 3 Med (wound) vendar. 4 (shop window) arreglar, decorar. III vi vestirse. ◆**dress down** I vtr (rebuke) echar una bronca a; (scold) regañar. II vi GB vestirse de una

manera informal. ◆**dress up** I vi (child) disfrazarse (as, de); (partygoer) ponerse or ir de tiros largos, ponerse guapo,-a; fam **to be dressed up to the nines**, ir de punta en blanco. II vtr fig (truth) disfrazar, hacer más aceptable.

dresser ['dresər] n 1 GB (in kitchen) aparador m. 2 US (in bedroom) tocador m. 3 Theat ayudante mf de camerino. 4 fam **a smart/shabby d.**, uno or una que viste bien/mal.

dressing ['dresɪŋ] n 1 Med (bandage) vendaje m. 2 Culin (salad) d., aliño m. 3 (clothing) **d. gown**, bata f; **d. room**, Theat camarino m; Sport vestuario m; **d. table**, tocador m.

dressing-down [dresɪŋ'daʊn] n **to give sb. a d.-d.**, echarle una bronca or un rapapolvo a algn.

dressmaker ['dresmeɪkər] n modista mf.

dressmaking ['dresmeɪkɪŋ] n costura f.

dressy ['dresɪ] adj (dressier, dressiest) 1 (elegant) elegante, vistoso,-a. 2 pej (person) emperifollado,-a.

drew [druː] pt see draw.

dribble ['drɪbəl] I vi 1 (baby) babear. 2 (liquid) gotear; fig **the pupils dribbled into class**, los alumnos fueron entrando en la clase en pequeños grupos. II vtr 1 (saliva etc) dejar caer; **the baby dribbled milk down its chin**, al niño le caía la leche por la barbilla. 2 Sport (ball) driblar. III n (saliva) saliva f, baba f; (of water, blood) gotas fpl, hilo m.

dribs and drabs [drɪbzən'dræbz] npl fam **in d. a. d.**, poquito a poco, en pequeñas cantidades.

dried [draɪd] adj (fruit) seco,-a; (milk) en polvo.

drier ['draɪər] n see dryer.

drift [drɪft] I vi 1 (boat) dejarse llevar por la corriente; **the yacht drifted out to sea**, el yate iba a la deriva hacia alta mar. 2 fig (government) ir a la deriva; (person) ir or vivir sin rumbo, vagar; **the conversation began to d.**, la conversación empezó a apartarse del tema; **the pupils drifted away**, los alumnos se marcharon poco a poco. 3 (snow etc) amontonarse. III n 1 (flow) flujo m, dirección f; fig (of people) desplazamiento m; (of events) tendencia f, movimiento m. 2 (of snow) ventisquero m; (of sand, cloud) montón m. 3 fig (meaning) significado m, idea f.

drifter ['drɪftər] n 1 fam fig persona f sin ocupación fija. 2 Naut trainera f.

driftwood ['drɪftwʊd] n madera f flotante.

drill[1] [drɪl] I n 1 (handtool) taladro m; Min (machine) barreno m, barrena f. ■ **dentist's d.**, fresa f; **pneumatic d.**, taladradora f. 2 esp Mil instrucción f. ■ **fire d.**, procedimiento m en caso de incendio; **safety d.**, instrucciones fpl de seguridad. II vtr 1 (wood etc) taladrar; (hole) agujerear. 2 (train) (soldier) instruir; **to d. pupils in pronunciation**, hacer ejercicios de pronunciación con los alumnos; fig **to d. sth into sb**, hacer que algn entienda algo a fuerza de repetición. III vi 1 (by hand) taladrar; (for oil, coal) perforar, sondar. 2 Mil entrenarse.

drill[2] [drɪl] n Tex dril m.

drily [draɪlɪ] adv see dryly.

drink [drɪŋk] I vtr (pt drank; pp drunk) 1 (gen) beber; fig **he drank himself into a stupor**, bebió hasta perder el conocimiento; fam **to d. sb under the table**, aguantar más bebiendo que otro. 2 fig **to d. (in)**, (scene) apreciar; (success) saborear. II vi beber; **to have sth to d.**, tomarse algo; **to d. to sth/ sb**, brindar por algo/algn; fam fig **to d. like a fish**, beber como un cosaco. III n 1 (gen) bebida f; (al-

coholic) copa *f*; **I gave the dog a d.**, di de beber al perro; **let's have a d.!**, ¡vamos a tomar una copita!; **to take to d.**, darse a la bebida. ■ **soft d.**, refresco *m*. **2** *fam* **the d.**, el *or* la mar.

drinkable [ˈdrɪŋkəbəl] *adj (water)* potable; *(wine, beer)* agradable al paladar.

drinker [ˈdrɪŋkəʳ] *n* bebedor,-a *m,f*; **hard** *or* **heavy d.**, bebedor,-a empedernido,-a.

drinking [ˈdrɪŋkɪŋ] *n* **1** *(drunkenness)* bebida *f*. **2 d. water**, agua *f* potable; **d. fountain**, fuente *f* de agua potable.

drip [drɪp] **I** *n* **1** *(gen)* goteo *m*. **2** *Med* gota a gota *m inv*. **3** *fam (person)* necio,-a *m,f*. **II** *vi (pt & pp dripped)* gotear; **he was dripping with sweat**, el sudor le caía a gotas. **III** *vtr* dejar caer gota a gota.

drip-dry [ˈdrɪpdraɪ] *adj* que no necesita planchado.

dripping [ˈdrɪpɪŋ] **I** *n Culin* pringue *m & f*, grasa *f* de carne asada. **II** *adv* **d. wet**, chorreando; **I'm d.!**, ¡estoy calado,-a hasta los huesos!

drive [draɪv] **I** *vtr (pt drove; pp driven)* **1** *(operate) (vehicle)* conducir, *Am* manejar; *(person)* llevar *or* traer (en coche); **I'll d. you home**, te llevaré a casa; **to d. a bus**, ser conductor de autobús. **2** *(power)* hacer funcionar, poner en movimiento; **driven by nuclear power**, impulsado,-a por energía nuclear. **3** *(propel) (cattle etc)* arrear; *(enemy)* acosar; *(ball)* mandar; **inflation drives prices up**, la inflación hace subir los precios; **rain drove us back**, la lluvia nos hizo volver atrás. **4** *(strike in) (stake)* hincar; *(rail)* clavar; *fig* **the accident drove it home to me that ...**, el accidente me hizo comprender que ... . **5** *(compel)* forzar, obligar; **he drives himself too hard**, trabaja demasiado; **to d. sb mad**, volver loco,-a a algn; **to d. sb to crime/despair**, llevar a algn al crimen/a la desesperación. **6 to d. (off)**, repeler, rechazar. **II** *vi Aut* conducir, *Am* manejar; **can you d.?**, ¿sabes conducir?; **we drove home**, fuimos a casa en coche. **III** *n* **1** *(trip)* paseo *m* en coche; **to go for a d.**, dar una vuelta en coche; **it's an hour's d.** *(away)*, es una hora en coche. **2** *(private road)* calle *f*; *(to house)* camino *m* de entrada. **3** *(transmission)* transmisión *f*; *Aut* tracción *f*; *Aut* **left-hand d.**, conducción *f* por la izquierda. ■ **d. shaft**, eje *m* de transmisión. **4** *Golf* golpe *m* inicial; *Ten* golpe *m* fuerte. **5** *(campaign)* campaña *f*. ■ *Com* **sales d.**, promoción *f*. **6** *(need)* necesidad *f*; *(energy)* energía *f*, vigor *m*, fuerza *f*, dinamismo *m*. ■ **sex d.**, instinto *m* sexual. ◆**drive at** *vtr fig* insinuar; **what are you driving at?**, ¿qué insinúas?, ¿qué quieres decir?

drive-in [ˈdraɪvɪn] *n US* **1** *(cinema)* autocine *m*. **2 d.-in bank**, autobanco *m*.

driven [ˈdrɪvən] *pp see* **drive**

driver [ˈdraɪvəʳ] *n (of car, bus)* conductor,-a *m,f*; *(of taxi)* taxista *mf*; *(of train)* maquinista *mf*; *(of lorry)* camionero,-a *m,f*; *(of racing car)* piloto *mf*, corredor,-a *m,f*; *US* **d.'s license**, carnet *m or* permiso *m* de conducir.

driveway [ˈdraɪvweɪ] *n (to house)* camino *m* de entrada.

driving [ˈdraɪvɪŋ] *adj* **1** *Aut* **d. licence**, carnet *m or* permiso *m* de conducir; **d. school**, autoescuela *f*; **d. test**, examen *m* de conducir. **2** *(rain, wind)* que azota. **3** *fig (force)* motriz; *(personality)* dinámico,-a.

drizzle [ˈdrɪzəl] **I** *n* llovizna *f*. **II** *vi* lloviznar.

droll [drəʊl] *adj* **1** *(amusing)* gracioso,-a, cómico,-a. **2** *(odd)* curioso,-a, extraño,-a.

dromedary [ˈdrɒmədərɪ] *n Zool* dromedario *m*.

drone[1] [drəʊn] *n Ent* zángano *m*.

drone[2] [drəʊn] **I** *vi (plane, bee)* zumbar; *fig* **to d. on**, hablar monótonamente. **II** *n (noise) (of bee, engine)* zumbido *m*; *(of traffic)* ruido *m* sordo, runruneo *m*.

droop [druːp] *vi (flower)* marchitarse; *(shoulders)* encorvarse; *(eyelids)* caerse; *(head)* inclinarse; *fig* **her spirits drooped**, se desanimó.

droopy [ˈdruːpɪ] *adj (droopier, droopiest)* caído,-a.

drop [drɒp] **I** *n* **1** *(liquid)* gota *f*; *fig* **a d. in the ocean**, una gota de agua en el mar; *fam fig* **to have had a d. too much**, haber bebido más de la cuenta. ■ **eye drops**, colirio *m sing*. **2** *(sweet)* pastilla *f*. **3** *(descent)* desnivel *m*. **4** *(fall)* caída *f*; *(in price)* bajada *f*; *(in sales)* disminución *f*; *(in temperature)* descenso *m*; *fig* **at the d. of a hat**, sin más ni más. **5** *US fam* lugar *m* de reparto *or* de recogida. **6** *(airdrop)* lanzamiento *m*. **II** *vtr (pt & pp dropped)* **1** *(let fall)* dejar caer; *(let go of)* soltar; *(lower)* bajar; *(launch)* lanzar; *(reduce)* disminuir; **don't d. it!**, ¡que no se te caiga!; **to d. a hint**, soltar una indirecta; *GB fam fig* **to d. a brick** *or* **a clanger**, hacer una plancha, meter la pata. **2** *fam (leave)* dejar; **I'll d. you (off) here**, te dejo aquí. **3** *(abandon) (subject, charge)* dejar, abandonar; *(idea, plan)* abandonar, renunciar a; *fam (boyfriend etc)* plantar, dejar plantado,-a; *fam (friend)* dejar de ver; **let's d. the subject**, cambiemos de tema; **the matter was dropped**, ahí quedó el asunto; *fam* **d. it!**, ¡basta ya!, ¡ya está bien! **4** *(omit) (spoken syllable, word)* no pronunciar, comerse; *(written syllable, word)* omitir; *Sport* **he was dropped from the team**, le echaron del equipo; *Ling* **the article is dropped**, se usa el artículo. **5** *Sport* perder. **6** *Knit* soltar. **III** *vi* **1** *(fall) (object)* caerse; *(person)* dejarse caer; *(voice, price, temperature)* bajar; *(wind)* amainar; *(speed)* disminuir; **to d. dead**, caerse muerto,-a; **to d. to one's knees**, arrodillarse; *fam* **d. dead!**, ¡vete a la porra!; *fam* **I'm fit to d.!**, ¡estoy hecho,-a polvo! **2** *(descend)* bajar, descender. ◆**drop away** *vi (interest)* disminuir. ◆**drop by**, **drop in**, **drop round** *fam* **I** *vi (visit)* dejarse caer, pasar (**at**, por). **II** *vtr (deliver)* dejar en casa de (algn). ◆**drop off** *vi* **1** *fam (fall asleep)* quedarse dormido,-a, echar una cabezada. **2** *see* **drop away** ◆**drop out** *vi (leave) (school, college)* dejar los estudios; *(society)* marginarse; *(match, competition)* retirarse; **he dropped out of the class**, dejó el curso sin acabar. ◆**drop round** *vi & vtr see* **drop by**

droplet [ˈdrɒplɪt] *n* gotita *f*.

dropout [ˈdrɒpaʊt] *n fam pej (from school)* estudiante *mf* que no termina el curso; *(from society)* marginado,-a *m,f*.

dropper [ˈdrɒpəʳ] *n Med* cuentagotas *m inv*.

droppings [ˈdrɒpɪŋz] *npl* excrementos *mpl*, cagadas *fpl*.

dropsy [ˈdrɒpsɪ] *n Med* hidropesía *f*.

drought [draʊt] *n* sequía *f*.

drove [drəʊv] **I** *pt see* **drive** **II** *(of cattle)* manada *f*; *fig (of people)* multitud *f*; **in droves**, en manada.

drown [draʊn] **I** *vtr* **1** *(gen)* ahogar; *fig* **to d. one's sorrows**, ahogar las penas. **2** *(place)* inundar, anegar. **3** *pej (food)* ahogar; **a salad drowned in or with oil**, una ensalada que nadaba en aceite. **4** *(sound)* ahogar; **we were drowned out by the music**, no nos podíamos oír por culpa de la música. **II** *vi (person, animal)* ahogarse; **he (was) drowned**, murió ahogado.

drowse [draʊz] *vi* **to d. off**, adormitarse.

drowsiness [ˈdraʊzɪnɪs] *n* somnolencia *f*.

drowsy ['drauzı] *adj (drowsier, drowsiest)* **1** *(person, yawn)* soñoliento,-a; **to feel d.**, tener ganas de dormir. **2** *(murmur, scene)* soporífero,-a.

drudge [drʌdʒ] *n pej (housewife)* esclava *f* de la casa; *(employee)* esclavo,-a *m,f* del trabajo.

drudgery ['drʌdʒərı] *n* trabajo *m* duro y pesado.

drug [drʌg] I *n* **1** *(medicine)* medicamento *m*, medicina *f*. **2** *(narcotic)* droga *f*, estupefaciente *m*, narcótico *m*; **to be on** *or* **take drugs**, drogarse. ■ **d. addict**, drogadicto,-a *m,f*; **d. addiction**, drogadicción *f*; **d. pusher**, traficante *mf* de drogas; **d. squad**, brigada *f* de estupefacientes. II *vtr (pt & pp drugged) (person, animal)* drogar; *(food, drink)* echar una droga en, adulterar con drogas.

druggist ['drʌgıst] *n US* farmacéutico,-a *m,f*.

drugstore ['drʌgstɔːʳ] *n US* establecimiento *m* donde se compran medicamentos, periódicos, etc.

drum [drʌm] I *n* **1** *(instrument)* tambor *m*; **to play the drums**, tocar la batería. ■ *Mil* **d. major**, tambor *m* mayor; *US* **d. majorette**, majorette *f*. **2** *(container)* bidón *m*. **3** *Tech* tambor *m*. II *vi (pt & pp drummed)* fig *(rain, fingers, hooves)* tabalear. III *vtr* fig **1** *(tap)* tamborilear, tabalear. **2** fig **to d. sth into sb**, meterle algo en la cabeza de algn a fuerza de repetirlo. ◆**drum up** *vtr fam (votes)* solicitar; *(business)* fomentar, atraer; *(support)* buscar.

drumbeat ['drʌmbiːt] *n Mus* toque *m* del tambor.

drummer ['drʌmaʳ] *n Mus (in band)* tambor *mf*; *(in pop group)* batería *mf*.

drumstick ['drʌmstık] *n* **1** *Mus* baqueta *f*, palillo *m* (de tambor). **2** *Culin* muslo *m* (de ave).

drunk [drʌŋk] I *pp see* **drink**. II *adj* **1** borracho,-a; fig borracho,-a, ebrio,-a; *Jur* **to be d. and disorderly**, comportarse escandalosamente estando borracho,-a; **to get d.**, emborracharse; *fam* **to be dead** *or* **blind d.**, estar como una cuba, estar trompa; fig **d. with happiness**, embriagado,-a de alegría. III *n* borracho,-a *m,f*.

drunkard ['drʌŋkəd] *n* borracho,-a *m,f*.

dry [draı] I *adj (drier, driest or dryer, dryest)* **1** *(gen)* seco,-a; **it was a d. day**, hacía un tiempo seco. **2** *(wine etc)* seco,-a. **3** *(wry)* agudo,-a. **4** *fam (thirsty)* sediento,-a. II *vtr (pt & pp dried)* secar. III *vi* **to d. (off)**, secar, secarse. ◆**dryly** *adv (coldly)* secamente; *(humorously)* con humor, con guasa.

dry-clean [draı'kliːn] *vtr* limpiar *or* lavar en seco.

dryer ['draıəʳ] *n* secadora *f*.

DSc [diːes'siː] *abbr of* **Doctor of Science**, Doctor,-a *m,f* en Ciencias, Dr. en Cien.

DT [diː'tiː] *abbr of* **delirium tremens** (trembling delirium), delírium *m* tremens, DT.

DTI [diːtiː'aı] *GB abbr of* **Department of Trade and Industry**.

dub[1] [dʌb] *vtr (pt & pp dubbed) (subtitle)* doblar **(into**, a).

dub[2] [dʌb] *vtr (pt & pp dubbed)* **1** *(give nickname)* apodar. **2** *(knight)* armar.

dubbing ['dʌbıŋ] *n Cin* doblaje *m*.

dubious ['djuːbıəs] *adj* **1** *(doubtful) (morals, activities)* dudoso,-a, sospechoso,-a; *(compliment)* ambiguo,-a, equívoco,-a. **2** *(doubting)* dudoso,-a, indeciso,-a; **to be d. about sth**, tener dudas sobre algo.

Dublin ['dʌblın] *n* Dublín.

Dubliner ['dʌblınaʳ] *adj & n* dublinés,-esa *(m,f)*.

ducal ['djuːkəl] *adj* ducal.

duchess ['dʌtʃıs] *n* duquesa *f*.

duchy ['dʌtʃı] *n* ducado *m*.

duck[1] [dʌk] *n Orn* pato,-a *m,f*; *Culin* pato *m*; fig **to play ducks and drakes**, hacer saltar piedras planas sobre el agua; *fam* fig **criticism was like water off a d.'s back to him**, las críticas le eran indiferentes; *fam* fig **like a d. to water**, como el pez en el agua. ■ *Orn* **mandarin d.**, pato *m* mandarín; fig **sitting d.**, víctima *f* propiciatoria.

duck[2] [dʌk] I *vtr* **1** *(bow down) (head)* agachar. **2** *(submerge)* zambullir. **3** *(evade)* esquivar; fig eludir. II *vi* **1** *(bow down)* agacharse; **he ducked behind the door**, se escondió detrás de la puerta. **2** *(go under water)* zambullirse. **3** *(evade blow)* esquivar. **4** *fam* **to d. (out)**, rajarse.

duckling ['dʌklıŋ] *n Orn Culin* patito *m*.

duct [dʌkt] *n (for fuel etc)* conducto *m*; *Anat* canal *m*, conducto *m*.

dud [dʌd] I *adj* **1** *(tool, machine) (useless)* inútil, que no sirve; *(defective)* defectuoso,-a, estropeado,-a. **2** *(banknote)* falso,-a; *(cheque)* sin fondos. II *n (useless thing)* trasto *m* inútil, engañifa *f*; *(person)* desastre *m*; **this tape's a d.**, esta cinta no sirve.

dude [djuːd] *n US fam* **1** *(city-dweller)* ciudadano *m*. ■ **d. ranch**, rancho *m or* hacienda *f* para turistas. **2** *(type)* tío,-a *m,f*.

dudgeon ['dʌdʒən] *n fml* **in high d.**, muy enojado,-a.

due [djuː] I *adj* **1** *(expected)* esperado,-a; **I'm due for a rise**, me toca una subida de sueldo; **the train is d. (to arrive) at ten**, el tren debe llegar a las diez; **when's the baby d.?**, ¿para cuándo esperas tener el niño? **2** *fml (proper)* debido,-a; **after d. consideration**, con las debidas consideraciones; **in d. course**, a su debido tiempo. **3** *(owing)* pagadero,-a; **how much are you d. or is d. to you?**, ¿cuánto te deben?; *(payment)* **to become d.**, vencer. ■ **d. date**, vencimiento *m*, plazo *m*. **4** **to be d.**, deberse a, ser causado,-a por. II *adv (north etc)* derecho hacia. III *n* **1 to give sb his or her d.**, dar a algn su merecido, ser justo con algn. **2 dues**, *(fee)* cuota *f sing*.

duel ['djuːəl] I *n* duelo *m*. II *vi (pt & pp duelled, US dueled)* batirse en duelo **(with**, con).

duet [djuː'et] *n Mus* dúo *m*, duelo *m*; **to play/sing a d.**, tocar/cantar a dúo.

duff [dʌf] *adj GB sl (defective)* defectuoso,-a, estropeado,-a; *(useless)* inútil, que no sirve. ◆**duff up** *vtr GB sl (beat up)* dar una paliza a.

duffel ['dʌfəl] *n* **d. bag**, petate *m*; **d. coat**, trenca *f*.

duffer ['dʌfəʳ] *n fam (hopeless person)* zoquete *m*; **he's a d. at Latin**, es un desastre para el latín.

dug [dʌg] *pt & pp see* **dig**.

dugout ['dʌgaʊt] *n* **1** *(canoe)* piragua *f*. ■ *Mil (shelter)* refugio *m* subterráneo.

duke [djuːk] *n* duque *m*.

dukedom ['djuːkdəm] *n* ducado *m*.

dull [dʌl] I *adj* **1** *(uninteresting) (job)* monótono,-a, pesado,-a; *(person, life, film)* pesado,-a, aburrido,-a, soso,-a; *(place)* aburrido,-a, sin interés. **2** *(not bright) (light, colour)* apagado,-a; *(weather, day)* gris, triste; *(sky)* cubierto,-a. **3** *(muffled)* sordo,-a, amortiguado,-a; fig *(ache, pain)* sordo,-a. **4** *(slow-witted)* torpe, lerdo,-a. II *vtr* **1** *(deaden) (pain)* aliviar; *(sound)* amortiguar. **2** fig *(faculty)* embotar.

duly ['djuːlı] *adv fml* **1** *(properly)* debidamente; **I d. paid my share**, pagué mi parte como era debido. **2** *(as expected)* como era de esperar; *(in due course)* a su debido tiempo.

dumb [dʌm] I adj 1 Med (unspeaking) mudo,-a; **deaf and d.**, sordomudo,-a; fig **to be struck d.** (with surprise), quedarse de una pieza. ■ (lift) **d. waiter**, montaplatos m inv. 2 fam (stupid) tonto,-a, estúpido,-a; **to act d.**, hacerse el tonto. ■ pej **d. blonde**, rubia f sosa. II **the d.** npl los mudos. ◆**dumbly** adv sin decir nada.

dumbbell ['dʌmbel] n 1 Sport pesa f. 2 US fam tonto,-a m,f, imbécil mf.

dumbfounded [dʌm'faʊndɪd] adj, **dumbstruck** ['dʌmstrʌk] adj pasmado,-a.

dummy ['dʌmɪ] n 1 (sham) substituto m, imitación f. ■ **d. run**, ensayo m, prueba f. 2 (model) (in shop window) maniquí m; (of ventriloquist) muñeco m. 3 GB (comforter) chupete m. 4 Cards **d.** (hand), mano f muerta. 5 fam (fool) tonto,-a m,f.

dump [dʌmp] I n 1 (tip) (for refuse) vertedero m, basurero m; (for old cars) cementerio m (de coches). 2 fam pej (place) lugar m de mala muerte; (town) poblacho m; (dwelling) tugurio m. 3 Mil (store) depósito m. II vtr 1 (unload) (rubbish) verter; (truck contents) descargar. ■ **d. truck**, volquete m. 2 (leave) dejar, abandonar, tirar; fam (boyfriend etc) plantar; fam (passenger) dejar; Com (goods) inundar el mercado con. 3 Comput (transfer) copiar de memoria interna, vaciar de memoria.

dumper-truck ['dʌmpətrʌk] n volquete m.

dumping ['dʌmpɪŋ] n vertido m. ■ (tip) **d. ground**, vertedero m, basurero m.

dumpling ['dʌmplɪŋ] n Culin (in stew) bola f de masa hervida; (as dessert) (tipo m de) budín m relleno.

dumps [dʌmps] npl fam **to be (down) in the d.**, estar pocho,-a or deprimido,-a.

dumpy ['dʌmpɪ] adj (dumpier, dumpiest) fam rechoncho,-a, regordete.

dunce [dʌns] n fam tonto,-a m,f.

dune [djuːn] n (sand) **d.**, duna f.

dung [dʌŋ] n (of horse, cow) excrementos mpl; (as manure) estiércol m.

dungarees [dʌŋɡə'riːz] npl (overalls) mono m sing; (fashion garment, playsuit) peto m sing.

dungeon ['dʌndʒən] n calabozo m, mazmorra f.

dunk [dʌŋk] vtr fam (bread, biscuit) mojar.

dunlin ['dʌnlɪn] n Orn correlimos m inv común.

dunnock ['dʌnək] n Orn acentor m común.

duo ['djuːəʊ] n (pl duos) Mus dúo m, duet m; fam pareja f.

duodenal [djuːə'diːnəl] adj Anat duodenal.

dupe [djuːp] I vtr engañar, timar; **to d. sb into doing sth**, embaucar a algn para que haga algo. II n ingenuo,-a m,f, simple mf.

duplex ['djuːpleks] n US (house) casa f adosada. ■ US **d. apartment**, dúplex m inv.

duplicate ['djuːplɪkeɪt] I vtr 1 (copy) (document, key) sacar copia(s) de, duplicar; (film, tape) reproducir. 2 (repeat) (work) repetir; (reproduce) reproducir. II ['djuːplɪkɪt] n (copy) copia f, duplicado m; **in d.**, por duplicado.

duplicator ['djuːplɪkeɪtə'] n multicopista m.

duplication [djuːplɪ'keɪʃən] n repetición f.

duplicity [djuː'plɪsɪtɪ] n fml doblez f, falsedad f, duplicidad f.

durability [djʊərə'bɪlɪtɪ] n durabilidad f.

durable ['djʊərəbəl] adj duradero,-a.

duration [djʊ'reɪʃən] n fml duración f.

duress [djʊ'res] n fml coacción f.

during ['djʊərɪŋ] prep durante; **I work d. the day**, trabajo de día.

dusk [dʌsk] n fml crepúsculo m; **at d.**, al anochecer.

dust [dʌst] I n (gen) polvo m; fig **to allow the d. to settle**, esperar que se calme la borrasca; fam **to bite the d.**, (person) morder el polvo; (plan) irse a pique. ■ **coal d.**, polvo m de carbón; Geog **d. bowl**, región f de sequía, zona f semi-árida; **d. cloud**, polvareda f; (of book) **d. cover**, **d. jacket**, sobrecubierta f. II vtr 1 (room, furniture) quitar el polvo a; **to d. oneself off** or **down**, sacudirse el polvo. 2 (cake, plant) espolvorear.

dustbin ['dʌstbɪn] n GB cubo m de la basura.

dustcart ['dʌstkɑːt] n GB camión m de la basura.

duster ['dʌstə'] n (for housework) trapo m or paño m (para quitar el polvo); (for blackboard) borrador m. ■ **feather d.**, plumero m.

dustman ['dʌstmən] n (pl dustmen) GB basurero m.

dustpan ['dʌstpæn] n recogedor m.

dust-up ['dʌstʌp] n GB fam (fight) pelea f, riña f; (argument) discusión f, altercado m.

dusty ['dʌstɪ] adj (dustier, dustiest) 1 (track) polvoriento,-a; (room) lleno,-a de polvo; (clothes etc) cubierto,-a de polvo; fig **d. answer**, evasiva f. 2 (colour) ceniciento,-a.

Dutch [dʌtʃ] I adj holandés,-esa. ■ fig **D. cap**, diafragma m; Culin **D. cheese**, queso m de bola; fam **D. courage**, valor m que da la bebida. II n 1 pl **the D.**, los holandeses. 2 (language) holandés m. III adv fig **to go D.** (with sb), pagar cada uno lo suyo, pagar a escote.

Dutchman ['dʌtʃmən] n (pl Dutchmen) holandés m; fam **if that car starts, I'm a D.**, que me maten si ese coche arranca.

Dutchwoman ['dʌtʃwʊmən] n (pl Dutchwomen) ['dʌtʃwɪmɪn]) holandesa f.

dutiable ['djuːtɪəbəl] adj (goods) sujeto,-a a derechos de aduanas.

duty ['djuːtɪ] n 1 (obligation) deber m, obligación f; **he went out of a sense of d.**, asistió para cumplir or por cumplido; **to do one's d.**, cumplir con su deber. 2 (task) función f, cometido m; **to make it one's d. to ...**, encargarse de ...; **to take up one's duties**, entrar en funciones. 3 (availability) **to be on d.**, (gen) estar de servicio; Admin estar de turno; Med Mil estar de guardia; **to do night d.**, tener el turno de noche. 4 (tax) impuesto m. ■ **customs d.**, derechos mpl de aduana, aranceles mpl; **stamp d.**, póliza f.

duty-bound ['djuːtɪbaʊnd] adj moralmente obligado,-a.

duty-free ['djuːtɪfriː] I adj (shop, goods) libre de impuestos. II adv sin pagar impuestos. III n duty-free m.

duvet ['duːveɪ] n edredón m. ■ **d. cover**, funda f (de edredón).

DV [diː'viː] abbr of Deo volente (God willing), Dios mediante, D.m.

dwarf [dwɔːf] I n (pl dwarfs or dwarves [dwɔːvz]) (person) enano,-a m,f. 2 Bot **d. geranium**, geranio m enano. II vtr achicar, hacer parecer pequeño,-a.

dwell [dwel] vi (pt & pp dwelled or dwelt) fml morar, vivir. ◆**dwell on**, **dwell upon** vtr hablar extensamente de; **let's not d. on it**, olvidémoslo, cambiemos de tema.

dweller ['dwelə'] n habitante mf. ■ **cave d.**, cavernícola mf.

dwelling ['dwelɪŋ] *n fml & hum* morada *f*, vivienda *f*.

dwelt [dwelt] *pt & pp see* **dwell**.

dwindle ['dwɪndəl] *vi* menguar, disminuir; **to d. away to nothing,** quedar reducido,-a a nada.

dwindling ['dwɪndlɪŋ] *adj (interest, number)* cada vez más reducido,-a; *(capital)* en disminución.

dye [daɪ] 1 *n (substance)* tinte *m*, colorante *m*. II *vtr (pres p dyeing; pt & pp dyed) (gen)* teñir; **to d. one's hair black,** teñirse el pelo de negro.

dyed-in-the-wool [daɪdɪnðə'wʊl] *adj pej* acérrimo,-a, inflexible, intransigente.

dying ['daɪɪŋ] I *adj (person)* moribundo,-a *m,f*, agonizante *mf*; *fig (custom)* en vías de desaparición; **to my d. day,** hasta que me muera. II **the d.** *npl* los moribundos, los agonizantes.

dyke [daɪk] *n* 1 *(bank)* dique *m*, barrera *m*; *(causeway)* terraplén *m*. 2 *sl offens (lesbian)* tortillera *f*.

dynamic [daɪ'næmɪk] I *adj Phys & fig* dinámico,-a; *(person)* dinámico,-a, emprendedor,-a. II *n Tech* dinámica *f*.

dynamics [daɪ'næmɪks] *n Phys* dinámica *f*.

dynamism ['daɪnəmɪzəm] *n fig* dinamismo *m*, energía *f*.

dynamite ['daɪnəmaɪt] 1 *n* dinamita *f*; *fam fig (star, news)* sensación *f*; **his ideas are political d.,** sus ideas son políticamente explosivas. II *vtr (building)* dinamitar, volar con dinamita.

dynamo ['daɪnəməʊ] *n (pl dynamos) Elec & fig* dínamo *m*, dinamo *m*.

dynasty ['dɪnəstɪ] *n* dinastía *f*.

dysentery ['dɪsəntrɪ] *n Med* disentería *f*.

dyslexia [dɪs'leksɪə] *n Med* dislexia *f*.

dystrophy ['dɪstrəfɪ] *n Med* distrofia *f*; **muscular d.,** distrofia muscular.

E

E, e [iː] *n* 1 *(the letter)* E, e *f*. 2 *Mus* mi *m*. ■ **E flat,** mi *m* bemol.

E *abbr of* **East,** Este, E.

each [iːtʃ] I *adj* cada; **e. and every one (of us),** todos y cada uno de nosotros; **e. day/month,** todos los días/meses; **e. person,** cada cual; **e. time I see him,** cada vez que lo veo. II *pron* 1 cada uno,-a; **e. to his own,** cada uno a lo suyo; **two pounds e.,** dos libras cada uno; **we bought one e.,** nos compramos uno cada uno. 2 *(mutual)* **e. other,** a cada uno, el uno al otro; **they hate e. other,** se odian; **we write to e. other,** nos escribimos.

eager ['iːgəʳ] *adj* 1 *(anxious)* impaciente, ansioso; **e. to begin,** impaciente por empezar. 2 *(desirous)* deseoso,-a; **e. to please,** deseoso de quedar bien; **to be e. for success,** codiciar el éxito. 3 *(keen)* apremiante; **he gave me an e. look,** me dirigió una mirada apremiante. ■ *fam* **e. beaver,** trabajador,-a *m,f* incansable. ◆**eagerly** *adv* 1 *(anxiously)* con impaciencia. 2 *(keenly)* con afán *or* ilusión.

eagerness ['iːgənɪs] *n* 1 *(anxiety)* impaciencia *f*. 2 *(enthusiasm)* afán *m*, ilusión *f*.

eagle ['iːgəl] *n Zool* águila *f*.

eagle-eyed [iːgəl'aɪd] *adj* que tiene vista de lince.

eaglet ['iːglɪt] *n Zool* aguilucho *m*.

ear [ɪəʳ] *n* 1 *Anat* oreja *f*; *(sense of hearing)* oído *m*; *Mus* **to have a good e.,** tener buen oído; **to play sth by e.,** tocar algo de oído; *fig* **in one e. and out the other,** por un oído entra y por otro sale; *fig* **to be all ears,** ser todo oídos; *fig* **to keep one's e. to the ground,** estar al corriente; *fam* **to be up to one's ears,** hasta aquí; *fam* **I'm up to my ears in work,** estoy agobiado de trabajo. ■ *Med* **e., nose, and throat specialist,** otorrinolaringólogo,-a *m,f*. 2 *Bot (of corn)* espiga *f*; **e. of wheat/barley,** espiga de trigo/cebada.

earache ['ɪəreɪk] *n* dolor *m* de oídos; *fam* **to give sb e.,** dar dolor de cabeza a algn.

eardrum ['ɪədrʌm] *n Anat* tímpano *m*.

earful ['ɪəfʊl] *n fam* **to give sb an e.,** decirle a algn cuatro verdades.

earl [ɜːl] *n* conde *m*.

earldom ['ɜːldəm] *n* condado *m*.

earlobe ['ɪələʊb] *n Anat* lóbulo *m*.

early ['ɜːlɪ] *(earlier, earliest)* I *adj* 1 *(before the usual time)* temprano,-a, prematuro,-a; **due to his e. arrival,** debido a que llegó antes de lo previsto; **e. death,** muerte prematura; **to book e.,** reservar con tiempo; **to have an e. night,** acostarse pronto; **you're e.!,** ¡qué pronto has venido! ■ **e. bird** *or* **riser,** madrugador,-a *m,f*. 2 *(at first stage, period)* **at an e. age,** siendo joven; **e. Gothic,** Gótico primitivo; **e. on,** al principio; **e. strawberries,** fresas tempranas; **e. train,** tren que sale temprano; **e. work,** obra de juventud; **in her e. forties,** a los cuarenta y pocos; **it's still e. days,** aún es pronto; *prov* **the e. bird catches the worm,** a quien madruga Dios le ayuda. ■ **e. man,** el hombre primitivo; **e. warning system,** sistema *m* de alerta roja. 3 *(in the near future)* **an e. reply,** una respuesta pronta; **at the earliest,** cuanto antes; **at the earliest opportunity,** lo antes posible; **could I have an earlier date?,** ¿no podría ser antes? II *adv* 1 *(before the expected time)* temprano, pronto; **earlier on,** antes; **five minutes e.,** con cinco minutos de adelanto; **to leave e.,** irse pronto. 2 *(near the beginning)* **as e. as 1914,** ya en 1914; **as e. as possible,** tan pronto como sea posible; **e. on in the book,** al comienzo del libro; **in e. July,** a principios de julio.

earmark ['ɪəmɑːk] *vtr* destinar, reservar **(for,** para, a).

earn [ɜːn] *vtr* 1 *(money)* ganar; **money well earned,** dinero bien merecido; **to e. one's living,** ganarse la vida. 2 *(obtain, get as deserved)* ganarse; **it earned him the respect of ...,** le valió el respeto de ...; **to e. a place at university,** conseguir una plaza en la universidad. 3 *Fin* **to e. interest,** cobrar interés *or* intereses.

earnest ['ɜːnɪst] I *adj* serio,-a, formal. II *n* **in e.,** de veras, en serio; **he said it in e.,** lo dijo en serio.

◆**earnestly** *adv* **1** *(sincerely)* seriamente. **2** *(zealously)* con gran interés.

earnestness ['ɜːnɪstnɪs] *n* seriedad *f*; **in all e.**, muy seriamente.

earnings ['ɜːnɪŋz] *npl* ingresos *mpl*.

earpiece ['ɪəpiːs] *n* auricular *m*.

earplug ['ɪəplʌg] *n* tapón *m* (para los oídos).

earring ['ɪərɪŋ] *n* pendiente *m*.

earshot ['ɪəʃɒt] *n* **out of e.**, fuera del alcance del oído; **within e.**, al alcance del oído.

earth ['ɜːθ] I *n* **1** *(gen)* tierra *f*; *fig* **he promised the e.**, prometió el oro y el moro; *fig* **it costs the e.**, cuesta un ojo de la cara; *fig* **to be down to e.**, tocar de pies en el suelo, tener los pies en el suelo; *fig* **to be the salt of the e.**, ser de fiar; *fig* **to come down to e.**, despertarse; *fam* **where/why on e. ...?**, ¿pero dónde/porqué demonios ...? **2** *(of fox, badger)* madriguera *f*; **to run to e.**, acorralar. **3** *Elec* toma *f* de tierra. II *vtr (electricity)* conectar a tierra.

earthen ['ɜːðən] *adj* **1** *(gen)* de tierra. **2** *(of clay)* de arcilla, de barro.

earthenware ['ɜːðənweəʳ] I *n* loza *f*. II *adj* de barro.

earthly ['ɜːθlɪ] *adj (worldly)* material, terrenal; *fam* **it's no e. use**, no sirve absolutamente para nada; *fam* **we don't have an e. (chance)**, no tenemos la más mínima posibilidad.

earthquake ['ɜːθkweɪk] *n* terremoto *m*.

earthshattering ['ɜːθʃætərɪŋ] *adj* trascendental; **e. news**, noticia bomba.

earthworm ['ɜːθwɜːm] *n* Zool lombriz *f*.

earthy ['ɜːθɪ] *adj* **(earthier, earthiest) 1** *(of colour, taste)* terroso,-a. **2** *(bawdy)* tosco,-a, grosero,-a.

earwig ['ɪəwɪg] *n* Ent tijereta *f*.

ease [iːz] I *n* **1** *(freedom from discomfort)* calma *f*, tranquilidad *f*; *Mil* posición *f* de descanso; **at e.**, relajado,-a; **to set sb's mind at e.**, tranquilizar a algn; **to take one's e.**, ponerse cómodo. **2** *(lack of difficulty)* facilidad *f*; **with e.**, con facilidad. **3** *(affluence)* comodidad *f*; **a life of e.**, una vida cómoda *or* fácil. **4** *(lack of restraint)* **e. of manner**, naturalidad *f*, desenvoltura *f*, espontaneidad *f*. II *vtr* **1** *(pain)* aliviar. **2** *(move gently)* deslizar, correr. ◆**ease off, ease up** *vi* **1** *(decrease)* ceder, disminuir. **2** *(slow down)* ir más despacio.

easel ['iːzəl] *n* caballete *m*.

easiness ['iːzɪnɪs] *n* **1** *(simplicity)* facilidad *f*. **2** *(of manner etc)* naturalidad *f*.

east [iːst] I *n* este *m*. ■ **the Far E.**, el Lejano Oriente; **the Middle E.**, el Oriente Medio. II *adj* este, del este, oriental; **E. Germany**, Alemania Oriental. III *adv* en dirección este, al *or* hacia el este; **heading e.**, rumbo al este; **to face** *or* **look e.**, estar orientado al este.

eastbound ['iːstbaʊnd] *adj* con rumbo al este, dirección este.

Easter ['iːstəʳ] *n* Semana *f* Santa, Pascua *f*. ■ **E. egg**, huevo *m* de Pascua; **E. Sunday**, Domingo *m* de Pascua *or* de Resurrección.

easterly ['iːstəlɪ] *adj (from the east)* del este; **e. wind**, viento del este. **2** *(to the east)* hacia el este; **in an e. direction**, en dirección este.

eastern ['iːstən] *adj* oriental, del este; *Pol* **E. Bloc countries**, los países del Este.

eastward ['iːstwəd] *adj & adv* hacia el este.

eastwards ['iːstwədz] *adv* hacia el este.

easy ['iːzɪ] *(easier, easiest)* **1** *adj* **1** *(simple)* fácil, sencillo,-a; **e. to please**, poco exigente; *fam* **it's as e. as pie**, es pan comido, está chupado. ■ *Com* **e. payments**, **e. terms**, facilidades *fpl* de pago. **2** *(unworried, comfortable)* cómodo,-a, tranquilo,-a; **at an e. pace**, con calma, tranquilamente; **e. life**, vida tranquila *or* cómoda; **in e. stages**, poco a poco, de forma escalonada; **to have an e. mind**, estar tranquilo; *fig* **to be on e. street**, no tener problemas económicos; *fam* **to be e.**, dar igual, ser indiferente; *fam* **I'm e.!**, me da lo mismo. ■ **e. chair**, butacón *m*. **4** *(colour)* agradable; **e. on the eyes**, agradable a la vista. II *adv* **go e. on the cakes/wine**, deja algún pastel/algo de vino; **go e. with that knife**, ten cuidado con ese cuchillo; **it's easier said than done**, es más fácil decirlo que hacerlo; *fam* **to take things e.**, tomarse la vida con calma; *fam* **take it e.!**, ¡tranquilo! ◆**easily** *adv* **1** *fácilmente*. **2** *(beyond question)* **e. the best**, con mucho el mejor.

easy-going [iːzɪ'gəʊɪŋ] *adj* **1** *(calm)* tranquilo,-a. **2** *(lax)* despreocupado,-a; *(undemanding)* poco exigente.

eat [iːt] *(pt ate* [et, eɪt]; *pp eaten) vtr (gen)* comer; **to e. one's breakfast**, desayunar; *fig* **he had them eating out of his hand**, comían en la palma de su mano; *fig* **to e. one's heart out**, consumirse de pena; *fig* **to e. one's words**, tragarse lo dicho; *fam* **what's eating you?**, ¿qué mosca te ha picado?; *fam* **to e. like a horse**, comer como una vaca. ◆**eat away** *vtr (gen)* desgastar; *(metal)* corroer. ◆**eat into** *vtr* **1** *(wood)* roer. **2** *fig (savings)* consumir. ◆**eat out** *vi* comer fuera. ◆**eat up** *vtr* **1** *(meal)* terminar. **2** *fig (petrol)* consumir; *(miles)* tragar; *(money)* llevarse, tragar.

eatable ['iːtəbəl] *adj* comible, comestible.

eaten ['iːtən] *pp see* **eat**.

eater ['iːtəʳ] *n (fam)* **to be a big e.**, ser de buen comer, ser comilón,-ona; **to be a slow e.**, ser lento,-a comiendo.

eau de Cologne [əʊdəkə'ləʊn] *n* colonia *f*, agua *f* de colonia.

eaves [iːvz] *npl* alero *m sing*.

eavesdrop ['iːvzdrɒp] *vi (pt & pp eavesdropped)* escuchar disimuladamente.

eavesdropper ['iːvzdrɒpəʳ] *n* curioso,-a *m,f*.

ebb [eb] I *n* reflujo *m*; **e. and flow**, flujo y reflujo; *fig* **to be at a low e.**, estar decaído. II *vi* **1** *(tide)* bajar; **to e. and flow**, subir y bajar. **2** *fig* **to e. away**, decaer, disminuir.

ebony ['ebənɪ] I *n* Bot ébano *m*. II *adj* de ébano.

ebullience [ɪ'bʌljəns] *n* exaltación *f*, entusiamo *m*.

ebullient [ɪ'bʌljənt] *adj* exaltado,-a, entusiasta.

eccentric [ɪk'sentrɪk] I *adj* **1** *(person)* excéntrico,-a, estrafalario,-a, extravagante. **2** *Math (circle)* excéntrico. II *n (person)* excéntrico,-a *m,f*, persona *f* extravagante.

eccentricity [eksen'trɪsɪtɪ] *n* excentricidad *f*, extravagancia *f*.

ecclesiastic [ɪkliːzɪ'æstɪk] I *adj* eclesiástico,-a. II *n* eclesiástico *m*, clérigo *m*, sacerdote *m*.

ecclesiastical [ɪkliːzɪ'æstɪkəl] *adj* eclesiástico,-a.

echelon ['eʃəlɒn] *n (status)* nivel *m*, escalafón *m*; *Mil* **in e.**, en escalafón.

echo ['ekəʊ] I *n (pl echoes)* eco *m*. ■ **e. chamber**, cámara *f* acústica; **e. sounder**, sonda *f* acústica. II *vtr (repeat)* repetir; **to e. sb's words**, repetir las palabras de algn; **to e. sb's opinions,** hacerse eco de las opiniones de algn. **III** *vi* resonar, hacer eco.

éclair [eɪ'kleə, ɪ'kleə] *n Culin (cake)* palo *m* de nata, pastel *m* petisú; **chocolate e.,** bombón *m* de chocolate y caramelo.

eclectic [ɪ'klektɪk] *adj* ecléctico,-a.

eclecticism [ɪ'klektɪsɪzəm] *n* eclecticismo *m*.

eclipse [ɪ'klɪps] **I** *n* eclipse *m*. **II** *vtr* eclipsar.

ecological [i:kə'lɒdʒɪkəl] *adj* ecológico,-a. ◆**ecologically** *adv* ecológicamente.

ecologist [ɪ'kɒlədʒɪst] *n* ecólogo,-a *m,f,* ecologista *mf.*

ecology [ɪ'kɒlədʒɪ] *n* ecología *f.*

economic [i:kə'nɒmɪk] *adj (gen)* económico,-a; *(profitable)* rentable.

economical [i:kə'nɒmɪkəl] *adj (gen)* económico,-a; *(cheap)* barato,-a; **to be e. with sth,** economizar en algo. ◆**economically** *adv* económicamente.

economics [i:kə'nɒmɪks] *n sing* **1** *(science)* economía *f; Educ* (ciencias *fpl*) económicas *fpl.* **2** *(financial aspect)* aspecto *m* económico.

economist [ɪ'kɒnəmɪst] *n* economista *mf.*

economize [ɪ'kɒnəmaɪz] *vi* economizar, ahorrar.

economy [ɪ'kɒnəmɪ] *n* **1** *(science)* economía *f; Pol* **the e.,** la economía, el sistema económico. ■ **black e.,** economía *f* sumergida. **2** *(saving)* economía *f,* ahorro *m; Av* **e. class,** (clase *f*) turista *f;* **I always fly e. class,** siempre viajo en clase turista; *Com* **e. sized,** de tamaño familiar; **that's a false e.,** esto no es un ahorro.

ecosystem ['i:kɒsɪstəm] *n* ecosistema *m.*

ecstasy ['ekstəsɪ] *n* éxtasis *m;* **to go into ecstasies over,** extasiarse ante.

ecstatic [ek'stætɪk] *adj* extático,-a.

Ecuador ['ekwədɔːʳ] *n* Ecuador.

ecumenical [i:kjʊ'menɪkəl] *adj* ecuménico,-a.

eczema ['eksɪmə] *n Med* eczema *mf.*

ed. [ed] **1** *abbr of* **edition,** edición *f,* ed. **2** *abbr of* **editor,** editor,-a *m,f.* **3** *abbr of* **edited,** editado,-a.

eddy ['edɪ] **I** *n* remolino *m.* **II** *vi (pt & pp* **eddied)** formar remolinos, arremolinarse.

Eden ['i:dən] *n* Edén *m.*

edge [edʒ] **I** *n* borde *m; (of knife)* filo *m; (of coin)* canto *m; (end)* extremidad *f; (of water)* orilla *f;* **a knife with a blunt e.,** un cuchillo con el canto desafilado; **he lives on the e. of** town, vive en las afueras de la ciudad; **to have the e. on** *or* **over sb,** llevar ventaja a algn; **to take the e. off one's appetite,** quitar el hambre; *fig* **to be on e.,** tener los nervios de punta; *fig* **to set sb's teeth on e.,** crispar los nervios a algn; *sl* **to live on the e.,** vivir peligrosamente. **II** *vtr Sew* ribetear; **to e. with lace,** poner un borde de encaje. **III** *vi* **to e. closer,** acercarse lentamente; **to e. forward,** avanzar poco a poco; *fig (prices)* **to e. up** subir gradualmente. ◆**edge out** *vtr (displace)* eliminar, apartar; **to e. sb out,** empujar a algn, poner la zancadilla a algn.

edgeways ['edʒweɪz] *adv* de lado; *fig* **I couldn't get a word in e.,** no pude meter baza.

edging ['edʒɪŋ] *n* borde *m; Sew* ribete *m.*

edgy ['edʒɪ] *adj (edgier, edgiest)* nervioso,-a.

edible ['edɪbəl] *adj* comestible.

edict ['i:dɪkt] *Hist n* edicto *m; Jur* decreto *m.*

edification [edɪfɪ'keɪʃən] *n* edificación *f.*

edifice ['edɪfɪs] *n* gran edificio *m; fig* **the whole e. of his argument fell down,** su argumento se vino abajo.

edify ['edɪfaɪ] *vtr (pt & pp* **edified)** edificar.

edifying ['edɪfaɪɪŋ] *adj* edificante.

Edinburgh ['edɪnbrə] *n* Edimburgo.

edit ['edɪt] *vtr* **1** *(prepare for printing)* preparar para la imprenta. **2** *(rewrite)* corregir; **to e. sth out,** suprimir algo. **3** *Press* dirigir la redacción de, ser redactor,-a de. **4** *Cin Rad TV* montar; *(cut)* cortar, reducir.

edition [ɪ'dɪʃən] *n* edición *f;* **first e.,** primera edición.

editor ['edɪtəʳ] *n* **1** *(of book)* editor,-a *m, f,* autor,-a *m,f* de la edición. **2** *Press* redactor,-a *m,f;* **e. in chief,** redactor,-a jefe; *(newspaper)* director,-a *m,f.* **3** *Cin TV* montador,-a *m,f.*

editorial [edɪ'tɔːrɪəl] **I** *adj* editorial; **e. staff,** redacción *f.* **II** *n* editorial *m.*

educate ['edjʊkeɪt] *vtr* educar; **he was educated in Italy,** se formó en Italia; **she was educated at Oxford University,** estudió en la universidad de Oxford.

educated ['edjʊkeɪtɪd] *adj* culto,-a, cultivado,-a; **e. speech,** lenguaje *m* culto.

education [edjʊ'keɪʃən] *n* **1** *(teaching, schooling)* enseñanza *f;* **she received a good e.,** recibió una buena preparación. ■ **adult e.,** enseñanza *f* para adultos; **further e.,** enseñanza *f* superior; **primary/secondary e.,** enseñanza *f* primaria/secundaria; **Ministry of E.,** Ministerio *m* de Educación. **2** *(training)* formación *f.* **3** *(studies)* estudios *mpl.* **4** *(culture)* cultura *f.*

educational [edjʊ'keɪʃənəl] *adj* educativo,-a, educacional; **e. film,** película educativa; **e. publisher,** editor,-a de libros de texto. ■ **e. reform,** reforma *f* educativa.

education(al)ist [edjʊ'keɪʃən(əl)ɪst] *n* pedagogo,-a *m,f,* educador,-a *m,f.*

educator ['edjʊkeɪtəʳ] *n* educador,-a *m,f,* pedagogo,-a *m,f.*

Edwardian [ed'wɔːdɪən] *adj* eduardiano,-a.

eel [i:l] *n Zool* anguila *f.*

eerie ['ɪərɪ] *adj (eerier, eeriest)* siniestro,-a, escalofriante.

efface [ɪ'feɪs] *vtr* borrar.

effect [ɪ'fekt] **I** *n* **1** *(gen)* efecto *m;* **in e.,** efectivamente; **to come into e.,** entrar en vigor; **to have an e. on,** afectar a; **to have the desired e.,** producir el efecto esperado; **to no e.,** sin resultado alguno; **to take e.,** *(drug)* surtir efecto; *(law)* entrar en vigor; **words to that e.,** algo por el estilo. **2** *(impression)* impresión *f; fig* **for e.,** para impresionar. **3** **effects,** efectos *mpl.* ■ **personal e.,** enseres *mpl* personales; **side e.,** efectos *mpl* secundarios; **sound e.,** efectos *mpl* sonoros; **special e.,** efectos *mpl* especiales. **II** *vtr (produce)* efectuar; *(cause)* provocar.

effective [ɪ'fektɪv] *adj* **1** *(successful)* eficaz; **to be e.,** ser eficaz. **2** *(active, real)* efectivo,-a; **e. power,** poder efectivo. **3** *(impressive)* impresionante. **4** *(striking)* llamativo,-a. ◆**effectively** *adv* **1** *(successfully)* eficazmente. **2** *(in fact)* en efecto, de hecho.

effectuate [ɪ'fektjʊeɪt] *vtr* efectuar, realizar, llevar a cabo.

effeminacy [ɪ'femɪnəsɪ] *n* afeminación *f,* afeminamiento *m.*

effeminate [ɪ'femɪnɪt] *adj* afeminado,-a.

effervesce [efə'ves] *vi Chem* **1** entrar en efervescencia. **2** efervescer.

effervescence [efə'vesəns] *n* efervescencia *f.*

effervescent [efə'vesənt] *adj* efervescente.

effete [ɪ'fi:t] *adj* débil, cansado,-a, agotado,-a.

efficacious[efɪ'keɪʃəs] *adj* eficaz.

efficacy['efɪkəsɪ] *n* eficacia *f.*

efficiency[ɪ'fɪʃənsɪ] *n* **1** *(of person)* eficacia *f*, eficiencia *f*, competencia *f.* **2** *(of machine)* rendimiento *m.*

efficient[ɪ'fɪʃənt] *adj* **1** *(person)* eficaz, eficiente, competente. **2** *(system, method)* eficaz, eficiente. **3** *(machine)* de buen rendimiento.

effigy['efɪdʒɪ] *n* efigie *f.*

effluent['efluənt] *n* aguas *fpl* residuales, vertidos *mpl*, residuos *mpl.*

effort['efət] *n* **1** *(gen)* esfuerzo *m*; **to make an e.,** hacer un esfuerzo, esforzarse. **2** *(attempt)* tentativa *f*, intento *m*, conato *m*; **it was a good e.,** fue un buen intento.

effortless['efətlɪs] *adj* fácil, sin esfuerzo. ◆**effortlessly***adv* fácilmente, sin esfuerzo.

effrontery[ɪ'frʌntərɪ] *n* descaro *m*, desfachatez *f*, desvergüenza *f.*

effusion[ɪ'fjuːʒən] *n* efusión *f.*

effusive[ɪ'fjuːsɪv] *adj* efusivo,-a. ◆**effusively***adv* efusivamente.

eg[iː'dʒiː] *abbr* **of exempli gratia** (for example), por ejemplo, p. ej.

egalitarian[ɪɡælɪ'teərɪən] *adj* igualitario,-a.

egalitarianism[ɪɡælɪ'teərɪənɪzəm] *n* igualitarismo *m.*

egg[eg] **I** *n* huevo *m*; *fig* **to be a bad e.,** ser una mala persona; *fam* **to have e. on one's face,** quedar en ridículo; *fam fig* **to put all one's eggs in one basket,** jugárselo todo a una carta. ■ *Culin* **boiled e.,** huevo *m* pasado por agua; **e. cup,** huevera *f*; **e. custard,** natillas *fpl*; **e. timer,** reloj *m* de arena; **e. white,** clara *f* de huevo; **e. yolk,** yema *f* de huevo; **fried e.,** huevo *m* frito; *fig* **nest e.,** ahorrillos *mpl*; **poached e.,** huevo *m* escalfado; **scrambled eggs,** huevos *mpl* revueltos. **II** *vtr* **to e. sb on (to do sth),** empujar *or* animar a algn (a hacer algo).

egghead['eghed] *n pej* intelectual *mf.*

eggnog[eg'nɒg] *n* Culin ponche *m* de huevo.

eggplant['egplɑːnt] *n* Bot berenjena *f.*

egg-shaped['egʃeɪpt] *adj* ovoide.

eggshell['egʃel] *n* cáscara *f* de huevo; *(paint)* **e. finish,** acabado *m* mate.

egg-whisk['egwɪsk] *n* Culin batidor *m.*

ego['iːgəʊ, 'egəʊ] *n* **1** *Psychol* ego *m*. ■ **alter e.,** alter ego *m*; *fam* **e. trip,** autobombo *m*. **2** *fam* amor *m* propio; **to boost sb's e.,** levantar la moral a algn; **to deflate sb's e.,** bajar los humos a algn; **to have a big e.,** tener mucho ego.

egocentric(al) [iːgəʊ'sentrɪk(əl)] *adj* egocéntrico,-a.

egoism['iːgəʊɪzəm] *n* egoísmo *m.*

egoist['iːgəʊɪst] *n* egoísta *mf.*

egotism['iːgəʊtɪzəm] *n* egotismo *m.*

egotist['iːgəʊtɪst] *n* egotista *mf.*

egotistic(al)[iːgəʊ'tɪstɪk(əl)] *adj* egotista.

Egypt['iːdʒɪpt] *n* Egipto.

Egyptian[ɪ'dʒɪpʃən] *adj & n* egipcio,-a *(m,f).*

eiderdown['aɪdədaʊn] *n* edredón *m.*

eight[eɪt] **I** *adj* ocho *inv*. **II** *n* ocho *m inv*; *fam* **to have one over the e.,** llevar una copa de más; *see also* seven

eighteen[eɪ'tiːn] **I** *adj* dieciocho *inv*. **II** *n* dieciocho *m inv; see also* seven

eighteenth[eɪ'tiːnθ] **I** *adj* decimoctavo,-a. **II** *n* **1** *(in series)* decimoctavo,-a *m,f*. **2** *(fraction)* decimoctavo *m*, decimoctava parte *f; see also* seventh

eighth[eɪtθ] **I** *adj* octavo,-a. **II** *n* **1** *(in series)* octavo,-a *m,f*. **2** *(fraction)* octavo *m*, octava parte *f; see also* seventh

eightieth['eɪtɪθ] **I** *adj* octogésimo,-a. **II** *n* **1** *(in series)* octogésimo,-a *m,f*. **2** *(fraction)* octogavo *m*, octogésima parte *f; see also* seventh

eighty['eɪtɪ] **I** *adj* ochenta *inv*. **II** *n* ochenta *m inv; see also* seven

Eire['eərə] *n* Eire.

either['aɪðəʳ, 'iːðəʳ] **I** *pron* **1** *(affirmative)* cualquiera; **e. of them will do,** cualquiera de los dos sirve; **e. of us,** cualquiera de nosotros dos. **2** *(negative)* ninguno, ninguna, ni el uno ni el otro, ni la una ni la otra; **I don't want e. of them,** no quiero ninguno de los dos. **II** *adj (both)* cada, los dos, las dos; **on e. side,** en ambos lados, a cada lado; **in e. case,** en cualquier de los dos casos. **III** *conj* o; **e. ... or ...,** o ... o ...; **e. Friday or Saturday,** o (bien) el viernes o el sábado; **you e. like it or you don't,** o te gusta o no te gusta. **IV** *adv (after negative)* tampoco; **I don't want to do it e.,** yo tampoco quiero hacerlo, yo no quiero hacerlo tampoco.

ejaculate[ɪ'dʒækjʊleɪt] *vi* **1** *Physiol* eyacular. **2** *(exclaim)* exclamar.

ejaculation[ɪdʒækjʊ'leɪʃən] *n* **1** *Physiol* eyaculación *f*. **2** *(exclamation)* exclamación *f.*

eject[ɪ'dʒekt] **I** *vtr* expulsar, echar. **II** *vi* Av eyectar, eyectarse.

ejection[ɪ'dʒekʃən] *n* **1** expulsión *f*. **2** *Av* eyección *f.*

ejector[ɪ'dʒektəʳ] *n Av* **e. seat,** asiento *m* eyectable.

eke[iːk] *vtr* **to e. out a living,** ganarse la vida a duras penas.

elaborate[ɪ'læbəreɪt] **I** *vtr* **1** *(devise)* elaborar, desarrollar; **to e. a plan,** elaborar un proyecto. **2** *(explain)* explicar detalladamente. **II** *vi* explicarse; **to e. on sth,** explicar algo con más detalles; **he refused to e.,** se negó a dar más detalles. **III** [ɪ'læbərɪt] *adj* **1** *(complicated)* complicado,-a. **2** *(detailed)* detallado,-a; *(of style, work of art)* trabajado,-a, esmerado,-a. ◆**elaborately** *adv* **1** *(complicated)* de modo complicado. **2** *(in detail)* detalladamente. **3** *(carefully)* cuidadosamente.

elaboration[ɪlæbə'reɪʃən] *n* elaboración *f.*

élan[eɪ'lɑːn, eɪ'læn] *n* brío *m*, vivacidad *f*, impetuosidad *f.*

elapse[ɪ'læps] *vi* transcurrir, pasar.

elastic[ɪ'læstɪk] **I** *adj* elástico,-a; *fig* flexible. ■ **e. band,** goma *f* elástica. **II** *n* elástico *m.*

elasticity[ɪlæ'stɪsɪtɪ] *n* elasticidad *f*; *fig* flexibilidad *f.*

Elastoplast®[ɪ'lɑːstəplɑːst] *n* tirita® *f.*

elated[ɪ'leɪtɪd] *adj* eufórico,-a, satisfecho,-a, muy contento,-a.

elation[ɪ'leɪʃən] *n* júbilo *m*, regocijo *m*, euforia *f.*

elbow['elbəʊ] **I** *n* **1** *Anat* codo *m*; *fig* **e. grease,** sudor *m*; *fig* **e. room,** espacio *m*, sitio *m*. **2** *(bend)* recodo *m*. **II** *vtr* **to e. one's way through,** abrirse paso a codazos; **to e. sb,** dar un codazo a algn; *fig* **to e. sb out,** empujar *or* echar a algn.

elder[ˈeldəʳ] **I** *adj* mayor; **e. statesman,** estadista; **my e. brother,** mi hermano mayor. **II** *n (respected person)* mayor *m*; **the village elders,** los ancianos del pueblo; **you must respect your elders,** hay que respetar a tus mayores.

elder[²]['eldə'] *n Bot* saúco *m*.

elderberry['eldəberı] *n Bot* baya *f* del saúco.

elderly['eldəlı] *adj* anciano,-a; **the e.**, los ancianos.

eldest['eldıst] I *adj* mayor; **their e. sister**, su hermana mayor. II *n* el *or* la mayor; **my e.** has gone to work in London, mi hijo *o* hija mayor (se) ha ido a trabajar a Londres.

elect[ı'lekt] I *vtr* 1 *Pol* elegir. 2 *(choose)* decidir; **he elected not to go on holiday**, decidió no ir de vacaciones. II *adj* electo,-a; **the president e.**, el presidente electo. III **the e.***npl* los elegidos.

election[ı'lekʃən] I *n* elección *f*; **to hold an e.**, convocar elecciones. ■ **general e.**, elecciones *fpl* generales. II *adj* electoral. ■ **e. campaign**, campaña *f* electoral.

electioneering[ılekʃə'nıərıŋ] I *adj* electoralista. II *n* electoralismo *m*.

elector[ı'lektə'] *n* elector,-a *m,f*.

electoral[ı'lektərəl] *adj* electoral. ■ **e. roll**, **e. register**, censo *m* electoral.

electorate[ı'lektərıt] *n* electorado *m*.

Electra [ı'lektrə] *n* Electra *f*; *Psych* **E. complex**, complejo *m* de Electra.

electric [ı'lektrık] *adj* 1 eléctrico,-a. ■ **e. blanket**, manta *f* eléctrica; **e. chair**, silla *f* eléctrica; **e. motor**, electromotor *m*; **e. shock**, electrochock *m*, electrochoque *m*; **to get an e. shock**, recibir una descarga eléctrica; **e. storm**, tormenta *f* eléctrica. 2 *fig* electrizante; **the atmosphere was e.**, había electricidad en el ambiente.

electrical [ı'lektrıkəl] *adj* eléctrico,-a. ■ **e. engineer**, ingeniero,-a *m,f* electrotécnico,-a; **e. engineering**, ingeniería *f* eléctrica, electrotecnia *f*. ◆**electrically** *adv* por electricidad; **e. operated** *or* **powered**, electroaccionado,-a.

electrician[ılek'trıʃən] *n* electricista *mf*.

electricity[ılek'trısıtı] *n* electricidad *f*. ■ **e. supply**, suministro *m* eléctrico.

electrics [ı'lektrıks] *npl (house)* instalación *f sing* eléctrica; *(equipment, aparatus)* sistema *m sing* eléctrico.

electrification[ılektrıfı'keıʃən] *n* electrificación *f*.

electrify[ı'lektrıfaı] *vtr (pt & pp electrified)* 1 *(provide supply)* electrificar; **they are going to e. the railway network**, van a electrificar la red ferroviaria. 2 *fig (excite)* electrizar.

electrifying[ı'lektrıfaıŋ] *adj fig* electrizante.

electrocardiogram [ılektrəʊ'ka:dıəʊgræm] *n Med* electrocardiograma *m*.

electrocardiograph [ılektrəʊ'ka:dıəʊgra:f] *n Med* electrocardiógrafo *m*.

electrocute[ı'lektrəkju:t] *vtr* electrocutar; **she was electrocuted**, se electrocutó.

electrode[ı'lektrəʊd] *n* electrodo *m*.

electroencephalogram [ılektrəʊen'sefələgræm] *n Med* electroencefalograma *m*.

electroencephalograph [ılektrəʊen'sefələgra:f] *n Med* electroencefalógrafo *m*.

electrolysis[ılek'trolısıs] *n* electrólisis *f*.

electrolyte[ı'lektrəʊlaıt] *n* electrólito *m*.

electrolyze[ı'lektrəʊlaız] *vtr* electrolizar.

electromagnet [ılektrəʊ'mægnıt] *n* electroimán *m*.

electromagnetic [ılektrəʊmæg'netık] *adj* electromagnético,-a. ■ **e. field**, campo *m* electromagnético.

electron[ı'lektron] *n* electrón *m*. ■ **e. microscope**, microscopio *m* electrónico.

electronic[ılek'tronık] *adj* electrónico,-a.

electronics[ılek'tronıks] *n* 1 *(science)* electrónica *f*. 2 *(of machine)* componentes *mpl* electrónicos.

elegance['elıgəns] *n* elegancia *f*.

elegant['elıgənt] *adj* elegante. ◆**elegantly** *adv* con elegancia.

elegy['elıdʒı] *n Lit* elegía *f*.

element['elımənt] *n* 1 *(gen)* elemento *m*; **an e. of surprise**, un elemento de sorpresa; **the human e.**, el factor humano. 2 *(part of a whole)* parte *f*, componente *m*; **an e. of truth**, una parte de verdad; **the reactionary elements of the party**, la fracción reaccionaria del partido. 3 *(electrical)* resistencia *f*. 4 *Chem* elemento *m*. 5 *Meteor* **the elements**, los elementos, las fuerzas de la naturaleza; *fig* **to brave the e.**, hacer frente a los elementos; *fam fig* **to be in one's element**, estar en su elemento.

elemental[elı'mentəl] *adj* elemental, básico,-a.

elementary ['elımentərı] *adj* 1 *(basic)* elemental, fundamental. ■ *Educ* **e. school**, escuela *f* primaria. 2 *(not developed)* rudimentario,-a. 3 *(easy)* fácil. ■ **e. arithmetic**, matemáticas elementales.

elephant['elıfənt] *n Zool* elefante *m*; **cow e.**, elefanta *f*; *fig* **white e.**, cosa *f* inútil; *fam* **to have a memory like an e.**, tener una memoria de elefante.

elephantiasis[elıfən'taıəsıs] *n Med* elefantiasis *f*.

elephantine [elı'fæntaın] *adj* 1 *(huge)* mastodóntico,-a, descomunal. 2 *(clumsy)* torpe, patoso,-a.

elevate['elıveıt] *vtr* 1 *(mind, tone of conversation)* elevar. 2 *(in rank)* ascender, promover.

elevated['elıveıtıd] *adj* elevado,-a.

elevation[elı'veıʃən] *n* 1 elevación *f*. 2 *(in rank)* ascenso *m*. 3 *Archit* alzado *m*. 4 *Rel* **the E.**, la Ascensión. 5 *Geog (hill)* elevación *f*; *(above sea level)* altitud *f*.

elevator['elıveıtə'] *n* 1 *US* ascensor *m*. ■ **goods e.**, montacargas *m inv*. 2 *Av* timón *m* de profundidad.

eleven [ı'levən] I *adj* once *inv*. II *n* once *m inv*; *Sport* equipo *m*, once *m*; *see also* **seven**

eleven-plus[ı'levənplʌs] *n Educ* examen *m* de ingreso a un **grammar school**.

elevenses [ı'levənzız] *npl fam* bocadillo *m* de las once.

eleventh[ı'levənθ] I *adj* undécimo,-a, onceavo,-a; *fig* **at the e. hour**, en el último momento. II *n* 1 *(in series)* undécimo,-a *m,f*. 2 *(fraction)* undécima parte *f*; *see also* **seventh**

elf[elf] *n (pl elves* [elvz]*)* elfo *m*.

elfish['elfıʃ] *adj* travieso,-a, malicioso,-a.

elicit[ı'lısıt] *vtr* provocar, obtener.

elide[ı'laıd] *vtr Ling* elidir.

eligibility [elıdʒə'bılıtı] *n* elegibilidad *f*, idoneidad *f*.

eligible ['elıdʒəbəl] *adj (fulfilling requirements)* idóneo,-a, apto,-a; **an e. young man**, un buen partido; **he isn't e. to vote**, no tiene derecho al voto; **you are e. for a grant**, tienes derecho a una beca, cumples los requisitos para obtener una beca.

eliminate[ı'lımıneıt] *vtr* eliminar.

elimination[ılımı'neıʃən] *n* eliminación *f*.

eliminatory[ı'lımınətərı] *adj* eliminatorio,-a; *Sport* **e. round**, eliminatoria *f*.

elision[ı'lıʒən] *n Ling Lit* elisión *f*.

élite[ı'li:t] *n* elite *f*.

élitism[ı'li:tızəm] *n* elitismo *m*.

élitist [ɪ'liːtɪst] *adj* elitista.

elixir [ɪ'lɪksəʳ] *n* elixir *m*.

Elizabethan [ɪlɪzə'biːθən] *adj & n* isabelino,-a *(m,f)*.

elk [elk] *n Zool* alce *m*.

ellipsis [ɪ'lɪpsɪs] *n (pl ellipses* [ɪ'lɪpsiːz]) *Ling Lit* elipsis *f*.

elm [elm] *n Bot* olmo *m*. ■ **Dutch e.** disease, grafiosis *f*, enfermedad *f* holandesa del olmo.

elocution [elə'kjuːʃən] *n* elocución *f*.

elongate ['iːlɒŋɡeɪt] *vtr* alargar, extender.

elope [ɪ'ləʊp] *vi* fugarse para casarse.

elopement [ɪ'ləʊpmənt] *n* fuga *f* para casarse.

eloquence ['eləkwəns] *n* elocuencia *f*.

eloquent ['eləkwənt] *adj* elocuente.

else [els] *adv* 1 más, otro,-a; **anyone e.**, alguien más; **anything e.?**, ¿algo más?; **everything e.**, todo lo demás; **no-one e.**, nadie más; **someone e.**, otro,-a; **something e.**, otra cosa, algo más; **somewhere e.**, en otra parte; **what e.?**, ¿qué mas?; **where e.?**, ¿en qué otro sitio? 2 *fam (otherwise)* **or e.**, si no; **do as I tell you or e.**, haz lo que te digo, si no (ya verás).

elsewhere [els'weəʳ] *adv* en otro sitio, en otra parte.

elucidate [ɪ'luːsɪdeɪt] *vtr* aclarar, dilucidar, poner en claro.

elucidation [ɪluːsɪ'deɪʃən] *n* aclaración *f*, dilucidación *f*.

elude [ɪ'luːd] *vtr* 1 *(escape)* eludir, escapar; **his name eludes me**, no consigo acordarme de su nombre. 2 *(avoid)* esquivar.

elusive [ɪ'luːsɪv] *adj* 1 *(difficult to find)* esquivo,-a, escurridizo,-a. 2 *(evasive)* evasivo,-a.

elver ['elvəʳ] *n Zool* angula *f*.

emaciated [ɪ'meɪsɪeɪtɪd] *adj (body)* enflaquecido,-a; *(of face)* demacrado,-a; **to become e.**, *(go thin)* enflaquecer; *(waste away)* demacrarse.

emaciation [ɪmeɪsɪ'eɪʃən] *n (of body)* enflaquecimiento *m*; *(of face)* demacración *f*.

emanate ['eməneɪt] *vi* emanar **(from**, de), provenir **(from**, de).

emancipate [ɪ'mænsɪpeɪt] *vtr* emancipar.

emancipation [ɪmænsɪ'peɪʃən] *n* emancipación *f*.

emasculate [ɪ'mæskjʊleɪt] *vtr* 1 *(debilitate, weaken)* debilitar. 2 *Med (castrate)* emacular, castrar.

emasculation [ɪmæskjʊ'leɪʃən] *n* emasculación *f*, castración *f*.

embalm [ɪm'baːm] *vtr* embalsamar.

embalmer [ɪm'baːməʳ] *n* embalsamador,-a *m,f*.

embankment [ɪm'bæŋkmənt] *n* 1 *(de tierra)* terraplén *m*. 2 *(river)* dique *m*.

embargo [em'baːɡəʊ] I *n (pl embargoes)* prohibición *f*, embargo *m*; **to put an e. on sth**, prohibir algo. II *vtr (pt & pp embargoed)* 1 *(forbid)* prohibir. 2 *(seize)* embargar.

embark [em'baːk] I *vtr (merchandize)* embarcar. II *vi (boat, ship)* embarcar, embarcarse; *fig* **to e. upon**, emprender.

embarkation [embaː'keɪʃən] *n* embarque *m*.

embarrass [ɪm'bærəs] *vtr* avergonzar, azorar.

embarrassed [ɪm'bærəst] *adj* avergonzado,-a.

embarrassing [ɪm'bærəsɪŋ] *adj* embarazoso,-a, violento,-a; **it's an e. situation**, es una situación violenta.

embarrassment [ɪm'bærəsmənt] *n* vergüenza *f*; **to be an e. to sb**, hacer pasar vergüenza a algn.

embassy ['embəsɪ] *n* embajada *f*.

embed [ɪm'bed] *vtr (pt & pp embedded)* 1 *(jewels etc)* incrustar. 2 *fig* fijar, grabar; **it's embedded in my memory**, lo tengo grabado en la mente.

embellish [ɪm'belɪʃ] *vtr (decorate)* adornar, embellecer; *fig (story, facts)* adornar.

embellishment [ɪm'belɪʃmənt] *n* adorno *m*.

ember ['embəʳ] *n* brasa *f*, ascua *f*, rescoldo *m*.

embezzle [ɪm'bezəl] *vtr* desfalcar, malversar.

embezzlement [ɪm'bezəlmənt] *n* desfalco *m*, malversación *f*.

embezzler [ɪm'bezələʳ] *n* desfalcador,-a *m,f*, malversador,-a *m,f*.

embitter [ɪm'bɪtəʳ] *vtr* amargar.

embittered [ɪm'bɪtəd] *adj* amargado,-a, resentido,-a.

emblem ['embləm] *n* emblema *m*.

embodiment [ɪm'bɒdɪmənt] *n* encarnación *f*, personificación *f*.

embody [ɪm'bɒdɪ] *vtr (pt & pp embodied)* 1 *(include)* incorporar, abarcar. 2 *(personify)* encarnar, personificar.

embolism ['embəlɪzəm] *n Med* embolia *f*.

emboss [ɪm'bɒs] *vtr (gen)* grabar en relieve; *(leather, metal)* repujar.

embossed [ɪm'bɒst] *adj (gen)* en relieve; *(leather, metal)* repujado,-a; **e. letterhead**, membrete *m* en relieve.

embrace [ɪm'breɪs] I *vtr* 1 *(gen)* abrazar. 2 *(occasion)* aprovechar. 3 *(accept)* aceptar, adoptar. 4 *(cover, include)* abarcar. II *vi* abrazarse; **they embraced**, se abrazaron. III *n* abrazo *m*.

embroider [ɪm'brɔɪdəʳ] *vtr* 1 *Sew* bordar. 2 *fig (story, truth)* adornar, embellecer.

embroidery [ɪm'brɔɪdərɪ] *n* 1 *Sew* bordado *m*. 2 *fig* adorno *m*.

embroil [ɪm'brɔɪl] *vtr* enredar, liar; **to become embroiled in sth**, enredarse en algo, liarse en algo.

embryo ['embrɪəʊ] *n* embrión *m*.

embryonic [embrɪ'ɒnɪk] *adj fig* embrionario,-a.

emend [ɪ'mend] *vtr* corregir, enmendar.

emendation [iːmen'deɪʃən] *n* corrección *f*, enmienda *f*.

emerald ['emərəld] I *n (stone)* esmeralda *f*; *(colour)* esmeralda *m*. II *adj* (color) esmeralda; **the E. Isle**, Irlanda.

emerge [ɪ'mɜːdʒ] *vi (gen)* salir; *(problem)* surgir; **it emerged that ...**, resultó que ... .

emergence [ɪ'mɜːdʒəns] *n* aparición *f*, surgimiento *m*.

emergency [ɪ'mɜːdʒənsɪ] *n* 1 *(gen)* emergencia *f*; **in an e.**, en caso de emergencia. ■ **e. exit**, salida *f* de emergencia; *Av* **e. landing**, aterrizaje *m* forzoso; **e. measures**, medidas *fpl* de urgencia; *Aut* **e. stop**, frenazo *m* en seco; *Pol* **state of e.**, estado *m* de excepción. 2 *Med* urgencia *f*, caso *m* de urgencia.

emergent [ɪ'mɜːdʒənt] *adj* emergente. ■ **e. nation**, país *m* en vías de desarrollo.

emeritus [ɪ'merɪtəs] *adj* emérito,-a.

emery ['emərɪ] *n* esmeril *m*. ■ **e. board**, lima *f* de uñas.

emetic [ɪ'metɪk] I *adj* emético,-a, vomitivo,-a. II *n* emético *m*, vomitivo *m*.

emigrant ['emɪɡrənt] *n* emigrante *mf*.

emigrate ['emɪɡreɪt] *vi* emigrar.

emigration [emɪ'ɡreɪʃən] *n* emigración *f*.

émigré ['emɪgreɪ] *n* emigrado,-a *m,f*.

eminence ['emɪnəns] *n* eminencia *f*; *Rel* **Your/His E.**, Su Eminencia; *fig* **grey e.**, eminencia gris.

eminent ['emɪnənt] *adj (distinguished)* eminente; *(outstanding)* destacado,-a.

emirate ['emɪrɪt] *n* emirato *m*.

emissary ['emɪsərɪ] *n* emisario,-a *m,f*.

emission [ɪ'mɪʃən] *n* emisión *f*.

emit [ɪ'mɪt] *vtr (pt & pp emitted) (signals)* emitir; *(smells)* despedir; *(sound)* producir.

emolument [ɪ'mɒljʊmənt] *n (gen pl)* emolumentos *mpl*, honorarios *mpl*.

emotion [ɪ'məʊʃən] *n* emoción *f*.

emotional [ɪ'məʊʃənəl] *adj* **1** *(concerning the emotions)* emocional, sensible. **2** *(moving)* emotivo,-a, conmovedor,-a.

emotionalism [ɪ'məʊʃənəlɪzəm] *n* emotividad *f*, sentimentalismo *m*, sensiblería *f*.

emotive [ɪ'məʊtɪv] *adj* emotivo,-a.

empathy ['empəθɪ] *n* empatía *f*.

emperor ['empərə'] *n* emperador *m*.

emphasis ['emfəsɪs] *n (pl emphases* ['emfəsiːz]*)* énfasis *m*; **in this school the e. is on languages,** en este colegio ponemos especial énfasis en los idiomas; **to put** *or* **place e. on sth,** hacer hincapié en algo, subrayar algo, poner algo de relieve.

emphasize ['emfəsaɪz] *vtr (give importance to)* subrayar, hacer hincapié en; *(specify)* poner de relieve; *(insist)* insistir; *(highlight)* hacer resaltar; **I must e. that ...,** debo insistir que ...; **the dress emphasizes her figure,** el vestido realza su figura.

emphatic [em'fætɪk] *adj (forceful)* enfático,-a, enérgico,-a; *(convinced)* categórico,-a; **e. denial,** negación rotunda; **he was most e.,** fue muy categórico. ◆**emphatically** *adv* enfáticamente, enérgicamente, categóricamente.

empire ['empaɪə'] *n* imperio *m*; **the British/Roman E.,** el Imperio Británico/Romano.

empirical [em'pɪrɪkəl] *adj* empírico,-a.

empiricism [em'pɪrɪsɪzəm] *n* empirismo *m*.

emplacement [ɪm'pleɪsmənt] *n* emplazamiento *m*.

employ [ɪm'plɔɪ] **I** *vtr* **1** *(worker)* emplear, contratar. **2** *(make use of)* emplear, usar. **3** *(time)* ocupar. **II** *n* empleo *m*; **to be in the e. of sb,** ser empleado de algn.

employee [em'plɔiː, emplɔ'iː] *n* empleado,-a *m,f*.

employer [ɪm'plɔɪə'] *n* empresario,-a *m,f*, patrón,-ona *m,f*.

employment [ɪm'plɔɪmənt] *n* empleo *m*, trabajo *m*. ■ **e. agency,** agencia *f* de colocaciones; **e. exchange,** bolsa *f* de trabajo; **full e.,** pleno empleo.

emporium [em'pɔːrɪəm] *n (pl emporia* [em'pɔːrɪə]*)* emporio *m*, almacén *m*.

empower [ɪm'paʊə'] *vtr* autorizar, habilitar.

empress ['emprɪs] *n* emperatriz *f*.

emptiness ['emptɪnɪs] *n* vacío *m*.

empty ['emptɪ] **I** *adj (emptier, emptiest)* vacío,-a; **an e. house,** una casa deshabitada; **an e. look,** una mirada vacía; **to do sth on an e. stomach,** hacer algo en ayunas *or* con el estómago vacío. ■ **e. promises,** promesas *fpl* vanas. **II** *vtr* vaciar. **III** *vi* **1** *(gen)* vaciarse. **2** *(of river)* desembocar **(into,** en**). IV empties** *npl* envases *mpl*, cascos *mpl*.

empty-handed [emptɪ'hændɪd] *adj* con las manos vacías.

empty-headed [emptɪ'hedɪd] *adj* **1** *(dim-witted)* tonto,-a, cabeza hueca *or* de chorlito. **2** *(frivolous)* frívolo,-a.

emu ['iːmjuː] *n Orn* emú *m*.

emulate ['emjʊleɪt] *vtr* emular.

emulation [emjʊ'leɪʃən] *n* emulación *f*.

emulsification [ɪmʌlsɪfɪ'keɪʃən] *n* emulsificación *f*.

emulsify [ɪ'mʌlsɪfaɪ] *vtr (pt & pp emulsified)* emulsionar.

emulsion [ɪ'mʌlʃən] *n* emulsión *f*. ■ **e. paint,** pintura *f* mate.

enable [ɪn'eɪbəl] *vtr* permitir.

enact [ɪn'ækt] *vtr (play)* representar; *(law, scene)* promulgar.

enamel [ɪ'næməl] **I** *n* esmalte *m*. **II** *vtr (pt & pp enamelled, US enameled)* esmaltar.

enamoured, US enamored [ɪ'næməd] *adj* enamorado,-a; **to be e. of** *or* **by sth,** encantarle algo a algn.

encamp [ɪn'kæmp] *vt* acampar.

encampment [ɪn'kæmpmənt] *n Mil* campamento *m*.

encapsulate [ɪn'kæpsjʊleɪt] *vtr* encapsular, encerrar.

encase [ɪn'keɪs] *vtr* encajonar, encerrar; **to be encased in,** estar revestido de.

encephalitis [ensefə'laɪtɪs] *n Med* encefalitis *f*.

enchant [ɪn'tʃɑːnt] *vtr (gen)* encantar, cautivar; *(cast spell on)* hechizar.

enchanter [ɪn'tʃɑːntə'] *n* hechicero *m*.

enchanting [ɪn'tʃɑːntɪŋ] *adj* encantador,-a.

enchantment [ɪn'tʃɑːntmənt] *n* encanto *m*, hechizo *m*.

enchantress [ɪn'tʃɑːntrɪs] *n* hechicera *f*.

encircle [ɪn'sɜːkəl] *vtr* rodear, cercar.

enclave ['enkleɪv] *n* enclave *m*.

enclose [ɪn'kləʊz] *vtr* **1** *(surround)* rodear, cercar. **2** *(fenced in)* encerrar; *Rel* **an enclosed order,** una orden de clausura. **3** *(in an envelope)* adjuntar; **enclosed herewith,** adjunto a la presente; **please find enclosed,** le enviamos adjunto *or* anexo; **the enclosed document,** el documento adjunto.

enclosure [ɪn'kləʊʒə'] *n* **1** *(act)* cercamiento *m*, cierro *m*. **2** *(fenced area)* cercado *m*. **3** *(in an envelope)* documento *m* adjunto, anexo *m*. **4** *(stadium)* general *f*. **5** *(racecourse)* recinto *m*.

encompass [ɪn'kʌmpəs] *vtr* abarcar.

encore ['ɒŋkɔː'] **I** *interj* ¡otra!, ¡bis! **II** *n* repetición *f*, bis *m*; **to give an e.,** repetir, bisar.

encounter [ɪn'kaʊntə'] **I** *n (fight, meeting)* encuentro *m*. **II** *vtr (meet)* encontrar, encontrarse con; *(problems)* tropezar con.

encourage [ɪn'kʌrɪdʒ] *vtr* **1** *(urge)* animar. **2** *(help to develop)* fomentar, favorecer.

encouragement [ɪn'kʌrɪdʒmənt] *n* estímulo *m*, aliento *m*.

encouraging [ɪn'kʌrɪdʒɪŋ] *adj (smile)* alentador,-a; *(news)* prometedor,-a, halagüeño,-a.

encroach [ɪn'krəʊtʃ] *vtr* **to e. on,** *(territory)* invadir; *(rights)* usurpar, abusar; *(time, freedom)* quitar.

encroachment [ɪn'krəʊtʃmənt] *n* invasión *f*, usurpación *f*.

encrusted [ɪn'krʌstɪd] *adj* incrustado,-a **(with,** de**)**.

encumber [ɪn'kʌmbə'] *vtr (impede)* estorbar; *(debts)* gravar.

encumbrance [ɪn'kʌmbrəns] *n* estorbo *m; Fin Jur* gravamen *m.*

encyclical [ɪn'sɪklɪkəl] *n Rel* encíclica *f.*

encyclop(a)edia [ensaɪkləʊ'pi:dɪə] *n* enciclopedia *f.*

encyclop(a)edic [ensaɪkləʊ'pi:dɪk] *adj* enciclopédico,-a.

end [end] **I** *n* **1** *(of stick)* punta *f; (street)* final *m; (table)* extremo *m; fig* **to jump in at the deep e.**, meterse de cabeza; *fig* **to make ends meet**, llegar a final de mes; *fig* **to make one's hair stand on e.**, ponersele el pelo en punta; *fam* **to get the wrong e. of the stick**, tomar el rábano de las hojas. **2** *(conclusion)* fin *m*, final *m;* **in the e.**, al final; **for hours/weeks on e.**, hora/semana tras hora/semana; **no e. of problems**, un sinfín de problemas, cantidad de problemas; **there's no e. to it**, esto no se acaba nunca; **that's the e.!**, ¡es el colmo!; **to bring an e. to sth**, poner fin a algo, acabar con algo; **to draw to an e.**, acabarse; **to put an e. to**, acabar con; *fig* **the e. of the line** *or* **road**, el acabóse; *fig* **to the bitter e.**, hasta el último suspiro. **3** *(aim)* objetivo *m*, fin *m;* **to achieve one's e.**, alcanzar su objetivo; **to no e.**, en vano; **the e. justifies the means**, el fin justifica los medios. ■ **e. product**, producto *m* final; **loose ends**, cabos *mpl* sueltos. **4** *(remnants)* resto *m*, cabo *m;* **cigarette e.**, colilla *f.* **II** *vtr* acabar, terminar, concluir; *fam* **to e. it all**, suicidarse. **III** *vi* acabarse, terminarse; **at what time does the film e.?**, ¿a qué hora (se) termina la película? ◆**end up** *vi* terminar, acabar; **he'll e. up with no money**, acabará sin dinero; **it ended up in the dustbin**, fue a parar en el cubo de la basura; **to e. up doing sth**, terminar por hacer algo.

endanger [ɪn'deɪndʒəʳ] *vtr* poner en peligro.

endangered [ɪn'deɪndʒəd] *adj Zool* en peligro; **e. species**, especie *f* en peligro de extinción).

endearing [ɪn'dɪərɪŋ] *adj* simpático,-a, atractivo,-a.

endearment [ɪn'dɪəmənt] *n* palabra *f or* frase *f* cariñosa.

endeavour, *US* **endeavor** [ɪn'devəʳ] **I** *n* esfuerzo *m*, empeño *m.* **II** *vtr* intentar, procurar; **to e. to do sth**, procurar hacer algo.

endemic [en'demɪk] *adj* endémico,-a.

ending ['endɪŋ] *n* final *m.*

endive ['endaɪv] *n Bot* **1** endibia *f.* **2** *US* escarola *f.*

endless ['endlɪs] *adj (wait etc)* interminable, eterno,-a, sin fin; *(resources)* inagotable.

endocrine ['endəʊkrɪn] *adj* endocrino,-a. ■ **e. gland**, glándula *f* endocrina.

endocrinologist [endəʊkrɪ'nɒlədʒɪst] *n* endocrinólogo,-a *m,f.*

endocrinology [endəʊkrɪ'nɒlədʒɪ] *n* endocrinología *f.*

endorse [ɪn'dɔ:s] *vtr* **1** *Fin* endosar. **2** *(approve)* aprobar; *(support)* apoyar.

endorsement [ɪn'dɔ:smənt] *n* **1** *Fin* endoso *m.* **2** *Aut* nota *f* de sanción. **3** *(approval)* aprobación *f; (support)* respaldo *m*, apoyo *m.*

endow [ɪn'daʊ] *vtr* dotar; **to be endowed with**, estar dotado,-a de.

endowment [ɪn'daʊmənt] *n (donation)* donación *f.* ■ *Ins* **e. policy**, póliza *f* diferida.

endpaper ['endpeɪpəʳ] *n Print* guarda *f.*

endurance [ɪn'djʊərəns] *n* resistencia *f.* ■ **e. test**, prueba *f* de resistencia.

endure [ɪn'djʊəʳ] **I** *vtr (bear)* aguantar, soportar. **II** *vi (last)* durar, perdurar.

enduring [ɪn'djʊərɪŋ] *adj* duradero,-a.

enema ['enɪmə] *n Med* enema *m.*

enemy ['enəmɪ] *adj & n* enemigo,-a *(m,f);* **to make enemies**, hacerse enemigos. ■ *Mil* **e. forces**, fuerzas *fpl* enemigas.

energetic [enə'dʒetɪk] *adj* enérgico,-a. ◆**energetically** *adv* enérgicamente.

energy ['enədʒɪ] *n* energía *f;* **to save e.**, ahorrar energía. ■ **e. crisis**, crisis *f* energética.

enervate ['enəveɪt] *vtr* enervar, debilitar.

enervating ['enəveɪtɪŋ] *adj* enervador,-a, enervante.

enfold [ɪn'fəʊld] *vtr* envolver.

enforce [ɪn'fɔ:s] *vtr (law)* hacer cumplir; *(compel)* imponer; *(argument)* reforzar.

enforcement [ɪn'fɔ:smənt] *n* aplicación *f.*

enfranchise [ɪn'fræntʃaɪz] *vtr Pol* conceder el derecho de votar; *(slave)* liberar.

engage [ɪn'geɪdʒ] *vtr* **1** *(hire)* contratar. **2** *(attention)* atraer, llamar. **3** *(conversation)* entablar. **4** *Tech* engranar; *Aut* **to e. the clutch**, embragar.

engaged [ɪn'geɪdʒd] *adj* **1** *(to be married)* prometido,-a; **to get e.**, prometerse. **2** *(busy)* ocupado,-a; *Tel* **it's e.**, está comunicando.

engagement [ɪn'geɪdʒmənt] *n* **1** *(to be married)* petición *f* de mano; *(period)* noviazgo *m.* ■ **e. ring**, anillo *m* de compromiso. **2** *(business appointment)* cita *f;* **prior e.**, cita *f* previa. **3** *Mil* combate *m.*

engaging [ɪn'geɪdʒɪŋ] *adj* simpático,-a, atractivo,-a, agradable.

engender [ɪn'dʒendəʳ] *vtr* engendrar.

engine ['endʒɪn] *n* **1** *(combustion)* motor *m.* ■ **e. room**, sala *f* de máquinas; **steam e.**, máquina *f* de vapor. **2** *Rail* locomotora *f.* ■ **e. driver**, maquinista *mf;* **fire e.**, coche *m* de bomberos.

engineer [endʒɪ'nɪəʳ] **I** *n* **1** ingeniero,-a *m,f.* ■ **civil e.**, ingeniero *m* de caminos; **chemical e.**, ingeniero *m* químico. **2** *US Rail* maquinista *mf.* **II** *vtr fig (contrive)* maquinar, tramar.

engineering [endʒɪ'nɪərɪŋ] *n* ingeniería *f.* ■ **electrical e.**, electrotecnia *f;* **civil e.**, ingeniería *f* civil.

England ['ɪŋglənd] *n* Inglaterra *f.*

English ['ɪŋglɪʃ] **I** *adj* inglés,-esa. **II** *n* **1** *(language)* inglés *m.* **2** *pl* **the E.**, los ingleses.

Englishman ['ɪŋglɪʃmən] *n (pl* **Englishmen**) inglés *m.*

English-speaking ['ɪŋglɪʃspi:kɪŋ] *adj* de habla inglesa.

Englishwoman ['ɪŋglɪʃwʊmən] *n (pl* **English-women** ['ɪŋglɪʃwɪmɪn)* inglesa *f.*

engorged [ɪn'gɔ:dʒd] *adj Med* congestionado,-a.

engrave [ɪn'greɪv] *vtr* grabar.

engraver [ɪn'greɪvəʳ] *n* grabador,-a *m,f.*

engraving [ɪn'greɪvɪŋ] *n* **1** *(art)* grabación *f.* **2** *(picture, plate)* grabado *m.*

engrossed [ɪn'grəʊst] *adj* absorto,-a **(in**, en).

engrossing [ɪn'grəʊsɪŋ] *adj* fascinante,-a, apasionante.

engulf [ɪn'gʌlf] *vtr* tragarse, sumergir, hundir.

engulfed [ɪn'gʌlft] *adj* hundido,-a **(in**, en).

enhance [ɪn'hɑ:ns] *vtr (beauty)* realzar; *(power)* aumentar; *(chances)* mejorar.

enigma [ɪ'nɪgmə] *n* enigma *m.*

enigmatic [enɪg'mætɪk] *adj* enigmático,-a.

enjoy [ɪn'dʒɔɪ] I vtr 1 *(take pleasure)* disfrutar de; **did you e. the film?**, ¿te gustó la película?; **to e. oneself**, pasarlo bien, divertirse. 2 *(benefit from)* gozar de; **to e. good health**, gozar de buena salud. II vi US **e.!**, ¡qué lo pases bien!

enjoyable [ɪn'dʒɔɪəbəl] adj agradable, divertido,-a.

enjoyment [ɪn'dʒɔɪmənt] n placer m, gusto m; **to spoil sb's e.**, quitarle el gusto a algn.

enlarge [ɪn'lɑːdʒ] I vtr extender, ampliar; *Phot* ampliar. II vi ampliarse; **to e. upon a subject**, extenderse sobre un tema.

enlargement [ɪn'lɑːdʒmənt] n *Phot* ampliación f.

enlarger [ɪn'lɑːdʒəʳ] n *Phot* ampliadora f.

enlighten [ɪn'laɪtən] vtr iluminar; **to e. sb on sth**, aclararle algo a algn.

enlightened [ɪn'laɪtənd] adj 1 *(learned)* culto,-a; *(informed)* bien informado,-a. 2 *Hist* ilustrado,-a; **e. despotism**, despotismo ilustrado.

enlightenment [ɪn'laɪtənmənt] n aclaración f; **the Age of E.**, el Siglo de las Luces.

enlist [ɪn'lɪst] I vtr *Mil* reclutar; **to e. sb's help**, conseguir ayuda de algn. II vi *Mil* alistarse.

enlisted [ɪn'lɪstɪd] adj alistado,-a; US **e. man**, soldado raso, soldado de tropa.

enliven [ɪn'laɪvən] vtr animar, avivar.

en masse [ɒn'mæs] adv en masa.

enmesh [ɪn'meʃ] vtr enredar.

enmity ['enmɪtɪ] n enemistad f, hostilidad f.

enormity [ɪ'nɔːmɪtɪ] n 1 *(hugeness)* enormidad f, inmensidad f. 2 *(atrocity)* atrocidad f, monstruosidad f.

enormous [ɪ'nɔːməs] adj enorme, inmenso,-a, descomunal. ◆**enormously** adv enormemente; **I enjoyed myself e.**, lo pasé genial.

enough [ɪ'nʌf] I adj bastante, suficiente; **e. books**, bastantes libros; **e. money**, bastante dinero; **have we got e. petrol?**, ¿tenemos suficiente gasolina? II adv bastante; **fair e.**, de acuerdo; **large e.**, bastante grande; **oddly** or **curiously e. ...**, lo curioso es que ...; **sure e.**, en efecto, sin duda alguna. III n lo bastante, lo suficiente; **e. to live on**, lo suficiente para vivir; **it isn't e.**, no basta; **more than e.**, más que suficiente; *fam* **e. is e.**, ya está, ¡basta!; *fam* **I've had e.!**, estoy harto!

en passant [ɒnpæ'sɒn] adv de paso.

enquire [ɪn'kwaɪəʳ] vi *(information)* preguntar; *Jur* **to e. into a case**, investigar un caso.

enquiry [ɪn'kwaɪərɪ] n 1 *(question)* pregunta f; **enquiries**, información f; **to make an e.**, preguntar. 2 *(investigation)* investigación f; **they conducted an e. into the affair**, investigaron el asunto.

enrage [ɪn'reɪdʒ] vtr enfurecer.

enrich [ɪn'rɪtʃ] vtr enriquecer; **enriched with vitamin C**, enriquecido con vitamina C.

enrol, US **enroll** [ɪn'rəʊl] *(pt & pp enrolled)* I vtr matricular. II vi matricularse, inscribirse, apuntarse.

enrolment, US **enrollment** [ɪn'rəʊlmənt] n matrícula f.

en route [ɒn'ruːt] adv en or por el camino; **en r. to Soria**, camino de Soria.

ensemble [ɒn'sɒmbəl] n *Mus* conjunto m.

enshrine [ɪn'ʃraɪn] vtr fig conservar religiosamente.

ensign ['ensaɪn] n bandera f, pabellón m.

enslave [ɪn'sleɪv] vtr esclavizar.

enslavement [ɪn'sleɪvmənt] n esclavitud f.

ensue [ɪn'sjuː] vi 1 *(follow)* seguir. 2 *(result)* resultar **(from**, de).

ensuing [ɪn'sjuːɪŋ] adj consiguiente, subsiguiente.

ensure [ɪn'ʃʊəʳ] vtr asegurar.

entail [ɪn'teɪl] vtr 1 *(give rise to)* ocasionar, acarrear. 2 *(involve)* suponer, implicar. 3 *Jur* vincular.

entangle [ɪn'tæŋgəl] vtr *(general)* enredar; **he became entangled in the net**, se enredó en la red; fig **to get entangled in sth**, enredarse en algo; fig **they became entangled in political affairs**, se vieron involucrados en asuntos políticos.

entanglement [ɪn'tæŋgəlmənt] n enredo m; fig complicación f.

enter ['entəʳ] I vtr 1 *(go into)* entrar en; fig *(join)* ingresar en, hacerse socio de. 2 *(write down)* apuntar, anotar, dar entrada a. 3 *(register)* inscribir; **to e. a car for a race**, inscribir un coche en una carrera; **to e. one's name for a course**, matricularse en un curso. 2 *Comput* dar entrada a. II vi entrar; **e. for a race**, tomar parte en or participar en una carrera. ◆**enter into** vtr 1 *(agreement)* concertar, firmar; *(negotiations)* iniciar **(with**, con); *(bargain)* cerrar. 2 *(relations)* establecer **(with**, con); *(marriage)* contraer **(with**, con). 3 *(conversation)* entablar **(with**, con).

enterprise ['entəpraɪz] n empresa f; **a dangerous e.**, una empresa peligrosa; **a man of e.**, un hombre de empresa. ■ **free e.**, libre empresa f; **private e.**, iniciativa f privada; *(as a whole)* el sector privado; *(capitalism)* capitalismo m; **public e.**, el sector público.

enterprising ['entəpraɪzɪŋ] adj emprendedor,-a.

entertain [entə'teɪn] I vtr 1 *(amuse)* divertir. 2 *(consider)* considerar; **to e. an idea**, abrigar una idea; **to e. a proposal**, estudiar una propuesta; **to e. the hope that ...**, abrigar la esperanza que ... . II vi tener invitados; **they e. a lot**, invitan con mucha frecuencia.

entertainer [entə'teɪnəʳ] n 1 *(gen)* animador,-a m,f. 2 *Theat* artista mf.

entertaining [entə'teɪnɪŋ] I adj divertido,-a, entretenido,-a. II n **the secretary has to do a lot of e.**, la secretaria tiene que hacer muchas relaciones públicas.

entertainment [entə'teɪnmənt] n 1 *(gen)* diversión f, entretenimiento m. ■ **e. allowance**, gastos mpl de representación. 2 *Theat* espectáculo m.

enthral, US **enthrall** [ɪn'θrɔːl] vtr *(pt & pp enthralled)* cautivar.

enthralling [ɪn'θrɔːlɪŋ] adj cautivador,-a, fascinante.

enthrone [ɪn'θrəʊn] vtr entronizar.

enthronement [ɪn'θrəʊnmənt] n entronización f.

enthuse [ɪn'θjuːz] I vi entusiasmarse **(over**, por). II vtr estimular, animar.

enthusiasm [ɪn'θjuːzɪæzəm] n entusiasmo m.

enthusiast [ɪn'θjuːzɪæst] n entusiasta mf, apasionado,-a m,f; **she's a real opera e.**, es una entusiasta de la ópera.

enthusiastic [ɪnθjuːzɪ'æstɪk] adj 1 *(person)* entusiasta; **to be e. about sth**, entusiasmarse por algo. 2 *(praise)* entusiástico,-a, caluroso,-a; **an e. welcome**, un recibimiento caluroso. ◆**enthusiastically** adv con entusiasmo, entusiasmado,-a.

entice [ɪn'taɪs] vtr seducir, atraer.

enticing [ɪn'taɪsɪŋ] adj atractivo,-a, tentador,-a.

entire [ɪn'taɪəʳ] adj entero,-a, todo,-a; **it wasn't an e. success**, no fue un éxito absoluto; **the e. community**, la comunidad entera; **the e. population**, toda la población. ◆**entirely** adv 1 (completely) enteramente, totalmente; I **e. agree,** estoy totalmente de acuerdo. 2 (solely) únicamente, exclusivamente; **the group was made up e.** of Germans, el grupo estaba formado exclusivamente de alemanes.

entirety [ɪnˈtaɪərɪtɪ] n totalidad f; **in its e.,** en su totalidad.

entitle [ɪnˈtaɪtəl] vtr 1 (allow) dar derecho a; **it will e. you to travel free,** le dará derecho a viajar gratis; **to be entitled to,** tener derecho a. 2 (book etc) titular; **the film was entitled ...,** la película se titulaba ... .

entitlement [ɪnˈtaɪtəlmənt] n derecho m.

entity [ˈentɪtɪ] n entidad f.

entomologist [entəˈmɒlədʒɪst] n entomólogo,-a m,f.

entomology [entəˈmɒlədʒɪ] n entomología f.

entourage [ɒntʊˈrɑːʒ] n séquito m.

entrails [ˈentreɪlz] npl Anat tripas fpl; fig entrañas fpl.

entrance[1] [ˈentrəns] n 1 (act of entering) entrada f; Theat entrada f en escena, aparición f; **to make one's e.,** entrar en escena. ■ **e. fee,** (museum etc) entrada f; (organization) cuota f, inscripción f. 2 (door) entrada f, puerta f. ■ **e. hall,** vestíbulo m; **main e.,** puerta f principal. 3 (admission) admisión f, ingreso m. ■ **e. examination,** examen m de ingreso.

entrance[2] [ɪnˈtrɑːns] vtr arrebatar, extasiar, encantar.

entranced [ɪnˈtrɑːnst] adj (delighted) encantado,-a; (ecstatic) extasiado,-a.

entrancing [ɪnˈtrɑːnsɪŋ] adj fascinante, encantador,-a.

entrant [ˈentrənt] n (competition) participante mf; (applicant) aspirante mf.

entreat [ɪnˈtriːt] vtr fml suplicar, rogar; **I entreated them not to do it,** les rogué que no lo hicieran.

entreaty [ɪnˈtriːtɪ] n súplica f, ruego m.

entrée [ˈɒntreɪ] n Culin 1 entremés m, entrada f. 2 US plato m fuerte.

entrench [ɪnˈtrentʃ] vtr fig reafirmar, consolidar.

entrenched [ɪnˈtrentʃt] adj firmemente enraizado,-a.

entrepreneur [ɒntrəprəˈnɜːʳ] n 1 (business person) empresario,-a m,f. 2 (middle person) intermediario,-a m,f.

entrepreneurial [ɒntrəprəˈnɜːrɪəl] adj empresarial.

entrust [ɪnˈtrʌst] vtr encargar (with, de); **to e. sth to sb,** dejar algo al cuidado de algn.

entry [ˈentrɪ] n 1 (entrance) entrada f. ■ Jur forcible **e.,** allanamiento m de morada; Aut no **e.,** dirección f prohibida. 2 (in dictionary) entrada f, artículo m. 3 (competition) participante. ■ **e. fee,** (museum etc) entrada f; (organization) cuota f, inscripción f.

entwine [ɪnˈtwaɪn] I vtr entrelazar. II vi **to become entwined,** entrelazarse, enredarse.

enumerate [ɪˈnjuːməreɪt] vtr enumerar.

enumeration [ɪnjuːməˈreɪʃən] n enumeración f.

enunciate [ɪˈnʌnsɪeɪt] vtr Ling pronunciar, articular.

envelop [ɪnˈveləp] vtr envolver.

envelope [ˈenvələʊp] n 1 (letters) sobre m; (cover) funda f; **airmail e.,** sobre de avión. 2 Av envoltura f.

enviable [ˈenvɪəbəl] adj envidiable.

envious [ˈenvɪəs] adj envidioso,-a; **to feel e.,** tener envidia. ◆**enviously** adv con envidia, envidiosamente.

environment [ɪnˈvaɪərənmənt] n Ecol medio ambiente m; (surroundings) ambiente m; fig contexto m.

environmental [ɪnvaɪərənˈmentəl] adj Ecol del medio ambiente, ambiental; fig contextual; **e. pollution,** contaminación f del medio ambiente.

environs [ɪnˈvaɪrənz] npl alrededores mpl.

envisage [ɪnˈvɪzɪdʒ] vtr 1 (imagine) imaginarse. 2 (foresee) prever; **I don't e. going before Christmas,** no pienso ir antes de Navidad.

envision [ɪnˈvɪʒən] vtr imaginar.

envoy [ˈenvɔɪ] n enviado,-a m,f; **special e.,** enviado especial.

envy [ˈenvɪ] I n envidia f; **to be green with e.,** estar corroido por la envidia; **to be the envy of,** ser la envidia de. II vtr envidiar, tener envidia de.

enzyme [ˈenzaɪm] n Biol enzima f.

epaulet(te) [ˈepəlet] n Mil charretera f, hombrera f.

ephemeral [ɪˈfemərəl] adj efímero,-a.

epic [ˈepɪk] I n epopeya f. II adj épico,-a; **it reached e. proportions,** alcanzó dimensiones colosales.

epicentre, US **epicenter** [ˈepɪsentəʳ] n epicentro m.

epicure [ˈepɪkjʊəʳ] n fml gastrónomo,-a m,f.

epicurean [epɪkjʊˈriːən] adj & n fml epicúreo,-a (m,f).

epidemic [epɪˈdemɪk] I n Med epidemia f; fig (wave) ola f. II adj epidémico,-a.

epidermis [epɪˈdɜːmɪs] n epidermis f.

epiglottis [epɪˈglɒtɪs] n Anat epiglotis f.

epigram [ˈepɪgræm] n Lit epigrama m.

epilepsy [ˈepɪlepsɪ] n Med epilepsia f.

epileptic [epɪˈleptɪk] adj & n Med epiléptico,-a (m,f).

epilogue, US **epilog** [ˈepɪlɒg] n epílogo m.

Epiphany [ɪˈpɪfənɪ] n Rel Epifanía f, Día m de Reyes.

episcopal [ɪˈpɪskəpəl] adj episcopal.

episcopalian [ɪpɪskəˈpeɪlɪən] adj & n episcopaliano,-a (m,f).

episode [ˈepɪsəʊd] n episodio m; TV capítulo m.

episodic [epɪˈsɒdɪk] adj episódico,-a.

epistle [ɪˈpɪsəl] n epístola f; Rel the **E. to the Ephesians,** la Epístola a los Efesios.

epitaph [ˈepɪtɑːf] n epitafio m.

epithet [ˈepɪθet] n Ling epíteto m.

epitome [ɪˈpɪtəmɪ] n fml personificación f; **she was the e. of generosity,** era la personificación de la generosidad.

epitomize [ɪˈpɪtəmaɪz] vtr fml personificar, ejemplificar.

epoch [ˈiːpɒk] n época f.

epoch-making [ˈiːpɒkmeɪkɪŋ] adj histórico,-a.

equable [ˈekwəbəl] adj 1 (person) ecuánime. 2 (climate) uniforme, regular.

equal [ˈiːkwəl] I adj igual; **of e. value,** de igual valor; **other things being e.,** si todo sigue igual; **she doesn't feel e. to going to the party,** no se siente con fuerzas para ir a la fiesta; **to be e. to the occasion,** estar a la altura de las circunstancias; **with e. indifference,** con la misma indiferencia. ■ **e. distance,** equidistancia f; **e. opportunities employer,** empresa f que contrata sin ningún tipo de discriminación; e. **pay**, igualdad *f* de salarios; e. **rights**, igualdad *f* de derechos. **II** *n* igual *mf*; **to treat sb as an e.**, tratar a algn de igual a igual. **III** *vtr (pt & pp **equalled**, US **equaled**)* 1 *Math* ser igual a, equivaler; **three and two equals five**, tres más dos son cinco. ▪ **equals sign**, signo *m* igual. 2 *(match)* igualar; **very few people can e. him at diplomacy**, muy pocos le igualan en la diplomacia. ◆**equally** *adv* igualmente; e. **pretty**, igual de bonito; **to share sth e.**, dividir algo en partes iguales.

equality [iːˈkwɒlɪtɪ] *n* igualdad *f*.

equalize [ˈiːkwəlaɪz] **I** *vi Ftb* igualar, empatar. **II** *vtr* igualar.

equalizer [ˈiːkwəlaɪzəʳ] *n Ftb* gol *m* del empate, igualada *f*.

equanimity [ekwəˈnɪmɪtɪ] *n* ecuanimidad *f*.

equate [ɪˈkweɪt] *vtr* equiparar, comparar (**to**, a, **con**).

equation [ɪˈkweɪʒən, ɪˈkweɪʃən] *n Math* ecuación *f*; **simple e.**, ecuación de primer grado.

equator [ɪˈkweɪtəʳ] *n Geog* ecuador *m*.

equatorial [ekwəˈtɔːrɪəl] *adj* ecuatorial.

equerry [ˈekwərɪ] *n* caballerizo *m* de la casa real.

equestrian [ɪˈkwestrɪən] **I** *adj* ecuestre. **II** *n (man)* jinete *m*; *(woman)* amazona *f*.

equidistant [iːkwɪˈdɪstənt] *adj* equidistante.

equilateral [iːkwɪˈlætərəl] *adj* equilátero,-a. ▪ **e. triangle**, triángulo *m* equilátero.

equilibrium [iːkwɪˈlɪbrɪəm] *n* equilibrio *m*.

equine [ˈekwaɪn] *adj* equino,-a.

equinox [ˈiːkwɪnɒks] *n Astron* equinoccio *f*. ▪ **autumnal e.**, equinoccio *m* de otoño; **vernal e.**, equinoccio *m* de primavera.

equip [ɪˈkwɪp] *vtr (pt & pp **equipped**) (supply)* equipar (**with**, con); *(person)* proveer (**with**, de).

equipment [ɪˈkwɪpmənt] *n (materials)* equipo *m*; *(act of equipping)* aprovisionamiento *m*, equipamiento *m*. ▪ **office e.**, material *m* de oficina.

equipped [ɪˈkwɪpt] *adj (machine)* estar dotado,-a de; *(person)* estar provisto,-a de; **he was ill e. to deal with them**, no estaba preparado para enfrentarse con ellos.

equitable [ˈekwɪtəbəl] *adj* equitativo,-a.

equities [ˈekwɪtɪz] *npl Fin* acciones *fpl* ordinarias.

equity [ˈekwɪtɪ] *n* 1 *(general)* equidad *f*. 2 **GB E.**, Sindicato *m* de actores.

equivalence [ɪˈkwɪvələns] *n* equivalencia *f*.

equivalent [ɪˈkwɪvələnt] **I** *adj* equivalente; **to be e. to**, equivaler a, ser equivalente a. **II** *n* equivalencia *f*.

equivocal [ɪˈkwɪvəkəl] *adj* equívoco,-a.

era [ˈɪərə] *n* era *f*.

eradicate [ɪˈrædɪkeɪt] *vtr (eliminate)* erradicar; *(take out)* extirpar; *(uproot)* desarraigar.

eradication [ɪrædɪˈkaɪʃən] *n* extirpación *f*, destrucción *f*, aniquilación *f*.

erase [ɪˈreɪz] *vtr* borrar.

eraser [ɪˈreɪzəʳ] *n* goma *f* de borrar.

erasure [ɪˈreɪʒə] *n fml* borradura *f*.

erect [ɪˈrekt] **I** *adj* 1 *(upright)* erguido,-a, derecho,-a; **to hold one's head e.**, levantar la cabeza. 2 *(penis)* erecto,-a. **II** *vtr (monument)* levantar, erigir.

erection [ɪˈrekʃən] *n* 1 *(building)* construcción *f*. 2 *(penis)* erección *f*.

ergonomics [ɜːgəʊˈnɒmɪks] *n* ergonomía *f*.

ermine [ˈɜːmɪn] *n* armiño *m*.

erode [ɪˈrəʊd] *vtr* 1 *Geol (rock, soil)* erosionar. 2 *(metal)* corroer, desgastar; *fig (power, confidence)* perder.

erogenous [ɪˈrɒdʒɪnəs] *adj* erógeno,-a. ▪ **e. zones**, zonas *fpl* erógenas.

erosion [ɪˈrəʊʒən] *n* 1 *Geol* erosión *f*. 2 *(metal)* corrosión *f*, desgaste *m*; *fig* desgaste *f*.

erotic [ɪˈrɒtɪk] *adj* erótico,-a.

eroticism [ɪˈrɒtɪsɪzəm] *n* erotismo *m*.

err [ɜːʳ] *vi* errar; **to e. on the side of ...**, pecar por exceso de ... .

errand [ˈerənd] *n* recado *m*; **to run an e.**, hacer un recado. ▪ **e. boy**, recadero *m*.

errata [ɪˈrɑːtə] *npl Typ* fe *f sing* de erratas; *see* **erratum**

erratic [ɪˈrætɪk] **I** *adj* 1 *(performance, behaviour)* irregular; *(weather)* muy variable. 2 *(person)* caprichoso,-a. **II** *n Geol* errático *m*. ◆**erratically** *adv* de manera irregular.

erratum [ɪˈrɑːtəm] *n (pl **errata**)* *Typ* errata *f*.

erroneous [ɪˈrəʊnɪəs] *adj* erróneo,-a, equivocado,-a.

error [ˈerəʳ] *n* error *m*, equivocación *f*; **he saw the e. of his ways**, reconoció sus errores; **in e.**, por error; **typing e.**, falta de mecanografía.

error-free [ˈerəfriː] *adj* sin error.

Erse [ɜːs] *n* gaélico *m* irlandés.

erstwhile [ˈɜːstwaɪl] **I** *adj* antiguo,-a. **II** *adv arch* antiguamente.

eruct [ɪˈrʌt] *vi* eructar.

erudite [ˈeruːdaɪt] *adj & n* erudito,-a *(m,f)*.

erudition [eruːˈdɪʃən] *n* erudición *f*.

erupt [ɪˈrʌpt] *vi* 1 *(volcano)* entrar en erupción; *(sudden movement)* irrumpir; *(violence)* estallar; **to e. in anger**, montar en cólera. 2 *Med (rash)* brotar; *(tooth)* salir.

eruption [ɪˈrʌpʃən] *n* 1 *(volcano)* erupción *f*; *(violence)* estallido *m*, explosión *f*. 2 *Med* erupción *f*.

escalate [ˈeskəleɪt] **I** *vtr* 1 *(war)* agravar, intensificar. 2 *(prices)* aumentar. **II** *vi* 1 *(war)* agravarse, intensificarse. 2 *(prices)* aumentarse. 3 *(change)* convertirse (**into**, en).

escalation [eskəˈleɪʃən] *n* 1 *(of war)* agravación *f*, intensificación *f*, escalada *f*. 2 *(of prices)* subida *f*, aumento *m*.

escalator [ˈeskəleɪtəʳ] *n* escalera *f* mecánica.

escalope [ˈeskəlɒp] *n Culin* escalopa *f*, escalope *m*.

escapade [ˈeskəpeɪd] *n* aventura *f*.

escape [ɪsˈkeɪp] **I** *n* 1 huída *f*, fuga *f*; **to make one's e.**, escaparse; *fam* **to have a narrow e.**, salvarse por los pelos. ▪ *Jur* **e. clause**, cláusula *f* de excepción; *Av Naut* **e. hatch**, escotilla *f* de salvamento; **e. route**, vía *f* de escape; **fire e.**, escalera *f* de incendios. 2 *(gas)* fuga *f*, escape *m*. ▪ **e. valve**, válvula *f* de escape. **II** *vi* 1 escaparse, huir. 2 *(gas)* escapar. **III** *vtr* 1 *(avoid)* evitar, huir de; **he narrowly escaped being hit**, se libró del golpe por poco; **to e. punishment**, librarse del castigo. 2 *fig (elude)* escapar; **her name escapes me**, ahora mismo no recuerdo su nombre *f*; **it escaped my notice**, me pasó desapercibido; **nothing escapes him**, no se le escapa nada.

escapee [ɪskeɪˈpiː] *n* fugitivo,-a *m,f*.

escapism [ɪˈskeɪpɪzəm] *n* evasión *f*; **this novel is pure e.**, esta novela es pura evasión.

escapist [ɪ'skeɪpɪst] **I** *adj* de evasión, evasionista. **II** *n* soñador,-a *m,f*, escapista *mf*.

escarpment [ɪ'skɑːpmənt] *n (fortress)* escarpa *f*; *(slope)* escarpadura *f*, escarpa *f*.

eschew [ɪs'tʃuː] *vtr* evitar, abstenerse.

escort ['eskɔːt] **I** *n* **1** *(companion)* acompañante *mf*. **2** *(military, police)* escolta *f*; **under police e.**, escoltado,-a por la policía. **II** [ɪs'kɔːt] *vtr* **1** *(accompany)* acompañar; **to e. sb home**, acompañar a algn a casa. **2** *(protect)* escoltar.

Eskimo ['eskɪməʊ] *adj & n (pl **Eskimos** or **Eskimo**)* esquimal *(mf)*.

esophagus [iː'sɒfəgəs] *n (pl **esophagi** [iː'sɒfədʒaɪ])* *US Anat* esófago *m*.

esoteric [esəʊ'terɪk] *adj* esotérico,-a.

ESP [iːes'piː] **1** *abbr of* **extrasensory perception**, percepción *f* extrasensorial. **2** *abbr of* **English for Specific Purposes**, (cursos *mpl* de) inglés *m* especializado.

espadrille [espə'drɪl] *n* alpargata *f*.

espagnolette [espænjə'let] *n* falleba *f*.

especial [ɪ'speʃəl] *adj* especial, particular; **of e. importance**, de especial importancia. ◆**especially** *adv* especialmente, sobre todo.

esperantist [espə'ræntɪst] *n* esperantista *mf*.

Esperanto [espə'ræntəʊ] *n* esperanto *m*.

espionage ['espɪɒnɑːʒ] *n* espionaje *m*.

esplanade [esplə'neɪd] *n* paseo *m* marítimo.

espouse [ɪ'spaʊz] *vtr fml* **1** *(cause)* abrazar, adoptar. **2** *(marry)* casarse con.

espresso [e'spresəʊ] *n* café *m*. ■ **e. coffee**, café *m* exprés.

esprit de corps [espriːdə'kɔːʳ] *n* espíritu *m* de camadería, fraternidad *f*.

esquire [ɪ'skwaɪəʳ] *n GB* señor *m*; **Timothy Whiteman E.**, Sr. Don Timothy Whiteman.

essay ['eseɪ] **I** *n* **1** *Educ* redacción *f*, composición *f*. **2** *Lit* ensayo *m*. **3** *(attempt)* intento *m*. **II** [e'seɪ] *vtr* **1** *(test)* probar. **2** *(attempt)* intentar.

essayist ['eseɪɪst] *n Lit* ensayista *mf*.

essence ['esəns] *n* **1** *(fundamental)* esencia *f*; **in e.**, esencialmente; **of the e.**, lo esencial, lo imprescindible; **speed is of the e.**, la rapidez es esencial; **the e. of the matter**, el quid de la cuestión. **2** *(perfume)* esencia *f*, perfume *m*.

essential [ɪ'senʃəl] **I** *adj* esencial, fundamental, imprescindible. **II** *n* **1** *(fundamental)* elemento *m* esencial. **2** *(vital)* necesidad *f* básica. **3 essentials**, substancia *f sing*. ◆**essentially** *adv* esencialmente, fundamentalmente.

EST [iːes'tiː] *US abbr of* **Eastern Standard Time**, hora *f* del meridiano 75 al oeste de Greenwich.

establish [ɪ'stæblɪʃ] *vtr* **1** *(found)* establecer, fundar, crear; *(business)* montar; *(habit)* consolidar; *(theory)* sentar; **to e. a precedent**, sentar un precedente; **to e. oneself**, establecerse; **to e. one's rights**, hacer constar sus derechos. **2** *Jur* **to e. a fact/ sb's innocence**, probar un hecho/la inocencia de algn; **to e. the truth**, demostrar la verdad.

established [ɪ'stæblɪʃt] *adj (person)* establecido,-a; *(habit)* arraigado,-a, consolidado,-a; *(fact)* conocido,-a. ■ **e. church**, iglesia *f* oficial del Estado.

establishment [ɪ'stæblɪʃmənt] *n* **1** *(creation)* establecimiento *m*. **2** *Com* negocio *m*, establecimiento *m*. **3** *Pol* **the E.**, el sistema.

estate [ɪ'steɪt] *n* **1** *(land)* finca *f*. ■ *GB* **e. agent**, *(person)* agente *mf* inmobiliario,-a; *(office)* agencia *f* inmobiliaria; *Aut GB* **e. car**, coche *m* modelo familiar. **2** zona *f* urbanizada. ■ **council e.**, viviendas *fpl* de protección oficial; **housing e.**, urbanización *f*; **industrial e.**, polígono *m* industrial; **trading e.**, zona *f* comercial. **3** *(property)* propiedad *f*, bienes *mpl*. **4** *(inheritance)* herencia *f*.

esteem [ɪ'stiːm] **I** *n* aprecio *m*, respeto *m*; **to hold sb in great e.**, apreciar mucho a algn. **II** *vtr* **1** *(person)* apreciar a. **2** *(regard)* considerar.

esteemed [ɪ'stiːmd] *adj* apreciado,-a, estimado,-a.

esthetic [es'θetɪk] *adj US* estético,-a.

esthetics [es'θetɪks] *n US* estética *f*.

estimate ['estɪmɪt] **I** *n* **1** *(calculation)* cálculo *m*; **rough e.**, cálculo aproximado; *(likely cost of work)* presupuesto *m*. **II** ['estɪmeɪt] *vtr* calcular; *fig* pensar, creer.

estimation [estɪ'meɪʃən] *n* **1** *(opinion)* juicio *m*, opinión *f*; **in my e.**, a mi juicio. **2** *(esteem)* estima *f*.

estrange [ɪ'streɪndʒ] *vtr* alejar; **to become estranged**, alejarse *(from, de)*.

estrangement [ɪ'streɪndʒmənt] *n fml* alejamiento *m*; **the e. from his wife**, el alejamiento de su mujer.

estrogen ['iːstrədʒən] *n US Biol* estrógeno *m*.

estuary ['estjʊərɪ] *n Geog* estuario *m*.

ETA [iːtiː'eɪ] *abbr of* **estimated time of arrival**, hora *f* prevista de llegada.

etch [etʃ] *vtr Art* grabar al agua fuerte.

etching ['etʃɪŋ] *n Art* aguafuerte *m*.

eternal [ɪ'tɜːnəl] *adj* eterno,-a, incesante. ■ **e. triangle**, triángulo *m* amoroso. ◆**eternally** *adv* eternamente, siempre.

eternity [ɪ'tɜːnɪtɪ] *n* eternidad *f*.

ethane ['iːθeɪn, 'eθeɪn] *n Chem* etano *m*.

ethanol ['eθənɒl, 'iːθənɒl] *n Chem* etanol *m*.

ether ['iːθəʳ] *n Chem* éter *m*.

ethereal [ɪ'θɪərɪəl] *adj* etéreo,-a.

ethic ['eθɪk] *n* ética *f*.

ethical ['eθɪkəl] *adj* ético,-a. ◆**ethically** *adv* éticamente.

ethics ['eθɪks] *n* ética *f*, moralidad *f*; **medical e.**, ética profesional médica.

Ethiopia [iːθɪ'əʊpɪə] *n* Etiopía.

Ethiopian [iːθɪ'əʊpɪən] *adj & n* etíope *(mf)*.

ethnic ['eθnɪk] *adj* étnico,-a; **e. minority**, minoría *f* étnica.

ethnographer [eθ'nɒgəfəʳ] *n* etnógrafo,-a *m,f*.

ethnography [eθ'nɒgrəfɪ] *n* etnografía *f*.

ethnologist [eθ'nɒlədʒɪst] *n* etnólogo,-a *m,f*.

ethnology [eθ'nɒlədʒɪ] *n* etnología *f*.

ethos ['iːθɒs] *n* carácter *m* distintivo.

ethyl ['iːθaɪl, 'eθɪl] *n Chem* etilo *m*. ■ **e. alcohol**, alcohol *m* etílico.

ethylene ['eθɪliːn] *n Chem* etileno *m*.

etiquette ['etɪket] *n* protocolo *m*, etiqueta *f*, buenos modales *mpl*; **professional e.**, ética *f* profesional.

etymological [etɪmə'lɒdʒɪkəl] *adj* etimológico,-a.

etymologist [etɪ'mɒledʒɪst] *n* etimólogo,-a *m,f*.

etymology [etɪ'mɒlədʒɪ] *n* etimología *f*.

eucalyptus [juːkə'lɪptəs] *n Bot* eucalipto *m*.

Eucharist ['juːkərɪst] *n Rel* Eucaristía *f*.

eulogize ['juːlədʒaɪz] *vtr* elogiar.

eulogy ['juːlədʒɪ] *n* elogio *m*.

eunuch ['ju:nək] *n* eunuco *m*.

euphemism ['ju:fɪmɪzəm] *n* eufemismo *m*.

euphemistic [ju:fɪ'mɪstɪk] *adj* eufemístico,-a.

euphonic [ju:'fɒnɪk] *adj* eufónico,-a.

euphony ['ju:fənɪ] *n* eufonía *f*.

euphoria [ju:'fɔ:rɪə] *n* euforia *f*.

euphoric [ju:'fɒrɪk] *adj* eufórico,-a.

Eurasian [juə'reɪʒən] *adj* & *n* euroasiático,-a *(m,f)*.

eureka [ju'ri:kə] *interj* ¡eureka!

eurhythmics [ju:'rɪðmɪks] *n US* gimnasia *f* rítmica.

Eurocheque ['juərəutʃek] *n* eurocheque *m*. ■ **E. card**, tarjeta *f* de eurocheque.

eurocommunism [juərəu'kɒmjunɪzəm] *n Pol* eurocomunismo *m*.

Eurocrat ['juərəkræt] *n* eurócrata *mf*.

Eurocurrency ['juərəukʌrənsɪ] *n Fin* eurodivisa *f*.

eurodollar ['juərəudɒlər] *n Fin* eurodólar *m*.

euro-MP ['juərəuempi:] *n Pol* eurodiputado,-a *m,f*.

Europe ['juərəp] *n* Europa.

European [juərə'pɪən] *adj* & *n* europeo,-a *(m,f)*. ■ **E. Economic Community**, Comunidad *f* Económica Europea.

Eustachian tube [ju:steɪʃən'tju:b] *n Anat* trompa *f* de Eustaquio.

euthanasia [ju:θə'neɪzɪə] *n* eutanasia *f*.

evacuate [ɪ'vækjueɪt] *vtr* evacuar, desalojar.

evacuation [ɪvækju'eɪʃən] *n* evacuación *f*, desalojamiento *m*.

evacuee [ɪvækju'i:] *n* evacuado,-a *m,f*.

evade [ɪ'veɪd] *vtr* evadir, evitar; **to e. the issue**, eludir la cuestión.

evaluate [ɪ'væljueɪt] *vtr* **1** *(calculate)* evaluar, calcular; **to e. damages**, juzgar la cuantía de los daños. **2** *Math* hallar el valor numérico de.

evaluation [ɪvælju'eɪʃən] *n* evaluación *f*.

evanescent [evə'nesənt] *adj* evanescente.

evangelical [i:væn'dʒelɪkəl] *adj Rel* evangélico,-a.

evangelism [ɪ'vændʒɪlɪzəm] *n Rel* **1** evangelio *m*. **2** evangelismo *m*.

evangelist [ɪ'vændʒɪlɪst] *n Rel* evangelista *mf*; **Saint John the E.**, San Juan Evangelista.

evangelize [ɪ'vændʒɪlaɪz] *vtr* evangelizar.

evaporate [ɪ'væpəreɪt] **I** *vtr* evaporar. ■ **evaporated milk**, leche *f* evaporada. **II** *vi* evaporarse; *fig* desvanecerse.

evaporation [ɪvæpə'reɪʃən] *n* evaporación *f*.

evasion [ɪ'veɪʒən] *n* **1** *(gen)* evasión *f*. ■ **e. of duty**, incumplimiento *m* del deber; **tax e.**, evasión *f* fiscal *or* capital. **2** *(evasive answer)* evasiva *f*.

evasive [ɪ'veɪsɪv] *adj* evasivo,-a.

eve [i:v] *n* víspera *f*; **on the e. of**, en vísperas de.

even ['i:vən] **I** *adj* **1** *(smooth)* liso,-a; *(level)* llano,-a. **2** *(regular)* regular, uniforme; **e. temper**, carácter apacible; **to keep an e. pace**, mantener un ritmo constante. **3** *(equally balanced)* igual, igualado,-a; *(Sport)* **to be e.**, estar igualado,-a, empatar; *Fin* **to break e.**, cubrir gastos; **to get e. with sb**, desquitarse con algn; **to stand an e. chance**, tener tantas posibilidades de éxito como de fracaso. **4** *(number)* par; **odd or e.**, par o impar. **5** *(at the same level)* a nivel. **6** *(quantity)* exacto,-a, redondo,-a. **II** *adv* **1** incluso, hasta, aun; **e. now**, incluso ahora; **e. so**, aun así; **e. the children knew**, hasta los niños lo sabían; **e. when it rains**, incluso cuando llueve. **2** *(negative)* ni siquiera; **she can't e. write her name**, ni siquiera sabe escribir su nombre; **without e. speaking**, sin hablar

siquiera. **3** *(before comparative)* aun, todavía; **that would be e. worse**, eso sería aun peor. **4 e. as**, en el mismo momento en que, mientras; **e. as he wrote the letter**, mientras escribía la carta; **e. if, incluso si; e. though**, aunque, aun cuando. **III** *vtr* nivelar, igualar; *fig* **to e. a score with sb**, desquitarse con algn. ◆**evenly** *adv* **1** *(uniformly)* de modo uniforme. **2** *(fairly)* equitativamente, igualmente. **3** *(tone of voice)* en el mismo tono.

even-handed [i:vən'hændɪd] *adj* imparcial.

evening ['i:vnɪŋ] *n* **1** *(early)* tarde *f*; *(late)* noche *f*; **in the e.**, por la tarde; **tomorrow e.**, mañana por la tarde; **yesterday e.**, ayer por la tarde. ■ *Educ* **e. class**, clase *f* nocturna; **e. dress**, *(man)* traje *m* de etiqueta; *(woman)* traje *m* de noche; **e. paper**, periódico *m* de la tarde; *Cin Theat* **e. perfomance**, función *f* de noche; *Rel* **e. service**, misa *f* vespertina. **2** *(greeting)* **good e.!**, *(early)* ¡buenas tardes!; *(late)* ¡buenas noches!

evenness ['i:vənnɪs] *n* **1** *(equal)* uniformidad *f*. **2** *(fairness)* ecuanimidad *f*.

evensong ['i:vənsɒŋ] *n Rel* vísperas *fpl*.

event [ɪ'vent] *n* **1** *(happening)* suceso *m*, acontecimiento *m*; **in the normal course of events**, si todo sigue su curso normal; **it was quite an e.**, fue todo un acontecimiento; **programme of events**, programa *m* de actos. **2** *(case)* caso *m*; **at all events**, en todo caso; **in the e. of fire**, en caso de incendio; **in the e. of his refusing**, en (el) caso de que no acepte. **3** *Sport* prueba *f*. ■ **track events**, atletismo *m* en pista.

eventful [ɪ'ventful] *adj* lleno,-a de acontecimientos, agitado,-a; **an e. day**, *(busy)* un día agitado; *(memorable)* un día memorable.

eventual [ɪ'ventʃuəl] *adj* **1** *(ultimate)* final; *(resulting)* consiguiente; *(possible)* posible. ◆**eventually** *adv* finalmente, con el tiempo; **we e. managed to find a telephone box**, finalmente encontramos una cabina telefónica.

eventuality [ɪventʃu'ælɪtɪ] *n* eventualidad *f*; **to prepare for all eventualities**, prepararse para cualquier eventualidad.

ever ['evər] *adv* **1** *(never)* nunca, jamás; **nothing e. happens**, nunca pasa nada; **stronger than e.**, más fuerte que nunca. **2** *(interrogative) (sometimes)* alguna vez; **have you e. been there?**, ¿has estado allí alguna vez?; *fam* **did you e.?**, ¡hábrase visto! **3** *(always)* siempre; **for e.**, para siempre; **for e. and e.**, para siempre jamás; **Scotland for e.!**, ¡viva Escocia! **4** *(emphasis)* **how e. did you manage it?**, ¿cómo diablos lo conseguiste?; **what e. shall we do now?**, ¿qué demonios hacemos ahora?; **why e. not?**, ¿por qué no?; *fam* **e. so, e. such**, muy; **e. so difficult**, terriblemente difícil; **e. so little**, muy poco; **thank you e. so much**, muchísimas gracias.

evergreen ['evəgri:n] *Bot* **I** *adj* de hoja perenne. **II** *n* árbol *m* *or* planta *f* de hoja perenne. ■ **e. oak**, encina *f*.

everlasting [evə'lɑ:stɪŋ] *adj* eterno,-a, perpetuo,-a.

evermore [evə'mɔ:r] *adv* eternamente; **for e.**, para siempre.

every ['evrɪ] *adj* **1** *(each)* cada; **e. now and then**, de vez en cuando; **e. other day**, cada dos días. **2** *(all)* todos,-as; **e. citizen**, todo ciudadano, todos los ciudadanos; **e. day**, todos los días; **e. Saturday**, todos los sábados. **3** *(intensive)* **I have e. confidence in her**, tengo plena confianza en ella; **you had e. right to be angry**, tenías todo el derecho a estar enfadado.

everybody ['evrɪbɒdɪ] *pron* todo el mundo, todos,-as.

everyday ['evrɪdeɪ] *adj* diario,-a, de todos los días; corriente; **an e. occurrence,** un suceso cotidiano; **it's an e. event,** es un suceso ordinario. ■ **e. clothes,** ropa *f* de todos los días.

everyone ['evrɪwʌn] *pron* todo el mundo, todos,-as.

everything ['evrɪθɪŋ] *pron* todo; **e. needs washing,** hace falta lavarlo todo; **he eats e.,** come de todo; **she means e. to me,** ella lo es todo para mí.

everywhere ['evrɪweə'] *adv* en todas partes, por todas partes.

evict [ɪ'vɪkt] *vtr* desahuciar.

eviction [ɪ'vɪkʃən] *n* desahucio *m*.

evidence ['evɪdsəns] I *n* 1 (*proof*) evidencia *f*; **there is no e. against her,** no hay ninguna prueba en contra suya. 2 *Jur* testimonio *m*, declaración *f*; **to call sb in e.,** llamar a algn como testigo; **to give e.,** prestar declaración, declarar como testigo; **to turn King's** *or* **Queen's e.,** *US* **to turn state's e.,** delatar a un cómplice. 3 (*sign*) indicio *m*, señal *f*; **in e.,** visible; **to be in e.,** estar a la vista, hacerse notar. II *vtr* 1 (*prove*) demostrar, probar. 2 *Jur* (*witness*) declarar; (*to give proof*) justificar.

evident ['evɪdənt] *adj* evidente, patente, manifiesto,-a. ◆**evidently** *adv* evidentemente, al parecer.

evil ['i:vəl] I *adj* 1 (*wicked*) malo,-a, malvado,-a. 2 (*harmful*) malo,-a, nocivo,-a. 3 (*unfortunate*) aciago,-a, de mal agüero. 4 (*nasty*) geniudo,-a; **he's got an e. temper,** tiene muy mal genio. II *n* mal *m*; **to speak e. of sb,** hablar mal de algn.

evil-doer ['i:vəldʊə'] *n* persona *f* malvada.

evil-minded [i:vəl'maɪndɪd] *adj* malvado,-a, malpensado,-a.

evocation [evə'keɪʃən] *n* evocación *f*.

evocative [ɪ'vɒkətɪv] *adj* evocador,-a.

evoke [ɪ'vəʊk] *vtr* evocar, provocar.

evolution [i:və'lu:ʃən] *n* 1 evolución *f*; **the Darwinian theory of e.,** la teoría de la evolución de Darwin. 2 *Biol* desarrollo *m*.

evolutionary [i:və'lu:ʃənərɪ] *adj* evolutivo,-a.

evolve [ɪ'vɒlv] I *vi* (*species*) evolucionar; (*ideas*) desarrollarse. II *vtr* 1 (*gen*) desarrollar. 2 (*gas, heat*) desprender.

evolvement [ɪ'vɒlvmənt] *n* (*of ideas, plans*) desarrollo *m*; (*of gas, heat*) desprendimiento *m*.

ewe [ju:] *n Zool* oveja *f*.

ex[1] [eks] *prep* 1 **e. dividend,** sin dividendo, sin cupón. 2 **e. factory,** franco fábrica.

ex[2] [eks] *n* her **e.,** su ex marido; **his e.,** su ex mujer.

ex- [eks] *pref* ex, antiguo,-a; **ex-minister,** ex ministro *m*.

exacerbate [ɪg'zæsəbeɪt] *vtr* exacerbar, agravar.

exact [ɪg'zækt] I *adj* (*accurate, precise*) exacto,-a; (*of description, definition*) preciso,-a; **an e. mind,** una mente clara *or* precisa; **this e. spot,** ese mismo lugar. II *vtr* exigir. ◆**exactly** *adv* exactamente; precisamente; **e.!,** ¡exacto!

exacting [ɪg'zæktɪŋ] *adj* exigente.

exactitude [ɪg'zæktɪtju:d] *n* exactitud *f*.

exactness [ɪg'zæktnəs] *n* exactitud *f*.

exaggerate [ɪg'zædʒəreɪt] *vi* & *vtr* exagerar.

exaggerated [ɪg'zædʒəreɪtɪd] *adj* exagerado,-a.

exaggeration [ɪgzædʒə'reɪʃən] *n* exageración *f*.

exalt [ɪg'zɔːlt] *vtr fml* exaltar.

exaltation [egzɔːl'teɪʃən] *n fml* exaltación *f*.

exam [ɪg'zæm] *n Educ fam* examen *m*.

examination [ɪgzæmɪ'neɪʃən] *n* 1 *Educ* examen *m*; **to sit an e.,** hacer un examen; **to take an e.,** examinarse. ■ **entrance e.,** examen *m* de ingreso. 2 *Med* reconocimiento *m*. 3 *Jur* interrogatorio *m*.

examine [ɪg'zæmɪn] *vtr* 1 (*education*) examinar; (*customs*) registrar. 2 *Med* hacer un reconocimiento médico. 3 *Jur* (*witness*) interrogar.

examinee [ɪgzæmɪ'ni:] *n* examinado,-a *m,f*.

examiner [ɪg'zæmɪnə'] *n* examinador,-a *m,f*.

example [ɪg'zɑːmpəl] *n* (*gen*) ejemplo *m*; (*specimen*) ejemplar *m*; **for e.,** por ejemplo; **to make an e. of sb,** dar un castigo ejemplar a algn; **to set an e.,** dar ejemplo.

exasperate [ɪg'zɑːspəreɪt] *vtr* exasperar.

exasperated [ɪg'zɑːspəreɪtɪd] *adj* exasperado,-a.

exasperation [ɪgzɑːspə'reɪʃən] *n* exasperación *f*.

excavate ['ekskəveɪt] *vtr* excavar.

excavation [ekskə'veɪʃən] *n* excavación *f*.

excavator ['ekskəveɪtə'] *n* 1 (*machine*) excavadora *f*. 2 (*person*) excavador,-a *m,f*.

exceed [ek'si:d] *vtr* exceder, sobrepasar; **to e. one's income,** gastar más de lo que uno gana. ◆**exceedingly** *adv* extremadamente, sumamente; **e. pleased,** contentísimo,-a.

excel [ɪk'sel] (*pt & pp* **excelled**) I *vi* sobresalir. II *vtr* superar; **to e. oneself,** superarse.

excellence ['eksələns] *n* excelencia *f*.

excellency ['eksələnsɪ] *n* excelencia *f*; **His E.,** Su Excelencia.

excellent ['eksələnt] *adj* excelente, sobresaliente.

excelsior [ɪk'selsɪɔː'] *n US* virutas *fpl*.

except [ɪk'sept] I *prep* excepto, salvo, con la excepción de; **e. for the little ones,** excepto los pequeños; **e. that ...,** sólo que ..., salvo que ... . II *vtr* excluir; **present company excepted,** exceptuando a los aquí presentes.

exception [ɪk'sepʃən] *n* 1 (*gen*) excepción *f*; **the e. proves the rule,** la excepción confirma la regla; **to make an e. of,** hacer una excepción de, exceptuar; **with the e. of,** a excepción de; **without e.,** sin excepción. 2 (*objection*) objeción *f*; **to take e. to sth,** ofenderse por algo.

exceptionable [ɪk'sepʃənəbəl] *adj* censurable.

exceptional [ɪk'sepʃənəl] *adj* excepcional, extraordinario,-a.

excerpt [ek'sɜːpt] *n* extracto *m*.

excess [ɪk'ses] I *n* exceso *m*; **in e.,** en exceso; **in e. of,** superior a; **to eat to e.,** comer con exceso. II *adj* ['ekses] excedente. ■ *Av* **e. baggage,** exceso *m* de equipaje; *Econ* **e. demand,** exceso *m* de demanda; *Rail* **e. fare,** suplemento *m*; **e. postage,** franqueo *m* excesivo; **e. profits tax,** impuestos *mpl* sobre beneficios excesivos; *Econ* **e. supply,** exceso *m* de oferta.

excessive [ɪk'sesɪv] *adj* excesivo,-a. ◆**excessively** *adv* excesivamente, en exceso.

exchange [ɪks'tʃeɪndʒ] I *n* 1 (*gen*) cambio *m*, intercambio *m*; **e. of ideas,** intercambio de ideas; **in e. for,** a cambio de. 2 *Fin* cambio *m*. ■ **bill of e.,** letra *f* de cambio; **foreign e.,** divisas *fpl*; **E. control,** control *m* de divisas; **rate of e.,** tipo *m* de cambio. 3 *Hist* lonja *f*. ■ **corn e.,** lonja *f* de granos; *GB* **labour e.,** oficina *f* de desempleo, bolsa *f* de trabajo; *Fin* **Stock E.,** Bolsa *f*. 4 *Tel* (**telephone**), central *f* telefónica. II *vtr* 1 (*gen*) cambiar; **to e. blows,** golpearse; **to e. greetings**, saludarse; **to e. words**, cruzar unas palabras. **2** *(prisoners)* canjear.

exchangeable [ɪks'tʃeɪndʒəbəl] *adj* cambiable, canjeable.

exchequer [ɪks'tʃekər] *n GB* **1 the E.**, Hacienda *f*. ■ **Chancellor of the E.**, Ministro *m* de Hacienda. **2** tesoro *m* público.

ex gratia [eks'greɪʃə] *adj fml (payment)* pago *m* discrecional.

excise[1] ['eksaɪz] *n* impuesto *m* sobre el consumo. ■ **E. duty**, derechos *mpl* de aduana; *GB* **the Commissioners of Customs and E.**, ≈ Oficina *f* de Control de Derechos de Aduana y de Importación; **E. officer**, agente *mf* de aduana.

excise[2] [ɪk'saɪz] *vtr* extirpar.

excision [ɪk'sɪʒən] *n Med* extirpación *f*, excisión *f*.

excitable [ɪk'saɪtəbəl] *adj (temperamental)* excitable; *(nervous)* nervioso,-a.

excite [ɪk'saɪt] *vtr* **1** *(stimulate)* excitar; **to get excited**, ponerse nervioso,-a. **2** *(move)* emocionar. **3** *(enthuse)* entusiasmar; **don't get too excited about it**, no te hagas demasiadas ilusiones; **to get excited**, entusiasmarse. **4** *(arouse)* provocar, levantar, despertar; **his speech excited suspicion**, su discurso provocó sospechas.

excitement [ɪk'saɪtmənt] *n* **1** *(stimulation)* excitación *f*. **2** *(emotion)* emoción *f*. **3** *(commotion)* agitación *f*, revuelo *m*; **to cause great e.**, causar sensación; **what's all the e. about?**, ¿a qué se debe tanto alboroto?

exciting [ɪk'saɪtɪŋ] *adj* apasionante, emocionante; **how e.!**, ¡qué ilusión!

exclaim [ɪk'skleɪm] **I** *vi* exclamar. **II** *vtr* gritar.

exclamation [eksklə'meɪʃən] *n* exclamación *f*. ■ **e. mark**, *US* **e. point**, signo *m* de admiración.

exclamatory [ɪk'sklæmətərɪ] *adj* exclamatorio,-a.

exclude [ɪk'sklu:d] *vtr* **1** *(to leave out)* excluir. **2** *(club)* no admitir.

excluding [ɪk'slu:dɪŋ] *prep* excepto, con exclusión de.

exclusion [ɪk'slu:ʒən] *n* exclusión *f*; **to the e. of**, con exclusión de.

exclusive [ɪk'slu:sɪv] **I** *adj* **1** *(sole)* exclusivo,-a. ■ **e. interview**, entrevista *f* en exclusiva; **e. rights**, derechos *mpl* exclusivos. **2** *(select)* selecto,-a; *(club)* cerrado,-a. **II** *n Press* exclusiva *f*. **III** *adv* **e. of**, excluyendo, sin tener en cuenta. ◆**exclusively** *adv* exclusivamente.

excommunicate [ekskə'mju:nɪkeɪt] *vtr Rel* excomulgar.

excommunication [ekskəmju:nɪ'keɪʃən] *n* excomunión *f*.

excrement ['ekskrɪmənt] *n* excremento *m*.

excrescence [ɪk'skresəns] *n* excrecencia *f*.

excreta [ɪk'skri:tə] *npl* excrementos *mpl*.

excrete [ɪk'skri:t] *vtr* excretar.

excretion [ɪk'skri:ʃən] *n* excreción *f*.

excruciating [ɪk'skru:ʃɪeɪtɪŋ] *adj* insoportable. ◆**excruciatingly** *adv* atrozmente, horriblemente; **it's e. funny**, es para morirse de risa.

excursion [ɪk'skɜ:ʃən] *n* excursión *f*. ■ **e. ticket**, billete *m* reducido.

excursionist [ɪk'skɜ:ʃənɪst] *n* excursionista *mf*.

excusable [ɪk'skju:zəbəl] *adj* perdonable, disculpable.

excuse [ɪk'skju:z] **I** *vtr* **1** *(forgive)* perdonar, disculpar; **e. me!**, ¡oiga, por favor!, con permiso; **e. my saying so**, perdone mi atrevimiento; **may I be excused for a moment?**, ¿puedo salir un momento? **2** *(exempt)* dispensar, eximir; *Mil* rebajar; **he was excused kitchen duty**, lo rebajaron del servicio de cocina. **3** *(justify)* justificar; **that does not e. your behaviour**, eso no justifica tu comportamiento. **II** [ɪk'skju:s] *n* excusa *f*; **to make an e.**, dar excusas.

ex-directory [eksdɪ'rektərɪ] *adj Tel* que no se encuentra en la guía telefónica; **the Minister's number is ex-d.**, el número de teléfono del Ministro no figura en el listín.

execrable ['eksɪkrəbəl] *adj fml (abysmal)* execrable; *(awful)* abominableee.

execute ['eksɪkju:t] *vtr* **1** *(carry out)* ejecutar; *(order)* cumplir; *(task)* realizar, llevar a cabo. **2** *Jur* cumplir; **to e. a will**, cumplir un testamento. **3** *(put to death)* ejecutar. **4** *Mus* interpretar.

execution [eksɪ'kju:ʃən] *n* **1** *(carrying out)* ejecución *f*; *(of order)* cumplimiento *m*; *(of task)* realización *f*. **2** *Jur* cumplimiento *m*. **3** *(putting to death)* ejecución *f*. **4** *Mus* interpretación *f*.

executioner [eksɪ'kju:ʃənər] *n* verdugo *m*.

executive [ɪg'zekjʊtɪv] **I** *adj* ejecutivo,-a. ■ **E. Board**, consejo *m* de dirección; *US* **E. officer**, segundo comandante *m*; **e. power**, poder *m* ejecutivo. **II** *n* ejecutivo,-a *m,f*.

executor [ɪg'zekjʊtər] *n Jur* albacea *m*.

executrix [ɪg'zekjʊtrɪks] *n Jur* albacea *f*.

exemplary [ɪg'zemplərɪ] *adj* ejemplar; **an e. pupil**, un alumno ejemplar.

exemplify [ɪg'zemplɪfaɪ] *vtr (pt & pp exemplified)* ejemplificar, servir de ejemplo para.

exempt [ɪg'zempt] **I** *vtr* eximir, dispensar **(from**, de**)**; **he was exempted from national service**, le eximieron del servicio militar. **II** *adj* exento,-a, libre; **e. from tax**, libre de impuesto; **e. from taxation**, exento,-a de impuestos.

exemption [ɪg'zempʃən] *n* exención *f* **(from**, de**)**.

exercise ['eksəsaɪz] **I** *n* ejercicio *m*; **to take e.**, hacer ejercicio, hacer deporte. ■ *Educ* **e. book**, cuaderno *m*. **II** *vtr* **1** *(influence, rights, duties)* ejercer; **to e. care**, tener cuidado, proceder con cuidado. **2** *(dog)* sacar de paseo. **3** *(mind)* inquietar; **this matter has much exercised the minds of scientists**, este asunto ha inquietado mucho a los científicos. **III** *vi* hacer ejercicio, entrenarse.

exert [ɪg'zɜ:t] *vtr (influence)* ejercer; **to e. oneself**, esforzarse.

exertion [ɪg'zɜ:ʃən] *n* esfuerzo *m*, esfuerzo excesivo.

exhale [eks'heɪl] *vtr (breathe)* exhalar; *(smell)* despedir.

exhaust [ɪg'zɔ:st] **I** *vtr* **1** *(tire)* agotar; **to e. oneself**, agotarse. **2** *(use up)* agotar; **we have exhausted all the possibilities**, hemos agotado todas las posibilidades. **3** *(empty)* vaciar. **II** *n (gases)* gases *mpl* de combustión; *(pipe)* escape *m*. ■ *Aut* **e. pipe**, tubo *m* de escape; **e. valve**, válvula *f* de escape.

exhausted [ɪg'zɔ:stɪd] *adj* agotado,-a.

exhausting [ɪg'zɔ:stɪŋ] *adj* agotador,-a.

exhaustion [ɪg'zɔ:stʃən] *n* agotamiento *m*.

exhaustive [ɪg'zɔ:stɪv] *adj* exhaustivo,-a, completo,-a; **an e. inquiry**, una investigación minuciosa.

exhibit [ɪg'zɪbɪt] **I** *n* **1** *Art* objeto *m* expuesto. **2** *Jur* prueba *f* instrumental. **II** *vtr* **1** *Art* exponer. **2** *(manifest)* mostrar, presentar.

exhibition [eksɪ'bɪʃɔn] *n* 1 *(display)* muestra *f*, demostración *f*; **to make an e.** of **oneself,** hacer el ridículo. 2 *Art* exposición *f*; **to be on e.**, estar actualmente expuesto,-a. 3 *Com (trade fair)* feria *f*.

exhibitionism [eksɪ'bɪʃɔnɪzəm] *n* exhibicionismo *m*.

exhibitionist [eksɪ'bɪʃɔnɪst] *adj* & *n* exhibicionista (*mf*).

exhibitor [ɪg'zɪbɪtə^r] *n* expositor,-a *m,f*.

exhilarate [ɪg'zɪləreɪt] *vtr* alegrar, levantar el ánimo, animar.

exhilarated [ɪg'zɪləreɪtɪd] *adj* muy animado,-a.

exhilarating [ɪg'zɪləreɪtɪŋ] *adj* estimulante.

exhilaration [ɪgzɪlə'reɪʃən] *n* regocijo *m*, alegría *f*.

exhort [ɪg'zɔ:t] *vtr* exhortar.

exhumation [ekshjʊ'meɪʃən] *n* exhumación *f*.

exhume [eks'hjʊm] *vtr* exhumar, desenterrar.

exigency ['eksɪdʒənsɪ, ɪg'zɪdʒənsɪ] *n (need)* exigencia *f*; *(emergency)* caso *m* de emergencia.

exigent ['eksɪdʒənt] *adj (demanding)* exigente; *(urgent)* urgente.

exiguous [ɪg'zɪgjʊəs] *adj* exiguo,-a.

exile ['eksaɪl] I *n* 1 *(banishment)* exilio *m*, destierro *m*. 2 *(person)* exiliado,-a *m,f*. ■ **tax e.**, exiliado,-a voluntario,-a para evitar los impuestos. II *vtr* exiliar, desterrar.

exist [ɪg'zɪst] *vi* 1 *(gen)* existir. 2 *(stay alive)* subsistir; **to e. on bread,** subsistir a base de pan.

existence [ɪg'zɪstəns] *n* existencia *f*; **to be in e.,** existir; **to come into e.,** nacer.

existential [egzɪ'stenʃəl] *adj Philos* existencial.

existentialism [egzɪ'stenʃəlɪzəm] *n Philos* existencialismo *m*.

existentialist [egzɪ'stenʃəlɪst] *adj* & *n Philos* existencialista (*mf*).

existing [eg'zɪstɪŋ] *adj* existente, actual; **in the e. circumstances,** en las circunstancias actuales.

exit ['eksɪt] I *n* 1 *(gen)* salida *f*. ■ **emergency e.,** salida *f* de emergencia; **e. visa,** visado *m* de salida; **fire e.,** salida *f* de emergencia. 2 *Theat* salida *f*, mutis *m*; **to make one's e.,** salir. II *vi Theat* salir (de escena), hacer mutis; **e. Macbeth,** sale Macbeth.

ex officio [eksə'fɪʃɪəʊ] *adj* & *adv* ex-oficio.

exodus ['eksədəs] *n* éxodo *m*; *fam* **there was a general e.,** se fueron todos.

exogamy [ek'sɒgəmɪ] *n* exogamia *f*.

exonerate [ɪg'zɒnəreɪt] *vtr fml* exonerar, dispensar **(from,** de).

exoneration [ɪgzɒnə'reɪʃən] *n fml* exoneración *f*, dispensa *f*.

exorbitant [ɪg'zɔ:bɪtənt] *adj* exorbitante, desorbitado,-a, excesivo,-a.

exorcise ['eksɔ:saɪz] *vtr (demon)* exorcizar; *fig (memory)* borrar de la memoria.

exorcism ['eksɔ:sɪzəm] *n* exorcismo *m*.

exorcist ['eksɔ:sɪst] *n* exorcista *mf*.

exotic [ɪg'zɒtɪk] *adj* exótico,-a.

expand [ɪk'spænd] I *vtr* 1 *(enlarge)* ampliar; **he expanded his business,** amplió su negocio. 2 *(gas, metal)* dilatar. II *vi* 1 *(grow)* ampliarse, crecer. 2 *(metal)* dilatarse. 3 *(become more friendly)* abrirse. ◆**expand on** *vtr* ampliar; **could you e. on your theory a little?,** ¿podría ampliar un poco su teoría?

expanding [ɪk'spændɪŋ] *adj* en expansión.

expanse [ɪk'spæns] *n* extensión *f*.

expansion [ɪk'spænʃən] *n* 1 *(size)* ampliación *f*, expansión *f*. 2 *(gas, metal)* dilatación *f*. 3 *(trade)* desarrollo *m*.

expansionism [ɪk'spænʃənɪzəm] *n* expansionismo *m*.

expansive [ɪk'spænsɪv] *adj* expansivo,-a, comunicativo,-a.

expatriate [eks'pætrɪt] I *adj* & *n* expatriado,-a *(m,f)*. II [eks'pætrɪeɪt] *vtr* expatriar, desterrar.

expatriation [ekspætrɪ'eɪʃən] *n* expatriación *f*.

expect [ɪk'spekt] I *vtr* 1 *(anticipate)* esperar; **I expected as much,** ya me lo esperaba; **I fully expected to see them,** estaba seguro de verlos; **I half-expected that to happen,** suponía que iba a ocurrir; **I knew what to e.,** sabía a qué atenerme. 2 *(demand)* esperar, contar con; **I e. you to be punctual,** cuento con que seas puntual; **I wouldn't have expected such behaviour from her,** no esperaba tal comportamiento por su parte. 3 *(suppose)* suponer, imaginar; **I e. she's in the office,** me imagino que estará en la oficina; **I e. so,** supongo que sí. II *vi fam* **to be expecting,** estar embarazada.

expectancy [ɪk'spektənsɪ] *n* expectación *f*. ■ **life e.,** esperanza *f* de vida.

expectant [ɪk'spektənt] *adj* ilusionado,-a. ■ **e. mother,** mujer *f* embarazada.

expectation [ekspek'teɪʃən] *n* esperanza *f*; **beyond e.,** por encima de lo esperado; **contrary to e., against e.,** contrariamente a lo que se esperaba; **in e. of,** con la esperanza de; **not to come up to sb's expectations, to fall short of sb's expectations,** no alcanzar las expectativas de algn.

expectorant [ɪk'spektərənt] *n* expectorante *m*.

expectorate [ɪk'spektəreɪt] *vtr* expectorar, escupir.

expediency [ɪk'spi:dɪənsɪ] *n* conveniencia *f*, oportunidad *f*.

expedient [ɪk'spi:dɪənt] I *adj* conveniente, oportuno,-a. II *n* expediente *m*, recurso *m*.

expedite ['ekspɪdaɪt] *vtr* 1 *(speed up)* acelerar. 2 *(business)* despachar.

expedition [ekspɪ'dɪʃən] *n* expedición *f*. ■ **rescue e.,** expedición *f* de salvamento.

expeditionary [ekspɪ'dɪʃənərɪ] *adj* expedicionario,-a. ■ **e. force,** cuerpo *m* expedicionario.

expeditious [ekspɪ'dɪʃəs] *adj* expeditivo,-a.

expel [ɪk'spel] *vtr (pt* & *pp expelled)* expulsar.

expend [ɪk'spend] *vtr* gastar, emplear.

expendable [ɪk'spendəbəl] *adj* prescindible.

expenditure [ɪk'spendɪtʃə^r] *n* gasto *m*, desembolso *m*.

expense [ɪk'spens] *n* gasto *m*; **all expenses paid,** todos los gastos pagados; **at great e.,** pagándolo caro; **he went on the trip at his own e.,** pagó el viaje de su propio bolsillo; **to go to a lot of e.,** gastar mucho dinero; **to spare no e.,** no escatimar gastos; *fig* **at my e.,** a costa mía; *fig* **at the e. of,** a expensas de, a costa de. ■ *Com* **e. account,** cuenta *f* de gastos de representación.

expensive [ɪk'spensɪv] *adj* caro,-a, costoso,-a; *fig* **it was an e. mistake,** el error costó muy caro.

experience [ɪk'spɪərɪəns] I *n* experiencia *f*; **an unforgettable e.,** una experiencia inolvidable; **he has a lot of e. as a doctor,** es un médico con mucha experiencia. II *vtr (sensation, situation)* experimentar; *(difficulty)* padecer, tener; *(loss)* sufrir.

experienced [ɪk'spɪərɪənst] *adj* experimentado,-a, con experiencia **(at,** in, en); **you've got to be very e.,** se necesita mucha experiencia.

experiment [ɪk'sperɪmənt] I *n* experimento *m*; **as an e.**, como experimento. II *vi* experimentar, hacer experimentos **(on, with,** con).

experimental [ɪksperɪ'mentəl] *adj* experimental.

expert ['ekspɜ:t] I *adj* experto,-a; **e. opinion**, opinión de un experto. II *n* experto,-a *m,f*, especialista *mf*; **to be an e. on the subject**, ser experto,-a en la materia. ■ *Comput* **e. system**, sistema *m* experto. ◆**expertly** *adv* expertamente.

expertise [ekspɜ:'ti:z] *n* pericia *f*, habilidad *f*, competencia *f*.

expiate ['ekspɪeɪt] *vtr fml* expiar.

expiation [ekspɪ'eɪʃən] *n fml* expiación *f*.

expire [ɪk'spaɪər] *vi* 1 *euph (die)* expirar; *(come to an end)* terminar. 2 *Com Ins* vencer; *(of ticket)* caducar. 3 *(breathe out)* espirar.

expiry [ɪk'spaɪərɪ] *n* expiración *f*, terminación *f*; *(bill of exchange)* vencimiento *m*. ■ **e. date**, fecha *f* de caducidad.

explain [ɪk'spleɪn] I *vtr (gen)* explicar; *(clarify)* aclarar; **that explains it**, así se explica; **to e. oneself**, explicarse, justificarse. II *vi* explicarse. ◆**explain away** *vtr* dar razones por, justificar; **he found it difficult to e. away the high number of accidents**, le fue difícil justificar el gran número de accidentes.

explanation [eksplə'neɪʃən] *n (gen)* explicación *f*; *(clarification)* aclaración *f*.

explanatory [ɪk'splænətərɪ] *adj* explicativo,-a, aclaratorio,-a.

expletive [ɪk'spli:tɪv] *n fml* taco *m*, palabrota *f*.

explicable [ɪk'splɪkəbəl] *adj* explicable.

explicit [ɪk'splɪsɪt] *adj* explícito,-a. ◆**explicitly** *adv* explícitamente.

explode [ɪk'spləʊd] I *vtr* 1 *(bomb)* hacer explotar; *(mine)* hacer volar. 2 *fig (theory)* refutar; *(rumour)* desmentir. II *vi* 1 *(bomb)* estallar, explotar; *fig* **to e. with** *or* **in anger**, montar en cólera; *fig* **to e. with** *or* **into laughter**, estallar de risa.

exploit ['eksplɔɪt] I *n* proeza *f*, hazaña *f*. II [ek'splɔɪt] *vtr* explotar, aprovecharse de.

exploitation [eksplɔɪ'teɪʃən] *n* explotación *f*.

exploration [eksplə'reɪʃən] *n* exploración *f*.

exploratory [ek'splɒrətərɪ] *adj* exploratorio,-a.

explore [ɪk'splɔ:r] *vtr* explorar.

explorer [ɪk'splɔ:rər] *n* explorador,-a *m,f*.

explosion [ɪk'spləʊʒən] *n* explosión *f*; **e. of anger**, ataque *m* de rabia *or* genio. ■ **population e.**, explosión *f* demográfica.

explosive [ɪk'spləʊsɪv] I *adj* explosivo,-a; *fig* **he's got an e. temper**, se enfurece por cualquier cosa. ■ **e. issue** asunto *m* delicado. II *n* explosivo *m*.

exponent [ɪk'spəʊnənt] *n* 1 *(gen)* exponente *m*; *(supporter)* defensor,-a *m,f*; *(expert)* experto,-a *m,f*; **he is the leading e. of the theory**, es el principal defensor de la teoría. 2 *(performer)* intérprete *mf*. 3 *Math* exponente *m*.

export [ɪk'spɔ:t] I *vtr* exportar. II ['ekspɔ:t] *n* 1 *Com (trade)* exportación *f*. ■ **e. duty**, aranceles *mpl* de exportación; **e. licence**, licencia *f* de exportación; **e. subsidy**, ayudas *fpl* a la exportación. 2 *Com (commodity)* artículo *m* de exportación.

exportation [ekspɔ:'teɪʃən] *n* exportación *f*.

exporter [eks'pɔ:tər] *n* exportador,-a *m,f*.

exporting [ɪk'spɔ:tɪŋ] *adj* exportador,-a.

expose [ɪk'spəʊz] *vtr* 1 *(uncover)* exponer; *(secret)* revelar; *(plot)* descubrir; **to e. oneself**, exhibirse desnudo; *(habitually)* practicar el exhibicionismo; **to e. oneself to danger**, exponerse al peligro. 2 *Phot* exponer.

exposé [eks'pəʊzeɪ] *n* revelación *f*, desenmascaramiento *m*.

exposed [ɪk'spəʊzd] *adj* 1 *(shown)* expuesto,-a. 2 *(house, place)* desabrigado,-a, al descubierto.

exposition [ekspə'zɪʃən] *n* 1 *(exhibition)* exposición *f*. 2 *(account)* explicación *f*.

expostulate [ɪk'spɒstjʊleɪt] *vi fml* protestar, discutir, reconvenir.

exposure [ɪk'spəʊʒər] *n* 1 *(light, cold, heat)* exposición *f*; **to die of e.**, morir de frío. 2 *Phot* fotografía *f*. ■ **e. meter**, fotómetro *m*; **e. time**, tiempo *m* de exposición. 3 *(reveal)* revelación *f*; *(criminal)* descubrimiento *m*; **fear of e.**, temor *m* al escándalo. ■ **indecent e.**, exhibicionismo *m*. 4 *(house)* situación *f*, orientación *f*.

expound [ɪk'spaʊnd] *vtr* exponer.

express [ɪk'spres] I *adj* 1 *(explicit)* expreso,-a, claro,-a; **for the e. purpose of …**, con el propósito expreso de … . 2 *GB (letter, parcel)* urgente; **send it by e. delivery**, envíalo por correo urgente. ■ **Rail e. train**, expreso *m*. II *n Rail* expreso *m*. III *vtr* 1 *(opinion)* expresar; *(speak, write thoughts)* expresarse. 2 *(fruit juice)* exprimir. IV *adv* urgente; **send it e.**, mándalo urgente. ◆**expressly** *adv fml* expresamente.

expression [ɪk'spreʃən] *n* expresión *f*; *Math* señal *f*.

expressive [ɪk'spresɪv] *adj* expresivo,-a.

expropriate [eks'prəʊprɪeɪt] *vtr* expropiar.

expropriation [eksprəʊprɪ'eɪʃən] *n* expropiación *f*.

expulsion [ɪk'spʌlʃən] *n* expulsión *f*.

expurgate ['ekspɜ:geɪt] *vtr* expurgar.

expurgation [ekspə'geɪʃən] *n* expurgación *f*.

exquisite [ɪk'skwɪzɪt] *adj* exquisito,-a, perfecto,-a. ◆**exquisitely** *adv* exquisitamente.

ex-serviceman [eks'sɜ:vɪsmən] *n (pl ex-servicemen)* *Mil* ex combatiente *m*.

extant [ek'stænt] *adj* existente.

extempore [ɪk'stempərɪ] I *adj fml* improvisado,-a. II *adv* de improviso, improvisadamente.

extemporize [ɪk'stempəraɪz] *vtr & vi fml* improvisar.

extend [ɪk'stend] I *vtr* 1 *(space) (enlarge)* ampliar; *(lengthen)* alargar; *(increase)* augmentar; **she wants to e. her country house**, quiere ampliar su casa de campo; *fig* **the prohibition was extended to cover cigarettes**, extendía la prohibición a los cigarrillos. 2 *(give, offer)* rendir, dar; **he extended the letter to the manager**, hizo entrega de la carta al director; **to e. an invitation to sb**, invitar a algn; **to e. a welcome to sb**, recibir a algn. 3 *(time) (prolong)* prolongar, alargar; **I asked them to e. my travel insurance**, solicité que prorrogaran el seguro de viaje; **regular matenance extends a car's life**, el mantenimiento regular alarga la vida de un coche; **to e. a stay**, prolongar una estancia. II *vi* 1 *(stretch)* extenderse; **his lands extended as far as the great desert**, sus tierras se extendían hasta el gran desierto. 2 *(last)* extenderse, prolongarse, durar, alargarse; **the winter extended well into March**, el invierno se alargó hasta bien entrado marzo.

extension [ɪk'stenʃən] *n* 1 *(gen)* extensión *f*, prolongación *f*; *(of time)* prórroga *f*. 2 *Tel* extensión; **e. 33 please**, con la extensión 33 por favor. 3 *Constr* anexo *m*.

extensive [ɪk'stensɪv] *adj (length, quality)* extenso,-a; *(space)* amplio,-a. ◆**extensively** *adv* 1 *(widely)* extensamente. 2 *(frequently)* frecuentemente, con frecuencia.

extent [ɪk'stent] *n* 1 *(area)* extensión *f*. 2 *(degree)* punto *m*; **to a certain e.**, hasta cierto punto; **to a large e.**, en gran parte; **to a lesser e.**, en menor grado; **to such an e.**, hasta tal punto. 3 *(limit)* límite; **I've reached the e.** of my patience, he llegado al límite de mi paciencia.

extenuating [ɪk'stenjʊeɪtɪŋ] *adj Jur* atenuante. ■ **e. circumstances**, circunstancias *fpl* atenuantes.

exterior [ɪk'stɪərɪəʳ] I *adj* exterior, externo,-a. II *n* exterior *m*.

exterminate [ɪk'stɜːmɪneɪt] *vtr* exterminar.

extermination [ɪkstɜːmɪ'neɪʃən] *n* exterminación *f*, exterminio *m*.

exterminator [ɪk'stɜːmɪneɪtəʳ] *n* exterminador,-a *m,f*.

external [ek'stɜːnəl] *adj* 1 *(gen)* externo,-a, exterior; *Med* **for e. use only**, sólo para uso externo. ■ *Pol* **e. affairs**, asuntos *mpl* exteriores. 2 *Univ* por libre.

extinct [ɪk'stɪŋkt] *adj* 1 *(species)* extinguido,-a; **to become e.**, extinguirse. 2 *(volcano)* extinguido,-a, apagado,-a.

extinction [ɪk'stɪŋkʃən] *n* extinción *f*.

extinguish [ɪk'stɪŋgwɪʃ] *vtr* extinguir, apagar.

extinguisher [ɪk'stɪŋgwɪʃəʳ] *n* extintor *m*.

extirpate ['ekstəpeɪt] *vtr* extirpar.

extol, US extoll [ɪk'stəʊl] *vtr (pt & pp extolled)* ensalzar, alabar.

extort [ɪk'stɔːt] *vtr (promise, confession)* arrancar; *(money)* sacar.

extortion [ɪk'stɔːʃən] *n (of money)* extorsión *f*.

extortionate [ɪk'stɔːʃənɪt] *adj* exorbitante, desorbitado,-a.

extra ['ekstrə] I *adj* extra, más; *(spare)* de sobra; **charge**, suplemento *m*; **I've got two e. tickets**, me sobran dos entradas; **the wine is e.**, el vino se cobra aparte, el vino no está incluído. II *adv* extra; **e. fine**, finísimo, extra fino; **e. strong**, fortísimo, extra fuerte. III *n* 1 *(additional charge)* suplemento *m*. 2 *Cin* extra *mf*. 3 *(newspaper)* edición *f* especial.

extract ['ekstrækt] I *n* 1 extracto *m*; **meat e.**, extracto de carne. 2 *(book)* extracto *m*, trozo *m*. II [ɪk'strækt] *vtr (tooth, information)* extraer, sacar; *(confession)* arrancar.

extraction [ɪk'strækʃən] *n* 1 extracción *f*. 2 *(descent)* origen *m*; **to be of Spanish e.**, ser de origen español.

extractor [ɪk'stræktəʳ] *n* extractor *m*. ■ **e. fan**, extractor *m* de humos.

extracurricular [ekstrəkə'rɪkjʊləʳ] *adj Educ* extraescolar, fuera del programa de estudios.

extradite ['ekstrədaɪt] *vtr* extraditar, extradir.

extradition [ekstr'dɪʃən] *n* extradición *f*.

extramarital [ekstrə'mærɪtəl] *adj* fuera del matrimonio, extramatrimonial.

extramural [ekstrə'mjʊərəl] *adj Univ* **e. course**, curso *m* para estudiantes libres.

extraneous [ɪk'streɪnɪəs] *adj fml* ajeno,-a, extraño,-a.

extraordinary [ɪk'strɔːdənərɪ] *adj* 1 *(special, additional)* extraordinario,-a, fuera de lo común. 2 *(strange)* raro,-a; **what an e. thing!**, ¡qué cosa más rara! ◆**extraordinarily** *adv* extraordinariamente.

extrapolate [ɪk'stræpəleɪt] *vtr* 1 *Math* extrapolar. 2 *(guess)* extrapolar.

extrapolation [ɪkstræpə'leɪʃən] *n* extrapolación *f*.

extravagance [ɪk'strævɪgəns] *n (spending)* derroche *m*, despilfarro *m*; *(behaviour)* extravagancia *f*, exageración *f*.

extravagant [ɪk'strævɪgənt] *adj (wasteful)* derrochador,-a, despilfarrador,-a; *(excessive)* exagerado,-a; *(luxurious)* lujoso,-a, suntuoso,-a.

extravaganza [ɪkstrævə'gænzə] *n Theat* farsa *f*, fantasía *f*.

extreme [ɪk'striːm] I *adj* extremo,-a; **an e. case**, un caso excepcional; **to hold e. views**, tener opiniones muy radicales. ■ *Rel* **E. Unction**, Extremaunción *f*. II *n* extremo *m*; **in the e.**, en sumo grado, en extremo; **to go from one e. to the other**, pasar de un extremo a otro; **to go to extremes**, llegar a extremos. ◆**extremely** *adv* extremadamente, sumamente; **e. annoyed/pleased**, enfadadísimo,-a/contentísimo,-a; **I'm e. sorry**, lo siento de veras.

extremism [ɪk'striːmɪzəm] *n* extremismo *m*.

extremist [ɪk'striːmɪst] *n* extremista *mf*.

extremity [ɪk'stremɪtɪ] *n* 1 *(extreme)* extremidad *f*, extremo *m*. 2 **extremities**, *(hands, feet)* extremidades *fpl*.

extricate ['ekstrɪkeɪt] *vtr* librar, sacar; **to e. oneself**, lograr salir *(from,* de*)*.

extrovert ['ekstrəvɜːt] *adj & n* extrovertido,-a *(m,f)*.

extrude [ɪk'struːd] I *vi (squeeze)* inquirir; *(force out)* hacer salir. II *vtr Tech* expulsar.

exuberance [ɪg'zjuːbərəns] *n (effusiveness)* exuberancia *f*; *(vitality)* euforia *f*.

exuberant [ɪg'zjuːbərənt] *adj (excessive)* exuberante; *(energetic)* eufórico,-a.

exude [ɪg'zjuːd] *vtr & vi (sweat, sap)* exudar, rezumar; *fig* rebosar.

exult [ɪg'zʌlt] *vi* regocijarse.

exultant [ɪg'zʌltənt] *adj* jubiloso,-a, regocijado,-a, triunfante.

exultation [ɪgzʌl'teɪʃən] *n* exultación *f*, júbilo *m*.

eye [aɪ] I *n* 1 *Anat* ojo *m*; *fig* **anyone with half an e. can see she's wrong**, cualquiera con dos dedos de frente puede ver que está equivocada; *fig* **as far as the e. can see**, hasta donde alcanza la vista; *fig* **before or under my very eyes**, delante de mis propios ojos; *fig* **I couldn't believe my eyes**, no podía creerlo; *fig* **in the eyes of**, según; *fig* **in the eyes of the Law this is illegal**, según la Ley esto es ilegal; *fig* **in the mind's e.**, en la imaginación; *fig* **in the twinkling of an e.**, en un abrir y cerrar de ojos; *fig* **my e. fell upon ...**, me di cuenta de ...; *fig* **not to take one's eyes off sb/sth**, no quitar la vista de encima a algn/algo; *fig* **to be very much in the public e.**, aparecer mucho en público; *fig* **to catch sb's e.**, llamar la atención a algn; *fig* **to do sth with one's eyes open**, hacer algo sabiendo lo que le espera a uno; *fig* **to have an e. for**, tener buen ojo para; *fig* **to have eyes in the back of one's head**, saber *or* darse cuenta de todo; *fig* **to make eyes at sb**, dirigir miraditas a algn; *fig* **to my mind**, en mi opinión; *fig* **to only have eyes for ...**, sólo tener ojos para ...; *fig* **to open sb's eyes**, abrirle los ojos a algn; *fig* **to shut one's eyes to sth**, hacer la vista gorda a algo; *fig* **to see e. to e. with sb**, estar de acuerdo con algn; *fig* **to turn a blind e.**, hacer la vista gorda *(to,* a*)*; *fig* **with an e. to**, con el propósito de, con miras a; *fig* **with the naked e.**, a simple vista; *fam* **to keep an e. on sb/**

sth, vigilar a algn/algo; *fam* **to keep an e. out for sb/ sth**, tener un ojo pendiente de algn/algo; *fam* **to keep one's eyes open** *or* **peeled** *or* **skinned**, estar ojo alerta; *fam fig* **I'm up to my eyes in work**, estoy hasta aquí de trabajo; *prov* **an e. for an e. (a tooth for a tooth)**, ojo por ojo (diente por diente). ■ **black e.**, ojo *m* a la funerala; **glass e.**, ojo *m* de cristal; **private e.**, detective *mf* privado,-a. 2 *(of needle, potato, hurricane)* ojo *m*. II *vtr* mirar, observar; **to e. sb up and down**, mirar a algn de arriba abajo.

eyeball['aɪbɔ:l] *n Anat* globo *m* ocular.

eyebrow['aɪbraʊ] *n Anat* ceja *f*.

eyecatching['aɪkætʃɪŋ] *adj* llamativo,-a.

eyeful['aɪfʊl] *n fam* **to get an e.**, echar un vistazo.

eyeglass['aɪglɑ:s] *n* monóculo *m*.

eyelash['aɪlæʃ] *n Anat* pestaña *f*.

eyelet['aɪlɪt] *n* ojete *m*.

eyelid['aɪlɪd] *n Anat* párpado *m*.

eyeliner['aɪlaɪnə] *n* lápiz *m* de ojos.

eye-opener['aɪəʊpənəʳ] *n* revelación *f*, gran sorpresa *f*.

eyepatch['aɪpætʃ] *n* parche *m*.

eyepiece['aɪpi:s] *n* ocular *m*.

eyeshade['aɪʃeɪd] *n* visera *f*.

eyeshadow['aɪʃædəʊ] *n* sombra *f* de ojos.

eyesight['aɪsaɪt] *n* vista *f*; **my e. is failing**, me está fallando la vista.

eyesore['aɪsɔːʳ] *n* monstruosidad *f*; **to be an e.**, ofender a la vista.

eyestrain['aɪstreɪn] *n* vista *f* cansada; **to suffer from e.**, tener la vista cansada.

eyetooth['aɪtu:θ] *n (pl eyeteeth* ['aɪti:θ]*) Anat* colmillo *m*; *fam* **I would give my eyeteeth to ...**, daría un ojo de la cara por ... .

eyewash['aɪwɒʃ] *n Med* colirio *m*; *fam* **it's all e.**, eso son disparates.

eyewitness['aɪwɪtnɪs] *n* testigo *mf* ocular.

eyrie['ɪərɪ, 'aɪərɪ] *n* aguilera *f*.

F

F, f[ef] *n* 1 *(the letter)* F, f *f*. 2 *Mus* fa *m*.

F[ef] *abbr of* **Fahrenheit**, Fahrenheit, F.

f[ef] *Ling abbr of* **feminine**, femenino, f.

FA[ef'eɪ] 1 *GB Sport abbr of* **Football Association**, Federación *f* de fútbol. 2 *vulg offens abbr of* **fuck all**, *(virtually nothing)* una mierda; *(absolutely nothing)* ni una mierda.

fab[fæb] *adj (abbr of fabulous)* guai, chachi.

fable['feɪbəl] *n* fábula *f*; **Aesop's fables**, fábulas de Esopo.

fabled['feɪbəld] *adj* 1 fabulado,-a; **ghosts are f. to appear at midnight**, cuenta la leyenda que los fantasmas aparecen a media noche. 2 ficticio,-a.

fabric['fæbrɪk] *n* 1 *Tex* tela *f*, tejido *m*. 2 *Constr* fábrica *f*, estructura *f*; *fig* **the f. of society**, la estructura de la sociedad.

fabricate['fæbrɪkeɪt] *vtr* 1 *(build, invent)* fabricar; *(story, lie)* inventar. 2 *(forge)* falsificar.

fabrication[fæbrɪ'keɪʃən] *n fig* invención *f*; **it is pure f.**, es pura invención *or* ficción.

fabulous['fæbjʊləs] *adj* fabuloso,-a.

façaden, **facade**[fə'sɑ:d, fæ'sɑːd] *n Archit* fachada *f*; *fig* **it's all a f.**, es pura fachada.

face[feɪs] I *n* 1 *Anat* cara *f*, rostro *m*; **a serious f.**, una cara seria; **a smiling f.**, un semblante risueño; **f. to f.**, cara a cara; **he never forgets a f.**, es muy buen fisonomista; **I told him to his f.**, se lo dije en la cara; **she laughed in my f.**, se me rió en la cara; **she slammed the door in my f.**, me dió con la puerta en las narices; **shut your f.!**, ¡cierra el pico!; **to look sb in the f.**, mirarle a algn a la cara; *fig* **to fall flat on one's f.**, caerse de bruces; *fig* **to show one's f.**, asomar la cara. ■ **f. cloth**, paño *m*; **f. cream**, crema *f* de belleza; **f. pack**, mascarilla *f* facial. 2 *(expression)* cara *f*, expresión *f*; **to pull a long f.**, poner una cara larga; **to keep a straight f.**, mantenerse serio,-a; **to pull faces**, hacer muecas. 3 *(surface)* superficie *f*; *(card, coin)* cara *f*; *(dial)* cuadrante *m*;

(watch) esfera *f*; *(cliff)* cara *f*; *(world)* faz *f*, superficie *f*; *(cards)* **f. down**, boca abajo; **f. up**, boca arriba; *(fig)* **in the f. of danger**, ante el peligro. ■ **coal f.**, frente *m* de carbón; **f. value**, valor *m* nominal; **f. worker**, minero *m* del frente. 4 *(appearance)* aspecto *m*; **on the f. of it**, a primera vista; **to lose f.**, desprestigiarse; **to save f.**, salvar las apariencias; **to take sth at f. value**, entender algo sólo en su sentido literal. II *vtr* 1 *(building etc) (look onto)* dar a, mirar hacia; *(be opposite)* estar enfrente de. 2 *(confront)* encontrarse delante de; **the country is facing a crisis**, el país se halla frente a una crisis; **the problem facing us**, el problema que se nos plantea; **we are faced with the prospect of ...**, nos encontramos ante la perspectiva de ... . 3 *(meet resolutely)* hacer frente a; **he won't f. the facts**, no quiere enfrentarse con la realidad; **let's f. it**, hay que reconocerlo; **to f. up to**, hacer cara a, enfrentarse con, afrontar; **to f. the consequences**, afrontar las consecuencias; *fam* **to f. the music**, dar la cara. 4 *(tolerate)* soportar, aguantar; **I can't f. another meat pie**, no puedo con otra empanada. 5 *Constr (wall)* revestir **(with**, de). 6 *Sew* forrar **(with**, de). III *vi* **f. this way**, vuélvase de este lado; **to f. on to**, dar a; **to f. towards**, mirar hacia.

face-ache['feɪseɪk] 1 *n (pain)* neuralgia *f*. 2 *sl (ugly person)* feto *m*.

faceless['feɪslɪs] *adj* sin cara, anónimo,-a.

facelift['feɪslɪft] *n* 1 *Med* lifting *m*. 2 *fig (building)* renovación *f*, modernización *f*.

face-saving['feɪseɪvɪŋ] *adj* **f.-s. exercise**, maniobra *f* para salvar las apariencias.

facet['fæsɪt] *n* faceta *f*, aspecto *m*.

facetious[fə'si:ʃəs] *adj* bromista, chistoso,-a, gracioso,-a.

facial['feɪʃəl] I *adj* facial. II *n* tratamiento *m* facial.

facile['fæsaɪl] *adj (easy)* fácil; *(simplistic)* superficial.

facilitate [fə'sılıteıt] *vtr* facilitar.

facility [fə'sılıtı] *n* 1 (*ease*) facilidad *f.* 2 **facilities**, (*means*) facilidades *fpl.* ■ **credit f.**, facilidades *fpl* de crédito. 3 **facilities**, (*rooms, equipment*) instalaciones *fpl.* ■ **cooking f.**, derecho *m* a cocina; **sports f.**, instalaciones *fpl* deportivas.

facing ['feısıŋ] I *n* 1 *Constr* revestimiento *m.* 2 *Sew* guarnición *f.* 3 **facings**, vueltas *fpl.* II *adj* de enfrente; **f. page**, página *f* opuesta.

facsimile [fæk'sımılı] I *n* 1 (*exact copy*) facsímil *m*, facsímile *m.* 2 (*message*) facsímil *m*, telefax *m*, fax *m.* 3 (*machine*) facsímil *m*, fax *m.* II *vtr* mandar *or* enviar por fax.

fact [fækt] *n* 1 (*event, happening*) hecho *m*; **a story based on f.**, una historia basada en un hecho real; **as a matter of f.**, de hecho; **facts and figures**, datos *mpl* y cifras *fpl*; **hard facts**, hechos *mpl* innegables; **the f. that he confessed**, el hecho de que confesara; **to stick to facts**, atenerse a los hechos. 2 (*reality*) realidad *f*; **f. and fiction**, lo real y lo ficticio; **in f.**, **in point of f.**, en realidad; **it is a f. of life that ...**, es un hecho ineludible que ...; **the f. is that ...**, el hecho es que ...; **the f. remains that ...**, sigue siendo un hecho que ...; **euph the facts of life**, el misterio de la vida; **we know for a f. that ...**, sabemos a ciencia cierta que ... .

fact-finding ['fæktfaındıŋ] *adj* investigador,-a; **a f.-f. mission**, una misión investigadora.

faction[1] ['fækʃən] *n* (*group*) facción *f.*

faction[2] ['fækʃən] *n Lit fam* historia *f* novelada, reportaje *m* novelado.

factitive ['fæktıtıv] *adj Ling* factitivo,-a.

factor ['fæktə[r]] *n* 1 (*element*) factor *m.* 2 *Math* factor *m*; **highest common f.**, máximo *m* común divisor.

factory ['fæktərı] *n* fábrica *f.* ■ **f. worker**, obrero,-a *m,f*, operario,-a *m,f* de fábrica.

factorize ['fæktəraız] *vtr Math* dividir en factores.

factotum [fæk'təʊtəm] *n* factótum *m.*

factual ['fæktʊəl] *adj* factual, objetivo,-a; **a f. analysis**, un análisis de los hechos; **a f. error**, un error de hecho.

faculty ['fækəltı] *n* 1 (*power*) facultad *f*; **he has all his faculties**, tiene todas sus facultades. 2 *Univ* facultad *f.* 3 *US Univ* profesorado *m*, cuerpo *m* docente.

fad [fæd] *n fam* 1 (*fashion, craze*) moda *f* pasajera. 2 (*whim*) capricho *m*; (*mania*) manía *f.*

faddy ['fædı] *adj* (*faddier, faddiest*) *fam* caprichoso,-a.

fade [feıd] I *vtr* (*colours, material*) descolorar, desteñir. II *vi* 1 (*colour, material*) descolorarse, desteñirse. 2 (*flower*) marchitarse. 3 (*light*) apagarse. ◆**fade away** *vi* desvanecerse; **all hope has faded away**, todas las esperanzas se desvanecieron. ◆**fade in** *vtr*, **fade out** *vtr Cin TV* fundir.

faded ['feıdıd] *adj* (*colour, material*) descolorido,-a, desteñido,-a. 2 (*flower*) marchito,-a.

fade-in ['feıdıŋ] *n*, **fade-out** ['feıdaʊt] *n Cin TV* fundido *m.*

fag [fæg] *n sl* 1 (*nuisance*) pesadez *f*, lata *f*; **what a f.!**, ¡qué latazo! 2 *fam* (*cigarette*) pitillo *m.* 3 *US sl* (*homosexual*) marica *m.* 4 *GB Sch sl* fámulo *m.*

fag-end ['fægend] *n fam* colilla *f.*

fagged [fægd] *adj sl* rendido,-a, molido,-a.

faggot ['fægət] *n* 1 (*wood*) haz *m* de leña. 2 *Culin* albondiguilla *f.* 3 *US sl offens* marica *m.*

Fahrenheit ['færənhaıt] *n* Fahrenheit *m*; **ten degrees F.**, diez grados Fahrenheit.

fail [feıl] I *n* 1 *Educ* suspenso *m.* 2 (*definitely*) **without f.**, sin falta. II *vtr* 1 fallar; (*let down*) fallar; **his memory failed him**, le falló la memoria; **words f. me**, no encuentro palabras. 2 *Educ* (*exam*) suspender; **she failed biology**, la suspendieron en biología. III *vi* 1 (*show, film*) fracasar, fallar; (*brakes, lights*) fallar; (*crops*) perderse; **the attempt failed**, el intento fracasó. 2 *Com* (*business*) quebrar; **it can't f.**, no puede fallar; **if all else fails**, si te falla todo. 3 *Educ* suspender, ser suspendido,-a. 4 (*to be unable*) no lograr; **he failed to score**, no logró marcar; **I f. to see why**, no veo por qué. 5 (*forget, neglect*) dejar de; **don't f. to come**, no deje de venir; **she never fails to attend**, nunca falta. 6 (*health*) deteriorarse; **her sight is failing**, le falla la vista; **his heart failed**, le falló el corazón.

failed [feıld] *adj* fracasado,-a; **a f. actress**, una actriz fracasada.

failing ['feılıŋ] I *n* 1 (*shortcoming*) defecto *m.* 2 (*weakness*) debilidad *f*, flaqueza *f.* II *prep* a falta de.

fail-safe ['feılseıf] *adj* **f.-s. device**, dispositivo *m* de seguridad.

failure ['feıljə] *n* 1 fracaso *m*, malogro *m*; **the meal was a complete f.**, la comida fue un fracaso total. 2 *Com* quiebra *f.* 3 *Educ* suspenso *m.* 4 (*person*) fracasado,-a *m,f*; **he was a f. as a writer**, como escritor fue un fracaso. 5 *Tech* (*breakdown*) fallo *m*, avería *f.* ■ **brake f.**, fallo *m* de los frenos; **power f.**, apagón *m*; *Med* **heart f.**, paro *m* cardíaco. 6 (*inability, neglect*) **her f. to answer the question**, el hecho de que no contestara a la pregunta; **f. to attend will be punished**, se castigará la falta de asistencia; **f. to observe the rules**, incumplimiento *m* de las reglas.

fain [feın] *adv poet* de buena gana; **I would f. have stayed at home**, me habría quedado en casa tranquilamente.

faint [feınt] I *adj* 1 (*sound, voice*) débil, tenue; (*colour*) pálido,-a; (*outline*) borroso,-a; (*idea, recollection*) vago,-a; **a f. resemblance**, un ligero parecido; **f. hope**, pocas esperanzas; **I haven't the faintest idea**, no tengo la más mínima idea. 2 *Med* (*giddy*) mareado,-a; **to feel f.**, sentirse mareado,-a. II *n Med* desmayo *m.* III *vi Med* desmayarse. ◆**faintly** *adv* (*with little strength*) débilmente; (*unclear*) vagamente.

faint-hearted [feınt'hɑːtıd] *adj* pusilánime, temeroso,-a.

faintness ['feıntnıs] *n* 1 debilidad *f*, falta *f* de claridad. 2 *Med* desmayo *m*, desfallecimiento *m.*

fair[1] [feə[r]] I *adj* 1 (*impartial*) imparcial; (*just*) justo,-a, equitativo,-a; **I have had my f. share of problems**, yo ya tenido bastantes problemas; **I paid my f. share**, pagué mi parte; **it's not f.**, no hay derecho; **to give sb a f. hearing**, escuchar imparcialmente a algn; **to give sb f. warning**, avisar debidamente a algn; *fam* **f. do's**, seamos justos; *fam* **f. enough!**, ¡vale! ■ **f. play**, juego *m* limpio. 2 (*hair, skin*) rubio,-a; (*complexion*) blanco,-a. 3 *Meteor* bueno,-a, bonancible; *fig* **a f. weather friend**, un amigo de circunstancias. 4 *Lit* (*beautiful*) bello,-a, hermoso,-a; **the f. sex**, el bello sexo. 5 (*quite good*) **a f. number**, un buen número; **he has a f. chance**, tiene bastantes probabilidades; *fam* **f. to middling**, mediano, regular. 6 **f. copy**, versión *f* definitiva. II *adv* 1 **it hit me f. and square on the chin**, me dio en pleno mentón; **they beat us f. and square**, nos ganaron merecidamente; **to play f.**, jugar limpio. ◆**fairly** *adv* 1 (*justly*) justamente, con equidad. 2 (*moderately*) bastante; **f. rich**, bastante rico,-a. 3

fam (really, utterly) it's f. **tipping it down,** ciertamente llueve mucho.

fair² [feə'] *n* feria *f.* ■ **trade f.,** feria *f* de muestras.

fairground ['feəgraund] *n* real *m* de la feria.

fair-haired [feə'heəd] *adj* rubio,-a.

fairness ['feənɪs] *n* **1** *(justice)* justicia *f,* equidad *f;* **in all f.,** para ser justo,-a. **2** *(hair)* color *m* rubio; *(complexion)* blancura *f,* palidez *f.*

fair-sized [feə'saɪzd] *adj* bastante grande.

fair-skinned [feə'skɪnd] *adj* de piel blanca *or* pálida.

fairway ['feəweɪ] *n Golf* calle *f.*

fairy ['feərɪ] *n* **1** hada *f.* ■ **f. godmother,** hada *f* madrina; **f. tale,** cuento *m* de hadas; **f. tale ending,** desenlace *m* feliz. **2** *sl offens* marica *m.*

fairyland ['feərɪlænd] *n fig* lugar *m* de ensueño.

fairy-lights ['feərɪlaɪts] *npl* bombillas *fpl* de colorines.

fait accompli [feɪtə'kɒmpli:] *n (pl faits accomplis* [feɪtsə'kɒmpli:]*) fml* hecho *m* consumado.

faith [feɪθ] *n* **1** *Rel* fe *f;* **the Catholic f.,** la fe católica. **2** *(trust)* fe *f,* confianza *f;* **in good/bad f.,** de buena/mala fe; **to break f. with sb,** ser desleal a algn; **to have f. in sb,** tener fe *or* confiar en algn.

faithful ['feɪθful] **I** *adj* **1** *(loyal)* fiel, leal **(to,** a, con). **2** *(accurate)* fiel, exacto. **II the f.** *npl Rel* los fieles.

◆**faithfully** *adv* **1** *(loyally)* fielmente, lealmente. **2** *(accurately)* fielmente. **3** *(in letter)* **yours f.,** le saluda atentamente.

faithfulness ['feɪθfulnɪs] *n* **1** *(loyalty)* fidelidad *f,* lealtad *f* **(to,** a). **2** *(accuracy)* fidelidad *f,* exactitud *f.*

faith-healer ['feɪθhi:lə'] *n* curandero,-a *m,f* por fe.

faith-healing ['feɪθhi:lɪŋ] *n* curación *f* por fe.

fake [feɪk] **I** *adj* falso,-a, falsificado,-a. **II** *n* **1** *(object)* falsificación *f,* copia *f.* **2** *(person)* impostor,-a *m,f,* farsante *m,f,* tramposo,-a *m,f.* **III** *vt* **1** *(forge)* falsificar. **2** *(feign)* fingir, simular. **IV** *vi (pretend)* fingir, simular.

falcon ['fɔːlkən] *n Orn* halcón *m.*

Falklands ['fɔːkləndz] *npl* **the F.,** las (Islas) Malvinas.

fall [fɔːl] **I** *n* **1** caída *f.* ■ *US fam* **f. guy,** cabeza *f* de turco. **2** *Pol (of government, politician, empire)* caída *f.* **3** *(of rock)* desprendimiento *m;* **f. of snow,** nevada *f.* **4** *(decrease)* baja *f,* disminución *f;* **an unexpected f. in prices,** un inesperado descenso de los precios. **5** *US* otoño *m;* **in the f.,** en otoño. **6** *(usu pl)* cascada *f; Niagara Falls,* las cataratas del Niágara. **II** *vi (pt fell; pp fallen)* **1** caer, caerse; **she fell off her bicycle,** se cayó de la bicicleta; **the stress falls on the first syllable,** el acento cae en la primera sílaba; **they f. into two categories,** se dividen en dos categorías; *fig* **Christmas Day falls on a Sunday,** el día de Navidad cae en domingo; *fig* **night was falling,** anochecía; *fig* **to f. from grace,** caer en desgracia; *fig* **to f. into line,** aceptar las reglas; *fig* **to f. into sb's hands,** caer en manos de algn; *fig* **to f. prey to,** ser víctima de; *fig* **to f. short,** no alcanzar **(of,** -). **2** *(in battle)* caer, morir. **3** *(temperature, prices)* bajar. **4** *(become)* **to f. asleep,** dormirse; **to f. ill,** caer enfermo,-a; **to f. in love,** enamorarse; **to f. to pieces,** hacerse pedazos. ◆**fall about** *vi* troncharse *or* mondarse *or* partirse de risa. ◆**fall away** *vi* desaparecer. ◆**fall back** *vi Mil* retirarse. ◆**fall back on** *vtr (resort to)* echar mano a, recurrir a. ◆**fall behind** *vi (in race)* quedarse atrás; **to f. behind with one's work,** retrasarse en el trabajo.

◆**fall down** *vi* **1** *(picture etc)* caerse. **2** *(building)* derrumbarse, hundirse. **3** *(argument)* fallar. ◆**fall for** *vtr* **1** *(fall in love with)* enamorarse de, prendarse de. **2** *(to be tricked by)* dejarse engañar por; *fam* **she fell for it,** picó, se lo tragó. ◆**fall in** *vi* **1** *(roof)* desplomarse, caerse. **2** *Mil* formar filas, ponerse en fila. ◆**fall off** *vi* **1** *(drop off)* caer; **her ring fell off,** se le cayó el anillo. **2** *(part)* desprenderse. **3** *(diminish)* bajar, disminuir, decaer; **sales have fallen off,** las ventas han bajado. ◆**fall out** *vi* **1** *(hair)* caerse. **2** *Mil* romper filas. **3** *(quarrel)* pelearse, reñirse **(with,** con). ◆**fall over** *vi* **1** caer, caerse. **2** *fig* **to f. over oneself to do sth,** volcarse en algo. ◆**fall through** *vi (plan)* fracasar.

fallacious [fə'leɪʃəs] *adj fml* falso,-a, erróneo,-a.

fallacy ['fæləsɪ] *n* falacia *f.*

fallen ['fɔːlən] **I** *pp see* **fall.** **II** *adj* **1** caído,-a. **2** *(dishonoured)* perdido,-a, deshonrado,-a. **III the f.** *npl Mil* los caídos.

fallible ['fælɪbəl] *adj* falible.

fallibility [fælɪ'bɪlɪtɪ] *n* falibilidad *f.*

Fallopian [fə'ləupɪən] *adj Anat* **F. tube,** trompa *f* de Falopio.

fall-out ['fɔːlaut] *n* **(radioactive) f.,** lluvia *f* radioactiva. ■ **f. shelter,** refugio *m* antiatómico.

fallow ['fæləu] **I** *adj Agr* en barbecho; **to lie f.,** estar en barbecho. **2** *Zool* **f. deer,** gamo *m.*

false [fɔːls] *adj* falso,-a; **f. statement,** declaración *f* falsa; *Mus* **f. note,** nota falsa; **f. step,** paso *m* en falso; **under f. pretences,** por fraude. ■ *Sport* **f. start,** salida *f* nula; **f. teeth,** dentadura *f* postiza; **f. alarm,** falsa alarma *f;* **f. bottom,** doble fondo *m.* ◆**falsely** *adv* falsamente.

falsehood ['fɔːlshud] *n (lies)* falsedad *f,* mentira *f.*

falseness ['fɔːlsnɪs] *n (fake)* falsedad *f.*

falsetto [fɔːl'setəu] *n (pl falsettos) Mus* falsete *m.* ■ **a f. voice,** una voz de falsete.

falsies ['fɔːlsɪz] *npl fam (breasts)* postizos *mpl,* rellenos *mpl.*

falsification [fɔːlsɪfɪ'keɪʃən] *n* falsificación *f.*

falsify ['fɔːlsɪfaɪ] *vt (pt & pp falsified) (records, accounts)* falsificar; *(misrepresent) (story, issue)* falsear.

falter ['fɔːltə'] *vi (hestitate)* titubear, vacilar; *(voice)* fallar.

faltering ['fɔːltərɪŋ] *adj* titubeante, vacilante; **with f. voice,** con voz temblorosa.

fame [feɪm] *n* fama *f.*

famed [feɪmd] *adj* famoso,-a, célebre **(for,** por).

familiar [fə'mɪlɪə'] *adj* **1** *(common, usual)* familiar, conocido,-a; **his face is f.,** su cara me suena; **it's the old f. story,** es la misma historia de siempre. **2** *(aware, knowledgeable)* al corriente; **to make oneself f. with sth,** familiarizarse con algo; **I'm f. with the details,** estoy al corriente de los detalles. **3** *(intimacy)* **to be on f. terms with sb,** tener confianza con algn; **to get too f. with sb,** tomarse demasiadas libertades con algn.

familiarity [fəmɪlɪ'ærɪtɪ] *n* **1** *(awareness, knowledge)* familiaridad **(with,** con), conocimiento *m* **(with,** de). **2** *(intimacy)* familiaridad *f,* confianza *f; prov* **f. breeds contempt,** el que no te conozca que te compre.

familiarize [fə'mɪljəraɪz] *vtr* **1** *(become acquainted)* familiarizarse **(with,** con). **2** *(divulge)* popularizar; **the press have familiarized the word 'yuppie',** la prensa ha popularizado la palabra 'yuppie'.

family['fæmılı] n familia f; **she is one of the f.**, es como de la familia; fam **it runs in the f.**, viene de familia; fam **to be in the f. way**, estar en estado. ■ **f. allowance**, subsidio m familiar; **f. doctor**, médico m de cabecera; **f. life**, vida f familiar; **f. man**, hombre m hogareño; US **f. name**, apellido m; **f. planning**, planificación f familiar; **f. ties**, lazos mpl familiares; **f. tree**, árbol m genealógico.

famine['fæmın] n hambre f, escasez f de alimentos.

famished['fæmıʃt] adj fam muerto,-a de hambre.

famous['feıməs] adj célebre, famoso,-a (for, por). ◆**famously**adv fam estupendamente; **they get on f.**, se llevan estupendamente bien.

fan[fæn] I n 1 abanico m; Elec ventilador m. ■ Aut **f. belt**, correa f del ventilador; **f. heater**, estufa f de aire. 2 (person) aficionado,-a m,f; (of pop star, entertainer, etc) admirador,-a m,f; **a cinema f.**, un aficionado al cine. ■ **f. club**, club m de admiradores; **f. mail**, cartas fpl de los admiradores; **football f.**, hincha mf. II vtr 1 abanicar; **to f. oneself**, abanicarse. 2 (fire) avivar. 3 fig (passions) atizar, avivar. ◆**fan out**vi (troops) desplegarse en abanico.

fanlight['fænlaɪt] n Arch claraboya f.

fanatic[fə'nætɪk] adj & n fanático,-a (m,f).

fanatical[fə'nætɪkəl] adj fanático,-a.

fanaticism[fə'nætısızəm] n fanatismo m.

fancier['fænsɪər] n aficionado,-a m,f; **pigeon f.**, colombófilo,-a m,f.

fanciful ['fænsıfʊl] adj 1 (person) caprichoso,-a, poco realista. 2 (idea) fantástico,-a.

fancy['fænsı] I adj (fancier, fanciest) de fantasía; pej **a f. car**, un coche muy pera. ■ **f. dress**, disfraz m; **in f. dress**, disfrazado,-a; **f. dress ball**, baile m de disfraces; **f. cakes**, pastelitos mpl finos; **f. goods**, artículos mpl de fantasía. II n 1 (imagination) fantasía f, imaginación f; **flights of f.**, ilusiones fpl; fam **it tickled my f.**, me cayó en gracia. 2 (whim) capricho m, antojo m; **to take a f. to sb**, cogerle cariño a algn; **to take a f. to sth**, encapricharse con algo; **what takes your f.?**, ¿qué se le antoja? ■ **f. man** amigo m, amante m; **f. woman**, amiga f, amante f. III vtr (pt & pp fancied) 1 (imagine) imaginarse, figurarse; fam (just) **f. that!**, ¡fíjate!; fam **f. Liverpool losing!**, parece mentira que haya perdido el Liverpool; fam **f. seeing you here!**, ¡qué casualidad verte por aquí! 2 (like, want) apetecer; **do you f. a drink?**, ¿te apetece una copa?; **take whatever you f.**, coja lo que quiera; fam **I f. her**, esta chica me gusta. 4 (think highly of) **I don't f. her chances**, no creo que tenga muchas posibilidades. IV vr fam **to f. oneself**, ser creído,-a or presumido,-a; **he fancies himself as a singer**, se las da de cantante.

fancy-free[fænsɪ'friː] adj sin compromiso; fam **footloose and f.-f.**, soltero,-a m,f y sin compromiso.

fanfare ['fænfeər] n Mus fanfarria f, toque m de trompetas.

fang[fæŋ] n Zool colmillo m.

fanny['fænı] n 1 GB vulg coño m. 2 US sl pompis m, culo m.

fantasize['fæntəsaız] vi fantasear.

fantasy['fæntəsı] n fantasía f.

fantastic[fæn'tæstɪk] adj fantástico,-a, fabuloso,-a.

far[fɑːr] (farther or further, farthest or furthest) I adj 1 (distant) lejano,-a; fig **it's a f. cry from student life**, dista mucho de la vida estudiantil. ■ **the F. East**, el Lejano Oriente. 2 (more remote) **at the f. side**, en el lado opuesto; **at the f. end**, en el otro

extremo. 3 Pol (extreme) extrema; **the f. left**, la extrema izquierda. II adv 1 (distant) lejos; **as f. as the eye can see**, hasta donde alcanza la vista; **f. and wide**, por todas partes; **f. off**, a lo lejos; **farther back/forward**, más atrás/adelante; **farther north/ south**, más al norte/sur; **how f. is it?**, ¿a qué distancia está?; **how f. is it to Cardiff?**, ¿cuánto hay de aquí a Cardiff?; **how much farther is it?**, ¿cuánto camino nos queda?; **not f. from here**, no muy lejos de aquí; **very f.**, lejísimos; fig **as f. as I can**, en lo que puedo; **as f. as I'm concerned**, por lo que a mí respecta or me toca; **as f. as I know**, que yo sepa; **as f. as possible**, en lo posible; fig **f. from complaining, he seemed pleased**, lejos de quejarse, parecía contento; fig **he went so f. as to swear**, llegó a jurar; fig **how f. can we believe him?**, ¿hasta qué punto podemos creerle?; fig **I'm f. from satisfied**, no estoy satisfecho,-a ni mucho menos; fig **in so f. as ...**, en la medida en que ...; fig **ten pounds won't go f.**, diez libras no alcanzarán para mucho; fam **she will go f.**, llegará lejos; fam **to be f. away**, estar en las nubes; fam **to go too f.**, pasarse de la raya, propasarse. 2 (in time) **as f. back as I can remember**, hasta donde alcanza mi memoria; **as f. back as the fifties**, ya en los años cincuenta; **f. into the night**, hasta muy entrada la noche; **so f.**, hasta ahora, hasta aquí; **so f. so good**, por ahora bien; **so f. this year**, en lo que va de año. 3 (much) mucho; **by f.**, con mucho; **by f. the best**, con mucho el mejor; **f. beyond**, mucho más allá; **f. cleverer**, mucho más listo,-a; **f. too much**, demasiado; **you're not f. wrong**, casi aciertas; fam **f. gone**, borracho,-a.

faraway['fɑːrəweı] adj lejano,-a, remoto,-a; **a f. look**, una mirada distraída.

farce[fɑːs] n Theat farsa f; fig farsa f; **what a f.!**, ¡menudo cuento!

farcical['fɑːsıkəl] adj absurdo,-a, ridículo,-a.

fare[feər] I n 1 (ticket price) tarifa f, precio m del billete or del viaje; (for boat) pasaje m; **fares please!**, ¡billetes por favor!; **half f.**, medio billete. 2 (passenger) viajero,-a m,f, pasajero,-a m,f. 3 (food) comida f. ■ **bill of f.**, lista f de platos, menú m. II (progress) vi irle a algn; **how did you f.?**, ¿qué tal te fue?

farewell[feə'wel] I interj arch ¡adiós! II n despedida f; **to bid sb f.**, despedirse de algn. ■ **f. dinner**, cena f de despedida; **f. speech**, discurso m de despedida.

far-fetched [fɑː'fetʃt] adj rebuscado,-a, inverosímil.

far-flung [fɑː'flʌŋ] adj 1 (distant) lejano,-a. 2 (widespread) vasto,-a.

farm[fɑːm] I n granja f, Am hacienda f ■ **f. labourer**, peón m, labriego,-a m,f; **f. produce**, productos mpl agrícolas; **fish f.**, criadero m, piscifactoría f. II vtr cultivar, labrar. III vi cultivar la tierra. ◆**farm out**vtr encargar fuera.

farmer ['fɑːmər] n agricultor,-a m,f, granjero,-a m,f, Am hacendado,-a m,f.

farmhand['fɑːmhænd] n peón m, labriego,-a m,f.

farmhouse ['fɑːmhaʊs] n granja f, casa f de labranza, Am hacienda f.

farming['fɑːmıŋ] n 1 (agriculture) agricultura f. 2 (the land) cultivo m, labranza f. II adj agrícola.

farmyard['fɑːmjɑːd] n corral m.

far-off[fɑː'rɒf] adj lejano,-a, remoto,-a.

far-reaching[fɑː'riːtʃıŋ] adj de gran alcance.

farrier['færıər] n herrero m.

far-sighted [fɑːˈsaɪtɪd] adj 1 (person) con visión de futuro, calculador,-a. 2 (plan) planeado,-a, con miras al futuro.

far-sightedness [fɑːˈsaɪtɪdnɪs] n visión f de futuro, perspicacia f.

fart [fɑːt] vulg I n pedo m. II vi echarse or tirarse un pedo.

farther [ˈfɑːðəʳ] adj & adv comp see **far**.

farthest [ˈfɑːðɪst] adj & adv superl see **far**.

farthing [ˈfɑːðɪŋ] n Hist cuarto m de penique; fam **it isn't worth a brass f.**, no vale un real.

fascinate [ˈfæsɪneɪt] vtr fascinar.

fascinating [ˈfæsɪneɪtɪŋ] adj fascinador,-a, fascinante.

fascination [fæsɪˈneɪʃən] n fascinación f.

fascism [ˈfæʃɪzəm] n Pol fascismo m.

fascist [ˈfæʃɪst] adj & n Pol fascista (mf).

fashion [ˈfæʃən] I n 1 (manner) manera f, modo m; **in her own f.**, a su manera; (somehow) **after a f.**, más o menos; (in the manner of) **after the f. of Dickens**, imitando a Dickens. 2 (latest style) moda f; **it's all the f.**, está muy de moda; **this year waistcoats are the f.**, este año se llevan mucho los chalecos; **to be a slave to f.**, ser un esclavo de la moda; **to be in f.**, estar de moda; **to be out of f.**, no estar de moda; **to come into f.**, ponerse de moda; **to go out of f.**, pasar de moda. ■ **f. designer**, diseñador,-a m,f de modas; **f. magazine**, revista f de modas; **f. parade**, desfile m de modelos. II vtr (metal) labrar; (clay) formar.

fashionable [ˈfæʃənəbəl] adj 1 de moda; **to be f.**, estar de moda. 2 (area, hotel, resort) elegante, de buen tono.

fast¹ [fɑːst] I adj 1 (quick) rápido,-a, veloz; **the f. train**, el tren rápido; Aut **the f. lane**, el carril de alta velocidad; fig **to live in the f. lane**, vivir deprisa; at **a f. and furious pace**, a una velocidad vertiginosa; fam **to be a f. worker**, ser un ligón; fam **to pull a f. one on sb**, jugarle una mala pasada a algn. ■ **f. woman**, (mujer f) ligera f de cascos. 2 (tight, inflexible) firme; seguro,-a; **hard and f. rules**, reglas estrictas. 3 (colour) sólido,-a. 4 (clock) adelantado,-a. II adv 1 rápidamente, deprisa; **how f.?**, ¿a qué velocidad?; **to drive f.**, correr; fam **not so f.!**, ¡un momento! 2 (securely) firmemente; **f. asleep**, profundamente dormido,-a; **stuck f.**, bien pegado,-a; fig (with determination) **to stand f.**, mantenerse firme.

fast² [fɑːst] I n ayuno m. II vi ayunar.

fasten [ˈfɑːsən] I vtr 1 (attach) sujetar; (fix) fijar; **to f. one's eyes on**, fijar los ojos en. 2 (do up, secure) (belt) abrochar; (bag, suitcase) asegurar; (shoe laces) atar; (window) echar el pestillo; (papers) **to f. (together)**, sujetar. II vi (door) cerrarse; (dress) abrocharse; fig **to f. on to**, apropiarse de.

fastener [ˈfɑːsənəʳ] n 1 (window) cierre m. 2 (necklace, dress) cierre m, broche m. ■ **zip f.**, cremallera f.

fastidious [fæˈstɪdɪəs] adj quisquilloso,-a, melindroso,-a.

fastidiousness [fæsˈtɪdɪəsnɪs] n melindres mpl, remilgos mpl.

fat [fæt] I adj (fatter, fattest) 1 gordo,-a; **to get f.**, engordar. 2 (thick) grueso,-a. 3 (meat) que tiene mucha grasa. 4 fig (profit) hermoso,-a, jugoso,-a; fam iron **that was a f. lot of good!**, ¡pues sí que ha valido de mucho!; **that was a f. lot of help!**, ¡valiente ayuda! II n grasa f; fam **the f.'s in the fire**, se va a

armar la de Dios; fig **to live off the f. of the land**, vivir a cuerpo de rey. ■ **cooking f.**, manteca f de cerdo; US sl **f. cat**, pez m gordo.

fatty [ˈfætɪ] I adj 1 (food) graso,-a. 2 Anat (tissue) adiposo,-a. II n fam (person) gordinflón,-ona m,f.

fatal [ˈfeɪtəl] adj 1 (accident, illness, blow) mortal. 2 (ill-fated) fatal, funesto,-a. 3 (fateful) fatídico,-a. ◆**fatally** adv mortalmente; **f. wounded**, mortalmente herido.

fatalist [ˈfeɪtəlɪst] n fatalista mf.

fatalistic [feɪtəˈlɪstɪk] adj fatalista.

fatality [fəˈtælɪtɪ] n víctima f mortal; **there were no fatalities**, no hubo muertos.

fate [feɪt] n 1 (destiny) destino m, suerte f; **his f. is decided**, su suerte está decidida; **let us see what f. has in store**, veamos lo que nos depara la suerte; **to meet one's f.**, encontrarse con su destino; **to tempt f.**, tentar a la suerte. 2 Myth **the Fates**, las Parcas.

fated [ˈfeɪtɪd] adj 1 condenado,-a. 2 (cursed) maldito,-a.

fat-free [ˈfætfriː] adj **a f.-f. diet**, un régimen sin grasas.

fateful [ˈfeɪtfʊl] adj fatídico,-a, aciago,-a; **on this f. day in 1936**, este día aciago en 1936.

father [ˈfɑːðəʳ] I n 1 padre m; **my f. and mother**, mis padres; **to be a f. to sb**, ser un padre para algn; prov **like f. like son**, de tal palo, tal astilla. ■ **F. Christmas**, Papá m Noel. 2 Rel padre m; **F. McSweeney**, el padre McSweeney; **Our F.**, Padre Nuestro; **the Holy F.**, el Santo Padre. II vtr engendrar.

fatherhood [ˈfɑːðəhʊd] n paternidad f.

father-in-law [ˈfɑːðərɪnlɔː] n (pl **fathers-in-law**) suegro m.

fatherland [ˈfɑːðəlænd] n patria f.

fatherly [ˈfɑːðəlɪ] adj paternal.

fathom [ˈfæðəm] I n Naut (measure) braza f. II vtr comprender, penetrar en. ◆**fathom out** vtr averiguar, comprobar; **I can't f. it out**, no me lo explico; **to f. out a mystery**, desentrañar un misterio.

fatigue [fəˈtiːg] I n 1 (tiredness) fatiga f, cansancio m. ■ Tech metal f., fatiga f del metal. 2 Mil faena f. ■ **f. dress**, traje m de faena. II vtr fatigar, cansar a.

fatso [ˈfætsəʊ] n (pl **fatsos** or **fatsoes**) fam offens gordo,-a m,f.

fatted [ˈfætɪd] adj fig cebado,-a; **to kill the f. calf**, echar la casa por la ventana.

fatten [ˈfætən] vtr (animal) cebar; (person) engordar.

fattening [ˈfætənɪŋ] adj que hace engordar; **milk is f.**, la leche engorda.

fatuous [ˈfætjʊəs] adj fatuo,-a, necio,-a.

faucet [ˈfɔːsɪt] n US grifo m.

fault [fɔːlt] I n 1 (defect) defecto m; **generous to a f.**, generoso,-a en exceso; **he has many faults**, tiene muchos defectos. 2 (in merchandise) defecto m, desperfecto m; **to find f. with**, poner reparos a; **to pick f. with sb**, criticar a algn. 3 (culpability) culpa f; **it's their f.**, es culpa suya y de nadie; **to be at f.**, tener la culpa; **whose f. is it?**, ¿quién tiene la culpa? 4 (mistake) error m, falta f. 5 Geol falla f. 6 Tennis falta f. II vtr criticar; **her attitude cannot be faulted**, su conducta es intachable.

fault-finding [ˈfɔːltfaɪndɪŋ] adj criticón,-ona.

faultless [ˈfɔːltlɪs] adj intachable, impecable, perfecto,-a. ◆**faultlessly** adv perfectamente.

faulty ['fɔːltɪ] *adj* defectuoso,-a.

fauna ['fɔːnə] *n* (*pl* **faunas** *or* **faunae** ['fɔːniː]) *Zool* fauna *f*.

faux pas [fəʊ'pɑː] *n inv fml* (*mistake*) paso *m* en falso; (*blunder*) metedura *f* de pata.

favour, *US* **favor** ['feɪvə'] I *n* 1 (*approval*) favor *m*; **to be in f. of doing sth**, estar a favor de hacer algo; **to be in f. with sb**, gozar del favor de algn; **to fall out of f. with sb**, perder el favor de algn; **to vote in f. of sth**, votar a favor de algo. 2 (*service*) favor *m*; **to ask sb a f.**, pedirle un favor a algn; *fam* **do me a f.!**, ¡venga ya!; *fam* **do me a f. and shut up**, hazme el favor de callarte. 3 (*advantage*) favor; **an error in my f.**, un error a mi favor; **1-0 in our f.**, 1-0 a favor nuestro. II *vtr* 1 (*bias*) favorecer a algn; *prov* **fortune favours the brave**, la fortuna sonríe a los audaces. 2 (*approve*) estar a favor de.

favourable, *US* **favorable** ['feɪvərəbəl] *adj* favorable, propicio,-a. ◆**favourably**, *US* **favorably** *adv* favorablemente; **f. disposed towards sb**, bien dispuesto hacia algn.

favoured, *US* **favored** ['feɪvəd] *adj* 1 favorecido,-a; **the f. few**, la minoría selecta. 2 (*endowed*) dotado,-a (**with**, de).

favourite, *US* **favorite** ['feɪvərɪt] I *adj* favorito,-a, preferido,-a, predilecto,-a. II *n Sport* favorito,-a *m,f*.

favouritism, *US* **favoritism** ['feɪvərɪtɪzəm] *n* favoritismo *m*.

fawn[1] [fɔːn] I *adj* (de) color café claro. II *n* 1 *Zool* cervato *m*. 2 color *m* café claro.

fawn[2] [fɔːn] *vi* 1 (*dog*) hacer fiestas (**on**, a). 2 (*person*) adular (**on**, a), lisonjear (**on**, a).

fawning ['fɔːnɪŋ] *adj* adulador,-a, lisonjero,-a, servil.

fax [fæks] I *n* 1 (*message*) facsímil *m*, telefax *m*, fax *m*. 2 (*machine*) facsímil *m*, fax *m*. II *vtr* mandar *or* enviar por fax.

FC [ef'siː] *GB Sport abbr* of **Football Club**, Club *m* de Fútbol, CF.

fealty ['fiːəltɪ] *n* fidelidad *f*; **to swear f.**, jurar fidelidad.

fear [fɪə'] I *n* miedo *m*, temor *m*; **for f. of losing**, por temor a perder; **have no f.!**, ¡no temas!; **I ran for f. that it might rain**, corrí por miedo de que lloviera; **there's no f. of that happening**, no hay peligro de que ocurra eso; **to go in f. of one's life**, temer por su vida; *fam* **no f.!**, ¡ni pensarlo!; *fam fig* **to put the f. of God into sb**, darle un susto mortal a algn. II *vtr* temer, tener miedo; **he's to be feared**, es de temer; **I f. it's too late**, me temo que ya es tarde; **to f. the worst**, temer lo peor. III *vi* temer (**for**, por).

fearful ['fɪəfʊl] *adj* 1 (*person*) temeroso,-a. 2 (*frightening*) horrible, espantoso,-a.

fearless ['fɪəlɪs] *adj* intrépido,-a, impávido,-a. ◆**fearlessly** *adv* con intrepidez.

fearsome ['fɪəsəm] *adj* terrible, espantoso,-a.

feasible ['fiːzəbəl] *adj* 1 (*practicable*) factible; (*possible*) viable. 2 (*plausible*) verosímil.

feasibility [fiːzə'bɪlɪtɪ] *n* viabilidad *f*. ■ **f. study**, estudio *m* de viabilidad.

feast [fiːst] I *n* 1 banquete *m*, festín *m*; *fam* comilona *f*, guateque *m*. 2 *Rel* **f. day**, día *m* de fiesta. ■ **movable f.**, fiesta *f* movible. II *vtr* festejar; **fig to f. one's eyes on sth**, regalarse la vista con algo. III *vi* banquetear; *fig* **to f. on sth**, regalarse con algo.

feat [fiːt] *n* proeza *f*, hazaña *f*; **f. of endurance**, prueba *f* de resistencia.

feather ['feðə'] I *n* pluma *f*; *fig* **that's a f. in his cap**, es un triunfo para él; *fig* **they're birds of a f.**, son de la misma calaña; *fam* **you could have knocked me down with a f.**, me quedé patidifuso,-a; *prov* **birds of a f. flock together**, Dios los cría y ellos se juntan. ■ **f. bed**, colchón *m* de plumas; **f. duster**, plumero *m*. II *vtr fam* **to f. one's nest**, hacer su agosto.

feather-brained ['feðəbreɪnd] *adj* despistado,-a, insensato,-a.

featherweight ['feðəweɪt] *n Box* peso *m* pluma.

feature ['fiːtʃə'] I *n* 1 (*face*) rasgo *m*, facción *f*; **he has typically Basque features**, sus facciones son típicamente vascas. 2 (*characteristic*) rasgo *m*, característica *f*. 3 *Cin* **f. film**, largometraje *m*. 4 *Press* crónica *f* especial. ■ **f. writer**, cronista *mf*. II *vtr* 1 (*give prominence to*) poner de relieve. 2 *Cin* tener como protagonista; **the film features Cantinflas**, es una película de Cantinflas. III *vi* 1 (*appear*) constar, figurar; **his name features in the list**, su nombre figura en la lista. 2 (*in film*) figurar.

featureless ['fiːtʃəlɪs] *adj* monótono,-a.

Feb [feb] *abbr of* **February**, febrero *m*, feb.

February ['februərɪ] *n* febrero *m*; **in F.**, en febrero; *see also* **May**.

feckless ['feklɪs] *adj* débil, incapaz.

Fed [fed] *n US sl* agente *mf* de FBI.

fed [fed] I *pt & pp see* **feed**. II **f. up** *adj fam* harto,-a (**with**, de).

federal ['fedərəl] *adj* federal.

federation [fedə'reɪʃən] *n* federación *f*.

fee [fiː] *n* (*lawyer, doctor*) honorarios *mpl*; **what are your fees?**, ¿cuánto cobra por visita? ■ **entrance f.**, entrada *f*; **membership f.**, cuota *f* de socio; **retaining f.**, anticipo *m*; *Ftb* **transfer f.**, prima *f* de traslado; *Univ* **tuition fees**, derechos *mpl* de matrícula.

feeble ['fiːbəl] *adj* (*person*) débil; (*excuse, argument*) de poco peso; (*voice, light*) ténue, débil.

feeble-minded [fiːbəl'maɪndɪd] *adj* imbécil, mentecato,-a.

feebleness ['fiːblnɪs] *n* debilidad *f*.

feed [fiːd] I *vtr* (*pt & pp* **fed**) 1 (*give food to*) dar de comer a, alimentar; *fig* (*fire, passions*) alimentar, cebar; **to f. a baby**, (*breast-feed*) amamantar a un bebé; (*with bottle*) dar el biberón a un bebé. 2 *Comput Elec* alimentar, suministrar. 3 (*insert*) introducir; **to f. a parking meter**, meter monedas en un parquímetro; **to f. data into a computer**, introducir datos en un ordenador. II *vi* comer (**on**, -); (*cows, sheep*) pacer. III *n* 1 (*food, meal*) comida *f*; *fam* comilona *f*. ■ *Agr* **cattle f.**, pienso *m*. 2 *Tech* alimentación *f*. ■ **f. pipe**, tubo *m* de alimentación. ◆**feed up** *vtr* (*animal*) cebar; (*make fat*) engordar.

feedback ['fiːdbæk] *n* 1 *Comput Elec* realimentación *f*. 2 *fig* reacción *f*, impresión *f*.

feeder ['fiːdə'] *n Tech* alimentador *m*.

feeding ['fiːdɪŋ] *n* alimentación *f*. ■ **f. bottle**, biberón *m*.

feel [fiːl] I *vi* (*pt & pp* **felt**) 1 (*emotion, sensation*) sentir, experimentar; **f. free to return**, vuelva cuando quiera; **how does it f. to be rich?**, ¿qué se siente al ser rico,-a?; **how do you f.?**, ¿qué tal te encuentras?; **I f. bad about it**, me da pena; **I f. a new man**, me siento como nuevo; **I f. (sorry) for him**, le compadezco; **I'm not feeling myself**, no me encuentro del todo bien; **they felt the wind on their**

faces, sentían el viento en sus caras; **to f. happy,** sentirse feliz; **to f. cold/sleepy,** tener frío/sueño; *fam* **to f.** up **to sth,** sentirse con ánimos *or* con fuerzas para hacer algo. 2 *(seem)* parecer; **it felt good to do nothing,** daba gusto no hacer nada; **your hand feels cold,** tienes la mano fría; **it feels like leather,** parece piel; **it feels like rain,** parece que va a llover; **it feels like summer,** parece verano. 3 *(perceive, sense)* sentir; **he feels uncomfortable,** se siente incómodo; **the atmosphere felt tense,** el ambiente era tenso. 4 *(opinion)* opinar, pensar; **how do you f. about this?,** ¿qué opinas de esto?; **I f. sure that ...,** estoy seguro,-a de que ...; **they f. strongly about apartheid,** tienen opiniones muy concretas sobre el apartheid. 5 *(fancy)* apetecer; **I f. like an ice cream,** me apetece un helado; **to f. like doing sth,** tener ganas de hacer algo. II *vtr* 1 *(touch)* tocar, palpar; **f. my hand,** toca mi mano; **to f. one's way,** andar a tientas; *fig* tantear el terreno. 2 *(believe, sense)* sentir, tener la impresión; **she felt a failure,** se siente hundida; **we f. it is our duty,** creemos que es nuestro deber. 3 *(notice)* notar, apreciar; **we won't f. the effects of this until next year,** no notaremos los efectos hasta el año que viene. III *n* 1 *(touch, sensation)* tacto *m*; **I recognize it by the f.,** lo reconozco al tacto; *fig* **to get the f. for sth,** acostumbrarse a algo, cogerle el truco a algo. 2 *(atmosphere)* ambiente *m*; **this place has a certain f. about it,** este lugar tiene una atmósfera especial. ◆**feel for** *vtr* 1 *(search for)* buscar; **he felt around in the dark for the light switch,** buscó el interruptor de la luz a tientas en la oscuridad; **she felt for her keys in her bag,** buscó sus llaves en la bolsa. 2 *(have sympathy for)* sentirlo mucho; **I f. for you,** lo siento mucho por ti.

feeler ['fi:lər] *n Ent* antena *f*; *fig* **to put one's feelers out,** tantear el terreno.

feeling ['fi:lɪŋ] I *n* 1 *(emotion)* sentimiento *m*, emoción *f*; **a f. of guilt,** sentimiento de culpabilidad; **ill f.,** resentimiento *m*, rencor *m*. 2 *(concern, compassion)* compasión *f*, ternura *f*; **to have no f.,** ser duro,-a *or* insensible. 3 *(impression)* impresión *f*; **I had the f. that ...,** tuve la impresión de que ... . 4 *(consciousness, sensitivity)* sensibilidad *f*; **artistic f.,** sensibilidad artística; **he has a f. for music,** tiene sensibilidad para la música; **he has no f. in his fingers,** no tiene sensibilidad en los dedos; **the pianist played with a lot of f.,** el pianist tocó con mucho sentimiento. 5 *(opinion)* sentir *m*, opinión *f*; **the general f. is that ...,** la opinión general es que ...; **to express one's feelings,** expresar sus opiniones. 6 **feelings,** sentimientos *mpl*; *fig* **f. ran high,** la gente estaba exaltada; *fam* **no hard f.,** no nos guardemos rencor. 7 **feelings,** *(thoughts)* sentimientos *mpl*, pensamientos *mpl*; **to have mixed f.,** tener sentimientos enfrentados; **to hide one's f.,** ocultar sus sentimientos. II *adj* sensible, compasivo,-a; **a f. person,** una persona compasiva.

fee-paying ['fi:peɪɪŋ] *adj (school)* de pago.

feet [fi:t] *npl see* **foot.**

feign [feɪn] *vtr* fingir, aparentar; **to f. illness,** fingirse enfermo,-a.

feint [feɪnt] *Sport* I *n* finta *f*. II *vi* fintar.

feline ['fi:laɪn] *Zool adj & n* felino,-a *(m,f)*.

fell[1] [fel] *pt see* **fall.**

fell[2] [fel] *adj (fierce)* feroz; **at one f. swoop,** de un solo golpe.

fell[3] [fel] *n GB Geog (hill)* monte *m*; *(moor)* páramo *m*.

fell[4] [fel] *vtr (cut down) (trees)* talar; *fig (enemy)* matar, derribar.

fell[5] [fel] *n (animal)* piel *f*.

felling ['felɪŋ] *n* tala *f*.

fellow ['feləʊ] *n* 1 *(companion)* compañero,-a *m,f*, camarada *mf*; **come in, my dear f.!,** ¡adelante, hombre!; *fig* **to be hail f. well met with sb,** tratar a la gente con falsa simpatía. ■ **f. citizen,** conciudadano,-a *m,f*; **f. countryman, f. countrywoman,** compatriota *mf*; **f. men,** prójimos *mpl*; **f. passenger/student/worker,** compañero,-a *m,f*, de viaje/estudios/trabajo. 2 *fam (chap, guy)* tipo *m*, tío *m*; **a strange f.,** un tío raro; **poor f.!,** ¡pobrecito! 3 *(of society)* socio,-a *m,f*. 4 *Univ* miembro *mf* del claustro de profesores.

fellowship ['feləʊʃɪp] *n* 1 *(comradeship)* compañerismo *m*, camaradería *f*. 2 *(organization)* asociación *f*, sociedad *f*. 3 *Univ (scholarship)* beca *f*.

felon ['felən] *n Jur* criminal *mf*.

felony ['feləni] *n* crimen *m*, delito *m* mayor.

felt[1] [felt] *pt & pp see* **feel.**

felt[2] [felt] *n Tex* fieltro *m*; **f. hat,** sombrero *m* de fieltro.

felt-tip(ped) ['felttɪp(t)] *adj* **f.-t. pen,** rotulador *m*.

fem *Ling abbr of* **feminine,** femenino, f.

female ['fi:meɪl] I *adj* 1 *Zool* hembra; **a f. giraffe,** una jirafa hembra; **a f. hedgehog,** un erizo hembra. 2 femenino,-a de mujer; **the f. sex,** el sexo femenino; **a f. voice,** una voz de mujer. II *n* 1 *Zool* hembra *f*. 2 *(woman)* mujer *f*; *(girl)* chica *f*. ■ **f. suffrage,** sufragio *m* femenino.

feminine ['femɪnɪn] I *adj* femenino,-a. II *n Ling* femenino *m*.

femininity [femɪ'nɪnɪtɪ] *n* feminidad *f*.

feminism ['femɪnɪzəm] *n* feminismo *m*.

feminist ['femɪnɪst] *adj & n* feminista *(mf)*.

femur ['fi:mər] *n (pl femurs or femora* ['femərə]*)* Anat fémur *m*.

fen [fen] *n Geog* pantano *m*.

fence [fens] I *n* 1 cerca *f*, valla *f*; *Equit* valla *f*; *fig* **to sit on the f.,** ver los toros desde la barrera. 2 *sl* perista *mf*. II *vi Sport* practicar la esgrima. ◆**fence in** *vtr* meter en un cercado. ◆**fence off** *vtr* separar mediante cercas.

fencer ['fensər] *n* jugador,-a *m,f* de esgrima.

fencing ['fensɪŋ] *n* 1 *(surround)* cercado *m*, vallado *m*. 2 *(material)* material *m* para cercas. 3 *Sport* esgrima *f*. ■ **f. foil,** florete *m*.

fend [fend] *vi* **to f. for oneself,** valerse por sí mismo. ◆**fend off** *vtr (blow)* parar, desviar; *(question)* esquivar; *(attack)* rechazar.

fender ['fendər] *n* 1 *(fireplace)* pantalla *f*. 2 *US Aut* parachoques *m inv*. 3 *Naut* defensa *f*.

fennel ['fenəl] *n Bot* hinojo *m*.

ferment ['fɜ:ment] I *n* fermento *m*; *fig* **in a state of f.,** agitado,-a. II [fə'ment] *vtr & vi* fermentar.

fermentation [fɜ:men'teɪʃən] *n* fermentación *f*.

fern [fɜ:n] *n Bot* helecho *m*.

ferocious [fə'rəʊʃəs] *adj* feroz.

ferocity [fə'rɒsɪtɪ] *n* ferocidad *f*.

ferret ['ferɪt] *n Zool* hurón *m*. II *vi fam* huronear, husmear. ◆**ferret out** *vtr fam* conseguir, descubrir.

ferrous ['ferəs] *adj* de hierro, ferroso,-a; **f. metals,** metales ferrosos.

ferry ['ferɪ] I *n* 1 *(small)* barca *f* de pasaje. 2 *(large, for cars)* transbordador *m*, ferry *m*. II *vtr* transportar.

ferryman ['ferɪmən] *n (pl ferrymen)* barquero *m*.

fertile ['fɜ:taɪl] *adj* fértil, fecundo,-a; *fig* fértil, fecundo,-a; **a f. imagination,** una imaginación fecunda.

fertility [fə'tɪlɪtɪ] *n (of soil)* fertilidad *f*, fecundidad *f*; *(of living thing)* fertilidad. ■ **f. drug,** medicamento *m* contra la esterilidad.

fertilization [fɜ:tɪlaɪ'zeɪʃən] *n* **1** *(soil)* fertilización *f*. **2** *Biol* fecundación *f*.

fertilize ['fɜ:tɪlaɪz] *vtr* **1** *(soil)* fertilizar, abonar. **2** *(egg)* fecundar.

fertilizer ['fɜ:tɪlaɪzə'] *n Agr* abono *m*, fertilizante *m*.

fervent ['fɜ:vənt] *adj* ferviente, fervoroso,-a.

fervid ['fɜ:vɪd] *adj* exaltado,-a, apasionado,-a.

fervour, US fervor ['fɜ:və'] *n* fervor *m*.

fester ['festə'] *vi Med* supurar, enconarse.

festival ['festɪvəl] *n (event)* festival *m*; *(celebration)* fiesta *f*. ■ **film f.,** festival *m* de cine; *Rel* **harvest f.,** fiesta *f* (de acción de gracias) de la cosecha.

festive ['festɪv] *adj* festivo,-a; **the f. season,** las fiestas de Navidad.

festivity [fes'tɪvɪtɪ] *n* **1** fiesta *f*. **2 the festivities,** las fiestas, los festejos.

festoon [fe'stu:n] **I** *n* guirnalda *f*, festón *m*. **II** *vtr* adornar.

fetal ['fi:təl] *adj US see* **foetal.**

fetch [fetʃ] **I** *vtr* **1** *(go and get)* buscar, ir a buscar, ir por. **2** *(bring)* traer; **why did you f. me?,** ¿para qué me has hecho venir?; *(to dog)* **f.!,** ¡busca!; **to f. and carry for sb,** ser el machaca de algn. **3** *(sell for)* alcanzar; **how much did it f.?,** ¿por cuánto se vendió?

fetching ['fetʃɪŋ] *adj* atractivo,-a.

fete [feɪt] **I** *n* fiesta *f*. **II** *vtr* festejar.

fetid ['fetɪd, 'fi:tɪd] *adj* fétido,-a, hediondo,-a.

fetish ['fetɪʃ, 'fi:tɪʃ] *n* fetiche *m*; *fig* veneración *f*, culto *m*.

fetishism ['fetɪʃɪzəm, 'fi:tɪʃɪzəm] *n* fetichismo *m*.

fetishist ['fetɪʃɪst, 'fi:tɪʃɪst] *n* fetichista *mf*.

fetlock ['fetlɒk] *n Zool* espolón *m*.

fetter ['fetə'] **I** *n (usu pl)* grillos *mpl*, cadenas *fpl*; **to be in fetters,** estar encadenado,-a. **II** *vtr* encadenar.

fettle ['fetəl] *n fam* condición *f*, forma *f*; **in fine f.,** *(health)* en plena forma; *(spirit)* de buen humor.

fetus ['fi:təs] *n US see* **foetus.**

feud [fju:d] **I** *n* enemistad *f* duradera; **family f.,** disensión *f* familiar. **II** *vi* disentir, pelear.

feudal ['fju:dəl] *adj* feudal.

feudalism ['fju:dəlɪzəm] *n* feudalismo *m*.

fever ['fi:və'] *n Med* fiebre *f*; *fig* fiebre; **to have a f.,** tener fiebre; **gambling f.,** la fiebre del juego.

feverish ['fi:vərɪʃ] *adj Med* febril, calenturiento,-a; *fig* febril; **to be f.,** tener fiebre; **f. excitement,** emoción febril.

feverishness ['fi:vərɪʃnɪs] *n* estado *m* febril.

few [fju:] **I** *adj* **1** *(small number)* **for the past f. years,** durante estos últimos años; **in the next f. days,** dentro de unos días. **2** *(not many)* pocos,-as; **he has f. friends,** tiene pocos amigos; **he is one of the f. people who know,** es uno de los pocos que saben. **3** *(some)* algunos,-as, unos,-as cuantos,-as; **a f. books,** unos *o* algunos libros; **she has fewer books than I thought,** tiene menos libros de lo que pensaba; **quite a f.,** un buen número. **4** *(rare)* muy pocos,-as; **f. and far between,** escaso,-a, raro,-a. **5 as f. as,** solamente. **II** *pron* **1** *(not many)* pocos,-as; **f. finish,** son raros los que terminan; **few of them,** pocos de entre ellos, **there are too f.,** no hay suficientes; **there are precious f. of them left,** quedan muy pocos; **the fewer the better,** cuantos menos mejor. **2** *(some)* **a f.,** algunos,-as, unos,-as cuantos,-as; **a f. of them,** algunos de ellos; **I've only a f. left,** sólo me quedan unos cuantos; **the chosen f.,** los seleccionados, la crema; **there were no fewer than ten,** había no menos de diez; **who has the fewest?,** ¿quién tiene menos?; *fam* **to have a f. too many,** haber bebido unas copas de más.

fiancé [fɪ'ænseɪ] *n* novio *m*, prometido *m*.

fiancée [fɪ'ænseɪ] *n* novia *f*, prometida *f*.

fiasco [fɪ'æskəʊ] *n (pl fiascos)* fiasco *m*, fracaso *m*.

fib [fɪb] *fam* **I** *n* bola *f*, trola *f*. **II** *vi (pt & pp fibbed)* contar bolas, decir trolas.

fibber ['fɪbə'] *n fam* mentiroso,-a *m,f*, trolero,-a *m,f*.

fibre, US fiber ['faɪbə'] *n* fibra *f*. ■ **man-made f.,** fibra *f* artificial; *fig* **moral f.,** nervio *m*, carácter *m*.

fibreglass, US fiberglass ['faɪbəɡlɑ:s] *n* fibra *f* de vidrio.

fibrositis [faɪbrə'saɪtɪs] *n Med* fibromatosis *f*.

fibrous ['faɪbrəs] *adj* fibroso,-a.

fickle ['fɪkəl] *adj* inconstante, voluble.

fickleness ['fɪkəlnɪs] *n* inconstancia *f*, volubilidad *f*.

fiction ['fɪkʃən] *n* **1** *Lit* novela *f*, narrativa *f*; **works of f.,** novelas *fpl*. **2** *(invention)* ficción *f*.

fictional ['fɪkʃənəl] *adj* **1** *Lit* novelesco,-a. **2** *(imaginative)* ficticio,-a.

fictitious [fɪk'tɪʃəs] *adj* ficticio,-a, fingido,-a.

fiddle ['fɪdəl] *fam* **I** *n* **1** violín *m*; *fig* **to play** *o* **be second f.,** ser de segunda categoría; *prov* **as fit as a f.,** más sano,-a que una manzana, fuerte como un roble. **2** *(shady deal)* estafa *f*, trampa *f*; **he's on the f.,** está haciendo trampas. ■ **tax f.,** evasión *f* fiscal. **II** *vtr* **1** estafar. **2** *(accounts)* falsificar. **III** *vi* tocar el violín. ◆**fiddle about, fiddle around** *vi* **1** perder tiempo. **2** juguetear (**with,** con).

fiddler ['fɪdlə'] *n fam* **1** violinista *mf*. **2** tramposo,-a *m,f*; *(money)* chanchullero,-a *m,f*.

fiddly ['fɪdlɪ] *adj fam* delicado,-a, poco manejable.

fidelity [fɪ'delɪtɪ] *n* fidelidad *f*. ■ **high f.,** alta fidelidad *f*.

fidget ['fɪdʒɪt] **I** *vi* moverse, no poder estarse quieto,-a; **stop fidgeting!,** ¡estáte quieto! **II** *vtr* jugar (**with,** con). **III** *n* argadillo,-a *m,f*.

fidgety ['fɪdʒɪtɪ] *adj* inquieto,-a.

field [fi:ld] **I** *n* **1** *(meadow)* campo *m*, prado *m*. **2** *Mil* campo *m*; **in the f.,** en campaña; *fig* **to have a f. day,** disfrutar de lo lindo. ■ **f. day,** día *m* de maniobras; **f. glasses,** gemelos *mpl* (de campaña); **f. marshal,** mariscal *m* de campo; **f. of battle,** campo *m* de batalla. **3** *Sport* campo *m*; **to take the f.,** salir al campo. ■ **playing f.,** campo *m* de deportes. **4** *Geol Min* yacimiento *m*, yacimientos *mpl*. ■ **oil f.,** yacimiento *m* petrolífero. **5** *Elec Phys* campo *m*. ■ *Opt* **f. of vision,** campo *m* visual. **6** *(subject, area)* campo *m*, terreno *m*; **it's outside my f.,** no es de mi competencia; **the f. of medicine,** el campo de la medicina; **what's your f.?,** ¿cuál es su especialidad? ■ **f. trip,** viaje *m* de estudios; **f. work,** trabajo *m* de campo. **II** *vtr Sport* **1** *(ball)* parar y devolver. **2** *(present)* presentar; **to f. a strong team,** presentar un equipo fuerte. **III** *vi Sport* **1** parar y devolver la pelota. **2** jugar en campo.

fielder ['fi:ldə'] *n Sport* jugador,-a *m,f*, que no batea, fildeador,-a *m,f*.

fieldfare ['fi:ldfeə'] *n Orn* zorzal *m* real.

fieldmouse ['fiːldmaʊs] *n* (*pl* **fieldmice** ['fiːldmaɪs]) *Zool* ratón *m* del campo.

fiend [fiːnd] *n* 1 (*devil*) demonio *m*, diablo *m*. 2 *fam* (*fanatic*) fanático,-a *m,f*; **she's a fresh air f.**, es una fanática del aire fresco.

fiendish ['fiːndɪʃ] *adj fam* (*cruel*) diabólico,-a, malvado,-a; *fig* (*difficult*) enrevesado,-a.

fierce [fɪəs] *adj* 1 (*of animal, look*) feroz. 2 (*of argument*) acalorado,-a. 3 (*of heat, competition*) intenso,-a, fuerte. 4 (*of wind*) fuerte, violento,-a.

fierceness ['fɪəsnɪs] *n* 1 (*animal, look*) ferocidad *f*. 2 (*heat, competition*) intensidad *f*. 3 (*wind*) fuerza *f*.

fiery ['faɪərɪ] *adj* (*temper*) fogoso,-a; (*speech*) acalorado,-a; (*colour*) encendido,-a.

fife [faɪf] *n Mus* pífano *m*.

fifteen [fɪf'tiːn] I *adj* quince *inv*; **f. books**, quince libros; **she is f.**, tiene quince años. II *n* 1 quince *m inv*. 2 *Rugby* equipo *m*; *see also* seven .

fifteenth [fɪf'tiːnθ] I *adj* decimoquinto,-a; **the f. of August**, el quince de agosto. II *n* 1 (*in series*) decimoquinto,-a *m,f*. 2 (*fraction*) quinzavo *m*; *see also* seventh .

fifth [fɪfθ] I *adj* quinto,-a; *Pol* **f. column**, quinta columna; **the f. of May**, el cinco de mayo. II *n* 1 (*in series*) quinto,-a *m,f*. 2 (*fraction*) quinto *m*; *see also* seventh .

fifth-former ['fɪfθfɔːməʳ] *n GB Sch* alumno,-a *m,f* del quinto curso.

fiftieth ['fɪftɪθ] I *adj* quincuagésimo,-a *m,f*. II *n* 1 (*in series*) quincuagésimo,-a *m,f*. 2 (*fraction*) cincuentavo *m*; *see also* seventh .

fifty ['fɪftɪ] I *adj* cincuenta *inv*; **the Fifties**, los años cincuenta; **she's in her fifties**, tiene unos cincuenta años; *fam* **a f.-f. chance**, una probabilidad del cincuenta por ciento; *fam* **to go f.-f.**, ir a medias. II *n* cincuenta *m inv*; *see also* seventy *and* seven .

fig¹ [fɪg] *n Bot* 1 (*fruit*) higo *m*; *fam* **I don't give** *or* **care a f.**, me importa un pimiento *or* comino. 2 (*tree*) higuera *f*.

fig² [fɪg] *abbr of* **figure**, figura *f*, fig.

fight [faɪt] I *vtr* (*pt & pp* **fought**) 1 (*physical violence*) pelear(se) (**with**, con), luchar (**with**, con); *Box* pelear (**against**, contra); *Taur* lidiar; *fig* (*corruption, decision*) combatir, luchar (**against**, contra); **to f. one's way through (the crowds)**, luchar por abrirse camino (entre la multitud); *fig* **to f. a losing battle**, luchar por una causa perdida. 2 *Mil* (*battle*) librar; (*war*) hacer. 3 (*contest*) recurrir contra, presentar un recurso contra; **to f. a case**, defenderse contra un cargo *or* un pleito. II *vi* 1 pelear(se), luchar; *Box* pelear, combatir. 2 (*quarrel*) pelearse, reñir; **to f. over sth**, disputarse la posesión de algo. 3 *fig* (*struggle*) luchar (**for/against**, por/contra); **to f. on**, seguir luchando; **to f. for one's life**, luchar por la vida; **to f. shy of**, evitar. III *n* 1 (*physical violence*) pelea *f*, lucha *f*; *Box* combate *m*; **a f. to the death**, una lucha a muerte; **to pick a f. with sb**, meterse con algn; **to start a f.**, armar una pelea. 2 (*quarrel*) pelea *f*, riña *f*. 3 *fig* (*struggle*) lucha *f*; **the f. against poverty**, la lucha contra la pobreza. 4 (*spirit*) combatividad *f*; **there's no f. left in him**, no le queda ánimo para luchar. ◆**fight back** I *vtr* (*tears*) contener. II *vi* 1 (*recover a position*) resistir. 2 (*in argument*) defenderse. ◆**fight off** *vtr* 1 (*attack*) rechazar. 2 *fig* (*illness*) cortar. ◆**fight out** *vtr* discutir; **a meeting with management to f. out the overtime issue**, una reunión con la dirección para llegar a una decisión sobre las horas extras.

fighter ['faɪtəʳ] *n* 1 (*person*) combatiente *mf*; *Box* púgil *m*. 2 *fig* luchador,-a *m,f*. ■ *Av* **f. (plane)**, (avión *m* de) caza *m*; **f. bomber**, cazabombardero *m*; **f. pilot**, piloto *m* de caza.

fighting ['faɪtɪŋ] I *adj* **he's got a f. chance**, tiene verdaderas posibilidades; **to be f. fit**, estar en plena forma. II *n* lucha *f*, pelea *f*.

fig-leaf ['fɪgliːf] *n* (*pl* **fig-leaves** ['fɪgliːvz]) hoja *f* de parra.

figment ['fɪgmənt] *n* **it's a f. of your imagination**, es un producto de tu imaginación.

figurative ['fɪgərətɪv] *adj* figurado,-a. ◆**figuratively** *adv* **f. speaking**, en sentido figurado.

figure ['fɪgəʳ, *US* 'fɪgjər] I *n* 1 (*form, outline*) forma *f*, silueta *f*; **a human f.**, una figura humana. ■ **f. skating**, patinaje *m* artístico. 2 (*body shape*) figura *f*; **a fine f. of a man**, un hombre bien plantado; **she has a good f.**, tiene buen tipo; **to keep a good f.**, guardar la línea. 3 (*bearing*) **to cut a fine f.**, tener buena presencia. 4 (*character*) figura *f*, personaje *m*; **she was a key f. in the negotiations**, fue una figura clave en las negociaciones. 5 (*statue*) figura *f*. 6 (*in book*) grabado *m*, dibujo *m*. 7 *Ling* **f. of speech**, figura *f* retórica. 8 *Geom* figura *f*. 9 *Math* cifra *f*, guarismo *m*; **in round figures**, en números redondos; **he's good at figures**, se le dan bien los números; *fam* **to put a f. to sth**, ponerle precio a algo. ■ *TV* **viewing figures**, cifras *fpl* de los telespectadores. II *vtr US fam* imaginarse, suponer; **I f. it's time to go**, me imagino que ya es hora de marchar. III *vi* 1 (*appear*) figurar, constar; **his name figures on the list**, su nombre figura en la lista. 2 *US fam* (*make sense*) **that figures**, eso tiene sentido. ◆**figure on** *vtr US* esperar, contar con. ◆**figure out** *vtr fam* (*person*) comprender; (*problem*) resolver; **I can't f. it out**, no me lo explico.

figurehead ['fɪgəhed] *n Naut* mascarón *m* de proa; *fig* figura *f* decorativa.

Fiji ['fiːdʒiː, fiː'dʒiː] *n* Fiji.

Fijian [fiː'dʒiːən] *n* fijiano,-a *m,f*.

filament ['fɪləmənt] *n Elec* filamento *m*.

filch [fɪltʃ] *vtr sl* mangar, afanar, birlar.

file [faɪl] I *n* 1 (*tool*) lima *f*. 2 (*folder*) carpeta *f*. 3 (*archive*) archivo *m*, expediente *m*; **to be on f.**, estar archivado,-a. ■ **card-index f.**, fichero *m*; **police f.**, archivos *mpl* policiales. 4 *Comput* archivo *m*. 5 (*line*) fila *f*; **in single f.**, en fila india. II *vtr* 1 (*smooth*) limar; **to f. one's nails**, limarse las uñas. 2 (*put away*) archivar; (*in card-index*) fichar. 3 *Jur* presentar; **to f. a petition for divorce**, entablar demanda de divorcio. III *vi Mil* **to f. past**, desfilar.

filet ['fɪlɪt] *n US* see **fillet** .

filibuster ['fɪlɪbʌstəʳ] I *n US Pol* filibustero,-a *m,f*, obstruccionista *mf*. II *vi* practicar el filibusterismo. III *vtr* (*law, project*) obstruir.

filibustering ['fɪlɪbʌstərɪŋ] *n US Pol* filibusterismo *m*, obstruccionismo *m*.

filigree ['fɪlɪgriː] *n* filigrana *f*.

filing ['faɪlɪŋ] *n* 1 clasificación *f*. ■ **f. cabinet**, archivador *m*, clasificador *m*; (*for cards*) fichero *m*; **f. clerk**, archivero,-a *m,f*. 2 **filings**, limaduras *fpl*.

Filipino [fɪlɪ'piːnəʊ] *n* filipino,-a *m,f*.

fill [fɪl] I *vtr* 1 (*space*) llenar (**with**, de); **to f. a glass**, llenar un vaso; **to f. a gap**, llenar un vacío. 2 (*time*) llenar, ocupar. 3 (*post, requirements*) cubrir. 4 (*to load*) cargar. 5 *Culin* rellenar. 6 *Dent* empastar. II *vi* llenarse (**with**, de); **his eyes filled with tears**, sus ojos se llenaron de lágrimas. III *n lit* saciedad *f*; **to**

eat one's f., comer hasta hartarse; *fam* **I've had my f. of him**, estoy harto,-a de él. ◆**fill in** I *vtr* 1 *(space, hole)* rellenar; **to f. in a form**, rellenar un formulario. 2 *(inform) fam* poner al corriente (**on**, de); **could you f. me in on the affair?**, ¿me podrías poner al corriente del asunto? 3 *(time)* pasar; **how shall we f. in the afternoon?**, ¿cómo vamos a pasar la tarde? II *vi* sustituir; **to f. in for sb**, sustituir a algn. ◆**fill out** I *vtr US (form)* llenar. II *vi fam* engordar. ◆**fill up** I *vtr* 1 llenar hasta arriba; *Aut fam* **f. her up!**, ¡llénelo! 2 *(application form)* llenar. II *vi* llenarse; **the room filled up quickly**, la sala se llenó rápidamente; *Aut* **to f. up with petrol**, llenar el depósito de gasolina.

filler ['fɪləʳ] *n (for cracks)* masilla *f*; *(increase size)* relleno *m*.

fillet ['fɪlɪt] I *n Culin* filete *m*; **f. of sole**, filete de lenguado; **f. steak**, filete *m*. II *vtr* cortar en filetes.

filling ['fɪlɪŋ] I *adj* que llena mucho; **rice is very f.**, el arroz llena mucho. II *n* 1 *(stuffing)* relleno *m*; *Culin* **cake with lemon f.**, pastel *m* relleno de limón. ■ *GB Aut* **f. station**, gasolinera *f*. 2 *Dent* empaste *m*.

fillip ['fɪlɪp] *n fam* estímulo *m*.

filly ['fɪlɪ] *n Zool* potra *f*.

film [fɪlm] I *n* 1 *Cin* película *f*, film(e) *m*; **on f.**, filmado,-a, en película. ■ **f. industry**, industria *f* cinematográfica; **f. star**, estrella *f* de cine; **f. studio**, estudio *m* de cine; **silent f.**, película *f* muda. 2 *(of dust, oil)* capa *f*. 3 *Phot* película *f*. ■ **colour f.**, película *f* en color. II *vtr Cin* filmar. III *vi Cin* rodar. ◆**film over** *vtr* nublarse.

film-strip ['fɪlmstrɪp] *n* cortometraje *m*.

filter ['fɪltəʳ] I *n* 1 filtro *m*. ■ *Phot* **colour f.**, filtro *m* de color; *Aut* **oil f.**, filtro *m* de aceite. 2 *Aut (traffic light)* flecha *f*. ■ **f. lane**, carril *m* de acceso. II *vtr* filtrar; **the sun filtered through the curtains**, el sol se filtraba entre las cortinas. III *vi Aut* **to f. to the left/right**, girar a la izquierda/derecha. ◆**filter through** *vi fig* filtrar (**to**, a); **the news filtered through**, se filtraron las noticias.

filter-tip ['fɪltətɪp] *n* 1 *(of cigarette)* boquilla *f*, filtro *m*. 2 *(cigarette)* cigarrillo *m* con filtro.

filth [fɪlθ] *n* 1 *(dirt)* porquería *f*, suciedad *f*. 2 *fig (language, thoughts)* porquerías *fpl*, marranadas *fpl*. 3 *sl* bofia *f*, pasma *f*, maderos *mpl*.

filthy ['fɪlθɪ] *adj (filthier, filthiest)* 1 *(dirty)* puerco,-a, asqueroso,-a, sucio,-a. 2 *(obscene)* obsceno,-a, grosero,-a; **a f. mind**, una mente sucia.

fin [fɪn] *n Zool Av* aleta *f*.

final ['faɪnəl] I *adj* 1 *(last)* último,-a, final; **f. call**, último aviso; *Sport* **the f. score**, el resultado final; *(payment)* **f. demand**, último aviso *m* de pago. 2 *(definitive)* definitivo,-a; **and that's f.**, y no hay más que hablar. II *n* 1 *Sport* final *f*. ■ **cup f.**, final *f* de la copa. 2 *Univ* **finals**, exámenes *mpl* finales *or* de fin de curso. ◆**finally** *adv* 1 *(lastly)* por último, finalmente. 2 *(at last)* por fin. 3 *(definitively)* definitivamente.

finale [fɪ'nɑːlɪ] *n Mus* final *m*; *fig* **grand f.**, apoteosis *f*.

finalist ['faɪnəlɪst] *n* finalista *mf*.

finalize ['faɪnəlaɪz] *vtr (plans, arrangements)* ultimar; *(date)* fijar.

finance ['faɪnæns, fɪ'næns] I *n* 1 finanzas *fpl*. ■ **f. company**, sociedad *f* financiera; **high f.**, altas finanzas *fpl*; **Minister of F.**, ministro,-a *m,f* de Economía; **public f.**, hacienda *f* pública. 2 **finances**, fondos *mpl*. II *vtr* financiar.

financial [faɪ'nænʃəl, fɪ'nænʃəl] *adj* financiero,-a. ■ **f. affairs**, asuntos *mpl* financieros; **f. crisis**, crisis *f* económica; **f. reform**, reforma *f* fiscal; **f. success**, éxito *m* financiero; **f. year**, año *m* económico.

financier [faɪ'nænsɪəʳ, fɪ'nænsɪəʳ] *n* financiero,-a *m,f*.

financing ['faɪnænsɪŋ, fɪ'nænsɪŋ] *n* financiación *f*.

finch [fɪntʃ] *n Orn* pinzón *m*.

find [faɪnd] I *vtr (pt & pp found)* 1 *(locate)* encontrar; **I couldn't f. him**, no pude localizarlo; **they were nowhere to be found**, no los encontramos en ningún sitio. 2 *(think)* encontrar; **I f. her very nice**, la encuentro muy simpática; **we f. the car a bit small**, el coche nos resulta un poco pequeño. 3 *(end up)* venir a parar; **this found its way into my bag**, esto vino a parar a mi bolso; **we found ourselves without a car**, nos encontramos sin coche. 4 *(discover)* descubrir; **it has been found that ...**, se ha comprobado que ...; **you'll f. that I'm right**, ya verás cómo llevo razón. 5 *Jur* declarar; **to f. sb guilty/not guilty**, declarar culpable/inocente a algn. 6 *(obtain, manage)* encontrar, conseguir; **he found his way in**, logró introducirse; **he's been working there for one week and hasn't found his feet yet**, lleva una semana trabajando allí y todavía no se ha situado; **I can't f. the courage to tell him**, no tengo valor para decírselo; **I found him a job**, le encontré un trabajo; **I found it impossible to get away**, me resultó imposible irme; **to f. one's tongue**, soltarse a hablar; **to f. one's way**, encontrar el camino. 7 *arch* **thirty pounds, all found**, treinta libras, todo incluido. II *n* hallazgo *m*. ◆**find out** I *vtr* 1 *(enquire)* averiguar; **f. out his address**, averigüe *or* entérese de su dirección; **I phoned to f. out the dates**, llamé para preguntar las fechas. 2 *(discover)* descubrir; **I found out that he had lied**, descubrí que había mentido; **to f. sb out**, descubrirle el juego a algn. II *vi* 1 *(enquire)* averiguar; **to f. out about sth**, informarse sobre algo. 2 *(discover)* enterarse; **when I found out ...**, cuando lo supe ... .

findings ['faɪndɪŋz] *npl* conclusiones *fpl*, resultados *mpl*.

fine [faɪn] I *n* multa *f*. II *vtr* multar; **he was fined ten pounds**, le pusieron una multa de diez libras. III *adj* 1 *(delicate etc)* fino,-a. 2 *(subtle)* sutil; **a f. distinction**, una diferencia sutil; **he's got it down to a f. art**, lo hace a la perfección; **not to put too f. a point on it**, hablando sin rodeos. 3 *(excellent)* excelente; **a f. effort**, un gran esfuerzo; **a f. pianist**, un excelente pianista; **a f. piece of work**, un trabajo excelente; **f. clothes**, ropa elegante. 4 *(weather)* bueno; **it was f.**, hacía buen tiempo. 5 **the f. arts**, las bellas artes. 6 *(all right)* bien; **I'm f.**, estoy bien; **that's f. by me**, me parece muy bien. 7 *iron* **a f. mess**, menudo lío; **you're a f. friend**, ¡vaya amigo estás hecho!; **you're a f. one!**, ¡estás tú bueno!; **you're a f. one to talk!**, ¡mira quién habla! IV *adv* **1** *fam* muy bien; **it suits me f.**, me viene muy bien; **the patient's doing f.**, el enfermo va muy bien; *fig* **to cut it f.**, ser muy justo de tiempo, llegar con el tiempo justo. V *interj* ¡vale! ◆**finely** *adv* 1 *(small pieces)* finamente; **f. chopped**, picado fino. 2 *Tech Aut (delicately)* **f. tuned**, a punto. 3 *(elegantly)* **f. dressed**, vestido,-a con elegancia.

finery ['faɪnərɪ] *n* galas *fpl*; **in all her f.**, vestida con sus mejores galas.

finesse [fɪ'nes] *n* 1 *(delicacy)* finura *f*, delicadeza *f*. 2 *(cunning)* astucia *f*; *(tact)* sutileza *f*.

finger ['fɪŋgəʳ] I *n Anat* dedo *m* (de la mano); *fam* **he didn't lift a f. to help**, no movió ni un dedo para ayudar; *fam* **I didn't lay a f. on her,** no la toqué en absoluto; *GB fam* **pull your f. out!,** ¡muévete!; *fam* **to have a f. in every pie,** estar metido,-a en todo; *fam* **to keep one's fingers crossed,** esperar que todo salga bien; *fam* **to put two fingers up,** hacer un corte de mangas; *fam* **you've put your f. on it,** has dado en el clavo. ∎ **f. bowl,** lavadedos *m inv*; **index f.,** dedo *m* índice; **little f.,** dedo *m* meñique; **middle f.,** dedo *m* corazón. II *vtr* tocar; *pej* manosear.

fingernail ['fɪŋgəneɪl] *n* uña *f.*

fingerprint ['fɪŋgəprɪnt] I *n* huella *f* digital *or* dactilar. II *vtr* tomar las huellas digitales.

fingertip ['fɪŋgətɪp] *n* punta *f or* yema *f* del dedo; *fig* **to have sth at one's fingertips,** saberse algo al dedillo.

finicky ['fɪnɪkɪ] *adj* **1** *(person)* quisquilloso,-a, melindroso,-a. **2** *(job)* delicado,-a.

finish ['fɪnɪʃ] I *n* **1** *(end)* fin *m*, conclusión *f*; *(of race)* llegada *f*; **a close f.,** un final muy reñido; **a fight to the f.,** una lucha hasta el final; **to be in at the f.,** estar presente en el final. **2** *(surface)* acabado *m*. ∎ **matt/glossy f.,** acabado *m* mate/brillo. II *vtr* **1** *(complete)* acabar, terminar. **2** *(use up, eat up)* acabar, agotar; **f. (up) your potatoes,** cómete las patatas. **3** *fam (exhaust)* agotar. III *vi* acabar, terminar; **she finished by saying ...,** terminó diciendo ...; **she has finished with her boyfriend,** ha roto con el novio; **to f. doing sth,** terminar de hacer algo; *Sport* **to f. second,** llegar el segundo. ◆**finish off** I *vtr* **1** *(complete)* terminar completamente. **2** *(use up)* acabar, terminar; **let's f. off the wine,** acabémonos el vino. **3** *(kill) fam* rematar, despachar. II *vi* acabar. ◆**finish up** I *vtr* acabar, agotar. II *vi* ir a parar; **she finished up in jail,** fue a parar a la cárcel.

finished ['fɪnɪʃt] *adj* **1** *(product)* acabado,-a; **hand f.,** acabado a mano. **2** *fam (exhausted)* agotado,-a, rendido,-a. **3** *fam (burnt-out)* quemado,-a; **he's f. as a footballer,** como futbolista está acabado.

finishing ['fɪnɪʃɪŋ] *adj* **to put the f. touch(es) to sth,** darle los últimos toques a algo. ∎ *Sport* **f. line** *or* **post,** (línea *f* de) meta *f*; **f. school,** escuela *f* privada de modales para señoritas.

finite ['faɪnaɪt] *adj* finito,-a. ∎ *Ling* **f. verb,** verbo *m* conjugable.

Finland ['fɪnlənd] *n* Finlandia.

Finn [fɪn] *n* finlandés,-esa *m,f.*

Finnish ['fɪnɪʃ] I *adj* finlandés,-esa. II *n (language)* finlandés *m.*

fiord [fjɔːd, 'fiːɔːd] *n Geog* fiordo *m.*

fir [fɜː] *n Bot* abeto *m.* ∎ **Douglas f.,** abeto *m* de Douglas; **silver f.,** abeto *m* (blanco).

fire ['faɪə'] I *n* **1** fuego *m*; **to light a f.,** encender un fuego; **to sit by the f.,** sentarse al calor de la lumbre. **2** *(accident etc)* incendio *m*, fuego *m*; **f.!,** ¡fuego!; **to be on f.,** estar ardiendo *or* en llamas; **to catch f.,** incendiarse; **to set f. to sth,** prenderle fuego a algo, incendiar algo; *fig* **to get on like a house on f.,** hacer muy buenas migas; *fig* **to play with f.,** jugar con fuego. ∎ **f. alarm,** alarma *f* de incendios; **f. brigade,** (cuerpo *m* de) bomberos *mpl*; **f. door,** puerta *f* cortafuegos; **f. drill,** ensayo *m* para caso de incendio; **f. engine,** coche *m* de bomberos; **f. escape,** escalera *f* de incendios; **f. exit,** salida *f* de emergencia; **f. extinguisher,** extintor *m*; **f. fighting,** extinción *f* de incendios; **f. fighting equipment,** equipo *m* contra incendios; **f. insurance,** seguro *m* contra incendios;

f. raiser, incendiario,-a *m,f*; **f. station,** parque *m* de bomberos. **3** *(heater)* estufa *f.* ∎ **electric/gas f.,** estufa *f* eléctrica/de gas. **4** *Mil* fuego *m*; **heavy f.,** fuego nutrido; *Mil* **to come under f.,** estar bajo el fuego; *fig* ser el blanco de las críticas; **to open f.,** abrir fuego. II *vtr* **1** *(discharge) (arm)* disparar (**at,** a); *(rocket)* lanzar; *fig* **to f. questions at sb,** bombardear a algn a preguntas. **2** *fam (dismiss)* despedir; **she was fired after they caught her stealing,** le despidieron después de encontrarla robando. **3** *(pottery)* cocer. III *vi* **1** *(shoot)* disparar, hacer fuego (**at,** sobre); **f.!,** ¡fuego! **2** *Aut* encenderse. **3** *fig* **f. away!,** ¡adelante!

firearm ['faɪərɑːm] *n* arma *f* de fuego.

firebrand ['faɪəbrænd] *n* **1** tea *f.* **2** *(person)* revoltoso,-a *m,f.*

firebreak ['faɪəbreɪk] *n* cortafuego *m.*

firecracker ['faɪəkrækə'] *n* petardo *m.*

firecrest ['faɪəkrest] *n Orn* reyezuelo *m* listado.

fire-fighter ['faɪəfaɪtə'] *n US* bombero *m.*

fireguard ['faɪəgɑːd] *n* pantalla *f* (de chimenea).

firelighter ['faɪəlaɪtə'] *n (to start a fire)* astilla *f* para encender el fuego; *(firebrand)* tea *f.*

fireman ['faɪəmən] *n (pl firemen)* bombero *m.*

fireplace ['faɪəpleɪs] *n (whole structure)* chimenea *f*; *(hearth)* hogar *m.*

fireproof ['faɪəpruːf] *adj* incombustible.

fireside ['faɪəsaɪd] *n* hogar *m*; **by the f.,** al calor de la lumbre. ∎ **f. chair,** sillón *m*; **f. chat,** tertulia *f.*

firewood ['faɪəwʊd] *n* leña *f.*

fireworks ['faɪəwɜːks] *npl* fuegos *mpl* artificiales; *fig* **there will be f.,** se va a armar la gorda. ·

firing ['faɪərɪŋ] *n Mil* tiroteo *m.* ∎ **f. line,** línea *f* de fuego; **f. squad,** pelotón *m* de fusilamiento.

firm [fɜːm] I *adj* **1** firme, sólido,-a; **f. decision,** firme decisión *f*; **f. foundation,** base *f* sólida; **f. offer,** oferta *f* en firme; **to stand f.,** mantenerse firme. **2** *(strict)* **to be f. with sb,** tratar a algn con firmeza; **to rule with a f. hand,** gobernar con mano dura. II *n Com* empresa *f*, firma *f.* ◆**firmly** *adv* firmemente.

firmness ['fɜːmnɪs] *n* firmeza *f.*

first [fɜːst] I *adj* primero,-a; *(before masculine singular noun)* primer; **at f. sight,** a primera vista; **Charles the F.,** Carlos Primero; **for the f. time,** por primera vez; **f. thing in the morning,** a primera hora de la mañana; **in the f. place,** en primer lugar. ∎ *Univ* **f. degree,** licenciatura *f*; **f. edition,** primera edición *f*; **f. floor,** primer piso *m*, *US* planta *f* baja; *Aut* **f. gear,** primera *f* (marcha); **f. name,** nombre *m* de pila; *Theat* **f. night,** noche *f* de estreno; *Jur* **f. offender,** delincuente *mf* sin antecedentes penales. II *adv (before anything else)* primero; **finish your work f.,** primero acaba el trabajo; **f. and foremost,** ante todo; **f. of all,** en primer lugar; **f. things f.,** primero es lo primero; **her career comes f.,** para ella su carrera es lo primero; **I'd die f.!,** ¡antes morir!; *Sport* **to come f.,** llegar el primero *or* la primera; *(in exam)* sacar la mejor nota; **when I f. saw her,** cuando la vi por primera vez. III *n* **1** **the f.,** el primero, la primera; **to be the f. to do sth,** ser el primero *or* la primera en hacer algo; **the f. of April,** el uno *or* el primero de abril; *fam* **f. come, f. served,** los primeros primero. ∎ *Med* **f. aid,** primeros auxilios *mpl*; **f. aid box,** botiquín *m.* **2** *(at the beginning)* **at f.,** al principio; **from the (very) f.,** desde el principio. **3** *Aut* primera *f* (marcha); **in f.,** en primera. **4** *Univ* **to get a f.,** sacar un sobresaliente. ◆**firstly** *adv* primero, en primer lugar.

first-born ['fɜːstbɔːn] n primogénito, -a m,f.

first-class ['fɜːstklɑːs] I adj de primera clase; **f.-c. hotel**, hotel de primera categoría; **f.-c. sportsman**, deportista fuera de serie; **f.-c. ticket**, billete de primera clase. II **first class** [fɜːstˈklɑːs] adv Rail en primera; **to travel f. c.**, viajar en primera.

first-former ['fɜːstfɔːməʳ] n GB Sch alumno, -a del primer curso.

first-hand ['fɜːsthænd] adv & adj de primera mano; **f.-h. information**, información f de primera mano.

first-rate ['fɜːstreɪt] adj excelente, de primera.

fiscal ['fɪskəl] adj fiscal.

fish [fɪʃ] I n (pl fish or fishes) 1 Zool pez m; fig **he's a queer f.**, es un tipo raro; fig **like a f. out of water**, como pez fuera del agua; fam **to drink like a f.**, beber como una esponja. ■ **f. hook**, anzuelo m; **f. shop**, pescadería f; US Canada **f. stick**, palito m de pescado; **f. tank**, pecera f. 2 Culin pescado m; **f. and chips**, pescado frito con patatas fritas. II vi pescar; **to f. for trout**, pescar truchas; fig **to f. in one's pocket for sth**, buscar algo en el bolsillo; fig **to f. a sock out of the drawer**, sacar un calcetín del cajón; fig **to f. for compliments**, buscar los elogios.

fishbone ['fɪʃbəʊn] n espina f, raspa f.

fishcake ['fɪʃkeɪk] n Culin medallón m de pescado y patata.

fisherman ['fɪʃəmən] n (pl fishermen) pescador m.

fishery ['fɪʃərɪ] n pesquería f, pesquera f.

fishfinger [fɪʃ'fɪŋɡəʳ] n Culin palito m de pescado.

fishing ['fɪʃɪŋ] n pesca f; **to go f.**, ir de pesca. ■ **deep-sea f.**, pesca f de altura; **f. net**, red f de pesca; **f. rod**, caña f de pescar; **f. tackle**, aparejo m de pescar.

fish-knife ['fɪʃnaɪf] n (pl fish-knives ['fɪʃnaɪvz]) cuchillo m de pescado.

fishmonger ['fɪʃmʌŋɡəʳ] n GB pescadero, -a m,f; **fishmonger's (shop)**, pescadería f.

fishnet ['fɪʃnet] n malla f. ■ **f. tights**, leotardo m de malla gruesa.

fishwife ['fɪʃwaɪf] n (pl fishwives ['fɪʃwaɪvz]) fig pej verdulera f.

fishy ['fɪʃɪ] adj (fishier, fishiest) de pescado; **f. smell**, olor a pescado; fam fig **there's something f. going on**, aquí hay gato encerrado.

fission ['fɪʃən] n Phys fisión f.

fissure ['fɪʃəʳ] n 1 grieta f. 2 Anat fisura f.

fist [fɪst] n puño m; **to shake one's f. at sb**, amenazar a algn con el puño.

fistful ['fɪstfʊl] n puñado m.

fit¹ [fɪt] I vtr (pt & pp fitted) 1 (correct size) ir bien a; **that suit doesn't f.**, ese traje no te entalla; **to f. like a glove**, (clothes) entallar muy bien; (others) ir muy bien. 2 Sew probar; **he is being fitted for a jacket**, le están probando una chaqueta. 3 (slot) encajar, poner; **this key doesn't f. the lock**, esta llave no es de esta cerradura. 4 (put, install) poner, colocar; **a car fitted with a radio**, un coche provisto de radio; **to have a shelf fitted**, hacer colocar un estante. 5 fig (correspond) encajar con, estar de acuerdo con; **she doesn't f. the description**, no responde a la descripción. 6 (suitable) encajar; fml **to f. sb for sth**, capacitar a algn para algo. II vi 1 (right size) caber; **all my belongings f. into the room**, todas mis pertenencias caben en la habitación; **the door doesn't f. properly**, la puerta no ajusta bien; **these trousers f. well**, estos pantalones se ponen muy bien. 2 (correspond) cuadrar; **the facts don't f.**, los hechos no cuadran; fig **his face didn't f.**, no encajó.

III adj 1 (suitable) apto, -a, adecuado, -a (for, para); **a feast f. for a king**, un banquete digno de un rey; **are you f. to drive?**, ¿estás en condiciones de conducir?; **is he a f. person for the job?**, ¿es la persona adecuada para el puesto?; **she's not f. to teach**, no vale para la enseñanza; **that's all he's f. for**, no sirve para nada más; **to see or think f. to do sth**, juzgar oportuno hacer algo. 2 (healthy) en forma, en plena forma; **to get/keep fit**, ponerse/mantenerse en forma; prov **f. as a fiddle**, más sano, -a que una manzana, fuerte como un roble. 3 fam (ready) a punto de; **he was f. to start laughing**, estaba con la risa a punto de explotar. IV n 1 ajuste m; Sew corte m; **to be a good f.**, encajar bien; **the jacket is a good f.**, la americana te viene bien. ◆**fit in** I vi 1 (match) adaptarse; **he didn't f. in with his colleagues**, no encajó con sus compañeros de trabajo. 2 (tally) cuadrar (with, con); **her story didn't f. in with the rest**, su historia no cuadraba con las otras; **it's all fitting into place**, ahora empiezo a entenderlo. II vtr (find time for) encontrar un hueco para; **the director tried to f. me in on Monday**, el director intentó encontrar un hueco para verme el lunes; **we couldn't f. it all in**, no tuvimos tiempo para todo. ◆**fit out** vtr equipar; **they fitted him out for the expedition**, le equiparon para la expedición; **they fitted out the office**, amueblaron el despacho.

fit² [fɪt] n 1 Med ataque m, acceso m; **a f. of coughing**, un acceso de tos; **epileptic f.**, ataque epiléptico; fam **he'll have a f.**, le va a dar un ataque. 2 fig ataque m, arrebato m; **f. of anger**, arranque m de cólera; **f. of enthusiasm**, arrebato m de entusiasmo; **f. of jealously**, ataque or arrebato m de celos; fig **by fits and starts**, a trompicones; **to go into fits of laughter**, troncharse de risa.

fitful ['fɪtfʊl] adj irregular, discontinuo, -a. ◆**fitfully** adv a rachas.

fitness ['fɪtnɪs] n 1 (aptitude) aptitud f, capacidad f. 2 (health) (buen) estado m físico. ■ Sport **f. test**, examen m de forma física.

fitted ['fɪtɪd] adj empotrado, -a. ■ **f. carpet**, moqueta f; **f. cupboard**, armario m empotrado.

fitter ['fɪtəʳ] n ajustador, -a m,f.

fitting ['fɪtɪŋ] I adj (appropiate) apropiado, -a, oportuno, -a; **it was f. that he won**, era justo que ganara. II n 1 (dress) prueba f. ■ **f. room**, probador m. 2 (usu pl) accesorio m; **light fittings**, apliques mpl eléctricos; **bathroom fittings**, sanitarios mpl.

five [faɪv] I adj cinco inv; **f. cups**, cinco tazas; **f. hundred**, quinientos, -as; **f. thousand men**, cinco mil hombres; **f.-day week**, semana f laboral de cinco días. II n cinco m inv; see also **seven** .

fiver ['faɪvəʳ] n fam billete m de cinco libras or dólares.

five-star ['faɪvstɑː] adj de cinco estrellas; **f.-s. hotel**, hotel m de cinco estrellas.

five-year ['faɪvjɪəʳ] adj que dura cinco años; **f.-y. plan**, plan m quinquenal.

fix [fɪks] I n 1 fam (difficulty) aprieto m, apuro m; **to be in a f.**, estar en un apuro. 2 (drugs) sl dosis f. II vtr 1 (fasten) fijar, asegurar; fig fijar (on, en); **she fixed her eyes on me**, clavó sus ojos en mí; fig **they fixed the blame on me**, me echaron la culpa. 2 (establish) (date, price) fijar; (limit) señalar; **let's f. a price**, fijemos un precio. 3 (arrange) arreglar; **he'll f. it with the boss**, se las arreglará con el jefe; fam **how are you fixed for money?**, ¿qué tal andas de dinero?; **there's nothing fixed yet**, no hay nada decidido todavía. 4 Sport (dishonestly) amañar; **the game was fixed for them to win**, les arreglaron el partido para que ganasen. 5 *(repair)* arreglar, componer. 6 *US (food, drink)* preparar. 7 *Phot* fijar. 8 *(tidy)* arreglar; **she fixed her hair**, se arregló el pelo. ◆**fix up** *vtr (arrange)* arreglar; **it's all fixed up**, ya está todo arreglado; **to f. sb up with sth**, proveer a algn de algo.

fixation [fɪk'seɪʃən] *n* idea *f* fija, obsesión *f*; **to have a f. about sth.**, estar obsesionado,-a por algo.

fixed [fɪkst] *adj* 1 fijo,-a; **of no f.** abode, sin domicilio fijo. 2 *fam* amañado,-a; **a f. match**, un partido arreglado.

fixer ['fɪksəʳ] *n Phot* fijador *m*.

fixture ['fɪkstʃəʳ] *n* 1 *Sport* encuentro *m*. 2 **fixtures**, *(in building)* accesorios *mpl*.

fizz [fɪz] I *n* burbujeo *m*. II *vi* burbujear.

fizziness ['fɪzɪnɪs] *n* efervescencia *f*.

fizzle ['fɪzəl] *vi (hiss)* chisporrotear. ◆**fizzle out** *vi* quedar en nada; **their interest in the matter fizzled out within a week**, su interés en el tema se desvaneció en una semana.

fizzy ['fɪzɪ] *adj (fizzier, fizziest) (water)* gaseoso,-a, con gas; *(wine)* espumoso,-a.

fjord [fjɔːd, 'fiːɔːd] *n Geog* fiordo *m*.

flab [flæb] *n fam* michelines *mpl*.

flabbergasted ['flæbəɡɑːstɪd] *adj* pasmado,-a; I **was f.**, quedé pasmado,-a.

flabby ['flæbɪ] *adj (flabbier, flabbiest)* fofo,-a.

flaccid ['flæsɪd] *adj* flácido,-a.

flag [flæɡ] I *n* 1 bandera *f*; *Naut* pabellón *m*; *fig* **to show the f.**, hacer acto de presencia; **to keep the f. flying**, ser patriótico,-a, representar a alguien a su propio país. 2 *(for charity)* banderita *f*. ■ **f. day**, día *m* de la banderita. II *vtr (pt & pp flagged) (mark)* señalar; *fig* **to f. down a car**, hacer señales a un coche para que pare. III *vi (interest)* decaer; *(conversation)* languidecer; **after working on the same material his attention began to f.**, después de trabajar el mismo material su atención empezó a decaer.

flagellate ['flædʒəleɪt] *vtr fml* flagelar.

flagon ['flæɡən] *n (jug)* jarro *m; (bottle)* botella *f* grande.

flagpole ['flæɡpəʊl] *n* asta *f* de bandera.

flagrant ['fleɪɡrənt] *adj* flagrante.

flagship ['flæɡʃɪp] *n Naut* buque insignia *m*.

flagstone ['flæɡstəʊn] *n* losa *f*.

flair [fleəʳ] *n* instinto *m*, facilidad *f*, talento *m*, don *m*; **he has a f. for languages**, tiene un don especial para los idiomas.

flak [flæk] *n* 1 *Mil* fuego *m* antiáreo. 2 *fam* críticas *fpl* negativas; **the decision came in for a lot of f.**, la decisión fue duramente criticada.

flake [fleɪk] I *n (of snow)* copo *m; (of skin, soap)* escama *f; (of paint)* desconchón *m*. II *vi (skin)* descamarse; *(paint)* desconcharse. ◆**flake out** *vi fam* caer rendido,-a; I **ran 5 miles and then flaked out**, corrí 5 millas y después no me tenía en pie.

flaky ['fleɪkɪ] *adj (flakier, flakiest)* que se desconcha. ■ *Culin* **f. pastry**, hojaldre *m*.

flamboyant [flæm'bɔɪənt] *adj* llamativo,-a, extravagante.

flame [fleɪm] *n* llama *f;* **to go up in flames**, incendiarse; **to burst into flames**, estallar en llamas; *fam* **an old f.**, un antiguo amor.

flameproof ['fleɪmpruːf] *adj* ininflamable, ignífugo,-a.

flaming ['fleɪmɪŋ] *adj* 1 llameante. 2 *fam* condenado,-a, maldito,-a; **where's the f. key?**, ¿dónde está la maldita llave?

flamingo [fləˈmɪŋɡəʊ] *n (pl flamingos or flamingoes) Orn* flamenco *m*.

flammable ['flæməbəl] *adj* inflamable.

flan [flæn] *n Culin* tarta *f* rellena; **fruit f.**, tarta de fruta.

Flanders ['flɑːndəz] *n* Flandes.

flange [flændʒ] *n* pestaña *f*, reborde *m*.

flank [flæŋk] I *n* 1 *(of animal)* ijada *f*, ijar *m*. 2 *Mil* flanco *m*. II *vtr* flanquear; **the road was flanked with or by trees**, la carretera estaba bordeada de árboles.

flannel ['flænəl] *n* 1 *Tex* franela *f*. ■ **f. trousers**, pantalón *m* de franela. 2 *GB (face cloth)* toallita *f*.

flap [flæp] I *vtr (pt & pp flapped) (wings, arms)* batir. II *vi* 1 *(wings)* aletear; *(flag)* ondear. 2 *fam* inquietarse. III *n* 1 *(of envelope, book, pocket)* solapa *f; (of tent)* faldón *m*. ■ **cat f.**, gatera *f*. 2 *(of wing)* aletazo *m*. 3 *fam* pánico *m*; **to get into a f.**, ponerse nervioso,-a.

flapjack ['flæpdʒæk] *n Culin* 1 *GB (biscuit)* galleta *f*. 2 *US (pancake)* hojuela *f*, tortita *f*.

flare [fleəʳ] I *n* 1 *(flame)* llamarada *f*. 2 *Mil Naut* bengala *f*, cohete *m* de señales. II *vi* 1 *(fire)* llamear. 2 *fig (person)* encolerizarse. 3 *(trouble)* estallar. ◆**flare up** *vi* 1 *(fire)* llamear de nuevo. 2 *fig (trouble, fighting)* estallar. 3 *fig (person)* encolerizarse, enfurecerse.

flared [fleəd] *adj* acampanado,-a; **f. trousers**, pantalones *mpl* acampanados.

flash [flæʃ] I *n* 1 *(of light)* destello *m*; **f. of lightning**, relámpago *m; fig* **quick as a f.**, como un relámpago; *fig* **in a f.**, en un decir Jesús. ■ **f. flood**, inundación *f* repentina. 2 *(burst)* ráfaga *f; fig* **a f. in the pan**, un triunfo *or* éxito fugaz; *fig* **f. of inspiration**, momento *m* de inspiración. 3 *Rad TV (news)* **f.**, flash *m*, noticia *f* de última hora. 4 *Phot* flash *m*. II *adj sl* chulo,-a, guay. III *vtr* 1 *(shine torch, light)* dirigir; *fig* **to f. a smile at sb**, lanzarle una sonrisa a algn. 2 *Rad TV* transmitir. 3 *(show quickly)* **he flashed his card**, enseñó rápidamente su carnet. IV *vi* 1 *(sudden light)* destellar; *(shine)* brillar. 2 *(move quickly)* mover muy rápidamente; **a car flashed past**, un coche pasó como un rayo; *fig* **it flashed across or through or into my mind that ...**, se me ocurrió de repente que ... .

flashback ['flæʃbæk] *n Cin Lit* escena *f* retrospectiva.

flashcube ['flæʃkjuːb] *n Phot* cubo *m* flash.

flasher ['flæʃəʳ] *n sl* exhibicionista *m*.

flashing ['flæʃɪŋ] *adj (light)* intermitente.

flashlight ['flæʃlaɪt] *n* 1 *US (torch)* linterna *f*. 2 *GB Phot* flash *m*.

flashy ['flæʃɪ] *adj (flashier, flashiest) fam* chillón,-a, ostentoso,-a.

flask [flɑːsk, flæsk] *n* 1 frasco *m; Chem* matraz *m*. 2 *(thermos)* **f.**, termo *m*.

flat [flæt] *adj (flatter, flattest)* 1 *(surface)* llano,-a, plano,-a; **to lay sth f.**, tender algo; **to lie f.**, tenderse. ■ **f. feet**, pies *mpl* planos. 2 *(beer)* sin gas. 3 *Aut (battery)* descargado,-a; *(tyre)* deshinflado,-a. 4 *(rate)* fijo,-a. ■ **f. rate**, precio *m* fijo. 5 *(categorical)* rotundo,-a; **f. refusal**, una negativa rotunda. 6 *(dull)* monótono,-a, soso,-a; **a f. party**, una fiesta sosa. 7 *Mus* bemol; **B. f.**, si *m* bemol. II *adv* 1 **f. out**, a toda velocidad; **to fall f. on one's face**, caerse de bruces. 2 *(exactly)* **in ten seconds f.**, en diez segundos justos. 3 *fam* **to be f. broke**, estar sin blanca; *fam* **to go f. out**, ir a todo gas. III *n* 1 superficie *f* plana. 2 *(apartment)* piso *m*;

block of flats, bloque *m* dc pisos. 3 *US Aut* pinchazo *m*. 4 *Geog* **mud flats,** marismas *fpl*. ◆**flatly** *adv* categóricamente, rotundamente.

flat-chested [flæt'tʃestɪd] *adj* de poco pecho, liso,-a.

flat-footed [flæt'fʊtɪd] *adj* **to be f.-f.,** tener los pies planos.

flatlet ['flætlɪt] *n GB* piso *m* pequeño, apartamento *m*.

flatmate ['flætmeɪt] *n GB* compañero,-a *m,f* de piso.

flatness ['flætnəs] *n* **1** *(of surface)* lo llano. **2** *(dullness)* monotonía *f*, sosería *f*.

flatten ['flætən] *vtr* **1** *(make level)* allanar, aplanar. **2** *(crush)* aplastar.

flatter ['flætəʳ] *vtr* **1** adular, halagar; **I am flattered to be invited,** me siento halagado,-a por su invitación. **2** *(clothes, portrait)* favorecer; **that hairstyle flatters her,** ese peinado le favorece mucho. **3 to f. oneself,** hacerse ilusiones; **don't f. yourself,** no te hagas ilusiones.

flatterer ['flætərəʳ] *n* adulador,-a *m,f*.

flattering ['flætərɪŋ] *adj* **1** *(words)* halagüeño,-a, lisonjero,-a. **2** *(dress, portrait)* favorecedor,-a, que favorece.

flattery ['flætərɪ] *n* adulación *f*, halago *m*.

flatulence ['flætjʊləns] *n* flatulencia *f*.

flaunt [flɔːnt] *vtr* ostentar, hacer alarde de; **to f. oneself,** pavonearse.

flautist ['flɔːtɪst] *n* flautista *mf*.

flavour, *US* **flavor** ['fleɪvəʳ] **I** *n* **1** sabor *m*; *fig (feel)* atmósfera *f*; **there's a strange f. about this place,** hay una estraña atmósfera en este lugar. **II** *vtr Culin* sazonar (**with,** con), condimentar (**with,** con).

flavoured, *US* **flavored** ['fleɪvəd] *adj* con sabor a; **strawberry f. ice cream,** helado *m* con sabor a fresa.

flavouring, *US* **flavoring** ['fleɪvərɪŋ] *n* Culin condimento *m*, aderezo *m*; **artificial f.,** aroma *m* artificial.

flaw [flɔː] *n* *(failing)* defecto *m*; *(fault)* desperfecto *m*.

flawless ['flɔːlɪs] *adj* *(immaculate)* sin defecto, sin tacha, perfecto,-a.

flax [flæks] *n Bot* lino *m*.

flaxen ['flæksən] *adj (hair)* (de color) rubio pajizo.

flay [fleɪ] *vtr* **1** *(flog)* desollar; *(animal)* despellejar. **2** *fig (argument)* criticar; **to f. sb alive,** desollar a algn vivo,-a.

flea [fliː] *n Ent* pulga *f*. ■ **f. market,** rastro *m*, mercado *m* de trastos viejos; *GB fam pej* **f. pit,** cine *m or* teatro *m* de mala muerte.

fleabag ['fliːbæg] *n* **1** *GB fam pej* cochino,-a *m,f*. **2** *US* hotelucho *m*.

fleabite ['fliːbaɪt] *n* picadura *f* de pulga.

flea-bitten ['fliːbɪtən] *adj* fam sucio,-a, desaharrapado,-a.

fleck [flek] *n (speck)* mota *f*, punto *m*.

flecked [flekt] *adj (speckled)* moteado,-a; *(spattered)* salpicado,-a (**with,** de).

fled [fled] *pt & pp see* **flee.**

fledg(e)ling ['fledʒlɪŋ] **I** *n Orn* volantón *m*, volandero *m*. **II** *adj fig* novato,-a.

flee [fliː] **I** *vtr (pt & pp fled)* huir; **to f. the country,** huir del país. **II** *vi* huir (**from,** de); **city dwellers f. to the coast in the summer,** los habitantes de la ciudad huyen hacia la costa en verano.

fleece [fliːs] **I** *n* **1** *(sheep's coat)* lana *f*. **2** *(sheared)* vellón *m*; *Myth* **the Golden F.,** el Vellocino de Oro. **II** *vtr fam (cheat)* desollar, desplumar.

fleecy ['fliːsɪ] *adj (fleecier, fleeciest)* **1** *(woollen)* lanoso,-a. **2** *(soft, fluffy)* suave; **f. clouds,** nubes *fpl* aborregadas.

fleet[1] [fliːt] *n Naut* flota *f*. ■ **fishing f.,** flota *f* pesquera; *(of cars)* escuadra *f*; *GB* **F. Air Arm,** Armada *f* Aérea de la Flota.

fleet[2] [fliːt] *adj poet* rápido,-a, veloz; **f. of foot,** de pies *mpl* ligeros.

fleeting ['fliːtɪŋ] *adj (brief, passing)* fugaz, efímero,-a. ◆**fleetingly** *adv* fugazmente.

Flemish ['flemɪʃ] **I** *adj* flamenco,-a. **II** *n (language)* flamenco *m*.

flesh [fleʃ] *n* **1** carne *f*; *fig* **I saw David Bowie in the f.,** ví a David Bowie en persona; *fig (kin)* **she's your own f. and blood,** es de tu propia sangre; *fig* **the pleasures of the f.,** los placeres de la carne; *fig* **to be of f. and blood,** ser de carne y hueso; *fig (fill out)* **to put f. on sth,** dar forma a algo. ■ **f. wound,** herida *f* superficial. **2** *(of fruit)* carne *f*, pulpa *f*.

flesh-coloured ['fleʃkʌləd] *adj* de color carne.

fleshy ['fleʃɪ] *adj (fleshier, fleshiest)* carnoso,-a.

flew [fluː] *pt see* **fly.**

flex [fleks] **I** *n GB Elec* cable *m*. **II** *vtr (body, knees)* doblar; *(muscles)* flexionar.

flexible ['fleksɪbəl] *adj* flexible.

flexibility [fleksɪ'bɪlɪtɪ] *n* flexibilidad *f*.

flexitime ['fleksɪtaɪm] *n* horario *m* flexible.

flick[1] [flɪk] **I** *n* **1** *(jerk)* movimiento *m* rápido *or* brusco; *(finger)* capirotazo *m*; **with the flick of a wrist,** con un movimiento rápido de la muñeca; **with a f. of the tail,** de un coletazo; **at the f. of a switch,** solo con apretar un botón. **2** *sl* **the flicks,** *(cinema)* el cine. **II** *vtr* **1** *(button, switch)* darle al interruptor. **2** *(whip)* chasquear. **3** *(finger)* dar un capirotazo; **to f. sth at sb,** tirarle algo a algn con un capirotazo. ◆**flick off** *vtr (brush)* sacudirse de encima; *(ash)* tirar; *(light)* apagar. ◆**flick on** *vtr (light)* encender. ◆**flick through** *vi (book etc)* hojear.

flicker ['flɪkəʳ] **I** *n* **1** *(gen)* parpadeo *m*; *(light)* titileo *m*. **2** *fig (trace)* indicio *m*, rastro *m*; **a f. of hope,** una pizca de esperanza; **not a f. of interest,** ni un ápice de interés. **II** *vi (eyes)* parpadear; *(flame)* vacilar, titilar.

flick-knife ['flɪknaɪf] *n (pl flick-knives* ['flɪknaɪvz]*)* navaja *f* automática.

flier ['flaɪəʳ] *n Av* aviador,-a *m,f*. ■ *fig* **high f.,** ambicioso,-a *m,f*.

flight [flaɪt] *n* **1** vuelo *m*; **how long is the f.?,** ¿cuánto dura el vuelo?; **is there a f. to Malaga?,** ¿hay algún vuelo a Málaga?; *fig* **f. of fancy,** vuelo *m* de la imaginación. ■ **charter f.,** vuelo *m* chárter; **f. path,** trayectoria *f* de vuelo; **f. recorder,** registrador *m* de vuelo. **2** *(of ball)* trayectoria *f*. **3** *(flock of birds)* bandada *f*. **4** *(running away)* huida *f*, fuga *f*; *(fleeing)* **to take f.,** darse a la fuga. **5** *(of stairs)* tramo *m*; **the office is three flights up,** el despacho está tres pisos más arriba.

flight-deck ['flaɪtdek] *n Av* **1** *(carrier)* cubierta *f* de vuelo. **2** *(cockpit)* cabina *f* del piloto.

flightiness ['flaɪtɪnɪs] *n* ligereza *f*.

flightless ['flaɪtlɪs] *adj Zool* **f. bird,** ave *f* no voladora.

flighty ['flaɪtɪ] *adj (flightier, flightiest)* casquivano,-a.

flimsy ['flɪmzɪ] I *adj* (*flimsier, flimsiest*) 1 (*cloth*) ligero,-a; (*paper*) fino,-a. 2 (*structure*) poco sólido,-a. 3 (*excuse*) flojo,-a, malo,-a. II *n* papel *m* cebolla.

flimsiness ['flɪmzɪnɪs] *n* 1 (*thinness*) ligereza *f*, finura *f*. 2 (*brittleness*) fragilidad *f*.

flinch [flɪntʃ] *vi* 1 (*wince*) estremecerse, conmover; **without flinching**, sin pestañear. 2 (*shun*) esquivar, evitar; **to f. from sth**, retroceder ante algo.

fling [flɪŋ] I *vtr* (*pt & pp flung*) (*hurl, toss*) arrojar, tirar; **he flung his hat onto the table**, lanzó su sombrero sobre la mesa; **she flung herself into his arms**, se dejó caer en sus brazos; **to f. a door open**, abrir una puerta de golpe; **to f. oneself at sb**, arrojarse sobre algn; **to f. sb out**, echar a algn a patadas; *fig* **she flung insults at him**, le lanzó una sarta de insultos; *fig* **to f. oneself into sth**, entregarse a algo. II *n* 1 (*throw*) lanzamiento *m*. 2 *fam* (*good time*) juerga *f*; **to have one last f.**, correrse la última juerga. 3 *fam* (*affair*) lío *m*; **to have a f.**, echar una cana al aire. ◆**fling off** *vtr* (*clothes*) quitarse rápidamente. ◆**fling on** *vtr* (*clothes*) ponerse rápidamente. ◆**fling out** *vtr* tirar; **we flung out all the old furniture**, tiramos todos los muebles viejos.

flint [flɪnt] *n* 1 (*stone*) pedernal *m*, sílex *m*. 2 (*in cigarette lighter*) piedra *f* de mechero.

flintlock ['flɪntlɒk] *n* (*gun*) escopeta *f* or fusil *m* de chispa.

flip [flɪp] I *n* (*flick*) capirotazo *m*, capirote *m*, papirotazo *m*. ■ **f. side**, (*of record*) cara *f* B. II *interj* *GB fam* ¡ostras! III *vtr* (*pt & pp flipped*) 1 (*toss*) tirar or echar (al aire); **to f. a coin**, echar a cara o cruz. 2 (*flick*) (*button, switch*) darle al interruptor. IV *vi* *fam* (*freak*) perder los estribos.

flip-flop ['flɪpflɒp] *n* 1 *Comput* báscula *f* biestable, flip-flop *m*. 2 (*footwear*) chancleta *f*.

flippancy ['flɪpənsɪ] *n* (*frivolity*) liviandad *f*, ligereza *f*, falta *f* de seriedad.

flippant ['flɪpənt] *adj* (*frivolous*) liviano,-a, ligero,-a, poco serio,-a.

flipper ['flɪpə'] *n* aleta *f*.

flirt [flɜːt] I *n* coqueto,-a *m,f*, ligon,-a *m,f*. II *vi* flirtear, coquetear; *fig* **to f. with an idea**, acariciar una idea; **to f. with death**, jugar con la muerte.

flirtation [flɜːˈteɪʃən] *n* flirteo *m*, coqueteo *m*, ligue *m*.

flirtatious [flɜːˈteɪʃəs] *adj* coqueto,-a.

flit [flɪt] I *n* *fam* escapada *f*; **to do a moonlight f.**, irse a la chita callando. II *vi* (*pt & pp flitted*) (*buzz, whizz*) revolotear; **to f. in and out**, ir y venir sin hacer ruido.

float [fləʊt] I *n* 1 *Fishing* corcho *m*, flotador *m*. 2 (*Swimming*) flotador *m*. 3 (*money*) cambio *m*. 4 (*in procession*) carroza *f*. ■ **milk f.**, furgoneta *f* de repartir la leche. II *vtr* 1 poner a flote. 2 *Fin* (*shares*) emitir; (*currency, business*) hacer flotar. III *vi* (*gen*) flotar; **to f. to the surface**, salir a la superficie; (*glide*) **she floated into the room**, entró en la habitación elegantemente. ◆**float around** *vi* (*rumour*) circular.

floating ['fləʊtɪŋ] *adj* flotante; (*population*) flotante; *Pol* (*voter*) indeciso,-a. ■ *Tech* **f. axle**, eje *m* flotante; *Fin* **f. currency**, moneda *f* flotante.

flock [flɒk] I *n* 1 *Zool* rebaño *m*; *Orn* bandada *f*. 2 *Rel* (*congregation*) grey *f*. 3 (*crowd*) multitud *f*, tropel *m*. 4 *Tex* borra *f*. II *vi* acudir en masa; **to f. together**, congregarse, reunirse; *fig* **they flocked to the exhibition**, acudieron en masa or tropel a la exposición.

floe [fləʊ] *n* témpano *m* (de hielo).

flog [flɒg] *vtr* (*pt & pp flogged*) 1 azotar; *fam fig* (*idea*) **flogged to death**, pasado,-a de moda, demasiado usado,-a; *fam fig* **to f. a dead horse**, querer hacer lo imposible; *fam fig* **to f. oneself to death**, matarse trabajando. 2 *sl* (*sell*) vender.

flogging ['flɒgɪŋ] *n* azotaina *f*, paliza *f*.

flood [flʌd] I *n* inundación *f*; (*of river*) riada *f*; *fig* (*of people*) torrente *m*, riada *f*, tropel *m*; (*of light*) torrente *m*, chorro *m*. II *vtr* inundar; **to be flooded**, inundarse; *fig* inundar; *Com* **to f. the market with products**, inundar el mercado de productos. III *vi* (*river*) desbordarse; *fig* **to f. in**, entrar a raudales; **letters came flooding in**, hubo una avalancha de cartas.

floodgate ['flʌdgeɪt] *n* compuerta *f*.

flooding ['flʌdɪŋ] *n* inundaciones *fpl*.

floodlight ['flʌdlaɪt] *n* *Elec* foco *m*.

floodlit ['flʌdlɪt] *adj* iluminado,-a con focos.

floor [flɔː'] I *n* 1 (*of room*) suelo *m*, piso *m*; **to take the f.**, salir a bailar. ■ **dance f.**, pista *f* de baile; **f. polish**, cera *f* (de suelos). 2 *Geog* (*of ocean, forest, etc*) fondo *m*. 3 (*storey*) piso *m*. ■ **first f.**, *GB* primer piso *m*, *US* planta *f* baja; **f. show**, espectáculo *m* de cabaret; **ground f.**, planta *f* baja. 4 *Parl* hemiciclo *m*. II *vtr* (*knock down*) derribar; *fig* dejar perplejo,-a.

floorboard ['flɔːbɔːd] *n* tabla *f* (del suelo).

floorcloth ['flɔːklɒθ] *n* bayeta *f*.

flop [flɒp] I *n* *fam* fracaso *m*. II *vi* (*pt & pp flopped*) 1 abalanzarse, arrojarse; **to f. down on the bed**, tumbarse en la cama. 2 *fam* fracasar.

floppy ['flɒpɪ] *adj* (*floppier, floppiest*) blando,-a; flojo,-a. ■ *Comput* **f. disc**, disco *m* flexible, disquete *m*.

flora ['flɔːrə] *n* *Bot* flora *f*.

floral ['flɔːrəl] *adj* floral.

Florence ['flɒrəns] *n* Florencia.

florentine ['flɒrentaɪn] *adj & n* florentino.-a (*m,f*).

florid ['flɒrɪd] *adj fml* (*style etc*) florido,-a, recargado,-a. 2 (*complexion*) rojizo,-a.

florist ['flɒrɪst] *n* florista *mf*; **f.'s**, floristería *f*.

flotation [fləʊˈteɪʃən] *n* (*buoyancy*) flotabilidad *f*.

flotilla [fləˈtɪlə] *n* *Naut* flotilla *f*.

flotsam ['flɒtsəm] *n* *Naut* **f. and jetsam**, desechos *mpl* arrojados al mar; *fig* gente *f sing* sin oficio ni beneficio.

flounce[1] [flaʊns] I *n* gesto *m* exagerado or de enfado. II *vi* moverse desahogadamente; **to f. in/out**, entrar/salir airadamente.

flounce[2] [flaʊns] *n* *Sew* volante *m*.

flounder[1] ['flaʊndə'] *n* (*fish*) platija *f*.

flounder[2] ['flaʊndə'] *vi* 1 (*struggle*) forcejear; (*en redarse*. 2 (*dither*) no saber qué decir or hacer; *fig* vacilar.

flour ['flaʊə'] *n* harina *f*. ■ **f. mill**, molino *m* de harina.

flourish ['flʌrɪʃ] I *n* 1 (*gesture*) ademán *m*, gesto *m*; **he entered the room with a f.**, entró en la habitación haciendo un gesto teatral. 2 (*of sword*) floreo *m*; (*in writing*) rúbrica *f*; (*in writing*) plumada *f*. 3 *Mus* (*on guitar*) floreo *m*; (*fanfare*) toque *m* de trompeta. II *vtr* 1 (*brandish, wave*) agitar, ondear. 2 *Mus* florear. 3 (*speech, writings*) adornar. III *vi* 1 (*thrive, bloom*) prosperar, florecer. 2 (*plant*) crecer, medrar.

flourishing ['flʌrɪʃɪŋ] *adj* floreciente, próspero,-a.

flout [flaʊt] *vtr Jur* desacatar.

flow [fləʊ] **I** *n* **1** flujo *m*; *(of river)* corriente *f*; *(of tide)* flujo *m*; **he interrupted me when I was in full f.**, me interrumpió en pleno discurso. **2** *(of traffic)* circulación *f*. **3** *Fin (of capital)* movimiento *m*. **4** *(of people, goods)* afluencia *f*; **to go along with the f.**, seguir la corriente. **II** *vt* **1** *(blood, river, etc)* fluir, manar; **the Douro flows into the Atlantic**, el Duero desemboca en el Atlántico. **2** *(sea)* subir. **3** *(traffic)* circular. **4** *fig (ideas, information, people)* correr. ■ **f. chart**, diagrama *m* de flujo; *Comput* organigrama *m*.

flower ['flaʊəʳ] **I** *n* **1** *Bot* flor *f*; **in f.**, en flor; **bunch of flowers**, ramo *m* de flores. ■ **f. bed**, arriate *m*, parterre *m*; **f. show**, exposición *f* de flores. **2** *fig* flor *f*; **in the f. of youth**, en la flor de la juventud. **II** *vi* *(blossom, bloom)* florecer.

flowered ['flaʊəd] *adj (patterned)* floreado,-a.

flowering ['flaʊərɪŋ] **I** *adj* **f. plant**, planta *f* florida. **II** *n fig (blossoming)* floración *f*, florecimiento *m*.

flowerpot ['flaʊəpɒt] *n* maceta *f*, tiesto *m*.

flowery ['flaʊrɪ] *adj (pattern)* de flores; *fig (elaborate style)* florido,-a; **a f. apron**, un delantal de flores.

flowing ['fləʊɪŋ] *adj (water)* que fluye; *(hair)* suelto,-a; *(dress)* de mucho vuelo; *(style)* fluido,-a, suelto,-a; *(shape, movement)* natural.

flown [fləʊn] *pp see* **fly**.

flu [fluː] *n (abbr of influenza)* gripe *f*.

fluctuate ['flʌktjʊeɪt] *vi* fluctuar.

fluctuating ['flʌktjʊeɪtɪŋ] *adj* fluctuante.

fluctuation [flʌktjʊ'eɪʃən] *n* fluctuación *f*, variación *f*.

flue [fluː] *n (air) conducto m de humos; (chimney)* cañón *m*; *(stove)* orificios *mpl* de ventilación.

fluency ['fluːənsɪ] *n* fluidez *f*; **f. in Russian**, dominio *m* del ruso.

fluent ['fluːənt] *adj* **1** *(articulate, eloquent)* fluido,-a, elocuente. **2** *(languages)* **he speaks f. German**, habla el alemán con soltura.

fluff [flʌf] **I** *n (down, material)* pelusa *f*. **II** *vtr fam* hacer algo mal, hacer algo a destiempo; *Theat (bungle)* equivocar; **to f. one's lines**, equivocarse en su papel. ◆**fluff up, fluff out** *vtr (cushion)* sacudir; *(hair, feathers)* encrespar, erizar, ensortijar; **the cock fluffed up his feathers**, el gallo se encrespó.

fluffy ['flʌfɪ] *adj (fluffier, fluffiest) (pillow)* mullido,-a; *(toy)* de peluche; *(cake)* esponjoso,-a.

fluid ['fluːɪd] **I** *adj* **1** *(movement, shape)* natural, con soltura. **2** *(flexible, variable)* flexible; *(politics etc)* incierto,-a. **II** *n* fluido *m*, líquido *m*. ■ **f. mechanics**, mecánica *f* de fluidos; **f. ounce**, onza *f* líquida.

fluidity [fluː'ɪdɪtɪ] *n* fluidez *f*; *(movement, shape)* soltura *f*.

fluke [fluːk] *n fam* chiripa *f*, churra *f*; **by a f.**, por *or* de chiripa.

fluk(e)y ['fluːkɪ] *adj (flukier, flukiest) fam (lucky)* a **f. goal**, un gol de churro *or* por churra.

flummox ['flʌməks] *vtr fam* desconcertar, despistar; **his question left me flummoxed**, su pregunta me dejó parado,-a.

flung [flʌŋ] *pt & pp see* **fling**.

flunk [flʌŋk] *vtr & vi esp US Canada NZ fam* catear, suspender; **I've flunked history**, me han suspendido en historia. ◆**flunk out** *vi fam* suspender; **if you don't study you're gonna flunk out**, si no empollas vas a catear.

flunk(e)y ['flʌŋkɪ] *n* **1** *fam* mayordomo *m*, lacayo *m*. **2** *pej (sycophant)* lameculos *mf inv*, pelota *mf*.

fluorescence [flʊə'resəns] *n* fluorescencia *f*.

fluorescent [flʊə'resənt] *adj (glowing)* fluorescente. ■ **f. lighting**, alumbrado *m* fluorescente.

fluoride ['flʊəraɪd] *n Chem* fluoruro *m*.

flurry ['flʌrɪ] *n* **1** *(wind)* ráfaga *f*; *(whirl)* **f. of snow**, nevato *m*. **2** *fig (bustle, excitement)* agitación *f*; **a f. of terrorism**, una oleada de terrorismo.

flush [flʌʃ] **I** *adj* **1** *(level)* nivelado,-a; **f. with**, a ras de. **2** *fam (replete)* desahogado,-a; **to be f.**, andar bien de dinero. **II** *n* **1** *(blush)* rubor *m*; *Med* **hot flushes**, sofocos *mpl*; **f. of anger**, acceso *m* de cólera; **in the first f. of victory**, en la euforia inicial de la victoria. **2** *Cards (poker)* color *m*. ■ **Royal f.**, escalera *f* real. **III** *vtr* **1** *(clean)* limpiar con agua; **to f. the lavatory**, tirar la cadena (del váter); **to f. sth down the lavatory**, tirar algo al váter. **2** *Hunt Mil (enemy, prey)* hacer salir; **the police flushed out the kidnappers**, la policía hizo salir a los secuestradores. **IV** *vi* **1 the loo won't f.**, la cisterna del váter no funciona. **2** *(blush)* ruborizarse; **to f. with anger**, ponerse rojo,-a de ira.

flushed [flʌʃt] *adj (cheeks)* rojo,-a, encendido,-a; *fig* **f. with success**, emocionado,-a ante el éxito.

fluster ['flʌstəʳ] *vtr (bother)* molestar, marear; **to get flustered**, ponerse nervioso,-a.

flute [fluːt] *n Mus* flauta *f*.

fluted ['fluːtɪd] *adj Archit* acanalado,-a.

flutist ['fluːtɪst] *n US* flautista *mf*.

flutter ['flʌtəʳ] **I** *vi* **1** *(leaves, birds)* revolotear; *fig (flit)* **she fluttered about the room**, revoloteaba por la habitación. **2** *(flag)* ondear. **II** *vtr* **to f. one's eyelashes**, parpadear. **III** *n (flap)* agitación *f*; **to be in a f.**, estar nervioso,-a. **2** *fam (gambling)* apuesta *f* pequeña.

fluvial ['fluːvɪəl] *adj* fluvial.

flux [flʌks] *n (flow)* flujo *m*; *(instability)* inestabilidad *f*; *fig* **to be in a state of f.**, estar cambiando constantemente.

fly[1] [flaɪ] *vtr (pt flew; pp flown)* **1** *Av* pilotar. **2** *Av (merchandize, troops)* transportar. **3** *(travel)* sobrevolar; **to f. the Atlantic**, sobrevolar el Atlántico. **4** *(hoist)* izar. **5** *(kite)* hacer volar. **II** *vi* **1** *(bird, plane)* volar; **the bird has flown**, el pájaro voló. **2** *(go by plane)* ir en avión. **3** *(flag)* estar izado,-a. **4** *(sparks)* saltar; **the door flew open**, la puerta se abrió de golpe. **5** atacar, insultar; **to f. into a rage**, montar en cólera; **to let f. at sb**, asestarle un golpe a algn, empezar a insultar a algn; *fam fig* **to f. off the handle**, salirse de sus casillas. **6** *(rush)* irse volando, ir con tanta prisa; **I must f.**, me voy volando; **the train flew past**, el tren pasó volando. **7** *(fall)* caerse; *fam* **to go flying**, caerse; **he slipped and went flying**, resbaló y se cayó; *fam* **to send sb flying**, mandar a algn por los aires. **III** *n* **1** *(also f. sheet) (paper)* hoja *f* suelta; *(of tent)* doble techo *m*. **2 flies**, bragueta *f sing*.

fly[2] [flaɪ] *n* **1** *Ent* mosca *f*; *fig* **she wouldn't hurt a f.**, es incapaz de matar una mosca; *fam fig* **there are no flies on him**, no se chupa el dedo; *fam* **they're dropping like flies**, caen como moscas. ■ **f. spray**, spray *m* matamoscas, matamoscas *m inv*. **2** *Fishing (bait)* mosca *f*.

fly[3] [flaɪ] *adj GB fam* avispado,-a, astuto,-a.

flyby ['flaɪbaɪ] *n (pl flybys) US Av* desfile *m* aéreo.

fly-by-night ['flaɪbaɪnaɪt] *adj fam* de poca confianza, pesetero,-a.

flycatcher['flaɪkætʃəʳ] n Orn papamoscas m inv.
■ **pied f.**, papamoscas m inv cerrojillo; **spotted f.**, papamoscas m inv gris.

flyer['flaɪəʳ] n see **flier**

fly-fishing['flaɪfɪʃɪŋ] n Fishing pesca f con moscas or al lanzado.

flying['flaɪɪŋ] I adj (soaring) volante; (rapid) rápido,-a; Sport a **f. start**, una salida lanzada; a **f. visit**, una visita relámpago; fig **to come out of an affair with f.** colours, salir airoso,-a de un asunto; fig **to get off to a f. start**, empezar con buen pie. ■ Archit **f. buttress**, arbotante m; Austral **f. doctor**, médico mf que viaja en avión para visitar a sus pacientes; **f. fish**, pez m volador; **f. picket**, piquete m (informativo); **f. saucer**, platillo m volante; **f. squad**, patrulla f volante. II n 1 (action) vuelo m. 2 (aviation) aviación f; **fear of f.**, miedo m a volar. ■ **f. school**, escuela f de aviación; **f. hours**, horas fpl de vuelo.

flyleaf['flaɪliːf] n (pl flyleaves ['flaɪliːvz]) (of book) guarda f.

flyover['flaɪəʊvəʳ] n paso m elevado.

flypaper['flaɪpeɪpəʳ] n tira f de papel matamoscas, matamoscas m inv.

flypast['flaɪpɑːst] n GB Av desfile m aéreo.

flyweight['flaɪweɪt] n Box peso m mosca.

foal[fəʊl] Zool I n potro,-a m,f; (mare) **in f.**, preñada. II vi (mare) parir.

foam[fəʊm] I n (froth) espuma f. ■ **f. bath**, espuma f de baño; **f. rubber**, (goma) espuma f; **shaving f.**, espuma f de afeitar. II vi (bubble) hacer espuma; (froth) **to f. at the mouth**, echar espumarajos; fig echar espumarajos de cólera.

foamy['fəʊmɪ] adj (foamier, foamiest) espumoso,-a.

fob[fɒb] I n (chain) cadenilla f de reloj. II vtr (pt & pp fobbed) fam engañar; **to f. sb off with excuses**, darle largas a algn. ◆fob offvtr fam colocar (**on, a**); (unload on) **he fobbed off his old radio on a stranger**, le colocó su radio vieja a un desconocido.

focal['fəʊkəl] adj focal. ■ Opt **f. point**, foco m; fig punto m de referencia.

focus['fəʊkəs] I vtr (pt & pp focused or focussed) centrarse (**on, en**), fijarse (**on, en**); **all eyes focused on him**, todas las miradas recayeron sobre él. II vi enfocar; **to f. on sth**, Phot enfocar algo; fig centrarse en algo. III n 1 (pl focuses or focusses or foci ['fəʊsaɪ]) Phys Opt foco m; **to be in f./out of f.**, estar enfocado,-a/desenfocado,-a. 2 fig foco m, centro m; **to be the f. of attention**, ser el centro de la atención.

focus(s)ing['fəʊkəsɪŋ] n enfoque m.

fodder['fɒdəʳ] n forraje m, pienso m. ■ fig iron **cannon f.**, carne f de cañón.

foe[fəʊ] n fml enemigo,-a m,f.

foetal['fiːtəl] adj fetal; **f. position**, posición f fetal.

foetus['fiːtəs] n Biol feto m.

fog[fɒg] I n niebla f, bruma f, neblina f. II vtr (pt & pp fogged) (glass) empañar; fig **to f. the issue**, complicar el asunto. ◆fog upvi empañarse.

fogbound['fɒgbaʊnd] adj inmovilizado,-a or paralizado,-a por la niebla.

fogey['fəʊgɪ] n (pl fogeys) fam carca mf, persona f chapada a la antigua; **old f.**, cascarrabias mf inv.

foggy['fɒgɪ] adj (foggier, foggiest) nubloso,-a, brumoso,-a; a **f. day**, un día de niebla; **it is f.**, hay niebla; fam **I haven't the foggiest (idea)**, no tengo la más mínima idea.

foghorn['fɒghɔːn] n Naut sirena f (de niebla).

foglamp['fɒglæmp] n, US **foglight**['fɒglaɪt] n Aut faro m antiniebla.

foible['fɔɪbəl] n (peculiarity) extravagancia f; (fad) manía f; (weakness) punto m flaco, debilidad f.

foil[fɔɪl] I n 1 Metal hoja f de metal. ■ **aluminium f.**, papel m de aluminio; fam papel m de plata. 2 Fenc florete m. 3 contraste m; **to act as a f. to**, hacer resaltar, realzar. II vtr (plot) frustrar.

foist[fɔɪst] vtr fam coaccionar; **to f. sth on sb**, colocarle algo a algn; **to f. oneself on sb**, pegarse a algn.

fold[fəʊld] I n 1 (for sheep) redil m, aprisco m. 2 (crease) pliegue m. II vtr plegar, doblar; **to f. up a chair**, plegar una silla; **to f. one's arms**, cruzar los brazos. III vi **to f. (up)**, (chair etc) plegarse, doblarse; Com quebrar.

folder['fəʊldəʳ] n carpeta f.

folding['fəʊldɪŋ] adj plegable. ■ **f. ladder**, escalera f de tijera; **f. table**, mesa f plegable.

foliage['fəʊlɪdʒ] n Bot follaje m.

folio['fəʊlɪəʊ] n 1 (sheet) folio m. 2 (volume) libro m en folio.

folk[fəʊk] I npl 1 (people) gente f; **old f.**, la gente mayor. 2 fam **folks**, (friends) amigos mpl; **hello f.!**, ¿qué tal chicos? 3 fam **folks**, (family) padres mpl; **one's f.**, la familia. II adj popular; **f. customs**, costumbres populares; **f. music**, música folk; **f. singer**, cantante m de música folk; **f. song**, canción f tradicional, canción folk.

folklore['fəʊklɔːʳ] n folklore m.

follow['fɒləʊ] I vtr (gen) seguir; (pursue) perseguir; (film, events) seguir; (advice, example, orders, etc) seguir; (understand) comprender; (way of life) llevar; (hobby, faith) seguir; (profession) ejercer; **do you f. the rock scene?**, ¿te interesa el rock?; Ftb **he follows Hull City**, es un seguidor del Hull City; **I don't f. (you)**, no (te) entiendo; **she is being followed**, la están siguiendo; **they f. a life of total abstinence**, llevan una vida de abstinencia total; fam **f. your nose**, sigue todo recto. II vi 1 (come after, ensue) seguir; **as follows**, a saber; **to f. close behind**, seguir muy cerca; **and to f.**, a delicious paella, y a continuación, una deliciosa paella. 2 (result) resultar; **it follows that ...**, resulta que ..., se sigue que ...; **that doesn't f.**, eso no es lógico. 3 (understand) entender, comprender, seguir; **do you f.?**, ¿entiendes?, ¿me sigues? ◆follow about, follow aroundvtr seguir por todas partes. ◆follow onvi 1 venir detrás. 2 (result) ser la consecuencia lógica (**from, de**). ◆follow outvtr (plan) ejecutar. ◆follow through, follow upvtr (idea) llevar a cabo; (clue) investigar.

follower['fɒləʊəʳ] n seguidor,-a m,f, partidario,-a m,f.

following['fɒləʊɪŋ] I adj siguiente; **listen to the f.**, escuche lo siguiente; **the f. day**, al día siguiente. II n seguidores mpl, partidarios mpl, admiradores mpl; **he has a large f.**, tiene muchos admiradores.

follow-my-leader[fɒləʊmaɪˈliːdəʳ] n juego m de seguir al rey.

follow-up['fɒləʊʌp] n continuación f.

folly['fɒlɪ] n locura f, desatino m.

foment[fəˈment] vtr instigar.

fond[fɒnd] adj 1 (loving) cariñoso,-a, tierno,-a. 2 (partial to) aficionado,-a; **to be f. of sb**, tenerle mucho cariño a algn; **she is f. of music**, tiene afición a la música; **to be f. of doing sth**, ser aficionado,-a a hacer algo. 3 (hope) fervoroso,-a. ◆fondlyadv

(naïvely) ingenuamente; **I f. believed that we could win,** creí ingenuamente que podíamos ganar.
fondness ['fondnɪs] *n* 1 *(love)* cariño *m* **(for,** a). 2 *(liking)* afición *f* **(for,** a).
fondle ['fondəl] *vtr* acariciar.
fondue ['fondju:] *n Culin* fondue *f*.
font [font] *n Rel* pila *f*.
food [fu:d] *n* comida *f*, alimento *m*; **f. and drink,** comida y bebida *f*; **I like Greek f.,** me gusta la comida griega; **I'm off my f.,** he perdido el apetito; *fig* **to give sb f. for thought,** darle a algn en qué pensar. ■ *Ecol* **f. chain,** cadena *f* trófica *or* alimentaria; **f. department,** sección *f* de alimentación; **f. poisoning,** intoxicación *f* alimenticia; **f. supplies,** víveres *mpl*.
foodstuffs ['fu:dstʌfs] *npl* alimentos *mpl*, productos *mpl* alimenticios.
fool [fu:l] **I** *n* 1 tonto,-a *m,f*, imbécil *mf*; **don't be a f.,** no seas tonto,-a; **to feel a f.,** sentirse ridículo,-a; **to make a f. of sb,** poner a algn en ridículo; **to play the f.,** hacer el tonto. ■ **f.'s errand,** trabajo *m* inútil; **f.'s paradise,** mundo *m* irreal *or* de ensueño. 2 *Culin* ≈ mousse *f* de fruta. 3 *(jester)* bufón,-ona *m,f*. **II** *US adj* tonto,-a; **what a f. thing to say,** ¡vaya estupidez decir aquello! **III** *vtr (deceive)* engañar. **IV** *vi* 1 *(joke)* bromear. 2 *(mess around)* **to f. about** *or* **around,** hacer el tonto.
foolhardy ['fu:lhɑ:dɪ] *adj (foolhardier, foolhardiest)* temerario,-a; *(person)* intrépido,-a.
foolish ['fu:lɪʃ] *adj (silly)* tonto,-a; *(unwise)* estúpido,-a; **that would be f.,** eso sería imprudente; **to do sth f.,** hacer una tontería; **to look f.,** parecer ridículo,-a.
foolishness ['fu:lɪʃnɪs] *n* estupidez *f*.
foolproof ['fu:lpru:f] *adj (plan, method, device)* infalible; **a f. machine,** una máquina fácil de usar y segura.
foolscap ['fu:lskæp] *n Print* pliego *m*, folio *m*.
foot [fʊt] **I** *n (pl feet* [fi:t]) 1 *Anat* pie *m*; *Zool* pata *f*; **to be on one's feet,** estar de pie; *(after illness)* levantarse; **to go on f.,** ir a pie *or* andando; **to leap to one's feet,** levantarse de un salto; **to set f. in,** entrar; **wipe your feet,** límpiate los pies; *fig* **he didn't put a f. wrong,** no se equivocó; *fig* **to drag one's feet,** hacerse el remolón *or* el roncero; *fig* **to fall on one's feet,** tener buena suerte; *fig* **to find one's feet,** acostumbrarse, situarse; *fig* **to have one's feet on the ground,** ser realista; *fig* **to put one's best f. forward,** esmerarse; *fig* **to stand on one's own two feet,** valerse por sí mismo, ser independiente; *fam fig* **to get off on the wrong f.,** empezar con mal pie; *fam fig* **to have** *or* **get cold feet,** tener miedo; *fam fig* **to put one's f. down,** *(control)* imponerse; *(car)* pisar a fondo; *fam fig* **to put one's f. in it,** meter la pata; *fam fig* **to put one's feet up,** descansar. ■ **f. soldier,** soldado *m* de infantería. 2 *(of stairs, hill)* pie *m*; **at the f. of the page,** a pie de página; **at the f. of the bed,** a los pies de la cama. 3 *(of shoe, stocking)* pie *m*. 4 *Mus* pie *m*. 5 *(in poetry)* pie *m*. **II** *vtr* 1 **to f. it,** ir a pie. 2 *(pay)* pagar; **to f. the bill,** pagar la cuenta.
footage ['fʊtɪdʒ] *n Cin* metraje *m*.
foot-and-mouth disease [fʊtən'maʊθdɪzi:z] *n* fiebre *f* aftosa.
football ['fʊtbɔ:l] *n* 1 *(soccer)* fútbol *m*. ■ **bar f.,** futbolín *m*; **f. ground,** campo *m* de fútbol; **f. match,** partido de fútbol; **f. pools,** quinielas *fpl*. 2 *(ball)* balón *m*.
footballer ['fʊtbɔ:lə'] *n* futbolista *mf*.

footbridge ['fʊtbrɪdʒ] *n* puente *m* para peatones.
foothills ['fʊthɪlz] *npl Geog* estribaciones *fpl*.
foothold ['fʊthəʊld] *n* hueco *m* para apoyar el pie; *fig* **to gain a f.,** afianzarse en una posición.
footing ['fʊtɪŋ] *n* 1 *(balance)* equilibrio *m*; **to lose one's f.,** perder el equilibrio. 2 *fig* base *f*, nivel *m*; **on a friendly f.,** en plan amistoso; **on an equal f.,** en igualdad.
footlights ['fʊtlaɪts] *npl Theat* candilejas *fpl*.
footling ['fʊtlɪŋ] *adj arch* fútil, trivial.
footman ['fʊtmən] *n (pl footmen)* lacayo *m*.
footnote ['fʊtnəʊt] *n* nota *f* a pie de página.
footpath ['fʊtpɑ:θ] *n (track)* sendero *m*, camino *m*.
footprint ['fʊtprɪnt] *n* huella *f*, pisada *f*.
footrest ['fʊtrest] *n (on motorbike)* reposapiés *m inv*.
footsore ['fʊtsɔ:'] *adj* con los pies doloridos.
footstep ['fʊtstep] *n* paso *m*, pisada *f*; *fig* **to follow in sb's footsteps,** seguir los pasos de algn, imitar a algn.
footwear ['fʊtweə'] *n* calzado *m*.
footwork ['fʊtwɜ:k] *n Sport* juego *m* de pies.
fop [fop] *n arch* lechuguino *m*.
foppish ['fopɪʃ] *adj arch* afeminado,-a.
for [fɔ:'] **I** *prep* 1 *(intended)* para; **curtains f. the bedroom,** cortinas para el dormitorio; **f. sale,** en venta; **it's not f. eating,** no es para comer; **it's time f. bed,** es hora de acostarse. 2 *(representing)* por; **a cheque f. ten pounds,** un cheque (por valor) de diez libras; **'fag' is slang f. cigarette,** en argot cigarillo es pitillo; **J f. John,** J de Juan; **the MP f. Oxford,** el diputado por Oxford; **what's the Spanish f. 'rivet'?,** ¿cómo se dice 'rivet' en español? 3 *(purpose)* para; **it's good f. the digestion,** es bueno para la digestión; **this knob is f. the volume,** este botón es el del volumen; **to study f. an exam,** estudiar para un examen; **what's this f.?,** ¿para qué sirve esto? 4 *(because of)* por; **but f. that,** a no ser por eso; **famous f. its cuisine,** famoso,-a por su cocina; **I couldn't hear f. the noise,** no pude oír nada por el ruido; **if it weren't f. him,** si no fuera por él; **to jump f. joy,** saltar de alegría. 5 *(on behalf of)* por; **I can do it f. myself,** puedo hacerlo yo solo; **I speak f. everybody,** hablo por todos; **open the door f. me,** ábreme la puerta; **the campaign f. peace,** la campaña por la paz; **to die f. one's country,** morir por la patria; **will you do it f. me?,** ¿lo harás por mí? 6 *(during)* por, durante; **I hadn't seen him f. two years,** hacía dos años que no le veía; **I lent it to her f. a year,** se lo presté por un año; **I shall stay f. two weeks,** me quedaré dos semanas; **I was ill f. a month,** estuve enfermo,-a durante un mes; **I've been here f. three months,** hace tres meses que estoy aquí; **she has been studying f. a year,** lleva un año estudiando. 7 *(distance)* por; **I walked f. ten kilometres,** caminé diez kilómetros. 8 *(at a point in time)* para; **can you do it f. tomorrow?,** puedes hacerlo para mañana?; **f. my birthday,** para mi cumpleaños; **f. the first/last time,** por primera/última vez; **we have a meeting arranged f. next Thursday,** hemos convenido un mítin para el jueves que viene. 9 *(destination)* para; **he left f. France,** partió para Francia; **the train f. London,** el tren para *or* de Londres. 10 *(amount of money)* por; **I got the car f. five hundred pounds,** conseguí el coche por quinientas libras; **the painting went f. six million,** la pintura se vendió por seis millones. 11 *(in favour of)* en favor de; **are you in f. or against?,** ¿estás a favor o en contra?; **I'm all f.**

telling the truth, soy partidario,-a de decir la verdad; **to vote f. sb** *or* **sth,** votar por algn *or* algo; **we argued f. a stop to the violence,** insistimos en la necesidad de acabar con la violencia; **who's f. a drink?,** ¿quién quiere una copa? **12** *(to obtain)* para; **f. further details apply to ...,** para mayor información diríjanse a ...; **to run f. the bus,** correr para coger al autobús; **to send sb f. water,** mandar a algn a por agua. **13** *(with respect to, concerning)* en cuanto a; **are you all right f. money?,** ¿qué tal andas de dinero?; **as f. him,** en cuanto a él; **f. all I care,** por mí; **f. all I know,** que yo sepa; **f. all the good it has done us,** teniendo en cuenta de lo poco que nos ha servido; **f. one thing,** para empezar. **14** *(despite)* a pesar de; **f. all his faults,** con *or* a pesar de todos sus defectos; **f. all that,** aún así, con todo y eso; **he's tall f. his age,** está muy alto para su edad. **15** *(instead of)* por; **can you go f. me?,** puede ir por mí? **16** *(towards)* hacia, por; **affection f. sb,** cariño hacia algn; **his love f. you,** su amor por ti; **respect f. sb,** respeto para con algn. **17** *(as)* por; **to leave sb f. dead,** dar a algn por muerto,-a; **what do you use f. fuel?,** ¿qué utilizan como combustible? **18** *(in exchange)* por; **f. every success there are two failures,** por cada éxito hay dos fracasos; **to exchange one thing f. another,** cambiar una cosa por otra; **to buy/ sell sth f. five pounds,** comprar/vender algo por cinco libras. **19** *(+ object + infin)* **there's no reason f. us to quarrel,** no hay motivo para que riñamos; **he signalled f. the car to stop,** hizo señas al coche para que parara; **it's time f. you to go,** es hora de que os marchéis; **it's best f. you to leave,** más vale que te vayas; **it would be a pity f. you to resign,** sería una lástima que dimitieras; **it's easy f. him to say that,** le es fácil decir eso. **20** *(exclamation)* **oh f. a drink!,** ¡ojalá tuviera una copa!; **that's politicians f. you!,** ¡mira cómo son los políticos!; **fam you'll be f. it!,** ¡te la vas a cargar! **II** *conj (since, as)* ya que, puesto que.

forage [ˈfɒrɪdʒ] **I** *n Agr* forraje *m.* **II** *vi* hurgar, fisgar; **to f. about in a drawer,** hurgar en un cajón.

foray [ˈfɒreɪ] *n* **1** *(raid)* correría *f,* incursión *f;* *(plundering)* saqueo *m.* **2** *(excursion)* ecursión *f.*

forbade [fɔːˈbeɪd] *pt see* forbid.

forbear [fɔːˈbeəʳ] *vtr (pt* **forbore;** *pp* **forborne)** abstenerse **(from,** de).

forbearance [fɔːˈbeərəns] *n* paciencia *f,* comprensión *f.*

forbid [fəˈbɪd] *vtr (pt* **forbade;** *pp* **forbidden** [fəˈbɪdən])* prohibir; *Rel* **forbidden fruit,** fruta *f* prohibida; **smoking is forbidden,** está prohibido fumar; **to f. sb to do sth,** prohibirle a algn hacer algo.

forbidding [fəˈbɪdɪŋ] *adj* **1** *(stern)* severo,-a; *(bleak)* inhóspito,-a. **2** *(task)* difícil, peligroso,-a.

forbore [fɔːˈbɔːʳ] *pt,* **forborne** [fɔːˈbɔːn] *pp see* forbear.

force [fɔːs] **I** *n* **1** fuerza *f;* **by f. of habit,** por la fuerza de la costumbre; **the f. of the earthquake,** la fuerza del terramoto; **the forces of nature,** las fuerzas de la naturaleza. **2** *(strength)* fuerza *f;* **brute f.,** fuerza bruta; **to join forces,** unirse. **3** *(violence)* **by f.,** a *or* por la fuerza; **by sheer f.,** a viva fuerza. **4** *Mil* cuerpo *m.* ■ **the (armed) forces,** las fuerzas armadas; **the police f.,** la policía; *Ind* **labour f.,** mano *f* de obra; **to turn up in f.,** llegar en gran número. **5** *(law etc)* **to come into f.,** entrar en vigor. **II** *vtr* **1** *(oblige, coerce)* forzar, obligar; **I was forced to do it,** me obligaron a hacerlo; **to f. sb to do sth,** forzar a algn a hacer algo; **to f. sth on sb,** obligar a algn a aceptar algo. **2** *(break open, prise)* forzar. ◆**force**

back *vtr* **1** *(enemy)* hacer retroceder. **2** *(tears, emotions)* contener. ◆**force down** *vtr* **1** *(plane)* obligar a aterrizar. **2** *(food)* tragar a duras penas.

forced [fɔːst] *adj* **1** *(labour, march)* forzado,-a. ■ *Av* **f. landing,** aterrizaje *m* forzoso. **2** *(smile, laugh)* forzado,-a.

force-feed [ˈfɔːsfiːd] *vtr (pt & pp* **force-fed** [ˈfɔːsfed])* alimentar a la fuerza.

forceful [ˈfɔːsfʊl] *adj* **1** *(person, manner)* enérgico,-a, contundente. **2** *(argument)* convincente.

forcible [ˈfɔːsəbəl] *adj Jur* **f. entry,** allanamiento *m* de morada. ◆**forcibly** *adv* a *or* por la fuerza.

forceps [ˈfɔːseps] *npl Med* fórceps *m sing; Dent* gatillo *m sing.*

ford [fɔːd] *Geog* **I** *n* vado *m.* **II** *vtr* vadear.

fore[1] [fɔːʳ] **I** *adj Naut* delantero,-a; **f. and aft,** de popa a proa. **II** *n* parte *f* delantera; *fig* **to come to the f.,** empezar a destacar.

fore[2] [fɔːʳ] *interj Golf* ¡atención!

forearm [ˈfɔːrɑːm] *n Anat* antebrazo *m.*

forebear [ˈfɔːbeəʳ] *n (usu pl)* antepasado *m.*

foreboding [fɔːˈbəʊdɪŋ] *n* presentimiento *m.*

forecast [ˈfɔːkɑːst] **I** *n* previsión *f;* pronóstico *m.* ■ **weather f.,** parte *m* meteorológico. **II** *vtr (pt & pp* **forecast** *or* **forecasted)** pronosticar.

forecourt [ˈfɔːkɔːt] *n (of garage)* área *f* de servicio.

forefathers [ˈfɔːfɑːðəz] *npl* antepasados *mpl.*

forefront [ˈfɔːfrʌnt] *n* vanguardia *f;* **to be in the f.,** estar a la vanguardia.

forego [fɔːˈgəʊ] *vtr fml (pt* **forewent;** *pp* **foregone)** sacrificar; **she forewent her holiday to be with her family,** no se marchó de vacaciones para estar con su familia.

foregoing [fɔːˈgəʊɪŋ] *adj* precedente, *(aforementioned)* susodicho,-a.

foregone [ˈfɔːgɒn] **I** *pp of* forego. **II** *adj* **a f. conclusion,** un resultado inevitable.

foreground [ˈfɔːgraʊnd] *n* primer plano *m.*

forehead [ˈfɒrɪd, ˈfɔːhed] *n Anat* frente *f.*

foreign [ˈfɒrɪn] *adj* **1** *(from abroad)* extranjero,-a; **f. language,** lengua extranjera; **f. travel,** viajes al *or* en el extranjero. ■ **the F. Legion,** la Legión Extranjera; *Fin* **f. exchange,** divisas *fpl.* **2** *(trade, policy)* exterior; **the F. Office,** el Ministerio de Asuntos Exteriores. **3** *(strange, extraneous)* ajeno,-a; *Med* **f. body,** cuerpo extraño.

foreigner [ˈfɒrɪnəʳ] *n* extranjero,-a *m,f.*

foreman [ˈfɔːmən] *n (pl* **foremen)** **1** *Ind* capataz *m.* **2** *Jur* presidente *m* del jurado.

foremost [ˈfɔːməʊst] *adj* primero,-a, principal; **first and f.,** ante todo.

forename [ˈfɔːneɪm] *n* nombre *m* de pila.

forensic [fəˈrensɪk] *adj* forense; **f. medicine,** medicina *f* forense.

forerunner [ˈfɔːrʌnəʳ] *n* precursor,-a *m,f.*

foresaw [fɔːˈsɔː] *pt see* foresee.

foresee [fɔːˈsiː] *vtr (pt* **foresaw;** *pp* **foreseen)** prever.

foreseeable [fɔːˈsiːəbəl] *adj* previsible; **in the f. future,** en un futuro próximo; **for the f. future,** por mucho tiempo.

foreseen [fɔːˈsiːn] *pp see* foresee.

foreshadow [fɔːˈʃædəʊ] *vtr* presagiar, anunciar.

foresight [ˈfɔːsaɪt] *n* previsión *f;* **lack of f.,** imprevisión *f;* **to have f.,** ser previsor,-a.

foreskin [ˈfɔːskɪn] *n Anat* prepucio *m.*

forest['fɒrɪst] *n (large)* selva *f*; *(small)* bosque *m*. ■ **f. fire,** incendio *m* forestal.

forestall[fɔ:'stɔ:l] *vtr (plan)* anticiparse; *(danger)* prevenir.

forester['fɒrɪstə'] *n* guardabosques *m inv*.

forestry['fɒrɪstrɪ] *n* silvicultura *f*, selvicultura *f*.

foretaste['fɔ:teɪst] *n* anticipo *m*, anticipación *f* (**of,** de).

foretell[fɔ:'tel] *vtr (pt & pp foretold)* presagiar, pronosticar.

forethought['fɔ:θɔ:t] *n* previsión *f*; *Jur* premeditación *f*.

foretold[fɔ:'təʊld] *pt & pp see* **foretell**

forever[fə'revə'] *adv* **1** *(eternally)* siempre. **2** *(for good)* para siempre. **3** *fam (ages)* siglos *mpl*, mucho tiempo; **I've been reading this book f.,** llevo siglos leyendo este libro. **4** *(constantly)* siempre; **they're f. digging up the roads,** no paran de hacer obras. **5** *(long live)* ¡viva!; **Liverpool f.!,** ¡viva el Liverpool!

forewarn[fɔ:'wɔ:n] *vtr* prevenir; *prov* **forewarned is forearmed,** hombre prevenido vale por dos.

forewent[fɔ:'went] *pt see* **forego**

forewoman ['fɔ:wʊmən] *n (pl* **forewomen** ['fɔ:wɪmɪn]) **1** *Ind* encargada *f*. **2** *Jur* presidenta *f* del jurado.

foreword['fɔ:wɜ:d] *n lit* prefacio *m*, prólogo *m*.

forfeit['fɔ:fɪt] **I** *adj* perdido,-a. **II** *n (penalty)* pena *f*, multa *f*; *(in games)* prenda *f*; **to pay a f.,** pagar prenda. **III** *vtr* perder; *(declare)* comisar; **he was forced to f. all his property,** tuvo que renunciar a todas sus propiedades.

forfeiture['fɔ:feɪtʃə'] *n* pérdida *f*.

forgave[fɔ:'geɪv] *pt see* **forgive**

forge[fɔ:dʒ] **I** *n* **1** *(fire)* fragua *f*. **2** *(blacksmith's)* herrería *f*. **II** *vtr* **1** *(counterfeit)* falsificar. **2** forjar; *fig* **to f. a friendship/an alliance,** forjar una amistad/una alianza. **III** *vi* **to f. ahead,** hacer grandes progresos.

forger['fɔ:dʒə'] *n* falsificador,-a *m,f*.

forgery['fɔ:dʒərɪ] *n* falsificación *f*.

forget[fə'get] **I** *vtr (pt* **forgot;** *pp* **forgotten)** olvidar, olvidarse de; **and don't you f. it!,** ¡no lo olvides!; **f. it!,** ¡déjalo!; **I forgot that ...,** olvidé que ..., se me olvidó que ...; **I forgot to close the window,** se me olvidó cerrar la ventana; **I shall never f. you,** nunca me olvidaré de ti; **I've forgotten my key,** he olvidado la llave; **never to be forgotten,** inolvidable; **not forgetting ...,** sin olvidar...; **to f. how to do sth,** olvidar cómo se hace algo; **to f. oneself,** perder los estribos, no poderse contener. **II** *vi* olvidar; **I f.,** no me acuerdo; **it's is hard to f.,** es difícil olvidarlo.

forgetful [fə'getfʊl] *adj* olvidadizo,-a, despistado,-a.

forgetfulness[fə'getfʊlnɪs] *n* falta *f* de memoria; *(overlook)* despiste *m*.

forget-me-not[fə'getmɪnɒt] *n Bot* nomeolvides *f inv*.

forgivable[fə'gɪvəbəl] *adj* perdonable.

forgive[fə'gɪv] *vtr (pt* **forgave;** *pp* **forgiven** [fə'gɪvən]) *(pardon)* perdonar, excusar; **f. my brother's impoliteness,** disculpe la mala educación de mi hermano; **to f. sb sth,** perdonarle algo a algn.

forgiveness[fə'gɪvnɪs] *n* **1** *(pardon)* perdón *m*. **2** *(mercy)* clemencia *f*.

forgiving[fə'gɪvɪŋ] *adj* **1** *(easy-going)* dispuesto,-a a perdonar. **2** *(merciful)* clemente.

forgo[fɔ:'gəʊ] *vtr (pt* **forwent;** *pp* **forgone** [fɔ:'gɒn]) *see* **forego**

forgot [fə'gɒt] *pt,* **forgotten** [fə'gɒtən] *pp see* **forget**

fork[fɔ:k] **I** *n* **1** *Agr* horca *f*, horquilla *f*. **2** *(cutlery)* tenedor *m*. **3** *Cycl* horquilla *f*. **4** *(in road)* bifurcación *f*. **5** *Mus* **tuning f.,** diapasón *m*. **II** *vi (of roads)* bifurcarse. ◆**fork out** *vtr fam (money)* aflojar, soltar.

forked[fɔ:kt] *adj* bifurcado,-a. ■ *Meteor* **f. lightning,** relámpago *m* en zigzag.

fork-lift truck[fɔ:klɪf'trʌk] *n* carretilla *f* elevadora de horquilla.

forlorn[fə'lɔ:n] *adj* **1** *(forsaken)* abandonado,-a. **2** *(desolate, wretched)* triste, melancólico,-a. **3** *(without hope)* desesperado,-a.

form[fɔ:m] **I** *n* **1** *(type)* clase *f*, tipo *m*. **2** *(shape)* forma *f*; **in book f.,** en forma de libro; **in the f. of a cross,** en forma de cruz; **what f. does the disease take?,** ¿cómo se manifiesta la enfermedad? **3** *(formality)* formas *fpl*; **for f.'s sake,** para guardar las formas; **it's bad f.,** es de mala educación. **4** *(document)* formulario *m*; **application f.,** formulario *m* de solicitud. **5** *(condition)* forma *f*; **to be on f./on top f./off f.,** estar en forma/en plena forma/en baja forma; *(mood)* **to be in good f.,** estar de buen humor; **true to f.,** como es de esperar. **6** *Educ* clase *f*; **the first/second f.,** el primer/segundo grado. **7** *(bench)* banco *m*. **8** *(style)* forma *f*; **sculpture is an ancient art f.,** la escultura es una forma de arte muy antigua. **9** *Ling* forma *f*. **II** *vtr* formar; **to f. a ring,** formar un corro; **to f. a government,** formar un gobierno; **to f. an impression,** formarse una impresión; **to f. part of sth,** formar parte de algo. **III** *vi* formarse; **a crowd formed outside the town hall,** se juntó una multitud frente al ayuntamiento.

formal['fɔ:məl] *adj* **1** *(public, official)* formal, oficial; **a f. application,** una solicitud en forma; **f. education,** educación convencional. **2** *(conventional) (party, dress)* de etiqueta; *(visit)* de cumplido. **3** *(ordered)* formal, ordenado,-a. **4** *(person, language)* formalista, ceremonioso,-a. ◆**formally***adv* formalmente, oficialmente; **f. dressed,** vestido,-a de etiqueta.

formality[fɔ:'mælɪtɪ] *n Admin* formalidad *f*; **it's just a f.,** son sólo formalidades.

format['fɔ:mæt] **I** *n* formato *m*. **II** *vtr (pt & pp formatted) Comput* formatear.

formation[fɔ:'meɪʃən] *n (arrangement)* formación *f*; *(development)* formación *f*; *(establishment)* creación *f*. ■ *Av* **f. flying,** vuelo *m* en formación; *Mil* **in battle f.,** en formación de combate.

formative ['fɔ:mætɪv] *adj* formativo,-a; **f. years,** años *mpl* de formación.

former['fɔ:mə'] *adj* **1** *(time)* anterior; **f. glories,** glorias pasadas. **2** *(one-time)* antiguo,-a; *(person)* ex; **the f. champion,** el excampeón; **the hotel was a f. convent,** el hotel era un antiguo convento. **3** *(first)* aquél, aquélla, primero,-a; **Peter and Lisa came, the f. wearing a hat,** vinieron Peter y Lisa, aquél llevaba sombrero. ◆**formerly***adv* antiguamente.

Formica®[fɔ:'maɪkə] *n* formica® *f*.

formidable ['fɔ:mɪdəbəl] *adj (prodigious)* formidable; *(daunting, intimidating)* terrible.

formula['fɔ:mjʊlə] *n (pl formulae* ['fɔ:mjʊli] *or formulas)* fórmula *f*.

formulate['fɔ:mjʊleɪt] *vtr* formular.

fornicate['fɔ:nɪkaɪt] *vtr fml* fornicar.

forsake [fə'seɪk] vtr (pt **forsook** [fɔː'sʊk]; pp **forsaken** [fɔː'seɪkən]) Lit 1 (abandon, desert) abandonar. 2 (give up) renunciar a.

fort [fɔːt] n Mil fortaleza f, fuerte m; fam fig **to hold the f.**, quedarse vigilando.

forte ['fɔːteɪ] I n (strong point) fuerte m; **music is not my f.**, la música no es mi fuerte. II adv Mus forte.

forth [fɔːθ] adv fml **and so f.**, y así sucesivamente; **to go back and f.**, ir de acá para allá; (onwards) **from that day f.**, desde aquel día en adelante; fml **to set f.**, ponerse en camino.

forthcoming [fɔːθ'kʌmɪŋ] adj 1 (event) próximo,-a, de próxima aparición. 2 (available) **no money was f.**, no hubo oferta de dinero. 3 (communicative) comunicativo,-a; **he wasn't very f.**, estaba poco dispuesto a hablar.

forthright ['fɔːθraɪt] adj (blunt, frank) franco,-a; (direct) directo,-a.

fortieth ['fɔːtɪəθ] I adj cuadragésimo,-a. II n 1 (in series) cuadragésimo,-a m,f. 2 (fraction) cuarentavo m; see also **seventh**.

fortification [fɔːtɪfɪ'keɪʃən] n Mil fortificación f.

fortify ['fɔːtɪfaɪ] vtr (pt & pp **fortified**) Mil fortificar; fig fortalecer; **fortified wine**, vino m licoroso.

fortitude ['fɔːtɪtjuːd] n fortaleza f, fuerza f.

fortnight ['fɔːtnaɪt] n GB quince días mpl, quincena f; **a f.'s holiday**, dos semanas de vacaciones.

fortnightly ['fɔːtnaɪtlɪ] GB I adj quincenal. II adv cada quince días.

fortress ['fɔːtrɪs] n fortaleza f, fuerte m; (city) plaza f fuerte.

fortuitous [fɔː'tjuːɪtəs] adj fml (accidental) accidental, casual; (lucky) fortuito,-a.

fortunate ['fɔːtʃənɪt] adj afortunado,-a; **she was f.**, tuvo suerte; **it was f. that he came**, fue una suerte que viniera; **how f.!**, ¡qué suerte! **◆fortunately** adv afortunadamente, por suerte or fortuna.

fortune ['fɔːtʃən] n 1 (luck) suerte f; **he had the good f. to escape**, tuvo la suerte de escapar. 2 (fate) fortuna f; **the wheel of f.**, la rueda de la fortuna; **to tell sb's f.**, decir or echar la buenaventura a algn; fml **f. smiled on them**, la suerte les sonrió. ■ US **f. cookie**, galleta f de la buenaventura. 3 (money) fortuna f; **to make one's f.**, hacer (una) fortuna; fam **it cost a f.**, costó un dineral; fam **to be worth a f.**, valer una fortuna.

fortune-teller ['fɔːtʃəntelə'] n echador,-a m,f de la buenaventura, adivino,-a m,f.

forty ['fɔːtɪ] I adj cuarenta inv; fam **to have f. winks**, echar una siestecita. II n cuarenta m inv; see also **seventy** and **seven**.

forum ['fɔːrəm] n (pl **forums** or **fora** ['fɔːrə]) foro m.

forward ['fɔːwəd] I adv 1 (also **forwards**) (direction and movement) hacia adelante; **leaning f.**, inclinado,-a hacia delante; **to go f.**, ir hacia adelante; **to step f.**, dar un paso adelante. 2 fig **carried f.**, suma y sigue; **to come f. (with help)**, ofrecerse (para ayudar). 3 (time) **from this day f.**, de ahora or de aquí en adelante; **to bring sth f.**, adelantar algo; **to look f. to sth**, esperar algo con ilusión; **to put the clock f.**, adelantar el reloj. 4 Naut hacia la proa. II adj 1 (movement) hacia adelante; **a f. movement**, un movimiento hacia delante; (position) delantero,-a, frontal; **the f. section**, la sección delantera. ■ Admin Com **f. planning**, planificación f a largo plazo. 2 (person) fresco,-a, descarado,-a. III n Sport delantero,-a m,f. IV vtr 1 (send on) remitir; **please f.**, remítase al destinatario. 2 fml (send

goods) expedir, enviar; **the goods will be forwarded on receipt of payment**, se enviarán las mercancías contra recibo del pago. 3 fml (further) adelantar, fomentar; **he tried to f. his career by ...**, intentó promocionarse haciendo ... .

forward-looking ['fɔːwədlʊkɪŋ] adj previsor,-a.

forwent [fɔː'went] pt see **forego**.

fossil ['fɒsəl] n fósil m. ■ **f. fuel**, combustible m fósil.

fossilized ['fɒsɪlaɪzd] adj fosilizado,-a.

foster ['fɒstə'] I vtr 1 (child) criar. 2 fml (cherish) (hopes, ideas) abrigar; (promote) (relations, business) fomentar. II adj adoptivo,-a. ■ **f. child**, hijo,-a m,f adoptivo,-a; **f. father**, padre m adoptivo; **f. mother**, madre f adoptiva; **f. parents**, padres mpl adoptivos.

fought [fɔːt] pt & pp see **fight**.

foul [faʊl] I adj 1 (smell) fétido,-a; (taste) asqueroso,-a. 2 lit (deed) vil, atroz; **f. temper** or **weather**, humor m or tiempo m de perros. 3 (language) grosero,-a, obsceno,-a. 4 (illegal) **by fair means or f.**, por las buenas or por las malas, por fas o por nefas; **to fall f. of the law**, tener líos con la policía. ■ Sport **f. play**, juego m sucio; Jur **f. play is suspected**, se sospecha que se haya cometido un acto criminal. II n Sport falta f. III vtr 1 (dirty) ensuciar; (air) contaminar. 2 (block a device) atascar; (get entangled with a net) enmarañar. 3 Sport cometer una falta. ◆**foul up** vtr fam estropear, fastidiar; **he fouled up the whole plan**, echó por tierra todo el plan.

foul-mouthed [faʊl'maʊðd] adj malhablado,-a.

foul-smelling [faʊl'smelɪŋ] adj hediondo,-a.

found[1] [faʊnd] pt & pp see **find**.

found[2] [faʊnd] vtr 1 (establish) fundar. 2 (base) fundar, fundamentar (**on**, en); **founded on fact**, basado,-a en hechos.

found[3] [faʊnd] vtr Tech fundir.

foundation [faʊn'deɪʃən] n 1 (establishment) fundación f. ■ **f. stone**, primera piedra f. 2 (basis) fundamento m, base f; **without f.**, sin fundamento. ■ **f. course**, curso m común. 3 (cosmetic) **f. (cream)**, maquillaje m de fondo. 4 Constr **foundations**, cimientos mpl; **to lay the foundations**, poner los cimientos.

founder[1] ['faʊndə'] n fundador,-a m,f.

founder[2] ['faʊndə'] vi 1 fml (sink) hundirse, irse a pique. 2 fig (plan, hopes) fracasar, malograrse; **the project foundered because of a lack of finance**, el proyecto se malogró por falta de financiación.

foundling ['faʊndlɪŋ] n lit expósito,-a m,f.

foundry ['faʊndrɪ] n Ind fundición f.

fount[1] [faʊnt] n Print fuente f.

fount[2] [faʊnt] n Lit fig fuente f; **it was the f. of all knowledge**, era la fuente de todos los conocimientos.

fountain ['faʊntɪn] n (structure) fuente f; (jet) surtidor m; **drinking f.**, fuente de agua potable. ■ **f. pen**, pluma f estilográfica.

four [fɔː'] I adj cuatro inv; **to the f. corners of the earth**, de una punta a otra del mundo. II n cuatro m inv; **on all fours**, a gatas; see also **seven**.

four-door ['fɔːdɔː'] adj Aut de cuatro puertas.

foureyes ['fɔːraɪz] n sl pej cuatrojos mf inv.

four-letter ['fɔːletə'] adj **f. word**, palabrota f, taco m.

four-poster [fɔː'pəʊstə'] n **f.-p. (bed)**, cama f con colgadura.

foursome ['fɔːsəm] *n* grupo *m* de cuatro personas.

fourteen [fɔː'tiːn] I *adj* catorce *inv.* II *n* catorce *m inv; see also* seven.

fourteenth [fɔː'tiːnθ] I *adj* decimocuarto,-a; **the f.** century, el siglo catorce. II *n* 1 *(in series)* decimocuarto,-a *m,f.* 2 *(fraction)* catorceavo *m; see also* seventh.

fourth [fɔːθ] I *adj* cuarto,-a; **the f. of June,** el cuatro de junio. II *n* 1 *(in series)* cuarto,-a *m,f.* 2 *(fraction)* cuarto *m*. 3 *Aut* cuarta velocidad; *see also* seventh.

fourth-former ['fɔːθfɔːməʳ] *n GB Sch* alumno,-a *m,f* del cuarto curso.

fowl [faʊl] *n* aves *fpl* de corral.

fox [fɒks] I *n* 1 *Zool* zorro,-a *m,f;* **f. hunt,** caza *f* de zorros. 2 *fig pej* zorro *m*. II *vtr* 1 *(perplex)* dejar perplejo,-a, desorientar. 2 *(deceive)* engañar.

foxglove ['fɒksglʌv] *n Bot* digital *f*, dedalera *f*.

foxhound ['fɒkshaʊnd] *n Zool* perro *m* raposero.

foxtrot ['fɒkstrɒt] *n Mus* fox-trot *m*.

foxy ['fɒksɪ] *adj (foxier, foxiest) fam* astuto,-a, zorro,-a.

foyer ['fɔɪeɪ, 'fɔɪə] *n Cin Theat* vestíbulo *m; US (house)* vestíbulo *m*.

Fr 1 *Rel abbr of* **Father,** Padre *m*., P., Pe. 2 *abbr of* French, francés,-esa, fr.

fracas ['frækɑː] *n* gresca *f*, reyerta *f*.

fraction ['frækʃən] *n Math* fracción *f*, quebrado *m*; **a f. of a second,** una fracción de segundo; **a f. smaller,** un poquitín más pequeño.

fractional ['frækʃənəl] *adj* fraccional; *fig* ínfimo,-a. ◆**fractionally** *adv* ligeramente.

fracture ['fræktʃəʳ] *Med Tech* I *n* fractura *f*. II *vtr* fracturar; **to f. a leg,** fracturarse una pierna. III *vi* fracturarse.

fragile ['frædʒaɪl] *adj* 1 frágil; **this glass is f.,** esta copa es frágil. 2 *fig (health)* frágil, delicado,-a; **the morning after the party he felt f.,** al día siguiente de la fiesta se encontraba mal.

fragility ['frædʒɪlɪtɪ] *n* fragilidad *f*.

fragment ['frægmənt] I *n* fragmento *m*. II *vi* [fræg'ment] fragmentarse.

fragmentary ['frægməntərɪ] *adj* fragmentario,-a.

fragrance ['freɪgrəns] *n* fragancia *f*, aroma *m*, perfume *m*.

fragrant ['freɪgrənt] *adj* fragante, aromático,-a.

frail [freɪl] *adj* frágil, delicado,-a.

frailty ['freɪltɪ] *n* fragilidad *f*, delicadeza *f*; **human frailties,** las flaquezas humanas.

frame [freɪm] I *n* 1 *(window, door, picture)* marco *m; (building, machine)* armazón *f; (bed)* armadura *f; (bicycle)* cuadro *m; (spectacles)* montura *f; fig* **f. of mind,** estado *m* de ánimo. 2 *(human, animal)* cuerpo *m*. 3 *Cin TV* fotograma *m*. 4 *(snooker)* jugada *f*, set *m*. II *vtr* 1 *(picture)* enmarcar; *fig* **a doorway framed by roses,** una puerta encuadrada por rosas. 2 *(answer a question)* formular; *(a plan)* elaborar. 3 *fam (innocent person)* incriminar.

framework ['freɪmwɜːk] *n (structure)* armazón *f; fig* estructura *f;* **within the f. of ...,** dentro del marco de ... .

franc [fræŋk] *n Fin* franco *m*.

France [frɑːns] *n* Francia.

franchise ['fræntʃaɪz] *n* 1 *Pol* derecho *m* al voto. 2 *Com* concesión *f*, licencia *f*.

Frank [fræŋk] *n Hist* franco,-a *m,f*.

frank [fræŋk] I *adj* franco,-a, sincero,-a. II *vtr (mail)* franquear. ◆**frankly** *adv* francamente.

Frankfurt ['fræŋkfɜːt] *n* Fráncfort.

franking ['fræŋkɪŋ] *n* franqueo *m*. ■ **f. machine,** máquina *f* franqueadora.

frankness ['fræŋknɪs] *n* franqueza *f*.

frantic ['fræntɪk] *adj (anxious)* desesperado,-a; *(hectic)* frenético,-a; **to be f. with worry,** estar preocupadísimo,-a. ◆**frantically** *adv* desesperadamente; **shouting f.,** gritando como un loco *or* un poseso.

fraternal [frə'tɜːnəl] *adj* fraterno,-a, fraternal.

fraternity [frə'tɜːnɪtɪ] *n* 1 *(brotherliness)* fraternidad *f*. 2 *(society)* asociación *f; Rel* hermandad *f*, cofradía *f; US Univ* club *m* de estudiantes.

fraternize ['frætənaɪz] *vi* fraternizar **(with, con).**

fratricide ['frætrɪsaɪd, 'freɪtrɪsaɪd] *n fml Jur (action)* fratricidio *m; (person)* fratricida *m,f*.

fraud [frɔːd] *n* 1 *(act)* fraude *m*, engaño *m*. 2 *Jur* fraude *m*. 3 *(person)* impostor,-a *m,f*.

fraudulent ['frɔːdjʊlənt] *adj* fraudulento,-a.

fraught [frɔːt] *adj* 1 *(full)* lleno,-a **(with,** de), cargado,-a **(with,** de); **f. with difficulties,** cargado,-a de dificultades. 2 *(tense)* nervioso,-a, tenso,-a.

fray[1] [freɪ] *vi* 1 *(cloth)* deshilacharse. 2 *(temper)* crisparse; **his temper frequently frayed,** se irritaba a menudo.

fray[2] [freɪ] *n* combate *m; fig* **to enter the f.,** salir a la palestra.

frayed [freɪd] *adj (cloth)* deshilachado,-a; *(temper)* crispado,-a; **to have f. nerves,** tener los nervios crispados.

frazzle ['fræzəl] *n fam* **to be worn to a f.,** estar hecho,-a polvo; **burnt to a f.,** carbonizado,-a, quemado,-a; **she was burnt to a f. in the midday sun,** se achicharró bajo el sol del mediodía.

freak [friːk] I *n* 1 *(monster)* monstruo *m;* **a f. of nature,** un accidente de la naturaleza. 2 *sl (eccentric)* estrafalario,-a *m,f*. 3 *sl (fan)* fanático,-a *m,f;* **she's a jazz f.,** es una fanática del jazz. II *adj* 1 *(unexpected)* inesperado,-a, imprevisto,-a; **f. result,** resultado inesperado. 2 *(unusual)* insólito,-a, extraño,-a; **f. storm,** tormenta insólita. ◆**freak out** *vi sl* fliparse, alucinarse.

freakish ['friːkɪʃ] *adj* 1 *(unexpected)* inesperado,-a, imprevisto,-a. 2 *(unusual)* insólito,-a, extraño,-a. 3 *(abnormal)* anormal, monstruoso,-a. 4 *(eccentric)* estrafalario,-a, excéntrico,-a.

freckle ['frekəl] *n* peca *f*.

freckled ['frekəld] *adj* pecoso,-a, lleno,-a de pecas.

freckly ['freklɪ] *adj* pecoso,-a, lleno,-a de pecas.

free [friː] I *adj* 1 libre; **as f. as a bird,** libre como un pájaro; **feel f.!,** ¡con toda confianza!; **of his own f. will,** por voluntad propia; **to be f. to do sth,** ser libre de hacer algo; **to give sb a f. hand,** darle carta blanca a algn; **to set sb f.,** poner en libertad a algn, liberar a algn; **to work f.,** soltarse. ■ **f. access,** entrada *f* libre; **f. fall,** caída *f* libre; *Ftb* **f. kick,** golpe *m* franco, saque *m* de falta; **f. love,** amor *m* libre; **f. speech,** libertad *f* de expresión; **f. will,** libre albedrío *m;* **f. translation,** traducción *f* libre; **the f. world,** el mundo libre. 2 *Com* **f. trade,** libre cambio *m;* **f. port,** puerto *m* franco. 3 *(not occupied)* libre; **when will you be f.?,** ¿cuándo estará libre?; **is that seat f.?,** ¿está libre ese asiento? ■ **f. time,** tiempo *m* libre. 4 *(gratis)* **f. (of charge),** gratuito,-a, gratis; **admission f.,** entrada *f* gratuita *or* libre. ■ **f. sample,** muestra *f* gratuita; **f. gift,** obsequio *m;* **f. pass,** pase *m*. 5 *(exempt)* libre **(from,** de); **trouble f.,** sin problemas. 6 *(generous)* generoso,-a; **she's too f. with**

her money, es una manirrota. 7 *(relaxed)* desenvuelto,-a; f. and easy, despreocupado,-a. II *adv* 1 *(gratis)* gratis, gratuitamente; to travel f., viajar gratis *or* de balde; *fam* for f., gratis. 2 *(loose)* suelto,-a; the dogs run f. in the garden, los perros andan sueltos *or* libres en el jardín. III *vtr* 1 *(liberate)* poner en libertad; *(release)* liberar. 2 *(let loose, work loose)* soltar. 3 *(untie)* soltar, desatar. 4 *(exempt)* eximir (from, de). ◆freely *adv* 1 *(without limitation)* libremente; to come and go f., ir y venir con toda libertad. 2 *(openly)* abiertamente, francamente. 3 *(without payment)* gratis, gratuitamente; you can travel f., puedes viajar gratis.

freedom ['fri:dəm] *n* 1 *(liberty)* libertad *f*; f. of choice, libertad de elección; f. of the press, libertad de prensa; to have complete f. to do sth, tener plena libertad para hacer algo; f. of the city, ciudadanía *f* de honor. ■ f. fighter, luchador,-a *m,f* por la libertad. 2 *(exemption)* exención *f*.

free-for-all ['fri:fɔrɔːl] *n* pelea *f*, riña *f*.

freehand ['fri:hænd] *adv* a mano alzada; to draw f., dibujar a mano alzada.

freehold ['fri:həʊld] *Jur* I *n* derecho *m* de dominio absoluto. II *adj* en propiedad absoluta.

freelance ['fri:lɑːns] I *adj* independiente. II *n* persona *f* que trabaja por cuenta propia. III *vi* trabajar por su cuenta.

freeloader ['fri:ləʊdər] *n fam* gorrón,-a *m,f*.

freemason ['fri:meisən] *n* francmasón,-ona *m,f*, masón,-ona *m,f*.

freemasonry ['fri:meisənrɪ] *n* francmasonería *f*, masonería *f*.

free-range ['fri:reɪndʒ] *adj* GB de granja; f.-r. eggs, huevos *mpl* de granja.

freestanding [fri:'stændɪŋ] *adj* independiente.

free-style ['fri:staɪl] *n* Swimming estilo *m* libre; the hundred metres f.-s., los cien metros libres.

freethinker [fri:'θɪŋkər] *n* librepensador,-a *m,f*.

freeway ['fri:weɪ] *n* US autopista *f*.

freewheel [fri:'wi:l] *vi* 1 *Cycl* andar a rueda libre. 2 *Aut* ir en punto muerto.

freeze [fri:z] I *vtr* (pt froze; pp frozen) 1 *(liquid, food)* congelar. 2 *Econ (money)* congelar. 3 *Cin TV (image)* congelar. II *n Meteor* helada *f*. ■ *Econ* price f., congelación *f* de precios. III *vi* 1 *(liquid)* helarse; *(food)* congelarse; I'm freezing, estoy helado,-a; to f. to death, morirse de frío. 2 *fig (stand still)* quedarse inmóvil; *(from shock)* quedarse paralizado,-a. ◆freeze over, freeze up helarse.

freeze-dried ['fri:zdraɪd] *adj* liofilizado,-a; f.-d. coffee, café liofilizado.

freeze-dry ['fri:zdraɪ] *vtr* (pt & pp freeze-dried) liofilizar.

freezer ['fri:zər] *n* congelador *m*.

freezing ['fri:zɪŋ] I *adj* 1 *Meteor* glacial; f. fog, niebla *f* glacial; *fam* it's f. cold, hace un frío que pela. 2 *Phys* f. point, punto *m* de congelación; above/below f. point, sobre/bajo cero. II *n* *(of food, prices)* congelación *f*.

freight [freɪt] *n* 1 *(transport)* transporte *m*. ■ air/sea f., transporte *m* aéreo/marítimo de mercancías. 2 *(goods)* flete *m*, carga *f*. ■ US f. car, wagon *m* de mercancías; f. train, tren *m* de mercancías; f. plane, avión *m* de carga. 3 *(price)* flete *m*.

freighter ['freɪtər] *n Av Naut* buque *m* or avión *m* de carga grande.

French [frentʃ] I *adj* francés,-esa; to take F. leave, despedirse a la francesa. ■ F. bean, judía *f* verde; F. dressing, vinagreta *f*; US F. fries, patatas *fpl* fritas; F. Horn, trompa *f* de pistones; F. kiss, beso *m* de película; *sl* F. letter, condón *m*; F. window, puerta *f* vidriera. II *n* 1 *(language)* francés *m*; F. teacher, profesor,-a *m,f* de francés. 2 *pl* the F., los franceses.

French-Canadian [frentʃkə'neidiən] I *adj* francocanadiense. II F. C. *n* francocanadiense *mf*.

Frenchman ['frentʃmən] *n (pl Frenchmen)* francés *m*.

French-speaking ['frentʃspi:kɪŋ] *adj* de habla francesa, francófono,-a.

Frenchwoman ['frentʃwʊmən] *n (pl Frenchwomen* ['frentʃwɪmɪn]) francesa *f*.

frenetic [frɪ'netɪk] *adj* frenético,-a.

frenzied ['frenzɪd] *adj* 1 *(wild)* frenético,-a. 2 *(mad)* enloquecido,-a.

frenzy ['frenzɪ] *n* frenesí *m*; to be in a f., estar frenético,-a.

frequency ['fri:kwənsɪ] *n* 1 *(rate)* frecuencia *f*. 2 *Rad* frecuencia *f*; high/low f., alta/baja frecuencia.

frequent ['fri:kwənt] I *adj* frecuente, habitual. II [frɪ'kwent] *vtr (visit)* frecuentar. ◆frequently *adv* frecuentemente, con frecuencia, a menudo.

fresco ['freskəʊ] *n (pl frescoes)* Art fresco *m*.

fresh [freʃ] I *adj* 1 *(new)* nuevo,-a; f. clues, nuevos indicios; open a f. packet, abre otro paquete; to make a f. start, volver a empezar. 2 *(recent)* fresco,-a; have you got any f. news?, ¿traes noticias frescas? 3 *(air)* puro,-a; in the f. air, al aire libre. 4 *(not salt)* dulce; f. water, agua *f* dulce. 5 *(not tired)* fresco,-a; as f. as a daisy, tan fresco,-a como una rosa. 6 *(not frozen, untreated)* natural, fresco,-a; f. eggs, huevos frescos; f. bread, pan del día. 7 *(complexion)* sano,-a. 8 *fam (cheeky)* fresco,-a, carota; don't get f. with me!, ¡basta de familiaridades! II *adv* recién; f. from university, recién salido,-a de la universidad. ◆freshly *adv* recién, recientemente; f. made sandwiches, bocadillos recién preparados.

freshen ['freʃən] *vi (wind)* refrescar. ◆freshen up *vi* lavarse y arreglarse, asearse.

fresher ['freʃər] *n*, **freshman** ['freʃmən] *n (pl freshmen)* *n* Univ estudiante *mf* de primer año, novato,-a *m,f*.

freshness ['freʃnɪs] *n* 1 *(brightness)* frescura *f*. 2 *(newness)* novedad *f*.

freshwater ['freʃwɔːtər] *adj* de agua dulce.

fret[1] [fret] *vi (pt & pp fretted) (worry)* preocuparse (about, por).

fret[2] [fret] *n* Mus *(guitar)* traste *m*.

fretful ['fretfʊl] *adj* 1 *(worried)* preocupado,-a. 2 *(complaining)* quejumbroso,-a. 3 *(tearful)* lloroso,-a.

fretsaw ['fretsɔː] *n* segueta *f*, sierra *f* de calar.

fretwork ['fretwɜːk] *n* calado *m*.

Freudian ['frɔɪdɪən] *adj* freudiano,-a; F. slip, lapsus *m* freudiano.

FRG [efɑ'dʒi:] *abbr of* Federal Republic of Germany, República *f* Federal de Alemania, RFA *f*.

Fri *abbr of* Friday, viernes *m*, viern.

friar ['fraɪər] *n Rel* fraile *m*.

fricative ['frɪkətɪv] *Ling* I *adj* fricativo,-a. II *n* fricativa *f*.

friction ['frɪkʃən] *n* 1 *(resistance, conflict)* fricción *f*. 2 *(chafing)* roce *m*.

Friday ['fraɪdɪ] *n* viernes *m*; **on F.**, el viernes; **on Fridays**, los viernes; **Good F.**, Viernes Santo; *see also* **Saturday**.

fridge [frɪdʒ] *n (abbr of refrigerator) fam* nevera *f*, frigorífico *m*.

fried [fraɪd] *adj* frito,-a; **f. egg**, huevo frito.

friend [frend] *n* amigo,-a *m,f*, compañero,-a *m,f*, amistad *f*; **a family f.**, un amigo de la familia; **a f. in need is a f.** indeed, en la necesidad se conoce a los amigos; **a f. of mine**, un,-a amigo,-a mío,-a; **a school f.**, un,-a compañero,-a de clase; **he has lots of friends**, tiene muchos amigos *or* muchas amistades; **she's friends with John**, es amiga de John; **to have friends in high places**, tener enchufes; **to make friends with sb**, trabar amistad con algn; *(after a quarrel)* **to make friends again**, hacer las paces; **we're just good friends**, sólo somos amigos.

friendliness ['frendlɪnɪs] *n* amabilidad *f*, simpatía *f*.

friendly ['frendlɪ] *adj (friendlier, friendliest)* 1 *(person)* simpático,-a, amable; **she's very f.**, es muy simpática; **they became f.**, se hicieron amigos; **to be on f. terms with sb**, estar en buenos términos con algn. 2 *(atmosphere)* acogedor,-a. 3 de amigo; **f. advice**, consejo *m* de amigo; **f. nation**, nación *f* amiga. 4 *GB Sport* **f. match**, partido *m* amistoso.

friendship ['frendʃɪp] *n* amistad *f*, relación *f*.

Friesian ['friːʒən] *adj & n* frisón,-ona *(m,f)*.

frieze [friːz] *n Art* friso *m*.

frigate ['frɪgɪt] *n Naut* fragata *f*.

frigging ['frɪgɪŋ] *adj vulg* jodido,-a, puto,-a.

fright [fraɪt] *n* 1 *(fear)* miedo *m*; **to take f.**, asustarse. 2 *(shock)* susto *m*; **to get a f.**, pegarse un susto; **to give sb a f.**, darle un susto a algn; **the f. of one's life**, un susto de muerte. 3 *fam (person)* adefesio *m*; **she looks a f.**, está hecha un adefesio.

frighten ['fraɪtən] *vtr* asustar, espantar; **to f. the life/ wits out of sb**, dar un susto de muerte a algn. ◆**frighten away, frighten off** *vtr* espantar, ahuyentar.

frightened ['fraɪtənd] *adj* asustado,-a; **easily f.**, asustadizo,-a; **f. to death**, muerto,-a de miedo; **to be f. of sb**, tenerle miedo a algn; **to be f. to do sth**, tener miedo de hacer algo.

frightening ['fraɪtənɪŋ] *adj* espantoso,-a.

frightful ['fraɪtfʊl] *adj* espantoso,-a, horroroso,-a; **I'm in a f. hurry**, tengo una prisa tremenda. ◆**frightfully** *adv* tremendamente, terriblemente; **I'm f. sorry**, lo siento muchísimo.

frigid ['frɪdʒɪd] *adj* 1 *Med* frígido,-a. 2 *(climate)* glacial, muy frío,-a; *(fig (manner, atmosphere)* glacial.

frigidity [frɪ'dʒɪtɪ] *n Med* frigidez *f*.

frill [frɪl] *n* 1 *(dress)* volante *m*. 2 *fig* **frills**, *(decorations)* adornos *mpl*; *(extras)* pretensiones *fpl*; **with no f.**, sencillo,-a, sin adornos; **with all the f.**, con toda la pompa.

frilly ['frɪlɪ] *adj (dress etc)* con volantes.

fringe [frɪndʒ] **I** *n* 1 *Hairdr* flequillo *m*. 2 *Tex* fleco *m*. 3 *(edge)* borde *m*; *(of city)* periferia *f*; *fig* **on the f. of society**, al margen de la sociedad; **the lunatic f.**, los elementos fanáticos. ■ **f. group**, grupo *m* marginal; **f. theatre**, teatro *m* experimental; **f. benefits**, extras *mpl*. **II** *vtr* 1 *Sew* poner un fleco. 2 *fig (border)* bordear; **a lake fringed by trees**, un lago rodeado de árboles.

Frisbee® ['frɪzbɪ] *n* frisbee® *m*.

Frisian ['frɪʒən] *adj & n* frisón,-ona *(m,f)*.

frisk [frɪsk] **I** *vtr (search)* registrar, cachear. **II** *vi (frolic)* retozar, juguetear, corretear.

frisky ['frɪskɪ] *adj (friskier, friskiest)* 1 *(children, animals)* retozón,-a, juguetón,-a. 2 *(adult)* vivo,-a, vital.

fritter ['frɪtəʳ] *n Culin* buñuelo *m*; **apple f.**, buñuelo *m* de manzana. ◆**fritter away** *vtr* malgastar.

frivolity [frɪ'vɒlɪtɪ] *n* frivolidad *f*.

frivolous ['frɪvələs] *adj (flippant)* frívolo,-a; *(useless)* sin importancia.

frizz [frɪz] **I** *n* pelo *m* crespo *or* rizado. **II** *vtr* rizarse.

frizzy ['frɪzɪ] *adj (frizzier, frizziest)* crespo,-a, muy rizado,-a.

frock [frɒk] *n* vestido *m*. ■ **f. coat**, levita *f*.

Frog [frɒg] *n sl pey* gabacho,-a *m,f*, franchute,-a *m,f*.

frog [frɒg] *n Zool* rana *f*; **frogs' legs**, ancas *fpl* de rana; *fig* **to have a f. in one's throat**, tener carraspera.

frogman ['frɒgmən] *n (pl frogmen)* hombre *m* rana.

frogmarch ['frɒgmɑːtʃ] *vtr* llevar a algn a la fuerza sujetándole los brazos; llevar a algn en volandas.

frogspawn ['frɒgspɔːn] *n* huevos *mpl* de rana.

frolic ['frɒlɪk] *vi* retozar, juguetear.

from [frɒm, *unstressed* frəm] *prep* 1 *(time)* desde, a partir de; **f. her childhood onwards**, desde la infancia; **f. now on**, a partir de ahora; **f. one o'clock to two o'clock**, desde la una hasta las dos; **f. that time onwards**, desde entonces, desde aquel momento; **f. time to time**, de vez en cuando. 2 *(price, number)* desde, de; **dresses f. five pounds**, vestidos *mpl* desde cinco libras; **choose a number f. one to ten**, elige un número del uno a diez. 3 *(source, origin)* de; **a letter f. her father**, una carta de su padre; **f. a woman's point of view**, desde el punto de vista de una mujer; **f. English into Spanish**, del inglés al español; **f. far and wide**, desde los lugares más remotos; **f. head to foot**, de los pies a la cabeza; **he's f. Malaga**, es de Málaga; **I heard it f. Daniel**, me lo dijo Daniel; **she jumped (down) f. the wall**, saltó del muro; **the train f. Bilbao**, el tren procedente de Bilbao; **things went f. bad to worse**, las cosas fueron de mal en peor; **tell her f. me that ...,** dile de mi parte que ...; **to go f. door to door**, ir de puerta en puerta. 4 *(distance)* de; **the town is four miles f. the coast**, el pueblo está a cuatro millas de la costa. 5 *(out of)* de; **bread is made f. flour**, el pan se hace con harina; **he recited the poem f. memory**, recitó el poema de memoria. 6 *(remove, subtract)* a; **he took the book f. the child**, le quitó el libro al niño; *Math* **take three f. five**, restar tres a cinco. 7 *(according to)* según; por; **f. what the author said**, según lo que dijo el autor; **speaking f. my own experience**, hablando por experiencia propia. 8 *(position)* de, desde; **f. here**, desde aquí; **f. the top of the mountain**, desde la cima de la montaña. 9 *(distinguish)* entre; **can you tell margarine f. butter?**, ¿puedes distinguir entre la margarina y la mantequilla?

frond [frɒnd] *n* fronda *f*.

front [frʌnt] **I** *n* 1 *(general)* parte *f* delantera; **from the f.**, por delante, de frente; **in f. of**, delante de; **in f.**, delante; *fam* **fam up f.**, con antelación; *fam* **we want the money up f.**, primero, queremos ver el dinero. 2 *(of building)* fachada *f*. 3 *Mil Pol* frente *m*; **he was sent to the f.**, le mandaron al frente; **popular f.**, frente *m* popular. 4 *Meteor* frente *m*; **cold f.**, frente *m* frío. 5 *(seaside)* paseo *m* marítimo. 6 *(activity)* asunto *m*; **has she made any progress on the work f.?**, ¿ha progresado en el trabajo? 7 *fig (cover)* **she put on a brave f.**, hizo de tripas corazón;

used him as a f. for smuggling heroin, lo utilizaban como una tapadera para pasar heroína. II *adj* delantero,-a, de delante. ■ *Parl* f. bench, primera fila de escaños donde se sientan los ministros del Gobierno o de la Oposición; *Parl* f. bencher, ministro,-a *m,f* (del Gobierno o de la Oposición) que se sienta en la primera fila de escaños; f. door, puerta *f* principal *or* de entrada; f. room, salón *m*; *Aut* f. seat, asiento *m* de delante *or* delantero. III *vi* to f. on(to), dar a; the house fronts onto the river, la casa da al río.

frontage ['frʌntɪdʒ] *n* fachada *f*.

frontal ['frʌntəl] *adj* frontal; f. attack, ataque *m* frontal.

frontier ['frʌntɪəʳ] I *n* frontera *f*; *fig* the frontiers of scientific knowledge, las fronteras de la ciencia. II *adj* fronterizo,-a; f. post, puesto *m* fronterizo.

frontispiece ['frʌntɪspiːs] *n* frontispicio *m*.

front-page ['frʌntpeɪdʒ] *adj* de primera página; f.-p. news, noticias *fpl* de primera plana.

frost [frɒst] I *n* 1 *(covering)* escarcha *f*. 2 *(freezing)* helada *f*. II *vi* 1 helarse. 2 *US Culin* recubrir con azúcar glas.◆frost over *vi* escarchar, helar.

frostbite ['frɒstbaɪt] *n Med* congelación *f*.

frostbitten ['frɒstbɪtən] *adj Med* congelado,-a; her fingers were f., tenía los dedos congelados.

frosted ['frɒstɪd] *adj* 1 *(glass)* esmerilado,-a. 2 *US Culin* recubierto,-a de azúcar glas.

frostiness ['frɒstɪnɪs] *n fig* frialdad *f*.

frosty ['frɒstɪ] *adj (frostier, frostiest)* 1 *(weather)* de helada; a f. night, una noche de helada. 2 *fig* glacial; a f. reception, una acogida glacial.

froth [frɒθ] I *n* 1 *(gen)* espuma *f*. 2 *(from mouth)* espumarajos *mpl*. II *vi* espumar; to f. at the mouth, echar espumarajos por la boca.

frothy ['frɒθɪ] *adj (frothier, frothiest)* espumoso,-a, con mucha espuma.

frown [fraʊn] I *vi* fruncir el ceño; he frowned as he read the latest news, frunció el ceño al leer las últimas noticias. II *n* ceño *m*.◆frown upon *vtr* desaprobar; his behaviour was frowned upon, desaprobaron su comportamiento.

froze [frəʊz] *pt see* freeze .

frozen ['frəʊzən] I *pp see* freeze. II *adj* 1 *(liquid, lake)* helado,-a; *fam* I'm f. stiff, estoy helado,-a; *fam* my feet are f., tengo los pies helados. 2 *(food)* congelado,-a; f. peas, guisantes *mpl* congelados.

FRS [efɑːr'es] *GB abbr of* Fellow of the Royal Society, Socio *m* de la Real Sociedad.

frugal ['fruːgəl] *adj* frugal; she lived a f. life, llevaba una vida austera; we sat down to a f. supper, tuvimos una cena frugal.

frugality [fruː'gælɪtɪ] *n* frugalidad *f*.

fruit [fruːt] I *n* 1 *Bot* fruto *m*; to bear f., dar fruto; f. tree, árbol *m* frutal. 2 *(for eating)* fruta *f*; there's f. for dessert, de postre tenemos fruta. ■ f. bowl, frutero *m*; f. cake, pastel *m* con fruto seco; f. dish, frutero *m*; f. machine, máquina *f* tragaperras; f. salad, macedonia *f* de frutas. 3 fruits, *(rewards)* frutos *mpl*; to reap the f. of such hard work, cosechar los frutos de tan duro trabajo. II *vtr* dar fruto.

fruitful ['fruːtfʊl] *adj* fructífero,-a; *fig* provechoso,-a.

fruition [fruː'ɪʃən] *n fml* fruición *f*; to come to f., realizarse.

fruitless ['fruːtlɪs] *adj* infructuoso,-a, inútil, vano,-a; a f. task, un trabajo infructuoso.

fruity ['fruːtɪ] *adj (fruitier, fruitiest)* 1 *(taste)* con sabor a fruta. 2 *fam (voice)* pastoso,-a. 3 *fam (joke)* picante, verde.

frump [frʌmp] *n fam (woman)* adefesio *m*.

frumpish ['frʌmpɪʃ] *adj* 1 *(old-fashioned)* anticuado,-a, pasado,-a de moda. 2 *(ideas)* chapado,-a a la antigua.

frustate [frʌ'streɪt] *vtr* frustrar; the bad weather frustrated our plans, el mal tiempo frustró nuestros planes.

frustrated [frʌ'streɪtɪd] *adj* frustrado,-a; he felt f., se sentía frustrado.

frustration [frʌ'streɪʃən] *n* frustración *f*.

fry[1] [fraɪ] I *vtr (pt & pp fried)* freír. II *vi* freírse; *fig* asarse; *fig* you'll f. in this sun without suncream, te achicharrás bajo este sol sin crema bronceadora.

fry[2] [fraɪ] *npl (fish)* alevines *mpl*; *(children)* gente *f* menuda; small f., gente *f* de poca monta.

frying pan ['fraɪŋpæn] *n, US* fry-pan ['fraɪpæn] *n* sartén *f*; to jump out of the frying p. into the fire, salir de Guatemala y entrar en Guatepeor.

fry-up ['fraɪʌp] *n GB fam* fritada *f*, fritanga *f*.

ft 1 *abbr of* foot, pie *m*. 2 *abbr of* feet, pies *mpl*.

fuchsia ['fjuːʃə] *n Bot* fucsia *f*.

fuck [fʌk] *vulg* I *vtr & vi* joder, follar; f. (it)!, ¡joder!; f. you!, ¡que te jodas! II *n* I don't give a f., me importa un carajo *or* una mierda; f. all, sweet F.A., ni hostias.◆fuck off *vi* largarse, pirarse, abrirse; f. off!, ¡vete a la mierda!◆fuck up *vtr* joder, jorobar; the poor bloke's really fucked up, está muy jodido el pobre tío.

fucker ['fʌkəʳ] *n US vulg* cabrón *m*.

fucking ['fʌkɪŋ] *vulg* I *adj* f. idiot!, ¡gilipollas!; where are my f. keys?, ¿dónde coño están las llaves? II *adv (intensifier)* a f. good film, una película de puta madre.

fuddy-duddy ['fʌdɪdʌdɪ] *n* persona *f* chapada a la antigua.

fudge [fʌdʒ] I *n Culin* dulce *m* hecho con azúcar, leche y mantequilla. II *vtr* 1 *(fiddle)* amañar. 2 *(dodge)* eludir; to f. the issue, eludir el problema.

fuel ['fjʊəl] I *n* 1 combustible *m*; *(for engines)* carburante *m*; *fig* to add f. to the fire, echar leña al fuego. ■ f. tank, depósito *m* de combustible. II *vtr (pt & pp fuelled, US fueled)* 1 *(plane)* abastecer de combustible; *(car)* echar gasolina; *fig (ambition)* estimular; *fig (difficult situation)* empeorar. III *vi* repostar.

fug [fʌg] *n GB fam* aire *m* viciado.

fugitive ['fjuːdʒɪtɪv] I *n fml* fugitivo,-a *m,f*, prófugo,-a *m,f*. II *adj (fleeing)* fugitivo,-a; *fig (transient)* fugaz, efímero,-a, pasajero,-a.

fugue [fjuːg] *n Mus* fuga *f*.

fulcrum ['fʊlkrəm] *n (pl fulcrums or fulcra* ['fʊlkrə]*) Tech* fulcro *m*, punto *m* de apoyo.

fulfil, US fulfill [fʊl'fɪl] *vtr (pt & pp fulfilled)* 1 *(carry out) (task, ambition)* realizar; *(promise)* cumplir; *(role, function)* desempeñar. 2 *(satisfy requirements, wishes)* satisfacer.

fulfilment, US fulfillment [fʊl'fɪlmənt] *n* 1 *(of ambition)* realización *f*; a sense of f., un sentimiento de realización. 2 *(of duty, promise)* cumplimiento *m*.

full [fʊl] I *adj* 1 *(filled)* lleno,-a; don't talk with your mouth f., no hables con la boca llena; f. of, lleno,-a de; f. of beans, rebosante de salud *or* de alegría; f. of gratitude, muy agradecido,-a; f. to the brim, lleno,-a hasta los topes; I'm f. (up), no puedo más;

the bottle is f., la botella está llena; **to be f. of one-self**, ser un,-a engreído,-a; **to lead a very f. life**, llevar una vida muy ajetreada. 2 *(complete, entire)* completo,-a; **at f. speed**, a toda velocidad; **f. particulars**, todos los detalles; **f. report**, informe completo; **f. text**, texto íntegro; **in f. uniform**, en uniforme completo; **the hotel is f.**, el hotel está completo; **to come f. circle**, volver al punto de partida; **fam f. blast**, a todo gas; **fam in f. swing**, en pleno auge. ▪ **f. board**, pensión *f* completa; **f. employment**, pleno empleo *m*; **Theat f. house**, agotadas las localidades; **f. moon**, luna *f* llena; **f. stop**, punto *m*, punto *m* y seguido *or* aparte. 3 *(parts of body) (face)* lleno,-a; *(figure)* relleno,-a. 4 *(clothes) (loose-fitting)* ancho,-a; *(too big)* flojo,-a; **f. skirt**, falda *f* con vuelo; **f. sleeve**, manga *f* ancha. II *n* **in f.**, en su totalidad; **name in f.**, nombre y apellidos completos; **the bill must be paid in f.**, hay que pagar la factura en su totalidad; **to enjoy life to the f.**, disfrutar al máximo de la vida. III *adv* **f. well**, perfectamente, muy bien. ◆**fully** *adv* completamente, enteramente; **I f. agree with you**, estoy completamente de acuerdo contigo.

fullback ['fʊlbæk] *n* Sport defensa *m* central; *(rugby)* zaguero *m*.

full-blown [fʊl'bləʊn] *adj* autentico,-a.

full-bodied [fʊl'bɒdɪd] *adj (wine)* con cuerpo.

full-grown [fʊl'grəʊn] *adj* 1 *(tree)* crecido,-a. 2 *(person, animal)* adulto,-a.

full-length ['fʊlleŋθ] *adj* 1 *(film)* de largo metraje. 2 *(mirror, portrait)* de cuerpo entero; *(skirt)* largo,-a.

fullness ['fʊlnɪs] *n* 1 *(abundance)* plenitud *f*, abundancia *f*; *Lit & fam* **in the f. of time**, con el tiempo. 2 *(of skirt)* amplitud *f*.

full-page [fʊl'peɪdʒ] *adj* de una página; **f.-p. advertisement**, un anuncio que ocupa una página entera.

full-scale ['fʊlskeɪl] *adj* 1 *(model etc)* de tamaño natural. 2 *(thorough)* completo,-a, total; **f.-s. search**, registro *m* a fondo, búsqueda *f* minuciosa; **f.-s. war**, guerra *f* generalizada *or* total.

full-time ['fʊltaɪm] I *adj* de jornada completa; **looking after two children is a f.-t. job**, cuidar a dos niños requiere una dedicación total. II **f. t.** *adv* **to work f. t.**, hacer una jornada completa.

fully fledged ['fʊlfledʒd] *adj* hecho,-a y derecho,-a.

fully-grown [fʊl'grəʊn] *adj see* full-grown

fulmar ['fʊlmə'] *n Orn* fulmar *m*.

fulsome ['fʊlsəm] *adj fml* excesivo,-a, exagerado,-a.

fumble ['fʌmbəl] *vi* hurgar; **to f. for sth**, buscar algo a tientas; **to f. with sth**, manejar algo con torpeza.

fume [fju:m] I *n (usu pl)* humo *m*, vapores *mpl*. II *vi* echar humo; *fig* **she was fuming (with rage)**, estaba que se subía por las paredes.

fumigate ['fju:mɪgeɪt] *vtr* fumigar.

fumigation [fju:mɪ'geɪʃən] *n* fumigación *f*.

fun [fʌn] I *n* 1 *(amusement)* diversión *f*; **figure of f.**, hazmerreír *m*; **have f.!**, ¡que lo pases muy bien!; **in or for f.**, en broma; **to have f.**, divertirse, pasarlo bien; **to make f. of or to poke f. at sb**, reírse de algn; *fam* **to have f. and games**, pasárselo en grande. 2 *(amusing)* gracia *f*; **I can't see the f. in it**, no le veo la gracia. II *adj* divertido,-a; **he's great f.**, es muy divertido; *US fam* **f. clothes**, ropa graciosa; *US fam* **to have a f. time**, pasarlo bomba.

function ['fʌŋkʃən] I *n* 1 *(purpose)* función *f*; **to fulfil a f.**, desempeñar una función; **in my f. as treasurer**, en mi calidad de tesorero,-a. 2 *(working)* funcionamiento *m*. 3 *(ceremony)* acto *m*, ceremonia *f*; *(party)* recepción *f*. 4 *Comput Math* función *f*. II *vi* funcionar.

functional ['fʌŋkʃənəl] *adj* funcional, práctico,-a; **f. clothes**, ropa práctica.

functionary ['fʌŋkʃənərɪ] *n* funcionario,-a *m,f*.

fund [fʌnd] I *n* 1 *Com* fondo *m*; **school building f.**, fondo para la construcción del colegio. ▪ **International Monetary F.**, Fondo Monetario Internacional. 2 *fig (source)* fuente *f*; **f. of wisdom**, fuente *f* de sabiduría. 3 **funds**, fondos *mpl*; *(securities)* fondos *mpl* públicos. III *vtr (finance)* patrocinar.

fundamental [fʌndə'mentəl] I *adj (central, basic)* fundamental, básico,-a; *(elementary)* elemental. II **fundamentals** *npl* los fundamentos; **they need to know the f. before setting sail**, es necesario conocer las cuatro reglas básicas antes de lanzarse a la mar.

fundamentalism [fʌndə'mentəlɪzəm] *n Rel* fundamentalismo *m*.

funeral ['fju:nərəl] *n* entierro *m*, funerales *mpl*; **to attend sb's f.**, asistir a los funerales de algn; *fam fig* **that's her f.**, allá ella *or* con su pan se lo coma. ▪ **f. march**, marcha *f* fúnebre; *US* **f. parlor**, funeraria *f*; **f. procession**, cortejo *m* fúnebre; **f. service**, misa *f* de cuerpo presente; **state f.**, exequias *fpl* nacionales.

funereal [fju:'nɪərɪəl] *adj* fúnebre.

funfair ['fʌnfeə'] *n GB* feria *f*, parque *m* de atracciones.

fungous ['fʌŋgəs] *adj* fungoso,-a.

fungus ['fʌŋgəs] *n (pl funguses or fungus or fungi* ['fʌŋgi: *or* 'fʌŋgaɪ]*)* 1 *Bot* hongo *m*. 2 *Med* fungo *m*.

funicular [fju:'nɪkjʊlə'] *adj & n* funicular *(m)*

funky ['fʌŋkɪ] *adj (funkier, funkiest) Mus* vibrante.

funnel ['fʌnəl] I *n* 1 *(for liquids)* embudo *m*. 2 *Naut* chimenea *f*. II *vtr* 1 verter por un embudo. 2 *fig (channel funds, energy)* encauzar.

funny ['fʌnɪ] *adj (funnier, funniest)* 1 *(peculiar, strange)* raro,-a, extraño,-a; **he's a f. character**, es un tipo raro; **that's f., I can't remember**, ¡qué raro! no lo recuerdo; **the f. thing about it is that ...**, lo curioso del caso es que ...; **the heat made her feel f.**, el calor le hizo sentirse mal. 2 *(amusing)* divertido,-a, gracioso,-a; **I found it very f.**, me hizo mucha gracia; **are you trying to be f.?**, ¿me estás tomando el pelo?; **don't get f. with me!**, ¡no te hagas el gracioso conmigo! ▪ **f. bone**, hueso *m* de la alegría. 3 *(malfunction) fam* estropeado,-a; **the radio's gone f.**, la radio se ha estropeado. 4 *fam (ill)* enfermo,-a, mal; **I feel a bit f.**, me encuentro un poco mal. 5 *fam (dishonest)* dudoso,-a; **f. business**, negocios *mpl* sucios; **I don't want any f. business round here**, no quiero lios por aquí. ◆**funnily** *adv fam* de forma estraña; **f. enough**, aunque parezca extraño.

fur [fɜ:'] I *n* 1 *(of living animal)* pelo *m*, pelaje *m*. 2 *(of dead animal)* piel *f*. 3 *(in kettle)* sarro *m*; *(on tongue)* sarro *m*, saburra *f*. II *adj* de piel, de pieles; **f. coat**, abrigo *m* de pieles. III *vi (pt & pp furred)* calcificarse; **an iron furs (up) if you don't clean it regularly**, una plancha se calcifica si no la limpias a menudo.

furious ['fjʊərɪəs] *adj* 1 *(angry)* furioso,-a; **to be f. with sb**, estar muy enfadado,-a con algn. 2 *(vigorous)* violento,-a, furioso,-a; **she was in a f. mood**, estaba de un humor de perros.

furlong ['fɜ:loŋ] *n (measurement)* ≈ 201 metros.

furnace ['fɜ:nɪs] *n* horno *m*; **blast f.**, alto horno.

furnish ['fɜ:nɪʃ] *vtr* 1 *(house)* amueblar (**with**, con); **furnished bedsitter**, estudio amueblado. 2 *fml (supply) (food)* suministrar, proveer; *(details)* facilitar, proporcionar.

furnishings ['fɜ:nɪʃɪŋz] *npl* 1 muebles *mpl*, mobiliario *m*. 2 *(fittings)* accesorios *mpl*.

furniture ['fɜ:nɪtʃəʳ] *n* muebles *mpl*, mobiliario *m*; **a piece of f.**, un mueble. ■ **f.** polish, cera *f* para muebles; **f. shop**, tienda *f* de muebles; **f. remover**, agente *m* de mudanzas; **f. van**, camión *m* de mudanzas.

furore [fjʊ'rɔ:rɪ], *US* **furor** ['fjʊərɔ:ʳ] *n* ola *f* de protestas *or* de entusiasmo.

furrier ['fʌrɪəʳ] *n* peletero,-a *m,f*.

furrow ['fʌrəʊ] I *n* 1 *Agr* surco *m*. 2 *(on forehead)* arruga *f*. II *vtr* 1 *Agr* surcar. 2 *(forehead)* arrugar.

furry ['fɜ:rɪ] *adj (furrier, furriest)* 1 *(hairy)* peludo,-a. 2 *(tongue, kettle)* sarroso,-a.

further ['fɜ:ðəʳ] I *adj see also* **far**. 1 *(new)* nuevo,-a; **until f. notice**, hasta nuevo aviso; **until f. orders**, hasta nueva orden. 2 *(additional)* otro,-a, adicional; **f. detail**, más detalles; **we have no f. use for it**, ya no nos sirve. 3 *(later)* posterior, ulterior. ■ **f. education**, estudios *mpl* superiores. II *adv* 1 *(more)* más; **f. back**, más allá; **f. along**, más adelante; **she heard nothing f.**, no volvió a saber nada más; **to go f. into sth**, estudiar algo más a fondo; **nothing was f. from my thoughts**, nada estaba más lejos de mi pensamiento. 2 *fml Com* con referencia, referente; **f. to your letter of the 9th**, con referencia a su carta del 9 del corriente. 3 *fml (besides)* además; **I disagree with the new company policy, and f., it does not cover any of the points discussed initially**, no estoy de acuerdo con la nueva política de la empresa y además no incluye ninguno de los puntos acordados inicialmente. III *vtr (peace, development)* fomentar, promover.

furthermore ['fɜ:ðəmɔ:ʳ] *adv fml* además.

furthermost ['fɜ:ðəməʊst] *adj Lit* más lejano,-a.

furthest ['fɜ:ðɪst] *adj see* **far**; más, más lejano,-a.

furtive ['fɜ:tɪv] *adj* furtivo,-a.

fury ['fjʊərɪ] *n* 1 *(rage)* furia *f*, furor *m*. 2 *(energy)* furor *m*; **to work like f.**, trabajar como un loco. 3 *Myth* **the Furies**, las Furias.

furze [fɜ:z] *n Bot* aulaga *f*.

fuse [fju:z] I *n* 1 *Elec* fusible *m*, plomo *m*; **f. box**, caja *f* de fusibles. 2 *(of bomb) (lead)* mecha *f*; *(detonator)* espoleta *f*; **to light the f.**, encender la

mecha. II *vi* 1 *Elec* fundirse; **the lights fused**, se fundieron los plomos. 2 *fig (merge)* fusionarse; **the two organizations fused after the talks**, las dos organizaciones se fusionaron después de las negociaciones. 3 *(melt)* fundirse. III *vtr* 1 *Elec* fundir los plomos; **if you're not careful you'll f. the lights**, si no vas con cuidado fundirás los plomos. 2 *fig (merge)* fusionarse. 3 *(melt)* fundir.

fuselage ['fju:zɪlɑ:ʒ] *n Av* fuselaje *m*.

fusilier [fju:zɪ'lɪəʳ] *n Mil* fusilero *m*.

fusillade [fju:zɪ'leɪd] *n* tiroteo *m*; *fig (questions, criticisms)* lluvia *f*.

fusion ['fju:ʒən] *n* fusión *f*.

fuss [fʌs] I *n* 1 *(commotion)* jaleo *m*, alboroto *m*; **what's all the f. about?**, ¿por qué tanto jaleo?; **to kick up a f.**, armar un escándalo; *fig* **a lot of f. about nothing**, mucho ruido y pocas nueces. 2 *(complaints)* quejas *fpl*; **stop making a f.**, deja ya de quejarte; **there's no need to make such a f.**, no es para tanto. 3 *(attention)* atenciones *fpl*; **to make a f.**, mimar; **he always makes a real f. of Maggie**, se deshace por Maggie. II *vi* preocuparse (**about**, por). ◆**fuss over** *vtr* mimar excesivamente, preocuparse excesivamente por.

fusspot ['fʌspɒt] *n fam* quisquilloso,-a *m,f*, tiquismiquis *mf*.

fussy ['fʌsɪ] *adj (fussier, fussiest) (nitpicking)* quisquilloso,-a; *(thorough)* exigente.

fusty ['fʌstɪ] *adj (fustier, fustiest)* 1 *(old-fashioned)* chapado,-a a la antigua. 2 *(musty)* mohoso,-a.

futile ['fju:taɪl] *adj* inútil, vano,-a.

futility [fju:'tɪlɪtɪ] *n* inutilidad *f*.

future ['fju:tʃəʳ] I *n* 1 futuro *m*, porvenir *m*; **in the f.**, en el futuro, en lo sucesivo; **in the near f.**, en un futuro próximo; **in the not too distant f.**, en un futuro no muy lejano; **that job has no f.**, ese trabajo no tiene porvenir; **we'll be more careful in f.**, de aquí en adelante tendremos más cuidado. 2 *Ling* futuro *m*. 3 *Fin* **futures**, futuros *mpl*. II *adj* futuro,-a; **her f. husband**, su futuro marido.

futuristic [fju:tʃə'rɪstɪk] *adj* futurista.

fuzz[1] [fʌz] I *n (hair)* vello *m*. II *vtr* rizar.

fuzz[2] [fʌz] *n sl (police)* **the f**, la bofia.

fuzzy ['fʌzɪ] *adj (fuzzier, fuzziest)* 1 *fam (hair)* muy rizado,-a. 2 *(blurred)* borroso,-a; **the photo was f.**, la foto era borrosa.

fwd *abbr of* **forward(s)**, adelante.

G

G, g [dʒi:] *n* 1 *(the letter)* G, g *f*. 2 **G**, *Mus* sol *m*; **G major**, sol *m* mayor.

g [dʒi:] *abbr of* **gram(s), gramme(s)**, gramo(s) *m(pl)*, g.

gab [gæb] *fam* I *vtr (pt & pp gabbed)* charlar. II *n* palique *m*; **to have the gift of the g.**, tener un pico de oro.

gabardine ['gæbədi:n, gæbə'di:n] *n* gabardina *f*, impermeable *m*.

gabble ['gæbəl] I *n* chapurreo *m*, farfulla *f*. II *vi* chapurrear, hablar atropelladamente, farfullar.

gaberdine ['gæbədi:n] *n see* **gabardine**

gable ['geɪbəl] *n Archit* aguilón *m*, gablete *m*; **g. end**, hastial *m*.

Gabon [gə'bɒn] *n* Gabón *m*.

Gabonese [gæbə'ni:z] *adj & n* gabonés,-esa *(m,f)*.

gad [gæd] *vi (pt & pp gadded)* **to g. about**, callejear.

gadabout ['gædəbaʊt] *n fam* callejero,-a *m,f*, azotacalles *mf inv*, juerguista *mf*.

gadfly ['gædflaɪ] *n Ent* tábano *m*.

gadget ['gædʒɪt] *n* artilugio *m*, aparato *m*, dispositivo *m*; *fam* chisme *m*.

gadgetry ['gædʒɪtrɪ] *n* artilugios *mpl*; *fam* chismes *mpl*.

gadwall ['gædwɔːl] *n Orn* ánade *m* friso.

Gaelic ['geɪlɪk] I *adj* gaélico,-a. II *n (language)* gaélico *m*.

gaff¹ [gæf] *n Fishing* garfio *m*.

gaff² [gæf] *n fam* disparate *m*; **to blow the g.**, descubrir el pastel.

gaffe [gæf] *n* metedura *f* de pata, plancha *f*, planchazo *m*, patinazo *m*; **to make a g.**, meter la pata, patinar.

gaffer ['gæfəʳ] *n GB fam* **1** *(boss)* jefe *m*. **2** *(man)* tío *m*.

gag [gæg] I *n* **1** *(for the mouth)* mordaza *f*. **2** *fam Theat* morcilla *f*; *(joke)* gag *m*, chiste *m*. II *vtr (pt & pp gagged)* amordazar; **they tied him up and gagged him**, le ataron y le amordazaron. III *vi* tener náuseas.

gaga ['gɑːgɑː] *adj fam* chocho,-a.

gage [geɪdʒ] *n & vtr US see* **gauge** .

gaggle ['gægəl] *n* manada *f*; **g. of geese**, manada de ocas; *fig* **a g. of journalists**, una horda de periodistas.

gaiety ['geɪətɪ] *n* alegría *f*, regocijo *m*, animación *f*.

gaily ['geɪlɪ] *adv* alegremente; **g. coloured**, de colores vivos *or* alegres.

gain [geɪn] I *n* **1** *(profit)* ganancia *f*, beneficio *m*; **they hoped to make a financial g. from the company**, esperaban obtener beneficios de la compañía. **2** *(increase)* aumento *m*; **weight g.**, aumento de peso. II *vtr* **1** *(obtain)* ganar; **what did he g. from such hard work?**, ¿qué consiguió con tanto esfuerzo?; *fig* **to g. ground**, ganar terreno. **2** *(increase)* incrementar, aumentar; **to g. speed**, ganar velocidad, acelerar; **to g. weight**, aumentar de peso. III *vi (clock)* adelantar.

gainful ['geɪnfʊl] *adj fam* beneficioso,-a, lucrativo,-a. ◆**gainfully** *adv* **to be g. employed**, tener un trabajo remunerado.

gainsay [geɪn'seɪ] *vtr (pt & pp gainsaid) fml (gen negative)* negar; **there's no gainsaying they were right**, no se puede negar que tenían razón *or* estaban en lo cierto.

gait [geɪt] *n* porte *m*, manera *f* de andar, andares *mpl*.

gaiter ['geɪtəʳ] *n (gen pl)* polaina *f*.

gal¹ [gæl] *n fam* chavala *f*, chica *f*, muchacha *f*, tía *f*.

gal² [gæl] *(pl gal or gals) abbr of* **gallon**, galón *m*.

gala ['gɑːlə, 'geɪlə] *n* gala *f*, fiesta *f*; *Sport* **swimming g.**, festival *m* de natación.

galactic [gə'læktɪk] *adj* galáctico,-a.

Galapagos [gə'læpəgəs] *n* **the G. Islands**, las Islas Galápagos.

galaxy ['gæləksɪ] *n Astron* galaxia *f*.

gale [geɪl] *n* vendaval *m*, viento *m* fuerte; *fig* **gales of laughter**, carcajadas *fpl*.

Galician [gə'lɪʃɪən, gə'lɪʃən] I *adj* gallego,-a. II *n* **1** *(person)* gallego,-a *m,f*. **2** *(language)* gallego *m*.

gall¹ [gɔːl] I *n fam* descaro *m*, caradura *f*. II *vtr* molestar, irritar.

gall² [gæl] *abbr of* **gallon**, *see* **gal**²

gallant ['gælənt] *adj* **1** *(brave)* valiente. **2** *(also* [gə'lænt]) *(chivalrous)* galante.

gallantry ['gæləntrɪ] *n* **1** *(bravery)* valentía *f*, gallardía *f*, valor *m*. **2** *(politeness)* galantería *f*.

galleon ['gælɪən] *n Naut* galeón *m*.

gallery ['gælərɪ] *n* **1** *(gen)* galería *f*; **art g.**, galería de arte. **2** *Theat* gallinero *m*; **to play to the g.**, actuar para la galería. **3** *Parl (court)* tribuna *f*. **4** *(mine)* galería *f*.

galley ['gælɪ] *n* **1** *Naut (ship)* galera *f*; **g. slave**, galeote *m*. **2** *Naut (kitchen)* cocina *f*. **3** *Print* **g. (proof)**, galerada *f*.

Gallic ['gælɪk] *adj fml (French)* francés,-esa; *(of Gaul)* gálico,-a.

Gallicism ['gælɪsɪzəm] *n Ling* galicismo *m*.

galling ['gɔːlɪŋ] *adj* irritante.

gallivant ['gælɪvænt] *vi fam* callejear.

gallon ['gælən] *n* galón *m* (≈ 4,55 litros; *US* 3,79 litros).

gallop ['gæləp] I *n* galope *m*; **at a g.**, al galope; **at full g.**, a galope tendido. II *vi* galopar, ir al galope; **to g. away**, alejarse al galope.

galloping ['gæləpɪŋ] *adj* galopante. ■ *Med* **g. consumption**, tisis *f* galopante.

gallows ['gæləʊz] *npl* horca *f sing*, patíbulo *m sing*, cadalso *m sing*.

gallstone ['gɔːlstəʊn] *n Med* cálculo *m* biliar.

Gallup poll ['gæləppəʊl] *n* encuesta *f*, sondeo *m*.

galore [gə'lɔːʳ] *adv fam* en cantidad, en abundancia; **money g.**, dinero en abundancia; **whisky g.**, whisky a granel.

galosh [gə'lɒʃ] *n* chanclo *m*.

galumph [gə'lʌmf] *vi fam* corretear; **to g. about**, dar saltos de alegría.

galvanize ['gælvənaɪz] *vtr (metal)* galvanizar; *fig* **to g. sb into action**, galvanizar a algn.

galvanization [gælvənaɪ'zeɪʃən] *n* galvanización *f*.

galvanized ['gælvənaɪzd] *adj* galvanizado,-a.

Gambia ['gæmbɪə] *n* Gambia.

Gambian ['gæmbɪt] *adj & n* gambiano,-a *(m,f)*.

gambit ['gæmbɪt] *n* **1** *Chess* gambito *m*. **2** *fig (move)* táctica *f*, maniobra *f*, estratagema *f*.

gamble ['gæmbəl] I *n* **1** *(risk)* riesgo *m*; *(risky undertaking)* empresa *f* arriesgada; **they took a real g. when they decided to employ him**, arriesgaron mucho cuando decidieron contratarlo. **2** *(bet, wager)* jugada *f*, apuesta *f*. II *vi* **1** *(bet)* jugar; **to g. away a fortune**, perder una fortuna en el juego. **2** *(take a risk)* arriesgarse; **they gambled on the assumption that nobody would come**, tomaron el riesgo de pensar que nadie vendría.

gambler ['gæmbləʳ] *n* jugador,-a *m,f*.

gambling ['gæmblɪŋ] *n* juego *m*. ■ **g. house**, casa *f* de juego.

gambol ['gæmbəl] *vi (pt & pp gambolled, US gamboled)* saltar, brincar.

game [geɪm] I *n* **1** *(gen)* juego *m*; **g. of chance**, juego de azar; **the g. is up**, se acabó; *fig* **to give the g. away**, enseñar las cartas; *fig* **to play the g.**, jugar limpio; *fig* **two can play at that g.**, donde las dan las toman; *fig* **what's his big g.?**, ¿qué pretende? **2** *(match etc)* partido *m*; *(bridge)* partida *f*; **to be off one's g.**, no estar en forma. **3** **games**, *Sport* juegos *mpl*; *GB Sch* educación *f* física; **Olympic G.**, Juegos Olímpicos, Olimpiadas *fpl.* **4** *(hunting)* caza *f*; *fig* presa *f*; **big g.**, caza mayor; **g. bag**, morral *m*; **g. reserve**, coto *m* de caza; *fig* **he was easy g.**, fue una presa fácil; *fig* **to play silly games**, hacer el tonto. **II** *adj (ready)* listo,-a; **g. for**, listo,-a para, preparado,-a para; **g. for anything**, listo,-a para todo. ◆**gamely** *adv* resueltamente.

gamekeeper ['geɪmkiːpəʳ] *n* guardabosque *mf*.

gamma ['gamə] *n* gamma *f*. ■ *Biol* **g. globulin**, gammaglobulina *f*; *Phys* **g. rays**, rayos *mpl* gamma.

gammon ['gæmən] *n GB* jamón *m* ahumado *or* curado.

gammy ['gæmɪ] *adj (gammier, gammiest) GB fam* lisiado,-a, tullido,-a; **g. leg**, pierna *f* coja.

gamut ['gæmət] *n* gama *f*, serie *f*; **to run the g. of ...**, experimentar todas las posibilidades de ... .

gander ['gændəʳ] *n Orn* ganso *m*.

gang [gæŋ] *n (of criminals)* banda *f*; *(of youths)* pandilla *f*; *(of workers)* cuadrilla *f*, brigada *f*, equipo *m*; *fam (of friends)* grupo *m*, pandilla *f*, cuadrilla *f*. ◆**gang up** *vi fam* unirse (**on**, contra), confabularse (**on**, contra).

ganger ['gæŋəʳ] *n GB fam* capataz *m*.

Ganges ['gændʒiːz] *n* **the G.**, el Ganges.

gangland ['gæŋlænd] *n fam* hampa *f*, submundo *m*, bajos fondos *mpl*.

gangling ['gæŋglɪŋ] *adj fam* larguirucho,-a.

ganglion ['gæŋglɪən] *n Med* ganglio *m*.

gangplank ['gæŋplæŋk] *n Naut* plancha *f*.

gangrene ['gæŋgriːn] *n Med* gangrena *f*.

gangrenous ['gæŋgrɪnəs] *adj* gangrenoso,-a; **to go g.**, gangrenarse.

gangster ['gæŋstəʳ] *n* gángster *m*.

gangway ['gæŋweɪ] *n Naut Theat* pasarela *f*, pasillo *m*; **g.!**, ¡abran paso!

gannet ['gænɪt] *n Orn* alcatraz *m*; *fig* comilón *m*.

gantry ['gæntrɪ] *n* **1** *Tech* puente *m* transversal. ■ **g. crane**, grúa *f* de pórtico. **2** *Astronaut* torre *f* de lanzamiento. **3** *(for barrel)* caballete *m*.

gaol [dʒeɪl] *n & vtr GB see* **jail**.

gap [gæp] *n* **1** *(hole)* abertura *f*, hueco *m*; *(crack)* brecha *f*; *(space)* espacio *m*; *(blank space)* blanco *m*; *(in traffic)* claro *m*; **to bridge** *or* **fill a g.**, rellenar un hueco. **2** *Geol* desfiladero *m*. **3** *(in time)* intervalo *m*; *(emptiness)* vacío *m*. **4** *(gulf)* diferencia *f*; **age g.**, diferencia de edades; *Econ* **trade g.**, déficit *m* comercial. **5** *(deficiency)* laguna *f*; **there were gaps in his knowledge of English**, su inglés presentaba ciertas lagunas.

gape [geɪp] *vi (person)* quedarse boquiabierto,-a, mirar boquiabierto,-a; *(thing)* abrir, quedar abierto,-a.

gaping ['geɪpɪŋ] *adj fig* profundo,-a; **a g. wound**, una herida tremenda *or* profunda.

garage ['gærɑːʒ, 'gærɪdʒ] *n* **1** garaje *m*. ■ **g. sale**, venta *f* de trastos viejos. **2** *(for repairs)* taller *m* mecánico. **3** *(filling station)* gasolinera *f*, estación *f* de servicio.

garb [gɑːb] *n fml* atuendo *m*, atavío *m*.

garbage ['gɑːbɪdʒ] *n* **1** *US* basura *f*. ■ **g. can**, cubo *m* de la basura; **g. truck**, camión *m* de la basura. **2** *fig* tonterías *fpl*, majaderías *fpl*.

garbled ['gɑːbəld] *adj* embrollado,-a; **g. account**, relato confuso; **she left a g. message**, dejó un recado incomprensible.

garden ['gɑːdən] **I** *n* jardín *m*. ■ **g. centre**, centro *m* de jardinería, vivero *m*, plantel *m*; **G. of Eden**, Edén *m*; **g. party**, recepción *f* al aire libre; **vegetable g.**, huerto *m*. **II** *vi (usually continuous)* cuidar el jardín; **John's gardening**, John está trabajando en el jardín.

gardener ['gɑːdənəʳ] *n* jardinero,-a *m,f*.

gardening ['gɑːdənɪŋ] *n* jardinería *f*; **his mother does the g.**, su madre es la que cuida el jardín.

gardenia [gɑːˈdiːnɪə] *n Bot* gardenia *f*.

garfish ['gɑːfɪʃ] *n (fish)* aguja *f*.

gargle ['gɑːgəl] **I** *n* **1** *(act)* gárgaras *fpl*. **2** *(liquid)* gargarismo *m*. **II** *vi* hacer gárgaras, gargarizar.

gargoyle ['gɑːgɔɪl] *n Archit* gárgola *f*.

garish ['geərɪʃ] *adj (colour)* chillón,-ona, llamativo,-a; *(light)* cegador,-a, deslumbrante.

garland ['gɑːlənd] **I** *n* guirnalda *f*. **II** *vtr* adornar con guirnaldas.

garlic ['gɑːlɪk] *n Culin Hortic* ajo *m*; **a clove of g.**, un diente de ajo; **prawns in g.**, gambas *fpl* al ajillo.

garment ['gɑːmənt] *n* prenda *f*.

garnet ['gɑːnɪt] *n Min* granate *m*.

garnish ['gɑːnɪʃ] *Culin* **I** *n* guarnición *f*. **II** *vtr* guarnecer.

Garonne [gæˈrɒn] *n* Garona.

garret ['gærɪt] *n* buhardilla *f*, ático *m*.

garrison ['gærɪsən] *Mil* **I** *n* guarnición *f*; **g. town**, ciudad *f* de guarnición. **II** *vtr* guarnecer; **to g. a town**, guarnecer una ciudad; **to g. troops in a town**, acuartelar tropas en una ciudad.

garrotte [gəˈrɒt] **I** *n* garrote *m*. **II** *vtr* dar garrote a, ejecutar con garrote.

garrulous ['gærʊləs] *adj* gárrulo,-a, locuaz, parlanchín,-ina.

garter ['gɑːtəʳ] *n* **1** liga *f*. ■ **g. belt**, liguero *m*. **2 the Order of the G.**, la Orden de la Jarretera.

gas [gæs] **I** *n (pl gases or gasses)* **1** *(substance)* gas *m*. ■ **Calor g.**, gas *m* butano; **g. chamber**, cámara *f* de gas; **g. cooker**, cocina *f* de gas; **g. fire**, estufa *f* de gas; **g. mask**, careta *f* antigás; **g. meter**, contador *m* del gas; **g. ring**, hornillo *m* de gas; **natural g.**, gas *m* natural; **tear g.**, gas *m* lacrimógeno. **2** *Dent Med* anestesia *f*; **I had g.**, me anestesiaron. ■ **laughing g.**, gas *m* hilarante. **3** *US* gasolina *f*; **g. station**, gasolinera *f*; *fam* **step on the g.!**, ¡pisa a fondo!; *sl* **g. guzzler**, coche *m* que tiene un alto consumo de gasolina, coche *m* que chupa mucha gasolina. **4** *fam* **it was a real g.**, lo pasamos bomba. **II** *vtr (pt & pp gassed) (asphyxiate)* asfixiar con gas. **III** *vi fam (talk)* charlotear, darle a la sinhueso.

gasbag ['gæsbæg] *n fam offens* cotorra *f*.

gaseous ['gæsɪəs, 'gæʃɪəs] *adj* gaseoso,-a.

gash [gæʃ] **I** *n* herida *f* profunda. **II** *vtr* hacer un corte en; **he gashed his forehead**, se hizo una herida en la frente.

gasket ['gæskɪt] *n Tech* junta *f*; **to blow a g.**, salirse de sus casillas.

gasoline ['gæsəliːn] *n US* gasolina *f*.

gasometer [gæsˈɒmɪtəʳ] *n* gasómetro *m*.

gasp [gɑːsp] **I** *n* **1** *(cry)* grito *m*. **2** *(breath)* boqueada *f*; *fig* **to be at one's last g.**, estar en las últimas. **II** *vi* **1** *(in surprise)* quedar boquiabierto,-a. **2** *(breathe)* jadear; **to g. for air**, hacer esfuerzos para respirar.

gassy ['gæsɪ] *adj (gassier, gassiest)* gaseoso,-a.

gastric ['gæstrɪk] *adj* gástrico,-a; *Med* **g. flu,** fiebre *f* gástrica; **g. juice,** jugo *m* gástrico; **g. ulcer,** úlcera *f* gástrica.

gastritis [gæs'traɪtɪs] *n Med* gastritis *f*.

gastro-enteritis [gæstrəʊentə'raɪtɪs] *n Med* gastroenteritis *f*.

gastronome ['gæstrənəʊm] *n* gastrónomo,-a *m,f*.

gastronomic [gæstrə'nɒmɪk] *adj* gastronómico,-a.

gastronomy [gæs'trɒnəmɪ] *n* gastronomía *f*.

gasworks ['gæswɜ:ks] *n* fábrica *f* de gas.

gate [geɪt] *n* **1** *(door)* puerta *f*, verja *f*; **garden g.,** puerta de jardín. **2** *(at airport)* puerta *f*. **3** *(at football ground etc)* entrada *f*; **g. (money),** taquilla *f*, recaudación *f*. **4** *Sport (attendance)* entrada *f*.

gateau ['gætəʊ] *n (pl gateaux* ['gætəʊz]*) Culin* pastel *m* con nata.

gatecrash ['geɪtkræʃ] *vtr & vi fam* colarse, entrar de gorra.

gatecrasher ['geɪtkræʃəʳ] *n fam* persona *f* que se cuela.

gatepost ['geɪtpəʊst] *n* poste *m*; *fam fig* **between you, me and the g.,** entre nosotros.

gateway ['geɪtweɪ] *n* entrada *f*, puerta *f*; *fig* camino *m*, pasaporte *m*; *fig* **the g. to success,** el camino *or* pasaporte hacía el éxito.

gather ['gæðə] **I** *vtr* **1** *(collect)* juntar; *(pick)* coger; *(pick up)* recoger. **2** *(bring together)* reunir, juntar. **3** *(harvest)* cosechar. **4** *(gain)* ganar, cobrar; **to g. speed,** ir ganando velocidad; **to g. strength,** cobrar fuerzas. **5** *(understand)* suponer, deducir; **I g. that ...,** tengo entendido que ... . **6** *Sew* fruncir. **II** *vi* **1** *(come together)* reunirse, juntarse. **2** *(form)* formarse; **a crowd gathered,** se formó una muchedumbre; **a storm is gathering,** amenaza tormenta. ◆**gather round** *vi* acercarse, agruparse. ◆**gather up** *vtr* recoger.

gathering ['gæðərɪŋ] **I** *adj* creciente; **g. darkness,** oscuridad *f* creciente; **g. gloom,** tristeza *f* creciente. **II** *n* reunión *f*; **a family g.,** una reunión familiar.

gauche [gəʊʃ] *adj* **1** *(clumsy)* torpe, desmañado,-a. **2** *(tactless)* sin tacto, torpe.

gaucheness ['gəʊʃnɪs] *n* **1** *(clumsiness)* torpeza *f*. **2** *(tactlessness)* falta *f* de tacto, falta *f* de delicadeza.

gaudy ['gɔ:dɪ] *adj (gaudier, gaudiest)* chillón,-ona, llamativo,-a. ◆**gaudily** *adv* llamativamente; **g. dressed,** vestido,-a de forma llamativa.

gauge [geɪdʒ] **I** *n* **1** *(measure)* medida *f* estándar; *(of gun, wire)* calibre *m*. **2** *Rail* ancho *m* de vía; **narrow g.,** de vía estrecha. **3** *(calibrator)* indicador *m*, calibre *m*, calibrador *m*; **oil g.,** indicador *m* del nivel de aceite; **tyre g.,** manómetro *m* para neumáticos. **4** *fig (indication)* indicación *f*, muestra *f*. **II** *vtr* **1** *(measure)* medir, calibrar. **2** *fig (judge)* calcular, determinar, juzgar.

Gaul [gɔ:l] *n Hist* **1** *(country)* Galia. **2** *(inhabitant)* galo,-a *m,f*.

gaunt [gɔ:nt] *adj* **1** *(lean)* demacrado,-a. **2** *(desolate)* lúgubre.

gauntlet ['gɔ:ntlɪt] *n Hist* guantelete *m*; *(glove)* guante *m*; *fig* **to run the g. of ...,** estar sometido,-a a ...; *fig* **to take up the g.,** recoger el guante; *fig* **to throw down the g.,** arrojar el guante.

gauze [gɔ:z] *n* gasa *f*.

gave [geɪv] *pt see* **give.**

gavel ['gævəl] *n* martillo *m*.

gawk [gɔ:k] *vi fam* papar moscas, mirar a las musarañas; **to g. at,** mirar con cara de tonto,-a.

gawky ['gɔ:kɪ] *adj (gawkier, gawkiest)* desgarbado,-a.

gay [geɪ] **I** *adj* **1** *(homosexual)* gay, homosexual; *(woman)* lesbiana; **the G. Liberation Movement,** el Movimiento Gay. **2** *(happy)* alegre; **g. bachelor,** *m*, homosexual *m*; *(woman)* lesbiana *f*.

gaze [geɪz] **I** *n* mirada *f* fija. **II** *vi* mirar fijamente.

gazebo [gə'zi:bəʊ] *n (pl gazebos or gazeboes)* belvedere *m*.

gazelle [gæ'zel] *n (pl gazelles or gazelle) Zool* gacela *f*.

gazette [gə'zet] *n* gaceta *f*; *US* periódico *m*.

gazump [gə'zʌmp] *vi GB fam* romper un compromiso de venta para vender a un precio más alto.

GB [dʒi:'bi:] *abbr of* **Great Britain,** Gran Bretaña.

GCE [dʒi:si:'i:] *abbr of* **General Certificate of Education (A-Level),** ≈ Curso *m* de Orientación Universitaria, COU *m*.

GCSE [dʒi:si:es'i:] *abbr of* **General Certificate of Secondary Education,** ≈ Bachillerato *m* Unificado Polivalente, BUP *m*.

Gdns *abbr of* **Gardens,** ≈ calle *f sing*, c/.

GDP [dʒi:di:'pi:] *Econ abbr of* **gross domestic product,** producto *m* interior bruto, PIB *m*.

GDR *abbr of* **German Democratic Republic,** República Democrática Alemana *or* de Alemania, RDA.

gear [gɪəʳ] **I** *n* **1** *(equipment)* equipo *m*. ■ **camping g.,** equipo *m* de acampada; **fishing g.,** aparejo *m* de pesca; *Av* **landing g.,** tren *m* de aterrizaje. **2** *fam (belongings)* efectos *mpl* personales. **3** *fam (clothing)* ropa *f*; **punk g.,** ropa punk. **4** *Tech* engranaje *m*. **5** *Aut* velocidad *f*, marcha *f*; **out of g.,** en punto muerto; **to change g.,** cambiar de velocidad. ■ **first g.,** primera *f* (velocidad *f*); **g. lever,** palanca *f* de cambio. **II** *vtr* ajustar, adaptar; **a policy geared to the needs of the people,** una política adaptada a las necesidades del pueblo.

gearbox ['gɪəbɒks] *n Aut* caja *f* de cambios.

gearstick ['gɪəstɪk], *US* **gearshift** ['gɪəʃɪft] *n Aut* palanca *f* de cambio.

gee [dʒi:] *interj* **1** *US fam* ¡caramba!, ¡ostras! **2** *(to horse)* **g. up!,** ¡arre!

gee-gee ['dʒi:dʒi:] *n fam* caballito *m*.

geese [gi:s] *npl see* **goose.**

geezer ['gi:zəʳ] *n fam* tío *m*; **an old g.,** un viejo.

gel [dʒel] **I** *n* **1** *Chem* gel *m*. **2** *Hairdr* gomina *f*, fijador *m*. **II** *vi (pt & pp gelled)* **1** *Chem* gelificarse. **2** *fig (ideas etc)* cuajar. **III** *vtr Hairdr* engominar; **to g. one's hair,** engominarse el pelo.

gelatin ['dʒelətɪn], **gelatine** ['dʒeləti:n] *n* gelatina *f*.

gelatinous [dʒɪ'lætɪnəs] *adj* gelatinoso,-a.

geld [geld] *vtr* capar, castrar.

gelding ['geldɪŋ] *n* caballo *m* castrado.

gelignite ['dʒelɪgnaɪt] *n* gelignita *f*, gelinita *f*.

gem [dʒem] *n* **1** *(jewel)* piedra *f* preciosa, gema *f*. **2** *fig (person)* joya *f*, alhaja *f*.

Gemini ['dʒemɪnaɪ] *n Astrol Astron* Géminis *m sing*.

gen¹ [dʒen] *n fam* información *f*, datos *mpl*; **to get the g. on sth,** informarse sobre algo.

gen² [dʒen] *Mil abbr of* **General,** General *m*, Gral., Genl.

gender ['dʒendə] *n Ling* género *m*.

gene [dʒi:n] *n Biol* gene *m*, gen *m*.

genealogical [dʒi:nɪə'lɒdʒɪkəl] *adj* genealógico,-a.

genealogist [dʒi:nɪ'ælədʒɪst] *n* genealogista *mf*.

genealogy [dʒi:nɪ'ælədʒɪ] *n* genealogía *f*.

general ['dʒenərəl] I *adj* general; **a g. idea**, una idea general; **as a g. rule**, por regla general; **a word in g. use**, una palabra de uso corriente; **g. knowledge**, conocimientos generales; **g. store**, tienda de comestibles; **in g.**, en general, generalmente; **in the g. interest**, en beneficio de todos, para el bien de todos; **the g. public**, el público. ■ *Pol* **G. Assembly**, Asamblea *f* General; *Med* **g. practice**, medicina *f* general; *Med* **g. practitioner (GP)**, médico *m* de cabecera. II *n Mil* general *m*. ◆**generally** *adv* generalmente, por lo general, en general; **g. speaking**, hablando en términos generales.

generality [dʒenə'rælɪtɪ] *n* generalidad *f*.

generalization [dʒenərəlaɪ'zeɪʃən] *n* generalización *f*.

generalize ['dʒenərəlaɪz] *vtr & vi* generalizar.

general-purpose ['dʒenərəl'pɜːpəs] *adj* de uso general.

generate ['dʒenəreɪt] *vtr* **1** *Elec* generar. **2** *fig (produce)* generar, engendrar, producir.

generating ['dʒenəreɪtɪŋ] *adj* generador,-a; **g. station**, central generadora.

generation [dʒenə'reɪʃən] *n* generación *f*; **from g. to g.**, de generación en generación; **the younger g.**, los jóvenes, la juventud, la nueva generación. ■ **g. gap**, abismo *m* or conflicto *m* or diferencia *f* generacional.

generator ['dʒenəreɪtəʳ] *n Elec* generador *m*.

generic [dʒɪ'nerɪk] *adj* genérico,-a.

generosity [dʒenə'rɒsɪtɪ] *n* generosidad *f*.

generous ['dʒenərəs] *adj (lavish)* generoso,-a; *(plentiful)* copioso,-a; **a g. helping**, una buena ración. ◆**generously** *adv* generosamente.

Genesis ['dʒenɪsɪs] *n Rel* Génesis *m*.

genesis ['dʒenɪsɪs] *n (pl geneses* ['dʒenɪsi:z]*)* génesis *f*, origen *m*.

genetic [dʒɪ'netɪk] *adj* genético,-a.

geneticist [dʒɪ'netɪsɪst] *n* genetista *mf*.

genetics [dʒɪ'netɪks] *n* genética *f*.

Geneva [dʒɪ'ni:və] *n* Ginebra *f*.

Genevan [dʒɪ'ni:vən] *adj & n* ginebrino,-a *(m,f)*.

genial ['dʒi:nɪəl, 'dʒi:njəl] *adj* cordial, amable, simpático,-a.

geniality [dʒi:nɪ'ælɪtɪ] *n* cordialidad *f*, amabilidad *f*, simpatía *f*.

genie ['dʒi:nɪ] *n* duende *m*, genio *m*.

genital ['dʒenɪtəl] *adj* genital.

genitals ['dʒenɪtəlz] *npl* órganos *mpl* genitales.

genitive ['dʒenɪtɪv] *adj & n Ling* genitivo *(m)*.

genius ['dʒi:njəs, 'dʒi:nɪəs] *n (pl geniuses)* **1** *(person)* genio *m*; **a work of g.**, una obra genial; **to be a g.**, ser un genio. **2** *(gift)* don *m*; **to have a g. for business**, tener un don especial para los negocios.

Genoa ['dʒenəuə] *n* Génova.

genocide ['dʒenəusaɪd] *n* genocidio *m*.

Genoese [dʒenəu'i:z] *adj & n*, **Genovese** [dʒenə'vi:z] *adj & n* genovés,-esa *(m,f)*.

genre ['ʒɑːnrə] *n Art Lit* género *m*; **dramatic g.**, género dramático.

gent [dʒent] *n (abbr of gentleman)* *fam* señor *m*, caballero *m*; *Com* **gents' footwear**, calzado *m* para caballero; **the gents**, los servicios (de caballeros);

where's the gents?, ¿dónde están los servicios (de caballeros)?

genteel [dʒen'ti:l] *adj (refined)* fino,-a, distinguido,-a; *pej* afectado,-a, cursi.

Gentile ['dʒentaɪl] I *adj (not Jew)* no judío,-a; *(Christian)* cristiano,-a; *(pagan)* pagano,-a, gentil. II *n (not Jewish)* no judío,-a *m,f*; *(Christian)* cristiano,-a *m,f*; *(pagan)* pagano,-a *m,f*, gentil *mf*.

gentle ['dʒentəl] *adj* **1** *(person)* dulce, tierno,-a; *(breeze)* suave; *(movement)* suave, palisado,-a. **2** *(noble)* noble; **of g. birth**, de buena cuna. ◆**gently** *(movement)* con cuidado.

gentleness ['dʒentəlnɪs] *n (mildness)* ternura *f*; *(kindness)* amabilidad *f*.

gentleman ['dʒentəlmən] *n (pl gentlemen)* caballero *m*; **g.'s agreement**, acuerdo *m* entre caballeros; **he's a real g.**, es todo un caballero; **ladies and gentlemen!**, ¡señoras y señores!

gentry ['dʒentrɪ] *n* pequeña nobleza *f*, alta burguesía *f*.

genuflect ['dʒenju:flekt] *vi Rel* hacer una genuflexión.

genuflection *n*, **genuflexion** [dʒenju:'flekʃən] *n* genuflexión *f*.

genuine ['dʒenjuɪn] *adj* **1** *(authentic, true)* auténtico,-a, genuino,-a, verdadero,-a; **the painting was discovered to be g.**, el cuadro resultó ser un original. **2** *(sincere)* sincero,-a; **his feelings for her were g.**, sus sentimientos hacían ella eran sinceros; **they were g. people**, era buena gente. ◆**genuinely** *adv* auténticamente, realmente, sinceramente; **they were g. surprised**, estaban realmente sorprendidos.

genus ['dʒi:nəs] *n (pl genuses or genera* ['dʒenərə]*) Biol* género *m*.

geocentric [dʒi:əu'sentrɪk] *adj* geocéntrico,-a.

geodesic [dʒi:əu'di:zɪk] *adj Geom* geodésico,-a.

geographer [dʒɪ'ɒgrəfəʳ] *n* geógrafo,-a *m,f*.

geographic(al) [dʒɪə'græfɪk(əl)] *adj* geográfico,-a.

geography [dʒɪ'ɒgrəfɪ, 'dʒɒgrəfɪ] *n* geografía *f*.

geologic(al) [dʒɪə'lɒdʒɪk(əl)] *adj* geológico,-a.

geologist [dʒɪ'ɒlədʒɪst] *n* geólogo,-a *m,f*.

geology [dʒɪ'ɒlədʒɪ] *n* geología *f*.

geomagnetic [dʒi:əumæg'netɪk] *adj* geomagnético,-a.

geometric(al) [dʒɪə'metrɪk(əl)] *adj* geométrico,-a.

geometrician [dʒɪɒmɪ'trɪʃən] *n* geómetra *mf*.

geometry [dʒɪ'ɒmɪtrɪ] *n* geometría *f*.

geomorphic [dʒi:əu'mɔ:fɪk] *adj Geol* geomórfico,-a.

geophysical [dʒi:əu'fɪzɪkəl] *adj* geofísico,-a.

geophysics [dʒi:əu'fɪzɪks] *n* geofísica *f*.

geopolitical [dʒi:əupə'lɪtɪkəl] *adj* geopolítico,-a.

geopolitics [dʒi:əu'pɒlɪtɪks] *n* geopolítica *f*.

Georgia ['dʒɔ:dʒə] *n* Georgia.

Georgian ['dʒɔ:dʒən] *adj & n* georgiano,-a *(m,f)*.

georgic ['dʒɔ:dʒɪk] *n Lit* geórgica *f*.

geranium [dʒɪ'reɪnɪəm] *n Bot* geranio *m*.

gerbil ['dʒɜːbɪl] *n Zool* gerbo *m,f*, jerbo *m*.

geriatric [dʒerɪ'ætrɪk] *adj Med* geriátrico,-a.

geriatrician [dʒerɪə'trɪʃən] *n Med* geriatra *mf*.

geriatrics [dʒerɪ'ætrɪks] *n Med* geriatría *f*.

germ [dʒɜːm] *n* **1** *Biol* germen *m*; *fig* germen *m*, principio *m*; **wheat g.**, germen del trigo. **2** *Med* microbio *m*. ■ **g. warfare**, guerra *f* bacteriológica.

German ['dʒɜːmən] **I** adj **1** (from Germany) alemán,-ana, germano,-a. **2** Med **G. measles,** rubeola f. **II** n **1** (from Germany) alemán,-ana m,f, germano,-a m,f; (East) germanooriental mf; (West) germanooccidental mf. **2** (language) alemán m.

Germanic [dʒɜːˈmænɪk] adj germánico,-a, germano,-a.

Germany ['dʒɜːmənɪ] n Alemania; **East G.,** Alemania Oriental, Alemania del Este; **West G.,** Alemania Occidental.

germ-free ['dʒɜːmfriː] adj esterilizado,-a.

germicidal [dʒɜːmɪˈsaɪdəl] adj germicida.

germicide ['dʒɜːmɪsaɪd] n germicida m.

germinate ['dʒɜːmɪneɪt] vi germinar.

germination [dʒɜːmɪˈneɪʃən] n germinación f.

gerontocracy [dʒerɒnˈtɒkrəsɪ] n Pol gerontocracia f.

gerontologist [dʒerɒnˈtɒlədʒɪst] n Med gerontólogo,-a m,f.

gerontology [dʒerɒnˈtɒlədʒɪ] n Med gerontología f.

gerund ['dʒerənd] n Ling gerundio m.

gestate ['dʒesteɪt] vi gestar.

gestation [dʒeˈsteɪʃən] n gestación f.

gestatorial [dʒestəˈtɔːrɪəl] adj **g. chair,** silla f gestatoria.

gesticulate [dʒeˈstɪkjʊleɪt] vi gesticular.

gesticulation [dʒestɪkjʊˈleɪʃən] n gesticulación f.

gesture ['dʒestʃəʳ] **I** n gesto m, ademán m; fig gesto m, detalle m; **as a g. of friendship,** en señal de amistad; **it's an empty g.,** es pura formalidad. **II** vi gesticular, hacer gestos.

get [get] **I** vtr (pt & pp **got,** pp US also **gotten**) **1** (obtain, acquire) obtener, conseguir; **he got the best marks in the class,** obtuvo las mejores notas de la clase; **I got it for nothing,** me lo dieron gratis; **she got a first in her degree,** sacó una matrícula en la carrera; **she got a job at the school,** obtuvo un trabajo en el colegio; **to g. a bank loan,** obtener un crédito; **to g. a divorce,** obtener el divorcio; **to g. one's own way,** salirse con la suya. **2** (earn) ganar; **he gets paid on Fridays,** cobra los viernes. **3** (fetch) traer; **g. my coat,** tráigame el abrigo; **g. the police!,** ¡llama a la policía! **4** (receive) recibir; **he got a prize for the best picture,** recibió un premio por el mejor cuadro; **she got chocolates for Christmas,** le regalaron bombones por Navidad; fam **he got the sack,** le despidieron; fam **she got five years for armed robbery,** le echaron cinco años por robo a mano armada. **5** (catch) coger. **6** Tel **can you g. me New York?,** ¿me puede poner con Nueva York?; **g. me Mr Brown,** póngame con el Sr. Brown. **7** (prepare) preparar; **can I g. you a drink?,** ¿quiere beber algo?, ¿le pongo algo para beber?; **to g. lunch,** preparar la comida. **8** (ask) pedir; **g. him to call me,** dile que me llame. **9** (make do sth) conseguir; **I can't g. the radio to work,** no consigo arreglar la radio; **they got him to return the money,** le convencieron para que devolviese el dinero; **to g. sb to agree to sth,** conseguir que algn acepte algo. **10** (have sth done) **he must g. his hair cut,** tiene que cortarse el pelo; **they got the house painted,** hicieron pintar la casa. **11** (wound) dar, alcanzar; **they got him in the chest,** le dieron en el pecho. **12** have got, have got to, see have. **13** fam (understand) entender, ligar; **I don't g. it,** no lo entiendo; **do you g. the joke?,** ¿entiendes la broma? **14** fam (record) **did you g. that?,** ¿lo ha apuntado? **II** vi **1** (become) ponerse; **to g. angry,**

ponerse furioso,-a, enfadarse; **to g. dark,** anochecer; **to g. dressed,** vestirse; **to g. drunk,** emborracharse; **to g. late,** hacerse tarde; **to g. married,** casarse; **to g. used to doing sth,** acostumbrarse a hacer algo; **to g. wet,** mojarse. **2** (go) ir; **can you g. there by train?,** ¿se puede ir en tren?; fig **we are not getting anywhere,** así no vamos a ninguna parte; fam **where have you got to?,** ¿dónde se ha metido? **3** (arrive) llegar; **she'll g. here at three,** llegará a las tres. **4** (come to) **to g. to,** llegar a; **to g. to know sb,** llegar a conocer a algn; **we got to like him in the end,** llegamos a quererle al final; **when I got to know ...,** al enterarme .... ◆**get about** vi **1** (person) desplazarse. **2** (news etc) difundirse. ◆**get across** vtr **1** (cross) (street) cruzar; (idea etc) hacer comprender. ◆**get ahead** vi adelantar, progresar. ◆**get along** vi **1** (leave) marcharse; **I'll have to be getting along,** tengo que marcharme. **2** (manage) arreglárselas; **to g. along without sth,** pasarse sin algo; fam **g. along with you!,** ¡déjate de memeces! ◆**get around** vi **1** (person) desplazarse; (travel) viajar. **2** (news) difundirse. ◆**get around to** vi tener tiempo para; **I never got around to doing it,** al final no lo hice. **II** vtr (problem) evitar. ◆**get at** vtr **1** (reach) alcanzar; **I can't g. at it,** no lo alcanzo, no llego a cogerlo. **2** (ascertain) descubrir; **they want to g. at the truth,** quieren descubrir la verdad. **3** (insinuate) insinuar; **what are you getting at?,** ¿qué estás insinuando?, ¿a dónde quieres llegar? **4** (criticize) criticar; (tease) meterse con; **she's always getting at me,** siempre me está pinchando. ◆**get away** vi escaparse; fam **to g. away from it all,** alejarse del mundanal ruido. ◆**get away with** vi salir impune; **she got away with stealing the money,** salió impune del robo. ◆**get back I** vi **1** (return) regresar, volver; **they got b. at nine,** regresaron a las nueve. **2** (move backwards) **g. back!,** ¡atrás! **II** vtr (recover money, strength, etc) recuperar; **to g. one's own back on sb,** vengarse de algn. ◆**get behind** vi atrasarse. ◆**get by** vi **1** (manage) arreglárselas; **she can g. by in French,** sabe defenderse en francés. **2** (pass) pasar; **let me g. by,** déjeme pasar. ◆**get down I** vtr (depress) deprimir; **don't let it g. you down,** no te desanimes. **II** vi (descend) bajar; **g. down off the table!,** ¡bájate de la mesa!; **to g. down on one's knees,** arrodillarse. ◆**get down to** vi ponerse a; **to g. down to work,** ponerse a trabajar; **to g. down to the facts,** ir al grano. ◆**get in I** vtr **1** (arrive) llegar; **when the train gets in,** cuando llegue el tren. **2** Pol ser elegido,-a; **the labour party got in at the last elections,** el partido laborista ganó las últimas elecciones. **II** vtr **1** (buy) comprar; **to g. in a supply of sth,** hacer provisión de algo. **2** (collect) recoger, recolectar; **they wanted to g. the harvest in,** querían recoger la cosecha; fam **he couldn't g. a word in edgeways,** no pudo meter baza. ◆**get into** vtr **1** Pol salir electo,-a or elegido,-a; **to g. into parliament,** ser elegido,-a diputado,-a. **2** fig adquirir; **to g. into bad habits,** adquirir malas costumbres; **to g. into trouble,** meterse en un lío; fam **what's got into him?,** ¿qué mosca le ha picado? ◆**get off I** vtr **1** (bus, train, etc) bajarse de. **2** (remove) quitarse; **he couldn't g. the paint off his trousers,** no podía quitar la pintura de los pantalones; fig **to g. sth off one's hands,** quitarse algo de encima. **II** vi **1** bajarse; **he got off the table,** se bajó de la mesa; fam **to tell sb where to g. off,** mandar a algn a hacer puñetas; fam **g. off!,** ¡fuera! **2** (depart) salir; **I must be getting off now,** tengo que irme. **3** (begin) empezar; **to g. off to a good start,** empezar bien or con buen pie; fig **I couldn't g. off**

to sleep, no pude conciliar el sueño. 4 *(escape)* escaparse; **to g. off lightly**, salir bien librado,-a. ◆**get off with** *vtr* ligar; **Richard got off with Anne on Saturday night**, Richard ligó con Anne el sábado por la noche. ◆**get on** I *vtr (board)* subir a, subirse a. II *vi* 1 *(board)* subirse. 2 *(make progress)* hacer progresos; *(succeed)* tener éxito; **how are you getting on?**, ¿qué tal estás?, ¿cómo te van las cosas? 3 *(have good relationship)* llevarse bien; **to g. on well with sb**, llevarse bien con algn; **we g. on well together**, nos entendemos muy bien. 4 *(continue)* seguir; **to g. on with one's work**, seguir trabajando. 5 *(time)* **it's getting on for eleven**, son casi las once; **she's getting on in years**, está envejeciendo; **time's getting on**, se está haciendo tarde. ◆**get on to** *vtr* 1 *(find a person)* localizar; *(find out)* descubrir; **you should g. on to her straight away**, deberías localizarla enseguida, deberías ponerte en contacto con ella enseguida. 2 *(continue)* pasar a; **let's now g. on to the question of pay**, ahora tratemos la cuestión de dinero. ◆**get out** I *vtr (object)* sacar; *(nail)* arrancar; *(stain)* quitar. II *vi* 1 *(room, building, etc)* salir (**of**, de); *(train)* bajar, bajarse (**of**, de). 2 *(escape)* escaparse (**of**, de); **to g. out of an obligation**, librarse de un compromiso. 3 *(stop)* dejar; **to g. out of the habit of doing sth**, perder la costumbre de hacer algo. 4 *(news etc)* difundirse; *(secret)* hacerse público. ◆**get over** *vtr* 1 *(recover from) (illness)* recuperarse; *(loss)* sobreponerse; **I can't g. over him**, no le puedo olvidar; **you'll g. over it**, con el tiempo se le pasará. 2 *(overcome) (obstacle)* salvar; *(difficulty)* vencer. 3 *(convey)* hacer comprender, comunicar. ◆**get over with** *vtr* acabar; **to g. sth over with**, acabar con algo. ◆**get round** *vtr* 1 *(problem)* salvar; *(difficulty)* vencer. 2 *(rule, law)* soslayar, evitar. 3 *(news)* difundirse; **if news gets round about this, we'll suffer**, si se difunden noticias sobre esto, tendremos problemas. 4 *(win over)* persuadir, convencer; **she knows how to g. round him**, sabe cómo llevarlo. ◆**get round to** *vi* llegar a hacer algo; **if I g. round to it**, si tengo tiempo. ◆**get through** I *vi* 1 *(message, news)* llegar. 2 *Educ* aprobar; *Sport* **to g. through to the final**, llegar a la final. 3 *Tel* **to g. through to sb**, conseguir comunicar con algn. 4 *(law)* aprobar; **if this law gets through ...**, si aprueban esta ley ... . II *vtr* 1 *(finish)* acabar, terminar; **to g. through a lot of work**, trabajar mucho. 2 *(consume)* consumir; **he got through fifty pounds in two days**, se gastó cincuenta libras en dos días; **we got through a bottle of milk**, nos bebimos una botella entera de leche. 3 *Educ (pass)* aprobar; **to g. through an exam**, aprobar un examen. 4 *(make understand)* hacer entender *or* comprender; **I can't g. it through to her that ...**, no consigo hacerle comprender que ... . ◆**get together** I *vi (people)* juntarse, reunirse. II *vtr* 1 *(people)* juntar, reunir; **he got them all together before making the announcement**, reunió a todos antes de anunciarlo. 2 *(assemble)* montar; **they got the whole machine together**, consiguieron montar la máquina. 3 *(money)* recoger; **they managed to g. enough money together to go on holiday**, reunieron suficiente dinero para irse de vacaciones. ◆**get up** I *vi (rise)* levantarse. II *vtr* 1 *(wake up)* despertar; **get me up at six**, despiértame a las seis. 2 *(disguise)* **to g. oneself up as ...**, disfrazarse de ...; **vestirse de ...; he was got up as a clown**, iba disfrazado de payaso. 3 *(organize)* montar, organizar. ◆**get up to** *vi* hacer; **to g.**

up to mischief, hacer de las suyas; **what are they getting up to?**, ¿qué estarán haciendo?
get-at-able [get'ætəbəl] *adj fam* accesible.
getaway ['getəweɪ] *n* fuga *f*; **to make one's g.**, fugarse. ■ **g. car**, coche *m* utilizado en una fuga.
get-together ['getəgeðər] *n (meeting)* reunión *f*; *(party)* fiesta *f*.
get-up ['getʌp] *n fam* atuendo *m*, atavío *m*; *(disguise)* disfraz *m*.
get-well card [get'welkɑ:d] *n* tarjeta *f* con la inscripción 'qué te mejores'.
geyser ['gi:zə, US 'gaɪzər] *n* 1 *Geog* géiser *m*. 2 *(water heater)* calentador *m* de agua.
Ghana ['gɑ:nə] *n* Ghana.
Ghanaian ['gɑ:nɪən] *adj & n*, **Ghanaian** [gɑ:'neɪən] *adj & n* ghanés,-esa *(m,f)*.
ghastly ['gɑ:stlɪ] *adj (ghastlier, ghastliest)* horrible, horroroso,-a, espantoso,-a, atroz.
Ghent [gent] *n* Gante.
gherkin ['gɜ:kɪn] *n* pepinillo *m*.
ghetto ['getəʊ] *n (pl ghettos or ghettoes)* ghetto *m*, gueto *m*.
ghost [gəʊst] I *n* 1 fantasma *m*; *fig* **not the g. of a chance**, ni la más remota posibilidad; *fam* **to give up the g.**, entregar el alma. ■ **g. story**, cuento *m* de fantasmas; **g. town**, pueblo *m* abandonado *or* fantasma. 2 *Rel* **the Holy G.**, el Espíritu Santo. II *vtr Lit* hacer de negro; **to g. a book for sb**, escribir un libro para otro.
ghostly ['gəʊstlɪ] *adj* fantasmal, espectral.
ghost-write ['gəʊstraɪt] *vtr Lit* escribir para otro, hacer de negro.
ghost-writer ['gəʊstraɪtər] *n Lit* negro,-a *m,f*.
ghoul [gu:l] *n* 1 *(evil spirit)* espíritu *m* maligno. 2 *(person)* persona *f* de gustos macabros.
ghoulish ['gu:lɪʃ] *adj* macabro,-a.
GHQ [dʒi:eɪtʃ'kju:] *abbr of* **General Headquarters**, Cuartel *m* General.
giant ['dʒaɪənt] I *n* gigante *m*. II *adj* gigante, gigantesco,-a.
Gib [dʒɪb] *n fam (abbr of Gibraltar)* Gibraltar.
gibberish ['dʒɪbərɪʃ] *n* galimatías *m inv*.
gibbet ['dʒɪbɪt] *n* horca *f*.
gibbon ['gɪbən] *n Zool* gibón *m*.
gibe [dʒaɪb] I *n* mofa *f*, comentario *m* sarcástico, sarcasmo *m*. II *vi* mofarse (**at**, de), burlarse (**at**, de).
giblets ['dʒɪblɪts] *npl* menudillos *mpl*.
Gibraltar [dʒɪ'brɔ:ltər] *n* Gibraltar; **the Rock of G.**, el Peñón de Gibraltar; **the Straits of G.**, el Estrecho de Gibraltar.
Gibraltarian [dʒɪbrɔ:l'teərɪən] *adj & n* gibraltareño,-a *(m,f)*.
giddiness ['gɪdnɪs] *n* mareo *m*, vértigo *m*.
giddy ['gɪdɪ] *adj (giddier, giddiest)* mareado,-a; **it makes me g.**, me da vértigo; **to feel g.**, sentirse mareado,-a.
gift [gɪft] *n* 1 *(present)* regalo *m*; *Com* obsequio *m*. 2 *(give-away)* ganga *f*; **g. shop**, tienda *f* de artículos de regalo; **g. token**, vale *m*; **that car was a g. at that price**, ese coche se ha salido que ni regalado; *fam* **fig he thinks he's God's g.**, se cree el Rey del Mambo; *prov* **never look a g. horse in the mouth**, a caballo regalado no le mires el diente. 3 *(talent)* don *m*; **to have a g. for music**, estar muy dotado,-a para la música; *fam* **to have the g. of the gab**, tener un pico de oro.

gifted ['gɪftɪd] *adj* dotado,-a.

gift-wrapped ['gɪftræpt] *adj* envuelto,-a para regalo.

gig [gɪg] *n sl Mus* actuación *f*.

gigantic [dʒaɪˈgæntɪk] *adj* gigantesco,-a, descomunal.

giggle ['gɪgəl] I *n* 1 (*chuckle*) risita *f*, risa *f* tonta; I **got the giggles**, me dio la risa. 2 (*lark*) broma *f*, diversión *f*; **the film's a right g.**, la película es divertida; **we all dressed up like clowns for a g.**, nos disfrazamos de payaso para reír un rato. II *vi* reírse tontamente.

gigolo ['dʒɪgələʊ] *n* (*pl* **gigolos**) gigolo *m*.

gild [gɪld] *vtr* (*pt & pp* **gilded** *or* **gilt**) dorar; *fig* **to g. the lily**, (*gen*) sobrecargar; (*decoration*) poner demasiadas florituras a.

gill[1] [dʒɪl] *n* (*measurement*) medida *f* de líquidos (≈ 0,142 litro).

gill[2] [gɪl] *n* (*of fish*) branquia *f*, agalla *f*; *fam* **to look pale** *o* **green about the gills**, tener mala cara.

gilt [gɪlt] I *adj* dorado,-a. II *n* (*colour*) dorado *m*.

gilt-edged ['gɪltedʒd] *adj Fin* **g.-e. securities**, valores *mpl* de máxima garantía.

gimlet ['gɪmlɪt] *n Tech* barrena *f* de cola, broca *f*.

gimmick ['gɪmɪk] *n* (*action*) truco *m*; (*device*) reclamo *m*; **advertising g.**, reclamo *m* publicitario.

gimmicky ['gɪmɪkɪ] *adj* con truco, superficial.

gin [dʒɪn] *n* ginebra *f*; **g. and tonic**, gin tonic *m*.

ginger ['dʒɪndʒəʳ] I *n* 1 *Bot* jengibre *m*; **g. ale**, ginger ale *m*. 2 *Pol* **g. group**, grupo *m* de presión. II *adj* 1 de jengibre. 2 (*hair*) pelirrojo,-a.

gingerbread ['dʒɪndʒəbred] *n* pan *m* *o* galleta *f* de jengibre.

gingerly ['dʒɪndʒəlɪ] *adv* cautelosamente.

gingernut ['dʒɪndʒənʌt] *n* galleta *f* de jengibre.

gingersnap ['dʒɪndʒəsnæp] *n US* galleta *f* de jengibre.

gingham ['gɪŋəm] *n Tex* guinga *f*, guingán *m*.

gingivitis [dʒɪndʒɪ'vaɪtɪs] *n Med* gingivitis *f*.

gipsy ['dʒɪpsɪ] *adj & n* gitano,-a (*m,f*).

giraffe [dʒɪ'rɑːf] *n Zool* jirafa *f*.

gird [gɜːd] *vtr* (*pt & pp* **girded** *or* **girt**) 1 (*fasten*) ceñir. 2 (*for fight etc*) prepararse; *fig* **to g. up one's loins**, prepararse para la lucha. 3 (*encircle*) rodear.

girder ['gɜːdəʳ] *n Constr* viga *f*.

girdle ['gɜːdəl] I *n* 1 (*clothes*) faja *f*. 2 *Anat* **pelvic g.**, pelvis *f*. II *vtr Lit* rodear.

girl [gɜːl] *n* 1 (*gen*) chica *f*, muchacha *f*, joven *f*; (*child*) niña *f*; **g. Friday**, chica *f* para todo; **g. guide**, *US* **g. scout**, exploradora *f*. 2 (*daughter*) hija *f*. 3 (*pupil*) alumna *f*; **old girls' reunion**, reunión *f* de las antiguas alumnas. 4 (*sweetheart*) novia *f*.

girlfriend ['gɜːlfrend] *n* 1 (*fiancée*) novia *f*. 2 (*companion*) amiga *f*, compañera *f*.

girlhood ['gɜːlhʊd] *n* (*childhood*) niñez *f*; (*youth*) juventud *f*.

girlie ['gɜːlɪ] *adj fam* **g. magazines**, revistas *fpl* de destape.

girlish ['gɜːlɪʃ] *adj* 1 (*of girl*) de niña. 2 (*effeminate*) afeminado,-a.

giro ['dʒaɪrəʊ] *n GB* giro *m* (postal). ■ **g. account**, cuenta *f* de giros postales; **g. (cheque)**, cheque *m* de giros postales.

girt [gɜːt] *pt & pp see* **gird**.

gist [dʒɪst] *n* esencia *f*, lo esencial; **did you get the g. of what he was saying?**, ¿cogiste la idea de lo que decía?; **the g. of the matter**, el quid de la cuestión.

give [gɪv] I *n* (*elasticity*) elasticidad *f*. II *vtr* (*pt* **gave**; *pp* **given**) 1 (*gen*) dar; **to g. a cry**, lanzar un grito; **to g. a sigh**, dar un suspiro; **to g. a start**, asustarse, pegar un salto; **to g. sth a shake**, sacudir algo. 2 (*deliver, pass on*) entregar; *Tel* **could you please g. me Anne Smith**, póngame con Anne Smith, por favor; **g. him our love**, dale un abrazo de nuestra parte; **to g. sb a message**, dar un recado a algn; **to g. sb a present**, regalar algo a algn; **to g. sth to sb**, dar algo a algn. 3 (*provide*) dar, suministrar; **to g. sb sth to eat**, dar de comer a algn; **to g. sb one's support**, apoyar a algn; *fig* **to g. one's word**, dar su palabra. 4 (*pay*) pagar, dar; **how much did he g. for it?**, ¿cuánto pagó por ello?; *fig* **I'd g. anything to go**, daría cualquier cosa por poder ir. 5 (*perform etc*) (*concert*) dar; (*speech*) pronunciar; **g. us a song!**, ¡cántanos algo! 6 (*dedicate*) dedicar, consagrar; **to g. some thought to a matter**, reflexionar sobre un asunto. 7 (*grant*) otorgar; **to g. sb one's attention**, prestar atención a algn. 8 (*cause*) ocasionar, causar; **to g. sb to understand that …**, dar a entender a algn que … . 9 (*yield*) ceder; *fam* **I'll g. you that**, te doy la razón. 10 **to g. way**, *Aut* ceder el paso; *fig* ceder, conceder; (*ground*) hundirse; (*ladder*) romperse; (*legs*) doblarse; **'g. way'**, 'ceda el paso'. 11 (*expressions*) *fam* **don't g. me that!**, ¡no me vengas con esas!; *fam* **g. me English cooking every time**, para mí no hay nada como la cocina inglesa; *fam* **I'll g. you (what for)!**, ¡te vas a enterar! III *vi* 1 (*concede*) conceder; **to g. and take**, hacer concesiones mutuas; **to g. as good as one gets**, devolver golpe por golpe. 2 (*yield*) ceder; (*cloth, elastic*) dar de sí. ◆**give away** *vtr* 1 (*gen*) distribuir, repartir; (*present*) regalar; (*prize*) entregar; *fam fig* **to g. the bride away**, llevar a la novia al altar. 2 (*disclose, divulge*) revelar, descubrir; **to g. the game away**, descubrir el pastel. 3 (*betray*) traicionar, denunciar; **his smile gave him away**, su sonrisa la traicionó. ◆**give back** *vtr* (*return*) devolver. ◆**give in** I *vi* 1 (*admit defeat*) darse por vencido,-a; (*surrender*) rendirse; **I g. in!**, ¡me rindo! 2 (*yield*) ceder; **to g. in to**, ceder ante. II *vtr* (*hand in*) entregar. ◆**give off** *vtr* (*smell, heat, etc*) despedir, emitir. ◆**give on to** *vi* dar a; **her apartment gives onto a rubbish tip**, su piso da a un vertedero de basuras. ◆**give out** I *vtr* 1 (*distribute*) distribuir, repartir. 2 (*announce*) anunciar. II *vi* (*supplies*) agotarse; (*break down*) sufrir una avería; *fam fig* **my patience is giving out**, se me está acabando la paciencia. ◆**give over** *vtr* (*hand over*) entregar; (*devote*) dedicar; **land given over to agriculture**, terreno dedicado a la agricultura; *fam* **g. over!**, ¡basta ya! ◆**give up** I *vtr* 1 (*renounce*) dejar; (*idea*) abandonar, renunciar a; **to g. up smoking**, dejar de fumar. 2 (*betray*) traicionar; **my friends would never g. me up**, mis amigos nunca me traicionarían. 3 (*abandon*) dar; **the victims were given up for dead**, se dieron las víctimas por muertos. II *vi* 1 (*admit defeat*) darse por vencido,-a, rendirse; (*life*) dar; **don't g. up**, no te desanimes; **I g. up!**, ¡me rindo!; **many young men gave up their lives for their country**, muchos jovenes dieron su vida por el país. 2 (*hand over*) entregar; **to g. oneself up to the police**, entregarse a la policía. ◆**give up** **on** *vtr* desistir; **he gave up on the idea of becoming a successful writer**, abandonó la idea de ser un escritor famoso. ◆**give up to** *vtr* dedicarse enteramente; **she gave her whole life up to helping the needy**, entregó su vida a ayudar a los necesitados.

giveaway ['gɪvəweɪ] *n* 1 (*disclosure*) revelación *f* involuntaria; *fam* **it's a dead g.**, salta a la vista. 2 (*gift*) regalo *m*; **g. price**, precio *m* de saldo; **when I bought**

that I got a chocolate as a g., cuando compré esto me dieron una chocolatina de regalo.

given ['gɪvən] I pp see give. II adj 1 (particular, fixed) dado,-a; at a g. time, en un momento determinado; US g. name, nombre m de pila. 2 (inclined, prone) g. to, dado,-a a, propenso,-a a. III conj 1 (considering) dado,-a; g. his resources, he's done pretty well, teniendo en cuenta sus medios lo ha hecho bastante bien. 2 (if) si; g. the chance, he could do just as well as the others, si tuviera la oportunidad, lo podría hacer tan bien como los otros.

gizmo ['gɪzməʊ] n fam chisme m.

gizzard ['gɪzəd] n (of bird) molleja f.

Gk abbr of Greek, griego,-a m,f.

glacé ['glæseɪ] adj Culin escarchado,-a; g. cherry, cereza f confitada.

glacial ['gleɪsɪəl] adj 1 Geol glaciar; g. deposits, depósitos mpl glaciares. 2 (icy) glacial; fig (cold) glacial; g. wind, viento m glacial; fig g. look, mirada f glacial.

glacier ['glæsɪər] n Geol glaciar m.

glad [glæd] adj (gladder, gladdest) (delighted) contento,-a; (happy) alegre; he'll be only too g. to help you, tendrá mucho gusto en ayudarle; I'm g. you came, me alegro de que hayas venido; to be g., alegrarse. ■ g. rags, ropa f sing de fiesta. ◆gladly adv con mucho gusto.

gladden ['glædən] vtr alegrar.

glade [gleɪd] n (clearing) claro m; a g. in the forest, un claro en el bosque.

gladiator ['glædɪeɪtər] n Hist gladiador m.

gladness ['glædnɪs] (delight) satisfacción f; (happiness) alegría f.

gladiolus [glædɪ'əʊləs] n (pl gladioli [glædɪ'əʊlaɪ]) Bot gladiolo m.

glamor ['glæmər] n US see glamour.

glamorize ['glæməraɪz] vtr embellecer, hacer más atractivo,-a; films can sometimes g. war, en algunas ocasiones, el cine puede hacer que la guerra resulte atractiva.

glamorous ['glæmərəs] adj 1 (attractive, stunning) atractivo,-a, encantador,-a; his wife looked very g. in her silk dress, su esposa estaba muy llamativa con el vestido de seda. 2 (fashionable) prestigioso,-a; the group played many g. venues, el grupo actuó en muchos locales prestigiosos.

glamour ['glæmər] n 1 (attraction) atractivo m; (charm) encanto m; a g. girl, una belleza. 2 (beauty) belleza f sofisticada.

glance [glɑːns] I n mirada f, vistazo m, ojeada f; at a g., de un vistazo; at first g., a primera vista. II vi 1 (look) echar una mirada or un vistazo or una ojeada (at, a); to g. sideways, mirar de reojo. 2 (newspaper etc) to g. through, ojear. ◆glance off vtr (ball etc) rebotar de.

glancing ['glɑːnsɪŋ] adj (blow) oblicuo,-a.

gland [glænd] n Anat glándula f.

glandular ['glændjʊlər] adj glandular. ■ Med g. fever, mononucleosis f infecciosa.

glare [gleər] I n 1 (light) luz f deslumbrante; Aut (dazzle) deslumbramiento m. 2 (look) mirada f feroz. II vi 1 (dazzle) deslumbrar. 2 (look) lanzar una mirada furiosa, mirar airadamente (at, a).

glaring ['gleərɪŋ] adj 1 (light) deslumbrante; (colour) chillón,-ona. 2 (obvious) evidente; a g. mistake, un error que salta a la vista.

glass [glɑːs] n (pl glasses) 1 (material) vidrio m; pane of g., cristal m; prov people who live in g. houses shouldn't throw stones, el que esté libre de pecado que tire la pimera piedra. ■ cut g., cristal m tallado; g. bead, abalorio m; g. case, campana f de cristal; g. door, puerta f de cristal; g. eye, ojo m de cristal; g. fibre, fibra f de vidrio; g. industry, industria f del vidrio; stained g., vidrio m de color. 2 (drinking vessel) vaso m; a g. of water, un vaso de agua; wine g., copa f (para vino). 3 arch looking g., espejo m. 4 (barometer) barómetro m. 5 glasses, gafas fpl, lentes mpl; to wear g., llevar gafas. ■ field g., gemelos mpl.

glass-blower ['glɑːsbləʊər] n soplador,-a m,f de vidrio.

glass-blowing ['glɑːsbləʊɪŋ] n soplado m de vidrio.

glasshouse ['glɑːshaʊs] n 1 Hort invernadero m. 2 sl Mil prisión f militar.

glassware ['glɑːsweər] n cristalería f.

glassy ['glɑːsɪ] adj (glassier, glassiest) 1 (like glass) vítreo,-a; (water) cristalino,-a. 2 fig (eyes) vidrioso,-a.

glaucoma [glɔːˈkəʊmə] n Med glaucoma m.

glaze [gleɪz] I (varnish) barniz m; (for pottery) vidriado m. II vtr 1 (windows) poner cristales. 2 (varnish) barnizar; (ceramics) vidriar. 3 Culin glasear.

glazed [gleɪzd] adj (eyes) de mirada ausente.

glazier ['gleɪzɪər] n vidriero,-a m,f.

glazing ['gleɪzɪŋ] n cristales mpl; double g., doble cristal m.

gleam [gliːm] I n 1 destello m. 2 fig (glimmer) rayo m; a g. of hope, un rayo de esperanza. II vi brillar, relucir.

gleaming ['gliːmɪŋ] adj brillante, reluciente.

glean [gliːn] vtr 1 Agr espigar. 2 fig (cull) recoger, cosechar; we gleaned very little information from the lecture, pudimos extraer muy poca información de la conferencia.

glee [gliː] n 1 (delight) alegría f, júbilo m, regocijo m. 2 Mus g. club, coral f.

gleeful ['gliːfʊl] adj alegre, jubiloso,-a. ◆gleefully adv con alegría, con júbilo.

glen [glen] n Scot Ir Geog cañada f.

glib [glɪb] adj (glibber, glibbest) pej (person) de mucha labia.

glide [glaɪd] vi 1 (slip, slide) deslizarse. 2 Av planear.

glider ['glaɪdər] n Av planeador m.

gliding ['glaɪdɪŋ] n Av planeo m; Sport vuelo m sin motor.

glimmer ['glɪmər] I n 1 (light) luz f tenue. 2 (reflection) reflejo m. 3 fig (trace) resquicio m, indicio m; g. of hope, resquicio de esperanza. II vi 1 (shine) brillar tenuemente. 2 (water) espejear, relucir.

glimpse [glɪmps] I n vislumbre f, visión f momentánea; to catch a g. of, vislumbrar. II vtr (catch sight of) vislumbrar, entrever; (perceive) darse cuenta, comprender; he glimpsed a difficult week ahead, vio que le esperaba una semana muy difícil.

glint [glɪnt] I n (twinkle) destello m, centelleo m; he had a g. in his eye, le brillaban los ojos. II vi (glisten) destellar, centellear.

glisten ['glɪsən] vi relucir, brillar.

glitter ['glɪtər] I n brillo m. II vi relucir, brillar; prov all that glitters is not gold, no es oro todo lo que reluce.

glittering ['glɪtərɪŋ] *adj* reluciente, brillante, resplandeciente.

gloat[gləʊt] *vi* jactarse; *(news)* saborear; **to g. over another's misfortune,** recrearse con la desgracia de otro.

global ['gləʊbəl] *adj* 1 *(of the world)* mundial. 2 *(overall)* global; **g. view,** vista *f* global, vista *f* de conjunto.

globe[gləʊb] *n* 1 globo *m*, esfera *f*; *Elec* **g. lampshade,** globo *m*. 2 *(earth)* globo *m* terrestre; *(model)* globo *m* (terráquio).

globe-trotter['gləʊbtrɒtə^r] *n* trotamundos *mf inv*.

globular['glɒbjʊlə^r] *adj* globular.

globule['glɒbju:l] *n (droplet)* glóbulo *m*.

gloom [glu:m] *n* 1 *(obscurity)* penumbra *f*. 2 *(melancholy)* melancolía *f*, tristeza *f*. 3 *(pessimism)* desolación *f*, pesimismo *m*.

gloomy['glu:mɪ] *adj (gloomier, gloomiest)* 1 *(dark)* oscuro,-a, tenebroso,-a; *(weather)* gris. 2 *(dismal)* deprimente. 3 *(dispondent)* pesimista, desalentador,-a; *(sad)* melancólico,-a, triste; **the future looks g.,** el futuro pinta negro; **to feel g.,** verlo todo negro.

glorified ['glɔ:rɪfaɪd] *adj pej* pretencioso,-a; **the castle was just a g. old house,** resultó ser una casa con pretensiones de castillo.

glorify['glɔ:rɪfaɪ] *vtr (pt & pp glorified) (God)* glorificar; *(extol)* alabar.

glorious ['glɔ:rɪəs] *adj (momentous)* glorioso,-a; *(splendid)* magnífico,-a, espléndido,-a; **the weather is g. at the moment,** hace un tiempo espléndido.

glory['glɔ:rɪ] **I** *n (gen)* gloria *f*; *fig (splendour)* esplendor *m*; *fig (triumph)* triunfo *m*; **to be in one's g.,** estar en la gloria; **to live on past glories,** vivir de glorias pasadas. **II** *vi (pt & pp gloried)* **to g. in sth,** jactarse de algo.

gloss[glɒs] **I** *n* 1 *(explanation)* glosa *f*. 2 *(sheen)* brillo *m*; *fig (polish)* lustre *m*. ■ **g. (paint),** pintura *f* brillante *or* esmalte. **II** *vi* glosar. ◆**gloss over** *vtr* *fig* encubrir.

glossary['glɒsərɪ] *n* glosario *m*.

glossy ['glɒsɪ] *adj (glossier, glossiest)* lustroso,-a, brillante. ■ *Press* **g. magazine,** revista *f* de lujo.

glottis['glɒtɪs] *n Anat* glotis *f*.

glove[glʌv] *n* guante *m*; *fig* **to fit like a g.,** sentar como un guante. ■ *Aut* **g. compartment,** guantera *f*; **g. puppet,** polichinela *f*, pulchinela *f*.

glow[gləʊ] **I** *n* 1 *(of jewel)* brillo *m*; *(of fire, metal)* incandescencia *f*; *(of sun)* arrebol *m*; *(heat)* calor *m*; *(light)* luz *f*. 2 *(in cheeks)* rubor *m*. 3 *fig (thrill)* bienestar *m*, satisfacción *f*. **II** *vi* 1 *(jewel, sun)* brillar; *(fire)* arder; *(metal)* estar al rojo vivo. 2 *fig* rebosar de; **to g. with health,** rebosar de salud.

glower ['glaʊə^r] *vi* poner cara de enfadado,-a, fruncir el ceño.

glowing['gləʊɪŋ] *adj* 1 *(fire, metal)* incandescente; *(metal)* al rojo vivo; *(fire, colour)* vivo,-a; *(light)* brillante. 2 *(cheeks)* encendido,-a. 3 *(report)* entusiasta; *(style)* cálido,-a.

glowworm['gləʊwɜ:m] *n Zool* luciérnaga *f*, gusano *m* de luz.

glucose['glu:kəʊz] *n Chem* glucosa *f*.

glue[glu:] **I** *n* pegamento *m*, cola *f*; *(drug)* **to sniff g.,** inhalar cola. **II** *vtr* pegar **(to, a)**; **to g. sth together,** pegar algo; *fam fig* **his eyes were glued to the screen,** tenía los ojos pegados a la pantalla.

glue-sniffing['glu:snɪfɪŋ] *n* inhalación *f* de cola.

glum [glʌm] *adj (glummer, glummest)* triste, abatido,-a, desanimado,-a; **don't look so g.,** no estés tan serio,-a. ◆**glumly***adv* con desánimo.

glut[glʌt] **I** *n* superabundancia *f*, exceso *m*. **II** *vtr (pt & pp glutted)* 1 *(swamp)* saturar. 2 *(overeat)* hartarse, saciarse; **the market is glutted with hifi equipment,** el mercado está invadido de equipos de alta fidelidad.

glutinous['glu:tɪnəs] *adj* pegajoso,-a, glutinoso,-a.

glutton['glʌtən] *n* glotón,-ona *m,f*; *fam fig* **he's a g. for punishment, he studies ten hours a day,** es un masoquista, estudia diez horas cada día; *fam fig* **to be a g. for work,** ser un trabajador incansable.

gluttonous['glʌtənəs] *adj* glotón,-ona, goloso,-a.

gluttony['glʌtənɪ] *n* glotonería *f*, gula *f*.

glycerine *US* **glycerin**['glɪsərɪn] *n* glicerina *f*.

gm*abbr of* **gram,** gramo *m*, gr.

GMT [dʒi:em'ti:] *abbr of* **Greenwich Mean Time,** Hora *f* media de Greenwich, GMT.

gnarled[nɑ:ld] *adj* nudoso,-a.

gnash[næʃ] *vtr* chirriar, rechinar; **to g. one's teeth,** hacer rechinar los dientes.

gnat[næt] *n Ent* mosquito *m*.

gnaw[nɔ:] *vtr & vi (chew)* roer; *fig (nag)* corroer; **he had a great sense of sadness gnawing away inside,** una terrible sensación de tristeza le corroía por dentro.

gnawing['nɔ:ɪŋ] *adj (hunger, anxiety)* constante; *(pain)* insistente.

GNP [dʒi:en'pi:] *Econ abbr of* **gross national product,** producto *m* nacional bruto, PNB *m*.

gnome[nəʊm] *n* gnomo *m*.

go[gəʊ] **V** *vi (3rd person sing pres goes; pt went; pp gone)* 1 *(gen)* ir; **to come and go,** ir y venir; **to go by car/by train/on foot,** ir en coche/en tren/a pie; **to go for a walk,** (ir a) dar un paseo; **to go on a journey,** ir de viaje; **to go shopping,** ir de compras; **to go to Scotland,** ir a Escocia; **to go to the cinema,** ir al cine; **you go first,** vete tú primero; *fig* **to go too far,** ir demasiado lejos, pasarse (de la raya); *fig* **I wouldn't go so far as to say that,** yo no diría tanto. 2 *(depart)* irse, marcharse; *(train, bus)* salir; **let's go!,** ¡vámonos!; **we must be going,** tenemos que irnos; *Sport* **ready, steady, go!,** ¡preparados, listos, ya! 3 *(disappear)* desaparecer; **her voice has gone,** se ha quedado afónica; **my umbrella has gone,** ha desaparecido mi paraguas; **these flowers will have to go,** habrá que tirar estas flores. 4 *(function)* funcionar, marchar; *(car)* hacer; **it goes at 50 miles an hour,** alcanza 50 millas por hora; **to make an engine go,** hacer funcionar un motor; *fig* **to get things going,** poner las cosas en marcha; *fig* **to keep going,** mantenerse a flote. 5 *(sell)* venderse; **going, going, gone!,** ¡a la una, a las dos, a las tres!; **it went for £10,** se vendió por 10 libras; **shoes going cheap,** zapatos a precios de rebaja. 6 *(become)* quedarse, volverse; **to go blind,** quedarse ciego,-a; **to go mad,** volverse loco,-a; **to go red,** ruborizarse. 7 *(progress)* ir, marchar, andar; **everything went well,** todo salió bien; **how did the meeting go?,** ¿qué tal la reunión?; **how's it going?,** ¿cómo va todo?, qué tal te van las cosas?; **I hope it goes well for you,** que te vaya bien; **the way things are going,** tal como van las cosas. 8 *(future)* **to be going to,** *(in the future)* ir a; *(on the point of)* estar a punto de; **she's just going to leave,** va a salir; **we were just going to do it now,** estábamos a punto de hacerlo. 9 *(fit)* caber; **it won't go into the box,** no cabe en la caja; **three into two won't go,** dos dividido entre tres no cabe. 10 *(be kept)* guardarse; **where do the cups go?**, ¿dónde se guardan las tazas? **11** *(be available)* quedar; **I'll take whatever's going,** me conformo con lo que hay; **is there any tea going?**, ¿queda algo de té?; **there are few jobs going,** hay poco trabajo. **12** *(be acceptable)* valer; **anything goes,** todo vale, todo está permitido; **that goes without saying,** eso es evidente. **13** *(break)* romperse; *(yield)* ceder; *(blow)* fundirse; **the fuses went,** se fundieron los plomos; **to go at the seams,** descoserse. **14** *(make)* *(noise, gesture)* hacer; **go like this with your hands,** haz así con las manos; **how does that song go?**, ¿cómo hace aquella canción?; **it went bang,** hizo pum. **15** *(time)* pasar; **it's just gone seven,** acaban de dar las siete; **there are only two weeks to go,** sólo (nos) quedan dos semanas; **time goes (by) so quickly,** el tiempo pasa volando; *fam* **she's six months gone,** está embarazada de seis meses. **16** *(be won)* ganar; **the prize went to Paul,** el premio fue a parar a Paul. **17** *(be inherited)* pasar (**to,** a); **the house went to her daughter,** la casa pasó a su hija. **18** *(say)* decir; **and I went ...,** y yo dije ...; **as the saying goes,** según el dicho; **there he goes again,** otra vez con la misma canción. **19** *(release)* soltar; **to let sth go,** soltar algo; *fam fig* **to let oneself go,** *(lose inhibitions)* dejarse llevar; *(neglect appearance)* descuidarse. **20** *(have a turn)* tocar; **it's my turn to go,** ahora me toca a mí. **II** *vtr* **1** *(travel, cover)* hacer, recorrer; **they went six miles,** hicieron seis millas. **2 to go it alone,** apañárselas solo; **to go one better than sb,** superar a algn. **III** *n* **1** *(energy)* energía *f*, dinamismo *m*; **he's always on the go,** no para nunca; **it's all go!**, ¡no hay quien pare!; **she's got lots of go,** tiene mucha marcha. **2** *(try)* intento *m*; **to have a go at sth,** probar suerte con algo. **3** *(turn)* turno *m*; **it's your go,** te toca a ti. **4** *(success)* **to make a go of sth,** tener éxito en algo; **no go,** nada que hacer. **5** *(fashion)* moda *f*; **it's all the go,** está muy de moda. **6** *(start)* principio *m*; **I knew from the word go,** lo sabía desde el principio. **7** *(criticism)* crítica *f*; **to have a go at sb,** criticar a algn. ◆**go about** I *vtr* **1** *(task)* emprender; **how do you go about it?**, ¿cómo hay que hacerlo? **2** *(regular activity)* continuar; **to go about one's business,** ocuparse de sus asuntos. **II** *vi* **1** *(circulate)* circular; *(rumour)* correr; *(illness)* haber, correr. **2** *Naut* virar. ◆**go after** *vtr* *(pursue)* perseguir, andar tras. ◆**go against** *vi* *(oppose)* ir en contra de; *(verdict)* ser desfavorable a. ◆**go ahead** I *vi* **1** *(proceed)* proceder; **go ahead!**, ¡adelante!; **to go ahead with a scheme,** llevar un proyecto adelante. **2** *(preceed)* preceder; **we'll go on ahead,** iremos delante. ◆**go along** *vtr* **1** *(street etc)* pasar por. **2** *(progress)* progresar; **things are going along fine,** las cosas van muy bien; *fam* **I made it up as I went along,** lo iba pensando a medida que lo hacía. ◆**go along with** *vi* **1** *(agree)* estar de acuerdo con. **2** *(accompany)* acompañar. ◆**go around** *vi* **1** *(rumour)* correr; *(illness)* haber, correr. **2** *(suffice)* llegar, haber; **there's enough to go around,** hay para todos. **3** *(associate oneself)* salir, acompañar; **I don't like the people they go around with,** no me gusta la gente con la que salen. **4** *(habit)* estar continuamente; **she was always going around talking about people behind their backs,** siempre estaba criticando a la gente a sus espaldas. ◆**go at** *vi fig* *(attack)* atacar; **he went at the wine,** se abalanzó sobre el vino. ◆**go away** *vi* marcharse. ◆**go back** *vi* **1** *(return)* volver, regresar. **2** *fig* *(date from)* datar de; **the church goes back to the Middle Ages,** la iglesia data de la Edad Medieval. ◆**go back on** *vi* *(break)* no cumplir; **to go back on one's word,** faltar a su palabra. ◆**go**

back to *vi* *(resume)* volver a. ◆**go before** *vi* **1** *(precede)* preceder. **2** *(in court)* *(person, matter)* presentarse. ◆**go by** *vi* *(elapse)* pasar; **as time goes by,** con el tiempo; **in days gone by,** en otros tiempos. ◆**go down** *vi* **1** *(gen)* ir; *(descend)* bajar; *(sun)* ponerse; *(ship)* hundirse; **to go down on all fours,** gatear. **2** *(tyre)* desincharse. **3** *(diminish)* disminuir; *(temperature)* bajar; **to go down in value,** perder su valor. **4** *(be received)* ser acogido,-a; **to go down well,** ser bien acogido,-a. **5** *GB Univ* dejar la universidad. ◆**go down as** *vi* *(record, remember)* considerar; **this moment will go down as an important one in this country's history,** este momento pasará a la historia. ◆**go down with** *vi* *(contract)* pillar, coger; **to go down with flu,** coger una gripe. ◆**go for** *vtr* **1** *(attack)* lanzarse sobre, atacar; *fam fig* **go for it!**, ¡a por ello! **2** *(fetch)* ir por, ir a buscar. **3** *fam* *(favour, like)* gustar; **I don't go much for that,** eso no me dice gran cosa. **4** *fam* valer para; **that goes for me too,** esto también va por mí. ◆**go in** *vi* *(enter)* entrar; *(sun)* esconderse. ◆**go in for** *vtr* *(exam)* presentarse a; *(pastime, hobby)* dedicarse a; *fam* **we don't go in for that sort of thing,** esas cosas no nos van. ◆**go into** *vtr* **1** *(enter)* entrar en; **to go into fits of laughter,** troncharse de risa; **to go into journalism,** dedicarse al periodismo. **2** *(study)* examinar; *(matter)* investigar. **3** *(energy, money)* invertir; **a lot of money went into the project,** se invirtió mucho dinero en el proyecto. **4** *(crash)* chocar; **my car went into yours,** choqué contra tu coche. ◆**go off** I *vi* **1** *(leave)* irse, marcharse; *Theat* hacer mutis; **she went off to post a letter,** salió a echar una carta. **2** *(bomb)* explotar; *(gun)* dispararse; *(alarm)* sonar. **3** *(food)* estropearse, pasarse; *(milk)* cortarse. **4** *(event)* salir; **it went off very well,** salió muy bien; **it went off without a hitch,** transcurrió sin problemas. **5** *fam* *(go to sleep)* dormirse. **II** *vtr fam* **to go off sth,** perder el gusto *or* el interés por algo; **I've gone off him,** ya no me gusta. ◆**go off with** *vi fam* *(elope)* escaparse con un,-a amante. ◆**go on** I *vi* **1** *(continue)* seguir, continuar; **after University she went on to work in the media,** después de la universidad pasó a trabajar en los medios de comunicación; *fam* **to go on talking,** seguir hablando; *fam* **to go on and on about sth,** machacar un tema; *(complain)* quejarse constantemente de algo; *fam* **don't go on!**, ¡no insistas!; *fam* **she's always going on about it,** siempre está con la misma canción. **2** *(happen, take place)* pasar, ocurrir; **what's going on?**, ¿qué pasa? **3** *(time)* transcurrir, pasar; **as time goes on I get more impatient,** a medida que pasa el tiempo me voy impacientando más. **4** *(light etc)* encenderse; **the heating goes on automatically at eight o'clock,** la calefacción se enciende automáticamente a las ocho. **5** *(age)* estar a punto de cumplir; **he's sixteen going on seventeen,** estar a punto de cumplir los dieciséis. **6** *(for the purpose of)* bastar; **this is enough to be going on with,** de momento esto va bien así. **7** *fam* **go on!**, *(incredulity)* ¡no me digas!; ¡vaya!; *(persuasion)* ¡venga!, ¡adelante! ◆**go out** *vi* **1** *(leave)* salir; **she doesn't go out much,** apenas sale; **to go out for a meal,** comer *or* cenar fuera; **to go out on strike,** declararse en huelga. **2** *(boy and girl)* salir juntos. **3** *(fire, light)* apagarse. **4** *(tide)* bajar. **5** *(información)* propagarse; *TV Rad* transmitir, retransmitir; **the film goes out on Friday on BBC 1,** la película se emite el viernes por el canal 1 de la BBC. **6 to go (all) out,** *(set out)* ir a por todas; **they went all out to win,** hicieron todo lo posible para ganar. **7** *Sport* *(cup-tie)* perder la eliminatoria.

◆**go over** *vtr* **1** *(approach)* acercarse a; **they came over to help us,** se acercaron para ayudarnos. **2** *(revise)* repasar. ◆**go over to** *vi* **1** *(desert)* traicionar; **to go over to the enemy,** pasarse al enemigo. **2** *(switch to)* cambiar a, pasar a; **in the seventies we went over to the decimal system,** en los años setenta pasamos a usar el sistema decimal. ◆**go round** *vi* **1** *(revolve)* girar, dar vueltas. **2 to go round to sb's house,** pasar por casa de algn. ◆**go through I** *vi* **1** *(endure)* resistir, sufrir; **after their divorce they went through a lot,** lo pasaron muy mal después del divorcio. **2** *(bill, law)* ser aprobado,-a; *(deal)* ser concluido,-a, ser llevado,-a a cabo. **II** *vtr* **1** *(examine)* examinar; *(search)* registrar; **to go through sb's pockets,** registrar los bolsillos a algn. **2** *(rehearse)* ensayar. **3** *(spend)* gastar; **he went through five hundred pounds on his holidays,** se gastó 500 libras en sus vacaciones. **4** *(list, plan, story, etc)* explicar. **5** *Sport (cup-tie)* pasar la eliminatoria. ◆**go through with** *vi* llevar algo a cabo; **I don't think I can go through with this marriage,** no creo que pueda llevar bien esto de la boda. ◆**go towards** *vi* contribuir a; **this money will go towards the down payment for the house,** este dinero se reserva para el pago de la casa. ◆**go under** *vi* **1** *(ship)* hundirse. **2** *(business)* fracasar. ◆**go up** *vi* **1** *(price, temperature, stairs)* subir. **2** *Univ* ingresar en la universidad. **3** *(approach)* acercarse; **to go up to sb,** acercarse a algn. **4** *(go)* ir; **they always go up the pub before Sunday lunch,** siempre se acercan al pub los domingos a mediodía. **5** *(in a lift etc)* subir. **6** *(explode)* explotar; **the oil refinery could go up any minute,** la refinería puede explotar en cualquier momento; **to go up in flames,** quemarse. **7** *Theat (curtain)* levantar; **the curtain goes up at seven thirty,** se levanta el telón a las siete y media. **8** *Sport (be promoted)* subir, promocionarse; **United went up with City,** el United se promocionó junto al City. ◆**go with** *vi* **1** *(accompany)* ir con; **the car goes with the job,** el coche va con el puesto. **2** *(colours)* hacer juego con, armonizar con. **3** *fam (sexually)* ir con, dormir con; **I couldn't go a day without seeing her,** no podía pasar un día sin verla; **if there's no bread we'll have to go without,** tendremos que prescindir del pan si no lo hay. **2** *fam* **that goes without saying,** eso es evidente.

goad [gǝʊd] *vtr* aguijonear; **to g. sb into doing sth,** acosar a algn para que haga algo. ◆**goad on** *vtr (spur on)* incitar.

go-ahead ['gǝʊǝhed] *fam* **I** *n* luz *f* verde; **to give sb the go-a.,** dar luz verde a algn. **II** *adj (enterprising)* dinámico,-a, emprendedor,-a.

goal [gǝʊl] *n* **1** *Sport* gol *m*; **to score a g.,** marcar un gol. ■ *Ftb* **g. area,** área *f* de meta; **g. kick,** saque *m* de puerta; **g. line,** línea *f* meta; **(g.) post,** poste *m*; **g. posts,** portería *f*; **g. scorer,** goleador,-a *m,f*; **leading g. scorer,** pichichi *m*. **2** *(aim, objective)* meta *f*, objetivo *m*, fin *m*.

goalie ['gǝʊlɪ] *n Sport fam* portero,-a *m,f*, guardameta *mf*, meta *mf*, cancerbero *m*.

goalkeeper ['gǝʊlkiːpǝʳ] *n Sport* portero,-a *m,f*, guardameta *mf*.

goat [gǝʊt] *n Zool (female)* cabra *f*; **he-g.,** macho *m* cabrío; **old g.,** viejo,-a *m,f* pesado,-a; *fam* **it gets my g.,** me pone negro,-a, me saca de quicio; *fam* **to act or play the g.,** hacer el indio, hacer el ganso.

goatee [gǝʊtiː] *n* perilla *f*.

goatherd ['gǝʊthɜːd] *n* cabrero,-a *m,f*.

goatskin ['gǝʊtskɪn] *n* piel *f* de cabra.

gob[1] [gɒb] *n GB sl* boca *f*; **shut your g.!,** ¡cierra el pico!, ¡cállate la boca!

gob[2] [gɒb] *GB sl* **I** *n* lapo *f*, sipiajo *m*. **II** *vi* escupir.

gobble[1] ['gɒbǝl] *vtr (food)* engullir.

gobble[2] ['gɒbǝl] *vi (turkey)* gluglutear.

gobbledegook *n*, **gobbledygook** ['gɒbǝldɪguːk] *n fam* parrafada *f*; **the minister just gave us a mouthful of g.,** el ministro sólo soltó una parrafada incomprensible.

go-between ['gǝʊbɪtwiːn] *n* **1** *(mediator)* intermediario,-a *m,f*, mediador,-a *m,f*. **2** *Lit (between lovers)* alcahueta *f*.

goblet ['gɒblɪt] *n* copa *f*.

goblin ['gɒblɪn] *n* duende *m*.

gobstopper ['gɒbstɒpǝʳ] *n GB* caramelo *m* grande y redondo.

goby ['gǝʊbɪ] *n (fish)* chanquete *m*.

go-cart ['gǝʊkɑːt] *n* **1** *(toy)* coche *m* de juguete. **2** *(handcart)* carretilla *f* de mano.

god [gɒd] *n* **1** dios *m*; **for G.'s sake!,** ¡por Dios!; **G., (my) G.!,** ¡Dios mío!; **G. forbid,** ¡no lo permita Dios!; **G. only knows,** sabe Dios; **G. willing,** si Dios quiere. **2** *Theat fam* **the gods,** el gallinero.

godchild ['gɒdtʃaɪld] *n (pl* **godchildren** ['gɒdtʃɪldrǝn] *)* ahijado,-a *m,f*.

goddaughter ['gɒddɔːtǝʳ] *n* ahijada *f*.

goddess ['gɒdɪs] *n* diosa *f*.

godfather ['gɒdfɑːðǝʳ] *n* padrino *m*.

God-fearing ['gɒdfɪǝrɪŋ] *adj* timorato,-a, que teme a Dios.

godforsaken ['gɒdfǝseɪkǝn] *adj (person)* dejado,-a de la mano de Dios; *(place)* poco interesante, remoto,-a.

godless ['gɒdlɪs] *adj* **1** *(wicked)* descreído,-a. **2** *(atheist)* ateo,-a.

godmother ['gɒdmʌðǝʳ] *n* madrina *f*.

godparents ['gɒdpeǝrǝnts] *npl* padrinos *mpl*.

godsend ['gɒdsend] *n* regalo *m* inesperado; **those twelve pounds were a g.,** los doce libras nos vinieron como llovidas del cielo.

godson ['gɒdsʌn] *n* ahijado *m*.

godwit ['gɒdwɪt] *n Orn* aguja *f*.

go-getter ['gǝʊgetǝʳ] *n fam* ambicioso,-a *m,f*.

goggle ['gɒgǝl] **I** *vi* salirse los ojos de órbita; **to g. at sth,** mirar algo con ojos desorbitados; *TV fam* **the g. box,** la caja tonta.

goggles ['gɒgǝlz] *npl* gafas *fpl* protectoras; **don't forget your g. if you go swimming,** si vas a la piscina, no olvides las gafas.

going ['gǝʊɪŋ] **I** *adj* **1** *(price)* actual, corriente; **the g. rate,** el precio medio. **2** *(business)* **a g. concern,** un negocio que marcha bien. **3 to get or be g.,** marcharse; **we must be g.,** tenemos que irnos. **4 to keep g.,** resistir, aguantar. **II** *n* **1** *(departure)* ida *f*, salida *f*. **2** *(pace)* paso *m*, ritmo *m*; **that was good g.!,** ¡qué rápido!; *fam* **when the g. gets tough the tough get g.,** cuando las cosas se ponen difíciles la reacción del valiente de hacerles frente. **3** *(condition of terrain)* estado *m* del camino; *fig* **the g. was rough,** encontraron muchos obstáculos; *fig* **to get out while the g. is good,** dejar de hacer algo antes que sea demasiado tarde.

going-over [gǝʊɪŋ'ǝʊvǝʳ] *n fam* **1** *(check)* inspección *f*. **2** *(beating)* paliza *f*; **to give sb a g.-o.,** darle una paliza a algn.

goings-on [gəʊɪŋz'ɒn] *npl fam* actividades *fpl*, tejemanejes *mpl*.

goitre, *US* **goiter** ['gɔɪtəʳ] *n Med* bocio *m*.

go-kart ['gəʊkɑːt] *n Sport* kart *m*.

gold [gəʊld] I *n (metal)* oro *m*; *(colour)* dorado *m*; **the g. rush**, la fiebre del oro; *fig* **to have a heart of g.**, tener un corazón de oro. ■ **g. digger**, buscador,-a *m,f* de oro; **g. dust**, oro *m* en polvo; **g. leaf**, pan *m* de oro; **g. medal**, medalla *f* de oro; **g. mine**, mina *f* de oro; **g. plate**, vajilla *f* de oro; **g. reserves**, reservas *fpl* de oro. II *adj* de oro; *(colour)* oro, dorado,-a.

goldcrest ['gəʊldkrest] *n Orn* reyezuelo *m* sencillo.

golden ['gəʊldən] *adj* de oro; *(colour)* dorado,-a; *fig* **a g. opportunity**, una excelente oportunidad. ■ *Myth* **G. Age**, Edad *f* de Oro; *Span* Siglo *m* de Oro; *Orn* **g. eagle**, águila *f* real; *fig* **g. handshake**, indemnización *f* de despido; **g. wedding**, bodas *fpl* de oro; *Myth* **the G. Fleece**, el Vellocino de oro.

goldfinch ['gəʊldfɪntʃ] *n Orn* jilguero *m*.

goldfish ['gəʊldfɪʃ] *n (pl goldfish or goldfishes)* pez *m* de colores. ■ **g. bowl**, pecera *f*.

gold-plated [gəʊld'pleɪtɪd] *adj* dorado,-a, chapado,-a en oro.

goldsmith ['gəʊldsmɪθ] *n* orfebre *m*.

golf [gɒlf] *n Sport* golf *m*; **to play g.**, jugar al golf. ■ **g. ball**, pelota *f* de golf; **g. club**, *(stick)* palo *m* de golf; *(place)* club *m* de golf; **g. course**, campo *m* de golf.

golfer ['gɒlfəʳ] *n Sport* golfista *mf*, jugador,-a *m,f* de golf.

golfing ['gɒlfɪŋ] I *adj* de golf; **g. holiday**, vacaciones para jugar al golf. II *n* jugar al golf; **their husbands go g. every weekend**, sus maridos van a jugar al golf cada fin de semana.

golly ['gɒlɪ] *interj* ¡vaya!; *fam* **by g.**, sea como sea; **by g. I'm going to have a good time**, sea como sea me lo voy a pasar bien.

gondola ['gɒndələ] *n* góndola *f*.

gondolier [gɒndɒ'lɪeʳ] *n* gondolero *m*.

gone [gɒn] I *pp see* **go**. II *adj* desaparecido,-a; **g. are the days when you can walk the streets at night safely**, quedan lejos los tiempos en los que se podía caminar por las calles de noche con seguridad. III *prep* **it'll be g. six by the time he gets here**, serán las seis pasadas cuando llegue.

goner ['gɒnəʳ] *n fam* enfermo *m* terminal.

gong [gɒŋ] *n* gong *m*, batintín *m*.

gonorrhoea, *US* **gonorrhea** [gɒnə'rɪə] *n Med* gonorrea *f*.

goo [guː] *n fam* **1** *(gunge)* sustancia *f* pegajosa. **2** *fig (sentimentality)* sentimentalismo *m*.

good [gʊd] I *adj (better, best)* **1** *(of positive and pleasing qualities) (before noun)* buen,-a; *(after noun)* bueno,-a; *(land)* bueno,-a, rico,-a, fértil; **a g. book**, un buen libro; **g. afternoon**, buenas tardes; **g. morning**, buenos días; **g. night**, buenas noches; **it looks g.**, tiene buen aspecto *or* buena pinta; **it's too g. to be true**, es demasiado bueno para ser cierto; **it was g. to get your letter**, me hizo mucha ilusión recibir tu carta; **that's a g. one!**, ¡qué chiste más bueno!; **this cake is very g.**, este pastel está riquísimo; **to be as g. as new**, estar como nuevo,-a; **to feel g.**, sentirse bien; **to have a g. time**, pasarlo bien; **to smell g.**, oler bien; **with all g. wishes**, con mis *or* nuestros mejores deseos. ■ *Rel* **G. Friday**, Viernes *m* Santo. **2** *(person) (kind)* amable; *(generous)* generoso,-a; **it's very g.**

of you, es muy amable de tu parte; **to be g. to sb**, ser amable con algn; **would you be g. enough to open the window?**, ¿sería tan amable de abrir la ventana? **3** *(beneficial)* bueno,-a; *(healthy)* sano,-a; **to drink more than is g. for one**, beber más de la cuenta; **yoghurt is g. for you**, el yogur es muy sano. **4** *(well-behaved)* bueno,-a; *(morally correct)* correcto,-a, responsable; **be g.!**, ¡pórtate bien!; **you can trust her, she's a g. woman**, puedes confiar en ella, es una buena mujer; *fam* **fig her son was as g. as gold**, su hijo se portó como un ángel. **5** *(skilled)* bueno,-a, hábil; **he's g. at languages**, tiene facilidad para los idiomas; **she's g. with her hands**, es muy hábil con las manos; **they're g. with children**, tienen don para los niños. **6** *(attractive)* bueno,-a, bonito,a; **g. handwriting**, buena letra; **he's earning g. money**, gana un buen sueldo; **red looks g. on you**, el rojo te favorece mucho; **she has a very g. figure**, tiene un tipo estupendo. ■ **g. looks**, atractivo *m sing*, belleza *f sing*. **7** *(valid)* válido,-a; **it's as g. as an offer**, es una oferta; **it's as g. a way as any**, es una manera como otra cualquiera; **she's as g. as you**, ella vale tanto como tú. **8** *(at least)* como mínimo, por lo menos; **a g. 50 kilometres**, unos 50 kilómetros por lo menos. **9** *(considerable)* bueno,-a; *(sufficient)* bastante; **a g. amount of food**, bastante comida; **a g. many people**, bastante gente; **to give sb a g. telling off**, echar una bronca a algn; **to give sth a g. clean**, limpiar algo a fondo; **we waited a g. while**, esperamos un buen rato. **10** *(just, fair)* **to give as g. as one gets**, devolver golpe por golpe; **to make g.**, *(injustice)* reparar; *(loss)* compensar; *(one's word)* cumplir; *(succeed in life)* triunfar. **11** *(reliable)* de confianza, bueno,-a; **a g. butcher's**, una carnicería de confianza. **12** *(satisfying)* bueno,-a; **a g. rest**, un buen descanso. **13** *(propitious)* bueno,-a, propicio,-a; **a g. time to go on holiday**, un buen momento para ir de vacaciones. **14** *(honourable)* bueno,-a; **she comes from a g. family**, es de buena familia. **15** *(suitable)* bueno,-a; **a g. pair of gloves and a g. coat**, unos buenos guantes y un buen abrigo. **16** *(character)* bueno,-a, agradable; **he's in a g. mood**, está de buen humor. II *n* **1** *(gen)* bien *m*; **g. and evil**, el bien y el mal; **he's up to no g.**, está tramando algo malo; **to come to no g.**, acabar mal; **to do g.**, hacer el bien. **2** *(people)* **the g.**, los buenos, la buena gente; **he's no g. as a doctor**, no es buen médico. **3** *(advantage)* bien *m*, provecho *m*; **for the common g.**, para el bien de todos; **for your own g.**, para tu propio bien; **if it's any g.**, si te sirve de algo; **it's no g. waiting**, no sirve de nada esperar; **it will do you g.**, te hará bien; **what's the g. of that?**, ¿de qué sirve eso?; *fam* **to be on to a g. thing**, tenerlo bien montado. **4** *Jur* **goods**, *(possessions)* bienes *mpl*. ■ **consumer g.**, bienes *mpl* de consumo; **g. and chattels**, muebles y enseres *mpl*, efectos *mpl* personales. **5** *Com* **goods**, artículos *mpl*, géneros *mpl*, mercancías *fpl*; **knitted g.**, género *m* de punto; *fam* **to deliver the g.**, cumplir su palabra. ■ **g. train**, tren *m* de mercancías. III *adv (forever)* **she's gone for g.**, se ha ido para siempre. IV *interj* **g.!**, ¡bravo!, ¡muy bien!

goodbye ['gʊdbaɪ] I *interj* ¡adiós! II *n* adiós *m*, despedida *f*; **to say g. to sb**, despedirse de algn.

good-for-nothing ['gʊdfənʌθɪŋ] *adj & n* inútil *(mf)*.

good-hearted [gʊd'hɑːtɪd] *adj* de buen corazón, bueno,-a.

good-humoured [gʊd'hjuːməd] *adj* de buen humor.

good-looking [gʊd'lʊkɪŋ] adj guapo,-a; **he's very g.-l.,** es muy guapo.

good-natured [gʊd'neɪtʃəd] adj amable, bondadoso,-a.

goodness ['gʊdnɪs] n 1 (of heart) bondad f; **my g.!,** ¡Dios mío!, ¡madre mía!; **thank g.!; I wish to g. you'd shut up!,** ¡gracias a Dios!; for g. sake!, ¡por Dios!; I wish to g. you'd shut up!, ¡ojalá te callaras! 2 (quality) calidad f.

good-tempered [gʊd'tempəd] adj de buen carácter; (pleasant) apacible.

goodwill [gʊd'wɪl] n 1 buena voluntad f. 2 Com (reputation) buen nombre m.

goody ['gʊdɪ] I n fam 1 Cin el bueno; **the goodies and the baddies,** los buenos y los malos. 2 Culin dulce m, golosina f. II interj (baby-talk) g.!, ¡qué bien!

goody-goody ['gʊdɪgʊdɪ] adj & n fam (pl goody-goodies) mosquita f muerta, santurrón,-ona (m,f).

gooey ['gu:ɪ] adj (gooier, gooiest) fam 1 (sticky) pegajoso,-a. 2 fig (slushy) sentimental, sentimentaloide.

goof [gu:f] US fam I n (person) bobo,-a m,f; (thing) metadura f de pata. II vi (blunder) meter la pata.
◆**goof off** vi (skive) perder el tiempo.

goofy ['gu:fɪ] adj (goofier, goofiest) fam 1 (of teeth) dentudo,-a; **to have g. teeth,** tener dientes de conejo. 2 US (crazy) alocado,-a, estúpido,-a.

goosander [gu:'sændə'] n Orn serreta f grande.

goon [gu:n] n fam 1 GB (clown) tonto,-a, imbécil. 2 US (thug) sicario m.

goose [gu:s] n (pl geese [gi:s]) 1 Orn ganso m, oca f; fig **the golden g.,** la gallina de los huevos de oro; fam fig **to cook sb's g.,** hacerle la pascua a algn. ■ **barnacle g.,** barnacla f cariblanca; **Canada g.,** barnacla f canadiense; **greylag g.,** ánsar m común. 2 fam (silly person) tonto,-a m,f, bobo,-a m,f.

gooseberry ['gʊzbərɪ, 'gu:sbərɪ] n Bot uva f espina, grosella f espinosa; fam **to play g.,** hacer de carabina. ■ **g. bush,** grosellero m espinoso.

gooseflesh ['gu:sfleʃ] n, **goosepimples** ['gu:spɪmpəlz] npl carne f de gallina; **the cold air raised g. on her arms,** con el aire frío se le puso la carne de gallina.

goose-step ['gu:sstep] Mil I n paso m de la oca. II vi ir a paso de la oca.

Gordian ['gɔ:dɪən] adj fml G. **knot,** nudo m gordiano, problema m grave.

gore[1] [gɔ:'] n sangre f derramada.

gore[2] [gɔ:'] vtr Taur cornear, dar cornadas a.

gorge [gɔ:dʒ] I n Geog desfiladero m, garganta f. II vtr & vi (food) **to g.** (oneself), atiborrarse (on, de), hartarse (on, de).

gorgeous ['gɔ:dʒəs] adj (fantastic) magnífico,-a, estupendo,-a; (marvellous) espléndido,-a; (person) atractivo,-a, guapo,-a.

gorilla [gə'rɪlə] n Zool gorila m.

gormless ['gɔ:mlɪs] adj GB fam memo,-a, tonto,-a.

gorse [gɔ:s] n Bot tojo m, aulaga f.

gory ['gɔ:rɪ] adj (gorier, goriest) sangriento,-a; **a g. horror film,** una película sangrienta or de vísceras; **I'd rather you spared me the g. details,** puedes ahorrarte los detalles escabrosos.

gosh [gɒʃ] interj fam ¡cielos!, ¡caray!

goshawk ['gɒshɔ:k] n Orn azor m.

gosling ['gɒzlɪŋ] n ansarón m.

go-slow [gəʊ'sləʊ] n huelga f de celo.

gospel ['gɒspəl] n Rel the G., el Evangelio; **the G. according to Saint Mark,** el Evangelio según San Marcos; fam **it's the g. truth,** es la pura verdad.

gossamer ['gɒsəmə'] n 1 (cobweb) telaraña f. 2 Tex gasa f.

gossip ['gɒsɪp] I n 1 (rumour) cotilleo m, chismorreo m, comadreo m. ■ Press **g. column,** ecos mpl de sociedad. 2 (person) chismoso,-a m,f, cotilla mf. II vi (natter) cotillear, chismorrear, contar chismes.

gossipy ['gɒsɪpɪ] adj fam (style) familiar; (person) chismoso,-a.

got [gɒt] pt & pp see **get.**

Goth [gɒθ] n Hist godo,-a m,f.

Gothic ['gɒθɪk] adj 1 (race) godo,-a. 2 Art gótico,-a.

gotten ['gɒtən] US pp see **get.**

gouache [gʊ'ɑ:ʃ] n Art aguada f, pintura f a la aguada.

gouge [gaʊdʒ] I n Carp gubia f. II vi Carp **to g. out,** escoplear con gubia; fig **to g. out sb's eyes,** arrancarle los ojos a algn.

gourd [gʊəd] n calabaza f.

gourmand ['gʊəmənd] n goloso,-a m,f, glotón,-ona m,f.

gourmet ['gʊəmeɪ] n gourmet mf, gastrónomo,-a m,f.

gout [gaʊt] n Med gota f.

Gov 1 abbr of **Governor,** Gobernador,-a m,f, Gobr. 2 abbr of **Government,** Gobierno m, Gob, Gobno.

govern ['gʌvən] vtr 1 (gen) gobernar. 2 (determine) dictar, guiar.

governess ['gʌvənɪs] n institutriz f.

governing ['gʌvənɪŋ] adj gobernante, gobernador,-a; **g. body,** consejo m de administración.

government ['gʌvənmənt] n I n gobierno m; **local g.,** gobierno municipal. II adj del gobierno, del Estado, gubernamental.

governmental [gʌvən'mentəl] adj gubernamental.

governor ['gʌvənə'] n 1 (ruler) gobernador,-a m,f. 2 (of prison) director,-a m,f. 3 (of school) administrador,-a m,f. 4 fam jefe m.

Govt abbr of **Government,** Gobierno m, Gob, Gobno.

gown [gaʊn] n 1 (dress) vestido m largo; **dressing g.,** bata f. 2 Jur Univ (robe) toga f.

GP [dʒi:'pi:] Med abbr of **general practioner,** médico,-a m,f de cabecera.

GPO [dʒi:pi:'əʊ] GB abbr of **General Post Office,** Oficina f Central de Correos.

grab [græb] I n agarrón m; **to make a g. for sth,** intentar agarrar algo; fam **to be up for grabs,** estar libre, estar disponible. II vtr (pt & pp grabbed) 1 (gen) agarrar, coger; **to g. hold of sb,** agarrarse a algn; fam **the police grabbed him,** le pilló la policía. 2 fig pillar; **I think I'll g. a few hours sleep before I go out,** creo que antes de salir me echaré una siesta. 3 fig (interest) hacer ilusion; **how does that g. you?,** ¿qué te parece?; **the idea of going to Egypt really grabbed him,** la idea de ir a Egipto le estusiasmaba.

grace [greɪs] I n 1 (favour) gracia f; **by the g. of God,** por la gracia de Dios, **in a state of g.,** en estado de gracia; fig **to fall from g.,** caer en desgracia. 2 (prayer) bendición f de la mesa; **to say g.,** bendecir la mesa. 3 (courtesy) cortesía f, delicadeza f; **he had the g. to apologize,** tuvo la cortesía de pedir perdón; **it's her saving g.,** es lo que la salva; **to do sth with good g.,** hacer algo de buena gana. 4 (delay, reprieve) plazo m, demora f; **five days' g.,** un plazo de cinco días. **5** *(refinement, elegance)* gracia *f*, elegancia *f*; *(tact)* tacto *m*. **6** *(in title)* **Your G.**, *(gen)* (Su) Excelencia; *(bishop)* (Su) Ilustrísima. **7 graces**, *(manners)* buenos modales *mpl*. **II** *vtr* **1** *(adorn)* adornar. **2** *(honour)* honrar.

graceful ['greɪsfʊl] *adj (beautiful)* lleno,-a de gracia, elegante; *(movement)* garboso,-a.◆**gracefully** *adv* **1** *(beautifully)* con gracia, con elegancia. **2** *(accept, decline)* con cortesía.

gracefulness ['greɪsfʊlnɪs] *n* gracia *f*.

gracious ['greɪʃəs] *adj* **1** *(elegant)* elegante; **g. living**, vida *f* elegante *or* de lujo. **2** *(courteous)* cortés, educado,-a. **3** *(kind)* amable. **II** *interj* **good g. (me)!**, **goodness g.!**, ¡santo cielo!◆**graciously** *adv* **1** *(elegantly)* elegantemente. **2** *(kindly)* amablemente.

graciousness ['greɪʃəsnɪs] *n* **1** *(elegance)* elegancia *f*. **2** *(affability)* amabilidad *f*.

gradation [grə'deɪʃən] *n* gradación *f*.

grade [greɪd] **I** *n* **1** *(degree, quality)* grado *m*; *(rank)* categoría *f*; *Mil* rango *m*. **2** *Educ (mark)* nota *f*; **to get good grades**, sacar buenas notas. **3** *US Educ (class, form)* clase *f*; *US* **g. school**, escuela primaria. **4** *(level)* nivel *m*; **to make the g.**, llegar al nivel deseado, tener éxito, triunfar. **5** *US (slope)* pendiente *f*. **6** *US Rail* **g. crossing**, paso *m* a nivel. **II** *vtr (classify)* clasificar.

gradient ['greɪdɪənt] *n (graph)* declive *m*; *(hill)* cuesta *f*, pendiente *f*; **a g. of one in five**, una pendiente de veinte por ciento.

gradual ['grædjʊəl] *adj* gradual, progresivo,-a. ◆**gradually** *adv* poco a poco, progresivamente.

graduate ['grædjʊɪt] **I** *n Educ* titulado,-a *m,f*; *(with diploma)* diplomado,-a *m,f*; *Univ* graduado,-a *m,f*, licenciado,-a *m,f*. ■ *US* **g. school**, escuela *f* para graduados. **II** *vi* ['grædjʊeɪt] **1** *Educ* sacarse el título; *(with a diploma)* diplomarse (**in**, en); *Univ* licenciarse, graduarse (**in**, en). **2** *(progress)* pasar a; **start with a small one and then g. to a bigger one**, empezar con uno pequeño y después pasar a uno mayor.

graduation [grædjʊ'eɪʃən] *n (gen)* graduación *f*; *Univ* **g. ceremony**, ceremonia *f* de entrega de los títulos.

graffiti [græ'fiːtiː] *npl* grafiti *mpl*.

graft [grɑːft] **I** *n* **1** *Agr Med* injerto *m*. ■ **skin g.**, injerto *m* de piel. **2** *fam (work)* trabajo *m*; **it was hard g.**, trabajamos duro. **3** *US (bribery)* soborno *m*. **II** *vtr Agr Med* injertar (**on to**, en). **III** *vi fam* trabajar duro.

Grail [greɪl] *n Lit* grial *m*; **the Holy G.**, el Santo Grial.

grain [greɪn] *n* **1** *(cereals)* cereales *mpl*. **2** *(seed, particle)* grano *m*; *fig* **there's not a g. of truth in it**, no tiene ni pizca de verdad. **3** *(in wood)* fibra *f*; *(in stone)* veta *f*; *(in leather)* flor *f*; *fig* **to go against the g.**, *(gen)* ir a contrapelo; *fig* ir en contra de la naturaleza de algn.

gram [græm] *n* gramo *m*.

grammar ['græmə'] *n* gramática *f*; **English g.**, la gramática inglesa. ■ **g. (book)**, libro *m* de gramática; **g. school**, instituto *m* de segunda enseñanza.

grammarian [grə'meərɪən] *n* gramático,-a *m,f*.

grammatical [grə'mætɪkəl] *adj* gramatical, gramático,-a.◆**grammatically** *adv* gramaticalmente.

gramme [græm] *n* gramo *m*.

gramophone ['græməfəʊn] *n* gramófono *m*, gramola *f*.

granary ['grænərɪ] *n Agr* granero *m*.

grand [grænd] **I** *adj* **1** *(gen)* grande; *(before sing noun)* gran; **g. ideas**, grandes ideas. ■ **G. Canary**, Gran Canaria *f*; **Jur g. jury**, gran jurado *m*; **g. piano**, piano *m* de cola; *Aut* **G. Prix**, Gran Premio *m*. **2** *(splendid)* grandioso,-a, magnífico,-a; *(impressive)* impresionante. **3** *(complete)* global. ■ **g. total**, total *m*. **4** *fam (wonderful)* estupendo,-a, fenomenal; **that would be g.!**, ¡eso sería estupendo!; **to have a g. time**, pasarlo en grande. **II** *n* **1** *(piano)* piano *m* de cola. **2** *sl* mil libras *fpl*, *US* mil dólares *mpl*.

grandchild ['græntʃaɪld] *n (pl grandchildren* ['græntʃɪldrən]) nieto,-a *m,f*.

granddad ['grændæd] *n fam* abuelito *m*.

granddaughter ['grændɔːtə'] *n* nieta *f*.

grandeur ['grændʒə'] *n* grandeza *f*, grandiosidad *f*.

grandfather ['grænfɑːðə'] *n* abuelo *m*. ■ **g. clock**, reloj *m* de caja.

grandiose ['grændɪəʊs] *adj* grandioso,-a, imponente.

grandma ['grænmɑː] *n fam* abuelita *f*.

grandmaster ['grænmɑːstə'] *n Chess* gran maestro *m*.

grandmother ['grænmʌðə'] *n* abuela *f*.

grandpa ['grænpɑː] *n fam* abuelito *m*.

grandparents ['grænpeərənts] *npl* abuelos *mpl*.

grandson ['grænsʌn] *n* nieto *m*.

grandstand ['grænstænd] *n Sport* tribuna *f*.

grange [greɪndʒ] *n* finca *f*, cortijo *m*.

granite ['grænɪt] *n Min* granito *m*.

granite-like ['grænɪtlaɪk] *adj Min* granítico,-a.

granny ['grænɪ] *n fam* abuelita *f*.

grant [grɑːnt] **I** *vtr* **1** *(allow) (interview etc)* conceder. **2** *(concede, bestow)* conceder, otorgar. **3** *(admit)* admitir, reconocer; **I g. that you were right**, reconozco que tenías razón; **to take sb for granted**, no apreciar a algn en lo que vale; **to take sth for granted**, dar algo por sentado. **II** *n Educ* beca *f*; *(subsidy)* subvención *f*.

granular ['grænjʊlə'] *adj* granular.

granulate ['grænjʊleɪt] **I** *vtr Chem* granular. **II** *vi* granularse.

granulated ['grænjʊleɪtɪd] *adj* granulado,-a. ■ **g. sugar**, azúcar *m* granulado.

granulation [grænjʊ'leɪʃən] *n* granulación *f*.

granule ['grænjuːl] *n* gránulo *m*.

grape [greɪp] *n Bot* uva *f*; **a bunch of grapes**, un racimo de uvas; *fam* **sour grapes!**, ¡te aguantas! ■ **g. harvest**, vendimia *f*; **g. juice**, zumo *m* de uva, mosto *m*.

grapefruit ['greɪpfruːt] *n (pl grapefruit or grapefruits)* pomelo *m*.

grapevine ['greɪpvaɪn] *n Bot* vid *f*; *(against wall)* parra *f*; *fam* **I heard it on or through the g.**, me enteré por ahí.

graph [grɑːf, græf] *n* gráfica *f*. ■ **g. paper**, papel *m* cuadriculado.

graphic ['græfɪk] *adj* gráfico,-a. ■ **g. arts**, artes *fpl* gráficas; **g. designer**, grafista *mf*.

graphics ['græfɪks] *n* **1** *(study)* grafismo *m*. **2** *pl Comput* gráficas *fpl*.

graphite ['græfaɪt] *n Min* grafito *m*.

graphologist [græ'fɒlədʒɪst] *n* grafólogo,-a *m,f*.

graphology [græ'fɒlədʒɪ] *n* grafología *f*.

grapple ['græpəl] **I** *vi (struggle)* luchar cuerpo a cuerpo (**with**, con); *fig* **to g. with a problem**, intentar resolver un problema. **II** *n (hook)* garfio *m*.

grasp [grɑːsp] I *vtr* 1 *(seize)* agarrar, asir. 2 *(understand)* comprender, captar. II *n* 1 *(grip)* asimiento *m*; *(clasp)* apretón; **to have a strong g.**, agarrar muy fuerte; **to lose one's g.**, soltarse. 2 *(understanding)* comprensión *f*, alcance *m*; **it's beyond my g.**, está fuera de mi alcance; **to have a good g. of sth**, comprender algo bien, dominar algo; **within sb's g.**, al alcance de algn.

grasping ['grɑːspɪŋ] *adj* ávaro,-a, codicioso,-a.

grass [grɑːs] I *n* 1 *(plant)* hierba *f*, yerba *f*; *(lawn)* césped *m*; *(pasture)* pasto *m*; **'keep off the g.'**, 'prohibido pisar el césped'; *fig* **he doesn't let the g. grow under his feet**, no pierde el tiempo. ■ **Ten g. court**, pista *f* de hierba; *Sport* **g. hockey**, hockey *m* sobre hierba; *Pol* **g. roots**, base *f* (popular); *Zool* **g. snake**, culebra *f*; **g. widow**, mujer *f* cuyo marido está ausente; **g. widower**, hombre *m* cuya mujer está ausente; *(for the summer)* Rodríguez *m.* 2 *sl (drug)* hierba *f*, maría *f*. II *vi GB sl* soplar, chivarse **(on**, a). ◆**grass over** *vi* cubrirse de hierba *or* yerba.

grasshopper ['grɑːshɒpəʳ] *n* saltamontes *m inv*.

grassland ['grɑːslænd] *n* prado *m*, pasto *m*.

grass-roots ['grɑːsruːts] *adj Pol* de base; **at g.-r. level**, a nivel popular; **g.-r. militant**, militante *mf* de base.

grassy ['grɑːsɪ] *adj (grassier, grassiest)* cubierto,-a de hierba.

grate[1] [greɪt] I *vtr* 1 *Culin* rallar. 2 *(teeth etc)* hacer rechinar. II *vi* chirriar; *(teeth)* rechinar; *fig* **to g. on one's nerves**, crisparle a uno los nervios.

grate[2] [greɪt] *n* 1 *(in fireplace etc)* rejilla *f*. 2 *(fireplace)* chimenea *f*. 3 *Constr* rejilla *f*, reja *f*.

grateful ['greɪtful] *adj (person)* agradecido,-a; *(letter etc)* de agradecimiento; **I am very g. to you**, te lo agradezco mucho, te estoy muy agradecido,-a; **to be g. for**, agradecer; **with g. thanks**, con agradecimiento. ◆**gratefully** *adv* con agradecimiento.

grater ['greɪtəʳ] *n Culin* rallador *m*.

gratification [grætɪfɪ'keɪʃən] *n* 1 *(pleasure)* placer *m*, satisfacción *f*. 2 *fig (reward)* recompensa *f*, gratificación *f*.

gratify ['grætɪfaɪ] *vtr (pt & pp gratified)* 1 *(please)* complacer, gratificar. 2 *(yield to)* sucumbir a.

gratifying ['grætɪfaɪɪŋ] *adj* grato,-a, gratificante.

gratin ['grætɪn] *n Culin* gratén *m*; **au g.**, al gratén.

grating[1] ['greɪtɪŋ] *n* rejilla *f*, reja *f*.

grating[2] ['greɪtɪŋ] *adj (noise)* chirriante, rechinante; *(voice)* chillón,-ona; *(tone)* áspero,-a.

gratis ['greɪtɪs, 'grætɪs] *adv* gratis.

gratitude ['grætɪtjuːd] *n* agradecimiento *m*, gratitud *f*.

gratuitous [grə'tjuːɪtəs] *adj* gratuito,-a. ◆**gratuitously** *adv* gratuitamente.

gratuitousness [grə'tjuːɪtəsnɪs] *n* gratuidad *f*.

gratuity [grə'tjuːɪtɪ] *n (reward)* gratificación *f*; *(tip)* propina *f*.

grave[1] [greɪv] *n (tomb)* sepultura *f*, sepulcro *m*, tumba *f*; *fig* **to make sb turn over in his** *or* **her grave**, hacer que algn se retuerza en su tumba; *fam* **to have one foot in the g.**, tener un pie en la tumba, estar en las últimas.

grave[2] [greɪv] *adj* 1 *(serious)* *(look etc)* serio,-a; *(situation)* grave. 2 [grɑːv] *Ling* grave; **g. accent**, acento grave. ◆**gravely** *adv* gravemente.

gravedigger ['greɪvdɪgəʳ] *n* sepulturero *m*, enterrador *m*.

gravel ['grævəl] *n* grava *f*, gravilla *f*, guijo *m*; **g. path**, camino *m* de grava.

gravestone ['greɪvstəʊn] *n* lápida *f* sepulcral *or* mortuoria.

graveyard ['greɪvjɑːd] *n* cementerio *m*.

gravitate ['græviteɪt] *vi* 1 *Phys* gravitar. 2 *fig (be drawn)* sentirse atraído,-a **(towards**, por).

gravitation [grævɪ'teɪʃən] *n Phys* gravitación *f*.

gravity ['grævɪtɪ] *n* 1 *Phys* gravedad *f*; **the law of g.**, la ley de la gravedad. ■ **centre of g.**, centro *m* de gravedad; **specific g.**, peso *m* específico. 2 *(of situation)* gravedad *f*.

gravy ['greɪvɪ] *n Culin* salsa *f*, jugo *m* (de la carne). ■ **g. boat**, salsera *f*; *sl* **g. train**, chollo *m*.

gray [greɪ] *adj & n US see* **grey**.

grayling ['greɪlɪŋ] *n Orn* tímalo *m*.

graze[1] [greɪz] *vi* pacer, pastar.

graze[2] [greɪz] I *vtr* rasguñar, rozar, arañar. II *n* rasguño *m*, roce *m*, arañazo *m*.

grazing ['greɪzɪŋ] *n* (tierra *f* de) pasto *m*.

grease [griːs, griːz] I *n* grasa *f*. ■ **g. gun**, pistola *f* engrasadora, engrasador *m*. II *vtr Tech* engrasar, untar; *sl* **to g. sb's palm**, untar a algn.

greasepaint ['griːspeɪnt] *n Theat* maquillaje *m*.

greaseproof ['griːspruːf] *adj* impermeable a la grasa; **g. paper**, papel *m* graso.

greasy ['griːsɪ, 'griːzɪ] *adj (greasier, greasiest)* 1 *(oily)* grasiento,-a; *(hair, food)* graso,-a. ■ *sl* **g. spoon**, restaurante *m* de mala muerte. 2 *(slippery)* resbaladizo,-a. 3 *fam (ingratiating)* cobista, pelota.

great [greɪt] I *adj* 1 *(big, large)* grande; *(before sing noun)* gran; *(pain, heat)* fuerte, intenso,-a; *(determination)* fuerte; **a g. many**, muchos,-as; **a g. number of**, un gran número de. ■ **G. Britain**, Gran Bretaña; *Zool* **G. Dane**, gran danés *m.* 2 *(important)* grande, importante; **a g. writer**, un gran escritor; **the G. War**, la Gran Guerra, la Primera Guerra Mundial. 3 *fam (excellent)* estupendo,-a, magnífico,-a; **g.!**, ¡estupendo!; **he's g. at tennis**, juega al tenis de maravilla; **she's a g. one for museums**, le encantan los museos; **there was a g. big crash**, se oyó un ruido de narices; **to have a g. time**, pasarlo en grande. II *n (person)* grande *m.* III *adv fam* muy bien, estupendamente; **she's doing just g.**, le va todo muy bien. ◆**greatly** *adv* muy, mucho; **it is g. improved**, ha mejorado mucho; **you are g. mistaken**, estás muy equivocado,-a.

great-aunt [greɪt'ɑːnt] *n* tía *f* abuela.

greatcoat ['greɪtkəʊt] *n* abrigo *m*, gabán *m*.

great-grandchild [greɪt'græntʃaɪld] *n (pl great-grandchildren* [greɪt'græntʃɪldrən]*)* bisnieto,-a *m,f*, biznieto,-a *m,f*.

great-granddaughter [greɪt'grændɔːtəʳ] *n* bisnieta *f*, biznieta *f*.

great-grandfather [greɪt'grænfɑːðəʳ] *n* bisabuelo *m*.

great-grandmother [greɪt'grænmʌðəʳ] *n* bisabuela *f*.

great-grandson [greɪt'grænsʌn] *n* bisnieto *m*, biznieto *m*.

great-great-grandfather [greɪtgreɪt'grænfɑːðəʳ] *n* tatarabuelo *m*.

great-great-grandmother [greɪtgreɪt'grænmʌðəʳ] *n* tatarabuela *f*.

greatness ['greɪtnɪs] *n (importance)* grandeza *f*; *(size)* magnitud *f*.

great-uncle [greɪt'ʌŋkəl] *n* tío *m* abuelo.

grebe [gri:b] *n Orn* somormujo *m*. ▪ **great creasted g.**, somormujo *m* lavanco; **little g.**, zampullín *m* chico *or* común; **red-necked g.**, somormujo *m* cuellirrojo.

Greece [gri:s] *n* Grecia.

greed [gri:d] *n*, **greediness** ['gri:dɪnɪs] *n* 1 *(for food)* gula *f*, glotonería *f*. 2 *(for money)* codicia *f*, avaricia *f*.

greedy ['gri:dɪ] *adj (greedier, greediest)* 1 *(for food)* glotón,-ona, goloso,-a. 2 *(for money)* codicioso,-a, ávido,-a *(for, de)*.

Greek [gri:k] I *adj* griego,-a. II *n* 1 *(person)* griego,-a *m,f*; **the G.**, los griegos. 2 *(language)* griego *m*; **ancient/modern G.**, griego clásico/moderno; *fam* **it's (all) G. to me**, me suena a chino.

green [gri:n] I *n* 1 *(colour)* verde *m*. 2 *(stretch of grass)* césped *m*; *Golf* campo *m*, green *m*. ▪ **village g.**, terreno *m* comunal, plaza *f* (del pueblo). 3 **greens**, *(vegetables)* verdura *f sing*, verduras *fpl*. II *adj* 1 *(colour)* verde; *fig* **to give a project the g. light**, dar luz verde a un proyecto; *fig* **to have a g. fingers**, *US* **have a g. thumb**, tener buena mano para las plantas. ▪ **g. bean**, judía *f* verde; **g. belt**, zona *f* verde; *Ins* **g. card**, carta *f* verde; **g. pepper**, pimiento *m* verde; **g. salad**, ensalada *f* verde. 2 *(unripe)* verde; *(uncured)* sin curar. 3 *(pale)* pálido,-a, lívido,-a; **to go** *or* **turn g.**, ponerse pálido,-a. 4 *(jealous)* envidioso,-a; **she was g. with envy**, se la comía la envidia. 5 *(inexperienced)* verde, novato,-a; *(gullible)* crédulo,-a, ingenuo,-a. 6 *Pol (ecologist)* verde; **G. Party**, Partido *m* Verde, Partido *m* Ecologista.

greenback ['gri:nbæk] *n US sl (any bill)* papiro *m*; *(green bill)* verde *m*, lechuga *f*.

greenery ['gri:nərɪ] *n* verde *m*, follaje *m*.

green-eyed ['gri:naɪd] *adj fig* envidioso,-a, celoso,-a.

greenfinch ['gri:nfɪntʃ] *n Orn* verderón *m* común.

greenfly ['gri:nflaɪ] *n* pulgón *m*.

greengage ['gri:ngeɪdʒ] *n Bot* ciruela *f* claudia.

greengrocer ['gri:ngrəʊsəʳ] *n GB* verdulero,-a *m,f*, frutero,-a *m,f*; **g.'s (shop)**, verdulería *f*, frutería *f*.

greenhorn ['gri:nhɔ:n] *n* novato,-a *m,f*.

greenhouse ['gri:nhaʊs] *n* invernadero *m*. ▪ *Meteor* **g. effect**, efecto *m* invernadero.

greenish ['gri:nɪʃ] *adj* verdoso,-a.

Greenland ['gri:nlənd] *n* Groenlandia. ▪ **G. Sea**, Mar *m* de Groenlandia.

Greenlander ['gri:nləndəʳ] *n* groenlandés,-esa *m,f*.

Greenlandic [gri:n'lændɪk] *adj* groenlandés,-esa.

greenness ['gri:nnɪs] *n* verdor *m*.

greenroom ['gri:nru:m] *n Theat* camerino *m*.

Greenwich ['grɪnɪdʒ, 'grenɪtʃ] *n* **G. (Mean) Time** (GMT), la hora media de Greenwich.

greet [gri:t] *vtr* 1 *(wave at)* saludar. 2 *(receive)* recibir; *(welcome)* dar la bienvenida a.

greeting ['gri:tɪŋ] *n* 1 *(gen)* saludo *m*; **greetings on your birthday!**, ¡felicidades en el día de tu cumpleaños!; **greetings to all!**, ¡saludos a todos!, ¡recuerdos a todos! ▪ **greetings card**, tarjeta *f* de felicitación. 2 *(reception)* recibimiento *m*; *(welcome)* bienvenida *f*.

gregarious [grɪ'geərɪəs] *adj* gregario,-a, sociable.

Gregorian [grɪ'gɔ:rɪən] *adj* gregoriano,-a. ▪ *Mus* **G. chant**, canto *m* gregoriano.

gremlin ['gremlɪn] *n* duende *m*.

Grenada [gre'neɪdə] *n* Granada.

grenade [grɪ'neɪd] *n Mil* granada *f*. ▪ **hand g.**, granada *f* de mano.

Grenadian [gre'neɪdɪən] *adj & n* granadino,-a *(m,f)*.

grenadier [grenə'dɪəʳ] *n Mil* granadero *m*.

grenadine¹ [grenə'di:n] *n Tex* granadina *f*.

grenadine² ['grenədi:n] *n (syrup)* granadina *f*.

grew [gru:] *pt see* **grow**.

grey [greɪ] I *adj* 1 *(colour)* gris; *(hair)* cano,-a; *(sky)* nublado,-a; **to go g.**, *(sky)* nublarse; *(hair)* encanecer, volverse cano. ▪ **g. matter**, materia *f* gris. 2 *(gloomy)* gris, triste. II *n* 1 *(colour)* gris *m*. 2 *(horse)* caballo *m* tordo.

grey-haired ['greɪheəd] *adj* de pelo cano, canoso,-a.

greyhound ['greɪhaʊnd] *n Zool* galgo *m*.

greyish ['greɪʃ] *adj (gen)* grisáceo,-a; *(hair)* entrecano,-a.

grid [grɪd] *n* 1 *(on map etc)* cuadrícula *f*. 2 *Tech (of electricity, water, etc)* red *f* nacional de suministro. 3 *see* **gridiron**.

griddle ['grɪdəl] *n Culin* plancha *f*.

gridiron ['grɪdaɪən] *n* 1 *Culin* parrilla *f*. 2 *US Ftb* campo *m* de fútbol.

grief [gri:f] *n* dolor *m*, pena *f*; *fam* **to come to g.**, *(car, driver)* sufrir un accidente; *(plans)* irse al traste; *fam* **good g.!**, ¡Dios mío!

grief-stricken ['gri:fstrɪkən] *adj* desconsolado,-a.

grievance ['gri:vəns] *n* 1 *(wrong)* motivo *m* de queja, agravio *m*. 2 *(resentment)* queja *f*; **to air one's grievances**, desahogarse.

grieve [gri:v] I *vtr* apenar, dar pena; **it grieves me to hear it**, me da pena saberlo. II *vi* apenarse, afligirse; **to g. for sb**, llorar la muerte de algn; **to g. over sth**, lamentar algo.

grievous ['gri:vəs] *adj (loss)* cruel, penoso,-a; *(injury etc)* fuerte, doloroso,-a; *(offence)* grave. ▪ *Jur* **g. bodily harm**, lesiones *fpl* corporales graves (de pronóstico reservado).

griffin ['grɪfɪn] *n Myth* grifo *m*.

grill [grɪl] I *vtr* 1 *Culin* asar a la parrilla; **grilled steak**, bistec *m* a la parrilla. 2 *fam (interrogate)* interrogar duramente. II *n* 1 *(gridiron)* parrilla *f*; *(over cooker)* parrilla *f*, grill *m*. 2 *Culin (dish)* parrillada *f*, asado *m* a la parrilla; **mixed g.**, parrillada *f* de carne.

grill(e) [grɪl] *n (grating)* reja *f*, verja *f*, enrejado *m*; *(latticework)* rejilla *f*. ▪ *Aut* **radiator g.**, calandra *f*.

grillroom ['grɪlru:m] *n (restaurant)* asador *m*.

grim [grɪm] *adj (grimmer, grimmest)* 1 *(sinister)* macabro,-a; *(landscape)* lúgubre; *(smile, laughter)* sardónico,-a. 2 *(manner)* severo,-a; *(expression)* ceñudo,-a. 3 *(resolute)* inflexible, inexorable; **he held on like g. death**, se agarró como si su vida dependiera de ello; **with g. determination**, con una voluntad de hierro. 4 *fam (unpleasant)* desagradable; **g. reality**, la dura realidad; **to feel g.**, encontrarse fatal. ◆**grimly** *adv* 1 *(derisively)* sardónicamente. 2 *(resolutely)* inexorablemente.

grimace [grɪ'meɪs, *US* 'grɪməs] I *n* mueca *f*. II *vi* hacer una mueca.

grime [graɪm] *n* mugre *f*, suciedad *f*.

grimy ['graɪmɪ] *adj (grimier, grimiest)* mugriento,-a, sucio,-a.

grin [grɪn] I *vi (pt & pp* **grinned)** sonreír abiertamente; *fam* **to g. and bear it,** poner al mal tiempo buena cara. II *n* sonrisa *f* abierta; *(ironic)* sonrisa *f* burlona.

grind [graɪnd] I *vtr (pt & pp* **ground)** *(mill)* moler; *(crush)* triturar; *(sharpen)* afilar; **to g. one's teeth,** hacer rechinar los dientes; *fig* **to have an axe to g.,** tener intereses personales. II *vi* 1 rechinar; *fig* **to g. to a halt,** *(vehicle)* pararse ruidosamente; *(production etc)* pararse poco a poco. 2 *fam (swot)* empollar, machacar. III *n* 1 *fam (routine)* trabajo *m* pesado; **the daily g.,** la rutina cotidiana; **what a g.!,** ¡qué rollo!, ¡qué lata! 2 *US sl (swot)* empollón,-ona *m,f.* ◆**grind down** *vtr fig (oppress)* oprimir; **to g. down the opposition,** acabar con la oposición. ◆**grind out** *vtr* 1 *(words)* decir gruñendo. 2 *(tune)* machacar.

grinder ['graɪndə'] *n (for coffee, pepper)* molinillo *m; (crusher)* trituradora *f.*

grinding ['graɪndɪŋ] *n* rechinamiento *m.*

grindstone ['graɪndstəʊn] *n* muela *f; fig* **to keep one's nose to the g.,** trabajar sin levantar cabeza.

gringo ['grɪŋgəʊ] *n (pl* **gringos)** *pej* gringo,-a *m,f.*

grip [grɪp] I *n* 1 *(hold)* asimiento *m; (handshake)* apretón *m; (of tyre)* adherencia *f;* **to have a firm g. on sth,** agarrar bien algo. 2 *fig (control)* dominio *m,* control *m;* **get a g. on yourself!,** ¡tranquilízate!; **to come** *or* **get to grips with a problem,** superar un problema; **to lose one's g.,** perder el control. 2 *(handle)* asidero *m; (of weapon)* empuñadura *f.* 3 *(travel bag)* bolsa *f* de viaje, maletín *m.* 4 *(hairgrip)* pasador *m,* horquilla *f.* II *vtr (pt & pp* **gripped)** 1 *(gen)* agarrar, asir; *(weapon)* empuñar; *(hand)* apretar. 2 *fig (film, story)* captar la atención de; **to be gripped by fear,** ser presa del miedo. III *vi (tyres)* adherirse a la carretera.

gripe [graɪp] I *vi fam (complain)* quejarse, refunfuñar. II *n* 1 *Med (pain)* retortijón *m,* cólico *m.* ■ *GB* **g. water,** calmante *m* para el cólico infantil. 2 *fam (complaint)* queja *f.*

gripping ['grɪpɪŋ] *adj (film, story)* apasionante.

grisly ['grɪzlɪ] *adj (grislier, grisliest)* espeluznante, horripilante.

grist [grɪst] *n* grano *m; fam* **it's all g. to the mill,** todo ayuda.

gristle ['grɪsəl] *n* cartílago *m,* ternilla *f.*

gristly ['grɪsəlɪ] *adj (gristlier, gristliest)* cartilaginoso,-a, ternilloso,-a.

grit [grɪt] I *n* 1 *(sand)* arena *f; (gravel)* grava *f.* 2 *(sandstone)* arenisca *f,* asperón *m.* 3 *fam (courage)* valor *m;* **she's got g.,** tiene agallas. II *vtr (pt & pp* **gritted)** 1 *(cover with grit)* cubrir de arena or grava. 2 *fig* hacer rechinar; **to g. one's teeth,** apretar los dientes.

grits [grɪts] *npl US Culin* **(hominy) g.,** maíz *m sing* molido.

gritty ['grɪtɪ] *adj (grittier, grittiest)* 1 *(courageous)* valiente, duro,-a. 2 *(sandy)* arenoso,-a; *(gravelly)* cubierto,-a de grava.

grizzle ['grɪzəl] *vi GB fam* 1 *(whine)* lloriquear. 2 *(complain)* refunfuñar.

grizzled ['grɪzəld] *adj* gris, entrecano,-a, canoso,-a.

grizzly ['grɪzlɪ] *adj (grizzlier, grizzliest)* gris, pardo,-a. ■ *Zool* **g. bear,** oso *m* pardo.

groan [grəʊn] I *n* 1 *(of pain)* gemido *m; (tree etc)* crujido *m.* 2 *fam (of disapproval)* gruñido *m.* II *vi* 1 *(in pain)*, gemir; *(plank, table)* crujir. 2 *fam (complain)* quejarse **(about,** de), gruñir.

grocer ['grəʊsə'] *n* tendero,-a *m,f;* **g.'s (shop),** tienda *f* de ultramarinos, colmado *m.*

groceries ['grəʊsərɪz] *npl* comestibles *mpl.*

grocery ['grəʊsərɪ] *n (shop)* tienda *f* de ultramarinos, colmado *m.* ■ *US* **g. store,** supermercado *m.*

grog [grɒg] *n* grog *m,* ponche *m.*

groggy ['grɒgɪ] *adj (groggier, groggiest) fam* 1 *Box* grogui; *fig (unsteady)* grogui, atontado,-a; *(reeling)* tambaleante. 2 *(weak)* débil.

groin [grɔɪn] *n* 1 *Anat* ingle *f.* 2 *US see* **groyne** .

groom [gruːm] I *n* 1 *(for horses)* mozo *m* de cuadra. 2 *(bridegroom)* novio *m.* II *vtr (horse)* almohazar; *(clothes, appearance)* cuidar; **well groomed,** bien arreglado,-a; *fig* **to g. sb for a post,** preparar a algn para un puesto.

groove [gruːv] *n (furrow etc)* ranura *f; (of record)* surco *m.*

groovy ['gruːvɪ] *adj (groovier, grooviest) sl dated* chupi, chuli.

grope [grəʊp] *vi* 1 *(search about)* andar a tientas; **to g. for sth,** buscar algo a tientas. 2 *sl (fondle)* meter mano, sobar.

gross [grəʊs] I *adj* 1 *(coarse)* basto,-a, grosero,-a; *(joke)* verde. 2 *(fat)* muy gordo,-a, obeso,-a. 3 *(flagrant) (injustice)* flagrante; *(ignorance)* craso,-a. 4 *Com Econ (profit, weight, income)* bruto,-a. ■ **g. national product,** producto *m* nacional bruto. II *n* 1 *(pl* **gross)** *(unit)* gruesa *f,* doce docenas *fpl; Com* **by the g.,** (al) por mayor, en grueso. 2 *(pl* **grosses)** totalidad *f.* II *vtr (gain)* recaudar (en bruto); **he grosses £20,000 a year,** tiene unos ingresos brutos de 20 mil libras al año. ◆**gross out** *vtr US sl* revolver el estómago. ◆**grossly** *adv* enormemente; **g. exaggerated,** muy exagerado; **g. unfair,** completamente injusto.

grotesque [grəʊ'tesk] *adj* grotesco,-a.

grotto ['grɒtəʊ] *n (pl* **grottos** *or* **grottoes)** gruta *f.*

grotty ['grɒtɪ] *adj (grottier, grottiest) GB sl* sucio,-a, asqueroso,-a, de mala muerte; **to feel g.,** encontrarse fatal.

grouch [graʊtʃ] I *vi fam* refunfuñar, quejarse. II *n (person)* gruñón,-ona *m,f,* cascarrabias *mf.*

grouchy ['graʊtʃɪ] *adj (grouchier, grouchiest)* refunfuñón,-ona, quejica.

ground[1] [graʊnd] I *n* 1 *(surface)* suelo *m,* tierra *f;* **at g. level,** al nivel del suelo; **stony g.,** suelo pedregoso; **to fall to the g.,** caer al suelo; **to get off the g.,** *(plane)* despegar; *fig (scheme)* realizarse; **to sit on the g.,** sentarse en el suelo; **to touch g.,** tocar fondo; *fig* **above g.,** vivo,-a; *fig* **to go to g.,** esconderse; *GB fam* **it suits me down to the g.,** me viene de perlas. ■ *Av* **g. control,** control *m* de tierra; **g. floor,** planta *f* baja; *Av* **g. staff,** personal *m* de tierra; **g. swell,** mar *m* de fondo; *fig* marejada *f.* 2 *(terrain)* terreno *m;* **to gain/lose g.,** ganar/perder terreno; *fig* **to break new** *or* **fresh g.,** abrir nuevos horizontes; *fig* **to hold** *or* **stand one's g.,** mantenerse firme. ■ **breeding g.,** semillero *m;* **football g.,** campo *m* de fútbol, estadio *m.* 3 *US Elec* toma *f* de tierra. 4 **grounds,** *(gardens)* jardines *mpl,* parque *m sing.* 5 **grounds,** *(reason)* motivo *m sing,* razón *f sing;* **g. for divorce,** motivo de divorcio; **on health g.,** por motivos de salud. 6 **grounds,** *(sediment)* poso *m sing,* sedimento *m sing.* II *vtr* 1 *Av* obligar a quedarse en tierra; *Naut* varar. 2 *US Elec* conectar con tierra. 3 *(teach)* enseñar los conocimientos básicos; **to be well grounded in,** ser muy entendido,-a en.

ground[2] [graʊnd] I *pt & pp see* **grind** . II *adj (coffee)* molido,-a; *US (meat)* picado,-a.

groundhog ['graʊndhɒg] n Zool marmota f. ◼ US G. Day, día m dos de febrero.

grounding ['graʊndɪŋ] n base f, conocimiento m; to have a good g. in, tener buenos conocimientos de.

groundless ['graʊndlɪs] adj sin fundamento, infundado,-a.

groundnut ['graʊndnʌt] n GB cacahuete m.

groundsheet ['graʊndʃi:t] n tela f impermeable.

groundsman ['graʊndzmən] n (pl groundsmen) Sport encargado m de campo.

groundwork ['graʊndwɜ:k] n trabajo m preparatorio or preliminar.

group [gru:p] I n (gen) grupo m, conjunto m. ◼ Med blood g., grupo m sanguíneo; Med g. practice, gabinete m médico; Psychol g. therapy, psicoterapia f de grupo; Pol pressure g., grupo m de presión. II vtr agrupar, juntar (into, en). III vi to g. (together), agruparse, juntarse.

grouper ['gru:pər] n (fish) mero m.

groupie ['gru:pɪ] n sl fan mf que intenta ligar con los miembros de un grupo de rock.

grouse[1] [graʊs] n (pl grouse or grouses) Orn urogallo m. ◼ black g., lagópodo m escocés.

grouse[2] [graʊs] fam I vi quejarse (about, de). II n queja f, motivo m de queja.

grout [graʊt] n Constr lechada f.

grove [grəʊv] n arboleda f, bosquecillo m; orange g., naranjal m.

grovel ['grɒvəl] vi (pt & pp grovelled) (humble) humillarse, rebajarse (to, ante); (crawl) arrastrarse (to, ante).

grovelling, US **groveling** ['grɒvəlɪŋ] adj servil, rastrero,-a.

grow [grəʊ] I vtr (pt grew; pp grown) (cultivate) cultivar; to g. a beard, dejarse (crecer) la barba. II vi 1 (gen) crecer; (increase) aumentar. 2 (become) hacerse, volverse; to g. accustomed to, acostumbrarse a; to g. dark, oscurecer; to g. into a woman, hacerse mujer; to g. old, envejecer. ◆grow on vtr llegar a gustar. ◆grow out of vtr 1 (become too big for) he's grown out of his shirt, se le ha quedado pequeña la camisa. 2 fig (phase etc) superar. ◆grow up vi (become adult) crecer, hacerse mayor; they grew up together, se criaron juntos; fam g. up!, ¡no seas tan infantil!

grower ['grəʊər] n cultivador,-a m,f.

growing ['grəʊɪŋ] adj (child) que crece; (problem etc) creciente; he's a g. boy, el niño crece cada día más. ◼ g. pains, Med dolores mpl producidos por el crecimiento; fig problemas mpl iniciales.

growl [graʊl] I vi 1 (dog) gruñir. 2 (person) refunfuñar. II vtr decir refunfuñando. III n gruñido m.

growling ['graʊlɪŋ] n gruñidos mpl.

grown [grəʊn] I pp see grow. II adj crecido,-a, adulto,-a.

grown-up ['grəʊnʌp] adj & n adulto,-a (m,f); the grown-ups, los mayores.

growth [grəʊθ] n 1 (gen) crecimiento m; (increase) aumento m; (development) desarrollo m; economic g., desarrollo económico; three days' g. of beard, barba f de tres días. 2 Med bulto m, tumor m.

groyne [grɔɪn] n espigón m.

grub [grʌb] I vi (pt & pp grubbed) to g. about or around, hurgar, rebuscar (in, entre). II n 1 (larva) larva f, gusano m. 2 sl (food) manduca f, papeo m; g.'s up!, ¡a comer! 3 fam (drudge) chupatintas mf inv.

grubbiness ['grʌbɪnɪs] n suciedad f.

grubby ['grʌbɪ] adj (grubbier, grubbiest) sucio,-a, mugriento,-a.

grudge [grʌdʒ] I n rencor m, resentimiento m; to bear sb a g., guardar rencor a algn. II vtr 1 (give unwillingly) dar a regañadientes. 2 (envy) envidiar; he grudges me my success, me envidia el éxito.

grudgingly ['grʌdʒɪŋlɪ] adv a regañadientes, de mala gana.

gruel ['gru:əl] n Culin gachas fpl.

gruelling, US **grueling** ['gru:əlɪŋ] adj agotador,-a, duro,-a, penoso,-a.

gruesome ['gru:səm] adj espantoso,-a, horrible, horripilante.

gruff [grʌf] adj (manner) brusco,-a; (voice) áspero,-a. ◆gruffly adv en un tono brusco.

gruffness ['grʌfnɪs] n brusquedad f, aspereza f.

grumble ['grʌmbəl] I vi quejarse (about, de), refunfuñar. II n queja f; to have a g. about sth, quejarse de algo.

grumbler ['grʌmblər] n refunfuñón,-ona m,f, quejica mf, gruñón,-ona m,f.

grumbling ['grʌmblɪŋ] I adj gruñón,-ona, refunfuñón,-ona; fam g. appendix, apendicitis f crónica. II n quejas fpl.

grumpy ['grʌmpɪ] adj (grumpier, grumpiest) gruñón,-ona, malhumorado,-a. ◆grumpily adv con mal humor, de mala gana.

grunt [grʌnt] I vi gruñir. II vtr decir gruñendo. III n gruñido m.

gryphon ['grɪfɪn] n see griffin.

Guadaloupe [gwɑ:də'lu:p] n Guadalupe.

Guam [gwɑ:m] n Guam.

guarantee [gærən'ti:] I n (gen) garantía f; (certificate) certificado m de garantía; Com a six-month g., una garantía de seis meses; there's no g. that they will come, no hay ninguna garantía de que vengan; under g., bajo garantía. II vtr (gen) garantizar; (assure) asegurar; (take responsibility for) responder de; I can't g. it, no te lo puedo asegurar; it is guaranteed for five years, está garantizado por cinco años.

guarantor [gærən'tɔ:ʳ] n garante mf.

guard [gɑ:d] I vtr 1 (protect) defender, proteger; (keep watch over) vigilar; a closely guarded secret, un secreto bien guardado. 2 (control) guardar. II vi protegerse (against, de, contra); g. against doing that, guárdate de hacer eso. III n 1 (act) guardia f; to be on g., estar de guardia; to be on one's g., estar en guardia; to catch sb off his g., coger desprevenido a algn; to put sb on his g., poner en guardia a algn; to mount or stand g., montar la guardia f; g. of honour, guardia de honor; the changing of the g., el relevo de la guardia; the Guards, la guardia; to mount or stand g., montar la guardia. ◼ g. dog, perro m guardián. 3 GB Rail jefe m de tren. ◼ g.'s van, furgón m de cola. 4 (on machine) seguro m, dispositivo m de seguridad. ◼ fire g., pantalla f.

guarded ['gɑ:dɪd] adj cauteloso,-a, precavido,-a. ◆guardedly adv cautelosamente, con cautela.

guardhouse ['gɑ:dhaʊs] n Mil 1 (headquarters) cuerpo m de guardia. 2 (prison) prisión f militar.

guardian ['gɑ:dɪən] n 1 (defender) guardián,-ana m,f. ◼ g. angel, ángel m de la guarda. 2 Jur (of minor) tutor,-a m,f.

guardrail ['gɑ:dreɪl] n barandilla f.

guardsman ['gɑːdzmən] n (pl **guardsmen**) Mil guardia m.

Guatemala [gwɑːtə'mɑːlə] n Guatemala.

Guatemalan [gwɑːtə'mɑːlən] adj & n guatemalteco,-a (m,f).

guava ['gwɑːvə] n Bot guayaba f. ■ g. **tree**, guayabo m.

gudgeon[1] ['gʌdʒən] n (fish) gobio m.

gudgeon[2] ['gʌdʒən] n Tech (of axle) gorrón m.

Guernsey ['gɜːnzɪ] n Guernesey.

guer(r)illa [gə'rɪlə] n guerrillero,-a m,f. ■ g. **warfare**, guerra f de guerrillas.

guess [ges] I vtr & vi 1 (gen) adivinar; g. **what happened today!**, ¡adivina lo que ha pasado hoy!; **I guessed as much**, me lo imaginaba; **to g. right/wrong**, acertar/no acertar; **to keep sb guessing**, mantener a algn en la incertidumbre. 2 US fam creer, pensar, suponer; **I g. so**, supongo que sí. II n (gen) conjetura f, suposición f; (estimate) cálculo m, suposición f; **at a rough g.**, a ojo de buen cubero; **have a g.!**, ¡a ver si aciertas!; **it's anyone's g.**, no se sabe; **to have** or **make a g.**, intentar adivinar.

gues(s)timate ['gestɪmɪt] n fam cálculo m aproximado.

guesswork ['geswɜːk] n conjetura f; **it's all g.**, es pura conjetura.

guest [gest] n (at home) invitado,-a m,f; (in hotel) cliente,-a m,f, huésped,-a m,f; g. **of honour**, invitado,-a de honor; fam **be my g.!**, ¡estás en tu casa! ■ g. **artist**, artista mf invitado,-a; g. **room**, cuarto m de los invitados.

guesthouse ['gesthaʊs] n casa f de huéspedes.

guffaw [gʌ'fɔː] I n carcajada f. II vi reírse a carcajadas.

Guiana [gaɪ'ænə] n Guayana. ■ **French G.**, Guayana Francesa.

Guianan [gaɪ'ænən] adj & n, **Guianese** [gaɪə'niːz] adj & n guayanés,-esa (m,f).

guidance ['gaɪdəns] n orientación f, consejos mpl; **for your g.**, a título de información; Educ vocational g., orientación profesional.

guide [gaɪd] I vtr guiar, orientar, dirigir; **to be guided by**, dejarse guiar por. II n 1 (person) guía mf. ■ GB **girl g.**, exploradora f; g. **dog**, perro m lazarillo. 2 (guidebook) guía f. 3 (example) ejemplo m; **it's a rough g.**, es una aproximación; **reason is my g.**, me dejo guiar por la razón.

guidebook ['gaɪdbʊk] n guía f.

guided ['gaɪdɪd] adj dirigido,-a; g. **tour**, visita con guía. ■ Mil g. **missile**, misil m teledirigido.

guideline ['gaɪdlaɪn] n directiva f, directriz f, pauta f; **to serve as a g.**, servir de gobierno or de directriz.

guiding ['gaɪdɪŋ] adj que sirve de guía; (principle) directivo,-a; fig g. **light**, g. **star**, lumbrera f.

guild [gɪld] n gremio m.

guile [gaɪl] n (cleverness) sagacidad f; (cunning) astucia f.

guileless ['gaɪllɪs] adj inocente, ingenuo,-a.

guillemot ['gɪlɪmɒt] n Orn arao m común.

guillotine ['gɪləti:n] I n guillotina f. II vtr guillotinar.

guilt [gɪlt] n 1 (gen) culpa f; g. **feelings**, sentimiento de culpabilidad. 2 Jur culpabilidad f.

guilty ['gɪltɪ] adj (guiltier, guiltiest) culpable (**of**, de); **to feel g.**, sentirse culpable; **to have a g. conscience**, remorderle a uno la conciencia; Jur **to plead g./not g.**, declararse culpable/inocente.

Guinea ['gɪnɪ] n Guinea; fig **to act as a g. pig**, servir de conejillo de Indias. ■ **Equatorial G.**, Guinea Ecuatorial; g. **fowl**, gallina f de Guinea; Zool g. **pig**, conejillo m de Indias, cobaya m, cobayo m.

guinea ['gɪnɪ] n (coin) guinea f (= 21 chelines).

Guinea-Bissau [gɪnɪbɪ'saʊ] n Guinea Bissau.

Guinean ['gɪnɪən] adj & n guineano,-a (m,f).

guipure [gɪ'pjʊəʳ] n Tex guipur m.

guise [gaɪz] n apariencia f; **under the g. of**, so pretexto de.

guitar [gɪ'tɑːʳ] n Mus guitarra f.

guitarist [gɪ'tɑːrɪst] n Mus guitarrista mf, guitarra mf.

gulf [gʌlf] n 1 Geog golfo m. ■ **G. of Bothnia**, Golfo m de Botnia; **G. of Guinea**, Golfo m de Guinea; **G. of Lions**, Golfo m de León; **G. of Mexico**, Golfo m de Méjico; **G. Stream**, corriente f del Golfo de Méjico; **Persian G.**, golfo m Pérsico. 2 fig abismo m.

gull [gʌl] n Orn gaviota f. ■ **black-headed g.**, gaviota f reidora; **common g.**, gaviota f cana; **herring g.**, gaviota f argéntea; **little g.**, gaviota f enana.

gull(e)y ['gʌlɪ] n (pl **gulleys** or **gullies**) barranco m, hondonada f.

gullibility [gʌlə'bɪlɪtɪ] n credulidad f, tragaderas fpl.

gullible ['gʌləbəl] adj crédulo,-a.

gulp [gʌlp] I n trago m; **in one g.**, de un trago. II vtr tragar; **to g. back tears**, tragarse las lágrimas; **to g. sth down**, (drink) tomarse algo de un trago; (food) engullir algo. III vi 1 (swallow air) tragar aire. 2 fig (with fear) tragar saliva.

gum[1] [gʌm] I n 1 (natural substance) goma f, chicle m. ■ **chewing g.**, chicle m, goma f de mascar; g. **arabic**, goma f arábiga. 2 (glue) goma f, pegamento m. 3 Bot (gumtree) gomero m. ■ **sweet g.**, ocozol m, liquidámbar m americano. II vtr (pt & pp **gummed**) pegar con goma. ♦**gum up** vtr fam estropear.

gum[2] [gʌm] n Anat encía f.

gumboil ['gʌmbɔɪl] n Med flemón m.

gumboots ['gʌmbuːts] npl botas fpl de agua.

gummed [gʌmd] adj engomado,-a, gomoso,-a.

gummy ['gʌmɪ] adj (gummier, gummiest) 1 (sticky) pegajoso,-a. 2 (gummed) engomado,-a, gomoso,-a.

gumption ['gʌmpʃən] n GB fam caletre m, mollera f, cacumen m.

gumtree ['gʌmtriː] n Bot gomero m; fam **to be up a g.**, estar en un aprieto.

gun [gʌn] I n (gen) arma f de fuego; (handgun) pistola f, revólver m; (rifle) fusil m, rifle m, escopeta f; (cannon) cañón m; **he was carrying a g.**, iba armado; fam **the big guns**, los peces gordos; fam **to jump the g.**, adelantarse; fam **to stick to one's guns**, mantenerse en sus trece; sl **to go great guns**, ir a toda pastilla. ■ g. **carriage**, cureña f; g. **dog**, perro m de caza; g. **licence**, licencia f de armas; **machine g.**, ametralladora f; **spray g.**, pistola f, pulverizador m; **sub-machine-g.**, metralleta f. II vtr (pt & pp **gunned**) Aut (engine) hacer zumbar. ♦**gun down** vtr matar a tiros. ♦**gun for** vtr (hunt down) andar a la caza de.

gunboat ['gʌnbəʊt] n Naut cañonero m, (lancha f) cañonera f. ■ g. **diplomacy**, diplomacia f de cañón.

gunfire ['gʌnfaɪəʳ] n (gen) fuego m, tiros mpl; (shellfire) cañoneo m; (shooting) tiroteo m.

gunman ['gʌnmən] n (pl **gunmen**) pistolero m, gángster m.

gunner ['gʌnər] n Mil artillero m.
gunnery ['gʌnərɪ] n Mil artillería f.
gunpoint ['gʌnpɔɪnt] n at g., a punta de pistola.
gunpowder ['gʌnpaʊdər] n pólvora f.
gunrunner ['gʌnrʌnər] n traficante mf de armas.
gunrunning ['gʌnrʌnɪŋ] n tráfico m de armas.
gunshot ['gʌnʃɒt] n disparo m, tiro m. ■ g. wounds, heridas fpl de bala.
gunsmith ['gʌnsmɪθ] n armero m.
gunwale ['gʌnəl] n Naut regala f, borda f.
gurnard ['gɜ:nəd] n (pl gurnard or gurnards) (fish) red g., arete m, cuco m, rubio m.
gurgle ['gɜ:gəl] I vi (baby) gorjear; (liquid, gas) gorgotear; (stream) murmurar. II n (of baby) gorjeo m; (of liquid, gas) gorgoteo m, gluglú m; (of stream) murmullo m.
guru ['gʊru:, 'gu:ru:] n gurú m.
gush [gʌʃ] I vi 1 brotar or salir a borbotones, borbotear. 2 fig to g. over sb, enjabonar a algn. II n 1 (of water etc) chorro m; (of words) torrente m. 2 fig efusión f, sentimentalismo m.
gushing ['gʌʃɪŋ] adj 1 (liquid, gas) que brota, que sale a chorros. 2 fig (person) efusivo,-a.
gusset ['gʌsɪt] n Sew escudete m.
gust [gʌst] n (of wind) ráfaga f, racha f; (of rain) chaparrón m.
gusto ['gʌstəʊ] n entusiasmo m, placer m; to eat with g., comer con ganas.
gusty ['gʌstɪ] adj (gustier, gustiest) (wind) racheado,-a.
gut [gʌt] I n 1 Anat (intestine) intestino m, tripa f. 2 (catgut) cuerda f de tripa. 3 guts, (entrails) entrañas fpl, tripas fpl. 4 guts, sl agallas fpl; to have g., tener agallas; fam she hates his g., no lo puede ni ver; fam to sweat or work one's g. out, dejarse la piel en algo, trabajar como un negro. II vtr (pt & pp gutted) 1 (fish etc) destripar, limpiar. 2 (destroy) destruir por dentro; fire gutted the building, el fuego destruyó el interior del edificio. III adj fam visceral; g. reaction, reacción visceral.
gutsy ['gʌtsɪ] adj (gutsier, gutsiest) sl (courageous) con agallas; (determined) lanzado,-a.
gutta-percha [gʌtə'pɜ:tʃə] n gutapercha f.
gutter ['gʌtər] n (in street) arroyo m, cuneta f; (on roof) canal m, canalón m; fig the g., los barrios bajos; fig to rise from the g., salir del arroyo or de la nada. ■ Press fig g. press, prensa f amarilla. II vi (candle) derretirse.
guttural ['gʌtərəl] adj gutural.
guy¹ [gaɪ] n fam tipo m, tío m; he's a great g., es un chico estupendo. ■ tough g., tío m duro, matón m; wise g., sabihondo m, sabelotodo m inv.
guy² [gaɪ] n (rope) viento m, cuerda f.
Guyana [gaɪ'ænə] n Guyana.
Guyanan [gaɪ'ænən] adj & n, **Guyanese** [gaɪə'ni:z] adj & n guyanés,-esa (m,f) guayanés,-esa.
guzzle ['gʌzəl] vtr & vi fam (food etc) engullirse, zamparse, tragarse; (car) tragar mucho.
guzzler ['gʌzlər] n fam (person) tragón,-ona m,f, comilón,-ona m,f, glotón,-ona m,f; (car) que traga mucho.
gym [dʒɪm] fam 1 (gymnasium) gimnasio m. 2 (gymnastics) gimnasia f. ■ g. shoes, zapatillas fpl de deporte.
gymkhana [dʒɪm'kɑ:nə] n Equit gymkhana f.
gymnasium [dʒɪm'neɪzɪəm] n (pl gymnasiums or gymnasia [dʒɪm'neɪzɪə]) gimnasio m.
gymnast ['dʒɪmnæst] n gimnasta mf.
gymnastic [dʒɪm'næstɪk] adj gimnástico,-a.
gymnastics [dʒɪm'næstɪks] n gimnasia f.
gynaecological, US gynecological [gaɪnɪkə'lɒdʒɪkəl] adj Med ginecológico,-a.
gynaecologist, US gynecologist [gaɪnɪ'kɒlədʒɪst] n Med ginecólogo,-a m,f.
gynaecology, US gynecology [gaɪnɪ'kɒlədʒɪ] n Med ginecología f.
gyp [dʒɪp] sl I vtr (pt & pp gypped) engatusar. II n robo m, timo m.
gypsum ['dʒɪpsəm] n yeso m.
gypsy ['dʒɪpsɪ] adj & n gitano,-a (m,f).
gyrate [dʒaɪ'reɪt] vi girar, dar vueltas.
gyration [dʒaɪ'reɪʃən] n giro m, vuelta f.
gyratory ['dʒaɪrətərɪ] adj giratorio,-a.
gyrocompass ['dʒaɪrəʊkʌmpəs] n girocompás f.
gyroscope ['dʒaɪrəskəʊp] n giroscopio m, giróscopo m.
gyroscopic [dʒaɪrə'skɒpɪk] adj giroscópico,-a.
gyrostat ['dʒaɪrəʊstæt] n see gyroscope.

H

H, h [eɪtʃ] n (the letter) H, h f.
H abbr of hydrogen, hidrógeno m, H.
ha abbr of hectare, hectárea f, ha.
haberdasher ['hæbədæʃər] n 1 GB (shopkeeper) mercero,-a m,f; (shop) h.'s, mercería f. 2 US (shop) tienda f de ropa para caballeros.
haberdashery [hæbə'dæʃərɪ] n 1 GB artículos mpl de mercería. 2 US ropa f masculina.
habit ['hæbɪt] n 1 (custom) hábito m, costumbre f; bad h., vicio m; out of h., por costumbre; to be in the h. of, tener la costumbre de; to get into the h.

of, coger la costumbre de, acostumbrarse a; to get out of the h. of, perder la costumbre de; to kick the h., dejar un vicio; to make a h. of sth, hacer de algo una costumbre. 2 (garment) Rel hábito m.
habitable ['hæbɪtəbəl] adj habitable.
habitat ['hæbɪtæt] n hábitat m.
habitation [hæbɪ'teɪʃən] n fml habitación f; unfit for human h., inhabitable.
habitual [hə'bɪtjuəl] adj (customary) habitual, acos-

tumbrado,-a; *(of drinker, smoker, liar)* invete-rado,-a, empedernido,-a. ◆**habitually** *adv* por costumbre, habitualmente.

habituate [hə'bɪtjʊeɪt] *vtr fml* habituarse (**a**, **to**), acostumbrarse (**a**, **to**).

habitué [hə'bɪtjʊeɪ] *n fml* parroquiano,-a *m,f* habitual.

hack[1] [hæk] **I** *n (cut)* corte *m*, tajo *m*; *(with an axe)* hachazo *m*; *(notch)* mella *f*; *(kick)* patada *f*, puntapié *m*. **II** *vtr (with knife, axe)* cortar, rajar; *(notch)* mellar; *(kick)* dar un puntapié a. ◆**hack about** *vtr (text, article)* cortar, mutilar. ◆**hack through** *vtr (work)* hacer una chapuza.

hack[2] [hæk] **I** *n* **1** *(hired horse)* caballo *m* de alquiler; *(worn-out horse)* rocín *m*, jamelgo *m*. **2** *fam (writer)* escritorzuelo,-a *m,f*; *(journalist)* gacetillero,-a *m,f*, periodista *mf* de poca categoría. **II** *adj fam (work)* mecánico,-a, rutinario,-a. **III** *vi fam* montar a caballo.

hacking[1] ['hækɪŋ] *adj (cough)* seco,-a, áspero,-a.

hacking[2] ['hækɪŋ] *adj* de montar. ■ **h. jacket,** chaqueta *f* de montar.

hackles ['hæklz] *npl Zool (of bird)* collar *m*, plumas *fpl* del cuello; *(of mammal)* pelo *m* del cuello; *fig* **to put sb's h. up,** poner negro a algn.

hackneyed ['hæknɪd] *adj* gastado,-a, trillado,-a.

hacksaw ['hæksɔ:] *n* sierra *f* para metales.

had [hæd] *pt & pp see* **have.**

haddock ['hædək] *n (pl haddocks or haddock) (fish)* abadejo *m*.

haemoglobin [hi:məʊ'gləʊbɪn] *n Med* hemoglobina *f*.

haemophilia [hi:məʊ'fɪlɪə] *n Med* hemofilia *f*.

haemophiliac [hi:məʊ'fɪlɪæk] *adj & n Med* hemofílico,-a *(m,f)*.

haemorrhage ['hemərɪdʒ] *n Med* hemorragia *f*.

haemorrhoids ['hemərɔɪdz] *npl Med* hemorroides *fpl*.

haft [hɑ:ft] *n (of knife)* mango *m*; *(of sword)* puño *m*, empuñadura *f*.

hag [hæg] *n pej* bruja *f*, arpía *f*.

haggard ['hægəd] *adj* ojeroso,-a.

haggis ['hægɪs] *n Scot Culin* guiso hecho con las asaduras del cordero.

haggish ['hægɪʃ] *adj* de bruja.

haggle ['hægəl] *vi* regatear; **to h. over** *or* **about the price of sth,** regatear el precio de algo.

haggling ['hægəlɪŋ] *n* regateo *m*.

hagiography [hægɪ'ɒgrəfɪ] *n* hagiografía *f*.

Hague [heɪg] *n* **The H.,** La Haya.

hah [hɑ:] *interj*, **ha ha** [hɑ:'hɑ:] *interj* ¡ja ja!

hail[1] [heɪl] **I** *n Meteor (ice)* granizo *m*; *(storm)* granizada *f*; *fig* **a h. of bullets/insults,** una lluvia de balas/insultos. **II** *vi* granizar.

hail[2] [heɪl] **I** *n (greeting)* saludo *m*. ■ *Rel* **H. Mary,** avemaría *f*. **II** *vtr* **1** *arch (call)* llamar. **2** *(taxi)* llamar. **3** *(acclaim)* aclamar, proclamar. **III** *vi* **1** *Meteor* granizar. **2** *(originate)* ser nativo,-a **(from,** de), ser **(from,** de).

hailstone ['heɪlstəʊn] *n* granizo *m*.

hailstorm ['heɪlstɔ:m] *n* granizada *f*.

hair [heə[r]] *n (strand)* pelo *m*, cabello *m*; *(mass)* pelo *m*, cabellos *npl*, cabellera *f*; *(on arm, leg)* vello *m*; **to have long h.,** tener melena *or* el pelo largo; **to have one's h. cut,** cortarse el pelo; *fig* **to let one's h. down,** desmadrarse; *fig* **to make sb's h. stand on end,** poner los pelos de punta a algn; *fig* **to split**

hairs, hilar muy delgado; *fig* **to tear one's h. out,** estar desesperado,-a; *fam* **keep your h. on!,** ¡tranquilo!, ¡no es para tanto!; *fam fig* **it gets in my h.,** lo odio. ■ **h's breadth,** anchura *f* de un pelo; **h. lacquer,** laca *f*; **h. slide,** pasador *m*.

hairband ['heəbænd] *n* cinta *f* (para el pelo).

hairbrush ['heəbrʌʃ] *n* cepillo *m* (para el pelo).

haircut ['heəkʌt] *n* corte *m* de pelo; **to have a h.,** cortarse el pelo.

hairdo ['heədu:] *n fam* peinado *m*.

hairdresser ['heədresə[r]] *n* peluquero,-a *m,f*; **h.'s (shop),** peluquería *f*.

hairdressing ['heədresɪŋ] *n (profession)* peluquería *f*.

hairdryer *n*, **hairdrier** ['heədraɪə[r]] *n* secador *m* (de pelo).

hair-grip ['heəgrɪp] *n* horquilla *f*, pasador *m*.

hairless ['heəlɪs] *adj* sin pelo, calvo,-a.

hairline ['heəlaɪn] **I** *adj* muy fino,-a; **a h. crack,** una raja pequeña. **II** *n* nacimiento *m* del pelo; **receding h.,** entradas *fpl*.

hairnet ['heənet] *n* redecilla *f*.

hairpiece ['heəpi:s] *n* postizo *m*, peluquín *m*.

hairpin ['heəpɪn] *n* horquilla *f*. ■ *Aut* **h. bend,** curva *f* muy cerrada.

hair-raising ['heəreɪsɪŋ] *adj* espeluznante, que pone los pelos de punta.

hair-remover ['heərɪmu:və[r]] *n* depilatorio *m*.

hair-splitting ['heəsplɪtɪŋ] *pej* **I** *adj* sutil. **II** *n* sutilezas *fpl*.

hairspray ['heəspreɪ] *n* laca *f* (para el pelo).

hairstyle ['heəstaɪl] *n* peinado *m*, corte *m* de pelo.

hairy ['heərɪ] *adj* **(hairier, hairiest) 1** *(with hair)* peludo,-a. **2** *fig (frightening)* enervante, espantoso,-a.

Haiti ['heɪtɪ, hɑː'iːtɪ] *n* Haití.

Haitian ['heɪʃɪən, hɑː'iːʃən] **I** *adj* haitiano,-a. **II** *n* **1** *(person)* haitiano,-a *m,f*. **2** *(language)* haitiano *m*.

hake [heɪk] *n (pl hakes or hake) (fish)* merluza *f*; *(young)* pescadilla *f*.

halcyon ['hælsɪən] *adj fml* **h. days,** los brillantes y tranquilos días de la juventud.

hale [heɪl] *adj Lit* sano,-a; **h. and hearty,** fuerte y sano.

half [hɑ:f] **I** *n (pl halves) (section)* media parte *f*, mitad *f*; *Sport (period)* parte *f*, mitad *f*, tiempo *m*; *(position)* medio *m*; **he's four and a h.,** tiene cuatro años y medio; *fam* **to cut/rip/break in h.,** cortar/rasgar/romper por la mitad; *fig* **my better** *or* **other h.,** *fam* media naranja; *fam fig* **I've a problem and a h.,** ¡vaya problema que tengo! ■ *Sport* **first/second h.,** primer/segundo tiempo *m*, primera/segunda parte *f or* mitad *f*; *Ftb* **centre h.,** (defensa *m*) central *m*. **II** *adj* medio,-a; **h. a dozen** *or* **a dozen/an hour,** media docena/hora; **he is h. German,** es medio alemán. ■ **h. board,** media pensión *f*; **h. fare,** media tarifa *f*, medio billete *m*; **h. measures,** medias tintas *fpl*; **h. term,** medio trimestre *m*; **h. year,** semestre *m*, medio año *m*. **III** *adv* medio, a medias; **h. asleep,** medio dormido,-a; **h. and h.,** mitad y mitad; *fam* **I was h. expecting you not to come,** casi creía que no ibas a venir; *fam* **would you like a beer? —not h.!,** ¿quieres una cerveza? —¡hombre, claro!; *fam iron* **he's too clever by h.,** es un poco desmasiado listillo, ¿sabes?

half-baked [hɑ:f'beɪkt] *adj* **1** *Culin* medio cocido,-a. **2** *fig (of idea, plan)* mal concebido,-a, poco serio,-a.

half-breed[ˈhɑːfbriːd] *adj & n* mestizo,-a *(m,f)*.
half-brother[ˈhɑːfbrʌðəʳ] *n* hermanastro *m*.
half-caste[ˈhɑːfkɑːst] *adj & n* mestizo,-a *(m,f)*.
half-closed[hɑːfˈkləʊzd] *adj* entreabierto,-a.
half-cock[hɑːfˈkɒk] *n (of gun)* at **h.-c.**, con el seguro echado.
half-day[hɑːfˈdeɪ] *n* media jornada *f*.
half-empty[hɑːfˈemptɪ] *adj* medio vacío,-a.
half-hearted [hɑːfˈhɑːtɪd] *adj* poco entusiasta.
◆**half-heartedly***adv* sin entusiasmo, sin ganas.
half-hour[hɑːfˈaʊəʳ] *n* media hora *f*. ◆**half-hourly** *adv* cada media hora.
half-life[ˈhɑːflaɪf] *n Chem* media vida *f*.
half-mast[hɑːfˈmɑːst] *n* at **h.**, a media asta.
half-note[ˈhɑːfnəʊt] *n US Mus* blanca *f*.
halfpenny [ˈhɑːfpenɪ] *n (pl **halfpennies** or **halfpence** [ˈhɑːpens]) medio penique *m*.
half-price[hɑːfˈpraɪs] *adv* a mitad de precio.
half-sister[ˈhɑːfsɪstəʳ] *n* hermanastra *f*.
half-time[hɑːfˈtaɪm] *n Sport* descanso *m*.
half-tone[ˈhɑːftəʊn] *n* **1** *Print* medio tono *m*, media tinta *f*. **2** *Mus* semitono *m*.
half-way[ˈhɑːfweɪ] **1** *adj* medio,-a, intermedio,-a; **the h.-w. point**, el punto intermedio. **II** **halfway** [hɑːfˈweɪ] *adv* a medio camino, a mitad de camino; *fig* **to meet sb h.**, llegar a un arreglo con algn.
half-wit[ˈhɑːfwɪt] *n* tonto,-a *m,f*, imbécil *mf*.
half-yearly[ˈhɑːfjɪəlɪ] *adj* semestral.
halibut [ˈhælɪbət] *n (pl **halibuts** or **halibut**) (fish)* mero *m*.
hall[hɔːl] *n* **1** *(lobby)* entrada *f*, vestíbulo *m*. ■ **h. stand**, percha *f*. **2** *(building)* sala *f*. ■ *Univ* **h. of residence**, colegio *m* mayor, residencia *f* universitaria; **town** or **city h.**, ayuntamiento *m*. **3** *(estate)* mansión *f*, casa *f* de campo señorial.
hallmark[ˈhɔːlmɑːk] *n* **1** *(on gold, silver)* contraste *m*. **2** *fig* sello *m*.
hallo[həˈləʊ] *interj* ¡hola!
hallowed [ˈhæləʊd] *adj (holy)* santo,-a, santificado,-a, bendito,-a; *fig* reverenciado,-a; **h. be Thy name**, santificado sea Tu nombre.
Hallowe(ʹ)en[hæləʊˈiːn] *n* víspera *f* de Todos los Santos.
hallucinate[həˈluːsɪˈneɪt] *vi* alucinar.
hallucination[həluːsɪˈneɪʃən] *n* alucinación *f*.
hallucinatory[həˈluːsɪnətrɪ] *adj* alucinante.
hallucinogenic [həluːsɪnəʊˈdʒenɪk] *adj* alucinógeno,-a.
hallway[ˈhɔːlweɪ] *n* vestíbulo *m*.
halo[ˈheɪləʊ] *n (pl **haloes** or **halos**) **1** *Astron* halo *m*. **2** *Rel* aureola *f*.
halt[hɔːlt] **I** *n (stop)* alto *m*, parada *f*; **to call a h. to sth**, atajar algo, acabar con algo; **to come to a h.**, *(stop)* pararse; *(interrupt)* interrumpirse. **II** *vtr* parar, detener. **III** *vi* pararse, detenerse. **IV** *interj* ¡alto!
halter[ˈhɔːltəʳ] *n Equit* ronzal *m*, cabestro *m*.
halterneck[ˈhɔːltənek] *adj* vestido *m* escotado por detrás.
halting [ˈhɔːltɪŋ] *adj (speech)* vacilante; *(steps)* titubeante.
halve[hɑːv] *vtr* **1** *(cut in half)* partir por la mitad; *(reduce by half)* reducir a la mitad. **2** *(share)* compartir. **3** *Golf* empatar.
halves[hɑːvz] *pl see* **half**

ham[hæm] *n Culin* jamón *m*. ■ **boiled h.**, jamón *m* cocido or en dulce or de York; **Parma** or **cured h.**, jamón *m* serrano.
ham[hæm] **I** *n* **1** *Rad* radioaficionado,-a *m,f*. **2** *Theat (actor)* comicastro,-a *m,f*, histrión *m*; *(acting)* histronismo *m*. **II** *vi (pt & pp **hammed**) Theat* **to h. (it) up**, sobreactuar.
Hamburg[ˈhæmbɜːg] *n* Hamburgo.
hamburger[ˈhæmbɜːgəʳ] *n Culin* hamburguesa *f*.
ham-fisted[hæmˈfɪstɪd] *adj* torpe; **he's very h.-f**, es un manazas.
hamlet[ˈhæmlɪt] *n* aldea *f*, pueblecito *m*.
hammer[ˈhæməʳ] **I** *n* **1** *(tool)* martillo *m*; *Pol* **the h. and sickle**, la hoz y el martillo; *fig* **to come under the h.**, salir a subasta; *fig* **to fight h. and tongs**, luchar a brazo partido. **2** *Mus (of piano)* macillo *m*. **3** *(gun)* percursor *m*. **4** *Sport* lanzamiento *m* de martillo. **II** *vtr* **1** *(gen)* martillar, martillear; *(nail)* clavar; *fig* **to h. home**, insistir sobre or en; *fig* **to h. sth into sb**, meterle algo en la cabeza a algn. **2** *fam (defeat)* dar una paliza a. **3** *(slate)* machacar; *(criticize)* criticar. **III** *vi (gen)* martillar, martillear, dar golpes; **to h. at the door**, golpear la puerta; *fig* **it's been hammering it down**, no ha parado de llover. ◆**hammer away** *vi* trabajar constantemente. ◆**hammer out***vtr (agreement)* lograr, alcanzar; **to h. it out**, llegar a un acuerdo.
hammerhead[ˈhæməhed] *n (fish)* pez *m* martillo.
hammering [ˈhæmərɪŋ] *n* **1** *(knocking)* martilleo *m*. **2** *fam* paliza *f*; **to give sb a h.**, darle una paliza a algn; **to take a h.**, recibir una paliza.
hammock[ˈhæmək] *n* hamaca *f*; *Naut* coy *m*.
hamper[ˈhæmpəʳ] *n* cesta *f*. ■ **Christmas h.**, cesta *f* de Navidad.
hamper[ˈhæmpəʳ] *vtr* estorbar, obstaculizar, impedir, dificultar.
hamster[ˈhæmstəʳ] *n Zool* hámster *m*.
hamstring [ˈhæmstrɪŋ] **I** *n Anat* tendón *m* de la corva. **II** *vtr (pt & pp **hamstrung** [ˈhæmstrʌŋ]) limitar, perjudicar.
hand[hænd] **I** *n* **1** mano *f*; **by h.**, a mano; **(close) at h.**, a mano, muy cerca; **hands off!**, ¡manos fuera!; **hands up!**, ¡manos arriba!; **on the one/other h.**, por una/otra parte; **to walk h. in h.**, andar cogidos or ir de la mano; *fig* **a free h.**, carta *f* blanca; *fig* **to get out of h.**, descontrolarse; *fig* **the job in h.**, lo que nos ocupa; *fig* **to ask for sb's h.**, pedir la mano de algn; *fig* **to be on h.**, estar a mano; *fig* **to bite the h. that feeds you**, cria cuervos y te sacarán los ojos; *fig* **to change hands**, cambiar de manos; *fig* **to do sth out of h.**, hacer algo sin pensarlo; *fig* **to have the upper h.**, llevar ventaja; *fig* **to have a h. in**, intervenir en; *fig* **to have sth to h.**, tener algo a la mano; *fig* **to have time in h.**, sobrarle a uno tiempo; *fig* **to keep one's h. in**, no perder la práctica; *fig* **to know sth like the back of one's h.**, conocer algo como la palma de la mano; *fig* **to live from h. to mouth**, vivir al día; *fig* **to play (right) into sb's hands**, ponerse a merced de algn; *fig* **to take sb in h.**, ocuparse de algn; *fig* **to turn one's h. to**, meterse en, dedicarse a; *fig* **to wash one's hands**, lavarse las manos; *fig* **to wait h. and foot on sb**, ser el esclavo de algn; *fig* **to work h. in glove**, colaborar; *fam fig* **to do sth with one's hands tied behind one's back**, hacer algo con las manos cerrados; *fam fig* **to have one's hands full**, tener mucho que hacer; *fam fig* **to give** or **lend sb a h.**, echarle una mano a algn. ■ **h. grenade**, granada *f* de mano. **2** *(worker)* trabajador,-a *m,f*; *Naut* tripulante *m*; **all hands on deck!**, ¡toda la tripulación

a cubierta! ∎ *Agr* **farm h.**, peón *m.* **3** *(of clock etc)* manecilla *f*, aguja *f*. **4** *(applause)* aplauso *m*; **to give sb a big h.**, dedicar a algn una gran ovación. **5** *Cards* mano *f*, partida *f*; *fig* **to force sb's h.**, forzar la mano a algn; *fig* **to show one's h.**, poner las cartas sobre la mesa. **6** *(handwriting)* letra *f*; **to write by h.**, escribir a mano. **II** *vtr (give)* dar, entregar; *fam fig* **I have to h.** it **to you**, tengo que reconocerlo. ◆**hand around** *vtr* repartir, ofrecer, pasar. ◆**hand back** *vtr* devolver. ◆**hand down** *vtr* dejar en herencia. ◆**hand in** *vtr (homework, document)* entregar; *(resignation, notice)* presentar, notificar. ◆**hand on** *vtr (give)* pasar; *(inherit)* heredar. ◆**hand out** *vtr* repartir, distribuir. ◆**hand over** *vtr* entregar. ◆**hand round** *vtr* repartir.

handbag ['hændbæg] *n* bolso *m*.

handball ['hændbɔ:l] *n Sport* balonmano *m*.

handbook ['hændbʊk] *n* manual *m*, guía *f*.

handbrake ['hændbreɪk] *n Aut* freno *m* de mano.

handclap ['hændklæp] *n* aplauso *m*.

handcuff ['hændkʌf] **I** *vtr* esposar. **II** handcuffs *npl* esposas *fpl*.

handful ['hændfʊl] *n* puñado *m*.

handgun ['hændgʌn] *n* pistola *f*.

handicap ['hændɪkæp] *n* **I** *n* **1** *(physical, mental)* menusvalía *f*, disminución *f*, deficiencia *f*. **2** *(Sport)* hándicap *m*, desventaja *f*. **II** *vtr (pt & pp handicapped)* impedir, obstaculizar, handicapar.

handicapped ['hændɪkæpt] **I** *adj* **1** *Med (physically)* minusválido,-a; *(mentally)* retrasado,-a. **2** *Sport* en desventaja. **3** *fig* desfavorecido,-a. **II** **the** h. *npl* los minusválidos.

handicraft ['hændɪkræft] *n (art)* artesanía *f*; *(articles)* *(objetos mpl de)* artesanía, artesanado *m*.

handiwork ['hændɪwɜ:k] *n (work)* trabajo *m*, obra *f*; *(craft)* artesanía *f*.

handkerchief ['hæŋkətʃi:f] *n* pañuelo *m*.

handle ['hændəl] **I** *n (of knife)* mango *m*; *(of cup, bag)* asa *f*; *(of door, stick)* pomo *m*; *(of lever)* palanca *f*; *(of drawer)* tirador *m*; *fam fig* **to fly off the h.**, salirse de sus casillas. **II** *vtr* **1** *(gen)* manejar, manipular; *(on parcel)* **'h. with care'**, 'frágil'. **2** *(situation, subject)* manejar; *(problem, responsibility)* encargarse de; *(people)* tratar; *fam (put up with)* soportar, aguantar. **III** *vi* manejarse; *(car)* comportarse.

handlebar ['hændəlbɑ:ʳ] *n Cycl* manillar *m*.

handler ['hændləʳ] *n* cuidador,-a *m,f*. ∎ **baggage h.**, mozo *m* de equipajes; **dog h.**, cuidador,-a *m,f* de perros.

handmade [hænd'meɪd] *adj* hecho,-a a mano.

handmaiden ['hændmeɪdən] *n* **1** *arch* criada *f*. **2** *fig* algo *m* de segunda.

hand-me-down ['hændmɪdaʊn] *n fam* prenda *f* de segunda mano or usada.

hand-out ['hændaʊt] *n* **1** *(leaflet)* folleto *m*; *Pol* octavilla *f*; *Press* nota *f* or comunicado *m* de prensa. **2** *(charity)* limosna *f*, caridad *f*.

hand-picked [hænd'pɪkt] *adj* cuidadosamente escogido,-a.

handrail ['hændreɪl] *n* pasamano *m*, barandilla *f*.

handshake ['hændʃeɪk] *n* apretón *m* de manos.

handsome ['hænsəm] *adj* **1** *(of person)* guapo,-a; *(beautiful)* bonito,-a, bello,-a; *(elegant)* elegante. **2** *(substantial)* considerable. ◆**handsomely** *adv* **1** *(elegantly)* elegantemente, con elegancia. **2** *(substantially)* substancialmente.

handspring ['hændsprɪŋ] *n Gymn* paloma *f*.

handstand ['hændstænd] *n Gymn* pino *m*, vertical *m*.

hand-to-hand ['hændtəhænd] *adj* **h.-to-h. combat**, combate cuerpo a cuerpo.

handwriting ['hændraɪtɪŋ] *n* letra *f*.

handwritten ['hændrɪtən] *adj* escrito,-a a mano.

handy ['hændɪ] *adj (handier, handiest)* **1** *(useful)* útil, práctico,-a; *(nearby)* a mano, cercano,-a; *fam* **to come in h.**, ser útil, venir bien; **to keep h.**, tener a mano. **2** *(dextrous)* hábil.

hang [hæŋ] **I** *vtr (pt & pp hung)* **1** *(gen)* colgar. **2** *(wallpaper)* pegar; *(room)* empapelar, decorar. **3** *(head)* bajar, inclinar. **4** *(pt & pp hanged)* ahorcar. **II** *vi* **1** colgar *(from, de)*, pender *(from, with)*; *(in air)* flotar; *(material, clothing)* colgar; *fig* **to h. in the air**, flotar en el aire; **the problem was left hanging in the air**, el problema quedó sin solución; *US fam* **h. loose!**, ¡tranqui, tranqui!; *fam fig* **we've got this exam hanging over us**, tenemos pendiente este examen. **2** *(of criminal)* ser ahorcado,-a; **to h. oneself**, ahorcarse. **III** *n* **1** *(of material, clothing)* caída *f*. **2** *fam (trick)* truquillo *m*; **to get the h. of sth**, cogerle el truquillo a algo. ◆**hang about, hang round** *vi fam* **1** perder el tiempo. **2** *fam (wait)* esperar; **h. about!**, ¡espera! ◆**hang around** *vi fam* **1** esperar; *fam fig* **he doesn't h. around**, es muy rápido. **2** *fam* frecuentar, andar por. ◆**hang back** *vi* **1** *(place, race, etc)* quedarse atrás. **2** *fig* vacilar. ◆**hang down** *vi (of hair)* caer, colgar. ◆**hang on** *vi* **1** agarrarse; *fig* **we hung on his every word**, estábamos pendiente de cada una de sus palabras. **2** *(wait)* esperar; **h. on!**, ¡espérate!; *US fam* **h. on in there!**, ¡aguanta tío! ◆**hang onto** *vi* agarrar; *fig* **h. onto it**, guárdalo. ◆**hang out I** *vtr (washing etc)* colgar, tender. **II** *vi sl (frequent)* frecuentar; **where do they h. out?**, ¿qué lugares frecuentan?; *US fam* **to let it all h. out**, desmadrarse. ◆**hang together** *vi* **1** *(friends)* mantenerse unidos. **2** *(ideas, argument)* ser coherente. ◆**hang up** *vtr (coat, picture, telephone)* colgar; *fig* **to h. up one's boots**, colgar las botas.

hangar ['hæŋəʳ] *n Av* hangar *m*.

hanger ['hæŋəʳ] *n* percha *f*.

hanger-on [hæŋər'ɒn] *n (pl hangers-on) fam* lapa *f*, parásito,-a *m,f*.

hang-glider ['hæŋglaɪdəʳ] *n* ala *f* delta.

hang-gliding ['hæŋglaɪdɪŋ] *n* vuelo *m* libre.

hanging ['hæŋɪŋ] **I** *adj* colgante. ∎ **h. bridge**, puente *m* colgante. **II** *n* **1** *(execution)* ejecución *f* en la horca. **2** *(wall)* **h.**, colgadura *f*.

hangman ['hæŋmən] *n (pl hangmen)* verdugo *m*.

hangnail ['hæŋneɪl] *n* padrastro *m*, pellejo *m*.

hang-out ['hæŋaʊt] *n sl (bar etc)* local *m*; *(pad)* guarida *f*.

hangover ['hæŋəʊvəʳ] *n* **1** *(remnant)* resto *m*, vestigio *m*. **2** *(after drinking)* resaca *f*.

hang-up ['hæŋʌp] *n (pl hang-ups) fam (worries)* preocupación *f*, inhibición *f*; *(complex)* complejo *m*.

hanker ['hæŋkəʳ] *vi* desear; **to h. after** or **for sth**, anhelar or ansiar algo.

hankering ['hæŋkərɪŋ] *n* deseo *m*, anhelo *m*, ansia *f*.

hankie *n*, **hanky** ['hæŋkɪ] *n fam* pañuelo *m*.

hanky-panky [hæŋkɪ'pæŋkɪ] *n fam (mal)* rollo *m*.

haphazard [hæp'hæzəd] *adj* caótico,-a, desordenado,-a. ◆**haphazardly** *adv* sin orden ni concierto.

hapless ['hæplɪs] *adj fml* desdichado,-a, infortunado,-a.

happen ['hæpən] *vi (occur)* suceder, ocurrir, pasar, producirse; *as it happens,* lo que pasa es que; *if you* **h.** to see my friend, si por casualidad vez a mi amigo; **I h.** to know that it is true, me consta que es verdad.

happening ['hæpənɪŋ] *n* acontecimiento *m.*

happiness ['hæpɪnɪs] *n* felicidad *f.*

happy ['hæpɪ] *adj (happier, happiest) (cheerful)* feliz, contento,-a, alegre; *(fortunate)* afortunado,-a; **h. birthday!,** ¡feliz cumpleaños!; **we're not h.** with the decision, no nos convence la decisión. ■ **h.** ending, desenlace *m* feliz; **h.** medium, término *m* medio. ◆**happily** *adv (with pleasure)* felizmente, con alegría; *(fortunately)* afortunadamente.

happy-go-lucky [hæpɪgəʊ'lʌkɪ] *adj* despreocuado,-a; a **h.-go-l.** fellow, un viva la virgen.

hara-kiri [hærə'kɪrɪ] *n* harakiri *m.*

harangue [hə'ræŋ] I *vtr* arengar. II *n* arenga *f.*

harass ['hærəs] *vtr* acosar, atormentar.

harassment ['hærəsmənt, hə'ræsmənt] *n* hostigamiento *m,* acoso *m.*

harbinger ['hɑːbɪndʒəʳ] I *n (person)* precursor,-a *m,f; (thing)* presagio *m.* II *vtr* anunciar, presagiar.

harbour, US **harbor** ['hɑːbəʳ] I *n* puerto *m.* II *vtr* 1 *(criminal)* encubrir. 2 *(doubts, suspicions)* abrigar; **to h.** a grudge, guardar rencor.

hard [hɑːd] I *adj* 1 *(not soft)* duro,-a, firme; *(solid)* sólido,-a; *fam fig* as **h.** as nails, más duro que una piedra; *fam fig* he's a **h.** nut, es un hueso duro de roer. ■ *Ten* **h.** court, pista *f* (de tenis) dura; **h.** shoulder, arcén *m.* 2 *(difficult)* difícil, duro,-a; **h.** of hearing, duro,-a de oído; *fig* we'll be **h.** pushed or pressed *or* put to finish today, difícilmente acabaremos hoy; *fam fig* to be **h.** up, estar sin blanca; *fam fig* to have a **h.** time, pasarlo mal. 3 *(harsh, severe)* duro,-a, severo,-a; *(strict)* estricto,-a, rígido,-a; a **h.** winter, un invierno riguroso; *Pol* to take a **h.** line, tomar medidas severas; *fig* **h.** and fast, *(information)* fidedigno,-a; *(rule)* fijo,-a; *fig* to be **h.** on sb, ser severo,-a con algn; *fam fig* to drive a **h.** bargain, ser muy duro,-a negociando. ■ **h.** drugs, droga *f* dura; **h.** labour, trabajos *mpl* forzados; *Pol* **h.** left, extrema izquierda *f;* **h.** porn, pornografía *f* dura; *Pol* **h.** right, extrema derecha *f; Com* **h.** sell, promoción *f* de venta agresiva. 4 *(inveterate, incorrigible)* incorregible; a **h.** drinker, un bebedor inveterado; a **h.** worker, un trabajador concienzudo. 5 *(unfortunate)* malo,-a; **h.** luck!, ¡mala suerte! 6 *(real)* real; **h.** evidence, pruebas *fpl* definitivas. ■ *Com* **h.** cash, dinero *m* en metálico; *Pol* **h.** core, núcleo *m; Com* **h.** currency, divisa *f* fuerte. II *adv* 1 *(forcibly)* fuerte. 2 *(with application)* mucho, fijamente, concienzudamente; *fig* to be **h.** on sb's heels, pisar los talones a algn. 3 *(with pain)* con dolor, duramente; he took it very **h.**, fue un golpe muy duro para él; **to be h.** done by ser tratado,-a injustamente.

hardback ['hɑːdbæk] *n Print* edición *f* en tela *or* de tapas duras.

hard-bitten ['hɑːdbɪtən] *adj* tenaz, duro,-a.

hardboard ['hɑːdbɔːd] *n* chapa *f* de madera, contrachapado *m.*

hard-boiled ['hɑːdbɔɪld] *adj* 1 *(of egg)* duro,-a. 2 *fig (of person)* duro,-a, insensible.

hard-core ['hɑːdkɔːʳ] *adj* irreductible, incondicional; **h.-c.** supporter, partidario,-a *m,f* acérrimo,-a.

harden ['hɑːdən] I *vtr* endurecer; *fig* **to h.** sb's heart, insensibilizar el corazón de algn. II *vi* endurecerse.

hardened ['hɑːdənd] *adj* endurecido,-a; *(criminal)* habitual.

hard-headed [hɑːd'hedɪd] *adj* realista, poco sentimental.

hard-hearted [hɑːd'hɑːtɪd] *adj* cruel, insensible.

hardliner [hɑːd'laɪnəʳ] *n Pol* duro,-a *m,f,* partidario,-a *m,f* de la línea dura.

hardly ['hɑːdlɪ] *adv* apenas, casi; **h.** anyone/ever, casi nadie/nunca; **h.!,** ¡qué va!; **he had h.** begun when ..., apenas había comenzado cuando ...; **I can h.** believe it, apenas lo puedo creer.

hardness ['hɑːdnɪs] *n* 1 *(gen)* dureza *f.* 2 *(difficulty)* dificultad *f.* 3 *(insensitivity)* insensibilidad *f.*

hard-nosed [hɑːd'nəʊʃd] *adj fam* realista, poco sentimental.

hard-pressed [hɑːd'prest] *adj* en aprietos.

hardship ['hɑːdʃɪp] *n* privación *f,* apuro *m.*

hardware ['hɑːdweəʳ] *n* 1 *(goods)* ferretería *f.* ■ **h.** shop, ferretería *f.* 2 *Mil* armamento *m.* 3 *Comput* hardware *m.*

hardwearing ['hɑːdweərɪŋ] *adj* duradero,-a, resistente.

hardworking ['hɑːdwɜːkɪŋ] *adj* trabajador,-a.

hardy ['hɑːdɪ] *adj (hardier, hardiest) (of person)* robusto,-a, fuerte; *(of plant)* resistente.

hare [heəʳ] I *n (pl hares or hare) Zool* liebre *f; fam* mad as a **March h.**, loco,-a como una cabra. II *vi* correr muy de prisa; **to h.** off *or* away, huir a toda velocidad.

harebrained ['heəbreɪnd] *adj* estúpido,-a, absurdo,-a.

harelip ['heəlɪp] *n Med* labio *m* leporino.

harem [hɑː'riːm] *n* harén *m.*

haricot ['hærɪkəʊ] *n Culin* **h.** (bean), alubia *f.*

hark [hɑːk] *vi arch* escuchar. ◆**hark back** *vi* recordar.

harlequin ['hɑːlɪkwɪn] *n* arlequín *m.*

harlot ['hɑːlət] *n lit* ramera *f.*

harm [hɑːm] I *n* daño *m,* perjuicio *m;* there's no **h.** in it, no hay de malo en ello; **to be out of h.'s way,** estar a salvo; you will come to no **h.**, no te pasará nada; *fam* no **h.** done, tranquilo, no pasa nada. II *vtr* dañar, hacer daño a, perjudicar.

harmful ['hɑːmfʊl] *adj* nocivo,-a *(to,* para), perjudicial *(to,* para).

harmless ['hɑːmlɪs] *adj* inocuo,-a, inofensivo,-a.

harmonic [hɑː'mɒnɪk] I *adj* armónico,-a. II *n* armónico *m.*

harmonica [hɑː'mɒnɪkæ] *n* armónica *f.*

harmonious [hɑː'məʊnɪəs] *adj* armonioso,-a.

harmonize ['hɑːmənaɪz] *vtr & vi* armonizar.

harmony ['hɑːmənɪ] *n* armonía *f.*

harness ['hɑːnɪs] I *n (for horse)* guarniciones *fpl,* arreos *mpl; fig* **to die in h.,** morir con las botas puestas; *fig* **to work in h.,** colaborar. II *vtr* 1 *(horse)* enjaezar, poner los arreos a. 2 *fig (resources, energy, etc)* aprovechar.

harp [hɑːp] *n Mus* arpa *f.* ◆**harp on** *vi fam* hablar sin parar.

harpist ['hɑːpɪst] *n Mus* arpista *mf.*

harpoon [hɑː'puːn] I *n* arpón *m.* II *vtr* arponear.

harpsichord ['hɑːpsɪkɔːd] *n Mus* clavicordio *m.*

harpy ['hɑːpɪ] *n lit* arpía *f.*

harrier[¹ ['hærɪəʳ] n 1 (hound) perro m de caza. 2 Sport corredor,-a m,f de cros.

harrier²['hærɪəʳ] n Orn aguilucho m.

harrow['hærəʊ] n Agr grada f.

harrowing ['hærəʊɪŋ] adj angustioso,-a; (experience) terrible.

harry['hærɪ] vtr (pt & pp harried) acosar.

harsh[haːʃ] adj (gen) severo,-a, duro,-a; (of voice) áspero,-a; (of sound) discordante. ◆harshly (gen) severamente, duramente; (sound) con discordancia.

harshness['haːʃnɪs] n (gen) severidad f, dureza f; (hardness, roughness) aspereza f; (discordancy) discordancia f.

hart[haːt] n Zool ciervo m.

harvest['haːvɪst] I n (gen) cosecha f, siega f; (of grapes) vendimia f; fig cosecha f. II vtr cosechar, recoger.

harvester['haːvɪstəʳ] n 1 (person) segador,-a m,f. 2 (machine) segadora f, cosechadora f.

has[hæs] 3rd person sing pres see have

has-been['hæzbiːn] n fam vieja gloria f.

hash¹[hæʃ] n 1 Culin sofrito m de carne; fam fig to make a h. of sth, estropear algo.

hash²[hæʃ] n sl hachís m.

hashish['hæʃiːʃ] n hachís m.

hasp[haːsp] n (of lock) cierre m; (of door) pestillo m; (of window) falleba f.

hassle['hæsəl] fam I n 1 (nuisance) rollo m, molestia f. 2 (problem) problema m, lío m. 3 (wrangle) bronca f, discusión f. II vtr molestar, fastidiar; don't h. me, déjame en paz.

hassock['hæsək] n Rel cojín m.

haste[heɪst] n fml prisa f, precipitación f; to make h., darse prisa; prov more h. less speed, vístete despacio que tengo prisa.

hasten['heɪsən] I vtr fml apresurar, acelerar el paso de. II vi darse prisa, apresurarse.

hastiness['heɪstɪnɪs] n prisa f, precipitación f.

hasty['heɪstɪ] adj (hastier, hastiest) 1 (hurried) apresurado,-a, rápido,-a. 2 (rash) precipitado,-a, ligero,-a. ◆hastily adv 1 (quickly) de prisa. 2 (rashly) sin reflexionar, a la ligera, precipitadamente.

hat[hæt] n sombrero m; fig I'll eat my h. if ..., que me ahorquen si ...; fig I take my h. off to him, lo admiro; fig to keep sth under one's h., guardar un secreto; fam fig that story is old h., esa historia es muy vieja; fam fig to talk through one's h., decir tonterías.

hatband['hætbænd] n cinta f de sombrero.

hatbox['hætbɒks] n sombrerera f.

hatch¹[hætʃ] n escotilla f; fam down the h.!, ¡salud! ■ serving h., ventanilla f.

hatch²[hætʃ] I vtr 1 (of eggs, chicks) empollar, incumbar. 2 fig (scheme, plan) tramar, idear. II n (of chickens) pollada f. ◆hatch out vi salirse del huevo, romper el cascarón.

hatchback['hætʃbæk] n Aut coche m con portón trasero.

hatchery['hætʃərɪ] n criadero m.

hatchet['hætʃɪt] n hacha f; fig to bury the h., enterrar el hache de guerra, hacer las paces. ■ h. man, matón m.

hate[heɪt] I n odio m; fig pet h., bestia f negra. II vtr 1 (detest) odiar, aborrecer, no soportar. 2 (regret) lamentar; I h. to say this but ..., lamento decirte esto pero ... .

hateful['heɪtfʌl] adj odioso,-a.

hatpin['hætpɪn] n alfiler m de sombrero.

hatred['heɪtrəd] n odio m.

hatstand['hætstænd] n percha f (para sombreros).

haughtiness['hɔːtɪnɪs] n altanería f, arrogancia f, altivez f.

haughty ['hɔːtɪ] adj (haughtier, haughtiest) altanero,-a, arrogante, engreído,-a.

haul[hɔːl] I n 1 (pull) tirón m, estirón m. 2 (journey) trayecto m. 3 Fishing redada f. 4 (loot) botín m. II vtr 1 (gen) tirar; (drag) arrastrar; Naut halar; (car) remolcar. 2 (transport) acarrear. ◆haul up vtr fam (to court) llevar.

haulage['hɔːlɪdʒ] n transporte m, acarreo m.

haulier['hɔːljəʳ] n transportista mf.

haunch[hɔːntʃ] n 1 Anat cadera f; to sit on one's haunches, ponerse en cuclillas. 2 Culin pernil m.

haunt[hɔːnt] I n lugar m predilecto; (of criminals, animals) guarida f. II vtr 1 (of ghost) aparecer en. 2 fig perseguir, atormentar. 3 (frequent) frecuentar.

haunted['hɔːntɪd] adj encantado,-a, embrujado,-a.

haunting['hɔːntɪŋ] adj obsesionante.

Havana[hə'vænə] n La Habana. ■ H. cigar, habano m.

have[hæv] I vtr (3rd person sing pres has) (pt & pp had) 1 (possess) tener; h. you got a car?, US do you h. a car?, ¿tienes coche?; if you like it h. it, si te gusta, quédate con él; we h. jobs at the same school, trabajamos a la misma escuela; you h. a way with children, tienes mucha mano con los niños; fig to put or give all one has into sth, hacer todo lo que uno pueda. 2 (get, experience, suffer) pasar, tener; to h. a fright or a shock, asustarse; to h. a holiday, tomarse unas vacaciones; fam fig I've had it, (be in trouble) me lo voy a cargar; (be tired etc) estoy hecho polvo; fam fig I've had it with smoking, voy a dejar de fumar porque ya estoy harto; fam fig the radio's had it, la radio ya no va. 3 (partake of) (drink) tomar; to h. a cigarette, fumarse un cigarrillo; to h. breakfast/lunch/tea/dinner, desayunar/comer/merendar/cenar. 4 (engage in) to h. a bath/shower/shave, bañarse/ducharse/afeitarse; to h. a game of football, jugar un partido de fútbol; to h. a nap, echar la siesta; GB vulg to h. it off or away, echar un polvo. 5 (obligation) tener que, deber; to h. to, tener que, deber; we h. to speak in French, debemos hablar francés. 6 (make happen) hacer que; I'll h. someone come round, haré que venga alguien; they had me washing up, tuve que lavar los platos. 7 (receive) (people, mail) tener, recibir; to h. people round, invitar a gente; you h. my permission, tienes mi permiso. 8 (borrow) pedir prestado; (use) utilzar, emplear; can I h. your pen a moment?, ¿me dejas tu bolígrafo un momento? 9 (party, meeting) hacer, celebrar; they had an exhibition last year, montaron una exposición el año pasado. 10 (give birth) dar luz a; to h. a baby, tener un niño. 11 (allow, tolerate) permitir; we won't h. it, no lo consentiremos. 12 (hold) tener; he had his head in his hands, tenía la cabeza entre las manos; fig to h. sth against sb, tener algo en contra de algn. 13 (according to) según; legend has it that ..., según la leyenda ... . 14 fam (cheat, deceive) engañar; I've been had!, ¡me han timado! 15 (preference) más vale que; you'd better stay, más vale que te quedes;

fig **to h. done with sth,** acabar con algo. **II** *v aux* **1** *(compound)* haber; **I had been waiting for half an hour,** hacía media hora que esperaba, llevaba media hora esperando; **he hasn't eaten yet,** no ha comido aún; **she had broken the window,** había roto el cristal; **we h. lived here for ten years,** hace diez años que vivimos aquí; *(emphatic)* **you h. forgotten your gloves —so I h.!,** te has olvidado los guantes —¡ay, sí!, es verdad; **you haven't swept the floor —I h.!,** no has barrido el suelo —¡sí que lo he barrido! **2** *(have + just)* acabar de; **she's just arrived,** acaba de llegar; **we'd just gone out,** acabábamos de salir. ◆**have in** *vtr* **1** *(invite)* invitar, recibir; *(call)* llamar. **2** *fam* *(hold against)* guardar rencor; **to h. it in for sb,** tenerla tomada con algn. ◆**have on** *vtr* **1** *(wear)* llevar puesto,-a, vestir; **to h. nothing on,** estar desnudo,-a. **2** *(plan to do)* tener planeado,-a, tener que hacer; **I h. nothing on,** estoy libre. **3** *fam* *(fool)* engañar; **to h. sb on,** tomarle el pelo a algn. ◆**have out** *vtr* **1** *(extract)* sacar; **to h. one's appendix out,** operarse de apendicitis. **2** *fam* *(clear up)* arreglar; **to h. it out with sb,** ajustar cuentas con algn. ◆**have over** *vtr* **1** *(invite)* recibir, invitar. **2** *fam* *(finish)* acabar con; **to h. it over and done with,** acabar con toda la historia. ◆**have up** *vtr Jur* **to h. sb up for sth,** llevar a algn ante los tribunales por algo, procesar a algn por algo.

haven ['heɪvən] *n* **1** *Naut* puerto *m*. **2** *fig* refugio *m*, asilo *m*; **a h. of peace,** un remanso de paz.

have-nots ['hævnɒts] *npl* desposeídos *mpl*, pobres *mpl*.

haversack ['hævəsæk] *n* mochila *f*.

havoc ['hævək] *n* estragos *mpl*; **to play h. with,** hacer estragos en.

haw [hɔː] *n Bot* baya *f* del espino.

Hawaii [hə'waɪɪ] *n* Hawai.

Hawaiian [hə'waɪən] *adj & n* hawaiano,-a *(m,f)*.

hawfinch ['hɔːfɪntʃ] *n Orn* picogordo *m*.

hawk[1] [hɔːk] *n Orn Pol* halcón *m*; *fig* **to have eyes like a h.,** tener ojo de lince.

hawk[2] [hɔːk] *vtr* **1** *(in the street)* vender en la calle; *(door-to-door)* vender de puerta en puerta. **2** *(gossip, news)* divulgar, pregonar.

hawker ['hɔːkə^r] *n* vendedor,-a *m,f* ambulante.

hawser ['hɔːzə^r] *n Naut* guindaleza *f*.

hawthorn ['hɔːθɔːn] *n Bot* majuelo *m*, espino *m* albar.

hay [heɪ] *n Bot* heno *m*; **to make h.,** secar la paja; *fam* **to hit the h.,** irse al catre; *prov* **make h. while the sun shines,** la ocasión la pintan calva. ■ *Med* **h. fever,** fiebre *f* del heno.

hayfork ['heɪfɔːk] *n Agr* bieldo *m*.

haymaker ['heɪmeɪkə^r] *n* segador,-a *m,f*.

haymaking ['heɪmeɪkɪŋ] *n Agr* siega *f* del heno.

haystack ['heɪstæk] *n* almiar *m*; *fig* **to look for a needle in a h.,** buscar una aguja en un pajar.

Haytian ['heɪʃən, haːˈiːʃən] *adj & n see* **Haitian.**

haywire ['heɪwaɪə^r] *adj fam* en desorden, confuso,-a; **to go h.,** *(machine etc)* estropearse; *(person)* volverse loco,-a.

hazard ['hæzəd] **I** *n* **1** *(risk)* peligro *m*, riesgo *m*. **2** *Golf* obstáculo *m*. **II** *vtr fml* arriesgar, poner en peligro; **to h. a guess,** intentar adivinar.

hazardous ['hæzədəs] *adj* arriesgado,-a, peligroso,-a.

haze [heɪz] *n* **1** *(mist)* neblina *f*. **2** *fig (blur)* confusión *f*.

hazel ['heɪzəl] **I** *n Bot (tree)* avellano *m*. **II** *adj (de color)* avellana.

hazelnut ['heɪzəlnʌt] *n Bot* avellana *f*.

hazy ['heɪzɪ] *adj (hazier, haziest)* nebuloso,-a; *fig* vago,-a. ◆**hazily** *adv* vagamente, con poca claridad.

H-bomb ['eɪtʃbɒm] *n Mil* bomba *f* H.

HE [eɪtʃ'iː] *abbr of* **His** *or* **Her Excellency,** Su Excellencia *mf*, S.E.

he [hiː] **I** *pers pron* él; **he did it,** ha sido él; **he who,** el que. **II** *adj* macho; **he-goat,** macho cabrío.

head [hed] **I** *n* **1** *Anat* cabeza *f*; *(mind)* mente *f*; **from h. to toe,** de pies a cabeza; **she got** *or* **took it into her h. to ...,** se le ocurrió la idea de ...; *fig* **off the top of one's h.,** así de entrada; *fig* **on your own h. be it,** allá se las compongas; *fig* **three pounds a** *or* **per h.,** tres libras por cabeza; *fig* **to be h. over heels in love,** estar locamente enamorado,-a; *fig* **to do sth standing on one's h.,** hacer algo con los ojos cerrados; *fig* **to go over sb's h.,** pasar por encima de algn; *fig* **to keep one's h.,** mantener la calma; *fig* **to keep one's h. above water,** mantenerse a flote; *fig* **to lose one's h.,** perder la cabeza; *fam* **champagne goes to my h.,** el champán se me sube a la cabeza; *fam* **he couldn't get it into his thick h.,** no le entraba en la cabezota; *fam* **success went to his h.,** se le subió el éxito a cabeza; *fam* **to be off one's h.,** estar chiflado,-a; *fam fig* **this philosophy stuff is over my h.,** de todo este rollo de la filosofía no entiendo nada; *fam fig* **to bite sb's h. off,** echar una bronca a algn; *fam fig* **to cry one's h. off,** llorar a moco tendido; *fam fig* **to get one's h. around sth,** alcanzar a comprender algo; **to laugh one's h. off,** reírse a mandíbula batiente; *prov* **two heads are better than one,** cuatro ojos ven más que dos. ■ **crowned h.,** testa *f* coronada; **h. start,** ventaja *f*. **2** *(end, top, etc) (of table)* cabecera *f*; *(of nail, pin, etc)* cabeza *f*; *(of beer)* espuma *f*; *(of arrow)* punta *f*; *(of cabbage)* cogollo *m*; *(of page)* principio *m*; *(of tape recorder)* cabezal *m*; *(of spot, boil)* punta *f*; *(of water, steam)* presión *f*; *fig* **to come to a h.,** llegar a un momento decisivo. **3** *(chief, boss)* cabeza *f*; *(of school, company)* director,-a *m,f*; *(of family)* cabeza *f*. ■ *Sch* **h. teacher,** director,-a *m,f*. **4** *(cattle)* res *f*. **5** *(of coin)* cara *f*; **heads or tails,** cara o cruz; *fam fig* **I can't make h. or tail of it,** no entiendo ni jota. **6** *Geog (headland)* cabo *m*, punta *f*. **7** *Press* título *m*, titular *m*. **II** *adj* principal. ■ **h. office,** oficina *f* central. **III** *vtr* **1** *(list, company, procession, etc)* encabezar. **2** *Ftb* rematar de cabeza. **3** *(title)* titular. **IV** *vi* dirigirse, ir. ◆**head for** *vtr* dirigirse hacia; *fig* **they're heading for big trouble,** van a tener muchos problemas. ◆**head off** **I** *vi* marcharse, irse. **II** *vtr (divert)* desviar, interceptar; *(avert)* evitar.

headache ['hedeɪk] *n* dolor *m* de cabeza; *fig* quebradero *m* de cabeza.

headband ['hedbænd] *n* cinta *f* (para la cabeza).

headboard ['hedbɔːd] *n* cabecera *f*.

headdress ['heddres] *n* tocado *m*.

header ['hedə^r] *n Ftb* cabezazo *m*.

head-first [hed'fɜːst] *adv* de cabeza.

head-hunter ['hedhʌntə^r] *n* cazador,-a *m* de cabezas; *fam fig* cazatalentos *mf inv*.

heading ['hedɪŋ] *n (of chapter)* título *m*; *(of letter)* membrete *m*.

headlamp ['hedlæmp] *n Aut* faro *m*.

headland ['hedlənd] *n Geog* punta *f*, cabo *m*.

headlight ['hedlaɪt] *n Aut* faro *m*.

headline ['hedlaɪn] **I** *n* titular *m*; **to hit the head-lines**, ser noticia de primera plana. **II** *vtr* poner en los titulares.

headlong ['hedlɒŋ] *adj & adv* de cabeza; **to rush h. into sth**, lanzarse a hacer algo sin pensar.

headmaster [hed'mɑːstəʳ] *n Sch* director *m*.

headmistress [hed'mɪstrɪs] *n Sch* directora *f*.

head-on ['hedɒn] **I** *adj* frontal; **a h.-on collision**, un choque frontal. **II** [hed'ɒn] *adv* de frente.

headphones ['hedfəʊns] *npl* auriculares *mpl*, cascos *mpl*.

headquarters ['hedkwɔːtəz] *npl* **1** oficina *f* central, sede *f*. **2** *Mil* cuartel *m* general.

headrest ['hedrest] *n* cabecero *m*, cabezal *m*.

headroom ['hedruːm] *n* altura *f* libre.

headscarf ['hedskɑːf] *n (pl* **headscarves** ['hedskɑːvz]*)* pañuelo *m*.

headset ['hedset] *n* auriculares *mpl*.

headship ['hedʃɪp] *n Educ* dirección *f*.

headstand ['hedstænd] *n* posición *f* de la cabeza.

headstone ['hedstəʊn] *n* **1** *(gravestone)* lápida *f* mortuoria. **2** *Arch (keystone)* piedra *f* angular.

headstrong ['hedstrɒŋ] *adj* testarudo,-a, cabezota.

headway ['hedweɪ] *n* progreso *m*; **to make h.**, avanzar, progresar.

headwind ['hedwɪnd] *n* viento *m* de proa.

headword ['hedwɜːd] *n* entrada *f*, lema *m*.

heady ['hedɪ] *adj (**headier, headiest**)* embriagador,-a; **a h. drink**, una bebida fuerte.

heal [hiːl] **I** *vi (of wound)* cicatrizar; **to h. up**, curarse. **II** *vtr (illness)* curar.

healer ['hiːləʳ] *n* curador,-a *m,f*.

health [helθ] *n* salud *f*; *fig* prosperidad *f*; **to drink (to) sb's h.**, beber a la salud de algn; **to be in good/ bad h.**, estar bien/mal de salud; **your good h.!**, ¡salud! ■ **h. centre**, centro *m* médico; **h. farm**, centro *m* para curas de adelgazamiento; **h. foods**, alimentos *mpl* naturales; **h. food shop**, tienda *f* de alimentos naturales; **h. officer**, inspector,-a *m,f* de Sanidad; **h. service**, Dirección *f* General de Sanidad; **h. visitor**, enfermero,-a *m,f* visitante.

healthful ['helθfʊl] *adj esp US* saludable, sano,-a.

healthy ['helθɪ] *adj (**healthier, healthiest**) (in good health)* sano,-a; *(good for health)* saludable; *(thriving)* próspero,-a; *(attitude etc)* sensato,-a; *fig* **to have a h. outlook on sth**, tener ideas sanas sobre algo.

heap [hiːp] **I** *n* montón *m*; *fig* **to be at the bottom of the h.**, ser el último mono; *fam* **heaps of**, montones de, cantidad de; *fam* **I've got heaps to do**, tengo muchos cosas que hacer. **II** *vtr* amontonar; *fig (presents, praises)* colmar; *Culin* **a heaped spoonful**, una cucharada colmada.

hear [hɪəʳ] *vtr (pt & pp* **heard** [hɜːrd]*)* **1** oír; **do you h. (me)?**, ¿me oyes?; **h. h.!**, ¡muy bien!; **to have heard of sb**, haber oído hablar de algn; *fig* **I can't h. myself think**, me van a estallar los oídos; *hum* **have you heard the one about the Englishman who ...?**, ¿conoces el chiste del inglés que ...? **2** *(listen to)* escuchar; **did you h. the ten o'clock news?**, ¿escuchaste las noticias de las diez? **3** *(refuse)* negarse a; **I won't h. of it!**, ¡ni hablar! **4** *(find out)* enterarse; **I've heard he's ill**, me han dicho que está enfermo; **to h. from sb**, tener noticias de algn. **5** *Jur (case)* ver; *(evidence)* oír. ◆**hear out** *vtr* escuchar hasta el final.

hearer ['hɪərəʳ] *n* oyente *mf*.

hearing ['hɪərɪŋ] *n* **1** *(sense)* oído *m*; **hard of h.**, duro,-a de oído, sordo,-a; **within h. (distance)**, al alcance del oído. ■ **h. aid**, audífono *m*. **2** *Jur* audencia *f*; *fig* **to give sb a fair h.**, escuchar a algn, dejar hablar a algn.

hearsay ['hɪəseɪ] *n* rumores *mpl*.

hearse [hɜːs] *n* coche *m or* carroza *f* fúnebre.

heart [hɑːt] *n* **1** *Anat* corazón *m*; **to have h. trouble**, padecer del corazón. ■ **h. attack**, infarto *m* de miocardio *or* de corazón; *Med* **h. transplant**, trasplante *m* de corazón. **2** *(centre of feelings)* corazón *m*; **a broken h.**, un corazón destrozado *or* roto; **a change of h.**, un cambio de opinión; **at h.**, en el fondo; **have a h.!**, ¡ten piedad!; **to pour out your h.**, abrir el corazón; **to take sth to h.**, tomarse algo a pecho; **to wear your h. on your sleeve**, llevar el corazón en el mano. **3** *(courage and determination)* valor *m*, corazón *m*; **he had his h. in his mouth**, tenía el alma en un hilo; **her h. sank**, se le cayó el alma a los pies; **his h. wasn't in it**, no ponía interés en ello; **to lose h.**, desanimarse. **4** *(character and attitudes)* corazón *m*; **he's a man after my own h.**, es un hombre de los que me gustan; **she's got her h. in the right place**, es buena persona; **to have a good or kind h.**, tener buen corazón. **5** *(core, centre)* meollo *m*; *(of lettuce)* cogollo *m*; **in the h. of winter**, en pleno invierno; **to get to the h.**, profundizar *(of, en)*. **6** *Cards* corazón *m*; **the ace of hearts**, el as de corazones.

heartbeat ['hɑːtbiːt] *n* latido *m* del corazón.

heart-breaking ['hɑːtbreɪkɪŋ] *adj* que parte el corazón, desgarrador,-a.

heart-broken ['hɑːtbrəʊkən] *adj* hundido,-a; **he's h.-b.**, tiene el corazón destrozado.

heartburn ['hɑːtbɜːn] *n* ardor *m* de estómago, acedía *f*.

hearten ['hɑːtən] *vtr* animar.

heartening ['hɑːtənɪŋ] *adj* alentador,-a.

heartfelt ['hɑːtfelt] *adj* sincero,-a; **my h. thanks**, mi sincero agradecimiento.

hearth [hɑːθ] *n* **1** *(of fireplace)* chimenea *f*, hogar *m*. **2** *fml (home)* hogar *m*. ■ **h.-rug**, alfombrilla *f* que se coloca delante de la chimenea.

heartless ['hɑːtlɪs] *adj* cruel, insensible. ◆**heartlessly** *adv* sin corazón, cruelmente.

heart-rending ['hɑːtrendɪŋ] *adj* conmovedor,-a, desgarrador,-a.

heartstrings ['hɑːtstrɪŋz] *npl* corazón *n sing*; **it tugs at your h.**, llega hasta lo más hondo, toca la fibra sensible.

heartthrob ['hɑːtθrɒb] *n* ídolo *m*.

heart-to-heart [hɑːttə'hɑːt] *n* conversación *f* íntima y franca.

hearty ['hɑːtɪ] *adj (**heartier, heartiest**) (person)* francote; *(meal)* abundante; *(welcome)* cordial; **to have a h. appetite**, ser de buen comer. ◆**heartily** *adv* **1** *(enthusiastically)* **to welcome h.**, recibir cordialmente; **to laugh h.**, reírse de buena gana. **2** *(thoroughly)* completamente; **we h. agree**, estamos totalmente de acuerdo; *fam* **I'm h. sick of it**, estoy hasta la coronilla de ello.

heat [hiːt] **I** *n* **1** *(warmth)* calor *m*; *(heating)* calefacción *f*. ■ *Med* **h. rash**, sarpullido *m*. **2** *Sport* eliminatoria *f*, serie *f*; **dead h.**, empate *m*. **3** *Zool* celo *m*; **on or in h.**, en celo. **II** *vtr* calentar. **III** *vi* calentarse. ◆**heat up** *vi* **1** *(warm up)* calentarse. **2** *(increase action and excitement)* acalorarse; **the atmosphere in the square started to h. up as the demonstrators came closer**, el ambiente de la plaza comenzó a hacerse más tenso a medida que se acercaban los manifestantes.

heated ['hi:tɪd] *adj* 1 *(of room)* con calefacción. 2 *fig (of argument)* acalorado,-a; **to become** *or* **get h. about sth,** acalorarse por algo.

heater ['hi:tə^r] *n* calentador *m*; **gas/water h.,** calentador de gas/agua.

heath [hi:θ] *n Bot* 1 *(land)* brezal *m*. 2 *(plant)* brezo *m*.

heathen ['hi:ðən] *adj & n arch* pagano,-a *(m,f)*.

heather ['heðə^r] *n Bot* brezo *m*.

heating ['hi:tɪŋ] *n* calefacción *f*. ■ **central h.,** calefacción *f* central.

heatwave ['hi:tweɪv] *n* ola *f* de calor.

heave [hi:v] **I** *n (pull)* tirón *m*; *(push)* empujón *m*. **II** *vtr* 1 *(lift)* levantar; *(haul)* tirar; *(push)* empujar. 2 *(throw)* lanzar, arrojar; *fig* **to h. a sigh of relief,** dar un suspiro de alivio. **III** *vi* 1 *(rise and fall) (gen)* subir y bajar; *(chest)* jadear; **her shoulders heaved with emotion,** sus hombros se movían por la emoción. 2 *(retch)* tener náuseas. 3 *Naut (pt & pp hove)* cabecear. ◆**heave to** *vi (pt & pp hove to) Naut* ponerse al pairo.

heaven ['hevən] **I** *n* 1 cielo *m*; **thank h.!,** ¡gracias a Dios!; **to be in seventh h.,** estar en el séptimo cielo; *fam* **for heaven's sake!,** ¡por Dios!, *fam* **h. knows,** ¡no tengo ni idea!; *fam* **h. knows I've worked hard enough!,** ¡hambre, he trabajado bastante!; *fam* **to stink to high h.,** heder *or* oler a perro muerto. 2 *fam* gloria *f*, paraíso *m*; **that hotel is h. on earth,** ese hotel es el paraíso en la tierra. 3 **heavens,** cielo *m sing*; **the h. opened,** empezó a llover a cántaros. **II** *interj* **heavens!,** ¡cielos!; **good heavens!,** ¡por Dios!

heavenly ['hevənlɪ] *adj* celestial; *fig* divino,-a. ■ *Astron* **h. body,** cuerpo *m* celeste.

heaven-sent [hevən'sent] *adj* de lo más oportuno,-a, llovido,-a del cielo; **the opportunity is h.-s.,** es la ocasión perfecta.

heavenward(s) ['hevənwəd(z)] *adv* hacia el cielo.

heaviness ['hevɪnɪs] *n (quality)* pesadez *f*; *(weight)* peso *m*.

heavy ['hevɪ] **I** *adj (heavier, heaviest) (weight)* pesado,-a; *(of rain, meal)* fuerte, pesado,-a; *(of traffic)* denso,-a; *(of atmosphere)* cargado,-a; *(of loss, expense)* grande; **a h. fine,** una multa grande; **h. going,** duro,-a; **is it h.?,** ¿pesa mucho?; **she is a h. sleeper,** tiene el sueño muy profundo; **to be a h. drinker/smoker,** beber/fumar mucho; **to have a h. heart,** tener el corazón oprimido. ■ **h. industry,** industria *f* pesada; *Mus* **h. metal,** rock *m* duro *or* heavy. **II** *n sl* gorila *m*. ◆**heavily** *adv* pesadamente; **he was fined h.,** le pusieron una multa muy fuerte; **it rained/snowed h.,** llovió/nevó mucho; **the country relied h. on its tourist trade,** el país dependía principalmente de la industria turística; **to sleep h.,** dormir profundamente.

heavy-duty ['hevɪdju:tɪ] *adj (of clothes, footwear)* de faena, resistente; *(of machinery)* sólido,-a, para grandes cargas.

heavy-handed ['hevɪhændɪd] *adj (clumsy)* torpe; *(severe)* autoritario,-a.

heavyweight ['hevɪweɪt] *n Box* peso *m* pesado.

Hebrew ['hi:bru:] **I** *adj* hebreo,-a *m,f*. **II** *n* 1 *(person)* hebreo,-a. 2 *(language)* hebreo *m*.

Hebrides ['hebrɪdi:z] *npl* **the H.,** las (Islas) Hébridas.

heck [hek] *interj fam* ¡jolín!; *fam* **a h. of a noise,** un ruido de mil demonios; *fam* **what the h.!,** ¿qué diablos importa?

heckle ['hekəl] *vtr Pol Theat* interrumpir *or* provocar.

heckler ['heklə^r] *n Pol Theat* altercador,-a *m,f*, follonero,-a *m,f*.

heckling ['heklɪŋ] *n Pol Theat* altercado *m*, gresca *f*.

hectare ['hekta:^r] *n* hectárea *f*.

hectic ['hektɪk] *adj* agitado,-a; **a h. day,** un día ajetreado.

hectogram ['hektəʊgræm] *n* hectogramo *m*.

hector ['hektə^r] *vtr* intimidar, tiranizar.

hectoring ['hektərɪŋ] *adj* tiránico,-a.

hedge [hedʒ] **I** *n* seto *m* vivo; *fig* barrera *f*; *fig* **a h. against inflation,** una barrera contra la inflación. **II** *vtr* cercar *or* separar con un seto; *fig* **to h. one's bets,** cubrirse. **III** *vi* 1 contestar con evasivas. 2 **to be hedged in** *or* **around with,** estar rodeado,-a de.

hedgehog ['hedʒhɒg] *n Zool* erizo *m*.

hedgerow ['hedʒrəʊ] *n* seto *m* vivo.

heed [hi:d] *fml* **I** *vtr* prestar atención a, hacer caso de. **II** *n* atención *m*; **to pay h. to, take h. of,** hacer caso de.

heedless ['hi:dlɪs] *adj* desatento,-a, despreocupado,-a. ◆**heedlessly** *adv* despreocupadamente, a la ligera.

hee-haw [hi:'hɔ:] *n* rebuzno *m*.

heel[1] [hi:l] **I** *n* 1 *Anat* talón *m*; *(of sock, stocking)* talón *m*; *(of shoe)* tacón *m*; *(of palm of hand)* pulpejo *m*; *fig* **to bring sb to h.,** meter a algn en cintura; *fig* **to dig one's heels in,** negarse a cambiar; *fig* **down at h.,** desharrapado,-a; *fig* **head over heels in love,** locamente enamorado,-a; *fig* **to take to one's heels,** darse a la fuga; *fig* **on sb's heels,** pisarle los talones a algn; *fam* **to cool** *or* **kick one's heels,** esperar impacientemente. ■ **high heels,** zapatos *mpl* de tacón a. 2 *sl* sinvergüenza *mf*. **II** *vtr* poner tacón a.

heel[2] [hi:l] *vi Naut* escorar. ◆**heel over** *vi* ladearse.

heeled [hi:ld] *adj* de tacón; *fam fig* **well-h.,** adinerado,-a.

hefty ['heftɪ] *adj (heftier, heftiest)* 1 *(big and powerful) (of person)* robusto,-a, fornido,-a; *(of package)* pesado,-a; **a h. punch,** un puñetazo fuerte. 2 *(large amount)* grande; **a h. sum of money,** una fuerte suma.

heifer ['hefə^r] *n* novilla *f*, vaquilla *f*.

height [haɪt] *n* 1 *(gen)* altura *f*; **to be afraid of heights,** tener vértigo; **to gain/lose h.,** subir/bajar. 2 *(of person)* estatura *f*; **what h. are you?,** ¿cuánto mides? 3 *fig (most intense or successful part)* it's the h. **of fashion,** es la última moda; **the h. of ignorance,** el colmo de la ignorancia. 4 *Geog* cumbre *f*; *Lit* 'Wuthering Heights', 'Cumbres Borrascosas'.

heighten ['haɪtən] *vtr (intensify)* realzar; *(increase)* aumentar.

heinous ['heɪnəs] *adj fml* atroz.

heir [eə^r] *n* heredero *m*; **to be h. to,** ser heredero de. ■ *Jur* **h. apparent,** heredero *m* forzoso; **h. presumptive,** presunto heredero *m*.

heiress ['eərɪs] *n* heredera *f*.

heirloom ['eəlu:m] *n* reliquia *f or* joya *f* de familia.

held [held] *pt & pp see* **hold**.

helicopter ['helɪkɒptə^r] *n* helicóptero *m*.

heliport ['helɪpɔ:t] *n* helipuerto *m*.

helium ['hi:lɪəm] *n Chem* helio *m*.

hell [hel] *n* 1 *(gen)* infierno *m*; **come h.** or **high water**, pase lo que pase; *fig* **to go h.** for leather, ir como si se le llevara el diablo; *fam* like h.!, ¡ni hablar!; *fam* **she gave him h.**, se las hizo pasar canutas; *fam* **there'll be h.** to pay, habrá problemas; *fam* **to play h.** with, estropear; *fam* **what the h.** are you doing?, ¿qué diablos estás haciendo?; *offens* **go** or **get to h.**!, ¡vete a hacer puñetas! 2 *fam* **a h. of a**, mucho,-a; **a h. of a noise**, un ruido excesivo; **a h. of a party**, una fiesta estupenda; **one h. of a guy**, un tío genial; **she's had a h. of a day**, ha tenido un día fatal; **they paid a h. of a lot**, pagaron muchísimo dinero; **we had a h. of a time**, *(good time)* lo pasamos bomba; *(bad time)* las pasamos negras.

hell-bent [hel'bent] *adj* empeñado,-a; **he's h.-b. on destruction**, está empeñado en destruirse or destruirlo.

hellish ['helɪʃ] *adj fam* infernal. ◆**hellishly** *adv fam* muy; **a h. difficult job**, una faena muy difícil.

hello [hə'ləʊ, 'heləʊ] *interj* 1 ¡hola! 2 *Tel (answering)* ¡diga!; *(calling)* ¡oiga! 3 *(showing surprise)* ¡vaya!; **hello!, what's this?**, ¡vaya!, ¿qué pasa?

helm [helm] *n Naut* timón *m*; **to be at the h.**, llevar el timón.

helmsman ['helmzmən] *n (pl* **helmsmen)** timonel *m*.

helmet ['helmɪt] *n* casco *m*. ■ **crash h.**, casco *m* protector.

help [help] I *n* 1 *(gen)* ayuda *f*; **h!**, ¡socorro!; **there's no h. for it**, no tenemos más remedio; **to ask for h.**, pedir socorro or ayuda. 2 *(daily)* **h.**, asistenta *f*. II *vtr* 1 *(gen)* ayudar; **can you h. me?**, ¿me quieres ayudar?; *(in shop etc)* **may I h. you?**, ¿qué desea?; **your advice didn't h. at all**, tus consejos no sirvieron de nada. 2 *(alleviate)* aliviar; **this new medicine will h. your cold**, este nuevo medicamente te aliviará el resfriado. 3 *(serve)* **h. yourself!**, ¡sírvete!; **to h. oneself to more food**, servirse más comida; *fam* **he helped himself to my purse**, me birló el monedero. 4 *(assist)* ayudar; **can I h. you up with that case?**, ¿puedo echar una mano para subir esa maleta?; **he helped her into her coat**, la ayudó a ponerse el abrigo. 5 *(avoid)* evitar; **I can't h. it**, no lo puedo remediar; **I couldn't h. laughing**, no pude por menos que reír; **it can't be helped**, no lo podemos evitar. ◆**help out** *vtr* ayudar; **to h. sb out**, echarle una mano a algn.

helper ['helpə'] *n* ayudante,-a *m,f*, auxiliar *mf*.

helpful ['helpfʊl] *adj (of person)* amable; *(of thing)* útil, práctico,-a. ◆**helpfully** *adv* amablemente.

helping ['helpɪŋ] I *n* porción *f*, ración *f*; **who wants a second h.?**, ¿quién quiere repetir? II *adj* **to give sb a h. hand**, echarle una mano a algn.

helpless ['helplɪs] *adj (defenceless)* desamparado,-a; *(powerless)* incapaz, impotente; **a h. child**, un niño indefenso. ◆**helplessly** *adv* inútilmente, en vano.

helplessness ['helplɪsnɪs] *n (without defense)* desamparo *m*; *(without power)* impotencia *f*.

Helsinki [hel'sɪŋkɪ] *n* Helsinki.

helter-skelter [heltə'skeltə'] I *n* tobogán *m*. II *adj* atropellado,-a. III *adv* atropelladamente, deprisa y corriendo.

hem [hem] I *n Sew* dobladillo *m*. II *vtr (pt & pp* hemmed) *Sew* hacer un dobladillo. ◆**hem in** *vtr* cercar or rodear.

he-man ['hi:mæn] *n (pl* he-men ['hi:men]*)* machote *m*.

hemisphere ['hemɪsfɪə'] *n* hemisferio *m*; **northern/southern h.**, hemisferio norte/sur.

hemispherical [hemɪs'ferɪkəl] *adj* hemisférico,-a.

hemline ['hemlaɪn] *n* bajo *m*; **hemlines are lower this year**, los vestidos se llevan más largos este año.

hemlock ['hemlɒk] *n Bot* 1 *(plant)* cicuta *f*. 2 *(tree)* tsuga *f*. ■ **eastern h.**, tsuga *f* del Canadá; **western h.**, tsuga *f* heterófila.

hemoglobin [hi:məʊ'gləʊbɪn] *n US Med see* **haemoglobin.**

hemophilia [hi:məʊ'fɪlɪə] *n US Med see* **haemophilia.**

hemophiliac [hi:məʊ'fɪlɪæk] *adj & n US Med see* **haemophiliac.**

hemorrhage ['hemərɪdʒ] *n US Med see* **haemorrhage.**

hemorrhoids ['hemərɔɪdz] *npl US Med see* **haemorrhoids.**

hemp [hemp] *n* 1 *Bot* cáñamo *m*. 2 *(drug)* hachís *m*, marihuana *f*.

hemstitch ['hemstɪtʃ] I *n Sew* vainica *f*. II *vtr Sew* hacer una vainica.

hen [hen] *n Zool* gallina *f*. ■ *fam* **h. party**, reunión *f* de mujeres.

hence [hens] *adv fml* 1 *(from now)* de aquí a; **six months h.**, de aquí a seis meses. 2 *(consequently)* por lo tanto, de ahí or aquí que; **he is upset, h. his long face**, está disgustado, de ahí que tenga cara larga.

henceforth [hens'fɔ:θ] *adv fml* de ahora en adelante.

henchman ['hentʃmən] *n (pl* **henchmen)** *pej* secuaz *m*.

henhouse ['henhaʊs] *n* gallinero *m*.

henna ['henə] *n Bot* alheña *f*.

henpecked ['henpekt] *adj fam* **a h. husband**, un calzonazos *m*.

hepatic [hɪ'pætɪk] *adj Med* hepático,-a.

hepatitis [hepə'taɪtɪs] *n Med* hepatitis *f*.

heptagon ['heptəgən] *n* heptágono *m*.

heptagonal [hep'tægənəl] *adj* heptagonal.

her [hɜː', *unstressed* hə] I *poss adj (one thing)* su; *(more than one thing) (to distinguish)* de ella; **are they h. books or his?**, ¿los libros son de ella o de él?; **h. car**, su coche; **h. children**, sus hijos; **she has cut h. finger**, se ha cortado el dedo. II *object pron* 1 *(direct object)* la; **I saw h. recently**, la vi hace poco; **they can't help h.**, no la pueden ayudar. 2 *(indirect object)* le; *(with other third person pronouns)* se; **he gave h. money**, le dio dinero; **they handed it to h.**, se lo entregaron. 3 *(after prep)* ella; **for h.**, para ella; **with h.**, con ella. 4 *(as subject) fam* ella; **look, it's h.!**, ¡mira, es ella!

herald ['herəld] I *n* heraldo *m*; *fig* precursor *m*. II *vtr* anunciar.

heraldic [he'rældɪk] *adj* heráldico,-a.

heraldry ['herəldrɪ] *n* heráldica *f*.

herb [hɜːb] *n Bot Culin* hierba *f*. ■ **h. tea**, infusión *f* de hierbas.

herbaceous [hɜː'beɪʃəs] *adj* herbáceo,-a; **h. border**, arriate *m* de plantas.

herbal ['hɜːbəl] *adj* herbario,-a; **h. remedies**, curas *fpl* de hierbas.

herbalist ['hɜːbəlɪst] *n* herbolario,-a *m,f*.

herbicide ['hɜːbɪsaɪd] *n* herbicida *m*.

herbivore ['hɜːbɪvɔː'] *n Zool* herbívoro,-a *m,f*.

herbivorous [hɜːˈbɪvərəs] *adj Zool* herbívoro,-a.

herd [hɜːd] **I** *n (of cattle)* manada *f; (of goats)* rebaño *m; (of pigs)* piara *f; fig (large group)* manada *f*, multitud *f; fig* to go with the h., ir con las masas. ■ h. **instinct**, instinto *m* gregario. **II** *vtr (collect)* juntar en manada; *(drive forward)* guiar *or* conducir en manada. **III** *vi (of animals)* reunirse rebaño *or* manada; *(of people)* apiñarse; the tourists were herded into the coach, los turistas se apiñaron en el autobús.

herdsman [ˈhɜːdzmən] *n (pl* **herdsmen**) *(of cattle)* vaquero *m; (of sheep)* pastor *m*.

here [hɪəʳ] **I** *adv* aquí; come h., ven aquí; h.!, ¡presente!; h. and there, aquí y allá; h. goes!, ¡vamos a ver!; h. he comes, ya viene; here's to success!, ¡brindemos por el éxito!; h. you are!, ¡toma!, ¡ten!; that's neither h. nor there, eso no tiene nada que ver. **II** *interj* ¡oye!, ¡oiga!; look h., you can't do that!, ¡oiga, qué no se permite hacer eso! **III** *n* the h. and now, el presente, el aquí y ahora.

hereafter [hɪərˈɑːftəʳ] *fml* **I** *adv* de ahora en adelante. **II** the h. *n* la otra vida, el más allá.

hereby [hɪəˈbaɪ] *adv fml* por la presente; **I h. declare that …**, afirmo por la presente que … .

hereditary [hɪˈredɪtərɪ] *adj* hereditario,-a.

heredity [hɪˈredɪtɪ] *n* herencia *f*.

herein [hɪərˈɪn] *adv fml (inside)* aquí dentro; *(in document)* aquí mencionado,-a.

heresy [ˈherəsɪ] *n* herejía *f*.

heretic [ˈherətɪk] *n* hereje *mf*.

heretical [hɪˈretɪkəl] *adj* herético,-a.

herewith [hɪəˈwɪð] *adv fml* adjunto,-a; the letter enclosed h., la carta adjunta.

heritage [ˈherɪtɪdʒ] *n* patrimonio *m; Jur* herencia *f*.

hermaphrodite [hɜːˈmæfrədaɪt] *adj & n* hermafrodita *(mf)*.

hermetic [hɜːˈmetɪk] *adj* hermético,-a. ◆**hermetically** *adv* herméticamente; h. sealed, con cierre hermético.

hermit [ˈhɜːmɪt] *n* ermitaño,-a *m,f*, eremita *m*. ■ **hermit crab**, ermitaño *m*, paguro *m*.

hermitage [ˈhɜːmɪtɪdʒ] *n* ermita *f*.

hernia [ˈhɜːnɪə] *n Med* hernia *f*.

hero [ˈhɪərəʊ] *n (pl* **heroes**) héroe *m; (in novel)* personaje *m* principal, protagonista *m*. ■ h. **worship**, idolatría *f*.

heroic [hɪˈrəʊɪk] **I** *adj* heroico,-a. **II** **heroics** *npl* grandilocuencia *f*. ◆**heroically** *adv* heroicamente.

heroin [ˈherəʊɪn] *n* heroína *f*. ■ h. **addict**, heroinómano,-a *m,f*.

heroine [ˈherəʊɪn] *n* heroína *f; (in novel)* personaje *m* principal, protagonista *f*.

heroism [ˈherəʊɪzəm] *n* heroísmo *m*.

heron [ˈherən] *n Orn* garza *f*, garza *f* real. ■ **night h.**, martinete *m;* **purple h.**, garza *f* imperial.

herpes [ˈhɜːpiːz] *n Med* herpes *m*.

herring [ˈherɪŋ] *n (pl* **herring** *or* **herrings**) *Zool* arenque *m;* fig **a red h.**, una divagación, una pista falsa.

herringbone [ˈherɪŋbəʊn] *n* espiga *f*. ■ h. **tweed**, cheviot *m* de espiga.

hers [hɜːz] *poss pron* **1** *(attribute) (one thing)* suyo,-a; *(more than one)* suyos,-as; *(to distinguish)* de ella; **a friend of h.**, un amigo suyo; the book is h., el libro es suyo *or* de ella; they are h. not his, son de ella, no de él. **2** *(noun reference) (one thing)* el suyo, la suya; *(more than one)* los suyos, las

suyas; of all the houses h. is the nicest, de todas las casas la suya es la más bonita.

herself [hɜːˈself] *pers pron* **1** *(reflexive)* se; she dressed h., se vistió; she wasn't h., no se encontraba bien. **2** *(alone)* ella misma; she did it (by) h., lo hizo ella misma *or* por sí sola; she was by h., estaba sola. **3** *(emphatic)* ella misma; she told me so h., eso dijo ella.

hertz [hɜːts] *n Phys* hertz *m*, hercio *m*.

hesitant [ˈhezɪtənt] *adj* vacilante, indeciso,-a; h. steps, pasos *mpl* titubeantes. ◆**hesitantly** *adv* indecisamente.

hesitate [ˈhezɪteɪt] *vi* vacilar; don't h. to call/ask, llámame/pídemelo con toda confianza; without hesitating, sin vacilar.

hesitation [hezɪˈteɪʃən] *n* vacilación *f*, indecisión *f*; without h., sin vacilar.

hessian [ˈhesɪən] *n* arpillera *f*.

heterogeneous [hetərəʊˈdʒiːnɪəs] *adj* heterogéneo,-a.

heterosexual [hetərəʊˈseksjʊəl] *adj & n* heterosexual *(mf)*.

het up [hetˈʌp] *adj fam* nervioso,-a; to get h. up about sth, ponerse nervioso,-a por algo.

heuristic [hjʊəˈrɪstɪk] *adj* heurístico,-a.

hew [hjuː] *vtr (pt* **hewed** *pp* **hewed** *or* **hewn** [hjuːn]) tallar.

hexagon [ˈheksəgən] *n* hexágono *m*.

hexagonal [hekˈsægənəl] *adj* hexagonal.

hey [heɪ] *interj* ¡oye!, ¡oiga!

heyday [ˈheɪdeɪ] *n* auge *m*, apogeo *m;* in his h., en sus mejores años.

HF [eɪtʃˈef] *Rad abbr of* **high frequency**, alta frecuencia *f*, AF *f*.

HGV [eɪtʃdʒiːˈviː] *GB Aut abbr of* **heavy goods vehicle**, vehículo *m* de carga pesada.

HH *abbr of* **His** *or* **Her Highness**, Su Alteza, SA.

hi [haɪ] *interj fam* ¡hola!

hiatus [haɪˈeɪtəs] *n (pl* **hiatuses** *or* **hiatus**) **1** *Ling* hiato *m*. **2** *fml* laguna *f*, pausa *f*.

hibernate [ˈhaɪbəneɪt] *vi* hibernar.

hibernation [haɪbəˈneɪʃən] *n* hibernación *f*.

hibiscus [haɪˈbɪskəs] *n Bot* hibisco *m*.

hiccough [ˈhɪkʌp] *n & vi see* **hiccup**.

hiccup [ˈhɪkʌp] **I** *n* **1** hipo *m;* to have hiccups, tener hipo. **2** *fam (minor problem)* pega *f*, fallo *m*. **II** *vi (pt & pp* **hiccuped**, **hiccupped**) tener hipo, hipar.

hick [hɪk] *adj & n US fam* cateto,-a *(m,f)*, paleto,-a *(m,f)*.

hide[1] [haɪd] **I** *vtr (pt* **hid** [hɪd]; *pp* **hidden** [ˈhɪdən]) *(conceal)* esconder; *(obscure)* ocultar; she hid her feelings, ocultó sus sentimientos; to h. the truth from sb, ocultar la verdad a algn. **II** *vi* esconderse, ocultarse. **III** *n* puesto *m*.

hide[2] [haɪd] *n (animal skin)* piel *f; fam (of person)* pellejo *m; fig* **I haven't seen h. nor hair of him,** no le he visto el pelo últimamente; *fig* to have a h. like an elephant, ser totalmente insensible.

hide-and-seek [haɪdənˈsiːk] *n* escondite *m;* to play h.-a.-s., jugar al escondite.

hidebound [ˈhaɪdbaʊnd] *adj* chapado,-a a la antigua.

hideous [ˈhɪdɪəs] *adj* **1** *(horrific)* horroroso,-a; **a h. crime**, un crimen atroz. **2** *(extremely ugly)* espantoso,-a, repelente. ◆**hideously** *adv* horrorosamente.

hide-out ['haɪdaʊt] *n* escondrijo *m*, escondite *m*.

hiding[¹] ['haɪdɪŋ] *n* huida *f*; **to go into h.**, esconderse.

hiding[²] ['haɪdɪŋ] *n fam* paliza *f*; **to give sb a good h.**, darle una buena paliza a algn.

hierarchic(al) [haɪə'rɑːkɪk(əl)] *adj* jerárquico,-a.

hierarchy ['haɪərɑːkɪ] *n* jerarquía *f*.

hieroglyphics [haɪərə'glɪfɪks] *npl* jeroglíficos *mpl*.

hi-fi ['haɪfaɪ] *n* hifi *m*. ■ **hi-fi equipment**, equipo *m* de alta fidelidad.

higgledy-piggledy [hɪgəldɪ'pɪgəldɪ] I *adj* desordenado,-a, hecho,-a un lío. II *adv* a la buena de Dios.

high [haɪ] I *adj* 1 *(tall)* alto,-a; **h. building**, edificio alto; **h. ceiling**, techo alto; **how h. is that wall?**, ¿qué altura tiene esa pared?; **it's three feet h.**, tiene tres pies de alto; *fig* **to leave sb h. and dry**, dejar plantado,-a a algn; *fig* **to search h. and low for sth**, buscar algo por todas partes. ■ **h. chair**, silla *f* alta para niños; *Swimming* **h. diving**, salto *m* de palanca; *Athlet* **h. jump**, salto *m* de altura; *fam fig* **she's in for the h. jump**, se la va a cargar. 2 *(elevated, intense)* alto,-a, elevado,-a; *Med* **h. blood pressure**, presión *or* tensión alta; **h. prices**, precios elevados; *fam* **to be in h. spirits**, estar alegre *or* de buen humor. 3 *(great, important)* alto,-a, importante; **a h. position in life**, un alto standing; **h. wind**, viento *m* fuerte; **to have a h. opinion of sb**, hablar muy bien de algn; **to have friends in h. places**, estar bien relacionado,-a. ■ **H. Commissioner**, Alto Comisario *m*; **H. Court**, Tribunal *m* Supremo; **h. fidelity**, alta fidelidad *f*; **h. priest**, sumo sacerdote *m*; **h. road**, carretera *f* principal; *Educ* **h. school**, instituto *m* de enseñanza media; **h. tea**, merienda-cena *f*; **the H. Street**, la Calle Mayor. 4 *Mus (of note)* alto,-a. 5 *(excellent)* bueno,-a; **a h. standard**, un nivel alto; **h. principles**, buenos principios; *fam* **the h. life**, la buena vida; *fam* **to have a h. old time of it**, pasarlo en grande. 6 *(of food)* pasado,-a; *(of game)* manido,-a. 7 *sl (drugged)* colocado,-a, flipado,-a. II *adv* alto; **feelings ran h.**, los ánimos estaban exaltados; **to bet** *or* **stake h.**, apostar fuerte; **to fly h.**, volar a gran altura. III *n* 1 *(high point)* récord *m*, punto *m* máximo; **to reach an all-time h.**, batir el récord; *fam* **to be on a h.**, estar a las mil maravillas. 2 *US Meteor* temperatura *f* alta.

highball ['haɪbɔːl] *n US* whisky *m* or bourbon *m* con sifón y hielo.

highbrow ['haɪbraʊ] *adj & n* intelectual *(mf)*.

high-class ['haɪklɑːs] *adj* de alta categoría.

higher ['haɪə'] *adj* superior. ■ **h. education**, enseñanza *f* superior.

highfalutin(g) [haɪfə'luːtɪŋ] *adj fam* pomposo,-a, presumido,-a, presuntuoso,-a.

high-flier *n*, **high-flyer** [haɪ'flaɪə'] *n fig* persona *f* ambiciosa.

high-flying ['haɪflaɪŋ] *adj fig* ambicioso,-a.

high-frecuency [haɪ'friːkwənsɪ] *adj Rad* de alta frecuencia.

high-handed [haɪ'hændɪd] *adj* autoritario,-a, despótico,-a.

high-heeled ['haɪhiːld] *adj* de tacón alto.

highland ['haɪlənd] I *adj* montañoso,-a. ■ **h. cattle**, ganado *m* vacuno de las montañas. II **highlands** *npl Geog* tierras *npl* altas.

highlander ['haɪləndə'] *n* montañés,-esa *m,f*.

highlight ['haɪlaɪt] I *n* 1 *Art* toque *m* de luz. 2 *Hairdr* reflejo *m*. 3 *(the most interesting)* atracción *f* principal. II *vtr* 1 hacer resaltar, destacar; **the talk**

highlighted the problem, el discurso puso de relieve el problema. 2 *(a text)* marcar un texto con un rotulador fosforescente.

highly ['haɪlɪ] *adv* 1 *(very)* muy, sumamente; **h. pleased**, muy contento,-a; *Culin* **h. seasoned**, muy picante. 2 *(favourably)* muy bien; **to speak h. of sb**, hablar muy bien de algn.

highly-strung [haɪlɪ'strʌŋ] *adj* muy nervioso,-a, hipertenso,-a.

high-minded [haɪ'maɪndɪd] *adj* noble, magnánimo,-a; *pej* altivo,-a.

Highness ['haɪnɪs] *n* alteza *mf*; **Your H.**, Su Alteza.

high-pitched ['haɪpɪtʃt] *adj* estridente, agudo,-a.

high-powered ['haɪpaʊəd] *adj (of engine)* de gran potencia; *(of person)* dinámico,-a.

high-ranking ['haɪræŋkɪŋ] *adj* superior, de alta categoría; **h. official**, alto funcionario.

high-rise ['haɪraɪz] *adj* **h.-r. building**, rascacielos *m inv*.

high-speed ['haɪspiːd] *adj & adv* rápido,-a, de gran velocidad; *Phot* **h. lens**, objetivo ultrarrápido; *Rail* **h. train**, supertrén *m*.

high-spirited [haɪ'spɪrɪtɪd] *adj (of person)* muy animado,-a; *(of horse)* fogoso,-a.

highway ['haɪweɪ] *n US* carretera *f*, autopista *f*. ■ *GB* **H. Code**, código *m* de la circulación.

highwayman ['haɪweɪmən] *n (pl highwaymen)* salteador *m* de caminos, bandido *m*.

hijack ['haɪdʒæk] I *vtr* secuestrar. II *n* secuestro *m*.

hijacker ['haɪdʒækə'] *n* secuestrador,-a *m,f*; *(of planes)* pirata *mf* del aire.

hijacking ['haɪdʒækɪŋ] *n* secuestro *m*.

hike [haɪk] I *n* 1 *(walk)* excursión *f*; **to go for** *or* **on a h.**, hacer una excursión a pie. 2 *US* aumento *m* de precio. II *vi* ir de excursión, hacer una excursión.

hiker ['haɪkə'] *n* excursionista *mf*.

hiking ['haɪkɪŋ] *n* **to go h.**, hacer una excursión.

hilarious [hɪ'leərɪəs] *adj* graciosísimo,-a, hilarante, para morirse de risa. ◆**hilariously** *adv* hilarantemente; **h. funny**, graciosísimo,-a.

hilarity [hɪ'lærɪtɪ] *n* hilaridad *f*.

hill [hɪl] *n* 1 colina *f*, cerro *m*; *fam* **as old as the hills**, más viejo que Matusalén. 2 *(slope)* cuesta *f*.

hillbilly ['hɪlbɪlɪ] *n US pej* paleto,-a *m,f*.

hillock ['hɪlək] *n (small hill)* collado *m*, colina *f* pequeña; *(mound)* montículo *m*.

hillside ['hɪlsaɪd] *n* ladera *f*.

hilltop ['hɪltɒp] *n* cima *f* de una colina.

hilly ['hɪlɪ] *adj (hillier, hilliest)* accidentado,-a.

hilt [hɪlt] *n* puño *m*, empuñadura *f*; *fam* **I'll support up to the h.**, daré mi apoyo total; *fam* **mortgaged up to the h.**, hipotecado al máximo.

him [hɪm] *object pron* 1 *(direct object)* lo, le; **hit h.!**, ¡pégale!; **she loves h.**, lo quiere. 2 *(indirect object)* le; *(with other third person pronouns)* se; **give h. the money**, dale el dinero; **give it to h.**, dáselo; **give h. my book**, le di de mi libro. 3 *(after prep)* él; **he had no money on h.**, no llevaba dinero encima; **he took his luggage with h.**, se llevó el equipaje; **it's not like h. to say that**, no es muy propio de él decir eso. 4 *(as subject) fam* él; **it's h.**, es él.

Himalayas [hɪmə'leɪəz, hɪ'mɑːljəz] *npl* **the H.**, el Himalaya *sing*.

himself [hɪm'self] *pers pron* 1 *(reflexive)* se; **he hurt h.**, se hizo daño; **he's not h. today**, hoy no se encuentra bien. 2 *(unaided, alone)* solo, por sí mismo;

he lives by h., vive solo. **3** *(emphatic)* él mismo; **he said so h.,** eso dijo él.

hind[1] [haɪnd] *adj* trasero,-a; **h. legs,** patas traseras; *fam* **to talk the h. legs off a donkey,** hablar por los codos.

hind[2] [haɪnd] *n Zool* cierva *f.*

hinder ['hɪndə[r]] *vtr* dificultar, entorpecer, estorbar; **h. sb from doing sth.,** impedir a algn hacer algo; **noise hinders my concentration,** el ruido me impide concentrarme; **the rain hindered our journey,** la lluvia dificultó nuestro viaje.

hindquarters ['haɪndkwɔːtəz] *npl* cuartos *mpl* traseros.

hindrance ['hɪndrəns] *n* obstáculo *m,* estorbo *m.*

hindsight ['haɪndsaɪt] *n* retrospectiva *f.*

Hindu [hɪnˈduː:, 'hɪnduː:] *adj & n* hindú *(mf).*

Hinduism ['hɪndʊɪzəm] *n* hinduismo *m.*

hinge [hɪndʒ] **I** *n* **1** bisagra *f,* gozne *m; fig* eje *m.* **2** *Philat* fijasellos *m inv.* **II** *vtr* engoznar. ◆**hinge on** *vtr* depender; **everything hinged on his reaction,** todo dependía de su reacción.

hinged ['hɪndʒd] *adj* de bisagra.

hint [hɪnt] **I** *n* **1** *(indirect suggestion)* indirecta *f;* **to drop a h.,** lanzar or tirar una indirecta; **to take the h.,** darse por aludido. **2** *(clue)* pista *f;* **give us a h.,** danos una pista. **3** *(sign, trace)* pizca *f; Culin* **a h. of garlic,** una pizca de ajo; **there wasn't the slightest h. of cold,** no hacía ni pizca de frío. **4** *(advice)* sugerencia *f,* consejo *m;* **hints for travellers,** consejos para el viajero. **II** *vi* **1** *(suggest indirectly)* lanzar or soltar indirectas. **2** *(imply)* insinuar algo; **he hinted at a possible change in policy,** aludió a un posible cambio de política; **what was she hinting at?,** ¿qué estaba insinuando?

hinterland ['hɪntəlænd] *n Geog* interior *m.*

hip[1] [hɪp] *n Anat* cadera *f.* ■ **h. bath,** baño *m* de asiento; **h. flask,** petaca *f.*

hip[2] [hɪp] *n Bot* escaramujo *m.*

hip[3] [hɪp] *adj sl* en la onda, marchoso,-a.

hip[4] [hɪp] *interj* **h., h., hooray!,** ¡hurra!, ¡viva!

hipbone ['hɪpbəʊn] *n Anat* hueso *m* de la cadera.

hippie ['hɪpɪ] *adj & n fam* hippy *(mf).*

hippo ['hɪpəʊ] *n fam* hipopótamo *m.*

hippopotamus [hɪpəˈpɒtəməs] *n (pl* **hippopotamus** *or* **hippopotami** [hɪpəˈpɒtəmaɪ]*) Zool* hipopótamo *m.*

hippy ['hɪpɪ] *adj & n fam see* **hippie.**

hire ['haɪə[r]] **I** *n* alquiler *m;* **bicycles for h.,** se alquilan bicicletas; **taxi for h.,** taxi *m* libre. ■ **car h.,** alquiler *m* de coches; **h. purchase,** compra *f* a plazos; **we bought it on h. purchase,** lo compramos a plazos. **II** *vtr* **1** *(rent)* alquilar; **we hired skates,** alquilamos patines. **2** *(employ)* contratar; **they hired her for the job,** la contrataron para el puesto. ◆**hire out** *vtr (car, tools, etc)* aquilar; *(people)* contratar.

hired ['haɪəd] *adj* alquilado,-a, de alquiler; *Jur* **h. assassin,** asesino a sueldo.

hireling ['haɪəlɪŋ] *n pej* mercenario,-a *m,f.*

hirsute ['hɜːsjuːt] *adj fml* hirsuto,-a.

his [hɪz] **I** *poss adj (one thing)* su; *(more than one)* sus; *(to distinguish)* de él; **h. book,** su libro; **h. house,** su casa; **h. friends,** sus amigos; **he washed h. face,** se lavó la cara; **he broke h. leg,** se rompió la pierna; **is it h. dog or hers?,** ¿el perro es de él o de ella? **II** *poss pron* **1** *(attribute) (one thing)* suyo,-a; *(more than one)* suyos,-as; *(to distinguish)* de él; **is the umbrella h. or hers?,** ¿el paraguas es de él o de

ella?; **the cigarettes are h.,** el tabaco es suyo. **2** *(noun reference) (one thing)* el suyo, la suya; *(more than one)* los suyos, las suyas; **my car is blue and h. is red,** mi coche es azul y el suyo es rojo.

Hispanic [hɪˈspænɪk] **I** *adj* hispánico,-a. **II** *n US* hispano,-a *m,f,* latino,-a *m,f.*

Hispaniola [hɪspənˈjəʊlə] *n* la Española.

Hispanicist [hɪsˈpænɪsɪst] *n* hispanista *mf.*

hiss [hɪs] **I** *n (gen)* siseo *m; (of steam)* silbido *m; Theat* silbido *m.* **II** *vtr* sisear, silbar; *Theat* **the actors were booed and hissed,** silbaron y abuchearon a los actores.

hissing ['hɪsɪŋ] *n (gen)* siseo *m; (of steam)* silbido *m;* **a h. noise,** un pitido.

histamine ['hɪstəmiːn] *n Biol* histamina *f.*

histology [hɪˈstɒlədʒɪ] *n Med* histología *f.*

historian [hɪˈstɔːrɪən] *n* historiador,-a *m,f.*

historic [hɪˈstɒrɪk] *adj* histórico,-a; **a(n) h. day,** un día memorable.

historical [hɪˈstɒrɪkəl] *adj* histórico,-a. ■ **h. novel,** novela *f* histórica. ◆**historically** *adv* históricamente.

history ['hɪstərɪ] *n* historia *f;* **to go down in h.,** pasar a la historia; *Med* **to have a h. of ...,** haber tenido *or* sufrido ... . ■ **H. of Art,** Historia *f* del Arte.

hit [hɪt] **I** *n* **1** *(blow)* golpe *m.* **2** *(shot)* tiro *m; Mil* impacto *m;* **direct h.,** impacto directo. ■ **h. list,** lista *f* negra; *fam* **h. man,** asesino *m* sueldo. **3** *(success)* éxito *m,* acierto *m;* **he made a h. with them,** les cayó muy simpático; **smash h.,** exitazo *m,* éxito rotundo. ■ **h. musical,** comedia *f* musical con éxito; **h. parade,** hit-parade *m,* lista *f* de éxitos; **h. record,** disco *m* con éxito. **4** *fig (damaging remark)* pulla *f.* **II** *vtr (pt & pp* **hit)** **1** *(strike)* golpear, pegar; **he h. me,** me pegó; **he was h. in the leg,** le dieron en la pierna; **she h. the dog with the stick,** le pegó un bastonazo al perro; **the car h. the kerb,** el coche chocó contra el bordillo; **to h. sth back,** devolver; *fig* **it suddenly h. me,** de repente me di cuenta; *fig* **to h. the nail on the head,** dar en el clavo; *fam fig* **it hits you in the eye,** salta a la vista; *fam fig* **to h. below the belt,** dar un golpe bajo; *fam fig* **to h. it off with sb,** caer bien a algn; *fam fig* **to h. the bottle,** darse a la bebida; *fam fig* **to h. the roof,** poner el grito en el cielo; *fam* **to h. the hay,** irse al catre. **2** *(affect badly)* afectar; **the company was h. by high inflation,** la empresa sufrió a causa de la alta inflación. **3** *(reach)* alcanzar; **to h. the headlines,** ser noticia; *fam* **to h. the road,** irse, ponerse en camino; *fam* **we h. bad weather,** nos tocó mal tiempo. ◆**hit back** *vi* **1** *(strike in return)* devolver los golpes. **2** *(reply to criticism)* vengarse. ◆**hit on, hit upon** *vtr* dar con; **they h. on an interesting solution,** dieron con una solución interesante; **we h. on the idea of ...,** se nos ocurrió la idea de ... . ◆**hit out** *vi* **1** *(try to hit)* atacar; **to h. out at sb,** atacar a algn. **2** *(attack verbally)* atacar.

hit-and-miss [hɪtənˈmɪs] *adj* al azar, casual.

hit-and-run [hɪtənˈrʌn] *adj Aut* que se da a la fuga; **h.-a.-r. driver,** conductor que atropella a algn y no para.

hitch [hɪtʃ] **I** *n* obstáculo *m,* dificultad *f;* **a technical h.,** un incidente técnico; **without a h.,** sin problema alguno. **II** *vtr* **1** *(fasten)* atar; **they hitched on another wagon,** anadieron otro vagón. **2** *fam (hitch-hike)* hacer autostop *or* dedo; **they hitched a lift into town,** llegaron a dedo a la ciudad. ◆**hitch up** *vtr* remangarse; **to h. up one's trousers,** arremangarse los pantalones.

hitched ['hɪtʃt] *adj fam* **to get h.**, casarse.

hitch-hike ['hɪtʃhaɪk] *vi* hacer autostop *or* dedo.

hitch-hiker ['hɪtʃhaɪkəʳ] *n* autostopista *mf*.

hither ['hɪðəʳ] *adv arch* acá; **h. and thither**, acá y acullá.

hitherto [hɪðə'tuː] *adv fml* hasta ahora, hasta la fecha.

hit-or-miss [hɪtɔː'mɪs] *adj* al azar, casual.

Hittite ['hɪtaɪt] **I** *adj & n* hitita *(mf)*. **II** *n Ling* hitita *m*.

HIV [eɪtʃaɪ'viː] *Med abbr of* **human immunodeficiency virus**, virus *m* de immunodeficiencia humano; **to be diagnosed H. positive/negative**, dar seropositivo,-a seronegativo,-a en la prueba del SIDA.

hive [haɪv] *n* colmena *f*; *fig* lugar *m* muy activo. ◆**hive off** *vtr* separar; **to h. sth off from sth else**, separar una cosa de otra.

hives [haɪvz] *npl Med* urticaria *f*.

HM *abbr of* **His** *or* **Her Majesty**, Su Majestad *mf*, SM.

HMI [eɪtʃem'aɪ] *GB Educ abbr of* **His/Her Majesty's Inspector (of schools)**, Inspector,-a *m,f* oficial de escuelas y colegios.

HMS [eɪtʃem'es] *GB Naut abbr of* **(on warships) His/Her Majesty's Ship**, Barco *m* de Su Majestad.

HNC [eɪtʃen'siː] *GB Educ abbr of* **Higher National Certificate**, certificado *m* de formación profesional.

HND [eɪtʃen'diː] *GB Educ abbr of* **Higher National Diploma**, diploma *m* de formación profesional.

hoard [hɔːd] **I** *n (provisions)* reservas *fpl*; *(money, jewels etc)* tesoro *m*; *fam* **a h. of things**, un montón de cosas. **II** *vtr (objects)* acumular, amontonar; *(money)* atesorar.

hoarder ['hɔːdəʳ] *n* acumulador,-a *m,f*.

hoarding ['hɔːdɪŋ] *n* 1 *(billboard)* valla *f* publicitaria. 2 *Constr (temporary fence)* valla *f*.

hoarfrost ['hɔːfrɒst] *n* escarcha *f*.

hoarse [hɔːs] *adj* ronco,-a; **to be h.**, tener la voz ronca. ◆**hoarsely** *adv* roncamente.

hoarseness ['hɔːsnɪs] *n* ronquera *f*.

hoary ['hɔːrɪ] *adj (hoarier, hoariest)* 1 *Lit (of hair)* cano,-a, canoso,-a. 2 *(very old)* viejo,-a; **a h. old joke**, un chiste muy pasado.

hoax [həʊks] **I** *n (joke)* broma *f* pesada; *(trick)* engaño *m*; **to play a h. on sb**, gastarle una broma a algn. **II** *vtr* gastar una broma a, engañar a.

hob [hɒb] *n* 1 *(of cooker)* encimera *f*. 2 *(by fireplace)* repisa *f*.

hobble ['hɒbəl] **I** *(walk with difficulty) vi* andar con dificultad, cojear. **II** *(fetter) (animal)* manear.

hobby[1] ['hɒbɪ] *n* hobby *m*, pasatiempo *m* favorito; **his h. is carpentry**, dedica su tiempo libre a la carpintería.

hobby[2] ['hɒbɪ] *n Orn* alcotán *m*.

hobbyhorse ['hɒbɪhɔːs] *n* 1 *(toy)* caballito *m* de juguete. 2 *fig (fixed idea)* caballo *m* de batalla, tema *m* preferido; **he's on his h. again**, ya sacó el tema de siempre.

hobgoblin [hɒb'gɒblɪn] *n* duende *m*.

hobnailed ['hɒbneɪld] *adj* claveteado,-a, con clavos; **h. boots**, botas de clavos.

hobnob ['hɒbnɒb] *vi fam* codearse; **to h. with the rich**, codearse con los ricos.

hobo ['həʊbəʊ] *n US (pl hobos or hoboes)* vagabundo,-a *m,f*.

hock[1] [hɒk] *n Anat Zool* jarrete *m*.

hock[2] [hɒk] *n* vino *m* del Rin.

hock[3] [hɒk] *US fam* **I** *vtr* empeñar. **II** *n* **in h.**, empeñado,-a.

hockey ['hɒkɪ] *n Sport* hockey *m*. ■ **field h.**, hockey *m* sobre hierba.

hocus-pocus [həʊkəs'pəʊkəs] *n* trampa *f*.

hod [hɒd] *n* capacho *m* de albañil. ■ **h. carrier**, peón *m* de albañil.

hoe [həʊ] **I** *n* azada *f*, azadón *m*. **II** *vtr* azadonar.

hog [hɒg] *n* 1 *(castrated male pig)* cerdo *m*, puerco *m*, marrano *m*, *Am* chancho *m*; *fam* **to go the whole h.**, liarse la manta a la cabeza. 2 *fam pej (undesirable person)* indeseable *mf*. **II** *vtr (pt & pp hogged) fam* acaparar; **to h. the limelight**, monopolizar la atención.

Hogmanay [hɒgmə'neɪ] *n Scot* Nochevieja *f*.

hogwash ['hɒgwɒʃ] *n inv fam* tonterías *fpl*, disparates *mpl*.

hoi polloi [hɔɪpə'lɔɪ] *n inv pej* **the h. p.**, la gentuza, el populacho.

hoist [hɔɪst] **I** *n* 1 *(crane)* grúa *f*. 2 *(lift)* montacargas *m inv*. **II** *vtr* levantar, subir; **to h. the flag**, izar la bandera.

hoity-toity [hɔɪtɪ'tɔɪtɪ] *adj fam pej* presumido,-a.

hold [həʊld] **I** *vtr (pt & pp held)* 1 *(keep in hand)* aguantar, tener (en la mano), asir, sostener; *(grip)* agarrar; *(support) (weight etc)* soportar, aguantar; *(opinion)* sostener; **h. my books**, aguántame los libros; **to h. sb**, abrazar a algn; **to h. sb's hand**, cogerle la mano a algn; *Aut* **to h. the road**, agarrarse a la carretera; *fig* **she can h. her own in French**, se defiende en francés; *fig* **to h. one's head high**, mantener la cabeza alta. 2 *(contain)* dar cabida a; **the chapel holds a hundred people**, caben cien personas en la capilla; **the jug holds a litre**, la jarra tiene capacidad para un litro; *fig* **to h. water**, resultar cierto *or* válido; *fig* **who knows what the future holds**, quién sabe lo que nos espera en el futuro. 3 *(have) (meeting etc)* celebrar; *(conversation)* mantener; **the concert was held in the school**, el concierto se celebró en el colegio. 4 *(reserve)* guardar, reservar; **they will h. our tickets until this afternoon**, nos guardarán las entradas hasta esta tarde. 5 *(occupy)* ocupar; **to h. office**, ocupar un puesto *or* un cargo. 6 *(consider)* considerar; **I h. you responsible**, te considero responsable. 7 *(restrain)* retener; **he was held for two hours at the police station**, estuvo detenido durante dos horas en la comisaría; **to h. one's breath**, contener la respiración; **to h. one's tongue**, callarse; **to h. sb hostage**, retener a algn como rehén; *fig* **there was no holding her**, no había manera de disuadirle; *fam* **h. it!**, ¡espera! 8 *Tel* **to h. the line**, mantenerse al habla, no colgar. **II** *vi* 1 *(of rope etc)* aguantar, resistir. 2 *fig (of offer, promise)* ser válido,-a, valer; **the rules h. (good) for everyone**, las reglas valen para todos. **III** *n* 1 *(grip)* asimiento *m*; **to catch** *or* **get h. of**, coger, agarrar; *fig* **to get h. of**, encontrar, localizar; **can you get h. of a newspaper?**, ¿puedes conseguir un periódico?; **where can I get h. of you?**, ¿dónde te puedo localizar? 2 *(control)* control *m*; **to have a firm h. on spending**, controlar rigurosamente los gastos; **to have a h. over sb**, influir mucho en algn, tener control sobre algn. 3 *Wrest* llave *f*. 4 *Naut* bodega *f*. ◆**hold back I** *vtr* 1 *(restrain) (crowd)* contener; *(feelings)* reprimir; *(truth)* ocultar; *(suspect)* retener. 2 *(store)* guardar. **II** *vi* 1 *(hesitate)* vacilar, no atreverse. 2 *(abstain)* abstenerse. ◆**hold down** *vtr* 1 *(control)* dominar.

2 *fam (job)* desempeñar; **she couldn't h. down a job,** perdía todos los empleos. ◆**hold forth**vi hablar detenidamente **(on,** sobre). ◆**hold off I** *vtr (keep apart)* mantener a distancia. **II** *vi (refrain)* refrenarse, retenerse; **he held off from buying new shares,** aplazó *or* postergó la compra de nuevas acciones; **I hope the rain holds off,** espero que no llueva. ◆**hold on**vi **1** *(keep a firm grasp)* agarrarse bien; **h. on tight!,** ¡agárrate fuerte! **2** *(wait)* esperar; *Tel* **h. on!,** ¡no cuelgue! ◆**hold out I** *vtr (hand etc)* ofrecer, tender. **II** *vi* **1** *(last) (of things)* durar; *(of person)* resistir; **will supplies h. out?,** ¿nos llegarán *or* alcanzarán las provisiones? **2 to h. out for,** insistir en; **they held out for more pay,** persistieron en su demanda de aumento de sueldo. ◆**hold over** *vtr (meeting etc)* aplazar. ◆**hold up** *vtr* **1** *(attack and rob) (train)* asaltar; *(bank etc)* atracar. **2** *(delay)* retrasar; **we were held up for half an hour,** sufrimos media hora de retraso. **3** *(raise)* levantar; **h. your hand up,** levanta la mano. **4** *(support) (weight)* sostener, sujetar. ◆**hold with** *vtr* estar de acuerdo con; **I don't h. with such ideas,** no comulgo con esas ideas.

holdall['həʊldɔ:l] *n GB* bolsa *f* de viaje.

holdback['həʊldbæk] *n fig* inconveniente *m*.

holder['həʊldə^r] *n* **1** *(handle)* asidero *m*. **2** *(receptacle)* receptáculo *m*, recipiente *m*. ■ **cigarette h.,** boquilla *f*. **3** *(owner)* poseedor, -a *m,f*; *(bearer)* portador, -a *m,f*; *(of passport)* titular *mf*. ■ *Sport* **record h.,** plusmarquista *mf*, recordman *mf*.

holding['həʊldɪŋ] **I** *n* **1** *(property)* propiedad *f*; *(land)* terreno *m*, propiedad *f*. **2** *Fin* valor *m* en cartera. ■ **h. company,** holding *m*. **II** *adj* de control.

hold-up['həʊldʌp] *n* **1** *(robbery)* atraco *m*. **2** *(delay)* retraso *m*; *(in traffic)* atasco *m*.

hole[həʊl] **I** *n* **1** *(small)* agujero *m*; *(large)* hoyo *m*; *(in the road)* bache *m*; *sl* **to be in a h.,** estar en un apuro. **2** *Golf* hoyo *m*. ■ **h. in one,** hoyo *m* en uno. **3** *sl (of place)* antro *m*. **II** *vi Golf* meter la pelota en el hoyo. ◆**hole up**vi *(animal)* hibernar; *fig* esconderse.

holiday['hɒlɪdeɪ] **I** *n* **1** *(one day)* día *m* de fiesta, día *m* festivo; **Monday is a h.,** el lunes es fiesta. ■ **h. atmosphere,** ambiente *m* festivo. **2** *GB (several days)* vacaciones *fpl*; **paid holidays,** vacaciones pagadas; **to be/go on h.,** estar/ir de vacaciones; **to take a h.,** coger unas vacaciones; **we usually spend our summer holidays in France,** solemos veranear en Francia. ■ **h. pay,** paga *f* extra (de vacaciones); **h. resort,** lugar *m* turístico. **II** *vi GB (gen)* pasar las vacaciones; *(in summer)* veranear.

holiday-maker['hɒlɪdeɪmeɪkə^r] *n GB (gen)* turista *mf*; *(in summer)* veraneante *mf*.

holier-than-thou ['həʊlɪəðən'ðaʊ] *adj* gazmoño,-a.

holiness['həʊlɪnɪs] *n Rel* santidad *f*; **His H. Pope John Paul II,** Su Santidad el Papa Juan Pablo II.

holistic[həʊ'lɪstɪk] *adj* holístico,-a; **h. medicine,** medicina holística.

Holland['hɒlənd] *n* Holanda.

hollandaise[hɒlən'deɪz] *adj Culin* **h. sauce,** salsa *f* holandesa.

hollow['hɒləʊ] **I** *adj* **1** *(sound, object)* hueco,-a. **2** *(cheeks, eyes)* hundido,-a. **3** *fig (insincere)* falso,-a; *(empty)* vacío,-a; **a h. laugh,** una risa falsa; **h. promises,** promesas vacías. **II** *n (gen)* hueco *m*; *Geog* hondonada *f*. **III** *vtr* **to h. (out),** vaciar, hacer un hueco en.

holly['hɒlɪ] *n Bot* acebo *m*.

hollyhock['hɒlɪhɒk] *n Bot* malvarrosa *f*.

holocaust['hɒləkɔ:st] *n* holocausto *m*; **nuclear h.,** holocausto nuclear.

holograph['hɒləgrɑ:f] *n* hológrafo *m*, ológrafo *m*.

holster['həʊlstə^r] *n* pistolera *f*.

holy['həʊlɪ] *adj Rel* **1** *(sacred)* sagrado,-a, santo,-a. ■ **H. Communion,** Sagrada Comunión *f*; **H. Ghost,** Espíritu *m* Santo; **H. Land,** Tierra *f* Santa; **h. orders,** órdenes *fpl* sagradas; **H. See,** Santa Sede *f*; **H. Week,** Semana *f* Santa. **2** *(blessed) (of bread, water)* bendito,-a.

homage['hɒmɪdʒ] *n* homenaje *m*; **to pay** *or* **do h. to sb,** rendir homenaje a algn.

home[həʊm] **I** *n* **1** *(house)* casa *f*, hogar *m*; *fml* domicilio *m*; **at h.,** en casa; *fig* a gusto; **h. sweet h.,** hogar dulce hogar; *fig* **a h. from h.,** un segundo hogar; *fig* **make yourself at h.!,** ¡estás en tu casa!; *fig* **to feel at h.,** estar a gusto. **2** *(institution)* asilo *m*. ■ **nursing h.,** clínica *f*; **old people's h.,** asilo *m or* residencia *f* de ancianos. **3** *(country etc)* tierra *f*, patria *f*; **he is far from h.,** está lejos de su tierra. **4** *Zool* hábitat *m*. **5** *Sport* casa *f*; **to play at h.,** jugar en casa. ■ *US Baseb* **h. base, h. plate,** base *f* del bateador; **h. run,** carrera *f* completa. **II** *adj* **1** *(domestic)* casero,-a, del hogar; **h. cooking,** cocina casera; **h. comforts,** comodidades del hogar. ■ *GB* **h. help,** asistenta *f*; **h. life,** vida *f* de familia. **2** *Pol* interior, del interior; **h. affairs,** asuntos interiores. ■ *GB* **H. Office,** Ministerio *m* del Interior; **h. rule,** autonomía *f*; *GB* **H. Secretary,** Ministro,-a *m,f* del Interior. **3** *(native)* natal; **h. town,** pueblo natal, patria chica. **4** *Sport* de *or* en casa; **h. game,** partido en casa; **h. team,** equipo de casa. **III** *adv* en casa, a casa, de casa; **to be (at) h.,** estar en casa; **to go h.,** irse *or* volver a casa; **to leave h.,** irse de casa; *fig* **to bring sth h. to sb,** hacer comprender algo a algn; *fam* **there's nothing to write h. about,** no hay nada del otro jueves.

homecoming['həʊmkʌmɪŋ] *n* regreso *m* a casa.

home-grown ['həʊmgrəʊn] *adj (produced in the region)* del país; *(in one's garden)* de cosecha propia, casero,-a.

homeland['həʊmlænd] *n (gen)* patria *f*; *(birthplace)* tierra *f* natal.

homeless['həʊmlɪs] **I** *adj* sin techo. **II the h.** *npl* los sin techo.

home-loving ['həʊmlʌvɪŋ] *adj* casero,-a, hogareño,-a.

homely ['həʊmlɪ] *adj (homelier, homeliest)* **1** *GB (warm, domesticated) (of person)* casero,-a; *(of atmosphere)* familiar. **2** *US (unattractive)* sin atractivo, feo,-a.

home-made['həʊmmeɪd] *adj* hecho,-a en casa, de fabricación casera.

homeopath['həʊmɪəpæθ] *n US Med see* **homoeopath**

homeopathy [həʊmɪ'ɒpəθɪ] *n US Med see* **homoeopathy**

homesick ['həʊmsɪk] *adj* nostálgico,-a; **to be h.,** tener morriña; **to be h. for one's family,** echar en falta la familia.

homesickness ['həʊmsɪknɪs] *n* nostalgia *f*, morriña *f*.

homestead['həʊmsted] *n* granja *f*, *Am* estancia *f*, *Am* hacienda *f*.

homeward(s)['həʊmwəd(z)] *adv* hacia casa.

homework ['həʊmwɜːk] n deberes mpl; **to do one's h.**, hacer los deberes; **what do we have for h.?**, ¿qué tenemos de deberes?

homicidal [hɒmɪ'saɪdəl] adj homicida.

homicide ['hɒmɪsaɪd] n 1 (crime) homicidio m. 2 (criminal) homicida mf.

homily ['hɒmɪlɪ] n homilía f.

homing ['həʊmɪŋ] adj 1 Mil buscador,-a; **h. device**, cabeza f buscadora. 2 Zool **h. pigeon**, paloma f mensajera.

homoeopath ['həʊmɪəpæθ] n Med homeópata mf.

homoeopathy [həʊmɪ'ɒpəθɪ] n Med homeopatía f.

homogeneous [hɒmə'dʒiːnɪəs] adj homogéneo,-a.

homogenization [hɒmɒdʒɪnaɪ'zeɪʃən] n homogeneización f.

homogenize [hɒ'mɒdʒɪnaɪz] vtr homogeneizar; **homogenized milk**, leche homogeneizada.

homogenous [hə'mɒdʒɪnəs] adj see **homogeneous**.

homologate [hɒ'mɒləgeɪt] vtr homologar.

homological [həʊmə'lɒdʒɪkəl] adj, **homologous** [həʊ'mɒləgəs] adj homólogo,-a.

homology [həʊ'mɒlədʒɪ] n homología f.

homonym ['hɒmənɪm] n homónimo m.

homophone ['hɒməfəʊn] n homófono m.

homosexual [həʊməʊ'seksjʊəl] adj & n homosexual (mf).

homosexuality [həʊməʊseksjʊ'ælɪtɪ] n homosexualidad f.

Hon 1 abbr of **Honorary**, (member) honorario,-a; (Secretary, Treasurer) no remunerado,-a. 2 abbr of **Honourable**, ilustre señor,-a.

Honduran [hɒn'djʊərən] adj & n hondureño,-a (m,f).

Honduras [hɒn'djʊərəs] n Honduras.

hone [həʊn] I n piedra n de afilar. II vtr afilar.

honest ['ɒnɪst] I adj 1 (trustworthy) honrado,-a, recto,-a; **an h. face**, una cara abierta; fam **to do an h. day's work**, hacer una buena jornada. 2 (sincere) sincero,-a, franco,-a; **give me your h. opinion**, dime sinceramente lo que opinas; **the h. truth**, la pura verdad; **to be h., I don't know what to say**, sinceramente, no sé qué decir. 3 (fair) justo,-a, decente. II adv fam **h. (to God)!**, ¡te lo prometo! ◆**honestly** adv (fairly etc) honradamente; (question) ¿de verdad?; (exclamation) ¡hay que ver!; fig de verdad, a decir verdad; **h., it doesn't matter**, de verdad or créeme, no tiene importancia; **h., it's the truth**, es la verdad, te lo juro.

honesty ['ɒnɪstɪ] n honradez f, rectitud f.

honey ['hʌnɪ] n 1 (substance) miel f. 2 US fam (endearment) cariño m.

honeycomb ['hʌnɪkəʊm] n panal m.

honeyed ['hʌnɪd] adj meloso,-a, dulzón,-a; **h. words**, palabras melosas or dulces.

honeymoon ['hʌnɪmuːn] I n luna f de miel, viaje m de novios. II vi pasar la luna de miel, hacer el viaje de novios.

honeymooner ['hʌnɪmuːnər] n recién casado,-a m,f.

honeysuckle ['hʌnɪsʌkəl] n Bot madreselva f.

honied ['hʌnɪd] adj see **honeyed**.

honk [hɒŋk] I n 1 (of goose) graznido m. 2 (of car horn) bocinazo m. II vi 1 (goose) graznar. 2 Aut tocar la bocina. III vtr (car horn) tocar.

honky ['hɒŋkɪ] n US sl pej blanco,-a m,f.

honor ['ɒnər] n & vtr US see **honour**.

honorable ['ɒnərəbəl] adj US see **honourable**.

honorarium [ɒnə'reərɪəm] n (pl honorariums or honoraria [ɒnə'reərɪə]) honorarios mpl.

honorary ['ɒnərərɪ] adj (of member) honorario,-a; (of duties) honorífico,-a; Univ **to receive an h. degree**, ser nombrado,-a doctor,-a honoris causa.

honour ['ɒnər] I n 1 (virtue) honor m, honra f; in **h. of**, en honor de; **to defend one's h.**, defender su honra; **to do h. to**, (pay homage to) rendir honores a; (be a credit to) honrar; **to do the honours**, hacer los honores; **to have the h. of doing sth**, tener el honor de hacer algo. 2 (title) Her **H.**, His **H.**, Your **H.**, Su Señoría f. 3 Mil **honours**, honores mpl. 4 **Honours degree**, licenciatura f superior. II vtr 1 (respect) honrar. 2 (fulfil obligation) cumplir; Fin **to h. a cheque**, aceptar y pagar un talón bancario; **to h. one's word**, cumplir con su palabra.

honourable ['ɒnərəbəl] adj 1 (of person) honrado,-a; Parl **the h. gentleman**, el ilustre diputado. 2 (of actions) honorífico,-a, honroso,-a; **h. mention**, mención honorífica.

Hons [ɒnz] GB Educ abbr of **Honours**, Licenciado m Superior.

hooch [huːtʃ] n sl see **hootch**.

hood[1] [hʊd] n 1 (of garment) capucha f; **Little Red Riding H.**, Caperucita f Roja. 2 (of car, pram) capota f. 3 (of falcon) capirote m, capillo m. 4 US Aut (bonnet) capó m.

hood[2] [hʊd] n esp US sl abbr of **hoodlum**.

hooded ['hʊdɪd] adj 1 (of person, garment) con capucha; **a h. bank robber**, un atracador encapuchado. 2 (of falcon) encapirotado,-a.

hoodlum ['huːdləm] n US matón m.

hoodwink ['hʊdwɪŋk] vtr engañar; **I've been hoodwinked**, me han tomado el pelo.

hoof [huːf] I n (pl hoofs or hooves [huːvz]) (of horse) casco m; (of cow, sheep) pezuña f. II vtr sl **to h. it**, ir a pata, ir con el coche de San Fernando.

hoofed [huːft] adj ungulado,-a.

hoofer ['huːfər] n US sl bailarín,-ina m,f de claqué.

hoo-ha ['huːhaː] n fam follón m; **there was a great h.-ha**, se armó un follón enorme.

hook [hʊk] I n 1 (gen) gancho m; Knit **crochet h.**, ganchillo m; Sew **hooks and eyes**, corchetes mpl; Tel **to take the phone off the h.**, descolgar el teléfono; fig **by h. or (by) crook**, por las buenas or por las malas; sl **off the h.**, limpio,-a; sl **on the h.**, (waiting) a la espera; (in trouble) en la mierda. 2 Fishing anzuelo m. 3 Box gancho m. II vtr 1 (fasten) enganchar; **her skirt got hooked on a nail**, se le enganchó la falda en un clavo. 2 (of bull etc) clavar. 3 Fishing pescar, coger. 4 Box pegar haciendo un gancho. 5 sl (steal) afanar, mangar. ◆**hook up** vtr & vi Rad TV Comput conectar (with, con).

hooka(h) ['hʊkə] n narguile m.

hooked [hʊkt] adj 1 (hook-shaped) ganchudo,-a; (nose) aquilino,-a. 2 sl (attracted) prendado,-a, encariñado,-a; (addicted) enganchado,-a (on, a); **to get h.**, engancharse; **he's h. on heroin**, está enganchado al caballo.

hooker ['hʊkər] n 1 Rugby talonador,-a m,f. 2 US sl puta f.

hook(e)y ['hʊkɪ] n US Canada NZ fam **to play h.**, hacer campana.

hook-up ['hʊkʌp] n 1 Comput conexión f. 2 Rad TV emisión f transmitida a varios lugares.

hooligan ['huːlɪgən] *n sl* gamberro,-a *m,f*, delincuente *mf*.

hooliganism ['huːlɪgənɪzəm] *n sl* gamberrismo *m*, delincuencia *f*.

hoop [huːp] *n (gen)* aro *m*; *(of barrel)* fleje *m*; *(of wheel)* llanta *f*; *fig* **to put sb through the hoops**, hacérselo pasar mal a algn.

hoopoe ['huːpuː] *n Orn* abubilla *f*.

hoorah [huːˈrɑː] *interj*, **hooray** [huːˈreɪ] *interj* ¡hurra!

hoot [huːt] **I** *n* **1** *(of owl, train, wind)* ululato *m*; *fam* **hoots of laughter**, carcajadas *fpl*, risotadas *fpl*; *fam* **I don't care a h.**, me importa un pepino. **2** *(of car horn)* bocinazo *m*. **3** *fam* cosa *f or* persona *f* divertida; *fam* **it was a h.**, fue divertidísimo. **II** *vi* **1** *(of owl)* ulular. **2** *(of car)* dar un bocinazo, tocar la bocina; *(of train)* silbar; *(of siren)* pitar.

hootch [huːtʃ] *n sl* aguardiente *m*.

hooter ['huːtəʳ] *n* **1** *esp GB (of car)* bocina *f*; *(siren)* sirena *f*. **2** *GB sl (nose)* narizota *f*.

Hoover® ['huːvəʳ] *GB* **I** *n* aspiradora *f*. **II** *vtr* **to h.**, pasar la aspiradora a.

hop[1] [hɒp] **I** *vi (pt & pp hopped)* saltar, dar saltitos; **to h. on one leg**, andar a la pata coja; *fam* **h. in!**, *(into car)* ¡sube!; *fam* **to h. on the bus/train**, subirse al autobús/tren. **II** *vtr* **1** *US fam (train etc)* coger. **2** *GB sl* **h. it!**, ¡lárgate!, ¡esfúmate! **3** *Av* cruzar. **III** *n* **1** *(small jump)* brinco *m*, saltito *m*; **in one h.**, de un salto; *fam* **to be on the h.**, estar muy atareado,-a; *GB fam* **to catch sb on the h.**, coger desprevenido,-a a algn. **2** *fam (dance)* baile *m*, bailongo *m*. **3** *Av fam* vuelo *m* corto.

hop[2] [hɒp] *n Bot* lúpulo *m*.

hope [həʊp] **I** *n (gen)* esperanza *f*; *(false)* ilusión *f*; **don't build up your hopes**, no te hagas ilusiones; **to have high hopes**, tener grandes esperanzas; **to have little h. of doing sth**, tener pocas posibilidades de hacer algo; *fam* **not a h.!**, **some h.!**, ¡ni hablar!, ¡qué va! ■ *US* **h. chest**, ajuar *m*. **II** *vtr & vi* esperar; **I h. not**, espero que no; **I h. so**, espero que sí; **I h. to have an answer tomorrow**, espero tener una respuesta para mañana; **I'm hoping for a letter**, espero carta; **we h. you're well**, esperamos que estés bien.

hopeful ['həʊpfʊl] **I** *adj (confident)* optimista; *(promising)* esperanzador,-a, prometedor,-a; **she's h. that …**, tiene esperanzas de que … . **II** *n* persona *f* que promete; **young h.**, joven *mf* promesa. ◆**hopefully** *adv* **1** *(confidently)* con esperanza, con optimismo. **2** *fam (it is hoped)* esperamos, se espera; **h., the weather will be fine**, se espera que haga buen tiempo.

hopeless ['həʊplɪs] *adj* desesperado,-a; **a h. case**, un caso perdido; **it's h.**, es imposible; *fam* **to be h. at sports**, ser negado,-a para los deportes. ◆**hopelessly** *adv* sin esperanza, desesperadamente; **h. in love**, locamente enamorado,-a; **h. lost**, completamente perdido,-a.

hopper ['hɒpəʳ] *n (funnel)* tolva *f*.

hop-picker ['hɒpɪkəʳ] *n* recogedor,-a *m,f* de lúpulo.

hop-picking ['hɒpɪkɪŋ] *n* cosecha *f* del lúpulo.

hopping ['hɒpɪŋ] **I** *n* saltos *mpl*, brincos *mpl*. **II** *adj* *fam* **h. mad**, rabioso,-a; **she's h. mad**, está que trina, está que bota.

hopscotch ['hɒpskɒtʃ] *n* infernáculo *m*.

horde [hɔːd] *n* **1** *(crowd)* multitud *f*. **2** *(nomadic group)* horda *f*.

horizon [həˈraɪzən] *n* horizonte *m*.

horizontal [hɒrɪˈzɒntəl] *adj* horizontal. ◆**horizontally** *adv* horizontalmente.

hormonal [hɔːˈməʊnəl] *adj* hormonal.

hormone ['hɔːməʊn] *n Biol* hormona *f*, hormón *m*.

horn [hɔːn] *n* **1** *Zool* cuerno *m*, asta *f*; *(of snail)* tentáculo *m*; *fig* **to take the bull by the horns**, agarrar *or* coger al toro por los cuernos. **2** *Mus (gen)* instrumento *m* de viento; *(primitive)* cuerno *m*; *fam* trompeta *f*; *fig* **on the horns of a dilemma**, entre la espada y la pared; *US fig* **to blow one's own h.**, vanagloriarse. ■ **French h.**, trompa *f*; **hunting h.**, cuerno *m* de caza. **3** *(of gramophone)* pabellón *m*, bocina *f*. **4** *Aut* bocina *f*; **to honk** *or* **sound the h.**, dar un bocinazo. **5** *GB sl vulg* erección *f*.

hornbeam ['hɔːnbiːm] *n Bot* carpe *m*.

horned [hɔːnd] *adj (of cattle etc)* con cuernos.

hornet ['hɔːnɪt] *n Ent* avispón *m*; *fig* **to stir up a h.'s nest**, meterse en un avispero.

hornpipe ['hɔːnpaɪp] *n* **1** *Mus (instrument)* chirimía *f*. **2** *GB (dance)* baile *m* folklórico marinero.

horn-rimmed ['hɔːnrɪmd] *adj (spectacles)* con montura de concha.

horny ['hɔːnɪ] *adj (hornier, horniest)* **1** *(of hands)* calloso,-a. **2** *sl (sexually aroused)* caliente, cachondo,-a.

horology [hɒˈrɒlədʒɪ] *n* relojería *f*.

horoscope ['hɒrəskəʊp] *n* horóscopo *m*.

horrendous [hɒˈrendəs] *adj* horrendo,-a, horroroso,-a.

horrible ['hɒrəbəl] *adj* horrible, horroroso,-a; **the weather was h.**, hizo un tiempo horroroso; *fam* **what a h. man!**, ¡qué hombre más antipático! ◆**horribly** *adv* horriblemente; **it was h. hot**, hacía un calor insoportable.

horrid ['hɒrɪd] *adj (horrible)* horrible, horroroso,-a; *(unkind)* antipático,-a.

horrific [həˈrɪfɪk] *adj* horrendo,-a.

horrify ['hɒrɪfaɪ] *vtr (pt & pp horrified)* espantar, horrorizar; **she was horrified at the thought**, se horrorizaba sólo de pensarlo.

horror ['hɒrəʳ] *n* horror *m*, terror *m*; **it fills me with h.**, me llena de temor; **to have a h. of sth**, tener horror a algo; *fam* **a little h.**, un diablillo. ■ **h. film**, película *f* de miedo *or* de terror.

horrors ['hɒrəz] *interj* ¡qué horror!

horror-stricken ['hɒrəstrɪkən] *adj*, **horror-struck** ['hɒrəstrʌk] *adj* horrorizado,-a.

hors d'oeuvre [ɔːˈdɜːvr] *n (pl* **hors d'oeuvre** *or* **hors d'oeuvres)** *Culin* entremés *m*.

horse [hɔːs] **I** *n* **1** *Zool* caballo *m*; *fig* **hold your horses!**, ¡echa el freno!, ¡alto ahí!; *fig* **to beat** *or* **flog a dead h.**, machacar en hierro frío; *fig* **to get sth straight from the h.'s mouth**, saber algo de buena tinta; *fig* **to get on one's high h.**, darse ínfulas. ■ **h. doctor**, veterinario *m*; *Zool fam* **h. family**, grupo *m or* familia *f* de los ecuestres; **h. race**, carrera *f* de caballos; *fig* **h. sense**, sentido *m* común. **2** *Gymn* potro *m*. **3** *Tech* caballete *m*. **4** *Bot* **h. chestnut**, *(tree)* castaño *m* de Indias; *(fruit)* castaña *f* de Indias. **II** *vi fam* **h. around** *or* **about**, hacer el indio.

horseback ['hɔːsbæk] *n* **on h.**, a caballo. ■ *US Canada* **h. riding**, equitación *f*.

horsebox ['hɔːsbɒks] *n GB* furgón *m* para caballos.

horseflesh ['hɔːsfleʃ] *n* carne *f* de caballo.

horsefly ['hɔːsflaɪ] *n Ent* tábano *m*.

horsehair ['hɔːsheəʳ] *n* crin *m* (de caballo). ■ **h. mattress**, colchón *m* de crin (de caballo).

horseman ['hɔ:smən] n (pl **horsemen**) jinete m, caballista m; (professional) yoquey m.

horsemanship ['hɔ:smənʃɪp] n equitación f.

horseplay ['hɔ:spleɪ] n payasadas fpl; **to indulge in h.**, hacer el payaso.

horsepower ['hɔ:spaʊə'] n Aut caballo m (de vapor).

horseradish ['hɔ:srædɪʃ] n Bot rábano m rusticano.

horseshoe ['hɔ:sʃu:] n herradura f.

horsewoman ['hɔ:swʊmən] n (pl **horsewomen** ['hɔ:swɪmɪn]) amazona f, caballista f.

hors(e)y ['hɔ:sɪ] adj (horsier, horsiest) 1 (horse-like) caballuno,-a; **h. features**, rasgos caballunos. 2 (interested in horses) aficionado,-a a los caballos.

horticultural [hɔ:tɪ'kʌltʃərəl] adj hortícola, hortelano,-a.

horticulture ['hɔ:tɪkʌltʃə'] n horticultura f.

hose¹ [həʊz] I n (pipe) manguera f. II vtr **to h. (down)**, (with water) regar con una manguera; (wash) lavar con una manguera.

hose² [həʊz] n (pl **hose** or **hosen** ['həʊzən]) (socks) calcetines mpl; (stockings) medias fpl.

hosiery ['həʊzɪərɪ] n Com medias fpl y calcetines mpl.

hospice ['hɒspɪs] n residencia f geriátrica or de ancianos.

hospitable ['hɒspɪtəbəl, hɒ'spɪtəbəl] adj hospitalario,-a; **h. atmosphere**, ambiente acogedor. ◆**hospitably** adv con hospitalidad.

hospital ['hɒspɪtəl] n hospital m.

hospitality [hɒspɪ'tælɪtɪ] n hospitalidad f.

hospitalize ['hɒspɪtəlaɪz] vtr hospitalizar.

Host [həʊst] n Rel hostia f.

host¹ [həʊst] I n 1 (at home) anfitrión m. 2 Theat TV presentador m. 3 Biol Zool huésped m. II vtr Theat TV (show) presentar.

host² [həʊst] n (large number) montón m; **a h. of things**, la tira de cosas.

hostage ['hɒstɪdʒ] n rehén m; **to hold sb h.**, tener a algn como rehén.

hostel ['hɒstəl] n hostal m, residencia f. ■ **youth h.**, albergue m para la juventud.

hostess ['həʊstɪs] n 1 (at home etc) anfitriona f. 2 (in club) camarera f. 3 Theat TV presentadora f. 4 Av (air) h., azafata f.

hostile ['hɒstaɪl] adj hostil, enemigo,-a; **to be h. to change**, ser hostil a los cambios.

hostility [hɒ'stɪlɪtɪ] n hostilidad f; Mil **hostilities have now ceased**, han cesado las hostilidades.

hot [hɒt] adj (hotter, hottest) 1 (gen) caliente; **h. water**, agua caliente; fig **to blow h. and cold**, cambiar continuamente de actitud. ■ Tel fig **h. line**, teléfono m rojo; US Aut sl **h. rod**, bólido m; (nightclub) **h. spot**, club m nocturno. 2 Meteor caluroso,-a; **it's very h.**, hace mucho calor; **to feel h.**, tener calor. ■ fig **h. air**, palabrería f. 3 Culin (not cold) caliente; **h. meals**, comidas calientes. ■ **h. dog**, perrito m caliente. 4 Culin (spicy) picante; **h. sauce**, salsa picante; **not a very h. chicken curry**, un pollo al curry no muy picante. 5 (temper) fuerte; (anger) rabioso,-a, colérico,-a; fam **to get h. under the collar**, ponerse nervioso,-a. 6 fam (fresh) de última hora; **h. news**, noticia f de última hora. 7 fam (good) bueno,-a, enterado,-a; **ask Frank, he's h. on that subject**, pregúntaselo a Frank, sabe bastante de eso; **it's not so h.**, no mata; **she's h. stuff**, está buena, está como un tren. 8 (popular) popular; **a**

very h. play, una obra muy taquillera. 9 (dangerous) peligroso,-a; fig **to get oneself into h. water**, meterse en un lío; fig **to make things h. for sb**, hacerle la vida difícil a algn. ■ fam **h. potato**, asunto m delicado; fam **h. seat**, primera fila f; fam **h. spot**, punto m caliente. ◆**hot up** vi fam sucederse rápidamente; **things are hotting up**, la cosa se está poniendo al rojo vivo.

hotbed ['hɒtbed] n fig hervidero m.

hot-blooded ['hɒtblʌdɪd] adj de sangre caliente; fig **to be h.-b.**, tener la sangre caliente.

hotch-potch ['hɒtʃpɒtʃ] n fam mezcolanza f, batiburrillo m.

hotel [həʊ'tel] n hotel m.

hotelier [həʊ'teljeɪ] n, **hotel-keeper** [həʊ'telkɪːpə'] n hotelero,-a m,f.

hotfoot ['hɒtfʊt] adv a toda prisa.

hothead ['hɒthed] n fam cabeza mf loca.

hot-headed [hɒt'hedɪd] adj impetuoso,-a, impulsivo,-a.

hothouse ['hɒthaʊs] n Hortic invernadero m.

hotplate ['hɒtpleɪt] n (cooker) placa f de cocina; (to keep food warm) calientaplatos m inv.

hotpot ['hɒtpɒt] n GB Culin estofado m.

hotshot ['hɒtʃɒt] n US sl as m, hacha m.

hot-tempered [hɒt'tempəd] adj de genio vivo.

hot-water ['hɒtwɔ:tə'] adj de agua caliente. ■ **h.-w. bottle**, bolsa f de agua caliente.

hound [haʊnd] I n Zool perro m de caza. II vtr acosar, perseguir; **he was hounded by the press**, fue acosado por la prensa.

hour ['aʊə'] n hora f; **a quarter of an h.**, un cuarto de hora; **every h.**, cada hora; **half an h.**, media hora; **on the h.**, a la hora en punto; **60 miles an h.**, 60 millas por hora; **the clock struck the h.**, el reloj dio la hora; **to be paid by the h.**, cobrar por horas; **what are the visiting hours?**, ¿cuáles son las horas de visita?; fig **his h. had come**, había llegado su hora; fig **the small hours**, la madrugada; fig **to take hours to do sth**, tardar horas en hacer algo; fig **until all hours (of the night)**, hasta la madrugada. ■ **h. hand**, manecilla f; **lunch h.**, hora f de comer; **rush h.**, hora f punta.

hourly ['aʊəlɪ] I adj cada hora; **an h. train service**, un tren cada hora. II adv por horas; **to be paid h.**, cobrar por horas.

house [haʊs] I n 1 (gen) casa f; fml domicilio m; **at my h.**, en mi casa; **doll's h.**, casa de muñecas; **to move h.**, mudarse de casa, trasladarse; fig **on the h.**, cortesía de la casa; fig **to keep open h.**, ser muy hospitalario,-a; fam **to get on with sb like a h. on fire**, llevarse de maravilla con algn. ■ GB **h. agent**, agente m inmobiliario; Jur **h. arrest**, arresto m domiciliario; **h. guest**, invitado,-a m,f de la casa; Med **h. physician**, interno,-a m,f; **h. plant**, planta f de interior; Med **h. surgeon**, cirujano m interno. 2 Pol cámara f. ■ **H. of Commons**, Cámara f de los Comunes; **H. of Lords**, Cámara f de los Lores; US **H. of Representatives**, Cámara f de Representantes; **Houses of Parliament**, Parlamento m. 3 (company) empresa f. ■ **publishing h.**, editorial f. 4 Theat sala f; fig **to bring the h. down**, ser un exitazo. ■ **first h.**, primera sesión f; **full h.**, lleno m; **'h. full'**, 'agotadas las localidades'. II [haʊz] vtr (gen) alojar; (give housing to) proveer de vivienda; (store) guardar; (fit) dar cabida a.

houseboat ['haʊsbəʊt] n casa f flotante.

housebreaker ['haʊsbreɪkə'] n ladrón,-ona m,f.

housebreaking ['haʊsbreɪkɪŋ] n Jur allanamiento m de morada.

housecoat ['haʊskəʊt] n bata f.

houseful ['haʊsfʊl] n we have a h. of guests, tenemos la casa llena de invitados.

household ['haʊshəʊld] n casa f, hogar m; fig to become a h. name, ser archiconocido,-a or popular. ■ h. expenses, gastos mpl de la casa; h. products, productos mpl domésticos.

householder ['haʊshəʊldə^r] n dueño,-a m,f de la casa.

househusband ['haʊshʌzbənd] n fam hombre m que hace de ama de casa.

housekeeper ['haʊskiːpə^r] n ama f de llaves.

housekeeping ['haʊskiːpɪŋ] n administración f de la casa. ■ h. money, dinero m para los gastos de casa.

housemaid ['haʊsmeɪd] n criada f. ■ Med h.'s knee, hidrartrosis f.

houseman ['haʊsmən] n (pl housemen) Med interno m.

housemaster ['haʊsmɑːstə^r] n Educ tutor m.

housemistress ['haʊsmɪstrɪs] n Educ tutora f.

houseroom ['haʊsruːm] n sitio m en casa; I wouldn't give it h., no lo tendría ni en casa.

house-to-house [haʊstə'haʊs] adj de casa en casa; h.-to-h. salesman, vendedor a domicilio.

house-train ['haʊstreɪn] vtr (pet) educar.

house-warming ['haʊswɔːmɪŋ] n h.-w. (party), fiesta f que se da al estrenar casa.

housewife ['haʊswaɪf] n ama f de casa.

housework ['haʊswɜːk] n trabajo m doméstico, quehaceres mpl domésticos.

housing ['haʊzɪŋ] n vivienda f. ■ h. estate, urbanización f; Pol Ministry of H., Ministerio m de la Vivienda.

hove [həʊv] pt & pp see heave.

hovel ['hʌvəl, 'hɒvəl] n casucha f, tugurio m, chabola f.

hover ['hɒvə^r] vi 1 (bird) cernerse; (aircraft) permanecer inmóvil (en el aire); the eagle hovered over its prey, el águila se cernía sobre su presa. 2 (person) cernerse; to h. between one thing and another, vacilar entre una cosa y otra.

hovercraft ['hɒvəkrɑːft] n Naut hovercraft m.

how [haʊ] adv 1 (direct question) ¿cómo?; h. are you?, ¿cómo estás?; h. did it happen?, ¿cómo ocurrió?; h. do you do, mucho gusto; fam and h.!, ¡y tanto!; fam h. come?, ¿por qué?; fam h.'s that for an answer?, ¿qué te parece? 2 (indirect question) cómo; I don't know h. to tell you, no sé cómo decírtelo. 3 (very) qué; h. funny!, ¡qué divertido!; h. long the film was!, ¡qué larga que fue la película! 4 (suggestion) h. about ...?, ¿y si ...?; h. about a stroll?, ¿qué te parece un paseo?; h. about going out to lunch?, ¿y si saliésemos a comer? 5 (quantity) cuánto; h. old is she?, ¿cuántos años tiene?, ¿qué edad tiene?; h. tall are you?, ¿cuánto mides de altura? 6 (quantity) h. many?, ¿cuántos,-as?; h. much?, ¿cuánto,-a?; I don't know h. many people there were, no sé cuánta gente había.

howdy ['haʊdɪ] interj US fam ¿qué hay?, ¿qué tal?, ¡hola!

however [haʊ'evə^r] adv 1 (nevertheless) no obstante, sin embargo; h., he was right, sin embargo, tenía razón. 2 (with adjective) por; h. difficult it may be, por difícil que sea; h. much, por más que, por

mucho que (+ subj); h. much you insist ..., por más que insistas .... 3 (how) ¿cómo?; h. did you manage to do it?, ¿cómo diablos conseguiste hacerlo?

howl [haʊl] I n 1 (cry) aullido m. 2 sl (funny thing, person) to be a h., ser la monda. II vi aullar; fam to h. with laughter, reír a carcajadas. ◆howl down vtr abuchear.

howler ['haʊlə^r] n fam despiste m; to make a h., cometer una falta garrafal.

howling ['haʊlɪŋ] n (of dogs, wolves) aullido m; (of wind) rumor m.

HP, hp [eɪtʃ'piː] 1 GB abbr of hire purchase, compra f a plazos. 2 abbr of horsepower, caballos mpl de vapor, cv mpl.

HQ [eɪtʃ'kjuː] Mil abbr of headquarters, cuartel m general; fig centro m de operaciones.

hr (pl hrs) abbr of hour, hora f, h.

HRH [eɪtʃɑːr'eɪtʃ] abbr of His/Her Royal Highness, Su Alteza mf Real, S.A.R.

hub [hʌb] n 1 Aut cubo m. 2 fig eje m, centro m.

hubbub ['hʌbʌb] n alboroto m, jaleo m.

hubby ['hʌbɪ] n fam marido m.

hubcap ['hʌbkæp] n Aut tapacubos m inv.

huckleberry ['hʌkəlberɪ] n Bot arándano m.

huddle ['hʌdəl] I n grupo m; a h. of people, un grupo cerrado de gente; fam to go into a h. about sth, conferenciar en secreto sobre algo. II vi to h. (up together), acurrucarse.

Hudson Bay [hʌdsən'beɪ] n Bahía f de Hudson.

hue¹ [hjuː] n (colour) tinte m; (shade) matiz m; fig color m.

hue² [hjuː] n h. and cry, fuerte protesta f.

huff [hʌf] I n enfado m; to be in a h., estar de mala uva. II vi to h. (and puff), resoplar.

huffy ['hʌfɪ] adj (huffier, huffiest) enojadizo,-a, malhumorado,-a.

hug [hʌg] I vtr (pt & pp hugged) 1 abrazar, dar un abrazo a; fig to h. oneself, sentirse satisfecho,-a de sí mismo,-a. 2 fig (coast, kerb) pegarse a. II n abrazo m.

huge [hjuːdʒ] adj enorme; a h. building, un edificio inmenso; a h. success, un exitazo. ◆hugely adv enormemente.

huh [hʌ] interj (showing surprise) ¡vaya!, ¡caramba!; (inquiry) ¿eh?, ¿qué?

hulk [hʌlk] n 1 Naut casco m. 2 (thing, person) armatoste m.

hulking ['hʌlkɪŋ] adj grueso,-a, pesado,-a.

hull [hʌl] n 1 Naut casco m. 2 Bot (shell) cáscara f; (pod) vaina f. II vtr (fruit, peas) desvainar.

hullabal(l)oo [hʌləbə'luː] n fam follón m, escándalo m, jaleo m.

hullo [hʌ'ləʊ] interj GB ¡hola!; Tel (when answering) ¡diga?, ¿dígame?; (when phoning) ¡oiga!, ¿óigame!

hum [hʌm] I vtr (pt & pp hummed) (tune) tararear. II vi 1 (of bees, engine) zumbar; (sing) tararear; fig to h. and haw, vacilar al hablar. 2 sl (smell) apestar. III n (of bees) zumbido m.

human ['hjuːmən] I adj humano,-a; h. race, raza f humana. ■ h. being, ser m humano. II n ser m humano. ◆humanly adv humanamente; to do everything h. possible, hacer todo lo posible.

humane [hjuː'meɪn] adj humano,-a; toward a more h. society, hacia una sociedad más humana. ■ Univ h. studies, humanidades fpl. ◆humanely adv con humanidad, de una forma humana.

humanism ['hjuːmənɪzəm] n humanismo m.

humanist ['hju:mənɪst] *adj & n* humanista *(mf)*.

humanitarian [hju:mænɪ'teərɪən] I *adj* humanitario,-a, filantrópico,-a. II *n* filántropo,-a *m,f*.

humanity [hju:'mænɪtɪ] *n* 1 *(mankind)* género *m* humano, raza *f* humana. 2 *(virtue)* humanidad *f*. 3 *Univ* the humanities, las humanidades.

humanoid ['hju:mənɔɪd] *n* humanoide *mf*.

humble ['hʌmbəl] I *adj* humilde; **in my h.** **opinion,** en mi modesta opinión; *fig* **to eat h. pie,** reconocer su error. II *vi* humillar. ◆**humbly** *adv* humildemente.

humbleness ['hʌmbəlnɪs] *n* humildad *f*.

humbug ['hʌmbʌg] *n* 1 *fam (trick)* burla *f*, camelo *m*; **it's all h.,** son tonterías. 2 *(trickster)* embaucador,-a *m,f*, camelista *mf*, farsante *mf*. 3 *GB* **(mint) h.,** caramelo *m* de menta.

humdrum ['hʌmdrʌm] *adj* monótono,-a, aburrido,-a.

humerus ['hju:mərəs] *n (pl* **humeri** ['hju:mərai]*)* *Anat* húmero *m*.

humid ['hju:mɪd] *adj* húmedo,-a.

humidifier [hju:'mɪdɪfaɪər] *n* humidificador *m*.

humidity [hju:'mɪdɪtɪ] *n* humedad *f*.

humiliate [hju:'mɪlɪeɪt] *vtr* humillar.

humiliation [hju:mɪlɪ'eɪʃən] *n* humillación *f*.

humility [hju:'mɪlɪtɪ] *n see* humbleness·

hummingbird ['hʌmɪŋbɜ:d] *n Orn* colibrí *m*.

humorist ['hju:mərɪst] *n* humorista *mf*.

humor ['hju:mər] *n US see* humour·

humorous ['hju:mərəs] *adj (of writer)* humorístico,-a; *(of person, story)* gracioso,-a, divertido,-a.

humour ['hju:mər] I *n* 1 humor *m*; **to see the h. in** **sth,** verle la gracia a algo. ■ **sense of h.,** sentido *m* del humor. 2 *(mood)* humor *m*; **ill/good h.,** mal/ buen humor; **out of h.,** de mal humor; **to be in good/** **bad h.,** estar de buen/mal humor. II *vtr* seguir el humor a.

hump [hʌmp] I *n* 1 *(on back)* joroba *f*; *GB fam* **to** **have the h.,** estar deprimido,-a *or* chafado,-a. 2 *(small hill)* montículo *m*. II *vtr GB sl* cargar (a la espalda); **to h. coal,** cargar carbón.

humpback ['hʌmpbæk] *n* jorobado,-a *m,f*. ■ *GB* *Constr* **h. bridge,** puente *m* peraltado.

humus ['hju:məs] *n Agr* mantillo *m*, humus *m*.

Hun [hʌn] *n Hist* huno,-a *m,f*.

hunch [hʌntʃ] I *n fam* presentimiento *m*; **to act on** **one's hunches,** actuar por intuición; **to have a h.,** tener una corazonada. II *vtr* **to h. one's back,** encorvarse.

hunchback ['hʌntʃbæk] *n (person)* jorobado,-a *m,f*.

hundred ['hʌndrəd] I *n (pl* **hundred** *or* **hundreds)** cien *m*, ciento *m*; *(rough number)* centenar *m*; **a h.** **and twenty-five books,** ciento veinticinco libros; **by** **the hundreds,** a centenares; **five h.,** quinientos; **hundreds of soldiers,** centenares de soldados; **hundreds of trees,** cientos de árboles; **she lived in the** **sixteen hundreds,** vivió en el siglo diecisiete; **to live** **to be a h.,** llegar a los cien años. II *adj* cien; **a h.** **people,** cien personas; **a h. per cent,** cien por cien; **two h. chairs,** doscientas sillas; *fig* **to agree one h.** **per cent with sb,** estar totalmente de acuerdo con algn.

hundredth ['hʌndrədθ] I *adj* centésimo,-a; **for the** **h. time,** por centésima vez. II *n* centésimo *m*, centésima parte *f*.

hundredweight ['hʌndrədweɪt] *n (pl* **hundred-** **weight** *or* **hundredweights)** ciento doce libras *fpl* (≈ quintal *m*).

hung [hʌŋ] I *pt & pp see* hang. II *adj* 1 **h. jury,** jurado *m* cuyos miembros no se ponen de acuerdo. 2 *fam* **h. over,** con resaca; **he's still h. over from** **yesterday,** aún tiene resaca de lo de ayer. 3 *fam* **h.** **up,** acomplejado,-a; *sl* **h. up on sb/sth,** obsesionado,-a con algn/algo. 4 *sl (man)* **well h.,** bien dotado.

Hungarian [hʌŋ'geərɪən] *adj & n* húngaro,-a *(m,f)*.

Hungary ['hʌŋgərɪ] *n* Hungría.

hunger ['hʌŋgər] I *n* hambre *f*. ■ **h. strike,** huelga *f* de hambre. II *vi fig* tener hambre, estar hambriento,-a (**for,** de); ansiar (**for** *or* **after,** -).

hungry ['hʌŋgrɪ] *adj* **(hungrier, hungriest)** hambriento,-a; **to be h.,** tener hambre; **to go h.,** pasar hambre; **to make h.,** dar hambre a, abrir el apetito a.

hunk [hʌŋk] *n* 1 *(large piece)* trozo *m* grueso, buen pedazo *m*; **a h. of bread,** un buen pedazo de pan. 2 *sl* **a h. (of a man),** un machote.

hunt [hʌnt] I *vtr* cazar. II *vi* 1 *(for game)* cazar. 2 *(search)* buscar; **to h. for sth/sb,** buscar algo/a algn; *fam* **we hunted high and low for it,** lo buscamos por todas partes. III *n* 1 *(gen)* caza *f*; *(expedition)* partida *f* de caza. 2 *(search)* búsqueda *f*; **they're on the** **h. for the killer,** van en busca del asesino. ◆**hunt** **down** *vtr* perseguir, ir a la caza de. ◆**hunt out,** **hunt up** *vtr (look for)* buscar; *(find)* encontrar.

hunter ['hʌntər] *n* 1 *(person)* cazador,-a *m,f*; *fig* **bar-** **gain h.,** persona *f* que busca gangas en las rebajas; *fig* **fortune h.,** *(man)* aventurero *m*; *(through mar-* *riage)* cazadotes *m inv*. 2 *Zool (horse)* caballo *m* de caza.

hunting ['hʌntɪŋ] *n (gen)* caza *f*; *(expedition)* cacería *f*; *fig* **a happy h. ground for stamp collectors,** un buen mercado para los coleccionistas de sellos. ■ **fox h.,** caza *f* del zorro; **h. ground,** terreno *m or* coto *m* de caza; **h. knife,** navaja *f* de monte.

huntsman ['hʌntsmən] *n (pl* **huntsmen)** cazador *m*.

hurdle ['hɜ:dəl] I *n* 1 *Athlet* valla *f*; **the 100 metres** **hurdles,** los 100 metros obstáculos. 2 *fig* obstáculo *m*. II *vtr Athlet (barrier etc)* saltar.

hurdler ['hɜ:dlər] *n Athlet* corredor,-a *m,f* de obstáculos.

hurdling ['hɜ:dlɪŋ] *n Athlet* carrera *f* de obstáculos.

hurdy-gurdy ['hɜ:dɪgɜ:dɪ] *n Mus* organillo *m*.

hurl [hɜ:l] *vtr (object)* arrojar, lanzar; **to h. oneself,** tirarse (**from,** de); *fig* **to h. abuse at sb,** soltar una retahila de insultos a algn, decir de todo a algn.

hurling ['hɜ:lɪŋ] *n Sport* juego *m* irlandés parecido al hockey y al lacrosse.

hurly-burly ['hɜ:lɪbɜ:lɪ] *n fam* alboroto *m*.

hurrah [hʊ'rɑː] *interj*, **hurray** [hʊ'reɪ] *interj* ¡hurra!, ¡olé!; **h. for John!,** ¡viva John!

hurricane ['hʌrɪkən, 'hʌrɪkeɪn] *n* huracán *m*. ■ **h.** **lamp,** farol *m*.

hurried ['hʌrɪd] *adj* apresurado,-a, hecho,-a de prisa; **a h. letter,** una carta escrita deprisa; **a h. visit,** una visita apresurada. ◆**hurriedly** *adv* deprisa, apresuradamente.

hurry ['hʌrɪ] I *vi (pt & pp* **hurried)** darse prisa, apresurarse; **he hurried through his work,** trabajó a toda prisa; **h. (up)!,** ¡date prisa! II *vtr* meter prisa; **don't** **h. us,** no nos metas prisa; **he was hurried (off) to** **hospital,** le llevaron urgentemente al hospital; **to h.** **a meal,** comer deprisa. III *n* prisa *f*; **are you in a h.**

for it?, ¿le corre prisa?; **there's no h.** for it, no corre prisa; **to be in a h.**, tener prisa; **to do sth in a h.**, hacer algo de prisa; **to leave in a h.**, salir corriendo; **what's your h.?**, ¿tanta prisa tienes?; *fig* **I won't do it again in a h.**, la próxima vez me lo pensaré dos veces.

hurt [hɜːt] **I** *vtr (pt & pp **hurt**)* **1** *(physically)* hacer daño; *(wound)* herir; **she has h.** her foot, se ha hecho daño en el pie; **to h.** oneself, hacerse daño, lastimarse. **2** *(mentally)* herir, ofender; **her words h.** me, sus palabras me hirieron; **to h. sb's feelings**, ofender a algn. **II** *vi* **1** *(physically)* doler; **my arm hurts, me** duele el brazo; **where does it h. most?**, ¿dónde le duele más? **2** *(mentally)* escocer, doler; **the truth always hurts**, la verdad siempre duele. **3** *fam* venir *or* ir mal; **it doesn't h. to go out once in a while**, no viene mal salir de vez en cuando; **it wouldn't h.** for you to help, no iría mal que echaras una mano. **III** *n* **1** *(physical)* herida *f.* **2** *(mental)* daño *m*, mal *m*. **IV** *adj* **1** *(physically)* herido,-a. **2** *(mentally)* dolido,-a; **a h. look**, una mirada dolida.

hurtful ['hɜːtfʊl] *adj* doloroso,-a, hiriente; **a h. remark**, una observación hiriente.

hurtle ['hɜːtəl] **I** *vi* lanzarse, precipitarse; **to h. down**, precipitarse *or* caer violentamente. **II** *vtr* lanzar.

husband ['hʌzbənd] *n* marido *m*, esposo *m*.

husbandry ['hʌzbəndrɪ] *n* agricultura *f*.

hush [hʌʃ] **I** *vtr* callar, silenciar; **to h. sth up**, echar tierra a un asunto. **II** *n* silencio *m*. **■** *sl* **h. money**, soborno *m*, cohecho *m*. **III** *interj* ¡silencio!, ¡chito!

hush-hush [hʌʃ'hʌʃ] *adj fam* confidencial, secreto,-a.

husk [hʌsk] **I** *n (of nuts, cereals)* cáscara *f; (of peas, beans)* vaina *f.* **II** *vtr* pelar.

huskiness ['hʌskɪnɪs] *n* ronquera *f*.

husky¹ ['hʌskɪ] *adj (huskier, huskiest)* ronco,-a; **a h. voice**, una voz profunda.

husky² ['hʌskɪ] *n Zool* perro *m* esquimal.

hussar [hʊ'zɑːʳ] *n Mil* húsar *m*.

hussy ['hʌzɪ, 'hʌsɪ] *n fam (woman)* fresca *f*.

hustings ['hʌstɪŋz] *npl Pol* **1** *(platform)* tribuna *f* sing electoral. **2** *(election)* elecciones *fpl*; **at the h.**, durante la campaña electoral.

hustle ['hʌsəl] **I** *vtr* **1** *(jostle)* empujar, dar empujones. **2** *fam* apurar, apremiar. **3** *sl* apañarse, hacerse con. **II** *n* apaño *m*, bullicio *m*; **h. and bustle**, ajetreo *m*.

hustler ['hʌsləʳ] *n* **1** *(swindler)* estafador,-a *m,f*, timador,-a *m,f.* **2** *US sl (female prostitute)* puta *f*.

hut [hʌt] *n (gen)* cabaña *f; (garden shed)* cobertizo *m; Mil* barraca *f*.

hutch [hʌtʃ] *n* **1** *(cage)* jaula *f*. **■** **rabbit h.**, conejera *f*. **2** *fam pej* ratonera *f*.

hyacinth ['haɪəsɪnθ] *n Bot* jacinto *m*.

hybrid ['haɪbrɪd] *adj & n* híbrido,-a *(m,f)*.

hydrangea [haɪ'dreɪndʒə] *n Bot* hortensia *f*.

hydrant ['haɪdrənt] *n* boca *f* de riego. **■** **fire h.**, boca *f* de incendio.

hydraulic [haɪ'drɒlɪk] *adj* hidráulico,-a; **h. power**, fuerza hidráulica. **■** **h. brake**, freno *m* hidráulico; **h. suspension**, suspensión *f* hidráulica.

hydraulics [haɪ'drɒlɪks] *n* hidráulica *f*.

hydric ['haɪdrɪk] *adj* hídrico,-a.

hydro¹ ['haɪdrəʊ] *n (pl **hydros**) GB (spa)* balneario *m*, estación *f* termal.

hydro² ['haɪdrəʊ] *adj abbr of* **hydroelectric**.

hydrocarbon [haɪdrəʊ'kɑːbən] *n Chem* hidrocarburo *m*.

hydrochloric [haɪdrəʊ'klɒrɪk] *adj Chem* clorhídrico,-a. **■** **h. acid**, ácido *m* clorhídrico.

hydroelectric [haɪdrəʊɪ'lektrɪk] *adj* hidroeléctrico,-a. **■** **h. power station**, central *f* hidroeléctrica.

hydroelectricity [haɪdrəʊɪlek'trɪsɪtɪ] *n* hidroelectricidad *f*.

hydrofoil ['haɪdrəfɔɪl] *n* hidroala *f*.

hydrogen ['haɪdrɪdʒən] *n Chem* hidrógeno *m*. **■** **h. bomb**, bomba *f* de hidrógeno; **h. chloride**, ácido *m* clorhídrico; **h. peroxide**, agua *f* oxigenada.

hydrographer [haɪ'drɒgrəfəʳ] *n* hidrógrafo,-a *m,f*.

hydrography [haɪ'drɒgrəfɪ] *n* hidrografía *f*.

hydrolysis [haɪ'drɒlɪsɪs] *n Chem* hidrólisis *f*.

hydrophobia [haɪdrə'fəʊbɪə] *n Med* hidrofobia *f*.

hydroplane ['haɪdrəʊpleɪn] *n Av* hidroavión *m*, hidroplano *m*.

hydroponics [haɪdrəʊ'pɒnɪks] *n* hidroponía *f*.

hydrotherapy [haɪdrəʊ'θerəpɪ] *n Med* hidroterapia *f*.

hyena [haɪ'iːnə] *n Zool* hiena *f*. **■** **laughing h.**, hiena *f* manchada.

hygiene ['haɪdʒiːn] *n* higiene *f*.

hygienic [haɪ'dʒiːnɪk] *adj* higiénico,-a.

hygrometer [haɪ'grɒmɪtəʳ] *n* higrómetro *m*.

hymen ['haɪmen] *n Anat* himen *m*.

hymn [hɪm] *n* himno *m*. **■** **h. book**, cantoral *m*.

hymnal ['hɪmnəl] *n* cantoral *m*.

hype¹ [haɪp] *sl* **I** *vi* **to h. (up)**, *(shoot up)* chutarse; *(get high)* colocarse. **II** *vtr* estimular, excitar; *fig* **hyped up**, excitado,-a.

hype² [haɪp] *n sl* campaña *f* publicitaria, movida *f*.

hyper- ['haɪpəʳ] *pref* hiper-; **hyperactive**, hiperactivo,-a.

hyperbola [haɪ'pɜːbələ] *n (pl **hyperbolas** or **hyperbole** [haɪ'pɜːbəliː])* hipérbola *f*.

hyperbole [haɪ'pɜːbəlɪ] *n* hipérbole *f*.

hypercritical [haɪpə'krɪtɪkəl] *adj* hipercrítico,-a.

hypermarket ['haɪpəmɑːkɪt] *n GB* hipermercado *m*.

hypersensitive [haɪpə'sensɪtɪv] *adj* hipersensible.

hypertension [haɪpə'tenʃən] *n Med* hipertensión *f*.

hyphen ['haɪfən] *n* guión *m*.

hyphenate ['haɪfəneɪt] *vtr (gen)* escribir con guión; *(write together)* unir con guión; *(separate)* separar con guión.

hypnosis [hɪp'nəʊsɪs] *n (pl **hypnoses** [hɪp'nəʊsiːz]) Med* hipnosis *f*.

hypnotic [hɪp'nɒtɪk] *adj* hipnótico,-a.

hypnotism ['hɪpnətɪzəm] *n* hipnotismo *m*.

hypnotist ['hɪpnətɪst] *n* hipnotizador,-a *m,f*.

hypnotize ['hɪpnətaɪz] *vtr* hipnotizar.

hypo ['haɪpəʊ] *n Phot* fijador *m*.

hypo- ['haɪpəʊ] *pref* hipo-.

hypoallergenic [haɪpæələ:'dʒenɪk] *adj (cosmetics etc)* hipoalérgico,-a.

hypochondria [haɪpə'kɒndrɪə] *n* hipocondría *f*.

hypochondriac [haɪpə'kɒndrɪæk] *adj & n* hipocondríaco,-a *m,f*.

hypocrisy [hɪ'pɒkrəsɪ] *n* hipocresía *f*.

hypocrite ['hɪpəkrɪt] *n* hipócrita *mf*.

hypocritical [hɪpə'krɪtɪkəl] *adj* hipócrita.

hypodermic [haɪpə'dɜːmɪk] *adj Med* hipodérmico,-a; **h. needle/syringe**, aguja/jeringa hipodérmica.

hypotension [haɪpəʊ'tenʃən] *n Med* hipotensión *f*.

hypotenuse [haɪ'pɒtɪnjuːz] *n Geom* hipotenusa *f*.

hypothermia [haɪpəʊ'θɜːmɪə] *n Med* hipotermia *f*.

hypothesis [haɪ'pɒθɪsɪs] *n (pl hypotheses* [haɪ'pɒθɪsiːz]*)* hipótesis *f*.

hypothetic(al) [haɪpə'θetɪk(əl)] *adj* hipotético,-a.

hysterectomy [hɪstə'rektəmɪ] *n Med* histerectomía *f*.

hysteria [hɪ'stɪərɪə] *n Psych* histeria *f*.

hysterical [hɪ'sterɪkəl] *adj* histérico,-a; **h. laughter**, risa convulsiva. ◆**hysterically** *adv* histéricamente.

hysterics [hɪ'sterɪks] *n or npl* **1** *(attack)* ataque *m* de histeria. **2** *fam (of laughter)* ataque *m* de risa; **to have h.**, mondarse de risa.

HZ *abbr of* **hertz**, hercio(s) *m(pl)*, Hz.

I, i [aɪ] *n (the letter)* I, i *f*.

I [aɪ] *pers pron* yo; **I know her**, la conozco; **I know him but you don't**, yo lo conozco pero tú no.

IATA [aɪ'ɑːtə] *abbr of* **International Air Transport Association**, Asociación *f* del Transporte Aéreo Internacional, IATA *f*.

IBA [aɪbiː'eɪ] *GB abbr of* **Independent Broadcasting Authority**, compañía *f* independiente de radiodifusión.

Iberia [aɪ'bɪərɪə] *n* Iberia.

Iberian [aɪ'bɪərɪən] **I** *adj* ibérico,-a. **II** *n Hist (person)* ibero,-a *m,f*.

ICBM [aɪsiːbiː'em] *Mil abbr of* **intercontinental ballistic missile**, proyectil *m* balístico intercontinental, PBI *m*.

ice [aɪs] **I** *n (frozen water)* hielo *m*; *(ice cream)* helado *m*; **a lemon ice**, un helado de limón; *fig* **my feet are like i.**, tengo los pies helados; *fig* **to break the i.**, romper el hielo; *fig* **to cut little** *or* **no i. with sb**, dejar frío,-a a algn; *fig* **to put** *or* **keep sth on i.**, *(project)* postergar algo; *(suggestion, idea)* tener algo de reserva; *fig* **to skate on thin i.**, pisar un terreno resbaladizo. ■ **black i.**, hielo *m* invisible; **i. axe**, pico *m or* piqueta *f* (de alpinista); **i. cream**, helado *m*; **i.-cream parlour**, heladería *f*; **i. cube**, cubito *m* de hielo; **i. floe**, témpano *m*; **i. hockey**, hockey *m* sobre hielo; **i. lolly**, polo *m*; **i. pack**, bolsa *f* de hielo; **i. rink**, pista *f* de patinaje; **i. show**, espectáculo *m* sobre hielo; **i. skate**, patín *m* de cuchilla. **II** *vtr* **1** *(drink)* poner hielo en. **2** *(cake etc)* alcorzar, glasear. ◆**ice over, ice up** *vi (pond etc)* helarse; *(windscreen, plane wings)* cubrirse de hielo.

iceberg ['aɪsbɜːg] *n* iceberg *m*, témpano *m*.

icebound ['aɪsbaʊnd] *adj (harbour, road)* obstruido,-a *or* bloqueado,-a por el hielo; *(ship)* atrapado,-a por el hielo.

icebox ['aɪsbɒks] *n* **1** *(compartment of fridge)* congelador *m*. **2** *US (fridge)* nevera *f*, frigorífico *m*.

icebreaker ['aɪsbreɪkəʳ] *n Naut* rompehielos *m inv*.

icecap ['aɪskæp] *n* casquete *m* glaciar.

ice-cold ['aɪskəʊld] *adj* helado,-a.

iced [aɪst] *adj* **1** *(drink)* con hielo. **2** *(cake etc)* glaseado,-a.

Iceland ['aɪslənd] *n* Islandia.

Icelander ['aɪsləndəʳ] *n* islandés,-esa *m,f*.

Icelandic [aɪs'lændɪk] **I** *adj* islandés,-esa. **II** *n (language)* islandés *m*.

ice-skate ['aɪsskeɪt] *vi* patinar sobre hielo.

ice-skater ['aɪsskeɪtəʳ] *n* patinador,-a *m,f* sobre hielo.

ice-skating ['aɪsskeɪtɪŋ] *n* patinaje *m* sobre hielo.

icicle ['aɪsɪkəl] *n* carámbano *m*.

icing ['aɪsɪŋ] *n Culin* alcorza *f*, azúcar *m* glas; *fig* **the i. on the cake**, remate *m*, guinda *f*. ■ **i. sugar**, azúcar *m* glas *or* lustre.

icon ['aɪkɒn] *n* icono *m*.

iconoclast [aɪ'kɒnəklæst] *n* iconoclasta *mf*.

iconoclastic [aɪkɒnə'klæstɪk] *adj* iconoclasta.

icy ['aɪsɪ] *adj (icier, iciest)* **1** *(road etc)* helado,-a, cubierto,-a de hielo. **2** *fig (hands, feet)* helado,-a; *(wrind, smile)* glacial.

ID [aɪ'diː] *US abbr of* **identification, identity**, identificación *f*, identidad *f*; **ID card**, documento *m* nacional de identidad, DNI *m*.

I'd [aɪd] = **I would; I had.**

idea [aɪ'dɪə] *n* **1** *(thought)* idea *f*; *(opinion)* idea *f*, opinión *f*; *(concept)* concepto *m*; **I haven't the faintest** *or* **foggiest i.**, no tengo ni la menor *or* la más mínima idea; **I've got an i.**, tengo una idea, se me ocurre una idea; **the (very) i. of it!**, ¡vaya *or* qué ocurrencia!; **to put ideas into sb's head**, meter ideas en la cabeza a algn; **vague i.**, ligera idea; **what gave you that i.?**, ¿cómo se te ocurrió pensar eso? **2** *(aim)* idea *f*, intención *f*; **the i. is to save money**, la idea es ahorrar dinero; *fam* **that's the i.!**, ¡eso es!, ¡así se hace!; *fam* **what's the big i.?**, ¿a qué viene eso? **3** *(impression)* impresión *f*, idea *f*; **some i. (of) what it's about**, una idea aproximada de lo que se trata; **to have an i. that ...**, tener la impresión (de) que ... .

ideal [aɪ'dɪəl] **I** *adj* ideal. **II** *n* **1** *(example)* ideal *m* (**of**, de). **2** *(principle)* ideal *m*, principio *m*. ◆**ideally** *adv* **1** *(perfectly)* idealmente, perfectamente; **they're i. suited (to each other)**, forman una pareja perfecta, estan hechos el uno para el otro. **2** *(in the best conditions)* en el mejor de los casos, de ser posible, si es posible; **i., we should start now**, lo ideal sería que empezáramos ahora.

idealism [aɪ'dɪəlɪzəm] *n* idealismo *m*.

idealist [aɪ'dɪəlɪst] *n* idealista *mf*.

idealistic [aɪdɪə'lɪstɪk] *adj* idealista.

idealize [aɪ'dɪəlaɪz] *vtr* idealizar.

identical [aɪ'dentɪkəl] *adj* idéntico,-a.

identification [aɪdentɪfɪ'keɪʃən] *n* **1** *(gen)* identificación *f*. ■ *GB* **i. parade**, rueda *f* de identificación *or* reconocimiento. **2** *(papers etc)* documentación *f*.

identify [aɪ'dentɪfaɪ] **I** *vtr (pt & pp identified)* **1** *(suspect, body)* identificar; **he was identified with the Labour Party**, se le relacionaba con el partido laborista. **2** *(cause, source)* descubrir, averiguar. **II** *vi (hero, cause)* identificarse **(with, con)**.

Identikit® [aɪ'dentɪkɪt] *n* **I. picture**, retrato *m* robot.

identity [aɪ'dentɪtɪ] *n* identidad *f*. ■ **i. card**, carné *m* de identidad; **proof of i.**, prueba *f* de identidad.

ideological [aɪdɪə'lɒdʒɪkəl] *adj* ideológico,-a.

ideology [aɪdɪ'ɒlədʒɪ] *n* ideología *f*.

idiocy ['ɪdɪəsɪ] *n* idiotez *f*.

idiom ['ɪdɪəm] *n* **1** *(expression)* modismo *m*, locución *f*, frase *f* hecha. **2** *fig (style)* lenguaje *m*, estilo *m*.

idiomatic [ɪdɪə'mætɪk] *adj* idiomático,-a; **i. expression**, modismo *m*, locución *f*, frase *f* hecha.

idiosyncrasy [ɪdɪəʊ'sɪŋkrəsɪ] *n* idiosincrasia *f*.

idiosyncratic [ɪdɪəʊsɪŋ'krætɪk] *adj* idiosincrásico,-a.

idiot ['ɪdɪət] *n* **1** *(stupid person)* idiota *mf*, tonto,-a *m,f*, imbécil *mf*. **2** *Med pej (imbecile)* idiota *mf*, subnormal *mf*.

idiotic [ɪdɪ'ɒtɪk] *adj (person, behaviour)* idiota, imbécil, tonto,-a; *(joke, plan)* estúpido,-a.

idle ['aɪdəl] **I** *adj* **1** *(lazy)* perezoso,-a, holgazán,-ana, vago,-a; *fam* **he's bone i.**, no da golpe. **2** *(at leisure)* ocioso,-a; **i. moment**, momento *m* libre; **I went out of i.** curiosidad, fui por pura curiosidad. **3** *(not working) (person)* desempleado,-a, sin trabajo; *(machinery)* parado,-a; *(capital)* improductivo,-a. **4** *(gossip, talk)* frívolo,-a; *(threat, hope)* vano,-a; *(fear, suspicion)* infundado,-a. **II** *vi (engine)* funcionar en vacío. ◆**idle away** *vtr (time)* desperdiciar.

idleness ['aɪdəlnɪs] *n* **1** *(laziness)* pereza *f*, holgazanería *f*, vagancia *f*. **2** *(leisure)* ociosidad *f*. **3** *(unemployment)* desempleo *m*, paro *m*; *(stoppage)* paro *m*. **4** *(groundlessness)* falta *f* de base; *(of gossip etc)* frivolidad *f*; *(of threat etc)* futilidad *f*.

idol ['aɪdəl] *n* ídolo *m*.

idolatry [aɪ'dɒlətrɪ] *n* idolatría *f*.

idolize ['aɪdəlaɪz] *vtr* idolatrar.

idyll ['ɪdɪl] *n* idilio *m*.

idyllic [ɪ'dɪlɪk] *adj* idílico,-a.

ie *abbr of* **id est** (that is to say), esto es, a saber, i.e.

if [ɪf] **I** *conj* **1** *(supposing)* si; **as if**, como si; **as if by magic**, como por ensalmo; **it's not as if I'm rich**, no soy rico, ni mucho menos; **if at all**, si acaso; **if ever**, raras veces, por no decir nunca; **if I were rich**, si fuera rico,-a; **if necessary**, (en) caso de que sea necesario; **if not**, sino; **if so**, si es así, de ser así; **if I were you**, yo en tu lugar, yo que tú; **I would appreciate it if you could come**, te agradecería que vinieras; **she's tall if anything**, es más bien alta. **2** *(whenever)* si, cuandoquiera que; **if you need help, ask**, siempre que necesites ayuda, pídela. **3** *(although)* aunque, si bien; **the film's good, if a bit long**, la película es buena aunque un poco larga. **4** *(whether)* si; **I don't know if I can go**, no sé si puedo ir. **5** *(in exclamations)* **if only I'd known!**, ¡si lo hubiera sabido!, ¡de haberlo sabido!; **if only she were here!**, ¡ojalá estuviera aquí!; **well, if it isn't David!**, ¡pero si es David! **II** *n* **ifs and buts**, pegas *fpl*; **it's a big if**, es muy dudoso.

iffy ['ɪfɪ] *adj fam* dudoso,-a.

igloo ['ɪgluː] *n (pl igloos)* iglú *m*.

ignite [ɪg'naɪt] **I** *vtr* encender, prender fuego a. **II** *vi* encenderse, prender.

ignition [ɪg'nɪʃən] *n* ignición *f*; *Aut* encendido *m*, arranque *m*. ■ **i. key**, llave *f* de contacto.

ignoble [ɪg'nəʊbəl] *adj* innoble, vil, infame.

ignominious [ɪgnə'mɪnɪəs] *adj* ignominioso,-a, vergonzoso,-a.

ignominy ['ɪgnəmɪnɪ] *n fml* ignominia *f*, oprobio *m*.

ignoramus [ɪgnə'reɪməs] *n* ignorante *mf*.

ignorance ['ɪgnərəns] *n* ignorancia *f*; **to be in i. of** sth, ignorar *or* desconocer *or* no saber algo; **to keep sb in i. of sth**, ocultarle algo a algn, tener a algn en la ignorancia (de algo).

ignorant ['ɪgnərənt] *adj* ignorante **(of, de)**; **to be i. of the facts**, ignorar *or* desconocer los hechos.

ignore [ɪg'nɔː'] *vtr (warning, remark)* no hacer caso de, hacer caso omiso de; *(behaviour, fact)* pasar por alto; *(letter, message)* dejar sin contestar; **whenever we met, he ignored me**, siempre que nos encontrábamos, solía hacer como si no me viera.

iguana [ɪ'gwɑːnə] *n Zool* iguana *f*.

ilk [ɪlk] *n* **of that i.**, de esa clase *or* índole.

ill [ɪl] **I** *adj* **1** *(sick)* enfermo,-a; **to fall** *or* **be taken i.**, caer *or* ponerse enfermo,-a; **to feel i.**, encontrarse *or* sentirse mal; **to look i.**, hacer mala cara, tener mal aspecto. **2** *(bad)* malo,-a; **i. feeling**, resentimiento; **i. will**, mala voluntad; **I bear you no i. will**, no le guardo ningún rencor; **to suffer from i. health**, estar mal de salud, ser enfermizo,-a; *prov* **it's an i. wind (that blows nobody any good)**, no hay mal que por bien no venga. **II** *n (evil)* mal *m*; *(misfortune)* desgracia *f*. **III** *adv* difícilmente; **I can i. afford it**, a duras penas puedo permitírmelo; **to be i. received**, ser mal recibido,-a.

I'll [aɪl] = **I shall; I will**.

ill-advised [ɪləd'vaɪzd] *adj (person)* mal aconsejado,-a, imprudente; *(act, remark)* desatinado,-a, poco acertado,-a; **you'd be i.-a. to go**, harías mal en ir.

ill-bred [ɪl'bred] *adj* maleducado,-a, malcriado,-a, imprudente.

ill-considered [ɪlkən'sɪdəd] *adj* poco pensado,-a, imprudente.

ill-disposed [ɪldɪ'spəʊzd] *adj* mal *or* poco dispuesto,-a; **to be i.-d. towards sb**, tenerla tomada con algn.

illegal [ɪ'liːgəl] *adj* ilegal.

illegality [ɪlɪ'gælɪtɪ] *n* ilegalidad *f*.

illegible [ɪ'ledʒɪbəl] *adj* ilegible.

illegitimacy [ɪlɪ'dʒɪtɪməsɪ] *n* ilegitimidad *f*.

illegitimate [ɪlɪ'dʒɪtɪmɪt] *adj* ilegítimo,-a.

ill-equipped [ɪlɪ'kwɪpt] *adj* mal equipado,-a; *fig* mal preparado,-a.

ill-fated [ɪl'feɪtɪd] *adj* fatal, desdichado,-a, desafortunado,-a.

ill-founded [ɪl'faʊndɪd] *adj (fear, suspicion)* infundado,-a; *(hope, ambition)* vano,-a.

ill-gotten [ɪl'gɒtən] *adj fml* **i.-g. gains**, bienes *mpl* mal adquiridos.

illicit [ɪ'lɪsɪt] *adj* ilícito,-a.

illiteracy [ɪ'lɪtərəsɪ] *n* analfabetismo *m*.

illiterate [ɪ'lɪtərɪt] *adj* **1** *(person) (unlettered)* analfabeto,-a; *fam (uneducate)* ignorante, inculto,-a. **2** *(style) (poor)* inculto,-a, pobre. **II** *n (unlettered person)* analfabeto,-a *m,f*.

illness ['ɪlnɪs] *n* enfermedad *f*.

illogical [ɪ'lɒdʒɪkəl] *adj* ilógico,-a.

ill-suited [ɪl'suːtɪd] *adj* que no congenian.

ill-timed [ɪl'taɪmd] *adj* inoportuno,-a.

ill-treat [ɪl'triːt] *vtr* maltratar.

ill-treatment [ɪl'triːtmənt] *n* malos tratos *mpl*, maltrato *m*.

illuminate [ɪ'luːmɪneɪt] *vtr* 1 *(light up)* iluminar, alumbrar. 2 *fig (clarify)* aclarar. 3 *(manuscript)* iluminar.

illuminating [ɪ'luːmɪneɪtɪŋ] *adj (experience, book)* instructivo,-a; *(remark)* revelador,-a.

illumination [ɪluːmɪ'neɪʃən] *n* 1 *(lighting up)* iluminación *f*, alumbrado *m*. 2 *fig (clarification)* aclaración *f*. 3 *GB* **illuminations**, *(coloured lights)* iluminación *f sing*. 4 *(of manuscript)* iluminación *f*.

illusion [ɪ'luːʒən] *n* ilusión *f*; **to be under the i. that ...**, estar equivocado,-a *or* engañarse pensando que ....

illusive [ɪ'luːsɪv] *adj*, **illusory** [ɪ'luːsərɪ] *adj* ilusorio,-a.

illustrate ['ɪləstreɪt] *vtr (gen)* ilustrar; *fig (point, theory)* aclarar.

illustration [ɪlə'streɪʃən] *(gen)* ilustración *f*; *fig (clarification)* aclaración *f*; *(example)* ejemplo *m*.

illustrative ['ɪləstrətɪv] *adj (gen)* ilustrativo,-a, ilustrador,-a; *fig (example)* aclaratorio,-a.

illustrator ['ɪləstreɪtər] *n* ilustrador,-a *m,f*.

illustrious [ɪ'lʌstrɪəs] *adj* ilustre.

ILO [aɪel'əʊ] *abbr of* **International Labour Organization**, Organización *f* Internacional del Trabajo, OIT *f*.

I'm [aɪm] = **I am**.

image ['ɪmɪdʒ] *n* 1 *(gen)* imagen *f*; *fam* **he's the living or spitting i. of his father**, es el vivo retrato de su padre. 2 *(reputation)* imagen *f*, fama *f*, reputación *f*.

imagery ['ɪmɪdʒərɪ] *n Lit* imágenes *fpl*.

imaginable [ɪ'mædʒɪnəbəl] *adj* imaginable, concebible.

imaginary [ɪ'mædzɪnərɪ] *adj* imaginario,-a.

imagination [ɪmædʒɪ'neɪʃən] *n (gen)* imaginación *f*; *(inventiveness)* inventiva *f*; **don't let your i. run away with you**, no te dejes llevar por la imaginación; **it's a figment of your i.**, son imaginaciones tuyas.

imaginative [ɪ'mædʒɪnətɪv] *adj (person)* imaginativo,-a, de gran inventiva; *(writing, decor)* lleno,-a de imaginación *or* fantasía.

imagine [ɪ'mædʒɪn] *vtr* 1 *(visualize)* imaginar; **I can't i. what it is**, no tengo ni idea de lo que es. 2 *(think)* suponer, figurarse, imaginarse; **just i.!**, ¡imagínate!, ¡fíjate!

imbalance [ɪm'bæləns] *n* falta *f* de equilibrio, desequilibrio *m*.

imbecile ['ɪmbɪsiːl] *n* imbécil *mf*.

imbibe [ɪm'baɪb] *vtr* 1 *fml (alcohol etc)* beber. 2 *fig (ideas, knowledge)* asimilar, empaparse de, absorber.

imbue [ɪm'bjuː] *vtr fml* **to i. sb with sth**, imbuir a algn de algo; **imbued with hope**, lleno,-a de esperanza.

IMF [aɪem'ef] *Econ abbr of* **International Monetary Fund**, Fondo *m* Monetario Internacional, FMI *m*.

imitate ['ɪmɪteɪt] *vtr (gen)* imitar, copiar; *pej* parodiar, remedar.

imitation [ɪmɪ'teɪʃən] I *n (gen)* imitación *f*, copia *f*; *pej* parodia *f*, remedo *m*; *Com* **'beware of imitations'**, 'desconfíe de las imitaciones'. II *adj* de imitación.

imitative ['ɪmɪtətɪv] *adj* imitativo,-a.

imitator ['ɪmɪteɪtər] *n* imitador,-a *m,f*.

immaculate [ɪ'mækjʊlɪt] *adj (clean)* inmaculado,-a; *(tidy)* perfectamente ordenado,-a; *(clothes, appearance)* impecable; *(work)* perfecto,-a; *Rel* **the I. Conception**, la Inmaculada Concepción, la Purísima.

immaterial [ɪmə'tɪərɪəl] *adj* irrelevante; **it's i. to me whether ...**, me trae sin cuidado *or* me es indiferente si ...; **my views are i.**, lo que opino yo no tiene nada que ver *or* no viene al caso.

immature [ɪmə'tjʊəʳ] *adj* inmaduro,-a.

immaturity [ɪmə'tjʊərɪtɪ] *n* inmadurez *f*, falta *f* de madurez.

immeasurable [ɪ'meʒərəbəl] *adj* inconmensurable, incalculable.

immediacy [ɪ'miːdɪəsɪ] *n* 1 *(urgency)* urgencia *f*, carácter *m* urgente. 2 *(closeness)* inmediación *f*, proximidad *f*.

immediate [ɪ'miːdɪət] *adj* 1 *(instant)* inmediato,-a; *(urgent)* urgente; **i. need**, primera necesidad; **to have i. rapport (with sb)**, simpatizar en seguida (con algn); **to take i. action**, actuar inmediatamente. 2 *(close)* (area, family) cercano,-a, próximo,-a; *(danger)* inminente; **the i. vicinity**, las inmediaciones. 3 *(direct)* (cause) primero,-a, principal; *(heir)* en línea directa. ◆**immediately I** *adv* 1 *(at once)* inmediatamente, de inmediato, en seguida, en el acto; **i. after arriving**, inmediatamente después de llegar; **I i. left**, acto seguido, me marché. 2 *(directly)* directamente; **i. in front of/behind**, directamente delante/detrás. II *conj* en cuanto, tan pronto como; **i. I sat down, the waiter came**, en cuanto me senté vino el camarero.

immemorial [ɪmɪ'mɔːrɪəl] *adj* inmemorial.

immense [ɪ'mens] *adj* inmenso,-a, enorme. ◆**immensely** *adv (rich, gifted)* enormemente; *(interesting, difficult)* sumamente; **to enjoy oneself i.**, disfrutar muchísimo, pasarlo en grande.

immensity [ɪ'mensɪtɪ] *n* inmensidad *f*.

immerse [ɪ'mɜːs] *vtr* sumergir, hundir (in, en); *fig* **to be immersed in one's work**, estar absorto,-a en el trabajo.

immersion [ɪ'mɜːʃən] *n (in water etc)* inmersión *f*, sumersión *f*; *fig (in work etc)* absorción *f*, enfrascamiento *m*. ■ **i. course**, cursillo *m* intensivo; *GB* **i. heater**, calentador *m* de inmersión.

immigrant ['ɪmɪgrənt] *adj & n* inmigrante *(mf)*.

immigration [ɪmɪ'greɪʃən] *n* inmigración *f*.

imminence ['ɪmɪnəns] *n fml* inminencia *f*.

imminent ['ɪmɪnənt] *adj* inminente.

immobile [ɪ'məʊbaɪl] *adj* inmóvil, sin movimiento.

immobility [ɪməʊ'bɪlɪtɪ] *n* inmovilidad *f*.

immobilize [ɪ'məʊbɪlaɪz] *vtr* inmovilizar; *fig* **he was immobilized by lack of funds**, su proyecto estaba paralizado por falta de fondos.

immoderate [ɪ'mɒdərɪt] *adj fml (views, conduct)* desmedido,-a; *(desire, appetite)* descomunal, desaforado,-a; *(demands)* excesivo,-a.

immodest [ɪ'mɒdɪst] *adj* 1 *(indecent)* indecente; *(act)* desvergonzado,-a, descarado,-a, impúdico,-a. 2 *(presumptuous)* presumido,-a, creído,-a, engreído,-a.

immodesty [ɪ'mɒdɪstɪ] *n (indecency)* indecencia *f*, falta *f* de pudor; *(of act)* descaro *m*. 2 *(presumption)* presunción *f*, engreimiento *m*.

immoral [ɪ'mɒrəl] *adj* inmoral; **i. earnings**, ganancias *fpl* ilícitas.

immorality [ɪmə'rælɪtɪ] *n* inmoralidad *f*.

immortal [ı'mɔːtəl] *adj (soul, god)* inmortal; *(fame, memory)* imperecedero,-a, perdurable.

immortality [ımɔː'tælıtı] *n* inmortalidad *f*.

immortalize [ı'mɔːtəlaız] *vtr* inmortalizar.

immovable [ı'muːvəbəl] *adj* 1 *(fixed)* inamovible; *(feast)* fijo,-a. 2 *fig (person)* inconmovible, inflexible; *(impassive)* impasible, inmutable.

immune [ı'mjuːn] *adj (gen)* inmune; *(exempt)* exento,-a; **to be i. from attack,** no correr riesgo de ser atacado,-a.

immunity [ı'mjuːnıtı] *n (gen)* inmunidad *f*; *(exemption)* exención *f*. ■ **diplomatic i.**, inmunidad *f* diplomática.

immunization [ımjʊnaı'zeıʃən] *n Med* inmunización *f*.

immunize ['ımjʊnaız] *vtr Med* inmunizar (**against,** contra).

immutable [ı'mjuːtəbəl] *adj fml* inmutable, inalterable.

imp [ımp] *n (small devil)* diablillo *m*, duendecillo *m*; *fig (mischievous child)* diablillo *m*, pillo,-a *m,f*.

impact ['ımpækt] *n (gen)* impacto *m*; *(crash)* choque *m*; *(influence)* efecto *m*; **on i.,** al chocar; *fig* **the poem had** *or* **made a great i. on me,** el poema me produjo un gran impacto, el poema me impresionó mucho.

impacted [ım'pæktıd] *adj (tooth)* impactado,-a.

impair [ım'peəʳ] *vtr (health, efforts)* perjudicar, debilitar; *(sight etc)* dañar; *(quality)* alterar; *(efficiency)* disminuir.

impale [ım'peıl] *vtr (with sword etc)* atravesar.

impart [ım'pɑːt] *vtr fml (news, information)* comunicar, hacer saber; *(skill, knowledge)* impartir, transmitir; *(flavour)* desprender.

impartial [ım'pɑːʃəl] *adj* imparcial.

impartiality [ımpɑː'ʃrælıtı] *n* imparcialidad *f*.

impassable [ım'pɑːsəbəl] *adj (road, ground)* intransitable, impracticable; *(barrier)* infranqueable.

impasse [æm'pɑːs] *n* impasse *m*, punto *m* muerto.

impassioned [ım'pæʃənd] *adj (gen)* apasionado,-a, exaltado,-a; *(debate)* acalorado,-a.

impassive [ım'pæsıv] *adj (expressionless)* impasible, impávido,-a, imperturbable; *(indifferent)* indiferente.

impatience [ım'peıʃəns] *n* impaciencia *f*.

impatient [ım'peıʃənt] *adj (intolerant)* impaciente; *(fretful)* irritable, nervioso,-a; *(eager)* impaciente, ansioso,-a; **to get i. with sb,** perder la paciencia con algn.

impeach [ım'piːtʃ] *vtr* 1 *Jur (denounce)* acusar, denunciar; *(try)* procesar. 2 *(question)* poner en tela de juicio.

impeachment [ım'piːtʃmənt] *n Jur* denuncia *f*, acusación *f*; *(trial)* proceso *m*.

impeccable [ım'pekəbəl] *adj* impecable.

impecunious [ımpı'kjuːnıəs] *adj* falto,-a de dinero, necesitado,-a.

impede [ım'piːd] *vtr (prevent)* impedir; *(hinder)* estorbar, dificultar; *(obstruct)* poner obstáculos *or* trabas a.

impediment [ım'pedımənt] *n (gen)* impedimento *m*; *(obstacle)* estorbo *m*, obstáculo *m*; **speech i.,** defecto *m* del habla.

impel [ım'pel] *vtr (pt & pp impelled) (compel)* obligar (**to,** a); *(urge)* incitar (**to,** a).

impending [ım'pendıŋ] *adj fml* inminente.

impenetrable [ım'penıtrəbəl] *adj (gen)* impenetrable; *fig (mystery, thoughts)* insondable; *(character, smile)* inescrutable.

imperative [ım'perətıv] I *adj* 1 *fml (gen)* imperativo,-a; *(tone, voice)* imperioso,-a. 2 *(urgent)* urgente, apremiante. 3 *(authoritative)* perentorio,-a, autoritario,-a. 4 *Ling* imperativo,-a. II *n Ling* imperativo *m*.

imperceptible [ımpə'septəbəl] *adj (gen)* imperceptible; *(difference, change)* insensible.

imperfect [ım'pɜːfıkt] I *adj* 1 *(gen)* imperfecto,-a; *(goods, sight)* defectuoso,-a. 2 *Ling* imperfecto,-a. II *n Ling* imperfecto *m*.

imperfection [ımpə'fekʃən] *n* imperfección *f*, defecto *m*.

imperial [ım'pıərıəl] *adj* 1 *(power etc)* imperial. 2 *(weight, measure)* **i. gallon,** galón *m* británico *or* inglés (= 4,543 litres).

imperialism [ım'pıərıəlızəm] *n* imperialismo *m*.

imperialist [ım'pıərıəlıst] *adj & n* imperialista *(mf)*.

imperil [ım'perıl] *vtr (pt & pp imperilled, US imperiled) fml* poner en peligro, arriesgar.

imperious [ım'pıərıəs] *adj* imperioso,-a, autoritario,-a.

imperishable [ım'perıʃəbəl] *adj* imperecedero,-a.

impermeable [ım'pɜːmıəbəl] *adj* impermeable.

impersonal [ım'pɜːsənəl] *adj* impersonal.

impersonate [ım'pɜːsəneıt] *vtr (gen)* hacerse pasar por; *(famous people)* imitar.

impersonation [ımpɜːsə'neıʃən] *n* imitación *f*.

impersonator [ım'pɜːsəneıtəʳ] *n* imitador,-a *m,f*.

impertinence [ım'pɜːtınəns] *n* impertinencia *f*, descaro *m*.

impertinent [ım'pɜːtınənt] *adj* impertinente, descarado,-a.

imperturbable [ımpɜː'tɜːbəbəl] *adj* imperturbable.

impervious [ım'pɜːvıəs] *adj* 1 *(rock etc)* impermeable. 2 *fig (person)* insensible (**to,** a); **to be i. to reason,** no atender o razones.

impetuosity [ımpetjʊ'ɒsıtı] *n* impetuosidad *f*.

impetuous [ım'petjʊəs] *adj* impetuoso,-a, impulsivo,-a, irreflexivo,-a.

impetus ['ımpıtəs] *n* ímpetu *m*; *fig* impulso *m*.

impinge [ım'pındʒ] *vi fml* afectar (**on,** a), repercutir (**on,** en), hacerse sentir (**on,** en).

impish ['ımpıʃ] *adj* travieso,-a, pícaro,-a.

implacable [ım'plækəbəl] *adj* implacable.

implant [ım'plɑːnt] I *vtr* 1 *Med (tissue, hormone)* implantar, injertar. 2 *fig (principles, ideas)* inculcar. II ['ımplɑːnt] *n Med* implantación *f*, injerto *m*.

implausible [ım'plɔːzəbəl] *adj* inverosímil, poco probable.

implement ['ımplımənt] I *n (tool)* herramienta *f*; *(instrument)* instrumento *m*. ■ **farm implements,** aperos *mpl* de labranza. II ['ımplıment] *vtr (decision, plan)* llevar a cabo, realizar, poner en práctica; *(promise)* cumplir; *(law, policy)* aplicar.

implicate ['ımplıkeıt] *vtr* implicar (**in,** en), comprometer (**in,** en).

implication [ımplı'keıʃən] *n (gen)* implicación *f*; *(consequence)* consecuencia *f*.

implicit [ım'plısıt] *adj* 1 *(implied)* implícito,-a, tácito,-a. 2 *(belief, trust)* absoluto,-a; *(faith, obedience)* incondicional, ciego,-a.

implied [ım'plaıd] *adj* implícito,-a, tácito,-a.

implore [ɪmˈplɔːʳ] *vtr* implorar, suplicar.
imploring [ɪmˈplɔːrɪŋ] *adj* suplicante, de súplica.
◆**imploringly** *adv* (*look*) de modo suplicante; (*beg*) en tono suplicante.
imply [ɪmˈplaɪ] *vtr* (*pt & pp* **implied**) **1** (*involve*) implicar, presuponer, suponer. **2** (*hint*) insinuar, dar a entender; (*mean*) significar, querer decir.
impolite [ɪmpəˈlaɪt] *adj* maleducado,-a, descortés.
impoliteness [ɪmpəˈlaɪtnɪs] *n* mala educación *f*, falta *f* de educación, descortesía *f*.
imponderable [ɪmˈpɒndərəbəl] **I** *adj* imponderable. **II imponderables** *npl* imponderables *mpl*.
import [ˈɪmpɔːt] **I** *n* **1** *Com* (*gen pl*) (*commodity*) artículo *m* importado, importación *f*; (*act*) importación *f*. ■ **i. duty,** derechos *mpl* de importación. **2** *fml* (*meaning*) sentido *m*, significado *m*. **3** *fml* (*importance*) importancia *f*. **II** [ɪmˈpɔːt] *vtr Com* importar.
importance [ɪmˈpɔːtəns] *n* (*gen*) importancia *f*; (*standing*) envergadura *f*; **a matter of the utmost i.,** un asunto de suma importancia; **he's full of his own i.,** se cree muy importante, es muy engreído; **of little i.,** de poca monta *or* importancia; **to attach great i. to sth,** dar *or* otorgar mucha importancia a algo.
important [ɪmˈpɔːtənt] *adj* (*gen*) importante; (*influential*) de envergadura; **it's not i.,** no importa, no tiene importancia. ◆**importantly** *adv* **1** (*speak, say*) dándose aires. **2 it's hard work and more i., badly-paid,** el trabajo es difícil y, lo que es más, rinde poco.
importer [ɪmˈpɔːtəʳ] *n Com* importador,-a *m,f*.
importunate [ɪmˈpɔːtjunɪt] *adj fml* importuno,-a, molesto,-a.
importune [ɪmˈpɔːtjuːn] *vtr* importunar, molestar.
impose [ɪmˈpəʊz] **I** *vtr* (*force upon*) imponer (**on, upon,** a). **II** *vi* (*take advantage of*) **to i. on** *or* **upon,** abusar de, aprovecharse de.
imposing [ɪmˈpəʊzɪŋ] *adj* imponente, impresionante.
imposition [ɪmpəˈzɪʃən] *n* **1** (*of tax, fine, beliefs*) imposición *f*. **2** (*unfair demand*) imposición *f*, abuso *m*; **it's rather an i.,** es pedir demasiado; **would it be an i. if ...?,** ¿le molestaría si ...?
impossibility [ɪmpɒsəˈbɪlɪtɪ] *n* imposibilidad *f*.
impossible [ɪmˈpɒsəbəl] **I** *adj* (*gen*) imposible; (*person*) insoportable, inaguantable; **it's not i. that ...,** existe la posibilidad de que ...; **to make life i. for sb,** hacerle la vida imposible a algn. **II the i.** *n* lo imposible; **to ask** *or* **to do the i.,** pedir *or* hacer lo imposible. ◆**impossibly** *adv* (*gen*) de manera insoportable; **i. difficult,** de una dificultad insuperable; **the train was i. late,** el tren llevaba un retraso increíble; **to behave i.,** comportarse de una manera insoportable.
impostor, *US* **imposter** [ɪmˈpɒstəʳ] *n* impostor,-a *m,f*.
impotent [ˈɪmpətənt] *adj* impotente.
impound [ɪmˈpaʊnd] *vtr Jur* confiscar, incautarse, embargar.
impoverished [ɪmˈpɒvərɪʃt] *adj* (*person, country*) empobrecido,-a, necesitado,-a; (*soil, resources*) agotado,-a.
impracticable [ɪmˈpræktɪkəbəl] *adj* no factible, irrealizable, impracticable.
impractical [ɪmˈpræktɪkəl] *adj* (*person*) poco *or* nada práctico,-a; (*project, solution, etc*) poco viable *or* factible.

imprecise [ɪmprɪˈsaɪs] *adj* impreciso,-a.
imprecision [ɪmprɪˈsɪʒən] *n* imprecisión *f*, falta *f* de precisión.
impregnable [ɪmˈpregnəbəl] *adj* (*fortress*) inexpugnable; *fig* (*position*) inexpugnable, invulnerable.
impregnate [ˈɪmpregneɪt] *vtr* **1** (*soak*) impregnar (**with,** de), empapar (**with,** de). **2** *fml* (*fertilize*) fecundar.
impresario [ɪmprəˈsɑːrɪəʊ] *n* (*pl* **impresarios**) empresario,-a *m,f*.
impress [ɪmˈpres] *vtr* **1** (*make an impression on*) impresionar; **I was not impressed with the film,** la película me dejó frío,-a; **to i. sb favourably/unfavourably,** hacerle *or* causarle a algn buena/mala impresión. **2** (*mark*) imprimir, marcar (**into, on,** en); (*pattern*) estampar (**into, on,** en); *fig* **her advice remained impressed on my mind,** sus consejos quedaron grabados en mi memoria; *fig* **to i. sth on sb,** convencer a algn de la importancia de algo.
impression [ɪmˈpreʃən] *n* **1** (*gen*) impresión *f*; **good/bad i.,** buena/mala impresión; **to be under** *or* **have the i. that ...,** tener la impresión de que ...; **what's your i. of her?,** ¿qué te parece ella?; **to give the i. of ...,** dar la impresión de ... . **2** (*imprint*) impresión *f*, marca *f*, señal *f*; (*in snow etc*) huella *f*; (*in wax, plaster*) hueco *m*. **3** (*imitation*) imitación *f*; **to do impressions,** hacer imitaciones. **5** *Print* (*printing*) impresión *f*; (*number of copies*) edición *f*, tirada *f*.
impressionable [ɪmˈpreʃənəbəl] *adj* impresionable.
Impressionism [ɪmˈpreʃənɪzəm] *n Art* impresionismo *m*.
impressionist [ɪmˈpreʃənɪst] *adj & n Art* impresionista (*mf*).
impressionistic [ɪmpreʃənˈɪstɪk] *adj Art* impresionista.
impressive [ɪmˈpresɪv] *adj* impresionante.
imprint I [ɪmˈprɪnt] *vtr* (*mark*) dejar huella, marcar (**on, in,** en); (*stamp*) imprimir, estampar (**on, in,** en); *fig* **his words were imprinted on my mind,** sus palabras quedaron grabadas en mi memoria. **II** [ˈɪmprɪnt] *n* **1** (*mark*) marca *f*; (*left by foot etc*) huella *f*; (*stamp*) marca *f*, sello *m*. **2** (*publisher's name*) pie *m* de imprenta.
imprison [ɪmˈprɪzən] *vtr* encarcelar, meter en la cárcel.
imprisonment [ɪmˈprɪzənmənt] *n* encarcelamiento *m*. ■ **life i.,** cadena *f* perpetua.
improbability [ɪmprɒbəˈbɪlɪtɪ] *n* (*of event*) improbabilidad *f*; (*of story, explanation*) inverosimilitud *f*.
improbable [ɪmˈprɒbəbəl] *adj* (*event*) improbable; (*story, explanation*) inverosímil.
impromptu [ɪmˈprɒmptjuː] **I** *adj* (*speech, party*) improvisado,-a; (*visit, trip*) imprevisto,-a. **II** *adv* (*spontaneously*) improvisadamente, sin preparación; (*unexpectedly*) de improviso, de repente.
improper [ɪmˈprɒpəʳ] *adj* **1** (*gen*) impropio,-a; (*conditions, method*) inadecuado,-a. **2** (*indecent*) indecente, indecoroso,-a; (*behaviour, suggestion*) deshonesto,-a. **3** (*wrong*) (*use, diagnosis*) incorrecto,-a. ◆**improperly** *adv* **1** (*dress, behave*) impropiamente. **2** (*speak*) mal; (*behave*) con indecencia, deshonestamente. **3** (*use, diagnose*) incorrectamente.

impropriety [ɪmprə'praɪtɪ] *n fml* impropiedad *f*, falta *f* de decoro.

improve [ɪm'pruːv] **I** *vtr* **1** *(make better)* mejorar; *(looks, appearance)* favorecer, caer bien; *(beauty)* realzar; *(skill, knowledge)* perfeccionar; *(property)* hacer mejoras en; *(mind)* cultivar. **2** *(increase)* aumentar; **to i.** one's chances, tener más probabilidades *or* posibilidades. **II** *vi* **1** *(become better)* mejorar, mejorarse; *(skill, knowledge)* perfeccionarse; **to i. with keeping,** mejorar con el tiempo. **2** *(increase)* aumentar, subir. ◆**improve on** *vtr (gen)* superar, sobrepasar; *(offer, bid)* sobrepujar; **can you i. on my suggestion?,** ¿se le ocurre algo mejor?

improvement [ɪm'pruːvmənt] *n* **1** *(making better)* mejora *f*, mejoramiento *m*; *(in aim, skill)* perfeccionamiento *m*; **home improvements,** reformas *fpl* domésticas; **my new car is an i. on my old one,** mi coche nuevo es mejor que el que tenía antes; **there's room for i.,** deja algo que desear; **to show (signs of) i.,** hacer progresos, ir mejorando. **2** *(increase)* aumento *m*.

improvident [ɪm'prɒvɪdənt] *adj fml* **1** *(wasteful)* derrochador,-a, despilfarrador,-a, pródigo,-a. **2** *(lacking foresight)* imprevisor,-a.

improvisation [ɪmprəvaɪ'zeɪʃən] *n* improvisación *f*.

improvise ['ɪmprəvaɪz] *vtr & vi* improvisar.

imprudent [ɪm'pruːdənt] *adj* imprudente.

impudence ['ɪmpjʊdəns] *n* insolencia *f*, frescura *f*, descaro *m*.

impudent ['ɪmpjʊdənt] *adj* insolente, fresco,-a, descarado,-a.

impugn [ɪm'pjuːn] *vtr fml* impugnar.

impulse ['ɪmpʌls] *n (gen)* impulso *m*; *fig* impulso *m*, estímulo *m*; **to act on (an) i.,** dejarse llevar por un impulso; **to give in** *or* **to yield to an i.,** obedecer *or* ceder a un impulso. ■ *Com* **i. buy,** compra *f* por impulso.

impulsive [ɪm'pʌlsɪv] *adj* impulsivo,-a, irreflexivo,-a.

impunity [ɪm'pjuːnɪtɪ] *n* impunidad *f*; **to break the law with i.,** romper *or* quebrantar la ley impunemente *or* con impunidad.

impure [ɪm'pjʊə'] *adj* **1** *(acts)* impuro,-a; *(thoughts, motives)* impúdico,-a, deshonesto,-a. **2** *(air, water, etc)* contaminado,-a; *(milk, oil, etc)* adulterado,-a.

impurity [ɪm'pjʊərɪtɪ] *n* **1** *(of act)* deshonestidad *f*, falta *f* de pudor. **2** *(gen pl) (in air, substance)* impureza *f*.

impute [ɪm'pjuːt] *vtr fml* **to i. sth to sth/sb,** *(crime, blame)* imputar *or* achacar algo a algo/algn; *(false motives)* atribuir algo a algn.

in¹ *(pl in or ins) abbr of* **inch(es),** pulgada(s) *f(pl)*.

in² [ɪn] **I** *prep* **1** *(place)* en; *(within)* dentro de; **a pain in one's back,** un dolor de espalda; **in bed,** en la cama; **in England,** en Inglaterra; **in prison,** en la cárcel; **in the distance,** a lo lejos; **in the wardrobe,** en el armario; **the light in the kitchen,** la luz de la cocina. **2** *(motion)* en; **I threw it in the fire,** lo eché al fuego; **put it in your bag,** mételo en tu bolso; **she arrived in Paris,** llegó a París; **he fell in the river,** se cayó al río. **3** *(time) (during)* en, durante; **I haven't seen her in years,** hace años que no la veo; **in May,** en mayo; **in my youth,** en mi juventud; **in 1945,** en 1945; **in spring,** en primavera; **in the daytime,** durante el día; **in the morning,** por la mañana; **at ten in the morning,** a las diez de la mañana; **in the sixties,** en los sesenta. **4** *(time) (within)* dentro de; **I arrived in time,** llegué a tiempo; **phone me in ten minutes,** llámame dentro de diez minutos. **5** *(time) (after)* al cabo de; **in a while he returned,** volvió al cabo de un rato; **you'll learn in time,** con el tiempo aprenderás. **6** *(manner)* en; **in all honesty,** con toda franqueza; **in alphabetical order,** en orden alfabético; **in a loud voice,** en voz alta; **in cash,** en efectivo, en metálico; **in fashion,** de moda; **in French,** en francés; **in an odd way,** de una manera rara; **in this way,** de este modo; **in rows,** en filas; **in writing,** por escrito; **packed in sixes,** envasado en cajas de seis; **they arrived in (their) thousands,** llegaron a millares; **in pencil,** escribe con lápiz. **7** *(wearing)* en; **dressed in blue,** vestido,-a de azul; **in jeans,** en tejanos *or* vaqueros; **in uniform,** de uniforme; **the man in a tie,** el señor de la corbata; **you look good in black,** el negro te sienta bien. **8** *(weather)* a, en; **in darkness,** en la oscuridad; **in daylight,** a la luz del día; **in the rain,** bajo la lluvia; **in the shade,** a la sombra; **in the sun,** al sol; **in this heat,** con este calor. **9** *(state, condition)* en; **blind in the right eye,** ciego,-a del ojo derecho; **carved in wood,** tallado,-a en madera; **he's in his sixties,** anda por los sesenta; **in a good/bad mood,** de buen/mal humor; **in bloom** *or* **flower,** en flor; **in danger,** en peligro; **in love,** enamorado,-a; **in good/bad condition,** en buenas/malas condiciones; **in public/private,** en público/privado; **in silence,** en silencio; **to live in poverty,** vivir en la miseria. **10** *(ratio, measurement, numbers)* de; **cut in half,** cortado,-a por la mitad; **in threes,** de tres en tres; **one in six,** uno de cada seis; **ten pence in the pound,** diez peniques por libra; **two metres in length/width/depth/height,** dos metros de largo/ancho/profundo/alto; **we were ten in number,** éramos diez. **11** *(profession)* en; **to be in insurance,** trabajar en seguros; **to be in medicine,** dedicarse a la medicina; **to be in the army,** ser militar. **12** *(person)* en; **he has it in him to win,** es capaz de ganar; **you have a good friend in me,** en mí tienes un buen amigo. **13** *(after superlative)* de; **the smallest car in the world,** el coche más pequeño del mundo. **14** *(before present participle)* al; **in so doing,** con ello, gracias a ello; **in spending so much,** al gastar tanto. **15** *(phrases)* **in all,** en total; **in itself/ himself/herself,** en sí; **in that ...,** dado que ..., ya que ... . **II** *adv* **all in,** *(price etc)* todo incluido; **in here/there,** aquí/allí dentro; **let's go in,** vamos adentro; **on the way in,** al entrar; **to be in,** *(at home)* estar (en casa); *(at work)* estar; *(train, plane, etc)* haber llegado; *(tide)* estar alta; *Sport (ball)* estar en juego; *(harvest)* estar recogido,-a; *Pol (in power)* estar en el poder; *fam (in fashion)* estar de moda; **aplications must be in by the 3rd,** el plazo para presentar las solicitudes finaliza el día 3; **my luck is in,** estoy de suerte; **to go in and out,** entrar y salir; **to invite sb in,** invitar a algn a entrar; *fam* **to be all in,** estar agotado,-a *or* rendido,-a; *fam* **to be** *or* **get in on sth,** estar al tanto de *or* enterado,-a de algo; *fam* **to be** *or* **keep (well) in with sb,** tener (mucha) confianza con algn; *fam* **to have it in for sb,** tenerla tomada con algn; *fam* **we're in for a storm,** vamos a tener tormenta; *fam* **you're in for a surprise,** te espera una sorpresa; *fam* **you're in for it!,** ¡la que te espera! **III** *adj fam* **1** *(fashionable) (place)* de moda; *(clothes, jewellery)* del último grito; **the in crowd** to be with, la gente in *or* de moda la que hay que codearse; *fam* **an in joke,** una broma privada. **IV** *n fam* **ins and outs,** detalles *mpl*, complicaciones *fpl*; **without going into all the ins and outs of the matter ...,** sin entrar en los pormenores del caso ... .

inability [ɪnə'bɪlɪtɪ] *n* incapacidad *f*.

inaccessibility [ɪnæksesə'bɪlɪtɪ] *n* inaccesibilidad *f*.

inaccessible [ɪnæk'sesəbəl] *adj* inaccesible.

inaccuracy [ɪn'ækjʊrəsɪ] *n (gen)* inexactitud *f; (gen pl)* error *m*, incorrección *f*.

inaccurate [ɪn'ækjʊrɪt] *adj (gen)* inexacto,-a; *(statement)* erróneo,-a; *(figures, total)* incorrecto,-a.

inaction [ɪn'ækʃən] *n* inacción *f*.

inactive [ɪn'æktɪv] *adj* inactivo,-a.

inactivity [ɪnæk'tɪvɪtɪ] *n* inactividad *f*.

inadequacy [ɪn'ædɪkwəsɪ] *n* 1 *(lack)* insuficiencia *f*. 2 *(inability)* incompetencia *f*, incapacidad *f*. 3 *(defect)* defecto *m*, imperfección *f*.

inadequate [ɪn'ædɪkwɪt] *adj* 1 *(lacking)* insuficiente. 2 *(not capable)* incapaz, incompetente; *(unsuitable)* inadecuado,-a; **socially i.**, inadaptado,-a. 3 *(defective)* defectuoso,-a, imperfecto,-a.

inadmissible [ɪnəd'mɪsəbəl] *adj* inadmisible, intolerable; *Jur (evidence etc)* improcedente.

inadvertent [ɪnəd'vɜːtənt] *adj* involuntario,-a. ◆**inadvertently** *adv* involuntariamente, sin querer.

inadvisable [ɪnəd'vaɪzəbəl] *adj* imprudente, inconveniente, poco aconsejable.

inalienable [ɪn'eɪljənəbəl] *adj fml (right)* inalienable.

inane [ɪ'neɪn] *adj (comment etc)* necio,-a, fatuo,-a; *(question, conversation)* tonto,-a, estúpido,-a.

inanimate [ɪn'ænɪmɪt] *adj* inanimado,-a.

inanity [ɪ'nænɪtɪ] *n (of comment etc)* necedad *f*, fatuidad *f; (of question, conversation)* tontería, *f*, estupidez *f*.

inapplicable [ɪnə'plɪkəbəl] *adj* inaplicable (**to**, a); **delete where i.**, táchese lo que no proceda.

inappropriate [ɪnə'prəʊprɪɪt] *adj (time, remark)* inoportuno,-a, inconveniente; *(clothes, behaviour)* no *or* poco apropiado,-a, impropio,-a; **it would be i. for you to attend**, no estaría bien que vd. asistiera.

inapt [ɪn'æpt] *adj fml* inadecuado,-a, impropio,-a.

inarticulate [ɪnɑː'tɪkjʊlɪt] *adj (cry, sound)* inarticulado,-a; *(words)* mal pronunciado,-a; **he was i. with rage**, se puso tan furioso que apenas podía hablar.

inasmuch as [ɪnəz'mʌtʃəz] *conj fml* 1 *(since, because)* puesto que, visto que, ya que. 2 *(in so far as)* en la medida en que, en tanto que.

inattention [ɪnə'tenʃən] *n* inatención *f*, desatención *f*, falta *f* de atención.

inattentive [ɪnə'tentɪv] *adj* desatento,-a, poco atento,-a, distraído,-a.

inaudible [ɪn'ɔːdəbəl] *adj* inaudible, imperceptible.

inaugural [ɪn'ɔːgjʊrəl] *adj* inaugural, de apertura, de inauguración.

inaugurate [ɪn'ɔːgjʊreɪt] *vtr* 1 *(event, scheme)* inaugurar. 2 *(president etc)* investir; **he was inaugurated president**, fue investido como presidente.

inauguration [ɪnɔːgjʊ'reɪʃən] *n* 1 *(of event, scheme)* inauguración *f*. 2 *(of president etc)* toma *f* de posesión, investidura *f*.

inauspicious [ɪnɔː'spɪʃəs] *adj fml (start, moment)* poco propicio,-a; *(circumstances)* desfavorable, adverso,-a.

inborn ['ɪnbɔːn] *adj* innato,-a.

inbred ['ɪnbred] *adj* 1 *(quality)* innato,-a. 2 *(family)* endogámico,-a, nacido,-a de padres consanguíneos.

Inc, inc *US Com abbr of* **Incorporated**, ≈ sociedad *f* anónima, S.A.

Inca ['ɪŋkə] **I** *adj* inca, incaico,-a, incásico,-a. **II** *n* inca *mf*.

incalculable [ɪn'kælkjʊləbəl] *adj (loss, assets)* incalculable; *(mood)* imprevisible.

incandescent [ɪnkæn'desənt] *adj* incandescente.

incantation [ɪnkæn'teɪʃən] *n* conjuro *m*.

incapable [ɪn'keɪpəbəl] *adj* 1 *(unable)* incapaz (**of**, de). 2 *(incompetent)* incompetente.

incapacitate [ɪnkə'pæsɪteɪt] *vtr fml* incapacitar (**for**, para).

incapacity [ɪnkə'pæsɪtɪ] *n* incapacidad *f*.

incarcerate [ɪn'kɑːsəreɪt] *vtr fml* encarcelar.

incarceration [ɪnkɑːsə'reɪʃən] *n fml* encarcelamiento *m*, encarcelación *f*.

incarnate [ɪn'kɑːneɪt] *adj* encarnado,-a; **beauty i.**, la belleza personificada; **the devil i.**, el mismísimo diablo.

incarnation [ɪnkɑː'neɪʃən] *n* encarnación *f*.

incendiary [ɪn'sendɪərɪ] **I** *adj* incendiario,-a. **II** *n* 1 *(bomb)* bomba *f* incendiaria. 2 *(person)* incendiario,-a *m,f*, pirómano,-a *m,f*.

incense¹ ['ɪnsens] *n* incienso *m*.

incense² [ɪn'sens] *vtr* enfurecer, poner furioso,-a, sacar de quicio.

incentive [ɪn'sentɪv] *n* 1 *(stimulus)* incentivo *m*, estímulo *m*, aliciente *m*; **to give sb an i.**, incentivar a algn. 2 *(payment)* incentivo *m*, plus *m* or prima *f* de rendimiento.

inception [ɪn'sepʃən] *n fml* comienzo *m*, principio *m*.

incessant [ɪn'sesənt] *adj (rain, noise)* incesante, ininterrumpido,-a; *(complaints, demands)* constante, continuo,-a. ◆**incessantly** *adv* sin cesar *or* parar.

incest ['ɪnsest] *n* incesto *m*.

incestuous [ɪn'sestjʊəs] *adj* incestuoso,-a; *fig (profession, group)* endogámico,-a, cerrado,-a.

inch [ɪntʃ] *n* pulgada *f* (= 2,54 cm); *fig* **he's every i. a hero**, es todo un héroe; *fig* **I know every i. of the city**, conozco todos los rincones de la ciudad; *fig* **i. by i.**, poco a poco; *fig* **she wouldn't budge *or* give an i.**, no quería ceder ni un ápice; *fig* **the car missed me by inches**, por poco me atropelló el coche; *prov* **give him an i. and he'll take a mile** *or* **a yard**, le das la mano y te coge *or* se toma el pie. ◆**inch along**, **inch forward** *vtr & vi* avanzar poco a poco. ◆**inch through** *vtr & vi* pasar poco a poco.

incidence ['ɪnsɪdəns] *n* frecuencia *f*, extensión *f*.

incident ['ɪnsɪdənt] *n* incidente *m*, incidencia *f*; **the visit passed (off) without i.**, la visita se desarrolló sin incidentes.

incidental [ɪnsɪ'dentəl] **I** *adj (accessory)* incidental, accesorio,-a, secundario,-a; *(risk, danger)* inherente (**to**, a), propio,-a (**to**, de); **i. music**, música *f* de fondo. **II** **incidentals** *npl* (gastos *mpl*) imprevistos *mpl*. ◆**incidentally** *adv* a propósito, dicho sea de paso, por cierto.

incinerate [ɪn'sɪnəreɪt] *vtr* incinerar, quemar.

incineration [ɪnsɪnə'reɪʃən] *n* incineración *f*, quema *f*.

incinerator [ɪn'sɪnəreɪtər] *n* incinerador *m*.

incipient [ɪn'sɪpɪənt] *adj fml* incipiente.

incision [ɪn'sɪʒən] *n Med* incisión *f*.

incisive [ɪn'saɪsɪv] *adj (comment)* incisivo,-a, mordaz, agudo,-a; *(reply)* tajante; *(mind)* penetrante.

incisor [ɪn'saɪzər] *n* diente *m* incisivo, incisivo *m*.

incite [ɪn'saɪt] *vtr (violence)* incitar, provocar, instigar **(to, a)**; *(crowd)* incitar, provocar **(to, a)**; **to i. sb to do sth,** incitar a algn a hacer algo.

incitement [ɪn'saɪtmənt] *n* incitación *f*, provocación *f*, instigación *f*.

incivility [ɪnsɪ'vɪlɪtɪ] *n fml* descortesía *f*, falta *f* de cortesía.

inclement [ɪn'klemənt] *adj fml (weather)* inclemente.

inclination [ɪnklɪ'neɪʃən] *n* 1 *(tendency)* inclinación *f*, tendencia *f* **(to, a)**; **he shows no i. to leave,** no da señales de querer marcharse; **my i. is to stay,** yo prefiero quedarme. 2 *(slope)* inclinación *f*, pendiente *f*. 3 *(bow)* inclinación *f*.

incline [ɪn'klaɪn] I *vtr* 1 *(tend)* tender a, tener tendencia a, inclinarse por; **if you feel so inclined,** si quieres; **it is romantic but I'm that way inclined,** es romántico pero es que yo soy así; **she's inclined to be mean,** tiene tendencia a la tacañería. 2 *(head)* inclinar, bajar; *(body)* inclinar. II *vi (slope)* inclinarse, estar inclinado,-a. III [ɪn'klaɪn, 'ɪnklaɪn] *n (slope)* pendiente *f*, inclinación *f*; **steep i.,** cuesta *f* empinada.

include [ɪn'kluːd] *vtr (gen)* incluir **(in, en)**; *(in range, series, price)* comprender **(in, en)**; *(in list, cast, etc)* figurar **(in, en)**; **the team includes two women,** el equipo incluye dos mujeres; **he lost everything, his wallet included,** perdió todo incluso su cartera.

including [ɪn'kluːdɪŋ] *prep* incluso, inclusive; **I stayed up to and i. Friday,** me quedé hasta el viernes inclusive; **there are five desserts, i. ice cream,** hay cinco postres, incluido helado; **we have six children i. the baby,** tenemos seis hijos contando el bebé.

inclusion [ɪn'kluːʒən] *n* inclusión *f*.

inclusive [ɪn'kluːsɪv] *adj* inclusivo,-a; **all-i. price,** precio *m* (con) todo incluido; **pages six to ten i.,** de la página seis a la diez, ambas inclusive; **the rent is i. of bills,** el alquiler incluye el importe de las facturas.

incognito [ɪnkɒg'niːtəʊ] I *n* incógnito,-a *m,f*. II *adv (travel etc)* de incógnito.

incoherence [ɪnkəʊ'hɪərəns] *n* incoherencia *f*; *(of speech)* ininteligibilidad *f*.

incoherent [ɪnkəʊ'hɪərənt] *adj* 1 *(unconnected)* incoherente, inconexo,-a, deshilvanado,-a. 2 *(unintelligible)* incoherente, ininteligible.

income ['ɪnkʌm] *n (gen)* ingresos *mpl*; *(from investment)* réditos *mpl*; **earned i.,** ingresos profesionales *or* salariales; **I live on a monthly i. of £800,** vivo de un sueldo de ochocientas libras mensuales; **to live within one's i.,** vivir de acuerdo con lo que se gana; **unearned** *or* **private i.,** rentas *fpl* particulares. ▪ **i. tax,** impuesto *m* sobre la renta; **i. tax return,** declaración *f* de impuestos.

incoming ['ɪnkʌmɪŋ] *adj (flight, train)* de llegada; *(passenger)* que llega; *(president, government)* nuevo,-a, recién elegido,-a; *(tide)* ascendente; *(mail, message, call)* recibido,-a.

incommunicado [ɪnkəmjuːnɪ'kɑːdəʊ] *adj* incomunicado,-a.

incomparable [ɪn'kɒmpərəbəl] *adj* incomparable, inigualable, sin par. ◆**incomparably** *adv* sin comparación; **i. better than ...,** muchísimo mejor que ... .

incompatibility [ɪnkəmpætə'bɪlɪtɪ] *n* incompatibilidad *f*; **divorce on grounds of i.,** divorcio *m* por incompatibilidad de caracteres.

incompatible [ɪnkəm'pætəbəl] *adj* incompatible **(with, con)**.

incompetence [ɪn'kɒmpɪtəns] *n* incompetencia *f*, incapacidad *f*, ineptitud *f*.

incompetent [ɪn'kɒmpɪtənt] *adj* incompetente, incapaz, inepto,-a.

incomplete [ɪnkəm'pliːt] *adj (series, account)* incompleto,-a; *(task)* inacabado,-a, sin terminar.

incomprehensible [ɪnkɒmprɪ'hensəbəl] *adj* incomprensible.

incomprehension [ɪnkɒmprɪ'henʃən] *n* incomprensión *f*.

inconceivable [ɪnkən'siːvəbəl] *adj* inconcebible.

inconclusive [ɪnkən'kluːsɪv] *adj (debate, vote, meeting)* no decisivo,-a; *(reasoning)* poco convincente; *(proof)* no concluyente.

incongruity [ɪnkɒŋ'gruːɪtɪ] *n* incongruencia *f*.

incongruous [ɪn'kɒŋgruəs] *adj* incongruente, incongruo,-a, fuera de lugar.

inconsequential [ɪnkɒnsɪ'kwenʃəl] *adj* de poca importancia, sin trascendencia.

inconsiderable [ɪnkən'sɪdərəbəl] *adj* insignificante.

inconsiderate [ɪnkən'sɪdərɪt] *adj* desconsiderado,-a, inconsiderado,-a, desatento,-a; **how i. of you!,** ¡qué falta de consideración por tu parte!

inconsistency [ɪnkən'sɪstənsɪ] *n (gen)* inconsecuencia *f*, inconsistencia *f*, falta *f* de lógica; *(contradiction)* contradicción *f*.

inconsistent [ɪnkən'sɪstənt] *adj (gen)* inconsecuente, inconsistente; *(contradictory)* contradictorio,-a, ilógico,-a; **your evidence is i. with the facts,** su testimonio no concuerda con los hechos.

inconsolable [ɪnkən'səʊləbəl] *adj* inconsolable, desconsolado,-a.

inconspicuous [ɪnkən'spɪkjʊəs] *adj (not noticeable)* que pasa desapercibido,-a *or* inadvertido,-a; *(discrete)* discreto,-a; **to make oneself i.,** pasar desapercibido, no llamar la atención.

incontinence [ɪn'kɒntɪnəns] *n Med* incontinencia *f*.

incontinent [ɪn'kɒntɪnənt] *adj Med* incontinente.

incontrovertible [ɪnkɒntrə'vɜːtəbəl] *adj fml* incontrovertible.

inconvenience [ɪnkən'viːnɪəns] I *n (gen)* inconveniente *f*; *(annoyance)* molestia *f*, incomodidad *f*; *(difficulty)* dificultad *f*; **to put sb to i.,** molestar *or* incomodar a algn; **to go to great i.,** sufrir muchos inconvenientes. II *vtr (annoy)* molestar, causar molestia a; *(cause difficulty)* incomodar.

inconvenient [ɪnkən'viːnɪənt] *adj (gen)* molesto,-a; *(place)* mal situado,-a; *(time)* inoportuno,-a, mal escogido,-a; *(arrangement, design)* poco práctico,-a.

incorporate [ɪn'kɔːpəreɪt] *vtr (integrate)* incorporar **(in, into, a)**; *(include)* incluir **(in, into, en)**; *(contain)* contener; **a lawyer was incorporated into the team,** se incorporó un abogado al equipo.

incorporated [ɪn'kɔːpəreɪtɪd] *adj US Com* **i. company,** sociedad *f* anónima.

incorrect [ɪnkə'rekt] *adj* 1 *(answer)* incorrecto,-a, equivocado,-a; *(view)* erróneo,-a; **you're i. in thinking that ...,** te equivocas al pensar que ... . 2 *(behaviour)* incorrecto,-a; *(dress)* impropio,-a, inadecuado,-a.

incorrigible [ɪn'kɒrɪdʒəbəl] *adj* incorregible.

increase ['ɪnkriːs] I *n (gen)* aumento *m*; *(in number, birthrate)* incremento *m*; *(in price, temperature)* subida *f*, alza *f*; **to be on the i.,** estar en aumento *or* en alza. **II** [ɪn'kriːs] *vtr (gen)* aumentar; *(price, temperature)* subir; **to i. one's efforts,** redoblar sus esfuerzos; **to i. one's speed,** acelerar el paso. **III** *vi (gen)* aumentar; *(temperature)* subir; **to i. in price,** subir *or* aumentar de precio; **to i. in weight/size,** aumentar en peso/tamaño.

increasing [ɪn'kriːsɪŋ] *adj* creciente. ◆**increasingly** *adv* cada vez más.

incredible [ɪn'kredəbəl] *adj* increíble; **it's i. that ...,** parece mentira que ... .

incredulity [ɪnkrɪ'djuːlɪtɪ] *n* incredulidad *f*.

incredulous [ɪn'kredjʊləs] *adj* incrédulo,-a; **i. smile,** sonrisa *f* de incredulidad.

increment ['ɪnkrɪmənt] *n* aumento *m*, incremento *m*. ■ **unearned i.,** plusvalía *f*.

incriminate [ɪn'krɪmɪneɪt] *vtr* incriminar, inculpar.

incriminating [ɪn'krɪmɪneɪtɪŋ] *adj* incriminatorio,-a, incriminador,-a.

incubate ['ɪnkjʊbeɪt] *vtr & vi (egg)* incubar, empollar; *(virus)* incubar.

incubation [ɪnkjʊ'beɪʃən] *n* incubación *f*.

incubator ['ɪnkjʊbeɪtəʳ] *n* incubadora *f*.

inculcate ['ɪnkʌlkeɪt] *vtr fml* inculcar (**in,** en).

.**incumbent** [ɪn'kʌmbənt] **I** *n (gen)* titular *mf*. **II** *adj fml* **to be i. on sb to do sth,** incumbir *or* corresponder a algn hacer algo.

incur [ɪn'kɜːʳ] *vtr (pt & pp incurred) (blame, displeasure)* incurrir en; *(risk)* correr; *(debt, expenses)* contraer; *(loss)* sufrir.

incurable [ɪn'kjʊərəbəl] *adj (disease)* incurable; *fig (loss)* irremediable; *(optimist)* incorregible.

incursion [ɪn'kɜːʃən] *n* incursión *f*.

Ind *GB Pol abbr of* **Independent,** independiente *(mf)*.

indebted [ɪn'detɪd] *adj (gen)* endeudado,-a; *fig (grateful)* agradecido,-a; *fig* **I am i. to you for your help,** le agradezco su ayuda; *fig* **to be i. to sb,** estar en deuda con algn.

indebtedness [ɪn'detɪdnɪs] *n (gen)* deuda *f*; *fig* agradecimiento *m*.

indecency [ɪn'diːsənsɪ] *n* indecencia *f*, obscenidad *f*.

indecent [ɪn'diːsənt] *adj* indecente, indecoroso,-a. ■ *Jur* **i. assault,** atentado *m* contra el pudor; *Jur* **i. exposure,** exhibicionismo *m*.

indecipherable [ɪndɪ'saɪfərəbəl] *adj fml* indescifrable.

indecision [ɪndɪ'sɪʒən] *n* indecisión *f*, irresolución *f*.

indecisive [ɪndɪ'saɪsɪv] *adj* **1** *(person, manner)* indeciso,-a, irresoluto,-a. **2** *(evidence, victory)* poco concluyente, no decisivo,-a.

indeed [ɪn'diːd] *adv* **1** *fml (in fact)* efectivamente, en efecto, realmente, en realidad; **I was i. late but ...,** de acuerdo que llegué tarde pero ... . **2** *(intensifying use)* realmente; **I'm very sorry i.,** lo siento de veras *or* de verdad; **it's very hard i.,** es sumamente *or* verdaderamente difícil; **look at my new car! —car i.!, it's a banger!,** mira mi coche nuevo —¿coche dices?, ¡pero si es una cafetera!; **thank you very much i.,** muchísimas gracias; **that is i. a problem,** eso sí (que) es un problema; **you'll come then? —i. I won't!,** ¿entonces, vendrás? —¡ni hablar!, ¡claro que no!

indefatigable [ɪndɪ'fætɪgəbəl] *adj fml* incansable, infatigable.

indefensible [ɪndɪ'fensəbəl] *adj* **1** *(place)* indefenso,-a, indefendible, indefensible, indefensable. **2** *fig (view)* insostenible; *(behaviour)* injustificable, inexcusable.

indefinable [ɪndɪ'faɪnəbəl] *adj* indefinible.

indefinite [ɪn'defɪnɪt] *adj* **1** *(vague)* indefinido,-a, vago,-a, impreciso,-a. **2** *(indeterminate)* indefinido,-a, indeterminado,-a; **i. strike,** huelga indefinida. **3** *Ling* indefinido,-a, indeterminado,-a.

indelible [ɪn'deləbəl] *adj* indeleble, imborrable.

indelicate [ɪn'delɪkɪt] *adj* **1** *(indecent)* indelicado,-a, poco delicado,-a. **2** *(tactless)* indiscreto,-a.

indemnify [ɪn'demnɪfaɪ] *vtr (pt & pp indemnified)* indemnizar *(for,* de, por).

indemnity [ɪn'demnɪtɪ] *n* **1** *(insurance)* indemnidad *f*. **2** *(compensation)* indemnización *f*, reparación *f*, compensación *f*.

indent [ɪn'dent] **I** *vtr Typ* sangrar. **II** *vi GB Com* **to i. for sth,** hacer un pedido de algo.

indentation [ɪnden'teɪʃən] *n* **1** *Typ* sangría *f*. **2** *(of edge)* muesca *f*; *(of coastline)* quebradura *f*, *(of surface)* depresión *f*, hundimiento *m*, abolladura *f*.

indented [ɪn'dentɪd] *adj* **1** *Typ* sangrado,-a. **2** *(coastline)* quebrado,-a; *(surface)* abollado,-a.

independence [ɪndɪ'pendəns] *n* independencia *f*. ■ *US* **I. Day,** día *m* de la Independencia *(4 July)*.

independent [ɪndɪ'pendənt] *adj* independiente; *GB* **i. school,** colegio *m* no subvencionado por el estado; **to become i.,** independizarse; **to have i. means,** vivir de renta.

in-depth ['ɪndepθ] *adj* minucioso,-a, exhaustivo,-a.

indescribable [ɪndɪ'skraɪbəbəl] *adj (gen)* indescriptible; *(spectacle, grandeur)* inenarrable; *(emotion)* indecible.

indestructible [ɪndɪ'strʌktəbəl] *adj* indestructible.

indeterminable [ɪndɪ'tɜːmɪnəbəl] *adj* indeterminable.

indeterminate [ɪndɪ'tɜːmɪnɪt] *adj* indeterminado,-a.

index ['ɪndeks] **I** *n (pl indexes or indices)* **1** *(in book etc)* índice *m*; *(in library)* índice *m*, catálogo *m*. ■ **card i.,** fichero *m*; **i. card,** ficha *f*. **2** *Math* índice *m*, exponente *m*; *Econ* índice *m*; **cost-of-living i.,** índice del coste de la vida. **3** *(forefinger)* **i. finger,** dedo *m* índice. **II** *vtr (book etc)* poner un índice a; *(collection)* catalogar, clasificar.

index-linked ['ɪndekslɪŋkt] *adj* sujeto,-a al aumento del coste de la vida.

India ['ɪndɪə] *n* (la) India.

Indian ['ɪndɪən] **I** *adj* **1** *(of America)* indio,-a, amerindio,-a; *(of India)* indio,-a, hindú. ■ **I. elephant,** elefante *m* asiático; **I. ink,** tinta *f* china; **I. Ocean,** Océano *m* Índico; **I. Summer,** veranillo *m* de San Martín. **II** *n (person) (of America)* indio,-a *m,f*, amerindio,-a *m,f*; *(of India)* indio,-a *m,f*; hindú *mf*. ■ **Red I.,** piel roja *mf*; **West I.,** antillano,-a *m,f*.

indicate ['ɪndɪkeɪt] **I** *vtr* indicar. **II** *vi Aut* poner el intermitente; **to i. left/right,** indicar a la izquierda/ derecha.

indication [ɪndɪ'keɪʃən] *n* indicio *m*, señal *f*; **there's every i. that** *or* **all the indications are that he'll win,** todo hace suponer que ganará; **this gives some i. of his strength,** esto da una idea de su fuerza.

indicative [ɪn'dɪkətɪv] **I** *adj* indicativo,-a. **II** *n Ling* indicativo *m*.

indicator ['ɪndɪkeɪtəʳ] *n (gen)* indicador *m*; *Aut* intermitente *m*.

indices ['ɪndɪsiːz] *npl see* index

indict [ɪn'daɪt] *vtr Jur* acusar (**for**, de), procesar (**for**, por).

indictable [ɪn'daɪtəbəl] *adj Jur* encausable, procesable.

indictment [ɪn'daɪtmənt] *n Jur* acusación *f*, procesamiento *m*; **to bring an i. against sb**, procesar a algn; *fig* **a damning i. of his books**, una crítica feroz de sus libros.

indifference [ɪn'dɪfərəns] *n* indiferencia *f*.

indifferent [ɪn'dɪfərənt] *adj* 1 *(uninterested)* indiferente; **it's quite i. to me**, me trae sin cuidado. 2 *(mediocre)* pobre, regular.

indigenous [ɪn'dɪdʒɪnəs] *adj fml* indígena, nativo,-a.

indigestible [ɪndɪ'dʒestəbəl] *adj* indigesto,-a; *fig* **this book is very i.**, este libro es muy indigesto.

indigestion [ɪndɪ'dʒestʃən] *n* indigestión *f*, empacho *m*; **milk gives me i.**, la leche se me indigesta, la leche me sienta mal; **to suffer from i.**, tener una indigestión *or* un empacho; **you'll get i.!**, ¡te vas a indigestar!

indignant [ɪn'dɪgnənt] *adj (person)* indignado,-a; *(look, tone)* de indignación; **to get i. about sth**, indignarse por algo.

indignation [ɪndɪg'neɪʃən] *n* indignación *f*.

indignity [ɪn'dɪgnɪtɪ] *n* indignidad *f*.

indigo ['ɪndɪgəʊ] **I** *n (pl indigos or indigoes)* añil *m*. **II** *adj* (de color) añil.

indirect [ɪndɪ'rekt, ɪndaɪ'rekt] *adj* indirecto,-a. ■ *Ling* **i. speech**, estilo *m* indirecto; **i. taxation**, impuestos *mpl* indirectos.

indiscreet [ɪndɪ'skriːt] *adj* indiscreto,-a, poco discreto,-a, imprudente.

indiscretion [ɪndɪ'skreʃən] *n* indiscreción *f*, imprudencia *f*.

indiscriminate [ɪndɪ'skrɪmɪnɪt] *adj (punishment, shooting)* indiscriminado,-a; *(praise, reading)* sin criterio, sin discernimiento.

indispensable [ɪndɪ'spensəbəl] *adj* indispensable, imprescindible.

indisposed [ɪndɪ'spəʊzd] *adj fml* 1 *(ill)* indispuesto,-a. 2 *(disinclined)* poco dispuesto,-a; **i. to help**, con pocas ganas de ayudar.

indisposition [ɪndɪspə'zɪʃən] *n fml* indisposición *f*.

indisputable [ɪndɪ'spjuːtəbəl] *adj* indiscutible, incontestable, irrefutable.

indissoluble [ɪndɪ'sɒljʊbəl] *adj fml* indisoluble.

indistinct [ɪndɪ'stɪŋkt] *adj (gen)* indistinto,-a; *(memory)* confuso,-a, vago,-a; *(shape etc)* borroso,-a.

indistinguishable [ɪndɪ'stɪŋgwɪʃəbəl] *adj* indistinguible.

individual [ɪndɪ'vɪdjʊəl] **I** *adj* 1 *(separate)* individual; *(for one)* particular, propio,-a; *(personal)* personal; **each i. note**, cada una de las notas, cada nota por separado. 2 *(characteristic)* personal, particular; *(original)* original; **she has a highly i. style of dressing**, es muy original en el vestir. **II** *n fam (person)* individuo *m*, tipo *m*, tío,-a *m,f*; **private i.**, particular *m*.

individualist [ɪndɪ'vɪdjʊəlɪst] *n* individualista *mf*.

indivisible [ɪndɪ'vɪzəbəl] *adj Math* indivisible.

Indo- ['ɪndəʊ] *pref* indo-.

indoctrinate [ɪn'dɒktrɪneɪt] *vtr* adoctrinar.

indoctrination [ɪndɒktrɪ'neɪʃən] *n* adoctrinamiento *m*.

indolent ['ɪndələnt] *adj fml* indolente, perezoso,-a.

indomitable [ɪn'dɒmɪtəbəl] *adj fml* indomable, indómito,-a.

Indonesia [ɪndəʊ'niːzɪə] *n* Indonesia.

Indonesian [ɪndəʊ'niːzɪən] **I** *adj* indonesio,-a. **II** *n* 1 *(person)* indonesio,-a *m,f*. 2 *(language)* indonesio *m*.

indoor ['ɪndɔː'] *adj (aerial, plant)* interior; *(clothes, shoes)* de andar por casa, casero,-a; *(hobby)* casero,-a. ■ **i. football**, fútbol *m* sala; **i. games**, juegos *mpl* de salón; **i. pool**, piscina *f* cubierta.

indoors [ɪn'dɔːz] *adv (inside)* dentro (de casa); *(at home)* en casa; **i. the house had been painted**, el interior de la casa había sido pintado; **let's go i.**, vamos adentro; **to stay i.**, quedarse en casa.

induce [ɪn'djuːs] *vtr* 1 *(persuade)* inducir, persuadir. 2 *(cause)* producir, causar; *Med (labour)* provocar.

inducement [ɪn'djuːsmənt] *n* incentivo *m*, estímulo *m*, aliciente *m*; **as an added i.**, para mayor estímulo; **material inducements**, incentivo *m sing* económico.

induction [ɪn'dʌkʃən] *n* 1 *Med (of labour)* provocación *f*. 2 *Elec* inducción *f*. 3 *(reasoning)* inducción *f*. 4 *Educ* introducción *f*.

inductive [ɪn'dʌktɪv] *adj* inductivo,-a.

indulge [ɪn'dʌldʒ] **I** *vtr* 1 *(child etc)* mimar, consentir; *(person)* complacer; **to i. oneself,** darse gusto. 2 *(whim)* ceder a, consentir, satisfacer; *(passion)* dar rienda suelta a. **II** *vi* 1 *fam (drink)* beber (demasiado). 2 *(luxuries)* darse el gusto (**in**, de), complacerse (**in**, en); *(vices)* entregarse (**in**, a), abandonarse (**in**, a); **to i. in a nap**, permitirse el lujo de una siesta.

indulgence [ɪn'dʌldʒəns] *n* 1 *(of child etc)* mimo *m*, consentimiento *m*; *(of attitude)* indulgencia *f*, tolerancia *f*. 2 *(of whim)* satisfacción *f*, gratificación *f*; **to allow or permit oneself small indulgences**, permitirse pequeños lujos; *fam* **it's sheer self-i.!**, ¡es puro vicio!

indulgent [ɪn'dʌldʒənt] *adj* indulgente.

industrial [ɪn'dʌstrɪəl] *adj (gen)* industrial; *(accident)* de trabajo, laboral; *(disease)* profesional; *GB* **to take i. action**, declararse en huelga. ■ *GB* **i. dispute**, conflicto *m* laboral; **i. estate**, polígono *m or* zona *f* industrial; **i. relations**, relaciones *fpl* laborales; **i. unrest**, conflictividad *f* laboral; **i. waste**, residuos *mpl* industriales.

industrialist [ɪn'dʌstrɪəlɪst] *n* industrial *mf*, empresario,-a *m,f*.

industrialize [ɪn'dʌstrɪəlaɪz] **I** *vtr (country, area)* industrializar; **to become industrialized,** industrializarse. **II** *vi* industrializarse.

industrious [ɪn'dʌstrɪəs] *adj* trabajador,-a.

industry ['ɪndəstrɪ] *n* 1 *(business)* industria *f*. ■ **heavy i.**, industria *f* pesada; **light i.**, industria *f* ligera; **steel i.**, industria *f* siderúrgica. 2 *(diligence)* diligencia *f*, aplicación *f*.

inebriated [ɪn'iːbrɪetɪd] *adj* ebrio,-a, embriagado,-a.

inedible [ɪn'edəbəl] *adj* incomible, incomestible.

ineffable [ɪn'efəbəl] *adj fml* inefable.

ineffective [ɪnɪ'fektɪv] *adj (cure, method)* ineficaz, inútil; *(person)* incapaz, incompetente; **the strike was i.**, la huelga no surtió efecto.

ineffectiveness [ɪnɪ'fektɪvnɪs] *n (of cure, method)* ineficacia *f*; *(of person)* incapacidad *f*, incompetencia *f*.

ineffectual [ɪnɪˈfektʃʊəl] *adj (aim, protest)* ineficaz, inútil; *(person)* incapaz, incompetente.

inefficiency [ɪnɪˈfɪʃənsɪ] *n (gen)* ineficacia *f; (of person)* ineptitud *f*, incompetencia *f*.

inefficient [ɪnɪˈfɪʃənt] *adj (gen)* ineficaz, ineficiente; *(person)* inepto,-a, poco eficiente.

inelegant [ɪnˈelɪgənt] *adj* poco elegante.

ineligible [ɪnˈelɪdʒəbəl] *adj* inelegible **(for,** para); **to be i. to vote,** no tener el derecho al voto.

inept [ɪnˈept] *adj* **1** *(person)* inepto,-a; *(treatment, attempt)* inepto,-a, inapropiado,-a. **2** *(absurd) (remark, behaviour)* estúpido,-a.

ineptitude [ɪnˈeptɪtjuːd] *n* ineptitud *f*, incapacidad *f*.

inequality [ɪnɪˈkwɒlɪtɪ] *n* desigualdad *f*.

inequitable [ɪnˈekwɪtəbəl] *adj fml* injusto,-a.

inert [ɪnˈɜːt] *adj* **1** *Chem (gas etc)* inerte. **2** *(position)* inerte, inmóvil.

inertia [ɪnˈɜːʃə] *n* inercia *f*.

inescapable [ɪnɪˈskeɪpəbəl] *adj* ineludible, inevitable.

inessential [ɪnɪˈsenʃəl] **I** *adj* no esencial, innecesario,-a. **II inessentials** *npl* detalles *mpl or* cosas *fpl* sin importancia.

inestimable [ɪnˈestɪməbəl] *adj (gen)* inestimable; *(value, cost)* incalculable.

inevitability [ɪnevɪtəˈbɪlɪtɪ] *n* inevitabilidad *f*.

inevitable [ɪnˈevɪtəbəl] *adj* inevitable; *fam* **his i. jokes,** sus chistes de siempre.

inexact [ɪnɪgˈzækt] *adj* inexacto,-a.

inexcusable [ɪnɪkˈskjuːzəbəl] *adj* inexcusable, imperdonable, injustificable.

inexhaustible [ɪnɪgˈzɔːstəbəl] *adj* inagotable.

inexorable [ɪnˈeksərəbəl] *adj fml* inexorable.

inexpensive [ɪnɪkˈspensɪv] *adj* económico,-a, barato,-a.

inexperience [ɪnɪkˈspɪərɪəns] *n* inexperiencia *f*, falta *f* de experiencia.

inexperienced [ɪnɪkˈspɪərɪənst] *adj* inexperto,-a.

inexpert [ɪnˈekspɜːt] *adj* inexperto,-a, inhábil, torpe.

inexplicable [ɪnɪkˈsplɪkəbəl] *adj* inexplicable.

inexpressible [ɪnɪkˈspresəbəl] *adj fml* inexpresable, indecible, inefable.

inexpressive [ɪnɪkˈspresɪv] *adj* inexpresivo,-a.

infallibility [ɪnfæləˈbɪlɪtɪ] *n* infalibilidad *f*.

infallible [ɪnˈfæləbəl] *adj* infalible.

infamous [ˈɪnfəməs] *adj* infame, ruin.

infamy [ˈɪnfəmɪ] *n* infamia *f*.

infancy [ˈɪnfənsɪ] *n (childhood)* infancia *f*, niñez *f; (first stage)* infancia *f;* **a nation in its i.,** una nación joven.

infant [ˈɪnfənt] *n* niño,-a *m,f*, criatura *f*. ■ *GB* **i. school,** parvulario *m*.

infanticide [ɪnˈfæntɪsaɪd] *n (murder)* infanticidio *m; (murderer)* infanticida *mf*.

infantile [ˈɪnfəntaɪl] *adj* infantil.

infantry [ˈɪnfəntrɪ] *n Mil* infantería *f*.

infantryman [ˈɪnfəntrɪmən] *n (pl infantrymen) Mil* soldado *m* de infantería.

infatuated [ɪnˈfætjʊeɪtɪd] *adj* encaprichado,-a.

infatuation [ɪnfætjʊˈeɪʃən] *n* encaprichamiento *m*.

infect [ɪnˈfekt] *vtr (cut, spot)* infectar; *(food, water)* contaminar; *(person)* contagiar; *fig* **she infected us with her optimism,** nos contagió su optimismo.

infection [ɪnˈfekʃən] *n (of cut etc)* infección *f; (of air, food)* contaminación *f; (with illness)* infección *f*, contagio *m;* **source of i.,** foco *m* infeccioso *or* de infección.

infectious [ɪnˈfekʃəs] *adj (disease)* infeccioso,-a, contagioso,-a; *fig* contagioso,-a.

infer [ɪnˈfɜːr] *vtr (pt & pp inferred)* inferir **(from,** de), deducir **(from,** de).

inference [ˈɪnfərəns] *n* inferencia *f;* **to draw inferences from sth,** sacar conclusiones de algo.

inferior [ɪnˈfɪərɪər] **I** *adj* inferior **(to,** a). **II** *n pej* inferior *mf*.

inferiority [ɪnfɪərɪˈɒrɪtɪ] *n* inferioridad *f*.

infernal [ɪnˈfɜːnəl] *adj* infernal.

inferno [ɪnˈfɜːnəʊ] *n (pl infernos) lit* infierno *m; fig* **the house was a raging i.,** la casa ardía en llamas.

infertile [ɪnˈfɜːtaɪl] *adj* estéril.

infertility [ɪnfəˈtɪlɪtɪ] *n* esterilidad *f*.

infest [ɪnˈfest] *vtr* infestar, plagar **(with,** de); **shark-infested seas,** mares *mpl* infestados de tiburones.

infestation [ɪnfesˈteɪʃən] *n* infestación *f*, plaga *f*.

infidelity [ɪnfɪˈdelɪtɪ] *n* infidelidad *f*.

infighting [ˈɪnfaɪtɪŋ] *n fig* luchas *fpl* internas.

infiltrate [ˈɪnfɪltreɪt] *vtr* infiltrarse **(into,** en).

infiltration [ɪnfɪlˈtreɪʃən] *n* infiltración *f*.

infiltrator [ˈɪnfɪltreɪtər] *n* infiltrado,-a *m,f*, espía *mf*.

infinite [ˈɪnfɪnɪt] *adj (gen)* infinito,-a; *(love, patience, etc)* sin límites; **an i. variety of jobs,** un sinfín de empleos. ◆**infinitely** *adv* infinitamente; **i. better,** muchísimo mejor; **i. tiny,** pequeñísimo,-a.

infinitesimal [ɪnfɪnɪˈtesɪməl] *adj* infinitesimal, infinitésimo,-a.

infinitive [ɪnˈfɪnɪtɪv] *n Ling* infinitivo *m*.

infinity [ɪnˈfɪnɪtɪ] *n (gen)* infinidad *f; Math* infinito *m*.

infirm [ɪnˈfɜːm] **I** *adj (ailing)* enfermizo,-a; *(weak)* débil, endeble. **II the** i. *npl* los inválidos.

infirmary [ɪnˈfɜːmərɪ] *n (hospital)* hospital *m*, clínica *f; (in monastery etc)* enfermería *f*.

infirmity [ɪnˈfɜːmɪtɪ] *n fml (ailment)* enfermedad *f; (weakness)* debilidad *f;* **the infirmities of old age,** achaques *mpl* de la vejez.

inflame [ɪnˈfleɪm] *vtr (anger, passion)* encender, inflamar; *(curiosity)* excitar, avivar; *(crowd)* excitar; **to be inflamed with rage,** rabiar.

inflamed [ɪnˈfleɪmd] *adj Med* inflamado,-a; **to become i.,** inflamarse.

inflammable [ɪnˈflæməbəl] *adj (material, fuel)* inflamable; *fig (situation)* explosivo,-a.

inflammation [ɪnfləˈmeɪʃən] *n Med* inflamación *f*.

inflammatory [ɪnˈflæmətərɪ] *adj* incendiario,-a.

inflatable [ɪnˈfleɪtəbəl] *adj* inflable.

inflate [ɪnˈfleɪt] **I** *vtr (tyre etc)* hinchar, inflar; *fig (prices)* inflar. **II** *vi* hincharse, inflarse.

inflated [ɪnˈfleɪtɪd] *adj* **1** *(tyre etc)* hinchado,-a, inflado,-a; *fig (prices)* inflacionista, inflacionario,-a. **2** *pej (view, idea)* exagerado,-a; **to have an i. opinion of oneself,** ser muy engreído,-a.

inflation [ɪnˈfleɪʃən] *n Econ* inflación *f*.

inflationary [ɪnˈfleɪʃənərɪ] *adj Econ* inflacionista, inflacionario,-a.

inflect [ɪnˈflekt] **I** *vtr* **1** *(voice)* modular. **2** *Ling (noun)* declinar; *(verb)* conjugar. **II** *vi* **1** *(voice)* modularse. **2** *Ling (noun)* declinarse; *(verb)* conjugarse.

inflected [ɪnˈflektɪd] *adj Ling* flexional.

inflection[ɪn'flekʃən] n Ling inflexión f, flexión f.

inflexibility[ɪnfleksə'bɪlɪtɪ] n inflexibilidad f.

inflexible[ɪn'fleksəbəl] adj inflexible.

inflexion[ɪn'flekʃən] n see **inflection**

inflict [ɪn'flɪkt] vtr (blow) dar, asestar (on, a); (damage, wound, suffering) causar (on, a); (punishment, defeat) infligir, imponer (on, a); (view, opinion) imponer (on, a); **to i. oneself** or **one's company on sb,** imponer su presencia a algn.

in-flight['ɪnflaɪt] adj Av (meal, entertainment) durante el vuelo.

influence['ɪnfluəns] I n influencia f; **to have** or **be a strong i. on sb,** tener mucha influencia sobre algn; **under the i.** of drink/drugs, bajo la influencia del alcohol/de las drogas; fam **to be under the i.,** llevar una copa de más. II vtr influir en or con; **to be easily influenced,** ser influenciable.

influential [ɪnflu'enʃəl] adj influyente, acreditado,-a.

influenza[ɪnflu'enzə] n Med gripe f.

influx['ɪnflʌks] n afluencia f, oleada f.

info['ɪnfəʊ] n (abbr of information) fam información f.

inform[ɪn'fɔ:m] I vtr (gen) informar, notificar (**of, about,** de, sobre); (police) avisar (**of, about,** de); **keep me informed,** téngame al corriente. II vi **to i. against** or **on,** denunciar, delatar.

informal[ɪn'fɔ:məl] adj 1 (occasion, behaviour) sin ceremonia, sin etiqueta, informal; (discussion) entre amigos, de confianza; (language, treatment) familiar. 2 (unofficial) extraoficial, no oficial.

informality[ɪnfɔ:'mælɪtɪ] n 1 (of occasion, behaviour) sencillez f; (of treatment) familiaridad f. 2 (of announcement) carácter m no oficial.

informant[ɪn'fɔ:mənt] n fml informante mf.

information [ɪnfə'meɪʃən] n (gen) información f; (details) detalles mpl; (facts, computer data) datos mpl; (knowledge) conocimientos mpl; (news) noticias fpl; **a piece of i.,** una información, un dato. ■ **classified i.,** información f secreta or reservada; **i. bureau,** centro m de información; **i. desk,** información f; Comput **i. technology,** informática f.

informative[ɪn'fɔ:mətɪv] adj informativo,-a.

informed [ɪn'fɔ:md] adj (gen) informado,-a, enterado,-a; (up-to-date) al corriente, al tanto; **i. guess,** suposición f bien fundada.

informer[ɪn'fɔ:mə'] n (gen) delator,-a m,f; (to the police) informador,-a m,f, soplón,-ona m,f, chivato,-a m,f.

infra dig [ɪnfrə'dɪg] adj phr (behaviour, situation) indigno,-a; (clothes) impropio,-a.

infrared[ɪnfrə'red] adj infrarrojo,-a.

infrastructure['ɪnfrəstrʌktʃə'] n infraestructura f.

infrequent [ɪn'fri:kwənt] adj fml poco frecuente, raro,-a.

infringe [ɪn'frɪndʒ] I vtr fml (law, rule) infringir, transgredir, violar; (copyright) no respetar. II vi **to i. on** or **upon,** (rights) violar, usurpar; (privacy) invadir, estorbar.

infringement[ɪn'frɪndʒmənt] n fml (of law, rule) infracción f, transgresión f, violación f; (of rights) violación f, usurpación f.

infuriate [ɪn'fjʊərɪeɪt] vtr poner furioso,-a, enfurecer; **you i. me!,** ¡me pones negro,-a!, ¡me sacas de quicio!

infuriating[ɪn'fjʊərɪeɪtɪŋ] adj exasperante.

infuse[ɪn'fju:z] vtr 1 (herbs, tea) hacer una infusión de. 2 fig (courage etc) infundir.

infusion[ɪn'fju:ʒən] n (drink) infusión f, tisana f.

ingenious [ɪn'dʒi:nɪəs] adj (skilful) ingenioso,-a; (inspired) genial.

ingenuity[ɪndʒɪ'nju:ɪtɪ] n ingenio m, ingeniosidad f, inventiva f; **to test one's i.,** aguzar el ingenio.

ingenuous[ɪn'dʒenjʊəs] adj ingenuo,-a.

ingot['ɪŋgət] n lingote m.

ingrained [ɪn'greɪnd] adj (dirt) incrustado,-a; fig (habit, belief) arraigado,-a.

ingratiate[ɪn'greɪʃɪeɪt] vtr pej **to i. oneself with sb,** darle coba a algn.

ingratiating [ɪn'greɪʃɪeɪtɪŋ] adj zalamero,-a, obsequioso,-a.

ingratitude[ɪn'grætɪtju:d] n ingratitud f.

ingredient[ɪn'gri:dɪənt] n Culin ingrediente m; fig componente m, elemento m.

ingrowing ['ɪngrəʊɪŋ] adj **i. nail,** uñero m, uña f encarnada.

inhabit[ɪn'hæbɪt] vtr fml vivir en, habitar, ocupar, poblar.

inhabitant[ɪn'hæbɪtənt] n habitante mf.

inhalant[ɪn'heɪlənt] n inhalación f, medicamento m para inhalar.

inhale[ɪn'heɪl] I vtr (gas, vapour) inhalar; (air) aspirar, respirar; (cigarette smoke) tragar. II vi (smoker) tragar el humo; (patient) aspirar, respirar.

inhaler[ɪn'heɪlə'] n inhalador m.

inherent [ɪn'hɪərənt] adj inherente, intrínseco,-a; **the risks i. in climbing,** los riesgos propios del montañismo.

inherit[ɪn'herɪt] vtr heredar (**from,** de).

inheritance [ɪn'herɪtəns] n (wealth, title) herencia f; (act) sucesión f; **to come into an i.,** heredar.

inhibit[ɪn'hɪbɪt] vtr (freedom, activity) limitar, restringir; (feeling, reaction) reprimir, inhibir; (person) cohibir; (sales, growth) limitar; **to i. sb from doing sth,** impedir a algn de hacer algo.

inhibited[ɪn'hɪbɪtɪd] adj cohibido,-a.

inhibition[ɪnhɪ'bɪʃən] n cohibición f, inhibición f.

inhospitable [ɪnhɒ'spɪtəbəl] adj (gen) inhospitalario,-a; (climate, place) inhóspito,-a.

inhuman [ɪn'hju:mən] adj, **inhumane** [ɪnhju:-'meɪn] adj inhumano,-a.

inhumanity[ɪnhju:'mænɪtɪ] n falta f de humanidad, inhumanidad f.

inimical[ɪ'nɪmɪkəl] adj fml (person) hostil; (conditions, methods) desfavorable; (interest) perjudicial.

inimitable[ɪ'nɪmɪtəbəl] adj inimitable.

iniquitous[ɪ'nɪkwɪtəs] adj fml inicuo,-a, injusto,-a.

iniquity[ɪ'nɪkwɪtɪ] n fml iniquidad f, injusticia f.

initial [ɪ'nɪʃəl] I adj inicial, primero,-a; **in the i. stages,** al principio. II n 1 inicial f, letra f inicial. 2 **initials,** (of name) iniciales fpl; (of abbreviation etc) siglas fpl. III vtr (pt & pp **initialled,** US **initialed**) firmar con las iniciales. ◆**initially**adv al principio, en primer lugar.

initiate[ɪ'nɪʃɪeɪt] vtr 1 (gen) iniciar; (struggle, talks) iniciar, entablar; (plan, reform) promover; (lawsuit) entablar. 2 (admit) (into society) admitir (**into,** en); (into knowledge) iniciar (**into,** en).

initiation [ɪnɪʃɪ'eɪʃən] n 1 (start) iniciación f, principio m. 2 (admission) admisión f, iniciación f.

initiative[ɪ'nɪʃətɪv] n iniciativa f; **on one's own i.,** por iniciativa propia.

inject [ɪn'dʒɛkt] *vtr* **1** *(drug etc)* inyectar; *(person)* poner una inyección a; **to i. sb with a vaccine,** vacunar a algn. **2** *fig (capital)* invertir; *(life, hope)* infundir.

injection [ɪn'dʒekʃən] *n* **1** *Med* inyección *f*; **to give sb an i.,** poner una inyección a algn. **2** *fig (of capital)* inversión *f*; *(of life, hope)* inyección *f*.

injudicious [ɪndʒʊ'dɪʃəs] *adj fml* poco discreto,-a, imprudente.

injunction [ɪn'dʒʌŋkʃən] *n Jur* interdicto *m*, entredicho *m*; **to issue/take out an i.,** dar/obtener una orden *or* un mandato.

injure ['ɪndʒəʳ] *vtr* **1** *(gen)* herir, lesionar, lastimar; **to i. oneself,** hacerse daño. **2** *fig (feelings)* herir; *(health, economy, reputation)* perjudicar.

injured ['ɪndʒəd] **I** *adj* **1** *(gen)* lesionado,-a, lastimado,-a, herido,-a. **2** *fig (feelings)* herido,-a; *(look, tone)* ofendido,-a. **II** the i. *npl* los heridos.

injurious [ɪn'dʒʊərɪəs] *adj fml* perjudicial.

injury ['ɪndʒərɪ] *n* **1** *(hurt)* herida *f*, lesión *f*; **to do oneself an i.,** hacerse daño, lastimarse. ■ *Sport* **i. time,** (tiempo *m* de) descuento *m*. **2** *fig (harm)* daño *m*, perjuicio *m*.

injustice [ɪn'dʒʌstɪs] *n* injusticia *f*; **to do sb an i.,** ser injusto,-a con algn.

ink [ɪŋk] *n* tinta *f*. ■ **invisible i.,** tinta *f* simpática.
◆**ink in** *vtr* repasar con tinta.

inkling ['ɪŋklɪŋ] *n (idea)* idea *f*, noción *f*, impresión *f*; *(suspicion)* sospecha *f*; *(sign)* señal *m*, indicio *m*; **I hadn't an i. that he was married,** no tenía la menor idea de que estaba casado.

inkpad ['ɪŋkpæd] *n* almohadilla *f*.

inkwell ['ɪŋkwel] *n* tintero *m*.

inky ['ɪŋkɪ] *adj (inkier, inkiest)* **1** *(fingers etc)* manchado,-a de tinta. **2** *fig (night etc)* negro,-a.

inlaid [ɪn'leɪd] **I** *pt & pp see* inlay. **II** *adj (wood)* taraceado,-a; *(iron, gold)* damasquinado,-a; *(marquetry)* adornado,-a con marquetería; *(ivory, gems)* incrustado,-a.

inland ['ɪnlənd] **I** *adj* (del) interior. ■ *GB* **I. Revenue,** Hacienda *f*. **II** [ɪn'lænd] *adv* **1** *(live)* en el interior. **2** *(travel)* tierra adentro, hacia el interior.

in-laws ['ɪnlɔːz] *npl fam* familia *f sing* política.

inlay ['ɪnleɪ] **I** *n* **1** *(in wood)* taracea *f*; *(in metal)* damasquinado *m*; *(of marquetry)* marquetería *f*. **2** *(in tooth)* empaste *m*. **II** [ɪn'leɪ] *vtr (pt & pp inlaid) (wood)* taracear; *(iron, gold)* damasquinar; *(ivory, gem)* incrustar.

inlet ['ɪnlet] *n* **1** *(in coastline)* ensenada *f*, cala *f*; *(between islands)* brazo *m* de mar. **2** *(in pipe, machine)* entrada *f*, admisión *f*.

inmate ['ɪnmeɪt] *n (gen)* residente *mf*, habitante *mf*; *(of prison)* preso,-a *m,f*, interno,-a *m,f*; *(of hospital)* enfermo,-a *m,f*, hospitalizado,-a *m,f*; *(of asylum, camp)* internado,-a *m,f*.

inmost ['ɪnməʊst] *adj see* innermost.

inn [ɪn] *n (with lodging)* posada *f*, mesón *m*, fonda *f*; *(in country)* venta *f*; *(pub)* taberna *f*.

innards ['ɪnədz] *npl* entrañas *fpl*, tripas *fpl*.

innate [ɪ'neɪt] *adj* innato,-a.

inner ['ɪnəʳ] *adj* **1** *(room, region)* interior; *(structure, organization)* interno,-a. ■ **i. city,** centro *m* de una ciudad; **i. ear,** oído *m* interno; **i. tube,** cámara *f* de aire. **2** *fig (thoughts, feelings)* interior, íntimo,-a; *(peace etc)* profundo,-a.

innermost ['ɪnəməʊst] *adj* **1** *(room, recess)* más interior. **2** *fig (thoughts, feelings)* más íntimo,-a, más secreto,-a.

innings ['ɪnɪŋz] *n* Crick entrada *f*, turno *m*; *GB fam fig* **to have had a good i.,** haber disfrutado de una vida larga y feliz.

innkeeper ['ɪnkiːpəʳ] *n arch (of lodging house)* posadero,-a *m,f*, mesonero,-a *m,f*; *(of pub)* tabernero,-a *m,f*.

innocence ['ɪnəsəns] *n* inocencia *f*.

innocent ['ɪnəsənt] *adj & n* inocente *(mf)*.

innocuous [ɪ'nɒkjʊəs] *adj* inocuo,-a, inofensivo,-a.

innovate ['ɪnəveɪt] *vi* innovar.

innovation [ɪnə'veɪʃən] *n* innovación *f*, novedad *f*.

innovative ['ɪnəvətɪv] *adj*, **innovatory** [ɪnə-'veɪtərɪ] *adj* innovador,-a.

innovator ['ɪnəveɪtəʳ] *n* innovador,-a *m,f*.

innuendo [ɪnjʊ'endəʊ] *n (pl innuendoes or innuendos)* indirecta *f*, insinuación *f*.

innumerable [ɪ'njuːmərəbəl] *adj* innumerable.

inoculate [ɪ'nɒkjʊleɪt] *vtr* inocular, vacunar.

inoculation [ɪnɒkjʊ'leɪʃən] *n* inoculación *f*, vacuna *f*.

inoffensive [ɪnə'fensɪv] *adj* inofensivo,-a.

inoperable [ɪn'ɒpərəbəl] *adj Med* inoperable.

inoperative [ɪn'ɒpərətɪv] *adj* inoperante.

inopportune [ɪn'ɒpətjuːn, ɪnɒpə'tjuːn] *adj* inoportuno,-a.

inordinate [ɪ'nɔːdɪnɪt] *adj fml* **1** *(uncontrolled)* desmesurado,-a, desmedido,-a. **2** *(excessive)* excesivo,-a.

inorganic [ɪnɔː'gænɪk] *adj* inorgánico,-a.

inpatient ['ɪnpeɪʃənt] *n* interno,-a *m,f*, internado,-a *m,f*.

input ['ɪnpʊt] **I** *n (of capital, resources)* inversión *f*; *(of power)* entrada *f*; *Comput (of data)* input *m*. **II** *(pt & pp input)* *vtr Comput* entrar, introducir.

inquest ['ɪnkwest] *n* encuesta *f* judicial; *fam fig* investigación *f*.

inquire [ɪn'kwaɪəʳ] **I** *vtr (ask)* preguntar; *(find out)* averiguar, informarse de; *fml* **to i. sth of sb,** preguntar algo a algn. **II** *vi (ask)* preguntar (**about,** por); *(find out)* informarse (**about,** de), pedir informes (**about,** sobre); **'i. within',** 'razón aquí'.
◆**inquire after** *vtr (person, person's heath)* preguntar por. ◆**inquire into** *vtr (case, matter)* investigar, indagar.

inquiring [ɪn'kwaɪərɪŋ] *adj (look etc)* de interrogación; *(mind)* curioso,-a, inquisidor,-a.

inquiry [ɪn'kwaɪərɪ] *n* **1** *(question)* pregunta *f*; **'all inquiries to …',** 'dirigirse a …'; **'inquiries',** 'información'; **to make inquiries (about sth),** pedir informes (sobre algo). ■ **i. desk,** información *f*. **2** *(investigation)* investigación *f*, encuesta *f*; **to set up** *or* **open an i.,** abrir una investigación; **we are making inquiries,** estamos investigando.

inquisition [ɪnkwɪ'zɪʃən] *n* investigación *f*, inquisición *f*; *Hist* **the (Spanish) I.,** la Inquisición.

inquisitive [ɪn'kwɪzɪtɪv] *adj (curious)* curioso,-a, inquisidor,-a; *(questioning)* preguntón,-ona.
◆**inquisitively** *adv* con curiosidad.

inroads ['ɪnrəʊdz] *npl* **the firm is making i. into the market,** la empresa está ganando terreno *or* se está abriendo camino en el mercado; **to make i. on one's free time,** quitarle a uno sus horas libres; **to make i. into one's capital,** reducir *or* mermar su capital.

insane [ɪn'seɪn] **I** *adj (person)* loco,-a, demente; *(act)* insensato,-a; **to go i.,** enloquecer, volverse loco,-a; *fig* **to drive sb i.,** volver loco,-a a algn; *fam* **what an i. idea!,** ¡vaya locura! **II** the i. *npl* los enfermos mentales. ◆insanely *adv fig* i. **jealous**, loco,-a de celos.

insanitary [ɪn'sænɪtərɪ] *adj* insalubre, antihigiénico,-a.

insanity [ɪn'sænɪtɪ] *n* **1** *Med (madness)* demencia *f*, locura *f*. **2** *fig (stupidity)* locura *f*, insensatez *f*.

insatiable [ɪn'seɪʃəbəl] *adj* insaciable.

inscribe [ɪn'skraɪb] *vtr fml (tombstone)* inscribir, grabar; *(book, photo)* dedicar; *(name, initials)* inscribir.

inscription [ɪn'skrɪpʃən] *n (on stone, coin)* inscripción *f*; *(in book, on photo)* dedicatoria *f*.

inscrutable [ɪn'skru:təbəl] *adj* inescrutable, insondable, impenetrable.

insect ['ɪnsekt] *n* insecto *m*. ■ **i.** **bite**, picadura *f*.

insecticide [ɪn'sektɪsaɪd] *n* insecticida *m*.

insecure [ɪnsɪ'kjʊər] *adj* inseguro,-a.

insecurity [ɪnsɪ'kjʊərɪtɪ] *n* inseguridad *f*.

inseminate [ɪn'semɪneɪt] *vtr* inseminar.

insensible [ɪn'sensəbəl] *adj fml* **1** *(unconscious)* inconsciente, sin conocimiento. **2** *(unaware)* inconsciente. **3** *(unfeeling)* insensible.

insensitive [ɪn'sensɪtɪv] *adj* insensible.

insensitivity [ɪnsensɪ'tɪvɪtɪ] *n* insensibilidad *f*.

inseparable [ɪn'sepərəbəl] *adj* inseparable.

insert ['ɪnsɜ:t] I *n (in journal etc)* encarte *m*. II [ɪn'sɜ:t] *vtr (gen)* introducir, meter **(in, into, en)**; *(clause, text)* incluir, insertar **(in, into, en)**; *(advertisement)* poner **(in, into, en)**.

insertion [ɪn'sɜ:ʃən] *n (gen)* introducción *f*; *(of clause, text)* inclusión *f*, inserción *f*; *(in newspaper)* anuncio *m*.

inset ['ɪnset] *n (in map, picture)* recuadro *m*.

inshore ['ɪnʃɔ:ʳ] I *adj (fishing, navigation)* costero,-a; *(wind)* de mar. II [ɪn'ʃɔ:ʳ] *adv (fish, sail)* cerca de la costa; *(blow)* hacia la costa.

inside [ɪn'saɪd] I *n* **1** interior *m*, parte *f* interior; **gloves with fur on the i.**, guantes *mpl* forrados de piel; **on/from the i.**, por/de dentro; **to know sb i. out**, conocer muy bien a algn; **to know sth i. out**, conocer algo al dedillo; *Aut* **to overtake on the i.**, *(in Britain)* adelantar por la izquierda; *(in the US, Europe, etc)* adelantar por la derecha; **to turn sth i. out**, volver algo al revés; *fam* **someone on the i. told me**, me lo dijo alguien de dentro. **2** *fam* **insides**, tripas *fpl*. II ['ɪnsaɪd] *adj* interior; *Sport* **i. forward**, interior *mf*; *Aut* **i. lane**, carril *m* interior; *Sport* **i. left/right**, interior *mf* izquierda/derecha; *fam* **i. information**, información *f* confidencial *or* privilegiada; *fam* **i. story**, *(of scandal)* revelaciones *fpl* íntimas; *(of event)* relato *m* de uno de los protagonistas; *fam* **the robbery was an i. job**, el robo fue organizado por alguien de dentro. III [ɪn'saɪd] *adv (be, stay)* dentro, adentro; *(run etc)* hacia *or* para adentro; **please come** *or* **step i.**, pase, por favor; **to come** *or* **go i.**, entrar; **we looked i. and outside**, miramos por dentro y por fuera; *fig* **to feel funny i.**, tener una sensación rara en el estómago; *GB fam* **he spent a year i.**, pasó un año en chirona. IV *prep* **1** *(place)* dentro de; *Aut* **to be travelling i. the speed limit**, circular dentro del límite de velocidad. **2** *fam* **i. (of)**, *(time)* en menos de, dentro de.

insider [ɪn'saɪdəʳ] *n* persona *f* enterada. ■ *Jur Fin* **i. dealing** *or* **trading**, uso *m* indebido de información privilegiada y confidencial para operaciones comerciales.

insidious [ɪn'sɪdɪəs] *adj* insidioso,-a.

insight ['ɪnsaɪt] *n* **1** *(perception)* penetración *f*, perspicacia *f*. **2** *(understanding)* idea *f*; **to get an i. into sth**, hacerse una idea de algo.

insignia [ɪn'sɪgnɪə] *n inv* insignia *f*.

insignificance [ɪnsɪg'nɪfɪkəns] *n* insignificancia *f*.

insignificant [ɪnsɪg'nɪfɪkənt] *adj* insignificante.

insincere [ɪnsɪn'sɪəʳ] *adj* poco sincero,-a, insincero,-a, falso,-a.

insincerity [ɪnsɪn'serɪtɪ] *n* falta *f* de sinceridad, insinceridad *f*, falsedad *f*.

insinuate [ɪn'sɪnjʊeɪt] *vtr* **1** *(hint)* insinuar, dar a entender. **2** *(ingratiate)* insinuarse.

insinuation [ɪnsɪnjʊ'eɪʃən] *n* insinuación *f*, indirecta *f*.

insipid [ɪn'sɪpɪd] *adj* insípido,-a, soso,-a, insulso,-a.

insist [ɪn'sɪst] I *vi (gen)* insistir **(on, upon, en)**; *(argue)* obstinarse **(on, upon, en)**; **I i. on coming**, insisto en ir. II *vtr* insistir; **to i. that ...**, insistir en que ... .

insistence [ɪn'sɪstəns] *n* insistencia *f*, empeño *m*; **at my i.**, ante mi insistencia.

insistent [ɪn'sɪstənt] *adj* **1** *(person)* insistente, obstinado,-a; **I was most i. about it**, insistí mucho en ello. **2** *(demand, noise)* persistente.

in so far as [ɪnsəʊ'fɑ:rəz] *adv* en la medida en que, en tanto que.

insole ['ɪnsəʊl] *n (of shoe)* plantilla *f*.

insolence ['ɪnsələns] *n* insolencia *f*, descaro *m*, frescura *f*.

insolent ['ɪnsələnt] *adj* insolente, descarado,-a, fresco,-a.

insoluble [ɪn'sɒljʊbəl] *adj* insoluble, indisoluble.

insolvency [ɪn'sɒlvənsɪ] *n* insolvencia *f*.

insolvent [ɪn'sɒlvənt] *adj* insolvente.

insomnia [ɪn'sɒmnɪə] *n* insomnio *m*.

insomniac [ɪn'sɒmnɪæk] *n* insomne *mf*.

insomuch as [ɪnsəʊ'mʌtʃəz] *adv phr* **1** *(inasmuch as)* puesto que, visto que, ya que. **2** *(to such extent)* hasta tal punto que.

insouciance [ɪn'su:sɪəns] *n fml* despreocupación *f*, indiferencia *f*.

Insp *abbr of* **Inspector**, Inspector,-a *m,f*, Inspec.

inspect [ɪn'spekt] *vtr* **1** *(gen)* inspeccionar, examinar, revisar; *(luggage etc)* registrar. **2** *(troops)* pasar revista a; *(school)* inspeccionar.

inspection [ɪn'spekʃən] *n* **1** *(gen)* inspección *f*, examen *m*, revisión *f*; *(of luggage etc)* registro *m*; **to make a detailed i. of sth**, examinar algo minuciosamente. **2** *(of troops)* revista *f*; *(of school)* (visita *f* de) inspección *f*.

inspector [ɪn'spektəʳ] *n (gen)* inspector,-a *m,f*; *(on bus, train)* revisor,-a *m,f*. ■ **police i.**, inspector,-a *m,f* de policía; **tax i.**, inspector,-a *m,f* de hacienda.

inspectorate [ɪn'spektərɪt] *n* cuerpo *m* de inspectores.

inspiration [ɪnspɪ'reɪʃən] *n* inspiración *f*; **to get** *or* **draw i. from sb/sth**, inspirarse en algn/algo.

inspire [ɪn'spaɪəʳ] *vtr (feeling, novel)* inspirar; **to i. respect in sb**, **to i. sb with respect**, infundir respeto a algn. **2** *(effort)* estimular, animar; **it inspired me to try harder**, me animó a esforzarme más.

inspired [ɪn'spaɪəd] *adj* inspirado,-a.

inspiring [ɪn'spaɪərɪŋ] *adj* inspirador,-a.

Inst *abbr of* **Institute**, Instituto *m*, Inst.

instability [ɪnstə'bɪlɪtɪ] *n* inestabilidad *f*.

install, *US* **instal** [ɪn'stɔːl] *vtr (pp & pp installed)* **1** *(fit)* instalar; *fml* **to i. oneself in an armchair,** instalarse en un sillón. **2** *(appoint)* nombrar.

installation [ɪnstə'leɪʃən] *n* **1** *(of equipment)* instalación *f.* **2** *(appointment)* nombramiento *m.*

instalment, *US* **installment** [ɪn'stɔːlmənt] *n* **1** *(of payment)* plazo *m;* **to pay by** *or* **in instalments,** pagar a plazos. ■ **annual i.,** anualidad *f; US* **i. plan,** venta *f or* compra *f* a plazos; **monthly i.,** mensualidad *f.* **2** *(of novel, programme)* entrega *f; (of journal)* fascículo *m.*

instance ['ɪnstəns] *n* ejemplo *m,* caso *m;* **for i.,** por ejemplo; **in the first i.,** en primer lugar; **in this i.,** en este caso.

instant ['ɪnstənt] **I** *n (moment)* instante *m,* momento *m;* **do it this i.!,** ¡hazlo ahora mismo!; **in an i.,** *(soon)* de un momento a otro; *(quickly)* en un instante; **not an i. too soon,** justo a tiempo; **the i. I saw you,** en cuanto te vi. **II** *adj (gen)* inmediato,-a; *(coffee, meal)* instantáneo,-a; **I took an i. liking to him,** me cayó bien enseguida. ◆**instantly** *adv* inmediatamente, al instante; **he died i.,** su muerte fue instantánea.

instantaneous [ɪnstən'teɪnɪəs] *adj* instantáneo,-a.

instead [ɪn'sted] **I** *adv* en lugar de eso, en cambio. **II** *prep* **i. of,** en vez de, en lugar de; **I went i. of her,** fui yo en su lugar.

instep ['ɪnstep] *n* empeine *m.*

instigate ['ɪnstɪgeɪt] *vtr* instigar.

instigation [ɪnstɪ'geɪʃən] *n* instigación *f.*

instigator ['ɪnstɪgeɪtə'] *n* instigador,-a *m,f.*

instil, *US* **instill** [ɪn'stɪl] *vtr (pt & pp instilled) (idea, habit)* inculcar **(in,** a, en); *(courage, respect)* infundir **(in,** a).

instinct ['ɪnstɪŋkt] *n* instinto *m;* **to have an i. for sth/ for doing sth,** tener un don para algo/para hacer algo.

instinctive [ɪn'stɪŋktɪv] *adj* instintivo,-a, intuitivo,-a.

institute ['ɪnstɪtjuːt] **I** *n (gen)* instituto *m; (centre)* centro *m; (professional body)* asociación *f,* colegio *m.* **II** *vtr fml* **1** *(system, rules)* establecer; *(society)* fundar, empezar. **2** *(start)* iniciar, empezar; *(proceedings)* entablar.

institution [ɪnstɪ'tjuːʃən] *n* **1** *(act)* institución *f,* creación *f.* **2** *(organization)* institución *f,* organismo *m.* **3** *(home)* asilo *m; (asylum)* manicomio *m.* **4** *(habit, custom)* institución *f,* tradición *f.*

institutional [ɪnstɪ'tjuːʃənəl] *adj* institucional.

institutionalize [ɪnstɪ'tjuːʃənəlaɪz] *vtr* **1** *(practice)* institucionalizar. **2** *(person)* meter en un asilo *or* manicomio.

instruct [ɪn'strʌkt] *vtr* **1** *(teach)* instruir, enseñar. **2** *(order)* mandar; **I am instructed to say that …,** me han encargado decir que … .

instruction [ɪn'strʌkʃən] *n* **1** *(teaching)* instrucción *f,* enseñanza *f;* **driving i.,** clases *fpl* de conducir. **2 instructions,** instrucciones *fpl;* **'instructions for use',** 'modo de empleo'; **on the instructions of the boss,** por orden del jefe.

instructive [ɪn'strʌktɪv] *adj* instructivo,-a, formativo,-a.

instructor [ɪn'strʌktə'] *n (gen)* instructor,-a *m,f; (of driving)* profesor,-a *m,f; (of sport)* monitor,-a *m,f.*

instructress [ɪn'strʌktrɪs] *n (gen)* instructora *f; (of driving)* profesora *f; (of sport)* monitora *f.*

instrument ['ɪnstrəmənt] *n* instrumento *m.* ■ *Aut Av Naut* **i. panel,** tablero *m* de mandos.

instrumental [ɪnstrə'mentəl] *adj* **1** *Mus* instrumental. **2** *fml* **to be i. in sth/in doing sth,** contribuir decisivamente a algo/a hacer algo.

instrumentalist [ɪnstrə'mentəlɪst] *n Mus* instrumentista *mf.*

instrumentation [ɪnstrəmen'teɪʃən] *n* **1** *Aut Av Naut* instrumentos *mpl.* **2** *Mus* instrumentación *f.*

insubordinate [ɪnsə'bɔːdɪnɪt] *adj* insubordinado,-a, indisciplinado,-a.

insubordination [ɪnsəbɔːdɪ'neɪʃən] *n* insubordinación *f,* indisciplina *f.*

insubstancial [ɪnsəb'stænʃəl] *adj (gen)* insubstancial; *(meal)* poco nutritivo,-a; *(structure)* poco sólido,-a, poco seguro,-a; *(evidence)* flojo,-a.

insufferable [ɪn'sʌfərəbəl] *adj* insoportable, inaguantable, insufrible. ◆**insufferably** *adv* **i. rude,** extremadamente grosero,-a.

insufficient [ɪnsə'fɪʃənt] *adj* insuficiente.

insular ['ɪnsjulə'] *adj* **1** *Geog* insular. **2** *fig pej* estrecho,-a de miras.

insularity [ɪnsjʊ'lærɪtɪ] *n* **1** *Geog* insularidad *f.* **2** *fig pej* estrechez *f* de miras.

insulate ['ɪnsjuleɪt] *vtr* aislar **(against, from,** de).

insulating tape ['ɪnsjuleɪtɪŋteɪp] *n Elec* cinta *f* aislante.

insulation [ɪnsjʊ'leɪʃən] *n* aislamiento *m.*

insulin ['ɪnsjulɪn] *n* insulina *f.*

insult ['ɪnsʌlt] **I** *n (words)* insulto *m; (action)* afrenta *f,* ofensa *f,* ultraje *m; fig* **to add i. to injury,** para colmo. **II** [ɪn'sʌlt] *vtr* insultar, ofender.

insulting [ɪn'sʌltɪŋ] *adj* insultante, ofensivo,-a.

insuperable [ɪn'suːpərəbəl] *adj* insuperable.

insurance [ɪn'ʃʊərəns] *n* seguro *m;* **to take out i.,** hacerse *or* contratar un seguro. ■ **fire i.,** seguro *m* contra incendios; **fully comprehensive i.,** seguro *m* a todo riesgo; **i. broker,** agente *mf* de seguros; **i. company,** compañía *f* de seguros; **i. cover,** cobertura *f* del seguro; **i. policy,** póliza *f* (de seguro); **i. premium,** prima *f* (de seguro); **i. value,** valor *m* asegurado; **life i.,** seguro *m* de vida; **private health i.,** seguro *m* médico privado; **third party i.,** seguro *m* a terceros.

insure [ɪn'ʃʊə'] *vtr* asegurar **(against,** contra); **to i. oneself** *or* **one's life,** hacerse un seguro de vida.

insured [ɪn'ʃʊəd] *adj & n* asegurado,-a *(m,f).*

insurer [ɪn'ʃʊərə'] *n* asegurador,-a *m,f.*

insurgent [ɪn'sɜːdʒənt] *adj & n* insurgente *(mf),* insurrecto,-a, *(m,f).*

insurmountable [ɪnsə'maʊtəbəl] *adj (problem etc)* insuperable; *(barrier)* infranqueable.

insurrection [ɪnsə'rekʃən] *n* insurrección *f.*

intact [ɪn'tækt] *adj* intacto,-a.

intake ['ɪnteɪk] *n* **1** *Tech (of air, water)* entrada *f; (of electricity, water, gas)* toma *f.* **2** *(of food, calories)* consumo *m.* **3** *(of students, recruits)* número *m* de admitidos *or* inscritos.

intangible [ɪn'tændʒɪbəl] *adj* intangible.

integer ['ɪntɪdʒə'] *n Math* (número *m)* entero *m.*

integral ['ɪntɪgrəl] **I** *adj* **1** *(intrinsic)* integrante. **2** *(whole)* íntegro,-a. **3** *Math* integral. **II** *n Math* integral *f.*

integrate ['ɪntɪgreɪt] **I** *vtr* integrar **(into, with,** en), incorporar **(into, with,** a). **II** *vi* integrarse **(into, with,** en), incorporarse **(into, with,** a).

integrated ['ɪntɪgreɪtɪd] *adj* integrado,-a.

integration [ɪntɪ'greɪʃən] *n* integración *f.*

integrity [ɪn'tegrɪtɪ] *n* integridad *f*, honradez *f*.

intellect ['ɪntɪlekt] *n* inteligencia *f*, intelecto *m*.

intellectual [ɪntɪ'lektʃʋəl] *adj & n* intelectual *(mf)*.

intelligence [ɪn'telɪdʒəns] *n* **1** *(gen)* inteligencia *f*. ▪ *Comput* **artificial i.**, inteligencia *f* artificial; **i. quotient**, cociente *m* intelectual. **2** *(information)* espionaje *m*, información *f*. ▪ **i. officer**, oficial *m* del servicio de información.

intelligent [ɪn'telɪdʒənt] *adj* inteligente.

intelligentsia [ɪntelɪ'dʒentsɪə] *n* intelectualidad *f*.

intelligible [ɪn'telɪdʒəbəl] *adj* inteligible, comprensible.

intemperate [ɪn'tempərɪt] *adj fml (behaviour, habits)* inmoderado,-a; *(drunkard)* dado,-a a la bebida; *(climate)* riguroso,-a.

intend [ɪn'tend] *vtr* **1** *(mean)* tener la intención de, proponerse, querer; **I i. you to be happy,** quiero que seas feliz; **I intended no harm,** no lo hice con mala intención; **it was intended as a joke,** era sólo una broma; **to i. to do sth, i. doing sth,** tener el propósito de hacer algo; **was that intended?,** ¿fue intencionado? **2** *(destine for)* **to i. sth for sb,** destinar algo a algn; **that place was intended for me,** ese sitio estaba reservado para mí; **the film is intended for children,** la película es para niños.

intended [ɪn'tendɪd] **I** *adj* **1** *(deliberate)* intencionado,-a, deliberado,-a. **2** *(planned)* previsto,-a, proyectado,-a; **it had the i. effect,** consiguió el efecto deseado. **II** *n arch* prometido,-a *m,f*.

intense [ɪn'tens] *adj (gen)* intenso,-a, fuerte; *(look)* penetrante; *(person)* muy serio,-a; *(difficulty)* enorme, sumo,-a. ◆**intensely** *adv (extremely)* enormemente, sumamente; **to dislike sb i.,** tener una fuerte aversión a algn.

intensify [ɪn'tensɪfaɪ] **I** *vtr (pt & pp intensified) (search)* intensificar; *(effort)* redoblar; *(production, pollution)* aumentar. **II** *vi* intensificarse, aumentar.

intensity [ɪn'tensɪtɪ] *n* intensidad *f*.

intensive [ɪn'tensɪv] *adj (course, farming)* intensivo,-a; *(activity, study)* profundo,-a. ▪ *Med* **i. care unit,** unidad *f* de vigilancia intensiva.

intent [ɪn'tent] **I** *adj* **1** *(absorbed)* absorto,-a; *(gaze etc)* atento,-a. **2** *(resolved)* decidido,-a; **to be i. on doing sth,** estar resuelto,-a *or* decidido,-a a hacer algo. **II** *n fml* intención *f*, propósito *m*; **to all intents and purposes,** a todos los efectos.

intention [ɪn'tenʃən] *n* intención *f*, propósito *m*.

intentional [ɪn'tenʃənəl] *adj* deliberado,-a, intencional; **it wasn't i.,** fue sin querer. ◆**intentionally** *adv* a propósito, adrede.

inter [ɪn'tɜːʳ] *vtr (pt & pp interred) fml* enterrar.

inter- ['ɪntəʳ] *pref* inter-, entre-.

interact [ɪntər'ækt] *vi* actuar recíprocamente, interactuar.

interaction [ɪntər'ækʃən] *n* interacción *f*.

interactive [ɪntər'æktɪv] *adj* interactivo,-a.

intercede [ɪntə'siːd] *vi* interceder (**with,** con).

intercept [ɪntə'sept] *vtr* interceptar.

interception [ɪntə'sepʃən] *n* interceptación *f*.

interceptor [ɪntə'septəʳ] *n Av* avión *m* interceptor.

intercession [ɪntə'seʃən] *n* intercesión *f*, mediación *f*.

interchange ['ɪntətʃeɪndʒ] **I** *n* **1** *(exchange)* intercambio *m*. **2** *(on motorway)* cruce *m*. **II** [ɪntə'tʃeɪndʒ] *vtr* intercambiar (**with,** con).

interchangeable [ɪntə'tʃeɪndʒəbəl] *adj* intercambiable.

intercity [ɪntə'sɪtɪ] *adj Rail* interurbano,-a, de largo recorrido.

intercom ['ɪntəkɒm] *n* interfono *m*.

interconnect [ɪntəkə'nekt] *vtr* interconectar.

intercontinental [ɪntəkɒntɪ'nentəl] *adj* intercontinental. ▪ **i. ballistic missile,** misil *m* balístico intercontinental.

intercourse ['ɪntəkɔːs] *n* **1** *(dealings)* trato *m*. **2** *(sexual)* relaciones *fpl* sexuales, coito *m*.

interdependent [ɪntədɪ'pendənt] *adj* interdependiente.

interest ['ɪntrɪst] **I** *n* **1** *(curiosity)* interés *m*; **is this of i. to you?,** ¿te interesa esto?; **my main i. is travel,** viajar es lo que más me interesa; **to have *or* take an i. in sth,** interesarse por algn/algo; **to lose i. in sth/in doing sth,** perder el interés por algo/en hacer algo. **2** *(advantage)* provecho *m*, beneficio *m*; **in the i. of peace,** en pro de la paz; **it's not in my (best) i.,** yo no salgo ganando; **to act in one's own i.,** obrar en beneficio propio; **to have a vested i. in sth,** tener interés personal en algo. **3** *Com (share)* participación *f*, interés *m*; **he has a controlling i. in the firm,** tiene la mayor parte de las acciones de la empresa. **4** *Fin* interés *m*, rédito *m*; **a loan at six per cent i.,** un préstamo a un interés del seis por ciento; **i.-free loan,** préstamo sin intereses. ▪ **i. rate,** tipo *m* de interés; **simple/compound i.,** interés *m* simple/compuesto. **II** *vtr* interesar; **to be interested in sb/sth,** interesarse en *or* por algn/algo; *fml* **can I i. you in a drink?,** ¿le gustaría tomar algo?

interested ['ɪntrɪstɪd] *adj* interesado,-a.

interesting ['ɪntrɪstɪŋ] *adj* interesante. ◆**interestingly** *adv* **i. enough ...,** lo curioso (del caso) es que ... .

interface ['ɪntəfeɪs] *n* interface *f*, *fig* terreno *m* común.

interfere [ɪntə'fɪəʳ] *vi* **1** *(meddle)* entrometerse, meterse (**in,** en; **between,** entre); **to i. with,** *(hinder)* dificultar; *(spoil)* estropear; *(prevent)* impedir; **don't i. with my papers,** no toques mis papeles. **2** *Rad TV* interferir (**with,** con). **3** *euph (person)* abusar (**with,** de).

interference [ɪntə'fɪərəns] *n* **1** *(meddling)* intromisión *f*, entrometimiento *m*, injerencia *f*. **2** *(hindrance)* dificultad *f*, estorbo *m*. **3** *Rad TV* interferencia *f*.

interfering [ɪntə'fɪərɪŋ] *adj* entrometido,-a.

interim ['ɪntərɪm] **I** *n fml* **in the i.,** en el ínterin, mientras tanto. **II** *adj* interino,-a, provisional.

interior [ɪn'tɪərɪəʳ] **I** *adj (gen)* interior. **II** *n* interior *m*, parte *f* interior. ▪ **i. design,** interiorismo *m*; **i. designer,** interiorista *mf*.

interject [ɪntə'dʒekt] *vtr* interponer.

interjection [ɪntə'dʒekʃən] *n* **1** *(act, remark)* interposición *f*. **2** *Ling* interjección *f*.

interlink [ɪntə'lɪŋk] *vtr* entrelazar.

interlock [ɪntə'lɒk] **I** *vtr (fingers)* entrelazar; *(cogs)* engranar; *(units, parts)* enganchar. **II** *vi (fingers)* entrelazarse; *(cogs)* engranarse; *(units)* engancharse.

interlocutor [ɪntə'lɒkjʋtəʳ] *n fml* interlocutor,-a *m,f*.

interloper ['ɪntələʋpəʳ] *n* intruso,-a *m,f*.

interlude ['ɪntəluːd] *n* **1** *(break)* intervalo *m*, pausa *f*. **2** *Cin Theat* descanso *m*, intermedio *m*; *Mus* interludio *m*.

intermarriage [ɪntə'mærɪdʒ] n (within family) matrimonio m entre parientes; (between races, tribes, etc) matrimonio m mixto.

intermediary [ɪntə'mi:dɪərɪ] n intermediario,-a m,f.

intermediate [ɪntə'mi:dɪɪt] adj intermedio,-a.

interment [ɪn'tɜ:mənt] n fml entierro m.

interminable [ɪn'tɜ:mɪnəbəl] adj inacabable, interminable, sin fin.

intermingle [ɪntə'mɪŋgəl] vi entremezclarse.

intermission [ɪntə'mɪʃən] n US Cin Mus Theat descanso m, intermedio m.

intermittent [ɪntə'mɪtənt] adj intermitente.

intern [ɪn'tɜ:n] I vtr internar, recluir. II ['ɪntɜ:n] n US Med interno,-a m,f.

internal [ɪn'tɜ:nəl] adj 1 (gen) interior; (dispute, injury) interno,-a. 2 Pol (domestic) interior; US I. Revenue, ≈ Hacienda f. ◆internally adv interiormente; Med 'not to be taken i.', 'uso externo'.

international [ɪntə'næʃənəl] I adj internacional; the i. date line, la línea de cambio de fecha. II n Sport (player) internacional mf; (match) partido m internacional.

internee [ɪntɜ:'ni:] n preso,-a, m,f, interno,-a m,f.

internment [ɪn'tɜ:nmənt] n internamiento m.

interpersonal [ɪntə'pɜ:sənəl] adj interpersonal.

interplay ['ɪntəpleɪ] n interacción f.

interpolate [ɪn'tɜ:pəleɪt] vtr fml interpolar, intercalar.

interpose [ɪntə'pəʊz] vtr fml interponer.

interpret [ɪn'tɜ:prɪt] I vtr (gen) interpretar; (understand) interpretar, entender. II vi actuar or hacer de intérprete.

interpretation [ɪntɜ:prɪ'teɪʃən] n interpretación f.

interpreter [ɪn'tɜ:prɪtər] n intérprete mf.

interrelated [ɪntərɪ'leɪtɪd] adj estrechamente relacionado,-a.

interrogate [ɪn'terəgeɪt] vtr interrogar.

interrogation [ɪnterə'geɪʃən] n interrogatorio m.

interrogative [ɪntə'rɒgətɪv] Ling I adj interrogativo,-a. II n (word) palabra f interrogativa; (phrase) oración f interrogativa.

interrogator [ɪn'terəgeɪtər] n interrogador,-a m,f.

interrupt [ɪntə'rʌpt] vtr & vi interrumpir.

interruption [ɪntə'rʌpʃən] n interrupción f.

intersect [ɪntə'sekt] I vtr 1 (road etc) cortar, cruzar. 2 Geom intersecar. II vi 1 (road etc) cruzarse. 2 Geom intersecarse.

intersection [ɪntə'sekʃən] n 1 (crossroads) cruce m; (junction) bocacalle f. 2 (act) intersección f.

intersperse [ɪntə'spɜ:s] vtr esparcir, entremezclar; sunny intervals interspersed with showers, claros con intervalos de lluvia.

interstate ['ɪntəsteɪt] adj esp US interestatal, entre estados.

intertwine [ɪntə'twaɪn] I vtr entrelazar (with, con). II vi entrelazarse (with, con).

interval ['ɪntəvəl] n 1 (of time, space) intervalo m (between, entre); at intervals, (time, space) a intervalos; (time) de vez en cuando. 2 GB Cin Mus Theat descanso m, intermedio m. 3 Mus intervalo m.

intervene [ɪntə'vi:n] vi 1 (person) intervenir (in, en). 2 (event) sobrevenir, ocurrir. 3 (time) transcurrir, mediar.

intervention [ɪntə'venʃən] n intervención f.

interview ['ɪntəvju:] I n (gen) entrevista f; (by media) interviú f; to give an i., conceder una entrevista. II vtr entrevistar.

interviewee [ɪntəvju:'i:] n entrevistado,-a m,f.

interviewer ['ɪntəvju:ər] n entrevistador,-a m,f.

interweave [ɪntə'wi:v] vtr (pt interwove [ɪntə'wəʊv]; pp interwoven [ɪntə'wəʊvən]) entretejer.

intestate [ɪn'testeɪt] adj intestado,-a.

intestinal [ɪn'testɪnəl] adj intestinal.

intestine [ɪn'testɪn] n (gen pl) intestino m. ■ large/small i., intestino m grueso/delgado.

intimacy ['ɪntɪməsɪ] n (closeness) intimidad f, familiaridad f; euph (sex) relación f íntima; (act, remark) intimacies, intimidades fpl.

intimate¹ ['ɪntɪmɪt] I adj (gen) íntimo,-a; (knowledge) profundo,-a; to be i. with sb, (friendly) intimar con algn; euph (having sex) tener relaciones (íntimas) con algn. II n (person) amigo,-a m,f íntimo,-a.

intimate² ['ɪntɪmeɪt] vtr fml insinuar, dar a entender.

intimation [ɪntɪ'meɪʃən] n fml (sign) indicio m; (hint) sugerencia f, indircta f; to have an i. of sth, presentir algo.

intimidate [ɪn'tɪmɪdeɪt] vtr intimidar; to i. sb into doing sth, convencer a algn con amenazas de que haga algo.

intimidating [ɪn'tɪmɪdeɪtɪŋ] adj atemorizante, amenazador,-a.

intimidation [ɪntɪmɪ'deɪʃən] n intimidación f.

into ['ɪntu:, unstressed 'ɪntə] prep 1 (motion) en, dentro de, a, contra, con; he fell i. the water, se cayó al agua; (met by chance) I bumped i. a friend, me topé con un amigo; it crashed i. a tree, chocó contra un árbol; to get i. a car/train, subir a un coche/tren; to go i. a house, entrar en una casa; to go i. town, ir al centro. 2 (state, condition) en, a; buds develop i. flowers, los capullos se convierten en flores; he grew i. a man, se hizo un hombre; to burst i. tears, deshacerse en lágrimas; to change pounds i. pesetas, cambiar libras en or por pesetas; to translate sth i. French, traducir algo al francés. 3 (time, age) she's well i. her fifties, tiene los cincuenta bien cumplidos; to work i. the night, trabajar hasta muy avanzada la noche. 4 Math to divide sth i. three, dividir algo en or entre tres; two i. ten goes five, diez entre dos caben a or son cinco. 5 fam to be i. sth, ser aficionado,-a de algo; I'm i. cycling, me chifla or me encanta el ciclismo.

intolerable [ɪn'tɒlərəbəl] adj intolerable, inaceptable, inadmisible, inaguantable.

intolerance [ɪn'tɒlərəns] n intolerancia f, intransigencia f.

intolerant [ɪn'tɒlərənt] adj intolerante, intransigente.

intonation [ɪntəʊ'neɪʃən] n entonación f.

intoxicated [ɪn'tɒksɪkeɪtɪd] adj (drunk) borracho,-a, ebrio,-a.

intoxicating [ɪn'tɒksɪkeɪtɪŋ] adj (inebriating) embriagador,-a. ■ i. liquor, bebida f alcohólica.

intoxication [ɪntɒksɪ'keɪʃən] n (drunkenness) embriaguez f, borrachera f.

intractable [ɪn'træktəbəl] adj fml (person) intratable; (problem) insoluble.

intransigence [ɪn'trænsɪdʒəns] n fml intransigencia f, intolerancia f.

intransigent [ɪn'trænsɪdʒənt] *adj fml* intransigente, intolerante.

intransitive [ɪn'trænsɪtɪv] *adj Ling* intransitivo,-a.

intrauterine [ɪntrə'juːtəraɪn] *adj Med* intrauterino,-a. ■ **i. device,** dispositivo *m* intrauterino.

intravenous [ɪntrə'viːnəs] *adj Med* intravenoso,-a.

in-tray ['ɪntreɪ] *n* bandeja *f* de asuntos pendientes.

intrepid [ɪn'trepɪd] *adj* intrépido,-a, audaz.

intricacy ['ɪntrɪkəsɪ] *n (gen pl)* complejidad *f*.

intricate ['ɪntrɪkɪt] *adj* intrincado,-a, complejo,-a, complicado,-a.

intrigue [ɪn'triːg, 'ɪntriːg] **I** *n* intriga *f*; *hum* amorous **intrigues,** amoríos *mpl*, aventuras *fpl*. **II** [ɪn'triːg] *vtr* intrigar, fascinar. **III** *vi* intrigar, conspirar, tramar, maquinar (**against,** contra).

intriguing [ɪn'triːgɪŋ] *adj* intrigante, fascinante, curioso,-a.

intrinsic [ɪn'trɪnsɪk] *adj fml* intrínseco,-a.

intro ['ɪntrəʊ] *n (abbr of introduction) fam* presentación *f*.

introduce [ɪntrə'djuːs] *vtr* **1** *(person, programme)* presentar (**to,** a); **let me i. my son,** permítame presentar a mi hijo, le presento a mi hijo. **2** *(bring in)* introducir (**into, to,** en); *Com (range, producir)* lanzar (**into, to,** a); *Pol (act, law)* presentar; *(topic, question)* proponer, sugerir, plantear.

introduction [ɪntrə'dʌkʃən] *n* **1** *(of person, programme)* presentación *f*; *(in book, speech)* introducción *f*; *(letter of e.),* carta *f* de recomendación; **my i. to art,** mi iniciación *f* en el arte; *fam* **to make** *or* **do the introductions,** hacer las presentaciones. **2** *(bringing in)* introducción *f*; *Com (of product)* lanzamiento *m*; *Pol (of act)* presentation *f*; *(of topic)* planteamiento *m*.

introductory [ɪntrə'dʌktərɪ] *adj (gen)* introductorio,-a; *(remarks)* preliminar; *Com (price, offer)* de lanzamiento.

introspection [ɪntrə'spekʃən] *n* introspección *f*.

introspective [ɪntrə'spektɪv] *adj* introspectivo,-a.

introvert ['ɪntrəvɜːt] *n* introvertido,-a *m,f*.

introverted ['ɪntrəvɜːtɪd] *adj* introvertido,-a.

intrude [ɪn'truːd] *vi (interfere)* entrometerse, inmiscuirse (**into, on,** en); *(disturb)* estorbar; **I don't wish to i. (on you),** no quiero molestar(te).

intruder [ɪn'truːdər] *n* intruso,-a *m,f*.

intrusion [ɪn'truːʒən] *n (into place)* intrusion *f*; *(on privacy, mood)* invasión *f*.

intrusive [ɪn'truːsɪv] *adj (neighbour etc)* entrometido,-a; *(presence, noise)* que molesta *or* estorba.

intuition [ɪntjʊ'ɪʃən] *n* intuición *f*.

intuitive [ɪn'tjuːɪtɪv] *adj* intuitivo,-a.

inundate ['ɪnʌndeɪt] *vtr* inundar (**with,** de); *fig* **we were inundated with complaints,** recibimos un montón de quejas.

inure [ɪ'njʊər] *vtr fml* acostumbrar (**to,** a), habituar (**to,** a).

invade [ɪn'veɪd] *vtr* invadir.

invader [ɪn'veɪdər] *n* invasor,-a *m,f*.

invalid[1] ['ɪnvəlɪd] *n (disabled person)* inválido,-a *m,f*, minusválido,-a *m,f*; *(sick person)* enfermo,-a *m,f*. ■ **i. chair,** silla *f* de ruedas.

invalid[2] [ɪn'vælɪd] *adj* inválido,-a, no válido,-a, nulo,-a.

invalidate [ɪn'vælɪdeɪt] *vtr (result, agreement)* invalidar, anular; *(argument)* refutar, demostrar el error de.

invaluable [ɪn'væljʊəbəl] *adj* inestimable, inapreciable.

invariable [ɪn'veərɪəbəl] *adj* invariable, constante.

invasion [ɪn'veɪʒən] *n* invasión *f*.

invective [ɪn'vektɪv] *n fml* invectiva *f*, improperio *m*.

inveigh [ɪn'veɪ] *vi fml* **to i. against sb/sth,** censurar *or* condenar algn/algo.

inveigle [ɪn'viːgəl, ɪn'veɪgəl] *vtr fml* **to i. sb into sth/ into doing sth,** embaucar *or* persuadir a algn para que haga algo.

invent [ɪn'vent] *vtr* inventar.

invention [ɪn'venʃən] *n* **1** *(machine etc)* invento *m*, invención *f*. **2** *(creativity)* invención *f*, fantasía *f*; *(lie)* mentira *f*.

inventive [ɪn'ventɪv] *adj* inventivo,-a.

inventiveness [ɪn'ventɪvnɪs] *n* inventiva *f*.

inventor [ɪn'ventər] *n* inventor,-a *m,f*.

inventory ['ɪnvəntərɪ] *n* inventario *m*; **to draw up an i. of sth,** inventariar algo.

inverse [ɪn'vɜːs] *fml* **I** *adj* inverso,-a. **II** the **i.** *n* lo inverso, lo contrario.

inversion [ɪn'vɜːʃən] *n* inversion *f*.

invert [ɪn'vɜːt] *vtr* invertir, volver del revés.

invertebrate [ɪn'vɜːtɪbrɪt] *Zool* **I** *adj* invertebrado,-a. **II** *n* invertebrado *m*.

inverted [ɪn'vɜːtɪd] *adj* **i. commas,** comillas *fpl*; **in i. commas,** entre comillas.

invest [ɪn'vest] **I** *vtr* **1** *(money)* invertir (**in,** en); *fig (time, energy)* emplear, invertir (**in,** en). **2** *fml (right, power, etc)* investir; **to i. sb with sth,** conferir algo a algn. **II** *vi* hacer una inversión, invertir dinero (**in,** en); *fam* **I must i. in a new watch,** me tengo que comprar un reloj nuevo.

investigate [ɪn'vestɪgeɪt] *vtr (crime, subject)* investigar; *(cause, possibility)* examinar, estudiar.

investigation [ɪnvestɪ'geɪʃən] *n (of crime, subject)* investigación *f*; *of cause, possibility)* examinen *m*, estudio *m*.

investigative [ɪn'vestɪgətɪv] *adj* investigador,-a. ■ *Press* **i. journalism,** periodismo *m* de investigación.

investigator [ɪn'vestɪgeɪtər] *n* investigador,-a *m,f*. ■ **private i.,** detective *m* privado.

investiture [ɪn'vestɪtʃər] *n* investidura *f*.

investment [ɪn'vestmənt] *n* inversión *f*.

investor [ɪn'vestər] *n* inversor,-a, *m,f*, inversionista *mf*.

inveterate [ɪn'vetərɪt] *adj* empedernido,-a.

invidious [ɪn'vɪdɪəs] *adj (gen)* odioso,-a; *(task, role)* ingrato,-a, desagradable; *(comparison, choice)* injusto,-a.

invigilate [ɪn'vɪdʒɪleɪt] *vtr & vi GB (exam)* vigilar.

invigilator [ɪn'vɪdʒɪleɪtər] *n GB (in exam)* vigilante *mf*.

invigorated [ɪn'vɪgəreɪtɪd] *adj* tonificado,-a, vigorizado,-a.

invigorating [ɪn'vɪgəreɪtɪŋ] *adj* tónico,-a, vigorizante, estimulante.

invincible [ɪn'vɪnsəbəl] *adj* invencible.

inviolable [ɪn'vaɪələbəl] *adj fml* inviolable.

inviolate [ɪn'vaɪəlɪt] *adj fml* inviolado,-a; **to remain i.,** permanecer intacto,-a.

invisible [ɪn'vɪzəbəl] *adj* invisible.

invitation[ɪnvɪ'teɪʃən] *n* invitación *f*.

invite[ɪn'vaɪt] I *vtr* **1** *(guest)* invitar, convidar **(to, a)**; *(candidate, participant)* pedir, invitar; **to i. sb over** *or* **round for supper,** invitar a algn a casa a cenar; **I was invited for interview,** me pidieron que fuera a entrevistarme con ellos. **2** *(comments, questions, offers)* solicitar; *(criticism, disaster)* provocar; **to i. trouble,** buscarse problemas. II ['ɪnvaɪt] *n fam* invitación *f*.

inviting[ɪn'vaɪtɪŋ] *adj (attractive)* atractivo,-a, tentador,-a, atrayente; *(food)* apetitoso,-a.

invoice['ɪnvɔɪs] *Com* I *n* factura *f*; **to draw up** *or* **make out an i.,** extender una factura. II *vtr* facturar.

invoke[ɪn'vəʊk] *vtr fml* invocar.

involuntary[ɪn'vɒləntərɪ] *adj* involuntario,-a, sin querer.

involve[ɪn'vɒlv] *vtr* **1** *(concern)* implicar, comprometer, involucrar **(in, en)**; **I don't want to get involved in your problems,** no quiero mezclarme en tus líos; **is there money involved?,** ¿hay dinero de por medio?; **the changes don't i. me,** los cambios no me afectan; **the issues involved,** las cuestiones en juego; **the people involved,** los interesados; **to be involved in an accident,** sufrir un accidente; **to be deeply involved in sth,** estar muy metido,-a en algo. **2** *(entail)* suponer, implicar **(in, en)**; *(trouble, risk)* acarrear; **the post involves travel,** el puesto exige viajar; **what's involved?,** ¿de qué se trata?

involved [ɪn'vɒlvd] *adj* **1** *(complicated)* complicado,-a, complejo,-a, enrevesado,-a. **2** *fam (romantically attached)* enredado,-a.

involvement[ɪn'vɒlvmənt] *n* **1** *(participation)* participación *f*; *(in crime)* implicación *f*, complicidad *f*; *(in scandal)* compromiso *m*; **American i. in Nicaragua,** intervención *f* americana en Nicaragua. **2** *fam (romance)* enredo *m*.

invulnerable[ɪn'vʌlnərəbəl] *adj* invulnerable.

inward['ɪnwəd] I *adj* interior. II *adv see* **inwards** ◆**inwardly***adv* interiormente, por dentro; **to laugh i.,** reír para sus adentros.

inwards['ɪnwədz] *adv* hacia dentro.

iodine['aɪədiːn] *n* yodo *m*.

ion['aɪən] *n* ion *m*.

Ionian[aɪ'əʊnɪən] *adj* **I. Sea,** Mar Jónico.

iota[aɪ'əʊtə] *n* pizca *f*, ápice *m*.

IOU[aɪəʊ'juː] *abbr of* **I owe you,** pagaré *m*.

IPA[aɪpiː'eɪ] *abbr of* **International Phonetic Alphabet,** Alfabeto *m* Fonético Internacional, AFI *m*.

IQ[aɪ'kjuː] *abbr of* **intelligence quotient,** coeficiente *m* de inteligencia, CI *m*.

IRA[aɪɑː'reɪ] *abbr of* **Irish Republican Army,** Ejército *m* Republicano irlandés, IRA *m*.

Iran[ɪ'rɑːn] *n* Irán.

Iranian[ɪ'reɪnɪən] I *adj* iraní *mf*. II *n* **1** *(person)* iraní *mf*. **2** *(language)* iraní *m*.

Iraq[ɪ'rɑːk] *n* Irak.

Iraqi[ɪ'rɑːkɪ] *adj & n* iraquí *(mf)*.

irascible[ɪ'ræsɪbəl] *adj fml* irascible, colérico,-a.

irate[aɪ'reɪt] *adj* airado,-a, furioso,-a.

IRBM[aɪɑːbiː'em] *Mil abbr of* **intermediate-range ballistic missile,** proyectil *m* balístico de alcance intermedio, PBAI *m*.

ire['aɪər] *n lit* ira *f*, cólera *f*.

Ireland['aɪələnd] *n* Irlanda. ■ **Northern I,** Irlanda del Norte; **Republic of I.,** República de Irlanda.

iridescent [ɪrɪ'desənt] *adj fml* iridiscente, irisado,-a.

iris['aɪərɪs] *n* **1** *Anat* iris *m inv*. **2** *Bot* lirio *m*.

Irish['aɪrɪʃ] I *adj* irlandés,-esa. ■ **I. coffee,** café *m* irlandés; **I. Sea,** Mar *m* de Irlanda; **I. setter,** setter *m* irlandés. II *n* **1** *(language)* irlandés *m*. **2** *pl* **the I.,** los irlandeses.

Irishman['aɪrɪʃmən] *n (pl Irishmen)* irlandés *m*.

Irishwoman['aɪrɪʃwʊmən] *n (pl Irishwomen* ['aɪrɪʃwɪmɪn]*)* irlandesa *f*.

irk[ɜːk] *vtr* fastidiar, molestar.

irksome ['ɜːksəm] *adj* fastidioso,-a, molesto,-a; **how i.!,** ¡qué lata!

iron['aɪən] I *n* **1** *Min* hierro *m*; **the i. and steel industry,** la industria siderúrgica; *fig* **a will of i., an i. will,** una voluntad de hierro; *fig* **to have an i. constitution,** ser de hierro; *fig* **to have several/too many irons in the fire,** traer varias/demasiadas cosas entre manos; *prov* **strike while the i. is hot,** a hierro candente batir de repente. ■ **cast i.,** hierro *m* colado; *Pol* **I. Curtain,** Telón *m* de Acero; **i. foundry,** fundición *f* (de hierro); *Med* **i. lung,** pulmón *m* de acero; **i. ore,** mineral *m* de hierro; **scrap i.,** chatarra *f*; **wrought i.,** hierro *m* forjado. **2** *(for clothes)* plancha *f*. ■ **steam i.,** plancha *f* de vapor. **3** *(for golf)* hierro *m*. **4 irons,** *(fetters)* grillos *mpl*, grilletes *mpl*; **to clap sb in i.,** encadenar a algn. II *vtr (clothes)* planchar. ◆**iron out***vtr* **1** *(crease)* planchar. **2** *fam fig (problem)* resolver; *(objection)* quitar.

ironic(al)[aɪ'rɒnɪk(əl)] *adj* irónico,-a.

ironing['aɪənɪŋ] *n* **1** *(act)* **to do the i.,** planchar. ■ **i. board,** tabla *f* de planchar. **2** *(clothes to be ironed)* ropa *f* por planchar; *(clothes ironed)* ropa *f* planchada.

ironmonger['aɪənmʌŋgər] *n GB* ferretero,-a *m,f*. ■ **i.'s (shop),** ferretería *f*.

irony['aɪrənɪ] *n* ironía *f*; **the i. (of it) is that ...,** más curioso *or* gracioso es que ... .

irradiate[ɪ'reɪdɪeɪt] *vtr Med* irradiar.

irrational[ɪ'ræʃənəl] *adj* irracional.

irreconcilable[ɪrekən'saɪləbəl] irreconciliable, inconciliable.

irredeemable[ɪrɪ'diːməbəl] *adj fml (gen)* irredimible, irremediable; *(fault)* irreparable, incorregible.

irrefutable[ɪrɪ'fjuːtəbəl] *adj fml* irrefutable.

irregular[ɪ'regjʊlər] *adj* **1** *(gen)* irregular; *(abnormal)* anormal. **2** *(uneven)* desigual.

irregularity[ɪregjʊ'lærɪtɪ] *n* **1** *(abnormality)* irregularidad *f*. **2** *(unevenness)* desigualdad *f*.

irrelevance['ɪrələvəns] *n*, **irrelevancy** [ɪ'reləvənsɪ] *n* **1** *(state)* falta *f* de pertinencia. **2** *(remark)* observación *f* fuera de lugar *or* que no viene al caso.

irrelevant[ɪ'reləvənt] *adj* no pertinente, ajeno,-a; **i. remark,** comentario *m* fuera de lugar; **that's i.,** eso no viene al caso *or* no tiene nada que ver.

irreligious[ɪrɪ'lɪdʒəs] *adj fml* irreligioso,-a.

irreparable[ɪ'repərəbəl] *adj* irreparable.

irreplaceable[ɪrɪ'pleɪsəbəl] *adj* irremplazable, insustituible.

irrepressible[ɪrɪ'presəbəl] *adj* incontenible, incontrolable.

irreproachable [ɪrɪ'prəʊtʃəbəl] *adj fml* irreprochable, intachable.

irresistible[ɪrɪ'zɪstəbəl] *adj* irresistible.

irresolute [ɪ'rezəlu:t] *adj fml* indeciso,-a, vacilante, irresoluto,-a.

irrespective [ɪrɪ'spektɪv] *adj* i. of, sin tomar en consideración, sin tener en cuenta.

irresponsible [ɪrɪ'spɒnsəbəl] *adj* irresponsable.

irretrievable [ɪrɪ'tri:vəbəl] *adj (object)* irrecuperable; *(mistake, harm)* irreparable; *(loss, situation)* irremediable.

irreverence [ɪ'revərəns] *n* irreverencia *f*, falta *f* de respeto.

irreverent [ɪ'revərənt] *adj* irreverente, irrespetuoso,-a.

irreversible [ɪrɪ'vɜ:səbəl] *adj (process)* irreversible; *(judgement, decision)* irrevocable.

irrevocable [ɪ'revəkəbəl] *adj* irrevocable, inalterable.

irrigate ['ɪrɪgeɪt] *vtr Agr* regar, irrigar.

irrigation [ɪrɪ'geɪʃən] *n Agr* riego *m*, irrigación *f*.
■ **i. channel**, acequia *f*, canal *m* de riego; **i. system**, sistema *m* de regadío.

irritable ['ɪrɪtəbəl] *adj* irritable, de mal humor.

irritant ['ɪrɪtənt] *n* **1** *Med* agente *m* irritante. **2** *fig fml* motivo *m* de irritación, molestia *f*.

irritate ['ɪrɪteɪt] *vtr* **1** *(annoy)* irritar, fastidiar, molestar. **2** *Med* irritar, inflamar.

irritating ['ɪrɪteɪtɪŋ] *adj* **1** *(habit, delay)* irritante, fastidioso,-a, molesto,-a. **2** *Med* irritante.

irritation [ɪrɪ'teɪʃən] *n* **1** *(annoyance)* fastidio *m*, molestia *f*; *(ill humour)* mal humor *m*. **2** *Med* irritación *f*.

is [ɪz] *3rd person sing pres see* be.

Islam ['ɪzlɑ:m] *n* Islam *m*.

Islamic [ɪz'læmɪk] *adj* islámico,-a.

island ['aɪlənd] *n* isla *f*; *Aut* **(traffic) i**, isla *f*, refugio *m*.

islander ['aɪləndəʳ] *n* isleño,-a *m,f*.

isle [aɪl] *n lit* isla *f*; **the British Isles**, las Islas Británicas.

isn't ['ɪzənt] = is not.

isolate ['aɪsəleɪt] *vtr* aislar *(from*, de).

isolated ['aɪsəleɪtɪd] *adj* aislado,-a.

isolation [aɪsə'leɪʃən] *n* aislamiento *m*; **to deal with sth in i.**, tratar algo por separado; **to live in i.**, vivir aislado,-a. ■ *Med* **i. ward**, pabellón *m* or sala *f* de aislamiento *or* de enfermedades contagiosas.

isolationism [aɪsə'leɪʃənɪzəm] *n Pol* aislacionismo *m*.

isotope ['aɪsətəʊp] *n* isótopo *m*.

Israel ['ɪzreɪəl] *n* Israel.

Israeli [ɪz'reɪlɪ] **I** *adj* israelí. **II** *n (pl Israelis)* israelí *mf*.

Israelite ['ɪzrɪəlaɪt] *adj & n Hist* israelita *(mf)*.

issue ['ɪʃju:] **I** *n* **1** *(matter)* cuestión *f*, asunto *m*, tema *m*; **let's not make an i. of it**, no riñamos por esto; **side i.**, cuestión secundaria; **the point at i.**, el tema en discusión; **to avoid** *or* **evade the i.**, andar con rodeos; **to cloud** *or* **confuse the i.**, complicar la cosa; **to face the i.**, hacer frente al problema; **to force the i.**, forzar una decisión; **to raise an i.**, plantear un tema; **to take i. with sb (over sth)**, manifestar su desacuerdo con algn (en algo). **2** *(of book)* tirada *f*; *(of banknotes, stamps)* emisión *f*; *(of passport)* expedición *f*. **3** *(copy) (of journal etc)* ejem-

plar *m*; **back i.**, número *m* atrasado. **4** *(of equipment, supplies)* distribución *f*, reparto *m*. **5** *fml (outcome)* resultado *m*, consecuencia *f*. **6** *Jur (offspring)* prole *f*, descendencia *f*; **to die without i.**, morir sin descendencia. **II** *vtr* **1** *(book)* publicar; *(banknotes, stamps)* emitir; *(passport)* expedir. **2** *(equipment, supplies)* distribuir, repartir; **to i. sb with sth** *or* **sth to sb**, suministrar algo a algn. **3** *(order, instructions)* dar; *Jur (warrant)* dictar. **III** *vi fml (blood)* brotar **(from**, de); *(smoke)* salir **(from**, de).

Istanbul [ɪstæn'bu:l] *n* Estambul.

isthmus ['ɪsməs] *n* istmo *m*.

IT [aɪ'ti:] *Comput abbr of* **information technology**, informática *f*.

it [ɪt] *pers pron* **1** *(subject)* él, ella, ello *(often omitted)*; **it's here**, está aquí. **2** *(direct object)* lo, la; **I don't believe it**, no me lo creo; **I liked the house and bought it**, me gustó la casa y la compré. **3** *(indirect object)* le; **give it a kick**, dale una patada. **4** *(after prep)* él, ella, ello; **are you afraid of it?**, ¿te da miedo?; **I saw the beach and ran towards it**, vi la playa y fui corriendo hacia ella; **we'll talk about it later**, ya hablaremos de ello. **5** *(abstract)* ello; **let's get down to it!**, ¡vamos a ello! **6** *(impersonal)* **he had a bad time of it**, lo pasó mal; **it's late**, es tarde; **it's me**, soy yo; **it's raining**, llueve, está lloviendo; **it's said that ...**, se dice que ...; **it's two miles to town**, son dos millas de aquí al pueblo; **how's it going?**, ¿qué tal?; **that's it!**, *(agreeing)* ¡eso mismo!, ¡precisamente!; *(finishing)* ¡se acabó!; *(disapproving)* ¡basta ya!; **the worst of it is that ...**, lo peor del caso es que ...; **this is it!**, ¡ha llegado la hora *or* el momento!; **who is it?**, ¿quién es?; *fam* **she thinks she's it**, se da mucho tono.

Italian [ɪ'tæljən] **I** *adj* italiano,-a. **II** *n* **1** *(person)* italiano,-a *m,f*. **2** *(language)* italiano *m*.

italic [ɪ'tælɪk] *n Typ* cursiva *f*; **i. script**, letra *f* cursiva.

Italy ['ɪtəlɪ] *n* Italia.

itch [ɪtʃ] **I** *n* picor *m*, picazón *f*; *fig* **an i. to travel**, unas ganas locas de viajar. **II** *vi* **1** *(skin)* picar; **my hand itches**, me pica la mano. **2** *fig* anhelar; *fam* **to be itching for sth/to do sth**, estar impaciente por *or* tener muchas ganas de algo/hacer algo.

itchy ['ɪtʃɪ] *adj (itchier, itchiest) (scalp, material)* que pica; **I've got an i. nose**, me pica la nariz; *fam fig* **to have i. feet**, *(travel)* tener muchas ganas de viajar; *(move off or away)* tener muchas ganas de largarse.

item ['aɪtəm] *n* **1** *(object) (in list)* artículo *m*; *(in collection)* pieza *f*; **i. of clothing**, prenda *f* de vestir. **2** *(subject) (on agenda)* punto *m*, asunto *m*; *(on bill)* partida *f*, asiento *m*; *(in show)* número *m*; **news i.**, noticia *f*.

itemize ['aɪtəmaɪz] *vtr (contents)* hacer una lista de; *(bill)* detallar.

itinerant [ɪ'tɪnərənt] *adj fml* itinerante, ambulante.

itinerary [aɪ'tɪnərərɪ] *n* itinerario *m*, ruta *f*.

it'll ['ɪtəl] = it will.

its [ɪts] *poss adj (one thing)* su; *(more than one)* sus; **the bear hurt i. paw**, el oso se lastimó la pata; **the club and i. members**, el club y sus socios.

itself [ɪt'self] *pers pron* **1** *(reflexive)* se; **the cat scratched i.**, el gato se arañó. **2** *(emphatic)* él *or* ella *or* ello mismo,-a; *(after prep)* sí (mismo,-a); **in i.**, en sí, de por sí; **it works by i.**, funciona solo,-a; **she's kindness i.**, es la bondad misma.

ITV[aɪti:'vi:] *GB abbr of* **Independent Television,** televisión *f* independiente, ITV *f*.

IUD [aɪju:'di:], **IUCD** [aɪju:si:'di:] *Med abbrs of* **intrauterine (contraceptive) device,** dispositivo *m* intrauterino, DIU *m*.

ivory['aɪvərɪ] *n (substance)* marfil *m*; *(colour)* color *m* marfil. ■ **1. Costa,** Costa *f* de Marfil.

ivy['aɪvɪ] *n* **1** *Bot* hiedra *f*, yedra *f*. **2** *US* **I. League,** grupo *m* de ocho universidades privadas y de categoría del Nordeste.

J

J, j[dʒeɪ] *n (the letter)* J, j *f*.

jab[dʒæb] **I** *n* **1** *(stab)* pinchazo *m*; *(poke)* golpe *m* seco; *(with elbow)* codazo *m*. **2** *fam (injection)* pinchazo *m*. **II** *vtr (pt & pp jabbed) (with sharp object)* pinchar; *(with fist)* dar un puñetazo a; *(with elbow)* dar un codazo a.

jabber['dʒæbə'] *fam* **I** *vtr* decir atropelladamente, farfullar. **II** *vi (chatter)* charlotear, charlar; *(speak quickly)* farfullar, chapurrear, hablar atropelladamente.

jacaranda[dʒækə'rændə] *n Bot* jacarandá *m*.

Jack[dʒæk] *n (dimin of John)* Juanito *m*; **every man J.,** todo quisque; *fam* **I'm all right, J.,** ande yo caliente y ríase la gente.

jack [dʒæk] *n* **1** *Aut* gato *m*; *Tech* cric *m*. **2** *Cards* jota *f*; *(Spanish pack)* sota *f*. **3** *(bowls)* boliche *m*. **4** *Naut* bandera *f* de proa, pabellón *m*. ♦**jack in**vtr *GB fam* dejar. ♦**jack up**vtr *Aut* levantar (con el gato); *fig (prices)* aumentar.

jackal['dʒækɔ:l] *n Zool* chacal *m*.

jackass['dʒækæs] *n fam* burro,-a *m,f*, imbécil *mf*.

jackboot['dʒækbu:t] *n* **1** *Mil* bota *f* militar. **2** *fam fig* represión *f*, tiranía *f*.

jackdaw['dʒækdɔ:] *n Orn* grajilla *f*.

jacket['dʒækɪt] *n* **1** *(clothing)* chaqueta *f*; *(of suit)* americana *f*; *(bomber jacket)* cazadora *f*; **bed j.,** mañanita *f*; **dinner j.,** esmoquin *m*, smoking *m*. **2** *(of book)* sobrecubierta *f*. **3** *US (record)* funda *f*. **4** *Culin* **j. potatoes,** patatas *fpl* al horno.

jackhammer ['dʒækhæmə'] *n* martillo *m* perforador.

jack-in-the-box['dʒækɪnðəbɒks] *n (pl jack-in-the-boxes)* caja *f* sorpresa.

jack-knife ['dʒæknaɪf] **I** *n (pl jack-knives* ['dʒæknaɪvz]*)* navaja *f*. **II** *vi (of lorry)* colear.

jack-of-all-trades[dʒækəv'ɔ:ltreɪdz] *n (pl jacks-of-all-trades)* persona *f* mañosa *or* de muchos oficios; **j.-of-a.-t.,** *master of none,* hombre de muchos oficios, maestro de ninguno.

jackpot['dʒækpɒt] *n (premio m)* gordo *m*; *fam* **I hit the j.,** me tocó el premio gordo.

Jacobean[dʒækə'bɪən] *adj* jacobita.

Jacobin['dʒækəbɪn] *adj & n* jacobino,-a *(m,f)*.

Jacuzzi® [dʒə'ku:zɪ] *n (pl Jacuzzis)* jacuzzi® *m*, baño *m* de burbujas.

jade[dʒeɪd] *n Min* jade *m*.

jaded['dʒeɪdɪd] *adj* **1** *(tired)* agotado,-a, molido,-a. **2** *(of palate)* hastiado,-a, saciado,-a, harto,-a.

jagged['dʒægɪd] *adj* dentado,-a, mellado,-a.

jaguar['dʒægjʊə'] *n Zool* jaguar *m*.

jail[dʒeɪl] **I** *n* cárcel *f*, prisión *f*; **to be in j.,** estar en la cárcel, estar encarcelado,-a; **to go to j.,** ir a la cárcel. **II** *vtr* encarcelar, meter en la cárcel.

jailbird['dʒeɪlbɜ:d] *n fam* (preso,-a *m,f*) reincidente *mf*.

jailbreak['dʒeɪlbreɪk] *n* fuga *f*, evasión *f*.

jailer['dʒeɪlə'] *n* carcelero,-a *m,f*.

jailhouse['dʒeɪlhaʊs] *n US* cárcel *f*.

jailor['dʒeɪlə'] *n see* **jailer**

Jakarta[dʒə'ka:tə] *n* Yakarta.

jalop(p)y[dʒə'lɒpɪ] *n fam* Aut cacharro *m*.

jam¹[dʒæm] *n Culin* mermelada *f*; *fam* **that's money for j.,** ¡qué chollo! ■ **j. roll,** rollo *m* de bizcocho con mermelada.

jam²[dʒæm] **I** *n* **1** *(blockage)* atasco *m*; **traffic j.,** embotellamiento *m*, atasco *m*. **2** *fam (fix)* apuro *m*; **in a j.,** en un apuro. **3** *Mus* **j. session,** sesión *f* de jazz improvisado. **II** *vtr (pt & pp jammed)* **1** *(cram)* meter a la fuerza, embutir. **2** *(block)* atascar, obstruir; *Rad (transmission)* interferir. **III** *vi* **1** *(of door)* atrancarse; *(of brakes)* agarrotarse. **2** *Mus* tocar en una sesión de jazz improvisado. ♦**jam on** *vtr* Aut **to j. on the brakes,** frenar en seco.

Jamaica[dʒə'meɪkə] *n* Jamaica.

Jamaican [dʒə'meɪkən] *adj & n* jamaicano,-a *(m,f)*, jamaiquino,-a *(m,f)*.

jamb[dʒæm] *n* jamba *f*.

jamboree [dʒæmbə'ri:] *n* **1** *(scout meeting)* congreso *m* internacional de exploradores. **2** *fam (party)* juerga *f*.

jammed [dʒæmd] *adj* atestado,-a, relleno,-a; **j. with people,** atestado,-a de gente; **j. with things,** atiborrado,-a de cosas.

jamming['dʒæmɪŋ] *n Rad* interferencia *f*.

jammy['dʒæmɪ] *adj (jammier, jammiest)* **1** *GB fam (lucky)* **what a j. shot!,** ¡vaya churra!; **you j. bugger!,** ¡qué suerte tienes tío! **2** *fam* pegajoso,-a, pringoso,-a.

jam-packed [dʒæm'pækt] *adj fam (people)* atestado,-a; *(things)* atiborrado,-a.

Jan[dʒæn] *abbr of* **January,** enero *m*, ene, eno.

jangle['dʒæŋgəl] **I** *vtr (keys etc)* hacer sonar. **II** *vi* tintinear.

janitor['dʒænɪtə'] *n US Scot* portero *m*, conserje *m*.

January['dʒænjʊərɪ] *n* enero *m*; *see also* **May**

Japanese [dʒæpə'ni:z] **I** *adj* japonés,-esa, nipón,-ona; **the J.,** los japoneses. **II** *n (person)* japonés,-esa *m,f*, nipón,-ona *m,f*; *(language)* japonés *m*.

Japan[dʒə'pæn] *n* (el) Japón *m*; **the Sea of J.,** el Mar del Japón.

jape[dʒeɪp] **I** *n* broma *f*. **II** *vi* bromear.

jar[1] [dʒɑːʳ] *n* 1 *(glass)* tarro *m*, pote *m*; *(earthenware)* tinaja *f*; *(jug)* jarra *f*. 2 *GB fam* **to have a j.**, tomar una caña *or* copa.

jar[2] [dʒɑːʳ] *vi* *(pt & pp jarred)* 1 *(sounds)* chirriar; *fig* **to j. on one's nerves**, ponerle a uno los nervios de punta, crispar los nervios a uno. 2 *(of colours, appearance)* chocar, desentonar.

jarring ['dʒɑːrɪŋ] *adj* 1 *(of sounds)* discordante, disonante. 2 *(of colours)* que chocan *or* desentonan. 3 *(of opinion)* discorde, discordante.

jargon ['dʒɑːgən] *n* jerga *f*, argot *m*, jerigonza *f*; **political j.**, jerga política.

jasmin(e) ['dʒæzmɪn] *n* Bot jazmín *m*.

jasper ['dʒæspəʳ] *n* Min jaspe *m*.

jaundice ['dʒɔːndɪs] *n* Med ictericia *f*.

jaundiced ['dʒɔːndɪst] *adj* 1 Med ictérico,-a. 2 *fig (bitter)* amargado,-a, resentido,-a; **to take a j. view of things**, ver las cosas por el lado malo.

jaunt [dʒɔːnt] I *n* 1 *(walk)* paseo *m*. 2 *(trip)* excursión *f*, viaje *m* corto. II *vi (walk)* pasear; *(go on a trip)* viajar.

jauntiness ['dʒɔːntɪnɪs] *n* 1 *(sprightliness)* garbo *m*. 2 *(liveliness)* viveza *f*. 3 *(ease)* desenvoltura *f*.

jaunty ['dʒɔːntɪ] *adj (jauntier, jauntiest)* 1 *(sprightly)* garboso,-a; **j. gait**, paso airoso. 2 *(lively)* vivaz. 3 *(easy-going)* desenvuelto,-a; **a j. manner**, un aire desenvuelto.

Java ['dʒɑːvə] *n* Java.

Javanese [dʒɑːvə'niːz] *adj & n* javanés,-esa *(m,f)*; **the J.**, los javaneses.

javelin ['dʒævəlɪn] *n* Sport jabalina *f*; **j. throwing**, lanzamiento *m* de jabalina.

jaw [dʒɔː] I *n* 1 Anat mandíbula *f*; Zool mandíbula *f*, quijada *f*; *fig* **the jaws of death**, las garras de la muerte. 2 Tech **jaws**, mordaza *f sing*. II *vi fam* charlar, estar de palique, darle a la sinhueso.

jawbone ['dʒɔːbəʊn] *n* Anat maxilar *m*, mandíbula *f*.

jay [dʒeɪ] *n* Orn arrendajo *m* (común).

jaywalker ['dʒeɪwɔːkəʳ] *n* peatón *m* imprudente.

jazz [dʒæz] I *n* Mus jazz *m*; **modern j.**, jazz moderno; *fam* **and all that j.**, y otras hierbas, etcétera, etcétera, y demás. ■ **j. band**, conjunto *m* de jazz. II *adj* de jazz, jazzístico,-a. ◆**jazz up** *vtr* alegrar; *(premises)* arreglar, modernizar; **she turned up all jazzed up**, se presentó vestida de forma muy llamativa.

jazzman ['dʒæzmæn] *n (pl jazzmen* ['dʒæzmen]*)* músico *m* de jazz.

jazzy ['dʒæzɪ] *adj (jazzier, jazziest) fam* 1 *(showy)* llamativo,-a. 2 *(brightly coloured)* de colores chillones. 3 Mus del estilo de jazz, jazzístico,-a.

jealous ['dʒeləs] *adj* 1 *(gen)* celoso,-a; **to be j. of ...**, tener celos de ... . 2 *(envious)* envidioso,-a. ◆**jealously** *adv* 1 *(gen)* celosamente. 2 *(enviously)* con envidia.

jealousy ['dʒeləsɪ] *n* 1 *(resentment)* celos *mpl*. 2 *(envy)* envidia *f*, celos *mpl*.

jeans [dʒiːnz] *npl* vaqueros *mpl*, tejanos *mpl*.

jeep [dʒiːp] *n* Aut jeep *m*, todo terreno *m inv*.

jeer [dʒɪəʳ] I *n* 1 *(boo)* abucheo *m*; *(mocking)* mofa *f*, burla *f*. 2 **jeers**, *(insults)* insultos *mpl*. II *vi (boo)* abuchear; *(mock)* burlarse.

jeering ['dʒɪərɪŋ] I *adj* burlón,-ona, sarcástico,-a. II *n (booing)* abucheo *m*; *(mocking)* mofa *f*, burla *f*.

jeeze [dʒiːz] *interj* US *sl* ¡jolín!, ¡caray!

Jehovah [dʒɪ'həʊvə] *n* Rel Jehová *m*. ■ **J.'s Witness**, testigo *mf* de Jehová.

jejunum [dʒɪ'dʒuːnəm] *n* Anat yeyuno *m*.

jell [dʒel] *n see* **gel**.

jellied ['dʒelɪd] *adj* Culin en gelatina.

Jello® ['dʒeləʊ] *n (pl Jellos)* US jalea *f*.

jelly ['dʒelɪ] *n* 1 *(gelatine)* gelatina *f*. 2 *(of meat)* gelatina *f* de carne; *(sweet dessert)* jalea *f*. ■ **j. bean**, US pastilla *f* de goma. 3 *fig* tembleque *m*; **when he saw her, his legs turned to j.**, cuando la vió, las piernas empezaron a temblarle.

jellyfish ['dʒelɪfɪʃ] *n (pl jellyfish or jellyfishes)* Zool medusa *f*.

jemmy ['dʒemɪ] *n* palanqueta *f*.

jeopardize ['dʒepədaɪz] *vtr* poner en peligro, arriesgar; *(agreement etc)* comprometer.

jeopardy ['dʒepədɪ] *n* riesgo *m*, peligro *m*.

Jericho ['dʒerɪkəʊ] *n* Jericó.

jerk[1] [dʒɜːk] I *n* 1 *(jolt)* sacudida *f*. 2 *(pull)* tirón *m*. 3 *pej (idiot)* majadero,-a *m,f*, imbécil *mf*; *(nuisance)* pelmazo,-a *m,f*. II *vtr* 1 *(shake)* sacudir. 2 *(pull)* tirar; **to j. oneself free**, soltarse de un tirón. III *vi (move suddenly)* dar una sacudida; **the car jerked forward**, el coche avanzaba a tirones. ◆**jerk off** *vi vulg* hacerse una paja.

jerk[2] [dʒɜːk] *n* Culin cecina *f*.

jerky[1] ['dʒɜːkɪ] *adj (jerkier, jerkiest) (movement)* espasmódico,-a, nervioso,-a.

jerky[2] ['dʒɜːkɪ] *n* Culin see **jerk**[2].

jerkin ['dʒɜːkɪn] *n* 1 Hist jubón *m*. 2 *(sleeveless)* chaleco *m*.

Jerry ['dʒerɪ] *n fam* alemán *m*; *(soldier)* soldado *m* alemán.

jerry-builder ['dʒerɪbɪldəʳ] *n* Constr chapucero,-a *m,f*.

jerry-built ['dʒerɪbɪlt] *adj* chapucero,-a, construido,-a de cualquier manera.

Jersey ['dʒɜːzɪ] *n* 1 *(island)* Jersey. 2 Zool vaca *f*.

jersey ['dʒɜːzɪ] *n* 1 *(sweater)* jersey *m*, suéter *m*. 2 Tex tejido *m* de punto.

Jerusalem [dʒə'ruːsələm] *n* 1 *(city)* Jerusalén. 2 Hortic **J. artichoke**, aguaturma *f*, pataca *f*.

jest [dʒest] I *n* 1 *(fun, joking)* burla *f*, broma *f*; **spoken in j.**, dicho,-a en broma. 2 *(joke)* chiste *m*. II *vi* bromear.

jester ['dʒestəʳ] *n* bromista *mf*; Hist bufón *m*.

Jesuit ['dʒezjʊɪt] *adj & n* Rel jesuita *(m)*; **J. school**, colegio *m* de jesuitas.

Jesus ['dʒiːzəs] *n* Jesús *m*; **J. Christ**, Jesucristo *m*; *offens* **J. Christ!**, ¡joder!

jet[1] [dʒet] I *n* 1 *(stream of water)* chorro *m*. 2 *(water spout)* surtidor *m*; **gas j.**, mechero *m* de gas. ■ *Meteor* **j. stream**, corriente *f* a chorro. 3 Av reactor *m*; **j. propelled**, de propulsión a reacción *or* chorro. ■ **j. engine**, reactor *m*; **j. lag**, desfase *m* horario. II *vi (pt & pp jetted) fam* viajar, volar.

jet[2] [dʒet] *n* Min azabache *m*; **j. black**, negro,-a como el azabache.

jetsam ['dʒetsəm] *n* Naut echazón *m*, carga *f* arrojada al mar; *fig* desechos *mpl*.

jet-set ['dʒetset] *n* **the j.-s.**, la alta sociedad, la jet-set.

jetsom ['dʒetsəm] *n see* **jetsam**.

jettison ['dʒetɪsən] *vtr* Naut echar al mar; *fig* deshacerse de, tirar; *(project etc)* abandonar.

jetty ['dʒetɪ] *n* Naut muelle *m*, malecón *m*.

Jew [dʒuː] *n* judío,-a *m,f*.

jewel ['dʒuːəl] *n* 1 *(ornament)* joya *f*, alhaja *f*;

(stone) piedra *f* preciosa; *(in watch)* rubí *m*. 2 *fig (person)* joya *f*, perla *f*.

jeweller, *US* **jeweler** ['dʒuːələ'] *n* joyero,-a *m,f*; **j.'s (shop),** joyería *f*.

jewellery, *US* **jewelry** ['dʒuːəlrı] *n* joyas *fpl*, alhajas *fpl*; **costume j.**, bisutería *f*.

Jewess ['dʒuːɪs] *n* judía *f*.

Jewish ['dʒuːɪʃ] *adj* judío,-a.

Jewry ['dʒʊərı] *n fml (people)* los Judíos, el Pueblo Judío; *(religion)* judaísmo *m*.

jew's-harp [dʒuːz'hɑːp] *n Mus* birimbao *m*.

jib[1] [dʒɪb] *vi (pt & pp jibbed)* 1 *(of horse)* plantarse. 2 *GB (of person)* resistirse, oponerse.

jib[2] [dʒɪb] *n* 1 *Tech (of crane)* aguillón *m*. 2 *Naut* foque *m*. ■ **j. boom,** botalón *m*.

jibe [dʒaɪb] *n & vi see* gibe.

jiffy ['dʒɪfı] *n fam* momento *m*, instante *m*; **in a j.,** en un santiamén; **just a j.!**, ¡un momento! ■ **j. bag®,** sobre *m* acolchado.

jig [dʒɪg] **I** *n* 1 *Mus* giga *f*. 2 *Tech* calibre *m*, gálibo *m*. **II** *vi (pt & pp jigged)* bailar.

jiggery-pokery [dʒɪgərı'pəʊkərı] *n GB fam* tejemaneje *m*, trampas *fpl*.

jiggle ['dʒɪgəl] **I** *vtr* sacudir, dar meneos a, menear. **II** *vi* **to j. about,** menearse.

jigsaw ['dʒɪgsɔː] *n* 1 *(puzzle)* rompecabezas *m inv*. 2 *Tech* sierra *f* de vaivén.

jilt [dʒɪlt] *vtr fam* dejar plantado,-a, dar calabazas a.

jimjams ['dʒɪmdʒæmz] *npl fam* nervios *mpl*, mieditis *f sing*.

jimmy ['dʒɪmı] *n US see* jemmy.

jingle ['dʒɪŋgəl] **I** *n* 1 *(sound)* tintineo *m*. 2 *Rad TV* canción *f* que acompaña un anuncio. **II** *vtr* hacer sonar. **III** *vi* tintinear.

jingling ['dʒɪŋglıŋ] *n* tintineo *m*.

jingo ['dʒɪŋgəʊ] *n* patriotero,-a *m,f*, jingoísta *mf*; **by j.!**, ¡pardiez!, ¡caray!

jingoism ['dʒɪŋgəʊɪzəm] *n* patriotería *f*, jingoísmo *m*.

jingoistic [dʒɪŋgəʊ'ıstık] *adj* patriotero-a, jingoísta.

jink [dʒɪŋk] *vi fam* zigzaguear.

jinks [dʒɪŋks] *npl* juerga *f sing*; **high j.,** jolgorio *m sing*; **to get up to high j.,** ponerse en plan de juerga.

jinx [dʒɪŋks] **I** *n fam (person)* gafe *mf*, cenizo *m*; **to be a j.,** *(person)* ser un gafe; *(bad luck)* ser mala suerte; **to put a j. on,** traer mala suerte a, echar la gafe a. **II** *vtr* gafar.

jinxed [dʒɪŋkst] *adj fam* gafado,-a.

jitters ['dʒɪtəz] *npl* **the j.,** nervios *mpl*; **to get/have the j.,** ponerse nervioso,-a/estar nervioso,-a, tener miedo *or* canguelo.

jittery ['dʒɪtərı] *adj* nervioso,-a; **to be j.,** tener miedo *or* canguelo.

jive [dʒaɪv] *Mus* **I** *n* swing *m*. **II** *vi* bailar el swing.

Jnr *US abbr of* **Junior,** hijo, el más joven.

job [dʒɒb] *n* 1 *(piece of work)* trabajo *m*; *(task)* tarea *f*; **to do a j.,** hacer un trabajo; **to do a good j.,** hacer un buen trabajo; **to do odd jobs,** hacer trabajillos; **to give sth *or* sb up as a bad j.,** darse por vencido,-a; **to make a good/bad j. of sth,** hacer algo bien/mal; **to make the best of a bad j.,** poner a mal tiempo buena cara; **you should be on the j.,** deberías estar trabajando en este momento; *fam* **just the j.!,** ¡perfecto! ¡justo lo que nos hacía falta! ■ **odd j. man,** hombre *m* que hace de todo. 2 *(occupation, post)* (puesto *m* de) trabajo *m*, empleo *m*; *(trade)* oficio *m*; **he's got a j. as a waiter,** trabaja de camarero; **to**

have a good j., tener un buen puesto; **to have j. satisfaction,** sentirse realizado,-a en su trabajo; **to look for a j.,** buscar empleo; **to lose one's j.,** perder el empleo; **she knows her j.,** conoce (bien) su oficio; *GB* **jobs for the boys,** enchufismo *m*. ■ **j. centre,** oficina *f* de empleo; **j. hunting,** búsqueda *f* de empleo; **j. sharing,** trabajo *m* compartido a tiempo partido. 3 *fam (difficult task)* esfuerzo *m*, trabajo *m*; **we had a j. to ...,** nos costó (trabajo) ... . 4 *fam (robbery)* golpe *m*, robo *m*. 5 *(duty)* deber *m*; **it's his j. to ...,** él está encargado de ... . 6 *fam (state of affairs)* suerte *f*; **it's a good j.!,** ¡menos mal!; **it's a good j. that ...,** menos mal que ... . 7 *fam (specimen)* modelo *m*; **that motorbike's a lovely j.,** esa moto es una máquina finísima. 8 *fam (finished piece of work)* trabajo *m*, obra *f*; **he did a good paint j. on the house,** hizo un buen trabajo pintando la casa.

jobber ['dʒɒbə'] *n* 1 *(middleman)* intermediario,-a *m,f*. 2 *(Stock Exchange)* corredor,-a *m,f* de Bolsa.

jobbing ['dʒɒbıŋ] *adj* temporal. ■ *Print* **j. printer,** impresor *m* que se dedica al mundo comercial.

jobless ['dʒɒblıs] *adj* sin trabajo, desocupado,-a, parado,-a.

job lot [dʒɒb'lɒt] *n* lote *m* mixto vendido a bajo precio.

jockey ['dʒɒkı] **I** *n* jinete *m*, jockey *m*. **II** *vi* luchar para conseguir una posición aventajada; *(in hierarchy)* ascender, escalar; **to j. for position,** escalar puestos.

jockstrap ['dʒɒkstræp] *n* suspensorio *m*.

jocose [dʒə'kəʊs] *adj* jocoso,-a, gracioso,-a, divertido,-a.

jocular ['dʒɒkjʊlə'] *adj* jocoso,-a, gracioso,-a.

jodhpurs ['dʒɒdpəz] *npl Equit* pantalón *m sing* de montar.

jog [dʒɒg] **I** *n* trote *m*; **slow j.,** trote corto; *Sport* **to go for a j.,** hacer footing. **II** *vtr (pt & pp jogged)* empujar; *fig (memory)* refrescar; **to j. sb's elbow,** dar un golpe en el codo a algn. **III** *vi* 1 *Sport* hacer footing; **to j. along or on,** andar a trote corto. 2 *fig (progress slowly)* avanzar poco a poco; *fig (manage)* ir tirando.

jogger ['dʒɒgə'] *n Sport* persona *f* que practica el footing.

jogging ['dʒɒgıŋ] *n Sport* footing *m*; **to go j.,** hacer footing.

Johannesburg [dʒəʊ'hænısbɜːg] *n* Johannesburgo.

John [dʒɒn] *n* 1 Juan *m*; **J. Bull,** personificación *f* de Inglaterra; **J. the Baptist,** San Juan Bautista. 2 *(fish)* **J. Dory,** pez *m* de San Pedro.

john [dʒɒn] *n US fam* wáter *m*, retrete *m*, servicio *m*.

join [dʒɔɪn] **I** *vtr* 1 *(gen)* juntar; **they joined the tables,** juntaron las mesas; **to j. forces with sb,** unir fuerzas con algn. 2 *(of road)* empalmar con; *(of river)* desembocar en; **the road joins the motorway here,** la carretera empalma con la autopista aquí. 3 *(meet, accompany)* reunirse con; **will you j. us for a drink?,** ¿quiere tomar una copa con nosotros? 4 *(take one's place in) (team, group)* unirse; *(institution)* entrar; *(army)* alistarse; **Mr Serrano joined the company last month,** Sr. Serrano entró la compañía el mes pasado. 5 *(become a member of) (party)* afiliarse a; *(club)* hacerse socio,-a de. **II** *vi* 1 *(gen)* unirse. 2 *(of roads)* empalmar; *(of rivers)* confluir; **the Wharfe and the Ouse j. near Cawood,** el Wharfe y el Ouse confluyen cerca de Cawood. 3 *(become a*

member) (party) afiliarse; *(club)* hacerse socio,-a. **III**
n **1** *(gen)* juntura *f*. **2** *Sew* costura *f*. ◆join in *vtr &*
vi (game etc) participar, tomar parte; *(debate, discus-*
sion) intervenir; **they all joined in the singing,** todos
se pusieron a cantar. ◆join up **I** *vtr (of two things)*
juntar. **II** *vi* **1** *(of roads)* unirse. **2** *Mil* alistarse.
joiner ['dʒɔɪnəʳ] *n GB* carpintero,-a *m,f*.
joinery ['dʒɔɪnərɪ] *n* carpintería *f*.
joint [dʒɔɪnt] **I** *n* **1** *(gen)* juntura *f*, unión *f*; *Tech*
articulación *f*; *(woodwork, pipes)* ensambladura *f*;
Anat articulación *f*; **out of j.,** dislocado,-a; **to put**
sb's nose out of j., partirle las narices a algn. **2** *Culin*
(piece of meat) corte *m* de carne para asar; *(once*
roasted) asado *m*. **3** *sl (nightclub etc)* garito *m*, antro
m. **4** *sl (drug)* porro *m*. **II** *vtr Culin (chicken etc)*
descuartizar. **III** *adj* colectivo,-a. ■ **j. (bank) ac-**
count, cuenta *f* (bancaria) conjunta; **j. agreement,**
acuerdo *m* mutuo; **j. author,** coautor,-a *m,f*; **j. ef-**
fort, esfuerzo *m* colectivo; **j. ownership,** copropiedad *f*; **j. statement,** declaración *f* conjunta; **j.**
venture, empresa *f* común. ◆jointly *adv* conjuntamente, en común.
jointed ['dʒɔɪntɪd] *adj* articulado,-a.
joist [dʒɔɪst] *n Archit* vigueta *f*.
joke [dʒəʊk] **I** *n* **1** *(funny story)* chiste *m*; *(prank)*
broma *f*; **he can't take a j.,** no sabe aguantar una
broma; **it's getting beyond a j.,** está pasando de castaño a oscuro, ya no tiene gracia; **she did it for a j.,**
lo hizo en broma; **to make a j. of everything,** reírse
de todo; **to play a practical j. on sb,** gastarle una
broma pesada a algn; **to tell a j.,** contar un chiste;
fam **it's no j.,** no tiene gracia. **2** *fam (person, thing)*
hazmerreír *m*, payaso,-a *m,f*; *fam* **the j. is on you,**
tu pagarás el pato. **II** *vi* estar de broma; **I'm not**
joking, lo digo en serio; **joking apart,** bromas
aparte; **to j. about sth,** reírse de algo; **you must be**
joking!, ¡no hablarás en serio!
joker ['dʒəʊkəʳ] *n* **1** *(clown)* bromista *mf*, guasón,-a
m,f. **2** *Cards* comodín *m*.
jokingly ['dʒəʊkɪŋlɪ] *adv* en broma.
jolly ['dʒɒlɪ] **I** *adj (jollier, jolliest)* **1** *(happy)* jovial,
alegre. **2** *(tipsy)* piripi, achispado,-a. **II** *adv fam* **1**
(very) **it was j. cold,** hacía mucho frío; **j. good!,**
¡muy bien!; **j. useful,** de lo más práctico; **she played**
j. well, jugó muy bien. **2 j. well,** *(really)* decididamente; **I'm j. well not going,** desde luego, yo no
voy. **III** *vtr* animar; **to j. sb along,** animar a algn.
jolt [dʒəʊlt] **I** *n* **1** *(jerk)* sacudida *f*; *(pull)* tirón *m*. **2**
fig (fright) susto *m*; **it gave me a j.,** me pegó un
susto. **II** *vi* moverse a sacudidas; **the car jolted**
along, el coche iba dando botes. **III** *vtr (usually pas-*
sive) sacudir; **she was jolted out of her daydreaming**
by a sudden scream, un grito repentino la hizo
volver a la realidad.
Jordan ['dʒɔːdən] *n* **1** *(river)* Jordán *m*. **2** *(country)*
Jordania.
Jordanian [dʒɔːˈdeɪnɪən] *adj & n* jordano,-a *(m,f)*.
joss-stick ['dʒɒstɪk] *n* varita *f* de incienso, pebete
m.
jostle ['dʒɒsəl] *vtr & vi* **1** *(bump)* empujar, dar empujones; **he jostled his way through the crowd,** se
abrió paso a empujones entre la multitud. **2** *(com-*
pete) competir; **they jostled for the prize,** compi-
tieron por el premio.
jot [dʒɒt] **I** *n* **1** jota *f*, pizca *f*; **I don't care a j.,** me
importa un bledo; **not a j.,** ni jota. **II** *vtr (pt & pp*
jotted) apuntar, anotar. ◆jot down *vtr* apuntar,
anotar.
jotter ['dʒɒtəʳ] *n GB* bloc *m*.

jottings ['dʒɒtɪŋz] *npl* notas *fpl*, apuntes *mpl*.
joule [dʒuːl] *n Elec Phys* julio *m*.
journal ['dʒɜːnəl] *n* **1** *(periodical)* boletín *m*, revista
f. **2** *(diary)* diario *m*. **3** *(newspaper)* periódico *m*.
journalese [dʒɜːnəˈliːz] *n* jerga *f* periodística, lenguaje *m* periodístico.
journalism ['dʒɜːnəlɪzəm] *n* periodismo *m*.
journalist ['dʒɜːnəlɪst] *n* periodista *mf*.
journalistic [dʒɜːnəˈlɪstɪk] *adj* periodístico,-a.
journey ['dʒɜːnɪ] **I** *n* **1** *(trip)* viaje *m*; **to go on a j.,**
salir de viaje. **2** *(distance)* trayecto *m*; **a 20 mile j.,**
un trayecto de 20 millas; **it's a two day j. from here,**
son dos días de viaje desde aquí. **II** *vi fml* viajar.
joust [dʒaʊst] *vi Hist* justar, justear.
jovial ['dʒəʊvɪəl] *adj* jovial.
jowl [dʒaʊl] *n (of animal)* quijada *f*; *fig* **cheek by j.,**
muy unidos,-as.
joy [dʒɔɪ] *n* **1** *(happiness)* alegría *f*. **2** *(pleasure)*
placer *m*; **it's a j. to see him,** da gusto verle. **3** *fam*
(luck, use) suerte *f*; **you won't get any j. out of it,**
it doesn't work, no conseguirás nada, no funciona.
joyful ['dʒɔɪfʊl] *adj* alegre, contento,-a.
joyless ['dʒɔɪlɪs] *adj* triste.
joyous ['dʒɔɪəs] *adj lit* alegre, apenado,-a.
joyride ['dʒɔɪraɪd] *n fam* paseo *m* en un coche robado.
joystick ['dʒɔɪstɪk] *n* **1** *Av* palanca *f* de mando. **2** *(of*
video game) joystick *m*.
JP [dʒeɪˈpiː] *Jur abbr of* **Justice of the Peace,** juez *m*
de paz.
Jr *abbr see* Jnr.
jubilant ['dʒuːbɪlənt] *adj* jubiloso,-a, alborozado,-a.
jubilation [dʒuːbɪˈleɪʃən] *n* júbilo *m*, regocijo *m*, alborozo *m*.
jubilee ['dʒuːbɪliː] *n* festejos *mpl*; **golden j.,** *(general*
sense) quincuagésimo aniversario *m*; *(wedding an-*
niversary) bodas *fpl* de oro.
Judaic(al) [dʒuːˈdeɪk(əl)] *adj* judaico,-a.
Judaism ['dʒuːdeɪɪzəm] *n* judaísmo *m*.
Judas ['dʒuːdəs] *n* **J. tree,** árbol *m* del amor *or* de
Judas, ciclamor *m*.
judder ['dʒʌdəʳ] *vi* dar sacudidas, dar botes, vibrar.
judge [dʒʌdʒ] **I** *n Jur* juez *mf*, jueza *f*; *(competition)*
jurado *m*; **to be a good j.,** saber juzgar; **to be a good**
j. of character, saber juzgar a las personas. **II** *vtr*
1 *Jur (case)* juzgar; *(accused)* declarar. **2** *(esti-*
mate, consider) calcular, considerar; **he judged the**
distance badly, calculó mal la distancia; **I j. him the**
best, le considero el mejor; **I j. him to be about 45,**
le calculo unos 45 años. **3** *(competition)* adjudicar,
decidir; **she judged the poetry competition,** fue
miembro del jurado en el concurso de poesía. **4**
(assess) juzgar; **never j. a person just by their ap-**
pearance, no juzgues nunca a una persona sólo
por su aspecto. **III** *vi* juzgar, formarse una opinión
sobre; **judging from what you say,** a juzgar por
lo que dices.
judg(e)ment ['dʒʌdʒmənt] *n* **1** *Jur (sentence)* sentencia *f*, fallo *m*; **to pass j.,** pronunciar sentencia; **to**
sit in j. on a case, deliberar en un juicio. **2** *(opinion)*
juicio *m*, opinión *f*; **to do sth against one's better j.,**
hacer algo sin estar completamente convencido; **to**
pass j., comentar, opinar (on, sobre); **to reserve j.,**
no opinar (on, sobre), reservarse la opinión; **to the**
best of my j., por lo que puedo juzgar, a mi entender. **3** *(ability)* discernimiento *m*, buen juicio *m*;
a person of sound j., una persona con capacidad de

juicio. **4** *Jur (trial)* juicio *m*; **the Last J.,** el Juicio Final.

judicial [dʒu:'dıʃəl] *adj* judicial; **j. inquiry,** investigación *f* judicial.

judiciary [dʒu:'dıʃıərı] *n* magistratura *f*, judicatura *f*.

judicious [dʒu:'dıʃəs] *adj fml* juicioso,-a, sensato,-a.

judiciousness [dʒu:'dıʃəsnıs] *n fml* juicio *m*, sensatez *f*, sentido *m* común.

judo ['dʒu:dəʊ] *n* judo *m*.

judoka ['dʒu:dəʊkæ] *n* judoka *mf*.

jug [dʒʌg] *n* **1** *GB (container)* jarra *f*; **milk j.,** jarra de leche. **2** *sl (prison)* chirona *f*, talego *m*; **in j.,** en chirona. **II** *vtr Culin* estofar; **jugged hare,** estofado *m* de liebre.

juggernaut ['dʒʌgənɔ:t] *n GB Aut* camión *m* pesado.

juggle ['dʒʌgəl] *vi* **1** *(perform)* hacer juegos malabares **(with,** con). **2** *fig (organize)* reorganizar; **to j. (with) figures,** jugar con las cifras.

juggler ['dʒʌglə'] *n* malabarista *mf*.

jugular ['dʒʌgjʊlə'] *adj Anat* yugular *f*.

juice [dʒu:s] *n* **1** *(gen)* jugo *m*; *(of citrus fruits)* zumo *m*; **tomato j.,** jugo de tomate; **gastric j.,** jugo gástrico. **2** *fam sl (petrol)* gasolina *f*. **3** *Anat* **juices,** jugos *mpl*; **digestive j.,** jugos digestivos.

juiciness ['dʒu:sınıs] *n* jugosidad *f*.

juicy ['dʒu:sı] *adj (juicier, juiciest)* **1** *(succulent)* jugoso,-a; **j. orange,** naranja jugosa. **2** *fam fig* verde, picante; **a j. story,** una historia picante.

jukebox ['dʒu:kbɒks] *n* máquina *f* de discos.

Jul *abbr of* **July,** julio *m*, jul.

July [dʒu:'laı, dʒə'laı, dʒʊ'laı] *n* julio *m*; **in J.,** en julio; *see also* May.

jumble ['dʒʌmbəl] **I** *n* revoltijo *m*, revoltillo *m*, mezcolanza *f*. ■ **j. sale,** bazar *m or* mercadillo *m* de caridad. **II** *vtr* mezclar, hacer un revoltillo.

jumbo ['dʒʌmbəʊ] **I** *adj* enorme, gigante. **II** *n* **1** *Av* **j. (jet),** jumbo *m*. **2** *Zool fam* elefante *m*.

jump [dʒʌmp] **I** *n* **1** *(leap)* salto *m*; *Sport* **the horse cleared the third j.,** el caballo pasó el tercer obstáculo. ■ **high j.,** salto *m* de altura; **j. leads,** cables *mpl* de emergencia; **j. suit,** mono *m*; **long j.,** salto *m* de longitud; *US* **j. rope,** comba *f*. **2** *(sudden increase)* salto *m*, subida *f* repentina; **there was a sudden j. in prices in December,** hubo una subida repentina de los precios en diciembre. **3** *(step)* paso *m*; **they made a huge j. forward in the plans for the pedestrian precinct,** dieron un paso gigante para adelantar el proyecto de la zona peatonal. **II** *vi* **1** *(leap)* saltar, dar un salto; *Aut* **j. in!,** ¡sube!; **he jumped into the taxi,** subió de un salto al taxi; **Ingrid jumped off the wall,** Ingrid saltó del muro; **to j. down from a wall,** bajarse de un muro; **to j. into the water,** tirarse al agua; **to j. out of the window,** tirarse por la ventana; **to j. up and down,** dar brincos; *fig* **to j. for joy,** saltar de alegría; *fig* **to j. from one subject to another,** saltar de un tema a otro; *fig* **to j. to it!,** ¡hazlo ya!; *fam fig* **to j. down sb's throat,** echarle una bronca or un rapapolvo a algn. **2** *fig (start)* sobresaltarse; **he jumped out of his skin when he heard the noise,** se pegó un susto de muerte cuando oyó el ruido; **her heart jumped when she saw the telegram,** el corazón le dio un vuelco cuando vio el telegrama; **to make sb j.,** darle un susto a algn, asustar a algn. **3** *(increase)* dar un

salto, aumentar de golpe; **the price of petrol jumped sharply last month,** el precio de gasolina aumentó bruscamente el mes pasado. **III** *vtr* **1** *(leap)* saltar; **the horse jumped the fence,** el caballo saltó la valla; **to j. the gun,** *Sport* tomar la salida en falso; *fam fig* precipitarse; *GB* **to j. the queue,** colarse. **2** *Equit* hacer saltar; **to j. a horse over a fence,** hacer saltar una valla a un caballo. **3** *(miss out)* saltarse; **he jumped the question,** se saltó la pregunta. **4** *(of train) fam* **to j. a train,** coger un tren sin pagar. **5** *Aut fam* saltarse; **to j. the lights,** saltarse el semáforo. ◆**jump at** *vtr* aceptar sin pensarlo; **she jumped at the offer,** aceptó la oferta sin pensarlo. ◆**jump on** *vtr* criticar, reñir; **she jumped on me for telling Sylvia,** me riñó por habérselo contado a Sylvia.

jumped-up ['dʒʌmptʌp] *adj GB* arribista, advenedizo,-a.

jumper ['dʒʌmpə'] *n* **1** *GB (sweater)* jersey *m*. **2** *US (dress)* pichi *m*, falda *f* con peto.

jumpiness ['dʒʌmpınıs] *n fam* nerviosismo *m*.

jump-jet ['dʒʌmpdʒet] *n Av* avión *m or* reactor *m* de despegue vertical.

jumpy ['dʒʌmpı] *adj (jumpier, jumpiest) fam* nervioso,-a.

Jun 1 *abbr of* **June,** junio *m*, jun. **2** *abbr see* Jnr.

junction ['dʒʌŋkʃən] *n* **1** *(of roads)* cruce *m*. **2** *Rail Elec* empalme *m*; **j. box,** caja *f* de empalme.

juncture ['dʒʌŋktʃə'] *n fml* coyuntura *f*; **at this j.,** en esta coyuntura.

June [dʒu:n] *n* junio *m*; **(on) 5th J.,** el cinco de junio; *see also* May.

jungle ['dʒʌŋgəl] *n* jungla *f*, selva *f*; *fig* laberinto *m*; **the concrete j.,** la jungla de asfalto.

junior ['dʒu:njə'] **I** *adj* **1** *(son of)* hijo; **David Hughes j.,** David Hughes hijo. **2** *(young) Educ* **j. school,** escuela de EGB (=Enseñanza General Básica); *Sport* **j. team,** equipo juvenil. **3** *(lower in rank)* subalterno, -a; **j. officer,** oficial subalterno; **j. members,** miembros *mpl* de menor antigüedad *or* más recientes. **II** *n* **1** *(person of lower rank)* subalterno,-a *m,f*. **2** *(younger person)* menor *mf*; **she's my j. by five years,** tiene cinco años menos que yo, le llevo cinco años. **3** *GB Educ* alumno,-a *m,f* de EGB; *US* estudiante *mf* de penúltimo año.

juniper ['dʒu:nıpə'] *n Bot* enebro *m*, junípero *m*. ■ **Chinese golden j.,** enebro *m* de la China.

junk [dʒʌŋk] *n* **1** *fam (old furniture etc)* trastos *mpl*. ■ *fam* **j. food,** comida *f* de plástico; **j. heap,** vertedero *m*; **j. mail,** propaganda *f* (por correo); **j. shop,** baratillo *m*, tienda *f* de artículos usados. **2** *(boat)* junco *m*. **3** *(drug) sl* heroína *f*.

junkie ['dʒʌŋkı] *n sl* yonqui *mf*.

junket ['dʒʌŋkıt] *n* **1** *Culin* requesón *m*, cuajada *f*. **2** *US Canada (visit)* visita *f* oficial.

junketing ['dʒʌŋkıtıŋ] *n fam* fiesta *f*; **to go j.,** irse de fiesta.

junky ['dʒʌŋkı] *n see* junkie.

junta ['dʒʌntə, 'dʒʊntə, *US* 'hʊntə] *n Mil Pol* junta *f*, junta *f* militar.

Jupiter ['dʒu:pıtə'] *n Astron Myth* Júpiter *m*.

jurisdiction [dʒʊərıs'dıkʃən] *n fml* jurisdicción *f*; **it doesn't come within our j.,** no es de nuestra competencia.

jurisprudence [dʒʊərıs'pru:dəns] *n fml* jurisprudencia *f*.

jurist ['dʒʊərıst] *n fml* jurista *mf*.

juror['dʒʊərə^r] *n* jurado,-a *m,f*, miembro *m* de un jurado.

jury['dʒʊərɪ] *n* jurado *m*, tribunal *m*; **to serve on a j.**, ser miembro de un jurado. ■ **j.** box, tribuna *f* del jurado, banco *m* del jurado.

just [dʒʌst] I *adj (fair)* justo,-a; *(deserved)* merecido,-a; *fml (well-founded)* justificado,-a; **a j. sentence**, una sentencia justa; **a j. war**, una guerra justificada; **it is only j. that ...**, es justo que ...; **it was a j. reward for all his hard work**, fue un justo premio a todos sus esfuerzos. II *adv* **1** *(recently)* **to have j.**, acabar de; **he had j. arrived**, acababa de llegar; **the film has j. started**, la película acaba de empezar. **2** *(at this very moment)* ahora mismo, en este momento; **a plane is j. taking off**, un avión está despegando en este mismo momento; **he was j. leaving when Rosa arrived**, estaba a punto de salir cuando llegó Rosa; **I'm j. coming!**, ¡ya voy!; **I'm j. leaving**, me marcho ahora mismo; **j. as ...**, cuando ..., justo al ...; **j. as I shut the door I realized I had left my keys inside**, justo al cerrar la puerta me di cuenta de que había dejado las llaves en el interior; **j. as I thought**, me lo figuraba; **j. as I was leaving**, en el momento en que me marchaba. **3** *(only)* solamente, nada más, sólo; **he is j. a boy**, no es más que un niño; **j. in case**, por si acaso; **j. those with tickets**, únicamente los que llevan billetes; **these are j. a few examples of his work**, estas son sólo algunas muestras de su trabajo; **they are j. good friends**, sólo son buenos amigos; *fam* **j. a minute** *or* **a moment** *or* **a second!**, ¡un momento! **4** *(barely, very nearly)* por poco; **I j. managed it**, por poco no lo consigo; **I only j. caught the bus**, cogí el autobús por los pelos; **j. about**, casi; **j. enough**, justo lo suficiente; **we'll j. make it**, llegaremos justo a tiempo. **5** *(emphatic)* **he's so good-looking —isn't he j.!**, ¡es tan guapo! —¡ya lo creo!; **it's j. fantastic!**, ¡es sencillamente fantástico!; **she's j. marvellous**, es un encanto de mujer; **you'll j. have to wait**, tendrás que esperar. **6** *(exactly)* exactamente, justamente, justo;

it's j. what I wanted, es exactamente lo que quería; **she likes everything j. so**, le gusta tenerlo todo perfecto; **that's j. it!**, ¡precisamente!; *fam* **it's j. my luck**, vaya mala suerte tengo. **7** *(equally)* tan, igual de; **my car's j. as fast as yours**, mi coche es tan rápido como el tuyo. III **the j.** *npl* los justos. ◆**justly** *adv* justamente, con justicia; **she was j. famous**, alcanzó merecida fama.

justice ['dʒʌstɪs] *n* **1** *(fairness)* justicia *f*; **he was brought to j.**, lo llevaron ante los tribunales; **let j. be done**, que se haga justicia; **the portrait doesn't do her j.**, el retrato no le hace justicia; **we did j. to the fantastic lunch**, correspondimos lo mejor que pudimos a tan fantástica comida; **you didn't do yourself j. in the interview**, no diste lo mejor de ti en la entrevista. **3** *US (judge, magistrate)* juez *mf*; *GB* **J. of the Peace**, juez de paz; *GB* **Mr J. Burke**, el juez Burke.

justifiable['dʒʌstɪfaɪəbəl] *adj* justificable.

justification[dʒʌstɪfɪ'keɪʃən] *n* **1** *(defence)* justificación *f*, razón *f*; **in j. of**, en defensa de. **2** *Print* justificación *f*.

justified['dʒʌstɪfaɪd] *adj* **1** *(right)* justificado,-a; **to be j. in doing sth**, tener razón en hacer algo. **2** *Print* justificado,-a.

justify['dʒʌstɪfaɪ] *vtr (pt & pp justified)* **1** *(explain)* justificar; **he justified what he had done**, justificó lo que había hecho. **2** *Print* justificar.

justness['dʒʌstnɪs] *n (fairness)* justicia *f*.

jut[dʒʌt] *vi (pt & pp jutted)* sobresalir; **to j. out from**, sobresalir de; **to j. out over**, proyectarse sobre.

Jute[dʒuːt] *n Hist* yuto,-a *m,f*.

jute[dʒuːt] *n Bot* yute *m*.

juvenile['dʒuːvənaɪl] I *adj* **1** *(young)* juvenil; *Jur* **j. court**, tribunal de menores; **j. delinquent**, delincuente juvenil. **2** *(immature)* infantil; **don't be so j.!**, ¡no seas tan infantil! II *n* menor *mf*, joven *mf*, adolescente *mf*.

juxtapose[dʒʌkstə'pəʊz] *vtr* yuxtaponer.

juxtaposition[dʒʌkstəpə'zɪʃən] *n* yuxtaposición *f*.

K

K, k[keɪ] *n (the letter)* K, k *f*.

k[keɪ] *abbr of* **kilo**, kilo *m*, kilogramo *m*, kg.

Kabul[kə'bʊl, 'kɑːbəl] *n* Kabul.

kaftan['kæftæn] *n* caftán *m*.

Kaiser['kaɪzə^r] *n* káiser *m*.

kale[keɪl] *n* col *f* rizada.

kaleidoscope[kə'laɪdəskəʊp] *n* caleidoscopio *m*.

kamikaze[kæmɪ'kɑːzɪ] *adj & n* kamikaze *(mf)*.

Kampuchea[kæmpʊ'tʃɪə] *n* Kampuchea.

kangaroo ['kæŋgə'ruː] *n Zool* canguro *m*. ■ **k. court**, tribunal *m* desautorizado.

kaolin['keɪəlɪn] *n Min* caolín *m*.

kapok['keɪpɒk] *n* kapok *m*.

kaput[kæ'pʊt] *adj fam* estropeado,-a; *(plan)* fastidiado,-a; **my car's k.**, tengo el coche estropeado.

karat['kærət] *n US* quilate *m*.

karate[kə'rɑːtɪ] *n Sport* kárate *m*.

Kashmir[kæʃ'mɪə^r] *n* Cachemira.

Kat(h)mandu[kætmæn'duː] *n* Katmandú.

kayak['kaɪæk] *n* kayac *m*.

KC[keɪ'siː] *GB Jur abbr of* **King's Counsel**, abogado,-a *m,f* del Estado.

kebab[kə'bæb] *n Culin* pincho *m* moruno, brocheta *f*.

keel[kiːl] *n Naut* quilla *f*; *fig* **to be on an even k.**, estar en equilibrio. ◆**keel over***vi (boat)* zozobrar; *fam (person)* desmayarse.

keen¹[kiːn] *adj* **1** *(eager)* entusiasta; **he's a k. golfer**, he's k. on golf, es muy aficionado al golf; *fam* **he's k. on your sister**, le gusta tu hermana. **2** *(intense)* profundo,-a; **she took a k. interest in international affairs**, tomó un gran interés por los asuntos internacionales. **3** *(sharp, acute)* *(mind, senses)* agudo,-a; *(look)* penetrante; *(wind)* cortante; *(blade)* afilado,-a; *(competition)* fuerte. **4**

(price) competitivo,-a. ◆**keenly** *adv (intensely)* profundamente; *(eagerly)* con entusiasmo.

keen² [ki:n] *vi arch* lamentar.

keenness ['ki:nnɪs] *n* **1** *(enthusiasm)* entusiasmo *m*, afición *f*. **2** *(intensity)* intensidad *f*, fuerza *f*. **3** *(sharpness)* agudeza *f*, penetración *f*.

keep [ki:p] **I** *n* **1** *(maintenance)* manutención *f*; **to earn one's k.**, ganarse el cocido *or* el pan. **2** *(tower)* torreón *m*. **3** *fam* **for keeps**, para siempre. **II** *vtr (pt & pp* **kept)** **1** *(cause to remain)* tener, mantener; *(letters, memories, silence)* guardar; **to k. one's looks**, conservarse bien; **to k. sb awake**, mantener despierto a algn; **to k. sb informed**, tener a algn al corriente; **to k. sb in the dark about sth**, ocultarle algo a algn; **to k. sth in mind**, tener a algo en cuenta *or* en mente. **2** *(retain possession of)* quedarse; **he can't k. a job for more than six months**, es incapaz de conservar un trabajo más de seis meses; **k. it, it's for you**, quédatelo, es tuyo; **k. the change**, quédese con el cambio. **3** *(detain)* detener, retener; **the rain kept them at home**, la lluvia les retuvo en casa; **to k. sb waiting**, hacer esperar a algn. **4** *(maintain, support)* mantener; *(animals)* criar; **badly kept road**, carretera en mal estado. **5** *(observe, fulfil) (the law)* observar; *(a promise)* cumplir; *(holidays)* guardar. **6** *(conceal, reserve) (secret, place)* guardar; **k. this to yourself**, no se lo digas a nadie. **7** *(write) (diary, accounts)* llevar; *Educ* **to k. the register**, pasar lista. **8** *(prevent, delay)* impedir; **I don't know what kept me from slapping him**, no sé qué me impidió darle una bofetada; **the noise keeps me from sleeping**, el ruido me impide dormir. **9** *(own, manage)* tener; *(shop, hotel)* llevar; **to k. house**, llevar la casa. **10** *(stock)* tener, vender; **we don't k. cigars**, no vendemos puros. **III** *vi* **1** *(remain)* seguir; **k. calm!**, ¡tranquilo,-a!; **k. quiet!**, ¡cállate!; **k. still!**, ¡estáte quieto,-a!; **to k. fit**, mantenerse en forma; **to k. going**, seguir adelante; *fig* ir tirando; **to k. in touch**, no perder el contacto; **to k. smiling**, seguir sonriendo. **2** *(do frequently)* no dejar de; **he keeps phoning me**, no deja de llamarme; **she keeps forgetting her keys**, siempre se olvida las llaves. **3** *(food)* conservarse. ◆**keep at** *vi (persevere)* perseverar; *(force)* insistir en; **k. at it!**, ¡no te desanimes!; **the boss kept us at it all day**, el jefe nos hizo trabajar en ello todo el día. ◆**keep away** *I vtr* mantener a distancia. **II** *vi* mantenerse a distancia; **to k. away from drink**, abstenerse de beber. ◆**keep back** *vtr* **1** *(hold back) (enemy)* contener; **his ill-health kept him back at school**, su mala salud le impidió progresar en el colegio. **2** *(withhold) (truth, information)* ocultar, callar; *(money, food, etc)* retener. ◆**keep down** *vtr* **1** *(limit)* limitar; **to k. expenses down**, limitar los gastos; **to k. prices down**, mantener los precios bajos. **2** *(oppress)* contener. **3** *(prevent vomiting)* contener; **I can't even k. water down**, vomito hasta el agua que bebo. ◆**keep in** *vtr (detain)* no dejar salir, impedir salir a; **he was kept in after school**, le dejaron castigado. ◆**keep in with** *vi* cultivar la amistad de. ◆**keep off** *vtr & vi (bar from)* prohibir; *(prevent from touch or reference)* no tocar; *(avoid consuming)* no comer, no beber; **k. off the grass**, prohibido pisar la hierba; **please k. off that subject**, le ruego que no toque ese tema; **the rain kept off**, no llegó a llover. ◆**keep on** **I** *vtr* **1** *(clothes etc)* no quitarse; **to k. an eye on sth/sb**, vigilar algo/a algn; *fam* **k. your shirt on!**, ¡no pierdas la calma! **2** *(continue to employ)* no despedir a. **II** *vi (continue to do)* seguir; **she kept on walking**, siguió andando. ◆**keep on about** *vtr fam pej* no

parar; **he keeps on about money**, no para de hablar del dinero. ◆**keep on at** *vtr fam* no dejar tranquilo. ◆**keep out** **I** *vtr* no dejar pasar. **II** *vi* no entrar; **k. out!**, ¡prohibida la entrada! ◆**keep out of** *vtr* evitar; **I kept out of trouble**, evité líos; **k. out of this!**, ¡no te metas en esto! ◆**keep to** *vtr & vi* **1** *(observe) (law, promise)* cumplir; **to k. sb to his promise**, obligar a algn a cumplir lo prometido; **to k. to a resolution**, mantenerse firme en un propósito. **2** *(restrict)* limitarse a; **k. to the point!**, ¡ciñete a la cuestión! **3** *(remain, stay)* quedarse; **he kept to his room all day**, se quedó en su cuarto todo el día; **to k. oneself to oneself**, no relacionarse con la gente; **to k. to the left**, circular por la izquierda. ◆**keep up** **I** *vtr* **1** mantener; **to k. up appearances**, guardar las apariencias; **to k. up the pace**, mantener el ritmo. **2** *(continue)* seguir; *fam* **k. it up!**, ¡sigue así! **3** *(prevent from sleeping)* mantener despierto,-a; **I mustn't k. you up**, ya debe ser tarde para ti. ◆**keep up with** *vtr* mantenerse; **to k. up with the times**, estar al día; *fig* **to k. up with the Joneses**, no ser menos que el vecino.

keeper ['ki:pəʳ] *n* guarda *mf*, vigilante *m*; *(in library, record office)* archivero,-a *m,f*; *(in museum)* conservador,-a *m,f*.

keeping ['ki:pɪŋ] *n* **1** *(care)* cargo *m*, cuidado *m*; **in sb's k.**, al cuidado de algn; **to be in safe k.**, estar en buenas manos. **2** *(appropriate)* **in k. with**, en armonía con; **out of k. with**, en desacuerdo con.

keepsake ['ki:pseɪk] *n* recuerdo *m*.

keg [keg] *n* barril *m*.

kennel ['kenəl] *n* **1** *(hut)* caseta *f* para perros. **2 kennels**, *(for breeding)* granja *f sing* de perros; *(for boarding)* hotel *m sing* de perros.

Kenya ['kenjə, 'ki:njə] *n* Kenia.

Kenyan ['kenjən, 'ki:njən] *adj & n* keniata *(mf)*, keniano,-a *(m,f)*.

kept [kept] *pt & pp see* keep.

kerb [kɜ:b] *n* bordillo *m*; *Aut* **to hit the k.**, chocar contra el bordillo.

kerchief ['kɜ:tʃɪf] *n arch* pañuelo *m*.

kerfuffle [kə'fʌfəl] *n fam* jaleo *m*.

kernel ['kɜ:nəl] *n (of fruit, nut)* pepita *f*; *(of wheat)* grano *m*; *fig* **the k. of the matter**, el meollo de la cuestión.

kerosene *n*, **kerosine** ['kerəsi:n] *n US* queroseno *m*. ■ **k. lamp**, lámpara *f* de petróleo.

kestrel ['kestrəl] *n Orn* cernícalo *m* vulgar.

ketch [ketʃ] *n Naut* queche *m*.

ketchup ['ketʃəp] *n* ketchup *m*, salsa *f* de tomate.

kettle ['ketəl] *n* tetera *f*; *fig* **a fine k. of fish!**, ¡menudo lío!; *fam* **that's a different k. of fish**, eso es harina de otro costal. ■ **electric k.**, tetera *f* eléctrica.

kettle-drum ['ketəldrʌm] *n Mus* timbal *m*.

key [ki:] **I** *n* **1** *(for lock)* llave *f*. ■ **k. money**, depósito *m*; **k. ring**, llavero *m*. **2** *(to code, mystery)* clave *f*. **3** *(of piano, typewriter, computer)* tecla *f*. **4** *Mus* tono *m*; **minor k.**, tono *m* menor; **to play off k.**, desafinar. **5** *Geog* cayo *m*. **II** *adj* clave; **k. industry**, industria clave. ◆**key in** *vtr Comput* introducir.

keyboard ['ki:bɔ:d] *n* teclado *m*.

keyed up [ki:d'ʌp] *adj* nervioso,-a, excitado,-a.

keyhole ['ki:həʊl] *n* ojo *m* de la cerradura.

keynote ['ki:nəʊt] *n Mus* tónica *f*; *fig* nota *f* dominante.

keypunch ['ki:pʌntʃ] *n US Comput* perforadora *f*.

keystone ['ki:stəʊn] *n* Archit piedra *f* clave; *fig* piedra *f* angular.

kg *abbr of* **kilogram(s)**, kilogramo(s) *m(pl)*, kg.

khaki ['kɑ:kɪ] *adj & n* caqui *(m)*.

Khart(o)um [kɑ:'tu:m] *n* Jartum.

kHz *Rad abbr of* **kilohertz**, kilohercio(s) *m(pl)*, kHz.

kibbutz [kɪ'bʊts] *n (pl* **kibbutzim** [kɪbʊ'tsi:m]*)* kibutz *m*.

kick [kɪk] **I** *n* **1** *(a blow) (from animal)* coz *f*; *(from person)* patada *f*, puntapié *m*; *(from gun)* culatazo *m*; *fig* **to get a k. in the teeth,** darse con un canto en las narices; *fam* **a drink with a k. in it,** una bebida explosiva. ■ *Aut* **k. starter,** arranque *m*, pedal *m* de arranque. **2** *fam (pleasure, thrill)* **I get a k. out of it,** disfruto con ello; **to do sth for kicks,** hacer algo por el simple placer de hacerlo. **II** *vi (animal)* cocear; *(person)* dar patadas; *(gun)* dar un culatazo; *fam* **alive and kicking,** vivito y coleando. **III** *vtr* dar un puntapié a; **to k. the ball,** chutar (el balón); *fig* **to k. sb when they are down,** dar la puntilla *or* rematar a algn; *fig* **to k. up a fuss** *or* **a row,** armar un escándalo; *fam* **I could k. myself,** ¡qué imbécil soy!; *fam* **to k. a habit,** dejar un vicio; *fam* **to k. the bucket,** estirar la pata. ◆**kick about** *vi fam (lie unnoticed, unused)* andar por ahí. ◆**kick against** *vtr (react)* saltar, reaccionar. ◆**kick around** *fam* **I** *vi (lie unnoticed, unused)* andar por ahí. **II** *vtr (consider) (ideas, suggestions)* dar vueltas a. ◆**kick off** *vi fam* empezar; *Ftb* sacar. ◆**kick out** *vtr* echar a patadas, expulsar. ◆**kick up** *vtr fam (fuss, row)* armar.

kickback ['kɪkbæk] *n* **1** *(of gun)* culatazo *m*. **2** *fam* soborno *m*.

kick-off ['kɪkɒf] *n Ftb* saque *m* inicial.

kid[1] [kɪd] *n* **1** *Zool* cabrito *m*; **k. gloves,** guantes de cabritilla; *fig* **to handle sb with k. gloves,** tratar a algn con guante blanco. **2** *fam* niño,-a *m,f*, chiquillo,-a *m,f*; **my k. brother,** mi hermano pequeño; **that's k.'s stuff,** eso está chupado, es cosa de niños. **3** *fam* **the kids,** los críos, los chiquillos.

kid[2] [kɪd] *vtr & vi (pt & pp* **kidded)** *fam* **1** *(joke)* estar de broma, tomar el pelo; **no kidding!,** va en serio, no es broma; **you're kidding!,** ¡no me digas! **2** *(fool)* **to k. oneself,** hacerse ilusiones.

kidnap ['kɪdnæp] *vtr (pt & pp* **kidnapped)** secuestrar, raptar.

kidnapper ['kɪdnæpə[r]] *n* secuestrador,-a *m,f*, raptor,-a *m,f*.

kidnapping ['kɪdnæpɪŋ] *n* secuestro *m*, rapto *m*.

kidney ['kɪdnɪ] *n Anat Culin* riñón m. ■ *Med* **k. machine,** riñón *m* artificial; *Med* **k. stone,** cálculo *m* renal.

kill [kɪl] **I** *n (act)* matanza *f*; *(animal)* pieza *f*; *fig* **to be in at the k.,** ser testigo. **II** *vtr* **1** *(gen)* matar; **to k. oneself,** suicidarse, matarse; *fig* **to k. time,** pasar el rato, matar el tiempo; *fig* **to k. two birds with one stone,** matar dos pájaros de un tiro; *fig* **to k. with kindness,** proteger excesivamente; *fam* **to k. oneself laughing,** morirse de risa. **2** *fam (hurt)* doler mucho; **my feet are killing me,** ¡ay, cómo me duelen los pies! **3** *fam (stop)* acabar; **that mistake has killed his chances,** ese error ha acabado con sus posibilidades. ◆**kill off** *vtr* exterminar, liquidar.

killer ['kɪlə[r]] *n* asesino,-a *m,f*. ■ **k. whale,** orca *f*.

killing ['kɪlɪŋ] **I** *n* matanza *f*, asesinato *m*; *fig* **to make a k.,** forrarse de dinero. **II** *adj fam* **1** *(tiring)* agotador,-a. **2** *(funny)* para morirse, divertidísimo,-a.

killjoy ['kɪldʒɔɪ] *n* aguafiestas *mf inv*.

kiln [kɪln] *n* horno *m*.

kilo ['ki:ləʊ] *n* kilo *m*.

kilogram(me) ['kɪləʊgræm] *n* kilogramo *m*.

kilohertz ['kɪləʊhɜ:ts] *n* kilohercio *m*.

kilometre, *US* **kilometer** [kɪ'lɒmɪtə[r]] *n* kilómetro *m*.

kilowatt ['kɪləʊwɒt] *n* kilovatio *m*.

kilt [kɪlt] *n* falda *f* escocesa, kilt *m*.

kimono [kɪ'məʊnəʊ] *n* quimono *m*, kimono *m*.

kin [kɪn] *n* familiares *mpl*, parientes *mpl*; **next of k.,** pariente(s) *m(pl)* más cercanos.

kind[1] [kaɪnd] **I** *n* **1** *(gen)* tipo *m*, clase *f*; **all kinds of,** toda clase de; **chicha is a k. of beer,** la chicha es una especie de cerveza; **nothing of the k.,** nada por el estilo; **they are the k. you can eat,** son de los que se puede comer; **they are two of a k.,** son tal para cual; **what k. of car?,** ¿qué tipo de coche? **2 in k.,** *(payment)* en especie; *(similar treatment)* con la misma moneda. **II** *adv fam* **k. of,** en cierta manera; **I feel k. of sorry for him,** en cierta manera le compadezco; **I k. of expected it,** me lo temía; **she's k. of tired,** está algo cansada.

kind[2] [kaɪnd] *adj* amable, simpático,-a; **it's very k. of you,** es usted muy amable; *fml* **would you be so k. as to ...?,** ¿me haría usted el favor de ...? ◆**kindly** *adv* amablemente.

kindergarten ['kɪndəgɑ:tən] *n* parvulario *m*, jardín *m* de infancia.

kind-hearted [kaɪnd'hɑ:tɪd] *adj* bondadoso,-a, de buen corazón.

kindle ['kɪndəl] *vtr (fire)* encender; *fig (emotion, interest, etc)* encender, despertar.

kindling ['kɪndlɪŋ] *n* leña *f*.

kindliness ['kaɪndlɪnɪs] *n* bondad *f*, amabilidad *f*.

kindly ['kaɪndlɪ] **I** *adj (kindlier, kindliest)* amable, bondadoso,-a. **II** *adv fml (please)* por favor; **k. remit a cheque,** sírvase enviar cheque; **to look k. on,** aprobar.

kindness ['kaɪndnɪs] *n* bondad *f*, amabilidad *f*; **to do sb a k.,** hacerle un favor a algn.

kindred ['kɪndrɪd] **I** *adj* **1** *(related)* emparentado,-a; **k. languages,** idiomas emparentados. **2** *(similar)* semejante, afín; **k. spirits,** almas *fpl* gemelas. **II** *n arch* familiares *mpl*.

kinetic [kɪ'netɪk] *adj* cinético,-a.

king [kɪŋ] *n (gen)* rey *m*; *(draughts)* dama *f*; **K. John,** el rey Juan; **the three kings,** los Reyes Magos.

kingdom ['kɪŋdəm] *n* reino *m*; **the animal k.,** el reino animal.

kingfisher ['kɪŋfɪʃə[r]] *n Orn* martín *m* pescador.

kingpin ['kɪŋpɪn] *n Tech* clavija *f* maestra; *fig* persona *f* clave.

king-size ['kɪŋsaɪz] *adj* extralargo,-a.

kink [kɪŋk] *n (in rope, thread)* coca *f*, retorcimiento *m*; *(in hair)* rizo *m*; *(peculiarity)* manía *f*.

kinky ['kɪŋkɪ] *adj (kinkier, kinkiest) fam (strange)* raro,-a; *(sexually)* pervertido,-a.

kinship ['kɪnʃɪp] *n* parentesco *m*.

kiosk ['ki:ɒsk] *n* quiosco *m*.

kip [kɪp] **I** *n fam* **to have a k.,** echar una cabezada. **II** *vi fam* **to k. (down),** dormir.

kiss [kɪs] **I** *n* beso *m*; **the k. of life,** el boca a boca. **II** *vtr* besar; **he kissed the child good night,** besó al niño al darle las buenas noches; *fam* **to k. sth goodbye,** dar un beso de despedida a algo. **III** *vi* besarse.

kit [kɪt] *n* **1** *(equipment, gear)* equipo *m*; *Mil* avíos *mpl*, pertrechos *mpl*. ■ **first-aid k.**, botiquín *m*; **tool k.**, caja *f* de herramientas. **2** *(clothing)* ropa *f*. ■ **riding k.**, traje *m* de montar. **3** *(toy model)* maqueta *f*, kit *m*. ◆**kit out** *vtr* equipar.

kitbag ['kɪtbæg] *n Mil Naut* mochila *f*.

kitchen ['kɪtʃɪn] *n* cocina *f*. ■ **k. sink**, fregadero *m*; *fig* **they took everything but the k. sink**, sólo les faltó llevarse las paredes; **k. unit**, módulo *m* de cocina.

kitchenware ['kɪtʃɪnweəʳ] *n* batería *f* de cocina.

kite [kaɪt] *n* **1** *Orn* milano *m*. ■ **red k.**, milano *m* real. **2** *(toy)* cometa *f*; *fig* **to fly a k.**, sondear la opinión.

kith [kɪθ] *n* **k. and kin**, *arch* parientes *mpl* y amigos *mpl*.

kitten ['kɪtən] *n* gatito,-a *m,f*; *fam* **I nearly had kittens**, casi me muero del susto.

kittiwake ['kɪtɪweɪk] *n Orn* gaviota *f* tridáctila.

kitty[1] ['kɪtɪ] *n fam* minino,-a *m,f*.

kitty[2] ['kɪtɪ] *n (moneybox)* hucha *f*; *Cards* bote *m*.

kiwi ['ki:wi:] I *n* **1** *Orn* kiwi *m*. **2** *(fruit)* kiwi *m*. **3** *(person) fam* neozelandés,-esa *m,f*. II *adj fam* neozelandés,-esa.

kleptomania [kleptəʊ'meɪnɪə] *n* cleptomanía *f*.

kleptomaniac [kleptəʊ'meɪnɪæk] *n* cleptómano,-a *m,f*.

km *(pl* **km** *or* **kms)** *abbr of* **kilometre(s)**, kilómetro(s) *m(pl)*, km.

knack [næk] *n* maña *f*, truco *m*; **to get the k. of doing sth**, cogerle el tranquillo *or* el truquillo a algo.

knacker ['nækəʳ] *n* matarife *m*.

knackered ['nækəd] *adj fam* **to be k.**, estar reventado,-a.

knapsack ['næpsæk] *n arch* mochila *f*.

knave [neɪv] *n Cards (English pack)* jota *f*; *(Spanish pack)* sota *f*.

knead [ni:d] *vtr* dar masaje; *(bread etc)* amasar.

knee [ni:] I *n* **1** *Anat* rodilla *f*; **on one's knees**, de rodillas; *fig* **to bring sb to their knees**, humillar a algn. **2** *(of trousers)* rodillera *f*. II *vtr* dar un rodillazo a.

kneecap ['ni:kæp] I *n Anat* rótula *f*. II *vtr* romper la rótula.

knee-deep ['ni:di:p] *adj* que llega hasta las rodillas; **he was k. in water**, estaba metido en el agua hasta las rodillas.

kneel [ni:l] *vi (pt & pp* **knelt) to k. (down)**, arrodillarse.

knee-length ['ni:leŋθ] *adj* largo,-a hasta las rodillas; **a k.-l. skirt**, una falda hasta la rodilla.

knees-up ['ni:sʌp] *n inv fam* fiesta *f*, juerga *f*.

knell [nel] *n lit* toque *m* de difuntos.

knelt [nelt] *pt & pp see* **kneel**.

knew [nju:] *pt see* **know**.

knickerbockers ['nɪkəbɒkəz] *npl* bombachos *mpl*.

knickers ['nɪkəz] *npl* **1** *(for women)* bragas *fpl*; *fam* **to get your k. in a twist**, ponerse negro,-a. **2** *US* bombachos *mpl*.

knick-knack ['nɪknæk] *n* chuchería *f*.

knife [naɪf] I *n (pl* **knives** [naɪvz]*)* cuchillo *m*; *fig* **on a k. edge**, pendiendo de un hilo; *fam* **to get one's k. into sb**, tenérsela jurada a algn. II *vtr* apuñalar, dar una puñalada a.

knight [naɪt] I *n Hist* caballero *m*; *Chess* caballo *m*. II *vtr* armar caballero.

knighthood ['naɪthʊd] *n* **1** *(rank)* título *m* de caballero. **2** *(body of knights)* caballería *f*.

knit [nɪt] I *vtr (pt & pp* **knitted** *or* **knit)** **1** *(with wool etc)* tejer. **2** *(join)* juntar **(together, -)**; *fig* **to k. one's brow**, fruncir el entrecejo *or* el ceño. II *vi* **1** hacer punto, hacer calceta, tejer, tricotar. **2** *Med (bone)* soldarse.

knitting ['nɪtɪŋ] *n* punto *m*, calceta *f*. ■ **k. machine**, máquina *f* de tejer, tricotosa *f*; **k. needle**, aguja *f* de tejer.

knit-wear ['nɪtweəʳ] *n* géneros *mpl* de punto.

knob [nɒb] *n* **1** *(of stick)* puño *m*, pomo *m*; *(of drawer)* tirador *m*; *(control button)* botón *m*. **2** *(small portion)* trozo *m*, porción *f*.

knobbly ['nɒblɪ] *adj (knobblier, knobbliest)* nudoso,-a; **k. knees**, rodillas huesudas.

knock [nɒk] I *n* **1** *(sound, blow)* golpe *m*; **k., k., k.!**, ¡toc, toc, toc!; **there was a k. at the door**, llamaron a la puerta; **to get a nasty k.**, darse un buen golpe. **2** *fig* revés *m*. II *vtr* **1** *(strike)* golpear; **to k. a hole in sth**, abrir un agujero en algo; *fig* **to k. one's head against a brick wall**, darse de cabeza contra la pared; *fig* **to k. sb for six**, dejar pasmado,-a a algn. **2** *fam (criticize)* criticar. III *vi* **1** chocar **(against, into,** contra); *(at door)* llamar **(at,** a); *fam* **she's knocking on 70**, tiene casi 70 años. **2** *Aut (make a noise)* golpetear. ◆**knock about, knock around** I *vtr* **1** pegar, maltratar. **2** *(discuss) (ideas etc)* discutir. II *vi fam (to be present)* andar por ahí; **she has knocked about a bit**, ha vivido mucho. ◆**knock back** *vtr fam* **1** *(drink)* beber de un trago. **2** *(cost)* costar. ◆**knock down** *vtr* **1** *(demolish)* derribar. **2** *Aut (hit)* atropellar; **he was knocked down by a car**, le atropelló un coche. **3** *(reduce price)* rebajar. ◆**knock off** I *vtr* **1** tirar; **she knocked the vase off the table**, tiró el florero de la mesa. **2** *(reduce)* hacer una rebaja, rebajar; **he knocked five pounds off it**, lo rebajó en cinco libras. **3** *fam (steal)* mangar, birlar. **4** *sl (kill)* **to k. sb off**, liquidar a algn. **5** *fam exclam* **k. it off!**, ¡basta ya! II *vi fam* largarse; **they k. off at five**, se piran a las cinco. ◆**knock out** *vtr* **1** *(make unconscious)* dejar sin conocimiento; *Box* poner fuera de combate, derrotar por K.O., noquear. **2** *(surprise)* dejar pasmado,-a; **she was knocked out by the news**, se quedó de una pieza al oírlo. ◆**knock over** *vtr* volcar; *Aut* atropellar. ◆**knock up** I *vtr* **1** *fam (wake)* despertar. **2** *(make)* hacer deprisa. **3** *US fam offens (make pregnant)* dejar preñada. II *vi Ten* pelotear.

knocker ['nɒkəʳ] *n* aldaba *f*.

knock-kneed [nɒk'ni:d] *adj* patizambo,-a.

knockout ['nɒkaʊt] I *n* **1** *Box* K.O. *m*, fuera de combate *m*, knock-out *m*. **2** *fam* maravilla *f*; **she's a k.**, es guapísima. II *adj* **1** *Box* **k. blow**, golpe *m* que pone fuera de combate. **2** *Sport* **k. competition**, competición *f* de pruebas eliminatorias.

knoll [nəʊl] *n lit* loma *f*, montículo *m*.

knot [nɒt] I *n* **1** *(gen)* nudo *m*; *(in ribbon)* lazo *m*; *(group)* grupo *m*; *fig* **to tie oneself up in knots**, hacerse un lío. **2** *Naut (sea mile)* nudo *m*. II *vtr* anudar; **the rope must be knotted**, hay que anudar la cuerda, hay que hacer un nudo a la cuerda.

knotty ['nɒtɪ] *adj (knottier, knottiest)* nudoso,-a; *fig* **a k. problem**, un problema espinoso.

know [nəʊ] I *vtr & vi (pt* **knew**; *pp* **known) 1** *(have knowledge or information of)* saber; **as far as I k.**, que yo sepa; **how should I k.!**, ¡yo qué sé!; **I don't k. about that**, eso no te lo puedo decir; **if only I'd known**, de haberlo sabido antes; **not that I k. of**, que yo sepa no; **not to k. the first thing about sth,** no saber ni jota de algo; **she knows how to ski,** sabe esquiar; **sth worth knowing,** algo que merece la pena saber; **to get to k. sth,** enterarse de algo; **to k. better than to do sth,** guardarse bien de hacer algo; **to k. one's own mind,** saber lo que se quiere; **to k. sth by heart,** saber algo de memoria; **to k. too much,** saber más de la cuenta; **to let sb k.,** avisar al algn; *fam* **Heaven knows!,** ¡sabe Dios! **2** *(be acquainted with)* conocer; **he has known better days,** ha conocido tiempos mejores; **to k. sb by sight,** conocer a algn de vista; *fam* **I don't k. him from Adam,** no tengo ni idea de quién es; **we got to k. each other at the party,** nos conocimos en la fiesta. **3** *(understand)* entender; **I don't k. a thing about cars,** no entiendo nada de coches; **she was a very clever person, you k.,** era muy inteligente, ¿entiendes? **II** *n fam* **to be in the k.,** estar en el ajo.

knowable ['nəʊəbəl] *adj* conocible.

know-all ['nəʊɔ:l] *n fam* sabelotodo *mf*, sabihondo,-a *m,f*.

know-how ['nəʊhaʊw] *n fam* conocimiento *m* práctico.

knowing ['nəʊɪŋ] *adj (shrewd)* astuto,-a; *(deliberate)* deliberado,-a; **a k. smile,** una sonrisa de complicidad. ◆**knowingly** *adv (shrewd)* a sabiendas; *(deliberately)* deliberadamente.

know-it-all ['nəʊɪtɔ:l] *n US fam* sabelotodo *mf*.

knowledge ['nɒlɪdʒ] *n* **1** *(understanding)* conocimiento *m*; **he has no k.** of good and evil, no tiene conocimiento del bien o del mal; **it's a matter of common k.,** es de sobra sabido; **lack of k.,** falta *f* de conocimiento; **not to my k.,** que yo sepa no; **without my k.,** sin saberlo yo. **2** *(learning)* conocimientos *mpl*; **my k. of German is poor,** mis conocimientos del alemán son escasos; **scientific k.,** conocimientos científicos; **to have a thorough k. of**

a subject, conocer un tema a fondo; **to improve one's k.,** aumentar los conocimientos.

knowledgeable ['nɒlɪdʒəbəl] *adj* erudito,-a; **to be k. about a subject,** ser muy entendido,-a en un tema. ◆**knowledgeably** *adv* eruditamente.

known [nəʊn] **I** *pp of* **know. II** *adj* conocido,-a.

knuckle ['nʌkəl] *n Anat* nudillo *m*; *Culin* hueso *m*; *fam* **near the k.,** rayando la indecencia. ◆**knuckle down** *vi fam* ponerse a trabajar *or* estudiar en serio. ◆**knuckle under** *vi fam* pasar por el aro.

knuckleduster ['nʌkəldʌstə^r] *n* puño *m* americano.

KO [keɪ'əʊ] *Box fam abbr of* **knockout,** fuera de combate *m*, K.O. *m*.

koala [kəʊ'ɑ:lə] *n Zool* koala *m*.

kookie *adj*, **kooky** ['kʊkɪ] *adj (kookier, kookiest) US fam* chalado,-a, chiflado,-a.

Koran [kɔ:'rɑ:n] *n Rel* Corán *m*.

Korea [kə'rɪə] *n* Corea.

Korean [kə'rɪən] *adj & n* coreano,-a *(m,f)*.

kosher ['kəʊʃə^r] *adj* conforme a la ley judaica; *fam* correcto,-a.

kph [keɪpi:'eɪtʃ] *abbr of* **kilometres per hour,** kilómetros *mpl* por hora, Km/h, km/h.

Kraut [kraʊt] *n sl offens* boche *mf*.

krypton ['krɪptɒn] *n Chem* kriptón *m*.

kudos ['kju:dɒs] *n* prestigio *m*.

Kurd [kɜ:d] *n* curdo,-a *m,f*.

Kurdish ['kɜ:dɪʃ] **I** *adj* curdo,-a. **II** *n (language)* curdo *m*.

Kurdistan [kɜ:dɪ'stɑ:n] *n* Kurdistán.

Kuwait [kʊ'weɪt] *n* Kuwait.

Kuwaiti [kʊ'weɪtɪ] *adj & n* kuwaití *(mf)*.

kW *abbr of* **kilowatt(s),** kilovatio(s) *m(pl)*, Kw, kw.

kWh *abbr of* **kilowat(s)-hour,** kilovatios-hora *m (pl)*, Kw/h, kw/h.

L

L, l [el] *n (the letter)* L, l *f*.

L *Aut abbr of* **Learner driver,** ≈ conductor *m* en prácticas.

Lab *abbr of* **Labour,** laborista.

lab [læb] *n fam abbr of* **laboratory,** laboratorio *m*.

label ['leɪbəl] **I** *n* **1** *(tag)* etiqueta *f*. ■ *Mus* **record l.,** ≈ casa *f* discográfica. **2** *fig* etiqueta *f*, calificación *f*, clasificación *f*. **II** *vtr (pt & pp* **labelled,** *US* **labeled)** **1** *(parcel)* poner etiqueta a, etiquetar. **2** *fig* calificar, clasificar.

labial ['leɪbɪəl] *adj Ling* labial.

labor ['leɪbə^r] *n & vi US Austral see* **labour.**

laboratory [lə'bɒrətərɪ, *US* 'læbrətɔ:rɪ] *n* laboratorio *m*. ■ **l. assistant,** ayudante *m,f* de laboratorio.

labored ['leɪbəd] *adj US Austral see* **laboured.**

laborer ['leɪbərə^r] *n US Austral see* **labourer.**

labor-intensive [leɪbərɪn'tensɪv] *adj US Austral see* **labour-intensive.**

laborious [lə'bɔ:rɪəs] *adj* laborioso,-a, penoso,-a, difícil.

labor-saving ['leɪbəseɪvɪŋ] *adj US Austral see* **labour-saving.**

labour ['leɪbə^r] **I** *n* **1** *(work)* trabajo *m*; *(task, job)* labor *f*, tarea *f*, faena *f*; **l. of love,** trabajo *m* placentero *o* agradable. ■ *Jur* **hard l.,** trabajos *mpl* forzados *or* forzosos; **l. camp,** campo *m* de trabajos forzados *or* forzosos. **2** *Ind (workforce)* mano *f* de obra. ■ **l. costs,** coste *m* de la mano de obra; **skilled l.,** mano *f* de obra especializada. **3 labours,** *(efforts)* esfuerzos *mpl*. **4** *Pol* **L. (Party),** el Partido Laborista, los laboristas. **5** *Med (childbirth)* parto *m*; **to be in l.,** estar de parto. ■ **l. pains,** dolores *mpl or* contracciones *fpl* del parto. **II** *adj Ind* laboral; **l. relations/disputes,** relaciones/conflictos laborales. ■ *US* **L. Day,** Día *m* del Trabajador; *GB* **L. Exchange,** Bolsa *f* de Trabajo; **l. force,** mano *f* de obra; *US* **l. laws,** legislación *f* laboral; **l. market,** mercado *m* laboral; *US* **l. union,** sindicato *m*. **III** *vi* **1** *(work)* trabajar (duro); *fig* **to l. under a delusion,** hacerse ilusiones, estar equivocado,-a. **2** *(move etc) (person)* avanzar penosamente; *(engine)* funcionar con dificultad. **IV** *vtr (stress, linger on)* machacar; *(a point)* insistir en.

laboured ['leɪbəd] *adj* 1 *(breathing)* fatigoso,-a. 2 *(style)* trabajoso,-a, forzado,-a.

labourer ['leɪbərə'] *n (on roads etc)* peón *m*. ■ **farm l.**, peón *m* agrícola, jornalero,-a *m,f*, bracero,-a *m,f*.

labour-intensive [leɪbərɪn'tensɪv] *adj* con mucha mano de obra.

labour-saving ['leɪbəseɪvɪn] *adj* que ahorra trabajo; *(in kitchen)* **l.-s. devices**, electrodomésticos *mpl*.

laburnum [lə'bɜːnəm] *n Bot* laburno *m*, codeso *m*.

labyrinth ['læbərɪnθ] *n* laberinto *m*.

lace [leɪs] **I** *n* 1 *(fabric)* encaje *m*. 2 **laces**, cordones *mpl*. **II** *vtr* 1 *(tie)* atar; *(shoes)* atarse los cordones. 2 *(add spirits to)* echar licor **(with,** a). ◆**lace up** *vtr* atar con cordones.

lacerate ['læsəreɪt] *vtr Med* lacerar.

laceration [læsə'reɪʃən] *n* laceración *f*.

lace-up ['leɪsʌp] **I** *adj (shoes etc)* con cordones. **II** **lace-ups** *npl* zapatos *mpl* de cordones.

lachrymose ['lækrɪməʊs, 'lækrɪməʊz] *adj* llorón,-ona.

lack [læk] **I** *n* falta *f*, carencia *f*, escasez *f*; **for l. of**, por falta de, a falta de; **there is no l. of enthusiasm**, entusiasmo no falta. **II** *vtr* faltarle a uno, carecer de, no tener. **III** *vi* faltar, carecer; **she lacked for nothing**, no le hacía falta nada.

lackadaisical [lækə'deɪzɪkəl] *adj (lazy)* perezoso,-a, vago,-a; *(distracted)* distraído,-a, despistado,-a; *(indifferent)* indiferente, apático,-a.

lackey ['lækɪ] *n pej* lacayo *n*.

lacklustre, *US* **lackluster** ['læklʌstə'] *adj (eyes)* apagado,-a, sin brillo; *(performance)* inexpresivo,-a, sin brillo.

laconic [lə'kɒnɪk] *adj* lacónico,-a.

lacquer ['lækə'] **I** *n Constr* laca *f*; *(hair)* laca *f* para el pelo. **II** *vtr (furniture)* pintar con laca; *(hair)* poner laca.

lacrosse [lə'krɒs] *n Sport* lacrosse *f*.

lactation [læk'teɪʃən] *n* lactancia *f*.

lactic ['læktɪk] *adj* láctico,-a. ■ **l. acid**, ácido *m* láctico.

lactose ['læktəʊs, 'læktəʊz] *n Chem* lactosa *f*.

lacuna [lə'kjuːnə] *n (pl lacunae* [lə'kjuːniː] *or lacunas)* laguna *f*.

lacy ['leɪsɪ] *adj (lacier, laciest) (real)* de encaje; *(artificial)* parecido,-a al encaje.

lad [læd] *n fam* chaval *m*, muchacho *m*, chico *m*, joven *m*; **come on, lads!**, ¡vamos, muchachos!; *fam* **the lads**, los amigotes, la pandilla. ■ **(stable) l.**, mozo *m* de cuadra.

ladder ['lædə'] **I** *n* 1 escalera *f* (de mano); *fig* escala *f*, jerarquía *f*; *fig* **the evolutionary/social l.**, la escala evolutiva/social. ■ **rope l.**, escalera *f* de cuerda. 2 *(in stocking)* carrera *f*. **II** *vtr (stocking)* hacer una carrera. **III** *vi (stocking)* hacerse una carrera.

laddie ['lædɪ] *n esp Scot fam* chaval *m*, muchacho *m*, chico *m*, joven *m*.

laden ['leɪdən] *adj* cargado,-a **(with,** de).

lading ['leɪdɪŋ] *n Com* flete *m*, mercancías *fpl*; **bill of l.**, conocimiento *m* de embarque.

ladle ['leɪdəl] **I** *n Culin* cucharón *n*. **II** *vtr Culin* servir con cucharón; *fig (advice, duties)* repartir. ◆**ladle out** *vtr* repartir.

lady ['leɪdɪ] *n* señora *f*, dama *f*; *Pol* **First L.**, primera dama; *(WC)* **'Ladies'**, 'Señoras', 'Damas'; **ladies and gentlemen!**, ¡señoras y señores!; *(title)* **L. Brown**, Lady Brown; **l. doctor**, médica, doctora; *Theat* **leading l.**, primera actriz; *Rel* **Our L.**, Nuestra Señora; *fam* **l. friend**, amiguita; *fam* **ladies' man**, hombre mujeriego; *fam pej* **who does she think she is, L. Muck?**, no sé quién se cree que es.

ladybird ['leɪdɪbɜːd] *n*, *US Canada* **ladybug** ['leɪdɪbʌg] *n Ent* mariquita *f*, vaca *f* de San Antón.

lady-in-waiting [leɪdɪn'weɪtɪŋ] *n (pl ladies-in-waiting)* dama *f* de honor.

lady-killer ['leɪdɪkɪlə'] *n* ladrón *n* de corazones, tenorio *m*, donjuán *m*.

ladylike ['leɪdɪlaɪk] *adj* elegante, fino,-a, distinguido,-a.

ladyship ['leɪdɪʃɪp] *n* señoría *f*; **Her L., Your L.**, su señoría.

lag [læg] **I** *n* 1 *(delay)* retraso *m*; **time l.**, retraso *m*, demora *f*. 2 *sl (convict)* presidiario *m*; **old l.**, reincidente *m*. **II** *vi (of time & pp lagged)* rezagarse; **to l. (behind)**, quedarse atrás, retrasarse, rezagarse. **III** *vtr Tech* revestir.

lager ['lɑːgə'] *n* cerveza *f* rubia.

lagging ['lægɪŋ] *n Tech* revestimiento *m* (calorífugo).

lagoon [lə'guːn] *n* laguna *f*.

laid [leɪd] *pt & pp* **lay**.

laid-back [leɪd'bæk] *adj fam* tranquilo,-a, suave.

lain [leɪn] *pp of* **lie**.

lair [leə'] *n* guarida *f*.

laird [leəd] *n Scot (landowner)* terrateniente *m*.

laissez-faire [leɪseɪ'feə'] *n Pol* política *f* de no injerencia *or* no intervención.

laity ['leɪtɪ] *n Rel* **the l.**, los seglares, los laicos, los legos.

lake [leɪk] *n* lago *m*.

lama ['lɑːmə] *n Rel* lama *m*.

lamb [læm] **I** *n (animal)* cordero *m*; *(meat)* carne *f* de cordero; *fam* **poor l.!**, ¡pobrecito! ■ **l. chop**, chuleta *f* de cordero; **l.'s wool**, lana *f* de cordero. **II** *vi (sheep)* parir.

lambskin ['læmskɪn] *n* piel *f* de cordero.

lamb's-wool ['læmswʊl] *adj* de lana de cordero, de lambswool.

lame [leɪm] *adj* 1 *(person, animal)* cojo,-a; **to be l.**, *(temporarily)* estar cojo,-a; *(permanently)* ser cojo,-a; **l. in one leg**, cojo,-a de una pierna. ■ *(person)* **l. duck**, incapaz *mf*. 2 *fig (excuse)* poco convincente, débil; *(argument)* flojo,-a; *(business)* fallido,-a. ◆**lamely** *adv fig* sin convicción.

lameness ['leɪmnɪs] *n* cojera *f*; *fig* falta *f* de convicción, debilidad *f*.

lament [lə'ment] **I** *n (grief)* lamento *n*; *Mus* endecha *f*. **II** *vtr (death)* llorar, lamentar. **III** *vi* llorar **(for,** a), lamentarse **(over,** de).

lamentable ['læməntəbəl] *adj* lamentable, deplorable.

lamentation [læmən'teɪʃən] *n* lamentación *f*, lamento *m*.

lamented [lə'mentɪd] *adj* llorado,-a.

laminate ['læmɪneɪt] **I** *vtr* laminar. **II** *n* laminado *m*.

laminated ['læmɪneɪtɪd] *adj (metal)* laminado,-a; *(glass)* inastillable; *(paper)* plastificado,-a.

lamp [læmp] *n (gen)* lámpara *f; Aut Rail* faro *m*. ■ **street l.,** farol *m*, farola *f*; **sun l.,** lámpara *f* UVA *or* de rayos ultravioletas; **table l.,** lámpara *f* de mesa.

lamplight ['læmplaɪt] *n* luz *f* de lámpara.

lamplit ['læmplɪt] *n* illuminado,-a con luz de lámpara.

lampoon [læm'puːn] I *n* pasquín *m*, sátira *f*. II *vtr* satirizar.

lamp-post ['læmppəʊst] *n* (poste *m* de) farol *m*, farola *f*.

lamprey ['læmprɪ] *n (fish)* lamprea *f*.

lampshade ['læmpʃeɪd] *n* pantalla *f*.

lance [lɑːns] I *n* 1 *(weapon)* lanza *f*. ■ *GB Mil* **l. corporal,** cabo *n* interino. 2 *Med* lanceta *f*. II *vtr Med* abrir con lanceta.

lancet ['lɑːnsɪt] *n Med* lanceta *f*.

land [lænd] I *n* 1 *(gen)* tierra *f*; *(soil)* suelo *m*, tierra *f*; **by l.,** por tierra; *Naut* **l. ahoy!,** ¡tierra a la vista!; **on dry l.,** en tierra firme; *fig* **to see how the l. lies,** tantear el terreno. ■ **farm l.,** tierras *fpl* de cultivo; *Mil* **l. forces,** ejército *m* de tierra; **l. mass,** gran extensión *f* de tierra; **l. reform,** reforma *f* agraria; **waste l.,** tierra *f* baldía. 2 *(country)* país *m*, tierra *f*; *fig (world)* mundo *m*; **foreign lands,** tierras extranjeras; *fig* **the l. of milk and honey,** (la tierra de) Jauja; *fam fig* **to be in the l. of the living,** seguir entre los vivos. ■ **native l.,** tierra *f* natal, patria *f*. 3 *(property)* tierras *fpl*; *(estate)* finca *f*, estancia *f*, hacienda *f*. ■ **l. register,** registro *m* de la propiedad; **piece of l.,** terreno *m*; **plot of l.,** parcela *f*. II *vtr* 1 *(touch down)* hacer aterrizar. 2 *(disembark)* desembarcar; *(unload)* descargar. 3 *Fishing (catch)* sacar peces del agua, pescar. 4 *fam (succeed in obtaining)* conseguir; *(prize, contract, etc)* ganar, conseguir, obtener. 5 *fam (in jail)* llevar; **she got landed with the job,** tuvo que cargar con el paquete; **to l. sb in trouble,** causarle problemas a algn. 6 *fam (hit)* arrear; *(blow)* asestar. III *vi* 1 *(plane)* aterrizar; *(bird)* posarse; *Av* **to l. on the moon,** alunizar. 2 *(disembark)* desembarcar. 3 *(after jumping, falling)* caer (**in,** sobre); *fig* salir adelante; *fig* **to l. on one's feet,** caer de pies. ◆**land up** *vi fam* ir a parar.

landed ['lændɪd] *adj* hacendado,-a. ■ **l. gentry,** los terratenientes; **l. property,** bienes *mpl* raíces.

landing ['lændɪŋ] *n* 1 *(of staircase)* descansillo *m*, rellano *m*. 2 *(of plane)* aterrizaje *m*. ■ **crash l.,** aterrizaje *m* de emergencia; **forced l.,** aterrizaje forzoso; **l. gear,** tren *m* de aterrizaje; **l. strip,** pista *f* de aterrizaje. 3 *(of passengers, troops)* desembarco *m*. ■ **l. card,** tarjeta *f* de inmigración; *Mil* **l. craft,** lancha *f or* barcaza *f* de desembarco; **l. net,** salabre *m*; **l. stage,** desembarcadero *m*. 4 *Naut* embarcadero *m*.

landlady ['lændleɪdɪ] *n (of flat, land)* dueña *f*, propietaria *f*; *(of boarding house)* patrona *f*; *(of pub)* dueña *f*.

landlocked ['lændlɒkt] *adj (lack)* rodeado,-a de tierra; *(country)* sin salida al mar, interior.

landlord ['lændlɔːd] *n (of flat, land)* dueño *m*, propietario *m*; *(of pub)* patrón *m*, dueño *m*.

landmark ['lændmɑːk] *n* 1 *Geog Naut* señal *f*, marca *f*; *(well-known place)* lugar *m* muy conocido *or* famoso. 2 *fig* hito *m*.

landmine ['lændmaɪn] *n Mil* mina *f* (de tierra).

landowner ['lændəʊnə'] *n* terrateniente *mf*, propietario,-a *m,f*, hacendado,-a *m,f*.

landscape ['lændskeɪp] I *n* paisaje *m*. ■ **l. gardener,** jardinero,-a *m,f* paisajista; **l. gardening,** jardinería *f* paisajista; *Art* **l. painter,** paisajista *mf*; **l. painting,** paisaje *m*. II *vtr* ajardinar.

landslide ['lændslaɪd] *n Geol* desprendimiento *m or* corrimiento *m* de tierras. ■ *Pol* **l. victory,** triunfo *m* arrollador, victoria *f* arrolladora.

landward ['lændwəd] *adj* hacia a la tierra.

lane [leɪn] *n* 1 *(in country)* camino *m*, sendero *m*, vereda *f*; *(in town)* callejuela *f*, callejón *m*. 2 *(of motorway)* carril *m*, vía *f*. ■ **bus l.,** carril-bus *m*. 3 *Sport* calle *f*. 4 *Naut* ruta *f*. ■ **shipping l.,** ruta *f* marítima.

language ['læŋgwɪdʒ] *n* 1 *(faculty, style, terminology)* lenguaje *m*; **bad l.,** palabrotas *fpl*; **scientific l.,** lenguaje científico; **to use bad l.,** ser mal hablado,-a; **watch your l.!,** ¡cuida tu lenguaje!; *fig* **we speak the same l.,** hablamos el mismo idioma. 2 *(of a country)* idioma *m*, lengua *f*; **dead l.,** lengua muerta; **the English l.,** el (idioma) inglés; **we study l. and literature,** estudiamos lengua y literatura. ■ **language l.,** laboratorio *m* de idiomas; **l. school,** escuela *f or* academia *f* de idiomas.

languid ['læŋgwɪd] *adj* lánguido,-a.

languish ['læŋgwɪʃ] *vi (for love)* languidecer; *(project, plan, etc)* quedar abandonado,-a, consumirse; *(in prison)* pudrirse.

languishing ['læŋgwɪʃɪŋ] *adj* lánguido,-a; *(attitude)* relajado,-a.

languor ['læŋgə'] *n* languidez *f*.

languorous ['læŋgərəs] *adj* lánguido,-a.

lank [læŋk] *adj (hair)* lacio,-a.

lanky ['læŋkɪ] *adj (lankier, lankiest)* larguirucho,-a.

lanolin(e) ['lænəlɪn] *n* lanolina *f*.

lantern ['læntən] *n* farol *m*, linterna *f*.

lantern-jawed ['læntəndʒɔːd] *adj fam* chupado,-a de cara.

Laos [laʊz, laʊs] *n* Laos.

Laotian ['laʊʃən] I *adj* laosiano,-a. II *n (person)* laosiano,-a *m,f*; *(language)* laosiano *m*.

lap[1] [læp] *n Anat* regazo *m*; *(knees)* rodillas *fpl*; *(skirt)* falda *f*; *fig* **it's in the l. of the gods,** está en manos de los dioses; *fig* **to live in the l. of luxury,** vivir rodeado,-a de lujo *or* como un pachá.

lap[2] [læp] I *n Sport (circuit)* vuelta *f*; *(of journey)* etapa *f*, escala *f*; *fig* trecho *m*, etapa. ■ **l. of honour,** vuelta *f* de honor. II *vtr & vi (pt & pp lapped) Sport (overtake)* doblar; *(go round)* girar, dar la vuelta.

lap[3] [læp] I *vtr (pt & pp lapped) (cat)* beber a lengüetadas. II *vi (waves)* lamer, besar. ◆**lap up** *vtr* 1 *(cat)* beber a lengüetadas. 2 *fig (wallow in)* disfrutar con; *(flattery)* recibir con estusiasmo. 3 *fig (believe)* tragar.

lapdog ['læpdɒg] *n* perrito *m* faldero.

lapping ['læpɪŋ] *n (of cat)* lamedura *f*, lametón *m*, lametazo *m*; *(of waves)* chapoteo *m*.

lapel [lə'pel] *n (of jacket, coat)* solapa *f*.

Lapland ['læplænd] *n* Laponia *f*.

Laplander ['læplændə'] *n* lapón,-ona *m,f*.

Lapp [læp] I *adj* lapón,-ona. II *n (language)* lapón *m*.

lapse [læps] I *n* 1 *(of time)* lapso *m*, intervalo *m*. 2 *(error)* error *m*, desliz *m*; *(when speaking)* lapso *m*, lapsus *m*; *(of memory)* fallo *m*. II *vi* 1 *(time) (pass)* pasar, transcurrir. 2 *(contract, subcription) (expire)* caducar. 3 *(person) (err)* cometer un error, equivocarse; *(fall back)* caer (**into,** en); **to l. into silence,** quedarse callado,-a. **4** *Rel* perder la fe.

lapsed [læpst] *adj* **1** *(contract etc)* caducado,-a. **2** *(Catholic)* no practicante.

lapwing ['læpwɪŋ] *n Orn* avefría *f*.

larceny ['lɑːsənɪ] *n GB Jur* latrocinio *m*; *US* robo *m*, hurto *m*; **grand l.,** robo importante; **petty l.,** robo de menor cuantía.

larch [lɑːtʃ] *n Bot* alerce *m*.

lard [lɑːd] **I** *n Culin* manteca *f* de cerdo. **II** *vtr* **1** *Culin* poner manteca. **2** *fig pej (speech, style)* cargar, recargar.

larder ['lɑːdəʳ] *n* despensa *f*; *fam* **to raid the l.,** saquear la dispensa.

large [lɑːdʒ] **I** *adj* **1** *(gen)* grande; *(amount, sum)* importante, considerable; *(meal, harvest)* abundante; *(family)* numeroso,-a; *Com* **the l. size,** la talla grande; *fig* **as l. as life,** en persona; *fig* **to be larger than life,** ser exagerado,-a. **2** *(extensive)* amplio,-a, extenso,-a; **by and l.,** por lo general. **II** *n (prisoner etc)* **to be at l.,** estar libre *or* en libertad, andar suelto,-a; **the public at l.,** el público en general. ◆**largely** *adv (mainly)* en gran parte; *(chiefly)* principalmente.

largeness ['lɑːdʒnɪs] *n* **1** *(size)* gran tamaño *m*, magnitud *f*, amplitud *f*. **2** *(importance)* importancia *f*.

large-scale ['lɑːdʒskeɪl] *adj (project, problem, etc)* de gran escala; *(map)* a gran escala.

lark[1] [lɑːk] *n Orn* alondra *f*; *fig* **to rise** *or* **be up with the l.,** madrugar. ■ **calandra l.,** calandria *f* (común); **sky l.,** alondra *f* común; **wood l.,** totovía *f*.

lark[2] [lɑːk] *n fam* **1** *(joke)* broma *f*; **what a l.!,** ¡qué divertido!, ¡qué risa! **2** *(stupid thing)* tontería *f*. ◆**lark about, lark around** *vi fam* hacer el tonto.

larkspur ['lɑːkspɜːʳ] *n Bot* espuela *f* de caballero.

larva ['lɑːvə] *n (pl larvae* ['lɑːviː]*)* larva *f*.

laryngitis [lærɪn'dʒaɪtɪs] *n Med* laringitis *f*.

larynx ['lærɪŋks] *n Anat* laringe *f*.

lascivious [lə'sɪvɪəs] *adj* lascivo,-a, lujurioso,-a.

lasciviousness [lə'sɪviːəsnɪs] *n* lascivia *f*, lujuria *f*.

laser ['leɪzəʳ] *n* láser *m*.

lash [læʃ] **I** *n* **1** *(eyelash)* pestaña *f*. **2** *(whip)* látigo *m*; *(thong)* tralla *f*. **3** *(blow with whip)* latigazo *m*, azote *m*. **4** *(tail)* coletazo *m*. **II** *vtr* **1** *(beat)* azotar. **2** *(rain, hail)* caer con fuerza; *(sea)* azotar. **3** *(lay into)* criticar. **4** *(tail)* dar coletazos. **5** *(tie, bound)* atar. ◆**lash down** *vtr (fasten)* atar, sujetar; *Naut* amarrar. ◆**lash out** *vi* **1** *(with fists)* repartir golpes a diestro y siniestro; *(verbally)* criticar (**at,** a). **2** *fam (spending spree)* tirar la casa por la ventana; **to l. out on sth,** permitirse el lujo de comprar algo.

lashing ['læʃɪŋ] *n* **1** *(beating)* azotes *mpl*; *(whipping)* flagelación *f*. **2** *(rope)* cuerda *f*, maroma *f*. **3** **lashings of,** *fam* montones de, la tira de.

lass [læs] *n fam* chavala *f*, muchacha *f*, chica *f*, joven *f*.

lassitude ['læsɪtjuːd] *n* lasitud *f*.

lasso [læ'suː] **I** *n (pl lassos or lassoes)* lazo *m*. **II** *vtr* coger con el lazo, lazar.

last[1] [lɑːst] **I** *adj* **1** *(final)* último,-a, final; **she would be the l. person to do sth like that,** eso me lo esperaría de cualquiera menos a ella; *Rel* **the L. Judgement,** el Juicio Final; *Rel* **the l. rites,** extremaunción *f*; *fam* **if it's the l. thing I do,** aunque sea lo último que haga; *fam* **the l. straw,** el colmo. **2** *(most recent)* último,-a; **the l. time,** la última vez. **3** *(past)* pasado,-a; *(previous)* anterior; **l. but one,** penúltimo,-a; **l. month/Sunday,** el mes/domingo pasado; **l. night,** anoche, ayer por la noche; **l. week,** la semana pasada; **the night before l.,** anteanoche; **the year before l.,** hace dos años. **II** *adv* **1** *(last occasion)* por última vez; **the last I heard ...,** lo último que sé ...; **when I l. saw her,** la última vez que la vi. **2** *(at the end)* en último lugar; *(in race etc)* último; **at (long) l.,** por fin, finalmente; **l. but not least,** el último en orden pero no en importancia; **to come l.,** llegar el último. **3** *(until the end)* **to the last,** hasta el final. **III** *n* **1** *(in queue)* el último, la última; **the l. of the wine/cheese,** (todo) lo que queda del vino/queso; **to have seen the l. of sb,** haber visto a algn por última vez; **we'll never hear the l. of it,** esto no nos lo dejarán olvidar nunca; *fig* **to breathe one's l.,** dar el último suspiro. **IV** *vi* **1** *(time)* durar; *(suffer, hold out)* aguantar, resistir. **2** *(money, food) (be enough for)* llegar, alcanzar. **V** *vtr (time)* durar. ◆**last out** *vi* **1** *(continue)* durar; *(hold out)* aguantar, resistir. **2** *(be enough for)* llegar, alcanzar. ◆**lastly** *adv* por último, finalmente.

last[2] [lɑːst] *n (shoemaker's)* horma *f*.

last-ditch ['lɑːstdɪtʃ] *adj (effort, attempt)* último,-a; *(desperate)* desesperado,-a.

lasting ['lɑːstɪŋ] *adj* duradero,-a, perdurable.

last-minute ['lɑːstmɪnɪt] *adj* de última hora.

latch [lætʃ] *n* picaporte *m*, pestillo *m*. ◆**latch onto** *vi (cling)* pegarse; **to l. onto sb,** pegarse a algn; **to l. onto an idea,** agarrarse *or* aferrarse a una idea.

latchkey ['lætʃkiː] *n fam* llavín *m*. ■ **l. child,** niño *m* cuyos padres trabajan.

late [leɪt] **I** *adj* **1** *(not on time)* tardío,-a; *(hour)* avanzado,-a; *(arrival)* tardío,-a; **to be five minutes l.,** llegar con cinco minutos de retraso; **to be l.,** *(not arrive on time)* llegar tarde; *(be detained)* retrasarse; **to be l. in doing sth,** tardar en hacer algo. **2** *(far on in time)* tarde; **in l. autumn,** a finales del otoño; **in the l. afternoon,** a última hora de la tarde; **in the l. nineteenth century,** a finales del siglo diecinueve; **it's getting l.,** se hace tarde; **she's in her l. twenties,** tiene casi treinta años, ronda los treinta; **to keep l. hours,** acostarse tarde. **3** *(dead)* difunto,-a, fallecido,-a, finado,-a. **II** *adv* **1** *(not on time)* tarde; **to arrive l.,** llegar tarde; *prov* **better l. than never,** más vale tarde que nunca. **2** *(far on in time)* tarde; **l. at night,** a altas horas de la noche; **l. into the night,** hasta muy entrada la noche; **l. in life,** a una edad avanzada; **to stay up l.,** acostarse muy tarde; *fam fig* **it's a bit l. in the day,** ya es tarde. **3** *(recently)* recién; **as l. as 1950,** todavía en 1950; **as l. as yesterday,** ayer mismo; **of l.,** últimamente, recientemente. ◆**lately** *adv* últimamente, recientemente; **until l.,** hasta hace poco.

latecomer ['leɪtkʌməʳ] *n* tardón,-ona *m,f*.

lateness ['leɪtnɪs] *n* **1** *(of person, train)* retraso *m*; *(of delivery)* atraso *m*. **2** *(of hour)* lo avanzado.

late-night ['leɪtnaɪt] *adj* de noche, de madrugada; **the l.-n. film,** la película de media noche *or* de madrugada, la sesión golfa.

latent ['leɪtənt] *adj* **1** *(heat, infection)* latente. **2** *(desire etc)* oculto,-a.

later ['leɪtəʳ] **I** *adj (comp of late)* **1** *(subsequent)* más tarde; **at a l. stage,** más adelante; **in her l. novels,** en sus novelas posteriores. **2** *(more recent)* más reciente. **II** *adv (comp of late)* más tarde, después; **five years l.,** cinco años después; **I'll do it l.,** lo haré luego; **l. on,** más adelante, más tarde, después; **no l. than Monday,** el lunes a más tardar; **see you l.!,** ¡hasta luego!; **sooner or l.,** tarde o temprano.

lateral ['lætərəl] *adj* lateral.

latest ['leɪtɪst] **I** *adj (superl of late) (most recent)* último,-a, más reciente. **II** *n* **1** lo último; **have you heard the l.?,** ¿te enteraste de lo último?; **it's the l. in kitchen furniture,** es el último grito en muebles de cocina. **2** *(final date)* **Friday at the l.,** el viernes a más tardar.

latex ['leɪteks] *n (pl latexes or latices* ['lætɪsi:z]*) Bot* látex *m*.

lath [lɑ:θ] *n* listón *m*.

lathe [leɪð] *n Tech* torno *m*. ▪ **l. operator,** tornero,-a *m,f*.

lather ['lɑ:ðər] **I** *n* **1** *(of soap)* espuma *f*. **2** *(horse's sweat)* sudor *m*; *fam* **to work oneself into a l.,** ponerse histérico,-a. **II** *vtr (with soap)* enjabonar. **III** *vi* enjabonarse, sacar espuma.

Latin ['lætɪn] **I** *adj & n* latino,-a *(m,f)*; **the L. Quarter,** el barrio latino; **L. America,** América *f* Latina, Latinoamérica *f*; **L. American,** latinoamericano,-a *(m,f)*. **II** *n (language)* latín *m*.

latitude ['lætɪtju:d] *n* latitud *f*.

latrine [lə'tri:n] *n* letrina *f*, retrete *n*.

latter ['lætər] **I** *adj* **1** *(last)* último,-a. **2** *(second of two)* segundo,-a; **the l. half of the week,** la segunda mitad de la semana. **II** *pron* éste,-a; **the former ... the l. ...,** aquél *or* aquélla ... éste *or* ésta ... .

latter-day ['lætədeɪ] *adj* moderno,-a, actual, de hoy.

lattice ['lætɪs] *n* enrejado *m*, rejilla *f*, celosía *f*. ▪ **l. window,** ventana *f* de celosía.

latticework ['lætɪswɜ:k] *n* enrejado *m*.

laud [lɔ:d] *vtr arch* alabar, elogiar.

laudable ['lɔ:dəbəl] *adj* loable.

laudanum ['lɔ:dənəm] *n* láudano *m*.

laugh [lɑ:f] **I** *n (gen)* risa *f*; *(guffaw)* carcajada *f*; **to do sth for a l.** *or* **for laughs,** hacer algo en broma *or* para divertirse; **to have a good l.,** reírse mucho; *fig* **to have the last l.,** ser el último en reír; *fam* **what a l.!,** ¡qué risa!; *fam fig* **he's a good l.,** es muy divertido. **II** *vi* reír, reírse; **it makes me l.,** me da risa; **to burst out laughing,** echarse a reír; *fam* **to l. all the way to bank,** regocijarse de un éxito económico; *fam* **you've got to l., haven't you?,** es mejor tomárselo a risa; *fam fig* **to l. on the other side of one's face,** arrepentirse; *fam fig* **to l. one's head off,** partirse de risa; *prov* **he who laughs last laughs longest,** quien ríe el último ríe mejor. ◆**laugh at** *vi* **to l. at sb/sth,** reírse de algn/algo. ◆**laugh about** *vi* **to l. about sb/sth,** reírse de algn/algo. ◆**laugh off** *vtr* tomar a risa.

laughable ['lɑ:fəbəl] *adj (situation, suggestion)* ridículo,-a, absurdo,-a; *(amount, offer)* irrisorio,-a.

laughing ['lɑ:fɪŋ] **I** *adj* risueño,-a; **it's no l. matter,** no es para tomárselo a risa. ▪ **l. gas,** gas *m* hilarante. **II** *n (gen)* risas *fpl*; *(loud)* carcajadas *fpl*. ◆**laughingly** *adv* **1** *(cheerfully)* con risas. **2** *(absurdly)* absurdamente, risiblemente.

laughing-stock ['lɑ:fɪŋstɒk] *n* hazmerreír *m inv*.

laughter ['lɑ:ftər] *n* risa *f*.

launch [lɔ:ntʃ] **I** *n* **1** *(vessel)* lancha *f*. **2** *see* **launching. II** *vtr* **1** *(rocket, new product)* lanzar. **2** *(ship, bat)* botar; *(lifeboat)* echar al mar. **3** *(film, play)* estrenar. **4** *(company)* crear, fundar. **5** *Mil* desatar, iniciar; *fig (scheme)* iniciar; *(attack)* iniciar **(against,** contra). ◆**launch into** *vtr (speech etc)*

lanzarse a, enfrascarse en. ◆**launch out into** *or* **on** *vtr* emprender, lanzarse a.

launcher ['lɔ:ntʃər] *n Mil* lanzador *m*. ▪ **grenade l.,** lanzagranadas *m inv*; **rocket l.,** lanzacohetes *m inv*.

launching ['lɔ:ntʃɪŋ] *n* **1** *(of rocket, new product)* lanzamiento *m*; *fig (trigger, catalyst)* trampolín *m*. ▪ **l. pad,** plataforma *f* de lanzamiento. **2** *(of ship)* botadura *f*. ▪ **l. ramp,** rampa *f* de lanzamiento. **3** *(of film, play)* estreno *m*. **4** *(of new company)* creación *f*, fundación *f*.

launchpad ['lɔ:ntʃpæd] *n* plataforma *f* de lanzamiento.

launder ['lɔ:ndər] *vtr* **1** *(wash and iron)* lavar y planchar. **2** *fig (money)* blanquear.

Launderette® [lɔ:ndə'ret] *n*, US **Laundromat**® ['lɔ:ndrəmæt] *n* lavandería *f* automática.

laundry ['lɔ:ndrɪ] *n* **1** *(place)* lavandería *f*. **2** *(dirty clothes or linen)* ropa *f* sucia, colada *f*; *(clean clothes)* ropa *f* lavada; **to do the l.,** lavar la ropa. ▪ **l. basket,** cesto *m* de la ropa sucia.

laurel ['lɒrəl] *n Bot* laurel *m*. ▪ **l. wreath,** corona *f* de laureles; *fam fig* **to rest on one's laurels,** dormirse en los laureles.

lava ['lɑ:və] *n* lava *f*.

lavatory ['lævətərɪ] *n* **1** *(toilet)* excusado *m*, wáter *m*. ▪ **l. paper,** papel *m* higiénico. **2** *(room)* baño *m*, lavabo *m*; **public l.,** servicios *mpl*, aseos *mpl*.

lavender ['lævəndər] **I** *n Bot* espliego *m*, lavanda *f*. ▪ **l. water,** agua *f* de lavanda. **II** *adj (colour)* de color lavanda.

lavish ['lævɪʃ] **I** *adj* **1** *(generous)* pródigo,-a, generoso,-a. **2** *(abundant)* abundante. **3** *(luxurious, extravagant)* lujoso,-a, espléndido,-a. **II** *vtr (praise)* colmar **(on,** de); *(care, attention)* prodigar **(on,** a).

law [lɔ:] *n* **1** *(governing customs, actions)* ley *f*; **by** *or* **in l.,** según la ley; **l. and order,** el orden público; **to be above the l.,** estar por encima de la ley; **to go to l.,** recurrir a la justicia; **to keep within the l.,** obrar según la ley; **to lay down the l.,** dictar la ley; *fig* **to be a l. unto oneself,** dictar sus propias leyes; *fig* **to take the l. into one's own hands,** tomarse la justicia por su mano. **2** *(as subject)* derecho *m*; **civil/criminal,** derecho civil/penal. ▪ **l. court,** tribunal *m* de justicia; *US* **l. school,** facultad *f* de derecho. **3** *Philos Phys* ley *f*. **4** *fam* **the l.,** la poli, la bofia, la pasma.

law-abiding ['lɔ:əbaɪdɪŋ] *adj* observante *or* respetuoso,-a de la ley.

law-breaker ['lɔ:breɪkər] *n* infractor,-a *m,f or* violador,-a *m,f* de la ley.

law-breaking ['lɔ:breɪkɪŋ] *n* infracción *f or* violación *f* de la ley.

lawful ['lɔ:fʊl] *adj (gen)* legal; *(permitted by law)* lícito,-a; *(legitimate)* legítimo,-a.

lawless ['lɔ:lɪs] *adj (without law)* ilegal; *(law-breaking)* anárquico,-a; *(ungovernable)* ingobernable.

lawlessness ['lɔ:lɪsnəs] *n* anarquía *f*, desorden *m*.

lawmaker ['lɔ:meɪkər] *n* legislador,-a *m,f*.

lawn [lɔ:n] *n* **1** *(grass)* césped *m*. ▪ *Sport* **l. tennis,** tenis *m* sobre hierba. **2** *Tex* linón *m*.

lawnmower ['lɔ:nməʊər] *n* cortacéspedes *m inv*.

lawsuit ['lɔ:sju:t] *n* pleito *m*, juicio *m*, proceso *m*.

lawyer ['lɔ:jər] *n* abogado,-a *m,f*; *Ind* **labour l.,** abogado,-a *m,f* laboralista; **l.'s office,** bufete *m* de abogados; **l.'s fees,** honorarios *mpl* de abogado,-a.

lax [læks] adj 1 (not strict) laxo,-a, relajado,-a; (not demanding) poco exigente. 2 (careless) descuidado,-a; (negligent) negligente. 3 (loose, not taut) suelto,-a, flojo,-a.

laxative ['læksətɪv] adj & n laxante (m).

laxity ['læksɪtɪ] n 1 (lacking stricture) laxitud f, relajación f, relajamiento m; (undemanding) falta f de exigencia. 2 (carelessness) descuido m; (negligence) negligencia f.

lay¹ [leɪ] adj 1 Rel seglar, laico,-a. ■ l. preacher, predicador,-a m,f seglar. 2 (non-specialist) lego,-a, profano,-a.

lay² [leɪ] I vtr (pt & pp laid) 1 (place, put) poner, colocar; (bricks, carpet) poner; (cable, trap) tender; (basis, foundations) echar; (bomb) colocar; (child) acostar; fam fig don't l. a finger on it!, ¡no lo toques!; fam fig I've never laid eyes on him before, es la primera vez que lo veo; fam fig just wait until I lay my hands on him!, espera a que lo pille or atrape. 2 (prepare) preparar; (fire) hacer; (table) poner; (curse) lanzar. 3 (leave) dejar; (trail) dejar; to l. oneself open to criticism, exponerse a las críticas. 4 (eggs) poner. 5 vulg follar. 6 (set down) asentar; (bet) hacer; (charge) acusar; (blame) echar; (emphasis) hacer; to l. claim to sth, hacer valer su derecho a algo. II vi (hen) poner huevos. III n vulg la persona con la cual uno se acuesta. ◆lay aside vtr dejar a un lado; (principles) dejar de lado; fig (emotions, feelings) olvidar. ◆lay before vtr (plan, accusation, etc) presentar. ◆lay by vtr (save) guardar; (money) ahorrar. ◆lay down vtr 1 (put down) posar, dejar a un lado; (let go) dejar, soltar. 2 (title etc) renunciar. 3 (surrender) deponer; to l. down one's arms, rendir or deponer las armas; lit to l. down one's life for sb, dar la vida por algn. 4 (plan) formular. 5 (establish, dictate) fijar, imponer; (principles, guidelines) sentar. ◆lay in vtr (store up) proveerse de, abastecerse de. ◆lay into vtr fam (attack) (physically) dar una paliza a; (verbally) arremeter contra. ◆lay off I vtr 1 (dismiss, make redundant) despedir. 2 fam (cease) dejar de. II vtr & vi fam dejar en paz; l. off!, ¡deja de fastidiarme!, ¡ya está bien!, ya vale, ¿no? ◆lay on vtr (provide) proveer de; (coach) entregar; (food) preparar. 2 (spread) poner, aplicar; fam fig (flatter) hacer la pelota, adular; fam (exaggerate) to l. it on (thick), cargar las tintas, exagerar; fam to l. one on sb, pegar a algn. 3 fam GB (trick) engañar, timar; to l. one on sb, hacer una jugarreta a algn. ◆lay out vtr 1 (open out) extender, tender, desplegar. 2 (arrange) disponer, distribuir, colocar; (body) amortajar. 3 (ideas, information) presentar, exponer. 4 (plan) (road) trazar; (garden) diseñar. 5 fam (spend money) gastar, desembolsar. 6 fam (knock out) derribar, turbar. ◆lay over vi US hacer noche. ◆lay up vtr 1 (store) guardar, almacenar. 2 (accumulate) acumular, amasar; to l. up trouble for oneself, crearse problemas. 3 fam hacer, guardar cama; to be laid up, tener que guardar cama, estar enfermo,-a.

lay³ [leɪ] pt of lie².

lay⁴ [leɪ] n Lit arch (ballad) romance m.

layabout ['leɪəbaʊt] n fam holgazán,-ana m,f, gandul,-a m,f, vago,-a m,f.

lay-by ['leɪbaɪ] n Aut área f de descanso.

layer ['leɪəʳ] I n 1 (of paint etc) capa f; (of rock) estrato m. 2 (hen) gallina f ponedora. II vtr Hairdr hacer un corte escalonado a.

layman ['leɪmən] n (pl laymen) 1 Rel seglar m, laico,-a m,f. 2 (non-specialist) lego,-a m,f, profano,-a m,f.

lay-off ['leɪɒf] n despido m.

layout ['leɪaʊt] n 1 (arrangement) disposición f, distribución f; (presentation) presentación f; Typ composición f, formato m. 2 (plan) diseño m, trazado m.

laywoman ['leɪwʊmən] n (pl laywomen ['leɪwɪmɪn]) 1 Rel seglar f, laica f. 2 (non-specialist) lega f, profana f.

laze [leɪz] vi holgazanear, gandulear. ◆laze about, laze around vi no hacer nada.

laziness ['leɪzɪnɪs] n pereza f, holgazanería f, gandulería f.

lazy ['leɪzɪ] adj (lazier, laziest) perezoso,-a, holgazán,-ana, vago,-a; at a l. pace, a paso lento.

lazybones ['leɪzɪbəʊnz] n inv fam perezoso,-a m,f; gadul,-a m,f, vago,-a m,f.

lb abbr of pound, libra f.

Ld abbr of Lord, Lord m.

lead¹ [led] n 1 (metal) plomo m; fam to swing the l., gandulear. ■ Med l. poisoning, saturnismo m; white l., albayalde m, plomo m blanco. 2 sl (bullets) plomo m. 3 (in pencil) mina f.

lead² [liːd] I n 1 (front position) delantera f; (advantage) ventaja f; to be in the l., ir en cabeza; to take the l., ponerse a la cabeza, tomar la delantera; (score) adelantarse. 2 (clue) pista f. 3 Theat (principal role) primer papel m. ■ l. singer, cantante mf principal. 4 Cards mano f; it's your l., es tu turno; fig to follow sb's l., seguirle el ejemplo de algn. 5 (leash) correa f. 6 Elec cable m. II vtr (pt & pp led) 1 (conduct) llevar, conducir, dirigir; to l. the way, enseñar el camino. 2 (be the leader of) dirigir, encabezar, liderar; GB Mus (orchestra) ser el primer violín de; US dirigir; fig to l. the field, ir en cabeza. 3 (influence) llevar a, inducir a; she is easily led, se deja llevar fácilmente; this leads me to believe that, esto me lleva a creer que. 4 (life) llevar; to l. a dog's life, llevar una vida de perros. 5 Cards salir con. III vi 1 (road) llevar, conducir ir (to, a); (door) dar (to, a). 2 (go first) ir delante; (in procession) ir a la cabeza; (in race) llevar la delantera. 3 Cards salir. 4 (result in) resultar en; to l. to, resultar en, llevar a; it led to nothing, no llevó a nada. ◆lead away vtr llevar. ◆lead off vi 1 (road, corridor, etc) llevar a, conducir a; (room, door) dar a; (street) desembocar en. 2 (conversation, performance, etc) empezar. ◆lead on I vi (go ahead) ir adelante; l. on!, ¡adelante! II vtr (deceive) engañar, timar. ◆lead up to vtr llevar a, conducir a.

leaded ['ledɪd] adj (window) emplomado,-a.

leaden ['ledən] adj Lit (of lead) de plomo; (sky) plomizo,-a; (food) pesado,-a.

leader ['liːdəʳ] n 1 (of party etc) jefe,-a m,f, líder mf, dirigente mf; (race) líder; she was a born l., nació para mandar. 2 Mus (of orchestra) GB primer violín m; US director,-a m,f. 3 Press editorial m, artículo m de fondo.

leadership ['liːdəʃɪp] n 1 (command) dirección f, mando m; Pol liderato m, liderazgo m; fig dotes mpl de mando. 2 (leaders) dirigentes mpl, dirección f.

lead-free ['ledfriː] adj (petrol, paint) sin plomo.

lead-in ['liːdɪn] n TV Rad introducción f, presentación f.

leading ['li:dɪŋ] adj 1 (most important) principal, primero,-a. ■ Press l. article, artículo m de fondo, editorial m. 2 (outstanding) destacado,-a, notable; fam the l. light, el cerebro gris. 3 l. question, pregunta f tendenciosa.

leaf [li:f] n (pl leaves [li:vz]) 1 (of plant) hoja f; gold l., pan m de oro; to be in/come into l., tener/echar hojas. 2 (of book) hoja f, página f; fig to take a l. out of sb's book, tomar el ejemplo de algn; to turn over a new l., hacer borrón y cuenta nueva, volver la página. 3 (of table) hoja f abatible. ◆leaf through vtr hojear.

leaflet ['li:flɪt] I n (single sheet) octavilla f, panfleto m; (brochure) folleto m. II vtr distribuir octavillas or folletos.

leafy ['li:fɪ] adj (leafier, leafiest) frondoso,-a.

league [li:g] n 1 (alliance) liga f, alianza f; (association) sociedad f; L. of Nations, Sociedad de las Naciones; fam to be in l. with sb, estar conchabado,-a con algn. 2 Sport liga f; fam they are in a completely different l., no hay comparación entre los dos. ■ l. championship, campeonato m de liga. 3 (measure) legua f.

leak [li:k] I n 1 (hole) agujero m; (in roof) gotera f; (in boat) vía f de agua. 2 (escape) (of gas, liquid) fuga f, escape m; (of information) filtración f. 3 fam meada f. II vi 1 (container) tener un agujero; (pipe) tener un escape; (roof) gotear; (boat) hacer agua; (shoes) dejar entrar el agua. 2 (gas, liquid) salirse, fugarse, escaparse; (information) filtrarse; (news) trascender. III vtr 1 (pipe etc) dejar salir, dejar escapar. 2 (information, secret, etc) filtrarse, pasar información (to, a).

leakage ['li:kɪdʒ] n (loss) pérdida f.

leaky ['li:kɪ] adj (leakier, leakiest) (container) agujereado,-a; (roof) que tiene goteras; (ship) que hace agua; (shoes) que dejan entrar el agua.

lean[1] [li:n] adj (meat) magro,-a, sin grasa; (person) flaco,-a, delgado,-a; (harvest) malo,-a, escaso,-a; fig the l. years, los años de escasez, las vacas flacas.

lean[2] [li:n] I vi (pt & pp leaned or leant) 1 (building, tree) inclinarse, ladearse. 2 (for support) apoyarse; to l. on/against, apoyarse en/contra; fig to l. on or upon sb, (pressurize) presionar a algn; (depend) depender de algn. II vtr (ladder, bicycle, etc) apoyar, recostar (on, en). ◆lean back vi reclinarse, recostarse. ◆lean forward vi inclinarse hacia delante. ◆lean out vi asomarse. ◆lean over vi inclinarse.

leaning ['li:nɪŋ] I adj inclinado,-a. II n fig (tendency) inclinación f, tendencia f, propensión f.

leant [lent] pt & pp see lean.

lean-to ['li:ntu:] n (hut) cobertizo m.

leap [li:p] I n (jump) salto m, brinco m; fig salto m, paso m; a l. forward or ahead, un paso hacia adelante, un avance; fig a l. in the dark, un salto en el vacío. ■ l. year, año m bisiesto. II vi (pt & pp leaped or leapt) (jump) saltar, brincar; to l. for joy, dar saltos de alegría; to l. over a fence, saltarse una valla; to l. to one's feet, levantarse de un salto; fig her heart leapt, su corazón dio un vuelco; fig Jones leapt from tenth to fourth, Jones dio un salto de la décima a la cuarta posición; fig the words leapt off the page at me, las palabras saltaba a la vista. ◆leap at vtr fig (gen) aprovechar; (chance) no dejar escapar. ◆leap up vi 1 (person) (off ground) saltar; (to one's feet) levantarse de un salto. 2 (flame) brotar, saltar.

leapfrog ['li:pfrɒg] I n pídola f. II vi (pt & pp leapfrogged) jugar a la pídola.

leapt [lept] pt & pp see leap.

learn [lɜ:n] I vtr (pt & pp learned or learnt) 1 (in school etc) aprender; to l. (how) to ski, aprender a esquiar; to l. sth by heart, aprenderse algo de memoria. 2 (find out about) enterarse de, saber. II vi 1 (in school etc) estudiar, aprender; to l. from experience, aprender por experiencia; to l. by o from one's mistakes, to l. the hard way, aprender de sus errores. 2 (find out) enterarse; to l. about o of, enterarse de, saber.

learned ['lɜ:nɪd] adj (person) culto,-a, erudito,-a, leído,-a; (journal etc) erudito,-a.

learner ['lɜ:nə'] n (beginner) principiante mf; (student) estudiante mf; Aut l. driver, aprendiz,-a m,f de conductor; to be a slow l., tener dificultades para aprender.

learning ['lɜ:nɪŋ] n (knowledge) conocimientos mpl; (erudition) saber m.

learnt [lɜ:nt] pt & pp see learn.

lease [li:s] I n contrato m de arrendamiento; fig to give sb a new l. on life, dar nueva vida a algn. II vtr arrendar; (rent) alquilar.

leasehold ['li:shəʊld] I n derechos mpl de arrendamiento. II adj (property) arrendado,-a.

leasing ['li:sɪŋ] n 1 (gen) arrendamiento m, arriendo m; (renting) alquiler m. 2 Fin leasing m.

leash [li:ʃ] n correa f.

least [li:st] (superl of little) I adj menor, mínimo,-a; he has the l. time, él es quien menos tiempo tiene. II adv menos; it's the l. known of his novels, es su novela menos conocida; l. of all him, él menos que nadie; they are the ones who go l., son ellos quienes van menos. III n lo menos; at l., por lo menos; (in number) al menos; it's the l. we can do, es lo menos que podemos hacer; not in the l.!, ¡en absoluto!, ¡no faltaba más!, ¡cómo no!; not in the l., en lo más mínimo; that's the l. of my worries, eso es lo de menos; to say the l., por no decir más.

leather ['leðə'] I n piel f, cuero m. ■ patent l., charol m. II adj de piel, de cuero.

leathery ['leðərɪ] adj (skin) curtido,-a; (meat) correoso,-a.

leave[1] [li:v] I vtr (pt & pp left) 1 (go away from) dejar, abandonar; (go out of) salir de; he left his wife to live with his mistress, abandonó a su mujer para ir a vivir con su amante; he left school at 16, dejó de estudiar a los 16 años; I usually l. home at 8, normalmente salgo de casa a las ocho; she left home after a family row, se marchó de casa después de una discusión familiar; the car left the road, el coche se salió de la carretera; they left him to his fate, lo abandonaron a su suerte; to l. the table, levantarse de la mesa. 2 (allow to remain) dejar; it leaves much to be desired, deja mucho que desear; l. her to herself, déjala que lo haga a su manera; l. him alone!, ¡fam l. him be!, ¡déjale en paz!; she leaves the cleaning to me, a mí me deja encargarme de la limpieza; to l. a tip/a message, dejar una propina/un recado; to l. the door open, dejar la puerta abierta; fam l. it to me, yo me encargo; fam let's l. it at that!, ¡dejémoslo así! 3 (bequeath) dejar, legar. 4 (be survived by) dejar; he leaves a wife and three children, deja una viuda y tres hijos. 5 (forget) dejarse, olvidarse; he left his umbrella on the bus, se dejó el paraguas en el autobús. 6 Math dar; 3 from 9 leaves 6, 9 menos 3 son 6, de 9 van 6. 7 to be left, quedar; I have two biscuits left, me quedan dos galletas; it's all the money we have left, es todo el dinero que nos queda; there's nobody/nothing left,

no queda nadie/nada. **8 to be left over,** sobrar; **there are three serviettes left over,** sobran tres servilletas.
II *vi* (*go away*) irse, marcharse; (*go out*) salir; **he left without saying goodbye,** se fue sin despedirse; **the train is leaving in five minutes,** el tren sale dentro de cinco minutos. ◆**leave about** *vtr* dejar tirado,-a; **he always leaves his clothes about,** siempre deja la ropa tirada por ahí. ◆**leave behind** *vtr* **1** (*gen*) dejar atrás. **2** (*forget*) dejarse, olvidarse. ◆**leave off** *vtr* **1** (*stop*) dejar de; **to l. off smoking,** dejar de fumar. **2** (*clothes*) dejar de llevar. **II** *vi* (*finish*) acabar; **where did we l. off?,** ¿dónde acabamos? ◆**leave on** *vtr* **1** (*clothes*) dejar puesto,-a. **2** (*lights, radio*) dejar encendido,-a. ◆**leave out** *vtr* **1** (*keep in the open*) dejar fuera; (*put out*) (*books, clothes, etc*) dejar a mano; (*food, meal, etc*) dejar preparado,-a; **you shouldn't l. the car out in the rain,** no deberías dejar el coche a la intemperie cuando llueve. **2** (*omit*) omitir, saltarse; *fig* **to feel left out,** sentirse excluido,-a.

leave² [liːv] *n* **1** (*permission*) permiso *m*; **by** *or* **with your l.,** con su permiso; **without so much as a by your l.,** sin pedir permiso a nadie. **2** (*time off*) vacaciones *fpl*; *Mil* permiso *m*; **annual l.,** vacaciones anuales; *Mil* **to be on l.,** estar de permiso; **to go on sick l.,** darse de baja por enfermedad. ■ **l. of absence,** excedencia *f*; **maternity l.,** baja *f* por maternidad; **sick l.,** baja *f* por enfermedad. **3** (*farewell*) despedida *f*; **to take one's l. of sb,** despedirse de algn; *fig* **to take French l.,** despedirse a la francesa; *fig* **to take l. of one's senses,** perder la razón *or* la cabeza.

leaven ['levən] *n*, **leavening** ['levənɪŋ] *n* levadura *f*.

leaves [liːvz] *npl see* **leaf**.

leave-taking ['liːvteɪkɪŋ] *n* despedida *f*.

leaving ['liːvɪŋ] *n* **1** (*departure*) salida *f*. **2 leavings,** (*remains*) restos *mpl*; (*of food*) sobras *fpl*.

Lebanese [lebə'niːz] *adj & n* libanés,-esa (*m,f*).

Lebanon ['lebənən] *n* (**the**) L., (el) Líbano.

lecherous ['letʃərəs] *adj* lascivo,-a, lujurioso,-a.

lechery ['letʃərɪ] *n* lascivia *f*, lujuria *f*.

lectern ['lektən] *n* (*gen*) atril *m*; (*in church*) facistol *m*.

lecture ['lektʃəʳ] **I** *n* **1** (*by visiting speaker*) conferencia *f*, charla *f*; *Univ* clase *f*; **to give a l.,** dar una conferencia (**on,** sobre). ■ **l. hall, l. room, l. theatre,** (*gen*) sala *f* de conferencias; *Univ* aula *f*; **l. notes,** apuntes *mpl*. **2** (*reproof*) sermón *m*, reprimenda *f*. **II** *vi* (*visiting speaker*) dar una conferencia *or* conferencias; *Univ* dar clases; **he lectured on animal life,** dio una conferencia sobre la vida animal; **she lectures to advanced students,** da clases a los alumnos más avanzados. **III** *vtr* (*reproach*) sermonear, echar una reprimenda; **they were lectured for being late,** les echaron una reprimenda por haber llegado tarde.

lecturer ['lektʃərəʳ] *n* (*visiting speaker*) conferenciante *mf*; *Univ* profesor,-a *m,f*.

lectureship ['lektʃəʃɪp] *n* *Univ* cargo *m* de profesor.

led [led] *pt & pp see* **lead**².

ledge [ledʒ] *n* **1** (*shelf*) repisa *f*; (*of window*) antepecho *m*, alféizar *m*. **2** (*on mountain*) saliente *m*.

ledger ['ledʒəʳ] *n* *Com* libro *m* mayor.

lee [liː] **I** *n* **1** *Naut* sotavento *m*, socaire *m*. **2** *fig* abrigo *m*; **in the l. of,** al abrigo de. **II** *adj* *Naut* de sotavento.

leech [liːtʃ] *n* **1** *Zool* sanguijuela *f*. **2** *fig* (*person*) sanguijuela *f*, parásito,-a *m,f*; **to cling like a l.,** pegarse como una lapa.

leek [liːk] *n* *Bot* puerro *m*.

leer [lɪəʳ] **I** *vi* mirar con lascivia, echar una mirada lasciva. **II** *n* mirada *f* lasciva.

leery ['lɪərɪ] *adj* (*leerier, leeriest*) *sl* **1** (*suspicious*) receloso,-a. **2** (*wary*) cauteloso,-a; **to be l. of,** tener cuidado con.

lees [liːz] *npl* heces *fpl*, poso *m*.

leeward ['liːwəd] *Naut* **I** *adj* de sotavento; **L. Islands,** Islas de Sotavento. **II** *n* sotavento *m*. **III** *adv* a sotavento.

leeway ['liːweɪ] *n* **1** (*freedom*) libertad *f*; **this gives me a certain amount of l.,** esto me da cierto margen de libertad. **2** *Naut Av* deriva *f*. **3** *fig* (*backlog*) tiempo *m* perdido, atraso *m*; **to make up l.,** recuperar el tiempo perdido.

left¹ [left] **I** *adj* **1** (*gen*) izquierdo,-a. **2** *Pol* de izquierdas. ■ **L. wing,** izquierda *f*. **II** *adv* a la izquierda, hacia la izquierda; **turn l. at the lights,** gira a la izquierda después del semáforo. **III** *n* **1** (*gen*) izquierda *f*; **on the l.,** a mano izquierda. **2** *Pol* izquierda *f*; **the far L.,** la extrema izquierda; **to be on the L.,** ser de izquierdas.

left² [left] *pt & pp see* **leave**¹.

left-hand ['lefthænd] *adj* izquierdo,-a; *Aut* **l.-h. drive,** con el volante a la izquierda; **on the l.-h. side,** a mano izquierda.

left-handed [left'hændɪd] *adj* **1** (*person*) zurdo,-a; (*object*) para zurdos; **l.-h. scissors,** tijeras para zurdos. **2** (*ambiguous*) de doble filo, ambiguo,-a.

left-hander [left'hændəʳ] *n* **1** (*blow*) golpe *m* con la izquierda. **2** (*person*) zurdo,-a *m,f*.

leftist ['leftɪst] *adj & n* izquierdista (*mf*).

left-luggage [left'lʌgɪdʒ] *n* *GB* **l.-l. office,** consigna *f*.

leftover ['leftəʊvəʳ] **I** *adj* sobrante, restante, de sobras. **II** **leftovers** *npl* sobras *fpl*, restos *mpl*.

left-wing ['leftwɪŋ] *adj* de izquierdas, izquierdista.

lefty ['leftɪ] *n fam Pol* izquierdista *mf*, izquierdoso,-a *m,f*.

leg [leg] **I** *n* **1** (*of person*) pierna *f*; (*of animal*) pata *f*; *Culin* (*of lamb*) pierna *f*; (*of chicken*) muslo *m*; (*of table, chair*) pata *f*, pie *m*; (*of trousers*) pernera *f*; **to give sb a l. up,** ayudar a algn a subir; **to stretch one's legs,** estirar las piernas; *fig* **he hasn't got a l. to stand on,** no tiene en qué basarse; *fig* **to be on one's last legs,** estar en las últimas; *fam* **to shake a l.,** (*hurry*) espabilarse; (*dance*) bailotear; *fam* **to show a l.,** levantarse de la mañana; *fam fig* **to pull sb's l.,** tomar el pelo a algn. **2** (*stage*) etapa *f*. **II** *vtr* (*pt & pp* **legged**) *fam* **to l. it,** (*walk*) ir a pata; (*rush*) ir volando.

legacy ['legəsɪ] *n* herencia *f*, legado *m*; *fig* herencia *f*, patrimonio *m*.

legal ['liːgəl] *adj* **1** (*gen*) legal; (*legitimate*) legítimo,-a; (*permitted by law*) lícito,-a. ■ **l. tender,** moneda *f* de curso legal. **2** (*relating to the law*) jurídico,-a, legal; **the l. profession,** la abogacía; **to take l. action against sb,** entablar un pleito contra algn. ■ **l. adviser,** asesor *m* jurídico, asesoría *f* jurídica; **l. aid,** asesoramiento *m* jurídico para los pobres; **l. costs,** costas *fpl*; *US* **l. holiday,** fiesta *f* nacional. ◆**legally** *adv* legalmente; **l. responsible,** responsable ante la ley.

legalistic [liːgə'lɪstɪk] *adj* legalista.

legality [lɪ'gælɪtɪ] *n* legalidad *f*.

legalize ['li:gəlaɪz] *vtr* legalizar.

legate ['legɪt] *n Rel* legado *m*.

legend ['ledʒənd] *n* leyenda *f*; *fig* **to become a l. in one's own time,** ser una leyenda viva.

legendary ['ledʒəndərɪ] *adj* legendario,-a.

leggings ['legɪŋz] *npl* polainas *fpl*.

leggy ['legɪ] *adj (leggier, leggiest)* 1 *(long-legged)* zanquilargo,-a, patilargo,-a; *(with shapely legs)* con bonitas piernas. 2 *(plant)* muy crecido,-a.

legibility [ledʒə'bɪlɪtɪ] *n* legibilidad *f*.

legible ['ledʒəbəl] *adj* legible.

legion ['li:dʒən] *n* legión *f*; **the Foreign L.,** la Legión Extranjera.

legionnaire [li:dʒə'neə^r] *n* legionario *m*. ■ *Med* **l.'s disease,** enfermedad *f* del legionario.

legislate ['ledʒɪsleɪt] *vi* legislar.

legislation [ledʒɪs'leɪʃən] *n* legislación *f*.

legislative ['ledʒɪslətɪv] *adj* legislativo,-a.

legislator ['ledʒɪsleɪtə^r] *n* legislador,-a *m,f*.

legislature ['ledʒɪsleɪtʃə^r] *n* asamblea *f* legislativa, legislatura *f*.

legitimacy [lɪ'dʒɪtɪməsɪ] *n* legitimidad *f*.

legitimate [lɪ'dʒɪtɪmɪt] *adj* legítimo,-a; *(valid)* válido,-a.

legitimize [lɪ'dʒɪtɪmaɪz] *vtr* legitimar.

legless ['legləs] *adj fam (drunk)* trompa, ciego,-a.

leg-pull ['legpʌl] *n GB fam* broma *f*, tomadura *f* de pelo.

legroom ['legru:m] *n* espacio *m* para las piernas.

legume ['legju:m, lɪ'gju:m] *n Bot* legumbre *f*.

leg-warmers ['legwɔ:məz] *npl* calientapiernas *fpl*.

leisure ['leʒə^r, *US* 'li:ʒə^r] *n* ocio *m*, tiempo *m* libre; **at l.,** *(with free time)* con tiempo libre; *(calmly)* con calma; **do it at your l.,** hazlo cuando tengas tiempo; **to live a life of l.,** vivir como un rey. ■ **l. activities,** pasatiempos *mpl*; **l. centre,** centro *m* de deportes *or* de actividades culturales.

leisurely ['leʒəlɪ, *US* 'li:ʒəlɪ] *adj (unhurried)* con calma, sin prisa; *(slow)* lento,-a.

leitmotif *n* **leitmotiv** ['laɪtməʊti:f] *n* leitmotiv *m*, tema *m* central.

lemming ['lemɪŋ] *n Zool* lemming *m*.

lemon ['lemən] **I** *n* 1 *(fruit)* limón *m*. ■ **l. cheese, l. curd,** crema *f* de limón; **l. ice,** granizado *m* de limón; **l. juice,** zumo *m* de limón; *GB* **l. squash,** limonada *f*; **l. squeezer,** exprimidor *m*, exprimelimones *m inv*; **l. tea,** té *m* con limón; **l. tree,** limonero *m*. 2 *sl (halfwit)* primo,-a *m,f*. 3 *sl (old car)* cacharro *m*. **II** *adj (colour)* de color limón.

lemonade [lemə'neɪd] *n* limonada *f*.

lend [lend] *vtr (pt & pp lent) (money etc)* prestar, dejar; *fig (impart, contribute)* dar, prestar, dotar de; **can you l. me your pen?,** ¿me dejas tu bolígrafo?; **her ideas lent intelligence to the meeting,** sus ideas dotaron de inteligencia a la reunión; **to l. oneself** *or* **itself to sth,** prestarse a *or* para algo; *fam* **can you l. me a hand?,** ¿me echas una mano?; *fam fig* **to l. an ear to sb,** escuchar a algn.

lending ['lendɪŋ] *n* **l. library,** biblioteca *f* pública.

length [leŋkθ, leŋθ] *n* 1 *(dimension)* longitud *f*, largo *m*; **it is five metres in l.** tiene *or* mide cinco metros de largo; **what l. is it?,** ¿cuánto tiene *or* mide de largo?; *fig* **throughout the l. and breadth of the country,** a lo largo y ancho del país. 2 *(duration)* duración *f*; **for what l. of time?,** ¿por cuánto tiempo?; **the l. of a visit,** la duración de una visita. 3 *(piece) (of string, tubing)* trozo *m*; *(of cloth)* largo

m. 4 *(distance)* largo *m*, distancia *f*; *(of swimming pool)* largo *m*; *(stretch of road)* tramo *m*; **she walked the l. of the river,** anduvo a lo largo del río; *Sport* **to win by a l.,** ganar por un largo; *fig* **to go to any lengths to achieve sth,** hacer lo que sea para conseguir algo; *fig* **to go to great lengths,** tomarse mucha molestia; *fig* **to keep sb at arm's l.,** mantener las distancias con algn. **5 at l.,** *(finally)* finalmente, a la larga; *(in depth)* a fondo, con detalle; **to explain sth at l.,** explicar algo con todo detalle; **to talk at l.,** hablar largo y tendido.

lengthen ['leŋkθən, 'leŋθən] **I** *vtr* 1 *(skirt etc)* alargar. 2 *(lifetime)* prolongar, extender. **II** *vi* 1 *(skirt etc)* alargarse. 2 *(lifetime)* prolongarse; *(days)* crecer.

lengthways ['leŋθweɪz] *adv*, **lengthwise** ['leŋθwaɪz] *adv* a lo largo, longitudinalmente.

lengthy ['leŋkθɪ, 'leŋθɪ] *adj (lengthier, lengthiest)* *(gen)* largo,-a; *(film, illness)* de larga duración; *(meeting, discussion)* prolongado,-a.

lenience ['li:nɪəns] *n*, **leniency** ['li:nɪənsɪ] *n* lenidad *f*, clemencia *f*, indulgencia *f*.

lenient ['li:nɪənt] *adj* indulgente.

Leningrad ['lenɪngræd] *n* Leningrado.

lens [lenz] *n* 1 *(of eye)* cristalino *m*. 2 *(of spectacles)* lente *m or f*. ■ **contact lenses,** lentes *mpl* de contacto, lentillas *fpl*. 2 *Phot* objetivo *m*.

Lent [lent] *n Rel* Cuaresma *f*.

lent [lent] *pt & pp see* **lend**.

lentil ['lentɪl] *n Bot* lenteja *f*; **l. soup,** sopa de lentejas.

Leo ['li:əʊ] *n Astrol Astron* Leo *m*, León *m*.

leopard ['lepəd] *n Zool* leopardo *m*.

leotard ['li:ətɑ:d] *n (for dance, gym)* leotardo *m*, malla *f*, maillot *m*; *(as underwear)* leotardo *m*.

leper ['lepə^r] *n Med* leproso,-a *m,f*.

leprechaun ['leprəkɔ:n] *n Ir* duende *m*.

leprosy ['leprəsɪ] *n Med* lepra *f*.

leprous ['leprəs] *adj Med* leproso,-a.

lesbian ['lezbɪən] *adj & n* lesbiana *(f)*.

lesion ['li:ʒən] *n Med* lesión *f*.

Lesotho [lɪ'su:tʊ, lə'səʊtəʊ] *n* Lesotho.

less [les] **I** *adj (comp of little)* menos; **he is earning l. money than last year,** gana menos dinero que el año pasado. **II** *pron* menos; **at a price of l. than ten pence,** a un precio inferior a diez peniques; **in l. than an hour,** en menos de una hora; **nothing l. than,** nada menos que; **the l. said about it, the better,** cuanto menos se diga mejor; **they see l. of each other these days,** se ven menos estos días; *fam* **it was signed by the President, no l.,** lo firmó el mismísimo presidente. **III** *adv* menos; **l. and l.,** cada vez menos; **she's l. intelligent than her brother,** es menos inteligente que su hermano; **still l.,** menos aún; *fig* **to think l. of,** tener en menos consideración. **IV** *prep* menos; **a year l. two days,** un año menos dos días; **she earns a hundred pounds, l. tax,** gana cien libras, sin descontar los impuestos.

lessee [le'si:] *n* arrendatario,-a *m,f*.

lessen ['lesən] **I** *vtr* disminuir, reducir. **II** *vi* disminuir, reducirse.

lessening ['lesənɪŋ] *n* disminución *f*, reducción *f*.

lesser ['lesə^r] *adj* menor; **to a l. extent,** en menor grado; **to choose the l. of two evils,** escoger el mal menor.

lesson ['lesən] *n* 1 clase *f*, lección *f*; **Spanish lessons,** clases de español; *fig* **let that be a l. to you,** que eso te sirva de lección. 2 *Rel* lectura *f*.

lessor ['lesɔːʳ, le'sɔːʳ] *n* arrendador,-a *m,f*.

lest [lest] *conj fml* **1** (*in order not to*) para (que) no; **l. we forget,** para que no lo olvidemos. **2** (*for fear that*) por miedo a que; **he kept quiet l.** he should be discovered, no hizo ruido por miedo a que le descubrieran.

let¹ [let] **I** *vtr (pt & pp let)* **1** (*allow*) dejar, permitir; **he l.** me borrow his car, me dejó el coche; **l.** me know if you want one, avísame si quieres uno; **to l.** go of sth, soltar algo; **to l.** loose, soltar, dejar suelto,-a; **to l.** sb by, dejar pasar a algn; **to l.** sb know, avisar a algn; *fig* **to l.** oneself go, dejarse ir. **2** (*rent out*) alquilar; **'to l.',** 'se alquila'. **3** *Med* (*blood*) sangrar. **4 l.** alone, ni mucho menos; **he can't walk, l.** alone run, no puede andar, ni mucho menos correr. **II** *v aux* **l.** him wait, que espere; **l.** me alone!, **l.** me be!, ¡déjame en paz!; **l.** me go!, ¡suéltame!; **l.** me tell you sth, déjame decirte una cosa; **l.** us pray, oremos; **l.'s** go!, ¡vamos!, ¡vámonos!; **l.'s** see, a ver; **l. X** equal **Y,** pongamos que X es igual a Y. **III** *n GB* (*renting of house etc*) alquiler *m*; **short l.,** alquiler de corto plazo. ◆**let down** *vtr* **1** (*lower*) bajar; (*lengthen*) alargar; *fam* **fig to l.** one's hair down, desmelenarse, echar una cana al aire. **2** (*deflate*) desinflar, deshinchar. **3** (*fail*) fallar, defraudar, decepcionar; **the car l.** us down, nos falló el coche; **to be l.** down, llevarse un chasco *or* un disgusto; **to feel l.** down, sentirse defraudado,-a. ◆**let in** *vtr* **1** (*admit*) dejar entrar, hacer pasar; **her mother l.** me in, me abrió su madre; **these shoes l.** the water in, estos zapatos dejan entrar el agua; **to l.** oneself in, abrir la puerta uno,-a mismo,-a. **2 to l.** oneself in for, meterse en; **to l.** oneself in for trouble, meterse en un lío. **3 to l.** in on, revelar; **to l.** sb in on a secret, revelar un secreto a algn. ◆**let off** *vtr* **1** (*leave off*) dejar; **could you l.** me off at the station?, ¿puedes dejarme en la estación? **2** (*bomb*) hacer explotar; (*fireworks*) hacer estallar. **3** (*liquid, air*) soltar, emitir; *fam fig* **to l.** off steam, desfogarse, desahogarse. **4** *fam* **to l.** sb off, (*pardon*) perdonar; (*free*) dejar en libertad; **he was l.** off with a warning, le dejaron marcharse tras una amonestación. ◆**let on** *vi fam* (*pretend*) hacer ver; (*reveal*) contar, revelar; **don't l.** on, will you?, no digas nada, por favor; **he l.** on that he knew nothing, hizo ver que no sabía nada. ◆**let out** *vtr* **1** (*release*) (*prisoner*) soltar, poner en libertad; (*news*) divulgar; (*secret*) revelar; *fam* **that lets me out,** eso me deja limpio. **2** (*air, water*) dejar salir; **to l.** air out of a tyre, desinflar un neumático. **3** (*sound, cry*) soltar. **4** *Sew* (*widen*) ensanchar. **5** (*rent out*) alquilar. ◆**let through** *vtr* dejar pasar. ◆**let up** *vi* cesar, parar; **when will this rain l.** up?, ¿cuándo dejará de llover?; *fam* **l.** up on me, will you?, déjame en paz, ¿quieres?

let² [let] *n Ten* let *m*.

letdown ['letdaʊn] *n* decepción *f*, chasco *m*; **what a l.!,** ¡qué desilusión!

lethal ['liːθəl] *adj* mortal, letal.

lethargic [lɪ'θɑːdʒɪk] *adj* letárgico,-a, aletargado,-a.

lethargy ['leθədʒɪ] *n* letargo *m*.

letter ['letəʳ] *n* **1** (*of alphabet*) letra *f*; **the l. 'S',** la letra 'S'; *fig* **to the l.,** al pie de la letra. ■ **capital l.,** mayúscula *f*; **small l.,** minúscula *f*. **2** (*written message*) carta *f*; **covering l.,** carta adjunta; **registered l.,** carta certificada. ■ *GB* **l.** box, buzón *m*; *GB* **l.** card, carta-tarjeta *f*; **l. of attorney,** poderes *mpl*; *Com* **l. of credit,** carta *f* de crédito; **l. of introduction,** carta *f* de presentación *or* de recomendación.

3 letters, (*learning*) letras *fpl*; **man of l.,** hombre *m* de letras.

letter-carrier ['letəkærɪəʳ] *n US* cartero,-a *m,f*.

letterhead ['letəhed] *n* membrete *m*.

lettering ['letərɪŋ] *n* inscripción *f*, rótulo *m*.

letter-opener ['letərəʊpenəʳ] *n* abrecartas *m inv*.

letterpress ['letəpres] *n* **1** (*method*) impresión *f* tipográfica. **2** (*text*) texto *m* impreso.

letter-writer ['letəraɪtəʳ] *n* escritor,-a *m,f* de cartas; **he isn't much of a l.-w.,** no es muy amigo de escribir cartas.

lettuce ['letɪs] *n Bot* lechuga *f*.

let-up ['letʌp] *n fam* descanso *m*, tregua *f*, respiro *m*.

leukaemia, *US* **leukemia** [luː'kiːmɪə] *n Med* leucemia *f*.

levee ['levɪ] *n US* dique *m*.

level ['levəl] **I** *adj* **1** (*flat*) (*surface, ground*) llano,-a, plano,-a; (*even*) a nivel, nivelado,-a; (*equal*) igual, parejo,-a, igualado,-a; *Culin* **a l.** spoonful of, una cucharada rasa de; **to be l.** with, estar a nivel de; **to draw l.,** igualar (with, a); *fig* **to do one's l.** best, hacer todo lo posible. ■ *GB Rail* **l.** crossing, paso *m* a nivel. **2** (*steady*) (*temperature*) estable; (*tone*) uniforme; *fig* **to keep a l.** head, no perder la cabeza. **II** *vtr (pt & pp* **levelled,** *US* **leveled**) **1** (*make level*) nivelar, allanar. **2** (*raze*) rasar, igualar, arrasar. **3** (*aim*) dirigir; **to l.** a blow at sb, asestar un golpe a algn; **to l.** a weapon at sb, apuntar un arma a algn; *fig* **to l.** an accusation against sb, dirigir una acusación a algn. **4** (*survey*) nivelar. **III** *n* **1** (*horizontal plane*) nivel *m*; **at sea l.,** a nivel del mar; **to be on a l. with,** estar al mismo nivel que; *fig* **to find one's (own) l.,** estar con los suyos; *fam* **to be on the l.,** (*be honest*) ser de fiar; (*be truthful*) decir la verdad, hablar en serio. **2** (*instrument*) nivel *m*. ■ *Constr* **spirit l.,** nivel *m* (de burbuja de aire). ◆**level off, level out** *vi* **1** (*ground*) nivelarse. **2** (*prices*) estabilizarse. **3** (*aircraft*) enderezarse, recuperar la estabilidad. ◆**level with** *vtr fam* ser franco,-a con.

level-headed [levəl'hedɪd] *adj* sensato,-a, equilibrado,-a.

lever ['liːvəʳ] **I** *n* palanca *f*. **II** *vtr* apalancar; **to l. sth out,** alzar algo con palanca.

leverage ['liːvərɪdʒ] *n* apalancamiento *m*; *fig* (*influence*) influencia *f*.

leveret ['levərɪt] *n Zool* lebrato *m*.

levitate ['levɪteɪt] **I** *vtr* hacer levitar. **II** *vi* levitar.

levitation [levɪ'teɪʃən] *n* levitación *f*.

levity ['levɪtɪ] *n* ligereza *f*, frivolidad *f*.

levy ['levɪ] **I** *vtr (pt & pp* **levied**) (*impose, collect*) (*tax*) recaudar; (*fine*) imponer. **II** *n* (*of tax*) recaudación *f*; (*of fine*) imposición *f*.

lewd [luːd] *adj* (*person*) lascivo,-a, lujurioso,-a; (*story, song*) obsceno,-a; (*joke*) verde.

lewdness ['luːdnɪs] *n* (*of person*) lascivia *f*; (*of song etc*) obscenidad *f*.

lexical ['leksɪkəl] *adj* léxico,-a.

lexicographer [leksɪ'kɒgrəfəʳ] *n* lexicógrafo,-a *m,f*.

lexicography [leksɪ'kɒgrəfɪ] *n* lexicografía *f*.

lexicology [leksɪ'kɒlədʒɪ] *n* lexicología *f*.

LF [el'ef] *Rad abbr of* **low frequency,** frecuencia *f* baja, FB *f*.

lh *abbr of* **left hand,** (mano *f*) izquierda *f*.

liability [laɪə'bɪlɪtɪ] n 1 Jur (responsibility) respon-sabilidad f. 2 (handicap) estorbo m, carga f; fam he's a real l., es un cero a la izquierda. 3 liabilities, Fin (debts) deudas fpl, pasivo m sing; assets and l., activo m sing y pasivo m sing.

liable ['laɪəbəl] adj 1 Jur (responsible) responsable; (susceptible) sujeto,-a, obligado,-a; he is l. for military service, está obligado a hacer el servicio militar; l. to a fine, expuesto,-a a una multa; l. to duties, sujeto a impuestos; to be l. for, ser respon-sable de, responder de. 2 (likely) propenso,-a; to be l. to do sth, tener tendencia a hacer algo, ser pro-penso,-a a hacer algo; he's l. to change his mind, puede que cambie de idea; it's l. to happen, es muy probable que así suceda.

liaise [lɪ'eɪz] vi comunicarse (with, con), establecer contacto (with, con).

liaison [lɪ'eɪzɒn] n 1 (coordination) enlace m, coor-dinación f. ■ l. committee, comité m de enlace; l. officer, oficial mf de enlace. 2 (love affair) aventura f, amorío m.

liar ['laɪəʳ] n mentiroso,-a m,f, embustero,-a m,f.

lib [lɪb] n fam abbr of liberation.

libel ['laɪbəl] Jur I n (defamation) difamación f, ca-lumnia f; (written) libelo m. ■ l. suit, pleito m por difamación. II vtr (pt & pp libelled, US libeled) di-famar, calumniar.

libellous, US **libelous** ['laɪbələs] adj difama-torio,-a, calumnioso,-a.

liberal ['lɪbərəl] I adj 1 (gen) liberal. ■ GB l. arts, letras fpl; Pol L. Party, Partido m Liberal. 2 (abun-dant) abundante. II n Pol L., liberal mf.

liberalism ['lɪbərəlɪzəm] n liberalismo m.

liberalize ['lɪbərəlaɪz] vtr liberalizar.

liberal-minded ['lɪbərəlmaɪndɪd] adj liberal, tole-rante, de amplias miras.

liberate ['lɪbəreɪt] vtr (gen) liberar; (prisoner etc) poner en libertad, libertar; liberated woman, mujer liberada.

liberation [lɪbə'reɪʃən] n liberación f. ■ Rel l. the-ology, teología f de la liberación; women's l., liberación f de la mujer.

liberator ['lɪbəreɪtəʳ] n liberador,-a m,f, liber-tador,-a m,f.

Liberia [laɪ'bɪərɪə] n Liberia.

Liberian [laɪ'bɪərɪən] adj & n liberiano,-a (m,f).

libertine ['lɪbəti:n] adj & n libertino,-a (m,f).

libertinism ['lɪbəti:nɪzəm] n libertinaje m.

liberty ['lɪbətɪ] n libertad f; at l., libre, en libertad; to be at l. to say sth, ser libre de decir algo, tener derecho a decir algo; to take liberties with sb, to-marse libertades con algn; to take the l. of doing sth, tomarse la libertad de hacer algo; fam what a l.!, ¡qué cara!

libido [lɪ'bi:dəʊ] n (pl libidos) libido f.

Libra ['li:brə] n Astrol Astron Libra f.

librarian [laɪ'breərɪən] n bibliotecario,-a m,f.

library ['laɪbrərɪ] n biblioteca f. ■ l. book, libro m de biblioteca; l. ticket, carnet m de biblioteca; mo-bile l., biblioteca f móvil, bibliobús m; newspaper l., hemeroteca f; public l., biblioteca f pública; ref-erence l., biblioteca f de consulta.

libretto [lɪ'bretəʊ] n (pl librettos or libretti [lɪ'breti:]) Mus libreto m.

Libya ['lɪbɪə] n Libia.

Libyan ['lɪbɪən] adj & n libio,-a (m,f).

lice [laɪs] npl see louse.

licence ['laɪsəns] n 1 (permit) licencia f, permiso m. ■ driving l., carnet m de conducir; gun l., licencia f de armas; Aut l. number, matrícula f; US Aut l. plate, (placa f de) matrícula f. 2 (freedom) libertad f; (excessive freedom) licencia f. ■ poetic l., licencia f poética.

license ['laɪsəns] I vtr licenciar, dar licencia auto-rizar. II n US see licence.

licensed ['laɪsənst] adj autorizado,-a; l. premises, local m autorizado para la venta de bebidas alco-hólicas.

licensee [laɪsən'si:] n (gen) concesionario,-a m,f; (of pub) dueño,-a m,f.

licentious [laɪ'senʃəs] adj licencioso,-a, disoluto,-a.

lichen ['laɪkən, 'lɪtʃən] n Bot liquen m.

lick [lɪk] I vtr 1 lamer; to l. one's lips, relamerse; fam to l. sth into shape, poner algo a punto; fam fig to l. sb's boots, hacer la pelota a algn. 2 fam (beat) dar una paliza a. II n lamedura f, lengüetada f, lengüe-tazo m; fam a l. of paint, una mano de pintura; fam at full l., a todo gas; fam to give oneself a l. and a promise, lavarse rápidamente.

licking ['lɪkɪŋ] n fam paliza f.

licorice ['lɪkərɪs, 'lɪkərɪʃ] n US see liquorice.

lid [lɪd] n 1 (cover) tapa f, tapadera f; GB fam that puts the (tin) l. on it!, ¡eso ya es el colmo!; fam fig to take the l. off a scandal, destapar un escándalo; sl to flip one's l., volverse majara. 2 (of eye) pár-pado m.

lie[1] [laɪ] I vi (pt & pp lied) mentir; fam to l. one's head off, mentir como un bellaco. II n mentira f; it's a pack of lies, es pura mentira; to give the l. to, desmentir; to tell lies, mentir. ■ l. detector, detector m de mentiras; fig white l., mentira f piadosa.

lie[2] [laɪ] I vi (pt lay; pp lain) 1 (act) echarse, acos-tarse, tumbarse, tenderse; (state) estar echado,-a, estar acostado,-a, estar tumbado,-a, estar ten-dido,-a; (be buried) yacer. 2 (be situated) estar, en-contrarse, hallarse, situarse; the city lies to the north, la ciudad está al norte; the fault lies with him, la culpa es suya; the problem lies in her intransi-gence, el problema está en or radica en su intran-sigencia; the valley lay before us, el valle se extendía ante nosotros. 3 (remain) quedarse; to l. still, que-darse inmóvil; fig to l. low, permanecer escondido. II n (position) posición f, situación f; (direction) di-rección f, orientación f; the l. of the land, la topo-grafía del terreno; fig el estado de las cosas. ◆lie about, lie around vi (person) estar tumbado,-a; (things) estar tirado,-a. ◆lie back vi (in an arm-chair) recostarse. ◆lie down vi acostarse, echarse, tumbarse, tenderse; fig to take sth lying down, aceptar algo sin chistar. ◆lie in vi fam (stay in bed) levantarse tarde.

Liechtenstein ['lɪktənstaɪn] n Liechtenstein.

lie-down ['laɪdaʊn] n descanso m, siesta f.

lie-in ['laɪɪn] n fam to have a l.-in, levantarse tarde.

lieu [lju:, lu:] n lugar m; in l. of, en lugar de.

Lieut, Lt Mil abbr of Lieutenant, Teniente m, Tente., Tte.

lieutenant [lef'tenənt, US lu:'tenənt] n 1 Mil te-niente m. ■ l. colonel, teniente m coronel; l. ge-neral, teniente m general. 2 (non-military) lugarteniente m.

life [laɪf] n (pl lives [laɪvz]) 1 (gen) vida f; human l., la vida humana; it's a matter of l. and death, es cuestión de vida o muerte; to bring sb back to l., resucitar a algn; to come to l., cobrar vida; fig for dear l., con toda la fuerza, a más no poder; *fam* **as large as** l., de carne y hueso. ◼ l. **belt**, cinturón *m* salvavidas; l. **cycle**, ciclo *m* vital; l. **force**, fuerza *f* vital; l. **imprisonment**, cadena *f* perpetua; l. **insurance**, seguro *m* de vida; l. **jacket**, chaleco *m* salvavidas; l. **style**, estilo *m* de vida. 2 (*individual*) vida *f*; **at my time of** l., a mi edad; **his early** l., su juventud; **run for your** l.!, ¡sálvese quien pueda!; **to take one's own** l., suicidarse; **to take sb's** l., matar a algn; *fig* **he had the time of his** l., se lo pasó como nunca; *fam* **he can't play the piano to save his** l., es un negado para el piano; *fam* **never in my** l. **have I seen such a thing**, en mi vida he visto tal cosa; *fam* **not on your** l.!, ¡ni hablar! ◼ l. **story**, biografía *f*. 3 (*way of life*) vida *f*; **urban** l., la vida urbana; *fig* **to see** l., ver mundo; *fam* **how's** l.?, ¿qué tal (la vida)?; *fam* **this is the** l.!, ¡esto sí que es vivir!; *fam* **to lead the** l. **of Riley**, pegarse la gran vida. 4 (*of machine, battery*) vida *f*, duración *f*. 5 (*liveliness*) vida *f*, vitalidad *f*, vivacidad *f*; *fam fig* **to be the** l. (**and soul**) **of the party**, ser el alma de la fiesta. 5 *Art* **still** l., bodegón *m*, naturaleza *f* muerta.

life-and-death ['laɪfəndeθ] *adj* a vida o muerte; l.-**and-d. struggle**, lucha a vida o muerte.

lifeblood ['laɪfblʌd] *n* sangre *f* vital; *fig* alma *f*, nervio *m*.

lifeboat ['laɪfbəʊt] *n* (*on ship*) bote *m* salvavidas; (*on shore*) lancha *f* de socorro.

lifeguard ['laɪfgɑːd] *n* socorrista *mf*.

lifeless ['laɪflɪs] *adj* sin vida, exánime, inánime.

lifelike ['laɪflaɪk] *adj* (*gen*) natural; (*portrait*) fiel.

lifeline ['laɪflaɪn] *n* (*rope*) cuerda *f* de salvamento; *fig* cordón *m* umbilical.

lifelong ['laɪflɒŋ] *adj* de toda la vida, de siempre.

life-saving ['laɪfseɪvɪŋ] I *n* socorrismo *m*, salvamento *m*. II *adj* de salvamento.

life-size(d) ['laɪfsaɪz(d)] *adj* (de) tamaño natural.

lifetime ['laɪftaɪm] *n* vida *f*; **in his** l., durante su vida; **it's the chance of a** l., es una ocasión única; *fam* **never in a** l.!, ¡nunca en la vida!; *fam* **we had to wait a** l., tuvimos que esperar una eternidad.

lift [lɪft] I *vtr* 1 (*raise*) (*weight*) levantar; (*head etc*) levantar, alzar; (*baby*) levantar en brazos; (*take up*) subir; (*pick up*) coger; *fam* **he never lifts a finger in the house**, no mueve ni un dedo para ayudar en casa. 2 *Av Mil* (*troops*) transportar. 3 (*ban, restriction*) levantar. 4 *fam* (*steal*) birlar; (*plagiarize*) copiar, plagiar. II *vi* (*disappear*) disiparse. III *n* 1 (*act*) levantamiento *m*. 2 *GB* (*elevator*) ascensor *m*. ◼ **goods** l., montacargas *m inv*; l. **attendant**, ascensorista *mf*; l. **shaft**, hueco *m* del ascensor; **ski** l., telesquí *m*. 3 (*free ride*) **to give sb a** l., llevar a algn en coche; **to hitch a** l., hacer autostop. 4 *fig* (*boost*) estímulo *m*; **the news gave her a** l., la noticia le subió la moral. ◆**lift down** *vtr* bajar. ◆**lift off** I *vtr* levantar, quitar. II *vi Astronaut* despegar. ◆**lift out** *vtr* sacar. ◆**lift up** *vtr* levantar, alzar; *fig* (*spirits*) exaltar, elevar.

lift-off ['lɪftɒf] *n Astronaut* despegue *m*.

ligament ['lɪgəmənt] *n Anat* ligamento *m*.

light[1] [laɪt] I *n* 1 (*gen*) luz *f*; **against the** l., a trasluz; **by the** l. **of the moon**, a la luz de la luna; **electric** l., luz eléctrica; **to stand in sb's** l., quitarle la luz a algn; *fig* **in the** l. **of**, en vista de; *fig* **to bring sth to** l., sacar algo a luz; *fig* **to come to** l., salir a luz; *fig* **to see things in a new** l., ver las cosas bajo otro aspecto. ◼ l. **bulb**, bombilla *f*; *Phot* l. **meter**, fotómetro *m*; *Comput* l. **pen**, lápiz *m* óptico; l. **year**, año *m* luz. 2 (*lamp*) luz *f*, lámpara *f*; (*traffic light*) se-

máforo *m*; *Aut* (*headlight*) faro *m*; **the lights were** (**at**) **green**, el semáforo estaba en verde; **to turn on the** l., encender la luz; *fam fig* **to go out like a** l., quedarse roque. ◼ *Aut* **parking lights**, luces *fpl* de estacionamiento; *Aut* **tail lights**, pilotos *mpl*; **traffic lights**, semáforo *m sing*. 4 (*flame*) fuego *m*, lumbre *f*; **to set** l. **to sth**, prender fuego a algo; **to strike a** l., encender una cerilla; *fam* **have you got a** l.?, ¿tiene fuego? II *vtr* (*pt* & *pp* **lighted** *or* **lit**) 1 (*illuminate*) iluminar, alumbrar. 2 (*ignite*) encender. III *vi* (*fire*) encenderse, prenderse. IV *adj* 1 (*bright*) claro,-a; **it's growing** l., se hace de día. 2 (*not dark*) (*colour, eyes*) claro,-a, pálido,-a; (*hair*) rubio,-a; (*complexion*) blanco,-a; l. **green**, verde claro. ◆**light up** I *vtr* iluminar, alumbrar. II *vi* 1 iluminarse. 2 *fam* encender un cigarrillo.

light[2] [laɪt] I *adj* (*not heavy*) ligero,-a; (*rain*) fino,-a; (*breeze*) suave; *fig* (*wound, sentence, etc*) leve; l. **ale**, cerveza clara; *fig* **to be** l. **sleeper**, tener el sueño ligero; *fig* **to be** l. **on one's feet**, ser ligero,-a de pies; *fig* **to make** l. **of sth**, dar poca importancia a algo; *fig* **with a** l. **heart**, con el corazón alegre; *fam* **to be** l. **on sth**, andar mal de algo. ◆ *fig* l. **fingers**, uñas *fpl* largas; *Mil* l. **horse**, caballería *f* ligera; l. **opera**, opereta *f*; l. **reading**, lectura *f* fácil. II *adv* **to travel** l., ir ligero,-a de equipaje, viajar con poco equipaje. ◆**lightly** *adv* 1 (*not heavily*) ligeramente; l. **clad**, ligero,-a de ropa. 2 (*not seriously*) a la ligera; **to get off** l., salir casi indemne; **to take sth** l., tomar algo de ligera.

lighten[1] ['laɪtən] I *vtr* 1 (*colour*) aclarar. 2 (*illuminate*) iluminar. II *vi* (*colour*) aclararse.

lighten[2] ['laɪtən] *vtr* 1 (*weight*) aligerar. 2 *fig* (*mitigate*) aliviar, mitigar; (*heart*) alegrar.

lighter[1] ['laɪtə'] *n* (**cigarette**) l., encendedor *m*, mechero *m*.

lighter[2] ['laɪtə'] *n Naut* (*barge*) barcaza *f*, gabarra *f*.

light-fingered ['laɪtfɪŋgəd] *adj* de uñas largas.

light-footed ['laɪtfʊtɪd] *adj* ligero,-a de pies.

light-haired ['laɪtheəd] *adj* rubio,-a, de pelo claro.

light-headed ['laɪt'hedɪd] *adj* 1 (*dizzy*) mareado,-a. 2 (*frivolous*) frívolo,-a.

light-hearted ['laɪtha:tɪd] *adj* alegre, despreocupado,-a.

lighthouse ['laɪthaʊs] *n* faro *m*. ◼ l. **keeper**, farero,-a *m,f*.

lighting ['laɪtɪŋ] *n* 1 (*act*) iluminación *f*. 2 (*system*) alumbrado *m*.

lightness[1] ['laɪtnɪs] *n* (*brightness*) (*of room*) luminosidad *f*, claridad *f*; (*of colour*) claridad *f*.

lightness[2] ['laɪtnɪs] *n* (*of weight*) ligereza *f*.

lightning ['laɪtnɪŋ] *n* (*flash*) relámpago *m*; (*stroke*) rayo *m*; *fig* **as quick as** l., like l., como un rayo. ◼ l. **conductor**, l. **rod**, pararrayos *m inv*; l. **strike**, huelga *f* relámpago; l. **visit**, visita *f* relámpago.

lightweight ['laɪtweɪt] I *adj* 1 (*suit etc*) ligero,-a. 2 *Box* de peso ligero. II *n Box* peso *m* ligero.

Ligurian [lɪ'gjʊərɪən] *adj* l. **Sea**, Mar Ligur.

like[1] [laɪk] I *adj* 1 (*similar*) parecido,-a, semejante, similar; **umbrellas, walking-sticks and** l. **objects**, paraguas, bastones y otros objetos parecidos; *fig* **they are as** l. **as two peas** (**in a pod**), son como dos gotas de agua. 2 (*equal*) igual, parecido,-a; *Elec* l. **poles**, polos iguales. II *adv* 1 (*likely*) probable; (**as**) l. **as not**, a lo mejor, probablemente. 2 *fam* (*as it were*) como; **because he's an orphan** l., porque es huérfano, ¿sabes?; **he looked scared**, l., parecía como asustado. III *prep* 1 (*similar to*) como, parecido,-a a; (*the same as*) igual que; **he thinks l. us,** piensa como nosotros; **it costs something l. £50,** cuesta alrededor de las 50 libras; **it looks l. a bullet wound,** parece un balazo; **it looks l. rain,** parece que va a llover; **it's not l. her to do that,** no es propio de ella hacer eso; **it's nothing l. Rioja wine,** no se parece en nada al vino de Rioja; **I've never seen anything l. it,** nunca he visto cosa igual; **l. that,** así; **people l. that,** ese tipo de gente; **she's l. her mother,** se parece a su madre; **something l. that,** algo por el estilo; **that's just l. a man!,** ¡eso es muy típico de los hombres!; **the actual profit is more l. forty per cent,** el beneficio real es más bien del cuarenta por ciento; **what's he l.?,** ¿cómo es?, ¿qué tal es?; **what's the weather l.?,** ¿qué tiempo hace?; *fam* **that's more l. it!,** ¡así es!, ¡así se hace!; *prov* **l. father l. son,** de tal palo tal astilla. **2 to feel l.,** tener ganas de; **he doesn't feel l. dancing,** no tiene ganas de bailar; **I feel l. a change,** me apetece un cambio. **IV** *n* cosa *f* parecida; **brushes, combs and the l.,** cepillos, peines y cosas por el estilo; **it's too good for the likes of him,** es demasiado bueno para personas como él; **I've never seen the l. of it,** nunca he visto cosa igual.

like² [laɪk] **I** *vtr* **1** (*take pleasure in*) (*person, thing*) gustar; (*friend*) tener cariño a; **do you l. chocolate?,** ¿te gusta el chocolate?; **he likes dancing,** le gusta bailar; **how do you l. London?,** ¿qué (tal) te parece Londres?; **I don't l. him at all,** ése no me gusta nada, ése me cae muy mal; **she likes children,** le gustan los niños; **they l. each other,** se caen bien; **to l. sth better,** preferir; *fam iron* **well, I l. that!,** ¡qué cara! **2** (*want, wish*) querer, gustar; (*prefer*) preferir; **how do you l. your coffee?,** ¿cómo quiere el café?; **I didn't l. to disturb them,** no quería molestarles; **I should l. a chat with your father,** me gustaría hablar con tu padre; **whether you l. it or not,** quieras o no (quieras), te guste o no te guste; **would you l. a drink?,** ¿quieres tomar algo?; ¿te apetece tomar algo?; **would you l. him to wait?,** ¿quiere que espere? **II** *vi* querer, gustar; **as you l.,** como quieras; **if you l.,** si quieres; **whenever you l.,** cuando quieras. **III** *n* gusto *m*; **likes and dislikes,** gustos, preferencias.

likeable ['laɪkəbəl] *adj* simpático,-a, agradable.

likelihood ['laɪklɪhʊd] *n*, **likeliness** ['laɪklɪnɪs] *n* probabilidad *f*; **in all l.,** con toda probabilidad; **there's little l. of finding it,** es poco probable que lo encontremos.

likely ['laɪklɪ] **I** *adj* (*likelier, likeliest*) probable; **a l. outcome,** un resultado probable; **he's l. to cause trouble,** es probable que cause problemas; **he's the man most l. to succeed in the job,** es el hombre más indicado para el trabajo; *fam iron* **that's a l. story!,** ¡esto es puro cuento!; **where are you l. to be this afternoon?,** ¿dónde piensas estar esta tarde? **II** *adv* probablemente; **as l. as not,** a lo mejor; **not l.!,** ¡ni hablar!

like-minded [laɪk'maɪndɪd] *adj* de la misma opinión.

liken ['laɪkən] *vtr* comparar (**to,** con).

likeness ['laɪknɪs] *n* **1** (*similarity*) semejanza *f*, parecido *m*; **in his l.,** a su semejanza. ■ **family l.,** aire *m* de familia. **2** (*portrait*) retrato *m*.

likewise ['laɪkwaɪz] *adv* **1** (*also*) también, asimismo. **2** (*the same*) lo mismo, igualmente; **to do l.,** hacer lo mismo.

liking ['laɪkɪŋ] *n* (*for thing*) gusto *m*, afición *f*; (*for person*) simpatía *f*; (*for friend*) cariño *m*; **is it to your l.?,** ¿te gusta?; **to take a l. to sth,** tomar gusto

a algo; **to take a l. to sb,** tomar *or* coger cariño a algn; **to have a l. for sth,** ser aficionado,-a a algo.

lilac ['laɪlək] **I** *n* **1** *Bot* lila *f*. **2** (*colour*) lila *m*. **II** *adj* lila, de color lila.

Lilo® ['laɪləʊ] *n* (*pl* **Lilos**) colchón *m* inflable *or* de aire.

lilt [lɪlt] *n* (*in voice*) melodía *f*; (*in song*) ritmo *m* alegre.

lilting ['lɪltɪŋ] *adj* (*voice*) melodioso,-a, cantarín,-ina; (*song*) rítmico,-a.

lily ['lɪlɪ] *n* *Bot* lirio *m*, azucena *f*. ■ **l. of the valley,** lirio *m* de los valles, muguete *m*; **water l.,** nenúfar *m*.

lily-livered ['lɪlɪlɪvəd] *adj* cobarde, miedoso,-a.

limb [lɪm] *n* **1** *Anat* miembro *m*. **2** (*of tree*) rama *f*; *fig* **to be out on a l.,** (*in danger*) estar en peligro; *GB* (*isolated*) estar aislado,-a.

limber ['lɪmbə'] *adj* (*person*) ágil; (*thing*) flexible. ◆**limber up I** *vi* **1** *Sport* entrar en calor. **2** *fig* prepararse, entrenarse (**for,** para). **II** *vtr* calentar.

limbo ['lɪmbəʊ] *n* (*pl* **limbos**) **1** *Rel* limbo *m*. **2** *fig* olvido *m*; **to be** *or* **remain in l.,** caer en el olvido.

lime¹ [laɪm] *n* *Chem* cal *f*.

lime² [laɪm] *n* *Bot* (*citrus fruit*) lima *f*; (*citrus tree*) limero *m*. ■ **l. juice,** lima *f*.

lime³ [laɪm] *n* *Bot* (*linden*) tilo *m*. ■ **broad-leaved l.,** tilo *m* de hoja grande; **European l.,** tilo *m* común; **silver l.,** tilo *m* plateado; **weeping silver l.,** tilo *m* péndulo.

lime-green ['laɪmgriːn] *adj* de color verde lima.

limekiln ['laɪmkɪln] *n* calera *f*, horno *m* de cal.

limelight ['laɪmlaɪt] *n* luz *f* de calcio; *fig* **to be in the l.,** estar en el candelero, ser el centro de la atención pública.

limerick ['lɪmərɪk] *n* quintilla *f* humorística.

limestone ['laɪmstəʊn] *n* piedra *f* caliza.

limey ['laɪmɪ] *n* *US Canada fam* inglés,-esa *m,f*.

limit ['lɪmɪt] **I** *n* **1** (*boundary*) límite *m*, frontera *f*; **to be off limits,** estar en zona prohibida. **2** (*restriction*) límite *m*; (*maximum*) máximo *m*; (*minimum*) mínimo *m*; *Aut* **speed l.,** límite *m* de velocidad; *Aut* **'speed limit 40',** 'velocidad máxima 40'; **within limits,** dentro de ciertos límites; *fam* **that's the l.!,** ¡eso es el colmo!; *fam* **you really are the l.!,** ¡eres imposible! **II** *vtr* (*restrict*) limitar, restringir; **she has limited herself to two slices of bread a day,** ya no se permite más de dos rebanadas de pan al día.

limitation [lɪmɪ'teɪʃən] *n* limitación *f*, restricción *f*.

limited ['lɪmɪtɪd] *adj* limitado,-a, restringido,-a. ■ **l. edition,** edición *f* limitada; *GB Com* **l. (liability) company,** sociedad *f* limitada, sociedad *f* anónima.

limiting ['lɪmɪtɪŋ] *adj* restrictivo,-a.

limitless ['lɪmɪtlɪs] *adj* ilimitado,-a, sin límites.

limousine ['lɪməziːn, lɪmə'ziːn] *n* *Aut* limousine *f*, limusina *f*.

limp¹ [lɪmp] **I** *vi* cojear. **II** *n* cojera *f*; **to walk with a l.,** cojear.

limp² [lɪmp] *adj* **1** (*floppy*) flojo,-a, fláccido,-a, fofo,-a; (*relaxed*) relajado,-a; **let your body go l.,** relaja el cuerpo. **2** (*weak*) débil. ◆**limply** *adv* (*weakly*) lánguidamente.

limpet ['lɪmpɪt] *n* **1** *Zool* lapa *f*. **2** *Mil* **l. mine,** mina *f* magnética.

limpid ['lɪmpɪd] *adj* límpido,-a, claro,-a.

linchpin ['lɪntʃpɪn] *n* **1** *Tech* pezonera *f*. **2** *fig* eje *m*, pieza *f* clave.

linctus ['lɪŋktəs] n (pl **linctuses**) jarabe m para la tos.

linden ['lɪndən] n Bot tilo m.

line[1] [laɪn] n 1 (gen) línea f; (made with pen etc) raya f; **to draw a l.** under sth, subrayar algo; fig **to draw the l.** at sth, decir basta a algo; fig **to know where to draw the l.**, saber cuándo hay que parar. ■ **l. drawing**, dibujo m lineal. 2 (of writing) línea f, renglón m; (of poetry) verso m; **new l.**, punto y aparte; Theat **to learn one's lines**, aprenderse el papel; fig **to read between the lines**, leer entre líneas; fam **drop me a l.**, mándame cuatro líneas. ■ Typ **l. spacer**, interlineado m. 3 (of descent) línea f, linaje m. 4 (row) fila f, línea f; (of trees) hilera f; US (queue) cola f; US **to stand in l.**, hacer cola; fig **he's in l. for presidency**, está bien situado en la carrera por la presidencia; fig **to be in l.**, corresponder, coincidir (**with**, con); fig **to be out of l.**, no corresponder, no coincidir (**with**, con); fam **to bring sb into l.**, pararle los pies a algn; fam **to step out of l.**, salirse de las reglas. ■ Ind **assembly l.**, línea f de montaje. 4 (rope) cuerda f; (wire) cable m. ■ **fishing l.**, sedal m, hilo m; **washing l.**, cuerda f para tender la ropa. 5 Tel línea f; **hold the l.!**, ¡no cuelgue!, ¡no se retire! ■ fig **hot l.**, teléfono m rojo. 6 (route) vía f; GB Rail (track) vía f, línea f; **lines of communication**, vías de comunicación; fig **to reach or come to the end of the l.**, llegar al final. ■ GB Rail **branch l.**, ramal m. 7 (boundary) límite m; Sport (on court, field) línea f. ■ US **State l.**, límite m de un Estado. 8 Mil línea f; **l. of fire**, línea de fuego; **to be in the front l.**, estar en primera línea. 9 (company) empresa f, compañía f; **bus l.**, línea f de autobuses; **shipping l.**, compañía naviera. 10 fig (course, direction) línea f; **l. of argument**, argumento m; **l. of vision**, campo m visual; **sth along these lines**, algo por el estilo; **to be in l. with**, ser conforme a; **to be on the right lines**, ir por buen camino; **to take a strong l. on sth**, tener una actitud firme sobre algo; **to toe the (party) l.**, seguir la línea (del partido); fig **all along the l.**, (at every stage) desde el principio; (in detail) con todo detalle. 11 fam (speciality) especialidad f, rama f; **it's not my l.**, no es lo mío; **what's his l.?**, ¿qué hace? 12 (range of goods) surtido m; Com **it's a new l.**, es una línea nueva. 13 fam (story) rollo m, cuento m; **don't give me that l.**, no me vengas otra vez con ese rollo. 14 sl (of cocaine etc) línea f.

line[2] [laɪn] I vtr 1 Tech (pipe etc) revestir; Sew forrar; (walls) llenar; fam **to l. one's pockets**, forrarse. 2 (border) bordear (**with**, con). ◆**line up** I vtr 1 (arrange in rows) poner en fila. 2 (organize) organizar; **he has something lined up for this evening**, tiene algo organizado para esta noche. II vi (people) ponerse en fila; (troops) formar; (in queue) hacer cola.

lineage ['lɪnɪdʒ] n linaje m.

linear ['lɪnɪəʳ] adj (gen) lineal; (of length) de longitud; **l. perspective**, perspectiva lineal.

lined [laɪnd] I pt & pp see **line**[2]. II adj 1 (paper) rayado,-a; (face) arrugado,-a. 2 (garment) forrado,-a, con forro.

linen ['lɪnɪn] n lino m.

liner[1] ['laɪnəʳ] n Naut transatlántico m.

liner[2] ['laɪnəʳ] n (lining) forro m, revestimiento m. ■ **dustbin l.**, bolsa f de la basura; **nappy l.**, metedor m.

linesman ['laɪnzmən] n (pl **linesmen**) Sport juez m de línea.

line-up ['laɪnʌp] n Sport formación f, alineación f. ■ Theat **star l.-up**, reparto m estelar.

linen ['lɪnɪn] n 1 (cloth) hilo m, lino m. 2 ropa f; (sheets, tablecloths, etc) ropa blanca, lencería f; fig **don't wash your dirty l. in public**, los trapos sucios se lavan en casa. ■ **bed l.**, ropa f de cama; **dirty l.**, ropa f sucia; **l. basket**, cesto m de la ropa sucia; **l. room**, lencería f; **table l.**, mantelería f.

linger ['lɪŋgəʳ] vi (gen) tardar; (dawdle) rezagarse; (smell, doubt) persistir, tardar en desaparecer; fig (memory) perdurar; **to l. over doing sth**, tardar en hacer algo.

lingerie ['lænʒəri:] n fml ropa f íntima, ropa f interior (de mujer).

lingering ['lɪŋgərɪŋ] adj (death) lento,-a; (doubt) persistente; (look) fijo,-a.

lingo ['lɪŋgəʊ] n (pl **lingoes**) fam 1 (language) lengua f, idioma m. 2 (jargon) jerga f.

lingua ['lɪŋgwə] n (pl **linguas** or **linguae** ['lɪŋgwi:]) Ling **l. franca**, lingua f franca.

linguist ['lɪŋgwɪst] n 1 (specialist in linguistics) lingüista mf. 2 fam (speaker of various languages) políglota mf.

linguistic [lɪŋ'gwɪstɪk] adj lingüístico,-a.

linguistics [lɪŋ'gwɪstɪks] n lingüística f.

liniment ['lɪnɪmənt] n linimento m.

lining ['laɪnɪŋ] n Tech (of pipes etc) revestimiento m interior; (of garment) forro m.

link [lɪŋk] n 1 (of chain) eslabón m; fig **missing l.**, eslabón perdido; fig **weak l.**, punto m débil. 2 (connection) conexión f, enlace m; fig (tie) lazo m, vínculo m; **air/rail l.**, enlace aéreo/ferroviario; **cultural/economic links**, lazos culturales/económicos; 3 **links**, campo m sing de golf. II vtr (join) unir, enlazar, conectar; fig unir, vincular, relacionar; **to l. arms**, tomarse del brazo. ◆**link up** vi (gen) unirse, conectarse; (meet) encontrarse, reunirse; (spaceships) acoplarse.

linkage ['lɪŋkɪdʒ] n (act) conexión f, concatenación f.

linkman ['lɪŋkmən] n (pl **linkmen**) TV Radio presentador m.

link-up ['lɪŋkʌp] n Tel TV enlace m, conexión f; (meeting) encuentro m, reunión f; (of spaceships) acoplamiento m.

linnet ['lɪnɪt] n Orn pardillo m.

lino ['laɪnəʊ] n fam linóleo m, linóleum m.

linoleum [lɪ'nəʊlɪəm] n linóleo m, linóleum m.

linseed ['lɪnsi:d] n linaza f.

lint [lɪnt] n Med hilas fpl.

lintel ['lɪntəl] n Archit dintel m.

lion ['laɪən] n Zool león m; fig **the l.'s share**, la parte del león.

lioness ['laɪənɪs] n Zool leona f.

lion-hearted [laɪən'hɑːtɪd] adj valiente.

lip [lɪp] n 1 Anat labio m; **to lick one's lips**, relamerse los labios; fig **his name is on everybody's lips**, todos hablan de él; fig **my lips are sealed**, soy una tumba; fig **to bite one's l.**, disimular, morderse la lengua; fig **to keep a stiff upper l.**, no inmutarse, poner al mal tiempo buen cara. 2 fam (cheek) impertinencia f; **less of your l.!**, ¡basta de impertinencias! 3 (of jug) pico m.

lip-read ['lɪpriːd] vtr & vi (pt & pp **lip-read** ['lɪpred]) leer en los labios.

lip-reading ['lɪpriːdɪŋ] n lectura f en los labios.

lip-service ['lɪpsɜːvɪs] n jarabe m de pico, palabrería f.

lipstick ['lɪpstɪk] *n* barra *f* de labios, lápiz *m* de labios.

liquefy ['lɪkwɪfaɪ] **I** *vtr (pt & pp liquefied)* licuar. **II** *vi* licuarse.

liqueur [lɪ'kjʊəʳ] *n* licor *m*.

liquid ['lɪkwɪd] **I** *adj* líquido,-a; *fig (eyes)* claro,-a. ■ *Fin* **l. assets**, activo *m* líquido. **II** *n* líquido *m*.

liquidate ['lɪkwɪdeɪt] *vtr Fin* liquidar; *euph (murder)* liquidar.

liquidation [lɪkwɪ'deɪʃən] *n Fin* liquidación *f*; **to go into l.**, entrar en liquidación.

liquidator ['lɪkwɪdeɪtəʳ] *n Fin* liquidador,-a *m,f*.

liquidity [lɪ'kwɪdɪtɪ] *n Fin* liquidez *f*.

liquidize ['lɪkwɪdaɪz] *vtr Culin* licuar.

liquidizer ['lɪkwɪdaɪzəʳ] *n Culin* licuadora *f*.

liquor ['lɪkəʳ] *n US* alcohol *m*, bebidas *fpl* alcohólicas; **hard l.**, bebida *fpl* de alta graduación alcohólica. ■ **l. store**, bodega *f*, tienda *f* de bebidas alcohólicas.

liquorice ['lɪkərɪs, 'lɪkərɪʃ] *n* regaliz *m*.

Lisbon ['lɪzbən] *n* Lisboa.

lisp [lɪsp] **I** *n* ceceo *m*. **II** *vi* cecear.

lissom(e) ['lɪsəm] *adj* lit esbelto,-a, elegante.

list[1] [lɪst] **I** *n (gen)* lista *f*; *(catalogue)* catálogo *m*; *Med* **to be on the danger l.**, estar grave; *fig* **to enter the lists**, entrar en acción. ■ *Com* **l. price**, precio *m* de catálogo; **price/waiting l.**, lista *f* de precios/espera; **wine l.**, carta *f* de vinos. **II** *vtr (make a list of)* hacer una lista de; *(put on a list)* poner en una lista; **it is not listed**, no figura en la lista; *Archit* **listed building**, edificio de interés histórico.

list[2] [lɪst] *Naut* **I** *n* escora *f*. **II** *vi* escorar.

listen ['lɪsən] *vi (gen)* escuchar, oír; *(pay attention)* prestar atención, hacer caso; **l.!**, ¡escucha!, ¡oye!; **to l. to reason**, atender a razones. ◆**listen in** *vi (telephone etc)* escuchar, espiar. ◆**listen out (for)** *vi* estar atento,-a a.

listener ['lɪsənəʳ] *n* oyente *mf*; *(to the radio)* radioyente *mf*, radioescucha *mf*.

listing ['lɪstɪŋ] *n* listado *m*.

listless ['lɪstlɪs] *adj* decaído,-a, apático,-a.

listlessness ['lɪstlɪsnɪs] *n* apatía *f*, desgana *f*.

lit [lɪt] *pt & pp see* **light**.[1]

Lit. [lɪt] *fam abbr of* **Literature**, literatura *f*.

litany ['lɪtənɪ] *n* letanía *f*.

liter ['liːtəʳ] *n US see* **litre**

literacy ['lɪtərəsɪ] *n* alfabetación *f*.

literal ['lɪtərəl] *adj* literal. ◆**literally** *adv* literalmente; *(really)* verdaderamente, auténticamente.

literary ['lɪtərərɪ] *adj* literario,-a.

literate ['lɪtərɪt] *adj* alfabetizado,-a.

literature ['lɪtərɪtʃəʳ] *n* 1 *(writings)* literatura *f*. 2 *(secondary)* bibliografía *f*. 3 *fam (bumph etc)* folleto *m* informativo.

lithe [laɪð] *adj fml* ágil.

lithograph ['lɪθəgrɑːf] *n* litografía *f*.

lithographer [lɪ'θɒgrəfəʳ] *n* litógrafo,-a *m,f*.

lithography [lɪ'θɒgrəfɪ] *n* litografía *f*.

Lithuania [lɪθjʊ'eɪnɪə] *n* Lituania.

Lithuanian [lɪθjʊ'eɪnɪən] **I** *adj* lituano,-a. **II** *n (person)* lituano,-a *m,f*; *(language)* lituano *m*.

litigant ['lɪtɪgənt] *n* litigante *mf*.

litigate ['lɪtɪgeɪt] **I** *vi Jur* litigar. **II** *vtr Jur* pleitear.

litigation [lɪtɪ'geɪʃən] *n Jur* litigio *m*, pleito *m*.

litmus ['lɪtməs] *n Chem* **l. paper**, papel *m* de tornasol; *fig* **l. test**, prueba *f* contundente.

litre ['liːtəʳ] *n* litro *m*.

litter ['lɪtəʳ] **I** *n* 1 *(rubbish)* basura *f*; *(papers)* papeles *mpl*. ■ **l. basket**, **l. bin**, papelera *f*. 2 *Zool (offspring)* camada *f*. 3 *(stretcher)* camilla *f*. 4 *(for animals) (to sleep)* cesto *m* (para dormir); *(to defecate)* pajaza *f*. **II** *vtr* ensuciar; **books and magazines littered the floor**, el suelo estaba lleno de libros y revistas.

litterbug ['lɪtəbʌg] *n US Canada see* **litterlout**

littered ['lɪtəd] *adj* cubierto,-a (**with**, de), lleno,-a (**with**, de).

litterlout ['lɪtəlaʊt] *n* persona *f* que tira papeles en la vía pública.

little ['lɪtəl] **I** *adj* 1 *(small)* pequeño,-a; **a l. dog**, un perrito; **a l. house**, una casita; **do you fancy a l. drink?**, ¿quieres un trago de algo?; *fam* **poor l. thing!**, ¡pobrecillo! ■ **l. finger**, dedo *m* meñique. 2 *(not much)* poco,-a; **a l. cheese**, un poco de queso; **he has l. money**, tiene poco dinero. 3 *(young)* pequeño,-a; **I have three l. girls**, tengo tres niñas pequenas. **II** *pron* poco *m*; **l. by l.**, poco a poco; **l. or nothing**, casi nada; **save me a l.**, guárdame un poco; **stay a l. (bit) longer**, quédate un ratito más. **III** *adv* poco; **as l. as possible**, lo menos posible; **I see her very l.**, la veo muy poco; **l. did she know that ...**, no tenía la menor idea de que ...; **they were a l. surprised**, se quedaron algo sorprendidos.

littoral ['lɪtərəl] *adj Geog* litoral.

liturgical [lɪ'tɜːdʒɪkəl] *adj* litúrgico,-a.

liturgy ['lɪtədʒɪ] *n* liturgia *f*.

livable ['lɪvəbəl] *adj (house)* habitante; *(life)* llevadero,-a.

live[1] [lɪv] **I** *vi* vivir; **as long as I l.**, mientras yo viva; **long l. the King!**, ¡viva el Rey!; **to l. and learn**, vivir para ver; **to l. and let l.**, vivir y dejar vivir. **II** *vtr* vivir; **to l. an interesting life**, llevar *or* tener una vida interesante; **to l. a lie**, vivir en la mentira; **to l. a part**, identificarse con un personaje. ◆**live by** *vi* adherirse a, seguir los dictados de. ◆**live down** *vtr* conseguir que se olvide. ◆**live for** *vi* vivir para. ◆**live in** *vi (student)* ser interno,-a; *(maid)* vivir con la familia; **he has a l.-in girlfriend**, vive con su novia. ◆**live off** *vtr* vivir de, alimentarse de; **to l. off the land**, vivir de la tierra; **to l. off the state**, vivir del cuento. ◆**live on** *vtr (food, money, etc)* vivir de. **II** *vi* 1 *(memory)* persistir. 2 *(survive)* sobrevivir. ◆**live out** *vtr (finish)* acabar; **to l. out one's days**, acabarse a uno sus días. 2 *(student)* ser externo,-a; *(maid)* no vivir con la familia. 3 *fam* **to l. out of a suitcase**, ir de hotel en hotel; *fam* **to l. out of cans**, vivir (a base) de latas. ◆**live through** *vi* vivir *(durante)*. ◆**live together** *vi* vivir juntos. ◆**live up** *vtr fam* pasarlo bien; **to l. it up**, pegarse la gran vida. ◆**live up to** *vtr (promises)* cumplir con; *(principles)* vivir de acuerdo con; *(expectations)* no ser lo que se esperaba. ◆**live with** *vi* vivir con. 2 *fig (accept)* aceptar.

live[2] [laɪv] **I** *adj* 1 *(living)* vivo,-a; **a real l. prince**, un príncipe de verdad; *fig* **a l. issue**, un tema de actualidad *or* candente. 2 *TV Rad* en directo, en vivo. 3 *Mil (ammunition)* real; *(bomb)* sin explotar; *Elec (wire)* con corriente; *fam* **he's a real l. wire!**, ¡éste no para nunca! **II** *adv (broadcast, perform)* en directo, en vivo.

livelihood ['laɪvlɪhʊd] *n* sustento *m*; **to earn one's l.**, ganarse la vida.

liveliness ['laɪvlɪnɪs] *n (person)* viveza *f*, vivacidad *f*; *(event)* animación *f*.

lively ['laɪvlɪ] *adj (livelier, liveliest) (person)* vivo,-a, enérgico,-a; *(place)* animado,-a; *fig (interest)* estusiasmado,-a; *fam* **look l.!,** ¡date prisa!; *fam* **things are getting l.,** las cosa se están poniendo interesantes.

liven ['laɪvən] I *vtr* **to l. (up),** animar. II *vi* animarse.

liver ['lɪvəʳ] *n Anat Culin* hígado *m*.

liverish ['lɪvərɪʃ] *adj fam* enfermo,-a.

livery ['lɪvərɪ] *n* librea *f*.

livestock ['laɪvstɒk] *n (cattle)* ganado *m*; **l. farming,** ganadería *f*.

livid ['lɪvɪd] *adj* **1** *(pallid)* lívido,-a; *(lead-coloured)* plomizo,-a. **2** *fam (angry)* furioso,-a.

living ['lɪvɪŋ] I *adj* vivo,-a; *lit* **l. death,** enterrado,-a en vida; **not a l. soul,** ni un alma; **the greatest l. poet,** el mejor poeta contemporáneo. II *n* **1** vida *f*; **clean l.,** vida respetable; **l. conditions,** condiciones de vida; **l. expenses,** dietas; **l. space,** espacio vital; **to earn** *or* **make one's l.,** ganarse la vida; **what does she do for a l.?,** ¿cómo se gana la vida? ■ **l. room,** sala *f* de estar, living *m*; **l. standards,** nivel *m* de vida; **l. wage,** sueldo *m* mínimo. **2** *(alive)* vivo *m*; **the l.,** los vivos; *fam fig* **she's still in the land of the l.,** sigue viva. **3** *Rel* beneficio *m*.

lizard ['lɪzəd] *n Zool (large)* lagarto *m*; *(small)* lagartija *f*.

llama ['lɑːmə] *n Zool* llama *f*.

loach [ləʊtʃ] *n (fish)* lobo *m*. ■ **spined l.,** lobo *m* de río; **stone l.,** lobo *m* franco.

load [ləʊd] I *n (cargo etc)* carga *f*; *(weight)* peso *m*; *Elec Tech* carga *f*; **to lighten the l.,** aligerar la carga; *fig* **you have taken a l. off my mind,** me has quitado un peso de encima; *fam* **get a l. of this!,** ¡mírate esto!; *fam* **loads (of),** montones de, un montón de; **I've got loads to tell you,** tengo un montón de cosas que contarte; *fam* **that's a l. of rubbish!,** ¡no son más que tonterías! II *vtr* cargar. III *vi* cargar. ◆**load down** *vtr* cargar; *fig (work, worries)* estar agobiado,-a de. ◆**load up** *vi & vtr* cargar.

loaded ['ləʊdɪd] *adj* **1** cargado,-a *(with,* de); **we were l. down with presents,** íbamos cargados de regalos; *fig* **a l. question,** una pregunta tendenciosa. **2** *fam* rico,-a; **to be l.,** estar forrado,-a. **3** *(dice)* trucado,-a; *fig* **the dice are l. against me,** tengo pocas posibilidades.

loading ['ləʊdɪŋ] *n (gen)* carga *f*; **l. bay,** cargadero *m*.

loaf¹ [ləʊf] *n (pl loaves)* **1** pan *m*; *(unsliced)* barra *f* de pan; *(sliced)* pan *m* de molde. **2** *fam* mollera *f*; **use your l.!,** ¿para qué tienes la cabeza?

loaf² [ləʊf] *vi* **to l. (about** *or* **around),** holgazanear, gandulear.

loafer ['ləʊfəʳ] *n fam* **1** *(person)* holgazán,-ana *m,f*, gandul,-a *m,f*, vago,-a *m,f*. **2** *US* **loafers,** *(shoes)* mocasines *mpl*.

loan [ləʊn] I *n (gen)* préstamo *m*; *Fin* empréstito *m*; **on l.,** prestado,-a; *(footballer)* cedido,-a; *Fin* **to raise a l.,** hacer un empréstito. ■ **l. shark,** prestamista *mf*; **l. word,** préstamo *m* (lingüístico). II *vtr* prestar.

loath [ləʊθ] *adj* reacio,-a; **to be l. to do sth,** estar poco dispuesto,-a a hacer algo.

loathe [ləʊð] *vtr* aborrecer, odiar.

loathing ['ləʊðɪŋ] *n* aborrecimiento *m*, odio *m*.

loathsome ['ləʊðsəm] *adj* odioso,-a, repugnante, asqueroso,-a.

loaves [ləʊvz] *npl see* **loaf**.

lob [lɒb] I *n Ten* lob *m*. II *vtr* **1** *(pt & pp lobbed)* Ten hacer un lob. **2** *fam (throw)* lanzar, tirar.

lobby ['lɒbɪ] I *n* **1** *(entrance hall)* vestíbulo *m*. **2** *(pressure group)* grupo *m* de presión, lobby *m*; *(campaign)* campaña *f*; **the anti-nuclear l.,** el grupo en contra de las armas nucleares. II *vtr (pt & pp lobbied)* presionar; **to l. an MP,** ejercer presiones sobre un diputado. III *vi* ejercer presiones, cabildear.

lobbyist ['lɒbɪɪst] *n Pol* activista *mf* de un grupo de presión.

lobe [ləʊb] *n Anat* lóbulo *m*.

lobotomy [ləʊ'bɒtəmɪ] *n Med* lobotomía *f*.

lobster ['lɒbstəʳ] *n (pl lobster or lobsters) Zool* bogavante *m*. ■ **Norway l.,** cigala *f*; **l. pot,** nasa *f*, langostera *f*; **spiny l.,** langosta *f*.

local ['ləʊkəl] I *adj (gen)* local; *(person)* del pueblo, del barrio; *(wine)* de la región, del país. ■ *Med* **l. anaesthetic,** anestésico *m* local; *Tel* **l. call,** llamada *f* urbana; **l. colour,** ambientación *f*; **l. government,** gobierno *m* municipal; **l. time,** hora *f* local. II *n fam* **1** *(person)* vecino,-a *m,f*; **the locals,** los vecinos, la gente *sing* del barrio. **2** *GB (pub)* bar *m* del barrio. ◆**locally** *adv* en *or* de la localidad, en *or* del lugar.

locale [ləʊ'kɑːl] *n fml (place)* lugar *m*; *(scene)* escenario *m*.

locality [ləʊ'kælɪtɪ] *n* localidad *f*.

localize ['ləʊkəlaɪz] *vtr fml* localizar.

locate [ləʊ'keɪt] *vtr fml* **1** *(situate)* situar, ubicar. **2** *(find)* localizar, encontrar.

location [ləʊ'keɪʃən] *n* **1** *(place)* lugar *m*, situación *f*. **2** *(placing)* ubicación *f*. **3** *(pinpointing)* localizar con exactitud, indicar con precisión. **4** *Cin* **l. shots,** exteriores *mpl*; **they're on l. in Australia,** están rodando en Australia.

loc. cit. [lɒk'sɪt] *abbr of* **loco citato** (in the place cited), en el lugar citado, loc. cit., l. c.

loch [lɒx, lɒk] *n Scot Geog* lago *m*.

loci ['ləʊsaɪ] *npl of* **locus**.

lock¹ [lɒk] I *n* **1** *(on door, drawer, etc)* cerradura *f*; *(bolt)* cerrojo *m*; *(padlock)* candado *m*; *Aut (on steering wheel)* retén *m*; **to force the l.,** forzar la cerradura; **under l. and key,** bajo llave, bajo siete llaves; *fam fig* **l., stock and barrel,** completamente. **2** *(on canal)* esclusa *f*. **3** *Wrest* llave *f*. **4** *Aut (steering)* ángulo *m* de giro. II *vtr* cerrar con llave *or* cerrojo *or* candado; *fig* **they were locked in each other's arms,** quedaron fuertemente abrazados. III *vi (door etc)* cerrarse; *(wheels)* trabarse. ◆**lock away** *vtr* guardar bajo llave. ◆**lock in** *vtr (prisoners etc)* encerrar. ◆**lock out** *vtr* **1** *(gen)* cerrar la puerta a, dejar fuera a; **I've locked myself out,** he olvidado la llave dentro. **2** *Ind* declarar el cierre patronal, declarar el lockout. ◆**lock up** *vtr (house)* cerrar; *(valuables)* dejar bajo llave; *(jail)* meter en la cárcel.

lock² [lɒk] *n lit (of hair)* mecha *f*, mechón *m*.

locker ['lɒkəʳ] *n* **1** *(cupboard)* armario *m* ropero, taquilla *f*. ■ **l. room,** vestuario *m* con armarios roperos. **2** *(chest)* cajón *m*.

locket ['lɒkɪt] *n (with picture)* medallón *m*; *(with hair)* guardapelo *m*.

lockout ['lɒkaʊt] *n Ind* cierre *m* patronal, lockout *m*.

locksmith ['lɒksmɪθ] *n* cerrajero *m*.

lockup ['lɒkʌp] *n US (prison)* cárcel *f*; *(garage)* garaje *m* alejado de la casa; *(shop)* tienda *f* pequeña.

locomotion [ləʊkə'məʊʃən] *n* locomoción *f*.

locomotive [ləʊkə'məʊtɪv] *n Rail* locomotora *f*.

locum ['ləʊkəm] *n* suplente *mf*.

locus ['ləʊkəs] *n (pl loci)* lugar *m*.

locust ['ləʊkəst] *n Ent* langosta *f*.

locution [ləʊ'kjuːʃən] *n Ling* locución *f*.

lodge [lɒdʒ] **I** *n* **1** *(gamekeeper's)* casa *f* del guarda; *(porter's)* portería *f*; *(hunter's)* refugio *m*. **2** *(masonic)* logia *f*. **3** *(beaver's den)* madriguera *f*. **II** *vtr* **1** *(accommodate)* alojar, hospedar. **2** *(complaint)* presentar. **III** *vi* **1** *(live)* alojarse, hospedarse. **2** *(jam, become fixed)* posarse, meterse (**in**, en); *fig* **he had strange thoughts lodged in his mind,** tenía algunas estrañas ideas metidas en la cabeza.

lodger ['lɒdʒəʳ] *n* huésped,-a *m,f*.

lodging ['lɒdʒɪŋ] *n* alojamiento *m*, hospedaje *m*. ■ **l. house,** casa *f* de huéspedes.

loft [lɒft] **I** *n (attic)* desván *m*, buhardilla *f*. ■ *Agr* **hay l.,** pajar *m*. **II** *vi Sport (ball)* lanzar al aire.

lofty ['lɒftɪ] *adj (loftier, loftiest)* *lit* **1** *(high)* alto,-a; *fig (sentiments etc)* altivo,-a. **2** *pej (haughty)* arrogante, altivo,-a.

log [lɒg] **I** *n* **1** tronco *m*, troza *f*; *(for fuel)* leño *m*; *fig* **to sleep like a l.,** dormir como un tronco. ■ **l. cabin,** cabaña *f* de troncos. **2** *(book) Naut* diario *m* de a bordo; *Admin* diario *m* de vuelo. **3** *Math fam* logaritmo *m*. **II** *vtr (pt & pp logged) (record)* registrar, apuntar. ◆**log in, log on** *vi Comput* entrar (en sistema). ◆**log out, log off** *vi Comput* salir (del sistema), abandonar el sistema.

loganberry ['ləʊgənbərɪ] *n Bot (fruit)* zarza *f* frambuesa *or* de Logan.

logarithm ['lɒgərɪðəm] *n Math* logaritmo *m*.

log-book ['lɒgbʊk] *n Naut* diario *m* de a bordo; *Av* diario *m* de vuelo; *Aut* documentación *f* (del coche).

loggerheads ['lɒgəhedz] *npl* **to be at l. with sb,** estar a mal con algn.

logic ['lɒdʒɪk] *n* lógica *f*.

logical ['lɒdʒɪkəl] *adj* lógico,-a.

logician [lɒ'dʒɪʃən] *n* lógico,-a *m,f*.

logistic(al) [lə'dʒɪstɪk(əl)] *adj* logístico,-a.

logistics [lə'dʒɪstɪks] *npl* logística *f*.

logo ['ləʊgəʊ] *n*, **logotype** ['ləʊgəʊtaɪp] *n* logotipo *m*.

loin [lɔɪn] *n* **1** *(of animal)* ijada *f*, ijar *m*; *fig* **to gird up one's loins,** prepararse para la lucha. **2** *Culin (of pork)* lomo *m*; *(of beef)* solomillo *m*.

loincloth ['lɔɪnklɒθ] *n* taparrabos *m inv*.

Loire [lwɑːʳ] *n* Loira.

loiter ['lɔɪtəʳ] *vi (hang about)* holgazanear; *(lag behind)* rezagarse; retrasarse; *(prowl)* merodear.

loiterer ['lɔɪtərəʳ] *n* gandul *mf*, holgazán,-ana *m,f*; *(suspicious person)* merodeador,-a *m,f*.

loll [lɒl] *vi (tongue, head)* colgar. ◆**loll about, loll around** *vi (sit lazily)* repantigarse; *(laze about)* holgazanear, hacer el vago, no dar golpe.

lollipop ['lɒlɪpɒp] *n* pirulí *m*, chupachup® *m*; **ice(d) l.,** polo *m*. ■ *GB fam* **l. lady** *or* **man,** guardia *mf* (que para el tráfico para que puedan cruzar los colegiales).

lollop ['lɒləp] *vi fam* moverse torpe y lentamente.

lolly ['lɒlɪ] *n fam* **1** *(sweet)* pirulí *m*, chupachup® *m*; **ice(d) l.,** polo *m*. **2** *fam (money)* pasta *f*.

London ['lʌndən] **I** *n* Londres. **II** *adj* londinense, de Londres.

Londoner ['lʌndənəʳ] *n* londinense *mf*.

lone [ləʊn] *adj (solitary)* solitario,-a; *(single)* solo,-a, único,-a.

loneliness ['ləʊnlɪnɪs] *n* soledad *f*.

lonely ['ləʊnlɪ] *adj (lonelier, loneliest)* **1** *(person)* solo,-a, solitario,-a. ■ **l. hearts club,** agencia *f* matrimonial. **2** *(place)* solitario,-a, aislado,-a.

loner ['ləʊnəʳ] *n* solitario,-a *m,f*.

lonesome ['ləʊnsəm] *adj US see* **lonely**.

long[1] [lɒŋ] **I** *adj* **1** *(size, distance)* largo,-a; **how l. is the table?,** ¿cuánto tiene de largo la mesa?; **it's three metres l.,** tiene tres metros de largo; *Sport* **l. jump,** salto de longitud; **the l. way round,** el camino más largo; *fig* **to pull a l. face,** poner cara larga. **2** *(time)* mucho,-a; **a l. time,** mucho tiempo; **at l. last,** por fin; **how l. is the film?,** ¿cuánto tiempo dura la película?; **we were a l. time in getting here,** tardamos mucho en llegar. ■ **l. life milk,** leche *f* de larga conservación. **II** *adv* mucho, mucho tiempo; **all day l.,** todo el día; **as l. as the exhibition lasts,** mientras dure la exposición; **as l. as** *or* **so l. as you don't mind,** con tal que no te importe; **before l.,** dentro de poco; **(for) how much longer is he going to stay?,** ¿cuánto tiempo más va a quedarse?; **how l. have you been here?,** ¿cuánto tiempo llevas aquí?; **how l. did you live in Spain?,** ¿durante cuánto tiempo viviste en España?; **I can't wait any longer,** no puedo esperar más; **keep it as l. as you like,** quédatelo el tiempo que quieras; *fam* **so l.!,** ¡hasta luego! **III** *n* **the l. and the short of the matter,** los pormenores del asunto.

long[2] [lɒŋ] *vi* añorar; **to l. for,** *(yearn)* desear con ansia, anhelar; *(nostalgically)* añorar con ansia; **to l. to do sth,** tener muchas ganas de hacer algo.

long[3] [lɒŋ] *Geog abbr of* **longitude,** longitud *f*, long.

longboat ['lɒŋbəʊt] *n Naut* chalupa *f*, lancha *f*.

longbow ['lɒŋbəʊ] *n Mil* arco *m*.

long-distance ['lɒŋdɪstəns] *adj* de larga distancia. ■ *Tel* **l.-d. call,** conferencia *f* interurbana; *Sport* **l.-d. runner,** corredor,-a *m,f* de fondo.

long-drawn-out [lɒŋdrɔːn'aʊt] *adj* interminable.

longevity [lɒn'dʒevɪtɪ] *n* longevidad *f*.

longhand ['lɒŋhænd] *n* escritura *f* a mano.

longing ['lɒŋɪŋ] *n (desire)* deseo *m*, ansia *f*, anhelo *m*; *(nostalgia)* nostalgia *f*, añoranza *f*. ◆**longingly** *adv (with desire)* ansiosamente; *(nostalgically)* con nostalgia.

longish ['lɒŋɪʃ] *adj fam* bastante largo,-a, más bien largo,-a.

longitude ['lɒndʒɪtjuːd] *n* longitud *f*.

longitudinal [lɒndʒɪ'tjuːdɪnəl] *adj* longitudinal.

long johns ['lɒŋdʒɒnz] *npl* calzones *mpl* largos.

long-playing ['lɒŋpleɪɪŋ] *adj* de larga duración; **l.-p. record,** elepé *m*.

long-range ['lɒŋreɪndʒ] *adj* **1** *(missile etc)* de largo alcance. **2** *(weather forecast)* de largo plazo; *fam (plans etc)* para las próximas semanas, para los meses que vienen.

longshoreman ['lɒŋʃɔːmən] *n (pl longshoremen)* estibador *m*, descargador *m* de muelle.

long-sighted [lɒŋ'saɪtɪd] *adj* **1** *Med* présbita. **2** *fig* previsor,-a, perspicaz.

long-standing ['lɒŋstændɪŋ] *adj* viejo,-a, antiguo,-a, de hace mucho tiempo.

long-suffering ['lɒŋsʌfrɪŋ] *adj* sufrido,-a.

long-term ['lɒŋtɜːm] *adj* a largo plazo.

longtime ['lɒŋtaɪm] *adj* viejo,-a, antiguo,-a, de hace mucho tiempo.

long-winded [lɒŋ'wɪndɪd] *adj (person)* prolijo,-a, pedante; *(story)* interminable.

loo [luː] *n fam* excusado *m*, wáter *m*, baño *m*, servicios *mpl*.

loofah ['luːfə] *n* esponja *f* de lufa.

look [lʊk] **I** *n* **1** *(glance)* mirada *f*; **have** *or* **take a l. in the cupboard**, mira en el armario; **he had a strange l. in his eye**, tenía una mirada extraña; **let me have** *or* **take a l.**, déjeme ver; **to have a l. around a place**, visitar un lugar; **to have a l. for sth**, buscar algo; **to have** *or* **take a l. at**, *(peep)* echar una mirada *or* vistazo a; *(examine)* examinar. **2** *(appearance)* aspecto *m*, apariencia *f*; **by the l. of him**, a juzgar por su aspecto; **by the l. of things**, según parece; **I don't like the l. of it**, me da mala espina. **3** *(fashion)* moda *f*, estilo *m*. **4** *(good)* **looks**, belleza *f*; **he had it all: looks, money, and prospects**, lo tenía todo; era guapo, tenía dinero y buen futuro; **she has her mother's looks**, es tan guapa como su madre. **II** *vi* **1** *(glance etc)* mirar; *fam* **l. here!**, ¡oye!; *prov* **l. before you leap**, antes de que te cases mira lo que haces. **2** *(seem)* parecer; **he looks well**, tiene buena cara; **it looks delicious**, tiene un aspecto buenísimo; **how does the hat l.?**, ¿qué te parece el sombrero?; **it looks good on you**, te va muy bien; **she looks tired**, parece cansada; *fam* **l. lively!**, ¡espabílate! **3** *(be similar)* parecer; **it looks like rain**, parece que va a llover; **she looks like her father**, se parece a su padre. **III** *vtr* **1** *(gen)* mirar; **to l. sb in the face**, mirar a algn a la cara; **to l. sb up and down**, mirar a algn de arriba abajo. **2** *(seem)* parecer; **she doesn't l. herself today**, tiene mala cara hoy. ◆**look after** *vtr (pay attention)* cuidar a, cuidar de, ocuparse de; *(supervise)* vigilar; **l. after yourself!**, ¡cuídate!; *fam* **iron he can l. after himself**, sabe arreglárselas. ◆**look ahead** *vi* mirar hacia adelante; *fig* mirar al futuro. ◆**look at** *vtr* mirar; *fig* **it depends an how you l. at it**, depende de como se enfoca la cuestión; *fig* **to l. at him, you wouldn't think he was rich**, no tiene aspecto de persona rica; *fig* **whichever way you l. at it**, desde cualquier punto de vista. ◆**look away** *vi* apartar la mirada. ◆**look back** *vi* **1** mirar hacia atrás; *fig* **since then he has never looked back**, desde entonces ha ido prosperando. **2** *(remember)* recordar. ◆**look down** *vi* bajar la mirada; *fig* **to l. down on sth/sb**, despreciar algo/a algn. ◆**look for** *vtr* **1** *(search)* buscar. **2** *(expect)* esperar; **we're looking for two points**, esperamos ganar los dos puntos. ◆**look forward** *vtr* esperar con ansia; *(in letter)* **I l. forward to hearing from you**, espero noticias suyas. ◆**look in** *vi (visit)* hacer una visita rápida; **to l. in on sb**, pasar por casa de algn. ◆**look into** *vtr* examinar, estudiar, investigar. ◆**look on I** *vtr (consider)* considerar. **II** *vi (not participate etc)* mirar, hacer de espectador,-a. ◆**look onto** *vi* dar a. ◆**look out I** *vi* **1** *(window etc)* mirar por; **the bedroom looks out onto the garden**, el dormitorio da al jardín. **2** *(take care)* **l. out!**, ¡cuidado!, ¡ojo! ◆**look out for** *vtr* **1** *(await)* esperar, estar alerta; **l. out for that film**, estate al tanto de cuando hacen esta película. **2** *fam* **to l. out for oneself**, velar por los intereses propios. ◆**look over** *vtr (examine)* revisar, examinar; *(place)* inspeccionar, registrar. ◆**look round I** *vi (gen)* mirar alrededor; *(turn head)* volver la cabeza; **don't l. round!**, ¡no mires atrás!; **to l. round for sb**, buscar a algn. **II** *vtr (visit) (city etc)* visitar, recorrer. ◆**look through** *vtr* **1** *(window etc)*

mirar por; *fam fig* **he just looked through me**, me pasó de largo. **2** *(leaf through)* hojear; *(examine)* examinar, revisar; *(check)* registrar. ◆**look to** *vi* **1** *(take care of)* cuidar de, velar por, ocuparse de. **2** *(turn to)* recurrir a, contar con; **they always looked to their father for advice**, siempre buscaban los consejos de su padre. **3** *(make sure)* asegurar; **l. to it that you get here on time**, asegúrate de que llegues a tiempo. **4** *(foresee)* contemplar; **certain ecologists l. to the future with great pessimism**, ciertos ecologistas tienen una visión muy pesimista del futuro. ◆**look up I** *vi* **1** *(glance upwards)* alzar la vista. **2** *fam (improve)* mejorar; **things are looking up**, se nota una mejora en las cosas. **II** *vtr* **1** *(look for)* buscar; **he looked the word up (in a dictionary)**, buscó la palabra en un diccionario. **2** *(visit)* ver, ir a visitar; **when I go to Madrid I'll l. him up**, cuando vaya a Madrid iré a verle. ◆**look upon** *vi (consider)* considerar. ◆**look up to** *vi (person)* respetar.

lookalike ['lʊkəlaɪk] *n* sosia *m*.

looker ['lʊkə'] *n* **1 l. (on)**, espectador,-a *m,f*. **2** *(woman)* belleza *f*.

look-in ['lʊkɪn] *n fam* ocasión *f*, oportunidad *f*; **he won't get a l.-in**, no le harán ni caso.

lookout ['lʊkaʊt] *n* **1** *(person)* centinela *mf*, guardia *mf*. **2** *(place)* mirador *m*, atalaya *f*. **3** *(watch)* **to be on the l. for**, estar al acecho de; **to keep a l.**, estar ojo avizor. **4** *fam* problema *m*; **that's his l.!**, ¡eso es asunto suyo!, ¡allá él!

loom[1] [luːm] *n* telar *m*.

loom[2] [luːm] *vi (stand tall)* surgir, aparecer; *fig (threaten)* amenazar; **to l. large**, cobrar mucha importancia. ◆**loom up** *vi (problems, buildings, etc)* surgir.

loony ['luːnɪ] *adj (loonier, looniest) fam* loco,-a, chiflado,-a. ▪ **l. bin**, manicomio *m*.

loop [luːp] *n* **1** *(in rope)* lazo *m*, lazada *f*. **2** *(contraceptive)* esterilete *m*. **3** *Comput* bucle *m*. **II** *vtr* **1** encordar; **to l. a rope around sth**, pasar una cuerda alrededor de algo. **2** *Av* hacer una vuelta de campana. **III** *vi (road etc)* serpentear.

loophole ['luːphəʊl] *n* **1** *(in wall)* aspillera *f*. **2** *fig (in law etc)* escapatoria *f*; **tax l.**, laguna *f* impositiva.

loopy ['luːpɪ] *adj (loopier, loopiest) fam* loco,-a, chiflado,-a.

loose [luːs] **I** *adj* **1** *(not secure) (knot, rope, screw)* flojo,-a, holgado,-a; *(tooth)* que se mueve; *(bowels)* suelto,-a; *(papers, hair)* suelto,-a; *(tongue)* suelto,-a, desatado,-a; *(clothes)* suelto,-a; *(baggy)* holgado,-a; **l. skin**, carnes *fpl* fofas; **to break l.**, escaparse; **to come l.**, *(shoelace etc)* desatarse; *(part)* desprenderse; **to cut** *or* **let l.**, soltar, dejar; **to set sb l.**, soltar a algn, poner en libertad a algn; *US fam* **to stay** *or* **hang l.**, relajarse; *fig* **to tie up l. ends**, no dejar cabo suelto; *fam* **to be at a l. end**, no saber qué hacer para distraerse. ▪ **l. cover**, funda *f*; **l. end**, cabo *m* suelto. **2** *(not packaged) (goods)* suelto,-a, a granel; **l. tobacco**, tabaco *m* en hebras; **l. change**, suelto *m*, dinero *m* suelto. **3** *(not connected) Elec* desconectado,-a; *fig (ideas)* inconexo,-a. **4** *(not exact)* inexacto,-a, vago,-a; *(translation)* libre. **5** *(lax)* relajado,-a; **a l. woman**, una mujer fácil; **l. living**, vida *f* alegre. **II** *n fam (prisoner etc)* **to be on the l.**, andar suelto,-a. **III** *vtr lit* **1** *(animal, person)* dejar en libertad, soltar. **2** *(bring about)* provocar. ◆**loosely** *adv* **1** *(approximately)* aproximadamente. **2** *(vaguely)* vagamente.

loose-fitting [luːs'fɪtɪŋ] *adj (gen)* suelto,-a; *(clothes)* holgado,-a, amplio,-a.

loose-leaf ['lu:s'li:f] *adj (album, folder)* de hojas sueltas.

loosen ['lu:sən] **I** *vtr* **1** *(slacken)* aflojar, soltar; *(belt)* desabrochar; *fig (restrictions)* flexibilizar. **2** *(untie)* desatar; *fig* **the wine loosened his tongue,** el vino le hizo hablar más de la cuenta. **II** *vi* **1** *(slacken)* aflojarse, soltarse. **2** *(become untied)* desatarse. ◆**loosen up** *vi* **1** *Sport* desentumecerse. **2** *fam (relax)* relajarse.

looseness ['lu:snɪs] *n* **1** *(of knot, rope)* aflojamiento *m*, soltura *f*. **2** *(of clothes)* holgura *f*. **3** *(of morals, discipline)* relajamiento *m*. **4** *(vagueness)* vaguedad *f*, falta *f* de precisión.

loot [lu:t] **I** *n* **1** *(booty)* botín *m*. **2** *arch fam (money)* pasta *f*. **II** *vtr* saquear.

looter ['lu:tə**ʳ**] *n* saqueador,-a *m,f*.

looting ['lu:tɪŋ] *n* saqueo *m*.

lop [lɒp] *vtr (pt & pp lopped)* podar; **to l. branches off a tree,** podar un árbol. ◆**lop off** *vtr* cortar.

lope [ləʊp] **I** *vi* andar a zancadier *or* con paso largo. **II** *n* zancada *f*, paso *m* largo.

lop-eared ['lɒpɪəd] *adj* de orejas gachas.

lopsided [lɒp'saɪdɪd] *adj (gen)* ladeado,-a, torcido,-a; *(table)* cojo,-a; *(view)* descentrado,-a.

loquacious [lɒ'kweɪʃəs] *adj fml* locuaz.

loquacity [lɒ'kwæsɪtɪ] *n fml* locuacidad *f*.

lord [lɔ:d] **I** *n* **1** *(ruler)* señor *m*; *(British peer)* lord *m*; *Parl* **the House of Lords,** la Cámara de los Lores; **the L. Mayor,** el señor alcalde; *fig* **to live like a l.,** vivir a cuerpo de rey *or* como un pachá. **2** *Rel* **the L.,** El Señor; **good L.!,** ¡Dios mío!; **the L.'s Prayer,** el Padrenuestro. **3** *Jur (judge)* señoría *mf*; **yes, my l.,** sí, señoría. **II** *vtr* **to l. it over sb,** tratar despóticamente a algn.

lordship ['lɔ:dʃɪp] *n GB* señoría *f*, señorío *m*; **His L., Your L.,** su señoría.

lore [lɔ:**ʳ**] *n* saber *m* popular, tradición *f*.

lorry ['lɒrɪ] *n GB* camión *m*; *fam fig* **to fall off the back of a l.,** ser robado,-a. ■ **l. driver,** camionero,-a *m,f*; **l. load,** carga *f*.

lose [lu:z] **I** *vtr (pt & pp lost)* **1** *(gen)* perder; **to l. one's way,** perderse; *fig* **to l. face,** perder prestigio *or* carisma; *fig* **to l. one's voice,** quedarse afónico; *fam fig* **we're losing sight of the problem,** nos estamos desviando del problema; *fam fig* **you've got nothing to l.,** no tienes nada que perder. **2** *(wipe out)* destrozar; **to be lost at sea,** perecer en el mar. **3** *(shed)* perder; **she's lost 6 kilos,** ha adelgazado 6 kilos; **to l. weight,** perder peso, adelgazar; **the patient has lost a lot of blood,** el paciente ha perdido mucha sangre. **4** *(be dismissed)* costar, hacer perder; **his attitude lost him the job,** su actitud le costó el puesto de trabajo. **5** *(make a loss)* perder. **6** *(through death)* perder; **to l. a child,** perder a un hijo; **to l. one's life,** perder la vida, perecer. **6** *(time)* perder; *(clock, watch)* atrasar; **his alarm clock loses 3 minutes a day,** su despertador se atrasa 3 minutos por día. **II** *vi* **1** *(gen)* perder; **to l. to sb,** perder contra algn; **to l. out,** salir perdiendo; **United lost 6-0,** el United perdió 6-0. **2** *(clock, watch)* atrasarse. ◆**lose out (to)** *vi* sufrir a costa de.

loser ['lu:zə**ʳ**] *n* perdedor,-a *m,f*; **to be a good/bad l.,** saber/no saber perder; *fam* **she's a born l.,** tiene mala suerte; *fam* **to be on a l.,** tener todas las de perder.

losing ['lu:zɪŋ] *adj (team etc)* vencido,-a, derrotado,-a; **to be on the l. side,** ser entre los perdedores; *fig* **to fight a l. battle,** luchar por una causa perdida.

loss [lɒs] *n (gen)* pérdida *f*; **heat/weight l.,** pérdida de calor/peso; **l. of memory/vision,** pérdida de memoria/vista; **there was a great l. of life,** hubo muchas víctimas; *Com* **to make a l.,** perder; *Com* **to sell sth at a l.,** vender algo con pérdida; *fig* **to be at a l.,** estar perdido,-a *or* desorientado,-a; *fig* **to be at a l. for words,** quedarse de una pieza; **to be at a l. what to do,** no saber qué hacer; *fig* **to cut one's losses,** reducir pérdidas; *fam* **it's your l.,** sales perdiendo tú; *fam* **she's a dead l.,** es un desastre *or* una calamidad.

lost [lɒst] **I** *pt & pp see* **lose. II** *adj* **1** *(gen)* perdido,-a; **to get l.,** perderse; **to make up for l. time,** recuperar el tiempo perdido; *fam* **get l.!,** ¡vete a la porra! ■ **l. cause,** causa *f* perdida; **l. property,** objetos *mpl* perdidos; **l. property office,** *US* **l. and found department,** oficina *f* de objetos perdidos. **2** *(disoriented)* desorientado,-a; *(distracted)* distraído,-a, despistado,-a; **to be l. for words,** quedarse de una pieza; **to be l. in thought,** estar ensimismado,-a. **3** *(wasted)* inútil.

lot [lɒt] *n* **1** *(fortune, fate)* suerte *f*, destino *m*; *fig* **the common l.,** la suerte común; *fig* **to throw in one's l. with sb,** unirse a la suerte de algn. **2** *(for choosing)* sorteo *m*; **to draw *or* cast lots for sth,** sortear algo, echar algo a suertes. **3** *US (plot of land)* parcela *f*, terreno *m*. ■ *US* **parking l.,** aparcamiento *m*. **4** *(in an auction)* lote *m*. **5** *fam (group of people)* grupo *m* de gente; **are you l. coming tonight?,** ¿vosotros venís esta tarde?; **the whole l. of you,** todos vosotros; **they never speak to us l.,** nunca hablan con nosotros; **they're a nice l.,** es gente maja. **6** *(everything)* todo *m*; **he ate the l.,** se lo comió todo; **that's the l.,** eso es todo. **7** *(large amount, number)* **a l. of,** *(much)* mucho,-a; *(many)* muchos,-as; **a l. of people,** mucha gente, muchas personas; **he feels a l. better,** se encuentra mucho mejor; **she reads a l.,** lee mucho; **such a l. of,** tanto,-a, tantos,-as; **thanks a l.!,** ¡muchísimas gracias!; *iron* ¡y gracias!; **what a l. of children!,** ¡cuántos niños! **8** *fam* **lots of,** un montón de, montones de, cantidad de, la mar de; **lots of concentration,** mucha concentración.

loth [ləʊθ] *adj see* **loath.**

lotion ['ləʊʃən] *n* loción *f*.

lottery ['lɒtərɪ] *n* lotería *f*. ■ **l. ticket,** billete *m*.

lotto ['lɒtəʊ] *n (boardgame)* lotería *f*.

lotus ['ləʊtəs] *n Bot* loto *m*. ■ **l. position,** postura *f* del loto.

lotus-eater ['ləʊtəsi:tə**ʳ**] *n* vividor,-a *m,f*.

loud [laʊd] **I** *adj* **1** *(voice)* alto,-a, fuerte; *(noise)* fuerte; *(laugh)* estrepitoso,-a; *(applause)* clamoroso,-a; *(protests, party)* ruidoso,-a; *fig* **I can hear you l. and clear,** te oigo perfectamente. **2** *(flashy) (colour)* chillón,-ona, llamativo,-a. **3** *(vulgar) (behaviour etc)* de mal gusto, cursi, hortera. **II** *adv* alto, fuerte; **to say/read/think out l.,** decir/leer/pensar en voz alta.

loud-hailer [laʊd'heɪlə**ʳ**] *n* megáfono *m*.

loudmouth ['laʊdmaʊθ] *n pej* gritón,-ona *m,f*; *(mujer)* verdulera *f*. ●

loud-mouthed ['laʊdmaʊθt] *adj* gritón,-ona.

loudness ['laʊdnɪs] *n (of noise)* fuerza *f*, intensidad *f*.

loudspeaker [laʊd'spi:kə**ʳ**] *n* altavoz *m*.

lounge [laʊndʒ] **I** *n GB (sitting-room)* salón *m*, sala *f* de estar; *(in pub)* salón *m*. ■ **departure l.,** sala *f* de espera. **II** *vi* holgazanear, gandulear; **to l. on the sofa,** repantigarse en el sofá. ◆**lounge about** *vi* holgazanear, gandulear.

lounger ['laʊndʒəʳ] n tumbona f.

louse [laʊs] n 1 (pl lice [laɪs]) (insect) piojo m. 2 (pl louses) fam (person) canalla mf, sinvergüenza mf. ◆**louse up** vtr fam (spoil) echar a perder, estropear.

Lousiana [lʊiːzɪ'ænə] n Luisiana.

lousy ['laʊzɪ] adj (lousier, lousiest) fam (dreadful) pésimo,-a, malísimo,-a, fatal; a l. day, un de día de perros; a l. trick, una cochinada; I feel l., me encuentro fatal.

lout [laʊt] n bruto m, patán m.

loutish ['laʊtɪʃ] adj bruto,-a.

louvre, US **louver** ['luːvəʳ] adj persiana f.

lovable ['lʌvəbəl] adj adorable, encantador,-a.

love [lʌv] I n 1 amor m, cariño m (for, por); (passion) pasión f (for, por), afición f (for, a); for the l. of it, por amor al arte; give my l. to David, dale un abrazo de mi parte a David; it was l. at first sight, fue un flechazo; not for l. or money, por nada del mundo; to be in l. with sb, estar enamorado,-a de algn; to fall in l., enamorarse; to make l., hacer el amor; dated to make l. to sb, hacer la corte a algn; (in letter) with l. (from) Mary, un abrazo afectuoso, Mary; fig there's no l. lost between them, no se pueden ver, ■ l. affair, amorío m; euph l. child, hijo,-a m,f natural; l. letter/story, carta f/historia f de amor; l. life, vida f sentimental; (sexual) vida f sexual. 2 (person) amor m cariño m; fam chato,-a m,f; my l., mi amor, amor mío; fam thanks, l., gracias, chato,-a. 3 Ten (nil) forty l., cuarenta a cero. ■ l. game, juego m a cero. II vtr querer a, amar a; (sport etc) ser muy aficionado a a; he loves cooking, le encanta cocinar; we'd l. to go with you, nos gustaría mucho acompañaros.

lovebirds ['lʌvbɜːdz] npl iron enamorados mpl, tortolitos mpl.

loveless ['lʌvlɪs] adj sin amor.

loveliness ['lʌvlɪnɪs] n encanto m, belleza f.

lovely ['lʌvlɪ] adj (lovelier, loveliest) (pleasing, charming) encantador,-a; (beautiful) hermoso,-a, precioso,-a; (delicious) delicioso,-a, riquísimo,-a; we had a l. time, lo pasamos en grande.

love-making ['lʌvmeɪkɪŋ] n 1 (courtship) galanteo m. 2 (sexual intercourse) relaciones fpl sexuales.

lover ['lʌvəʳ] n 1 (sexual partner) amante mf. 2 (enthusiast) amante mf, aficionado,-a m,f, amigo,-a m,f; he's a l. of fine food, es un amante de la buena comida.

lovesick ['lʌvsɪk] adj enfermo,-a de amor.

lovey-dovey [lʌvɪ'dʌvɪ] adj iron zalamero,-a, empalagoso,-a.

loving ['lʌvɪŋ] adj (affectionate) cariñoso,-a, afectuoso,-a; (in letter) your l. daughter, Emma, un abrazo afectuoso de tu hija Emma.

low¹ [ləʊ] I adj 1 (not high) bajo,-a; (bridge, voice, sun) bajo,-a; (neckline) escotado,-a; (tide, level) bajo,-a; Culin cook on a l. light or gas, cocinar a fuego lento; fig to keep a l. profile, ser discreto,-a. ■ Geog the L. Countries, los Países Bajos. 2 (in number or quantity) bajo,-a, poco,-a; l. prices, precios bajos; l. tar cigarettes, cigarrillos bajos en nicotina; l. temperatures, temperaturas bajas; we're l. on supplies, no tenemos muchos provisiones. 3 (poor) pobre, bajo,-a; a l. standard of living, un bajo nivel de vida. 4 (battery) gastado,-a. ■ l. frequency, baja frecuencia f. 5 (depressed) deprimido,-a; morale among the soldiers was l., había muy poco entusiasmo entre los soldados; to feel l.,

sentirse deprimido,-a. 6 (reprehensible) malo,-a; a l. trick, una mala jugada. II adv bajo; our supplies are running l., se nos están acabando las provisiones; to aim l., apuntar bajo; to fly l., volar bajo; fig to be laid l. with flu, tener que guardar cama a causa de la gripe; fig to lie l., permanecer escondido,-a. III n 1 Meteor depresión f, área f de baja presión. 2 (low point) punto m más bajo; to reach an all-time l., tocar fondo.

low² [ləʊ] vi (cow) mugir.

lowbrow ['ləʊbraʊ] I adj poco culto,-a. II n persona f de poca cultura.

low-down ['ləʊdaʊn] adj bajo,-a, vil.

lowdown ['ləʊdaʊn] n fam pormenores mpl; to give sb the l. on sth, dar informes completos a algn sobre algo.

lower ['ləʊəʳ] I adj (comp of low) inferior; the l. jaw, la mandíbula inferior. ■ Typ l. case, caja f baja, minúscula f; l. class, clase f baja. II adv comp see low. III vtr 1 (voice, radio) bajar; (lifeboat) lanzar; (flag) arriar. 2 (reduce) reducir, bajar, disminuir; (price) rebajar, bajar; fig to l. oneself, rebajarse. 3 (weaken) debilitar.

lower-class ['ləʊəklɑːs] adj de clase baja.

lowest ['ləʊɪst] I adj (superl of low) más bajo, a; (price, speed) mínimo,-a. ■ Math l. common denominator, mínimo común denominador m. II n mínimo m; at the l., como mínimo; fig the l. of the low, lo peor que hay.

low-key [ləʊ'kiː] adj (calm) de baja intensidad; (informal) sin ceremonia.

lowlands ['ləʊləndz] npl tierras fpl bajas; Geog the L., las Tierras Bajas de Escocia.

low-level ['ləʊlevəl] adj de bajo nivel.

lowly ['ləʊlɪ] adj (lowlier, lowliest) humilde, modesto,-a.

low-necked ['ləʊnekt] adj (dress) escotado,-a, con escote.

low-pitched ['ləʊpɪtʃt] adj grave.

low-spirited [ləʊ'spɪrɪtɪd] adj desanimado,-a.

loyal ['lɔɪəl] adj leal, fiel.

loyalist ['lɔɪəlɪst] n leal mf; Hist legitimista mf.

loyalty ['lɔɪəltɪ] n lealtad f, fidelidad f.

lozenge ['lɒzɪndʒ] n 1 Med pastilla f. 2 Geom rombo m.

LP [el'piː] abbr of long-playing record, disco m de larga duración, LP m.

L-plate ['elpleɪt] n GB Aut (placa f de) la ele.

LSD [eles'diː] abbr of lysergic acid diethylamide, dietilamida f del ácido lisérgico, LSD m.

Lt abbr see Lieut.

Ltd GB Com abbr of Limited (Liability), (responsabilidad f) Limitada, Ltda.

lubricant ['luːbrɪkənt] n lubricante m, lubrificante m.

lubricate ['luːbrɪkeɪt] vtr (gen) lubricar; (engine) engrasar.

lubrication [luːbrɪ'keɪʃən] n engrase m.

lubricious [luː'brɪʃəs] adj lit lascivo,-a, lujurioso,-a.

lucerne [luː'sɜːn] n Bot alfalfa f brasileña.

lucid ['luːsɪd] adj lúcido,-a, claro,-a.

lucidity [luː'sɪdɪtɪ] n lucidez f, claridad f.

luck [lʌk] n suerte f; bad or hard or tough l.!, mala suerte!; good l.!, best of l.!, ¡(buena) suerte!; no such l.!, ¡ojalá!; this pen brings me good l., este bolígrafo me da buena suerte; to be in l., estar de suerte, estar con suerte; to be down on one's l., tener muy mala suerte; **to be out of l.,** estar de malas; *fig* **as l. would have it ...,** la suerte quiso que ...; *fig* **to have l. on one's side,** tener la suerte de su parte; *fig* **to push one's l.,** tentar la suerte; *fig* **to try one's l.,** probar fortuna; *fam* **any l.?,** ¿qué?, ¿cómo te ha ido?; *fam* **I've got to do the dishes, worse l.,** ¡vaya suerte que tengo! me toca hacer los platos; *fam* **with any** *or* **a bit of l.,** he'll phone this evening, con un poco de suerte llamará esta tarde.

luckless ['lʌklɪs] *adj fml* infortunado,-a, desgraciado,-a, desafortunado,-a.

lucky ['lʌkɪ] *adj (luckier, luckiest) (person)* afortunado,-a, que tiene suerte; *(day)* marcado,-a, de buen agüero; *(move)* oportuno,-a; *(charm)* que trae suerte; **a l. break,** una oportunidad; **how l.!,** ¡qué suerte!; **I'm wearing my l. shirt,** visto mi camisa de la suerte; **it's your l. day!,** hoy estás de suerte; **to be born l.,** haber nacido,-a con buena estrella; **to have a l. escape,** escaparse por los pelos; **you'll be l. to get the job,** no veo muy claro que consigas el trabajo; *fig* **third time l.,** a la tercera va la vencida; *fam* **l. you!, l. devil!,** ¡que suerte tienes!; *fam* **l. you phoned when you did,** menos mal que llamaste; *fam fig* **to thank one's l. stars,** dar gracias a Dios; *fam* **iron you'll be l.!, you should be so l.!,** ¡ya veremos! ▪ *GB* **l. dip,** caja *f* de las sorpresas. ◆**luckily** *adv* por suerte, afortunadamente.

lucrative ['lu:krətɪv] *adj* lucrativo,-a.

ludicrous ['lu:dɪkrəs] *adj* absurdo,-a, ridículo,-a.

ludo ['lu:dəʊ] *n (game)* parchís *m.*

lug [lʌg] *vtr (pt & pp lugged) fam (heave)* arrastrar, transportar con dificultad.

luggage ['lʌgɪdʒ] *n* equipaje *m.* ▪ **l. rack,** *Aut* baca *f*, portaequipajes *m inv*; *Rail* red *f* redecilla *f*; *Rail* **l. van,** furgón *m* de equipaje.

lughole ['lʌghəʊl] *n usu pl GB fam* oreja *f.*

lugubrious [lʊ'gu:brɪəs] *adj lit* lúgubre.

lukewarm ['lu:kwɔ:m] *adj (water etc)* tibio,-a; *fig (reception etc)* poco entusiasta.

lull [lʌl] **I** *n (in storm, wind)* calma *f*, recalmón *m*; *(in activity, fighting)* respiro *m*, tregua *f*; *fig* **the l. before the storm,** una tensa calma que anuncia la tempestad. **II** *vtr (cause to sleep, relax, etc)* adormecer; *(deceive)* **to l. sb into a false sense of security,** infundir una falsa seguridad a algn.

lullaby ['lʌləbaɪ] *n* canción *f* de cuna, nana *f*, arrullo *m.*

lumbago [lʌm'beɪgəʊ] *n Med* lumbago *m.*

lumbar ['lʌmbə'] *adj Anat* lumbar.

lumber ['lʌmbə'] **I** *n* **1** *GB (junk)* trastos *mpl* viejos. ▪ **l. room,** trastero *m.* **2** *US (timber)* maderos *mpl*, madera *f.* **II** *vtr* **1** *(encuber)* abarrotar, atestar **(with,** de). **2** *fam* cargar **(with,** de); **he lumbered me with his little brother,** tuve que cargar con el hermano pequeño. **2** *US (fell) (trees)* talar. **III** *vi* **to l. (about** *or* **along),** *(move clumsily)* moverse pesadamente.

lumberjack ['lʌmbədʒæk] *n* leñador *m.*

lumberyard ['lʌmbəjɑ:d] *n* almacén *m* de madera.

luminary ['lu:mɪnərɪ] *n lit* luminario,-a *m,f.*

luminosity [lu:mɪ'nɒsɪtɪ] *n lit* luminosidad *f.*

luminous ['lu:mɪnəs] *adj* luminoso,-a.

lump [lʌmp] **I** *n* **1** *(of coal etc)* trozo *m*, pedazo *m*; *(of sugar, earth)* terrón *m*; *(in sauce)* grumo *m*; *Med (swelling)* bulto *m*, protuberancia *f*; *fam fig (in throat)* nudo *m.* ▪ **l. sum,** cantidad *f* global, suma *f* global. **2** *fam (person)* bobo,-a *m,f.* **II** *vtr fam (endure)* aguantar; **he'll just have to l. it,** que se

aguante. ◆**lump together** *vtr* juntar, agrupar, amontonar.

lumpy ['lʌmpɪ] *adj (lumpier, lumpiest) (bed)* lleno,-a de bultos; *(sauce)* grumoso,-a, lleno,-a de grumos; *Culin* **to go l.,** hacerse grumos.

lunacy ['lu:nəsɪ] *n* locura *f*; *fam* **it's sheer l.!,** ¡es una locura!

lunar ['lu:nə'] *adj* lunar. ▪ **l. eclipse,** eclipse *m* lunar; *Astronaut* **l. landing,** alunizaje *m*; **l. month,** mes *m* lunar.

lunatic ['lu:nətɪk] *adj & n* loco,-a *(m,f).* ▪ **l. asylum,** manicomio *m*; *pej* **the l. fringe,** el sector más radical y fanático.

lunch [lʌntʃ] **I** *n* comida *f*, almuerzo *m*; **to have l.,** comer, almorzar. ▪ **l. hour,** hora *f* de comer; *GB* **pub l.,** comida *f* servida en pub. **II** *vi* comer, almorzar.

luncheon ['lʌntʃən] *n arch fml* comida *f*, almuerzo *m.* ▪ **l. voucher,** vale *m* de comida; **(pork) l. meat,** carne *f* de cerdo troceada, chopped *m.*

lunchtime ['lʌntʃtaɪm] *n* hora *f* de comer *or* del almuerzo.

lung [lʌŋ] *n* pulmón *m.* ▪ *Med* **iron l.,** pulmón *m* de acero; **l. cancer,** cáncer *m* del pulmón.

lunge [lʌndʒ] **I** *n* **1** arremetida *f*, embestida *f.* **2** *Fenc* estocada *f.* **II** *vi* **1** *(also l. forward)* arremeter, lanzarse; **to l. (out) at sb,** arremeter contra algn, abalanzarse sobre algn. **2** *Fenc* atacar.

lupin, *US* **lupine** ['lu:pɪn] *n Bot* altramuz *m*, lupino *m.*

lurch [lɜːtʃ] **I** *n* **1** *(of vehicle)* sacudida *f*, bandazo *m*; *(person)* tambaleo *m.* **2** *fam* **to leave sb in the l.,** dejar plantado,-a a algn. **II** *vi (vehicle)* dar sacudidas, dar bandazos; *(person)* tambalearse; **to l. along,** *(vehicle)* ir dando sacudidas *or* bandazos; *(person)* ir tambaleándose.

lure [lʊə'] **I** *n* **1** *(decoy)* señuelo *m*; *(bait)* cebo *m.* **2** *fig (charm)* aliciente *m*, atractivo *m.* **II** *vtr* atraer *or* convencer con engaños; **nothing could l. him away from the game,** era imposible distraerlo del partido.

lurid ['lʊərɪd] *adj* **1** *(gruesome)* espeluznante, horripilante. **2** *(sensational)* sensacionalista. **3** *(gaudy)* chillón,-ona.

lurk [lɜːk] *vi* **1** *(lie in wait)* estar al acecho. **2** *(hidden)* esconderse, estar escondido,-a; *fig* **a doubt still lurked in his mind,** aún le atormentaba una duda.

luscious ['lʌʃəs] *adj (food)* delicioso,-a, exquisito,-a; *(person)* encantador,-a.

lush [lʌʃ] *adj (vegetation)* exuberante; *(places, life, etc)* lujoso,-a.

lust [lʌst] **I** *n* **1** *(sexual desire)* lujuria *f.* **2** *(craving)* ansia *f*; *(greed)* codicia *f.* **II** *vi* **to l. after sth/sb,** codiciar algo/desear a algn.

luster ['lʌstə'] *n US see* **lustre.**

lustful ['lʌstfʊl] *adj* lujurioso,-a, lascivo,-a; *(look)* lleno,-a de deseo.

lustre ['lʌstə'] *n* lustre *m*, brillo *m.*

lustrous ['lʌstrəs] *adj* lustroso,-a, brillante.

lusty ['lʌstɪ] *adj (lustier, lustiest) (person)* fuerte, robusto,-a; *(cry)* fuerte.

lute [lu:t] *n Mus* laúd *m.*

lutist ['lu:tɪst] *n* tañedor,-a *m,f* de laúd.

Lutheranism ['lu:θərənɪzəm] *n Hist* luteranismo *m.*

Luxembourg ['lʌksəmbɜːg] *n* Luxemburgo.

Luxembourger ['lʌksəmbɜːgə'] *n* luxemburgués,-esa *m,f.*

luxuriance [lʌɡ'zjʊərɪəns] *n (plants)* exuberancia *f*; *(hair etc)* abundancia *f*.

luxuriant [lʌɡ'zjʊərɪənt] *adj (plants)* exuberante; *(hair etc)* abundante.

luxuriate [lʌɡ'zjʊərɪeɪt] *vi* disfrutar; **to l. in,** deleitarse con.

luxurious [lʌɡ'zjʊərɪəs] *adj* lujoso,-a, de lujo.

luxury ['lʌkʃərɪ] *n* **1** *(gen)* lujo *m*; **l. flat,** piso *m* de lujo. ■ **l. goods,** artículos *mpl* de lujo. **2** *(article)* artículo *m* de lujo.

LW *Rad abbr of* **long wave,** onda *f* larga, OL *f*.

lychee ['laɪtʃiː] *n* lichi *m*.

lying ['laɪɪŋ] **I** *adj* mentiroso,-a, falso,-a. **II** *n* mentira *f*, mentiras *fpl*.

lymph [lɪmf] *n Anat* linfa *f*. ■ **l. gland,** glándula *f* linfática.

lymphatic [lɪm'fætɪk] *adj* linfático,-a.

lynch [lɪntʃ] *vtr* linchar.

lynching ['lɪntʃɪŋ] *n* linchamiento *m*.

lynx [lɪnks] *n Zool* lince *m*.

lynx-eyed ['lɪnksaɪd] *adj* con ojos de lince.

lyre [laɪəʳ] *n Mus* lira *f*.

lyric ['lɪrɪk] **I** *adj* lírico,-a. **II** *n* **1** *(poem)* poema *m* lírico. **2 lyrics,** *(words of song)* letra *f sing*.

lyrical ['lɪrɪkəl] *adj* lírico,-a; *fam* **to wax l. about sth,** entusiasmarse por algo.

lyricism ['lɪrɪsɪzəm] *n* lirismo *m*.

lyricist ['lɪrɪsɪst] *n* letrista *mf*.

M

M, m [em] *n (the letter)* M, m *f*.

M 1 *(on clothes etc) abbr of* **medium (size),** (talla *f*) mediana. **2** [em] *GB abbr of* **motorway,** autopista *f*, A *f*.

m 1 *(on forms etc) abbr of* **male,** varón *m*, v. **2** *(on forms etc) abbr of* **married,** casado,-a, c. **3** *(also masc) Ling abbr of* **masculine,** masculino *m*, m. **4** *(distance, radio) abbr of* **metre(s),** metro(s) *m(pl)*, m. **5** *abbr of* **million(s),** millón *m*, millones *mpl*, m.

MA [em'eɪ] *abbr of* **Master of Arts.**

ma [mɑː] *n fam (mother)* mamá *f*.

ma'am [mæm, mɑːm] *n fml* señora *f*.

macabre [mə'kɑːbrə] *adj* macabro,-a.

macaroon [mækə'ruːn] *n Culin* mostachón *m*.

macaw [mə'kɔː] *n Orn* guacamayo *m*, ara *m*.

mac(c)aroni [mækə'rəʊnɪ] *n Culin* macarrones *mpl*. ■ **m. cheese,** macarrones *mpl* al gratén.

mace[1] [meɪs] *n (club, ceremonial staff)* maza *f*. ■ **m. bearer,** macero *m*.

mace[2] [meɪs] *n (spice)* macis *f inv*.

macerate ['mæsəreɪt] **I** *vtr* macerar. **II** *vi* macerarse.

maceration [mæsə'reɪʃən] *n* maceración *f*.

Mach [mæk, mɑːk] *n Av* **M. (number),** (número *m* de) Mach *m*.

machete [mə'tʃeɪtɪ] *n* machete *m*.

Machiavellian [mækɪə'velɪən] *adj* maquiavélico,-a.

machinations [mækɪ'neɪʃənz] *npl* intrigas *fpl*, maquinaciones *fpl*.

machine [mə'ʃiːn] **I** *n (gen)* máquina *f*, aparato *m*; *(machinery)* maquinaria *f*; *fig* **they treat you like machines,** te tratan como si fueras una máquina. ■ **drinks m.,** distribuidor *m* automático de bebidas; **fruit m.,** máquina *f* tragaperras; **m. gun,** ametralladora *f*; *Comput* **m. language,** lenguaje *m* máquina; **m. shop,** taller *m* de máquinas; **m. tool,** máquina *f* herramienta; **sewing m.,** máquina *f* de coser; **washing m.,** lavadora *f*. **II** *vtr Tech* trabajar a máquina; *Sew* coser a máquina.

machine-gun [mə'ʃiːnɡʌn] *vtr (pt & pp machine-gunned)* ametrallar.

machine-readable [məʃiːn'riːdəbəl] *adj Comput (text, data)* para ser leído,-a en máquina.

machinery [mə'ʃiːnərɪ] *n (machines)* maquinaria *f*; *(workings of machine)* mecanismo *m*; *fig* **the bureaucratic m.,** la maquinaria burocrática.

machinist [mə'ʃiːnɪst] *n Tech* operario,-a *m,f*, mecánico,-a *m,f*.

macho ['mætʃəʊ] **I** *adj (virile etc)* viril, macho; *(male chauvinist)* machista. **II** *n (pl machos)* macho *m*; *pej* machista *m*.

mac(k) [mæk] *n GB fam abbr of* **mackintosh**

mackerel ['mækrəl] *n (pl mackerel or mackerels) (fish)* caballa *f*.

mac(k)intosh ['mækɪntɒʃ] *n* impermeable *m*.

macramé [mə'krɑːmɪ] *n* macramé *m*.

macrobiotic [mækrəʊbaɪ'ɒtɪk] *adj* macrobiótico,-a.

macrocosm ['mækrəkɒzəm] *n* macrocosmo *m*.

macroeconomics [mækrəʊiːkə'nɒmɪks] *n* macroeconomía *f*.

mad [mæd] *adj (madder, maddest)* **1** *(insane)* loco,-a, demente; *fig* loco,-a; *(animal)* furioso,-a; *(dog)* rabioso,-a; **to be m.,** estar loco,-a; **to drive sb m.,** volver loco,-a a algn; **to go m.,** volverse loco,-a, enloquecer; **you must be m.!,** ¿estás loco?; **as m. as a hatter** *or* **as a March hare,** más loco que una cabra. **2** *(foolish)* loco,-a; *(idea, plan)* disparatado,-a, insensato,-a. **3** *fam (enthusiastic)* chiflado,-a, loco,-a; **to be m. about** *or* **on sth/sb,** estar loco,-a por algo/ algn, chiflarse por algo/algn. **4** *fam (angry)* enfadado,-a; **hopping m.,** furioso,-a; **to be m. with** *or* **at sb,** estar enfadado,-a con algn. **5** *(wild, uncontrolled) (gallop, race, etc)* desenfrenado,-a, frenético,-a; **to be in a m. rush,** ir como un loco, ir a toda prisa. ◆**madly** *adv* **1** *(gen)* como un loco, locamente. **2** *(hurriedly)* apresuradamente, precipitadamente; *(frantically)* desesperadamente. **3** *fam (intensely, extremely)* terriblemente; **it's m. expensive,** es carísimo; **to be m. in love with sb,** estar locamente *or* perdidamente enamorado,-a de algn.

madam ['mædəm] *n* **1** señora *f*; *(in letter)* **Dear M.,** Muy señora mía, Estimada señora. **2** *(brothel-keeper)* patrona *f*, ama *f*. **3** *fam (girl)* **a little m.,** una niña precoz; *pej* una niña sabihonda.

madcap ['mædkæp] *adj (idea, plan, etc)* disparatado,-a, descabellado,-a.

madden ['mædən] *vtr (infuriate)* volver loco,-a, enfurecer.

maddening ['mædənɪŋ] *adv (infuriating)* exasperante, enloquecedor; **it's m.**, es para volverse loco,-a.

made [meɪd] *pt & pp see* **make.**

Madeira [mə'dɪərə] *n* **1** *(island)* Madeira. **2** *(wine)* madeira *m*, madera *m*. ■ *Culin* M. **cake**, bizcocho *m*.

made-to-measure [meɪdtə'meʒəʳ] *adj (suit, curtains, etc)* hecho,-a a (la) medida.

made-up ['meɪdʌp] *adj* **1** *(face, person)* maquillado,-a; *(eyes, lips)* pintado,-a. **2** *(story, excuse)* inventado,-a.

madhouse ['mædhaʊs] *n fam (mental hospital)* manicomio *m*; *fig* casa *f* de locos.

madman ['mædmən] *n (pl* **madmen)** loco *m*.

madness ['mædnɪs] *n (insanity)* locura *f*, demencia *f*; *fig* locura *f*; **it's sheer m.**, es una locura *or* un desvarío.

Madonna [mə'dɒnə] *n* Virgen *f*.

madrigal ['mædrɪgəl] *n Mus* madrigal *m*.

madwoman ['mædwʊmən] *n (pl* **madwomen** ['mædwɪmɪn]) loca *f*.

maelstrom ['meɪlstrəʊm] *n* remolino *m*, torbellino *m*.

maestro ['maɪstrəʊ] *n (pl* **maestros)** maestro *m*.

Mafia ['mæfɪə] *n* mafia *f*.

mag [mæg] *n (abbr of* **magazine)** *fam* revista *f*.

magazine [mægə'ziːn] *n* **1** *(periodical)* revista *f*. **2** *(in rifle)* recámara *f*. **3** *Mil (storehouse)* almacén *m*; *(for explosives)* polvorín *m*; *Naut* santabárbara *f*, pañol *m* de municiones.

magenta [mə'dʒentə] **I** *n* magenta *f*. **II** *adj* (de color) magenta *inv*.

maggot ['mægət] *n Zool* larva *f*, cresa *f*, gusano *m*.

maggoty ['mægətɪ] *adj* agusanado,-a, gusaniento,-a.

Magi ['meɪdʒaɪ] *npl Rel* **the M.**, los Reyes Magos.

magic ['mædʒɪk] **I** *n* magia *f*; **as if by m.**, como por arte de magia. ■ **black m.**, magia *f* negra. **II** *adj* **1** mágico,-a; **m. spell**, hechizo *m*, encanto *m*. ■ **m. wand**, varita *f* mágica. **2** *fam (wonderful)* estupendo,-a, fantástico,-a.

magical ['mædʒɪkəl] *adj* mágico,-a.

magician [mə'dʒɪʃən] *n* **1** *(wizard)* mago,-a *m,f*. **2** *(conjuror)* prestigiditador,-a *m,f*, ilusionista *mf*.

magisterial [mædʒɪ'stɪərɪəl] *adj* magistral.

magistrate ['mædʒɪstreɪt] *n Jur* magistrado,-a *m,f*, juez *mf*. ■ **magistrates' court**, juzgado *m* de primera instancia.

magnanimity [mægnə'nɪmɪtɪ] *n* magnanimidad *f*.

magnanimous [mæg'nænɪməs] *adj* magnánimo,-a.

magnate ['mægneɪt] *n* magnate *m*.

magnesia [mæg'niːʃə] *n Chem* magnesia *f*.

magnesium [mæg'niːzɪəm] *n Chem* magnesio *m*.

magnet ['mægnɪt] *n* imán *m*.

magnetic [mæg'netɪk] *adj (force, field, etc)* magnético,-a; *fig (personality)* carismático,-a, magnético,-a. ■ **m. compass**, brújula *f*; **m. field**, campo *m* magnético; **m. north**, norte *m* magnético; **m. tape**, cinta *f* magnetofónica.

magnetism ['mægnɪtɪzəm] *n (force)* magnetismo *m*; *fig (of personality)* magnetismo *m*, carisma *m*.

magnetize ['mægnɪtaɪz] *vtr (object)* magnetizar, imanar, imantar; *fig (person)* magnetizar.

magnification [mægnɪfɪ'keɪʃən] *n* aumento *m*, ampliación *f*.

magnificence [mæg'nɪfɪsəns] *n* magnificencia *f*, esplendor *m*.

magnificent [mæg'nɪfɪsənt] *adj* magnífico,-a, espléndido,-a; *(sumptuous)* suntuoso,-a.

magnify ['mægnɪfaɪ] *vtr (pt & pp* **magnified)** **1** *(enlarge)* aumentar, ampliar. **2** *fig (exaggerate)* exagerar.

magnifying glass ['mægnɪfaɪɪŋglɑːs] *n* lupa *f*.

magnitude ['mægnɪtjuːd] *n (gen)* magnitud *f*; *fig (importance)* magnitud *f*, envergadura *f*; **a problem of the first m.**, un problema de mucha envergadura.

magnolia [mæg'nəʊlɪə] *n Bot* **1** *(tree)* magnolio *m*. **2** *(flower)* magnolia *f*.

magpie ['mægpaɪ] *n Orn* urraca *f*.

mahogany [mə'hɒgənɪ] **I** *n* caoba *f*. **II** *adj* de caoba.

maid [meɪd] *n* **1** *(servant)* criada *f*, sirvienta *f*, *Am* mucama *f*; *(in hotel)* camarera *f*. ■ **m. of honour**, dama *f* de honor. **2** *lit (young girl)* doncella *f*; *pej* **old m.**, solterona *f*.

maiden ['meɪdən] **I** *n lit (young girl)* doncella *f*. **II** *adj* **1** *(unmarried)* soltera; **m. aunt**, tía soltera. ■ **m. name**, apellido *m* de soltera. **2** *(voyage, flight)* inaugural. ■ *Parl* **m. speech**, primer discurso *m* (de un parlamentario en el Parlamento).

mail[1] [meɪl] **I** *n* correo *m*; **by m.**, por correo. ■ **air m.**, correo *m* aéreo; *Com* **m. order**, venta *f* por correo; **m. train**, tren *m* correo. **II** *vtr (post)* echar al buzón; *(send)* enviar *or* mandar por correo.

mail[2] [meɪl] *n* malla *f*. ■ **coat of m.**, cota *f* de malla.

mailbag ['meɪlbæg] *n* valija *f*, saca *f* de correo.

mailbox ['meɪlbɒks] *n US* buzón *m*.

mailing list ['meɪlɪŋlɪst] *n Com* lista *f* de direcciones.

mailman ['meɪlmæn] *n (pl* **mailmen** ['meɪlmen]) *US* cartero *m*.

maim [meɪm] *vtr* mutilar, lisiar.

main [meɪn] **I** *adj (problem, idea, floor, door, etc)* principal; *(square, mast, sail)* mayor; *(office)* central; **the m. body of the army**, el grueso del ejército; **the m. thing is to keep calm**, lo esencial *or* lo más importante es mantener la calma. ■ *Archit* **m. beam**, viga *f* maestra; *Culin* **m. course**, plato *m* principal; *Aut* **m. road**, carretera *f* principal; **m. street**, calle *f* mayor. **II** *n* **1** *(pipe, wire)* conducto *m* principal; *(sewer)* colector *m*; **the mains**, *(water or gas system)* cañería *f* principal *or* maestra; *Elec* la red eléctrica; **a radio that works on battery or mains**, una radio que funciona con pilas o con corriente; **to turn off the water at the mains**, cerrar la llave principal del agua. **2** **in the m.**, *(on the whole)* en general, por regla general; *(for the most part)* en su mayoría. ◆**mainly** *adv (chiefly)* principalmente, sobre todo; *(for the most part)* en su mayoría.

mainframe ['meɪnfreɪm] *n Comput* **m. computer**, unidad *f* central, torre *f*.

mainland ['meɪnlənd] *n* continente *m*; **m. Europe**, la Europa continental; **to reach the m.**, llegar a tierra firme.

main-line ['meɪnlaɪn] *adj Rail (train, station)* interurbano,-a.

mainsail ['meɪnseɪl] *n Naut* vela *f* mayor.

mainspring ['meɪnsprɪŋ] *n (of clock)* muelle *m* real; *fig* motivo *m* or razón *f* principal.

mainstay ['meɪnsteɪ] *n Naut* estay *m* mayor; *fig* sustento *m*, sostén *m*.

mainstream ['meɪnstriːm] *n* corriente *f* principal; **m. ideology,** la manera de pensar convencional, la ideología dominante.

maintain [meɪn'teɪn] *vtr* 1 *(preserve) (order, balance)* mantener; *(living standard, conversation)* sostener; *(silence, appearances)* guardar; *(custom)* conservar; *(road, building, car, machine)* conservar en buen estado. 2 *(support one's family etc)* mantener, sustentar. 3 *(claim, assert)* mantener, sostener; **she maintains that it is untrue,** sostiene que no es verdad.

maintenance ['meɪntənəns] *n* 1 *(gen)* mantenimiento *m*. ■ **m. costs,** gastos *mpl* de mantenimiento; **m. man,** encargado *m* de mantenimiento. 2 *Jur (divorce allowance)* pensión *f*.

maisonette [meɪzə'net] *n* dúplex *m*.

maize [meɪz] *n* maíz *m*.

majestic [mə'dʒestɪk] *adj* majestuoso,-a.

majesty ['mædʒɪstɪ] *n* majestad *f*; **Her M. the Queen,** Su Graciosa Majestad.

major ['meɪdʒəʳ] I *adj* 1 *(gen)* principal, mayor; *(contribution, operation)* importante, considerable; *(issue)* de mucha envergadura; *(illness)* grave. 2 *Mus (scale etc)* mayor; **in C m.,** en do mayor. II *n* 1 *Mil* comandante *m*. ■ **m. general,** general *m* de división. 2 *US Univ* especialidad *f*. III *vi US Univ* **to m. in,** especializarse en; **he wants to m. in medieval literature,** quiere especializarse en literatura medieval.

Majorca [mə'dʒɔːkə] *n* Mallorca.

Majorcan [mə'dʒɔːkən] *adj & n* mallorquín,-ina *(m,f)*.

majority [mə'dʒɒrɪtɪ] *n* 1 mayoría *f*; **he won by a m. vote,** ganó por mayoría; **in the m. of cases,** en la mayoría de los casos. ■ *Pol* **m. rule,** gobierno *m* mayoritario. 2 *Jur* **age of m.,** mayoría *f* de edad.

make [meɪk] *(pt & pp made)* I *vtr* 1 *(gen)* hacer; *(build)* construir; *(manufacture)* fabricar, elaborar; *(create)* crear; *(clothes, curtains)* confeccionar; *(meal)* preparar; *(plans, journey, statement)* hacer; *(payment)* efectuar; *(speech)* pronunciar; *(decision)* tomar; *(mistake)* cometer; **'made in Ireland',** 'fabricado en Irlanda'; **made of gold,** de oro; **to be made of,** estar hecho,-a *or* compuesto,-a de, ser de; **to m. a noise,** hacer ruido; **to m. love,** hacer el amor **(to,** con); *fig* **to m. a clean breast of sth,** confesar algo. 2 *(render)* hacer, poner, volver; *(convert)* convertir, transformar **(into,** en); *(appoint)* hacer, nombrar; **he made it clear that ...,** dejó claro que ...; **it makes me sad,** me pone triste; **it makes you look taller,** te hace (parecer) más alto; **m. yourself at home,** estás en tu casa; **to m. a fool of sb,** dejar *or* poner en ridículo a algn; **to m. sb happy,** hacer feliz a algn. 3 *(force, compel)* hacer, obligar; *(cause)* hacer, causar; **to m. do with sth,** arreglárselas con algo; **to m. sb do sth,** obligar a algn a hacer algo; **what makes you say that?,** ¿por qué dices eso? 4 *(earn)* ganar; *(profits)* sacar; **he makes £200 a week,** gana 200 libras a la semana; **to m. a living,** ganarse la vida; **to m. a name for oneself,** hacerse famoso,-a; *fig* **to m. the best of sth,** sacar partido de algo. 5 *(have qualities of)* ser, servir de; **it makes interesting reading,** es interesante de leer; **she'll m. a good teacher,** será una buena profesora. 6 *(amount to)* ser, hacer, equivaler a; **5 and 5 m. 10,** 5 y 5 son 10. 7 *(calculate, reckon)* calcular; **I m. it £20 in all,** calculo que son 20 libras en total; **what time do you m. it?,** ¿qué hora tienes? 8 *(think)* pensar, opinar; **what do you m. of his behaviour?,** ¿qué te parece su conducta?; **I don't know what to m. of it,** no lo acabo de entender; **it doesn't m. sense,** no tiene sentido. 9 *(reach)* alcanzar, llegar a; *(achieve)* alcanzar, conseguir; **she's made it!,** ¡lo ha conseguido!; **we just made it to the airport,** llegamos al aeropuerto con el tiempo justo; *sl* **to m. it with sb,** conseguir acostarse con algn. 10 *(assure future or success of)* **it will m. or break her,** será su consagración o su ruina; **that novel made him,** esa novela le consagró; **you've got it made!,** ¡tienes el éxito asegurado! 11 **to m. an early start,** empezar temprano; **to m. a fresh start,** volver a empezar. II *vi* 1 *(gen)* hacer; **to m. certain or sure of sth,** asegurarse de algo; **to m. good,** triunfar; **to m. merry,** divertirse. 2 *(move)* dirigirse; **to m. after sb,** perseguir a algn; **to m. at sb,** abalanzarse sobre algn; **to m. towards a place,** dirigirse hacia un lugar. 3 *(appear to)* hacer como, simular; **she made as if to leave,** hizo como si quisiera marcharse. III *n* 1 *(brand)* marca *f*; **of German m.,** de fabricación alemana. 2 *fam* **to be on the m.,** *(seeking profit)* andar tras el dinero; *(seeking success)* ir a por todas; *(full of self-interest)* barrer para adentro; *(in search of sex)* andar buscando aventuras. ◆**make for** *vtr* 1 *(move towards)* dirigirse hacia; *(attack)* atacar a, abalanzarse sobre. 2 *(result in)* crear; *(contribute to)* contribuir a; **this makes for less work,** esto genera menos trabajo. ◆**make out** I *vtr* 1 *(write out)* *(list, receipt)* hacer; *(report)* redactar; *(cheque)* extender. 2 *(see, perceive)* distinguir, divisar; *(writing)* descifrar. 3 *(understand)* comprender, entender. 4 *(claim)* pretender; **she made out that she was a nurse,** se hizo pasar por enfermera. 5 *(present)* presentar; **to m. out a case for doing sth,** presentar sus argumentos para hacer algo. II *vi (manage)* arreglárselas, apañárselas; *(get on)* **how did you m. out?,** ¿qué tal te fue? ◆**make up** I *vtr* 1 *(put together) (parcel, list)* hacer; *(prescription, bed)* preparar; *(dress, curtains)* confeccionar, hacer; *Typ (page)* componer; *(assemble)* montar; **to m. sth up into a parcel,** empaquetar algo. 2 *(invent)* inventar; **the whole thing is made up!,** ¡es puro cuento! 3 *(apply cosmetics to)* maquillar; *(one's face)* maquillarse, pintarse; **to m. oneself up,** maquillarse, pintarse. 4 *(complete quantity, sum)* completar. 5 *(compensate for) (loss)* compensar; *(deficit)* cubrir; *(lack)* suplir; *(lost time, ground)* recuperar. 6 *(constitute)* componer, integrar, formar; *(represent)* representar; **the committee is made up of six teachers,** el comité está compuesto de seis profesores; **they m. up 10 per cent of the population,** representan un 10 por ciento de la población. 7 **to m. up a quarrel, m. it up (with sb),** hacer las paces (con algn), reconciliarse (con algn). 8 **to m. up one's mind,** decidirse. II *vi* 1 *(friends)* hacer las paces, reconciliarse. 2 *(apply cosmetics)* maquillarse, pintarse. ◆**make up for** *vtr (loss, damage)* compensar; *(lost time)* recuperar; *(lack)* suplir. ◆**make up to** *vtr* 1 **to m. up to sb,** *(try to gain favour with)* congraciarse con algn; *(flatter)* halagar a algn. 2 **to m. it up to sb for sth,** compensar *or* indemnizar a algn por algo.

make-believe ['meɪkbɪliːv] I *n (fantasy)* fantasía *f*, invención *f*; *(pretence)* simulación *f*, fingimiento *m*; **that story is just m.-b.,** esa historia es pura fantasía; **to live in a world of m.-b.,** vivir en un mundo de ensueño. II *adj (world)* imaginario,-a, falso,-a; *(game, toy)* de mentirijillas.

maker ['meɪkəʳ] *n* 1 *(manufacturer)* fabricante *mf*; *(builder)* constructor,-a *m,f*; **the makers,** los fabricantes, la fábrica. 2 **the M.,** el Creador; *euph* **to meet one's M.,** morirse.

makeshift ['meɪkʃɪft] *adj (improvised)* improvisado,-a; *(temporary)* provisional, temporal.

make-up ['meɪkʌp] *n* **1** *(cosmetics)* maquillaje *m*. ■ **m.-up bag,** neceser *m;* **m.-up remover,** desmaquillador *m.* **2** *(composition) (of team etc)* composición *f; (structure)* estructura *f; (character)* carácter *m,* temperamento *m.* **3** *Print (of page, book)* compaginación *f.* **4** *Sew* confección *f.*

making ['meɪkɪŋ] *n* **1** *(manufacture)* fabricación *f; (of clothes)* confección *f; (of bridge, machinery, etc)* construcción *f; (of post)* creación *f; (preparation)* preparación *f,* elaboración *f;* **it is history in the m.,** eso pasará a la historia; **the film was three years in the m.,** se tardó tres años en hacer la película; **the novel was the m. of her,** la novela marcó el inicio de su éxito. **2 to have the makings of ...,** tener las características para llegar a ser ...; **he has the makings of a politician,** tiene madera de político.

malachite ['mæləkaɪt] *n Min* malaquita *f.*

maladjusted [mælə'dʒʌstɪd] *adj Psych* inadaptado,-a.

maladjustment [mælə'dʒʌstmənt] *n Psych* inadaptación *f.*

malady ['mælədɪ] *n* mal *m,* enfermedad *f.*

malaise [mæ'leɪz] *n Med & fig* malestar *m.*

malapropism ['mæləprɒpɪzəm] *n* equivocación *f* de palabras; *(on purpose)* equívoco *m.*

malaria [mə'leərɪə] *n Med* paludismo *m,* malaria *f.*

Malay [mə'leɪ] **I** *adj* malayo,-a. **II** *n* **1** *(person)* malayo,-a *m,f.* **2** *(language)* malayo *m.*

Malaysia [mə'leɪzɪə] *n* Malasia.

Malaysian [mə'leɪzɪən] *adj & n* malasio,-a *(m,f).*

male [meɪl] **I** *adj (animal, plant)* macho; *(person, child)* varón; *(sex)* masculino; *Tech (screw, plug)* macho; *(ward, attire)* de hombres; *(manly)* varonil, viril. ■ *pej* **m. chauvinism,** machismo *m;* **m. nurse,** enfermero *m.* **II** *n (person)* varón *m; (animal, plant)* macho *m.*

malevolence [mə'levələns] *n* malevolencia *f.*

malevolent [mə'levələnt] *adj* malévolo,-a.

malformation [mælfɔ:'meɪʃən] *n* malformación *f,* deformidad *f.*

malformed [mæl'fɔ:md] *adj* malformado,-a, deforme.

malfunction [mæl'fʌŋkʃən] **I** *n* mal funcionamiento *m,* funcionamiento *m* defectuoso. **II** *vi* funcionar mal *or* defectuosamente.

malice ['mælɪs] *n (wickedness)* malicia *f; (evil intent)* maldad *f; (bitterness)* rencor *m;* **to bear sb m.,** guardar rencor a algn; *Jur* **with m. aforethought,** con premeditación.

malicious [mə'lɪʃəs] *adj (wicked)* malévolo,-a; *(bitter)* rencoroso,-a.

malign [mə'laɪn] **I** *adj* maligno,-a, malévolo,-a; *(influence)* perjudicial. **II** *vtr (slander)* calumniar, difamar, hablar mal de.

malignant [mə'lɪgnənt] *adj* **1** *(person)* malvado,-a, malo,-a; *(influence)* maligno,-a; *(action)* perjudicial. **2** *Med (tumour, disease)* maligno,-a.

malinger [mə'lɪŋgə^r] *vi* fingirse enfermo,-a.

malingerer [mə'lɪŋgərə^r] *n* enfermo,-a *m,f* fingido,-a, calandria *mf.*

mall [mɔ:l, mæl] *n US (shopping centre)* centro *m* comercial (peatonal).

mallard ['mælɑ:d] *n (pl mallard or mallards) Orn* ánade *m* real.

malleable ['mælɪəbəl] *adj (metal)* maleable; *fig (person)* dócil.

mallet ['mælɪt] *n* mazo *m.*

mallow ['mæləʊ] *n Bot* malva *f.*

malnourished [mæl'nʌrɪʃt] *adj* desnutrido,-a.

malnutrition [mælnju:'trɪʃən] *n* desnutrición *f.*

malpractice [mæl'præktɪs] *n Jur* procedimiento *m* ilegal; *Med* negligencia *f.*

malt [mɔ:lt] **I** *n (grain)* malta *f.* ■ **m. whisky,** whisky *m* de malta. **II** *vtr (grain)* hacer germinar.

Malta ['mɔ:ltə] *n* Malta.

malted ['mɔ:ltɪd] *adj* malteado,-a.

Maltese [mɔ:l'ti:z] *adj & n* maltés,-esa *(m,f).*

mammal ['mæməl] *n Zool* mamífero *m.*

mammary ['mæmərɪ] *adj Anat* mamario,-a. ■ **m. gland,** mama *f.*

mammography [mæ'mɒgrəfɪ] *n* mamografía *f.*

mammoth ['mæməθ] **I** *n Zool* mamut *m.* **II** *adj (huge)* descomunal, gigantesco,-a; *Com* **'m. reductions',** 'super rebajas'.

mammy ['mæmɪ] *n esp Ir & US fam* mamá *f.*

Man [mæn] *n* **the Isle of M.,** la Isla de Man.

man [mæn] **I** *n (pl* **men)** **1** *(adult male person)* hombre *m;* **old m.,** viejo *m; US* **the men's room,** el servicio de caballeros; **the navy will make a m. of him,** la marina le hará un hombre; **young m.,** joven *m; fig* **a m. about town,** un gran vividor; *fig* **a m. of the world,** un hombre de mundo; *fig* **the m. in the street,** el hombre de la calle; *fig* **to be a family m.,** *(with children etc)* ser padre de familia; *(home-loving)* ser muy casero; *fig* **to be m. enough for ...,** ser lo suficientemente hombre como para ... . ■ **best m.,** padrino *m* de boda; **m. Friday,** factótum *m; fam* **dirty old m.,** viejo *m* verde. **2** *(humanity)* M., el Hombre; *(person)* hombre *m; (human being)* ser *m* humano; **all men are equal,** todos los hombres son iguales. ■ **Stone Age m.,** el hombre de la Edad de Piedra. **3** *(person, type)* hombre *m,* persona *f;* **he's a Bristol m.,** es de Bristol; **he's the best m. for the job,** es el hombre más indicado para el puesto; *fig* **as one m.,** todos a la vez; *fig* **he's a m. of his word,** es hombre de palabra; *fig* **they are patriots to a m.,** todos sin excepción son patriotas; **to be one's own m.,** ser dueño de sí mismo. **4** *(husband)* hombre *m,* marido *m; (boyfriend)* compañero *m; (partner)* pareja *f;* **to live together as m. and wife,** vivir como marido y mujer. **5** *(male worker)* hombre *m,* empleado *m; (in factory)* obrero *m; (servant)* criado *m; (butler)* mayordomo *m; (soldier)* soldado *m;* **our m. in Madrid,** nuestro representante en Madrid; *fig* **right-hand m.,** brazo *m* derecho. **6** *Chess* pieza *f; Draughts* ficha *f.* **II** *vtr (pt & pp* **manned)** *(boat, plane)* tripular; *(post)* servir; *(gun)* manejar; **m. the lifeboats!,** ¡todos a los botes!; **manned flight,** vuelo *m* tripulado; **the telephone is manned 24 hours a day,** el teléfono está en servicio las 24 horas del día. **III** *interj fam* ¡hombre!, ¡tío!, ¡macho!

manacles ['mænəkəlz] *npl* esposas *fpl,* grillos *mpl.*

manage ['mænɪdʒ] **I** *vtr* **1** *(company)* dirigir, llevar, administrar; *(property)* administrar; *(household)* llevar; *(money, affairs)* manejar; *(child, person)* llevar, manejar; *(animal)* domar. **2** *(succeed)* conseguir; **to m. to do sth,** lograr hacer algo; **to m. to get sth,** conseguir algo; **can you m. to do it?,** ¿lo puedes hacer? **II** *vi* **1** *(cope physically)* poder; **can you m.?,** ¿puedes con eso?; **could you m. another piece of cake?,** ¿te apetece otro trozo de pastel?; **I can m., thanks,** ya puedo, gracias. **2** *(cope esp financially)* arreglárselas, apañarse; **to m. on very little money,** arreglárselas *or* apañarse con muy poco dinero; **to m. without sth,** prescindir de algo; **we're managing,** vamos tirando.

manageable ['mænɪdʒəbəl] *adj* manejable.

management ['mænɪdʒmənt] *n* **1** *(of company, project, etc)* dirección *f*, administración *f*, gestión *f*. ■ **m. studies,** administración *f* de empresas. **2** *(people in charge)* dirección *f*, gerencia *f*; *(board of directors)* junta *f* directiva, consejo *m* de administración; **the M. and the workers,** la patronal y los trabajadores; **under new m.,** bajo nueva dirección.

manager ['mænɪdʒə'] *n* **1** *(of company, bank)* director,-a *m,f*, gerente *mf*; *(of estate)* administrador,-a *m,f*; *(head of department)* jefe,-a *m,f*. **2** *(of actor, pop group, etc)* manager *m*. **3** *Sport (of football team)* director *m* técnico, manager *m*; *(trainer)* entrenador *m*.

manageress [mænɪdʒə'res] *n* *(of shop, restaurant)* encargada *f*, jefa *f*; *(head of department)* jefa *f*; *(of company)* directora *f*, gerente *f*.

managerial [mænɪ'dʒɪərɪəl] *adj* directivo,-a, administrador,-a; **m. staff,** personal directivo *or* gerente.

managing ['mænɪdʒɪŋ] *adj* directivo,-a. ■ **m. director,** director,-a *m,f* gerente; **m. editor,** jefe,-a *m,f* de redacción, redactor,-a *m,f* jefe.

Mancunian [mæŋ'kju:nɪən] **I** *adj* de Manchester. **II** *n* habitante *mf* de Manchester.

mandarin ['mændərɪn] *n* **1** *Bot* **m. (orange),** mandarina *f*. **2** *(Chinese language)* **M.,** mandarín *m*. **3** *pej (official)* mandarín *m*.

mandate ['mændeɪt] *n* mandato *m*.

mandatory ['mændətərɪ] *adj fml (compulsory)* obligatorio,-a.

mandible ['mændɪbəl] *n* *Anat* mandíbula *f*.

mandolin(e) ['mændəlɪn] *n* *Mus* mandolina *f*.

mandrake ['mændreɪk] *n* *Bot* mandrágora *f*.

mane [meɪn] *n* *(of horse)* crin *f*; *(of lion)* melena *f*.

maneuver [mə'nu:və'] *n* & *vt* *US see* **manoeuvre.**

maneuverable [mə'nu:vərəbəl] *adj US see* **manoeuvrable.**

manfully ['mænfʊlɪ] *adv* valientemente.

manganese [mæŋgə'ni:z] *n* *Chem* manganeso *m*.

mange [meɪndʒ] *n* *Med* sarna *f*.

manger ['meɪndʒə'] *n* *(trough)* pesebre *m*; *fig* **to be a dog in the m.,** ser el perro del hortelano.

mangetout [mɒnʒ'tu:] *n* *Bot* **m. (pea),** guisante *m* mollar.

mangle[1] ['mæŋgəl] *n* *(for wringing)* escurridor *m*, rodillo *m*.

mangle[2] ['mæŋgəl] *vtr* *(crush)* aplastar; *(destroy by cutting)* destrozar, despedazar; *fig* **a mangled version of events,** una versión mutilada de los hechos.

mango ['mæŋgəʊ] *n* *(pl* **mangoes** *or* **mangos)** *Bot (tree, fruit)* mango *m*.

mangy ['meɪndʒɪ] *adj* *(mangier, mangiest)* *(animal)* sarnoso,-a; *fam (carpet)* raído,-a.

manhandle ['mænhændəl] *vtr* **1** *(person)* maltratar. **2** *(large object)* manipular.

manhole ['mænhəʊl] *n* boca *f* de acceso. ■ **m. cover,** *(in roof, boiler room)* tapa *f* de registro; *(in street)* recubrimiento *m*; *(of sewer)* tapa *f* de alcantarilla.

manhood ['mænhʊd] *n* **1** *(state)* madurez *f*; *(of majority)* mayoría *f* de edad; **to reach m.,** llegar a la edad viril. **2** *(manly qualities)* virilidad *f*, hombría *f*. **3** *(men collectively)* hombres *mpl*.

manhunt ['mænhʌnt] *n* persecución *f*.

mania ['meɪnɪə] *n* *Psych* & *fig* manía *f*.

maniac ['meɪnɪæk] *n* **1** *Psych* maníaco,-a *m,f*; *fam* loco,-a *m,f*. ■ **sex m.,** obseso *m* sexual. **2** *fam (enthusiast, fan)* fanático,-a *m,f*.

maniacal [mə'naɪəkəl] *adj* *Psych* maníaco,-a; *fig* loco,-a.

manic ['mænɪk] *adj* maníaco,-a; **m. depression,** depresión maníaca.

manic-depressive [mænɪkdɪ'presɪv] *n* *Psych* **I** *adj* *(illness)* maníaco,-a depresivo,-a. **II** *n* maníaco,-a *m,f* depresivo,-a.

manicure ['mænɪkjʊə'] **I** *n* manicura *f*; **to give sb a m.,** hacer la manicura a algn. **II** *vtr* **to m. one's nails,** arreglarse las uñas.

manicurist ['mænɪkjʊərɪst] *n* manicuro,-a *m,f*.

manifest ['mænɪfest] *fml* **I** *adj* *(obvious)* manifiesto,-a, evidente. **II** *vtr* *(show)* manifestar.

manifestation [mænɪfe'steɪʃən] *n* *fml* manifestación *f*.

manifesto [mænɪ'festəʊ] *n* *(pl* **manifestos** *or* **manifestoes)** *Pol* manifiesto *m*.

manifold ['mænɪfəʊld] **I** *adj fml (many)* múltiples; *(varied)* diversos,-as, variados,-as. **II** *n* *Aut* colector *m* de escape.

manipulate [mə'nɪpjʊleɪt] *vtr* **1** *(machine, vehicle, etc)* manipular, manejar; *(knob, lever)* accionar; *Med (bones)* dar masajes a. **2** *fig* manipular; *(accounts etc)* falsificar.

manipulation [mənɪpjʊ'leɪʃən] *n* **1** *(of machine, vehicle, etc)* manipulación *f*, manejo *m*; *(of knob, lever)* accionamiento *m*; *Med (of bones)* masaje *m*. **2** *fig* manipulación *f*; *(of accounts etc)* manipulación *f*, falseamiento *m*.

mankind [mæn'kaɪnd] *n* la humanidad, el género humano, los hombres.

manliness ['mænlɪnɪs] *n* virilidad *f*, hombría *f*.

manly ['mænlɪ] *adj* *(manlier, manliest)* varonil, viril, macho.

man-made ['mænmeɪd] *adj* *(disaster)* provocado,-a por el hombre; *(lake)* artificial; *(fibres, fabric)* sintético,-a.

manned [mænd] *adj* *(ship, aircraft, etc)* tripulado,-a.

mannequin ['mænɪkɪn] *n* **1** *(dummy)* maniquí *m*. **2** *(fashion model)* modelo *f*.

manner ['mænə'] *n* **1** *(way, method)* manera *f*, modo *m*; **in this m.,** de esta manera, así; **in a m. of speaking,** por así decirlo, hasta cierto punto. **2** *(way of behaving)* forma *f* de ser, comportamiento *m*; **to have an easy m.,** tener un aire desenvuelto; *(of doctor)* **bedside m.,** trato *m*. **3** *fml (type, class)* clase *f*, suerte *f*, índole *f*; **all m. of gifts,** toda clase de regalos. **4** *(social behaviour)* **manners,** modales *mpl*, educación *f sing*; **(good) m.,** buenos modales *mpl*; **bad m.,** falta *f sing* de educación. **5** **manners,** *(of society)* costumbres *fpl*.

mannered ['mænəd] *adj fml (affected)* amanerado,-a, afectado,-a.

mannerism ['mænərɪzəm] n (gesture) gesto m; (affectation) amaneramiento m.

mannerly ['mænəlɪ] adj cortés, (bien) educado,-a, formal.

mannish ['mænɪʃ] adj (appearance, behaviour, etc) hombruno,-a.

manoeuvrable [mə'nu:vərəbəl] adj manejable.

manoeuvre [mə'nu:vəʳ] I n 1 (gen) maniobra f. 2 fig (scheme) maniobra f, estratagema f. II vtr (gen) maniobrar; (person) manejar, manipular; **to m. sth into position,** poner algo en posición. III vi maniobrar; fig **we need room to m.,** necesitamos un amplio margen de actuación.

manometer [mə'nɒmɪtəʳ] n manómetro m.

manor ['mænəʳ] n (estate) señorío m. ■ **m. house,** casa f solariega.

manpower ['mænpaʊəʳ] n Ind mano f de obra; Mil soldados mpl.

manservant ['mænsɜ:vənt] n (pl **menservants** ['mensɜ:vənts]) criado m, sirviente m.

mansion ['mænʃən] n casa f grande; (in country) casa f solariega.

manslaughter ['mænslɔ:təʳ] n Jur homicidio m involuntario.

mantelpiece ['mæntəlpi:s] n (shelf) repisa f de chimenea; (fireplace) chimenea f.

mantle ['mæntəl] n 1 (cloak) capa f. 2 fig manto m; (layer) capa f; **beneath a m. of snow,** bajo una capa de nieve.

man-to-man [mæntə'mæn] adj de hombre a hombre.

manual ['mænjʊəl] I adj (work etc) manual. II n (handbook) manual m. ◆**manually** adv a mano, manualmente.

manufacture [mænjʊ'fæktʃəʳ] I vtr (gen) fabricar; (clothing) confeccionar; (foodstuffs) elaborar; fig (excuse) inventar. II n (gen) fabricación f; (of clothing) confección f; (of foodstuffs) elaboración f.

manufacturer [mænjʊ'fæktʃərəʳ] n (maker) fabricante mf.

manure [mə'njʊəʳ] I n abono m, estiércol m; **m. heap,** estercolero m. II vtr abonar, estercolar.

manuscript ['mænjʊskrɪpt] n manuscrito m; (original text) texto m original.

many ['menɪ] I adj (more, most) mucho,-a, muchos,-as; **a good** or **great m. citizens,** muchísimos,-as ciudadanos, un gran número de ciudadanos; **as m. ... as ...,** tantos,-as ... como ...; **as m. books as records,** tantos libros como discos; **how m. days?,** ¿cuántos días?; **m. people,** muchas personas, mucha gente, muchos; **m. things,** muchas cosas; **m. times, m. a time,** muchas veces; **not m. books,** pocos or no muchos libros; **one too m.,** uno de más, uno de sobra; **so m. flowers!,** ¡cuántas flores!; **too m.,** demasiados,-as; fam **he has had one too m.,** ha tomado una copa de más. II pron muchos,-as; **m. came,** vinieron muchos. III n muchos,-as mpl, fpl; **the m.,** la mayoría.

many-sided ['menɪsaɪdɪd] adj 1 (figure) multilateral, de muchos lados. 2 fig (personality, talent) polifacético,-a; (question) complejo,-a.

map [mæp] I n (of country, region) mapa m; (of town, bus, tube) plano m; **m. of the world,** mapamundi m; fig **this will put our village on the m.,** esto dará a conocer nuestro pueblo; fam **his house is right off the m.,** su casa está en el quinto pino. ■ **weather m.,** carta f meteorológica. II vtr (pt & pp **mapped**) (area) trazar un mapa de. ◆**map out** vtr (route) trazar en un mapa; fig (future etc) proyectar, planear, organizar.

mapmaker ['mæpmeɪkəʳ] n cartógrafo,-a m,f.

mapmaking ['mæpmeɪkɪŋ] n cartografía f.

maple ['meɪpəl] n (tree, wood) arce m. ■ **m. syrup,** jarabe m de arce.

mar [mɑ:ʳ] vtr (pt & pp **marred**) (spoil) estropear, echar a perder; **to m. sb's enjoyment,** aguarle la fiesta a algn.

marathon ['mærəθən] I n maratón m. II adj fig (speech etc) maratoniano,-a, larguísimo,-a.

marauder [mə'rɔ:dəʳ] n merodeador,-a m,f.

marauding [mə'rɔ:dɪŋ] adj merodeador,-a.

marble ['mɑ:bəl] I n 1 (stone, statue) mármol m. 2 (glass ball) canica f; **to play marbles,** jugar a canicas; fig fam **to have lost one's marbles,** estar chiflado,-a. II adj (floor, statue, etc) de mármol; (industry) del mármol. ■ **m. cutter,** marmolista mf; **m. quarry,** cantera f de mármol.

March [mɑ:tʃ] n marzo m; see also May.

march [mɑ:tʃ] I n 1 Mil marcha f; (walk) caminata f; **it's three days' m. from here,** está a tres días de marcha; **to be on the m.,** estar en marcha; fig **to steal a m. on sb,** tomar la delantera a algn. 2 (demonstration) manifestación f; **a peace m.,** una manifestación a favor de la paz. 3 (of time, events) marcha f, paso m. 4 Mus marcha f. ■ **wedding m.,** marcha f nupcial. II vi 1 Mil marchar, hacer una marcha; (walk) marchar, caminar; **forward** or **quick m.!,** ¡frente!, ¡ar!; **to m. in,** entrar decidido,-a; **to m. out,** salir enfadado,-a; **to m. straight up to sb,** abordar a algn; Mil **to m. past,** desfilar. 2 (demonstrate) manifestarse, hacer una manifestación. III vtr Mil hacer marchar; **they marched him off to prison,** se lo llevaron a la cárcel; **to m. sb off,** llevarse a algn.

marcher ['mɑ:tʃəʳ] n (in demonstration) manifestante mf.

marching orders ['mɑ:tʃɪŋɔ:dəz] npl fam **to give sb his** or **her m. o.,** despedir a algn.

marchioness ['mɑ:ʃənɪs] n marquesa f.

march past ['mɑ:tʃpɑ:st] n Mil desfile m.

mare [meəʳ] n Zool yegua f.

margarine [mɑ:dʒə'ri:n] n, **marge** [mɑ:dʒ] n fam margarina f.

margin ['mɑ:dʒɪn] n 1 (on page) margen m; **in the m.,** al margen. 2 fig margen m, límite m; **to win by a narrow m.,** ganar por poco. ■ **m. of error,** margen m de error; Com **profit m.,** margen m de beneficio.

marginal ['mɑ:dʒɪnəl] adj (gen) marginal; (improvement) escaso,-a, pequeño,-a; **m. note,** nota f al margen. ■ Pol **m. seat,** escaño m pendiente (para decidir la mayoría absoluta). ◆**marginally** adv ligeramente.

marigold ['mærɪgəʊld] n Bot maravilla f, caléndula f.

marijuana n, **marihuana** [mærɪ'hwɑ:nə] n marihuana f, marijuana f.

marina [mə'ri:nə] n puerto m deportivo.

marinade [mærɪ'neɪd] Culin I n adobo m. II vtr ['mærɪneɪd] see **marinate.**

marinate ['mærɪneɪt] vtr Culin adobar.

marine [mə'ri:n] I adj (life, flora, etc) marino,-a, marítimo,-a. ■ **m. engineer,** ingeniero,-a m,f naval; **m. insurance,** seguro m marítimo. II n (person) soldado m de infantería de marina; GB **the Marines,** US **the M. Corps,** la infantería de marina.

mariner ['mærɪnə'] *n* marinero *m*.

marionette [mærɪə'net] *n* marioneta *f*, títere *m*.

marital ['mærɪtəl] *adj (relations, problems)* matrimonial, marital; *(bliss)* conyugal. ■ **m. status,** estado *m* civil.

maritime ['mærɪtaɪm] *adj* marítimo,-a.

marjoram ['mɑːdʒərəm] *n Bot* mejorana *f*.

mark[1] [mɑːk] **I** *n* **1** *(trace)* huella *f*; *(left by blow etc)* señal *f*; *(stain)* mancha *f*; **distinguishing marks,** señas *fpl* de identidad; *fig* **to leave one's m.,** dejar su impronta; *fig* **to make one's m.,** distinguirse. **2** *(symbol)* signo *m*, señal *f*; *(instead of signature)* cruz *f*. ■ **punctuation m.,** signo *m* de puntuación. **3** *(sign, token)* señal *f*, marca *f*; *(indication)* indicio *m*; *(proof)* prueba *f*; **as a m. of respect,** en señal de respeto. **4** *Sch (in exam etc)* nota *f*, calificación *f*; *Sport (of score)* tanto *m*; **to get high marks in English,** sacar una buena nota en inglés. **5** *(target)* blanco *m*; *(aim)* objetivo *m*; **to hit the m.,** dar en el blanco; *fig* dar en el clavo, acertar; *fig* **to be up to the m.,** estar a la altura (de las circunstancias); *fig* **to be wide of the m.,** estar lejos de la verdad. **6** *Sport* línea *f* de salida; **on your marks!, get set!, go!,** ¡preparados!, ¡listos!, ¡ya! **7** *Com (brand, trade name)* marca *f*; *(label)* etiqueta *f*. **8** *Tech (model)* serie *f*; **a M. 3 engine,** un motor de tercera serie. **II** *vtr* **1** *(make mark on)* marcar; *(stain)* manchar. **2** *(indicate)* señalar, indicar; *(show)* mostrar, revelar; **it marks a change of direction,** indica un cambio de dirección. **3** *(exam, exercise) (correct)* corregir; *(give mark to)* puntuar, calificar; *(student)* dar notas a. **4** *Com (add price)* indicar el precio de, poner precio a; *(label)* poner etiqueta a; **'10% off marked price',** 'descuento del 10% sobre el precio indicado'. **5** *(pay attention to)* fijarse en, prestar atención a; **m. my words,** fíjate en lo que te digo. **6** *Sport (opponent)* marcar. **7** *Mil* **to m. time,** marcar el paso; *fig (kill time)* hacer tiempo; *(await one's chance)* esperar el momento oportuno. ◆**mark down** *vtr* **1** *(note down)* apuntar. **2** *Com (price)* rebajar; *(goods)* rebajar el precio de. ◆**mark off** *vtr* **1** *(separate)* separar, dividir, distinguir; *(area)* delimitar. **2** *(tick off)* poner una señal a; *(cross out)* tachar. ◆**mark out** *vtr* **1** *(area)* delimitar; *(boundary)* trazar; *(field)* jalonar. **2** *(single out)* distinguir; **to m. sb out for,** destinar a algn a. ◆**mark up** *vtr (price)* aumentar.

mark[2] [mɑːk] *n (unit of currency)* marco *m*.

markdown ['mɑːkdaʊn] *n (of price)* rebaja *f*.

marked [mɑːkt] *adj* **1** *(noticeable)* marcado,-a, acusado,-a; *(improvement, increase)* sensible, apreciable. **2 he is a m. man,** lo tienen fichado. ◆**markedly** ['mɑːkɪdlɪ] *adv (different)* marcadamente, acusadamente; *(better)* sensiblemente.

marker ['mɑːkə'] *n* **1** *(stake, pole)* jalón *m*. **2** *(bookmark)* registro *m*. **3** *Sport (person)* marcador,-a *m,f*. **4** *Educ (person)* examinador,-a *m,f*. **5** *(pen)* marcador *m*, rotulador *m*.

market ['mɑːkɪt] **I** *n* **1** *(place)* mercado *m*; **Monday is m. day,** el lunes hay mercado; **to go to m.,** ir al mercado *or fam* a la plaza. ■ **flea m.,** rastrillo *m*, mercadillo *m*; **m. garden,** *(small)* huerto *m*; *(large)* huerta *f*; **m. town,** población *f* con mercado. **2** *(trade)* mercado *m*; *(demand)* salida *f*, mercado *m*, demanda *f*; **to be on the m.,** estar a la *or* en venta; *(product)* **to come on to the m.,** salir al mercado, ponerse en venta. ■ **black m.,** mercado *m* negro; **domestic m., home m.,** mercado *m* interior *or* nacional; **m. forces,** tendencias *fpl* del mercado; **m. price,** precio *m* de mercado; **m. research,** estudio *m*

de mercado; **open m.,** mercado *m* libre; **overseas m.,** mercado *m* exterior; **the Common M.,** el Mercado Común. **3** *Fin* **stock m.,** bolsa *f or* mercado *m* (de valores); **to play the stock m.,** jugar a la bolsa. **II** *vtr (sell)* poner en venta, vender; *(launch)* lanzar al mercado; *(find outlet for)* dar salida a; *(promote)* promocionar.

marketable ['mɑːkɪtəbəl] *adj* vendible, comerciable.

marketing ['mɑːkɪtɪŋ] *n* marketing *m*, mercadotecnia *f*. ■ **m. director,** director,-a *m,f* de marketing; **m. strategy,** estrategia *f* comercial.

marketplace ['mɑːkɪtpleɪs] *n (gen)* mercado *m*; *(square)* plaza *f*.

marksman ['mɑːksmən] *n (pl* **marksmen)** tirador *m*.

marksmanship ['mɑːksmənʃɪp] *n* puntería *f*.

mark-up ['mɑːkʌp] *n Com (increase)* subida *f*, aumento *m*; *(profit margin)* margen *m* de beneficio *or* comercial.

marmalade ['mɑːməleɪd] *n* mermelada *f* (de cítricos).

maroon [mə'ruːn] **I** *n (color)* granate *m*. **II** *adj* (de color) granate.

marooned [mə'ruːnd] *adj* abandonado,-a, bloqueado,-a; **m. by the snow,** bloqueado,-a por la nieve.

marquee [mɑː'kiː] *n (awning)* carpa *f*, entoldado *m*, toldo *m*.

marquetry ['mɑːkɪtrɪ] *n* marquetería *f*, taracea *f*.

marquess *n*, **marquis** ['mɑːkwɪs] *n* marqués *m*.

marriage ['mærɪdʒ] *n (state, institution)* matrimonio *m*; *(wedding)* boda *f*, casamiento *m*, enlace *m* matrimonial; **an uncle by m.,** un tío político. ■ **m. bureau,** agencia *f* matrimonial; **m. certificate,** certificado *m* de matrimonio; **m. of convenience,** matrimonio *m* de conveniencia.

marriageable ['mærɪdʒəbəl] *adj* casadero,-a, en edad de casarse.

married ['mærɪd] *adj (person, status)* casado,-a; **to be m.,** estar casado,-a **(to,** con); **to get m.,** casarse **(to,** con). ■ **m. life,** vida *f* matrimonial *or* conyugal; *(of woman)* **m. name,** apellido *m* de casada.

marrow ['mærəʊ] *n* **1** *Anat* **(bone) m.,** médula *f*, tuétano *m*; *fig* meollo *m*; *fig* **to be frozen to the m.,** estar helado,-a hasta los tuétanos. **2** *Bot* **(vegetable) m.,** calabacín *m*.

marrowbone ['mærəʊbəʊn] *n Culin* caña *f* de vaca.

marry ['mærɪ] *vtr (pt & pp* **married)** *(take in marriage)* casarse con; *(give in marriage)* casar (a, con); *(unite in marriage)* casar; *fig* **to m. (up),** unir. ◆**marry into** *vi* emparentarse vía matrimonio; **to m. into a wealthy family,** emparentarse con una familia adinerada. ◆**marry off** *vtr* casar a; **to m. off one's daughters,** casar a sus hijas.

Mars [mɑːz] *n Astrol Astron Myth* Marte *m*.

marsh [mɑːʃ] *n (bog)* pantano *m*. ■ **salt m.,** marisma *f*.

marshal ['mɑːʃəl] **I** *n* **1** *Mil* mariscal *m*. **2** *GB (at sports event, demonstration)* oficial *mf*. **3** *US (sheriff)* sherif *m*, alguacil *m*. **4** *US (of police department)* jefe *m* de policía; *(of fire department)* jefe *m* de bomberos. **II** *vtr (pt & pp* **marshalled,** *US* **marshaled)** **1** *Mil* formar. **2** *(facts, arguments, etc)* ordenar, poner en orden.

marshland ['mɑːʃlənd] *n* tierra *f* pantanosa, pantanal *m*.

marshmallow [mɑːʃˈmæləʊ] *n* 1 *Bot* malvavisco *m*. 2 *(sweet)* esponja *f*, bombón *m* de merengue blando.

marshy [ˈmɑːʃɪ] *adj (marshier, marshiest)* pantanoso,-a.

marsupial [mɑːˈsuːpɪəl] *adj & n Zool* marsupial *(m)*.

martial [ˈmɑːʃəl] *adj* marcial. ■ **m. arts,** artes *fpl* marciales; **m. law,** ley *f* marcial.

Martian [ˈmɑːʃən] *adj & n* marciano,-a *(m,f)*.

martin [ˈmɑːtɪn] *n Orn* avión *m*.

Martini® [mɑːˈtiːnɪ] *n* vermut *m*, Martini® *m*.

Martinique [mɑːtɪˈniːk] *n* La Martinica.

martyr [ˈmɑːtəʳ] I *n* mártir *mf*; *fig* **to make a m. of oneself,** dárselas de mártir. II *vtr* martirizar.

martyrdom [ˈmɑːtədəm] *n* martirio *m*.

marvel [ˈmɑːvəl] I *n* maravilla *f*; *fig* **it's a m. he survived,** es un milagro que sobreviviera. II *vi* **to m. at,** maravillarse, asombrarse. III *vtr (pt & pp marvelled, US marveled)* **to m. that …,** maravillarse que … + *subj*; **I m. at the fact that he can work so much,** me sorprende *or* maravilla que pueda trabajar tanto.

marvellous, *US* **marvelous** [ˈmɑːvələs] *adj* maravilloso,-a, estupendo,-a; **how m.!,** ¡qué bien!, ¡fantástico!

Marxism [ˈmɑːksɪzəm] *n Pol* marxismo *m*.

Marxist [ˈmɑːksɪst] *adj & n Pol* marxista *(mf)*.

marzipan [ˈmɑːzɪpæn] *n Culin* mazapán *m*, pasta *f* de almendras.

mascara [mæˈskɑːrə] *n* rímel *m*.

mascot [ˈmæskət] *n* mascota *f*.

masculine [ˈmæskjʊlɪn] I *adj* masculino,-a; *(woman)* hombruna. II *n Ling* masculino *m*.

masculinity [mæskjʊˈlɪnɪtɪ] *n* masculinidad *f*.

mash [mæʃ] I *n* 1 *fam Culin* puré *m* de patatas. 2 *(for poultry, cattle, etc)* afrecho *m* II *vtr* **to m. (up),** *(crush)* triturar, machacar; *Culin* hacer un puré de; **mashed potatoes,** puré de patatas.

mask [mɑːsk] I *n (gen)* máscara *f*; *(disguise)* disfraz *m*; *Med* mascarilla *f*; *(face pack)* mascarilla *f*. ■ **gas m.,** máscara antigás; **oxygen m.,** máscara *f* de oxígeno. II *vtr* enmascarar; *fig (conceal)* encubrir, ocultar *(from,* de).

masked [mɑːskt] *adj* enmascarado,-a. ■ **m. ball,** baile *m* de disfraces *or* de máscaras.

masking tape [ˈmɑːskɪŋteɪp] *n* cinta *f* adhesiva.

masochism [ˈmæsəkɪzəm] *n* masoquismo *m*.

masochist [ˈmæsəkɪst] *adj & n* masoquista *(mf)*.

masochistic [mæsəˈkɪstɪk] *adj* masoquista.

mason [ˈmeɪsən] *n* 1 *(builder)* albañil *m*. 2 *(freemason)* masón *m*, francmasón *m*.

masonic [məˈsɒnɪk] *adj* masónico,-a.

masonry [ˈmeɪsənrɪ] *n (stonework)* albañilería *f*, construcción *f*.

masquerade [mæskəˈreɪd] I *n (pretence)* farsa *f*, mascarada *f*, falacia *f*. II *vi* disfrazarse; **to m. as a policeman,** disfrazarse de *or* hacerse pasar por policía.

mass¹ [mæs] *n Rel* misa *f*; **to hear m.,** oír misa; **to say m.,** decir misa. ■ **Low M.,** misa *f* rezada; **Midnight M.,** misa *f* del gallo; **Requiem M.,** misa *f* de réquiem *or* difuntos.

mass² [mæs] I *n* 1 *(gen)* masa *f*; **atomic m.,** masa atómica. 2 *(large quantity)* montón *m*; *(of people)* multitud *f*, **masses of clothes,** montones de ropa; **the m. of people,** la mayoría de gente. 3 **the masses,** la masa, la gente en general. II *adj* masivo,-a, multitudinario,-a; **a m. protest,** una protesta multitudinaria. ■ **m. grave,** fosa *f* común; **m. hysteria,** histeria *f* colectiva; **m. media,** medios *mpl* de comunicación (de masas); **m. production,** fabricación *f* en serie. III *vi (crowd)* congregarse, reunirse en gran número; *Mil (troops)* concentrarse; *(clouds)* amontonarse.

massacre [ˈmæsəkəʳ] I *n* masacre *f*, matanza *f*, carnicería *f*. II *vtr* asesinar en masa, masacrar.

massage [ˈmæsɑːʒ, mæˈsɑːdʒ] I *n* masaje *m*. II *vtr* 1 dar masajes a. 2 *fig (figures, fact)* manipular, falsificar.

masseur [mæˈsɜːʳ] *n* masajista *m*.

masseuse [mæˈsɜːz] *n* masajista *f*.

massive [ˈmæsɪv] *adj* 1 *(solid, weighty)* macizo,-a, sólido,-a. 2 *(huge)* enorme, descomunal; **a m. majority,** una mayoría aplastante. 3 *(imposing)* imponente.

mass-produce [mæsprəˈdjuːs] *vtr* fabricar en serie.

mast [mɑːst] *n* 1 *Naut* mástil *m*, palo *m*. 2 *Rad TV* torre *f*, poste *m*.

mastectomy [mæˈstektəmɪ] *n Med* mastectomía *f*.

master [ˈmɑːstəʳ] I *n* 1 *(of dog, servant)* amo *m*; *(of household)* señor *m*; *(owner)* dueño *m*; **the m. of the house,** el señor de la casa; *fig* **to be m. of the situation,** dominar la situación; *fig* **to be one's own m.,** ser dueño de sí mismo. ■ **m. of ceremonies,** maestro *m* de ceremonias. 2 *Naut (of ship)* capitán *m*; *(of fishing boat)* patrón *m*. 3 *GB (teacher)* maestro *m*, profesor *m*; **music m.,** profesor de música. 4 *Univ* **m.'s degree,** licenciatura *f* con tesina. 5 *(expert)* maestro *m*. 6 *arch (boy)* **the young m.,** el señorito; *(as title)* **M. James Brown,** el señor James Brown. II *adj* 1 *(original)* original. ■ **m. copy,** original *m*; **m. key,** llave *f* maestra; **m. switch,** interruptor *m* central. 2 *(expert)* experto,-a, maestro,-a. ■ **m. baker,** maestro *m* panadero; **m. builder,** maestro *m* de obras, contratista *mf*. III *vtr* 1 *(control) (person, situation, etc)* dominar; *(overcome)* superar, vencer. 2 *(learn) (subject, skill)* llegar a dominar; *(craft)* llegar a ser experto en; **she will never m. the cello,** no llegará nunca a dominar el violoncelo.

masterful [ˈmɑːstəfʊl] *adj* 1 autoritario,-a; *(imperious)* imperioso,-a; *(personality)* dominante. 2 *(showing great skill)* magistral.

masterly [ˈmɑːstəlɪ] *adj* magistral, genial; **in a m. way,** con gran maestría, magistralmente.

mastermind [ˈmɑːstəmaɪnd] I *n (person)* cerebro *m*, genio *m*. II *vtr (crime, operation)* dirigir, ser el cerebro de.

masterpiece [ˈmɑːstəpiːs] *n* obra *f* maestra.

masterstroke [ˈmɑːstəstrəʊk] *n* golpe *m* maestro.

mastery [ˈmɑːstərɪ] *n* 1 *(control)* dominio *m* **(of,** de); *(supremacy)* supremacía *f*, superioridad *f*; **to gain the m. of** *or* **over,** llegar a dominar. 2 *(skill, expertise)* maestría *f*.

masticate [ˈmæstɪkeɪt] *vtr & vi* masticar.

mastiff [ˈmæstɪf] *n (dog)* mastín *m*.

mastitis [mæˈstaɪtɪs] *n Med* mastitis *f inv*.

masturbate [ˈmæstəbeɪt] I *vtr* masturbar. II *vi* masturbarse.

masturbation [mæstəˈbeɪʃən] *n* masturbación *f*.

mat¹ [mæt] *n* 1 *(rug)* alfombrilla *f*; *(doormat)* felpudo *m*; *(rush mat)* estera *f*; *(table mat)* salvamanteles *m inv*; *(drink mat)* posavasos *m inv*; *(under* *vase etc)* tapete *m; Sport* colchoneta *f.* **2 a m. of hair,** una mata de pelos.

mat² [mæt] *adj* mate.

match¹ [mætʃ] *n* cerilla *f*, fósforo *m;* **box of matches,** caja *f* de cerillas; **to strike a m.,** encender una cerilla.

match² [mætʃ] **I** *n* **1** *Sport* partido *m*, encuentro *m; Box* combate *m; Ten* match *m.* **2** *(equal)* igual *mf;* **he's no m. for his brother,** no puede competir con su hermano; **she's more than a m. for you,** te da cien vueltas; *fig* **to meet one's m.,** encontrar uno la horma de su zapato. **3** *(colours, clothes, etc)* **to be a good m.,** hacer juego, armonizar; **the gloves are a good m.** for the hat, los guantes hacen juego con el sombrero. **4** *(marriage)* matrimonio *m*, casamiento *m;* **they are a good m.,** hacen buena pareja. **II** *vtr* **1** *(equal, be the equal of)* igualar; **there is nobody to m. him,** no tiene par. **2** *(be in harmony with) (gen)* armonizar; **they are well matched,** *(teams)* van iguales *or* igualados; *(couple)* hacen buena pareja. **3** *(colours, clothes, etc)* hacer juego con, combinar con, casar con; *(pair of socks, gloves)* emparejar con, casar con; **the blouse does not m. the skirt,** la blusa y la falda no hacen juego. **4** *(compare)* equiparar; **to m. X with Y,** equiparar X con Y. **5** *(confront)* enfrentar; **to m. one team against another,** enfrentar un equipo contra otro. **III** *vi* **1** *(harmonize)* hacer juego, estar a tono; **with handbag to m.,** con (un) bolso a juego. **2 to m. up to,** *(equal)* corresponder a; *(live up to)* estar a la altura de.

matchbox ['mætʃbɒks] *n* caja *f* de cerillas.

matching ['mætʃɪŋ] *adj (jacket etc)* que hace juego.

matchless ['mætʃlɪs] *adj* sin par, sin igual.

matchmaker ['mætʃmeɪkəʳ] *n* casamentero,-a *m,f*.

mate¹ [meɪt] **I** *n* **1** *(school companion, fellow worker)* compañero,-a *m,f*, camarada *mf*, colega *mf; fam (friend)* amigo,-a *m,f*, compinche *mf; fam* **many thanks, m.!,** ¡muchas gracias, macho! **2** *Zool (male)* macho *m; (female)* hembra *f.* **3** *(assistant)* ayudante *mf;* aprendiz,-a *m,f;* **plumber's m.,** ayudante *or* aprendiz de fontanero. **4** *Naut* piloto *m;* **first/second m.,** primer/segundo oficial *m.* **II** *vtr Zool* acoplar, aparear. **III** *vi Zool* acoplarse, aparearse.

mate² [meɪt] *Chess* **I** *n* mate *m.* **II** *vtr* dar jaque mate a.

material [mə'tɪərɪəl] **I** *n* **1** *(substance)* materia *f; fig* **he's artist m.,** tiene madera de artista. **2** *(cloth)* tejido *m*, tela *f.* **3** *(ideas, information)* material *m*, datos *mpl*, documentación *f;* **teaching m.,** material (para usar en clase). **4 materials,** *(ingredients, equipment)* material *msing*, materiales *mpl;* **building m.,** materiales para la construcción. **II** *adj* **1** importante, substancial; *Jur* **m. evidence,** prueba substancial *or* pertinente. **2** *(not spiritual)* material; **m. world,** mundo material. ◆**materially** *adv* **1** *(physically)* materialmente. **2** *(essentially)* esencialmente, en esencia. **3** *(noticeably)* sensiblemente; *(significantly)* considerablemente.

materialism [mə'tɪərɪəlɪzəm] *n* materialismo *m*.

materialist [mə'tɪərɪəlɪst] *adj & n* materialista *(mf)*.

materialistic [mətɪərɪə'lɪstɪk] *adj* materialista.

materialize [mə'tɪərɪəlaɪz] *vi* **1** *(hopes)* realizarse, hacerse realidad; *(plan, idea)* concretarse, tomar forma. **2** *(appear, show up)* aparecer, presentarse.

maternal [mə'tɜːnəl] *adj (motherly)* maternal; *(uncle etc)* materno,-a.

maternity [mə'tɜːnɪtɪ] *n* maternidad *f.* ■ **m. benefit,** subsidio *m* por maternidad; **m. dress,** vestido *m* premamá; **m. hospital,** maternidad *f;* **m. leave,** baja *f* por maternidad.

mat(e)y ['meɪtɪ] *adj (matier, matiest) fam (person)* simpático,-a, bonachón,-ona.

math [mæθ] *n US see* maths.

mathematical [mæθə'mætɪkəl] *adj* matemático,-a; **to have a m. brain,** estar dotado,-a para las matemáticas.

mathematician [mæθəmə'tɪʃən] *n* matemático,-a *m,f*.

mathematics [mæθə'mætɪks] *n* matemáticas *fpl*.

maths [mæθs] *n fam* mates *fpl*, matemáticas *fpl*.

matinée ['mætɪneɪ] *n Cin* sesión *f* de tarde; *Theat* función *f* de tarde.

mating ['meɪtɪŋ] *n Zool* acoplamiento *m*, apareamiento *m.* ■ **m. call,** reclamo *m;* **m. season,** época *f* de celo.

matins ['mætɪnz] *npl Rel* maitines *mpl*.

matriarch ['meɪtrɪɑːk] *n* matriarca *f*.

matriarchal ['meɪtrɪɑːkəl] *adj* matriarcal.

matriarchy ['meɪtrɪɑːkɪ] *n* matriarcado *m*.

matricide ['mætrɪsaɪd] *n (act)* matricidio *m*.

matriculate [mə'trɪkjʊleɪt] *Univ* **I** *vtr* matricular. **II** *vi* matricularse.

matriculation [mətrɪkjʊ'leɪʃən] *n Univ* matrícula *f*, matriculación *f; (entrance exam)* examen *m* de selectividad.

matrimonial [mætrɪ'məʊnɪəl] *adj* matrimonial.

matrimony ['mætrɪmənɪ] *n* matrimonio *m; (married life)* vida *f* conyugal.

matrix ['meɪtrɪks] *n (pl* **matrixes** *or* **matrices** ['meɪtrɪsiːz]*)* matriz *f*.

matron ['meɪtrən] *n* **1** *(in hospital)* enfermera *f* jefe *or* jefa. **2** *(in school)* ama *f* de llaves. **3** *(older married woman)* matrona *f*.

matronly ['meɪtrənlɪ] *adj* madura y recia.

matt [mæt] *adj (colour, surface)* mate.

matted ['mætɪd] *adj* enmarañado,-a.

matter ['mætəʳ] *n* **1** *(substance)* materia *f*, sustancia *f.* ■ **grey m.,** materia *f* gris; **printed m.,** impresos *mpl;* **reading m.,** lecturas *fpl*, material *m* de lectura. **2** *Med (pus)* pus *m.* **3** *(content)* contenido *m;* **subject m.,** tema *m.* **4** *(affair, question)* asunto *m*, cuestión *f;* **as a m. of course,** por rutina; **as a m. of fact,** en realidad; **as matters stand,** tal y como están las cosas; **business matters,** negocios *mpl;* **it's a m. of five minutes,** es cuestión *or* cosa de cinco minutos; **it's no laughing m.,** no es cosa de risa; **that's another m.,** eso es otra cosa; **to make matters worse,** para colmo de desgracias. **5** *(problem, difficulty)* problema *m;* **there's something the m.,** pasa algo; **there's something the m. with my foot,** me pasa algo en el pie; **there's nothing the m. with him,** no le pasa nada; **what's the m.?,** ¿qué pasa?, ¿qué ocurre?; **what's the m. with her?,** ¿qué le pasa? **6** *(importance)* **no m.!,** ¡no importa!; **no m. what he does,** haga lo que haga; **no m. when,** no importa cuando; **no m. where you go,** dondequiera que vayas; **no m. how clever he is,** por muy inteligente que sea; **no m. how much you work,** por mucho que trabajes; **no m. how,** como sea. **II** *vi (be important)* importar; **it doesn't m.,** no importa, da igual; **what does it m.?,** ¿y qué?

matter-of-fact ['mætərəvfækt] *adj (person)* práctico,-a, realista; *(account)* realista; *(style)* prosaico,-a; *(voice)* impersonal.

matting ['mætɪŋ] *n* estera *f*.

mattress ['mætrɪs] *n* colchón *f*.

mature [mə'tʃʊəʳ] I *adj* maduro,-a; *Fin* vencido,-a. II *vi* madurar; *Fin* vencer. III *vtr* madurar.

maturity [mə'tʃʊərɪtɪ] *n* madurez *f*.

maudlin ['mɔ:dlɪn] *adj (sentimental)* sensiblero,-a; *(tearful)* llorón,-ona.

maul [mɔ:l] *vtr* 1 *(wound)* herir, agredir; **he was mauled by a lion,** fue agredido por un león. 2 *(handle roughly)* maltratar. 3 *fig (criticize)* vapulear.

maundy ['mɔ:ndɪ] *n Rel* lavatorio *m*. ∎ **M. Thursday,** Jueves *m* Santo.

Mauritius [mə'rɪʃəs] *n* Mauricio.

mausoleum [mɔ:sə'lɪəm] *n* mausoleo *m*.

mauve [məʊv] *adj & n (colour)* malva *(m)*.

maverick ['mævərɪk] *adj & n* inconformista *(mf)*; *Pol* disidente *(mf)*. .

mavis ['meɪvɪs] *n Orn* zorzal *m* charlo.

mawkish ['mɔ:kɪʃ] *adj* sensiblero,-a, empalagoso,-a.

max [mæks] *abbr of* **maximum,** máximo *m*, max.

maxim ['mæksɪm] *n* máxima *f*.

maximize ['mæksɪmaɪz] *vtr* llevar al máximo, maximizar.

maximum ['mæksɪməm] I *n (pl maximums or maxima* ['mæksɪmə]*)* máximo *m*, máximum *m*; **as a m.,** como máximo; **to the m.,** al máximo. II *adj* máximo,-a; **m. speed,** velocidad *f* máxima.

May [meɪ] *n* mayo *m*; **at the beginning/end of M.,** a principios/finales de mayo; **during M.,** durante el mes de mayo; **each** *or* **every M.,** todos los años en mayo; **in M.,** en mayo; **in the middle of M.,** a mediados de mayo; **last/next M.,** en mayo del año pasado/del año que viene; **(on) the first/sixteenth of M.,** el primero/dieciséis de mayo; **she was born on 16th M. 1964,** nació el 16 de mayo de 1964. ∎ **M. Day,** el Primero *or* el Uno de Mayo.

may[1] [meɪ] *v aux (pt might)* 1 *(possibility, probability)* poder, ser posible; **be that as it m.,** sea como sea; **come what m.,** pase lo que pase; **he m.** *or* **might come,** puede que venga, es posible que venga, a lo mejor viene; **he m.** *or* **might have forgotten,** puede que se haya olvidado; **I m.** *or* **might be wrong,** quizás esté equivocado,-a; **I'm afraid you m.** *or* **might be late,** me temo que llegarás tarde; **you m.** *or* **might as well stay,** más vale que te quedes; **you might have said something (to me)!,** ¡habérmelo dicho!; **work as she might,** por mucho que trabajara. 2 *(permission)* poder; **if I m.,** si me lo permite; **m. I?,** ¿me permite?; **m. I come in?,** ¿se puede entrar *or* pasar?; **m. we go now?,** ¿podemos irnos ya?; **you m. smoke,** pueden fumar. 3 *(wish)* ojalá (+ *subj*); **m. you always be happy!,** ¡ojalá seas siempre feliz!, ¡que siempre seas feliz!; **we hoped it might last,** esperábamos que durase.

may[2] [meɪ] *n Bot* 1 *(blossom)* flor *f* de espino. 2 *(tree)* espino *m*.

maybe ['meɪbi:] *adv* quizá, quizás, tal vez; **m. she'll phone today,** quizá *or* quizás *or* tal vez llame hoy, a lo mejor llama hoy.

Mayday ['meɪdeɪ] *n Av Naut* señal *f* de socorro, SOS *m*.

mayfly ['meɪflaɪ] *n Ent* cachipolla *f*, efímera *f*.

mayhem ['meɪhem] *n (disturbance)* alboroto *m*, bullicio *m*; *(havoc)* estragos *mpl*.

mayonnaise [meɪə'neɪz] *n Culin* mayonesa *f*, mahonesa *f*.

mayor [meəʳ] *n (man)* alcalde *m*; *(woman)* alcaldesa *f*.

mayoress ['meərɪs] *n* alcaldesa *f*.

maypole ['meɪpəʊl] *n* mayo *m*.

maze [meɪz] *n* laberinto *m*.

MB [em'bi:] *abbr of* **Bachelor of Medicine,** licenciado,-a *m,f* en Medicina, Lic. en Med.

MC [em'sɪ] *abbr of* **Master of Ceremonies,** maestro *m* de ceremonias.

MCC [emsi:'si:] *GB Sport abbr of* **Marylebone Cricket Club,** consejo *m* de administración del cricket en Inglaterra.

MD [em'di:] 1 *abbr of* **Doctor of Medicine,** doctor,-a *m,f* en Medicina, Dr. en Medicina. 2 *fam abbr of* **Managing Director,** director,-a *m,f* gerente.

me[1] [mi:] *pron* 1 *(as object)* me; **he gave it to me, he gave me it,** me lo dio; **listen to me,** escúchame; **she knows me,** me conoce. 2 *(after prep)* mí; **it's for me,** es para mí; **with me,** conmigo. 3 *(emphatic)* yo; **it's me,** soy yo; **it's me, Alyson,** soy Alyson, **what about me?,** ¿y yo, qué?

me[2] [mi:] *n Mus* mi *m*.

meadow ['medəʊ] *n* prado *m*, pradera *f*.

meagre, *US* **meager** ['mi:gəʳ] *adj* escaso,-a, exiguo,-a.

meal[1] [mi:l] *n (flour)* harina *f*.

meal[2] [mi:l] *n (food)* comida *f*; **to have a m.,** comer; *fam fig* **to make a m. of sth,** recrearse en algo. ∎ *US* **m. ticket,** vale *m or* cupón *m* de comida.

mealtime ['mi:ltaɪm] *n* hora *f* de comer.

mealy ['mi:lɪ] *adj (mealier, mealiest) (floury)* harinoso,-a.

mealy-mouthed [mi:lɪ'maʊðd] *adj pej* evasivo,-a, embustero,-a; **stop being m.-m. about it!,** ¡déjate ya de rodeos!

mean[1] [mi:n] *vtr (pt & pp meant)* 1 *(signify)* significar, querer decir; **'casa' means 'house',** 'casa' significa 'house'; **that name means nothing to me,** ese nombre no me suena; **this clock means a lot to me,** este reloj significa mucho para mí; **what does 'gullible' m.?,** ¿qué quiere decir 'gullible'?; **what do you m. by that?,** ¿qué quieres decir con eso? 2 *(intend)* pensar, tener la intención de; *(wish)* querer; **he meant to do it tomorrow,** tenía pensado hacerlo mañana; **I m. it,** (te) lo digo en serio; **she didn't m. to do it,** lo hizo sin querer; **she was meant to arrive on the 7th,** tenía que *or* debía llegar el día 7; **they m. well,** tienen buenas intenciones; **to m. business,** hablar *or* actuar en serio. 3 *(involve, entail)* suponer, implicar; **it means an outlay of £500,** supone una inversión de 500 libras. 4 *(refer to)* referirse a; **do you m. me?,** ¿te refieres a mí? 5 *(destine)* destinar (**for,** a, para); **his remarks were meant for your mother,** sus observaciones iban dirigidas a tu madre; **they are meant for each other,** están hechos el uno para el otro.

mean[2] [mi:n] *adj (meaner, meanest)* 1 *(miserly)* tacaño,-a, agarrado,-a; **to be m. with one's money,** mirar mucho por su dinero. 2 *(unkind)* malo,-a; *(petty)* mezquino,-a; *US (bad-tempered)* malhumorado,-a; **a m. trick,** una mala pasada *or* jugada; **don't be so m.!,** ¡no seas tan malo!; **to be m. to sb,** tratar mal a algn. 3 *(inferior)* pobre, mediocre; *(origins)* humilde, pobre. 4 **no m.,** *(difficult achievements)* difícil, hazañoso,-a; *(excellent)* de primera; **it was no m. feat,** fue toda una hazaña; **she's no m. photographer,** es una excelente fotógrafa, es una fotógrafa de primera.

mean³ [mi:n] I *adj (average)* medio,-a; **m. temperature,** temperatura *f* media. II *n* **1** *(average)* promedio *m*; *Math* media *f*. **2** *(middle term)* término *m* medio.

meander [mɪˈændəʳ] I *vi (river)* serpentear; *(person)* vagar, andar sin rumbo fijo; *fig (digress)* divagar. II meandro *m*.

meanderings [mɪˈændərɪŋz] *npl fig (digressions)* divagaciones *fpl*.

meaning [ˈmi:nɪŋ] *n* **1** *(sense of word etc)* sentido *m*, significado *m*; *(in dictionary)* acepción *f*; **double m.,** doble sentido; **what is the m. of 'gazump'?,** ¿qué significa 'gazump'?, ¿qué quiere decir 'gazump'?; **what's the m. of this?,** y esto, ¿qué quiere decir?; *fam* **do you get my m.?,** ¿entiendes lo que te quiero decir? **2** *fig* sentido *m*; **a world without m.,** un mundo sin sentido.

meaningful [ˈmi:nɪŋfʊl] *adj* significativo,-a.

meaningless [ˈmi:nɪŋlɪs] *adj* sin sentido, que carece de sentido; *(absurd)* absurdo,-a.

meanness [ˈmi:nnɪs] *n* **1** *(miserliness)* tacañería *f*, mezquindad *f*. **2** *(nastiness)* mezquindad *f*, maldad *f*.

means [mi:nz] *n* **1** *sing or pl (method)* medio *m*, manera *f*; **a m. of transport,** un medio de transporte; **by fair m. or foul,** por las buenas o por las malas; **by m. of,** por medio de, mediante; **the end does not justify the m.,** el fin no justifica los medios. **2** *pl (resources, wealth)* medios *mpl* (de vida), recursos *mpl* (económicos); **a woman of m.,** una mujer acaudalada; **to live beyond one's m.,** vivir por encima de sus posibilidades. ■ **m. test,** comprobación *f* de medios de vida. **3 by all m.!,** ¡por supuesto!, ¡naturalmente!; **by all m. telephone him,** no dejes de llamarle; **by no m.,** de ningún modo, de ninguna manera; **by any m.,** de cualquier modo.

meant [ment] *pt & pp see* **mean** ¹.

meantime [ˈmi:ntaɪm] I *adv* mientras tanto, entretanto. II *n* **in the m.,** mientras tanto.

meanwhile [ˈmi:nwaɪl] *adv* mientras tanto, entretanto.

measles [ˈmi:zəlz] *n Med* sarampión *m*. ■ **German m.,** rubeola *f*.

measly [ˈmi:zlɪ] *adj (measlier, measliest) fam* miserable, mezquino,-a.

measurable [ˈmeʒərəbəl] *adj* mensurable, medible.

measure [ˈmeʒəʳ] I *n* **1** *(system)* medida *f*; **liquid m.,** medida para líquidos; **square/cubic m.,** medida de superficie/de volumen. **2** *(ruler)* regla *f*; metro *m*. ■ **tape m.,** cinta *f* métrica, metro *m*. **3** *(measured amount)* medida *f*; **to give full m.,** dar la medida exacta; *fig* **for good m.,** para estar seguro,-a. **4** *(degree, extent)* **in some m.,** hasta cierto punto; **she had a m. of success,** tuvo cierto éxito. **5** *Mus* compás *m*, ritmo *m*. **6** *(step, remedy)* medida *f*; **safety measures,** medidas de seguridad. II *vtr (object, area)* medir; *(person)* tomar las medidas de. ◆**measure off** *vtr (area)* medir.◆**measure up** *vi* **to m. (up) (to sth),** estar a la altura (de algo); **he didn't m. up,** no estuvo a la altura de las circunstancias.

measured [ˈmeʒəd] *adj (step)* estudiado,-a; *(tone)* mesurado,-a; *(statement)* prudente, circunspecto,-a; *(language)* moderado,-a, comedido,-a.

measurement [ˈmeʒəmənt] *n* **1** *(act of measuring)* medición *f*. **2** *(length etc)* medida *f*; **to take sb's measurements,** tomarle las medidas a algn.

measuring [ˈmeʒərɪŋ] *n* medición *f*. ■ **m. tape,** cinta *f* métrica, metro *m*.

meat [mi:t] *n* **1** carne *f*; **cold m.,** fiambre *m*; *fig* **it is m. and drink to them,** es lo que más les gusta. ■ *Culin* **m. pie,** empanada *f* de carne. **2** *fig* esencia *f*, jugo *m*.

meatball [ˈmi:tbɔ:l] *n Culin* albóndiga *f*.

meaty [ˈmi:tɪ] *adj (meatier, meatiest)* **1** carnoso,-a; **m. smell,** olor *m* a carne. **2** *fig (story)* jugoso,-a, sustancioso,-a.

Mecca [ˈmekə] *n* la Meca.

mechanic [mɪˈkænɪk] *n (person)* mecánico,-a *m,f*.

mechanical [mɪˈkænɪkəl] *adj* mecánico,-a; *fig (behaviour)* mecánico,-a, maquinal. ■ **m. engineer,** ingeniero,-a *m,f* mecánico,-a *or* industrial.

mechanics [mɪˈkænɪks] *n* **1** *sing (science)* mecánica *f*. **2** *pl (technical aspects)* mecanismo *m sing*; *fig* **the m. of politics,** los mecanismos de la política.

mechanism [ˈmekənɪzəm] *n* mecanismo *m*.

mechanization [mekənaɪˈzeɪʃən] *n* mecanización *f*.

mechanize [ˈmekənaɪz] *vtr* mecanizar.

MEd [emˈed] *abbr of* Master of Education.

medal [ˈmedəl] *n* medalla *f*; **gold/silver/bronze m.,** medalla de oro/plata/bronce.

medallion [mɪˈdæljən] *n* medallón *m*.

medallist, *US* **medalist** [ˈmedəlɪst] *n Sport* medalla *f*, campeón *m*; **he was the 1988 Olympic gold m.,** fue medalla de oro en los juegos olímpicos de 1988.

meddle [ˈmedəl] *vi* entrometerse **(in,** en); **to m. with sth,** manosear algo.

meddler [ˈmedləʳ] *n* entrometido,-a *m,f*.

meddlesome [ˈmedəlsəm] *adj,* **meddling** [ˈmedəlɪŋ] *adj* entrometido,-a.

media [ˈmi:dɪə] *npl* medios *mpl* de comunicación. ■ **m. coverage,** cobertura *f* periodística; **m. man,** periodista *m*; *Univ* **m. studies,** ciencias *fpl* de la información, periodismo *m*.

median [ˈmi:dɪən] I *adj* mediano,-a. II *n Geom (line)* mediana *f*; *(quantity)* valor *m* mediano.

mediate [ˈmi:dɪeɪt] *vi* mediar **(between,** entre; **in,** en).

mediation [mi:dɪˈeɪʃən] *n* mediación *f*.

mediator [ˈmi:dɪeɪtəʳ] *n* mediador,-a *m,f*.

medic [ˈmedɪk] *n fam (doctor)* médico,-a *m,f*; *Univ* estudiante *mf* de medicina.

medical [ˈmedɪkəl] I *adj (treatment, profession)* médico,-a; *(book, student)* de medicina. ■ **m. examination,** reconocimiento *m* médico; *US* **m. examiner,** médico,-a *m,f* forense; **m. practitioner,** médico,-a *m,f*; *Univ* **m. school,** Facultad *f* de Medicina. II *n* reconocimiento *m* médico.

medicated [ˈmedɪkeɪtɪd] *adj (shampoo etc)* medicinal.

medication [medɪˈkeɪʃən] *n* medicación *f*.

medicinal [meˈdɪsɪnəl] *adj* medicinal.

medicine [ˈmedsɪn, ˈmedɪsɪn] *n* **1** *(science)* medicina *f*. **2** *(drugs etc)* medicina *f*, medicamento *m*; *fig* **to give sb a taste of his own m.,** pagar a algn con la misma moneda. ■ **m. chest,** botiquín *m*.

medieval [medɪˈi:vəl] *adj* medieval.

mediocre [mi:dɪˈəʊkəʳ] *adj* mediocre.

mediocrity [mi:dɪˈɒkrɪtɪ] *n* mediocridad *f*.

meditate [ˈmedɪteɪt] I *vi* meditar, reflexionar **(on,** sobre). II *vtr* meditar.

meditation [medɪˈteɪʃən] *n* meditación *f*.

meditative ['medɪtətɪv] *adj* meditabundo,-a, meditativo,-a.

Mediterranean [medɪtə'reɪnɪən] **I** *adj* mediterráneo,-a. **II the M.** *n* el Mediterráneo.

medium ['miːdɪəm] **I** *adj (average)* mediano,-a, regular; **of m. height,** de estatura mediana. ■ *Rad* **m. wave,** onda *f* media. **II** *n (pl media)* **1** *(means)* medio *m; (to express ideas etc)* medio de expresión; **the media,** los medios de comunicación; **through the m. of,** por medio de. **2** *(environment)* medio *m* ambiente. **3 to strike a happy m.,** hallar el punto justo. **4** *(pl mediums) (spiritualist)* médium *mf*.

medium-dry [miːdɪəm'draɪ] *adj (wines)* semiseco,-a.

medium-sized [miːdɪəm'saɪzd] *adj* de tamaño mediano.

medlar ['medlər] *n Bot* níspero *m*.

medley ['medlɪ] *n* **1** *(miscellany)* miscelánea *f; (mixture)* mezcla *f; (of articles)* surtido *m*. **2** *Mus* popurrí *m*.

meek [miːk] *adj* manso,-a, sumiso,-a, dócil; *(humble)* humilde; **to be m. and mild,** ser un corderito.

meekness ['miːknɪs] *n* mansedumbre *f*, docilidad *f; (humility)* humildad *f*.

meet [miːt] **I** *vtr (pt & pp met)* **1** *(person) (by chance)* encontrar, encontrarse con; *(by arrangement)* reunirse con, citarse; *(in formal meeting)* entrevistarse con; *(see)* ver; *(pass in street etc)* cruzar *or* topar con; *fig* **to m. sb halfway,** llegar a un acuerdo con algn. **2** *(get to know)* conocer; **I'd like you to m. my mother,** quiero presentarte a mi madre; **pleased to m. you!,** ¡encantado,-a de conocerle!, ¡mucho gusto! **3** *(await arrival of)* esperar; *(collect)* ir *or* venir a buscar; *(receive)* recibir, ir a recibir; **she'll m. us at the airport,** irá a buscarnos al aeropuerto. **4** *(bus, train, etc)* tener conexión con, empalmar. **5** *(danger, difficulty)* encontrar; *(opponent)* enfrentarse con; **to m. one's death,** encontrar la muerte, morir. **6** *(satisfy)* satisfacer; *(obligations)* cumplir con; *(expenses)* costear, hacer frente a, correr con; *(bill, debt)* pagar; *(deficit)* cubrir. **7 to m. sb's eye,** cruzarse las miradas; *fig* **there's more to this than meets the eye,** es más difícil de lo que parece. **II** *vi* **1** *(people) (by chance)* encontrarse; *(by arrangement)* verse, reunirse; *(formal meeting)* entrevistarse; **we've arranged to m. tomorrow,** hemos quedado en vernos mañana; **until we m. again!,** ¡hasta la vista!, ¡hasta luego! **2** *(get to know each other)* conocerse; **they met at school,** se conocieron en la escuela. **3** *Sport* enfrentarse. **4** *(join)* unirse; *(rivers)* confluir; *(roads, railway lines)* empalmar; **our eyes met,** nuestras miradas se cruzaron; *fam* **to make ends m.,** llegar a fin de mes. **III** *n* **1** *Sport* reunión *f*. **2** *(hunting)* partida *f* de caza. ◆**meet up** *vi fam (by chance)* encontrar, encontrarse **(with,** con); *(by arrangement)* reunirse **(with,** con). ◆**meet with** *vtr* **1** *(difficulty, problem)* encontrar, tropezar con; *(loss, accident)* sufrir; *(success)* tener; **she met with a warm welcome,** fue acogida calurosamente. **2** *esp US (person)* reunirse con.

meeting ['miːtɪŋ] *n* **1** *(chance encounter)* encuentro *m; (prearranged)* cita *f; (formal)* entrevista *f*. **2** *(of club, committee, etc)* reunión *f; (of assembly)* sesión *f; (of shareholders, creditors)* junta *f; Pol (rally)* mitin *m;* **to hold a m.,** celebrar una reunión *or* una sesión; **to open/close a m.,** abrir/levantar la sesión. ■ **annual general m.,** junta *f* general anual; **business m.,** reunión *f* de negocios; *Educ* **staff m.,** claustro

m. **3** *Sport* encuentro *m*. **4** *(of two rivers)* confluencia *f*.

meeting place ['miːtɪŋpleɪs] *n* lugar *m* de encuentro *or* de reunión.

megabyte ['megəbaɪt] *n Comput* megabyte *m*, megaocteto *m*.

megahertz ['megəhɜːts] *n* megahercio *m*.

megalith ['megəlɪθ] *n* megalito *m*.

megalomania [megələʊ'meɪnɪə] *adj & n* megalómano,-a *(m,f)*.

megaphone ['megəfəʊn] *n* megáfono *m*, altavoz *m*.

megawatt ['megəwɒt] *n* megavatio *m*.

megrim ['miːgrɪm] *n (fish)* gallo *m*.

melamine ['meləmiːn] *n* melamina *f*.

melancholic [melən'kɒlɪk] *adj* melancólico,-a.

melancholy ['melənkəlɪ] **I** *n* melancolía *f*. **II** *adj* melancólico,-a.

melanin ['melənɪn] *n* melanina *f*.

mêlée ['meleɪ] *n (of people)* tumulto *m*, gentío *m; (fight)* pelea *f* confusa.

mellifluous [me'lɪflʊəs] *adj* melifluo,-a.

mellow ['meləʊ] **I** *adj* maduro,-a; *(wines)* añejo,-a; *(colour, voice)* suave; *(person)* apacible, tierno-a. **II** *vi (fruit)* madurar; *(colour, voice)* suavizarse; *(person)* enternecerse, ablandarse; **he has mellowed with age,** ha madurado con los años.

melodic [mɪ'lɒdɪk] *adj* melódico,-a.

melodious [mɪ'ləʊdɪəs] *adj* melodioso,-a.

melodrama ['melədrɑːmə] *n* melodrama *m*.

melodramatic [melədrə'mætɪk] *adj* melodramático,-a.

melody ['melədɪ] *n* melodía *f*.

melon ['melən] *n (honeydew etc)* melón *m; (watermelon)* sandía *f*.

melt [melt] **I** *vtr (snow)* derretir; *(metal)* fundir; *fig (sb's heart)* ablandar. **II** *vi (snow)* derretirse; *(metal)* fundirse; *fig* ablandarse; **it melts in one's mouth,** se derrite en la boca; **to m. into tears,** deshacerse en lágrimas. ◆**melt away** *vi (snow)* derretirse; *fig (money)* desaparecer; *fig (confidence)* desvanecerse, esfumarse. ◆**melt down** *vtr (metal)* fundir.

melting ['meltɪŋ] *n* **1** *(of snow)* derretimiento *m; (of metal)* fundición *f;* **m. point,** punto *m* de fusión. **2 m. pot,** crisol *m; fig* **it's in the m. pot,** está por decidir.

member ['membər] *n* **1** *(person)* miembro *mf; (of society)* miembro *mf*, socio,-a *m,f; (of party, union)* miembro *mf*, afiliado,-a *m,f;* **'members only',** 'sólo para socios'. ■ *Pol* **active m.,** militante *mf;* **M. of Parliament (MP),** diputado,-a *m,f;* **m. of staff,** empleado,-a *m,f; (teacher)* profesor,-a *m,f*. **2** *Anat* miembro *m*. ■ **male m.,** miembro *m* viril.

membership ['membəʃɪp] *n* **1** *(state)* calidad *f* de socio *or* miembro; *(entry)* ingreso *m; Pol* afiliación *f*. ■ **m. card,** carnet *m* de socio; **m. (fee),** cuota *f* de socio. **2** *(members)* socios *mpl,* miembros *mpl; (number of members)* número *m* de socios *or* miembros; *Pol* **the active m.,** la militancia; **what is the m.?,** ¿cuántos socios hay?

membrane ['membreɪn] *n* membrana *f;* **mucus m.,** membrana mucosa.

memento [mə'mentəʊ] *n (pl mementos or mementoes)* recuerdo *m*, recordatorio *m*.

memo ['meməʊ] *n* (*pl* **memos**) (*abbr of memorandum*) **1** (*official note*) memorándum *m*. **2** (*personal note*) nota *f*, apunte *m*. ■ **m. pad**, bloc *m* de notas.

memoir ['memwɑ:ʳ] *n* (*essay*) memoria *f*; (*biography*) **memoirs**, memorias *fpl*, autobiografía *f*.

memorabilia [memərə'bɪlɪə] *npl* (*things*) recuerdos *mpl*.

memorable ['memərəbəl] *adj* memorable.

memorandum [memə'rændəm] *n* (*pl memorandums or memoranda*) **1** *Pol Com* memorándum *m*. **2** (*personal note*) nota *f*, apunte *m*.

memorial [mɪ'mɔ:rɪəl] **I** *adj* (*plaque etc*) conmemorativo,-a. **II** *n* monumento *m* conmemorativo; **war m.**, monumento a los Caídos. ■ *US* **M. Day**, Día *m* de Conmemoración a los Caídos.

memorize ['meməraɪz] *vtr* memorizar, aprender de memoria.

memory ['memərɪ] *n* **1** (*faculty, computers*) memoria *f*; *Med* **loss of m.**, amnesia *f*; **to have a good/ bad m.**, tener buena/mala memoria; **to play sth from m.**, tocar algo de memoria. **2** (*recollection*) recuerdo *m*; **childhood memories**, recuerdos de la infancia; **in m. of**, en memoria de.

men [men] *npl see* **man**.

menace ['menɪs] **I** *n* **1** (*threat*) amenaza *f*; (*danger*) peligro *m*. **2** *fam* (*nuisance*) (*thing*) lata *f*; (*person*) pesado,-a *m,f*. **II** *vtr* amenazar.

menacing ['menɪsɪŋ] *adj* amenazador,-a.

menagerie [mɪ'nædʒərɪ] *n* casa *f* de fieras; (*zoo*) zoo *m*.

mend [mend] **I** *vtr* **1** (*repair*) reparar, arreglar; (*clothes*) remendar; (*socks etc*) zurcir. **2** (*reform*) **to m. one's ways**, enmendarse, reformarse. **II** *vi* (*recover*) mejorarse, reponerse. **III** *n* (*patch*) remiendo *m*; (*darn*) zurcido *m*; *fig* **to be on the m.**, estar *or* ir mejorando.

mendacious [men'deɪʃəs] *adj fml* mendaz, mentiroso,-a.

mending ['mendɪŋ] *n* **1** (*repair*) reparación *f*, arreglo *m*; (*darning*) zurcido *m*. **2** (*clothes for mending*) ropa *f* por remendar *or* zurcir.

menfolk ['menfəʊk] *npl fam* **the m.**, los hombres.

menial ['mi:nɪəl] **I** *adj* (*task*) servil, bajo,-a. **II** *n* (*servant*) criado,-a *m,f*.

meningitis [menɪn'dʒaɪtɪs] *n Med* meningitis *f*.

menopausal [menə'pɔ:zəl] *adj* menopáusico,-a.

menopause ['menəpɔ:z] *n* menopausia *f*.

menstrual ['menstrʊəl] *adj* menstrual. ■ **m. cycle**, ciclo *m* menstrual.

menstruate ['menstrʊeɪt] *vi* menstruar.

menstruation [menstrʊ'eɪʃən] *n* menstruación *f*, regla *f*.

menswear ['menzweəʳ] *n Com* ropa *f* de caballero.

mental ['mentəl] *adj* **1** (*of the mind*) mental. ■ **m. age**, edad *f* mental; **m. arithmetic**, cálculo *m* mental; **m. home**, **m. hospital**, hospital *m* psiquiátrico; **m. illness**, enfermedad *f* mental; **m. patient**, enfermo,-a *m,f* mental; **m. strain**, tensión *f* nerviosa. **2** *fam* (*crazy*) chalado,-a, tocado,-a. ◆**mentally** *adv* mentalmente; **to be m. handicapped**, ser un,-a disminuido,-a psíquico,-a; **to be m. ill**, padecer una enfermedad mental.

mentality [men'tælɪtɪ] *n* mentalidad *f*.

menthol ['menθɒl] **I** *n* mentol *m*. **II** *adj* (*sweet*) de menta; (*cigarette*) mentolado,-a.

mention ['menʃən] **I** *n* mención *f*. **II** *vtr* mencionar, hacer mención de, aludir a; *Jur* (*in will*) mencionar; **don't m. it!**, ¡de nada!, ¡no hay de qué!, ¡no faltaba más!; **I need hardly m. that ...**, huelga decir que ... .

mentor ['mentɔ:ʳ] *n* mentor *m*.

menu ['menju:] *n* **1** (*card*) carta *f*; (*fixed meal*) menú *m*; **today's m.**, menú del día. **2** *Comput* menú *m*.

meow [mɪ'aʊ] **I** *n* maullido *m*, miau *m*. **II** *vi* maullar.

MEP [emi:'pi:] *abbr of* **Member of the European Parliament**, miembro *mf* del Parlamento Europeo.

mercantile ['mɜ:kəntaɪl] *adj* mercantil, comercial.

mercenary ['mɜ:sɪnərɪ] *adj & n* mercenario,-a (*m,f*).

merchandise ['mɜ:tʃəndaɪz] *n* mercancías *fpl*, géneros *mpl*.

merchant ['mɜ:tʃənt] *n Com Fin* (*trades*) comerciante *mf*, negociante *mf*; (*retailer*) detallista *mf*, minorista *mf*; (*shopkeeper*) tendero,-a *m,f*; *arch* mercader *m*. ■ **m. bank**, banco *m* comercial; **m. navy**, marina *f* mercante.

merciful ['mɜ:sɪfʊl] *adj* misericordioso,-a, clemente, compasivo,-a (**towards**, con). ◆**mercifully** *adv* con compasión; (*fortunately*) afortunadamente.

merciless ['mɜ:sɪlɪs] *adj* despiadado,-a, sin piedad.

mercurial [mɜ:'kjʊərɪəl] *adj* (*person, temperament*) voluble, volátil.

Mercury ['mɜ:kjʊrɪ] *n Myth Astron* Mercurio *m*.

mercury ['mɜ:kjʊrɪ] *n* mercurio *m*, azogue *m*.

mercy ['mɜ:sɪ] *n* **1** (*compassion*) misericordia *f*, clemencia *f*, compasión *f*; **to be at the m. of sth/sb**, estar a la merced de algo/algn; **to beg for m.**, pedir clemencia; **to have m. on sb**, tener compasión de algn. **2** *fam* (*good fortune*) suerte *f*; **it's a m. that more people weren't injured**, es una suerte que no hubiera más heridos. ■ **m. killing**, eutanasia *f*.

mere [mɪəʳ] *adj* mero,-a, simple, puro,-a. ◆**merely** *adv* simplemente, solamente.

meretricious [merɪ'trɪʃəs] *adj fml* (*flashy*) de oropel, de relumbrón; (*deceptive*) engañoso,-a.

merganser [mɜ:'gænsəʳ] *n Orn* serreta *f* mediana.

merge [mɜ:dʒ] **I** *vtr* (*blend*) unir, combinar (**with**, con); *Com* (*firms*) fusionar; (*roads*) empalmar; **to m. into the background**, perderse de vista. **II** *vi* unirse, combinarse; *Com* (*firms*) fusionarse.

merger ['mɜ:dʒəʳ] *n Com* fusión *f*.

meridian [mə'rɪdɪən] *n Astron Geog* meridiano *m*.

meringue [mə'ræŋ] *n Culin* merengue *m*.

merit ['merɪt] **I** *n* **1** (*worth*) mérito *m*. **2** (*advantage*) ventaja *f*, mérito *m*; **to look into the merits of sth**, examinar los pros y los contras de algo. **II** *vtr* (*deserve*) merecer; **the plan merits consideration**, el plan es digno de consideración.

meritocracy [merɪ'tɒkrəsɪ] *n* meritocracia *f*.

merlin ['mɜ:lɪn] *n Orn* esmerejón *m*.

mermaid ['mɜ:meɪd] *n* sirena *f*.

merman ['mɜ:mæn] *n* (*pl mermen* ['mɜ:men]) tritón *m*.

merriment ['merɪmənt] *n* alegría *f*, regocijo *m*.

merry ['merɪ] *adj* (**merrier, merriest**) alegre; (*amusing*) divertido,-a, gracioso,-a; *fam* (*tipsy*) alegre, achispado,-a; **m. Christmas!**, ¡felices Navidades!; **the more the merrier**, cuantos,-as más mejor. ◆**merrily** *adv* alegremente.

merry-go-round ['merɪgəʊraʊnd] *n* tiovivo *m*, caballitos *mpl*.

merry-making ['merɪmeɪkɪŋ] *n (fun)* juerga *f; (party)* fiesta *f*.

mesh [meʃ] **I** *n* **1** *Tex* malla *f; fig* red *f*. ■ **wire m.**, tela *f* metálica. **2** *Tech* engranaje *m*. **II** *vtr Tech* engranar; *(fit)* encajar.

mesmerize ['mezmǝraɪz] *vtr* hipnotizar.

mess [mes] **I** *n* **1** *(confusion)* confusión *f; (disorder)* desorden *m*; **the house is a m.**, la casa está patas arriba; *fig* **he's a complete m.**, es un desastre. **2** *(difficult situation, mix-up)* lío *m*, follón *m*; **to get into a m.**, meterse en un lío *or* un aprieto; **to make a m. of one's life**, fracasar en la vida; **what a m.!**, ¡vaya lío!, ¡vaya follón! **3** *(dirt)* suciedad *f; euph (faeces)* porquería *f*; **to make a m. of one's clothes**, ensuciarse la ropa. **4** *Mil (food)* rancho *m*, comida *f*. **5** *Mil (room)* comedor *m*. **II** *vtr* **to m. one's pants**, cagarse encima. ◆**mess about, mess around** *fam* **I** *vtr* fastidiar. **II** *vi* **1** *(act the fool)* hacer el primo. **2** *(idle)* gandulear; *(kill time)* matar el rato; *(potter about)* entretenerse. ◆**mess about with** *vtr (fiddle with)* tocar, manosear; **to m. about with sb,** *(have affair with)* tener un lío *or* estar liado,-a con algn. ◆**mess up** *vtr fam (untidy)* desordenar, dejar en desorden; *(dirty)* ensuciar; *fam (spoil)* estropear, echar a perder.

message ['mesɪdʒ] *n* **1** *(communication)* recado *m*; **to leave a m.**, dejar un recado. **2** *(of story, film, etc)* mensaje *m*; *fam* **to get the m.**, comprender.

messenger ['mesɪndʒǝ^r] *n* mensajero,-a *m,f*. ■ **m. boy,** chico *m* de los recados.

Messiah [mɪ'saɪǝ] *n* Mesías *m*.

messianic [mesɪ'ænɪk] *adj* mesiánico,-a.

Messrs ['mesǝz] *Com abbr of pl of* **Mr,** Señores *mpl*, Sres.

mess-up ['mesʌp] *n fam* lío *m*, follón *m*.

messy ['mesɪ] *adj (messier, messiest)* **1** *(untidy)* desordenado,-a, en desorden. **2** *(confused)* confuso,-a; *(involved)* lioso,-a, enredado,-a. **3** *(dirty)* sucio,-a.

met [met] *pt & pp see* **meet**.

metabolic [metǝ'bɒlɪk] *adj* metabólico,-a.

metabolism [me'tæbǝlɪzǝm] *n* metabolismo *m*.

metabolize [me'tæbǝlaɪz] *vtr* metabolizar.

metal ['metǝl] **I** *n* **1** metal *m*. ■ **m. detector,** detector *m* de metales; **m. polish,** limpiametales *m inv*. **2** *(on road)* grava *f*; **sheet m.,** lámina *f* de metal. **II** *adj* metálico,-a, de metal.

metallic [mɪ'tælɪk] *adj* metálico,-a. ■ **m. blue,** *(colour)* azul *m* metalizado.

metallurgist [me'tælǝdʒɪst] *n* metalúrgico,-a *m,f*.

metallurgy [me'tælǝdʒɪ] *n* metalurgia *f*.

metalwork ['metǝlwɜːk] *n* **1** *(craft)* metalistería *f*. **2** *(objects)* objetos *mpl* de metal.

metamorphosis [metǝ'mɔːfǝsɪs] *n (pl* **metamorphoses** [metǝ'mɔːfǝsiːz]*)* metamorfosis *f*.

metaphor ['metǝfǝ^r, 'metǝfɔː^r] *n* metáfora *f*.

metaphoric(al) [metǝ'fɒrɪk(ǝl)] *adj* metafórico,-a.

metaphysical [metǝ'fɪzɪkǝl] *adj* metafísico,-a.

metaphysics [metǝ'fɪzɪks] *n* metafísica *f*.

mete [miːt] *vtr* **to m. out,** *(justice, rewards)* repartir; *(punishment)* imponer.

meteor ['miːtɪǝ^r] *n* bólido *m*.

meteoric [miːtɪ'ɒrɪk] *adj* meteórico,-a; *fig* **his m. rise to fame,** su meteórico ascenso a la fama.

meteorite ['miːtɪǝraɪt] *n* meteorito *m*, aerolito *m*.

meteorological [miːtɪǝrǝ'lɒdʒɪkǝl] *adj* meteorológico,-a.

meteorologist [miːtɪǝ'rɒlǝdʒɪst] *n* meteorólogo,-a *m,f*.

meteorology [miːtɪǝ'rɒlǝdʒɪ] *n* meteorología *f*.

meter¹ ['miːtǝ^r] *n* contador *m*. ■ **gas/electricity m.**, contador *m* de gas/electricidad; **parking m.**, parquímetro *m*.

meter² ['miːtǝ^r] *n US see* **metre**.

methane ['miːθeɪn] *n Chem* metano *m*.

method ['meθǝd] *n (manner, way)* método *m*; *(technique)* técnica *f*; *fam* **there's m. in her madness,** es menos loca de lo que parece.

methodical [mɪ'θɒdɪkǝl] *adj* metódico,-a, ordenado,-a.

Methodism ['meθǝdɪzǝm] *n Rel* metodismo *m*.

Methodist ['meθǝdɪst] *adj & n Rel* metodista *(mf)*.

methodology [meθǝ'dɒlǝdʒɪ] *n* metodología *f*.

meths [meθs] *n fam abbr of* methylated spirits.

Methuselah [mǝ'θjuːzǝlǝ] *n* Matusalén *m; hum* **as old as M.,** más viejo,-a que Matusalén.

methylated spirits [meθɪleɪtɪd'spɪrɪts] *n* alcohol *m* metilado *or* desnaturalizado.

meticulous [mǝ'tɪkjʊlǝs] *adj* meticuloso,-a, minucioso,-a.

metre ['miːtǝ^r] *n* metro *m*; **cubic/square m.**, metro cúbico/cuadrado.

metric ['metrɪk] *adj* métrico,-a. ■ **m. ton,** tonelada *f* métrica.

metrication [metrɪ'keɪʃǝn] *n* adopción *f* del sistema métrico.

metronome ['metrǝnǝʊm] *n* metrónomo *m*.

metropolis [mɪ'trɒpǝlɪs] *n* metrópoli *f*.

metropolitan [metrǝ'pɒlɪtǝn] *adj* metropolitano,-a.

mettle ['metǝl] *n* ánimo *m*, valor *m*.

mew [mjuː] *vi (cat)* maullar, miar.

mewing ['mjuːɪŋ] *n* maullido *m*.

mews [mjuːz] *n (street, yard)* callejuela *f*. ■ **m. flat/ house,** apartamento *m*/casa *f* de lujo en unas caballerizas reconvertidas.

Mexican ['meksɪkǝn] *adj & n* mejicano,-a *(m,f)*, mexicano,-a *(m,f)*.

Mexico ['meksɪkǝʊ] *n* Méjico, México.

mezzanine ['mezǝniːn] *n* **m. (floor),** entresuelo *m*.

MF *abbr of* **medium frequency,** frecuencia *f* modulada, FM *f*.

mg *abbr of* **milligram(s), milligramme(s),** miligramo(s) *m(pl)*.

Mgr *Rel abbr of* **Monsignor,** Monseñor *m*, Mons.

MHz *abbr of* **megahertz,** megahercio(s) *m(pl)*, MHz.

mi [miː] *n Mus* mi *m*.

miaow [miː'aʊ] **I** *vi (cat)* maullar, miar. **II** *interj* ¡miau! **III** *n* maullido *m*, miau *m*.

mice [maɪs] *npl see* mouse.

mickey ['mɪkɪ] *n fam* **to take the m. (out of sb)**, tomar el pelo (a algn).

microbe ['maɪkrǝʊb] *n* microbio *m*.

microbiologist [maɪkrǝʊbaɪ'ɒlǝdʒɪst] *n* microbiólogo,-a *m,f*.

microbiology [maɪkrǝʊbaɪ'ɒlǝdʒɪ] *n* microbiología *f*.

microchip ['maɪkrǝʊtʃɪp] *n Comput* microchip *m*, microplaqueta *f*.

microcomputer [maɪkrǝʊkǝm'pjuːtǝ^r] *n* microordenador *m*, microcomputador *m*.

microcosm ['maɪkrǝʊkɒzǝm] *n* microcosmo *m*.

microdot ['maɪkrəʊdɒt] *n* micropunto *m*.
microelectronics [maɪkrəʊɪlek'trɒnɪks] *n* microelectrónica *f*.
microfiche ['maɪkrəʊfiːʃ] *n* microficha *f*.
microfilm ['maɪkrəʊfɪlm] *n* microfilm *m*. ■ **m. reader,** lector *m* óptico.
microphone ['maɪkrəfəʊn] *n* micrófono *m*.
microprocessor [maɪkrəʊ'prəʊsesəʳ] *n* microprocesador *m*.
microscope ['maɪkrəskəʊp] *n* microscopio *m*.
microscopic [maɪkrə'skɒpɪk] *adj* microscópico,-a.
microsurgery [maɪkrəʊ'sɜːdʒərɪ] *n* microcirugía *f*.
microwave ['maɪkrəʊweɪv] *n* microonda *f*. ■ **m. oven,** (horno *m* de) microondas *m inv*.
mid [mɪd] *adj* medio,-a; **(in) m. afternoon,** a media tarde; **(in) m. April,** a mediados de abril; **in the m. nineteen-sixties,** a mediados de los sesenta; **to be in one's m. thirties,** tener unos treinta y cinco años.
midair [mɪd'eəʳ] *adj (collision, explosion)* en el aire; *fig* **to leave sth in m.,** dejar algo sin resolver.
midday [mɪd'deɪ] I *n* mediodía *m*; **at m.,** a mediodía. II *adj* de mediodía.
middle ['mɪdəl] I *adj (central)* de en medio; *(medium)* mediano,-a; **m. age,** mediana edad *f*; **the M. Ages,** la Edad Media; **the m. class,** la clase media. II *n* 1 *(centre)* centro *m*, medio *m*; *(half-way point)* mitad *f*; **in the m. of,** en medio de, en el centro de; **in the m. of August,** a mediados de agosto; **in the m. of winter,** en pleno invierno; **to be in the m. of doing sth,** estar metido en faena; *fam* **in the m. of nowhere,** en el quinto pino. 2 *fam (waist)* cintura *f*.
middle-aged [mɪdəl'eɪdʒd] *adj* de mediana edad.
middle-class [mɪdəl'klɑːs] *adj* de la clase media; *(bourgeois)* burgués,-esa.
middleman ['mɪdəlmæn] *n (pl* **middlemen** ['mɪdəlmen]*) Com* intermediario *m*.
middle-of-the-road [mɪdələvðə'rəʊd] *adj (politics, views)* moderado,-a.
middle-size(d) ['mɪdəlsaɪz(d)] *adj* de tamaño mediano.
middleweight ['mɪdəlweɪt] *n Box* peso *m* medio.
middling ['mɪdlɪŋ] *adj* mediano,-a, regular.
midfield [mɪd'fiːld] *n Sport* centrocampo *m*. ■ **m. player,** centrocampista *mf*.
midfielder [mɪd'fiːldəʳ] *n Sport* centrocampista *mf*.
midge [mɪdʒ] *n* mosca *f* enana.
midget ['mɪdʒɪt] I *n* enano,-a *m,f*. II *adj (very small)* diminuto,-a, pequeñísimo,-a; *(miniature)* en miniatura.
Midlands ['mɪdləndz] *npl* **the M.,** la región central de Inglaterra.
midnight ['mɪdnaɪt] *n* medianoche *f*; *fam fig* **to burn the m. oil,** quemarse las pestañas.
midriff ['mɪdrɪf] *n Anat* diafragma *m*.
midshipman ['mɪdʃɪpmən] *n (pl* **midshipmen**) *Naut* guardia *m* marina.
midst [mɪdst] *prep* en medio de; **in our/their m.,** entre nosotros/ellos; **in the m. of,** en medio de.
midstream [mɪd'striːm] *n* **in m.,** *(river)* en medio de la corriente; *(way)* a mitad de camino.
midsummer [mɪd'sʌməʳ] *n* pleno verano *m*. ■ **M.'s Day,** Día *m* de San Juan (24 de junio).
midway ['mɪdweɪ] I *adv* a medio camino, a mitad del camino. II *adj (point etc)* intermedio,-a.
midweek ['mɪdwiːk] I *adv* entre semana. II *adj (match, flight, etc)* de entre semana.

midwife ['mɪdwaɪf] *n (pl* **midwives** ['mɪdwaɪvz]*)* comadrona *f*, partera *f*.
midwifery ['mɪdwɪfərɪ] *n Med* obstetricia *f*.
midwinter [mɪd'wɪntəʳ] I *n* pleno invierno *m*. II *adj* de pleno invierno.
miff [mɪf] *vtr fam* ofender, disgustar; **she was quite miffed about it,** le sentó bastante mal.
might[1] [maɪt] *v aux see* **may.**
might[2] [maɪt] *n fml* fuerza *f*, poder *m*; **with m. and main,** a más no poder.
mighty ['maɪtɪ] I *adj (mightier, mightiest)* 1 *(strong)* fuerte; *(powerful)* poderoso,-a. 2 *(great)* enorme. II *adv US fam (very)* muy; **a m. long journey,** un viaje muy largo *or* larguísimo.
migraine ['miːɡreɪn, 'maɪɡreɪn] *n* jaqueca *f*.
migrant ['maɪɡrənt] I *adj* migratorio,-a, emigrante. II *n* 1 *n (person)* emigrante *mf*; *(bird)* ave *f* migratoria. 2 *Austral* inmigrante *mf*.
migrate [maɪ'ɡreɪt] *vi* emigrar.
migration [maɪ'ɡreɪʃən] *n* migración *f*.
migratory ['maɪɡrətərɪ] *adj* migratorio,-a.
mike [maɪk] *n fam (abbr of* **microphone)** micro *m*.
mil 1 *(pl* **ml)** *abbr of* **mile,** milla *f*. 2 *abbr of* **millilitre(s),** mililitro(s) *m(pl)*, ml.
mild [maɪld] I *adj (person, character)* apacible, dulce; *(climate, weather)* templado,-a, suave; *(punishment)* leve; *(beer)* ligero,-a; *(tobacco, taste)* suave. II *n fam* cerveza *f* ligera. ◆**mildly** *adv (softly, gently)* suavemente; *(slightly)* ligeramente; **and that's putting it m.,** y esto es decir poco.
mildew ['mɪldjuː] *n* moho *m*; *(on plants)* añublo *m*; *(on vine)* mildiu *m*.
mildness ['maɪldnɪs] *n (of person, character)* apacibilidad *f*, suavidad *f*, dulzura *f*; *(of climate, weather, taste)* suavidad *f*; *(of punishment)* levedad *f*.
mile [maɪl] *n* milla *f*; *Aut* **miles to the gallon,** millas por galón; *fig* **it stands out a m.,** se ve a la legua; *fam* **it's miles away,** está lejísimos; *fam* **this is miles better,** este es muchísimo mejor. ■ **nautical m.,** milla marina.
mileage ['maɪlɪdʒ] *n* distancia *f* en millas; *Aut* kilometraje *m*; **a car with a low m.,** un coche con pocos kilómetros; *fig* **to get a lot of m. out of sth,** sacarle mucho partido a algo.
mil(e)ometer [maɪ'lɒmɪtəʳ] *n Aut* ≈ cuentakilómetros *m inv*.
milestone ['maɪlstəʊn] *n* hito *m*, mojón *m*; *fig* hito *m*.
milieu ['miːljɜː] *n (pl* **milieux** *or* **milieus)** medio *m* ambiente *m*, entorno *m*.
militant ['mɪlɪtənt] *adj & n Pol* militante *(mf)*.
militarism ['mɪlɪtərɪzəm] *n* militarismo *m*.
militarist ['mɪlɪtərɪst] *n* militarista *mf*.
militaristic [mɪlɪtə'rɪstɪk] *adj* militarista.
military ['mɪlɪtərɪ] I *adj* militar; **to do one's m. service,** hacer el servicio militar. II **the m.** *npl* los militares, las fuerzas armadas.
militate ['mɪlɪteɪt] *vi fig* **to m. against/in favour of,** militar en contra/a favor de.
militia [mɪ'lɪʃə] *n* milicia *f*.
militiaman [mɪ'lɪʃəmən] *n (pl* **militiamen)** miliciano *m*.
milk [mɪlk] I *n* leche *f*; *fig* **it's no use crying over spilt m.,** a lo hecho, pecho. ■ **condensed m.,** leche *f* condensada; **m. chocolate,** chocolate *m* con leche; **m. churn,** lechera *f*; **m. products,** productos *mpl* lác-

teos; **m. shake**, batido *m* (de leche); **m. tooth**, diente *m* de leche; **powdered m.**, leche *f* en polvo; **skimmed m.**, leche *f* descremada *or* desnatada. **II** *vtr* **1** ordeñar. **2** *fam* chupar; **they milked him of all his money**, le chuparon hasta el último céntimo.

milking ['mɪlkɪŋ] *n* ordeño *m*. ▪ **m. machine**, ordeñadora *f* mecánica.

milkman ['mɪlkmən] *n* (*pl* **milkmen**) lechero *m*, repartidor *m* de la leche.

milky ['mɪlkɪ] *adj* (**milkier, milkiest**) lechoso,-a, lácteo; (*colour*) pálido,-a; **a m. coffee**, un café con mucha leche. ▪ *Astron* **M. Way**, Vía *f* Láctea.

mill [mɪl] **I** *n* **1** (*grinder*) molino *m*; (*for coffee, pepper*) molinillo *m*; *Tech* (*for metals*) fresadora *f*; *fig* **they put me through the m.**, me hicieron pasarlas moradas. **2** (*factory*) fábrica *f*; **cotton m.**, hilandería *f*; **paper/steel m.**, fábrica de papel/acero. **II** *vtr* (*grind*) moler; *Tech* (*metals*) fresar. ◆**mill about, mill around** *vi* (*crowd*) arremolinarse, apiñarse.

millennium [mɪ'lenɪəm] *n* (*pl* **milleniums** *or* **milenia** [mɪ'lenɪə]) milenio *m*, milenario *m*.

miller ['mɪlə'] *n* **1** molinero,-a *m,f*. **2** (*fish*) **m.'s thumb**, cabezudo *m*.

millet ['mɪlɪt] *n Bot* mijo *m*.

millibar ['mɪlɪbɑ:'] *n* milibar *m*.

milligram(me) ['mɪlɪgræm] *n* miligramo *m*.

millilitre, *US* **milliliter** ['mɪlɪli:tə'] *n* mililitro *m*.

millimetre, *US* **millimeter** ['mɪlɪmi:tə'] *n* milímetro *m*.

milliner ['mɪlɪnə'] *n* sombrerero,-a *m,f*; **m.'s (shop)**, sombrerería *f*, tienda *f* de sombreros.

millinery ['mɪlɪnərɪ] *n* (*hats*) sombreros *mpl* de señora.

million ['mɪljən] *n* millón *m*; **one m. pounds**, un millón de libras; **two m. women**, dos millones de mujeres; *fam* **millions of**, millones de.

millionaire [mɪljə'neə'] *n* millonario,-a *m,f*.

millionth ['mɪljənθ] *adj & n* millonésimo,-a (*m,f*); *fam* **for the m. time**, por enésima vez.

millipede ['mɪlɪpi:d] *n Ent* milpiés *m inv*.

millstone ['mɪlstəun] *n* muela *f*, rueda *f* de molino; *fig* **it's a m. round his neck**, es su cruz.

mime [maɪm] **I** *n* (*art*) mímica *f*; (*play, performance*) pantomima *f*. **II** *vtr* imitar, remedar.

mimic ['mɪmɪk] **I** *n* (*imitator*) mímico,-a *m,f*, remedador,-a *m,f*. **II** *adj* mímico,-a; **m. art**, mímica *f*. **III** *vtr* (*pt & pp* **mimicked**) imitar, remedar.

mimicry ['mɪmɪkrɪ] *n* (*art*) mímica *f*; (*imitation*) imitación *f*, remedo *m*.

mimosa [mɪ'məuzə] *n Bot* mimosa *f*.

minaret ['mɪnəret] *n* alminar *m*, minarete *m*.

mince [mɪns] **I** *n* (*meat*) carne *f* picada. ▪ *Culin* **m. pie**, pastel *m* de picadillo de fruta. **II** *vtr* (*meat etc*) picar; *fig* **he doesn't m. his words**, no tiene pelos en la lengua. **III** *vi* (*walk*) **to m. (along)**, andar con pasos menuditos.

mincemeat ['mɪnsmi:t] *n* (*dried fruit*) conserva *f* de picadillo de fruta; *US* (*meat*) carne *f* picada.

mincer ['mɪnsə'] *n* (*machine*) máquina *f* de picar carne, picadora *f* de carne.

mincing ['mɪnsɪŋ] *adj* (*step*) menudito,-a.

mind [maɪnd] **I** *n* **1** (*intellect*) mente *f*; (*intelligence*) inteligencia *f*; **peace of m.**, tranquilidad *f* de espíritu; **state of m.**, estado *m* de ánimo. **2** (*mentality*) mentalidad *f*; **open m.**, mentalidad abierta. **3** (*brain*) cabeza *f*, cerebro *m*; **I can't get it out of my m.**, no me lo puedo quitar de la cabeza; **to speak**

one's m., hablar sin rodeos; **what kind of car do you have in m.?**, ¿en qué clase de coche estás pensando? **4** (*sanity*) juicio *m*; **to lose one's m.**, perder el juicio. **5** (*opinion*) opinión *f*, parecer *m*; **to be in two minds about sth**, estar indeciso,-a; **to change one's m.**, cambiar de opinión *or* parecer; **to make up one's m.**, decidirse; **to my m.**, a mi parecer. **6** (*intention*) intención *f*, propósito *m*; **to have a m. to do sth**, tener intención de hacer algo. **7** (*memory*) recuerdo *m*, memoria *f*; **it slipped my m.**, lo olvidé por completo; **to bear sth in m.**, tener algo en cuenta; **to bring/call sth to m.**, recordar algo, traer algo a la memoria. **II** *vtr* **1** (*look after*) (*child*) cuidar; (*house*) vigilar. **2** (*heed*) hacer caso de; (*be careful of*) tener cuidado con; **m. the step!**, ¡ojo con el peldaño!; **m. your own business!**, ¡no te metas donde no te llaman! **3** (*object to*) tener inconveniente en; **I don't m. going**, no tengo inconveniente en ir; **I wouldn't m. a cup of coffee**, me vendría bien un café; **never m.**, no importa. **III** *vi* **1** (*be careful*) tener cuidado; **m. (out)!**, ¡cuidado!, ¡ojo!; **m. you ...**, la verdad es que ...; **m. you, he is fifty**, ten en cuenta que tiene cincuenta años; *fam* **never you m.!**, ¿a ti qué te importa? **2** (*object, express reluctance*) importar; **do you m. if I open the window?**, ¿le molesta *or* importa que abre la ventana?; **never m.**, (*don't worry*) no te preocupes; (*it doesn't matter*) no importa. ◆**mind out** *vi* tener cuidado; **m. out!**, ¡cuidado!, ¡ojo!

mind-boggling ['maɪndbɒgəlɪŋ] *adj fam* alucinante, acojonante.

-minded ['maɪndɪd] *adj suff* **fair-m.**, imparcial; **single-m.**, resuelto,-a.

minder ['maɪndə'] *n* **1** *fam* (*bodyguard*) guardaespaldas *m inv*, gorila *m*. **2** (*for child*) niñera *f*; (*babysitter*) canguro *mf*.

mindful ['maɪndful] *adj* consciente.

mindless ['maɪndlɪs] *adj* estúpido,-a, absurdo,-a; **to be m. of danger**, ser inconsciente del peligro.

mind-reader ['maɪndri:də'] *n* adivinador,-a *m,f* de pensamientos.

mind-reading ['maɪndri:dɪŋ] *n* adivinación *f* de pensamientos.

mine¹ [maɪn] *poss pron* (el) mío, (la) mía, (los) míos, (las) mías, lo mío; **a friend of m.**, un amigo mío; **these gloves are m.**, estos guantes son míos; **which is m.?**, ¿cuál es el mío?

mine² [maɪn] *n* **1** mina *f*. ▪ **coal/gold m.**, mina *f* de carbón/de oro; **m. shaft**, pozo *m* de extracción. **2** *Mil Naut* mina *f*; *fig* **he's a m. of information**, es un pozo *or* una mina de información. **II** *vtr* **1** (*coal etc*) extraer. **2** *Mil Naut* (*road, waterway*) sembrar minas en; (*ship*) (*blow up*) volar con minas.

minefield ['maɪnfi:ld] *n* campo *m* de minas.

minelayer ['maɪnleɪə'] *n Naut* (*ship*) minador *m*.

miner ['maɪnə'] *n* minero,-a *m,f*.

mineral ['mɪnərəl] **I** *adj* mineral. ▪ **m. water**, agua *f* mineral. **II** *n* mineral *m*.

mineralogy [mɪnə'rælədʒɪ] *n* mineralogía *f*.

minesweeper ['maɪnswi:pə'] *n Naut* dragaminas *m inv*.

mingle ['mɪŋgəl] **I** *vtr* mezclar. **II** *vi* mezclarse; (*sounds etc*) confundirse.

mini ['mɪnɪ] *n* (*skirt*) minifalda *f*.

miniature ['mɪnɪtʃə'] **I** *n* miniatura *f*; **in m.**, en miniatura. **II** *adj* (en) miniatura; (*very small*) diminuto,-a. ▪ **m. golf**, minigolf *m*, golf *m* miniatura.

minibus ['mɪnɪbʌs] *n* microbús *m*.

minicab ['mɪnɪkæb] n microtaxi m.

minim ['mɪnɪm] n Mus mínima f, blanca f.

minimal ['mɪnɪməl] adj mínimo,-a.

minimize ['mɪnɪmaɪz] vtr (problems, dangers) minimizar, reducir al mínimo.

minimum ['mɪnɪməm] I adj mínimo,-a; Econ m. wage, salario m mínimo. II n (pl minima) mínimo m, mínimum m; with a m. of effort, con el mínimo esfuerzo.

mining ['maɪnɪŋ] I n 1 minería f, explotación f de minas. 2 Mil Naut minado m. II adj (industry, town) minero,-a. ■ m. engineer, ingeniero,-a m,f de minas.

minion ['mɪnjən] n servidor m; (favourite) paniguado m.

miniskirt ['mɪnɪskɜːt] n minifalda f.

minister ['mɪnɪstəʳ] I n 1 Pol ministro,-a m,f; the M. for Health, el ministro de Sanidad. ■ Prime M., primer,-a ministro,-a m,f. 2 Rel pastor,-a m,f. II vi to m. to sb, atender or cuidar a algn.

ministerial [mɪnɪ'stɪərɪəl] adj Pol ministerial; m. office, cargo m de ministro.

ministry ['mɪnɪstrɪ] n 1 Pol ministerio m; M. of Transport, Ministerio de Transportes (Públicos). 2 Rel sacerdocio m; to enter the m., (Catholics) hacerse sacerdote; (Protestants) hacerse pastor.

mink [mɪŋk] n (animal, fur) visón m. ■ m. coat, abrigo m de visón.

minnow ['mɪnəʊ] n (fish) piscardo m.

minor ['maɪnəʳ] I adj 1 (smaller, lesser) menor, más pequeño,-a. 2 (unimportant) sin importancia, insignificante; (defect) pequeño,-a; (role, interest) secundario,-a; (party) minoritario,-a; m. expenses, gastos mpl menudos. 3 Mus menor; G m., Sol m menor; m. key, tono m menor. II n 1 Jur menor mf de edad. 2 Mus tono m menor. 3 US Univ asignatura f secundaria.

Minorca [mɪ'nɔːkə] n Menorca.

Minorcan [mɪ'nɔːkən] adj & n menorquín,-ina (m,f).

minority [maɪ'nɒrɪtɪ] I n 1 (smaller part, small group) minoría f. 2 Jur minoría f de edad. II adj (government, interest, etc) minoritario,-a.

minstrel ['mɪnstrəl] n juglar m, trovador m.

mint[1] [mɪnt] I n 1 Fin the M., la Casa de la Moneda; in m. condition, en perfecto estado; fam to be worth a m., valer un dineral. II vtr (coin, words) acuñar.

mint[2] [mɪnt] n 1 Bot menta f. 2 (sweet) pastilla f de menta.

minuet [mɪnjʊ'et] n Mus minué m.

minus ['maɪnəs] I prep 1 Math menor; 5 m. 3, 5 menos 3; m. 10 degrees, 10 grados bajo cero. 2 fam (without) sin; he came back m. his wife, volvió sin su mujer. II adj (quantity, number) negativo,-a. III n (quantity) cantidad f negativa; m. (sign), signo m de menos.

minuscule ['mɪnəskjuːl] adj minúsculo,-a.

minute[1] ['mɪnɪt] n 1 (of time) minuto m; at the last m., a última hora; 10 (minutes) past 3, las 3 y 10 (minutos); just a m., (espera) un momento; she could arrive any m. now, llegará de un momento a otro; this very m., ahora mismo. ■ (on clock) m. hand, minutero m. 2 (note) nota f, minuta f; the minutes of the meeting, el acta de reunión.

minute[2] [maɪ'njuːt] adj (tiny) diminuto,-a, minúsculo,-a; (careful, exact) minucioso,-a, detallado,-a.

minutiae [mɪ'njuːʃiː] npl pequeños detalles mpl.

miracle ['mɪrəkəl] n milagro m; by a m., de or por milagro; it's a m. that she survived, es un milagro que haya sobrevivido; to work miracles, hacer milagros.

miraculous [mɪ'rækjʊləs] adj milagroso,-a; to have a m. escape, salvarse de milagro. ◆miraculously adv milagrosamente, por milagro.

mirage [mɪ'rɑːʒ] n espejismo m.

mire [maɪəʳ] n (mud) fango m, lodo m; (muddy place) lodazal m.

mirror ['mɪrəʳ] I n espejo m; fig espejo m, reflejo m; to look at oneself in the m., mirarse en el espejo. ■ driving m., rear-view m., retrovisor m; m. image, réplica f. II vtr reflejar.

mirth [mɜːθ] n (jollity) alegría f; (laughter) risas fpl.

misadventure [mɪsəd'ventʃəʳ] n desgracia f; Jur death by m., muerte f accidental.

misanthrope ['mɪzənθrəʊp] n, **misanthropist** [mɪ'zænθrəpɪst] n misántropo,-a m,f.

misapprehend ['mɪsæprɪ'hend] vtr comprender or entender mal.

misapprehension [mɪsæprɪ'henʃən] n malentendido m, equivocación f.

misappropriate [mɪsə'prəʊprɪeɪt] vtr (funds) malversar.

misappropriation ['mɪsəprəʊprɪ'eɪʃən] n (of funds) malversación f.

misbehave [mɪsbɪ'heɪv] vi portarse or comportarse mal.

misbehaviour, US misbehavior [mɪsbɪ'heɪvjəʳ] n mala conducta f, mal comportamiento m.

miscalculate [mɪs'kælkjʊleɪt] vtr & vi calcular mal.

miscalculation [mɪskælkjʊ'leɪʃən] n cálculo m erróneo, error m de cálculo; fig error m, desacierto m, equivocación f.

miscarriage [mɪs'kærɪdʒ] n 1 Med aborto m (espontáneo). 2 m. of justice, error m judicial.

miscarry [mɪs'kærɪ] vi (pt & pp miscarried) 1 Med abortar (espontáneamente). 2 fig (plan) fracasar.

miscast [mɪs'kɑːst] vtr (pt & pp miscast) (actor) dar un papel poco apropiado a.

miscellaneous [mɪsɪ'leɪnɪəs] adj misceláneo,-a, variado,-a; m. expenses, gastos mpl diversos.

miscellany [mɪ'selənɪ] n miscelánea f; (of poems etc) antología f.

mischance [mɪs'tʃɑːns] n mala suerte f, desgracia f.

mischief ['mɪstʃɪf] n 1 (naughtiness) travesura f, diablura f; she's full of m., es muy traviesa; to get into or up to m., hacer diabluras or travesuras. 2 (evil) malicia f, maldad f. 3 fam (harm) daño m, mal m; to do oneself a m., hacerse daño.

mischievous ['mɪstʃɪvəs] adj 1 (naughty) travieso,-a; (playful) juguetón,-ona. 2 (wicked) malicioso,-a.

misconception [mɪskən'sepʃən] n concepto m erróneo or falso.

misconduct [mɪs'kɒndʌkt] n (misbehaviour) mala conducta f; Com mala administración f; (adultery) adulterio m; professional m., error m profesional.

misconstruction [mɪskən'strʌkʃən] n mala interpretación f.

misconstrue [mɪskən'struː] vtr interpretar mal.

miscount [mɪs'kaʊnt] vtr (votes etc) contar mal.

misdeed [mɪs'diːd] n delito m, fechoría f.

misdemeanour, *US* **misdemeanor** [ˌmɪsdɪ-ˈmiːnəʳ] *n (misdeed)* fechoría *f*; *Jur* delito *m* menor.

misdirect [ˌmɪsdɪˈrekt] *vtr (letter)* poner mal las señas en; *(operation)* dirigir mal; *(person)* orientar *or* informar mal; *(energies, efforts)* encaminar *or* encauzar mal.

miser [ˈmaɪzəʳ] *n* avaro,-a *m,f*.

miserable [ˈmɪzərəbəl] *adj* 1 *(sad)* triste, deprimido,-a; *(unfortunate)* desgraciado,-a; **it makes me m.**, me deprime muchísimo. 2 *(unpleasant)* desagradable; *(weather)* malo,-a; *(wretched, pathetic)* miserable, lamentable. 3 *(paltry)* despreciable, miserable. ◆**miserably** *adv* 1 *(sadly)* tristemente; *(unfortunately)* desgraciadamente. 2 *(pathetically)* miserablemente, lamentablemente.

miserly [ˈmaɪzəlɪ] *adj* avaro,-a, tacaño,-a.

misery [ˈmɪzərɪ] *n* 1 *(sadness)* tristeza *f*, *(wretchedness)* desgracia *f*, desdicha *f*; **to make sb's life a m.**, amargarle la vida a algn. 2 *(suffering)* sufrimiento *m*, dolor *m*; **to put an animal out of its m.**, acortarle la agonía a un animal; *fig hum* **go on, tell me, put me out of my m.**, anda, dímelo, no me hagas esperar más. 3 *(poverty)* pobreza *f*, miseria *f*. 4 *fam (person)* aguafiestas *mf*; **what a m. you are!**, ¡qué pesado eres!

misfire [mɪsˈfaɪəʳ] *vi (gun, car, plan)* fallar.

misfit [ˈmɪsfɪt] *n (person)* inadaptado,-a *m,f*; *(outcast)* marginado,-a *m,f*.

misfortune [mɪsˈfɔːtʃən] *n* desgracia *f*, infortunio *m*; *(bad luck)* mala suerte *f*.

misgiving [mɪsˈgɪvɪŋ] *n (doubt)* duda *f*, recelo *m*; *(fear)* temor *m*.

misguided [mɪsˈgaɪdɪd] *adj* equivocado,-a, desacertado,-a.

mishandle [mɪsˈhændəl] *vtr* llevar *or* manejar mal.

mishap [ˈmɪshæp] *n* desgracia *f*, contratiempo *m*, accidente *m*; **without m.**, sin novedad.

mishear [mɪsˈhɪəʳ] *vtr & vi (pt & pp misheard* [mɪsˈhɜːd]*)* oír mal.

mishmash [ˈmɪʃmæʃ] *n fam* batiburrillo *m*, mezcolanza *f*.

misinform [mɪsɪnˈfɔːm] *vtr* informar mal.

misinformation [mɪsɪnfəˈmeɪʃən] *n* falsa información *f*.

misinterpret [mɪsɪnˈtɜːprɪt] *vtr* interpretar mal.

misinterpretation [mɪsɪntɜːprɪˈteɪʃən] *n* mala interpretación *f*.

misjudge [mɪsˈdʒʌdʒ] *vtr (person, situation)* juzgar mal; *(distance etc)* calcular mal.

mislay [mɪsˈleɪ] *vtr (pt & pp mislaid* [mɪsˈleɪd]*)* extraviar, perder.

mislead [mɪsˈliːd] *vtr (pt & pp misled)* despistar, desorientar; *(deliberately)* engañar.

misleading [mɪsˈliːdɪŋ] *adj (erroneous)* erróneo,-a; *(deliberately)* engañoso,-a.

misled [mɪsˈled] *pt & pp see* **mislead**.

mismanage [mɪsˈmænɪdʒ] *vtr* manejar mal, administrar mal.

mismanagement [mɪsˈmænɪdʒmənt] *n* mal manejo *m*, mala administración *f*.

misnomer [mɪsˈnəʊməʳ] *n* nombre *m* equivocado *or* inapropiado.

misogynist [mɪˈsɒdʒɪnɪst] *n* misógino,-a *m,f*.

misplace [mɪsˈpleɪs] *vtr* 1 *(trust, affection)* encauzar mal. 2 *(lose)* extraviar, perder.

misplaced [mɪsˈpleɪst] *adj* 1 *(trust, affection)* inapropiado,-a, equivocado,-a; *(remark)* fuera de lugar. 2 *(lost)* extraviado,-a, perdido,-a.

misprint [ˈmɪsprɪnt] *n* errata *f*, error *m* de imprenta.

mispronounce [mɪsprəˈnaʊns] *vtr* pronunciar mal.

mispronunciation [mɪsprənʌnsɪˈeɪʃən] *n* mala pronunciación *f*.

misquotation [mɪskwəʊˈteɪʃən] *n* cita *f* incorrecta *or* equivocada.

misread [mɪsˈriːd] *vtr (pt & pp misread* [mɪsˈred]*)* leer mal; *(misinterpret)* interpretar mal.

misrepresent [mɪsreprɪˈzent] *vtr (facts)* falsificar, desvirtuar; *(words)* tergiversar, desvirtuar.

misrepresentation [mɪsreprɪzenˈteɪʃən] *n* falsificación *f*, tergiversación *f*.

miss[1] [mɪs] *n* señorita *f*; **M. Fitzpatrick**, la señorita Fitzpatrick; **M. World**, Miss *f* Mundo; **thank you, m.**, gracias, señorita.

miss[2] [mɪs] **I** *n* 1 *(throw etc)* fallo *m*; *(shot)* tiro *m* errado; *(failure)* fracaso *m*; *fig* desacierto *m*. 2 *fam* **to give sb a m.**, no asistir; **I'll give the party a m.**, paso de ir a la fiesta. **II** *vtr* 1 *(throw etc)* fallar; *(shot)* errar. 2 *(fail to catch) (train etc)* perder; *(fail to see, hear, understand) (joke)* no entender; *(opportunity)* perder, dejar pasar; **I missed what you said**, no oí lo que dijiste; **you didn't m. much!**, ¡no te perdiste gran cosa!; **you have missed the point**, no has captado la idea; *fig* **to m. the boat**, perder el tren *or* la ocasión. 3 *(avoid)* evitar; **that car just missed me**, por poco me atropella ese coche. 4 *(not attend)* no asistir a; **to m. class**, faltar a clase. 5 *(omit, skip)* saltarse; *(disregard)* pasar por alto; **you missed a page**, te saltaste una página. 6 *(sth just lost)* echar en falta; *(person)* echar de menos; *(homeland)* añorar. **III** *vi* 1 *(throw etc)* fallar; *(shot)* errar. 2 *(fail to attend)* faltar. 3 *Aut (engine)* fallar. 4 *(be lacking)* faltar; **is anything missing?**, ¿falta algo? ◆**miss out** **I** *vtr (omit)* saltarse; *(disregard)* pasar por alto. **II** *vi (opportunity etc)* **to m. out on**, perderse, dejar pasar.

missal [ˈmɪsəl] *n Rel* misal *m*.

misshapen [mɪsˈʃeɪpən] *adj (badly formed)* deforme; *(out of shape)* deformado,-a.

missile [ˈmɪsaɪl], *US* [ˈmɪsəl] *n Mil* misil *m*; *(object thrown)* proyectil *m*. ■ **m. launcher**, lanzamisiles *m inv*.

missing [ˈmɪsɪŋ] *adj (lost)* perdido,-a, extraviado,-a; *(disappeared)* desaparecido,-a; *(absent)* ausente; **m. link**, eslabón *m* perdido; **m. person**, desaparecido,-a *m,f*; **three cups are m.**, faltan tres tazas.

mission [ˈmɪʃən] *n* misión *f*; *Astronaut* **m. control**, centro *m* de control.

missionary [ˈmɪʃənərɪ] **I** *adj* misional. **II** *n Rel* misionero,-a *m,f*.

missis [ˈmɪsɪs] *n fam (wife)* **the m.**, la parienta.

missive [ˈmɪsɪv] *n* misiva *f*.

misspell [mɪsˈspel] *vtr (pt & pp misspelled or misspelt* [mɪsˈspelt]*)* *(write)* escribir mal; *(say)* deletrear mal.

misspent [ˈmɪsspent] *adj (youth)* malgastado,-a.

mist [mɪst] **I** *n (fog)* niebla *f*; *(thin)* neblina *f*, calina *f*; *(at sea)* bruma *f*; *(on window etc)* vaho *m*; *fig (of tears etc)* velo *m*. **II** *vi* **to m. over** *or* **up**, *(countryside)* cubrirse de neblina; *(window etc)* empañarse; *fig (eyes)* llenarse de lágrimas.

mistake [mɪ'steɪk] I *n* equivocación *f*, error *m*; *(oversight)* descuido *m*; *(in test etc)* falta *f*; **by m.**, por equivocación *or* descuido; *(unintentionally)* sin querer; **make no m. about it!**, ¡que quede bien claro!; **to make a m.**, equivocarse, cometer un error. ■ **spelling m.**, falta *f* de ortografía. II *vtr (pt mistook; pp mistaken)* 1 *(meaning, intention)* entender *or* interpretar mal. 2 *(confuse)* confundir; **to m. Jack for Bill**, confundir a Jack con Bill.

mistaken [mɪ'steɪkən] I *pp see* mistake. II *adj* equivocado,-a, erróneo,-a; **you are m.**, estás equivocado,-a.

mister ['mɪstə'] *n* 1 señor *m*. 2 *fam* señor *m*, caballero *m*.

mistime [mɪs'taɪm] *vtr* **to m. sth**, hacer algo a deshora *or* a destiempo.

mistletoe ['mɪsəltəʊ] *n Bot* muérdago *m*.

mistook [mɪ'stʊk] *pt see* mistake.

mistreat [mɪs'triːt] *vtr* maltratar, tratar mal.

mistress ['mɪstrɪs] *n* 1 *(of house, servant)* señora *f*, ama *f*; *(of dog)* dueña *f*. 2 *(lover)* amante *f*, querida *f*. 3 *(teacher) (primary school)* maestra *f*; *(secondary school)* profesora *f*.

mistrust [mɪs'trʌst] I *n* desconfianza *f*, recelo *m*. II *vtr* desconfiar de, dudar de.

mistrustful [mɪs'trʌstfʊl] *adj* desconfiado,-a, receloso,-a; **to be m. of sth/sb**, desconfiar de algo/algn.

misty ['mɪstɪ] *adj (mistier, mistiest) (weather)* nublado,-a, de niebla; *(window etc)* empañado,-a.

misunderstand [mɪsʌndə'stænd] *vtr & vi (pt & pp misunderstood)* entender *or* comprender mal.

misunderstanding [mɪsʌndə'stændɪŋ] *n* malentendido *m*; *(mistake)* equivocación *f*; *(disagreement)* desacuerdo *m*, desavenencia *f*.

misunderstood [mɪsʌndə'stʊd] I *pt & pp see* misunderstand. II *adj (thing)* mal entendido,-a; *(person)* incomprendido,-a.

misuse [mɪs'juːs] I *n (of tool, resources, word)* mal uso *m*, mal empleo *m*; *(of funds)* malversación *f*; *(of authority, power)* abuso *m*. II [mɪs'juːz] *vtr (tool, resources, word)* utilizar *or* emplear mal; *(funds)* malversar; *(authority, power)* abusar de.

mite [maɪt] *n* 1 *(insect)* ácaro *m*, acárido *m*. 2 *(small child)* chiquillo,-a *m,f*, criatura *f*. 3 *(small amount)* pizca *f*; *fam* **he's a m. tired**, está cansadito.

miter ['maɪtə'] *n US see* mitre.

mitigate ['mɪtɪgeɪt] *vtr* mitigar, aliviar; *Jur* **mitigating circumstances**, circunstancias *fpl* atenuantes.

mitigation [mɪtɪ'geɪʃən] *n* mitigación *f*, alivio *m*; *Jur* **to plead sth in m.**, alegar algo como atenuante.

mitre ['maɪtə'] *n* 1 *Rel* mitra *f*. 2 *Carp* **m. (joint)**, inglete *m*.

mitt [mɪt] *n* manopla *f*; **baseball m.**, guante *m* de béisbol; **oven m.**, manopla de cocina.

mitten ['mɪtən] *n* manopla *f*; *(fingerless glove)* mitón *m*.

mix [mɪks] I *n* mezcla *f*; *Culin* **cake m.**, preparado *m* para hacer un pastel. II *vtr* mezclar, combinar; *(paste, concrete)* amasar, mezclar; *Culin (ingredients)* mezclar; *(eggs)* batir; *(cocktail)* preparar; **to m. business with pleasure**, compaginar los negocios con la diversión. III *vi (blend)* mezclarse **(with**, con); *(go well together)* ir bien juntos; *(socially, people)* llevarse *or* entenderse bien; *fig* **oil and water don't m.**, el queso y el chocolate no se comen juntos. ◆**mix in** *vtr* incorporar, añadir. ◆**mix up** *vtr* 1 *(mix well) (ingredients)* mezclar bien. 2 *(confuse, muddle up) (person)* confundir **(with**, con);

(papers) revolver; **to get all mixed up**, hacerse un lío. 3 *(involve)* implicar; **to be mixed up in sth**, estar metido,-a *or* enredado,-a en algo; **to get mixed up with sb**, liarse con algn.

mixed [mɪkst] *adj (assorted)* surtido,-a; *(varied)* variado,-a; *(education, school)* mixto,-a; *(feelings)* contradictorio,-a; *(salad)* mixto,-a; *(weather)* variable; *Sport* **m. doubles**, dobles *mpl* mixtos; *Culin* **m. grill**, parrillada *f*.

mixed-up [mɪkst'ʌp] *adj (objects, papers, etc)* revuelto,-a; *(person)* confuso,-a, desorientado,-a.

mixer ['mɪksə'] *n* 1 *Culin* mezcladora *f*, batidora *f*. 2 *Constr* **concrete m.**, hormigonera *f*. 3 *Cin TV* mezclador,-a *m,f*. 4 *(person)* **to be a good m.**, tener don de gentes.

mixture ['mɪkstʃə'] *n* mezcla *f*. ■ *Med* **cough m.**, jarabe *m* para la tos.

mix-up ['mɪksʌp] *n fam (confusion)* confusión *f*, lío *m*, enredo *m*.

mizzle ['mɪzəl] I *n* llovizna *f*. II *vi* lloviznar.

MLitt [em'lɪt] *Educ abbr of* Master of Letters.

mm *abbr of* **millimetre(s)**, milímetro(s), *m(pl)*, mm.

mnemonic [nɪ'mɒnɪk] I *adj* mnemotécnico,-a. II *n* mnemotécnica *f*, nemotécnica *f*.

MO [em'əʊ] *abbr of* **Medical Officer**, médico,-a *m,f* militar.

moan [məʊn] I *n* 1 *(groan)* gemido *m*, quejido *m*. 2 *(complaint)* queja *f*. II *vi* 1 *(groan)* gemir. 2 *(complain)* quejarse **(about**, de).

moaning ['məʊnɪŋ] *n* 1 *(groaning)* gemidos *mpl*; *(of wind in trees)* quejido *m*. 2 *(complaining)* quejas *fpl*.

moat [məʊt] *n* foso *m*.

mob [mɒb] I *n (crowds)* multitud *f*, muchedumbre *f*, gentío *m*; *(gang)* pandilla *f*; *(riff-raff)* gentuza *f*, chusma *f*; *US sl (Mafia)* **the M.**, la mafia; **m. rule**, ley *f* de la calle; **the m.**, el populacho. II *vtr (pt & pp mobbed) (crowd around)* acosar, rodear; *(attack)* asaltar, atropellar.

mobile ['məʊbaɪl, *US* 'məʊbəl] I *adj* móvil, móvible; **are you m.?**, ¿tienes coche?; **m. home**, caravana *f*, remolque *m*. II *n (hanging ornament)* móvil *m*.

mobility [məʊ'bɪlɪtɪ] *n* movilidad *f*.

mobilization [məʊbɪlaɪ'zeɪʃən] *n* movilización *f*.

mobilize ['məʊbɪlaɪz] *vtr (troops, support)* movilizar.

mobster ['mɒbstə'] *n US fam* gángster *m*.

moccasin ['mɒkəsɪn] *n (shoe)* mocasín *m*.

mocha ['mɒkə] *n* moca *m*.

mock [mɒk] I *adj* 1 *(feelings)* fingido,-a, simulado,-a; *(modesty)* falso,-a. 2 *(objects)* de imitación. 3 *(events)* de prueba; **m. battle**, simulacro *m* de batalla. II *vtr (make fun of)* burlarse *or* mofarse de; *(mimic)* imitar. III *vi* burlarse, mofarse **(at**, de).

mockery ['mɒkərɪ] *n* 1 *(ridicule, derision)* burla *f*, mofa *f*. 2 *(travesty)* parodia *f*; *(farce)* farsa *f*; **it makes a m. of the whole system**, esto pone el sistema en ridículo.

mocking ['mɒkɪŋ] *adj* burlón,-ona.

mockingbird ['mɒkɪŋbɜːd] *n Orn* sinsonte *m*.

mock-up ['mɒkʌp] *n (model)* maqueta *f*, modelo *m* a escala.

MOD [eməʊ'diː] *GB abbr of* Ministry of Defence, Ministerio *m* de Defensa.

mode [məʊd] *n* **1** *(manner, way)* modo *m*, estilo *m*. **2** *(fashion)* moda *f*.

model ['mɒdəl] **I** *n* **1** *(solid representation)* modelo *m*; **(scale) m.**, maqueta *f*. **2** *(design)* figurín *m*; *(pattern)* patrón *m*, modelo *m*. **3** *(fashion model)* modelo *mf*, maniquí *mf*. **4** *(of car, machine, etc)* modelo *m*. **5** *fig (perfect example)* modelo *m*; **to act as a m. for,** servir de pauta a. **II** *adj* **1** *(railway, car)* en miniatura, de juguete; **m. aeroplane,** aeromodelo *m*. **2** *(teacher, friend)* ejemplar. **3** *(factory, school)* modelo; **m. home,** casa *f* piloto. **III** *vtr (pt & pp* **modelled,** *US* **modeled) 1** *(clay etc)* modelar. **2** *(clothes)* presentar. **3** *fig* imitar, copiar; **A is modelled on B,** A se ha inspirado en B; **to m. oneself on sb,** seguir el ejemplo de algn. **IV** *vi* **1** *(make clay models etc)* modelar. **2** *(work as fashion model)* trabajar de modelo; *(pose for artist)* posar.

modelling , *US* **modeling** ['mɒdəlɪŋ] *n* **1** *(of clay etc)* modelado *m*. **2** *(profession)* profesión *f* de modelo.

modem ['məʊdem] *n Comput* modem *m*.

moderate[1] ['mɒdərɪt] **I** *adj (gen)* moderado,-a; *(reasonable)* razonable; *(price)* módico,-a; *(average)* regular, mediano,-a; *(talent, ability)* mediocre; *(climate)* templado,-a; **to be a m. drinker,** beber con moderación. **II** *n Pol* moderado,-a *m,f*, centrista *mf*. ◆**moderately** *adv (expensive, good)* medianamente; *(eat, drink)* con moderación.

moderate[2] ['mɒdəreɪt] **I** *vtr (demands, speed, etc)* moderar. **II** *vi* **1** *(diminish)* moderarse; *(wind, storm)* calmarse, amainar. **2** *(act as moderator)* arbitrar, servir de moderador.

moderation [mɒdə'reɪʃən] *n* moderación *f*; **in m.,** con moderación.

moderator ['mɒdəreɪtəʳ] *n (mediator)* moderador,-a *m,f*, árbitro *m*.

modern ['mɒdən] *adj* moderno,-a; *(history, literature)* contemporáneo,-a; **m. languages,** lenguas *fpl* modernas.

modernism ['mɒdənɪzəm] *n* modernismo *m*.

modernist ['mɒdənɪst] *adj & n* modernista *(mf)*.

modernity [mɒ'dɜːnɪtɪ] *n* modernidad *f*.

modernización [mɒdənaɪ'zeɪʃən] *n* modernización *f*.

modernize ['mɒdənaɪz] **I** *vtr* modernizar. **II** *vi* modernizarse.

modest ['mɒdɪst] *adj* **1** modesto,-a, humilde. **2** *(chaste)* púdico,-a, recatado,-a. **3** *(small) (sum of money, house, etc)* modesto,-a, pequeño,-a; *(price)* módico,-a; *(success)* discreto,-a.

modesty ['mɒdɪstɪ] *n* **1** *(humility)* modestia *f*, humildad *f*. **2** *(chastity)* pudor *m*, recato *m*.

modicum ['mɒdɪkəm] *n* **a m. of,** una pizca de, un mínimo de; **it requires a m. of know-how,** requiere un mínimo de conocimientos.

modification [mɒdɪfɪ'keɪʃən] *n* modificación *f*.

modify ['mɒdɪfaɪ] *vtr (pt & pp* **modified)** modificar.

modulate ['mɒdjʊleɪt] *vtr* modular.

modulation [mɒdjʊ'leɪʃən] *n* modulación *f*. ■ *Rad* **frequency m.,** frecuencia *f* modulada.

module ['mɒdjuːl] *n* módulo *m*.

mogul ['məʊgʌl] *n* magnate *m*.

mohair ['məʊheəʳ] *n* mohair *m*.

Mohammedan [məʊ'hæmɪdən] *adj & n* musulmán,-ana *(m,f)*.

moist [mɔɪst] *adj* húmedo,-a; *(wet)* ligeramente mojado,-a.

moisten ['mɔɪsən] *vtr* humedecer; *(wet)* mojar ligeramente.

moisture ['mɔɪstʃəʳ] *n (dampness)* humedad *f*; *(on glass)* vaho *m*.

moisturize ['mɔɪstʃəraɪz] *vtr (air)* humedecer; *(skin)* hidratar; **moisturizing cream,** crema *f* hidratante.

moisturizer ['mɔɪstʃəraɪzəʳ] *n* crema *f or* leche *f* hidratante.

molar ['məʊləʳ] *n* muela *f*.

molasses [mə'læsɪz] *n* melaza *f*.

mold [məʊld] *n US see* **mould.**

molder ['məʊldəʳ] *vi US see* **moulder.**

molding ['məʊldɪŋ] *n US see* **moulding.**

moldy ['məʊldɪ] *adj US see* **mouldy.**

mole[1] [məʊl] *n (beauty spot)* lunar *m*.

mole[2] [məʊl] *n* **1** *(animal)* topo *m*. **2** *(spy)* agente *mf* clandestino,-a, infiltrado,-a *m,f*.

molecular [məʊ'lekjʊləʳ] *adj* molecular.

molecule ['mɒlɪkjuːl] *n* molécula *f*.

molehill ['məʊlhɪl] *n* topera *f*; *fig* **to make a mountain out of a m.,** hacer una montaña de un grano de arena.

molest [mə'lest] *vtr (annoy)* importunar, acosar, vejar; *Jur (sexually assault)* acosar (sexualmente).

mollify ['mɒlɪfaɪ] *vtr (pt & pp* **mollified)** aplacar, calmar, apaciguar.

mollusc, *US* **mollusk** ['mɒləsk] *n Zool* molusco *m*.

mollycoddle ['mɒlɪkɒdəl] *vtr fam* mimar, consentir.

Molotov cocktail [mɒlətɒf'kɒkteɪl] *n* cóctel *m* Molotov.

molt [məʊlt] *vi US see* **moult.**

molten ['məʊltən] *adj* fundido,-a, derretido,-a; **m. lava,** lava líquida.

mom [mɒm] *n US fam* mamá *f*.

moment ['məʊmənt] *n* **1** *(instant)* momento *m*, instante *m*; **a m. ago,** hace un momento; **at the m.,** en este momento; **at the last m.,** a última hora; **for the m.,** de momento; **I've just this m. seen them,** acabo de verles ahora mismo; **in a m.,** dentro de un momento; **to expect sb at any m.,** esperar a algn de un momento a otro. **2** *(significance)* importancia *f*, trascendencia *f*; **of great m.,** de gran importancia.

momentary ['məʊməntərɪ] *adj* momentáneo,-a. ◆**momentarily** *adv* **1** *(for a short time)* momentáneamente. **2** *(soon)* de un momento a otro. **3** *US (very soon)* dentro de poco.

momentous [məʊ'mentəs] *adj* trascendental.

momentum [məʊ'mentəm] *n (pl* **momentums** *or* **momenta** [məʊ'mentə]*) Phys* momento *m*; *(speed)* ímpetu *m*, velocidad *f*; *fig* ímpetu *m*, impulso *m*; **to gather m.,** cobrar velocidad.

mommy ['mɒmɪ] *n US fam* mamá *f*.

Mon *abbr of* **Monday,** lunes *m*, lun.

Monaco ['mɒnəkəʊ] *n* Mónaco *m*.

monarch ['mɒnək] *n* monarca *m*.

monarchical [mə'nɑːkɪkəl] *adj* monárquico,-a.

monarchist ['mɒnəkɪst] *adj & n* monárquico,-a *(m,f)*.

monarchy ['mɒnəkɪ] *n* monarquía *f*.

monastery ['mɒnəstərɪ] *n* monasterio *m*.

monastic [mə'næstɪk] *adj* monástico,-a.

Monday ['mʌndɪ] *n* lunes *m*; *see also* **Saturday.**

Monegasque [mɒnə'gæsk] *adj* & *n* monegasco,-a *(m,f)*.

monetarism ['mʌnɪtərɪzəm] *n* monetarismo *m*.

monetarist ['mʌnɪtərɪst] *adj* & *n* monetarista *(mf)*.

monetary ['mʌnɪtərɪ] *adj* monetario,-a.

money ['mʌnɪ] *n* dinero *m*; *(coin, currency)* moneda *f*; **public moneys** *or* **monies**, fondos *mpl* públicos; **to be worth a lot of m.**, *(person)* ser rico,-a, tener mucho dinero; *(thing)* valer mucho dinero; **to get one's m.'s worth,** sacar partido del dinero; **to make m.**, *(person)* ganar *or* hacer dinero; *(business etc)* rendir bien; **to put m. on,** apostar por; *fig* **I'd put my m. on her,** yo apostaría por ella; *fam* **it's m. for old rope,** es dinero regalado; *fam* **to be in the m.,** estar bien de dinero; *fam* **to be made of m.,** to be **rolling in m.,** estar forrado,-a (de dinero). ▪ **paper m.**, papel *m* moneda; **m. market,** mercado *m* de valores; **m. order,** giro *m* postal; **ready m.,** dinero *m* contante; **spending m.,** dinero *m* para gastos personales.

moneybags ['mʌnɪbægz] *n fam* ricachón,-ona *m,f*.

moneybox ['mʌnɪbɒks] *n* hucha *f*.

moneyed ['mʌnɪd] *adj* adinerado,-a, rico,-a.

moneylender ['mʌnɪlendə^r] *n* prestamista *mf*.

moneylending ['mʌnɪlendɪŋ] *n* préstamo *m*.

moneymaker ['mʌnɪmeɪkə^r] *n* 1 *(product, business)* negocio *m* rentable. 2 *fam pey (person)* pesetero,-a *m,f*.

moneymaking ['mʌnɪmeɪkɪŋ] I *adj (business)* rentable, lucrativo,-a. II *n* ganancia *f*.

money-spinner ['mʌnɪspɪnə^r] *n fam see* money-maker 1.

Mongol ['mɒŋgɒl] I *adj* mongol,-a. II *n* 1 *(person)* mongol,-a *m,f*, mogol,-a *m,f*. 2 *(language)* mongol *m*, mogol *m*.

Mongolia [mɒŋ'gəʊlɪə] *n* Mongolia.

Mongolian [mɒŋ'gəʊlɪən] *adj* & *n* mongol,-a *(m,f)*.

mongolism ['mɒŋgəlɪzəm] *n* mongolismo *m*.

mongoose ['mɒŋguːs] *n (pl* **mongooses)** *Zool* mangosta *f*.

mongrel ['mʌŋgrəl] *n (dog)* perro *m* mestizo; *pey* perro *m* callejero.

monied ['mʌnɪd] *adj see* moneyed.

monitor ['mɒnɪtə^r] I *n* 1 *Rad (person)* escucha *mf*. 2 *TV Tech Med (screen)* monitor *m*. 3 *Sch (prefect)* delegado,-a *m,f*, responsable *mf*. II *vtr* 1 *(radio broadcast)* escuchar. 2 *(check)* controlar; *(progress, events)* seguir de cerca.

monitoring ['mɒnɪtərɪŋ] *n* 1 *(of radio broadcast)* escucha *f*; **m. station,** estación *f* de escucha. 2 *(checking)* control *m*.

monk [mʌŋk] *n* monje *m*.

monkey ['mʌŋkɪ] *n* mono *m*, mico *m*; **female m.,** mona *f*, mica *f*; *fam (child)* little **m.,** diablillo *m*. ▪ *fam* **m. business,** *(mischief)* travesuras *fpl*; *(swindle)* trampas *fpl*; **m. nut,** cacahuete *m*; *fam (mischief)* **m. tricks,** diabluras *fpl*, travesuras *fpl*; **m. wrench,** llave *f* inglesa. ◆**monkey about, monkey around** *vi fam* hacer tonterías, hacer el tonto; **to m. about** *or* **around with sth,** juguetear con algo.

monochrome ['mɒnəkrəʊm] I *adj* monocromo,-a; *(television, photo)* en blanco y negro. II *n* monocromía *f*.

monocle ['mɒnəkəl] *n* monóculo *m*.

monogamous [mɒ'nɒgəməs] *adj* monógamo,-a.

monogamy [mɒ'nɒgəmɪ] *n* monogamía *f*.

monogram ['mɒnəgræm] *n* monograma *m*.

monolith ['mɒnəlɪθ] *n* monolito *m*.

monologue, *US* **monolog** ['mɒnəlɒg] *n* monólogo *m*.

monoplane ['mɒnəupleɪn] *n* monoplano *m*.

monopolize [mə'nɒpəlaɪz] *vtr* 1 *Fin* monopolizar. 2 *(attention etc)* acaparar.

monopoly [mə'nɒpəlɪ] *n* monopolio *m*.

monorail ['mɒnəureɪl] *n (train, system)* monorriel *m*, monocarril *m*.

monosyllabic [mɒnəsɪ'læbɪk] *adj (word)* monosílabo,-a; *(language, remark)* monosilábico,-a.

monosyllable ['mɒnə'sɪləbəl] *n* monosílabo *m*.

monotone ['mɒnətəʊn] *n* **in a m.,** con una voz monótona.

monotonous [mə'nɒtənəs] *adj* monótono,-a.

monotony [mə'nɒtənɪ] *n* monotonía *f*.

monoxide [mɒ'nɒksaɪd] *n* *Chem* monóxido *m*. ▪ **carbon m.,** monóxido *m* de carbono.

monsoon [mɒn'suːn] *n* *Meteor* monzón *m*; **m. rains,** lluvias *fpl* monzónicas.

monster ['mɒnstə^r] I *n* monstruo *m*. II *adj fam (huge)* enorme, gigantesco,-a.

monstrosity [mɒn'strɒsɪtɪ] *n* monstruosidad *f*.

monstrous ['mɒnstrəs] *adj* 1 *(huge)* enorme, gigantesco,-a; *(hideous)* monstruoso,-a. 2 *(outrageous)* escandaloso,-a, monstruoso,-a; *(unfair)* injusto,-a; **it's m. that ...,** es una vergüenza que ... .

montage ['mɒntɑːʒ] *n* *Cin Phot* montaje *m*.

Monte Carlo [mɒntɪ'kɑːləʊ] *n* Montecarlo.

month [mʌnθ] *n* mes *m*; **a m. today,** de aquí a un mes; **calendar m.,** mes civil; **every m.,** cada mes, todos los meses; **in the m. of June,** en el mes de junio; **last/next m.,** el mes pasado/que viene; **m.'s pay,** sueldo *m* mensual, mensualidad *f*; **once a m.,** una vez al mes; **the 10th of this m.,** el 10 del corriente; *fam* **never in a m. of Sundays,** nunca jamás.

monthly ['mʌnθlɪ] I *adj* mensual; **m. instalment** *or* **payment,** mensualidad *f*; *Rail etc* **m. ticket,** abono *m* mensual. II *n (periodical)* revista *f* mensual. III *adv (every month)* mensualmente, cada mes; *(pay)* al mes.

monument ['mɒnjʊmənt] *n* monumento *m*.

monumental [mɒnʊ'mentəl] *adj* 1 monumental; **m. mason,** marmolista *mf*. 2 *fam (huge)* enorme, monumental; **a m. blunder,** una metedura de pata garrafal.

moo [muː] I *n (of cow)* mugido *m*. II *vi* mugir.

mooch [muːt] I *vi fam* **to m. about** *or* **around,** vagar, divagar. II *vtr US sl* **to m. sth off sb,** *(cadge)* gorrear algo a algn; *(steal)* birlar algo a algn.

mood[1] [muːd] *n* *Ling* modo *m*.

mood[2] [muːd] *n* humor *m*; **he's in one of his moods,** está de malas; **to be in a good/bad m.,** estar de buen/mal humor; **to be in the m. for (doing) sth,** tener ganas de *or* estar de humor para (hacer) algo; **I'm not in the m. for jokes,** no estoy para bromas.

moodiness ['muːdɪnɪs] *n (changeable moods)* cambios *mpl* de humor; *(bad mood)* mal humor *m*; *(sadness)* melancolía *f*.

moody ['muːdɪ] *adj (moodier, moodiest) (changeable)* de humor cambiadizo, lunático,-a; *(bad-tempered)* malhumorado,-a; *(sad)* melancólico,-a; **she's very m.,** siempre está con caras largas.

moon [mu:n] I *n* luna *f*; *fig* **once in a blue m.**, de higos a brevas; *fam* **to be over the m.**, estar en el séptimo cielo. ■ **full/new m.**, luna llena/nueva. II *adj* lunar. ■ **m. buggy**, vehículo *m* lunar; **m. landing**, alunizaje *m*. III *vi* **to m. about** *or* **around**, perder el tiempo, mirar a las musarañas.

moonbeam ['mu:nbi:m] *n* rayo *m* de luna.

moonlight ['mu:nlaɪt] I *n* claro *m* de luna, luz *f* de la luna; **by m.**, **in the m.**, a la luz de la luna; **it was m.**, había luna; *fam* **to do a m. flit**, largarse a la chita callando. II *vi fam* estar pluriempleado,-a.

moonlighter ['mu:nlaɪtə^r] *n fam* pluriempleado,-a *m,f*.

moonlighting ['mu:nlaɪtɪŋ] *n fam* pluriempleo *m*.

moonlit ['mu:nlɪt] *adj* iluminado,-a por la luna; *(night)* de luna.

moonshine ['mu:nʃaɪn] *n* **1** *(nonsense)* bobadas *fpl*, pamplinas *fpl*. **2** *US (alcohol)* licor *m* destilado ilegalmente.

moonstone ['mu:nstəʊn] *n Min* piedra *f* de la luna, adularia *f*.

moonstruck ['mu:nstrʌk] *adj fam (crazy)* chiflado,-a, tocado,-a.

Moor [mʊə^r] *n* moro,-a *m,f*.

moor[1] [mʊə^r] *n (heath)* brezal *m*, páramo *m*.

moor[2] [mʊə^r, mɔ^r] *vtr Naut (with ropes)* amarrar; *(with anchor)* anclar.

moorhen ['mʊəhen] *n Orn* polla *f* de agua.

mooring ['mʊərɪŋ] *n* **1** *(place)* amarradero *m*. **2 moorings**, *(ropes etc)* amarras *fpl*.

Moorish ['mʊərɪʃ] *adj* moro,-a.

moorland ['mʊələnd] *n* brezal *m*, páramo *m*.

moose ['mu:s] *n inv Zool* alce *m*.

moot [mu:t] I *adj* **it's a m. point**, es discutible *(whether*, si). II *vtr (suggest)* plantear, proponer, sugerir; **it has been mooted that ...**, se ha sugerido que ... .

mop [mɒp] I *n (for floor)* fregona *f*, fregasuelos *m inv*; *fam* **m. of hair**, melena *f*, mata *f* de pelo. II *vtr (pt & pp mopped) (floor)* fregar, limpiar; **to m. one's brow**, enjugarse la frente. ◆**mop up** *vtr* **1** *(spilt liquids)* limpiar, enjugar; *(dry up)* secar; *fig (profits, funds)* llevarse. **2** *Mil (enemy forces)* acabar con, rematar.

mope [məʊp] *vi* estar deprimido,-a *or* abatido,-a. ◆**mope about**, **mope around** *vi* andar abatido,-a.

moped ['məʊped] *n* ciclomotor *m*, vespa *f*.

mopping-up [mɒpɪŋ'ʌp] *n Mil* **m.-up operation**, operación *f* de limpieza.

moral ['mɒrəl] I *adj* moral; **m. victory**, victoria moral. II *n* **1** *(of story)* moraleja *f*. **2 morals**, *(standards)* moral *f sing*, moralidad *f sing*. ◆**morally** *adv* moralmente; **m. right/wrong**, moral/inmoral.

morale [mə'rɑ:l] *n* moral *f*, estado *m* de ánimo; **her m. was very low**, estaba muy baja de moral; **to raise sb's m.**, subirle la moral a algn.

moralistic [mɒrə'lɪstɪk] *adj* moralizador,-a.

morality [mə'rælɪtɪ] *n* moralidad *f*.

moralize ['mɒrəlaɪz] *vi* moralizar.

morass [mə'ræs] *n (marsh)* cenagal *m*, pantano *m*; *fig (mess)* lío *m*, embrollo *m*; **a m. of details**, un laberinto *or* un mar de detalles.

moratorium [mɒrə'tɔ:rɪəm] *n (pl moratoriums* or **moratoria** [mɒrə'tɔ:rɪə]*)* moratoria *f*.

morbid ['mɔ:bid] *adj Med* mórbido,-a; *(mind)* morboso,-a, enfermizo,-a; *(curiosity)* malsano,-a; *(depressed)* pesimista.

morbidness ['mɔ:bɪdnɪs] *n (medical, of mind)* morbosidad *f*; *(depression)* pesimismo *m*.

mordant ['mɔ:dənt] *adj (criticism etc)* mordaz.

more [mɔ:^r] I *adj* más; **and what is m.**, y además, y lo que es más; **is there any m. tea?**, ¿queda más té?; **I've no m. money**, no me queda más dinero; **m. people**, más gente; **no m. crying!**, ¡deja ya de llorar! II *pron* más; **how many m.?**, ¿cuántos más?; **I need some m.**, necesito más; **it's m. than enough**, basta y sobra; **many/much m.**, muchos,-as/mucho más; **m. than a hundred**, más de cien; **the m. he has**, **the m. he wants**, cuanto más tiene más quiere; **to see m. of sb**, ver a algn más a menudo. III *adv* más; **I won't do it any m.**, no lo volveré a hacer; **it's m. than a little suprising**, es bastante sorprendente; **m. and m. difficult**, cada vez más difícil; **m. or less the same**, más o menos igual; **once m.**, una vez más; **she doesn't live here any m.**, ya no vive aquí; **still m.**, todavía más.

moreover [mɔ:'rəʊvə^r] *adv* además, por otra parte.

mores ['mɔ:reɪz] *npl fml* costumbres *fpl*, tradiciones *fpl*.

morgue [mɔ:g] *n* depósito *m* de cadáveres.

moribund ['mɒrɪbʌnd] *adj* moribundo,-a.

morning ['mɔ:nɪŋ] I *n* mañana *f*; *(before dawn)* madrugada *f*; **early in the m.**, muy de mañana; **in the m.**, por la mañana; **in the early hours of the m.**, de madrugada; **on Monday mornings**, los lunes por la mañana; **tomorrow m.**, mañana por la mañana; *(greeting)* **good m.!**, ¡buenos días!; *fam* **to have the m.-after feeling**, tener resaca. II *adj (walk, breeze)* matutino,-a, de la mañana. ■ **m.-after pill**, *(contraceptive)* píldora *f* abortiva; **m. dress**, chaqué *m*; **m. paper**, diario *m* de la mañana; **m. sickness**, náuseas *fpl* del embarazo; **m. star**, lucero *m* del alba, estrella *f* matutina.

mornings ['mɔ:nɪŋz] *adv* por la mañana.

Moroccan [mə'rɒkən] *adj & n* marroquí *(mf)*.

Morocco [mə'rɒkəʊ] *n* Marruecos.

moron ['mɔ:rɒn] *n* **1** *Med* retrasado,-a *m,f* mental. **2** *fam* imbécil *mf*, idiota *mf*.

morose [mə'rəʊs] *adj* malhumorado,-a, hosco,-a.

morpheme ['mɔ:fi:m] *n Ling* morfema *m*.

morphia ['mɔ:fɪə] *n*, **morphine** ['mɔ:fi:n] *n* morfina *f*.

morphology [mɔ:'fɒlədʒɪ] *n Biol Ling* morfología *f*.

Morse [mɔ:s] *n* **M. (code)**, (alfabeto *m*) Morse *m*.

morsel ['mɔ:səl] *n (of food)* bocado *m*; *fig* trozo *m*, fragmento *m*.

mortal ['mɔ:təl] I *adj* mortal; *(human)* humano,-a; **m. remains**, restos *mpl* mortales; *Rel* **m. sin**, pecado *m* mortal. II *n* mortal *mf*. ◆**mortally** *adv (offended etc)* mortalmente; **m. wounded**, herido,-a de muerte.

mortality [mɔ:'tælɪtɪ] *n* **1** *(condition)* mortalidad *f*. **2** *(number of deaths)* mortalidad *f*; **infant m.**, la mortalidad infantil; **m. (rate)**, índice *m or* tasa *f* de mortalidad. **3** *(number of victims)* mortandad *f*.

mortar ['mɔ:tə^r] *n* **1** *Constr (cement)* mortero *m*, argamasa *f*; *fig* **to put one's money in bricks and m.**, invertir dinero en asuntos inmobiliarios. **2** *Mil (gun)* mortero *m*. **3** *(bowl)* mortero *m*, almirez *m*; **pestle and m.**, maja *f* y mortero. II *vtr Mil* bombardear con morteros.

mortarboard ['mɔ:təbɔ:d] *n Univ (cap)* birrete *m*.

mortgage ['mɔːgɪdʒ] I n hipoteca f; m. repayment, pago m hipotecario; to pay off a m., levantar or redimir una hipoteca. II vtr (property, one's future) hipotecar.

mortice ['mɔːtɪs] n see mortise.

mortician [mɔːˈtɪʃən] n US empresario,-a m,f de pompas fúnebres.

mortification [mɔːtɪfɪˈkeɪʃən] n mortificación f.

mortify ['mɔːtɪfaɪ] vtr (pt & pp mortified) mortificar; fam I was mortified, me sentí avergonzado,-a.

mortise ['mɔːtɪs] n Carp muesca f, mortaja f; m. lock, cerradura f embutida.

mortuary ['mɔːtʃʊərɪ] n depósito m de cadáveres.

mosaic [məˈzeɪɪk] n mosaico m; m. floor, suelo m de mosaico.

Moscow ['mɒskəʊ, US 'mɒskaʊ] n Moscú.

Moses ['məʊzɪz] n Moisés m. ■ M. basket, moisés m.

Moslem ['mɒzləm] adj & n musulmán,-ana (m,f).

mosque [mɒsk] n mezquita f.

mosquito [mɒsˈkiːtəʊ] n (pl mosquitoes or mosquitos) Ent mosquito m; m. bite, picadura f de mosquito. ■ m. net, mosquitero m, mosquitera f.

moss [mɒs] n Bot n musgo m. ■ Knit m. stitch, punto m de arroz.

mossy ['mɒsɪ] adj (mossier, mossiest) musgoso,-a, cubierto,-a de musgo.

most [məʊst] I adj (superl of much, many) 1 (greatest in quantity etc) más; this house suffered (the) m. damage, esta casa fue la más afectada; who made (the) m. mistakes?, ¿quién cometió más errores? 2 (the majority of) la mayoría de, la mayor parte de; for the m. part, por lo general; m. of the time, la mayor parte del tiempo; m. people, la mayoría de la gente. II pron 1 (greatest part) la mayor parte; m. of it is finished, la mayor parte está terminada. 2 (greatest number or amount) lo máximo, lo más; there were 50 at the (very) m., había 50 como máximo; to make the m. of sth, aprovechar algo al máximo. 3 (the majority of people) la mayoría; he voted in favour, la mayoría votó a favor. III adv (superl of much) 1 (to form superl) más; the m. intelligent student in the class, el estudiante más inteligente de la clase. 2 (to the greatest degree) más; what I like m., lo que más me gusta. 3 (very) muy, de lo más; a m. amusing speech, un discurso de lo más divertido; m. likely, muy probablemente; (especially) m. of all, sobre todo; she'll m. likely come, es muy probable que venga; you have been m. kind, usted ha sido muy amable. 4 US fam casi; m. everyone, casi todos. ◆mostly adv 1 (chiefly) principalmente, en su mayor parte. 2 (generally) generalmente; (usually) normalmente.

MOT [emaʊˈtiː] GB abbr of Ministry of Transport, Ministerio m de Trasporte; MOT test, inspección f técnica de vehículos, ITV.

motel [məʊˈtel] n motel m.

moth [mɒθ] n mariposa f nocturna. ■ clothes m., polilla f.

mothball ['mɒθbɔːl] n bola f de naftalina.

motheaten ['mɒθiːtən] adj apolillado,-a.

mother ['mʌðər] I n 1 madre f; m. love, amor m materno or maternal; unmarried m., madre soltera. ■ m. country, patria f, madre patria f; M. Nature, Madre f Naturaleza; M.'s Day, Día m de la Madre; m.'s help, niñera f; m. tongue, lengua f materna. 2 Rel madre f; M. Superior, madre superiora; M. Teresa, la Madre Teresa. II vtr (care for) cuidar como una madre; pej (spoil) mimar.

motherhood ['mʌðəhʊd] n maternidad f.

mother-in-law ['mʌðərɪnlɔː] n (pl mothers-in-law) suegra f.

mothering ['mʌðərɪŋ] n cuidados mpl maternales. ■ M. Sunday, Día m de la Madre.

motherland ['mʌðəlænd] n patria f, madre patria f.

motherless ['mʌðəlɪs] adj huérfano,-a de madre.

motherly ['mʌðəlɪ] adj maternal.

mother-of-pearl [mʌðərəvˈpɜːl] n madreperla f, nácar m.

mother-to-be [mʌðətəˈbiː] n (pl mothers-to-be) futura madre f.

mothproof ['mɒθpruːf] adj a prueba de polillas.

motif [məʊˈtiːf] n Art Mus motivo m; (embroidered etc) adorno m; fig (main subject) tema m.

motion ['məʊʃən] I n 1 (movement) movimiento m; Cin in slow m., a cámara lenta; to be in m., estar en marcha; fig to go through the motions, hacer algo como es debido pero sin convicción. ■ Cin m. pictures, el cine; m. sickness, mareo m. 2 (gesture) ademán m, señal f. 3 Pol etc (proposal) moción f; to carry a m., aprobar una moción; to second a m., apoyar una moción. 4 (bowel movement) evacuación f del vientre. II vtr & vi hacer señas; to m. (to) sb to do sth, hacer señas a algn para que haga algo.

motionless ['məʊʃənlɪs] adj inmóvil.

motivate ['məʊtɪveɪt] vtr motivar.

motivation [məʊtɪˈveɪʃən] n motivación f.

motive ['məʊtɪv] I adj motor, motora or motriz. ■ m. power, fuerza f motriz. II n (reason) motivo m; Jur móvil m; with the best of motives, con la mejor intención.

motiveless ['məʊtɪvlɪs] adj sin motivo.

motley ['mɒtlɪ] adj (motlier, motliest) I (multicoloured) abigarrado,-a, variopinto,-a. 2 (varied) diverso,-a, variado,-a, heterogéneo,-a.

motocross ['məʊtəkrɒs] n Sport motocross m, motocrós m.

motor ['məʊtər] n (engine) motor m; fam (car) coche m, automóvil m; the m. trade, la industria del automóvil. ■ m. oil, aceite m para motores; m. racing, carreras fpl de coches; m. show, salón m del automóvil.

motorbike ['məʊtəbaɪk] n fam motocicleta f, moto f.

motorboat ['məʊtəbəʊt] n (lancha) motora f.

motorcade ['məʊtəkeɪd] n desfile m de coches or vehículos.

motorcar ['məʊtəkɑːr] n coche m, automóvil m.

motorcoach ['məʊtəkəʊtʃ] n autocar m.

motorcycle ['məʊtəsaɪkəl] n motocicleta f.

motorcyclist ['məʊtəsaɪklɪst] n motociclista mf.

motoring ['məʊtərɪŋ] I adj automovilístico,-a, del automóvil; m. accident, accidente m automovilístico; m. holiday, vacaciones fpl en coche. II n automovilismo m.

motorist ['məʊtərɪst] n automovilista mf, conductor,-a m,f (de coche).

motorize ['məʊtəraɪz] vtr motorizar.

motorized ['məʊtəraɪzd] adj motorizado,-a.

motorman ['məʊtəmən] n (pl motormen) (train driver) maquinista m, conductor m.

motorway ['məʊtəweɪ] n GB autopista f.

mottled ['mɒtəld] adj (skin, animal) con manchas; (surface) moteado,-a, jaspeado,-a.

motto ['mɒtəʊ] *n (pl **mottoes** or **mottos**)* lema *m*.

mould¹, *US* **mold** [məʊld] *n (fungus)* moho *m*.

mould², *US* **mold** [məʊld] **I** *n Art Culin Tech* molde *m*; *fig* carácter *m*, temple *m*; **cast in the same m.**, cortado,-a con el mismo patrón. **II** *vtr (figure)* moldear; *(clay)* modelar; *fig* **to m. oneself on sb**, tomar a algn como modelo.

moulder, *US* **molder** ['məʊldə^r] *vi* **to m. (away)**, desmoronarse.

moulding, *US* **molding** ['məʊldɪŋ] *n Archit* moldura *f*.

mouldy, *US* **moldy** ['məʊldɪ] *adj (mouldier, mouldiest)* **1** mohoso,-a, enmohecido,-a; **to go m.**, enmohecerse; **to smell m.**, oler a moho *or* humedad. **2** *GB sl* cochino,-a, miserable.

moult [məʊlt] *vi (feathers, skin)* mudar.

mound [maʊnd] *n* **1** *(of earth)* montón *m*; *(small hill)* montículo *m*. **2** *fig (pile)* montón *m*.

mount¹ [maʊnt] *n (mountain)* monte *m*; **M. Everest** (Monte) Everest *m*.

mount² [maʊnt] **I** *n* **1** *(horse)* montura *f*. **2** *(base, support)* soporte *m*, base *f*; *(for photograph)* marco *m*; *(for jewel)* engaste *m*, montura *f*. **II** *vtr* **1** *(horse)* subirse *or* montar a; *(bicycle)* subir a, montar en; **the car mounted the pavement,** el coche se subió a la acera. **2** *(exhibition)* montar; *(campaign)* organizar, lanzar. **3** *(photograph)* enmarcar; *(jewel)* engastar, montar. **4** *Mil* **to m. guard**, montar la guardia. **III** *vi* **1** *(go up)* subir; *(get on horse, bike)* montar. **2** *(increase)* subir, aumentar. ◆**mount up** *vi (increase)* subir, aumentar; *(accumulate)* amontonarse, acumularse.

mountain ['maʊntɪn] **I** *n* montaña *f*; *fig (pile)* montaña *f*, montón *m*. **II** *adj* de montaña, montañés,-esa; *(country)* montañoso,-a. ▪ *Bot* **m. ash**, serbal *m*; **m. bike**, bicicleta *f* de montaña; *Zool* **m. lion**, puma *m*; **m. range**, sierra *f*, cordillera *f*; **m. sickness**, mal *m* de montaña.

mountaineer [maʊntɪ'nɪə^r] *n* alpinista *mf*, *Am* andinista *mf*.

mountaineering [maʊntɪ'nɪərɪŋ] *n* alpinismo *m*, *Am* andinismo *m*.

mountainous ['maʊntɪnəs] *adj (region)* montañoso,-a; *fig* enorme.

mounted ['maʊntɪd] *adj* montado,-a; **the m. police**, la policía montada.

mourn [mɔːn] *vtr & vi* **to m. (for) sb**, llorar la muerte de algn.

mourner ['mɔːnə^r] *n* doliente *mf*.

mournful ['mɔːnfʊl] *adj (person)* triste, afligido,-a; *(voice, tone)* triste, lúgubre.

mourning ['mɔːnɪŋ] *n* luto *m*, duelo *m*; **to be dressed in m.**, ir vestido,-a de luto; **to be in m. for sb**, estar de luto por algn; **to go into m.**, ponerse de luto.

mouse [maʊs] *n (pl mice)* **1** *Zool* ratón *m*. **2** *Comput* ratón *m*.

mousetrap ['maʊstræp] *n* ratonera *f*.

mousse [muːs] *n* **1** *Culin* mousse *f*. **2** *Hairdr* (styling) m., espuma *f* (moldeadora).

moustache [mə'staːʃ] *n* bigote(s) *m(pl)*.

mousy ['maʊsɪ] *adj (mousier, mousiest)* **1** *(colour)* pardusco,-a; *(hair)* castaño claro. **2** *(shy)* tímido,-a.

mouth [maʊθ] **I** *n (pl mouths* [maʊðz]) **1** *Anat* boca *f*; *fig* **I got it straight from the horse's m.**, lo sé de buena tinta; *fig* **it made my m. water**, se me hizo la boca agua; *fig* **she has five mouths to feed**, tiene cinco bocas que alimentar; *fig* **to keep one's m. shut,** no decir esta boca es mía; *fam* **shut your m.!**, ¡cállate la boca!, ¡cierra el pico!; *fam* **to be down in the m.**, estar deprimido,-a; *fam* **to have a big m.**, ser un bocazas; *fam* **to shoot one's m. off**, hablar más de la cuenta. **2** *(of bottle)* boca *f*; *(of tube)* abertura *f*; *(of cave, tunnel, etc)* boca *f*, entrada *f*; *(of river)* desembocadura *f*. **II** *vtr* [maʊð] *(words)* pronunciar, articular; *(in affected manner)* pronunciar con afectación; *(insults)* proferir. **III** *vi* mover los labios. ◆**mouth off** *vi fam* **to m. off about sth**, echar un discurso sobre algo, hacerse el enterado en algo.

mouthful ['maʊθfʊl] *n (of food)* bocado *m*; *(of drink)* sorbo *m*; *(of air)* bocanada *f*; *(name etc)* **to be a bit of a m.**, ser largo *or* difícil de pronunciar; *fam* **to give sb a m.**, poner verde a algn.

mouth organ ['maʊθɔːɡən] *n Mus* armónica *f*.

mouthpiece ['maʊθpiːs] *n* **1** *Mus* boquilla *f*. **2** *(of telephone)* micrófono *m*. **3** *fig (spokesman)* portavoz *m*.

mouth-to-mouth [maʊθtə'maʊθ] *adj* **m.-to-m. resuscitation**, boca a boca *m*.

mouthwash ['maʊθwɒʃ] *n* enjuague *m* bucal.

mouthwatering ['maʊθwɔːtərɪŋ] *adj* muy apetitoso,-a, que se le hace a uno la boca agua.

movable ['muːvəbəl] *adj* movible, móvil.

move [muːv] **I** *n* **1** *(movement)* movimiento *m*; **to be on the m.**, *(to travel)* viajar, desplazarse; *fig (army, country)* estar en marcha; *fig (to be busy)* estar muy ocupado,-a, no parar; **we must make a m.**, debemos irnos ya; *fam* **get a m. on!**, ¡date prisa! **2** *(games)* jugada *f*; *(turn)* turno *m*; **whose m. is it?**, ¿a quién le toca jugar? **3** *(step)* paso *m*; *(course of action)* medida *f*; **to make the first m.**, dar el primer paso; **what is the next m.?**, ¿qué hay que hacer ahora? **4** *(transfer to new home)* mudanza *f*, traslado *m*; *(to new job)* traslado *m*. **II** *vtr* **1** *(gen)* mover; *(furniture etc)* cambiar de sitio, trasladar; *(steering wheel)* girar; *(transfer)* trasladar; **m. that motorbike off the lawn!**, ¡quita esa moto del césped!; **to m. house**, mudarse (de casa), trasladarse; **to m. job**, cambiar de trabajo; **to m. sth closer**, acercar algo. **2** *(in games)* mover, jugar. **3** *(incite, motivate)* inducir, mover; *(persuade)* persuadir; **I won't be moved**, no me harán cambiar de parecer; **to m. sb to tears**, hacer llorar a algn. **4** *(affect emotionally)* conmover; **she is easily moved**, es muy sensible. **5** *(resolution etc)* proponer; **I m. that the meeting be closed**, propongo que se cierre la reunión. **III** *vi* **1** *(change position)* moverse, trasladarse, desplazarse; *(change house)* mudarse (de casa); *(change post, department, etc)* trasladarse; **don't m.!**, ¡no te muevas!; **m. out of the way!**, ¡quítate de en medio!; **to m. to another seat/job**, cambiarse de asiento/trabajo; **keep moving!**, ¡circulen! **2** *(be moving)* estar en marcha o en movimiento; **to start moving**, ponerse en marcha. **3** *(travel, go)* ir; **it moves at high speed**, va a gran velocidad. **4** *(leave)* irse, marcharse; **it's time we were moving**, es hora de irnos. **5** *(games)* jugar, hacer una jugada; *(game piece)* moverse. **6** *(take action)* tomar medidas. **7** *(progress)* hacer progresos, adelantar. ◆**move about, move around I** *vtr (object)* cambiar de sitio *or* lugar; *(employee)* trasladar. **II** *vi (be restless)* moverse mucho; *(walk to and fro etc)* ir y venir, ir de acá para allá; *(travel)* viajar de un lugar a otro; **to m. about freely**, circular libremente. ◆**move along I** *vtr (move forward)* hacer avanzar, adelantar; *(keep moving)* hacer circular. **II** *vi (move forward)* avanzar, adelantarse; *(keep moving)* circular; **m. along!**, *(to crowd)* ¡circulen!; *(to person on bench)* ¡córrete!, ¡haz sitio! ◆**move away I** *vtr* *(object, person)* alejar, apartar **(from**, de). **II** *vi* 1 *(move aside etc)* alejarse, apartarse. 2 *(leave)* irse, marcharse. 3 *(change house)* mudarse *(de casa)*. ◆**move back I** *vtr* 1 *(object)* mover hacia atrás; *(crowd etc)* hacer retroceder. 2 *(to original place)* volver. **II** *vi* 1 *(withdraw, retreat)* retroceder, retirarse. 2 *(to original place)* volver. ◆**move down I** *vtr (person, object)* bajar. **II** *vi* bajar. ◆**move forward I** *vtr* 1 *(person, vehicle, etc)* avanzar, adelantar. 2 *(clock)* adelantar. **II** *vi* avanzar, adelantarse. ◆**move in I** *vtr (object)* llevar hacia dentro; *(furniture into new home etc)* instalar. **II** *vi* 1 *(into new home)* instalarse. 2 *(police etc) (approach)* acercarse; **to m. in on**, acercarse a, avanzar hacia. ◆**move off I** *vtr (remove from)* sacar *or* quitar de. **II** *vi* 1 *(go away)* irse, marcharse; *(train)* salir. 2 *(set off)* ponerse en camino; *(car, train)* arrancar. ◆**move on I** *vtr* 1 *(keep moving) (people, cars, etc)* circular. 2 *(hands of clock)* adelantar. **II** *vi* 1 *(keep moving) (people, cars)* circular; **m. on, please!**, ¡circulen! 2 *(go forward)* avanzar; *(time)* pasar, transcurrir. ◆**move out I** *vtr (object)* sacar; *(troops)* retirar. **II** *vi* 1 *(leave)* irse, marcharse; *(troops)* retirarse. 2 *(leave house)* mudarse. 3 *Aut* **to m. out in order to overtake**, salirse para adelantar. ◆**move over I** *vtr* correr. **II** *vi* correrse; **m. over!**, ¡córrete! ◆**move up I** *vtr* 1 *(object, person)* subir; *(bring closer)* acercar. 2 *fig (promote)* ascender; *(pupil)* **to be moved up**, pasar a la clase superior. **II** *vi* 1 *(go up)* subir. 2 *fig (be promoted)* ser ascendido,-a, ascender. 3 *(move along)* correrse.

moveable ['mu:vəbəl] *adj see* **movable**.

movement ['mu:vmənt] *n* 1 *(act, motion)* movimiento *m*; *(gesture with hand etc)* gesto *m*, ademán *m*; **back and forth m.**, vaivén *m*; **to watch sb's movements**, vigilar los movimientos *or* las actividades de algn. 2 *(transport)* transporte *m*; *(of goods, employees)* traslado *m*; *(of troops)* desplazamiento *m*. 3 *Pol Lit* movimiento *m*; *(trend)* tendencia *f*, corriente *f*; **the feminist m.**, el movimiento feminista. 4 *Com (of stock market)* actividad *f*; *(of prices)* variación *f*. 5 *Tech (workings) (of clock, machine)* mecanismo *m*. 6 *Mus (of symphony etc)* movimiento *m*, tempo *m*, tiempo *m*. 7 *Med (of bowels)* evacuación *f*.

mover ['mu:və'] *n* 1 *fam* **she's a lovely m.**, tiene mucho garbo. 2 *(in meeting etc)* proponedor,-a. 3 *US* mozo *m* de mudanzas.

movie ['mu:vɪ] *n US* película *f*; **to go to the movies**, ir al cine. ■ **m. star**, estrella *f* de cine.

moviegoer ['mu:vɪgəʊə'] *n US* aficionado,-a *m,f* al cine.

moving ['mu:vɪŋ] *adj* 1 *(that moves)* móvil; *(in motion)* en movimiento; *(car etc)* en marcha. ■ **m. staircase**, escalera *f* mecánica. 2 *(causing motion)* motor,-a, motriz; *fig (motivating)* instigador,-a, promotor. 3 *fig (touching)* conmovedor,-a.

mow [məʊ] *vtr (pt mowed; pp mown or mowed)* *(lawn)* cortar, segar; *(corn, wheat)* segar; *fig (kill etc)* **to m. down**, matar, segar.

mower ['məʊə'] *n (for lawn)* segadora *f*, cortacésped *m & f*; *Agr* segadora *f*.

mown [məʊn] *pp see* **mow**.

Mozambique [məʊzəm'bi:k] *n* Mozambique.

Mozarab [məʊ'zærəb] *n* mozárabe *mf*.

MP [em'pi:] **1** *abbr of* **Member of Parliament**, miembro *mf* de la Cámara de los Comunes. **2** *fam abbr of* **Military Police**, policía *f* militar.

mpg [empi:'dʒi:] *abbr of* **miles per gallon**, ≈ litro de gasolina a los cien kilómetros.

mph [empi:'eɪtʃ] *abbr of* **miles per hour**, millas *fp* por hora.

MPhil [em'fɪl] *abbr of* **Master of Philosophy**.

Mr ['mɪstə'] *abbr of* **mister**, señor *m*, Sr.

MRBM [ema:bi:'em] **Mil** *abbr of* **medium-range balistic missile**, proyectil *m* balístico de alcance intermedio, PBAI.

Mrs ['mɪsɪs] *abbr* señora *f*, Sra.

MS, ms [em'es] *abbr of* **manuscript**, manuscrito *m*, ms.

Ms [məz] *abbr* señora *f*, Sra, señorita *f*, Srta.

MSc [emes'si:] *abbr of* **Master of Science**.

Mt *abbr of* **Mount, Mountain**, monte *m*, montaña *f*.

mth *abbr of* **month**, mes *m*, m/.

much [mʌtʃ] *(more, most)* **I** *adj* mucho,-a; **add twice as m. flour**, añade el doble de harina; **as m. ... as**, tanto,-a ... como; **as m. wine as you like**, tanto vino como quieras; **how m. chocolate?**, ¿cuánto chocolate?; **m. admiration**, mucha admiración; **so m.**, tanto,-a; **so m. suffering**, tanto sufrimiento; **too m.**, demasiado,-a; *(at end of letter)* **m. love**, un fuerte abrazo. **II** *adv* mucho; **as m. as**, tanto como; **as m. as you like**, todo lo que quieras; **as m. as possible**, todo lo posible; **how m.?**, ¿cuánto?; **how m. is it?**, ¿cuánto es?, ¿cuánto vale?; **m. better/worse**, mucho mejor/peor; **m. as I hate him**, por mucho que le odie; **m. more**, mucho más; **m. to my surprise**, para gran sorpresa mía; **so m. the better**, ¡tanto mejor!; **thank you very m.**, muchísimas gracias; **they are m. the same**, son más o menos iguales; **too m.**, demasiado; **10 kilos too m.**, 10 kilos de más; **very m.**, muchísimo; **without so m. as**, sin siquiera; *fam* **that's a bit m.!**, ¡eso ya es el colmo! **III** *pron* mucho; **I'll say this m. for her**, tiene eso en su favor; **I thought as m.**, lo suponía; **it's not up to m.**, no vale gran cosa; **m. of the town was destroyed**, gran parte de la ciudad quedó destrozada; **m. remains to be done**, queda mucho por hacer; **they don't see m. of each other**, se ven muy poco; **there isn't that m. of it**, no hay tanto; **to be not m. of sth**, *(no good)* no ser muy bueno,-a en algo; *(no kind)* no ser muy aficionado,-a a algo; **to make m. of sth**, dar mucha importancia a algo.

muchness ['mʌtʃnɪs] *n fam* **it's much of a m.**, viene a ser lo mismo.

muck [mʌk] *n* 1 *(dirt)* suciedad *f*; *(mud)* lodo *m*; *(manure)* estiércol *m*; *fam* caca *f*. 2 *fig* porquería *f*; **to make a m. of sth**, echar algo a perder. ◆**muck about, muck around** *fam* **I** *vi (idle)* gandulear, perder el tiempo; *(play the fool)* hacer el tonto; *(fiddle with)* **to m. about with sth**, manosear algo, juguetear con algo. **II** *vtr* **to m. sb about**, fastidiar a algn. ◆**muck in** *vi fam (help)* echar una mano. ◆**muck out** *vtr (stable)* limpiar. ◆**muck up** *vtr* 1 *(dirty)* ensuciar. 2 *fig (spoil)* echar a perder; *(fail to achieve)* no conseguir, fracasar.

muckraking ['mʌkreɪkɪŋ] *n fam* cotilleo *m*.

muck-up ['mʌkʌp] *n fam (bungle)* chapuza *f*; *(mess)* follón *m*, lío *m*.

mucky ['mʌkɪ] *adj (muckier, muckiest) (dirty)* sucio,-a; *(muddy)* lodoso,-a.

mucous ['mju:kəs] *adj* mucoso,-a. ■ **m. membrane**, membrana *f* mucosa.

mucus ['mju:kəs] *n* moco *m*, mocosidad *f*.

mud [mʌd] *n* lodo *m*, barro *m*; *(thick)* fango *m*; *fig hum* **it's as clear as m.**, no queda nada claro; *fam* **her name is m.**, tiene muy mala fama; **to throw or**

sling m. at sb, poner a algn por los suelos. ■ **m. bath,** baño *m* de lodo; **m. flat,** marisma *f*.

mudbank ['mʌdbæŋk] *n* banco *m* de arena.

muddle ['mʌdəl] **I** *n (mess)* desorden *m; fig (mix-up)* confusión *f*, embrollo *m*, lío *m;* **to be in a m.,** *(things)* estar en desorden; *(person)* estar hecho un lío; **to get into a m.,** *(things)* quedar en desorden; *(person)* hacerse un lío; **there was a m. over the dates,** hubo un lío con las fechas. **II** *vtr* **to m. (up),** *(person, facts)* confundir; **to get muddled up,** liarse, hacerse un lío. ◆**muddle along** *vi* actuar a la buena de Dios *or* al tuntún. ◆**muddle through** *vi* arreglárselas, ingeniárselas.

muddle-headed ['mʌdəlhedɪd] *adj (person)* despistado,-a; *(plan, ideas)* confuso,-a.

muddy ['mʌdɪ] *adj (muddier, muddiest) (path etc)* lodoso,-a, fangoso,-a; *(hands, shoes, etc)* lleno,-a *or* cubierto,-a de barro *or* de lodo; *(river)* cenagoso,-a; *(liquid)* turbio,-a; *(complexion, colour)* terroso,-a.

mudguard ['mʌdgɑːd] *n (on car, bicycle, etc)* guardabarros *m inv*.

muff[1] [mʌf] *n (for hands)* manguito *m;* **ear muffs,** orejeras *fpl*.

muff[2] [mʌf] *vtr fam* pifiar; **to m. it (up),** estropearlo, echarlo a perder.

muffin ['mʌfɪn] *n Culin* panecillo *m*.

muffle ['mʌfəl] *vtr* **1** *(sound)* amortiguar, ensordecer. **2** *(person)* **to m. (up),** abrigar; *(with scarf, hat)* embozar.

muffled ['mʌfəld] *adj (sound)* sordo,-a.

muffler ['mʌflər] *n* **1** *(scarf)* bufanda *f*. **2** *US Aut* silenciador *m*.

mufti ['mʌftɪ] *n Mil etc* **in m.,** vestido,-a de paisano.

mug[1] [mʌg] *n (large cup)* taza *f* alta, tazón *m; (beer tankard)* jarra *f*.

mug[2] [mʌg] **I** *n fam* **1** *(fool)* tonto,-a *m,f;* **it's a m.'s game,** es cosa de tontos. **2** *(face)* jeta *f*, hocico *m*. **II** *vtr (pt & pp mugged) (attack)* atracar, asaltar. ◆**mug up** *vi fam* empollar; **to m. up (on) a subject,** empollar una asignatura.

mugger ['mʌgər] *n (attacker)* asaltante *mf*.

mugging ['mʌgɪŋ] *n (attack)* asalto *m*.

muggy ['mʌgɪ] *adj (muggier, muggiest) (weather)* bochornoso,-a.

mugshot ['mʌgʃɒt] *n fam (esp taken by police)* foto *f* de la cara.

mulatto [mjuːˈlætəʊ] *n (pl mulattos or mulattoes)* mulato,-a *m,f*.

mulberry ['mʌlbərɪ] *n* **1** *(fruit)* mora *f*. **2** *(tree)* morera *f*, moral *m*. **3** *(colour)* morado *m*.

mulch [mʌltʃ] *n Agr* abono *m*, pajote *m*.

mule[1] [mjuːl] *n (animal)* mulo,-a *m,f; fig (person)* **as stubborn as a m.,** más terco,-a que una mula.

mule[2] [mjuːl] *n (slipper)* chinela *f*.

mulish ['mjuːlɪʃ] *adj* terco,-a, testarudo,-a.

mull [mʌl] *vtr (wine)* calentar con especias; **mulled wine,** vino *m* caliente con especias. ◆**mull over** *vi* **to m. over a matter,** reflexionar sobre *or* reconsiderar un asunto.

mullet ['mʌlɪt] *n (pl mullet or mullets) (fish)* **grey m.,** mújol *m;* **red m.,** salmonete *m*.

multiaccess [mʌltɪˈækses] *n Comput* acceso *m* múltiple; **m. system,** sistema *m* multiacceso *or* de acceso múltiple.

multicoloured, *US* **multicolored** ['mʌltɪkʌləd] *adj* multicolor.

multifarious [mʌltɪˈfeərɪəs] *adj* múltiple, vario,-a, diverso,-a.

multilingual [mʌltɪˈlɪŋgwəl] *adj* plurilingüe.

multimillionaire [mʌltɪmɪljəˈneər] *n* multimillonario,-a *m,f*.

multinational [mʌltɪˈnæʃənəl] **I** *adj* multinacional. **II** *n* multinacional *f*.

multiple ['mʌltɪpəl] **I** *adj* múltiple; *Aut* **m. pile-up,** colisión *f* múltiple. ■ *Med* **m. sclerosis,** esclerosis *f* en placas *or* múltiple. **II** *n Math* múltiplo *m*.

multiplication [mʌltɪplɪˈkeɪʃən] *n* multiplicación *f*. ■ **m. sign,** signo *m* de multiplicar; **m. table,** tabla *f* de multiplicar.

multiplicity [mʌltɪˈplɪsɪtɪ] *n* multiplicidad *f*.

multiply ['mʌltɪplaɪ] **I** *vtr (pt & pp multiplied) Math* multiplicar **(by,** por). **II** *vi (reproduce)* multiplicarse.

multipurpose [mʌltɪˈpɜːpəs] *adj* multiuso *inv*.

multiracial [mʌltɪˈreɪʃəl] *adj* multirracial.

multistorey [mʌltɪˈstɔːrɪ] *adj (building)* de varios pisos; **m. car park,** parking *m* de varias plantas.

multitude ['mʌltɪtjuːd] *n (crowd)* multitud *f*, muchedumbre *f*.

mum[1] [mʌm] *n fam* mamá *f*.

mum[2] [mʌm] *adj* **to keep m.,** no decir ni pío, guardar silencio.

mumble ['mʌmbəl] *vtr & vi* musitar, hablar entre dientes.

mumbo jumbo [mʌmbəʊˈdʒʌmbəʊ] *n (pl mumbo jumbos) (gibberish)* galimatías *f inv*.

mummify ['mʌmɪfaɪ] *vtr (pt & pp mummified)* momificar.

mummy[1] ['mʌmɪ] *n (body)* momia *f*.

mummy[2] ['mʌmɪ] *n fam (mother)* mamá *f*, mamy *f*.

mumps [mʌmps] *n Med* paperas *fpl*.

munch [mʌntʃ] *vtr & vi* mascar, masticar.

mundane [mʌnˈdeɪn] *adj* **1** *(worldly)* mundano,-a. **2** *pej (ordinary)* vulgar, banal; *(job, life)* rutinario,-a.

municipal [mjuːˈnɪsɪpəl] *adj* municipal.

municipality [mjuːnɪsɪˈpælɪtɪ] *n* municipio *m*.

munitions [mjuːˈnɪʃənz] *npl* municiones *fpl*.

mural ['mjʊərəl] **I** *adj* mural. **II** *n* pintura *f* mural, mural *m*.

murder ['mɜːdər] **I** *n* **1** asesinato *m*, homicidio *m;* **m. case,** caso *m* de homicidio; **the m. weapon,** el arma homicida. **2** *fam* **it was m.!,** ¡vaya pesadilla!; **she cried blue m.,** gritó como si la estuvieran matando; **they get away with m.,** hacen lo que les da la gana. **II** *n* **1** *(kill)* asesinar, matar. **2** *fam fig (song etc)* destrozar, estropear.

murderer ['mɜːdərər] *n* asesino *m*, homicida *m*.

murderess ['mɜːdərɪs] *n* asesina *f*, homicida *f*.

murderous ['mɜːdərəs] *adj (look, thoughts)* asesino,-a, homicida.

murky ['mɜːkɪ] *adj (murkier, murkiest)* **1** *(gen)* oscuro,-a, tenebroso,-a; *(water)* turbio,-a; *(weather)* nublado,-a; *(night)* de niebla. **2** *fig (business)* turbio,-a; *(past)* tenebroso,-a.

murmur ['mɜːmər] **I** *n* **1** *(of voice, stream)* murmullo *m*, susurro *m; (of traffic)* rumor *m*. ■ *Med* **heart m.,** soplo *m* cardiaco. **2** *(complaint)* queja *f;* **he did it without a m.,** lo hizo sin rechistar. **II** *vtr & vi* murmurar.

muscle ['mʌsəl] **I** *n* músculo *m;* **m. power,** fuerza *f;* **he didn't move a m.,** ni se inmutó. **II** *vi fam* **to m. in on sth,** entrometerse en asuntos ajenos.

Muscovite ['mʌskəvaɪt] *adj & n* moscovita *(mf)*.

muscular ['mʌskjʊlə'] *adj (pain, tissue)* muscular; *(person)* musculoso,-a.

Muse [mju:z] *n Myth* musa *f*.

muse [mju:z] *vi* **to m. on** *or* **about sth**, meditar algo, reflexionar sobre algo.

museum [mju:'zɪəm] *n* museo *m*.

mush [mʌʃ] *n (soft)* papilla *f*; *(porridge)* gachas *fpl*; *fam (food overcooked)* mazacote *m*.

mushroom ['mʌʃru:m] **I** *n Bot* seta *f*, hongo *m*; *Culin* champiñón *m*. **II** *vi fig (grow quickly)* crecer de la noche a la mañana; *(spread)* multiplicarse.

mushy ['mʌʃɪ] *adj (mushier, mushiest)* **1** *(food)* blando,-a, en papilla; **m. peas**, puré *m* de guisantes. **2** *fam (sentimental)* sentimentaloide.

music ['mju:zɪk] *n* música *f*; **to set a work to m.**, poner música a una obra; *fig* **to face the m.**, dar la cara. ■ **chamber m.**, música de cámara; **m. box**, caja *f* de música; **m. hall**, teatro *m* de variedades; **m. lover**, melómano,-a *m,f*; **m. score**, partitura *f*; **m. stand**, atril *m*; **piped m.**, música *f* ambiental.

musical ['mju:zɪkəl] **I** *adj* musical, de música; **to be m.**, *(gifted)* estar dotado,-a para la música; *(fond of music)* ser aficionado,-a a la música; **to have a m. ear**, tener buen oído para la música. ■ **m. instrument**, instrumento *m* musical. **II** *n* comedia *f* musical.

musician [mju:'zɪʃən] *n* músico,-a *m,f*.

musicologist [mju:zɪ'kɒlədʒɪst] *n* musicólogo,-a *m,f*, musicógrafo,-a *m,f*.

musings ['mju:zɪŋz] *npl* meditaciones *fpl*, reflexiones *fpl*.

musk [mʌsk] *n (substance)* almizcle *m*.

musket ['mʌskɪt] *n* mosquete *m*.

musketeer [mʌskɪ'tɪə'] *n* mosquetero *m*.

Muslim ['mʊzlɪm] *adj & n* musulmán,-ana *(m,f)*.

muslin ['mʌzlɪn] *n* muselina *f*.

musquash ['mʌskwɒʃ] *n Zool* ratón *m* amizclero, desmán *m*.

mussel ['mʌsəl] *n Zool* mejillón *m*. ■ **m. bed**, criadero *m* de mejillones.

must[1] [mʌst] *n (of grapes)* mosto *m*.

must[2] [mʌst] *n (mould)* moho *m*; *(smell)* olor *m* a humedad.

must[3] [mʌst] **I** *v aux* **1** *(necessity, obligation)* deber, tener que; **if I m.**, si no hay más remedio; **one m. eat to live**, hay que comer para vivir; **you m. arrive on time**, tienes que *or* debes llegar a la hora; **you m. not do that again**, no lo vuelvas a hacer. **2** *(probability)* deber de; **he m. be ill**, debe de estar enfermo; **it m. be four o'clock**, serán las cuatro. **II** *n fam* necesidad *f*; **this gadget is an absolute m. for do-it-yourself fanatics**, es un aparato imprescindible para los aficionados al bricolage.

mustache [mə'sta:ʃ] *n US see* **moustache**.

mustard ['mʌstəd] *n Bot Culin* mostaza *f*. ■ **m. pot**, mostacera *f*.

muster ['mʌstə'] **I** *n Mil etc (gathering)* asamblea *f*; *(inspection)* revista *f*; *fig* **to pass m.**, ser aceptable. **II** *vtr (supporters)* reunir; *(troops)* formar; *fig* **to m. (up) courage** *or* **strength**, cobrar fuerzas. **III** *vi (supporters)* reunirse, juntarse; *(troops)* formar.

mustiness ['mʌstɪnɪs] *n* olor *m* a humedad.

mustn't ['mʌsənt] = **must not**.

musty ['mʌstɪ] *adj (mustier, mustiest)* que huele a cerrado *o* a humedad.

mutate [mju:'teɪt] **I** *vtr* mudar, transformar. **II** *vi* sufrir mutación, transformarse.

mutation [mju:'teɪʃən] *n* mutación *f*.

mute ['mju:t] **I** *adj (person, letter, etc)* mudo,-a. **I** *n* **1** *(person)* mudo,-a *m,f*. ■ **deaf m.**, sordomudo,- *m,f*. **2** *Mus* sordina *f*.

muted ['mju:tɪd] *adj (sound)* sordo,-a, apagado,-a *(colour)* suave, apagado,-a.

mutilate ['mju:tɪleɪt] *vtr* mutilar.

mutilation [mju:tɪ'leɪʃən] *n* mutilación *f*.

mutineer [mju:tɪ'nɪə'] *n* amotinado,-a *m,f*.

mutinous ['mju:tɪnəs] *adj* amotinado,-a; *fig* rebelde.

mutiny ['mju:tɪnɪ] **I** *n* motín *m*, rebelión *f*. **II** *vi* amotinarse, rebelarse.

mutt [mʌt] *n fam* **1** *(dog)* perro *m* callejero. **2** *(person)* estúpido,-a *m,f*.

mutter ['mʌtə'] **I** *n (mumble)* murmullo *m*. **II** *vtr* murmurar, decir entre dientes. **III** *vi (angrily)* refunfuñar.

muttering ['mʌtərɪŋ] *n* rezongo *m*, refunfuño *m*.

mutton ['mʌtən] *n Culin* (carne *f* de) cordero *m*; **shoulder of m.**, paletilla *f* de cordero.

mutual ['mju:tʃʊəl] *adj (help, love, etc)* mutuo,-a, recíproco,-a; *(common, shared)* común; **by m. consent**, de común acuerdo; **our m. friend George**, nuestro (común) amigo George; **the feeling is m.**, lo mismo digo yo. ■ *US* **m. fund**, fondo *m* común de inversión; **m. insurance**, seguro *m* mutuo; **m. benefit society**, mutualidad *f*, mutua *f*. ◆**mutually** *adv* mutuamente; **at a m. agreed time**, a una hora convenida entre los dos.

Muzak® ['mju:zæk] *n* hilo *m* musical®.

muzzle ['mʌzəl] **I** *n* **1** *(snout)* hocico *m*. **2** *(device)* bozal *m*; *(of gun)* boca *f*. **II** *vtr (dog)* abozalar, poner un bozal a; *fig (person, press, etc)* amordazar.

muzzy ['mʌzɪ] *adj (muzzier, muzziest)* **1** *(dizzy)* mareado,-a; *(groggy)* atontado,-a; *(tipsy)* achispado,-a. **2** *(blurred)* borroso,-a.

MW *abbr of* **medium wave**, onda *f* media, OM *f*.

my [maɪ] **I** *poss adj* mi; **I washed my hair**, me lavé el pelo; **my cousins**, mis primos; **my father**, mi padre; **my own car**, mi propio coche; **one of my friends**, un amigo mío; **she twisted my arm**, me torció el brazo. **II** *interj* ¡caramba!, ¡caray!

myopia [maɪ'əʊpɪə] *n* miopía *f*.

myopic [maɪ'ɒpɪk] *adj* miope.

myriad ['mɪrɪəd] *n lit* miríada *f*.

myrrh [mɜ:'] *n* mirra *f*.

myrtle ['mɜ:təl] *n Bot* arrayán *m*, mirto *m*.

myself [maɪ'self] *pers pron* **1** *(emphatic)* yo mismo,-a; **I did it all by m.**, lo hice yo solo; **I saw it (for) m.**, yo mismo lo vi; **my husband and m.**, mi marido y yo. **2** *(reflexive)* me; **I hurt m.**, me hice daño. **3** *(after prep)* mí (mismo,-a); **I kept it for m.**, lo guardé para mí; **I said to m.**, me dije para mí.

mysterious [mɪ'stɪərɪəs] *adj* misterioso,-a. ◆**mysteriously** *adv* misteriosamente.

mystery ['mɪstərɪ] *n* misterio *m*; **it's a m. to me how he managed to do it**, no entiendo cómo consiguió hacerlo. ■ *Rel* **m. play**, auto *m* sacramental, misterio *m*.

mystic ['mɪstɪk] *adj & n* místico,-a *(m,f)*.

mystical ['mɪstɪkəl] *adj* místico,-a.

mysticism ['mɪstɪsɪzəm] *n* misticismo *m*; *Lit* mística *f*.

mystify ['mɪstɪfaɪ] *vtr (pt & pp mystified)* dejar perplejo,-a, desconcertar; **I was completely mystified,** me quedé pasmado,-a.

mystique [mɪ'sti:k] *n* mística *f*; **there's no m. about it,** no tiene secretos.

myth [mɪθ] *n* mito *m; (illusion)* **it's a complete m.,** es pura fantasía.

mythical ['mɪθɪkəl] *adj* mítico,-a; *(imagined)* imaginario,-a, fantástico,-a.

mythological [mɪθə'lɒdʒɪkəl] *adj* mitológico,-a.

mythology [mɪ'θɒlədʒɪ] *n* mitología *f*.

myxomatosis [mɪksəmə'təʊsɪs] *n* mixomatosis *f*.

N

N, n [en] *n (the letter)* N, n *f*.

N *abbr of* **North,** Norte, N.

n 1 *abbr of* **name,** nombre *m*, n. **2** *Ling abbr of* **neuter,** neutro *m*, n.

NAAFI ['næfɪ] *GB Mil abbr of* **Navy, Army and Air Force Institutes,** servicio *m* de tiendas y cantinas para las fuerzas armadas.

nab [næb] *vtr (pt & pp nabbed) fam* pescar, pillar.

nacre ['neɪkəʳ] *n* nácar *m*, madreperla *f*.

nadir ['nædɪəʳ] *n* **1** *Astron* nadir *m*. **2** *fig* punto *m* más bajo.

naff [næf] *adj GB sl* chungo,-a; **a n. film,** un bodrio de película.

nag¹ [næg] *n (horse)* rocín *m*.

nag² [næg] **I** *n (person)* gruñón,-ona *m,f*, regañón,-ona *m,f*. **II** *vtr (pt & pp nagged) (annoy)* fastidiar, molestar; *(constantly complain)* dar la tabarra. **III** *vi* quejarse.

nagger ['nægəʳ] *n* regañón,-ona *m,f*.

nagging ['nægɪŋ] **I** *adj* **1** *(complaining)* gruñón,-ona, regañón,-ona. **2** *(persistent)* continuo,-a; **a n. pain,** un dolor continuo. **II** *n* quejas *fpl*.

nail [neɪl] **I** *n* **1** *(of finger, toe)* uña *f*; **to bite/clip/trim one's nails,** comerse/cortarse/arreglarse las uñas; *fig* **to be as hard as nails,** *(tough)* ser muy fuerte *or* resistente; *(unsympathetic)* tener el corazón de piedra. ■ **n. clippers,** cortaúñas *m inv*; **n. polish, n. varnish,** esmalte *m or* laca *f* de uñas. **2** *(metal)* clavo *m*; *fig* **to hit the n. on the head,** dar en el clavo. **II** *vtr* **1** clavar, sujetar con clavos; **they nailed the picture to the wall,** clavaron el cuadro en la pared. **2** *fam (catch, trap)* pillar, coger.

nailbrush ['neɪlbrʌʃ] *n* cepillo *m* de uñas.

nailfile ['neɪlfaɪl] *n* lima *f* de uñas.

nail-scissors ['neɪlsɪzəz] *npl* tijeras *fpl* de uñas.

naïve [naɪ'i:v] *adj* ingenuo,-a.

naivety [naɪ'i:vtɪ] *n* ingenuidad *f*.

naked ['neɪkɪd] *adj (body)* desnudo,-a; *(light)* sin pantalla; *(flame)* sin protección; **n. from the waist up/down,** desnudo de cintura para arriba/abajo; **barely visible to the n. eye,** apenas visible a simple vista; *fig* **the n. truth,** la pura verdad.

nakedness ['neɪkɪdnɪs] *n* desnudez *f*.

namby-pamby [næmbɪ'pæmbɪ] *adj & n* ñoño,-a *(m,f)*.

name [neɪm] **I** *n* **1** nombre *m*; *(surname)* apellido *m*; **what's your n.?,** ¿cómo te llamas?; **the house is in my father's n.,** la casa está a nombre de mi padre; **this is a democracy in n. only,** esto de democracia tiene solamente el nombre; **to call sb names,** poner verde a algn; **to put one's n. down,** apuntarse. ■ **n. day,** santo *m*; **proper n.,** nombre *m* propio; **stage n.,** nombre *m* artístico. **2** *(reputation)* fama *f*, reputación *f*; **she's a big n. in the fashion world,** es una de las grandes figuras de la moda; **to have a bad/good n.,** tener mala/buena reputación; **to make a n. for oneself,** hacerse famoso,-a. **II** *vtr* **1** llamar, bautizar; **they named the ship 'Coronia',** bautizaron el buque con el nombre de 'Coronia'. **2** *(appoint)* nombrar; **he was named Chief of Police,** lo nombraron Jefe de Policía. **3** *(mention)* mencionar; **to be named in a list,** figurar en una lista.

name-dropping ['neɪmdrɒpɪŋ] *n fam* **to go in for n.-d.,** dárselas de conocer a gente importante.

nameless ['neɪmlɪs] *adj* anónimo,-a; **to remain n.,** permanecer en el anonimato.

namely ['neɪmlɪ] *adv* a saber.

nameplate ['neɪmpleɪt] *n* placa *f* con el nombre.

namesake ['neɪmseɪk] *n* tocayo,-a *m,f*.

Namibia [nə'mɪbɪə] *n* Namibia.

Namibian [nə'mɪbɪən] *adj & n* namibio,-a *(m,f)*.

naming ['neɪmɪŋ] *n* **1** elección *f* de un nombre. **2** *(appointment)* nombramiento *m*.

nan [næn] *n (baby talk)* yaya *f*.

nancy ['nænsɪ] *n fam* afeminado *m*. ■ **n. boy,** mariquita *m*.

nanna ['nænə] *n see* nan.

nanny ['nænɪ] *n* niñera *f*.

nanny goat ['nænɪgəʊt] *n Zool fam* cabra *f*.

nap¹ [næp] **I** *n (sleep)* siesta *f*; **to take *or* have a n.,** echar la *or* una siesta. **II** *vi (pt & pp napped)* dormir la siesta; *fig* **to catch sb napping,** coger a algn desprevenido.

nap² [næp] *n Tex* lanilla *f*, pelusa *f*.

napalm ['neɪpɑ:m] *n* napalm *m*.

nape [neɪp] *n Anat* nuca *f*, cogote *m*.

naphtha ['næfθə] *n Chem* nafta *f*.

naphthalene ['næfθəli:n] *n Chem* naftalina *f*.

napkin ['næpkɪn] *n* **(table) n.,** servilleta *f*. ■ **n. ring,** servilletero *m*.

Naples ['neɪpəlz] *n* Nápoles.

Napoleonic [nəpəʊlɪ'ɒnɪk] *adj* napoleónico,-a.

napper ['næpəʳ] *n GB fam* coco *m*.

nappy ['næpɪ] *n* pañal *m*.

narcissism ['nɑ:sɪsɪzəm] *n* narcisismo *m*.

narcissist ['nɑ:sɪsɪst] *n* narcisista *mf*.

narcissistic [nɑ:sɪ'sɪstɪk] *adj* narcisista.

narcissus [nɑ:'sɪsəs] *n (pl narcissi* [nɑ:'sɪsaɪ] *or narcissuses* [nɑ:'sɪsəsɪz]*) Bot* narciso *m*.

narcotic [nɑːˈkɒtɪk] I *adj* narcótico,-a. II *n (usu pl)* narcótico *m*, estupefaciente *m*.

nark [nɑːk] *sl* I *n* soplón,-ona *m,f*, chivato,-a *m,f*. II *vtr (annoy)* fastidiar. III *vi (inform the police)* dar el chivatazo.

narrate [nəˈreɪt] *vtr* narrar, relatar.

narration [nəˈreɪʃən] *n* narración *f*, relato *m*.

narrative [ˈnærətɪv] I *n Lit* narrativa *f*; *(story)* narración *f*. II *adj* narrativo,-a.

narrator [nəˈreɪtəʳ] *n* narrador,-a *m,f*.

narrow [ˈnærəʊ] I *adj* 1 *(passage, road, etc)* estrecho,-a, angosto,-a. 2 *(restricted)* reducido,-a, restringido,-a, limitado,-a; **a n. circle of friends,** un círculo reducido de amigos; **in the narrowest sense of the word,** en el sentido más estricto de la palabra; **a n. majority,** una mayoría escasa; **to have a n. escape,** escaparse *or* librarse por los pelos. 3 *(person)* de miras estrechas, cerrado,-a. II **narrows** *npl (in river)* estrecho *m sing*. III *vi* 1 estrecharse, hacerse más estrecho. 2 **to n. down to,** reducirse a. IV *vtr* estrechar, hacer más estrecho. ◆**narrowly** *adv* 1 *(closely)* de cerca, minuciosamente. 2 *(by a small margin)* por poco; **he n. avoided hitting the tree,** faltó muy poco para que chocase contra el árbol. ◆**narrow down** *vtr* reducir, limitar; **our choice was narrowed down to four applicants,** tuvimos que escoger entre los cuatro candidatos que quedaban.

narrow-gauge [ˈnærəʊgeɪdʒ] *adj (railway)* de vía estrecha.

narrow-minded [nærəʊˈmaɪndɪd] *adj* de miras estrechas.

narrow-mindedness [nærəʊˈmaɪndɪdnɪs] *n* estrechez *f* de miras.

narrowness [ˈnærəʊnɪs] *n* estrechez *f*.

narwhal [ˈnɑːwəl] *n Zool* narval *m*.

NASA [ˈnæsə] *US abbr of* **National Aeronautics and Space Administration,** Administración *f* Nacional de Aeronáutica y del Espacio, NASA *f*.

nasal [ˈneɪzəl] *adj* nasal; **a n. voice,** una voz gangosa.

nastiness [ˈnɑːstɪnɪs] *n* 1 *(unpleasantness)* carácter *m* desagradable. 2 *(maliciousness)* mala intención *f*.

nasturtium [nəˈstɜːʃəm] *n Bot* capuchina *f*.

nasty [ˈnɑːstɪ] *adj* (**nastier, nastiest**) 1 *(unpleasant)* desagradable; **a n. business,** un asunto feo; **a n. habit,** una mala costumbre; **a n. remark,** una observación desagradable; **a n. smell,** un olor desagradable; **a n. trick,** una mala jugada *or* pasada; **cheap and n.,** hortera; **to smell n.,** oler mal; **to taste n.,** tener mal sabor; *(weather, situation)* **to turn n.,** ponerse feo; **to have a n. mind,** ser un mal pensado *or* una mal pensada. 2 *(dirty)* sucio,-a, asqueroso,-a. 3 *(indecent)* obsceno,-a. 4 *(unfriendly)* antipático,-a; *(malicious)* mal intencionado,-a, malévolo,-a; *fam* **he's a n. piece of work,** es un asco de tío. 5 *(dangerous)* peligroso,-a; *(illness, accident)* grave; **a n. bend,** una curva peligrosa; **a n. wound,** una herida fea.

nation [ˈneɪʃən] *n* nación *f*.

national [ˈnæʃnəl] I *adj* nacional. ■ **n. anthem,** himno *m* nacional; **n. debt,** deuda *f* pública; **n. grid,** red *f* nacional de electricidad; **n. insurance,** seguridad *f* social; **n. park,** parque *m* nacional; *GB Mil* **n. service,** servicio *m* militar. II *n* súbdito,-a.

nationalism [ˈnæʃnəlɪzəm] *n* nacionalismo *m*.

nationalist [ˈnæʃnəlɪst] *adj & n* nacionalista *(mf)*.

nationality [næʃəˈnælɪtɪ] *n* nacionalidad *f*.

nationalization [næʃnəlaɪˈzeɪʃən] *n* nacionalización *f*.

nationalize [ˈnæʃnəlaɪz] *vtr* nacionalizar.

nationwide [ˈneɪʃənwaɪd] *adj* de ámbito nacional; **n. appeal,** llamamiento a toda la nación; **n. tour,** viaje por todo el país; **n. scandal,** escándalo nacional.

native [ˈneɪtɪv] I *adj* 1 *(place)* natal; **n. city,** ciudad natal; **n. land,** patria *f*; **n. language,** lengua materna. 2 *(innate)* innato,-a. 3 *(plant, animal)* originario,-a **(to,** de). II *n* nativo,-a *m,f*, natural *mf*; **she's a n. of Edinburgh,** es natural de Edimburgo; *(original inhabitant)* indígena *mf*.

Nativity [nəˈtɪvɪtɪ] *n Rel* Natividad *f*; *(Christmas)* Navidad *f*.

NATO, Nato [ˈneɪtəʊ] *abbr of* **North Atlantic Treaty Organization,** Organización *f* del Tratado del Atlántico Norte, OTAN *f*.

natter [ˈnætəʳ] *fam* I *vi* charlar. II *n* charla *f*; **to have a n.,** charlar, pegar la hebra.

natty [ˈnætɪ] *adj* (**nattier, nattiest**) *fam* 1 *(clothes)* elegante; **to be a n. dresser,** vestir bien. 2 *(gadget etc)* ingenioso,-a. ◆**nattily** *adv (smartly)* elegantemente; **n. dressed,** bien vestido.

natural [ˈnætʃərəl] I *adj* 1 natural. ■ **n. gas,** gas *m* natural; **n. language,** lenguaje *m* natural; **n. resources,** recursos *mpl* naturales. 2 *(normal)* normal; **it's only n. that ...,** es lógico que ... . ■ **n. childbirth,** parto *m* natural; **n. death,** muerte *f* natural. 3 *(born)* nato,-a; **a n. actor,** un actor nato. 4 *(unaffected)* sencillo,-a, natural. II *n* 1 *(person)* **she's a n. for the job,** es la persona ideal para el trabajo. 2 *Mus* becuadro *m*. ◆**naturally** *adv* 1 *(of course)* naturalmente, por supuesto, desde luego. 2 *(by nature)* por naturaleza. 3 *(in a relaxed manner)* con naturalidad.

naturalism [ˈnætʃərəlɪzəm] *n* naturalismo *m*.

naturalist [ˈnætʃərəlɪst] *adj & n* naturalista *(mf)*.

naturalization [nætʃərəlaɪˈzeɪʃən] *n (of person)* naturalización *f*. ■ **n. papers,** carta *f sing* de ciudadanía.

nature [ˈneɪtʃəʳ] *n* 1 naturaleza *f*. ■ **Mother N.,** la Madre Naturaleza; **n. lover,** amante *mf* de la naturaleza; **n. reserve,** reserva *f* natural; **n. study,** historia *f* natural. 2 *(character)* naturaleza *f*, carácter *m*; **by n.,** por naturaleza; **it is in his n. to be kind,** es bondadoso por naturaleza. ■ **human n.,** la naturaleza humana. 3 *(sort, kind)* índole *f*, género *m*, clase *f*; **things of this n.,** cosas de esta índole.

naturism [ˈneɪtʃərɪzəm] *n* naturismo *m*.

naturist [ˈneɪtʃərɪst] *n* naturista *mf*.

naught [nɔːt] *n* nada *f*; **to bring to n.,** frustrar; **to come to n.,** fracasar.

naughtiness [ˈnɔːtɪnɪs] *n* 1 *(behaviour)* mala conducta *f*, desobediencia *f*. 2 *(of story)* picardía *f*.

naughty [ˈnɔːtɪ] *adj* (**naughtier, naughtiest**) 1 *(child)* travieso,-a. 2 *(risqué)* atrevido,-a, picante. ◆**naughtily** *adv* **to behave n.,** portarse mal.

Nauru [nɑːˈuːruː] *n* Nauru.

Nauruan [nɑːˈuːruːən] *adj & n* nauruano,-a *(m,f)*.

nausea [ˈnɔːzɪə] *n* 1 *Med (sickness)* náusea *f*. 2 *fig (disgust)* asco *m*.

nauseate [ˈnɔːzɪeɪt] *vtr* 1 *Med (sickness)* dar náuseas. 2 *(disgust)* dar asco a.

nauseating [ˈnɔːzɪeɪtɪŋ] *adj* nauseabundo,-a, repugnante.

nautical [ˈnɔːtɪkəl] *adj* náutico,-a; **n. mile,** milla marítima.

naval ['neɪvəl] *adj* naval. ■ **n. attaché**, agregado *m* naval; **n. base**, base *f* naval; **n. officer**, oficial *mf* de marina; **n. power**, potencia *f* marítima *or* naval.

Navarre [nə'vɑːʳ] *n* Navarra.

Navarrese [nævə'riːz] *adj* & *n* navarro,-a *(m,f)*.

nave [neɪv] *n* Arch nave *f*.

navel ['neɪvəl] *n* Anat ombligo *m*. ■ **n. orange**, naranja *f* navel.

navigable ['nævɪgəbəl] *adj (river)* navegable.

navigate ['nævɪgeɪt] I *vtr* 1 Naut *(river)* navegar por. 2 Naut *(ship)* gobernar; *Av (aircraft)* pilotar. II *vi* 1 Naut navegar. 2 Aut *(rally driving)* hacer de copiloto.

navigation [nævɪ'geɪʃən] *n* Naut navegación *f*. ■ **n. laws**, código *m* marítimo.

navigator ['nævɪgeɪtəʳ] *n* 1 Naut navegante *mf*, oficial *mf* de derrota. 2 Aut Av copiloto *mf*.

navvy ['nævɪ] *n* peón *m*.

navy ['neɪvɪ] *n* 1 marina *f*. ■ **merchant n.**, marina *f* mercante; **N. Department**, Ministerio *m* de la Marina; **n. blue**, azul *m* marino; **a n. blue skirt**, una falda azul marino. 2 *(fleet)* flota *f*, armada *f*.

Nazi ['nɑːtsɪ] *adj* & *n* nazi *(mf)*.

Nazism ['nɑːtsɪzəm] *n* nazismo *m*.

NB, nb [en'biː] *abbr of* **nota bene** (note well), observa bien, N.B.

NBC [enbiː'siː] *US abbr of* **National Broadcasting Company**, sociedad *f* nacional de radiodifusión, NBC *f*.

NCO [ensiː'əʊ] *GB Mil abbr of* **non-commissioned officer**, suboficial *mf*.

NE *abbr of* **North-East**, nordeste, NE.

neap [niːp] *n* **n. (tide)**, marea *f* muerta.

Neapolitan [nɪə'pɒlɪtən] *adj* & *n* napolitano,-a *(m,f)*.

near [nɪəʳ] I *adj* 1 *(space)* cercano,-a; **the nearest stop**, la parada más cercana; **the nearest way**, el camino más corto. ■ *Aut* **the n. side**, el lado del pasajero. 2 *(time)* próximo,-a; **in the n. future**, en un futuro próximo. 3 *fig* cercano,-a; **a n. relation**, un pariente cercano; **it was a n. thing**, poco faltó; **one's nearest and dearest**, los más íntimos. II *adv (space)* cerca; **do you live n.?**, ¿vives cerca?; **far and n.**, por todas partes; **n. at hand**, a un paso, a mano; *(degree)* **the hotel is nowhere n. as good as it appears in the brochure**, el hotel está muy lejos de ser tan bueno como parece en el folleto; *(close)* **that's n. enough**, (ya) vale, está bien. III *prep* cerca de; **n. death**, cerca de la muerte; **n. here**, cerca de aquí, aquí cerca; **n. the end of the film**, hacia el final de la película. IV *vtr* acercarse a; **she's nearing retirement**, está a punto de jubilarse; **the ship is nearing port**, el barco se está acercando al puerto. ◆**nearly** *adv* casi; **I n. died**, por poco me muero; **it's n. seven**, son casi las siete; **very n.**, casi, casi; **we haven't n. enough to buy her a present**, no alcanza ni con mucho para comprarle un regalo.

near-sighted [nɪə'saɪtɪd] *adj* miope, corto,-a de vista.

near-sightedness [nɪə'saɪtɪdnɪs] *n* miopía *f*.

neat [niːt] *adj* 1 *(room etc)* ordenado,-a, limpio,-a; *(handwriting)* claro,-a; *(person) (appearance)* pulcro,-a; *(habits)* ordenado,-a; **n. and tidy**, bienordenado,-a. 2 *(clever)* hábil, ingenioso,-a; **a n. trick**, un truco ingenioso. 3 *(whisky etc)* solo,-a. 4 *US fam (fine)* chulo,-a, guapo,-a. ◆**neatly** *adv* 1 *(carefully)* cuidadosamente, con esmero. 2 *(cleverly)* hábilmente.

nearby [nɪə'baɪ] I *adj* cercano,-a. II *adv* cerca.

nearness ['nɪənɪs] *n* proximidad *f*.

neatness ['niːtnɪs] *n* esmero *m*, pulcritud *f*.

nebula ['nebjʊlə] *n (pl* **nebulae** ['nebjʊliː]*)* Astron nebulosa *f*.

nebulous ['nebjʊləs] *adj* Astron nebuloso,-a; *fig* vago,-a, impreciso,-a.

necessary ['nesɪsərɪ] I *adj* 1 *(essential)* necesario,-a, esencial; **absolutely n.**, imprescindible; **is it n. that we all go?** *or* **is it n. for all of us to go?**, ¿es necesario que vayamos todos?; **to do what is n.**, hacer todo lo necesario *or* lo que haga falta; **to do no more than is n.**, no hacer más que lo (mínimo) indispensable; **if n.**, si es preciso. 2 *(unavoidable)* inevitable; **the n. consequence**, la consecuencia inevitable. II *n* lo necesario, lo esencial; **to do the n.**, hacer lo necesario. ◆**necessarily** [nesɪ'serəlɪ] *adv* necesariamente, por fuerza.

necessitate [nɪ'sesɪteɪt] *vtr* necesitar, exigir, requerir.

necessitous [nɪ'sesɪtəs] *adj* necesitado,-a, indigente.

necessity [nɪ'sesɪtɪ] *n* 1 necesidad *f*; **in case of n.**, en caso de necesidad *or* urgencia; **out of n.**, por necesidad; **to make a virtue of n.**, hacer de la necesidad una virtud; *prov* **n. is the mother of invention**, la necesidad aviva el ingenio. 2 *(article)* requisito *m* indispensable; **a phone is a n. these days**, hoy en día el teléfono es indispensable. 3 **necessities**, artículos *mpl* de primera necesidad.

neck [nek] I *n* 1 Anat cuello *m*; *(of animal)* pescuezo *m*; **to be n. and n.**, ir parejos; **to be up to one's n. in debt**, estar hasta el cuello de deudas; **to break one's n. working**, matarse trabajando; **to crane one's n.**, estirar el cuello; **to risk one's n.**, jugarse el tipo *or* el cuello; **to stick one's n. out**, arriesgarse; *(in horse racing)* **to win/lose by a n.**, ganar/perder por una cabeza; **to wring sb's n.**, retorcerle el pescuezo a algn. ■ **stiff n.**, tortícolis *f*. 2 *(of garment)* cuello *m*. ■ **low n.**, escote *m*; **roll n.**, cuello *m* vuelto *or* de cisne; **V n.**, cuello *m* de pico. 3 *(of bottle)* cuello *m*. 4 *(of guitar)* mástil *m*. 5 Geog istmo *m*. II *vi fam (kiss)* besuquearse, morrearse; *(caress, hug)* magrearse.

necking ['nekɪŋ] *n fam (kissing)* besuqueo *m*, morreo *m*; *(caressing, hugging)* magreo *m*.

necklace ['neklɪs] *n* collar *m*.

neckline ['neklaɪn] *n (of dress)* escote *m*.

necktie ['nektaɪ] *n* corbata *f*.

nectar ['nektəʳ] *n* néctar *m*.

nectarine ['nektəriːn] *n* nectarina *f*.

née [neɪ] *adj* de soltera; **Mrs Williams, n. Brown**, Sra. Williams, de soltera Brown.

need [niːd] I *n* 1 necesidad *f*; **basic needs**, necesidades elementales; **if n. be**, si fuera necesario; **there's no n. for you to do that**, no hace falta que hagas eso; **the urgent n. for ...**, la acuciante necesidad de ...; **to be in n. of**, necesitar. 2 *(poverty)* indigencia *f*, necesidad *f*; **to be in n.**, estar necesitado; **to help a friend in n.**, sacar a un amigo de un apuro. II *vtr* 1 necesitar; **I didn't n. to pay, it was free**, no tuve que pagar, era gratis; **I n. a break**, necesito un descanso; **I n. to see him**, tengo que verle; **they n. to be told everything**, hay que decirles *or* explicárselo todo; *fam* **that's all I n.**, sólo me faltaba eso; *fam* **what she needs is a good ticking off**, lo que le hace falta es una buena bronca. 2 *(require)* requerir, exigir; **it's a job that needs patience**, es un trabajo que requiere paciencia. III *aux v* tener que, deber;

n. he go?, ¿tiene que ir?; **n. you shout so much?**, ¿tienes que gritar tanto?; **you needn't have bothered to come, you could have phoned**, no tenías que haberte molestado en venir, podrías haber llamado; **you needn't wait**, no hace falta que esperes.

needful ['niːdfʊl] *adj* necesario,-a; **to do what is n.**, hacer lo necesario.

needle ['niːdəl] **I** *n* **1** *(gen)* aguja *f*; **to look for a n. in a haystack**, buscar una aguja en un pajar; **to thread a n.**, enhebrar una aguja. **2** *Bot* hoja *f*; **the ground was covered with pine needles**, la tierra estaba cubierta de pinaza. **3** *fam (friction)* pique *m*; *GB* **to get the n.**, picarse. **II** *vtr fam* pinchar; **he's always needling me**, nunca me deja en paz.

needless ['niːdlɪs] *adj* innecesario,-a, inútil; **n. violence**, violencia gratuita; **n. to say**, ni que decir tiene que, huelga decir. ◆**needlessly** *adv* innecesariamente, inútilmente.

needlework ['niːdəlwɜːk] *n (sewing)* costura *f*; *(embroidery)* bordado *m*.

needs [niːdz] *adv* necesariamente, forzosamente; **if n. must**, si hace falta.

needy ['niːdɪ] **I** *adj (needier, neediest)* necesitado,-a. **II the n.** *npl* los necesitados.

ne'er-do-well ['neəduːwel] *n* vago,-a *m,f*.

nefarious [nɪ'feərɪəs] *adj* infame.

neg *abbr of* **negative**, negativo,-a, negat.

negate [nɪ'geɪt] *vtr* **1** *(deny)* negar. **2** *(nullify)* anular, invalidar.

negation [nɪ'geɪʃən] *n* negación *f*.

negative ['negətɪv] **I** *adj* negativo,-a. ■ **n. result**, resultado *m* negativo; **n. criticism**, crítica *f* negativa. **II** *n* **1** *Ling* negación *f*; **to reply in the n.**, contestar con una negativa. **2** *Phot* negativo *m*. **3** *Math* término *m* negativo. ◆**negatively** *adv* negativamente.

neglect [nɪ'glekt] **I** *vtr* **1** *(not look after)* descuidar, desatender; **to n. one's health/house**, descuidar la salud/la casa; **to n. one's appearance**, no arreglarse, dejarse ir; **to n. one's friends**, olvidarse de los amigos. **2** *(omit to do)* no cumplir con, faltar a; **to n. one's duty/obligations**, no cumplir con su deber/ sus obligaciones. **II** *n* negligencia *f*, descuido *m*, dejadez *f*; **in a state of n.**, abandonado,-a, descuidado,-a; **n. of duty**, incumplimiento de su deber; **through n.**, por negligencia.

neglectful [nɪ'glektfʊl] *adj* descuidado,-a, negligente.

negligée ['neglɪʒeɪ] *n* salto *m* de cama, negligé *m*.

negligence ['neglɪdʒəns] *n* negligencia *f*, descuido *m*.

negligent ['neglɪdʒənt] *adj* descuidado,-a, negligente.

negligible ['neglɪdʒɪbəl] *adj* insignificante.

negotiable [nɪ'gəʊʃəbəl] *adj* **1** negociable. **2** *fig (obstacle)* superable.

negotiate [nɪ'gəʊʃɪeɪt] **I** *vtr* **1** *(treaty, contract)* negociar. **2** *Fin (sale, loan)* gestionar; *(bill of exchange)* negociar. **3** *fig (obstacle)* salvar, franquear; **to n. a bend**, tomar una curva. **II** *vi* negociar; **he refused to n. with the terrorists**, se negó a negociar con los terroristas.

negotiation [nɪgəʊʃɪ'eɪʃən] *n* negociación *f*; **to open negotiations**, entablar negociaciones; **under n.**, en negociación.

negotiator [nɪ'gəʊʃɪeɪtər] *n* negociador,-a *m,f*.

negro ['niːgrəʊ] **I** *adj* negro,-a. **II** *n (pl negroes)* negro,-a *m,f*.

negroid ['niːgrɔɪd] *adj* negroide.

neigh [neɪ] **I** *n* relincho *m*. **II** *vi* relinchar.

neighbour, *US* **neighbor** ['neɪbər] *n* vecino,-a *m,f*; *Rel* prójimo *m*; **Britain's neighbours**, los países vecinos a Gran Bretaña.

neighbourhood, *US* **neighborhood** ['neɪbəhʊd] *n* **1** *(district)* vecindad *f*, barrio *m*; *(people)* vecindario *m*. **2** *(of amount)* **in the n. of**, alrededor de, aproximadamente.

neighbouring, *US* **neighboring** ['neɪbərɪŋ] *adj* vecino,-a; **n. country**, país vecino.

neighbourly, *US* **neighborly** ['neɪbəlɪ] *adj* amable, de buen vecino.

neither ['naɪðər, 'niːðər] **I** *adj & pron* ninguno de los dos, ninguna de las dos; **n. candidate is good enough**, ninguno de los candidatos es suficientemente bueno; **n. (of them) has come**, ninguno de los dos ha venido. **II** *adv & conj* **1** ni; **n. ... nor**, ni ...; ni; **n. young nor old**, ni joven ni viejo; **n. you nor I**, ni tú ni yo; *fig* **it's n. here nor there**, no viene al caso. **2** tampoco; **she was not there and n. was her sister**, ella no estaba, ni su hermana tampoco.

neoclassical [niːəʊ'klæsɪkəl] *adj* neoclásico,-a.

neoclassicism [niːəʊ'klæsɪsɪzəm] *n* neoclasicismo *m*.

neolithic [niːəʊ'lɪθɪk] *adj* neolítico,-a.

neologism [niː'ɒlədʒɪzəm] *n* neologismo *m*.

neon ['niːɒn] *n* neón *m*. ■ **n. sign**, letrero *m* de neón.

Nepal [nɪ'pɔːl] *n* Nepal.

Nepalese [nepə'liːz] *adj & n* nepalés,-esa *(m,f)*; **the N.**, los nepaleses.

nephew ['nevjuː, 'nefjuː] *n* sobrino *m*.

nephritis [nɪ'fraɪtɪs] *n* nefritis *f*.

nepotism ['nepətɪzəm] *n* nepotismo *m*.

nerve [nɜːv] *n* **1** *Anat* nervio *m*; **to be a bundle of nerves**, estar hecho un manojo de nervios; **to get on sb's nerves**, poner los nervios de punta a algn; **to have nerves of steel**, tener nervios de acero. ■ **n. cell**, neurona *f*; **n. centre**, *Anat* centro *m* nervioso; *fig* punto *m* neurálgico; **n. gas**, gas *m* nervioso. **2** *(courage)* valor *m*; **to lose one's n.**, rajarse. **3** *fam (cheek)* cara *f*, descaro *m*, caradura *f*; **he had the n. to phone me**, tuvo el descaro de llamarme por teléfono; **what a n.!**, ¡qué cara!

nerve-racking ['nɜːvrækɪŋ] *adj* crispante, exasperante.

nervous ['nɜːvəs] *adj* **1** *Anat* nervioso,-a. ■ **n. breakdown**, depresión *f* nerviosa; **n. system**, sistema *m* nervioso. **2** *(on edge)* nervioso,-a. **3** *(afraid)* miedoso,-a; **to be n.**, tener miedo. **4** *(timid)* tímido,-a. ◆**nervously** *adv* nerviosamente, con miedo.

nervousness ['nɜːvəsnɪs] *n (edginess)* nerviosismo *m*, nerviosidad *f*; *(fear)* miedo *m*.

nervy ['nɜːvɪ] *adj (nervier, nerviest)* *fam* nervioso,-a.

nest [nest] **I** *n* **1** *Orn* nido *m*; *(hen's)* nidal *m*; *(wasps')* avispero *m*; *(animal's)* madriguera *f*; *fig* **to feather one's n.**, hacer su agosto. ■ **n. egg**, ahorros *mpl*, ahorrillos *mpl*. **2** *fig (shelter)* nido *m*, refugio *m*. ■ **machine-gun n.**, nido *m* de ametralladoras. **3** *Furn* **n. of tables**, mesas *fpl* de nido. **II** *vi* **1** *(birds)* anidar. **2** *(egg collector)* ir a buscar nidos.

nestle ['nesəl] **I** *vtr* recostar; **to n. one's head against sb's shoulder**, recostar la cabeza contra el hombro de algn. **II** *vi* **1** *(settle comfortably)* acomodarse,

arrellenarse; **to n. up to sb,** apretarse contra algn.
2 *(lie sheltered)* esconderse, ocultarse.

net[1] [net] **I** *n* **1** red *f*; *Sport* red, malla *f*. ■ **fishing n.,** red *f* de pescar; **hair n.,** redecilla *f*; **landing n.,** manga *m*; **mosquito n.,** mosquitero *m*; **n. curtains,** visillos *mpl*. **2** *(trap)* red *f*, trampa *f*. **II** *vtr (pt & pp netted)* coger con red; *Fish* pescar con red.

net[2] [net] **I** *adj* neto,-a; **n. price/profit/weight,** precio/beneficio/peso neto. **II** *vtr (pt & pp netted) (earn)* ganar neto; **he netted 100,000 dollars,** ganó cien mil dólares netos.

netball ['netbɔːl] *n Sport* baloncesto *m* femenino.

Netherlands ['neðələndz] *npl* **the N.,** Holanda, los Países Bajos.

netting ['netɪŋ] *n* redes *fpl*, malla *f*. ■ **wire n.,** alambrera *f*.

nettle ['netəl] **I** *n Bot* ortiga *f*. ■ **n. rash,** urticaria *f*. **II** *vtr fam* irritar, fastidiar, molestar.

network ['netwɜːk] *n* red *f*; **road/rail n.,** red de carreteras/ferrocarriles.

neuralgia [njʊə'rældʒə] *n Med* neuralgia *f*.

neuritis [njʊə'raɪtɪs] *n Med* neuritis *f*.

neurological [njʊərə'lɒdʒɪkəl] *adj. Med* neurológico,-a.

neurologist [njʊə'rɒlədʒɪst] *n Med* neurólogo,-a *m,f*.

neurology [njʊ'rɒlədʒɪ] *n Med* neurología *f*.

neurosis [njʊ'rəʊsɪs] *n (pl neuroses* [njʊə'rəʊsiːz]) *Med* neurosis *f*.

neurotic [njʊ'rɒtɪk] *adj & n Med* neurótico,-a *(m,f)*.

neuter ['njuːtə'] **I** *adj* neutro,-a. **II** *n Ling* neutro *m*. **III** *vtr (geld)* castrar.

neutral ['njuːtrəl] **I** *adj* neutro,-a; *Pol* **to remain n.,** permanecer neutral. **II** *n Aut* punto *m* muerto.

neutrality [njuː'trælətɪ] *n* neutralidad *f*.

neutralize ['njuːtrəlaɪz] *vtr* neutralizar.

neutron ['njuːtrɒn] *n Phys* neutrón *m*. ■ **n. bomb,** bomba *f* de neutrones.

never ['nevə'] *adv* nunca, jamás; **he n. complains,** nunca se queja; **n. again,** nunca más, nunca jamás; **n. in all my life have I seen anything like it,** jamás en la vida he visto nada parecido; *fam* **n. mind,** da igual, no importa; *fam* **that will n. do!,** ¡eso es inaceptable!; *fam* **you n. forgot your keys!,** ¡no me digas que se olvidaste las llaves!; *fam* **well, I n. (did)!,** ¡no me digas!

never-ending [nevər'endɪŋ] *adj* sin fin, interminable.

never-never [nevə'nevə'] *n fam* **to buy sth on the n.-n.,** comprar algo a plazos. ■ **n.-n. land,** tierra *f* de Jauja.

nevermore [nevə'mɔː'] *adj* nunca más.

nevertheless [nevəðə'les] *adv* sin embargo, no obstante.

new [njuː] *adj* nuevo,-a; **a n. car/dress/suit,** un coche/vestido/traje nuevo; **as good as n.,** como nuevo; **I'm n. to this job,** soy nuevo en este trabajo. ■ **n. baby,** recién nacido *m*; **N. Delhi,** Nueva Delhi; **N. England,** Nueva Inglaterra; **N. Englander,** nativo,-a *m,f or* habitante *mf* de Nueva Inglaterra; **N. Guinea,** Nueva Guinea; **N. Hampshire,** Nueva Hampshire; **N. Jersey,** Nueva Jersey; **n. moon,** luna *f* nueva; **N. Orleans,** Nueva Orleáns; **n. potatoes,** patatas *fpl* nuevas; **N. South Wales,** Nueva Gales del Sur; **N. Year,** Año *m* nuevo; **N. Year's Day,** día *m* del Año nuevo; **N. Year's Eve,** Noche *f* vieja, Nochevieja *f*; **N. York,** Nueva York; **N. Yorker,**

neoyorquino,-a *m,f*; **N. Zealand,** Nueva Zelanda; **N. Zealander,** neocelandés,-esa *m,f*. ◆**newly** *adv* recién, recientemente; **a n. painted house,** una casa recién pintada.

newborn ['njuːbɔːn] *adj* recién nacido,-a.

newcomer ['njuːkʌmə'] *n* recién llegado,-a *m,f*.

newfangled ['njuːfæŋgəld] *adj* novedoso,-a; **n.-f. ideas,** ideas novedosas.

Newfoundland ['njuːfəndlənd] *n* Terranova.

newish ['njuːɪʃ] *adj fam* casi nuevo,-a.

newlywed ['njuːlɪwed] *n* recién casado,-a *m,f*.

news [njuːz] *n* noticias *fpl*; **a piece of n.,** una noticia; **it's in the n.,** es noticia; **the n.,** *TV* el telediario; *Rad* el diario hablado; **to break the n. to sb,** dar una (mala) noticia a algn; *fam* **it's n. to me,** ahora me entero; *prov* **no n. is good n.,** sin noticias, buenas noticias. ■ **n. agency,** agencia *f* de prensa *or* de información; **n. bulletin,** noticiario *m*, boletín *m* informativo; **n. conference,** rueda *f* de prensa; **n. correspondent,** corresponsal *mf* de prensa; **n. clipping,** recorte *m* de periódico; **n. item,** noticia *f*.

newsagent ['njuːzeɪdʒənt] *n* vendedor,-a *m,f* de periódicos.

newscaster ['njuːzkɑːstə'] *n TV* locutor,-a *m,f* del telediario; *Rad* locutor,-a *m,f* del diario hablado.

newsflash ['njuːzflæʃ] *n* noticia *f* de última hora.

newsletter ['njuːzletə'] *n* boletín *m* informativo.

newspaper ['njuːzpeɪpə'] *n* periódico *m*, diario *m*.

newsprint ['njuːzprɪnt] *n* papel *m* de periódico.

newsreader ['njuːzriːdə'] *TV Rad* presentador,-a *m,f* de los informativos.

newsreel ['njuːzriːl] *n* noticiario *m*.

newsroom ['njuːzrʊm] *n* sala *f* de redacción.

news-stand ['njuːzstænd] *n* quiosco *m*, puesto *m* de periódicos.

newsworthy ['njuːzwɜːðɪ] *adj* de interés periodístico.

newsy ['njuːzɪ] *adj (newsier, newsiest) fam* **a n. letter,** una carta llena de noticias.

newt [njuːt] *n Zool* tritón *m*.

next [nekst] **I** *adj* **1** *(place)* vecino,-a, de al lado; **the n. room,** la habitación de al lado. **2** *(time)* próximo,-a; **the n. time,** la próxima vez; **the n. day,** el día siguiente; **n. day,** al día siguiente; **n. Friday,** el viernes que viene; **n. week,** la semana que viene; **the week after n.,** dentro de dos semanas. **3** *(order)* siguiente, próximo,-a; **the n. page,** la página siguiente; **the n. stop,** la próxima parada; **n. of kin,** pariente *m* más cercano; **who's n.?,** ¿quién es el siguiente? **II** *adv* **1** después, luego; **what did you do n.?,** ¿que hiciste luego?; **what shall we do n.?,** ¿qué hacemos ahora? **2** *(next time)* la próxima vez; **when n. we meet,** la próxima vez que nos veamos. **III** *prep* **n. to,** al lado de, junto a; **n. to nothing,** casi nada.

next door [neks'dɔː'] *adj & adv* de al lado; **our n.-d. neighbour,** el vecino *or* la vecina de al lado; **the house n. d.,** la casa de al lado; **they live n. d.,** viven en la casa de al lado.

NHS [enʊɪtʃ'es] *GB abbr of* **National Health Service,** ≈ Seguridad *f* Social, SS *f*.

niacin ['naɪəsɪn] *n* niacina *f*.

nib [nɪb] *n* plumilla *f*.

nibble ['nɪbəl] **I** *vtr & vi* mordisquear; *(of fish)* picar; **to n. at sth,** mordisquear algo. **II** *n* **1** *(bite)* mordisco *m*. **2** *(small piece)* pedacito *m*; **a n. of cheese,** un trocito de queso.

nibs [nɪbz] *n fam iron* **his n.,** su señoría.

Nicaragua [nɪkə'rægjʊə, nɪkə'rɑːgwə] *n* Nicaragua.

Nicaraguan [nɪkə'rægjʊən, nɪkə'rɑːgwən] *adj & n* nicaragüense *(mf)*.

Nice [niːs] *n* Niza.

nice [naɪs] *adj* **1** *(pleasant) (person)* simpático,-a, amable, majo,-a; *(thing)* agradable, bueno,-a; **a n. meal,** una buena comida; **a n. day,** un día agradable; **how n. of you!,** ¡qué amable eres!; **n. weather,** buen tiempo; **n. and cool/warm,** fresquito,-a/calentito,-a; **to smell/taste n.,** oler/saber bien. **2** *(pretty)* bonito,-a, mono,-a, *SAm* lindo,-a; **a n. house,** una casa bonita. **3** *iron* menudo.-a; **a n. mess you've made!,** ¡menudo lío has hecho!, ¡buena la has hecho! **3** *(subtle)* sutil; **a n. distinction,** una distinción sutil. **4** *(exact)* **these shoes are a n. fit,** estos zapatos me sientan muy bien. ◆**nicely** *adv* muy bien; **that will do n.,** así está muy bien; **she's doing n.,** va bien.

nice-looking [naɪs'lʊkɪŋ] *adj* guapo,-a, mono,-a.

nicety ['naɪsɪtɪ] *n* **1** *(subtlety)* sutileza *f*, detalle *m*. **2 niceties,** *(refinements)* lujos *mpl*, detalles *mpl*.

niche [niːtʃ] *n* **1** hornacina *f*, nicho *m*. **2** *fig* hueco *m*; **to carve out a n. for oneself,** hacerse un hueco.

Nick [nɪk] *n dimin* of **Nicholas; Old N.,** el diablo.

nick[1] [nɪk] **I** *n* **1** *(notch)* muesca *f*, corte *m*; *(cut)* corte *m*, rasguño *m*; *fam* **in the n. of time,** en el momento preciso. **2** *GB sl (prison)* **the n.,** chirona *f*, talego *m*. **II** *vtr sl* **1** *(steal)* mangar, birlar, afanar. **2** *(arrest)* pillar, pescar.

nick[2] [nɪk] *n sl* **in good/poor n.,** en buenas/malas condiciones.

nickel ['nɪkəl] *n* **1** níquel *m*. ■ **n. silver,** metal *m* blanco. **2** *US* moneda *f* de cinco centavos.

nicker ['nɪkər] *n inv GB sl* libra *f* esterlina.

nickname ['nɪkneɪm] **I** *n* *(derisory)* apodo *m*, mote *m*; *(affectionate)* diminutivo *m*. **II** *vtr* apodar, poner de apodo; **he was nicknamed 'Fatty',** le apodaron 'el Gordo'.

nicotine ['nɪkətiːn] *n* nicotina *f*.

niece [niːs] *n* sobrina *f*.

niff [nɪf] *GB fam* **I** *n* tufo *m*. **II** *vtr* tufar.

niffy ['nɪfɪ] *adj GB fam* maloliente.

nifty ['nɪftɪ] *adj* *(niftier, niftiest)* **1** *(smart)* elegante, chulo,-a. **2** *(quick)* rápido,-a; *(agile)* ágil. **3** *(ingenious)* ingenioso,-a.

Niger ['naɪdʒər] *n* Níger.

Nigeria [naɪ'dʒɪərɪə] *n* Nigeria.

Nigerian [naɪ'dʒɪərɪən] *adj & n* nigeriano,-a *(m,f)*.

Nigerien [niː'ʒeərɪən] *adj & n* nigerino,-a *(m,f)*.

niggardly ['nɪgədlɪ] *adj* *(miserly)* tacaño,-a, avaro,-a; *(meagre)* exiguo,-a.

nigger ['nɪgər] *n offens* negro,-a *m,f*.

niggle ['nɪgəl] *vi* reparar en nimiedades *or* pequeñeces.

niggling ['nɪgəlɪŋ] *adj* *(trifling)* insignificante, de poca monta; *(irritating)* molesto,-a.

night [naɪt] *n* noche *f*; **all n.,** toda la noche; **at n.,** de noche; **last n.,** anoche; **late at n.,** avanzada *or* bien entrada la noche; **the n. before last,** anteanoche, antes de anoche; **tomorrow n.,** mañana por la noche; **to have a n. out,** salir por la noche. ■ **first n.,** estreno *m*; **n. court,** juzgado *m* de guardia; **n. life,** vida *f* nocturna; **n. owl,** trasnochador,-a *m,f*; **n. school,** escuela *f* nocturna; **n. shift,** turno *m* de noche.

nightcap ['naɪtkæp] *n* bebida *f* antes de acostarse.

nightclub ['naɪtklʌb] *n* club *m* nocturno, sala *f* de fiestas.

nightdress ['naɪtdres] *n* camisón *m*.

nightfall ['naɪtfɔːl] *n* anochecer *m*; **at n.,** al anochecer, al caer la noche.

nightgown ['naɪtgaʊn] *n*, **nightie** ['naɪtɪ] *n fam* camisón *m*.

nightingale ['naɪtɪŋgeɪl] *n Orn* ruiseñor *m*.

nightjar ['naɪtdʒɑːr] *n Orn* chotacabras *m inv*.

nightlife ['naɪtlaɪf] *n* ambiente *m* nocturno; **there's not much n. here,** no hay mucha marcha (nocturna) aquí.

nightlight ['naɪtlaɪt] *n* lamparilla *f*.

nightly ['naɪtlɪ] **I** *adj* **1** *(at night)* nocturno,-a, de noche. **2** *(every night)* de cada noche. **II** *adv* cada noche, todas las noches.

nightmare ['naɪtmeər] *n* pesadilla *f*.

nights [naɪts] *adv fam* de noche, por la noche; **to work n.,** trabajar de noche.

nightshade ['naɪtʃeɪd] *n Bot* hierba *f* mora. ■ **deadly n.,** belladona *f*.

nightspot ['naɪtspɒt] *n* club *m* nocturno, sala *f* de fiestas.

night-time ['naɪttaɪm] *n* noche *f*; **at n.,** por la noche.

nihilism ['naɪlɪzəm] *n* nihilismo *m*.

nihilistic [naɪ'lɪstɪk] *adj* nihilista.

nil [nɪl] *n* nada *f*; *Sport* cero *m*; **we won two n.,** ganamos dos a cero.

Nile [naɪl] *n* **the N.,** el Nilo.

nimble ['nɪmbəl] *adj* ágil, rápido,-a; **n. feet,** pies ágiles.

nincompoop ['nɪŋkəmpuːp] *n fam* memo,-a *m,f*, tonto,-a *m,f*.

nine [naɪn] **I** *adj* nueve *inv*; **n. hundred,** novecientos,-as; **n. thousand pounds,** nueve mil libras; **n. times,** nueve veces; **n. times out of ten,** en el noventa por ciento de los casos. **II** *n* nueve *m inv*; *fam* **dressed up to the nines,** de punta en blanco; *see also* **seven**

ninepins ['naɪnpɪnz] *npl* bolos *mpl*, juego *m* de bolos; **they went down like n.,** cayeron como moscas.

nineteen [naɪn'tiːn] *adj & n* diecinueve *(m) inv*; **to talk n. to the dozen,** hablar por los codos; *see also* **seven**

nineteenth [naɪn'tiːnθ] *adj* decimonoveno,-a. ■ *Golf sl* **the n. hole,** el bar; *see also* **seventh**

ninety ['naɪntɪ] *adj & n* noventa *(m) inv*; **n.-nine times out of a hundred,** casi siempre; **the nineties,** los (años) noventa; *see also* **seventy**

ninth [naɪnθ] **I** *adj* noveno,-a. **II** *n* **1** *(in series)* noveno,-a *m,f*. **2** *(fraction)* noveno *m*; *see also* **seventh**

Nip [nɪp] *n sl offens* japonés,-esa *m,f*, nipón,-ona *m,f*.

nip[1] [nɪp] **I** *vtr (pt & pp nipped)* **1** *(pinch)* pellizcar. **2** *(bite)* morder; **to n. sth in the bud,** cortar algo de raíz. **II** *vi fam* **to n. in/out/up,** entrar/salir/subir un momento; **n. across to the shop,** nueve un momento a la tienda. **III** *n* **1** *(pinch)* pellizco *m*. **2** *(bite)* mordisco *m*, mordedura *f*; *fig* **there's a n. in the air,** hace fresquito.

nip[2] [nɪp] *n (of drink)* trago *m*; **a n. of brandy,** un trago de coñac.

nipper ['nɪpər] *n fam* chaval,-a *m,f*, chiquillo,-a *m,f*.

nipple ['nɪpəl] *n* **1** *Anat (female)* pezón *m*; *(male)* tetilla *f*. **2** *(teat)* tetina *f*, boquilla *f*. **3** *Tech* **(greasing)** n., pezón *m* de engrase.

nippy ['nɪpɪ] *adj (nippier, nippiest) fam* **1** *(quick)* rápido,-a; **look n.!**, ¡date prisa! **2** *(cold)* fresquito,-a; **it's a bit n. today**, hoy hace fresquito.

nirvana [nɪə'vɑːnə] *n Rel* nirvana *f*.

nit[1] [nɪt] *n Zool* liendre *f*.

nit[2] [nɪt] *n fam* imbécil *mf*.

nit-picking ['nɪtpɪkɪŋ] *adj fam* quisquilloso,-a; **n. details**, nimiedades *fpl*.

nitrate ['naɪtreɪt] *n Chem* nitrato *m*.

nitric ['naɪtrɪk] *adj Chem* nítrico,-a. ▪ **n. acid**, ácido *m* nítrico.

nitride ['naɪtraɪd] *n Chem* nitruro *m*.

nitrite ['naɪtraɪt] *n Chem* nitrito *m*.

nitrogen ['naɪtrədʒən] *n Chem* nitrógeno *m*.

nitroglycerin(e) [naɪtrəʊ'glɪsəriːn] *n Chem* nitroglicerina *f*.

nitrous ['naɪtrəs] *adj* nitroso,-a.

nitty-gritty [nɪtɪ'grɪtɪ] *n fam* **to get down to the n.-g.**, ir al grano.

nitwit ['nɪtwɪt] *n fam* imbécil *mf*.

no [nəʊ] **I** *adj* ninguno,-a; **I have no idea**, no tengo (ni) idea; **it's no good** *or* **use**, no vale la pena; **make no mistake about it**, no lo dudes; *Aut* **'no parking'**, 'prohibido aparcar'; **no sensible person**, ninguna persona razonable; **no two are the same**, no hay dos (que sean) iguales; **she has no children**, no tiene hijos; **she's no genius**, no es ningún genio; **there is no such thing as ...**, no existe ...; **there's no changing your mind now**, ya no puedes cambiar de idea; *fam* **n. end of ...**, un mogollón *or* montón de ...; *fam* **no way!**, ¡ni hablar! **II** *n* **no** *m*; **ayes and noes**, votos a favor y votos en contra; **she won't take no for an answer**, no se dará por vencida, no aceptará un no por respuesta. **III** *adv* no; **come here! —no!**, ¡ven aquí! '—¡no!; **it's no better than before**, no está mejor que antes; **no longer**, ya no; **no less than**, no menos de; **to say no**, decir que no.

no. *(pl nos.) abbr of* **number**, número *m*, n.°, núm.

Noah ['nəʊə] *n Rel* Noé *m*. ▪ **N.'s ark**, el arca *f* de Noé.

nob [nɒb] *n fam* pez *m* gordo.

nobble ['nɒbəl] *vtr sl* **1** *(drug)* drogar. **2** *(bribe)* sobornar. **3** *(steal)* mangar, birlar. **4** *(catch)* pillar, pescar.

nobility [nəʊ'bɪlɪtɪ] *n* nobleza *f*.

noble ['nəʊbəl] **I** *adj* **1** *(aristocratic)* noble; **of n. birth**, de noble cuna; **of n. descent**, de noble alcurnia. **2** *(sentiment)* noble; *(gesture)* magnánimo,-a. **3** *(impressive)* magnífico,-a, grandioso,-a. **II** *n (in feudal system)* noble *m*.

nobleman ['nəʊbəlmən] *n (pl noblemen)* noble *m*.

noblewoman ['nəʊbəlwʊmən] *n (pl noblewomen* ['nəʊbəlwɪmɪn]*)* noble *f*.

nobody ['nəʊbədɪ] **I** *pron* nadie; **I told n.**, no se lo dije a nadie; **n. came**, no vino nadie; **n. else**, nadie más; **n. knows the answer**, no conoce la respuesta nadie. **II** *n* nadie *m*; **he's a n.**, es un don nadie.

no-claims ['nəʊkleɪmz] *adj Ins* **no-c. bonus**, prima de no siniestrabilidad.

nocturnal [nɒk'tɜːnəl] *adj* nocturno,-a.

nod [nɒd] **I** *n* **1** *(in greeting)* saludo *m* con la cabeza. **2** *(in agreement)* señal *f* de asentimiento; *GB fam* **a n.'s as good as a wink**, a buen entendedor pocas palabras bastan. **3 the land of N.**, el mundo de los sueños. **II** *vi (pt & pp nodded)* **1** *(in greeting)* saludar con la cabeza. **2** *(in agreement)* asentir con la cabeza. **III** *vtr* **to n. one's head**, inclinar la cabeza; *(in agreement)* asentir con la cabeza. ◆**nod off** *vi* quedarse dormido-a, dormirse.

nodding ['nɒdɪŋ] *adj* **to have a n. acquaintance with sb**, conocer a algn de vista.

node [nəʊd] *n* **1** *Bot* nudo *m*. **2** *Anat Med* nodo *m*.

nodule ['nɒdjuːl] *n* nódulo *m*.

no-go [nəʊ'gəʊ] *adj* **no-go area**, zona *f* prohibida.

no-hoper [nəʊ'həʊpə^r] *n fam* inútil *mf*.

nohow ['nəʊhaʊ] *adv* de ninguna manera.

noise [nɔɪz] *n* **1** ruido *m*; **to make a n.**, hacer ruido. ▪ **background n.**, ruido *m* de fondo. **2** *fam* **a big n.**, un pez gordo.

noiseless ['nɔɪzlɪs] *adj* silencioso,-a, sin ruido. ◆**noiselessly** *adv* silenciosamente.

noiseproof ['nɔɪzpruːf] *adj* insonorizado,-a.

noisy ['nɔɪzɪ] *adj (noisier, noisiest)* ruidoso,-a; **n. machine/street**, máquina/calle ruidosa; **a n. crowd**, una muchedumbre bulliciosa.

nomad ['nəʊmæd] *n* nómada *mf*.

nomadic [nəʊ'mædɪk] *adj* nómada.

no-man's-land ['nəʊmænzlænd] *n* tierra *f* de nadie.

nomenclature [nəʊ'menklətʃə^r] *n* nomenclatura *f*.

nominal ['nɒmɪnəl] *adj* **1** nominal. **2** *(payment, rent)* simbólico,-a. ◆**nominally** *adv* nominalmente, de nombre solamente.

nominate ['nɒmɪneɪt] *vtr* **1** *(propose)* designar, proponer. **2** *(appoint)* nombrar.

nomination [nɒmɪ'neɪʃən] *n* **1** *(proposal)* propuesta *f*; **to accept/support a n.**, aceptar/apoyar una candidatura. **2** *(appointment)* nombramiento *m*.

nominative ['nɒmɪnətɪv] *adj Ling* nominativo *m*.

nominee [nɒmɪ'niː] *n* nominado,-a, *m,f*, persona *f* propuesta.

non- [nɒn] *pref* no; **n.-Catholic**, no católico,-a.

non-aggression [nɒnə'greʃən] *n Pol* no agresión *f*. ▪ **n.-a. pact**, pacto *m* de no agresión.

non-alcoholic [nɒnælkə'hɒlɪk] *adj* no alcohólico,-a, sin alcohol.

non-aligned [nɒnə'laɪnd] *adj Pol* no alineado,-a. ▪ **n.-a. countries**, países *mpl* no alineados.

nonagon ['nɒnəgɒn] *n Geom* eneágono *m*.

nonchalance ['nɒnʃələns] *n (indifference)* indiferencia *f*; *(calmness)* imperturbabilidad *f*.

nonchalant ['nɒnʃələnt] *adj (indifferent)* indiferente; *(calm)* imperturbable, impasible.

noncombatant [nɒn'kɒmbətənt] *adj & n* no combatiente *(mf)*.

noncommissioned ['nɒnkəmɪʃənd] *adj Mil* **n. officer**, suboficial *m*.

noncommittal ['nɒnkəmɪtəl] *adj* evasivo,-a, que no compromete a nada; **a n. reply**, una respuesta poco comprometedora.

nonconductor [nɒnkən'dʌktə^r] *n Elec Phys* aislante *m*.

nonconformist [nɒnkən'fɔːmɪst] *n* inconformista *mf*.

noncontributory [nɒnkən'trɪbjʊtərɪ] *adj* **a n. pension scheme**, un plan de jubilación pagado por la empresa.

nondescript ['nɒndɪskrɪpt] *adj* indescriptible, inclasificable; *(uninteresting)* soso,-a, anodino,-a; **n. music**, una música cualquiera.

none [nʌn] I *pron* ninguno,-a; **I know n. of them,** no conozco a ninguno de ellos; **it is n. of her business,** no tiene nada que ver con ella, no es asunto suyo; **n. at all,** nada en absoluto; **n. of that in here!,** ¡nada de esto aquí dentro!; **n. of the records is his,** ninguno de los discos es suyo; **n. other than …,** nada menos que … . II *adv* de ningún modo, de ninguna manera; **she's n. the worse for it,** no se ha visto afectada *or* perjudicada por ello; **n. too soon,** a buena hora.

nonentity [nɒ'nentɪtɪ] *n (person)* nulidad *f*, cero *m* a la izquierda.

nonetheless [nʌnðə'les] *adv* no obstante, sin embargo.

nonevent [nɒnɪ'vent] *n* fracaso *m*; **the concert turned out to be a n.,** aquello ni fue concierto ni fue nada.

nonexistent [nɒnɪg'zɪstənt] *adj* inexistente.

nonfattening [nɒn'fætənɪŋ] *adj* que no engorda.

nonfiction [nɒn'fɪkʃən] *n* literatura *f* no novelesca.

nonmember [nɒn'membəʳ] *n* no socio,-a *m,f*.

no-nonsense [nəʊ'nɒnsens] *adj (person)* recto,-a, serio,-a.

nonpayment [nɒn'peɪmənt] *n* falta *f* de pago.

nonplussed [nɒn'plʌst] *adj* perplejo,-a, anonadado,-a.

non-profit-making [nɒn'prɒfɪtmeɪkɪŋ] *adj (organization)* sin fin lucrativo.

nonresident [nɒn'rezɪdənt] *n* no residente *mf*.

nonreturnable [nɒnrɪ'tɜ:nəbəl] *adj* no retornable.

nonsense ['nɒnsəns] *n* tonterías *fpl*, disparates *mpl*; **to talk n.,** decir tonterías; **that's n.,** eso es absurdo.

nonsensical [nɒn'sensɪkəl] *adj* absurdo,-a.

nonsmoker [nɒn'sməʊkəʳ] *n* no fumador,-a *m,f*, persona *f* que no fuma.

nonstarter [nɒn'stɑ:təʳ] *n* **to be a n.,** *Sport (competitor)* quedar descalificado,-a; *fig (person)* ser imposible.

nonstick [nɒn'stɪk] *adj (pan etc)* antiadherente.

nonstop [nɒn'stɒp] I *adj (train)* directo,-a; *(flight)* sin escalas. II *adv* sin parar; **to talk n.,** hablar sin parar, no parar de hablar; **to fly n.,** volar sin hacer escalas.

nontaxable [nɒn'tæksəbəl] *adj* exento,-a de impuestos, no imponible.

nontoxic [nɒn'tɒksɪk] *adj* no tóxico,-a.

noodles ['nu:dəlz] *npl Culin* fideos *mpl*.

nook [nʊk] *n* rincón *m*, recoveco *m*.

noon [nu:n] *n* mediodía *m*; **at n.,** a mediodía.

noonday ['nu:deɪ] *n* **the n. sun,** el sol de mediodía.

no-one ['nəʊwʌn] *pron* nadie; **n. came,** no vino nadie.

noose [nu:s] *n* lazo *m*; *(hangman's)* soga *f*; *fig* **to have one's head in the n.,** estar con la soga al cuello.

nor [nɔ:ʳ] *conj* ni, ni tampoco; **neither … n.,** ni … ni; **neither you n. I,** ni tú ni yo; **he neither drinks n. smokes,** ni fuma ni bebe; **n. do I,** (ni) yo tampoco.

Nordic ['nɔ:dɪk] *adj* nórdico,-a.

norm [nɔ:m] *n* norma *f*; **to deviate from the n.,** salirse de lo normal *or* de la norma.

normal ['nɔ:məl] I *adj* normal; **a n. person,** una persona normal. II *n* lo normal; **below n.,** por debajo de lo normal.

normality [nɔ:'mælɪtɪ] *n* normalidad *f*.

normalization [nɔ:məlaɪ'zeɪʃən] *n* normalización *f*.

normally ['nɔ:məlɪ] *adv* normalmente.

Norman ['nɔ:mən] *adj & n* normando,-a *(m,f)*.

Normandy ['nɔ:məndɪ] *n* Normandía.

Norse [nɔ:s] *Hist* I *adj* nórdico,-a. II *n (language)* nórdico *m*.

Norseman ['nɔ:smən] *n (pl Norsemen) Hist* vikingo *m*.

north [nɔ:θ] I *n* norte *m*; **the N.,** el norte. ■ **N. America,** América del Norte, Norteamérica; **N. Pole,** Polo *m* Norte; **N. Sea,** Mar *m* del Norte. II *adv* hacia el norte, al norte; **to face n.,** dar al norte. III *adj* del norte; **the n. coast,** la costa del norte; **n. wind,** viento del norte.

northbound ['nɔ:θbaʊnd] *adj* con dirección norte; **a n. train,** un tren que viaja hacia el norte.

northeast [nɔ:θ'i:st] *n* nordeste *m*, noreste *m*.

northeasterly [nɔ:θ'i:stəlɪ] *adj*, **northeastern** [nɔ:θ'i:stən] *adj* del nordeste.

northerly ['nɔ:ðəlɪ] *adj* norte, del norte; **n. wind,** viento del norte; **in a n. direction,** en dirección norte; **the most n. point,** el punto más septentrional.

northern ['nɔ:ðən] *adj* del norte, septentrional. ■ **n. hemisphere,** hemisferio *m* norte; **N. Ireland,** Irlanda del Norte; **N. Irishman,** norirlandés *m*; **N. Irishwoman,** norirladesa *f*; **n. lights,** aurora *f sing* boreal.

northerner ['nɔ:ðənəʳ] *n* norteño,-a, *mf*.

northward ['nɔ:θwəd] *adj & adv* hacia el norte.

northwest [nɔ:θ'west] *n* noroeste *m*.

northwesterly [nɔ:θ'westəlɪ] *adj*, **northwestern** [nɔ:θ'westən] *adj* del noroeste.

Norway ['nɔ:weɪ] *n* Noruega.

Norwegian [nɔ:'wi:dʒən] I *adj* noruego,-a. ■ **N. Sea,** Mar *m* de Noruega. II *n* 1 *(person)* noruego,-a *m,f*. 2 *(language)* noruego *m*.

nose [nəʊz] I *n* 1 *Anat* nariz *f*; **my n. is bleeding,** me sangra la nariz; **to blow one's n.,** sonarse; *fig (right)* **under sb's n.,** delante de las propias narices de algn; *fig* **to be as plain as the n. on one's face,** estar tan claro como el agua; *fig* **to lead sb by the n.,** manejar a algn a su antojo; *GB fam* **to get up sb's n.,** fastidiar *or* jorobar a algn; *fam* **to keep one's n. clean,** no meterse en líos; *fam* **to pay through the n.,** pagar un dineral; *fam* **to poke** *or* **stick one's n. into sth,** meter la nariz *or* las narices en algo; *fam* **to turn one's n. up at sth,** despreciar algo. 2 *(sense of smell)* olfato *m*. 3 *(of car, plane)* morro *m*; **the cars stood n. to tail,** los coches estaban parados en una caravana. II *vi* avanzar poco a poco; **the car nosed (out) into the street,** el coche asomó el morro para salir a la calle. ◆**nose out** *vtr (animal)* olfatear; *fig (secret)* averiguar. ◆**nose about, nose around** *vi* curiosear.

nosebag ['nəʊzbæg] *n* morral *m*.

nosebleed ['nəʊzbli:d] *n* hemorragia *f* nasal.

nosedive ['nəʊzdaɪv] *Av* I *n* picado *m*. II *vi* descender en picado.

nosegay ['nəʊzgeɪ] *n* ramillete *m* de flores.

nosey-parker [nəʊzɪ'pɑ:kəʳ] *n fam* entrometido,-a *m,f*, metomentodo *mf*.

nosh [nɒʃ] *n sl* papeo *m*, manducatoria *f*.

nostalgia [nɒ'stældʒə] *n* nostalgia *f*.

nostalgic [nɒ'stældʒɪk] *adj* nostálgico,-a.

nostril ['nɒstrɪl] *n Anat* orificio *m* nasal.

nosy ['nəʊzɪ] *adj* *(nosier, nosiest)* *fam* entrometido,-a.

not [nɒt] *adv* no; **certainly n.**, de ninguna manera; **he's n. in today,** hoy no está; **I'm n. sorry to leave,** no siento nada irme; **n. at all,** en absoluto; **thank you —n. at all,** gracias —no hay de qué, de nada; **n. one, but many,** no uno sino muchos; **n. one (of them) said thank you,** nadie me dio las gracias; **n. that I don't want to come,** no es que no quiera ir; **n. too well,** bastante mal; **n. without reason,** no sin razón; *fam* **n. likely!,** ¡ni hablar!

notable ['nəʊtəbəl] *adj* notable; **a n. success,** un éxito notable. ◆**notably** *adv* notablemente; **n. well done,** admirablemente bien hecho; **she was n. absent,** brilló por su ausencia.

notary ['nəʊtərɪ] *n* notario *m*.

notation [nəʊ'teɪʃən] *n* *Mus* notación *f*.

notch [nɒtʃ] I *n* muesca *f*, corte *m*. II *vtr* hacer una muesca, marcar con muescas. ◆**notch up** *vtr* *fig* **to n. up a victory,** apuntarse una victoria *or* un tanto.

note [nəʊt] I *n* 1 *Mus* nota *f*; *(hint)* tono *m*, nota *f*; **a n. of bitterness,** un tono de amargura. 2 *Mus (key)* tecla *f*; **the black/white notes,** las teclas negras/ blancas; *fig* **to strike the right n.,** acertar, hacer *or* decir lo apropiado. 3 *(on paper)* nota *f*; **I sent her a n.,** le envié una nota; **there's a n. in the margin,** hay una nota en el margen. 4 *(notice)* **to take n. of,** prestar atención a; **worthy of n.,** digno de mención. 5 *Fin* billete *m* de banco; **a ten pound n.,** un billete de diez libras. 6 **notes,** apuntes *mpl*; **I'll have to look it up in my n.,** tendré que mirarlo en mis apuntes; **to take n.,** tomar apuntes. II *vtr* 1 *(write down)* apuntar, anotar; **she noted the details in her diary,** apuntó los detalles en su agenda. 2 *(see, notice)* notar, advertir, fijarse; **his reaction was noted by everyone,** todos advirtieron su reacción.

notebook ['nəʊtbʊk] *n* cuaderno *m*, libreta *f*.

noted ['nəʊtɪd] *adj* notable, célebre; **she was n. for her strength,** era famosa por su fuerza.

notepad ['nəʊtpæd] *n* bloc *m* de notas.

notepaper ['nəʊtpeɪpəʳ] *n* papel *m* de cartas *or* de escribir.

noteworthy ['nəʊtwɜːðɪ] *adj* digno,-a de mención.

nothing ['nʌθɪŋ] I *n* nada; no ... nada; **for n.,** gratis; **it's n.,** no es nada; **it's n. to be proud of,** no es como para estar orgulloso; **it's n. to do with you,** no tiene nada que ver contigo; **n. else,** nada más; **n. happened today,** hoy no pasó nada; **n. more,** nada más; **sweet nothings,** ternezas *fpl*; **there's n. in it,** no es cierto; *fam* **n. much,** poca cosa; *fam* **there's n. to it,** es facilísimo; *sl* **n. doing,** ni hablar. II *adv* de ninguna manera, de ningún modo; **it's n. like as good as ...,** no tiene ni (punto de) comparación con ...; **she looks n. like her sister,** no se parece en nada a su hermana.

nothingness ['nʌθɪŋnɪs] *n* nada *f*.

notice ['nəʊtɪs] I *n* 1 *(warning)* aviso *m*; **a month's n.,** un mes de plazo; **he gave a month's n.,** presentó la dimisión con un mes de antelación; **at a moment's n.,** sin antelación; **at short n.,** con poca antelación; **until further n.,** hasta nuevo aviso; **without n.,** sin previo aviso. ■ **n. to quit,** notificación *f* para desocupar una vivienda *or* un local. 2 *(attention)* atención *f*; **it escaped my n.,** se me escapó; **to come to one's n.,** llegar al conocimiento de uno; **to take no n. of sth,** no hacer caso de algo; **to take n. of sth,** prestar atención a algo. 3 *(announcement)* anuncio *m*; **she put a n. in the shop window,** puso un anuncio en el escaparate de la tienda. 4 *(sign)* letrero *m*,

aviso *m*; **the n. says 'keep off the grass',** el letrero dice 'prohibido pisar el césped'. 5 *(review)* reseña *f*. II *vtr* darse cuenta de, fijarse en, notar; **he didn't n.,** no se dio cuenta; **I didn't n. the new curtains,** no me fijé en las cortinas nuevas; **she noticed nothing strange,** no notó nada extraño.

noticeable ['nəʊtɪsəbəl] *adj* que se nota, evidente; **the stain isn't very n.,** la mancha no se nota mucho; **it's hardly n.,** casi no se nota; **a n. change,** un cambio evidente.

noticeboard ['nəʊtɪsbɔːd] *n* tablón *m* de anuncios.

notifiable [nəʊtɪ'faɪəbəl] *adj* *Med (disease)* de declaración médica obligatoria.

notification [nəʊtɪfɪ'keɪʃən] *n* aviso *m*, notificación *f*.

notify ['nəʊtɪfaɪ] *vtr* *(pt & pp notified)* avisar, notificar; **she was notified that her car had been found,** le notificaron que el coche había aparecido; **to n. the police of a burglary,** denunciar un robo a la policía.

notion ['nəʊʃən] *n* 1 idea *f*, concepto *m*, noción *f*; **he had little n. of what was being said,** tenía muy poca idea de lo que se estaba diciendo; **her n. of friendship is different from mine,** su concepto de la amistad es diferente del mío. 2 *(whim)* capricho *m*. 3 *US Sew* **notions,** artículos *mpl* de mercería.

notional ['nəʊʃənəl] *adj* 1 *(vague)* teórico,-a. 2 *(imaginary)* imaginario,-a.

notoriety [nəʊtə'raɪətɪ] *n* mala fama *f*, mala reputación *f*.

notorious [nəʊ'tɔːrɪəs] *adj* célebre, muy conocido,-a; **a n. criminal,** un criminal célebre. ◆**notoriously** *adv* notoriamente; **they were n. ill-equipped,** era de todos sabido que iban mal equipados.

notwithstanding [nɒtwɪθ'stændɪŋ] I *prep* a pesar de. II *adv* sin embargo, no obstante.

nougat ['nuːgɑː] *n* turrón *m* blando.

nought [nɔːt] *n* cero *m*; **n. point five,** cero coma cinco. ■ **noughts and crosses,** tres en raya *m*.

noun [naʊn] *n* *Ling* nombre *m*, sustantivo *m*. ■ **proper n.,** nombre *m* propio.

nourish ['nʌrɪʃ] *vtr* 1 alimentar, nutrir. 2 *fig (hopes)* abrigar.

nourishing ['nʌrɪʃɪŋ] *adj* nutritivo,-a, alimenticio,-a.

nourishment ['nʌrɪʃmənt] *n* alimentación *f*, nutrición *f*.

nous [naʊs] *n* *GB* *fam* cacumen *m*.

Nov *abbr of* **November,** noviembre *m*, nov, novbre.

Nova Scotia [nəʊvə'skəʊʃə] *n* Nueva Escocia.

novel[1] ['nɒvəl] *n* novela *f*.

novel[2] ['nɒvəl] *adj* original, novedoso,-a.

novelist ['nɒvəlɪst] *n* novelista *mf*.

novelty ['nɒvəltɪ] *n* 1 *(thing, idea)* novedad *f*; **the n. of the situation,** la novedad de la situación; **the n. will soon wear off,** pronto dejará de ser una novedad. 2 *(trinket)* novedad *f*, fantasía *f*.

November [nəʊ'vembəʳ] *n* noviembre *m*; **(on) the fifth of N.,** el cinco de noviembre; *see also* **May.**

novice ['nɒvɪs] *n* 1 *(beginner)* novato,-a *m,f*, principiante *mf*. 2 *Rel* novicio,-a *m,f*.

now [naʊ] I *adv* 1 *(at this moment)* ahora; **from n. on,** de ahora en adelante; **it's my turn n.,** ahora me toca a mí; **just n.,** right n.,** ahora mismo; **n. and then,** de vez en cuando. 2 *(for events in past)* ya, entonces; **everything was n. ready,** ya estaba todo a punto. **3** *(at present, these days)* actualmente, hoy (en) día. **4** *(not related to time)* **n. (then),** ahora bien; **n. then, what's the problem?,** ¿veamos, cuál es el problema?; **n., n.!,** ¡vamos!, ¡ya está bien! **II** *conj* **n. (that),** ahora que, ya que; **n. that she is going to school,** ahora que va al colegio; **n. that you mention it,** ya que lo mencionas. **III** *n* **until n.,** hasta ahora; **he'll be home by n.,** ya habrá llegado a casa; **goodbye for n.!,** ¡hasta pronto!; **four days from n.,** dentro de cuatro días.

nowadays ['naʊədeɪz] *adv* hoy, hoy (en) día, actualmente.

nowhere ['nəʊweəʳ] *adv* en ningún lugar, en ningún sitio, en ninguna parte; **it's n. to be seen,** no está en ninguna parte; **he's n. near the end,** le falta mucho para terminar; **that will get you n.,** eso no te servirá de nada; *fam* **she lives in the middle of n.,** vive en el quinto pino; **n. else,** en ninguna otra parte; **to come out of n.,** salir de la nada.

noxious ['nɒkʃəs] *adj* nocivo,-a, perjudicial.

nozzle ['nɒzəl] *n* boca *f*, boquilla *f*.

nr *abbr of* **near,** cerca de.

NSPCC [enespi:si:'si:] *GB abbr of* **National Society for the Prevention of Cruelty to Children,** sociedad *f* nacional para la protección de los niños.

NT *GB abbr of* **National Trust,** organización que vela por el patrimonio nacional.

nth [enθ] *adj* **for the n. time,** por enésima vez.

Nth *abbr of* **North,** norte, N.

nuance [nju:'ɑ:ns] *n* matiz *m*.

nub [nʌb] *n* nudo *m*, meollo m; **the n. of the matter,** el quid de la cuestión.

nubile ['nju:baɪl] *adj f* núbil, casadera.

nuclear ['nju:klɪəʳ] *adj* nuclear. ■ **n. arms,** armas *fpl* nucleares; **n. disarmament,** desarme *m* nuclear; **n. fission,** fisión *f* nuclear; **n. power,** energía *f* nuclear; **n. power station,** central *f* nuclear; **n. winter,** invierno *m* nuclear.

nucleic [nju:'kli:ɪk] *adj Biol Chem* nucleico,-a; **n. acid,** ácido *m* nucleico.

nucleus ['nju:klɪəs] *n (pl nuclei* ['nju:klɪaɪ]*)* núcleo *m*.

nude [nju:d] **I** *adj* desnudo,-a. **II** *n Art Phot* desnudo *m*; **in the n.,** desnudo,-a.

nudge [nʌdʒ] **I** *vtr* dar un codazo a. **II** *n* codazo *m*.

nudism ['nju:dɪzəm] *n* nudismo *m*.

nudist ['nju:dɪst] *adj & n* nudista *(mf)*. ■ **n. colony,** colonia *f* nudista.

nudity ['nju:dɪtɪ] *n* desnudez *f*.

nugget ['nʌgɪt] *n Min* pepita *f*; **gold n.,** pepita de oro.

nuisance ['nju:səns] *n* **1** molestia *f*, fastidio *m*, pesadez *f*; **this weather is a n.,** este tiempo es una pesadez; **what a n.!,** ¡qué lata! **2** *(person)* pesado,-a *m,f*; **make a n. of oneself,** dar la lata, ponerse pesado.

nuke [nju:k] *sl* **I** *n* **1** *(bomb)* bomba *f* nuclear *or* atómica. **2** *(power station)* central *f* nuclear. **II** *vtr* atacar con armas nucleares.

null [nʌl] *adj* nulo,-a; **n. and void,** nulo y sin valor.

nullify ['nʌlɪfaɪ] *vtr (pt & pp nullified)* anular.

numb [nʌm] **I** *adj* **1** *(without feeling)* entumecido,-a; **my leg has gone n.,** se me ha dormido la pierna; **n. with cold,** entumecido de frío. **2** *fig (unable to move)* paralizado,-a, petrificado,-a; **n. with fear,** paralizado de miedo. **II** *vtr* **1** *(with cold)* entumecer

(de frío); *(with anaesthetic)* adormecer. **2** *fig (paralyse)* paralizar, dejar helado.

number ['nʌmbəʳ] **I** *n* **1** *Math* número *m*; **odd/even n.,** número impar/par; **in round numbers,** en números redondos. **2** *(quantity)* **a n. of people,** varias personas; **a large n. of,** un gran número de. **3** *(of page, house, etc)* número *m*; **she lives at n. four,** vive en el (número) cuatro; *Tel* **have you got my n.?,** ¿tienes mi (número de) teléfono?; *Tel* **you've got the wrong n.,** se ha equivocado de número. **4 to be n. one,** ser el primero *or* el mejor *or* el número uno; **to look after n. one,** barrer para adentro. **5** *Press (issue)* número *m*; **the June n.,** el número de junio; **back n.,** número atrasado. **6** *fam (clothing)* modelo *m*; **Kathy was wearing a black lace n.,** Kathy llevaba un modelo de encaje negro. **7** *fam (job etc)* **a cushy n.,** un chollo. **8** *Mus Theat* número *m*. **II** *vtr* **1** *(put a number on)* numerar, poner número a; **the seats are numbered,** los asientos llevan número. **2** *(count)* contar; **his days are numbered,** tiene los días contados; **I n. you among my friends,** te cuento entre mis amigos.

numberplate ['nʌmbəpleɪt] *n GB Aut* placa *f* de la matrícula.

numbness ['nʌmnɪs] *n* **1** *(loss of feeling)* entumecimiento *m*. **2** *fig* parálisis *f*.

numbskull ['nʌmskʌl] *n* tonto,-a *m,f*, imbécil *mf*.

numeracy ['nju:mərəsɪ] *n* conocimiento *m* básico de las matemáticas.

numeral ['nju:mərəl] *n* número *m*, cifra *f*; **Roman numerals,** números romanos.

numerate ['nju:mərət] *adj* **to be n.,** tener un conocimiento básico de matemáticas.

numerical [nju:'merɪkəl] *adj* numérico,-a; **in n. order,** por orden numérico. ◆**numerically** *adv* numéricamente; **the enemy was n. superior,** el enemigo era numéricamente superior.

numerous ['nju:mərəs] *adj* numeroso,-a; **n. friends,** numerosos *or* muchos amigos; **on n. occasions,** en innumerables ocasiones.

numismatic [nju:mɪz'mætɪk] *adj* numismático,-a.

numismatics [nju:mɪz'mætɪks] *n* numismática *f*.

numismatist [nju:'mɪzmətɪst] *n* numismático,-a *m,f*.

nun [nʌn] *n* monja *f*.

nuncio ['nʌnsɪəʊ] *n Rel* nuncio *m*.

nunlike ['nʌnlaɪk] *adj* monjil.

nunnery ['nʌnərɪ] *n* convento *m*.

nuptial ['nʌpʃəl] **I** *adj* nupcial; **n. mass,** misa *f* nupcial. **II** **nuptials** *npl hum* casamiento *m*, boda *f*.

nurse [nɜːs] **I** *n* enfermera *f*; **children's n.,** niñera *f*; **male n.,** enfermero *m*. **II** *vtr* **1** *(look after)* cuidar, atender; **to n. sb back to health,** cuidar a algn durante una enfermedad; **to n. a cold,** curarse un resfriado. **2** *(baby)* acunar, mecer en los brazos; **he nursed his swollen ankle,** cuidó de su tobillo hinchado. **3** *(suckle)* amamantar, criar. **4** *fig (harbour)* guardar; **to n. a grievance,** guardar rencor.

nursemaid ['nɜːsmeɪd] *n* niñera *f*.

nursery ['nɜːsərɪ] *n* **1** *(in house)* cuarto *m* de los niños. ■ **n. rhyme,** poema *m* infantil. **2** *(institution)* guardería *f*. ■ **day n.,** guardería *f*; **n. school,** parvulario *m*, jardín *m* de infancia. **3** *fig* semillero *m*, vivero *m*. **4** *Sport* **n. slopes,** pistas *fpl* para principiantes. **5** *Hortic* vivero *m*.

nurseryman ['nɜːsərɪmən] *n (pl nurserymen)* encargado *m* de un vivero, arbolista *m*.

nursing ['nɜːsɪŋ] I *adj* 1 *(mother)* que amamanta. 2 *Med* n. **home**, clínica *f*; **n. staff**, enfermeros *mpl* y enfermeras *fpl*, personal *m* sanitario. II *n* profesión *f* de enfermero,-a.

nurture ['nɜːtʃəʳ] *vtr* nutrir, alimentar.

nut [nʌt] *n* 1 *(fruit)* fruto *m* seco; *fig* **a tough n. to crack**, un hueso duro de roer. 2 *sl (head)* coco *m*, chola *f*, melón *m*; **he's off his n.**, está chalado. 3 *sl (mad person)* loco,-a *m,f*, chalado,-a *m,f*. 4 *Tech* tuerca *f*; **nuts and bolts**, tuercas y pernios.

nut-brown ['nʌtbraʊn] *adj* castaño,-a, (de) color avellana.

nutcase ['nʌtkeɪs] *n sl* loco,-a *m,f*, chalado,-a *m,f*.

nutcracker ['nʌtkrækəʳ] *n* cascanueces *m inv*.

nuthatch ['nʌthætʃ] *n Orn* trepador *m* azul.

nutmeg ['nʌtmeg] *n* nuez *f* moscada.

nutrient ['njuːtrɪənt] I *adj* nutritivo,-a. II *n* alimento *m* nutritivo, sustancia *f* nutritiva.

nutrition [njuːˈtrɪʃən] *n* nutrición *f*, alimentación *f*.

nutritious [njuːˈtrɪʃəs] *adj* nutritivo,-a, alimenticio,-a.

nuts [nʌts] *adj* chalado,-a; **to go n.**, volverse loco; **he's n. about motorbikes**, las motos le chiflan.

nutshell ['nʌtʃel] *n* cáscara *f*; *fig* **in a n.**, en pocas palabras.

nutter ['nʌtəʳ] *n sl* loco,-a *m,f*, chalado,-a *m,f*.

nutty ['nʌtɪ] *adj (nuttier, nuttiest)* 1 *Culin* que sabe a nuez. 2 *sl (crazy)* loco,-a, chalado,-a.

nuzzle ['nʌzəl] *vi* **to n. up to**, arrimarse a.

NW *abbr of* **North-West**, noroeste, NO.

NY *abbr of* **New York**, Nueva York.

nylon ['naɪlɒn] I *n* 1 *(material)* nilón *m*, nailon *m*. 2 **nylons**, medias *fpl* de nilón. II *adj* de nilón.

nymph [nɪmf] *n Myth* ninfa *f*.

nymphomania [nɪmfəˈmeɪnɪə] *n* ninfomanía *f*.

nymphomaniac [nɪmfəˈmeɪnɪæk] *n* ninfómana *f*.

NZ *abbr of* **New Zealand**, Nueva Zelanda.

O

O, o [əʊ] *n* 1 *(the letter)* O, o *f*. 2 *Math Tel* cero *m*; **3·01 (three point nought one)**, 3,01 (tres coma cero uno).

oaf [əʊf] *n* patán *m*, palurdo,-a *m,f*, zoquete *m,f*.

oak [əʊk] *n Bot* roble *m*. ■ **common o.**, carballo *m*, carvallo *m*; **cork o.**, alcornoque *m*; **evergreen or holm o.**, encina *f*; **o. apple**, agalla *f*; **red o.**, roble *m* americano; **sessile o.**, roble *m* albar.

oaken ['əʊkən] *adj* de roble.

OAP [əʊeɪˈpiː] *GB fam abbr of* **old-age pensioner**, pensionista *mf*.

oar [ɔːʳ] *n* 1 *(pole)* remo *m*; *fig* **to put or stick one's o. in**, entrometerse; *fig* **to rest on one's oars**, dormirse en los laureles. 2 *(person)* remero,-a *m,f*.

oarsman ['ɔːzmən] *n (pl oarsmen)* remero *m*.

oasis [əʊˈeɪsɪs] *n (pl oases* [əʊˈeɪsiːz]*)* oasis *m inv*.

oat [əʊt] *n Bot* 1 avena *f*. 2 **oats**, avena *f sing*; *fig* **to sow one's wild o.**, correrla; *US fam* **to feel one's o.**, *(feel exuberant)* sentirse en la gloria. ■ **rolled o.**, copos *mpl* de avena.

oatcake ['əʊtkeɪk] *n* torta *f* de avena.

oath [əʊθ] *n (pl oaths* [əʊðz]*)* 1 *Jur* juramento *m*; **o. of allegiance**, juramento de fidelidad; **to swear or take an o.**, prestar juramento; *fam* **on my o.**, palabra de honor. 2 *(blasphemy)* blasfemia *f*; *(swearword)* palabrota *f*.

oatmeal ['əʊtmiːl] *n* 1 *(meal)* harina *f* de avena. 2 *US (porridge)* copos *mpl* de avena.

obdurate ['ɒbdjʊrɪt] *adj (obstinate)* obstinado,-a, terco,-a; *(unyielding)* inflexible, duro,-a.

obedience [əˈbiːdɪəns] *n* obediencia *f*.

obedient [əˈbiːdɪənt] *adj* obediente.

obelisk ['ɒbɪlɪsk] *n* obelisco *m*.

obese [əʊˈbiːs] *adj* obeso,-a.

obesity [əʊˈbiːsɪtɪ] *n* obesidad *f*.

obey [əˈbeɪ] *vtr (gen)* obedecer; *(law)* cumplir; *(need)* responder a.

obfuscate ['ɒbfʌskeɪt] *vtr* ofuscar, oscurecer.

obituary [əˈbɪtjʊərɪ] *n* necrología *f*, nota *f* necrológica. ■ **o. column**, sección *f* necrológica.

object¹ ['ɒbdʒɪkt] *n* 1 *(thing)* objeto *m*, cosa *f*. ■ *Opt* **o. glass**, objetivo *m*. 2 *(aim, purpose)* fin *m*, objeto *m*, objetivo *m*; **with this o.**, con este fin. ■ **o. lesson**, ejemplo *m* práctico. 3 *fam (focus of feelings etc)* ejemplo *m*; **he's an o. of pity**, da lástima, es un triste espectáculo; **she's an o. of affection**, inspira afecto. 4 *(obstacle)* inconveniente *m*; **money is no o.**, el dinero no es inconveniente. 5 *Ling* complemento *m*, objeto *m*; **direct o.**, complemento directo.

object² [əbˈdʒekt] I *vtr* objetar. II *vi* oponerse, poner reparos (**to**, a); **everyone objected to the decision**, todos se opusieron a la decisión; *fig* **do you o. to my smoking?**, ¿le molesta que fume?

objection [əbˈdʒekʃən] *n* 1 *(argument against)* objeción *f*, reparo *m*; **she raised no objections**, no puso reparo alguno; **to take o.**, molestarse (**to**, por). 2 *(drawback)* inconveniente *m*, obstáculo *m*; **provided there's no o.**, si no hay inconveniente.

objectionable [əbˈdʒekʃənəbəl] *adj (unacceptable)* inaceptable; *(unpleasant)* ofensivo,-a, desagradable; **o. remarks**, observaciones inadmisibles.

objective [əbˈdʒektɪv] I *adj* objetivo,-a. II *n* 1 *(aim)* fin *m*, objetivo *m*. 2 *Opt Phot* objetivo *m*.

objector [əbˈdʒektəʳ] *n* objetante *mf*, objetor,-a *m,f*. ■ **conscientious o.**, objetor,-a *m,f* de conciencia.

obligation [ɒblɪˈgeɪʃən] *n* obligación *f*; **to be under an o. to sb**, estarle muy agradecido,-a a algn; **to meet one's obligations**, cumplir las obligaciones. ■ *Rel* **day of o.**, fiesta *f* de guardar.

obligatory [ɒˈblɪgətərɪ] *adj* obligatorio,-a.

oblige [əˈblaɪdʒ] *vtr* 1 *(compel)* obligar; **I'm obliged to do it**, me veo obligado,-a a hacerlo. 2 *(do a favour for)* ayudar a, hacer un favor a; **can you o. me with a pound?**, ¿podrías prestarme una libra? 3 *(be grateful)* **to be obliged**, estar agradecido,-a;

I'm much obliged to you, le estoy muy agradecido.

obliging [ə'blaɪdʒɪŋ] *adj* complaciente, amable.

oblique [ə'bli:k] *adj* oblicuo,-a, inclinado,-a; *fig* **an o. reference,** una alusión indirecta.

obliterate [ə'blɪtəreɪt] *vtr* 1 *(efface)* borrar, obliterar. 2 *(eliminate)* eliminar; *(destroy)* destruir, arrasar.

obliteration [əblɪtə'reɪʃən] *n* 1 *(effacing)* borradura *f*. 2 *(elimination)* eliminación *f*; *(destruction)* destrucción *f*.

oblivion [ə'blɪvɪən] *n* 1 olvido *m*; **to sink into o.,** caer en el olvido. 2 *Jur* amnistía *f*.

oblivious [ə'blɪvɪəs] *adj* inconsciente.

oblong ['ɒblɒŋ] 1 *adj* oblongo,-a, rectangular. II *n* rectángulo *m*.

obnoxious [əb'nɒkʃəs] *adj (of person)* repugnante, odioso,-a; *(of smell)* nocivo,-a, repugnante.

oboe ['əʊbəʊ] *n Mus* oboe *m*.

oboist ['əʊbəʊɪst] *n* oboe *m*, oboísta *mf*.

obscene [əb'si:n] *adj* obsceno,-a, indecente, escabroso,-a.

obscenity [əb'senɪtɪ] *n* obscenidad *f*, indecencia *f*.

obscure [əb'skjʊəʳ] I *adj* 1 *(unclear)* oscuro,-a, obscuro,-a; *(vague)* confuso,-a, vago,-a; *(hidden)* recóndito,-a. 2 *(unimportant) (writer etc)* desconocido,-a. 3 *(dark)* oscuro,-a, obscuro,-a. II *vtr* 1 *(make unclear)* ofuscar, obscurecer. 2 *(cover)* oscurecer, obscurecer.

obscurity [əb'skjʊərɪtɪ] *n* oscuridad *f*, obscuridad *f*.

obsequious [əb'si:kwɪəs] *adj* servil.

observable [əb'zɜ:vəbəl] *adj* visible, observable, apreciable.

observance [əb'zɜ:vəns] *n* 1 observancia *f*. 2 *Rel* **observances,** prácticas *fpl* religiosas.

observant [əb'zɜ:vənt] *adj* observador,-a, atento,-a.

observation [ɒbzə'veɪʃən] *n* 1 *(watching)* observación *f*; *(surveillance)* vigilancia *f*; **to escape o.,** pasar inadvertido,-a. ■ *Mil* **o. post,** puesto *m* de observación. 2 *(remark)* observación *f*, comentario *m*; **to make an o.,** hacer un comentario.

observatory [əb'zɜ:vətərɪ] *n* 1 *Astron* observatorio *m*. 2 *(lookout)* mirador *m*.

observe [əb'sɜ:v] *vtr* 1 *(watch)* observar; *(in surveillance)* vigilar; **she observes things keenly,** se fija mucho en las cosas. 2 *(remark)* advertir, señalar; **as Mr Brown has observed,** como ha señalado el Sr. Brown. 3 *(notice)* notar, observar. 4 *(keep)* guardar, respetar.

observer [əb'zɜ:vəʳ] *n* observador,-a *m,f*.

obsess [əb'ses] *vtr* obsesionar; **to be obsessed,** estar obsesionado,-a, obsesionarse **(with, by,** con).

obsession [əb'seʃən] *n* obsesión *f*, idea *f* fija.

obsessive [əb'sesɪv] *adj* obsesivo,-a.

obsolescent [ɒbsə'lesənt] *adj* obsolescente.

obsolete ['ɒbsəli:t, ɒbsə'li:t] *adj* obsoleto,-a, caído,-a en desuso.

obstacle ['ɒbstəkəl] *n* obstáculo *m*; *fig* obstáculo *m*, impedimento *m*, inconveniente *m*. ■ *Sport* **o. race,** carrera *f* de obstáculos.

obstetric(al) [ɒb'stetrɪk(əl)] *adj* obstétrico,-a.

obstetrician [ɒbste'trɪʃən] *n* tocólogo,-a *m,f*, obstetra *mf*.

obstetrics [ɒb'stetrɪks] *n Med* obstetricia *f*, tocología *f*.

obstinacy ['ɒbstɪnəsɪ] *n* obstinación *f*, terquedad *f*, tenacidad *f*.

obstinate ['ɒbstɪnɪt] *adj* 1 *(of person)* obstinado,-a, tenaz, terco,-a. 2 *Med (of pain)* persistente; *(of illness)* rebelde.

obstruct [əb'strʌkt] *vtr* 1 *(block) (passage)* obstruir, estorbar; *(pipe etc)* atascar, obstruir; *(view)* tapar; *Med* obstruir. 2 *(hinder)* estorbar; *(progress)* dificultar; *Parl* **to o. a bill,** obstaculizar la aprobación de un proyecto de ley; *Sport* **to o. a player,** bloquear a un jugador.

obstruction [əb'strʌkʃən] *n* 1 *(gen)* obstrucción *f*. 2 *(hindrance)* estorbo *m*, obstáculo *m*.

obstructive [əb'strʌktɪv] *adj* obstructor,-a; **o. tactics,** tácticas de obstrucción.

obtain [əb'teɪn] I *vtr (acquire)* obtener, conseguir. II *vi (be valid)* prevalecer, regir.

obtainable [əb'teɪnəbəl] *adj* obtenible; **only o. at chemists,** de venta exclusiva en farmacias.

obtrude [əb'tru:d] I *vi (interfere)* entrometerse, imponerse. II *vtr* 1 *(impose)* imponer. 2 *(push out)* extender.

obtrusive [əb'tru:sɪv] *adj* 1 *(interfering)* entrometido,-a. 2 *(noticeable)* llamativo,-a; *(smell)* penetrante.

obtuse [əb'tju:s] *adj* 1 *(slow)* obtuso,-a, lento,-a, torpe. 2 *Geom* obtuso,-a; **o. triangle,** triángulo obtusángulo.

obverse ['ɒbvɜ:s] I *adj* del anverso. II *n* anverso *m*.

obviate ['ɒbvɪeɪt] *vtr (counter) (difficulty etc)* obviar; *(danger)* evitar.

obvious ['ɒbvɪəs] *adj* obvio,-a, evidente, manifiesto,-a; **an o. fact,** un hecho patente; **it's the o. thing to do,** es lo más indicado. ◆**obviously** *adv* evidentemente, claramente; **o.!,** ¡claro!, ¡por supuesto!; **she is o. not telling the truth,** es evidente que no está diciendo la verdad.

occasion [ə'keɪʒən] I *n* 1 *(gen)* ocasión *f*; **on o.,** en ocasiones, de vez en cuando; **on the o. of,** con motivo de; **to rise to the o.,** ponerse a la altura de las circunstancias. 2 *(opportunity)* ocasión *f*, oportunidad *f*; **to take o. to do sth,** aprovechar la oportunidad para hacer algo. 3 *(event)* acontecimiento *m*; **let's make it an o.!,** ¡vamos a celebrarlo! 4 *(cause)* motivo *m*; **I have no o. for complaint,** no tengo motivo de queja. II *vtr* ocasionar, causar.

occasional [ə'keɪʒənəl] *adj* 1 *(not frequent)* esporádico,-a, eventual; *Meteor* **o. showers in Galicia,** chubascos aislados en Galicia. 2 *(on special occasions)* en *or* para ocasiones especiales. ◆**occasionally** *adv* de vez en cuando, en ocasiones.

occlusion [ə'klu:ʒən] *n* oclusión *f*.

occult [ɒ'kʌlt, 'ɒkʌlt] I *adj* oculto,-a. II **the o.** *n* las ciencias ocultas, lo oculto.

occupant ['ɒkjʊpənt] *n* ocupante *mf*; *(tenant)* inquilino,-a *m,f*.

occupation [ɒkjʊ'peɪʃən] *n* 1 *(job, profession)* profesión *f*, ocupación *f*. 2 *(task)* trabajo *m*. 3 *(of building, house, country)* ocupación *f*; **army of o.,** ejército de ocupación.

occupational [ɒkjʊ'peɪʃənəl] *adj* profesional, laboral, de oficio; **o. hazards,** gajes del oficio.

occupied ['ɒkjʊpaɪd] *adj* ocupado,-a; **to keep one's mind o. doing sth,** distraerse haciendo algo.

occupier ['ɒkjʊpaɪəʳ] *n GB* ocupante *mf*; *(tenant)* inquilino,-a *m,f*.

occupy ['ɒkjʊpaɪ] *vtr (pt & pp occupied)* **1** *(live in)* ocupar, habitar, vivir en. **2** *(fill)* emplear, ocupar; **to o. one's time in doing sth,** dedicar su tiempo a hacer algo. **3** *(take possession of)* ocupar, tomar posesión de.

occur [ə'kɜːʳ] *vi (pt & pp occurred)* **1** *(happen) (of event)* ocurrir, suceder, acaecer; *(of change)* producirse; **if another opportunity occurs,** si se presenta otra ocasión. **2** *(be found)* encontrarse, existir. **3** *(come to mind)* ocurrir, ocurrirse, ofrecerse; **it occurred to me that ...,** se me ocurrió que ... .

occurrence [ə'kʌrəns] *n* **1** *(event)* acontecimiento *m,* suceso *m;* **an everyday o.,** un hecho cotidiano; **it's a common o.,** ocurre con frecuencia. **2** *(occurring)* reincidencia *f;* **that's a habit of frequent o.,** es un hábito que se muestra con frecuencia.

ocean ['əʊʃən] *n* **1** océano *m.* ■ **o. currents,** corrientes *fpl* oceánicas. **2** *fig (wave)* ola *f,* oleada *f;* **an o. of protests,** una oleada de protestas; *fam* **oceans of,** la mar de, montones de.

ocean-going ['əʊʃəngəʊɪŋ] *adj* de alta mar.

Oceania [əʊʃɪ'ɑːnɪə] *n* Oceanía.

Oceanian [əʊʃɪ'ɑːnɪən] **I** *adj* de Oceanía. **II** *n* persona *f* de Oceanía.

oceanic [əʊʃɪ'ænɪk] *adj* oceánico,-a; **o. ridge,** cresta oceánica.

oceanography [əʊʃə'nɒgrəfɪ] *n* oceanografía *f.*

ocelot ['ɒsɪlɒt, 'əʊsɪlɒt] *n Zool* ocelote *m.*

ochre ['əʊkəʳ] *US* **ocher** ['əʊkəʳ] **I** *n* ocre *m,* sil *m.* ■ **red o.,** almagre *m;* **yellow o.,** ocre *m* amarillo. **II** *adj* (de color) ocre.

o'clock [ə'klɒk] *adv* **(it's) one o'c.,** (es) la una; **(it's) two o'c.,** (son) las dos; **the train leaves at six o'c.,** el tren sale a las seis.

Oct *abbr of* **October,** octubre *m,* oct.

octagon ['ɒktəgən] *n Geom* octágono *m,* octógono *m.*

octagonal [ɒk'tægənəl] *adj* octagonal, octogonal.

octane ['ɒkteɪn] *n* octano *m.* ■ **high-o. petrol,** supercarburante *m;* **o. number,** octanaje *m.*

octave ['ɒktɪv] *n* octava *f.*

octet [ɒk'tet] *n Mus* octeto *m.*

October [ɒk'təʊbəʳ] *n* octubre *m;* **in O.,** en octubre; **(on) the sixth of O.,** el seis de octubre; *see also* **May.**

octogenarian [ɒktəʊdʒɪ'neərɪən] *adj & n* octogenario,-a *(m,f),* ochentón,-ona *(m,f).*

octopus ['ɒktəpəs] *n Zool* pulpo *m.*

octosyllable ['ɒktə'sɪləbəl] *n* octosílabo *m.*

odd [ɒd] **I** *adj* **1** *(strange)* raro,-a, extraño,-a; **the o. thing is that ...,** lo raro es que ... . **2** *(occasional)* esporádico,-a, eventual; **at o. times,** de vez en cuando; **he writes the o. letter to me,** me escribe de vez en cuando; **the o. customer,** algún que otro cliente; **o. job,** trabajillo *m.* **3** *(extra)* adicional, de más; **a few o. coins,** algunas monedas sueltas; *fig* **to be the o. man out,** estar de más. **4** *Math (not even)* impar; **1 and 3 are o. numbers,** el 1 y el 3 son números impares. **5** *(unpaired)* desparejado,-a, suelto,-a; **an o. sock,** un calcetín suelto. **II** *adv* y pico; **there were twenty o. students there,** había unos veinte y tantos alumnos. **III** *n (number)* non *m,* impar *m;* **odds and evens,** pares y nones. ◆**oddly** *adv* de manera extraña, extrañamente; **o. enough,** por extraño que parezca.

oddball ['ɒdbɔːl] *fam* **I** *n* pájaro *m* raro, estrafalario,-a *m,f.* **II** *adj* estrafalario,-a.

oddity ['ɒdɪtɪ] *n* **1** *(thing)* cosa *f* rara, curiosidad *f;* *(person)* estrafalario,-a *m,f.* **2** *(quality)* rareza *f,* peculiaridad *f.*

odd-jobman ['ɒdʒɒbmən] *n* chapucero *m,* chapuzas *m inv.*

oddness ['ɒdnɪs] *n* *(strangeness)* rareza *f,* peculiaridad *f;* *(eccentricity)* extravagancia *f.*

odds [ɒdz] *npl* **1** *(chances)* probabilidades *fpl,* posibilidades *fpl;* **he's fighting against the o.,** lleva las de perder, está luchando contra fuerzas mayores; **the o. are in her favour,** ella lleva ventaja; **the o. are that ...,** lo más probable es que (+ *subj*). **2** *(in betting)* puntos *mpl* de ventaja; **the o. are five to one,** las apuestas están cinco a uno; **to give** *or* **lay o.,** ofrecer puntos de ventaja. **3** *GB (difference)* diferencia *f;* **it makes no o.,** da lo mismo; *fig* **to be at o. with sb,** estar peleado,-a *or* reñido,-a con algn; *fam* **what's the o.?,** ¿qué más da? **4** **o. and ends,** *(small things)* cositas *fpl,* cosillas *fpl;* *(trinkets)* cachivaches *mpl,* chucherías *fpl.*

odds-on ['ɒdzɒn] *adj* seguro,-a; **o.-on favourite,** *(horse)* caballo favorito; *(person)* favorito,-a *m,f;* **o.-on victory,** victoria segura.

ode [əʊd] *n* oda *f.*

odious ['əʊdɪəs] *adj* odioso,-a, repugnante.

odium ['əʊdɪəm] *n* **1** *(dislike, disapproval)* reprobación *f,* rechazo *m.* **2** *(hatred)* odio *m.*

odometer [ɒ'dɒmɪtəʳ, əʊ'dɒmɪtəʳ] *n Aut* ≈ cuentakilómetros *m inv.*

odontologist [ɒdɒn'tɒlədʒɪst] *n* odontólogo,-a *m,f.*

odontology [ɒdɒn'tɒlədʒɪ] *n* odontología *f.*

odour, *US* **odor** ['əʊdəʳ] *n* **1** *(smell)* olor *m;* *(fragance)* perfume *m,* fragancia *f.* **2** *fig* consideración *f;* **to be in good/bad o. with sb,** estar bien/mal visto,-a por algn.

odourless, *US* **odorless** ['əʊdəlɪs] *adj* inodoro,-a.

odyssey ['ɒdɪsɪ] *n* odisea *f.*

OECD [əʊiːsiː'diː] *abbr of* **Organization for Economic Co-operation and Development,** ≈ Organización *f* para la Cooperación y el Desarrollo Económico, OCDE *f.*

Oedipus ['iːdɪpəs] *n* Edipo *m.* ■ **O. complex,** complejo *m* de Edipo.

oenology [iː'nɒlədʒɪ] *n* enología *f.*

oesophagus [iː'sɒfəgəs] *n (pl oesophagi* [iː'sɒfəgaɪ]*) Anat* esófago *m.*

of [ɒv, *unstressed* əv] *prep* **1** *(belonging to, part of)* de; **a friend of mine,** un amigo mío; **a friend of my mother's,** un amigo de mi madre; **it's no business of yours,** no es asunto tuyo; **the end of the novel,** el final de la novela; **the Queen of England,** la reina de Inglaterra. **2** *(containing)* de; **a bottle of wine,** una botella de vino. **3** *(origin)* de; **of good family,** de buena familia. **4** *(by)* de, por; **beloved of all,** amado,-a por todos; **the works of Shakespeare,** las obras de Shakespeare. **5** *(quantity)* de; **there are four of us,** somos cuatro; **there were twenty of them,** fueron veinte; **two of them,** dos de ellos. **6** *(from)* de; *US* **a quarter of seven,** las siete menos cuarto; **free of,** libre de; **south of,** al sur de; **within a year of his death,** al año de su muerte. **7** *(material)* de; **a dress (made) of silk,** un vestido de seda. **8** *(apposition)* de; **the city of Lisbon,** la ciudad de Lisboa; **the topic of pollution,** el asunto de la contaminación. **9** *(characteristic)* de; **a man of no importance,** un hombre de poca monta; **it's wrong of him not to come,** hace mal en no venir; **that fool of a sergeant,**

el imbécil del sargento; **that's typical of her,** es muy propio de ella; **that's very cruel of him,** es muy cruel por su parte; **that's very kind of you,** es usted muy amable. **10** *(with adj)* de; **hard of hearing,** duro,-a de oído; **tired/guilty of sth,** cansado,-a/culpable de algo. **11** *(after superlative)* de; **king of kings,** rey de reyes; **the bravest of them,** el más valiente (de todos ellos); **the thing she wanted most of all,** lo que más quería; **you, of all people,** precisamente tú. **12** *(cause)* por, de; **because of,** a causa de; **of necessity,** por necesidad; **to die of hunger,** morir de hambre. **13** *(concerning, about)* de, sobre; **to dream of sth/ sb,** soñar con algo/algn; **to think of sb,** pensar en algn; **what do you think of her?,** ¿qué opinas de ella?; **what of it?,** ¿y qué? **14** *(with dates)* de; **the seventh of July,** el siete de julio.

off [ɒf] I *prep* **1** *(movement)* de; **she fell o. her horse,** se cayó del caballo; **take it o. the table,** quítalo de la mesa; **there's a button o. my jacket,** le falta un botón a mi chaqueta. **2** *(removal)* de; **I'll take sth o. the price for you,** se lo rebajaré un poco. **3** *(distance, situation)* de; **a few kilometres o. the coast,** a unos kilómetros de la costa; **a house o. the road,** una casa apartada de la carretera; *Naut* **o. Calais,** a la altura de Calais. **4** *(away from)* fuera de; **the ship went o. course,** el barco se desvió; *Sport* **to be o. form,** no estar en forma. **5** *(not inclined towards)* **I'm o. wine,** he perdido el gusto al vino. **6** *(free from)* libre de; **he took two days o. work,** se tomó dos días libres; **I'm o. duty today,** libro hoy; *fig* **o. the record,** extraoficialmente. II *adv* **1** *(disengaged)* **he turned o. the radio,** apagó la radio. **2** *(absent)* fuera; **I can't take time o.,** no puedo faltar al trabajo; **I have a day o.,** tengo un día libre; **she's o. on Mondays,** los lunes no viene *or* no trabaja; **to be o. sick,** estar de baja por enfermedad. **3** *(completely)* del todo, completamente; **this will kill o. any extra germs,** esto rematará cualquier germen restante. **4** *(away)* *(distance)* **his arrival is three days o.,** faltan tres días para su llegada; **six miles o.,** a seis millas; *Theat* **voice o.,** voz en off. **5** *(departure)* **I'm o. to London,** me voy a Londres; **o. we go,** vámonos; **she ran o.,** se fue corriendo; *Sport* **they're o.!,** ¡ya han salido! **6** *(removal)* **ten per cent o.,** un descuento del diez por ciento; **to take one's shoes o.,** quitarse los zapatos. **7 o. and on, on and o.,** de vez en cuando, a ratos. **8 hands o.!,** ¡fuera las manos! **9 right o.,** acto seguido. III *adj* **1** *(disconnected)* *(of gas etc)* apagado,-a; *(of water)* cortado,-a. **2** *(cancelled)* cancelado,-a, suspendido,-a; **their engagement is o.,** han roto el compromiso. **3** *(low)* bajo,-a; *(unsatisfactory)* malo,-a; **on the o. chance,** por si acaso; **the o. season,** la temporada baja. ■ **o. chance,** posibilidad *f.* **4** *(equipped, situated)* bajo,-a, situado,-a; **how are you o. for money?,** ¿cómo andas de dinero?; **to be badly o.,** andar mal de dinero; **you're better/worse o. like that,** así estás mejor/peor. **5** *(gone bad)* *(of meat, fish)* malo,-a, pasado,-a; *(of milk)* agrio,-a, cortado,-a.

offal [ˈɒfəl] *n (of chicken etc)* menudillos *mpl*; *(of cattle, pigs)* asaduras *fpl,* menudos *mpl.*

offbeat [ˈɒfbiːt] *adj* excéntrico,-a, poco convencional.

off-centre, *US* **off-center** [ˈɒfsentəʳ] *adj* descentrado,-a.

off-colour, *US* **off-color** [ˈɒfkʌləʳ] *adj* **1** *GB (ill)* indispuesto,-a, malo,-a. **2** *(risqué)* indecente, verde.

offence [əˈfens] *n* **1** *Jur* delito *m.* ■ **minor o.,** infracción *f*; **second o.,** reincidencia *f.* **2** *(insult)* ofensa

f; **no o. meant,** sin intención de ofenderle; **to give o.,** ofender; **to take o. at sth,** sentirse ofendido,-a por algo, ofenderse por algo. **3** *Mil (attack)* ofensiva *f,* ataque *m.*

offend [əˈfend] *vtr* **1** *(hurt)* ofender; **to be easily offended,** ser muy susceptible. **2** *(disgust)* disgustar, repeler.

offender [əˈfendəʳ] *n* **1** *Jur (criminal)* delincuente *mf,* infractor,-a *m,f.* **2** *(insulter)* ofensor,-a *m,f.*

offense [əˈfens] *n US see* **offence.**

offensive [əˈfensɪv] I *adj* **1** *(insulting)* ofensivo,-a, insultante. **2** *(repulsive)* repugnante. **3** *Mil* ofensivo,-a. II *n Mil* ofensiva *f.*

offer [ˈɒfəʳ] I *vtr* **1** *(gen)* ofrecer; **to o. to do a job,** ofrecerse para hacer un trabajo. **2** *(propose)* proponer. **3** *(provide)* proporcionar. **4** *(bid)* ofrecer. **5** *Rel* ofrecer, ofrendar. II *vi* **1** *(arise)* presentarse. **2** *(propose marriage)* proponer el matrimonio. III *n* **1** *(gen)* oferta *f,* ofrecimiento *m*; *(proposal)* propuesta *f*; **o. of marriage,** proposición *f* de matrimonio. **2** *(bid)* oferta *f*; **any offers?,** ¿hay alguna oferta?, ¿le(s) interesa?; *Com* **on o.,** de oferta.

offering [ˈɒfərɪŋ] *n* **1** *(gen)* ofrecimiento *m*; *(gift)* regalo *m*; **a peace o.,** una prenda de paz. **2** *Rel* ofrenda *f*; **burnt o.,** holocausto *m.*

offertory [ˈɒfətərɪ] *n Rel* **1** ofertorio *m.* **2** *(collection)* colecta *f.*

offhand [ɒfˈhænd] I *adj* **1** *(abrupt)* brusco,-a; *(inconsiderate)* descortés, desatento,-a, desconsiderado,-a; **in an o. way,** sin ceremonias. **2** *(impromptu)* improvisado,-a. II *adv* de improviso; **I don't know o.,** así sin pensarlo, no lo sé.

office [ˈɒfɪs] *n* **1** *(room)* despacho *m,* oficina *f*; *(building)* oficina *f.* ■ **box o.,** taquilla *f*; **head o.,** sede *f* central; **lawyer's o.,** bufete *m*; **o. boy,** recadero *m*; **o. hours,** horas *fpl* de oficina; **o. work,** trabajo *m* de oficina; **o. worker,** oficinista *mf.* **2** *GB Pol* ministerio *m.* ■ **Foreign O.,** Ministerio *m* de Asuntos Exteriores. **3** *US (federal agency)* agencia *f* gubernamental. **4** *(position)* cargo *m*; **to hold o.,** ocupar un cargo; **to leave o.,** dimitir; **to seek o.,** pretender *or* aspirar a un cargo. **5** *Pol (portfolio)* cartera *f* de ministro; **to be in o.,** estar en el poder.

officer [ˈɒfɪsəʳ] *n* **1** *Mil* oficial *mf.* ■ **customs o.,** aduanero,-a *m,f.* **2** *(police)* o., policía *mf,* agente *mf* de policía. **3** *Admin* oficial *mf,* funcionario,-a *m,f*; **Medical O. of Health,** jefe,-a *m,f* de Sanidad. **4** *(of company, society)* director,-a *m,f.*

official [əˈfɪʃəl] I *adj* oficial. II *n* oficial *mf,* funcionario,-a *m,f.*

officialese [əfɪʃəˈliːz] *n* jerga *f* burocrática.

officiate [əˈfɪʃɪeɪt] *vi* **1** *(gen)* ejercer; **to o. as,** ejercer de. **2** *Rel* oficiar.

officious [əˈfɪʃəs] *adj (ready)* oficioso,-a; *(obtrusive)* entrometido,-a.

offish [ˈɒfɪʃ] *adj fam* altivo,-a, distante.

off-key [ˈɒfkiː] *adj* **1** *Mus (out of tune)* desafinado,-a. **2** *fig (discordant)* desentonado,-a, discordante.

off-licence [ˈɒflaɪsəns] *n GB* establecimiento *m* de venta de bebidas alcohólicas.

off-peak [ˈɒfpiːk] *adj Elec Tel* reducido,-a; **o.-p. charge,** tarifa reducida; *(transport)* **the o.-p. hours,** las horas de menos tránsito.

offprint [ˈɒfprɪnt] *n Print* separata *f.*

off-putting [ˈɒfpʊtɪŋ] *adj GB fam* desconcertante, chocante.

offset ['ɒfset] I n 1 (counterbalance) compensación f. 2 Print offset m. II [ɒf'set] vtr (pt & pp offset) 1 (balance out) compensar. 2 Print imprimir en offset.

offshoot ['ɒfʃuːt] n 1 Bot renuevo m, vástago m. 2 fig (of organization) ramificación f; (of discussion) consecuencia f, resultado m.

offshore [ɒf'ʃɔːʳ] I adj 1 (from the coast) (breeze etc) terral, que sopla de tierra. 2 (off the coast) offshore, costa afuera. ■ Petrol o. drilling, perforación f costa afuera. 3 (overseas) en el extranjero; o. investment, inversión en el extranjero. II adv mar adentro.

offside [ɒf'saɪd] I adj & adv Ftb fuera de juego, offside, orsay. II n Aut (with left-hand drive) lado m derecho; (with right-hand drive) lado m izquierdo.

offspring ['ɒfsprɪŋ] n inv 1 (child) vástago m, descendiente mf; (children) progenitura f, descendencia f. 2 fig consecuencia f, resultado m.

offstage [ɒf'steɪdʒ] adj & adv entre bastidores.

off-the-record [ɒfθə'rekəd] adj extraoficial, oficioso,-a.

off-white ['ɒfwaɪt] adj blancuzco,-a, blanquecino,-a.

oft [ɒft] adv lit abbr of often

often ['ɒfən, 'ɒftən] adv a menudo, con frecuencia; as o. as not, con bastante regularidad; every so o., de vez en cuando, regularmente; more o. than not, la mayoría de las veces.

ogle ['əʊgəl] vtr & vi to o. (at) sb, comerse a algn con los ojos.

ogre ['əʊgəʳ] n ogro m.

oh [əʊ] interj ¡oh!, ¡ay!; oh, my God!, ¡Dios mío!; oh, really?, ¿de veras?

OHMS [əʊeɪtʃem'es] GB abbr of On His/Her Majesty's Service, en el servicio de su majestad.

oil [ɔɪl] I n 1 (gen) aceite m; fig to pour o. on troubled waters, templar los ánimos. ■ cooking o., aceite m comestible or para cocinar; lubricating o., aceite m lubricante; o. drum, bidón m; Aut o. gauge, indicador m (del nivel) del aceite; Aut o. gun, bomba f de engrase; o. lamp, lámpara f de aceite, quinqué m; o. slick, mancha f de aceite, marea f negra; olive o., aceite m de oliva. 2 Petrol petróleo m; crude o., crudo m; the o. industry, la industria petrolera; to strike o., encontrar petróleo. ■ o. rig, plataforma f petrolera; o. tanker, petrolero m. 3 Art (painting) óleo m, pintura f al óleo; fam fig she's no o. painting, no es exactamente una belleza. ■ o. colour, o. paint, óleo m; (picture) o. painting, cuadro m al óleo, óleo m. II vtr engrasar, lubricar, lubrificar; fig to o. the wheels, preparar el terreno; fam to o. sb's palm, untar la mano a algn.

oil-bearing ['ɔɪlbeərɪŋ] adj Petrol petrolífero,-a.

oilcan ['ɔɪlkæn] n Aut aceitera f.

oilcloth ['ɔɪlklɒθ] n hule m.

oilfield ['ɔɪlfiːld] n Petrol yacimiento m petrolífero.

oilfired ['ɔɪlfaɪəd] adj de fuel-oil.

oilskin ['ɔɪlskɪn] n 1 hule m. 2 oilskins, chubasquero m sing, traje m sing de hule.

oily ['ɔɪlɪ] adj (oilier, oiliest) (gen) aceitoso,-a, grasiento,-a; (hair, skin) graso,-a.

ointment ['ɔɪntmənt] n ungüento m, pomada f.

O.K., okay [əʊ'keɪ] fam I interj ¡vale!, ¡de acuerdo! II adj correcto,-a, bien; is it O.K. if ...?, ¿está bien si ...? III n visto m bueno, aprobación f; to give the O.K., dar el visto bueno. IV vtr (pt & pp O.K.ed or okayed) dar el visto bueno a.

old [əʊld] I adj 1 (gen) viejo,-a; (worn) viejo,-a, usado,-a; (of wine) añejo,-a; (stale) (of bread) duro,-a; (of food) pasado,-a, malo,-a; an o. man, un hombre mayor, un anciano; to grow o., envejecer; fam my o. man, (father) mi viejo; (husband) mi media naranja. ■ o. age, vejez f; o.-age pensioner, pensionista mf; o. maid, soltera f; fam pej solterona f; o. wives' tale, cuento m de viejas. 2 (age) edad f, años mpl; how o. are you?, ¿cuántos años tienes?, ¿qué edad tienes?; she's five years o., tiene cinco años; she's o. enough to do it, ya tiene edad para hacerlo. 3 GB (former) o. boy, antiguo alumno, ex-alumno. 4 (earlier) antiguo,-a. ■ o. country, madre patria f; Rel O. Testament, Antiguo Testamento m. 5 (long-established, experienced) viejo,-a; an o. dodge, un viejo truco; an o. friend, un viejo amigo. ■ o. hand, o. stager, veterano,-a m,f. 6 (cherished) good o. John!, ¡el bueno de John! 7 fam (intensifying) any o. how, de cualquier manera; any o. thing, cualquier cosa. II n pasado m; of o., de antaño. 2 the o., los viejos, los ancianos.

olden ['əʊldən] adj lit antiguo,-a; in o. times, en tiempos antiguos, antaño.

older ['əʊldəʳ] I adj comp of old II adj (elder) mayor.

old-established [əʊldɪ'stæblɪʃt] adj antiguo,-a.

old-fashioned [əʊld'fæʃənd] (outdated) chapado,-a a la antigua, anticuado,-a; (unfashionable) anticuado,-a, pasado,-a de moda.

old-time ['əʊldtaɪm] adj antiguo,-a.

old-timer ['əʊld'taɪməʳ] n 1 (old hand) veterano,-a m,f. 2 US fam (old man) viejo m.

old-world ['əʊldwɜːld] adj tradicional, de los tiempos antiguos.

oleander [əʊlɪ'ændəʳ] n Bot adelfa f.

olfactory [ɒl'fæktərɪ, ɒl'fæktrɪ] I adj olfativo,-a, olfatorio,-a. II n (nerve) nervio m olfativo.

oligarchy ['ɒlɪgɑːkɪ] n oligarquía f.

olive ['ɒlɪv] I n 1 (tree) olivo m; fig to hold out the o. branch, proponer una reconciliación. ■ o. grove, olivar m. 2 (fruit) aceituna f, oliva f; stuffed olives, aceitunas rellenas. 3 (wood) olivo m. 4 (colour) o. (green), verde m oliva. II adj (olive-growing) olivarero,-a.

olive-growing ['ɒlɪvgrəʊɪŋ] adj olivarero,-a.

Olympiad [ə'lɪmpiæd] n Olimpíada f, Olimpiada f.

Olympic [ə'lɪmpɪk] I adj olímpico,-a. ■ O. Games, Juegos mpl Olímpicos. II the Olympics pl los Juegos Olímpicos, la Olimpíada.

Oman [əʊ'mɑːn] n Omán.

Omani [əʊ'mɑːnɪ] adj & n omaní (mf).

omelette, US **omelet** ['ɒmlɪt] n Culin tortilla f; Spanish o., tortilla española or de patatas.

omen ['əʊmen] n presagio m, agüero m, augurio m; it's a good o., es un buen presagio; fig bird of ill o., pájaro agorero or de mal agüero.

ominous ['ɒmɪnəs] adj (foreboding evil) de mal agüero, siniestro,-a; (prophetic) agorero,-a, inquietante. ◆**ominously** adv de modo amenazante.

omission [əʊ'mɪʃən] n omisión f; fig olvido m, descuido m.

omit [əʊ'mɪt] vtr (pt & pp omitted) (gen) omitir; (overlook) pasar por alto, dejarse; (forget) olvidarse.

omnibus ['ɒmnɪbʌs, 'ɒmnɪbəs] n (vehicle) ómnibus m, autobús m. ■ Print o. volume, antología f.

omnipotence [ɒm'nɪpətəns] *n* omnipotencia *f*.

omnipotent [ɒm'nɪpətənt] I *adj* omnipotente. II **the O.** *n* el Todopoderoso.

omniscient [ɒm'nɪsɪənt] *adj* omnisciente.

omnivorus [ɒm'nɪvərəs] *adj* omnívoro,-a.

on [ɒn] I *prep* 1 *(position)* *(on top of)* sobre, encima de, en; **I hit him on the head,** le di un golpe en la cabeza; **it's on the table,** está encima de *or* sobre *or* en la mesa; **on page four,** en la página cuatro; *fig* **to swear on the Bible,** jurar por la Biblia; *fam* **have you got any money on you?,** ¿llevas dinero? 2 *(alongside)* en; **a town on the coast,** un pueblo en la costa; **on shore,** en tierra. 3 *(attached to)* **a puppet on a string,** un títere colgado de un hilo; **hanging on a nail/the wall,** colgado de un clavo/la pared. 4 *(direction)* en, a; **on the right,** a la derecha; **on the way,** en el camino; **on this side of the road,** de este lado de la carretera. 5 *(time)* **on April 3rd, on 3rd of April,** el tres de abril; **on a sunny day,** un día de sol; **on Monday,** el lunes; **on that occasion,** en aquella ocasión; **on the following day,** al día siguiente; **on the morning of the crime,** la mañana del crimen; **on time,** a tiempo. 6 *(relayed through)* en; **I heard it on the radio,** lo oí en la radio; **to play sth on the piano,** tocar algo al piano; **what's on TV?,** ¿qué ponen en la tele?; *fam* **she's on the phone,** está al teléfono. 7 *(at the time of)* a; **on his arrival,** al llegar él; **on leaving the office,** al salir de la oficina; **on second thoughts,** pensándolo bien. 8 *(support, subsistence)* **she lives on bread,** vive de pan; **to be on a diet,** estar a régimen; **to be on drugs,** drogarse; **to be on the pill,** tomar la píldora; **to depend on,** depender de. 9 *(transport)* en, a; **on foot,** a pie; **on horseback,** a caballo; **on the train/plane,** en el tren/ avión; **on wheels,** sobre ruedas. 10 *(state, process)* en, de; **on holiday,** de vacaciones; **on purpose,** adrede, a propósito; **on sale,** en venta; **on strike,** en huelga; **she is here on business,** está aquí por negocios; **to be on duty,** estar de guardia; **to be on fire,** arder, estar en llamas; **to go out on an errand,** salir a hacer un recado. 11 *(regarding)* sobre; **a lecture on numismatics,** una conferencia sobre la numismática; **the new tax on tobacco,** el nuevo impuesto sobre el tabaco; **they congratulated him on his success,** le felicitaron por su éxito. 12 *(under)* bajo; **on condition that ...,** a condición de que ... *(+ subj)*; *Jur* **on a charge of,** acusado,-a de; **on no account,** bajo ningún concepto, de ninguna manera; **on pain of death,** so pena de muerte. 13 *(against)* contra; **an attack on the government,** un ataque contra el Gobierno; **they marched on Washington,** hicieron una marcha sobre Washington; *fam* **the police have nothing on him,** la policía no tiene ningún cargo contra él. 14 *fam (manner)* **on the cheap,** en plan barato; **on the sly,** a escondidas, a hurtadillas. 15 *fam (in detriment to)* **he told on me,** se chivó; **the car conked out on him,** el coche se le escoñó. 16 *(working for)* **he's on the Daily Telegraph,** trabaja para el Daily Telegraph; **to be on the staff,** estar en plantilla. II *adv* 1 *(functioning)* to be on, *(of TV, radio, light)* estar encendido,-a; *(of engine)* estar en marcha; **to put the brake on,** echar el freno. 2 *(covering)* encima, puesto; **she had a coat on,** llevaba un abrigo puesto; **on with your boots!,** ¡ponte las botas!; **to have nothing on,** estar *or* ir desnudo,-a. 3 *Cin TV Theat* en cartelera; **that film was on last week,** pusieron esa película la semana pasada; **what's on at the theatre?,** ¿qué dan en el teatro?; *fam* **have you anything on tonight?,** ¿tienes algún plan para esta noche? 4 *(continued activity)* **and so**

on, y así sucesivamente; **go on!,** ¡sigue!; **he talks on and on,** habla sin parar; **she's always going on about her boss,** se pasa el día hablando de su jefe; **to work on,** seguir trabajando. 5 *(time)* **from that day on,** a partir de aquel día; **later on,** más tarde; **he's getting on,** se está haciendo viejo; **it's getting on for ten,** son casi las diez; **well on in April,** muy entrado el mes de abril; **well on in years,** entrado en años. 6 *fig* **to get on to sb,** ponerse en contacto con algn; **to have sb on,** tomarle el pelo a algn. III *adj fam* 1 *(of actor)* **to be on,** salir a escena. 2 *(definitely planned)* previsto,-a; **the party's on for Friday,** la fiesta se hará el viernes; **you're on!,** ¡trato hecho! 3 *(charged to)* **the drinks are on me,** invito yo; **the drinks are on the house,** invita la casa. 4 *(tolerable, practicable)* **that attitude isn't on,** esa actitud no vale. 5 *fam* **to be on at,** dar la lata a; **she's always on at me,** no para de pincharme, me tiene manía. 6 **on to,** enterado,-a de; **the police are on to him,** la policía le tiene fichado.

onanism ['əʊnənɪzəm] *n* onanismo *m*.

once [wʌns] I *adv* 1 *(one time)* una vez; **not o.,** ni una sola vez; **o. a week,** una vez por semana; **o. in a while,** de vez en cuando; **o. more,** una vez más; **o. or twice,** un par de veces, una o dos veces; *fig* **o. and for all,** de una vez por todas; *fig* **o. in a blue moon,** de Pascuas a Ramos; *prov* **o. a ... always a ...,** genio y figura hasta la sepultura. 2 *(formerly)* antes, en otro tiempo; **o. (upon a time) there was,** érase una vez; **the o. famous actress,** la antes famosa actriz. 3 **at o.,** en seguida, inmediatamente; **all at o.,** de repente; **don't speak all at o.,** no habléis todos a la vez. II *conj* una vez que, en cuanto; **o. you've seen it,** una vez que lo hayas visto.

once-over ['wʌnsəʊvəʳ] *n fam* vistazo *m*.

oncology [ɒŋ'kɒlədʒɪ] *n Med* oncología *f*.

oncoming ['ɒnkʌmɪŋ] *adj (of event)* venidero,-a, futuro,-a; *(of car, traffic)* que viene en dirección contraria.

one [wʌn] I *adj* 1 *(a single)* un, una; **for o. thing,** primero; **o. book,** un libro. 2 *(only)* único,-a; **the o. and only,** el único, la única; **the o. way of doing it,** la única manera de hacerlo; *fig* **neither o. thing nor the other,** ni una cosa ni otra. 3 *(same)* mismo,-a; **all in o.,** en una (sola) pieza; **it's all o.,** es lo mismo; **o. and the same,** el mismo, la misma; *fig* **it's all o. to me,** me da igual; *fig* **to be made o.,** unirse en matrimonio. 4 *(indefinite)* un, una; **he'll come back o. day,** un día volverá, volverá algún día; **o. stormy night,** una noche de tormenta. II *dem pron* **any o.,** cualquiera; **that o.,** ése, ésa; *(distant)* aquél, aquélla; **the blue ones,** los azules, las azules; **the little ones,** los pequeños, las pequeñas; **the o. on the table,** el *or* la que está encima de la mesa; **the ones that, the ones who,** los *or* las que; **the ones you want,** los *or* las que quieras; **the red o.,** el rojo, la roja; **this o.,** éste, ésta; **which o.?,** ¿cuál?; **which ones?,** ¿cuáles?; *fam* **he's a sharp o.,** no se le escapa ni una; *fam* **that's a good o.!,** ¡ésa sí que es buena!; *fam* **you're a o.!,** ¡eres un caso! III *indef pron* 1 uno,-a *m,f*; **he's o. of the family,** es de la familia; **I, for o., am against it,** yo, por lo menos, estoy en contra; **I'm not o. to complain,** no soy de los que se quejan; **o. at a time,** de uno en uno; **o. by o.,** uno por uno, uno tras otro; *fig* **many a o.,** mucha gente; *fig* **o. and all,** todo el mundo; *fam* **I landed him o.,** le pegué un tortazo *or* una; *fam* **to have o. for the road,** echar la espuela *or* el último trago. 2 *(indefinite person)* uno,-a *m,f*; **o. has to fight,** uno tiene que luchar, hay que luchar; **o. never knows,** nunca se sabe; **to cut**

o.'s **finger,** cortarse el dedo; **to give o.'s opinion,** dar su opinión; *fig* **it's enough to kill o.,** es como para morirse. **3 o. another,** el uno al otro; **they help o. another,** se ayudan mutuamente; **they love o. another,** se quieren. **IV** *n (digit)* uno *m*; **a hundred and o.,** ciento uno; **at o. o'clock,** a la una; **there's only o. left,** sólo queda uno; **o. of two things,** una de dos.

one-act ['wʌnækt] *adj (of play)* de un (solo) acto.

one-armed ['wʌnɑːmd] *adj* manco,-a; *fig* **o.-a. bandit,** máquina *f* tragaperras.

one-eyed ['wʌnaɪd] *adj* tuerto,-a.

one-handed ['wʌnhændɪd] **I** *adj (one-armed)* manco,-a. **2** *(solitary)* solitario,-a. **II** *adv* con una mano.

one-horse ['wʌnhɔːs] *adj pej* de poca monta; **o.-h. town,** pueblucho *m*.

one-legged ['wʌnlegɪd] *adj* cojo,-a, con una sola pierna.

one-man ['wʌnmæn] *adj* individual, de un solo hombre; **a o.-m. show,** un espectáculo con un solo artista; *fig* **to be a o.-m. show,** llevarse la palma.

oneness ['wʌnnɪs] *n* unidad *f*.

one-night ['wʌnnaɪt] *adj* **o.-n. stand,** *Theat* representación *f* única; *(encounter)* ligue *m* de una sola noche.

one-off ['wʌnɒf] *adj GB fam* único,-a, fuera de serie, irrepetible.

one-parent ['wʌnpeərənt] *adj* **o.-p. family,** familia en que sólo hay padre o madre.

one-piece ['wʌnpiːs] *adj* de una sola pieza.

onerous ['ɒnərəs, 'əʊnərəs] *adj* oneroso,-a; **an o. duty,** una carga pesada.

oneself [wʌn'self] *pron (pl oneselves* [wʌn'selvz]*)* **1** *(reflexive)* uno,-a mismo,-a *m,f*, sí mismo,-a *m,f*; **to speak of o.,** hablar de sí mismo,-a; **to talk to o.,** hablar para sí, hablar a solas; **to wash o.,** lavarse. **2** *(alone)* uno,-a mismo,-a *m,f*; **by o.,** solo,-a; **one must do it o.,** hay que hacérselo uno mismo. **3** *(one's usual self)* el *or* la de siempre; **one isn't o. after such a shock,** un golpe así trastorna a uno.

one-sided ['wʌnsaɪdɪd] *adj (bargain)* desigual; *(judgement)* parcial; *(decision)* unilateral.

one-storey(ed) ['wʌnstɔːrɪ(d)] *adj* de una planta; **o.-s. house,** casa de planta baja.

one-time ['wʌntaɪm] *adj* antiguo,-a, ex-; **o. mayor of,** exalcalde de.

one-to-one ['wʌntəwʌn] *adj* de uno a uno; **on a o.-to-o. basis,** con una correspondencia mutua.

one-track ['wʌntræk] *adj fam* **to have a o.-t. mind,** ser monomaníaco,-a, no pensar más que en una cosa.

one-way ['wʌnweɪ] *adj* **1** *(of ticket)* de ida. **2** *(of street)* de dirección única; *fig (agreement etc)* sin compromiso.

ongoing ['ɒngəʊɪŋ] *adj* **1** *(in progress)* en curso, actual. **2** *(developing)* en desarrollo.

onion ['ʌnjən] *n* cebolla *f*; *GB sl* **to know one's onions,** saber lo que se trae entre manos. ■ **o. soup,** sopa *f* de cebolla; **spring o.,** cebollino *m*, cebolleta *f*.

onionskin ['ʌnjənskɪn] *n* papel *m* cebolla.

onlooker ['ɒnlʊkər] *n* espectador,-a *m,f*, mirón,-ona *m,f*; **there was a group of onlookers,** hubo un grupo de gente que miraba.

only ['əʊnlɪ] **I** *adj* único,-a; **his one o. hope,** su única esperanza; **I'm the o. one to receive a prize,** soy el único que recibo un premio; **o. son,** hijo único. **II**

adv **1** solamente, sólo; **I o. touched it,** no hice más que tocarlo; **I've o. got three,** sólo tengo tres; **'staff o.',** 'reservado al personal'; **you've o. to ask for it,** no tienes más que pedirlo. **2** *(not earlier than)* apenas; **he has o. just left,** acaba de marcharse hace un momento; **o. yesterday,** ayer mismo. **3** *if o.,* ojalá; **if o. I knew!,** ¡ojalá lo supiera! **4** *(as intensifier)* **o. too glad!,** ¡con mucho gusto!; **o. too pleased to,** encantado,-a de. **III** *conj* pero; **I would do it, o. I can't,** lo haría, pero no puedo.

ono [əʊen'əʊ] *GB abbr of* **or nearest offer,** u oferta aproximada.

onomatopoeia [ɒnəmætə'piːə] *n* onomatopeya *f*.

onrush ['ɒnrʌʃ] *n (of people)* riada *f*, oleada *f*; *(of water)* riada *f*.

onset ['ɒnset] *n* **1** *(attack)* asalto *m*, arremetida *f*. **2** *(start)* comienzo *m*, principio *m*.

onslaught ['ɒnslɔːt] *n* ataque *m* violento, embestida *f*.

onto ['ɒntʊ, *unstressed* 'ɒntə] *prep see* **on**.

onus ['əʊnəs] *n (pl onuses)* responsabilidad *f*; **the o. is upon you to find a solution,** a ti te incumbe encontrar una solución.

onward ['ɒnwəd] *adj* progresivo,-a, hacia adelante.

onward(s) ['ɒnwəd(z)] *adv* a partir de, en adelante; **from this time o.,** de ahora en adelante.

onyx ['ɒnɪks] *n Min* ónice *m*.

oodles ['uːdəlz] *npl fam* montones *mpl*; **o. of money,** un montón de dinero.

oomph [ʊmf] *n fam (enthusiasm)* nervio *m*, vigor *m*; *(sex appeal)* atractivo *m* sexual, sex-appeal *m*.

ooze[1] [uːz] **I** *vi* rezumar; **blood was oozing from the wound,** brotaba sangre de la herida. **II** *vtr* rebosar; **she oozes confidence,** rebosa confianza.

ooze[2] [uːz] *n (mud)* cieno *m*.

op [ɒp] *n* **1** *Med abbr of* **operation**. **2** *Mil (abbr of operation)* **ops,** maniobras *fpl*.

opal ['əʊpəl] *n Min* ópalo *m*.

opalescent [əʊpə'lesənt] *adj* opalescente.

opaque [əʊ'peɪk] *adj* opaco,-a.

op cit [ɒp'sɪt] *abbr of* **opere citato** (in the work cited), en la obra citada, ob. cit., op. cit.

OPEC ['əʊpek] *abbr of* **Organization of Petroleum Exporting Countries,** Organización *f* de los Países Exportadores de Petróleo, OPEP *f*.

open ['əʊpən] **I** *adj* **1** *(not closed) (gen)* abierto,-a; *(of wound)* abierto,-a, sin cicatrizar; **half o.,** entreabierto; **wide o.,** abierto de par en par. **2** *(not enclosed)* abierto,-a; **in the o. air,** al aire libre, al descubierto; **o. field,** descampado *m*; **o. view,** vista despejada. ■ **o. prison,** prisión *f* de régimen abierto. **3** *(extended)* abierto,-a, extendido,-a; *fig* **with o. arms,** con los brazos abiertos. **4** *(not covered) (of car etc)* descubierto,-a; *(of pan)* destapado,-a. **5** *(admitting customers, visitors)* abierto,-a; **o. to the public,** abierto al público; *fig* **to keep o. house,** tener las puertas abiertas a todo el mundo. ■ *US* **o. house,** fiesta *f* de inauguración de residencia; *Jur* **o. court,** juicio *m* a puerta abierta. **6** *(not restricted)* abierto,-a, libre; **o. competition,** concurso libre; **o. letter,** carta abierta. ■ *(hunting)* **o. season,** temporada *f* de caza; **o. shop,** empresa *f* de sindicación libre; **O. University,** Universidad *f* a Distancia. **7** *(unengaged)* libre. **8** *(not hidden)* abierto,-a, franco,-a; **o. admiration,** franca admiración; **o. secret,** secreto a voces; **to be o. with sb,** ser sincero,-a con algn. **9** *(available) (of post, job)* vacante. **10** *(undecided)* sin decidir; **an o. question,**

una cuestión sin resolver; **let's leave it o.**, dejémoslo sin concretar; *Av Rail* **o. ticket**, billete abierto. ■ *Jur* **o. verdict**, veredicto *m* inconcluso. **11** *(blatant)* manifiesto,-a, patente. **12** *(not biased)* sin prejuicios; **to keep an o. mind**, no tener prejuicios. **13** *(liable, susceptible)* abierto,-a; **I am o. to suggestions**, acepto cualquier sugerencia; *Sport* **o. goal**, gol cantado; **o. to attack**, expuesto,-a a los ataques; **o. to criticism**, que da lugar a críticas. **14** *Fin (cheque, account)* abierto,-a. **II** *vtr* **1** *(gen)* abrir; *(unfold)* desplegar; *Mil* **to o. fire**, abrir fuego; *Mil* **to o. ranks**, romper filas; *fig* **to o. one's heart to sb**, sincerarse con algn. **2** *(inaugurate, initiate) (shop)* abrir; *(exhibition etc)* inaugurar; *(negotiations)* iniciar; *(conversation)* entablar; *Fin (account)* abrir. **III** *vi* **1** *(gen)* abrir, abrirse; **the bank opens at ten**, el banco abre a las diez. **2** *(render accessible)* dar a; **is there an exit opening on the street?**, ¿hay una salida a la calle? **3** *(appear in view)* abrirse. **4** *(start)* empezar, comenzar; *Theat Cin* estrenarse; **the story opens with a murder**, la historia comienza con un asesinato. **5** *Cards* abrir (**with**, de). **IV** *n* **1** *(open air)* campo *m*, aire *m* libre; **in the o.**, al aire libre, al raso; *fig* **to bring into the o.**, hacer público; *fig* **to come into the o.**, declarar abiertamente. **2** *Sport* open *m*. ◆**open out I** *vtr* abrir, desplegar, desdoblar. **II** *vi (of flowers)* abrirse; *(of view)* extenderse. ◆**open up I** *vtr* **1** *(market etc)* abrir; *(possibilities)* crear. **2** *Aut* dar gas, acelerar. **II** *vi* **1** *(gen)* abrirse; *fam* **o. up!**, ¡ábreme!; ¡abre la puerta! **2** *(start)* empezar, comenzar, iniciarse. **3** *(talk freely)* hablar con franqueza. **4** *(become more lively)* animarse. ◆**openly** *adv (gen)* abiertamente; *(publicly)* públicamente, en público.

open-air ['əʊpneə^r] *adj* al aire libre.

open-and-shut [əʊpən'ʃʌt] *adj* claro,-a, evidente; **o.-a.-s. case**, un caso evidente.

opencast ['əʊpənkɑːst] *adj GB Min* a cielo abierto.

open-door ['əʊpəndɔː^r] *adj Ind* no proteccionista.

open-ended [əʊpən'endɪd] *adj (gen)* sin límites; *(contract)* ilimitado,-a.

opener ['əʊpənə^r] *n* abridor *m*; **bottle o.**, abrebotellas *m inv*; **tin o.**, *US* **can o.**, abrelatas *m inv*.

open-heart ['əʊpənhɑːt] *adj Med* de corazón abierto.

open-hearted [əʊpən'hɑːtɪd] *adj* abierto,-a, sincero,-a.

opening ['əʊpənɪŋ] *n* **1** *(act)* apertura *f*; *Cin Theat* estreno *m*; **formal o.**, inauguración *f*. ■ *Theat* **o. night**, noche *f* de estreno; *Fin* **o. price**, cotización *f* inicial; **o. speech**, discurso *m* inaugural; *GB (in pub)* **o. time**, hora *f* en que abren los bares. **2** *(beginning)* comienzo *m*. **3** *(aperture)* abertura *f*; *(gap)* brecha *f*; *US (in forest)* claro *m*. **4** *Com (chance)* salida *f*, oportunidad *f*. **5** *(vacancy)* puesto *m* vacante, vacante *f*.

open-minded [əʊpən'maɪndɪd] *adj* de mente abierta, sin prejuicios.

open-mindedness [əʊpən'maɪndɪdnɪs] *n* falta *f* de prejuicios.

open-mouthed [əʊpən'maʊθt] *adj* boquiabierto,-a.

openness ['əʊpənnɪs] *n* franqueza *f*.

open-plan ['əʊpənplæn] *adj Archit (office etc)* abierto,-a.

opera[1] ['ɒpərə] *n Mus* ópera *f*. ■ **o. glasses**, prismáticos *mpl*, gemelos *mpl*; **o. house**, ópera *f*, teatro *m* de la ópera; **o. singer**, cantante *mf* de ópera.

opera[2] ['ɒpərə] *npl see* **opus**.

operand ['ɒpərænd] *n Comput* operando *m*.

operate ['ɒpəreɪt] **I** *vi* **1** *(function)* funcionar. **2** *(act)* obrar, actuar. **3** *Med* operar, hacer una intervención quirúrgica, intervenir; **to o. on sb for appendicitis**, operar a algn de apendicitis. **II** *vtr* **1** *(switch on)* accionar; *(control)* hacer funcionar, manejar. **2** *(manage) (business)* dirigir; *(mine)* explotar.

operatic [ɒpə'rætɪk] *adj* de ópera, operístico,-a.

operating ['ɒpəreɪtɪŋ] *n* **1** *Com Ind* operación *f*, funcionamiento *m*. ■ **o. costs**, gastos *mpl* de funcionamiento. **2** *Med* operación *f*. ■ **o. table**, mesa *f* de operaciones; **o. theatre**, *US* **o. theater**, quirófano *m*.

operation [ɒpə'reɪʃən] *n* **1** *(of machine)* funcionamiento *m*; *(by person)* manejo *m*; **to be in o.**, *(of machine)* estar funcionando *or* en funcionamiento; *(of law)* estar vigente *or* en vigor. **2** *Math* operación *f*. **3** *Mil* operación *f*, maniobra *f*. **4** *Med* operación *f*, intervención *f* quirúrgica; **to undergo an o. for**, ser operado,-a de.

operational [ɒpə'reɪʃənəl] *adj* **1** *(of operations)* de operaciones. **2** *(ready for use)* operativo,-a, listo,-a para usar; *(in use)* en funcionamiento; **to be o.**, estar en funcionamiento. **3** *Mil* operacional, de servicio.

operative ['ɒpərətɪv] **I** *adj* **1** *Jur (in force)* vigente; **to become o.**, entrar en vigor. **2** *(significant)* clave, significativo,-a; **the o. word**, la palabra clave. **3** *Med* operatorio,-a. **II** *n* operario,-a *m,f*.

operator ['ɒpəreɪtə^r] *n* **1** *Ind* operario,-a *m,f*. **2** *Tel* operador,-a *m,f*, telefonista *mf*; *Av Mil* **radio o.**, radiotelegrafista *mf*. **3** *(dealer)* negociante *mf*, agente *m*; **tour o.**, agente de viajes; *fam* **a slick o.**, un tipo aprovechado. **4** *Math* operador *m*.

operetta [ɒpə'retə] *n Mus* opereta *f*.

ophthalmology [ɒfθæl'mɒlədʒɪ] *n Med* oftalmología *f*.

opinion [ə'pɪnjən] *n* **1** *(belief)* opinión *f*; **in my o.**, a mi parecer, en mi opinión, a mi juicio; **it's a matter of o.**, es cuestión de opiniones; **to be of the o. that ...**, opinar que ...; **to give one's o.**, dar su opinión. **2** *(evaluation, estimation)* opinión *f*, concepto *m*; **to have a high/low o. of sb**, tener buen/mal concepto de algn; **public o.**, la opinión pública; **what's your o. of him?**, ¿qué piensas de él? ■ **o. poll**, encuesta *f*, sondeo *m*.

opinionated [ə'pɪnjəneɪtɪd] *adj (obstinate)* terco,-a, testarudo,-a; *(dogmatic)* dogmático,-a.

opium ['əʊpɪəm] *n* opio *m*. ■ **o. addict**, opiómano,-a *m,f*, adicto,-a *m,f* al opio; **o. den**, fumadero *m* de opio.

opossum [ə'pɒsəm] *n Zool* zarigüeya *f*.

opp *abbr of* **opposite**, enfrente.

opponent [ə'pəʊnənt] *n* adversario,-a *m,f*, contrincante *mf*.

opportune ['ɒpətjuːn] *adj* oportuno,-a, propicio,-a; **an o. moment**, un momento oportuno.

opportunist [ɒpə'tjuːnɪst] *adj & n* oportunista *(mf)*.

opportunity [ɒpə'tjuːnɪtɪ] *n* **1** *(gen)* oportunidad *f*, ocasión *f*; **if I get an o.**, si se me presenta la ocasión; **to miss an o.**, perder una oportunidad. ■ **equal o.**, igualdad *f* de oportunidades. **2** *(prospect)* perspectiva *f*; *(advert)* **'excellent opportunities for promotion'**, 'excelentes perspectivas de promoción'.

oppose [ə'pəʊz] *vtr* oponerse a, ser contrario,-a a; *Pol* **to o. the motion**, oponerse a la moción.

opposed [ə'pəʊzd] *adj* **1** opuesto,-a, contrario,-a; **to be o. to sth,** estar en contra de algo, oponerse a algo. **2 as o. to,** comparado,-a con, en comparación con.

opposing [ə'pəʊzɪŋ] *adj* contrario,-a, adversario,-a; *Mil* **the o. forces,** las fuerzas enemigas; *Sport* **the o. team,** el equipo adversario.

opposite ['ɒpəzɪt, 'ɒpəsɪt] **I** *adj* **1** *(facing)* de enfrente; *(page)* contiguo,-a; **the house o.,** la casa de enfrente. **2** *(contrary)* opuesto,-a, contrario,-a, contrapuesto,-a; **at the o. end,** en el extremo opuesto; **in the o. direction,** en dirección contraria; **o. poles,** polos opuestos; **to take the o. view,** tomar la actitud contraria. ■ **o. number,** colega *mf*, homólogo,-a *m,f*; **o. sex,** sexo *m* opuesto. **II** *n* antítesis *f*, contraposición *f*; **quite the o.!,** ¡al contrario!; **she's the o. of her brother,** es la antítesis de su hermano. **III** *prep* enfrente de, frente a; **o. (to) the butcher's,** frente a la carnicería. **IV** *adv* enfrente; **the church is o.,** la iglesia está enfrente.

opposition [ɒpə'zɪʃən] *n* **1** *(resistance)* oposición *f*, resistencia *f*; **they met with no o.,** no encontraron resistencia. **2** *(contrast)* contradicción *f*, contraposición *f*; **in o. to,** en contra de, contrario a. **3** *Pol* **the o.,** la oposición; **the o. party,** el partido de la oposición; **to be in o.,** ser de la oposición.

oppress [ə'pres] *vtr* **1** oprimir. **2** *fig (of anxiety etc)* agobiar, oprimir.

oppression [ə'preʃən] *n* **1** opresión *f*. **2** *fig (of anxiety etc)* agobio *m*.

oppressive [ə'presɪv] *adj* **1** *(gen)* opresivo,-a. **2** *(of atmosphere)* agobiante; *(of heat)* sofocante.

opt [ɒpt] *vi* optar; **to o. for,** optar por; **we opted to decline the invitation,** optamos por no ir. ◆**opt out** *vi* desentenderse **(of,** de).

optative ['ɒptətɪv] **I** *adj* optativo,-a. **II** *n Ling* modo *m* optativo.

optic ['ɒptɪk] *adj* óptico,-a; *Anat* **o. nerve,** nervio óptico.

optical ['ɒptɪkəl] *adj* óptico,-a; **o. fibre,** fibra óptica; **o. illusion,** ilusión óptica.

optician [ɒp'tɪʃən] *n* óptico,-a *m,f*.

optics ['ɒptɪks] *n* óptica *f*.

optimism ['ɒptɪmɪzəm] *n* optimismo *m*.

optimist ['ɒptɪmɪst] *n* optimista *mf*.

optimistic(al) [ɒptɪ'mɪstɪk(əl)] *adj* optimista. ◆**optimistically** *adv* con optimismo.

optimize ['ɒptɪmaɪz] *vtr* aprovechar al máximo, optimizar.

optimum ['ɒptɪməm] **I** *n (pl* **optimums** *or* **optima** ['ɒptɪmə]*)* grado *m* óptimo. **II** *adj* óptimo,-a; **o. conditions,** condiciones óptimas.

option ['ɒpʃən] *n* opción *f*; **I have no o.,** no tengo más remedio; **to keep** *or* **leave one's options open,** no comprometerse; **with the o. on,** con opción a.

optional ['ɒpʃənəl] *adj* optativo,-a, facultativo,-a. ■ *Com* **o. extras,** extras *mpl* opcionales; *Educ* **o. subject,** (asignatura *f*) optativa *f*.

opulence ['ɒpjʊləns] *n* opulencia *f*.

or [ɔːʳ, *unstressed* ə] *conj* **1** o; *(before a word beginning* o *or* ho*)* u; **keep still or I'll shoot,** no se mueva o disparo; **or else,** si no, o bien; **tell me whether you like it or not,** dime si te gusta o no; **ten kilometres or so,** unos diez kilómetros; **you may have either a bun or a piece of cake,** puedes tomarte (o) una madalena o un trozo de pastel. **2** *(with negative)* ni; **he can't read or write,** no sabe leer ni escribir; **without**

money or luggage, sin dinero ni equipaje; *see also* nor.

oracle ['ɒrəkəl] *n* oráculo *m*.

oral ['ɔːrəl, 'ɒrəl] **I** *adj* oral; **o. contraceptive,** anticonceptivo oral; **o. hygiene,** higiene bucal; *Med* **o. vaccine,** vacuna por vía oral. **II** *n* examen *m* oral. ◆**orally** *adv* oralmente; *Pharm* **to be taken o.,** por vía oral.

orange ['ɒrɪndʒ] **I** *n* **1** *(fruit)* naranja *f*. ■ *Bot* **o. blossom,** azahar *m*; *Bot* **o. grove,** naranjal *m*; **o. juice,** zumo *m* de naranja; **o. tree,** naranjo *m*. **2** *(colour)* naranja *m*. **II** *adj* naranja *inv*, de color naranja.

orangeade [ɒrɪndʒ'eɪd] *n* naranjada *f*.

orang-outang [ɔːræŋuː'tæŋ] *n Zool* orangután *m*.

oration [ɔː'reɪʃən] *n* oración *f*, discurso *m*.

orator ['ɒrətəʳ] *n* orador,-a *m,f*.

oratorical [ɒrə'tɒrɪkəl] *adj* oratorio,-a.

oratory[1] ['ɒrətərɪ] *n (art of speaking)* oratoria *f*.

oratory[2] ['ɒrətərɪ] *n Rel (chapel)* oratorio *m*, capilla *f*.

orbit ['ɔːbɪt] **I** *n* **1** *Astron* órbita *f*; **to go into o.,** entrar en órbita; **to put a satellite into o.,** poner un satélite en órbita. **2** *fig* ámbito *m*, esfera *f*, órbita *f*; **the Russian o.,** la esfera de influencia soviética. **II** *vtr* girar alrededor de. **III** *vi* orbitar, girar.

orbital ['ɔːbɪtəl] *adj* orbital, orbitario,-a.

orchard ['ɔːtʃəd] *n* huerto *m*. ■ **apple o.,** manzanal *m*.

orchestra ['ɔːkɪstrə] *n Mus* orquesta *f*. ■ **chamber o.,** orquesta *f* de cámara; **o. pit,** orquesta *f*, foso *m*.

orchestral [ɔː'kestrəl] *adj* orquestal.

orchestration [ɔːkɪ'streɪʃən] *n* orquestación *f*.

orchid ['ɔːkɪd] *n Bot* orquídea *f*.

ordain [ɔː'deɪn] *vtr* **1** *Rel* ordenar; **to be ordained,** ordenarse. **2** *(decree)* decretar, ordenar; **it was ordained by fate,** el destino quiso que fuera así.

ordeal [ɔː'diːl] *n* mala experiencia *f*, sufrimiento *m*.

order ['ɔːdəʳ] **I** *n* **1** *(sequence)* orden *m*, serie *f*; **in alphabetical o.,** por orden alfabético; **in o. of importance,** por orden de importancia; **in the wrong o.,** out of o.,** sin orden; **to put in** *or* **into o.,** poner en orden, ordenar. **2** *(condition)* estado *m*, condiciones *fpl*; **in good o.,** en buen estado, en condiciones; **is your passport in o.?,** ¿tienes el pasaporte en regla?; **'out of o.',** 'no funciona'. **3** *(peace)* orden *m*; **law and o.,** orden público; **to call to o.,** llamar al orden. **4** *(class etc)* clase *f*; **the lower orders,** las clases bajas, el proletariado. **5** *Biol* orden *m*. **6** *(command)* orden *f*; **to give orders,** dar órdenes; **until further orders,** hasta nueva orden; **we received an o. to withdraw,** recibimos órdenes de retirarnos; *fig* **to be the o. of the day,** estar a la orden del día. ■ *Jur* **court o.,** orden *f* judicial; **extradition o.,** orden *f* de extradición. **7** *(commission, instruction)* pedido *m*, encargo *m*; **to be o.,** estar pedido *or* encargado; **to place an o. with sb,** hacer un pedido a algn; **to o.,** a (la) medida; *fam* **that's a tall o.,** eso es mucho pedir. ■ **o. form,** hoja *f* de pedido; **postal o.,** giro *m* postal. **8** *Rel* orden *f*; **to take (holy) orders,** ordenarse (sacerdote). **9** *Hist (medal)* condecoración *f*; *(title)* orden *f*. **10** *Archit* orden *m*. **11** *(quality)* calidad *f*, categoría *f*; **of the highest o.,** de primer orden, de primera calidad. **12** *(kind)* índole *f*, tipo *m*. **13 in the o. of,** del orden de, alrededor de, aproximadamente. **14 in o. that,** para que, a fin de que; **in o. that she should arrive on time,** para que llegara a tiempo; **in o. to** *(+ infin)*, para, a fin de (+ *infin*). II *vtr* 1 (*command*) ordenar, mandar; **she ordered me into the car,** me ordenó que entrara en el coche; *Sport* **to o. a player off,** expulsar a un jugador; **to o. sb about** *or* **around,** mangonear a algn, gobernar a algn; **to o. sb to do sth,** mandar *or* ordenar a algn hacer algo. **2** (*request*) pedir; *Com* pedir, encargar; **to o. a dish,** pedir un plato. **3** (*organize*) ordenar, poner en orden. III *interj* ¡orden!; **o. in the court!,** ¡orden en la sala!

orderliness ['ɔːdəlɪnɪs] *n* orden *m*, disciplina *f*.

orderly ['ɔːdəlɪ] I *adj* 1 (*tidy etc*) ordenado,-a; **he's very o.,** es muy metódico. **2** (*obeying*) disciplinado,-a. II *n* 1 *Med* enfermero *m*. **2** *Mil* ordenanza *m*. ■ **o. room,** oficina *f*.

ordinal ['ɔːdɪnəl] *adj & n* ordinal (*m*).

ordinance ['ɔːdɪnəns] *n fml* ordenanza *f*, decreto *m*.

ordinary ['ɔːdənrɪ] I *adj* (*usual, normal*) usual, normal; (*average*) corriente, común; **an o. guy,** un tipo corriente; **in the o. way,** en la forma habitual, de la manera usual; **the o. citizen,** el ciudadano de a pie, el hombre de la calle; **the o. Spaniard,** el español medio. ■ *Naut* **o. seaman,** marinero *m*; *GB* **o. shares,** acciones *fpl* ordinarias. II **the o.,** *n* lo corriente, lo normal; **above the o.,** sobresaliente; **out of the o.,** fuera de lo común, excepcional, extraordinario,-a.

ordinate ['ɔːdɪnɪt] *n Math* ordenada *f*.

ordination [ɔːdɪ'neɪʃən] *n* ordenación *f*.

ordnance ['ɔːdnəns] *n GB* **O. Survey,** servicio *m* oficial de topografía y cartografía.

ore [ɔːr] *n Min* mineral *m*, mena *f*. ■ **iron o.,** mineral *m* de hierro.

oregano [ɒrɪ'gɑːnəʊ] *n Bot* orégano *m*.

organ ['ɔːɡən] *n* 1 *Mus* órgano *m*. ■ **barrel o.,** organillo *m*. **2** *Anat* órgano *m*. **3** (*agency*) órgano *m*; (*periodical*) órgano *m*, boletín *m*; **the party o.,** el órgano del partido.

organ-grinder ['ɔːɡənɡraɪndər] *n* organillero,-a *m,f*.

organic [ɔː'ɡænɪk] *adj* orgánico,-a; **o. chemistry,** química orgánica.

organism ['ɔːɡənɪʒəm] *n* organismo *m*.

organist ['ɔːɡənɪst] *n Mus* organista *mf*.

organization [ɔːɡənaɪ'zeɪʃən] *n* organización *f*.

organize ['ɔːɡənaɪz] *vtr* organizar; **to get organized,** organizarse.

organizer ['ɔːɡənaɪzər] *n* organizador,-a *m,f*.

orgasm ['ɔːɡæzəm] *n* orgasmo *m*.

orgy ['ɔːdʒɪ] *n* orgía *f*; *fig* **an o. of colour,** una explosión de colores.

orient ['ɔːrɪənt] *n* **the O.,** el Oriente.

Oriental [ɔːrɪ'entəl] *adj & n* oriental (*mf*).

orientate ['ɔːrɪenteɪt] *vtr* orientar.

orientation [ɔːrɪen'teɪʃən] *n* orientación *f*.

orifice ['ɒrɪfɪs] *n* orificio *m*.

origin ['ɒrɪdʒɪn] *n* origen *m*; **country of o.,** país natal *or* de origen.

original [ə'rɪdʒɪnəl] I *adj* 1 (*first*) primero,-a, original; **the o. inhabitants,** los primeros habitantes. ■ *Rel* **o. sin,** pecado *m* original. **2** (*novel*) original, genuino,-a. II *n* original *m*; **the o. is in the Prado,** el original está en el Prado; **to read Cervantes in the o.,** leer a Cervantes en versión original. ◆**originally** *adv* 1 (*at first*) en un principio, originariamente. **2** (*with originality*) con originalidad.

originality [ərɪdʒɪ'nælɪtɪ] *n* originalidad *f*.

originate [ə'rɪdʒɪneɪt] I *vtr* originar, crear, dar lugar a. II *vi* **to o. from** *or* **in,** tener su origen en, provenir de.

oriole ['ɔːrɪəʊl] *n Orn* (**golden**) **o.,** oropéndola *f*.

Orkneys ['ɔːknɪz] *npl* (Islas) Orcadas.

ornament ['ɔːnəmənt] I *n* ornamento *m*, adorno *m*. II *vtr* adornar, engalanar.

ornamental [ɔːnə'mentəl] *adj* ornamental, decorativo,-a.

ornate [ɔː'neɪt] *adj* (*gen*) vistoso,-a; (*style*) sobrecargado,-a.

ornithology [ɔːnɪ'θɒlədʒɪ] *n* ornitología *f*.

orphan ['ɔːfən] I *n* huérfano,-a *m,f*. II *vtr* dejar huérfano,-a; **she was orphaned,** quedó huérfana.

orphanage ['ɔːfənɪdʒ] *n* orfanato *m*.

orthodontics [ɔːθəʊ'dɒntɪks] *n* ortodoncia *f*.

orthodox ['ɔːθədɒks] *adj* ortodoxo,-a.

orthodoxy ['ɔːθədɒksɪ] *n* ortodoxia *f*.

orthography [ɔː'θɒɡrəfɪ] *n* ortografía *f*.

orthopaedics, *US* **orthopedics** [ɔːθəʊ'piːdɪks] *n* ortopedia *f*.

orthopaedist, *US* **orthopedist** [ɔːθəʊ'piːdɪst] *n* ortopedista *mf*.

OS [əʊ'es] 1 *Naut abbr of* **ordinary seaman,** marinero *m*. **2** *GB Geol abbr of* **Ordnance Survey,** servicio *m* oficial de topografía y cartografía. **3** *abbr of* **outsize,** (talla *f*) extra grande *f*.

oscillate ['ɒsɪleɪt] *vi* oscilar; *fig* oscilar, variar.

osier ['əʊʒɪər] *n* mimbre *m*. ■ **o. bed,** mimbrera *f*.

Oslo ['ɒzləʊ] *n* Oslo.

osmosis [ɒz'məʊsɪs] *n* ósmosis *f*, osmosis *f*.

osprey ['ɒsprɪ, 'ɒspreɪ] *n Orn* águila *f* pescadora.

ossification [ɒsɪfɪ'keɪʃən] *n* osificación *f*.

ossify ['ɒsɪfaɪ] *vi* (*pt & pp* **ossified**) osificarse.

ostensible [ɒ'stensɪbəl] *adj* 1 (*apparent*) ostensible. **2** (*pretended*) aparentado,-a, fingido,-a.

ostentation [ɒsten'teɪʃən] *n* ostentación *f*.

ostentatious [ɒsten'teɪʃəs] *adj* ostentoso,-a.

ostracism ['ɒstrəsɪzəm] *n* ostracismo *m*.

ostracize ['ɒstrəsaɪz] *vtr* (*from society*) condenar al ostracismo; (*from group*) aislar, excluir.

ostrich ['ɒstrɪtʃ] *n Orn* avestruz *m*.

other ['ʌðər] I *adj* 1 (*gen*) otro,-a; **any o. member,** cualquier otro miembro; **every o. day,** cada dos días; **on the o. hand,** por otra parte, por otro lado; **o. people have seen it,** otros lo han visto; **o. people's property,** los bienes ajenos; **the o. four,** los otros cuatro; **the o. one,** el otro, la otra; **the o. thing,** lo otro. **2 or o.,** u otro,-a; **he must be somewhere or o.,** debe de estar en alguna parte; **one or o. of us,** alguno de nosotros. II *pron* otro,-a *m,f*; **many others,** otros muchos; **one after the o.,** uno tras otro; **the others,** los otros, los demás; **we see each o. quite often,** nos vemos con bastante frecuencia. III *adv* distinto,-a, diferente; **she can't be o. than what she is,** ella no puede ser de otra manera.

otherwise ['ʌðəwaɪz] I *adv* 1 (*if not*) si no, de no ser así; **o. you'll have to do it on your own,** si no, tendrás que hacerlo solo. **2** (*differently*) de otra manera; **except where o. stated,** excepto cuando se indique lo contrario; **he couldn't do o.,** no podía obrar de otra manera; **if she's not o. engaged,** si no tiene otro compromiso. **3** (*in other respects*) por lo demás; **he's o. quite sane,** aparte de eso está en su sano juicio. II *adj* distinto,-a; **the truth is o.,** la verdad es bastante distina.

otherworldly [ʌðə'wɜːldlɪ] *adj* alejado,-a de este mundo, espiritual.

otter ['ɒtəʳ] *n (pl otters or otter) Zool* nutria *f.*

Ottoman ['ɒtəmən] *adj & n* otomán,-ana *(m,f)*, otomano,-a *(m,f).*

ottoman ['ɒtəmən] *n Furn* otomana *f.*

OU [əʊ'juː] *GB abbr of* **Open University,** Universidad *f* Nacional de Educación a Distancia, UNED *f.*

ouch [aʊtʃ] *interj* ¡ay!

ought [ɔːt] *v aux* **1** *(obligation)* deber; **I thought I o. to tell you,** creí que debía decírtelo; **she o. to do it,** debería hacerlo; **to behave as one o.,** comportarse como es debido; **you oughtn't to eat so many cakes,** no deberías comer tantos pasteles. **2** *(vague desirability)* tener que, deber; **you o. to see the exhibition,** deberías ver la exposición; **you o. to have seen it!,** ¡si lo hubieras visto! **3** *(expectation)* **he o. to pass the exam,** seguramente aprobará el examen; **that o. to do,** con eso bastará.

ounce [aʊns] *n* onza *f; fig* **he hasn't an o. of courage,** no tiene ni pizca de valentía.

our [aʊəʳ] *poss adj* nuestro,-a; **o. daughter,** nuestra hija; **o. friends,** nuestros amigos; **it's one of o. books,** es un libro nuestro. ▪ *Rel* **O. Father,** Padrenuestro *m; Rel* **O. Lady,** Nuestra Señora *f.*

ours [aʊəz] *poss pron* **1** (el) nuestro, (la) nuestra; **have you seen o.?,** ¿has visto el nuestro?; **this table is o.,** esta mesa es nuestra. **2 of o.,** nuestro,-a; **a friend of o.,** un amigo nuestro.

ourselves [aʊə'selvz] *pers pron pl* **1** *(reflexive)* nos; **we can serve o.,** nos podemos servir. **2** *(emphatic)* nosotros mismos, nosotras mismas; **we did it o.,** lo hicimos nosotros mismos; **we o. are to blame,** la culpa es nuestra. **3 by o.,** a solas; **all by o.,** completamente solos.

oust [aʊst] *vtr* **1** *(from a post)* desbancar. **2** *(from property etc)* expulsar, desalojar.

out [aʊt] **I** *adv* **1** *(outside, away)* fuera; **o. you go!,** ¡vete!; **he's o. and about again,** ya está bien otra vez; **a long way o. (of town),** muy lejos (de la ciudad); **o. at sea,** en alta mar; **o. there,** ahí fuera; *Naut* **the voyage o.,** la ida; **to go o.,** salir; **to throw sth o.,** tirar algo (a la basura); **'way o.',** 'salida'. **2** *(clearly)* claramente; **I told him straight o.,** se lo dije muy claramente; **o. loud,** en voz alta. **3** *(to the end)* hasta el final; **hear me o.,** escúchame hasta el final. **4 o. of,** *(place)* fuera de; **get o. of here!,** ¡sal de aquí!; **move o. of the way!,** ¡quítate de en medio!; **o. of danger,** fuera de peligro; **she's o. of town,** está fuera de la ciudad; **to get money o. of sb,** sacarle dinero a algn; **to go o. of the room,** salir de la habitación; *fig* **to feel o. of it,** sentirse aislado; *fam* **you must be o. of your mind,** estás mal de la cabeza, estás loco; *sl* **to be o. of it,** no estar al tanto, no enterarse; *prov* **o. of sight, o. of mind,** ojos que no ven, corazón que no siente. **5 o. of,** *fig* fuera de; **o. of control,** fuera de control, descontrolado,-a; **o. of date,** *(expired)* caducado,-a; *(old-fashioned)* pasado,-a de moda; **o. of focus,** desenfocado,-a; *Pol* **o. of office,** fuera del poder; **'o. of order',** 'no funciona'; **o. of print,** agotado,-a. **6 o. of,** *(cause, motive)* por; **he did it o. of spite,** lo hizo por despecho; **o. of respect,** por respeto. **7 o. of,** *(made from)* de; **made o. of wood,** hecho,-a de madera. **8 o. of,** *(short of, without)* sin; **I'm o. of money,** se me ha acabado el dinero, estoy sin dinero; **o. of breath,** sin aliento; **to be o. of practice,** faltarle práctica a algn; **to be o. of work,** estar parado,-a *or* sin trabajo; **we're o. of**

milk, nos hemos quedado sin leche, se nos ha acabado la leche. **9 o. of,** *(among)* entre; **forty o. of fifty,** cuarenta de cada cincuenta; **one o. of many,** uno entre otros muchos. **II** *adj* **1** *(in view)* **the sun is o.,** ha salido el sol. **2** *(unfashionable)* pasado,-a de moda; **hats are o. this year,** los sombreros no se llevan este año. **3** *(not lit)* apagado,-a; **the fire is o.,** se ha apagado el fuego. **4** *(not working)* estropeado,-a; **the TV's o.,** la tele no va. **5** *(unconscious)* inconsciente; **to be o. cold,** haber perdido completamente el conocimiento. **6** *(not in)* **she's o.,** ha salido, no está. **7** *(intent)* **to be o.** for *or* to, buscar; **he's o. for your blood,** va a por ti; **I'm not o. to do that,** no es ése mi propósito. **8** *(on strike)* en huelga. **9** *(published)* publicado,-a; *(made public)* público,-a; **the book is just o.,** el libro acaba de salir; **the secret is o.,** el secreto ha salido a luz. **10** *Sport (ball)* fuera de juego; *(player)* eliminado,-a; *Box* fuera de combate. **11** *(used up)* agotado,-a, terminado,-a; **the paper is o.,** se ha terminado el papel. **12** *(inaccurate)* equivocado,-a; **I wasn't far o.,** no andaba muy equivocado; **to be o. in one's calculations,** equivocarse en los cálculos. **13** *(not in office)* fuera del poder. **14** *(completed)* acabado,-a, terminado,-a; **before the week is o.,** antes de acabar la semana. **15** *(in flower)* en flor. **III** *prep* **1** *(out of)* por; **he jumped o. the window,** saltó por la ventana; **she ran o. the door,** salió corriendo por la puerta. **IV** *n fig* **the ins and outs of the matter,** los pormenores del asunto. **V** *interj* ¡fuera!; *fam* **o. with it!,** ¡suéltalo ya!

outage ['aʊtɪdʒ] *n Elec* **power o.,** corte *m or* interrupción *f* del servicio eléctrico.

out-and-out ['aʊtənaʊt] *adj* empedernido,-a, redomado,-a; **he's an o.-a.-o.** liar, es un mentiroso empedernido.

outbid [aʊt'bɪd] *vtr (pt outbid; pp outbid or outbidden* [aʊt'bɪdən]*) (at auction)* pujar más alto que, ofrecer más que.

outboard ['aʊtbɔːd] *adj Naut* **o. motor,** motor *m* fueraborda, motor *m* fuera de borda.

outbreak ['aʊtbreɪk] *n (of war)* comienzo *m; (of spots)* erupción *f; (of disease)* brote *m,* epidemia *f; (of violence)* ola *f; (of anger)* arrebato *m;* **at the o. of war,** cuando estalló la guerra.

outbuilding ['aʊtbɪldɪŋ] *n (gen)* dependencia *f; (shed)* cobertizo *m.*

outburst ['aʊtbɜːst] *n (of anger)* explosión *f,* arrebato *m; (of generosity)* arranque *m;* **there was an o. of applause,** irrumpieron en aplausos.

outcast ['aʊtkɑːst] *n* marginado,-a *m,f,* proscrito,-a *m,f.*

outcome ['aʊtkʌm] *n* resultado *m.*

outcrop ['aʊtkrɒp] *n Geol* afloramiento *m.*

outcry ['aʊtkraɪ] *n* protesta *f;* **there was an o.,** hubo fuertes protestas.

outdated [aʊt'deɪtɪd] *adj* anticuado,-a, obsoleto,-a.

outdid [aʊt'dɪd] *pt see* **outdo.**

outdistance [aʊt'dɪstəns] *vtr* dejar atrás.

outdo [aʊt'duː] *vtr (pt outdid; pp outdone* [aʊt'dʌn]*)* exceder; *fig* ganar; **not to be outdone,** para no ser menos; **to o. sb,** poderle a algn.

outdoor ['aʊtdɔːʳ] *adj* **1** *(gen)* exterior, al aire libre; **o. swimming pool,** piscina descubierta; **the o. life,** la vida al aire libre. ▪ *Phot* **o. shot,** exterior *m.* **2** *(of clothes)* de calle.

outdoors [aʊt'dɔːz] **I** *adv* fuera; **to eat o.,** comer al aire libre. **II** **the (great) o.** *n* el aire libre, la naturaleza.

outer ['aʊtə'] *adj* exterior, externo,-a; **o. garments,** ropa exterior; **the o. suburbs,** las afueras. ∎ **o. space,** espacio *m* sideral.

outfit ['aʊtfɪt] *n* 1 *(kit, equipment)* equipo *m*; **tool o.,** juego *m* de herramientas. 2 *(set of clothes)* conjunto *m*; *(uniform)* uniforme *m*. 3 *fam (group)* grupo *m*, equipo *m*.

outfox [aʊt'fɒks] *vtr* ser más listo,-a que.

outgoing ['aʊtgəʊɪŋ] I *adj* 1 *(departing)* saliente. 2 *(sociable)* sociable, extrovertido,-a. II **outgoings** *npl* gastos *mpl*.

outgrow [aʊt'grəʊ] *vtr (pt outgrew* [aʊt'gru:]; *pp outgrown* [aʊt'grəʊn]*)* quedársele pequeño,-a; *(of habit)* superar; **he's outgrowing all his clothes,** toda la ropa se le está quedando pequeña; **she'll o. it,** se le pasará con la edad.

outhouse ['aʊthaʊs] *n see* **outbuilding**

outing ['aʊtɪŋ] *n* excursión *f.*

outlandish [aʊt'lændɪʃ] *adj* extravagante, estrafalario,-a.

outlast [aʊt'lɑːst] *vtr (gen)* durar más que; *(outlive)* sobrevivir a.

outlaw ['aʊtlɔː] I *n* proscrito,-a *m,f.* II *vtr (ban)* prohibir.

outlet ['aʊtlet, 'aʊtlɪt] *n* 1 *(opening)* salida *f.* 2 *(for emotions)* válvula *f* de escape. 3 *Com* mercado *m*, salida *f.* 4 *(for water)* desagüe *m.*

outline ['aʊtlaɪn] I *n* 1 *(draft)* bosquejo *m.* 2 *(résumé)* resumen *m.* 3 *(outer line)* contorno *m*; *(silhouette)* perfil *m.* 4 *Art (sketch)* boceto *m*, esbozo *m*; *(of map)* trazado *m.* II *vtr* 1 *(draw lines of)* perfilar; **to be outlined against the sky,** perfilarse en el cielo. 2 *(summarize)* hacer un resumen de, resumir. 3 *(describe roughly)* trazar las líneas generales de.

outlive [aʊt'lɪv] *vtr (person, experience)* sobrevivir a.

outlook ['aʊtlʊk] *n* 1 *(point of view)* punto *m* de vista; *(attitude)* enfoque *m.* 2 *(prospect)* perspectiva *f*, panorama *m*; *Meteor* previsión *f*; **the o. is not very promising,** no, es un panorama muy esperanzador.

outlying ['aʊtlaɪɪŋ] *adj (remote)* alejado,-a, aislado,-a; *(suburban)* periférico,-a; **o. districts,** barrios periféricos.

outmanoeuvre, *US* **outmaneuver** [aʊtmə'nuːvə'] *vtr* superar estratégicamente.

outmoded [aʊt'məʊdɪd] *adj* anticuado,-a, pasado,-a de moda.

outnumber [aʊt'nʌmbə'] *vtr* exceder en número; **we were outnumbered by them,** eran más que nosotros.

out-of-doors [aʊtəv'dɔːz] *adv see* **outdoors** I.

out-of-the-way [aʊtəvðə'weɪ] *adj* 1 *(distant)* apartado,-a, aislado,-a. 2 *(uncommon)* poco corriente, insólito,-a.

outpatient ['aʊtpeɪʃənt] *n Med* paciente *mf* externo,-a; **outpatients' department,** departamento de consulta externa.

outpost ['aʊtpəʊst] *n Mil* avanzada *f*; *(at frontier)* puesto *m* fronterizo.

output ['aʊtpʊt] *n* 1 *(gen)* producción *f*; *(of machine)* rendimiento *m.* 2 *Elec* potencia *f.* 3 *Comput* salida *f.*

outrage ['aʊtreɪdʒ] I *n* ultraje *m*, agravio *m*; **an o. against humanity,** un atentado contra la humanidad; **it's an o.!,** ¡es un escándalo! II *vtr* ultrajar, agraviar; **to be outraged by sth,** indignarse por algo.

outrageous [aʊt'reɪdʒəs] *adj (gen)* indignante; *(crime)* atroz; *(behaviour)* escandaloso,-a; *(clothes)* extravagante; *(price)* exorbitante. ◆**outrageously** *adv* de manera indignante; **o. expensive,** terriblemente caro.

outright ['aʊtraɪt] I *adj* 1 *(absolute)* absoluto,-a, total; **the o. winner,** el ganador indiscutible. 2 *(straightforward)* directo,-a. II [aʊt'raɪt] *adv* 1 *(completely)* por completo; **to buy sth o.,** comprar algo en su totalidad. 2 *(directly)* directamente, sin reserva. 3 *(immediately)* en el acto.

outset ['aʊtset] *n* comienzo *m*, principio *m*; **from the o.,** de entrada, desde el principio.

outside [aʊt'saɪd] I *prep* 1 *(gen)* fuera de; **o. the house,** fuera de la casa. 2 *(beyond)* más allá de, fuera de; **o. office hours,** fuera de las horas de trabajo. 3 *(other than)* aparte de. II [aʊt'saɪd] *adj* 1 *(exterior)* exterior, externo,-a; **the o. world,** el mundo exterior; *fig* **an o. opinion,** una opinión ajena. ∎ *Rad TV* **o. broadcast,** emisión *f* desde fuera de los estudios. 2 *(remote)* remoto,-a. III [aʊt'saɪd] *adv* fuera, afuera; **she's o.,** está fuera. IV *n* exterior *m*, parte *f* exterior; **from the o.,** desde fuera; **on the o.,** por fuera; *fam* **at the o.,** como mucho, como máximo.

outsider [aʊt'saɪdə'] *n* 1 *(stranger)* extraño,-a *m,f*, forastero,-a *m,f*; *(intruder)* intruso,-a *m,f.* 2 *(unlikely winner) (horse)* caballo *m* que no es el favorito; *Pol (person)* candidato,-a *m,f* con pocas posibilidades de ganar.

outsize(d) ['aʊtsaɪz(d)] *adj (vegetables etc)* de gran tamaño; *(clothes)* de talla muy grande.

outskirts ['aʊtskɜːts] *npl (of town)* afueras *fpl.*

outsmart [aʊt'smɑːt] *vtr fam* burlar, engañar.

outspoken [aʊt'spəʊkən] *adj* directo,-a, abierto,-a; **to be very o.,** no tener pelos en la lengua.

outstanding [aʊt'stændɪŋ] *adj* 1 *(exceptional)* destacado,-a, notable, sobresaliente; **an o. success,** un éxito rotundo. 2 *Com (unpaid)* sin pagar, pendiente; *(unresolved)* pendiente, por hacer.

outstretched [aʊt'stretʃt] *adj* extendido,-a.

outvote [aʊt'vəʊt] *vtr (person)* derrotar; *(proposal etc)* vencer; **to be outvoted,** perder la votación.

outward ['aʊtwəd] *adj* 1 *(external)* exterior, externo,-a. 2 *(of ship, voyage)* de ida; **the o. journey,** el viaje de ida. ◆**outwardly** *adv* 1 *(apparently)* aparentemente; **o. calm,** tranquilo en apariencia. 2 *(externally)* por fuera.

outward(s) ['aʊtwəd(z)] *adv* hacia fuera, hacia afuera.

outweigh [aʊt'weɪ] *vtr* 1 *(prevail over)* prevalecer sobre, ser de más peso que. 2 *(weigh more than)* pesar más que.

ouzel ['uːzəl] *n Orn* **water o.,** mirlo *m* acuático.

ova ['əʊvə] *npl see* **ovum**

oval ['əʊvəl] I *adj* oval, ovalado,-a. II *n* óvalo *m.*

ovary ['əʊvərɪ] *n Anat* ovario *m.*

ovation [əʊ'veɪʃən] *n* ovación *f*; **to give sb a standing o.,** tributar una ovación a algn, ovacionar a algn (puestos de pie).

oven ['ʌvən] *n* horno *m*; *Cook* **bake in a slow o.,** cocer a baja temperatura.

ovenproof ['ʌvənpruːf] *adj (dish etc)* refractario,-a.

over ['əʊvə'] I *prep* 1 *(above)* encima de; **her name is o. the door,** su nombre está escrito encima de la puerta; **the plane flew o. the afflicted area,** el avión voló por encima de la zona afectada; *fig* **what came o. you?,** ¿qué te pasó? ¿por qué reaccionaste así?

2 *(on top of)* sobre, encima de; **he put on a sweater o. his shirt,** se puso un jersey encima de la camisa. **3** *(across)* al otro lado de; **o. the border,** al otro lado de la frontera; **the bridge o. the river,** el puente que cruza el río; **the house o. the road,** la casa de enfrente. **4** *(during)* durante; **o. the last fifty years,** en los últimos cincuenta años; **o. the weekend,** durante el fin de semana; **she told me o. dinner,** me lo dijo durante la cena. **5** *(throughout)* por; **to travel o. France,** viajar por Francia. **6** all o., por todo,-a; **all o. the house,** por toda la casa; **famous all o. the world,** famoso en el mundo entero; *fig* **to be all o. sb,** deshacerse en atenciones con algn. **7** *(by the agency of)* por; **o. the phone,** por teléfono; **o. the radio,** por la radio. **8** *(more than)* más de; **over. twenty-five,** hombres mayores de veinticinco años; **o. a century ago,** hace más de un siglo; **o. and above,** además de; **o. sixty pounds,** más de sesenta libras. **9** *(about)* por; **to fight o. sth,** pelearse por algo. **10** *(recovered from)* recuperado,-a de; **he isn't o. the flu yet,** aún no se ha repuesto de la gripe. **II** *adv* **1** *(above, across)* **to flow o.,** rebosar; **to cross o.,** cruzar (la calle). **2** *(downwards)* **to fall o.,** caerse; **to lean o.,** inclinarse. **3** *(somewhere else)* **o. there,** allá; *Rad* **o. to you,** corto; **why don't you come o. tomorrow?,** ¿por qué no vienes a casa mañana? **4** *(throughout)* por; **all o.,** en *or* por todas partes; **all the world o.,** en el mundo entero; **I ache all o.,** me duele todo. **5** *(more)* más; **children of ten and o.,** niños mayores de diez años; **there are about two hundred people or o.,** hay unas doscientas personas o más. **6** *(again)* otra vez; **o. and o. (again),** repetidas veces, una y otra vez; **to do sth o. (again),** volver a hacer algo; **to start all o. again,** volver a empezar; **twice o.,** dos veces seguidas. **7** *(in excess)* de más; **it's two ounces o.,** pesa dos onzas de más, sobran dos onzas. **III** *adj* **1** *(finished)* acabado,-a, terminado,-a; **it's (all) o.,** se acabó; **the danger is o.,** ha pasado el peligro; **the performance is o.,** la función ha terminado; **to get sth o. with,** acabar con algo de una vez. **2** *(remaining)* sobrante; **keep what is left o.,** quédate con lo que sobra. **IV** *n Cricket* serie *f* de seis saques.

over- ['əʊvə'] *pref* sobre-, super-.

overact [əʊvər'ækt] *vtr & vi Theat* exagerar.

overall ['əʊvərɔːl] **I** *adj* total, global; **the o. price,** el precio global. **II** [əʊvər'ɔːl] *adv* *(on the whole)* por lo general, en conjunto. **III** ['əʊvərɔːl] *n* **1** *GB* guardapolvo *m*, bata *f*. **2 overalls,** mono *m sing*.

overambitious [əʊvəræm'bɪʃəs] *adj* demasiado ambicioso,-a.

overanxious [əʊvər'æŋkʃəs] *adj* *(too eager)* demasiado *or* excesivamente ansioso,-a; **don't get too o. about buying the house,** no le des tantas vueltas a eso de comprar la casa.

overate [əʊvər'eɪt] *pt see* **overeat**.

overawe [əʊvər'ɔː] *vtr* intimidar; **to be overawed,** sobrecogerse.

overbearing [əʊvə'beərɪŋ] *adj* *(domineering)* dominante, autoritario,-a; *(important)* significativo,-a.

overblown [əʊvə'bləʊn] *adj* pomposo,-a, exagerado,-a.

overboard ['əʊvəbɔːd] *adv* por la borda; **man o.!,** ¡hombre al agua!; **to fall o.,** caer al agua; *fam* **to go o.,** pasarse; *fam* **to go o. for sth,** chiflarse por algo.

overburden [əʊvə'bɜːdən] *vtr* sobrecargar, agobiar (**with,** de).

overcame [əʊvə'keɪm] *pt see* **overcome**.

overcast ['əʊvəkɑːst] *adj Meteor* nuboso,-a, nublado,-a, cubierto,-a.

overcharge [əʊvə'tʃɑːdʒ] *vtr* **1** *(charge too much)* cobrar demasiado. **2** *(overload)* sobrecargar.

overcoat ['əʊvəkəʊt] *n* abrigo *m*.

overcome [əʊvə'kʌm] *vtr* *(pt overcame; pp overcome)* **1** *(conquer)* vencer; **we shall o.,** venceremos. **2** *(overwhelm)* agobiar, abrumar; **he was o. by grief,** estaba deshecho por el dolor; **the fireman was o. by smoke,** el bombero perdió el conocimiento a causa del humo. **3** *(surmount)* salvar, superar.

overconfident [əʊvə'kɒnfɪdənt] *adj* presumido,-a, creído,-a.

overcrowded [əʊvə'kraʊdɪd] *adj* *(of room)* abarrotado,-a, atestado,-a (de gente); *(of country)* superpoblado,-a.

overcrowding [əʊvə'kraʊdɪŋ] *n* *(of prisons etc)* hacinamiento *m*; *(of country)* superpoblación *f*.

overdeveloped [əʊvədɪ'veləpt] *adj* **1** superdesarrollado,-a. **2** *Phot* sobreprocesado,-a.

overdevelopment [əʊvədɪ'veləpmənt] *n* desarrollo *m* excesivo.

overdo [əʊvə'duː] *vtr* *(pt overdid* [əʊvə'dɪd]*; pp overdone)* **1** *(carry too far)* exagerar; *fam* **don't o. it,** no te pases. **2** *Cook* cocer *or* asar demasiado.

overdone [əʊvə'dʌn] **I** *pp see* **overdo**. **II** *adj* *(of meat)* muy hecho,-a.

overdose ['əʊvədəʊs] *n* sobredosis *f*.

overdraft ['əʊvədrɑːft] *n Fin* *(draft)* giro *m* en descubierto, sobregiro *m*; *(amount)* saldo *m* deudor.

overdraw [əʊvə'drɔː] *vtr* *(pt overdrew* [əʊvə'druː]*; pp overdrawn* [əʊvə'drɔːn]*) Fin* girar en descubierto; **to be overdrawn,** tener la cuenta en descubierto.

overdue [əʊvə'djuː] *adj* *(of rent, train, etc)* atrasado,-a; *(of reform)* largamente esperado,-a; *Com* vencido y sin pagar.

overeat [əʊvər'iːt] *vi* *(pt overate; pp overeaten* [əʊvər'iːtən]*)* comer en exceso.

overestimate [əʊvər'estɪmeɪt] **I** *vtr* sobreestimar. **II** [əʊvər'estɪmɪt] *n* sobreestimación *f*.

overexertion [əʊvərɪg'zɜːʃən] *n* esfuerzo *m* excesivo.

overexposure [əʊvərɪks'pəʊʒə'] *n Phot* sobreexposición *f*.

overfeed [əʊvə'fiːd] *vtr* *(pt & pp overfed* [əʊvə'fed]*)* sobrealimentar.

overflew [əʊvə'fluː] *pt see* **overfly**.

overflow [əʊvə'fləʊ] **I** *vi* *(river)* desbordarse; *(cup etc)* derramarse; *fig* **to o. with joy,** rebosar de alegría. **II** ['əʊvəfləʊ] *n* **1** *(of river etc)* desbordamiento *m*; *(smaller)* derrame *m*. ■ **o. pipe,** cañería *f* de desagüe. **2** *fig* exceso *m*. ■ **o. meeting,** reunión *f* suplementaria; **population o.,** exceso *m* de población. **3** *Comput* sobrecarga *f*.

overfly [əʊvə'flaɪ] *vtr* *(pt overflew; pp overflown* [əʊvə'fləʊn]*)* sobrevolar.

overgrown ['əʊvəgrəʊn] *adj* **1** *(with grass etc)* cubierto,-a (de hierba). **2** *(in size)* demasiado grande.

overhang [əʊvə'hæŋ] **I** *vtr* *(pt & pp overhung)* *(project over)* sobresalir por encima de; *(hang over)* colgar por encima de. **II** *n* proyección *f*.

overhaul [əʊvə'hɔːl] **I** *vtr* *Mech* revisar. **II** ['əʊvəhɔːl] *n* *(gen)* revisión *f* y reparación *f*.

overhead ['əʊvəhed] **I** *adj* *(gen)* encima de la cabeza; **o. cable,** cable aéreo. **II** [əʊvə'hed] *adv* arriba, por encima de la cabeza.

overheads ['əʊvəhedz] *npl Com* gastos *mpl* generales *or* indirectos.

overhear [əʊvə'hɪə^r] *vtr (pt & pp* **overheard** [əʊvə'hɜːd]*)* oír por casualidad *or* sin querer.

overheat [əʊvə'hiːt] *vi* recalentarse, calentarse demasiado.

overhung [əʊvə'hʌŋ] *pt & pp see* **overhang.**

overjoyed [əʊvə'dʒɔɪd] *adj* rebosante de alegría; **he was o.,** no cabía en sí de contento.

overland ['əʊvəlænd] *adj & adv* por tierra.

overlap [əʊvə'læp] **I** *vi (pt & pp* **overlapped)** superponerse; *fig* **our plans o.,** nuestros planes coinciden parcialmente. **II** *n* superposición *f; fig* coincidencia *f.*

overleaf [əʊvə'liːf] *adv* al dorso; **see o.,** véase al dorso.

overload [əʊvə'ləʊd] **I** *vtr* sobrecargar. **II** *n* sobrecarga *f.*

overlook [əʊvə'lʊk] *vtr* 1 *(fail to notice)* pasar por alto, dejar pasar; **to o. an error,** dejar pasar un error. 2 *(ignore)* no hacer caso de; **we'll o. it this time,** esta vez haremos la vista gorda. 3 *(have a view of)* dar a, tener vista a; **the house overlooks the park,** la casa da al parque. 4 *(supervise) (job)* supervisar; *(person)* vigilar.

overly ['əʊvəlɪ] *adv* demasiado; **I'm not o. impressed,** no estoy del todo convencido.

overnight [əʊvə'naɪt] **I** *adv* 1 *(during the night)* por la noche; **we stayed there o.,** pasamos la noche allí; **will this meat keep o.?,** ¿se conservará esta carne hasta mañana? 2 *(suddenly)* de la noche a la mañana. **II** ['əʊvənaɪt] *adj* 1 *(of one night)* de (una) noche; **o. bag,** bolsa de viaje; **o. journey,** viaje de noche; **o. stay,** estancia de una (sola) noche. 2 *(sudden)* repentino,-a; **to be an o. success,** saltar a la fama de la noche a la mañana.

overpaid [əʊvə'peɪd] *pt & pp see* **overpay.**

overpass ['əʊvəpæs] *n Aut* paso *m* elevado.

overpay [əʊvə'peɪ] *vtr (pt & pp* **overpaid)** pagar demasiado.

overpower [əʊvə'paʊə^r] *vtr* 1 *(subdue)* vencer, dominar. 2 *(affect strongly)* sofocar, abrumar, agobiar.

overproduce [əʊvəprə'djuːs] *vtr* producir en exceso.

overproduction [əʊvəprə'dʌkʃən] *n* superproducción *f.*

overran [əʊvə'ræn] *pt see* **overrun.**

overrate [əʊvə'reɪt] *vtr* sobreestimar, supervalorar; **an overrated restaurant,** un restaurante que no merece la buena fama que tiene.

overreach [əʊvə'riːtʃ] *vtr* **to o. oneself,** extralimitarse.

override [əʊvə'raɪd] *vtr (pt* **overrode;** *pp* **overridden** [əʊvə'rɪdən]*)* 1 *(disregard)* hacer caso omiso de, no tener en cuenta. 2 *(annul)* invalidar, anular. 3 *(be more important than)* contar más que.

overriding [əʊvə'raɪdɪŋ] *adj* principal, decisivo,-a; *(importance)* primordial; *(need)* imperioso,-a.

overrode [əʊvə'rəʊd] *pt see* **override.**

overrule [əʊvə'ruːl] *vtr* invalidar, descalificar; *Jur* denegar.

overrun [əʊvə'rʌn] **I** *vtr (pt* **overran;** *pp* **overrun)** 1 *(invade)* invadir; **a garden o. with weeds,** un jardín invadido por la mala hierba. 2 *(extend beyond)* exceder, rebasar. **II** *vi* rebasar el tiempo previsto.

oversaw [əʊvə'sɔː] *pt see* **oversee.**

overseas [əʊvə'siːz] **I** *adv* en ultramar; **to go o.,** ir al extranjero; **to live o.,** vivir en el extranjero. **II** ['əʊvəsiːz] *adj* de ultramar; *(of person)* extranjero,-a; *(of trade)* exterior; **our o. office,** nuestra sucursal en el extranjero.

oversee [əʊvə'siː] *vtr (pt* **oversaw;** *pp* **overseen** [əʊvə'siːn]*)* supervisar.

overseer [əʊvə'siːə^r] *n (gen)* supervisor,-a *m,f; (foreman)* capataz *m.*

overshadow [əʊvə'ʃædəʊ] *vtr fig* hacer sombra a, eclipsar.

overshoot [əʊvə'ʃuːt] *vtr (pt & pp* **overshot** [əʊvə'ʃɒt]*) Aut* **to o. a turning,** pasarse un cruce; *Av* **to o. the runway,** *(in the air)* aterrizar más allá de la pista; *(on land)* quedarse demasiado tiempo en la pista; *fig* **to o. the mark,** pasarse de la raya.

oversight ['əʊvəsaɪt] *n* descuido *m;* **through o.,** por descuido.

oversimplify [əʊvə'sɪmplɪfaɪ] *vtr (pt & pp* **oversimplified)** simplificar demasiado.

oversize(d) [əʊvə'saɪz(d)] *adj* demasiado grande.

oversleep [əʊvə'sliːp] *vi (pt & pp* **overslept** [əʊvə'slept]*)* dormirse, no despertar a tiempo.

overspend [əʊvə'spend] *vi (pt & pp* **overspent** [əʊvə'spent]*)* gastar demasiado *or* más de la cuenta.

overspill ['əʊvəspɪl] *n (population)* exceso *m* de población.

overstate [əʊvə'steɪt] *vtr* exagerar.

overstep [əʊvə'step] *vtr (pt & pp* **overstepped)** pasar de; *fig* **to o. the mark,** pasarse de la raya.

overt ['əʊvɜːt, əʊ'vɜːt] *adj* 1 *(observable)* manifiesto,-a, patente. 2 *Jur (deliberate)* abierto,-a. ◆**overtly** *adv* abiertamente.

overtake [əʊvə'teɪk] *vtr (pt* **overtook;** *pp* **overtaken** [əʊvə'teɪkən]*)* 1 *GB Aut* adelantar, *SAm* rebasar. 2 *(pass)* adelantarse a; *(surpass)* superar a. 3 *(catch unawares)* sorprender. 4 *(catch up with)* alcanzar.

overtax [əʊvə'tæks] *vtr* 1 *Fin* gravar en exceso. 2 *fig* exigir demasiado a.

over-the-counter [əʊvəðə'kaʊntə^r] *adj Pharm* **o.-t.-c. drugs,** medicamentos que se pueden adquirir sin receta médica.

overthrow [əʊvə'θrəʊ] *vtr (pt* **overthrew** [əʊvə'θruː]*); pp* **overthrown** [əʊvə'θrəʊn]*) (government etc)* derribar, derrocar; *(project)* enervar, destruir.

overtime ['əʊvətaɪm] **I** *n* 1 horas *fpl* extras. 2 *US Sport* prórroga *f.* **II** *adv* **to work o.,** hacer horas extras.

overtone ['əʊvətəʊn] *n* insinuación *f,* alusión *f.*

overtook [əʊvə'tʊk] *pt see* **overtake.**

overture ['əʊvətjʊə^r] *n* 1 *Mus* obertura *f.* 2 *(proposal)* propuesta *f;* **peace overtures,** propuestas de paz. 3 *(introduction)* introducción *f.*

overturn [əʊvə'tɜːn] **I** *vtr (car etc)* volcar; *(boat)* hacer zozobrar. **II** *vi (of car etc)* volcar; *(of boat)* zozobrar.

overweight [əʊvə'weɪt] *adj* demasiado pesado,-a; **he's five pounds o.,** pesa cinco libras de más; **to be o.,** *(gen)* pesar demasiado; *(person)* estar gordo,-a.

overwhelm [əʊvə'welm] *vtr* 1 *(overcome)* aplastar, arrollar; *(overpower)* abrumar; **to be overwhelmed with joy,** rebosar de alegría; **we were overwhelmed by the news,** nos quedamos de piedra al saber la noticia. 2 *(cover over)* inundar, sumergir.

overwhelming [əʊvə'welmɪŋ] *adj (defeat)* aplastante, arrollador,-a; *(desire etc)* irresistible; **o. majority,** mayoría aplastante.

overwork [əʊvə'wɜːk] **I** *vi* trabajar demasiado. **II** *vtr (person)* forzar, hacer trabajar demasiado; *(excuse etc)* abusar de.

overworked [əʊvə'wɜːkt] *adj* forzado,-a; **an o. expression,** una expresión muy gastada.

overwrought [əʊvə'rɔːt] *adj* **1** *(tense)* muy nervioso,-a, con los nervios crispados. **2** *(too elaborate)* forzado,-a.

ovulate ['ɒvjʊleɪt] *vi* ovular.

ovulation [ɒvjʊ'leɪʃən] *n* ovulación *f*.

ovum ['əʊvəm] *n (pl ova)* Biol óvulo *m*.

owe [əʊ] *vtr* deber; **I o. my life to you,** te debo la vida; **I still o. you for the petrol,** aún te debo lo de la gasolina; **she owes her fortune to hard work,** se ha hecho rica a base de trabajar duro.

owing ['əʊɪŋ] *adj* **1** *(due)* **the money o. to me,** el dinero que se me debe. **2 o. to,** debido a, a causa de; **o. to the rain,** a causa de la lluvia.

owl [aʊl] *n* **1** Orn lechuza *f*, búho *m*. ■ **barn o.,** lechuza *f* común; **eagle o.,** búho *m* real; **little o.,** mochuelo *m* común. **2** *fig* **night o.,** ave *f* nocturna.

owlet ['aʊlɪt] *n* Orn mochuelo *m*.

own [əʊn] **I** *adj* propio,-a; **his o. money,** su propio dinero; **in my o. time,** en mi tiempo libre; **it's his o. fault,** es culpa suya; **she makes all her o. clothes,** se hace toda la ropa ella misma. **II** *pron* **1 my o., your o., his o., etc,** lo mío, lo tuyo, lo suyo, etc; **for reasons of her o.,** por razones personales; **he has a copy of his o.,** tiene su propio ejemplar; **the house is my o.,** la casa es mía; **this fruit has a flavour all its o.,** esta fruta tiene un sabor inconfundible; *fig* **he can hold his o.,** se defiende, sabe defenderse; *fig* **to come into one's o.,** *(fulfil oneself)* realizarse; *(receive recognition)* ser reconocido,-a; *fam* **to get one's o. back,** vengarse, tomarse la revancha. **2 on one's o.,** *(without help)* uno,-a mismo,-a; *(alone)* solo,-a; **he did it on his o.,** lo hizo él mismo; **I was left on my o.,** me dejaron solo. **III** *vtr* poseer, ser dueño,-a de; **he owns three newspapers,** es propietario de tres periódicos; **who owns this plot of land?,** ¿a quién pertenece esta parcela? ◆**own up** *vtr* **to o. up (to),** confesar, admitir; **to o. up to a mistake,** reconocer un error.

owner ['əʊnə'] *n* propietario,-a *m,f*, dueño,-a *m,f*, poseedor,-a *m,f*; **'cars parked here at owners' risk',** 'la empresa no se hace responsable de los vehículos aparcados aquí'. ■ **joint o.,** copropietario,-a *m,f*.

ownership ['əʊnəʃɪp] *n* propiedad *f*, posesión *f*; **under new o.,** bajo nueva dirección.

ox [ɒks] *n (pl oxen)* buey *m*.

oxcart ['ɒkskɑːt] *n* carro *m* de bueyes.

oxen ['ɒksən] *npl see* ox.

Oxfam ['ɒksfæm] *abbr* Oxford Committee for Famine Relief.

oxide ['ɒksaɪd] *n* Chem óxido *m*.

oxidize ['ɒksɪdaɪz] **I** *vtr* oxidar. **II** *vi* oxidarse.

Oxon ['ɒksən] *abbr of* **Oxoniensis** (of Oxford University), de (la Universidad de) Oxford.

oxtail ['ɒksteɪl] *n* rabo *m* de buey.

oxyacetylene [ɒksɪə'setɪliːn] *n* Chem oxiacetileno *m*. ■ **o. torch,** soplete *m* oxiacetilénico; **o. welding,** soldadura *f* oxiacetilénica.

oxygen ['ɒksɪdʒən] *n* Chem oxígeno *m*. ■ **o. mask,** máscara *f* de oxígeno.

oyster ['ɔɪstə'] *n (fish)* ostra *f*; **the o. industry,** la industria ostrícola. ■ **o. bed, o. farm,** criadero *m* de ostras; *(colour)* **o. pink,** rosa *m* salmón.

oystercatcher ['ɔɪstəkætʃə'] *n* Orn ostrero *m*.

oz *(pl oz or ozs)* *abbr of* **ounce(s),** onza(s) *f(pl)*, oz *f*.

ozone ['əʊzəʊn] *n* Chem ozono *m*. ■ **o. layer,** capa *f* del ozono.

P

P, p [piː] *n (the letter)* P, p *f*; *fam* **to mind one's p's and q's,** andar con cuidado.

P *Aut abbr of* **Parking,** aparcamiento *m*, P.

p 1 *(pl pp)* *abbr of* **page,** página *f*, pág., p. **2** [piː] GB *fam abbr of* **penny, pence,** penique(s) *m(pl)*.

PA [piː'eɪ] **1** *fam abbr of* **personal assistant,** ayudante *mf* personal. **2** *abbr of* **Press Association,** asociación *f* nacional de prensa. **3** *abbr of* **public-address (system),** megafonía *f*, sistema *m* de altavoces.

pa *abbr of* **per annum** (per year), al año.

pace [peɪs] **I** *n (step)* paso *m*; *(speed)* marcha *f*, velocidad *f*, ritmo *m*; **at a brisk p.,** a buen paso; **20 paces away,** a 20 pasos; **to keep p. with,** seguir a; *fig* avanzar al mismo ritmo que; **to quicken one's p.,** acelerar el paso; **to set the p.,** marcar el paso a; *fig* marcar la pauta. **II** *vtr* **1** *(room, floor)* ir de un lado a otro de. **2** *(runner)* marcar el paso a. **III** *vi* **to p. up and down,** ir de un lado a otro.

pacemaker ['peɪsmeɪkə'] *n* **1** Sport liebre *f*. **2** Med marcapasos *m inv*.

Pacific [pə'sɪfɪk] *adj* **the P. (Ocean),** el (océano) Pacífico.

pacifier ['pæsɪfaɪə'] *n* US chupete *m*.

pacifism ['pæsɪfɪzəm] *n* pacifismo *m*.

pacifist ['pæsɪfɪst] *adj & n* pacifista *(mf)*.

pacify ['pæsɪfaɪ] *vtr (pt & pp pacified)* *(person)* calmar, tranquilizar; *(country)* pacificar.

pack¹ [pæk] **I** *n* **1** *(parcel)* paquete *m*; *(bundle)* bulto *m*; *(rucksack)* mochila *f*; *(on animal)* albarda *f*; *fam* **to tell a p. of lies,** contar una sarta de mentiras. ■ **p. ice,** banco *m* de hielo. **2** US *(of cigarettes)* paquete *m*, cajetilla *f*. **3** GB *(of cards)* baraja *f*. **4** *(of thieves)* banda *f*; *(of wolves, dogs)* manada *f*; *(of hounds)* jauría *f*. **5** Med emplasto *m*, compresa *f*; **face (or mud) p.,** mascarilla *f* (de lodo). **II** *vtr* **1** *(goods)* embalar, envasar, empaquetar; **packed lunch,** comida *f* fría para llevar. **2** *(things in suitcase)* poner; **to p. one's bags,** hacer las maletas; *fig* marcharse. **3** *(fill)* atestar, llenar; *(people)* meter; **the room was packed,** la sala estaba abarrotada; *fig* **to be packed in like sardines,** estar apretados como sardinas. **4** *(press down)* *(snow, soil)* apretar. **5** *fam* Box **to p. a hard punch,** pegar duro; *fig* jugar fuerte. **III** *vi* **1** *(prepare baggage)* hacer las maletas *or* el equipaje;

fam **to send sb packing,** mandar a paseo a algn. **2** *(people)* apiñarse, apretarse **(into,** en). ◆**pack in** *vtr fam* **1** *(give up)* dejar; **p. it in!,** ¡dejalo ya! **2** *(pull in)* atraer; **the show is really packing them in,** este espectáculo atrae a muchísimas personas. ◆**pack off** *vtr fam* enviar, mandar; **to p. a child off to bed,** mandar a un niño a la cama. ◆**pack up I** *vtr* **1** *(belongings)* meter en la maleta. **2** *(give up)* dejar; **she packed up smoking,** ha dejado de fumar, ya no fuma. **II** *vi fam* **1** *(stop working)* terminar. **2** *(machine etc)* estropearse, pararse.

pack² [pæk] *vtr (meeting, jury)* amañar, llenar de partidarios.

package ['pækɪdʒ] **I** *n* **1** *(parcel)* paquete *m; (bundle)* bulto *m.* ■ *fig* **p. holiday, p. tour,** viaje *m* organizado todo incluido. **2** *(of proposals etc)* paquete *m; (agreement)* acuerdo *m,* convenio *m.* ■ **p. deal,** convenio *m* general. **II** *vtr (goods)* envasar, embalar.

packaging ['pækɪdʒɪŋ] *n* envase *m,* embalaje *m.*

packer ['pækər] *n* empaquetador,-a *m,f,* embalador,-a *m,f.*

packet ['pækɪt] *n* **1** *(box)* cajita *f,* paquete *m; (of cigarettes)* cajetilla *f; (bag)* bolsa *f; (envelope)* sobre *m.* **2** *fam (fortune)* dineral *m;* **to cost a p.,** costar un riñón *or* un ojo de la cara; **to make a p.,** ganar una fortuna.

packhorse ['pækhɔːs] *n* caballo *m* de carga.

packing ['pækɪŋ] *n* envase *m,* embalaje *m;* **p. case,** caja *f* de embalar; **to do one's p.,** hacer las maletas.

pact [pækt] *n* pacto *m;* **to make a p. with sb,** pactar con algn.

pad¹ [pæd] **I** *n* **1** *(gen)* almohadilla *f,* cojinete *m; (of brake)* zapata *f; (filling)* relleno *m.* ■ **knee p.,** rodillera *f;* **sanitary p.,** compresa *f;* **shin p.,** espinillera *f;* **shoulder p.,** hombrera *f.* **2** *(of paper)* bloc *m,* taco *m.* ■ **blotting p.,** papel *m* secante; **writing p.,** bloc *m* de cartas. **3** *(platform)* plataforma *f.* ■ **launch p,** plataforma *f* de lanzamiento. **4** *Zool Anat* almohadilla *f.* **5** *Bot (large leaf)* hoja *f* grande. **6** *fam* casa *f,* piso *m;* **bachelor p.,** piso de soltero. **II** *vtr (pt & pp padded) (chair, wall)* rellenar, acolchar; *(shoulders of garment)* poner hombreras a. ◆**pad out** *vtr fig (speech etc)* meter paja en.

pad² [pæd] *vi (pt & pp padded)* **to p. about** *or* **around,** andar sin hacer ruido.

padded ['pædɪd] *adj (shoulders of garment)* con hombreras; *(cell)* acolchado,-a.

padding ['pædɪŋ] *n* **1** *(material)* relleno *m,* acolchado *m.* **2** *fig (in speech etc)* paja *f.*

paddle¹ ['pædəl] **I** *n (oar)* pala *f,* remo *m,* canalete *m; Tech (blade on wheel)* alabe *m,* paleta *f; (flat tool)* pala *f.* ■ **p. boat** *or* **steamer,** vapor *m* de ruedas. **II** *vtr (boat, canoe)* remar con pala *or* canalete en; *fig* **to p. one's own canoe,** arreglárselas solo,-a. **III** *vi (in boat)* remar con pala *or* canalete.

paddle² ['pædəl] **I** *vi* chapotear, mojarse los pies. **II** *n* chapoteo *m;* **to go for** *or* **have a p.,** chapotear, mojarse los pies.

paddling pool ['pædəlɪŋpuːl] *n* piscina *f* para niños.

paddock ['pædək] *n (field)* potrero *m; (in race course)* paddock *m.*

paddy ['pædɪ] *n* arrozal *m.*

padlock ['pædlɒk] **I** *n* candado *m.* **II** *vtr* cerrar con candado.

padre ['pɑːdrɪ] *n Mil Naut fam* capellán *m.*

paediatric [piːdɪ'ætrɪk] *adj* pediátrico,-a.

paediatrician [piːdɪə'trɪʃən] *n* pediatra *mf.*

paediatrics [piːdɪ'ætrɪks] *n* pediatría *f.*

pagan ['peɪgən] *adj & n* pagano,-a *(m,f).*

page¹ [peɪdʒ] **I** *n* **1** *(servant, at wedding)* paje *m; (of knight)* escudero *m.* **2** *(at club)* botones *m inv.* **II** *vtr (call)* llamar por altavoz.

page² [peɪdʒ] *n (of book)* página *f; (of newspaper)* plana *f;* **front p. news,** noticias *fpl* de primera plana; **on p. six,** en la página seis.

pageant ['pædʒənt] *n (show)* espectáculo *m; (procession)* desfile *m; (on horses)* cabalgata *f.*

pageantry ['pædʒəntrɪ] *n* pompa *f,* boato *m.*

pageboy ['peɪdʒbɔɪ] *n* **1** *(servant, at wedding)* paje *m; Hairdr* **p. hairstyle,** peinado *m* estilo paje. **2** *(in hotel)* botones *m inv.*

pagoda [pə'gəʊdə] *n* pagoda *f.*

paid [peɪd] **I** *pt & pp see* **pay. II** *adj* pagado,-a; *fig* **to put p. to sth,** acabar con algo.

paid-up [peɪd'ʌp] *adj,* US **paid-in** [peɪd'ɪn] *adj (member)* que ha pagado las cuotas.

pail [peɪl] *n (gen)* cubo *m; (child's)* cubito *m.*

pain [peɪn] **I** *n* **1** *(gen)* dolor *m; (grief)* sufrimiento *m;* **a severe p.,** un dolor agudo; **aches and pains,** achaques *mpl;* **I have a p. in my chest,** me duele el pecho; **to be in great p.,** sufrir mucho; **where is the p.?,** ¿dónde te duele?; *fam* **he's a p. (in the neck),** es un pesado *or* un pelmazo. **2** *(punishment)* pena *f;* **on p. of death,** so pena de muerte. **3** **pains,** esfuerzos *mpl,* esmero *m sing;* **to take p. over sth,** esforzarse *or* esmerarse en algo. **II** *vtr (gen)* doler; *(grieve)* dar pena a, apenar; **it pains me to see her like this,** me da pena verla así.

pained [peɪnd] *adj* afligido,-a, disgustado,-a, ofendido,-a.

painful ['peɪnfʊl] *adj* **1** *(physically)* doloroso,-a, dolorido,-a; *(mentally)* angustioso,-a, que da pena; **it's my p. duty to tell you,** es mi doloroso deber decírselo; **it's p. to watch them,** da pena verles. **2** *fam (very bad)* malísimo,-a, pésimo,-a. ◆**painfully** *adv* **1** *(with pain)* dolorosamente, con dolor; **p. shy,** lastimosamente tímido,-a. **2** *fam* lamentablemente, terriblemente.

painkiller ['peɪnkɪlər] *n* analgésico *m,* calmante *m.*

painless ['peɪnlɪs] *adj (childbirth)* indoloro,-a, sin dolor; *fig* sin esfuerzos *or* dificultades. ◆**painlessly** *adv* sin causar dolor; *fig* sin hacer esfuerzos.

painstaking ['peɪnzteɪkɪŋ] *adj (person)* cuidadoso,-a, concienzudo,-a; *(care, research)* esmerado,-a.

paint [peɪnt] **I** *n* pintura *f;* **coat of p.,** capa *f* de pintura; **'wet paint',** 'recién pintado'. ■ **p. remover,** quitapinturas *m inv;* **p. spray,** pistola *f* (de pintar). **II** *vtr* pintar; **to p. one's face,** pintarse la cara; **to p. sth white,** pintar algo de blanco; *fig* **he isn't as black as he is painted,** no es tan fiero el león como lo pintan; *fig* **to p. the town red,** irse de juerga. **III** *vi* pintar, ser pintor,-a.

paintbox ['peɪntbɒks] *n* caja *f* de pinturas.

paintbrush ['peɪntbrʌʃ] *n Art* pincel *m; (for walls)* brocha *f.*

painter¹ ['peɪntər] *n Art* pintor,-a *m,f; (decorator)* pintor,-a *m,f* (de brocha gorda).

painter² ['peɪntər] *n Naut* amarra *f.*

painting ['peɪntɪŋ] *n Art (picture)* pintura *f,* cuadro *m; (activity)* pintura *f;* **oil p.,** pintura al óleo; **p. and decorating,** (pintura y) decoración *f* del hogar; **she likes p.,** le gusta pintar.

paint-stripper ['peɪntstrɪpər] *n* quitapinturas *f inv.*

paintwork ['peɪntwɜːk] *n* pintura *f*.

pair [peə'] **I** *n (of gloves, socks, shoes)* par *m*; *(of people, cards)* pareja *f*; **a p. of scissors,** unas tijeras; **a p. of pyjamas,** un pijama; **a p. of trousers,** un pantalón, unos pantalones; **to make a p.,** hacer juego *or* pareja. **II** *vtr (animals)* aparear; *(people)* emparejar. **III** *vi (animals)* aparearse; *(people)* emparejarse, formar pareja. ◆**pair off I** *vtr* emparejar. **II** *vi* emparejarse, fomar pareja **(with,** con).

pajamas [pə'dʒæməz] *npl US see* **pyjamas.**

Pakistan [pɑːkɪ'stɑːn] *n* Paquistán, Pakistán.

Pakistani [pɑːkɪ'stɑːnɪ] *adj & n* paquistaní *(mf)*, pakistaní *(mf)*.

pal [pæl] *n fam* amigo,-a *m,f*, colega *mf*.

palace ['pælɪs] *n* palacio *m*.

palatable ['pælətəbəl] *adj (tasty)* sabroso,-a; *fig (acceptable)* aceptable.

palatal ['pælətəl] *adj & n* palatal *(f)*.

palate ['pælɪt] *n* paladar *m*.

palatial [pə'leɪʃəl] *adj* magnífico,-a, suntuoso,-a.

palaver [pə'lɑːvə'] *n fam* lío *m*, follón *m*; **what a p.!,** ¡qué follón!

pale[1] [peɪl] **I** *adj (complexion, skin)* pálido,-a; *(colour)* claro,-a; *(light)* débil, tenue; **to go** *or* **turn p.,** ponerse pálido,-a, palidecer. ■ **p. ale,** cerveza *f* rubia. **II** *vi* palidecer.

pale[2] [peɪl] *n* estaca *f*; *fig* **to be beyond the p.,** ser inaceptable.

paleness ['peɪlnɪs] *n* palidez *f*.

Palestine ['pælɪstaɪn] *n* Palestina.

Palestinian [pælɪ'stɪnɪən] *adj & n* palestino,-a *(m,f)*.

palette ['pælɪt] *n* paleta *f*. ■ **p. knife,** espátula *f*.

paling ['peɪlɪŋ] *n* estacada *f*, valla *f*.

palisade [pælɪ'seɪd] *n* **1** *(fence)* palizada *f*, estacada *f*. **2** *US* **palisades,** *(cliffs)* acantilado *m sing*.

pall[1] [pɔːl] *n (on coffin)* paño *m* mortuorio; *fig (covering)* manto *m*; *(of smoke)* cortina *f*.

pall[2] [pɔːl] *vi* dejar de gustar, cansar, aburrir; **it never palls,** nunca cansa.

pallbearer ['pɔːlbeərə'] *n* portador,-a *m,f* del féretro.

pallet ['pælɪt] *n* **1** *Tech* plataforma *f* de carga. **2** *(bed)* jergón *m*.

palliative ['pælɪətɪv] *n* paliativo *m*.

pallid ['pælɪd] *adj* pálido,-a.

pallor ['pælə'] *n* palidez *f*.

pally ['pælɪ] *adj (pallier, palliest)* amigo,-a; **to be p. with sb,** ser amigo,-a de algn; **we're very p.,** somos muy amigos.

palm[1] [pɑːm] *n Bot (tree)* palmera *f*; *(leaf, branch)* palma *f*. ■ **coconut p.,** cocotero *m*; **date p.,** palma *f* datilera; **P. Sunday,** domingo *m* de Ramos.

palm[2] [pɑːm] *n Anat* palma *f*; **to read sb's p.,** leer la mano a algn; *fig* **to have sb in the p. of one's hand,** tener a algn en la palma de la mano; *fam* **to grease sb's p.,** untar la mano a algn. ◆**palm off** *vtr* **to p. sth off onto sb,** colocar *or* endosar algo a algn.

palmist ['pɑːmɪst] *n* quiromántico,-a *m,f*.

palmistry ['pɑːmɪstrɪ] *n* quiromancia *f*.

palpable ['pælpəbəl] *adj* palpable.

palpate ['pælpeɪt] *vtr Med* palpar.

palpitate ['pælpɪteɪt] *vi* palpitar.

palpitation [pælpɪ'teɪʃən] *n* palpitación *f*.

paltry ['pɔːltrɪ] *adj (paltrier, paltriest)* insignificante.

pampas ['pæmpəz] *npl Geog* pampa *f sing*.

pamper ['pæmpə'] *vtr* mimar, consentir.

pamphlet ['pæmflɪt] *n* folleto *m*.

pan[1] [pæn] **I** *n* **1** *(saucepan)* cazuela *f*, cacerola *f*; *fam* **pots and pans,** batería *f sing* (de cocina). ■ **frying p.,** sartén *f*. **2** *(of scales)* platillo *m*. **3** *(of lavatory)* taza *f*. **II** *vtr (pt & pp* **panned) 1** *(gold)* lavar con batea. **2** *fam (critize)* dejar por los suelos. **III** *vi* extraer oro. ◆**pan out** *vi (turn out)* salir; *(be successful)* salir bien.

pan[2] [pæn] *vtr & vi (pt & pp* **panned)** *Cin* tomar vistas panorámicas.

pan- [pæn] *pref* pan; **pan-American,** panamericano,-a.

panacea [pænə'sɪə] *n* panacea *f*.

panache [pə'næʃ] *n* garbo *m*, salero *m*.

Panama ['pænəmɑː] *n* Panamá; **P. Canal,** Canal *m* de Panamá.

panama ['pænəmɑː] *n* **p. (hat),** panamá *m*.

Panamanian [pænə'meɪnɪən] *adj & n* panameño,-a *(m,f)*.

pancake ['pænkeɪk] *n Culin* crepe *f*. ■ **P. Day,** martes *m* de carnaval; *Av* **p. landing,** aterrizaje *m* de emergencia.

panchromatic [pænkrəʊ'mætɪk] *adj* pancromático,-a.

pancreas ['pæŋkrɪəs] *n Anat* páncreas *m*.

panda ['pændə] *n Zool* panda *m*. ■ *GB* **p. car,** coche *m* patrulla.

pandemonium [pændɪ'məʊnɪəm] *n* jaleo *m*, desmadre *m*; **there was p.,** había mucho jaleo.

pander ['pændə'] *vi (person)* consentir **(to,** a), complacer **(to,** a); *(wishes)* acceder **(to,** a).

pandora [pæn'dɔːrə] *n (fish)* pagel *m*.

p and p, p & p [piːən'piː] *GB Com abbr of* **(cost of) postage and packing,** gastos *mpl* de embalaje y envío.

pane [peɪn] *n* cristal *m*, vidrio *m*.

panel ['pænəl] *n* **1** *(of wall, door)* panel *m*; *(flat surface)* tablero *m*, tabla *f*; *(of control, instruments)* tablero *m*; *(of ceiling)* artesón *m*. ■ *Aut* **p. beater,** planchista *mf*; **p. pin,** clavo *m or* alfiler *m* de espiga. **2** *(team)* equipo *m*; *(jury)* jurado *m*; *Rad TV (contestants)* concursantes *mpl*; **p. game,** concurso *m* por equipos.

panelled, *US* **paneled** ['pænəld] *adj (door, wall)* con paneles; *(ceiling)* artesonado,-a.

panelling, *US* **paneling** ['pænəlɪŋ] *n (of door, wall)* paneles *mpl*; *(of ceiling)* artesonado *m*.

panellist, *US* **panelist** ['pænəlɪst] *n (judge)* miembro *mf* del jurado; *Rad TV (contestant)* concursante *mf*.

pang [pæŋ] *n (of pain, hunger)* punzada *f*; *(of childbirth)* dolores *mpl*; *fig (of conscience)* remordimiento *m*.

panic ['pænɪk] **I** *n* pánico *m*, miedo *m*; **the crowd was thrown into a p.,** el pánico cundió entre la gente; **to get into a p.,** dejarse llevar por el pánico *or* el miedo; *fig* **to push the p. button,** dejarse llevar por el pánico; *fam* **it was p. stations,** cundió el pánico. **II** *vi (pt & pp* **panicked)** aterrarse, entrar el pánico; **I panicked,** me entró el pánico. **III** *vtr* aterrar, infundir pánico a.

panicky ['pænɪkɪ] *adj* asustadizo,-a; **to get p.,** dejarse llevar por el pánico *or* el miedo.

panic-stricken ['pænɪkstrɪkən] *adj* preso,-a de pánico, aterrado,-a.

pannier ['pænɪə'] *n (for animal)* alforja *f*; *(for bicycle)* bolsa *f*.

panorama [pænə'rɑːmə] *n (view)* panorama *m*; *Cin Phot* panorámica *f*.

panoramic [pænə'ræmɪk] *adj* panorámico,-a.

panpipes ['pænpaɪps] *npl Mus* siringa *f sing*.

pansy ['pænzɪ] *n* **1** *Bot* pensamiento *m*. **2** *fam (effeminate man)* mariquita *m*.

pant [pænt] **I** *n* jadeo *m*, resoplido *m*. **II** *vi* jadear, resoplar; **to p. for breath**, intentar recobrar el aliento.

pantechnicon [pæn'teknɪkən] *n* camión *m* de mudanzas.

pantheon ['pænθɪən] *n Archit* panteón *m*.

panther ['pænθə'] *n Zool* pantera *f*.

panties ['pæntɪz] *npl* bragas *fpl*, braguitas *fpl*; **a pair of p.**, unas braguitas.

pantomime ['pæntəmaɪm] *n Theat (play)* función *f* musical navideña; *(mime)* pantomima *f*.

pantry ['pæntrɪ] *n* despensa *f*.

pants [pænts] *npl (underpants) (ladies')* bragas *fpl*; *(men's)* calzoncillos *mpl*; *US (trousers)* pantalones *mpl*, pantalón *m sing*; **a pair of p.**, *(men's)* unos calzoncillos; *US* unos pantalones; *(ladies')* unas bragas.

pantyhose ['pæntɪhəʊz] *npl (tights)* medias *fpl* panties; *(woollen)* leotardos *mpl*.

papa [pə'pɑː] *n* papá *m*.

papacy ['peɪpəsɪ] *n* papado *m*, pontificado *m*.

papal ['peɪpəl] *adj* papal, pontificio,-a.

papaya [pə'paɪə] *n (tree)* papayo *m*; *(fruit)* papaya *f*.

paper ['peɪpə'] **I** *n* **1** *(material)* papel *m*; **a piece/sheet of p.**, un trozo/una hoja de papel; **to put sth down on p.**, poner algo por escrito; *fig* **it isn't worth the p. it's written on**, es papel mojado; *fig* **on p.**, en teoría, sobre el papel. ■ **brown p.**, papel *m* de estraza; **cigarette p.**, papel *m* de fumar; **p. mill**, fábrica *f* de papel; **p. money**, papel *m* moneda; **toilet p.**, papel *m* higiénico; **wrapping p.**, papel *m* de envolver; **writing p.**, papel *m* de escribir. **2** *Educ Univ (examination)* examen *m*; *(test)* prueba *f*; *(essay)* trabajo *m* (escrito); **to write a p. on a subject**, hacer un trabajo sobre un tema. ■ **question p.**, cuestionario *m*; **written p.**, examen *m* escrito. **3** *Pol* libro *m*; **white p.**, libro blanco. **4** *(newspaper)* periódico *m*, diario *m*; **to write for a p.**, hacer de *or* ser periodista; **the papers**, los periódicos, la prensa. ■ **p. round**, reparto *m* de periódicos; **p. shop**, tienda *f* de periódicos; **weekly p.**, semanario *m*. **5 papers**, *(documents)* papeles *mpl*, documentos *mpl*. ■ *Mil* **call-up p.**, llamamiento *m sing* a filas; **identity p.**, documentación *f sing*. **II** *vtr (wall, room)* empapelar.

paperback ['peɪpəbæk] *n* libro *m* en rústica.

paperboy ['peɪpəbɔɪ] *n* repartidor *m* de periódicos.

paperclip ['peɪpəklɪp] *n* clip *m*, sujetapapeles *m inv*.

papergirl ['peɪpəgɜːl] *n* repartidora *f* de periódicos.

paperknife ['peɪpənaɪf] *n* cortapapeles *m inv*.

paperweight ['peɪpəweɪt] *n* pisapapeles *m inv*.

paperwork ['peɪpəwɜːk] *n* papeleo *m*.

papery ['peɪpərɪ] *adj* parecido,-a al papel.

papier-mâché [pæpjeɪ'mæʃeɪ] *n* cartón *m* piedra.

papist ['peɪpɪst] *adj & n pej* papista *(mf)*.

paprika ['pæprɪkə] *n* pimentón *m* molido, paprika *f*.

Papua ['pæpjʊə] *n* Papúa. ■ **P. New Guinea**, Papúa Nueva Guinea.

Papuan ['pæpjʊən] *adj & n* papú,-a *(m,f)*.

par [pɑː'] *n (parity)* igualdad *f*; *Fin* par *f*; *Golf* par *m*; *Golf* **three under p.**, tres bajo par; *fig* **it's p. for the course**, es lo normal en estos casos; *fig* **to be on a p. with sb**, estar en igualdad de condiciones con algn; *fig* **to feel under** *or* **below p.**, sentirse mal, estar en baja forma.

para ['pærə] *abbr of* **paragraph**, párrafo *m*, párr.

parable ['pærəbəl] *n* parábola *f*.

parabolic [pærə'bɒlɪk] *adj* parabólico,-a.

parachute ['pærəʃuːt] **I** *n* paracaídas *m inv*. ■ **p. jump**, salto *m* en paracaídas. **II** *vtr (person, provisions, etc)* lanzar en paracaídas. **III** *vi* **to p. (down)**, saltar *or* lanzarse en paracaídas.

parachutist ['pærəʃuːtɪst] *n* paracaidista *mf*.

parade [pə'reɪd] **I** *n* **1** *(procession)* desfile *m*; **carnival/fashion p.**, desfile de carrozas/de modelos; *Mil* **to be on p.**, pasar revista. ■ **shopping p.**, área *f* comercial; **p. ground**, plaza *f* de armas. **2** *fig (display)* alarde *m*; **to make a p. of sth**, hacer alarde de algo. **II** *vtr* **1** *Mil* hacer desfilar. **2** *fig (flaunt) (knowledge, wealth)* alardear de, hacer alarde de. **III** *vi (troops)* pasar revista; *(demonstrators, procession)* desfilar. ◆**parade about, parade around** *vi (show off)* pavonearse.

paradigm ['pærədaɪm] *n* paradigma *m*.

paradigmatic [pærədɪg'mætɪk] *adj* paradigmático,-a.

paradise ['pærədaɪs] *n* paraíso *m*; *fig* **it's sheer p.**, es un paraíso terrenal.

paradox ['pærədɒks] *n* paradoja *f*.

paradoxical [pærə'dɒksɪkəl] *adj* paradójico,-a.

paraffin ['pærəfɪn] *n* parafina *f*. ■ **liquid p.**, aceite *m* de parafina; **p. heater**, estufa *f* de parafina; **p. lamp**, lámpara *f* de petróleo, quinqué *m*; **p. wax**, parafina *f*.

paragon ['pærəgən] *n* modelo *m*, dechado *m*.

paragraph ['pærəgrɑːf] *n* párrafo *m*; **new p.**, punto y aparte.

Paraguay ['pærəgwaɪ] *n* Paraguay.

Paraguayan [pærə'gwaɪən] *adj & n* paraguayo,-a *(m,f)*.

parakeet ['pærəkiːt] *n Orn* periquito *m*, perico *m*.

parallel ['pærəlel] **I** *adj* paralelo,-a **(to, with,** con); *fig* comparable, análogo,-a **(to, with,** a); **to be/run p. with sth**, ser/correr paralelo,-a a algo. ■ *Sport* **p. bars**, (barras *fpl*) paralelas *fpl*. **II** *n Geog* paralelo *m*; *Geom* paralela *f*; *fig* paralelo *m*; *fig* **to draw a p. between two things**, establecer un paralelo entre dos cosas; **without p.**, sin comparación. **III** *vtr fig* ser paralelo,-a *or* análogo,-a a, correr parejas con.

parallelogram [pærə'leləgræm] *n Geom* paralelogramo *m*.

paralysis [pə'rælɪsɪs] *n (pl paralyses* [pə'rælɪsiːz]*) Med* parálisis *f*; *fig* paralización *f*.

paralytic [pærə'lɪtɪk] **I** *adj Med* paralítico,-a; *fam* **to be p.**, estar como una cuba. **II** *n* paralítico,-a *m,f*.

paralyse, *US* **paralyze** ['pærəlaɪz] *vtr* paralizar; **the strike paralysed the railway system**, la huelga paralizó la red ferroviaria; **to be paralysed in both legs**, estar paralizado,-a de ambas piernas; *fig* **to be paralysed with fear**, quedarse paralizado de miedo.

parameter [pə'ræmɪtə'] *n* parámetro *m*.

paramilitary [pærə'mɪlɪtərɪ] *adj* paramilitar.

paramount['pærəmaʊnt] *adj* supremo,-a; **of p. importance**, de suma importancia.

paranoia [pærə'nɔɪə] *n Med* paranoia *f*.

paranoiac [pærə'nɔɪk] *adj & n*, **paranoid** ['pærənɔɪd] *adj & n* paranoico,-a *(m,f)*.

paranormal [pærə'nɔːməl] *adj* paranormal.

parapet ['pærəpɪt] *n* parapeto *m*.

paraphernalia [pærəfə'neɪlɪə] *n* parafernalia *f*.

paraphrase ['pærəfreɪz] **I** *n* paráfrasis *f inv*. **II** *vtr* parafrasear.

paraplegia [pærə'pliːdʒə] *n Med* paraplejía *f*.

paraplegic [pærə'pliːdʒɪk] *adj & n Med* parapléjico,-a *(m,f)*.

parasite ['pærəsaɪt] *n* parásito,-a *m,f*.

parasitic(al) [pærə'sɪtɪk(əl)] *adj* parásito,-a, parasitario,-a.

parasol ['pærəsɒl] *n* sombrilla *f*.

paratrooper ['pærətruːpəʳ] *n Mil* paracaidista *mf*.

paratroops ['pærətruːps] *npl Mil* paracaidistas *mpl*.

parboil ['pɑːbɔɪl] *vtr* cocer a medias, sancochar.

parcel ['pɑːsəl] **I** *n* **1** *(package)* paquete *m*. ■ **p. bomb**, paquete *m* bomba; **p. post**, servicio *m* de paquetes postales. **2** *(piece of land)* parcela *f; fig* **to be part and p. of sth**, formar parte esencial de algo. **II** *vtr* **to p. up**, envolver, empaquetar, embalar.

◆**parcel out** *vtr* repartir, distribuir.

parched [pɑːtʃt] *adj (land)* abrasado,-a, reseco,-a; *(lips, mouth)* seco,-a; *fig* **to be p.**, estar muerto,-a de sed.

parchment ['pɑːtʃmənt] *n* pergamino *m*. ■ **p paper**, papel *m* pergamino.

pardon ['pɑːdən] **I** *n (forgiveness)* perdón *m; Jur* indulto *m*; **I beg your p.**, (Vd.) perdone; **(I beg your) p.?**, ¿cómo (dice)?; **to ask for p.**, pedir perdón. **II** *vtr (forgive)* perdonar, disculpar; *Jur* indultar; **p. me!**, ¡Vd. perdone!; **p. me interrupting but ...**, perdone que le interrumpa pero ...; **to p. sb sth**, perdonar algo a algn.

pardonable ['pɑːdənəbəl] *adj* perdonable, disculpable.

pare [peəʳ] *vtr (fruit)* pelar, mondar; *(nails)* cortar.

◆**pare down** *vtr (reduce)* reducir.

parent ['peərənt] *n (father)* padre *m*; *(mother)* madre *f*; **parents**, padres *mpl*; **the p. company**, la casa *f* madre.

parentage ['peərəntɪdʒ] *n* familia *f*, origen *m*; **of humble p.**, de padres humildes.

parental [pə'rentəl] *adj (paternal)* paterno,-a; *(maternal)* materno,-a; **p. guidance**, consejos *mpl* paternales.

parenthesis [pə'renθɪsɪs] *n (pl* **parentheses** [pə'renθɪsiːz]*)* paréntesis *m inv*; **in p.**, entre paréntesis.

parenthetical [pærən'θetɪkəl] *adj* entre paréntesis.

parenthood ['peərənthʊd] *n* paternidad *f*, maternidad *f*; **planned p.**, planificación *f* familiar; **the joys of p.**, la alegría de tener hijos.

par excellence [pɑːr'eksələns] *adv* por excelencia.

pariah [pə'raɪə] *n* paria *m*.

parings ['peərɪŋz] *npl* mondaduras *fpl*.

Paris ['pærɪs] *n* París.

parish ['pærɪʃ] *n Rel* parroquia *f*; *(civil)* municipio *m*. ■ **p. council**, consejo *m* parroquial *or* municipal; **p. priest**, párroco *m*.

parishioner [pə'rɪʃənəʳ] *n* feligrés,-esa *m,f*.

Parisian [pə'rɪzɪən] *adj & n* parisino,-a *(m,f)*, parisiense *(mf)*.

parity ['pærɪtɪ] *n (equality)* igualdad *f; Fin (of shares)* paridad *f*.

park [pɑːk] **I** *n* parque *m*, jardín *m* (público). ■ **amusement p.**, parque *m* de atracciones; **car p.**, aparcamiento *m*, parking *m*; **national p.**, parque *m* nacional; **p. bench**, banco *m* del parque. **II** *vtr (car)* aparcar; *fam* **p. yourself down here**, siéntate aquí.

parka ['pɑːkə] *n* anorak *m*.

parking ['pɑːkɪŋ] *n* aparcamiento *m*, estacionamiento *m*; **'no p.'**, 'prohibido aparcar'. ■ **p. attendant**, guardacoches *mf inv*; **p. lights**, luces *fpl* de estacionamiento; *US* **p. lot**, aparcamiento *m*, parking *m*; **p. meter**, parquímetro *m*; **p. offence**, multa *f* por estacionamiento incorrecto; **p. space**, aparcamiento *m*.

parkland ['pɑːklænd] *n* prado *m*.

parkway ['pɑːkweɪ] *n US* alameda *f*, paseo *m*, avenida *f*.

parky ['pɑːkɪ] *adj (parkier, parkiest) GB fam* fresco,-a; **it's a bit p.**, hace fresquito.

parlance ['pɑːləns] *n* lenguaje *m*.

parley ['pɑːlɪ] **I** *n* parlamento *m*. **II** *vi* parlamentar.

parliament ['pɑːləmənt] *n* parlamento *m*; **to get into p.**, ser elegido-a diputado,-a. ■ **Houses of P.**, parlamento *m*; **Member of P.**, diputado,-a *m,f*.

parliamentarian [pɑːləmən'teərɪən] *n* parlamentario,-a *m,f*.

parliamentary [pɑːlə'mentərɪ] *adj* parlamentario,-a.

parlour, *US* **parlor** ['pɑːləʳ] *n (in house)* salón *m*, salita *f*; *(shop)* salón, tienda *f*. ■ **funeral p.**, funeraria *f*.

parochial [pə'rəʊkɪəl] *adj* **1** *(of parish)* parroquial. **2** *pej (narrow-minded)* de miras estrechas, pueblerino,-a.

parody ['pærədɪ] **I** *n* parodia *f*. **II** *vtr (pt & pp parodied)* parodiar.

parole [pə'rəʊl] **I** *n Jur* libertad *f* condicional *or* bajo palabra; **to be on p.**, estar libre bajo palabra. **II** *vtr (prisoner)* poner en libertad condicional *or* bajo palabra.

paroxysm ['pærəksɪzəm] *n* paroxismo *m*.

parquet ['pɑːkeɪ] *n* parqué *m*. ■ **p. floor**, suelo *m* de parqué.

parrot ['pærət] *n* loro *m*, papagayo *m; fig* **to repeat sth p. fashion**, repetir algo como un loro.

parry ['pærɪ] *vtr (pt & pp parried) (blow)* parar, desviar; *fig (question etc)* esquivar, eludir.

parse [pɑːz] *vtr (sentence)* analizar gramaticalmente.

parsimonious [pɑːsɪ'məʊnɪəs] *adj* tacaño,-a, parco,-a.

parsley ['pɑːslɪ] *n Bot* perejil *m*.

parsnip ['pɑːsnɪp] *n Bot* chirivía *f*.

parson ['pɑːsən] *n (vicar)* cura *m*, párroco *m*. ■ *Culin* **p.'s nose**, rabadilla *f* (de pollo).

parsonage ['pɑːsənɪdʒ] *n* casa *f* parroquial, parroquia *f*.

part [pɑːt] **I** *n* **1** *(portion, proportion, section)* parte *f*; *(piece)* parte, trozo *m; Rad TV (episode)* capítulo *m; Tech* pieza *f*; **a tenth p.**, una décima parte; **for the most p.**, en la mayor parte; *Cin Lit* **in p. two**, en la segunda parte; *Ling* **parts of speech**, partes de la oración; *Anat euph* **private parts**, partes pudendas; **she was away for the best p. of a week**, estaba fuera durante la mayor parte dc la semana; **spare parts,** piezas de recambio; **the funniest/saddest p. of it is that ...,** lo más gracioso/triste del caso es que ...; *Culin* **two parts water to one p.** wine, dos partes de agua y una de vino. ■ **p. owner,** copropietario,-a *m,f.* **2** *(rôle, participation)* papel *m,* parte *f; Cin Theat* papel; **bit p.,** papel secundario; **to look the p.,** encajar bien en el papel; **to play a p. in a film/play,** hacer un papel en una película/una obra de teatro; **to play a p. in sth,** tener algo que ver con algo; **to take p. in sth,** participar en algo; *fig* **a man of many parts,** un hombre de mucho talento; *fig* **I want no p. in it,** no quiero saber nada de ello. **3** *(area, place)* parte *f,* lugar *m;* **in foreign parts,** en el extranjero; **in these parts,** por estos lugares. **4** *(side)* parte *f;* **for my p,** en cuanto a mí, por mi parte; **it was an oversight on the p. of my wife,** fue un descuido por parte de mi mujer; **to take sb's p.,** tomar partido por algn, apoyar a algn; **to take sth in good p.,** tomarse bien algo. **II** *adj (partial)* parcial; **the pullover is p.** wool, el jersey tiene una parte de lana; **to take sth in p.** exchange, aceptar algo como parte de un pago. **III** *adv (partly)* en parte; **he's p.** Scottish, p. Spanish, es mitad escocés, mitad español. **IV** *vtr (separate)* separar; **they were parted during the war,** la guerra los separó; **to p. company with sb,** *(leave)* despedirse de algn; *(quarrel)* reñir con algn; **to p. one's hair,** hacerse la raya (en el pelo). **V** *vi (separate)* separarse; *(say good bye)* despedirse; **to p. (as) friends,** se separaron amistosamente. ◆**part with** *vi* separarse de; **I'm sorry to have to p. with it,** siento perderlo *or* perderla. ◆**partly** *adv (in part)* en parte, parcialmente; *(in a sense)* en cierto sentido; **p. cooked,** cocido,-a a medias; **we are p. to blame,** somos culpables en parte.

partake [pɑːˈteɪk] *vi (pt **partook;** pp **partaken** [pɑːˈteɪkən]) fml* **to p. of,** *(food)* comer; *(drink)* beber.

partial [ˈpɑːʃəl] *adj* parcial; **to be p. to sth,** ser aficionado,-a a algo. ◆**partially** *adv (partly)* parcialmente; *(with bias)* con parcialidad.

partiality [pɑːʃɪˈælɪtɪ] *n (bias)* parcialidad *f; (liking)* afición *f,* gusto *m.*

participant [pɑːˈtɪsɪpənt] *n (gen)* participante *mf; (in competition)* concursante *mf.*

participate [pɑːˈtɪsɪpeɪt] *vi* participar (**in,** en).

participation [pɑːtɪsɪˈpeɪʃən] *n* participación *f.*

participle [ˈpɑːtɪsɪpəl] *n* participio *m.* ■ **past p.,** participio *m* pasado; **present p.,** participio *m* presente.

particle [ˈpɑːtɪkəl] *n* partícula *f.*

particular [pəˈtɪkjʊləʳ] **I** *adj* **1** *(special)* particular, especial; **for no p. reason,** sin ninguna razón especial; **in this p. case,** en este caso concreto; **it's of p. interest,** es de especial interés; **nothing in p.,** nada de especial; **that p. person,** esa persona en particular. **2** *(fussy)* exigente; **I'm not p.,** me da igual; **she's very p. about her food,** es muy especial para la comida. **II particulars** *npl (details)* detalles *mpl,* pormenores *mpl;* **to receive full p. about sth,** recibir información detallada sobre algo; **to take down sb's p.,** tomar nota de los datos personales de algn. ◆**particularly** *adv (especially)* particularmente, especialmente; **I'm p.** fond of peaches, me encantan los melocotones.

particularize [pəˈtɪkjʊləraɪz] **I** *vtr* particularizar, especificar. **II** *vi* entrar en detalles.

parting [ˈpɑːtɪŋ] **I** *n* **1** *(separation)* separación *f,* despedida *f; fig* **the p. of the ways,** el momento de la separación *or* la despedida. **2** *(in hair)* raya *f.* **II** *adj* de despedida; **a p. kiss,** un beso de despedida; **his p. words were ...,** sus palabras al despedirse fueron ...; *fig* **p. shot,** último comentario *m,* golpe *m* de gracia.

partisan [pɑːtɪˈzæn, ˈpɑːtɪzæn] **I** *n Mil* guerrillero,-a *m,f; (supporter)* partidario,-a *m,f.* **II** *adj Mil* guerrillero,-a; *(supporter)* partidario,-a; *(of party)* partidista.

partition [pɑːˈtɪʃən] **I** *n* **1** *(wall)* tabique *m;* **glass p.,** tabique de cristal. **2** *(of country)* partición *f,* división *f.* **II** *vtr (country)* partir, dividir. ◆**partition off** *vtr (room)* dividir *or* separar con tabiques.

partner [ˈpɑːtnəʳ] **I** *n* **1** *(gen)* compañero,-a *m,f; (dancing, in tennis)* pareja *f; (husband)* marido *m; (wife)* mujer *f.* **2** *Com* socio,-a *m,f,* asociado,-a *m,f.* **II** *vtr* acompañar, ir de pareja de.

partnership [ˈpɑːtnəʃɪp] *n* **1** *(marriage, relationship)* vida *f* en común. **2** *Com* sociedad *f,* asociación *f; Com* **to go into p. with sb,** asociarse con algn.

partook [pɑːˈtʊk] *pt see* **partake.**

partridge [ˈpɑːtrɪdʒ] *n Orn* perdiz *f* pardilla. ■ **rough-legged p.,** perdiz *f* común.

part-time [pɑːtˈtaɪm] **I** *adj (work etc)* de media jornada. **II** *adv* media jornada, a tiempo parcial.

party [ˈpɑːtɪ] **I** *n* **1** *(celebration)* fiesta *f;* **to give** *or* **have** *or* **throw a p.,** organizar una fiesta; **to give a dinner p.,** invitar a gente a cenar. ■ **birthday p.,** fiesta *f* de cumpleaños; **tea p.,** merienda *f.* **2** *(group)* grupo *m.* ■ **rescue p.,** equipo *m* de rescate. **3** *Pol* partido *m.* ■ **Conservative/Labour P.,** partido *m* Conservador/Socialista; **p. leader,** secretario,-a *m,f* general del partido; **p. political broadcast,** emisión *f* de propaganda política. **4** *Jur* parte *f;* interesado,-a *m,f;* **guilty/innocent p.,** el *or* la culpable/inocente; **to be a p. to a crime,** ser cómplice *mf* en un delito. **II** *adj (clothes, atmosphere)* de fiesta, de gala; *Tel* **p. line,** línea *f* compartida; **p. wall,** pared *f* medianera.

pass [pɑːs] **I** *n* **1** *Geog (mountain)* puerto *m,* desfiladero *m.* **2** *(official permit)* permiso *m,* pase *m;* **rail/bus p.,** abono *m or* pase *m* de tren/autobús. **3** *(in exam)* aprobado *m;* **to get a p. in French,** sacar un aprobado en francés. **4** *Sport* pase *m; Ftb* **to make a p. with the ball,** hacer un pase con *or* pasar la pelota. **5** *fam* **to make a p. at sb,** intentar ligar con algn. **II** *vtr* **1** *(go past)* pasar; *(border)* cruzar, atravesar; *Aut (overtake)* adelantar; **to p. the police station,** pasar por delante de la comisaría; **we passed him in the street,** nos cruzamos con él por la calle. **2** *(go, move)* pasar; *Sport (ball)* pasar; **to p. sb a chair, p. a chair to sb,** pasar una silla a algn; **p. the salt, please,** ¿me puedes pasar la sal, por favor? **3** *(exam)* aprobar; *(motion, plan, law)* aprobar; **to p. sb as fit for work,** dar a algn de alta; *Jur* **to p. sentence,** fallar, dictar sentencia; **to p. the censors,** pasar la censura. **4** *(time)* pasar; **it helps to p. the time,** ayuda a pasar el rato; **to p. the time of day with sb,** pasar el rato con algn. **5** *(express)* expresar; **to p. an opinion,** dar una opinión; **to p. a remark,** hacer una observación *or* un comentario. **6** *(expel)* **to p. water,** orinar; **to p. wind,** tener gases. **III** *vi* **1** *(move past)* pasar; *(procession)* desfilar; *Aut (car)* adelantar; *(people)* cruzarse; *Sport* hacer un pase; **we passed on the stairs,** nos cruzamos en la escalera. **2** *(go, move)* pasar; *(pain)* remitir; *(anger, storm)* pasar, desaparecer; *(opportunity)* perderse; *(me-*

mory) olvidarse; *(time)* pasar; **time passes quickly,** el tiempo pasa rápido; **to p. into oblivion,** pasar al olvido; **to p. out of sight,** perderse a la vista. **3** *(happen)* pasar, ocurrir; **all that has passed,** todo lo que ha pasado *or* ocurrido; **it came to p. that ...,** resultó que ... . **4** *(be accepted)* pasar por; **let it p.,** déjalo pasar; **what passes for good manners,** lo que se considera buena educación. **5** *(in exam)* aprobar, ser aprobado,-a. ◆**pass away** *vi euph* pasar a mejor vida. ◆**pass by** I *vtr* pasar de largo; **life has passed him by,** ha disfrutado poco de la vida. II *vi* pasar cerca (de). ◆**pass down** *vtr (hand down)* pasar, transmitir. ◆**pass for** *vtr* **she could p. for our sister,** podría pasar por nuestra hermana. ◆**pass off** I *vtr* hacer pasar; **to p. oneself off as sth,** hacerse pasar por algo; **to p. sth/sb off as sth,** hacer pasar a algn/algo por algo. II *vi (happen)* pasar, transcurrir. ◆**pass on** I *vtr (hand on)* pasar, transmitir. II *vi* **1** *euph (die)* pasar a mejor vida. **2** *(proceed)* pasar a. ◆**pass out** *vi* **1** *(faint)* desmayarse, perder el conocimiento. **2** *Mil* graduarse. ◆**pass over** *vtr* **1** *(bridge, land, etc)* atravesar, cruzar; *(aircraft)* volar por. **2** *(disregard)* pasar por alto, hacer caso omiso de; **she was passed over in favour of her sister,** eligieron a su hermana en vez de a ella. ◆**pass through** I *vtr (place)* pasar por, atravesar; *(barrier, border)* cruzar. II *vi* estar de paso; **I'm just passing through,** sólo estoy de paso. ◆**pass up** *vtr (opportunity)* renunciar; *(offer)* rechazar.

passable ['pɑːsəbəl] *adj* **1** *(road, bridge)* transitable. **2** *(acceptable)* pasable, aceptable. ◆**passably** *adv* aceptablemente; **p. good,** bastante bueno,-a.

passage ['pæsɪdʒ] *n* **1** *(in street)* pasaje *m*; *(alleyway)* callejón *m*; *(hallway)* pasillo *m*. **2** *(travelling)* paso *m*, tránsito *m*; *Naut* travesía *f*; **to grant sb a safe p.,** darle a algn un salvoconducto; *fig* **the p. of time,** el paso del tiempo. **3** *Mus Lit (piece)* pasaje *m*, trozo *m*.

passageway ['pæsɪdʒweɪ] *n (interior)* pasillo *m*; *(exterior)* pasaje *m*.

passbook ['pɑːsbʊk] *n* libreta *f* de banco.

passé ['pɑːseɪ] *adj* pasado,-a de moda.

passenger ['pæsɪndʒə'] *n* pasajero,-a *m,f*, viajero,-a *m,f*.

passer-by [pɑːsə'baɪ] *n (pl passers-by)* transeúnte *mf*.

passing ['pɑːsɪŋ] I *n* **1** *(of car, train)* paso *m*; *(of time)* transcurso *m*; paso *m*; *Aut (overtaking)* adelantamiento *m*; **to mention sth in p.,** mencionar algo de pasada. **2** *(of law)* aprobación *f*. II *adj (car etc)* que pasa; *(glance)* rápido,-a; *(thought)* pasajero,-a; **a p. remark,** una observación hecha de pasada.

passion ['pæʃən] *n (gen)* pasión *f*; *(vehemence)* ardor *m*, vehemencia *f*; **crime of p.,** crimen *m* pasional; **he has a p. for opera,** le apasiona la ópera; *Rel* **the P.,** la Pasión. ■ **p. fruit,** granadilla *f*.

passionate ['pæʃənɪt] *adj (gen)* apasionado,-a; *(vehement)* ardiente, vehemente.

passionflower ['pæʃənflaʊə'] *n Bot* pasionaria *f*.

passive ['pæsɪv] I *adj* pasivo,-a. II *n Ling* (voz *f*) pasiva *f*. ◆**passively** *adv (gen)* pasivamente; *Ling* en voz pasiva.

passkey ['pɑːskiː] *n* llave *f* maestra.

passover ['pɑːsəʊvə'] *n Rel* Pascua *f* de los judíos.

passport ['pɑːspɔːt] *n* pasaporte *m*.

password ['pɑːswɜːd] *n* contraseña *f*.

past [pɑːst] I *n* pasado *m*; **in the p.,** en el pasado; antes; **it's a thing of the p.,** pertenece al pasado; **the p.,** *(time)* el pasado; *(events)* lo pasado; *(tense)* el pretérito, el pasado; **to have a p.,** tener antecedentes. II *adj (gen)* pasado,-a; *(former)* anterior; **in p. years,** en años anteriores; **in the p. weeks,** en las últimas semanas; **to be a p. master at sth,** ser experto,-a en algo. ■ *Ling* **p. participle,** participio *m* pasado; **p. tense,** pretérito *m*, pasado *m*. III *adv* por delante; **to drive p.,** pasar en coche; **to run/walk p.,** pasar corriendo/andando. IV *prep (beyond)* más allá de; *(more than)* más de; **he's p. forty,** pasa de los cuarenta (años); **it's five p. ten,** son las diez y cinco; **it's just p. the postbox,** está un poco más allá del buzón; **quarter/half p. two,** las dos y cuarto/media; *fam* **I'm p. caring,** me trae sin cuidado; *fam* **I wouldn't put it p. him,** es capaz de cualquier cosa, no me extraña viniendo de él; *fam* **she's p. going to discotheques,** ya no tiene edad para ir de discotecas; *fam* **to be p. it,** estar muy carroza.

pasta ['pæstə] *n* pasta *f*, pastas *fpl*.

paste [peɪst] I *n* **1** *(gen)* pasta *f*; *(glue)* engrudo *m*; *Culin* pasta *f*; **anchovy p.,** pasta de anchoas; **tomato p.,** tomate *m* concentrado. **2** *(jewellery)* bisutería *f*. II *vtr (stick)* pegar; *(put paste on)* engomar, encolar; **to p. sth onto a wall,** pegar algo a una pared.

pasteboard ['peɪstbɔːd] *n* cartón *m*.

pastel ['pæstəl] I *n (chalk)* pastel *m*; *(drawing)* pintura *f* al pastel; *(colour)* color *m* pastel. II *adj (drawing)* al pastel; *(colour)* pastel.

pasteurization [pæstjəraɪ'zeɪʃən] *n* pasteurización *f*.

pasteurized ['pæstjəraɪzd] *adj* pasteurizado,-a.

pastiche [pæ'stiːʃ] *n* pastiche *m*.

pastille ['pæstɪl] *n* pastilla *f*.

pastime ['pɑːstaɪm] *n* pasatiempo *m*.

pasting ['peɪstɪŋ] *n fam* paliza *f*; **to give sb a p.,** dar una paliza a algn.

pastor ['pɑːstə'] *n Rel* pastor *m*.

pastoral ['pɑːstərəl] *adj* pastoril, pastoral.

pastry ['peɪstrɪ] *n (dough)* pasta *f*; *(cake)* pastel *m*; **pastries,** pasteles, pastas.

pasture ['pɑːstʃə'] *n* pasto *m*; **to put cattle out to p.,** pastorear *or* apacentar el ganado; *fig* **to put sth out to p.,** tirar algo, deshacerse de algo; *fig* **to move on to pastures new,** buscar nuevos terrenos. ■ **p. land,** pradera *f*. II *vtr* apacentar. III *vi* pacer.

pasty[1] ['pæstɪ] *n Culin* empanada *f*, pastel *m* de carne.

pasty[2] ['peɪstɪ] *adj (pastier, pastiest)* pálido,-a, blancuzco,-a.

Pat *abbr of* **patent (number),** patente *f*, Pat.

pat[1] [pæt] I *n* **1** *(touch)* toque *m*; *(caress)* caricia *f*; *(tap)* golpecito *m*, palmadita *f*; **to give a dog a p.,** acariciar a un perro; **to give sb a p. on the back,** dar a algn una palmadita en la espalda; *fig (congratulate)* felicitar a algn. **2** *(of butter)* porción *f*. II *vtr (pt & pp patted) (touch)* tocar; *(caress)* acariciar; *(tap)* dar una palmadita en; **to p. sb on the back,** dar a algn palmaditas en la espalda; *fig* felicitar a algn.

pat[2] [pæt] I *adv* de memoria; **to learn sth off p.,** aprender algo de memoria; **to know sth off p.,** saber algo al dedillo. II *adj (answer) (glib)* fácil; *(appropriate)* apropiado,-a; **to give a p. answer,** dar una respuesta fácil.

patch [pætʃ] n 1 *(piece of material)* parche m; *(of land)* terreno m; *(of colour)* mancha f; *(of sky)* trozo m; *(of road)* trecho m; *fig* **to go through/to hit a bad p.**, pasar por/tener una mala racha; *fam* **the film isn't a p. on the book**, no se puede comparar la película con el libro. **2** *(hole, garment)* poner un parche en. ◆**patch up** vtr **1** *(garment)* poner un parche en; *fig* **a patched-up job**, una chapuza. **2** *(marriage, quarrel)* reconciliarse.

patchwork ['pætʃwɜːk] **I** n labor f de retales. **II** adj *(quilt etc)* hecho,-a con retales distintos.

patchy ['pætʃɪ] adj *(patchier, patchiest)* **1** *(colour, performance)* desigual. **2** *(knowledge)* incompleto,-a, parcial.

pâté ['pæteɪ] n paté m, foie gras m.

patent[1] ['peɪtənt] **I** n Com patente f; **to take out a p. on sth**, sacar una patente de algo. **II** adj **1** *(obvious)* patente, evidente. **2** Com *(patented)* patentado,-a. ▪ **p. medicine**, específico m. **III** vtr Com patentar. ◆**patently** adv *(obviously)* evidentemente; **it is p. obvious**, está clarísimo.

patent[2] ['peɪtənt] n charol m. ▪ **p. leather**, charol m; **p. leather shoes**, zapatos de charol.

paternal [pə'tɜːnəl] adj *(fatherly)* paternal; *(through father's line)* paterno,-a; **p. grandmother**, abuela f paterna.

paternalism [pə'tɜːnəlɪzəm] adj paternalista.

paternalistic [pətɜːnə'lɪstɪk] adj paternalista.

paternity [pə'tɜːnɪtɪ] n paternidad f. ▪ Jur **p. suit**, demanda f de paternidad.

path [pɑːθ] n *(pl paths* [pɑːðz]) camino m, sendero m; *(route)* rumbo m, ruta f; *(of bullet, missile)* trayectoria f; **to clear a p. through the forest**, abrir camino por el bosque; *fig* **to be on the right p.**, ir bien encaminado,-a; *fig* **to lead sb up the garden p.**, llevar a algn al huerto.

pathetic [pə'θetɪk] adj *(rousing pity)* patético,-a; *fam (hopeless)* malísimo,-a, pésimo,-a; **she was a p. sight**, daba lástima *or* pena verla así; **the music was p.**, la música era malísima. ◆**pathetically** adv patéticamente; *fam* que da lástima *or* pena; **p. thin**, tan flaco,-a que da lástima.

pathological [pæθə'lɒdʒɪkəl] adj patológico,-a.

pathologist [pə'θɒlədʒɪst] n patólogo,-a m,f.

pathology [pə'θɒlədʒɪ] n patología f.

pathos ['peɪθɒs] n patetismo m.

pathway ['pɑːθweɪ] n camino m, sendero m.

patience ['peɪʃəns] n **1** *(quality)* paciencia f; **to lose one's p. with sb**, perder la paciencia con algn; **to try sb's p.**, poner a prueba la paciencia a algn; **you need p. for that**, para eso hace falta tener paciencia. **2** Cards solitario m; **to play p.**, hacer solitarios.

patient ['peɪʃənt] **I** adj paciente, sufrido,-a; **to be p. with sb**, tener paciencia con algn. **II** n paciente mf, enfermo,-a m,f. ◆**patiently** adv pacientemente, con paciencia.

patina ['pætɪnə] n pátina f.

patio ['pætɪəʊ] n patio m.

patriarch ['peɪtrɪɑːk] n patriarca m.

patriarchal [peɪtrɪ'ɑːkəl] adj patriarcal.

patrimony ['pætrɪmənɪ] n patrimonio m.

patriot ['peɪtrɪət] n patriota mf.

patriotic [pætrɪ'ɒtɪk] adj *(person)* patriota; *(speech, act)* patriótico,-a.

patriotism ['pætrɪətɪzəm] n patriotismo m.

patrol [pə'trəʊl] **I** n patrulla f; **to be on p.**, estar de patrulla. ▪ **p. car**, coche m patrulla; **p. leader**, jefe,-a m,f de patrulla. **II** vtr *(pt & pp patrolled) (area)* estar de patrulla en, patrullar por. **III** vi patrullar; *fig* **to p. up and down**, pasearse de un lado a otro.

patrolman [pə'trəʊlmən] n *(pl patrolmen)* Anat patrullero m; *US (policeman)* guardia m, policía m.

patron ['peɪtrən] n **1** *(benefactor)* patrón,-ona m,f; *(of charity, cause)* patrocinador,-a m,f; *(of arts)* mecenas m inv. ▪ **p. saint,** (santo,-a m,f) patrón,-ona m,f. **2** Com *(customer)* cliente,-a m,f habitual.

patronage ['pætrənɪdʒ] n **1** *(of charity, cause)* patrocinio m; *(of arts etc)* mecenazgo m; *pej (in politics, business)* enchufe m; **under the p. of**, patrocinado,-a por. **2** Com *(customers)* clientela f habitual.

patronize ['pætrənaɪz] vtr **1** *(arts etc)* fomentar, proteger. **2** Com *(shop)* ser cliente,-a m,f habitual de; *(club etc)* frecuentar. **3** *pej (treat condescendingly)* tratar con condescendencia.

patronizing ['pætrənaɪzɪŋ] adj pej condescendiente.

patter[1] ['pætə'] **I** n *(noise) (of rain)* repiqueteo m, tamborileo m; *(of feet)* pasito m. **II** vi *(rain)* repiquetear, tamborilear; *(feet, person)* trotar, corretear.

patter[2] ['pætə'] n fam parloteo m, labia f.

pattern ['pætən] n *(model)* modelo m, patrón m; Sew patrón m; *(design)* diseño m, dibujo m; *(on material)* estampado m; *(sample)* muestra f; *fig (of behaviour)* modelo m; *fig* **the p. of events**, el curso de los acontecimientos. ▪ **p. book**, libro m de muestras, muestrario m; Sew catálogo m de modas.

patterned ['pætənd] adj *(gen)* decorado,-a con dibujos; *(material)* estampado,-a.

paunch [pɔːntʃ] n barriga f, panza f; **to have a p.**, tener barriga *or* panza.

pauper ['pɔːpə'] n pobre mf. ▪ **p.'s grave**, fosa f común.

pause [pɔːz] **I** n *(gen)* pausa f; *(silence)* silencio m; *(rest)* descanso m; **there was a p. in the conversation**, la conversación se interrumpió por un instante. **II** vi *(gen)* hacer una pausa; *(be silent)* callarse; *(rest)* descansar; **she paused for breath**, se paró para recobrar el aliento.

pave [peɪv] vtr *(road)* pavimentar; *(courtyard, floor)* embaldosar, enlosar; *(with stones)* empedrar, adoquinar; *fig* **to p. the way for sb/sth**, preparar el terreno para algn/algo.

pavement ['peɪvmənt] n *(along street)* acera f; *US (road surface)* calzada f, pavimento m.

pavilion [pə'vɪljən] n **1** *(at exhibition)* pabellón m. **2** GB Sport *(changing rooms)* vestuarios mpl.

paving ['peɪvɪŋ] n *(on road)* pavimento m; *(on courtyard, floor)* embaldosado m, enlosado m; *(with stones)* empedrado m, adoquinado m. ▪ **p. stone**, baldosa f, losa f.

paw [pɔː] **I** n Zool *(foot)* pata f; *(claw) (of cat)* garra f; *(of lion)* zarpa f; *fam (hand)* manaza f. **II** vtr **1** *(animal)* tocar con la pata; *(lion)* dar zarpazos; *(horse)* **to p. the ground**, piafar. **2** *pej (person)* manosear, sobar.

pawn[1] [pɔːn] n Chess peón m; *fig* **to be sb's p.**, ser el juguete de algn.

pawn[2] [pɔːn] n prenda f; **to put sth in p.**, dejar *or* entregar algo en prenda, empeñar algo. **II** vtr empeñar.

pawnbroker ['pɔːnbrəʊkə^r] *n* prestamista *mf*; **p.'s (shop)**, monte *m* de piedad, casa *f* de empeños.

pawnshop ['pɔːnʃɒp] *n* monte *m* de piedad, casa *f* de empeños.

pay [peɪ] **I** *n (wages)* paga *f*, sueldo *m*, salario *m*; **equal p.**, igualdad *f* de salarios; **holidays with p.**, vacaciones *fpl* pagadas; **to be in sb's p.**, ser empleado,-a de algn. ■ **overtime p.**, paga *f* extraordinaria; **p. packet**, sobre *m* de la paga; **p. rise**, aumento *m* del sueldo; **p. slip**, hoja *f* de salario. **II** *vtr (pt & pp paid)* **1** *(gen)* pagar; **how much did you p. for this?**, ¿cuánto pagaste por esto?; **to be** *or* **get paid**, cobrar; **to be well/badly paid**, estar bien/mal pagado,-a; **to p. interest/dividends**, dar interés/beneficios; **to p. money into an account**, ingresar dinero en una cuenta; **to p. one's way**, pagar su parte; **to p. sb money**, pagar dinero a algn; **to p. sb to do sth**, pagar a algn para que haga algo; **when will you be paid?**, ¿cuándo cobrarás *or* te pagarán? **2** *(give, make) (attention)* prestar; *(homage)* rendir; *(visit)* hacer; **to p. one's respects to sb**, saludar a algn; **to p. sb a compliment**, halagar a algn. **3** *(be profitable)* compensar; **it paid him to do it**, le compensó hacerlo; **it pays you to be honest**, te compensa *or* vale la pena ser honrado,-a. **III** *vi* **1** *(gen)* pagar; **to p. by cash/cheque**, pagar al contado *or* en efectivo/con talón; **to p. for sth**, pagar (por) algo; **to p. for sb to do sth** *or* **for sth to be done**, pagar para que algn haga algo; **they paid for us to attend**, nos pagaron para que asistiéramos; **to p. in advance/in instalments**, pagar por adelantado/a plazos; *fam* **to p. through the nose for sth**, pagar un dineral por algo. **2** *fig (suffer)* pagar; **you'll p. for this!**, ¡me las pagarás! **3** *(be profitable)* ser factible *or* rentable; **the business doesn't p.**, el negocio no es rentable; *fig* **crime doesn't p.**, el crimen no compensa. ◆**pay back** *vtr (money)* devolver, reembolsar; *fig* **to p. sb back**, vengarse de algn, pagar a algn con la misma moneda. ◆**pay in** *vtr (money, cheque)* ingresar. ◆**pay off** **I** *vtr (debt)* liquidar, saldar; *(loan)* pagar; *(mortgage)* cancelar; **to p. sth off in instalments**, pagar algo a plazos; *Ind* **to p. off an employee**, despedir a un empleado con una indemnización. **II** *vi (be successful)* dar resultado; **the plan paid off**, el proyecto dio buen resultado. ◆**pay out** *vtr* **1** *(spend) (money)* desembolsar, gastar **(on**, en); **to p. out money to sb**, pagar dinero a algn. **2** *Naut (rope)* soltar. ◆**pay up** **I** *vtr (bill, debt)* liquidar, saldar. **II** *vi* pagar.

payable ['peɪəbəl] *adj* pagadero,-a; **to make a cheque p. to sb**, extender un talón a favor de algn.

paybed ['peɪbed] *n (in hospital)* cama *f* de pago.

paycheque ['peɪtʃek] *n* sueldo *m*.

payday ['peɪdeɪ] *n* día *m* de pago.

PAYE [piːeɪwaɪˈiː] *GB abbr of* **pay as you earn**, retención *f* fiscal sobre el sueldo.

payee [peɪˈiː] *n* portador,-a *m,f*, beneficiario,-a *m,f*.

paying ['peɪɪŋ] *adj* de pago; **p. guest**, huésped,-a *m,f* de pago.

paymaster ['peɪmɑːstə^r] *n* oficial *m* pagador.

payment ['peɪmənt] *n (in paying)* pago *m*; *(amount paid)* pago *m*, remuneración *f*; *(expense)* desembolso *m*; *(of cheque)* cobro *m*; **on p. of £10**, mediante pago de *or* pagando 10 libras; **to do sth without p.**, hacer algo gratis *or* sin cobrar. ■ **advance p.**, anticipo *m*; **cash p.**, pago *m* al contado *or* en efectivo; **deferred p.**, pago *m* por **instalments**, pago *m* a plazos; **down p.**, entrada *f*; **monthly p.**, mensualidad *f*, pago *m* mensual; **yearly p.**, anualidad *f*, pago *m* anual.

payoff ['peɪɒf] *n* **1** *(of debt)* liquidación *f*; *(reward)* recompensa *f*. **2** *fam (bribe)* soborno *m*. **3** *fam (outcome)* desenlace *m*.

payroll ['peɪrəʊl] *n* nómina *f*; **to be on a firm's p.**, estar en la nómina de una empresa.

PC [piːˈsiː] *(pl PCs) GB abbr of* **Police Constable**, (agente *mf* de) policía *mf*.

pc 1 *abbr of* **per cent**, por ciento, p.c. **2** [piːˈsiː] *fam abbr of* **postcard**, (tarjeta *f*) postal *f*. **3** *Comput abbr of* **personal computer**, ordenador *m* personal, PC.

pct *US abbr of* **per cent**, por ciento, p.c.

pd *abbr of* **paid**, pagado,-a.

PE [piːˈiː] *abbr of* **physical education**, educación *f* física.

pea [piː] *n Bot* guisante *m*; *fig* **to be as like as two peas in a pod**, ser *or* parecerse como dos gotas de agua. ■ **sweet p.**, guisante *m* de olor.

peace [piːs] *n (gen)* paz *f*; *(calm)* tranquilidad *f*; **at** *or* **in p.**, en paz; **leave us in p.**, déjanos en paz; **p. of mind**, tranquilidad de espíritu; **p. and quiet**, tranquilidad, sosiego *m*; **to keep the p.**, mantener la paz; *Jur* mantener el orden; **to make p.**, *(people)* hacer las paces; *(countries)* firmar la paz. ■ **p. conference**, conferencia *f* de paz; **p. march**, marcha *f* por la paz *or* pacifista; *fig* **p. offering**, prenda *f* de paz; **p. talks**, conversaciones *fpl* por la paz; **p. treaty**, tratado *m* de paz.

peaceable ['piːsəbəl] *adj* pacífico,-a.

peaceful ['piːsful] *adj (non-violent)* pacífico,-a; *(calm)* tranquilo,-a, sosegado,-a.

peace-keeping ['piːskiːpɪŋ] *adj* pacificador,-a. ■ **p.-k. forces**, fuerzas *fpl* de pacificación.

peace-loving ['piːslʌvɪŋ] *adj* amante de la paz, pacífico,-a.

peacemaker ['piːsmeɪkə^r] *n* pacificador,-a *m,f*.

peacetime ['piːstaɪm] *n* tiempos *mpl* de paz.

peach [piːtʃ] **I** *n* **1** *Bot (fruit)* melocotón *m*; *fam* **she's a p.**, es una monada. ■ **p. tree**, melocotonero *m*. **2** *(colour)* color *m* de melocotón. **II** *adj* de color melocotón.

peacock ['piːkɒk] *n* pavo *m* real.

peahen ['piːhen] *n* pava *f* real.

peak [piːk] *n* **1** *(of cap)* visera *f*. **2** *(of mountain)* pico *m*; *(summit)* cima *f*, cumbre *f*. **3** *fig (highest point)* cumbre *f*, cúspide *f*; *(climax)* apogeo *m*; **she was at the p. of her career**, estaba en pleno apogeo de su carrera. ■ **p. hours**, horas *fpl* punta; *Elec* **p. period**, horas *fpl* de mayor consumo; *Ind* **p. output**, máxima producción *f*, máximo rendimiento *m*; **p. season**, temporada *f* alta.

peaked [piːkt] *adj (cap)* con visera.

peaky ['piːkɪ] *adj (peakier, peakiest) fam* pálido,-a, paliducho,-a; **to look p.**, estar paliducho,-a, tener la cara pálida.

peal [piːl] **I** *n* **1** *(of bells)* repique *m*; **p. of thunder**, trueno *m*; **peals of laughter**, carcajadas *fpl*. **II** *vtr(also* **p. out)** *(bells)* repicar, tocar a vuelo. **III** *vi (bells)* repicar, tocar a vuelo; *(thunder)* retumbar; *(organ)* sonar.

peanut ['piːnʌt] *n* cacahuete *m*; *fam* **it's peanuts**, son migajas. ■ **p. butter**, mantequilla *f or* manteca *f* de cacahuete; **p. oil**, aceite *m* de cacahuete.

pear [peə^r] *n (tree)* peral *m*; *(fruit)* pera *f*.

pearl [pɜːl] **I** *n* perla *f*; **real/cultured pearls**, perlas finas/cultivadas; **mother of p.**, nácar *m*, madreperla *f*; **string of pearls**, **p. necklace**, collar *m* de perlas; *fig* **pearls of wisdom**, joyas *fpl* de sabiduría; **to cast pearls before swine**, echar margaritas a los cerdos.

II *adj (necklace etc)* de perlas; *(button)* de nácar *or* madreperla; **p. barley,** cebada *f* perlada; **p. diver,** pescador,-a *m,f* de perlas; **p. oyster,** ostra *f* perlífera.

pearly ['pɜːlɪ] *adj (pearlier, pearliest) (colour)* nacarado,-a; *hum* **the P.** Gates, las puertas del paraíso.

pear-shaped ['pɜəʃeɪpt] *adj* en forma de pera.

peasant ['pezənt] *adj & n* campesino,-a *(m,f)*.

peat [piːt] *n* turba *f*. ▪ **p.** **bog,** turbera *f*.

peaty ['piːtɪ] *adj (peatier, peatiest)* turboso,-a.

pebble ['pebəl] *n* guijarro *m*, china *f; fam* **you're not the only p. on the beach,** no eres el único que cuenta.

pebbledash ['pebəldæʃ] *n* empedrado *m*.

pebbly ['peblɪ] *adj (pebblier, pebbliest) (stony)* pedregoso,-a; *(beach)* guijarroso,-a.

pecan [pɪ'kæn] *n (tree)* pacanero *m*; *(nut)* pacana *f*.

peccadillo [pekə'dɪləʊ] *n (pl peccadilloes or peccadillos)* pecadillo *m*, vicio *m* pequeño.

peccary ['pekərɪ] *n Zool* pecarí *m*.

peck [pet] **I** *n (of bird)* picotazo *m; fam (little kiss)* besito *m*. **II** *vtr (bird)* picotear; *fam (kiss)* dar un besito a. **III** *vi (bird)* picotear; **to p. at sth,** picotear algo; **to p. at one's food,** picar la comida.

pecker ['pekər] *n sl* **keep your p. up!,** ¡ánimo!, ¡no te desanimes!

pecking order ['pekɪŋɔːdər] *n fig* jerarquía *f*.

peckish ['pekɪʃ] *adj fam* algo hambriento,-a; **to feel p.,** empezar a tener hambre.

pectin ['pektɪn] *n* pectina *f*.

peculiar [pɪ'kjuːlɪər] *adj* **1** *(strange)* extraño,-a, raro,-a; *(unwell)* indispuesto,-a; **to feel p.,** sentirse mal; **what a p. taste!,** ¡qué sabor más raro! **2** *(particular)* característico,-a, peculiar, propio,-a; **customs p. to this region,** costumbres propias de esta región. ◆**peculiarly** *adv (strangely)* de una forma extraña *or* rara; *(especially)* particularmente.

peculiarity [pɪkjuːlɪ'ærɪtɪ] *n* **1** *(oddity)* rareza *f*, cosa *f* extraña. **2** *(characteristic)* característica *f*, peculiaridad *f*, particularidad *f*.

pecuniary [pɪ'kjuːnɪərɪ] *adj* pecuniario,-a; **p. problems,** problemas de dinero.

pedagogical [pedə'gɒdʒɪkəl] *adj* pedagógico,-a.

pedagogy ['pedəgɒdʒɪ] *n* pedagogía *f*.

pedal ['pedəl] **I** *n* pedal *m*. ▪ *Aut* **clutch p.,** pedal *m* del embrague; *Mus* **loud p.,** pedal *m* fuerte; *Mus* **soft p.,** sordina *f*; **p. bin,** cubo *m* de la basura con pedal; **p. boat,** hidropedal *m*; **p. car,** cochecito *m* con pedales. **II** *vtr (pt & pp pedalled) (bicycle, boat, etc)* impulsar pedaleando. **III** *vi* pedalear.

pedant ['pedənt] *n* pedante *mf*.

pedantic [pɪ'dæntɪk] *adj* pedante.

pedantry ['pedəntrɪ] *n* pedantería *f*.

peddle ['pedəl] *vtr & vi Com* vender de puerta en puerta; **to p. drugs,** traficar con drogas.

peddler ['pedlər] *n* **1** *(pusher)* traficante *mf* de drogas. **2** *US see* **pedlar.**

pedestal ['pedɪstəl] *n* pedestal *m*, basa *f; fig* **to put sb on a p.,** poner a algn sobre un pedestal. ▪ **p. lamp,** lámpara *f* de pie.

pedestrian [pɪ'destrɪən] **I** *n* peatón,-ona *m,f*. ▪ **p. crossing,** paso *m* de peatones; **p. precinct,** zona *f* peatonal. **II** *adj (dull)* pedestre, prosaico,-a.

pediatric [piːdɪ'ætrɪk] *adj US see* **paediatric.**

pediatrician [piːdɪə'trɪʃən] *n US see* **paediatrician.**

pediatrics [piːdɪ'ætrɪks] *n US see* **paediatrics.**

pedicure ['pedɪkjʊər] *n* pedicura *f*, quiropedia *f*.

pedigree ['pedɪgriː] **I** *n (ancestry)* linaje *m; (family tree)* árbol *m* genealógico; *(of animal)* pedigrí *m*. **II** *adj (animal)* de raza, de casta.

pedlar ['pedlər] *n Com* vendedor,-a *m,f* ambulante.

pee [piː] *fam* **I** *n* pis *m*; **to have a p.,** hacer pis. **II** *vi* hacer pis.

peek [piːk] **I** *n* mirada *f* rápida, ojeada *f*; **to have** *or* **take a p. at sth,** echar una ojeada a algo, mirar algo a hurtadillas. **II** *vi* **to p. at sth,** echar una ojeada a algo, mirar algo a hurtadillas.

peel [piːl] **I** *n (skin)* piel *f*, mondadura *f; (of orange, lemon)* corteza *f*; **candied p.,** piel confitada. **II** *vtr (fruit etc)* pelar, quitar la piel *or* la corteza de; *fam* **to keep one's eyes peeled,** estar ojo avizor. **III** *vi (paint)* desconcharse; *(wallpaper)* despegarse; *(skin, person)* pelarse; **her back was peeling,** se le pelaba la espalda. ◆**peel back** *vtr (layers etc)* quitar, despegar. ◆**peel off I** *vtr (skin of fruit)* pelar, quitar la piel *or* corteza de; *fam (clothes)* quitarse. **II** *vi (paint)* desconcharse; *(wallpaper)* despegarse; *(clothes)* desnudarse.

peeler ['piːlər] *n (tool)* mondador *m*; *(machine)* máquina *f* de pelar. ▪ **p. peeler,** pelapatatas *m inv*.

peelings ['piːlɪŋz] *npl* peladuras *fpl*, mondaduras *fpl*.

peep[1] [piːp] *n (sound)* pío *m; fig* **there hasn't been a p. out of them all day,** no han dicho ni pío en todo el día.

peep[2] [piːp] **I** *n (glance)* ojeada *f*, vistazo *m; (furtive look)* mirada *f* furtiva; **to have** *or* **take a p. at sth,** echar una ojeada *or* un vistazo a algo. **II** *vi* **to p. at sth,** echar una ojeada *or* un vistazo a algo; **to p. through the keyhole,** mirar *or* espiar por el ojo de la cerradura; **to p. out from behind sth,** dejarse ver detrás de algo.

peephole ['piːphəʊl] *n* mirilla *f*.

peeping Tom [piːpɪŋ'tɒm] *n pej* mirón *m*.

peepshow ['piːpʃəʊ] *n* mundonuevo *m*.

peer[1] [pɪər] *n* **1** *(noble)* par *m*; **to be made a p.,** adquirir un título de nobleza. **2** *(contemporary)* par *mf*, igual *mf*. ▪ **p. group,** grupo *m* parejo.

peer[2] [pɪər] *vi (look closely)* mirar detenidamente; *(shortsightedly)* mirar con ojos de miope; **to p. over a wall,** echar un vistazo por un muro.

peerage ['pɪərɪdʒ] *n* título *m* de nobleza; **to give sb a p.,** otorgar a algn un título de nobleza.

peeress ['pɪərɪs] *n* paresa *f*.

peerless ['pɪəlɪs] *adj* sin par, sin igual, incomparable.

peeved [piːvd] *adj fam* fastidiado,-a, de mal humor; **to be p. about sth,** estar fastidiado,-a *or* de malhumor por algo.

peevish ['piːvɪʃ] *adj* malhumorado,-a. ◆**peevishly** *adv* con mal humor, malhumoradamente.

peewit ['piːwɪt] *n Orn* avefría *f*.

peg [peg] **I** *n Tech* clavija *f; (for coat, hat)* percha *f*, gancho *m*, colgador *m*; **to buy clothes off the p.,** comprar la ropa hecha; *fam fig* **to take sb down a p. or two,** bajar los humos a algn. ▪ **clothes p.,** pinza *f*; **tent p.,** estaca *f; Mus* **tuning p.,** clavija *f*. **II** *vtr (pt & pp pegged) (clothes)* tender; *(tent)* fijar con estacas; *Fin (prices)* fijar, estabilizar. ◆**peg away at** *vtr fam* machacar. ◆**peg down** *vtr (tent)* sujetar con estacas. ◆**peg out I** *vtr (clothes)* tender;

(boundary) marcar con estacas. **II** *vi fam (die)* estirar la pata.

pegging ['pegɪŋ] *n Sport* **to be level p.**, estar igualados,-as.

pejorative [pɪ'dʒɒrətɪv] *adj* peyorativo,-a, despectivo,-a.

Pekinese [pi:kə'ni:z] *adj & n* pequinés,-esa *(m,f)*.

Peking [pi:'kɪŋ] *n* Pekín.

pelican ['pelɪkən] *n Orn* pelícano *m*. ▪ *GB* **p. crossing**, paso *m* de peatones.

pellet ['pelɪt] *n (small ball)* bolita *f*; *(for gun)* perdigón *m*; *Med* píldora *f*.

pell-mell [pel'mel] *adv* en confusión, en tropel.

pelmet ['pelmɪt] *n* galería *f* de cortina.

pelt¹ [pelt] *n (skin)* piel *f*, pellejo *m*.

pelt² [pelt] **I** *vtr* arrojar, tirar; **to p. sb with sth**, tirar algo a algn; **he was pelted with stones**, lo apedrearon; **he was pelted with abuse**, le cubrieron de insultos. **II** *vi fam* **1** *(rain)* **it's pelting (down)**, llueve a cántaros. **2** *(rush)* correr a toda prisa *or* a toda velocidad; **to p. along**, ir disparado,-a *or* como una flecha.

pelvic ['pelvɪk] *adj* pélvico,-a.

pelvis ['pelvɪs] *n* pelvis *f*.

pen¹ [pen] **I** *n (gen)* pluma *f*; *(ballpoint pen)* bolígrafo *m*; *(biro®)* bic® *m*; **to put p. to paper**, tomar la pluma, escribir. ▪ **felt-tip p.**, rotulador *m*; **fountain p.**, estilográfica *f*; **p. name**, seudónimo *m*. **II** *vtr (pt & pp penned) (letter)* escribir; *(article)* redactar.

pen² [pen] **I** *n (for animals)* corral *m*; *(for sheep)* aprisco *m*, redil *m*; *(for bulls)* toril *m*; *(for children)* parque *m* de niños. **II** *vtr* **to p. in**, encerrar, acorralar.

pen³ [pen] *n (abbr of penitentiary) US fam (prison)* chirona *f*.

penal ['pi:nəl] *adj* penal. ▪ **p. code**, código *m* penal; **p. offence**, infracción *f* penal; **p. servitude**, trabajos *mpl* forzados.

penalize ['pi:nəlaɪz] *vtr (punish)* castigar; *Sport* penalizar; *(handicap)* perjudicar; **the policy penalizes the poor**, la política perjudica a los pobres.

penalty ['penəltɪ] *n (punishment)* pena *f*, castigo *m*; *Sport* castigo *m*; *Ftb* penalti *m*; *fig (handicap)* desventaja *f*; **on p. of death**, so pena de muerte; **to pay the p. for sth**, cargar con *or* pagar las consecuencias de algo. ▪ **death p.**, pena *f* de muerte; *Ftb* **p. area**, área *f* de castigo; *Jur* **p. clause**, cláusula *f* de penalización; *Ftb* **p. goal**, gol *m* de penalti; *Ftb* **p. kick**, penalti *m*.

penance ['penəns] *n* penitencia *f*; **to do p. for sth**, hacer penitencia por algo.

pence [pens] *npl see* **penny**.

penchant ['pɒnʃɒn] *n* inclinación *f*, predilección *f*; **to have a p. for sth**, tener una predilección por algo.

pencil ['pensəl] **I** *n* lápiz *m*; **to write in p.**, escribir a lápiz. ▪ **p. case**, estuche *m* de lápices, plumero *m*; **p. drawing**, dibujo *m* a lápiz; **p. sharpener**, sacapuntas *m inv*. **II** *vtr* **to p. in**, *(write)* escribir con lápiz; *(draw)* dibujar (con lápiz).

pendant ['pendənt] *n* colgante *m*, medallón *m*.

pending ['pendɪŋ] **I** *adj* pendiente; **to be p.**, estar pendiente, estar en trámites. **II** *prep (while)* mientras; *(until)* hasta; **p. a decision**, hasta que se tome una decisión; **p. their arrival**, hasta que lleguen.

pendulum ['pendjʊləm] *n* péndulo *m*.

penetrate ['penɪtreɪt] **I** *vtr (go through)* penetrar por; *(infiltrate)* infiltrar; *fig (reach)* llegar hasta. **II** *vi (go through)* atravesar; *(get inside)* penetrar; *(permeate)* trascender; *fig (be understood)* entrar, penetrar.

penetrating ['penɪtreɪtɪŋ] *adj (look, thought)* penetrante; *(smell)* trascendente; *(mind)* perspicaz; *(sound)* agudo,-a.

penetration [penɪ'treɪʃən] *n (gen)* penetración *f*; *(permeation)* trascendencia *f*; *fig (entry)* entrada *f*.

penfriend ['penfrend] *n* amigo,-a *m,f* por carta.

penguin ['peŋgwɪn] *n Orn* pingüino *m*.

penicillin [penɪ'sɪlɪn] *n Med* penicilina *f*.

peninsula [pɪ'nɪnsjʊlə] *n* península *f*; **the Iberian P.**, la Península Ibérica.

peninsular [pɪ'nɪnsjʊlə'] *adj* peninsular; *Hist* **the P. War**, la guerra de la Independencia de España.

penis ['pi:nɪs] *n Anat* pene *m*.

penitence ['penɪtəns] *n Rel* penitencia *f*; *(repentance)* arrepentimiento *m*.

penitent ['penɪtənt] **I** *adj Rel* penitente; *(repentant)* arrepentido,-a. **II** *n Rel* penitente *mf*.

penitentiary [penɪ'tenʃərɪ] *n US* penitenciaria *f*, cárcel *f*, penal *m*.

penknife ['pennaɪf] *n (pl penknives* ['pennaɪvz]*)* navaja *f*, cortaplumas *m inv*.

penniless ['penɪlɪs] *adj* sin dinero, arruinado,-a; **to be p.**, estar sin un duro.

Pennines ['penaɪnz] *n* **the P.**, los (montes) Peninos.

penny ['penɪ] *n (pl pennies, pence* [pens]*)* penique *m*; **a ten/twenty pence piece**, una moneda de diez/veinte peniques; **he dropped three pennies**, dejó caer tres peniques; **in for a p., in for a pound**, preso por mil, preso por mil quinientos; **they haven't got a p. to their name**, están sin un duro; **to cost a pretty p.**, costar un dineral; *fig* **the p. dropped**, cayó en la cuenta; *fig* **he turns up like a bad p.**, mala hierba nunca muere; *euph* **to spend a p.**, ir a los servicios; *fam* **they are two a p.**, están muy vistos,-as.

penny-pinching ['penɪpɪntʃɪŋ] *adj* tacaño,-a.

penpal ['penpæl] *n US see* **penfriend**.

pension ['penʃən] *n* pensión *f*; **to draw one's p.**, cobrar la pensión. ▪ **old age p.**, pensión *f* de vejez; **retirement p.**, jubilación *f*, pensión *f*; **p. fund**, caja *f* de pensiones; **p. scheme**, plan *m* de jubilación. ◆**pension off** *vtr* jubilar.

pensioner ['penʃənə'] *n* pensionista *mf*, jubilado,-a *m,f*.

pensive ['pensɪv] *adj (deep in thought)* pensativo,-a; *(melancholy)* melancólico,-a. ◆**pensively** *adv* con aire pensativo *or* melancólico.

pentagon ['pentəgɒn] *n* pentágono *m*; *US Pol* **the P.**, el Pentágono.

pentathlon [pen'tæθlən] *n* pentatlón *m*.

Pentecost ['pentɪkɒst] *n Rel* Pentecostés *m*.

penthouse ['penthaʊs] *n* ático *m*, sobreático *m*.

pent-up ['pentʌp] *adj (confined)* encerrado,-a; *(repressed)* reprimido,-a.

penultimate [pɪ'nʌltɪmɪt] *adj & n* penúltimo,-a *(m,f)*.

penury ['penjʊrɪ] *n* miseria *f*, pobreza *f*; **to live in p.**, vivir en la miseria.

peony ['pi:ənɪ] *n Bot* peonía *f*.

people ['pi:pəl] **I** *npl* **1** *(gen)* gente *f sing*; *(individuals)* personas *fpl*; **many p.**, mucha gente, muchas personas; **Mary of all p.!**, María, ¿quién lo diría?; **old p.**, los viejos *or* ancianos, la gente vieja; **old p.'s**

home, asilo *m* de ancianos; **other p.,** los demás, otras personas; **p. say that ...,** se dice que ...; **some p.,** algunas personas; **some p. have all the luck!,** ¡algunos nacen de pie!; **there were 500 p.,** había 500 personas; **what a lot of p.!,** ¡cuánta gente!; **young p.,** los jóvenes, la juventud, la gente joven. **2** *(citizens)* ciudadanos *mpl*; *(inhabitants)* habitantes *mpl*; **city/country p.,** la gente de la ciudad/del campo; **government by the p.,** el gobierno del pueblo; **the p.,** el pueblo; **the p. of Scotland,** los habitantes de Escocia, los escoceses. ■ **p.'s tribunal,** tribunal *m* popular *or* del pueblo. **3** *(family)* familia *f*, gente *f*; **his p.,** los suyos. **4** *(nation)* pueblo *m*, nación *f*; **the Mexican p.,** el pueblo mejicano. II *vtr* poblar.

pep [pep] *n fam* ánimo *m*, energía *f*. ■ **p. pill,** estimulante *m*; **p. talk,** discurso *m* enardecedor. ◆**pep up** *vtr fam (pt & pp pepped) (gen)* animar; *(person)* dar ánimos a.

pepper ['pepəʳ] I *n (spice)* pimienta *f*; *(fruit)* pimiento *m*. ■ **black/white p.,** pimienta *f* negra/blanca; **p. pot,** pimentero *m*; **red/green p.,** pimiento *m* rojo/verde; **sweet p.,** pimiento *m* morrón; **p. mill,** molinillo *m* de pimienta. II *vtr Culin* echar pimienta a; *fig* **peppered with,** salpicado,-a de; **peppered with bullets,** acribillado,-a a balazos.

peppercorn ['pepəkɔːn] *n* grano *m* de pimienta.

peppermint ['pepəmɪnt] *n Bot* hierbabuena *f*, menta *f*; *(sweet)* caramelo *m or* pastilla *f* de menta. ■ **p. tea,** infusión *f* de menta.

peppery ['pepərɪ] *adj (food)* con mucha pimienta; *(spicy)* picante; *fig (person)* colérico,-a, enojadizo,-a.

peptic ['peptɪk] *n Med* péptico,-a. ■ **p. ulcer,** úlcera *f* estomacal.

per [pɜːʳ] *prep* por; **as p. usual,** como de costumbre; **as p. your advice,** según tus consejos; **5 times p. week,** 5 veces a la semana; **p. cent,** por ciento; **100 p. cent,** cien por cien; **p. day/annum,** al *or* por día/año; **p. head** *or* **cápita** *or* **person,** por cabeza, cada uno.

perceive [pə'siːv] *vtr (see)* percibir, ver; *(realize)* darse cuenta de; *(notice)* notar.

percentage [pə'sentɪdʒ] *n* porcentaje *m*; **to get a p. on the sales,** recibir un tanto por ciento de las ventas.

perceptible [pə'septəbəl] *adj (visible)* perceptible, visible; *(audible)* audible; *(noticeable)* sensible. ◆**perceptibly** *adv (visibly)* visiblemente; *(audibly)* audiblemente; *(noticeably)* sensiblemente.

perception [pə'sepʃən] *n* percepción *f*.

perceptive [pə'septɪv] *adj* perspicaz.

perch[1] [pɜːtʃ] *n (fish)* perca *f*.

perch[2] [pɜːtʃ] I *n (for bird)* percha *f*; *fig (pedestal)* posición *f* elevada, pedestal *m*. II *vtr* poner *or* colocar arriba; **perched on a rock,** encaramado,-a en una roca. III *vi (bird)* posarse **(on,** en); *(person)* colocarse en una posición elevada.

percolate ['pɜːkəleɪt] I *vtr* filtrar. ■ **percolated coffee,** café *m* filtro. II *vi (gen)* filtrarse.

percolator ['pɜːkəleɪtəʳ] *n* cafetera *f* de filtro.

percussion [pə'kʌʃən] *n* percusión *f*; **p. instrument,** instrumento *m* de percusión.

percussionist [pɜː'kʌʃənɪst] *n* percusionista *mf*.

peregrine falcon [perɪgrɪn'fɔːlkən] *n Orn* halcón *m* peregrino.

peremptory [pə'remptərɪ] *adj* perentorio,-a.

perennial [pə'renɪəl] I *n Bot* planta *f* perenne. II *adj (plant)* perenne; *(youthfulness)* eterno,-a.

perfect ['pɜːfɪkt] I *adj* **1** *(gen)* perfecto,-a; *(behaviour, reputation)* intachable. ■ *Mus* **p. pitch,** tono *m* perfecto. **2** *(ideal)* idóneo,-a. **3** *(absolute, utter) (fool)* perdido,-a; *(gentleman)* consumado,-a; *(waste of time)* auténtico,-a; **he's a p. stranger to us,** nos es totalmente desconocido. **4** *Ling* **p. tense,** tiempo *m* perfecto. II *n Ling* perfecto *m*. III [pə'fekt] *vtr* perfeccionar. ◆**perfectly** *adv (faultlessly)* perfectamente; *(absolutely)* completamente; **p. obvious,** clarísimo; **you're p. right,** tienes toda la razón.

perfection [pə'fekʃən] *n* perfección *f*; **done to p.,** hecho,-a a la perfección.

perfectionist [pə'fekʃənɪst] *n* perfeccionista *mf*.

perfidious [pə'fɪdɪəs] *adj* pérfido,-a.

perforate ['pɜːfəreɪt] *vtr* perforar. ■ **perforated line,** línea *f* perforada; *Med* **perforated ulcer,** úlcera *f* perforada.

perforation [pɜːfə'reɪʃən] *n Med* perforación *f*; *(on stamps etc)* perforado *m*.

perform [pə'fɔːm] I *vtr* **1** *(task, work)* ejecutar, cumplir, realizar. **2** *Mus (piece of music)* tocar, interpretar; *(song)* cantar; *Theat (play)* representar, dar. II *vi* **1** *(machine)* funcionar, marchar; *(car etc)* andar, ir; *(person)* trabajar. **2** *Mus* tocar, interpretar; *Theat (actor)* actuar; *(company)* dar una representación; *(in circus, show)* hacer un número.

performance [pə'fɔːməns] *n* **1** *(of task etc)* ejecución *f*, cumplimiento *m*, realización *f*. **2** *Mus* interpretación *f*; *Theat* representación *f*; *(in circus, show)* número *m*; *Sport (team etc)* actuación *f*; **a great p. by Arsenal,** una magnífica actuación del Arsenal; *fam* **what a p.!,** ¡vaya lío! **3** *(of machine etc)* funcionamiento *m*, rendimiento *m*.

performer [pə'fɔːməʳ] *n Mus* intérprete *mf*; *Theat* artista *mf*, actor *m*, actriz *f*.

perfume ['pɜːfjuːm] I *n* perfume *m*. II *vtr* [pə'fjuːm] perfumar, echar perfume a.

perfumery [pə'fjuːmərɪ] *n* perfumería *f*.

perfunctory [pə'fʌŋktərɪ] *adj (action)* superficial; *(person)* negligente.

perhaps [pə'hæps, præps] *adv* tal vez, quizá, quizás; **p./p. not,** puede que sí/no; **p. she'll come,** quizás vendrá, puede que venga.

peril ['perɪl] *n (risk)* riesgo *m*; *(danger)* peligro *m*; **at your own p.,** por su cuenta y riesgo.

perilous ['perɪləs] *adj (risky)* arriesgado,-a; *(dangerous)* peligroso,-a. ◆**perilously** *adv* peligrosamente; **we came p. close to falling,** por poco nos caemos.

perimeter [pə'rɪmɪtəʳ] *n* perímetro *m*.

period ['pɪərɪəd] I *n* **1** *(length of time)* período *m*, época *f*; *(stage)* etapa *f*; **for a p. of three years,** durante (un período de) tres años; *Meteor* **sunny periods,** claros *mpl*; **the holiday p.,** el período *or* la temporada de vacaciones; **the post-war p.,** la posguerra; **the Romantic p.,** la época romántica. **2** *Educ (class)* clase *f*; **free p.,** hora *f* libre. **3** *Ling (full stop)* punto *m*. **4** *(menstruation)* **(menstrual) p.,** regla *f*, período *m*; **to have one's p.,** tener el período. ■ **p. pains,** dismenorrea *f sing*. II *adj (dress)* de época; *(furniture)* de época, clásico,-a.

periodic [pɪərɪ'ɒdɪk] *adj* periódico,-a. ■ *Chem* **p. table,** cuadro *m* de elementos. ◆**periodically** *adv* de vez en cuando.

periodical [pɪərɪ'ɒdɪkəl] I *adj* periódico,-a. II *n* revista *f*.

peripatetic [perɪpə'tetɪk] *adj* peripatético,-a.

peripheral [pə'rɪfərəl] *adj* periférico,-a.

periphery [pə'rɪfərɪ] *n* periferia *f*.

periscope ['perɪskəup] *n* periscopio *m*.

perish ['perɪʃ] *vi* 1 *(person)* fallecer, perecer. 2 *(material)* echarse a perder, estropearse.

perishable ['perɪʃəbəl] I *adj* perecedero,-a. II **perishables** *npl* productos *mpl* perecederos.

perishing ['perɪʃɪŋ] *adj fam* it's p., hace un frío que pela.

peritonitis [perɪtə'naɪtɪs] *n Med* peritonitis *f inv*.

periwinkle ['perɪwɪŋkəl] *n Bot* vincapervinca *f*; *Zool* caracol *m* de mar, bígaro *m*.

perjure ['pɜːdʒəʳ] *vtr* **to p.** oneself, jurar en falso, perjurar.

perjury ['pɜːdʒərɪ] *n* perjurio *m*; **to commit p.**, cometer perjurio.

perk [pɜːk] *n fam* beneficio *m*, gaje *m*.◆**perk up** I *vtr (liven up)* animar, levantar el ánimo; **to p. oneself up**, animarse. II *vi (person)* animarse; *(after illness)* reponerse.

perky ['pɜːkɪ] *adj (perkier, perkiest)* animado,-a, alegre.

perm [pɜːm] I *n (abbr of permanent wave)* permanente *f*; **to have a p.**, hacerse la permanente. II *vtr* **to p. sb's hair**, hacer la permanente a algn; **to have one's hair permed**, hacerse la permanente.

permanence ['pɜːmənəns] *n*, **permanency** ['pɜːmənənsɪ] *n* permanencia *f*.

permanent ['pɜːmənənt] *adj (lasting)* permanente, duradero,-a; *(address, job)* fijo,-a. ■ **p. wave**, permanente *f*. ◆**permanently** *adv (forever)* permanentemente; *(always)* siempre.

permanganate [pə'mæŋgənɪt] *n* permanganato *m*.

permeate ['pɜːmɪeɪt] *vtr & vi* penetrar, trascender **(through**, por); *fig* extenderse por.

permissible [pə'mɪsəbəl] *adj* admisible, lícito,-a; **it's not p.**, no se permite.

permission [pə'mɪʃən] *n (gen)* permiso *m*; *(authorization)* autorización *f*; **to ask for p. to do sth**, pedir permiso para hacer algo; **to give sb p. to do sth**, autorizar a algn para que haga algo; **with your p.**, con su permiso.

permissive [pə'mɪsɪv] *adj* permisivo,-a.

permit ['pɜːmɪt] I *n (gen)* permiso *m*; *Com* permiso, licencia *f*; *(pass)* pase *m*. ■ **import/export p.**, licencia *f* de importación/exportación; **residence p.**, permiso *m* de residencia. II [pə'mɪt] *vtr (pt & pp permitted) (gen)* permitir; *(authorize)* autorizar; **to p. sb to do sth**, permitir *or* autorizar a algn hacer algo. III [pə'mɪt] *vi* permitir; **weather permitting**, si el tiempo lo permite.

permutation [pɜːmjʊ'teɪʃən] *n* permutación *f*.

pernicious [pə'nɪʃəs] *adj* nocivo,-a, perjudicial; *Med* pernicioso,-a.

pernickety [pə'nɪkətɪ] *adj fam (person)* quisquilloso,-a; *(job)* delicado,-a.

peroxide [pə'rɒksaɪd] *n* peróxido *m*. ■ **hydrogen p.**, agua *f* oxigenada.

perpendicular [pɜːpən'dɪkjʊləʳ] I *adj (gen)* perpendicular; *(cliff)* vertical. II *n* perpendicular *f*.

perpetrate ['pɜːpɪtreɪt] *vtr (crime)* perpetrar, cometer.

perpetrator ['pɜːpɪtreɪtəʳ] *n (of crime)* autor,-a *m,f*.

perpetual [pə'petʃʊəl] *adj (constant)* continuo,-a; *(endless)* interminable; *(eternal)* perpetuo,-a, eterno,-a.◆**perpetually** *adv (constantly)* continuamente; *(eternally)* perpetuamente, eternamente.

perpetuate [pə'petjʊeɪt] *vtr* perpetuar.

perpetuity [pɜːpɪ'tjuːɪtɪ] *n* perpetuidad *f*; **in p.**, a perpetuidad.

perplex [pə'pleks] *vtr* dejar perplejo,-a *or* confuso,-a.

perplexed [pə'plekst] *adj* perplejo,-a, confuso,-a; **we were p. by her refusal**, su negativa nos dejó perplejos.

perplexing [pə'pleksɪŋ] *adj* que deja perplejo,-a *or* confuso,-a.

perplexity [pə'pleksɪtɪ] *n* perplejidad *f*, confusión *f*.

pers 1 *abbr of* **person**, persona *f*. 2 *abbr of* **personal**, personal *m*.

persecute ['pɜːsɪkjuːt] *vtr (for political, religious reasons)* perseguir; *(harass)* atormentar, acosar.

persecution [pɜːsɪ'kjuːʃən] *n* persecución *f*. ■ *Psych* **p. complex**, complejo *m* persecutorio.

persecutor ['pɜːsɪkjuːtəʳ] *n* perseguidor,-a *m,f*.

perseverance [pɜːsɪ'vɪərəns] *n* perseverancia *f*, persistencia *f*.

persevere [pɜːsɪ'vɪəʳ] *vi* perseverar, persistir; **to p. with sth/at doing sth**, perseverar en algo/en hacer algo.

persevering [pɜːsɪ'vɪərɪŋ] *adj* perseverante.

Persian ['pɜːʃən] *adj* persa. ■ **P. Gulf**, golfo *m* Pérsico.

persist [pə'sɪst] *vi (insist)* empeñarse **(in**, en); *(endure)* persistir; *(rain)* continuar; **to p. in doing sth**, empeñarse en hacer algo.

persistence [pə'sɪstəns] *n (insistence)* empeño *m*; *(durability)* persistencia *f*.

persistent [pə'sɪstənt] *adj (person)* perseverante; *(cough, smell, etc)* persistente; *(attempts, warnings, etc) (continuous)* continuo,-a; *(continual)* constante. ■ **p. offender**, reincidente *mf*.◆**persistently** *adv (determinedly)* con empeño; *(continually)* continuamente, constantemente.

person ['pɜːsən] *n (pl* **people** ['piːpəl]*)* persona *f*; *(individual)* individuo *m*, tipo *m*, *Tel* **a p. to p. call**, una llamada persona a persona; *Ling* **first p. singular/plural**, primera persona del singular/plural; **in p.**, en persona.

personable ['pɜːsənəbəl] *adj (handsome)* bien parecido,-a; *(pleasant)* amable.

personage ['pɜːsənɪdʒ] *n* personaje *m*.

personal ['pɜːsənəl] *adj* 1 *(private)* personal, particular; *(friend, life, hygiene)* íntimo,-a. ■ *Tel* **p. call**, llamada *f* particular; **p. column**, anuncios *mpl* personales; **p. effects**, efectos *mpl* personales; *Ling* **p. pronoun**, pronombre *m* personal. 2 *(in person)* en persona; **to give sth one's p. attention**, encargarse personalmente de algo, atender algo personalmente; **to make a p. appearance**, hacer acto de presencia. 3 *pej (indiscreet)* indiscreto,-a; **to get p. about sth**, hacer alusiones personales acerca de algo; **to make p. remarks**, ser indiscreto,-a. ◆**personally** *adv (for my part)* personalmente; *(in person)* en persona; **don't take it p.**, no lo tomes como algo personal; **p., I think ...**, en cuanto a mí, pienso que ... .

personality [pɜːsə'nælɪtɪ] *n* 1 *(nature)* personalidad *f*. 2 *(famous person)* personaje *m*.

personification [pɜ:sɒnɪfɪˈkeɪʃən] *n* personificación *f*; **she's the p. of patience**, es la paciencia personificada.

personify [pɜːˈsɒnɪfaɪ] *vtr* personificar, encarnar.

personnel [pɜːsəˈnel] *n* personal *m*. ▪ **p. department**, departamento *m* de personal; **p. manager**, **p. officer**, jefe,-a *m*,*f* de personal.

perspective [pəˈspektɪv] *n* perspectiva *f*; **to get** *or* **keep sth in p.**, ver algo en perspectiva *or* objetivamente.

Perspex® [ˈpɜːspeks] *n* plexiglás® *m*.

perspicacious [pɜːspɪˈkeɪʃəs] *adj* perspicaz.

perspicacity [pɜːspɪˈkæsɪtɪ] *n* perspicacia *f*.

perspiration [pɜːspəˈreɪʃən] *n* transpiración *f*, sudor *m*; **to be bathed in p.**, estar bañado,-a en sudor.

perspire [pəˈspaɪəʳ] *vi* transpirar, sudar.

persuade [pəˈsweɪd] *vtr* persuadir, convencer; **he isn't easily persuaded**, no se deja convencer fácilmente; **to p. sb not to do sth**, disuadir a algn de hacer algo; **to p. sb to do sth**, persuadir *or* convencer a algn para que haga algo.

persuasion [pəˈsweɪʒən] *n* 1 *(act)* persuasión *f*. 2 *(persuasiveness)* persuasiva *f*; **to use p. on sb**, persuadir a algn. ▪ **powers of p.**, poder *m* sing de persuasión. 3 *Pol Rel (opinion, belief)* credo *m*; *Art (movement)* tendencia *f*.

persuasive [pəˈsweɪsəv] *adj* persuasivo,-a, convincente. ◆**persuasively** *adv* de modo persuasivo *or* convincente.

pert [pɜːt] *adj (girl etc)* pizpireta, coqueto,-a.

pertain [pəˈteɪn] *vi* estar relacionado,-a **(to**, con).

pertinence [ˈpɜːtɪnəns] *n* pertinencia *f*.

pertinent [ˈpɜːtɪnənt] *adj (relevant)* pertinente; **p. to**, relacionado,-a con, a propósito de.

perturb [pəˈtɜːb] *vtr* inquietar, perturbar.

perturbing [pəˈtɜːbɪŋ] *adj* inquietante, perturbador,-a.

Peru [pəˈruː] *n* Perú.

perusal [pəˈruːzəl] *n (reading with care)* lectura *f* detenida; *(browsing leisurely)* lectura *f* rápida *or* por encima.

peruse [pəˈruːz] *vtr (read with care)* leer detenidamente; *(browse through)* leer rápidamente *or* por encima.

Peruvian [pəˈruːvɪən] *adj & n* peruano,-a *(m,f)*.

pervade [pɜːˈveɪd] *vtr (smell)* penetrar, extenderse por; *(light)* difundirse por; *fig (influence)* extenderse por.

pervasive [pɜːˈveɪsɪv] *adj (smell)* penetrante; *(influence)* extendido,-a.

perverse [pəˈvɜːs] *adj (wicked)* perverso,-a; *(stubborn)* terco,-a; *(contrary)* puñetero,-a. ◆**perversely** *adv (wickedly)* por perversidad; *(stubbornly)* tercamente; *(contrarily)* por llevar la contraria.

perversion [pəˈvɜːʃən] *n Med Psych* perversión *f*; *(of justice, truth)* tergiversación *f*.

perversity [pəˈvɜːsɪtɪ] *n (wickedness)* perversidad *f*; *(stubbornness)* terquedad *f*.

pervert [ˈpɜːvɜːt] **I** *n Med Psych* pervertido,-a *m*,*f* (sexual). **II** [pəˈvɜːt] *vtr (gen)* pervertir; *(justice, truth)* tergiversar, desvirtuar.

pessary [ˈpesərɪ] *n* pesario *m*.

pessimism [ˈpesɪmɪzəm] *n* pesimismo *m*.

pessimist [ˈpesɪmɪst] *n* pesimista *mf*.

pessimistic [pesɪˈmɪstɪk] *adj* pesimista; **to be p. about sth**, ser pesimista en cuanto a algo. ◆**pessimistically** *adv* con pesimismo.

pest [pest] *n* 1 *Zool* insecto *m or* animal *m* nocivo, bicho *m*; *Bot* planta *f* nociva. ▪ **p. control**, control *m* de plagas. 2 *fam (person)* pelma *mf*; *(thing)* lata *f*.

pester [ˈpestəʳ] *vtr* molestar, fastidiar.

pesticide [ˈpestɪsaɪd] *n* pesticida *f*.

pestilence [ˈpestɪləns] *n* pestilencia *f*, plaga *f*.

pestilent [ˈpestɪlənt] *adj* latoso,-a.

pestle [ˈpesəl] *n* maja *f*, mano *f* (de mortero *or* almirez).

pet [pet] **I** *n (animal)* 1 animal *m or* pájaro *m* doméstico. ▪ **p. shop**, tienda *f* de animales. 2 *(favourite)* preferido,-a *m*,*f*. ▪ **teacher's p.**, alumno,-a *m*,*f* preferido,-a *or* enchufado,-a del maestro *or* de la maestra. 3 *fam (dear)* cariño *m*, chato,-a *m*,*f*; **he's a p.**, es un cielo. **II** *adj* 1 *(tame)* domesticado,-a. 2 *(favourite)* preferido,-a, favorito,-a. ▪ **p. hate**, bestia *f* negra; **p. name**, nombre *m* cariñoso; **p. subject**, tema *m* preferido, manía *f*. **III** *vtr (spoil) (child)* mimar, consentir; *(caress)* acariciar. **IV** *vi (sexually)* besuquearse.

petal [ˈpetəl] *n* pétalo *m*.

peter [ˈpiːtəʳ] *vi* **to p. out**, *(gen)* acabarse, agotarse; *(supplies)* irse agotando; *(plans)* quedar en agua de borrajas; *(engine)* pararse.

petite [pəˈtiːt] *adj (woman)* menuda, chiquita.

petition [pɪˈtɪʃən] **I** *n* petición *f*, solicitud *f*, demanda *f*. ▪ **divorce p.**, demanda *f* de divorcio. **II** *vtr* presentar una solicitud a. **III** *vi* **to p. for sth**, solicitar algo; **to p. for divorce**, pedir el divorcio.

petrel [ˈpetrəl] *n Orn* paíño *m*.

petrify [ˈpetrɪfaɪ] *vtr (pt & pp petrified)* *lit* petrificar; *fig* horrorizar, paralizar; *fig* **they were petrified**, se quedaron de piedra.

petrochemical [petrəʊˈkemɪkəl] **I** *adj* petroquímico,-a. **II** *n* producto *m* petroquímico.

petrodollar [ˈpetrəʊdɒləʳ] *n* petrodólar *m*.

petrol [ˈpetrəl] *n* gasolina *f*; *Aut* **to be heavy on p.**, gastar mucha gasolina; *Aut* **to run out of p.**, quedarse sin gasolina. ▪ **high-octane p.**, supercarburante *m*, gasolina *f* súper; **p. bomb**, bomba *f* de petróleo; **p. can**, bidón *m* de gasolina; **p. pump**, surtidor *m* de gasolina; **p. station**, gasolinera *f*; **p. tank**, depósito *m* de gasolina.

petroleum [pəˈtrəʊlɪəm] *n* petróleo *m*. ▪ **p. jelly**, vaselina *f*; **p. products**, productos *mpl* petrolíferos.

petticoat [ˈpetɪkəʊt] *n (waist slip)* enaguas *fpl*; *(full length slip)* combinación *f*.

pettiness [ˈpetɪnɪs] *n* mezquindad *f*.

petty [ˈpetɪ] *adj (pettier, pettiest)* *(trivial)* insignificante, sin importancia; *(small-minded)* mezquino,-a. ▪ **p. cash**, dinero *m* para gastos pequeños; **p. officer**, sargento *m* de marina.

petulance [ˈpetjʊləns] *n* mal humor *m*.

petulant [ˈpetjʊlənt] *adj* malhumorado,-a. ◆**petulantly** *adv* de mal humor.

petunia [pɪˈtjuːnɪə] *n Bot* petunia *f*.

pew [pjuː] *n* banco *m* de iglesia; *fam* **take a p.!**, ¡siéntate!

pewter [ˈpjuːtəʳ] *n* peltre *m*.

phalarope [ˈfæləraʊp] *n Orn* falaropo *m*.

phallic [ˈfælɪk] *adj* fálico,-a.

phallus [ˈfæləs] *n* falo *m*.

phantom [ˈfæntəm] *adj & n* fantasma *(m)*.

Pharaoh ['feərəʊ] *n* faraón *m*.

pharmaceutical [fɑ:mə'sju:tɪkəl] *adj* farmacéutico,-a.

pharmacist ['fɑ:məsɪst] *n* farmacéutico,-a *m,f*.

pharmacology [fɑ:mə'kɒlədʒɪ] *n* farmacología *f*.

pharmacy ['fɑ:məsɪ] *n* farmacia *f*.

pharyngitis [færɪn'dʒaɪtɪs] *n* faringitis *f*.

pharynx ['færɪŋks] *n* faringe *f*.

phase [feɪz] **I** *n* (*gen*) fase *f*; *fig* (*stage*) etapa *f*; **to be out of p.**, estar fuera de fase, estar desfasado,-a. **II** *vtr* **to p. sth in/out**, introducir/retirar algo progresivamente.

PhD [pi:eɪtʃ'di:] *abbr of* **Doctor of Philosophy**, Doctor,-a *m,f* en Filosofía.

pheasant ['fezənt] *n Orn* faisán *m* (vulgar).

phenix ['fi:nɪks] *n US see* **phoenix**.

phenobarbitone [fi:nəʊ'bɑ:bɪtəʊn] *n* fenobarbitona *f*.

phenomenal [fɪ'nɒmɪnəl] *adj* fenomenal.

phenomenon [fɪ'nɒmɪnən] *n* (*pl* **phenomenons** *or* **phenomena** [fɪ'nɒmɪnə]) fenómeno *m*.

phew [fju:] *interj* ¡uf!

phial [faɪəl] *n* frasco *m*.

philanderer [fɪ'lændərəʳ] *n fml* tenorio *m*.

philanthropic [fɪlən'θrɒpɪk] *adj* filantrópico,-a.

philanthropist [fɪ'lænθrəpɪst] *n* filántropo,-a *m,f*.

philanthropy [fɪ'lænθrəpɪ] *n* filantropía *f*.

philately [fɪ'lætəlɪ] *n* filatelía *f*.

philharmonic [fɪlhɑ:'mɒnɪk] *adj* filarmónico,-a.

Philippine ['fɪlɪpi:n] *adj & n* filipino,-a *(m,f)*.

Philippines ['fɪlɪpi:nz] *npl* **the P.**, las (Islas) Filipinas.

Philistine ['fɪlɪstaɪn] *n* filisteo,-a *m,f*.

philology [fɪ'lɒlədʒɪ] *n* filología *f*.

philologist [fɪ'lɒlədʒɪst] *n* filólogo,-a *m,f*.

philosopher [fɪ'lɒsəfəʳ] *n* filósofo,-a *m,f*.

philosophical [fɪlə'sɒfɪkəl] *adj* (*argument*) filosófico,-a; (*person*) filósofo,-a; **to have a p. attitude towards sth**, tener una actitud resignada frente a algo.

philosophize [fɪ'lɒsəfaɪz] *vi* filosofar.

philosophy [fɪ'lɒsəfɪ] *n* filosofía *f*.

phlegm [flem] *n* flema *f*.

phlegmatic [fleg'mætɪk] *adj* flemático,-a. ◆**phlegmatically** *adv* con mucha flema, tranquilamente.

phobia ['fəʊbɪə] *n* fobia *f*.

Phoenicia [fə'ni:ʃɪə] *n* Fenicia.

Phoenician [fə'ni:ʃən] *adj & n* fenicio,-a *(m,f)*.

phoenix ['fi:nɪks] *n Myth* fénix *m*.

phone [fəʊn] *n see* **telephone**.

phone-in ['fəʊnɪn] *n fam* programa *m* de radio *or* televisión con línea telefónica abierta.

phoneme ['fəʊni:m] *n* fonema *m*.

phonetic [fə'netɪk] **I** *adj* fonético,-a. **II phonetics** *n* fonética *f sing*.

phoney ['fəʊnɪ] **I** *adj* (**phonier, phoniest**) (*thing*) falso,-a; (*person*) farsante. **II** *n* (*thing*) camelo *m*; (*person*) farsante *mf*.

phonograph ['fəʊnəɡrɑ:f] *n US* tocadiscos *m inv*.

phonology [fə'nɒlədʒɪ] *n* fonología *f*.

phosphate ['fɒsfeɪt] *n* fosfato *m*.

phosphorescent [fɒsfə'resənt] *adj* fosforescente.

phosphorus ['fɒsfərəs] *n* fósforo *m*.

photo ['fəʊtəʊ] *n* (*abbr of* **photograph**) foto *f*.

photocopier ['fəʊtəʊkɒpɪəʳ] *n* fotocopiadora *f*.

photocopy ['fəʊtəʊkɒpɪ] **I** *n* fotocopia *f*. **II** *vtr* (*pt & pp* **photocopied**) fotocopiar.

photoelectric [fəʊtəʊɪ'lektrɪk] *adj* fotoeléctrico,-a. ▪ **p. cell**, célula *f* fotoeléctrica, fotocélula *f*.

photogenic [fəʊtəʊ'dʒenɪk] *adj* fotogénico,-a.

photograph ['fəʊtəɡræf, 'fəʊtəɡrɑ:f] **I** *n* fotografía *f*; *fam* foto *f*; **black and white/colour p.**, fotografía en blanco y negro/en color; **to take a p. of sb/sth**, hacer *or* sacar una fotografía de algn/algo; **to have one's p. taken**, sacarse una fotografía. ▪ **p. album**, álbum *m* de fotos. **II** *vtr* fotografiar, hacer *or* sacar fotografías *or* fotos de.

photographer [fə'tɒɡrəfəʳ] *n* fotógrafo,-a *m,f*.

photographic [fəʊtə'ɡræfɪk] *adj* fotográfico,-a.

photography [fə'tɒɡrəfɪ] *n* fotografía *f*.

photosensitive [fəʊtəʊ'sensɪtɪv] *adj* fotosensible.

photostat ['fəʊtəʊstæt] *n* fotostato *m*.

photosynthesis [fəʊtəʊ'sɪnθɪsɪs] *n* fotosíntesis *f inv*.

phrasal verb [freɪzəl'vɜ:b] *n* verbo *m* preposicional *or* adverbial.

phrase [freɪz] **I** *n* (*thing, saying*) frase *f*, locución *f*; *Mus* frase. ▪ **p. book**, libro *m* de frases *or* expresiones; **stock p.**, frase *f* hecha. **II** *vtr* (*express*) expresar; *Mus* frasear.

phraseology [freɪzɪ'ɒlədʒɪ] *n* fraseología *f*.

phrasing ['freɪzɪŋ] *n Mus* fraseo *m*.

phrenology [frɪ'nɒlədʒɪ] *n* frenología *f*.

Phrygian ['frɪdʒɪən] *adj & n* frigio,-a *(m,f)*.

physical ['fɪzɪkəl] **I** *adj* (*of the body*) físico,-a; (*of the world*) material; (*of physics*) físico,-a. ▪ **p. education**, educación *f* física; **p. examination**, reconocimiento *m* físico; **p. exercises** *or* **jerks**, ejercicios *mpl* físicos. **II** *n fam* reconocimiento *m* físico. ◆**physically** *adv* físicamente; **it's p. impossible**, es materialmente imposible; **p. handicapped**, minusválido,-a; **the p. handicapped**, los minusválidos; **to be p. fit**, estar en forma.

physician [fɪ'zɪʃən] *n* médico,-a *m,f*.

physicist ['fɪzɪsɪst] *n* físico,-a *m,f*.

physics ['fɪzɪks] *n* física *f*.

physiological [fɪzɪə'lɒdʒɪkəl] *adj* fisiológico,-a.

physiology [fɪzɪ'ɒlədʒɪ] *n* fisiología *f*.

physiotherapist [fɪzɪəʊ'θerəpɪst] *n* fisioterapeuta *mf*.

physiotherapy [fɪzɪəʊ'θerəpɪ] *n* fisioterapia *f*.

physique [fɪ'zi:k] *n* físico *m*.

pianist ['pɪənɪst] *n* pianista *mf*.

piano [pɪ'ænəʊ] *n* piano *m*; **to play the p.**, tocar al piano. ▪ **baby grand p.**, piano *m* de media cola; **grand p.**, piano *m* de cola; **p. accordion**, acordeón-piano *m*; **p. stool**, taburete *m* de piano; **p. tuner**, afinador,-a *m,f* de pianos; **upright p.**, piano *m* vertical.

piccolo ['pɪkələʊ] *n Mus* flautín *m*.

pick [pɪk] **I** *n* **1** (*tool*) pico *m*, piqueta *f*. **2** (*choice*) elección *f*; **the p. of the bunch**, la flor y nata; **take your p.**, elige *or* escoge el que quieras. **II** *vtr* **1** (*choose*) elegir, escoger; (*team*) seleccionar; *fig* **to p. a winner**, elegir *or* escoger bien. **2** (*flowers, fruit*) coger, recoger. **3** (*scratch*) escarbar, hurgar; (*pimple etc*) rasgarse; **to p. one's nose**, hurgarse la nariz; **to p. one's teeth**, mondarse *or* escarbarse los dientes (con un palillo); **to p. the bones of a chicken**, chupar los huesos de un pollo; *fig* **to p. holes in sth**, encontrar defectos en algo; *fig* **to p. sb's brains**, explotar los conocimientos de algn. **4** (*steal*) robar; **to**

p. sb's pocket, robar algo del bolsillo de algn. **5** *(lock)* forzar. **6** *US (pluck)* desplumar. **7** *Mus (guitar, violin)* puntear. **8 to p. a fight** *or* **quarrel with sb,** buscar camorra con algn. **III** *vi* **to p. at one's food,** comer sin ganas, picar la comida; **to p. and choose,** ser muy exigente. ◆**pick off** *vtr* **1** *(remove)* quitar. **2** *(shoot)* matar uno a uno. ◆**pick on** *vtr (persecute)* meterse con; **they always p. on her,** siempre se meten con ella. ◆**pick out** *vtr* **1** *(choose)* elegir, escoger. **2** *(distinguish, see)* distinguir; *(identify)* identificar; *(recognize)* reconocer. **3** *Mus (tune)* buscar, tocar de oído. ◆**pick up** **I** *vtr* **1** *(object on floor etc)* recoger, levantar; *(child)* coger; *(telephone)* descolgar; *Knit (stitches)* coger; **this tonic will p. you up,** este tónico te fortalecerá; **to p. oneself up,** levantarse, ponerse de pie; *fig* reponerse; *fig* **to p. up the bill,** quedarse con *or* pagar la cuenta; *fig* **to p. up the pieces,** volver a empezar después de un fracaso. **2** *(collect) (apples, toys, etc)* recoger; *(shopping, person)* buscar, recoger; **to p. up a hitchhiker,** coger un autostopista; *fam* **to p. up a boy on the beach,** ligar con un chico en la playa. **3** *(increase)* aumentar; *(points)* ganar; **to p. up speed,** acelerar la marcha. **4** *(acquire)* conseguir, encontrar; *(learn)* aprender. **5** *Rad TV (station)* captar. **II** *vi* **1** *(improve) (health, situation)* mejorarse, ir mejorando; *(prices)* subir. **2** *(continue)* seguir; **we picked up where he had left off,** seguimos donde él lo había dejado.

pickaxe, *US* **pickax** ['pɪkæks] *n* piqueta *f*, piocha *f*, zapapico *m*.

picket ['pɪkɪt] **I** *n* **1** *(stick)* estaca *f*. **2** *Ind (strikers)* piquete *m*; *Mil (sentry)* piquete; **to be on p. duty,** estar de guardia. ■ **p. fence,** vallado *m*; **p. line,** piquete *m*. **II** *vtr* piquetear. **III** *vi* hacer piquete.

pickings ['pɪkɪŋz] *npl (leftovers)* restos *mpl*, sobras *fpl*; *(profits)* ganancias *fpl*.

pickle ['pɪkəl] **I** *n* **1** *Culin* adobo *m*, escabeche *m*. **2** *fam (mess)* lío *m*, apuro *m*; **to be in a p.,** estar en un apuro. **II** *vtr* *Culin* conservar en adobo *or* escabeche. ■ **pickled onions,** cebollas *fpl* en vinagre.

picklock ['pɪklɒk] *n* ganzúa *f*.

pick-me-up ['pɪkmiːʌp] *n* *Med* tónico *m*, reconstituyente *m*.

pickpocket ['pɪkpɒkɪt] *n* carterista *mf*, ratero,-a *m,f*.

pick-up ['pɪkʌp] *n* **1** *(on record player)* **p.-up (arm),** brazo *m* (del tocadiscos). **2 p.-up (truck),** furgoneta *f*. **3** *US (acceleration)* aceleración *f*. **4** *fam* ligue *m*.

picnic ['pɪknɪk] **I** *n* comida *f* campestre *or* de campo, picnic *m*; **to go on a p.,** hacer comida de campo, ir a comer al campo; *fam fig* **it was no p.,** no fue nada fácil. ■ **p. basket,** cesta *f* para picnic. **II** *vi (pt & pp picnicked)* hacer una comida campestre *or* de campo.

picnicker ['pɪknɪkəʳ] *n* excursionista *mf*.

Pict [pɪkt] *n* *Hist* picto,-a *m,f*.

pictorial [pɪk'tɔːrɪəl] *adj (magazine)* ilustrado,-a.

picture ['pɪktʃəʳ] **I** *n* **1** *(painting)* cuadro *m*; *(drawing)* dibujo *m*; *(portrait)* retrato *m*; *(photo)* foto *f*; *(illustration)* ilustración *f*, lámina *f*; **to draw a p.,** hacer un dibujo; **to paint a p.,** pintar un cuadro; **to take a p. of sb,** sacar una foto a algn; *fig* **pretty as a p.,** monísimo,-a; *fig* **she's the p. of health,** rebosa de salud. ■ **p. book,** libro *m* ilustrado; **p. frame,** marco *m*; **p. gallery,** galería *f* de arte; **p. postcard,** tarjeta *f* postal; **p. window,** ventanal *m*. **2** *TV* imagen *m*; *Cin* película *f*; **to go to the pictures,** ir al

cine. **3** *(mental image)* imagen *f*; *fig* **the other side of the p.,** la otra cara de la moneda; *fig* **to paint a black p. of sth,** pintar algo muy negro; *fig* **to put sb in the p.,** poner a algn al corriente; *fam fig* **do you get the p.?,** ¿entiendes? **II** *vtr (imagine)* imaginarse, figurarse; **I can p. it as if it were yesterday,** lo recuerdo como si fuera ayer.

picturesque [pɪktʃə'resk] *adj* pintoresco,-a.

pidgin ['pɪdʒɪn] *adj* macarrónico,-a. ■ **p. English,** inglés *m* macarrónico.

pie [paɪ] *n (of fruit)* tarta *f*, pastel *m*; *(of meat etc)* pastel, empanada *f*; *(pasty)* empanadilla *f*; *fig* **it's p. in the sky,** es pura fantasía.

piece [piːs] *n* **1** *(of food) (large)* pedazo *m*; trozo *m*; *(small)* cacho *m*; *(of paper, wood)* trozo *m*; *(of grass)* fragmento *m*; *(of one's work)* muestra *f*; *(part)* pieza *f*; **a 56 p. dinner service,** una vajilla de 56 piezas; **a 500 p. jigsaw,** un rompecabezas de 500 piezas; **a p. of advice,** un consejo; **a p. of carelessness,** un descuido; **a p. of furniture,** un mueble; **a p. of land,** *(for building)* una parcela; *(for farming)* un terreno; **a p. of luck,** un golpe de suerte; **a p. of luggage,** un bulto; **a p. of news,** una noticia; **a p. of work,** un trabajo; **in one p.,** en un solo trozo; *fig* sano,-a y salvo,-a; **she arrived in one p.,** llegó sana y salva; **to be in pieces,** *(broken)* estar hecho,-a pedazos; *(dismantled)* estar desmontado,-a; **to break sth into pieces,** hacer algo pedazos; **to pull** *or* **tear sth to pieces,** hacer algo trizas; **to take sth to pieces,** desmontar algo; *fig (criticize)* dejar algo por los suelos; *fig* **to give sb a p. of one's mind,** decir cuatro verdades a algn; *fig* **to go to pieces,** *(business etc)* venirse abajo; *(person)* perder el control (de sí mismo); *fig* **to say one's p.,** decir su parte; *fam* **it's a p. of cake,** es pan comido. **2** *Lit Mus* obra *f*, pieza *f*; **a p. of music/poetry,** una obra musical/un poema; **a 20 p. orchestra,** una orquesta de 20 músicos. **3** *(coin)* moneda *f*; **a 10 pence p.,** una moneda de 10 peniques. **4** *(in chess)* pieza *f*; *(in draughts)* ficha *f*. ◆**piece together** *vtr (facts)* reconstruir; *(evidence)* atar cabos; *(jigsaw)* hacer.

piecemeal ['piːsmiːl] *adv (by degrees)* poco a poco, a etapas; *(unsystematically)* desordenadamente.

piecework ['piːswɜːk] *n* trabajo *m* a destajo; **to be on p.,** trabajar a destajo.

pieceworker ['piːswɜːkəʳ] *n* trabajador,-a *m,f* a destajo.

pied [paɪd] *adj* de varios colores.

pier [pɪəʳ] *n* **1** *(jetty)* embarcadero *m*, muelle *m*; *(promenade)* paseo *m*, rompeolas *m inv*. **2** *Archit (of bridge)* pila *f*, estribo *m*.

pierce [pɪəs] *vtr (with sharp instrument)* perforar, agujerear; *(with drill)* taladrar; *(penetrate)* penetrar en; *fig* trascender; **to have one's ears pierced,** hacerse los agujeros en las orejas.

piercing ['pɪəsɪŋ] *adj (sound etc)* penetrante, agudo,-a.

piety ['paɪətɪ] *n* piedad *f*.

pig [pɪg] *n* **1** *Zool* cerdo *m*, marrano *m*; *fam (person)* puerco *m*, cochino *m*; *(glutton)* glotón,-ona *m,f*, tragón,-ona *m,f*; *fig* **he bought a p. in a poke,** le dieron gato por liebre; *fam* **to make a p. of oneself,** ponerse las botas. ■ **p. farm,** granja *f* porcina; **sucking p.,** lechón *m*, cochinillo *m*. **2** *(ingot)* lingote *m*. ■ **p. iron,** hierro *m* en lingotes. **3** *sl offens (policeman)* madero *m*; **the pigs,** la bofia, la pasma. ◆**pig out** *vi* *US fam* ponerse las botas.

pigeon ['pɪdʒɪn] *n (gen)* paloma *f*; *Culin Sport* pichón *m*; *fam* **that's your p.**, eso es asunto tuyo. ▪ **clay p. shooting**, tiro *m* al pichón; **homing p.**, paloma *f* mensajera; **p. breeding**, colombofilia *f*; **p. fancier**, colombófilo,-a *m,f*.

pigeonhole ['pɪdʒɪnhəʊl] **I** *n* casilla *f*. **II** *vtr* encasillar, clasificar.

pigeon-toed [pɪdʒɪn'təʊd] *adj* patituerto,-a.

piggery ['pɪgərɪ] *n (farm)* granja *f* porcina; *(sty)* pocilga *f*.

piggy ['pɪgɪ] *n* cerdito *m*. ▪ **p. bank**, hucha *f* en forma de cerdito.

piggyback ['pɪgɪbæk] *n & adv* **to give sb a p.** *or* **carry sb p.**, llevar a algn a cuestas.

pigheaded [pɪg'hedɪd] *adj* terco,-a, cabezota.

piglet ['pɪglɪt] *n* cerdito *m*, lechón *m*, cochinillo *m*.

pigment ['pɪgmənt] *n* pigmento *m*.

pigmentation [pɪgmən'teɪʃən] *n* pigmentación *f*.

pigmy ['pɪgmɪ] *n see* **pygmy**.

pigskin ['pɪgskɪn] *n* piel *f* de cerdo.

pigsty ['pɪgstaɪ] *n* pocilga *f*.

pigtail ['pɪgteɪl] *n* trenza *f*; *(Chinese, bullfighter's)* coleta *f*.

pike [paɪk] *n (fish)* lucio *m*.

pilchard ['pɪltʃəd] *n* sardina *f*.

pile[1] [paɪl] **I** *n* **1** *(of books, things)* montón *m*; **to put things into a p.**, amontonar cosas; *fig* **to make one's p.**, hacer fortuna, forrarse; *fam* **piles of work**, montones de trabajo. **2** *fam (building)* caserón *m*. **II** *vtr* amontonar; **a plate piled with food**, un plato colmado de comida. **III** *vi* **to p. into**, amontonarse *or* meterse en; **to p. on/off a bus**, subir a/bajar de un autobús en tropel. ◆**pile on** *vtr fam* **to p. it on**, *(exaggerate)* exagerar, recargar las tintas. ◆**pile up I** *vtr (books, clothes)* amontonar; *(riches, debts)* acumular. **II** *vi* amontonarse, acumularse.

pile[2] [paɪl] *n (on carpet)* pelo *m*; **thick p.**, pelo largo.

pile[3] [paɪl] *n Archit* pilar *m*, pilote *m*.

pile-driver ['paɪldraɪvə[r]] *n* martinete *m*.

piles [paɪlz] *npl Med* almorranas *fpl*, hemorroides *fpl*.

pile-up ['paɪlʌp] *n Aut* choque *m* en cadena.

pilfer ['pɪlfə[r]] *vtr & vi* hurtar.

pilgrim ['pɪlgrɪm] *n* peregrino,-a *m,f*.

pilgrimage ['pɪlgrɪmɪdʒ] *n* peregrinación *f*, romería *f*; **to go on** *or* **make a p.**, ir en peregrinación *or* en romería.

pill [pɪl] *n* píldora *f*, pastilla *f*; **to be on** *or* **take the p.**, tomar la píldora (anticonceptiva).

pillage ['pɪlɪdʒ] **I** *n* pillaje *m*, saqueo *m*. **II** *vtr & vi* pillar, saquear.

pillar ['pɪlə[r]] *n Archit* pilar *m*, columna *f*; *(of smoke etc)* columna *f*; **to go from p. to post**, ir de Herodes a Pilatos. ▪ **p. box**, buzón *m*.

pillion ['pɪljən] *n* asiento *m* trasero (de una moto); **to ride p.**, ir sentado,-a detrás.

pillory ['pɪlərɪ] **I** *n* picota *f*. **II** *vtr (pt & pp pilloried)* poner en la picota; *fig* dejar en ridículo.

pillow ['pɪləʊ] *n* almohada *f*.

pillowcase ['pɪləʊkeɪs] *n*, **pillowslip** ['pɪləʊslɪp] *n* funda *f* de almohada.

pilot ['paɪlət] **I** *n* piloto *m*. **II** *adj (trial)* piloto *inv*, experimental. ▪ **p. light**, piloto *m*; **p. scheme**, proyecto *m* piloto. **III** *vtr (aircraft, boat)* pilotar; *fig* **to p. sth through**, llevar algo a buen término.

pimento [pɪ'mentəʊ] *n Culin* pimiento *m* morrón.

pimp [pɪmp] *n* chulo *m*.

pimple ['pɪmpəl] *n (gen)* grano *m*; *(blackhead)* espinilla *f*.

pimply ['pɪmplɪ] *adj (pimplier, pimpliest)* cubierto,-a de granos.

pin [pɪn] **I** *n (gen)* alfiler *m*; *Med* clavo *m*; *Tech* clavija *f*; *(wooden peg)* espiga *f*; *(bolt)* perno *m*; *Elec (in plug)* polo *m*; *(in grenade)* percutor *m*; *Bowling* bolo *m*; *US (brooch)* broche *m*; *fig* **as neat as a new p.**, limpio,-a como un espejo; *fig* **you could have heard a p. drop**, se podía oír el vuelo de una mosca; *fam* **for two pins I'd have walked out!**, ¡por poco me marcho! ▪ **drawing p.**, chincheta *f*; **hair p.**, horquilla *f*; **p. money**, alfileres *mpl*; **pins and needles**, hormigueo *m*; **rolling p.**, rodillo *m*; **safety p.**, imperdible *m*; *Elec* **three p. plug**, clavija *f* de tres patillas. **II** *vtr (pt & pp pinned) (notice on board etc)* clavar con chinchetas; *(garment etc)* sujetar con alfileres; **to p. a hem**, prender un dobladillo con alfileres; **to p. sb against a wall**, tener a algn contra una pared; *fig* **to p. one's hopes on sth**, poner sus esperanzas en algo; *fam* **to p. a crime on sb**, endosar un delito a algn. ◆**pin down** *vtr* sujetar; *fig* **to p. sb down**, hacer que algn se comprometa. ◆**pin up** *vtr (notice etc)* clavar con chinchetas; *(hem etc)* prender con alfileres; *(hair)* recoger.

pinafore ['pɪnəfɔː[r]] *n (apron)* delantal *m*. ▪ **p. dress**, pichi *m*.

pinball ['pɪnbɔːl] *n* flipper *m*, millón *m*.

pincers ['pɪnsəz] *npl (on crab, lobster, etc)* pinzas *fpl*; *(tool)* tenazas *fpl*.

pinch [pɪntʃ] **I** *n* **1** *(nip)* pellizco *m*; **to give sb a p.**, pellizcar a algn. **2** *fig (hardship)* apuro *m*; **at a p.**, en caso de apuro; **to feel the p.**, pasar apuros *or* estrecheces. **3** *(small amount)* pizca *f*; **p. of salt**, pizca de sal; *fig* **to take sth with a p. of salt**, admitir algo con reservas. **II** *vtr* **1** *(nip)* pellizcar; **these shoes p. my feet**, estos zapatos me aprietan (los pies). **2** *fam (steal)* birlar, robar. **3** *fam (arrest)* pescar. **III** *vi (shoes)* apretar; **to p. and scrape**, escatimar gastos.

pinched [pɪntʃt] *adj* **1** *(face)* cansado,-a; **p. with cold**, muerto,-a de frío; **to look p.**, tener mala cara. **2** *(short)* **p. for time/money**, escaso,-a de tiempo/dinero.

pincushion ['pɪnkʊʃən] *n* acerico *m*.

pine[1] [paɪn] *n* pino *m*. ▪ **p. cone**, piña *f*; **p. forest**, pinar *m*; **p. needle**, aguja *f* de pino; **p. tree**, pino *m*; **Scots p.**, pino *m* albar; **stone p.**, pino *m* manso *or* piñonero.

pine[2] [paɪn] *vi* **to p. (away)**, consumirse, morirse de pena; **to p. for sth/sb**, añorar algo/a algn.

pineapple ['paɪnæpəl] *n* piña *f*.

ping [pɪŋ] **I** *n (sound)* sonido *m* metálico; *(of bullet)* silbido *m*. **II** *vi (gen)* hacer un sonido metálico; *(bullet)* silbar.

ping-pong ['pɪŋpɒŋ] *n* ping-pong *m*, tenis *m* de mesa.

pinion ['pɪnjən] *n Tech* piñón *m*.

pink[1] [pɪŋk] **I** *n* **1** *(colour)* rosa *m*; **to be in the p. (of health)**, rebosar de salud. **2** *Bot* clavel *m*. **II** *adj (colour)* rosa *inv*; *Pol fam* rojillo,-a; **to go** *or* **turn p.**, ponerse colorado,-a.

pink[2] [pɪŋk] **I** *vtr Sew* cortar con tijeras dentadas. **II** *vi Aut* picar.

pinkie ['pɪŋkɪ] *n Scot US fam* dedo *m* meñique.

pinking shears ['pɪŋkɪŋʃiːəz] *npl* tijeras *fpl* dentadas.

pinkish ['pɪŋkɪʃ] *adj* rosáceo,-a.

pinnacle ['pɪnəkəl] *n (of building)* pináculo *m*; *(of mountain)* cima *f*, pico *m*; *fig (of success)* cumbre *f*.

pinny ['pɪnɪ] *n fam (abbr of pinafore)* delantal *m*.

pinpoint ['pɪnpɔɪnt] *vtr* señalar.

pinprick ['pɪnprɪk] *n* pinchazo *m*.

pinstripe ['pɪnstraɪp] *adj* a rayas.

pint [paɪnt] *n (measure)* pinta *f*; *fam* **a p.** (of beer), una cerveza; **to go for a p.**, salir a tomar una copa.

pinta ['paɪntə] *n fam* pinta *f* de leche.

pintail ['pɪnteɪl] *n Orn* ánade *m* rabudo.

pint-sized ['paɪntsaɪzd] *adj* muy pequeño,-a, minúsculo,-a.

pioneer [paɪə'nɪər] I *n (settler)* pionero,-a *m,f*; *(forerunner)* precursor,-a *m,f* II *vtr* promover, iniciar.

pioneering [paɪə'nɪərɪŋ] *adj* pionero,-a.

pious ['paɪəs] *adj* piadoso,-a, devoto,-a; *pej* beato,-a; **a p.** hope, un deseo bienintencionado. ◆**piously** *adv* piadosamente, con piedad.

pip¹ [pɪp] *n (seed)* pepita *f*; *(of sunflower)* pipa *f*.

pip² [pɪp] 1 *(sound)* señal *f* (corta). 2 *fam (on dice, dominoes)* punto *m*; *(on uniform)* estrella *f*. 3 *fam* **to give sb the p.**, sacar a algn de quicio.

pip³ [pɪp] *vtr (pt & pp pipped)* **to p. sb at the post**, ganar a algn en el último momento; **to be pipped at the post**, perder por un pelo.

pipe [paɪp] I *n* 1 *(for water, gas, etc)* conducto *m*, tubería *f*. 2 *Mus (flute)* flauta *f*; *(of organ)* caramillo *m*; *Scot fam* **the pipes**, la gaita. 3 *(for smoking)* pipa *f*; **to smoke a p.**, fumar en pipa; *fam* **put that in your p. and smoke it!**, ¡chúpate ésa! ■ **p. cleaner**, limpiapipas *m inv*; *fig* **p. dream**, sueño *m* imposible. II *vtr* 1 *(water)* llevar or transportar por tubería; *(oil)* transportar por oleoducto; *Culin (cream etc)* poner con manga; **piped music**, hilo *m* musical. 2 *Mus* tocar la flauta; *(with bagpipes)* tocar en gaita. ◆**pipe down** *vi fam* callarse. ◆**pipe up** *vi fam* hacerse oír.

pipeline ['paɪplaɪn] *n (for water)* tubería *f*, cañería *f*; *(for gas)* gasoducto *m*; *(for oil)* oleoducto *m*; *fig* **it's in the p.**, está en trámites.

piper ['paɪpər] *n* gaitero,-a *m,f*.

piping ['paɪpɪŋ] I *n* 1 *(for water, gas, etc)* tubería *f*, cañería *f*. 2 *Sew* ribete *m*. 3 *Culin (on cake)* adorno *m*. 4 *Mus* música *f* de gaita. II *adj* **p. hot**, bien caliente.

pipit ['pɪpɪt] *n Orn* bisbita *m*. ■ **meadow/tawny/tree p.**, bisbita *m* común/campestre/arbóreo.

piquancy ['pi:kənsɪ] *n* gusto *m* picante.

piquant ['pi:kənt] *adj (taste)* picante; *(fig)* intrigante, estimulante.

pique [pi:k] I *n* resentimiento *m*, despecho *m*; **to do sth in a fit of p.**, hacer algo por resentimiento. II *vtr* picar, herir.

piracy ['paɪərəsɪ] *n* piratería *f*.

piranha [pɪ'rɑ:njə] *n (fish)* piraña *f*.

pirate ['paɪrɪt] I *n* pirata *m*. ■ **p. edition**, edición *f* pirata; **p. radio**, emisora *f* pirata; **p. ship**, barco *m* pirata.

pirouette [pɪrʊ'et] I *n* pirueta *f*. II *vi* piruetear, hacer piruetas.

Pisces ['paɪsiːz] *n Astrol Astron* Piscis *m*.

piss [pɪs] *sl* I *vi* mear. II *n* meada *f*; *fig* **to take the p. out of sb**, cachondearse de algn.

pissed [pɪst] *adj sl (drunk)* borracho,-a; **p. off with sth**, hasta las narices de algo.

pistachio [pɪs'tɑ:ʃɪəʊ] *n (pl pistachios) (nut)* pistacho *m*. ■ **p. tree**, pistachero *m*.

pistol ['pɪstəl] *n* pistola *f*; **at p. point**, a punta de pistola. ■ **p. shot**, tiro *m* de pistola, pistoletazo *m*; *Sport* **starting p.**, pistola *f* (para dar la señal de salida).

piston ['pɪstən] *n* pistón *m*, émbolo *m*. ■ **p. ring**, aro *m* de pistón; **p. rod**, biela *f*.

pit¹ [pɪt] I *n* 1 *(hole)* hoyo *m*, foso *m*; *(large)* hoya *f*; *(of stomach)* boca *f*. ■ **orchestra p.**, foso *m* de la orquesta. 2 *(coal mine)* mina *f* de carbón; **to work down the p.**, trabajar en las minas. 3 *Theat* patio *m* de butacas, platea *f*. 4 *(mark on surface)* hoyo *m*, picadura *f*. 5 *Aut (in garage)* foso *m* de inspección; *(in motor racing)* foso *m*, box *m*. 6 *(hell)* **the p.**, el infierno. 7 *fam (bed)* catre *m*. II *vtr (pt & pp pitted)* 1 *(mark)* llenar de hoyos, picar; **pitted with**, picado,-a de. 2 *(oppose, challenge)* **to p. one's strength** or **wits against sb**, medirse con algn.

pit² [pɪt] *US* I *n (seed)* pepita *f*; *(stone)* hueso *m*. II *vtr (pt & pp pitted)* quitar las pepitas a, deshuesar.

pitapat [pɪtə'pæt] *adv* **to go p.**, *(rain)* repiquetear; *(feet, heart)* golpetear.

pitch¹ [pɪtʃ] I *vtr* 1 *Mus (sound)* entonar; *(instrument)* afinar; *fig* **the speech was pitched at a simple level**, el discurso tuvo un tono asequible. 2 *(throw)* lanzar, arrojar. 3 *(tent)* armar. II *vi* 1 *(aircraft, ship)* **to p. and toss**, cabecear. 2 *(fall)* **to p. forward**, caerse hacia adelante. III *n* 1 *Mus (of sound)* tono *m*; *(of instrument)* diapasón *m*; **to have perfect p.**, tener el oído perfecto. 2 *(degree)* grado *m*; *(level)* nivel *m*; **it reached such a p. that ...**, llegó a tal punto or tal extremo que ... . 3 *(of aircraft, ship)* cabeceo *m*. 4 *Sport (field)* campo *m*, terreno *m*. 5 *(stall) (in market etc)* puesto *m*; *fig (reserved place)* terreno *m*; **to queer sb's p.**, estropear los planes a algn. 6 *(slope of roof)* pendiente *f*. 7 *(throw)* lanzamiento *m*. ◆**pitch in** *vi fam* echar una mano. ◆**pitch into** *vtr (attack) (physically)* atacar; *(verbally)* criticar.

pitch² [pɪtʃ] *n (tar)* brea *f*, pez *f*.

pitch-black [pɪtʃ'blæk] *adj*, **pitch-dark** [pɪtʃ'dɑːk] *adj* negro,-a como la boca de lobo.

pitched [pɪtʃt] *adj* 1 *(roof)* pendiente *f*. 2 **p. battle**, batalla *f*.

pitcher¹ ['pɪtʃər] *n (container)* cántaro *m*, jarro *m*.

pitcher² ['pɪtʃər] *n Baseb* pítcher *m*.

pitchfork ['pɪtʃfɔːk] I *n* horca *f*. II *vtr fig* **to p. sb into doing sth**, forzar a algn a hacer algo sin ser preparado.

piteous ['pɪtɪəs] *adj* lastimoso,-a.

pitfall ['pɪtfɔːl] *n (difficulty)* dificultad *f*; *(obstacle)* obstáculo *m*; *(danger)* peligro *m*.

pith [pɪθ] *n (of bone, plant)* médula *f*; *(of orange)* piel *f* blanca; *fig (essence)* meollo *m*. ■ **p. helmet**, salacot *m*.

pithead ['pɪthed] *n Min* bocamina *f*.

pithy ['pɪθɪ] *adj (pithier, pithiest) (bone, plant)* meduloso,-a; *fig (advice, argument)* contundente.

pitiful ['pɪtɪfʊl] *adj (producing pity)* lastimoso,-a, que da lástima; *(terrible)* lamentable, pésimo,-a. ◆**pitifully** *adv* que da pena; **she's p. thin**, está tan delgada que da pena verla.

pitiless ['pɪtɪlɪs] *adj* despiadado,-a, implacable.

pittance ['pɪtəns] *n* miseria *f*.

pitter-patter [pɪtəˈpætəʳ] *n* repiqueteo *m*; **to go p.-p.**, repiquetear.

pituitary [pɪˈtjuːɪtərɪ] *adj* **p. gland,** glándula *f* pituitaria.

pity [ˈpɪtɪ] **I** *n* **1** *(compassion, sorrow)* compasión *f*, piedad *f*; **for p.'s sake!,** ¡por amor de Dios!; **to have** *or* **take p. on sb,** compadecerse de algn. **2** *(regret)* lástima *f*, pena *f*; **it's a p.** he didn't pass, es una pena que no aprobó; **more's the p.,** tanto peor; **what's a p.!,** ¡qué pena!, ¡qué lástima! **II** *vtr (pt & pp pitied)* compadecerse de, sentir pena por; **I p. them,** me dan pena.

pitying [ˈpɪtɪɪŋ] *adj* compasivo,-a.

pivot [ˈpɪvət] **I** *n* pivote *m*. **II** *vi* girar sobre su eje; *fig* **to p. on sth,** depender de algo, girar sobre algo.

pixie [ˈpɪksɪ] *n* duendecillo *m*.

pizza [ˈpiːtsə] *n* pizza *f*. ■ **p. parlour,** pizzería *f*.

Pk *abbr of* **Park,** parque *m*.

pkt *abbr of* **packet,** paquete *m*.

placard [ˈplækɑːd] *n* pancarta *f*.

placate [pləˈkeɪt] *vtr* aplacar, apaciguar, calmar.

place [pleɪs] **I** *n* **1** *(position)* sitio *m*, lugar *m*; *(area)* área *f*; *(in book)* página *f*; *(in queue)* turno *m*; **in p. of Mary, in Mary's p.,** en el lugar de María; **in your p. I'd have gone,** yo en tu lugar habría ido; **there's no p. for that here,** eso está de más aquí; **there's no p. like home,** como tu casa no hay dos; **to be in/out of p.,** estar en/fuera de su sitio; **to go from p. to p.,** ir *or* andar de un lugar a otro; **to hold sth in p.,** sujetar algo; **to put sth back in its p.,** devolver algo a su sitio; **to take p.,** tener lugar; *fig* **to put sb in his p.,** poner a algn en su lugar; *fig* **you'll go places,** irás lejos; *fam* **all over the p.,** por todas partes; *fam* **here's the p.,** aquí estamos. ■ **p. name,** topónimo *m*. **2** *(seat)* sitio *m*, plaza *f*; *(space)* espacio *m*; *Theat* localidad *f*; *(on bus)* asiento *m*; *(at university, on course)* plaza; *(at table)* plaza *f*; *(place setting)* cubierto *m*; **to change places with sb,** intercambiar sitios con algn; **to feel out of p.,** encontrarse fuera de lugar; **to lay a p. at table for sb,** poner un cubierto para algn; **to get a p. at university,** ser aceptado,-a para ingresar en la universidad; **to take sb's p.,** sustituir a algn. ■ **p. mat,** individual *m*. **3** *fig (suitable occasion)* sitio *m*, lugar *m*; **this isn't the p. to discuss religion,** este no es el lugar más indicado para hablar de religión. **4** *(position on scale)* posición *f*, lugar *m*; *(social position)* lugar, rango *m*; *(in argument)* lugar; **in the first/second p.,** en el primer/ segundo lugar; **people in high places,** gente *f* influyente; **to finish in last p.,** llegar el último; **to take first/second p.,** ganar el primer/segundo lugar; *fig* **it isn't your p. to give advice,** no te incumbe a ti dar consejos; *fig* **to have friends in high places,** tener enchufes; *fig* **to know one's p.,** conocer su lugar. ■ *Math* **decimal p.,** punto *m* decimal. **5** *(house)* casa *f*; *(building)* lugar *m*, sitio *m*; **come round to our p. for coffee,** pasa por casa a tomar café; **we're going to his p.,** vamos a su casa. ■ **p. of residence,** domicilio *m*; **p. of work,** lugar *m* de trabajo; **p. of worship,** *(church)* iglesia *f*; *(temple)* templo *m*. **6** *(square, street)* plaza *f*. **II** *vtr* **1** *(put)* poner, colocar; **p. the books on the shelves,** coloca los libros en la estantería; **she placed a vase on the table,** puso un florero en la mesa; **to be well/better placed to do sth,** estar en buena/mejor situación para hacer algo; **to p. in order of preference,** poner en orden de preferencia; *fig* **it places me in an awkward position,** me pone en una situación difícil *or* delicada. **2** *Com* **to p. a bet,** hacer una apuesta, apostar; **to p. an order with sb,** hacer un pedido a algn. **3** *(face,*

person) recordar; **I know the face but I can't p.** him, reconozco la cara pero no sé de qué. **4** *(in job)* colocar en un empleo.

placebo [pləˈsiːbəʊ] *n (pl placebos or placeboes)* Med placebo *m*.

placement [ˈpleɪsmənt] *n* colocación *f*.

placenta [pləˈsentə] *n (pl placentas or placentae* [pləˈsentiː])*)* placenta *f*.

placid [ˈplæsɪd] *adj* apacible, tranquilo,-a.

plagiarism [ˈpleɪdʒərɪzəm] *n* plagio *m*.

plagiarize [ˈpleɪdʒəraɪz] *vtr* plagiar.

plague [pleɪg] **I** *n (of insects etc)* plaga *f*; *Med* peste *f*; *fig* **to avoid sth like the p.,** evitar algo por todos los medios. **II** *vtr* **to p. sb with requests,** acosar a algn a peticiones.

plaice [pleɪs] *n inv (fish)* platija *f*.

plaid [plæd, pleɪd] **I** *n (cloth)* tejido *m* escocés. **II** *adj (shawl)* de cuadros. ■ **p. skirt,** falda *f* escocesa.

plain [pleɪn] **I** *adj* **1** *(clear)* claro,-a, evidente; obvio,-a; **her attitude made it p. that she wasn't interested,** su actitud puso de manifiesto que no estaba interesada; **it was p. that he was mistaken,** quedó claro que estaba equivocado; *fig* **he likes p. speaking,** le gusta hablar con franqueza; *fam* **as p. as the nose on your face,** más claro no puede ser. ■ **p. language,** palabras *fpl* claras. **2** *(simple)* sencillo,-a; *(chocolate)* amargo,-a; *(flour)* sin levadura; *(material)* de un solo color; *(paper)* liso,-a; *(person)* llano,-a; *(stitch)* a la derecha; **in p. clothes,** vestido,-a de paisano; **the p. truth,** la verdad lisa y llana. **3** *(unattractive)* sin atractivo *or* encanto. **4** *(complete)* total; **it's p. foolishness,** es una auténtica locura. **II** *n* **1** *(in knitting)* punto *m* a la derecha. **2** *Geog* llanura *f*, llano *m*. ◆**plainly** *adv (clearly)* claramente; *(simply)* sencillamente; **to speak p.,** hablar con franqueza.

plainness [ˈpleɪnnɪs] *n (clearness)* claridad *f*; *(simplicity)* sencillez *f*; *(unattractiveness)* falta *f* de atractivo *or* encanto.

plain-spoken [pleɪnˈspəʊkən] *adj* franco,-a.

plaintiff [ˈpleɪntɪf] *n* demandante *mf*, querellante *mf*.

plaintive [ˈpleɪntɪv] *adj* lastimero,-a, triste.

plait [plæt] **I** *n* trenza *f*. **II** *vtr* trenzar.

plan [plæn] **I** *n* **1** *(scheme)* plan *m*, proyecto *m*; **everything went according to p.,** todo salió como estaba previsto; **to draw up a p.,** elaborar *or* hacer un proyecto; **to have a change of p.,** cambiar de planes; **to make plans,** hacer proyectos; *fam* **the best p. would be to attend,** lo mejor sería asistir. ■ **development p.,** plan *m* de desarrollo; **five-year p.,** plan *m* quinquenal. **2** *(drawing, diagram)* plano *m*. **II** *vtr (pt & pp planned) (make plans for) (future etc)* planear, proyectar; *(design, draw up plans for) (economy)* planificar; *(house etc)* hacer los planos de; *(intend)* pensar, tener la intención de; **it wasn't planned,** no estaba previsto; **to p. one's family,** planificarse la familia; **we p. to go out,** pensamos salir. **III** *vi* hacer planes; **she hadn't planned for so many guests,** no había previsto tantos invitados; **to p. for the future,** hacer planes *or* proyectos para el futuro; **to p. on doing sth,** contar con hacer algo.

plane[1] [pleɪn] **I** *n* **1** *Art Math* plano *m*; *fig* nivel *m*. **2** *fam* avión *m*. **II** *adj Geom* plano,-a. **III** *vi (glide)* planear.

plane[2] [pleɪn] **I** *n (tool)* cepillo *m*. **II** *vtr* cepillar.

plane[3] [pleɪn] *n Bot* **p. (tree),** plátano *m*. ■ **London p.,** plátano *m* común; **Oriental p.,** plátano *m* oriental.

planet ['plænɪt] *n* planeta *m*.

planetarium [plænɪ'teərɪəm] *n* (*pl* **planetariums** *or* **planetaria** [plænɪ'teərɪə]*)* planetario *m*.

planetary ['plænɪtərɪ] *adj* planetario,-a.

plank [plæŋk] *n* (*piece of wood*) tabla *f*, tablón *m*; *fig* (*principle*) punto *m*.

plankton ['plæŋktən] *n* plankton *m*.

planner ['plænə'] *n* planificador,-a *m,f*. ■ **town p.**, urbanista *mf*.

planning ['plænɪŋ] *n* planificación *f*. ■ **family p.**, planificación *f* familiar; **p. committee**, servicio *m* de planning; **p. permission**, permiso *m* de construcción *or* de obras; **town p.**, urbanismo *m*.

plant[1] [plɑːnt] **I** *n* Bot planta *f*. ■ **p. life**, flora *f*; **p. pot**, maceta *f*, tiesto *m*. **II** *vtr* (*flowers etc*) plantar; (*seeds, vegetables*) sembrar; (*bomb*) poner, colocar; *fig* **to p. an idea in sb's mind**, introducir una idea en la mente de algn; **to p. sth on sb**, endosarle algo a algn.

plant[2] [plɑːnt] *n* Ind (*factory*) planta *f*, fábrica *f*; (*machinery*) equipo *m*, maquinaria *f*.

plantain ['plæntɪn] *n* Bot llantén *m*.

plantation [plæn'teɪʃən] *n* plantación *f*; *Am* hacienda *f*.

planter ['plɑːntə'] *n* (*person*) plantador,-a *m,f*; (*machine*) plantadora *f*.

plaque [plæk] *n* placa *f*.

plasma ['plæzmə] *n* plasma *m*.

plaster ['plɑːstə'] **I** *n* Constr yeso *m*, argamasa *f*; Med escayola *f*; GB **sticking p.**, esparadrapo *m*, tirita *f*; **to have one's leg in p.**, tener la pierna escayolada. ■ **p. cast**, Art vaciado *m* de yeso; Med enyesado *m*; **p. of Paris**, yeso *m* mate. **II** *vtr* **1** Constr enyesar, enlucir. **2** *fig* (*cover*) cubrir; **the wall was plastered with slogans**, la pared estaba cubierta de pintadas.

plasterboard ['plɑːstəbɔːd] *n* cartón *m* yeso.

plastered ['plɑːstəd] *adj sl* borracho,-a, trompa.

plasterer ['plɑːstərə'] *n* yesero,-a *m,f*.

plastic ['plæstɪk, 'plɑːstɪk] **I** *n* plástico *m*, materia *f* plástica; **plastics**, materiales *mpl* plásticos; **the plastics industry**, la industria del plástico. **II** *adj* (*cup, bag, etc*) de plástico; **it's p.**, es de plástico; **the p. arts**, las artes plásticas. ■ **p. bomb, p. explosive**, plástico *m*; **p. surgery**, cirugía *f* plástica; **p. surgeon**, especialista *mf* en cirugía plástica.

Plasticine® ['plæstɪsiːn] *n* arcilla *f* de moldear, plastilina *f*.

plate [pleɪt] **I** *n* **1** (*dish*) plato *m*; (*plateful*) plato lleno (**of**, de); (*for church offering*) platillo *m*, bandeja *f*; *fam fig* **it was handed to him on a p.**, se lo dieron en bandeja de plata; *fig* **to have a lot on one's p.**, tener mucha faena. ■ **p. rack**, escurreplatos *m inv*. **2** (*sheet*) placa *f*. ■ Elec **hot p.**, placa *f* eléctrica; **gold/silver p.**, chapa *f* de oro/de plata; (*tableware*) vajilla *f* de oro/de plata; Aut **number p.**, matrícula *f*, placa *f*; **p. glass**, vidrio *m* or cristal *m* cilindrado. **3** Print (*illustration*) grabado *m*, lámina *f*. **4** dental **p.**, dentadura *f* postiza. **II** *vtr* chapar; (*with gold*) dorar; (*with silver*) platear; **gold/silver/chromium plated**, chapado,-a en oro/en plata/de cromo.

plateau ['plætəʊ] *n* (*pl* **plateaus** *or* **plateaux** ['plætəʊz] *)* meseta *f*.

platform ['plætfɔːm] *n* **1** (*gen*) plataforma *f*; (*stage*) estrado *m*; (*at meeting*) tribuna *f*; Rail andén *m*, vía *f*. ■ **p. ticket**, billete *m* de andén. **2** Pol (*programme*) programa *m*.

platinum ['plætɪnəm] *n* platino *m*. ■ **p.-blond hair**, pelo *m* rubio platino.

platitude ['plætɪtjuːd] *n* lugar *m* común, tópico *m*.

Platonic [plə'tɒnɪk] *adj* platónico,-a.

platoon [plə'tuːn] *n* Mil pelotón *m*.

platter ['plætə'] *n* (*dish*) fuente *f*.

plausible ['plɔːzəbəl] *adj* (*excuse, argument*) admisible, plausible.

play [pleɪ] **I** *vtr* **1** (*game, sport*) jugar a; **to p. a game of cards**, echar una partida de cartas; **to p. ball**, jugar a la pelota; *fig* cooperar; **to p. cards**, jugar a las cartas *or* a los naipes; **to p. hide-and-seek/chess/football**, jugar al escondite/al ajedrez/al fútbol; **to p. games**, jugar; *Fin* **to p. the Stock Exchange**, jugar a la Bolsa; *fig* **stop playing games!**, ¡basta de tomar el pelo!; *fig* **if you p. your cards right**, si te espabilas; *fam* **to p. a trick on sb**, gastar una broma a algn; *fam* **to p. a dirty trick on sb**, jugar una mala pasada a algn; *fam* **to p. it cool**, tomárselo con calma. **2** Sport (*position*) jugar de; (*team*) jugar contra; **Spain played Scotland**, España jugó contra Escocia; **they played her in the team**, la seleccionaron para el equipo; **to p. a shot**, (*football*) tirar; (*golf, tennis*) golpear. **3** Mus (*instrument, tune*) tocar; **to p. a record/tape**, poner un disco/cassette; **to p. sth by ear**, tocar algo de oído; **to p. the piano/guitar**, tocar el piano/la guitarra; *fig* **you'll have to p. it by ear**, tendrás que improvisar. **4** Theat (*part*) hacer (el papel) de; (*play*) representar; **to p. Ophelia**, hacer de Ofelia; *fig* **to p. a part in sth**, intervenir *or* participar en algo; *fig* **to p. the fool**, hacer el indio *or* el tonto. **5** (*aim*) dirigir. **II** *vi* **1** (*of children*) jugar (**with**, con); (*of animals*) juguetear; **to go out to p.**, salir a jugar; **to p. at doctors and nurses**, jugar a médicos y enfermeras; *fig* **to p. with an idea**, dar vueltas a una idea; *fig* **to p. with fire**, jugar con fuego; *fam* **what is she playing at?**, ¿qué pretende? **2** Sport (*at game, gamble*) jugar; **he plays centre-forward**, juega de centro delantero; **to p. against sb**, jugar contra algn; **to p. at cards**, jugar a las cartas *or* a los naipes; **to p. fair**, jugar limpio; **to p. for money**, jugar por dinero; *fig* **to p. for time**, tratar de ganar tiempo; *fig* **to p. into sb's hands**, hacerle el juego a algn. **3** (*joke*) bromear; **he's just playing**, lo hace en broma. **4** Mus (*person*) tocar; (*instrument*) sonar. **5** Theat (*act*) actuar; **to p. in a film**, trabajar en una película; *fig* **to p. to the gallery**, actuar para la galería. **III** *n* **1** (*game, activity*) juego *m*; **a p. on words**, un juego de palabras; **to be at p.**, estar jugando; *fig* **it's child's p.**, es coser y cantar. **2** Sport juego *m*; (*match*) partido *m*; **fair/foul p.**, juego limpio/sucio; **p. begins at 3 o'clock**, el partido empieza a las 3; (*ball*) **to be in/out of p.**, estar dentro/fuera de juego. **3** Theat obra *f* de teatro; **films and plays**, obra *m sing* y teatro *m sing*. ■ **radio/television p.**, obra *f* para radio/televisión. **4** Tech & *fig* (*movement*) juego *m*; **there's a lot of p. in the steering wheel**, el volante tiene mucho juego; *fig* **to bring sth into p.**, poner algo en juego; *fig* **to give full p. to one's emotions**, dar rienda suelta a las emociones; *fig* **to make a p. for sth/sb**, intentar conseguir algo/conquistar a algn. ◆**play about** *vi* juguetear; **to p. about with sth**, juguetear con algo. ◆**play around** *vi* (*waste time*) gandulear; (*be unfaithful*) tener líos. ◆**play along** *vi* **to p. along with sb**, seguirle la corriente *or* la pista a algn. ◆**play back** *vtr* (*volver a*) poner. ◆**play down** *vtr* minimizar, quitar importancia a. ◆**play off I** *vtr* oponer; **to p. off one thing against another**, oponer una cosa a otra. ◆**play off II** *vi* Sport jugar un partido de desempate. ◆**play on** *vtr* **1** (*take advantage of*) aprovecharse de; (*exploit*) ex-

plotar. **2** *(irritate) (nerves etc)* atacar, exacerbar.
◆**play out** *vtr (game etc)* llevar a su fin; *fam* **to be played out,** estar agotado,-a *or* rendido,-a. ◆**play up** I *vtr (annoy)* dar la lata, fastidiar. **II** *vi (child etc)* dar guerra; *(machine)* no funcionar bien.

playbill ['pleɪbɪl] *n* cartel *m.*

playboy ['pleɪbɔɪ] *n* playboy *m.*

player ['pleɪə'] *n Sport* jugador,-a *m,f*; *Mus* músico,-a *m,f*; *Theat (man)* actor *m*; *(woman)* actriz *f.*
■ **football p.,** futbolista *mf*; **guitar p.,** guitarrista *mf*; **tennis p.,** tenista *mf.*

playful ['pleɪfʊl] *adj (person, animal)* juguetón,-ona, travieso,-a; *(mood)* juguetón,-ona.

playground ['pleɪgraʊnd] *n* patio *m* de recreo.

playgroup ['pleɪgruːp] *n* jardín *m* de niños *or* de infancia, guardería *f.*

playhouse ['pleɪhaʊs] *n* **1** *(theatre)* teatro *m.* **2** *(for children)* casita *f.*

playing ['pleɪɪŋ] *n* juego *m*, el jugar. ■ **p. card,** carta *f*, naipe *m*; **p. field,** campo *m* de deportes.

playmate ['pleɪmeɪt] *n* compañero,-a *m,f* de juego.

play-off ['pleɪɒf] *n Sport* partido *m* de desempate.

playpen ['pleɪpen] *n* corral *m or* parque *m* (de niños).

playroom ['pleɪruːm] *n* cuarto *m* de juego.

playschool ['pleɪskuːl] *n* jardín *m* de infancia, guardería *f.*

plaything ['pleɪθɪŋ] *n* juguete *m.*

playtime ['pleɪtaɪm] *n* recreo *m.*

playwright ['pleɪraɪt] *n* dramaturgo,-a *m,f.*

PLC, plc [piːel'siː] *GB Com abbr of* **Public Limited Company,** Sociedad *f* Anónima, S.A.

plea [pliː] *n (request)* petición *f*, súplica *f*; *(excuse)* pretexto *m*, disculpa *f*; *Jur* alegato *m*; **to enter a p. of not guilty,** declararse inocente. ■ **p. bargaining,** negociación *f* colectiva.

plead [pliːd] I *vtr (pt & pp* **pleaded** *or* **plead** [pled]*)* **1** *Jur* defender; *fig* abogar por; **to p. sb's case,** defender en juicio a algn; *fig* **to p. sb's cause,** defender la causa de algn, hablar por algn. **2** *(give excuse)* pretender; **to p. ignorance/poverty,** alegar ignorancia/pobreza. **II** *vi* **1** *(beg)* rogar, implorar, suplicar; **to p. for mercy,** pedir clemencia. **2** *Jur* declararse; **to p. for sb,** intervenir a favor de algn; **to p. guilty/not guilty,** declararse culpable/inocente; **to p. with sb for sth,** rogar a algn que conceda algo; **to p. with sb to do sth,** suplicar a algn que haga algo.

pleading ['pliːdɪŋ] I *n* súplicas *fpl* (**for,** a favor de); *Jur* defensa *f*, alegato *m.* **II** *adj (voice, look)* suplicante.

pleasant ['plezənt] *adj (gen)* agradable; *(person)* simpático,-a, amable; *(surprise)* grato,-a; **it's very p. here,** aquí se está muy bien; **to have a p. time,** pasar un buen rato.

pleasantry ['plezəntrɪ] *n* cumplido *m*; **to exchange pleasantries,** intercambiar cumplidos.

please [pliːz] I *vtr (give pleasure to)* gustar, agradar, complacer; *(satisfy)* satisfacer; **he did it to p. us,** lo hizo para complacernos; **there's no pleasing her,** no hay forma de contentarla; **this will p. you,** esto te gustará; **to p. oneself,** hacer lo que le da la gana; *fml* **p. God he will come,** si Dios quiere vendrá; *fam* **p. yourself,** como quieras. **II** *vi (give pleasure)* complacer; *(give satisfaction)* satisfacer; **easy/hard to p.,** poco/muy exigente; **to be eager to p.,** estar deseoso,-a de complacer. **III** *adv* por favor; **come in, p.,** pase, por favor; **may I? —p. do,** ¿me permite? —desde luego; **'p. do not smoke',** 'se ruega no

fumar'; **p. don't go,** no te vayas, te lo ruego; **yes, p.,** sí, por favor.

pleased [pliːzd] *adj (happy)* contento,-a; *(satisfied)* satisfecho,-a; **I'm p. for you,** me alegro por ti; **I'm p. to see it,** me alegra verlo; **p. to meet you!,** ¡encantado,-a!, ¡mucho gusto!; **to be p. about sth,** alegrarse de algo; **to be p. with oneself,** estar satisfecho,-a de sí mismo,-a; **to be p. with sb/sth,** estar contento,-a con algn/algo; **we are p. to inform you that ...,** tenemos el gusto de comunicarle que ... .

pleasing ['pliːzɪŋ] *adj (pleasant)* agradable, grato,-a; *(satisfactory)* satisfactorio,-a.

pleasurable ['pleʒərəbəl] *adj* agradable, divertido,-a.

pleasure ['pleʒə'] *n* **1** *(feeling of enjoyment)* gusto *m*, placer *m*; *(source of enjoyment)* placer; **it gives me great p. to welcome you,** me complace mucho darle la bienvenida; **it's a p. to talk to him,** da gusto hablar con él; **'Mr and Mrs Smith request the p. of your company',** 'los Sres. Smith tienen el gusto de solicitar la compañía de usted'; **the pleasures of the flesh,** los placeres de la carne; **to take great p. in doing sth,** disfrutar mucho haciendo algo; **with p.,** con mucho gusto. ■ **p. boat,** barco *m* de recreo; **p. cruise,** crucero *m*; **p. ground,** parque *m* de atracciones; **p. trip,** excursión *f.* **2** *(will)* voluntad *f*; **at sb's p.,** según la voluntad de algn; *GB* **to be detained at** *or* **during her Majesty's p.,** quedar detenido,-a a disposición del Estado.

pleasure-loving ['pleʒəlʌvɪŋ] *adj*, **pleasure-seeking** ['pleʒəsiːkɪŋ] *adj* hedonista.

pleat [pliːt] I *n* pliegue *m.* **II** *vtr* plisar, hacer pliegues en.

plebeian [plɪ'biːən] *adj* plebeyo,-a; *fig* ordinario,-a.

plectrum ['plektrəm] *n (pl* **plectrums** *or* **plectra** ['plektrə]*)* púa *f*, plectro *m.*

pledge [pledʒ] I *n (promise)* promesa *f*; *(token of love etc)* señal *f*; *(security, guarantee)* garantía *f*, prenda *f*; **as a p. of our friendship,** en señal de nuestra amistad; *fig* **to take the p.,** hacer la promesa de no beber alcohol. **II** *vtr* **1** *(promise)* prometer; **he pledged his support,** prometió su apoyo; **she pledged never to return,** juró no regresar nunca; **to p. sb to secrecy,** hacer jurar a algn guardar el secreto. **2** *(pawn)* empeñar, dar en prenda.

plenary ['pliːnərɪ, 'plenərɪ] *adj* plenario,-a; **p. power,** poder absoluto; **p. session,** sesión plenaria.

plenipotentiary [plenɪpə'tenʃərɪ] *adj & n* plenipotenciario,-a *(m,f).*

plentiful ['plentɪfʊl] *adj* abundante.

plenty ['plentɪ] I *n* abundancia *f*; **p. of potatoes,** patatas *fpl* en abundancia, muchas patatas; **p. of time/ money,** tiempo *m*/dinero *m* de sobra; **that's p.,** es más que suficiente; **we've got p.,** tenemos de sobra; **years of p.,** años *mpl* de abundancia. **II** *adv US fam* **it's p. big enough,** es bastante grande.

pleurisy ['plʊərɪsɪ] *n Med* pleuresía *f.*

pliable ['plaɪəbəl] *adj* flexible.

pliant ['plaɪənt] *adj* dócil.

pliers ['plaɪəz] *npl* **(pair of) p.,** alicates *mpl*, tenazas *fpl.*

plight [plaɪt] *n* situación *f* grave.

plimsolls ['plɪmsəlz] *npl GB* playeras *fpl*, zapatos *mpl* de lona *or* de tenis.

plinth [plɪnθ] *n* plinto *m.*

plod [plɒd] *vi (pt & pp **plodded**)* andar con paso lento *or* pesado; **to p. along,** ir andando con paso lento; *fig* **to p. on,** perseverar; *fig* **to p. through a report,** estudiar laboriosamente un informe.

plodder ['plɒdə^r] *n* trabajador,-a *m,f or* estudiante *mf* tenaz.

plodding ['plɒdɪŋ] *adj* tenaz, laborioso,-a.

plonk[1] [plɒŋk] **I** *vtr fam* dejar caer; **p. yourself down,** siéntate; **to p. books down on the table,** dejar caer los libros sobre la mesa. **II** *n (sound)* golpe *m* seco, ruido *m* sordo.

plonk[2] [plɒŋk] *n GB fam (cheap wine)* vinazo *m*, vinaza *f*.

plop [plɒp] **I** *n* plaf *m*; **to go p.,** hacer plaf. **II** *vi (pt & pp **plopped**)* hacer plaf.

plot[1] [plɒt] **I** *n (conspiracy)* complot *m*; *Theat Lit (story)* argumento *m*, trama *f*; *fig* **the p. thickens,** se complica la trama. **II** *vtr (course, position)* trazar; *(scheme)* fraguar. **III** *vi* conspirar, maquinar, tramar; **to p. to kill sb,** conspirar para matar a algn.

plot[2] [plɒt] **I** *n Agr* parcela *f*, terreno *m*; **a p. of land,** un terreno, una parcela; *(for building)* un solar. ■ **vegetable p.,** campo *m* de hortalizas.

plough [plaʊ] **I** *n Agr* arado *m*; *Astron* **the P.,** el Carro, la Osa Mayor. **II** *vtr Agr* arar, labrar. **III** *vi* **1** *Agr (till)* arar, labrar. **2** *fig (run)* **the car ploughed through the fencing,** el coche atravesó la valla; **to p. into sth,** chocar *or* dar fuerte contra algo; *fig* **to p. through a book,** leer un libro con dificultad. ◆**plough back** *vtr (money, profits)* reinvertir. ◆**plough up** *vtr (field)* arar, surcar.

ploughman ['plaʊmən] *n (pl **ploughmen**)* arador *m*, labrador *m*. ■ *Culin* **p.'s lunch,** pan *m* y ensalada *f* con queso.

plover ['plʌvə^r] *n Orn* **common p.,** avefría *f*; **golden p.,** chorlito *m* dorado común; **Kentish p.,** chorlitejo *m* patingro; **little ringed p.,** chorlitejo *m* chico; **ringed p.,** chorlitejo *m* grande.

plow [plaʊ] *n US see* **plough.**

plowman ['plaʊmən] *n (pl **plowmen**) US see* **ploughman.**

ploy [plɔɪ] *n* truco *m*, estratagema *f*.

pluck [plʌk] **I** *vtr (gen)* arrancar (**out of, from,** de); *(flowers)* coger; *(chicken etc)* desplumar; *Mus (guitar etc)* puntear; **to p. one's eyebrows,** depilarse las cejas. **II** *n (courage)* valor *m*, ánimo *m*, arrojo *m*. ◆**pluck up** *vtr* **to p. up courage,** armarse de valor, cobrar ánimos.

plucky ['plʌkɪ] *adj (**pluckier, pluckiest**)* valiente.

plug [plʌg] **I** *n* **1** *(in bath, sink, etc)* tapón *m*; *(of cotton wool)* tampón *m*. **2** *Elec* enchufe *m*, clavija *f*; *(socket)* toma *f* de corriente. ■ *Aut* **spark p.,** bujía *f*; **2/3 pin p.,** clavija *f* de dos/tres patillas, clavija *f* bipolar/tripolar. **3** *fam (publicity)* publicidad *f*; **to give sth a p.,** promocionar algo. **II** *vtr (pt & pp **plugged**)* **1** *(hole etc)* tapar; *(tooth)* empastar; *fig* cerrar. **2** *(insert)* introducir; *(plug)* enchufar. **3** *fam (publicize)* dar publicidad a, promocionar; *(push)* (idea etc) hacer hincapié en. ◆**plug away** *vi* **to p. away at sth,** perseverar en algo. ◆**plug in** *vtr & vi Elec* enchufar. ◆**plug up** *vtr (hole etc)* tapar.

plughole ['plʌghəʊl] *n* desagüe *m*, desaguadero *m*.

plum [plʌm] *n (fruit)* ciruela *f*; *(colour)* color *m* ciruela; *fig* **a p. job,** un chollo. ■ *Culin* **p. pudding,** budín *m* de pasas; **p. tree,** ciruelo *m*.

plumage ['plu:mɪdʒ] *n Orn* plumaje *m*.

plumb [plʌm] **I** *n* plomo *m*, plomada *f*. ■ **p. line,** *(in building)* plomada *f*; *(in sea)* sonda *f*. **II** *adj* a plomo, vertical; **out of p.,** torcido,-a, desnivelado,-a. **III** *adv US fam* **it's p. crazy,** es una locura; **p. in the middle,** justo en medio *or* en el centro. **IV** *vtr (depths) (of sea)* sondar; *fig (of mind, soul, etc)* sondear, penetrar; *fig* **to p. the depths of despair,** estar completamente desesperado,-a.

plumber ['plʌmə^r] *n* fontanero,-a *m,f*.

plumbing ['plʌmɪŋ] *n (occupation)* fontanería *f*; *(system)* tubería *f*, cañería *f*.

plume [plu:m] *n* penacho *m*.

plummet ['plʌmɪt] *vi (bird, plane)* caer en picado; *fig (prices)* bajar vertiginosamente; *(morale)* caer a plomo.

plump[1] [plʌmp] *adj (person)* relleno,-a; *(baby)* rechoncho,-a; *(animal)* gordo,-a.

plump[2] [plʌmp] *vi* **to p. for sth,** optar *or* decidirse por algo. ◆**plump down** **I** *vtr* dejar caer. **II** *vi* desplomarse. ◆**plump up** *vtr (cushions)* ahuecar, agitar.

plunder ['plʌndə^r] **I** *vtr* saquear, pillar. **II** *n (action)* saqueo *m*, pillaje *m*; *(loot)* botín *m*.

plunge [plʌndʒ] **I** *vtr (immerse)* sumergir; *(thrust)* arrojar; **to p. a knife into sth,** clavar *or* hundir un cuchillo en algo; *fig* **to be plunged into despair,** estar hundido,-a en la desesperación. **II** *vi* **1** *(dive) (into water)* lanzarse, tirarse de cabeza, zambullirse; *(ship)* cabecear; *fig (fall)* caer, hundirse; **to p. to one's death,** tener una caída mortal. **2** *Fin (shares, prices)* desplomarse. **III** *n (dive)* chapuzón *m*, zambullida *f*; *fig (fall)* caída *f*, desplome *m*; **to take the p.,** dar el paso decisivo. ◆**plunge into** *vtr* sumirse en, lanzarse a.

plunger ['plʌndʒə^r] *n Tech* émbolo *m*; *(for blocked pipes)* desatascador *m*.

plunging ['plʌndʒɪŋ] *adj (neckline)* escotado,-a.

pluperfect [plu:'pɜ:fɪkt] *n Ling* pluscuamperfecto *m*.

plural ['plʊərəl] **I** *adj* plural. **II** *n* plural *m*; **in the p.,** en el plural.

pluralism ['plʊərəlɪzəm] *n* pluralismo *m*.

plurality [plʊə'rælɪtɪ] *n* pluralidad *f*.

plus [plʌs] **I** *prep* más; **there are four of them, p. the children,** son cuatro, más los niños; **three p. four makes seven,** tres más cuatro hacen siete. **II** *adj Math Elec* positivo,-a; **a p. factor,** un factor positivo, *fam* **she's forty p.,** ha pasado de los cuarenta. ■ **p. sign,** signo *m* más. **III** *n Math* signo *m* más; *fig (advantage)* ventaja *f*, factor *m* positivo; *fam* plus *m*.

plush [plʌʃ] **I** *n* felpa *f*, peluche *m*. **II** *adj fam (luxurious)* lujoso,-a.

Pluto ['plu:təʊ] *n Astron Myth* Plutón *m*.

plutonium [plu:'təʊnɪəm] *n* plutonio *m*.

ply[1] [plaɪ] **I** *vtr (pt & pp **plied**)* **1** *(use) (tool)* manejar, utilizar; *(sea route)* navegar por; **to p. one's trade,** ejercer su oficio *or* profesión. **2** *(overwhelm)* abrumar, acosar; **to p. sb with drinks,** no parar de ofrecer copas a algn; **to p. sb with questions,** acosar a algn con preguntas. **II** *vi (ship)* navegar; **to p. between Majorca and Barcelona,** cubrir la línea *or* ir y venir de Mallorca a Barcelona; **to p. for hire,** ir en busca de clientes.

ply[2] [plaɪ] *n (of wood)* cepa *f*; *(of wool)* cabo *m*. ■ **three-p. wool,** lana *f* de tres cabos.

plywood ['plaɪwʊd] *n* madera *f* contrachapada, contrachapado *m*.

PM [pi:'em] *GB fam abbr of* **Prime Minister,** Primer,-a Ministro,-a *m,f*.

p.m. [pi:'em] *abbr of* **post meridiem** (after noon), después del mediodía; **at 2 p.m.,** a las dos de la tarde.

PMT [pi:em'ti:] *Med fam abbr of* **premenstrual tension,** tensión *f* premenstrual.

pneumatic [nju'mætɪk] *adj* neumático,-a.

pneumonia [nju:'məʊnɪə] *n Med* pulmonía *f*.

PO [pi:'əʊ] **1** *Naut abbr of* **Petty Officer,** contramaestre *m*. **2** *abbr of* **postal order,** giro *m* postal, g.p. **3** *abbr of* **Post Office,** correos *mpl*.

poach[1] [pəʊtʃ] **I** *vtr* **to p.** fish/game, pescar/cazar en vedado; *fig fam (steal)* birlar, quitar. **II** *vi (for fish)* pescar en vedado; *(for game)* cazar en vedado; *fig* **to p. on sb's territory,** pisar los papeles a algn.

poach[2] [pəʊtʃ] *vtr Culin (egg)* escalfar; *(fish)* hervir; **poached egg,** huevo *m* escalfado.

poacher[1] ['pəʊtʃə'] *n (of fish)* pescador *m* furtivo; *(of game)* cazador *m* furtivo.

poacher[2] ['pəʊtʃəd] *n (for eggs)* escalfador *m*.

pochard ['pəʊtʃəd] *n Orn* porrón *m* común.

pocket ['pɒkɪt] **I** *n* **1** *(gen)* bolsillo *m*; **he came in with his hands in his pockets,** entró con las manos metidas en los bolsillos; **to dip into one's p.,** put one's hand in one's p.,** poner las manos en el bolsillo; **to go through sb's pockets,** vaciar los bolsillos a algn; **to pay for sth out of one's own p.,** pagar algo con su propio dinero; **to turn out one's pockets,** vaciar los bolsillos; *fig* **to be £10 in/out of p.,** salir ganando/perdiendo 10 libras; *fig* **to have sth/sb in one's p.,** tener algo/a algn en el bolsillo; *fig* **to line one's pockets,** forrarse. ■ **p. dictionary,** diccionario *m* de bolsillo; **p. handkerchief,** pañuelo *m*; **p. money,** dinero *m* de bolsillo. **2** *(area) (of air)* bolsa *f*; *(of resistence)* foco *m*, rincón *m*. **II** *vtr (money)* embolsar, meter en el bolsillo; **to p. the change,** quedarse con el cambio; *fig* **to p. one's pride,** tragarse el orgullo.

pocketbook ['pɒkɪtbʊk] *n US* bolso *m*.

pocketknife ['pɒkɪtnaɪf] *n (pl pocketknives* ['pɒkɪtnaɪvz]*)* navaja *f*.

pocket-sized ['pɒkɪtsaɪzd] *adj* (tamaño *m*) de bolsillo.

pockmarked ['pɒkmɑːkt] *adj (face)* picado,-a de viruelas; *(surface)* acribillado,-a de agujeros.

pod [pɒd] *n Bot* vaina *f*.

podgy ['pɒdʒɪ] *adj (podgier, podgiest)* gordinflón,-ona, regordete.

podium ['pəʊdɪəm] *n (pl podiums or podia* ['pəʊdɪə]*)* podio *m*.

poem ['pəʊɪm] *n* poema *m*, poesía *f*.

poet ['pəʊɪt] *n* poeta *mf*.

poetic [pəʊ'etɪk] *adj* poético,-a. ■ **p. justice,** justicia *f* divina; **p. licence,** licencia *f* poética.

poetry ['pəʊɪtrɪ] *n* poesía *f*. ■ **p. reading,** lectura *f or* recital *m* de poesías.

pogrom ['pɒɡrəm] *n* pogrom *m*.

poignancy ['pɔɪnjənsɪ] *n* patetismo *m*.

poignant ['pɔɪnjənt] *adj* patético,-a, conmovedor,-a.

point [pɔɪnt] **I** *n* **1** *(sharp end)* punta *f*; **at the p. of a gun,** a mano armada; *(ballet)* **to dance on points,** bailar de puntas; **with a sharp p.,** puntiagudo,-a; *fig* **not to put too fine a p. on it,** hablando sin rodeos *or* con franqueza. **2** *(place)* punto *m*, lugar *m*; **he's outspoken to the p. of being rude,** es franco para no

decir grosero; **p. of arrival/departure,** punto de llegada/salida *or* partida; *fig* **p. of contact,** punto de contacto; *fig* **p. of no return,** punto de no volver atrás. **3** *(quality)* cualidad *f*, punto *m*; **good/bad p.,** cualidad buena/mala; **weak/strong p.,** punto débil/fuerte. **4** *(moment)* punto *m*; **at that p.,** entonces, en aquel momento; **at the p. of death,** al borde de la muerte; **from that p. onwards,** desde entonces; **to be on the p. of doing sth,** estar a punto de hacer algo. ■ **boiling/freezing/melting p.,** punto *m* de ebullición/congelación/fusión. **5** *(score) (in test, sport)* punto *m*, tanto *m*; **to score points,** ganar *or* marcar puntos; *Box* **to win on points,** ganar por puntos. ■ **Ten match/set p.,** pelota *f* de match/partido; **penalty p.,** punto *m* de penalti. **6** *(in argument)* punto *m*; **the main p.,** lo esencial, el meollo; **to make one's p.,** insistir en el argumento; **I see** *or* **take your p.,** entiendo lo que quieres decir; **p. taken!,** ¡ya, ya!; **it's a case in p.,** es un ejemplo de esto; **in p. of fact,** de hecho, en realidad; **to stretch a p.,** hacer una excepción. **7** *(purpose)* fin *m*, propósito *m*; **I don't see the p.,** no veo el sentido; **it's to the p.,** viene al caso; **that isn't the p.,** **it's beside the p.,** eso no viene al caso; **there's no p. in going,** no merece la pena ir; **to come** *or* **get to the p.,** llegar al meollo de la cuestión; **to make a p. of doing sth,** poner empeño en hacer algo; **to miss the p. of sth,** no seguir la corriente de algo; **what's the p.?,** ¿para qué?; **what's the p. of it?,** ¿qué sentido tiene? ■ **moot p.,** punto *m* discutible. **8** *(on scale)* punto *m*; *(on compass)* grado *m*, cuarta *f*; *(on thermometer)* punto *m*; *Fin (of shares etc)* entero *m*; *Math* **decimal p.,** punto decimal; **six p. three,** seis coma tres; *Fin* **the index is up 3 points,** el índice ha subido de 3 puntos; *fig* **up to a p.,** hasta cierto punto. **9** *(full stop)* punto *m*. **10** *Geog* punta *f*, cabo *m*. **11** *Elec* **power p.,** toma *f* de corriente. **12** *(police)* **to be on p. duty,** dirigir la circulación. **13** **points,** *Aut* platinos *mpl*; *Rail* agujas *fpl*. **II** *vtr* **1** *(aim) (gun etc)* apuntar; *(indicate) (way etc)* señalar, indicar; **to p. a gun at sb,** apuntar a algn con una pistola; **to p. one's finger,** señalar con el dedo; **to p. one's toes,** hacer puntas; *fig* **to p. the finger at sb,** acusar a algn; *Lit & fig* **to p. the way,** señalar el camino. **2** *Constr (wall, house)* rejuntar. **III** *vi* señalar, indicar; **the hands of the clock p. to ten o'clock,** las manecillas del reloj marcan las diez; **to p. at sth/sb,** señalar algo/a algn con el dedo; **to p. to** *or* **towards somewhere,** indicar el camino hacia un lugar; *fig* **everything points to her guilt,** todo indica que ella es la culpable. ◆**point out** *vtr (show)* indicar, señalar; *(mistake)* señalar, hacer notar; *(mention)* hacer notar; *(warn)* advertir; **they pointed out that it could be difficult,** advirtieron que podría ser difícil. ◆**point up** *vtr* destacar, subrayar.

point-blank [pɔɪnt'blæŋk] **I** *adj (shot)* a boca de jarro, a quemarropa; *(question)* hecho,-a de golpe y porrazo; *(refusal)* categórico,-a, rotundo,-a; **to shoot at p.-b. range,** tirar a boca de jarro *or* a quemarropa. **II** *adv (shoot)* a boca de jarro, a quemarropa; *(fire question)* de golpe y porrazo; *(refuse)* categóricamente, rotundamente.

pointed ['pɔɪntɪd] *adj (sharp)* puntiagudo,-a; *fig (comment)* intencionado,-a, significativo,-a; *(cutting)* mordaz. ◆**pointedly** *adv fig (significantly)* con intención, de un modo significativo; *(cuttingly)* con mordacidad.

pointer ['pɔɪntə'] *n* **1** *(indicator)* indicador *m*, aguja *f*; *(for blackboard, map)* puntero *m*. **2** *Zool (dog)* perro *m* de muestra. **3** *(clue)* indicación *f*; *(piece of advice)* consejo *m*.

pointless ['pɔɪntlɪs] *adj* sin sentido; **it's p.**, carece de sentido; **it would be p. to accept**, no serviría de nada aceptar.

point-to-point [pɔɪnttə'pɔɪnt] *n GB Sport* **p.-to-p. race**, carrera *f*.

poise [pɔɪz] **I** *n (balance)* equilibrio *m*; *(bearing)* porte *m*; *(self-assured)* aplomo *m*. **II** *vtr (hold in balance)* equilibrar, balancear; **to be poised**, estar equilibrado,-a, cernerse; *fig* **to be poised for action**, estar listo,-a para la acción.

poised [pɔɪzd] *adj* sereno,-a.

poison ['pɔɪzən] **I** *n* veneno *m*; **to take p.**, envenenarse; *fam* **what's your p.?**, ¿qué quieres tomar? ■ **p. gas**, gas *m* tóxico; *Bot* **p. ivy**, hiedra *f* venenosa; **p.-pen letter**, anónimo *m* amenazador *or* insultante. **II** *vtr* envenenar, intoxicar; **to p. oneself**, envenenarse; **to p. one's system**, intoxicarse; *fig* **to p. sb's mind**, envenenar la mente de algn.

poisoning ['pɔɪzənɪŋ] *n* envenenamiento *m*, intoxicación *f*; **to die of p.**, morir envenenado,-a *or* intoxicado,-a. ■ **blood p.**, envenenamiento *m* de la sangre; **food p.**, intoxicación *f* por alimentos.

poisonous ['pɔɪzənəs] *adj (plant, snake)* venenoso,-a; *(drugs, gas)* tóxico,-a; *fig (rumour)* pernicioso,-a.

poke [pəʊk] **I** *vtr (with finger or stick)* dar con la punta del dedo *or* del bastón a; **to p. one's head out of the window**, asomar la cabeza por la ventana; **to p. sb in the eye with one's finger**, poner el dedo en el ojo de algn; **to p. sb with one's elbow**, dar un codazo a algn; **to p. the fire**, atizar el fuego; *fig* **to p. fun at sb**, burlarse de algn; *fig* **to p. one's nose into sb else's business**, meterse en asuntos ajenos. **II** *n (jab) (with finger)* empujón *m*, golpe *m*; *(nudge)* codazo *m*; **to give sb a p. in the ribs**, dar a algn un codazo en las costillas; **to give the fire a p.**, atizar el fuego. ◆**poke about, poke around** *vi* **to p. about** *or* **around in sb's handbag**, fisgonear *or* hurgar en el bolso de algn. ◆**poke out** *vtr (eye)* sacar; **you nearly poked my eye out!**, ¡casi me sacaste el ojo!

poker¹ ['pəʊkəʳ] *n (for fire)* atizador *m*; *fig* **as stiff as a p.**, más tieso,-a que un palo.

poker² ['pəʊkəʳ] *n Cards* póquer *m*.

poker-faced ['pəʊkəfeɪst] *adj fam* de rostro impasible.

poky ['pəʊkɪ] *adj (pokier, pokiest) US fam pej* minúsculo,-a; **a p. little house/room**, una casucha/un cuartucho.

Poland ['pəʊlənd] *n* Polonia.

polar ['pəʊləʳ] *adj* polar. ■ **p. bear**, oso *m* polar.

polarity [pəʊ'lærɪtɪ] *n* polaridad *f*.

polarization [pəʊləraɪ'zeɪʃən] *n* polarización *f*.

polarize ['pəʊləraɪz] **I** *vtr* polarizar. **II** *vi* polarizarse.

Polaroid ['pəʊlərɔɪd] *adj* polaroid.

Pole [pəʊl] *n* polaco,-a *m,f*.

pole¹ [pəʊl] *n* palo *m*, estaca *f*; *(for curtain)* bara *f*. ■ *Athlet* **p. vault**, salto *m* de pértiga; **telegraph p.**, poste *m* telegráfico; **tent p.**, palo *m* de tienda; *Athlet* **vaulting p.**, pértiga *f*.

pole² [pəʊl] *n Elec Geog* polo *m*; *fig* **to be poles apart**, ser polos opuestos. ■ **North/South P.**, Polo *m* Norte/Sur; **P. Star**, estrella *f* polar.

poleaxe, *US* **poleax** ['pəʊlæks] *vtr* apalear.

polecat ['pəʊlkæt] *n inv Zool* turón *m*.

polemic [pə'lemɪk] *n* **1** polémica *f*. **2 polemics**, *(art)* polémica *f sing*.

police [pə'liːs] **I** *npl* policía *f sing*; **to call the p.**, llamar a la policía; **to join the p.**, meterse de policía. ■ **p. car**, coche *m* patrulla; **p. constable**, guardia *m*, policía *m*; **p. escort**, escolta *f* de policía; **p. force**, cuerpo *m* de policía; **p. headquarters**, jefatura *f* de policía; **p. officer**, guardia *m*, policía *m*; **p. record**, antecedentes *mpl* penales; **p. state**, estado *m* policíaco; **p. station**, comisaría *f*. **II** *vtr* vigilar, mantener el orden en.

policeman [pə'liːsmən] *n (pl policemen)* guardia *m*, policía *m*.

policewoman [pə'liːswʊmən] *n (pl policewomen* [pə'liːswɪmɪn]*) (mujer f)* policía *f*.

policy ['pɒlɪsɪ] *n* **1** *(course of action)* norma *f*, táctica *f*; *Pol* política *f*; **foreign p.**, política exterior; **it's a good/bad p.**, es buena/mala táctica *or* política; **p., es cuestión de política; our p. is to do this**, tenemos por norma hacer esto. **2** *Ins* (insurance) *p.*, póliza *f* (de seguros); **to take out an insurance p.**, hacerse un seguro, sacar una póliza. ■ **p. holder**, asegurado,-a *m,f*.

polio ['pəʊlɪəʊ] *n (abbr of poliomyelitis) Med* poliomielitis *f*, polio *f*.

Polish ['pəʊlɪʃ] **I** *adj* polaco,-a. **II** *n* **1** *pl* **the P.**, los polacos. **2** *(language)* polaco *m*.

polish ['pɒlɪʃ] **I** *vtr (metal, stone)* pulir; *(furniture, floors)* encerar; *(nails)* pintar con esmalte; *(shoes)* limpiar; *(silver)* sacar brillo a. **II** *n* **1** *(cream etc) (for furniture, floors)* cera *f*; *(for shoes)* betún *m*; *(for nails)* esmalte *m*. **2** *(action)* pulimento *m*; **to give one's shoes a p.**, limpiar los zapatos; **to give sth a p.**, dar brillo a algo. **3** *(shine)* brillo *m*, lustre *m*; *(refinement)* refinamiento *m*, brillo *m*. ◆**polish off** *vtr fam (work)* despachar, terminar con; *(food)* tragarse, zamparse. ◆**polish up** *vtr fig* perfeccionar.

polished ['pɒlɪʃt] *adj (metal, stone, silver)* pulido,-a, lustroso,-a; *(furniture, floors)* encerado,-a; *(nails)* pintado,-a; *(shoes)* limpio,-a; *fig (manners)* refinado,-a; *(style)* pulido,-a; *(performance)* impecable.

polite [pə'laɪt] *adj* cortés, educado,-a; **in p. society**, entre gente educada; **to be p. to sb**, tratar a algn con cortesía *or* educación. ◆**politely** *adv* cortésmente, educadamente, con cortesía *or* educación.

politeness [pə'laɪtnɪs] *n* cortesía *f*, educación *f*.

politic ['pɒlɪtɪk] *adj* prudente.

political [pə'lɪtɪkəl] *adj* político,-a. ■ **p. asylum**, asilo *m* político; **p. science**, ciencias *fpl* políticas.

politician [pɒlɪ'tɪʃən] *n* político,-a *m,f*.

politics ['pɒlɪtɪks] **I** *n sing (subject)* política *f*; **to go into p.**, dedicarse a la política; **to talk p.**, hablar de política. **II** *npl (views)* posición *f sing or* postura *f sing* política; **what are his p.?**, ¿cuál es su postura política?

polka ['pɒlkə] *n (pl polkas)* **1** *(dance)* polca *f*. **2 p. dot**, dibujo *m* de puntos.

poll [pəʊl] **I** *n* **1** *(voting)* votación *f*; **a defeat at the polls**, una derrota electoral; **a heavy p.**, una votación masiva; **the polls**, las elecciones; **to go to the polls**, acudir a las urnas; **to take a p. on sth**, someter algo a votación. **2** *(survey)* encuesta *f*; *(register)* registro *m*. ■ **opinion p.**, sondeo *m* de opinión; **p. tax**, contribución *f* urbana. **II** *vtr (votes)* obtener; *(opinion)* sondear.

pollen ['pɒlən] *n* polen *m*. ■ **p. count**, índice *m* de polen en el aire.

pollinate ['pɒlɪneɪt] *vtr* polinizar.

polling ['pəʊlɪŋ] *n* votación *f*. ■ **p. booth**, cabina *f* electoral; **p. station**, centro *m* electoral.

pollute [pə'lu:t] *vtr* contaminar, polucionar.

pollution [pə'lu:ʃən] *n* contaminación *f*, polución *f*; **environmental p.**, contaminación del medio ambiente.

polo ['pəʊləʊ] *n* 1 *Sport* polo *m*. ▪ **water p.**, water-polo *m*, polo *m* acuático. 2 **p. neck sweater**, jersey *m* con cuello vuelto *or* cuello cisne.

poltergeist ['pɒltəgaɪst] *n* duende *m*.

poly ['pɒlɪ] *n GB fam abbr of* **polytechnic**.

poly- ['pɒlɪ] *pref* poli-, multi-.

polyester [pɒlɪ'estəʳ] *n* poliéster *m*.

polygamy [pə'lɪgəmɪ] *n* poligamia *f*.

polygamous [pə'lɪgəməs] *adj* polígamo,-a.

polyglot ['pɒlɪglɒt] *adj & n* políglota,-a (*m,f*).

polygon ['pɒlɪgɒn] *n Geom* polígono *m*.

polymer ['pɒlɪməʳ] *n Chem* polímero *m*.

Polynesia [pɒlɪ'ni:ʒɪə] *n* Polinesia.

polyp ['pɒlɪp] *n Med* pólipo *m*.

polyphonic [pɒlɪ'fɒnɪk] *adj Mus* polifónico,-a.

polystyrene [pɒlɪ'staɪri:n] *n* poliestireno *m*.

polytechnic [pɒlɪ'teknɪk] *n Educ* escuela *f* politécnica, politécnico *m*.

polythene ['pɒlɪθi:n] *n* polietileno *m*. ▪ **p. bag**, bolsa *f* de plástico.

polyurethane [pɒlɪ'jʊərəθeɪn] *n* poliuretano *m*.

pomegranate ['pɒmɪgrænɪt] *n Bot (fruit)* granada *f*. ▪ **p. tree**, granado *m*.

pommy ['pɒmɪ] *n Austral sl pej* inglés,-esa *m,f*.

pomp [pɒmp] *n* pompa *f*.

pompom ['pɒmpɒm] *n*, **pompon** ['pɒmpɒn] *n* borla *f*, pompón *m*.

pomposity [pɒm'pɒsɪtɪ] *n* pomposidad *f*.

pompous ['pɒmpəs] *adj (person)* presumido,-a; *(speech)* rimbombante; *(occasion)* pomposo,-a.

ponce [pɒns] *n GB sl pej* chulo *m*.

poncho ['pɒntʃəʊ] *n (pl ponchos)* poncho *m*.

pond [pɒnd] *n* estanque *m*.

ponder ['pɒndəʳ] I *vtr* considerar, sopesar. II *vi* **to p. over sth**, meditar *or* reflexionar sobre algo.

ponderous ['pɒndərəs] *adj* pesado,-a.

pong [pɒŋ] *GB fam* I *n* hedor *m*, olor *m* a peste. II *vi* heder, oler a peste, apestar.

pontiff ['pɒntɪf] *n* pontífice *m*.

pontificate [pɒn'tɪfɪkeɪt] *vi* pontificar.

pontoon¹ [pɒn'tu:n] *n Constr* pontón *m*. ▪ **p. bridge**, puente *m* de pontones.

pontoon² [pɒn'tu:n] *n Cards* veintiuna *f*, siete y medio *m*.

pony ['pəʊnɪ] *n* poney *m*. ▪ **p. trekking**, excursión *f* en poney.

ponytail ['pəʊnɪteɪl] *n* cola *f* de caballo.

poodle ['pu:dəl] *n Zool* caniche *m*.

poof [pʊf] *n GB sl offens* marica *m*.

pooh [pu:] *interj* ¡bah!

pooh-pooh [pu:'pu:] *vtr* despreciar, descartar.

pool¹ [pu:l] *n (of water, oil, etc)* charco *m*; *(pond)* estanque *m*; *(in river)* pozo *m*. ▪ **swimming p.**, piscina *f*.

pool² [pu:l] I *n* 1 *Com (common fund)* fondo *m* común; *(services)* servicios *mpl* comunes. ▪ **car p.**, reserva *f* de coches; **typing p.**, servicio *m* de mecanografía. 2 *US (snooker)* billar *m* americano. 3 **football pools**, quinielas *fpl*; **to do the football p.**, hacer una quiniela. II *vtr (funds)* reunir, juntar; *(ideas, resources)* poner en común.

poor [pʊəʳ, pɔ:ʳ] I *adj (person)* pobre; *(quality)* malo,-a, inferior; *(attempt)* poco satisfactorio,-a; **he was knocked down by a car, p. thing**, le atropelló un coche, el pobre; **p. people**, gente pobre; **to be a p. traveller**, soportar mal los viajes; **to be p. at French**, estar flojo,-a en francés; **to be in p. health**, estar mal de salud; **to have a p. memory**, tener poca memoria; **to have a p. opinion of sth**, tener una opinión poco favorable de algo; *fam* **you p. thing!**, ¡pobrecito! II **the poor** *npl* los pobres.

poorly ['pʊəlɪ, 'pɔ:lɪ] I *adv (gen)* pobremente; *(badly)* mal; **p. dressed/attended**, mal vestido,-a/ asistido,-a. II *adj (poorlier, poorliest) (ill)* mal, malo,-a; **to be p.**, estar *or* sentirse mal *or* malo,-a.

pop [pɒp] I *vtr (pt & pp popped)* 1 *(burst)* hacer reventar; *(cork)* hacer saltar. 2 *fam* **p. your coat on**, ponte el abrigo; **she popped a chocolate into her mouth**, se metió un bombón en la boca; **to p. one's head out of the window**, asomar la cabeza por la ventana; *fam* **to p. the question**, declararse. II *vi* 1 *(burst)* reventar; *(cork)* saltar; **her eyes nearly popped out of her head**, le saltaron los ojos de sorpresa. 2 *fam (go quickly)* **I'm just popping over to Ian's**, voy un momento a casa de Ian. III *n* 1 *(noise)* pequeña explosión *f*; **to go p.**, *(burst)* reventar; *(bang)* hacer pum. 2 *fam (drink)* gaseosa *f*. 3 *fam (father)* papá *m*. 4 *Mus fam* música *f* pop. ▪ **p. festival**, festival *m* de música pop; **p. singer**, cantante *mf* pop. ◆**pop in** *vi fam* ir un momento a, pasar por; **p. in and see us**, pásate a hacernos una visita. ◆**pop off** *vi fam* 1 *(leave)* irse, marcharse. 2 *(die)* palmar.

pop *abbr of* **population**, población *f*.

popcorn ['pɒpkɔ:n] *n* palomitas *fpl* de maíz.

pope [pəʊp] *n* papa *m*.

popeyed ['pɒpaɪd] *adj* de ojos saltones.

popgun ['pɒpgʌn] *n* pistola *f* de juguete (de aire comprimido).

poplar ['pɒpləʳ] *n Bot* álamo *m*. ▪ **black p.**, chopo *m* negro; **grey p.**, álamo *m* cano; **Italian black p.**, chopo *m* negro italiano; **Lombardy p.**, chopo *m* lombardo, álamo *m* de Italia.

poplin ['pɒplɪn] *n Tex* popelina *f*.

popper ['pɒpəʳ] *n GB Sew fam* corchete *m*.

poppet ['pɒpɪt] *n fam* cielo *m*, encanto *m*; **she's a p.**, es un cielo; **yes, my p.**, sí, mi vida.

poppy ['pɒpɪ] *n Bot* amapola *f*. ▪ **p. seed**, semilla *f* de amapola.

poppycock ['pɒpɪkɒk] *n fam* tonterías *fpl*; **don't talk p.!**, ¡no digas tonterías!

populace ['pɒpjʊləs] *n (people)* pueblo *m*; *(masses)* populacho *m*.

popular ['pɒpjʊləʳ] *adj* 1 *(well-liked)* popular; *(person)* estimado,-a; *(fashionable)* de moda; *(common)* corriente, común; **a p. colour**, un color muy visto; **he's p. with his colleagues**, sus colegas le estiman mucho; **you won't be p. with the neighbours if you do it**, no ganarás la simpatía de los vecinos si lo haces. 2 *(of or for the people)* popular; **by p. request**, a petición del público. ▪ **p. opinion**, opinión *f* general; **p. prices**, precios *mpl* populares. ◆**popularly** *adv* popularmente, generalmente; **it's p. believed that ...**, la mayoría de la gente cree que ... .

popularity [pɒpjʊ'lærɪtɪ] *n* popularidad *f*.

popularize ['pɒpjʊləraɪz] *vtr (music, fashion, etc)* popularizar; *(idea etc) (make understandable)* vulgarizar.

populate ['pɒpjʊleɪt] *vtr* poblar; **thinly populated,** muy poco poblado,-a.

population [pɒpjʊ'leɪʃən] *n* población *f*; **the p. explosion,** la explosión demográfica.

populous ['pɒpjʊləs] *adj* populoso,-a, poblado,-a.

porcelain ['pɔːslɪn] *n* porcelana *f*; **made of p.,** de porcelana. ■ **p. cup,** taza *f* de porcelana.

porch [pɔːtʃ] *n* **1** *(of church)* pórtico *m*; *(of house)* porche *m*, entrada *f*. **2** *US (veranda)* terraza *f*.

porcupine ['pɔːkjupaɪn] *n Zool* puerco *m* espín.

pore[1] [pɔːʳ] *vi* **to p. over sth,** engolfarse en algo.

pore[2] [pɔːʳ] *n Anat* poro *m*.

pork [pɔːk] *n* carne *f* de cerdo. ■ **p. butcher,** charcutero,-a *m,f*; **p. chop,** chuleta *f* de cerdo; **p. pie,** empanada *f* de carne de cerdo; **p. sausage,** salchicha *f*.

porn [pɔːn] *n fam (abbr of pornography)* porno *m*; **hard/soft p.,** pornografía *f* dura/blanda.

pornographic [pɔːnə'græfɪk] *adj* pornográfico,-a.

pornography [pɔː'nɒgrəfɪ] *n* pornografía *f*.

porous ['pɔːrəs] *adj* poroso,-a.

porpoise ['pɔːpəs] *n Zool* marsopa *f*.

porridge ['pɒrɪdʒ] *n Culin* gachas *fpl* de avena. ■ **p. oats,** copos *mpl* de avena (para hacer gachas).

port[1] [pɔːt] *n (town, harbour)* puerto *m*; **to come** *or* **put into p.,** tomar puerto; *fig* **any p. in a storm,** la necesidad carece de ley. ■ **fishing/sea p.,** puerto *m* pesquero/marítimo; **free p.,** puerto *m* franco; **home p.,** puerto *m* de matrícula; **p. of call,** puerto *m* de escala; **P. of Spain,** Puerto España.

port[2] [pɔːt] *n Naut Av (larboard)* babor *m*.

port[3] [pɔːt] *n (wine)* vino *m* de Oporto, oporto *m*.

portable ['pɔːtəbəl] *adj* portátil.

Port-au-Prince [pɔːtəʊ'prɪns] *n* Puerto Príncipe.

portend [pɔː'tend] *vtr fml* augurar, presagiar.

portent ['pɔːtent] *n fml* augurio *m*, presagio *m*.

porter ['pɔːtəʳ] *n* **1** *(in hotel, building, market)* portero,-a *m,f*; *Rail* mozo *m* de estación. **2** *US* mozo *m* de los coches-cama.

portfolio [pɔːt'fəʊlɪəʊ] *n (pl portfolios) (file)* carpeta *f*; *(of artist, politician)* cartera *f*; **minister without p.,** ministro,-a *m,f* sin cartera.

porthole ['pɔːthəʊl] *n Naut* portilla *f*.

portion ['pɔːʃən] *n (part, piece)* parte *f*, porción *f*; *(of food)* ración *f*. ◆**portion out** *vtr* repartir, distribuir.

portly ['pɔːtlɪ] *adj (portlier, portliest)* corpulento,-a, gordo,-a.

portrait ['pɔːtrɪt, 'pɔːtreɪt] *n* retrato *m*; **to have one's p. painted,** hacerse (hacer) un retrato; **to paint sb's p.,** retratar a algn. ■ **p. painter,** retratista *mf*.

portray [pɔː'treɪ] *vtr (paint portrait of)* retratar; *(describe)* pintar, describir; *Theat (character)* representar.

Portugal ['pɔːtjʊgəl] *n* Portugal.

Portuguese [pɔːtjʊ'giːz] **I** *adj* portugués,-esa, luso,-a. ■ **P. man-of-war,** medusa *f*. **II** *n* **1** *(person)* portugués,-esa *m,f*. **2** *(language)* portugués *m*.

pos *abbr of* **positive,** positivo,-a.

pose [pəʊz] **I** *vtr (problem, question)* plantear; *(threat)* representar. **II** *vi* **1** *(for painting, photograph)* posar. **2** *pej (behave affectedly)* presumir, hacer pose. **3 to p. as,** hacerse pasar por; **he posed as a doctor,** se hizo pasar por médico. **III** *n* **1** *(position, stance)* postura *f*, actitud *f*. **2** *pej (affectation)* pose *f*.

poser[1] ['pəʊzəʳ] *n fam pej (person)* presumido,-a *m,f*.

poser[2] ['pəʊzəʳ] *n (problem)* problema *m*; *(difficult question)* pregunta *f* difícil.

posh [pɒʃ] *GB fam* **I** *adj (hotel, restaurant, etc)* elegante, de lujo; *(person)* presumido,-a; *(accent)* afectado,-a. **II** *adv* **to talk p.,** hablar con acento afectado.

position [pə'zɪʃən] **I** *n* **1** *(place)* posición *f*; *(location)* situación *f*; *Sport* posición; **from this/that p.,** desde aquí/allí; *Sport* **what p. does she play?,** ¿de qué juega? **2** *(right place)* sitio *m*, lugar *m*; **to be in/out of p.,** estar en su sitio/fuera de lugar; **to hold sth in p.,** sujetar algo; **to put sth into p.,** colocar algo. **3** *(posture, stance)* posición *f*, postura *f*; **in a comfortable p.,** en una postura cómoda; **in a horizontal/vertical p.,** en posición horizontal/vertical. **4** *(on scale, in competition)* posición *f*, lugar *m*; *(rank)* rango *m*; **a woman of her p.,** una mujer de su categoría social; **in first/last p.,** en primer/último lugar. **5** *(situation)* lugar *m*, situación *f*; **put yourself in my p.,** ponte en mi lugar; **the economic/political p.,** la situación económica/política; **to be in an awkward p.,** encontrarse en una situación delicada; **to be in a p. to do sth,** estar en condiciones de hacer algo. **6** *(opinion)* postura *f*; **you know my p. on this matter,** ya sabes lo que opino sobre este tema. **7** *(job)* puesto *m*, empleo *m*; **a p. of responsibility,** un puesto de responsabilidad; **to apply for the p. of cook,** solicitar el puesto de cocinero. **II** *vtr (put in place)* colocar; *(troops)* situar; **to p. oneself,** ponerse en posición.

positive ['pɒzɪtɪv] *adj* **1** *(affirmative)* positivo,-a; *(criticism)* constructivo,-a; *Math Ling Elec* positivo,-a; *(person)* dinámico,-a; *(sign)* favorable; *(proof)* incontrovertible; *(refusal)* categórico,-a; *Med* **the tests were p.,** las pruebas resultaron positivas. **2** *(sure, certain)* seguro,-a; **to be p. about sth,** estar seguro,-a de algo. **3** *fam (absolute)* auténtico,-a, verdadero,-a; **it was a p. disaster,** fue un auténtico desastre. ◆**positively** *adv* **1** *(answer)* en forma positiva; *(think)* positivamente; *(talk)* con convicción. **2** *fam (absolutely)* realmente, verdaderamente; **the food was p. revolting,** la comida daba auténtico asco.

possess [pə'zes] *vtr* **1** *(own)* poseer; **everything she possessed,** todo cuanto tenía. **2** *(take over)* apoderarse de; **what possessed him to buy it?,** ¿cómo se le ocurrió comprarlo?

possessed [pə'zest] *adj* poseído,-a, endemoniado,-a.

possession [pə'zeʃən] *n* **1** *(ownership)* posesión *f*; *Sport* **to have p. of the ball,** tener el balón *or (in football)* la pelota; **to have sth in one's p.,** tener algo (en su poder); *Jur* **to take p. of sth,** tomar posesión de algo. **2** *(personal property)* posesión *f*; **her prized p.,** su posesión más estimada; **it was his only p.,** era lo único que tenía. **3 possessions,** bienes *mpl*. **4** *(evil spirit)* posesión *f*.

possessive [pə'zesɪv] **I** *adj* posesivo,-a; **to be p. about sth/with sb,** ser posesivo,-a con algo/algn. **II** *n Ling* posesivo *m*.

possessor [pə'zesəʳ] *n* poseedor,-a *m,f*.

possibility [pɒsɪ'bɪlɪtɪ] *n* **1** *(likelihood)* posibilidad *f*; **it's a p.,** es posible; **it's within the realms of p.,** queda dentro de lo posible; **there's a p. that they will accept,** existe posibilidad *or* es posible que acepten. **2 possibilities,** *(potential)* potencial *m sing*; **to have p.,** ser prometedor,-a.

possible ['pɒsɪbəl] I *adj* posible; **as much as p.**, todo lo posible; **as often as p.**, cuanto más mejor; **as soon as p.**, cuanto antes; **if at all p.**, a ser posible; **it's p. that they'll come**, es posible que vengan; **it's p. to go there**, es posible *or* se puede ir allí; **to make sth p.**, posibilitar algo. II *n* **he's a p. for the job**, es un candidato para el puesto. ◆**possibly** *adv* **1** posiblemente; **as well as I p. can**, lo mejor que pueda; **I can't p. come**, no puedo venir de ninguna manera. **2** *(perhaps)* tal vez, quizás, puede que sí; **will you go?** —**p.**, ¿irás? —puede que sí.

post[1] [pəʊst] I *n (of wood)* estaca *f*, poste *m*; *Ftb (goalpost)* poste; *fig* **to go from pillar to p.**, ir de la Ceca a la Meca; *GB sl* **to be pipped at the p.**, perder por un pelo. ■ **starting/finishing p.**, línea *f* de salida/llegada. II *vtr (fix)* fijar; *(notice)* **'post no bills'**, 'prohibido fijar carteles'.

post[2] [pəʊst] I *n* **1** *(position, job)* puesto *m*, cargo *m*; **to take up one's p.**, ocupar el puesto. **2** *Mil* puesto *m*. ■ **frontier p.**, puesto *m* fronterizo; **last p.**, toque *m* de retreta. **3** *US* **trading p.**, factoría *f*. II *vtr* **1** *Mil* enviar, destinar. **2** *(send)* enviar, destinar.

post[3] [pəʊst] *GB* I *n (mail)* correo *m*; **by p.**, por correo; **by return p.**, a vuelta de correo; **by separate p.**, por correo aparte; **is there any p.?**, ¿hay cartas?; **to catch/miss the p.**, alcanzar/no alcanzar el correo; **to come first/last p.**, venir con el primer/último reparto. ■ **p. office**, oficina *f* de correos; **P. Office Box**, apartado *m* de correos; **P. Office Savings Bank**, Caja *f* Postal de Ahorros; **p. office worker**, empleado,-a *m,f* de correos. II *vtr (letter)* echar al correo; **to p. sth to sb**, mandar algo por correo a algn; *fig* **to keep sb posted about sth**, tener a algn al tanto de algo.

post- [pəʊst] *pref* post-, pos-.

postage ['pəʊstɪdʒ] *n* franqueo *m*, porte *m*; **p. paid**, franco de porte. ■ **p. and packing**, gastos *mpl* de envío; **p. stamp**, sello *m*.

postal ['pəʊstəl] *adj* postal, de correos. ■ **p. district**, distrito *m* postal; **p. order**, giro *m* postal; **p. vote**, voto *m* por correo.

postbag ['pəʊstbæg] *n GB (mail)* cartas *fpl*, correspondencia *f*.

postbox ['pəʊstbɒks] *n GB* buzón *m*.

postcard ['pəʊstkɑːd] *n* tarjeta *f* postal.

postcode ['pəʊstkəʊd] *n GB* código *m* postal.

postdate [pəʊst'deɪt] *vtr* poner fecha adelantada a.

poster ['pəʊstə'] *n* cartel *m*, póster *m*.

poste restante [pəʊstɪ'stænt] *n* lista *f* de correos.

posterior [pɒ'stɪərɪə'] I *n hum* trasero *m*, pompis *m*. II *adj* posterior.

posterity [pɒ'sterɪtɪ] *n* posteridad *f*.

post-free [pəʊst'friː] *GB* I *adj* porte pagado. II *adv* a porte pagado.

postgraduate [pəʊst'grædjʊɪt] I *n* postgraduado,-a *m,f*, posgraduado,-a *m,f*. II *adj* de postgraduado *or* posgraduado.

posthaste [pəʊst'heɪst] *adv* a toda prisa.

posthumous ['pɒstjʊməs] *adj* póstumo,-a. ◆**posthumously** *adv* póstumamente, después de la muerte.

postman ['pəʊstmən] *n (pl postmen)* cartero *m*.

postmark ['pəʊstmɑːk] I *n* matasellos *m inv*. II *vtr* timbrar, matasellar.

postmaster ['pəʊstmɑːstə'] *n* administrador *m* de correos. ■ **p. general**, director *m* general de correos.

postmistress ['pəʊstmɪstrɪs] *n* administradora *f* de correos.

postmortem [pəʊst'mɔːtəm] *n* autopsia *f*.

postnatal [pəʊst'neɪtəl] *adj* postnatal, (de) postparto.

postpone [pəʊst'pəʊn, pə'spəʊn] *vtr* aplazar, posponer.

postponement [pəʊst'pəʊnmənt] *n* aplazamiento *m*.

postscript ['pəʊsskrɪpt] *n* postdata *f*, posdata *f*.

postulate ['pɒstjʊleɪt] *vtr* postular.

posture ['pɒstʃə'] I *n* postura *f*; *(affected)* pose *f*. II *vi* adoptar una postura; *(affected)* adoptar una pose.

postwar ['pəʊstwɔː'] *adj* de la postguerra *or* posguerra; **the p. period**, la postguerra, la posguerra.

posy ['pəʊzɪ] *n* ramillete *m*.

pot [pɒt] I *n (container)* tarro *m*, pote *m*; *(for cooking)* olla *f*, puchero *m*; *(for tea)* tetera *f*; *(for coffee)* cafetera *f*; *(for flowers)* maceta *f*, tiesto *m*; *(ornament)* cacharro *m*; **pots and pans**, batería *f* (de cocina); **to take a p. shot at sb**, tirar *or* disparar al azar contra algn; *fam* **to go to p.**, irse al traste; *fam* **to have pots of money**, estar forrado,-a. ■ *Culin* **p. roast**, carne *f* asada en la olla; **p. shot**, tiro *m* al azar. II *vtr (pt & pp potted)* **1** *(meat etc)* conservar en tarro; *(plant)* poner en maceta *or* tiesto. **2** *(ball)* *(in billiards)* meter en la tronera; *(in golf)* meter en el hoyo.

potable ['pəʊtəbəl] *adj* potable.

potash ['pɒtæʃ] *n Chem* potasa *f*.

potassium [pə'tæsɪəm] *n Chem* potasio *m*.

potato [pə'teɪtəʊ] *n (pl potatoes)* patata *f*; *sl* **hot p.**, patata caliente. ■ **jacket p.**, patata *f* cocida *or* asada con piel; **mashed p.**, puré *m* de patatas; **p. crisp**, *US* **p. chip**, patata *f* frita (de bolsa); **sweet p.**, boniato *m*.

potbellied ['pɒtbelɪd] *adj (fat)* barrigón,-ona; *(malnourished)* de vientre hinchado.

potency ['pəʊtənsɪ] *n* potencia *f*, fuerza *f*.

potent ['pəʊtənt] *adj* potente, fuerte.

potentate ['pəʊtənteɪt] *n* potentado *m*.

potential [pə'tenʃəl] I *adj* potencial, posible. II *n* **1** *(promise)* potencial *m*; **to have p.**, ser prometedor,-a; **to realize one's full p.**, realizarse plenamente. **2** *Elec Math* potencial *m*. ◆**potentially** *adv* en potencia.

pothole ['pɒthəʊl] *n Geol* cueva *f*; *(in road)* bache *m*.

potholer ['pɒthəʊlə'] *n GB Sport* espeleólogo,-a *m,f*.

potholing ['pɒthəʊlɪŋ] *n GB Sport* espeleología *f*.

potion ['pəʊʃən] *n* poción *f*, pócima *f*.

potluck [pɒt'lʌk] *n fam* **to take p.**, conformarse con lo que haya.

potpourri [pəʊ'pʊərɪ] *n (pl potpourris)* **1** *(of flowers)* pebete *m*; *(of music, poems, etc)* popurrí *m*. **2** *Culin* olla *f* podrida.

potted ['pɒtɪd] I *pt & pp see* **pot**. II *adj (food)* en conserva; *(plant)* en maceta *or* tiesto; *fam fig* **a p. version**, una versión resumida.

potter[1] ['pɒtə'] *n* alfarero,-a *m,f*. ■ **p.'s wheel**, torno *m* de alfarero.

potter[2] ['pɒtə'] *vi GB* **to p. about** *or* **around**, entretenerse.

pottery ['pɒtərɪ] *n (craft, place)* alfarería *f*; *(objects)* cerámica *f*, loza *f*. ■ **p. mug**, tazón *m* de barro.

potty[1] ['pɒtɪ] *adj (pottier, pottiest) GB fam* chiflado,-a; **to drive sb p.**, volverle loco,-a a algn.

potty[2] ['pɒtɪ] *n fam* orinal *m*.

potty-trained ['pɒtɪtreɪnd] *adj (child)* que ya no necesita llevar pañales.

pouch [paʊtʃ] *n* **1** *(gen)* bolsa *f* pequeña; *(for ammunition)* morral *m*; *(for tobacco)* petaca *f*. **2** *Zool* bolsa *f* abdominal.

pouf(fe) [pu:f] *n* puf *m*.

poulterer ['pəʊltərəʳ] *n GB* pollero,-a *m,f*.

poultice ['pəʊltɪs] *n Med* cataplasma *f*, emplasto *m*.

poultry ['pəʊltrɪ] *n (live)* aves *fpl* de corral; *(food)* pollos *mpl*, volatería *f*. ■ **p. farm**, granja *f* avícola; **p. farmer**, avicultor,-a *m,f*; **p. farming**, avicultura *f*.

pounce [paʊns] **I** *vi* **to p. on sb/sth**, echarse encima de algn/algo. **II** *n* salto *m*.

pound[1] [paʊnd] *vtr (strike)* aporrear, machacar; **to p. at** *or* **on the door**, golpear la puerta. **II** *vi* **1** *(beat)* resonar; *(heart)* palpitar; *(waves)* romper. **2** *(walk heavily)* andar con paso pesado.

pound[2] [paʊnd] *n* **1** *(money)* libra *f* (esterlina). ■ **p. note**, billete *m* de una libra. **2** *(weight)* libra *f*; **half a p.**, media libra; **to sell sth by the p.**, vender algo por libras.

pound[3] [paʊnd] *n (enclosure) (for dogs)* perrera *f*; *(for cars)* depósito *m* de coches.

pounding ['paʊndɪŋ] *n (of heart)* palpitación *f*; *(of waves)* embate *m*; *fam* **to give sb a p.**, darle una paliza a algn.

pour [pɔːʳ] **I** *vtr (liquid)* echar, verter; *(spill)* derramar; **to p. money into a venture**, invertir mucho dinero en un negocio; **to p. sb a drink**, servirle una copa a algn; *fig* **to p. cold water on a scheme**, poner pegas a un proyecto; *fig* **to p. scorn on sth**, despreciar algo. **II** *vi (liquid)* correr, fluir; *(spill)* derramarse; *(of teapot)* echar; **it's pouring with rain**, está lloviendo a cántaros; *fam* **the sweat was pouring off him**, sudaba la gota gorda. ◆**pour out** *vtr (liquid)* echar, verter; *(spill)* derramar; **to p. sb out a drink**, **p. out a drink for sb**, servirle una copa a algn; *fig* **to p. one's heart out to sb**, desahogarse con algn.

pouring ['pɔːrɪŋ] *adj (rain)* torrencial; *(custard etc)* para echar; **p. consistency**, consistencia *f* líquida.

pout[1] [paʊt] **I** *vi* hacer pucheros, poner mala cara. **II** *n* puchero *m*, mala cara *f*.

pout[2] [paʊt] *n (fish)* faneca *f*.

poverty ['pɒvətɪ] *n* pobreza *f*; *fig (of ideas)* falta *f*, carencia *f*; **extreme p.**, miseria *f*; **to live in p.**, vivir en la miseria.

poverty-stricken ['pɒvətɪstrɪkən] *adj* necesitado,-a; **to be p.-s.**, vivir en la miseria.

POW [piːəʊˈdʌbljuː:] *abbr of* **prisoner of war**, prisionero,-a *m,f* de guerra.

powder ['paʊdəʳ] **I** *n* polvo *m*; **to reduce sth to p.**, pulverizar algo, reducir algo a polvo. ■ **p. compact**, polvera *f*; **p. keg**, polvorín *m*; **p. puff**, borla *f*; **p. room**, servicios *mpl* de señora, tocador *m*; **talcum p.**, polvos *mpl* de talco. **II** *vtr* **1** *(reduce to powder)* pulverizar, reducir a polvo. **2** *(put powder on)* **to p. one's nose**, poner polvos en la cara; *euph* ir a los servicios de señora *or* al tocador.

powdered ['paʊdəd] *adj (milk)* en polvo.

powdery ['paʊdərɪ] *adj (like powder)* polvoriento,-a; *(powdered)* en polvo.

power ['paʊəʳ] **I** *n* **1** *(force, strength)* fuerza *f*; *(energy)* energía *f*; **electric/nuclear p.**, energía eléctrica/nuclear; *Elec* **to cut off the p.**, cortar la corriente. ■ **p. point**, enchufe *m*, toma *f* (de corriente); **p. station**, central *f* eléctrica; *Aut* **p. steering**, dirección *f* asistida. **2** *(ability)* poder *m*, capacidad *f*; *(faculty)* facultad *f*; *fig (impact)* poder; **to do everything in one's p.**, hacer todo lo posible por conseguir algo; **powers of persuasion**, poder de persuasión; **powers of resistance**, capacidad de resistencia; **the p. of speech**, la facultad del habla; *fig* **el poder del habla**; *fam* **it did him a p. of good**, le hizo mucho bien. **3** *(authority)* poder *m*, autoridad *f*; *(nation)* potencia *f*; *Jur Pol* poder; *(influence)* influencia *f*; *(right)* derecho *m*; **powers of darkness**, las fuerzas del mal; **the great powers**, las grandes potencias; **the p. of veto**, el derecho de veto; *Pol* **to come into p.**, **rise to p.**, subir al poder; **to have p. over sb**, tener influencia sobre algn; **to have sb in one's p.**, tener a algn en su poder; *fig* **the powers that be**, las autoridades. ■ *Jur* **p. of attorney**, poder *m*, procuración *f*. **4** *Tech* potencia *f*, fuerza *f*; *(performance, output)* rendimiento *m*. ■ **p. drill**, taladradora *f* mecánica; **p. saw**, sierra *f* mecánica. **5** *Math* potencia *f*; **two to the p. of four**, dos elevado a la cuarta potencia. **II** *vtr (aircraft)* propulsar, impulsar; **powered by jet**, impulsado,-a por motor a reacción; **to be powered by electricity**, funcionar con electricidad.

powerboat ['paʊəbəʊt] *n Naut* motora *f*, lancha *f* a motor.

power-driven ['paʊədrɪvən] *adj Tech* mecánico,-a; *Elec* eléctrico,-a.

powerful ['paʊəfʊl] *adj (strong) (person)* fuerte, fornido,-a; *(influential) (person, country)* poderoso,-a; *(remedy)* eficaz; *(engine, machine)* potente; *(emotion)* fuerte; *(speech)* conmovedor,-a, emocionante.

powerhouse ['paʊəhaʊs] *n Elec* central *f* eléctrica; *fig (person)* persona *f* dinámica; *fig (thing)* fuerza *f* motriz.

powerless ['paʊəlɪs] *adj* impotente, ineficaz; **I was p. to help**, no pude hacer nada para ayudar.

powwow ['paʊwaʊ] *n fam* plática *f*, conferencia *f*.

pox [pɒks] *n Med* viruela *f*; *fam* **the p.**, la sífilis.

poxy ['pɒksɪ] *adj (poxier, poxiest) sl* pésimo,-a, malísimo,-a.

pp *abbr of* **pages**, páginas *fpl*, págs., pp.

PR [piːˈɑːʳ] *abbr of* **public relations**, relaciones *fpl* públicas.

pr 1 *abbr of* **pair**, par *m*. **2** *abbr of* **price**, precio *m*.

practicability [præktɪkəˈbɪlɪtɪ] *n* factibilidad *f*.

practicable ['præktɪkəbəl] *adj* factible, practicable.

practical ['præktɪkəl] **I** *adj (gen)* práctico,-a; *(useful)* útil; *(sensible)* sensato,-a, adecuado,-a; *(person)* práctico,-a, realista; **for all p. purposes**, en la práctica. **II** *n (lesson)* clase *f* práctica. ◆**practically** *adv* **1** *(in practice)* en la práctica; **p. speaking**, hablando de la práctica. **2** *(almost)* casi; **I p. did it**, por poco lo hago; **it's p. impossible**, es casi imposible.

practicality [præktɪˈkælɪtɪ] *n (of suggestion, plan)* factibilidad *f*; **practicalities**, detalles *mpl* prácticos.

practice ['præktɪs] **I** *n* **1** *(custom, habit)* costumbre *f*; **it's their p. to ask for references**, acostumbran a *or* suelen pedir informes; **it's the usual p.**, es la costumbre; **sharp p.**, trampas *fpl*; **to make a p. of doing sth**, tener la costumbre de hacer algo. **2** *(exercise)* práctica *f*, ejercicios *mpl*; *Sport* entrenamiento *m*; *Mus* ensayo *m*, práctica *f*; **it takes years of p.**, requiere años de práctica *or* de entrenamiento; **to be**

out of p., no estar en forma; **to keep in p.,** mantenerse en forma; *prov* **p. makes perfect,** se aprende a base de práctica. ■ **choir p.,** ensayo *m* coral; **piano p.,** *(scales)* ejercicios *mpl* en el piano; *(studies)* estudios *mpl* del piano; *Sport* **p. match,** partido *m* de entrenamiento. **3** *(way of doing sth)* práctica *f*; *Ind (technique)* técnica *f*, métodos *mpl*; **in p.,** en la práctica; **to put sth into p.,** poner algo en práctica. **4** *(exercise of profession)* ejercicio *m*; *(place) (of doctors)* consultorio *m*, consulta *f*; *(of lawyers)* bufete *m*, gabinete *m*; *(clients) (of doctors)* pacientes *mpl*; *(of lawyers)* clientela *f*; *Med* **private p.,** consulta privada; **she's no longer in p.,** ya no practica *or* ejerce; **to be in p.,** *(doctor)* ejercer la medicina; *(lawyer)* ejercer la abogacía; **to set up in p. as a doctor,** establecerse como médico. **II** *vtr & vi US see* **practise**.

practise ['præktɪs] **I** *vtr* **1** *(gen)* practicar; *(language, virtue)* practicar; *(method)* seguir; *(principle)* poner en práctica; *Mus Theat* ensayar; *(piano)* estudiar; **to p. one's Spanish on sb,** practicar el español con algn; *fig* **to p. what one preaches,** predicar con el ejemplo. **2** *(profession)* ejercer; **to p. medicine/law,** ejercer la medicina/la abogacía. **II** *vi* **1** *(gen)* practicar; *Sport* entrenar; *Mus Theat* ensayar. **2** *(doctor)* practicar; *(lawyer)* ejercer.

practised, *US* **practiced** ['præktɪst] *adj (skilled)* experto,-a.

practising, *US* **practicing** ['præktɪsɪŋ] *adj (of doctor etc)* que ejerce; *(Christian etc)* practicante.

practitioner [præk'tɪʃənər] *n* *GB Med* **general p.,** médico,-a *m,f* de cabecera; **medical p.,** médico,-a *m,f*.

pragmatic [præg'mætɪk] *adj* pragmático,-a.

pragmatics [præg'mætɪks] *n* pragmática *f*.

pragmatism ['prægmətɪzəm] *n* pragmatismo *m*.

pragmatist ['prægmətɪst] *n* pragmatista *mf*.

Prague [prɑːg] *n* Praga.

prairie ['preərɪ] *n (gen)* pradera *f*; *US* llanura *f*, pampa *f*. ■ *Zool* **p. dog,** perro *m* de las praderas.

praise [preɪz] **I** *n* alabanza *f*, elogio *m*, loa *f*; **I have nothing but p. for what she has done,** sólo tengo elogios para lo que ha hecho; **in p. of sth/sb,** en alabanza de algo/algn; **p. be to God!,** ¡alabado sea Dios!; *fig* **to sing the praises of sth/sb,** alabar *or* elogiar algo/a algn. **II** *vtr* alabar, elogiar; **to p. God,** alabar a Dios; *fig* **to p. sb to the skies,** poner a algn por las nubes.

praiseworthy ['preɪzwɜːðɪ] *adj* loable, digno,-a de elogio.

praline ['prɑːliːn] *n US Culin* praliné *m*.

pram [præm] *n GB* cochecito *m* de niño.

prance [prɑːns] *vi (horse)* hacer cabriolas, encabritarse; *(person)* **to p. about,** ir pegando brincos; **to p. in/out,** entrar/salir dando brincos.

prang [præŋ] *GB sl* **I** *n (bombing)* bombardeo *m*; *(accident)* accidente *m*. **II** *vtr (bomb)* bombardear; *(crash)* estrellar.

prank [præŋk] *n (piece of mischief)* travesura *f*; *(joke)* broma *f*; **to play a p. on sb,** gastar una broma a algn.

prat [præt] *n sl* imbécil *mf*.

prate [preɪt] *vi* decir tonterías.

prattle ['prætəl] **I** *vi* charlar, parlotear. **II** *n* charla *f*, parloteo *m*.

prawn [prɔːn] *n Zool* gamba *f*.

pray [preɪ] *vi Rel* rezar, orar; **to p. to God that sth might happen,** rogar a Dios para que pase algo; *fam* **he's past praying for,** es un caso perdido; *fam* **we're praying for good weather,** deseamos que haga buen tiempo.

prayer [preər] **I** *n Rel* rezo *m*, oración *f*; *(entreaty)* súplica *f*, ruego *m*; *(in church)* **morning prayers,** maitines *mpl*; **the Lord's P.,** el Padrenuestro; **to say one's prayers,** rezar, orar; *fig* **his prayers were answered,** sus oraciones fueron escuchadas. ■ **evening prayers,** vísperas *fpl*; **p. book,** devocionario *m*, misal *m*; **p. meeting,** reunión *f* para orar juntos.

pre- [priː] *pref* pre-, ante-; **pre-1960,** antes de 1960.

preach [priːtʃ] **I** *vtr Rel (gospel)* predicar; *(sermon)* dar, hacer. **II** *vi Rel* predicar; *fig* **to p. to sb,** sermonear a algn.

preacher ['priːtʃər] *n Rel* predicador,-a *m,f*; *US (minister)* pastor *m*.

preamble [priː'æmbəl] *n* preámbulo *m*.

prearrange [priːə'reɪndʒ] *vtr* arreglar de antemano.

precarious [prɪ'keərɪəs] *adj (unstable)* precario,-a; *(dangerous)* peligroso,-a.

precaution [prɪ'kɔːʃən] *n* precaución *f*; **as a p. against illness,** por precaución contra la enfermedad; **to take precautions,** *(gen)* tomar precauciones; *(in sex)* usar contraceptivo; **to take the p. of doing sth,** tomar la precaución de hacer algo.

precautionary [prɪ'kɔːʃənərɪ] *adj* preventivo,-a **(against,** contra).

precede [prɪ'siːd] *vtr* preceder; **the speech was preceded by an introduction,** el discurso estuvo precedido por una introducción.

precedence ['presɪdəns] *n* preferencia *f*, prioridad *f*; **in order of p.,** por orden de preferencia; **to take p. over sth/sb,** tener prioridad sobre algo/algn.

precedent ['presɪdənt] *n* precedente *m*; **to create** *or* **set a p.,** sentar un precedente; **without p.,** sin precedente.

preceding [prɪ'siːdɪŋ] *adj* precedente, anterior; **the week p. the accident,** la semana anterior al accidente.

precept ['priːsept] *n* precepto *m*.

precinct ['priːsɪŋkt] *n (enclosure)* recinto *m*; *US (district)* distrito *m*. ■ **pedestrian/shopping p.,** zona *f* peatonal/comercial.

precious ['preʃəs] **I** *adj (valuable)* precioso,-a; *(treasured)* precioso,-a, querido,-a; *iron* maldito,-a; **p. memories,** gratos recuerdos *mpl*; **p. stones,** piedras *fpl* preciosas; *fam* **you and your p. car!,** ¡tú y tu tan querido coche! **II** *n (term of endearment)* precioso,-a *m,f*, cariño *m*; **yes, my p.,** sí, mi vida. **III** *adv fam* **p. little/few,** muy poco/pocos.

precipice ['presɪpɪs] *n* precipicio *m*; *fig* **to be living on the edge of a p.,** vivir al borde del precipicio.

precipitate [prɪ'sɪpɪteɪt] **I** *vtr (hasten)* precipitar, provocar; *Chem* precipitar; *fig* arrojar. **II** *adj* precipitado,-a. **III** [prɪ'sɪpɪtɪt] *n Chem* precipitado *m*.

precipitation [prɪsɪpɪ'teɪʃən] *n* precipitación *f*.

precipitous [prɪ'sɪpɪtəs] *adj* **1** *(steep)* escarpado,-a. **2** *(hasty)* precipitado,-a.

précis ['preɪsiː] **I** *n (pl précis* ['preɪsiːz]*)* resumen *m*. **II** *vtr* resumir, sintetizar.

precise [prɪ'saɪs] *adj* **1** *(exact)* preciso,-a, exacto,-a; **an hour, 55 minutes to be p.,** una hora, 55 minutos para ser precisos; **at that p. moment,** en aquel preciso *or* mismo momento; **to be p.!,** ¡sé preciso,-a!, ¡concreta! **2** *(meticulous)* meticuloso,-a; *pej* quisquilloso,-a. ◆**precisely** adv (exactly) precisamente, exactamente; (with precision) con precisión; **it's p. six o'clock,** son las seis en punto; **p.!,** ¡eso es!, ¡exacto!

precision [prɪ'sɪʒən] n (exactness) precisión f, exactitud f; **lack of p.,** imprecisión f. ■ **p. instrument,** instrumento m de precisión.

preclude [prɪ'kluːd] vtr (exclude) excluir; (avoid) evitar; (prevent) impedir; **it precludes us from going,** nos impide que vayamos; **to p. any misunderstanding,** para evitar todo malentendido.

precocious [prɪ'kəʊʃəs] adj precoz.

precociousness [prɪ'kəʊʃəsnɪs] n, **precocity** [prɪ'kɒsɪtɪ] n precocidad f.

preconceived [priːkən'siːvd] adj preconcebido,-a.

preconception [priːkən'sepʃən] n (idea) idea f preconcebida; (prejudice) prejuicio m.

precondition [priːkən'dɪʃən] n condición f previa.

precook [priː'kʊk] vtr precocinar.

precursor [priː'kɜːsəʳ] n precursor,-a m,f.

predate [priː'deɪt] vtr **1** (precede) preceder, ser anterior a. **2** (put earlier date on) poner fecha anterior a, antedatar.

predator ['predətəʳ] n Zool depredador m, animal m de rapiña.

predatory ['predətərɪ] adj Zool predador,-a, de rapiña; fig (person) depredador,-a.

predecease [priːdɪ'siːs] vtr morir antes que.

predecessor ['priːdɪsesəʳ] n (gen) predecesor,-a m,f, antecesor,-a m,f; (ancestor) antepasado,-a m,f.

predestination [priːdestɪ'neɪʃən] n predestinación f.

predestine [priː'destɪn] vtr predestinar.

predetermination [priːdɪtɜːmɪ'neɪʃən] n predeterminación f.

predetermine [priːdɪ'tɜːmɪn] vtr predeterminar.

predicament [prɪ'dɪkəmənt] n apuro m, aprieto m; **to be in a p.,** (difficult situation) estar en un apuro; (dilemma) estar en un dilema.

predicate ['predɪkeɪt] **I** vtr **1** (state) afirmar. **2** (base) basar; **to be predicated upon sth,** basarse en algo. **II** ['predɪkɪt] n Ling predicado m.

predict [prɪ'dɪkt] vtr predecir, pronosticar.

predictable [prɪ'dɪktəbəl] adj previsible; **she's very p.,** actúa siempre de forma previsible. ◆**predictably** adv como era de esperar.

prediction [prɪ'dɪkʃən] n predicción f, pronóstico m.

predispose [priːdɪ'spəʊz] vtr predisponer; **to be predisposed to doing sth,** (conditioned) estar predispuesto,-a a hacer algo; (prone) ser propenso,-a a hacer algo.

predisposition [priːdɪspə'zɪʃən] n predisposición f, propensión f (**to, towards,** a).

predominance [prɪ'dɒmɪnəns] n predominio m.

predominant [prɪ'dɒmɪnənt] adj predominante, prevalente. ◆**predominantly** adv (mostly) en su mayoría.

predominate [prɪ'dɒmɪneɪt] vi predominar.

pre-eminence [prɪ'emɪnəns] n preeminencia f.

pre-eminent [prɪ'emɪnənt] adj preeminente.

pre-empt [prɪ'empt] vtr adelantarse a.

preen [priːn] vtr (feathers) arreglar con el pico; **to p. oneself,** (bird) arreglarse las plumas; fig (person) pavonearse.

pre-establish [priːɪ'stæblɪʃ] vtr establecer de antemano.

pre-established [priːɪ'stæblɪʃt] adj preestablecido,-a.

prefab ['priːfæb] n fam (house) casa f prefabricada.

prefabricated [priː'fæbrɪkeɪtɪd] adj prefabricado,-a.

preface ['prefɪs] **I** n prólogo m, prefacio m. **II** vtr prologar.

prefect ['priːfekt] n **1** GB Educ monitor,-a m,f. **2** Admin prefecto m.

prefer [prɪ'fɜːʳ] vtr **1** (pt & pp **preferred**) preferir; **he prefers swimming to playing tennis,** prefiere nadar a jugar al tenis; **I p. milk to tea,** prefiero la leche al té, me gusta más la leche que el té; **she would p. us to come tomorrow,** preferiría que viniéramos mañana; **we p. to stay at home,** preferimos quedarnos en casa. **2** Jur presentar; **to p. charges against sb,** acusar a algn.

preferable ['prefərəbəl] adj preferible (**to,** a). ◆**preferably** adv preferentemente, de preferencia.

preference ['prefərəns] n (preferred choice) preferencia f; (priority) prioridad f; **in order of p.,** en orden de preferencia; **to give p. to sth,** dar prioridad a algo; **to have a p. for sth,** preferir algo; **what's your p.?,** ¿cuál prefieres?

preferential [prefə'renʃəl] adj preferente.

prefix ['priːfɪks] n Ling prefijo m.

pregnancy ['pregnənsɪ] n embarazo m. ■ **p. test,** prueba f del embarazo.

pregnant ['pregnənt] adj (human) embarazado,-a; (animal) preñado,-a; **to be three months p.,** estar embarazada de tres meses; fig **a p. pause,** una pausa significativa.

prehistoric(al) [priːhɪ'stɒrɪk(əl)] adj prehistórico,-a.

prehistory [priː'hɪstərɪ] n prehistoria f.

prejudge [priː'dʒʌdʒ] vtr (situation) prejuzgar; (person) juzgar de antemano.

prejudice ['predʒʊdɪs] **I** n **1** (bias) prejuicio m; **to have a p. against sth,** estar predispuesto,-a contra algo. **2** (harm) perjuicio m; Jur **without p.,** sin detrimento de sus propios intereses. **II** vtr **1** (bias) predisponer. **2** (harm) perjudicar.

prejudiced ['predʒʊdɪst] adj parcial; **to be p. against/in favour of sb/sth,** estar predispuesto,-a contra/a favor de algn/algo.

prejudicial [predʒʊ'dɪʃəl] adj perjudicial.

prelate ['prelɪt] n Rel prelado m.

preliminary [prɪ'lɪmɪnərɪ] **I** adj (exam, remark) preliminar; Sport (round) eliminatorio,-a. **II** n preliminar m; **preliminaries,** preliminares mpl.

prelude ['preljuːd] n preludio m; **a p. to sth,** un preludio de algo.

premarital [priː'mærɪtəl] adj prematrimonial.

premature [premə'tjʊəʳ, 'premətjʊəʳ] adj prematuro,-a; **you're being a bit p.,** te adelantas un poco. ◆**prematurely** adv antes de tiempo.

premeditate [prɪ'medɪteɪt] vtr (crime) premeditar; (action) calcular.

premenstrual [priː'menstrʊəl] adj Med **p. tension,** tensión f premenstrual.

premier ['premjəʳ] **I** n Pol primer,-a ministro,-a m,f. **II** adj primer, primero,-a.

premiere ['premɪeəʳ] n Cin estreno m.

premise ['premɪs] n premisa f.

premises ['premɪsɪz] *npl* local *m sing*; **business p.**, local comercial; **licensed p.**, local autorizado para la venta de bebidas alcohólicas; **on/off the p.**, en el/ fuera del local.

premium ['pri:mɪəm] *n Com Fin Ind* prima *f*; **to be at a p.**, estar sobre la par; *fig* estar muy solicitado,-a *or* cotizado,-a; **to put a p. on sth**, dar un gran valor a algo. ■ **p. bonds**, bonos *mpl* cotizados sobre la par.

premonition [premə'nɪʃən] *n* presentimiento *m*, premonición *f*.

prenatal [pri:'neɪtəl] *adj* prenatal.

preoccupation [pri:ɒkjʊ'peɪʃən] *n* preocupación *f*.

preoccupied [pri:'ɒkjʊpaɪd] *adj* preocupado,-a; **to be p. with sth**, preocuparse por algo.

preoccupy [pri:'ɒkjʊpaɪ] *vtr (pt & pp preoccupied)* preocupar.

prep [prep] *fam* **1** *abbr of* **preparation**, deberes *mpl*. **2** *abbr of* **preparatory school**, escuela *f* primaria privada (hasta los 13 años).

prepaid [pri:'peɪd] **I** *pt & pp see* **prepay**. **II** *adj* porte pagado.

preparation [prepə'reɪʃən] *n* **1** *(action)* preparación *f*; **in p. for sth**, en preparación para algo. **2** *(plan)* preparativo *m*. **3** *Chem* preparado *m*. **4** *fam Educ* deberes *mpl*.

preparatory [prɪ'pærətərɪ] *adj* preparatorio,-a, preliminar; **p. to doing sth**, como preparativo para hacer algo. ■ *Educ* **p. school**, escuela *f* primaria privada (hasta los 13 años).

prepare [prɪ'peər] **I** *vtr (gen)* preparar; *(document)* redactar; *(attack)* montar; **to p. sb for sth**, preparar a algn para algo; **to p. the way for talks**, preparar el terreno para conversaciones; **to p. to do sth**, prepararse para hacer algo. **II** *vi* prepararse **(for**, para).

prepared [prɪ'peəd] *adj* **1** *(ready)* listo,-a, preparado,-a; **we're all p.**, estamos todos listos. **2** *(willing)* dispuesto,-a; **to be p. to do sth**, estar dispuesto,-a a hacer algo.

prepay [pri:'peɪ] *vtr (pt & pp prepaid)* pagar por adelantado; **to send sth carriage prepaid**, mandar algo a porte pagado.

prepayment [pri:'peɪmənt] *n* pago *m* por adelantado.

preponderance [prɪ'pɒndərəns] *n* preponderancia *f*.

preponderant [prɪ'pɒndərənt] *adj* preponderante.

preposition [prepə'zɪʃən] *n Ling* preposición *f*.

prepossessing [prɪ:pə'zesɪŋ] *adj* agradable, atractivo,-a.

preposterous [prɪ'pɒstərəs] *adj* absurdo,-a, ridículo,-a.

prerecord [pri:rɪ'kɔ:d] *vtr* pregrabar, grabar de antemano.

prerequisite [pri:'rekwɪzɪt] *n* condición *f* previa/ requisito *m*.

prerogative [prɪ'rɒgətɪv] *n* prerrogativa *f*, privilegio *m*.

Pres *abbr of* **President**, Presidente *m*, Pres.

Presbyterian [prezbɪ'tɪərɪən] *adj & n Rel* presbiteriano,-a *(m,f)*.

preschool [pri:'sku:l] *adj* preescolar.

prescribe [prɪ'skraɪb] *vtr* **1** *(set down)* prescribir, ordenar; **in the prescribed way**, de la forma prescrita. **2** *Med* recetar; *fig (recommend)* recomendar.

prescription [prɪ'skrɪpʃən] *n Med* receta *f* (médica); **it's available only on p.**, se vende sólo con receta médica; **to make up a p.**, preparar una receta.

prescriptive [prɪ'skrɪptɪv] *adj* legal.

presence ['prezəns] *n (gen)* presencia *f*; *(attendance)* asistencia *f*; **don't mention it in her p.**, no hables de ello delante de ella; **in the p. of**, en presencia de; **to make one's p. felt**, destacar, hacerse sentir; *fig* **p. of mind**, presencia *f* de ánimo, aplomo *m*, sangre *f* fría.

present¹ ['prezənt] **I** *adj* **1** *(in attendance)* presente; *Ling* **p. tense**, (tiempo *m*) presente *m*; **those p.**, los presentes; **to be p. at**, estar presente en, asistir a. **2** *(current)* actual; **at the p. time**, actualmente; **her p. address**, su domicilio actual. **II** *n (time)* presente *m*, actualidad *f*; **at p.**, actualmente; **for the p.**, de momento, por ahora; **up to the p.**, hasta ahora. ◆**presently** *adv* **1** *(soon)* dentro de poco. **2** *US (now)* ahora.

present² [prɪ'zent] **I** *vtr* **1** *(give) (as gift)* regalar; *(formally)* obsequiar; *(make presentation)* entregar, hacer la presentación de; **to p. sb with sth**, regalar algo a algn, obsequiar a algn con algo. **2** *(offer) (cheque, report, etc)* presentar; *(provide) (opportunity)* ofrecer; *(problems etc)* plantear. **3** *(introduce) (person)* presentar; **may I p. my brother**, le presento a mi hermano; **to p. oneself**, presentarse. **4** *Rad TV (programme)* presentar. **II** ['prezənt] *n (gift)* regalo *m*; *(formal)* obsequio *m*; **to give sb a p.**, hacer un regalo a algn; **to make sb a p. of sth**, regalar algo a algn.

presentable [prɪ'zentəbəl] *adj* presentable, arreglado,-a; **to make oneself p.**, arreglarse.

presentation [prezən'teɪʃən] *n* **1** *(act of giving)* presentación *f*; **on p. of the ticket**, al presentar *or* entregar la entrada; **to make the p.**, hacer la presentación. ■ **p. ceremony**, ceremonia *f* de entrega. **2** *Rad TV Theat* representación *f*.

present-day ['prezəntdeɪ] *adj* actual, de hoy en día; **p.-d. Britain**, la Gran Bretaña de hoy en día.

presenter [prɪ'zentər] *n Rad* locutor,-a *m,f*; *TV* presentador,-a *m,f*.

presentment [prɪ'zentmənt] *n* presentimiento *m*.

preservation [prezə'veɪʃən] *n* **1** *(protection)* conservación *f*, preservación *f*. ■ **p. order**, orden *f* de preservación. **2** *Culin* conservación *f*.

preservative [prɪ'zɜ:vətɪv] *n Culin* conservante *m*.

preserve [prɪ'zɜ:v] **I** *vtr* **1** *(keep)* mantener, conservar; **to p. one's dignity/sense of humour**, mantener la dignidad/el sentido del humor. **2** *Culin* conservar, guardar *or* poner en conserva. **II** *n* **1** *(hunting)* coto *m*, vedado *m*; *fig* **to trespass on sb's p.**, meterse en terreno ajeno. **2** *Culin* conserva *f*.

preshrunk [pri:'ʃrʌŋk] *adj* ya lavado,-a.

preside [prɪ'zaɪd] *vi* presidir; **to p. at** *or* **over a meeting**, presidir una reunión.

presidency ['prezɪdənsɪ] *n Pol* presidencia *f*; *US Com* dirección *f*.

president ['prezɪdənt] *n Pol* presidente,-a *m,f*; *US Com* director,-a *m,f*, gerente *mf*.

presidential [prezɪ'denʃəl] *adj Pol* presidencial.

press [pres] **I** *vtr* **1** *(push down) (button)* apretar, presionar, pulsar; *(keys on typewriter)* pulsar; *(squeeze)* apretar; *(fruit)* exprimir, estrujar; *(grapes)* pisar; *(flowers)* prensar; **he pressed his lips to hers**, la besó en la boca. **2** *(iron)* planchar (a vapor). **3** *(urge)* presionar, instar; *(insist* *on)* insistir en; **to p. a point,** recalcar un punto; **to p. home an advantage,** aprovecharse de una ventaja; **to p. sb to do sth,** acosar a algn para que haga algo. **4** *Jur* **to p. charges against sb,** demandar a algn. **II** *vi (push)* apretar; **p. hard,** aprieta fuerte; **to p. against sb/sth,** apretarse contra algn/algo; **to p. (down) on sth,** hacer presión sobre algo. **2** *(crowd)* apiñarse; *(hurry)* apresurarse; **the crowd pressed towards the stage,** el público se apresuró hacia el escenario. **3** *(urge)* apremiar, insistir en; **time presses,** el tiempo apremia; **to p. for an answer,** exigir una respuesta. **III** *n* **1** *(pressure)* presión *f*; **to give sth a p.,** presionar *or* apretar algo; *(trousers etc)* planchar algo. ■ **p. stud,** botón *m* de presión. **2** *(machine)* prensa *f*; *Tech* **hydraulic p.,** prensa hidráulica. ■ **oil/grape p.,** prensa *f* de uvas/aceite; **trouser p.,** prensa *f* para pantalones. **3** *Print* imprenta *f*; **ready for p.,** listo,-a para la impresión; **to go to p.,** entrar en prensa. ■ **rotary/offset p.,** rotativa *f*/offset *f*. **4** *Press* prensa *f*; **freedom of the p.,** libertad *f* de (la) prensa; **the p.,** la prensa, los periódicos; **to get a good/bad p.,** tener buena/mala prensa. ■ **p. agency,** oficina *f* de prensa; **p. conference,** conferencia *f or* rueda *f* de (la) prensa; **p. cutting,** recorte *m* de prensa; **p. gallery,** tribuna *f* de prensa. ◆**press ahead** *vi* **to p. ahead with sth,** seguir adelante con algo. ◆**press on** *vi* seguir adelante; **p. on!,** ¡adelante!

pressed [prest] *adj* **1** *Culin* embutido,-a; **p. chicken,** embutido *m* de pollo. **2 to be (hard) p. for,** andar escaso,-a de; **I'd be hard p. to do it,** me costaría mucho hacerlo.

press-gang ['presgæŋ] *vtr fam* **to p.-g. sb into doing sth,** obligar a algn a hacer algo.

pressing ['presɪŋ] *adj* apremiante, urgente.

pressman ['presmən] *n (pl pressmen)* periodista *m*.

pressure ['preʃə'] *n* **1** *Phys Tech Elec* presión *f*; *(weight)* peso *m*; *Med Meteor* **high/low p.,** altas/bajas presiones *fpl*; *Med* **to have high/low blood p.,** tener la tensión alta/baja; **to put p. on sth,** hacer presión sobre algo. ■ **blood p.,** tensión *f* arterial; *Tech* **p. chamber,** cámara *f* de presión; *Culin* **p. cooker,** olla *f* a presión; *Tech* **p. gauge,** manómetro *m*; **p. suit,** traje *m* espacial. **2** *fig* presión *f*; **the pressures of work,** las exigencias del trabajo; **to bring p. (to bear) on sb,** ejercer presión sobre algn; **to work under p.,** trabajar bajo presión.

pressure-cook ['preʃəkʊk] *vtr Culin* cocer en la olla a presión.

pressurize ['preʃəraɪz] *vtr* presurizar; *fig* apremiar, presionar; *Av* **pressurized cabin,** cabina *f* presurizada; *fig* **to p. sb into doing sth,** ejercer presión sobre algn para que haga algo.

prestige [pre'stiːʒ] *n* prestigio *m*.

prestigious [pre'stɪdʒəs] *adj* prestigioso,-a.

presumably [prɪ'zjuːməblɪ] *adv* según *or* de suponer que, se supone que; **p. he's innocent,** se supone que es inocente; **p. they'll come,** se espera que vengan.

presume [prɪ'zjuːm] **I** *vtr (suppose)* suponer, imaginarse, presumir; **I p. that they will phone,** supongo *or* me imagino que llamarán; **missing, presumed dead,** desaparecido,-a, probablemente muerto,-a; **we p. so/not,** suponemos que sí/no. **II** *vi* **1** *(suppose)* suponer. **2** *(rely)* **to p. on sb's generosity,** abusar de la generosidad de algn.

presumption [prɪ'zʌmpʃən] *n* **1** *(supposition)* suposición *f*, presunción *f*. **2** *(conceit, boldness)* osadía *f*, presunción *f*.

presumptuous [prɪ'zʌmptjʊəs] *adj* presuntuoso,-a.

presuppose [priːsə'pəʊz] *vtr* presuponer.

presupposition [priːsʌpə'zɪʃən] *n* presuposición *f*.

pretence, *US* **pretense** [prɪ'tens] *n* **1** *(deception)* fingimiento *m*, simulacro *m*; **it's all a p.,** es todo fingido; **to make a p. of doing sth,** fingir hacer algo. **2** *(pretext)* pretexto *m*; *Jur* **false pretences,** estafa *f sing*, fraude *m sing*; **to obtain sth by false pretences,** conseguir algo mediante estafa; **under the p. of friendship,** so pretexto de amistad. **3** *(claim)* pretensión *f*.

pretend [prɪ'tend] **I** *vtr* **1** *(feign)* fingir, simular, aparentar; **he pretended he couldn't understand us,** fingía no entendernos; **she's pretending to be asleep,** finge estar dormida. **2** *(claim)* pretender; **I don't p. to be an authority on the subject,** no pretendo ser experto en el tema. **II** *vi (feign)* fingir; **stop pretending!,** ¡déjate de mentiras! **III** *adj fam* fingido,-a, de mentirijillas.

pretense [prɪ'tens] *n US see* **pretence.**

pretension [prɪ'tenʃən] *n* **1** *(claim)* pretensión *f*. **2** *(showiness)* pretensiones *fpl*, presunción *f*.

pretentious [prɪ'tenʃəs] *adj (showy)* presumido,-a, ostentoso,-a, presuntuoso,-a.

preterite, *US* **preterit** ['pretərɪt] *n Ling* pretérito *m*.

pretext ['priːtekst] *n* pretexto *m*; **on** *or* **under the p. of doing sth,** so pretexto de hacer algo.

pretty ['prɪtɪ] **I** *adj (prettier, prettiest) (person)* bonito,-a, guapo,-a; *(thing)* bonito,-a, mono,-a; **it isn't a p. sight,** no es nada bonito; *fam* **it cost a p. penny,** costó un dineral. **II** *adv fam* bastante; **p. easy,** bastante fácil; **p. much the same,** más o menos lo mismo; **p. well finished,** casi terminado,-a.

pretzel ['pretsəl] *n Culin* galleta *f* salada.

prevail [prɪ'veɪl] *vi* **1** *(continue to exist)* predominar, regir; **the customs which prevailed,** las costumbres que regían. **2** *(win through)* prevalecer. **3** *(persuade)* persuadir; **to p. upon** *or* **on sb to do sth,** persuadir *or* convencer a algn para que haga algo.

prevailing [prɪ'veɪlɪŋ] *adj (wind)* predominante; *(opinion)* general, común, predominante; *(condition, fashion)* actual.

prevalent ['prevələnt] *adj (gen)* predominante, general; *(illness)* extendido,-a.

prevaricate [prɪ'værɪkeɪt] *vi* andar con rodeos.

prevarication [prɪværɪ'keɪʃən] *n (gen)* evasivas *fpl*; *Jur* prevaricación *f*.

prevent [prɪ'vent] *vtr (gen)* impedir; *(accident)* evitar; *(illness)* prevenir; **to p. sb from doing sth,** impedir a algn hacer algo; **to p. sth from happening,** evitar que pase algo.

preventable [prɪ'ventəbəl] *adj* evitable.

prevention [prɪ'venʃən] *n* prevención *f*; **p. of accidents,** precauciones *fpl or* medidas *fpl* preventivas contra los accidentes; **Society for the P. of Cruelty to Animals/Children,** Sociedad *f* Protectora de Animales/de Niños; *prov* **p. is better than cure,** más vale prevenir que curar.

preventive [prɪ'ventɪv] *adj* preventivo,-a; **p. medicine,** medicina *f* preventiva.

preview ['priːvjuː] **I** *n (of film, exhibition, etc)* preestreno *m*; *fig* **to give sb a p. of sth,** permitir a algn ver algo de antemano. **II** *vtr (of film, exhibition, etc)* ver en preestreno; *fig* ver de antemano.

previous ['pri:vɪəs] I *adj* anterior, previo,-a; **a p. engagement,** un compromiso anterior; **on a p. occasion,** en otra ocasión; **the p. afternoon,** la tarde anterior. ■ *Jur* **p. conviction,** antecedente *m* penal; **p. experience,** conocimientos *mpl* previos. II *adv* **p. to going,** antes de ir. ✦previously *adv* anteriormente, previamente.

prevue ['pri:vju:] *n* & *vtr US see* preview.

prewar ['pri:wɔ:ʳ] *adj* de antes de la guerra; **the p. period,** la preguerra.

prey [preɪ] I *n* presa *f*; *fig* presa, víctima *f*; **bird of p.,** ave *f* de rapiña; *fig* **to fall p. to temptation,** caer en la tentación. II *vi* cazar, alimentarse; **to p. on animals,** alimentarse de animales; *fig* **it's been preying on my mind,** me ha estado dando vueltas por la cabeza.

price [praɪs] I *n* (*value*) precio *m*, valor *m*; (*valuation*) valor *m*; **fixed/cash p.,** precio fijo/al contado; **high/low prices,** precios *mpl* altos/bajos; **not at any p.,** por nada del mundo; **peace at any p.,** la paz a cualquier precio; **to go up/down in p.,** subir/bajar de precio; **to pay a high p. for sth,** pagar algo muy caro; **what p. is that coat?,** ¿cuánto cuesta el abrigo?; *fig* **the p. of fame/success,** el precio de la fama/del éxito. ■ **p. control,** control *m* de precios; **p. freeze,** congelación *f* de precios; **p. index,** índice *m* de precios; **p. limit,** tope *m*, precio *m* tope; **p. list,** lista *f* de precios; **p. reduction,** descuento *m*, rebaja *f*; **p. tag,** etiqueta *f*. II *vtr* (*put price on*) poner un precio a; (*value*) poner un precio a, valorar, tasar; (*ask price of*) preguntar el precio de; **it is priced at £10,** vale 10 libras; **to be priced too high/low,** tener una valoración demasiado alta/baja; *Com* **to p. oneself out of the market,** perder clientela por poner precios muy altos.

priceless ['praɪslɪs] *adj* (*invaluable*) que no tiene precio, inestimable; *fam* (*very funny*) graciosísimo,-a, divertidísimo,-a.

pric(e)y ['praɪsɪ] *adj* (*pricier, priciest*) *fam* caro,-a.

prick [prɪk] I *vtr* 1 (*with pin etc*) picar; **to p. one's finger on sth,** pincharse el dedo con algo; *fig* **her conscience is pricking her,** le remuerde la conciencia. 2 **to p.** (**up**) levantar; *fig* **to p. up one's ears,** aguzar el oído. II *n* 1 (*with pin etc*) pinchazo *m*; *fig* **pricks of conscience,** remordimientos *mpl*. 2 *sl* (*penis*) polla *f*, picha *f*; *sl offens* (*obnoxious person*) gilipollas *mf inv*.

prickle ['prɪkəl] I *n* (*on plant, animal*) espina *f*; (*spike*) pincho *m*; (*sensation*) picor *m*, comezón *m*. II *vtr* & *vi* pinchar, picar.

prickly ['prɪklɪ] *adj* (*pricklier, prickliest*) espinoso,-a, lleno,-a de pinchos; (*sensation*) de picor, de hormigueo; *fig* (*touchy*) enojadizo,-a. ■ *Med* **p. heat,** sarpullido *m* por causa del calor; *Bot* **p. pear,** higo *m* chumbo.

pride [praɪd] I *n* (*gen*) orgullo *m*; (*self-respect*) amor *m* propio; (*arrogance*) soberbia *f*, orgullo *m*; **false p.,** vanidad *f*; **he has no p.,** no tiene amor propio; **to take a p. in sth,** enorgullecerse de algo; *fig* **he's the family's p. and joy,** es el orgullo de la familia; *fig* **to take p. of place,** tener el lugar de honor. ■ *Orn* **p. of India,** jabonero *m* de la India. II *vtr* **to p. oneself on** *or* **upon doing sth,** enorgullecerse *or* estar orgulloso,-a de hacer algo.

priest [pri:st] *n* sacerdote *m*, cura *m*.

priestess ['pri:stɪs] *n* sacerdotisa *f*.

priesthood ['pri:sthʊd] *n* (*clergy*) clero *m*; (*body of priests*) sacerdocio *m*; **to enter the p.,** hacerse *or* ordenarse sacerdote.

priestly ['pri:stlɪ] *adj* (*priestlier, priestliest*) sacerdotal.

prig [prɪg] *n* gazmoño,-a *m,f*, mojigato,-a *m,f*.

priggish ['prɪgɪʃ] *adj* gazmoño,-a, mojigato,-a.

prim [prɪm] *adj* (*primmer, primmest*) **p.** (**and proper**), remilgado,-a. ✦primly *adv* con remilgo.

prima donna [pri:mə'dɒnə] *n* (*pl* **prima donnas**) diva *f*.

prim(a)eval [praɪ'mi:vəl] *adj* primitivo,-a; **p. forest,** selva *f* vírgen.

prima facie [praɪmə'feɪʃɪ] I *adj* *Jur* **to have a p. f. case,** tener razón a primera vista. II *adv* a primera vista.

primary ['praɪmərɪ] I *adj* 1 (*main, chief*) fundamental, principal; **of p. importance,** primordial, de suma importancia. 2 (*basic*) primario,-a; **p. colour,** color *m* primario; **p. education/school,** enseñanza *f*/escuela *f* primaria; **p. school teacher,** maestro,-a *m,f* (de escuela). II *n* *Pol* elección *f* primaria. ✦primarily *adv* en primer lugar, ante todo, principalmente.

primate[1] ['praɪmeɪt] *n* *Rel* primado *m*.

primate[2] ['praɪmeɪt] *n* *Zool* primate *m*.

prime [praɪm] I *adj* 1 (*main, chief*) principal, primer, primero,-a; (*major*) primordial; **of p. importance,** de suma importancia. ■ **P. Minister,** primer,-a ministro,-a *m,f*. 2 (*first-rate*) de primera; **in p. condition,** en perfecto estado; **p. meat,** carne *f* de primera (calidad). 3 *Com* **p. cost,** coste *m* de producción. 4 *Math* primo,-a; **p. number,** número *m* primo. II *n* **p.** (**of life**), flor *f* de la vida; **he has passed his p.,** ya no está en sus mejores años; **to be in the p. of life** *or* **in one's p.,** estar en la flor de la vida. III *vtr* (*pump, engine*) cebar; (*surface*) imprimar, preparar; *fig* (*prepare*) enseñar, preparar; *fig* **they were primed about how to answer,** les enseñaron cómo tenían que contestar; *fam* (*drunk*) **he was well primed,** estaba medio borracho.

primer[1] ['praɪməʳ] *n* (*textbook*) libro *m* *or* texto *m* elemental. ■ **history p.,** texto *m* de introducción a la historia.

primer[2] ['praɪməʳ] *n* (*paint*) imprimación *f*.

primitive ['prɪmɪtɪv] I *adj* (*language, culture*) primitivo,-a; (*method, tool*) rudimentario,-a, básico,-a. II *n* *Art* (*artist*) primitivista *mf*; (*work*) obra *f* primitivista.

primrose ['prɪmrəʊz] I *n* *Bot* primavera *f*. II *adj* **p.** (**yellow**), (de color) amarillo claro.

primula ['prɪmjʊlə] *n* *Bot* prímula *f*.

Primus® ['praɪməs] *n* hornillo *m* de camping.

prince [prɪns] *n* príncipe *m*; **P. Charming,** Príncipe Azul; **p. consort/regent,** príncipe consorte/regente; *fig* **P. of Darkness,** Satanás *m*.

princess [prɪn'ses] *n* princesa *f*.

principal ['prɪnsɪpəl] I *adj* principal. II *n* 1 *Educ* director,-a *m,f*; *Theat* (*in play*) protagonista *mf* principal. ■ *Theat* **p. boy,** primera figura *f*. 2 *Fin* capital *m*, principal *m*.

principality [prɪnsɪ'pælɪtɪ] *n* principado *m*.

principle ['prɪnsɪpəl] *n* (*gen*) principio *m*; (*law*) ley *f*; **a man of principles,** un hombre de principios; **in p.,** en principio; **it's against my principles to do that,** va en contra de mis principios hacer eso; **on p.,** por principio; **to have high principles,** tener principios.

print [prɪnt] I *vtr* 1 *Print* (*book etc*) imprimir; (*publish*) publicar; *fig* grabar; **printed matter,** impresos *mpl*. 2 (*write*) escribir con letra de imprenta. 3 *Tex* (*fabric*) estampar. 4 *Phot* **to p. a negative,** sacar copias de un negativo. **II** *n* **1** *(mark) (of finger, foot)* huella *f*; *(of type)* impresión *f*, marca *f*; **thumb p.**, huella del pulgar. **2** *Print* letra *f*; **in small/large p.**, con letra pequeña/grande; **to be in/out of p.**, estar en venta/agotado,-a. ■ **p. run**, tirada *f*. **3** *Tex* estampado *m*. ■ **p. dress/skirt**, vestido *m* estampado/falda *f* estampada. **4** *Art* grabado *m*. **5** *Phot* prueba *f*, copia *f*; **to make prints from a negative**, hacer copias de un negativo. ◆**print out** *vtr Comput* imprimir.

printed ['prɪntɪd] *adj* impreso,-a.

printer ['prɪntə'] *n (person)* impresor,-a *m,f*; *(machine)* máquina *f* impresora; **p.'s error**, error *m* de imprenta.

printing ['prɪntɪŋ] *n* **1** *Print (industry)* imprenta *f*; *(process)* impresión *f*; *(print run)* tirada *f*. ■ **p. press**, prensa *f*; **p. works**, imprenta *f sing*. **2** *(writing)* letras *fpl* de imprenta.

print-out ['prɪntaʊt] *n Comput* impresión *f*.

prior[1] ['praɪə'] *adj* previo,-a, anterior; **p. to leaving**, antes de salir; **to have a p. claim**, tener prioridad **(to**, sobre); **without p. warning**, sin previo aviso.

prior[2] ['praɪə'] *n Rel* prior *m*.

priority [praɪ'ɒrɪtɪ] *n* prioridad *f*; **to have** *or* **take p. over sth**, tener prioridad sobre algo; *fam* **to get one's priorities right**, saber lo que más le importa a uno en la vida.

priory ['praɪərɪ] *n Rel* priorato *m*.

prise [praɪz] *vtr* **to p. sth open/off**, abrir/levantar algo con palanca.

prism ['prɪzəm] *n Geom Tech* prisma *f*. ■ **p. binoculars**, prismáticos *mpl*.

prison ['prɪzən] *n* cárcel *f*, prisión *f*; **to be in p.**, estar en la cárcel; **to be sent to p. for 10 years**, ser condenado,-a a 10 años de cárcel; **to put sb in p. for 5 years**, condenar a algn a 5 años de cárcel. ■ **p. camp**, campamento *m* para prisioneros; **p. officer**, carcelero,-a *m,f*.

prisoner ['prɪzənə'] *n* preso,-a *m,f*; *Mil* prisionero,-a *m,f*; **to take/hold sb p.**, tomar preso/detener a algn. ■ **p. of war**, prisionero,-a *m,f* de guerra.

pristine ['prɪstaɪn, 'prɪsti:n] *adj* prístino,-a.

privacy ['praɪvəsɪ, 'prɪvəsɪ] *n* intimidad *f*, vida *f* privada, privacidad *f*; **in the p. of one's own home**, en la intimidad del hogar; **one's right to p.**, su derecho a la intimidad.

private ['praɪvɪt] **I** *adj (not public)* privado,-a; *(individual)* particular; *(personal)* personal; *(classes)* particular; *(school)* de pago; *(clinic, property)* privado,-a; *(letter, conversation)* confidencial; *(bank account)* personal; **in p.**, en privado; **it's my p. opinion that ...**, por mi parte pienso que ...; **it will be a p. celebration**, se celebrará en la intimidad; **one's p. life**, la vida privada de uno; *(notice)* **'P.'**, *(on road)* 'carretera privada'; *(on gate)* 'propiedad privada'; *(on envelope)* 'confidencial'; **to keep sth p.**, no divulgar algo. ■ **p. citizen**, particular *mf*; **p. detective** *or* **investigator**, *fam* **p. eye**, detective *mf* privado,-a; **p. income**, fortuna *f* personal; *Pol* **p. member's bill**, proyecto *m* de ley propuesto por un diputado independiente; **p. school**, escuela *f* privada; **p. secretary**, secretario,-a *m,f* particular. **II** *n Mil* soldado *m* raso. ◆**privately** *adv (not publicly)* en privado; *(personally)* personalmente; *(in secret)* en secreto; *(discreetly)* en la intimidad.

privation [praɪ'veɪʃən] *n (hardship)* privación *f*; *(poverty)* estrechez *f*, privaciones *fpl*; **to suffer p.**, pasar apuros.

privet ['prɪvɪt] *n Bot* alheña *f*.

privilege ['prɪvɪlɪdʒ] **I** *n* privilegio *m*; *Pol* **parliamentary p.**, inmunidad *f* parlamentaria; **to have the p. of doing sth**, tener el honor *or* el privilegio de hacer algo. **II** *vtr* **to be privileged to do sth**, gozar del honor *or* del privilegio de hacer algo.

privileged ['prɪvɪlɪdʒd] *adj* privilegiado,-a; **the p. few**, unos cuantos privilegiados, la élite.

privy ['prɪvɪ] **I** *adj (privier, priviest)* **1** *(private)* privado,-a; **P. Council/Councillor**, Consejo *m*/Consejero *m* Privado. **2 to be p. to sth**, estar enterado,-a de algo. **II** *n fam (toilet)* retrete *m*.

prize[1] [praɪz] **I** *n* premio *m*; **to win first p.**, ganar el primer premio; *(in lottery)* **he's won first p.**, le ha tocado el gordo. **II** *adj (first-class)* de primera categoría *or* clase), selecto,-a; *fam* **a p. idiot**, un tonto de remate. ■ **p. draw**, sorteo *m* con premio; *Box* **p. fight**, combate *m* (de boxeo) profesional. **III** *vtr (value)* apreciar, valorar.

prize[2] [praɪz] *vtr see* **prise**.

prize-giving ['praɪzgɪvɪŋ] *n* distribución *f* de premios.

prizewinner ['praɪzwɪnə'] *n* premiado,-a *m,f*; *fml* galardonado,-a *m,f*.

pro[1] [prəʊ] *n* pro *m*; **the pros and cons of an issue**, los pros y los contras de una cuestión.

pro[2] [prəʊ] *n (abbr of professional) fam* profesional *mf*.

pro- [prəʊ] *pref* a favor de, pro-; **they're pro-Common Market**, están a favor del Mercado Común.

probability [prɒbə'bɪlɪtɪ] *n* probabilidad *f*; **in all p. they will write**, lo más probable es que escriban.

probable ['prɒbəbl] *adj* probable. ◆**probably** *adv* probablemente; **he'll p. phone**, es probable que llame.

probate ['prəʊbɪt, 'prəʊbeɪt] *n Jur* legalización *f* de un testamento.

probation [prə'beɪʃən] *n (in employment)* período *m* de prueba; *Jur* libertad *f* condicional; *Jur* **to be on p.**, estar en libertad condicional; *(at work)* **to be on two months' p.**, trabajar dos meses de prueba. ■ **p. officer**, encargado,-a *m,f* oficial de vigilar a los que están en libertad condicional.

probationary [prə'beɪʃənərɪ] *adj* de prueba; **p. period**, *(in employment)* período *m* de prueba; *Jur* período *m* de libertad condicional.

probationer [prə'beɪʃənə'] *n (in employment)* empleado,-a *m,f* a prueba; *Jur* persona *f* en libertad condicional.

probe [prəʊb] **I** *n* **1** *Med* sonda *f*. **2** *(investigation)* investigación *f*, sondeo *m*. **3** *Astronaut* sonda *f*. ■ **space p.**, sonda *f* espacial. **II** *vtr* **1** *Med* sondar. **3** *Astronaut* sondar, explorar. ◆**probe into** *vtr* investigar.

probity ['prəʊbɪtɪ] *n* probidad *f*.

problem ['prɒbləm] *n* problema *m*; **it poses many problems for us**, nos crea muchos problemas; **she has a drink p.**, tiene tendencia al alcoholismo; **the unemployment p.**, el problema del desempleo; **we had no p. getting there**, llegamos sin problemas; *fam* **no p.!**, ¡desde luego! ■ **p. child**, niño,-a *m,f* difícil; **p. family**, familia *f* inadaptada; *Press* **p. page**, consultorio *m* sentimental.

problematic(al) [prɒblə'mætɪk(əl)] *adj* problemático,-a; **it's p.**, hay problemas, tiene sus problemas.

procedure [prə'si:dʒə'] *n (gen)* procedimiento *m*; *(legal, business)* gestión *f*, trámite *m*; **the normal p. is as follows**, se suele proceder de la siguiente manera; **what's the p.?**, ¿cómo se suele proceder?

proceed [prə'si:d] *vi* 1 *(go on)* seguir, avanzar, proceder; **to p. to do sth,** empezar a *or* ponerse a hacer algo; **to p.** to the next matter, pasar a la siguiente cuestión; **to p.** with caution, avanzar con cuidado; **to p.** with sth, seguir con algo; **we're not sure how to p.,** no sabemos cómo proceder. 2 *Jur* **to p. against sb,** proceder contra algn.

proceeding [prə'si:dɪŋ] *n* 1 *(way of acting)* proceder *m.* 2 **proceedings,** *(of meeting)* actas *fpl*; *(measures)* medidas *fpl*; *Jur* proceso *m sing*; **to take legal p.** against sb, proceder contra algn.

proceeds ['prəusi:dz] *npl* beneficios *mpl*, ganancias *fpl.*

process[1] ['prəuses] I *n* 1 *(working out)* proceso *m*; *(method)* método *m*, sistema *m*; **chemical/natural p.,** proceso químico/natural; *Metal* **the Bessemer p.,** el proceso de Bessemer; **they were in the p. of moving,** estaban en vías de mudarse. 2 *Jur* proceso *m.* II *vtr (information)* tramitar; *(food)* tratar; *Phot (negative)* revelar; *Comput* procesar; **processed cheese,** queso *m* tratado.

process[2] [prə'ses] *vi (in procession)* desfilar.

processing ['prəusesɪŋ] *n (of information)* trámites *mpl*; *(of food)* tratamiento *m*; *Phot (of negative)* revelado *m*; *Comput* tratamiento *m.*

procession [prə'seʃən] *n (of people, floats)* desfile *m*; *Rel* procesión *f.*

proclaim [prə'kleɪm] *vtr (announce)* proclamar, declarar; **to p.** sb king/queen, proclamar rey/reina a algn; **to p.** war/peace, declarar la guerra/paz.

proclamation [prɒklə'meɪʃən] *n* proclamación *f.*

proclivity [prə'klɪvɪtɪ] *n* inclinación *f*, propensión *f* **(for,** para).

procrastinate [prəu'kræstɪneɪt] *vi* aplazar una decisión.

procrastination [prəukræstɪ'neɪʃən] *n* dilación *f.*

procreate ['prəukrɪeɪt] *vtr & vi* procrear.

procreation [prəukrɪ'eɪʃən] *n* procreación *f.*

procure [prə'kjuər] I *vtr* 1 *(obtain)* conseguir, procurar, lograr; **to p. sth for sb,** conseguir algo para algn. 2 *(for prostitution)* llevar a la prostitución. II *vi (for prostitution)* alcahuetear.

prod [prɒd] I *vtr (pt & pp prodded) (with finger, stick, etc)* golpear, pinchar; *(push)* empujar; *fig* empujar; **to p.** sb in the ribs, darle a algn en las costillas; *fig* **she needs prodding,** necesita un estímulo; *fig* **to p.** sb into doing sth, estimular a algn para que haga algo. II *n (with finger, stick)* golpecito *m*, pinchazo *m*; *(push)* empuje *m*; **to give sb a p.,** empujar a algn; *fig* **he needs a p.,** le hace falta un empujón.

prodigal ['prɒdɪgəl] *adj* pródigo,-a.

prodigious [prə'dɪdʒəs] *adj (wonderful)* prodigioso,-a; *(huge)* enorme.

prodigy ['prɒdɪdʒɪ] *n* prodigio *m.* ■ **child p.,** niño,-a *m,f* prodigio.

produce [prə'dju:s] I *vtr (gen)* producir; *Ind* fabricar; *Press* editar; *Theat* dirigir; *Rad TV* realizar; *Cin* producir; *(give birth to)* dar a luz a; **oil producing country,** país *m* productor de petróleo. 2 *(show)* enseñar, presentar; *(bring out)* sacar; **she produced a sweet from her pocket,** se sacó un caramelo del bolsillo. 3 *(cause)* causar, ocasionar. II ['prɒdju:s] *n Agr* productos *mpl*; **foreign p.,** productos del extranjero; **p. of Spain,** producto *m* de España.

producer [prə'dju:sər] *n (gen)* productor,-a *m,f*; *Ind* fabricante *mf*; *Theat* director,-a *m,f* de escena; *Rad TV* realizador,-a *m,f*; *Cin* productor,-a *m,f.*

product ['prɒdʌkt] *n (gen)* producto *m*; *fig* producto *m*, fruto *m*, resultado *m*; **oil products,** productos derivados del petróleo.

production [prə'dʌkʃən] *n* 1 *(gen)* producción *f*; *Ind* fabricación *f*; *Theat* representación *f*; *Rad TV* realización *f*; *Cin* producción *f*; **to put sth into p.,** lanzar algo a la producción; **to take sth out of p.,** retirar algo de la producción. ■ **mass p.,** fabricación *f* en serie; **p. line,** cadena *f* de montaje. 2 *(showing)* presentación *f*; **on p.** of one's passport, al enseñar el pasaporte.

productive [prə'dʌktɪv] *adj Agr* productivo,-a, fértil; *fig* **a p. meeting,** una reunión positiva *or* productiva.

productivity [prɒdʌk'tɪvɪtɪ] *n* productividad *f*; **p. agreement,** acuerdo *m* de productividad; **p. bonus,** bono *m* de productividad.

Prof *abbr of* **Professor,** catedrático,-a *m,f.*

profane [prə'feɪn] I *adj (secular)* profano,-a; *(irreverent)* sacrílego,-a; *(language)* blasfemo,-a. II *vtr* profanar.

profanity [prə'fænɪtɪ] *n* blasfemia *f.*

profess [prə'fes] *vtr (faith)* profesar; *(opinion)* proclamar, declarar; *(claim)* pretender; **I don't p. to be an authority on the matter,** no pretendo ser experto en el tema.

professed [prə'fest] *adj (Christian etc)* profeso,-a; *(acknowledged)* declarado,-a; *(supposed)* pretendido,-a, supuesto,-a.

profession [prə'feʃən] *n* 1 *(occupation)* profesión *f*; **by p.,** de profesión; **the medical/teaching p.,** los médicos/el profesorado; **the professions,** las profesiones. 2 *(declaration)* declaración *f*, afirmación *f*; **p. of faith,** profesión *f* de fe.

professional [prə'feʃənəl] I *adj* 1 *(gen)* profesional; *(soldier)* de profesión; **p. footballer/singer,** futbolista/cantante profesional; **to seek p. advice,** buscar un consejo profesional; **to turn** *or* **go p.,** pasar a *or* volverse profesional. 2 *(polished) (work)* de gran calidad; *(person)* perito,-a; **her work is very p.,** su trabajo es de una gran calidad. II *n* profesional *mf.* ◆**professionally** *adv* profesionalmente; **he's p. qualified,** tiene un título profesional.

professionalism [prə'feʃənəlɪzəm] *n* profesionalismo *m.*

professor [prə'fesər] *n Univ* catedrático,-a *m,f.*

proffer ['prɒfər] *vtr fml (gift etc)* ofrecer; *(thanks)* dar.

proficiency [prə'fɪʃənsɪ] *n (in language)* capacidad *f*; *(in skill)* habilidad *f*, pericia *f.*

proficient [prə'fɪʃənt] *adj (in language)* experto,-a; *(in skill)* hábil, perito,-a.

profile ['prəufaɪl] *n* 1 *(of face)* perfil *m*; **in p.,** de perfil; *fig* **to keep a low p.,** procurar pasar desapercibido,-a. 2 *Press* reseña *f* biográfica.

profit ['prɒfɪt] *n* 1 *Com* beneficio *m*, ganancia *f*; **gross/net p.,** beneficio bruto/neto; **to make a p. on sth,** sacar beneficios de algo; **to sell sth at a p.,** vender algo con un margen de ganancias. ■ **p. and loss account,** cuenta *f* de ganancias y pérdidas; **p. margin,** margen *m* de beneficio. 2 *fml (benefit)* provecho *m*; **to turn sth to p.,** sacar provecho de algo. II *vi Com* ganar; *fig* sacar provecho; **to p. from sth,** aprovecharse de algo.

profitability [prɒfɪtə'bɪlɪtɪ] *n* rentabilidad *f.*

profitable ['prɒfɪtəbəl] *adj* 1 *Com* rentable. 2 *fig (worthwhile)* provechoso,-a, positivo,-a. ◆**profitably** *adv* 1 *Com* con rentabilidad. 2 *(worthwhile)* con provecho.

profiteer [prɒfɪ'tɪər] **I** n especulador,-a m,f. **II** vi obtener beneficios excesivos.

profit-making ['prɒfɪtmeɪkɪŋ] adj (business) rentable; (charity) con fines lucrativos; **non-p.-m.**, sin fines lucrativos.

profit-sharing ['prɒfɪtʃɛərɪŋ] n (by company) reparto m de los beneficios.

profligate ['prɒflɪgɪt] adj fml (immoral) disoluto,-a, libertino,-a; (wasteful) despilfarrador,-a.

profound [prə'faʊnd] adj profundo,-a, grave, serio,-a.

profundity [prə'fʌndɪtɪ] n profundidad f.

profuse [prə'fjuːs] adj profuso,-a, abundante.
◆**profusely** adv con profusión, abundantemente; **to apologize p.**, disculparse efusivamente; **to sweat p.**, sudar mucho.

profusion [prə'fjuːʒən] n profusión f, abundancia f.

progenitor [prəʊ'dʒenɪtər] n fml (ancestor) antepasado,-a m,f, progenitor,-a m,f; (forerunner) precursor,-a m,f.

progeny ['prɒdʒɪnɪ] n fml progenie f, prole f, descendencia f.

prognosis [prɒg'nəʊsɪs] n (pl prognoses) Med pronóstico m; fig (prediction) augurio m.

prognosticate [prɒg'nɒstɪkeɪt] vtr fml pronosticar.

program ['prəʊgræm] Comput **I** n programa m. **II** vi & vtr (pp & pt programmed) programar.

programme, US **program** ['prəʊgræm] **I** n (gen) programa m; (plan) plan m; **p. of activities**, programa de actividades; **what's the p. for today?**, ¿qué plan tenemos para hoy? **II** vtr (plan) planear, planificar; **to p. central heating**, regular la calefacción central.

programmer, US **programer** ['prəʊgræmər] n programador,-a m,f.

progress ['prəʊgres] **I** n (advance) progreso m, avance m; (development) desarrollo m; Med mejora f; **the p. of events**, el curso de los acontecimientos; **to make good p.**, hacer muchos progresos, avanzar; Med mejorar; **work in p.**, trabajo m en curso. ■ **p. report**, informe m sobre la marcha (del trabajo or de los estudios). **II** [prəʊ'gres] vi (advance) avanzar; (develop) desarrollar; (improve) mejorar, hacer progresos, progresar; Med mejorar; **as the meeting progressed**, a medida que avanzaba la reunión.

progression [prə'greʃən] n (advance, development) progresión f, avance m; (series) serie f.

progressive [prə'gresɪv] **I** adj **1** (increasing) progresivo,-a. **2** Pol progresista. **II** n Pol progresista mf. ◆**progressively** adv progresivamente, poco a poco, de forma progresiva.

prohibit [prə'hɪbɪt] vtr prohibir; 'Smoking Prohibited', 'Prohibido Fumar'; **to p. sb from doing sth**, prohibir a algn hacer algo; **we were prohibited from entering**, se nos prohibió entrar.

prohibition [prəʊɪ'bɪʃən] n prohibición f; US Hist **the P.**, la Prohibición.

prohibitive [prə'hɪbɪtɪv] adj prohibitivo,-a.

project ['prɒdʒekt] **I** n (gen) proyecto m; (plan) plan m; Educ (study) trabajo m, estudio m. **II** [prə'dʒekt] vtr proyectar, planear. **III** vi (stick out) resaltar, sobresalir.

projectile [prə'dʒektaɪl] n fml proyectil m.

projection [prə'dʒekʃən] n **1** fml (overhang etc) resalto m, saliente m. **2** Cin proyección f. **3** (forecast) proyección f.

projectionist [prə'dʒekʃənɪst] n Cin operador,-a m,f de cine.

projector [prə'dʒektər] n Cin proyector m.

prolapse [prəʊ'læps, prəʊ'læps] n Med prolapso m.

proletarian [prəʊlɪ'tɛərɪən] adj proletario,-a.

proletariat [prəʊlɪ'tɛərɪət] n proletariado m.

proliferate [prə'lɪfəreɪt] vi proliferar.

proliferation [prəlɪfə'reɪʃən] n proliferación f.

prolific [prə'lɪfɪk] adj prolífico,-a.

prolix ['prəʊlɪks, prəʊ'lɪks] adj fml prolijo,-a.

prologue, US **prolog** ['prəʊlɒg] n prólogo m.

prolong [prə'lɒŋ] vtr alargar, extender, prolongar.

prolongation [prəʊlɒŋ'geɪʃən] n extensión f, alargamiento m, prolongación f.

prom [prɒm] n (abbr of promenade) fam **1** (seafront) paseo m marítimo. **2** (concert) concierto m sinfónico en que parte del público está de pie.

promenade [prɒmə'nɑːd] **I** n (at seaside) paseo m marítimo. ■ Naut **p. deck**, cubierta f de paseo. **II** vi pasearse.

prominence ['prɒmɪnəns] n (noticeable) prominencia f; fig (importance) importancia f.

prominent ['prɒmɪnənt] adj (standing out) saliente, prominente; fig (important) importante, destacado,-a; (famous) famoso,-a, eminente; **to play a p. part in sth**, tener or desempeñar un papel importante en algo. ◆**prominently** adv (standing out) muy a la vista; **to figure p. in sth**, destacar en algo.

promiscuity [prɒmɪ'skjuːɪtɪ] n promiscuidad f.

promiscuous [prə'mɪskjʊəs] adj promiscuo,-a.

promise ['prɒmɪs] **I** n **1** (pledge) promesa f; **to break/keep a p.**, faltar a/cumplir una promesa; **to make sb a p.**, prometer algo a algn. **2** (expectation) promesa f; **there's p. of an agreement**, hay esperanzas de que se llegará a un acuerdo; **to show p.**, ser prometedor,-a. **II** vtr (pledge) prometer; **he promises to come** or **that he will come**, promete que vendrá; **I'll do it, I p. you**, lo haré, te lo prometo; **to p. sth to sb**, prometer (dar) algo a algn; fig **to p. sb the earth**, prometer la luna a algn. **III** vi **1** (pledge) prometer; **I p.**, te lo prometo. **2** (augur) prometer, augurar; **it promises to be interesting**, promete ser interesante.

promising ['prɒmɪsɪŋ] adj prometedor,-a.

promontory ['prɒməntərɪ] n promontorio m.

promote [prə'məʊt] vtr **1** (in rank) promover, ascender; (in league) hacer subir; **our team has been promoted to the first division**, nuestro equipo ha subido a primera división. **2** Com (product) lanzar, promocionar. **3** (ideas etc) fomentar.

promoter [prə'məʊtər] n (gen) promotor,-a m,f; Com patrocinador,-a m,f.

promotion [prə'məʊʃən] n **1** (in rank) promoción f, ascenso m; **to get p.**, ser ascendido,-a. **2** Com (of product) promoción f. **3** (of arts, ideas, etc) fomento m.

prompt [prɒmpt] **I** adj (quick) rápido,-a; (punctual) puntual; **to be p.**, ser puntual. **II** adv en punto; **at 2 o'clock p.**, a las 2 en punto. **III** vtr **1** (motivate) instar, incitar; **to p. sb to do sth**, instar a algn a hacer algo. **2** (actor) apuntar; (speaker) alentar. ◆**promptly** adv (quickly) rápidamente; (punctually) puntualmente, en punto.

prompter ['prɒmptər] n Theat apuntador,-a m,f.

prone [prəʊn] adj **1** (inclined) propenso,-a; **to be p. to sth/to do sth**, ser propenso,-a a algo/a hacer algo. **2** fml (face down) boca abajo.

prong [prɒŋ] *n* punta *f*, diente m.

pronoun ['prəʊnaʊn] *n* Ling pronombre *m*.

pronounce [prə'naʊns] I *vtr* 1 *Ling* pronunciar. 2 *fml (declare)* declarar; **he was pronounced fit for work**, le declararon hábil para trabajar; *Jur* **to p. sentence**, dictar sentencia, pronunciar un fallo. II *vi fml* **to p. on sth**, opinar sobre algo.

pronounced [prə'naʊnst] *adj* marcado,-a.

pronouncement [prə'naʊnsmənt] *n fml* declaración *f*.

pronunciation [prənʌnsɪ'eɪʃən] *n* pronunciación *f*.

proof [pru:f] *n* 1 *(evidence)* prueba *f*; *Math* comprobación *f*; *(test)* prueba *f*; **as p. of**, como prueba de; **give me p.**, dame pruebas; **p. of identity**, documentos *mpl* de identidad; *fig* **the p. of the pudding is in the eating**, el movimiento se demuestra andando. 3 *Phot Typ* prueba *f*. II *adj* 1 *(secure)* resistente a, a prueba de; **p. against water**, impermeable. 2 *(of alcohol)* graduación *f*; **this rum is 70° p.**, este ron tiene 70 grados. III *vtr* impermeabilizar.

proofread ['pru:fri:d] *vtr & vi (pt & pp proofread* ['pru:fred]*)* corregir pruebas de imprenta.

proofreader ['pru:fri:dəʳ] *n* corrector,-a *m,f* de pruebas (de imprenta).

prop[1] [prɒp] I *n (support)* puntal *m*; *fig* apoyo *m*, sostén *m*. II *vtr (pt & pp propped) (support)* apoyar; *fig* apoyar, sostener; **to p. a bicycle/ladder against a wall**, apoyar una bicicleta/escalera contra la pared. ◆**prop up** *vtr* apuntalar, apoyar; *fig* fortalecer; **to p. up a wall**, apuntalar una pared; *Fin* **to p. up the pound**, reforzar la libra; *fig* **to p. up a business**, poner un negocio a flote.

prop[2] [prɒp] *n Theat (abbr of property) fam* accesorio *m*.

propaganda [prɒpə'gændə] *n pej* propaganda *f*.

propagate ['prɒpəgeɪt] *fml* I *vtr* propagar. II *vi* propagarse.

propagation [prɒpə'geɪʃən] *n fml* propagación *f*.

propane ['prəʊpeɪn] *n Chem* propano *m*.

propel [prə'pel] *vtr (pt & pp propelled)* propulsar, impulsar; **to p. sb along**, impulsar a algn; **propelled by electricity**, propulsado,-a por electricidad.

propeller [prə'peləʳ] *n* hélice *f*.

propelling pencil [prəpelɪŋ'pensəl] *n* portaminas *m inv*.

propensity [prə'pensɪtɪ] *n fml* propensión *f*.

proper ['prɒpəʳ] I *adj* 1 adecuado,-a, correcto,-a; **p. clothing**, ropa adecuada; **prim and p.**, remilgado,-a; **the p. answer**, la respuesta correcta; **the p. way to do sth**, la manera correcta de proceder; **the p. time**, el momento oportuno. 2 *(real)* real, auténtico,-a; *(actual, exact)* propiamente dicho,-a; **he isn't a p. doctor**, no es médico de verdad; **he's a p. gentleman**, es un caballero de pies a cabeza; **in the p. sense of the word**, en el sentido estricto de la palabra; **outside the city p.**, fuera de la ciudad propiamente dicha. 3 *(characteristic)* propio,-a; **customs p. to the region**, costumbres propias a la región. 4 *Ling* **p. name**, **p. noun**, nombre *m* propio. II *adv fam* realmente, de verdad; **p. poorly**, malito,-a de verdad. ◆**properly** *adv* 1 *(appropriately, suitably, correctly)* bien, correctamente; **it wasn't p. closed**, no estaba bien cerrado,-a; **she refused, quite p.**, se negó, y con razón; **to speak p.**, hablar correctamente. 2 *(decently)* correctamente; **he wasn't p. dressed**, no iba correctamente vestido.

property ['prɒpətɪ] *n* 1 *(quality)* propiedad *f*; **medicinal properties**, propiedades medicinales. 2 *(possession)* propiedad *f*, posesión *f*; **it's our p.**, es de nuestra propiedad, nos pertenece; **lost p.**, objetos *mpl* perdidos *or* extraviados; **personal p.**, bienes *mpl*; **public p.**, dominio *m* público. 3 *(land, building)* propiedad *f*; *(estate)* finca *f*; **p. developer**, promotor,-a *m,f* de construcciones; **p. manager**, accesorista *mf*.

prophecy ['prɒfɪsɪ] *n* profecía *f*.

prophesy ['prɒfɪsaɪ] *vtr (pt & pp prophesied) (predict)* predecir; *Rel* profetizar.

prophet ['prɒfɪt] *n* profeta *mf*.

prophetic [prə'fetɪk] *adj* profético,-a.

prophylactic [prɒfɪ'læktɪk] *adj & n* profiláctico,-a *(m)*.

propitiate [prə'pɪʃɪeɪt] *vtr fml* propiciar.

propitious [prə'pɪʃəs] *adj fml* propicio,-a, favorable.

proportion [prə'pɔ:ʃən] I *n* 1 *(ratio)* proporción *f*; *(part, quantity)* parte *f*; **in equal proportions**, en partes iguales; **in p. to** *or* **with**, en proporción a; **the p. of men to women**, la proporción entre hombres y mujeres; **to be out of (all) p.**, ser desproporcionado,-a; **to keep a sense of p.**, guardar el sentido de la justa medida. 2 *(dimensions)* **proportions**, dimensiones *fpl*. II *vtr* proporcionar.

proportional [prə'pɔ:ʃənəl] *adj* proporcional (**to**, a), en proporción (**to**, con). ■ *Pol* **p. representation**, representación *f* proporcional.

proportionate [prə'pɔ:ʃənɪt] *adj* proporcionado,-a, proporcional.

proposal [prə'pəʊzəl] *n (offer)* propuesta *f*, oferta *f*; *(suggestion)* sugerencia *f*; **p. of marriage**, propuesta de matrimonio.

propose [prə'pəʊz] I *vtr* 1 *(offer)* proponer; *(suggest)* sugerir; **to p. a toast to sb**, proponer un brindis por algn; **to p. marriage to sb**, hacer una propuesta de matrimonio a algn. 2 *fml (plan, intend)* pretender, pensar; **what do you p. to do?**, ¿qué piensas hacer? II *vi* declararse; **to p. to sb**, pedir la mano a algn, declararse a algn.

proposer [prə'pəʊzəʳ] *n* proponente *mf*, autor,-a *m,f* de la proposición.

proposition [prɒpə'zɪʃən] I *n* 1 *(offer)* proposición *f*, propuesta *f*; **to make sb a p.**, hacer una propuesta a algn. 2 *Math* proposición *f*. 3 *(business)* trato *m*, negocio *m*; **a paying p.**, un negocio rentable. II *vtr* hacer proposiciones (deshonestas) a.

propound [prə'paʊnd] *vtr fml* exponer, plantear.

proprietary [prə'praɪətərɪ] *adj fml* patentado,-a.

proprietor [prə'praɪətəʳ] *n* propietario,-a *m,f*, dueño,-a *m,f*.

propriety [prə'praɪətɪ] *n* 1 *(decency)* decoro *m*, decencia *f*; *(suitability)* conveniencia *f*. 2 **proprieties**, cánones *mpl* sociales, conveniencias *fpl*.

propulsion [prə'pʌlʃən] *n* propulsión *f*. ■ **jet p.**, propulsión *f* a chorro *or* por reacción.

prosaic [prəʊ'zeɪɪk] *adj* prosaico,-a.

proscribe [prəʊ'skraɪb] *vtr fml* proscribir.

prose [prəʊz] *n* 1 *Lit* prosa *f*. ■ **p. writer**, prosista *mf*. 2 *Educ (translation)* texto *m* para traducir.

prosecute ['prɒsɪkju:t] *vtr Jur* procesar, entablar una acción judicial contra.

prosecution [prɒsɪ'kju:ʃən] *n* 1 *Jur (action)* proceso *m*, juicio *m*; *(person)* **the p.**, la parte acusadora. ■ **counsel for the p.**, fiscal *mf*; **witness for the**

p., testigo *mf* de cargo. **2** *(carrying out)* realización *f*.

prosecutor ['prɒsɪkjuːtəʳ] *n Jur* acusador,-a *m,f*.

prospect ['prɒspekt] **I** *n (outlook)* perspectiva *f*; *(chance, hope)* esperanza *f*, probabilidad *f*; **future prospects**, perspectivas para el futuro; **there's little p. of that happening**, hay pocas probabilidades de que eso ocurra; **the job has prospects**, es un trabajo con porvenir. **II** [prə'spekt] *vtr* explorar. **III** *vi* **to p. for gold/oil**, buscar oro/petróleo.

prospective [prə'spektɪv] *adj (future)* futuro,-a; *(possible)* eventual, probable.

prospector [prə'spektəʳ] *n* explorador,-a *m,f*, prospector,-a *m,f*. ■ **gold p.**, buscador,-a *m,f* del oro.

prospectus [prə'spektəs] *n* prospecto *m*.

prosper ['prɒspəʳ] *vi* prosperar.

prosperity [prɒ'sperɪtɪ] *n* prosperidad *f*.

prosperous ['prɒspərəs] *adj* próspero,-a.

prostate ['prɒsteɪt] *n* próstata *f*.

prostitute ['prɒstɪtjuːt] **I** *n* prostituta *f*, puta *f*. ■ **male p.**, puto *m*. **II** *vtr* **to p. oneself**, prostituirse.

prostitution [prɒstɪ'tjuːʃən] *n* prostitución *f*.

prostrate ['prɒstreɪt] **I** *adj (face down)* boca abajo, postrado,-a; *fig (powerless, exhausted)* abatido,-a, postrado,-a; **p. with grief**, desconsolado,-a. **II** [prɒ'streɪt] *vtr* **to p. oneself**, postrarse.

prostration [prɒs'treɪʃən] *n* postración *f*.

protagonist [prəʊ'tægənɪst] *n* protagonista *mf*.

protect [prə'tekt] *vtr (gen)* proteger; *(interests etc)* salvaguardar; **to p. sb from/against sth**, proteger a algn de/contra algo.

protection [prə'tekʃən] *n* protección *f*, amparo *m*; **to be under sb's p.**, estar protegido,-a *or* amparado,-a por algn. ■ **p. racket**, chantaje *m*.

protectionism [prə'tekʃənɪzəm] *n* proteccionismo *m*.

protective [prə'tektɪv] *adj* protector,-a; **p. clothing**, ropa *f* de protección.

protector [prə'tektəʳ] *n (person)* protector,-a *m,f*; *(thing)* protector *m*.

protégé(e) ['prəʊteʒeɪ] *n* protegido,-a *m,f*.

protein ['prəʊtiːn] *n* proteína *f*.

protest ['prəʊtest] **I** *n (gen)* protesta *f*; *(complaint)* queja *f*; **to make a p. about sth**, protestar por algo; **under p.**, bajo protesta. ■ **p. march**, manifestación *f*, marcha *f* de protesta. **II** [prə'test] *vtr* protestar de; **to p. one's innocence**, protestar de su inocencia; *US* **to p. sth**, protestar por algo. **III** *vi GB* protestar; **to p. that ...**, protestar manifestando *or* diciendo que ...; **to p. about sth**, protestar por algo.

Protestant ['prɒtɪstənt] *adj & n Rel* protestante *(mf)*.

Protestantism ['prɒtɪstəntɪzəm] *n Rel* protestantismo *m*.

protestation [prɒtes'teɪʃən] *n fml* **1** *(protest)* protesta *f*. **2** *(declaration)* declaración *f*.

protester [prə'testəʳ] *n* manifestante *mf*.

protocol ['prəʊtəkɒl] *n* protocolo *m*.

proton ['prəʊtɒn] *n Phys* protón *m*.

prototype ['prəʊtətaɪp] *n* prototipo *m*.

protracted [prə'træktɪd] *adj* prolongado,-a, largo,-a.

protractor [prə'træktəʳ] *n Geom* transportador *m*.

protrude [prə'truːd] *vi fml* salir, sobresalir.

protruding [prə'truːdɪŋ] *adj* saliente, sobresaliente, prominente; **p. eyes**, ojos saltones; **p. teeth**, dientes prominentes.

protuberance [prə'tjuːbərəns] *n fml* protuberancia *f*, saliente *m*.

proud [praʊd] *adj* **1** *(gen)* orgulloso,-a; *(arrogant)* soberbio,-a; **a p. moment**, un momento glorioso; **I'm p. to introduce ...**, tengo el honor de presentar a ...; **to be p. of sth**, estar orgulloso,-a de algo, enorgullecerse *or* ufanarse de algo; *fam* **to do sb p.**, tratar a algn a cuerpo de rey. **2** *lit (sticking out)* saliente, sobresaliente. ◆**proudly** *adv (gen)* orgullosamente, con orgullo; *(arrogantly)* soberbiamente, con soberbia.

prove [pruːv] **I** *vtr (pt proved; pp proved or proven)* **1** *(give evidence of)* probar, demostrar; *Math* comprobar; **history proved him right**, la historia le dio la razón; **the exception proves the rule**, la excepción confirma la regla; **to p. oneself**, dar pruebas de valor; **to p. sb's innocence**, demostrar la inocencia de algn. **2** *(turn out)* resultar; **it proved to be disastrous**, resultó ser desastroso,-a.

proven ['pruːvən] *pp see* **prove**. **II** *adj* probado,-a, demostrado,-a; **this is not p.**, esto está por comprobar.

proverb ['prɒvɜːb] *n* refrán *m*, proverbio *m*.

proverbial [prə'vɜːbɪəl] *adj* proverbial.

provide [prə'vaɪd] **I** *vtr (gen)* proporcionar, facilitar; *(supplies)* suministrar, proveer; **provided with**, provisto,-a de; **the firm will p. you with a car**, la empresa te facilitará *or* dará un coche; **to p. oneself with sth**, proveerse de algo. **II** *vi* **1** *(gen)* proveer; **God will p.**, Dios proveerá; **to p. against misfortune**, tomar medidas contra cualquier desgracia; **to p. for sb**, mantener a algn; **to p. for the future**, ahorrar para el futuro. **2** *Jur* estipular; **the law provides that ...**, la ley estipula que ... .

provided [prə'vaɪdɪd] *conj* **p. (that)**, con tal de que, a condición de que, siempre que.

providence ['prɒvɪdəns] *n* providencia *f*.

providential [prɒvɪ'denʃəl] *adj* providencial.

providing [prə'vaɪdɪŋ] *conj see* **provided**.

province ['prɒvɪns] *n* **1** *(region)* provincia *f*; **to live in the provinces**, vivir en provincias. **2** *fig (field of knowledge etc)* campo *m*, competencia *f*; **that's not my p.**, no es de mi competencia.

provincial [prə'vɪnʃəl] **I** *adj* provincial; *pej* provinciano,-a, pueblerino,-a. **II** *n pej (person)* provinciano,-a *m,f*.

provision [prə'vɪʒən] *n* **1** *(supplying)* provisión *f*; **to make p. for sb**, atender las necesidades de algn; **to make p. for the future**, ahorrar para el futuro. **2** *(supply)* suministro *m*; *(food)* **provisions**, provisiones *fpl*, víveres *mpl*. **3** *(condition)* disposición *f*; **there is no p. for this in the agreement**, esto no está previsto en el acuerdo; **with the p. that they sell it**, con tal de que lo vendan.

provisional [prə'vɪʒənəl] *adj* provisional, provisorio,-a.

proviso [prə'vaɪzəʊ] *n (pl provisos or provisoes)* **with the p. that**, con tal de que, a condición de que, siempre que.

provocation [prɒvə'keɪʃən] *n* provocación *f*; **at the slightest p.**, a la más mínima provocación; **to act under p.**, reaccionar ante una provocación.

provocative [prə'vɒkətɪv] *adj* provocador,-a, provocativo,-a. ◆**provocatively** *adv* de una forma provocadora *or* provocativa.

provoke [prə'vəʊk] *vtr* provocar; **he gets angry when provoked**, se enfada cuando lo provocan; **to p. sb to do sth**, provocar a algn a que haga algo.

provoking [prə'vəʊkɪŋ] *adj* provocador,-a, que provoca.

provost ['prɒvəst] *n* 1 *Scot* alcalde *m*. 2 *Univ* rector *m*.

prow [praʊ] *n* proa *f*.

prowess ['praʊɪs] *n fml* habilidad *f*, capacidad *f*.

prowl [praʊl] I *n* merodeo *m*; **to be on the p.**, merodear, rondar. II *vi* merodear; *fam* **to p. about** *or* **around**, rondar.

prowler ['praʊlə'] *n fam* merodeador *m*.

proximity [prɒk'sɪmɪtɪ] *n fml* proximidad *f*; **in p. to, in the p. of**, cerca de.

proxy ['prɒksɪ] *n Jur (power)* poderes *mpl*; *(person)* apoderado,-a *m,f*, mandatario,-a *m,f*; **by p.**, por poderes.

prs *abbr of* **pairs**, pares *mpl*.

prude [pru:d] *n* gazmoño,-a *m,f*, mojigato,-a *m,f*.

prudence ['pru:dəns] *n fml* prudencia *f*.

prudent ['pru:dənt] *adj fml* prudente.

prudish ['pru:dɪʃ] *adj* remilgado,-a.

prune[1] [pru:n] *n* ciruela *f* pasa.

prune[2] [pru:n] *vtr Hortic* podar; *fig (text etc)* acortar, expurgar. ■ **pruning knife**, podera *f*.

prurient ['prʊərɪənt] *adj fml* lascivo,-a.

Prussia ['prʌʃə] *n* Prusia.

Prussian ['prʌʃən] *adj & n* prusiano,-a *(m,f)*.

pry [praɪ] *vi (pt & pp **pried**)* curiosear, husmear; **to p. into sb's affairs**, meterse en asuntos ajenos.

prying ['praɪɪŋ] *adj* entrometido,-a, husmeador,-a.

PS, ps [pi:'es] *abbr of* **post scriptum** (postscript), posdata *f*, P.S., P.D.

psalm [sɑ:m] *n Rel* salmo *m*.

pseud [sju:d] *n fam* farsante *mf*.

pseudo- ['sju:dəʊ] *pref* pseudo-, seudo-.

pseudonym ['sju:dənɪm] *n* pseudónimo *m*, seudónimo *m*.

psyche ['saɪkɪ] *n* psique *f*, psiquis *f*.

psychedelic [saɪkɪ'delɪk] *adj* psicodélico,-a; sicodélico,-a.

psychiatric [saɪkɪ'ætrɪk] *adj* psiquiátrico,-a, siquiátrico,-a.

psychiatrist [saɪ'kaɪətrɪst] *n* psiquiatra *mf*, siquiatra *mf*.

psychiatry [saɪ'kaɪətrɪ] *n* psiquiatría *f*, siquiatría *f*.

psychic ['saɪkɪk] I *adj* psíquico,-a, síquico,-a; *fam* **you must be p.!**, ¡cómo lo adivinaste! II *n (medium)* médium *mf*.

psycho ['saɪkəʊ] *n fam* psicópata *mf*, sicópata *mf*.

psychoanalyse, *US* **psychoanalyze** [saɪkəʊ-'ænəlaɪz] *vtr* psicoanalizar, sicoanalizar.

psychoanalysis [saɪkəʊə'nælɪsɪs] *n* psicoanálisis *f*, sicoanálisis *f*.

psychoanalyst [saɪkəʊ'ænəlɪst] *n* psicoanalista *mf*, sicoanalista *mf*.

psychological [saɪkə'lɒdʒɪkəl] *adj* psicológico,-a, sicológico,-a.

psychologist [saɪ'kɒlədʒɪst] *n* psicólogo,-a *m,f*, sicólogo,-a *m,f*.

psychology [saɪ'kɒlədʒɪ] *n* psicología *f*, sicología *f*.

psychopath ['saɪkəʊpæθ] *n* psicópata *mf*, sicópata *mf*.

psychosis [saɪ'kəʊsɪs] *n (pl **psychoses** [saɪ'kəʊsi:z])* psicosis *f inv*, sicosis *f inv*.

psychosomatic [saɪkəʊsə'mætɪk] *adj* psicosomático,-a, sicosomático,-a.

psychotherapy [saɪkəʊ'θerəpɪ] *n* psicoterapia *f*, sicoterapia *f*.

psychotic [saɪ'kɒtɪk] *adj & n* psicótico,-a *(m,f)*, sicótico,-a *(m,f)*.

PT [pi:'ti:] *abbr of* **physical training**, educación *f* física.

pt *abbr of* 1 *(also **Pt**)* **part**, parte *f*. 2 *(pl **pts**)* **pint**, pinta *f*. 3 *(pl **pts**)* **point**, punto *m*.

PTA [pi:ti:'eɪ] *Educ abbr of* **Parent-Teacher Association**, Asociación *f* de Padres de Familia y Profesores.

Pte *Mil abbr of* **Private**, soldado *m* raso.

PTO, pto [pi:ti:'əʊ] *abbr of* **please turn over**, sigue.

ptarmigan ['tɑ:mɪgən] *n Orn* perdiz *f* nival.

pub [pʌb] *n GB fam* bar *m*, pub *m*, taberna *f*.

pub-crawl ['pʌbkrɔ:l] *n fam* **to go on a p.-c.**, ir de tascas.

puberty ['pju:bətɪ] *n* pubertad *f*.

pubescent [pju:'besənt] *adj & n* pubescente *(mf)*.

pubic ['pju:bɪk] *adj* púbico,-a. ■ **p. hair**, vello *m* púbico.

pubis ['pju:bɪs] *n Anat* pubis *m*.

public ['pʌblɪk] I *adj* público,-a; **in the p. interest**, en interés del estado; **it's p. knowledge**, es del dominio público; **to be in the p. eye**, ser objeto del interés público; *Com* **to go p.**, constituirse en sociedad anónima; **to make sth p.**, hacer público algo. ■ **p. company**, empresa *f* pública; **p. convenience**, servicios *mpl*, aseos *mpl*; **p. holiday**, fiesta *f* nacional; **p. house**, pub *m*, taberna *f*; **p. opinion**, opinión *f* pública; **p. ownership**, titularidad *f* estatal; **p. relations**, relaciones *fpl* públicas; *GB* **p. school**, colegio *m* privado; **p. sector**, sector *m* estatal *or* público; **p. speaking**, declamación *f*; **p. spirit**, civismo *m*; **p. transport**, transporte *m* público. II **the p.** *n* el público; **in p.**, en público; **the British p.**, los británicos.

public-address system [pʌblɪkə'dressɪstəm] *n* megafonía *f*, sistema *m* de altavoces.

publican ['pʌblɪkən] *n* patrón,-ona *m,f* de un pub, tabernero,-a *m,f*.

publication [pʌblɪ'keɪʃən] *n* publicación *f*. ■ **p. date**, fecha *f* de publicación.

publicity [pʌ'blɪsɪtɪ] *n* publicidad *f*.

publicize ['pʌblɪsaɪz] *vtr (make public)* divulgar, hacer público,-a, dar a conocer; *(advertise)* promocionar, hacer publicidad para.

public-spirited [pʌblɪk'spɪrɪtɪd] *adj* de espíritu cívico.

publish ['pʌblɪʃ] *vtr* publicar, editar; **published weekly**, semanal; **just published**, última novedad, de reciente publicación.

publisher ['pʌblɪʃə'] *n (person)* editor,-a *m,f*; *(firm)* (casa *f*) editorial *f*.

publishing ['pʌblɪʃɪŋ] *n (business)* industria *f* editorial; **she works in p.**, trabaja en una editorial. ■ **p. company** *or* **house**, casa *f* editorial.

puce [pju:s] *adj* de color pardo rojizo.

pucker ['pʌkə'] I *vtr (lips, brow)* fruncir, arrugar. II *vi (lips, brow)* fruncirse, arrugarse; *Sew* fruncir.

pudding ['pʊdɪŋ] *n Culin* pudín *m*; *fam (desert)* postre *m*; **what's for p.?**, ¿qué hay de postre? ■ **black p.**, morcilla *f*; **Christmas p.**, pudín *m* a base de frutos secos típico de Navidad; **p. basin**, cuenco *m*; **rice p.**, arroz *m* con leche; **steamed p.**, budín *m*.

puddle ['pʌdəl] *n* charco *m*.

puerile ['pjʊəraɪl] *adj* pueril.

Puerto Rico [pwɜːtəʊˈriːkəʊ] *n* Puerto Rico.

Puerto Rican [pwɜːtəʊˈriːkən] *adj & n* puertorriqueño,-a *(m,f)*, portorriqueño,-a *(m,f)*.

puff [pʌf] **I** *n* 1 *(of wind)* soplo *m*, racha *f; (of smoke)* bocanada *f;* **to take a p. of a cigarette,** dar una calada a un cigarrillo; *fam* **to be out of p.,** quedarse *or* estar sin aliento. **2 powder p.,** borla *f.* **3** *Culin* **cream p.,** petisú *m;* **p. pastry,** pasta *f* de hojaldre. **II** *vi (person)* jadear, resoplar; *(train)* echar humo *or* vapor; **to p. on one's pipe,** chupar la pipa. **III** *vtr* dar una calada a. ◆**puff up** *vi* hincharse; *fig* **to be puffed up with pride,** hincharse de orgullo.

puffin [ˈpʌfɪn] *n Orn* frailecillo *m* (común).

puffy [ˈpʌfɪ] *adj (puffier, puffiest)* hinchado,-a, inflado,-a.

pug [pʌg] *n Zool* doguillo *m.*

pugnacious [pʌgˈneɪʃəs] *adj* pugnaz, agresivo,-a.

pug-nosed [ˈpʌgnəʊzd] *adj* de nariz chata.

puke [ˈpjuːk] *vi fam* devolver, vomitar.

pull [pʊl] **I** *n* 1 *(tug)* tirón *m;* **to give sth a p.,** dar un tirón a algo. **2** *Tech (of engine)* tracción *f.* **3** *fig (attraction)* atracción *f; (influence)* enchufe *m*, influencia *f;* **the p. of the big city,** la atracción de la gran ciudad; **to have p. with sb,** tener influencia sobre algn. **4** *(journey)* trecho *m; a* **long p.,** una tirada; **it was a long p. to the top,** nos costó llegar a la cumbre. **5** *(of bell)* cuerda *f.* **6** *Print* galerada *f,* primera prueba *f.* **II** *vtr* 1 *(tug)* dar un tirón a; *Med* **to p. a muscle,** sufrir un tirón en un músculo; **to p. the trigger of a gun,** apretar el gatillo de una pistola; **to p. sth to pieces,** hacer algo pedazos; *fig* poner algo por los suelos; *fig* **to p. a face,** hacer una mueca; *fig* **to p. strings,** tocar teclas; *fig* **to p. sb's leg,** tomar el pelo a algn; *fam* **p. the other one,** que lo cuentas a tu primo; *fam* **to p. a fast one on sb,** hacer una jugada a algn. **2** *(draw)* tirar, arrastrar; **to p. sth open/shut,** abrir/cerrar algo de un tirón; **p. your chair up to the fire,** acércate la silla al fuego; **to p. a heavy object,** arrastrar un objeto pesado; *fig* **to p. one's weight,** hacer su parte del trabajo; *fig* **to p. the wool over sb's eyes,** engañar a algn. **3** *(draw out)* sacar; **to p. a gun on sb,** amenazar a algn con pistola. **4** *Culin* **to p. a chicken,** desplumar un pollo. **5** *fam (people)* atraer; **the new exhibition pulled in the punters,** la nueva exposición atrajo mucha gente. **III** *vi* 1 *(drag)* tirar; **the car pulls to the right,** el coche tira hacia la derecha; **to p. on one's pipe,** dar chupadas a la pipa. **2** *(move)* **to p. in/out,** entrar en/salir de; **to p. alongside sb,** acercarse a algn. ◆**pull apart** *vtr (gen)* desmontar; *(separate)* separar; *(break)* hacer pedazos; *fig (critize)* hacer pedazos. ◆**pull away** I *vtr* apartar, separar. **II** *vi (car)* arrancar; *(train)* salir de la estación; *(ship)* desatracar. ◆**pull back** I *vtr* tirar hacia atrás. **II** *vi* contenerse; *Mil* retirarse. ◆**pull down** *vtr (building)* derribar; *fig (depress)* deprimir, abatir. ◆**pull in** I *vtr* 1 *(crowds)* atraer; *fam (money)* aportar. **2** *fam (arrest)* detener. **II** *vi* entrar; *(train)* entrar en la estación; *(stop)* parar. ◆**pull off** I *vtr fam (carry out)* llevar a cabo; **to p. sth off,** llevar algo a cabo. **II** *vi (vehicle)* salir, arrancar. ◆**pull out** I *vtr (withdraw)* retirarse. **II** *vi Aut* **to p. out to overtake,** salir para adelantar. ◆**pull over** *vi* hacerse a un lado. ◆**pull through** *vi* reponerse, restablecerse. ◆**pull together** I *vtr* **to p. oneself together,** calmarse, serenarse, tranquilizarse. **II** *vi (cooperate)* tirar en conjunto. ◆**pull up** I *vtr* 1 *(lift up)* levantar, subir; *(uproot)* desarraigar, sacar; **to p. up one's socks,** subirse los calcetines; *fig* espabilarse; *fig* **to p. up one's**

roots, desarraigarse. **2** *(draw close)* acercar. **3** *(scold)* regañar. **II** *vi (stop)* pararse, detenerse.

pullet [ˈpʊlɪt] *n* pollo *m.*

pulley [ˈpʊlɪ] *n* polea *f.*

Pullman® [ˈpʊlmən] *n* coche-cama *m.*

pull-out [ˈpʊlaʊt] **I** *n Press (supplement)* suplemento *m.* **II** *adj (magazine)* separable; *(leaf of table etc)* extensible.

pullover [ˈpʊləʊvəʳ] *n* jersey *m*, pullover *m.*

pulp [pʌlp] **I** *n (of paper, wood)* pasta *f*, pulpa *f; (of fruit)* pulpa *f; fam fig (book etc)* basura *f;* **to crush sth to a p.,** hacer algo papilla. **II** *vtr* reducir a pulpa.

pulpit [ˈpʊlpɪt] *n* púlpito *m.*

pulsate [pʌlˈseɪt] *vi* vibrar, palpitar.

pulse[1] [pʌls] *n* 1 *Anat* pulso *m; (of radio)* pulsación *f; fig (rhythm)* compás *m;* **to take sb's p.,** tomar el pulso a algn. **2** pulso *m.*

pulse[2] [pʌls] *n Bot Culin* legumbre *f.*

pulverize [ˈpʌlvəraɪz] *vtr* pulverizar.

puma [ˈpjuːmə] *n* puma *m.*

pumice (stone) [ˈpʌmɪs (stəʊn)] *n* piedra *f* pómez.

pummel [ˈpʌməl] *vtr (pt & pp* **pummelled,** *US* **pummeled)** aporrear.

pump[1] [pʌmp] **I** *n* bomba *f.* ■ **petrol p.,** bomba *f* (de gasolina); **stomach p.,** bomba *f* estomacal. **II** *vtr* bombear; **the heart pumps blood,** el corazón bombea la sangre; **to p. air into a tyre,** inflar un neumático con un bomba; **to p. sth in/out,** meter/sacar algo con una bomba; *fam fig* **to p. money into a venture,** invertir dinero en una empresa; *fam fig* **to p. sb for information,** sonsacar información a algn. ◆**pump out** *vtr (churn out)* producir; *(empty)* vaciar. ◆**pump up** *vtr (tyre)* inflar.

pump[2] [pʌmp] *n (for ballet)* zapatilla *f* de ballet; *(for tennis)* zapatilla *f* de tenis; *(for beach)* playera *f.*

pumpkin [ˈpʌmpkɪn] *n* calabaza *f.*

pun [pʌn] *n* juego *m* de palabras, retruécano *m.*

Punch [pʌntʃ] *n* **P. and Judy show,** teatro *m* de títeres.

punch[1] [pʌntʃ] **I** *n (for making holes)* perforadora *f*, taladro *m; (for tickets)* máquina *f* de picar billetes; *(in leather etc)* punzón *m.* **II** *vtr (make hole)* perforar; *(in ticket)* picar; *(in leather)* punzar.

punch[2] [pʌntʃ] **I** *n* 1 *(blow)* puñetazo *m; (in boxing)* pegada *f; fig* **he doesn't pull any punches,** no tiene pelos en la lengua. **2** *fig (force)* fuerza *f*, empuje *m;* **it lacks p.,** le falta fuerza. ■ **p. line,** remate *m* (de un chiste). **II** *vtr* dar un puñetazo a.

punch[3] [pʌntʃ] *n (drink)* ponche *m.*

punchball [ˈpʌntʃbɔːl] *n Box* saco *m* de arena.

punchbowl [ˈpʌntʃbəʊl] *n* ponchera *f.*

punch-drunk [pʌntʃˈdrʌŋk] *adj* aturdido,-a, grogui.

punching bag [ˈpʌntʃɪŋbæg] *n US Box* saco *m* de arena.

punch-up [ˈpʌntʃʌp] *n fam* riña *f*, pelea *f.*

punctilious [pʌŋkˈtɪlɪəs] *adj fml* puntilloso,-a, quisquilloso,-a.

punctual [ˈpʌŋktjʊəl] *adj* puntual; **the train was p.,** el tren llegó a la hora. ◆**punctually** *adv* puntualmente, en punto.

punctuality [pʌŋktjʊˈælɪtɪ] *n* puntualidad *f.*

punctuate [ˈpʌŋktjʊeɪt] *vtr Ling* puntuar; *fig* **to p. a speech with anecdotes,** salpicar un discurso con anécdotas.

punctuation [pʌŋktjʊ'eɪʃən] *n Ling* puntuación *f*.
■ **p. mark,** signo *m* de puntuación.

puncture ['pʌŋktʃər] I *n (in tyre etc)* pinchazo *m*; *Aut* **I've got a p.,** se me ha pinchado una rueda. II *vtr (tyre)* pinchar; **to p. the skin,** hacer una punción en la piel. III *vi* pincharse.

pundit ['pʌndɪt] *n fam* experto,-a *m,f*.

pungency ['pʌndʒənsɪ] *n (of smell)* acritud *f*; *(of taste)* sabor *m* fuerte *or* picante; *fig (of remark)* mordacidad *f*.

pungent ['pʌndʒənt] *adj (smell)* acre; *(taste)* fuerte, picante; *fig (remark)* mordaz.

punish ['pʌnɪʃ] *vtr* castigar; **to p. sb for doing sth,** castigar a algn por haber hecho algo.

punishable ['pʌnɪʃəbəl] *adj* castigable, punible; *Jur* delictivo,-a.

punishment ['pʌnɪʃmənt] *n* castigo *m*; **to make the p. fit the crime,** adecuar el castigo al crimen; *fig* **the team took a lot of p.,** el equipo sufrió una paliza. ■ **capital p.,** pena *f* de muerte; **corporal p.,** castigo *m* físico.

punk [pʌŋk] *n fam* **1** punk *mf*. ■ **p. music,** música *f* punk. **2** *US* mamón *m*.

punnet ['pʌnɪt] *n* cestita *f*.

punt¹ [pʌnt] I *n (boat)* batea *f*. II *vtr* dirigir con percha. III *vi* ir en batea.

punt² [pʌnt] *vi GB (bet)* apostar.

punter ['pʌntər] *n GB* **1** *(gambler)* jugador,-a *m,f*, apostante *mf*. **2** *(customer)* cliente,-a *m,f*.

puny ['pjuːnɪ] *adj (punier, puniest)* enclenque, endeble.

pup [pʌp] *n* cachorro,-a *m,f*.

pupil¹ ['pjuːpəl] *n Educ* alumno,-a *m,f*.

pupil² ['pjuːpəl] *n Anat* pupila *f*.

puppet ['pʌpɪt] *n* títere *m*, marioneta *f*; *fig* títere. ■ *fig* **p. government,** gobierno *m* títere; **p. show,** teatro *m* de títeres *or* de marionetas.

puppy ['pʌpɪ] *n (young dog)* cachorro,-a *m,f*, perrito *m*. ■ *fam* **p. fat,** gordura *f* infantil; *fam* **p. love,** amor *m* adolescente.

purchase ['pɜːtʃɪs] I *n* **1** *Com* compra *f*, adquisición *f*. ■ **p. price,** precio *m* de compra; **p. tax,** impuesto *m* sobre la venta. **2** *(hold)* agarre *m*, asidero *m*; **to get a p. on sth,** agarrar algo bien. II *vtr Com fml* comprar, adquirir; **purchasing power,** poder *m* adquisitivo.

purchaser ['pɜːtʃɪsər] *n* comprador,-a *m,f*.

pure [pjʊər] *adj* puro,-a; **it was p. chance,** fue pura casualidad; **p. and simple,** puro,-a y simple. ■ **p. new wool,** pura lana *f* virgen; **p. science,** ciencia *f* pura. ◆**purely** *adv* simplemente, sencillamente; **p. and simply,** pura y simplemente; **p. for economic reasons,** por motivos económicos nada más.

purebred [pjʊə'bred] I *adj* de pura sangre, de raza. II ['pjʊəbred] *n* animal *m* (de) pura sangre *or* de raza.

purée ['pjʊəreɪ] I *n Culin* puré *m*; **apple p.,** puré de manzana; **tomato p.,** tomate *m* concentrado. II *vtr* pasar por el pasapurés, machacar.

purgative ['pɜːgətɪv] *adj & n Med* purgante *(m)*.

purgatory ['pɜːgətərɪ] *n Rel & fig* purgatorio *m*.

purge [pɜːdʒ] I *n Med Pol* purga *f*. II *vtr Med* purgar; *Pol* purgar, depurar; *fig (of thoughts etc)* librar **(of,** de).

purify ['pjʊərɪfaɪ] *vtr (pt & pp purified)* purificar.

purl [pɜːl] *Knit* I *n* punto *m* del revés. II *vtr* hacer punto del revés.

purple ['pɜːpəl] I *n (colour)* color *m* morado, púrpura *f*. II *adj* morado,-a, purpúreo,-a; **to go** *or* **turn p. (in the face),** ponerse morado,-a.

purport ['pɜːpɔːt] I *n fml* sentido *m*, significado *m*. II [pɜː'pɔːt] *vi fml* pretender; **to p. to be sth,** pretender ser algo.

purpose ['pɜːpəs] *n* **1** *(aim, intention)* propósito *m*, intención *f*; **on p.,** a propósito; **to have a p. in life,** tener una meta *or* un objetivo en la vida; **to have a sense of p.,** ser firme en los propósitos; **what's the p. of your visit?,** ¿con qué fin vienes a vernos? **2** *(use)* uso *m*, utilidad *f*; **for all practical purposes,** en la práctica; **for general purposes,** para todos los usos; **it serves no useful p.,** no sirve para nada; **to turn sth to good p.,** aprovechar algo. ◆**purposely** *adv* a propósito, adrede.

purpose-built [pɜːpəs'bɪlt] *adj* construido,-a *or* hecho,-a a la medida.

purposeful ['pɜːpəsfʊl] *adj (resolute)* decidido,-a, resoluto,-a; *(intentional)* intencionado,-a.

purr [pɜːr] I *n (of cat)* ronroneo *m*; *(of engine)* zumbido *m*. II *vi (cat)* ronronear; *(engine)* zumbar.

purse [pɜːs] I *n* **1** *GB* monedero *m*, portamonedas *m inv*; *fig* **to hold the p. strings,** administrar el dinero; *prov* **you can't make a silk p. out of a sow's ear,** no se puede pedir peras al olmo. **2** *US (bag)* bolso *m*, cartera *f*. **3** *(prize money)* premio *m* en metálico. II *vtr* **to p. one's lips,** apretarse los labios.

purser ['pɜːsər] *n Naut* contador,-a *m,f*.

pursue [pə'sjuː] *vtr fml* **1** *(criminal etc)* perseguir; *(person, animal)* seguir; *(pleasure, happiness)* buscar. **2** *(carry out)* llevar a cabo; *(studies)* dedicarse a, seguir; *(profession, career)* ejercer.

pursuer [pə'sjuːər] *n fml* perseguidor,-a *m,f*.

pursuit [pə'sjuːt] *n* **1** *(of criminal)* persecución *f*; *(of animal)* caza *f*; *(of pleasure, happiness)* busca *f*, búsqueda *f*; **in hot p. (of sb),** pisando los talones a algn; **in p. of fame,** en busca de la fama. **2** *(occupation)* ocupación *f*, trabajo *m*; **leisure p.,** pasatiempo *m*.

purveyor [pə'veɪər] *n Com fml* proveedor,-a *m,f*.

pus [pʌs] *n* pus *m*.

push [pʊʃ] I *n* **1** *(shove)* empujón *m*, empuje *m*; **to give sth/sb a p.,** empujar algo/a algn, dar un empujón a algo/algn; *fam* **at a p.,** en caso de necesidad; *fam* **to give sb the p.,** echar a algn. **2** *fig (drive)* empuje *m*, dinamismo *m*. II *vtr* **1** *(shove)* empujar; *(bell, button, etc)* pulsar, apretar; **to p. one's finger into a hole,** meter el dedo en un agujero; **to p. one's way through the crowd,** abrirse camino a empujones entre la multitud; **to p. the door open/shut,** abrir/cerrar la puerta empujándola; *fam* **she's pushing forty,** ronda los cuarenta. **3** *fig (pressurize)* instar, presionar; *(harass)* apremiar; **don't p. me too far!,** ¡no te pases conmigo!; **to p. oneself too far,** exigirse demasiado; **to p. sb for payment,** apremiar a algn a hacer algo; **to p. sb into doing sth,** instar *or* obligar a algn a hacer algo; *fam* **to be (hard) pushed for time/money,** andar justo,-a de tiempo/ dinero. **4** *Com fam (product)* promover, promocionar; *(trade)* fomentar; **to p. drugs,** pasar *or* vender droga; **to p. sales,** hacer una campaña de venta. III *vi (shove)* empujar; **'Push',** *(on door)* 'Empujar'; *(on bell, button, etc)* 'Pulse'; **to p. through the crowd,** abrirse paso *or* camino entre la multitud. ◆**push about, push around** *vtr fam (bully)* intimidar. ◆**push ahead** *vi* progresar, avanzar; **to p. ahead with sth,** progresar con algo. ◆**push aside** *vtr (object)* apartar; *fig (person)* hacer caso omiso de. ◆**push in** I *vtr* empujar. II *vi (interrupt)* entrometerse, colarse. ◆**push off** *vi (in boat)* desatracar; *fam (leave)* marcharse; **p. off!**, ¡lárgate! ◆**push on** *vi (continue)* seguir adelante. ◆**push over** *vtr (knock over)* volcar. ◆**push through** *vtr* abrirse paso *or* camino por *or* entre.

push-bike ['puʃbaɪk] *n* bicicleta *f*.

push-button ['puʃbʌtən] *adj* con botón de mando.

pushchair ['puʃtʃeəʳ] *n* GB sillita *f* (de ruedas).

pusher ['puʃəʳ] *n fam (of drugs)* camello *m*.

pushover ['puʃəʊvəʳ] *n fam* **it's a p.**, está chupado; **she's a p.**, es un ligue fácil.

push-up ['puʃʌp] *n* US Gymn flexión *f* de brazos.

pushy ['puʃɪ] *adj* (**pushier, pushiest**) *fam* agresivo,-a, insistente.

puss [pʊs] *n fam*, **pussy** ['pʊsɪ] *n fam* minino *m*; **p., p.!**, ¡miz, miz!

put [pʊt] I *vtr* (*pt & pp* **put**) 1 *(gen)* poner; *(place)* colocar, fijar; *(add)* echar, añadir; *(insert)* meter, introducir; *(when packing)* coger; **have you p. in any ties?**, ¿has cogido corbatas?; **not to know where to p. oneself**, no saber dónde ponerse *or* esconderse; **to p. a ball into the net**, meter la pelota en la red; **to p. a bone out of joint**, dislocarse un hueso; **to p. a child to bed**, acostar a un niño; **to p. a coin into a slot**, meter una moneda en una ranura; **to p. a picture up on the wall**, colgar *or* fijar un cuadro en la pared; **to p. a stop to sth**, prohibir algo, poner término a algo; **to p. an animal out of its misery**, rematar un animal; **to p. money on a horse**, jugarse dinero en un caballo; **to p. one's arms around sb**, abrazar a algn; **to p. one's energy into sth**, concentrarse en (hacer) algo; **to p. one's head on sb's shoulder**, recostar *or* apoyar la cabeza en el hombro de algn; **to p. one's head round the door**, asomarse por detrás de la puerta; **to p. one's pen through sth**, tachar algo; **to p. one thing before another**, anteponer una cosa a otra; **to p. salt in food**, echar *or* añadir sal a la comida; **to p. sb on the train/plane**, dejar a algn en el tren/el avión, acompañar a algn al tren/al avión; **to p. sb's mind al ease**, tranquilizar a algn; **to p. sb/sth to the test**, poner a algn/algo a la prueba; **to p. sb to a lot of trouble**, ocasionar a algn muchas molestias; **to p. sth in the dustbin**, echar *or* tirar algo a la basura; **to p. sth on the table**, poner algo en la mesa; **to p. sth to good use**, hacer buen uso de algo; **to p. the blame on sb**, echar la culpa a algn; **to p. the finishing touches to sth**, dar los últimos toques a algo; *fig* **to p. one's foot in it**, meter la pata. 2 *(ask, present)* presentar, exponer; **to p. a proposal to a committee**, someter una propuesta a una comisión; **to p. a question to sb**, hacer una pregunta a algn; *Jur* **to p. one's case before the jury**, exponer su caso al jurado. 3 *(express)* expresar, decir; **as you p. it**, como tú lo dices; **to p. it bluntly**, hablando sin rodeos; **to p. it mildly**, por decirlo de alguna manera; **to p. sth into Spanish**, traducir algo al castellano; **to p. sth into words**, expresar algo en palabras; **to p. sth simply**, explicar algo de manera sencilla. 4 *(estimate)* calcular; **I'd p. his age at thirty**, yo le echaría treinta años; **they p. the price at £50**, calcularon que costaría unas 50 libras. 5 *Com* **to p. a product on the market**, lanzar un producto al mercado. 6 *Fin (money)* ingresar, poner; *(invest)* invertir; **to p. money into a bank account**, ingresar dinero en una cuenta. 7 *Sport* **to p. the shot**, lanzar el peso. III *vi Naut* **to p. into port**, hacer escala en un puerto; **to p. to sea**, zarpar. IV *adv* **to be hard p. to do sth**, costarle mucho hacer algo; **to stay p.**, quedarse quieto,-a. ◆**put about** *vtr*

(rumour etc) hacer correr; **she p. it about that ...,** hizo correr la voz de que ... . ◆**put across** *vtr* 1 *(idea etc)* comunicar. 2 *fam* **to p. one across on sb**, engañar a algn. ◆**put aside** *vtr* 1 *(save) (money)* ahorrar; *(time)* reservar; *(food)* guardar, poner a un lado. 2 *fig (forget)* dejar de lado. ◆**put away** *vtr* 1 *(tidy away)* guardar en su sitio, recoger. 2 *fam (lock up)* encerrar; *(in prison)* meter en la cárcel. 3 *fam (eat)* zamparse. 4 *(save money)* ahorrar. ◆**put back** *vtr* 1 *(postpone)* aplazar. 2 **to p. the clock back**, retrasar la hora; *fig* volver atrás. 3 *fam (drink)* beberse. ◆**put by** *vtr (save) (money)* ahorrar. ◆**put down** I *vtr (set down)* dejar; **I couldn't p. the book down**, leí el libro de un tirón. 2 *(suppress)* sofocar; *(humiliate)* humillar; *(criticize)* criticar. 3 *(animal)* rematar. 4 *(write down)* anotar; **p. it down in writing**, ponlo por escrito; **to p. one's name down on a list**, apuntarse en una lista. II *vi (plane)* aterrizar. ◆**put down for** *vtr (donation)* anotar, apuntar; *(register)* inscribir; **p. us down for £10**, apuntanos por 10 libras; **to p. one's name down for a course**, inscribirse en un curso; **to p. a child down for a school**, matricular a un niño en un colegio. ◆**put down to** *vtr (attribute)* achacar, atribuir; **to p. sth down to inexperience**, atribuir algo a la falta de experiencia. ◆**put forward** *vtr (theory)* exponer; *(proposal, suggestion)* hacer; **to p. one's name forward for sth**, presentarse *or* ofrecerse como candidato,-a para algo. ◆**put in** *vtr* 1 *(install)* instalar. 2 *Agr (seeds)* sembrar. 3 *(complaint, request)* hacer, presentar; *Jur (petition)* presentar; *fig* **to p. in a good word for sb**, hablar a favor de algn. 4 *Pol (candidate)* elegir. 5 *(spend time)* pasar; **to p. in one's time reading**, pasar el tiempo leyendo; **to p. in overtime**, trabajar *or* hacer horas extraordinarias. II *vi* 1 *Naut* hacer escala (**at**, en). 2 *(apply)* solicitar; **to p. in for a post**, solicitar un puesto. ◆**put off** *vtr* 1 *(postpone)* aplazar; *fig* **he kept putting off a decision**, no logró decidirse. 2 *(dissuade)* disuadir; **don't be p. off**, no te desanimes; **the smell puts me off eating**, el olor me quita las ganas de comer; **to p. sb off (doing) sth**, disuadir a algn de (hacer) algo; **to p. sb off with an excuse**, quitarse a algn de encima con una excusa. ◆**put on** *vtr* 1 *(clothes)* poner, ponerse; **to p. clothes on sb**, ponerle ropa a algn; **to p. on one's clothes**, vestirse. 2 *Theat (show)* montar; *(concert)* presentar. 3 *(increase)* aumentar; *(add to)* añadir; **to p. on weight**, aumentar de peso, engordar. 4 *(provide)* poner; **to p. on an extra bus/train service**, poner un servicio suplementario de autobuses/de trenes. 5 *(switch on)* *(radio, central heating)* poner; *(light)* encender; *(water, gas)* abrir; **to p. the kettle on**, poner el agua a calentar; *Aut* **to p. on the brakes/handbrake**, frenar/poner el freno de mano. 6 *(pretend)* fingir; **to p. on a straight face**, poner cara de serio,-a; **he's just putting it on**, está disimulando. 7 *(inform)* informar; **to p. sb on to sth**, informar a algn sobre algo. ◆**put out** I *vtr* 1 *(switch off)* apagar. 2 *(place outside)* sacar; **to p. the cat out**, sacar el gato; **to p. clothes *or* washing out to dry**, tender la ropa a secar. 3 *(extend) (arm)* extender; *(tongue)* sacar; *(hand)* tender; **to p. one's head out of a window**, asomarse por una ventana. 4 *Med* dislocar. 5 *(publish) (periodical)* publicar, editar; *(spread) (rumour)* hacer correr, hacer circular. 6 *(extinguish)* apagar. 7 *(annoy)* molestar; *(inconvenience)* incordiar; **I hope I'm not putting you out**, espero que no te moleste. 8 *(anger)* enfadar, enojar; **to be p. out by sb/sth**, enfadarse *or* enojarse con algn/por algo. II *vi Naut* **to p. out to sea**, hacerse a la mar. ◆**put over** *vtr fam* comunicar. ◆**put**

through *vtr* **1** *(push through)* hacer aceptar, forzar; *(law)* hacer aprobar. **2** *Tel (connect)* poner; **p. me through to Pat, please,** póngame con Pat, por favor. **3** *(unpleasant experience)* hacer pasar por. ◆**put together** *vtr* **1** *(join)* unir, reunir, juntar; **all of them p. together,** todos,-as juntos,-as; *fig* **to p. two and two together,** atar cabos. **2** *(assemble)* armar, montar. ◆**put up I** *vtr* **1** *(raise)* levantar, subir; *(flag)* izar; *(shelves, picture)* colocar; *(curtains)* colgar; *(building)* construir; *(umbrella)* abrir; *(tent)* armar; **to p. one's hair up,** recogerse el pelo; **p. your hands up!,** ¡manos arriba! **2** *(prices)* subir, aumentar. **3** *(offer)* ofrecer; **to p. sth up for sale,** poner algo a la venta; *Pol* **to p. sb up as a candidate,** presentar a algn como candidato,-a; **to p. up a reward for sth,** ofrecer una recompensa por algo. **4** *(accommodate)* alojar, hospedar. **5** *(resistance)* luchar; **to p. up a fight,** resistirse, ofrecer resistencia. **II** *vi* *(stay)* alojarse, hospedarse. ◆**put upon** *vtr* *(exploit)* explotar; **to p. upon sb,** explotar a algn; **to be p. upon,** dejarse pisotear. ◆**put up to** *vtr* **to p. sb up to sth,** incitar a algn a hacer algo. ◆**put up with** *vtr* *(tolerate)* aguantar, soportar; **to p. up with sth/ sb,** aguantar algo/a algn.

putrefy [ˈpjuːtrɪfaɪ] *vi (pp & pt putrefied) fml* podrir, pudrir.

putrid [ˈpjuːtrɪd] *adj fml* podrido,-a.

putsch [pʊtʃ] *n* golpe *m* de estado.

putt [pʌt] *Golf* **I** *n* tiro *m* al hoyo. **II** *vtr & vi* tirar al hoyo.

putter [ˈpʌtəʳ] *n Golf* putter *m*.

putting [ˈpʌtɪŋ] *n Golf* minigolf *m*. ■ **p. green,** minigolf *m*; *(part of golf course)* zona *f* que rodea al hoyo.

putty [ˈpʌtɪ] *n* masilla *f*; *fig* **to be p. in sb's hands,** ser como barro en las manos de algn.

put-up [ˈpʊtʌp] *adj fam* **a p.-up job,** una estafa, un montaje.

puzzle [ˈpʌzəl] **I** *n* *(game)* puzzle *m*; *(crossword)* crucigrama *m*; *(jigsaw)* rompecabezas *m inv*; *fig (mystery)* misterio *m*, enigma *m*; *(riddle)* acertijo *m*; **it's a p. to me how/why ...,** no entiendo cómo/ por qué ... . **II** *vtr* dejar perplejo,-a; **her letter puzzled us,** su carta nos dejó perplejos; **to be puzzled about sth,** no entender algo; **to p. sth out,** lograr entender algo. **III** *vi* **to p. about sth,** dar vueltas a algo (en la cabeza). ◆**puzzle out** *vtr* resolver; **to p. out a problem,** resolver un problema. ◆**puzzle over** *vtr* **to p. over sth,** dar vueltas a algo (en la cabeza).

puzzled [ˈpʌzld] *adj* perplejo,-a; **a p. expression,** una cara de perplejidad.

puzzlement [ˈpʌzəlmənt] *n* perplejidad *f*.

puzzling [ˈpʌzlɪŋ] *adj* extraño,-a, curioso,-a.

PVC [piːviːˈsiː] *abbr of* **polyvinyl chloride,** cloruro *m* de polivinilo, PVC *m*.

Pvt *US Mil abbr of* **Private,** soldado *m* raso.

PW [piːˈdʌbəljuː] *GB abbr of* **Policewoman,** mujer *f* policía.

pygmy [ˈpɪgmɪ] *n* pigmeo,-a *m,f*; *fig* enano,-a *m,f*.

pyjamas [pəˈdʒɑːməz] *npl* pijama *m sing*.

pylon [ˈpaɪlən] *n* **1** *Elec* poste *m*, torre *f* (de conducción eléctrica). **2** *Archit* pilón *m*, pilar *m*.

pyramid [ˈpɪrəmɪd] *n* pirámide *f*.

pyre [paɪəʳ] *n* hoguera *f*, pira *f*.

Pyrenees [pɪrəˈniːz] *npl* **the P.,** los Pirineos.

Pyrex® [ˈpaɪreks] *n* pírex® *m*.

pyromaniac [paɪərəʊˈmeɪnɪæk] *n* pirómano,-a *m,f*.

pyrotechnics [paɪərəʊˈtekhnɪks] *n* **1** *(gen)* pirotecnia *f*. **2** *pl (fireworks)* fuegos *mpl* artificiales.

python [ˈpaɪθən] *n* pitón *m*.

Q

Q, q [kjuː] *n (the letter)* Q, q *f*.

Qatar [kæˈtɑːʳ] *n* Qatar, Katar.

QC [kjuːˈsiː] *Brit Jur abbr of* **Queen's Counsel,** abogado,-a *m,f* del Estado.

QED [kjuːiːˈdiː] *Math abbr of* **quod erat demonstrandum** (which was to be proved), lo que había que demostrar.

qt *abbr of* **quart(s),** cuarto(s) *m(pl)* de galón.

quack [kwæk] **I** *n* **1** *(of duck)* graznido *m*. **2** *fam (doctor)* curandero,-a *m,f*. **II** *vi* graznar.

quad [kwɒd] *n fam* **1** *GB (of school, University)* patio *m* interior. **2** *(quadruplet)* cuatrillizo,-a *m,f*.

quadrangle [ˈkwɒdræŋgəl] *n* **1** *Geom* cuadrángulo *m*. **2** *(courtyard)* patio *m* interior.

quadrant [ˈkwɒdrənt] *n* cuadrante *m*.

quadraphonic [kwɒdrəˈfɒnɪk] *adj* cuadrafónico,-a.

quadratic [kwɒˈdrætɪk] *adj Math* cuadrático,-a; **q. equation,** ecuación *f* de segundo grado.

quadrilateral [kwɒdrɪˈlætərəl] *adj & n* cuadrilátero *(m)*.

quadruped [ˈkwɒdrʊped] *n fml* cuadrúpedo *m*.

quadruple [ˈkwɒdrʊpəl, kwɒˈdruːpəl] **I** *n* cuádruplo *m*. **II** *adj* cuádruple. **III** *vtr* cuadruplicar. **IV** *vi* cuadruplicarse.

quadruplet [ˈkwɒdrʊplɪt, kwɒˈdruːplɪt] *n* cuatrillizo,-a *m,f*.

quadruplicate [kwɒˈdruːplɪkɪt, kwɒˈdruːplɪkeɪt] **I** *adj* cuadruplicado,-a. **II** *n* cuadruplicado *m*; **in q.,** por cuadruplicado. **III** *vtr* [kwɒˈdruːplɪkeɪt] cuadruplicar.

quaff [kwɒf, kwɑːf] *vtr* beber a grandes tragos.

quagmire [ˈkwægmaɪəʳ, ˈkwɒgmaɪəʳ] *n* **1** *(land)* cenagal *m*. **2** *fig (embarrassing situation)* atolladero *m*.

quail¹ [kweɪl] *n Orn* codorniz *f*.

quail² [kweɪl] *vi fig* encogerse, empequeñecerse; **he quailed at the sight of the sword,** al ver la espada se encogió.

quaint [kweɪnt] *adj (picturesque)* pintoresco,-a; *(original)* singular; *(odd)* extraño,-a, raro,-a; **q. idea,** idea singular; **q. style,** estilo original.

quake [kweɪk] **I** *vi (with fear)* temblar; **to q. at the knees,** temblarle a uno las piernas. **II** *n fam* temblor *m* de tierra.

Quaker ['kweɪkə'] n Rel cuáquero,-a m,f.

Quakerism ['kweɪkərɪzəm] n Rel cuaquerismo m.

qualification [kwɒlɪfɪ'keɪʃən] n 1 (ability) aptitud f; **to have/not to have the qualifications to ...,** estar/no estar capacitado,-a para ... . 2 (requirement) requisito m; **she has the right qualifications for the job,** es la persona idónea para el puesto. 3 (diploma etc) título m. 4 (reservation) reserva f; **to accept without q.,** aceptar sin reserva. 5 (restriction) limitación f. 6 (act of qualifying) even after q. **Bill found it difficult to get a job,** a Bill le costó encontrar trabajo incluso despúes de haberse graduado.

qualified ['kwɒlɪfaɪd] adj 1 capacitado,-a; **to be q. to do sth,** estar capacitado,-a para hacer algo; **q. teacher,** profesor titulado. 2 (modified) restringido,-a, limitado,-a; **q. approval,** aprobación condicional.

qualify ['kwɒlɪfaɪ] I vtr (pt & pp qualified) 1 (make eligible, entitle) capacitar, habilitar; **the letter qualified him for membership,** la carta le dio derecho a hacerse socio. 2 (modify) (report) modificar; (declaration) matizar; Ling calificar; **the adjective qualifies the noun,** el adjetivo califica al sustantivo; **would you like to q. what you've just said?,** ¿le importaría puntualizar lo que acaba de decir? II vi 1 (obtain diplomas etc) **to q. as,** sacar el título de; **she qualified as a doctor,** obtuvo el título de médico; **when did you q.?,** ¿cúando terminaste la carrera? 2 (in competition) quedar clasificado,-a.

qualifying ['kwɒlɪfaɪŋ] adj (of round, exam) eliminatorio,-a.

qualitative ['kwɒlɪtətɪv, 'kwɒlɪteɪtɪv] adj cualitativo,-a.

quality ['kwɒlɪtɪ] n 1 (degree of excellence) calidad f; **of good q.,** de buena calidad; **of poor q.,** de poca calidad; Com **q. goods,** géneros mpl de calidad. ■ **q. control,** control m de calidad; **q. newspapers,** prensa f no sensacionalista. 2 (attribute) cualidad f; **he has many good qualities,** tiene muchas cualidades buenas.

qualm [kwɑːm] n 1 (scruple) escrúpulo m; **to have no qualms about doing sth,** no tener escrúpulos en hacer algo. 2 (doubt) duda f; (worry) inquietud f, ansia f; **he has qualms about whether he's doing his work properly,** está intranquilo porque no sabe si da la talla con su trabajo.

quandary ['kwɒndərɪ, 'kwɒndrɪ] n (dilemma) dilema m; (difficulty) apuro m; **to be in a q.,** estar en un dilema.

quango ['kwæŋɡəʊ] n Pol organización f semi-autónoma paralela.

quantify ['kwɒntɪfaɪ] vtr cuantificar.

quantitative ['kwɒntɪtətɪv, 'kwɒntɪteɪtɪv] adj cuantitativo,-a.

quantity ['kwɒntɪtɪ] n 1 (amount) cantidad f; **a small/large q. of ...,** una pequeña/gran cantidad de ...; **in great quantities,** en grandes cantidades, en abundancia; **unknown q.,** incógnita f. 2 Math cantidad f.

quantum ['kwɒntəm] n (pl quanta ['kwɒntə]) 1 Phys quantum m; **q. theory,** teoría f de los quanta. 2 (amount) fml cantidad f.

quarantine ['kwɒrəntiːn] I n cuarentena f; **to be in q.,** estar en cuarentena. II vtr poner en cuarentena.

quarrel ['kwɒrəl] I n 1 (argument) riña f, pelea f; **to have a big q.,** pelearse; **to pick a q.,** meterse con

algn, buscar camorra (con algn). 2 (disagreement) desacuerdo m; **I have no q. with her,** no tengo queja de ella, no tengo nada contra ella. II vi 1 (argue) pelearse, reñir. 2 **to q. with sth,** discutir algo, poner algo en duda; **she quarrelled with their decision,** les discutió su decisión.

quarrelsome ['kwɒrəlsəm] adj camorrista, pendenciero,-a.

quarry[1] ['kwɒrɪ] Min I n cantera f. II vtr (pt & pp quarried) extraer, sacar.

quarry[2] ['kwɒrɪ] n presa f; fig persona f acorralada; **the hunter's dog looked for the q.,** el perro del cazador buscaba la presa.

quart [kwɔːt] n (measurement) cuarto m de galón (GB = 1,13 litros; US = 0,94 litros).

quarter ['kwɔːtə'] I n 1 (fraction) cuarto m, cuarta parte f; **a q. of a century,** un cuarto de siglo; **a q. of an hour,** un cuarto de hora; **a q. of a cake,** la cuarta parte de un pastel; **what's a q. of sixteen?,** ¿cuál es la cuarta parte de dieciséis? ■ US Canada Mus **q. note,** negra f. 2 (telling the time) **it's a q. to three,** US **it's a q. of three,** son las tres menos cuarto. 3 (three months) trimestre m; **he pays the gas bill every q.,** paga la cuenta del gas por trimestres. 4 GB (weight) cuarto m de libra; **a q. of tea,** un cuarto de libra de té. 5 US Canada (coin) cuarto m (de dólar), veinticinco centavos mpl. 6 (district) barrio m; **the Latin Q.,** el barrio latino; **the old q.,** el casco antiguo. 7 (area, people) **there was criticism from all quarters,** todos lo criticaron. 8 (of moon) cuarto m; **the first q.,** cuarto creciente; **the last q.,** cuarto menguante. 9 fig (mercy) **they gave no q. to the enemy,** no dieron cuartel al enemigo. 10 **quarters,** (lodgings) alojamiento m sing; Mil **officers' q.,** residencia f sing de oficiales; **married q.,** viviendas fpl del ejército; **at close q.,** muy cerca. II vtr 1 (cut) into quarters) dividir en cuartos; (reduce) reducir a la cuarta parte. 2 (accommodate) alojar. 3 Hist (body) descuartizar.

quarterdeck ['kwɔːtədek] n Naut alcázar m.

quarterfinal ['kwɔːtəfaɪnəl] n Sport cuarto m de final.

quarterfinalist ['kwɔːtəfaɪnəlɪst] n Sport participante mf en el cuarto de final.

quarterlight ['kwɔːtəlaɪt] n GB Aut ventanilla f trasera.

quarterly ['kwɔːtəlɪ] I adj trimestral. II n publicación f trimestral. III adv trimestralmente, cada tres meses.

quartermaster ['kwɔːtəmɑːstə'] n 1 Mil oficial m de intendencia. 2 Naut cabo m de la Marina.

quartet(te) [kwɔː'tet] n Mus cuarteto m.

quarto ['kwɔːtəʊ] I adj (paper size) en cuarto. II n (book) libro m en cuarto.

quartz [kwɔːts] n Min cuarzo m; **q. watch,** reloj de cuarzo.

quash [kwɒʃ] vtr 1 Jur (sentence) anular, invalidar. 2 (uprising) aplastar, sofocar.

quasi ['kwɑːzɪ, 'kweɪzaɪ, 'kweɪsaɪ] adv casi; Jur **q. contract,** cuasicontrato m.

quatrain ['kwɒtreɪn] n Lit cuarteto m.

quaver ['kweɪvə'] I n 1 Mus (note) corchea f; (sound) trémolo m. 2 (trembling) temblor m. II vi (sound) temblar; **his voice quavered,** su voz temblaba.

quavering ['kweɪvərɪŋ] adj tembloroso,-a, trémulo,-a; **q. voice,** voz temblorosa or trémula.

quay [kiː] n Naut muelle m.

quayside ['ki:saɪd] *n Naut* muelle *m*.

queasy ['kwi:zɪ] *adj* (**queasier, queasiest**) mareado,-a; **to feel q.**, *(ill)* sentirse mal, tener náuseas; *(worried)* estar preocupado,-a.

queasiness ['kwi:sɪnɪs] *n* náuseas *fpl*.

Quechua ['ketʃwə] *n (person)* quechua *mf*; *(language)* quechua *m*.

queen [kwi:n] *n* 1 reina *f*; **the Q. Mother**, la reina madre. 2 *Cards Chess* reina *f*. 3 *Ent* reina *f*. 4 *offens* loca *f*, marica *m*.

queenly ['kwi:nlɪ] *adj* (**queenlier, queenliest**) regio,-a, de reina.

queer [kwɪə'] I *adj* 1 *(strange)* extraño,-a, raro,-a; **a q. looking lad**, un chico de aspecto raro. 2 *fam (mad)* loco,-a. 3 *fam (unwell)* mareado,-a; **to feel q.**, no encontrarse bien. 4 *offens* marica, maricón. 5 *GB fam* **in q. street**, en deuda, endeudado,-a. II *n sl pej* marica *m*, maricón *m*. III *vtr fam* **to q. sb's pitch**, fastidiar los planes de algn.

quell [kwel] *vtr* reprimir, sofocar, frenar; **to q. a rebellion**, reprimir *or* sofocar una rebelión.

quench [kwentʃ] *vtr* 1 *(thirst)* saciar. 2 *(fire)* apagar.

querulous ['kweruləs, 'kwerjuləs] *adj fml* quejumbroso,-a; **a q. old lady**, una vieja quejumbrosa.

query ['kwɪərɪ] I *n* 1 *(question)* pregunta *f*. 2 *Ling* signo *m* de interrogación. II *vtr (pt & pp queried) (ask)* preguntar; *(have doubts about)* poner en duda.

quest [kwest] I *n lit* búsqueda *f*, busca *f*; **to go in q. of sth**, ir en busca de algo. II *vi* buscar.

question ['kwestʃən] I *n* 1 *(interrogative)* pregunta *f*; **questions and answers**, preguntas y respuestas; **to ask sb a q.**, hacer una pregunta a algn; **without q.**, sin rechistar; **he did it without q.**, lo hizo sin rechistar; *hum* **to pop the q.**, declararse. ■ **q. mark**, *Ling* signo *m* de interrogación; *fig* interrogante *m*; *Ling* **q. tag**, coletilla *f*. 2 *(problem, issue, matter)* asunto *m*, cuestión *f*, problema *m*; **it's a q. of**, se trata de; **it's a q. of two hours**, es cuestión de dos horas; **it's all a q. of time**, con el tiempo se arreglará; **that's the q.**, he aquí el problema; **the Northern Ireland q.**, el problema de Irlanda del Norte; **the q. of overtime**, el asunto de las horas extras. 3 *(criticism, doubt)* en duda; **beyond q.**, fuera de duda; **in q.**, en duda; **open to q.**, dudoso,-a; **to bring sth into q.**, hacer reflexionar sobre; **to call sth into q.**, poner algo en duda. 4 *(suggestion, possibility)* posibilidad *f*; **out of the q.**, imposible, impensable; **that's out of the q.**, ¡ni hablar¡; **there is no q. of recovering the money now**, ya no hay posibilidad alguna de recuperar el dinero. 5 *Sch (exam)* pregunta *f*, problema *m*. II *vtr* 1 *(ask questions)* hacer preguntas; *(interrogate)* interrogar; **he questioned the boy**, le hizo preguntas al niño; **they are being questioned about the theft**, están interrogándoles sobre el robo. 2 *(query)* poner en duda, dudar de.

questionable ['kwestʃənəbəl] *adj (doubtful)* dudoso,-a; *(debatable)* discutible; **of q. taste**, de gusto dudoso; **it's q. whether he's right**, eso de que tenga razón es discutible.

questioner ['kwestʃənə'] *n* interrogador,-a *m,f*.

questioning ['kwestʃənɪŋ] *adj* inquisitivo,-a; **a q. look**, una mirada inquisitiva.

questionnaire ['kwestʃə'neə'] *n* cuestionario *m*.

queue [kju:] *GB* I *n* cola *f*; **to jump the q.**, colarse. II *vi* **to q. (up)**, hacer cola; **they queued up for the bus**, hicieron cola para el autobús.

queue-jumper ['kju:dʒʌmpə'] *n fam* persona *f* que se cuela.

quibble ['kwɪbəl] I *n* pega *f*, objeción *f*. II *vi* poner pegas (**with**, a); *fam* buscarle tres pies al gato.

quibbler ['kwɪbələ'] *n* polemista *mf*, porfiador,-a *m,f*.

quick [kwɪk] I *adj* 1 *(fast)* rápido,-a; **a q. look**, un vistazo; **a q. reply**, una respuesta pronta: **a q. sale**, una venta inmediata; **a q. snack**, un tentempié, un bocado; **as q. as lightning** *or* **a flash**, como un rayo *or* una bala *or* una centella; **be q.!**, ¡rápido!, ¡date prisa!; **it's quicker by plane**, se llega antes en avión; *Mil* **q. march!**, ¡de frente!; **the quickest way**, el camino más corto; **to have a q. lunch**, tomar un bocado a la hora de comer; *fam* **to have a q. one**, tomar una copita. 2 *(clever)* espabilado,-a, listo,-a; *(of wit)* agudo,-a; **a q. child**, un niño espabilado *or* despierto. 3 *(hasty)* genuido,-a, irritable; **he's q. to take offence**, se enfada por nada; **she has a q. temper**, tiene un genio vivo; **to be q. to anger**, tener mal genio. II *n* carne *f* viva; *fig* **to cut sb to the q.**, herir a algn en lo vivo. ◆**quickly** *adv* rápido, rápidamente, de prisa.

quick-acting ['kwɪkæktɪŋ] *adj* de acción rápida.

quick-change ['kwɪktʃeɪndʒ] *adj Theat* **q.-c. artist**, transformista *mf*.

quicken ['kwɪkən] I *vtr* 1 *(speed up)* acelerar; **to q. one's pace**, acelerar el paso. 2 *(stimulate)* estimular. II *vi* 1 *(speed up)* acelerarse. 2 *(become stronger)* acrecentarse, aumentarse.

quickening ['kwɪkənɪŋ] *n Med* movimientos *mpl* del feto.

quickie ['kwɪkɪ] *n fam* uno,-a rápido,-a.

quicklime ['kwɪklaɪm] *n* cal *f* viva.

quickness ['kwɪknɪs] *n* 1 *(speed)* rapidez *f*, velocidad *f*. 2 *(of wit)* agudeza *f*, viveza *f*.

quicksand ['kwɪksænd] *n* arenas *fpl* movedizas.

quicksilver ['kwɪksɪlvə'] *n* mercurio *m*.

quick-tempered [kwɪk'tempəd] *adj* irascible, de genio vivo.

quick-witted [kwɪk'wɪtɪd] *adj* agudo,-a, listo,-a.

quid[1] [kwɪd] *n GB sl* libra *f* (esterlina); **five q.**, cinco libras.

quid[2] [kwɪd] *n* mascada *f* de tabaco.

quiet ['kwaɪət] I *n* 1 *(silence)* silencio *m*. 2 *(calm)* tranquilidad *f*, sosiego *m*. 3 *(secretly) fam* **to do sth on the q.**, hacer algo sin que nadie se entere. II *adj* 1 *(silent)* silencioso,-a; *(of town, street)* tranquilo,-a; **a q. engine**, un motor silencioso; **a q. voice**, una voz suave; **keep q.¡**, ¡silencio¡; **q. footsteps**, pasos silenciosos. 2 *(peaceful, calm)* tranquilo,-a; **she leads a very q. life**, lleva una vida muy tranquila. 3 *Com Fin* apagado,-a; **business is q. today**, hoy hay poco negocio; **the market was q.**, el mercado estaba apagado. 4 *(unobtrusive)* callado,-a; **a q. man**, un hombre reservado; **of a q. disposition**, de carácter reservado. 5 *(secret)* confidencial; **I'd like a q. word with him**, quiero hablarle en privado; **keep (it) q.¡**, ¡no se lo digas a nadie¡ 6 *(without fuss, tranquil)* tranquilo,-a; **a q. supper**, una cena sencilla; **it was a q. wedding**, la boda se celebró en la intimidad. 7 *(not showy) (of clothes)* sobrio,-a, poco llamativo,-a; *(of colours)* suave, apagado,-a. II *vtr US* silenciar, calmar; **I quieted the children (down)**, calmé a los niños. III *vi US* calmarse. ◆**quietly** *adv* 1 *(silently; not noisily)* silenciosamente; *(not loudly)* bajo; **he spoke q.**, habló en voz baja. 2 *(calmly)* tranquilamente. 3 *(discreetly)* discretamente, con discreción. 4 *(simply)* sencillamente.

quieten ['kwaɪətən] I *vtr (silence)* callar; *(calm)* tranquilizar, calmar. II *vi (silence)* callarse; *(calm)* calmarse, tranquilizarse. ◆**quieten down** *GB* I *vtr* calmar. II *vi* calmarse.

quietism ['kwaɪətɪzəm] *n Rel* quietismo *m*.

quietist ['kwaɪətɪst] *n Rel* quietista *mf*.

quietness ['kwaɪətnɪs] *n* 1 *(silence)* silencio *m*. 2 *(calm)* tranquilidad *f*, sosiego *m*.

quiff [kwɪf] *n GB (of hair)* copete *m*.

quill [kwɪl] *n* 1 *(feather, pen)* pluma *f*. 2 *(of porcupine)* púa *f*.

quilt [kwɪlt] I *n* edredón *m*. II *vtr* acolchar; **quilted jacket**, chaqueta *f* acolchada.

quin [kwɪn] *n* quintillizo,-a *m,f*.

quince [kwɪns] *n Bot Culin* membrillo *m*; **q. jelly**, carne *f* de membrillo.

quinine ['kwɪniːn, *US* 'kwaɪnaɪn] *n* quinina *f*.

quinsy ['kwɪnzɪ] *n Med* anginas *fpl*.

quintessence [kwɪn'tesəns] *n fml* quintaesencia *f*.

quintessential [kwɪntɪ'senʃəl] *adj* fundamental.

quintet(te) [kwɪn'tet] *n Mus* quinteto *m*.

quintuple ['kwɪntjʊpəl, kwɪn'tjuːpəl] I *adj* quíntuplo,-a. II *n* quíntuplo *m*. III *vtr* quintuplicar.

quintuplet ['kwɪntjʊplɪt, kwɪn'tjuːplɪt] *n* quintillizo,-a *m,f*.

quip [kwɪp] I *n (remark)* salida *f*, ocurrencia *f*; *(joke)* chiste *m*. II *vi* bromear.

quire [kwaɪər] *n* mano *f* de papel.

quirk [kwɜːk] *n* 1 *(peculiarity)* manía *f*, rareza *f*. 2 *(of fate)* vicisitud *f*, avatar *m*.

quirky ['kwɜːkɪ] *adj (quirkier, quirkiest)* raro,-a.

quisling ['kwɪzlɪŋ] *n* colaboracionista *mf*, traidor,-a *m,f*.

quit [kwɪt] I *vtr (pt & pp quitted or esp US quit)* 1 *(leave)* dejar, abandonar; **to q. one's job**, dejar el trabajo; *US* **he's q. school**, ha dejado los estudios. 2 *(stop)* **q. making that noise!**, ¡deja de hacer ese ruido! II *vi* 1 *(go)* irse, marcharse; *(give up)* dimitir. 2 *(cease)* dejar de hacer algo. III *adj* quits iguales; **let's call it q.**, dejémoslo estar, estar en paces; **to be q.**, estar en paces.

quite [kwaɪt] *adv* 1 *(entirely)* del todo, totalmente; **I q. agree**, estoy totalmente de acuerdo; **I q. understand**, te entiendo perfectamente; **she hasn't q.**

recovered, no se ha recuperado del todo; **she's q. right**, tiene toda la razón. 2 *(fairly, rather)* bastante; **it's q. warm**, hace bastante calor; **q. a few**, bastantes; **q. a while**, un buen rato; **q. often**, con bastante frecuencia; **she's q. a good artist**, es bastante buena como artista; **that's q. enough!**, ¡ya basta!, ¡ya está bien! 3 *(exceptional)* excepcional; **he's q. a gentleman**, está hecho un señor; **she's q. a character**, es un tipo original; **to be q. sth**, es increíble; **you've got q. a voice**, tienes una voz excepcional. 4 *(exactly)* exactamente; **I'm not q. sure**, no estoy exactamente seguro; **it isn't q. what I wanted**, no es exactamente lo que quería; **q. (so)!**, ¡en efecto!, ¡exacto!

quiver[1] ['kwɪvər] I *n (trembling) (of lips, voice)* temblor *m*; *(of eyelids)* parpadeo *m*; *(shiver)* estremecimiento *m*. II *vi* temblar, estremecerse.

quiver[2] ['kwɪvər] *n* aljaba *f*, carcaj *m*.

quivering ['kwɪvərɪŋ] *adj* tembloroso,-a.

quixotic [kwɪk'sɒtɪk] *adj* quijotesco,-a.

quiz [kwɪz] I *n (pl quizzes) Rad TV* concurso *m*. II *vtr* hacer preguntas.

quizmaster ['kwɪzmɑːstər] *n* moderador *m*.

quizzical ['kwɪzɪkəl] *adj* 1 *(bemused)* burlón,-ona; **a q. smile**, una sonrisa burlona. 2 *(enquiring)* curioso,-a; **a q. glance**, una mirada llena de curiosidad.

quoin [kɔɪn] *n Archit* piedra *f* angular.

quoit [kɔɪt] *n* 1 *(game)* tejo *m* 2 **quoits**, tejo *m*.

quorum ['kwɔːrəm] *n* quórum *m*.

quota ['kwəʊtə] *n* 1 *(proportional share)* cuota *f*, parte *f*. 2 *(prescribed amount, number)* cupo *m*.

quotation [kwəʊ'teɪʃən] *n* 1 *Lit* cita *f*; **q. marks**, comillas *fpl*. 2 *(Stock Exchange)* cotización *f*.

quote [kwəʊt] I *vtr* 1 *(cite)* citar; **can I q. you?**, ¿puedo repetir tus mismas palabras? 2 *Com* **to q. a price**, dar un presupuesto. 3 *(Stock Exchange)* cotizar. II *n* 1 *Lit* cita *f*. 2 *Com* presupuesto *m*.

quotidian [kwəʊ'tɪdɪən] *adj fml* cotidiano,-a.

quotient ['kwəʊʃənt] *n* 1 *Math* cociente *m*. 2 *(degree)* grado *m*, coeficiente *m*; **intelligence q.**, coeficiente *m* intelectual.

qv [kjuː'viː] *fml abbr of* **quod vide** (which see), véase, v.

R

R, r [ɑːr] *n (the letter)* R, r *f*; *fam fig* **the three Rs**, lectura, escritura y aritmética.

R 1 *abbr of* 1 **Rex** (King), rey *m*. 2 *abbr of* **Regina** (Queen), reina *f*. 3 *Com abbr of* **registered (trademark)**, (marca *f*) registrada. 4 *abbr of* **River**, río *m*.

r *abbr of* **right**, derecho,-a, dcho,-a.

RA [ɑːr'eɪ] *GB* 1 *abbr of* **Royal Academy (of Arts)**, Real Academia *f* (de las Artes). 2 *abbr of* **Royal Academician**, miembro *mf* de la Real Academia.

rabbi ['ræbaɪ] *n Rel* rabí *m*, rabino *m*.

rabbit ['ræbɪt] I *n Zool* conejo,-a *m,f*. ■ **r. hole**, madriguera *f*; **r. hutch**, conejera *f*. II *vi fam* enrollarse.

rabble ['ræbəl] *n* multitud *m*, muchedumbre *f*; *pej* **the r.**, la chusma, el populacho.

rabble-rouser ['ræbəlraʊzər] *n pej* demagogo,-a *m,f*, agitador,-a *m,f*.

rabble-rousing ['ræbəlraʊzɪŋ] *pej* I *adj (speech etc)* demagógico,-a. II *n (incitement)* demagogia *f*, agitación *f*.

rabid ['ræbɪd, 'reɪbɪd] *adj* 1 *Med* rabioso,-a. 2 *fig (person)* furioso,-a; *(supporter)* fanático,-a.

rabies ['reɪbiːz] *n Med* rabia *f*.

RAC [ɑːreɪ'siː] *GB abbr of* **Royal Automobile Club**, ≈ Real Automóvil Club *m* de España, RACE.

rac(c)oon [rə'kuːn] *n Zool* mapache *m*.

race[1] [reɪs] **I** *n* **1** *Sport* carrera *f*; **long-distance r.**, carrera de larga distancia; **to run a r.**, participar en una carrera; *fig* **r. against time**, carrera contra reloj. ▪ *fig* **arms r.**, carrera *f* de armamentos; **r. meeting**, carreras *fpl* (de caballos). **2** *(in sea, river)* corriente *f* fuerte. **3** *GB* **the races**, las carreras (de caballos). **II** *vtr* **1** *(compete with)* competir con; **I'll r. you!**, ¡te echo una carrera! **2** *(car, horse)* hacer correr. **3** *(engine)* acelerar. **III** *vi (go quickly)* correr; *(pulse)* acelerarse.

race[2] [reɪs] *n (people)* raza *f*; **the human r.**, la raza humana. ▪ **r. relations**, relaciones *fpl* raciales; **r. riots**, disturbios *mpl* raciales.

racecourse ['reɪskɔːs] *n GB Sport* hipódromo *m*.

racehorse ['reɪshɔːs] *n Sport* caballo *m* de carreras.

racer ['reɪsə'] *n Sport* **1** *(person)* corredor,-a *m,f*. **2** *(bicycle)* bicicleta *f* de carreras; *(car)* coche *m* de carreras.

racetrack ['reɪstræk] *n Sport* **1** *(for cars, people, bikes)* pista *f*. **2** *US (for horses)* hipódromo *m*.

racial ['reɪʃəl] *adj* racial; **r. prejudice**, prejuicio *m* racial.

racialism ['reɪʃəlɪzəm] *n arch* racismo *m*.

racialist ['reɪʃəlɪst] *adj & n arch* racista *(mf)*.

racing ['reɪsɪŋ] **I** *n Sport* carreras *fpl*. ▪ **horse r.**, carreras *fpl* de caballos. **II** *adj* de carreras; **r. car/bike**, coche *m*/moto *f* de carreras.

racism ['reɪsɪzəm] *n* racismo *m*.

racist ['reɪsɪst] *adj & n* racista *(mf)*.

rack [ræk] **I** *n* **1** *(shelf)* estante *m*; *(for clothes)* percha *f*, perchero *m*. ▪ **luggage r.**, portaequipajes *m inv*; **plate r.**, escurreplatos *m inv*; *Aut* **roof r.**, baca *f*. **2** *Hist (for torture)* potro *m*; *fig* **on the r.**, angustiado,-a; *fam* **to go to r. and ruin**, venirse abajo. **3** *Tech* **r. and pinion**, engranaje *m* de cremallera y piñón. ▪ *Rail* **r. railway**, (ferrocarril *m* de) cremallera *m*. **II** *vtr lit (torment)* atormentar; *fam fig* **to r. one's brains**, devanarse los sesos.

racket[1] ['rækɪt] *n* **1** *(din)* ruido *m*, alboroto *m*, jaleo *m*; **to kick up a r.**, armar jaleo. **2** *(swindle)* timo *m*, estafa *f*; *(shady business)* chanchullo *m*.

racket[2] ['rækɪt] *n Sport* raqueta *f*.

racketeer [rækə'tɪə'] *n* estafador,-a *m,f*, timador,-a *m,f*.

racketeering [rækə'tɪərɪŋ] *n* crimen *m* organizado.

raconteur [rækɒn'tɜː'] *n* anecdotista *mf*.

racquet ['rækɪt] *n see* **racket**.

racquetball ['rækɪtbɔːl] *n US Sport* juego *m* parecido al frontón.

racy ['reɪsɪ] *adj (racier, raciest) (lively)* vivo,-a; *(risqué)* atrevido,-a.

RADA ['rɑːdə] *GB abbr of* **Royal Acadamy of Dramatic Art**, Real Academia *f* de las Artes Dramáticas.

radar ['reɪdɑː'] *n* radar *m*. ▪ **r. operator**, operador,-a *m,f* de radar; **r. screen**, pantalla *f* de radar.

radial ['reɪdɪəl] **I** *adj* radial. **II** *n Aut* neumático *m* radial.

radiance ['reɪdɪəns] *n* resplandor *m*.

radiant ['reɪdɪənt] *adj (gen)* radiante, resplandeciente.

radiate ['reɪdɪeɪt] **I** *vtr (gen)* irradiar; *fig* **she radiated happiness**, rebosaba de alegría. **II** *vi Phys* irradiar, emitir radiaciones.

radiation [reɪdɪ'eɪʃən] *n* radiación *f*.

radiator ['reɪdɪeɪtə'] *n* radiador *m*.

radical ['rædɪkəl] **I** *adj* radical. **II** *n* **1** *(person)* radical *mf*. **2** *Chem Math* radical *m*.

radio ['reɪdɪəʊ] **I** *n* radio *f*; **on the r.**, en *or* por la radio. ▪ **r. ham**, radioaficionado,-a *m,f*; **r. station**, emisora *f* (de radio). **II** *vtr* **to r. sb**, enviar un mensaje a algn por radio.

radioactive [reɪdɪəʊ'æktɪv] *adj* radiactivo,-a, radioactivo,-a.

radioactivity [reɪdɪəʊæk'tɪvɪtɪ] *n* radiactividad *f*, radioactividad *f*.

radiocarbon [reɪdɪəʊ'kɑːbən] *n Chem* radiocarbón *m*.

radio-controlled [reɪdɪəʊkən'trəʊld] *adj* teledirigido,-a.

radiograph ['reɪdɪəʊgrɑːf] *n* radiografía *f*.

radiographer [reɪdɪ'ɒgrəfə'] *n* radiógrafo,-a *m,f*.

radiography [reɪdɪ'ɒgrəfɪ] *n* radiografía *f*.

radiologist [reɪdɪ'ɒlədʒɪst] *n* radiólogo,-a *m,f*.

radiology [reɪdɪ'ɒlədʒɪ] *n* radiología *f*.

radiotherapist [reɪdɪəʊ'θerəpɪst] *n* radioterapeuta *mf*.

radiotherapy [reɪdɪəʊ'θerəpɪ] *n* radioterapia *f*.

radish ['rædɪʃ] *n Bot* rábano *m*.

radium ['reɪdɪəm] *n Chem* radio *m*. ▪ **r. therapy**, radioterapia *f*.

radius ['reɪdɪəs] *n (pl radii* ['reɪdɪaɪ] *or radiuses) Anat Geom* radio *m*; **within a r. of**, en un radio de.

RAF [ɑːreɪ'ef, *fam* ræf] *GB abbr of* **Royal Air Force**, fuerzas *fpl* aéreas británicas.

raffia ['ræfɪə] *n Bot* rafia *f*.

raffle ['ræfəl] **I** *n* sorteo *m*, rifa *f*. **II** *vtr* sortear, rifar.

raft[1] [rɑːft] *n* balsa *f*.

raft[2] [rɑːft] *n US Canada fam* montón *m*, cantidad *f*; **a r. of things**, cantidad de cosas.

rafter ['rɑːftə'] *n Archit* viga *f*, par *m*.

rag[1] [ræg] *n* **1** *(torn piece)* harapo *m*, andrajo *m*; **in rags**, harapiento,-a; *fig* **from rags to riches**, de la pobreza a la riqueza. ▪ **r. doll**, muñeca *f* de trapo. **2** *(for cleaning)* trapo *m*; *GB fam fig* **it was like a red r. to a bull**, era una provocación descarada. **3** *fam* **rags**, *(clothes)* trapos *mpl*; *euph* **the rag trade**, (el ramo de) la confección. **4** *Press* periodicucho *m*.

rag[2] [ræg] **I** *n (prank)* broma *f* pesada; *GB Univ* función *f* benéfica. **II** *vtr (pt & pp ragged)* gastar bromas a.

ragamuffin ['rægəmʌfɪn] *n* golfillo,-a *m,f*, pilluelo,-a *m,f*.

rag-and-bone [rægən'bəʊn] *adj GB* **r.-a.-b. man**, trapero *m*.

ragbag ['rægbæg] *n fam* mezcla *f*, barullo *m*.

rage [reɪdʒ] **I** *n (fury)* rabia *f*, cólera *f*; *fam fig (craze)* moda; **it's all the r.**, hace furor. **II** *vi* **1** *(person)* rabiar, estar furioso,-a. **2** *fig (storm, sea)* rugir; *(wind)* bramar.

ragged ['rægɪd] *adj* **1** *(clothes)* hecho,-a jirones. **2** *(person)* harapiento,-a, andrajoso,-a; *fam fig* **to run sb r.**, dejar hecho,-a polvo a algn. **3** *(edge)* dentado,-a, mellado,-a. **4** *fig (uneven)* desigual.

raging ['reɪdʒɪŋ] *adj* **1** *(angry)* furioso,-a. **2** *fig (sea)* embravecido,-a. **3** *(storm)* violento,-a; *(intense)* feroz, tremendo,-a.

raglan ['ræglən] *n* abrigo *m* raglán. ▪ **r. sleeve**, manga *f* raglán.

ragtime ['rægtaɪm] *n Mus* ragtime *m*.

ragwort ['rægwɜːt] *n Bot* azuzón *m*, hierba *f* de Santiago.

raid [reɪd] I n 1 Mil incursión f, raid m. ■ **air r.**, ataque m aéreo. 2 (police) redada f. 3 (robbery etc) atraco m. II vtr 1 Mil (place) asaltar, hacer una incursión en. 2 (police) hacer una redada en. 3 (rob) asaltar, atracar; fam **to r. the larder,** vaciar la despensa.

raider ['reɪdə^r] n 1 (invader) invasor,-a m,f. 2 (thief) ladrón,-a m,f.

rail[1] [reɪl] n 1 barra f. ■ **curtain r.**, barra f de cortina; **towel r.**, toallero m. 2 (railing) baranda f, barandilla f. 3 Rail riel m, carril f; by r., (mail) por ferrocarril; (travel) en tren; fam fig **to go off the rails,** irse por el mal camino. ■ **r. strike,** huelga f de ferroviarios. ◆**rail in** vtr (animals, people) encerrar, cercar. ◆**rail off** vtr (land) encerrar, cercar.

rail[2] [reɪl] vi arch despotricar (**against,** contra).

rail[3] [reɪl] n Orn water r., rascón m.

railcard ['reɪlkɑːd] n GB Rail abono m.

railing ['reɪlɪŋ] n (usu pl) verja f.

railroad ['reɪlrəʊd] I n US ferrocarril m. ■ **r. track,** vía f férrea. II vtr fam **to r. sb into sth,** presionar a algn para que haga algo.

railway ['reɪlweɪ] n GB ferrocarril m. ■ **r. carriage,** vagón m; **r. line, r. track,** vía f férrea; **r. station,** estación f de ferrocarril.

railwayman ['reɪlweɪmən] n (pl **railwaymen**) GB ferroviario m.

rain [reɪn] I n 1 lluvia f; fig (of bullets, insults) lluvia f; **in the r.,** bajo la lluvia; fam **come r. or shine,** pase lo que pase; fam fig **as right as r.,** fresco,-a como una rosa, sano,-a como una manzana. 2 **the rains,** (season) las lluvias, estación f lluviosa. II vtr & vi llover; **it's raining,** llueve; fam **it's raining cats and dogs,** llueve a cántaros; prov **it never rains but it pours,** las desgracias nunca vienen solas. ◆**rain down** vi fig (criticism etc) caer encima, llover. ◆**rain off** vtr Sport interrumpir or cancelar por la lluvia.

rainbow ['reɪnbəʊ] n arco m iris.

raincoat ['reɪnkəʊt] n impermeable m.

raindrop ['reɪndrɒp] n gota f de lluvia.

rainfall ['reɪnfɔːl] n (falling of rain) precipitación f; (amount) pluviosidad f.

rainforest ['reɪnfɒrɪst] n selva f tropical.

rainproof ['reɪnpruːf] adj impermeable.

rainwater ['reɪnwɔːtə^r] n agua f de lluvia.

rainy ['reɪnɪ] adj (rainier, rainiest) lluvioso,-a; **a r. day,** un día de lluvia; fig **to save** or **keep sth for a r. day,** guardar algo para los tiempos difíciles.

raise [reɪz] I n US aumento m (de sueldo). II vtr 1 (gen) levantar; (glass) brindar; (voice) levantar, subir; (building, statue) ergir; fig (embargo, restriction, etc) levantar; fig **to r. an eyebrow,** hacer un gesto de desaprobación; fam **to r. the roof,** armar un follón. 2 (increase) aumentar; Cards subir; **I'll r. you ten,** igualo y subo diez. 3 (money, help) reunir. 4 (problem, subject) plantear. 5 (crops, animals, children) criar. 6 Rad comunicar con. 7 (smile, laugh) provocar. 8 (standards) mejorar.

raisin ['reɪzən] n pasa f.

raison d'être [reɪzɒn'detrə] n fml razón f de ser.

rake[1] [reɪk] I n 1 (garden tool) rastrillo m. 2 (for fire) hurgón m. II vtr 1 (leaves) rastrillar. 2 (fire) hurgar. 3 (with machine gun) barrer. 4 (search for) escudriñar, registrar, hurgar. ◆**rake in** vtr fam forrarse; **he's raking it in,** se está forrando. ◆**rake over** vtr (topic, question) insistir en. ◆**rake up** vtr 1 (people)

reunir. 2 (bring up) sacar a luz; **to r. up the past,** desenterrar el pasado.

rake[2] [reɪk] n (dissolute man) calavera m, libertino m.

rake[3] [reɪk] n Theat (stage) inclinación f.

raked [reɪkt] adj Theat (stage) inclinado,-a.

rake-off ['reɪkɒf] n sl tajada f, comisión f.

rakish[1] ['reɪkɪʃ] adj (dissolute) libertino,-a.

rakish[2] ['reɪkɪʃ] adj (jaunty) desenvuelto,-a.

rally ['rælɪ] I n 1 (gathering) reunión f; Pol mitin m; **peace r.,** manifestación f pacifista. 2 Aut rallye m. 3 Ten pelota f, jugada f. II vtr (pt & pp **rallied**) (support, troops) reunir. III vi (after setback) reponerse, recuperarse. ◆**rally round** vi unirse, formar una piña.

RAM [ræm] Comput abbr of **random access memory,** memoria f de acceso aleatorio, RAM.

ram [ræm] I n 1 Zool carnero m. ■ Mil **battering r.,** ariete m. 2 Tech maza f. II vtr (pt & pp **rammed**) 1 (drive into place) hincar, clavar; (cram) embutir; fam **to r. sth down sb's throat,** machacar algo a algn; fam **to r. sth home,** demostrar algo, hacer algo patente. 2 (crash into) chocar con, darse contra.

ramble ['ræmbəl] I n (walk) paseo m, caminata f. II vi 1 (walk) pasear, hacer una excursión a pie. 2 fig (digress) divagar. 3 (plant) trepar.

rambler ['ræmblə^r] n 1 (person) excursionista mf. 2 Bot rosal m trepador.

rambling ['ræmblɪŋ] I adj 1 (speech, writing) confuso,-a, enmarañado,-a; (incoherent) incoherente. 2 (house) laberíntico,-a, lleno,-a de recovecos. 3 Bot trepador,-a. II **ramblings** npl (walking) paseos mpl, excursiones fpl, caminatas fpl; fig (digressions) divagaciones fpl.

ramification [ræmɪfɪ'keɪʃən] n ramificación f.

ramp [ræmp] n 1 (sloping surface) rampa f. 2 Aut (movable stairway) escalerilla f; Aut **hydraulic r.,** elevador m hidráulico.

rampage [ræm'peɪdʒ] I n destrozos mpl; **to be** or **go on the r.,** comportarse violentamente, provocar destrozos. II vi **to r. about,** comportarse como un loco.

rampant ['ræmpənt] adj desenfrenado,-a, incontrolado,-a; **corruption is r.,** la corrupción está muy extendida.

rampart ['ræmpɑːt] n Archit muralla f.

ramrod ['ræmrod] I n Tech baqueta f. II adj tieso,-a, derecho,-a.

ramshackle ['ræmʃækəl] adj destartalado,-a.

ran [ræn] pt see **run.**

ranch [rɑːntʃ] n US rancho m, hacienda f.

rancher ['rɑːntʃə^r] n US ranchero,-a m,f, hacendado,-a m,f.

rancid ['rænsɪd] adj rancio,-a.

rancorous ['ræŋkərəs] adj fml rencoroso,-a.

rancour, US rancor ['ræŋkə^r] n fml rencor m.

random ['rændəm] I n at r., al azar. II adj fortuito,-a, arbitrario,-a; **r. selection,** selección f hecha al azar; **r. shot,** bala f perdida.

randy ['rændɪ] adj (randier, randiest) GB fam caliente, cachondo,-a.

rang [ræŋ] pt see **ring.**

range [reɪndʒ] I n 1 (of mountains) cordillera f, sierra f. 2 US (open land) pradera f, dehesa f. 3 (choice, diversity) gama f, surtido m, variedad f; (of products) gama f. ■ **price r.,** escala f de precios. 4 Mus registro m. 5 Mil **firing r.,** campo m de tiro. 6

(of bullet, gun) alcance *m*, distancia *f* máxima; **at close r.**, de cerca; **long-/short-r. nuclear missiles**, mísiles *mpl* nucleares de largo/corto alcance. **7** *(capacity, extent)* campo *m*; **r. of vision**, campo de visión. **8** *(vehicles)* autonomía *f*. **9** *Culin* cocina *f* de carbón. **II** *vi* **1** *(extend)* extenderse **(to, hasta). 2** *(vary)* variar, oscilar; **prices r. from five to twenty pounds**, los precios oscilan entre cinco y veinte libras. **III** *vtr* **1** *(encompass)* abarcar, comprender; *(join together)* reunir, unir. **2** *lit (animals, people)* vagar por, recorrer.

rangefinder ['reɪndʒfaɪndəʳ] *n Mil Phot* telémetro *m*.

ranger ['reɪndʒəʳ] *n* **1** *(forest)* **r.**, guardabosques *mf inv*. **2** *US (mounted policeman)* policía *m* montado.

Rangoon [ræŋ'guːn] *n* Rangún.

rangy ['reɪndʒɪ] *adj* *(rangier, rangiest)* **1** *(long-legged)* larguirucho,-a. **2** *(spacious)* amplio,-a.

rank¹ [ræŋk] **I** *n* **1** *Mil (row)* fila *f*; **the ranks**, los soldados rasos; **to break ranks**, romper filas; **to rise from the ranks**, ser ascendido,-a a oficial. ■ *Pol* **the r. and file**, las bases (del partido). **2** *(position in army)* graduación *f*; *dated (in society)* rango *m*, categoría *f*; **to pull r.**, abusar de su autoridad; **what r. is he?**, ¿qué graduación tiene? **3** '**(taxi) r.**, parada *f* de taxis. **II** *vtr (classify)* clasificar, catalogar. **III** *vi (figure)* estar, figurar; **to r. above/below sb**, ser superior/inferior a algn; **to r. with**, estar al mismo nivel que.

rank² [ræŋk] *adj fml* **1** *(vegetation)* exuberante. **2** *(foul-smelling)* fétido,-a. **3** *(thorough)* total, absoluto,-a, completo,-a; *(injustice)* flagrante.

ranking ['ræŋkɪŋ] *n (position)* clasificación *f*, ranking *m*; **the world r.**, el ranking mundial.

ransack ['rænsæk] *vtr* **1** *(plunder)* saquear. **2** *(rummage)* registrar.

ransom ['rænsəm] **I** *n* rescate *m*; **to hold sb to r.**, pedir rescate por algn; *fig* poner a algn entre la espada y la pared. **II** *vtr (free)* rescatar.

rant [rænt] *vi (shout)* vociferar; *fam* **to r. and rave**, pegar gritos.

rap [ræp] **I** *n* **1** *(sharp blow)* golpe *m* seco; *(on door)* golpecito *m*. **2** *(reprimand)* amonestación *f*, reprimenda *f*; *fam* **to take the r.**, pagar el pato. **3** *Mus* rap *m*. **II** *vtr & vi (pt & pp rapped) (knock)* golpear; **to r. at the door**, llamar a la puerta; *fig* **to r. sb over the knuckles**, regañar a algn. **2** *US fam* charlar. ◆**rap out** *vtr (order, question, etc)* gritar.

rapacious [rə'peɪʃəs] *adj fml (greedy)* rapaz; *(voracious)* voraz.

rape¹ [reɪp] *Jur* **I** *n* violación *f*. **II** *vtr* violar.

rape² [reɪp] *n Bot* colza *f*.

rape³ [reɪp] *n (skins and stalks of grapes)* orujo *m*.

rapeseed ['reɪpsiːd] *n Bot* semilla *f* de colza. ■ **r. oil**, aceite *m* de colza.

rapid ['ræpɪd] **I** *adj* rápido,-a. **II rapids** *npl (in river)* rápidos *mpl*.

rapidity [rə'pɪdɪtɪ] *n* rapidez *f*.

rapier ['reɪpɪəʳ] *n Fenc* estoque *m*.

rapist ['reɪpɪst] *n* violador,-a *m,f*.

rapport [ræ'pɔː'ʳ] *n* compenetración *f*, entendimiento *m*; **to have a good r.**, compenetrarse bien.

rapt [ræpt] *adj (distracted)* absorto,-a; *(daydreaming)* ensimismado,-a; *(attention)* profundo,-a.

rapture ['ræptʃəʳ] *n* éxtasis *m*, arrobamiento *m*; **to go into raptures over sth**, extasiarse ante algo.

rapturous ['ræptʃərəs] *adj lit (with ecstasy)* extático,-a, arrobado,-a; *(with enthusiasm)* muy entusiasta; *(welcome)* caluroso,-a.

rare¹ [reəʳ] *adj* **1** *(uncommon)* raro,-a, poco común; *(exceptional)* excepcional. **2** *(atmosphere)* enrarecido,-a. **3** *fam* estupendo,-a. ◆**rarely** *adv* raramente, raras veces.

rare² [reəʳ] *adj Culin (steak)* poco hecho,-a.

rarefied ['reərɪfaɪd] *adj* enrarecido,-a.

rarebit ['reəbɪt] *n Culin* tostada *f* de queso.

raring ['reərɪŋ] *adj fam* ansioso,-a, con ganas; *fam* **to be r. to do sth**, morirse de ganas de hacer algo.

rarity ['reərɪtɪ] *n* rareza *f*.

rascal ['rɑːskəl] *n* **1** *(naughty child)* pillo,-a *m,f*, granuja *mf*. **2** *dated (scoundrel)* sinvergüenza *mf*.

rash¹ [ræʃ] *n Med* erupción *f* cutánea, sarpullido *m*. **2** *(spate)* racha *f*.

rash² [ræʃ] *adj (reckless)* impetuoso,-a; *(of words, actions)* precipitado,-a, imprudente. ◆**rashly** *adv* sin reflexionar, a la ligera.

rashness ['ræʃnɪs] *n (recklessness)* impetuosidad *f*; *(of words, actions)* precipitación *f*, imprudencia *f*.

rasher ['ræʃəʳ] *n Culin* loncha *f*.

rasp [rɑːsp] **I** *n* **1** *Tech* escofina *f*. **2** *(grating noise)* chirrido *m*. **II** *vtr Tech* raspar, escofinar; *fig* **to r. out**, decir con voz áspera.

rasping ['rɑːspɪŋ] *adj (sound)* chirriante; *(voice)* áspero,-a.

raspberry ['rɑːzbərɪ] *n Bot* **1** *(fruit)* frambuesa *f*. **2** *(plant)* frambueso *m*. **3** *fam* pedorreta *f*; *(jeer)* **to blow a r. at sb**, hacer pedorretas a algn.

rat [ræt] **I** *n* **1** *Zool* rata *f*; *fig* **to smell a r.**, olerse algo raro; *fam fig* **to look like a drowned r.**, estar hecho,-a una sopa. ■ **r. poison**, raticida *m*. **2** *fam (scoundrel)* canalla *m*. **II** *vi (pt & pp ratted)* **1** *(hunt rats)* cazar ratas. **2** *fam (inform)* **to r. on sb**, chivarse de algn, denunciar a algn. **3** *fam (break promise)* romper.

ratchet ['rætʃɪt] *n Tech* trinquete *m*. ■ **r. wheel**, rueda *f* de trinquete.

rate [reɪt] **I** *n* **1** *(ratio)* índice *m*, tasa *f*; *fam fig* **at any r.**, *(at least)* al menos, por lo menos; *(anyway)* en todo caso; *fam fig* **at this r.**, si continuamos así, si las cosas siguen así. ■ **birth r.**, tasa *f* de natalidad; **growth r.**, índice *m* de crecimiento. **2** *(cost)* precio *m*, tarifa *f*; **hourly r.**, precio por hora. ■ **postal r.**, tarifa *f* postal; *Fin* **r. of exchange/interest**, tipo *m* de cambio/interés. **3 at the r. of**, *(speed)* a la velocidad *f* de; *(quantity)* a razón de. ■ *Med* **pulse r.**, frecuencia *f* del pulso. **4** *(quality)* categoría *f*, cualidad *f*; **first/second r.**, de primera/segunda categoría. **5** *GB* **rates**, impuestos *mpl* municipales. **II** *vtr* **1** *(estimate)* estimar. **2** *(evaluate)* tasar. **3** *(consider)* considerar; **how did you r. the film?**, ¿qué te pareció la película?

rateable ['reɪtəbəl] *adj GB* **r. value**, valor *m* catastral.

ratepayer ['reɪtpeɪəʳ] *n GB* contribuyente *mf*.

rather ['rɑːðəʳ] **I** *adv* **1** *(quite)* más bien, bastante; *(very much so)* muy; **he's r. good-looking**, es muy guapo; **it's r. cold**, hace bastante frío; **we r. fancy going**, nos apetece ir. **2** *(more accurately)* mejor dicho; **r. than**, *(instead of)* en vez de; *(more than)* más que; **r. them than me!**, ¡ellos, no yo! **3** *(preference)* **she would r. stay here**, prefiere quedarse aquí. **II** [rɑː'ðɜː'ʳ] *interj dated fam* ¡por supuesto!, ¡cómo no!; **do you like it? —r.!**, ¿te gusta? —¡ya lo creo! *or* ¡por supuesto!

ratification [ˌrætɪfɪˈkeɪʃən] *n fml* ratificación *f*.

ratify [ˈrætɪˈfaɪ] *vtr (pt & pp ratified) fml* ratificar.

rating [ˈreɪtɪŋ] *n* 1 *(valuation)* tasación *f*; *(score)* valoración *f*. 2 *TV* **(programme) ratings,** índice *m sing* de audiencia. 3 *Naut* marinero *m* sin graduación.

ratio [ˈreɪʃɪəʊ] *n (pl ratios)* razón *f*, proporción *f*, relación *f*; **in direct r. to,** en razón directa con; **in the r. of,** a razón de.

ration [ˈræʃən] **I** *n* 1 *(allowance)* ración *f*, porción *f*; **to be on rations,** sufrir racionamientos. ■ **r. book,** cartilla *f* de racionamiento. 2 **rations,** víveres *mpl*. **II** *vtr* racionar.

rational [ˈræʃənəl] *adj* racional, lógico,-a.

rationale [ˌræʃəˈnɑːl] *n* base *f*, razón *f* fundamental.

rationalize [ˈræʃənəlaɪz] *vtr* racionalizar.

rationing [ˈræʃənɪŋ] *n* racionamiento *m*.

ratted [ˈrætɪd] *adj fam (drunk)* ciego,-a.

rattle [ˈrætəl] **I** *n* 1 *(noise of train, cart)* traqueteo *m*; *(of metal)* repiqueteo *m*; *(of glass)* tintineo *m*. 2 *(toy)* sonajero *m*; *(instrument)* matraca *f*. 3 *(of death)* estertor *m*. **II** *vtr* 1 *(keys, chains)* agitar, hacer sonar. 2 *fam (unsettle)* crispar, poner nervioso,-a; **to get sb rattled,** poner nervioso,-a a algn. **III** *vi (gen)* sonar; *(metal)* repiquetear; *(glass)* tintinear. ◆**rattle off** *vtr (person)* recitar *or* decir a toda prisa. ◆**rattle on, rattle away** *vi* parlotear, hablar sin parar. ◆**rattle through** *vtr (work etc)* terminar rápidamente.

rattler [ˈrætləʳ] *n US fam* serpiente *f* de cascabel.

rattlesnake [ˈrætəlsneɪk] *n Zool* serpiente *f* de cascabel.

ratty [ˈrætɪ] *adj (rattier, rattiest) fam* malhumorado,-a.

raucous [ˈrɔːkəs] *adj (hoarse)* ronco,-a; *(shrill)* estridente, chillón,-ona.

raunchy [ˈrɔːntʃɪ] *adj (raunchier, raunchiest) fam* lascivo,-a.

ravage [ˈrævɪdʒ] *fml* **I** *n (usu pl)* estragos *mpl*. **II** *vtr* asolar, devastar, destrozar.

rave [reɪv] **I** *vi* 1 *(be delirious)* delirar. 2 *(be angry)* enfurecerse (**at,** con). 3 *(speak enthusiastically)* entusiasmarse (**about,** por); **to r. about sth,** poner algo por las nubes. **II** *n* 1 *Mus Theat* **r. review,** crítica *f* muy favorable. 2 *fam (trend)* moda *f*. **III** *adj fam (fashionable)* de moda, enrollado,-a.

raven [ˈreɪvən] *n Orn* cuervo *m*; **r.-haired,** de pelo negro como el azabache.

ravenous [ˈrævənəs] *adj* voraz; **I'm r.,** tengo un hambre que no veo.

raver [ˈreɪvəʳ] *n GB fam* juerguista *mf*.

rave-up [ˈreɪvʌp] *n fam* juerga *f*.

ravine [rəˈviːn] *n Geog* barranco *m*.

raving [ˈreɪvɪŋ] *n* 1 *(delirium)* delirio *m*; *fam* **r. mad,** loco,-a de atar. 2 *(rambling talk)* divagaciones *fpl*.

ravish [ˈrævɪʃ] *vtr* 1 *dated (rape)* violar. 2 *(plunder)* saquear. 3 *fig* encantar, cautivar.

ravishing [ˈrævɪʃɪŋ] *adj (person)* encantador,-a, cautivador,-a.

raw [rɔː] **I** *adj* 1 *(uncooked)* crudo,-a. 2 *(not processed)* bruto,-a; *(pure)* puro,-a. ■ **r. material,** materia *f* prima. 3 *(emotions)* instintivo,-a, primario,-a. 4 *(weather)* crudo,-a, frío,-a. 5 *(unfair)* injusto,-a; **r. deal,** trato *m* injusto. 6 *(wound)* abierto,-a; **r. flesh,** carne viva. 7 *US (inexperienced)* novato,-a, inexperto,-a, bisoño,-a; *Mil* **r. recruits,** novatos *mpl*. 8 *(frank)* franco,-a. 9 *(uncivilized)* tosco,-a. **II** *n* 1 *(tender spot)* carne *f* viva; **to touch**

sb on the r., herir a algn en lo vivo. **2 in the r.,** *fam (naked)* en cueros, en pelotas.

rawness [ˈrɔːnɪs] *n* 1 *(of food, weather)* crudeza *f*. 2 *US (lack of experience)* falta *f* de experiencia.

ray[1] [reɪ] *n (light etc)* rayo *m*; *fig* **r. of hope,** resquicio *m* de esperanza.

ray[2] [reɪ] *n (fish)* raya *f*.

ray[3] [reɪ] *n Mus (note)* re *m*.

rayon [ˈreɪɒn] *n Tex* rayón *m*.

raze [reɪz] *vtr* arrasar; **to r. a building to the ground,** arrasar un edificio.

razor [ˈreɪzəʳ] *n (wet)* navaja *f* de afeitar; *(electric)* máquinilla *f* de afeitar. ■ **r. blade,** hoja *f* de afeitar.

razorbill [ˈreɪzəbɪl] *n Orn* alca *f* común.

razor-sharp [ˌreɪzəˈʃɑːp] *adj (knife etc)* muy afilado,-a; *fig (mind)* perspicaz.

razor-shell [ˈreɪzəʃel] *n (fish)* navaja *f*.

razzle [ˈræzəl] *n fam* juerga *f*; **to go out on the r.,** ir de marcha, irse de juerga.

razzmatazz [ˌræzməˈtæz] *n fam* jaleo *m*.

RC [ɑːˈsiː] *abbr of* **Roman Catholic,** católico,-a *(m,f)*.

Rd *abbr of* **Road,** calle *f*, c/.

RE [ɑːˈriː] *Sch abbr of* **religious education,** educación *f* religiosa.

re [riː] *prep Com* respecto a, con referencia a.

reach [riːtʃ] **I** *vtr* 1 *(arrive at)* llegar a, alcanzar; *(grab)* alcanzar; *(agreement)* llegar a; *Dep* **to r. the finals,** llegar a la final. 2 *(contact)* comunicarse, localizar; **where can I r. you?,** ¿dónde te puedo localizar? **II** *vi (arrive at)* llegar, alcanzar; *(grab)* alcanzar; **he can't r.,** no llega; **to r. for sth,** intentar coger algo; **to r. out,** extender la mano. **III** *n* 1 *(range)* alcance *m*; **out of r.,** fuera del alcance; **within easy r.,** muy cerca; **within r.,** al alcance. 2 *Box (extension)* extensión *f* del brazo. 3 **reaches,** *(on a river)* recta *f sing*.

react [rɪˈækt] *vi* reaccionar.

reaction [rɪˈækʃən] *n* reacción *f*.

reactionary [rɪˈækʃənərɪ] *adj & n* reaccionario,-a *(m,f)*.

reactivate [rɪˈæktɪveɪt] *vtr* reactivar.

reactive [rɪˈæktɪv] *adj Chem* reactivo,-a.

reactor [rɪˈæktəʳ] *n Phys* reactor *m*.

read [riːd] **I** *n fam* lectura *f*; **to have a quiet r.,** pasar un rato tranquilo leyendo. **II** *vtr (pt & pp read* [red]*)* 1 *(book, newspaper, note)* leer; *(poem)* recitar. 2 *(decipher)* descifrar. 3 *(understand)* entender; *(interpret)* interpretar; **it can be r. both ways,** se puede interpretar de las dos maneras; **to r. sb's lips,** leer los labios de algn; *fig* **to r. between the lines,** leer entre líneas; *fig* **to r. sb's mind,** adivinarle el pensamiento a algn; *fam* **do you r. me?,** ¿me entiendes?; *Rad* ¿me recibe? 4 *Impr (proofs)* corregir. 5 *Univ (subject)* estudiar. **III** *vi* 1 *(dial)* marcar. 2 *(signpost, text)* decir, poner; **the sign r. 'No Parking',** el letrero decía 'Prohibido Aparcar'. ◆**read into** *(interpret)* interpretar erróneamente; **don't r. too much into this book,** no busques mensaje en este libro porque no lo hay. ◆**read out** *vtr* leer en voz alta. ◆**read up** *vtr (subject)* investigar (**on,** -), buscar datos (**on,** sobre).

readable [ˈriːdəbəl] *adj* 1 *(interesting)* interesante, que vale la pena leerse. 2 *(legible)* legible.

reader [ˈriːdəʳ] *n* 1 *(of books, newspapers, etc)* lector,-a *m,f*; **she's a keen r.,** le gusta mucho leer. 2 *(book)* libro *m* de lectura; **a Russian r.,** un libro de lectura en ruso. 3 *GB Univ (man)* profesor *m* adjunto;

(woman) profesora *f* adjunta. **4** *(microfilm)* lector *m.*

readership ['ri:dəʃɪp] *n* **1** *Press* lectores *mpl.* **2** *GB Univ* puesto *m* de profesor,-a adjunto,-a.

readiness ['redɪnɪs] *n* **1** *(preparedness)* preparación *f.* **2** *(availability)* disponibilidad *f.* **3** *(swiftness)* rapidez *f.* **4** *(willingness)* buena disposición *f.*

reading ['ri:dɪŋ] **I** *n* **1** *(gen)* lectura *f*; **poetry r.**, recital *m* de poesía; **the novel makes excellent r.**, es un libro excelente. **2** *(of gas meter etc)* lectura *f.* **3** *fig* interpretación *f*; **my r. of the situation is that...**, según yo veo la situación ... . **4** *(laws, bills)* presentación *f.* **II** *adj* de lectura. ■ **r. glasses,** gafas *fpl* de lectura; **r. lamp.,** lámpara *f* de leer; **r. matter,** material *m* escrito, bibliografía *f*; **r. room,** sala *f* de lectura.

readjust [ri:ə'dʒʌst] *vtr (gen)* reajustar; *(adapt oneself)* readaptarse.

readjustment [ri:ə'dʒʌstmənt] *n (gen)* reajuste *m*; *(adopting)* readaptación *f.*

ready ['redɪ] **I** *adj* **1** *(prepared)* listo,-a, preparado,-a; **lunch is r.!,** ¡a comer!; *Av* **r. for take-off,** preparado,-a para el despegue; *Sport* **r., steady, go!,** ¡preparados, listos, ya!; **r. when you are!,** ¡cuando quieras!; **we're r. for bed,** nos vamos a la cama. **2** *(about to)* a punto; **r. to,** a punto de. **3** *(quick, convenient)* a mano; *(smile)* fácil; **to be r. with advice,** tener siempre un consejo a punto. ■ **r. cash,** dinero *m* en efectivo. **4** *(willing)* dispuesto,-a a. **II readies** *npl fam (cash)* pasta *f sing.* **III** *vtr (pt & pp readied)* **1** *(make ready)* preparar; **the consignment will be readied,** el envío estará listo. **2** *fml (person)* prepararse. ◆**readily** *adv* **1** *(easily)* fácilmente, libremente; **r. available,** disponible en el acto. **2** *(willingly)* de buena gana.

ready-cooked [redɪ'kʊkt] *adj* precocinado,-a; **r.-c. chickens,** pollos *mpl* asados para llevar.

ready-made [redɪ'meɪd] *adj* confeccionado,-a; hecho,-a; **r.-m. clothes,** ropa hecha.

real [rɪəl] **I** *adj* **1** *(not imaginary)* real, verdadero,-a; **in r. life,** en la vida real; *fam* **for r.,** de veras; **this time it's for r.,** esta vez va de veras; **is this bloke for r.?,** ¿pero este tío de qué va? **2** *(genuine)* auténtico,-a, legítimo,-a; **he's a r. friend,** es un auténtico amigo; **r. leather,** piel legítima; *fam* **it's the r. McCoy,** it's the r. thing, es el auténtico *or* la auténtica. **3** *US Com* **r. estate,** bienes *mpl* inmuebles; **r. estate agent,** agente *m* inmobiliario. **II** *adv US fam (very)* **r. pleased,** verdaderamente contento,-a. ◆**really** *adv* **1** *(truly)* verdaderamente, realmente; **it's r. sad,** es verdaderamente triste; **you r. shouldn't have done it,** no deberías haberlo hecho, de verdad. **2** *(sure)* de verdad; **r.?,** ¿de veras?; **r.!,** ¡no me digas!

realign [ri:ə'laɪn] *vtr* reordenar, restructurar.

realignment [ri:ə'laɪnmənt] *n* restructuración *f.*

realism ['rɪəlɪzəm] *n* realismo *m.*

realist ['rɪəlɪst] *n* realista *mf.*

realistic [rɪəlɪstɪk] *adj* realista.

reality [rɪ'ælɪtɪ] *n* realidad *f*; **in r.,** en realidad.

realizable [rɪə'laɪzəbəl] *adj* realizable.

realize ['rɪəlaɪz] *vtr* **1** *(become aware of)* darse cuenta de; **I didn't r. that ...,** no me di cuenta de que ... . **2** *fml (fulfil)* realizarse, hacerse realidad; **to r. one's full potential,** realizarse. **3** *Com (assets)* realizar, vender, convertir en efectivo. **4** *Art Lit* realizar.

realization [rɪəlaɪ'zeɪʃən] *n* **1** *(understanding)* comprensión *f.* **2** *(fulfilment)* realización *f.* **3** *Com* realización *f*, venta *f.*

realm [relm] *n fml* **1** *(kingdom)* reino *m.* **2** *fig (field)* terreno *m*, esfera *f*, mundo *m.*

ream [ri:m] *n fam* **1** *(of paper)* resma *f.* **2** *fig* **reams,** *(writings)* montones *mpl*, gran cantidad *f sing.*

reanimate [ri:'ænɪmeɪt] *vtr* reanimar, resucitar, dar nueva vida a.

reap [ri:p] *vtr Agr* cosechar, recoger; *fig* **to r. the benefits,** llevarse los beneficios.

reaper ['ri:pər] *n* **1** *(person)* segador,-a *m,f.* **2** *(machine)* segadora *f.* ■ **r. and binder,** segadora *f* agavilladora.

reappear [ri:ə'pɪər] *vi* reaparecer.

reappearance [ri:ə'pɪərəns] *n* reaparición *f.*

reappraisal [ri:ə'preɪzəl] *n fml* revaluación *f.*

reappraise [ri:ə'preɪz] *vtr fml* revaluar.

rear[1] [rɪər] **I** *n* **1** *(back part)* parte *f* de atrás, parte *f* posterior; **in the r.,** *Mil* en la retaguardia; **to bring up the r.,** cerrar la marcha. **2** *Aut* parte *f* de atrás. **3** *fam (buttocks)* trasero *m.* **II** *adj* posterior, trasero,-a. ■ **r. entrance,** puerta *f* de atrás; *Naut* **r. admiral,** contralmirante *m*; *Aut* **r. wheel,** rueda *f* trasera.

rear[2] [rɪər] **I** *vtr* **1** *(breed, raise)* criar. **2** *(build)* erigir; *(lift up)* levantar, alzar; *(head)* levantar; *fig* **corruption reared its ugly head,** la corrupción hizo acto de presencia. **II** *vi (horse)* **to r. up,** encabritarse.

rearguard ['rɪəgɑ:d] *n Mil* retaguardia *f*; *fig* **r. action,** última tentativa *f.*

rearm [ri:'ɑ:m] *Mil* **I** *vtr* rearmar. **II** *vi* rearmarse.

rearmament [ri:'ɑ:məment] *n* rearme *m.*

rearmost ['rɪəməʊst] *adj (nearest to the back)* último,-a.

rearrange [ri:ə'reɪndʒ] *vtr* **1** *(furniture)* colocar de otra manera. **2** *(fix new date)* fijar otra fecha.

rearrangement [ri:ə'reɪndʒmənt] *n* reorganización *f*, ajuste *m.*

rear-view ['rɪəvju:] *adj* **r.-v. mirror,** (espejo *m*) retrovisor *m.*

reason ['ri:zən] **I** *n* **1** *(cause)* motivo *m*, razón *f*; **all the more r. why,** razón de más; **for no r.,** sin razón; **for reasons best known to him,** por razones sólo conocidas por él; **for some r.,** por algún motivo; **for this r.,** por esta razón; **he has r. to think that ...,** tiene motivos para pensar que ...; *fml* **by r. of,** en virtud de. **2** *(good sense)* sentido *m* común, razón *f*; **it stands to r.,** es lógico; **to listen to r.,** atender a razones; **to lose one's r.,** perder la razón; **to see r.,** ver la razón; **within r.,** dentro de lo razonable. **II** *vi* **1** *(be reasonable)* razonar; **to r. with sb,** convencer a algn. **2** *(argue, work out)* razonar, llegar a la conclusión. ◆**reason out** *vtr* solucionar con lógica.

reasonable ['ri:zənəbəl] *adj* **1** *(fair)* razonable, moderado,-a. **2** *(sensible)* razonable, sensato,-a. **3** *(average)* regular, pasable. ◆**reasonably** *adv* **1** *(fairly)* bastante; **it was r. cheap,** era bastante barato,-a. **2** *(sensibly)* sensatamente.

reasoning ['ri:zənɪŋ] *n* razonamiento *m*; **by your r.,** según tus cálculos.

reassemble [ri:ə'sembəl] **I** *vtr (machine etc)* volver a montar. **II** *vi (people, group)* reunirse, volverse a juntar.

reassure [ri:ə'ʃʊər] *vtr* **1** *(comfort)* tranquilizar. **2** *(restore confidence)* dar confianza a.

reassurance [riːəˈʃʊərəns] n (comfort) consuelo m; (words of comfort) palabras fpl tranquilizadoras.

reassuring [riːəˈʃʊərɪŋ] adj consolador,-a, tranquilizador,-a; **it's r. (to me) to know that ...**, me tranquiliza saber que ... .

reawaken [riːəˈweɪkən] I vtr (feelings etc) volver a despertar. II vi (from sleep) despertar de nuevo.

rebate [ˈriːbeɪt] n Fin 1 (repayment) devolución f, reembolso m. ■ **tax r.**, devolución f fiscal. 2 (discount) descuento m, rebaja f.

rebel [ˈrebəl] I adj & n rebelde (mf). II [rɪˈbel] vi rebelarse, sublevarse (**against,** contra).

rebellion [rɪˈbeljən] n rebelión f, sublevación f.

rebellious [rɪˈbeljəs] adj rebelde.

rebirth [riːˈbɜːθ] n renacimiento m.

reborn [riːˈbɔːn] adj to be r., volver a nacer.

rebound [ˈriːbaʊnd] I n (of ball) rebote m; fig **to do sth on the r.**, hacer algo de rebote; fig **to marry on the r.**, casarse por despecho. II [rɪˈbaʊnd] vi (ball) rebotar; fig (action) repercutir.

rebuff [rɪˈbʌf] I n rechazo m, desaire m; **to suffer a r.**, verse rechazado,-a. II vtr rechazar, desairar.

rebuild [riːˈbɪld] vtr (pt & pp **rebuilt**) reconstruir.

rebuke [rɪˈbjuːk] I n reproche m, reprensión f. II vtr reprochar, reprender.

rebut [rɪˈbʌt] vtr (pt & pp **rebutted**) refutar.

rebuttal [rɪˈbʌtəl] n fml refutación f.

recalcitrant [rɪˈkælsɪtrənt] adj fml recalcitrante, obstinado,-a.

recall [rɪˈkɔːl] I n 1 (soldiers) llamada f. 2 (revocation) revocación f, anulación f. 3 (memory) memoria f; **beyond** or **past r.**, sepultado,-a para siempre; **total r.**, gran capacidad de memoria. II vtr 1 (soldiers, products, etc) hacer volver. 2 (withdraw) retirar. 3 (remember) acordarse, recordar; **as I r.**, tal como yo lo recuerdo.

recant [rɪˈkænt] vi fml retractarse.

recap [riːˈkæp] fam I vtr & vi (pt & pp **recapped**) recapitular, resumir; **to r.**, en resumen. II [ˈriːkæp] n recapitulación f, resumen m.

recapitulate [riːkəˈpɪtjʊleɪt] vtr & vi fml recapitular, resumir.

recapitulation [riːkəpɪtjʊˈleɪʃən] n fml recapitulación f, resumen m.

recapture [riːˈkæptʃəʳ] I n (of person) nueva detención f; (of place) reconquista f. II vtr 1 (person) volver a capturar; (place) reconquistar. 2 fig (memory, feeling) hacer revivir, recuperar.

recast [riːˈkɑːst] vtr (pt & pp **recast**) 1 (redo) rehacer. 2 (metal) refundir. 3 Theat (play) cambiar el reparto; (actor, actress) dar otro papel a; **they r. the part of Grimbling**, dieron el papel de Grimbling a otro actor.

recd Com Fin abbr of **received**, recibido,-a.

recede [rɪˈsiːd] vi (withdraw) retroceder, retirarse; (fade) desvanecerse.

receipt [rɪˈsiːt] I n 1 (act) recepción f, recibo m; **to acknowledge r. of sth**, acusar recibo de algo. 2 Com (paper) recibo m; **to ask for a r.**, pedir un recibo. 3 **receipts**, (takings) recuadación f sing. II vtr Com dar un recibo por.

receive [rɪˈsiːv] vtr 1 (gen) recibir. 2 Jur (stolen goods) ocultar. 3 (welcome) acoger, recibir; **well/ badly received**, bien/mal acogido,-a; Rel **to r. sb into the Church**, recibir a algn en el seno de la Iglesia. 4 TV Rad (transmission) captar, recibir. 5 (in club) aceptar.

receiver [rɪˈsiːvəʳ] n 1 (person) receptor,-a m,f, recibidor,-a m,f; (of letter) destinario,-a m,f. 2 Jur (of stolen goods) perista mf. 3 GB Jur **official r.**, síndico m. 4 Tel auricular m; **to lift/put down the r.**, descolgar/colgar el teléfono. 5 Rad receptor m.

receiving [rɪˈsiːvɪŋ] n Jur (stolen goods) encubrimiento m; fig **to be on the r. end**, ser la víctima or el blanco.

recent [ˈriːsənt] adj reciente; **in r. years**, en los últimos años. ◆**recently** adv hace poco, recientemente.

receptacle [rɪˈseptəkəl] n receptáculo m, recipiente m.

reception [rɪˈsepʃən] n 1 (welcome) recibimiento m, acogida f. ■ **r. centre**, hogar m de beneficencia; **r. room**, sala f de recepción. 2 (party) recepción f. ■ **wedding r.**, banquete m de bodas. 3 (in hotel) **r. (desk)**, recepción f. 4 Rad TV recepción f.

receptionist [rɪˈsepʃənɪst] n recepcionista mf.

receptive [rɪˈseptɪv] adj receptivo,-a.

receptor [rɪˈseptəʳ] n receptor m.

recess [ˈriːses, rɪˈses] n 1 (in a wall) hueco m. 2 (remote place) lugar m apartado. 3 (secret place) escondrijo m, recoveco m; fig **the recesses of the mind**, los recovecos de la mente. 4 (rest period) descanso m; US Educ recreo m; Parl período m de vacaciones. II [rɪˈses] vi Parl suspender la sesión.

recession [rɪˈseʃən] n Econ recesión f.

recharge [riːˈtʃɑːdʒ] vtr Aut (battery) recargar; fig **to r. one's batteries**, recargar las baterías or pilas.

rechargeable [riːˈtʃɑːdʒəbəl] adj recargable.

recherché [rəˈʃeəʃeɪ] adj rebuscado,-a.

recidivism [rɪˈsɪdɪvɪzəm] n reincidencia f.

recidivist [rɪˈsɪdɪvɪst] adj & n reincidente (mf).

recipe [ˈresɪpɪ] n 1 Culin receta f. 2 fig (formula) fórmula f; (secret) secreto m.

recipient [rɪˈsɪpɪənt] n 1 (person) receptor,-a m,f. 2 (of letter) destinatario,-a m,f.

reciprocate [rɪˈsɪprəkeɪt] vtr & vi (gen) corresponder; (favour etc) devolver.

reciprocal [rɪˈsɪprəkəl] adj recíproco,-a, mutuo,-a.

recital [rɪˈsaɪtəl] n recital m.

recitation [resɪˈteɪʃən] n recitación f.

recite [rɪˈsaɪt] vtr & vi recitar.

reckless [ˈreklɪs] adj (unwise) imprudente; (fearless) temerario,-a.

recklessness [ˈreklɪsnɪs] n (unwise) imprudencia f; (fearless) temeridad f.

reckon [ˈrekən] vtr & vi 1 (calculate) calcular; (count) contar. 2 fam (think) creer; (consider) considerar; **he reckons he's an expert on the subject**, se considera un experto en el tema. ◆**reckon in** vtr tomar en cuenta, incluir. ◆**reckon on** vi contar con. ◆**reckon up** vtr dated calcular, sumar. ◆**reckon with** vi tener en cuenta; fig **he's a man to be reckoned with**, es un hombre muy poderoso. ◆**reckon without** vi no contar con.

reckoner [ˈrekənəʳ] n **ready r.**, tabla f de cálculo.

reckoning [ˈrekənɪŋ] n cálculo m, cuenta f; **by my r. ...**, según mis cálculos ...; **to be out in one's r.**, equivocarse en las cuentas; fig **day of r.**, día m del juicio final.

reclaim [rɪˈkleɪm] vtr 1 (recover) recuperar; (demand back) reclamar. 2 (waste products) recidir, tratar. 3 (marshland, desert, etc) convertir.

reclamation [reklə'meɪʃən] *n* **1** *(act of reclaiming)* reclamación *f*. **2** *(waste products)* reciclaje *m*. **3** *(marshland, desert, etc)* conversión *f* en tierra cultivable.

recline [rɪ'klaɪn] *vi* recostarse, reclinarse.

reclining [rɪ'klaɪnɪŋ] *adj* recostado,-a, reclinado,-a; **r. seat,** asiento *m* con respaldo reclinable.

recluse [rɪ'klu:s] *n* recluso,-a *m,f*.

reclusive [re'klu:sɪv] *adj fml* recluso,-a.

recognition [rekəg'nɪʃən] *n* *(gen)* reconocimiento *m*; *(appreciation)* apreciación *f*; *(acceptance)* aceptación *f*; **in r. of,** en reconocimiento de; **the town has changed beyond all r.,** el pueblo ha cambiado tanto que ahora es irreconocible.

recognizable [rekəg'naɪzəbəl] *adj* reconocible.

recognize ['rekəgnaɪz] *vtr* reconocer.

recognized ['rekəgnaɪzd] *adj* *(approved)* aprobado,-a.

recoil ['ri:kɔɪl] **I** *n* *(of gun)* culatazo *m*; *(of cannon)* retroceso *m*; *(of spring)* aflojamiento *m*. **II** [rɪ'kɔɪl] *vi* **1** *(gun)* dar un culatazo; *(cannon)* retroceder; *(spring)* aflojarse. **2** *fig (in fear)* asustarse; *(with disgust)* disgustarse, sentir repugnancia por. **3** *fig (rebound)* repercutir.

recollect [rekə'lekt] *vtr fml* acordarse de, recordar.

recollection [rekə'lekʃən] *n* recuerdo *m*; **to the best of my r.,** que yo recuerde.

recommence [ri:kə'mens] *vtr & vi* recomenzar, empezar de nuevo.

recommend [rekə'mend] *vtr* recomendar; **he has little to r. him,** poca cosa tiene a su favor; **not to be recommended,** poco aconsejable *or* recomendable.

recommendation [rekəmen'deɪʃən] *n* recomendación *f*.

recompense ['rekəmpens] **I** *n* recompensa *f*; *Jur (for damage)* indemnización *f*. **II** *vtr* recompensar **(for,** por); *Jur* indemnizar.

reconcile ['rekənsaɪl] *vtr* **1** *(two people)* reconciliar; *(two ideas)* conciliar; **to become reconciled,** reconciliarse; **to r. oneself to,** resignarse a, conformarse con.

reconciliation [rekənsɪlɪ'eɪʃən] *n* *(of two people)* reconciliación *f*; *(of two ideas)* conciliación *f*.

recondite [rɪ'kɒndaɪt, 'rekəndaɪt] *adj fml* recóndito,-a.

recondition [ri:kən'dɪʃən] *vtr* *(engine)* revisar, reparar.

reconnaissance [rɪ'kɒnɪsəns] *n* *Mil* reconocimiento *m*, exploración *f*.

reconnoitre, US reconnoiter [rekə'nɔɪtər] *vtr* *Mil* reconocer, explorar.

reconquer [ri:'kɒŋkər] *vtr* reconquistar.

reconquest [ri:'kɒŋkwest] *n* reconquista *f*.

reconsider [ri:kən'sɪdər] *vtr* reconsiderar, considerar de nuevo.

reconsideration [ri:kənsɪdə'reɪʃən] *n* reconsideración *f*, revisión *f*.

reconstitute [ri:'kɒnstɪtju:t] *vtr* *(group, movement, etc)* reconstituir, reorganizar.

reconstruct [ri:kən'strʌkt] *vtr* reconstruir.

reconstruction [ri:kən'strʌkʃən] *n* reconstrucción *f*.

record ['rekɔ:d] **I** *n* **1** *(account)* relación *f*; *(meeting)* actas *fpl*; **for the r.,** para que quede constancia; **off the r.,** confidencialmente; **to go on r.,** declarar públicamente; **to keep a r. of sth,** anotar algo; **to put** *or* **set the r. straight,** dejar las cosas claras. **2** *(do-cument)* documento *m*; **official r.,** boletín *m* oficial; **r. of attendance,** registro *m* de asistencia; **public records,** archivos *mpl*. **3** *(case history)* *Univ* expediente *m* académico; *Med* historial *m* médico; **police r.,** antecedentes *mpl* penales; *(criminal)* **to have a r.,** tener antecedentes. **4** *Mus* disco *m*; **to cut/make a r.,** grabar un disco. ■ **r. library,** discoteca *f*; **r. player,** tocadiscos *m inv*. **5** *Sport* récord *m*; **to break a r.,** batir un récord; **to hold the r.,** tener el récord. **II** [rɪ'kɔ:d] *vtr* **1** *(relate)* hacer constar, *(note down)* apuntar, anotar. **2** *(record, voice)* grabar. **3** *(thermometer etc)* marcar, registrar.

record-breaking ['rekɔ:dbreɪkɪŋ] *adj* que bate todos los récords.

recorded [re'kɔ:dɪd] *adj* **r. delivery,** correo *m* certificado; **r. message,** mensaje *m* grabado.

recorder [re'kɔ:dər] **1** *(person)* registrador,-a *m,f*, archivero,-a *m,f*; *Jur* magistrado,-a *m,f* municipal. **2** *Mus* flauta *f*. **3 tape r.,** magnetófon *m*.

recording [re'kɔ:dɪŋ] *n* **1** *(writing down)* consignación *f*. **2** *(registering)* registro *m*. ■ **tape r.,** grabación *f*.

recount [rɪ'kaʊnt] *vtr* **1** *(tell)* contar, relatar. **2** *(count again)* volver a contar.

re-count [ri:'kaʊnt] **I** *vi* *Pol* hacer un recuento. **II** ['ri:kaʊnt] *n* *Pol* recuento *m*.

recoup [rɪ'ku:p] *vtr* *(recover)* recuperar; *(losses)* resarcirse de, recuperar.

recourse [rɪ'kɔ:s] *n* recurso *m*; **to have r. to,** recurrir a.

recover [rɪ'kʌvər] **I** *vtr* *(items, time)* recuperar; *(consciousness, composure)* recobrar. **II** *vi* *(from illness, setback, etc)* reponerse, recuperarse, restablecerse.

re-cover [ri:'kʌvər] *vtr* *(book)* forrar de nuevo; *(furniture)* tapizar de nuevo.

recoverable [rɪ'kʌvərəbəl] *adj* recuperable.

recovery [rɪ'kʌvərɪ] *n* **1** *(retrieval)* recuperación *f*. **2** *(improvement)* restablecimiento *m*, recuperación *f*.

re-create [ri:krɪ'eɪt] *vtr* recrear.

recreation [rekrɪ'eɪʃən] *n* **1** diversión *f*, entretenimiento *m*. **2** *Educ (playtime)* recreo *m*. ■ **r. ground,** terreno *m* de juegos.

re-creation [ri:krɪ'eɪʃən] *n* recreación *f*.

recreational [rekrɪ'eɪʃənəl] *adj* recreativo,-a.

recriminate [rɪ'krɪmɪneɪt] *vtr* recriminar, reprochar.

recrimination [rɪkrɪmɪ'neɪʃən] *n* recriminación *f*, reproche *m*.

recriminatory [rɪ'krɪmɪnətərɪ] *adj* recriminatorio,-a.

recruit [rɪ'kru:t] **I** *n* **1** *Mil* recluta *m*. **2** *(new member)* miembro *m* or socio,-a *m,f* nuevo,-a. **II** *vtr* *(soldiers)* reclutar, alistar; *(members)* admitir; *(workers)* contratar.

recruitment [rɪ'kru:tmənt] *n* *(soldiers)* reclutamiento *m*; *(employees)* contratación *f*.

rectangle ['rektæŋgəl] *n* *Geom* rectángulo *m*.

rectangular [rekt'æŋgjʊlər] *adj* *Geom* rectangular.

rectify ['rektɪfaɪ] *vtr* *(pt & pp rectified)* rectificar, corregir.

rectifiable [rektɪ'faɪəbəl] *adj* rectificable.

rectitude ['rektɪtju:d] *n* *fml* rectitud *f*.

rector ['rektər] *n* **1** *Rel* párroco *m*. **2** *Scot Educ* director,-a *m,f*.

rectory ['rektərɪ] *n* rectoría *f*.

rectum ['rektəm] *n* (*pl* **rectums** *or* **recta** ['rektə]) *Anat* recto *m*.

recumbent [rɪ'kʌmbənt] *adj lit* recostado,-a; **r. statue,** estatua *f* yacente.

recuperate [rɪ'ku:pəreɪt] *vi fml* reponerse, restablecerse, recuperarse.

recuperation [rɪku:pə'reɪʃən] *n* restablecimiento *m*, recuperación *f*.

recur [rɪ'kɜ:ʳ] *vi* (*pt* & *pp* **recurred**) reproducirse, repetirse.

recurrence [rɪ'kʌrəns] *n* repetición *f*, reaparición *f*.

recurrent [rɪ'kʌrənt] *adj* 1 periódico,-a. 2 *Med* recurrente.

recurring [rɪ'kɜ:rɪŋ] *adj* periódico,-a; **two point six r.,** dos coma seis periódico.

recycle [ri:'saɪkəl] *vtr* reciclar.

recycling [ri:'saɪklɪŋ] *n* reciclaje *m*.

red [red] **I** *adj* (**redder, reddest**) (*colour*) rojo,-a; (*person*) **as r. as a beetroot,** más rojo,-a que un tomate; **r. alert,** alerta roja; **r. flag,** bandera roja; *Traffic* **r. light,** semáforo en rojo; **r. wine,** vino tinto; **to go r.,** ponerse colorado,-a; **to have r. hair,** ser pelirrojo,-a; *fig* **r. herring,** truco *m* para despistar; *fam* **to roll out the r. carpet for sb,** recibir a algn con todos los honores. ■ **R. Cross,** Cruz *f* Roja; **R. Indian,** piel roja *mf*; **R. Riding Hood,** Caperucita *f* Roja; **R. Sea,** Mar *m* Rojo; **r. tape,** papeleo *m*, trámites *mpl*. **II** *n* 1 (*colour*) rojo *m*; *Fin* **to be in the r.,** estar en descubierto *or* en números rojos; **to make sb see r.,** poner negro,-a a algn. 2 *Pol* rojo,-a *m,f*.

redbreast ['redbrest] *n Orn* petirrojo *m*.

redbrick ['redbrɪk] *adj* provincial. ■ **r. university,** universidad *f* de provincias construida a finales del siglo diecinueve.

redcurrant [red'kʌrənt] *n Bot* grosella *f* roja.

redden ['redən] **I** *vi* (*person*) enrojecerse, ponerse colorado,-a. **II** *vtr* (*make red*) teñir de rojo.

reddish ['redɪʃ] *adj* rojizo,-a.

redecorate [ri:'dekəreɪt] *vtr* repintar, renovar la decoración.

redeem [rɪ'di:m] *vtr* 1 (*regain*) recobrar, rescatar, recuperar; (*from pawn*) desempeñar; (*voucher etc*) canjear. 2 (*pay off debt*) amortizar, cancelar. 3 (*fulfil an obligation*) cumplir. 4 (*compensate*) compensar, salvar. 5 *Rel* redimir.

redeemable [rɪ'di:məbəl] *adj* 1 (*exchanged*) canjeable; (*from pawn*) redimible. 2 (*debt*) amortizable.

redeemer [rɪ'di:məʳ] *n* (*saviour*) redentor,-a *m,f*; *Rel* **the R.,** el Redentor.

redeeming [rɪ'di:mɪŋ] *adj* compensatorio,-a; **his only r. feature,** lo único que le salva.

redemption [rɪ'dempʃən] *n fml* 1 (*of debt*) reembolso *m*, amortización *f*. 2 *Rel* redención *f*, salvación *f*; **beyond r.,** irredimible.

redeploy [ri:dɪ'plɔɪ] *vtr Mil* transferir.

red-handed [red'hændɪd] *adj* flagrante; **to catch sb r.-h.,** coger a algn en flagrante delito *or* con las manos en la masa.

redhead ['redhed] *n* pelirrojo,-a *m,f*.

red-hot [red'hɒt] *adj* 1 (*turned red*) al rojo vivo, candente; **r.-h. news,** noticia(s) *f(pl)* de última hora. 2 *fam* (*passionate*) fervoroso,-a, ardiente.

redirect [ri:dɪ'rekt] *vtr* 1 (*alter*) redistribuir; **the government will r. funds to pension schemes,** el gobierno destinará nuevos fondos a los planes de jubilación. 2 (*forward*) remitir a la nueva dirección.

red-letter [red'letəʳ] *adj* **r.-l. day,** día *m* memorable.

red-light [red'laɪt] *adj fam* **r.-l. district,** barrio *m* chino, barrios *mpl* bajos.

redouble [ri:'dʌbəl] *vtr* redoblar, incrementar; **to r. one's efforts,** redoblar los esfuerzos.

redoubt [rɪ'daʊt] *n fml* 1 (*haven*) refugio *m*, amparo *m*. 2 (*stronghold*) reducto *m*, fortaleza *f*.

redpoll ['redpɒl] *n Orn* pardillo *m* sizerín.

redress [rɪ'dres] *fml* **I** *n* reparación *f*; *fig* desagravio *m*; **to seek r.,** exigir reparación. **II** *vtr* (*grievance, wrong*) reparar; *fig* **to r. the balance,** equilibrar la balanza.

redshank ['redʃæŋk] *n Orn* archibebe *m* común.

redskin ['redskɪn] *n* piel roja *mf*.

redstart ['redstɑ:t] *n Orn* colirrojo *m* real. ■ **black r.,** colirrojo *m* tizón.

redwing ['redwɪŋ] *n Orn* zorzal *m* alirrojo.

reduce [rɪ'dju:s] *vtr* 1 (*make less*) reducir; **to r. output,** disminuir la producción. 2 *Mil* (*demote*) degradar; **to r. an officer to the ranks,** degradar a un oficial. 3 *Culin* espesar, trabar; **to r. a sauce,** trabar una salsa. 4 *Med* recomponer; **to r. a fracture,** recomponer una fractura. 5 (*force*) forzar; **to r. sb to tears,** hacer llorar a algn; **he was reduced to borrowing money,** se vio en la necesidad de pedir dinero prestado.

reduced [rɪ'dju:st] *adj* reducido,-a.

reduction [rɪ'dʌkʃən] *n* (*made smaller*) reducción *f*; *Com* (*cut*) descuento *m*, rebaja *f*; (*simplification*) simplificación *f*.

redundancy [rɪ'dʌndənsɪ] *n Ind* despido *m*; **r. pay,** indemnización *f* por despido.

redundant [rɪ'dʌndənt] *adj* 1 (*superfluous*) redundante, superfluo,-a. 2 *Ind* **to be made r.,** perder el empleo; **to make sb r.,** despedir a algn.

reduplicate [rɪ'dju:plɪkeɪt] *vtr* reduplicar.

reduplication [rɪdju:plɪ'keɪʃən] *n* reduplicación *f*.

redwood ['redwʊd] *n Bot* secuoya *f*.

reed [ri:d] *n* 1 *Bot* caña *f*. 2 *Mus* caramillo *m*; **r. instruments,** instrumentos *mpl* de lengüeta.

reedy ['ri:dɪ] *adj* (**reedier, reediest**) 1 (*place*) lleno,-a de cañas. 2 (*sound*) aflautado,-a, agudo,-a.

reeducate [ri:'edjʊkeɪt] *vtr* reeducar.

reef [ri:f] *n* 1 *Mar* arrecife *m*; **coral r.,** arrecife de coral. 2 *Naut* (*of sail*) rizo *m*; **r. knot,** nudo *m* de rizo.

reefer ['ri:fəʳ] *n* 1 **r. jacket,** chaquetón *m* cruzado de lana. 2 *sl* (*drugs*) porro *m*.

reek [ri:k] **I** *n* tufo *m*, mal olor *m*. **II** *vi* apestar; **he reeks of garlic,** huele a ajo que apesta.

reel [ri:l] **I** *n* 1 (*spool*) bobina *f*, carrete *m*; **cotton r.,** carrete de hilo; *Cin* **to change reels,** cambiar de bobina. 2 *Scot Mus* danza *f* tradicional. **II** *vi* (*stagger*) tambalearse; **my head was reeling,** la cabeza me daba vueltas. ◆**reel off** *vtr* soltar, recitar; **to r. off a list of insults,** soltar una retahíla de insultos; **to r. off a poem,** recitar un poema de un tirón.

re-elect [ri:ɪ'lekt] *vtr* reelegir.

re-election [ri:ɪ'lekʃən] *n* reelección *f*.

re-enter [ri:'entəʳ] **I** *vtr* 1 (*enter again*) volver a entrar. 2 (*write again*) volver a apuntar. **II** *vi* (*exam*) **to r. for an exam,** presentarse a un examen por segunda vez.

re-entry [ri:'entrɪ] *n* vuelta *f*, reingreso *m*.

re-examine [ri:ɪg'zæmɪn] *vtr* examinar de nuevo.

ref [ref] *n* **1** *Sport fam abbr of* **referee**, árbitro,-a *m,f*. **2** *Com abbr of* **reference**, referencia *f*, ref.

refectory [rɪ'fektərɪ] *n* refectorio *m*, cantina *f*.

refer [rɪ'fɜːʳ] **I** *vtr* (*pt & pp* **referred**) mandar, enviar; **I was referred to a specialist**, me enviaron a un especialista; **they referred me to the manager**, me mandaron hablar con el gerente; **to r. a matter to a tribunal**, remitir un asunto a un tribunal. **II** *vi* **1** (*allude*) referirse, aludir; **are you referring to me?**, ¿te refieres a mí?; **the article refers to ...**, el artículo hace referencia a ... . **2** (*consult*) consultar; **to r. to one's notes**, consultar los apuntes.

referee [refə'riː] **I** *n* **1** *Sport* árbitro,-a *m,f*. **2** (*for job application*) garante *mf*. **II** *vtr* *Sport* arbitrar.

reference ['refərəns] *n* **1** (*mention*) referencia *f*, mención *f*; **there's no r. to it**, no se hace mención de ello; **they want to keep it for future r.**, quieren guardarlo para futuras referencias; **with r. to**, referente a, con referencia a. **2** (*in a book*) referencia *f*, nota *f*; **r. mark**, llamada *f*. **3** (*information*) de consulta. ■ **r. book**, libro *m* de consulta; **r. library**, biblioteca *f* de consulta. **4** (*character report*) informe *m*, referencia *f*.

referendum [refə'rendəm] *n* (*pl* **referendums** *or* **referenda** [refə'rendə]) *Pol* referéndum *m*; **to have a r. on a matter**, convocar un referéndum sobre un asunto.

refill ['riːfɪl] **I** *n* **1** (*replacement*) recambio *m*; carga *f*. **2** *fam* otra copa *f*. **II** [riː'fɪl] *vtr* (*bottle*) rellenar; (*pen, lighter*) recargar.

refillable [riː'fɪləbəl] *adj* recargable.

refine [rɪ'faɪn] *vtr* refinar.

refined [rɪ'faɪnd] *adj* **1** (*purified, developed*) refinado,-a. **2** (*genteel*) fino,-a, delicado,-a.

refinement [rɪ'faɪnmənt] *n* refinamiento *m*.

refiner [rɪ'faɪnəʳ] *n* refinador,-a *m,f*.

refinery [rɪ'faɪnərɪ] *n* refinería *f*.

refining [rɪ'faɪnɪŋ] *n* refinado *m*, refinación *f*.

refit ['riːfɪt] **I** *n* reacondicionamiento *m*. **II** [riː'fɪt] *vtr* (*pt & pp* **refitted**) reacondicionar.

reflation [riː'fleɪʃən] *n* *Econ* reflación *f*.

reflect [rɪ'flekt] **I** *vtr* (*light, sound, attitude*) reflejar; **does it r. your opinion?**, ¿refleja tu opinión?; **her face was reflected in the mirror**, su cara se reflejó en el espejo. **II** *vi* **1** (*think*) reflexionar; **to r. upon sth**, reflexionar *or* meditar sobre algo. **2** (*discredit*) perjudicar, decir mal de.

reflected [rɪ'flektɪd] *adj* reflejado,-a.

reflection [rɪ'flekʃən] *n* **1** (*indication, mirror image*) reflejo *m*. **2** (*thought*) reflexión *f*; **on r.**, pensándolo bien. **3** (*criticism*) crítica *f*; **the fact that you're unemployed is no r. on you**, el que no tengas trabajo no dice nada en contra tuya.

reflector [rɪ'flektəʳ] *n* **1** *Astron* reflector *m*. **2** (*vehicle*) catafaro *m*.

reflex ['riːfleks] *n* reflejo *m*. ■ **r. action**, acto *m* reflejo; *Phot* **r. camera**, cámara *f* réflex.

reflexive [rɪ'fleksɪv] *adj* *Ling* reflexivo,-a; **r. verb**, verbo *m* reflexivo.

reform [rɪ'fɔːm] **I** *n* reforma *f*. **II** *vtr* reformar; **he is a reformed character**, se ha reformado.

reformation [refə'meɪʃən] *n* reforma *f*.

reformatory [rɪ'fɔːmətərɪ] *n* reformatorio *m*.

reformer [rɪ'fɔːməʳ] *n* reformador,-a *m,f*.

reformist [rɪ'fɔːmɪst] *adj & n* reformista (*mf*).

refractory [rɪ'fræktərɪ] *adj* (*person*) refractario,-a.

refrain [rɪ'freɪn] **I** *n* *Mus* estribillo *m*; *fig* lema *m*. **II** *vi* abstenerse (**from**, de); **please r. from smoking**, se ruega no fumar.

refresh [rɪ'freʃ] *vtr* refrescar; **to r. one's memory**, refrescar la memoria; **to r. oneself**, refrescarse.

refresher [rɪ'freʃəʳ] *n* **r. course**, cursillo *m* de reciclaje.

refreshing [rɪ'freʃɪŋ] *adj* refrescante; **a r. change**, un cambio muy agradable.

refreshment [rɪ'freʃmənt] *n* refresco *m*.

refrigerated [rɪ'frɪdʒəreɪtɪd] *adj* refrigerado,-a.

refrigeration [rɪfrɪdʒə'reɪʃən] *n* refrigeración *f*.

refrigerator [rɪ'frɪdʒəreɪtəʳ] *n* nevera *f*, frigorífico *m*, refrigerador *m*.

refuel [riː'fjuːəl] *vtr & vi* (*pt & pp* **refuelled**, *US* **refueled**) repostar combustible; *fig* renovar **to r. emotions**, reavivar emociones; **to stop to r.**, hacer escala para repostar.

refuge ['refjuːdʒ] *n* (*shelter*) refugio *m*, cobijo *m*; **to seek r.**, buscar refugio; **to take r.**, refugiarse.

refugee [refjʊ'dʒiː] *n* *Pol* refugiado,-a *m,f*.

refund ['riːfʌnd] *n* reembolso *m*, devolución *f*; **to demand a r.**, exigir un reembolso. **II** [riː'fʌnd] *vtr* reembolsar, devolver.

refurbish [riː'fɜːbɪʃ] *vtr* *fml* (*building*) redecorar.

refusal [rɪ'fjuːzəl] *n* negativa *f*; **to have first r. on sth**, tener la primera opción en algo; **to meet with r.**, ser rechazado,-a.

refuse¹ [rɪ'fjuːz] **I** *vtr* **1** (*reject an offer*) rechazar; **he refused my offer of a lift**, no aceptó mi ofrecimiento de que le llevara en coche. **2** (*deny*) negar; **to r. sb sth**, negar algo a algn; **to r. permission**, negar el permiso. **II** *vi* negarse; **we refused to do it**, nos negamos a hacerlo; **they asked me but I refused**, me lo pidieron pero dije que no.

refuse² ['refjuːs] *n* basura *f*; **r. bin**, cubo *m* de la basura; **r. collector**, basurero *m*; **r. dump**, vertedero *m* de basuras.

refutation [refjʊ'teɪʃən] *n* refutación *f*, rebatimiento *m*.

refute [rɪ'fjuːt] *vtr* refutar, rebatir.

regain [rɪ'geɪn] *vtr* **1** (*recover*) recuperar, recobrar; **to r. consciousness**, volver en sí; **to r. possession of**, recuperar la propiedad de; **to r. one's composure**, serenarse. **2** (*reach again*) llegar de nuevo.

regal ['riːgəl] *adj* regio,-a.

regale [rɪ'geɪl] *vtr* agasajar; **they regaled us with presents**, nos agasajaron con regalos.

regalia [rɪ'geɪlɪə] *npl* galas *fpl*, adornos *mpl*; **in full r.**, luciendo todas sus galas.

regard [rɪ'gɑːd] **I** *n* **1** (*concern*) consideración *f*, respeto *m*; **to have r. for sb's feelings**, respetar los sentimientos de algn; **with** *or* **in r. to**, respecto a; **without r. to**, indiferente a. **2** (*esteem*) estima *f*, respeto *m*; **to hold sb in high r.**, tener a algn en gran estima. **3** **regards**, (*good wishes*) recuerdos *mpl*; **give him my r.**, dale recuerdos de mi parte; (*regarding*) **as r.**, respecto a. **II** *vtr* (*consider*) considerar, juzgar; **I r. it as my duty**, lo considero mi deber.

regarding [rɪ'gɑːdɪŋ] *prep* respecto a; **r. our future ...**, respecto a nuestro futuro ... .

regardless [rɪ'gɑːdlɪs] **I** *prep* a pesar de, sin tener en cuenta; **r. of the expense**, cueste lo que cueste; **r. of the outcome**, pase lo que pase. **II** *adv* a todo coste; **to carry on r.**, seguir a todo coste.

regatta [rɪ'gætə] *n* *Naut* regata *f*.

regd *Com abbr of* **registered (trademark),** registrado,-a; *(letter)* certificado,-a.

regency ['ri:dʒənsı] *n* regencia *f.*

regenerate [rɪ'dʒenəreɪt] **I** *vtr* regenerar, reproducir. **II** *vi* regenerarse.

regeneration [rɪdʒenə'reɪʃən] *n* regeneración *f.*

regent ['ri:dʒənt] *n* regente *mf.*

regime [reɪ'ʒi:m] *n Pol* régimen *m*; **the present r.,** el régimen actual.

regiment ['redʒɪmənt] **I** *n Mil* regimiento *m*; *fig* **a r. of people,** una multitud. **II** *vtr Mil* regimentar.

regimental [redʒɪ'mentəl] *adj Mil* del regimiento.

regimentals [redʒɪ'mentəlz] *npl Mil* uniforme *m sing* militar.

regimentation [redʒɪmen'teɪʃən] *n* reglamentación *f.*

region ['ri:dʒən] *n* **1** región *f*, territorio *m.* **2 in the r. of,** aproximadamente.

regional ['ri:dʒənəl] *adj* regional.

regionalism ['ri:dʒənəlɪzəm] *n* regionalismo *m.*

register ['redʒɪstəʳ] **I** *n* **1** *(list)* registro *m*, lista *f*; **r. of births, marriage and deaths,** registro civil; **r. of voters,** censo *m* electoral; **to call the r.,** pasar lista. **2** *US Com* contador *m*; **cash r.,** caja *f* registradora. **3** *Mus* registro *m.* **4** *Ling* registro *m.* **II** *vtr* **1** *(record)* registrar; **to r. the birth of a child,** inscribir el nacimiento de un niño. **2** *(letter, parcel)* certificar; *(baúl)* facturar. **3** *(show)* marcar; **his face registered fear,** en su rostro se reflejaba el miedo; **the thermometer registered forty degrees centigrade,** el termómetro marcaba los cuarenta grados. **III** *vi* **1** *(enter one's name)* inscribirse, registrarse; *Univ* matricularse. **2** *fam* fijarse, sonarse; **his name didn't r. with me,** su nombre no me sonaba.

registered ['redʒɪstəd] *adj* certificado,-a. ▪ **r. letter,** carta *f* certificada; **r. nurse,** enfermera *f* titulada; **r. trademark,** marca *f* registrada.

registrar [redʒɪ'strɑːʳ, 'redʒɪstrɑːʳ] *n* **1** *(record keeper)* registrador,-a *m,f.* **2** *(hospital doctor)* interno,-a *m,f.* **3** *Univ* secretario,-a *m,f* general.

registration [redʒɪ'streɪʃən] *n* **1** *(enrolment)* inscripción *f*; *Univ* matrícula *f.* **2** *(of trademark)* registro *m.* **3** *Aut* registro *m.* ▪ *GB* **r. number,** matrícula *f.*

registry ['redʒɪstrı] *n* registro *m*; **to get married in a r. office,** casarse por lo civil. ▪ **r. office,** registro *m* civil.

regress [rɪ'gres] *vi fml* retroceder.

regression [rɪ'greʃən] *n fml* retroceso *m*, regresión *f.*

regressive [rɪ'gresɪv] *adj fml* regresivo,-a.

regret [rɪ'gret] **I** *n* **1** *(remorse)* remordimiento *m*; *(sadness)* pesar *m.* **2 regrets,** *(excuses)* excusas *fpl*; **to send one's r.,** excusarse; *(remorse)* **to have no r.,** no arrepentirse de nada. **II** *vtr* *(pt & pp regretted)* arrepentirse de, lamentar; **she regrets having gone,** se arrepiente de haberse ido; *(in letter)* **I r. to tell you that ...,** lamento decirle que ... .

regretful [rɪ'gretfʊl] *adj* arrepentido,-a; **to be r. about sth,** arrepentirse de algo.

regrettable [rɪ'gretəbəl] *adj* lamentable. ◆**regrettably** *adv* lamentablemente; **r. we were late,** desgraciadamente llegamos tarde.

regroup [ri:'gru:p] **I** *vtr* reagrupar. **II** *vi* reagruparse.

regular ['regjʊləʳ] **I** *adj* **1** regular; **as r. as clockwork,** con una regularidad cronométrica; **at r. intervals,** a intervalos regulares; **r. pulse,** pulso regular. **2**

(usual) usual, normal; **do you want it in the large or r. size?,** lo quiere tamaño familiar o tamaño normal?; **r. customer,** *(in shop)* cliente *mf* habitual; *(of bar)* asiduo,-a *m,f.* **3** *(permanent)* permanente; **a r. job,** un trabajo permanente. **4** *(frequent)* frecuente; **the IRA carried out r. bombings,** el IRA llevó a cabo frecuentes atentados con bombas. **5** *(even)* regular; **r. features,** facciones *fpl* regulares. **6** *Ling* regular; **r. verb,** verbo *m* regular. **7** *Mil* **r. army,** tropas *fpl* regulares. **8** *US fam* **a r. guy,** un tío simpático. **II** *n* **1** *(customer)* cliente *mf* habitual, asiduo,-a *m,f.* **2** *Mil* militar *m* de carrera. ◆**regularly** *adv* regularmente, con regularidad.

regularity [regjʊ'lærɪtı] *n* regularidad *f.*

regularize ['regjʊləraɪz] *vtr* regularizar, normalizar.

regulate ['regjʊleɪt] *vtr* **1** *(control)* regular. **2** *(make rules)* reglamentar.

regulation [regjʊ'leɪʃən] **I** *n* **1** *(control)* regulación *f*, reglamentación *f.* **2** *(rule)* regla *f.* **II** *adj* reglamentario,-a.

regulator ['regjʊleɪtəʳ] *n* regulador,-a *m,f.*

regurgitate [rɪ'gɜ:dʒɪteɪt] *vtr* regurgitar, devolver; *fig* repetir maquinalmente.

rehabilitate [ri:ə'bɪlɪteɪt] *vtr* **1** *(readapt)* rehabilitar, reeducar. **2** *(building etc)* rehabilitar, renovar.

rehabilitation [ri:əbɪlɪ'teɪʃən] *n* **1** *(restore)* rehabilitación *f.* **2** *(reeducation)* rehabilitación *f*, reeducación *f.* ▪ **r. centre,** centro *m* de reeducación.

rehash ['ri:hæʃ] **I** *n* refrito *m*, refundición *f.* **II** [ri:'hæʃ] *vtr* refundir.

rehearsal [rɪ'hɜ:səl] *n* ensayo *m.* ▪ **dress r.,** ensayo general.

rehearse [rɪ'hɜ:s] *vtr & vi Theat* ensayar.

reheat [ri:'hi:t] *vtr* recalentar.

rehouse [ri:'haʊz] *vtr* dar una nueva vivienda a.

reign [reɪn] **I** *n* reinado *m.* **II** *vi* reinar; *fig* **chaos reigned,** reinaba el caos.

reigning ['reɪnɪŋ] *adj* actual; **r. champion,** campeón *m* actual.

reimburse [ri:ɪm'bɜ:s] *vtr fml* reembolsar.

reimbursement [ri:ɪm'bɜ:smənt] *n fml* reembolso *m*, pago *m.*

rein [reɪn] *n* **1** *(for horse)* rienda *f*; *fig* **he gave free r. to his emotions,** dio rienda suelta a sus emociones; *fig* **to keep sb on a tight r.,** atar corto a algn. **2 reins,** *(for child)* andadores *mpl.*

reincarnation [ri:ɪnkɑ:'neɪʃən] *n* reencarnación *f.*

reindeer ['reɪndɪəʳ] *n Zool (pl reindeer or reindeers)* reno *m.*

reinforce [ri:ɪn'fɔ:s] *vtr (strengthen)* reforzar; *(support)* apoyar; *Constr* **reinforced concrete,** hormigón *m* armado.

reinforcement [ri:ɪn'fɔ:smənt] *n* **1** refuerzo *m*; *Constr* armazón *m.* **2** *Mil* **reinforcements,** refuerzos *mpl.*

reinstate [ri:ɪn'steɪt] *vtr fml (to job)* reincorporar; *(restore)* restaurar.

reinstatement [ri:ɪn'steɪtmənt] *n fml (to job)* reincorporación *f*, reintegración *f*; *(restoration)* restauración *f.*

reissue [ri:'ɪʃju:] **I** *vtr (book, record)* reeditar; *(stamp)* volver a emitir. **II** *n (book, record)* nueva edición *f*; *(stamp)* nueva emisión *f.*

reiterate [ri:'ɪtəreɪt] *vtr & vi fml* reiterar.

reiteration [ri:ɪtə'reɪʃən] *n fml* reiteración *f.*

reject ['ri:dʒekt] I *n* 1 desecho *m*. 2 *Com* **rejects**, artículos *mpl* defectuosos. II [rɪ'dʒekt] *vtr (offer, proposal)* rechazar.

rejection [rɪ'dʒekʃən] *n* rechazo *m*; **to meet with r.**, ser rechazado,-a.

rejoice [rɪ'dʒɔɪs] *vi* alegrarse, regocijarse **(at, over, de)**.

rejoicing [rɪ'dʒɔɪsɪŋ] *n* alegría *f*, regocijo *m*; **the r. lasted a week**, las fiestas duraron una semana.

rejoin[1] [ri:'dʒɔɪn] *vtr* 1 *(join again)* volver a juntar. 2 *(meet again)* reencontrar.

rejoin[2] [rɪ'dʒɔɪn] *vtr fml* replicar.

rejoinder [rɪ'dʒɔɪndəʳ] *n fml* réplica *f*.

rejuvenate [rɪ'dʒu:vɪneɪt] *vtr* 1 *(regenerate)* rejuvenecer. 2 *(revitalize)* revitalizar.

rejuvenation [rɪdʒu:vɪ'neɪʃən] *n* 1 *(regeneration)* rejuvenecimiento *m*. 2 *(revitalization)* revitalización *f*.

rekindle [ri:'kɪndəl] *vtr fml* volver a encender; *fig* reanimar, reavivar.

relapse [rɪ'læps] I *n* 1 *Med* recaída *f*; **to have a r.**, sufrir una recaída. 2 *fml* reincidencia *f*. II *vi* 1 *Med* recaer. 2 *fml* reincidir, recaer; **to r. into crime**, reincidir en el delito.

relate [rɪ'leɪt] I *vtr* 1 *(connect)* relacionar; **to r. two ideas**, relacionar dos ideas. 2 *(tell)* contar, relatar. II *vi* relacionarse; **I can't r. to him**, no estamos en la misma onda; **to r. to sb**, llevarse bien con algn.

related [rɪ'leɪtɪd] *adj* 1 *(linked)* relacionado,-a **(to, con)**; **it is thought that this illness is r. to excess exposure to the sun**, se cree que esta enfermedad guarda relación con la excesiva exposición al sol. 2 *(of the same family)* **to be r. to sb**, ser pariente de algn. 3 *(of same origen)* de la misma familia; **these languages are r.**, estas lenguas son de la misma familia.

relation [rɪ'leɪʃən] *n* 1 *(link)* relación *f*; **business relations**, relaciones *fpl* comerciales; **in or with r. to**, con relación a, respecto a; **it bears no r. to what we said**, no tiene nada que ver con lo que dijimos. ■ **public relations**, relaciones *fpl* públicas. 2 *(family)* pariente,-a *m,f*; **she's a r. of mine**, es parienta mía.

relationship [rɪ'leɪʃənʃɪp] *n* 1 *(link)* relación *f*; **what is the r. between reading and writing?**, ¿qué relación hay entre la lectura y la escritura? 2 *(between people)* relaciones *fpl*; **to have a good/bad r. with sb**, llevarse bien/mal con algn.

relative ['relətɪv] I *n* pariente,-a *m,f*; **a distant r.**, un pariente lejano. II *adj* 1 *(not absolute)* relativo,-a; **everything is r.**, todo es relativo. 2 *Ling* **r. pronoun**, pronombre *m* relativo; **r. clause**, oración *f* de relativo. ◆**relatively** *adv* relativamente, bastante; **they're r. poor**, son bastante pobres.

relativity [relə'tɪvɪtɪ] *n* relatividad *f*; *Phys* **the theory of r.**, la teoría de la relatividad.

relax [rɪ'læks] I *vtr* 1 *(calm)* relajar. 2 *(loosen)* aflojar. 3 *(rules)* suavizar. II *vi* relajarse; **r.!**, ¡tranquilízate!

relaxation [ri:læk'seɪʃən] *n* 1 *(rest)* descanso *m*, relajación *f*; **methods of r.**, métodos *mpl* de relajación; **r. period**, período *m* de descanso. 2 *(of rules etc)* relajación *f*, aflojamiento *m*. 3 *(pastime)* distracción *f*; **it's my favourite r.**, es mi distracción predilecta.

relaxed [rɪ'lækst] *adj (calm)* relajado,-a; *(peaceful)* tranquilo,-a; **a r. atmosphere**, un ambiente desenfadado.

relaxing [rɪ'læksɪŋ] *adj* relajante; **a r. holiday**, unas vacaciones relajantes.

relay ['ri:leɪ] I *m* 1 relevo *m*; *Sport* **r. (race)**, carrera *f* de relevos; **100 metres r.**, los 100 metros relevos; **to work in relays**, trabajar por relevos. 2 *Elec* relé *m*, repetidor *m*. 3 *Rad TV (broadcast)* retransmisión *f*. ■ **r. station**, estación *f* repetidora. II [rɪ'leɪ] *vtr* 1 *(pass on)* difundir, divulgar. 2 *Rad TV* retransmitir.

release [rɪ'li:s] I *n* 1 *(setting free)* liberación *f*, puesta *f* en libertad; *(gas)* escape *m*. 2 *Com* puesta *f* en venta. 3 *Cin* estreno *m*; **on general r.**, en todos los cines. 4 *Mus (record)* emisión *f*. 5 *Press* comunicado *m*. ■ **press r.**, comunicado *m* de prensa. II *vtr* 1 *(set free)* liberar, poner en libertad; *(gas)* despedir; *(feelings)* desahogar, descargar; **to r. sb from an obligation**, librar a algn de una obligación. 2 *Com* poner en venta. 3 *Cin* estrenar. 4 *Mus (record)* sacar. 5 *(let go)* soltar; **to r. the handbrake**, soltar el freno de mano; *Phot* **to r. the shutter**, disparar. 6 *(publish)* publicar.

relegate ['relɪgeɪt] *vtr* 1 relegar. 2 *Ftb* **to be relegated**, descender *or* bajar a una división inferior.

relegation [relɪ'geɪʃən] *n* 1 relegación *f*. 2 *Ftb* descenso *m*.

relent [rɪ'lent] *vi fml* ceder, aplacarse.

relentless [rɪ'lentlɪs] *adj* implacable, despiadado,-a, cruel. ◆**relentlessly** *adv* implacablemente; **it rained r.**, llovió sin cesar.

relevance ['reləvəns] *n* relación *f*, pertinencia *f*.

relevant ['reləvənt] *adj* pertinente **(to, a)**; **it is not r.**, no viene al caso; **the r. details**, los detalles pertinentes.

reliable [rɪ'laɪəbəl] *adj* 1 *(person)* de fiar, serio,-a; **he's a r. worker**, es un trabajador muy serio; **she's very r.**, es muy de fiar. 2 *(thing)* de fiar; **a r. car**, un coche seguro; **a r. source**, una fuente fidedigna. ◆**reliably** *adv* de buena fuente; **to be r. informed that**, saber de buena fuente que.

reliability [rɪlaɪə'bɪlɪtɪ] *n* 1 *(of person)* formalidad *f*, seriedad *f*. 2 *(of thing)* seguridad *f*.

reliance [rɪ'laɪəns] *n* dependencia *f*.

reliant [rɪ'laɪənt] *adj* **to be r. on**, depender de.

relic ['relɪk] *n* 1 *Rel* reliquia *f*. 2 *(reminder of past)* vestigio *m*; recuerdo *m*. 3 **relics**, *(human remains)* restos *mpl* mortales, despojos *mpl*.

relief [rɪ'li:f] *n* 1 alivio *m*; **to breathe a sigh of r.**, dar un suspiro de alivio; **to bring r. from pain**, aliviar el dolor; **what a r.!**, ¡qué alivio! 2 *(aid)* auxilio *m*, ayuda *f*. ■ **r. fund**, fondo *m* de asistencia a los necesitados. 3 *(substitute)* relevo *m*. 4 *Art* relieve *m*; **in r.**, en relieve. 5 *Geog* relieve *m*. ■ **r. map**, mapa *m* en relieve. 6 *(of city)* liberación *f*.

relieve [rɪ'li:v] *vtr* 1 *(ease)* aliviar; *(pain)* mitigar; *(monotony)* romper; **to r. sb of an obligation**, librar a algn de una obligación. 2 *(substitute)* relevar, sustituir. 3 *(city)* liberar; *euph* **to r. oneself**, hacer sus necesidades; *euph* **to r. sb of sth**, coger algo a algn.

relieved [rɪ'li:vd] *adj* aliviado,-a, tranquilizado,-a; **I'm r. to hear it**, me tranquiliza oírlo.

religion [rɪ'lɪdʒən] *n* religión *f*.

religious [rɪ'lɪdʒəs] *adj* religioso,-a. ◆**religiously** *adv* religiosamente; *fig* **to do sth r.**, hacer algo sin faltar nunca *or* religiosamente.

relinquish [rɪ'lɪŋkwɪʃ] *vtr fml* renunciar a; **to r. one's hold on sth**, soltar algo.

relish ['relɪʃ] I *n* 1 *fml (enjoyment)* gusto *m*, deleite *m*; **to do sth with great r.**, deleitarse haciendo algo. 2 *Culin* condimento *m*. II *vtr* agradar, gustar; **I don't r. the idea,** no me agrada la idea.

relocate [ri:ləʊ'keɪt] *vtr fml* trasladar.

relocation [ri:ləʊ'keɪʃən] *n fml* traslado *m*.

reluctance [rɪ'lʌktəns] *n* desgana *f*.

reluctant [rɪ'lʌktənt] *adj* reacio,-a; **to be r. to do sth,** no estar dispuesto,-a a hacer algo; **we were r. to explain,** nos resistíamos a dar explicaciones. ◆**reluctantly** *adv* de mala gana, a regañadientes.

rely [rɪ'laɪ] *vi (pt & pp relied)* contar (**on,** con), confiar (**on,** en); **r. on me,** confía en mí; **they relied on the money he sent,** contaban con el dinero que les mandaba.

remain [rɪ'meɪn] *vi* 1 *(stay)* permanecer, quedarse; **he remained at home,** se quedó en casa; **they remained seated,** permanecieron sentados,-as; **to r. silent,** permanecer silencioso,-a. 2 *(be left)* quedar; **it remains to be seen,** está por ver; **only one remains,** sólo queda uno. 3 *(in letters)* I **r., yours faithfully,** le saluda atentamente. 4 **remains,** *(of building)* restos *mpl*; *(of earlier civilization)* vestigios *mpl*; **human r.,** restos mortales.

remainder [rɪ'meɪndə^r] I *n* 1 *(rest)* resto *m*; **the r. of the year,** el resto del año. 2 *Math* resto *m*. II *vtr Com* saldar.

remaining [rɪ'meɪnɪŋ] *adj* restante.

remake ['ri:meɪk] I *n Cin* nueva versión *f*. II [ri:'meɪk] *vtr (pt & pp remade)* hacer de nuevo.

remand [rɪ'mɑ:nd] I *vtr Jur* remitir; **remanded in custody,** en prevención; **remanded on bail,** bajo fianza. II *n* detención *f*; **on r.,** detenido,-a.

remark [rɪ'mɑ:k] I *n* comentario *m*, observación *f*; **to pass a r. about sth,** hacer una observación sobre algo. II *vtr* comentar, observar.

remarkable [rɪ'mɑ:kəbəl] *adj* 1 *(extraordinary)* extraordinario,-a. 2 *(strange)* curioso,-a, singular. ◆**remarkably** *adv* extraordinariamente.

remedial [rɪ'mi:dɪəl] *adj fml* reparador,-a; *Educ* **r. classes,** clases *fpl* para niños atrasados; **r. exercises,** ejercicios correctivos.

remedy ['remɪdɪ] I *n fml* remedio *m*; **household r.,** remedio casero; **r. for a cold,** remedio contra un catarro. II *vtr (pt & pp remedied)* remediar.

remember [rɪ'membə^r] *vtr & vi* 1 *(recall)* acordarse, recordar; **as far as I r.,** que yo recuerde; **do you r. doing it?,** ¿recuerdas haberlo hecho?; **I can't r. his name,** no me acuerdo de su nombre. 2 *(commemorate)* conmemorar; *(dead)* recordar. 3 *(send good wishes)* dar recuerdos; **r. me to her,** dale recuerdos de mi parte.

remembrance [rɪ'membrəns] *n fml* 1 *(reminiscence)* recuerdo *m*. 2 *(act)* conmemoración *f*; **in r. of,** para conmemorar. ■ **R. Day,** día *m* en que se conmemora el armisticio de 1918.

remind [rɪ'maɪnd] *vtr* recordar; **r. me to do it,** recuérdame que lo haga; **she reminds me of your sister,** me recuerda a tu hermana; **that reminds me,** ahora que me acuerdo.

reminder [rɪ'maɪndə^r] *n* recordatorio *m*, aviso *m*; **to act as a r.,** recordar, servir de recordatorio.

reminisce [remɪ'nɪs] *vtr & vi fml* rememorar; **to r. about the past,** rememorar el pasado.

reminiscence [remɪ'nɪsəns] *n fml* memorias *fpl*.

reminiscent [remɪ'nɪsənt] *adj fml* nostálgico,-a; **to be r. of,** recordar.

remiss [rɪ'mɪs] *adj* 1 *(lack of energy)* remiso,-a. 2 *(negligent)* negligente, descuidado,-a.

remission [rɪ'mɪʃən] *n* 1 remisión *f*; **without r.,** sin remisión. 2 *Jur* perdón *m*; **to give six months r. for good conduct,** descontar seis meses de pena por buena conducta.

remit [rɪ'mɪt] I *vtr (pt & pp remitted) fml* 1 *(pardon)* perdonar, remitir. 2 *(send)* enviar, remitir. 3 *Jur* referir a otro tribunal. II ['ri:mɪt] *n* informe *m*, órdenes *fpl*.

remittance [rɪ'mɪtəns] *n* 1 *(sending)* envío *m*. 2 *(payment)* giro *m*, pago *m*.

remnant ['remnənt] *n* resto *m*; *fig (trace)* vestigio *m*; **remnants of cloth,** retales *mpl*.

remold ['ri:məʊld] *n US see* remould.

remonstrance [rɪ'mɒnstrəns] *n fml (complaint)* queja *f*; *(protest)* protesta *f*.

remonstrate ['remənstreɪt] *vi fml* protestar (**about** sth, por algo); **to r. with sb,** quejarse a algn.

remorse [rɪ'mɔ:s] *n fml* remordimiento *m*; **to feel r. about sth,** sentir remordimientos por algo.

remorseful [rɪ'mɔ:sfʌl] *adj fml* lleno,-a de remordimiento.

remorseless [rɪ'mɔ:slɪs] *adj fml* despiadado,-a, implacable.

remote [rɪ'məʊt] *adj* 1 *(far away)* remoto,-a; **r. country,** país *m* remoto. ■ **r. control,** mando *m* a distancia. 2 *(isolated)* aislado,-a, apartado,-a, remoto,-a; **r. spot,** lugar apartado. 3 *(unlikely)* improbable; **not the remotest chance,** ni la más mínima posibilidad. 4 *(distant)* distante; **r. person,** persona *f* reservada. ◆**remotely** *adv* 1 *(vaguely)* vagamente. 2 *(distantly)* aisladamente.

remote-controlled [rɪməʊtkɒn'trəʊld] *adj* teledirigido,-a, por control remoto.

remoteness [rɪ'məʊtnɪs] *n* 1 *(distance)* lejanía *f*. 2 *(improbability)* improbabilidad *f*.

remould, *US* **remold** ['ri:məʊld] *n Aut* neumático *m* recauchutado.

remount [ri:'maʊnt] *vtr & vi* 1 *(bicycle)* volver a subir. 2 *(photo)* volver a enmarcar.

removable [rɪ'mu:vəbəl] *adj* 1 *(movable)* móvil, movible. 2 *(detachable)* que se puede quitar; **r. covers,** fundas *fpl* de quita y pon.

removal [rɪ'mu:vəl] *n* 1 *(moving house)* mudanza *f*, traslado *m*; **r. expenses,** gastos *mpl* de traslado; **r. van,** camión *m* de mudanzas. 2 *(getting rid of)* eliminación *f*.

remove [rɪ'mu:v] I *vtr* 1 *(move)* quitar; **to r. an obstacle,** eliminar un obstáculo; **to r. one's coat/hat,** quitarse el abrigo/el sombrero; **to r. one's make-up,** desmaquillarse; **to r. one's name from a list,** tachar su nombre de una lista. 2 *(dismiss)* despedir; **to r. sb from his or her post,** despedir a algn. II *adj* **r. at one r. from,** relacionado,-a con.

removed [rɪ'mu:vd] *adj* 1 **far r. from,** muy diferente de, ajeno,-a a. 2 **cousin once r.,** primo,-a *m,f* segundo,-a.

remover [rɪ'mu:və^r] *n* **make-up r.,** desmaquillador *m*; **nail varnish r.,** quitaesmalte *m*; **paint r.,** quitapinturas *m inv*; **stain r.,** quitamanchas *m inv*.

remunerate [rɪ'mju:nəreɪt] *vtr fml* remunerar.

remuneration [rɪmju:nə'reɪʃən] *n fml* remuneración *f*.

remunerative [rɪ'mju:nərətɪv] *adj fml* remunerativo,-a.

renaissance [rə'neɪsəns] I *n* renacimiento *m*; **the R.,** el Renacimiento. II *adj* renacentista.

renal ['ri:nəl] *adj* renal.

rename [ri:'neɪm] *vtr* renombrar.

rend [rend] *vtr (pt & pp rent) (tear)* desgarrar, rasgar; *(noise)* invadir, irrumpir.

render ['rendə'] *vtr* 1 *(give)* dar, prestar; **for services rendered,** por los servicios prestados; **to r. homage to sb,** rendir homenaje a algn. 2 *(make)* hacer. 3 *Com* presentar; **to r. an account,** presentar una factura. 4 *(translate)* traducir; **rendered into Spanish,** traducido,-a al castellano. 5 *(plaster)* enlucir.

rendering ['rendərɪŋ] *n* 1 *(performance)* interpretación *f*. 2 *(translation)* traducción *f*.

rendezvous ['rɒndɪvu:] *n (pl rendezvous* ['rɒndɪvu:z]*)* 1 *(meeting)* cita *f*; **to have a r. with sb,** tener una cita con algn. 2 *(place)* lugar *m* de reunión. II *vi* reunirse.

rendition [ren'dɪʃən] *n* interpretación *f*.

renegade ['renɪgeɪd] *n* renegado,-a *m,f*.

reneg(u)e [rɪ'ni:g, rɪ'neɪg] *vi fml* 1 *(break)* faltar a; **he reneged on his promise,** faltó a su promesa. 2 *Cards* renunciar.

renew [rɪ'nju:] *vtr (passport, contract)* renovar; *(talks, activity)* reanudar; **to r. talks,** reanudar las conversaciones; **with renewed vigour,** con nuevas fuerzas.

renewable [rɪ'nju:əbəl] *adj* renovable.

renewal [rɪ'nju:əl] *n (of passport, contract)* renovación *f*; *(of talks, activity)* reanudación *f*.

rennet ['renɪt] *n* cuajo *m*.

renounce [rɪ'naʊns] *vtr fml* renunciar.

renouncement [rɪ'naʊnsmənt] *n fml* renuncia *f*.

renovate ['renəveɪt] *vtr* restaurar.

renovation [renə'veɪʃən] *n* restauración *f*.

renown [rɪ'naʊn] *n* renombre *m*, fama *f*.

renowned [rɪ'naʊnd] *adj* renombrado,-a, célebre, famoso,-a.

rent [rent] I *n* 1 *(of building, car, TV)* alquiler *m*; **flat for r.,** se alquila piso; **how much r. do you pay?,** ¿cuánto pagas de alquiler?; **r. rebate,** devolución *f* de alquiler. 2 *(of land)* arriendo *m*. II *pt & pp see* **rend.** III *vtr* 1 *(building, car, TV)* alquilar. 2 *(land)* arrendar. ◆**rent out** *vtr* alquilar.

rentable ['rentəbəl] *adj* 1 *(house etc)* alquilable. 2 *(land)* arrendable.

rental ['rentəl] I *n* 1 *(of house etc)* alquiler *m*. 2 *(of land)* arriendo *m*. II *adj* de alquiler; **r. company,** compañía *f* de alquileres.

rented ['rentɪd] *adj (house etc)* alquilado,-a, de alquiler. 2 *(land)* arrendado,-a.

rent-free [rent'fri:] I *adj* exento,-a de alquiler, gratuito,-a. II *adv* sin pagar alquiler, gratis.

renunciation [rɪnʌnsɪ'eɪʃən] *n fml* renuncia *f*.

reorder [ri:'ɔ:də'] *vtr Com* pedir de nuevo, hacer un nuevo pedido de.

reorganization [ri:ɔ:gənaɪ'zeɪʃən] *n* reorganización *f*.

reorganize [ri:'ɔ:gənaɪz] *vtr* reorganizar; **to r. oneself,** reorganizarse.

reorient [ri:'ɔ:rɪent] *vtr* reorientar; **to r. oneself,** orientarse de nuevo.

rep [rep] *fam* 1 *Com* representante *mf*. 2 *Theat* teatro *m* de repertorio.

repair [rɪ'peə'] I *n* reparación *f*, arreglo *m*; **in good/ bad r.,** en buen/mal estado; **to be beyond r.,** no tener arreglo; **to be under r.,** estar en reparación. II *vtr* 1 *(gen)* arreglar; *(car)* reparar; *(clothes)* re-

mendar; **to take sth to be repaired,** llevar algo a arreglar. 2 *(make amends)* reparar.

repairable [rɪ'peərəbəl] *adj* reparable.

reparation [repə'reɪʃən] *n* 1 *(amends)* reparación *f*. 2 **reparations,** *(compensation)* indemnización *f sing*.

repartee [repɑ:'ti:] *n* respuesta *f* ingeniosa, réplica *f* aguda.

repatriate [ri:'pætrɪeɪt] *vtr* repatriar.

repatriation [ri:pætrɪ'eɪʃən] *n* repatriación *f*.

repay [ri:'peɪ] *vtr (pt & pp repaid)* devolver; **to r. a debt,** liquidar una deuda; **to r. a kindness,** devolver un favor.

repayable [ri:'peɪəbəl] *adj* pagadero,-a, reembolsable.

repayment [ri:'peɪmənt] *n* pago *m*, reembolso *m*, devolución *f*.

repeal [rɪ'pi:l] *Jur* I *n* revocación *f*, abrogación *f*. II *vtr* revocar, abrogar.

repeat [rɪ'pi:t] I *vtr* repetir; **don't r. this to anyone,** no se lo digas a nadie; *Com* **an offer that can't be repeated,** una oferta única; **to r. oneself,** repetirse. II *vi fam (food)* repetir. III *n (repetition)* repitición *f*; *TV* reposición *f*; *Cin* reestreno *m*.

repeated [rɪ'pi:tɪd] *adj* repetido,-a. ◆**repeatedly** *adv* repetidas veces.

repeater [rɪ'pi:tə'] *n (arms)* arma *f* de repetición.

repel [rɪ'pel] *vtr (pt & pp repelled)* 1 *(fight off)* repeler, rechazar. 2 *(disgust)* repugnar, repeler. 3 *Tech* repeler.

repellent [rɪ'pelənt] I *adj* repelente. II *n (insect)* r., loción *f or* spray *m* anti-insectos; **water-r.,** impermeable *m*.

repent [rɪ'pent] *vtr & vi* arrepentirse (de).

repentance [rɪ'pentəns] *n* arrepentimiento *m*.

repentant [rɪ'pentənt] *adj* arrepentido,-a.

repercussion [ri:pə'kʌʃən] *n* repercusión *f*.

repertoire ['repətwɑ:'] *n* repertorio *m*; **she has a great r. of songs,** tiene un extenso repertorio de canciones.

repertory ['repətərɪ] *n Theat* teatro *m* de repertorio.

repetition [repɪ'tɪʃən] *n* repetición *f*.

repetitious [repɪ'tɪʃəs] *adj* repetitivo,-a.

repetitive [rɪ'petɪtɪv] *adj* reiterativo,-a, lleno,-a de repeticiones; *(work)* monótono,-a; *(rhythm)* machacón,-ona.

rephrase [ri:'freɪz] *vtr* decir de otra manera.

replace [rɪ'pleɪs] *vtr* 1 *(put back)* volver a poner en su sitio; *Tel* **r. the receiver,** cuelgue el teléfono. 2 *(substitute)* sustituir, reemplazar; **to r. a broken glass,** reemplazar un vaso roto; **to r. one thing for another,** sustituir una cosa por otra.

replacement [rɪ'pleɪsmənt] *n* 1 *(putting back)* sustitución *f*, substitución *f*, reemplazo *m*. 2 *(person)* sustituto,-a *m,f*, substituto,-a *m,f*. 3 *(part)* pieza *f* de recambio.

replay ['ri:pleɪ] *n Sport* repetición *f*; *TV* **(action)** r., repetición de una secuencia.

replenish [rɪ'plenɪʃ] *vtr* 1 *(fill up)* rellenar (**with,** con). 2 *(stock up)* abastecer (**with,** de); **to r. stocks,** reponer las existencias.

replete [rɪ'pli:t] *adj fml* repleto,-a.

replica ['replɪkə] *n* réplica *f*, copia *f*.

reply [rɪ'plaɪ] I *n* respuesta *f*, contestación *f*; *Com* **in r. to your letter,** en respuesta a su carta; **what was his r.?,** ¿cuál fue su respuesta? II *vi (pt & pp replied)* responder, contestar; **to r. to a letter,** contestar una carta.

report [rɪ'pɔːt] I *n* **1** informe *m*; **medical r.**, parte *m* médico; **monthly r.**, informe mensual; *GB* **school r.**, informe escolar; **weather r.**, boletín *m* del tiempo. **2** *(piece of news)* noticia *f.* **3** *Press Rad TV* reportaje *m* (**on,** sobre). **4** *(rumour)* rumor *m*, voz *f*; **there are reports that ...,** corre el rumor de que ... . **5** *fml (of gun)* estampido *m*, detonación *f.* II *vtr* **1** *(record)* informar, comunicar; **it is reported that ...,** se dice que ...; **they reported that everything was going well,** informaron de que todo iba bien. **2** *(tell)* dar parte de, denunciar; **to r. an accident/a theft to the police,** dar parte a la policía de un accidente/denunciar un robo a la policía. **3** *Press* hacer un reportaje sobre. **4** *(complain)* denunciar, acusar; **she reported him to her teacher,** se quejó de él a su profesor. III *vi* **1** hacer un informe. **2** *Press* hacer un reportaje. **3** *(present oneself)* presentarse; **to r. for work,** presentarse al trabajo; **to r. sick,** coger la baja por enfermedad.

reported [rɪ'pɔːtɪd] *adj Ling* **r. speech,** estilo *m* indirecto. ◆**reportedly** *adv fml* según se dice.

reporter [rɪ'pɔːtə^r] *n* periodista *mf*, reportero,-a *m,f.*

repose [rɪ'pəʊz] I *n* reposo *m*. II *vtr & vi* reposar, descansar.

repository [rɪ'pɒzɪtərɪ] *n* **1** *(place)* depósito *m*; **furniture r.**, guardamuebles *m inv.* **2** *(person)* depositario,-a *m,f.* **3** *(source)* fuente *f*, mina *f.*

repossess [riːpə'zes] *vtr* recuperar, volver a tomar posesión.

repossession [riːpə'zeʃən] *n* recuperación *f.*

reprehensible [reprɪ'hensəbəl] *adj* reprensible, censurable.

represent [reprɪ'zent] *vtr* representar; **she represented France in the Olympic Games,** representó a Francia en los Juegos Olímpicos; **what does that symbol r.?,** ¿qué representa ese símbolo?

representation [reprɪzen'teɪʃən] *n* **1** *(gen)* representación *f.* ■ *Pol* **proportional r.**, representación *f* proporcional. **2** *fml* **representations,** queja *f sing*; **to make r. to sb about sth,** protestar a algn por algo.

representative [reprɪ'zentətɪv] I *adj* representativo,-a, típico,-a, característico,-a; **to be r. of,** reflejar. II *n* **1** representante *mf.* **2** *US Pol* representante *mf*, diputado,-a *m,f*; **House of Representatives,** Cámara *f* de Representantes.

repress [rɪ'pres] *vtr* reprimir, contener.

repressed [rɪ'prest] *adj* reprimido,-a.

repression [rɪ'preʃən] *n* represión *f.*

repressive [rɪ'presɪv] *adj* represivo,-a; **r. measures,** medidas represivas.

reprieve [rɪ'priːv] I *n* **1** *Jur* suspensión *f* de la ejecución de sentencia; *(pardon)* indulto *m*. **2** *fig* alivio *m*, respiro *m*; **I've been given a month's r.,** me lo han aplazado un mes. II *vtr* **1** *Jur* suspender la ejecución de sentencia; *(pardon)* indultar. **2** *(give temporary relief)* aliviar temporalmente. **3** *(postpone)* aplazar.

reprimand ['reprɪmɑːnd] I *n* reprimenda *f*, reprensión *f.* II *vtr* reprender.

reprint ['riːprɪnt] I *n* reimpresión *f*, reedición *f.* II [riː'prɪnt] *vtr* reimprimir.

reprisal [rɪ'praɪzəl] *n* represalia *f*; **there were no reprisals,** no hubo represalias.

reproach [rɪ'prəʊtʃ] I *n fml* reproche *m*; **a look of r.,** una mirada de reproche; **above** *or* **beyond r.,** sin tacha, intachable. II *vtr* reprochar; **to r. oneself for sth,** reprocharse algo.

reproachful [rɪ'prəʊtʃfʊl] *adj* reprochador,-a, reprobador,-a.

reprobate ['reprəʊbeɪt] *adj & n* réprobo,-a *(m,f)*, libertino,-a *(m,f).*

reproduce [riːprə'djuːs] I *vtr* reproducir. II *vi* reproducirse, multiplicarse.

reproduction [riːprə'dʌkʃən] *n* reproducción *f.* ■ **r. furniture,** reproducciones *fpl* de muebles antiguos.

reproductive [riːprə'dʌktɪv] *adj* reproductor,-a; **r. organs,** órganos reproductores.

reproof [rɪ'pruːf] *n fml* reprobación *f*, censura *f.*

reprove [rɪ'pruːv] *vtr fml* reprobar, censurar.

reproving [rɪ'pruːvɪŋ] *adj fml* reprobatorio,-a.

reptile ['reptaɪl] *n Zool* reptil *m.*

republic [rɪ'pʌblɪk] *n* república *f.*

republican [rɪ'pʌblɪkən] *adj & n* republicano,-a *(m,f)*; *US Pol* **R. Party,** Partido *m* Republicano.

repudiate [rɪ'pjuːdɪeɪt] *vtr fml* **1** *(reject)* rechazar. **2** *(disown)* repudiar. **3** *(refuse to acknowledge)* negarse a reconocer.

repudiation [rɪpjuːdɪ'eɪʃən] *n* **1** *(rejection)* rechazo *m*. **2** *(disowning)* repudio *m*, repudiación *f.* **3** *(refusal to acknowledge)* repudio *m*, repudiación *f.*

repugnance [rɪ'pʌgnəns] *n* repugnancia *f*, repulsión *f*, aversión *f.*

repugnant [rɪ'pʌgnənt] *adj* repugnante, repulsivo,-a.

repulse [rɪ'pʌls] *vtr* **1** *(repel)* rechazar. **2** *(cause to retreat)* hacer retroceder a.

repulsion [rɪ'pʌlʃən] *n* **1** *(revulsion)* repulsión *f*, repugnancia *f.* **2** *(rejection)* rechazo *m.*

repulsive [rɪ'pʌlsɪv] *adj* repulsivo,-a.

reputable ['repjʊtəbəl] *adj (company etc)* acreditado,-a; *(person, institution)* de buena reputación; *(person, products)* de toda confianza. ◆**reputably** *adv* acreditadamente.

reputation [repjʊ'teɪʃən] *n* reputación *f*, fama *f*; **to have a good r.,** tener buena reputación; **to have a r. for being a heavy drinker,** tener fama de borracho,-a.

repute [rɪ'pjuːt] *n fml* reputación *f*, fama *f*; **a singer of r.,** un cantante famoso; **to hold in r.,** tener en gran estima.

reputed [rɪ'pjuːtɪd] *adj* **1** *(supposed)* supuesto,-a; **the r. offender,** el supuesto delincuente. **2** *(considered as)* considerado,-a como; **she is r. to be the best cook in the village,** se la considera la mejor cocinera del pueblo. ◆**reputedly** *adv* según se dice, supuestamente.

request [rɪ'kwest] I *n* petición *f*, solicitud *f*; **at her r.,** a petición suya; **available on r.,** disponible a petición de los interesados; **to make a r. for sth,** solicitar algo. ■ *Aut* **r. stop,** parada *f* discrecional. II *vtr* pedir, solicitar; *fml* **Mr and Mrs Walton r. the pleasure of your company at their daughter's wedding,** los Señores Walton tienen el honor de invitarles a la boda de su hija; *fml* **you are requested not to smoke,** se ruega no fumar.

requiem ['rekwɪəm] *n Rel* réquiem *m.* ■ **r. mass,** misa *f* de réquiem.

require [rɪ'kwaɪə^r] *vtr* **1** *(need)* necesitar, requerir; **what do you r.?,** ¿qué necesitas?; **when required,** cuando haga falta, en caso de necesidad. **2** *(de-*

mand) requerir, exigir, pedir; **it's a job which requires great patience,** es un trabajo que exige mucha paciencia; **we are required by law to wear seat belts,** la ley nos obliga a llevar cinturones de seguridad.

required [rɪ'kwaɪəd] _adj_ necesario,-a, requerido,-a; **the r. number of words,** el número prescrito de palabras.

requirement [rɪ'kwaɪəmənt] _n_ **1** _(need)_ necesidad _f._ **2** _(demand)_ requisito _m;_ **to meet all the requirements,** satisfacer todos los requisitos.

requisite ['rekwɪzɪt] _fml_ **I** _adj_ requerido,-a, indispensable; _(decided beforehand)_ prescrito,-a. **II** _n_ requisito _m._ ■ **sports requisites,** equipo _m sing_ para deporte; **travel requisites,** artículos _mpl_ de viaje.

requisition [rekwɪ'zɪʃən] **I** _n_ requisición _f_, requisa _f._ **II** _vtr_ requisar.

reran [riː'ræn] _pt see_ **rerun.**

reredos ['rɪədɒs] _n_ retablo _m._

rerun [riː'rʌn] **I** _vtr (pt_ **reran;** _pp_ **rerun)** _Cin_ reestrenar; _TV Theat_ reponer. **II** ['riːrʌn] _n Cin_ reestreno _m; TV Theat_ reposición _f._

resale ['riːseɪl, riː'seɪl] _n_ reventa _f._

resat [riː'sæt] _pt & pp see_ **resit.**

rescind [rɪ'sɪnd] _vtr fml Jur (contract)_ rescindir; _(law)_ abrogar, revocar.

rescue ['reskjuː] **I** _n_ rescate _m;_ **to go to sb's r.,** acudir en auxilio de algn. ■ **r. team,** equipo _m_ de rescate. **II** _vtr_ rescatar, salvar.

rescuer ['reskjʊəʳ] _n_ rescatador,-a _m,f_, salvador,-a _m,f._

research [rɪ'sɜːtʃ] **I** _n_ investigación _f;_ **to do r. on a subject,** investigar un tema. ■ **r. work,** trabajo _m_ de investigación. **II** _vtr & vi_ investigar; **to r. a book,** documentarse para escribir un libro; **to r. into smoking habits,** investigar los hábitos de los fumadores; **well researched,** bien documentado,-a.

researcher [rɪ'sɜːtʃəʳ] _n_ investigador,-a _m,f._

resemblance [rɪ'zembləns] _n_ parecido _m_, semejanza _f;_ **it bears no r. to cheese,** no se parece en absoluto al queso.

resemble [rɪ'zembəl] _vtr_ parecerse; **she resembles her mother,** se parece a su madre.

resent [rɪ'zent] _vtr_ resentirse, ofenderse por, tomar a mal; **he resented my being there,** mi presencia le molestó; **I r. your attitude,** tu actitud me ofende.

resentful [rɪ'zentful] _adj_ resentido,-a, ofendido,-a.

resentment [rɪ'zentmənt] _n_ resentimiento _m;_ **to feel r. towards sb,** guardar rencor a algn.

reservation [rezə'veɪʃən] _n_ **1** _(booking)_ reserva _f;_ **to make a r.,** hacer la reserva. **2** _(misgiving)_ reserva _f;_ **with reservations,** con ciertas reservas. **3** _(reserve)_ reserva _f;_ **Indian r.,** reserva _f_ india.

reserve [rɪ'zɜːv] **I** _n_ **1** _(gen)_ reserva _f;_ **reserves of food,** reservas de alimentos; **to keep sth in r.,** guardar algo de reserva. ■ **game r.,** coto _m_ de caza; **natural r.,** parque _m_ natural. **2** _Sport_ reserva _mf_, suplente _mf._ **3** _Mil_ **reserves,** reservas _fpl._ **II** _vtr_ reservar; **to r. one's judgement on sth,** reservarse la opinión sobre algo; **to r. one's strength,** ahorrar fuerzas; **to r. seats,** reservar plazas; **to r. sth for later,** guardar algo para después.

reserved [rɪ'zɜːvd] _adj_ reservado,-a; **all rights r.,** reservados todos los derechos.

reservist [rɪ'zɜːvɪst] _n Mil_ reservista _mf._

reservoir ['rezəvwɑːʳ] _n_ **1** _(artificial lake)_ embalse _m_, pantano _m._ **2** _(large supply)_ reserva _f_, acumulación _f._

reshape [riː'ʃeɪp] _vtr_ rehacer; _fig_ reorganizar.

reshuffle [riː'ʃʌfəl] **I** _n Pol_ reorganización _f_, remodelación _f;_ **cabinet r.,** reorganización del gabinete. **II** _vtr_ **1** _Pol_ reorganizar. **2** _Cards_ volver a barajar.

reside [rɪ'zaɪd] _vi fml_ **1** _(live)_ residir; **to r. in London,** residir en Londres. **2** _(be)_ hallar; **power resides in the unions,** los sindicatos tienen mucho poder.

residence ['rezɪdəns] _n fml (home)_ residencia _f;_ _(address)_ domicilio _m;_ _(period of time)_ permanencia _f;_ **to take up r.,** fijar residencia. ■ _Univ_ **hall of r.,** residencia _f._

resident ['rezɪdənt] _adj & n_ residente _(mf);_ **to be r. in a town,** residir en una ciudad. ■ **r. population,** población _f_ fija.

residential [rezɪ'denʃəl] _adj_ residencial; **r. area,** barrio residencial.

residual [rɪ'zɪdjʊəl] _adj_ residual.

residue ['rezɪdjuː] _n_ residuo _m._

resign [rɪ'zaɪn] **I** _vtr_ **1** _(give up)_ dimitir; **he resigned from the committee,** dimitió de la comisión. **2** _(accept sth unpleasant)_ resignarse a; **to r. oneself to sth,** resignarse a algo. **II** _vi_ dimitir, presentar la dimisión.

resignation [rezɪg'neɪʃən] _n_ **1** _(from a job)_ dimisión _f;_ **to hand in one's r.,** presentar la dimisión. **2** _(surrender)_ resignación _f._

resigned [rɪ'zaɪnd] _adj_ resignado,-a; **he's r. to his fate,** está resignado con su suerte.

resilience [rɪ'zɪlɪəns] _n_ **1** _(strength)_ resistencia _f._ **2** _(flexibility)_ elasticidad _f._

resilient [rɪ'zɪlɪənt] _adj_ **1** _(strong)_ resistente, fuerte. **2** _(flexible)_ elástico,-a.

resin ['rezɪn] _n_ resina _f._

resist [rɪ'zɪst] _vtr_ **1** _(not yield to)_ resistir; **I couldn't r. eating another chocolate,** no pude resistir a la tentación de comer otro bombón. **2** _(oppose)_ oponerse; **to r. change,** oponerse a los cambios.

resistance [rɪ'zɪstəns] _n_ resistencia _f;_ **he offered no r.,** no ofreció resistencia; **her r. to illness is low,** tiene poca resistencia a las enfermedades; **to take the line of least r.,** optar por la solución más fácil.

resistant [rɪ'zɪstənt] _adj_ resistente.

resistor [rɪ'zɪstəʳ] _n Elec_ reóstato _m._

resit [riː'sɪt] _vtr (pt & pp_ **resat)** _(an exam)_ volver a presentarse a.

resolute ['rezəluːt] _adj_ resuelto,-a, decidido,-a.
◆**resolutely** _adv_ resueltamente, con firmeza.

resolution [rezə'luːʃən] _n_ resolución _f_, decisión _f_, determinación _f;_ **she showed a great deal of r.,** se mostró muy decidida; **to make/pass a r.,** tomar/aprobar una resolución.

resolve [rɪ'zɒlv] **I** _n_ resolución _f._ **II** _vtr_ resolver. **III** _vi_ resolverse; **to r. to do sth,** resolverse a hacer algo.

resonance ['rezənəns] _n_ resonancia _f._

resonant ['rezənənt] _adj_ resonante.

resort [rɪ'zɔːt] **I** _n_ **1** _(place)_ lugar _m_ de vacaciones. ■ **seaside r.,** lugar _m_ de veraneo; **ski r.,** estación _f_ de esquí; **tourist r.,** centro _m_ turístico. **2** _(recourse)_ recurso _m;_ **as a last r.,** como último recurso. **II** _vi_ recurrir; **to r. to violence,** recurrir a la violencia.

resound [rɪ'zaʊnd] _vi_ resonar; _fig_ tener resonancia.

resounding [rɪ'zaʊndɪŋ] _adj (of sound)_ resonante; _(very great)_ importante, resonante; **a r. failure,** un fracaso total; **a r. success,** un éxito rotundo.

resource [rɪ'sɔːs] n recurso m; **natural resources,** recursos naturales; **to be left to one's own resources,** tener que apañárselas por cuenta propia.

resourceful [rɪ'sɔːsfʊl] adj ingenioso,-a, despabilado,-a.

respect [rɪ'spekt] I n 1 (deference) respeto m; **lack of r.,** falta f de respeto; **to pay one's respects to sb,** presentar sus respetos a algn; **to show r. for sb,** respetar a algn. 2 (relation, reference) respecto m; **in that r.,** a ese respecto; **with r. to,** con referencia a. II vtr respetar; **she was respected as a teacher,** estaba bien considerada como profesora; **to r. sb's opinion,** respetar la opinión de algn.

respectability [rɪspektə'bɪlɪtɪ] n respetabilidad f.

respectable [rɪ'spektəbəl] adj respetable; **to put on some r. clothes,** ponerse ropa decente. ◆**respectably** adv de forma respetable; **r. dressed,** vestido,-a con decoro.

respectful [rɪ'spektfʊl] adj respetuoso,-a. ◆**respectfully** adv respetuosamente, con respeto.

respective [rɪ'spektɪv] adj respectivo,-a. ◆**respectively** adv respectivamente.

respiration [respə'reɪʃən] n respiración f.

respiratory ['respərətərɪ] adj respiratorio,-a.

respite ['respaɪt] n fml 1 (rest) respiro m, tregua f; **I haven't had a moment's r.,** no he tenido ni un momento de respiro. 2 (postponement) plazo m.

resplendent [rɪ'splendənt] adj resplandeciente; **to be r.,** resplandecer.

respond [rɪ'spɒnd] vi 1 (reply) responder, contestar. 2 (react favourably) responder; Med **to r. to treatment,** responder al tratamiento.

respondent [rɪ'spɒndənt] n 1 Jur demandado,-a m,f. 2 (of questionnaire) encuestado,-a m,f.

response [rɪ'spɒns] n 1 (reply) respuesta f, contestación f; **in r. to,** en respuesta a. 2 (reaction) reacción f.

responsibility [rɪspɒnsə'bɪlɪtɪ] n responsabilidad f; **opening the shop is your r.,** te corresponde a ti abrir la tienda; **to accept r.,** asumir la responsabilidad; **to hold a position of r.,** ocupar un puesto de responsabilidad.

responsible [rɪ'spɒnsəbəl] adj responsable; **to be r. for one's actions,** hacerse responsable de sus acciones; **to be r. to sb,** tener que dar cuentas a algn, estar bajo las órdenes de algn.

responsive [rɪ'spɒnsɪv] adj sensible (**to,** a); Med **he was r. to treatment,** respondió bien al tratamiento.

responsiveness [rɪ'spɒnsɪvnɪs] n sensibilidad f.

rest¹ [rest] I n 1 (break, repose) descanso m, reposo m; **I need a r.,** necesito descansar; **to have a good r.,** descansar bien; fml **to lay sb to r.,** enterrar a algn. ■ **r. cure,** cura f de reposo; **r. home,** Med casa f de reposo; (for old people) asilo m de ancianos; US **r. room,** aseos mpl, servicios mpl. 2 (peace) tranquilidad f, sosiego m; **at r.,** (person) tranquilo,-a; (object) inmóvil; **I shan't have any r. until they phone,** no me quedaré tranquilo hasta que no llamen; **to set sb's mind at r.,** tranquilizar a algn. 3 (support) apoyo m, soporte m. 4 Mus pausa f. II vtr 1 descansar; **to r. one's legs,** descansar las piernas. 2 (lean) apoyar; **to r. a ladder against a wall,** apoyar una escalera contra una pared. III vi 1 descansar, reposar; fml **may he r. in peace,** que descanse en paz; **she's resting,** está descansando; (actor) **to be resting,** estar sin trabajo. 2 (be calm) estar tranquilo,-a, quedarse tranquilo,-a; **I won't r. until I've finished it,** no me quedaré tranquilo hasta que no

lo termine. 3 Jur **the case rests on ...,** el pleito se basa en ... .

rest² [rest] I n (remainder) **the r.,** el resto, lo demás; **I'll tell you the r. tomorrow,** mañana te contaré el resto; **the r. of the day,** el resto del día; **the r. of the girls,** las demás chicas; **the r. of us,** los demás. II vi quedar; **it doesn't r. with me,** no depende de mí; **it rests with him to decide,** le corresponde a él decidir; **r. assured that,** tenga la seguridad de que; **there the matter rests,** allí queda el asunto.

restaurant ['restərɒnt] n restaurante m. ■ Rail **r. car,** coche m restaurante.

restaurateur [restərə'tɜːʳ] n fml dueño,-a m,f de un restaurante.

restful ['restfʊl] adj descansado,-a, tranquilo,-a; **a r. holiday,** unas vacaciones tranquilas.

restitution [restɪ'tjuːʃən] n fml restitución f; **to make r.,** restituir.

restive ['restɪv] adj inquieto,-a, nervioso,-a.

restless ['restlɪs] adj agitado,-a, inquieto,-a, intranquilo,-a; **to have a r. night,** pasar una noche agitada.

restlessness ['restlɪsnɪs] n agitación f, inquietud f.

restoration [restə'reɪʃən] n 1 (giving back) devolución f, restitución f. 2 Hist **the R.,** la Restauración. 3 (repairing) restauración f.

restorative [rɪ'stɒrətɪv] adj & n reconstituyente (m).

restore [rɪ'stɔːʳ] vtr 1 (give back) devolver, restituir; **to r. sth to its owner,** devolver algo a su dueño. 2 (re-establish) restablecer; **to r. order,** restablecer el orden; **to r. the monarchy,** restaurar la monarquía. 3 (repair) restaurar.

restorer [rɪ'stɔːrəʳ] n 1 Art restaurador,-a m,f. 2 Hairdr **hair r.,** tónico m capilar.

restrain [rɪ'streɪn] vtr contener, controlar; **to r. one's anger,** reprimir la cólera; **to r. oneself,** contenerse.

restrained [rɪ'streɪnd] adj 1 (emotion) contenido,-a. 2 (person) sereno,-a, dueño,-a de sí mismo,-a.

restraint [rɪ'streɪnt] n 1 (restriction) restricción f; (hindrance) traba f. 2 (moderation) moderación f; **to act with r.,** actuar con moderación; **to show r./a lack of r.,** saber/no saber dominarse.

restrict [rɪ'strɪkt] vtr restringir, limitar; **to r. oneself to two glasses of wine a day,** limitarse a dos vasos de vino al día.

restricted [rɪ'strɪktɪd] adj restringido,-a, limitado,-a; Aut **r. area,** zona f de velocidad limitada; **r. document,** documento m secreto.

restriction [rɪ'strɪkʃən] n restricción f, limitación f.

restrictive [rɪ'strɪktɪv] adj restrictivo,-a; Ind **r. practices,** prácticas restrictivas de producción.

result [rɪ'zʌlt] I n 1 (outcome) resultado m; Pol **election results,** resultados mpl de las elecciones; **without r.,** (no result) sin resultado; (unsuccessful) sin éxito. 2 (consequence) consecuencia f; **as a r. of,** como consecuencia de; **with the r. that ...,** así es que ... . II vi 1 resultar; **to r. from,** resultar de. 2 **to r. in,** causar; **it resulted in victory,** acabó siendo una victoria.

resultant [rɪ'zʌltənt] adj resultante.

resume [rɪ'zjuːm] I vtr (journey, work, negotiations) reanudar; (control) reasumir; (conversation) seguir; **to r. one's seat,** volver a sentarse. II vi recomenzar, comenzar de nuevo; continuar; **we will r. at ten o'clock,** seguiremos a las diez.

résumé ['rezjʊmeɪ] *n* resumen *m*.

resumption [rɪ'zʌmpʃən] *n* reanudación *f*; continuación *f*; **on r. of work,** al reanudarse el trabajo.

resurface [riː'sɜːfɪs] I *vtr (roads)* rehacer el firme de. II *vi* 1 *(submarine)* volver a salir a la superficie. 2 *fig* resurgir, surgir de nuevo.

resurgence [rɪ'sɜːdʒəns] *n* resurgimiento *m*.

resurgent [rɪ'sɜːdʒənt] *adj* renaciente.

resurrect [rezə'rekt] *vtr* resucitar; **to r. old customs,** resucitar las viejas costumbres.

resurrection [rezə'rekʃən] *n* resurrección *f*; *Rel* **the R.,** la Resurrección.

resuscitate [rɪ'sʌsɪteɪt] *vtr Med* reanimar, resucitar.

resuscitation [rɪsʌsɪ'teɪʃən] *n Med* reanimación *f*, resucitación *f*.

retail ['riːteɪl] *Com* I *n* venta *f* al por menor *or* al detalle. ■ **r. outlet,** punto *m* de venta; **r. price,** precio *m* de venta al público. II *vtr* vender al por menor *or* al detalle. III *vi* venderse al por menor *or* al detalle; **it retails at ten pounds,** se vende a diez libras. IV *adv* al por menor, al detalle.

retailer ['riːteɪlə'] *n Com* detallista *mf*.

retain [rɪ'teɪn] *vtr* 1 *(keep temperature)* conservar; *(personal effects)* guardar, quedarse con; **to r. control of sth,** mantener el control sobre algo. 2 *(hold) (water etc)* retener. 3 *(remember)* recordar, acordarse de, retener; **I can't r. names,** no se me quedan los nombres en la memoria. 4 *Jur* **to r. the services of a lawyer,** contratar a un abogado.

retainer [rɪ'teɪnə'] *n* 1 *(payment)* anticipo *m* sobre los honorarios. 2 *(servant)* criado,-a *m,f*.

retake ['riːteɪk] I *n Cin (of a scene)* nueva toma *f*. II [riː'teɪk] *vtr (pt retook; pp retaken* [riː'teɪkən]*)* 1 *Mil* volver a tomar *or* capturar. 2 *Cin* volver a rodar *or* tomar. 3 *(exam)* presentarse a examen de recuperación.

retaliate [rɪ'tælɪeɪt] *vi* tomar represalias **(against,** contra), vengarse **(against,** de).

retaliation [rɪtælɪ'eɪʃən] *n* represalias *fpl*, venganza *f*; **in r.,** como represalia, para vengarse.

retard [rɪ'tɑːd] *vtr* retardar, retrasar.

retarded [rɪ'tɑːdɪd] *adj* atrasado,-a; **the mentally r.,** los atrasados mentales.

retch [retʃ] *vi* tener náuseas, vomitar.

retell [riː'tel] *vtr (pt & pp retold)* volver a contar.

retention [rɪ'tenʃən] *n* retención *f*.

retentive [rɪ'tentɪv] *adj* retentivo,-a; **to have a r. memory,** tener buena memoria.

rethink ['riːθɪŋk] I *n fam* **to have a r. about sth,** volver a reflexionar sobre algo. II [riː'θɪŋk] *vtr (pt & pp rethought* [riː'θɔːt]*)* volver a considerar, repensar.

reticence ['retɪsəns] *n* reticencia *f*, reserva *f*.

reticent ['retɪsənt] *adj* reticente, reservado,-a.

retina ['retɪnə] *n Anat* retina *f*.

retinue ['retɪnjuː] *n* séquito *m*.

retire [rɪ'taɪə'] I *vtr* jubilar. II *vi* 1 *(stop working)* jubilarse. 2 *fml (withdraw)* retirarse; **to r. for the night,** irse a la cama, acostarse; **to r. to one's room,** retirarse a su aposento.

retired [rɪ'taɪəd] *adj* jubilado,-a.

retirement [rɪ'taɪəmənt] *n* jubilación *f*. ■ **r. age,** edad *f* de jubilarse.

retiring [rɪ'taɪərɪŋ] *adj* 1 *(reserved)* reservado,-a. 2 *(leaving)* saliente; **the r. chairwoman,** la presidenta saliente.

retold [riː'təʊld] *pt & pp see* **retell**.

retook [riː'tʊk] *pt see* **retake** II.

retort[1] [rɪ'tɔːt] I *n (reply)* réplica *f*. II *vi* replicar.

retort[2] [rɪ'tɔːt] *n Chem* retorta *f*.

retouch [riː'tʌtʃ] *vtr Art Phot* retocar.

retrace [rɪ'treɪs] *vtr (go back over)* volver; *(recall)* reconstruir, reconstituir; **to r. one's steps,** volver sobre sus pasos.

retract [rɪ'trækt] I *vtr* 1 *(draw in)* retraer, encoger; *Av (landing gear)* replegar. 2 *fml (withdraw) (a promise)* retractar, retirar. II *vi* 1 *(draw in)* retraerse, encoger; *Av (landing gear)* replegarse. 2 *fml (withdraw)* retractarse.

retractable [rɪ'træktəbəl] *adj (gen)* retractable, retráctil; *Av (landing gear)* replegable.

retraction [rɪ'trækʃən] *n (of a promise, statement, etc)* retractación *f*; *Av (landing gear)* retracción *f*.

retread ['riːtred] I *n Aut* neumático *m* recauchutado. II [riː'tred] *vtr* recauchutar.

retreat [rɪ'triːt] I *n* 1 *Mil* retirada *f*; **to beat a hasty r.,** irse corriendo. 2 *(shelter)* refugio *m*. 3 *Rel* retiro *m*. II *vi* retirarse; *(danger)* refugiarse **(from,** de); *(renege)* renegar; **they retreated to a warmer climate,** se refugiaron en un clima más cálido.

retrench [rɪ'trentʃ] *fml* I *vtr (expenses)* reducir. II *vi* economizar, hacer ahorros.

retrial [riː'traɪəl] *n Jur* nuevo juicio *m*, revisión *f* del caso.

retribution [retrɪ'bjuːʃən] *n* justo castigo *m*, merecido *m*.

retrieval [rɪ'triːvəl] *n* recuperación *f*; **beyond r.,** irreparable. ■ *Comput* **information r. system,** sistema *m* para la recuperación de datos.

retrieve [rɪ'triːv] *vtr* 1 *(recover)* recuperar, recobrar; *(hunting)* cobrar; *Comput (data)* recoger. 2 *(rescue)* salvar. 3 *Ten* devolver.

retriever [rɪ'triːvə'] *n Zool* perro *m* cazador.

retroactive [retrəʊ'æktɪv] *adj fml* retroactivo,-a; **r. pay rise,** aumento *m* de sueldo con efecto retroactivo.

retrograde ['retrəʊgreɪd] *adj* retrógrado,-a; **r. step,** paso *m* hacia atrás.

retrospect ['retrəʊspekt] *n* **in r.,** retrospectivamente.

retrospective [retrəʊ'spektɪv] I *adj* retrospectivo,-a. II *n Art* exposición *f* retrospectiva. ◆**retrospectively** *adv* retrospectivamente.

return [rɪ'tɜːn] I *n* 1 *(coming or going back)* regreso *m*, vuelta *f*; **by r. of post,** a vuelta de correo; **in r. for,** a cambio de; **many happy returns!,** ¡felicidades!, ¡feliz cumpleaños!; **on her r.,** a su regreso; *Pol* **r. to office,** reelección *f*; **the r. to school,** la vuelta al colegio; **to pay sb a r. visit,** devolver la visita a algn; *Sport* **r. match,** partido de vuelta; **r. ticket,** billete *m* de ida y vuelta. 2 *(giving back)* devolución *f*; *Com (goods)* **on sale or r.,** en depósito. *Pol* **election returns,** resultados *mpl* de la elección; **income tax r.,** declaración *f* de impuestos. 3 *Com (profit)* beneficio *m*, ganancia *f*; **to bring a good r.,** dar mucho beneficio. 4 *Fin (interest)* interés *m*. II *vtr* 1 *(give back)* devolver; *(on letter)* **'r. to sender',** 'devuélvase al remitente'; **to r. a favour/ sb's love,** corresponder a un favor/al amor de algn. 2 *Pol* reelegir; **to r. sb to office,** reelegir a algn. 3 *Jur* pronunciar; **to r. a verdict,** pronunciar un veredicto; **they returned a verdict of guilty,** le declararon culpable. III *vi* 1 *(come or go back)* volver, regresar; **they have returned,** están de vuelta; **to r.**

home, volver a casa; **to r. to work,** reanudar el trabajo. **2** *(reappear)* reaparecer.

returnable [rɪ'tɜːnəbəl] *adj (bottle)* recuperable, retornable.

reunion [riː'juːnjən] *n* reencuentro *m*, reunión *m*.

reunite [riːjuː'naɪt] **I** *vtr* **1** reunir. **2** *(reconcile)* reconciliar; **they were reunited,** se reconciliaron. **II** *vi* **1** reunirse. **2** *(reconcile)* reconciliarse.

rev [rev] *fam* **I** *n Aut* revolución *f*. ■ **r. counter,** cuentarrevoluciones *m inv.* **II** *vtr (pt & pp* **revved)** **to r. (up),** acelerar el motor.

Rev, Revd [rev] *abbr of* **Reverend,** Reverendo *m*, R., Rev., Revdo.

revalue [riː'væljuː] *vtr, US* **revaluate** [riː'væljʊeɪt] *vtr* revalorizar.

revamp [riː'væmp] *vtr* modernizar, renovar.

reveal [rɪ'viːl] *vtr* **1** *(make known) (secret, emotions)* revelar. **2** *(show)* dejar ver.

revealing [rɪ'viːlɪŋ] *adj* revelador,-a.

reveille [rɪ'vælɪ] *n Mil* diana *f*; **to sound the r.,** tocar diana.

revel ['revəl] *vi (pt & pp* **revelled,** *US* **reveled)** disfrutar **(in,** con); **to r. in doing sth,** gozar muchísimo haciendo algo.

revelation [revə'leɪʃən] *n* revelación *f*; **it came as a r. to me,** me sorprendió muchísimo; *Rel* **the book of Revelations,** el Apocalipsis.

reveller, *US* **reveler** ['revələ^r] *n* juerguista *mf*.

revelry ['revəlrɪ] *n* jarana *f*, juerga *f*.

revenge [rɪ'vendʒ] **I** *n* venganza *f*; **he did it in r.,** lo hizo para vengarse; **to take r. on sb for sth,** vengarse de algo en algn. **II** *vtr* vengar; **to be revenged,** vengarse.

revengeful [rɪ'vendʒfʊl] *adj* vengativo,-a.

revenue ['revɪnjuː] *n* renta *f*. ■ **Inland R.,** Hacienda *f*; **public r.,** rentas públicas.

reverberate [rɪ'vɜːbəreɪt] *vi* **1** *(sound)* reverberar, resonar. **2** *(ideas, news, etc)* resonar, repercutir.

reverberation [rɪvɜːbə'reɪʃən] *n* **1** *(sound)* resonancia *f*, reverberación *f*. **2** *(ideas, news, etc)* resonancia *f*, repercusión *f*.

revere [rɪ'vɪə^r] *vtr fml* reverenciar.

reverence ['revərəns] *n* reverencia *f*.

reverend ['revərənd] *Rel* **I** *adj* reverendo,-a. ■ **R. Mother,** reverenda madre *m*. **II** *n C of E* pastor *m*; *RC* padre *m*.

reverent ['revərənt] *adj* reverente. ◆**reverently** *adv* con reverencia.

reverie ['revərɪ] *n* ensueño *m*.

reversal [rɪ'vɜːsəl] *n* **1** *(of an order)* inversión *f*. **2** *(change)* cambio *m* total; **r. of fortune,** revés *m* de fortuna. **3** *Jur (of a sentence)* revocación *f*.

reverse [rɪ'vɜːs] **I** *adj* inverso,-a; **in r. order,** en orden inverso; **the r. side,** el revés. **II** *n* **1** *(opposite)* **the r.,** lo contrario; **quite the r.,** todo lo contrario. **2** *(other side) (of cloth)* revés *m*; *(of coin)* cruz *f*; *(of medal)* reverso *m*; *(of page)* dorso *m*. **3** *Aut* **r. gear,** marcha *f* atrás; **to go into r.,** poner marcha atrás. **III** *vtr* **1** *(invert) (order)* invertir. **2** *(turn round)* volver al revés; *(picture)* dar la vuelta a. **3** *(change)* cambiar totalmente; **to r. one's policy,** cambiar radicalmente de política. **4** *Jur (a sentence)* revocar, anular. **5** *Tel* **to r. the charges,** poner una conferencia a cobro revertido. **IV** *vi Aut* dar marcha atrás; **to r. into a parking space,** dar marcha atrás para aparcar.

reversible [rɪ'vɜːsəbəl] *adj* **1** *(garment, cloth)* reversible. **2** *Jur (decision)* revocable.

reversion [rɪ'vɜːʃən] *n* reversión *f*.

revert [rɪ'vɜːt] *vi* **1** *fml* volver **(to,** a); **they reverted to the original agreement,** volvieron al primer acuerdo. **2** *Jur (property)* revertir.

review [rɪ'vjuː] **I** *n* **1** *(examination)* examen *m*, análisis *m*; **to come under r.,** ser examinado,-a. **2** *Mil* revista *f*. **3** *Press (article)* crítica *f*, reseña *f*. ■ **r. copy,** ejemplar *m* para la prensa. **4** *Press (magazine)* revista *f*. **II** *vtr* **1** *(examine)* examinar, analizar. **2** *Mil* **to r. the troops,** pasar revista a las tropas. **3** *Press (of book etc)* hacer una crítica de.

reviewer [rɪ'vjuːə^r] *n* crítico,-a *m,f*.

revile [rɪ'vaɪl] *vtr fml* injuriar, insultar.

revise [rɪ'vaɪz] *vtr* **1** *(look over)* revisar; *(a text)* repasar. **2** *(change)* modificar; **to r. one's opinion,** modificar su opinión. **3** *Print (proofs)* corregir; *(text)* refundir.

revision [rɪ'vɪʒən] *n* **1** *(study)* revisión *f*. **2** *(opinion)* modificación *f*. **3** *Print (proofs)* corrección *f*; *(text)* refundición *f*.

revisionism [rɪ'vɪʒənɪzəm] *n Pol* revisionismo *m*.

revisionist [rɪ'vɪʒənɪst] *n* revisionista *mf*.

revitalize [riː'vaɪtəlaɪz] *vtr* revivificar.

revival [rɪ'vaɪvəl] *n* **1** *(of interest)* renacimiento *m*; *(of old customs)* restablecimiento *m*; *(of a fashion)* reaparición *f*; *(of the economy)* reactivación *f*; *(of a country)* resurgimiento *m*. ■ **religious r.,** despertar *m* religioso. **2** *Theat* reestreno *m*, reposición *f*. **3** *Med* reanimación *f*, resucitación *f*.

revive [rɪ'vaɪv] **I** *vtr* **1** *(interest)* renovar; *(a law)* restablecer; *(a fashion)* resucitar; *(the economy)* reactivar; *(conversation)* reanimar; *(hopes)* despertar. **2** *Theat (a play)* reestrenar, reponer. **3** *Med* reanimar, resucitar. **II** *vi* **1** *(interest, hopes)* renacer; *(feelings)* resucitar. **2** *Med* volver en sí.

revoke [rɪ'vəʊk] **I** *vtr (a law)* revocar; *(permission)* suspender. **II** *vi Cards* renunciar.

revolt [rɪ'vəʊlt] **I** *n* rebelión *f*, sublevación *f*; **to rise in r.,** sublevarse, levantarse. **II** *vi* rebelarse, sublevarse **(against,** contra). **III** *vtr* repugnar, dar asco a; **tripe revolts me,** comer callos me da asco.

revolting [rɪ'vəʊltɪŋ] *adj* **1** *(in revolt)* rebelde. **2** *(disgusting)* repugnante, asqueroso,-a.

revolution [revə'luːʃən] *n* **1** *(uprising)* revolución *f*. **2** *Tech (of wheel)* revolución *f*; *(of planet)* rotación *f*; **40 revolutions per minute,** 40 revoluciones por minuto.

revolutionary [revə'luːʃənərɪ] *adj & n* revolucionario,-a *(m,f)*.

revolutionize [revə'luːʃənaɪz] *vtr* revolucionar.

revolve [rɪ'vɒlv] **I** *vi* girar; **to r. around a planet,** girar alrededor de un planeta; *fig* **to r. around,** girar en torno a, centrarse en. **II** *vtr* hacer girar.

revolver [rɪ'vɒlvə^r] *n* revólver *m*.

revolving [rɪ'vɒlvɪŋ] *adj* giratorio,-a. ■ **r. door,** puerta *f* giratoria.

revue [rɪ'vjuː] *n Theat* revista *f*.

revulsion [rɪ'vʌlʃən] *n* repulsión *f*, repugnancia *f*.

reward [rɪ'wɔːd] **I** *n* recompensa *f*; **as a r. for,** en recompensa a or por. **II** *vtr* recompensar, premiar.

rewarding [rɪ'wɔːdɪŋ] *adj* provechoso,-a, gratificador,-a.

rewire [riː'waɪə^r] *vtr* **to r. a house,** poner nueva instalación eléctrica a una casa.

reword [riː'wɜːd] *vtr* expresar con otras palabras.

rewrite [riː'raɪt] *vtr (pt rewrote* [riː'rəʊt]; *pp rewrit-ten* [riː'rɪtən]*)* volver a escribir, escribir de nuevo.

Reykjavik ['reɪkjəviːk] *n* Reikiavik.

rh [ɑːr'eɪtʃ] **1** *abbr of* **right hand,** mano *f* derecha **2** *Med abbr of* **rhesus,** rhesus *m.*

rhapsodize ['ræpsədaɪz] *vi fml* entusiasmar; **to r. over** *or* **about,** hablar con entusiasmo de.

rhapsody ['ræpsədɪ] *n Mus* rapsodia *f; fig* **to go into rhapsodies over sth,** entusiasmarse con algo.

rheostat ['rɪɒstæt] *n Elec* reóstato *m.*

rhesus ['riːsəs] *n* **1** *Biol* rhesus *m.* ■ **r. factor,** factor *m* Rhesus; **R. positive/negative,** Rhesus positivo/ne-gativo. **2** *Zool* **r. monkey,** macaco *m* de la India.

rhetoric ['retərɪk] *n* retórica *f.*

rhetorical [rɪ'tɒrɪkəl] *adj* retórico,-a; **r. question,** pregunta *f* sin respuesta.

rheumatism ['ruːmətɪzəm] *n Med* reuma *m,* reu-matismo *m.*

rheumatic [ruː'mætɪk] *adj & n* reumático,-a *(m,f).* ■ **r. fever,** fiebre *f* reumática.

rheumatoid ['ruːmətɔɪd] *adj* **r. arthritis,** reuma *m* articular.

Rhine [raɪn] *n* **the R.,** el Rin.

rhinestone ['raɪnstəʊn] *n* piedra *f* falsa, diamante *m* de imitación.

rhinoceros [raɪ'nɒsərəs] *n (pl rhinoceroses) Zool* ri-noceronte *m.*

rhizome ['raɪzəʊm] *n Bot* rizoma *f.*

Rhodes [rəʊdz] *n* Rodas.

rhododendron [rəʊdə'dendrən] *n Bot* rododendro *m.*

rhombus ['rɒmbəs] *n (pl rhombuses or rhombi* ['rɒmbaɪ]*) Geom* rombo *m.*

Rhone [rəʊn] *n* **the R.,** el Ródano.

rhubarb ['ruːbɑːb] *n Bot* ruibarbo *m.*

rhyme [raɪm] **I** *n* **1** rima *f; fig* **without r. or reason,** sin ton ni son. **2** *(poetry)* poesía *f,* versos *mpl.* ■ **nursery r.,** poesía *f* or canción *f* infantil. **II** *vtr & vi* rimar.

rhythm ['rɪðəm] *n* ritmo *m.* ■ *Med* **r. method,** mé-todo *m* Ogino.

rhythmic ['rɪðmɪk] *adj* rítmico,-a.

rib[1] [rɪb] *n* **1** *Anat* costilla *f.* ■ **r. cage,** caja *f* torácica. **2** *Knit* canalé *m.* **3** *(of umbrella)* varilla *f.* **4** *Bot* nervio *m.*

rib[2] [rɪb] *vtr fam* burlarse de; **to r. sb,** tomar el pelo a algn, burlarse de algn.

ribbed [rɪbd] *adj Knit* de canalé, acanalado,-a.

ribald ['rɪbəld] *adj (humour, joke)* verde, obs-ceno,-a; *(language)* procaz.

ribbon ['rɪbən] *n* cinta *f; (in hair, clothes, etc)* lazo *m;* **torn to ribbons,** hecho,-a jirones. ■ *Arch* **r. de-velopment,** urbanización *f* lineal.

riboflavin [raɪbəʊ'fleɪvɪn] *n* riboflavina *f.*

rice [raɪs] *n* arroz *m.* ■ **brown r.,** arroz *m* integral; **r. field,** arrozal *m;* **r. grower,** arrocero,-a *m,f;* **r. paper,** papel *m* de arroz; *Culin* **r. pudding,** arroz *m* con leche.

rich [rɪtʃ] **I** *adj (wealthy)* rico,-a; *(sumptuous)* sun-tuoso,-a; *(food)* rico,-a; *(heavy)* fuerte, pesado,-a; *(wine)* generoso,-a; *(soil)* fértil; *(harvest)* abun-dante; *(voice)* sonoro,-a; *(colour)* vivo,-a; *(per-fume)* fuerte; **a r. family,** una familia adinerada; **r. in minerals,** rico,-a en minerales; **to grow r.,** ha-cerse rico,-a, enriquecerse. **II the r.** *npl* los ricos. ◆**richly** *adv (wealthily)* ricamente; *(sumptuously)* suntuosamente; **r. deserved,** bien merecido,-a.

riches ['rɪtʃɪz] *npl* riquezas *fpl.*

richness ['rɪtʃnɪs] *n* riqueza *f; (sumptuousness)* sun-tuosidad *f; (of soil)* fertilidad *f; (abundance)* abun-dancia *f; (of voice)* sonoridad *f; (of colour)* viveza *f.*

rick[1] [rɪk] *n Agr* (hay) r., almiar *m.*

rick[2] [rɪk] *vtr fam* torcer.

rickets ['rɪkɪts] *n Med* raquitismo *m.*

rickety ['rɪkətɪ] *adj (chair etc)* cojo,-a; *(car)* desven-cijado,-a.

ricochet ['rɪkəʃeɪ, 'rɪkəʃet] **I** *n* rebote *m.* **II** *vi (pt & pp* **ricoche(t)ted** ['rɪkəʃeɪd, 'rɪkəʃetɪd]) rebotar.

rid [rɪd] *vtr (pt & pp rid)* librar; **to get r. of sth,** des-hacerse de algo; **to r. oneself of,** librarse de algo.

riddance ['rɪdəns] *n* liberación *f; fam (when sb has left)* **good r. (to bad rubbish)!,** ¡ya era hora!

ridden ['rɪdən] *pp see* **ride.**

riddle[1] ['rɪdəl] *n* **1** *(puzzle)* acertijo *m,* adivinanza *f.* **2** *(mystery)* enigma *m.*

riddle[2] ['rɪdəl] **I** *vtr* **1** acribillar; **riddled with bullets,** acribillado,-a a balazos. **2** *(sieve)* cribar. **II** *n (sieve)* criba *f.*

ride [raɪd] **I** *n* paseo *m,* vuelta *f;* **a short bus r.,** un corto trayecto en autobús; **to give a child a r. on one's back,** llevar a un niño a cuestas; **to go for a r. in the car,** dar una vuelta en el coche; *fam* **to take sb for a r.,** tomar el pelo a algn. ■ **horse r.,** paseo *m* a caballo; **train r.,** excursión *f* en tren. **II** *vtr (pt ride; pp ridden)* **1** *(bicycle)* montar; *(horse)* montar; **can you r. a bike?,** ¿sabes montar en bici?; **he rode his horse into town,** fue al pueblo a caballo. **2** *(travel over) US* recorrer, cruzar, atravesar. **III** *vi* **1** *(a horse)* montar a caballo; **can you r.?,** ¿sabes montar a caballo? **2** *(travel) (in bus, train, etc)* viajar; *fig* **our whole future is riding on it,** nuestro futuro depende de ello. **3** *Naut* flotar; **to r. at anchor,** estar an-clado,-a *or* fondeado,-a; *fam* **let it r.,** déjalo correr. ◆**ride out** *vtr* sobrevivir; **to r. out the storm,** capear el temporal. ◆**ride up** *vi (sweater etc)* subirse.

rider ['raɪdər] *n* **1** *(of horse)* jinete *m,* amazona *f; (of bicycle)* ciclista *mf; (of moped, motorbike)* moto-ciclista *mf,* motorista *mf.* **2** *Jur* cláusula *f* adicional.

ridge [rɪdʒ] *n (crest of a hill)* cresta *f; (hillock)* loma *f; Agr (between furrows)* caballón *m; (of roof)* ca-ballete *m; Anat (of nose)* caballete *m; Meteor* **r. of high pressure,** línea *f* de alta presión.

ridicule ['rɪdɪkjuːl] **I** *n* burla *f;* **to expose sb to r.,** poner a algn en ridículo. **II** *vtr* burlarse de, poner en ridículo, ridiculizar.

ridiculous [rɪ'dɪkjʊləs] *adj* ridículo,-a; **to look r.,** parecer ridículo,-a. ◆**ridiculously** *adv* **1** *(stupidly)* ridículamente; **he was r. dressed,** iba vestido de forma ridícula. **2** *fam (very)* muy; **it was r. cheap,** era baratísimo.

ridiculousness [rɪ'dɪkjʊləsnɪs] *n* ridiculez *f,* lo ri-dículo.

riding ['raɪdɪŋ] *n* equitación *f.* ■ **r. breeches/habit,** *arch* pantalones *mpl*/traje *m* de montar; **r. school,** escuela *f* hípica; **r. stables,** picadero *m.*

rife [raɪf] *adj fml* abundante; **rumour is r. that ...,** corre la voz de que ...; **to be r. with,** abundar en, estar lleno,-a de.

riffraff ['rɪfræf] *n fam* chusma *f,* gentuza *f.*

rifle[1] ['raɪfəl] *n* fusil *m,* rifle *m.* ■ **r. range,** campo *m* de tiro.

rifle[2] ['raɪfəl] **I** *vtr* saquear, desvalijar; *(pockets)* va-ciar. **II** *vi (search)* echar un vistazo (**through,** a).

rift [rɪft] *n* **1** (*crack*) grieta *f*, fisura *f*; *Geol* (*fault*) falla *f*. **2** *fig* (*in friendship*) ruptura *f*; *Pol* (*in party*) escisión *f*; (*quarrel*) desavenencia *f*.

rig [rɪg] **I** *n* **1** *Naut* aparejo *m*. **2** *Petrol* (**oil**) **r.**, (*onshore*) torre *f* de perforación; (*offshore*) plataforma *f* petrolífera. **3** (*dress*) atuendo *m*. **II** *vtr* (*pt & pp* **rigged**) **1** *Naut* (*a boat*) aparejar. **2** (*manipulate*) amañar; **to r. an election**, amañar unas elecciones; *Box* **the fight was rigged**, hubo tongo en el combate. ◆**rig out** *vtr fam* vestir, ataviar. ◆**rig up** *vtr* improvisar; **they rigged up a shelter**, improvisaron un refugio.

rigging [ˈrɪgɪŋ] *n Naut* aparejo *m*, jarcia *f*.

right [raɪt] **I** *adj* **1** (*not left*) derecho,-a; **I'd give my r. arm to do that**, daría una mano por hacerlo; **the r. hand**, la mano derecha. **2** (*correct*) correcto,-a, bueno,-a; **all r.**, de acuerdo; **r.?**, ¿vale?; **that's r.**, eso es; **the r. answer**, la respuesta correcta; **the r. word**, la palabra justa; **to stay on the r. side of sb**, no llevarle la contraria a algn; *fam* **she's not r. in the head**, no está bien de la cabeza. **3** (*true*) cierto,-a, verdad; **is that r.?**, ¿es cierto?; **to be r.**, tener razón. **4** (*suitable*) adecuado,-a; **the r. time**, el momento oportuno. **5** (*proper*) apropiado,-a. **6** *fam* (*healthy*) bien; **I don't feel r.**, no me encuentro bien; **to feel as r. as rain**, encontrarse la mar de bien. **7** (*exact*) exacto,-a; **have you got the r. time?**, ¿tiene la hora exacta? **8** *fam* (*complete*) auténtico,-a, verdadero,-a, completo,-a; **it's a r. muddle**, es un auténtico lío. **9** (*in order*) en orden, ordenado,-a. **10** *Geom* **r. angle**, ángulo recto. **II** *n* **1** (*right side*) derecha *f*; *Aut* **keep to the r.**, circulen por la derecha. **2** (*right hand*) mano *f* derecha. **3** *Pol* **the R.**, la derecha. **4** (*lawful claim*) derecho *m*; **in one's own r.**, por derecho propio; **r. of way**, (*across land*) derecho *m* de paso; (*on roads*) prioridad *f*; **to be within one's rights**, estar en su derecho; **what r. have you to do that?**, ¿con qué derecho haces eso? ■ **civil rights**, derechos *mpl* civiles; **women's rights**, derechos de la mujer. **5 r. and wrong**, el bien y el mal. **III** *adv* **1** (*correctly*) bien; **do it r.**, hazlo bien; **if I remember r.**, si mal no recuerdo; **it's just r.**, es justo lo que hace falta; **it serves you r.**, lo tienes bien merecido; **nothing is going r.**, todo sale mal; **to treat sb r.**, tratar bien a algn. **2** (*immediately*) inmediatamente; **I'll be r. back**, en seguida vuelvo; **I'll be r. over**, en seguida estoy ahí; **r. after lunch**, justo después de comer; **r. away**, en seguida. **3** (*to the right*) a la derecha; *Mil* **eyes r.!**, ¡vista a la derecha!; **r. and left**, a diestro y siniestro; **to turn r.**, girar a la derecha. **4** (*precisely*) directamente, derecho; **go r. on**, sigue recto; **r. at the front**, delante de todo; **r. at the top**, en todo lo alto; **r. in the middle**, en pleno centro; **r. to the end**, hasta el final. **5 Rel the R. Reverend**, el reverendísimo. **IV** *vtr* **1** (*correct*) corregir; **to r. a wrong**, enmendar un error. **2** *Naut* (*put straight*) enderezar; **it righted itself**, se enderezó.

righteous [ˈraɪtʃəs] *adj* (*upright*) recto,-a; (*honest*) honrado,-a.

righteousness [ˈraɪtʃəsnɪs] *n* rectitud *f*, honradez *f*.

rightful [ˈraɪtfʊl] *adj* legítimo,-a.

right-hand [ˈraɪthænd] *adj* derecho,-a; *Aut* **r.-h. drive**, conducción por la derecha; **r.-h. side**, lado derecho; *fam* **r.-h. man**, brazo derecho.

right-handed [raɪtˈhændɪd] *adj* (*person*) que usa la mano derecha; (*tool*) para la mano derecha.

rightist [ˈraɪtɪst] *Pol* **I** *adj* de derechas, derechista. **II** *n* derechista *mf*.

rightly [ˈraɪtlɪ] *adv* debidamente; **and r. so**, y con razón; **r. or wrongly**, con razón o sin ella.

right-minded [raɪtˈmaɪndɪd] *adj* recto,-a, honrado,-a.

rightness [ˈraɪtnɪs] *n* **1** (*accuracy*) exactitud *f*. **2** (*honesty*) rectitud *f*, honradez *f*. **3** (*fairness*) justicia *f*.

right-wing [ˈraɪtwɪŋ] *adj Pol* de derechas, derechista.

right-winger [raɪtˈwɪŋəʳ] *n Pol* derechista *mf*.

rigid [ˈrɪdʒɪd] *adj* rígido,-a, inflexible; **r. discipline**, disciplina rigurosa; **to have r. ideas**, tener unas ideas muy fijas. ◆**rigidly** *adv* rígidamente.

rigidity [rɪˈgɪdɪtɪ] *n* rigidez *f*, inflexibilidad *f*.

rigmarole [ˈrɪgmərəʊl] *n fam* galimatías *m inv*; **form filling is a r.**, rellenar formularios es un rollo.

rigorous [ˈrɪgərəs] *adj* riguroso,-a. ◆**rigorously** *adv* rigurosamente, severamente.

rigour, *US* **rigor** [ˈrɪgəʳ] *n* rigor *m*, severidad *f*.

rig-out [ˈrɪgaʊt] *n fam* atuendo *m*.

rile [raɪl] *vtr fam* irritar, sacar de quicio, poner nervioso,-a; **her shouting riles me**, sus gritos me ponen nervioso,-a.

rim [rɪm] *n* (*edge*) borde *m*; (*of wheel*) llanta *f*; (*of spectacles*) montura *f*.

rime[1] [raɪm] *n Lit* escarcha *f*.

rime[2] [raɪm] *n see* **rhyme**.

rind [raɪnd] *n* (*de fruta, queso*) corteza *f*.

ring[1] [rɪŋ] **I** *n* **1** (*sound of bell*) toque *m*, repique *m*, tañido *m*; (*of doorbell*) timbre *m*; (*of alarm clock*) timbre *m*; **there was a r. at the door**, llamaron a la puerta; *fig* **it has a nice r. about it**, suena bien. **2** *Tel* (*call*) llamada *f*; **to give sb a r.**, llamar por teléfono a algn. **II** *vtr* (*pt rang; pp rung*) **1** (*bell*) tocar; *fig* **it rings a bell**, me suena; *fig* **to r. true**, parecer verdad. **2** *Tel* llamar por teléfono, telefonear. **III** *vi* **1** (*bell etc*) sonar; **the telephone rang**, sonó el teléfono. **2** (*ears*) zumbar. **3** (*call*) llamar; **to r. for sb**, llamar a algn; **to r. for the lift**, llamar el ascensor. ◆**ring back** *vtr Tel* volver a llamar. ◆**ring in** *vi Tel* llamar (al lugar de trabajo). ◆**ring off** *vi Tel* colgar. ◆**ring out** *vi* resonar. ◆**ring up** *vtr* **1** *fam Tel* llamar por teléfono a. **2** (*on a cash register*) teclear las cifras.

ring[2] [rɪŋ] **I** *n* **1** (*metal hoop*) aro *m*. ■ **curtain r.**, anilla *f*; **key r.**, llavero *m*; **napkin r.**, servilletero *m*; **r. binder**, carpeta *f* de anillas. **2** (*for finger*) anillo *m*, sortija *f*. ■ **diamond r.**, sortija *f* de diamantes; **r. finger**, dedo *m* anular. **3** (*circle*) círculo *m*; **dark rings under the eyes**, ojeras *fpl*; *fig* **to run rings round sb**, dar cien vueltas a algn. ■ *Aut* **r. road**, carretera *f* de circunvalación, ronda *f*. **4** *Gymn* **rings**, anillas *fpl*. **5** (*group of people*) corro *m*, grupo *m*; (*of spies*) red *f*; (*of thieves*) banda *f*; **to stand in a r.**, hacer un corro. **6** (*arena etc*) pista *f*; *Box* ring *m*, cuadrilátero *m*; (*for bullfights*) ruedo *m*. ■ **circus r.**, pista *f* del circo. **II** *vtr* (*pt & pp* **ringed**) **1** (*bird, animal*) anillar. **2** (*surround*) rodear.

ringing [ˈrɪŋɪŋ] *n* (*of bell*) toque *m*, repique *m*, tañido *m*; (*of doorbell*) toque *m* de timbre; (*in ears*) zumbido *m*; *Tel* **r. tone**, señal *f* de llamada.

ringleader [ˈrɪŋliːdəʳ] *n* cabecilla *mf*.

ringlet [ˈrɪŋlɪt] *n* tirabuzón *m*, rizo *m*.

ringmaster [ˈrɪŋmɑːstəʳ] *n* maestro *m* de ceremonias.

ringside [ˈrɪŋsaɪd] **I** *n* primera fila *f*. **II** *adj* de primera fila.

ringworm [ˈrɪŋwɜːm] *n Med* tiña *f*.

rink [rɪŋk] *n Sport* pista *f*. ■ **ice (skating) r.**, pista *f* de hielo; **roller skating r.**, pista *f* de patinaje.

rinse [rɪns] **I** *n* **1** *(of clothes, hair)* aclarado *m*; *(of dishes)* enjuague *m*. **2** *Hairdr (tint)* reflejo *m*; **blue r.**, reflejos *mpl* azules. **II** *vtr* **1** *gen* aclarar **(out, -)**; *(the dishes)* enjuagar; **to r. out one's mouth**, enjuagarse la boca. **2** *Hairdr (tint)* **to r. one's hair**, dar reflejos a su pelo.

riot [ˈraɪət] **I** *n* **1** disturbio *m*, motín *m*; **to run r.**, desmandarse; *fam* **to read the r. act to sb**, echar un rapapolvo a algn. ■ **race riots**, disturbios *mpl* raciales; **r. police**, policía *f* antidisturbios. **2** *fig* profusión *f*; **a r. of colour**, una profusión de colores. **II** *vi* amotinarse.

rioter [ˈraɪətəʳ] *n* amotinado,-a *m,f*.

riotous [ˈraɪətəs] *adj* **1** amotinado,-a. **2** *(noisy)* ruidoso,-a, bullicioso,-a. **3** *(unrestrained)* desenfrenado,-a; **a r. success**, un éxito clamoroso; **r. living**, vida desenfrenada.

rip [rɪp] **I** *n (tear)* rasgón *m*, desgarrón *m*. **II** *vtr (pt & pp ripped)* rasgar, desgarrar; **to r. a letter open**, abrir un sobre desgarrándolo; **to r. one's trousers**, hacerse un siete en el pantalón. **III** *vi* **1** rasgarse, desgarrarse. **2** *fam* **to let r.**, reventar de cólera; **let it r.!**, ¡dale al gas! ◆**rip off** *vtr* **1** *(buttons etc)* arrancar. **2** *fam* **to r. sb off**, timar a algn. ◆**rip up** *vtr* hacer pedazos de.

RIP [ɑːraɪˈpiː] *abbr of* **requiescat** *or* **resquiescant in pace** (rest in peace), en paz descanse, E.P.D.

ripcord [ˈrɪpkɔːd] *n (of parachute)* cuerda *f* de apertura.

ripe [raɪp] *adj* **1** maduro,-a; *fam (language)* verde; **a r. old age**, una edad avanzada. **2** *(ready)* preparado,-a, listo,-a; **the time is r.**, es el momento oportuno.

ripen [ˈraɪpən] *vtr & vi* madurar.

ripeness [ˈraɪpnɪs] *n* madurez *f*.

rip-off [ˈrɪpɒf] *n fam* timo *m*; **it's been a real r.-o.**, nos han clavado de verdad.

riposte [rɪˈpɒst] **I** *n lit* **1** respuesta *f* aguda. **2** *Fenc* respuesta *f*. **II** *vi lit* responder, replicar.

ripper [ˈrɪpəʳ] *n fam* destripador,-a *m,f*; **Jack the R.**, Jack el Destripador.

ripple [ˈrɪpəl] **I** *n* **1** *(on water)* onda *f*; *(fabric etc)* onda *f*, ondulación *f*. **2** *(sound)* murmullo *m*. **3** *(bodily sensation)* estremecimiento *m*. **II** *vtr (water)* ondular, rizar. **III** *vi* **1** *(water)* ondularse, rizarse. **2** *(stream)* murmurar. **3** *(applause)* extenderse.

rise [raɪz] **I** *n* **1** *(of slope, hill)* cuesta *f*, subida *f*. **2** *(of waters)* crecida *f*. **3** *(in status)* subida *f*; **his r. to fame was sudden**, se hizo famoso en un abrir y cerrar de ojos; **the r. to power**, el ascenso al poder. **4** *(in prices, temperature)* subida *f*; *(of wages)* aumento *m*; **to be on the r.**, estar subiendo. **6** *(in sound)* aumento *m*. **6 to give r. to**, ocasionar, provocar, dar lugar a. **II** *vi (pt rose; pp risen* [ˈrɪzən]*)* **1** *(mountain, land)* elevarse. **2** *(waters)* crecer; *(in level)* subir; *(river)* nacer; *(tide)* subir; *(wind)* levantarse. **3** *(sun, moon)* salir. **4** *(from death)* resucitar. **5** *(voice)* alzarse, levantarse. **6** *(in rank)* ascender. **7** *(prices, temperature)* subir; *(wages)* aumentar. **8** *Theat (curtain)* subir. **9** *Culin (dough)* leudarse, fermentar; *(in oven)* subir. **10** *(from bed)* levantarse. **11** *(stand up)* levantarse, ponerse de pie; *fig (city, building)* erguirse, levantarse. **12** *(meeting, court)* levantarse; **the court rises at three**, la sesión se levanta a las tres. **13** *(feelings, emotions)* crecer, aumentar. **14 to r. to a challenge**, aceptar un reto; **to r. to the occasion**, ponerse a la altura de las circunstancias. ◆**rise above** *vi (be unaffected by)* estar por encima de. ◆**rise up** *vi* **1** *(feelings)* crecer, aumentar. **2** *(rebel)* rebelarse, sublevarse.

riser [ˈraɪzəʳ] *n* **1 early r.**, madrugador,-a *m,f*. **2** *Tech (chair)* respaldo *m*; *(step)* contrahuella *f*.

risible [ˈrɪzɪbəl] *adj fml* ridículo,-a.

rising [ˈraɪzɪŋ] **I** *adj* **1** *(sun)* naciente. **2** *(tide)* creciente. **3** *(prices)* creciente, en aumento. **4** *(generation)* nuevo,-a. **5** *(age)* cercano,-a; **John is r. five**, John va para los cinco años. **II** *n* **1** *(of sun)* salida *f*. ■ *Constr* **r. damp**, humedad *f*. **2** *(rebellion)* levantamiento *m*.

risk [rɪsk] **I** *n* riesgo *m*; **at r.**, en peligro; **at your own r.**, por su cuenta y riesgo; **it's not worth the r.**, no merece la pena arriesgarse; **to take risks**, arriesgarse. **II** *vtr* arriesgar, arriesgarse; **I'll r. it**, correré el riesgo; **to r. everything**, jugarse el todo por el todo; **to r. failure**, exponerse al fracaso; *fam* **to r. one's neck**, jugarse el tipo.

risky [ˈrɪskɪ] *adj (riskier, riskiest)* arriesgado,-a, peligroso,-a.

risotto [rɪsˈzɒtəu] *n Culin* risotto *m*.

risqué [ˈrɪskeɪ] *adj* atrevido,-a; *(joke)* picante.

rite [raɪt] *n* rito *m*; *Rel* **the last rites**, los últimos sacramentos, la extremaunción.

ritual [ˈrɪtjʊəl] *adj & n* ritual *(m)*.

ritzy [ˈrɪtsɪ] *adj (ritzier, ritziest) fam* lujoso,-a, de película.

rival [ˈraɪvəl] **I** *adj & n* rival *(m,f)*, competidor,-a *(m,f)*. **II** *vtr (pt & pp rivalled, US rivaled) (compete with)* rivalizar con, competir con; *(match)* alcanzar.

rivalry [ˈraɪvəlrɪ] *n* rivalidad *f*, competencia *f*.

river [ˈrɪvəʳ] *n* río *m*; **down/up r.**, río abajo/arriba; **r. traffic**, navegación *f* fluvial; *fig* **rivers of blood**, ríos de sangre.

river-bank [ˈrɪvəbæŋk] *n* orilla *f*, ribera *f*.

river-bed [ˈrɪvəbed] *n* lecho *m*.

riverside [ˈrɪvəsaɪd] *n* orilla *f*, ribera *f*; **r. restaurant**, restaurante *m* al lado del río.

rivet [ˈrɪvɪt] **I** *n Tech* remache *m*, roblón *m*. **II** *vtr Tech* remachar, roblonar; *fig* fascinar, cautivar.

riveting [ˈrɪvɪtɪŋ] *adj fig* fascinante.

rly *abbr of* **railway**, ferrocarril *m*, FC.

RM [ɑːrˈem] *GB Naut abbr of* **Royal Marines**, Infantería *f sing* Real de Marina.

rm *abbr of* **room**, habitación *f*, Hab.

RN [ɑːrˈen] **1** *US abbr of* **registered nurse**, enfermera *f* diplomada. **2** *GB Mil abbr of* **Royal Navy**, Armada *f* Real.

RNIB [ɑːrenaɪˈbiː] *GB abbr of* **Royal National Institute for the Blind**, ≈ Organización *f* Nacional de Ciegos Españoles, ONCE *f*.

roach[1] [rəʊtʃ] *n (fish)* pardilla *f*.

roach[2] [rəʊtʃ] *n* **1** *fam Ent* cucaracha *f*. **2** *sl (drugs) (filter)* colilla *f* de un porro.

road [rəʊd] **I** *n* **1** carretera *f*; **A r.**, carretera nacional; **B r.**, carretera secundaria; **main r.**, carretera principal; **r. accident**, accidente *m* de tráfico; **'r. up'**, 'obras' *fpl*; *fam* **my car is off the r.**, tengo el coche averiado; *fam fig* **to have one for the r.**, tomar la espuela *or* la última copa. ■ **r. haulage**, transporte *m* por carretera; **r. safety**, seguridad *f* vial *or* en carretera; **r. sign**, señal *f* de tráfico; **r. works**, obras *fpl*. **2** *(street)* calle *f*; **Peterloo R.**, la calle Peterloo; **to cross the r.**, cruzar la calle. **3** *(way)* camino *m*; *fig* **on the r. to recovery**, en vías dc recuperación; *fam* **get out of my r.!,** ¡quítate de en medio!

roadblock ['rəʊdblɒk] *n* control *m* policial.

roadhog ['rəʊdhɒg] *n Aut fam* dominguero,-a *m,f*.

roadhouse ['rəʊdhaʊs] *n dated* bar *m* de carretera.

roadroller ['rəʊdrəʊləʳ] *n* apisonadora *f*.

roadside ['rəʊdsaɪd] *n* borde *m* de la carretera; **r. restaurant/café,** restaurante *m*/cafetería *m* de carretera.

roadway ['rəʊdweɪ] *n* calzada *f*.

roadworthy ['rəʊdwɜ:ðɪ] *adj Aut (vehicle)* en buen estado.

roam [rəʊm] **I** *vtr* vagar por, rondar. **II** *vi* vagar, errar.

roaming ['rəʊmɪŋ] *adj* vagabundo,-a, errante.

roan [rəʊn] *n Zool* caballo *m* ruano.

roar [rɔ:ʳ] **I** *n (of lion)* rugido *m*; *(of bull, sea, wind)* bramido *m*; *(of crowd)* clamor *m*. **II** *vi (lion, crowd)* rugir; *(bull, sea, wind)* bramar; *(crowd)* clamar; *fig* **to r. with laughter,** reírse a carcajadas.

roaring ['rɔ:rɪŋ] *adj (lion)* rugiente; *(fire)* espectacular; *fam* **fig a r. success,** un éxito clamoroso; *fam fig* **to do a r. trade,** hacer un negocio redondo.

roast [rəʊst] **I** *adj (meat)* asado,-a; **r. beef,** rosbif *m*. **II** *n Culin* asado *m*. **III** *vtr (meat)* asar; *(coffee)* tostar, torrefactar; *(nuts, beans, fruits)* tostar. **IV** *vi* asarse; *fam fig* **I'm roasting,** me aso de calor.

roasted ['rəʊstɪd] *adj Culin (coffee)* tostado,-a, torrefacto,-a; *(nuts, beans, fruit)* tostado,-a.

roasting ['rəʊstɪŋ] **I** *adj* abrasador,-a. **II** *n* **1** *(of meat)* asado *m*; *(of coffee)* tostado *m*, torrefacción *f*; *(nuts, beans, fruit)* tostado *m*. **2** *fam fig* bronca *f*; **to give sb a r.,** echar una rapapolvo *or* una bronca a algn.

rob [rɒb] *vtr & vi (pt & pp robbed)* robar; **to r. a bank,** atracar un banco; *fam* **we were robbed!,** ¡nos robaron el partido!

robber ['rɒbəʳ] *n* ladrón,-a *m,f*; **bank r.,** atracador,-a *m,f*.

robbery ['rɒbərɪ] *n* robo *m*; **to commit a r.,** cometer un robo. ■ **armed r.,** robo *m* a mano armada.

robe [rəʊb] **I** *n* **1** *(ceremonial)* toga *f*. **2** *(dressing gown)* bata *f*. ■ **bath r.,** albornoz *m*. **II** *vi fml* llevar, ir vestido,-a. **III** *vtr fml* vestir(se).

robin ['rɒbɪn] *n Orn* petirrojo *m*; **R. Hood,** Robín *m* de los bosques.

robinia [rə'bɪnɪə] *n Bot* acacia *f* falsa, robinia *f*.

robot ['rəʊbɒt] *n* robot *m*.

robotic [rəʊ'bɒtɪk] *adj* robótico,-a.

robotics [rəʊ'bɒtɪks] *n sing* robótica *f*.

robust [rəʊ'bʌst] *adj (strong, sturdy)* robusto,-a; *(strong, energetic)* fuerte.

rock [rɒk] **I** *n* **1** roca *f*; **the R. (of Gibraltar),** el Peñón (de Gibraltar); *fig (marriage etc)* **to be on the rocks,** estar a punto de fracasar; *fam fig* **whisky on the rocks,** whisky *m* con hielo. ■ **r. face,** vertiente *f* rocosa; **r. garden,** jardín *m* de rocas; *(fish)* **r. salmon,** lija *f*. **2** *US (stone)* piedra *f*. **3** *(sweet)* **stick of r.,** barra *f* de caramelo. ■ **r. candy,** azúcar *m* candi. **4** *Mus* rock *m*, música *f* rock; **r. and roll,** rock and roll *m*. **II** *vtr* **1** *(chair)* mecer; *(baby)* acunar. **2** *(shake)* sacudir, hacer temblar; *fig* **to r. the boat,** crear problemas. **III** *vi* **1** *(move to and fro)* mecerse, balancearse. **2** *(shake)* temblar, vibrar.

rock-bottom [rɒk'bɒtəm] *adj* bajísimo,-a; **r.-b. prices,** precios *mpl* regalados.

rock-climber ['rɒkklaɪməʳ] escalador,-a *m,f*, alpinista *mf*.

rock-climbing ['rɒkklaɪmɪŋ] *n* escalada *f*, alpinismo *m*.

rocker ['rɒkəʳ] *n* **1** *Mech* balancín *m*. **2** *(rocking-chair)* mecedora *f*. **3** *Mus* roquero,-a *m,f*. **4** *fam* **to be off one's r.,** estar mal de la cabeza, estar chalado,-a.

rockery ['rɒkərɪ] *n* jardín *m* de rocas.

rocket ['rɒkɪt] **I** *n* cohete *m*; *fam fig* **to give sb a r.,** echar una bronca a algn. ■ **r. launcher,** lanzacohetes *m inv*. **II** *vi fam (prices)* aumentar enormemente; *fig* **to r. to fame,** hacerse famoso,-a de la noche a la mañana.

rock-hard ['rɒkhɑ:d] *adj* (muy) duro,-a.

Rockies ['rɒkɪz] *n (Montañas fpl)* Rocosas *fpl*.

rocking-chair ['rɒkɪŋtʃeəʳ] *n* mecedora *f*.

rocking-horse ['rɒkɪŋhɔ:s] *n* caballito *m* de balancín.

rock'n'roll [rɒkən'rəʊl] *n Mus* rock and roll *m*.

rocky ['rɒkɪ] *adj (rockier, rockiest)* rocoso,-a; *fam fig (unsteady)* bamboleante; **the R. Mountains,** las Montañas Rocosas; *fam fig* **a r. government,** un gobierno débil.

rod [rɒd] *n* **1** *(of metal)* barra *f*; *(stick)* vara *f*. ■ **fishing r.,** caña *f* de pescar. **2** *(symbol of authority)* vara *f*; *fig* **to rule with a r. of iron,** mandar con mano de hierro.

rode [rəʊd] *pt see* **ride.**

rodent ['rəʊdənt] *n Zool* roedor *m*.

rodeo ['rəʊdɪəʊ] *n* rodeo *m*.

roe[1] [rəʊ] *n (pl roe or roes) Zool* **r. (deer),** corzo,-a *m,f*.

roe[2] [rəʊ] *n (pl roe) (fish eggs)* hueva *f*.

roebuck ['rəʊbʌk] *n Zool* corzo *m*.

roger ['rɒdʒəʳ] *interj Rad* ¡recibido!

rogue [rəʊg] *n* **1** granuja *m*, pícaro *m*; *(criminal)* delincuente *mf*. **2** *(loner)* solitario,-a *m,f*. ■ **r. elephant,** elefante *m* solitario.

roguish ['rəʊgɪʃ] *adj pej* pícaro,-a, pillo,-a.

role *n*, **rôle** [rəʊl] *n* **1** *Cin Theat* papel *m*; **leading r.,** papel principal; **supporting r.,** papel secundario. **2** *(in life)* papel *m*, función *f*; **to play a r.,** desempeñar un papel.

role-playing ['rəʊlpleɪɪŋ] *n* imitación *f*.

roll [rəʊl] *n* **1** rollo *m*; **r. of banknotes,** fajo *m* de billetes; **toilet r.,** rollo de papel higiénico; *fam fig* **rolls of fat,** michelines *mpl*. **2** *Culin (bread)* **r.,** bollo *m*. ■ **ham r.,** bocadillo *m* de jamón; **sausage r.,** salchicha *f* empanada; **swiss r.,** brazo *m* de gitano. **3** *(list of names)* lista *f*, nómina *f*; *(register)* registro *m*; **to call the r.,** pasar lista. ■ **electoral r.,** censo *m*; **r. of honour,** lista *f* de honor; *Jur* **to strike sb off the rolls,** tachar a algn de la lista. **4** *(ship etc)* balanceo *m*. **5** *(of drum)* redoble *m*; *(of thunder)* fragor *m*. **II** *vtr* **1** *(ball)* hacer rodar; **to r. one's eyes,** poner los ojos en blanco; **to r. one's r's,** pronunciar fuerte las erres. **2** *(cigarette)* liar. **3** *(move)* mover. **4** *(push)* empujar. **5** *(flatten)* allanar. **III** *vi* **1** *(ball, marble)* rodar; **to keep the ball rolling,** mantener la conversación; *fam* **they were rolling in the aisles,** se tronchaban de risa; *fam* **to be rolling in money,** estar forrado,-a. **2** *(animal)* revolcarse. **3** *Naut (ship)* balancearse. **4** *(drum)* redoblar; *(thunder)* retumbar; *(cannon)* tronar. ◆**roll about, roll around** *vi* ir de acá para allá. ◆**roll along I** *vtr* hacer rodar por. **II** *vi fam* rodar; **things are rolling along nicely,** todo anda muy bien. ◆**roll back** *vtr* **1** hacer retroceder.

2 *US (prices)* bajar, reducir. ◆**roll by** *vi (years, months)* pasar. ◆**roll down** *vtr (blinds etc)* bajar; *(sleeves)* bajarse. ◆**roll in** *vi fam* **1** *(arrive)* llegar, presentarse. **2** *(money)* llegar a raudales. ◆**roll on** *vi* **1** *(gen)* seguir rodando. **2** *fam (time)* pasar; **r. on the holidays!**, ¡que vengan las vacaciones! ◆**roll over** I *vtr* derribar. II *vi* dar una vuelta; **she rolled over on her side**, se puso de costado. ◆**roll up** I *vtr* enrollar; *(blinds)* subir; **to r. up one's sleeves**, (ar)remangarse. II *vi* **1** enrollarse. **2** *fam (arrive)* llegar, presentarse.

roll-call ['rəʊlkɔːl] *n* el acto de pasar lista.

rolled-up ['rəʊldʌp] *adj (umbrella, newspaper)* arrollado,-a; *(clothes)* (ar)remangado,-a.

roller ['rəʊlə'] *n* **1** *Tech* rodillo *m*. ■ **r. blind**, persiana *f* enrollable; **r. coaster**, montaña *f* rusa; **r. skate**, patín *m* de ruedas; **r. skating**, patinaje *m* sobre ruedas; **r. towel**, toalla *f* de rodillo. **2** *(large wave)* ola *f* grande. **3** *usu pl (for hair)* rulo *m*. **4** *Orn* carraca *f*.

roller-skate ['rəʊləskeɪt] *vi* patinar sobre ruedas.

rolling ['rəʊlɪŋ] I *adj* **1** *(stone)* rodante, que rueda; *fig* **a r. stone**, un,-a vagabundo,-a; *prov* **a r. stone gathers no moss**, piedra movidiza nunca moho la cobija. ■ *Rail* **r. stock**, material *m* rodante. **2** *fam fig* rico,-a; **he's rolling in money** *or* **in it**, está forrado. **2** *(countryside)* ondulado,-a. II *n* rodamiento *m*; *(of ground)* apisonamiento *m*. ■ **r. pin**, rodillo *m* (de cocina).

roll-neck(ed) ['rəʊlnek(t)] *adj* **r.-n. sweater**, jersey con cuello cisne.

roll-on ['rəʊlɒn] *n* faja *f* elástica.

rolltop ['rəʊltɒp] *adj (desk)* de tapa corrediza.

roly-poly ['rəʊlɪ'pəʊlɪ] *n* **1** *Culin* **r.-p. (pudding)**, ≈ brazo *m* de gitano. **2** *fam* gordiflón,-ona *m,f*.

ROM [rɒm] *Comput abbr of* **read only memory**, memoria *f* sólo de lectura, ROM *f*.

Roman ['rəʊmən] *adj & n* romano,-a *(m,f)*. ■ **R. alphabet**, alfabeto *m* romano; **R. Catholic**, católico,-a *m,f* (romano,-a); **R. Catholicism**, catolicismo *m*; **R. law**, ley romana; **R. numerals**, números romanos; **R. nose**, nariz aguileña.

Romance [rəʊˈmæns] *adj Ling* románico,-a, romance; **R. languages**, lenguas románicas.

romance [rəʊˈmæns] I *n* **1** *(tale)* novela *f* romántica; *(medieval)* libro *m* de caballerías, romance *m*. **2** *Mus* romanza *f*. **3** *(love affair)* idilio *m*, aventura *f* amorosa, romance *m*. **4** *(romantic quality)* lo romántico. II *vi* fantasear.

Romanesque [rəʊməˈnesk] *Archit* I *adj* románico,-a. II *n* románico *m*, arte *m* románico.

Romania [rəʊˈmeɪnɪə] *n see* **Rumania**.

romantic [rəʊˈmæntɪk] *adj & n* romántico,-a *(m,f)*.

romanticism [rəʊˈmæntɪsɪzəm] *n* romanticismo *m*.

romanticize [rəʊˈmæntɪsaɪz] *vi* fantasear.

Romany ['rɒmənɪ, 'rəʊmənɪ] I *adj & n* gitano,-a *(m,f)*. II *n (language)* lengua *f* de los gitanos; *(in Spain)* caló *m*.

Rom Cath *Rel abbr of* **Roman Catholic**, católico,-a *m,f* (romano,-a), Cat.

Rome [rəʊm] *n* Roma *f*; *prov* **all roads lead to R.**, todos los caminos llevan a Roma; *prov* **R. was not built in a day**, no se ganó Zamora en una hora; *prov* **when in R. do as the Romans do**, cuando a Roma fueres, haz lo que vieres.

romp [rɒmp] I *n* jugueteo *m*. II *vi* juguetear; *fam* retozar; *fam* **to r. home**, ganar con facilidad. ◆**romp through** *vtr* hacer con facilidad.

rompers ['rɒmpəz] *npl* pelele *m sing*.

roof [ruːf] I *n (pl roofs* [ruːfs, 'ruːvz])* **1** *Archit* tejado *m*; **flat r.**, azotea *f*; **tiled r.**, tejado *m*; *fig* **to have a r. over one's head**, tener donde cobijarse; *fam fig* **they can't live under the same r.**, no pueden vivir bajo el mismo techo; *fam fig* **to go through the r.**, *(prices)* estar por las nubes; *(with anger)* subirse por las paredes; *fam fig* **to hit the r.**, enfadarse. ■ **r. garden**, jardín *m* en la azotea. **2** *Aut* techo *m*. ■ **r. rack**, baca *f*. **3** *(of mouth)* cielo *m*. II *vtr* techar.

roofing ['ruːfɪŋ] *n Constr* materiales *mpl* usados para techar.

roofless ['ruːflɪs] *adj* sin tejado.

rooftop ['ruːftɒp] *n* tejado *m*; *fig* **to shout from the rooftops**, divulgar a los cuatro vientos.

rook [rʊk] *n* **1** *Orn* grajo *m*. **2** *Chess* torre *f*. II *vtr fam (swindle)* estafar, timar.

rookery ['rʊkərɪ] *n Orn* colonia *f* de grajos.

rookie ['rʊkɪ] *n US fam* **1** *Mil* recluta *m*, quinto *m*. **2** *(novice)* novato,-a *m,f*.

room [ruːm] *n* **1** habitación *f*, cuarto *m*; **r. and board**, pensión *f* completa; **single r.**, habitación individual. ■ **r. service**, servicio *m* de habitación. **2** *(space)* sitio *m*, espacio *m*; **make r. for me**, hazme sitio; *fig* **r. for improvement**, posibilidades *fpl* de mejora. II *vi US* alojarse; **to r. with sb**, compartir la habitación *or* piso *or* casa con algn.

roomful ['ruːmfʊl] *n* **a r. of people**, una habitación llena de gente.

rooming-house ['ruːmɪŋhaʊs] *n US* casa *f* de huéspedes, pensión *f*.

roommate ['ruːmmeɪt] *n* compañero,-a *m,f* de habitación.

roomy ['ruːmɪ] *adj (roomier, roomiest)* amplio,-a, espacioso,-a.

roost [ruːst] I *n* palo *m*, percha *f*; **(hen) r.**, gallinero *m*; *fig* **to come home to r.**, volverse en contra de uno; *fig* **to rule the r.**, llevar la batuta. II *vi* posarse.

rooster ['ruːstə'] *n Orn esp US* gallo *m*.

root[1] [ruːt] I *n* **1** *(plant, teeth, hair)* raíz *f*; *Bot* **r. crops**, tubérculos *mpl*; **to take r.**, echar raíces; **to pull up by the roots**, arrancar de raíz; *fig* **to put down roots in a country**, establecerse en un país. **2** *Math* raíz *f*; **square r.**, raíz *f* cuadrada. **3** *fig* raíz *f*, origen *m*. II *vtr* arraigar; *fig* **rooted to the spot**, paralizado,-a. III *vi Bot* echar raíces, arraigar. ◆**root out, root up** *vtr (plant)* desarraigar, arrancar de raíz.

root[2] [ruːt] *vi (search)* buscar; **to r. about** *or* **around for sth**, hurgar en busca de algo.

root[3] [ruːt] *vi fam* animar; **to r. for a team**, animar a un equipo.

rope [rəʊp] I *n* **1** *(small)* cuerda *f*; *(big)* soga *f*; *Naut* cabo *m*; **to give sb enough** *or* **plenty of r.**, dar rienda suelta a algn. **2** *ropes*, *Box* cuerdas *fpl*; *(way)* truco *m sing*; *fam fig* **to have sb on the r.**, tener a algn contra las cuerdas; *fam fig* **to know the r.**, estar al tanto; *fam fig* **to learn the r.**, ponerse al tanto; *fam fig* **to show sb the r.**, poner a algn al tanto. II *vtr (package)* atar; *(climbers)* encordar. ◆**rope in** *vtr fam (press-gang)* hacer participar; **we were roped in to going to the communion**, no pudimos escaparnos de ir a la comunión. ◆**rope off** *vtr (cordon off)* acordonar.

rop(e)y ['rəʊpɪ] *adj (ropier, ropiest) fam* **1** *(bad quality)* de mala calidad, de pacotilla. **2** *(ill)* enfermo,-a.

rosary ['rəʊzərɪ] n Rel rosario m; **to say the r.**, rezar el rosario.

rose[1] [rəʊz] pt see **rise**.

rose[2] [rəʊz] n 1 Bot rosa f; fam fig **life is no bed of roses**, la vida no es un camino de rosas; prov **there is no r. without a thorn**, no hay rosa sin espina. ■ **dog r.**, gavanza f; **r. bed**, rosaleda f; **r. bush**, rosal m; Archit **r. window**, rosetón m. 2 (colour) rosa m; fig **to put the roses back into sb's cheeks**, sentar (algo) como agua bendita. 3 (of watering can) alcachofa f.

rosé ['rəʊzeɪ] n (vino) rosado m.

rosebud ['rəʊzbʌd] n Bot capullo m de rosa.

rose-coloured, US **rose-colored** ['rəʊzkʌləd] adj rosa; fam fig **to see everything through r.-c. spectacles**, verlo todo de color rosa.

rosemary ['rəʊzmərɪ] n Bot romero m.

rosette [rəʊ'zet] n 1 (of ribbons) escarapela f. 2 Archit florón m.

rose-water ['rəʊzwɔːtəʳ] n agua f de rosas.

rosewood ['rəʊzwʊd] n Bot palisandro m.

roster ['rɒstəʳ] n lista f.

rostrum ['rɒstrəm] n (pl **rostrums** or **rostra** ['rɒstrə]) tribuna f.

rosy ['rəʊzɪ] adj (**rosier, rosiest**) 1 (complexion) sonrosado,-a. 2 fig (future) prometedor,-a, optimista.

rot [rɒt] I n 1 (decay) putrefacción f; fig **when the r. sets in**, cuando las cosas empiezan a decaer. ■ **dry r.**, putrefacción f de la madera. 2 fam (nonsense) tonterías fpl. II vtr (pt & pp **rotted**) pudrir. ◆**rot away** vi pudrirse, descomponerse.

rota ['rəʊtə] n usu GB lista f.

rotary ['rəʊtərɪ] adj rotatorio,-a, giratorio,-a. ■ Print **r. press**, rotativa f.

rotate [rəʊ'teɪt] I vtr 1 (revolve) hacer girar, hacer or dar vueltas a. 2 (jobs, crops) alternarse. II vi 1 (revolve) girar, dar vueltas. 2 (jobs, crops) alternarse.

rotating [rəʊ'teɪtɪŋ] adj 1 rotativo,-a, giratorio,-a. 2 Agr alternativo,-a.

rotation [rəʊ'teɪʃən] n 1 rotación f, giro m. 2 Agr **crop r.**, rotación f de cultivos; (to work) **in r.**, por turno or turnos.

rote [rəʊt] n rutina f; **to learn sth by r.**, aprender algo de memoria.

rotor ['rəʊtəʳ] n Tech rotor m.

rotten ['rɒtən] adj 1 (decayed) podrido,-a; (tooth) cariado,-a, picado,-a; (eggs) podrido,-a. 2 fam (quality, situation, luck) malísimo,-a, pésimo,-a; (health) enfermo,-a; fam **I feel r.**, me encuentro fatal; fam **I feel r. about it**, me sabe muy mal.

rotter ['rɒtəʳ] n fam dated sinvergüenza mf.

rotund [rəʊ'tʌnd] adj lit 1 (rounded) redondo,-a. 2 (plump) regordete, corpulento,-a. 3 (bombastic) rimbombante.

rotunda [rəʊ'tʌndə] n Archit rotonda f.

rouble ['ruːbəl] n Fin rublo m.

rouge [ruːʒ] I n colorete m. II vtr poner colorete a, pintar.

rough [rʌf] I adj 1 (surface, skin) áspero,-a; (terrain) accidentado,-a; (road) desigual; (sea) agitado,-a; (weather) tempestuoso,-a, borrascoso,-a. 2 (rude, ill-mannered) tosco,-a, rudo,-a, grosero,-a; (violent) violento,-a. 3 (voice) bronco,-a. 4 (wine) áspero,-a, agrio,-a. 5 (bad) malo,-a; **to have a r. time of it**, pasarlo mal; fam **to feel r.**, encontrarse fatal. 6 (approximate) aproximado,-a; **a r. guess/idea**, un

cálculo aproximado/una idea aproximada. 7 (plan etc) preliminar. ■ **r. draft**, borrador m; **r. sketch**, esbozo m, boceto m. 8 (hard severe) duro,-a, severo,-a; **r. justice**, justicia f sumaria. II adv duramente; **to play r.**, jugar duro; fam fig **to sleep r.**, dormir al raso. III n 1 fam (person) matón m, duro m. 2 Golf la hierba alta, rough m. 3 fig (bad times) lo malo; **to take the r. with the smooth**, estar a las duras y a las maduras. IV vtr fam **to r. it**, vivir sin comodidades. ◆**rough out** vtr esbozar. ◆**rough up** vtr fam **to r. sb up**, darle una paliza a algn. ◆**roughly** adv 1 (crudely) toscamente. 2 (clumsily) torpemente. 3 (not gently) bruscamente; **to treat sb r.**, maltratar a algn. 4 (approximately) aproximadamente, más o menos.

roughage ['rʌfɪdʒ] n (substance) fibra f; (food) alimentos mpl ricos en fibra.

rough-and-ready [rʌfən'redɪ] adj (makeshift) improvisado,-a; (person) campechano,-a.

rough-and-tumble [rʌfən'tʌmbəl] n (fight) pelea f; fig **the r.-a.-t. of life**, los altibajos de la vida.

roughcast ['rʌfkɑːst] n Constr mortero m grueso.

roughen ['rʌfən] vtr poner áspero,-a.

roughhewn ['rʌfhjuːn] adj (stone, wood) desbastado,-a.

roughneck ['rʌfnek] n fam 1 matón m, duro m. 2 Ind trabajador m en un pozo petrolífero.

roughness ['rʌfnɪs] n 1 (of surface, skin) aspereza f; (of terrain, road) desigualdad f; (of sea) agitación f. 2 (of weather) inclemencia f. 3 (of manner) brusquedad f; (impoliteness) falta f de educación. 4 (violence) violencia f.

roughshod ['rʌfʃɒd] adv **to ride r. over sb's feelings**, ignorar las opiniones de algn.

rough-spoken [rʌf'spəʊkən] adj (rude) malhablado,-a.

roulette [ruː'let] n ruleta f. ■ **Russian r.**, ruleta f rusa.

Roumania [ruː'meɪnɪə] n see **Rumania**.

Roumanian [ruː'meɪnɪən] adj & n see **Rumanian**.

round [raʊnd] I adj redondo,-a; **in r. figures**, en números redondos; **to have r. shoulders**, tener las espaldas cargadas. ■ **r. table**, mesa m redonda; **r. trip**, viaje m de ida y vuelta. II n 1 (circle) círculo m. 2 (series) serie f, sucesión f, tanda f; (session) ronda f; **r. of talks**, ronda de negociaciones. 3 Mil (ammunition) cartucho m; (salvo) salva f. 4 (slice) rebanada f (de pan); **a r. of toast**, unas tostadas f. 5 (of drinks) ronda f. 6 (delivery) reparto m. 7 (routine) rutina f; **the daily r.**, la rutina cotidiana. 8 (game) Golf partido m; Cards partida f. 9 Box round m. 10 (stage in a competition) vuelta f, eliminatoria f. 11 **rounds**, (doctor's) visita f sing; (of salesman) recorrido m sing. III adv **all the year r.**, durante todo el año; **to invite sb r.**, invitar a algn a casa. IV prep alrededor de; **r. here**, por aquí; **r. the clock**, día y noche; **r. the corner**, a la vuelta de la esquina; **r. the garden**, alrededor del jardín. V vtr (turn) dar la vuelta a; **to r. a corner**, dar la vuelta a una esquina. ◆**round off** vtr acabar, concluir. ◆**round on** vtr (attack) atacar. ◆**round up** vtr (cattle) acorralar, rodear; (people) reunir. ◆**roundly** adv completamente, totalmente.

roundabout ['raʊndəbaʊt] I n 1 (merry-go-round) tiovivo m. 2 GB Aut plaza f circular, glorieta f. II adj indirecto,-a; **r. phrase**, rodeo m, circunloquio m; **could you explain it in a less r. way?**, ¿podría explicarlo sin tantos rodeos?

rounded ['raʊndɪd] adj redondeado,-a.

ounders ['raʊndəz] *n GB Sport* juego *m* parecido al béisbol.

round-shouldered [raʊnd'ʃəʊldəd] *adj* cargado,-a de espaldas.

roundsman ['raʊndzmən] *n (pl roundsmen)* repartidor *m*.

ound-the-clock [raʊndðə'klɒk] *adj* (servicio) de veinticuatro horas.

ound-up ['aʊndʌp] *n* 1 *(of cattle)* rodeo *m; (of suspects)* redada *f*. 2 *(summary)* resumen *m*.

ouse [raʊz] *vtr* 1 despertar; **to r. sb,** *(from sleep)* despertar a algn; *(from torpor)* animar a algn. 2 *(stir up)* suscitar, provocar.

ousing ['raʊzɪŋ] *adj (cheer)* entusiasta; *(applause)* caluroso,-a; *(speech, song)* conmovedor,-a.

out[1] [raʊt] **I** *n* 1 *(defeat)* derrota *f* completa. 2 *(flight)* desbandada *f*. **II** *vtr* 1 *(defeat)* derrotar. 2 *(put to flight)* poner en fuga.

out[2] [raʊt] *vtr* 1 *(person)* hacer salir; *(burrow)* escarbar. 2 *(locate)* localizar.

oute [ruːt] **I** *n* 1 ruta *f; (of bus)* línea *f*, recorrido *m; Av* ruta (aérea); *Naut* rumbo *m*, derrota *f; fig* camino *m*. ■ **r. map,** mapa *m* de carreteras; *Mil* **r. march,** marcha *f* de entrenamiento. 2 *US* **R.,** ≈ carretera *f* nacional. **II** *vtr* encaminar, mandar.

outine [ruː'tiːn] **I** *n* 1 rutina *f*. 2 *Theat* número *m*; **to go through a r.,** ensayar un número; *fam* **don't give me that oppressed female r.!,** ¡no me vengas con eso de las mujeres oprimidas! **II** *adj* 1 rutinario,-a, habitual. 2 *(dull)* rutinario,-a, aburrido,-a.

ove [raʊv] *vtr & vi lit* errar.

oving ['raʊvɪŋ] *adj* errante; **r. reporter,** enviado,-a *m,f* especial; *fam* **to have a r. eye,** ser un ligón *or* una ligona.

ow[1] [raʊ] *n* fila *f*, hilera *f; fig* **three times in a r.,** tres veces seguidas.

ow[2] [raʊ] **I** *n (trip in a rowing boat)* paseo *m* en bote. **II** *vtr & vi* remar.

ow[3] [raʊ] **I** *n* 1 *(quarrel)* pelea *f*, bronca *f*, riña *f; (industrial)* disputa *f*. 2 *(noise, disturbance)* jaleo *m; (protest)* escándalo *m*. **II** *vi* pelearse, reñir.

owan ['raʊən, 'raʊən] *n Bot* **r. tree,** serbal *m* silvestre.

owboat ['raʊbəʊt] *n US* bote *m* de remos.

owdiness ['raʊdɪnɪs] *n (noise)* ruido *m; (disorder)* alboroto *m*.

owdy ['raʊdɪ] **I** *adj (rowdier, rowdiest)* 1 *(noisy)* ruidoso,-a; *(disorderly)* alborotador,-a. 2 *(quarrelsome)* camorrista, pendenciero,-a. **II** *n* camorrista *mf*, pendenciero,-a *m,f*.

ower ['raʊəʳ] *n* remero,-a *m,f*.

owing ['raʊɪŋ] *n Sport* remo *m*. ■ **r. boat,** barco *m* a remo.

owlock ['raʊlɒk] *n Naut* tolete *m*, escálamo *m*.

oyal ['rɔɪəl] **I** *adj* real; **a r. welcome,** una acogida muy calurosa; **r. blue,** azul marino; **the R. Family,** la Familia Real. ■ *Cards* **r. flush,** escalera *f* real. **II the Royals** *npl* los miembros de la Familia Real. ◆**royally** *adv fig* magníficamente; *fam fig* **they get on r.,** se llevan estupendamente bien.

oyalist ['rɔɪəlɪst] *adj & n* monárquico,-a *(m,f)*.

oyalty ['rɔɪəltɪ] *n* 1 *(rank)* realeza *f*. 2 *(royal persons)* miembro(s) *m(pl)* de la Familia Real. 3 **royalties,** derechos *mpl* de autor, royalties *mpl*.

pm [ɑːpiː'em] *abbr* **revolutions per minute,** revoluciones *fpl* por minuto, r.p.m.

RRP [ɑːrɑː'piː] *Com abbr of* **recommended retail price,** ≈ precio *m* recomendado de venta al público.

RSA [ɑːres'eɪ] *GB Theat abbr of* **Royal Society of Arts,** ≈ Real Academia *f* de Bellas Artes, RABA.

RSC [ɑːres'siː] *GB Theat abbr of* **Royal Shakespeare Company.**

RSPB [ɑːrespiː'biː] *GB abbr of* **Royal Society for the Protection of Birds.**

RSPCA [ɑːrespiːsiː'eɪ] *GB abbr of* **Royal Society for the Prevention of Cruelty to Animals,** ≈ Sociedad *f* Protectora de Animales, SPA.

RSPCC [ɑːrespiːsiː'siː] *GB abbr of* **Royal Society for the Prevention of Cruelty to Children.**

RSVP [ɑːresviː'piː] *abbr of* **répondez s'il vous plaît** (please reply), se ruega contestación, S. R. C.

Rt Hon *GB Pol abbr of* **(the) Right Honourable,** su Señoría.

Rt Rev(d) *Rel abbr of* **Right Reverend,** muy Reverendo,-a.

RU *GB Sport abbr of* **Rugby Union,** ≈ Federación *f* de Rugby.

rub [rʌb] **I** *n* frotamiento *m*, fricción *f; (touch)* roce *m;* **give it a r.,** frótalo un poco; *fig* **there's the r.,** ahí está el quid *or* el problema; *fig* **to r. shoulders with sb,** codearse con algn. **II** *vtr (pt & pp rubbed)* 1 frotar; *(hard)* restregar; **to r. one's hands together,** frotarse las manos. 2 *(massage)* friccionar. **III** *vi* rozar (**against,** contra). ◆**rub along** *vi fam* 1 *(manage)* ir tirando. 2 *(get on well)* llevarse bien. ◆**rub away** *vtr* quitar frotando; *(erase)* borrar. ◆**rub down** *vtr* frotar, friccionar; *(horse)* almohazar; *(surface)* raspar. ◆**rub in** *vtr (cream etc)* frotar con; *fig* **to r. sb's nose in it,** echar en cara a algn algo. 2 *fam* insistir. ◆**rub off I** *vtr* quitar frotando; *(erase)* borrar. **II** *vi (stain)* quitarse frotando, borrarse; *fig* **to r. off on sb,** influir en algn. ◆**rub on** *vtr (cream etc)* frotar con. ◆**rub out** *vtr* borrar. ◆**rub up** *vtr* limpiar, sacar brillo a; *fam fig* **to r. sb up the wrong way,** fastidiar a algn.

rubber[1] ['rʌbəʳ] *n* 1 *(substance)* caucho *m*, goma *f*. ■ **r. band,** goma *f; fam* **r. cheque,** cheque *m* sin fondos; **r. industry,** industria *f* del caucho; **r. plant,** gomero *m;* **r. stamp,** tampón *m*. 2 *(eraser)* goma *f* de borrar; **blackboard r.,** borrador *m*. 3 *sl (contraceptive)* goma *f*.

rubber[2] ['rʌbəʳ] 1 *Bridge* rubber *m*. 2 *Sport* serie *f* de juegos o partidos en cualquier deporte.

rubberized ['rʌbəraɪzd] *adj* cauchutado,-a.

rubbery ['rʌbərɪ] *adj* 1 parecido,-a a la goma. 2 *(elastic)* elástico,-a.

rubbing ['rʌbɪŋ] *n (scrubbing etc)* frotamiento *m; (friction)* fricción *f*.

rubbish ['rʌbɪʃ] *n* 1 *(refuse)* basura *f*. ■ **r. bin,** cubo *m* de la basura; **r. collection,** recogida *f* de la basura; **r. dump,** vertedero *m*. 2 *fam (worthless thing)* birria *f*, porquería *f;* **the film was r.,** la película fue una birria. 3 *fam (nonsense)* tonterías *fpl;* **don't talk r.!,** ¡no digas tonterías!

rubbishy ['rʌbɪʃɪ] *adj fam* sin valor, de pacotilla.

rubble ['rʌbəl] *n* escombros *mpl*.

rubella [ruː'belə] *n Med* rubéola *f*.

rubicund ['ruːbɪkənd] *adj* rubicundo,-a.

ruble ['ruːbəl] *n Fin see* **rouble.**

rubric ['ruːbrɪk] *n* rúbrica *f*.

ruby ['ruːbɪ] *n* rubí *m*. ■ **r. ring,** sortija *f* de rubíes.

ruck[1] [rʌk] *n (rugby)* melé *f* espontánea; *fig* canalla *f*.

ruck[2] [rʌk] **I** *n (clothing, material)* arruga *f*. **II** *vi* **to r. up,** arrugarse.

ruck[3] [rʌk] *n sl* pelea *f*.

rucksack ['rʌksæk] *n* mochila *f*.

ructions ['rʌkʃənz] *npl fam* jaleo *m sing*, follón *m sing*; **there will be r.,** se armará la gorda.

rudder ['rʌdəʳ] *n Av Naut* timón *m*.

rudderless ['rʌdəlɪs] *adj* sin timón.

ruddy ['rʌdɪ] *adj* (**ruddier, ruddiest**) **1** *(complexion)* rojizo,-a, colorado,-a. **2** *GB fam (damned)* maldito,-a, condenado,-a.

rude [ru:d] *adj* **1** *(impolite)* maleducado,-a, descortés; *(foul-mouthed)* grosero,-a; **don't be r. to your mother,** no le faltes al respeto a tu madre. **2** *lit (primitive)* tosco,-a. **3** *lit (sudden)* brusco,-a; **a r. awakening,** un despertar repentino.

rudeness ['ru:dnɪs] *n* **1** *(impoliteness)* falta *f* de educación, descortesía *f*; *(offensiveness)* grosería *f*. **2** *(roughness)* tosquedad *f*. **3** *(suddenness)* brusquedad *f*.

rudimentary [ru:dɪ'mentərɪ] *adj fml* rudimentario,-a.

rudiments ['ru:dɪmənts] *npl* rudimentos *mpl*.

rue[1] [ru:] *n Bot* ruda *f*.

rue[2] [ru:] *vtr* arrepentirse de, lamentar.

rueful ['ru:fʊl] *adj* **1** *(regretful)* arrepentido,-a. **2** *(sad)* triste.

ruff[1] [rʌf] *n* **1** *(on animal, bird)* collarín *m*. **2** *(starched collar)* gorguera *f*. **3** *Orn* combatiente *m*.

ruff[2] [rʌf] *n Cards* fallo *m*.

ruffian ['rʌfɪən] *n dated* rufián *m*.

ruffle ['rʌfəl] **I** *n usu pl (on blouse, shirt)* chorrera *f*; *(on cuffs)* volante *m*. **II** *vtr* **1** *(disturb)* agitar; *(by wind)* levantar. **2** *(feathers)* erizar; *(hair)* despeinar. **3** *fig (annoy)* hacer perder la calma a.

ruffled ['rʌfəld] *adj* **1** *(hair)* alborotado,-a; *(clothes)* en desorden. **2** *(perturbed)* perturbado,-a; **she never gets r.,** nunca se altera. **3** *(with a ruff) (blouse, shirt)* con chorrera; *(on cuffs)* con volante.

rug [rʌg] *n* alfombra *f*, alfombrilla *f*. ■ **travelling r.,** manta *f* de viaje.

rugby ['rʌgbɪ] *n Sport* rugby *m*; **r. league,** rugby a trece; **r. union,** rugby a quince.

rugged ['rʌgɪd] *adj* **1** *(terrain)* accidentado,-a, desigual. **2** *(features)* duro,-a. **3** *(character)* robusto,-a, fuerte; *(manner)* tosco,-a.

rugger ['rʌgəʳ] *n fam* rugby *m*.

ruin ['ru:ɪn] **I** *n* **1** ruina *f*; **to fall into r.,** caer en la ruina. **2** **ruins,** ruinas *fpl*, restos *mpl*; **in r.,** en ruinas. **II** *vtr* arruinar; *(spoil)* estropear.

ruination [ru:ɪ'neɪʃən] *n* ruina *f*, perdición *f*.

ruined ['ru:ɪnd] *adj* **1** arruinado,-a; *(spoiled)* estropeado,-a. **2** *(building)* en ruinas.

ruinous ['ru:ɪnəs] *adj* ruinoso,-a. ◆**ruinously** *adv* **r. expensive,** carísimo,-a.

rule [ru:l] **I** *n* **1** *(law)* regla *f*, norma *f*; **rules and regulations,** reglamento *m*; **Ind to work to r.,** hacer una huelga de celo; *fig* **by r. of thumb,** a ojo de buen cubero. **2** *(government)* dominio *m*, mando *m*; *(of monarch)* reinado *m*; **majority r.,** gobierno *m* de la mayoría; **r. of law,** imperio *m* de la ley. **3** *(ruler)* regla *f* (graduada). **II** *vtr & vi* **1** *(govern)* mandar, gobernar; *(monarch)* reinar. **2** *(decide)* decidir; *(decree)* decretar. **3** *(draw)* tirar, trazar. ◆**rule out** *vtr* descartar, excluir.

ruled [ru:ld] *adj* rayado,-a.

ruler ['ru:ləʳ] *n* **1** dirigente *mf*; *(monarch)* soberano,-a *m,f*. **2** *(for measuring)* regla *f*.

ruling ['ru:lɪŋ] **I** *adj* **1** *(in charge)* dirigente; *fig (predominant)* predominante, principal; **the r. party,** el partido en el poder. **II** *n Jur* fallo *m*; **to give a r. on,** pronunciar un fallo sobre.

rum [rʌm] **I** *n (drink)* ron *m*. **II** *adj GB dated (odd,* extrano,-a.

Rumania [ru:'meɪnɪə] *n* Rumania.

Rumanian [ru:'meɪnɪən] **I** *adj* rumano,-a. **II** *n (person)* rumano,-a *m,f*; *(language)* rumano *m*.

rumble ['rʌmbəl] **I** *n* **1** ruido *m* sordo; *(of thunder)* estruendo *m*. **2** *(of stomach)* borborigmo *m*. **II** *vi* **1** hacer un ruido sordo; *(thunder)* retumbar; *(vehicle)* **to r. past,** pasar ruidosamente. **2** *(stomach)* hacer ruidos. **3** *(drone)* perorar; **the lecturer rumbled on,** el conferenciante siguió con el rollo. **III** *vtr fam (catch on)* calar; **we've been rumbled,** nos han pillado *or* pescado *or* calado.

rumbling ['rʌmblɪŋ] *n* **1** ruido *m* sordo; *(of thunder)* estruendo *m*. **2** *(of stomach)* borborigmo *m*. **3** **rumblings,** *(of danger, dissatisfaction)* señales *mpl*, signos *mpl*; **there were r. about a strike,** se mascaba una huelga.

rumbustious [rʌm'bʌstjəs] *adj* bullicioso,-a.

ruminant ['ru:mɪnənt] **I** *n Zool* rumiante *m*. **II** *adj* **1** *Zool* rumiante. **2** *fml (thoughtful)* rumiante.

ruminate ['ru:mɪneɪt] *vi* **1** *Zool (chew)* rumiar. **2** *fig (ponder)* rumiar; **to r. on a matter,** meditar sobre un asunto.

rumination [ru:mɪ'neɪʃən] *n* reflexión *f*, meditación *f*.

ruminative ['ru:mɪnətɪv] *adj lit* pensativo,-a; **it was a r. period in his life,** fue un período de reflexión en su vida.

rummage ['rʌmɪdʒ] **I** *n* búsqueda *f*; **to have a r. about,** rebuscar. ■ *US* **r. sale,** venta *f* de artículos usados. **II** *vi* revolver; **to r. through a drawer,** revolver en un cajón.

rummy ['rʌmɪ] *n Cards* rummy *m*.

rumour, *US* **rumor** ['ru:məʳ] **I** *n* rumor *m*; **r. has it that ...,** se dice que ..., corre el rumor de que ... . **II** *vtr* rumorear.

rump [rʌmp] *n* **1** *(of animal)* ancas *fpl*; *(quadruped)* grupa *f*; *fam hum (of person)* trasero *m*. ■ **r. steak,** filete *m* de lomo. **2** **rumps,** *(die-hards)* incondicionales *mpl*, irreductibles *mpl*.

rumple ['rʌmpəl] *vtr fam (crease)* arrugar; **to r. sb's hair,** despeinar a algn.

rumpus ['rʌmpəs] *n fam* jaleo *m*; **to kick up a r.,** armar jaleo; *US Canada NZ* **r. room,** cuarto *m* de juegos.

run [rʌn] **I** *n* **1** carrera *f*; *(fugitive)* **to be on the r.,** haberse fugado; **to break into a r.,** echar a correr; **to go for a r.,** hacer footing; **to make a r. for it,** escaparse; *Crick* **to score a r.,** marcar una carrera; *fig* **in the long r.,** a largo plazo; *fig* **to have a good r. for one's money,** sacarle jugo al dinero. ■ **trial r.,** prueba *f*. **2** *(trip)* paseo *m*, vuelta *f*; **a ten minute r.,** un viajecito de diez minutos. **3** *(sequence)* serie *f*; **to have a r. of bad luck,** tener una mala racha. **4** *(track)* pista *f*. ■ **ski r.,** pista *f* de esquí. **5** *(demand)* gran demanda *f*. **6** *(use)* uso *m*; **to give sb the r. of a house,** poner una casa a disposición de algn. **7** *Print* tirada *f*. **8** *Cards* escalera *f*. **9** *(in stocking)* carrera *f*. **II** *vtr (pt ran; pp run)* **1** *(gen)* correr, recorrer; **to r. a race,** correr *or* participar en una carrera; **to r. errands,** hacer recados. **2** *(drive)* llevar; **to r. sb to the airport,** llevar a algn (en coche) al aeropuerto. **3** *(house, business, etc)* llevar; *(company)* dirigir; *(organize)* organizar, montar; **to r. one's own life,** ser dueño de sí mismo. **4** *(pass)* pasar; **to r. one's fingers through one's hair,** pasarse la mano por el pelo. **5** *(operate)* circular; **it's a cheap car to r.,** es un coche económico; **they r. trains every hour,** hay un servicio de trenes cada hora; *Comput* **to r. a program,** pasar un programa. **6** *Press* publicar; **to r. articles on drug addiction,** publicar artículos sobre la drogadicción. **7** *(temperature)* tener. **II** *vi* **1** correr; **to r. for a train,** correr para coger un tren; *fam* **r. for it!,** ¡corre! **2** *(colour)* desteñirse. **3** *(flow) (water, river)* correr; *(drip)* gotear; **to leave the tap running,** dejar el grifo abierto; **to r. dry,** secarse; *fam* **your nose is running,** tienes mocos. **4** *(operate)* funcionar; **to leave an engine running,** dejar un motor en marcha; **trains r. every two hours,** hay trenes cada dos horas. **5** *Naut* navegar; **to r. aground/ashore,** encallar/embarrancar. **6** *Pol* participar, presentarse; **to r. for president,** presentarse como candidato a la presidencia. **7** *(story)* decir; **so the story runs,** según lo que se dice. **8** *(range)* oscilar; **prices r. from ten to fifty pounds,** los precios oscilan entre las diez y las cincuenta libras. **9** *(quantity)* abastecer; **we're running low on** *or* **short of milk,** nos queda poca leche. **10** *(traits)* venir de; **shyness runs in the family,** la timidez le viene de familia. **11** *Cin Theat* estar en cartel. **12** *(last)* durar. **13** *(stocking)* hacerse una carrera. ◆**run about** *vi* correr por todas partes. ◆**run across** *vtr* **1** cruzar corriendo. **2** *(meet)* tropezar con. ◆**run away** *vi* escaparse, fugarse; *(horse)* desbocarse; *fig* **don't r. away with the idea that,** no te vayas a creer que. ◆**run down I** *vtr* **1** bajar corriendo. **2** *(knock down)* atropellar; *(hit)* pillar; **she was r. down by a car,** la atropelló *or* pilló un coche. **3** *(criticize)* criticar. **II** *vi* **1** *(battery)* acabarse, agotarse; *(watch)* pararse. **II** *vtr* **1** *(flag)* izar. **3** *Sew* hacer rápidamente. ◆**run in I** *vtr* **1** entrar corriendo. **2** *(arrest)* detener. **3** *Aut* rodar. ◆**run into** *vtr* **1** entrar corriendo en. **2** *(river)* desembocar en. **3** *(people, problems)* tropezar con. **4** *(crash into)* chocar contra. **5** *(amount to)* sumar, alcanzar. ◆**run off I** *vtr* **1** *Print (copies)* tirar. **2** *(radio etc)* **to r. off the mains/batteries,** funcionar con electricidad/pilas. **II** *vi* escaparse; **to r. off with sth,** llevarse algo. ◆**run on I** *vtr* *Typ* enlazar. **II** *vi* **1** *(function)* funcionar con. **2** *(continue)* continuar. **3** *fam* hablar sin parar. ◆**run out** *vi* **1** *(exit)* salir corriendo. **2** *(finish)* acabarse, agotarse; *(stocks)* agotarse; *(contract)* vencer; **to r. out of,** quedarse sin. ◆**run over I** *vtr* **1** *(knock down)* atropellar; *(hit)* pillar. **2** *(rehearse)* ensayar. **II** *vi* *(overflow)* rebosar; *(spill)* derramarse. ◆**run through** *vtr* **1** *(cross)* atravesar corriendo; *(river)* pasar por. **2** *(read quickly)* echar un vistazo a. **3** *(rehearse)* ensayar. **4** *(fortune)* despilfarrar. ◆**run up I** *vi* **1** *(ascend)* subir corriendo; *(arrive)* llegar corriendo. **2** *(difficulties)* tropezar con. **II** *vtr* **1** *(flag)* izar. **2** *(debts)* acumular. **3** *Sew* hacer rápidamente.

runabout ['rʌnəbaʊt] *n fam* coche *m* pequeño. ■ *Rail* **r. (ticket),** billete *m* kilométrico.

runaway ['rʌnəweɪ] **I** *n* fugitivo,-a *m,f*. **II** *adj (person)* huido,-a, fugitivo,-a; *(horse)* desbocado,-a; *(vehicle)* incontrolado,-a; *(inflation)* galopante; *(success, victory)* aplastante; *(leader)* indiscutible.

rundown ['rʌndaʊn] *n fam* informe *m* detallado; **to give sb a r.,** poner a algn al corriente.

run-down [rʌn'daʊn] *adj* **1** *(exhausted)* agotado,-a. **2** *(dilapidated)* ruinoso,-a; *(inefficient)* de capa caída, en declive.

rung¹ [rʌŋ] *pp see* **ring**.

rung² [rʌŋ] *n (of ladder)* escalón *m*, peldaño *m*; *fig* escalón *m*.

runner ['rʌnə'] *n* **1** corredor,-a *m,f*. **2** *(horse)* caballo *m* de carreras. **3** *(messenger)* mensajero,-a *m,f*, recadero,-a *m,f*. **4** *Tech* carro *m*; *(of skate)* cuchilla *f*. **5** *(on table)* tapete *m*. **6** *(carpet)* alfombra *f* de escalera *or* pasillo. **7** *Bot* **r. bean,** judía *f* escarlata.

runner-up [rʌnər'ʌp] *n (pl* **runners-up)** *Sport* subcampeón,-ona *m,f*; *(in competion)* ganadores *mpl* del segundo premio.

running ['rʌnɪŋ] **I** *n* **1** *Sport* atletismo *m*; *(race)* carrera *f*; **long-distance r.,** carreras de fondo; *fig* **to be in the r. for sth,** tener posibilidades de ganar *or* conseguir algo. **2** *(management)* dirección *f*, organización *f*. **3** *(machine)* funcionamiento *m*. **II** *adj* **1** *Sport* de carreras. ■ *Aut* **r. board,** estribo *m*; *Rad TV* **r. commentary,** comentario *m* en directo; **r. costs,** gastos *mpl* de mantenimiento; *Pol* **r. mate,** candidato *m* a la vicepresidencia; **r. track,** pista *f*; *Med* **r. sore,** llaga *f* supurante; **r. water,** agua *f* corriente. **2** *(consecutive)* seguido,-a; **three weeks r.,** tres semanas seguidas. **3** *Aut* funcionamiento *m*; **in good r. order,** en buen estado; **r. in,** en rodaje.

runny ['rʌnɪ] *adj (runnier, runniest)* **1** *(soft)* blando,-a; *(egg)* crudo,-a; *(liquid)* líquido,-a; *(melted)* derretido,-a. **2** *(nose)* que moquea.

run-off ['rʌnɒf] *n (pl* **run-offs)** *(contest)* partido *m* de desempate; *(race)* carrera *f* de desempate.

run-of-the-mill [rʌnəvðə'mɪl] *adj* corriente y moliente.

runproof ['rʌnpru:f] *adj (stockings)* indesmallable.

runt [rʌnt] *n fam* enano,-a *m,f*.

run-through ['rʌnθru:] *n* ensayo *m*.

run-up ['rʌnʌp] *n* **1** *(elections)* preliminares *mpl*. **2** *Sport* carrera *f*.

runway ['rʌnweɪ] *n* **1** *Av* pista *f* (de aterrizaje y despegue). **2** *Sport* recorrido *m* de una carrera.

rupee [ru:'pi:] *n Fin* rupia *f*.

rupture ['rʌptʃə'] **I** *n* **1** *Med* hernia *f*. **2** *fig* ruptura *f*. **II** *vtr* **1** *Med* **to r. oneself,** hacerse una hernia, herniarse. **2** *(break)* romper.

rural ['rʊərəl] *adj* rural.

ruse [ru:z] *n* ardid *m*, astucia *f*.

rush¹ ['rʌʃ] *Bot* junco *m*. ■ **r. matting,** estera *f* de juncos.

rush² [rʌʃ] **I** *n* **1** *(hurry)* prisa *f*, precipitación *f*; *(hustle and bustle)* ajetreo *m*; **it's a r. job,** es urgente; **there's no r.,** no corre prisa; **they made a r. for the exit,** se precipitaron hacia la salida. ■ **r. hour,** hora *f* punta. **2** *(demand)* demanda *f*; **there's a r. on sugar,** hay una gran demanda de azúcar. **3** *(wind)* ráfaga *f*. **4** *(water)* torrente *m*. **5** *Mil* ataque *m*. **6** *Cin* **rushes,** primeras pruebas *fpl*. **II** *vtr* **1** *(do hastily) (thing)* hacer de prisa; *(person)* meter prisa, apresurar; **don't r. me!,** ¡no me metas prisa!; **to r. a meal,** comer de prisa; **to be rushed off one's feet,** tener un día muy ajetreado. **2** *(hasten)* darse prisa; **to r. sb to hospital,** llevar a algn urgentemente al hospital. **3** *(attack)* abalanzarse sobre; *Mil* tomar por asalto. **4** *fam* cobrar; **how much did they r. you for,** ¿cuánto te han cobrado? **III** *vi* **1** *(go quickly)* precipitarse. **2** abalanzarse *(at sb,* sobre algn); **don't r. at it,** no te precipites; *fig* **the blood rushed to her cheeks,** se puso colorada. ◆**rush about** *vi* correr de

un lado a otro. ◆**rush in** vi entrar precipitadamente. ◆**rush into** vtr entrar precipitadamente en; fig **to r. into sth,** hacer algo sin pensarlo bien. ◆**rush off** vi irse corriendo. ◆**rush out** vtr salir precipitadamente. ◆**rush through** vtr hacer de prisa; (piece of business) despachar rápidamente.
rusk [rʌsk] n galleta f dura para niños.
russet ['rʌsɪt] I adj rojizo,-a. II n (colour) color m rojizo.
Russia ['rʌʃə] n Rusia.
Russian ['rʌʃən] I adj ruso,-a. II n 1 (person) ruso,-a m,f. 2 (language) ruso m.
rust [rʌst] I n 1 (action) oxidación f; (substance) orín m, herrumbre f. 2 (colour) color m de orín, pardo m rojizo. 3 Bot roya f. II vtr oxidar. III vi oxidarse.
rustic ['rʌstɪk] adj rústico,-a, campestre.
rusticate ['rʌstɪkeɪt] vtr Univ (student) expulsar temporalmente.
rustle ['rʌsəl] I n (of paper, leaves) crujido m. II vtr (papers etc) hacer crujir. III vi US (steal cattle) robar ganado. ◆**rustle up** vtr fam (food) preparar en un momento.

rustler ['rʌslə'] n US (cattle thief) ladrón m de ganado, cuatrero m.
rustling ['rʌslɪŋ] n 1 (of paper, leaves) crujido m. 2 US (cattle theft) robo m de ganado.
rustproof ['rʌstpru:f] adj inoxidable.
rusty ['rʌstɪ] adj (rustier, rustiest) oxidado,-a; fam fig **my French is a bit r.,** tengo el francés un poco oxidado.
rut [rʌt] n 1 (furrow) surco m; (groove) ranura f. 2 fig **to be in a r.,** ser esclavo de la rutina; **to get out of a r.,** salir de la rutina. 3 Zool celo m.
ruthless ['ru:θlɪs] adj (cruel) cruel, despiadado,-a; (merciless) implacable.
ruthlessness ['ru:θlɪsnɪs] n crueldad f, implacabilidad f.
rutted ['rʌtɪd] adj (surface) surcado,-a, con ranuras.
Rwanda [ru'ændə] n 1 (country) Ruanda. 2 (language) ruandés m.
Rwandan [ru'ændən] adj & n ruandés,-esa (m,f).
rye [raɪ] n Bot centeno m. ■ **r. bread,** pan m de centeno; **r. grass,** ballica f; US **r. (whiskey),** whisky m de centeno.

S

S, s [es] n (the letter) S, s f.
S 1 abbr of **Saint,** San m, Santo m, S., Sto.; Santa f, Sta. 2 (on clothes etc) abbr of **small (size),** (talla f) pequeña. 3 abbr of **South,** Sur, S.
s abbr of **single,** soltero,-a.
SA abbr of **South Africa,** Africa del Sur.
Sabbath ['sæbəθ] n (Jewish) sábado m; (Christian) domingo m.
sabbatical [sə'bætɪkəl] adj sabático,-a.
saber ['seɪbə'] n US see sabre.
sable ['seɪbəl] I n (animal, fur) marta f cebellina. II adj (colour) negro,-a.
sabotage ['sæbətɑ:ʒ] I n sabotaje m. II vtr (machinery, plan) sabotear.
saboteur [sæbə'tɜ:'] n saboteador,-a m,f.
sabre ['seɪbə'] n sable m.
sac [sæk] n Anat Biol bolsa f.
saccharin ['sækərɪn] n sacarina f.
sachet ['sæʃeɪ] n bolsita f, sobrecito m.
sack [sæk] I n 1 (bag) saco m. 2 fam **to get the s.,** ser despedido,-a; fam **to give sb the s.,** despedir a algn, echar del trabajo a algn, poner de patitas en la calle a algn. 3 fam (bed) **to hit the s.,** irse al sobre. II vtr 1 fam despedir a, echar del trabajo a. 2 Mil saquear.
sackcloth ['sækklɒθ] n Tex arpillera f; Rel **in s. and ashes,** en túnica de penitente.
sacking ['sækɪŋ] n 1 Tex arpillera f. 2 (dismissal) despido m. 3 (of city) saqueo m.
sacrament ['sækrəmənt] n Rel sacramento m; **to receive the S.,** comulgar.
sacred ['seɪkrɪd] adj sagrado,-a, sacro,-a; **nothing is s. any more,** ya no se respeta nada; fig **s. to,** dedicado,-a a. ■ **s. cow,** vaca f sagrada; **s. music,** música f religiosa.

sacredness ['seɪkrɪdnɪs] n carácter m sagrado, santidad f.
sacrifice ['sækrɪfaɪs] I n 1 sacrificio m. 2 (offering) ofrenda f. II vtr sacrificar.
sacrificial [sækrɪ'fɪʃəl] adj de sacrificio. ■ **s. lamb,** chivo m expiatorio.
sacrilege ['sækrɪlɪdʒ] n sacrilegio m.
sacrilegious [sækrɪ'lɪdʒəs] adj sacrílego,-a.
sacristan ['sækrɪstən] n sacristán,-ana m,f.
sacristy ['sækrɪstɪ] n Rel sacristía f.
sacrosanct ['sækrəʊsæŋkt] adj sacrosanto,-a.
sacrum ['sækrəm] n (pl sacra ['sækrə]) Anat sacro m.
sad [sæd] adj (sadder, saddest) 1 (unhappy) triste; **how s.!,** ¡qué pena! 2 (deplorable) lamentable. 3 (colour) apagado,-a.
sadden ['sædən] vtr entristecer.
saddle ['sædəl] I n (for horse) silla f (de montar); (of bicycle, motorbike) sillín m; fam **to be in the s.,** llevar las riendas. II vtr (horse) ensillar.
saddlebag ['sædəlbæg] n alforja f.
saddler ['sædlə'] n guarnicionero,-a m,f.
saddlery ['sædlərɪ] n (equipment) guarniciones fpl; (workshop) guarnicionería f.
sadism ['seɪdɪzəm] n sadismo m.
sadist ['seɪdɪst] n sádico,-a m,f.
sadistic [sə'dɪstɪk] adj sádico,-a.
sadness ['sædnɪs] n tristeza f.
sadomasochism [seɪdəʊ'mæsəkɪzəm] n sadomasoquismo m.
sae [eseɪ'iː] abbr of **stamped addressed envelope,** sobre m franqueado.
safari [sə'fɑːrɪ] n safari m; **on s.,** de safari. ■ **s. park,** safari m, reserva f.

safe [seɪf] **I** *adj* **1** *(unharmed)* ileso,-a; *(out of danger)* a salvo, fuera de peligro; **s. and sound,** sano,-a y salvo,-a; **s. from,** a salvo de. **2** *(not dangerous)* inofensivo,-a, inocuo,-a. **3** *(secure, sure)* seguro,-a; **it is s. to say that ...,** se puede decir con seguridad que ...; **to be on the s. side,** para mayor seguridad. ▪ *fam* **s. house,** piso *m* franco; *Med* **s. period,** período *m* de seguridad. **4** *(cautious)* prudente. **II** *n (for money etc)* caja *f* fuerte *or* de caudales *or* de seguridad. ▪ **meat s.,** fresquera *f*. ◆**safely** *adv* **1** *(certainly)* con toda seguridad. **2** *(without mishap)* sin accidentes *or* contratiempos *or* percance; **to arrive s.,** llegar a buen puerto.

safe-breaker ['seɪfbreɪkə'] *n* ladrón,-ona *m,f* de cajas fuertes.

safe-conduct [seɪf'kɒndəkt] *n* salvoconducto *m*.

safe-deposit [seɪfdɪ'pɒzɪt] *n* **s.-d. (box),** cámara *f* blindada *or* acorazada.

safe-cracker ['seɪfkrækə'] *n see* **safe-breaker**.

safeguard ['seɪfgɑ:d] **I** *n (protection)* salvaguarda *f*, protección *f*; *(guarantee)* garantía *f*. **II** *vtr* proteger, salvaguardar.

safekeeping [seɪf'ki:pɪŋ] *n* custodia *f*; **to be in s.,** estar a buen recaudo.

safety ['seɪftɪ] *n* seguridad *f*; **s. first!,** ¡seguridad ante todo! ▪ **road s.,** seguridad *f* vial; *Aut Av* **s. belt,** cinturón *m* de seguridad; **s. catch,** seguro *m*; **s. device,** dispositivo *m* de seguridad; *US* **s. island,** isleta *f* para peatones; *Min* **s. lamp,** lámpara *f* de seguridad; **s. measures,** medidas *fpl* de seguridad; **s. net,** red *f* de protección *or* de seguridad; **s. pin,** imperdible *m*; **s. valve,** válvula *f* de seguridad.

saffron ['sæfrən] **I** *n Bot & Culin* azafrán *m*. **II** *adj (colour)* de color azafrán.

sag [sæg] *vi (pt & pp sagged)* **1** *(roof)* hundirse; *(wall)* pandear; *(wood, iron)* combarse; *(flesh)* colgar. **2** *fig (spirits)* flaquear.

saga ['sɑ:gə] *n Lit* saga *f*.

sagacious [sə'geɪʃəs] *adj* sagaz, perspicaz.

sagacity [sə'gæsɪtɪ] *n* sagacidad *f*.

sage¹ [seɪdʒ] **I** *adj (wise)* sabio,-a. **II** *n (wise person)* sabio,-a *m*.

sage² [seɪdʒ] *n Bot* salvia *f*; **s. green,** verde salvia, verdigris.

sagging ['sægɪŋ] **I** *adj (roof)* hundido,-a; *(wall)* pandeado,-a; *(wood, iron)* combado,-a. **II** *n (of roof)* hundimiento *m*; *(of wall)* pandeo *m*; *(of wood, iron)* comba *f*.

Sagittarius [sædʒɪ'teərɪəs] *n Astrol Astron* Sagitario *m*.

sago ['seɪgəʊ] *n Bot* sagú *m*.

Sahara [sə'hɑ:rə] *n* **the S.,** el Sahara.

Saharan [sə'hɑ:rən] *adj* saharaui, sahariano,-a.

said [sed] **I** *pt & pp see* **say**. **II** *adj (aforementioned)* dicho,-a, antes citado,-a *or* mencionado,-a.

sail [seɪl] **I** *n* **1** *(canvas)* vela *f*; **to set s.,** zarpar; *fam* **to take the wind out of sb's sails,** bajarle los humos a algn. **2** *(trip)* paseo *m* en barco; *(journey)* viaje *m* en barco. **3** *(of windmill)* aspa *f*. **4** *(on boat)* velero *m*. **II** *vtr* navegar; *(ship)* gobernar; **to s. the Atlantic,** cruzar el Atlántico en barco. **III** *vi* **1** *(gen)* ir en barco. **2** *(set sail)* zarpar. ◆**sail through** *vtr fam* **you'll s. through the exam,** te resultará muy fácil el examen.

sailcloth ['seɪlklɒθ] *n Tex* lona *f*.

sailing ['seɪlɪŋ] *n* navegación *f*; *(yachting)* vela *f*; *fam* **it's all plain s.,** es todo coser y cantar. ▪ **s. boat** *or* **ship,** velero *m*, barco *m* de vela.

sailor ['seɪlə'] *n* marinero *m*; *fam* **to be a bad s.,** marearse fácilmente.

saint [seɪnt] *n* santo,-a *m,f*; *(before all masculine names except those beginning Do or To)* San; *(before feminine names)* Santa; **S. Dominic,** Santo Domingo; **S. Helen,** Santa Elena; **S. John,** San Juan; **S. Thomas,** Santo Tomás. ▪ **All Saints' Day,** Día *m* de Todos los Santos; **s.'s day,** santo *m*, onomástica *f*.

saintliness ['seɪntlɪnɪs] *n* santidad *f*.

saintly ['seɪntlɪ] *adj (saintlier, saintliest)* santo,-a.

sake [seɪk] *n* bien *m*; **for old times' sake,** por los viejos tiempos; **for the s. of,** por (el bien de); **for your own s.,** por tu propio bien; **to talk for the s. of talking,** hablar por hablar; *fam* **for goodness' s.!,** ¡por el amor de Dios!

salable ['seɪləbəl] *adj US see* **saleable**.

salacious [sə'leɪʃəs] *adj* salaz.

salad ['sæləd] *n Culin* ensalada *f*. ▪ **fruit s.,** macedonia *f* de frutas; **potato s.,** ensaladilla *f* (rusa); **s. bowl,** ensaladera *f*; **s. cream,** salsa *f* tipo mahonesa; *fig* **s. days,** años *mpl* de juventud; **s. dressing,** vinagreta *f*, aliño *m*, aderezo *m*.

salamander ['sælə'mændə'] *n* salamandra *f*.

salami [sə'lɑ:mɪ] *n Culin* salchichón *m*, salami *m*.

salaried ['sælərɪd] *adj* asalariado,-a.

salary ['sælərɪ] *n* salario *m*, sueldo *m*.

sale [seɪl] *n* **1** *(gen)* venta *f*; **for** *or* **on s.,** en venta; **to put sth up for s.,** poner algo a la venta. ▪ **sales department,** departamento *m* comercial *or* de ventas; **sales manager,** jefe,-a *m,f* de ventas, director,-a *m,f* comercial. **2** *(at bargain prices)* liquidación *f*, saldo *m*, rebajas *fpl*. **3** *(auction)* subasta *f*.

saleable ['seɪləbəl] *adj* vendible.

salesclerk ['seɪlzklɑ:k] *n* dependiente,-a *m,f*.

salesgirl ['seɪlzgɜ:l] *n* dependienta *f*.

salesman ['seɪlzmən] *n (pl salesmen)* **1** *(gen)* vendedor *m*; *(in shop)* dependiente *m*. **2** *(commercial traveller)* representante *m*.

salesroom ['seɪlzru:m] *n* **1** sala *f* de subastas. **2** *US (showroom)* exposición *f*.

saleswoman ['seɪlzwʊmən] *n (pl saleswomen* ['seɪlzwɪmɪn]) **1** *(gen)* vendedora *f*; *(in shop)* dependienta *f*. **2** *(commercial traveller)* representante *f*.

Salic ['sælɪk] *adj* sálico,-a.

salient ['seɪlɪənt] *adj* **1** *(angle etc)* saliente, saledizo,-a. **2** *fig (feature)* sobresaliente, destacado,-a.

saline ['seɪlaɪn] *adj* salino,-a.

saliva [sə'laɪvə] *n* saliva *f*.

salivary ['sælɪvərɪ] *adj* salival, salivar.

sallow ['sæləʊ] *adj* cetrino,-a.

sallowness ['sæləʊnɪs] *n* color *m* cetrino, palidez *f*.

sally ['sælɪ] **I** *n* **1** *Mil* salida *f*. **2** *(remark)* agudeza *f*, réplica *f*. **II** *vi* **1** *Mil (also s. forth)* hacer una salida. **2** *(gen)* salir a buen paso, emprender la marcha.

salmon ['sæmən] **I** *n* salmón *m*. ▪ **s. trout,** trucha *f* asalmonada, reo *m*. **II** *adj* de color salmón.

salmonella [sælmə'nelə] *n Biol Med* salmonela *f*; *(food poisoning)* salmonelosis *f*.

salon ['sælɒn] *n* salón *m*. ▪ **beauty s.,** salón *m or* instituto *m* de belleza; **hairdressing s.,** peluquería *f*.

saloon [sə'lu:n] *n* **1** *(public room)* salón *m*, sala *f*; *(on ship)* cámara *f*. **2** *US (bar)* taberna *f*, bar *m*; *GB* **s. bar,** bar *m* de lujo. **3** *(car)* turismo *m*.

saloonkeeper [sə'lu:nki:pə'] *n US* tabernero,-a *m,f*.

salopettes [sælɔ'pets] *npl Sport* pantalón *m sing* de esquí.

salsify ['sælsɪfɪ] *n Bot* salsifí *m*.

salt [sɔ:lt] **I** *n* **1** sal *f; fig* **the s. of the earth**, la sal de la tierra; *fig* **to take sth with a pinch of s.**, creer algo con reservas; *fig* **to be worth one's s.**, merecer el pan que se come. ■ **s. industry**, industria *f* salinera; **s. mine**, mina *f* de sal, salina *f; US* **s. shaker**, salero *m*. **2 salts**, sales *fpl*. ■ **bath s.**, sales *fpl* de baño; **Epsom s.**, **liver s.**, sal *f sing* de la Higuera, epsomita *f sing*; **smelling s.**, sales *fpl* aromáticas. **II** *adj (food, water)* salado,-a. ■ **s. beef**, cecina *f;* **s. pork**, tocino *m*. **III** *vtr* **1** *(cure)* salar, conservar en sal. **2** *(add salt to)* echar sal a, sazonar con sal. ◆**salt away** *vtr fam (money)* ahorrar.

saltcellar ['sɔ:ltselɔʳ] *n* salero *m*.

salt-free ['sɔ:ltfri:] *adj* sin sal.

saltiness ['sɔ:ltɪnɪs] *n (water)* salubridad *f; (sea)* salinidad *f; (food)* sabor *m* salado.

saltpetre, *US* **saltpeter** [sɔ:lt'pi:təʳ] *n* salitre *m*.

saltwater ['sɔ:ltwɔ:təʳ] *adj* de mar, de agua salada; **s. fish**, pez de agua salada.

salty ['sɔ:ltɪ] *adj (saltier, saltiest)* salado,-a.

salubrious [sə'lu:brɪəs] *adj* salubre, sano,-a.

salutary ['sæljʊtərɪ] *adj* **1** *(climate etc)* saludable. **2** *(experience)* beneficioso,-a; *(warning)* útil.

salute [sə'lu:t] **I** *n Mil (greeting)* saludo *m*. **II** *vtr* **1** *Mil* saludar; **to s. the flag**, jurar bandera. **2** *fig (applaud)* aplaudir, aclamar. **III** *vi Mil* saludar.

Salvador(i)an [sælvə'dɔ:r(ɪ)ən] *adj & n* salvadoreño,-a *(m,f)*.

salvage ['sælvɪdʒ] **I** *n* **1** *(recovery)* salvamento *m*, rescate *m;* **s. team**, equipo *m* de rescate. **2** *(objects recovered)* objetos *mpl* recuperados, material *m* rescatado. **3** *Jur* derecho *m* de salvamento. **II** *vtr (from ship etc)* salvar, rescatar.

salvation [sæl'veɪʃən] *n* salvación *f*.

salve [sælv, *US* sæv] **I** *n* pomada *f*, ungüento *m*, bálsamo *m*. ■ **lip s.**, crema *f or* barra *f* protectora de labios. **II** *vtr* curar (con pomada); *fig* **to s. one's conscience**, aliviarse la conciencia.

salver ['sælvəʳ] *n (gen)* salvilla *f; (of silver)* bandeja *f* (de plata).

salvo ['sælvəʊ] *n (pl salvos or salvoes) (of guns, applause)* salva *f*.

SAM [sæm] *Mil abbr of* **surface-to-air missile**, misil *m* tierra-aire.

Samaritan [sə'mærɪtən] *n Rel* samaritano,-a *m,f;* **the Samaritans**, ≈ el teléfono de la Esperanza.

samba ['sæmbə] *n (dance)* samba *f*.

same [seɪm] **I** *adj* mismo,-a, igual, idéntico,-a; **at that very s. moment**, en ese mismísimo momento; **at the s. time**, *(simultaneously)* al mismo tiempo, a la vez; *(however)* sin embargo, aun así; **in the s. way**, del mismo modo; **it amounts to the s. thing**, viene a ser lo mismo; **it's the s. old story**, es la misma historia de siempre; **the two cars are the s.**, los dos coches son iguales. **II** *pron* **1** el mismo, la misma, lo mismo; *(on phone)* **is that Harry Browne? —the very s.!**, ¿es usted Harry Browne? —¡el mismísimo!; **I would do the s. again**, volvería a hacer lo mismo; *fam* **the s. here**, lo mismo digo yo; *fam* **the s. to you!**, ¡igualmente! **2** *Com (it)* lo; **we will ship s. tomorrow**, lo enviaremos mañana. **III** *adv* del mismo modo, igual; **all the s.**, **just the s.**, sin embargo, aun así; **it's all the s. to me**, (a mí) me da igual *or* lo mismo.

sameness ['seɪmnɪs] *n* **1** *(identical nature)* identidad *f*, igualdad *f*. **2** *(monotony)* monotonía *f*.

sampan ['sæmpæn] *n Naut* sampán *m*.

sample ['sɑ:mpəl] **I** *n* muestra *f*. ■ *Med* **blood s.**, muestra *f* de sangre; **s. copy**, ejemplar *m* de muestra. **II** *vtr (wines)* catar, probar; *(dish)* probar.

sampler ['sɑ:mpləʳ] *n* **1** *(person)* catador,-a *m,f* probador,-a *m,f*. **2** *Sew* dechado *m*.

sanatorium [sænə'tɔ:rɪəm] *n (pl sanatoriums or sanatoria* [sænə'tɔ:rɪə]) sanatorio *m*.

sanctify ['sæŋktɪfaɪ] *vtr (pt & pp sanctified)* santificar, consagrar.

sanctimonious [sæŋktɪ'məʊnɪəs] *adj* beato,-a, santurrón,-ona, mojigato,-a.

sanctimoniousness [sæŋktɪ'məʊnɪəsnɪs] *n* **sanctimony** ['sæŋktɪməʊnɪ] *n* beatería *f*, santurronería *f*, mojigatería *f*.

sanction ['sæŋkʃən] **I** *n* **1** *(authorization)* autorización *f*, permiso *m*. **2** *(penalty)* sanción *f*. **3** *Pol* **sanctions**, sanciones *fpl*. **II** *vtr (law etc)* sancionar autorizar.

sanctity ['sæŋktɪtɪ] *n (sacredness)* santidad *f*, carácter *m* sagrado; *(of marriage)* inviolabilidad *f*.

sanctuary ['sæŋktjʊərɪ] *n* **1** *Rel* santuario *m*. **2** *Pol* asilo *m;* **to take s.**, refugiarse. **3** *(for birds, animals,* reserva *f*.

sanctum ['sæŋktəm] *n (pl sanctums or sanctc* ['sæŋktə]) *fam* **the inner s.**, el sanctasanctórum.

sand [sænd] **I** *n* **1** *(gen)* arena *f*. ■ **s. castle**, castillo *m* de arena; **s. dune**, duna *f;* **s. pie**, flan *m* de arena *Golf* **s. trap**, búnker *m*. **2 sands**, *(beach)* playa *sing*. **II** *vtr* **to s. (down)**, lijar.

sandal ['sændəl] *n* sandalia *f*, abarca *f*.

sandalwood ['sændəlwʊd] *n Bot* sándalo *m*.

sandbag ['sændbæg] **I** *n* saco *m* terrero. **II** *vtr (p & pp sandbagged)* proteger con sacos terreros.

sandbank ['sændbæŋk] *n* banco *m* de arena.

sandblast ['sændblɑ:st] **I** *n* chorro *m* de arena. **I** *vtr* limpiar con chorro de arena.

sandboy ['sændbɔɪ] *n* **as happy as a s.**, como ur niño con zapatos nuevos.

sander ['sændəʳ] *n (tool)* lijadora *f*.

sandman ['sændmæn] *n (pl sandmen* ['sændmen] ser *m* imaginario que trae el sueño a los niños.

sandpaper ['sændpeɪpəʳ] **I** *n* papel *m* de lija. **II** *vt.* lijar.

sandpit ['sændpɪt] *n* **1** *Min* cantera *f* de arena. **2** *(i playground etc)* arenal *m*.

sandstone ['sændstəʊn] *n Geol* arenisca *f*.

sandstorm ['sændstɔ:m] *n* tempestad *f* de arena.

sandwich ['sænwɪdʒ, 'sænwɪtʃ] **I** *n (bread roll)* bo cadillo *m; (sliced bread)* sandwich *m*, emparedadc *m;* **double-decker s.**, sandwich de dos pisos. ■ *Edu* **s. course**, curso *m* teórico-práctico. **II** *vtr* intercalar **it was sandwiched between two lorries**, quedó en cajonado entre dos camiones.

sandy ['sændɪ] *adj (sandier, sandiest)* **1** *(earth, beach)* arenoso,-a. **2** *(hair)* rubio rojizo.

sane [seɪn] *adj (person)* cuerdo,-a; *(judgement)* sen sato,-a; *(mind)* sano,-a; **perfectly s.**, en su sanc juicio.

sang [sæŋ] *pt see* **sing**.

sang-froid [sɒŋ'frwɑ:] *n* sangre *f* fría.

sanguine ['sæŋgwɪn] **I** *adj* **1** *(optimistic)* optimista **2** *(colour)* sanguíneo,-a. **II** *n (pencil)* sanguina *f*.

sanitarium [sænɪ'teərɪəm] *n (pl sanitariums o sanitaria* [sænɪ'teərɪə]) *US* sanatorio *m*.

sanitary ['sænɪtərɪ] *adj* sanitario,-a, de sanidad; *(hygienic)* higiénico,-a. ■ **s. inspector,** inspector,-a *m,f* de sanidad; **s. towel,** *US* **s. napkin,** compresa *f.*

sanitation [sænɪ'teɪʃən] *n* sanidad *f* (pública); *(hygiene)* higiene *f*; *(plumbing)* sistema *m* de saneamiento.

sanitize ['sænɪtaɪz] *vtr US* esterilizar.

sanity ['sænɪtɪ] *n (judgement)* cordura *f*, juicio *m*; *(good sense)* sensatez *f.*

sank [sæŋk] *pt see* **sink.**

Sanskrit ['sænskrɪt] **I** *adj* sánscrito,-a. **II** *n (language)* sánscrito *m.*

Santa Claus [sæntə'klɔːz] *n* Papá Noel *m*, San Nicolás *m.*

sap[1] [sæp] *n Bot* savia *f.*

sap[2] [sæp] **I** *Mil* zapa *f.* **II** *vtr* zapar; *(undermine)* minar; *fig* debilitar, agotar.

sapling ['sæplɪŋ] *n* **1** *Bot* árbol *m* joven. **2** *fig (youth)* jovenzuelo *m*, zagal *m.*

sapper ['sæpəʳ] *n Mil* zapador *m.*

sapphire ['sæfaɪəʳ] *n Min* zafiro *m.*

sarcasm ['sɑːkæzəm] *n* sarcasmo *m*, sorna *f.*

sarcastic [sɑː'kæstɪk] *adj (person, remark)* sarcástico,-a.

sarcophagus [sɑː'kɒfəgəs] *n (pl sarcophaguses or sarcophagi* [sɑː'kɒfəgaɪ]*)* sarcófago *m.*

sardine [sɑː'diːn] *n (fish)* sardina *f*; *fig* **packed in like sardines,** como sardinas en lata.

Sardinia [sɑː'dɪnɪə] *n* Cerdeña.

Sardinian [sɑː'dɪnɪən] **I** *adj* sardo,-a. **II** *n* **1** *(person)* sardo,-a *m,f.* **2** *(language)* sardo *m.*

sardonic [sɑː'dɒnɪk] *adj* sardónico,-a.

sarge [sɑːdʒ] *n Mil fam abbr of* **sergeant.**

sari ['sɑːrɪ] *n (garment)* sari *m.*

sartorial [sɑː'tɔːrɪəl] *adj* **1** *(dress)* de sastre; **s. elegance,** elegancia *f* en el vestir. **2** *Anat* sartorio,-a.

sartorius [sɑː'tɔːrɪəs] *n (pl sartorii* [sɑː'tɔːrɪaɪ]*) Anat* sartorio *m.*

SAS [eseɪˈes] *GB Mil abbr of* **Special Air Service,** ≈ Grupos *mpl* Especiales de Operaciones, GEO.

sash[1] [sæʃ] *n (waistband etc)* faja *f.*

sash[2] [sæʃ] *n* marco *m* de ventana. ■ **s. window,** ventana *f* de guillotina.

Sassenach ['sæsənæx] *n Scot pej* inglés,-esa *m,f.*

sassy ['sæsɪ] *adj (sassier, sassiest) US fam* descarado,-a, fresco,-a.

Sat *abbr of* **Saturday,** sábado *m*, sáb.

sat [sæt] *pt & pp see* **sit.**

Satan ['seɪtən] *n* Satán *m*, Satanás *m.*

satanic [sə'tænɪk] *adj* satánico,-a.

satchel ['sætʃəl] *n* cartera *f* de colegial.

satellite ['sætəlaɪt] *n* satélite *m.* ■ *TV* **s. broadcasting,** transmisión *f* por satélite; *TV* **s. dish aerial,** antena *f* parabólica; *Pol* **s. state,** país *m* satélite.

satiate ['seɪʃɪeɪt] *vtr* saciar.

satiation [seɪʃɪ'eɪʃən] *n* saciedad *f.*

satin ['sætɪn] *n Tex* satén *m*; *(paint)* **s. finish,** acabado *m* satinado.

satire ['sætaɪəʳ] *n* sátira *f.*

satirical [sə'tɪrɪkəl] *adj* satírico,-a.

satirist ['sætərɪst] *n* escritor,-a *m,f* satírico,-a.

satisfaction [sætɪs'fækʃən] *n* satisfacción *f*; **to express one's s.,** expresar su satisfacción.

satisfactory [sætɪs'fæktərɪ] **I** *adj* satisfactorio,-a. **II** *n Sch Univ* suficiente *m*, aprobado *m.*

satisfied ['sætɪsfaɪd] *adj* satisfecho,-a.

satisfy ['sætɪsfaɪ] *vtr (pt & pp satisfied)* **1** *(make happy)* satisfacer. **2** *(fulfil)* cumplir con, satisfacer; **to s. the requirements,** cumplir los requisitos. **3** *(convince)* convencer. **4** *(debt)* liquidar.

satisfying ['sætɪsfaɪɪŋ] *adj* **1** *(gen)* satisfactorio,-a, substancioso,-a, sustancioso,-a; *(pleasing)* agradable. **2** *(meal)* completo,-a.

saturate ['sætʃəreɪt] *vtr* saturar; *fam* empapar (**with,** de).

saturation [sætʃə'reɪʃən] *n* saturación *f.*

Saturday ['sætədɪ] *n* sábado *m*; **every other S.,** un sábado sí y otro no, cada dos sábados; **every S.,** todos los sábados; **last S.,** el sábado pasado; **next S.,** el próximo sábado, el sábado que viene; **on S.,** el sábado; **on S. morning/afternoon** *or* **evening/night,** el sábado por la mañana/tarde *or* noche; **on Saturdays,** los sábados; **S.'s paper,** el periódico del sábado; **the following S.,** el sábado siguiente; **the S. after next, a week on S.,** este sábado en ocho; **the S. before last,** el sábado anterior; *TV* **the S. film,** la película del sábado; **this S.,** este sábado.

Saturn ['sætɜːn] *n Astron* Saturno *m.*

satyr ['sætəʳ] *n Myth* sátiro *m.*

sauce [sɔːs] *n* **1** *Culin* salsa *f.* ■ **s. boat,** *US* **s. dish,** salsera *f*; **white s.,** salsa *f* bechamel. **2** *fam (impudence)* descaro *m*, frescura *f.*

saucepan ['sɔːspən] *n* cazo *m*, cacerola *f*; *(large)* olla *f.*

saucer ['sɔːsəʳ] *n* platillo *m.* ■ *fam* **flying s.,** platillo *m* volante.

saucy ['sɔːsɪ] *adj (saucier, sauciest) fam (impudent)* descarado,-a, fresco,-a.

Saudi Arabia [saʊdɪə'reɪbɪə] *n* Arabia *f* Saudita *or* Saudí.

Saudi Arabian [saʊdɪə'reɪbɪən] *adj & n* saudita *(mf)*, saudí *(mf).*

sauna ['sɔːnə] *n* sauna *f.*

saunter ['sɔːntəʳ] **I** *n* paseo *m.* **II** *vi* pasearse.

sausage ['sɒsɪdʒ] *n (uncooked)* salchicha *f*; *(cured)* salchichón *m*; *(spicy)* chorizo *m*, embutido *m*, salami *m.* ■ *US* **blood s.,** morcilla *f*; *fam* **s. dog,** perro *m* salchicha; **s. meat,** carne *f* de embutido; *GB* **s. roll,** empanada *f* de carne.

sauté ['səʊteɪ] *Culin* **I** *adj* salteado,-a. **II** *vtr (pt & pp sautéed)* saltear.

savage ['sævɪdʒ] **I** *adj* **1** *(ferocious)* feroz; *(cruel)* cruel; *(violent)* salvaje, violento,-a. **2** *(primitive)* salvaje, primitivo,-a. **II** *n (primitive person)* salvaje *mf.* **III** *vtr* **1** *(attack) (animal)* embestir; *fig (person)* atacar violentamente. **2** *(criticize)* desacreditar.

savageness ['sævɪdʒnɪs] *n*, **savagery** ['sævɪdʒrɪ] *n* **1** *(ferocity)* ferocidad *f*; *(cruelty)* crueldad *f*; *(violence)* violencia *f*; *(cruel act)* salvajada *f.* **2** *(primitive state)* salvajismo *m.*

save [seɪv] **I** *vtr* **1** *(rescue)* salvar, rescatar (**from,** de); *Rel* salvar; **God s. the Queen!,** ¡Dios guarde a la Reina!; *fig* **to s. face,** salvar las apariencias; *fig* **to s. the day,** salvar la situación. **2** *(gen) (put by)* guardar; *(money)* ahorrar; *(food)* almacenar; *(stamps)* coleccionar; **s. me a seat,** guárdame un asiento. **3** *(avoid spending) (money, energy)* ahorrar; *(time)* ahorrar, ahorrarse, ganar; **it saved him a lot of trouble,** le evitó muchos problemas; **that way we'll s. ourselves an hour/£5,** así nos ahorramos una hora/5 libras. **II** *vi* **1** **to s. (up),** ahorrar. **2** *(economize)* **to s. on food/gas/paper,** ahorrar comida/gas/papel. **III** *n Ftb* parada *f.* **IV** *prep (old use)* salvo, excepto.

saver ['seɪvə'] *n* ahorrador,-a *m,f.*

saving ['seɪvɪŋ] **I** *n* **1** *(of time, money)* ahorro *m*, economía *f*; **to make savings,** hacer economías, economizar. **2 savings,** ahorros *mpl*; **to live off one's s.,** vivir de sus ahorros. ■ **s. account,** cuenta *f* de ahorros; **s. bank,** caja *f* de ahorros. **II** *adj* **it's his only s. grace,** es el único mérito que tiene.

saviour, *US* **savior** ['seɪvjə'] *n* salvador,-a *m,f*; *Rel* **Our S.,** El Salvador.

savoir-faire [sævwɑː'feə'] *n* tacto *m*, don *m* de gentes.

savour, *US* **savor** ['seɪvə'] **I** *n* sabor *m*, gusto *m*. **II** *vi* saborear.

savoury, *US* **savory** ['seɪvərɪ] **I** *adj (tasty)* sabroso,-a; *(salted)* salado,-a; *(spicy)* picante. **II** *n GB* entremés *m* salado, tapa *f*, canapé *m.*

savvy ['sævɪ] *fam* **I** *n (gen)* entendederas *fpl*, sentido *m* común; *(political)* habilidad *f.* **II** *vtr* comprender, entender; captar.

saw[1] [sɔː] **I** *n (tool)* sierra *f*, serrucho *m.* ■ **mechanical s.,** sierra *f* mecánica. **II** *vtr & vi (pt sawed; pp sawed or sawn)* serrar, aserrar. ◆**saw up** *vtr* serrar **(into,** en), aserrar **(into,** en); cortar **(into,** en).

saw[2] [sɔː] *pt see* **see**[1].

sawdust ['sɔːdʌst] *n* serrín *m*, aserrín *m.*

sawhorse ['sɔːhɔːs] *n* burro *m*, caballete *m.*

sawmill ['sɔːmɪl] *n* aserradero *m*, serrería *f.*

sawn [sɔːn] *pp see* **saw**[1].

sawn-off ['sɔːnɒf] *adj* recortado,-a; **s.-o. shotgun,** escopeta *f* de cañones recortados.

sax [sæks] *n Mus fam* saxo *m.*

Saxon ['sæksən] *adj & n* sajón,-ona *(m,f).*

saxophone ['sæksəfəʊn] *n Mus* saxofón *m.*

saxophonist [sæk'sɒfənɪst] *n* saxofonista *mf*, saxo *mf.*

say [seɪ] **I** *vtr (pt & pp said)* **1** *(gen)* decir; *(express)* expresar; *(affirm)* afirmar, declarar; **as they s.,** como se suele decir; **it goes without saying that ...,** por supuesto que ..., huelga decir que ...; **it is said that ...,** **they s. that ...,** dicen que ..., se dice que ...; **it's easier said than done,** es más fácil decirlo que hacerlo; **no sooner said than done,** dicho y hecho; **not to s.,** incluso; **that is to s.,** es decir; **there's no saying,** es imposible de decir; **to s. the least,** como mínimo; **to s. to oneself,** decir para sí; **to s. yes/no,** decir que sí/no; **to s. yes/no to an offer,** aceptar/rechazar una oferta; **when all is said and done,** al fin y al cabo; *fam* **I s.!,** ¡oiga!, ¡oye!; *fam* **you don't s.!,** ¡no me digas! **2** *(dictionary, notice, etc)* decir, rezar; *(clock, thermometer, etc)* decir, marcar; **what does the sign s.?,** ¿qué pone en el letrero? **3** *(think)* pensar, opinar; **what do you s. to that?,** ¿qué piensas de eso?, ¿qué te parece eso? **4** *(suppose)* suponer, poner; **(let's) s. it costs about £10,** pongamos *or* digamos que cuesta unas 10 libras; **shall we s. Friday then?,** ¿quedamos el viernes, pues? **II** *n (gen)* opinión *f*; **I have no s. in the matter,** no tengo ni voz ni voto en el asunto; **let him have his s.,** déjele hablar; **to have one's s.,** dar su opinión.

say-so ['seɪsəʊ] *n fam* **1** *(assertion)* afirmaciones *fpl*. **2** *(approval)* aprobación *f*, visto *m* bueno.

saying ['seɪɪŋ] *n* refrán *m*, dicho *m*, proverbio *m*; **as the s. goes,** como dice el refrán.

s/c *abbr of* **self-contained,** con acceso independiente.

scab [skæb] *n* **1** *Med* costra *f*, postilla *f.* **2** *fam pej (blackleg)* esquirol *mf.*

scabbard ['skæbəd] *n* vaina *f.* ■ **s. fish,** pez *m* cinto.

scabby ['skæbɪ] *adj (scabbier, scabbiest) Med* costroso,-a, lleno,-a de costras.

scabies ['skeɪbiːz] *n inv Med* sarna *f.*

scabrous ['skeɪbrəs] *adj* escabroso,-a.

scad [skæd] *n (fish)* jurel *m.*

scaffold ['skæfəld] *n* **1** *Constr* andamio *m.* **2** *(for execution)* patíbulo *m*, cadalso *m.*

scaffolding ['skæfəldɪŋ] *n Constr* andamio *n*, andamiaje *m.*

scald [skɔːld] **I** *n* escaldadura *f.* **II** *vtr* **1** *(skin etc)* escaldar. **2** *(liquid)* calentar. **3** *(sterilize)* esterilizar.

scale[1] [skeɪl] **I** *n* **1** *(of fish, reptile)* escama *f.* **2** *(on skin)* escama *f*; *(on teeth)* sarro *m*; *(on ship, boiler)* incrustaciones *fpl.* **II** *vtr* **1** *(fish)* escamar, quitar las escamas a. **2** *(teeth)* quitar el sarro a, limpiar; *(ship, boiler)* desincrustar, limpiar.

scale[2] [skeɪl] **I** *n* **1** *(gen)* escala *f*; **on a large s.,** a gran escala; **sliding s.,** escala móvil; **to s.,** a escala. ■ **s. drawing,** dibujo *m* (hecho) a escala; **s. model,** maqueta *f.* **2** *(of accident, disaster)* alcance *m.* **3** *Mus* escala *f.* **II** *vtr (mountain, wall)* escalar. ◆**scale down** *vtr (gen)* reducir proporcionalmente; *(drawing, map)* reducir a escala; *(production)* reducir, bajar. ◆**scale up** *vtr (gen)* aumentar proporcionalmente; *(drawing, map)* aumentar a escala; *(production)* aumentar, incrementar.

scales [skeɪlz] *npl* **(pair** *or* **set of) s.,** *(shop, kitchen)* balanza *f sing*; *(bathroom)* báscula *f sing*; *Astrol* **the S.,** Libra *f sing*; *fig* **to tip the s. in sb's favour,** inclinar la balanza a favor de algn. ■ **letter s.,** pesacartas *m inv.*

scallion ['skæljən] *n* cebolleta *f.*

scallop ['skɒləp] *n* **1** *(mollusc)* vieira *f*, concha *f* de peregrino. **2** *(shell)* concha *f* de peregrino, venera *f.* **3** *Sew* festón *m.* **II** *vtr* **1** *Culin* guisar al gratén. **2** *Sew* festonear.

scalp [skælp] *n Anat* cuero *m* cabelludo; *fig* cabeza *f.* **II** *vtr* **1** arrancar el cuero cabelludo a. **2** *fam (tickets)* revender.

scalpel ['skælpəl] *n Med* bisturí *m*; *(dissection)* escalpelo *m.*

scaly ['skeɪlɪ] *adj (scalier, scaliest)* escamoso,-a.

scam [skæm] *n sl* timo *m*, estafa *f.*

scamp [skæmp] *n (child)* diablillo *m*, pilluelo,-a *m,f*; *(adult)* granuja *mf*, pícaro,-a *m,f.*

scamper ['skæmpə'] *vi* corretear.

scampi ['skæmpɪ] *n Culin* cigalas *fpl* empanadas *or* rebozadas.

scan [skæn] **I** *vtr (pt & pp scanned)* **1** *(scrutinize)* escrutar, escudriñar; *(horizon)* otear. **2** *(glance at)* ojear, echar un vistazo a. **3** *(radar)* explorar. **II** *vi (poetry)* estar bien medido. **III** *n Med (gen)* exploración *f* ultrasónica; *(gynaecology etc)* ecografía *f.*

scandal ['skændəl] *n* **1** *(gen)* escándalo *m*; **political s.,** escándalo político; **what a s.!,** ¡qué vergüenza! **2** *(gossip)* chismes *mpl.*

scandalize ['skændəlaɪz] *vtr* escandalizar.

scandalous ['skændələs] *adj* escandaloso,-a, vergonzoso,-a.

Scandinavia [skændɪ'neɪvɪə] *n* Escandinavia.

Scandinavian [skændɪ'neɪvɪən] *adj & n* escandinavo,-a *(m,f).*

scanner ['skænə'] *n* **1** *(radar)* antena *f* direccional. **2** *Med* escáner *m.*

scant [skænt] *adj* escaso,-a.

scanty ['skæntɪ] *adj (scantier, scantiest) (gen)* escaso,-a; *(meal)* parco,-a, insuficiente; *(clothes)* ligero,-a. ◆**scantily** *adv* escasamente; **to be s. clad** *or* **dressed,** ir ligero,-a de ropa.

scapegoat ['skeɪpgəʊt] *n* cabeza *f* de turco, chivo *m* expiatorio.

scar [skɑːʳ] **I** *n* 1 cicatriz *f*. 2 *fig* huella *f*. **II** *vtr (pt & pp* **scarred)** marcar con una cicatriz; *fig* **to s. sb for life,** marcar a algn para toda la vida. **III** *vi* dejar una cicatriz.

scarce [skeəs] *adj (in short supply)* escaso,-a; *(rare)* raro,-a; **to be s.,** faltar, escasear; *fam* **to make oneself s.,** esfumarse, largarse. ◆**scarcely** *adv* apenas; **I can s. believe it,** me cuesta creerlo; **s. ever,** casi nunca; **she s. spoke,** apenas habló.

scarceness ['skeəsnɪs] *n*, **scarcity** ['skeəsɪtɪ] *n* escasez *f*; *(shortage)* escasez *f*, falta *f*; *(rarity)* rareza *f*.

scare [skeəʳ] **I** *n (fright)* susto *m*; *(widespread alarm)* pánico *m*, alarma *f*; **to cause a s.,** sembrar el pánico; **what a s. you gave me!,** ¡qué susto me pegaste! ■ **bomb s.,** amenaza *f* de bomba; **polio s.,** temor *m* a una epidemia de polio. **II** *vtr* asustar, espantar; *fam* **to be scared out of one's wits,** sufrir un susto mortal; *fam* **to be scared stiff,** estar muerto,-a de miedo. **III** *vi* asustarse. ◆**scare away, scare off** *vtr* ahuyentar, espantar.

scarecrow ['skeəkrəʊ] *n* espantapájaros *m inv*, espantajo *m*.

scaremonger ['skeəmʌŋgəʳ] *n* alarmista *mf*.

scarf [skɑːf] *n (pl* **scarfs** *or* **scarves** [skɑːvz]*) (long, woollen)* bufanda *f*; *(square)* pañuelo *m*; *(silk)* fular *m*.

scarlet ['skɑːlɪt] **I** *n* escarlata *f*. **II** *adj* escarlata. ■ *Med* **s. fever,** escarlatina *f*; *pej* **s. woman,** mujer *f* de la calle.

scarp [skɑːp] *n* escarpa *f*, pendiente *f*.

scarper ['skɑːpəʳ] *vi GB sl* largarse, abrirse.

scarves [skɑːvz] *npl see* **scarf.**

scary ['skeərɪ] *adj (scarier, scariest) fam* espantoso,-a, pavoroso,-a; *(film)* de miedo *or* terror.

scathing ['skeɪðɪŋ] *adj* mordaz, cáustico,-a; **to be s. about,** criticar duramente.

scatological [skætə'lɒdʒɪkəl] *adj* escatológico,-a.

scatter ['skætəʳ] **I** *vtr* 1 *(spread) (papers etc)* esparcir, desparramar; *(seeds)* sembrar a voleo. 2 *(disperse)* dispersar. **II** *vi (crowd, flock)* dispersarse.

scatterbrain ['skætəbreɪn] *n fam* cabeza *f* de chorlito.

scatterbrained ['skætəbreɪnd] *adj fam* ligero,-a de cascos; *(forgetful)* despistado,-a, olvidadizo,-a.

scattered ['skætəd] *adj* esparcido,-a, disperso,-a; **s. population,** población diseminada; *Meteor* **s. showers,** chubascos aislados; **s. villages,** pueblos dispersos.

scattering ['skætərɪŋ] *n* **a s. of,** unos,-as pocos,-as, unos,-as cuantos,-as.

scatty ['skætɪ] *adj (scattier, scattiest) fam see* **scatterbrained.**

scavenge ['skævɪndʒ] **I** *vi (search)* rebuscar; **to s. through the dustbin,** remover la basura en busca de algo. **II** *vtr (find among rubbish)* encontrar en la basura.

scavenger ['skævɪndʒəʳ] *n* 1 *(person)* rebuscador,-a *m,f*, trapero *m*. 2 *(animal)* animal *m* carroñero.

scenario [sɪ'nɑːrɪəʊ] *n Theat* argumento *m*; *Cin* guión *m*.

scene [siːn] *n* 1 *Theat Cin TV* escena *f*; **behind the scenes,** entre bastidores; **the current political s.,** el panorama político actual. 2 *(place)* lugar *m*, escenario *m*; **a change of s.,** un cambio de aires; **the s. of the crime,** el lugar del crimen; **to appear on the s.,** aparecer en escena; **to disappear from the s.,** desaparecer de escena; *fam* **it's not my s.,** no me va nada. ■ **s. shifter,** tramoyista *mf*. 3 *(view)* panorama *m*, vista *f*. 4 *(fuss)* escena *f*, escándalo *m*; *(quarrel)* riña *f*, pelea *f*; **to make a s.,** armar un escándalo.

scenery ['siːnərɪ] *n* 1 *(landscape)* paisaje *m*. 2 *Theat (on stage)* decorado *m*.

scenic ['siːnɪk] *adj (picturesque)* pintoresco,-a. ■ **s. railway,** *(miniature train)* tren *m* de recreo; *(roller coaster)* montaña rusa; **s. route,** ruta *f* panorámica.

scent [sent] **I** *n* 1 *(smell)* olor *m*; *(of food)* aroma *m*. 2 *(perfume)* perfume *m*. 3 *(hunting)* rastro *m*, pista *f*; *fig* **to lose the s.,** perder la pista. **II** *vtr* 1 *(add perfume to)* perfumar. 2 *(smell)* olfatear; *fig* presentir.

scepter ['septəʳ] *n US see* **sceptre.**

sceptic ['skeptɪk] *n* escéptico,-a *m,f*.

sceptical ['skeptɪkəl] *adj* escéptico,-a.

scepticism ['skeptɪsɪzəm] *n* escepticismo *m*.

sceptre ['septəʳ] *n* cetro *m*.

sch *abbr of* **school,** escuela *f*, esc.

schedule ['ʃedjuːl, *US* 'skedʒʊəl] **I** *n* 1 *(plan, agenda)* programa *m*; *(timetable)* horario *m*; **according to s.,** según lo previsto; **on s.,** a la hora (prevista); **to be behind s.,** llevar retraso, ir atrasado,-a. 2 *(list)* lista *f*; *(inventory)* inventario *m*. **II** *vtr (plan)* programar, fijar.

scheduled ['ʃedjuːld, *US* 'skedʒʊəld] *adj* previsto,-a, fijo,-a; **at the s. time,** a la hora prevista; *Av* **s. flight,** vuelo regular.

schematic [ski:'mætɪk, skɪ'mætɪk] *adj* esquemático,-a.

scheme [skiːm] **I** *n* 1 *(plan)* plan *m*, programa *m*; *(project)* proyecto *m*; *(idea)* idea *f*. ■ **colour s.,** combinación *f* de colores. 2 *(plot)* intriga *f*, conspiración *f*; *(trick)* ardid *m*, estratagema *f*, truco *m*. **II** *vi (plot)* tramar, intrigar, conspirar **(against,** contra).

schemer ['skiːməʳ] *n* intrigante *mf*, maquinador,-a *m,f*.

scheming ['skiːmɪŋ] **I** *adj* intrigante, maquinador,-a. **II** *n* intrigas *fpl*, maquinaciones *fpl*.

schism ['sɪzəm] *n* cisma *m*.

schizophrenia [skɪtsəʊ'friːnɪə] *n* esquizofrenia *f*.

schizophrenic [skɪtsəʊ'frenɪk] *adj & n* esquizofrénico,-a *(m,f)*.

schlep [ʃlep] *vtr (pt & pp* **schlepped)** *US sl (drag)* arrastrar.

schmaltz [ʃmælts] *n fam* sentimentalismo *m*.

schnapps [ʃnæps] *n* aguardiente *m* alemán.

scholar ['skɒləʳ] *n* 1 *(learned person)* erudito,-a *m,f*; *(specialist)* especialista *mf*, experto,-a *m,f*; **Greek s.,** helenista *mf*; **Latin s.,** latinista *mf*. 2 *(pupil)* alumno,-a *m,f*; *(scholarship holder)* becario,-a *m,f*.

scholarship ['skɒləʃɪp] *n* 1 *(learning)* erudición *f*. 2 *(award, grant)* beca *f*. ■ **s. holder,** becario,-a *m,f*.

scholastic [skə'læstɪk] *adj* 1 *(year)* escolar; *(profession)* docente. 2 *Hist* escolástico,-a.

school[1] [skuːl] **I** *n* **1** *(gen)* escuela *f*, colegio *m*; **to leave s.**, terminar *or* dejar la escuela. ■ **comprehensive s.**, **grammar s.**, **high s.**, instituto *m* (de enseñanza media *or* de educación secundaria); **convent s.**, colegio *m* de monjas; **drama s.**, academia *f* de arte dramático; **driving s.**, autoescuela *f*; **language s.**, academia *f or* escuela *f* de idiomas; **night s.**, escuela *f* nocturna; **nursery s.**, jardín *m* de infancia, parvulario *m*; **primary s.**, escuela *f* primaria; **public s.**, *GB* colegio *m* privado, *US* instituto *m*; **s. age**, edad *f* escolar; **s. holidays**, vacaciones *fpl* escolares; **s. year**, año *m* escolar; **secondary s.**, *(gen)* escuela *f* secundaria; *(private)* colegio *m*; *(state)* instituto *m* (de enseñanza media *or* de educación secundaria); **summer s.**, cursos *mpl* de verano. **2** *(pupils)* alumnado *m*, alumnos *mpl*. **3** *US (university)* universidad *f*. **4** *(university department)* facultad *f*; **law s.**, facultad de derecho; **s. of medicine**, facultad de medicina. **5** *(group of artists etc)* escuela *f*; **s. of thought**, corriente *f* de opinión *f*; **the Cubist s.**, la escuela cubista. **II** *vtr* **1** *(teach)* enseñar; *(train)* educar, formar; **to s. sb in sth**, enseñar algo a algn. **2** *(discipline)* disciplinar; **to s. one's temper**, controlar el mal genio *or* humor.

school[2] [skuːl] *n (of fish)* banco *m*.

schoolbook ['skuːlbʊk] *n* libro *m* de texto.

schoolboy ['skuːlbɔɪ] *n* alumno *m*, colegial *m*.

schoolchild ['skuːltʃaɪld] *n (pl schoolchildren* ['skuːltʃɪldrən]*)* alumno,-a *m,f*.

schooldays ['skuːldeɪz] *npl* años *mpl* de colegio, tiempos *mpl* de colegio.

schoolfellow ['skuːlfeləʊ] *n* compañero,-a *m,f* de clase.

schoolgirl ['skuːlgɜːl] *n* alumna *f*, colegiala *f*.

schooling ['skuːlɪŋ] *n* educación *f*, estudios *mpl*.

schoolmaster ['skuːlmɑːstə^r] *n* profesor *m*; *(primary school)* maestro *m*.

schoolmate ['skuːlmeɪt] *n see* **schoolfellow**.

schoolmistress ['skuːlmɪstrɪs] *n* profesora *f*; *(primary school)* maestra *f*.

schoolroom ['skuːlruːm] *n* aula *f*, clase *f*.

schoolteacher ['skuːltiːtʃə^r] *n* profesor,-a *m,f*; *(primary school)* maestro,-a *m,f*.

schoolyard ['skuːljɑːd] *n* patio *m* de recreo.

schooner ['skuːnə^r] *n* **1** *Naut* goleta *f*. **2** *(for sherry)* copa *f*; *US & Austral (for beer)* jarra *f*.

sciatica [saɪˈætɪkə] *n Med* ciática *f*.

science ['saɪəns] *n* ciencia *f*; *(school subject)* ciencias *fpl*. ■ **natural s.**, ciencias *fpl* naturales; **s. fiction**, ciencia-ficción *f*.

scientific [saɪənˈtɪfɪk] *adj* científico,-a.

scientist ['saɪəntɪst] *n* científico,-a *m,f*.

sci-fi ['saɪfaɪ] *n fam abbr of* **science fiction**.

scintillate ['sɪntɪleɪt] *vi (sparkle)* centellear, destellar; *fig* brillar.

scintillating ['sɪntɪleɪtɪŋ] *adj* brillante.

scissors ['sɪzəz] *npl* **1** tijeras *fpl*; **a pair of s.**, unas tijeras. **2** *Wrest* tijera *f*.

sclerosis [sklɪəˈrəʊsɪs] *n Med* esclerosis *f*; **multiple s.**, esclerosis *f* en placas.

scoff[1] [skɒf] *vi (mock)* mofarse (**at**, de), burlarse (**at**, de).

scoff[2] [skɒf] *vtr fam (eat fast)* tragarse, zamparse.

scoffing ['skɒfɪŋ] *n* mofa *f*, burla *f*.

scold [skəʊld] *vtr* regañar, reñir.

scolding ['skəʊldɪŋ] *n* regañina *f*, reprimenda *f*.

scone [skəʊn, skɒn] *n Culin* bollo *m*, pastelito *m*.

scoop [skuːp] **I** *n* **1** *(for flour)* pala *f*; *(for ice cream)* cucharón *m*; *(amount)* palada *f*, cucharada *f*. **2** *Fin sl* golpe *m* financiero. **3** *Press* exclusiva *f*. **II** *vtr* **1** *Fin sl (benefit)* forrarse de. **2** *Press fam* **to s. the other newspapers**, pisar una noticia a los otros periódicos. ◆**scoop out** *vtr (flour etc)* sacar con pala; *(water) (from boat)* achicar. ◆**scoop up** *vtr* recoger.

scooter ['skuːtə^r] *n (child's)* patinete *m*, patineta *f*; *(adult's)* escúter *m*, Vespa® *f*.

scope [skəʊp] *n* **1** *(range)* alcance *m*; *(of book, undertaking)* ámbito *m*; *(ability)* competencia *f*. **2** *(freedom)* libertad *f*; *(opportunity)* oportunidad *f*; **to give sb full s.**, dar campo libre *or* carta blanca a algn.

scorch [skɔːtʃ] **I** *n* quemadura *f*. **II** *vtr (burn)* quemar; *(singe)* chamuscar.

scorcher ['skɔːtʃə^r] *n fam* día *m* abrasador.

scorching ['skɔːtʃɪŋ] *adj* abrasador,-a.

score [skɔː^r] **I** *n* **1** *Sport* tanteo *m*; *Cards Golf* puntuación *f*; *(result)* resultado *m*, marcador *m*; **to keep the s.**, seguir el marcador; **what's the s.?**, ¿cómo van?; *fig* **to know the s.**, estar al tanto. **2** *(notch)* muesca *f*. **3** *(account)* cuenta *f*. **4** *(reason)* **on that s.**, por lo que se refiere a eso, a ese respecto. **5** *(twenty)* veintena *f*; *fam* **scores of**, montones de. **6** *Mus (of opera)* partitura *f*; *(of film)* música *f*. **II** *vtr* **1** *(goal)* marcar; *(points)* ganar; **to s. a victory**, conseguir una victoria. **2** *(notch) (wood)* hacer una muesca en; *(paper)* rayar. **III** *vi* **1** *Sport* marcar un tanto; *Ftb* marcar un gol; *(keep the score)* llevar el marcador. **2** *(have success)* tener éxito (**with**, con); *sl* ligar (**with**, con); *sl (obtain drugs)* ligar *or* pillar droga. ◆**score out** *vtr (word etc)* tachar.

scoreboard ['skɔːbɔːd] *n* marcador *m*, tanteador *m*.

scorecard ['skɔːkɑːd] *n Golf* tarjeta *f*.

scorekeeper ['skɔːkiːpə^r] *n* encargado,-a *m,f* del marcador.

scorer ['skɔːrə^r] *n* **1** *(goal striker)* goleador *m*. **2** *(scorekeeper)* encargado,-a *m,f* del marcador.

scorn [skɔːn] **I** *n* desprecio *m*, desdén *m*. **II** *vtr* despreciar, desdeñar, menospreciar.

scornful ['skɔːnfʊl] *adj* desdeñoso,-a.

Scorpio ['skɔːpɪəʊ] *n Astrol Astron* Escorpión *m*.

scorpion ['skɔːpɪən] *n Zool* alacrán *m*, escorpión *m*. ■ **s. fish**, cabracho *m*.

Scot [skɒt] *n* escocés,-esa *m,f*.

Scotch [skɒtʃ] **I** *adj* escocés,-esa. ■ *Culin* **S. broth**, potaje *m* de cordero, cebada y verduras; **S. egg**, huevo *m* envuelto con carne de salchicha; **S. tape®**, cinta *f* adhesiva, celo® *m*. **II** *n (whisky)* whisky *m* escocés, scotch *m*.

scotch [skɒtʃ] *vtr (plot etc)* frustrar, hacer fracasar; *(rumour)* sofocar.

scot-free [skɒtˈfriː] *adj* impune.

Scotland ['skɒtlənd] *n* Escocia *f*; **S. Yard**, sede *f* de la policía londinense.

Scots [skɒts] **I** *adj* escocés,-esa. **II** *n* **1** *(language)* escocés *m*. **2** *pl* **the S.**, los escoceses.

Scotsman ['skɒtsmən] *n (pl Scotsmen)* escocés *m*.

Scotswoman ['skɒtswʊmən] *n (pl Scotswomen* ['skɒtswɪmɪn]*)* escocesa *f*.

Scottish ['skɒtɪʃ] **I** *adj* escocés,-esa. **II** *n (language)* escocés *m*.

scoundrel ['skaʊndrəl] *n* sinvergüenza *mf*, canalla *m*.

scour[1] [skauə[r]] *vtr* *(clean)* *(pots etc)* fregar, restregar.

scour[2] [skauə[r]] *vtr* *(search)* *(countryside)* recorrer; *(building)* registrar.

scourer ['skaurə[r]] *n*, **scouring pad** ['skaurɪŋpæd] *n* estropajo *m*.

scourge [skɜːdʒ] *fig* I *n* azote *m*. II *vtr* azotar.

scout [skaut] I *n* Mil explorador,-a *m,f*; **boy s.**, boy *m* scout; *Mil* s. **plane**, avión *m* explorador; *Sport* Cin **talent s.**, cazatalentos *m inv*. II *vi* Mil reconocer el terreno; **to s. around for sth**, andar en busca de algo.

scouting ['skautɪŋ] *n* 1 *(activities)* actividades *fpl* de los exploradores *or* los scouts. 2 *(boy scout movement)* escultismo *m*.

scoutmaster ['skautmɑːstə[r]] *n* jefe *m* de los exploradores *or* los scouts.

scowl [skaul] I *vi* fruncir el ceño; **to s. at sb**, mirar a algn con ceño. II *n* ceño *m*.

scrabble ['skræbəl] I *vi* escarbar; *fig* **to s. around for sth**, revolver todo para encontrar algo. II *n (game)* S.®, Scrabble® *m*.

scrag [skræg] I *n* pescuezo *m*. II *vtr* retorcer el pescuezo.

scraggly ['skræglɪ] *adj (scragglier, scraggliest)* 1 *(beard etc)* descuidado,-a. 2 *(rock)* mellado,-a.

scraggy ['skrægɪ] *adj (scraggier, scraggiest)* delgado,-a, flacucho,-a.

scram [skræm] *vi fam* largarse.

scramble ['skræmbəl] I *vi* 1 trepar; **to s. for seats**, pelearse por encontrar asiento; **to s. into one's clothes**, vestirse rápidamente; **to s. up a tree**, trepar a un árbol. 2 *Sport* **to go scrambling**, hacer motocross. II *vtr* 1 Culin revolver; **scrambled eggs**, huevos revueltos. 2 *Rad Tel (message)* cifrar; *(broadcast)* interferir, perturbar. III *n* 1 *(climb)* subida *f*, trepa *f*; *(struggle)* lucha *f*, pelea *f*. 2 *Sport* carrera *f* de motocross.

scrambling ['skræmblɪŋ] *n Sport* **(motorcycle) s.**, motocross *m*.

scrap[1] [skræp] I *n* 1 *(small piece)* trozo *m*, trocito *m*, pedazo *m*; *(of conversation)* fragmento *m*; *(newspaper cutting)* recorte *m*; **s. (metal)**, chatarra *f*; **there isn't a s. of truth in it**, no tiene ni un ápice de verdad. ■ **s. dealer** *or* **merchant**, chatarrero,-a *m,f*; **s. paper**, papel *m* de borrador; **s. yard**, *(gen)* parque *m* de chatarra; *(for cars)* cementerio *m* de coches. 2 **scraps**, *(gen)* restos *mpl*; *(of food)* sobras *fpl*. II *vtr (pt & pp scrapped) (discard)* desechar; *(cars etc)* convertir en chatarra; *fig (idea)* descartar.

scrap[2] [skræp] *fam* I *n* pelea *f*. II *vi (pt & pp scrapped)* pelearse (**with**, con).

scrapbook ['skræpbʊk] *n* álbum *m* de recortes.

scrape [skreɪp] I *vtr (paint, wood)* raspar; *(vegetables)* rascar; *(graze) (knee etc)* arañarse, hacerse un rasguño; *fig* **to s. together**, reunir a duras penas; *fig* **to s. a living**, vivir muy apretado,-a, ganar lo justo para vivir; *fig* **to s. the bottom of the barrel**, tocar fondo. II *vi (make noise)* chirriar; *(rub)* rozar; **to s. against the wall**, pasar rozando la pared. III *n* 1 *(act)* raspado *m*; *(noise)* chirrido *m*; *(mark)* arañazo *m*, rasguño *m*. 2 *fam (trouble)* lío *m*, apuro *m*, aprieto *m*. ◆**scrape along, scrape by** *vi fam* ir tirando. ◆**scrape away, scrape off** *vtr* quitar raspando. ◆**scrape through** *vi fam (exam)* aprobar por los pelos *or* de chiripa.

scraper ['skreɪpə[r]] *n* 1 *(tool)* rasqueta *f*, rascador *m*. 2 *(for shoes)* limpiabarros *m inv*.

scrapheap ['skræphiːp] *n (rubbish pile)* montón *m* de desechos; *(dump)* vertedero *m*.

scrappy ['skræpɪ] *adj (scrappier, scrappiest) (report, speech)* deshilvanado,-a; *(conversation)* fragmentario,-a; *(knowledge)* superficial; *(meal)* pobre, hecho,-a con sobras.

scratch [skrætʃ] I *n* 1 *(mark) (on skin)* arañazo *m*, rasguño *m*; *(on paintwork)* arañazo *m*; *(on record, photo)* raya *f*; **to escape without a s.**, salir ileso,-a. ■ **s. pad**, bloc *m* de notas; *Med* **s. test**, cutirreacción *f*. 2 *(noise)* chirrido *m*. 3 *fig* **to be** *or* **come up to s.**, estar a la altura de las circunstancias, dar la talla; *fig* **to start from s.**, partir de cero. II *adj* improvisado,-a; *Sport* **s. team**, equipo improvisado. III *vtr* 1 *(with fingernail, claw)* arañar, rasguñar; *(paintwork, furniture)* rayar; *(initials on a tree)* grabar; *fig* **to s. the surface of**, tocar por encima. 2 *(to relieve itching)* rascarse; *fam* **you s. my back and I'll s. yours**, hoy por ti y mañana por mí. 3 *Sport (cancel)* cancelar, suspender. IV *vi* 1 *(cat etc)* arañar, rasguñar; *(pen)* raspear. 2 *(to relieve itching)* rascarse. 3 *US fam* **to s. for oneself**, buscarse la vida. ◆**scratch out** *vtr* tachar, borrar, retirar.

scratchy ['skrætʃɪ] *adj (scratchier, scratchiest) (pen)* que raspea; *(sound)* chirría; *(fabric)* que pica; *(record)* rayado,-a.

scrawl [skrɔːl] I *n* garabatos *mpl*. II *vtr (message etc)* garabatear, garrapatear. III *vi* garabatear, hacer garabatos.

scrawny ['skrɔːnɪ] *adj (scrawnier, scrawniest)* flaco,-a, flacucho,-a.

scream [skriːm] I *n (of pain, fear)* grito *m*, chillido *m*, alarido *m*; **screams of laughter**, carcajadas *fpl*; **to let out a s.**, soltar un grito; *fam* **it was a s.**, fue la monda, fue para mondarse de risa; *fam* **she's a s.**, es divertidísima, es la monda. II *vtr (insults etc)* gritar, vociferar; *fam* **to s. the place down**, desgañitarse. III *vi* gritar, chillar; **to s. at sb**, pegar gritos a algn; **to s. for help**, pedir socorro a gritos; **to s. with laughter**, partirse *or* troncharse de risa.

scree [skriː] *n Geol* pedregal *m*.

screech [skriːtʃ] I *n (of person)* chillido *m*; *(of tyres, brakes)* chirrido *m*. II *vtr* gritar, decir a gritos, vocear. III *vi (person)* chillar; *(tyres, brakes)* chirriar.

screed [skriːd] *n fam (long speech etc)* rollo *m*; **to write screeds**, escribir mucho.

screen [skriːn] I *n* 1 *(movable partition)* biombo *m*. ■ **fire s.**, pantalla *f*. 2 *fig* cortina *f*; **to act as a s.**, servir de tapadera. ■ **smoke s.**, cortina *f* de humo. 3 *Cin TV Comput* pantalla *f*; **the small s.**, la pequeña pantalla. ■ **s. test**, prueba *f*; **s. writer**, guionista *mf*. II *vtr* 1 *(protect)* proteger (**from**, de); *(conceal)* tapar, ocultar (**from**, de). 2 *(sieve) (coal etc)* cribar, tamizar; *fig (candidates for a job)* seleccionar; *fam* pasar por el tamiz. 3 *(show) (film)* proyectar; *(for first time)* estrenar. 4 *Med* examinar; **to s. sb for an illness**, hacer una exploración a algn.

screening ['skriːnɪŋ] *n* 1 *(of candidates)* selección *f*. 2 *(of film)* proyección *f*; *(for first time)* estreno *m*. 3 *Med (of patient)* exploración *f*.

screenplay ['skriːnpleɪ] *n Cin* guión *m*.

screw [skruː] I *n* 1 tornillo *m*; *fam* **he has a s. loose**, le falta un tornillo; *fam* **to put the screws on sb**, apretarle los tornillos a algn. 2 *Av Naut (propeller)* hélice *f*. 3 *sl (prison guard)* carcelero,-a *m,f*. II *vtr* 1 *(gen)* atornillar; **to s. sth down** *or* **in** *or* **on**, fijar algo con tornillos; *fam* **he's got his head screwed on (the right way)**, tiene la cabeza bien sentada. 2 *sl* **to s. money out of sb**, sacarle dinero a algn. 3 *vulg* (*have sex with*) joder, follar. ◆**screw up** *vtr* **1** (*piece of paper*) arrugar; (*one's face*) torcer; *fig* **to s. up one's courage**, armarse de valor. **2** *sl* (*spoil, ruin*) joder, jorobar, fastidiar; **now he's really screwed things up**, ahora lo ha jodido de verdad. **3** *fam* ponerse nervioso,-a; **she's all screwed up**, está muy nerviosa.

screwball ['skru:bɔ:l] *adj* & *n US sl* chalado,-a (*m,f*), excéntrico,-a (*m,f*).

screwdriver ['skru:draɪvə^r] *n* **1** destornillador *m*. **2** (*cocktail*) vodka *m* con naranja.

screw-top(ped) ['skru:tɒp(t)] *adj* de tapón a rosca.

screwy ['skru:ɪ] *adj* (*screwier, screwiest*) *fam* (*thinking etc*) retorcido,-a.

scribble ['skrɪbəl] **I** *n* garabatos *mpl*. **II** *vtr* (*message etc*) garabatear, garrapatear. **III** *vi* garabatear, hacer garabatos.

scribbler ['skrɪblə^r] *n pej* (*author*) escritorzuelo,-a *m,f*.

scribbling ['skrɪblɪŋ] *n* garabatos *mpl*. ■ **s. pad**, bloc *m* de notas.

scribe [skraɪb] *n* escribiente *mf*, amanuense *mf*; (*in Bible*) escriba *m*.

scrimmage ['skrɪmɪdʒ] *n* escaramuza *f*, refriega *f*.

scrimp [skrɪmp] *vi* ahorrar, hacer economías; **to s. and save**, apretarse el cinturón.

script [skrɪpt] *n* **1** (*writing*) escritura *f*; (*handwriting*) letra *f*; *Typ* letra *f* cursiva. **2** (*in exam*) escrito *m*, examen *m*. **3** *Cin* guión *m*. ■ **s. girl**, scriptgirl *f*. **4** *Jur* (*document*) escritura *f*.

Scripture ['skrɪptʃə^r] *n Rel* **Holy S.**, Sagrada Escritura *f*.

scriptwriter ['skrɪptraɪtə^r] *n* guionista *mf*.

scroll [skrəʊl] *n* rollo *m* de pergamino.

scrooge [skru:dʒ] *n fam* (*miser*) tacaño,-a *m,f*, avaro,-a *m,f*, agarrado,-a *m,f*, roña *mf*.

scrotum ['skrəʊtəm] *n* (*pl* **scrotums** or **scrota** ['skrəʊtə]*) Anat* escroto *m*.

scrounge [skraʊndʒ] *fam* **I** *vi* (*gen*) gorrear, gorronear, vivir de gorra; (*for money*) dar sablazos, sablear; **to s. (around) for**, buscar; **to s. off sb**, vivir a costa de algn. **II** *vtr* gorrear (**from**, a); (*money*) sablear (**from**, a). **III** *n* **to be on the s.**, ir sacando cosas de gorra.

scrounger ['skraʊndʒə^r] *n fam* gorrón,-ona *m,f*, sablista *mf*.

scrub[1] [skrʌb] *n* (*undergrowth*) maleza *f*.

scrub[2] [skrʌb] **I** *vtr* (*pt* & *pp* **scrubbed**) **1** (*clean*) (*floor, dishes*) fregar; (*clothes*) lavar; **s. the tables clean**, limpia bien las mesas. **2** *fam* (*cancel*) cancelar. **II** *n* (*act of cleaning*) fregado *m*, lavado *m*; **to give sth a good s.**, limpiar algo a fondo. ◆**scrub off** *vtr* (*dirt, stain*) quitar frotando. ◆**scrub up** *vi* (*surgeon*) lavarse (las manos).

scrubber ['skrʌbə^r] *n GB sl* fulana *f*, golfa *f*, furcia *f*.

scrubbing ['skrʌbɪŋ] *n* fregado *m*, lavado *m*. ■ **s. brush**, (*gen*) estregadera *f*; (*for horses*) bruza *f*.

scruff[1] [skrʌf] *n* pescuezo *m*, cogote *m*.

scruff[2] [skrʌf] *n fam* (*untidy person*) desaliñado,-a *m,f*, zarrapastroso,-a *m,f*, desaseado,-a *m,f*.

scruffy ['skrʌfɪ] *adj* (*scruffier, scruffiest*) *fam* desaliñado,-a, zarrapastroso,-a, desaseado,-a.

scrum [skrʌm] *n Rugby* (*abbr of* **scrummage**) melée *f*; **s. half**, medio *m* melée; *fam* **what a s. to get on the train!**, ¡vaya apretujones para subir al tren!

scrummage ['skrʌmɪdʒ] *Rugby* **I** *n* melée *f*. **II** *vi* formar una melée.

scrumptious ['skrʌmpʃəs] *adj fam* delicioso,-a, rechupete.

scrunch [skrʌntʃ] *vtr* (*crush*) aplastar; (*crumple*) (*also s. up*) estrujar.

scruple ['skru:pəl] *n* escrúpulo *m*.

scrupulous ['skru:pjʊləs] *adj* escrupuloso,-a. ◆**scrupulously** *adv* escrupulosamente; **s. clean**, de lo más limpio, impecable; **s. honest/careful**, sumamente honrado,-a/cuidadoso,-a.

scrupulousness ['skru:pjʊləsnɪs] *n* escrupulosidad *f*.

scrutineer [skru:tɪˈnɪə^r] *n* (*of votes*) escrutador,-a *m,f*.

scrutinize ['skru:tɪnaɪz] *vtr* **1** (*document etc*) escudriñar, examinar a fondo. **2** (*votes*) escrutar, hacer el escrutinio de; (*re-count*) hacer el recuento de.

scrutiny ['skru:tɪnɪ] *n* **1** (*of document*) examen *m* profundo, escrutinio *m*. **2** (*of votes*) escrutinio *m*; (*re-count*) recuento *m*.

scuba ['skju:bə] *n* **s. diving**, buceo *m* con botellas de oxígeno.

scuff [skʌf] **I** *vtr* (*the floor*) rayar; (*one's feet*) arrastrar. **II** *n* **s. mark**, raya *f*.

scuffle ['skʌfəl] **I** *n* refriega *f*, riña *f*, pelea *f*. **II** *vi* reñirse, pelearse (**with**, con).

scull [skʌl] **I** *n* remo *m* corto. **II** *vi* remar.

scullery ['skʌlərɪ] *n* fregadero *m*, trascocina *f*; **s. maid**, fregona *f*.

sculpt [skʌlpt] *vtr* & *vi* esculpir.

sculptor ['skʌlptə^r] *n* escultor *m*.

sculptress ['skʌlptrɪs] *n* escultora *f*.

sculpture ['skʌlptʃə^r] **I** *n* escultura *f*. **II** *vtr* esculpir.

scum [skʌm] *n* **1** (*on liquid*) espuma *f*, telilla *f*; (*on pond*) verdín *m*. **2** *fig* escoria *f*.

scupper ['skʌpə^r] *vtr* **1** (*ship*) barrenar, hundir deliberadamente. **2** *GB fam* (*plan etc*) sabotear, desbaratar, frustrar.

scurf [skɜ:f] *n* (*dandruff*) caspa *f*.

scurrilous ['skʌrɪləs] *adj* (*abusive*) difamatorio,-a, calumnioso,-a; (*coarse*) grosero,-a.

scurry ['skʌrɪ] *vi* (*pt* & *pp* **scurried**) (*run*) correr, corretear; (*hurry*) apresurarse; **to s. away** *or* **off**, escabullirse.

scurvy ['skɜ:vɪ] *n Med* escorbuto *m*.

scuttle[1] ['skʌtəl] *n* **1** cubo *m*. ■ **coal s.**, cubo del carbón. **2** *Naut* escotilla *f*.

scuttle[2] ['skʌtəl] *vtr* **1** (*ship*) barrenar, hundir deliberadamente. **2** *fam* (*plan etc*) sabotear, desbaratar, frustrar.

scuttle[3] ['skʌtəl] *vi* (*run*) corretear; **to s. away** *or* **off**, escabullirse.

scythe [saɪð] **I** *n* guadaña *f*. **II** *vtr* guadañar, segar (con guadaña).

SDP [esdi:ˈpi:] *GB Pol abbr of* **Social Democratic Party**.

SDI [esdi:ˈaɪ] *Mil abbr of* **Strategic Defence Initiative**, Iniciativa *f* para la Defensa Estratégica.

SE *abbr of* **South-East**, sudeste, SE.

sea [si:] *n mar mf*; **at s.**, en el mar; **by the s.**, a orillas del mar; **choppy s.**, mar picado; **out at s.**, en alta mar; **rough s.**, marejada *f*; **stormy s.**, mar gruesa; **to go by s.**, ir en barco; (*person*) **to go to s.**, hacerse marinero; (*ship, crew*) **to put to s.**, zarpar; *fig* **a s. of faces**, un mar de caras; *fig* **to be all at s.**, estar totalmente desorientado,-a, estar perdido,-a. ■ **s.**

anemone, anémona *f* de mar; **s. breeze,** brisa *f* marina; *fig* **s. change,** metamorfosis *f*; *Zool* **s. cow,** manatí *m*; *fig* **s. legs,** equilibrio *m*; *fam* **to find one's s. legs,** acostumbrarse al mar, no marearse; **s. level,** nivel *m* del mar; *Zool* **s. lion,** león *m* marino; **s. trout,** trucha *f* de mar, reo *m*; **s. water,** agua *f* de mar.

seabed ['si:bed] *n* fondo *m* del mar *or* marino.

seabird ['si:bɜ:d] *n* ave *f* marina.

seaboard ['si:bɔ:d] *n US* costa *f*, litoral *m*.

seafarer ['si:feərəʳ] *n* marinero *m*.

seafaring ['si:feərɪŋ] *adj* marinero,-a.

seafood ['si:fu:d] *n* mariscos *mpl*; **s. restaurant,** marisquería *f*.

seafront ['si:frʌnt] *n* paseo *m* marítimo.

seagoing ['si:gəʊɪŋ] *adj* de alta mar.

sea-green [si:'gri:n] *adj* verdemar.

seagull ['si:gʌl] *n* gaviota *f*.

sea-horse ['si:hɔ:s] *n* caballito *m* de mar, hipocampo *m*.

seal¹ [si:l] *n Zool* foca *f*.

seal² [si:l] **I** *n* **1** *(official stamp) (on document)* sello *m*; **wax s.,** sello de lacre; *fig* **to give one's s. of approval to sth, to set one's s. to sth,** aprobar algo, dar el visto bueno a algo. **2** *(airtight closure)* cierre *m* hermético; *(on bottle)* precinto *m*. **II** *vtr* **1** *(document) (with official stamp)* sellar; *(with wax)* lacrar, sellar con lacre; *(bottle)* precintar. **2** *(close)* cerrar; *(make airtight)* cerrar herméticamente; *Culin (meat)* encerrar el sabor de; **my lips are sealed,** seré como una tumba. **3** *(determine)* decidir, determinar; **this sealed his fate,** esto decidió su destino. ◆**seal in** *vtr (flavour etc)* encerrar. ◆**seal off** *vtr (close) (pipe etc)* cerrar; *(block entry to) (street, area)* acordonar, cerrar el acceso a. ◆**seal up** *vtr (parcel, letter)* precintar, cerrar con precinto; *(crack, window)* tapar (completamente); *(jar)* cerrar herméticamente.

sea-lane ['si:leɪn] *n* vía *f or* ruta *f* marítima.

sealing ['si:lɪŋ] *n* **s. wax,** lacre *m*.

sealskin ['si:lskɪn] *n* piel *f* de foca.

seam [si:m] *n* **1** *Sew* costura *f*; *Tech* juntura *f*, junta *f*; *Med* sutura *f*; **to come apart at the seams,** descoserse; **to let out a s.,** soltar una costura; *fam* **to be bursting at the seams,** *(person)* estar a punto de reventar; *(room)* rebosar de gente. **2** *Geol Min* veta *f*, filón *m*; **coal s.,** veta de carbón.

seaman ['si:mən] *n (pl seamen)* marinero *m*.

seamanship ['si:mənʃɪp] *n* náutica *f*.

seamless ['si:mlɪs] *adj Sew* sin costura; *Tech* sin soldadura.

seamstress ['semstrɪs] *n Sew* costurera *f*.

seamy ['si:mɪ] *adj (seamier, seamiest) fig* sórdido,-a.

séance ['seɪɑ:ns] *n* sesión *f* de espiritismo.

seaplane ['si:pleɪn] *n* hidroavión *m*.

seaport ['si:pɔ:t] *n* puerto *m* marítimo *or* de mar.

seaquake ['si:kweɪk] *n* maremoto *m*.

search [sɜ:tʃ] **I** *vtr (records, files)* buscar en; *(building, suitcase, etc)* registrar; *(person)* cachear; *(one's conscience)* examinar; *fam* **s. me!,** ¡yo qué sé! **II** *vi* buscar **(for, after, -)**; **to s. through sb's pockets,** registrar los bolsillos a algn. **III** *n (gen)* búsqueda *f*; *(of building etc)* registro *m*; *(of person)* cacheo *m*; **in s. of,** en busca de. ■ **s. party,** equipo *m* de salvamento; **s. warrant,** orden *f* de registro.

searcher ['sɜ:tʃəʳ] *n* buscador,-a *m,f*.

searching ['sɜ:tʃɪŋ] *adj (look)* penetrante; *(question)* agudo,-a.

searchlight ['sɜ:tʃlaɪt] *n* reflector *m*, proyector *m*.

seascape ['si:skeɪp] *n* marina *f*.

seashell ['si:ʃel] *n* concha *f* marina.

seashore ['si:ʃɔ:ʳ] *n (shore)* costa *f*, litoral *m*; *(beach)* playa *f*.

seasick ['si:sɪk] *adj* mareado,-a; **to get s.,** marearse.

seasickness ['si:sɪknɪs] *n* mareo *m*.

seaside ['si:saɪd] *n* playa *f*, costa *f*. ■ **s. resort,** lugar *m or* complejo *m* turístico de veraneo; **s. town,** pueblo *m or* ciudad *f* costero,-a.

season¹ ['si:zən] *n (gen)* época *f*; *(spring, summer, etc)* estación *f*; *(for social activity, sport, etc)* temporada *f*; **at the height of the s.,** en plena temporada; **'Season's Greetings',** 'Felices Pascuas'; **the busy s.,** la temporada alta; **the dry/rainy s.,** la estación seca/de lluvias; **the football s.,** la temporada de fútbol *or* futbolística; **the four seasons,** las cuatro estaciones; **the off s.,** la temporada baja; *(hunting)* **the open/close s.,** la temporada de caza *or* de pesca/ la veda; **the tourist s.,** la temporada turística; **to be in s.,** *(fruit)* estar en sazón; *(animal)* estar en celo. ■ *Rail Theat* **s. ticket,** *fam* **s.,** abono *m*; **s. ticket holder,** abonado,-a *m,f*.

season² ['si:zən] *vtr* **1** *Culin* sazonar, condimentar. **2** *(wood)* secar; *(wine)* madurar. **3** *(person)* acostumbrar, avezar.

seasonable ['si:zənəbəl] *adj (weather)* propio,-a de la estación; *(timely)* oportuno,-a.

seasonal ['si:zənəl] *adj (activity)* estacional, temporal; **s. worker,** temporero,-a *m,f*.

seasoned ['si:zənd] *adj* **1** *Culin (food)* sazonado,-a, condimentado,-a; **a highly s. dish,** un plato muy picante. **2** *(wood)* seco,-a; *(wine)* maduro,-a. **3** *fig (person)* experimentado,-a, curtido,-a, avezado,-a.

seasoning ['si:zənɪŋ] *n* condimento *m*, aderezo *m*.

seat [si:t] *n* **1** *(gen)* asiento *m*; *(place)* plaza *f*; *Cin Theat* localidad *f*; *(ticket)* entrada *f*; *Cin Theat* **to book seats,** reservar localidades; **to take a s.,** sentarse. ■ *Aut Av* **s. belt,** cinturón *m* de seguridad. **2** *(of cycle)* sillín *m*; *(of toilet)* asiento *m*; *(of trousers)* fondillos *mpl*; *fam (buttocks)* trasero *m*, pompis *m*. **3** *(centre)* centro *m*, sede *f*; **s. of learning,** centro de estudios. **4** *Parl* escaño *m*. **II** *vtr* **1** *(child, guests, etc)* sentar; **please be seated,** siéntese por favor; **to remain seated,** quedarse sentado,-a. **2** *(accommodate)* tener sitio para; *(theatre, hall, etc)* tener cabida para; **it will s. five hundred,** tendrá un aforo para quinientas personas; **this table seats eight,** esta mesa es para ocho personas.

seater ['si:təʳ] *n* **a two-s. car,** un (coche) dos plazas; **a three-s. sofa,** un sofá tres plazas.

seating ['si:tɪŋ] *n* **1** *(capacity)* asientos *mpl*; **s. capacity,** cabida *f*, aforo *m*. **2** *(distribution)* distribución *f* de asientos.

sea-urchin ['si:ɜ:tʃɪn] *n* erizo *m* de mar.

sea-wall ['si:wɔ:l] *n* rompeolas *m inv*.

seaweed ['si:wi:d] *n Bot* alga *f* (marina).

seaworthy ['si:wɜ:ðɪ] *adj (boat)* en condiciones de navegar.

sebaceous [sɪ'beɪʃəs] *adj* sebáceo,-a.

seborrhoea [sebə'rɪə] *n Med* seborrea *f*.

sebum ['si:bəm] *n Biol* sebo *m*.

sec¹ [sek] *n fam (abbr of second¹)* segundo *m*.

sec² *abbr of* **secretary,** secretario,-a *m,f*.

secant ['si:kənt] *n Geom* secante *f*.

secateurs [sekə'tɜːz] *npl* podadera *f sing.*

secede [sɪ'siːd] *vi Pol* separarse (**from**, de), independizarse (**from**, de).

secession [sɪ'seʃən] *n Pol* secesión *f.*

secluded [sɪ'kluːdɪd] *adj* aislado,-a, retirado,-a, apartado,-a.

seclusion [sɪ'kluːʒən] *n* aislamiento *m*, retiro *m*; **in s.**, aislado,-a.

second¹ ['sekənd] **I** *adj* segundo,-a; **every s. day**, cada dos días; **it's s. nature to him**, le viene de naturaleza; **it's the s. highest mountain in the world**, es la segunda montaña más alta en el mundo; **on s. thought(s) ...**, pensándolo bien ...; **s. teeth**, segunda dentición *f*; **he's a s. Dr Crippen**, parece otro Dr Crippen; **to be s. to none**, no tener igual; **to have a s. helping of sth**, repetir algo; **to have s. thoughts about sth**, dudar de algo; **to marry for the s. time**, casarse en segundas nupcias; **to play s. fiddle**, ser segundón,-ona, desempeñar un papel secundario; **to settle for s. best**, conformarse con lo que hay; *fig* **to get one's s. wind**, despabilarse, espabilarse. ■ **s. class**, segunda clase *f*; **s. cousin**, primo,-a *m,f* segundo,-a; **s. floor**, *GB* segundo piso *m*, *US* primer piso *m*; *Jur* **s. offence**, reincidencia *f*; *Ling* **s. person**, segunda persona *f*; **s. sight**, clarividencia *f*. **II** *n* **1** *(in series, rank, etc)* segundo,-a *m,f*; **Charles the S.**, Carlos Segundo; *Sport* **he came in s.**, llegó segundo; *(date)* **the s. of October**, el dos de octubre. **2** *GB Univ (degree)* **to obtain a s.**, sacar un notable. **3** *Aut (gear)* segunda *f*; **in s.**, en segunda. **4** *Com* **seconds**, artículos *mpl* con tara *or* defectuosos. **III** *vtr (motion, proposal)* apoyar, secundar. **IV** *adv (in race, exam, etc)* segundo, en segundo lugar; **to come s.**, terminar en segundo lugar. ◆**secondly** *adv* en segundo lugar.

second² ['sekənd] *n (time)* segundo *m*; **in a split s.**, en un abrir y cerrar de ojos; *fam* **I'll be back in a s.**, enseguida vuelvo; *fam* **just a s.!**, ¡un momentito! ■ **s. hand**, segundero *m.*

second³ [sɪ'kɒnd] *vtr Mil* trasladar temporalmente.

secondary ['sekəndərɪ] *adj* secundario,-a. ■ **s. education**, educación *f* secundaria; **s. school**, *(gen)* escuela *f* secundaria; *(private)* colegio *m*; *(state)* instituto *m* (de enseñanza media *or* de educación secundaria).

second-best [sekənd'best] **I** *adj* segundo,-a, inferior. **II** *adv* **to come off s.-b.**, quedar en segundo lugar.

second-class [sekənd'klɑːs] **1** *adj (ticket, hotel)* de segunda (clase); *(mail, citizen)* de segunda clase; *(goods)* de segunda categoría, de calidad inferior. **II** *adv* **to travel s.-c.**, viajar en segunda.

second-degree ['sekəndɪgriː] *adj Med* de segundo grado; **s.-d. burns**, quemaduras *fpl* de segundo grado.

second-hand ['sekəndhænd] **I** *adj (gen)* de segunda mano; *(car, clothes)* viejo,-a, usado,-a. ■ **s.-h. car**, coche *m* de segunda mano; **s.-h. dealer**, chamarilero,-a *m,f*, trapero,-a *m,f*; **s.-h. shop**, rastrillo *m*, bazar *m*, rastro *m*. **II** *adv* de segunda mano; **to buy sth s.-h.**, comprar algo de segunda mano.

second-in-command [sekəndɪnkə'mɑːnd] *n Mil* segundo *m* en jefe.

secondment [sɪ'kɒndmənt] *n GB* traslado *m* temporal; **she's on s. to accounts**, la han trasladado a contabilidad.

second-rate ['sekəndreɪt] *adj* de segunda *or* baja categoría, de calidad inferior.

secrecy ['siːkrəsɪ] *n* **1** *(gen)* secreto *m*; **in s.**, en secreto. **2** *(ability to keep secrets)* discreción *f*, reserva *f.*

secret ['siːkrɪt] **I** *adj* secreto,-a; **to keep sth s.**, mantener algo en secreto; **s. ballot**, votación *f* secreta. ■ **s. agent**, agente *mf* secreto,-a, espía *mf*; **s. police**, policía *f* secreta; **s. service**, servicio *m* secreto. **II** *n* secreto *m*; *fig* clave *f*; **in s.**, en secreto; **open s.**, secreto a voces; **to be in on the s.**, estar al tanto, estar en el ajo; **to keep a s.**, guardar un secreto; **to let sb into a s.**, revelar un secreto a algn, compartir un secreto con algn; **there's no s. about it**, no tiene ningún misterio. ◆**secretly** *adv* en secreto, a escondidas.

secretarial [sekrɪ'teərɪəl] *adj* de secretario,-a. ■ **s. college**, escuela *f* de secretariado; **s. studies**, secretariado *m.*

secretariat [sekrɪ'teərɪət] *n* secretaría *f*, secretariado *m.*

secretary ['sekrətrɪ] *n* secretario,-a *m,f*; **general s.**, secretario,-a *m,f* general; **private s.**, secretario,-a *m,f* particular; **S. of State**, *GB* ministro,-a *m,f* con cartera, *US* secretario,-a *m,f* de Estado, ministro,-a *m,f* de Asuntos Exteriores; *US* **S. of the Treasury**, ministro,-a *m,f* de Hacienda.

secretary-general [sekrətrɪ'dʒenərəl] *n (pl secretaries-general)* secretario *m* general.

secrete [sɪ'kriːt] *vtr* **1** *(emit liquid etc)* secretar, segregar. **2** *(hide)* ocultar, esconder.

secretion [sɪ'kriːʃən] *n* **1** *(of liquid)* secreción *f*. **2** *(hiding)* ocultación *f.*

secretive ['siːkrɪtɪv] *adj* sigiloso,-a; *(quiet)* reservado,-a, callado,-a.

sect [sekt] *n* secta *f.*

sectarian [sek'teərɪən] *adj & n* sectario,-a *(m,f).*

sectarianism [sek'teərɪənɪzəm] *n* sectarismo *m.*

section ['sekʃən] **I** *n* **1** *(part)* sección *f*, parte *f*; *(of road, track)* tramo *m*; *(of law)* artículo *m*, apartado *m*; *(of newspaper)* sección *f*, página *f*; *(of population, community)* sector *m*; *(of orchestra)* sección *f*; *(department)* sección *f*. **2** *(cut)* corte *m*, sección *f*. ■ *Med* **Caesarian s.**, *(operación f* de) cesárea *f*; **cross s.**, sección *f* transversal. **II** *vtr* cortar, seccionar.

sectional ['sekʃənəl] *adj* **1** *(furniture)* desmontable. **2** *(plan, diagram)* en corte. **3** *(interest)* particular.

sector ['sektər] *n* sector *m*; **the public s.**, el sector público.

secular ['sekjʊlər] *adj (school, teaching)* laico,-a; *(music, art)* profano,-a; *(priest)* seglar, secular.

secularize ['sekjʊləraɪz] *vtr* secularizar.

secure [sɪ'kjʊər] **I** *adj* **1** *(safe, confident, certain)* seguro,-a; **s. in the knowledge that**, con la certeza de que; **to feel s.**, sentirse seguro,-a; **to have a s. job/future**, tener un puesto seguro/el porvenir asegurado. **2** *(firmly fastened) (knot etc)* seguro,-a; *(window, door)* bien cerrado,-a; *(steady) (ladder etc)* firme. **II** *vtr* **1** *(make safe) (future)* asegurar; **to s. oneself against sth**, protegerse contra algo. **2** *(fasten, fix) (rope, knot)* sujetar, fijar; *(object to floor)* afianzar; *(window, door)* asegurar, cerrar bien; *(animal, prisoner)* atar firmemente. **3** *(obtain)* conseguir, obtener. **4** *Fin (guarantee)* garantizar, avalar.

security [sɪ'kjʊərɪtɪ] *n* **1** *(safety, confidence)* seguridad *f*; **emotional s.**, estabilidad *f* emocional; **job s.**, seguridad en el empleo; **national s.**, seguridad nacional; **social s.**, seguridad social. **2** *(physical at-*

tack, spying, etc) seguridad *f*; **s. was tight,** se adoptaron fuertes medidas de seguridad. ■ **S. Council,** Consejo *m* de Seguridad; **s. leak,** fuga *f* (de información). **3** *Fin (guarantee)* fianza *f*, garantía *f*, aval *m*; *(guarantor)* fiador,-a *m,f*; **to lend money on s.,** prestar dinero sobre fianza; **to stand s. for sb,** salir fiador de algn, garantizar a algn. **4** *Fin* **securities,** valores *mpl*, títulos *mpl*; **Government s.,** valores del Estado.

sedan [sɪ'dæn] *n* **1** *(also s. chair)* silla *f* de manos. **2** *US Aut* turismo *m*.

sedate [sɪ'deɪt] **I** *adj* sosegado,-a, sereno,-a, tranquilo,-a. **II** *vtr Med* administrar sedantes a, sedar.

sedation [sɪ'deɪʃən] *n Med* sedación *f*, administración *f* de sedantes.

sedative ['sedətɪv] *adj & n* sedativo,-a *(m)*, sedante *(m)*, calmante *(m)*.

sedentary ['sedəntərɪ] *adj* sedentario,-a; **s. life,** vida sedentaria.

sediment ['sedɪmənt] *n (gen)* sedimento *m*; *(of wine)* poso *m*, hez *f*.

sedition [sɪ'dɪʃən] *n* sedición *f*.

seditious [sɪ'dɪʃəs] *adj* sedicioso,-a.

seduce [sɪ'djuːs] *vtr* seducir.

seducer [sɪ'djuːsəʳ] *n* seductor,-a *m,f*.

seduction [sɪ'dʌkʃən] *n* seducción *f*.

seductive [sɪ'dʌktɪv] *adj (person, idea)* seductor,-a; *(smile, clothes)* provocativo,-a; *(offer)* tentador,-a.

see[1] [siː] *vtr & vi (pt saw; pp seen)* **1** *(gen)* ver; **go and s. if ...,** vete a ver si ...; **I don't know what he sees in her,** no sé qué ve en ella; **I'll s. what can be done,** veré lo que se puede hacer; **it is worth seeing,** merece la pena verlo; **let's s.,** a ver, vamos a ver; **that remains to be seen,** eso queda por ver; **this handbag has seen better days,** este bolso ha conocido mejores tiempos; **seeing is believing,** ver para creer; **s. page 10,** véase la página 10; **s. you (later)/soon/Monday!,** ¡hasta luego/pronto/el lunes!; **we were glad to s. the back of him,** nos alegramos de perderlo de vista; *fig* **to s. the light,** ver la luz; *fam* **to s. red,** ponerse negro,-a (de ira). **2** *(meet with)* ver, tener cita con; **the manager will s. you in just a moment,** el jefe le verá en seguida; *(couple)* **they have been seeing each other for six months,** hace seis meses que salen juntos. **3** *(visit)* ver, visitar; **they s. a lot of each other,** se ven muy a menudo; **to s. the sights/the world,** recorrer la ciudad/el mundo. **4** *(understand)* comprender, entender, ver; **as far as I can s.,** por lo visto, por lo que veo; **I don't s. the joke,** no le veo la gracia; **I don't s. why he can't go,** no entiendo porqué no puede ir; **I s.,** ya veo; **you s., he hasn't got a car,** es que no tiene coche, ¿sabes? **5** *(imagine, visualize)* imaginarse, ver; **he sees himself as a second Caruso,** se cree otro Caruso; **I can't s. her living abroad,** no me la imagino viviendo en el extranjero; **you must be seeing things,** ves visiones. **6** *(ensure)* asegurarse de; procurar; **s. that the windows are securely fastened,** asegúrese de que todas las ventanas estén bien cerradas; **s. that you arrive on time,** procura llegar a la hora. **7** *(accompany)* acompañar; **to s. sb home,** acompañar a algn a casa. ◆**see about** *vtr* **1** *(deal with)* ocuparse de, encargarse de. **2** *(consider)* pensar. ◆**see in** *vtr* celebrar; **to s. in the New Year,** celebrar el Año Nuevo. ◆**see into** *vtr (investigate)* investigar. ◆**see off** *vtr (say goodbye to)* despedirse de. ◆**see out** *vtr* **1** *(show out)* acompañar hasta la puerta. **2** *(survive)* sobrevivir; **she will s. us all out,** nos enterrará a todos. ◆**see over** *vtr (house etc)*

visitar, recorrer. ◆**see through** *vtr* **1** *fam (person)* calar a, verle el plumero a. **2** *(help)* ayudar a salir de un apuro; **I'll s. you through,** puedes contar con mi ayuda; **£20 should s. me through,** con 20 libras me las apaño. **3** *(carry out)* llevar a cabo. ◆**see to** *vtr (deal with)* atender a, ocuparse de; **s. to it that dinner is served on time,** procura que la cena se sirva a la hora.

see[2] [siː] *n Rel* sede *f*. ■ **the Holy S.,** la Santa Sede.

seed [siːd] **I** *n* **1** *Bot (gen)* semilla *f*; *(for sowing)* simiente *f*, semilla *f*; *(of fruit)* pepita *f*; **to go** *or* **run to s.,** *(plant)* granar; *fig (person)* descuidarse, abandonarse, echarse a perder; *fig* **to sow the seeds of discord,** sembrar las semillas de la discordia. ■ **s. pearl,** aljófar *m*; **s. potato,** patata *f* de siembra. **2** *Ten (player)* cabeza *mf* de serie. **II** *vtr* **1** *(sow with seed) (lawn etc)* sembrar. **2** *(grapes, raisins)* despepitar. **3** *Ten (players)* preseleccionar; **seeded player,** cabeza *mf* de serie. **III** *vi (of plants)* granar.

seedbed ['siːdbed] *n* semillero *m*.

seedcake ['siːdkeɪk] *n Culin* torta *f* de semillas aromáticas.

seedless ['siːdlɪs] *adj* sin pepitas *or* semillas.

seedling ['siːdlɪŋ] *n* plantón *m*.

seedy ['siːdɪ] *adj (seedier, seediest)* *fam* **1** *(run-down)* *(district, bar)* sórdido,-a; *(shabby)* *(clothes)* raído,-a; *(appearance)* desaseado,-a. **2** *(unwell)* pachucho,-a; **to look s.,** tener mala pinta.

seeing ['siːɪŋ] **I** *adj* vidente, que ve. ■ *US* **s. eye dog,** perro *m* lazarillo *or* guía. **II** *n Astron* visibilidad *f*. **III** *conj* **s. that,** visto que, en vista de que, dado que.

seek [siːk] **I** *vtr (pt & pp sought)* **1** *(look for)* buscar; **to s. employment/shelter,** buscar empleo/cobijo; **to s. one's fortune,** probar fortuna. **2** *(ask for)* pedir, solicitar; *(post)* solicitar. **II** *vi* buscar; **to s. to do sth,** procurar hacer algo. ◆**seek after** *vtr* buscar; **much sought after,** *(person)* muy solicitado,-a; *(thing)* muy cotizado,-a. ◆**seek out** *vtr (person)* buscar.

seeker ['siːkəʳ] *n* buscador,-a *m,f*. ■ **status s.,** trepa *mf*, arribista *mf*.

seem [siːm] *vi* parecer; **he seems (to be) tired,** parece cansado; **I s. to remember his name was Colin,** creo recordar que su nombre era Colin; **it seems not,** parece que no; **it seems to me that,** me parece que; **she seems to have lost sth,** parece que ha perdido algo; **so it seems,** eso parece; **what seems to be the trouble?,** ¿qué ocurre?, ¿qué pasa?

seeming ['siːmɪŋ] *adj* aparente, supuesto,-a. ◆**seemingly** *adv* aparentemente, según parece, al parecer.

seemly ['siːmlɪ] *adj (seemlier, seemliest) (behaviour)* correcto,-a, decente.

seen [siːn] *pp* see **see**[1].

seep [siːp] *vi (ooze)* rezumarse; **to s. through/into/out,** filtrarse *or* calarse *or* colarse por/en/de.

seepage ['siːpɪdʒ] *n* filtración *f*.

seer [sɪəʳ] *n* vidente *mf*.

seersucker ['sɪəsʌkəʳ] *n Tex* vichy *m*.

seesaw ['siːsɔː] **I** *n* balancín *m*, subibaja *m*. ■ **s. movement,** balanceo *m*, vaivén *m*. **II** *vi* **1** columpiarse, balancearse. **2** *fig* vacilar, oscilar.

seethe [siːð] *vi* bullir, hervir; *fig (person)* **to s. with anger,** estar furibundo,-a, rabiar; *(place)* **to s. with people,** estar a rebosar, ser (como) un hormiguero.

see-through ['siːθruː] *adj* transparente.

segment ['segmənt] *n (gen)* segmento *m*; *(of orange)* gajo *m*.

segregate ['segrɪgeɪt] *vtr* segregar (**from,** de).

segregation [segrɪ'geɪʃən] *n* segregación *f*.

Seine [seɪn, sen] *n* Sena.

seismic ['saɪzmɪk] *adj* sísmico,-a. ■ **s. wave,** onda *f* sísmica.

seismograph ['saɪzməgræf, 'saɪzməgrɑːf] *n* sismógrafo *m*.

seismologist [saɪz'mɒlədʒɪst] *n* sismólogo,-a *m,f*.

seismology [saɪz'mɒlədʒɪ] *n* sismología *f*.

seize [siːz] *vtr (grab)* agarrar, asir, coger; *Jur (property, drugs)* incautar, embargar; *(newspaper, magazine)* secuestrar; *Mil (territory)* tomar, apoderarse de; *(hostages)* secuestrar; *(arrest)* detener; **to be seized with fear,** estar sobrecogido,-a por el miedo; **to s. an opportunity,** aprovechar una ocasión; *Pol* **to s. power,** tomar el poder. ◆**seize on** *vtr (chance, offer)* valerse de, aprovechar; *(idea)* aferrarse a. ◆**seize up** *vi* agarrotarse.

seizure ['siːʒər] *n* **1** *Jur (of property, drugs)* incautación *f*, embargo *m*; *(of newspaper, magazine)* secuestro *m*; *Mil (of territory)* toma *f*; *(of hostages)* secuestro *m*; *(arrest)* detención *f*. **2** *Med* ataque *m* (de apoplejía).

seldom ['seldəm] *adv* rara vez, raramente; **I s. see you,** te veo muy poco.

select [sɪ'lekt] **I** *vtr (thing)* escoger, elegir; *(team, player)* seleccionar. **II** *adj (audience)* selecto,-a, escogido,-a; *(club, society)* selecto,-a, exclusivo,-a; *(fruit, wines)* selecto,-a, de primera calidad; **a s. few,** una minoría privilegiada. ■ *Parl* **s. committee,** comisión *f* especial de investigación.

selected [sɪ'lektɪd] *adj (gen)* selecto,-a, escogido,-a; *(team, player)* seleccionado,-a; *Lit* **s. works,** obras escogidas.

selection [sɪ'lekʃən] *n (choosing)* elección *f*; *(people or things chosen)* selección *f*; *(range)* surtido *m*. ■ *Biol* **natural s.,** selección *f* natural.

selective [sɪ'lektɪv] *adj* selectivo,-a.

selectivity [sɪlek'tɪvɪtɪ] *n* selectividad *f*.

selector [sɪ'lektər] *n* **1** *Sport* seleccionador,-a *m,f*. **2** *Tech* selector *m*.

selenium [sɪ'liːnɪəm] *n Chem* selenio *m*.

self [self] *'n (pl selves* [selvz]*)* uno,-a mismo,-a, sí mismo,-a; **his better s.,** su lado bueno; **my other s.,** mi otro yo; **she's her old s. again,** es la misma de antes; *Psych* **the s.,** el yo.

self- [self] *pref* auto-.

self-acting [self'æktɪŋ] *adj* automático,-a.

self-addressed [selfə'drest] *adj* **s.-a. envelope,** sobre *m* respuesta.

self-adhesive [selfəd'hiːsɪv] *adj (label, envelope)* autoadhesivo,-a, autoadherente.

self-appointed [selfə'pɔɪntɪd] *adj* que se elige a sí mismo,-a.

self-assurance [selfə'ʃʊərəns] *n* seguridad *f or* confianza *f* en sí mismo,-a.

self-assured [selfə'ʃʊəd] *adj* seguro,-a de sí mismo,-a.

self-catering [self'keɪtərɪŋ] *adj (holiday, flat)* sin servicio de comida.

self-centred, *US* **self-centered** [self'sentəd] *adj* egocéntrico,-a.

self-cleaning [self'kliːnɪŋ] *adj* auto-limpiable.

self-closing [self'kləʊzɪŋ] *adj* de cierre automático.

self-confessed [selfkən'fest] *adj* confeso,-a.

self-confidence [self'kɒnfɪdəns] *n* seguridad *f or* confianza *f* en sí mismo,-a.

self-confident [self'kɒnfɪdənt] *adj* seguro,-a de sí mismo,-a.

self-conscious [self'kɒnʃəs] *adj* cohibido,-a, tímido,-a.

self-contained [selfkən'teɪnd] *adj* **1** *(flat)* independiente, con entrada propia; *(person)* independiente. **2** *(reserved) (person)* reservado,-a, poco comunicativo,-a.

self-control [selfkən'trəʊl] *n* dominio *m* de sí mismo,-a, autocontrol *m*.

self-defence, *US* **self-defense** [selfdɪ'fens] *n* defensa *f* personal, autodefensa *f*.

self-denial [selfdɪ'naɪəl] *n* abnegación *f*.

self-determination [selfdɪtɜːmɪ'neɪʃən] *n Pol* autodeterminación *f*, autonomía *f*.

self-discipline [self'dɪsɪplɪn] *n* autodisciplina *f*.

self-drive [self'draɪv] *adj* sin chófer.

self-educated [self'edjʊkeɪtɪd] *adj* autodidacta.

self-effacing [selfɪ'feɪsɪŋ] *adj* modesto,-a, humilde.

self-employed [selfɪm'plɔɪd] *adj (worker)* autónomo,-a, que trabaja por cuenta propia.

self-esteem [selfɪ'stiːm] *n* amor *m* propio.

self-evident [self'evɪdənt] *adj* evidente, patente.

self-explanatory [selfɪk'splænətərɪ] *adj* que se explica por sí mismo,-a, evidente.

self-governing [self'gʌvənɪŋ] *adj* autónomo,-a.

self-government [self'gʌvənmənt] *n* autonomía *f*, autogobierno *m*.

self-help [self'help] *n* autosuficiencia *f*.

self-importance [selfɪm'pɔːtəns] *n* engreimiento *m*, presunción *f*.

self-important [selfɪm'pɔːtənt] *adj* engreído,-a, presumido,-a.

self-indulgence [selfɪn'dʌldʒəns] *n* tendencia *f* a permitirse excesos, indulgencia *f* consigo mismo,-a.

self-indulgent [selfɪn'dʌldʒənt] *adj* que se permite excesos, inmoderado,-a.

self-interest [self'ɪntrɪst] *n* interés *m* propio, egoísmo *m*.

selfish ['selfɪʃ] *adj* egoísta.

selfishness ['selfɪʃnɪs] *n* egoísmo *m*.

selfless ['selflɪs] *adj* desinteresado,-a.

self-made ['selfmeɪd] *adj* **s.-m. man,** hombre *m* que ha triunfado por sus propios esfuerzos, hombre *m* que se ha hecho a sí mismo.

self-opinionated [selfə'pɪnjəneɪtɪd] *adj (stubborn)* testarudo,-a, terco,-a.

self-pity [self'pɪtɪ] *n* lástima *f* de sí mismo,-a.

self-portrait [self'pɔːtreɪt] *n* autorretrato *m*.

self-possessed [selfpə'zest] *adj* sereno,-a, dueño,-a de sí mismo,-a.

self-preservation [selfprezə'veɪʃən] *n* **(instinct of) s.-p.,** instinto *m* de conservación.

self-raising ['selfreɪzɪŋ] *adj Culin* **s.-r. flour,** harina *f* con levadura.

self-regulating [self'regjʊleɪtɪŋ] *adj Tech* autorregulador,-a.

self-reliance [selfrɪ'laɪəns] *n* independencia *f*, autosuficiencia *f*.

self-reliant [selfrɪ'laɪənt] *adj* independiente, autosuficiente.

self-respect [selfrɪ'spekt] *n* amor *m* propio, dignidad *f*.

self-respecting [selfrɪ'spektɪŋ] *adj* que tiene amor propio, que se respeta a sí mismo,-a.

self-restraint [selfrɪ'streɪnt] *n* dominio *m* de sí mismo,-a.

self-righteous [self'raɪtʃəs] *adj* farisaico,-a, santurrón,-ona, beato,-a.

self-righteousness [self'raɪtʃəsnɪs] *n* fariseísmo *m*, santurronería *f*, beatería *f*.

self-rising ['selfraɪzɪŋ] *adj US see* self-raising.

self-rule [self'ruːl] *n see* self-government.

selfsame ['selfseɪm] *adj* mismísimo,-a.

self-satisfied [self'sætɪsfaɪd] *adj* satisfecho,-a de sí mismo,-a, pagado,-a de sí.

self-service [self'sɜːvɪs] **1** *(in shop etc)* *n* autoservicio *m*. **II** *adj* de autoservicio.

self-sufficiency [selfsə'fɪʃənsɪ] *n* autosuficiencia *f*.

self-sufficient [selfsə'fɪʃənt] *adj*, **self-sufficing** [selfsə'faɪsɪŋ] *adj* autosuficiente.

self-supporting [selfsə'pɔːtɪŋ] *adj* económicamente independiente.

self-taught [self'tɔːt] *adj* autodidacto,-a.

sell [sel] **I** *vtr (pt & pp sold)* **1** *(gen)* vender; **to know how to s. oneself,** saber presentarse con ventaja; **to s. sth at a loss,** vender algo con pérdida; *fam* **to s. sb down the river,** traicionar a algn. **2 to be sold on sth,** entusiasmarse por algo; **he's not sold on it,** no le convence. **II** *vi* venderse; *fig* **to s. like hot cakes,** venderse como rosquillas. **III** *n Com* **hard/soft s.,** publicidad *f* agresiva/discreta. ◆**sell off** *vtr (gen)* vender; *(stocks and shares)* vender, realizar; *(goods)* liquidar. ◆**sell out I** *vi* **1** *Com* vender el negocio. **2** *(be disloyal)* **to s. out to the enemy,** venderse al enemigo, claudicar. **II** *vtr Com* agotarse; *Theat* **'sold out',** 'agotadas (todas) las localidades'; **we've sold out of milk,** se (nos) acabó la leche, ya no queda más leche. ◆**sell up** *vi* vender el negocio.

seller ['selə'] *n* **1** *(person)* vendedor,-a *m,f*. **2** *(product)* **to be a good s.,** tener demanda, venderse bien.

selling ['selɪŋ] *n* venta *f*. ■ **s. point,** atractivo *m* comercial; **s. price,** precio *m* de venta.

sellotape® ['seləteɪp] **I** *n* celo® *m*, cinta *f* adhesiva. **II** *vtr* pegar or fijar con celo®.

sell-out ['selaʊt] *n* **1** *Theat* éxito *m* taquillero or de taquilla. **2** *(act of disloyalty)* claudicación *f*, traición *f*.

selvage *n*, **selvedge** ['selvɪdʒ] *n Sew* orillo *m*.

semantic [sɪ'mæntɪk] *adj* semántico,-a.

semantics [sɪ'mæntɪks] *n* semántica *f*.

semaphore ['seməfɔː'] *n Rail* semáforo *m*.

semblance ['sembləns] *n* apariencia *f*; **there was some s. of truth in it,** había algo de verdad en ello.

semen ['siːmen] *n* semen *m*.

semester [sɪ'mestə'] *n* semestre *m*.

semi ['semɪ] *n (abbr of semidetached)* GB *fam* chalet *m* or chalé *m* adosado, casa *f* adosada.

semi- ['semɪ] *pref* semi-.

semibreve ['semɪbriːv] *n Mus* semibreve *f*.

semicircle ['semɪsɜːkəl] *n* semicírculo *m*.

semicircular [semɪ'sɜːkjʊlə'] *adj* semicircular.

semicolon [semɪ'kəʊlən] *n* punto y coma *m*.

semiconductor [semɪkən'dʌktə'] *n Elec* semiconductor *m*.

semiconscious [semɪ'kɒnʃəs] *adj* semiconsciente.

semidetached [semɪdɪ'tætʃt] **I** *adj (building)* adosado,-a. **II** *n* chalet *m* or chalé *m* adosado, casa *f* adosada.

semifinal [semɪ'faɪnəl] *n* semifinal *f*.

semifinalist [semɪ'faɪnəlɪst] *n Sport* semifinalista *mf*.

seminar ['semɪnɑː'] *n* seminario *m*, clase *f*.

seminary ['semɪnərɪ] *n Rel* seminario *m*.

semiofficial [semɪə'fɪʃəl] *adj* semioficial.

semiotics [semɪ'ɒtɪks] *n* semiótica *f*.

semiprecious [semɪ'preʃəs] *adj Min* semiprecioso,-a.

semiquaver [semɪ'kweɪvə'] *n Mus* semicorchea *f*.

Semite ['siːmaɪt] *n* semita *mf*.

Semitic [sɪ'mɪtɪk] *adj* semita, semítico,-a.

semolina [semə'liːnə] *n* sémola *f*.

SEN [esɪ'] GB *abbr of* **State Enrolled Nurse,** enfermera *f* diplomada.

Sen 1 *abbr of* **Senator,** senador,-a *m,f*. **2** *abbr see* **Snr.**

senate ['senɪt] *n* **1** *Pol* senado *m*. **2** *Univ* claustro *m*.

senator ['senətə'] *n* senador,-a *m,f*.

send [send] **I** *vtr (pt & pp sent)* **1** *(letter etc)* enviar, mandar; *(telex etc)* mandar, poner; *(radio signal)* transmitir; *(rocket, ball)* lanzar; **he was sent to prison,** lo mandaron a la cárcel; **it sent a shiver down my spine,** me dio escalofríos; **s. her my regards,** dale recuerdos de mi parte; **to s. sb to Coventry,** hacerle el vacío a algn; **to s. sth flying,** tirar algo; **to s. word to sb,** avisar a algn; *fam* **to s. sb packing,** mandar a algn a paseo. **2** *(cause to become)* volver; **the noise sent her mad,** el ruido la volvió loca. **3** *sl (enrapture)* chiflar. **II** *vi* **to s. for sb,** mandar llamar a algn; **to s. for sth,** encargar or pedir algo. ◆**send away I** *vtr (dismiss)* despedir, despachar. **II** *vi* **to s. away for sth,** escribir pidiendo algo. ◆**send back** *vtr (goods, meal, etc)* devolver; *(person)* hacer volver or regresar. ◆**send down** *vtr* **1** *(prices, temperature)* hacer bajar. **2** GB *Univ* expulsar. **3** *fam (imprison)* meter en chirona or el talego. ◆**send in** *vtr (application form etc)* mandar, enviar; *(troops, supplies)* enviar; *(visitor)* hacer pasar. ◆**send off I** *vtr* **1** *(letter etc)* enviar (por correo); *(goods)* despachar, mandar. **2** *Ftb (player)* expulsar. **II** *vi* **to s. off for sth,** escribir pidiendo algo. ◆**send on** *vtr* **1** *(letter)* reexpedir, hacer seguir; *(luggage) (ahead)* facturar; *(later)* enviar, mandar (más tarde). **2** *Ftb (substitute)* sustituir. ◆**send out I** *vtr* **1** *(person)* mandar salir, echar. **2** *(leaflets, invitations)* enviar, mandar. **3** *(emit) (smoke, light, heat)* emitir; *(radio signals)* emitir, dar. **II** *vi* **to s. out for sth,** mandar traer algo. ◆**send round** *vtr* **1** mandar a domicilio. **2** *(circulate)* hacer circular. ◆**send up** *vtr* **1** *(person, luggage, meal)* hacer subir or montar; *(rocket etc)* lanzar; *(smoke, flames)* echar, arrojar; *(prices, temperature)* hacer subir. **2** GB *fam (make fun of) (person)* burlarse de; *(book etc)* satirizar. **3** *sl* meter en chirona or el talego.

sender ['sendə'] *n* remitente *mf*.

send-up ['sendʌp] *n* GB *fam* sátira *f*, paradio *m*.

sendoff ['sendɒf] *n fam* despedida *f*.

Senegal [senɪ'gɔːl] *n* Senegal.

Senegalese [senɪgə'liːz] *adj & n* senegalés,-esa *(m,f)*.

senile ['siːnaɪl] *adj* senil.

senility [sɪ'nɪlɪtɪ] *n* senilidad *f*.

senior ['siːnjə'] **I** *adj* **1** *(in age)* mayor; **William Armstrong S.,** William Armstrong padre. ■ **s. citizen,** jubilado,-a *m,f*, persona *f* de la tercera edad; *US Sch* **s. high (school),** instituto *m* de enseñanza superior. **2** *(in position, rank)* superior;

(with longer service) más antiguo,-a, de más antigüedad; *Mil* **s. officer,** oficial *mf* de alta graduación; **s. partner,** socio,-a *m,f* mayoritario,-a; *GB* **the s. service,** la marina. **II** *n* 1 *(in age)* mayor *mf*; **she's three years my s.,** me lleva tres años. 2 *GB Sch* mayor *mf*; *US Sch Univ* estudiante *mf* del último curso.

seniority [siːnɪ'ɒrɪtɪ] *n* antigüedad *f*.

sensation [sen'seɪʃən] *n* 1 *(feeling)* sensación *f*. 2 *(great success)* sensación *f*, éxito *m*; **to be a s.,** ser un éxito; **to cause a s.,** causar sensación.

sensational [sen'seɪʃənəl] *adj (marvellous)* sensacional; *(exaggerated) (headlines etc)* sensacionalista.

sensationalism [sen'seɪʃənəlɪzəm] *n* sensacionalismo *m*.

sense [sens] **I** *n* 1 *(faculty)* sentido *m*; **s. of hearing/ smell,** sentido del oído/del olfato. ■ **s. organ,** órgano *m* sensorial; **sixth s.,** sexto sentido *m*. 2 *(feeling)* sensación *f*; **s. of direction/duty/humour,** sentido *m* de la orientación/del deber/del humor; **to lose all s. of time,** perder toda noción del tiempo. 3 *(wisdom)* sentido *m* común, juicio *m*, sensatez *f*; **there's no s. in crying,** ¿de qué sirve llorar?; **to make sb see s., to talk some s. into sb,** hacer entrar en razón a algn. ■ **common s.,** sentido *m* común. 4 *(meaning) (gen)* sentido *m*; *(of word)* significado *m*; **I can't make (any) s. of it,** no llego a comprenderlo; **in a s.,** en cierto sentido, hasta cierto punto; **it doesn't make s.,** no tiene sentido. 5 **senses,** juicio *m sing*; **to come to one's s.,** recobrar el juicio; **to take leave of one's s.,** perder el juicio. **II** *vtr* sentir, percibir, presentir.

senseless ['senslɪs] *adj* 1 *(absurd)* insensato,-a, absurdo,-a. 2 *(unconscious)* sin conocimiento, inconsciente.

sensibility [sensɪ'bɪlɪtɪ] *n* 1 sensibilidad *f*. 2 **sensibilities,** susceptibilidad *f sing*, sensibilidad *f sing*.

sensible ['sensɪbəl] *adj* 1 *(wise)* sensato,-a. 2 *(reasonable) (decision)* razonable, prudente; *(choice)* acertado,-a. 3 *(clothes, shoes)* práctico,-a, cómodo,-a. 4 *(difference)* apreciable, perceptible.

sensitive ['sensɪtɪv] *adj* 1 sensible; *(touchy)* susceptible. 2 *(skin, issue, etc)* delicado,-a, sensible; *(document)* confidencial.

sensitivity [sensɪ'tɪvɪtɪ] *n* 1 *(gen)* sensibilidad *f*; *(touchiness)* susceptibilidad *f*. 2 *(of skin, issue, etc)* delicadeza *f*.

sensitize ['sensɪtaɪz] *vtr* sensibilizar.

sensor ['sensəʳ] *n Tech* sensor *m*, detector *m*.

sensory ['sensərɪ] *adj* sensorial.

sensual ['sensjʊəl] *adj* sensual.

sensuality [sensjʊ'ælɪtɪ] *n* sensualidad *f*.

sensuous ['sensjʊəs] *adj* sensual.

sent [sent] *pt & pp see* **send** .

sentence ['sentəns] **I** *n* 1 *Gram* frase *f*; *Ling* oración *f*. 2 *Jur* sentencia *f*, fallo *m*, condena *f*; **to pass s.,** dictar sentencia; **to pass s. on sb,** imponer una pena a algn. ■ **death s.,** pena *f* de muerte; **life s.,** cadena *f* perpetua. **II** *vtr Jur* condenar.

sententious [sen'tenʃəs] *adj* sentencioso,-a.

sentiment ['sentɪmənt] *n* 1 *(sentimentality)* sentimentalismo *m*, sensiblería *f*. 2 *(feeling)* sentimiento *m*. 3 *(opinion)* opinión *f*, parecer *m*, juicio *m*.

sentimental [sentɪ'mentəl] *adj* sentimental. ■ **s. value,** valor *m* sentimental.

sentimentality [sentɪmen'tælɪtɪ] *n* sentimentalismo *m*, sensiblería *f*.

sentry ['sentrɪ] *n Mil* centinela *m*; **to be on s. duty,** estar de guardia, hacer guardia. ■ **s. box,** garita *f* de centinela; **s. duty,** guardia *f*.

Seoul [səʊl] *n* Seúl.

sepal ['sepəl] *n Bot* sépalo *m*.

separable ['sepərəbəl] *adj* separable.

separate ['sepəreɪt] **I** *vtr (gen)* separar **(from,** de); *(divide)* dividir **(into,** en); *(distinguish)* distinguir; *Culin* **separated milk,** leche desnatada; **she is separated from her husband,** está *or* vive separada de su marido. **II** *vi* separarse. **III** ['sepərɪt] *adj (gen)* separado,-a; *(apart)* apartado,-a; *(different)* distinto,-a, diferente; *(of organization)* independiente; *(of entrance)* particular; **to send sth under s. cover,** mandar algo por separado. **IV** **separates** *npl (clothes)* piezas *fpl*.◆**separately** *adv* por separado.

separation [sepə'reɪʃən] *n* separación *f*.

separatism ['sepərətɪzəm] *n* separatismo *m*.

separatist ['sepərətɪst] *n* separatista *mf*.

Sephardi [sɪ'fɑːdiː] *n (pl Sephardim* [sɪ'fɑːdɪm]*)* sefardí *mf*, sefardita *mf*.

Sephardic [sɪ'fɑːdɪk] *adj* sefardí, sefardita.

sepia ['siːpɪə] *adj & n* sepia *(f)*.

sepsis ['sepsɪs] *n Med* sepsia *f*.

Sept *abbr of* **September,** setiembre *m*, septiembre *m*, sept, sep.

September [sep'tembəʳ] *n* septiembre *m*, setiembre *m*; **in S.,** en septiembre; **(on) the 7th of S.,** el 7 de septiembre; *see also* **May** .

septet [sep'tet] *n Mus* septeto *m*.

septic ['septɪk] *adj Med* séptico,-a; *(wound)* **to become s.,** infectarse. ■ **s. tank,** fosa *f* séptica.

septicaemia, *US* **septicemia** [septɪ'siːmɪə] *n Med* septicemia *f*.

sepulchre, *US* **sepulcher** ['sepəlkəʳ] *n* sepulcro *m*.

sequel ['siːkwəl] *n* secuela *f*.

sequence ['siːkwəns] *n* 1 *(order)* secuencia *f*, orden *m*; *Ling (of tenses)* concordancia *f*. 2 *(series)* secuencia *f*, serie *f*, sucesión *f*; *Cards* escala *f*; **dance s.,** número *m* (de baile); *Cin* **film s.,** secuencia.

sequester [sɪ'kwestəʳ] *vtr* 1 *Jur (seize)* embargar, secuestrar. 2 *(separate)* aislar.

sequestration [siːkwe'streɪʃən] *n Jur (seizure)* embargo *m*, secuestro *m*.

sequin ['siːkwɪn] *n* lentejuela *f*.

sequoia [sɪ'kwɔɪə] *n Bot* secoya *f*, secuoya *f*. ■ **giant s.,** secuoya *f* gigante.

serenade [serɪ'neɪd] *Mus* **I** *n* serenata *f*. **II** *vtr* dar una serenata a.

serene [sɪ'riːn] *adj* sereno,-a, tranquilo,-a. ◆**serenely** *adv* serenamente, con serenidad, con calma.

serenity [sɪ'renɪtɪ] *n* serenidad *f*.

serf [sɜːf] *n Hist* siervo,-a *m,f*.

serge [sɜːdʒ] *n Tex* sarga *f*.

sergeant ['sɑːdʒənt] *n Mil* sargento *m*; *(of police)* cabo *m*. ■ **s. major,** sargento *m* mayor, brigada *m*.

serial ['sɪərɪəl] *n* 1 *Rad TV (on radio)* serial *m*; *(soap opera)* radionovela *f*, telenovela *f*. 2 *Press* novela *f* por entregas. 3 **s. number,** número *m* de serie.

serialize ['sɪərɪəlaɪz] *vtr* seriar.

series ['sɪəriːz] *n inv (gen)* serie *f*; *(of books)* colección *f*; *(of concerts, lectures)* ciclo *m*.

serigraph ['serɪɡræf] *n* serigrafía *f*.

serigraphy [sə'rɪɡrəfɪ] *n* serigrafía *f*.

serin ['serɪn] *n Orn* verdecillo *m*.

serious ['sɪərɪəs] *adj* 1 *(solemn)* serio,-a; *(earnest)* serio,-a, formal; **I am s.**, hablo en serio; **he's s. about leaving the country**, está decidido a salir del país; **she's s. about your brother**, está enamorada de tu hermano; **you can't be s.!**, no lo dirás en serio, ¿verdad?, es una broma, ¿no? 2 *(causing concern)* grave, serio,-a; **s. damage/losses**, daños/pérdidas importantes; **things are looking s.**, la situación se está poniendo grave *or* seria. ◆**seriously** *adv* 1 *(in earnest)* en serio; **don't take things so s.**, no tome las cosas tan en serio; **s. though**, bromas aparte. 2 *(dangerously, severely)* gravemente, seriamente; **s. damaged**, seriamente dañado,-a; **s. wounded**, herido,-a de gravedad.

seriousness ['sɪərɪəsnɪs] *n* gravedad *f*, seriedad *f*; **in all s.**, hablando en serio.

sermon ['sɜːmən] *n* sermón *m*.

serous ['sɪərəs] *adj* Med seroso,-a.

serpent ['sɜːpənt] *n* Zool lit serpiente *f*.

serrated [sɪ'reɪtɪd] *adj* dentado,-a, serrado,-a; **a knife with a s. edge**, un cuchillo de sierra.

serum ['sɪərəm] *n* *(pl serums or sera* ['sɪərə]*)* Med suero *m*.

servant ['sɜːvənt] *n* *(domestic)* criado,-a *m,f*, sirviente,-a *m,f*; *fig* servidor,-a *m,f*. ■ **civil s.**, **public s.**, funcionario,-a *m,f* del Estado.

serve [sɜːv] I *vtr* 1 *(work for)* servir. 2 *(customer)* servir, atender; *(food, drink)* servir; **are you being served?**, ¿le atienden?; **dinner is served**, la cena está servida; *(on recipe)* **'serves four'**, 'para cuatro personas'; *Rel* **to s. mass**, ayudar en misa. 3 *Ten* sacar, servir. 4 *(be useful to)* servir, ser útil; **if my memory serves me right**, si no me falla la memoria, si mal no recuerdo; **it serves him right**, bien merecido lo tiene. 5 *(provide with)* equipar; **the area is served by both bus and underground**, en la zona hay autobús y metro. 6 *Jur* **to s. a summons on sb**, entregar una citación a algn. 7 *(complete, carry out)* cumplir, hacer; **to s. a prison sentence**, *fam* **to s. time**, cumplir una condena; **to s. one's apprenticeship**, hacer el aprendizaje. II *vi* 1 *(in household, army, etc)* servir; **to s. at table**, servir la mesa; **to s. on a committee/jury**, ser miembro de una comisión/un jurado. 2 *Ten* sacar, servir. 3 *(be useful)* servir **(as**, de); **to s. as an example**, servir de ejemplo. III *n* *Ten* saque *m*. ◆**serve out, serve up** *vtr* *(food)* servir.

server ['sɜːvə⟨r⟩] *n* 1 *Rel (at mass)* monaguillo *m*. 2 *Ten* saque *mf*. 3 *(cutlery)* cubierto *m* de servir. 4 *(tray)* bandeja *f*, salvilla *f*.

service ['sɜːvɪs] I *n* 1 *(provided by hotel, etc)* servicio *m*; **after-sales s.**, servicio postventa *or* posventa; **at your s.!**, ¡a sus órdenes!; **how can I be of s. to you?**, ¿en qué puedo servirle?; **military s.**, servicio militar; *(on bill)* **s. (charge) included**, servicio incluido; **to die in active s.**, morir en acto de servicio; **to do sb a s.**, hacer un favor a algn; **to see s.**, prestar servicio. ■ **s. area**, área *f* de servicio; **s. flat**, apartamento *m* con servicio; **s. industry**, sector *m* de servicios; **s. road**, vía *f* de acceso *or* de salida; *Aut* **s. station**, estación *f* de servicio. 2 *(department, system)* servicio *m*; **medical/social s.**, servicios médicos/sociales; **National Health S.**, Seguridad Social; **postal s.**, servicio de correos; *Mil* **the Services**, las Fuerzas Armadas; **the train/bus s. to Bristol**, la línea de trenes/autobuses a Bristol. ■ **civil s.**, administración *f* pública. 3 *(maintenance)* revisión *f*, mantenimiento *m*; *(of car)* puesta *f* a punto. 4 *Rel* oficio *m*, servicios *mpl*; *(mass)* misa *f*; **to hold a s.**, celebrar un oficio; *(say mass)* celebrar misa. 5 *Ten*

saque *m*, servicio *m*. ■ **s. line**, línea *f* de saque *or* de servicio. 6 *(set of dishes)* juego *m*, servicio *m*. ■ **dinner s.**, vajilla *f*; **tea s.**, juego *m* de té. II *vtr* *(car, machine)* revisar.

serviceable ['sɜːvɪsəbəl] *adj* 1 *(fit for use)* útil, utilizable, servible. 2 *(practical)* práctico,-a; *(durable)* duradero,-a.

serviceman ['sɜːvɪsmən] *n* *(pl servicemen)* Mil militar *m*.

servicewoman ['sɜːvɪswʊmən] *n* *(pl servicewomen* ['sɜːvɪswɪmɪn]*)* Mil militar *f*.

serviette [sɜːvɪ'et] *n* GB servilleta *f*. ■ **s. ring**, servilletero *m*.

servile ['sɜːvaɪl] *adj* servil.

servitude ['sɜːvɪtjuːd] *n* servidumbre *f*; **penal s.**, trabajos *mpl* forzados.

servo ['sɜːvəʊ] *n* *(pl servos)* fam *(abbr of servomechanism)* servosistema *m*, servomecanismo *m*. ■ **s. brakes**, servofrenos *mpl*.

servo-assisted ['sɜːvəʊəsɪstɪd] *adj* servoasistido,-a; **s. brakes**, servofrenos *mpl*.

servomechanism ['sɜːvəʊmekənɪzəm] *n* servosistema *m*, servomecanismo *m*.

sesame ['sesəmɪ] *n* Bot sésamo *m*, ajonjolí *m*; **open s.!**, ¡ábrete sésamo!

session ['seʃən] *n* 1 *(meeting)* sesión *f*, junta *f*, reunión *f*; *(sitting)* sesión *f*; **to be in s.**, *(gen)* estar reunido,-a; *(Parliament, court)* celebrar una sesión; **we're in for a long s.**, tenemos para rato. 2 *Sch Univ (academic year)* año *m* *or* curso *m* académico.

set[1] [set] I *vtr* *(pt & pp set)* 1 *(put, place)* poner, colocar; *(dog)* azuzar **(on**, contra); *(trap)* poner **(for**, para); **the novel is s. in Moscow**, la novela se desarrolla en Moscú; **to s. fire to sth**, prender fuego a algo; **to s. sb's mind at rest**, tranquilizar a algn. 2 *(fix) (date, time)* fijar, señalar; *(price)* fijar; *(record)* establecer; *(fashion)* imponer. 3 *(adjust) (mechanism etc)* ajustar; *(bone)* encajar, componer; *(fix) (mechanism etc)* componer, arreglar; **she s. her alarm for six**, puso el despertador para las seis; **to s. one's watch**, poner el reloj en hora. 4 *(arrange)* arreglar; **he s. the words to music**, puso música a la letra; **I had my hair s.**, me han peinado; **to s. the table**, poner la mesa. 5 *(assign) (exam, homework)* poner; *(example)* dar; *(precedent)* sentar. 6 *(cause to begin, do, etc)* poner; **it s. him thinking**, le dio que pensar, le hizo reflexionar; *Naut* **to s. sail**, zarpar; **to s. sb free**, poner en libertad a algn; **to s. sth going**, poner algo en marcha. 7 *(mount) (diamond etc)* montar, engastar. 8 *Print (text)* componer. II *vi* 1 *(sun, moon)* ponerse. 2 *(jelly, jam)* cuajar; *(glue)* endurecerse; *(cement)* fraguarse, endurecerse; *(bone)* encajarse, componerse. 3 *(begin)* **to s. to**, ponerse a. III *n* 1 *Hairdr* marcado *m*; **shampoo and s.**, lavar y marcar. 2 *(stage)* Cin plató *m*; *Theat* escenario *m*; *(scenery)* decorado *m*. IV *adj* 1 *(fixed) (task, idea, purpose)* fijo,-a; *(date, time)* señalado,-a, determinado,-a; *(opinion)* inflexible; *(smile)* rígido,-a, forzado,-a; *(gaze)* fijo,-a; *(speech)* preparado,-a; **s. lunch**, menú del día; **s. phrase**, frase hecha; **s. price**, precio fijo; **to be dead s. against sth**, oponerse rotundamente a algo; **to be s. in one's ways**, tener unas costumbres muy arraigadas, ser reacio,-a al cambio; **to be s. on doing sth**, estar empeñado,-a en hacer algo. ■ **s. square**, cartabón *m*, escuadra *f*. 2 *(ready)* listo,-a; **on your marks, get s., go!**, ¡preparados, listos, ya! ◆**set about** *vi* 1 *(begin)* empezar; **I don't know how to s. about it**, no sé por dónde empezar. 2 *(attack)* atacar, agredir. ◆**set against** *vtr* **1** to **s. one person against another,** enemistar a dos personas. **2** *(balance against)* comparar con. ◆**set aside** *vtr* **1** *(time, money)* guardar, reservar; *(differences)* dejar de lado. **2** *(reject)* rechazar, desechar. ◆**set back** *vtr* **1** *(place at a distance)* apartar; **s. back from the road,** apartado,-a de la carretera. **2** *(delay)* retrasar; *(hinder)* entorpecer. **3** *fam (cost)* costar. ◆**set down** *vtr* **1** *(luggage etc)* poner, dejar (en el suelo); *GB (passengers)* dejar. **2** *(write down)* poner por escrito. ◆**set forth** *vi arch* emprender marcha, partir. ◆**set in** *vi (winter, rain)* comenzar; *(problems, complications)* aparecer, surgir; **panic s. in,** cundió el pánico. ◆**set off** **I** *vi (depart)* salir, marcharse, ponerse en camino. **II** *vtr* **1** *(bomb)* hacer estallar; *(burglar alarm)* hacer sonar *or* saltar; *(reaction)* desencadenar. **2** *(enhance)* hacer resaltar. ◆**set out** **I** *vi* **1** *(depart)* salir, marcharse, ponerse en camino; **to s. out for ...,** partir hacia ... . **2** *(intend)* **to s. out to do sth,** intentar *or* proponerse hacer algo. **II** *vtr (arrange, display) (goods)* disponer; *(present) (work)* presentar. ◆**set to** *vi* ponerse a trabajar. ◆**set up** **I** *vtr* **1** *(position)* colocar; *(statue, barricades, camp)* levantar; *(assemble) (tent, stall, machinery)* montar. **2** *(establish) (school, business)* establecer, crear; *fam* montar; *(committee, inquiry)* constituir; **to s. oneself up as a photographer,** establecerse como fotógrafo; **to s. sb up in business,** ayudar a algn a establecerse; **to s. up house,** poner la casa, instalarse; **to s. up shop,** montar una tienda; *fam* **to be s. up for life,** tener el porvenir asegurado; *fam* **you've been s. up!,** ¡te han timado! **II** *vi* establecerse; **to s. up in business,** establecerse. ◆**set upon** *vtr (attack)* abalanzarse sobre, atacar.

set² [set] **I** *n* **1** *(series)* serie *f*; *(of brushes, golf clubs)* juego *m*; *(of dishes)* juego *m*, servicio *m*; *(of tools)* estuche *m*; *(of turbines etc)* equipo *m*, grupo *m*; *(of books, poems)* colección *f*; *(of teeth)* dentadura *f*. ■ **chess s.,** juego *m* de ajedrez; **electric train s.,** tren *m* eléctrico; **manicure s.,** estuche *m* de manicura; **s. of cutlery,** cubertería *f*; **s. of kitchen utensils,** batería *f* de cocina; **s. of teeth,** dentadura *f*; **tea s.,** juego *m* de té. **2** *(of people)* grupo *m*; *pej (clique)* pandilla *f*, camarilla *f*; **the smart s.,** la gente bien. **3** *Math* conjunto *m*. **4** *Ten* set *m*. **5** *Elec* aparato *m*. ■ **TV s.,** televisor *m*. **6** **to make a dead s. at,** *(attack)* emprenderla con; *(seduce)* proponerse ligar con. **II** *vtr (pt & pp set) (divide up)* dividir en grupos.

setback ['setbæk] *n* revés *m*, contratiempo *m*.

settee [se'ti:] *n* sofá *m*.

setter ['setə'] *n (dog)* (perro *m*) setter *m*.

setting ['setɪŋ] *n* **1** *(background etc)* marco *m*; *(of novel, film)* escenario *m*. **2** *(of jewel)* engaste *m*, montura *f*. **3** *Tech (of controls, machine)* ajuste *m*. **4** *Print* composición *f*. **5** *Hairdr* **s. lotion,** fijador *m*.

setting-up [setɪŋ'ʌp] *n (creation)* creación *f*, fundación *f*.

settle¹ ['setəl] **I** *vtr* **1** *(place)* colocar, asentar. **2** *(decide on)* decidir, acordar; *(date, price)* fijar; *(sort out) (problem)* resolver, solucionar; *(differences)* resolver, arreglar; **that settles it then,** queda decidido entonces; *Jur* **to s. a case out of court,** llegar a un acuerdo amistoso; **to s. one's affairs,** poner los asuntos en orden; *fam* **that settles it!,** ¡se acabó! **3** *(pay) (debt)* pagar; *(account)* saldar, liquidar. **4** *(calm) (nerves)* calmar; *(stomach)* asentar. **5** *fam (put an end to)* terminar, acabar con; **I'll soon s. him!,** ¡ya me las pagará! **6** *(establish) (person)* instalar. **7** *(colonize) (land)* colonizar, poblar. **II** *vi* **1**

(bird, insect) posarse; *(dust)* depositarse; *(snow)* cuajar; *(sediment)* precipitarse; *(liquid)* clarificarse; **a thick fog settled over the city,** una densa niebla cayó sobre la ciudad; **to s. into an armchair,** acomodarse en un sillón. **2** *(put down roots)* afincarse, domiciliarse. **3** *(weather)* serenarse, estabilizarse. **4** *(child, nerves)* calmarse; *(situation)* normalizarse. **5** *(pay)* pagar; *Jur* **to s. out of court,** llegar a un acuerdo amistoso. ◆**settle down** *vi* **1** *(put down roots)* afincarse, domiciliarse, instalarse; *(marry)* casarse; *(become more responsible)* sentar la cabeza. **2** *(become accustomed)* acostumbrarse, adaptarse. **3** *(begin)* **to s. down to work,** ponerse a trabajar. **4** *(child)* calmarse; *(situation)* normalizarse, volver a la normalidad. ◆**settle for** *vtr* conformarse con, contentarse con. ◆**settle in** *vi (move in)* instalarse; *(become adapted)* acostumbrarse, adaptarse. ◆**settle into** *vtr (get used to)* acostumbrarse a, adaptarse a, hacerse a. ◆**settle on** *vtr (decide on)* decidirse por; *(choose)* escoger; *(agree on)* ponerse de acuerdo sobre. ◆**settle with** *vtr (pay debt to)* ajustar cuentas con.

settle² ['setəl] *n (wooden bench)* banco *m*.

settlement ['setəlmənt] *n* **1** *(agreement)* acuerdo *m*, solución *f*; **out-of-court s.,** acuerdo amistoso. **2** *(of debt)* pago *m*; *(of account)* liquidación *f*. **3** *(dowry)* dote *m*; *(pension)* pensión *f*, venta *f*. **4** *(colonization)* colonización *f*, población *f*. **5** *(colony)* colonia *f*; *(village)* pueblo *m*, poblado *m*.

settler ['setlə] *n* colono *m*, colonizador,-a *m,f*, poblador,-a *m,f*.

set-to [set'tu:] *n fam (quarrel, fight)* riña *f*, pelea *f*.

setup ['setəp] *n (system)* sistema *m*; *(situation)* situación *f*; *sl* montaje *m*.

seven ['sevən] **I** *adj* siete *inv*; **all s. of them left,** se marcharon todos siete; **chapter/page s.,** el capítulo/ la página número siete; **it costs s. dollars,** cuesta siete dólares; **it's s. minutes to five,** son las cinco menos siete, faltan siete minutos para las cinco; **s. hundred,** setecientos,-as; **s. thousand,** siete mil; **she is s. years old,** tiene siete años; **they live at number s.,** viven en el número siete. **II** *n* siete *m inv*; **a boy of s.,** un niño de siete años; **come at s.,** ven a las siete; **it's s. o'clock,** son las siete; **s. and s. are fourteen,** siete más siete son catorce; **the clock struck s.,** dieron las siete; **the s. of hearts,** el siete de corazones; **there were s. of us,** éramos siete; **they are sold in sevens,** se venden de siete en siete; **three out of s.,** tres sobre siete; **we live at s. Carlton Street,** vivimos en la calle Carlton, número siete.

seventeen [sevən'ti:n] *adj & n* diecisiete (*m*), diez y siete (*m*); *see also* **seven**.

seventeenth [sevən'ti:nθ] **I** *adj* decimoséptimo,-a; **the s. century,** el siglo diecisiete. **II** *n (in series)* decimoséptimo,-a *m,f*; *(fraction)* decimoséptima parte *f*; **the s. of May,** el diecisiete de mayo; *see also* **seventh**.

seventh ['sevənθ] **I** *adj* séptimo,-a; **Edward the s.,** Eduardo séptimo; **he was the s. to arrive,** fue el séptimo en llegar; **the s. century,** el siglo siete; **the s. of October, October the s.,** el siete de octubre; **to be in s. heaven,** estar en la gloria, estar en el séptimo cielo; **to come s.,** quedar en séptimo lugar; **we're leaving on the s.,** nos marchamos el día siete; **your letter of the s.,** su carta del día siete del corriente. **II** *n* **1** *(in series)* séptimo,-a *m,f*. **2** *(fraction)* séptimo *m*, séptima parte *f*; **three sevenths,** tres séptimos. **3** *Mus* séptima *f*.

seventieth ['sevəntιιθ] **I** *adj* septuagésimo,-a. **II** *n* **1** *(in series)* septuagésimo,-a *m,f.* **2** *(fraction)* septuagésimo *m*, septuagésima parte *f*; *see also* **seventh.**

seventy [sevəntι] **I** *adj* setenta *inv*; **about s. cars/ passengers,** unos setenta coches/pasajeros; **he's about s. (years old),** anda por los setenta; **he will be s. (years old) tomorrow,** mañana cumplirá los setenta años; **s. per cent of the staff,** el setenta por ciento del personal. **II** *n* setenta *m inv*; **he must be in his seventies,** debe andar por los setenta; **in the seventies,** durante los (años) setenta; **the temperature was in the seventies,** hacía más de setenta grados; **to be in one's early/late seventies,** tener poco más de setenta/casi ochenta años; **to do s.,** ir a setenta millas la hora.

sever ['sevə^r] *vtr (cut)* cortar; *fig (relations, communications)* romper.

several ['sevərəl] **I** *adj* **1** *(more than a few)* varios,-as. **2** *(different)* distintos,-as; *(separate)* respectivos,-as. **II** *pron* algunos,-as.

severance ['sevərəns] *n (of relations etc)* ruptura *f*. ■ *Ind* **s. pay,** indemnización *f* por despido.

severe [sι'vιə^r] *adj (gen)* severo,-a; *(discipline, measures)* severo,-a, riguroso,-a, estricto,-a; *(climate)* duro,-a, riguroso,-a; *(criticism, punishment)* severo,-a; *(illness, loss)* grave, serio,-a; *(blow)* duro,-a, fuerte; *(pain)* agudo,-a; *(style, architecture)* austero,-a; **to be s. on sb,** ser muy duro,-a con algn. ◆**severely** *adv (gen)* severamente; *(criticized, punished)* severamente, rigurosamente; *(ill)* gravemente.

severeness [sι'vιənιs] *n*, **severity** [sι'verιtι] *n (of person, criticism, punishment)* severidad *f*; *(of climate)* rigor *m*; *(of illness)* gravedad *f*, seriedad *f*; *(of pain)* agudeza *f*; *(of style)* austeridad *f*.

Seville [sə'vιl] *n* Sevilla.

sew [səυ] *vtr & vi (pt sewed; pp sewed or sewn)* coser **(on,** a). ◆**sew up** *vtr (stitch together)* coser; *(mend)* remendar; *fig* **it's all sewn up,** ya está todo arreglado.

sewage ['su:ιdʒ] *n* aguas *fpl* residuales. ■ **s. disposal,** depuración *f* de aguas residuales; **s. farm** *or* **works,** estación *f* depuradora; **s. system,** alcantarillado *m*.

sewer ['su:ə^r] *n* alcantarilla *f*, cloaca *f*, albañal *m*; **main s.,** colector *m*.

sewerage ['su:ərιdʒ] *n* alcantarillado *m*.

sewing ['səυιŋ] *n* costura *f*. ■ **s. machine,** máquina *f* de coser.

sewn [səυn] *pp see* **sew.**

sex [seks] *n* sexo *m*; **s. education,** educación *f* sexual; **s. maniac,** maníaco,-a *m,f* sexual; *fam* obseso,-a *m,f*; **the fair s.,** el bello sexo; **the opposite s.,** el sexo opuesto; **the weaker s.,** el sexo débil; **to have s. with sb,** tener relaciones sexuales con algn; *fam* hacer el amor *or* acostarse con algn. ■ **s. appeal,** sex-appeal *m*; *fam* gancho *m*; **s. shop,** sex-shop *m*; **s. symbol,** símbolo *m* sexual, sex-symbol *m*.

sexism ['seksιzəm] *n* sexismo *m*.

sexist ['seksιst] *adj & n* sexista *(mf)*.

sexless ['sekslιs] *adj* asexual, asexuado,-a.

sexologist [sek'sɒlədʒιst] *n* sexólogo,-a *m,f*.

sexology [sek'sɒlədʒι] *n* sexología *f*.

sextet [seks'tet] *n* Mus sexteto *m*.

sexton ['sekstən] *n* Rel sacristán *m*.

sexual ['seksjυəl] *adj* sexual.

sexuality [seksjυ'ælιtι] *n* sexualidad *f*.

sexy ['seksι] *adj (sexier, sexiest) fam* sexi, erótico,-a.

Seychelles [seι'ʃel(z)] *npl* Seychelles *fpl*.

sgd *abbr of* **signed,** firmado,-a, Fdo.

Sgt *abbr of* **Sergeant,** Sargento *m*, Sarg.

shabbiness ['ʃæbιnιs] *n* **1** *(of dress)* pobreza *f*, aspecto *m* lastimoso *or* harapiento; *(raggedness)* aspecto *m* desharrapado *or* andrajoso; *(of furniture etc)* aspecto *m* descuidado, mal aspecto *m*. **2** *(of treatment)* mezquindad *f*.

shabby ['ʃæbι] *adj (shabbier, shabbiest)* **1** *(garment)* raído,-a, desharrapado,-a; *(furniture)* de aspecto lastimoso; *(house)* desvencijado,-a, destartalado,-a; *(person)* pobremente vestido,-a; *(in rags)* andrajoso,-a, harapiento,-a; *(unkempt)* desaseado,-a. **2** *(treatment)* mezquino,-a; **a s. trick,** una mala pasada.

shack [ʃæk] **I** *n* choza *f*. **II** *vi fam* **to s. up with sb,** juntarse con algn.

shackle ['ʃækəl] **I** *vtr (prisoner)* poner grilletes a; *fig (plan etc)* poner trabas a. **II** **shackles** *npl* grilletes *mpl*, grillos *mpl*; *fig* trabas *fpl*; **to cast** *or* **throw off one's s.,** librarse de las ataduras *or* las trabas.

shade [ʃeιd] **I** *n* **1** *(shadow)* sombra *f*; **in the s.,** a la sombra; *fig* **to put sb in the s.,** dejar a algn en la sombra, hacer sombra a algn. **2** *(eyeshade)* visera *f*; *(lampshade)* pantalla *f*; *US (blind)* persiana *f*. **3** *(of colour)* tono *m*, matiz *m*; *(of opinion, meaning)* matiz *m*; **of every s. and hue,** de toda calaña. **4** *(small amount)* poquito *m*. **5 shades,** *sl* gafas *fpl* de sol. **II** *vtr (from sun)* proteger contra el sol, resguardar. ◆**shade in** *vtr Art* sombrear.

shading ['ʃeιdιŋ] *n Art* degradación *f*.

shadow ['ʃædəυ] **I** *n* **1** *(shade etc)* sombra *f*; *(darkness)* oscuridad *f*; *Art* sombreado *m*; **to cast a s.,** hacer sombra, proyectar una sombra; *fig* ensombrecer **(over,** -); *fig* **she's a s. of her former self,** es sólo una sombra de lo que fue; *fam* **five o'clock s.,** barba *f* de un día; *fig* **without a s. of a doubt,** sin lugar a dudas. **2** *GB Parl* de la oposición; **the s. cabinet,** el gabinete de la oposición. ■ **eye s.,** sombra *f* de ojos; *TV* **s. mask,** máscara *f* perforada con ranuras; *Theat* **s. play,** sombras *fpl* chinescas. **II** *vtr fig (follow)* seguir la pista a.

shadow-box ['ʃædəυbɒks] *vi fig* luchar contra molinos de viento.

shadowy ['ʃædəυι] *adj (dark)* oscuro,-a; *(hazy)* vago,-a, impreciso,-a.

shady ['ʃeιdι] *adj (shadier, shadiest)* **1** *(place)* a la sombra; *(tree)* que da sombra. **2** *(suspicious)* *(person)* sospechoso,-a; *(deal)* turbio,-a.

shaft [ʃɑ:ft] *n* **1** *(of tool, golf club)* mango *m*; *(of lance)* asta *f*; *(of arrow)* astil *m*; *(of cart)* vara *f*. **2** *Tech* eje *m*. ■ **drive s.,** árbol *m* motor. **3** *(of mine)* pozo *m*; *(of lift, elevator)* hueco *m*. **4** *(beam of light)* rayo *m*.

shag[1] [ʃæg] *n (shredded tobacco)* tabaco *m* picado.

shag[2] [ʃæg] *n Orn* cormorán *m* moñudo.

shag[3] [ʃæg] *vtr GB vulg* follar, joder.

shaggy ['ʃægι] *adj (shaggier, shaggiest) (hairy)* peludo,-a; *(long-haired)* melenudo,-a; *(hair, beard)* desgreñado,-a, enmarañado,-a; *fam* **a s. dog story,** un cuento chino.

shah [ʃɑ:] *n* cha *m*.

shake [ʃeιk] **I** *n* **1** *(gen)* sacudida *f*; **he denied it with a s. of the head,** lo negó con un movimiento de la cabeza; *fam* **in two shakes, in half a s.,** en un santiamén. **2** *fam* **the shakes,** *(trembling)* temblequera *f sing*; *(feverish)* tiritera *f sing*; **it gives me the s.,** me hace temblar de miedo; *fam* **it's no great s.**, no es nada del otro jueves *or* mundo. **3** *(milkshake)* batido *m*. **II** *vtr* (*pt* **shook**; *pp* **shaken**) *(carpet etc)* sacudir; *(bottle)* agitar; *(dice)* mover; *(building, table)* hacer temblar; **the news shook him,** la noticia le conmocionó; **to s. hands with sb,** estrechar *or* dar la mano a algn; **to s. one's head,** negar con la cabeza; *fam* **to s. a leg,** darse prisa, apresurarse. **III** *vi (person, building)* temblar, estremecerse; **to s. with cold,** tiritar de frío; **to s. with fear,** temblar de miedo; **to s. with laughter,** troncharse de risa. ◆**shake down** *vtr* **1** sacudir, hacer caer. **2** *US sl (blackmail)* chantajear. **3** *US sl (search)* cachear. ◆**shake off** *vtr* **1** *(dust etc)* sacudirse. **2** *fig (bad habit)* librarse de; *(cough, cold)* quitarse de encima; *(pursuer)* deshacerse de, dar esquinazo a, despistar. ◆**shake up** *vtr* **1** *(liquid in bottle)* agitar; *(pillow)* sacudir. **2** *fig (shock, stun)* conmocionar, trastornar. **3** *fig (reorganize)* reorganizar.

shake-up ['ʃeɪkʌp] *n fig* reorganización *f*.

shaken ['ʃeɪkən] *pp see* **shake**.

Shakespearian [ʃeɪk'spɪərɪən] *adj* shakesperiano,-a.

shaky ['ʃeɪkɪ] *adj* (**shakier, shakiest**) *(hand, voice)* tembloroso,-a; *(step)* inseguro,-a; *(handwriting)* temblón,-ona; *(table, ladder)* inestable; *(health)* débil; *(memory)* olvidadizo,-a; *(argument)* sin fundamento; **his French is s.,** su francés deja bastante que desear.

shale [ʃeɪl] *n Geol* esquisto *m*.

shall [ʃæl, *unstressed* ʃəl] *v aux* **1** *(used to form future tense) (first person only)* **I s.** (*or* **I'll**) **buy it tomorrow,** lo compraré mañana; **I s. not** (*or* **I shan't**) **say anything about it,** no diré nada al respecto; **we s.** (*or* **we'll**) **see them on Sunday,** les veremos el domingo. **2** *(used to form questions) (usu first person)* **s. I close the door?,** ¿cierro la puerta?; **s. I mend it for you,?** ¿quieres que te lo repare?; **s. we go?,** ¿nos vamos? **3** *(emphatic, command, threat) (all persons)* **we s. overcome,** venceremos; **you s. leave immediately,** te irás enseguida.

shallot [ʃə'lɒt] *n Bot* chalote *m*.

shallow ['ʃæləʊ] **I** *adj (gen)* poco profundo,-a; *fig* superficial; **s. dish,** plato llano. **II shallows** *npl* bajío *m sing*, bajos *mpl*.

shallowness ['ʃæləʊnɪs] *n (gen)* poca profundidad *f*, falta *f* de profundidad; *fig* superficialidad *f*, falsa apariencia *f*.

sham [ʃæm] **I** *adj (gen)* falso,-a; *(illness etc)* fingido,-a; *(jewellery)* de bisutería. **II** *n* **1** *(pretence)* simulacro *m*, farsa *f*; **it's all a big s.,** es un timo como una catedral. **2** *(person)* fantasma *m*, fantoche *m*. **III** *vtr* (*pt & pp* **shammed**) fingir, simular. **IV** *vi* fingir, fingirse; *fam* hacer el paripé; **she's just shamming,** lo está fingiendo.

shamble ['ʃæmbəl] *vi* **to s. along,** andar arrastrando los pies, andar con paso pesado.

shambles ['ʃæmbəlz] *n (chaos, mess)* confusión *f*, desorden *m*; **the performance was a s.,** la función fue un desastre; *fam* **what a s.!,** ¡qué follón!

shame [ʃeɪm] **I** *n* **1** *(feeling of humiliation)* vergüenza *f*; **s. on you!,** ¡qué vergüenza!; **to bring s. on,** deshonrar a; **to put to s.,** *(disgrace)* deshonrar; *(surpass by far)* humillar, aplastar. **2** *(pity)* pena *f*, lástima *f*; **what a s.!,** ¡qué pena!, ¡qué lástima! **II** *vtr* avergonzar; *(disgrace)* deshonrar.

shamefaced [ʃeɪm'feɪst] *adj* avergonzado,-a.

shameful ['ʃeɪmfʊl] *adj* vergonzoso,-a; **how s.!,** ¡qué vergüenza!

shameless ['ʃeɪmlɪs] *adj* desvergonzado,-a, descarado,-a.

shamelessness ['ʃeɪmlɪsnɪs] *n* desvergüenza *f*, descaro *m*.

shammy ['ʃæmɪ] *n* **s.** *(leather)*, gamuza *f*.

shampoo [ʃæm'pu:] **I** *n* champú *m*. **II** *vtr* lavar con champú; *(hair)* lavarse.

shamrock ['ʃæmrɒk] *n Bot* trébol *m*.

shandy ['ʃændɪ] *n GB* clara *f*, blanca *f*, cerveza *f* con gaseosa; *fam* champán *m* andaluz.

shanty¹ ['ʃæntɪ] *n Mus* (**sea**) **s.**, saloma *f*.

shanty² ['ʃæntɪ] *n (dwelling)* chabola *f*.

shantytown ['ʃæntɪtaʊn] *n* (barrio *m* de) chabolas *fpl*.

shape [ʃeɪp] **I** *n* **1** *(form, outline)* forma *f*; *(shadow)* silueta *m*, figura *f*; **in the s. of,** en forma de; **to take s.,** tomar forma; **what s. is it?,** ¿qué forma tiene? **2** *(order, condition) (thing)* **in good/bad s.,** en buen/mal estado; **he was in no s. to work,** no estaba en condiciones de trabajar; **out of s.,** en baja forma; *(health) (person)* **to be in good s.,** estar en forma; **to get oneself into s.,** ponerse en forma. **II** *vtr (gen)* dar forma a; *(clay)* modelar; *(stone)* tallar; *(character)* formar; *(future, destiny)* decidir, determinar; **star-shaped,** con forma de estrella. **III** *vi (also s. up)* tomar forma; **how's it shaping up?,** ¿cómo evoluciona?; **to s. up well,** *(events)* tomar buen cariz, prometer; *(person)* hacer progresos, prometer.

shape-up ['ʃeɪpʌp] *n* **s.-up classes,** clases *fpl* de gimnasia *or* de puesta a punto.

shapeless ['ʃeɪplɪs] *adj* sin forma, informe.

shapelessness ['ʃeɪplɪsnɪs] *n* falta *f* de forma.

shapely ['ʃeɪplɪ] *adj* (**shapelier, shapeliest**) *(woman)* escultural.

share [ʃeə'] **I** *n* **1** *(portion)* parte *f*; **to do one's s.,** hacer su parte; *fig* **the lion's s.,** la parte del león; *fam* **to go shares,** compartir. **2** *Fin* acción *f*. ■ **s. certificate,** certificado *m* de acciones; **s. index,** índice *m* de la Bolsa; **s. prices,** cotizaciones *fpl*. **II** *vtr* **1** *(divide)* dividir. **2** *(have in common)* compartir. **III** *vi* compartir; **s. and s. alike,** a partes iguales; **I s. in your sorrow,** te acompaño en el sentimiento; **to s. in the profits,** participar en los beneficios. ◆**share out** *vtr* repartir, distribuir.

share-out ['ʃeəraʊt] *n* reparto *m*.

shareholder ['ʃeəhəʊldə'] *n* accionista *mf*.

shark [ʃɑ:k] *n* **1** *(fish)* tiburón *m*. ■ **blue s.,** tintorera *f*. **2** *fam (swindler)* estafador,-a *m,f*, timador,-a *m,f*. ■ **loan s.,** usurero,-a *m,f*.

sharp [ʃɑ:p] **I** *adj* **1** *(razor, knife)* afilado,-a; *(needle, pencil)* puntiagudo,-a. **2** *(angle)* agudo,-a; *(features)* anguloso,-a; *Aut (bend)* cerrado,-a; *(slope)* empinado,-a. **3** *(outline)* definido,-a; *(photograph)* nítido,-a; *(contrast)* marcado,-a. **4** *(observant)* perspicaz; *(clever)* listo,-a, inteligente; *(quick-witted)* (d)espabilado,-a, avispado,-a; *(cunning)* astuto,-a; **s. practice,** mañas *fpl*, tejemanejes *mpl*. **5** *(sudden)* brusco,-a, repentino,-a. **6** *(intense) (pain, cry)* agudo,-a; *(wind)* penetrante; *(frost)* fuerte. **7** *(taste) (sour)* acre; *(acidic)* ácido,-a. **8** *(criticism)* mordaz; *(reprimand)* severo,-a; *(temper)* arisco,-a, violento,-a; *(tone)* seco,-a; *(tongue)* viperina. **9** *Mus* sostenido,-a; **F s.,** fa sostenido; *(out of tune)* desafinado,-a. **II** *adv* **1** *(exactly)* **at 2 o'clock s.,** a las dos en punto. **2** *(quickly)* **look s.!,** ¡rápido!, ¡muévete!; **to stop s.,** pararse en seco. **III** *n Mus* sostenido *m*. ◆**sharply** *adv* **1** *(abruptly)* bruscamente, repentinamente. **2** *(clearly)* claramente, marcadamente.

sharp-edged [ʃɑːpˈedʒd] *adj* afilado,-a.

sharpen [ˈʃɑːpən] *vtr* 1 *(knife)* afilar; *(pencil)* sacar punta a. 2 *fig (desire, intelligence)* agudizar; *(appetite)* abrir; **to s. one's wits,** (d)espabilarse.

sharpener [ˈʃɑːpənər] *n (for knife)* afilador *m*; *(for pencil)* sacapuntas *m inv*.

sharp-eyed [ʃɑːpˈaɪd] *adj* con ojos de lince *or* de águila.

sharp-tongued [ʃɑːpˈtʌŋd] *adj* de lengua viperina.

sharp-witted [ʃɑːpˈwɪtɪd] *adj* listo,-a, avispado,-a, perspicaz.

sharpshooter [ˈʃɑːpʃuːtər] *n Mil* tirador,-a *m,f* de primera *or* de élite.

shatter [ˈʃætər] I *vtr (gen)* hacer añicos *or* pedazos, romper, despedazar; *(health)* destrozar, minar, quebrantar; *(nerves)* destrozar; *(hopes)* frustrar. II *vi (gen)* hacerse añicos *or* pedazos, romperse, despedazarse; *(esp glass)* astillarse.

shattered [ˈʃætəd] *adj fam (shocked)* trastornado,-a, pasmado,-a; *(tired)* reventado,-a.

shattering [ˈʃætərɪŋ] *adj (blow, defeat)* aplastante, contundente; *(news, experience)* terrible.

shatterproof [ˈʃætəpruːf] *adj* inastillable.

shave [ʃeɪv] I *n* afeitado *m*; **to have a s.,** afeitarse; *fig* **to have a close** *or* **narrow s.,** escaparse *or* salvarse por los pelos. II *vtr (pt shaved; pp shaved or shaven* [ˈʃeɪvən]*) (person)* afeitar; *(wood)* cepillar; **to s. off one's beard,** afeitarse la barba. III *vi* afeitarse.

shaver [ˈʃeɪvər] *n* **(electric) s.,** máquina *f* de afeitar.

shaving [ˈʃeɪvɪŋ] *n* 1 *(thin stip of wood)* viruta *f*. 2 *(of the face)* afeitado *m*. ▪ **s. brush,** brocha *f* de afeitar; **s. cream,** crema *f* de afeitar; **s. foam,** espuma *f* de afeitar.

shawl [ʃɔːl] *n (garment)* chal *m*.

she [ʃiː] I *pers pron* ella; **it was s. who did it,** fue ella quien lo hizo; **s. and I,** ella y yo. II *n* **is it a he or a s.?,** *(animal)* ¿es macho o hembra?; *(baby)* ¿es niño o niña?

she- [ʃiː] *pref (of animal)* hembra; **s.-bear,** osa *f*; **s.-cat,** gata *f*.

sheaf [ʃiːf] *n (pl sheaves* [ʃiːvz]*) Agr* gavilla *f*; *(of arrows)* haz *m*; *(of papers, banknotes)* fajo *m*.

shear [ʃɪər] I *vtr (pt sheared; pp shorn or sheared) (sheep)* esquilar; **to s. off** *or* **through,** cortar; *fig* **to be shorn of sth,** verse despojado,-a de algo, quedarse sin algo. II *vi* esquilar ovejas.

shearer [ˈʃɪərər] *n* esquilador,-a *m,f*.

shearing [ˈʃɪərɪŋ] *n* esquileo *m*, esquila *f*.

shears [ʃɪəz] *npl (gen)* tijeras *f* (grandes); *(for metal)* cizalla *f sing*; **a pair of s.,** unas tijeras.

shearwater [ˈʃɪəwɔːtər] *n Orn* pardela *f*.

sheath [ʃiːθ] *n* 1 *(for sword)* vaina *f*; *(for knife, scissors)* funda *f*; *(for cable)* forro *m*, cubierta *f*. ▪ **s. knife,** cuchillo *m* de monte. 2 *(contraceptive)* preservativo *m*, condón *m*.

sheaves [ʃiːvz] *npl see* **sheaf.**

shed[1] [ʃed] I *n (in garden)* cobertizo *m*, tinglado *m*; *(workmen's hut)* barraca *f*; *(for cattle)* establo *m*; *(in factory)* nave *f*.

shed[2] [ʃed] *vtr (pt & pp shed)* 1 *(get rid of) (clothes, leaves)* despojarse de; *(unwanted thing)* deshacerse de; **a lorry has s. its load on the motorway,** un camión ha perdido su carga en la autopista; **the snake s. its skin,** la serpiente mudó de piel; *fam* **to s. a few pounds,** perder unos kilos. 2 *(pour forth) (blood, tears)* derramar; *fig* **to s. light on,** aclarar.

sheen [ʃiːn] *n* brillo *m*, lustre *m*.

sheep [ʃiːp] *n inv* oveja *f*; *fig* **the black s. of the family,** la oveja negra de la familia. ▪ **s. farming,** cría *f* de ovejas.

sheep-dip [ˈʃiːpdɪp] *n* baño *m* desinfectante (para ovejas).

sheepdog [ˈʃiːpdɒg] *n* perro *m* pastor.

sheepfold [ˈʃiːpfəʊld] *n* redil *m*, aprisco *m*.

sheepish [ˈʃiːpɪʃ] *adj* tímido,-a, avergonzado,-a.

sheepishness [ˈʃiːpɪʃnɪs] *n* timidez *f*.

sheepskin [ˈʃiːpskɪn] *n* piel *f* de carnero. ▪ **s. jacket,** pelliza *f*, zamarra *f*.

sheer[1] [ʃɪər] *adj* 1 *(total, utter)* total, absoluto,-a, puro,-a; **in s. desperation,** a la desesperada. 2 *(cliff)* escarpado,-a; *(drop)* vertical. 3 *(transparent) (stockings, cloth)* fino,-a.

sheer[2] [ʃɪər] *vi Naut* **to s. off** *or* **away,** desviarse; *fig* apartarse.

sheet [ʃiːt] *n* 1 *(on bed)* sábana *f*; **bottom s.,** sábana bajera; **top s.,** encimera *f*; *fig* **as white as a s.,** blanco como el papel. 2 *(of paper)* hoja *f*; *(of tin, glass, plastic)* lámina *f*; *(of water, ice)* capa *f*; *(of flames, rain)* cortina *f*. ▪ *Com* **balance s.,** balance *m*; *Com* **order s.,** hoja *f* de pedidos; **s. lightning,** relámpago *m*, fucilazo *m*; **s. metal,** chapa *f* de metal; **s. music,** hojas *fpl* de partitura, papel *m* pautado. II *vi (rain)* diluviar.

sheik(h) [ʃeɪk] *n* jeque *m*.

shelduck [ˈʃeldʌk] *n Orn* tarro *m*.

shelf [ʃelf] *n (pl shelves* [ʃelvz]*)* 1 *(bookcase)* anaquel *m*, estante *m*; *(in cupboard)* tabla *f*, anaquel *m*; *(on wall)* estante *m*, repisa *f*; *(in oven)* parrilla *f*; **(set of) shelves,** estantería *f*; *fam* **to be left on the s.,** quedarse para vestir santos. ▪ *Com* **s. life,** duración *f*. 2 *(in rock)* promontorio *m*; *(underwater)* plataforma *f*. ▪ **continental s.,** plataforma *f* continental.

shell [ʃel] I *n* 1 *(of egg, nut)* cáscara *f*; *(of pea)* vaina *f*; *(of tortoise, lobster, etc)* caparazón *m*; *(of snail, oyster, etc)* concha *f*; *fig* **to come out of one's s.,** salir del cascarón. 2 *(of building)* armazón *m*, esqueleto *m*; *(of ship)* casco *m*. 3 *Mil (mortar etc)* obús *m*, proyectil *m*; *(cartridge)* cartucho *m*. ▪ *Med* **s. shock,** neurosis *f* de guerra. II *vtr* 1 *(peas)* desvainar; *(nuts)* descascarar, pelar. 2 *Mil* bombardear. ◆**shell out** *vtr fam (money)* soltar.

shell-shocked [ˈʃelʃɒkt] *adj Med* que padece neurosis de guerra.

shellac [ʃəˈlæk, ˈʃelæk] *n (resin)* laca *f*; *(varnish)* barniz *m*.

shellfire [ˈʃelfaɪər] *n Mil* bombardeo *m*.

shellfish [ˈʃelfɪʃ] *n inv* marisco *m*, mariscos *mpl*.

shelling [ˈʃelɪŋ] *n Mil* bombardeo *m*.

shellproof [ˈʃelpruːf] *adj* a prueba de bombas.

shelter [ˈʃeltər] I *n* 1 *(protection)* abrigo *m*, protección *f*, amparo *m*; **to take s.,** refugiarse **(from,** de). 2 *(gen) (place)* refugio *m*, cobijo *m*; *(for homeless etc)* asilo *m*; *(in mountain)* albergue *m*. ▪ **air-raid s.,** refugio *m* antiaéreo; **bus s.,** marquesina *f*; **fallout s.,** refugio *m* atómico. II *vtr* 1 *(protect)* abrigar, proteger, amparar. 2 *(take into one's home)* esconder, dar refugio a. III *vi* refugiarse, ponerse a cubierto; **to s. from the rain,** abrigarse de la lluvia.

sheltered [ˈʃeltəd] *adj (place)* abrigado,-a, protegido,-a; **to lead a s. life,** vivir apartado,-a del mundo. ▪ **s. housing** *or* **homes,** viviendas *fpl* de protección oficial para la tercera edad.

shelve [ʃelv] *vtr* **1** *(place on shelf)* poner *or* ordenar en la estantería. **2** *fig (postpone)* dar carpetazo a, arrinconar.

shelves [ʃelvz] *npl see* shelf.

shelving [ʃelvɪŋ] *n* estanterías *fpl.*

shepherd [ʃepəd] **I** *n* pastor *m.* ■ **s. boy,** zagal *m; Culin* **s.'s pie,** pastel *m* de carne picada con puré de patatas. **II** *vtr fig* **to s. sb in,** hacer entrar a algn; **to s. sb out,** acompañar a algn hasta la puerta.

shepherdess [ʃepədɪs] *n* pastora *f.*

sherbet [ʃɜ:bət] *n* **1** *GB (sweet powder)* polvos *mpl* azucarados. **2** *US (ice)* sorbete *m.*

sheriff [ʃerɪf] *n GB* gobernador *m* civil; *Scot* juez *m* presidente; *US* sheriff *m,* alguacil *m* mayor.

sherry [ʃerɪ] *n* jerez *m,* vino *m* de jerez.

Shetland [ʃetlənd] *n* **the S. Isles, S.,** las Islas Shetland. ■ **s. pony,** poney *m* Shetland; **S. wool,** lana *f* Shetland.

shield [ʃi:ld] **I** *n* **1** *Mil Herald* escudo *m; (of policeman)* placa *f.* **2** *Tech (on machinery)* blindaje *m,* pantalla *f* protectora. **II** *vtr* proteger **(from,** de); **to s. one's eyes,** taparse los ojos.

shift [ʃɪft] **I** *n* **1** *(change)* cambio *m;* **a s. towards,** un movimiento hacia; **there has been a s. in policy,** ha habido un cambio de política. ■ *US Aut* **(gear) s.,** cambio *m* de velocidades; *(on typewriter)* **s. key,** tecla *f* de mayúsculas. **2** *(period of work, group of workers)* turno *m,* tanda *f;* **she's on the 4 to 10 s.,** está en el turno de 4 a 10; **to be on the day s.,** hacer el turno de día; **to work (in) shifts,** trabajar por turnos. **3** *(expedient)* expediente *m,* recurso *m;* **to make s. with/without sth,** conformarse con/arreglárselas sin algo. **II** *vtr (change)* cambiar; *(move)* cambiar de sitio, trasladar, desplazar; *US Aut* **to s. gears,** cambiar de velocidad; *fig* **to s. one's ground,** cambiar de táctica, adoptar una nueva postura. **III** *vi* **1** *(move)* mover; *(change place)* cambiar de sitio; *(cargo)* desplazarse; *(wind, opinion)* cambiar; *US Aut* cambiar de velocidad; **to s. over** *or* **up,** apartarse, correrse; *fam* **he won't s.,** no se quiere mover; *fam* **s.!,** ¡quítate de ahí en medio!, ¡apártate! **2** *(manage)* **to s. for oneself,** arreglárselas.

shiftless [ʃɪftlɪs] *n* perezoso,-a, vago,-a.

shiftwork [ʃɪftwɜ:k] *n* trabajo *m* por turnos.

shifty [ʃɪftɪ] *adj (shiftier, shiftiest)* furtivo,-a, disimulado,-a, sospechoso,-a; **s. look,** mirada huidiza.

Shiite [ʃi:aɪt] *n Rel* chiita *mf.*

shillelagh [ʃə'leɪlɪ] *n Ir* cachiporra *f.*

shilling [ʃɪlɪŋ] *n Fin* chelín *m.*

shillyshally [ʃɪlɪʃælɪ] *vi (pt & pp shillyshallied) fam* vacilar, titubear.

shimmer [ʃɪməʳ] **I** *vi* relucir, rielar; *(shine)* brillar. **II** *n* luz *f* trémula, reflejo *m* trémulo; *(shining)* brillo *m.*

shimmering [ʃɪmərɪŋ] *adj* reluciente, brillante.

shin [ʃɪn] **I** *n Anat* espinilla *f; Culin (of meat)* jarrete *m.* ■ *Sport* **s. pad,** espinillera *f.* **II** *vi* **to s. up a tree,** trepar a un árbol.

shinbone [ʃɪnbəʊn] *n Anat* tibia *f.*

shindy [ʃɪndɪ] *n fam* jaleo *m,* escándalo *m;* **to kick up a s.,** armar (un) jaleo.

shine [ʃaɪn] **I** *vi (pt & pp shone)* **1** *(sun, light)* brillar; *(polished metal)* relucir; *fig* **his face shone with happiness,** su cara irradiaba felicidad. **2** *fig (excel)* sobresalir **(at,** en). **II** *vtr* **1** *(light, lamp)* dirigir; **s. the light over there,** dirige la luz hacia allá. **2** *(pt & pp shined) (polish)* sacar brillo a; *(shoes)* limpiar, lustrar. **III** *n* brillo *m,* lustre *m;* **to give one's shoes a**

s., limpiarse *or* lustrarse los zapatos; **to give sth a s.,** sacar brillo a algo; *fig* **come rain or (come) s.,** pase lo que pase; *fam* **to take a s. to sb,** tomarle cariño a algn.

shiner [ʃaɪnəʳ] *n fam* ojo *m* a la funerala.

shingle [ʃɪŋgəl] *n* **1** *(pebbles)* guijarros *mpl.* **2** *(roof tile)* tablilla *f.* **3** *US fam (name plate)* placa *f.*

shingles [ʃɪŋgəlz] *npl Med* herpes *m.*

shining [ʃaɪnɪŋ] *adj* **1** *(light, metal, eyes)* brillante, reluciente; *(face)* radiante; *(hair)* lustroso,-a. **2** *fig (outstanding)* destacado,-a, ilustre, magnífico,-a.

shinty [ʃɪntɪ] *n Sport* hockey *m* (escocés) sobre hierba.

shiny [ʃaɪnɪ] *adj (shinier, shiniest)* **1** *(bright)* brillante. **2** *(worn) (clothes)* sobado,-a.

ship [ʃɪp] **I** *n* barco *m,* buque *m,* navío *m;* **on board s.,** a bordo; **to abandon s.,** abandonar *or* evacuar el barco; **the s.'s company,** la tripulación; *fig* **when my s. comes in** *or* **home,** cuando lleguen las vacas gordas. ■ **hospital s.,** buque *m* hospital; **merchant s.,** buque *m* mercante; **passenger s.,** buque *m* de pasajeros. **II** *vtr (pt & pp shipped)* **1** *(take on board)* embarcar, traer a bordo; **to s. oars,** desarmar los remos. **2** *(transport)* transportar (en barco); *(send) (gen)* enviar, mandar. ◆**ship off** *vtr fam* despachar.

shipboard [ʃɪpbɔ:d] *n* **a s. encounter,** un encuentro a bordo; **on s.,** a bordo.

shipbuilder [ʃɪpbɪldəʳ] *n* constructor,-a *m,f* de buques.

shipbuilding [ʃɪpbɪldɪŋ] *n* construcción *f* naval.

shipload [ʃɪpləʊd] *n* cargamento *m,* carga *f.*

shipmate [ʃɪpmeɪt] *n* compañero,-a *m,f* de tripulación.

shipment [ʃɪpmənt] *n* **1** *(act)* embarque *m,* transporte *m.* **2** *(load)* consignación *f,* envío *m,* remesa *f.*

shipowner [ʃɪpəʊnəʳ] *n* armador,-a *m,f,* naviero,-a *m,f.*

shipper [ʃɪpəʳ] *n (person)* cargador,-a *m,f; (company)* compañía *f* naviera.

shipping [ʃɪpɪŋ] *n* **1** *(ships)* barcos *mpl,* buques *mpl; (fleet)* flota *f.* ■ **s. lane,** vía *f* de navegación. **2** *(loading)* embarque *m; (transporting)* transporte *m (en barco); (sending)* envío *m.* ■ **s. agent,** agente *mf* marítimo,-a; **s. company** *or* **line,** compañía *f* naviera.

shipshape [ʃɪpʃeɪp] *adj & adv* en perfecto orden.

shipwreck [ʃɪprek] **I** *n* naufragio *m.* **II** *vtr* **to be shipwrecked,** naufragar.

shipyard [ʃɪpjɑ:d] *n* astillero *m.*

shire [ʃaɪəʳ] *n GB* condado *m.* ■ **s. horse,** percherón,-a *m,f,* caballo *m* de tiro.

shirk [ʃɜ:k] **I** *vtr (duty)* esquivar; *(problem)* eludir. **II** *vi* gandulear, hacer el vago.

shirker [ʃɜ:kəʳ] *n* gandul,-a *m,f,* vago,-a *m,f.*

shirt [ʃɜ:t] *n* camisa *f;* **in s. sleeves,** en mangas de camisa; *fig* **to put one's s. on a horse,** apostarse hasta el último real a un caballo; *fam* **a stuffed s.,** un pedante; *fam* **keep your s. on!,** ¡no te sulfures!

shirtwaister [ʃɜ:tweɪstəʳ] *n, US* **shirtwaist** [ʃɜ:tweɪst] *n* vestido *m* camisero.

shirty [ʃɜ:tɪ] *adj (shirtier, shirtiest) GB sl* **to get s.,** enfadarse, ponerse de mal humor.

shit [ʃɪt] *vulg* **I** *n* mierda *f; sl* **in the s.,** jodido,-a. **II** *interj* ¡mierda! **III** *vi (pt & pp shitted or shit)* cagar.

shitty ['ʃɪtɪ] adj (shittier, shittiest) vulg a s. book, una porquería de libro; what a s. thing to do!, ¡qué putada!

shiver ['ʃɪvə^r] I vi (with cold) tiritar; (with fear) temblar, estremecerse. II n (with cold) escalofrío m, tiritón m; (with fear) escalofrío m; it sent shivers down my spine, me dio escalofríos; that sort of talk gives me the shivers, esa manera de hablar me da horror.

shivery ['ʃɪvərɪ] adj (with cold) estremecido,-a; (feverish) destemplado,-a; (sensitive to the cold) friolero,-a.

shoal [ʃəʊl] n (of fish) banco m.

shock [ʃɒk] I n 1 (jolt) choque m, sacudida f, golpe m; electric s., descarga f eléctrica. ■ Aut s. absorber, amortiguador m; Mil s. tactics, táctica f sing de choque; s. troops, tropas fpl de choque or de asalto; s. wave, onda f expansiva. 2 (upset) conmoción f, golpe m; (scare) susto m; it was a great s. to us, fue un golpe duro para nosotros; the s. killed him, murió del susto; what a s. you gave me!, ¡qué susto me has dado! 3 Med shock m, choque m; in a state of s., en estado de shock. ■ s. therapy, tratamiento m de electrochoque. II vtr (upset) conmover, conmocionar; (startle) sobresaltar, asustar; (scandalize) escandalizar.

shockheaded ['ʃɒkhedɪd] adj greñudo,-a, melenudo,-a.

shocking ['ʃɒkɪŋ] adj 1 (causing horror) espantoso,-a, horroroso,-a; fam (very bad) malísimo,-a, horroroso,-a; what s. weather!, ¡qué tiempo más feo! 2 (disgraceful) escandaloso,-a, vergonzoso,-a, chocante. 3 (colour) chillón; s. pink, rosa chillón. ◆shockingly adv fam la mar de, super; s. expensive, super caro,-a.

shockproof ['ʃɒkpru:f] adj (watch etc) a prueba de choques.

shod [ʃɒd] pt & pp see shoe.

shoddy ['ʃɒdɪ] adj (shoddier, shoddiest) (goods) de pacotilla; (work) chapucero,-a.

shoe [ʃu:] I n 1 (gen) zapato m; (for horse) herradura f; to put on one's shoes, ponerse los zapatos; fig I wouldn't like to be in her shoes, no me gustaría estar en su lugar. ■ Aut brake s., zapata f; Com s. industry, industria f del calzado; s. leather, cuero m para zapatos; s. polish, betún m; s. repair (shop), remiendo m de zapatos, rápido m; s. shop, US s. store, zapatería f, tienda f de calzado. 2 Com shoes, calzado m sing. II vtr (pt & pp shod) (person) calzar; (horse) herrar.

shoebrush ['ʃu:brʌʃ] n cepillo m para los zapatos.

shoehorn ['ʃu:hɔ:n] n calzador m.

shoelace ['ʃu:leɪs] n cordón m (de zapatos).

shoemaker ['ʃu:meɪkə^r] n zapatero,-a m,f.

shoeshine ['ʃu:ʃaɪn] n limpieza f de zapatos. ■ s. boy, limpiabotas m inv.

shoestring ['ʃu:strɪŋ] n cordón m (de zapato); fig to do sth on a s., hacer algo con poquísimo dinero.

shoetree ['ʃu:tri:] n horma f.

shone [ʃɒn, US ʃəʊn] pt & pp see shine I & II.

shoo [ʃu:] I interj ¡fuera!, ¡zape! II vtr to s. (away), (birds, animals) espantar, ahuyentar.

shook [ʃʊk] pt see shake.

shoot [ʃu:t] I n 1 Bot brote m, retoño m, renuevo m; (of vine) sarmiento m. 2 GB (hunting party) cacería f; (shooting contest) concurso m de tiro al blanco. 3 (game preserve) coto m de caza. II vtr (pt & pp shot) 1 (fire on) pegar un tiro a; (wound) herir

(de bala); (kill) matar; (execute) fusilar; (hunt) cazar; he was shot in the head, una bala le alcanzó la cabeza; to s. dead, matar a tiros; fam you'll get shot if you do that!, ¡te matarán si haces eso! 2 (missile) lanzar; (bullet, arrow) disparar; (glance) lanzar; (kick) (ball) disparar; Ftb (goal) marcar; US to s. craps, jugar a los dados; to s. questions at sb, bombardear a algn a preguntas. 3 (film) rodar, filmar; Phot (subject) sacar una foto de; (photograph) sacar. 4 (pass through) (rapids) salvar; (traffic lights) saltarse. 5 sl (heroin etc) to s. (up), chutarse. III vi 1 (with gun, bow) disparar (at sb, sobre algn); to s. at a target, tirar al blanco; Ftb to s. at the goal, tirar a puerta, chutar. 2 (move rapidly) to s. past or by, pasar volando or como un rayo. 3 Bot brotar. ◆shoot down vtr (person) matar de un tiro or a tiros; (aircraft) derribar. ◆shoot off vi fam salir disparado,-a. ◆shoot out I vi (rush out) (person) salir disparado,-a; (water) brotar; (flames) salir. II vtr to s. it out, resolverlo a tiros. ◆shoot up vi (flames) salir; (water) brotar; (prices) dispararse, subir de repente; (hands) alzarse rápidamente; (child, plant) crecer rápidamente; (new buildings) construirse de la noche a la mañana.

shoot-out ['ʃu:taʊt] n tiroteo m.

shooting ['ʃu:tɪŋ] I n 1 (shots) disparos mpl, tiros mpl; (murder) asesinato m; (execution) fusilamiento m; (hunting) caza f; fam the whole s. match, todo el tinglado. ■ Aut GB (old use) s. brake, furgoneta f, camioneta f; s. gallery, barraca f or caseta f de tiro al blanco; s. match, tiroteo m; s. star, estrella f fugaz; s. stick, bastón m asiento. 2 (of film) rodaje m, filmación f; Phot foto f. II adj (pain) punzante.

shop [ʃɒp] I n 1 (gen) tienda f; (large store) almacén m; (business) comercio m, negocio m; to keep s., tener una tienda; to set up s., poner or abrir una tienda; to talk s., hablar del trabajo; fam all over the s., por todas partes. ■ fish s., pescadería f; grocer's s., tienda f de ultramarinos; s. assistant, dependiente,-a m,f; s. window, escaparate m. 2 (workshop) taller m; assembly s., taller de montaje. ■ s. floor, (place) planta f; (workers) personal m obrero, obreros mpl, operarios mpl; s. steward, enlace mf sindical; to work on the s. floor, trabajar en producción. II vi (pt & pp shopped) hacer compras; to go shopping, ir de compras; to s. for, buscar. III vtr fam to s. sb, denunciar or delatar a algn. ◆shop around vi comparar precios; to s. around for bargains, ir de tienda en tienda en busca de gangas.

shopgirl ['ʃɒpgɜ:l] n dependienta f.

shopkeeper ['ʃɒpki:pə^r] n tendero,-a m,f.

shoplifter ['ʃɒplɪftə^r] n mechero,-a m,f, ratero,-a m,f.

shoplifting ['ʃɒplɪftɪŋ] n ratería f, hurto m.

shopper ['ʃɒpə^r] n comprador,-a m,f.

shopping ['ʃɒpɪŋ] n compra f; (purchases) compras fpl; to do the s., hacer la compra. ■ s. bag/basket, bolsa f/cesta f de la compra; s. centre or precinct, centro m comercial; s. trolley, US s. cart, carrito m.

shopsoiled ['ʃɒpsɔɪld] adj, US shopworn ['ʃɒpwɔ:n] adj deteriorado,-a, desgastado,-a.

shore[1] [ʃɔ:^r] n (of sea, lake) orilla f; US (beach) playa f; (coast) costa f; on s., en tierra; (passengers) to go on s., desembarcar. ■ Naut s. leave, permiso m para bajar a tierra. 2 shores, fig país m sing; his native s., su tierra natal.

shore[²[ʃɔːʳ] *vtr* **to s. (up),** *(building, tunnel)* apuntalar; *fig (company, prices)* apoyar, sostener, consolidar.

shorn[ʃɔːn] *pp see* **shear.**

short[ʃɔːt] **I** *adj* **1** *(gen)* corto,-a; *(not tall)* bajo,-a; **at s. notice,** con poca antelación; **in a s. while,** dentro de un rato; **in the s. term,** a corto plazo; *fam* **to make s. work of sth,** despachar algo rápidamente. ■ *Elec* **s. circuit,** cortocircuito *m*; **s. cut,** atajo *m*; *GB* **s. list,** lista *f* de seleccionados; *US* **s. order,** comida *f* rápida; **s. story,** cuento *m*; *US Cin* **s. subject,** cortometraje *m*; *Ind* **s. time,** jornada *f* reducida; *Rad* **s. wave,** onda *f* corta. **2** *(brief)* corto,-a, breve; **'Bob' is s. for 'Robert',** 'Bob' es el diminutivo de 'Robert'; **for s.,** para abreviar; **in s.,** en pocas palabras. **3** *(insufficient)* `she's a bit s. of cash,** anda bastante mal de dinero; **to be s. of breath,** faltarle a uno la respiración; **to be s. of food,** andar escaso,-a de comida; **to be s. on experience,** tener poca experiencia; **to give s. weight,** no dar el peso exacto; **water is in s. supply,** hay escasez de agua. **4** *(brusque, curt)* brusco,-a, seco,-a, corto,-a; **to be s. with sb,** mostrarse seco,-a con algn; **to have a s. temper,** tener mal genio. **II** *adv* **1** *(abruptly)* **to pull up s.,** pararse en seco. **2** *(less than expected)* **to cut s.,** *(holiday)* interrumpir; *(meeting)* suspender; **to go s. of food,** pasarse sin comida, pasar hambre; **we're running s. of coffee,** se nos está acabando el café; *fig* **to sell sb s.,** engañar a algn. **3** *(except)* **s. of,** excepto, menos. **III** *n* **1** *Cin* cortometraje *m*. **2** *Elec* cortocircuito *m*. **3** *fam (drink)* bebida *f* corta, copa *f*. **IV** *vtr Elec* provocar un cortocircuito en. **V** *vi* **to s. (out),** tener un cortocircuito. ◆**shortly** *adv* *(soon)* dentro de poco; **s. after,** poco después.

shortage[ʃɔːtɪdʒ] *n* falta *f*, escasez *f*, carencia *f*, carestía *f*; **manpower s.,** falta de mano de obra.

shortbread[ʃɔːtbred] *n Culin* mantecada *f*.

shortcake[ʃɔːtkeɪk] *n Culin* **1** *GB* mantecada *f*. **2** *US* torta *f* de frutas.

short-change[ʃɔːtʃeɪndʒ] *vtr fam* **to s.-c. sb,** no devolver el cambio completo a algn; *sl* timar a algn.

short-circuit[ʃɔːtsɜːkɪt] *Elec* **I** *vtr* provocar un cortocircuito en. **II** *vi* tener un cortocircuito.

shortcomings [ʃɔːtkʌmɪŋz] *npl* defectos *mpl*, puntos *mpl* flacos.

shortcrust [ʃɔːtkrʌst] *n Culin* **s. pastry,** pasta *f* brisa, pasta *f* medio hojaldrada.

shorten [ʃɔːtən] *vtr (skirt, visit)* acortar; *(word)* abreviar; *(text)* resumir; *(rations)* reducir.

shortening[ʃɔːtənɪŋ] *n Culin (butter)* mantequilla *f*; *(lard)* manteca *f*.

shortfall[ʃɔːtfɔːl] *n Com* déficit *m*.

short-haired[ʃɔːtheəd] *adj* de pelo corto.

shorthand[ʃɔːthænd] *n* taquigrafía *f*; **to take sth down in s.,** escribir algo taquigráficamente. ■ **s. typing,** taquimecanografía *f*; **s. typist,** taquimecanógrafo,-a *m,f*; *fam* taquimeca *mf*.

short-handed[ʃɔːthændɪd] *adj* falto,-a de mano de obra.

short-list[ʃɔːtlɪst] *vtr* seleccionar, poner en la lista de seleccionados.

short-lived[ʃɔːtlɪvd] *adv* efímero,-a.

short-range[ʃɔːtreɪndʒ] *adj Mil* de corto alcance.

shorts [ʃɔːts] *npl* **1** pantalones *mpl* cortos, shorts *mpl*; **a pair of s.,** un pantalón corto. **2** *US (underpants)* calzoncillos *mpl*.

short-sighted [ʃɔːtsaɪtɪd] *adj (person)* miope, corto,-a de vista; *fig (plan etc)* corto,-a de vista.

short-sightedness [ʃɔːtsaɪtɪdnɪs] *n* miopía *f*; *fig* falta *f* de perspicacia.

short-sleeved[ʃɔːtsliːvd] *adj* de manga corta.

short-staffed [ʃɔːtstɑːft] *adj* escaso,-a de personal.

short-tempered [ʃɔːttempəd] *adj* de mal genio, de genio vivo.

short-term[ʃɔːttɜːm] *adj* a corto plazo.

short-wave[ʃɔːtweɪv] *adj Rad* de onda corta.

short-winded [ʃɔːtwɪndɪd] *adj* corto,-a de resuello.

shot[¹[ʃɒt] **I** *n* **1** *(act, sound)* tiro *m*, disparo *m*, balazo *m*; **exchange of shots,** tiroteo *m*; **to fire a s. at sb,** disparar sobre algn; **warning s.,** disparo al aire; **without firing a s.,** sin pegar un tiro; *fig* **long s.,** posibilidad *f* remota; *fig* **not by a long s.,** ni mucho menos. **2** *(projectile)* bala *f*; *(pellets)* perdigones *mpl*; *fig* **he was off like a s.,** salió disparado. ■ *Athlet* **s. put,** lanzamiento *m* de peso. **3** *(person)* tirador,-a *m,f*. ■ *fam* **big s.,** pez *m* gordo; **crack s.,** tirador *m* de élite. **4** *Ftb (kick)* tiro *m* (a gol), chut *m*; *Bill Crick Golf (stroke)* golpe *m*. **5** *(attempt)* tentativa *f*, intento *m*; *(in game)* **it's your s.,** te toca a ti; **to have a s.,** probar; **to have a s. at sth,** intentar hacer algo; *fig* **a s. in the dark,** un intento a ciegas. **6** *(injection)* inyección *f*; *fam* pinchazo *m*. ■ **polio s.,** vacuna *f* contra la polio. **7** *(drink)* trago *m*. **8** *Phot* foto *f*; *Cin* toma *f*; **location shots,** exteriores *mpl*.

shot[²[ʃɒt] **I** *pt & pp see* **shoot II** *adj fam* **to get s. of sth/sb,** quitarse algo/a algn de encima.

shotgun[ʃɒtgʌn] *n* escopeta *f*; *fam* **it was a s. wedding,** se casaron de penalty *or* a la fuerza.

should[ʃʊd, *unstressed* ʃəd] *v aux* **1** *(duty, advisability)* deber; **all employees s. wear helmets,** todos los empleados deben llevar casco; **he s. have been an architect,** debería haber sido arquitecto; **you s. see the dentist,** deberías ir (a ver) al dentista. **2** *(probability)* deber de; **he s. have finished work by now,** ya debe de haber acabado el trabajo; **it s. be fine tomorrow,** seguramente hará buen tiempo mañana; **this s. be interesting,** esto promete ser interesante. **3** *(conditional use)* **if anything strange s. happen,** si pasara algo raro; **s. you wish to attend,** si desea asistir. **4** *(tentative statement)* **I s. like to ask a question,** quisiera hacer una pregunta; **I s. like to have met your grandfather,** me hubiera gustado conocer a tu abuelo; **I s. think so,** me imagino que sí. **5** *(surprise)* **who s. I meet but Charlie!,** ¡imagínate mi sorpresa al encontrarme con Charlie!

shoulder[ʃəʊldəʳ] **I** *n* **1** *Anat* hombro *m*; *(of meat)* espalda *f*; **s. to s.,** hombro con hombro; **to carry sth on one's s.,** llevar algo a hombros; **to shrug one's shoulders,** encogerse de hombros; *fig* **to cry on sb's s.,** desahogarse con algn; *fig* **to give sb the cold s.,** volver la espalda *or* dar de lado a algn; *fig* **to look over sb's s.,** tener vigilado,-a a algn; *fig* **to rub shoulders with sb,** codearse con algn. ■ **s. bag,** bolso *m* (de bandolera); *Anat* **s. blade,** omóplato *m*; **s. pad,** hombrera *f*; *(of garment)* tirante *m*; *(of bag)* correa *f*. **2** *Culin (of lamb etc)* paletilla *f*. **3** *(of hill)* lomo *m*; *(of road)* andén *m*. ■ **hard s.,** arcén *m*; **soft s.,** escalón *m* lateral. **II** *vtr fig (responsibilities)* cargar con. **2** *(push)* **to s. one's way through,** abrirse paso a codazos.

shoulder-high[ʃəʊldəhaɪ] *adj* a hombros.

shoulder-length [ʃəʊldəleŋθ] *adj* (que llega) hasta los hombros.

shout [ʃaʊt] **I** *n* grito *m*; **shouts of laughter,** carcajadas *fpl; fam* **give me a s. when you're ready,** avísame cuando estés listo. **II** *vtr* gritar. **III** *vi* gritar, chillar; **to s. at sb,** gritar a algn; **to s. for help,** pedir socorro a gritos. ◆**shout down** *vtr (person)* abuchear.

shouting [ˈʃaʊtɪŋ] *n* gritos *mpl*, vocerío *m*.

shove [ʃʌv] **I** *n fam* empujón *m*; **to give sth a s.,** dar un empujón a *or* empujar algo. **II** *vtr* empujar; **to s. sth into one's pocket,** meterse algo en el bolsillo (a empellones). **III** *vi* empujar; *(jostle)* dar empellones. ◆**shove off** *vi fam* largarse. ◆**shove up** *vi fam* correrse.

shovel [ˈʃʌvəl] **I** *n* pala *f*; **mechanical s.,** pala mecánica, excavadora *f*. **II** *vtr (pt & pp shovelled)* mover *or* echar *or* quitar con pala *or* a paladas; *fam* **to s. food into one's mouth,** zamparse la comida.

shoveler [ˈʃʌvələʳ] *n Orn* pato *m* cuchara.

shovelful [ˈʃʌvəlfʊl] *n* palada *f*, paletada *f*.

show [ʃəʊ] **I** *vtr (pt showed; pp shown or showed)* **1** *(exhibit) (ticket etc)* mostrar, enseñar; *(painting etc)* exponer; *(film, slides)* poner, pasar, proyectar; *(latest plans etc)* presentar. **2** *(display, reveal)* demostrar, mostrar; **to s. the dirt,** dejar ver la suciedad; **to s. kindness to sb,** mostrarse amable con algn; **to s. oneself to be a coward,** comportarse como un cobarde; **to s. signs of life,** dar señales de vida; *fam* **she'll never s. her face here again,** nunca más aparecerá por aquí. **3** *(teach)* enseñar, mostrar; *(explain)* explicar; **s. me how to do it,** enséñame cómo se hace; *fam* **I'll s. him!,** ¡se va a enterar! **4** *(indicate)* indicar; *(temperature etc)* marcar, indicar; *(profit etc)* registrar; *(way)* indicar, enseñar; **as shown below,** según se ve abajo; **the clock showed 4 o'clock,** el reloj marcaba las 4. **5** *(prove)* demostrar, probar; **it only goes to s. that ...,** demuestra claramente que ...; **the time will s. it,** el tiempo lo dirá; *fam* **it just goes to s.!,** ¡hay que ver! **6** *(conduct)* llevar, conducir; **she was shown round the factory,** la llevaron a visitar la fábrica; **to s. sb in,** hacer pasar a algn; **to s. sb to the door,** acompañar a algn hasta la puerta. **II** *vi* **1** *(be visible)* verse, notarse; **the stain doesn't s.,** no se nota *or* no se ve la mancha. **2** *(appear)* aparecer. **3** *Cin* dar, poner, proyectar; **what's showing at the Roxy?,** ¿qué ponen en el Roxy? **III** *n* **1** *(display)* demostración *f*; **s. of hands,** votación *f* a mano alzada. ■ **s. house,** casa *f* piloto. **2** *(outward appearance)* apariencia *f*; **for s.,** por pura comedia; **to make a s. of,** hacer gala *or* alarde de. **3** *(exhibition)* exposición *f*; **to be on s.,** estar expuesto,-a. ■ **agricultural s.,** feria *f* del campo; **boat s.,** salón *m* náutico; **fashion s.,** desfile *m or* pase *m* de modelos; **flower s.,** exposición *f* de flores; **horse s.,** concurso *m* hípico; **motor s.,** salón *m* del automóvil. **4** *Theat (entertainment)* espectáculo *m*; *(performance)* función *f*; *Rad TV* programa *m*; *fig* **(jolly) good s.!,** ¡muy bien!, ¡bien hecho!; *fig* **to put up a good/poor s.,** hacer un buen/pobre papel; *fig* **to steal the s.,** llevarse la palma; *fam* **to give the s. away,** descubrir el pastel. ■ **s. business,** *fam* **s. biz,** el mundo del espectáculo; *fam* **s. stopper,** plato *m* fuerte. **5** *(organization)* negocio *m*, empresa *f*; *fam* tinglado *m*; **the grandfather runs the whole s.,** el abuelo es el que lo lleva todo. ◆**show off I** *vtr* **1** *(highlight)* hacer resaltar. **2** *fam (flaunt)* hacer alarde de. **II** *vi fam* fardar, farolear; *(child)* hacerse el gracioso *or* la graciosa. ◆**show up I** *vtr* **1** *(visitor etc)* hacer pasar. **2** *(reveal)* revelar, sacar a luz; *(highlight)* hacer resaltar *or* destacar. **3** *fam (embarrass)* avergonzar, hacer pasar vergüenza,

dejar en ridículo. **II** *vi* **1** *(stand out)* resaltar, destacarse. **2** *fam (arrive, appear)* acudir, presentarse, aparecer.

showcase [ˈʃəʊkeɪs] *n* vitrina *f*.

showdown [ˈʃəʊdaʊn] *n* enfrentamiento *m*, confrontación *f*; **to have a s. with sb,** enfrentarse con algn.

shower [ˈʃaʊəʳ] **I** *n* **1** *(of rain)* chubasco *m*, chaparrón *m*, aguacero *m*; **scattered showers,** chubascos aislados. **2** *fig (of stones, blows, insults)* lluvia *f*. **3** *(bath)* ducha *f*; **to have or take a s.,** ducharse, tomar *or* darse una ducha. ■ **s. cap,** gorro *m* de baño. **4** *US fam* **s. (party),** fiesta *f* de obsequio. **II** *vtr* **1** *(sprinkle)* espolvorear; *(spray)* rociar. **2** *fig* colmar, inundar; **to s. gifts/praise on or upon sb,** colmar a algn de regalos/elogios; **we were showered with invitations,** nos llovieron invitaciones. **III** *vi* ducharse, tomar *or* darse una ducha.

showerproof [ˈʃaʊəpruːf] *adj* impermeable.

showery [ˈʃaʊərɪ] *adj* lluvioso,-a.

showgirl [ˈʃəʊgɜːl] *n* corista *f*.

showground [ˈʃəʊgraʊnd] *n* real *m*, recinto *m* ferial.

showing [ˈʃəʊɪŋ] *n (gen)* exposición *f*; *(of film)* proyección *f*.

showjumper [ˈʃəʊdʒʌmpəʳ] *n Equit* jinete *m*.

showjumping [ˈʃəʊdʒʌmpɪŋ] *n Equit (gen)* hípica *f*; *(event)* concurso *m* hípico.

showman [ˈʃəʊmən] *n (pl showmen)* **1** *(entertainment manager)* empresario *m* (de espectáculos). **2** *(skilled performer)* actor *m* de primera, showman *m*.

showmanship [ˈʃəʊmənʃɪp] *n* talento *m* para el teatro, teatralidad *f*.

shown [ʃəʊn] *pp see* **show.**

show-off [ˈʃəʊɒf] *n fam* fardón,-ona *m,f.*

showpiece [ˈʃəʊpiːs] *n (in exhibition etc)* obra *f* maestra; *fig (at school etc)* modelo *f*.

showplace [ˈʃəʊpleɪs] *n* lugar *m* de interés turístico.

showroom [ˈʃəʊruːm] *n Com* exposición *f*; *Art* galería *f*, sala *f* de exposiciones.

showy [ˈʃəʊɪ] *adj (showier, showiest) fam* llamativo,-a, chillón,-ona; *(person)* ostentoso,-a.

shrank [ʃræŋk] *pt see* **shrink.**

shrapnel [ˈʃræpnəl] *n Mil* metralla *f*.

shred [ʃred] **I** *n (gen)* triza *f*; *(of cloth)* jirón *m*; *(of paper)* tira *f*; *fig* chispa *f*; **in shreds,** hecho,-a trizas *or* jirones; **to tear sth to shreds,** hacer algo trizas; *fig* **without a s. of evidence,** sin la más mínima prueba. **II** *vtr (pt & pp shredded) (paper)* hacer trizas, triturar; *(vegetables)* rallar.

shredder [ˈʃredəʳ] *n (for waste paper)* trituradora *f*; *(for vegetables)* rallador *m*.

shrew [ʃruː] *n* **1** *Zool* musaraña *f*. **2** *fig (woman)* arpía *f*, bruja *f*, fiera *f*.

shrewd [ʃruːd] *adj (gen)* astuto,-a; *(clear-sighted)* perspicaz; *(wise)* sabio,-a; *(witty)* sagaz, atinado,-a; *(clever)* listo,-a; *(of decision)* acertado,-a; **to make a s. guess,** hacer una suposición razonable.

shrewdness [ˈʃruːdnɪs] *n (gen)* astucia *f*; *(clear-sightedness)* perspicacia *f*; *(wisdom)* juicio *m*; *(wit)* tino *m*.

shriek [ʃriːk] **I** *n* chillido *m*, grito *m* agudo; **shrieks of laughter,** carcajadas *fpl.* **II** *vi* chillar, gritar; **to s. with laughter,** reírse a mandíbula batiente.

shrift [ʃrɪft] n fam **to give sb short s.**, despachar a algn sin rodeos, mandar a algn a paseo.

shrike [ʃraɪk] n Orn alcaudón m.

shrill [ʃrɪl] adj (voice) chillón,-ona, agudo,-a; (sound) agudo,-a, estridente.

shrimp [ʃrɪmp] I n 1 (fish) camarón m, gamba f (pequeña). 2 fam (person) enano,-a m,f, renacuajo m. II vi pescar camarones.

shrine [ʃraɪn] n Rel (tomb) sepulcro m; (relic case) relicario m; (chapel) capilla f; (in remote place) ermita f; (holy place) lugar m santo or sagrado, santuario m.

shrink [ʃrɪŋk] I vtr (pt shrank; pp shrunk) (material, clothes) encoger. II vi 1 (clothes) encoger(se). 2 (savings etc) disminuir. 3 fig to s. (back or away), retroceder, echarse atrás; **to s. from doing sth**, no tener valor para hacer algo. II n 1 (shrinkage) encogimiento m. 2 fam (psychiatrist) loquero,-a m,f.

shrinkage [ˈʃrɪŋkɪdʒ] n 1 (of cloth) encogimiento m; (of metal) contracción f. 2 (of savings etc) disminución f, reducción f.

shrinking [ˈʃrɪŋkɪŋ] adj fam **s. violet**, persona f tímida.

shrink-wrapped [ˈʃrɪŋkræpt] adj Com envuelto,-a en plástico.

shrivel [ˈʃrɪvəl] I vtr (pt & pp shrivelled) **to s. (up)**, encoger; (plant) marchitar, secar; (skin) arrugar. II vi (gen) encogerse; (plant) marchitarse, secarse; (skin) arrugarse.

shroud [ʃraʊd] I n 1 Rel mortaja f, sudario m. 2 fig (of mist, secrecy) velo m. II vtr fig envolver.

Shrove Tuesday [ʃrəʊvˈtjuːzdɪ] n martes m de carnaval.

shrub [ʃrʌb] n arbusto m.

shrubbery [ˈʃrʌbərɪ] n arbustos mpl.

shrug [ʃrʌg] I vtr (pt & pp shrugged) encoger; **to s. one's shoulders**, encogerse de hombros. II vi encogerse de hombros. III n encogimiento m de hombros. ◆**shrug off** vtr no hacer caso de, quitar importancia a.

shrunk [ʃrʌŋk] pp see shrink.

shrunken [ˈʃrʌŋkən] adj (body) encogido,-a.

shudder [ˈʃʌdər] I n 1 (shiver) escalofrío m, estremecimiento m; fam **it gives me the shudders**, me pone los pelos de punta. 2 (of engine, machinery) vibración f, sacudida f. II vi 1 (person) estremecerse, temblar (with, de); **I s. to think of it**, sólo pensarlo me dan escalofríos. 2 (machinery) vibrar, dar sacudidas.

shuffle [ˈʃʌfəl] I vtr 1 (drag) arrastrar. 2 (papers etc) revolver; (cards) barajar. II vi 1 (walk) andar arrastrando los pies. 2 Cards barajar. III n 1 (dragging) arrastre m; **to walk with a s.**, andar arrastrando los pies. 2 Cards **to give the cards a s.**, barajar las cartas.

shun [ʃʌn] vtr (pt & pp shunned) (person) evitar, esquivar; (responsibility, publicity) rehuir.

shunt [ʃʌnt] vtr Rail cambiar de vía; Elec derivar; fig desviar.

shunting [ˈʃʌntɪŋ] n Rail maniobras fpl. ■ **s. yard**, estación f de maniobras.

shush [ʃʊʃ] I interj ¡chis!, ¡chitón! II vtr callar, hacer callar.

shut [ʃʌt] I vtr (pt & pp shut) cerrar; **to s. one's finger in the door**, pillarse el dedo en la puerta; fig **to s. the door on sb/sth**, negarse a pensar en algn/algo; fam **s. your mouth!**, ¡cierra el pico! II vi ce-

rrarse. III adj cerrado,-a. ◆**shut away** vtr (imprison) encerrar. ◆**shut down** I vtr (factory) cerrar; (machinery) desconectar, apagar. II vi (factory) cerrarse. ◆**shut in** vtr encerrar. ◆**shut off** vtr 1 (switch off) (gas, water, etc) cortar, cerrar; (machinery) cerrar, desconectar, apagar. 2 (street, area) aislar (from, de). ◆**shut out** vtr 1 (leave outside) dejar fuera; (put outside) sacar, echar a la calle; (lock out) cerrar la puerta a. 2 (exclude) excluir. 3 (light, view) tapar. ◆**shut up** I vtr 1 (close) cerrar. 2 (enclose, imprison) encerrar. 3 fam (silence) callar, hacer callar. II vi fam (keep quiet) callarse; **s. up!**, ¡cállate!

shutdown [ˈʃʌtdaʊn] n cierre m.

shuteye [ˈʃʌtaɪ] n fam cabezada f, siesta f; **to get some s.**, echar una cabezadilla.

shut-in [ʃʌtˈɪn] adj encerrado,-a.

shutout [ˈʃʌtaʊt] n Ind cierre m patronal, locaut m, lock-out m.

shutter [ˈʃʌtər] n 1 (on window) contraventana f, postigo m; fig **to put up the shutters**, echar el cierre. 2 Phot obturador m.

shuttered [ˈʃʌtəd] adj con las contraventanas cerradas.

shuttle [ˈʃʌtəl] I n 1 (in weaving) lanzadera f. 2 Av puente m aéreo. ■ **s. service**, servicio m regular; Astronaut **(space) s.**, transbordador m espacial. II vtr trasladar, transportar; fam **to s. sb about**, mandar a algn de acá para allá. III vi ir y venir.

shuttlecock [ˈʃʌtəlkɒk] n (badminton) volante m.

shy¹ [ʃaɪ] I adj (shyer, shyest or shier, shiest) (timid) tímido,-a; (reserved) reservado,-a; (cautious) receloso,-a; **don't be s.**, no tengas vergüenza; **to be s. of doing sth**, no atreverse a hacer algo; **to fight s. of sth**, rehuir or esquivar algo. II vi (pt & pp shied) (horse) espantarse (at, de); fig **to s. away from sth**, huir de algo; fig **to s. away from doing sth**, negarse a hacer algo.

shy² [ʃaɪ] vtr (pt & pp shied) (throw) tirar, lanzar.

shyness [ˈʃaɪnɪs] n timidez f, vergüenza f.

shyster [ˈʃaɪstər] n US (gen) estafador,-a m,f, timador,-a m,f; fam (lawyer) picapleitos mf inv.

Siamese [saɪəˈmiːz] adj & n 1 siamés,-esa (m,f); S. **cat**, gato siamés; S. **twins**, hermanos siameses. 2 (Thai) tailandés,-esa (m,f).

Siberia [saɪˈbɪərɪə] n Siberia.

Siberian [saɪˈbɪərɪən] adj & n siberiano,-a (m,f).

sibilant [ˈsɪbɪlənt] adj & n Ling sibilante (f).

sibling [ˈsɪblɪŋ] n fml (brother) hermano m; (sister) hermana f.

Sicilian [sɪˈsɪlɪən] adj & n siciliano,-a (m,f).

Sicily [ˈsɪsɪlɪ] n Sicilia.

sick [sɪk] I adj 1 (ill) enfermo,-a; **to be off s.**, estar ausente por enfermedad; **to go s.**, darse de baja por enfermedad. ■ **s. leave**, baja f por enfermedad; **s. list**, lista f de enfermos; **s. pay**, subsidio m de enfermedad. 2 (about to vomit) mareado,-a; **s. headache**, jaqueca f, migraña f; **to be s.**, vomitar, devolver; **to feel s.**, estar mareado,-a, tener náuseas. 3 fam (fed up) harto,-a; **it (really) makes me s.**, me revienta; **to be s. (and tired) of sth/sb**, estar (más que) harto,-a de algo/algn. 4 fam (mind, joke) morboso,-a; **s. humour**, humor negro. II **the s.** npl los enfermos. III vtr **s. up**, vomitar, devolver.

sickbay [ˈsɪkbeɪ] n enfermería f.

sickbed [ˈsɪkbed] n lecho m de enfermo.

sicken ['sɪkən] I *vtr (make ill)* poner enfermo; *(revolt, disgust)* dar asco; **his attitude sickens me,** su actitud me pone enfermo. II *vi* 1 *(fall ill)* caer *or* ponerse enfermo,-a, enfermar; **to be sickening for flu,** tener síntomas de gripe. 2 *(crave)* ansiar (**for,** -); **I'm sickening for an ice cream,** me muero por comerme un helado.

sickening ['sɪkənɪŋ] *adj* 1 *(nauseating)* nauseabundo,-a; *(revolting, disgusting)* repugnante, asqueroso,-a; *(horrifying)* escalofriante. 2 *(annoying)* irritante, exasperante.

sickle ['sɪkəl] *n Agr* hoz *f*; *Pol* **the hammer and s.,** la hoz y el martillo.

sickly ['sɪklɪ] *adj (sicklier, sickliest)* 1 *(person)* enfermizo,-a; *(pale)* pálido,-a, paliducho,-a. 2 *(smell, taste)* empalagoso,-a. 3 *(smile, affectation)* forzado,-a.

sickness ['sɪknɪs] *n* 1 *(illness)* enfermedad *f*. ■ *GB* **s. benefit,** subsidio *m* de enfermedad. 2 *(nausea)* náuseas *fpl*, ganas *fpl* de vomitar.

sickroom ['sɪkruːm] *n* enfermería *f*.

side [saɪd] I *n* 1 *(gen)* lado *m*; *(of coin etc)* cara *f*; *(of mountain, hill)* ladera *f*, falda *f*; **by the s. of,** junto a; **on the heavy s.,** más bien pesado,-a; **to put sth on one s. for sb,** guardar algo para algn; *fig* (**in order**) **to be on the safe s.,** para estar seguro,-a, para mayor seguridad; *fig* **to keep on the right s. of sb,** tratar de llevarse bien con algn; *fig* **to make a bit of money on the s.,** ganar algún dinero extra; *TV fam* **the other s.,** el otro canal. 2 *(of body)* lado *m*, costado *m*; *(of animal)* ijar *m*, ijada *f*; **a s. of bacon,** una lonja de tocino; **by my s.,** a mi lado; **s. by s.,** juntos, uno al lado de otro; *fam* **to split one's sides laughing,** troncharse de risa. 3 *(edge)* borde *m*; *(of lake, river)* orilla *f*. 4 *fig (aspect)* aspecto *m*, faceta *f*, lado *m*; **to look on the bright s.,** ver el lado bueno de las cosas. 5 *Sport (team)* equipo *m*; *Pol (party)* partido *m*; **on his mother's s.,** por parte de madre; **she's on our s.,** está de nuestro lado; **to take sides with sb,** ponerse de parte de algn, unirse a algn. ■ **s. dish,** acompañamiento *m*, guarnición *f*; **s. door,** puerta *f* lateral; **s. effect,** efecto *m* secundario; **s. entrance,** entrada *f* lateral; **s. street,** calle *f* lateral; **s. view,** (vista *f* de) perfil *m*. III *vi (in argument)* **to s. with sb,** ponerse de parte de algn.

sideboard ['saɪdbɔːd] *n Furn* aparador *m*.

sideboards ['saɪdbɔːdz] *npl, US* **sideburns** ['saɪdbɜːnz] *npl* patillas *fpl*.

sidecar ['saɪdkɑːʳ] *n Aut* sidecar *m*.

sidekick ['saɪdkɪk] *n US fam* compinche *m*, amigote *m*, colega *mf*.

sidelight ['saɪdlaɪt] *n Aut* luz *f* lateral, piloto *m*.

sideline ['saɪdlaɪn] *n* 1 *Sport* línea *f* de banda; *fig* **to sit on the sidelines,** quedarse en el banquillo. 2 *Com (product)* línea *f* suplementaria; *(business)* negocio *m* suplementario; *(job)* empleo *m* suplementario.

sidelong ['saɪdlɒŋ] I *adj (glance etc)* de reojo, de soslayo. II *adv* de lado.

sidereal [saɪ'dɪərɪəl] *adj Astron* sideral, sidéreo,-a.

side-saddle ['saɪdsædəl] I *n* silla *f* de amazona. II *adv* **to ride s.,** montar a la amazona.

sideshow ['saɪdʃəʊ] *n (at fairground)* atracción *f* secundaria.

sidestep ['saɪdstep] I *vtr (pt & pp sidestepped) (question, issue)* eludir, esquivar. II *vi Box* dar un quiebro, fintar.

sidetrack ['saɪdtræk] *vtr fig (person)* despistar; *(issue)* dejar de lado.

sidewalk ['saɪdwɔːk] *n US* acera *f*.

sideways ['saɪdweɪz] I *adj (step, movement)* lateral; *(glance, look)* de reojo, de soslayo. II *adv (gen)* de lado; **to step s.,** dar un paso hacia un lado.

siding ['saɪdɪŋ] *n* 1 *Rail* apartadero *m*, vía *f* muerta. 2 *US Constr* tabiques *mpl* pluviales.

sidle ['saɪdəl] *vi* **to s. up to sb,** acercarse furtivamente *or* sigilosamente a algn.

siege [siːdʒ] *n* sitio *m*, cerco *m*; **to lay s. to,** sitiar, poner sitio a, cercar; **to raise the s.,** levantar el sitio.

sienna [sɪ'enə] *n Art* (tierra *f* de) siena *f*.

Sierra Leone [sɪɒrəlɪ'əʊn(ɪ)] *n* Sierra Leona.

siesta [sɪ'estə] *n* siesta *f*; **to have a s.,** echar *or* dormir la siesta.

sieve [sɪv] I *n (fine)* tamiz *m*; *(coarse)* criba *f*; *fam* **to have a memory like a s.,** tener muy mala memoria. II *vtr (fine)* tamizar, pasar por el tamiz; *(coarse)* cribar.

sift [sɪft] *vtr* 1 *(sieve)* tamizar, cribar; *fig* **to s. through,** examinar cuidadosamente. 2 *(sprinkle)* espolvorear.

sifter ['sɪftəʳ] *n* 1 *(sieve)* tamiz *m*. 2 *(sprinkler)* espolvoreador *m*.

sigh [saɪ] I *vi (person)* suspirar; *(wind)* susurrar, gemir. II *n (of person)* suspiro *m*; *(of wind)* susurro *m*, gemido *m*; **to breathe** *or* **heave a s. of relief,** dar un suspiro de alivio.

sight [saɪt] I *n* 1 *(faculty)* vista *f*; **at first s.,** a primera vista; **he faints at the s. of blood,** se desmaya cuando ve sangre; **it was love at first s.,** fue un flechazo, fue amor a primera vista; **to catch s. of sth/sb,** divisar algo/a algn; **to know sb by s.,** conocer a algn de vista; **to lose s. of sth/sb,** perder algo/a algn de vista; *fig* **I hate the s. of him,** no puedo ni verlo. ■ **long s.,** presbicia *f*; **second s.,** intuición *f*; **short s.,** miopía *f*. 2 *(range of vision)* vista *f*; **to be within s.,** estar a la vista; **to come into s.,** aparecer; **to keep out of s.,** no dejarse ver, esconderse; **to shoot at** *or* **on s.,** disparar a matar; *sl* **out of s.,** alucinante; *prov* **out of s., out of mind,** ojos que no ven, corazón que no siente. 3 *(spectacle)* espectáculo *m*; **it's a s. for sore eyes,** da gusto verlo; **it was a sorry s.,** fue un triste espectáculo; *fam* **what a s. you look!,** ¡qué pinta tienes! 4 *(on gun)* mira *f*; **to take s.,** apuntar; *fig* **to set one's sights on sth,** tener la mira puesta en algo; *fig* **to set one's sights too high,** apuntar demasiado alto, ser demasiado ambicioso,-a. 5 *fam (a great deal)* **a s. more expensive,** muchísimo más caro,-a; **not by a long s.,** ni mucho menos. 6 **sights,** *(tourist attractions)* monumentos *mpl*; **to see the s. of the city,** visitar la ciudad, hacer un recorrido turístico de la ciudad. II *vtr (bird, animal)* observar, ver; *(person)* ver; *(land)* divisar.

sighted ['saɪtɪd] *adj* vidente, de vista normal; **the partially s.,** los que tienen problemas de vista.

sighting ['saɪtɪŋ] *n* observación *f*.

sightless ['saɪtlɪs] *adj* ciego,-a, invidente.

sightly ['saɪtlɪ] *adj (sightlier, sightliest)* atractivo,-a.

sight-read ['saɪtriːd] *vtr Mus* repentizar.

sight-reading ['saɪtriːdɪŋ] *n Mus* repentización *f*.

sightseeing ['saɪtsiːɪŋ] *n* turismo *m*, visita *f* turística; **to go s.,** hacer turismo, visitar la ciudad.

sightseer ['saɪtsiːəʳ] *n* turista *mf*.

sign [saɪn] I *n* 1 *(symbol)* signo *m*, símbolo *m*; *Math* **plus/minus s.,** signo de más/de menos; *Astrol* **the signs of the zodiac,** los signos del zodíaco. 2 *(gesture)* gesto *m*, seña *f*; *(signal)* señal *f*; **to make a s. to sb,** hacer una señal a algn; **to make the s. of the**

Cross, hacer la señal de la cruz. ■ **s. language**, lenguaje *m* por señas; **to use s. language**, hablar por señas. **3** *(indication)* señal *f*, muestra *f*; *(proof)* prueba *f*; *(trace)* rastro *m*, huella *f*; **as a s. of**, como muestra de; **it's a sure s. of**, es un claro indicio de; **there was no s. of him anywhere**, no se le veía por ninguna parte; **to show signs of life**, dar señales de vida. **4** *(notice)* anuncio *m*, aviso *m*; *(board)* letrero *m*; *(over shop)* letrero *m*, rótulo *m*; **there's a s. which says 'keep out'**, hay un letrero que dice 'prohibida la entrada'. ■ **neon s.**, rótulo *m* de neón; **road s.**, *(giving warnings etc)* señal *f* de tráfico; *(showing route)* indicador *m* de carretera. **II** *vtr* **1** *(letter, document)* firmar; **to s. one's name**, firmar. **2** *Ftb (player)* fichar. **III** *vi (with name)* firmar. ◆**sign away** *vtr* ceder. ◆**sign in** *vi* firmar el registro, registrarse. ◆**sign off** *vi Rad TV* despedirse, cerrar el programa. ◆**sign on I** *vtr (worker)* contratar; *Ftb (player)* fichar. **II** *vi (worker)* firmar un contrato; *Ftb (player)* fichar **(for**, por); *(student)* matricularse; *fam (unemployed person)* apuntarse al paro. ◆**sign over** *vtr* ceder. ◆**sign up I** *vtr (soldier)* reclutar; *(worker)* contratar; *Ftb (player)* fichar. **II** *vi (soldier)* alistarse; *(worker)* firmar un contrato; *Ftb (player)* fichar **(with**, por).

signal ['sɪgnəl] **I** *n (gen)* señal *f*; *Rad TV* sintonía *f*; *US Tel* **busy s.**, señal de ocupado; **to give the alarm s.**, dar la señal de alarma. ■ *Rail* **s. box**, garita *f* de señales; *Aut* **traffic signals**, señales *mpl* de tráfico. **II** *vtr (pt & pp* **signalled**, *US* **signaled) 1** *(transmit) (message)* transmitir *or* comunicar por señales. **2** *(indicate) (direction etc)* indicar. **3** *(signify)* señalar; **it signalled the end of an era**, señaló el fin de toda una época. **III** *vi (with hands)* hacer señales; *(in car)* señalar, poner el intermitente.

signalman ['sɪgnəlmən] *n (pl* **signalmen)** *Rail* guardavía *m*.

signatory ['sɪgnətərɪ] *n* firmante *mf*, signatario,-a *m,f*.

signature ['sɪgnɪtʃər] *n (name)* firma *f*; *Rad TV* **s. tune**, sintonía *f*.

signboard ['saɪnbɔːd] *n (sign)* letrero *m*; *(hoarding)* cartelera *f*; *(noticeboard)* tablón *m* de anuncios.

signet ['sɪgnɪt] *n* sello *m*. ■ **s. ring**, (anillo *m* de) sello *m*.

significance [sɪg'nɪfɪkəns] *n (meaning)* significado *m*; *(importance)* importancia *f*; **it's of no s.**, carece de importancia.

significant [sɪg'nɪfɪkənt] *adj (meaningful)* significativo,-a; *(important)* importante, considerable. ◆**significantly** *adv (markedly)* sensiblemente; **s. enough, they are both women**, es importante destacar que ambas son mujeres.

signify ['sɪgnɪfaɪ] *vtr (pt & pp* **signified) 1** *(mean)* significar; *(denote)* señalar, indicar. **2** *(show, make known)* indicar, mostrar.

signpost ['saɪnpəʊst] *Aut* **I** *n* poste *m* indicador. **II** *vtr (route etc)* señalizar.

signwriter ['saɪnraɪtər] *n* rotulista *mf*.

Sikh [siːk] *adj & n* sij *(mf)*.

silage ['saɪlɪdʒ] *n Agr* ensilado *m*, ensilaje *m*.

silence ['saɪləns] **I** *n* silencio *m*; **deadly s.**, silencio sepulcral; **in s.**, en silencio; **to break s.**, romper el silencio; *prov* **s. is golden**, el silencio es oro. **II** *vtr (person)* acallar, hacer callar; *(protests)* apagar; *(engine)* silenciar.

silencer ['saɪlənsər] *n* silenciador *m*.

silent ['saɪlənt] *adj (gen)* silencioso,-a; *(not talkative)* callado,-a; *(film, letter)* mudo,-a; **the s. majority**, la mayoría silenciosa; **to be s.**, callarse; **to keep** *or* **remain s.**, guardar silencio. ◆**silently** *adv* silenciosamente, en silencio.

silhouette [sɪluː'et] **I** *n* silueta *f*. **II** *vtr* **to be silhouetted against**, recortarse *or* perfilarse en *or* sobre.

silica ['sɪlɪkə] *n Chem* sílice *f*.

silicon ['sɪlɪkən] *n Chem* silicio *m*. ■ *Comput* **s. chip**, chip *m* (de silicio).

silicone ['sɪlɪkəʊn] *n Chem* silicona *f*.

silicosis [sɪlɪ'kəʊsɪs] *n Med* silicosis *f*.

silk [sɪlk] **I** *n* seda *f*; **raw s.**, seda cruda; *fig* **to be of the same s.**, ser del mismo paño. **II** *adj (shirt etc)* de seda; **the s. industry**, la industria sedera.

silken ['sɪlkən] *adj fig* sedoso,-a.

silk-screen ['sɪlkskriːn] *n* **s.-s. printing**, serigrafía *f*.

silkworm ['sɪlkwɜːm] *n Zool* gusano *m* de seda.

silky ['sɪlkɪ] *adj (silkier, silkiest) (cloth)* sedoso,-a; *(voice etc)* suave.

sill [sɪl] *n (of window)* alféizar *m*, antepecho *m*; *(of car)* faldón *m* trasero.

silliness ['sɪlɪnɪs] *n* **1** *(quality)* estupidez *f*, necedad *f*. **2** *(act)* tontería *f*, bobada *f*.

silly ['sɪlɪ] *adj (sillier, silliest) (stupid)* tonto,-a, bobo,-a, necio,-a; *(absurd)* absurdo,-a; *(ridiculous)* ridículo,-a; **to do sth s.**, hacer una tontería; **to make sb look s.**, poner a algn en ridículo; *fam* **to drink oneself s.**, agarrar una trompa de órdago.

silo ['saɪləʊ] *n (pl* **silos)** *Agr Mil* silo *m*.

silt [sɪlt] *n* cieno *m*, légamo *m*. ◆**silt up** *vi* obstruirse con cieno *or* sedimentos.

silting ['sɪltɪŋ] *n* sedimentación *f*.

silver ['sɪlvər] **I** *n* **1** *(metal)* plata *f*; **sterling s.**, plata de ley. **2** *(coins)* monedas *fpl* de plata. **3** *(tableware, articles)* plata *f*, vajilla *f* de plata. **II** *adj* de plata; *prov* **every cloud has a s. lining**, no hay mal que por bien no venga. ■ **s. foil**, papel *m* de plata; *(tinfoil)* papel *m* de aluminio; **s. jubilee**, vigésimo quinto aniversario *m*, bodas *fpl* de plata; **s. medal**, medalla *f* de plata; **s. paper**, papel *m* de plata; **s. plate**, *(coating)* plateado *m*; *(articles)* vajilla *f* plateada; **s. wedding**, bodas *fpl* de plata.

silver-plated [sɪlvə'pleɪtɪd] *adj* plateado,-a, con un baño de plata.

silversmith ['sɪlvəsmɪθ] *n* platero,-a *m,f*.

silverware ['sɪlvəweər] *n* plata *f*, vajilla *f* de plata.

silvery ['sɪlvərɪ] *adj* **1** *(colour, material)* plateado,-a. **2** *(sound)* argentino,-a.

similar ['sɪmɪlər] *adj* parecido,-a, semejante, similar **(to**, a); **s. in size**, de tamaño parecido; **to be very s.**, parecerse mucho. ■ *Geom* **s. triangle**, triángulo *m* semejante. ◆**similarly** *adv* **1** *(as well)* igualmente. **2** *(likewise)* del mismo modo, asimismo.

similarity [sɪmɪ'lærɪtɪ] *n* semejanza *f*, parecido *m*.

simile ['sɪmɪlɪ] *n Lit* símil *m*.

simmer ['sɪmər] **I** *vtr Culin* cocer *or* hervir a fuego lento. **II** *vi Culin* cocerse *or* hervir a fuego lento. ◆**simmer down** *vi fam* calmarse, tranquilizarse.

simper ['sɪmpər] **I** *n* sonrisa *f* afectada. **II** *vi* sonreír con afectación.

simpering ['sɪmpərɪŋ] **I** *adj* afectado,-a, melindroso,-a. **II** *n* melindres *mpl*.

simple ['sɪmpəl] *adj* **1** *(easy, straight-foward)* fácil, sencillo,-a; *(not complicated)* sencillo,-a, simple; **it's a question of money pure and s.**, es pura y simplemente una cuestión de dinero. ■ *Fin* s. **interest,** interés *m* simple. **2** *(plain, unsophisticated)* sencillo,-a; *(natural)* natural; **to be a s. soul,** ser un alma de Dios. **3** *(foolish, backward)* simple, tonto,-a; *(naïve)* ingenuo,-a, inocente; *(dim)* corto,-a de alcances, de pocas luces. ◆**simply** *adv* **1** *(plainly, modestly)* simplemente, sencillamente. **2** *(only)* simplemente, solamente, sólo; *(just, merely)* meramente. **3** *(really)* francamente, realmente.

imple-minded [sɪmpəl'maɪndɪd] *adj* simple, tonto,-a, necio,-a.

impleton ['sɪmpəltən] *n arch* simplón,-ona *m,f,* inocentón,-ona *m,f,* papanatas *mf.*

implicity [sɪm'plɪsɪtɪ] *n* **1** *(lack of sophistication)* sencillez *f,* naturalidad *f.* **2** *(foolishness)* simpleza *f; (naïveté)* ingenuidad *f.* **3** *(incomplexity)* sencillez *f.*

implification [sɪmplɪfɪ'keɪʃən] *n* simplificación *f.*

implify ['sɪmplɪfaɪ] *vtr (pt & pp simplified)* simplificar.

implistic [sɪm'plɪstɪk] *adj* simplista.

imulate ['sɪmjʊleɪt] *vtr (gen)* simular; *(object, noise)* imitar.

imulated ['sɪmjʊleɪtɪd] *adj (flight)* simulado,-a; *(leather etc)* de imitación.

imulation [sɪmjʊ'leɪʃən] *n* simulación *f,* simulacro *m.*

imulator ['sɪmjʊleɪtə'] *n* simulador *m; Av* **flight s.,** simulador de vuelo.

imultaneous [sɪməl'teɪnɪəs] *adj* simultáneo,-a; *Math* **s. equations,** sistema *m* de ecuaciones. ◆**simultaneously** *adv* simultáneamente, a la vez.

in[1] [sɪn] I *n* pecado *m;* **mortal s.,** pecado mortal; *fig* **it would be a s.** to waste it, sería un crimen desperdiciarlo; *fam* **as ugly as s.,** más feo que un pecado. II *vi* pecar.

in[2] [saɪn] *Math abbr of* **sine,** seno *m,* sen.

ince [sɪns] I *adv* desde entonces; **ever s.,** desde entonces; **I have not seen him s.,** no lo he vuelto a ver desde entonces; **long s.,** hace mucho tiempo; *(subsequently)* **it has s. come out that ...,** desde entonces se ha sabido que ... . II *prep* desde; **she has been living here s.** 1975, vive aquí desde 1975. III *conj* **1** *(time)* desde que; **he hasn't worked s. he left school,** está en paro desde que dejó el colegio; **how long is it s. you last saw him?,** ¿cuánto tiempo hace desde que lo viste por última vez? **2** *(because, as)* ya que, puesto que; **s. he is unwell,** ya que está enfermo.

incere [sɪn'sɪə'] *adj* sincero,-a. ◆**sincerely** *adv* sinceramente; *(in letter)* **Yours s.,** (le saluda) atentamente.

incerity [sɪn'serɪtɪ] *n* sinceridad *f;* **in all s.,** con toda sinceridad.

inecure ['saɪnɪkjʊə'] *n* sinecura *f.*

inew ['sɪnju:] *n (tendon)* tendón *m; (in meat)* nervio *m.*

inewy ['sɪnjʊɪ] *adj* nervudo,-a.

inful ['sɪnfʊl] *adj (person)* pecador,-a; *(act, thought)* pecaminoso,-a; *fig (waste etc)* escandaloso,-a.

ing [sɪŋ] I *vtr (pt sang; pp sung)* cantar; **to s. a baby to sleep,** arrullar a un niño; *fig* **to s. the praises of sth/sb,** alabar algo/a algn. II *vi (person, bird)* cantar; *(kettle, bullets)* silbar; *(insect, ears)* zumbar; **can you s.?,** ¿sabes cantar? ◆**sing out** *vi* **1** *(sing loudly)* cantar fuerte. **2** *fam (shout)* gritar.

inge [sɪndʒ] *vtr* chamuscar.

inger ['sɪŋə'] *n* cantante *mf; (in choir)* cantor,-a *m,f.*

singing ['sɪŋɪŋ] I *n (art)* canto *m,* cantar *m; (songs)* canciones *fpl; (of kettle)* silbido *m; (in ears)* zumbido *m.* II *adj* **s. lessons,** lecciones de canto; **he has a fine s. voice,** tiene buena voz.

single ['sɪŋgəl] I *adj* **1** *(solitary, individual)* solo,-a; **every s. day,** todos los días; **there wasn't a s. ticket left,** no quedó ni una sola entrada. **2** *(only one)* único,-a, sencillo,-a; **in s. figures,** por debajo del diez; **in s. file,** en fila india. **3** *(not double)* individual, sencillo,-a. ■ *GB Culin* **s. cream,** nata *f* líquida; **s. bed/room,** cama *f*/habitación *f* individual; **Rail s. (ticket),** billete *m* sencillo *or* de ida. **4** *(unmarried)* soltero,-a. II *n* **1** *Rail* billete *m* sencillo *or* de ida. **2** *(record)* disco *m* sencillo, single *m.* **3 singles,** *Sport* individuales *mpl.* **4 singles bar/holiday,** bar *m*/vacaciones *fpl* para solteros. ◆**single out** *vtr (choose)* escoger, seleccionar; *(distinguish)* distinguir, destacar, resaltar. ◆**singly** *adv (individually)* por separado; *(one by one)* uno por uno.

single-breasted [sɪŋgəl'brestɪd] *adj (suit, jacket)* recto,-a, sin cruzar.

single-decker [sɪŋgəl'dekə'] *n* autobús *m* de un solo piso.

single-handed [sɪŋgəl'hændɪd] *adj & adv* sin ayuda, solo,-a.

single-minded [sɪŋgəl'maɪndɪd] *adj* resuelto,-a.

singleness ['sɪŋgəlnɪs] *n* **s. of purpose,** resolución *f,* ahínco *m.*

singlet ['sɪŋglɪt] *n GB (vest)* camiseta *f.*

sing-song ['sɪŋsɒŋ] I *adj (voice, tone)* cantarín,-ina. II *n* **1** *(voice, tone)* sonsonete *m.* **2** *(singing session)* concierto *m* improvisado.

singular ['sɪŋgjʊlə'] I *adj* **1** *Ling* singular. **2** *fml (outstanding)* extraordinario,-a, excepcional; **a woman of s. beauty,** una mujer de excepcional belleza. **3** *fml (unique, unusual)* único,-a, extraño,-a, particular. II *n Ling* singular *m;* **in the s.,** en singular. ◆**singularly** *adv* extraordinariamente, excepcionalmente.

sinister ['sɪnɪstə'] *adj* siniestro,-a.

sink[1] [sɪŋk] *n (in kitchen)* fregadero *m.*

sink[2] [sɪŋk] I *vtr (pt sank; pp sunk)* **1** *(ship)* hundir, echar a pique; *fig (hopes, plans)* acabar con; **we sank our differences,** hicimos las paces. **2** *(shaft, hole)* cavar, excavar; *(well)* abrir; *(post, pipe)* hincar; *(knife)* clavar, hundir; *(teeth)* hincar **(into,** en). **3** *(invest)* invertir **(into,** en). **4** *GB fam (drink)* soplar. **5** *Sport sl (golf, snooker)* meter. II *vi* **1** *(ship, etc)* hundirse, irse a pique; *fig* **to be sunk in thought,** estar sumido,-a en el pensamiento; *fig* **to leave sb to s. or swim,** abandonar a algn a su suerte; *fig* **to s. into oblivion,** caer en el olvido; *fam* **we're sunk!,** ¡estamos perdidos! **2** *(land, building) (subside)* hundirse; **Venice is slowly sinking,** Venecia se hunde lentamente; *fig* **his hopes sank,** sus esperanzas se vinieron abajo; *fig* **my heart sank,** se me cayó el alma a los pies. **3** *(sun)* ponerse, bajar. **4** *(figures, prices)* bajar. **5** *(slump)* dejarse caer; **to s. back into an armchair,** arrellanarse en un sillón; **to s. to one's knees,** hincarse de rodillas. ◆**sink in** *vi (penetrate)* penetrar; *fig (words)* causar impresión; **it hasn't sunk in yet,** todavía no ha hecho impacto.

sinker ['sɪŋkə'] *n Fishing* plomo *m.*

sinking ['sɪŋkɪŋ] *n (of ship)* hundimiento *m.*

sinner ['sɪnə'] *n* pecador,-a *m,f.*

sinuous ['sɪnjʊəs] *adj Lit* sinuoso,-a, tortuoso,-a, zigzagueante.

sinus ['saɪnəs] *n Anat* seno *m.*

sip [sɪp] **I** *n* sorbo *m*. **II** *vtr (pt & pp **sipped**)* sorber, beber a sorbos.

siphon ['saɪfən] *n* sifón *m*. ◆**siphon off** *vtr (liquid)* sacar con sifón; *fig (funds, traffic)* desviar.

sir [sɜː^r] *n fml* señor *m*; **yes, s.**, sí, señor; *Mil* **s.!**, ¡a sus órdenes!; *(in letter)* **Dear Sir,** muy señor mío, estimado señor; *(title)* sir; **S. Walter Raleigh,** Sir Walter Raleigh.

sire [saɪə^r] **I** *vtr (beget)* ser padre de, engendrar. **II** *n (animals)* macho *m*.

siren ['saɪərən] *n Myth* sirena *f*.

sirloin ['sɜːlɔɪn] *n Culin* solomillo *m*.

sissy ['sɪsɪ] *n fam (coward)* miedica *mf*.

sister ['sɪstə^r] **I** *n* **1** *(relation)* hermana *f*. **2** *GB Med* enfermera *f* jefe. **3** *Rel* hermana *f*, monja *f*; *(before name)* sor; **s. Maria,** Sor María. **II** *adj* **s. nation,** nación *f* hermana; **s. ship,** barco *m* gemelo.

sister-in-law ['sɪstərɪnlɔː] *n (pl **sisters-in-law**)* cuñada *f*.

sisterhood ['sɪstəhʊd] *n* hermandad *f*.

sisterly ['sɪstəlɪ] *adj* de hermana.

sit [sɪt] **I** *vtr (pt & pp **sat**)* **1** *(child etc)* sentar **(in, on,** en). **2** *(hall etc)* tener cabida para. **3** *GB (exam)* presentarse a. **II** *vi* **1** *(action)* sentarse; *(to dog)* **s.!,** ¡siéntate! **2** *(be seated)* estar sentado,-a; **to be sitting at table,** estar sentado,-a a la mesa; *fig* **to be sitting pretty,** tenerlo todo resuelto; *fig* **to s. tight,** mantenerse en sus trece. **3** *(object) (lie, rest)* yacer; *(be situated)* ubicarse, estar, hallarse; *(person) (remain)* quedarse; **he sits there all day,** se pasa todo el día allí sentado. **4** *(pose)* posar. **5** *(be a member)* ser miembro; **to s. on a jury,** ser miembro de un jurado. **6** *Pol (represent)* representar. **7** *(assembly)* reunirse, estar reunido,-a. **8** *fam (babysit)* cuidar niños, hacer de canguro. ◆**sit about, sit around** *vi* holgazanear, hacer el vago. ◆**sit back** *vi* recostarse; *fig* **he just sat back and did nothing,** no levantó ni un dedo para ayudar. ◆**sit down** **I** *vtr* sentar; **he sat himself down,** se sentó. **II** *vi* sentarse; **please s. down,** siéntese por favor. ◆**sit in on** *vtr* asistir sin participar. ◆**sit on** *vtr fam* **1** *(keep secret)* ocultar, callar; *(delay dealing with)* dejar dormir, aplazar. **2** *(person) (silence)* hacer callar; *(repress)* hacer la vida difícil a. ◆**sit out** *vtr (endure)* quedarse *or* aguantar hasta el final. ◆**sit through** *vi (as a spectator etc)* aguantar. ◆**sit up** **I** *vtr (baby etc)* sentar. **II** *vi* **1** *(straight)* ponerse derecho; *(in bed)* incorporarse; *fig* **to s. up and take notice,** prestar atención. **2** *(stay up late)* quedarse levantado,-a, no acostarse; **to s. up waiting for sb,** quedarse esperando a algn.

sit-down ['sɪtdaʊn] **I** *adj* **s.-d. meal,** comida *f* servida en la mesa. **II** *n* **1** *(protest)* sentada *f*. **2** *fam* breve reposo *m*.

site [saɪt] **I** *n* **1** *(area)* terreno *m*, lugar *m*. ■ **building s.,** solar *m*; *(under construction)* obra *f*; **camp s.,** camping *m*; **caravan s.,** camping *m* de caravanas. **2** *(location)* situación *f*, emplazamiento *m*; **nuclear testing s.,** zona *f* de pruebas nucleares. **II** *vtr (building etc)* situar, ubicar.

sit-in ['sɪtɪn] *n fam (demonstration)* sentada *f*; *(strike)* huelga *f* de brazos caídos.

siting ['saɪtɪŋ] *n* emplazamiento *m*, ubicación *f*.

sitter ['sɪtə^r] *n* **1** *Art* modelo *mf*. **2** *(baby)* **s.,** canguro *mf*. **3** *Sport* gol *m* cantado.

sitting ['sɪtɪŋ] **I** *n (of committee, for portrait)* sesión *f*; *(in canteen)* turno *m*. **II** *adj* **1** sentado,-a. ■ *Pol* **s. member,** miembro *m* activo; **s. room,** sala *f* de estar, salón *m*, living *m*; **s. tenant,** inquilino,-a *m,f*

con derecho a propiedad. **2** *fam fig* **s. duck,** blanc... *m* facilísimo; **s. pretty,** aventajado,-a.

situate ['sɪtjʊeɪt] *vtr fml* situar, ubicar.

situated ['sɪtjʊeɪtɪd] *adj (building etc)* situado,- ubicado,-a; *fam* **how are you s. for money?,** ¿cón andas de dinero?

situation [sɪtjʊ'eɪʃən] *n* **1** *(location)* situación *f*, ub... cación *f*. **2** *(circumstances etc)* situación *f*; **the cu** **rent economic s.,** la situación económica actual. *(job, position)* empleo *m*, puesto *m*; *(in newspape* **'situations vacant',** 'ofertas de trabajo', 'bolsa trabajo'.

sit-up ['sɪtʌp] *n Gymn* abdominal *m*.

six [sɪks] **I** *adj* seis *inv*. **II** *n* seis *m inv*; *fam fig* **it's** **of one and half a dozen of the other,** viene a ser l mismo, da lo mismo, da igual; *fam fig* **to be at sixⁱ** **and sevens,** estar confuso,-a, estar hecho un lío; *se also* **seven**.

six-pack ['sɪkspæk] *n Com (of beer etc)* caja *f* de botellas *or* latas.

sixpence ['sɪkspəns] *n Hist (coin)* moneda *f* de se peniques.

sixteen [sɪks'tiːn] *adj & n* dieciséis *(m) inv*, diez seis *(m) inv*; *see also* **seven**.

sixteenth [sɪks'tiːnθ] **I** *adj* decimosexto,-a. **II** *n* **1** *(in series)* decimosexto,-a *m,f*. **2** *(fraction)* diecise savo *m*, diecimosexta parte *f*; *see also* **seventh**.

sixth [sɪksθ] **I** *adj* sexto,-a; **s. sense,** sexto sentid*o Educ* **s. form,** ≈ COU; **s. former,** ≈ estudiante c COU. **II** *n* **1** *(in series)* sexto,-a *m,f*. **2** *(fractio* sexto *m*, sexta parte *f*; *see also* **seventh**.

sixtieth ['sɪkstɪəθ] **I** *adj* sexagésimo,-a. **II** *n* **1** *(in s* ries)* sexagésimo,-a *m,f*. **2** *(fraction)* sesentavo *n* sexagésima parte *f*; *see also* **seventh**.

sixty ['sɪkstɪ] **I** *adj* sesenta *inv*. **II** *n* sesenta *m in* *see also* **seventy** and **seven**.

size¹ [saɪz] *n (gen)* tamaño *m*; *(of garment)* talla *(of shoes)* número *m*; *(of person)* talla *f*, estatura *(scope)* alcance *m*; *(magnitude)* magnitud *f*; **life s** tamaño natural; **she's a size ten,** gasta la talla die *try it on for s.,** pruébatelo para ver la talla que ne cesitas; **what s. do you take?,** *(garment)* ¿qué tall tienes?; *(shoes)* ¿qué número calzas?; **what s. is th** **kitchen?,** ¿de qué tamaño es la cocina?; **to cut s** **to s.,** cortar algo al tamaño que se necesita; *fig* **cut sb down to s.,** bajar los humos a algn; *fig* **that** **about the s. of it,** es más o menos así. ◆**size up** *v* *(person)* juzgar; *(situation, problem)* evaluar.

size² [saɪz] **I** *n (for paper, textiles)* cola *f*, apresto *m* **II** *vtr (paper, textiles)* encolar, aprestar.

siz(e)able ['saɪzəbəl] *adj (estate, building, etc)* ba... tante) grande; *(sum)* considerable; *(problem)* im... portante.

sizzle ['sɪzəl] **I** *n* chisporroteo *m*. **II** *vi* chisporrotea

skate¹ [skeɪt] **I** *n* patín *m*; *fam* **get your skates on!** ¡date prisa! **II** *vtr* patinar; *fig* **to s. on thin ice,** pisa un terreno peligroso. ◆**skate over, skate aroun** *vtr fig (problem, difficulty)* evitar.

skate² [skeɪt] *n (fish)* raya *f*.

skateboard ['skeɪtbɔːd] *n* monopatín *m*.

skater ['skeɪtə^r] *n* patinador,-a *m,f*.

skating ['skeɪtɪŋ] *n* patinaje *m*; **ice/roller s.,** patinaj sobre hielo/sobre ruedas. ■ **s. rink,** pista *f* de pa... tinaje.

skedaddle [skɪ'dædəl] *vi fam* largarse, pirarse.

skeletal ['skelɪtəl] *adj fml* esquelético,-a.

keleton ['skelɪtən] I *n* 1 *(of person, animal)* esqueleto *m*. 2 *(of building, ship)* armazón *m*, estructura *f*. 3 *(outline, plan)* esquema *m*, bosquejo *m*. II *adj (staff, service)* reducido,-a, limitado,-a. ▪ **s. key,** llave *f* maestra.

keptic ['skeptɪk] *US see* **sceptic**.

keptical ['skeptɪkəl] *US see* **sceptical**.

ketch [sketʃ] I *n* 1 *(rough drawing)* croquis *m*; *(preliminary drawing)* bosquejo *m*, esbozo *m*; *(drawing)* dibujo *m*; *(outline)* esquema *m*; *(rough draft)* boceto *m*, borrador *m*; *Lit* **character s.,** breve descripción *f* de un personaje. 2 *Theat TV* sketch *m*. II *vtr (draw)* dibujar; *(rough drawing)* hacer un croquis de; *(preliminary drawing)* bosquejar, esbozar. III *vi (draw)* dibujar. ◆**sketch in** *vtr (details)* dibujar; *fig* dar un resumen de.

ketch-book ['sketʃbʊk] *n*, **sketch-pad** ['sketʃpæd] *n* bloc *m* de dibujo.

ketchy ['sketʃɪ] *adj (sketchier, sketchiest) (incomplete)* incompleto,-a; *(not detailed)* sin detalles; *(vague)* vago,-a, impreciso,-a.

kewer ['skjʊər] I *n Culin* pincho *m*, broqueta *f*, brocheta *f*. II *vtr (pieces of meat etc)* ensartar (en un pincho).

ki [ski:] I *n (equipment)* esquí *m*. II *adj* de esquí, de esquiar. ▪ **s. boots,** botas *fpl* de esquiar; **s. instructor,** monitor,-a *m,f* de esquí; **s. jump,** *(action)* salto *m* con esquís; *(course)* pista *f* de salto; **s. lift,** telesquí *m*; *(with seats)* telesilla *f*; **s. pants,** pantalón *m* sing de esquiar; **s. resort,** estación *f* de esquí *or* esquiar; **s. run,** pista *f* de esquí; **s. stick,** palo *m* de esquiar. III *vi* esquiar; **to go skiing,** ir a esquiar; **to s. down,** bajar esquiando.

kid [skɪd] I *n* 1 *Aut* patinazo *m*, derrapaje *m*, resbalón *m*. 2 **s. row,** *US fam* barrio *m* bajo. II *vi (pt & pp skidded) Aut* patinar, derrapar; **to s. to a halt,** frenar patinando.

kier ['ski:ər] *n* esquiador,-a *m,f*.

kiff [skɪf] *n Naut* esquife *m*.

kiing ['ski:ɪŋ] *n* esquí *m*; **s. holiday,** vacaciones de esquí.

kilful, *US* **skillful** ['skɪlful] *adj* hábil, diestro,-a; *fam* mañoso,-a. ◆**skilfully,** *US* **skillfully** *adv* hábilmente, con destreza.

kill [skɪl] *n* 1 *(ability)* habilidad *f*, destreza *f*; *(talent)* talento *m*, don *m*. 2 *(technique)* técnica *f*, arte *m*, especialidad *f*.

killed [skɪld] *adj* 1 *(able, dextrous)* hábil, diestro,-a; *(expert)* experto,-a. 2 *(specialized) (worker)* cualificado,-a, especializado,-a; *(work)* especializado,-a, de especialista.

kim [skɪm] I *vtr (pt & pp skimmed)* 1 *(milk)* desnatar, descremar; *(soup)* espumar; **to s. the cream off the milk,** quitar la nata a la leche. ▪ **skimmed milk,** leche *f* descremada *or* desnatada. 2 *(brush against)* rozar; **to s. the ground,** rozar el suelo; *(bird, plane)* volar a ras de suelo; **to s. stones,** hacer cabrillas con piedrecitas. II *vi* **to s. across the water/ground,** pasar rozando el agua/suelo; *fig* **to s. through a book,** hojear un libro.

kimp [skɪmp] *vtr & vi (food, material)* escatimar; *(work)* chapucear; **to s. on food/material,** escatimar comida/tela.

kimpy ['skɪmpɪ] *adj (skimpier, skimpiest) (dress)* ligero,-a; *(meal)* escaso,-a, pobre. ◆**skimpily** *adv* **s. dressed,** ligeramente vestido,-a.

kin [skɪn] I *n* 1 *(of person)* piel *f*; *(of face)* cutis *m*; *(complexion)* tez *f*; *fig* **to be all s. and bone,** estar en los huesos; *fig* **to escape by the s. of one's teeth,**

librarse por los pelos; *fig* **to get under one's s.,** irritarle a uno; *fig* **to have a thick/thin s.,** ser poco sensible/muy susceptible; *fam* **it's no s. off my nose,** a mí me da lo mismo, a mí me trae sin cuidado; *fam* **to save one's own s.,** salvar el pellejo. ▪ **s. cream,** crema *f* de belleza; *Med* **s. disease,** enfermedad *f* de la piel, dermatosis *f*; *Med* **s. graft,** injerto *m* cutáneo *or* de piel; *Med* **s. test,** prueba *f* cutánea, cutirreacción *f*. 2 *(of animal)* piel *f*, pellejo *m*; *(pelt)* piel *f*; *(hide)* cuero *m* (curtido). 3 *Bot (of fruit)* piel *f*; *(hard)* cáscara *f*, corteza *f*; *(soft)* piel *f*; *(peeling)* monda *f*, mondadura *f*. 4 *(of sausage)* pellejo *m*. 5 *(on paint)* telilla *f*, capa *f* fina; *(on milk, custard)* nata *f*. II *vtr (pt & pp skinned)* 1 *(animal, fish)* despellejar, desollar; *(fruit, vegetable)* pelar. 2 *(graze)* arañar, rascar; **to s. one's elbow/knee,** hacerse un rasguño en el codo/la rodilla.

skin-deep [skɪn'di:p] *adj* superficial.

skin-diver ['skɪndaɪvər] *n* buceador,-a *m,f*, submarinista *mf*.

skin-diving ['skɪndaɪvɪŋ] *n* buceo *m*, submarinismo *m*.

skinflint ['skɪnflɪnt] *n arch fam* tacaño,-a *m,f*.

skinful ['skɪnfʊl] *n fam* **to have had a s.,** estar como una cuba.

skinhead ['skɪnhed] *n fam* cabeza *mf* rapada.

skinny ['skɪnɪ] *adj (skinnier, skinniest) fam* flaco,-a, enjuto,-a, delgaducho,-a.

skint [skɪnt] *adj fam* **to be s.,** estar sin blanca *or* sin un duro.

skin-tight ['skɪntaɪt] *adj (clothing)* muy ajustado,-a.

skip[1] [skɪp] I *n (jump)* salto *m*, brinco *m*. II *vi (pt & pp skipped) (jump)* saltar, brincar; *(with rope)* saltar a la comba; *fig* saltar; *fig* **to s. over sth,** saltarse algo. III *vtr fig (page, meal, class)* saltarse; *fam* **s. it!,** ¡déjalo!

skip[2] [skɪp] *n Constr (container)* contenedor *m*, container *m*.

skipper ['skɪpər] I *n Naut fam* patrón *m*, capitán,-ana *m,f*; *Sport fam* capitán,-ana *m,f*. II *vtr* capitanear.

skipping ['skɪpɪŋ] *n* comba *f*. ▪ **s. rope,** comba *f*, cuerda *f* de saltar.

skirmish ['skɜːmɪʃ] *n Mil* escaramuza *f*; *(fight)* pelea *f*, refriega *f*, trifulca *f*; *(argument)* escaramuza *f*, discusión *f*.

skirt [skɜːt] I *n* 1 *(garment)* falda; **straight/pleated s.,** falda recta/plisada. 2 *(machinery guard)* cubierta *f*. II *vtr (town, hill, etc)* rodear; *(lake, coast)* bordear; *fig (problem, difficulty)* esquivar, eludir.

skirting ['skɜːtɪŋ] *GB n* **s. (board),** zócalo *m*, rodapié *m*.

skit [skɪt] *n Lit* sátira *f*, parodia *f*; *Theat* sketch *m* satírico.

skittish ['skɪtɪʃ] *adj (capricious)* caprichoso,-a, frívolo,-a; *(animal)* excitable.

skittle ['skɪtəl] *n* 1 *(pin)* bolo *m*. 2 **skittles,** *(game)* (juego *m* de) bolos *mpl*, boliche *m*. ▪ **s. alley,** bolera *f*, boliche *m*.

skive [skaɪv] *GB vi fam* escaquearse, escurrir el bulto.

skiver ['skaɪvər] *GB n fam* frescales *mf inv*, irresponsable *mf*.

skulduggery, *US* **skullduggery** [skʌl'dʌgərɪ] *n* tejemaneje *m*.

skulk [skʌlk] *vi (hide)* esconderse; *(prowl)* merodear; *(lie in wait)* estar al acecho.

skull [skʌl] *n* **1** *Anat* cráneo *m*; *fam* calavera *f*; *(picture, sign)* **s. and crossbones,** calavera *f*. **2** *fam* coco *m*.

skullcap ['skʌlkæp] *n* casquete *m*; *(of priest)* solideo *m*.

skunk [skʌŋk] *n* Zool mofeta *f*.

sky [skaɪ] *n* cielo *m*, firmamento *m*; **in the s.,** en el cielo; *fam fig* **the s.'s the limit!,** ¡todo es posible! ■ **s. blue,** azul *m* celeste.

sky-blue ['skaɪblu:] *adj (colour)* celeste.

sky-diver ['skaɪdaɪvə'] *n* paracaidista *mf*.

sky-diving ['skaɪdaɪvɪŋ] *n* paracaidismo *m*.

sky-high [skaɪ'haɪ] *adv* por las nubes; **to blow sth s.-h.,** hacer volar algo por los aires.

skylark ['skaɪlɑːk] *n Orn* alondra *f*.

skylight ['skaɪlaɪt] *n* tragaluz *m*, claraboya *f*.

skyline ['skaɪlaɪn] *n (horizon)* horizonte *m*; *(of city)* perfil *m*.

skyscraper ['skaɪskreɪpə'] *n* rascacielos *m inv*.

slab [slæb] *n (of stone)* losa *f*; *(of chocolate)* tableta *f*; *(of cake)* trozo *m*.

slack [slæk] **I** *adj* **1** *(not taut)* flojo,-a. **2** *(lax, careless)* descuidado,-a, negligente; *(lazy)* perezoso,-a, vago,-a. **3** *(market)* flojo,-a; **the s. season,** la temporada baja; **business is s.,** hay poco trabajo. **II** *n* **1** *(in rope)* parte *f* floja; **to take up the s.,** tensar una cuerda. **2** *Min* cisco *m*. **III** *vi fam* gandulear, holgazanear.

slacken ['slækən] **I** *vtr* **1** *(rope)* aflojar; *(reins)* soltar. **2** *(speed)* reducir, disminuir; *(one's pace)* reducir, aminorar. **II** *vi* **1** *(rope)* aflojarse; *(wind)* amainar. **2** *(trade)* aflojar, flaquear. ◆**slacken off** *vi (speed, intensity)* reducirse, disminuirse.

slacker ['slækə'] *n fam* gandul,-a *m,f*, holgazán,-ana *m,f*, vago,-a *m,f*.

slackness ['slæknɪs] *n* **1** *(of rope)* flojedad *f*. **2** *(laxness, careless)* descuido *m*, negligencia *f*; *(laziness)* pereza *f*, gandulería *f*. **3** *(of trade)* inactividad *f*, estancamiento *m*.

slacks [slæks] *npl dated (trousers)* pantalones *mpl*, pantalón *m*.

slag [slæg] *n* **1** *Min* escoria *f*. ■ **s. heap,** escorial *m*. **2** *sl (woman)* puta *f*, fulana *f*. ◆**slag off** *vtr (pt & pp slagged)* poner verde a, hablar mal de.

slain [sleɪn] **I** *pp see* **slay**. **II the s.** *npl* los caídos.

slake [sleɪk] *vtr (one's thirst)* apagar, aplacar; **slaked lime,** cal *f* apagada *or* muerta.

slalom ['slɑːləm] *n Sport* slalom *m*.

slam [slæm] **I** *n* **1** *(of lid etc)* golpe *m*; *(of door)* portazo *m*. **2** *Bridge* slam *m*; **grand s.,** gran slam *m*. **II** *vtr (pt & pp slammed)* **1** *(bang)* cerrar de golpe; *Aut* **to s. on the brakes,** dar un frenazo; **to s. sth down on the table,** arrojar algo sobre la mesa; **to s. the door,** dar un portazo; **to s. the door in sb's face,** dar con la puerta en las narices de algn. **2** *fig (criticize, slate)* criticar duramente. **III** *vi (lid, door, etc)* cerrarse de golpe.

slander ['slɑːndə'] **I** *n (smear)* difamación *f*; *Jur (defamation)* calumnia *f*. **II** *vtr* difamar; *Jur* calumniar.

slanderer ['slɑːndərə'] *n* difamador,-a *m,f*; *Jur* calumniador,-a *m,f*.

slanderous ['slɑːndərəs] *adj* difamatorio,-a; *Jur* calumnioso,-a.

slang [slæŋ] **I** *n* argot *m*, jerga *f*; **'fag' is s. for cigarette,** en argot 'pitillo' quiere decir cigarillo. **II** *vtr* insultar; *fam* **slanging match,** intercambio *m* de insultos.

slangy ['slæŋɪ] *adj (slangier, slangiest)* muy col quial, con mucho argot.

slant [slɑːnt] **I** *n* **1** *(gen)* inclinación *f*; *(slope)* pe diente *f*, declive *m*. **2** *fig (turn)* giro *m*; *(point view)* punto *m* de vista. **II** *vtr* **1** *(gen)* inclinar. **2** *f (problem etc)* enfocar subjectivamente. **III** *vi* inc narse.

slanting ['slɑːntɪŋ] *adj* inclinado,-a.

slap [slæp] **I** *n (gen)* palmada *f*; *(smack)* cachete *r (in face)* bofetada *f*, bofetón *m*; *fig* desaire *m*; **s. the wrist,** tirón *m* de orejas. **II** *adv fam* de lleno; **ran s. into the fence,** dio de lleno contra la valla; **in the middle of ...,** justo en medio de ... . **III** *(pt & pp slapped) (gen)* pegar con la mano; *(hit face)* abofetear, dar una bofetada a; **to s. sb on th back,** dar a algn una palmada en la espalda; **to sth down on the table,** arrojar algo sobre la mes *fam* **to s. paint on a wall,** dar un poco de pintura la pared. ◆**slap around** *vtr* pegar.

slap-bang ['slæpbæŋ] *adv fam* **1** *(violently)* viole tamente, con fuerza. **2** *(exactly)* justo, exactament **s.-b. in the middle,** justo en medio.

slapdash ['slæpdæʃ] *adj fam (careless)* descu dado,-a; *(work)* chapucero,-a.

slap-happy ['slæp'hæpɪ] *adv fam (carefree)* despre cupado,-a.

slapstick ['slæpstɪk] *n* bufonadas *fpl*, payasadas *fp*

slap-up ['slæpʌp] *adj fam* **s.-up meal,** comilona banquete *m*.

slash [slæʃ] **I** *n* **1** *(with sword)* tajo *m*; *(with knif* cuchillada *f*; *(with razor)* navajazo *m*; *(with whip* latigazo *m*. **2** *vulg* meada *f*; **to have** *or* **go for a s** mear. **3** *Typ fam* barra *f* oblicua. **II** *vtr* **1** *(with knif* acuchillar; *(with sword etc)* dar un tajo a; *(wi whip)* azotar. **2** *fig (prices, wages)* rebajar, reduci *Com* **'prices slashed',** 'precios de remate'.

slat [slæt] *n* tablilla *f*, listón *m*.

slate [sleɪt] **I** *n* **1** pizarra *f*; **s. quarry,** pizarral *m*; *fi* **to wipe the s. clean,** hacer borrón y cuenta nuev **2** *GB fam* cuenta *f*. **II** *vtr* **1** *(roof)* empizarrar. **2** *G fam fig (criticize)* criticar duramente.

slaughter ['slɔːtə'] **I** *n (animals)* matanza *f*; *(people* carnicería *f*, matanza *f*. **II** *vtr (animals)* matar, s crificar; *(people)* matar brutalmente; *(in large nun bers)* masacrar, exterminar; *fam fig (thrash, defea* dar una paliza a; **United got slaughtered,** le diero una paliza al United.

slaughterhouse ['slɔːtəhaʊs] *n* matadero *m*.

Slav [slɑːv] *adj & n* eslavo,-a *(m,f)*.

slave [sleɪv] **I** *n* esclavo,-a *m,f*; *fig* **s. to fashion, e** clavo,-a de la moda. ■ *fam* **s. driver,** negrero,- *m,f*, tirano,-a *m,f*; **s. labour,** *US* **s. labor,** *(work* trabajo *m* de negros; *(people)* esclavos *mpl*; **s trade,** trata *f* de esclavos. **II** *vi (slog)* **to s. (away) a sth,** trabajar como un negro en algo.

slaver ['slævə'] *vi* babear.

slavery ['sleɪvərɪ] *n* esclavitud *f*.

slavish ['sleɪvɪʃ] *adj (servile)* esclavo,-a, servil; *fi* ciego,-a. ◆**slavishly** *adv (with obedience)* servil mente; *(blindly)* ciegamente.

Slavonic [slə'vɒnɪk] *adj* eslavo,-a.

slay [sleɪ] *vtr (pt slew; pp slain) Lit (kill)* matar, ase sinar.

sleazy ['sliːzɪ] *adj (sleazier, sleaziest)* sórdido,-a.

sled [sled] *n US* trineo *m*. **II** *vi* ir en trineo.

sledge [sledʒ] *n* **1** *GB* trineo *m*. **2** *fam (tool)* al mádana *f*. **II** *vi* ir en trineo.

sledgehammer ['sledʒhæmə'] *n (tool)* almádana *f*

sleek [sli:k] *adj (hair)* liso,-a, lustroso,-a; *(appearance)* impecable, elegante; *(manner)* meloso,-a.

sleep [sli:p] **I** *n* sueño *m*; **to have a short s.**, echar una siesta; *fig* **she didn't lose any s. over it**, no perdió el sueño por ello. **II** *vtr (pt & pp slept)* **1** *(gen)* dormir; **I haven't slept a wink all night,** no he pegado ojo en toda la noche; **to s. the hours away,** pasar las horas durmiendo. **2** *(accommodate)* caber en una vivienda; **the cottage sleeps six,** el chalet tiene camas para seis personas. **III** *vi* **1** *(gen)* dormir; **to get off to s.**, conciliar el sueño; **to go to s.**, dormirse; **to s. soundly,** dormir profundamente; *euph* **to put an animal to s.**, sacrificar un animal; *fig* **to send sb to s.**, hacer dormir a algn; *fig* **to s. on sth,** consultar algo con la almohada; *fam* **to drop off to s.**, quedarse dormido,-a; *fam* **to put a patient to s.**, dormir a un paciente; *fam* **to s. like a log** *or* **top,** dormir como un lirón *or* como un tronco; *fam* **to s. rough,** dormir al aire libre. **2** *(go numb)* entumecerse; *fam* **my foot has gone to s.**, se me ha dormido el pie. ◆**sleep around** *vi fam* acostarse con cualquiera. ◆**sleep in** *vi GB (oversleep)* quedarse dormido,-a, no levantarse a tiempo; *(have a lie-in)* quedarse en la cama. ◆**sleep off** *vi fam* **to s. it off,** dormir la mona. ◆**sleep out** *vi* dormir al aire libre; **it was so warm we decided to s. out,** hacía tan buen tiempo que decidimos dormir al raso. ◆**sleep through** *vtr* **to s. through the alarm,** no oír el despertador. ◆**sleep together** *vi (couple)* dormir juntos. ◆**sleep with** *vtr fam* **to s. with sb,** acostarse con algn.

sleeper ['sli:pə'] *n* **1** *(person)* durmiente *mf*; **to be a heavy/light s.**, tener el sueño pesado/ligero. **2** *GB Rail (on track)* traviesa *f*. **3** *Rail (coach)* coche-cama *m*; *(berth)* litera *f*.

sleeping ['sli:pɪŋ] *adj* durmiente, dormido,-a. ■ **s. bag,** saco *m* de dormir; **S. Beauty,** la Bella durmiente; *Rail* **s. car,** coche-cama *m*; *GB Com* **s. partner,** socio,-a *m,f* comanditario,-a; **s. pill,** somnífero *m*; **s. quarters,** dormitorio *m*; *Med* **s. sickness,** encefalitis *f* letárgica, enfermedad *f* del sueño.

sleepless ['sli:plɪs] *adj* **to have a s. night,** pasar la noche en blanco.

sleeplessness ['sli:plɪsnɪs] *n* insomnio *m*.

sleepwalker ['sli:pwɔ:kə'] *n* sonámbulo,-a *m,f*.

sleepwalking ['sli:pwɔ:kɪŋ] *n* sonambulismo *m*.

sleepy ['sli:pɪ] *adj (sleepier, sleepiest)* soñoliento,-a; **to be** *or* **feel s.**, tener sueño; **to make s.**, dar sueño; **it makes me s.**, me da sueño. ◆**sleepily** *adv* soñolientamente; **'yes,' he replied s.**, 'sí,' contestó medio dormido.

sleepyhead ['sli:pɪhed] *n fam* dormilón,-ona *m,f*.

sleet [sli:t] **I** *n* aguanieve *f*, cellisca *f*. **II** *vi* **it's sleeting,** cae aguanieve.

sleeve [sli:v] *n (of garment)* manga *f*; *(of record)* funda *f*; *fig* **to have something up one's s.**, guardar una carta en la manga.

sleeveless ['sli:vlɪs] *adj (garment)* sin mangas.

sleigh [sleɪ] *n* trineo *m*. ■ **s. bell,** cascabel *m*.

sleight [slaɪt] *n* **s. of hand,** prestidigitación *f*, juego *m* de manos.

slender ['slendə'] *adj* **1** *(thin, slim) (person)* delgado,-a, esbelto,-a; *(wineglass)* delgado,-a, fino,-a. **2** *fig (slight, poor) (hope, chance)* ligero,-a; *(income)* escaso,-a; **by a s. majority,** por una escasa mayoría; **of s. means,** de recursos escasos.

slept [slept] *pt & pp see* **sleep.**

sleuth [slu:θ] *n arch fam* detective *m*, sabueso *m*.

slew [slu:] *pt & pp see* **slay.**

slice [slaɪs] **I** *n* **1** *(of bread)* rebanada *f*; *(of ham)* lonja *f*, loncha *f*; *(of beef etc)* tajada *f*; *(of salami, cucumber, lemon)* rodaja *f*; *(of melon)* raja *f*; *(of cake)* porción *f*, trozo *m*; *fig (of population etc)* parte *f*; *(proportion)* proporción *f*. **2** *(utensil)* pala *f*, paleta *f*. **II** *vtr (food)* cortar a rebanadas *or* tajos *or* rodajas; *(divide)* partir; **sliced bread,** pan de molde. **III** *vi Sport* dar efecto a la pelota. ◆**slice off** *vtr* cortar. ◆**slice through** *vtr* cortar, partir. ◆**slice up** *vtr* cortar a rebanadas *or* tajos *or* rodajas.

slick [slɪk] **I** *adj* **1** *(programme, show)* ingenioso,-a, logrado,-a. **2** *(skilful)* hábil, mañoso,-a; **a s. answer,** una respuesta fácil. **3** *pej (glib)* despabilado,-a; **to be a s. operator,** ser un listillo *or* un tipo despabilado; **he's a very s. dresser,** siempre va hecho un maniquí. **II** *n (oil)* **s.**, marea *f* negra. ◆**slick back, slick down** *vtr* alisar; **to s. back** *or* **down one's hair,** alisarse el pelo.

slicker ['slɪkə'] *n fam pej* **(city) s.**, tío,-a *m,f*, chulo,-a *m,f*.

slide [slaɪd] **I** *n* **1** *(act)* deslizamiento *m*, desliz *m*; *(slip)* resbalón *m*. **2** *Fin (drop)* baja *f*; **a s. in share prices,** una baja en las cotizaciones. **3** *(in playground)* tobogán *m*. **4** *Phot* diapositiva *f*. ■ **s. projector,** proyector *m* de diapositivas; **s. show,** exposición *f* de diapositivas. **5** *(of microscope)* platina *f*, portaobjetos *m inv*. **6** *Math* **s. rule,** regla *f* de cálculo. **7** *Mus (on instrument)* vara *f*, corredera *f*. **8** *GB Hairdr* pasador *m*. **II** *vtr (pt & pp slid)* deslizar; *(furniture)* correr. **III** *vi (gen)* deslizarse; *(slip)* resbalar; **to s. down a drainpipe,** deslizarse por un tubo de desagüe; *fig* **to let things s.**, no ocuparse de algo, abandonar algo a su suerte.

sliding ['slaɪdɪŋ] *adj (door, window)* corredizo,-a. ■ *Fin* **s. scale,** escala *f* móvil.

slight [slaɪt] **I** *adj* **1** *(small)* pequeño,-a, ligero,-a; **I haven't got the slightest idea,** no tengo la menor idea; **not in the slightest,** en absoluto; **to a s. extent,** hasta cierto punto; **to take offence at the slightest thing,** ofenderse por nada. **2** *(person, build) (small)* menudo,-a; *(slim)* delgado,-a; *(weak-looking)* delicado,-a. **3** *(trivial)* leve, insignificante; **a s. wound,** una herida leve. **II** *n (affront)* desaire *m*. **III** *vtr* **1** *(scorn)* despreciar, menospreciar. **2** *(snub, insult)* desairar, ofender, insultar. ◆**slightly** *adv* **1** *(a little)* un poco, ligeramente, algo. **2** *(person)* **s. built,** *(small)* menudo,-a; *(slim)* delgado,-a.

slighting ['slaɪtɪŋ] *adj* **1** *(scornful)* despreciativo,-a, menospreciativo,-a. **2** *(offensive)* ofensivo,-a.

slim [slɪm] **I** *adj (slimmer, slimmest)* **1** *(person, build)* delgado,-a; *(slender)* esbelto,-a. **2** *fig (resources, profits)* escaso,-a; *(hopes, chances)* remoto,-a; *(evidence)* insuficiente. **II** *vi (pt & pp slimmed)* adelgazar, hacer régimen. ◆**slim down** *vtr fig* reducir.

slime [slaɪm] *n (mud etc)* lodo *m*, cieno *m*; *(of snail)* baba *f*.

slimmer ['slɪmə'] *n* persona *f* a régimen.

slimming ['slɪmɪŋ] **I** *adj (diet, pills)* para adelgazar; *(food)* que no engorda. **II** *n (process)* adelgazamiento *m*.

slimy ['slaɪmɪ] *adj (slimier, slimiest)* **1** *(muddy)* lodoso,-a; *(snail)* baboso,-a; *(sticky)* viscoso,-a. **2** *fig (person)* falso,-a, zamalero,-a.

sling [slɪŋ] **I** *n* **1** *(catapult)* honda *f*; *(child's)* tirador *m*. **2** *Med* cabestrillo *m*. **II** *vtr (pt & pp slung)* **1** *(throw)* lanzar, arrojar, tirar; *fam* **to s. one's hook,**

largarse. 2 *fam (throw away)* botar, tirar. ◆**sling out** *vtr fam* echar, botar, tirar.

slink [slɪŋk] *vi (pt & pp slunk)* desplazarse siglosa- mente; **to s. away** *or* **off,** escabullirse.

slinky ['slɪŋkɪ] *adj (slinkier, slinkiest) fam* 1 *(garment)* ceñido,-a, muy ajustado,-a al cuerpo. 2 *(movement)* sensual, provocativo,-a.

slip [slɪp] **I** *n* 1 *(slide)* resbalón *m; (fall)* caída *f; (trip)* traspiés *m inv,* tropezón *m,* paso *m* en falso; *fam fig* **to give sb the s.,** dar esquinazo a algn. 2 *(mistake)* error *m,* equivocación *f; (moral)* desliz *m;* **a s. of the pen** *or* **tongue,** un lapsus; *prov* **there's many a s. between cup and lip,** del dicho al hecho hay mucho trecho. 3 *(underskirt)* combinación *f; (petticoat)* enaguas *fpl.* ■ **(pillow) s.,** funda *f.* 4 *(of paper)* papelito *m,* trocito *m* del papel. ■ **sales s.,** resguardo *m.* **5** *fam* menudencia *f;* **a s. of a boy/girl,** un chiquillo/una chiquilla. **II** *vi (pt & pp slipped)* 1 *(slide)* resbalar; *Aut (clutch)* patinar; **it slipped from his hand,** se le fue de la mano; **my foot slipped,** me resbaló el pie; *fig* **then everything slipped into place,** entonces todo quedó claro; *fig* **to let an opportunity s.,** dejar escapar una oportunidad. 2 *Med* dislocarse; **to have a slipped disc,** tener una vértebra dislocada. 3 *(move quickly)* ir de prisa, escabullirse; **to s. round to the baker's,** ir un momento a la panadería. 4 *(decline) (standards etc)* decaer, empeorar; *fam* **you're slipping,** estás perdiendo facultades. **III** *vtr* 1 *(slide)* pasar, dar a escondidas; *fam* **he slipped me a fiver,** me puso en la mano un billete de cinco libras. 2 *(miss)* escapar; *Knit* **to s. a stitch,** dejar escapar un punto. 3 *(overlook, forget)* pasar por alto; **it must have slipped his notice,** le habrá pasado desapercibido; **it slipped my memory,** se me fue de la memoria. 4 *(escape from)* soltar; **the dog slipped its leash,** el perro se soltó de la correa. ◆**slip away** *vi* 1 *(time, years)* pasar volando. 2 *(person)* escabullirse. ◆**slip by** *vi (time, years)* pasar volando. ◆**slip off** *vtr (clothes)* quitarse rápidamente. ◆**slip on** *vtr (clothes)* ponerse rápidamente. ◆**slip out** *vi* 1 *(leave)* salir, escabullirse. 2 *fig* **the secret slipped out,** se le escapó el secreto. ◆**slip up** *vi fam (make a mistake)* equivocarse; *(blunder)* cometer un desliz, meter la pata.

slipknot ['slɪpnɒt] *n* nudo *m* corredizo.

slip-on ['slɪpɒn] *adj (shoes)* sin cordones.

slipper ['slɪpə'] *n* 1 *(shoe)* zapatilla *f.* 2 *Tech (of brake)* zapata *f,* patín *m.*

slippery ['slɪpərɪ] *adj* 1 *(surface)* resbaladizo,-a; *(viscous)* escurridizo,-a; *fig* **to be on a s. slope,** estar en un callejón sin salida. 2 *fig (person)* astuto,-a, que no es de fiar.

slip-road ['slɪprəʊd] *n GB (on motorway)* vía *f* de acceso.

slipshod ['slɪpʃɒd] *adj (careless)* descuidado,-a; *(work)* chapucero,-a.

slipstream ['slɪpstriːm] *n* estela *f.*

slip-up ['slɪpʌp] *n fam (mistake)* error *m; (blunder)* desliz *m,* metedura *f* de pata.

slipway ['slɪpweɪ] *n Naut* grada *f.*

slit [slɪt] **I** *n (opening)* abertura *f,* hendidura *f; (cut)* corte *m,* raja *f.* **II** *vtr (pt & pp slit)* cortar, hender, rajar; **to s. open an envelope,** rasgar un sobre.

slither ['slɪðə'] *vi (snake etc)* deslizarse.

slithery ['slɪðərɪ] *adj (surface)* resbaladizo,-a.

sliver ['slɪvə'] *n (of wood, glass)* astilla *f; (of ham)* loncha *f* or tajada *f* fina.

slob [slɒb] *n fam (untidy person)* dejado,-a *m,f; (boor)* palurdo,-a *m,f.*

slobber ['slɒbə'] *vi (dribble)* babear; *fig* **to s. over sb,** hacerle la pamema a algn.

sloe [sləʊ] *n Bot* 1 *(shrub)* endrino *m.* 2 *(fruit)* endrina *f.* ■ **s. gin,** ginebra *f* de endrinas.

slog [slɒg] **I** *n fam* paliza *f;* **it was a hard s. back t base camp,** les costó un montón volver al campa mento base. **II** *vi (pt & pp slogged)* 1 *fam (work* currar; **to s. away,** trabajar como un negro, suda tinta; **to s. away at sth,** trabajar con empeño e algo. 2 *(walk)* caminar *or* avanzar trabajosamente **to s. up a hill,** subir una cuesta a duras penas. **I** *vtr (hit) (ball, opponent)* golpear fuerte.

slogan ['sləʊgən] *n* slogan *m,* eslogan *m,* lema *m.*

slogger ['slɒgə'] *n fam (hard worker)* currante *m* trabajador,-a *m,f.*

sloop [sluːp] *n Naut* balandro *m.*

slop [slɒp] **I** *vi (pt & pp slopped)* **to s. (over),** derra marse, verterse; **to s. about,** chapotear. **II** *vtr* de rramar, verter. **III** *n* 1 **slops,** *(liquid food)* gacha *fpl,* aguachirle *m sing; (left-over food)* bazofia *f (dirty water)* lavazas *fpl,* agua *f sing* sucia; *(dregs o tea)* posos *mpl* de té. 2 *Lit Cin (slush)* novela *f o* película *f* sentimentaloide.

slope [sləʊp] **I** *n (incline)* cuesta *f,* pendiente *f; (up* subida *f; (down)* bajada *f,* declive *m; (of mountain* ladera *f,* falda *f,* vertiente *f; (of roof)* vertiente *f* **steep s.,** cuesta empinada; **the southern slopes,** l vertiente sur. **II** *vi* inclinarse; **to s. up/down,** subir bajar en pendiente; **the gardens s. down to the sea** los jardines bajan hasta el mar. ◆**slope off** *vi fan* largarse.

sloping ['sləʊpɪŋ] *adj (ground)* en pendiente, incli nado,-a; *(roof, handwriting)* inclinado,-a; **s. shoul ders,** hombros caídos.

sloppy ['slɒpɪ] *adj (sloppier, sloppiest) fam* 1 *(care less)* descuidado,-a; *(slipshod)* chapucero,-a; *(ap pearance, dress)* desaliñado,-a, dejado,-a. 2 *(slushy)* empalagoso,-a, sentimentaloide. 3 *(loose (garment)* muy ancho,-a; *fam* **s. joe,** jersey muy ancho. ◆**sloppily** *adv* 1 *(carelessly)* de modo des cuidado; **s. done,** hecho,-a a la ligera *or* a la buena de Dios; **s. dressed,** vestido,-a de cualquier manera. 2 *(slushy)* de modo empalagoso *or* sentimentaloide.

slosh [slɒʃ] *vtr fam (splash)* echar; **to s. paint on a wall,** dar pintura a una pared a brochazos. ◆**slosh about** *vi* chapotear.

sloshed [slɒʃt] *adj fam* borracho,-a; **to get s.,** pillar una trompa, coger una tajada.

slot [slɒt] **I** *n* 1 *(for coin)* ranura *f; (groove)* muesca *f; (opening)* abertura *f,* rendija *f.* ■ **s. machine,** *(for gambling)* (máquina *f)* tragaperras *m inv; (vending machine)* distribuidor *m* automático; **s. meter,** contador *m.* 2 *fig (in timetable)* hueco *m; Rad TV* espacio *m.* **II** *vtr (pt & pp slotted) (place)* meter, colocar; *(put in)* introducir; **s. piece X into piece Y,** encaja la pieza X con la pieza Y; *fig* **to s. a new song into the programme,** incluir una nueva canción en el programa. **III** *vi* **to s. in** *or* **together,** encajar.

sloth [sləʊθ] *n* 1 *fml (laziness, idleness)* pereza *f,* indolencia *f.* 2 *Zool (oso m)* perezoso *m.*

slothful ['sləʊθfʊl] *adj (indolent)* perezoso,-a.

slouch [slaʊtʃ] **I** *vi* andar *or* sentarse con los hombros caídos; **don't s.!,** ¡ponte derecho!; **to s. in an armchair,** repantigarse en un sillón. **II** *n fam* vago,-a; **he's no s. when it comes to doing the housework,** no tienes que decirle dos veces que haga la limpieza.

slovenly ['slʌvənlɪ] *adj (careless)* descuidado,-a, dejado,-a; *(scruffy)* desaliñado,-a, desaseado,-a; *(inefficient)* chapucero,-a.

slow [sləu] I *adj* 1 *(gen)* lento,-a; *Culin* in a s. oven, a fuego lento; *Cin* in s. motion, a cámara lenta, al ralentí; it's s. going, avanzamos muy lentamente; s. recovery, recuperación lenta; to be s. to do sth, tardar en hacer algo. 2 *(clock)* atrasado,-a; my watch is 10 minutes s., mi reloj está retrasado 10 minutos. 3 *(performance etc)* aburrido,-a, pesado,-a. 4 *(person) (stupid)* lento,-a, torpe, corto,-a de alcances; he's a s. learner, le cuesta aprender; *fig* he's a bit s. on the uptake or off the mark, le cuesta entender las cosas, es un poco lento de reflejos. II *adv* despacio, lentamente; *Ind* to go s., trabajar a ritmo lento, hacer una huelga de celo. III *vtr (car, machine)* reducir la marcha de; *(progress, production)* retrasar, retardar. IV *vi* to s. down *or* up, *(gen)* ir más despacio; *(in car)* reducir la velocidad; *(when walking)* aminorar el paso. ◆**slowly** *adv* despacio, lentamente; s. but surely. lento pero seguro.

slowcoach ['sləukəʊtʃ] *n fam,* US **slowpoke** ['sləupəʊk] *n fam* tortuga *f.*

slowish ['sləuɪʃ] *adj* algo lento,-a.

slowness ['sləunɪs] *n* 1 *(gen)* lentitud *f.* 2 *(stupidity)* torpeza *f.* 3 *(dullness)* pesadez *f.*

slow-witted [sləu'wɪtɪd] *adj* lento,-a, torpe, corto,-a de alcances.

slowworm ['sləuwɜːm] *n Zool* lución *m.*

sludge [slʌdʒ] *n* 1 *(mud)* fango *m,* cieno *m,* lodo *m;* *(sediment)* sedimento *m,* residuos *mpl.* 2 *(sewage)* aguas *fpl* residuales.

slug [slʌg] I *n* 1 *Zool* babosa *f.* 2 *US fam (bullet)* posta *f.* 3 *fam (blow)* porrazo *m.* 4 *US fam (shot)* traguito *m;* a s. of whisky, un traguito de whisky. II *vtr (pt & pp* slugged) *fam (hit)* aporrear, pegar un porrazo a.

sluggish ['slʌgɪʃ] *adj* 1 *(slow-moving) (river, engine)* lento,-a; *Com (market, trade)* flojo,-a, inactivo,-a. 2 *(lazy)* perezoso,-a, holgazán,-ana; *Med (liver)* perezoso,-a.

sluggishness ['slʌgɪʃnɪs] *n* 1 *(slowness)* lentitud *f;* *Com* inactividad *f.* 2 *(laziness)* pereza *f.*

sluice [sluːs] I *n (waterway)* canal *m;* *(valve)* compuerta *f.* II *vtr* to s. sth down, lavar algo a chorro, regar algo.

sluicegate ['sluːsgeɪt] *n* esclusa *f.*

slum [slʌm] I *n (room, house)* chabola *f.* 2 **slums,** *(area)* barrios *mpl* bajos, barrio *m sing* de chabolas; s. clearance programme, programa para la erradicación del chabolismo. II *vi (pt & pp* slummed) *fam* to s. (it), vivir con muy poco dinero; *(in squalor)* vivir en la miseria.

slumber ['slʌmbə'] *Lit* I *n (sleep)* sueño *m;* *(deep sleep)* sopor *m.* ■ *US Canada* s. party, fiesta *f* nocturna de chicas. II *vi* dormir.

slummy ['slʌmɪ] *adj fam (run-down)* sórdido,-a.

slump [slʌmp] I *n* 1 *(drop in production, sales, etc)* baja *f or* caída *f* repentina, bajón *m.* 2 *(economic depression)* crisis *f* económica, depresión *f* económica; the 1929 s., el crac de 1929; *fig* there was a s. in staff morale, se hundió la moral del personal. II *vi* 1 *(production, sales, demand)* bajar *or* caer de repente; *(prices)* desplomarse, hundirse; *(the economy)* hundirse; *fig (morale)* desplomarse. 2 *(fall into)* caer; he slumped into an armchair, derrumbarse en un sillón; he slumped to the floor, se desplomó en el suelo, cayó desmayado al suelo; she was

slumped over the steering wheel, su cuerpo yacía encima del volante.

slung [slʌŋ] *pt & pp see* sling.

slunk [slʌŋk] *pt & pp see* slink.

slur [slɜː'] I *n* 1 *(stigma)* mancha *f;* *(slanderous remark)* calumnia *f,* difamación *f;* *(insult)* afrenta *f;* to cast a s. on sb's reputation, manchar la reputación de algn. 2 *Mus (symbol)* ligado *m.* II *vtr (pt & pp* slurred) 1 *(word)* pronunciar mal, comerse, tragarse. 2 *Mus (note)* ligar.

slurp [slɜːp] I *vtr & vi fam (beer, soup, etc)* sorber *or* beber ruidosamente. II *n (drinking noise)* ruido *m* que se hace al beber.

slush [slʌʃ] *n* 1 *(melting snow)* aguanieve *f,* nieve *f* derretida; *(mud)* lodo *m,* fango *m.* 2 *fam (oversentimental novel, film, etc)* sentimentalismo *m,* sensiblería *f.* 3 *US fam* s. fund, fondos *mpl* para sobornos.

slushy ['slʌʃɪ] *adj (slushier, slushiest)* 1 *(snow)* medio derretido,-a; *(muddy)* lodoso,-a, fangoso,-a. 2 *fam (novel, film, etc)* sentimentaloide, sensiblero,-a.

slut [slʌt] *n offens* 1 *(dirty, untidy woman)* marrana *f,* guarra *f.* 2 *(whore)* ramera *f,* fulana *f.*

sly [slaɪ] I *adj (slyer, slyest or slier, sliest)* 1 *(cunning)* astuto,-a, ladino,-a, taimado,-a. 2 *(secretive)* furtivo,-a. 3 *(mischievous)* travieso,-a. 4 *(underhand)* malicioso,-a; he's a s. old devil, es muy zorro. II *n* to do sth on the s., hacer algo a hurtadillas *or* a escondidas. ◆**slyly, slily** *adv* 1 *(cunningly)* con astucia, astutamente. 2 *(secretively)* furtivamente. 3 *(underhandedly)* con malicia, maliciosamente.

slyboots ['slaɪbuːts] *n inv fam* zorro,-a *m,f.*

smack¹ [smæk] I *n* 1 *(slap)* bofetada *f,* tortazo *m,* cachete *m;* to give a child a s., dar una bofetada a un niño. 2 *(sharp sound)* ruido *m* sonoro. II *vtr* 1 *(slap)* dar una bofetada a, abofetear; I'll s. your bottom!, ¡te pegaré en el trasero! 2 *(hit)* golpear; *fig* to s. one's lips, relamerse. III *adv fam* directamente; he ran s. into the wall, dio de lleno contra la pared; s. (bang) in the middle, justo en medio.

smack² [smæk] *vi fig (be reminiscent of)* oler; to s. of, oler a.

smack³ [smæk] *n Naut* barca *f* de pesca.

smack⁴ [smæk] *n sl (drug)* heroína *f,* caballo *m.*

smacker ['smækə'] *n fam* 1 *(kiss)* besazo *m,* besuqueo *m.* 2 *GB (pound)* libra *f;* *US (dollar)* dólar *m.*

small [smɔːl] I *adj* 1 *(gen)* pequeño,-a, chico,-a; a s. table, una mesita; a s. present, un regalito; very s., pequeñito,-a; in s. letters, en minúsculas; in the s. hours, a altas horas de la noche; in a s. voice, con la boca pequeña; this skirt is too s., esta falda es pequeña; to cut sth up s., cortar algo en trocitos; to have a s. appetite, no ser de mucho comer; *fig* it's a s. world, el mundo es un pañuelo; *fig* it's s. wonder that ..., no me sorprende nada que ... . ■ s. ads, pequeños anuncios *mpl,* anuncios *mpl* por palabras; s. arms, armas *fpl* portátiles; *fig* s. print, letra *f* pequeña; *fig* s. screen, pequeña pantalla *f.* 2 *(in height)* bajo,-a, pequeño,-a. 3 *(young)* joven, pequeño,-a. 4 *(scant)* escaso,-a; *(meal)* ligero,-a; *(sum)* pequeño,-a, modesto,-a. ■ s. change, cambio *m,* suelto *m.* 5 *(unimportant, minor)* sin importancia, insignificante; *fig* to feel *or* look s., sentirse humillado,-a. ■ *fig* s. fry, gente *f* de poca monta; s. talk, charla *f,* charloteo *m.* 6 *(increase, improvement)* ligero,-a, mínimo,-a. II *n* 1 s. of the back, región f lumbar. 2 **smalls,** GB fam (underwear) paños mpl menores, ropa f sing interior.

smallholder ['smɔ:lhəʊldə^r] n minifundista mf.

smallholding ['smɔ:lhəʊldɪŋ] n parcela f, granja f pequeña, minifundio m.

smallish ['smɔ:lɪʃ] adj más bien pequeño,-a.

small-minded [smɔ:l'maɪndɪd] adj (narrow-minded) de miras estrechas; (petty) mezquino,-a.

smallness ['smɔ:lnɪs] n (size) pequeñez f; (scanti-ness) escasez f.

smallpox ['smɔ:lpɒks] n Med viruela f.

small-scale ['smɔ:lskeɪl] adj en pequeña escala.

small-time ['smɔ:ltaɪm] adj fam de poca categoría or monta; **a s.-t. crook,** un delincuente menor.

small-town ['smɔ:ltaʊn] adj provinciano,-a, pueblerino,-a.

smarmy ['smɑ:mɪ] adj (smarmier, smarmiest) fam zalamero,-a, cobista.

smart [smɑ:t] I adj 1 (elegant) elegante; (chic) fino,-a, de buen tono; **the s. set,** la gente bien; **how s. you look!,** ¡cuán elegante vas! 2 (clever, bright) listo,-a, inteligente; (sharp) listo,-a, espabilado,-a, despabilado,-a; **he thinks he's very s.,** se las da de listo; fam **s. alec(k),** listillo, sabelotodo. 3 (quick) (action) rápido,-a; (pace) ligero,-a; fam **look s. about it!,** ¡date prisa! II vi 1 (sting) (eyes, graze) picar, escocer; (wound) dar punzadas. 2 fig sufrir, dolerse; **he smarted from the injustice of her remarks,** la injusticia de sus comentarios le hirió en lo más vivo. ◆**smartly** adv 1 (elegantly) elegantemente, con elegancia. 2 (cleverly) inteligentemente. 3 (quickly) rápidamente.

smarten ['smɑ:tən] I vtr **to s. (up),** (person, house) arreglar; fam **to s. up one's ideas,** espabilarse. II vi **to s. oneself (up),** arreglarse.

smartness ['smɑ:tnɪs] n 1 (elegance) elegancia f, buen tono m. 2 (cleverness) inteligencia f.

smarty-pants ['smɑ:tɪpænts] n inv fam listillo m, sabelotodo m.

smash [smæʃ] I n 1 (breaking) rotura f; (loud noise) estrépito m, estruendo m; Aut (collision) choque m violento, colisión f. ■ fig **s. hit,** exitazo m. 2 Fin quiebra f. 3 Ten smash m, mate m. II vtr 1 (break) romper; (shatter) hacer pedazos or añicos a; (crush) aplastar; (car) estrellar (**into,** contra). 2 (ruin) arruinar; (destroy) destrozar; (defeat) vencer a, derrotar a; **a drugs ring has been smashed,** se ha desarticulado una red de narcotraficantes. 3 Sport (record) batir, superar. 4 Ten hacer un mate; **to s. the ball,** dar un mate. III vi (break) romperse; (shatter) hacerse pedazos or añicos; (crash) estrellar (**into,** contra). ◆**smash down** vtr (knock down) tirar abajo, derribar. ◆**smash in** vtr (door) forzar; GB fam **to s. sb's face in,** romperle or partirle la cara a algn. ◆**smash up** vtr fam (car) hacer pedazos; (place) destrozar, destruir.

smash-and-grab [smæʃən'græb] n **s.-a.-g. raid,** robo m relámpago.

smashed [smæʃt] adj fam (stoned, wrecked) borracho,-a.

smasher ['smæʃə^r] n fam tío,-a m,f bueno,-a; **to be a s.,** estar como un tren.

smashing ['smæʃɪŋ] adj fam estupendo,-a, bárbaro,-a; **to have a s. time,** pasarlo bomba or fenomenal.

smash-up ['smæʃʌp] n Aut (collision) choque m violento, colisión f; (accident) accidente m.

smattering ['smætərɪŋ] n nociones fpl; **Brian ha a s. of French,** Brian hablaba un poquito de francés

smear [smɪə^r] I n 1 (stain, smudge) mancha f. ■ *Me* **s. (test),** frotis f del cuello del útero. 2 fig (defamation) calumnia f. ■ **s. campaign,** campaña f de di famación. II vtr 1 (spread) (butter, ointment) untar (grease, paint) embadurnar. 2 (make dirty) man char; (writing, ink) borrar. 3 fig (defame) calum niar, difamar. III vi (ink, paint) correrse.

smell [smel] I n 1 (sense) olfato m. 2 (odour) olo m; (perfume) perfume m, aroma m; **it has a funny s.,** huele raro; **there was a s. of burning,** olía a que mado. 3 (action) olfateo m; **have a s. of this flower** huele esta flor. II vtr (pt & pp smelled or smelt) fig olfatear; fig **I can s. a rat,** aquí hay gato ence rrado; fig **to s. danger,** olfatear el peligro. III vi ole (a); (stink) apestar; **it smells good/bad/stuffy/lik lavender,** huele bien/mal/a cerrado/a lavanda **his breath smelt of whisky,** su aliento olía a whisky. ◆**smell out** vtr (dog etc) husmear; fan apestar; **that cheese is smelling the house out** aquel queso está apestando la casa.

smelling salts ['smelɪŋsɒlts] npl sales fpl aromá ticas.

smelly ['smelɪ] adj (smellier, smelliest) fam malo liente, apestoso,-a; (stinking) hediondo,-a.

smelt[1] [smelt] pt & pp see smell.

smelt[2] [smelt] vtr (ore) fundir.

smelting ['smeltɪŋ] adj **s. works,** fundición f.

smile [smaɪl] I n sonrisa f; **he was all smiles,** no pa raba de sonreír; **'hello,' she said with a s.,** 'hola dijo sonriente; **to give sb a s.,** sonreír a algn; **to wip the s. off sb's face,** quitarle a algn las ganas de son reír. II vi sonreír; **to s. at sb,** sonreír a algn; **to s. a sth,** reírse de algo; fig **fortune smiled on them,** l fortuna les sonrió; fam **keep smiling!,** ¡ánimo!

smiling ['smaɪlɪŋ] adj sonriente, risueño,-a.

smirk [smɜ:k] I n (conceited) sonrisa f satisfecha (foolish) sonrisa f boba. II vi (conceitedly) sonreí con satisfacción; (foolishly) sonreír bobamente.

smite [smaɪt] vtr (pt smote; pp smitten) arch 1 (hit golpear, pegar. 2 (punish) castigar.

smith [smɪθ] n herrero m.

smithereens [smɪðə'ri:nz] npl fam añicos mpl; t **smash sth to s.,** hacer algo añicos or trizas.

smithy ['smɪðɪ] n (forge) herrería f.

smitten ['smɪtən] I pp see smite. II adj **to be s. wit flu,** estar aquejado,-a de gripe; **to be s. with fear** estar lleno,-a de miedo; **to be s. with remorse,** re morderle a uno la conciencia; fam (besotted) **to b s. with sb,** estar enamorado,-a de algn.

smock [smɒk] n (blouse) camisa f, blusón m; (wor in pregnancy) blusón m de premamá; (overall) bat f, guardapolvo m.

smocking ['smɒkɪŋ] n Sew (gen) adorno m co frunces.

smog [smɒg] n Meteor niebla f tóxica, smog m.

smoke [sməʊk] I n 1 humo m; **to go up in s.,** que marse, ser destruido,-a por un incendio; fig irse en humo, quedar en agua de borrajas; prov **there's n s. without fire,** cuando el río suena, agua lleva. ■ **bomb,** bomba f fumígena or de humo; **s. screen** cortina f de humo; **s. signal,** señal f de humo. 2 fan (cigarette) cigarrillo m, cigarro m, pitillo m; fan (gen) tabaco m; **to have a s.,** fumarse un pitillo. ? sl **the S.,** Londres. II vi 1 (chimney, fire, etc) hu mear, echar humo. 2 (tobacco) fumar; **do you s.?** ¿fumas?; **do you mind if I s.?,** ¿le molesta que fume

III *vtr* 1 *(tobacco)* fumar; **to s. a pipe,** fumar en pipa. 2 *(fish, meat)* ahumar. ◆**smoke out** *vtr (insects)* ahuyentar con humo; *(people)* desalojar con bombas fumígenas.

smoked [sməʊkt] *adj* ahumado,-a.

smokeless ['sməʊklɪs] *adj* sin humo; **s. fuel,** combustible sin humo; **s. zone,** zona libre de humos.

smoker ['sməʊkəʳ] *n* 1 *(person)* fumador,-a *m,f*; **s.'s cough,** tos *f* de fumador; **to be a heavy s.,** fumar mucho, fumar como un carretero. 2 *Rail (carriage)* vagón *m* de fumadores.

smokestack ['sməʊkstæk] *n* chimenea *f*.

smoking ['sməʊkɪŋ] I *adj* humeante, que echa humo. II *n* fumar; **'no s.',** 'prohibido fumar'. ■ *Rail* **s. compartment,** *US* **s. car,** vagón *m* de fumadores; **s. jacket,** batín *m*.

smoky ['sməʊkɪ] *adj (smokier, smokiest)* 1 *(chimney, fire)* humeante, que echa humo; *(room)* lleno,-a de humo; *(atmosphere)* cargado,-a (de humo); *(food)* ahumado,-a. 2 *(colour)* ahumado,-a; **s. blue,** azul ahumado.

smolder ['sməʊldəʳ] *vi US see*smoulder .

smooch [smu:tʃ] *vi fam* 1 *(kiss, cuddle)* besuquearse. 2 *(dance)* bailar a lo agarrado.

smooth [smu:ð] I *adj* 1 *(texture, surface)* liso,-a; *(skin)* suave; *(road)* llano,-a, uniforme; *(sea)* tranquilo,-a, en calma. 2 *(without lumps)* sin grumos. 3 *(beer, wine)* suave. 4 *(flowing)* fluido,-a. 5 *(trouble-free) (journey, flight)* tranquilo,-a; *(take-off, landing)* suave; *(take-over, transition)* sin problemas. 6 *pej (slick, ingratiating)* zalamero,-a, meloso,-a; **he's a s. operator,** *(in business)* es un tipo muy hábil; *(in love)* es un ligón de profesión; **to be a s. talker,** tener un pico de oro. II *vtr* 1 *(hair)* alisar; *(surface)* alisar, igualar; *fig* **to s. the path or way for sb,** preparar el terreno para algn. 2 *(plane down)* limar. 3 *(polish)* pulir. ◆**smooth away** *vtr (wrinkles)* quitar, hacer desaparecer; *fig (doubts, fears)* calmar.◆**smooth back** *vtr (hair)* alisar.◆**smooth down** *vtr (hair)* alisar; *(surface)* alisar, igualar. ◆**smooth out** *vtr (creases)* alisar; *fig (difficulties)* allanar; *(problems)* resolver. ◆**smooth over** *vtr fig* limar; **to s. things over,** limar asperezas. ◆**smoothly** *adv* tranquilamente, correctamente; **everything is running s.,** todo va sobre ruedas.

smooth-running [smu:ð'rʌnɪŋ] *adj (engine, machine)* suave; *(business, organization)* que funciona bien.

smoothie ['smu:ðɪ] *n fam* tipo *m* zalamero, pelota *mf*.

smoothness ['smu:ðnɪs] *n* 1 *(softness)* suavidad *f*; *(flatness)* llaneza *f*, lisura *f*, uniformidad *f*. 2 *(peacefulness)* tranquilidad *f*. 3 *(flattery etc)* zalamería *f*.

smooth-talking ['smu:ðtɔ:kɪŋ] *adj* zalamero,-a.

smote [sməʊt] *pt see*smite .

smother ['smʌðəʳ] I *vtr* 1 *(asphyxiate)* asfixiar; *(suffocate)* sofocar. 2 *(cover)* cubrir (**with,** de); **to s. sb with kisses,** colmar a algn de besos. II *vi (asphyxiate)* asifixiarse, ahogarse.

smoulder ['sməʊldəʳ] *vi (fire)* arder sin llama; *fig (passions)* arder; **smouldering hatred,** odio latente.

smudge [smʌdʒ] I *n (stain)* mancha *f*; *(of ink)* borrón *m*. II *vtr* manchar; *(piece of writing)* emborronar. III *vi (ink, paint)* correrse.

smudgy ['smʌdʒɪ] *adj (smudgier, smudgiest) (stain)* manchado,-a; *(piece of writing)* emborronado,-a.

smug [smʌg] *adj (smugger, smuggest) (self-satisfied)* engreído,-a, satisfecho,-a. ◆**smugly** *adv* con engreimiento.

smuggle ['smʌgəl] *vtr (goods)* pasar de contrabando; **to s. sth in/out,** pasar/sacar algo de contrabando; **to s. sth through customs,** pasar algo de contrabando por la aduana.

smuggler ['smʌgləʳ] *n* contrabandista *mf*.

smuggling ['smʌgəlɪŋ] *n* contrabando *m*.

smugness ['smʌgnɪs] *n* engreimiento *m*.

smut [smʌt] *n* 1 *(flake of soot)* hollín *m*, carbonilla *f*; *(stain)* mancha *f* de hollín, tizón *m*. 2 *fam (crude talk)* obscenidades *fpl*; *(dirty jokes)* chistes *mpl* verdes; *(pornography)* pornografía *f*.

smutty ['smʌtɪ] *adj (smuttier, smuttiest)* 1 *(dirty)* manchado-a, sucio,-a; *(of smut)* tiznado,-a. 2 *fam (crude)* obsceno,-a; *(joke)* verde; *(book, film, etc)* pornográfico,-a.

snack [snæk] *n* bocado *m*, piscolabis *m*, tentempié *m*, refrigerio *m*, merienda *f*. ■ **cocktail s.,** tapa *f*; **s. bar,** cafetería *f*, bar *m*.

snag [snæg] I *n* 1 *(of tree)* tocón *m*, gancho *m*; *(of tooth)* raigón *m*. 2 *(pulled thread)* enganchón *m*, desgarrón *m*, rasgón *m*, siete *m*. 3 *(difficulty)* pega *f*, problema *m*, dificultad *f*; **that's the s.,** ahí esta la pega; **to come up against a s.,** encontrarse con una pega. II *vtr (pt & pp snagged) (catch clothing)* enganchar.

snail [sneɪl] *n Zool* caracol *m*; **at a s.'s pace,** a paso de tortuga.

snake [sneɪk] I *n Zool (big)* serpiente *f*; *(small)* culebra *f*; *(game)* **snakes and ladders,** (el juego de) la oca; *fig* **a s. in the grass,** un traidor. ■ **s. charmer,** encantador,-a *m,f* de serpientes. II *vi fig* serpentear.

snakebite ['sneɪkbaɪt] *n* 1 mordedura *f* de serpiente. 2 *GB fam (cocktail)* cóctel *m* preparado con sidra y cerveza.

snakeskin ['sneɪkskɪn] *n* piel *f* de serpiente.

snaky ['sneɪkɪ] *adj (snakier, snakiest) (winding)* tortuoso,-a, sinuoso,-a.

snap [snæp] I *n* 1 *(sharp noise)* ruido *m* seco; *(of branch, fingers)* chasquido *m*. 2 *(bite)* mordisco *m*. 3 *Phot (foto f)* instantánea *f*. 4 *Cards* ≈ guerra *f*. II *adj (sudden)* repentino,-a; *(unexpected)* inesperado,-a; **a s. decision,** una decisión instantánea. III *vtr (pt & pp snapped)* 1 *(break) (branch etc)* partir (en dos), romper. 2 *(make sharp noise)* hacer un ruido seco; **to s. one's fingers,** chasquear los dedos; **to s. sth shut,** cerrar algo de golpe; *fig* **to s. one's fingers at sb,** burlarse de algn. 3 *Phot* sacar una foto de. IV *vi* 1 *(break)* romperse. 2 *(whip)* chasquear; *(lid etc)* **to s. shut,** cerrarse de golpe. 3 *(dog)* amenazar; *fig* ladrar; **to s. at sb,** intentar morder a algn; *fam (person)* regañar a algn; *fam* **there's no need to s.!,** ¡no hace falta morder! V *GB interj (on seeing two identical things)* ¡toma!◆**snap off** I *vtr (branch etc)* separar; *fam* **to s. sb's head off,** echarle un rapapolvo a algn. II *vi (branch etc)* separarse, desprenderse.◆**snap out** I *vtr (order etc)* gritar, decir con brusquedad. II *vi fam* **s. out of it!,** *(forget it)* ¡olvídalo!; *(cheer up)* ¡anímate!◆**snap up** *vtr fam* **to s. up a bargain,** conseguir or llevarse una ganga.

snapdragon ['snæpdrægən] *n Bot* dragón *m*.

snappy ['snæpɪ] *adj (snappier, snappiest) fam* 1 *(quick)* rápido,-a; **look s.!, make it s.!,** ¡date prisa! 2 *(stylish)* elegante; **to be a s. dresser,** vestirse con elegancia. 3 *(short-tempered)* irritable, irascible.

snapshot ['snæpʃɒt] *n Phot (foto f)* instantánea *f*.

snare [sneə^r] I *n (hunting)* lazo *m*, trampa *f*, cepo *m*; *fig* trampa *f*. II *vtr (animal)* coger con lazo, cazar con trampa; *fig (person)* hacer caer en la trampa, engañar.

snarl¹ [snɑ:l] I *n (growl)* gruñido *m*. II *vi (dog, person)* gruñir; **to s. at sb,** decirle algo a algn gruñendo.

snarl² [snɑ:l] I *n (in wool)* maraña *f*, enredo *m*; **traffic s.,** atasco *m*, embotellamiento *m*. II *vtr* **to s. (up),** *(wool)* enmarañar; *(traffic)* atascar; *(plans)* enredar. III *vi (traffic)* atascarse.

snarl-up [ˈsnɑ:lʌp] *n (gen)* enredo *m*, maraña *f*; *(in traffic)* atasco *m*.

snatch [snætʃ] I *n* 1 *(grabbing)* arrebatamiento *m*; **to make a s. at sth,** intentar arrebatar *or* agarrar algo. 2 *fam (theft)* robo *m*, hurto *m*. ■ **bag s.,** tirón *m*; **wages s.,** robo *m* de la nómina de una empresa. 3 *(fragment)* trocito *m*, fragmentos *mpl*. II *vtr* 1 *(grab)* arrebatar; *fig* **to s. an opportunity,** aprovechar una ocasión; *fig* **to s. a meal,** comer sobre la marcha; *fig* **to s. some sleep,** echar una cabezada. 2 *fam (steal)* robar; *(kidnap)* secuestrar. III *vi* **don't s.!,** ¡no me lo quites así!; **to s. at sth,** intentar agarrar algo. ◆**snatch up** *vtr* agarrar rápidamente.

snazzy [ˈsnæzɪ] *adj (snazzier, snazziest) fam (trendy, stylish)* elegante; *(flashy)* vistoso,-a, llamativo,-a.

sneak [sni:k] I *n fam (split)* chivato,-a *m,f*, soplón,-ona *m,f*. ■ **s. preview,** estreno *m* preliminar; **s. thief,** ladronzuelo,-a *m,f*, ratero,-a *m,f*. II *vtr* sacar; **to s. sth out of a place,** sacar algo de un lugar a escondidas; **to s. a look at sth,** mirar algo furtivamente *or* de reojo. III *vi* 1 *(gen)* moverse, ir; **to s. about,** moverse sigilosamente; **to s. away** *or* **off,** escabullirse; **to s. in/out,** entrar/salir a hurtadillas; **to s. off with sth,** llevarse algo furtivamente; **to s. past sb,** pasar desapercibido,-a delante de algn; **to s. up on sb,** sorprender a algn. 2 *(tell tales)* chivarse; **to s. on sb,** chivarse de algn, denunciar a algn.

sneakers [ˈsni:kəz] *npl US* zapatos *mpl* de lona, zapatillas *fpl* de tenis *or* de deporte, playeras *fpl*.

sneaking [ˈsni:kɪŋ] *adj* 1 *(secret)* secreto,-a; **I have a s. admiration for him,** en el fondo le admiro. 2 *(slight)* ligero,-a; **to have a s. feeling that ...,** tener la sensación de que ... .

sneaky [ˈsni:kɪ] *adj (sneakier, sneakiest) (sly)* solapado,-a; *(splitter)* soplón,-ona.

sneer [snɪə^r] I *n* 1 *(expression)* cara *f* de desprecio; *(smirk)* risa *f* burlona. 2 *(remark)* comentario *m* desdeñoso *or* sarcástico. II *vi* **to s. at sth/sb,** *(mock)* burlarse *or* mofarse de algo/algn; *(scorn)* desdeñar *or* despreciar algo/a algn.

sneering [ˈsnɪərɪŋ] *adj (mocking)* burlón,-ona; *(scornful)* desdeñoso,-a, despreciativo,-a; *(sarcastic)* sarcástico,-a, socarrón,-ona.

sneeze [sni:z] I *n* estornudo *m*. II *vi* estornudar; *fam fig* **it's not to be sneezed at,** no es de despreciar.

snide [snaɪd] *adj fam (trick etc)* bajo,-a, vil; *(remark)* sarcástico,-a.

sniff [snɪf] I *n* 1 *(act of inhaling)* aspiración *f*, inhalación *f*; *(by dog)* husmeo *m*, olfateo *m*. 2 *(amount sniffed)* cantidad *f* inhalada. 3 *(faint smell)* olorcito *m*. II *vtr (flower etc)* oler; *(suspiciously)* husmear, olfatear; *(snuff, smelling salts)* aspirar, inhalar; *(glue)* esnifar. III *vi* aspirar por la nariz, sorber; **to s. at sth,** *(person)* oler algo; *(dog)* husmear *or* olfatear algo; *GB fam fig* **it's not to be sniffed at,** no es de despreciar. ◆**sniff out** *vtr fig (secret, plot)* descubrir husmeando.

sniffer dog [ˈsnɪfədɒg] *n* perro *m* antidroga.

sniffle [ˈsnɪfəl] I *n* resfriado *m*; **to have the sniffles,** estar resfriado,-a. II *vi (due to head cold)* sorberse los mocos; *(on weeping)* lloriquear, gimotear.

snifter [ˈsnɪftə^r] *n* 1 *fam* copa *f*, trago *m*; **to have a s.,** echarse un trago. 2 *US (brandy glass)* copa *f* de coñac.

snigger [ˈsnɪgə^r] I *n (snicker)* risa *f* disimulada, risilla *f*. II *vi* reír disimuladamente; **to s. at sth,** burlarse *or* mofarse de algo.

sniggering [ˈsnɪgərɪŋ] *n* risas *fpl* disimuladas, risillas *fpl*.

snip [snɪp] I *n* 1 *(cut)* tijeretada *f*, tijeretazo *m*; *(action, noise)* tijereteo *m*; *(small piece)* recorte *m*. 2 *GB fam (bargain)* ganga *f*, chollo *m*; **we got the car for a s.,** el coche nos salió tirado de precio. II *vtr (pt & pp snipped)* tijeretear; **to s. sth off,** cortar algo con tijeras.

snipe [snaɪp] I *n Orn* agachadiza *f*. II *vi* 1 *(sneer, dig)* criticar. 2 *(shoot at)* disparar (**at,** sobre); **to s. at sb,** disparar sobre algn desde un escondite.

sniper [ˈsnaɪpə^r] *n Mil* francotirador,-a *m,f*.

snippet [ˈsnɪpɪt] *n (of cloth, paper)* trocito *m*, recorte *m*; *(of conversation, information)* fragmento *m*; **snippets of news,** noticias *fpl* breves.

snitch [snɪtʃ] *vtr fam* 1 *(steal)* birlar, afanar. 2 *(tell tales)* **to s. on sb,** chivarse de algn, delatar a algn.

snivel [ˈsnɪvəl] *vi (pt & pp snivelled)* lloriquear.

snivelling [ˈsnɪvəlɪŋ] I *adj* llorón,-ona. II *n* lloriqueo *m*.

snob [snɒb] *n* esnob *mf*, snob *mf*.

snobbery [ˈsnɒbərɪ] *n* esnobismo *m*, snobismo *m*.

snobbish [ˈsnɒbɪʃ] *adj* esnob, snob.

snobby [ˈsnɒbɪ] *adj (snobbier, snobbiest)* esnob, snob.

snog [snɒg] *fam* I *vi (pt & pp snogged)* besuquearse. II *n* besuqueo *m*; **to have a s.,** besuquearse.

snooker [ˈsnu:kə^r] I *n* snooker *m*, billar *m* ruso. II *vtr GB fam* poner en aprietos; **to be snookered,** estar con el agua al cuello.

snoop [snu:p] I *n (nosey person)* fisgón,-ona *m,f*; *(meddler)* entrometido,-a *m,f*; **to have a s. around,** fisgar, fisgonear. II *vi* fisgar, fisgonear; *(meddle)* entrometerse.

snooper [ˈsnu:pə^r] *n (nosy person)* fisgón,-ona *m,f*; *(meddler)* entrometido,-a *m,f*.

snooty [ˈsnu:tɪ] *adj (snootier, snootiest) fam* altivo,-a, presumido,-a, esnob, snob.

snooze [snu:z] I *n fam* cabezada *f*, siesta *f*; **to have a s.,** echar una cabezada *or* una siestecilla. II *vi* dormitar, echar una cabezada.

snore [snɔ:^r] I *n* ronquido *m*. II *vi* roncar.

snoring [ˈsnɔ:rɪŋ] *n* ronquidos *mpl*.

snorkel [ˈsnɔ:kəl] I *n (of swimmer)* tubo *m* de respiración; *(of submarine)* esnórquel *m*. II *vi (pt & pp snorkelled, US snorkeled)* bucear con tubo de respiración.

snorkelling, US snorkeling [ˈsnɔ:kəlɪŋ] *n* **to go s.,** bucear con tubo de respiración.

snort [snɔ:t] I *n (horse)* resoplido *m*; *(person)* resoplido *m*, bufido *m*. II *vi (horse)* resoplar; *(person) (with rage etc)* resoplar, bufar.

snorter [ˈsnɔ:tə^r] *n fam (drink)* trago *m*, copa *f*, chupito *m*; *fig* **a s. of a problem,** un problema de órdago.

snot [snɒt] *n fam* mocos *mpl*.

snotty ['snɒtɪ] *adj (snottier, snottiest) fam* **1** *(nose)* mocoso,-a. **2** *(snooty)* altivo,-a, presumido,-a, esnob, snob.

snout [snaʊt] *n* **1** *(animal)* morro *m*, hocico *m*; *fam fig (person's nose)* morro *m*, napias *fpl*. **2** *(gun, bottle, etc)* morro *m*.

snow [snəʊ] **I** *n* **1** *Meteor* nieve *f*. ■ **s. line,** límite *m* de las nieves perpetuas; **s. report,** informe *m* sobre el estado de la nieve; **s. shower,** nevada *f*. **2** *(on TV screen)* nieve *f*, lluvia *f*. **3** *sl (cocaine)* cocaína *f*, nieve *f*. **II** *vi* nevar; **it's snowing,** está nevando. **III** *vtr* **to be snowed in** *or* **up,** quedar aislado,-a *or* bloqueado, a por la nieve; *fig* **to be snowed under with work,** estar agobiado,-a de trabajo.

snowball ['snəʊbɔːl] **I** *n* bola *f* de nieve. **II** *vi fig* aumentar rápidamente.

snow-blind ['snəʊblaɪnd] *adj* cegado,-a por la nieve.

snow-blindness ['snəʊblaɪndnɪs] *n* ceguera *f* de la nieve.

snowbound ['snəʊbaʊnd] *adj* aislado,-a *or* bloqueado,-a por la nieve.

snow-covered ['snəʊkʌvəd] *adj* cubierto,-a de nieve, nevado,-a.

snowdrift ['snəʊdrɪft] *n* ventisquero *m*.

snowdrop ['snəʊdrɒp] *n Bot* campanilla *f* de invierno.

snowfall ['snəʊfɔːl] *n* nevada *f*.

snowflake ['snəʊfleɪk] *n* copo *m* de nieve.

snowman ['snəʊmæn] *n (pl snowmen* ['snəʊmen]*)* figura *f or* muñeco *m* de nieve; **the abominable s.,** el abominable hombre de las nieves.

snowmobile ['snəʊməbiːl] *n* moto *f* para la nieve.

snowplough, *US* **snowplow** ['snəʊplaʊ] *n* quitanieves *m inv*.

snowshoe ['snəʊʃuː] *n* raqueta *f* (de nieve).

snowstorm ['snəʊstɔːm] *n (blizzard)* nevasca *f*, ventisca *f*, tormenta *f* de nieve.

snowsuit ['snəʊsuːt] *n* traje *m* de esquiar.

Snow White [snəʊ'waɪt] *n* Blancanieves *f*.

snow-white [snəʊ'waɪt] *adj* blanco,-a como la nieve, níveo,-a.

snowy ['snəʊɪ] *adj (snowier, snowiest)* **1** *(mountain)* nevado,-a; *(region, climate)* de mucha nieve, nevoso,-a; *(day)* de nieve; *(season)* de nieves; **it was very s. yesterday,** ayer nevó mucho. **2** *(white)* blanco,-a como la nieve, níveo,-a.

Snr, snr *esp US abbr of* **senior.**

snub [snʌb] **I** *n (of person)* desaire *m*; *(of offer)* rechazo *m*. **II** *vtr (pt & pp snubbed) (person)* desairar; *(offer)* rechazar; **to be snubbed,** sufrir un desaire. **III** *adj* respingón,-ona; **s. nose,** nariz chata *or* respingona.

snub-nosed ['snʌbnəʊzd] *adj* de nariz chata *or* respingona.

snuff[1] [snʌf] *n* rapé *m*; **a pinch of s.,** un pellizco de rapé; **to take s.,** tomar rapé.

snuff[2] [snʌf] *vtr* apagar; *GB fam* **to s. it,** estirar la pata, liar el petate. ◆**snuff out** *vtr (rebellion)* sofocar.

snuffbox ['snʌfbɒks] *n* caja *f* de rapé, tabaquera *f*.

snuffle ['snʌfəl] **I** *n* catarro *m*; **to have the snuffles,** estar resfriado,-a *or* acatarrado,-a. **II** *vi (due to head cold)* sorberse los mocos; *(on weeping)* gimotear.

snug [snʌg] **I** *adj (snugger, snuggest)* **1** *(cosy)* cómodo,-a; *(cosy and warm)* calentito,-a. **2** *(tightfitting)* ajustado,-a, ceñido,-a. **II** *n GB (in pub)* saloncito *m*. ◆**snugly** *adv* cómodamente; **to fit s.,** *(clothes)* quedar ajustado,-a; *(object in box etc)* caber perfectamente, encajar.

snuggle ['snʌgəl] *vi* **to s. down** *or* **up in bed,** acurrucarse en la cama; **to s. up to sb,** arrimarse a algn.

so [səʊ] **I** *adv* **1** *(to such an extent)* tanto; **he was so tired that ...,** estaba tan cansado que ...; **it's so long since ...,** hace tanto tiempo que ...; **please be so kind as to ...,** tenga la bondad de ...; **she isn't so clever as her sister,** no es tan lista como su hermana; *fam* **so long!,** ¡hasta luego!, ¡hasta pronto! **2** *(degree)* tanto; **a week or so,** una semana más o menos; **he earns so much per hour,** gana tanto por hora; **I haven't so much as a farthing,** no tengo ni un real; **so many books,** tantos libros; **so much money,** tanto dinero; **twenty or so,** una veintena; **we didn't get so much as a reply,** ni siquiera nos contestaron; **we loved her so (much),** la queríamos tanto; *fam* **he's ever so handsome,** ¡es tan guapo!; *fam* **what's so funny?,** ¿qué pasa?, ¿de qué te ríes?; *iron* **so much for his promises then!,** ¡eso valen sus promesas!; *iron* **so much for that,** ¿qué le vamos a hacer? **3** *(thus, in this way)* así, de esta manera, de este modo; **and so on, and so forth,** y así sucesivamente, etcétera; **he is right and so are you,** él tiene razón y tú también; **how so?,** ¿cómo es eso?; **if so,** en este caso, de ser así; **I'm afraid so,** me temo que sí; **I suppose so,** me imagino que sí; **I think/hope so,** creo/espero que sí; **I told you so,** ya te lo dije; **it so happens that ...,** da la casualidad de que ...; **press the button so,** aprieta el botón así; **she likes everything to be just so,** le gusta tener todo en orden; **so be it!,** ¡así sea!; **so far,** hasta aquí *or* allí *or* ahora; **so far as I know,** que yo sepa; **so it is!,** ¡así es!; **so it seems,** según parece; **so they say,** según dicen; **stand just so,** ponte así; **you're late! —so I am!,** ¡llegas tarde! —¡tienes razón! **II** *conj* **1** *(expresses result)* así que, por lo tanto; **so you like England, do you?,** ¿así que te gusta Inglaterra, pues?; **the child was feverish, so she called the doctor,** el niño tenía fiebre, así que llamó al médico; *fam* **so what?,** ¿y qué? **2** *(expresses purpose)* para que; **he left his job so (that) he could concentrate on his studies,** dejó el trabajo para dedicarse plenamente a los estudios; **I'll put the key here so (that) everyone can see it,** pongo la llave aquí para que todos la vean; **they left early so as to arrive on time/so as not to miss the meeting,** se marcharon antes para llegar a tiempo/ para no perderse la reunión.

so-and-so ['səʊənsəʊ] *n fam* fulano,-a *m,f*; **Mr So-a.-so,** Don Fulano (de tal); *pej* **an old so-a.-so,** un viejo imbécil, un tío cabrón.

so-called ['səʊkɔːld] *adj* supuesto,-a, llamado,-a; **all these so-c. experts,** estos así llamados expertos.

soak [səʊk] **I** *vtr (washing, food)* poner en remojo, remojar; *(cotton, wool)* empapar **(in,** en), mojar **(in,** en). **II** *vi (washing, food)* estar en remojo; **to leave sth to s.,** dejar algo en remojo; **to s. through,** penetrar. **III** *n fam (drunkard)* un **old s.,** un borracho perdido. ◆**soak in** *vtr & vi* penetrar; *fig* **it hasn't soaked in yet,** todavía no lo creo. ◆**soak up** *vtr* absorber.

soaked [səʊkt] *adj* **1** *(person)* empapado,-a, calado,-a; **s. to the skin,** calado,-a hasta los huesos; **we got s.,** nos quedamos empapados. **2** *(food)* macerado,-a; **a cake s. in sherry,** un pastel emborrachado con jerez.

soaking ['səʊkɪŋ] **I** *n* remojo *m*; **to give sth a s.**, poner algo en remojo; **to get a s.**, empaparse. **II** *adj* (*object*) completamente mojado,-a; (*person*) empapado,-a, calado,-a hasta los huesos.

soap [səʊp] **I** *n* **1** jabón *m*. ■ **bar of s.**, pastilla *f* de jabón; **s. dish**, jabonera *f*; **s. flakes**, jabón *m* en escamas; **s. powder**, jabón *m* en polvo. **2 s. opera**, *TV* telenovela *f*; *Rad* radionovela *f*. **II** *vtr* enjabonar, jabonar.

soapbox ['səʊpbɒks] *n* tribuna *f* improvisada.

soapsuds ['səʊpsʌds] *npl* jabonaduras *fpl*, espuma *f sing*.

soapy ['səʊpɪ] *adj* (*soapier, soapiest*) (*water*) jabonoso,-a; (*hands*) cubierto,-a de jabón; (*taste, smell*) jabonoso,-a, parecido,-a al jabón.

soar [sɔːʳ] *vi* **1** (*bird, plane*) remontar el vuelo; (*hover, glide*) planear. **2** *fig* (*skyscraper*) elevarse, encumbrarse; (*hopes, prices*) aumentar, crecer; (*music*) subir.

soaring ['sɔːrɪŋ] *adj* **1** (*bird, plane*) que planea. **2** *fig* (*skyscraper*) altísimo,-a; (*prices*) en alza; (*hopes, prices*) en aumento.

sob [sɒb] **I** *n* sollozo *m*; *fam iron* **s. story**, tragedia, drama. **II** *vi* (*pt & pp sobbed*) sollozar; *fig* **to s. one's heart out**, llorar a lágrima viva.

sobbing ['sɒbɪŋ] *n* sollozos *mpl*.

sober ['səʊbəʳ] *adj* **1** (*not drunk*) sobrio,-a. **2** (*moderate*) moderado,-a sobrio,-a. **3** (*sensible*) sensato,-a; (*serious*) serio,-a. **4** (*colour*) discreto,-a.
◆**sober up I** *vi* pasarse la borrachera, despejarse. **II** *vtr* hacer que le pase la borrachera, despejar.
◆**soberly** *adv* con moderación, con sobriedad.

sober-minded [səʊbə'maɪndɪd] *adj* sensato,-a.

sobering ['səʊbərɪŋ] *adj* moderador,-a; **it had a s. effect on him**, lo hizo entrar en razón, le dio que pensar.

sobriety [səʊ'braɪətɪ] *n fml* **1** (*being sober*) sobriedad *f*. **2** (*moderation*) moderación *f*. **3** (*good sense*) sensatez *f*; (*seriousness*) seriedad *f*.

Soc [sɒk] *abbr of* **society**, sociedad *f*, S.

soccer ['sɒkəʳ] *n* fútbol *m*. ■ **s. match**, partido *m* de fútbol; **s. player**, futbolista *mf*, jugador,-a *m,f* de fútbol.

sociable ['səʊʃəbəl] *adj* (*gregarious*) sociable, tratable; (*friendly*) amistoso,-a, simpático,-a.

social ['səʊʃəl] **I** *adj* **1** (*gen*) social; **to have a good s. life**, hacer buena vida social. ■ **s. class**, clase *f* social; **s. climber**, arribista *mf*; *Journ* **s. column**, ecos *mpl* de sociedad; *Pol* **S. Democrat**, socialdemócrata *mf*; *Pol* **S. Democratic**, socialdemócrata; *US* **s. insurance**, seguro *m* social; **s. outcast**, marginado,-a *m,f*; **s. sciences**, ciencias *fpl* sociales; **s. security**, seguro *m or* seguridad *f* social; **the s. services**, los servicios sociales; **s. welfare**, asistencia *f* social; **s. work**, asistencia *f or* trabajo *m* social; **s. worker**, asistente,-a *m,f* social, trabajador,-a *m,f* social. **2** (*gregarious*) sociable. **II** *n* (*do*) acto *m* social, reunión *f*. ◆**socially** *adv* socialmente; **s. deprived**, marginado,-a *m,f*; **we don't see each other s.**, no hacemos vida social en común.

socialist ['səʊʃəlɪst] *adj & n Pol* socialista (*mf*).

socialistic [səʊʃə'lɪstɪk] *adj Pol* socialista.

socialite ['səʊʃəlaɪt] *n* vividor,-a *m,f*, mundano,-a *m,f*.

socialization [səʊʃəlaɪ'zeɪʃən] *n* socialización *f*.

socialize ['səʊʃəlaɪz] **I** *vi* (*at party etc*) circular, alternar, mezclarse con la gente; **he's good at socializing**, tiene mucho don de gentes. **II** *vtr* socializar.

society [sə'saɪətɪ] **I** *n* **1** (*social community*) sociedad *f*; **the consumer s.**, la sociedad de consumo; **to be a danger to s.**, ser un peligro para la sociedad. **2** (*upper social circle*) (**high**) **s.**, la alta sociedad. **3** (*organization, club*) sociedad *f*, asociación *f*. ■ **building s.**, ≈ banco *m* hipotecario; **film s.**, club *m* de cine, cineclub *m*. **4** (*company, companionship*) compañía *f*. **II** *adj* de sociedad. ■ **s. column**, ecos *mpl* de sociedad; **s. wedding**, boda *f* de sociedad.

socio- ['səʊsɪəʊ, 'səʊʃɪəʊ] *pref* socio-; **sociobiology**, sociobiología *f*.

socioeconomic [səʊsɪəʊiːkə'nɒmɪk] *adj* socioeconómico,-a.

sociological [səʊsɪə'lɒdʒɪkəl] *adj* sociológico,-a.

sociologist [səʊsɪ'ɒlədʒɪst] *n* sociólogo,-a *m,f*.

sociology [səʊsɪ'ɒlədʒɪ] *n* sociología *f*.

sociopolitical [səʊsɪəʊpə'lɪtɪkəl] *adj* sociopolítico,-a.

sock[¹] [sɒk] *n* calcetín *m*; *GB fam* **put a s. in it!**, ¡cierra el pico!; *GB fam fig* **to pull one's socks up**, hacer un esfuerzo.

sock[²] [sɒk] *fam* **I** *n* (*blow*) puñetazo *m*, tortazo *m*. **II** *vtr* pegar, zurrar; **she socked him one**, le pegó un tortazo; *fam fig* **s. it to them!**, ¡a por ellos!, ¡dales caña!

socket ['sɒkɪt] *n* **1** (*of eye*) cuenca *f*; (*of joint*) glena *f*. **2** *Elec* (*power point*) enchufe *m*, toma *f* de corriente. **3** *Tech* **s. wrench**, llave *f* de tubo.

sod[¹] [sɒd] *n fml* (*piece of turf*) tepe *m*, terrón *m*; *fam* **the old s.**, su tierra natal, el terruño.

sod[²] [sɒd] *offens* **I** *n* **1** (*bastard*) cabrón,-ona *m,f*; **the lazy s.!**, ¡qué tío más vago! **2** *vulg* (*wretch*) desgraciado,-a *m,f*; **the poor s. has got no family**, el pobre no tiene familia. **3** *vulg* (*nothing*) ni leches; **I've done s. all today**, hoy no he pegado ni golpe. **4** *fam* (*pain, fag*) rollo *m*, putada *f*, coñazo *m*. **II** *vtr vulg* **s. it!**, ¡maldito sea!; **s. the TV and listen to me**, ¡a la mierda tele, escúchame!

soda ['səʊdə] *n* **1** *Chem* sosa *f*; **baking s.**, bicarbonato *m* sódico *or* de sosa; **caustic s.**, sosa cáustica. **2** (*drink*) **s. water**, soda *f*, sifón *m*; **a whisky and s.**, un whisky con sifón *or* soda. ■ **s. syphon**, sifón *m*. **3** *US* (*sweet fizzy drink*) gaseosa *f*.

sodden ['sɒdən] *adj* empapado,-a.

sodding ['sɒdɪŋ] *adj vulg* maldito,-a, puñetero,-a.

sodium ['səʊdɪəm] *n Chem* sodio *m*. ■ **s. bicarbonate**, bicarbonato *m* sódico *or* de sosa.

sodomy ['sɒdəmɪ] *n* sodomía *f*.

sofa ['səʊfə] *n* sofá *m*; **s. bed**, sofá cama.

soft [sɒft] *adj* **1** (*not hard*) blando,-a; (*spongy*) esponjoso,-a; (*bed*) mullido,-a; (*flabby*) fofo,-a. ■ **s. currency**, moneda *f* débil; **s. furnishings**, tejidos *mpl* para cortinas, fundas *fpl* de sofá; **s. goods**, tejidos *mpl*; **s. toy**, muñeco *m or* animal *m* de peluche. **2** (*smooth*) (*skin, colour, etc*) suave; (*hair*) suave, liso,-a. **3** (*not harsh*) (*light, music, etc*) suave; (*breeze, steps*) ligero,-a. ■ **s. focus**, difuminado *m*; *Mus* **s. pedal**, sordina *f*. **4** (*weak*) débil; (*lenient*) poco severo,-a. ■ **s. sell**, venta *f* basada en la persuasión. **5** (*consonant, sound*) suave; (*voice*) bajo,-a. ■ **s. palate**, velo *m* del paladar. **6** (*foolish*) tonto,-a, lelo,-a; **to be a s. touch**, ser fácil de engañar; **to be s. in the head**, ser tonto,-a del culo. **7** (*sentimental*) sensiblero,-a, sentimentaloide; **to**

have a s. spot for sb, tener debilidad por algn. **8** *(easy) (life etc)* fácil. ■ **s. job,** chollo *m.* **9** *(drink)* no alcohólico,-a. ■ **s. drinks,** refrescos *mpl.* **10** *(less harmful)* blando,-a. ■ **s. drugs,** drogas *fpl* blandas; **s. porn,** pornografía *f* blanda. ◆**softly** *adv (gently)* suavemente; *(quietly)* silenciosamente, suavemente; **to tread s.,** pisar con cuidado.

soft-boiled ['sɒftbɔɪld] *adj (egg)* pasado,-a por agua.

soften ['sɒfən] **I** *vtr (leather, heart)* ablandar; *(skin)* suavizar; *(light)* atenuar; *(voice)* bajar; *fig (blow)* amortiguar. **II** *vi (leather, heart)* ablandarse; *(skin)* suavizarse; *(light)* atenuarse. ◆**soften up** *vtr fam (person)* ablandar.

softener ['sɒfənə'] *n (for water)* suavizador *m.* ■ **fabric s.,** suavizante *m.*

soft-hearted [sɒft'hɑːtɪd] *adj* tierno,-a, compasivo,-a, bondadoso,-a.

softie ['sɒftɪ] *n fam* blandengue *mf.*

softly-softly [sɒftlɪ'sɒftlɪ] *adj (manner, approach)* cauteloso,-a.

softness ['sɒftnɪs] *n* **1** *(gen)* blandura *f.* **2** *(of hair, colours)* suavidad *f.* **3** *(weakness)* debilidad *f.* **4** *(foolishness)* estupidez *f.*

soft-pedal [sɒft'pedəl] *vtr (pt & pp soft-pedalled) US fig* minimizar la importancia de.

soft-soap [sɒft'səʊp] *vtr fam* dar jabón a, dar coba a.

soft-spoken [sɒft'spəʊkən] *adj* de voz dulce *or* baja.

software ['sɒftweə'] *n Comput* software *m.*

softy ['sɒftɪ] *n fam see* **softie.**

soggy ['sɒgɪ] *adj (soggier, soggiest) (gen)* empapado,-a, saturado,-a; *(bread)* pastoso,-a, gomoso,-a.

soil [sɔɪl] **I** *n (earth)* tierra *f; fig (land)* tierra; **on British s.,** en suelo británico; **my native s.,** mi tierra *or* país natal. **II** *vtr (dirty)* ensuciar; *(stain)* manchar; *fig (reputation)* manchar.

soiled [sɔɪld] *adj (dirty)* sucio,-a; *(stained)* manchado,-a; **s. linen,** ropa sucia.

soirée ['swɑːreɪ] *n fml* sarao *m*, velada *f.*

solace ['sɒlɪs] *n fml* consuelo *m.*

solar ['səʊlə'] *adj* solar. ■ **s. energy,** energía *f* solar; *Anat* **s. plexus,** plexo *m* solar.

solarium [səʊ'leərɪəm] *n (pl solariums or solaria* [səʊ'leərɪə]) solárium *m*, solarium *m.*

sold [səʊld] *pt & pp see* **sell.**

solder ['sɒldə'] **I** *n* soldadura *f.* **II** *vtr* soldar.

soldering ['sɒldərɪŋ] *adj* **s. iron,** soldador *m.*

soldier ['səʊldʒə'] **I** *n* soldado *m*; *(military man)* militar *m*; **old s.,** veterano *m*, excombatiente *m*; **toy s.,** soldadito de plomo. **II** *vi* servir como soldado. ◆**soldier on** *vi fig* seguir adelante a pesar de todo, continuar contra viento y marea.

sole¹ [səʊl] **I** *n (foot)* planta *f; (shoe, sock)* suela *f;* **half s.,** media suela. **II** *vtr (shoes)* poner suela a.

sole² [səʊl] *n (fish)* lenguado *m.*

sole³ [səʊl] *adj* **1** *(only, single)* único,-a. **2** *(exclusive)* exclusivo,-a. ◆**solely** *adv (only)* únicamente, solamente. **2** *(exclusively)* exclusivamente.

solecism ['sɒləsɪzəm] *n fml* solecismo *m.*

solemn ['sɒləm] *adj (ceremony)* solemne; *(expression)* serio,-a.

solemnity [sə'lemnɪtɪ] *n* solemnidad *f.*

solemnize ['sɒləmnaɪz] *vtr* solemnizar; *(marriage)* celebrar.

solfa [sɒl'fɑː] *n Mus* método *m* de enseñanza del solfeo.

solicit [sə'lɪsɪt] **I** *vtr (request)* solicitar, pedir. **II** *vi (prostitute)* buscar clientes, abordar a los clientes.

solicitor [sə'lɪsɪtə'] *n Jur* procurador,-a *m,f*, abogado,-a *m,f; (for wills)* notario,-a *m,f.* ■ **S. General,** *GB* procurador,-a *m,f* de la Corona, *US* subsecretario,-a *m,f* de Justicia.

solicitous [sə'lɪsɪtəs] *adj fml* **1** *(attentive)* solícito,-a **(towards,** con), atento,-a **(about, for,** a). **2** *(eager)* deseoso,-a **(to,** de).

solicitude [sə'lɪsɪtjuːd] *n* **1** *(attention)* solicitud *f*, atención *f.* **2** *(concern)* preocupación *f.* **3** *(anxiety)* ansiedad *f.*

solid ['sɒlɪd] **I** *adj* **1** *(not liquid)* sólido,-a; *(firm)* firme; **s. food,** alimentos sólidos; **s. fuel,** combustible sólido. **2** *(not hollow)* macizo,-a. **3** *(pure) (metal)* puro,-a, macizo,-a. **4** *(dense) (fog, jungle)* denso,-a, espeso,-a; *(of strong material) (building etc)* fuerte, resistente; **a man of s. build,** un hombre fornido *or* bien plantado; **a s. mass,** una masa compacta; **the streets were packed s.,** las calles estaban abarrotadas de gente; *fig* **we waited for two s. hours,** esperamos (durante) dos horas enteras. **4** *(reliable)* sólido,-a, consistente; **he's a good s. worker,** es un trabajador serio *or* de fiar. **5** *(unanimous)* unánime; **s. support,** apoyo unánime; **we're s. in our resolve,** nos mantenemos firmes en nuestra resolución. **6** *Geom* **s. angle,** ángulo *m* sólido; **s. geometry,** geometría *f* del espacio. **II** *n* **1** *Chem* sólido *m.* **2** *(usu pl) (food)* alimento *m* sólido. **3** *Geom* sólido *m.* ◆**solidly** *adv (gen)* sólidamente; *(house etc)* **s. built,** de construcción sólida; **to work s.,** trabajar sin descanso; **they voted s. in favour of the agreement,** votaron unánimemente a favor del acuerdo.

solidarity [sɒlɪ'dærɪtɪ] *n* solidaridad *f.*

solidify [sə'lɪdɪfaɪ] *vi (pt & pp solidified)* solidificarse.

solidity [sə'lɪdɪtɪ] *n* solidez *f.*

solid-state [sɒlɪd'steɪt] *adj Elec* de estado sólido, transistorizado,-a.

soliloquy [sə'lɪləkwɪ] *n* soliloquio *m.*

solitaire [sɒlɪteə'] *n* solitario *m.*

solitary ['sɒlɪtərɪ] *adj* **1** *(alone)* solitario,-a; *(secluded)* retirado,-a, apartado,-a; **to be in s. confinement,** estar incomunicado,-a. **2** *(sole, only)* solo,-a, único,-a; **not a s. soul,** ni un alma.

solitude ['sɒlɪtjuːd] *n* soledad *f.*

solo ['səʊləʊ] **I** *n (pl solos)* **1** *Mus* solo *m*; **a violin s.,** un solo para violín. **2** *Cards* solitario *m.* **II** *adj* **1** *Mus* **for s. violin,** para violín solo. **2** *Av* **s. flight,** vuelo *m* en solitario. **III** *adv* solo, a solas; **to fly s.,** volar en solitario.

soloist ['səʊləʊɪst] *n Mus* solista *mf.*

solstice ['sɒlstɪs] *n* solsticio *m.*

soluble ['sɒljʊbəl] *adj* soluble.

solution [sə'luːʃən] *n* solución *f.*

solve [sɒlv] *vtr* resolver, solucionar.

solvent ['sɒlvənt] *adj & n* solvente *(m).*

sombre, *US* **somber** ['sɒmbə'] *adj (dark)* sombrío,-a; *(gloomy)* umbrío,-a, lúgubre; *(pessimistic)* pesimista; *(melancholy)* melancólico,-a; **a s. prospect,** una perspectiva sombría.

sombrero [sɒm'breərəʊ] *n* sombrero *m* de ala ancha.

some [sʌm] **I** *adj* **1** *(with plural nouns)* unos,-as, algunos,-as; *(several)* varios,-as; *(a few)* unos,-as cuantos,-as *or* pocos,-as; **did she bring s. flowers?,**

¿trajo flores?; **there were s. roses,** había unas *or* algunas rosas; **who wants s.** ¿quién quiere más guisantes? **2** *(with singular nouns)* algún, alguna; *(a little)* algo de, un poco de; **if you need s. help,** si necesitas (alguna) ayuda; **there's s. wine left,** queda un poco de vino; **try to get s. rest,** intenta descansar un poco; **would you like s. coffee?,** ¿quiere café? **3** *(certain, but not all)* cierto,-a, alguno,-a; **in s. ways,** en cierto modo *o* sentido; **s. days I stay at home,** hay días que me quedo en casa; **to s. extent,** hasta cierto punto; **s. people say that** ..., algunos dicen que ..., hay quien dice que ... . **4** *(unknown, unspecified)* algún, alguna; **for s. reason or other,** por una razón *o* por otra; **in s. book or other,** en algún libro que otro; **s. day,** algún día, un día de éstos; **s. day next week,** algún día de la semana que viene; **s. other time,** otra vez, otro día. **5** *(quite a lot of)* bastante; **after s. time,** pasado algún tiempo; **it's s. distance away,** queda bastante lejos; **s. years ago,** hace algunos años; *US (quite a)* **that was s. film!,** esto sí que fue una buena película; **the wound will take s. time to heal,** la herida tardará bastante en cicatrizarse; *iron* **s. friend you are!,** ¡valiente amigo eres tú! **II** *pron* **1** *(people)* algunos,-as, unos,-as; *(certain, but not all)* algunos, algunas personas; **s. go by bus and s. by train,** unos van en autobús y otros en tren; **s. of my friends,** algunos de mis amigos. **2** *(objects)* algunos,-as; *(a few)* unos,-as cuantos,-as; *(a little)* algo, un poco; *(certain ones)* ciertos,-as, algunos,-as; **have s.!,** ¡toma!; **I agree with s. of what you say,** estoy de acuerdo en parte con lo que dices; **s. more wine? —no thanks, I've got s.,** ¿quiere más vino? —gracias, ya tengo; **would you like to take s. with you?,** *(a few)* ¿quieres llevarte unos cuantos?; *(a little)* ¿quieres llevarte un poco? **III** *adv (approximately, about)* aproximadamente; **s. fifty people,** unas cincuenta personas; **s. seventy miles away,** a unas setenta millas de aquí.

somebody ['sʌmbədı] **I** *pron* alguien; **s. is knocking at the door,** alguien está llamando a la puerta; **s. else,** otro,-a, otra persona; **s. or other,** alguien, no sé quién. **II** *n* **to be a s.,** ser todo un personaje; **he thinks he's a s.,** se cree alguien.

somehow ['sʌmhaʊ] *adv* **1** *(in some way)* de algún modo, de una u otra manera; **I'll manage s.,** me las apañaré como sea. **2** *(for some reason)* por alguna razón; **I never liked her s.,** no sé por qué, pero nunca me cayó bien.

someone ['sʌmwʌn] *pron & n see* **somebody.**

someplace ['sʌmpleɪs] *adv US see* **somewhere.**

somersault ['sʌməsɔ:lt] **I** *n (by acrobat etc)* salto *m* mortal; *(by child)* voltereta *f*; *(by car)* vuelta *f* de campana, vuelco *m*. **II** *vi (acrobat etc)* dar un salto mortal; *(child)* dar volteretas; *(car)* dar una vuelta de campana.

something ['sʌmθɪŋ] **I** *pron & n* **1** *(a bit, a bit of)* algo; **has it s. to do with the hold-up?,** ¿tiene algo que ver con el atraco?; **it came as s. of a surprise to us,** nos pilló un poco por sorpresa; **she's s. of an artist,** tiene algo de artista; **s. to eat/drink,** algo de comer/beber; **would you like s. to drink?** ¿quieres tomar algo? **2** *(unidentified)* algo; **are you drunk or s.?,** ¿estás borracho o qué?; **s. must be done,** hay que hacer algo; **s. or other,** algo, alguna cosa; **s. tells me he's lying,** algo me dice, no sé por qué, pero me parece que miente; **s. went wrong,** algo falló; **she has a certain s.,** tiene un no sé qué; **there's s. in what you say,** hay algo de verdad en lo que dices; **you've got s. there,** eso puede ser interesante. **3** *(ill-defined)* algo; **is s. the matter?,** ¿le pasa algo?; **she's called**

Jane s. or other, se llama Jane no sé qué más; **s. else,** otra cosa; **s. nice,** algo bonito; **s. of the kind,** algo por el estilo. **4** *(impressive)* algo; **it was really s.!,** *US* **it was s. else!,** ¡fue algo extraordinario! **II** *adv* **it cost s. like £10,** costó unas diez libras; **now that's s. like it!,** ¡eso sí que es!; *fam* **the pain is s. shocking,** duele una barbaridad.

sometime ['sʌmtaɪm] **I** *adv* algún día; **s. last week,** un día de la semana pasada; **s. next year,** durante el año que viene; **s. or other,** tarde o temprano; **s. soon,** un día de éstos. **II** *adj (former)* antiguo,-a, ex.

sometimes ['sʌmtaɪmz] *adv* a veces, de vez en cuando.

somewhat ['sʌmwɒt] *adv fml* algo, un tanto.

somewhere ['sʌmweə'] *adv* **1** *(in some place)* en alguna parte; *(to some place)* a alguna parte; **s. else,** *(in some other place)* en otra parte; *(to some other place)* a alguna parte; **s. in Australia,** en algún lugar de Australia; **I read s. that ...,** leí en alguna parte que ...; **s. near Oxford,** cerca de Oxford; **s. or other,** no sé dónde; *fam* **now we're getting s.,** ya empezamos a hacer progresos, ya empieza a marchar la cosa. **2** *(approximately)* más o menos, alrededor; **it cost s. in the region of £70,** costó unas 70 libras más o menos; **she's s. in her forties,** tendrá unos cuarenta y pico años.

somnambulism [sɒm'næmbjʊlɪzəm] *n* sonambulismo *m*.

somnambulist [sɒm'næmbjʊlɪst] *n* sonámbulo,-a *m,f*.

somnolence ['sɒmnələns] *n* somnolencia *f*.

somnolent ['sɒmnələnt] *adj* somnoliento,-a, soñoliento,-a.

son [sʌn] *n* hijo *m*; **eldest/youngest s.,** hijo mayor/menor; *offens* **s. of a bitch,** hijo de puta.

sonar ['səʊnɑ:'] *n Tech* sonar *m*.

sonata [sə'nɑ:tə] *n Mus* sonata *f*.

son et lumière [sɒneɪ'lu:mɪeə'] *n* espectáculo *m* de luz y sonido.

song [sɒŋ] *n (gen)* canción *f*; *(of bird)* canto *m*; **give us a s.!,** ¡cántanos algo!; **to burst into s.,** ponerse a cantar; *GB fam* **there's no need to make a s. and dance about it,** no es para tanto; *fam* **we bought it for a s.,** lo compramos regalado.

songbird ['sɒŋbɜ:d] *n* pájaro *m* cantor.

songbook ['sɒŋbʊk] *n* cancionero *m*.

songwriter ['sɒŋraɪtə'] *n* compositor,-a *m,f* (de canciones).

sonic ['sɒnɪk] *adj* sónico,-a. ■ **s. boom,** estampido *m* sónico; **s. depth finder,** sonda *f* acústica.

son-in-law ['sʌnɪnlɔ:] *n (pl* **sons-in-law)** yerno *m*, hijo *m* político.

sonnet ['sɒnɪt] *n* soneto *m*.

sonny ['sʌnɪ] *n fam* hijo *m*, hijito *m*.

sonorous ['sɒnərəs] *adj* sonoro,-a.

soon [su:n] *adv* **1** *(within a short time)* pronto, dentro de poco; *(quickly)* rápidamente; **it will s. be Friday,** falta poco para el viernes; **see you s.!,** ¡hasta pronto!; **she s. changed her mind,** cambió rápidamente de idea; **s. after midnight,** poco después de medianoche; **s. afterwards,** poco después; **write to me s.,** escríbeme pronto. **2 s. as, s. as,** en cuanto; **as s. as possible,** cuanto antes, lo más pronto posible. **3** *(early)* temprano, pronto; **are you leaving so s.?,** ¿ya os marcháis?; **it's still too s. to tell,** todavía es demasiado pronto para saber; **how s. will it be ready?,** ¿cuándo estará listo *or* a punto?; **we arrived too s.,** llegamos demasiado temprano; *fig* **don't speak too**

s., no cantes victoria. 4 *(expresses preference)* **I would just as s. stay at home,** prefiero *or* preferiría quedarme en casa; **I would as s. not see him now,** prefiero *or* preferiría no verlo ahora mismo. 5 *(expresses indifference)* **I would (just) as s. read as watch TV,** tanto me da leer como mirar la tele.

sooner ['su:nəʳ] *adv* 1 *(earlier)* más temprano; **s. or later,** tarde o temprano; **the s. the better,** cuanto antes mejor. 2 *(immediately after)* **no s. had he finished than he fainted,** nada más acabar se desmayó; **no s. had she left than the telephone began to ring,** apenas se había ido cuando empezó a sonar el teléfono; **no s. said than done,** dicho y hecho. 3 *(rather)* **I would s. do it alone,** prefiero *or* preferiría hacerlo yo solo; **I would s. not go by train,** prefiero *or* preferiría no ir en tren; *fam* **I'd s. die!,** ¡antes morir!, ¡antes la muerte!; *fam* **s. you than me!,** ¡no me das ninguna envidia!

soot [sʊt] *n* hollín *m*.

soothe [su:ð] *vtr (calm)* calmar, tranquilizar; *(quieten)* acallar; *(anger)* aplacar; *(pain)* aliviar, calmar.

soother ['su:ðəʳ] *n* chupete *m*.

soothing ['su:ðɪŋ] *adj (ointment, medicine)* calmante, sedante; *(bath)* relajante; *(tone, words)* calmante, tranquilizador,-a.

sooty ['sʊtɪ] *adj (sootier, sootiest) (dirty)* cubierto,-a de hollín; *(black)* negro,-a como el hollín.

sop [sɒp] *n* 1 *fig (concession)* concesión *f*, favor *m*; *(bribe)* soborno *m*; **the bonus was intended as a s. to the workers,** la prima fue ideada para apaciguar a los obreros. 2 **sops,** *(food)* sopa *f sing.* ◆**sop up** *vtr* absorber.

sophism ['sɒfɪzəm] *n* sofisma *m*.

sophisticated [sə'fɪstɪkeɪtɪd] *adj* sofisticado,-a.

sophistication [səfɪstɪ'keɪʃən] *n* sofisticación *f*.

sophistry ['sɒfɪstrɪ] *n (art)* sofistería *f*; *(argument)* sofisma *m*.

sophomore ['sɒfəmɔːʳ] *n US* estudiante *mf* de segundo año.

soporific [sɒpə'rɪfɪk] **I** *adj* soporífero,-a, soporífico,-a. **II** *n* soporífero *m*.

sopping ['sɒpɪŋ] *adj fam* **s. (wet),** como una sopa.

soppy ['sɒpɪ] *adj (soppier, soppiest) fam* sentimentaloide.

soprano [sə'prɑːnəʊ] *n (pl sopranos) Mus* soprano *mf*, triple *mf*. ■ **s. clef,** clave *f* de do; **s. voice,** voz *f* de soprano.

sorbet ['sɔːbɪt] *n Culin* sorbete *m*.

sorcerer ['sɔːsərəʳ] *n* brujo *m*, hechicero *m*.

sorceress ['sɔːsərɪs] *n* bruja *f*, hechicera *f*.

sorcery ['sɔːsərɪ] *n* brujería *f*, hechicería *f*.

sordid ['sɔːdɪd] *adj* sórdido,-a.

sordidness ['sɔːdɪdnɪs] *n* sordidez *f*.

sore [sɔːʳ] **I** *adj* 1 *Med (aching)* dolorido,-a; *(painful)* doloroso,-a; *(inflamed)* inflamado,-a; **my eyes are s.,** me pican los ojos; **to have a s. throat,** tener dolor de garganta; **to have s. feet,** tener los pies doloridos; *fig* **it's a s. point,** es un asunto delicado *or* espinoso. 2 *fam (angry)* enfadado,-a **(at,** con**)**; **to feel s. about sth,** estar resentido,-a por algo. **II** *n Med* llaga *f*, úlcera *f*. ■ **cold s.,** herpes *m* labial. ◆**sorely** *adv (very)* muy; *(a lot)* mucho; *(deeply)* profundamente; *(seriously)* gravemente, fuertemente; **he will be s. missed,** le echaremos mucho de menos.

soreness ['sɔːnɪs] *n* dolor *m*.

sorrel[1] ['sɒrəl] *n Zool* alazán *m*.

sorrel[2] ['sɒrəl] *n Bot* acedera *f*.

sorrow ['sɒrəʊ] *n* pena *f*, pesar *m*, dolor *m*, tristeza *f*; **much to my s.,** con gran pesar mío; *fam* **to drown one's sorrows,** ahogar las penas.

sorrowful ['sɒrəʊfʊl] *adj* afligido,-a, apenado,-a, triste.

sorry ['sɒrɪ] **I** *adj (sorrier, sorriest)* 1 *(pity)* lleno,-a de lástima; **to feel s. for sb,** compadecer a algn; **I feel very s. for her,** me da mucha pena; **to feel s. for oneself,** compadecerse de uno mismo. 2 *(pitiful, wretched)* triste, lamentable; **a s. sight,** un triste espectáculo; **in a s. state,** en un estado lamentable. 3 *(regretful)* **to be s. (about sth),** sentir *or* lamentar (algo); **I'm s. I'm late,** siento haber llegado tarde; **I'm very s. you couldn't come,** siento de verdad que no hayas podido venir; **you'll be s.!,** ¡te arrepentirás! **II** *interj* 1 *(apology)* ¡perdón!, ¡perdone!, ¡disculpe! 2 *GB (for repetition)* ¿perdón?, ¿cómo?

sort [sɔːt] **I** *n* 1 *(kind)* clase *f*, género *m*, tipo *m*, suerte *f*; *(make, brand)* marca *f*; **all sorts of cakes,** toda clase de pasteles; **it's a s. of teapot,** es una especie de tetera; **nothing of the s.!,** ¡en absoluto!, ¡ni pensarlo!; **something of the s.,** algo por el estilo. 2 *fam (person)* tipo *m*; **he's a strange s.,** es un tipo raro; **I know his s.,** conozco el paño; **it takes all sorts to make a world,** de todo hay en la viña del Señor. 3 **of a s., of sorts,** de alguna clase; **he is a musician of a s.,** tiene algo de músico; **there's an office of sorts,** hay una especie de despacho. 4 **s. of,** un poco, en cierto modo; **did you like the film? —s. of,** ¿te gustó la película? —en cierto modo; **it's s. of blue,** es azulado; **it's s. of round,** es más bien redondo; **I'm s. of lost,** estoy como perdido,-a; **I s. of expected it,** en cierto modo me lo esperaba. 5 **out of sorts,** *(unwell)* pachucho,-a; *(moody)* de mal humor. **II** *vtr (classify)* clasificar. ◆**sort out** *vtr* 1 *(classify)* clasificar; *(put in order)* ordenar; **to s. out the good from the bad,** separar lo bueno de lo malo. 2 *(problem, difficulty)* arreglar, solucionar. 3 *fam* **to s. sb out,** ajustar cuentas con algn.

sortie ['sɔːtɪ] *n Av Mil* salida *f*.

sorting ['sɔːtɪŋ] *n* clasificación *f*. ■ *(in post office)* **s. office,** sala *f* de batalla.

SOS [esəʊ'es] *abbr of* **save our souls,** llamada *f* de socorro, S.O.S. *m*.

so-so ['səʊsəʊ] *adv fam* así así, de aquella manera, regular.

soufflé ['su:fleɪ] *n Culin* soufflé *m*.

sought [sɔːt] *pt & pp see* **seek**

sought-after ['sɔːtɑːftəʳ] *adj (person)* solicitado,-a; *(object)* codiciado,-a.

soul [səʊl] *n* 1 *(inner being)* alma *f*, espíritu *m*, ánimo *m*; **it lacks s.,** le falta ánimo; **the life and s. of the party,** el alma de la fiesta. ■ **s. mate,** compañero,-a *m,f* del alma. 2 *Rel* alma *f*; **All Souls' Day,** día de los Difuntos; **bless my s.!,** ¡Dios mío!; **God rest his s.,** que Dios la tenga en su gloria. 3 *(person)* alma *f*, persona *f*; **not a s.,** ni un alma; **he's a good s.,** es muy buena persona; **poor s.!,** ¡pobrecito,-a! 4 *(personification)* ejemplo *m*: **she's the s. of discretion,** es la discreción personificada. 5 *Mus* música *f* soul.

soul-destroying ['səʊldɪstrɔɪŋ] *adj (boring)* tedioso,-a, monótono,-a; *(demoralizing)* desmoralizador,-a, degradante.

soulful ['səʊlfʊl] *adj* conmovedor,-a, emotivo,-a.

soul-searching ['səʊlsɜːtʃɪŋ] *n* examen *m* de conciencia.

soul-stirring ['səʊlstɜ:rɪŋ] *adj* conmovedor,-a.

sound[1] [saʊnd] **I** *n* (*gen*) sonido *m*; (*noise*) ruido *m*; **stereophonic s.**, sonido estereofónico; **to the s. of the accordion**, al son del acordeón; *fig* **I don't like the s. of it**, no me gusta nada la idea. ■ **s. archives**, fonoteca *f sing*; **s. barrier**, barrera *f* del sonido; **s. effects**, efectos *mpl* sonoros; **s. engineer**, ingeniero,-a *m,f* del sonido; **s. wave**, onda *f* sonora. **II** *vtr* **1** (*trumpet, bell, alarm*) tocar, hacer sonar; **to s. the alarm**, dar la señal de alarma; **to s. the retreat**, tocar a retirada. **2** (*pronounce*) pronunciar. **3** *Med* (*chest etc*) auscultar. **III** *vi* **1** (*trumpet, bell, alarm*) sonar, resonar. **2** (*give an impression*) sonar, parecer; **he sounds German to me**, yo diría que es alemán; **how does it s. to you?**, ¿qué te parece?; **it sounds as if the match will be postponed**, parece que el partido será aplazado; **it sounds empty**, suena a vacío; **it sounds interesting**, parece interesante; **it sounds like an ambulance**, suena como una ambulancia; **it sounds like Mozart**, me suena a Mozart; **she sounded upset**, parecía trastornada. ◆**sound off** *vi fam* hablar a gritos; **to s. off about**, (*boast*) jactarse de; (*complain*) quejarse de.

sound[2] [saʊnd] **I** *adj* **1** (*healthy*) sano,-a; (*in good condition*) en buen estado; **of s. mind**, en su sano juicio; **safe and s.**, sano y salvo. **2** (*safe, dependable*) seguro,-a; (*correct*) acertado,-a; (*logical*) lógico,-a, razonable; **a s. investment**, una inversión segura; **a s. piece of advice**, un buen consejo. **3** (*basis etc*) sólido,-a, fuerte, robusto,-a. **4** (*thorough*) (*defeat etc*) rotundo,-a; (*examination etc*) a fondo. **5** (*sleep*) profundo,-a. **II** *adv* **to be s. asleep**, estar profundamente dormido,-a.

sound[3] [saʊnd] *vtr Naut Med* sondar. ◆**sound out** *vtr* (*person*) sondear.

sound[4] [saʊnd] *n Geog* estrecho *m*, brazo *m* de mar.

sounding[1] ['saʊndɪŋ] *adj* (*resonant*) resonante. ■ **s. board**, caja *f* de resonancia.

sounding[2] ['saʊndɪŋ] *n Naut* sondeo *m*. ■ **s. balloon**, globo *m* sonda.

soundless ['saʊndlɪs] *adj* silencioso,-a.

soundproof ['saʊndpru:f] **I** *adj* insonorizado,-a, a prueba de sonidos. **II** *vtr* insonorizar.

soundproofing ['saʊndpru:fɪŋ] *n* **1** (*action*) insonorización *f*. **2** (*material*) aislante *m* acústico.

soundtrack ['saʊndtræk] *n* banda *f* sonora.

soup [su:p] *n Culin* sopa *f*; (*thin, clear*) caldo *m*, consomé *m*; *fam* **in the s.**, en un apuro *or* aprieto. ■ **s. dish**, plato *m* sopero; **s. kitchen**, comedor *m* popular, olla *f* común; **s. spoon**, cuchara *f* sopera.

souped-up ['su:ptʌp] *adj Aut sl* trucado,-a.

sour [saʊə'] *adj* **1** (*fruit*) agrio,-a, ácido,-a; (*milk*) cortado,-a; (*butter*) rancio,-a; (*wine*) agrio,-a; **to go** *or* **turn s.**, (*milk*) cortarse; (*wine*) agriarse; *fig* (*situation*) empeorar; *fam fig* **s. grapes!**, ¡te aguantas! ■ **s. cream**, nata *f* agria. **2** *fig* (*person*) amargado,-a. ◆**sourly** *adv* agriamente, con amargura.

source [sɔ:s] *n* (*of river*) fuente *f*, nacimiento *m*; *fig* (*origin*) fuente *f*, origen *m*; (*of information*) fuente *f*; *Med* (*of infection*) foco *m*; **according to reliable sources**, según fuentes fidedignas; **what was the s. of the information?**, ¿de dónde procedía la información?

sourness ['saʊənɪs] *n* **1** (*of fruit*) acidez *f*, agrura *f*; (*of milk*) agrura *f*. **2** *fig* (*person*) amargura *f*, acritud *f*.

sourpuss ['saʊəpʊs] *n fam* amargado,-a *m,f*.

souse [saʊs] *vtr* **1** *Culin* (*fish*) escabechar; (*meat*) adobar. **2** (*soak*) empapar, mojar; (*plunge*) sumergir; **to s. oneself with water**, empaparse de agua. **3** *sl* (*make drunk*) **to get soused**, coger una trompa.

south [saʊθ] **I** *n* sur *m*; **in the s. of England**, en el sur de Inglaterra; **to the s. of York**, al sur de York. **II** *adj* del sur; **s. wind**, viento del sur. ■ **S. Africa**, Sudáfrica; **S. African**, sudafricano,-a (*m,f*); **S. China Sea**, Mar *m* de la China Meridional; **S. Dakota**, Dakota del Sur; **S. Pole**, Polo *m* Sur; **S. Seas**, los mares del Sur; **S. West Africa**, Namibia. **III** *adv* (*location*) al sur; (*direction*) hacia el sur; **s. of the border**, al sur de la frontera; **to travel s.**, viajar hacia el sur.

southbound ['saʊθbaʊnd] *adj* con rumbo al sur.

southeast [saʊθ'i:st] **I** *n* sudeste *m*. **II** *adj* (del) sudeste. **III** *adv* (*location*) al sudeste; (*direction*) hacia el sudeste.

southeasterly [saʊθ'i:stəlɪ] *adj* (*wind*) del sudeste.

southerly ['sʌðəlɪ] *adj* (*direction*) hacia el sur; (*point, aspect*) al sur; (*wind*) del sur.

southern ['sʌðən] *adj* del sur, meridional, austral; **in s. Spain**, en el sur de España; **s. accent**, acento del sur; **S. Europe**, Europa del Sur; **the s. hemisphere**, el hemisferio sur *or* meridional.

southerner ['sʌðənə'] *n* habitante *mf* del sur, sureño,-a *m,f*.

southward ['saʊθwəd] *adj & adv Naut* hacia el sur, en dirección sur.

southwest [saʊθ'west] **I** *n* suroeste *m*. **II** *adj* suroeste. **III** *adv* (*location*) al suroeste; (*direction*) hacia el suroeste.

southwestern [saʊθ'westən] *adj* del suroeste.

souvenir [su:və'nɪə'] *n* recuerdo *m*.

sou'wester [saʊ'westə'] *n* sueste *m*.

sovereign ['sɒvrɪn] **I** *n* **1** (*monarch*) soberano,-a *m,f*. **2** (*coin*) soberano *m*. **II** *adj* **1** (*self-governing*) soberano,-a. **2** (*supreme*) soberano,-a, supremo,-a.

sovereignty ['sɒvrəntɪ] *n* soberanía *f*.

soviet ['səʊvɪət] **I** *n* **1** (*government council*) soviet *m*. **2 the Soviets**, los soviéticos. **II** *adj* soviético,-a. ■ **S. Russia**, Rusia Soviética; **S. Union**, Unión Soviética.

sow[1] [səʊ] *vtr* (*pt* **sowed**; *pp* **sowed** *or* **sown**) (*seeds*) sembrar.

sow[2] [saʊ] *n Zool* cerda *f*, puerca *f*.

sower ['səʊə'] *n* (*person*) sembrador,-a *m,f*; (*machine*) sembradora *f*.

sowing ['səʊɪŋ] *n* siembra *f*.

sown [səʊn] *pp see* **sow**[1].

soy [sɔɪ] *n US* soja *f*. ■ **s. sauce**, salsa *f* de soja.

soya ['sɔɪə] *n GB* soja *f*.

sozzled ['sɒzəld] *adj fam* **to be s.**, estar trompa; **to get s.**, pillarse una trompa.

spa [spɑ:] *n* balneario *m*. ■ **s. resort**, estación *f* balnearia.

space [speɪs] **I** *n* **1** (*gen*) espacio *m*; **the conquest of s.**, la conquista del espacio; **to gaze** *or* **stare into s.**, mirar al vacío, tener la mirada perdida; **to travel through s.**, viajar por el espacio; **to vanish into s.**, desaparecer en el espacio. ■ **outer s.**, el espacio exterior; **s. age**, era *f* espacial; **s. agency**, agencia *f* espacial; **s. capsule**, cápsula *f* espacial; **s. flight**, vuelo *m* espacial; **s. lab**, laboratorio *m* espacial; **s. probe**, sonda *f* espacial; **s. program(me)**, programa *m* de vuelos espaciales; **s. shuttle**, transbordador *m* espacial; **s. station**, estación *f* espacial; **s. travel**, viajes *mpl* por el espacio. **2** *(room)* sitio *m*, lugar *m*, espacio *m*; **there isn't enough s. for all of them,** no caben todos; **to clear a s. for sth,** hacer sitio para algo; **to take up a lot of s.,** ocupar mucho sitio; **in a confined s.,** en un espacio cerrado; **they sell newspaper advertising s.,** venden espacio publicitario en los periódicos. **3** *(gap, empty place)* espacio *m*, hueco *m*; **blank s.,** espacio en blanco; **he loves the wide open spaces,** le encanta el campo abierto; **I'm looking for a parking s.,** estoy buscando un lugar donde aparcar. **4** *(in time)* espacio *m*; **in a short s. of time,** en un corto espacio; **in the s. of half an hour,** en el espacio de media hora. **II** *vtr (also s. out)* espaciar, separar.

space-age ['speɪseɪdʒ] *adj* de la era espacial.

spacecraft ['speɪskrɑːft] *n inv* nave *f* espacial, astronave *f*.

spaced out [speɪst'aʊt] *adj sl* colocado,-a, flipado,-a.

spaceman ['speɪsmən] *n (pl spacemen)* astronauta *m*, cosmonauta *m*.

spacing ['speɪsɪŋ] *n Typ* espacio *m*; **double s.,** doble espacio.

spacious ['speɪʃəs] *adj* espacioso,-a, amplio,-a, de gran extensión.

spade[1] [speɪd] *n (for digging)* pala *f*; *fig* **to call a s. a s.,** llamar al pan pan y al vino vino.

spade[2] [speɪd] *n Cards (international pack)* pica *f*; *(Spanish pack)* espada *f*; **the ace of spades,** el as de picas *or* de espadas.

spaghetti [spə'getɪ] *n Culin (gen)* espaguetis *mpl*; *(vermicelli)* fideos *mpl*.

Spain [speɪn] *n* España.

span [spæn] **I** *n* **1** *(of wing)* envergadura *f*; *(of hand)* palmo *m*; *(of arch, bridge)* luz *f*, ojo *m*; *(of road)* tramo *m*. **2** *(of time)* lapso *m*, espacio *m*; **life s.,** duración de vida. **II** *vtr (pt & pp spanned)* **1** *(bridge etc)* extenderse sobre, atravesar, cruzar. **2** *(life etc)* abarcar.

spangle ['spæŋgəl] *n* lentejuela *f*.

Spaniard ['spænjəd] *n* español,-a *m,f*.

spaniel ['spænjəl] *n (dog)* perro *m* de aguas. ■ **cocker s.,** cócker *m*.

Spanish ['spænɪʃ] **I** *adj* español,-a; **the S. Armada,** la Armada Invencible; **the S. Embassy,** la Embajada de España. ■ **S. America,** Hispanoamérica; **S. fly,** cantárida *f*; **S. guitar,** guitarra *f* clásica. **II** *n* **1** *(person)* español,-a *m,f*; **the S.,** los españoles. **2** *(language)* español *m*, castellano *m*.

Spanish-American [spænɪʃə'merɪkən] *adj* hispanoamericano,-a; **the S.-A. War,** la Guerra de Cuba.

Spanish-speaking ['spænɪʃspiːkɪŋ] *adj* de habla española, hispanohablante.

spank [spæŋk] *vtr* zurrar, pegar, dar azotes a.

spanking[1] ['spæŋkɪŋ] *n* zurra *f*, azotaina *f*.

spanking[2] ['spæŋkɪŋ] **I** *adj fam (lively)* vivaz. **II** *adv fam* **s. clean,** limpísimo,-a; **s. new,** completamente nuevo,-a, flamante.

spanner ['spænər] *n* llave *f* de tuercas; *GB fam* **to put** *or* **throw a s. in the works,** meter un palo en la rueda, sabotear. ■ **box s.,** llave *f* de tubo.

spar[1] [spɑː] *n Naut* palo *m*, verga *f*.

spar[2] [spɑː] *vi (pt & pp sparred)* **1** *Box* entrenarse. **2** *(argue)* discutir.

spar[3] [spɑː] *n Min* esparto *m*.

spare [speər] **I** *vtr* **1** *(do without)* prescindir de, pasar sin; **can you s. five minutes?,** ¿tienes cinco minutos?; **can you s. me 10?,** ¿me puedes dejar 10?; **I can't s.**

the time, no tengo tiempo; **there's none to s.,** no sobra nada; **we can't s. her today,** hoy no podemos prescindir de ella. **2** *(begrudge)* escatimar; **they spared no efforts,** no escatimaron esfuerzos; **to s. no expense,** no reparar en gastos; *prov* **s. the rod and spoil the child,** escatima la vara y malcriarás al niño. **3** *(show mercy to)* perdonar; **to s. sb's feelings,** procurar no herir los sentimientos de algn. **4** *(save)* ahorrar; **s. me the details,** ahórrate los detalles. **II** *adj* **1** *(left over)* sobrante, que sobra; *(surplus)* de sobra, de más; *(available)* disponible; **a s. moment,** un momento libre; **have you got any s. leaflets?,** ¿te sobra algún folleto?; **there's some fish going s.,** queda algo de pescado. ■ **s. bed,** cama *f* supletoria; *Fin* **s. capital,** fondos *mpl* disponibles; **s. part,** (pieza *f* de) recambio *m* or repuesto *m*; **s. room,** cuarto *m* de los invitados; **s. tyre,** *Aut* neumático *m* de recambio; *GB fam (on body)* michelines *mpl*; *Aut* **s. wheel,** rueda *f* de recambio. **2** *(thin, emaciated)* enjuto,-a; *GB sl* **to go s.,** cabrearse. **III** *n Aut* (pieza *f* de) recambio *m* or repuesto *m*.

sparerib [speə'rɪb] *n Culin* costilla *f* de cerdo.

sparing ['speərɪŋ] *adj (frugal)* frugal; *(economical)* económico,-a; **to be s. with food,** racionar la comida; **to be s. with praise,** escatimar elogios; **to be s. with words,** ser parco,-a en palabras. ◆**sparingly** *adv* en poca cantidad.

spark [spɑːk] **I** *n* **1** *(electrical, from fire)* chispa *f*; *GB fam* **bright s.,** listillo,-a *m,f*. ■ *Aut* **s. plug,** bujía *f*. **2** *fig (glimmer, trace)* chispa *f*, pizca *f*. **II** *vi* echar chispas. ◆**spark off** *vtr* provocar, desatar.

sparking ['spɑːkɪŋ] *adj Aut* **s. plug,** bujía *f*.

sparkle ['spɑːkəl] **I** *vi* **1** *(diamond, glass)* centellear, destellar, brillar; *(eyes)* brillar, chispear; *(firework)* echar chispas, chispear. **2** *fig (person)* brillar, lucirse; *(conversation)* brillar. **II** *n* **1** *(of diamond, glass)* centelleo *m*, destello *m*, brillo *m*; *(of eyes)* brillo *m*. **2** *fig (liveliness)* viveza *f*; *(wit)* brillo *m*; **she lacks s.,** le falta brillo.

sparkler ['spɑːklər] *n* **1** *(firework)* bengala *f*. **2** *fam (gem)* brillante *m*.

sparkling ['spɑːklɪŋ] *adj* **1** *(diamond, glass)* centelleante, brillante; *(eyes)* brillante, chispeante; **s. clean,** limpio,-a como un espejo. ■ **s. wine,** vino *m* espumoso. **2** *fig (person, conversation)* brillante, chispeante.

sparring ['spɑːrɪŋ] *n Box* **s. partner,** sparring *m*, compañero *m* de entrenamiento.

sparrow ['spærəʊ] *n Orn* gorrión *m*. ■ **house s.,** gorrión *m* común; **rock s.,** gorrión *m* chillón; **Spanish s.,** gorrión *m* moruno.

sparrowhawk ['spærəʊhɔːk] *n Orn* gavilán *m*.

sparse [spɑːs] *adj (thin)* escaso,-a; *(scattered)* espacido,-a, disperso,-a; *(hair)* ralo,-a; **s. vegetation,** vegetación escasa.

Spartan ['spɑːtən] *adj & n* espartano,-a *(m,f)*.

spasm ['spæzəm] *n* **1** *Med* espasmo *m*; *(of coughing)* acceso *m*. **2** *(of anger, activity)* arrebato *m*, acceso *m*; **in spasms,** a rachas.

spasmodic [spæz'mɒdɪk] *adj* **1** *Med* espasmódico,-a. **2** *(irregular)* irregular, intermitente. ◆**spasmodically** *adv fig* de forma irregular, a rachas, de vez en cuando.

spastic ['spæstɪk] *adj & n* **1** *Med* espástico,-a *(m,f)*. **2** *sl pej* inútil *(mf)*, patoso,-a *(m,f)*.

spat[1] [spæt] *pt & pp see* spit[1].

spat[2] [spæt] *n* polaina *f*.

spate [speɪt] *n* **1** *(of letters)* avalancha *f*; *(of words)* torrente *m*; *(of accidents)* racha *f*. **2** *GB (river)* desbordamiento *m*; **to be in full s.**, estar crecido,-a.

spatial ['speɪʃəl] *adj* espacial, del espacio.

spatter ['spætə^r] *vtr (splash)* salpicar (**with**, de); *(sprinkle)* rociar (**with**, de).

spatula ['spætjʊlə] *n* espátula *f*.

spawn [spɔːn] I *n* **1** *(of fish, frogs)* huevas *fpl*, freza *f*. **2** *Bot* mushroom s., micelio *m* del hongo. II *vi (fish, frogs)* frezar. III *vtr fig pej* engendrar, producir.

speak [spiːk] I *vtr (pt spoke; pp spoken)* **1** *(utter)* decir; **to s. one's mind**, hablar claro *or* sin rodeos; **to s. the truth**, decir la verdad. **2** *(language)* hablar; **'English spoken'**, 'se habla inglés'. II *vi* **1** *(gen)* hablar; **generally speaking**, en términos generales; **I don't know him to s.**, sólo lo conozco de vista; **I'll s. to my boss about it**, *(discuss)* lo hablaré con el jefe; *(mention)* se lo diré al jefe; **legally speaking**, desde el punto de vista legal; **roughly speaking**, a grandes rasgos; **she has no savings to s. of**, no tiene ahorros que digamos; **so to s.**, por así decirlo; **speaking of ...**, a propósito de ...; **to be nothing to s. of**, no ser nada especial; **to s. to sb**, hablar con algn. **2** *(make a speech)* pronunciar un discurso; *(take the floor)* tomar la palabra; **she spoke on cookery**, habló de cocina. **3** *Tel* hablar; **Browne speaking!**, Browne al habla; **I'd like to s. to Mr Bow**, póngame con el Sr. Bow, por favor; **speaking!**, ¡al habla!; **who's speaking, please?**, ¿de parte de quién? ◆**speak for** *vtr (person, group)* hablar en nombre de; *(motion)* hablar en favor de; **it speaks for itself**, es evidente, habla por sí solo; *fam* **s. for yourself!**, ¡eso lo dirás tú! ◆**speak out** *vi (give opinion)* hablar claro *or* sin rodeos; **to s. out against sth**, denunciar algo. ◆**speak up** *vi* hablar más fuerte; *fig* **to s. up for sb**, intervenir a favor de algn.

speakeasy ['spiːkiːzɪ] *n US fam* taberna *f* clandestina.

speaker ['spiːkə^r] *n* **1** *(gen)* persona *f* que habla, el *or* la que habla; *(in dialogue)* interlocutor,-a *m,f*; **he's a good s.**, es buen orador; **(public)** s., orador,-a *m,f*; *(lecturer)* conferenciante *mf*. **2** *(of language)* hablante *mf*; **Spanish s.**, hispanohablante *mf*. **3** *GB Parl* **the S.**, el Presidente de la Cámara de los Comunes; *US* **the S. of the House**, el Presidente de la Cámara de los Representantes; *(form of address)* **Mr S.**, Señor Presidente. **4** *(loudspeaker)* altavoz *m*.

speaking ['spiːkɪŋ] I *adj* hablante; *Theat* **a s. part**, un papel hablado; **we are not on s. terms**, no nos hablamos. ■ *GB Tel* **s. clock**, información *f* horaria. II *n (skill, art)* oratoria *f*; **plain s.**, franqueza *f*.

spear [spɪə^r] *n (gen)* lanza *f*; *(javelin)* jabalina *f*; *(harpoon)* arpón *m*.

spearhead ['spɪəhed] I *n* punta *f* de lanza. II *vtr (attack etc)* encabezar.

spearmint ['spɪəmɪnt] *n Bot* menta *f* verde.

spec [spek] *n fam* **on s.**, sin garantías; **we went to the cinema on s.**, fuimos al cine sin saber si quedarían entradas.

special ['speʃəl] I *adj (gen)* especial; *(specific)* específico,-a, particular; *(excepcional)* extraordinario,-a; **nothing s.**, nada del otro mundo; **what's so s. about him?**, ¿qué tiene él de particular? ■ **s. agent**, agente *mf* secreto,-a; *GB* **the S. Branch**, el Servicio de Seguridad del Estado; **s. delivery**, *(letter)* express; *(parcel)* de entrega inmediata; **s. edition**, edición *f or* número *m* especial; *Cin* **s. effects**, efectos *mpl* especiales; *Com* **s. offer**, oferta *f* (especial); *Pol* **s. powers**, poderes *mpl* extraordinarios. II *n* **1** *(train)* tren *m* especial. **2** *Rad TV* programa *m* especial; *Journ (newspaper edition)* número *m* especial; *(on menu)* **today's s.**, plato *m* del día. ◆**specially** *adv (specifically)* especialmente; *(on purpose)* expresamente, a propósito.

specialist ['speʃəlɪst] *n* especialista *mf*; **to become an electronics s.**, especializarse en la electrónica.

speciality [speʃɪ'ælɪtɪ] *n* especialidad *f*.

specialization [speʃəlaɪ'zeɪʃən] *n (of study)* especialidad *f*; *(act)* especialización *f*.

specialize ['speʃəlaɪz] *vi* especializarse (**in**, en).

specialty ['speʃəltɪ] *n US see* **speciality**.

species ['spiːʃiːz] *n (pl species) Biol* especie *f*.

specific [spɪ'sɪfɪk] I *adj (gen)* específico,-a; *(definite)* concreto,-a; *(precise, exact)* preciso,-a; *(clear in meaning)* explícito,-a; **for a s. reason**, por una razón concreta; **to be s.**, concretar. ■ **s. gravity**, peso *m* específico. II *n* **1** *Med (drug)* específico *m*. **2** **specifics**, datos *mpl* (concretos). ◆**specifically** *adv* **1** *(exactly)* específicamente, concretamente; *(expressly)* expresamente. **2** *(namely)* en concreto.

specification [spesɪfɪ'keɪʃən] *n* **1** *(gen)* especificación *f*. **2** *(plan)* plan *m* detallado; *(proposal)* propuesta *f* detallada. **3** **specifications**, datos *mpl* específicos.

specify ['spesɪfaɪ] *vtr (pt & pp specified)* especificar, precisar, concretar.

specimen ['spesɪmɪn] *n (sample)* muestra *f*, espécimen *m*; *(example)* ejemplar *m*; **blood s.**, muestra de sangre; **s. copy**, ejemplar de muestra; **s. signature**, muestra de firma; **urine/tissue s.**, espécimen de orina/tejido; *fam* **he's a strange s.**, es un bicho raro.

specious ['spiːʃəs] *adj* engañoso,-a, especioso,-a.

speck [spek] *n (of dust, soot)* mota *f*; *(stain)* manchita *f*; *(small trace)* pizca *f*; *(dot)* punto *m* negro.

speckled ['spekəld] *adj* moteado,-a, con puntitos.

specs [speks] *npl fam abbr of* **spectacles**.

spectacle ['spektəkəl] *n* **1** *(display)* espectáculo *m*; **to make a s. of oneself**, hacer el ridículo, ponerse en ridículo. **2** **spectacles**, *(glasses)* gafas *fpl*; *fig* **to see everything through rose-tinted s.**, verlo todo de color rosa. ■ **s. case**, estuche *m* de gafas.

spectacular [spek'tækjʊlə^r] I *adj* espectacular, impresionante. II *n Cin TV* (gran) espectáculo *m*, superproducción *f*.

spectator [spek'teɪtə^r] *n* espectador,-a *m,f*: **the spectators**, el público. ■ **s. sport**, deporte *m* espectáculo, deporte *m* de masas.

spectre, *US* **specter** ['spektə^r] *n* espectro *m*, fantasma *m*.

spectrum ['spektrəm] *n (pl spectra* ['spektrə]*) Phys* espectro *m*. **2** *(range)* espectro *m*, gama *f*.

speculate ['spekjʊleɪt] *vi (gen)* especular (**on** *or* **about**, sobre).

speculation [spekjʊ'leɪʃən] *n* especulación *f*.

speculator ['spekjʊleɪtə^r] *n Fin* especulador,-a *m,f*.

sped [sped] *pt & pp see* **speed**.

speech [spiːtʃ] *n* **1** *(faculty)* habla *f*; *(pronunciation)* pronunciación *f*; **freedom of s.**, libertad de expresión; **s. defect**, defecto del habla. ■ **s. therapist**, foniatra *mf*, logopeda *mf*; **s. therapy**, terapia *f* de la palabra. **2** *(address)* discurso *m*; *(talk)* charla *f*; *(lecture)* conferencia *f*; **to give** *or* **make a s.**, pronunciar un discurso (**on**, sobre); *GB Sch* **s. day**, día *m* del reparto de premios. **3** *Ling* oración *f*; **direct/**

indirect s., oración directa/indirecta; **part of s.**, parte *f* de la oración.

speechless ['spi:tʃlɪs] *adj* mudo,-a, boquiabierto,-a.

speed [spi:d] **I** *n* **1** *(rate of movement)* velocidad *f*; *(quickness, rapidity)* rapidez *f*; *(haste)* prisa *f*; **at a s. of ...**, a una velocidad de ...; **at top s.**, a toda velocidad, a toda marcha; **to pick up** *or* **gain s.**, coger velocidad. ▪ *fam* **s. cop**, motoricón *m*; **s. limit**, velocidad *f* máxima; **s. trap**, control *m* policial de velocidad, foto-radar *f*. **2** *Cycl* velocidad *f*. **3** *Phot (of film)* velocidad *f*; *(aperture)* abertura *f*. **4** *(drug) sl* anfeta *f*. **II** *vi* **1** *(pt & pp sped) (person) (go fast)* ir corriendo, ir a toda prisa; *(hurry)* apresurarse, darse prisa; *(car etc)* **to s. along**, ir a toda velocidad; **to s. past**, pasar volando. **2** *(pt & pp speeded)* speed limit) conducir con exceso de velocidad. ◆**speed up I** *vtr (pt & pp speeded up) (process, matter)* acelerar; *(person)* apresurar. **II** *vi (of person)* darse prisa, apresurarse.

speedboat ['spi:dbəʊt] *n* lancha *f* rápida.

speeding ['spi:dɪŋ] *n Aut* exceso *m* de velocidad.

speedometer [spɪ'dɒmɪtə'] *n Aut* velocímetro *m*.

speedway ['spi:dweɪ] *n Sport* **1** *(racing)* carreras *fpl* de moto. **2** *(track)* pista *f* de carreras.

speedwell ['spi:dwel] *n Bot* verónica *f*.

speedy ['spi:dɪ] *adj (speedier, speediest) (quick)* veloz, rápido,-a; *(prompt)* pronto,-a. ◆**speedily** *adv (quickly)* rápidamente, con toda prisa; *(promptly)* con la mayor prontitud.

spell¹ [spel] **I** *vtr (pt & pp spelt or spelled)* **1** *(write)* escribir correctamente; *(letter by letter)* deletrear; **b-o-x spells 'box'**, 'box' se deletrea b-o-x; **how do you s. it?**, ¿cómo se escribe *or* deletrea? **2** *fig (denote)* significar, representar; *(foretell)* presagiar; **this news spells disaster for the country**, esta noticia representa un desastre para el país. **II** *vi* saber escribir correctamente; **she can't s.**, (siempre) hace faltas de ortografía. ◆**spell out** *vtr fig* explicar con detalle.

spell² [spel] *n (magical)* hechizo *m*, encanto *m*; **to cast a s. on sb**, hechizar a algn.

spell³ [spel] *n* **1** *(period)* temporada *f*, período *m*; *(short period)* rato *m*, racha *f*; *(rest)* descanso *m*; *Meteor* **cold s.**, ola *f* or racha de frío; **he's going through a good/bad s.**, está pasando una buena/ mala época *or* racha. **2** *(shift)* turno *m*, tanda *f*.

spellbound ['spelbaʊnd] *adj* hechizado,-a, embelesado,-a.

spelling ['spelɪŋ] *n* ortografía *f*; **s. mistake**, falta de ortografía.

spelt [spelt] *pt & pp see* **spell¹**.

spend [spend] *vtr (pt & pp spent)* **1** *(money)* gastar (**on**, en); *GB fam* **to s. a penny**, hacer pipí. **2** *(time)* pasar; **we spent Christmas in Scotland**, pasamos las Navidades en Escocia. **3** *(devote) (time)* dedicar; **s. more time on your homework**, dedica más tiempo a tus deberes.

spending ['spendɪŋ] *n* gasto *m*, gastos *mpl*; **public s.**, gasto público. ▪ **s. cuts**, recortes *mpl* en el presupuesto; **s. money**, dinero *m* de bolsillo; **s. power**, poder *m* adquisitivo.

spendthrift ['spendθrɪft] *adj & n* derrochador,-a *(m,f)*, despilfarrador,-a *(m,f)*, manirroto,-a *(m,f)*.

spent [spent] **I** *pt & pp see* **spend**. **II** *adj* gastado,-a; **s. bullet**, bala muerta; *(person)* **to be a s. force**, estar quemado,-a.

sperm [spɜ:m] *n (pl sperms or sperm) Biol* esperma *mf*. ▪ *Med* **s. bank**, banco *m* de esperma; *Zool* **s. whale**, cachalote *m*.

spermicide ['spɜ:mɪsaɪd] *n Med* espermicida *m*.

spew [spju:] **I** *vtr* **1 to s. (up)**, vomitar, devolver. **2 to s. (out)**, *(flames etc)* vomitar, arrojar. **II** *vi* vomitar, devolver.

sphere [sfɪə'] *n (gen)* esfera *f*; **in the s. of politics**, en el mundo de la política; **it's outside my s.**, no es de mi competencia; **s. of activity/influence**, esfera de actividad/influencia.

spheric(al) ['sferɪk(əl)] *adj* esférico,-a.

sphincter ['sfɪŋktə'] *n Anat* esfínter *m*.

sphinx [sfɪŋks] *n (pl sphinxes or sphinges* ['sfɪndʒi:z]) esfinge *f*.

spice [spaɪs] **I** *n* **1** *Culin* especia *f*; **mixed spice(s)**, especias mixtas. **2** *fig* sazón *m*, sal *f*; *prov* **variety is the s. of life**, en la variedad está el gusto. **II** *vtr* **1** *Culin* sazonar, condimentar. **2** *(story etc)* **to s. (up)**, echar salsa a, cargar las tintas.

spic(k)-and-span [spɪkən'spæn] *adj (very clean)* limpísimo,-a; *(like new)* flamante; *(neat)* pulcro,-a; *(well-groomed)* acicalado,-a.

spicy ['spaɪsɪ] *adj (spicier, spiciest)* **1** *Culin* sazonado,-a, condimentado,-a; *(hot)* picante. **2** *fig (story etc)* picante.

spider ['spaɪdə'] *n* araña *f*. ▪ **s.'s web**, telaraña *f*; **s. plant**, cinta *f*.

spiel [ʃpi:l] *n fam* rollo *m*.

spigot ['spɪgət] *n* **1** *(stopper)* espita *f*, bitoque *m*. **2** *US (tap)* grifo *m*.

spike¹ [spaɪk] *n* **1** *(sharp point)* punta *f*; *(metal rod)* pincho *m*; *(stake)* estaca *f*; *(on railing)* barrote *m*; *Sport (on shoes)* clavo *m*. **2** *Sport* **spikes**, zapatillas *fpl* con clavos.

spike² [spaɪk] *n Bot* espiga *f*.

spiky ['spaɪkɪ] *adj (spikier, spikiest) (gen)* puntiagudo,-a; *(hedgehog)* erizado,-a; *(hairstyle)* de punta.

spill [spɪl] **I** *vtr (pt & pp spilled or spilt) (liquid)* derramar; *(pour)* verter; *(knock over)* volcar; *fam* **to s. the beans**, descubrir el pastel. **II** *vi (liquid)* derramarse, verterse. **III** *n (spilling)* derrame *m*; *fam* **to take a s.**, caerse, medir el suelo. ◆**spill out** *vi (crowd)* salir en tropel. ◆**spill over** *vi* salirse, desbordarse.

spillage ['spɪlɪdʒ] *n* derrame *m*.

spilt [spɪlt] *pt & pp see* **spill**.

spin [spɪn] **I** *vtr (pt & pp spun)* **1** *(turn) (wheel etc)* hacer girar, dar vueltas a; *(washing)* centrifugar; **to s. a coin for sth**, echar algo a cara o cruz. **2** *(cotton, wool, etc) (spider's web)* tejer; *fam* **to s. sb a yarn**, pegarle un rollo a algn. **II** *vi* **1** *(wheel etc)* girar, dar vueltas. *Av (dive)* caer en barrena; *Aut (slide)* patinar; **my head was spinning**, la cabeza me daba vueltas; **to send sth spinning**, echar algo a rodar; **to s. round and round**, dar vueltas y más vueltas. **2** *(cotton, wool, etc)* hilar. **III** *n* **1** *(turn)* vuelta *f*, giro *m*, revolución *f*; *(of spin-dryer)* **long/ short s.**, centrifugado *m* largo/corto; **to give sth a s.**, hacer girar algo; *GB fam* **to be in a flat s.**, estar hecho un lío. **2** *Sport (on ball)*, efecto *m*; **to put s. on the ball**, dar efecto a la pelota. **3** *Av* barrena *f*; *Aut* patinazo *m*; **to go into a s.**, *Av* caer en barrena; *Aut* patinar. **4** *(ride)* vuelta *f*, paseo *m* (en coche *or* en moto); **to go for a s.**, dar una vuelta. ◆**spin out** *vtr fam (holiday, speech)* alargar, prolongar; *(time, money)* estirar.

spinach ['spɪnɪtʃ] *n* espinacas *fpl*.

spinal ['spaɪnəl] *adj Anat* espinal, vertebral. ■ **s. column,** columna *f* vertebral; **s. cord,** médula *f* espinal.

spindle ['spɪndəl] *n* **1** *(for spinning)* huso *m*. **2** *Tech (axle)* eje *m*; *(of lathe)* mandril *m*.

spindly ['spɪndlɪ] *adj (spindlier, spindliest) fam (long-bodied)* larguirucho,-a; *(long-legged)* zanquilargo,-a, zanquivano,-a.

spin-dry [spɪn'draɪ] *vtr* centrifugar.

spin-dryer [spɪn'draɪə^r] *n* secador *m* centrífugo.

spine [spaɪn] *n* **1** *Anat* columna *f* vertebral, espina *f* dorsal, espinazo *m*; *(of book)* lomo *m*. **2** *Zool (of hedgehog etc)* púa *f*; *Bot* espina *f*.

spine-chilling ['spaɪntʃɪlɪŋ] *adj* horripilante, escalofriante.

spineless ['spaɪnlɪs] *adj* **1** *(invertebrate)* invertebrado,-a. **2** *fig (weak)* débil, sin carácter.

spinet ['spɪnɪt] *n Mus* espineta *f*.

spinner ['spɪnə^r] *n* **1** *(of cotton, wool, etc)* hilandero,-a *m,f*. **2** *Fishing* cuchara *f*.

spinney ['spɪnɪ] *n* bosquecillo *m*, soto *m*.

spinning ['spɪnɪŋ] *n* **1** *(of cotton, wool, etc) (act)* hilado *m*; *(art)* hilandería *f*. ■ **s. machine,** máquina *f* de hilar; **s. wheel,** rueca *f*, torno *m* de hilar. **2** *(toy)* **s. top,** peonza *f*, trompo *m*.

spin-off ['spɪnɒf] *n (by-product)* derivado *m*, producto *m* secundario; *fig* efecto *m* secundario.

spinster ['spɪnstə^r] *n* soltera *f*; *pej* **she's an old s.,** es una vieja solterona.

spiny ['spaɪnɪ] *adj (spinier, spiniest)* espinoso,-a.

spiral ['spaɪərəl] **I** *n Geom* espiral *f*. **II** *adj* espiral, en espiral. ■ **s. staircase,** escalera *f* de caracol. **III** *vi (pt & pp spiralled, US spiraled)* moverse en espiral; **spiralling prices,** precios en alza vertiginosa; **to s. up/down,** subir/bajar en espiral.

spire [spaɪə^r] *n Archit* aguja *f*.

spirit¹ ['spɪrɪt] *n* **1** *(soul)* espíritu *m*, alma *f*; *(ghost)* fantasma *m*; **evil s.,** espíritu maligno. ■ *Rel* **the Holy S.,** el Espíritu Santo. **2** *(person)* ser *m*, alma *f*. **3** *(attitude)* espíritu *m*; *(mood)* humor *m*; **community s.,** civismo *m*; **team s.,** espíritu de equipo; **to enter into the s. of sth,** meterse en el ambiente de algo; *fam* **that's the s.!,** ¡eso es!, ¡así me gusta! **4** *(courage)* valor *m*; *(liveliness)* ánimo *m*, energía *f*; *(vitality)* vitalidad *f*, vigor *m*; *(strength)* fuerza *f*; **she lacks s.,** le falta caracter; **to break sb's s.,** quebrar la voluntad de algn; **to show s.,** dar muestras de valor. **5** *(intention)* espíritu *m*, sentido *m*; **to take sth in the right s.,** tomar algo a bien. **6 spirits,** *(mood)* humor *m sing*, moral *f sing*; **to be in good s.,** estar de buen humor; **to be in high/low s.,** estar muy animado/ desanimado; **to raise sb's s.,** subirle la moral a algn. ◆**spirit away, spirit off** *vtr* llevarse como por arte de magia.

spirit² ['spɪrɪt] *n* **1** *Chem* alcohol *m*. ■ **s. lamp,** lámpara *f* de alcohol; *Constr* **s. level,** nivel *m* de aire. **2 spirits,** *(alcoholic drink)* licores *m*, alcohol *m sing*.

spirited ['spɪrɪtɪd] *adj (person)* animado,-a; *(horse)* fogoso,-a; *(attack, reply)* enérgico,-a, vigoroso,-a; *(person, attempt)* valiente; *Mus* **to give a s. performance,** tocar con brío.

spiritual ['spɪrɪtjʊəl] **I** *adj* espiritual. **II** *n Mus* **(Negro) s.,** espiritual *m* negro.

spiritualism ['spɪrɪtjʊəlɪzəm] *n* espiritismo *m*.

spiritualist ['spɪrɪtjʊəlɪst] *adj & n* espiritista *(mf)*.

spit¹ [spɪt] **I** *vtr (pt & pp spat)* escupir. **II** *vi* escupir **(at, a;** **in** *or* **on,** en); *(fire)* chisporrotear; **it's spitting (with rain),** chispea, caen gotas; *fam* **he's the spitting image of his father,** es el vivo retrato de su padre, es clavado a su padre. **III** *n (saliva)* saliva *f*, esputo *m*; *fam* **s. and polish,** pulcritud *f*, limpieza *f*. ◆**spit out** *vtr* escupir; *GB fam* **s. it out!,** ¡suéltalo ya!

spit² [spɪt] *n* **1** *Culin* asador *m*, espetón *m*. **2** *Geog (of sand)* banco *m*; *(of land)* punta *f*, lengua *f*.

spite [spaɪt] **I** *n* **1** *(ill will)* rencor *m*, ojeriza *f*; **out of s.,** por despecho. **2** *(despite)* **in s. of,** a pesar de, pese a; **in s. of being shy,** a pesar de ser tímido,-a; **in s. of everything,** a pesar de todo; **in s. of the fact that,** a pesar de que, pese a que. **II** *vtr (annoy)* fastidiar.

spiteful ['spaɪtfʊl] *adj (person)* rencoroso,-a; *(remark)* malévolo,-a; *(tongue)* viperino,-a. ◆**spitefully** *adv* con rencor, por despecho.

spitefulness ['spaɪtfʊlnɪs] *n* rencor *m*, despecho *m*.

spittle ['spɪtəl] *n* saliva *f*, baba *f*.

spittoon [spɪ'tuːn] *n* escupidera *f*.

spiv [spɪv] *n GB sl* chanchullero *m*; *(black marketeer)* chalán *m*.

splash [splæʃ] **I** *vtr* **1** *(make noise)* chapotear, chapalear. **2** *(spray)* salpicar, rociar **(with,** de); **he splashed coffee on his suit,** se manchó el traje de café; **to s. sb with water,** salpicar a algn de agua; *fig* **the news was splashed across the front page,** la noticia salió en grandes titulares de primera plana. **II** *vi* **1** *(in water)* **to s. (about),** chapotear. **2** *(of water, mud, etc)* esparcirse, escupirse. **III** *n* **1** *(noise)* chapoteo *m*, chapaleo *m*. **2** *(spray)* salpicadura *f*, rociada *f*; *fig (of colour, light)* mancha *f*; *fam* **to make a s.,** causar sensación. **IV** *interj* ¡plaf! ◆**splash down** *vi Astronaut* amerizar. ◆**splash out** *vi fam* derrochar dinero **(on,** en), tirar la casa por la ventana.

splashdown ['splæʃdaʊn] *n Astronaut* amerizaje *m*, amaraje *m*.

spleen [spliːn] *n* **1** *Anat* bazo *m*. **2** *fml fig (anger)* cólera *f*, ira *f*; **to vent one's s.,** descargar cólera **(on,** en).

splendid ['splendɪd] *adj (excellent)* estupendo,-a, maravilloso,-a; *(magnificent)* espléndido,-a, magnífico,-a.

splendour, *US***splendor** ['splendə^r] *n* esplendor *m*.

splice [splaɪs] *vtr (rope)* empalmar; *Cin* montar; *GB fam* **to get spliced,** pasar por la vicaría, casarse.

splicer ['splaɪsə^r] *n Cin* máquina *f* de montaje, montadora *f*.

splint [splɪnt] *n Med* tablilla *f*; **to be in splints,** estar entablillado,-a.

splinter ['splɪntə^r] **I** *n (wood)* astilla *f*; *(bone, stone, metal)* esquirla *f*; *(glass)* fragmento *m*. ■ *Pol* **s. group,** grupo *m* disidente, facción *f*. **II** *vi* **1** *(wood, metal, etc)* astillarse, hacerse astillas. **2** *Pol (party)* escindirse. **III** *vtr (wood, metal, etc)* astillar, hacer astillas.

split [splɪt] **I** *n* **1** *(crack)* grieta *f*, hendidura *f*; *(tear)* desgarrón *m*, rasgón *m*; *fig (division)* división *f*; ruptura *f*, cisma *m*; *Pol* escisión *f*. **2** *Gymn* **splits, to do the s.,** abrir las piernas en cruz, despatarrarse. **3** *Culin* **banana s.,** postre *m* de plátano con helado, banana split *m*; **cream/jam s.,** pastelito *m* con relleno de nata/mermelada. **II** *adj (gen)* partido,-a, hendido,-a; *(party)* escindido,-a; **in a s. second,** en una fracción de segundo. ■ *Hairdr* **s. ends,** puntas

fpl rotas; *Culin* s. **peas,** guisantes *mpl* secos; *Psych* s. **personality,** desdoblamiento *m* de persònalidad.
III *vtr (pt & pp* **split)** 1 *(crack, break)* agrietar, hender; *(cut)* partir; *(tear)* rajar, desgarrar; *Phys (atom)* desintegrar; **to s. one's head open,** romperse *or* partirse la crisma; *fig* **to s. hairs,** rizar el rizo, buscarle tres pies al gato; *fig* **to s. one's sides laughing,** partirse *or* troncharse de risa. 2 *(divide)* dividir. 3 *(share out)* repartir, dividir; *fam* **to s. the difference,** partir la diferencia. 4 *Pol (party)* escindir. IV *vi* 1 *(crack, break)* agrietarse, henderse; *(into two parts)* partirse; *(garment)* rajarse, desgarrarse. 2 *(divide)* dividirse. 3 *Pol (party)* escindirse. 4 *fam (tell tales)* soplar, chivarse; **to s. on sb,** chivarse de algn. 5 *sl (leave)* pirárselas, largarse. ◆**split off** I *vtr* separar. II *vi* separarse, desprenderse. ◆**split up** I *vtr (break up)* partir; *(separate, divide up)* dividir; *(share out)* repartir. II *vi (crowd, meeting)* dispersarse; *(couple)* separarse.

splitting ['splɪtɪŋ] *adj (headache)* terrible, muy fuerte.

splodge [splɒdʒ] *n fam,* **splotch** [splɒtʃ] *n fam* mancha *f,* borrón *m.*

splurge [splɜːdʒ] *vtr fam* despilfarrar el dinero **(on, en).**

splutter ['splʌtər] *vi* 1 *(person)* balbucear, farfullar. 2 *(candle, fat)* chisporrotear; *(engine)* petardear, renquear.

spoil [spɔɪl] I *vtr (pt & pp* **spoiled** *or* **spoilt)** 1 *(ruin)* estropear, echar a perder; **it will s. your appetite,** te quitará el apetito; **to s. sb's fun,** aguarle la fiesta a algn. 2 *(allow everything)* mimar, consentir; *(treat generously)* mimar; **to be spoilt for choice,** tener demasiadas cosas para elegir. II *vi (food)* estropearse, echarse a perder. III **spoils** *npl fml* botín *m sing.* ◆**spoil for** *vtr* buscar; **to be spoiling for a fight,** buscar camorra.

spoilsport ['spɔɪlspɔːt] *n fam* aguafiestas *mf inv.*

spoilt [spɔɪlt] I *vtr pt & pp see* spoil. II *adj* 1 *(food, merchandise)* estropeado,-a. 2 *(child)* mimado,-a, consentido,-a.

spoke¹ [spəʊk] *pt see* speak.

spoke² [spəʊk] *n (of wheel)* radio *m,* rayo *m; fam* **to put a s. in sb's wheel,** poner trabas a algn.

spoken ['spəʊkən] *pp see* speak.

spokesman ['spəʊksmən] *n (pl* **spokesmen)** portavoz *m.*

spokeswoman ['spəʊkswʊmən] *n (pl* **spokeswomen** ['spəʊkswɪmɪn]*) n* portavoz *f.*

sponge [spʌndʒ] I *n (gen)* esponja *f; fig* **to throw in the s.,** arrojar la toalla. ■ *GB* s. **bag,** bolsa *f* de aseo, neceser *m; GB Culin* s. **cake,** bizcocho *m.* II *vtr (wash)* limpiar *or* lavar *or* fregar con esponja; **to s. a stain off** *or* **out,** quitar una mancha con una esponja. III *vi fam (scrounge)* vivir de gorra, gorrear, dar sablazos. ◆**sponge down** *vtr* limpiar *or* lavar *or* fregar con esponja. ◆**sponge off, sponge on** *vtr* vivir a costa de.

sponger ['spʌndʒər] *n fam* gorrón,-ona *m,f,* sablista *mf.*

spongy ['spʌndʒɪ] *adj (spongier, spongiest)* esponjoso,-a.

sponsor ['spɒnsər] I *vtr (gen)* patrocinar; *Fin* avalar, garantizar; *Rel* apadrinar; *(support)* respaldar, apoyar. II *n (gen)* patrocinador,-a *m,f; Fin* avalador,-a *m,f,* garante *mf; Rel* padrino,-a *m,f.*

sponsorship ['spɒnsəʃɪp] *n (gen)* patrocinio *m; Fin* aval *m,* garantía *f; (support)* respaldo *m,* apoyo *m.*

spontaneity [spɒntə'neɪtɪ] *n* espontaneidad *f.*

spontaneous [spɒn'teɪnɪəs] *adj* espontáneo,-a.

spoof [spuːf] *n fam* 1 *(parody)* parodia *f,* burla *f.* 2 *(hoax)* engaño *m,* broma *f.*

spooky ['spuːkɪ] *adj (spookier, spookiest) fam* espeluznante, horripilante, escalofriante.

spool [spuːl] *n Phot Sew* bobina *f,* carrete *m.*

spoon [spuːn] I *n (gen)* cuchara *f; (small)* cucharilla *f,* cucharita *f;* **coffee s.,** cucharilla de café; **dessert s.,** cuchara de postre; **soup s.,** cuchara sopera; *fig* **to be born with a silver s. in one's mouth,** nacer con un pan bajo el brazo. II *vtr (gen)* sacar con cuchara; *(serve)* servir con cuchara.

spoon-feed ['spuːnfiːd] *vtr (pt & pp* **spoon-fed)** *(baby)* dar de comer con cuchara a; *fig (pupil)* dar la lección masticada a; *(spoil)* mimar.

spoonerism ['spuːnərɪzəm] *n* trastocamiento *m* de letras, juego *m* de palabras.

spoonful ['spuːnfʊl] *(pl* **spoonfuls** *or* **spoonsful)** *n* cucharada *f.*

sporadic [spə'rædɪk] *adj* esporádico,-a, intermitente.

spore [spɔːr] *n Biol* espora *f.*

sporran ['spɒrən] *n Scot* escarcela *f* que se lleva encima de la falda escocesa.

sport [spɔːt] I *n* 1 *(gen)* deporte *m;* **to be good at s.,** ser buen deportista. 2 *(amusement)* diversión *f; fml* **to say sth in s.,** decir algo en broma; *fam* **he's a good s.,** es buena persona; **be a s.!,** ¡sé amable! II *vtr (display)* lucir.

sporting ['spɔːtɪŋ] *adj* 1 *(of sport)* deportivo,-a; s. **event,** acontecimiento deportivo. 2 *(generous)* caballeroso,-a, justo,-a, deportivo,-a.

sports [spɔːts] I *npl* deportes *mpl,* deporte *m sing;* **winter s.,** deportes de invierno. II *adj* deportivo,-a, de sport. ■ s. **car,** coche *m* deportivo; s. **day,** día *m* dedicado a los deportes; s. **ground,** terreno *m* de deportes; s. **jacket,** chaqueta *f* (de) sport.

sportsman ['spɔːtsmən] *n (pl* **sportsmen)** deportista *m.*

sportsmanlike ['spɔːtsmənlaɪk] *adj (attitude, gesture)* caballeroso,-a, deportivo,-a.

sportsmanship ['spɔːtsmənʃɪp] *n* espíritu *m* deportivo, deportividad *f.*

sportswear ['spɔːtsweər] *n (for sport)* ropa *f* de deporte; *(casual clothes)* ropa *f* (de) sport.

sportswoman ['spɔːtswʊmən] *n (pl* **sportswomen** ['spɔːtswɪmɪn]*)* deportista *f.*

sporty ['spɔːtɪ] *adj (sportier, sportiest) fam* deportivo,-a, aficionado,-a a los deportes.

spot [spɒt] *n* 1 *(dot)* punto *m; (on fabric)* lunar *m;* **to have spots before one's eyes,** ver manchas; *fam* **to knock spots off sb,** *(defeat)* vencer fácilmente a algn; *(surpass)* dejar atrás a algn. 2 *(mark, stain)* mancha *f.* 3 *Med* grano *m.* 4 *(place)* sitio *m,* lugar *m;* **a quiet s.,** un lugar tranquilo. ■ **accident black s.,** punto *m* negro; **night s.,** centro *m* de vida nocturna; 5 *(there)* **on the s.,** allí, presente; **to decide sth on the s.,** decidir algo en el acto. ■ s. **check,** comprobación *f* al instante, chequeo *m or* reconocimiento *m* rápido. 6 *(point on the body)* punto *m;* **tender s.,** punto sensible; *fig* **weak s.,** punto débil *or* flaco; *fig* **to have a soft s. for sb,** tener una debilidad por algn. 7 *(trouble)* lío *m,* apuro *m,* aprieto *m;* **to be in a tight s.,** estar en un apuro *or* aprieto; **to put sb on the s.,** poner a algn en un aprieto. 8 *fam (small amount)* poquito *m,* poquitín *m;* **a s. of bother,** unos problemillas, un pequeño disgusto. 9

Rad TV Theat (in show) espacio *m*; *(advertisement)* spot *m* (publicitario), anuncio *m*. **10** *fam (spotlight)* foco *m*. **II** *vtr (pt & pp* **spotted**) *(notice)* darse cuenta de, notar; *(see)* ver; *(recognize)* reconocer; *(find)* encontrar; *(catch out)* pillar; **to s. the winner,** elegir el ganador.

spotless ['spɒtlɪs] *adj (very clean)* limpísimo,-a; *(well-groomed)* impecable; *fig (reputation, character)* intachable.

spotlight ['spɒtlaɪt] *n (beam)* foco *m*; *Theat* proyector *m*, foco *m*; *(light)* luz *f* de foco; *Aut* faro *m* auxiliar; *fig* **to be in the s.,** ser objeto de la atención pública, ser el blanco de las miradas.

spot-on [spɒt'ɒn] *adj fam* perfecto,-a, exacto,-a.

spotted ['spɒtɪd] *adj (with dots)* con puntos; *(fabric)* con lunares; *(speckled)* moteado,-a; *(stained)* manchado,-a.

spotter ['spɒtə'] *n* observador,-a *m,f*. ■ **train s.,** aficionado,-a *m,f* a trenes; *Av Mil* **s. plane,** avión *m* de reconocimiento.

spotty ['spɒtɪ] *adj (spottier, spottiest) pej* con granos.

spot-welding ['spɒtweldɪŋ] *n* soldadura *f* por puntos.

spouse [spaʊz] *n* cónyuge *mf*.

spout [spaʊt] **I** *n (of jug)* pico *m*; *(of teapot)* pitorro *m*; *(of roof gutter)* canalón *m*; *(of fountain)* surtidor *m*; *(jet of water)* chorro *m*; *fam* **our plans are up the s.,** se han fastidiado nuestros planes; *fam* **Richard's really up the s. now,** Richard se ha metido en un buen apuro. **II** *vtr* **1** *(liquid)* echar, arrojar. **2** *fam (verse)* declamar; *(nonsense)* soltar. **III** *vi* **1** *(liquid)* brotar, salir a chorros. **2** *fam (verse etc)* declamar.

sprain [spreɪn] *Med* **I** *n* torcedura *f*. **II** *vtr* torcer; **to s. one's ankle/wrist,** torcerse el tobillo/la muñeca.

sprang [spræŋ] *pt see* **spring²**.

sprat [spræt] *n (fish)* espadín *m*.

sprawl [sprɔ:l] **I** *vi* **1** *(sit, lie)* tumbarse, echarse, repantigarse, repanchingarse. **2** *(city, plant) (stretch out)* extenderse. **II** *n (of city)* extensión *f*; **the urban s.,** el crecimiento urbano descontrolado.

sprawling ['sprɔ:lɪŋ] *adj* **1** *(person)* tumbado,-a. **2** *(city)* de crecimiento descontrolado.

spray¹ [spreɪ] **I** *n* **1** *(of water)* rociada *f*; *(from sea)* espuma *f*; *(from aerosol, atomizer)* pulverización *f*. **2** *(aerosol)* spray *m*; *(atomizer)* atomizador *m*, vaporizador *m*; *(for garden)* pulverizador *m*. ■ **s. can,** aerosol *m*; **s. gun,** pistola *f* pulverizadora, pulverizador *m*; **s. paint,** pintura *f* spray. **II** *vtr (water)* rociar, regar; *(perfume)* atomizar, vaporizar; *(insecticide)* pulverizar; *(crops)* fumigar; *fig* **to s. sb with bullets,** rociar a algn de balas.

spray² [spreɪ] *n (of flowers)* ramita *f*.

sprayer ['spreɪə'] *n* pulverizador *m*.

spread [spred] **I** *n* **1** *(gen)* extensión *f*; *(of ideas)* difusión *f*, diseminación *f*, propalación *f*; *(of disease, fire)* propagación *f*; *(of nuclear weapons)* proliferación *f*; *(of terrorism)* aumento *m*. **2** *(scope)* extensión *f*, envergadura *f*; *(range)* gama *f*. **3** *(of wings, sails)* envergadura *f*; *fam* **middle-age s.,** la curva de la felicidad. **4** *Culin (for bread)* pasta *f*; **cheese s.,** queso para untar. **5** *fam (large meal)* banquetazo *m*, comilona *f*. **6** *Press* **full-page s.,** plana *f* entera; **two-page s.,** doble página *f*. **II** *vtr (pt & pp* **spread**) **1** *(unfold)* desplegar; *(lay out)* extender; **to s. one's wings,** desplegar las alas. **2** *(butter etc)* untar, extender. **3** *(paint, glue)* extender, repartir. **4** *(news, ideas)* difundir; *(rumour)* hacer correr; *(disease, fire)* propagar; *(panic, ter-*

ror) sembrar. **III** *vi* **1** *(stretch out)* extenderse; *(open out, unfold)* desplegarse. **2** *(paint, glue)* extenderse. **3** *(news, ideas)* difundirse, diseminarse, propalarse; *(rumour)* correr; *(disease, fire)* propagarse; **the news s. like wildfire,** la noticia corrió como la pólvora. ◆**spread out I** *vtr* **1** *(unfold)* desplegar; *(lay out)* extender, tender; *(scatter)* esparcir. **2** *(payments, visits, etc)* repartir, distribuir. **II** *vi (stretch out)* extenderse; *(widen)* ensancharse.

spread-eagled [spred'i:gəld] *adj* con los brazos y piernas abiertos, despatarrado,-a.

spree [spri:] *n* juerga *f*, jarana *f*, parranda *f*; **to go on a s.,** ir de juerga; **to go on a shopping s.,** ir a la compra loca.

sprig [sprɪg] *n* ramita *f*, ramito *m*.

sprightly ['spraɪtlɪ] *adj (sprightlier, sprightliest) (nimble)* ágil; *(energetic)* enérgico,-a; *(lively)* animado,-a.

spring¹ [sprɪŋ] **I** *n (season)* primavera *f*; **in s.,** en la primavera. **II** *adj* primaveral. ■ *Hortic* **s. cabbage,** col *f* rizada; *Hortic* **s. onion,** cebolleta *f*; *Culin* **s. roll,** rollo *m* de primavera; **s. tide,** marea *f* viva.

spring² [sprɪŋ] **I** *n* **1** *(of water)* manantial *m*, fuente *f*; **hot springs,** aguas *fpl* termales. **2** *Tech (of watch, lock, etc)* resorte *m*; *(of mattress, seat)* muelle *m*; *Aut* ballesta *f*. **II** *vi (pt* **sprang**; *pp* **sprung**) **1** *(jump)* saltar; **he sprang to his feet,** se levantó de un salto; **nothing springs to mind,** no se me ocurre nada; **the lid sprang open,** la tapa se abrió de golpe. **2** *(appear)* aparecer (de repente); **where did you s. from?,** ¿de dónde has salido tú? **I II** *vtr* **1** *(boat, pipe)* **to s. a leak,** hacer agua. **2** *fam (set free)* soltar. **3** *fig (news, surprise)* espetar; **he sprang the news on me,** me espetó la noticia. ◆**spring up** *vi* aparecer; *(plants)* brotar; *(buildings)* elevarse, levantarse; *(friendship)* nacer; *(problems)* surgir.

springboard ['sprɪŋbɔ:d] *n* trampolín *m*.

spring-clean [sprɪŋ'kli:n] *vtr* limpiar a fondo, hacer una limpieza general de.

spring-cleaning [sprɪŋ'kli:nɪŋ] *n* limpieza *f* a fondo, limpieza *f* general.

spring-like ['sprɪŋlaɪk] *adj* primaveral.

springtime ['sprɪŋtaɪm] *n* primavera *f*.

springy ['sprɪŋɪ] *adj (springier, springiest) (bouncy)* elástico,-a; *fig (step)* ligero,-a.

sprinkle ['sprɪŋkəl] *vtr (with water)* rociar, salpicar **(with,** de); *(with sugar, flour)* espolvorear **(with,** de).

sprinkler ['sprɪŋklə'] *n* **1** *(water)* aspersor *m*. **2** *(for sugar)* espolvoreador *m* de azúcar.

sprinkling ['sprɪŋklɪŋ] *n fig* pizca *f*; **there was a s. of rain,** cayeron unas gotas.

sprint [sprɪnt] **I** *n Sport* sprint *m*, esprint *m*; *(dash)* carrera *f* corta. **II** *vi Sport* sprintar, esprintar; *(dash)* correr a toda velocidad.

sprinter ['sprɪntə'] *n Sport* sprínter *mf*, esprínter *mf*.

sprocket ['sprɒkɪt] *n Tech* diente *m* de engranaje. ■ **s. wheel,** rueda *f* dentada.

sprout [spraʊt] **I** *vtr* echar; **he's sprouting a beard,** le está saliendo barba. **II** *vi (bud)* brotar; *(branch)* echar brotes; *fig* crecer rápidamente. **III** *n Bot (shoot)* brote *m*, retoño *m*. ■ **(Brussels) sprouts,** coles *fpl* de Bruselas.

spruce¹ [spru:s] *n inv Bot* picea *f*. ■ **Norway s.,** picea *f* de Noruega, abeto *m* rojo.

spruce² [spru:s] *adj (neat)* pulcro,-a, acicalado,-a; *(smart)* apuesto,-a. ◆**spruce up** *vtr* arreglar, acicalar.

sprung [sprʌŋ] I *pp see* spring². II *adj* de muelles.

spry [spraɪ] *adj (sprier, spriest) (nimble)* ágil; *(active)* activo,-a; *(energetic)* enérgico,-a; *(lively)* vivaz, animado,-a.

spud [spʌd] *n fam* patata *f*.

spun [spʌn] I *pt & pp see* spin. II *adj* s. silk, seda *f* hilada.

spunk [spʌŋk] *n* 1 *fam (courage)* valor *m*. 2 *sl vulg (semen)* leche *f*.

spunky ['spʌŋkɪ] *adj (spunkier, spunkiest) fam* valiente.

spur [spɜ:ʳ] I *n* 1 *(of horserider)* espuela *f*; *Zool (of cock)* espolón *m*. 2 *fig (stimulus)* aguijón *m*, espuela *f*; **on the s. of the moment,** sin pensarlo; *fig* **to win one's spurs,** dar pruebas de su valor. 2 *Geog* espolón *m*, estribación *f*. II *vtr (pt & pp spurred)* 1 *(horse)* espolear, picar con las espuelas. 2 *fig (stimulate)* estimular, incitar, aguijonear.

spurious ['spjʊərɪəs] *adj* falso,-a, espurio,-a.

spurn [spɜ:n] *vtr fml (disdain)* desdeñar, despreciar; *(reject)* rechazar.

spurt [spɜ:t] I *n* 1 *(of liquid)* chorro *m*. 2 *fig (of activity, effort, emotion)* racha *f*, ataque *m*; *(effort)* esfuerzo *m*; *Sport* **final s.,** esfuerzo final. II *vi* 1 *(liquid)* chorrear, salir a chorro. 2 *(make an effort)* hacer un último esfuerzo, esforzarse; *(accelerate)* acelerar; *Sport* **to s. ahead,** acelerar, esprintar.

sputter ['spʌtəʳ] *vi (candle, fat, fire)* chisporrotear; *(engine)* petardear, renquear.

sputum ['spju:təm] *n (pl* **sputa** ['spju:tə]*) Med* esputo *m*.

spy [spaɪ] I *n* espía *mf*. ■ **police s.,** confidente *mf*, soplón,-ona *m,f*, chivato,-a *m,f*; **s. ring,** red *f* de espionaje. II *vtr (pt & pp spied) fml (see)* divisar. III *vi* espiar **(on,** a). ◆**spy out** *vtr* 1 *(investigate)* espiar, investigar. 2 *(land)* reconocer, explorar.

spyglass ['spaɪglɑ:s] *n* catalejo *m*.

spyhole ['spaɪhəʊl] *n* mirilla *f*.

spying ['spaɪɪŋ] *n* espionaje *m*.

Sq *abbr of* **Square,** Plaza *f*, Pza., Plza.

sq *abbr of* **square,** cuadrado,-a.

Sqn Ldr *Mil abbr of* **Squadron Leader,** Comandante *m* (de escuadrilla), Cte.

squabble ['skwɒbəl] I *n* riña *f*, disputa *f*, pelea *f*. II *vi* reñir, disputar, pelearse **(over,** por; **about,** sobre).

squabbling ['skwɒbəlɪŋ] *n* riñas *fpl*, disputas *fpl*, peleas *fpl*.

squad [skwɒd] *n Mil* pelotón *m*; *(of police)* brigada *f*; *Sport* equipo *m*. ■ **drugs s.,** brigada *f* antidroga; **firing s.,** pelotón *m* de fusilamiento *or* ejecución; **flying s.,** brigada *f* móvil; **s. car,** coche *m* patrulla.

squadron ['skwɒdrən] *n Mil* escuadrón *m*; *Av* escuadrilla *f*; *Naut* escuadra *f*; **s. leader,** comandante de escuadrilla.

squalid ['skwɒlɪd] *adj (very dirty)* sucio,-a, mugriento,-a, asqueroso,-a; *(poor)* miserable; *(sordid)* sórdido,-a; *(motive)* vil.

squall¹ [skwɔ:l] *n (wind)* ráfaga *f*; *(storm)* chubasco *m*, tormenta *f*.

squall² [skwɔ:l] *vi* chillar, berrear.

squalor ['skwɒləʳ] *n (dirtiness)* suciedad *f*, mugre *f*; *(poverty)* miseria *f*.

squander ['skwɒndəʳ] *vtr (money)* malgastar, derrochar, despilfarrar; *(inheritance)* dilapidar; *(time)* desperdiciar.

square [skweəʳ] I *n* 1 *(shape)* cuadrado *m*, cuadro *m*; *(on fabric)* cuadro *m*; *(on chessboard, crossword, graph paper)* casilla *f*; *fig* **we're back to s. one!,** ¡volvemos a partir desde cero! 2 *(in town)* plaza *f*; *(in barracks)* patio *m*; *US (block of houses)* manzana *f*. 3 *Math* cuadrado *m*; **9 is the s. of 3,** 9 es el cuadrado de 3. 4 *fam (old-fashioned person)* carroza *mf*; *(conservative)* carca *mf*. II *adj* 1 *(in shape)* cuadrado,-a; *(forming right angle)* en ángulo recto; *fam* **a s. peg in a round hole,** gallina en corral ajeno. ■ *Typ* **s. brackets,** corchetes *mpl*; **s. dance,** baile *m* de figuras. 2 *Math* cuadrado,-a. ■ **s. metre,** metro *m* cuadrado; **s. root,** raíz *f* cuadrada. 3 *fam (fair)* justo,-a, equitativo,-a; *(honest)* honesto,-a; **to be s. with sb,** ser franco,-a con algn; **to get a s. deal,** recibir un trato justo; **to get s. with sb,** ajustar cuentas con algn. 4 **a s. meal,** una buena comida, una comida decente. 5 *(old-fashioned)* carroza; *(conservative)* carca. III *adv (straight)* justamente, exactamente; **s. in the middle of,** justo en medio de; **s. on the chin,** de lleno en la barbilla. IV *vtr* 1 *(make square)* cuadrar; **to s. one's shoulders,** ponerse derecho, sacar el pecho. 2 *Math* cuadrar, elevar al cuadrado; **3 squared is 9,** 3 al cuadrado es 9. 3 *(settle)* arreglar, ajustar; **to s. matters,** arreglar las cosas. V *vi (agree)* cuadrar, concordar **(with,** con). ◆**square up** *vi* 1 *(fighters)* ponerse en guardia; *fig* **to s. up to a problem,** hacer frente a un problema. 2 *fam (settle)* ajustar saldar cuentas con algn. ◆**squarely** *adv (directly, straight)* directamente, de lleno.

squared ['skweəd] *adj (paper)* cuadriculado,-a.

squash¹ [skwɒʃ] I *n* 1 *(crush)* aplastamiento *m*; *(in crowd)* apiñamiento *m*, agolpamiento *m*, apretujón *m*. 2 *GB Culin (drink)* zumo *m*, jugo *m*. ■ **orange s.,** naranjada *f*, zumo *m* de naranja. II *vtr* 1 *(crush, flatten)* aplastar, esparruchar, chafar. 2 *fig (argument, objection)* echar por tierra, dar al traste con; *(person)* apabullar, callar. III *vi (crush)* aplastarse, espachurrarse, chafarse.

squash² [skwɒʃ] *n Sport* squash *m*. ■ **s. court,** pista *f* de squash.

squash³ [skwɒʃ] *n Bot* calabaza *f*.

squashy ['skwɒʃɪ] *adj (squashier, squashiest)* blando,-a, fofo,-a, esponjoso,-a.

squat [skwɒt] I *adj* 1 *(person)* rechoncho,-a, achaparrado,-a. 2 *(building)* ocupado,-a ilegalmente. II *vi (pt & pp squatted)* 1 *(crouch)* agacharse, sentarse en cuclillas. 2 *(in building)* ocupar ilegalmente. III *n GB (action)* ocupación *f* ilegal; *(building)* edificio *m* ocupado ilegalmente.

squatter ['skwɒtəʳ] *n* ocupante *mf* ilegal.

squaw [skwɔ:] *n* india *f* norteamericana, piel roja *f*.

squawk [skwɔ:k] I *n* graznido *m*, chillido *m*. II *vi* graznar, chillar.

squeak [skwi:k] I *n (of mouse)* chillido *m*; *(of hinge, wheel)* chirrido *m*, rechinamiento *m*; *(of shoes)* crujido *m*; *fam* **there wasn't a s. out of him,** no dijo ni pío. II *vi (mouse)* chillar; *(hinge, wheel)* chirriar, rechinar; *(shoes)* crujir.

squeaky ['skwi:kɪ] *adj (squeakier, squeakiest) (gen)* chirriante; *(voice)* chillón,-ona; *(shoes)* que crujen.

squeal [skwi:l] I *n (gen)* chirrido *m*; *(of animal, person)* chillido *m*. II *vi* 1 *(gen)* chirriar; *(animal, person)* chillar. 2 *fam (inform)* cantar, chivarse; **to s. on sb,** delatar a algn. III *vtr* decir chillando.

squeamish ['skwi:mɪʃ] *adj* muy sensible, remilgado,-a, delicado,-a; **to be s. about sth,** tener horror a algo.

squeeze [skwi:z] I *vtr (gen)* apretar; *(lemon, orange)* exprimir; *(sponge)* estrujar; **he squeezed her hand**, le apretó la mano; **to s. paste out of a tube**, sacar pasta de un tubo; **to s. sth into one's pocket**, meter algo atropelladamente en el bolsillo; **can you s. me in before midday?**, ¿me podrá ver antes del mediodía? II *vi* **to s. in/out**, meterse/salir apenas *or* con dificultad; **to s. through a crowd**, abrirse paso entre una muchedumbre con dificultad; *fam* **s. up a bit!**, ¡hazme sitio!, ¡córrete un poco! III *n* **1** *(pressure)* estrujón *m*, presión *f*; **a s. of lemon**, unas gotas de limón. **2** *(of hand)* apretón *m*; *(hug)* abrazo *m*; *(crowd, crush)* apiñamiento *m*, agolpamiento *m*, apretujón *m*; **it was a tight s. for us**, íbamos como sardinas en lata. ■ *Fin* **credit s.**, reducción *f* de créditos.

squeezer ['skwi:zə'] *n* exprimidor *m*; **lemon s.**, exprimelimones *m inv*.

squelch [skweltʃ] *vi* chapotear; **to s. through the mud**, ir chapoteando por el lodo.

squib [skwɪb] *n* petardo *m*; *fam* **it was a damp s.**, fue un chasco.

squid [skwɪd] *n Zool* calamar *m*; *(small)* chipirón *m*.

squiffy ['skwɪfɪ] *adj (squiffier, squiffiest) fam* achispado,-a, piripí.

squiggle ['skwɪgəl] I *n* garabato *m*. II *vi* garabatear, hacer garabatos.

squint [skwɪnt] I *n* **1** *Med* bizquera *f*; **to have a s.**, ser bizco,-a. **2** *fig (quick look)* vistazo *m*, ojeada *f*; *fam* **let's have a s.**, déjame echarle un vistazo. II *vi Med* bizquear, ser bizco,-a. **2** *(in sunlight etc)* entrecerrar los ojos; **to s. at sth**, *(glance)* echar un vistazo a algo; *(with eyes half-closed)* mirar algo con los ojos entrecerrados.

squire [skwaɪə'] *n (landowner)* terrateniente *m*, hacendado *m*.

squirm [skwɜ:m] *vi* retorcerse; *fig (feel embarrassed)* sentirse incómodo,-a.

squirrel ['skwɪrəl] *n Zool* ardilla *f*.

squirt [skwɜ:t] I *n* **1** *(of liquid)* chorro *m*. **2** *offens (person)* mequetrefe *mf*. II *vtr (liquid)* lanzar a chorro. III *vi (liquid)* **to s. out**, salir a chorros.

Sr 1 *abbr see* **Snr. 2** *Rel abbr of* **Sister**, Hermana *f*, Hna.

Sri Lanka [sri:'læŋkə] *n* Sri Lanka.

SRN [esɑ:r'en] *GB abbr of* **State Registered Nurse**, enfermera *f* titulada.

SS *abbr of* **1 Saints**, Santos *mpl*, Santas *fpl*, Stos, Stas. **2** *(es'es)* **steamship**, buque *m* de vapor, vapor *m*.

St 1 *abbr of* **Saint**, San *m*, Santo *m*, Santa *f*, Sto., Sta. **2** *abbr of* **Street**, calle *f*, c/.

st *GB abbr of* **stone**, peso que equivale a 6,350 kilogramos.

Sta *abbr of* **Station**, Estación *f*.

stab [stæb] I *n (with knife)* puñalada *f*, navajazo *m*; *(of pain)* punzada *f*; *fam fig* **to have a s. at doing sth**, intentar hacer algo. II *vtr (pt & pp stabbed)* apuñalar, acuchillar; *fig* **to s. sb in the back**, apuñalar a algn por la espalda.

stabbing ['stæbɪŋ] I *adj (pain)* punzante. II *n* puñaladas *fpl*.

stability [stə'bɪlɪtɪ] *n* estabilidad *f*.

stabilize ['steɪbɪlaɪz] I *vtr* estabilizar. II *vi* estabilizarse.

stabilizer ['steɪbɪlaɪzə'] *n Tech* estabilizador *m*.

stable¹ ['steɪbəl] *adj (unchanging)* estable, constante; *(secure)* fijo,-a, sujeto,-a, estable.

stable² ['steɪbəl] I *n (building)* cuadra *f*, caballeriza *f*, establo *m*; *fig* **to close the s. door after the horse has bolted**, a buenas horas, mangas verdes. II *vtr (put in stable)* encerrar en una cuadra; *(keep in stable)* guardar en una cuadra.

stack [stæk] I *n* **1** *(pile)* montón *m*; *fam* **he's got stacks of money**, está forrado. **2** *(haystack)* almiar *m*. **3** *(chimneystack)* (cañon *m* de) chimenea *f*. II *vtr (pile up)* amontonar, apilar; *fig* **stacked with books**, lleno,-a de libros; *fig* **the cards** *or* **odds are stacked against us**, todo está en contra nuestra.

stadium ['steɪdɪəm] *n (pl stadiums or stadia* ['steɪdɪə]*)* estadio *m*.

staff [stɑ:f] *n* **1** *(personnel)* personal *m*, empleados *mpl*; *Mil* estado *m* mayor; **on the s.**, en plantilla. ■ **editorial s.**, redactores *mpl*, redacción *f*; **s. entrance**, entrada *f* del personal; **s. meeting**, reunión *f* de profesores, claustro *m*; **s. nurse**, enfermera *j* cualificada; **teaching s.**, cuerpo *m* docente, profesorado *m*. **2** *(stick)* bastón *m*; *(of shepherd)* cayado *m*; *Rel* báculo *m*; *(flagpole)* asta *f*; *fig* **the s. of life**, el báculo de la vida. **3** *Mus (pl staves)* pentagrama *m*. II *vtr* proveer de personal.

staffroom ['stɑ:fru:m] *n* sala *f* de profesores.

stag [stæg] *n Zool* ciervo *m*, venado *m*. ■ *Ent* **s. beetle**, ciervo *m* volante; *fam* **s. party** *or* **night**, despedida *f* de soltero.

stage [steɪdʒ] I *n* **1** *(platform)* plataforma *f*, estrado *m*, tablado *m*. **2** *(in theatre)* escenario *m*, escena *f*; *(theatre)* teatro *m*; **to go on s.**, salir al escenario; **to go on the s.**, hacerse actor *or* actriz. ■ **s. directions**, acotaciones *fpl*; **s. door**, entrada *f* de artistas; **s. fright**, miedo *m* escénico; **s. manager**, director,-a *m,f* de escena; **s. name**, nombre *m* artístico; **s. whisper**, aparte *m*. **3** *(section, period, phase) (of development)* etapa *f*, fase *f*; *(of journey)* etapa *f*, jornada *f*; *(of road, pipeline)* tramo *m*; *(of rocket)* piso *m*, etapa *f*; **at this s. of the negotiations**, a estas alturas de las negociaciones; **by** *or* **in stages**, por etapas; **it's in its early stages**, está aún en pañales. **4** *fam (stagecoach)* diligencia *f*. II *vtr* **1** *Theat (play)* poner en escena, montar, representar. **2** *(demonstration, welcome) (arrange)* organizar; *(carry out)* llevar a cabo, efectuar.

stagecoach ['steɪdʒkəʊtʃ] *n* diligencia *f*.

stagehand ['steɪdʒhænd] *n* tramoyista *mf*.

stage-struck ['steɪdʒstrʌk] *adj* apasionado,-a por el teatro.

stag(e)y ['steɪdʒɪ] *adj (stagier, stagiest) pej* teatral, histriónico,-a.

stagger ['stægə'] I *vi* tambalearse; **to s. along**, ir tambaleándose, ir dando tumbos; **to s. to one's feet**, levantarse tambaleante. II *vtr* **1** *(amaze)* asombrar. **2** *(hours, work)* escalonar.

staggering ['stægərɪŋ] *adj* asombroso,-a, pasmoso,-a.

stagnant ['stægnənt] *adj (water)* estancado,-a; *fig* paralizado,-a, inactivo,-a, anquilosado,-a.

stagnate [stæg'neɪt] *vi* estancarse, quedarse *or* estar estancado,-a.

stagnation [stæg'neɪʃən] *n* estancamiento *m*; *fig* estancamiento *m*, paralización *f*.

staid [steɪd] *adj (person)* conservador,-a, tradicionalista; *(manner, clothes)* serio,-a, formal.

stain [steɪn] I *n* **1** *(gen)* mancha *f*; **blood s.**, mancha de sangre. ■ **s. remover**, quitamanchas *m inv*. **2** *(dye)* tinte *m*, tintura *f*. II *vtr* **1** *(gen)* manchar. **2** *(dye)* teñir. III *vi* mancharse.

stained [steɪnd] *adj* manchado,-a. ■ **s. glass,** vidrio *m* de colores; **s. glass window,** vidriera *f* de colores.

stainless ['steɪnlɪs] *adj (gen)* inmaculado,-a; *(steel)* inoxidable.

stair [steəʳ] *n* 1 *(single step)* escalón *m*, peldaño *m*. 2 **stairs,** escalera *f sing.*

staircase ['steəkeɪs] *n* escalera *f*; **spiral s.,** escalera de caracol.

stake¹ [steɪk] I *n (stick)* estaca *f*, palo *m*; *(for plant)* rodrigón *m*; *(post)* poste *m*; *Hist* **to be burnt at the s.,** morir en la hoguera. II *vtr* **to s. (out),** cercar *or* señalar con estacas.

stake² [steɪk] I *n* 1 *(bet)* puesta *f*, apuesta *f*; **the issue at s.,** el tema en cuestión; **to be at s.,** *(at risk)* estar en juego; *(in danger)* estar en peligro. 2 *(investment)* interés *m*; **he has a s. in the company,** tiene intereses en la compañía. II *vtr (bet)* apostar; *(invest)* invertir; **to s. a claim to sth,** reivindicar algo; **to s. one's life on sth,** jugarse la vida en algo.

stalactite ['stæləktaɪt] *n* estalactita *f*.

stalagmite ['stæləgmaɪt] *n* estalagmita *f*.

stale [steɪl] *adj* 1 *(food)* pasado,-a; *(bread)* duro,-a. 2 *(air)* viciado,-a; **s. smell,** olor a cerrado. 3 *(person)* agotado,-a, gastado,-a, quemado,-a.

stalemate ['steɪlmeɪt] *n Chess* tablas *fpl*; *fig* punto *m* muerto; *fig* **to reach s.,** llegar a un punto muerto, estancarse.

staleness ['steɪlnɪs] *n* 1 *(of food)* rancidez *f*; *(of bread)* dureza *f*. 2 *(of air)* lo viciado. 3 *(of person)* agotamiento *m*.

stalk¹ [stɔːk] *n Bot (of plant)* tallo *m*; *(of fruit)* rabo *m*; *(of cabbage)* troncho *m*.

stalk² [stɔːk] I *vtr (hunter)* cazar al acecho; *(animal)* acechar; *(detective etc)* seguir los pasos de. II *vi (walk)* andar con paso majestuoso; **he stalked out of the room,** salió airado de la habitación.

stall¹ [stɔːl] *n* 1 *(in market)* puesto *m*, tenderete *m*; *(at fair)* caseta *f*. ■ **newspaper s.,** quiosco *m* de periódicos. 2 *Agr (stable)* establo *m*; *(stable compartment)* casilla *f* de establo; *(manger)* pesebre *m*. 3 *(in church)* coro *m*. 4 *Theat* **stalls,** platea *f sing.* II *vtr Aut (engine)* calar, parar. III *vi Aut (engine)* calarse, pararse; *Av (plane)* perder velocidad.

stall² [stɔːl] *vi* andar con rodeos, dar largas a un asunto, contestar con evasivas.

stallholder ['stɔːlhəʊldəʳ] *n* dueño,-a *m,f* de un puesto (de mercado).

stallion ['stæljən] *n Zool* semental *m*, garañón *m*.

stalwart ['stɔːlwət] I *adj* 1 *(sturdy)* fuerte, robusto,-a. 2 *(loyal)* leal, fiel. II *n* partidario,-a *m,f* incondicional *or* leal.

stamen ['steɪmen] *n Bot* estambre *m*.

stamina ['stæmɪnə] *n (energy)* energía *f*, vigor *m*; *(endurance)* aguante *m*, resistencia *f*.

stammer ['stæməʳ] I *n* tartamudeo *m*; **she has a s.,** tartamudea. II *vi* tartamudear. III *vtr* decir tartamudeando.

stammering ['stæmərɪŋ] I *adj* tartamudeante. II *n* tartamudez *f*.

stamp [stæmp] I *n* 1 *(postage stamp)* sello *m*; *(fiscal)* timbre *m*. ■ **s. album,** álbum *m* de sellos; **s. collector,** coleccionista *mf* de sellos, filatelista *mf*; **s. duty,** impuesto *m* del timbre, póliza *f*; **s. machine,** distribuidora *f* automática de sellos; **trading s.,** cupón *m*. 2 *(rubber stamp)* sello *m* de goma, tampón *m*; *(mark, seal)* sello *m*, tampón *m*; *(for metals)* cuño *m*. 3 *(with foot)* patada *f*; *(in dancing)* zapateo *m*. II *vtr* 1 *(letter)* *(with postage stamp)* se-

llar, poner el sello a; **stamped addressed envelope,** sobre franqueado. 2 *(passport, document) (with rubber stamp)* sellar, marcar con sello; *(money)* acuñar. 3 **to s. one's feet,** patear, patalear; *(in dancing)* zapatear. III *vi* patear, patalear; **to s. on sb's foot,** pisarle *or* pisotearle el pie a algn.◆**stamp out** *vtr* 1 *(fire)* apagar con los pies. 2 *fig (racism, violence)* acabar con; *(rebellion, epidemic)* sofocar.

stampede [stæm'piːd] I *n* estampida *f*, desbandada *f*, espantada *f*; *fig (rush)* desbandada *f*; **there was a sudden s. for the door,** todos se precipitaron hacia la puerta. II *vi* huir *or* salir en estampida, desbandarse; *fig (rush)* precipitarse. III *vtr* provocar una estampida en.

stance [stæns] *n* postura *f*; *fig* postura *f*, actitud *f*.

stand [stænd] I *n* 1 *(position)* posición *f*, postura *f*; *Mil* **to make a s. against the enemy,** resistir al enemigo; *fig* **to take a s. on a matter,** adoptar una postura hacia una cuestión. 2 *(of lamp, sculpture)* pie *m*, pedestal *m*. ■ **coat s.,** perchero *m*; **music s.,** atril *m*. 3 *(market stall)* puesto *m*, tenderete *m*; *(at fair)* caseta *f*; *(at exhibition)* stand *m*, pabellon *m*. ■ **newspaper s.,** quiosco *m*. 4 *(platform)* plataforma *f*; *(in sports stadium)* tribuna *f*; *US Jur (witness box)* estrado *m*; **to take the s.,** subir al estrado. II *vtr (pt & pp stood)* 1 *(place)* poner, colocar. 2 *(withstand, tolerate)* aguantar, soportar; **to s. one's ground,** mantenerse firme, seguir en sus trece; *fam* **I can't s. him,** no lo aguanto, no lo puedo tragar, no lo puedo ver. 3 *fam (invite)* invitar; **to s. sb a drink,** invitar a algn a una copa. III *vi* 1 *(be upright)* estar de pie; *(get up)* ponerse de pie, levantarse; *(remain upright)* quedarse de pie; **she could scarcely s.,** apenas se tenía de pie; *fig* **to s. fast,** mantenerse firme; *fig* **to s. on one's own two feet,** apañárselas sólo; *fam* **she just stood there,** se quedó allí mirando; *fam* **s. still!,** ¡estáte quieto,-a!, ¡no te muevas! 2 *(measure)* medir; **the tower stands 70 feet high,** la torre tiene 70 pies de alto; **the thermometer stood at 40 degrees,** el termómetro marcaba 40 grados. 3 *(be situated) (castle, village, etc)* estar, encontrarse. 4 *(remain unchanged)* permanecer; **leave the dough to s. for half an hour,** deja reposar la masa una media hora. 5 *(remain valid) (decision, arrangement)* seguir en pie, seguir vigente. 6 *(be, be placed)* estar; **as things s.,** tal como están las cosas; **he stands to lose a lot of money,** puede que pierda mucho dinero; **it stands to reason,** es lógico; **we would like to know where we s.,** nos gustaría saber a qué atenernos. 7 *Pol* presentarse.◆**stand back** *vi (set back)* estar apartado,-a; *(allowing sb to pass)* abrir paso.◆**stand by** I *vi* 1 *(do nothing)* quedarse sin hacer nada. 2 *(be ready for action)* estar preparado,-a *or* listo,-a; *Av* **s. by for take-off!,** ¡listos para el despegue! II *vtr (person)* apoyar a, respaldar a; *(promise)* cumplir con; *(decision)* atenerse a; **I s. by what I said,** me atengo a lo dicho.◆**stand down** *vi fig (withdraw)* retirarse.◆**stand for** *vtr* 1 *(mean)* significar; **BR stands for British Rail,** BR son las siglas de la British Rail. 2 *(represent)* representar; *Pol* **we have always stood for freedom,** nosotros siempre hemos defendido la libertad. 4 *(tolerate)* tolerar, aguantar.◆**stand in** *vi (substitute)* sustituir **(for, -).**◆**stand out** *vi (building, mountain, etc)* destacarse **(against,** contra); *fig (person, qualities)* destacar, sobresalir; *fam* **it stands out a mile!,** ¡salta a la vista!◆**stand to** *vi Mil* estar en estado de alerta.◆**stand up** I *vi (get up)* ponerse de pie, levantarse; *(be standing)* estar de pie; *fig* **it will s. up to wear and tear,** es muy resistente; *fig* **this will not s. up in court,** esto no convencerá a ningún tribunal;

fig **to s. up for oneself,** defenderse solo; *fig* **to s. up for sb,** defender algn; *fig* **to s. up to sb,** hacer frente a algn. **II** *vtr fam* **to s. sb up,** dejar plantado,-a a algn.

standard ['stændəd] **I** *n* **1** *(level, degree)* nivel *m*; **of a high/low s.,** de alto/bajo nivel; **s. of living,** nivel de vida. **2** *(criterion, principle)* criterio *m*, valor *m*. **3** *(norm)* norma *f*, regla *f*, estándar *m*; **to be up to/ below s.,** satisfacer/no satisfacer los requisitos. **4** *(flag)* estandarte *m*, bandera *f*; *Naut* pabellón *m*. **5** *(measure)* patrón *m*; *Fin* **the gold s.,** el patrón oro. **II** *adj* normal, estándar, corriente, común; **it is now s. practice,** se ha impuesto ya como norma; **s. English,** inglés normativo; **s. lamp,** lámpara de pie; **s. model,** modelo estándar; **s. size,** tamaño normal; **s. time,** hora oficial.

standard-bearer ['stændədbeərə'] *n Mil* abanderado *m*.

standardization [stændədaɪˈzeɪʃən] *n* normalización *f*, estandarización *f*, estandardización *f*.

standardize ['stændədaɪz] *vtr* normalizar, estandarizar, estandardizar.

standby ['stændbaɪ] *n* **1** *(thing)* recurso *m*. **2** *(person)* suplente *mf*, sustituto,-a *m,f*; **to be on s.,** *Mil (troops)* estar de retén; *Av (passenger)* estar en la lista de espera. ∎ *Av* **s. ticket,** billete *m* standby.

stand-in ['stændɪn] *n* suplente *mf*, sustituto,-a *m,f* **(for,** de); *Cin* doble *mf*.

standing ['stændɪŋ] **I** *adj* **1** *(not sitting)* de pie; *(upright)* derecho,-a, recto,-a, vertical; **s. ovation,** ovación calurosa; **there was s. room only,** no quedaban asientos; *fig* **he left everyone else s.,** dejó atrás a los demás. **2** *Sport* **s. start,** salida *f* parada. **3** *(committee, body)* permanente; *(rule)* fijo,-a; *(invitation)* abierto,-a; *Fin* **s. order,** pago fijo. **II** *n* **1** *(social position)* rango *m*, categoría *f*, estatus *m*, standing *m*; *(importance)* importancia *f*; *(reputation)* reputación *f*, fama *f*; **of high s.,** de mucha categoría, de alto standing. **2** *(duration)* duración *f*; *(in job)* antigüedad *f*.

stand-offish [stænd'ɒfɪʃ] *adj fam* estirado,-a, altivo,-a.

stand-offishness [stænd'ɒfɪʃnɪs] *n fam* altivez *f*, distancia *f*, reserva *f*.

standpipe ['stændpaɪp] *n* tubo *m* vertical.

standpoint ['stændpɔɪnt] *n* punto *m* de vista; **from our s.,** desde nuestro punto de vista.

standstill ['stændstɪl] *n* **at a s.,** *(car, traffic)* parado,-a; *(industry, business)* paralizado,-a; **to come to a s.,** *(car, traffic)* pararse; *(industry, business)* paralizarse.

stank [stæŋk] *pt see* stink.

stanza ['stænzə] *n* estrofa *f*.

staple¹ ['steɪpəl] **I** *n (fastener)* grapa *f*. **II** *vtr* grapar.

staple² ['steɪpəl] **I** *adj (food, diet)* básico,-a; *(product)* de primera necesidad. **II** *n (food)* alimento *m* básico; *(product)* artículo *m* de primera necesidad.

stapler ['steɪplə'] *n* grapadora *f*.

star [stɑː'] **I** *n* **1** *Astrol Astron* estrella *f*; **shooting s.,** estrella fugaz; **5-s. hotel,** hotel *m* de 5 estrellas; **4-s. petrol,** (gasolina *f*) súper *f*; *fig* **to thank one's lucky stars,** dar gracias al cielo; *fig* **to see stars,** ver estrellas; *fam* **what do the stars say?,** ¿qué dice el horóscopo? ∎ *US* **the Stars and Stripes,** la bandera de las barras y estrellas. **2** *(person)* estrella *f*, astro *m*. ∎ **film s.,** estrella *f* de cine. **II** *adj* estelar. ∎ **s. attraction, s. turn,** atracción *f* estelar; **s. part,** papel *m* estelar. **III** *vtr Cin* presentar como estrella a,

tener como protagonista. **IV** *vi Cin* actuar en papel principal, protagonizar.

starboard ['stɑːbəd] *n Naut* estribor *m*.

starch [stɑːtʃ] **I** *n (for laundry)* almidón *m*; *(in rice)* almidón *m*; *(in potatoes etc)* fécula *f*. **II** *vtr (laundry)* almidonar.

starchy ['stɑːtʃɪ] *adj (starchier, starchiest) (food)* feculento,-a; *fig (person)* rígido,-a, estirado,-a.

stardom ['stɑːdəm] *n* estrellato *m*; **to rise to s.,** convertirse en estrella, alcanzar el estrellato.

stare [steə'] **I** *n* mirada *f* fija. **II** *vi* mirar fijamente **(at,** a), mirar de hito en hito **(at,** a), clavar los ojos *or* la vista **(at,** en); **to s. into space,** mirar al vacío; **to s. one in the face,** salta a la vista.

starfish ['stɑːfɪʃ] *n Zool* estrella *f* de mar.

stark [stɑːk] **I** *adj (landscape)* desolado,-a, desierto,-a; *(décor, colour)* austero,-a; *(realism, truth)* escueto,-a, sin adornos, desnudo,-a; **s. poverty,** la miseria. **II** *adv* completamente; *fam* **s. raving** *or* **staring mad,** loco,-a de remate *or* de atar.

starkers ['stɑːkəz] *adj fam,* **stark-naked** ['stɑːkneɪkɪd] *adj fam* en cueros *or* pelotas, desnudo,-a.

starlight ['stɑːlaɪt] *n* luz *f* de las estrellas.

starling ['stɑːlɪŋ] *n Orn* estornino *m*.

starlit ['stɑːlɪt] *adj* iluminado,-a por las estrellas.

starry ['stɑːrɪ] *adj (starrier, starriest)* estrellado,-a, sembrado,-a de estrellas.

starry-eyed [stɑːrɪˈaɪd] *adj (idealistic)* idealista, ilusionado,-a; *(in love)* enamorado,-a.

START [stɑːt] *abbr of* **Strategic Arms Reduction Talks,** conversaciones *fpl* sobre la reducción de las armas estratégicas.

start [stɑːt] **I** *n* **1** *(beginning)* principio *m*, comienzo *m*, inicio *m*; *(of race)* salida *f*; **at the s.,** al principio; **false s.,** salida nula; **for a s.,** para empezar; **from the s.,** desde el principio; **to get off to a good s.,** empezar con buen pie; **to give sb a s. in life,** ayudar a algn a establecerse; **to make an early s.,** ponerse en camino *or* marcha a primera hora; **to make a fresh s. in life,** comenzar una nueva vida, volver a empezar. **2** *(advantage)* ventaja *f*; **I'll give you a 5 minute s.,** te daré 5 minutos de ventaja. **3** *(fright, jump)* susto *m*, sobresalto *m*; **to give sb a s.,** dar un susto a algn; **to wake up with a s.,** despertarse sobresaltado; **to work by fits and starts,** trabajar a trompicones. **II** *vtr* **1** *(begin)* empezar, comenzar; *(conversation)* entablar; **to s. doing** *or* **to do sth,** empezar a hacer algo; **to s. negotiations,** iniciar negociaciones. **2** *(cause, give rise to)* causar, provocar; **to s. a fashion,** lanzar una moda. **3** *(found)* fundar, establecer; **to s. a business,** montar un negocio. **4** *(set in motion)* arrancar, poner en marcha. **III** *vi* **1** *(begin)* empezar, comenzar; *(on journey)* ponerse en camino; *(car, engine)* arrancar, ponerse en marcha; **he started by welcoming everyone,** empezó por dar la bienvenida a todos; **starting from Monday,** a partir del lunes; **to s. at the beginning,** empezar desde el principio; **to s. with ...,** *(firstly)* para empezar ..., en primer lugar ...; *(at the beginning)* al principio ... . **2** *(in fright)* asustarse, sobresaltarse. ◆**start back** *vi* emprender el viaje de regreso. ◆**start off** **I** *vi* **1** *(begin)* empezar, comenzar; **his father started him off in the shoe business,** su padre le dio el primer empujón en el comercio del calzado; **to s. off by/with,** empezar por/con. **2** *(leave)* salir, partir, ponerse en camino. **II** *vtr (cause) (dispute, war, etc)* causar, provocar; **don't s. her off!,** ¡no le des cuerda! ◆**start out** *vi* *(begin)* empezar, comenzar; *(on journey)* salir, partir, ponerse en camino. ◆**start over** *vi US* volver a empezar. ◆**start up I** *vtr (car, engine)* arrancar. **II** *vi (car)* arrancar; *(orchestra etc)* empezar a tocar.

starter ['stɑːtəʳ] *n* **1** *Sport (official)* juez *mf* de salida; *(competitor)* competidor,-a *m,f*, participante *mf*; *fam (child)* **to be a late s.**, ser tardío en el desarrollo. **2** *Aut (motor)* motor *m* de arranque. **3** *Culin fam* primer plato *m*, entrada *f*; *fig* **for starters**, para empezar.

starting ['stɑːtɪŋ] *n* comienzo *m*, inicio *m*. ▪ **s. block**, taco *m* de salida; *Aut* **s. handle**, manivela *f* de arranque; **s. point**, punto *m* de partida; *Sport* **s. post**, línea *f* de salida; *Fin* **s. price**, precio *m* inicial.

startle ['stɑːtəl] *vtr* asustar, sobresaltar.

startling ['stɑːtlɪŋ] *adj* **1** *(frightening)* alarmante, sobrecogedor,-a. **2** *(astonishing) (news, discovery)* asombroso,-a, sorprendente; *(coincidence)* extraordinario,-a. **3** *(eye-catching)* llamativo,-a.

start-up ['stɑːtʌp] *n* puesta *f* en marcha.

starvation [stɑː'veɪʃən] *n* hambre *f*, inanición *f*; **to die of s.**, morir de inanición. ▪ **s. diet**, régimen *m* de hambre; **s. wages**, sueldos *mpl* miserables.

starve [stɑːv] **I** *vtr* privar de comida, hacer pasar hambre a; **to s. sb to death**, hacer morir de hambre a algn, matar de hambre a algn; *fig* **he was starved of affection**, fue privado de cariño. **II** *vi (suffer from hunger)* pasar hambre; **to s. to death**, morirse de hambre.

starving ['stɑːvɪŋ] *adj* hambriento,-a, muerto,-a de hambre; *fam* **I'm s.!**, estoy muerto,-a de hambre, tengo un hambre que no veo.

stash [stæʃ] *vtr fam* **to s. sth away**, esconder algo, guardar algo en un lugar seguro.

state [steɪt] **I** *n* **1** *(gen)* estado *m*; **s. of emergency**, estado de emergencia; **s. of mind**, estado de ánimo; **the s. of the nation**, el estado de la nación; **to be in no fit s. to do sth**, no estar en condiciones de hacer algo; **what a s. of affairs!**, ¡qué lío!; *fam* **to get into a s. about sth**, afligirse por algo. **2** *Pol* estado *m*; *US* **Secretary of S.**, ministro,-a *m,f* de Asuntos Exteriores; *GB* **Secretary of S. for Education**, ministro,-a *m,f* de Educación; *US* **The States**, los Estados Unidos; *US* **the S. Department**, el Ministerio de Asuntos Exteriores. **3** *(of deceased)* **to lie in s.**, estar de cuerpo presente. **II** *adj* **1** *Pol* estatal, del Estado. ▪ **s. capitalism**, capitalismo *m* de Estado; **s. education**, enseñanza *f* pública; **s. ownership**, propiedad *f* del Estado; **s. secret**, secreto *m* de Estado; **s. sector**, sector *m* estatal *or* público. **2** *(ceremonial) (apartment, banquet, coach)* de gala; **s. occasion**, ocasión *f* solemne; **s. visit**, visita *f* oficial. **III** *vtr* declarar, afirmar; *(case, claim)* exponer; *(problem)* plantear; *(time, place)* fijar; **as stated above**, como queda indicado arriba; **to s. one's opinion**, dar su opinión.

stated ['steɪtɪd] *adj* indicado,-a, señalado,-a; **at the s. time**, a la hora indicada *or* señalada.

stateless ['steɪtlɪs] *adj* apátrida.

stately ['steɪtlɪ] *adj (statelier, stateliest)* majestuoso,-a, imponente. ▪ **s. home**, casa *f* solariega.

statement ['steɪtmənt] *n* **1** *(gen)* declaración *f*, afirmación *f*; **official s.**, comunicado *m*; *Jur* **to make a s.**, prestar declaración. **2** *Fin* estado *m* de cuenta; **monthly s.**, balance *m* mensual.

stateroom ['steɪtruːm] *n Naut* camarote *m*.

statesman ['steɪtsmən] *n (pl statesmen)* estadista *m*, hombre *m* de Estado.

statesman-like ['steɪtsmənlaɪk] *adj* propio,-a de un estadista.

statesmanship ['steɪtsmənʃɪp] *n (skill)* habilidad *f* política; *(activity)* arte *m* de gobernar.

static ['stætɪk] **I** *adj* estático,-a; **s. electricity**, electricidad estática. **II statics** *npl Rad* parásitos *mpl*, interferencias *fpl*.

station ['steɪʃən] **I** *n* **1** *Rail* estación *f* de ferrocarril; *Rel* **the Stations of the Cross**, el Viacrucis. ▪ **bus s.**, estación *f or* terminal *f* de autobuses; **fire s.**, cuartel *m* de bomberos; **petrol** *or* **filling s.**, gasolinera *f*, estación *f* de servicio; **police s.**, comisaría *f*; **power s.**, central *f*; **radio s.**, emisora *f*; **service s.**, árca *f* de servicio; *Aust* **sheep s.**, granja *f* de ovejas; *Aut* **s. wagon**, break *m*, rubia *f*, camioneta *f*; **weather s.**, estación *f* meteorológica. **2** *(position)* puesto *m*, lugar *m*; *Mil* **action stations!**, ¡zafarrancho de combate! **3** *(social standing)* rango *m*; **to have ideas above one's s.**, dárselas de importante. **II** *vtr (place)* colocar; *Mil (troops)* apostar, estacionar.

stationary ['steɪʃənərɪ] *adj (not moving)* inmóvil, parado,-a; *(unchanging)* estacionario,-a, fijo,-a.

stationer ['steɪʃənəʳ] *n* papelero,-a *m,f*; **s.'s (shop)**, papelería *f*.

stationery ['steɪsənərɪ] *n (paper)* papel *m* de escribir; *(pens, ink, etc)* artículos *mpl* de escritorio.

stationmaster ['steɪʃənmɑːstəʳ] *n Rail* jefe *m* de estación.

statistic [stə'tɪstɪk] *n* estadística *f*.

statistical [stə'tɪstɪkəl] *adj* estadístico,-a.

statistician [stætɪ'stɪʃən] *n* estadístico,-a *m,f*.

statistics [stə'tɪstɪks] *npl (science)* estadística *f sing*; *(data)* estadísticas *fpl*.

statue ['stætjuː] *n* estatua *f*.

statuesque [stætjʊ'esk] *adj* escultural.

statuette [stætjʊ'et] *n* figurilla *f*.

stature ['stætʃəʳ] *n (size)* estatura *f*, talla *f*; *fig* estatus *m*, rango *m*, categoría *f*.

status ['steɪtəs] *n* estado *m*, condición *f*. ▪ **legal s.**, validez *f*; **marital s.**, estado *m* civil; **social s.**, posición *f* social, estatus *m*; **s. symbol**, signo *m* de prestigio; **s. quo**, status quo *m*.

statute ['stætjuːt] *n* estatuto *m*, decreto *m*, ley *f*; **in accordance with the statutes**, según los estatutos. ▪ **s. book**, código *m* de leyes.

statutory ['stætjʊtərɪ] *adj (gen)* reglamentario,-a; *(offence)* establecido,-a por la ley; *(right)* legal; *(holiday)* oficial.

staunch[1] [stɔːntʃ] *adj* fiel, leal; **s. supporter**, partidario acérrimo.

staunch[2] [stɔːntʃ] *vtr (blood)* restañar.

stave [steɪv] **I** *n* **1** *(of barrel)* duela *f*. **2** *Mus* pentagrama *m*. **II** *vtr (pt & pp stove)* desfondar **(in, -)**. ◆**stave off** *vtr (pt & pp staved off) (repel) (attack, crisis)* rechazar; *(avoid)* evitar; *(delay)* aplazar, diferir.

staves [steɪvz] *npl see* **staff**.

stay[1] [steɪ] **I** *n* estancia *f*; permanencia *f*; **a three-week s.**, una estancia de tres semanas; *Jur* **s. of execution**, aplazamiento *m* de sentencia. **II** *vi* **1** *(remain)* quedarse, permanecer; **if it stays sunny**, si el tiempo sigue soleado; **s. away from the river**, no te acerques al río; **it's here to s.**, ya forma parte de nuestras vidas; **to s. at home**, quedarse en casa; **why don't you s. to dinner?**, ¿por qué no te quedas a cenar?; **you s. out of this!**, ¡tú no te metas en esto! **2** *(reside temporarily)* alojarse, hospedarse; **she's staying with us for a few days**, ha venido a pasar unos días con nosotros. **III** *vtr* resistir; **to s. the course,** terminar la carrera; *fig* aguantar hasta el final. ■ **staying power,** resistencia *f*, aguante *m*. ◆**stay in** *vi* quedarse en casa, no salir. ◆**stay on** *vi* quedarse, permanecer. ◆**stay out** *vi* quedarse fuera; **to s. out all night,** no volver a casa en toda la noche; **the strikers have decided to s. out,** los huelguistas han decidido no volver al trabajo. ◆**stay up** *vi* no acostarse; **to s. up late,** acostarse tarde.

stay² [steɪ] *n Naut (guy rope)* estay *m*, viento *m*.

stay³ [steɪ] *n* **1** *Archit (prop)* sostén *m*, soporte *m*. **2** *(in corset)* ballena *f*.

stay-at-home ['steɪəthəʊm] **I** *adj* casero,-a, hogareño,-a. **II** *n* persona *f* casera *or* hogareña.

stayer ['steɪəʳ] *n Sport* caballo *m or* yegua *f* de fondo; *fig* persona *f* de mucha resistencia.

stead [sted] *n* in sb's s., en lugar de algn; **to stand sb in good s.,** resultar muy útil a algn.

steadfast ['stedfəst, 'stedfɑːst] *adj* firme, resuelto,-a.

steadfastness ['stedfəstnɪs] *n* firmeza *f*, resolución *f*.

steadiness ['stedɪnɪs] *n (of gait, hand)* firmeza *f*; *(of prices)* estabilidad *f*; *(of demand)* constancia *f*; *(of character)* formalidad *f*.

steady ['stedɪ] **I** *adj (steadier, steadiest) (gen)* firme, seguro,-a; *(gaze)* fijo,-a; *(table)* estable, equilibrado,-a; *(prices)* estable; *(demand, speed)* constante; *(heartbeat, pace)* regular; *(worker, student)* aplicado,-a; **she is making s. progress,** hace progresos continuos; **s. boyfriend,** novio; **s. job,** empleo fijo. **II** *adv* **s. (on)!,** ¡despacio!, ¡quieto!; *fam* **go s. on the brandy,** cuidado con el coñac; *fam* **they're going s.,** son novios. **III** *n fam* novio,-a *m,f*. **IV** *vtr (table etc)* estabilizar, equilibrar; *(nervous person)* calmar, tranquilizar; **this herb tea will s. your nerves,** esta infusión de hierbas te calmará los nervios. **V** *vi (market, prices)* estabilizarse. ◆**steadily** *adv (grow, improve)* constantemente; *(walk)* con paso seguro, decididamente; *(gaze)* fijamente; *(rain, work)* sin parar; **the situation is getting s. worse,** la situación se vuelve cada vez peor.

steak [steɪk] *n* bistec *m*, filete *m* de buey. ■ **rump s.,** filete *m* de cadera; **s. and kidney pie,** empanada *f* de carne con riñones; **s. house,** restaurante *m* especializado en bistecs; **stewing s.,** carne *f* de vaca para estofar, *Am* carne *f* de res para estofar.

steal [stiːl] *(pt stole; pp stolen)* **I** *vtr* robar, hurtar; **to s. a glance at sth,** echar una mirada furtiva a algo; **to s. a kiss,** robar un beso; **to s. a march on sb,** anticiparse a algn; **to s. the show,** acaparar la atención de todos, llevarse todos los aplausos. **II** *vi* **1** *(rob)* robar, hurtar; **children often s.,** los niños roban a menudo. **2** *(move quietly)* moverse con sigilo; **to s. away,** escabullirse, marcharse a hurtadillas; **to s. into a room,** colarse en una habitación; **to s. up on sb,** acercarse sigilosamente a algn, sorprender a algn.

stealing ['stiːlɪŋ] *n* robo *m*.

stealth [stelθ] *n* cautela *f*, sigilo *m*.

stealthy ['stelθɪ] *adj (stealthier, stealthiest)* sigiloso,-a, furtivo,-a. ◆**stealthily** *adv* a hurtadillas, furtivamente.

steam [stiːm] **I** *n* vapor *m*; *Naut* **full s. ahead!,** ¡avante toda!; **to get up s.,** dar presión; *fam* **to let off s.,** desfogarse, desahogarse; *fam* **to run out of s.,** quedar agotado,-a, quemarse; *fam* **under one's own**

s., por sus propios medios. ■ **s. bath,** baño *m* de vapor; **s. engine,** máquina *f* de vapor; **s. iron,** plancha *f* de vapor. **II** *vtr Culin* cocer al vapor; **to s. open a letter,** abrir una carta al vapor. **III** *vi (give off steam)* echar vapor; *(bowl of soup etc)* humear; **the ship steamed into port,** el buque entró en el puerto echando vapor. ◆**steam up** *vi (window, spectacles)* empañarse; *fam* **to get steamed up about sth,** sulfurarse *or* enfadarse por algo.

steamer ['stiːməʳ] *n* **1** *Naut* vapor *m*, buque *m* de vapor. **2** *Culin* olla *f* a vapor.

steamroller ['stiːmrəʊləʳ] **I** *n* apisonadora *f*. **II** *vtr fig* forzar; **to s. sb into doing sth,** forzar *or* obligar a algn a hacer algo.

steamship ['stiːmʃɪp] *n Naut* vapor *m*, buque *m* de vapor.

steamy ['stiːmɪ] *adj (steamier, steamiest)* lleno,-a de vapor.

steel [stiːl] **I** *n* acero *m*. ■ **stainless s.,** acero *m* inoxidable; *Mus* **s. band,** conjunto *m* de percusión del Caribe; **s. industry,** industria *f* siderúrgica; **s. mill,** fundición *f* de acero, altos hornos *mpl*; **s. wool,** estropajo *m* de acero. **II** *vtr fig* endurecer; **to s. one's heart,** endurecerse; **to s. oneself to do sth,** armarse de valor para hacer algo; **to s. oneself against sth,** hacer frente a algo.

steelworks ['stiːlwɜːks] *npl* fundición *f sing* de acero, acería *f sing*, acerería *f sing*.

steep¹ [stiːp] *adj (hill, slope, climb)* empinado,-a, escarpado,-a, abrupto,-a; *fig (price)* excesivo,-a, exorbitante, desmedido,-a; *(increase)* excesivo,-a; *fam* **that's a bit s.!,** ¡eso es demasiado!

steep² [stiːp] *vtr (washing)* remojar; *(comida)* poner en remojo; *fig* **a city steeped in history,** una ciudad empapada de historia.

steeple ['stiːpəl] *n (spire)* aguja *f*, chapitel *m*.

steeplechase ['stiːpəltʃeɪs] *n Sport* carrera *f* de obstáculos.

steeplejack ['stiːpəldʒæk] *n* reparador,-a *m,f* de chimeneas *or* torres *or* campanarios.

steer¹ [stɪəʳ] **I** *vtr (gen)* dirigir, guiar; *(car)* conducir; *(ship)* gobernar; *(conversation etc)* llevar. **II** *vi (car)* conducir; **to s. for sth,** dirigirse hacia algo; *fig* **to s. clear of sth,** evitar algo.

steer² [stɪəʳ] *n* buey *m*.

steering ['stɪərɪŋ] *n Aut* dirección *f*. ■ *Aut* **assisted s.,** dirección *f* asistida; *Aut* **s. column,** columna *f or* árbol *m* de dirección; *Pol* **s. committee,** comité *m* directivo, comisión *f* directiva; *Aut* **s. wheel,** volante *m*.

stem [stem] **I** *n* **1** *(of plant)* tallo *m*; *(of glass)* pie *m*; *(of pipe)* tubo *m*, cañón *m*. **2** *Ling (of word)* raíz *f*, lema *m*. **II** *vi* **to s. from,** ser el resultado de, derivarse de. **III** *vtr (blood)* restañar; *(flood, attack)* contener, detener; **to s. the tide of inflation,** poner freno a la inflación.

stench [stentʃ] *n* hedor *m*, peste *f*.

stencil ['stensəl] *n* **1** *(for artwork etc)* plantilla *f*. **2** *(for typing)* cliché *m*.

stenography [ste'nɒgrəfɪ] *n* taquigrafía *f*.

step [step] **I** *n* **1** *(gen)* paso *m*; *(sound)* paso *m*, pisada *f*; **it's quite a s. to the station,** hay una buena caminata desde aquí hasta la estación; **s. by s.,** paso a paso, poco a poco; **to keep in s.,** *(walking)* llevar el paso; *(dancing)* llevar el compás *or* ritmo; *fig* to **watch one's s.,** ir con cuidado. **2** *(measure)* medida *f*, paso *m*; *(formality)* gestión *f*, trámite *m*; **it was a s. in the right direction,** fue un paso acertado; **to**

take steps to control sth, tomar medidas para controlar algo. **3** *(stair)* peldaño *m*, escalón *m*; *(of vehicle)* estribo *m*. **4 steps,** *(outdoor)* escalinata *f*; *(indoor)* escalera *f*; *(in stadium)* gradas *fpl*, graderío *m*, tribunas *fpl*; *(of plane)* escalerilla *f*. ■ **folding s., pair of s.,** escalera *f* sing de tijera. **II** *vi (pt & pp stepped)* dar un paso; **s. this way, please,** haga el favor de pasar por aquí; **to s. aside,** hacerse a un lado, apartarse; **to s. on sb's foot,** pisar *or* pisotear el pie a algn; **to s. over sth,** pasar por encima de algo; *fam* **s. on it!,** ¡date prisa!; *US Aut fam* **s. on the gas!,** ¡dale al gas!, ¡pisa a fondo! ◆**step back** *vi* **to s. back from a situation,** enfocar una situación con más objetividad. ◆**step down** *vi* renunciar; **to s. down from office,** renunciar a un cargo. ◆**step forward** *vi* ofrecerse. ◆**step in** *vi* intervenir. ◆**step out** *vi* apretar el paso. ◆**step up** *vtr (production, efforts)* aumentar.

stepbrother ['stepbrʌðəʳ] *n* hermanastro *m*, medio hermano *m*.

stepchild ['steptʃaɪld] *n (pl stepchildren* ['steptʃɪldrən]*)* hijastro,-a *m,f*.

stepdaughter ['stepdɔːtəʳ] *n* hijastra *f*.

stepfather ['stepfɑːðəʳ] *n* padrastro *m*.

stepladder ['steplædəʳ] *n* escalera *f* de tijera.

stepmother ['stepmʌðəʳ] *n* madrastra *f*.

steppe [step] *n Geog* estepa *f*.

stepping-stone ['stepɪŋstəʊn] *n* pasadera *f*; *fig* trampolín *m*.

stepsister ['stepsɪstəʳ] *n* hermanastra *f*, media hermana *f*.

stepson ['stepsʌn] *n* hijastro *m*.

stereo ['sterɪəʊ] **I** *n (system)* equipo *m* estereofónico; *(sound)* estéreo *m*; **in s.,** en estéreo. **II** *adj* estereofónico,-a.

stereophonic [sterɪə'fɒnɪk] *adj* estereofónico,-a.

stereotype ['sterɪətaɪp] *n* estereotipo *m*.

stereotyped ['sterɪətaɪpt] *adj* estereotipado,-a.

sterile ['steraɪl] *adj* **1** *(barren)* estéril. **2** *(germ-free)* esterilizado,-a.

sterility [ste'rɪlɪtɪ] *n* esterilidad *f*.

sterilization [sterɪlaɪ'zeɪʃən] *n* esterilización *f*.

sterilize ['sterɪlaɪz] *vtr* esterilizar.

sterilizer ['sterɪlaɪzəʳ] *n* esterilizador *m*.

sterling ['stɜːlɪŋ] **I** *n* libra *f* esterlina, libras *fpl* esterlinas. ■ **s. silver,** plata *f* de ley; **the pound s.,** la libra esterlina. **II** *adj (person, quality)* excelente, de buena calidad.

stern¹ [stɜːn] *adj (severe)* severo,-a, austero,-a; *(hard)* duro,-a; **s. resolve,** resolución firme.

stern² [stɜːn] *n Naut* popa *f*.

sternum ['stɜːnəm] *n (pl sternums or sterna* ['stɜːnə]*) Anat* esternón *m*.

steroid ['sterɔɪd] *n* esteroide *m*.

stethoscope ['steθəskəʊp] *n Med* estetoscopio *m*.

stetson ['stetsən] *n* sombrero *m* tejano.

stevedore ['stiːvɪdɔːʳ] *n* estibador *m*.

stew [stjuː] **I** *n Culin* guisado *m*, estofado *m*, cocido *m*; *fig* **to be in a s.,** estar hecho un lío. **II** *vtr (meat)* guisar, estofar; *(fruit)* cocer, hacer una compota de; **stewed apple,** manzana en compota; *fam* **I let her s. in her own juice before helping her to sort it out,** la dejé sufrir un poco antes de acudir en su ayuda.

steward ['stjʊəd] *n (on estate)* administrador *m*; *(on ship)* camarero *m*; *(on plane)* auxiliar *m* de vuelo; *(butler)* mayordomo *m*. ■ *Ind* **shop s.,** enlace *mf* sindical.

stewardess ['stjʊədɪs] *n (on ship)* camarera *f*; *(on plane)* azafata *f*.

Sth *abbr of* **South,** Sur, S.

stick¹ [stɪk] *n* **1** *(piece of wood)* trozo *m* de madera, madera *f*; *(twig)* ramita *f*; *(for hitting)* palo *m*; *(walking stick)* bastón *m*; *(for plants)* rodrigón *m*, tutor *m*; *Mus (conductor's baton)* batuta *f*; *(of rhubarb)* tallo *m*; *(of celery)* rama *f*; *(of dynamite)* cartucho *m*; *Pol fig* **big s. policy,** política del palo y tente tieso; *fig* **to be in a cleft s.,** estar entre la espada y la pared; *fig* **to get hold of the wrong end of the s.,** coger el rábano por las hojas; *fam* **to give sb s.,** dar caña a algn. ■ *Ent* **s. insect,** fasmo *m*, insecto *m* palo. **2 sticks,** *(for fire)* astillas *fpl*, leña *f sing*; *fam* **a few s. of furniture,** unos cuantos muebles; *fam* **to live in the s.,** vivir en el quinto pino.

stick² [stɪk] **I** *vtr (pt & pp stuck)* **1** *(push)* meter; *(knife, bayonet)* clavar, hincar; **I've stuck the needle in my finger,** me he pinchado el dedo con la aguja; **he stuck his head out of the window,** asomó la cabeza por la ventana. **2** *fam (put)* poner, meter; *(place)* colocar; *fam* **she's always sticking her nose into other people's business,** siempre anda metiendo la nariz en asuntos ajenos; *fam* **s. it in your pocket,** métalo en el bolsillo; *fam* **to get stuck into sth,** meterse de lleno *or* de cabeza en algo. **3** *(attach with glue etc)* pegar; **to s. photos in an album,** pegar fotos en un álbum. **4** *fam (tolerate)* soportar, aguantar; **I can't s. her,** no la puedo tragar. **II** *vi* **1** *(fix, become attached)* pegarse; **the rice has stuck to the pan,** el arroz se ha quedado pegado a la cacerola; **these labels don't s. very well,** estas etiquetas no pegan muy bien; **they can't make the charges s.,** no pueden acusarle de nada. **2** *(become fixed) (window, drawer)* estar atrancado,-a, atrancarse; *(machine part)* encasquillarse; *(car in mud)* estar atascado,-a, atascarse; **the phrase stuck in my mind,** la frase se me quedó grabada en la memoria; *fam* **she's stuck at home all day,** está metida en casa todo el día. ◆**stick around** *vi fam* quedarse. ◆**stick at** *vtr* perseverar en, seguir con; **he will s. at nothing to get his own way,** no se para en barras *or* ante nada para salirse con la suya. ◆**stick by** *vtr (friend)* apoyar, ser fiel a; *(promise)* cumplir con. ◆**stick out I** *vi* **1** *(project, protude)* salir, sobresalir; *(be noticeable)* resaltar, destacarse. **2** *(be very obvious)* ser obvio *or* evidente; *fam* **it sticks out a mile** *or* **like a sore thumb,** salta a la vista. **II** *vtr* **1** *(tongue, hand)* sacar; *fig* **to s. one's neck out,** jugarse el tipo. **2** *(difficult situation)* aguantar hasta el final. ◆**stick out for** *vtr* empeñarse en conseguir. ◆**stick to** *vtr (principles)* atenerse a; *(promise)* cumplir con; *(plans)* seguir con; **to s. to one's guns,** mantenerse en sus trece. ◆**stick together** *vi* mantenerse unidos, no separarse. ◆**stick up I** *vi (project, protrude)* salir, sobresalir; *(hair)* ponerse de punta, erizarse. **II** *vtr* **1** *(poster)* fijar. **2** *(raise) (hand etc)* levantar; *fam* **s. 'em up!,** ¡arriba las manos! **3** *US fam (rob) (bank etc)* atracar. ◆**stick up for** *vtr (person, rights)* defender. ◆**stick with** *vtr (activity, idea)* seguir con.

sticker ['stɪkəʳ] *n* **1** *(label)* etiqueta *f* adhesiva; *(with slogan, for charity, etc)* pegatina *f*. **2** *fam (determined person)* persona *f* tenaz.

stickiness ['stɪkɪnɪs] *n* pegajosidad *f*, lo pegajoso; *fam (of situation)* dificultad *f*.

stick-in-the-mud ['stɪkɪnðəmʌd] *n fam* persona *f* chapada a la antigua, carroza *mf*.

stickleback ['stɪkəlbæk] *n (fish)* espinoso *m*, espinosillo *m*.

stickler ['stɪklə^r] *n* persona *f* quisquillosa; **to be a s. for detail,** ser muy detallista, dar mucha importancia a los detalles.

stick-on ['stɪkɒn] *adj* adhesivo,-a.

stick-up ['stɪkʌp] *n US fam* atraco *m*, asalto *m*, robo *m* a mano armada.

sticky ['stɪkɪ] *adj (stickier, stickiest) (gen)* pegajoso,-a; *(label)* engomado,-a; *(weather)* bochornoso,-a; *fam (situation)* difícil, violento,-a; *fam* **to be on a s. wicket,** estar en un aprieto; *fam* **to come to a s. end,** acabar mal; *fam* **to have s. fingers,** tener los dedos largos.

stiff [stɪf] **I** *adj* **1** *(gen)* rígido,-a, tieso,-a; *(card, collar, lock)* duro,-a; *(paste)* espeso,-a; *(joint)* entumecido,-a; *(machine part)* encasquillado,-a, atascado,-a; **to feel s.,** tener agujetas; **to have a s. neck,** tener tortícolis; *fig* **to be as s. as a board,** estar más tieso,-a que un palo *or* una tabla. **2** *fig (climb, test)* difícil, duro,-a; *(breeze)* fuerte; *(punishment, sentence)* severo,-a; *(resistance)* tenaz; *(price)* excesivo,-a; *(drink)* fuerte, cargado,-a; *(person, manner) (unnatural)* estirado,-a; *(unyielding)* inflexible; *fig* **to keep a s. upper lip,** poner a mal tiempo buena cara; *fam* **that's a bit s.!,** ¡eso es demasiado! **II** *adv fam* **to be bored s.,** aburrirse como una ostra; *fam* **to be scared s.,** estar muerto,-a de miedo. **III** *n US fam (corpse)* fiambre *m.* ◆**stiffly** *adv (move, turn)* rígidamente; *(smile, greet, bow)* fríamente, con frialdad.

stiffen ['stɪfən] **I** *vtr (card, fabric)* reforzar; *(collar)* almidonar; *(paste)* endurecer; *fig (resistance, morale)* fortalecer. **II** *vi (person)* ponerse rígido,-a *or* tieso,-a; *(joints)* entumecerse; *fig (resistance, morale)* fortalecerse.

stiff-necked [stɪf'nekt] *adj (stubborn)* terco,-a, testarudo,-a.

stiffness ['stɪfnɪs] *n* rigidez *f.*

stifle ['staɪfəl] **I** *vtr (gen)* ahogar, sofocar; *(rebellion, opposition)* reprimir, sofocar; *(sound)* amortiguar, sofocar; *(yawn)* reprimir. **II** *vi* ahogarse, sofocarse.

stifling ['staɪflɪŋ] *adj* sofocante, agobiante.

stigma ['stɪgmə] *n* estigma *m.*

stigmatize ['stɪgmətaɪz] *vtr* estigmatizar.

stile [staɪl] *n* escalones *mpl* para pasar por encima de una valla.

stiletto [stɪ'letəʊ] *n (dagger)* estilete *m; (shoe)* zapato *m* con tacón fino *or* de aguja. ■ **s. heel,** tacón *m* fino *or* de aguja.

still¹ [stɪl] **I** *adv* **1** *(up to this time)* todavía, aún; **I can s. remember it,** todavía lo recuerdo, aún lo recuerdo; **they're s. discussing the weather,** siguen hablando del tiempo. **2** *(with comp adj & adv) (even)* aún; **s. colder,** aún más frío, más frío todavía. **3** *(nonetheless)* no obstante, con todo, a pesar de todo; **he is s. your son,** a pesar de todo, sigue siendo tu hijo. **4** *(however)* sin embargo; **s., there's nothing we can do,** en fin, nada podemos hacer. **5** *(motionless)* quieto; **keep s.!,** ¡estáte quieto!; **to stand s.,** no moverse. **II** *adj (quiet, calm)* tranquilo,-a; *(peaceful)* sosegado,-a; *(silent)* silencioso,-a; *(motionless)* inmóvil; *(wine)* no espumoso,-a; *(orange juice)* sin gas; *prov* **s. waters run deep,** del agua mansa me guarde Dios, (que de la brava me guardaré yo). **III** *n* **1** *lit* tranquilidad *f*, silencio *m.* **2** *Cin* vista *f* fija, fotograma *m.* ■ *Art* **s. life,** bodegón *fm*, naturaleza *f* muerta. **IV** *vtr (fears etc)* calmar, acallar.

still² [stɪl] *n (apparatus)* alambique *m; (place)* destilería *f.*

stillbirth ['stɪlbɜːθ] *n* mortinato,-a *m,f.*

stillborn ['stɪlbɔːn] *adj* mortinato,-a, nacido,-a muerto,-a.

stillness ['stɪlnɪs] *n* calma *f*, quietud *f*, tranquilidad *f; (silence)* silencio *m.*

stilt [stɪlt] *n* zanco *m.*

stilted ['stɪltɪd] *adj* afectado,-a.

stimulant ['stɪmjʊlənt] *n* estimulante *m.*

stimulate ['stɪmjʊleɪt] *vtr* estimular; **to s. sb to do sth,** animar *or* alentar a algn para que haga algo.

stimulating ['stɪmjʊleɪtɪŋ] *adj* estimulante.

stimulation [stɪmjʊ'leɪʃən] *n (stimulus)* estímulo *m; (act)* estimulación *f; (state)* excitación *f.*

stimulus ['stɪmjʊləs] *n (pl stimuli* ['stɪmjʊlaɪ]*)* estímulo *m; fig* incentivo *m.*

sting [stɪŋ] **I** *n (of bee, wasp) (organ)* aguijón *m; (wound)* picadura *f; (burning sensation)* escozor *m*, picazón *m; fig (of remorse)* punzada *f; fig (of remark)* sarcasmo *m; fig* **the proposal had a s. in its tail,** la propuesta traía cola; *fig* **to take the s. out of sth,** quitar el hierro a algo. **II** *vtr (pt & pp stung) (insect, nettle)* picar; *fig (conscience)* remorder; *fig (remark)* herir en lo vivo *or* lo más hondo; *fam (overcharge etc)* **they stung him for £10,** le clavaron 10 libras. **III** *vi* picar.

stinginess ['stɪndʒɪnɪs] *n* tacañería *f.*

stingy ['stɪndʒɪ] *adj (stingier, stingiest) (person)* tacaño,-a, roñoso,-a; *(amount, meal)* escaso,-a; **to be s. with food,** escatimar la comida.

stink [stɪŋk] **I** *n* peste *f*, hedor *m; fam* **to kick up a s. about sth,** armar un escándalo por algo. ■ **s. bomb,** bomba *f* fétida. **II** *vi (pt stank; pp stunk)* apestar, heder **(of,** a)**; he stinks of garlic,** apesta a ajo; *fam* **to s. to high heaven,** oler a tigre; *fam fig* **the whole idea stinks to me,** a mí me parece una pésima idea.

stinker ['stɪŋkə^r] *n fam (person)* canalla *mf; (difficult task)* **this problem is a real s.,** este problema es un verdadero quebradero de cabeza.

stinking ['stɪŋkɪŋ] **I** *adj (smelly)* apestoso,-a; *(unpleasant)* asqueroso,-a; *fam* **to have a s. cold,** tener un catarro asqueroso. **II** *adv fam* **he's s. rich,** está podrido de dinero.

stint [stɪnt] **I** *n (period of work etc)* período *m*, temporada *f; (shift)* turno *m*, tanda *f*; **he did a two-year s. in the navy,** sirvió durante dos años en la Marina. **II** *vtr* escatimar; **don't s. on the cheese!,** ¡no escatimes el queso!; **to s. oneself,** privarse **(of,** de).

stipend ['staɪpend] *n* estipendio *m*, remuneración *f*, salario *m.*

stipple ['stɪpəl] *vtr* puntear.

stipulate ['stɪpjʊleɪt] *vtr* estipular.

stipulation [stɪpjʊ'leɪʃən] *n* estipulación *f*, condición *f.*

stir [stɜː^r] **I** *n* **1** acción *f* de agitar; **to give sth a s.,** remover algo. **2** *fig* escándalo *m*, revuelo *m*, conmoción *f*; **it caused a great s.,** causó un gran revuelo. **II** *vtr (pt & pp stirred)* **1** *(liquid, mixture)* remover, revolver. **2** *(move)* mover, agitar; **the wind stirred the leaves,** el viento movía las hojas. **3** *fig (curiosity, interest)* despertar, excitar; *(anger)* provocar; *(imagination)* avivar, estimular; **to s. sb to do sth,** incitar a algn a hacer algo; *fam* **come on, s. yourself!,** ¡anda, muévete!, ¡mueve el trasero! **III** *vi (move)* moverse; **she didn't s. from her seat,** no dejó su asiento ni un momento. ◆**stir up** *vtr* **1** *(dust, mud, etc)* remover. **2** *fig (memories, curiosity)* despertar; *(passions)* excitar; *(anger)* provocar; *(revolt)* fomentar; **to s. up trouble,** provocar un escándalo; *fam* **she's always trying to s. things up,** siempre anda con ganas de liar las cosas.

stirrer ['stɜːrəʳ] *n fam* liante *mf*, follonero,-a *m,f*.

stirring ['stɜːrɪŋ] *adj* conmovedor,-a.

stirrup ['stɪrəp] *n* estribo *m*.

stitch [stɪtʃ] **I** *n* **1** *Sew* puntada *f*; *Knit* punto *m*; *Med* punto *m* de sutura; *fam* **he hadn't a s. on,** estaba en cueros *or* en pelotas; *fam* **we were in stitches,** nos tronchábamos de risa; *prov* **a s. in time saves nine,** un remiendo a tiempo ahorra ciento. **2** *(sharp pain)* punzada *f*. **II** *vtr Sew* coser **(on,** a); *Med* suturar.

stoat [stəʊt] *n Zool* armiño *m*.

stock [stɒk] **I** *n* **1** *(supply)* reserva *f*; *Com (goods)* existencias *fpl*, stock *m*; *(selection)* surtido *m*; **surplus s.,** excedentes *mpl*; **it's out of s.,** está agotado,-a; **to have sth in s.,** tener existencias de algo, tener algo en stock; *fig* **to take s. of the situation,** evaluar la situación. **2** *Fin (company's capital)* capital *m* social; **stocks and shares,** acciones *fpl*, valores *mpl*. ■ **Government s.,** papel *m* del Estado; **S. Exchange,** Bolsa *f* de valores; **s. market,** bolsa *f*, mercado *m* bursátil. **3** *Agr (livestock)* ganado *m*. ■ **s. farming,** ganadería *f*. **4** *Culin* caldo *m*. ■ **s. cube,** cubito *m or* pastilla *f* de caldo. **5** *(descent, family)* linaje *m*, estirpe *f*; **to be of good s.,** ser de buena cepa or familia. **6** *Bot* alhelí *m*. **II** *adj* **1** *(goods, size)* corriente, normal, de serie. **2** *(argument, excuse, response) (speech)* de siempre; *(greeting, speech)* consabido,-a; *(phrase, theme)* trillado,-a, gastado,-a, muy visto,-a. **III** *vtr* **1** *(shop) (have in stock)* tener existencias de, tener en el almacén; **we don't s. wine,** no tenemos *or* no tocamos vino. **2** *(shop, library) (provide)* abastecer, surtir **(with,** de); *(cupboard) (fill up)* llenar **(with,** de); *(river, pond)* repoblar, poblar **(with,** de). ◆**stock up** *vi* abastecerse **(on, with,** de).

stockade [stɒ'keɪd] *n* empalizada *f*, estacada *f*.

stockbreeder ['stɒkbriːdəʳ] *n* ganadero,-a *m,f*.

stockbreeding ['stɒkbriːdɪŋ] *n* ganadería *f*, cría *f* del ganado.

stockbroker ['stɒkbrəʊkəʳ] *n* corredor,-a *m,f* de Bolsa, bolsista *mf*.

stockholder ['stɒkhəʊldəʳ] *n US* accionista *mf*.

Stockholm ['stɒkhəʊm] *n* Estocolmo.

stocking ['stɒkɪŋ] *n* media *f*; **a pair of stockings,** unas medias, un par de medias. ■ **body s.,** malla *f*; *Knit* **s. stitch,** punto *m* de media.

stockist ['stɒkɪst] *n* almacenista *mf*, proveedor,-a *m,f*, distribuidor,-a *m,f*.

stockman ['stɒkmən] *n (pl stockmen) Agr* ganadero *m*.

stockpile ['stɒkpaɪl] **I** *n* reservas *fpl*. **II** *vtr (gen)* almacenar; *(accumulate)* acumular.

stockpot ['stɒkpɒt] *n* olla *f*, marmita *f*.

stockroom ['stɒkruːm] *n* almacén *m*, depósito *m*.

stocks [stɒks] *npl* **1** *Hist (as punishment)* cepo *m sing*. **2** *Naut* grada *f sing* de construcción, astillero *m sing*; **to be on the stocks,** estar en construcción *or* astilleros.

stock-still [stɒk'stɪl] *adv* inmóvil.

stocktaking ['stɒkteɪkɪŋ] *n Com* inventario *m*, balance *m*.

stocky ['stɒkɪ] *adj (stockier, stockiest) (squat)* chaparro,-a; *(heavily built)* robusto,-a, fornido,-a.

stockyard ['stɒkjɑːd] *n Agr* corral *m* de ganado.

stodge [stɒdʒ] *n fam* comida *f* indigesta, mazacote *m*.

stodgy ['stɒdʒɪ] *adj (stodgier, stodgiest) (food)* indigesto,-a; *fig (book, person)* pesado,-a.

stoical ['stəʊɪkəl] *adj* estoico,-a.

stoicism ['stəʊɪsɪzəm] *n* estoicismo *m*.

stoke [stəʊk] *vtr* **1** *(poke)* atizar, avivar. **2 to s. (up),** *(feed)* alimentar.

stoker ['stəʊkəʳ] *n Naut* fogonero *m*.

stole¹ [stəʊl] *pt see* **steal**

stole² [stəʊl] *n* estola *f*.

stolen ['stəʊlən] *pp see* **steal**

stolid ['stɒlɪd] *adj* imperturbable, impasible.

stomach ['stʌmək] **I** *n Anat* estómago *m*; **on an empty s.,** en ayunas; *fig* **it turns my s.,** me revuelve el estómago. ■ **s. ache,** dolor *m* de estómago; *Med* **s. pump,** bomba *f* estomacal; **s. upset,** trastorno *m* gástrico. **II** *vtr fig* aguantar, soportar, tragar.

stomp [stɒmp] *vi* **to s. about,** pisar muy fuerte.

stone [stəʊn] **I** *n* **1** piedra *f*; *(on grave)* lápida *f*; *fig* **at a s.'s throw,** a tiro de piedra; *fig* **to leave no s. unturned,** no dejar piedra por mover, revolver Roma con Santiago. **2** *Med* cálculo *m*, piedra *f*. **3** *(of fruit)* hueso *m*. **4** *(weight)* = 6·348 kg; **she weighs 9 s.,** pesa 57 kilos. **II** *adj* de piedra, pétreo,-a; **the S. Age,** la Edad de Piedra. **III** *vtr* **1** *(person)* apedrear. **2** *(fruit)* deshuesar.

stonechat ['stəʊntʃæt] *n Orn* tarabilla *f*.

stone-cold [stəʊn'kəʊld] *adj* helado,-a.

stoned [stəʊnd] *adj sl (drugged)* colocado,-a, flipado,-a, puesto,-a; *(drunk)* trompa.

stone-dead [stəʊn'ded] *adj fam* tieso,-a, muerto,-a.

stone-deaf [stəʊn'def] *adj* sordo,-a como una tapia.

stonemason ['stəʊnmeɪsən] *n* albañil *m*.

stonewall [stəʊn'wɔːl] *vi (gen)* andarse con evasivas; *Sport* jugar a la defensiva; *Parl* practicar el obstruccionismo.

stoneware ['stəʊnweəʳ] *n (cerámica f de)* gres *m*.

stonework ['stəʊnwɜːk] *n* mampostería *f*.

stony ['stəʊnɪ] *adj (stonier, stoniest) (ground, beach)* pedregoso,-a; *fig (look, silence)* frío,-a, glacial; *fig* **s. heart,** corazón de piedra.

stony-broke [stəʊnɪ'brəʊk] *adj fam* **to be s.-b.,** estar sin blanca.

stood [stʊd] *pt & pp see* **stand**

stooge [stuːdʒ] *n Theat* comparsa *mf*; *fam* títere *m*, pelele *m*.

stool [stuːl] *n* **1** *(seat)* taburete *m*, banqueta *f*, banquillo *m*; *fig* **to fall between two stools,** quedarse entre dos aguas. ■ *fam* **s. pigeon,** chivato,-a *m,f*, soplón,-ona *m,f*. **2** *Med (faeces)* deposición *f*, heces *fpl*.

stoop [stuːp] **I** *n* espaldas *fpl* encorvadas; **to walk with a s.,** andar encorvado,-a. **II** *vi* **1** *(have a stoop)* andar encorvado,-a, ser cargado,-a de espaldas. **2** *(bend)* inclinarse, agacharse **(down,** -). **3** *fig* **to s. to,** rebajarse a; **to s. to sth/to doing sth,** rebajarse a algo/a hacer algo; **he wouldn't s. so low,** a ese punto no llegaría.

stop [stɒp] **I** *n* **1** *(halt)* parada *f*, alto *m*; **to come to a s.,** pararse, hacer un alto; **to put a s. to sth,** poner fin *or* término a algo. ■ *Aut* **s. sign,** stop *m*. **2** *(break)* pausa *f*, descanso *m*; *Av (for refuelling etc)* escala *f*; *(overnight stay)* estancia *f*. **3** *(stopping place) (for bus, tram)* parada *f*. ■ **request s.,** parada *f* discrecional. **4** *(punctuation mark)* punto *m*; *(in telegram)* stop *m*. **5** *Mus (on organ)* registro *m*; *fig*

to pull out all the stops, tocar todos los registros. II
vtr (pt & pp **stopped**) 1 *(gen)* parar; *(moving vehicle)*
parar, detener; *(production)* parar, paralizar; *(gas,
water supply)* cortar; *(conversation)* interrumpir;
(pain, abuse, etc) poner fin *or* término a, acabar
con; **s. thief!**, ¡al ladrón!; *fam* **he stopped a bullet**,
recibió un balazo. 2 *(suspend) (payments, holidays)*
suspender; *(cheque)* anular, cancelar, invalidar;
they stopped £20 from his wages, le retuvieron 20
libras del sueldo. 3 *(cease)* dejar de; **she stopped
smoking**, dejó de fumar; **s. it!**, ¡basta ya! 4 *(prevent)*
evitar; **to s. sb from doing sth**, impedir a algn hacer
algo; **to s. sth from happening**, evitar que algo
ocurra; **what's stopping you?**, ¿por qué no lo
haces?, ¿qué te retiene? 5 *(block) (hole)* tapar, taponar (**up**, -); *(gap)* rellenar; *(tooth)* empastar;
(flow of blood) restañar. III *vi* 1 *(person, moving
vehicle)* pararse, detenerse; **he stopped to clean his
shoe**, se detuvo para limpiarse el zapato; **my watch
has stopped**, se me ha parado el reloj; **s.!**, ¡pare!,
¡alto!; **to s. at nothing to do sth**, no pararse en barras
para hacer algo, no tener miramientos para hacer
algo; **to s. dead** *or* **short**, pararse en seco. 2 *(cease)*
acabarse, terminar; **the rain has stopped**, ha dejado
de llover; **without stopping**, sin parar, sin cesar. 3
fam (stay) quedarse; **he's stopping at his aunt's**, se
aloja en casa de su tía; **why don't you s. for dinner?**,
¿por qué no te quedas a cenar? ◆**stop by** *vi fam*
visitar; **I'll s. by this evening**, pasaré esta tarde.
◆**stop in** *vi fam* quedarse en casa, no salir. ◆**stop
off** *vi* pararse un rato; **we stopped off in Rome on
our way home**, pasamos por Roma en el viaje de
casa. ◆**stop over** *vi (spend the night)* pasar la
noche; *Av (for refuelling etc)* hacer escala. ◆**stop
up** I *vtr (block up) (hole)* tapar, taponar. II *vi (stay
awake)* no acostarse.

stopcock ['stɒpkɒk] *n* llave *f* de paso.

stopgap ['stɒpgæp] *n (thing)* recurso *m*, medida *f*
provisional; *(person)* sustituto,-a *m,f*.

stopover ['stɒpəʊvəʳ] *n (gen)* parada *f*; *Av* escala *f*.

stoppage ['stɒpɪdʒ] *n* 1 *(of game)* suspensión *f*; *(of
work)* paro *m*, suspensión *f*; *(strike)* huelga *f*; *(of
payments, leave)* suspensión *f*; *(deduction)* deducción *f*. 2 *(blockage) (of pipe etc)* obstrucción *f*.

stopper ['stɒpəʳ] *n* tapón *m*.

stop-press [stɒp'pres] *n Journ* noticias *fpl* de última hora.

stopwatch ['stɒpwɒtʃ] *n* cronómetro *m*.

storage ['stɔːrɪdʒ] *n* almacenaje *m*, almacenamiento *m*; **to put sth into s.**, poner algo en almacén
or en depósito. ■ **s. battery**, acumulador *m*; **s.
charges**, (gastos *mpl* de) almacenaje *m*; **s. heater**,
placa *f* acumuladora; **s. space**, sitio *m* para guardar
los trastos; **s. unit**, armario *m*.

store [stɔːʳ] I *n* 1 *(stock)* provisión *f*, reserva *f*; *fig
(of wisdom, knowledge)* reserva *f*; **there's a big surprise in s. for them**, les aguarda una gran sorpresa;
to set great s. by sth, valorar algo mucho. 2 **stores**,
(provisions) provisiones *fpl*, víveres *mpl*; *Mil* pertrechos *mpl*. 3 *(warehouse)* almacén *m*, depósito *m*.
4 *US (shop)* tienda *f*. ■ **department s.**, gran almacén *m*. II *vtr (put in storage etc) (furniture,
computer data)* almacenar; *(keep)* guardar. 2 **to s.**
(**up**), *(amass, keep in reserve)* acumular.

storehouse ['stɔːhaʊs] *n* almacén *m*, depósito *m*;
fig (of information) mina *f*.

storekeeper ['stɔːkiːpəʳ] *n US (shopkeeper)* tendero,-a *m,f*.

storeroom ['stɔːruːm] *n* despensa *f*.

storey ['stɔːrɪ] *n* piso *m*; **a ten-s. building**, un edificio
de 10 pisos; **multi-s. carpark**, parking de varios
pisos.

stork [stɔːk] *n Orn* cigüeña *f*.

storm [stɔːm] I *n* 1 *(thunderstorm)* tormenta *f*; *(at
sea)* tempestad *f*, temporal *m*; *(with wind)* borrasca
f; *fig (uproar)* escándalo *m*, revuelo *m*; *fig* **a s. in a
teacup**, una tempestad en un vaso de agua. ■ **s.
cloud**, nubarrón *m*. 2 *fig (of missiles)* lluvia *f*; *(of
insults, protests)* torrente *m*, lluvia *f*; **s. of applause**, una salva de aplausos; *fig* **she has taken New
York by s.** ha cautivado a todo Nueva York; *Mil* **to
take a city by s.**, tomar una ciudad por asalto. ■ *Mil*
s. troops, tropas *fpl* de asalto. II *vtr Mil* asaltar,
tomar por asalto. III *vi (with rage)* echar pestes, vociferar; **she stormed out**, salió echando pestes.

stormy ['stɔːmɪ] *adj (stormier, stormiest) (weather)*
tormentoso,-a; *fig (meeting, discussion)* acalorado,-a; *fig (relationship)* borrascoso,-a, de muchos
altibajos, tempestuoso,-a.

story[1] ['stɔːrɪ] *n (gen)* historia *f*; *(tale)* cuento *m*, relato *m*; *(account)* relato *m*, relación *f*; *Journ
(article)* artículo *m*; *(plot)* argumento *m*, trama *f*;
(joke) chiste *m*; *(rumour)* rumor *m*; *(lie)* mentira *f*,
cuento *m*; **but that's another s.**, pero eso es otro
cantar; **it's a long s.**, sería largo de contar; **it's always the same old s.**, es la historia de siempre; **so
the s. goes**, según cuenta la historia; **to cut a long s.
short**, en resumidas cuentas, en pocas palabras.
■ **love s.**, historia *f* de amor; *Lit* **short s.**, novela *f*
corta; **tall s.**, cuento *m* chino.

story[2] ['stɔːrɪ] *n US see* **storey**.

storybook ['stɔːrɪbʊk] *n* libro *m* de cuentos.

storyteller ['stɔːrɪteləʳ] *n* cuentista *mf*.

stout [staʊt] I *adj* 1 *(fat) (person)* gordo,-a, corpulento,-a, robusto,-a. 2 *(strong) (shoes, walking
stick, etc)* fuerte, sólido,-a. 3 *(brave) (person, resistance)* valiente; *(determined)* firme, resuelto,-a;
with a s. heart, valientemente, resueltamente. II *n
(beer)* cerveza *f* negra. ◆**stoutly** *adv* resueltamente.

stout-hearted [staʊt'hɑːtɪd] *adj* valiente, resuelto,-a.

stove[1] [staʊv] *n* 1 *(for heating)* estufa *f*. ■ **oil s.**, estufa *f* de petróleo. 2 *(cooker)* cocina *f*; *(cooking
ring)* hornillo *m*; *(oven)* horno *m*.

stove[2] [staʊv] *pt & pp see* **stave**.

stow [staʊ] *vtr* 1 *Naut (cargo)* estibar, arrumar. 2
(put away) guardar. ◆**stow away** *vi (on ship,
plane)* viajar de polizón.

stowaway ['staʊəweɪ] *n* polizón *mf*.

straddle ['strædəl] *vtr* 1 *(horse etc)* sentarse a horcajadas sobre. 2 abarcar.

strafe [streɪf, strɑːf] *vtr* bombardear.

straggle ['strægəl] *vi* 1 *(lag behind)* rezagarse. 2
(spread untidily) desparramarse.

straggler ['strægləʳ] *n* rezagado,-a *m,f*.

straggling ['stræglɪŋ] *adj* 1 *(of town, houses)* disperso,-a, esparcido,-a; *(of plant)* desparramado,-a.
2 *(of hair)* desordenado,-a.

straggly ['stræglɪ] *adj (stragglier, straggliest)* desordenado,-a.

straight [streɪt] I *adj* 1 *(not bent)* recto,-a, derecho,-a; *(of line, skirt)* recto,-a; *(of hair)* liso,-a; **as
s. as a die**, derecho,-a con una vela. ■ **s. angle**,
ángulo *m* recto; *Sew* **s. edge**, recta *f*; **s. face**, cara *f*
seria; **to keep a s. face**, contener la risa. 2 *(successive)* seguido,-a; **I work eight hours s.**, trabajo ocho

horas seguidas. **3** *(honest) (person)* honrado,-a, de confianza; *(answer)* sincero,-a, claro,-a; *(refusal, rejection)* categórico,-a, rotundo,-a; **let's get things s.**, hablemos claro. **4** *Theat (part, play)* serio,-a. **5** *(alcoholic drink)* solo,-a, sin mezcla. **6** *(tidy)* arreglado,-a, en orden; **to be all s.**, estar en orden; **to put things s.**, poner las cosas en orden. **7** *sl (conventional)* carca. **8** *sl (heterosexual)* heterosexual. **II** *adv* **1** *(in a straight line)* en línea recta; **sit up s.!**, ¡ponte derecho!; *fam (criminal)* **to go s.**, dejar el oficio. **2** *(directly)* directamente, derecho; **keep s. ahead**, sigue todo recto; **she walked s. in**, entró sin llamar. **3** *(immediately)* en seguida; **I'll come s. back**, en seguida vuelvo; **s. away**, en seguida; **s. off**, en el acto, sin pensarlo. **3** *(frankly)* francamente, con franqueza; **tell him s. (out)**, díselo sin rodeos. **III** *n* **1** *(straight line)* línea *f* recta; *fig* **to keep to the s.** **and narrow**, ir por el buen camino. **2** *GB Sport* recta *f*; **the home s.**, la recta final. **3** *Cards* escalera *f*, escalerilla *f*.

straightaway [streɪtə'weɪ] *adv* en seguida, inmediatamente.

straighten ['streɪtən] *vtr* **1** *(sth bent)* enderezar, poner derecho,-a; *(tie, picture)* poner bien; *(hair)* estirar; **s. your shoulders**, ponte derecho *or* recto. **2 to s. (up)**, *(tidy)* ordenar, arreglar. ◆**straighten out I** *vtr (problem)* resolver; *(one's affairs)* arreglar. **II** *vi* resolverse, arreglarse. ◆**straighten up I** *vtr* **1** *(make erect)* enderezar, poner derecho,-a. **2** *(tidy)* ordenar, arreglar. **II** *vi* ponerse derecho.

straightforward [streɪt'fɔːwəd] *adj* **1** *(honest)* honrado,-a; *(sincere)* sincero,-a, franco,-a. **2** *GB (simple)* sencillo,-a, simple.

strain[1] [streɪn] **I** *vtr* **1** *(stretch) (rope etc)* estirar, tensar; *fig* crear tensiones *or* tirantez en. **2** *Med (muscle, back)* torcer(se); *(eyes, voice)* forzar; *(heart)* cansar; **to s. one's ears**, aguzar el oído. **3** *(filter) (liquid)* filtrar; *(vegetables, tea)* colar, pasar por (un) colador. **II** *vi (pull)* tirar **(at,** de); *fig (strive)* **to s. to do sth**, esforzarse por hacer algo. **III** *n* **1** *(on rope etc)* tensión *f*; *Phys (on metal etc)* deformación *f*. **2** *fig (gen)* tensión *f*; *(of atmosphere)* tensión *f*, tirantez *f*; *(effort)* esfuerzo *m*; *(exhaustion)* agotamiento *m*; **mental s.**, tensión nerviosa; **to be under a lot of s.**, estar sometido,-a a muchas tensiones; **it put a great s. on her**, le exigió un gran esfuerzo. **3** *Med (to muscle)* torcedura *f*, torsión *f*. **4** *Mus* **strains**, son *m sing*, compás *m sing*.

strain[2] [streɪn] *n* **1** *(race, breed)* raza *f*; *(descent)* linaje *m*, cepa *f*. **2** *(streak)* vena *f*; **a s. of madness**, una vena de loco.

strained ['streɪnd] **I** *pt & pp see* strain[1]. **II** *adj* **1** *(muscle)* torcido,-a; *(eyes)* cansado,-a; *(voice, performance)* forzado,-a. **2** *(atmosphere, relationship)* tenso,-a, tirante.

strainer ['streɪnəʳ] *n Culin* colador *m*.

strait [streɪt] *n* **1** *(gen pl) Geog* estrecho *m*; **the S. of Gibraltar**, el estrecho de Gibraltar. **2** *(gen pl) (difficulty)* aprieto *m*; **in dire** *or* **desperate straits**, en un gran aprieto.

straitjacket ['streɪtdʒækɪt] *n* camisa *f* de fuerza.

strait-laced [streɪt'leɪst] *adj* puritano,-a, remilgado,-a, mojigato,-a.

strand[1] [strænd] *vtr* **1** *Naut (ship)* varar; **to be stranded**, quedar varado,-a *or* encallado,-a. **2** *fig (person)* abandonar; *(without money, friends, transport)* **to leave stranded**, dejar en la estacada, dejar plantado,-a.

strand[2] [strænd] *n (of thread)* hebra *f*, hilo *m*; *(of rope)* ramal *m*; *(of hair)* pelo *m*; *(of pearls)* sarta *f*.

strange [streɪndʒ] *adj* **1** *(unknown)* desconocido,-a; *(unfamiliar)* nuevo,-a; **s. to the job**, nuevo,-a en el oficio. **2** *(odd, bizarre)* raro,-a, extraño,-a; **she felt a bit s. at first**, al principio se sentía un poco desplazada; **s. to say**, aunque parezca extraño. ◆**strangely** *adv* extrañamente, de forma extraña; **s. enough**, aunque parezca extraño.

strangeness ['streɪndʒnɪs] *n (oddness)* rareza *f*, extrañeza *f*.

stranger ['streɪndʒəʳ] *n (unknown person)* extraño,-a *m,f*, desconocido,-a *m,f*; *(outsider)* forastero,-a *m,f*.

strangle ['stræŋgəl] *vtr* estrangular.

strangler ['stræŋgləʳ] *n* estrangulador,-a *m,f*.

stranglehold ['stræŋgəlhəʊld] *n Wrest* collar *m* de fuerza; **to have a s. on sb**, tener a algn por el cuello; *fig* tener a algn entre la espada y la pared.

strangulation [stræŋgjʊ'leɪʃən] *n* estrangulación *f*.

strap [stræp] **I** *n (of leather)* correa *f*, tira *f*; *(on shoulder bag)* bandolera *f*; *(on dress)* tirante *m*; *(as punishment)* **to give sb the s.**, azotar a algn con una correa. **II** *vtr (pt & pp strapped)* atar *or* sujetar con correa; *(in car, plane)* **to s. oneself in**, ponerse el cinturón de seguridad.

straphanger ['stræphæŋəʳ] *n fam* pasajero,-a *m,f* que va de pie.

strapless ['stræplɪs] *adj* sin tirantes.

strapping ['stræpɪŋ] *adj fam* fornido,-a, robusto,-a.

Strasbourg ['stræzbɜːg] *n* Estrasburgo.

strata ['strɑːtə] *npl see* stratum.

strategic [strə'tiːdʒɪk] **I** *adj* estratégico,-a. **II** **strategics** *n Mil* estrategia *f*.

strategist ['strætɪdʒɪst] *n* estratega *mf*.

strategy ['strætɪdʒɪ] *n* estrategia *f*.

stratification [strætɪfɪ'keɪʃən] *n* estratificación *f*.

stratify ['strætɪfaɪ] *vtr (pt & pp stratified)* estratificar.

stratosphere ['strætəsfɪəʳ] *n* estratosfera *f*.

stratum ['strɑːtəm] *n (pl stratums or strata) Geol* estrato *m*; *fig* estrato *m*, nivel *m*.

straw [strɔː] *n* **1** *Agr* paja *f*; **s. hat**, sombrero de paja; *fig* **to clutch** *or* **grasp at straws**, agarrarse a un clavo ardiente; *fam* **that's the last s.!**, ¡eso ya es el colmo!, ¡lo que faltaba para el duro! ■ **s. man**, hombre *m* de paja. **2** *(for drinking)* paja *f*, pajita *f*.

strawberry ['strɔːbərɪ] *n* fresa *f*; *(large)* fresón *m*. ■ **s. jam**, mermelada *f* de fresa; **s. mark**, antojo *m*; **s. tree**, madroño *m*.

straw-coloured, *US* **straw-colored** ['strɔːkʌləd] *adj* pajizo,-a, de color de paja.

stray [streɪ] **I** *vi (from path etc)* desviarse; *(get lost)* extraviarse, perderse; **to let one's thoughts s.**, dejar correr los pensamientos; **to s. from the point**, divagar. **II** *n (gen)* animal *m* extraviado. **III** *adj (haphazard)* perdido,-a, extraviado,-a; *(bullet)* perdido,-a; *(animal)* callejero,-a.

streak [striːk] *n* **1** *(line)* raya *f*, lista *f*; *(in minerals)* veta *f*. ■ **s. of lightning**, rayo *m*. **2** *Hairdr* mecha *f*, mechón *m*; reflejo *m*. **3** *fig (of genius, madness)* vena *f*; *fig (of luck)* racha *f*; **he has a mean s. in him**, tiene un lado mezquino. **II** *vtr* rayar **(with,** de); **his hair is streaked with grey**, tiene mechones grises. **III** *vi* **1 to s. past**, pasar como un rayo. **2** *fam (run naked)* correr desnudo,-a por un lugar público.

streaker ['striːkəʳ] *n fam* persona *f* que corre desnuda por un lugar público.

streaky ['striːkɪ] *adj (streakier, streakiest)* **1** *(hair)* con mechas *or* mechones. **2** *(bacon)* entreverado,-a.

stream [striːm] **I** *n* **1** *(brook)* arroyo *m*, riachuelo *m*; *(river)* río *m*. **2** *(current)* corriente *f*; **to go with/ against the s.**, ir con la corriente/a contracorriente. **3** *(of water, air)* flujo *m*; *(of lava, tears)* torrente *m*; *(of blood)* chorro *m*; *(of light)* raudal *m*; *Tech* **to come on s.**, entrar en servicio. **4** *fig (of abuse, excuses)* torrente *m*, sarta *f*; *(of tourists, immigrants)* oleada *f*; *(of cars, lorries)* desfile *m* continuo, caravana *f*. ■ *Lit* **s. of consciousness,** monólogo *m* interior. **3** *GB Sch* clase *f*, grupo *m*. **II** *vtr* **1** *(liquid)* derramar, hacer correr. **2** *Sch (pupils)* poner en grupos. **III** *vi* **1** *(liquid)* correr, manar, chorrear; **her eyes were streaming** with tears, lloraba a lágrima viva. **2** *fig (people, vehicles)* desfilar; **to s. in/out/ past,** entrar/salir/pasar a raudales *or* en tropel. **3** *(wave) (hair, banner)* ondear, flotar.

streamer ['striːməʳ] *n (paper ribbon)* serpentina *f*.

streaming ['striːmɪŋ] **I** *adj fam* **a s. cold,** un catarro muy fuerte. **II** *n Sch (of pupils)* clasificación *f* por niveles *or* grupos.

streamline ['striːmlaɪn] **I** *n (contour)* línea *f* aerodinámica. **II** *vtr* **1** *(car)* aerodinamizar. **2** *(system, method)* racionalizar.

street [striːt] *n* calle *f*; **one-way s.,** calle de sentido único; *Mil* **s. fighting,** combates callejeros; **s. lighting,** alumbrado público; **the back streets,** las callejuelas; *fig* los barrios bajos; **the man in the s.,** el hombre de la calle; **to be on the streets,** estar sin vivienda; **to walk the streets,** *(person in gen)* callejear; *(prostitute)* hacer la carrera, trabajar las calles; *fam* **it's right up my s.!,** ¡me viene de perlas! ■ **s. map, s. plan,** (plano *m*) callejero *m*; **s. sweeper,** *(person)* barrendero,-a *m,f*; *(machine)* barredora *f*; **s. theatre,** teatro *m* callejero *or* ambulante.

streetcar ['striːtkɑːʳ] *n US* tranvía *m*.

streetlamp ['striːtlæmp] *n*, **streetlight** ['striːtlaɪt] *n* farol *m*.

streetwalker ['striːtwɔːkəʳ] *n* prostituta *f* callejera.

streetwise ['striːtwaɪz] *adj* espabilado,-a, despabilado,-a.

strength [streŋθ] **I** *n* **1** *(gen)* fuerza *f*; *(of nail, rope, etc)* resistencia *f*; *(of currency)* valor *m*, poder *m*; *(of argument, evidence)* fuerza *f*, validez *f*; *(of emotion, conviction, colour)* intensidad *f*; *(of alcohol)* graduación *f*; *(light, sound)* potencia *f*; **by sheer s.,** a viva fuerza. **2** *(power)* poder *m*, potencia *f*; **on the s. of,** a base de, en base a, fundándose en; **to go from s. to s.,** ir ganando fuerzas. **3** *(ability)* punto *m* fuerte. **4** *(of character, mind)* entereza *f*, fuerza *f*; **to recover one's s.,** recobrar las fuerzas, reponerse. **5** *(workers, soldiers)* fuerza *f* numérica, número *m*; **in s.,** en gran número; **to be at full s./below full s.,** tener/no tener completo el cupo.

strengthen ['streŋθən] **I** *vtr* **1** *(gen)* reforzar; *(muscle, character)* fortalecer; *(economy etc)* reforzar, fortalecer; *(friendship)* consolidar. **2** *(intensify)* intensificar. **II** *vi* **1** *(gen) (economy etc)* reforzarse, fortalecerse; *(friendship)* consolidarse, reforzarse. **2** *(intensify)* intensificarse.

strenuous ['strenjʊəs] *adj* **1** *(energetic) (gen)* enérgico,-a; *(effort, life)* intenso,-a; *(opposition)* firme, tenaz. **2** *(exhausting) (occupation, game)* cansado,-a, fatigoso,-a. ◆**strenuously** *adv* enérgicamente.

stress [stres] **I** *n* **1** *Tech* tensión *f*. **2** *Med* tensión *f* (nerviosa), estrés *m*. **2** *(emphasis)* hincapié *m*, énfasis *m*; **to lay great s. on sth,** hacer hincapié en algo. **3** *(on word)* acento *m*. **II** *vtr* **1** *(emphasize)* recalcar, subrayar. **2** *(word)* acentuar.

stressful ['stresfʊl] *adj* estresante.

stretch [stretʃ] **I** *vtr* **1** *(extend) (elastic)* estirar; *(shoes)* ensanchar; *(arm, hand)* alargar; *(wings)* desplegar, extender; **to s. one's legs,** estirar las piernas. **2** *fig (elaborate, expand)* forzar. **II** *vi* *(elastic)* estirarse; *(fabric)* dar de sí; *(shoes)* ensancharse, dar de sí; *fig (money)* llegar. **III** *n* **1** *(elasticity)* elasticidad *f*; **by no s. of the imagination,** de ningún modo; *fig* **to go at full s.,** ir a todo gas *or* a toda mecha. **2** *(length)* trecho *m*, tramo *m*. **3** *(expanse) (of land)* extensión *f*; *(of time)* período *m*, tiempo *m*, intervalo *m*. ■ *Sport* **home s.,** recta *f* final. **4** *fig (extent)* **at a s.,** de un tirón. ◆**stretch out I** *vtr* **1** *(extend) (arm, hand)* alargar; *(legs)* estirar. **2** *fig (make long)* alargar, estirar. **II** *vi* **1** *(person)* estirarse; *(lie down)* tumbarse. **2** *(country-side, years, etc)* extenderse.

stretcher ['stretʃəʳ] *n* camilla *f*.

stretcher-bearer ['stretʃəbeərəʳ] *n* camillero,-a *m,f*.

stretchmarks ['stretʃmɑːks] *npl* estrías *fpl*.

stretchsuit ['stretʃsuːt] *n (for baby)* pijama *m*.

stretchy ['stretʃɪ] *adj (stretchier, stretchiest)* elástico,-a.

strew [struː] *vtr (pt strewed; pp strewed or strewn* [struːn]*)* esparcir, desparramar.

stricken ['strɪkən] *adj (with grief)* afligido,-a, acongojado,-a; *(with illness)* aquejado,-a; *(by disaster etc)* afectado,-a, damnificado,-a; *(damaged)* dañado,-a, destrozado,-a; **to be s. with remorse,** remorderle a uno la conciencia.

strict [strɪkt] *adj* **1** *(severe)* severo,-a, estricto,-a; *(discipline)* riguroso,-a. **2** *(precise)* estricto,-a, exacto,-a, preciso,-a. **3** *(absolute)* absoluto,-a; **in the strictest confidence,** en el más absoluto secreto. ◆**strictly** *adv* **1** *(severely)* severamente, estrictamente. **2** *(categorically)* terminantemente. **3** *(precisely)* estrictamente, exactamente; **s. speaking,** en sentido estricto. **4** *(exclusively)* exclusivamente, sólo.

strictness ['strɪktnɪs] *n* **1** *(severity)* severidad *f*. **2** *(precision)* exactitud *f*, precisión *f*.

stride [straɪd] **I** *n* zancada *f*, trancada *f*, tranco *m*; *fig (progress)* progresos *mpl*; *fig* **to get into one's s.,** coger el ritmo; *fig* **to take sth in one's s.,** tomarse las cosas con calma. **II** *vi (pt strode; pp stridden* ['strɪdən]*)* **1** **s. (along),** andar a zancadas. **III** *vtr* cruzar de una zancada.

strident ['straɪdənt] *adj (voice, sound)* estridente; *(protest etc)* fuerte.

strife [straɪf] *n* conflictos *mpl*, luchas *fpl*; **industrial s.,** conflictos laborales.

strike [straɪk] **I** *vtr (pt & pp struck)* **1** *(hit)* pegar, golpear; **to s. a blow,** pegar un golpe (**at,** a); *fig* **to s. a blow for sth,** romper una lanza en defensa de algo; *prov* **s. while the iron is hot,** al hierro caliente batir de repente. **2** *(knock against, collide with)* dar *or* chocar contra; *(car)* atropellar; *(bullet, lightning)* alcanzar; **she struck her head against the door,** dio con la cabeza contra la puerta; **the church tower was struck by lightning,** cayó un rayo en el campanario; **then disaster struck,** entonces sobrevino el desastre; *fig* **to s. the eye,** saltar a la vista. **3** *(coin, medal)* acuñar. **4** *(match)* encender. **5** *(pose, attitude)* adoptar. **6** *(bargain, deal)* cerrar; *(balance)* encontrar. **7** *(of clock)* dar, tocar; **the clock struck three,** el reloj dio las tres. **8** *(oil, gold)* descubrir, encontrar; *fam* **to s. it lucky/rich,** tener suerte/hacerse rico,-a. **9** *(impress)* impresionar; **it strikes me ...,**

me parece ...; *fam* **I'm not struck with the idea,** esta idea no me va. **10** *(pp struck or stricken) (render)* **to be struck dumb,** quedarse mudo,-a; **to s. sb dead,** matar a algn. **II** *vi (pt & pp struck)* **1** *Mil (attack)* atacar; *(disaster, misfortune)* sobrevenir; *(disease)* atacar, golpear; **to s. home,** dar en el blanco. **2** *(clock)* dar la hora; **midnight struck,** dieron las doce. **3** *(workers)* declararse en *or* hacer huelga; **to s. for higher wages,** ir a la huelga para conseguir un aumento de sueldo. **III** *n* **1** *(by workers, students)* huelga *f*; **to be on s.,** estar en huelga; **to call a s.,** convocar una huelga. ■ **hunger s.,** huelga *f* de hambre; **lightning s.,** huelga *f* salvaje; **sit-down s.,** sentada *f*; **s. fund,** caja *f* de resistencia; **s. pay,** subsidio *m* de huelga. **2** *(of oil, gold)* hallazgo *m*, descubrimiento *m*. **3** *(blow)* golpe *m*; *Crick* golpe *m*; *Bowling* bolada *f*; *fig* **lucky s.,** golpe de suerte. **4** *Baseb (miss)* strike *m*. **5** *Mil* ataque *m*; **air s.,** ataque aéreo. ◆**strike back** *vi (gen)* devolver el golpe; *Mil* contraatacar. ◆**strike down** *vtr (disease)* fulminar, abatir; **she was struck down in her prime,** murió en la flor de la vida. ◆**strike off** *vtr (name from list)* tachar; *(doctor, lawyer)* suspender, no permitir que ejerza. ◆**strike out** **I** *vtr (cross out)* tachar. **II** *vi* **1** *(hit out)* **to s. out at sb,** arremeter a *or* contra algn. **2** *(set off)* ponerse en camino *or* dirigirse **(for,** hacia); *(in business)* **to s. out on one's own,** volar con sus propias alas. ◆**strike up** **I** *vtr* **1** *(friendship)* trabar, entablar; *(conversation)* entablar, iniciar. **2** *(tune)* empezar a tocar. **II** *vi (band)* empezar a tocar.

strikebound ['straɪkbaʊnd] *adj* paralizado,-a por la huelga.

strikebreaker ['straɪkbreɪkə^r] *n* esquirol *mf*, rompehuelgas *mf inv*.

striker ['straɪkə^r] *n* **1** *(worker)* huelguista *mf*. **2** *fam Ftb* marcador,-a *m,f*; *Crick* bateador,-a *m,f*.

striking ['straɪkɪŋ] *adj* **1** *(eye-catching)* llamativo,-a; *(noticeable)* notable, sorprendente; *(impressive)* impresionante. **2** *(on strike)* en huelga.

string [strɪŋ] **I** *n* **1** *(cord)* cuerda *f*, cordel *m*; *(lace)* cordón *m*; *(of puppet)* hilo *m*; *fig* **to pull strings for sb,** enchufar a algn; *fig* **with no strings attached,** sin (ningún) compromiso. **2** *(of garlic, onions)* ristra *f*; *(of cars)* fila *f*, hilera *f*; *(of hotels)* cadena *f*; *(of events)* cadena *f*, sucesión *f*; *(of lies)* sarta *f*; *(of insults)* retahíla *f*. ■ **s. bean,** judía *f* verde. **3** *(of racket, guitar)* cuerda *f*; *Mus* **the strings,** los instrumentos de cuerda. ■ *Mus* **s. orchestra,** *fam* **s. band,** orquesta *f* de cuerdas; *Mus* **s. quartet,** cuarteto *m* de cuerdas. **II** *vtr (pt & pp strung)* **1** *(beads)* ensartar, enhebrar. **2** *(racket, guitar)* encordar. **3** *(beans)* quitar la hebra a. ◆**string along** *fam* **I** *vi (agree)* seguir la corriente **(with,** a). **II** *vtr* tomar el pelo a.

stringed [strɪŋd] *adj (instrument)* de cuerda.

stringent ['strɪndʒənt] *adj* severo,-a, estricto,-a, riguroso,-a.

string-pulling ['strɪŋpʊlɪŋ] *n fam* enchufismo *m*.

stringy ['strɪŋɪ] *adj (stringier, stringiest)* fibroso,-a, hebroso,-a.

strip[1] [strɪp] **I** *vtr (pt & pp stripped)* **1** *(person)* desnudar; *(bed)* quitar la ropa de; *(room)* vaciar; *(wallpaper, paint)* quitar; **to s. sb of sth,** despojar a algn de algo. **2** *Tech* **to s. (down),** *(engine)* desmontar; *(ship)* desaparejar. **II** *vi (undress)* desnudarse; *(perform striptease)* hacer un striptease. **III** *n* striptease *m*; **s. club,** club de striptease. ◆**strip off** **I** *vtr* quitar, sacar. **II** *vi (undress)* desnudarse.

strip[2] [strɪp] **I** *n (of paper, leather)* tira *f*; *(of land)* franja *f*; *(of metal)* fleje *m*; *fam* **to tear sb off a s.,** echar una bronca a algn. ■ *Av* **landing s.,** pista *f* de aterrizaje; **s. cartoon,** historieta *f*; **s. lighting,** alumbrado *m* fluorescente. **II** *vtr (pt & pp stripped)* hacer tiras *or* pedazos.

stripe [straɪp] **I** *n (gen)* raya *f*, lista *f*; *Mil* galón *m*. **II** *vtr* pintar *or* dibujar a rayas.

striped [straɪpt] *adj* rayado,-a, a rayas.

stripper ['strɪpə^r] *n* **1** persona *f* que hace striptease. **2** *(for paint)* quitapinturas *m inv*.

striptease ['strɪptiːz] *n* striptease *m*.

strive [straɪv] *vi (pt strove; pp striven* ['strɪvən]*)* esforzarse, procurar; **to s. for** *or* **after sth,** esforzarse por conseguir algo.

strobe [strəʊb] *n* estroboscopio *m*. ■ **s. lighting,** luces *fpl* estroboscópicas.

strode [strəʊd] *pt see* **stride.**

stroke [strəʊk] **I** *n* **1** *(blow)* golpe *m*; *fig (feat)* **a s. of genius,** una genialidad; **a s. of luck,** un golpe de suerte. **2** *Crick Golf* golpe *m*, jugada *f*; *Bill* tacada *f*; *(rowing)* remada *f*; *Swimming* brazada *f*; *(style)* estilo *m*; **butterfly s.,** estilo mariposa; *fig* **to put sb off his s.,** distraer a algn. **3** *(of bell)* campanada *f*. **4** *(of piston)* carrera *f*; *(of engine)* tiempo *m*. **5** *(of pen)* trazo *m*; *(of brush)* pincelada *f*. **6** *(caress)* caricia *f*. **7** *Med* apoplejía *f*, derrame *m* cerebral; **to have a s.,** tener una apoplejía. **8** *fam (bit)* **I haven't done a s.,** no he dado golpe. **II** *vtr* acariciar.

stroll [strəʊl] **I** *vi* dar un paseo *or* una vuelta, pasear. **II** *n* paseo *m*, vuelta *f*.

stroller ['strəʊlə^r] *n US* cochecito *m*.

strong [strɒŋ] **I** *adj* **1** *(gen)* fuerte; *(person)* fuerte, fornido,-a, robusto,-a; **to be as s. as an ox,** ser fuerte como un toro. ■ **s. point,** punto *m* fuerte. **2** *(durable)* sólido,-a, resistente. **3** *(firm, resolute)* firme, profundo,-a; *(of supporter)* acérrimo,-a; *(protest)* fuerte, enérgico,-a. **4** *(intense) (colour)* fuerte, intenso,-a, vivo,-a; *(smell, food, drink)* fuerte; *(light)* brillante; *(resemblance, accent)* fuerte, marcado,-a; *fam* **that scene was really s. meat,** esa escena era muy fuerte. **5** *(incontestable)* poderoso,-a, convincente. **6** *(team etc)* **to be 20 s.,** contar con 20 miembros. **7** *(severe)* severo,-a; *(drastic)* drástico,-a. **8** *Fin Com (of currency etc)* fuerte, en alza. **II** *adv* fuerte; **to be going s.,** *(business)* ir fuerte *or* en auge; *(elderly person)* conservarse bien. ◆**strongly** *adv* *(gen)* fuertemente; **a s. worded letter,** una carta en tono fuerte; **he feels very s. about it,** sus opiniones al respecto son muy contundentes.

strong-arm ['strɒŋɑːm] *adj* de mano dura.

strongbox ['strɒŋbɒks] *n* caja *f* fuerte.

stronghold ['strɒŋhəʊld] *n Mil* fortaleza *f*; *fig* baluarte *m*.

strong-minded [strɒŋ'maɪndɪd] *adj* resuelto,-a, decidido,-a.

strongroom ['strɒŋruːm] *n* cámara *f* acorazada.

strong-willed [strɒŋ'wɪld] *adj* decidido,-a, obstinado,-a.

strontium ['strɒntɪəm] *n Chem* estroncio *m*.

stroppy ['strɒpɪ] *adj (stroppier, stroppiest) GB fam* negro,-a, de mala uva.

strove [strəʊv] *pt see* **strive.**

struck [strʌk] *pt & pp see* **strike.**

structural ['strʌktʃərəl] *adj (gen)* estructural; **s. engineer,** ingeniero,-a *m,f* de estructuras; *(in building)* **s. fault,** fallo *m* de armazón.

structuralist ['strʌktʃərəlɪst] *adj* & *n* estructuralista *(mf)*.

structure ['strʌktʃər] I *n* 1 *(organization, composition)* estructura *f*. 2 *(constructed thing)* construcción *f*; *(building)* edificio *m*. II *vtr (argument, novel)* estructurar.

struggle ['strʌgəl] I *vi (gen)* luchar; *(physically)* forcejear; **to s. to achieve sth,** esforzarse por conseguir algo; **to s. to one's feet,** levantarse con dificultad. II *n (gen)* lucha *f*; *(physical fight)* pelea *f*, forcejo *m*, forcejeo *m*; **it's a real s. to make ends meet,** nos cuesta Dios y ayuda llegar a fin de mes; **without a s.,** sin oponer resistencia.

strum [strʌm] *vtr (pt & pp strummed) (guitar)* rasguear.

strung [strʌŋ] *pt & pp see* **string**.

strut [strʌt] I *vi (pt & pp strutted)* pavonearse; **to s. about the room,** andar pavoneándose por la habitación. II *n Archit* puntal *m*, riostra *f*.

strychnine ['strɪkniːn] *n Chem* estricnina *f*.

stub [stʌb] I *n* 1 *(of cigarette)* colilla *f*. 2 *(of pencil, candle)* cabo *m*. 3 *(of cheque)* matriz *f*. II *vtr (pt & pp stubbed)* 1 *(strike)* golpear. 2 *(cigarette)* **to s. (out),** apagar.

stubble ['stʌbəl] *n (in field)* rastrojo *m*; *(on chin)* barba *f* incipiente *or* mal afeitada.

stubborn ['stʌbən] *adj* 1 *(person, animal)* terco,-a, testarudo,-a, obstinado,-a. 2 *(stain)* difícil. 3 *(illness)* rebelde. 4 *(refusal)* rotundo,-a.

stubbornness ['stʌbənnɪs] *n (gen)* terquedad *f*, testarudez *f*.

stubby ['stʌbɪ] *adj (stubbier, stubbiest)* rechoncho,-a.

stucco ['stʌkəʊ] *n (pl stuccos or stuccoes)* estuco *m*.

stuck [stʌk] *pt & pp see* **stick**[2].

stuck-up [stʌk'ʌp] *adj fam* creído,-a, orgulloso,-a.

stud[1] [stʌd] I *n (on clothing)* tachón *m*; *(on furniture)* tachuela *f*; *(in road)* clavo *m*; *(on football boots)* taco *m*; *(on shirt)* botonadura *f*. ■ *GB* **press s.,** *(cierre m)* automático *m*. II *vtr (pt & pp studded) (decorate)* tachonar (**with,** de); *fig (dot, cover)* salpicar (**with,** de).

stud[2] [stʌd] *n* semental *m*. ■ **s. (farm),** cuadra *f*, caballeriza *f*.

student ['stjuːdənt] *n Univ* estudiante *mf*, universitario,-a *m,f*; *Sch* alumno,-a *m,f*; *(researcher)* investigador,-a *m,f*; **part-time s.,** estudiante a tiempo parcial. ■ **s. teacher,** profesor,-a *m,f* en prácticas.

studied ['stʌdɪd] *adj (gen)* pensado,-a, estudiado,-a; *(insult, indifference)* premeditado,-a, calculado,-a; *(style etc)* afectado,-a.

studio ['stjuːdɪəʊ] *n (pl studios)* TV Cin estudio *m*; *(artist's)* estudio *m*, taller *m*. ■ **s. apartment, s. flat,** estudio *m*; TV **s. audience,** público *m* (invitado); **s. couch,** sofá cama *m*.

studious ['stjuːdɪəs] *adj* 1 *(devoted to study)* estudioso,-a, aplicado,-a. 2 *(thoughtful)* atento,-a, solícito,-a. ◆**studiously** *adv* cuidadosamente, deliberadamente.

study ['stʌdɪ] I *vtr (pt & pp studied) (gen)* estudiar; *(university subject)* estudiar, cursar; *(facts etc)* examinar, investigar; *(behaviour, the stars)* observar. II *vi* estudiar; *fml* cursar estudios; **to s. for a exam,** preparar un examen; **to s. hard,** estudiar mucho; **to s. to be a doctor,** estudiar para médico. III *n* 1 *(gen)* estudio *m*; *(of facts, text, etc)* investigación *f*, estudio *m*; **s. group,** grupo de trabajo; **to make a s.**

of sth, investigar algo. 2 *(room)* despacho *m*, estudio *m*.

stuff [stʌf] I *vtr* 1 *(fill) (container)* llenar (**with,** de); *(cushion, doll)* rellenar (**with,** con *or* de); *Culin* rellenar (**with,** con *or* de); *(animal for display)* disecar. 2 *(cram)* meter a la fuerza, atiborrar (**with,** de); *fam* **to s. oneself,** hartarse de comida; *sl offens* **he can s. his money!,** ¡que se meta el dinero por el culo! 3 *offens (have sex)* joder; **get stuffed!,** ¡vete a hacer puñetas!; **s. him!,** ¡que se joda! 4 *sl (thrash)* dar una paliza a. II *n* 1 *fam (material, substance)* materia *f*, material *m*; **he certainly knows his s.,** sabe lo que se hace; **that's the s.!,** ¡así es!, ¡así me gusta!; **to be hot s.,** *(sexy)* estar bueno,-a; **to do one's s.,** hacer lo suyo. 2 *fam (things, possessions, equipment)* cosas *fpl*; *fam* trastos *mpl*, cachivaches *mpl*; **put all your s. away,** guarda tus cosas. 3 *(cloth, fabric)* tela *f*, paño *m*, género *m*.

stuffed [stʌft] *adj* 1 relleno,-a; *Culin* **s. tomatoes,** tomates rellenos. ■ *Sew* **s. toy,** muñeco *m* de peluche; *fam* **s. shirt,** persona *f* envarada *or* estirada. 2 *(nose)* **s. (up),** tapado,-a.

stuffing ['stʌfɪŋ] *n* relleno *m*.

stuffy ['stʌfɪ] *adj (stuffier, stuffiest)* 1 *(room)* mal ventilado,-a; *(atmosphere)* cargado,-a; **it's s. in here,** aquí dentro huele a cerrado. 2 *(pompous)* pomposo,-a, estirado,-a; *(narrow-minded)* de miras estrechas; *(strait-laced)* remilgado,-a. 3 *(nose)* tapado,-a.

stultify ['stʌltɪfaɪ] *vtr (pt & pp stultified)* anular, aniquilar.

stumble ['stʌmbəl] I *vi* tropezar, dar un traspié; *fig* **to s. across** *or* **on** *or* **upon,** tropezar *or* dar con. II *n (trip, blunder)* tropezón *m*, traspié *m*.

stumbling ['stʌmblɪŋ] *n* **s. block,** escollo *m*, tropiezo *m*.

stump [stʌmp] I *n* 1 *(of pencil, candle)* cabo *m*. 2 *(of tree)* tocón *m*; *(of arm, leg)* muñón *m*, chueca *f*. 3 *Crick* estaca *f*, palo *m*. 4 *US* **to go on the s.,** hacer una campaña electoral. II *vtr* 1 *(puzzle)* confundir; **to be stumped,** estar perplejo,-a *or* confuso,-a. 2 *Crick (dismiss)* poner fuera de juego. III *vi (walk heavily)* pisar fuerte. ◆**stump up** *vi GB fam* pagar, soltar la pasta.

stumpy ['stʌmpɪ] *adj (stumpier, stumpiest)* rechoncho,-a, achaparrado,-a.

stun [stʌn] *vtr (pt & pp stunned) (blow)* aturdir, atontar; *fig (news etc)* sorprender.

stung [stʌŋ] *pt & pp see* **sting**.

stunk [stʌŋk] *pt & pp see* **stink**.

stunner ['stʌnər] *n fam (woman)* mujer *f* fenomenal; *(thing)* cosa *f* alucinante.

stunning ['stʌnɪŋ] *adj (blow)* aturdidor,-a; *(news)* alucinante; *fam (woman, outfit)* imponente, fenomenal.

stunt[1] [stʌnt] *vtr (growth)* atrofiar.

stunt[2] [stʌnt] *n* 1 *Av* acrobacia *f*, maniobra *f* peligrosa. 2 *(trick)* truco *m*. ■ **publicity s.,** truco *m* publicitario. 3 *Cin* escena *f* peligrosa. ■ **s. man,** doble *m*.

stunted ['stʌntɪd] *adj (tree etc)* enano,-a, mal desarrollado,-a. ■ **s. growth,** atrofia *f*.

stupefaction [stjuːpɪ'fækʃən] *n* estupefacción *f*.

stupefy ['stjuːpɪfaɪ] *vtr (pt & pp stupefied) (alcohol, drugs)* atontar, aletargar; *fig (news etc)* dejar estupefacto,-a *or* pasmado,-a.

stupendous [stju:'pendəs] *adj (wonderful)* estupendo,-a, fabuloso,-a; *(enormous)* tremendo,-a, formidable; *(unusual)* extraordinario,-a.

stupid ['stju:pɪd] **I** *adj* tonto,-a, imbécil; **how s. of me!**, ¡mira que soy tonto,-a!; **don't be s.!**, ¡no seas tonto,-a! **II** *n (person)* imbécil *m*, tonto,-a *m,f*.

stupidity [stju:'pɪdɪtɪ] *n* estupidez *f*.

stupor ['stju:pə'] *n* estupor *m*.

sturdiness ['stɜ:dɪnɪs] *n* robustez *f*, fuerza *f*; *fig* energía *f*, vigor *m*.

sturdy ['stɜ:dɪ] *adj (sturdier, sturdiest) (child, table, material)* robusto,-a, fuerte; *(opposition, resistance)* enérgico,-a, vigoroso,-a.

sturgeon ['stɜ:dʒən] *n (fish)* esturión *m*.

stutter ['stʌtə'] **I** *vi* tartamudear. **II** *vtr* decir tartamudeando. **III** *n* tartamudeo *m*.

stutterer ['stʌtərə'] *n* tartamudo,-a *m,f*.

sty [staɪ] *n (pen)* pocilga *f*.

sty(e) [staɪ] *n (pl sties or styes) Med* orzuelo *m*.

style [staɪl] **I** *n* **1** *(gen)* estilo *m*; *(of dress, suit)* modelo *m*; *(hairstyle)* peinado *m*; **in the s. of**, al estilo de. **2** *(fashion)* moda *f*; **in s.**, de moda; **it's the latest s.**, es lo que se lleva. **3** *(elegance)* estilo *m*, elegancia *f*, clase *f*; **to live in s.**, vivir a lo grande. **II** *vtr Hairdr* marcar.

styli ['staɪlaɪ] *npl see* **stylus.**

stylish ['staɪlɪʃ] *adj (elegant)* fino,-a, elegante; *(fashionable)* a la moda, de última moda.

stylist ['staɪlɪst] *n Hairdr* estilista *mf*, peluquero,-a *m,f*.

stylistic [staɪ'lɪstɪk] *adj (device)* estilístico,-a.

stylized ['staɪlaɪzd] *adj* estilizado,-a.

stylus ['staɪləs] *n (pl styluses or styli)* **1** *(of record player)* aguja *f*. **2** *(writing instrument)* estilo *m*.

stymie ['staɪmɪ] *vtr fam* frustrar; *Golf* interferir.

styptic ['stɪptɪk] *adj* astringente. ■ **s. pencil**, barra *f* astringente.

suave [swɑ:v] *adj* amable, afable; *pej* zalamero,-a.

sub [sʌb] **I** *n fam* **1** *(abbr of* **submarine)** submarino *m*. **2** *Sport (abbr of* **substitute)** sustituto,-a *m,f*. **3** *Journ (abbr of* **subeditor)** redactor,-a *m,f*. **4** *(abbr of* **subscription)** subscripción *f*, suscripción *f*. **5** *GB fam (advance payment)* anticipo *m*. **II** *vtr (pt & pp* **subbed)** *Journ* corregir. **III** *vi (in job)* hacer una suplencia; **to s. for sb**, sustituir a algn.

sub- [sʌb] *pref* sub-.

subaltern ['sʌbəltən] *n Mil* alférez *m*.

subcommittee ['sʌbkəmɪtɪ] *n* subcomisión *f*, subcomité *m*.

subconscious [sʌb'kɒnʃəs] **I** *adj* subconsciente. **II** **the s.** *n*, el subconsciente.

subcontinent [sʌb'kɒntɪnənt] *n* subcontinente *m*.

subcontract [sʌb'kɒntrækt] **I** *n* subcontrato *m*. **II** [sʌbkən'trækt] *vtr* subcontratar.

subcontractor [sʌbkən'træktə'] *n* subcontratista *mf*.

subdivide [sʌbdɪ'vaɪd] *vtr* subdividir **(into**, en).

subdue [səb'dju:] *vtr* **1** *(nation, people)* someter, sojuzgar. **2** *(feelings, passions)* dominar, contener. **3** *(sound, colour, light)* atenuar, suavizar.

subdued [səb'dju:d] *adj* **1** *(person, emotion)* callado,-a, apagado,-a. **2** *(voice, tone)* bajo,-a. **3** *(light)* tenue; *(colour)* apagado,-a.

subedit [sʌb'edɪt] *vtr (article, story)* corregir.

subeditor [sʌb'edɪtə'] *n* redactor,-a *m,f*.

subhead(ing) ['sʌbhed(ɪŋ)] *n* subtítulo *m*.

subhuman [sʌb'hju:mən] *adj* infrahumano,-a.

subject ['sʌbdʒɪkt] **I** *n* **1** *(citizen)* súbdito *m*. **2** *(theme, topic)* tema *m*; **to change the s.**, cambiar de tema; **while we are on the s. of holidays ...**, ya que hablamos de vacaciones ... . ■ **s. matter**, tema *m*, materia *f*; *(contents)* contenido *m*. **3** *Sch Univ* asignatura *f*. **4** *Ling* sujeto *m*. **II** *adj* **s. to**, *(law, tax)* sujeto,-a a; *(charge, fine)* expuesto,-a a; *(changes, delays)* susceptible de; *(illness)* propenso,-a a; *(conditional upon)* previo,-a; **s. to government approval**, previa aprobación gubernamental. **III** [səb'dʒekt] *vtr* someter; **to s. to torture**, someter a tortura, torturar.

subjective [səb'dʒektɪv] *adj* subjetivo,-a.

sub judice [sʌb'dʒu:dɪsɪ] *adj Jur* pendiente de resolución.

subjugate ['sʌbdʒʊgeɪt] *vtr* sojuzgar, subyugar.

subjunctive [səb'dʒʌŋktɪv] *Ling* **I** *adj* subjuntivo,-a. **II** *n* subjuntivo *m*.

sublet [sʌb'let] *vtr & vi (pt & pp* **sublet)** realquilar, subaquilar, subarrendar.

sublieutenant [sʌblə'tenənt] *n Naut* alférez *m* de navío; *Mil* subteniente *m*.

sublimate ['sʌblɪmeɪt] *vtr* sublimar.

sublime [sə'blaɪm] **I** *adj* **1** *(beauty etc)* sublime. **2** *iron (indifference, ignorance)* sumo,-a, total. **II** *n* **the s.**, la sublimación.

subliminal [sʌb'lɪmɪnəl] *adj* subliminal.

sub-machine-gun [sʌbmə'ʃi:ngʌn] *n* ametralladora *f*, metralleta *f*.

submarine ['sʌbməri:n] *n Naut* submarino *m*.

submerge [səb'mɜ:dʒ] **I** *vtr (plunge)* sumergir, hundir **(in**, en); *(flood)* inundar; *fig* **submerged in ...**, sumido,-a en ... . **II** *vi (submarine, diver)* sumergirse.

submersion [səb'mɜ:ʃən] *n* sumersión *f*.

submission [səb'mɪʃən] *n* **1** *(yielding)* sumisión *f*; **to starve into s.**, reducir por hambre. **2** *(of documents)* presentación *f*. **3** *(report)* ponencia *f*, informe *m*.

submissive [səb'mɪsɪv] *adj* sumiso,-a, resignado,-a.

submit [səb'mɪt] **I** *vtr (pt & pp* **submitted)** **1** *(present)* (application, proposal, claim) presentar. **2** *(subject)* (person) someter **(to**, a). **3** *Jur* alegar. **II** *vi (surrender)* rendirse, ceder.

subnormal [sʌb'nɔ:məl] *adj* subnormal.

subordinate [sə'bɔ:dɪnɪt] **I** *adj* subordinado,-a; *Gram* **s. clause**, oración subordinada. **II** *n* subordinado,-a *m,f*. **III** [sə'bɔ:dɪneɪt] *vtr* subordinar **(to**, a).

subordination [səbɔ:dɪ'neɪʃən] *n* subordinación *f*.

subplot ['sʌbplɒt] *n Lit* argumento *m* secundario.

subpoena [səb'pi:nə] *Jur* **I** *n* citación *f*. **II** *vtr* citar.

subscribe [səb'skraɪb] *vi (newspaper, magazine)* subscribirse, suscribirse, abonarse **(to**, a); *(opinion, theory)* estar de acuerdo **(to**, con).

subscriber [səb'skraɪbə'] *n (to newspaper, magazine)* subscriptor,-a *m,f*, suscriptor,-a *m,f*, abonado,-a *m,f*; *Tel* abonado,-a *m,f*.

subscription [səb'skrɪpʃən] *n (to newspaper, magazine)* subscripción *f*, suscripción *f*, abono *m*; *(to club)* cuota *f*; *(to opinion, theory)* adhesión *f*; **to take out a s.**, suscribirse **(to**, a).

subsequent ['sʌbsɪkwənt] *adj* subsiguiente; **s. to**, posterior a. ◆**subsequently** *adv* posteriormente.

subservient [səb'sɜ:vɪənt] *adj* servil.

subside [səb'saɪd] *vi (land, building)* hundirse; *(floodwater)* bajar, descender; *(storm, wind)* amainar; *fig (anger)* calmarse, amainar.

subsidence [səb'saɪdəns] *n (of land, building)* hundimiento *m*; *(of floodwater)* bajada *f*, descenso *m*; *(of storm, wind)* amaine *m*; *fig (of anger)* apaciguamiento *m*.

subsidiary [sʌb'sɪdɪərɪ] I *adj (role, interest)* secundario,-a; *(troops)* subsidiario,-a. II *n* Com sucursal *f*, filial *f*.

subsidize ['sʌbsɪdaɪz] *vtr (gen)* subvencionar; *(exports)* primar.

subsidy ['sʌbsɪdɪ] *n* subvención *f*, subsidio *m*. ■ **export s.**, prima *f*; **housing s.**, subsidio *m* de vivienda.

subsist [səb'sɪst] *vi* subsistir; **to s. on ...**, subsistir a base de ... .

subsistence [səb'sɪstəns] *n (existence)* subsistencia *f*, existencia *f*; *(sustenance)* sustento *m*, subsistencia *f*. ■ *GB* **s. allowance,** *(advance payment)* anticipo *m*; *(for expenses)* dietas *mpl*; **s. wage,** sueldo *m* miserable *or* muy bajo.

subsoil ['sʌbsɔɪl] *n* subsuelo *m*.

substance ['sʌbstəns] *n* 1 *(material)* substancia *f*, sustancia *f*, materia *f*. 2 *(solid worth)* substancia *f*, solidez *f*; *(essence, gist)* esencia *f*; **an argument of little s.,** un argumento que carece de substancia. 3 *(wealth)* riqueza *f*; **a woman of s.,** una mujer acaudalada.

substandard [sʌb'stændəd] *adj* inferior (a la media).

substantial [səb'stænʃəl] *adj* 1 *(solid)* sólido,-a. 2 *(considerable) (sum, loss, etc)* importante; *(difference, improvement)* substancial, notable; *(meal)* abundante. ◆**substantially** *adv* 1 *(solidly)* sólidamente; **a s. built house,** una casa muy sólida. 2 *(considerably)* notablemente. 3 *(essentially)* esencialmente; *(to a large extent)* en gran parte.

substantiate [səb'stænʃɪeɪt] *vtr (claim)* justificar.

substantive ['sʌbstəntɪv] *n* Ling substantivo *m*, sustantivo *m*.

substitute ['sʌbstɪtjuːt] I *vtr* substituir, sustituir; **to s. X for Y,** sustituir X por Y. II *vi* sustituir, suplir **(for, a). III** *n (person)* sustituto,-a *m,f*, suplente *mf*; *(thing)* sucedáneo *m*; **a coffee s.,** un sucedáneo del café.

substitution [sʌbstɪ'tjuːʃən] *n* 1 *(gen)* substitución *f*, sustitución *f*. 2 *(in job)* suplencia *f*.

substratum [sʌb'strɑːtəm] *n (pl substrata [sʌb'strɑːtə])* substrato *m*, subsuelo *m*.

subterfuge ['sʌbtəfjuːdʒ] *n* subterfugio *m*.

subterranean [sʌbtə'reɪnɪən] *adj* subterráneo,-a.

subtitle ['sʌbtaɪtəl] Cin I *n* subtítulo *m*. II *vtr* subtitular, poner subtítulos a.

subtle ['sʌtəl] *adj (colour, difference)* sutil; *(perfume, taste)* delicado,-a; *(remark, analysis)* ingenioso,-a, agudo,-a; *(irony, joke)* fino,-a. ◆**subtly** *adv* sútilmente, con sutileza.

subtlety ['sʌtəltɪ] *n (of colour, difference)* sutileza *f*; *(of perfume, taste)* delicadeza *f*; *(of remark, analysis)* ingeniosidad *f*, agudeza *f*; *(of irony, joke)* finura *f*.

subtotal [sʌb'təʊtəl] *n* subtotal *m*.

subtract [səb'trækt] *vtr* Math restar; **to s. 3 from 10,** restar 3 de 10.

subtraction [səb'trækʃən] *n* Math resta *f*.

suburb ['sʌbɜːb] *n* barrio *m* periférico *or* residencial; **the suburbs,** las afueras.

suburban [sə'bɜːbən] *adj* suburbano,-a. ■ **s. train,** tren *m* de cercanías.

suburbia [sə'bɜːbɪə] *n* barrios *mpl* periféricos *or* satélites.

subversion [səb'vɜːʃən] *n* subversión *f*.

subversive [səb'vɜːsɪv] *adj & n* subversivo,-a *(m,f)*.

subvert [səb'vɜːt] *vtr (values)* subvertir; *(government)* derribar, derrocar.

subway ['sʌbweɪ] *n* 1 *GB (underpass)* paso *m* subterráneo. 2 *US (underground railway)* metro *m*.

succeed [sək'siːd] I *vi* 1 *(be successful) (person)* tener éxito; *(plan, attempt)* salir bien; **to s. in doing sth,** conseguir *or* lograr hacer algo; **to s. in life,** triunfar en la vida. 2 *(follow after)* suceder; **to s. to,** *(throne, fortune)* suceder a, heredar. II *vtr (monarch, son)* suceder a.

succeeding [sək'siːdɪŋ] *adj* subsiguiente, sucesivo,-a.

success [sək'ses] *n* éxito *m*; **he had no s.,** no le salió bien; **it was a great s.,** fue todo un éxito; **to make a s. of sth,** triunfar en algo; **to meet with s.,** tener éxito.

successful [sək'sesfʊl] *adj (gen)* que tiene éxito, de éxito; *(application, plan)* logrado,-a, acertado,-a; *(business, businessman)* próspero,-a; *(marriage)* feliz; **s. candidate,** Pol candidato,-a elegido,-a; Sch alumno,-a aprobado,-a; **to be s. in doing sth,** conseguir *or* lograr hacer algo. ◆**successfully** *adv* con éxito.

succession [sək'seʃən] *n* 1 *(series)* sucesión *f*, serie *f*; **for three years in s.,** durante tres años consecutivos; **in s.,** sucesivamente. 2 *(to post, throne)* sucesión *f*.

successive [sək'sesɪv] *adj* sucesivo,-a, consecutivo,-a; **for five s. months,** durante cinco meses seguidos.

successor [sək'sesə'] *n* sucesor,-a *m,f*.

succinct [sək'sɪŋkt] *adj* sucinto,-a.

succulent ['sʌkjʊlənt] I *adj (juicy, tasty)* suculento,-a. II *n* Bot planta *f* carnosa.

succumb [sə'kʌm] *vi* sucumbir **(to, a).**

such [sʌtʃ] I *adj (of that sort)* tal, semejante, parecido,-a; **artists s. as Monet and Renoir,** artistas como Monet y Renoir; **at s. and s. a time,** a tal hora; **in s. a case,** en tal caso; **in s. a way that,** de tal manera que; **I said no s. thing,** no dije nada por el estilo; **s. is life!,** ¡así es la vida!; **there's no s. thing,** no existe tal cosa; **he comes from Salford or some s. place,** es de Salford o de un sitio parecido *or* así. 2 *(so much, so great)* tanto,-a; **he's always in s. a hurry ...,** siempre anda con tanta prisa ...; **she was in s. pain,** sufría tanto; **s. a lot of books,** tantos libros; **with s. courage,** con tanto valor. II *adv (so very)* tan; **it's s. a long time,** hace tanto tiempo; **she's s. a clever woman,** es una mujer tan inteligente; **we had s. good weather,** hizo un tiempo tan bueno.

suchlike ['sʌtʃlaɪk] I *adj* tal, semejante; **football, rugby and s. sports,** fútbol, rugby y otros deportes por el estilo. II *n (things)* cosas *fpl* por el estilo; *(people)* gente *f* por el estilo.

suck [sʌk] I *vtr (vacuum cleaner, pump)* aspirar; *(person) (liquid)* sorber; *(lollipop, blood, etc)* chupar; *(baby) (at breast)* mamar; **to s. one's thumb,** chuparse el dedo. II *vi (person)* chupar, dar chupadas; *(baby)* mamar. III *n (on lollipop, thumb, etc)* chupada *f*. ◆**suck down** *vtr (whirlpool, mud)* tragar. ◆**suck in** *vtr (whirlpool, mud)* tragar; *(va-*

cuum cleaner, pump) aspirar. ◆**suck up** I *vtr (dust etc)* aspirar. II *vi fam* **to s. up to sb,** hacerle la pelota a algn, dar coba a algn.

ucker [ˈsʌkəʳ] *n* 1 *Zool* ventosa *f*; *Bot* chupón *m*. 2 *fam (mug, pushover)* primo,-a *m,f*, bobo,-a *m,f*; **he's a s. for blondes,** no puede resistir a las rubias.

uckle [ˈsʌkəl] I *vtr (mother)* amamantar, dar el pecho a. II *vi (child)* mamar.

uckling [ˈsʌklɪŋ] *adj (child)* lactante.

ucrose [ˈsjuːkrəʊz] *n* sacarosa *f*.

uction [ˈsʌkʃən] *n (stick together)* succión *f*; *(water, air, etc)* aspiración *f*. ■ **s. pump,** bomba *f* de aspiración.

udan [suːˈdɑːn, suːˈdæn] *n* **the S.,** (el) Sudán.

udanese [suːdəˈniːz] I *adj* sudanés,-esa. II *n inv* 1 *(person)* sudanés,-esa *m,f*; **the S.,** los sudaneses. 2 *(language)* sudanés *m*.

udden [ˈsʌdən] *adj* 1 *(hurried)* súbito,-a, repentino,-a. 2 *(unexpected)* imprevisto,-a, inesperado,-a. 3 *(abrupt)* brusco,-a; **all of a s.,** de repente, de pronto, de golpe. ■ **s. bend,** viraje *m*. ◆**suddenly** *adv* de repente, de pronto.

uddenness [ˈsʌdənnɪs] *n (rapidity)* lo súbito, lo repentino; *(unexpectedness)* lo imprevisto, lo inesperado; *(abruptness)* brusquedad *f*.

uds [sʌdz] *npl* espuma *f* de jabón, jabonaduras *fpl*.

ue [suː, sjuː] I *vtr Jur (person, organization)* demandar, presentar una demanda contra, llevar a juicio; **to s. sb for damages,** demandar a algn por daños y perjuicios. II *vi* presentar una demanda, entablar acción judicial; **to s. for divorce,** solicitar el divorcio.

uede [sweɪd] I *n* ante *m*, gamuza *f*; *(for gloves)* cabritilla *f*. II *adj* de ante *or* gamuza; *(gloves)* de cabritilla.

uet [ˈsuːɪt] *n Culin* sebo *m*.

uffer [ˈsʌfəʳ] I *vtr* 1 *(pain, injury)* sufrir. 2 *(hardship, defeat, setback)* sufrir, padecer, experimentar. 3 *(bear, tolerate)* aguantar, soportar; **he doesn't s. fools gladly,** no aguanta a los imbéciles. II *vi* sufrir; **to s. from,** sufrir de, padecer de, adolecer de; **she was suffering from shock,** sufría los efectos de un shock; **they were suffering from the effects of the smoke,** se resentían del humo; **your health/work will s.,** perjudicará a tu salud/trabajo.

ufferance [ˈsʌfərəns] *n* tolerancia *f*; *(forbearance)* resistencia *f*; **on s.,** por tolerancia.

ufferer [ˈsʌfərəʳ] *n Med* enfermo,-a *m,f*; **arthritis sufferers,** los artríticos.

uffering [ˈsʌfərɪŋ] *n (affliction)* sufrimiento *m*; *(pain, torment)* dolor *m*.

uffice [səˈfaɪs] *vtr & vi fml* bastar, ser suficiente (para).

ufficient [səˈfɪʃənt] *adj* suficiente, bastante; **2 kilos will be s.,** con 2 kilos basta. ◆**sufficiently** *adv* suficientemente, bastante; **the food isn't s. hot,** la comida no está lo suficientemente caliente.

uffix [ˈsʌfɪks] *n Ling* sufijo *m*.

uffocate [ˈsʌfəkeɪt] I *vtr* asfixiar, ahogar. 2 *vi* asfixiarse, ahogarse.

uffocating [ˈsʌfəkeɪtɪŋ] *adj (heat)* sofocante, agobiante; *(atmosphere)* bochornoso,-a.

uffocation [sʌfəˈkeɪʃən] *n* asfixia *f*, ahogo *m*.

uffrage [ˈsʌfrɪdʒ] *n* sufragio *m*.

uffragette [sʌfrəˈdʒet] *n Hist* sufragista *mf*.

uffuse [səˈfjuːz] *vtr Lit* bañar, cubrir; **suffused with light,** bañado,-a de luz.

sugar [ˈʃʊgəʳ] I *n* 1 azúcar *m & f*. ■ **brown s.,** azúcar *f* morena; **caster s.,** azúcar *m* extrafino; *Bot* **s. beet,** remolacha *f* (azucarera); **s. bowl,** azucarero *m*; **s. candy,** azúcar *m* cande; **s. cane,** caña *f* de azúcar; *fam* **s. daddy,** amante *m* viejo y rico; **s. loaf,** pan *m* de azúcar; **s. lump,** terrón *m* de azúcar; **s. plantation,** plantación *f* de azúcar; **s. refinery,** refinería *f* de azúcar; **s. tongs,** tenacillas *fpl* para el azúcar. 2 *fam (darling)* querido,-a *m,f*, cariño *m*. II *interj* ¡ostras! III *vtr* azucarar, echar azúcar a; *fig* **to s. the pill,** dorar la píldora.

sugar-coated [ʃʊgəˈkəʊtɪd] *adj* azucarado,-a.

sugary [ˈʃʊgərɪ] *adj* 1 *(like sugar)* azucarado,-a; *(sweet)* dulce. 2 *fig (insincere)* meloso,-a, almibarado,-a; *(over-sentimental)* sentimentaloide.

suggest [səˈdʒest] *vtr* 1 *(propose)* sugerir, proponer; **I s. that we leave at once,** sugiero que nos vayamos en seguida. 2 *(advise, recommend)* aconsejar; **he suggested we looked *or* should look for alternative accommodation,** nos aconsejó que buscáramos otro alojamiento. 3 *(evoke)* evocar, sugerir; **what does the poem s. to you?,** ¿qué te sugiere el poema? 4 *(indicate, imply)* indicar; **this suggests that he came alone,** esto hace pensar que vino solo; **what are you trying to s.?,** ¿qué insinuas?

suggestible [səˈdʒestɪbəl] *adj* sugestionable.

suggestion [seˈdʒestʃən] *n* 1 *(proposal)* sugerencia *f*; *(insinuation)* insinuación *f*; **his s. was that ...,** él proponía que ...; **to make a s.,** hacer una sugerencia. 2 *(hint, trace)* sombra *f*, traza *f*; *(small amount)* pizca *f*.

suggestive [səˈdʒestɪv] *adj* 1 *(gen)* sugestivo,-a; **to be s. of sth,** evocar algo. 2 *(indecent, remark)* indecente, subido,-a de tono; *(gesture, look)* provocativo,-a, provocador,-a.

suicidal [sjuːɪˈsaɪdəl] *adj* suicida; **s. tendencies,** tendencias suicidas.

suicide [ˈsjuːɪsaɪd] *n* suicidio *m*; **to commit s.,** suicidarse; *fam* **it would be s. to do that,** sería una locura hacer eso.

suit [suːt, sjuːt] I *n* 1 *(man's)* traje *m*; *(woman's)* traje *m* de chaqueta. ■ **bathing s.,** bañador *m*, traje *m* de baño; **s. of armour,** armadura *f*. 2 *Jur (lawsuit)* pleito *m*; **to bring *or* file a s. against sb,** entablar un pleito contra algn. 3 *Cards* palo *m*; **to follow s.,** arrastrar; *fig (copy)* seguir el ejemplo. II *vtr* 1 *(be convenient, acceptable)* convenir a, venir bien a; *fam* **that suits me fine,** me viene de perlas. 2 *(be right, appropiate)* ir bien a, sentar bien a; **red really suits you,** el rojo te favorece mucho; **they are well suited to each other,** están hechos el uno para el otro. 3 *(adapt)* adaptar a, ajustar a; **she suited her speech to her audience,** ajustó su discurso al público. 4 *(please)* agradar, satisfacer; **s. yourself!,** ¡como quieras!; **you can't s. everybody,** es imposible satisfacer a todos.

suitability [sjuːtəˈbɪlɪtɪ] *n (convenience)* conveniencia *f*; *(aptness)* idoneidad *f*.

suitable [ˈsjuːtəbəl] *adj (convenient)* conveniente; *(appropriate)* apropiado,-a, adecuado,-a; *(apt)* apto,-a; **the most s. woman for the job,** la mujer más indicada para el puesto; *TV* **this programme is not s. for children,** este programa no es apto para niños. ◆**suitably** *adv (correctly)* correctamente, como es debido; *(properly)* apropiadamente, adecuadamente.

suitcase [ˈsuːtkeɪs] *n* maleta *f*.

suite [swi:t] *n* 1 *(of furniture)* juego *m*, mobiliario *m*. ■ **dining-room s.**, (juego *m* de) comedor *m*; **three-piece s.**, tresillo *m*. 2 *(of hotel rooms)* suite *f*. 3 *Mus* suite *f*.

suitor ['sju:tə'] *n* 1 *(wooer)* pretendiente *m*. 2 *Jur* demandante *mf*.

sulfate ['sʌlfeɪt] *n US see* sulphate.

sulfide ['sʌlfaɪd] *n US see* sulphide.

sulfur ['sʌlfə'] *n US see* sulphur.

sulfuric [sʌl'fjʊərɪk] *adj US see* sulphuric.

sulk [sʌlk] I *vi* enfurruñarse, tener murria, estar de mal humor. II *n* mal humor *m*, murria *f*; **to have the sulks**, enfurruñarse, poner morros.

sulky ['sʌlkɪ] *adj (sulkier, sulkiest)* malhumorado,-a, resentido,-a.

sullen ['sʌlən] *adj (moody, surly)* hosco,-a, arisco,-a, huraño,-a; *(sky)* plomizo,-a.

sullenness ['sʌlənnɪs] *n* malhumor *m*, murria *f*.

sully ['sʌlɪ] *vtr (pt & pp sullied)* ensuciar; *fig* manchar, mancillar.

sulphate ['sʌlfeɪt] *n* sulfato *m*. ■ **copper s.**, sulfato *m* de cobre.

sulphide ['sʌlfaɪd] *n* sulfuro *m*.

sulphur ['sʌlfə'] *n* azufre *m*.

sulphuric [sʌl'fjʊərɪk] *adj* sulfúrico,-a. ■ **s. acid**, ácido *m* sulfúrico.

sultan ['sʌltən] *n* sultán *m*.

sultana [sʌl'tɑ:nə] *n* 1 *(wife of sultan)* sultana *f*. 2 *(raisin)* pasa *f* de Esmirna.

sultanate ['sʌltəneɪt] *n* sultanato *m*.

sultry ['sʌltrɪ] *adj (sultrier, sultriest)* 1 *(muggy)* bochornoso,-a, sofocante. 2 *(seductive)* sensual.

sum [sʌm] *n* 1 *(arithmetic problem)* suma *f*, adición *f*; **sums**, aritmética *f*, cálculo *m*; *fam* **to be good at sums**, estar fuerte en aritmética. 2 *(amount of money)* suma *f*, cantidad *f*; **lump s.**, suma *f* global, cantidad *f* global; *(total amount)* suma *f*, total *m*; *(of money, invoice)* importe *m*, monto *m*; **s. total**, suma *f* total, total *m*; *fig* **in s.**, en suma, en resumen. ◆**sum up** I *vtr (pt & pp summed)* 1 *(summarize, encapsulate)* resumir, hacer un resumen de. 2 *(size up)* evaluar (en el acto). II *vi* resumir; **to s. up ...**, en resumidas cuentas *or* en resumen, ...

summarily ['sʌmerɪlɪ] *adv* sumariamente.

summarize ['sʌməraɪz] *vtr* resumir.

summary ['sʌmərɪ] I *n* resumen *m*. ■ *Rad TV* **news s.**, resumen *m* de las noticias. II *adj (trial, dismissal, etc)* sumario,-a.

summer ['sʌmə'] I *n* verano *m*; **in s.**, en verano. ■ **Indian s.**, veranillo *m* de San Martín. II *adj (holiday, clothes)* de verano; *(weather, atmosphere)* veraniego,-a; *(resort)* de veraneo. ■ **s. camp**, colonia *f* de vacaciones; **s. school**, escuela *f* de verano; **S. Time**, hora *f* de verano.

summerhouse ['sʌməhaʊs] *n* cenador *m*, glorieta *f*.

summertime ['sʌmətaɪm] *n* verano *m*.

summery ['sʌmərɪ] *adj* veraniego,-a.

summing-up [sʌmɪŋ'ʌp] *n Jur* resumen *m*.

summit ['sʌmɪt] *n* 1 *(of mountain)* cima *f*, cumbre *f*. 2 *Pol* cumbre *f*.

summon ['sʌmən] *vtr* 1 *(meeting)* convocar. 2 *(servant)* llamar; *(doctor, police)* llamar; *(aid, reinforcements)* pedir. 3 *Jur (person)* citar, emplazar. ◆**summon up** *vtr (resources, help)* reunir, conseguir; **to s. up one's courage** *or* **strength**, armarse de valor.

summons ['sʌmənz] I *n* 1 *(call)* llamada *f*, llam miento *m*. 2 *Jur* citación *f* judicial, emplazamien *m*. II *vtr Jur* citar, emplazar.

sump [sʌmp] *n* 1 *Aut* cárter *m*. 2 *Min* sumidero *n (cesspool)* letrina *f*.

sumptuous ['sʌmptjʊəs] *adj* suntuoso,-a.

sumptuousness ['sʌmptjʊəsnɪs] *n* suntuosidad *f*

Sun *abbr of* **Sunday**, domingo *m*, dom°.

sun [sʌn] I *n* sol *m*; **in the s.**, al sol; **you've caug the s.**, te ha cogido el sol. ■ **s. blind**, *(awning)* tol *m*; *(Venetian blind)* persiana *f*; **s. deck**, cubierta superior; **s. lounge**, *US* **s. parlor**, solana *f*. II *vtr (* & *pp* **sunned**) **to s. oneself**, tomar el sol.

sun-baked ['sʌnbeɪkt] *adj (parched)* quemado, por el sol; *(brick)* secado,-a al sol.

sunbathe ['sʌnbeɪð] *vi* tomar el sol.

sunbathing ['sʌnbeɪðɪŋ] *n* baños *mpl* de sol.

sunbeam ['sʌnbi:m] *n* rayo *m* de sol.

sunbed ['sʌnbed] *n* tumbona *f*.

sunburn ['sʌnbɜ:n] *n (burn)* quemadura *f* de sc *(tan)* bronceado *m*.

sunburnt ['sʌnbɜ:nt] *adj (burnt)* quemado,-a por sol; *(tanned)* bronceado,-a.

sundae ['sʌndeɪ, 'sʌndɪ] *n Culin* helado *m* con fru y nueces.

Sunday ['sʌndɪ] *n* domingo *m inv*; **Easter S.**, D mingo de Resurrección; **Palm S.**, Domingo Ramos; **S. newspaper**, periódico del domingo; **school**, catequesis; *fig* **to be dressed in one's S. be** llevar el traje de los domingos, ir endomingado,- *see also* Saturday.

sundial ['sʌndaɪəl] *n* reloj *m* de sol.

sundown ['sʌndaʊn] *n US* anochecer *m*; **at s.**, anochecer.

sun-drenched ['sʌndrentʃt] *adj* bañado,-a por sol.

sundry ['sʌndrɪ] I *adj (various)* diversos,-as, v rios,-as; *fam* **all and s.**, todos sin excepción, toc quisque. II **sundries** *npl Com (miscellaneo goods)* artículos *mpl* diversos; *(expenses)* gastos *m* diversos.

sunflower ['sʌnflaʊə'] *n Bot* girasol *m*.

sung [sʌŋ] *pp see* sing.

sunglasses ['sʌnglɑ:sɪz] *npl* gafas *fpl* de sol.

sunhat ['sʌnhæt] *n* pamela *f*, sombrero *m* de a ancha.

sunk [sʌŋk] *pp see* sink.

sunken ['sʌŋkən] *adj* hundido,-a.

sunlamp ['sʌnlæmp] *n* lámpara *f* solar, lámpara *f* rayos ultravioletas.

sunlight ['sʌnlaɪt] *n (sunshine)* sol *m*, luz *f* del s **in the s.**, al sol.

sunlit ['sʌnlɪt] *adj* iluminado,-a por el sol.

sunny ['sʌnɪ] *adj (sunnier, sunniest)* 1 *(day)* de so *(place, room)* soleado,-a; **it is s.**, hace sol. 2 *(smile, disposition)* alegre; *(future)* risueño,-a.

sunray ['sʌnreɪ] *n* rayo *m* de sol.

sunrise ['sʌnraɪz] *n (sun-up)* salida *f* del sol; *(daw* alba *m*, amanecer *m*.

sunroof ['sʌnru:f] *n* 1 *Aut* techo *m* solar. 2 *(on bui ing)* azotea *f*.

sunset ['sʌnset] *n (sundown)* puesta *f* del sol; *(tv light)* crepúsculo *m*, anochecer *m*.

sunshade ['sʌnʃeɪd] *n (parasol)* sombrilla *f (awning)* toldo *m*.

sunshine ['sʌnʃaɪn] *n* sol *m*, luz *f* del sol; *Meteor* **hours of s.**, horas *fpl* de sol *or* de insolación.

sunspot ['sʌnspɒt] *n* 1 *Astron* mancha *f* solar. 2 *fam* lugar *m* de veraneo con mucho sol.

sunstroke ['sʌnstrəʊk] *n* insolación *f*.

suntan ['sʌntæn] *n* bronceado *m*. ■ **s. oil** *or* **lotion**, (aceite *m*) bronceador *m*.

sun-tanned ['sʌntænd] *adj* bronceado,-a.

suntrap ['sʌntræp] *n* lugar *m* muy soleado.

sun-up ['sʌnʌp] *n US* (*sunrise*) salida *f* de sol; (*dawn*) alba *m*, amanecer *m*.

sup [sʌp] *vtr* (*pt & pp* **supped**) beber a sorbos; *fam* **s. up!**, bébetelo de una vez.

super ['su:pəʳ] **I** *adj fam* tremendo,-a, bárbaro,-a, fenomenal, de primera. **II** *n* (*petrol*) (gasolina *f*) súper *f*.

super- ['su:pəʳ] *pref* super-, sobre-.

superabundant [su:pərə'bʌndənt] *adj* superabundante.

superannuated [su:pər'ænjʊeɪtɪd] *adj fml* antiquado,-a.

superannuation [su:pərænjʊ'eɪʃən] *n GB* jubilación *f*, pensión *f*.

superb [sʊ'pɜ:b] *adj* espléndido,-a, estupendo,-a, magnífico,-a.

supercharged ['su:pətʃɑ:dʒd] *adj Aut* sobrealimentado,-a.

supercharger ['su:pətʃɑ:dʒəʳ] *n Aut* sobrealimentador *m*, compresor *m* de sobrealimentación.

supercilious [su:pə'sɪlɪəs] *adj* (*condescending*) altanero,-a; (*disdainful*) desdeñoso,-a.

superciliousness [su:pə'sɪlɪəsnɪs] *n* (*condescending*) altanería *f*; (*disdain*) desdén *m*.

superficial [su:pə'fɪʃəl] *adj* superficial.

superficiality [su:pəfɪʃɪ'ælɪtɪ] *n* superficialidad *f*.

superfluous [su:'pɜ:flʊəs] *adj* superfluo,-a, sobrante; **to be s.**, sobrar.

superhuman [su:pə'hju:mən] *adj* sobrehumano,-a.

superimpose [su:pərɪm'pəʊz] *vtr* sobreponer, superponer (**on**, en).

superintendent [su:pərɪn'tendənt] *n* director,-a *m,f*; **police s.**, subjefe,-a *m,f* de policía.

superior [su:'pɪərɪəʳ] **I** *adj* 1 (*gen*) superior (**to**, a). 2 (*haughty*) presumido,-a, altanero,-a. **II** *n* (*senior*) superior,-a *m,f*; *Rel* **Mother S.**, madre *f* superiora.

superiority [su:pɪərɪ'ɒrɪtɪ] *n* superioridad *f*; **s. complex**, complejo *m* de superioridad.

superlative [su:'pɜ:lətɪv] **I** *adj* (*superb, excellent, outstanding*) superlativo,-a, supremo,-a, sumo,-a. **II** *n Ling* superlativo *m*; *fig* **to speak in superlatives**, deshacerse en elogios.

superman ['su:pəmæn] *n* (*pl* **supermen** ['su:pəmen]) superhombre *m*.

supermarket ['su:pəmɑ:kɪt] *n* supermercado *m*.

supernatural [su:pə'nætʃərəl] **I** *adj* sobrenatural. **II the s.** *n*, lo sobrenatural.

superpower ['su:pəpaʊəʳ] *n Pol* superpotencia *f*.

supersede [su:pə'si:d] *vtr fml* suplantar.

supersonic [su:pə'sɒnɪk] *adj* supersónico,-a.

superstar ['su:pəstɑ:ʳ] *n* superestrella *f*.

superstition [su:pə'stɪʃən] *n* superstición *f*.

superstitious [su:pə'stɪʃəs] *adj* supersticioso,-a.

superstructure ['su:pəstrʌktʃəʳ] *n* superestructura *f*.

supertanker ['su:pətæŋkəʳ] *n* superpetrolero *m*.

supertax ['su:pətæks] *n* impuesto *m* adicional.

supervise ['su:pəvaɪz] *vtr* 1 (*watch over*) vigilar. 2 (*superintend*) inspeccionar. 3 (*run*) supervisar.

supervision [su:pə'vɪʒən] *n* supervisión *f*; **under s.**, bajo la supervisión.

supervisor ['su:pəvaɪzəʳ] *n* supervisor,-a *m,f*.

supervisory [su:pə'vaɪzərɪ] *adj* de supervisión.

superwoman ['su:pəwʊmən] *n* (*pl* **superwomen** ['su:pəwɪmɪn]) supermujer *f*.

supine ['su:paɪn] *adj* supino,-a.

supper ['sʌpəʳ] *n* cena *f*; **to have s.**, cenar; **we had fish for s.**, cenamos pescado.

supper-time ['sʌpətaɪm] *n* hora *f* de cenar.

supplant [sə'plɑ:nt] *vtr* suplantar, reemplazar.

supple ['sʌpəl] *adj* flexible.

suppleness ['sʌpəlnɪs] *n* flexibilidad *f*.

supplement ['sʌplɪmənt] **I** *n* (*gen*) suplemento *m*. **II** ['sʌplɪment] *vtr* complementar.

supplementary [sʌplɪ'mentərɪ] *adj* suplementario,-a, adicional.

supplicant ['sʌplɪkənt] *n fml* suplicante *mf*.

supplication [sʌplɪ'keɪʃən] *n* súplica *f*.

supplier [sə'plaɪəʳ] *n* (*gen*) suministrador,-a *m,f*; *Com* proveedor,-a *m,f*, abastecedor,-a *m,f*.

supply [sə'plaɪ] **I** *n* 1 (*provision*) suministro *m*; *Com* provisión *f*, abastecimiento *m*; (*stock*) surtido *m*, existencias *fpl*; **salt is in short s.**, hay escasez de sal; **s. and demand**, oferta *f* y demanda. ■ **s. ship**, buque *m* de abastecimiento; **s. teacher**, profesor,-a *m,f* suplente. 2 **supplies**, (*food*) provisiones *fpl*, víveres *mpl*; *Mil* pertrechos *mpl*; **office s.**, material *m sing* para oficina. **II** *vtr* (*pt & pp* **supplied**) 1 (*provide*) suministrar, proveer, abastecer; (*electricity, water, arms*) suministrar. 2 *Mil* (*with provisions*) aprovisionar. 3 (*information, proof*) facilitar, provisionar. 4 *Com* surtir.

support [sə'pɔ:t] **I** *n* 1 *Constr Tech* soporte *m*, apoyo *m*. 2 *fig* (*moral*) apoyo *m*, respaldo *m*; (*allegiance, backing*) **to give** *or* **lend one's s. to sth**, apoyar *or* respaldar a algo. 3 (*sustenance*) sustento *m*; **fishing is their sole means of s.**, se sustentan únicamente con la pesca; *Jur* **without visible means of s.**, sin oficio ni beneficio. 4 (*financial assistance, funding*) ayuda *f* económica. 5 *Sport* afición *f*. **II** *vtr* 1 *Constr Tech* (*weight, roof, etc*) sostener. 2 (*physical*) sostener; **her legs can't s. the weight**, no le sostienen las piernas. 3 *fig* (*back*) apoyar, respaldar; (*proposal, plan*) apoyar, estar de acuerdo con; (*corroborate, substantiate*) (*theory, evidence*) confirmar, respaldar. 4 *Sport* (*team*) seguir. 5 (*sustain, keep*) mantener; (*feed*) alimentar; **to s. oneself**, ganarse la vida.

supporter [sə'pɔ:təʳ] *n Pol* partidario,-a *m,f*; *Sport* seguidor,-a *m,f*; (*fan*) hincha *mf*, forofo,-a *m,f*; **supporters' club**, peña *f* deportiva.

supporting [sə'pɔ:tɪŋ] *adj Cin Theat* secundario,-a.

supportive [sə'pɔ:tɪv] *adj* (*helpful*) que ayuda; (*understanding*) comprensivo,-a.

suppose [sə'pəʊz] *vtr* 1 (*gen*) suponer; **let us s. that ...**, supongamos que ...; **s. she's right**, ¿y si tiene razón? 2 (*presume, guess*) suponer, creer; **I don't s. she'll phone now**, no creo que llame ahora; **I don't s. you know where she is?**, ¿no sabrías por casualidad dónde se encuentra?; **I s. he's very tired**, supongo que estará muy cansado; **I s. not/so**, supongo que no/sí; **it's supposed to be the best restaurant in town**, dicen que es el mejor restaurante de la ciudad; **she is supposed to be an expert on the subject**, se supone que es una experta en el tema; **what do you s. it means?**, ¿qué significado tendrá?; **you're not supposed to smoke in here**, no está permitido fumar aquí dentro; **you're supposed to be in bed**, deberías estar acostado,-a or en la cama ya. **3** *(when making a suggestion or proposal)* **s. we change the subject?**, ¿qué tal si cambiamos de tema?; **s. we leave now?**, ¿y si nos fuéramos ya?.

supposed [sə'pəʊzd] *adj* supuesto,-a. ◆**supposedly** *adv* según cabe suponer, aparentemente.

supposition [sʌpə'zɪʃən] *n* suposición *f*.

suppository [sə'pɒzɪtərɪ] *n Med* supositorio *m*.

suppress [sə'pres] *vtr (gen)* suprimir; *(feelings, laugh, etc)* contener, reprimir; *(news, truth)* callar, ocultar; *(revolt)* sofocar, reprimir.

suppression [sə'preʃən] *n (gen)* supresión *f*; *(of feelings, revolt)* represión *f*; *(of facts, truth)* ocultación *f*.

suppressor [sə'presər] *n Elec* supresor *m*; *Rad* antiparásito *m*.

suppurate ['sʌpjʊreɪt] *vi Med* supurar.

suppuration [sʌpjʊ'reɪʃən] *n Med* supuración *f*.

supra- [su:prə] *pref* supra-; **suprarenal**, suprarrenal.

supranational [su:prə'næʃənəl] *adj* supranacional.

supremacy [sʊ'preməsɪ] *n* supremacía *f*.

supreme [sʊ'pri:m] *adj (gen)* supremo,-a; **with s. indifference**, con suma indiferencia. ■ *Mil* **s. commander**, jefe *m* supremo; *Jur* **s. court**, tribunal *m* supremo. ◆**supremely** *adv* sumamente, totalmente.

supremo [sʊ'pri:məʊ] *n (pl supremos) GB fam* gran jefe *m*.

Supt *abbr of* **Superintendent**, Subjefe,-a *m,f* de Policía.

surcharge ['sɜ:tʃɑ:dʒ] *n* recargo *m*.

sure [ʃʊər] **I** *adj* **1** *(positive, certain)* seguro,-a, cierto,-a; **be s. not to ...**, ten cuidado de no ...; **be s. to ...**, no te olvides de ...; **I'm not s. why ...**, no sé muy bien por qué ...; **I'm s. (that) ...**, estoy seguro,-a de que ...; **it's almost s. to be fine**, seguramente hará buen tiempo; **make s. that it's ready**, asegúrate de que esté listo; **to be s. of sth**, asegurarse de algo. **2** *(safe, reliable)* seguro,-a; **it's the surest way of winning**, es la manera más segura de ganar. **3** *(confident)* seguro,-a; **to be s. of oneself**, estar seguro,-a de sí mismo,-a. **4** *US fam (of course)* **s. thing!**, ¡claro!, ¡por supuesto! **II** *adv* **1** *(of course)* claro; **will you come with me?** —**s.!**, ¿me acompañarás? —¡claro que sí! **2** *US (really)* **he s. is handsome!**, ¡qué guapo es!; **it s. was cold**, ¡vaya frío que hacía! **3** *(for certain, certainly)* seguro; **as s. as fate**, tan cierto como dos y dos son cuatro; **as s. as I'm standing here**, palabra de honor; **tomorrow for s.**, mañana sin falta. **4** *(in agreement)* claro; **s. enough**, efectivamente. ◆**surely** *adv* **1** *(without a doubt)* seguramente, sin duda; **s. not!**, ¡no puede ser!; **s. you don't mean it!**, ¡no lo dices en serio! **2** *(in a sure manner)* con seguridad; **slowly but s.**, lentamente pero con seguridad.

sure-fire ['ʃʊəfaɪər] *adj US fam* seguro,-a, de éxito seguro.

sure-footed [ʃʊə'fʊtɪd] *adj* de pie firme.

surety ['ʃʊərɪtɪ] *n Jur* **1** *(sum)* fianza *f*, garantía *f*. **2** *(guarantor)* fiador,-a *m,f*, garante *mf*; **to stand s. for sb**, ser fiador de algn.

surf [sɜ:f] **I** *n (waves)* oleaje *m*; *(foam)* espuma *f*. **II** *vi Sport* hacer surf.

surface ['sɜ:fɪs] **I** *n (gen)* superficie *f*; *(of road)* firme *m*; *fig* **on the s. it seems a good idea**, a primera vista parece una buena idea. **II** *adj* superficial; **s. area**, área *f* de la superficie; **s. route/transport**, ruta *f* transporte *m* de superficie; **by s. mail**, por vía terrestre or marítima. **III** *vtr (road)* revestir. **IV** *vi (submarine etc)* salir a la superficie, emerger; *fig (person)* asomarse, dejarse ver.

surface-to-air [sɜ:fɪstʊ'eər] *adj* **s.-to-a. missile**, misil *m* tierra-aire.

surfboard ['sɜ:fbɔ:d] *n Sport* plancha *f* or tabla *f* de surf.

surfeit ['sɜ:fɪt] *n fml* exceso *m*.

surfer ['sɜ:fər] *n Sport* surfista *mf*.

surfing ['sɜ:fɪŋ] *n Sport* surf *m*.

surge [sɜ:dʒ] **I** *n* **1** *(growth)* alza *f*, aumento *m*. **2** *(of sea)* oleada *f*, oleaje *m* marejada *f*; *fig (of sympathy)* oleada *f*; *fig (of anger, energy)* arranque *m*; **a s. of pople**, una oleada de gente. **II** *vi (sea)* levantarse, encresparse; *(people)* avanzar a manadas.

surgeon ['sɜ:dʒən] *n* cirujano,-a *m,f*. ■ **dental s.**, odontólogo,-a *m,f*, dentista *mf*; **veterinary s.**, veterinario,-a *m,f*.

surgery ['sɜ:dʒərɪ] *n* **1** *(operation)* cirujía *f*. ■ **plastic s.**, cirugía *f* estética. **2** *GB (consulting room)* consultorio *m*. ■ **s. hours**, horas *fpl* de consulta. **3** *US (operating theatre)* quirófano *m*, sala *f* de operaciones.

surgical ['sɜ:dʒɪkəl] *adj* quirúrgico,-a. ■ **s. spirit**, alcohol *m* de 90°; **s. stockings**, medias *fpl* elasticas.

surly ['sɜ:lɪ] *adj (surlier, surliest) (bad-tempered)* hosco,-a, malhumorado,-a, arisco,-a; *(rude)* maleducado,-a.

surmise [sɜ:'maɪz] **I** *n* conjetura *f*, suposición *f*. **II** *vtr* conjeturar, suponer.

surmount [sɜ:'maʊnt] *vtr* superar, vencer.

surmountable [sɜ:'maʊntəbəl] *adj* superable.

surname ['sɜ:neɪm] *n* apellido *m*.

surpass [sɜ:'pɑ:s] *vtr* superar, sobrepasar.

surplice ['sɜ:plɪs] *n Rel* sobrepelliz *f*.

surplus ['sɜ:pləs] **I** *n (of goods)* excedente *m*, sobrante *m*; *(of budget)* superávit *m*. **II** *adj* excedente, sobrante; **sale of s. stock**, liquidación de saldos.

surprise [sə'praɪz] **I** *n* sorpresa *f*; **what a s.!**, ¡vaya sorpresa!; **much to my s.**, con gran sorpresa por mi parte; **to take sb by s.**, coger desprevenido,-a a algn. **II** *adj (visit, result)* inesperado,-a; **s. attack**, ataque sorpresa; **s. party**, fiesta sorpresa. **III** *vtr* **1** *(astonish)* sorprender, extrañar; **I should not be surprised if it rained**, no me extrañaría que lloviese. **2** *(catch unawares)* sorprender; *Mil (enemy)* coger por sorpresa.

surprising [sə'praɪzɪŋ] *adj* sorprendente. ◆**surprisingly** *adv* sorprendentemente, de modo sorprendente; **s. enough, she stayed**, para sorpresa de todos, se quedó.

surreal [sə'rɪəl] *adj* surrealista.

surrealism [sə'rɪəlɪzəm] *n Art* surrealismo *m*.

surrealist [sə'rɪəlɪst] *adj & n Art* surrealista *(mf)*.

surrealistic [sərɪə'lɪstɪk] *adj* surrealista.

surrender [sə'rendər] **I** *n Mil (capitulate)* rendición *f*; *(of weapons)* entrega *f*; *Ins* rescate *m*; **s. value**, valor de rescate. **II** *vtr Mil (weapons, town)* rendir, entregar *(to, a)*; *(right, privilege)* ceder, renunciar a. **III** *vi (give in)* rendirse, entregarse.

surreptitious [sʌrəp'tɪʃəs] *adj* subrepticio,-a, furtivo,-a.

surrogate ['sʌrəgɪt] *n fml* sustituto,-a *m,f.* ■ **s. mother,** madre *f* alquilada *or* de alquiler.

surround [sə'raʊnd] **I** *n* marco *m*, borde *m*. **II** *vtr* rodear; **surrounded by trees,** rodeado,-a de árboles.

surrounding [sə'raʊndɪŋ] **I** *adj* circundante; **in the s. countryside,** en el campo alrededor. **II surroundings** *npl (of place)* alrededores *mpl*, cercanías *fpl*; *(environment)* entorno *m sing*.

surtax ['sɜːtæks] *n* recargo *m*.

surveillance [sɜː'veɪləns] *n* vigilancia *f*; **under s.,** bajo vigilancia.

survey ['sɜːveɪ] **I** *n* **1** *(of building, land)* inspección *f*, reconocimiento *m*; *(in topography)* medición *f*. **2** *(of prices, trends, etc)* informe *m*; **to carry out a s.,** hacer una encuesta; **a s. of public opinion,** un sondeo de la opinión pública. **3** *(overall view)* vista *f* de conjunto, panorama *m*. **II** [sɜː'veɪ] *vtr* **1** *(building)* inspeccionar; *(land)* hacer un reconocimiento de; *(in topography)* medir. **2** *(prices, trends, etc)* estudiar, hacer una encuesta sobre. **3** *(look at)* contemplar; *(give overall view of)* repasar.

surveying [sɜː'veɪɪŋ] *n* agrimensura *f*, topografía *f*.

surveyor [sɜː'veɪər] *n* agrimensor,-a *m,f*, topógrafo,-a *m,f*. ■ **quantity s.,** aparejador,-a *m,f*.

survival [sə'vaɪvəl] *n* **1** supervivencia *f*. ■ **s. kit,** equipo *m* para emergencias. **2** *(relic)* reliquia *f*, vestigio *m*.

survive [sə'vaɪv] **I** *vi (gen)* sobrevivir; *(remain)* perdurar, quedar; **my pay is barely enough to s. on,** mi salario apenas me llega para ir tirando; **only two paintings survived,** sólo quedaron dos cuadros. **II** *vtr* sobrevivir a.

survivor [sə'vaɪvər] *n* superviviente *mf*, sobreviviente *mf*.

susceptibility [səseptə'bɪlɪti] *n* **1** *(to attack)* susceptibilidad *f*; *(to illness)* propensión *f*; *(to beauty, flattery)* sensibilidad *f*. **2 susceptibilities,** *(sensibilities)* sentimientos *mpl*, susceptibilidad *f sing*.

susceptible [sə'septəbəl] *adj (to attack)* susceptible **(to,** a); *(to illness)* propenso,-a a; *(to beauty, flattery)* sensible a; *(impressionable)* **s. to suggestion,** sugestionable.

suspect ['sʌspekt] **I** *adj (dubious)* sospechoso,-a. **II** *n* sospechoso,-a *m,f*. **III** [sə'spekt] *vtr* **1** *(person)* sospechar **(of,** de); *(plot, motives)* recelar de; **he is suspected of being a terrorist,** es sospechoso de terrorismo. **2** *(think likely)* imaginar, creer; **a suspected case of typhoid,** un caso no confirmado de la fiebre tifoidea; **I suspected as much,** me lo imaginaba.

suspend [sə'spend] *vtr* suspender; *(pupil)* expulsar.

suspended [sə'spendɪd] *adj* **1** *(gen)* suspendido,-a. ■ **s. animation,** muerte *f* aparente; *Jur* **s. sentence,** condena *f* condicional. **2** *Sport (player)* sancionado,-a. **3** *(pupil)* expulsado,-a.

suspender [sə'spendər] *n* **1** *(for stocking)* liga *f*. ■ **s. belt,** liguero *m*. **2 suspenders,** *US* tirantes *mpl*.

suspense [sə'spens] *n (anticipation)* incertidumbre *f*; *Cin Theat* suspense *m*, intriga *f*; **to keep sb in s.,** mantener a algn en la incertidumbre; *fam* **the s. is killing me,** la duda *or* la incertidumbre no me deja vivir.

suspension [sə'spenʃən] *n* **1** *(postponement)* suspensión *f*. **2** *Sport (player)* sanción *f*. **3** *(pupil, employee)* expulsión *f*. **4** *(car)* suspensión *f*. **5** *Tech* **s. bridge,** puente *m* colgante.

suspicion [sə'spɪʃən] *n* **1** *(gen)* sospecha *f*; *(mistrust)* recelo *m*, desconfianza *f*; *(doubt)* duda *f*; **I have my suspicions about his loyalty,** dudo de su lealtad; **to arouse s.,** despertar sospechas; **to arrest sb on s.,** detener a algn como sospechoso; **to be above s.,** estar por encima de toda sospecha; **to be under s.,** estar bajo sospecha. **2** *(slight trace)* pizca *f*, poco *m*; **a s. of garlic,** una pizca de ajo.

suspicious [sə'spɪʃəs] *adj* **1** *(arousing suspicion)* sospechoso,-a; *fam* **he's a s. looking customer,** es un tipo sospechoso; **it looks s. to me,** me da mala espina. **2** *(distrustful, wary)* receloso,-a, desconfiado,-a; **to be s. of sb,** desconfiar de algn. ◆**suspiciously** *adv* **1** *(behave)* de modo sospechoso; **it sounds s. like a case of murder,** tiene todo el aspecto de ser un caso de asesinato. **2** *(glance etc)* con recelo.

suss [sʌs] *vtr fam* **to s. out,** calar; **I can't s. out how it works,** no llego a averiguar cómo funciona; **I sussed him out straight away,** le calé en seguida.

sustain [sə'steɪn] *vtr* **1** *(weight)* sostener. **2** *(nourish)* sustentar. **3** *(pretence, conversation, etc)* sostener, mantener. **4** *Mus (note)* sostener. **5** *Jur* admitir; **objection sustained,** se admite la protesta. **6** *(injury, loss, etc)* sufrir; *(wound)* recibir.

sustained [sə'steɪnd] *adj (effort)* sostenido,-a; *(applause)* prolongado,-a; *Mus (note)* sostenido,-a.

sustenance ['sʌstənəns] *n* sustento *m*. ■ **means of s.,** medios *mpl* de subsistencia.

suture ['suːtʃər] *n Med* sutura *f*.

svelte [svelt] *adj* esbelto,-a.

SW **1** *abbr of* **short wave,** onda *f* corta, OC *f*. **2** *abbr of* **South-West,** Sudoeste, SO.

swab [swɒb] **I** *n Med (cotton wool)* algodón *m*, tapón *m*; *(for specimen)* frotis *m*. **II** *vtr (pt & pp swabbed)* **1** *Med (wound)* limpiar. **2** *Naut (deck)* limpiar, fregar.

swag [swæg] *n fam* botín *m*.

swagger ['swægər] **I** *n* contoneo *m*, pavoneo *m*. **II** *vi* contonearse, pavonearse.

swaggering ['swægərɪŋ] *adj* fachendoso,-a, farolero,-a.

swallow¹ ['swɒləʊ] **I** *n (of drink, food)* trago *m*. **II** *vtr* **1** *(gulp drink, food)* tragar. **2** *fig (believe)* tragarse; **to s. the bait,** tragar el anzuelo; *(choke back)* **to s. one's pride,** tragarse el orgullo; **to s. one's words,** desdecirse de sus palabras. **III** *vi* tragar; *fig* **to s. hard,** tragar saliva. ◆**swallow up** *vtr fig* **1** *(of sea, darkness, crowd)* tragar, engullir. **2** *(eat up)* consumir, absorber.

swallow² ['swɒləʊ] *n Orn* golondrina *f*. ■ *Swimming* **s. dive,** salto *m* del ángel.

swam [swæm] *pt see* **swim**.

swamp [swɒmp] **I** *n* pantano *m*, ciénaga *f*. ■ *Med* **s. fever,** paludismo *m*. **II** *vtr* **1** *(land)* inundar, anegar; *(boat)* hundir. **2** *fig* inundar **(with, by,** de); **we were swamped by letters,** recibimos una avalancha de cartas. **3** *fig* agobiar, abrumar **(with, by,** de).

swampy ['swɒmpi] *adj (swampier, swampiest)* pantanoso,-a.

swan [swɒn] **I** *n Orn* cisne *m*. ■ **Bewick's s.,** cisne *m* chico *or* de Bewick; **mute s.,** cisne *m* vulgar; **whooper s.,** cisne *m* cantor. **II** *vi fam* **to s. around,** pavonearse; **to s. around doing nothing,** hacer el vago; **we s. off to Grimsby every weekend,** nos escapamos a Grimsby todos los fines de semana.

swank [swæŋk] *fam* I *n* 1 *(arrogance, ostentation)* fanfarronada *f*, farol *m*. 2 *(person)* fanfarrón-ona *m,f*, fardón,-ona *m,f*. II *adj (swish)* de lujo. III *vi (show off)* fanfarronear; *(posturing)* farolear, fardar, darse tono.

swanky ['swæŋkı] *adj (swankier, swankiest) fam (person)* fanfarrón,-ona, fardón,-ona; *(restaurant, car, etc)* de lujo.

swan-song ['swɒnsɒŋ] *n fig* canto *m* del cisne.

swap [swɒp] I *n fam (exchange)* canje *m*, trueque *m*, cambalache *m*; **to do a s.**, hacer un intercambio. II *vtr (pt & pp swapped) (exchange, substitute)* canjear, cambiar. 2 *(exchange)* cambiar; **to s. places with sb,** cambiarse de sitio con algn. III *vi* hacer un intercambio. ◆**swap round, swap over** *vtr (switch)* cambiar; **I swapped them round when he wasn't looking,** los cambié de sitio cuando no miraba.

swarm [swɔːm] I *n (of bees)* enjambre *m*; *(of people)* enjambre *m*, multitud *f*. II *vi (bees)* enjambrar; **Neath was swarming with tourists,** Neath estaba lleno de turistas.

swarthy ['swɔːðı] *adj (swarthier, swarthiest)* moreno,-a, atezado,-a.

swashbuckling ['swɒʃbʌklıŋ] *adj* bravucón,-ona.

swastika ['swɒstıkə] *n* esvástica *f*, cruz *f* gamada.

swat [swɒt] I *vtr (pt & pp swatted) (flies)* aplastar. II *n* **to take a s. at sth,** aplastar algo.

swatter ['swɒtə'] *n* matamoscas *m inv*.

swath(e)[1] [sweɪð] *n Agr* ringlera *f*.

swathe[2] [sweɪð] *vtr (bind up)* envolver, vendar.

sway [sweɪ] I *n* 1 *(movement)* balanceo *m*, vaivén *m*, movimiento *m*. 2 *(power, influence)* dominio *m*, influencia *f* **(over,** sobre); **to hold s. over sb,** dominar a algn. II *vi* 1 *(swing)* balancearse, mecerse. 2 *(totter)* tambalearse. III *vtr fig (influence, persuade)* convencer.

swear [sweə'] I *vtr (pt swore; pp sworn) (vow)* jurar; **I s. (that) I did not do it,** juro que no lo hice; **to s. an oath,** prestar juramento, jurar; **to s. sb to secrecy,** hacer que algn jure guardar un secreto; **to s. to do sth,** jurar hacer algo; *fig* **I could have sworn I heard footsteps,** juraría que oí pasos. II *vi* 1 *(formally, solemnly)* jurar, prestar juramento; **to s. on the Bible,** jurar sobre la Biblia; **I couldn't s. to it,** no lo juraría. 2 *(curse)* soltar tacos, decir palabrotas; *(blaspheme)* jurar, blasfemar; **to s. at sb,** echar pestes contra algn; **to s. like a trooper,** jurar como un carretero. ◆**swear by** *vtr fam (rely on)* tener una fe absoluta en. ◆**swear in** *vtr Jur (witness)* tomar juramento a; **to be sworn in,** *(witness)* prestar juramento; *(official)* jurar el cargo.

swear-word ['sweəwɜːd] *n* palabrota *f*, taco *m*.

sweat [swet] I *n (perspiration)* sudor *m*; *fam (hard work)* trabajo *m* pesado; **to be dripping with s.,** estar empapado,-a en sudor; *fig* **by the s. of one's brow,** con el sudor de su frente; *fam* **no s.!,** ¡no hay problema!; *fam* **to be in a cold s.,** tener canguelo; *fam* **to get into a s. about sth,** apurarse por algo; *fam fig* **this job's a real s.,** este trabajo es una auténtica paliza. ■ **s. gland,** glándula *f* sudorípara. II *vi (perspire)* sudar; *fig (work hard)* sudar la gota gorda. III *vtr fig* sudar; **to s. blood,** sudar sangre *or* tinta, sudar la gota gorda; *fam* **to s. it out,** aguantar.

sweatband ['swetbænd] *n Sport* 1 *(around forehead)* venda *f*, banda *f*. 2 *(around wrist)* muñequera *f*.

sweated ['swetıd] *adj* **s. labour,** trabajo *m* mal pagado.

sweater ['swetə'] *n* suéter *m*, jersey *m*.

sweatshirt ['swetʃɜːt] *n* camiseta *f*.

sweatshop ['swetʃɒp] *n* fábrica *f or* taller *m* donde se explota al obrero.

sweaty ['swetı] *adj (sweatier, sweatiest)* sudoroso,-a, sudado,-a; **s. smell,** olor *m* a sudor.

Swede [swiːd] *n (person)* sueco,-a *m,f*.

swede [swiːd] *n Bot* nabo *m* sueco.

Sweden ['swiːdən] *n* Suecia *f*.

Swedish ['swiːdıʃ] I *adj* sueco,-a. II *n* 1 *(language)* sueco *m*. 2 *pl* **the S.,** los suecos.

sweep [swiːp] I *n* 1 *(with broom)* barrido *m*; **it needs a s.,** hay que barrerlo; *fig* **to make a clean s. of things,** barrer con todo, hacer tabla rasa; *fig* **to s. the board,** llevarse todos los premios. 2 *(movement of arm)* movimiento *m or* gesto *m* amplio. 3 *(range)* abanico *m*. 4 *(of river, road)* curva *f*. 5 *(stretch, extent)* extensión *f*. 5 *(person)* **(chimney) s.,** deshollinador,-a *m,f*. 6 *(police)* redada *f*. II *vtr (pt & pp swept)* 1 *(floor etc)* barrer; *(chimney)* deshollinar; *fig* **to s. sth under the carpet,** ocultar algo. 2 *(searchlight, telescope)* recorrer; *(minefield)* rastrear; *(wind, waves)* barrer, azotar. 3 *(spread throughout)* extenderse, recorrer; **it's a craze which is sweeping the country,** es una moda que hace furor en todo el país. 4 *(remove at a stroke)* arrastrar, llevarse; **he was swept overboard,** fue arrastrado al mar; *fig* **she swept him off his feet,** le hizo perder la cabeza. III *vi* 1 *(with broom)* barrer. 2 *(move quickly)* desplazarse rápidamente; **to s. in/out/past,** entrar/salir/pasar rápidamente. 3 *(road, river, etc)* extenderse. ◆**sweep aside** *vtr* apartar bruscamente; *fig (suggestion)* descartar; *(objections)* rechazar. ◆**sweep away** *vtr* 1 *(dust, rubbish)* barrer. 2 *(storm)* arrastrar, llevarse. ◆**sweep up** I *vi* barrer, limpiar. II *vtr (room)* barrer; *(dust, rubbish)* recoger.

sweeper ['swiːpə'] *n* 1 *(person)* barrendero,-a *m,f*; *(machine)* barredora *f*. 2 *Ftb* defensa *m* escoba, líbero *m*.

sweeping ['swiːpıŋ] *adj* 1 *(broad, huge)* amplio,-a; **a s. statement,** una declaración demasiado general. 2 *(victory)* aplastante, arrollador,-a. 3 *(far-reaching) (reforms, changes, etc)* radical.

sweepstake ['swiːpsteɪk] *n* lotería *f*.

sweet [swiːt] I *adj* 1 *(taste)* dulce; *(containing sugar)* azucurado,-a; *(wine, cider)* dulce; **as s. as honey,** dulce como la miel; **to have a s. tooth,** ser goloso,-a. ■ *Bot* **s. basil,** albahaca *f*; *Bot* **s. chestnut,** castaño *m* dulce; *Bot* **s. corn,** maíz *m* tierno; *Bot* **s. pea,** guisante *m* de olor; *Bot* **s. pepper,** pimiento *m* morrón; *Bot* **s. potato,** batata *f*, boniato *m*; **s. shop,** confitería *f*, bombonería *f*; *Bot* **s. william,** minutisa *f*. 2 *(pleasant)* agradable; *(smell)* fragante; *(sound)* melodioso,-a, suave; **s. nothings,** susurros *mpl* amorosos; **'home s. home'**, 'hogar, dulce hogar'. 3 *(person, animal)* encantador,-a, simpático,-a; **what a s. little girl!,** ¡qué monada!; **to go one's own s. way,** actuar a su antojo. II *n* 1 *(candy)* caramelo *m*, golosina *f*; *(chocolate)* bombón *m*. 2 *(dessert)* postre *m*. 3 *fam (darling etc)* cariño *m*, cielo *m*, amor *m*. ◆**sweetly** *adv* dulcemente, con dulzura.

sweet-and-sour ['swiːtənsaʊə'] *adj Culin* agridulce.

sweetbreads ['swiːtbredz] *npl* mollejas *fpl*, lechecillas *fpl*.

sweeten ['swiːtən] *vtr* 1 *(tea, coffee)* azucarar. 2 *fig (temper)* aplacar, calmar; **to s. the pill,** dorar la píldora. ◆**sweeten up** *vtr (person)* ablandar.

weetener ['swi:tənəʳ] *n* dulcificante *m*, edulcorante *m*.

weetheart ['swi:tha:t] *n* 1 *(boyfriend)* novio *m*; *(girlfriend)* novia *f*. 2 *(dear, love)* cariño *m*, amor *m*.

weetie ['swi:tɪ] *n* 1 *(baby-talk)* caramelo *m*, golosina *f*. 2 *fam (darling)* cariño,-a *m,f*; **isn't she a s.!**, ¡es un ángel!

weetness ['swi:tnɪs] *n (gen)* dulzura *f*; *(of smell)* fragancia *f*; *(of sound)* suavidad *f*; *(of character)* dulzura *f*, simpatía *f*; **now it's all s. and light between them**, ahora hay perfecta armonía entre ellos.

weet-tempered [swi:t'tempəd] *adj* amable, simpático,-a.

weet-toothed [swi:t'tu:θt] *adj* goloso,-a.

well [swel] **I** *n (of sea)* marejada *f*, oleaje *m*. **II** *adj US fam* fenomenal, bárbaro,-a; **he's a s. guy**, es un tipo estupendo. **III** *vi (pt swelled; pp swollen) (part of body)* hincharse; *(river)* subir, crecer; *(sea)* levantarse; *(sales)* crecer, aumentar; *fig* **to s. with pride**, hincharse de orgullo. **IV** *vtr (sales etc)* aumentar. ◆**swell up** *vi* hincharse.

welling ['swelɪŋ] *n ·(gen)* bulto *m*, hinchazón *f*; *Med* tumefacción *f*.

welter ['sweltəʳ] *vi* ahogarse de calor.

weltering ['sweltərɪŋ] *adj* agobiante, sofocante.

wept [swept] *pt & pp see* **sweep.**

weptback ['sweptbæk] *adj (wing)* en flecha.

werve [swɜ:v] **I** *n* 1 *(by car)* viraje *m or* desvío *m* brusco. 2 *Sport (by player)* regate *m*; *(ball)* efecto *m*. **II** *vi* 1 *(car)* dar un viraje brusco, desviarse bruscamente; **the taxi swerved to the right**, el taxi viró bruscamente a la derecha. 2 *Sport (player)* dar un regate, regatear; *(ball)* llevar efecto. **III** *vtr Sport (ball)* tirar *or* lanzar con efecto.

wift [swɪft] **I** *adj* 1 *(runner, horse)* rápido,-a, veloz. 2 *(reaction, reply)* pronto,-a, rápido,-a. **II** *n Orn* vencejo *m* común; **alpine s.**, vencejo *m* real. ◆**swiftly** *adv (speedily)* rápidamente, velozmente; *(promptly)* pronto, rápidamente.

wift-footed [swɪft'fʊtɪd] *adj* rápido,-a.

wiftness ['swɪftnɪs] *n* 1 *(speed)* rapidez *f*, velocidad *f*. 2 *(promptness)* prontitud *f*, rapidez *f*.

wig [swɪg] *fam* **I** *n* trago *m*. **II** *vtr (pt & pp swigged)* beber a tragos.

will [swɪl] **I** *n* 1 *(pig's food)* bazofia *f*; *(rubbish)* basura *f*. 2 *(rinse)* enjuague *m*; **to give sth a quick s.**, lavar algo a toda prisa. **II** *vi* 1 *(rinse)* enjuagar. 2 *(drink)* beber a tragos, pimplar. ◆**swill out** *vi (rinse)* enjuagar.

wim [swɪm] **I** *vi (pt swam; pp swum)* nadar; **to go swimming**, ir a nadar, ir a bañarse; *fig* **to s. with the tide**, seguir la corriente; *fam* **my head is swimming**, la cabeza me da vueltas. **II** *vtr (river, the Channel)* pasar *or* cruzar a nado; **he can't s. a stroke**, no sabe nadar en absoluto; **to s. the butterfly**, nadar estilo mariposa. **III** *n* baño *m*; **to go for a** *or* **have a s.**, ir a nadar *or* bañarse; *fam* **to be in the s.**, estar al tanto *or* al corriente.

wimmer ['swɪmɚʳ] *n* nadador,-a *m,f*.

wimming ['swɪmɪŋ] *n* natación *f*. ▪ **s. baths**, piscina *f sing*; **s. cap**, gorro *m* de baño; **s. costume**, traje *m* de baño, bañador *m*; **s. pool**, piscina *f*; **s. trunks**, bañador *m*. ◆**swimmingly** *adv* a las mil maravillas.

wimsuit ['swɪmsu:t] *n* traje *m* de baño, bañador *m*.

swindle ['swɪndəl] **I** *n (fiddle)* estafa *f*; *(con)* timo *m*; **what a s.!**, ¡vaya timo! **II** *vtr* estafar, timar; **to s. sb out of sth**, estafar algo a algn.

swindler ['swɪndələʳ] *n* estafador,-a *m,f*, timador,-a *m,f*.

swine [swaɪn] *n* 1 *(pl swine) (pig)* cerdo *m*, puerco *m*, cochino *m*; *Vet* **s. fever**, peste *f* porcina. 2 *(pl swines) fam (person)* canalla *mf*, cochino,-a *m,f*, marrano,-a *m,f*; **you s.!**, ¡canalla!

swing [swɪŋ] **I** *n* 1 *(movement)* balanceo *m*, vaivén *m*; *(of pendulum)* oscilación *f*; *fig (shift in votes etc)* cambio *m* brusco, giro *m*, viraje *m*. ▪ **s. bridge**, puente *m* giratorio; **s. door**, puerta *f* giratoria. 2 *Box Golf (swipe)* swing *m*; **to take a s.** at sb, asestar un golpe a algn. 3 *(plaything)* columpio *m*; *fig* **it's a case of swings and roundabouts**, lo que se pierde acá se gana allá. 4 *(rhythm)* ritmo *m*; *(jazz style)* swing *m*; **to be in full s.**, estar en plena marcha; **to go with a s.**, ir sobre ruedas; *fig* **to get into the s. of things**, coger el ritmo de las cosas. **II** *vi (pt & pp swung)* 1 *(move to and fro)* balancearse; *(pendulum, hanging object)* oscilar; *(arms, legs)* menearse; *(child on swing)* columpiarse; *(door)* **to s. open/shut**, abrirse/cerrarse de golpe; *fam* **he'll s. for this**, le ahorcarán por eso. 2 *(turn, change direction)* girar, cambiar de dirección *or* sentido; **he swung round**, dio media vuelta; *Pol* **the country has swung to the left**, el país ha virado a la izquierda; **to s. into action**, ponerse en marcha. 3 *(aim at, try to hit)* intentar golpear. **III** *vtr* 1 *(cause to move to and fro)* balancear; *(arms, legs)* menear; *(child on swing)* columpiar, balancear; **he swung his racket at the ball**, intentó golpear la pelota con su raqueta; **she swung an axe at the tree**, asestó un hachazo al árbol; *fam* **to s. the lead**, no dar golpe. 2 *(turn)* hacer girar; **she swung the sack onto her back**, se echó el saco a los hombros; *fig* **they are hoping to s. the voters in their favour**, esperan atraer el favor de los votantes; *fam fig* **there isn't room to s. a cat in here**, aquí no hay sitio para nada; **to s. a deal**, hacer un buen negocio; *fam* **he swung it so that we could have a day off**, lo arregló para que nos diesen un día de fiesta.

swingeing ['swɪndʒɪŋ] *adj* aplastante, abrumador,-a.

swipe [swaɪp] **I** *n* golpe *m*; **to take a s. at sb**, asestar un golpe a algn. **II** *vtr* 1 *(hit)* golpear, pegar, dar un tortazo a. 2 *fam (pinch, whip)* birlar, mangar, robar. **III** *vi (swipe, lunge)* **to s. at sb**, asestar un golpe a algn.

swirl [swɜ:l] **I** *n (gen)* remolino *m*; *(of cream, smoke)* voluta *f*; *(of skirts)* vuelo *m*. **II** *vi (whirl)* arremolinarse; *(person)* girar, dar vueltas.

swish [swɪʃ] **I** *n (of water)* susurro *m*; *(of whip, cane)* silbido *m*, chasquido *m*; *(of skirt, silk)* frufrú *m*, crujido *m*. **II** *adj fam (smart)* muy elegante, elegantón,-ona. **III** *vtr (whip, cane)* chasquear; *(skirt)* hacer crujir; *(tail)* menear, sacudir. **IV** *vi (water)* susurrar; *(whip, cane)* dar un chasquido; *(skirt)* crujir.

Swiss [swɪs] **I** *adj* suizo,-a; **the S. Guard**, la Guardia Suiza. ▪ *Culin* **s. roll**, brazo *m* de gitano con relleno de mermelada y nata. **II** *n inv (person)* suizo,-a *m,f*; **the S.**, los suizos.

switch [swɪtʃ] **I** *n* 1 *Elec* interruptor *m*, botón *m*, llave *f*. 2 *(changeover)* cambio *m* repentino; *(exchange, swap)* canje *m*, trueque *m*. 3 *(stick)* vara *f*; *(whip)* látigo *m*; *(riding whip)* fusta *f*. 4 *(hairpiece)* trenza *f* postiza. 5 *US Canada Rail (points)* agujas *fpl*. **II** *vtr* 1 *(plans, jobs, direction)* cambiar de. 2 *(allegiance, support)* cambiar **(to**, por); *(attention, conversation)* desviar **(to**, hacia); **they've switched**

production to their Glasgow plant, han trasladado la producción a la fábrica de Glasgow. **3** *Elec* poner; **s. the heater to 'low',** pon la estufa al mínimo. **4** *Rail (train)* desviar, cambiar de vía. ◆**switch off I** *vtr (light, radio, TV, etc)* apagar; *(electrical current)* cortar; *Aut (engine)* parar. **II** *vi (light, radio, TV)* apagar; *Aut (engine)* parar; *fam (person)* distraerse. ◆**switch on** *vtr (light)* encender; *(radio, TV)* encender, poner; *Aut (engine)* encender. ◆**switch over** *vi* cambiar; **s. over to BBC1,** cambiar a la BBC 1; **they switched over to gas last year,** lo cambiaron todo a gas el año pasado.

switchback ['switʃbæk] *n* carretera *f* con muchos cambios de rasante.

switchboard ['switʃbɔːd] *n Tel* centralita *f*. ■ **s. operator,** telefonista *mf*.

Switzerland ['switsələnd] *n* Suiza.

swivel ['swivəl] **I** *n Tech* eslabón *m* giratorio. ■ **s. chair,** silla *f* giratoria. **II** *vi (pt & pp swivelled, US swiveled)* girarse. **III** *vtr (head)* girar.

swizz [swiz] *n fam* timo *m*, estafa *f*.

swollen ['swəʊlən] **I** *pp see* **swell II** *adj (ankle, face)* hinchado,-a; *(river, lake)* crecido,-a; **he's got such a s. head,** es tan engreído; **to have s. glands,** tener los ganglios inflamados.

swoon [swuːn] *arc* **I** *n* desmayo *m*. **II** *vi* desmayarse.

swoop [swuːp] **I** *n* **1** *(of bird)* calada *f*; *(of plane)* descenso *m* en picado; *fig* **at one fell s.,** de un golpe. **2** *(by police)* redada *f*. **II** *vi* **1 to s. down,** *(bird)* abalanzarse **(on,** sobre); *(plane)* bajar en picado. **2** *(police)* hacer una redada.

swop [swɒp] *vtr see* **swap**

sword [sɔːd] *n* espada *f*; *fig* **to cross swords with sb,** reñirse con algn, habérselas con algn. ■ *Mus* **s. dance,** danza *f* de las espadas.

swordfish ['sɔːdfiʃ] *n* pez *m* espada.

swore [swɔːʳ] *pt see* **swear**

sworn [swɔːn] **I** *pp see* **swear II** *adj* jurado,-a.

swot [swɒt] *fam* **I** *n* empollón,-a *m,f*. **II** *vi (pt & pp swotted)* empollar; **to s. up on sth,** empollar algo.

swum [swʌm] *pp see* **swim**

swung [swʌŋ] *pt & pp* **swing**

sybaritic [sibə'ritik] *adj* sibarita, sibarítico,-a.

sycamore ['sikəmɔːʳ] *n Bot* plátano *m* falso, sicómoro *m*.

sycophant ['sikəfənt] *n* adulador,-a *m,f*, pelota *mf*.

syllabic [si'læbik] *adj* silábico,-a.

syllable ['siləbəl] *n Ling* sílaba *f*.

syllabus ['siləbəs] *n (pl syllabuses or syllabi* ['siləbai] *Sch Univ* programa *m* de estudios.

syllogism ['silədʒizəm] *n* silogismo *m*.

sylph [silf] *n* sílfide *f*.

sylphlike ['silflaik] *adj* de sílfide.

symbiosis [simbi'əʊsis] *n* simbiosis *f*.

symbiotic [simbi'ɒtik] *adj* simbiótico,-a.

symbol ['simbəl] *n* símbolo *m*.

symbolic [sim'bɒlik] *adj* simbólico,-a.

symbolism ['simbəlizəm] *n* simbolismo *m*.

symbolize ['simbəlaiz] *vtr* simbolizar.

symmetrical [si'metrikəl] *adj* simétrico,-a.

symmetry ['simitri] *n* simetría *f*.

sympathetic [simpə'θetik] *adj* **1** *(showing pity, compassion)* compasivo,-a. **2** *(understanding)* comprensivo,-a; *(kind)* amable; **to be s. to a cause,** simpatizar con una causa. ■ **s. strike,** huelga *f* por

solidaridad. ◆**sympathetically** *adv* **1** *(showing pity)* compasivamente. **2** *(understanding)* comprensivamente; *(kindly)* amablemente.

sympathize ['simpəθaiz] *vi* **1** *(show pity, compassion)* compadecerse **(with,** de); *(express condolences)* dar el pésame. **2** *(understand)* comprender **I s. with your point of view,** comprendo tu punto de vista.

sympathizer ['simpəθaizəʳ] *n Pol* simpatizante *mf*.

sympathy ['simpəθi] *n* **1** *(pity, compassion)* compasión *f*, lástima *f*. **2** *(condolences)* condolencia *f* pésame *m*; **letter** *or* **message of s.,** pésame *m*; **she has my deepest s.,** le compadezco; **to express one's s.,** dar el pésame; **you won't get any s. from him,** no mostrará ninguna compasión por ti. **3** *(understanding)* comprensión *f*; **to strike in s.,** declararse en huelga por solidaridad.

symphonic [sim'fɒnik] *adj* sinfónico,-a.

symphony ['simfəni] *n* sinfonía *f*. ■ **s. orchestra,** orquesta *f* sinfónica.

symposium [sim'pəʊziəm] *n (pl symposiums or simposia* [sim'pəʊziə]) simposio *m*, conferencia *f* coloquio *m*.

symptom ['simptəm] *n* síntoma *m*; *fig* síntoma *m* señal *f*, indicio *m*; **to show symptoms of,** dar señales de.

symptomatic [simptə'mætik] *adj* sintomático,-a **(of,** de).

synagogue ['sinəgɒg] *n Rel* sinagoga *f*.

synchromesh ['siŋkrəʊmeʃ] *n Aut* sincronizador *m*, cambio *m* sincronizado de velocidades.

synchronization [siŋkrənai'zeiʃən] *n* sincronización *f*.

synchronize ['siŋkrənaiz] *vtr* sincronizar.

synchronizer ['siŋkrənaizəʳ] *n* sincronizador *m*.

syncopated ['siŋkəpeitid] *adj Mus* sincopado,-a.

syncopation [siŋkə'peiʃən] *n Mus* síncopa *f*.

syndicate ['sindikit] **I** *n (gen)* corporación *f*, empresa *f*. ■ **crime s.,** sindicato *m* del crimen; **newspaper s.,** sindicato *m* periodístico. **II** ['sindikeit] *vtr (workers, newspaper article)* sindicar.

syndrome ['sindrəʊm] *n Med* síndrome *m*.

synod ['sinəd] *n Rel* sínodo *m*.

synonym ['sinənim] *n Ling* sinónimo *m*.

synonymous [si'nɒniməs] *adj* sinónimo,-a **(with,** de).

synopsis [si'nɒpsis] *n (pl synopses* [si'nɒpsiːz]) sinopsis *f inv*, resumen *m*.

synoptic [si'nɒptik] *adj* sinóptico,-a.

syntax ['sintæks] *n Ling* sintaxis *f inv*.

synthesis ['sinθisis] *n (pl syntheses* ['sinθisiːz]) síntesis *f inv*.

synthesize ['sinθisaiz] *vtr* sintetizar.

synthesizer ['sinθisaizəʳ] *n Mus* sintetizador *m*.

synthetic [sin'θetik] **I** *adj* sintético,-a. **II** *n* sintético *m*.

syphilis ['sifilis] *n Med* sífilis *f*.

syphon ['saifən] *n see* **siphon**

Syria ['siriə] *n* Siria.

Syrian ['siriən] *adj & n* sirio,-a *(m,f)*.

syringe [si'rindʒ] **I** *n* jeringa *f*, jeringuilla *f*. **II** *vtr Med* jeringar, inyectar.

syrup ['sirəp] *n* jarabe *m*, almíbar *m*. ■ **cough s.,** jarabe *m* para la tos; **golden s.,** melaza *f*.

syrupy ['sirəpi] *adj* almibarado,-a.

system ['sɪstəm] *n* sistema *m*; *fig* **it was a shock to her s.**, fue un golpe muy duro para ella; *fig* **to get sth out of one's s.**, desahogarse de algo; *fam* **the s.**, el sistema, el orden establecido. ■ **digestive s.**, aparato *m* digestivo; **metric s.**, sistema *m* métrico; **nervous s.**, sistema *m* nervioso; **solar s.**, sistema *m* solar; *Comput* **systems analysis**, análisis *m* de sistema; **systems analyst**, analista *mf* de sistemas.

systematic [sɪstɪ'mætɪk] *adj* sistemático,-a, metódico,-a.

systematize ['sɪstɪmətaɪz] *vtr*, **systemize** ['sɪstəmaɪz] *vtr* sistematizar.

systolic [sɪ'stɒlɪk] *adj Biol* sistólico,-a.

T

T, t [tiː] *n (the letter)* T, t *f*; *fig* **it suits me to a T**, me viene de perlas, me sienta como anillo al dedo.

t *abbr of* **ton(s), tonne(s)**, tonelada(s) *f(pl)* (métrica(s), t.

TA *GB abbr of* **Territorial Army**, voluntarios *mpl* de la segunda reserva.

ta [tɑː] *interj fam* gracias.

tab¹ [tæb] *n* 1 *(of garment)* presilla *f*; *(flap)* lengüeta *f*; *(label)* etiqueta *f*; *fam* **to keep tabs on sb**, vigilar a algn. 2 *US fam (bill)* cuenta *f*.

tab² [tæb] *n fam* tabulador *m*.

tabby ['tæbɪ] *n* **t. (cat)**, gato,-a *m,f* atigrado,-a.

tabernacle ['tæbənækəl] *n Rel* tabernáculo *m*.

table ['teɪbəl] I *n* 1 *Furn* mesa *f*; **at t.**, en la mesa; **to clear the t.**, quitar la mesa; **to lay** *or* **set the t.**, poner la mesa; *fig* **to turn the tables on sb**, volverle las tornas a algn. ■ **t. lamp**, lámpara *f* de mesa; **t. linen**, mantelería *f*; **t. mat**, salvamanteles *m inv*; *Sport* **t. tennis**, ping-pong® *m*, tenis *m* de mesa; **t. wine**, vino *m* de mesa. 2 *(of figures)* tabla *f*, cuadro *m*. ■ *Math* **multiplication t.**, tabla *f* de multiplicar; **t. of contents**, índice *m* de materias. II *vtr* presentar; **to t. a motion**, presentar una moción.

tableau ['tæbləʊ] *n (pl tableaux)* cuadro *m* viviente.

tablecloth ['teɪbəlklɒθ] *n* mantel *m*.

tableland ['teɪbəllænd] *n Geog* meseta *f*.

tablespoon ['teɪbəlspuːn] *n* cucharón *m*.

tablespoonful ['teɪbəlspuːnfʊl] *n* cucharada *f* grande.

tablet ['tæblɪt] *n* 1 *Med* tableta *f*, comprimido *m*, pastilla *f*. 2 *(of stone)* lápida *f*. 3 *(of soap)* pastilla *f*; *(of chocolate)* tableta *f*. 4 *US (of writing paper)* bloc *m*.

tableware ['teɪbəlweə'] *n* vajilla *f*.

tabloid ['tæblɔɪd] *n Press* periódico *m* de pequeño formato; *pej* periódico *m* de poca categoría. ■ **t. press**, prensa *f* sensacionalista.

taboo [tə'buː] *adj & n* tabú *(m)*.

tabular ['tæbjʊlə'] *adj* tabular.

tabulate ['tæbjʊleɪt] *vtr (figures)* disponer en listas *or* tablas; *(results)* clasificar.

tabulator ['tæbjʊleɪtə'] *n* tabulador *m*.

tachometer [tæ'kɒmɪtə'] *n* tacómetro *m*.

tacit ['tæsɪt] *adj* tácito,-a; **a t. understanding**, un acuerdo tácito.

taciturn ['tæsɪtɜːn] *adj* taciturno,-a.

taciturnity [tæsɪ'tɜːnɪtɪ] *n* taciturnidad *f*.

tack [tæk] I *n* 1 *(small nail)* tachuela *f*; *fig* **to get down to brass tacks**, ir al grano. 2 *Sew* hilván *m*. 3 *Naut* amura *f*; *(distance)* bordada *f*; **to make a t.**, dar una bordada; *fig* **on the right/wrong t.**, encaminado,-a/desencaminado,-a; *fig* **to change t.**, cambiar de rumbo. II *vtr* 1 *(to nail)* clavar; **to t. sth down**, clavar algo con tachuelas. 2 *Sew* hilvanar. 3 *(add)* añadir; **t. this on to the end of the letter**, adjunta esto al final de la carta. III *vi Naut* virar de bordo.

tacking ['tækɪŋ] *n Sew* hilvanado *m*; **to take out the t.**, quitar los hilvanes.

tackle ['tækəl] I *n* 1 *(equipment)* aparejos *mpl*, trastos *mpl*. ■ **fishing t.**, aparejos *mpl* de pescar. 2 *Naut* aparejo *m*. 3 *Sport* carga *f*, placaje *m*; *Ftb* entrada *f*. II *vtr (task)* emprender; *(problem)* abordar; *(grapple with)* agarrar; *Sport* placar; *Ftb* entrar a.

tacky¹ ['tækɪ] *adj (tackier, tackiest)* pegajoso,-a.

tacky² ['tækɪ] *adj fam (shoddy)* cutre; *(badly made)* mal hecho,-a.

tact [tækt] *n* tacto *m*, diplomacia *f*.

tactful ['tæktfʊl] *adj* diplomático,-a, discreto,-a.

tactical ['tæktɪkəl] *adj* táctico,-a; **a person of great t. skill**, un,-a gran estratega.

tactician [tæk'tɪʃən] *n* táctico,-a *m,f*.

tactic ['tæktɪk] *n* 1 táctica *f*. 2 **tactics**, táctica *f sing*.

tactile ['tæktaɪl] *adj* táctil.

tactless ['tæktlɪs] *adj (person)* falto de tacto, poco diplomático,-a; *(question)* indiscreto,-a. ◆**tactlessly** *adv* sin tacto.

tadpole ['tædpəʊl] *n Zool* renacuajo *m*.

taffeta ['tæfɪtə] *n Tex* tafetán *m*.

tag¹ [tæg] *n* 1 *(label)* etiqueta *f*. 2 *(saying)* coletilla *f*. II *vtr (pt & pp tagged)* 1 *(label)* etiquetar. 2 *(attach)* añadir, incluir; **you could t. this sentence on to the first paragraph**, podrías añadir esta frase al final del primer párrafo. ◆**tag along** *vi fam* pegarse; **to t. along** *or* **on behind**, ir a la zaga.

tag² [tæg] *n (game)* marro *m*.

Tagus ['teɪgəs] *n* **the T.**, el Tajo.

tail [teɪl] I *n* 1 *(of animal)* cola *f*, rabo *m*; *fig* **to turn t.**, huir; *fig* **with his t. between his legs**, con el rabo entre las piernas. 2 *(last or rear part)* cola *f*; *fig* **there's a car on my t.**, un coche me está pisando los talones. ■ **t. end**, cola *f*; *Av* **t. unit**, plano *m* de cola. 3 *(of shirt)* faldón *m*; **to wear tails**, ir de frac. ■ **t. coat**, frac *m*. 4 *sl (spy)* detective *m*. 5 **tails**, *(of coin)* cruz *f sing*. II *vtr* 1 *sl (follow)* perseguir, seguir de cerca. 2 *Culin (fruit)* quitar los rabos a. ◆**tail away, tail off** *vi (sound)* desvanecerse.

tailback ['teɪlbæk] *n Aut* caravana *f*.

tail-gate ['teɪlgeɪt] *n* puerta *f* trasera.

tailless ['teɪllɪs] *adj* rabón,-ona.

taillight ['teɪllaɪt] n Aut faro m or piloto m trasero.

tailor ['teɪlə'] I n sastre m; t.'s (shop), sastrería f. ■ t.'s chalk, jaboncillo m de sastre. II vtr (suit) confeccionar; fig adaptar.

tailor-made [teɪlə'meɪd] adj hecho,-a a medida; it was t.-m. for her, estaba hecho,-a a su medida; t.-m. suit, traje sastre or a medida.

tailplane ['teɪlpleɪn] n Av plano m de cola.

tailwind ['teɪlwɪnd] n Av Naut viento m de cola.

taint [teɪnt] vtr contaminar; fig corromper.

tainted ['teɪntɪd] adj contaminado,-a; (reputation) manchado,-a.

Taiwan [taɪ'wɑ:n] n Taiwan.

take [teɪk] I vtr (pt took; pp taken) 1 (gen) tomar, coger; t. it or leave it, cógelo o déjalo; Mil to t. a city, tomar una ciudad; to t. an opportunity, aprovechar una oportunidad; Chess to t. a piece, comer una pieza; to t. hold of sth, coger or agarrar algo; to t. sb by the hand, coger a algn de la mano; to t. sb in one's arms, abrazar a algn; to t. sth from one's pocket, sacarse algo del bolsillo. 2 (accept, receive) tomar, aceptar; not to t. no for an answer, no estar dispuesto,-a a aceptar una negativa; she took the news very well/badly, se tomó la noticia muy bien/mal; to t. all the responsibility, aceptar or asumir toda la responsabilidad; to t. legal advice, consultar a un abogado; (earn) to t. so much per week, recaudar tanto por semana; what will you t. for it?, ¿cuánto pide por ello? 3 (have) darse; t. your time!, ¡tómate tu tiempo!; to t. a bath, bañarse; to t. a holiday, tomarse unas vacaciones; to t. a walk, dar un paseo; to t. care, cuidar; to t. fright, asustarse; to t. it easy, tomárselo con calma. 4 (contain, hold) caber; his car takes six people, caben seis personas en su coche. 5 (win) ganar; (prize) llevarse; Cards to t. a trick, ganar una baza. 6 (occupy) ocupar; is this seat taken?, ¿está ocupado este asiento? 7 (subtract) quitar; t. six from ten, resta seis a diez. 8 (make, produce, develop) tomar; to t. a decision, tomar una decisión; to t. a liking/dislike to sb, tomar cariño/antipatía a algn; to t. a photograph, hacer or sacar una fotografía; to t. effect, surtir efecto; to t. notes, tomar notas. 9 (eat, drink) tomar; to t. drugs, drogarse. 10 (in school, university, etc) she's taking (a degree in) law, estudia derecho; she's taking us for geography, ella nos da clase de geografía; to t. an examination (in ...), examinarse (de ...). 11 (accompany) llevar; t. us to the station, llévanos a la estación; they took me home, me acompañaron a casa. 12 (travel by) coger; he took the corner too quickly, tomó la curva demasiado rápido; t. the first road on the left, coja la primera a la izquierda; to t. the bus/the train, tomar or coger el autobús/el tren. 13 (rent) alquilar. 14 (endure) soportar, aguantar; I can't t. any more, no aguanto más. 15 (consider) considerar; he takes it all very seriously, se lo toma muy en serio; t. the Basque country for example, tomemos por ejemplo el País Vasco. 16 (assume) I t. it that ..., supongo que ...; I took him for an Englishman, le tomé por un inglés; what do you t. me for?, ¿por quién me tomas? 17 (require) requerir; that will t. some explaining, costará trabajo explicar eso; it takes an hour to walk there, se tarda una hora en ir andando hasta allí; it took four men to hold him, hicieron falta cuatro hombres para sujetarle; the journey takes five days, el viaje dura cinco días; what size do you t.?, (in clothes) ¿cuál es tu talla?; (in shoes) ¿qué número calza? 18 (passive) to be taken ill, enfermar, ponerse enfermo,-a. 19 Ling (preposition) regir. II vi prender; the fire has taken,

ha prendido fuego. III n Cin toma f. ◆**take after** vtr parecerse a; she doesn't t. after her father, no se parece en nada a su padre. ◆**take apart** vtr (machine) desmontar; fig (criticize) poner a la altura del betún. ◆**take away** vtr 1 (carry off) llevarse consigo; food to t. away, comida para llevar (a casa). 2 to t. sth away from sb, quitarle algo a algn. 3 Math restar; to t. three away from five, restar tres de cinco. ◆**take back** vtr 1 (give back) devolver; (receive back) recuperar; fig that takes me back!, ¡esto me recuerda los viejos tiempos! 2 (withdraw) retractarse. 3 (re-employ) readmitir. ◆**take down** vtr 1 (lower) bajar. 2 (demolish) derribar, demoler, desmontar. 3 (write) apuntar; to t. down notes, tomar apuntes or notas. ◆**take in** vtr 1 (lodge) alojar, recibir en casa; to t. in lodgers, tener una casa de huéspedes. 2 Sew meter; to t. in a dress at the waist, meter la cintura a un vestido. 3 (include) abarcar, comprender, incluir. 4 (understand) entender; to t. in the situation, comprender la situación. 5 (deceive) engañar, embaucar. 6 (boat) to t. in water, hacer agua. ◆**take off** I vtr 1 (gen) quitar, quitarse; he took off his jacket, se quitó la chaqueta; not to t. one's eyes off sth, no apartar la vista de algo; Med they took his leg off, le amputaron la pierna; to t. off one's clothes, desnudarse. 2 (lead or carry away) llevarse; to t. oneself off, marcharse, irse. 3 (deduct) descontar; they took off 10% of the price, rebajaron el precio en un 10%. 4 (imitate) hacer burla de, remedar, imitar. II vi Av despegar. ◆**take on** vtr 1 (undertake) coger, encargarse de; she took on the responsibility, asumió la responsabilidad. 2 (acquire) tomar. 3 (employ) contratar. 4 (compete with, challenge) competir con, aceptar el reto de. ◆**take out** vtr 1 sacar, quitar; he's taking me out to dinner, me ha invitado a cenar (en un restaurante); to t. a child out for a walk, sacar a pasear a un niño; to t. out a tooth, quitar un diente. 2 (obtain) obtener; to t. out an insurance policy, hacerse un seguro. 3 the heat takes it out of me, el calor me agota; to t. it out on sb, desquitarse con algn. ◆**take over** I vtr 1 Com Pol tomar posesión de; (responsability) encargarse de; the rebels took over the country, los rebeldes se apoderaron del país. 2 (convey) transportar. II vi to t. over from sb, relevar a algn. ◆**take to** vtr (become fond of) coger cariño a; fig to t. to drink/drugs, darse a la bebida/ a las drogas; fig to t. to one's heels, huir, fugarse. ◆**take up** I vtr 1 to t. sth up, (from ground) levantar algo; (upstairs) subir algo. 2 Sew acortar. 3 (accept) aceptar; (adopt) adoptar. 4 (start doing) dedicarse a; (sport) empezar a practicar. 5 (occupy) ocupar; he's very taken up with her, no piensa más que en ella; to t. up all one's attention, absorber la atención de algn; to t. up too much room, ocupar demasiado sitio. II vi to t. up with sb, trabar amistad con algn.

takeaway ['teɪkəweɪ] GB & NZ I n (food) comida f para llevar; (restaurant) restaurante m que vende comidas para llevar. II adj (food) para llevar (a casa).

take-home pay ['teɪkhəʊmpeɪ] n Fin sueldo m neto.

taken ['teɪkən] I pp see **take**. II adj fam cogido,-a; we're very t. with the idea, nos atrae mucho la idea.

takeoff ['teɪkɒf] n 1 Av despegue m. 2 (imitation) burla f, remedo m, imitación f.

takeover ['teɪkəʊvə'] n toma f de posesión; Com (of company) absorción f, adquisición f. ■ military t., golpe m de estado; Fin t. bid, oferta f pública de adquisición, OPA f.

taker ['teɪkə^r] *n* *(purchaser)* comprador,-a *m,f*; *(of lease)* arrendatario,-a *m,f*.

takings ['teɪkɪŋz] *npl* Com caja *f sing*, recaudación *f sing*.

talc [tælk] *n* talco *m*.

talcum powder ['tælkəmpaʊdə^r] *n* polvos *mpl* de talco.

tale [teɪl] *n* cuento *m*; **old wives' tales,** cuentos de viejas; **to tell tales,** contar chismes *or* cuentos.

talent ['tælənt] *n* *(ability)* talento *m*, dotes *mpl*; Art **exhibition of local t.,** exposición *f* de las obras de artistas locales; **to have a t. for sth,** tener talento para algo. ■ *Cin* **t. scout,** cazador,-a *m,f* de talentos.

talented ['tæləntɪd] *adj* dotado,-a, con talento.

talisman ['tælɪzmən] *n* *(pl* **talismans)** talismán *m*.

talk [tɔːk] **I** *vi* 1 hablar; **talking of that ...,** a propósito de eso ...; **to learn to t.,** aprender a hablar; **to t. big,** fanfarronear, farolear; *fig* **to t. through one's hat,** decir tonterías; *fam* **now you're talking!,** ¡eso sí que me interesa!; *fam* **t. about luck!,** ¡vaya suerte! 2 *(converse)* hablar, conversar; *(chat)* charlar; *(gossip)* chismorrear; **people will t.,** la gente hablará; **to be talked about,** ser algn la comidilla de todos; **to t. about the weather,** hablar del tiempo. **II** *vtr* hablar; **to t. business,** hablar de negocios; **to t. nonsense,** decir tonterías; **to t. sense,** hablar con sentido común; **to t. shop,** hablar del trabajo. **III** *n* 1 *(conversation)* conversación *f*; *Rad TV* coloquio *m*, entrevista *f*; **to have a t. with sb,** tener una conversación con algn. 2 *(words)* palabras *fpl*; **he's all t.,** no hace más que hablar. 3 *(rumour)* rumor *m*, voz *f*; *(gossip)* chismes *mpl*, habladurías *fpl*; **it's the t. of the town,** es la comidilla de la ciudad; **there's some t. of his returning,** corre la voz de que va a regresar. 4 *(lecture)* conferencia *f*, charla *f*; **to give a t. on sth,** dar una charla sobre algo. ◆**talk down I** *vtr* Av **to t. a plane down,** dirigir un aterrizaje por radio. **II** *vi* **to t. down to sb,** hablar a algn con desprecio. ◆**talk into** *vtr* **to t. sb into sth,** convencer a algn para hacer algo. ◆**talk out of** *vtr* **to t. sb out of sth,** disuadir a algn de hacer algo. ◆**talk over** *vtr* discutir; **I have to t. it over with my friend,** tengo que discutirlo con mi amigo. ◆**talk round** *vtr* **1 to t. sb round,** convencer a algn. **2 to t. round a subject,** no ir al grano, andarse con rodeos.

talkative ['tɔːkətɪv] *adj* hablador,-a, locuaz; *pej* charlatán,-ana, parlanchín,-ina.

talkativeness ['tɔːkətɪvnɪs] *n* locuacidad *f*.

talker ['tɔːkə^r] *n* hablador,-a *m,f*; *pej* parlanchín,-ina *m,f*, charlatán,-ana *m,f*.

talking ['tɔːkɪŋ] *n* *(conversation)* conversación *f*; *(chatter)* cháchara *f*; **no t. please!,** ¡silencio, por favor!; **to do all the t.,** ser el único que habla. ■ **t. point,** tema *m* de conversación.

talking-to ['tɔːkɪŋtuː] *n* *(pl* **talking-tos)** *fam* bronca *f*; **to give sb a t.-to,** cantar las cuarenta a algn.

tall [tɔːl] *adj* alto,-a; **a tree ten metres t.,** un árbol de diez metros (de alto); **how t. are you?,** ¿cuánto mides?; **she's getting t.,** está creciendo; *fig* **that's a t. order,** eso es mucho pedir; *fig* **that's a t. story,** ¡vaya cuento!

tallboy ['tɔːlbɔɪ] *n* Furn cómoda *f* alta.

tally ['tælɪ] **I** *vi* *(pt & pp* **tallied)** *(correspond)* **they don't t.,** no concuerdan; **to t. with sth,** corresponder *or* concordar con algo. **II** *n* Com anotación *f*, apunte *m*; **to keep a t. of goods,** llevar la cuenta de las mercancías.

talon ['tælən] *n* garra *f*.

tambourine [tæmbə'riːn] *n* Mus pandereta *f*.

tame [teɪm] **I** *adj* 1 *(animal)* domado,-a, domesticado,-a; *(by nature)* manso,-a; *(person)* dócil, sumiso,-a. 2 *(style)* insípido,-a, soso,-a. **II** *vtr* domesticar, domar.

tamer ['teɪmə^r] *n* domador,-a *m,f*.

tamper ['tæmpə^r] *vi* **to t. with,** *(machinery)* estropear; *(text)* adulterar; *(records, an entry)* falsificar; *(lock)* intentar forzar.

tampon ['tæmpɒn] *n* tampón *m*.

tan¹ [tæn] **I** *n* *(colour)* marrón *m* rojizo; *(of skin)* bronceado *m*; **to get a t.,** ponerse moreno,-a, broncearse. **II** *adj* *(colour)* de color marrón rojizo; *(sunburn)* bronceado,-a. **III** *vtr* *(pt & pp* **tanned)** 1 *(leather)* curtir; *fam fig* **to t. sb's hide,** dar una paliza a algn. 2 *(skin)* broncear, tostar. **IV** *vi* broncearse, ponerse moreno,-a.

tan² *abbr of* **tangent,** tangente *f*, tang.

tandem ['tændəm] *n* tándem *m*.

tang [tæŋ] *n* *(taste)* sabor *m* fuerte; *(smell)* olor *m* fuerte.

tangent ['tændʒənt] *n* tangente *f*; *fig* **to go or fly off at a t.,** salirse por la tangente.

tangerine [tændʒə'riːn] *n* Bot clementina *f*.

tangible ['tændʒəbəl] *adj* tangible; **t. assets,** bienes *mpl* materiales. ◆**tangibly** *adv* de manera tangible *or* palpable.

Tangier [tæn'dʒɪə^r] *n* Tánger.

tangle ['tæŋgəl] **I** *n* *(of thread)* maraña *f*, enredo *m*; *fig* embrollo *m*, lío *m*; *fig* **to be in a t.,** estar hecho,-a un lío; *fig* **to get into a t.,** enredarse. **II** *vtr* *(threads)* enmarañar, enredar; *fig* embrollar; **to get tangled up,** enredarse, liarse. ◆**tangle with** *vtr* **to t. with sb,** meterse con algn.

tank [tæŋk] *n* 1 *(container)* depósito *m*, tanque *m*; **to fill (up) the t.,** llenar el depósito. ■ **petrol t.,** depósito *m* de gasolina. 2 *Mil* tanque *m*, carro *m* de combate. ◆**tank up I** *vi* Aut llenar el depósito. **II** *vtr fam* **to get tanked up,** emborracharse.

tankard ['tæŋkəd] *n* bock *m*.

tanker ['tæŋkə^r] *n* Naut tanque *m*, barco *m* cisterna; *(for oil)* petrolero *m*; Aut camión *m* cisterna.

tanned [tænd] *pt & pp see* **tan.**

tanner ['tænə^r] *n* curtidor,-a *m,f*.

tannery ['tænərɪ] *n* curtiduría *f*, tenería *f*.

tannin ['tænɪn] *n* Chem tanino *m*.

tanning ['tænɪŋ] *n* 1 *(of hide)* curtido *m*. 2 *(of skin)* bronceado *m*. 3 *fig (thrashing)* paliza *f*, zurra *f*.

Tannoy® ['tænɔɪ] *n* sistema *m* de megafonía; **over the T.,** por los altavoces.

tantalize ['tæntəlaɪz] *vtr* atormentar (con una esperanza falsa).

tantalizing ['tæntəlaɪzɪŋ] *adj* atormentador,-a.

tantamount ['tæntəmaʊnt] *adj* **t. to,** equivalente a; **that's t. to a refusal,** eso equivale a una negativa.

tantrum ['tæntrəm] *n* rabieta *f*; **to fly into a t.,** coger una rabieta.

Tanzania [tænzə'nɪə] *n* Tanzania.

Tanzanian [tænzə'nɪən] *adj & n* tanzano,-a *(m,f)*.

tap¹ [tæp] **I** *vtr* *(pt & pp* **tapped)** *(knock)* golpear ligeramente; *(with hand)* dar una palmadita a. **II** *vi* **to t. at** *or* **on the door,** llamar suavemente a la puerta. **III** *n* golpecito *m*; **there was a t. at the door,** llamaron suavemente a la puerta. ■ **t. dancing,** claqué *m*.

tap² [tæp] **I** *n* (*for water*) grifo *m*; (*of barrel*) espita *f*; **to turn on/off the t.**, abrir/cerrar el grifo; *fig Fin* **funds on t.**, fondos *mpl* disponibles. ■ **t. water**, agua *f* del grifo. **II** *vtr* (*pt & pp tapped*) **1** (*barrel*) agujerear; (*tree*) sangrar; (*wine, beer*) tirar, sacar del barril; *fig Com* **to t. new markets**, explotar nuevos mercados; *fam* **to t. sb for a loan**, sablear a algn. **2** *Tel* (*phone*) interceptar.

tape [teɪp] **I** *n* **1** (*gen*) cinta *f*. ■ *Sport* (**finishing**) **t.**, cinta *f* de llegada; **insulating t.**, cinta *f* aislante; *fam* **red t.**, papeleo *m*; **sticky t.**, cinta *f* adhesiva; **t. measure**, cinta *f* métrica. **2** (*for recording*) cinta *f* magnetofónica. ■ **t. recorder**, magnetofón *m*, magnetófono *m*; **t. recording**, grabación *f*. **II** *vtr* **1** pegar con cinta adhesiva; *fig* **I've got him taped**, le tengo calado. **2** (*record*) grabar en cinta.

taper ['teɪpə'] **I** *vtr* (*make narrow*) estrechar; (*to a point*) afilar. **II** *vi* estrecharse; (*to a point*) afilarse. **III** *n* vela *f*. ◆**taper off** *vi* ir disminuyendo.

tapestry ['tæpɪstrɪ] *n* tapiz *m*.

tapeworm ['teɪpwɜːm] *n* Ent tenia *f*, solitaria *f*.

tapioca [tæpɪ'əʊkə] *n* tapioca *f*.

tapped [tæpt] *pt & pp see* **tap¹** & **tap²**.

tapping¹ ['tæpɪŋ] *n* (*knocking*) golpecitos *mpl*.

tapping² ['tæpɪŋ] *n* **1** (*of barrel*) apertura *f*; (*of tree*) sangría *f*; (*of resources*) explotación *f*. **2** *Tel* interceptación *f* de un teléfono.

tar [tɑː'] **I** *n* alquitrán *m*, brea *f*. **II** *vtr* (*pt & pp tarred*) (*road*) alquitranar; (*boat*) embrear; *fig* **they are tarred with the same brush**, están cortados por el mismo patrón.

tarantula [tə'ræntjʊlə] *n* tarántula *f*.

tardy ['tɑːdɪ] *adj* (*tardier, tardiest*) *fml* tardío,-a.

target ['tɑːgɪt] *n* **1** (*object aimed at*) blanco *m*; **he was a t. for blackmailers**, fue el blanco de los chantajistas; **to hit the t.**, dar en el blanco. ■ **t. practice**, tiro *m* al blanco. **2** (*purpose*) fin *m*, meta *f*; **his t. was to raise £1,000**, su objetivo era reunir 1.000 libras.

tariff ['tærɪf] *n* tarifa *f*, arancel *m*; (*in hotel etc*) lista *f* de precios.

Tarmac® ['tɑːmæk] **I** *n* **1** (*substance*) alquitrán *m*. **2** *Av* pista *f* de aterrizaje *or* despegue. **II** *vtr* alquitranar.

tarnish ['tɑːnɪʃ] **I** *vtr* empañar; *fig* (*sb's honour*) manchar, empañar. **II** *vi* empañarse, perder brillo.

tarot ['tærəʊ] *n* tarot *m*.

tarpaulin [tɑː'pɔːlɪn] *n* *Tex* lona *f*.

tarragon ['tærəgən] *n* *Bot* estragón *m*.

tarred [tɑːd] *pt & pp see* **tar**.

tart¹ [tɑːt] *n GB Culin* tarta *f*.

tart² [tɑːt] *adj* (*taste*) ácido,-a, agrio,-a; *fig* (*answer*) acre, mordaz.

tart³ [tɑːt] *fam* **I** *n* fulana *f*, furcia *f*. **II** *vtr GB* **to t. oneself up**, emperifollarse.

tartan ['tɑːtən] *n* tartán *m*.

Tartar ['tɑːtə'] **I** *adj* tártaro,-a. **II** *n* tártaro,-a *m,f*; *fig* persona *f* intratable; **he's a t.**, es una fiera.

tartar ['tɑːtə'] *n* **1** *Chem* tártaro *m*. **2** *Culin* **t. sauce**, salsa *f* tártara.

tartaric [tɑː'tærɪk] *adj Chem* tártrico,-a, tártárico,-a.

tartness ['tɑːtnɪs] *n* (*of taste*) acidez *f*; *fig* (*of remark*) acritud *f*.

task [tɑːsk] *n* tarea *f*, labor *f*; **to carry out a t.**, llevar a cabo una tarea; **to take sb to t.**, reprender a algn. ■ *Mil* **t. force**, destacamento *m* de fuerzas.

taskmaster ['tɑːskmɑːstə'] *n* **a hard t.**, un auténtico tirano.

Tasmania [tæz'meɪnɪə] *n* Tasmania.

Tasmanian [tæz'meɪnɪən] *adj & n* tasmanio,-a (*m,f*).

Tasman Sea [tæzmən'siː] *n* **the T. S.**, el Mar de Tasmania.

tassel ['tæsəl] *n* borla *f*.

taste [teɪst] **I** *n* **1** (*sense*) gusto *m*; (*flavour*) sabor *m*, gusto *m*; **it has a burnt t.**, sabe a quemado; **it has no t.**, no tiene sabor. **2** (*sample*) (*of food*) bocado *m*; (*of drink*) trago *m*, sorbo *m*; **to give sb a t. of his own medicine**, pagar a algn con la misma moneda. **3** (*liking*) afición *f*; **everyone to his t.**, sobre gustos no hay nada escrito; **to have a t. for sth**, gustarle a uno algo. **4** (*choice*) gusto *m*; **it's in bad t.**, es de mal gusto; **to have (good) t.**, tener (buen) gusto. **II** *vtr* **1** (*sample*) probar, catar; **t. this wine**, prueba este vino. **2** (*experience*) experimentar, conocer. **III** *vi* **to t. of sth**, saber a algo; **what does it t. like?**, ¿a qué sabe?

tasteful ['teɪstfʊl] *adj* de buen gusto. ◆**tastefully** *adv* con buen gusto.

tasteless ['teɪstlɪs] *adj* **1** (*food*) insípido,-a, soso,-a. **2** (*in bad taste*) de mal gusto.

taster ['teɪstə'] *n* catador,-a *m,f*.

tastiness ['teɪstɪnɪs] *n* buen sabor *m*.

tasting ['teɪstɪŋ] *n* degustación *f*.

tasty ['teɪstɪ] *adj* (*tastier, tastiest*) sabroso,-a.

tat [tæt] *n* *fam* porquería *f*.

ta-ta [tæ'tɑː] *interj GB fam* ¡hasta lueguito!

tattered ['tætəd] *adj* hecho,-a jirones, andrajoso,-a.

tatters ['tætəz] *npl* andrajos *mpl*, jirones *mpl*; **in t.**, hecho,-a jirones.

tattle ['tætəl] **I** *n* (*empty talk*) parloteo *m*, cháchara *f*; (*gossip*) chismes *mpl*, habladurías *fpl*. **II** *vi* parlotear; (*gossip*) chismorrear, chismear.

tattoo¹ [tæ'tuː] *n Mil* retreta *f*.

tattoo² [tæ'tuː] **I** *vtr* tatuar. **II** *n* (*pl tattoos*) (*mark*) tatuaje *m*.

tatty ['tætɪ] *adj* (*tattier, tattiest*) *GB* en mal estado; (*material, clothing*) raído,-a; (*décor*) deslustrado,-a.

taught [tɔːt] *pt & pp see* **teach**.

taunt [tɔːnt] **I** *vtr* **to t. sb with sth**, echar algo en cara a algn. **II** *n* pulla *f*, puyazo *m*.

taunting ['tɔːntɪŋ] **I** *adj* (*tone*) sarcástico,-a, burlón,-ona. **II** *n* sarcasmo *m*.

Taurus ['tɔːrəs] *n Astrol Astron* Tauro *m*.

taut [tɔːt] *adj* tenso,-a, tirante; **to make sth t.**, tensar algo.

tautness ['tɔːtnɪs] *n* tensión *f*.

tavern ['tævən] *n* taberna *f*.

tawdry ['tɔːdrɪ] *adj* (*tawdrier, tawdriest*) hortera, de oropel; (*motive*) indigno,-a.

tawn(e)y ['tɔːnɪ] *adj* leonado,-a, rojizo,-a.

tax [tæks] **I** *n* contribución *f*, impuesto *m*, tasa *f*; **how much t. do you pay?**, ¿cuánto pagas de impuestos?; **t. free**, exento,-a de contribución *or* de impuestos. ■ **t. collector**, recaudador,-a *m,f* (de impuestos); **t. evasion**, evasión *f* fiscal; **t. return**, declaración *f* de renta. **II** *vtr* **1** (*person*) imponer contribuciones a; (*thing*) gravar. **2** (*patience etc*) poner a prueba. **3 to t. sb about sth**, acusar a algn acerca de algo.

taxable ['tæksəbəl] *adj* imponible.

taxation [tæk'seɪʃən] *n* **1** (*taxes*) impuestos *mpl*, cargas *fpl* fiscales. **2** (*act of taxing*) imposición *f* de contribuciones.

taxi ['tæksɪ] I *n (pl taxis or taxies)* taxi *m*. ■ **t. driver,** taxista *mf*; **t. rank,** parada *f* de taxis. II *vi (pt & pp taxied) (aircraft)* rodar por la pista.

taxidermist ['tæksɪdɜ:mɪst] *n* taxidermista *mf*.

taxidermy ['tæksɪdɜ:mɪ] *n* taxidermia *f*.

taximeter ['tæksɪmi:tə^r] *n* taxímetro *m*.

taxing ['tæksɪŋ] *adj* exigente.

taxpayer ['tækspeɪə^r] *n* contribuyente *mf*.

TB, tb [ti:'bi:] *abbr of* **tuberculosis,** tuberculosis *f*.

tbsp *abbr of* **tablespoonful,** cucharada *f* grande.

tea [ti:] *n* 1 *(plant, drink)* té *m*; **t. bag,** bolsita *f* de té; **t. break,** descanso *m*; **t. caddy,** cajita *f* para el té; **t. cosy,** cubretetera *f*; **t. leaf,** hoja *f* de té; *Bot* **t. rose,** rosa *f* de té; **t. service** *or* **set,** juego *m* de té; **t. towel,** paño *m* (de cocina). 2 *(snack)* merienda *f*; **to give a t. party,** dar una merienda. ■ **(high) t.,** *(meal)* merienda-cena *f*.

teach [ti:tʃ] I *vtr (pt & pp taught)* enseñar; *(subject)* dar clases de; **she teaches French,** da clases de francés; *US* **she teaches school,** se dedica a la enseñanza; **to t. sb (how) to do sth,** enseñar a algn a hacer algo; *fam* **that will t. him,** eso le servirá de lección; *fam* **to t. sb a thing or two,** despabilar a algn. II *vi* dedicarse a la enseñanza, dar clases.

teacher ['ti:tʃə^r] *n* profesor,-a *m,f*; *(in primary school)* maestro,-a *m,f*; **the teachers,** el profesorado.

teaching ['ti:tʃɪŋ] *n* 1 enseñanza *f*; **t. profession,** la enseñanza; **t. staff,** profesorado *m*; **to go in for t.,** dedicarse a la enseñanza. 2 **teachings,** enseñanzas *fpl*, doctrina *f sing*; **the teachings of the Church,** la doctrina de la Iglesia.

tea-cloth ['ti:klɒθ] *n* paño *m or* trapo *m* (de cocina).

teacup ['ti:kʌp] *n* taza *f* de té.

teak [ti:k] *n Bot* teca *f*.

teal [ti:l] *n (pl teals or teal) Orn* cerceta *f* común.

team [ti:m] I *n* equipo *m*; *(of oxen)* yunta *f*. II *vi* **to t. up with sb,** juntarse con algn.

team-mate ['ti:mmeɪt] *n* compañero,-a *m,f* de equipo.

teamster ['ti:mstə^r] *n US* camionero,-a *m,f*.

teamwork ['ti:mwɜ:k] *n* trabajo *m* en equipo.

teapot ['ti:pɒt] *n* tetera *f*.

tear[1] [tɪə^r] *n* lágrima *f*; **to be in tears,** estar llorando; **to burst into tears,** ponerse a llorar. ■ **t. gas,** gas *m* lacrimógeno.

tear[2] [teə^r] I *vtr (pt tore; pp torn)* 1 rasgar, desgarrar; **to t. a hole in sth,** hacer un agujero *or* un desgarrón en algo; *fig* **to be torn between two courses of action,** vacilar entre dos maneras de actuar. 2 *(snatch)* **to t. sth out of sb's hands,** arrancarle algo de las manos a algn. II *vi* 1 *(cloth)* rasgarse. 2 *Aut* **to t. along,** ir a toda velocidad. III *n* desgarrón *m*, rasgón *m*; **wear and t.,** desgaste *m*. ◆**tear away** *vtr* **to t. sb away from his work,** arrancar a algn de su trabajo. ◆**tear down** *vtr (pull down)* derribar, arrancar; *(demolish)* derribar, demoler. ◆**tear off** I *vtr* arrancar. II *vi* irse a toda prisa. ◆**tear out** *vtr* arrancar. ◆**tear up** *vtr* 1 romper, hacer pedazos. 2 *(uproot)* arrancar, desarraigar.

tearaway ['teərəweɪ] *n GB* pillo,-a *m,f*, pillastre *m*.

teardrop ['tɪədrɒp] *n* lágrima *f*.

tearful ['tɪəfʊl] *adj* lloroso,-a, lacrimoso,-a. ◆**tearfully** *adv* llorando, con lágrimas en los ojos.

tearing ['teərɪŋ] I *n* **t. off** *or* **out,** arranque *m*. II *adj* **to be in a t. hurry,** tener muchísima prisa.

tearoom ['ti:ru:m] *n GB see* **teashop**.

tear-stained ['tɪəsteɪnd] *adj* manchado,-a de lágrimas.

tease [ti:z] I *vtr* tomar el pelo a, burlarse de. II *n (person)* bromista *mf*.

teaser ['ti:zə^r] *n (puzzle)* rompecabezas *m inv*.

teashop ['ti:ʃɒp] *n GB* salón *m* de té.

teasing ['ti:zɪŋ] I *adj (person)* burlón,-ona. II *n* burlas *fpl*; **she was tired of his t.,** estaba cansada de que le tomara el pelo.

teaspoon ['ti:spu:n] *n* cucharilla *f*.

teaspoonful ['ti:spu:nfʊl] *n* cucharadita *f*.

teat [ti:t] *n (of animal)* teta *f*; *(of bottle)* tetina *f*.

teatime ['ti:taɪm] *n* hora *f* del té.

technical ['teknɪkəl] *adj* técnico,-a. ■ *Educ* **t. college,** instituto *m* de formación profesional; **t. term,** tecnicismo *m*. ◆**technically** *adv* 1 técnicamente. 2 *(theoretically)* en teoría.

technicality [teknɪ'kælɪtɪ] *n* detalle *m* técnico.

technician [tek'nɪʃən] *n* técnico,-a *m,f*.

technique [tek'ni:k] *n* técnica *f*.

technological [teknə'lɒdʒɪkəl] *adj* tecnológico,-a.

technologist [tek'nɒlədʒɪst] *n* tecnólogo,-a *m,f*.

technology [tek'nɒlədʒɪ] *n* tecnología *f*.

teddy bear ['tedɪbeə^r] *n* oso *m* de felpa *or* de peluche.

tedious ['ti:dɪəs] *adj* tedioso,-a, aburrido,-a, pesado,-a.

tedium ['ti:dɪəm] *n* tedio *m*, aburrimiento *m*, pesadez *f*.

tee [ti:] I *n Golf* tee *m*. II *vi* **to t. off,** dar el primer golpe.

teem [ti:m] *vi* abundar, rebosar; **teeming with wildlife,** rebosante de vida salvaje; *fam* **it was teeming down,** llovía a cántaros.

teenage ['ti:neɪdʒ] *adj* adolescente.

teenager ['ti:neɪdʒə^r] *n* adolescente *mf*.

teens [ti:nz] *npl* adolescencia *f sing*; **she's in her early t.,** tendrá trece o catorce años.

teeny(-weeny) ['ti:nɪ('wi:nɪ] *adj (teenier, teeniest)* *fam* pequeñito,-a, chiquitín,-ina.

tee-shirt ['ti:ʃɜ:t] *n* camiseta *f*.

teeter ['ti:tə^r] *vi* balancearse.

teeth [ti:θ] *npl see* **tooth**.

teethe [ti:ð] *vi* echar los dientes.

teething ['ti:ðɪŋ] *n* dentición *f*. ■ **t. ring,** chupador *m*; *fig* **t. troubles,** dificultades *fpl* iniciales.

teetotal [ti:'təʊtəl] *adj* abstemio,-a.

teetotalism [ti:'təʊtəlɪzəm] *n* abstinencia *f* de bebidas alcohólicas.

teetotaller [ti:'təʊtələ^r] *n* abstemio,-a *m,f*.

TEFL [ti:i:ef'el, 'tefəl] *abbr of* **Teaching (of) English as a Foreign Language,** enseñanza *f* del inglés como idioma extranjero.

Teh(e)ran [teə'ra:n] *n* Teherán *m*.

tel *abbr of* **telephone (number),** (número *m* de) teléfono *m*, tel.

telecommunications ['telɪkəmju:nɪ'keɪʃənz] *n* telecomunicación *f*.

telegram ['telɪgræm] *n* telegrama *m*.

telegraph ['telɪgræf, 'telɪgrɑ:f] I *n* telégrafo *m*. ■ **t. operator,** telegrafista *mf*; **t. pole,** poste *m* telegráfico. II *vtr & vi* telegrafiar.

telegraphic [telɪ'græfɪk] *adj* telegráfico,-a.

telegraphist [tɪ'legrəfɪst] *n* telegrafista *mf*.

telegraphy [tɪˈlegrəfɪ] n telegrafía f.

telepathic [telɪˈpæθɪk] adj Psych telepático,-a.

telepathy [tɪˈlepəθɪ] n Psych telepatía f.

telephone [ˈtelɪfəʊn] I n teléfono m; **are you on the t.?**, ¿tiene teléfono?; (speaking) **he's on the t.**, está al aparato; **you're wanted on the t.**, le llaman por teléfono. ▪ **t. booth, t. box,** cabina f (telefónica); **t. call,** llamada f telefónica; **t. directory,** guía f telefónica; **t. exchange,** central f telefónica; **t. number,** número m de teléfono; US **t. operator,** telefonista mf. II vtr telefonear, llamar por teléfono. III vi telefonear, hacer una llamada telefónica.

telephonist [tɪˈlefənɪst] n GB telefonista mf.

telephoto [ˈtelɪfəʊtəʊ] adj Phot **t. lens,** teleobjetivo m.

teleprinter [ˈtelɪprɪntəʳ] n teletipo m.

telescope [ˈtelɪskəʊp] I n Astron telescopio m. II vi plegarse (como un catalejo). III vtr plegar; **to t. two things together,** empotrar una cosa en otra.

telescopic [telɪˈskɒpɪk] adj telescópico,-a; (umbrella) plegable.

televise [ˈtelɪvaɪz] vtr televisar.

television [ˈtelɪvɪʒən] n televisión f; **colour t.,** televisión en color; **it's on (the) t. tomorrow,** lo van a poner en la televisión mañana. ▪ **t. play,** obra f televisada; **t. programme,** programa m de televisión; **t. screen,** pantalla f de televisión; **t. (set),** televisor m, aparato m de televisión.

telex [ˈteleks] I n télex m. II vtr enviar por télex.

tell [tel] I vtr (pt & pp told) 1 (say) decir; (relate) contar, relatar, narrar; (inform) comunicar, informar; **can you t. me the way to the hospital?,** puede indicarme como se va al hospital; **I have been told that …,** me han dicho que …; **I'll t. you what happened,** le contaré lo que sucedió; **I shall t. him the truth,** le diré la verdad; **I told you so!,** ¡ya te lo dije!; **t. me when they arrive,** avísame cuando lleguen; **to t. lies,** mentir; **to t. sb about sth,** contarle algo a algn; fam **I t. you what …,** mira pues …; fam **t. me another!,** ¡cuéntaselo a tu abuela!; fam **you're telling me!,** ¡a mí me lo vas a contar! 2 (assure) asegurar; **he'll be furious, I (can) t. you!,** ¡se va a poner furioso, te lo garantizo!; **it's not so easy, let me t. you,** te aseguro que no es tan fácil. 3 (order) ordenar, mandar; **do as you're told,** haz lo que te dicen; **to t. sb to do sth,** decir or mandar a algn que haga algo. 4 (distinguish) distinguir; **I can't t. them apart,** no puedo distinguirlos; **to know how to t. the time,** saber decir la hora; **to t. right from wrong,** discernir lo que está bien de lo que está mal; **you can t. him by his voice,** se le reconoce por la voz; **you can t. she is intelligent,** se nota que es inteligente; **you can't t. her from her sister,** es imposible distinguirla de su hermana. 5 (count) contar; **all told,** en total, todo incluido. II vi 1 (reveal) reflejar, notarse; **his face told of suffering,** su rostro reflejaba el sufrimiento. 2 (know) **who can t.?,** ¿quién sabe?; **you never can t.,** nunca se sabe. 3 (have effect) notarse; **it's beginning to t.,** se empieza a notar; **these drugs t. on one,** el efecto de estas drogas se hace sentir. ◆**tell off** vtr fam regañar, reprender, reñir. ◆**tell on** vtr fam acusar.

teller [ˈteləʳ] n 1 (cashier) cajero,-a m,f. 2 Pol escrutador,-a m,f. 3 (of story) narrador,-a m,f.

telling [ˈtelɪŋ] I adj (action) eficaz; (blow, argument) contundente. II n 1 (of story) narración f, relato m; (of secret) divulgación f. 2 (knowing) **there's no t.,** no se sabe.

telling-off [telɪŋˈɒf] n fam bronca; **to give sb a t.-o.,** echar or propinar una bronca a algn.

telltale [ˈtelteɪl] n chivato,-a m,f, acusica mf. ▪ **t. signs,** señales fpl reveladoras.

telly [ˈtelɪ] n GB fam **the t.,** la tele.

temerity [tɪˈmerɪtɪ] n temeridad f, audacia f.

temp¹ [temp] n (abbr of temporary) fam trabajador,-a m,f temporal.

temp² abbr of **temperature,** temperatura f, temp.

temper [ˈtempəʳ] I n 1 (mood) humor m; **to be in a foul t.,** estar muy enfadado,-a; **to keep one's t.,** no perder la calma; **to lose one's t.,** perder los estribos. 2 (temperament) temperamento m, carácter m; **to have a bad t.,** tener (mal) genio or carácter. 3 Metal temple m. II vtr Metal templar; fig suavizar.

temperament [ˈtempərəmənt] n temperamento m.

temperamental [tempərəˈmentəl] adj temperamental.

temperance [ˈtempərəns] n (restraint) moderación f; (from alcohol) abstinencia f.

temperate [ˈtempərɪt] adj 1 mesurado,-a, sobrio,-a. 2 (climate) templado,-a.

temperature [ˈtemprɪtʃəʳ] n temperatura f; **to have a t.,** tener fiebre.

tempest [ˈtempɪst] n tempestad f.

tempestuous [temˈpestjʊəs] adj tempestuoso,-a.

temple¹ [ˈtempəl] n Archit templo m.

temple² [ˈtempəl] n Anat sien f.

tempo [ˈtempəʊ] n (pl tempos or tempi [ˈtempiː]) Mus tempo m.

temporal [ˈtempərəl] adj 1 Rel temporal, seglar. 2 Anat Gram temporal.

temporary [ˈtempərərɪ] adj temporal, provisional; (setback, improvement) momentáneo,-a, pasajero,-a; (teacher) suplente.

temporize [ˈtempəraɪz] vi contemporizar, intentar ganar tiempo.

tempt [tempt] vtr tentar; **I am tempted to accept,** estoy tentado,-a de aceptar; **to t. providence,** tentar la suerte; **to t. sb to do sth,** incitar a algn a hacer algo.

temptation [tempˈteɪʃən] n tentación f.

tempter [ˈtemptəʳ] n tentador,-a m,f.

tempting [ˈtemptɪŋ] adj (offer) tentador,-a, apetecible; (food) apetitoso,-a.

ten [ten] I adj diez inv; **t. workers,** una decena de trabajadores. II n diez m inv; fam **t. to one he finds out!,** ¡a que se entera!; see also **seven.**

tenable [ˈtenəbəl] adj (opinion) sostenible.

tenacious [tɪˈneɪʃəs] adj tenaz, firme.

tenacity [tɪˈnæsɪtɪ] n tenacidad f.

tenancy [ˈtenənsɪ] n (of house) alquiler m; (of land) arrendamiento m.

tenant [ˈtenənt] n (of house) inquilino,-a m,f; (of farm) arrendatario,-a m,f.

tench [tentʃ] n (fish) tenca f.

tend¹ [tend] vi (be inclined) tender, tener tendencia (to, a); **I t. to agree with you,** me inclino a compartir tu opinión; **wool tends to shrink,** la lana suele encoger.

tend² [tend] vtr (care for) cuidar, ocuparse de.

tendency [ˈtendənsɪ] n tendencia f.

tendentious [tenˈdenʃəs] adj tendencioso,-a.

tender¹ ['tendəʳ] *adj (affectionate)* cariñoso,-a; *(sensitive, compassionate)* compasivo,-a; *(fragile)* frágil, delicado,-a; *(meat)* tierno,-a; **t. to the touch,** suave al tacto; *fig* **of t. years,** de tierna edad.

tender² ['tendəʳ] **I** *vtr (offer)* ofrecer; *(in payment)* **please t. the exact fare,** por favor, tenga preparado el precio exacto; **to t. one's resignation,** presentar la dimisión. **II** *vi Com* **to t. for,** sacar a concurso. **III** *n* **1** *Com* oferta *f*, propuesta *f*, licitación *f*; **to invite tenders for a piece of work,** sacar un trabajo *or* una obra a concurso. **2** *(money)* **legal t.,** moneda *f* de curso legal.

tender³ ['tendəʳ] *n Naut* barco *m* avituallador; *Rail* ténder *m*.

tenderhearted [tendə'hɑːtɪd] *adj (compassionate)* compasivo,-a; *(gentle)* bondadoso,-a.

tenderloin ['tendəlɔɪn] *n Culin* filete *m*.

tenderness ['tendənɪs] *n* ternura *f*.

tendon ['tendən] *n Anat* tendón *m*.

tendril ['tendrɪl] *n Bot* zarcillo *m*.

tenement ['tenɪmənt] *n* casa *f* de vecindad.

tenet ['tenɪt] *n* principio *m*, dogma *m*.

tennis ['tenɪs] *n* tenis *m*; **to play t.,** jugar al tenis. ■ **t. ball,** pelota *f* de tenis; **t. court,** pista *f* de tenis; *Med* **t. elbow,** codo *m* de tenista; **t. player,** jugador,-a *m,f* de tenis, tenista *mf*; **t. racket** *or* **racquet,** raqueta *f* de tenis; **t. shoe,** zapatilla *f* de tenis.

tenor ['tenəʳ] *n* **1** *Mus* tenor *m*. **2** *(content, sense)* contenido *m*, sentido *m* general. **3** *(of events)* curso *m*, marcha *f*.

tense¹ [tens] **I** *adj* tenso,-a. **II** *vtr* **to t. (up),** poner en tensión.

tense² [tens] *n Gram* tiempo *m*.

tension ['tenʃən] *n* tensión *f*; *Elec* **high t. circuit,** circuito *m* de alta tensión.

tent [tent] *n* tienda *f* de campaña; **to pitch a t.,** armar *or* montar una tienda de campaña. ■ **t. peg,** estaca *f*.

tentacle ['tentəkəl] *n* tentáculo *m*.

tentative ['tentətɪv] *adj* **1** *(not definite)* de prueba, provisional; **a t. scheme,** un plan experimental. **2** *(hesitant)* indeciso,-a. ◆**tentatively** *adv* a modo de prueba, provisionalmente; *(hesitantly)* con reservas, con indecisión.

tenterhooks ['tentəhʊks] *npl fig* ascuas *fpl*; **to be on t.,** estar sobre ascuas; **to keep sb on t.,** tener a algn sobre ascuas.

tenth [tenθ] **I** *adj* décimo,-a. **II** *n* **1** *(in series)* décimo,-a *m,f*. **2** *(fraction)* décimo *m*; *see also* **seventh.**

tenuous ['tenjʊəs] *adj* **1** tenue, ligero,-a, sutil. **2** *(argument)* poco convincente, flojo,-a.

tenure ['tenjʊəʳ] *n* **1** *(of office)* ocupación *f*, ejercicio *m*. **2** *Jur* tenencia *f*. **3** *(of property)* arrendamiento *m*.

tepid ['tepɪd] *adj* tibio,-a.

term [tɜːm] **I** *n* **1** *(limit)* término *m*, límite *m*; *(for payment)* plazo *m*. **2** *(period)* período *m*, duración *f*; *Educ* trimestre *m*; *Jur* período *m* de sesiones; **during his t. of office,** durante su mandato; **in the long/short t.,** a largo/corto plazo. **3** *(word, expression)* término *m*, expresión *f*; **in legal t.,** término jurídico; **that is a contradiction in terms,** esos son términos contradictorios. **4** *Math* término *m*; *fig* **in terms of money,** en cuanto al dinero. **5 terms,** *(conditions)* condiciones *fpl*, términos *mpl*; *Com* **easy t.,** facilidades *fpl* de pago; *Com* **inclusive t.,** precio *m* todo incluido; *Com* **t. of payment,** condiciones de pago;

to come to t. with sth, aceptar algo; **to dictate t.,** imponer condiciones. **6 terms,** *(relationship)* relaciones *fpl*; **to be on good/bad t. with sb,** mantener buenas/malas relaciones con algn; **we are on the best of t.,** somos muy amigos. **II** *vtr (call)* calificar de.

terminal ['tɜːmɪnəl] **I** *adj Med* terminal; **t. cancer,** cáncer incurable. **II** *n* terminal *f*.

terminate ['tɜːmɪneɪt] **I** *vtr* terminar, poner fin a; *Med* **to t. a pregnancy,** abortar, interrumpir el embarazo. **II** *vi* terminarse, concluirse.

termination [tɜːmɪ'neɪʃən] *n* **1** *(end)* terminación *f*, fin *m*; *Med* **t. of pregnancy,** aborto *m* provocado, interrupción *f* del embarazo. **2** *Ling* terminación *f*, desinencia *f*.

terminology [tɜːmɪ'nɒlədʒɪ] *n* terminología *f*.

terminus ['tɜːmɪnəs] *n (pl* **terminuses** *or* **termini** ['tɜːmɪnaɪ]*)* término *m*.

termite ['tɜːmaɪt] *n* termita *f*, termes *m inv*.

tern [tɜːn] *n Orn* **black t.,** fumarel *m* común; **common t.,** charrán *m* común; **little t.,** charrancito *m*; **whiskered t.,** fumarel *m* cariblanco.

terrace ['terəs] **I** *n* **1** *Agr* bancal *m*. **2** *(of houses)* hilera *f* de casas (de estilo uniforme). **3** *(patio)* terraza *f*. **4** *Ftb* **the terraces,** las gradas. **II** *vtr Agr (hillside)* disponer en bancales.

terraced ['terəst] *adj GB* **t. houses,** casas *fpl* (de estilo uniforme) en hilera.

terracotta [terə'kɒtə] *n* terracota *f*.

terrain [tə'reɪn] *n* terreno *m*.

terrapin ['terəpɪn] *n Zool* tortuga *f* acuática.

terrestrial [tə'restrɪəl] *adj* terrestre.

terrible ['terəbəl] *adj* terrible, espantoso,-a; *fig* **I feel t.,** me encuentro fatal; *fam* **a t. meal,** una comida horrible. ◆**terribly** *adv* terriblemente; *fam* **I am t. grateful to you,** te estoy muy agradecido,-a.

terrier ['terɪəʳ] *n Zool* terrier *m*.

terrific [tə'rɪfɪk] *adj* **1** *(excellent)* fabuloso,-a, bárbaro,-a; **to have a t. time,** pasarlo en grande. **2** *(extreme)* tremendo,-a; **a t. heat,** un calor insoportable; **at a t. speed,** a una velocidad vertiginosa. ◆**terrifically** *adv fam (very)* **she's t. clever,** es un genio.

terrify ['terɪfaɪ] *vtr (pt & pp* **terrified***)* aterrar, aterrorizar; **to be terrified of sth,** tener pánico a algo; **to t. sb out of their wits,** darle un susto de mil demonios a algn.

terrifying ['terɪfaɪɪŋ] *adj* aterrador,-a, espantoso,-a.

territorial [terɪ'tɔːrɪəl] *adj* territorial.

territory ['terɪtərɪ] *n* territorio *m*.

terror ['terəʳ] *n (fear)* terror *m*, espanto *m*; **to be in t. of one's life,** temer por la vida; *fam (person)* **that child is a t.,** es un niño terrible.

terrorism ['terərɪzəm] *n* terrorismo *m*.

terrorist ['terərɪst] *adj & n* terrorista *(mf)*.

terrorize ['terəraɪz] *vtr* aterrorizar.

terror-stricken ['terəstrɪkən] *adj,* **terror-struck** ['terəstrʌk] *adj* muerto,-a de miedo.

terry ['terɪ] *n Tex* **t. towel,** toalla *f* de rizo.

terse [tɜːs] *adj (curt)* lacónico,-a.

terseness ['tɜːsnɪs] *n (curtness)* laconismo *m*.

Tertiary ['tɜːʃərɪ] *adj* **1** *(era)* terciario,-a. **2** *GB* **t. education,** enseñanza *f* superior.

TESL [tiːiːes'el, 'tesəl] *abbr of* **Teaching (of) English as a Second Language,** enseñanza *f* del inglés como segunda lengua.

test [test] **I** *vtr (gen)* probar, someter a una prueba; *(analyze)* analizar; *Med (blood, urine)* hacer un análisis de; *(new drug)* experimentar; **to t. sb in algebra,** examinar a algn de álgebra; **to t. sb's ability,** comprobar la capacidad de algn. **II** *n* prueba *f*, examen *m*, test *m*; **to do tests,** hacer pruebas; **to put to the t.,** poner a prueba; **to stand the t.,** pasar la prueba; *fig* **acid t.,** la prueba del fuego; *fig* **it was a t. of her patience,** puso a prueba su paciencia. ■ *Med* **blood t.,** análisis *m inv* de sangre; *Aut* **driving t.,** examen *m* de conducir; *Jur* **t. case,** juicio *m* que hace jurisprudencia; *Sport* **t. match,** partido *m* internacional; *Av* **t. pilot,** piloto *m* de pruebas; **t. tube,** probeta *f*, tubo *m* de ensayo; **t.-tube baby,** niño *m* probeta.

testament ['testəmənt] *n* testamento *m*. ■ **Old/New T.,** Antiguo/Nuevo Testamento.

testicle ['testıkəl] *n* testículo *m*.

testify ['testıfaı] **I** *vtr (pt & pp testified) Jur* atestiguar, declarar; **to t. sth under oath,** declarar algo bajo juramento; **to t. that ...,** declarar que ... . **II** *vi* **to t. in sb's favour/against sb,** declarar a favor/en contra de algn; *fig* **to t. to sth,** atestiguar algo.

testimonial [testı'məunıəl] *n* (carta *f* de) recomendación *f*.

testimony ['testımənı] *n Jur* testimonio *m*, declaración *f*; **to bear t. to sth,** atestiguar algo.

testing ['testıŋ] *adj* **a t. time,** una época difícil. ■ **t. ground,** zona *f* de pruebas.

testis ['testıs] *n (pl testes* ['testi:z]) testículo *m*.

testy ['testı] *adj (testier, testiest)* irritable; **he's very t.,** es un cascarrabias. ◆**testily** *adv* en tono irritado.

tetanus ['tetənəs] *n Med* tétanos *m inv*.

tetchy ['tetʃı] *adj (tetchier, tetchiest) fam* irritable, susceptible.

tête-à-tête [teıta'teıt] *n* conversación *f* confidencial, tête-à-tête *m*.

tether ['teðəʳ] **I** *n* ronzal *m*; *fig* **to be at the end of one's t.,** estar hasta la coronilla, estar harto,-a. **II** *vtr (animal)* atar.

Texan ['teksən] *adj & n* tejano,-a *(m,f)*.

Texas ['teksəs] *n* Tejas.

text [tekst] *n* texto *m*.

textbook ['tekstbʊk] *n* libro *m* de texto; *fig* **a t. example,** un ejemplo típico.

textile ['tekstaıl] **I** *n* tejido *m*, téxtil *m*. **II** *adj* téxtil.

textual ['tekstjʊəl] *adj* textual.

texture ['tekstʃəʳ] *n* textura *f*.

Thai [taı] *adj & n* tailandés,-esa *(m,f)*.

Thailand ['taılænd] *n* Tailandia.

Thames [temz] *n* **the T.,** el Támesis.

than [ðæn, *unstressed* ðən] *conj* que; *(with numbers)* de; **he's older t. me,** es mayor que yo; **I have more/less t. you,** tengo más/menos que tú; **it was more interesting t. we thought,** fue más interesante de lo que creíamos; **more t. once,** más de una vez; **no sooner had we arrived t. the music began,** nada más llegar nosotros comenzó la música; **rather t. going to the cinema, let's go dancing,** vayamos a bailar en vez de ir al cine.

thank [θæŋk] *vtr* dar las gracias a, agradecer a; **I don't know how to t. you for your kindness,** no sé cómo agradecerle su amabilidad; **no t. you,** no gracias; **t. goodness!,** ¡gracias a Dios!; **t. you,** gracias; **t. you very much for your interest,** le agradezco mucho su interés; *iron* **you have only yourself to t.,** la culpa la tienes tú.

thankful ['θæŋkfʊl] *adj* agradecido,-a; **to be t. for sth,** agradecer algo. ◆**thankfully** *adv* con agradecimiento.

thankless ['θæŋklıs] *adj (task)* ingrato,-a.

thanks [θæŋks] *npl* gracias *fpl*; **give him my t.,** dele las gracias de mi parte; **many t.,** muchas gracias; **t. for your visit/for phoning,** gracias por su visita/por llamar; **t. to your help,** gracias a tu ayuda; *fam* **that's all the t. I get!,** ¡vaya manera de agradecérmelo!

thanksgiving [θæŋks'gıvıŋ] *n US* **T. Day,** Día *m* de Acción de Gracias.

that [ðæt, *unstressed* ðət] **I** *dem pron (pl those)* **1** ése *m*, ésa *f*; *(remote)* aquél *m*, aquella *f*; **this one is new but t. is old,** éste es nuevo pero ése es viejo. **2** *(indefinite)* eso; *(remote)* aquello; **after t.,** después de eso; **all t. came to an end,** todo aquello se acabó; **don't talk like t.,** no hables así; **give me t.,** dame eso; **have things come to t.?,** ¿hasta ahí han llegado las cosas?; **like t.,** así; **t.'s all,** eso es todo; **t.'s right,** eso es; **t.'s where I live,** allí vivo yo; **what's t.?,** ¿qué es eso?; **who's t.?,** ¿quién es? **3** *(with relative)* el, la; **all those I saw,** todos los que vi; **there are those who say that ...,** hay quien dice que ... . **II** *dem adj (pl those)* *(masculine)* ese; *(feminine)* esa; *(remote)* *(masculine)* aquel; *(feminine)* aquella; **at t. time,** en aquella época; **I saw him just t. once,** no le vi más que aquella vez; **t. book,** ese *or* aquel libro; *fam* **well, how's t. leg of yours?,** bueno, ¿cómo va esa pierna? **III** *rel pron* **1** *(subject, direct object)* que; **all t. you said,** todo lo que dijiste; **the letter t. I sent you,** la carta que te envié. **2** *(governed by preposition)* que, el que, la que, los que, las que, el cual, la cual, los cuales, las cuales; **nobody has come, t. I know of,** no ha venido nadie, que yo sepa; **the envelope t. I put it in,** el sobre en que lo puse. **3** *(when)* que, en que; **the moment t. you arrived,** el momento en que llegaste; **the night t. we went to the theatre,** la noche que fuimos al teatro. **IV** *conj* que; **come here so t. I can see you,** ven aquí para que te vea; **he said (t.) he would come,** dijo que vendría; **I'm telling you so t. you'll know,** se lo digo para que lo sepa; **not t. I admire him,** no es que le admire. **V** *adv* así es!, tanto, tan; **cut off t. much (for me),** córteme un trozo así de grande; **I don't think it can be t. old,** no creo que sea tan viejo como dicen; **we haven't got t. much money,** no tenemos tanto dinero.

thatch [θætʃ] **I** *n* paja *f*; *fam* **a good t. of hair,** una buena mata de pelo. **II** *vtr* cubrir con paja.

thatched [θætʃed] *adj* cubierto,-a con paja; **t. cottage,** casita con techo de paja; **t. roof,** techo de paja.

thaw [θɔ:] **I** *vtr (snow)* derretir; *(food, freezer)* descongelar. **II** *vi* descongelarse, deshelarse; *(snow)* derretirse; *fig (person)* ablandarse. **III** *n* deshielo *m*.

the [ðə, *before vowel* ðı, *emphatic* ði:] **I** *def art* **1** el, la; *pl* los, las; **at** *or* **to t.,** al, a la; *pl* a los, a las; **of** *or* **from t.,** del, de la; *pl* de los, de las; **t. Alps,** los Alpes; **t. right time,** la hora exacta; **t. voice of t. people,** la voz del pueblo; **translated from t. Russian,** traducido,-a del ruso. **2** *(omitted)* **Cardiff, t. capital of Wales,** Cardiff, capital de Gales; **George t. Sixth,** Jorge Sexto. **3** *(in exclamations)* **t. impudence of it!,** ¡qué caradura! **4** *(with measurements)* **by t. day/month,** al día/mes; **by t. dozen,** a docenas. **5** *(with adjectives used as nouns)* **t. poor,** los pobres. **6** *(specifying)* **how's t. arm?,** ¿cómo va ese brazo?; **I was away at t. time,** yo estaba entonces fuera.

(indicating kind) he's not t. **person to do that,** no es de los que hacen tales cosas. **8** *(sufficient)* **he hasn't t. patience to wait,** no tiene suficiente paciencia para esperar. **9** *(stressed)* [ðiː] el *or* la *or* lo mejor; **he is t. surgeon here,** él es el cirujano que más fama tiene aquí; **it is t. restaurant for fish,** es el mejor restaurante para comer buen pescado. **II** *adv* **t. more t. merrier,** cuanto más mejor; **t. sooner t. better,** cuanto antes mejor.

theatre, US **theater** ['θɪətə'] n **1** *Theat* teatro m. **2** *Med* quirófano m.

theatre-goer, US **theater-goer** ['θɪətəgəʊə'] n aficionado,-a m,f al teatro.

theatrical [θɪ'ætrɪkəl] adj teatral; **t. company,** compañía teatral.

theatricals [θɪ'ætrɪkəlz] npl funciones fpl; **amateur t.,** teatro m sing de aficionados.

theft [θeft] n robo m. ■ **petty t.,** hurto m.

their [ðeə'] poss adj *(one thing)* su; *(various things)* sus; **t. children and grandchildren,** sus hijos y sus nietos; **t. home,** su hogar.

theirs [ðeəz] poss pron (el) suyo, (la) suya; pl (los) suyos, (las) suyas; de ellos, de ellas; **he's a friend of t.,** es un amigo suyo *or* de ellos; **this house is t.,** esta casa es suya *or* de ellos; pej **those dogs of t.!,** ¡sus malditos perros!

them [dem] pers pron pl **1** *(direct object)* los, las; *(indirect object)* les; **I know t.,** los *or* las conozco; **I shall tell t. so,** se lo diré (a ellos *or* ellas); **speak to t.,** hábleles. **2** *(with preposition)* ellos, ellas; **lay the tables and put some flowers on t.,** ponga las mesas y coloque unas flores en cada una de ellas; **walk in front of t.,** camine delante de ellos. **3** *(reflexive)* **they took the keys away with t.,** se llevaron las llaves. **4** *(stressed)* **it's t.!,** ¡son ellos!; **tell t.,** dígaselo a ellos. **5** *(with numbers etc)* **both of t., the two of t.,** los dos; **neither of t.,** ninguno de los dos; **none of t.,** ninguno de ellos.

theme [θiːm] n tema m; Mus **t. and variations,** tema y variaciones fpl. ■ Mus **t. song,** tema m central; Rad **t. tune,** sintonía f.

themselves [ðəm'selvz] pers pron pl *(as subject)* ellos mismos, ellas mismas; *(as direct or indirect object)* se; *(after a preposition)* sí mismos, sí mismas; **they did it by t.,** lo hicieron ellos solos; **they whispered among t.,** intercambiaron comentarios en voz baja.

then [ðen] **I** adv **1** *(at that time)* entonces; **before t.,** antes de aquel momento; **now and t.,** de vez en cuando; **since t.,** desde entonces; **there and t.,** en el acto, acto seguido; **till t.,** hasta entonces. **2** *(next, afterwards)* entonces, luego; **what t.?,** ¿y entonces? **3** *(anyway)* de todas formas; **I wasn't invited, but t. I don't know them,** no me invitaron, pero claro, yo no los conozco. **4** *(in that case)* entonces, en este caso; **go t.,** pues vete; **now t.,** pues bien, vamos a ver; **you knew all the time t.,** así que tú ya lo sabías; **what t.?,** ¿y entonces qué? **II** conj entonces; **they ate and t. they went out,** comieron y luego se marcharon. **III** adj (de) entonces; **the t. president,** el entonces presidente, el presidente de entonces.

theodolite [θɪ'ɒdəlaɪt] n teodolito m.

theologian [θɪə'ləʊdʒɪən] n teólogo,-a m,f.

theological [θɪə'lɒdʒɪkəl] adj teológico,-a.

theology [θɪ'ɒlədʒɪ] n teología f.

theorem ['θɪərəm] n Math teorema m.

theoretic(al) [θɪə'retɪk(əl)] adj teórico,-a. ◆**theoretically** adv teóricamente.

theoretician [θɪərɪ'tɪʃən] n, **theorist** ['θɪərɪst] n teórico,-a m,f.

theorize ['θɪəraɪz] vi teorizar.

theory ['θɪərɪ] n teoría f.

therapeutic [θerə'pjuːtɪk] adj terapéutico,-a.

therapist ['θerəpɪst] n terapeuta mf.

therapy ['θerəpɪ] n terapia f, terapéutica f. ■ **occupational t.,** terapia f ocupacional.

there [ðeə'] **I** adv **1** *(indicating place)* allí, allá; *(near speaker or hearer)* ahí; **a hundred kilometres t. and back,** cien kilómetros ida y vuelta; **here and t.,** acá y allá; **here, t. and everywhere,** en todas partes; **in t.,** ahí dentro; Tel **is Peter t.?,** ¿está Peter?; **we're t.,** hemos llegado; fam **he's not all t.,** está chalado. **2** *(unstressed)* **t. is ...,** **t. are ...,** hay ...; **t.'s a page missing,** falta una página; **t. were many cars,** había muchos coches; **t. were six of us,** éramos seis. **4** *(in respect)* **t.'s the difficulty,** ahí está la dificultad; **t. you have me,** de eso sí que no tengo ni idea. **II** interj **I shall do as I like, so t.!,** haré lo que me da la gana, ¡ea!; **t., t.,** bien, bien; **t., this is for you,** ten, esto es para ti.

thereabouts ['ðeərəbaʊts] adv, US **thereabout** ['ðeərəbaʊt] adv **1** *(place)* allí cerca, por ahí; **he lives in Cambridge or t.,** vive en Cambridge o por allí cerca. **2** *(approximately)* por ahí, más o menos; **four o'clock or t.,** a eso de las cuatro; **he must be forty or t.,** debe de tener cuarenta años más o menos.

thereafter [ðeər'ɑːftə'] adv fml a partir de entonces.

thereby ['ðeəbaɪ] adv fml por eso o ello; **t. hangs a tale,** eso es una larga historia.

therefore ['ðeəfɔː'] adv por lo tanto, por eso; **I think, t. I am,** pienso, luego existo.

therein [ðeər'ɪn] adv fml ahí, aquí, en eso.

thereupon [ðeərə'pɒn] adv fml **t., he left us,** llegados a este punto se marchó.

therm [θɜːm] n GB Phys termia f.

thermal ['θɜːməl] **I** adj *(spring)* termal; Phys térmico,-a. ■ **t. baths,** termas fpl; **t. current,** corriente f térmica; **t. efficiency,** rendimiento m térmico. **II** n Meteor *(current)* corriente f térmica.

thermodynamics [θɜːməʊdaɪ'næmɪks] n termodinámica f.

thermometer [θə'mɒmɪtə'] n termómetro m.

thermonuclear [θɜːməʊ'njuːklɪə'] adj termonuclear.

Thermos® ['θɜːməs] n **T. (flask),** termo m.

thermostat ['θɜːməstæt] n termostato m.

thesaurus [θɪ'sɔːrəs] n *(pl thesauruses or thesauri* [θɪ'sɔːraɪ]*)* diccionario m de sinónimos, tesoro m, tesauro m.

these [ðiːz] **I** dem adj pl estos,-as. **II** dem pron pl éstos,-as; see this.

thesis ['θiːsɪs] n *(pl theses* ['θiːsiːz]*)* tesis f inv.

they [ðeɪ] pron pl **1** ellos, ellas; **here t. come,** aquí vienen; **t. are dancing,** están bailando; **t. are rich people,** son ricos. **2** *(stressed)* **t. alone,** ellos solos; **t. told me themselves,** me lo dijeron ellos mismos. **3** *(with relative)* los, las; **t. who say such things,** los que dicen tales cosas. **4** *(indefinite)* **that's what t. say,** eso es lo que se dice; **t. say that ...,** dicen que ..., se dice que ... .

thick [θɪk] **I** adj **1** *(book etc)* grueso,-a; **a wall two metres t.,** un muro de dos metros de espesor. **2** *(liquid, soup, etc)* espeso,-a. **3** *(vegetation)* espeso,-a. **4** fam *(stupid)* simple, corto,-a de alcances; **that's a**

bit t., no hay derecho; *(very friendly)* **they're as t. as thieves,** están a partir un piñón. II *adv* con espesor, densamente; **to cut the bread t.,** cortar el pan en rebanadas gruesas; *fig* **to lay it on t.,** *(exaggerate)* exagerar; *(flatter)* dar coba. III *n* **to be in the t.** of it, estar metido,-a de lleno; **through t. and thin,** para lo bueno y para lo malo. ◆**thickly** *adv* espesamente; **snow fell t.,** nevaba copiosamente; **to cover sth t. with sth,** cubrir algo con una capa gruesa de algo.

thicken ['θɪkən] I *vtr* espesar. II *vi* espesarse; *fig (plot)* complicarse.

thicket ['θɪkɪt] *n* matorral *m*, espesura *f*.

thickness ['θɪknɪs] *n (of wall, with measurement)* espesor *m*; *(of wire, lips)* grosor *m*, grueso *m*; *(of liquid, woodland)* espesura *f*.

thickset [θɪk'set] *adj (person)* rechoncho,-a.

thick-skinned [θɪk'skɪnd] *adj fig* poco sensible.

thief [θi:f] *n (pl thieves* [θi:vz]*)* ladrón,-ona *m,f*; **stop t.!,** ¡al ladrón!; *prov* **set a t. to catch a t.,** al ladrón, ladrón y medio.

thieve [θi:v] *vtr & vi* robar, hurtar, ratear.

thieving ['θi:vɪŋ] I *adj* ladrón,-ona. II *n* robos *mpl*, hurtos *mpl*.

thigh [θaɪ] *n* muslo *m*.

thighbone ['θaɪbəʊn] *n Anat* fémur *m*.

thimble ['θɪmbəl] *n* dedal *m*.

thimbleful ['θɪmbəlfʊl] *n (of cognac etc)* dedo *m*.

thin [θɪn] I *adj (thinner, thinnest)* 1 delgado,-a, fino,-a; *(person)* delgado,-a, flaco,-a; **a t. slice,** una loncha fina; **t.-lipped,** de labios finos; **to get thinner,** adelgazar. 2 *(not thick or dense) (hair, vegetation)* ralo,-a; *(liquid)* claro,-a, poco denso,-a; *(population)* escaso,-a. 3 *fig (voice)* endeble, débil; **a t. excuse,** un pobre pretexto; **to have a t. time of it,** pasarlo mal. II *adv* **to cut t.,** cortar en rebanadas finas; **to spread the paint t.,** pintar con capas finas. III *vtr (pt & pp thinned)* **to t. (down),** *(person)* adelgazar; *(paint)* diluir; **to t. (out),** *(wood)* aclarar; *(plants)* entresacar. IV *vi* adelgazar; *(diminish)* disminuir *(en espesor)*; **his hair is thinning,** está perdiendo pelo. ◆**thinly** *adv* poco, ligeramente; *(spread)* con capas finas; **t. populated,** poco poblado,-a.

thing [θɪŋ] *n* 1 *(object)* cosa *f*, objeto *m*; **that's the very t. for me,** eso es exactamente lo que (me) hace falta; **what's that t.?,** ¿qué es eso? 2 *fam (person)* tío,-a *m,f*; **poor little t.!,** ¡pobrecito,-a!; **you lucky t.!,** ¡vaya suerte que tienes! 3 *(situation, fashion, progress, etc)* cosas *fpl*; **as things are,** tal como están las cosas; **first t. in the morning,** a primera hora de la mañana; **for another t.,** por otra parte; **for one t.,** en primer lugar; **he expects great things of the new treatment,** espera mucho del nuevo tratamiento; **I'd like to go, but the t. is ...,** me gustaría ir, pero resulta que ...; **it's just one of those things,** son cosas que pasan; **it's not the (done) t.,** eso no se hace; **the latest t. in hats,** lo último en sombreros; **things are going badly,** las cosas van mal; **what with one t. and another,** entre unas cosas y otras; *fig* **to know a t. or two,** conocer el percal. 4 **things,** *fam (clothing)* ropa *f sing*; *(possessions)* cosas *fpl*; **to pack up one's t.,** hacer las maletas; **to put one's t. away,** ordenar las cosas; **to wash up the tea** *or* **dinner t.,** fregar los platos.

thingamajig ['θɪŋəmədʒɪg] *n fam*, **thingumabob** ['θɪŋəməbɒb] *n fam*, **thingummy** ['θɪŋəmɪ] *n fam* chisme *m*.

think [θɪŋk] I *vtr (pt & pp thought)* 1 *(believe, consider)* pensar, creer; **I hardly t. it likely,** me parece poco probable; **I t. so/not,** creo que sí/no; **they are thought to be rich,** pasan por ricos. 2 *(imagine)* imaginar; **I thought as much,** yo me lo imaginaba; **to t. that it cost only a pound,** y pensar que costó sólo una libra; **who would have thought it?,** ¿quién lo hubiera dicho *o* imaginado? II *vi* 1 pensar **(of, about, en)**; **give me time to t.,** dame tiempo para reflexionar; **his name was ...,** let me t., se llamaba ..., vamos a ver; **I didn't t. of telling her,** no se me ocurrió decírselo; **she thinks of everything,** piensa en todo; **to t. ahead,** prevenir; *fam* **to t. big,** tener grandes proyectos (para el futuro). 2 *(have as opinion)* opinar, pensar; **I don't t. much of the idea,** no me hace mucha gracia la idea; **she thought nothing of getting up at six a.m.,** se levantaba a las seis de la madrugada y tan tranquila; **t. nothing of it,** no tiene importancia; **to t. well** *or* **highly of sb,** apreciar a algn; **what do you t.?,** ¿a ti qué te parece?; **what do you t. of the house?,** ¿qué opinas de la casa? 3 *(imagine)* imaginar; **just t.!,** ¡imagínate!; **t. of what could happen,** imagina lo que podría pasar. 4 *(remember)* **I can't t. of her name,** no recuerdo su nombre. III *n* **to have a quiet t. about sth,** pensar algo con calma; *fam* **you've got another t. coming!,** ¡no te hagas ilusiones! ◆**think back** *vi* **to t. back to when ...,** recordar cuando ..., acordarse de cuando ... . ◆**think out** *vtr (matter)* examinar, meditar; *(plan)* elaborar; **a carefully thought-out answer,** una respuesta razonada; **to t. things out for oneself,** juzgar las cosas por uno mismo. ◆**think over** *vtr* reflexionar, pensar (detenidamente); **we'll have to t. it over,** lo tendremos que pensar. ◆**think up** *vtr* imaginar, idear; *fam* **what have you been thinking up?,** ¿qué estás tramando?

thinker ['θɪŋkə'] *n* pensador,-a *m,f*.

thinking ['θɪŋkɪŋ] I *n* pensamiento *m*; **I'll have to do some t.,** lo tendré que pensar; **to my way of t.,** a mi parecer. II *adj* racional; **to put on one's t. cap,** reflexionar.

think-tank ['θɪŋktæŋk] *n fam* grupo *m* de expertos.

thinned [θɪnd] *pt & pp see* **thin**.

thinner ['θɪnə'] *n* disolvente *m*.

thinness ['θɪnnɪs] *n (of person)* delgadez *f*, flaqueza *f*; *(of liquid)* fluidez *f*.

third [θɜ:d] I *adj* tercero,-a; *(before masculine singular noun)* tercer; **George the t.,** Jorge III, Jorge Tercero; **(on) the t. of March,** el tres de marzo. ■ **the T. World,** el Tercer Mundo; *Ins* **t. party insurance,** seguro *m* a terceros; *Jur* **t. person,** tercero,-a *m,f*. II *n* 1 *(in series)* tercero,-a *m,f*. 2 *(fraction)* tercio *m*, tercera parte *f*; **a t. of the inhabitants,** la tercera parte de los habitantes; *see also* **seventh**. 3 *Mus* tercera *f*. 4 *Aut* tercera (velocidad) *f*. ◆**thirdly** *adv* en tercer lugar.

third-class [θɜ:d'klɑ:s] *adj* de tercera clase.

third-rate ['θɜ:dreɪt] *adj* de calidad inferior.

thirst [θɜ:st] *n* sed *f*; *fig* afán *m*; **to quench one's t.,** apagar la sed; *fig* **the t. for knowledge,** la sed de saber.

thirsting ['θɜ:stɪŋ] *adj fig* sediento,-a (**for,** de).

thirsty ['θɜ:stɪ] *adj (thirstier, thirstiest)* sediento,-a; **to be t.,** tener sed.

thirteen [θɜ:'ti:n] *adj & n* trece (*m*); *see also* **seven**.

thirteenth [θɜ:'ti:nθ] I *adj* decimotercero,-a; **(on) the t. of May,** el trece de mayo. II *n* 1 *(in series)* decimotercero,-a *m,f*. 2 *(fraction)* decimotercera parte *f*; *see also* **seventh**.

thirtieth ['θɜ:tɪɪθ] I *adj* trigésimo,-a; **(on) the t. of June,** el treinta de junio. II *n* 1 *(in series)* trigésimo,-a *m,f*. 2 *(fraction)* trigésima parte *f*; *see also* seventh.

thirty ['θɜ:tɪ] *adj & n* treinta (m); **t.-one,** treinta y uno; **about t. people,** una treintena de personas; *see also* seven.

this [ðɪs] I *(pl these)* dem pron 1 *(indefinite)* esto; **do you want t. or that?,** ¿quieres esto o aquello?; **it was like t.,** fue así; **the thing is t.,** lo que pasa es esto; **what good is t.?,** ¿para qué sirve esto? 2 *(place)* **t. is where we met,** fue aquí donde nos conocimos. 3 *(time)* **it should have come before t.,** debería haber llegado ya. 4 *(specific person or thing)* éste *m*, ésta *f*; **I prefer these to those,** me gustan más éstos que aquéllos; *(introduction)* **t. is Mr Alvarez,** le presento al Sr. Alvarez; *Tel* **t. is Julia (speaking),** soy Julia. II *dem adj (pl these) (masculine)* este; *(feminine)* esta; **t. book/these books,** este libro/estos libros. III *adv* **he got t. far,** llegó hasta aquí; **t. high,** así de alto.

thistle ['θɪsəl] *n Bot* cardo *m*.

thistledown ['θɪsəldaʊn] *n* vilano *m* de cardo.

thither ['ðɪðəʳ] *adv* **to run hither and t.,** correr de un lado para otro.

thong [θɒŋ] *n* tira *f* de cuero, correa *f*.

thorax ['θɔ:ræks] *n (pl thoraxes or thoraces* ['θɔ:rəsi:z]) *Anat* tórax *m*.

thorn [θɔ:n] *n* espina *f*; *fig* **to be a t. in sb's flesh,** ser una espina clavada.

thorny ['θɔ:nɪ] *adj (thornier, thorniest)* espinoso,-a.

thorough ['θʌrə] *adj* 1 *(careful)* minucioso,-a; *(work)* concienzudo,-a; *(knowledge)* profundo,-a; **to carry out a t. enquiry into a matter,** investigar a fondo un asunto; **to give a room a t. cleaning,** limpiar una habitación a fondo. 2 *(utter)* total; *fam* **a t. scoundrel,** un sinvergüenza redomado. ◆**thoroughly** *adv* 1 *(carefully)* a fondo. 2 *(wholly)* completamente; **I t. enjoyed myself,** me lo pasé en grande.

thoroughbred ['θʌrəbred] I *adj (horse)* de pura sangre; *(dog)* de raza. II *n (horse)* pura sangre *mf*; *(dog)* perro,-a *m,f* de raza.

thoroughfare ['θʌrəfeəʳ] *n (road)* carretera *f*; *(street)* calle *f*; **public t.,** vía *f* pública.

thoroughgoing ['θʌrəgəʊɪŋ] *adj* 1 *(careful)* minucioso,-a. 2 *(absolute)* completo,-a, total; *(stupidity)* profundo,-a. 3 *(firm) (supporter)* acérrimo,-a.

thoroughness ['θʌrənɪs] *n* minuciosidad *f*, perfección *f*.

those [ðəʊz] I *dem pron pl* ésos,-as; *(remote)* aquéllos,-as; *(with rel)* los, las. II *dem adj pl* esos,-as; *(remote)* aquellos,-as; *see also* I & II.

though [ðəʊ] I *conj* 1 aunque; **strange t. it may seem,** por (muy) extraño que parezca; **we shall have to do it, even t. it's going to be difficult,** tendremos que hacerlo, aunque resulte difícil. 2 **as t.,** como si; **he spoke as t. we were right,** hablaba como si tuviéramos razón; **it looks as t. he's gone,** parece que se ha ido. II *adv* a pesar de todo, sin embargo; **we had a good time, t.,** sin embargo, lo pasamos bien.

thought [θɔ:t] I *pt & pp see* think. II *n* 1 *(act of thinking)* pensamiento *m*; **gloomy thoughts,** pensamientos sombríos; **I didn't give it another t.,** no volví a pensar en ello; **the mere t. of it,** nada más pensarlo; **what a tempting t.!,** ¡qué idea más tentadora!; **what a t.!,** ¡qué horror!; *fam* **a penny for your thoughts,** ¿en qué estás pensando? 2 *(reflection)* reflexión *f*, consideración *f*; **after much t.,** des-

pués de pensarlo mucho; **lack of t.,** irreflexión *f*; **lost in t.,** ensimismado,-a; **on second thoughts,** si bien se mira. 3 *(intention)* intención *f*, propósito *m*; **it's the t. that counts,** lo que cuenta es la intención; **with the t. of talking to him,** con la intención de hablar con él.

thoughtful ['θɔ:tfʊl] *adj (pensive)* pensativo,-a, meditabundo,-a; *(careful)* sensato,-a, prudente; *(considerate)* atento,-a; **he was t. enough to let me know,** tuvo la amabilidad de avisarme. ◆**thoughtfully** *adv* pensativamente; *(carefully)* prudentemente; *(considerately)* con consideración, atentamente.

thoughtfulness ['θɔ:tfʊlnɪs] *n* meditación *f*; *(carefulness)* prudencia *f*; *(consideration)* consideración *f*.

thoughtless ['θɔ:tlɪs] *adj (person)* desconsiderado,-a, poco atento,-a; *(action)* irreflexivo,-a.

thoughtlessness ['θɔ:tlɪsnɪs] *n (of person)* falta *f* de consideración; *(in action)* irreflexión *f*.

thousand ['θaʊzənd] I *adj* mil; **a t. men,** mil hombres; **about a t. men,** un millar de hombres; **a t. years,** un milenio. II *n* mil *m*, millar *m*; **he's one in a t.,** es un hombre entre mil; **thousands of people,** miles *or* millares de personas.

thousandth ['θaʊzənθ] I *adj* milésimo,-a. II *n* 1 *(in series)* milésimo,-a *m,f*. 2 *(fraction)* milésima parte *f*.

Thrace [θreɪs] *n* Tracia.

Thracian ['θreɪʃən] *adj & n* tracio,-a *(m,f)*.

thrash [θræʃ] I *vtr* dar una paliza a. II *vi* **to t. about** *or* **around,** agitarse, revolverse. ◆**thrash out** *vtr (matter)* discutir a fondo.

thread [θred] I *n* 1 hilo *m*; **length of t.,** hebra *f*; *fig* **to hang by a t.,** pender de un hilo. 2 *fig (of argument etc)* hilo *m*; **to lose the t. (of the story),** perder el hilo (de la historia). 3 *(of screw)* rosca *f*, filete *m*. II *vtr* 1 *(needle)* enhebrar; *(beads)* ensartar. 2 **to t. one's way,** abrirse paso, colarse **(through,** por).

threadbare ['θredbeəʳ] *adj (clothes etc)* raído,-a; *(argument)* trillado,-a.

threat [θret] *n* amenaza *f*; **to be under the t. of sth,** estar amenazado,-a de algo; *fig* **there is a t. of rain,** amenaza lluvia.

threaten ['θretən] I *vtr* amenazar; **to t. to do sth,** amenazar con hacer algo. II *vi* **a storm is threatening,** amenaza tormenta.

threatening ['θretənɪŋ] *adj* amenazador,-a. ◆**threateningly** *adv (act)* de modo amenazador; *(speak)* en tono amenazador.

three [θri:] *adj & n* tres (m); **to come in t. by t.** *or* **t. at a time,** entrar de tres en tres; *see also* seven.

three-act ['θri:ækt] *adj (play)* en tres actos.

three-cornered ['θri:kɔ:nəd] *adj* triangular. ■ **t.-c. hat,** sombrero *m* de tres picos, tricornio *m*.

three-dimensional [θri:dɪ'menʃənəl] *adj* tridimensional.

threefold ['θri:fəʊld] I *adj* triple. II *adv* tres veces; **the population has increased t.,** la población se ha triplicado.

three-four ['θri:fɔ:ʳ] *adj Mus* **t.-f. time,** compás *m* de tres por cuatro.

three-legged ['θri:legɪd] *adj* de tres patas.

three-piece ['θri:pi:s] *adj* **t.-p. suit,** traje *m* de tres piezas; **t.-p. suite,** tresillo *m*.

three-ply ['θri:plaɪ] *adj Tex* de tres hebras.

three-point ['θri:pɔɪnt] *adj Aut* **t.-p. turn,** cambio *m* de sentido.

three-quarter [θriː'kwɔːtə^r] *adj* (de) tres cuartos; **t.-q. length coat,** abrigo *m* tres cuartos.

threesome ['θriːsəm] *n* grupo *m* de tres personas; **we went in a t.,** fuimos los tres juntos.

three-wheeler [θriː'wiːlə^r] *n Aut* coche *m* de tres ruedas; *(bicycle)* triciclo *m*.

thresh [θreʃ] *vtr Agr* trillar.

thresher ['θreʃə^r] *n (implement)* trillo *m*; *(machine)* trilladora *f*.

threshold ['θreʃəʊld] *n* umbral *m*; *fig* **to be on the t. of a new discovery,** estar a las puertas de un nuevo descubrimiento.

threw [θruː] *pt see* **throw.**

thrift [θrɪft] *n*, **thriftiness** ['θrɪftɪnɪs] *n* economía *f*, frugalidad *f*.

thrifty ['θrɪftɪ] *adj (thriftier, thriftiest)* económico,-a, ahorrador,-a.

thrill [θrɪl] **I** *n* **1** *(excitement)* emoción *f*, ilusión *f*; **what a t.!,** ¡qué emoción! **2** *(quiver)* estremecimiento *m*. **II** *vtr* **1** *(excite)* emocionar; *(audience)* electrizar; **I am thrilled about the trip,** estoy muy ilusionado,-a con el viaje. **2** *(make tremble)* estremecer. **III** *vi (be excited)* emocionarse; *(tremble)* estremecerse.

thriller ['θrɪlə^r] *n Lit* novela *f* de suspense; *(detective story)* novela *f* policíaca; *Cin* película *f* de suspense; *Theat* obra *f* de teatro de suspense.

thrilling ['θrɪlɪŋ] *adj* emocionante, apasionante; **how t.!,** ¡qué emocionante!

thrive [θraɪv] *vi (pt thrived or throve; pp thrived or thriven* ['θrɪvən]*) * **1** *(person)* rebosar de salud; *(plant)* crecer bien. **2** *fig (business)* prosperar, medrar; **he thrives on it,** le viene de maravilla; **to t. on other people's misfortunes,** sacar provecho de las desgracias de otros.

thriving ['θraɪvɪŋ] *adj* **1** *(plant)* lozano,-a. **2** *fig (person, business)* próspero,-a, floreciente.

throat [θrəʊt] *n* garganta *f*; **to clear one's t.,** aclararse la voz; **to have a lump in one's t.,** tener un nudo en la garganta; **to have a sore t.,** tener dolor de garganta; *fig* **to jump down sb's t.,** echar una bronca a algn.

throaty ['θrəʊtɪ] *adj (throatier, throatiest)* gutural.

throb [θrɒb] **I** *n (of heart)* latido *m*, pulsación *f*; · *(of machine)* zumbido *m*. **II** *vi (pt & pp throbbed) (heart)* latir, palpitar; *(machine)* zumbar; **my head is throbbing,** me va a estallar la cabeza.

throbbing ['θrɒbɪŋ] *n (of heart)* latido *m*, palpitación *f*; *(of motor)* zumbido *m*; *(of wound)* punzada *f*.

throes [θrəʊz] *npl* **to be in one's death t.,** estar agonizando; *fig* **we're in the t. of a revolution,** estamos en plena revolución.

thrombosis [θrɒm'bəʊsɪs] *npl Med* trombosis *f sing*. ■ **coronary t.,** infarto *m sing* de miocardio.

throne [θrəʊn] *n* trono *m*; **to come to the t.,** subir al trono.

throng [θrɒŋ] **I** *n* multitud *f*, gentío *m*. **II** *vi (pack together)* apiñarse; **people thronged into the house,** la gente entraba en tropel en la casa. **III** *vtr* atestar; **a street thronged with people,** una calle llena de gente.

throttle ['θrɒtəl] **I** *n (of engine)* **t. (valve),** válvula *f* reguladora; **to open (up) the t.,** acelerar. **II** *vtr (person)* estrangular, ahogar. ◆**throttle back** *vtr (engine)* desacelerar.

throttling ['θrɒtəlɪŋ] *n (of person)* estrangulación *f*, estrangulamiento *m*.

through [θruː] **I** *prep* **1** *(place)* a través de, por; **to look t. the window,** mirar por la ventana; **to pass t. a city,** pasar por una ciudad; **to talk t. one's nose,** hablar con la nariz; *fig* **to go t. sb's pockets,** registrar los bolsillos de algn; *fam* **he's been t. it,** ha pasado lo suyo. **2** *(time)* a lo largo de; **all t. his life,** durante toda su vida; *US* **Monday t. Friday,** de lunes a viernes. **3** *(expressing progress)* **he's t. his examination,** ha aprobado el examen; **I'm half-way t. this book,** he leído la mitad de este libro. **4** *(by means of)* por, mediante; **I learnt of it t. Jack,** me enteré por Jack; **to send sth t. the post,** enviar algo por correo. **5** *(because of)* a *or* por causa de; **absent t. illness,** ausente por enfermedad; **t. fear/ignorance,** por miedo/ignorancia; **t. your stupidity, we got lost,** por tu estupidez, nos perdimos. **II** *adj* **a t. train,** un tren directo; **t. traffic,** tránsito *m*. **III** *adv* **1** *(from one side to the other)* de un lado a otro; **the water poured t.,** el agua entraba *or* salía a raudales; **to let sb t.,** dejar pasar a algn; **wet t.,** calado,-a hasta los huesos; *fig* **socialist t. and t.,** socialista a ultranza. **2** *(to or at an end)* **I'm t. with him,** he terminado con él; **to see sth t.,** llevar algo a cabo. **3** *(directly)* **the train runs t. to Paris,** el tren va directo hasta París. **4** *Tel* **to get t. to sb,** comunicar con algn; **you're t.,** ¡hablen!

throughout [θruː'aʊt] **I** *prep* (por) todo,-a; **t. the country,** por todo el país; **t. the year,** durante todo el año. **II** *adv (place)* en todas partes; *(time)* todo el tiempo; **central heating t.,** calefacción central en todas las habitaciones.

throughput ['θruːpʊt] *n* rendimiento *m*.

throughway ['θruːweɪ] *n US* autopista *f*.

throve [θrəʊv] *pt see* **thrive.**

throw [θrəʊ] **I** *vtr (pt threw; pp thrown)* **1** *(gen)* tirar, arrojar; *(to the ground)* derribar, tumbar; *(rider)* desmontar; **to t. a sheet over sth,** cubrir algo con una sábana; *fig* **he threw a fit,** le dio un ataque; *fig* **to t. a party,** organizar una fiesta; *fig* **to t. open the door,** abrir la puerta de par en par. **2** *fig* proyectar; **to t. some light on a question,** arrojar luz sobre un asunto; **to t. the blame on sb,** echar la culpa a algn. **3** *(disconcert)* desconcertar. **II** *n* tiro *m*, lanzamiento *m*; *(of dice)* lance *m*; *(in wrestling)* derribo *m*; **within a stone's t. of ...,** a tiro de piedra de ... . ◆**throw about** *vtr (things)* esparcir; *(money)* derrochar; **to be thrown about,** ser sacudido,-a; **to t. one's arms about,** agitar los brazos. ◆**throw away** *vtr (rubbish)* tirar; *(time, money)* malgastar; *(opportunity)* perder, desaprovechar. ◆**throw down** *vtr* tirar (hacia abajo *or* al suelo); **to t. down a challenge,** lanzar un desafío. ◆**throw in** *vtr* **1** tirar; *Sport* sacar de banda; **he threw it in the river,** lo tiró al río; *Cards* **to t. in one's hand,** abandonar la partida; *fig* **to t. in the towel,** arrojar la toalla. **2** *(include)* añadir; *(in deal)* incluir (gratis); *fig* **to t. in one's lot with sb,** compartir la suerte de algn. ◆**throw off** *vtr (person, thing)* deshacerse de; *(clothes)* quitarse; **to t. off a cold,** curarse de un resfriado; **to t. the dogs off the scent,** despistar a los perros. ◆**throw out** *vtr* **1** *(rubbish)* tirar; *(person)* echar, expulsar; *(legislation)* rechazar. **2** **to t. out one's chest,** sacar pecho. **3** *(heat)* despedir, arrojar. ◆**throw up** **I** *vtr* **1** lanzar al aire. **2** *Constr* construir rápidamente. **3** **to t. up one's job,** dejar el trabajo. **II** *vi* vomitar, devolver.

throwaway ['θrəʊəweɪ] *adj* desechable; **t. cups/ plates,** tazas/platos desechables.

throwback ['θrəʊbæk] *n* retroceso *m*.

thrower ['θrəʊə^r] *n Sport* lanzador,-a *m,f*.

throw-in ['θrəʊɪn] *n Sport* saque *m* de banda.

thrown [θrəʊn] *pp see* **throw.**

thru [θruː] *prep US see* **through.**

thrush [θrʌʃ] *n Orn* tordo *m*, zorzal *m*. ■ **blue rock t.**, roquero *m* solitario; **mistle t.**, zorzal *m* charlo; **rock t.**, roquero *m* rojo; **song t.**, zorzal *m* común.

thrust [θrʌst] **I** *vtr (pt & pp* **thrust)** *(push)* empujar con fuerza; **he t. a letter into my hand,** me puso una carta violentamente en la mano; **to t. oneself upon sb,** pegarse a algn; **to t. one's way through the crowd,** abrirse paso entre la multitud. **II** *n (push)* empujón *m; (with sword)* estocada *f; Av Phys* empuje *m; Mil* ofensiva *f*.

thud [θʌd] **I** *n* ruido *m* sordo. **II** *vi (pt & pp* **thudded)** emitir un ruido sordo; **it thudded to the ground,** cayó a tierra.

thug [θʌg] *n (lout)* gamberro *m*, matón *m; (criminal)* gángster *m*.

thumb [θʌm] **I** *n* pulgar *m;* **he's under his brother's t.,** su hermano lo tiene metido en un puño; **to give sth the thumbs up/down,** aprobar/desaprobar algo; *fig* **to be all thumbs,** ser un manazas. ■ *Print* **t. index,** uñeros *mpl.* **II** *vtr* 1 manosear; **a well-thumbed book,** un libro manoseado. **2 to t. a lift,** hacer autostop. ◆**thumb through** *vtr (book)* hojear.

thumb-index ['θʌmɪndeks] *vtr (book)* poner uñeros a.

thumbnail ['θʌmneɪl] *n* uña *f* del pulgar. ■ **t. sketch,** *Art* croquis *m* en miniatura; *(description)* retrato *m* breve.

thumbprint ['θʌmprɪnt] *n* huella *f* del pulgar.

thumbtack ['θʌmtæk] *n US* chincheta *f*.

thump [θʌmp] **I** *n* 1 *(sound)* ruido *m* sordo. **2** *(blow)* golpazo *m; (with fist)* puñetazo *m; fam* tortazo *m*, torta *f*. **II** *vtr* golpear; *fam* dar un tortazo a. **III** *vi* **1 to t. on the table,** golpear la mesa. **2** *(heart)* latir ruidosamente.

thumping ['θʌmpɪŋ] *adj sl* **a t. great lorry,** un enorme camionazo.

thunder ['θʌndəʳ] **I** *n* trueno *m; peals of t.,* truenos *mpl;* **there's t. in the air,** hace tiempo de tormenta; **t. of applause,** estruendo *m* de aplausos. **II** *vi* tronar; *fig* **to t. out threats,** fulminar con amenazas.

thunderbolt ['θʌndəbəʊlt] *n (lighting)* rayo *m; fig (news)* bomba *f*.

thunderclap ['θʌndəklæp] *n* trueno *m*.

thundercloud ['θʌndəklaʊd] *n* nube *f* de tormenta; *fig* nube negra.

thundering ['θʌndərɪŋ] *adj* 1 *(sound)* atronador,-a. **2** *fig (success etc)* inmenso,-a, fulminante; **to be in a t. rage,** estar de un humor de perros.

thunderous ['θʌndərəs] *adj fig* ensordecedor,-a; **t. applause,** aplausos ensordecedores.

thunderstorm ['θʌndəstɔːm] *n* tormenta *f*.

thundery ['θʌndərɪ] *adj (weather)* tormentoso,-a, de tormenta.

Thur, Thurs *abbr of* **Thursday,** jueves *m*, juev.

Thursday ['θɜːzdɪ] *n* jueves *m; see also* **Saturday.**

thus [ðʌs] *adv* así, de esta manera; **and t. ...,** así que ...; **you do it t.,** lo haces así.

thwart [θwɔːt] *vtr* frustrar, desbaratar.

thyme [taɪm] *n Bot* tomillo *m*.

thyroid ['θaɪrɔɪd] **I** *adj* tiroideo,-a. **II** *n* **t. (gland),** (glándula *f*) tiroides *f inv*.

tiara [tɪ'ɑːrə] *n Rel* tiara *f; (diadem)* diadema *f*.

Tiber ['taɪbəʳ] *n* **the T.,** el Tíber.

Tibet [tɪ'bet] *n* Tibet.

Tibetan [tɪ'betən] *adj & n* tibetano,-a *(m,f)*.

tibia ['tɪbɪə] *n (pl* **tibias** *or* **tibiae** ['tɪbiː:]*) Anat* tibia *f*.

tic [tɪk] *n* tic *m*.

tick¹ [tɪk] **I** *n* 1 *(sound)* tic-tac *m*. **2** *fam (moment)* momento *m*, instante *m;* **half a t.!,** ¡un momentito!; **I'll do it in a t.,** ahora mismo lo hago. **3** *(mark)* marca *f*, señal *f;* **to put a t. against a name,** hacer una marca al lado de un nombre. **II** *vi* hacer tic-tac. **III** *vtr* marcar, señalar; **to t. an answer,** señalar la respuesta correcta. ◆**tick off** *vtr* 1 *(mark)* marcar. **2** *fam (reprimand)* regañar, echar un rapapolvo a. ◆**tick over** *vi Aut (engine)* funcionar al ralentí.

tick² [tɪk] *n Ent* garrapata *f*.

tick³ [tɪk] *n GB fam (credit)* crédito *m;* **to buy sth on t.,** comprar algo a crédito.

ticker ['tɪkəʳ] *n* 1 *sl (heart)* corazón *m*. **2** *(stock exchange)* **t. tape,** cinta *f* de teletipo.

ticket ['tɪkɪt] *n* 1 *(for bus, train)* billete *m; Theat* entrada *f*, localidad *f; (for lottery)* décimo *m;* **t. collector,** revisor,-a *m,f;* **t. office,** taquilla *f*. **2** *(receipt)* recibo *m*. **3** *(label)* etiqueta *f*, rótulo *m*. **4** *Aut* multa *f;* **he got a t. for speeding,** le pusieron una multa por exceso de velocidad. **5** *fam* **that's the t.,** justo lo que necesitaba.

ticking¹ ['tɪkɪŋ] *n (of clock)* tic-tac *m*.

ticking² ['tɪkɪŋ] *n Tex* terliz *m*.

ticking-off [tɪkɪŋ'ɒf] *n fam* **to give sb a t.-o.,** echar un rapapolvo a algn.

tickle ['tɪkəl] **I** *vtr* hacer cosquillas a; *fam* **she was tickled pink with her new car,** estaba feliz como unas pascuas con el coche nuevo; *fam* **to t. sb's fancy,** caer en gracia a algn. **II** *vi* hacer cosquillas, picar; **this scarf tickles,** esta bufanda pica. **III** *n* cosquillas *fpl;* **to have a t. in one's throat,** tener la garganta irritada.

tickling ['tɪklɪŋ] *n* cosquilleo *m*.

ticklish ['tɪklɪʃ] *adj* 1 **to be t.,** tener cosquillas. **2** *fig (situation)* delicado,-a, peliagudo,-a.

tick-tock ['tɪktɒk] *n* tic-tac *m*.

tic-tac-toe [tɪktæk'təʊ] *n US* tres en raya *m*.

tidal ['taɪdəl] *adj* de la marea; **the river is t. as far as the lock,** los efectos de la marea llegan hasta la esclusa. ■ **t. wave,** ola *f* gigante.

tidbit ['tɪdbɪt] *n US see* **titbit.**

tiddler ['tɪdləʳ] *n GB fam (fish)* pececito *m; (child)* renacuajo *m*.

tiddly ['tɪdlɪ] *adj GB fam* trompa.

tiddlywinks ['tɪdlɪwɪŋks] *n (game)* pulga *f*.

tide [taɪd] *n* 1 marea *f;* **high/low t.,** marea alta/baja. **2** *fig (of events)* marcha *f*, curso *m;* **the t. has turned,** han cambiado las cosas; **the t. of opinion,** la corriente de opinión; **to go against the t.,** ir contra corriente. **II** *vtr* **to t. over,** echar un capote a; **ten pounds will t. me over till the weekend,** con diez libras me las arreglaré hasta el fin de semana.

tidemark ['taɪdmɑːk] *n* línea *f* de la marea alta.

tideway ['taɪdweɪ] *n* canal *m* de marea.

tidied ['taɪdɪd] *pt & pp see* **tidy.**

tidiness ['taɪdɪnɪs] *n (in good order)* orden *m; (of appearance)* pulcritud *f*, limpieza *f*.

tidings ['taɪdɪŋz] *npl fml* noticias *fpl*.

tidy ['taɪdɪ] **I** *adj (tidier, tidiest)* 1 *(room)* ordenado,-a, arreglado,-a. **2** *(appearance)* arreglado,-a, aseado,-a; *(habits)* ordenado,-a, metódico,-a. **3** *fam* it cost him a t. **sum,** le salió bastante caro. II *vtr (pt & pp tidied)* arreglar, poner en orden; **to t. away,** poner en su sitio; **to t. oneself (up),** arreglarse. III *vi* **to t. (up),** ordenar las cosas.

tie [taɪ] I *vtr (pt & pp tied)* **1** *(shoelaces etc)* atar; **to t. a knot,** hacer un nudo; *fig* **to be tied to one's family,** estar muy atado,-a a la familia; *fig* **to have one's hands tied,** tener atadas las manos. **2** *Mus* ligar. II *vi Sport* empatar (**with,** con). III *n* **1** *(bond)* lazo *m*, vínculo *m*; **blood ties,** vínculos de sangre. **2** *fig (hindrance)* atadura *f*, traba *f*; **children can be a t.,** los niños pueden ser una atadura. **3** *(clothing)* corbata *f*; *(on invitation)* **black t.,** de etiqueta. ■ **bow t.,** pajarita *f*. **4** *Mus* ligado *m*. **5** *Sport (match)* partido *m*; *(draw)* empate *m*; *GB Ftb* **cup t.,** partido *m* de copa. ◆**tie back** *vtr (hair)* recoger. ◆**tie down** *vtr* sujetar; *fig* **to be tied down,** no tener tiempo libre; *fig* **to t. sb down to a promise,** obligar a algn a cumplir una promesa. ◆**tie up** *vtr* **1** *(parcel, dog)* atar. **2** *(wound)* vendar. **3** *(deal)* concluir. **4** *(bind up) (capital)* inmovilizar; **my money is tied up in shares,** mi dinero está invertido en acciones; *Com* **we are tied up with another firm,** estamos vinculados a otra empresa; *fig* **just now I'm tied up,** de momento estoy muy ocupado,-a; *fig* **to get tied up (in sth),** embrollarse (en algo).

tiebreaker ['taɪbreɪkə'] *n Tennis* tie-break *m*, muerte *f* súbita.

tiepin ['taɪpɪn] *n* alfiler *m* de corbata.

tier [tɪə'] *n (of seats)* fila *f*, hilera *f*; *(in stadium)* grada *f*; **four-t. cake,** pastel *m* de cuatro pisos.

tie-up ['taɪʌp] *n* enlace *m*, vínculo *m*.

tiff [tɪf] *n fam* riña *f*, desavenencia *f*.

tiger ['taɪgə'] *n Zool* tigre *m*.

tight [taɪt] I *adj* **1** *(gen)* apretado,-a, ajustado,-a; *(clothing)* ajustado,-a, ceñido,-a; *(seal)* hermético,-a; **my shoes are too t.,** me aprietan los zapatos; **to keep a t. hold over sb,** tener a algn muy controlado; *fig* **to be in a t. corner,** estar en un apuro. **2** *(scarce)* escaso,-a; **money is a bit t.,** andamos escasos de dinero. **3** *(mean)* agarrado,-a, tacaño,-a. **4** *fam (drunk)* borracho,-a; **to get t.,** coger una borrachera. II *adv* estrechamente, firmemente; *(seal)* herméticamente; **hold t.,** agárrate fuerte; **shut t.,** bien cerrado,-a; **to fit t.,** ser muy ceñido,-a; **to pull a rope t.,** tensar *or* estirar una cuerda; **to screw a nut t.,** apretar una tuerca lo más posible; **to sit t.,** no moverse de su sitio.

tighten ['taɪtən] I *vtr (screw)* apretar, ajustar; *(rope)* tensar; *fig* **to t. one's belt,** apretarse el cinturón; *fig* **to t. (up) restrictions,** intensificar las restricciones. II *vi (gen)* apretarse; *(cable)* tensarse.

tightfisted ['taɪt'fɪstɪd] *adj* tacaño,-a.

tight-fitting ['taɪt'fɪtɪŋ] *adj (garment)* ceñido,-a; *(lid, cap)* hermético,-a.

tight-lipped ['taɪt'lɪpt] *adj (secretive)* hermético,-a, reservado,-a; *(with anger)* con los labios apretados.

tightness ['taɪtnɪs] *n (of cable)* tensión *f*, tirantez *f*; *(of clothes)* estrechez *f*.

tightrope ['taɪtrəʊp] *n* cuerda *f* floja. ■ **t. walker,** funámbulo,-a *m,f*.

tights [taɪts] *npl (thin)* medias *fpl*, panties *mpl*; *(thick)* leotardos *mpl*; *(of dancer)* mallas *fpl*.

tigress ['taɪgrɪs] *n Zool* tigresa *f*.

tilde ['tɪldə] *n* tilde *f*.

tile [taɪl] I *n (of roof)* teja *f*; *(glazed)* azulejo *m*; *(for paving, floor)* baldosa *f*. II *vtr (roof)* tejar; *(wall)* alicatar, azulejar, revestir de azulejos; *(floor)* embaldosar.

tiled [taɪld] *adj (roof)* de *or* con tejas; *(wall)* revestido,-a de azulejos; *(floor)* embaldosado,-a.

tiling ['taɪlɪŋ] *n (of roof)* tejas *fpl*; *(on wall)* azulejos *mpl*; *(on floor)* embaldosado *m*, baldosas *fpl*.

till[1] [tɪl] *n (for cash)* caja *f*; *fig* **caught with one's hands in the t.,** cogido,-a con las manos en la masa.

till[2] [tɪl] *vtr (field)* labrar, cultivar.

till[3] [tɪl] I *prep* hasta; **from morning t. night,** de la mañana a la noche; **t. then,** hasta entonces. II *conj* hasta que; **I laughed t. I cried,** reí hasta llorar; **I stayed t. it ended,** me quedé hasta que terminó; **wait t. he comes,** espera a que venga.

tiller ['tɪlə'] *n Naut* caña *f* del timón.

tilt [tɪlt] I *n* **1** *(sloping position)* ladeo *m*, inclinación *f*; **to be at a t.,** estar inclinado,-a. **2** *(speed)* **(at) full t.,** a toda velocidad. II *vi* **to t. over,** volcarse; **to t. (up),** inclinarse, ladearse. III *vtr* inclinar, ladear; **to t. one's chair back,** balancearse sobre la silla.

timber ['tɪmbə'] *n (wood)* madera *f* de construcción; *(trees)* árboles *mpl*, bosque *m*; **(piece of) t.,** viga *f*, madero *m*.

timbered ['tɪmbəd] *adj (house)* enmaderado,-a.

timberyard ['tɪmbjɑːd] *n* depósito *m or* almacén *m* de madera.

time [taɪm] I *n* **1** *(gen)* tiempo *m*; **all the t.,** todo el tiempo; **as t. goes on,** con el tiempo; **for a long t. to come,** de aquí a mucho tiempo; **for some t. (past),** desde hace algún tiempo; **I haven't seen him for a long t.,** hace mucho (tiempo) que no lo veo; **in a short t.,** en poco tiempo; **in no t.,** en un abrir y cerrar de ojos; **in t.,** a tiempo; **in three weeks' t.,** dentro de tres semanas; **it will take all your t. to ...,** te costará trabajo ...; **I've no t. for him,** no tengo tiempo para él; **t.'s up!,** ¡ya es la hora!; **to kill t.,** matar el tiempo; **to lose** *or* **waste t.,** perder el tiempo; **to make up for lost t.,** recuperar el tiempo perdido; **to take one's t. over sth,** hacer algo con calma; *fig* **t. will tell,** el tiempo dirá; *fam* **to do t.,** cumplir una condena. ■ **t. bomb,** bomba *f* de relojería; *Ind* **t. clock,** reloj *m* registrador; **t. limit,** límite *m* de tiempo; *(for payment, completion of task)* plazo *m*; *Rad* **t. signal,** señal *f* horaria; **t. switch,** interruptor *m* electrónico automático; **t. zone,** huso *m* horario. **2** *(period, age, era)* época *f*, tiempos *mpl*; **a sign of the times,** un signo de los tiempos; **in our t.,** en los tiempos en que vivimos; **in time(s) to come,** en el futuro; **to be behind the times,** tener ideas anticuadas. **3** *(point in time)* momento *m*; **at a given t.,** en un momento dado *or* determinado; **(at) any t. (you like),** cuando quiera; **at no t.,** nunca; **at one t.,** en otros tiempos; **at that t.,** (en aquel) entonces; **at the present t.,** actualmente, en la actualidad; **at the same t.,** al mismo tiempo, a la vez; **at times,** a veces; **by the t. that I got there it was over,** cuando llegué ya se había acabado; **from t. to t.,** de vez en cuando; **he may turn up at any t.,** puede llegar en cualquier momento; **I was away at the t.,** estaba ausente en aquel momento; **now's the t. to ...,** ahora es el momento de ...; *fig* **to die before one's t.,** morir prematuramente. **4** *(time of day)* hora *f*; **about t. too!,** ¡ya era hora!; **at dinner t.,** a la hora de la cena; **a watch that keeps good t.,** un reloj exacto; **Greenwich Mean T.,** la hora de Greenwich; **in good t.,** con anticipación, temprano; **to arrive ahead of t./on t.,** llegar con anticipación/puntualmente; **what's the t.?,** ¿qué hora es?; **what t. do you make it?,** ¿qué hora tiene? **5** *(season)* **t. of the year,** época *f* del año. **6** *(age)* **at my t. of life,** a mi edad. **7** *(experience)* **to have a good/bad t.,** pasarlo bien/mal; **to have a rough t. (of**

it), pasarlo mal; **we had a marvellous t.,** lo pasamos en grande. **8** *(occasion)* vez *f*; **for weeks at a t.,** durante semanas enteras; **four at a t.,** cuatro a la vez; **four times as big,** cuatro veces más grande; **next t.,** la próxima vez; **several times over,** varias veces; **three times running,** tres veces seguidas; **t. and t. again, t. after t.,** una y otra vez. **9** *(in multiplication)* (multiplicado) por; **three times four is twelve,** tres (multiplicado) por cuatro es igual a doce. **10** *Mus (rhythm)* compás *m*; **in (strict) t.,** a compás; **to beat t.,** llevar el compás. **II** *vtr* **1** *(speech, programme)* calcular la duración; *Sport (race)* cronometrar. **2** *(choose the time of)* escoger *or* calcular el momento oportuno para; *(meeting)* fijar la hora de; **it is timed for three o'clock,** debe comenzar a las tres; **to t. a blow,** calcular un golpe; **you timed your arrival badly,** escogiste mal momento para llegar.

time-consuming ['taɪmkənsjuːmɪŋ] *adj* que ocupa *or* requiere mucho tiempo.

time-honoured, *US* **time-honored** ['taɪmɒnəd] *adj* consagrado,-a.

timekeeper ['taɪmkiːpəʳ] *n Sport (person)* cronometrador,-a *m,f*; *(watch)* cronómetro *m*.

time-lag ['taɪmlæg] *n* intervalo *m*.

timeless ['taɪmlɪs] *adj* eterno,-a.

timely ['taɪmlɪ] *adj (timelier, timeliest)* oportuno,-a.

timepiece ['taɪmpiːs] *n* reloj *m*.

timer ['taɪməʳ] *n (device)* temporizador *m*.

timeserver ['taɪmsɜːvəʳ] *n pej* oportunista *mf*, chaquetero,-a *m,f*.

timetable ['taɪmteɪbəl] *n Educ Rail* horario *m*.

timework ['taɪmwɜːk] *n Ind* trabajo *m* por horas.

timid ['tɪmɪd] *adj* tímido,-a. ◆**timidly** *adv* con timidez.

timidity [tɪ'mɪdɪtɪ] *n* timidez *f*.

timing ['taɪmɪŋ] *n* **1** *(timeliness)* oportunidad *f*; *(coordination)* coordinación *f*; **your t. was wrong,** no calculaste bien. **2** *Sport* cronometraje *m*. **3** *Tech* regulación *f*.

timorous ['tɪmərəs] *adj* asustadizo,-a, miedoso,-a, timorato,-a.

tin [tɪn] **I** *n* **1** *(metal)* estaño *m*. ■ **t. plate,** hojalata *f*; *Mus* **t. whistle,** flautín *m*. **2** *(container)* lata *f*, bote *m*; **baking t.,** molde *m* (para pasteles); **biscuit t.,** caja *f* para galletas. **II** *adj (made of tin)* de estaño; *(of tinplate)* de hojalata; **t. soldiers,** soldaditos *mpl* de plomo. **III** *vtr (pt & pp tinned) (preserve in tins)* enlatar, conservar en lata; **tinned food,** alimentos *mpl* enlatados, conservas *fpl*.

tinder ['tɪndəʳ] *n* yesca *f*.

tinfoil ['tɪnfɔɪl] *n* papel *m* de estaño.

ting-a-ling ['tɪŋə'lɪŋ] *n (sound)* tilín *m*.

tinge [tɪndʒ] **I** *n* tinte *m*, matiz *m*. **II** *vtr* teñir; **to t. sth with red,** teñir algo de rojo; *fig* **words tinged with sadness,** palabras teñidas de tristeza.

tingle ['tɪŋgəl] *vi (with emotion)* estremecerse; **her cheeks tingled,** le ardían las mejillas; **my feet are tingling,** siento un hormigueo en los pies.

tingling ['tɪŋglɪŋ] *n* estremecimiento *m*; *(in feet etc)* hormigueo *m*.

tinker ['tɪŋkəʳ] **I** *n pej* quinqui *mf*, gitano,-a *m,f*. **II** *vi* **to t. about with sth,** enredar con algo; **to t. with,** *(mend)* arreglar; *(ruin)* estropear.

tinkle ['tɪŋkəl] **I** *vi* tintinear. **II** *vtr* hacer tintinear. **III** *n* tintineo *m*; *fam* **to give sb a t.,** llamar a algn por teléfono.

tinkling ['tɪŋklɪŋ] *n* tintineo *m*, tilín *m*.

tinned [tɪnd] *pt & pp see* tin.

tinny ['tɪnɪ] *adj (tinnier, tinniest) (sound)* metálico,-a.

tin-opener ['tɪnəʊpənəʳ] *n* abrelatas *m inv*.

tinsel ['tɪnsəl] *n* oropel *m*.

tint [tɪnt] **I** *n* tinte *m*, matiz *m*. **II** *vtr* teñir; **to t. one's hair,** teñirse el pelo.

tiny ['taɪnɪ] *adj (tinier, tiniest)* minúsculo,-a, pequeñito,-a; **a t. bit,** un poquitín.

tip¹ [tɪp] **I** *n (end)* punta *f*, extremidad *f*; *(of cigarette)* filtro *m*; **filter-t. cigarette,** cigarrillo con filtro; **on the tips of one's toes,** sobre las puntas de los pies; *fig* **to have sth on the t. of one's tongue,** tener algo en la punta de la lengua. **II** *vtr (pt & pp tipped)* poner regatón *or* cantera a; **tipped cigarettes,** cigarrillos *mpl* con filtro; **tipped with steel,** con punta de acero.

tip² [tɪp] **I** *n* **1** *(gratuity)* propina *f*. **2** *(advice)* consejo *m*; **to take a t. from sb,** seguir el consejo de algn. **3** *Sport (racing)* pronóstico *m*. **II** *vtr (pt & pp tipped)* **1** dar una propina a. **2** *Sport* pronosticar; **to t. a horse,** pronosticar que un caballo ganará una carrera. ◆**tip off** *vtr (police)* pasar información a.

tip³ [tɪp] **I** *n* **1** *rubbish* **t.,** basurero *m*, vertedero *m*. **II** *vtr (pt & pp tipped)* ladear, inclinar; *(rubbish)* verter; **to t. sth onto the floor,** tirar algo al suelo. **III** *vi* **to t. (up),** ladearse; *(cart)* bascular. ◆**tip over I** *vtr* volcar. **II** *vi* volcarse; *(boat)* zozobrar.

tipper lorry ['tɪpəlɒrɪ] *n Aut* volquete *m*.

tipped [tɪpt] *pt & pp see* tip.

tipping ['tɪpɪŋ] *n* vertido *m*; **'t. (of rubbish) prohibited',** 'prohibido verter basura'.

tipple ['tɪpəl] *fam* **I** *vi* empinar el codo. **II** *n* bebida *f* alcohólica; **what's your t.?,** ¿qué te gusta beber?

tippler ['tɪpləʳ] *n fam* bebedor,-a *m,f*, borrachín,-ina *m,f*.

tipster ['tɪpstəʳ] *n Sport* pronosticador,-a *m,f*.

tipsy ['tɪpsɪ] *adj (tipsier, tipsiest)* achispado,-a, piripi; **to get t.,** achisparse.

tiptoe ['tɪptəʊ] **I** *vi (pt & pp tiptoed)* andar de puntillas; **to t. in/out,** entrar/salir de puntillas. **II** *n* **on t.,** de puntillas.

tiptop ['tɪptɒp] *adj fam* excelente, de primera.

tip-up ['tɪpʌp] *adj (cart, lorry)* basculante; *(seat)* abatible.

TIR [tiːɑːˈɑːʳ] *abbr of* **international road transport,** transporte *m* internacional por carretera, TIR.

tirade [taɪˈreɪd] *n* diatriba *f*, invectiva *f*.

Tirana [tɪˈrɑːnə] *n* Tirana.

tire¹ [taɪəʳ] *n US see* tyre.

tire² [taɪəʳ] **I** *vtr* cansar; **to t. sb out,** agotar a algn. **II** *vi* cansarse, fatigarse; **to t. of doing sth,** cansarse de hacer algo.

tired ['taɪəd] *adj* cansado,-a; **t. out,** rendido,-a; **to be t.,** estar cansado,-a; **to be t. of sth,** estar harto,-a de algo.

tiredness ['taɪədnɪs] *n* cansancio *m*, fatiga *f*.

tireless ['taɪəlɪs] *adj* incansable, infatigable.

tiresome ['taɪəsəm] *adj* pesado,-a, aburrido,-a.

tiring ['taɪərɪŋ] *adj* fatigoso,-a, agotador,-a.

tiro ['taɪrəʊ] *n (pl tiros) see* tyro.

tissue ['tɪʃuː, 'tɪsjuː] *n* **1** *Biol* tejido *m*. **2** *Tex* tisú *m*. ■ **t. paper,** papel *m* de seda. **3** *(handkerchief)* pañuelo *m* de papel, kleenex® *m*; *fig* **a t. of lies,** una sarta de mentiras.

tit^1 [tɪt] *n Orn* **coal t.**, carbonero *m* garrapinos; **crested t.**, herrerillo *m* capuchino; **great t.**, carbonero *m* común; **long-tailed t.**, mito *m*; **marsh t.**, carbonero *m* palustre; **willow t.**, carbonero *m* sibilino.

tit^2 [tɪt] *n* **t. for tat**, donde las dan las toman; **to give t. for tat**, devolver la pelota.

tit^3 [tɪt] *n sl (breast)* teta *f.*

titanic [taɪ'tænɪk] *adj* titánico,-a.

titbit ['tɪtbɪt] *n* golosina *f.*

titillate ['tɪtɪleɪt] *vtr* excitar.

titillation [tɪtɪ'leɪʃən] *n* excitación *f.*

tit(t)ivate ['tɪtɪveɪt] *vtr* emperifollar; **to t. oneself**, emperifollarse.

title ['taɪtəl] *n* **1** *(gen)* título *m.* ■ *Cin* **credit titles**, créditos *mpl*, ficha *f* técnica; **t. page**, portada *f*; *Theat* **t. role**, papel *m* principal (que da el título a la obra). **2** *Jur* título *m*, derecho *m.* ■ **t. deed**, título *m* or escritura *f* de propiedad.

titled ['taɪtəld] *adj (person)* con título de nobleza, noble.

titter ['tɪtə^r] **I** *vi* reírse nerviosamente; *(foolishly)* reírse tontamente. **II** *n* risa *f* ahogada; *(foolish)* risilla *f* tonta.

tittle-tattle ['tɪtəltætəl] *n* chismes *mpl.*

titular ['tɪtjʊlə^r] *adj* titular.

tizz [tɪz] *n fam*, **tizzy** ['tɪzɪ] *n fam* **to get into a t.**, ponerse nervioso,-a.

TM *abbr of* **trademark**, marca *f* (de fábrica).

tn *US abbr see* **t.**

TNT [ti:en'ti:] *abbr of* **trinitrotoluene**, trinitrotolueno *m*, TNT.

to [tu:; *unstressed before vowels* tʊ, *before consonants* tə] **I** *prep* **1** *(with place)* a; *(expressing direction)* hacia; **airlines to America**, líneas aéreas con destino a América; **from town to town**, de ciudad en ciudad; **he went to France/Japan**, fue a Francia/al Japón; **I'm going to Mary's**, voy a casa de Mary; **I am on my way to his house**, voy hacia su casa; **it is thirty miles to London**, está a treinta millas de Londres; **the road to London**, la carretera de Londres; **to the east**, hacia el este; **to the right**, a la derecha; **what school do you go to?**, ¿a qué escuela vas?; *fig* **the road to ruin**, el camino de la ruina. **2** *(time)* a; **from day to day**, de día en día; **from morning to night**, de la mañana a la noche; **from two to four**, de dos a cuatro; **ten (minutes) to six**, las seis menos diez; *fam* **it's ten to**, son menos diez. **3** *(as far as, until, down to)* hasta; **accurate to a millimetre**, exacto,-a hasta el milímetro; **a year ago to the day**, hace un año exactamente; **soaked to the skin**, calado,-a hasta los huesos. **4** *(with indirect object)* **he gave it to his cousin**, se lo dio a su primo; **to drink to sb**, brindar por algn; **what's that to you?**, ¿qué te importa a ti? **5** *(towards a person)* con, para con; **he was very kind to me**, se portó muy bien conmigo. **6** *(of)* de; **heir to an estate**, heredero *m* de una propiedad; **secretary to the manager**, secretaria *f* del director. **7** *(purpose, result)* **to come to sb's aid**, acudir en auxilio de algn; **to everyone's surprise**, para sorpresa de todos; **to this end**, con este fin. **8** *(according to)* **to all appearances**, según todos los indicios; **to the best of my knowledge**, que yo sepa. **9** *(compared to)* **that's nothing to what I've seen**, eso no es nada en comparación con lo que he visto yo. **10** *(in proportion)* **one house to the square kilometre**, una casa por kilómetro cuadrado; **six votes to four**, seis votos contra cuatro; **to bet ten to one**, apostar diez contra uno. **11** *(about)* **that's all there is to it**, no hay nada más que decir; **there's nothing**

to it, es facilísimo; **what did he say to my suggestion?**, ¿qué contestó a mi sugerencia?; **what do you say to a holiday?**, ¿qué te parece ir de vacaciones? **II** *with infin* **1** *with simple infinitives* **to** *is not translated but is shown by the verb endings*; **to buy**, comprar; **to come**, venir; **to sell**, vender. **2** *(in order to)* para; *(with verbs of motion or purpose)* a, por; **he did it to help me**, lo hizo para ayudarme; **he stopped to talk**, se detuvo a hablar; **he strove to obtain it**, se esforzó por conseguirlo; **he went to visit him**, fue a visitarle. **3** *various verbs followed by dependent infinitives take particular prepositions* (a, de, en, por, con, para, etc) *and others take no preposition; see the entry of the verb in question.* **4** *(with adj and infin)* a, de; **difficult to do**, difícil de hacer; **ready to listen**, dispuesto,-a a escuchar; **to be good to eat**, tener buen sabor; **too hot to drink**, demasiado caliente para bebérselo. **5** *(with infin used as noun)* **to lie is unwise**, es imprudente mentir. **6** *(with noun and infin)* **the first to complain**, el primero en quejarse; **the only one to do it**, el único en hacerlo; **this is the time to do it**, éste es el momento de hacerlo; **to have a great deal to do**, tener mucho que hacer. **7** *(on doing sth)* **to look at her you wouldn't imagine that ...**, al verla no te imaginarías que ... . **8** *(expressing following action)* **he awoke to find the light still on**, al despertarse encontró la lámpara todavía encendida. **9** *(with verbs of ordering, wishing, etc)* **he asked me to do it**, me pidió que lo hiciera; **I want him to do it**, quiero que él lo haga. **10** *(expressing obligation)* **fifty employes are to go**, cincuenta empleados deben ser despedidos; **these are still to be done**, éstos quedan por hacer; **to have to do sth**, tener que hacer algo. **11** *(replacing infin)* **go if you want to**, váyase si quiere; **I didn't want to go, but I had to**, no quería ir, pero no me quedaba más remedio. **III** *adv* *movement to and fro*, vaivén *m*; **to come to**, volver en sí; **to go to and fro**, ir y venir; **to push the door to**, ajustar la puerta.

toad [təʊd] *n Zool* sapo *m.*

toadstool ['təʊdstu:l] *n* hongo *m* (venenoso).

toady ['təʊdɪ] **I** *n* cobista *mf.* **II** *vtr* dar coba a.

toast^1 [təʊst] **I** *n Culin* pan *m* tostado; **a slice or piece of t.**, una tostada. **II** *vtr* tostar.

toast^2 [təʊst] **I** *n (drink)* brindis *m inv*; **to drink or give a t. to**, brindar por. **II** *vtr* brindar por.

toaster ['təʊstə^r] *n* tostador *m* (de pan).

tobacco [tə'bækəʊ] *n (pl tobaccos or tobaccoes)* tabaco *m.* ■ **t. pouch**, petaca *f.*

tobacconist [tə'bækənɪst] *n GB* estanquero,-a *m,f*; **t.'s (shop)**, estanco *m.*

Tobago [tə'beɪgəʊ] *n* Tobago.

-to-be [tə'bi:] *adj* futuro,-a; **bride-to-be**, novia *f*; **mother-to-be**, futura madre.

toboggan [tə'bɒgən] **I** *n* tobogán *m.* ■ **t. run**, pista *f* de tobogán. **II** *vi* deslizarse en tobogán.

today [tə'deɪ] **I** *n* hoy *m*; **t.'s paper**, el periódico de hoy. **II** *adv* hoy; *(nowadays)* hoy en día, actualmente; **t. week**, **a week t.**, de hoy en ocho (días).

toddle ['tɒdəl] **I** *vi (child)* dar los primeros pasos; *fam* **I must t. off**, tengo que irme. **II** *n fam* paseíto *m.*

toddler ['tɒdlə^r] *n* niño,-a *m,f* que empieza a andar; **the toddlers**, los pequeñitos.

toddy ['tɒdɪ] *n (drink)* ponche *m.*

to-do [tə'du:] *n (pl to-dos)* lío *m*, jaleo *m*; **what a t.!**, ¡menudo lío!

oe [təʊ] I *n Anat* dedo *m* del pie; **big t.**, dedo gordo (del pie); *fig* **to be on one's toes,** estar alerta. II *vtr (pt & pp toed)* **to t. the line,** conformarse, obedecer las órdenes.

oecap ['təʊkæp] *n* puntera *f*.

oenail ['təʊneɪl] *n* uña *f* del dedo del pie.

offee ['tɒfɪ] *n* caramelo *m*; *fam* **he can't sing for t.,** no tiene ni idea de cantar.

offee-nosed ['tɒfɪnəʊzd] *adj GB sl* engreído,-a.

ogether [tə'geðə'] *adv* junto, juntos,-as; **all t.,** todos juntos; **the letter arrived t.** with the book, la carta llegó junto con el libro; **to bring t.,** reunir, juntar; **to go** *or* **belong t.,** ir juntos.

ogged up [tɒgd'ʌp] *adj fam* **to get t. up,** emperifollarse.

oggle ['tɒgəl] *n* botón *m* de una trenca. ■ *Elec* **t. switch,** conmutador *m* de palanca.

Togo ['təʊgəʊ] *n* Togo.

Togolese [təʊgə'liːz] *adj & n* togolés,-esa *(m,f)*.

ogs [tɒgz] *npl fam* ropa *f sing*.

oil [tɔɪl] I *n* trabajo *m* duro, esfuerzo *m*. II *vi* afanarse, trabajar (duro); **to t. up a hill,** subir penosamente una cuesta.

oilet ['tɔɪlɪt] *n* 1 *(lavatory)* wáter *m*, retrete *m*; *(for public)* servicios *mpl*, lavabos *mpl*. ■ **t. paper** *or* **tissue,** papel *m* higiénico; **t. roll,** rollo *m* de papel higiénico. 2 *(washing etc)* aseo *m* (personal). ■ **t. bag** *or* **case,** neceser *m*; **t. soap,** jabón *m* de tocador.

oiletries ['tɔɪlɪtrɪz] *npl* artículos *mpl* de aseo.

oken ['təʊkən] I *n* 1 *(sign)* señal *f*, prueba *f*; **as a t. of respect,** en señal de respeto; **t. of friendship,** prueba de amistad. 2 *Tel* ficha *f*; *Com* vale *m*. ■ **book/record t.,** vale *m* para comprar libros/ discos. II *adj (payment, strike)* simbólico,-a.

old [təʊld] *pt & pp see* tell.

olerable ['tɒlərəbəl] *adj (pain)* tolerable, soportable; *(performance, effort)* regular, tolerable.

olerance ['tɒlərəns] *n* tolerancia *f*.

olerant ['tɒlərənt] *adj* tolerante.

olerate ['tɒləreɪt] *vtr* tolerar, soportar; **I can't t. noise,** no aguanto *or* soporto el ruido.

oleration [tɒlə'reɪʃən] *n* tolerancia *f*.

toll¹ [təʊl] *vtr & vi (bell)* tañir, doblar; **to t. for the dead,** doblar las campanas, tocar a muertos.

toll² [təʊl] *n* 1 *Aut* peaje *m*; **t. at 200 metres,** peaje a 200 metros; **t. bridge/motorway,** puente *m*/autopista *f* de peaje. 2 *(loss)* pérdidas *fpl*; **rent takes a heavy t.** of one's income, el alquiler supone una gran parte de los ingresos; **the death t. on the roads,** el número de víctimas mortales en las carreteras.

tolling ['təʊlɪŋ] *n (of bell)* doblar *m*, tañido *m* (de una campana).

Toltec ['tɒltek] *adj & n Hist* tolteca *(mf)*.

Tom [tɒm] *prn* Tomás; *fam* **any T., Dick or Harry,** todo hijo de vecino; *fam* **Peeping T.,** mirón *m*.

tomahawk ['tɒməhɔːk] *n* tomahawk *m*, hacha *f* de guerra.

tomato [tə'mɑːtəʊ, *US* tə'meɪtəʊ] *n (pl tomatoes) Bot* tomate *m*. ■ *Culin* **t. ketchup,** ketchup *m*; **t. plant,** tomatera *f*; **t. sauce,** salsa *f* de tomate.

tomb [tuːm] *n* tumba *f*, sepulcro *m*.

tombola [tɒm'bəʊlə] *n GB* tómbola *f*.

tomboy ['tɒmbɔɪ] *n* chica *f* poco femenina.

tombstone ['tuːmstəʊn] *n* lápida *f* sepulcral.

tomcat ['tɒmkæt] *n Zool* gato *m* (macho).

tome [təʊm] *n* tomo *m*.

tomfool [tɒm'fuːl] *adj (plan etc)* absurdo,-a, ridículo,-a.

tomfoolery [tɒm'fuːlərɪ] *n* tonterías *fpl*.

Tommy gun ['tɒmɪgʌn] *n fam* metralleta *f*.

tomorrow [tə'mɒrəʊ] I *n* mañana *m*; **the day after t.,** pasado mañana; **t. night,** mañana por la noche. II *adv* mañana; **see you t.!,** ¡hasta mañana!; **t. week,** mañana en ocho (días).

tom-tom ['tɒmtɒm] *n* tam-tam *m*.

ton [tʌn] *n* tonelada *f*; **a 500 t. ship,** un barco de 500 toneladas; *fam* **we have tons of it,** tenemos montones.

tone [təʊn] I *n* 1 tono *m*; **in a gentle t.,** en tono dulce; **to change one's t.,** cambiar de tono; **t. of voice,** tono de voz. 2 *(of colour)* tono *m*, matiz *m*. 3 *(quality, class)* clase *f*, tono *m*; **he's lowering the t. of the place,** su presencia hace bajar el nivel del lugar. 4 *Fin* tendencia *f*; **the t. of the market,** la tendencia del mercado. 5 *Med* tono *m* (muscular). II *vi* **to t. with sth,** armonizar con algo. ◆**tone down** *vtr* atenuar, suavizar.

tone-deaf ['təʊndef] *adj* **to be t.-d.,** no tener oído.

toneless ['təʊnlɪs] *adj (voice)* monótono,-a.

Tonga ['tɒŋgə, 'tɒŋə] *n* Tonga.

Tongan ['tɒŋən] *adj & n* tongano,-a *(m,f)*.

tongs [tɒŋz] *npl (for sugar)* tenacillas *fpl*; **(fire) t.,** tenazas *fpl*; **curling t.,** tenacillas (de rizar).

tongue [tʌŋ] *n* 1 *Anat* lengua *f*; **to stick one's t. out at sb,** sacar la lengua a algn; *fig* **to hold one's t.,** morderse la lengua; *fig* **to say sth t. in cheek,** decir algo con la boca pequeña. ■ *fig* **t. twister,** trabalenguas *m inv*. 2 *(language)* lengua *f*, idioma *m*; **mother/native t.,** lengua materna/nativa. 3 *(of shoe)* lengüeta *f*; *(of bell)* badajo *m*.

tongue-tied ['tʌŋtaɪd] *adj* mudo,-a (por la timidez); **she gets t.,** se le traba la lengua.

tonic ['tɒnɪk] I *n* 1 *Med* tónico *m*. 2 *(drink)* tónica *f*; **a gin and t.,** un gintonic. II *adj* tónico,-a. ■ *Mus* **t. sol-fa,** solfeo *m*.

tonight [tə'naɪt] *adv & n* esta noche.

tonnage ['tʌnɪdʒ] *n (of ship)* tonelaje *m*.

tonne [tʌn] *n see* ton.

tonsil ['tɒnsəl] *n Anat* amígdala *f*; **to have one's tonsils out,** ser operado,-a de las amígdalas.

tonsillectomy [tɒnsɪ'lektəmɪ] *n Med* amigdalotomía *f*.

tonsillitis [tɒnsɪ'laɪtɪs] *n Med* amigdalitis *f*.

too [tuː] *adv* 1 *(besides)* además, también; **it was very expensive t.,** y además era muy caro,-a. 2 *(also)* también; **I shall go t.,** yo iré también. 3 *(excessively)* demasiado; **I know him all t. well,** le conozco de sobra; **ten pounds t. much,** diez libras de más; **the work is t. much for me,** es demasiado trabajo para mí; **t. frequently,** con demasiada frecuencia; **t. much money,** demasiado dinero; **t. old,** demasiado viejo; *fam* **he's not t. well,** está pachucho.

took [tʊk] *pt see* take.

tool [tuːl] I *n* 1 *(utensil)* herramienta *f*, utensilio *m*; **farming/gardening tools,** útiles *mpl or* herramientas de labranza/jardinería. ■ **t. shed,** cobertizo *m* (para herramientas). 2 *(person)* instrumento *m*; **to make a t. of sb,** servirse de algn. II *vtr (metal, leather)* labrar; *(cover of book)* estampar.

toolbag ['tuːlbæg] *n* bolsa *f* de herramientas.

toolbox ['tuːlbɒks] *n* caja *f* de herramientas.

tooling ['tuːlɪŋ] *n (of metal)* labrado *m*; *(of cover, of book)* estampación *f*.

toolkit ['tu:lkɪt] n juego m de herramientas.

toot [tu:t] I vtr tocar. II vi Aut tocar la bocina. III n Aut bocinazo m; Mus toque m (de trompeta).

tooth [tu:θ] n (pl teeth [ti:θ]) 1 Anat diente m; (molar) muela f; I had a t. out, me sacaron or extrajeron un diente or una muela; (set of) false teeth, dentadura f postiza; (child) to cut one's teeth, echar los dientes; fig to be sick to the teeth of sth, estar hasta la coronilla de algo; fig to fight t. and nail, luchar a brazo partido; fig to have a sweet t., ser goloso,-a; fam long in the t., entrado,-a en años. 2 (of saw) diente m; (of comb) púa f.

toothache ['tu:θeɪk] n dolor m de muelas.

toothbrush ['tu:θbrʌʃ] n cepillo m de dientes.

toothless ['tu:θlɪs] adj sin dientes, desdentado,-a.

toothpaste ['tu:θpeɪst] n pasta f dentífrica or de dientes, dentífrico m.

toothpick ['tu:θpɪk] n mondadientes m inv.

toothy ['tu:θɪ] adj (toothier, toothiest) to give a t. smile, sonreír enseñando los dientes.

top¹ [tɒp] I n 1 (upper part) parte f superior, parte de arriba, parta alta; (of hill) cumbre f, cima f; (of tree) copa f; from t. to bottom, de arriba a abajo; on t. of the tower, encima de la torre; put them on t., ponlos encima; fig from t. to toe, de pies a cabeza; fig on t. of it all he wanted ..., para colmo quería ...; fig on t. of the world, contento,-a y feliz; fig to come out on t., salir ganando. ■ t. hat, sombrero m de copa. 2 (surface) superficie f; to come to the t., salir a la superficie. 3 (head) cabeza f; at the t. of the list, a la cabeza de la lista; fig to blow one's t., salirse de sus casillas. 4 (of bottle, container) tapa f, tapón m. 5 (garment) blusa f, camiseta f. 6 (best) lo mejor; this one is the t. of the range, este es el mejor de su categoría. 7 Aut directa f. 8 fig at the t. of one's voice, a voz en cuello or en grito. II adj 1 (part) superior, de arriba. ■ the t. drawer, el cajón de arriba; the t. floor, el último piso; t. coat, (of paint) última mano f; (overcoat) abrigo m. 2 (highest) extremo,-a, máximo,-a; Mus the t. notes, las notas más altas. ■ Aut t. gear, directa f. 3 (best) primero,-a, principal; the t. people, la élite; Educ to be t., ser el primero de la clase; fam to be t. dog, ser un gallito. III vtr (pt & pp topped) 1 (cover) coronar, rematar; to t. a cake with ..., cubrir una tarta con ...; fam and to t. it all ..., y para colmo ... . 2 (tree) desmochar; to t. and tail gooseberries, quitar los rabillos a las grosellas. 3 (lead) encabezar; Theat to t. the bill, encabezar el reparto. ◆**top up** vtr llenar hasta el tope; Aut to t. up the petrol tank, llenar el depósito (de gasolina).

top² [tɒp] n peonza f.

topaz ['təʊpæz] n Min topacio m.

top-heavy [tɒp'hevɪ] adj demasiado pesado,-a en la parte superior; fig poco estable.

topic ['tɒpɪk] n tema m.

topical ['tɒpɪkəl] adj de actualidad; t. conversation, conversación f sobre temas de actualidad.

topless ['tɒplɪs] adj desnudo,-a de cintura para arriba; (bar) topless; t. swimsuit, monobikini m, topless m.

top-level ['tɒplevəl] adj de alto nivel.

topmost ['tɒpməʊst] adj (el) más alto, (la) más alta.

topography [tə'pɒgrəfɪ] n topografía f.

topped [tɒpt] pt & pp see **top¹**.

topple ['tɒpəl] I vi (building) derribarse, venirs abajo; to t. (over), volcarse. II vtr volcar; f (government) derribar, derrocar.

top-secret [tɒp'si:krɪt] adj sumamente secreto,-a.

topside ['tɒpsaɪd] n Culin (beef) redondo m.

topsoil ['tɒpsɔɪl] n superficie f del suelo.

topsy-turvy [tɒpsɪ'tɜːvɪ] adj & adv al revés; (i confusion) en desorden, patas arriba; a t. world, u mundo al revés.

torch [tɔːtʃ] n (burning) antorcha f, tea f; (electri linterna f.

torchlight ['tɔːtʃlaɪt] n luz f de antorchas. ■ t. pr cession, procesión f con antorchas.

tore [tɔːʳ] pt see **tear²**.

toreador ['tɒrɪədɔːʳ] n torero m.

torment [tɔː'ment] I vtr atormentar, torturar; f tormented by hunger, atormentado,-a por hambre. II n ['tɔːment] tormento m, suplicio m.

tormentor [tɔː'mentəʳ] n atormentador,-a m,f.

torn [tɔːn] pp see **tear²**.

tornado [tɔː'neɪdəʊ] n (pl tornados or tornadoe tornado m.

torpedo [tɔː'piːdəʊ] I n (pl torpedoes) torpedo m; boat, torpedero,-a m,f. II vtr (pt & pp torpedoe torpedear.

torpid ['tɔːpɪd] adj (sleepy) letárgico,-a, somn liento,-a, aletargado,-a; (sluggish) torpe.

torpor ['tɔːpəʳ] n letargo m; (sluggishness) torpe:

torrent ['tɒrənt] n torrente m; to rain in torren llover a cántaros; fig t. of abuse, torrente de i sultos.

torrential [tɒ'renʃəl] adj torrencial.

torrid ['tɒrɪd] adj tórrido,-a.

torso ['tɔːsəʊ] n (pl torsos) torso m.

tortoise ['tɔːtəs] n tortuga f de tierra.

tortoiseshell ['tɔːtəsʃel] I n carey n, concha f. adj de carey.

tortuous ['tɔːtjʊəs] adj tortuoso,-a.

torture ['tɔːtʃəʳ] I vtr torturar, atormentar. II n tura f, tormento m; fig it was sheer t., fue un a téntico suplicio.

Tory ['tɔːrɪ] adj & n Pol conservador,-a (m,f); the Party, el Partido Conservador.

toss [tɒs] I vtr 1 (ball) lanzar, tirar; (rider) derriba desmontar; he was tossed by a bull, fue embesti por un toro; to t. (up) a coin, jugar a cruz. (throw about) sacudir, agitar; tossed by the wave sacudido,-a por las olas; to t. one's head, sacudir cabeza. II vi 1 (move) to t. about, agitarse; to t. a turn, dar vueltas en la cama. 2 Sport to t. (up), sc tear. III n 1 (of ball) lanzamiento m; (of coi sorteo m (a cara o cruz). 2 (of head) sacudida movimiento m brusco (de la cabeza). ◆**toss off** 1 (drink) beber de un trago. 2 (write) escribir pidamente.

toss-up ['tɒsʌp] n it's a t.-up whether we do it not, quizá lo hagamos, quizá no; to settle sth by t.-up, echar algo a cara o cruz.

tot¹ [tɒt] n 1 (child) (tiny) t., nene,-a m,f, peque n 2 (of whisky etc) trago m.

tot² [tɒt] GB I vtr (pt & pp totted) to t. up, suma II vi to t. up to, ascender a.

total ['təʊtəl] I n total m; (in bill) importe m tot: grand t., suma f total. II adj total, global; a t. fa ure, un fracaso total; they were in t. ignorance it, lo ignoraban totalmente or por completo. III v *(pt & pp **totalled**, US **totaled**)* sumar, hacer el total. **IV** *vi* to **t. up to**, ascender a, sumar. ◆**totally** *adv* totalmente, completamente.

totalitarian [təʊtælɪ'teərɪən] *adj* totalitario,-a.

totalitarianism [təʊtælɪ'teərɪənɪzəm] *n* totalitarismo *m*.

totality [təʊ'tælɪtɪ] *n* totalidad *f*.

totalizator ['təʊtəlaɪzeɪtə'] *n* totalizador *m*.

totalled ['təʊtəld] *pt & pp see* total.

tote[1] [təʊt] **I** *vtr fam* acarrear. **II** *n US* **t. bag**, petate *m*.

tote[2] [təʊt] *n fam* totalizador *m*.

totem ['təʊtəm] *n* tótem *m*.

totted ['tɒtɪd] *pt & pp see* tot[2].

totter ['tɒtə'] *vi* tambalearse; **to t. in**, entrar tambaleándose.

tottering ['tɒtərɪŋ] *adj* tambaleante; **a t. empire**, un imperio a punto de caer; **t. steps**, pasos titubeantes.

toucan ['tuːkən] *n Orn* tucán *m*.

touch [tʌtʃ] **I** *vtr* **1** *(gen)* tocar; *(lightly)* rozar; **to t. sb on the shoulder**, tocar a algn en el hombro; *fig* **the law can't t. him**, la ley no puede hacer nada contra él; *fig* **to t. on a subject**, tocar un tema; *fam* **t. wood!**, ¡toca madera! **2** *(consume)* tocar; **I never t. wine**, nunca bebo vino. **3** *(equal)* igualar; **nobody can t. Frank as a comedian**, Frank no tiene rival como cómico. **4** *(move)* conmover, afectar; **I was touched by their kindness**, me llegó al alma su amabilidad. **5** *fam* **to t. sb for a loan**, dar un sablazo a algn. **II** *vi* tocarse; *(lightly)* rozarse; *(properties)* ser contiguos,-as, tocar; *fig* **it was t. and go whether we caught the train**, estuvimos a punto de perder el tren. **III** *n* **1** *(gen)* toque *m*; *(light contact)* roce *m*; *(of typist)* pulsación *f*; *Mus* ejecución *f*; **I felt a t. on the arm**, sentí que me tocaban en el brazo. **2** *(sense of touch)* tacto *m*; **rough to the t.**, áspero,-a al tacto. **3** *(detail)* detalle *m*; **it was a nice t. of his**, fue un detalle de su parte; **to add a few touches to a picture**, retocar un cuadro; **to put the finishing t. to sth**, dar el último toque a algo. **4** *(ability)* **he's losing his t.**, está perdiendo su habilidad. **5** *(contact)* contacto *m*; **the personal t.**, el contacto personal; **to be/get/keep in t. with sb**, estar/ponerse/mantenerse en contacto con algn; **to be out of t. with sth**, no estar al tanto de algo; **to get in t. with the police**, avisar a la policía. **6** *(small amount)* pizca *f*; **a t. of salt/garlic**, una pizca de sal/ajo; **to have a t. of flu**, estar ligeramente griposo,-a; **with a t. of bitterness**, con una nota de amargura. **7** *Sport* **in t.**, fuera de juego. ◆**touch down** *vi* **1** *(plane)* aterrizar, tomar tierra. **2** *Rugby* hacer un ensayo *m*. ◆**touch off** *vtr* desencadenar, provocar. ◆**touch up** *vtr (picture)* retocar.

touchdown ['tʌtʃdaʊn] *n* **1** *(of plane)* aterrizaje *m*; *(of space capsule)* amerizaje *m*. **2** *Rugby* ensayo *m*.

touched [tʌtʃt] *adj* **1** *(moved)* emocionado,-a, conmovido,-a. **2** *fam (crazy)* tocado,-a, chiflado,-a.

touchiness ['tʌtʃɪnɪs] *n* susceptibilidad *f*.

touching ['tʌtʃɪŋ] **I** *adj* conmovedor,-a, enternecedor,-a. **II** *prep* tocante a, respecto a.

touchline ['tʌtʃlaɪn] *n Rugby* línea *f* de banda.

touch-type ['tʌtʃtaɪp] *vi* mecanografiar (sin mirar el teclado).

touchy ['tʌtʃɪ] *adj (touchier, touchiest) fam (person)* susceptible; *(subject)* delicado,-a.

tough [tʌf] **I** *adj (material)* fuerte, resistente; *(test)* duro,-a, difícil; *(competitor etc)* fuerte, resistente; *(criminal, meat)* duro,-a; *(judgement, punishment)*

severo,-a; *(problem)* difícil; *fam* **t. luck!**, ¡mala suerte! **II** *n (person)* matón *m*.

toughen ['tʌfən] **I** *vtr* endurecer. **II** *vi* endurecerse.

toughness ['tʌfnɪs] *n (of material etc)* resistencia *f*; *(of test)* dureza *f*; *(of judgement, punishment)* severidad *f*; *(of problem, job)* dificultad *f*.

Toulouse [tuː'luːz] *n* Tolosa.

toupee ['tuːpeɪ] *n* tupé *m*.

tour [tʊə'] **I** *n* **1** *(journey, holiday)* viaje *m*; **package t.**, viaje organizado; **to do a t. of Europe**, hacer un viaje por Europa. ■ **walking t.**, excursión *f* a pie. **2** *(of building, monument)* visita *f*; *(of city)* recorrido *m* turístico; *Ind* **t. of inspection**, recorrido de inspección. **3** *Sport Theat* gira *f*; **on t.**, de gira. **II** *vtr* **1** *(country)* recorrer, viajar por. **2** *(building)* visitar. **3** *Theat* estar de gira; **to t. the province**, recorrer las provincias. **III** *vi* estar de viaje. ■ **t. company**, compañía *f* que está de gira.

tour de force [tʊədə'fɔːs] *n* hazaña *f*, proeza *f*.

tourism ['tʊərɪzəm] *n* turismo *m*.

tourist ['tʊərɪst] *n* turista *mf*; **the t. trade**, la industria del turismo. ■ **t. agency**, agencia *f* de viajes; **t. centre**, centro *m* turístico; **t. class**, clase *f* turista; **t. menu**, menú *m* turístico.

touristy ['tʊərɪstɪ] *adj pej* demasiado turístico,-a.

tournament ['tʊənəmənt] *n Sport* torneo *m*.

tourniquet ['tʊənɪkeɪ] *n Med* torniquete *m*.

tousle ['taʊzəl] *vtr* despeinar.

tousled ['taʊzəld] *adj (hair)* despeinado,-a.

tout [taʊt] **I** *vtr Com* tratar de vender; *(tickets)* revender. **II** *vi* salir a la caza y captura de compradores *or* clientes. **III** *n* **1** *Com* gancho *m*. ■ **ticket t.**, revendedor *m* de entradas. **2** *Sport (in racing)* pronosticador *m*.

tow [təʊ] **I** *n* **1** *(pull)* **to take a ship/car in t.**, remolcar un barco/un coche; **we can give you a t.**, podemos remolcar su coche; *fam* **he always has his family in t.**, siempre va acompañado de su familia. **2** *(vehicle towed)* vehículo·m remolcado; *Naut* **a t. of barges**, un convoy de barcazas. **II** *vtr* remolcar; **his car was towed away by the police**, la grúa se llevó su coche.

towards [tə'wɔːdz. tɔːdz] *prep* **1** *(direction)* hacia; **t. me**, hacia mí. **2** *(of time)* hacia, alrededor de; **t. noon**, hacia mediodía; **t. the end of his life**, hacia el fin de su vida. **3** *(for)* hacia, (para) con; **he feels a great affection t. her**, siente gran afecto hacia ella; **our duty t. others**, nuestro deber para con los demás; **to save t. sth**, ahorrar para algo; **what is your attitude t. religion?**, ¿cuál es su actitud respecto a la religión?

towbar ['təʊbɑː'] *n Aut* barra *f* de remolque.

towboat ['təʊbəʊt] *n Naut* remolcador *m*.

towel ['taʊəl] **I** *n* toalla *f*. ■ **hand t.**, toallita *f*; **t. rail**, toallero *m*. **II** *vtr* **to t. dry**, secar con una toalla.

towelling ['taʊəlɪŋ] *n Tex* felpa *f*.

tower ['taʊə'] **I** *n* torre *f*; **(bell) t.**, campanario *m*; *fig* **he's a t. of strength**, es un poderoso apoyo. **II** *vi* encumbrarse; **to t. over** *or* **above sth**, dominar algo.

towering ['taʊərɪŋ] *adj* grande, sobresaliente, altísimo,-a.

towing ['təʊɪŋ] *n (act)* remolque *m*.

towline ['təʊlaɪn] *n see* towrope.

town [taʊn] *n* ciudad *f*; *(small town)* pueblo *m*, población *f*; **to go into t.**, ir al centro; *fam* **to go out on the t.**, ir de juerga; **to paint the t. red**, ir de juerga; *fam* **to go to t. over sth**, gastar dinero a manos llenas en algo. ■ **t. council**, ayuntamiento *m*; **t. councillor**, concejal,-a *m,f*, edil,-a *m,f*; **t. hall,** ayuntamiento *m*; **t. planning,** urbanismo *m*.

townsfolk ['taʊnzfəʊk] *npl see* townspeople.

township ['taʊnʃɪp] *n* municipio *m*.

townsman ['taʊnzmən] *n (pl townsmen)* ciudadano *m*.

townspeople ['taʊnzpiːpəl] *npl* ciudadanos *mpl*, conciudadanos *mpl*.

townswoman ['taʊnzwʊmən] *n (pl townswomen* ['taʊnzwɪmɪn]*)* ciudadana *f*.

towpath ['təʊpɑːθ] *n* camino *m* de sirga.

towrope ['təʊrəʊp] *n* cable *m* de remolque.

toxaemia, *US* **toxemia** [tɒkˈsiːmɪə] *n Med* toxemia *f*.

toxic ['tɒksɪk] *adj Med* tóxico,-a.

toxicologist [tɒksɪˈkɒlədʒɪst] *n Med* toxicólogo,-a *m,f*.

toxicology [tɒksɪˈkɒlədʒɪ] *n Med* toxicología *f*.

toxin ['tɒksɪn] *n Med* toxina *f*.

toy [tɔɪ] **I** *n* juguete *m*. ■ **t. car,** coche *m* de juguete; **t. trumpet,** trompeta *f* de niño. **II** *vi* jugar; **to t. with an idea,** acariciar una idea; **to t. with one's food,** comer sin gana, juguetear con la comida; **to t. with sb's feelings,** jugar con los sentimientos de algn.

toyshop ['tɔɪʃɒp] *n* juguetería *f*.

trace [treɪs] **I** *n* **1** *(sign)* indicio *m*, vestigio *m*, señal *f*; **there's no t. of it,** no queda ningún vestigio de ello; **to disappear without a t.,** desaparecer sin dejar huella. ■ *Chem* **t. element,** oligoelemento *m*. **2** *(tracks)* huella(s) *f(pl)*, rastro *m*. **II** *vtr* **1** *(drawing)* calcar. **2** *(plan)* trazar, bosquejar. **3** *(track down, locate)* seguir la pista de; **he has been traced to Paris,** le han seguido la pista hasta París; **he traced his family (back) to the Crusades,** el origen de su familia se remonta a las Cruzadas; **I can't t. any reference to the accident,** no encuentro ninguna mención del accidente; **to t. lost goods,** encontrar *or* recobrar unos objetos perdidos.

tracer ['treɪsə'] *adj Mil* **t. bullet,** bala *f* trazadora.

tracery ['treɪsərɪ] *n Archit* (window) t., tracería *f*.

trachea [trəˈkiːə] *n (pl tracheae* [trəˈkiːiː]*) Anat* tráquea *f*.

tracheotomy [trækɪˈɒtəmɪ] *n Med* traqueotomía *f*.

tracing ['treɪsɪŋ] *n* calco *m*. ■ **t. paper,** papel *m* de calco.

track [træk] **I** *n* **1** *(mark, trail)* huellas *fpl*, pista *f*; **to follow in sb's tracks,** seguir la pista a algn; **to keep/lose t. of sb,** no perder/perder de vista a algn; **to throw sb off the t.,** despistar a algn; *fig* **to make tracks,** largarse, marcharse. **2** *(pathway)* camino *m*; **off the beaten t.,** lugar *m* apartado *or* perdido; **to be on the right/wrong t.,** ir por el buen/mal camino; **to put sb on the right t.,** encaminar a algn. **3** *Sport* pista *f*; *(for motor racing)* autódromo *m*, circuito *m*. ■ **t. events,** atletismo *m* sing en pista; **t. racing,** carreras *fpl* en pista; **t. shoes,** zapatillas *mpl* de atletismo; *fig* **t. record,** historial *m*. **4** *Rail* vía *f*; **single t.,** vía única; *fig* **he has a one-t. mind,** no piensa más que en eso. **5** *(on record)* canción *f*. **6** *(of tractor)* oruga *f*. **II** *vtr (follow, hunt)* rastrear, seguir la pista de; *(with radar)* seguir la trayectoria de. ◆**track down** *vtr (locate)* localizar, encontrar; *(investigate)* averiguar.

tracked [trækt] *adj Aut* con orugas.

tracker ['trækə'] *n* **t. dog,** perro *m* rastreador.

tracksuit ['træksuːt] *n* chandal *m*, chándal *m*.

tract¹ [trækt] *n (expanse)* extensión *f*.

tract² [trækt] *n (treatise)* tratado *m*; *(pamphlet)* folleto *m*.

tractability [træktəˈbɪlɪtɪ] *n* docilidad *f*.

tractable ['træktəbəl] *adj* dócil, tratable.

traction ['trækʃən] *n* tracción *f*. ■ *Rail* **t. engine,** locomotora *f* de tracción; *Rail* **t. wheels,** ruedas *fp* tractoras *or* de tracción.

tractor ['træktə'] *n* tractor *m*.

trade [treɪd] **I** *n* **1** *(job)* oficio *m*; **he's a carpenter by t.,** es carpintero de oficio; **to carry on a t.,** ejercer un oficio. **2** *(business)* industria *f*; **the building t.,** (la industria de) la construcción. **3** *Com* comercio *m*, negocios *mpl*; *GB* **Board of T.,** *US* **Department of T.,** Ministerio *m* de Comercio; **foreign t.,** comercio exterior; **it's good for t.,** es bueno para los negocios; **the t. in diamonds,** el comercio de diamantes; *fam* **to do a roaring t.,** vender muchísimo. ■ **t. name,** nombre *m* comercial; **t. union,** sindicato *m*; **t. unionism,** sindicalismo *m*; **t. unionist,** sindicalista *mf*. **4** **t. winds,** vientos *mpl* alisios. **II** *vi* comerciar (**in,** en); *fig* **to t. on sb's ignorance,** aprovecharse de la ignorancia de algn. **III** *vtr* **to t. sth for sth,** cambiar *or* trocar algo por algo. ◆**trade in** *vtr* dar como entrada; **I'm trading in my old car for a new one,** el coche viejo me sirve de entrada para el nuevo.

trademark ['treɪdmɑːk] *n* marca *f* (de fábrica); **registered t.,** marca registrada.

trader ['treɪdə'] *n* comerciante *mf*.

tradesman ['treɪdzmən] *n (pl tradesmen)* comerciante *m*; *(shopkeeper)* tendero *m*.

trading ['treɪdɪŋ] *n* comercio *m*. ■ *GB* **t. estate,** zona *f* industrial.

tradition [trəˈdɪʃən] *n* tradición *f*.

traditional [trəˈdɪʃənəl] *adj* tradicional.

traffic ['træfɪk] **I** *n* **1** *Aut* tráfico *m*, circulación *f*; **heavy t.,** circulación densa. ■ **t. island,** refugio *m*; **t. jam,** atasco *m*, embotellamiento *m*; **t. lights,** semáforos *mpl*; **t. warden,** ≈ guardia *mf* urbano,-a. **2** *(trade)* tráfico *m*, comercio *m*; **t. in arms/drugs,** tráfico de armas/narcóticos. ■ **white slave t.,** trata *f* de blancas. **II** *vi (pt & pp trafficked)* traficar; **to t. in drugs,** traficar con droga.

trafficator ['træfɪkeɪtə'] *n Aut* intermitente *m*.

trafficked ['træfɪkt] *pt & pp see* traffic.

trafficker ['træfɪkə'] *n* traficante *mf*.

tragedy ['trædʒɪdɪ] *n* tragedia *f*; **the t. of it was ...,** lo trágico fue que ... .

tragic ['trædʒɪk] *adj* trágico,-a. ■ *Theat* **t. actor,** actor *m* dramático.

trail [treɪl] **I** *vtr* **1** *(drag)* **to t. sth (along),** arrastrar algo. **2** *(follow)* rastrear. **II** *vi* **1** *(drag)* arrastrarse; **to have sth trailing behind you,** llevar algo arrastrando. **2** *(linger)* **to t. (along),** rezagarse. **3** *(of plant)* trepar. **III** *n* **1** *(track)* pista *f*, rastro *m*; **to pick up the t.,** encontrar la pista. **2** *(path)* senda *f*, camino *m*. **3** *(of smoke)* estela *f*; *fig* **to leave a t. of destruction,** arrasar todo al pasar. ◆**trail away,** **trail off** *vi (voice)* esfumarse, apagarse.

trailer ['treɪlə'] *n* **1** *Aut* remolque *m*. **2** *US Aut (caravan)* caravana *f*. **3** *Cin* trailer *m*, avance *m*.

trailing ['treɪlɪŋ] *adj (plant)* trepador,-a.

train [treɪn] **I** *n* **1** *Rail* tren *m*; **to board the t.,** subir al tren; **to change trains,** cambiar de tren, hacer transbordo; **to travel by t.,** viajar en tren. ■ **goods t.,** mercancías *m inv*; **passenger t.,** tren *m* de pasajeros. **2** *(of vehicle)* convoy *m*; *(of mules)* recua *f*; *(of followers)* séquito *m*; *(of events)* serie *f*, sucesión f. 3 *(of dress)* cola f. 4 *Tech* t. **of gears,** tren m de engranajes. **II** vtr **1** *(teach)* formar, capacitar; *Sport* entrenar; *(animal)* amaestrar; *(voice etc)* educar. **2** *(plant)* guiar; **to t. a plant along a wall,** hacer trepar una planta por una pared. **3** *(gun)* apuntar **(on,** a); *(camera)* enfocar **(on,** a). **III** vi *(be taught)* formarse, prepararse; *(practise)* ejercitarse; *Sport* entrenarse; **he is training as a teacher/ lawyer,** está estudiando magisterio/derecho.

:rainee [treɪ'niː] n persona f que sigue un curso de formación profesional; *(apprentice)* aprendiz,-a m,f.

:rainer ['treɪnə'] n **1** *Sport* entrenador,-a m,f; *(of dogs)* amaestrador,-a m,f; *(of lions, horses)* domador,-a m,f. **2** **trainers,** *(shoes)* zapatillas mpl de deporte.

:raining ['treɪnɪŋ] n *(instruction)* formación f, capacitación f; *Sport* entrenamiento m; *(of animals)* amaestramiento m; *(of lions, horses)* doma f; **to go into t.,** entrenarse; **vocational t.,** formación profesional.

:raipse [treɪps] vi fam andar, vagar; **to t. round the shops,** ir de tienda en tienda.

:rait [treɪt] n rasgo m.

:raitor ['treɪtə'] n traidor,-a m,f; **to turn t.,** pasarse al enemigo.

:rajectory [trə'dʒektərɪ] n trayectoria f.

:ram [træm] n, **tramcar** ['træmkɑː'] n tranvía m.

:ramp [træmp] **I** vi **1** *(travel on foot)* caminar, viajar a pie. **2** *(walk heavily)* andar or caminar con pasos pesados. **II** n **1** *(person)* vagabundo,-a m,f; *pej* **she's a t.,** es una fulana. **2** *(hike)* caminata f. **3** *(sound)* ruido m de pasos pesados. **4** *Naut* **t. (steamer),** vapor m volandero.

:rample ['træmpəl] **I** vtr **to t. down the grass,** hollar la hierba; **to t. sth underfoot,** pisotear algo. **II** vi **to t. on sth,** pisotear or pisar algo; *fig* **to t. on sb's feelings,** herir los sentimientos de algn.

:rampoline ['træmpəliːn] n *Sport* trampolín m.

:rance [trɑːns] n trance m; **to go into a t.,** entrar en trance.

:ranquil ['træŋkwɪl] adj tranquilo,-a, sereno,-a.

:ranquillity, *US* **tranquility** [træŋ'kwɪlɪtɪ] n tranquilidad f, serenidad f.

:ranquillize, *US* **tranquilize** ['træŋkwɪlaɪz] vtr tranquilizar, calmar.

:ranquillizer, *US* **tranquilizer** ['træŋkwɪlaɪzə'] n tranquilizante m, calmante m.

:rans abbr of **translated,** traducido,-a (por), trad.

:ransact [træn'zækt] vtr negociar; **to t. business with sb,** hacer un negocio con algn.

:ransaction [træn'zæk∫ən] n *(procedure)* tramitación f; *(deal)* transacción f, operación f (comercial).

:ransalpine [trænz'ælpaɪn] adj transalpino,-a, trasalpino,-a.

:ransatlantic [trænzət'læntɪk] adj transatlántico,-a, trasatlántico,-a.

:ranscend [træn'send] vtr estar por encima de, sobrepasar, rebasar; *Philos Rel* transcender, trascender.

:ranscendental [trænsen'dentəl] adj transcendental, trascendental. ■ **t. meditation,** meditación f trascendental.

:ranscontinental [trænzkɒntɪ'nentəl] adj transcontinental, trascontinental.

:ranscribe [træn'skraɪb] vtr transcribir, trascribir.

:ranscript ['trænskrɪpt] n, transcripción f, trascripción f.

transcription [træn'skrɪp∫ən] n transcripción f, trascripción f.

transept ['trænsept] n *Archit* crucero m.

transfer [træns'fɜː'] **I** vtr *(pt & pp* **transferred)** **1** trasladar; *(funds)* transferir, trasferir, girar; *Jur* ceder, transferir; *Rail* transbordar, trasbordar; *Ftb* traspasar; *Tel* **a transferred charge call,** una conferencia a cobro revertido. **2** *(design)* calcar. **II** ['trænsfɜː'] n **1** traslado m; *(of funds)* transferencia f, trasferencia f; *Jur (of goods, rights)* cesión f, transferencia f; *Ftb* traspaso m. **2** *(picture, design)* calcomanía f.

transferable [træns'fɜːrəbəl] adj transferible, trasferible; **not t.,** intransferible, intrasferible.

transferred [træns'fɜːd] pt & pp see **transfer.**

transfigure [træns'fɪgə'] vtr transfigurar, trasfigurar.

transfix [træns'fɪks] vtr *(usu pass)* transfigurar, trasfigurar; **she was transfixed,** se quedó traspuesta; **transfixed with horror,** horrorizado,-a.

transform [træns'fɔːm] vtr transformar, trasformar.

transformation [trænsfə'meɪ∫ən] n transformación f, trasformación f.

transformer [træns'fɔːmə'] n *Elec* transformador m, trasformador m.

transfuse [træns'fjuːz] vtr trasvasar; *Med* **to t. blood,** hacer una transfusión de sangre.

transfusion [træns'fjuːʒən] n *Med* transfusión f (de sangre).

transgress [trænz'gres] vi transgredir, trasgredir, infringir.

transgressor [trænz'gresə'] n transgresor,-a m,f, trasgresor,-a m,f.

transient ['trænzɪənt] **I** adj transitorio,-a, pasajero,-a. **II** **transients** npl *US (in hotel)* transeúntes mpl.

transistor [træn'zɪstə'] n transistor m.

transit ['trænzɪt] n tránsito m; **in t.,** de tránsito; **it was damaged in t.,** ha sufrido daño durante el viaje.

transition [træn'zɪʒən] n transición f. ■ **t. period,** período m transitorio or de transición.

transitive ['trænzɪtɪv] adj transitivo,-a.

transitory ['trænzɪtərɪ] adj transitorio,-a, pasajero,-a.

translate [træns'leɪt] vtr traducir; **it can't really be translated,** no tiene traducción exacta; **it's translated as ...,** se traduce por ...; **translated from/into English,** traducido,-a del/al inglés.

translation [træns'leɪ∫ən] n traducción f.

translator [træns'leɪtə'] n traductor,-a m,f.

transliteration [trænzlɪtə'reɪ∫ən] n transcripción f, trascripción f.

translucent [trænz'luːsənt] adj translúcido,-a, traslúcido,-a.

transmissible [trænz'mɪsəbəl] adj transmisible, trasmisible.

transmission [trænz'mɪ∫ən] n transmisión f, trasmisión f.

transmit [trænz'mɪt] vtr *(pt & pp* **transmitted)** transmitir, trasmitir.

transmitter [trænz'mɪtə'] n *Rad (set)* transmisor m; *Rad TV (station)* emisora f.

transom ['trænsəm] n *Constr* travesaño m, dintel m.

transparency [træns'pærənsɪ] n **1** *(quality)* transparencia f, trasparencia f. **2** *Phot* diapositiva f.

transparent [træns'pærənt] adj transparente, trasparente.

transpiration [trænspə'reɪʃən] *n* transpiración *f*, traspiración *f*.

transpire [træn'spaɪə^r] *vi* **1** *Bot* transpirar, traspirar. **2** *fam (happen)* ocurrir; **his version of what transpired,** su versión de lo que ocurrió; **it transpired that ...,** ocurrió que ... .

transplant [træns'plɑːnt] **I** *vtr Hortic Med* transplantar, trasplantar. **II** ['trænsplɑːnt] *n Med* transplante *m*, trasplante *m*. ■ **heart t.,** transplante *m* de corazón.

transport [træns'pɔːt] **I** *vtr* transportar, trasportar. **II** ['trænspɔːt] *n* transporte *m*, trasporte *m*; **have you got t.?,** ¿tienes coche? ■ **Ministry of T.,** Ministerio *m* de Transportes; **t. aircraft/ship,** avión *m*/buque *m* de transporte; **GB t. café,** bar *m* de carretera.

transportation [trænspɔː'teɪʃən] *n* transporte *m*, trasporte *m*.

transporter [træns'pɔːtə^r] *n* transportador *m*, trasportador *m*.

transpose [træns'pəuz] *vtr (gen)* transponer; *Mus* transportar.

transposition [trænspə'zɪʃən] *n* transposición *f*; *Mus* transporte *m*.

tran(s)ship [træn(s)'ʃɪp] *vtr (pt & pp tran(s)shipped)* transbordar.

transversal [trænz'vɜːsəl] *adj*, **transverse** [trænz'vɜːs] *adj* transversal, trasversal.

transvestism [trænz'vestɪzəm] *n* travestismo *m*.

transvestite [trænz'vestaɪt] *n* travestido,-a *m,f*; *fam* travestí *mf*.

trap [træp] **I** *n* trampa *f*; **to set a t.,** poner una trampa; *fig* **to fall into the t.,** caer en la trampa; *Aut fig* **speed t.,** control *m* de velocidad. ■ **t. door,** *(gen)* trampilla *f*; *Theat* escotillón *m*. **II** *vtr (pt & pp trapped)* coger en una trampa, atrapar; **trapped by flames,** cercado,-a por las llamas; *fig* **to t. sb,** entrampar a algn.

trapeze [trə'piːz] *n* trapecio *m*. ■ **t. artist,** trapecista *mf*.

trapped [træpt] *pt & pp see* **trap**.

trapper ['træpə^r] *n* trampero,-a *m,f*.

trappings ['træpɪŋz] *npl* parafernalia *f sing*.

Trappist ['træpɪst] *n & adj Rel* trapense *(m)*.

trash [træʃ] *n (inferior goods)* pacotilla *f*; *US (rubbish)* basura *f*; *fig* basura *f*; *fig* **to talk a lot of t.,** decir tonterías. ■ *US* **t. can,** cubo *m* de la basura.

trashy ['træʃɪ] *adj (trashier, trashiest) (goods)* de pacotilla; *(literature)* de ínfima calidad.

trauma ['trɔːmə] *n (pl traumas or traumata* ['trɔːmətə]*) Med Psych* trauma *m*.

traumatic [trɔː'mætɪk] *adj* traumático,-a.

travel ['trævəl] **I** *vi (pt & pp travelled, US traveled)* **1** viajar; **he is travelling,** está de viaje; **to t. through,** viajar por, recorrer. **2** *(vehicle, electric current)* ir, correr; *fig (news)* propagarse. **II** *vtr* viajar por, recorrer; **distance travelled,** distancia recorrida. **III** *n* viajes *mpl*; **I am fond of t.,** me gusta viajar; **is he still on his travels?,** ¿todavía está de viaje? ■ **t. agency, t. bureau,** agencia *f* de viajes.

traveller, *US* **traveler** ['trævələ^r] *n* **1** *(gen)* viajero,-a *m,f*. ■ **t.'s cheque,** cheque *m* de viaje. **2** **(commercial) t.,** viajante *mf* (de comercio).

travelling, *US* **traveling** ['trævəlɪŋ] **I** *adj (salesman, performer)* ambulante. ■ **t. crane,** grúa *f* móvil. **II** *n* viajes *mpl*, viajar *m*; **I'm fond of t.,** me gusta viajar. ■ **t. bag,** bolsa *f* de viaje; **t. expenses,** gastos *mpl* de viaje.

travelogue ['trævəlɒg] *n (film)* documental *m* *(talk)* conferencia *f* sobre un viaje.

travel-sick ['trævəlsɪk] *adj* **to be t.,** marearse.

travel-sickness ['trævəlsɪknɪs] *n* mareo *m*.

traverse ['trævɜːs, trə'vɜːs] **I** *vtr* atravesar, cruzar **II** *n* travesía *f*.

travesty ['trævɪstɪ] **I** *n (also pej)* parodia *f*. **II** *vtr (p & pp travestied)* parodiar.

trawl [trɔːl] **I** *n* **t. (net),** red *f* barredera. **II** *vtr & v* pescar con red barredera.

trawling ['trɔːlɪŋ] *n* pesca *f* con red barredera.

tray [treɪ] *n* **1** *(for food)* bandeja *f*. ■ **t. cloth,** cu brebandeja *f*. **2** *(for letters)* caja *f*, cesta *f* (para co rrespondencia); *Phot* cubeta *f*.

treacherous ['tretʃərəs] *adj* **1** *(betraying) (person,* traidor,-a; *(action)* traicionero,-a. **2** *(dangerous)* pe ligroso,-a. ◆**treacherously** *adv* **1** *(betrayingly)* traición. **2** *(dangerously)* peligrosamente.

treachery ['tretʃərɪ] *n* traición *f*.

treacle ['triːkəl] *n GB* melaza *f*.

tread [tred] **I** *vi (pt trod; pp trod or trodden)* pisar **to t. in sth,** meter el pie en algo; **to t. on sth,** pisa algo; **you're treading on my foot,** me estás pisando *fig* **to t. warily,** andar con pies de plomo. **II** *vtr* *(step on)* pisar; **to t. sth in** *or* **down** *or* **underfoot** pisotear algo. **2 to t. water,** mantenerse a flote ver ticalmente. **III** *n* **1** *(step)* paso *m*; *(sound)* ruido *m* de pasos. **2** *(of stair)* escalón *m*. **3** *(of tyre)* banda *,* de rodadura.

treadle ['tredəl] *n* pedal *m*. ■ **t. sewing machine** máquina *f* de coser a pedales.

treadmill ['tredmɪl] *n* rueda *f* de ardilla; *fig* rutina *f*.

treas *abbr of* **treasurer**, tesorero,-a *m,f*.

treason ['triːzən] *n* traición *f*; **high t.,** alta traición

treasonable ['triːzənəbəl] *adj* traicionero,-a.

treasure ['treʒə^r] **I** *n* tesoro *m*; *fig (child etc)* **she'** **a t.,** es un cielo *or* un tesoro. ■ **t. hunt,** caza *f* de tesoro. **II** *vtr (keep)* guardar como oro en paño *(value)* apreciar muchísimo.

treasurer ['treʒərə^r] *n* tesorero,-a *m,f*.

treasure-trove ['treʒətrəuv] *n Jur* tesoro *m* encon trado.

treasury ['treʒərɪ] *n* tesoro *m*, tesorería *f*; *Pol* **the** **T.,** ≈ Ministerio *m* de Hacienda. ■ **T. bill,** bono *m* del Tesoro.

treat [triːt] **I** *n* **1** *(present)* regalo *m*; *(meal)* festín *m* convite *m*; **it's my t.,** invito yo. **2** *(pleasure)* place *m*; **to give oneself a t.,** permitirse un lujo especial. **II** *vtr* **1** *(gen)* tratar; **to t. badly,** maltratar. **2** *(regard* tomarse; **he treats it very seriously,** se lo toma muy en serio; **to t. sth as a joke,** tomar algo a broma. **3** *(invite)* invitar; **he treated them to dinner,** les invito a cenar. **4** *Med* tratar. **5** *(subject)* tratar.

treatise ['triːtɪz] *n* tratado *m*.

treatment ['triːtmənt] *n* **1** *(of person)* trato *m*; **his t. of his friends,** su forma de portarse con los amigos; **preferential t.,** trato preferencial. **2** *Mea* tratamiento *m*; **patient undergoing t.,** enfermo sometido a tratamiento; *fam* **to give sb the t.,** dar una paliza a algn. **3** *(interpretation, handling)* trata miento *m*; **the t. of this subject,** el tratamiento de este tema.

treaty ['triːtɪ] *n* **1** *(between nations)* tratado *m*. **2** *(between persons)* acuerdo *m*, contrato *m*.

treble ['trebəl] **I** *adj* **1** *(triple)* triple. **2** *Mus* de tiple *or* soprano. ■ **t. clef,** clave *f* de sol; **t. voice,** voz *f* tiple *or* de soprano. **II** *vtr* triplicar. **III** *vi* triplicarse.

tree [tri:] *n* árbol *m*; **apple/cherry t.**, manzano *m*/ cerezo *m*; **to climb a t.**, subirse a un árbol; *fig* **at the top of the t.**, en la cúspide. ▪ *Orn* **t. creeper**, agateador *m* norteño; *Bot* **t. of heaven**, ailanto *m*, árbol *m* del cielo.

treeless ['tri:lɪs] *adj* sin árboles.

treetop ['tri:tɒp] *n* copa *f*.

trefoil ['trefɔɪl] *n Bot* trébol *m*.

trek [trek] I *n* (*journey*) viaje *m* (largo y difícil); *fam* (*walk*) caminata *f*; *fam* **it's quite a t.**, queda bien lejos. II *vi* (*pt & pp* **trekked**) hacer un viaje largo y difícil; *fam* (*walk*) ir caminando.

trelliswork ['trelɪswɜ:k] *n* enrejado *m*.

tremble ['trembəl] I *vi* temblar, estremecerse. II *n* temblor *m*; (*shiver*) estremecimiento *m*; **to be all of a t.**, temblequear.

trembling ['tremblɪŋ] I *adj* tembloroso,-a; **t. all over**, todo tembloroso,-a. II *n* temblor *m*.

tremendous [trɪ'mendəs] *adj* (*huge*) inmenso,-a, enorme; (*success*) arrollador,-a; (*shock, blow, mistake*) tremendo,-a; *fam* (*marvellous*) estupendo,-a, fabuloso,-a; *fam* **to have a t. time**, pasarlo bomba. ◆**tremendously** *adv* inmensamente, enormemente; *fam* **she does it t. well**, lo hace a las mil maravillas.

tremor ['tremə^r] *n* temblor *m*.

tremulous ['tremjʊləs] *adj* **1** (*timid*) tímido,-a. **2** (*trembling*) tembloroso,-a.

trench [trentʃ] *n* **1** (*ditch*) zanja *f*; *Mil* trinchera *f*. **2 t. coat**, trinchera *f*.

trenchant ['trentʃənt] *adj* (*tone*) cáustico,-a, mordaz.

trend [trend] I *n* (*tendency*) tendencia *f*; (*fashion*) moda *f*. II *vi* tender (**to, towards**, hacia).

trendy ['trendɪ] *adj* (*trendier, trendiest*) *fam* (*person*) moderno,-a; (*clothes*) a la última.

trepidation [trepɪ'deɪʃən] *n* (*anxiety*) turbación *f*, agitación *f*; (*trembling*) trepidación *f*.

trespass ['trespəs] *vi* entrar sin autorización (en la propiedad de algn).

trespasser ['trespəsə^r] *n* intruso,-a *m,f*; '**trespassers will be prosecuted**', 'prohibida la entrada'.

trestle ['tresəl] *n* caballete *m*.

trial ['traɪəl] *n* **1** *Jur* proceso *m*, juicio *m*; **on t.**, procesado,-a; **to bring sb to t.**, procesar a algn; **to stand t.**, ser procesado,-a. **2** (*test*) prueba *f*, ensayo *m*; **on t.**, a prueba; **to do sth by t. and error**, encontrar la forma de hacer algo probando diferentes posibilidades. ▪ *Sport* **t. (game)**, partido *m* de selección; *Com* **t. order**, pedido *m* de prueba; **t. run**, ensayo *m*. **3 trials**, (*competition*) concurso *m sing*. **4 trials**, (*suffering*) aflicción *f sing*, sufrimiento *m sing*; (*nuisance*) molestia *f sing*; **t. and tribulations**, tribulaciones *fpl*.

triangle ['traɪæŋgəl] *n Geom* triángulo *m*.

triangular [traɪ'æŋgjʊlə^r] *adj Geom* triangular.

tribal ['traɪbəl] *adj* tribal.

tribe [traɪb] *n* tribu *f*; *fig* multitud *f*.

tribesman ['traɪbzmən] *n* (*pl* **tribesmen**) miembro *m* de una tribu.

tribunal [traɪ'bju:nəl] *n* tribunal *m*.

tributary ['trɪbjʊtərɪ] I *n* (*river*) afluente *m*. II *adj* tributario,-a.

tribute ['trɪbju:t] *n* **1** (*payment*) tributo *m*. **2** (*mark of respect*) homenaje *m*; (*floral tributes*, (*to actress*) ramos *mpl* de flores; (*at funeral*) ramos *mpl* y coronas; **to pay t. to**, rendir homenaje a.

trice [traɪs] *n fam* **in a t.**, en un dos por tres, en un abrir y cerrar de ojos.

trick [trɪk] I *n* **1** (*ruse*) ardid *m*, artificio *m*; (*dishonest*) engaño *m*, estafa *f*; (*in question*) trampa *f*; **there's a t. in it**, hay trampa. **2** (*practical joke*) broma *f*; **dirty t.**, faena *f*, trastada *f*, mala pasada *f*; **to play a t. on sb**, gastarle una broma a algn; (*malicious*) jugar una mala pasada a algn; **you've been up to your old tricks**, ya has vuelto a hacer de las tuyas. **3** (*skill, knack*) truco *m*; **he knows all the tricks**, conoce todas las triquiñuelas; **that'll do the t.!**, ¡eso es exactamente lo que hace falta!; **the whole bag of tricks**, todo el tinglado; **to get the t. of sth**, cogerle el tranquillo a algo. **4** *Cards* baza *f*; **to take a t.**, ganar una baza. II *vtr* engañar, burlar; **to t. sb into doing sth**, engañar a algn para que haga algo; **to t. sb out of sth**, estafar algo a algn; **we've been tricked!**, ¡nos han timado!

trickery ['trɪkərɪ] *n* engaños *mpl*, trampas *fpl*; **piece of t.**, trampa *f*, superchería *f*; **they got it by t.**, lo consiguieron con trampas.

trickle ['trɪkəl] I *vi* correr, discurrir; (*water*) gotear; *fig* (*resources*) **to t. away**, consumirse poco a poco. II *n* hilo *m*, hilillo *m*. ▪ *Elec* **t. charger**, cargador *m* de régimen lento.

trickster ['trɪkstə^r] *n* (*gen*) tramposo,-a *m,f*; (*swindler*) estafador,-a *m,f*.

tricky ['trɪkɪ] *adj* (*trickier, trickiest*) (*person*) astuto,-a, tramposo,-a; (*situation, mechanism*) delicado,-a.

tricolour, *US* **tricolor** ['trɪkələ^r, traɪkʌlə^r] *n* tricolor *f*; **the T.**, la bandera tricolor.

tricycle ['traɪsɪkəl] *n* triciclo *m*.

trident ['traɪdənt] *n* tridente *m*.

tried [traɪd] *pt & pp see* **try**.

trier ['traɪə^r] *n fam* **he's a t.**, se esfuerza al máximo.

trifle ['traɪfəl] I *n* **1** (*insignificant thing*) bagatela *f*, fruslería *f*; **he's a t. optimistic**, es ligeramente optimista; **she worries over trifles**, se preocupa por tonterías. **2** *GB Culin* postre *m* (de bizcocho, jerez, gelatina, frutas y nata). II *vi* **to t. with**, tomar a la ligera; **to t. with sb's affections**, jugar con los sentimientos de algn.

trifling ['traɪflɪŋ] *adj* insignificante, trivial; **t. value**, de un valor mínimo.

trigger ['trɪgə^r] I *n* (*of gun*) gatillo *m*; (*of mechanism*) disparador *m*; *fam* **to be t.-happy**, estar siempre con el dedo en el gatillo. II *vtr* **to t. (off)**, (*reaction*) desencadenar.

trigonometry [trɪgə'nɒmɪtrɪ] *n Math* trigonometría *f*.

trill [trɪl] I *n* **1** *Mus* trino *m*. **2** *Ling* vibración *f*. **3** (*of bird*) trino *m*, gorjeo *m*. II *vi Mus* trinar. III *vtr* **1** *Mus* trinar. **2** *Ling* vibrar.

trillion ['trɪljən] *n* **1** *GB* trillón *m*. **2** *US* billón *m*.

trilogy ['trɪlədʒɪ] *n* trilogía *f*.

trim [trɪm] I *adj* (*trimmer, trimmest*) (*neat*) aseado,-a, arreglado,-a; **to have a t. figure**, tener buen tipo. II *vtr* (*pt & pp* **trimmed**) **1** (*cut*) recortar; (*hedge*) podar; *fig* (*expenses*) disminuir. **2** (*decorate*) adornar, guarnecer (**with**, de); **trimmed with lace**, adornado,-a con encajes. III *n* **1** (*state*) orden *m*, estado *m*; *Naut* asiento *m*, estiba *f*; **to be in good t.**, (*ship*) estar bien estibado,-a. **2** (*cut*) recorte *m*; **to give sth a t.**, recortar algo; **your hair needs a t.**, tienes que cortarte las puntas.

trimming ['trɪmɪŋ] *n* **1** (*cut*) recorte *m*; (*of hedge*) poda *f*; (*of wood*) desbaste *m*. **2** (*on clothes*) adorno *m*. **3** *Culin* **trimmings**, guarnición *f sing*; **dish with**

(the usual) t., plato *m* guarnecido,-a (de la manera habitual).

Trinidad ['trɪnɪdæd] *n* Trinidad. ■ **T. and Tobago,** Trinidad y Tobago.

Trinity ['trɪnɪtɪ] *n* La (Santísima) Trinidad. ■ **T. Sunday,** fiesta *f* de la Trinidad.

trinket ['trɪŋkɪt] *n* baratija *f*, abalorio *m*.

trio ['triːəʊ] *n* (*pl* **trios**) trío *m*.

trip [trɪp] I *n* 1 (*journey*) viaje *m*; (*excursion*) excursión *f*; **to go on a t.**, ir de excursión. 2 *sl* (*on drugs*) viaje *m*; **to be on a t.**, estar colocado,-a; **to have a bad t.**, reaccionar mal a una droga. II *vi* (*pt & pp* **tripped**) 1 **to t. (up)**, (*stumble*) tropezar (**over**, con); *fig* (*err*) equivocarse, cometer un error. 2 **to t. along**, ir con paso ligero. III *vtr* **to t. sb (up)**, (*make stumble*) zancadillear a algn; *fig* (*catch*) coger *or* pillar a algn.

tripe [traɪp] *n* 1 *Culin* callos *mpl*. 2 *fam* bobadas *fpl*; *fam* **it's a load of t.**, son tonterías.

triple ['trɪpəl] I *adj* triple. ■ *Mus* **t. time**, compás *m* ternario. II *vtr* triplicar. III *vi* triplicarse.

triplet ['trɪplɪt] *n* trillizo,-a *m,f*.

triplicate ['trɪplɪkɪt] I *adj* triplicado; **in t.**, por triplicado. II *n* triplicado *m*. III ['trɪplɪkeɪt] *vtr* redactar por triplicado.

tripod ['traɪpɒd] *n* trípode *m*.

Tripoli ['trɪpəlɪ] *n* Trípoli.

tripped [trɪpt] *pt & pp see* **trip**.

tripper ['trɪpə'] *n* excursionista *mf*, turista *mf*.

triptych ['trɪptɪk] *n* Art tríptico *m*.

tripwire ['trɪpwaɪə'] *n* cable *m* trampa.

trite [traɪt] *adj* (*sentiment*) banal; (*subject*) trillado,-a.

triteness ['traɪtnɪs] *n* banalidad *f*.

triumph ['traɪəmf] I *n* (*success*) triunfo *m*; (*joy*) júbilo *m*, alegría *f*. II *vi* triunfar.

triumphal [traɪ'ʌmfəl] *adj* triunfal. ■ **t. arch**, arco *m* de triunfo.

triumphant [traɪ'ʌmfənt] *adj* triunfante. ◆**triumphantly** *adv* (*gen*) triunfalmente; (*speak*) en tono triunfal.

trivia ['trɪvɪə] *npl* futilidades *fpl*, trivialidades *fpl*.

trivial ['trɪvɪəl] *adj* trivial, banal.

triviality [trɪvɪ'ælɪtɪ] *n* trivialidad *f*; **to talk of trivialities**, hablar de cosas triviales.

trod [trɒd] *pt & pp see* **tread**.

trodden ['trɒdən] *pp see* **tread**.

Trojan ['trəʊdʒən] *adj* troyano,-a. ■ **T. Horse**, caballo *m* de Troya.

trolley ['trɒlɪ] *n* GB (*for shopping, luggage*) carro *m*; (*for serving food, drinks*) carro, mesita *f* de ruedas. ■ **t. bus**, trolebús *m*; US **t. car**, tranvía *m*.

trombone [trɒm'bəʊn] *n* Mus trombón *m*.

troop [truːp] I *n* 1 (*of people*) grupo *m*. 2 Mil (*unit*) escuadrón *m* (de caballería); **troops**, tropas *fpl*. ■ **t. train**, tren *m* militar. II *vi* **to t. in/out/off**, entrar/salir/marcharse en tropel.

trooper ['truːpə'] *n* Mil soldado *m* de caballería; *fig* **to swear like a t.**, hablar como un carretero.

trooping ['truːpɪŋ] *n* GB Mil **t. the colour**, ceremonia *f* en la que se rinde honores a la bandera de un regimiento.

trophy ['trəʊfɪ] *n* trofeo *m*.

tropic ['trɒpɪk] *n* trópico *m*; **the T. of Capricorn/Cancer**, el Trópico de Capricornio/Cáncer.

tropical ['trɒpɪkəl] *adj* tropical.

trot [trɒt] I *vi* (*pt & pp* **trotted**) trotar, ir al trote; *fam* **I'll just t. round to the shop**, voy a salir un momento a la tienda. II *n* trote *m*; **to break into a t.**, empezar a trotar; **to go at a t.**, ir al trote; *fam* **they won six times on the t.**, ganaron seis veces seguidas; *fam* **keep sb on the t.**, no dejar a algn tranquilo ni un momento. ◆**trot out** *vtr* (*names, list*) recitar de memoria; (*excuses*) sacar a relucir; (*for show*) hacer alarde de.

trotter ['trɒtə'] *n* 1 (*horse*) trotón *m*. 2 Culin **trotters**, manos *fpl*; **sheep's/pig's t.**, manos de oveja/cerdo.

trouble ['trʌbəl] I *n* 1 (*affliction*) pena *f*, aflicción *f*, (*misfortune*) desgracia *f*. 2 (*problems*) problemas *mpl*, dificultades *fpl*; **he's asking for t.**, se está buscando problemas; **his troubles are over**, ya se acabaron sus problemas; **money troubles**, problemas económicos; **the t. is that ...**, lo que pasa es que .. there was t. between his wife and his mother**, entre su mujer y su madre había problemas; **to be in trouble**, estar en un lío *or* en un apuro; **to cause sb a lot of t.**, dar mucha guerra a algn; **to get into t.**, meterse en un lío; **to get sb out of t.**, sacar a algn de un apuro; **to make t.**, armar jaleo; *fam fig* **to get a girl into t.**, dejar embarazada a una chica. 3 (*effort*) esfuerzo *m*; **it's no t.**, no es ninguna molestia; **it's not worth the t.**, no merece la pena; **nothing is too much t. for him**, no escatima esfuerzos; **to take the t. to do sth**, molestarse en hacer algo. 4 Pol Ind (*unrest, conflict*) conflicto *m*; **labour troubles**, conflictos *mpl* laborales. ■ **t. spot**, lugar *m* conflictivo. 5 Med enfermedad *f*, mal *m*; **heart t.**, enfermedad cardíaca; **to have eye/liver t.**, padecer de los ojos/del hígado. 6 Aut **engine t.**, avería *f* del motor. II *vtr* 1 (*affect*) afligir, afectar; (*worry*) preocupar; **that doesn't worry him at all**, eso le tiene sin cuidado; **to be troubled, to be worried**, estar muy preocupado,-a; **to t. oneself about sth**, preocuparse por algo. 2 (*bother, disturb*) molestar, incomodar; **I'm sorry to t. you**, perdone que le moleste; **I won't t. you with the details**, no le cansaré con más detalles. III *vi* molestarse; **don't t. to write**, no se moleste en escribir.

troubled ['trʌbəld] *adj* (*agitated*) agitado,-a, inquieto,-a; (*liquid*) turbio,-a, revuelto,-a.

trouble-free ['trʌbəlfriː] *adj* sin problemas.

troublemaker ['trʌbəlmeɪkə'] *n* alborotador,-a *m,f*, provocador,-a *m,f*.

troubleshooter ['trʌbəlʃuːtə'] *n* Ind conciliador,-a *m,f*, mediador,-a *m,f*; (*mechanic*) especialista *mf* en diagnóstico de averías.

troublesome ['trʌbəlsəm] *adj* molesto,-a, fastidioso,-a, pesado,-a.

trough [trɒf] *n* 1 (*container*) (**drinking**) **t.**, abrevadero *m*; (**feeding**) **t.**, pesebre *m*; (**kneading**) **t.**, artesa *f*. 2 Phys (*of wave*) seno *m*. 3 Geog depresión *f*. 4 Meteor isobara *f* de mínima presión; (*area of low pressure*) zona *f* de baja presión, depresión *f*.

trounce [traʊns] *vtr* dar una paliza a.

trouncing ['traʊnsɪŋ] *n* paliza *f*.

troupe [truːp] *n* Theat compañía *f*.

trousers ['traʊzəz] *npl* pantalón *m sing*, pantalones *mpl*; **a pair of t.**, un par de pantalones; *fig* **who wears the t. in their house?**, ¿quién lleva los pantalones en su casa?

trousseau ['truːsəʊ] *n* ajuar *m*.

trout [traʊt] *n* (*pl* **trout** *or* **trouts**) trucha *f*. ■ **t. fishing**, pesca *f* de truchas; **t. stream**, río *m* truchero.

trowel ['travǝl] *n* **1** *(builder's)* palustre *m*; *fig* **to lay it on with a t.,** *(exaggerate)* recargar las tintas; *(flatter excessively)* dar coba. **2** *Hortic* desplantador *m*.

truancy ['tru:ǝnsɪ] *n* el hacer novillos.

truant ['tru:ǝnt] **I** *n* niño,-a *m,f* que hace novillos; **to play t.,** hacer novillos. **II** *adj (pupil)* que hace novillos.

truce [tru:s] *n* tregua *f*; **to call a t.,** acordar una tregua.

truck[1] [trʌk] *n* **1** *GB Rail* vagón *m*. **2** *Aut* camión *m*. ■ **t. driver,** camionero,-a *m,f*. **3** *(handcart)* carretilla *f*; *(in mines)* vagoneta *f*.

truck[2] [trʌk] *n* **1** *(dealings)* tratos *mpl*; **he'll have no t.** with such schemes, no quiere tener nada que ver con tales proyectos; **to have no t. with sb,** no tratar con algn. **2** *US Hortic* productos *mpl* de la huerta, verduras *fpl*. ■ **t. farmer,** hortelano,-a *m,f*; **t. farming,** cultivo *m* de productos hortenses.

trucker ['trʌkǝr] *n US* camionero,-a *m,f*.

trucking ['trʌkɪŋ] *n US* camionaje *m*.

truculence ['trʌkjʊlǝns] *n* violencia *f*, agresividad *f*, truculencia *f*.

truculent ['trʌkjʊlǝnt] *adj* truculento,-a, agresivo,-a, violento,-a.

trudge [trʌdʒ] *vi* caminar con dificultad; **we trudged up the hill,** nos costó subir la colina.

true [tru:] **I** *adj (truer, truest)* **1** *(factual)* verdadero,-a; **it's t. that ...,** es verdad *or* cierto que ...; **to come t.,** cumplirse, realizarse. **2** *(genuine)* verdadero,-a, auténtico,-a; **a t. friend,** un amigo de verdad; **a t. Spaniard,** un español auténtico. **3** *(faithful)* fiel, leal; **to be t. to one's convictions/a promise,** ser fiel a las propias convicciones/a una promesa; **to be** *or* **run t. to form,** ser fiel a sí mismo. **4** *(accurate) (aim)* acertado,-a; *(mechanism)* exacto,-a. **5** *(level)* nivelado,-a. **II** *n* **to be out of t.,** *(wall)* no estar a plomo; *(surface)* no estar a nivel; *(beam)* estar alabeado,-a; *(wheel)* estar descentrado,-a. **III** *adv (of wheel)* **to run t.,** estar bien centrado,-a. ◆**truly** *adv* **1** verdaderamente, de verdad; **I am t. grateful,** se lo agradezco de verdad; **really and t.?,** ¿de veras? **2** *(faithfully)* fielmente, lealmente; *(in letters)* **yours t.,** atentamente.

true-blue ['tru:blu:] *adj* fiel, leal.

true-life ['tru:laɪf] *adj* verdadero,-a, cierto,-a.

truffle ['trʌfǝl] *n* **1** *Bot* trufa *f*. **2** *GB Culin* (**chocolate**) **t.,** trufa *f* de chocolate.

truism ['tru:ɪzǝm] *n* truismo *m*.

trump [trʌmp] **I** *n Cards* triunfo *m*; **what's trumps?,** ¿qué pinta?; *fig* **she always turns up trumps,** siempre le favorece la suerte; *fig* **to play one's t. card,** jugar su carta maestra. **II** *vtr Cards* fallar. ◆**trump up** *vtr* **to t. up an excuse,** inventar una excusa.

trumped-up ['trʌmptʌp] *adj* inventado,-a.

trumpet ['trʌmpɪt] **I** *n Mus* trompeta *f*; **to blow one's own t.,** cantar sus propias alabanzas. **II** *vi* **1** *Mus* tocar la trompeta. **2** *(elephant)* berrear, bramar, barritar.

trumpeter ['trʌmpɪtǝr] *n Mus* trompetista *mf*, trompeta *mf*.

trumpeting ['trʌmpɪtɪŋ] *n (of elephant)* berrido *m*, bramido *m*.

truncate [trʌŋ'keɪt] *vtr* truncar.

truncheon ['trʌntʃǝn] *n GB* porra *f* (de policía).

trundle ['trʌndǝl] **I** *vtr (cart)* empujar. **II** *vi* rodar.

trunk [trʌŋk] *n* **1** *(of tree, body)* tronco *m*. **2** *(of elepant)* trompa *f*. **3** *(case)* baúl *m*. **4** *Tel* **t. call,** conferencia *f* interurbana; *Aut* **t. road,** carretera *f* principal.

trunks [trʌŋks] *npl* (**bathing**) **t.,** bañador *m sing*, traje *m sing* de baño.

truss [trʌs] **I** *vtr (tie)* atar. **II** *n* **1** *(of hay, straw)* haz *m*, lío *m*. **2** *Constr* cuchillo *m* de armadura. **3** *Med* braguero *m*. **4** *(on plant)* racimo *m*.

trust [trʌst] **I** *n* **1** *(belief, confidence)* confianza *f*; **breach of t.,** abuso *m* de confianza; **position of t.,** puesto *m* de responsabilidad; **to take sth on t.,** creer algo a ojos cerrados. **2** *Jur* fideicomiso *m*. ■ **t. deed,** acta *f* de fideicomiso. **3** *Com* **on t.,** a crédito. **4** *Fin* trust *m*. **II** *vtr* **1** *(hope)* esperar; **I t. he will come,** confío en que vendrá. **2** *(rely upon)* confiar en, fiarse de; **he's not to be trusted,** no es de fiar; **to t. sb with sth,** confiar algo a algn. **3** *Com (client)* dar crédito a. **III** *vi* confiar (**in,** de); **to t. in God,** confiar en Dios; **to t. to luck,** abandonarse al azar.

trusted ['trʌstɪd] *adj (trustworthy)* de fiar, digno,-a de confianza; *(remedy)* probado,-a.

trustee [trʌ'sti:] *n Jur* fideicomisario,-a *m,f*; *(in bankruptcy)* síndico *m*.

trusteeship [trʌ'sti:ʃɪp] *n Jur* cargo *m* de fideicomisario.

trustful ['trʌstfʊl] *adj*, **trusting** ['trʌstɪŋ] *adj* confiado,-a.

trustworthiness ['trʌstwɜ:ðɪnɪs] *n (of person)* honradez *f*, formalidad *f*; *(of information)* veracidad *f*, exactitud *f*.

trustworthy ['trʌstwɜ:ðɪ] *adj (person)* honrado,-a, de confianza; *(information)* fidedigno,-a.

trusty ['trʌstɪ] *adj (trustier, trustiest)* fiel, leal.

truth [tru:θ] *n* verdad *f*; **the honest t.,** la pura verdad; **the t. is that ...,** la verdad es que ...; **to tell the t.,** decir la verdad; *fam* **to tell sb a few home truths,** decirle a algn cuatro verdades.

truthful ['tru:θfʊl] *adj (person)* veraz; *(testimony)* verídico,-a. ◆**truthfully** *adv* sinceramente, sin mentir; **tell me t.,** dígame la verdad.

truthfulness ['tru:θfʊlnɪs] *n* veracidad *f*.

try [traɪ] **I** *vtr (pt & pp tried)* **1** *(attempt)* intentar; **to t. one's hand at (doing) sth,** intentar (hacer) algo. **2** *(test)* probar, ensayar, poner *or* someter a prueba; **to t. sb's patience,** poner a prueba la paciencia de algn. **3** *(taste)* probar; **have you tried alcohol-free beer?,** ¿has probado la cerveza sin alcohol? **4** *Jur* juzgar; **his case is being tried at the High Court,** el Tribunal Supremo está juzgando el caso. **II** *vi* intentar; **he tried his hardest to save then,** hizo todo lo posible para salvarles; **I shall t. again,** volveré a intentarlo; **to t. for sth,** intentar conseguir algo; **to t. to do sth, t. and do sth,** tratar de *or* intentar hacer algo. **III** *n* **1** *(attempt)* tentativa *f*, intento *m*; **it's worth a t.,** vale la pena intentarlo; **to have a t. at doing sth,** intentar hacer algo. **2** *Sport* ensayo *m*. ◆**try on** *vtr* **1** *(dress)* probarse. **2** *fam* **to t. it on with sb,** intentar engañar a algn. ◆**try out** *vtr* probar, ensayar; **t. it out on us first,** pruébalo primero con nosotros, a ver qué pasa.

trying ['traɪŋ] *adj (person)* molesto,-a, pesado,-a; **he's very t.,** es pesadísimo; **to have a t. time,** pasar un mal rato.

tsar [zɑ:r] *n* zar *m*.

tsarina [zɑ:'ri:nǝ] *n* zarina *f*.

tsetse fly ['tsetsɪflaɪ] *n Ent* mosca *f* tsetsé.

T-shirt ['ti:ʃɜ:t] *n* camiseta *f*.

tsp *abbr of* **teaspoonful,** cucharadita *f.*

tub [tʌb] *n* **1** *(container)* tina *f,* cuba *f.* **2** *(bath)* bañera *f.*

tuba ['tju:bə] *n Mus* tuba *f.*

tubby ['tʌbɪ] *adj (tubbier, tubbiest)* rechoncho,-a.

tube [tju:b] *n* **1** *(gen)* tubo *m; Anat* conducto *m,* trompa *f; (of bicycle)* **(inner) t.,** cámara *f* (de aire). **2** *GB fam (underground)* **the t.,** el metro.

tubeless ['tju:blɪs] *adj* sin cámara.

tuber ['tju:bəʳ] *n Bot* tubérculo *m.*

tubercle ['tju:bəkəl] *n* tubérculo *m.*

tubercular [tjʊ'bɜ:kjʊləʳ] *adj* tuberculoso,-a.

tuberculin [tjʊ'bɜ:kjʊlɪn] *n Med* tuberculina *f.*

tuberculosis [tjʊbɜ:kjʊ'ləʊsɪs] *n* tuberculosis *f.*

tuberous ['tju:bərəs] *adj Bot* tuberoso,-a.

tubing ['tju:bɪŋ] *n* tubería *f;* **(piece of) t.,** (trozo *m* de) tubo *m.*

tubular ['tju:bjʊləʳ] *adj* tubular.

tuck [tʌk] **I** *vtr* **to t. in the bedclothes,** remeter la ropa de la cama; **to t. one's shirt into one's trousers,** meter la camisa por dentro (de los pantalones); **to t. sb up in bed,** tapar a algn en la cama; **to t. sth away,** esconder algo. **II** *n* **1** *Sew* pliegue *m;* **to make** *or* **take a t. in a skirt,** poner un pliegue a una falda. **2** *GB fam (food)* golosinas *fpl.* ■ **t. shop,** tienda *f* que vende caramelos y patatas fritas (cerca de un colegio). ◆**tuck in** *vi fam* devorar; **t. in!,** ¡adentro!, ¡come! ◆**tuck into** *vtr* **to t. into a good meal,** comer a dos carrillos.

tuck-in ['tʌkɪn] *n GB fam* comilona *f.*

Tudor ['tju:dəʳ] *adj Hist* Tudor.

Tue(s) *abbr of* **Tuesday,** martes *m,* mart.

Tuesday ['tju:zdɪ] *n* martes *m; see also* Saturday.

tuft [tʌft] *n (of hair)* mechón *m; (of feathers)* copete *m; (of wool)* copo *m,* manojo *m.*

tufted ['tʌftɪd] *adj Orn* copetudo,-a.

tug [tʌg] **I** *vtr (pt & pp* **tugged)** *(pull at)* tirar de; *(haul along)* arrastrar; *Naut* remolcar. **II** *vi* **to t. at sth,** tirar de algo. **III** *n* **1** *(pull)* tirón *m,* estirón *m;* **to give a good t.,** tirar fuerte; **t. of war,** *(game)* lucha *f* de la cuerda; *fig* lucha encarnizada y prolongada. **2** *Naut* remolcador *m.*

tugboat ['tʌgbəʊt] *n* remolcador *m.*

tugged [tʌgd] *pt & pp see* tug.

tuition [tju:'ɪʃən] *n* instrucción *f,* enseñanza *f;* **private t.,** clases *fpl* particulares. ■ **t. fees,** honorarios *mpl.*

tulip ['tju:lɪp] *n Bot* tulipán *m.* ■ **t. tree,** tulipero *m* de Virginia.

tulle [tju:l] *n Tex* tul *m.*

tumble ['tʌmbəl] **I** *vi (person)* caerse; *(acrobat)* dar volteretas; *(building)* hundirse, venirse abajo; **to t. downstairs,** caer escaleras abajo; *fig* **to t. into bed,** echarse en la cama; *fig* **to t. out of a car,** bajar precipitadamente de un coche. **II** *vtr* volcar. **III** *n* **1** *(fall)* caída *f,* tumbo *m;* **to take** *or* **have a t.,** caerse. **2 t. dryer,** secadora *f.*

tumbledown ['tʌmbəldaʊn] *adj (house)* en ruinas, ruinoso,-a.

tumbler ['tʌmbləʳ] *n* vaso *m.*

tummy ['tʌmɪ] *n fam* estómago *m,* barriga *f;* **he has a t. ache,** le duele el estómago.

tumour, *US* **tumor** ['tju:məʳ] *n Med* tumor *m;* ■ **brain t.,** tumor *m* cerebral.

tumult ['tju:mʌlt] *n* tumulto *m.*

tumultuous [tju:'mʌltjʊəs] *adj* tumultuoso,-a.

tumulus ['tju:mjʊləs] *n (pl* **tumuli** ['tju:mjʊli:]) *Archeol* túmulo *m.*

tuna ['tju:nə] *n (pl* **tuna** *or* **tunas)** atún *m,* bonito *m.*

tundra ['tʌndrə] *n* tundra *f.*

tune [tju:n] **I** *n* **1** *(melody)* melodía *f;* **to play a t.,** tocar una melodía; *fig* **to call the t.,** imponer condiciones; *fig* **to change one's t.,** cambiar de tono; *fam fig* **expenses to the t. of £100,** gastos con la friolera de cien libras. **2** *Mus* tono *m;* **the piano is in/ out of t.,** el piano está afinado/desafinado; **to sing out of t.,** desafinar; *fig (harmony)* **to be in/out of t. with one's surroundings,** entonar/desentonar con el ambiente. **II** *vtr* **1** *Mus (instrument)* afinar. **2** *Aut* **to t. (up) the engine,** poner a punto *or* reglar el motor. **III** *vi Rad TV* **to t. in to a station/channel,** sintonizar una emisora/cadena. ◆**tune up** *vi (orchestra)* afinar los instrumentos.

tuneful ['tju:nfʊl] *adj* melodioso,-a, armonioso,-a.

tuneless ['tju:nlɪs] *adj* disonante, poco melodioso,-a.

tuner ['tju:nəʳ] **1** *(of pianos)* afinador,-a *m,f.* **2** *Rad TV (knob)* sintonizador *m.*

tune-up ['tju:nʌp] *n Aut (of engine)* puesta *f* a punto, reglaje *m.*

tungsten ['tʌŋstən] *n Chem* tungsteno *m.* ■ **t. steel,** acero *m* al tungsteno.

tunic ['tju:nɪk] *n* túnica *f.*

tuning ['tju:nɪŋ] *n* **1** *Mus* afinación *f.* ■ **t. fork,** diapasón *m.* **2** *Rad TV* **t. in,** sintonización *f.*

Tunis ['tju:nɪs] *n* Túnez.

Tunisia [tju:'nɪzɪə] *n* Túnez.

Tunisian [tju:'nɪzɪən] *adj & n* tunecino,-a *(m,f).*

tunnel ['tʌnəl] **I** *n* túnel *m; Min* galería *f;* **to dig a t.,** construir un túnel. **II** *vi (pt & pp* **tunnelled,** *US* **tunneled)* **to t. through a mountain,** abrir un túnel a través de una montaña.

tunnelling, *US* **tunneling** ['tʌnəlɪŋ] *n* construcción *f* de un túnel *or* de túneles.

tunny ['tʌnɪ] *n (fish)* atún *m,* bonito *m.*

tupelo ['tju:pɪləʊ] *n (pl* **tupelos)** *Bot* tupelo *m* negro.

tuppence ['tʌpəns] *n see* twopence.

Tupperware® ['tʌpəweəʳ] *n* táper *m,* recipiente *m* hermético de plástico.

turban ['tɜ:bən] *n* turbante *m.*

turbid ['tɜ:bɪd] *adj (liquid)* turbio,-a.

turbine ['tɜ:baɪn] *n* turbina *f.*

turbojet [tɜ:bəʊ'dʒet] *n Tech* turborreactor *m; Av* avión *m* a reacción.

turboprop [tɜ:bəʊ'prɒp] *n Tech* turbopropulsor *m.*

turbot ['tɜ:bət] *n (pl* **turbot** *or* **turbots)** *(fish)* rodaballo *m.*

turbulence ['tɜ:bjʊləns] *n* turbulencia *f.*

turbulent ['tɜ:bjʊlənt] *adj* turbulento,-a.

tureen [tə'ri:n] *n* sopera *f.*

turf [tɜ:f] **I** *n (pl* **turfs** *or* **turves** [tɜ:vz]) **1** *(grass)* césped *m; (peat)* turba *f.* **2** *Sport (horse racing)* **the T.,** el Turf. ■ **t. accountant,** corredor,-a *m,f* de apuestas. **II** *vtr* cubrir con césped. ◆**turf out** *vtr GB fam* **to t. sb out,** poner a algn de patitas en la calle.

Turk [tɜ:k] *n* turco,-a *m,f.*

Turkey ['tɜ:kɪ] *n* Turquía.

turkey ['tɜ:kɪ] *n (pl* **turkey** *or* **turkeys)** *Orn* pavo *m.* ■ **t. cock,** pavo *m;* **t. hen,** pava *f.*

Turkish ['tɜ:kɪʃ] **I** *adj* turco,-a. ■ **T. bath,** baño *m* turco. **II** *n (language)* turco *m.*

turmeric ['tɜ:mərɪk] *n Bot* cúrcuma *f.*

turmoil ['tɜːmɔɪl] *n* confusión *f*, alboroto *m*; **mental t.**, trastorno *m* mental; **to be in a t.**, estar alborotado,-a.

turn [tɜːn] **I** *vtr* **1** *(revolve)* girar, hacer girar; **to t. a key in a lock,** dar la vuelta a una llave. **2** *(turn over)* **to t. a garment inside out,** volver una prenda del revés; **to t. a page,** volver *or* pasar una hoja. **3** *(change direction of)* **to t. one's head/gaze,** volver la cabeza/mirada **(towards, hacia);** *fig* **success has turned his head,** el éxito se le ha subido a la cabeza; *fig* **without turning a hair,** sin inmutarse. **4** *(deflect)* desviar; **we couldn't t. him from his plan,** no pudimos convencerle de que abandonara su plan. **5** *(pass)* volver; **to t. the corner,** doblar la esquina; *fig* **he's turned forty,** ha cumplido los cuarenta (años). **6** *(change)* cambiar, transformar **(into,** en**); to t. a book into a film,** adaptar un libro al cine; **to t. a house into flats,** convertir una casa en pisos; **to t. a text into English,** traducir un texto al inglés. **7** *(on lathe)* tornear; *fig* **a well-turned sentence,** una frase elegante. **II** *vi* **1** *(revolve)* girar, dar vueltas; *fig* **everything turns on your answer,** todo depende de tu respuesta; *fig* **the talk turned on sport,** la conversación giró en torno al deporte. **2** *(change direction)* torcer, girar; *(turn round)* volverse, dar la vuelta; *fig (for help)* acudir a; *Mil* **right t.!,** ¡derecha!; **to t. to sb,** volverse hacia algn; **to t. to the left,** torcer a la izquierda; **to t. upside down,** volcarse; *fig* **I don't know which way to t.,** no sé a quién acudir; *fig* **to t. against sb,** coger *or* tomar antipatía a algn; *fig* **to t. on sb,** volverse contra algn. **3** *(become)* ponerse, volverse; **the milk has turned sour,** la leche se ha cortado; **the situation is turning nasty,** la situación se está poniendo fea; **to t. awkward,** ponerse difícil; **to t. socialist,** hacerse socialista; *fig* **everything he touches turns to gold,** convierte en oro todo lo que toca. **III** *n* **1** *(of wheel)* vuelta *f*, revolución *f*; *Culin* **meat done to a t.,** carne en su punto. **2** *(change of direction)* cambio *m* de dirección; *(in road)* curva *f*, vuelta *f*; **sudden/sharp t.,** curva brusca/cerrada; **to take a new t.,** tomar otro sesgo; **to take a t. for the better,** empezar a mejorar; *fig* **at every t.,** a cada paso. **3** *(deed, action)* **to do sb a good t.,** hacer un favor a algn. **4** *Med (fit)* ataque *m*; *fig* **you gave me quite a t.!,** ¡vaya susto que me diste! **5** *(in game, queue)* turno *m*, vez *f*; **it's your t.,** te toca a ti; **to take it in turns to do sth,** turnarse para hacer algo; **whose t. is it?,** ¿a quién le toca? **6** *Theat* número *m*; **to do a t.,** hacer un número. **7** *(form)* **t. of phrase,** giro *m*. **8** *(inclination)* **t. of mind,** disposición *f*. ◆**turn aside I** *vtr* desviar, apartar. **II** *vi* desviarse. ◆**turn away I** *vtr (person)* rechazar. **II** *vi (look aside)* volver la cabeza. ◆**turn back I** *vtr (person)* hacer retroceder; *(clock)* retrasar; *(corner of page)* doblar. **II** *vi* retroceder, volver(se) atrás. ◆**turn down** *vtr* **1** *(gas, radio, etc)* bajar. **2** *(reject)* rechazar. **3** *(fold)* doblar; **to t. down the bedclothes,** abrir la cama. ◆**turn in I** *vtr* **1** *(person)* entregar a la policía. **2** entregar; **to t. in an essay,** entregar una redacción *or* un trabajo (escrito). **II** *vi fam* acostarse. ◆**turn off I** *vtr (electricity)* desconectar; *(gas, light)* apagar; *(water)* cerrar, parar. **II** *vi* desviarse (de la carretera). ◆**turn on** *vtr (electricity)* conectar, encender; *(tap, gas)* abrir; *(machine)* poner en marcha; *fam* **it turns me on,** me chifla. ◆**turn out I** *vtr* **1** *(extinguish)* apagar, cerrar. **2** *(eject)* echar, expulsar; *(empty)* vaciar; *(room)* limpiar, arreglar; *Culin* sacar del molde. **3** *(produce)* producir, fabricar. **4** *(person)* **well turned-out,** elegante, bien vestido,-a. **5** *Mil* **to t. out the guard,** formar la guardia. **II** *vi* **1** *(attend)* asistir, aparecer; **very few people turned out for the meeting,** muy pocas personas asistieron a la reunión. **2** *(result)* salir; **it turns out that ...,** resulta que ...; **the weather has turned out fine,** el tiempo ha mejorado; **things have turned out well,** las cosas han salido bien. ◆**turn over I** *vtr* **1** *(turn upside down)* poner al revés; *(page)* dar la vuelta a; *fig* **to t. over an idea in one's mind,** darle vueltas a una idea. **2** *Com* hacer de caja; **he turns over £5,000 a week,** hace 5.000 libras a la semana de caja. **3** *(transfer)* **to t. sth over to sb,** entregar algo a algn. **II** *vi (animal, page)* volverse; **to t. (right) over,** volcarse, dar una vuelta de campana; *fig* **my stomach turned over,** se me revolvió el estómago. ◆**turn round I** *vtr* volver, dar la vuelta a. **II** *vi (rotate)* girar, dar vueltas; *(about face)* darse la vuelta, volverse; **to t. round and round,** dar muchas vueltas. ◆**turn up I** *vtr* **1** *(collar)* levantar, alzar; *(skirt)* hacer un dobladillo a; **to t. up one's shirt sleeves,** arremangarse, remangarse; **turned-up nose,** nariz *f* respingona; *fig* **to t. up one's nose at sth,** despreciar *or* desdeñar algo. **2** *Elec Rad TV* subir, poner más fuerte; **t. the radio up,** sube la radio. **3** *Cards (ace, king)* sacar. **II** *vi* **1** *(appear)* aparecer; **he turned up in Spain,** apareció en España; *fig* **something is sure to t. up,** algo pasará. **2** *(arrive)* llegar, presentarse; **he turned up too late for the meeting,** llegó demasiado tarde para la reunión. **3** *(attend)* asistir, acudir; **very few people turned up,** asistieron muy pocas personas. **4** *Cards* salir.

turncoat ['tɜːnkəʊt] *n* renegado,-a *m,f*.

turning ['tɜːnɪŋ] **I** *adj* que da vueltas, giratorio,-a. **II** *n* **1** *(turnabout)* cambio *m* de dirección. ■ *fig* **t. point,** punto *m* decisivo, momento *m* crítico. **2** *(in road)* vuelta *f*, recodo *m*; *(in town)* **take the first t. on the right,** toma la primera bocacalle a mano derecha.

turnip ['tɜːnɪp] *n Bot* nabo *m*.

turnout ['tɜːnaʊt] *n* asistencia *f*; **there was a good/ poor t.,** asistió mucha/poca gente.

turnover ['tɜːnəʊvə'] *n* **1** *Com* facturación *f*, volumen *m* de negocios; *(movement)* movimiento *m*; **quick t. of goods,** movimiento *m* rápido de mercancías. **2** *Culin* **apple t.,** empanada *f* de manzana.

turnpike ['tɜːnpaɪk] *n US* autopista *f* de peaje.

turnstile ['tɜːnstaɪl] *n* torniquete *m*.

turnstone ['tɜːnstəʊn] *n Orn* vuelvepiedras *m inv*.

turntable ['tɜːnteɪbəl] *n* **1** *Rail* placa *f or* plataforma *f* giratoria. **2** *(for record)* plato *m* giratorio.

turn-up ['tɜːnʌp] *n GB (of trousers)* vuelta *f*; *fam fig* **what a t. for the books!,** ¡vaya sorpresa!

turpentine ['tɜːpəntaɪn] *n* (esencia *f* de) trementina *f*, aguarrás *m*.

turquoise ['tɜːkwɔɪz] **I** *n (colour, stone)* turquesa *f*. **II** *adj* **t. (blue),** de color azul turquesa.

turret ['tʌrɪt] *n* **1** *Archit* torrecilla *f*. **2** *Mil (of tank)* torreta *f*.

turtle ['tɜːtəl] *n Zool* tortuga *f*; *Naut fig* **to turn t.,** zozobrar. ■ **t. soup,** consomé *m* de tortuga.

turtledove ['tɜːtəldʌv] *n Orn* tórtola *f*.

turtleneck ['tɜːtəlnek] *n* cuello *m* alto; **a t. sweater,** un jersey de cuello alto.

tusk [tʌsk] *n* colmillo *m*.

tussle ['tʌsəl] **I** *vi* pelearse, luchar. **II** *n (fight)* pelea *f*, lucha *f*; *(commotion)* follón *m*; **to have a t.,** pelearse.

tussock ['tʌsək] *n* mata *f* de hierba.

tutor ['tjuːtə^r] **I** *n Univ* tutor,-a *m,f*; **private t.**, profesor,-a *m,f* particular. **II** *vtr* **to t. sb in English**, dar clases particulares de inglés a algn.

tutorial [tjuː'tɔːrɪəl] *n Univ* (clase *f*) tutorial *f*.

tutu ['tuːtuː] *n* tutú *m*.

Tuvalu [tuːvə'luː] *n* Tuvalu.

tuxedo [tʌk'siːdəʊ] *n* (*pl* **tuxedos**) *US* smoking *m*.

TV [tiː'viː] *abbr of* **television**, televisión *f*, TV.

twaddle ['twɒdəl] *n fam* tonterías *fpl*, bobadas *fpl*; **stop talking t.!**, ¡déjate de tonterías!

twang [twæŋ] **I** *n* **1** (*of instrument*) sonido *m* vibrante. **2** (*quality*) nasal *t.*, gangueo *m*, voz *f* gangosa; **to speak with a t.**, ganguear. **II** *vtr* **to t. a guitar**, puntear una guitarra. **III** *vi Mus* (*string*) vibrar.

tweak [twiːk] *vtr* pellizcar; **to t. sb's ears**, tirar de las orejas a algn.

twee [twiː] *adj GB* cursi; **it's rather t.**, es un poco cursi.

tweed [twiːd] *n Tex* cheviot *m*.

tweet [twiːt] **I** *n* pío *m*, gorjeo *m*. **II** *vi* piar, gorjear.

tweeter ['twiːtə^r] *n* (*loudspeaker*) altavoz *m* para los sonidos agudos.

tweezers ['twiːzəz] *npl* pinzas *fpl*.

twelfth [twelfθ] **I** *adj* duodécimo,-a; **(on) the t. of March**, el doce de Marzo. ■ **T. Night**, Noche *f* de Reyes. **II** *n* **1** (*in series*) duodécimo,-a *m,f*. **2** (*fraction*) duodécimo *m*; *see also* **seventh**.

twelve [twelv] **I** *adj* doce; **t. o'clock**, las doce. **II** *n* doce *m*; *see also* **seven**.

twentieth ['twentɪθ] **I** *adj* vigésimo,-a; **(on) the t. of June**, el veinte de Junio. **II** *n* **1** (*in series*) vigésimo,-a *m,f*. **2** (*fraction*) vigésimo *m*; *see also* **seventh**.

twenty ['twentɪ] **I** *adj* veinte; **about t. people**, una veintena de personas; **the t.-first of May**, el veintiuno de mayo; **t.-one**, veintiuno; *Med* **t.-t. vision**, visión *f* normal; **t.-two**, veintidós. **II** *n* veinte *m*; **he's in his late twenties**, tiene veintimuchos años; **in the early twenties**, a principios de los años veinte; *see also* **seven**.

twerp [twɜːp] *n fam* jilipollas *mf inv*, imbécil *mf*.

twice [twaɪs] *adv* dos veces; **he's t. as old as I am**, tiene el doble de años que yo; **in England it would cost t. as much**, en Inglaterra costaría el doble; **to be t. as big as sth**, ser el doble de grande que algo; **to do sth t. (over)**, hacer algo dos veces; *fam* **he didn't have to be asked t.**, no se hizo de rogar.

twiddle ['twɪdəl] **I** *vtr* dar vueltas a, girar; **to t. one's moustache**, mesarse el bigote; **to t. one's thumbs**, estar mano sobre mano. **II** *vi* **to t. with sth**, juguetear con algo.

twig¹ [twɪg] *n* ramilla *f*, ramita *f*.

twig² [twɪg] **I** *vtr* (*pt & pp* **twigged**) *GB fam* comprender, caer en la cuenta de. **II** *vi* comprender, caer en la cuenta.

twilight ['twaɪlaɪt] *n* crepúsculo *m*; **in the t.**, a media luz.

twin [twɪn] **I** *n* gemelo,-a *m,f*, mellizo,-a *m,f*; **identical twins**, gemelos idénticos. ■ **t. beds**, camas *f* gemelas; **t. brother/sister**, hermano gemelo/hermana gemela; **t.-engined aircraft**, bimotor *m*. **II** *vtr* (*pt & pp* **twinned**) hermanar; **our town is twinned with one in Germany**, nuestra ciudad está hermanada con una alemana.

twine [twaɪn] **I** *n* bramante *m*. **II** *vtr* entretejer; **to t. sth round sth**, enrollar algo en algo. **III** *vi* **to t. round sth**, enroscarse alrededor de algo.

twinge [twɪndʒ] *n* (*of pain*) punzada *f*; *fig* **t. of conscience**, remordimiento *m*.

twinkle ['twɪŋkəl] **I** *vi* (*stars*) centellear, parpadear; (*eyes*) brillar. **II** *n* (*of stars*) centelleo *m*, parpadeo *m*; (*of eyes*) brillo *m*.

twinkling ['twɪŋklɪŋ] *n* (*of stars*) centelleo *m*, parpadeo *m*; *fig* **in the t. of an eye**, en un abrir y cerrar de ojos.

twinned [twɪnd] *pt & pp see* **twin**.

twinset ['twɪnset] *n GB* (*matching garments*) conjunto *m*.

twirl [twɜːl] **I** *vtr* **1** (*whirl*) girar rápidamente, hacer molinetes con. **2** (*twist*) **to t. one's moustache**, mesarse el bigote. **II** *vi* (*spin*) girar rápidamente; (*dancer*) piruetear. **III** *n* **1** (*movement*) giro *m* rápido; (*of dancer*) pirueta *f*. **2** (*of smoke*) voluta *f*, espiral *f*.

twist [twɪst] **I** *vtr* **1** torcer; (*sense of something*) retorcer, tergiversar; **to t. off a lid**, desenroscar una tapa; *Med* **to t. one's ankle**, torcerse el tobillo; **to t. sb's arm**, retorcerle el brazo a algn; **to t. sth round sth**, enrollar algo alrededor de algo; **to t. together**, entrelazar; *fig* **she can t. him round her little finger**, hace con él todo lo que quiere. **2** *GB fam* (*cheat*) estafar, timar. **II** *vi* (*smoke*) formar volutas; (*path*) serpentear; (*worm*) retorcerse. **III** *n* **1** (*of yarn*) torzal *m*; **t. of hair**, trenza *f*; **t. of paper**, cucurucho *m* de papel. **2** (*movement*) torsión *f*; *Med* torcedura *f*, esguince *m*; **to give sth a t.**, torcer algo; *fig* **to give a new t. to sth**, dar un nuevo enfoque a algo. **3** (*in road*) vuelta *f*, recodo *m*; **twists and turns**, vueltas y más vueltas; *fam* **to be round the t.**, estar chiflado,-a. **4** (*dance*) twist *m*.

twisted ['twɪstɪd] *adj* torcido,-a, retorcido,-a.

twister ['twɪstə^r] *n GB fam* (*person*) estafador,-a *m,f*.

twisting ['twɪstɪŋ] **I** *adj* (*road, path*) que serpentea, que da vueltas. **II** *n* torcedura *f*; *fig* (*of facts*) deformación *f*.

twit [twɪt] *n fam* jilipollas *mf inv*.

twitch [twɪtʃ] **I** *vtr* **1** dar un tirón a. **2** (*hands*) crispar; (*animal*) **to t. its ears**, mover nerviosamente las orejas. **II** *vi* crisparse; **his face twitches**, tiene un tic. **III** *n* **1** (*movement*) tirón *m*. **2** (*nervous*) tic *m* nervioso.

twitter ['twɪtə^r] **I** *vi* (*bird*) gorjear. **II** *n* (*of bird*) gorjeo *m*; *fam* **to be in a t.** *or* **all of a t.**, estar muy nervioso,-a.

twittering ['twɪtərɪŋ] *n* gorjeo *m*.

two [tuː] **I** *adj* dos *inv*; *fig* **to be in** *or* **of t. minds about sth**, estar indeciso,-a respecto a algo. **II** *n* (*pl* **twos**) dos *m inv*; **the t. of us**, **we t.**, nosotros dos; *fig* **he and his brother are t. of a kind**, él y su hermano son tal para cual; *fig* **to put t. and t. together**, atar *or* juntar cabos; *see also* **seven**.

two-edged ['tuːedʒd] *adj* de doble filo.

two-faced ['tuːfeɪst] *adj* hipócrita.

two-legged ['tuːlegɪd] *adj* bípedo,-a.

two-party ['tuːpɑːtɪ] *adj Pol* bipartidario,-a.

twopence ['tʌpəns] *n GB* dos peniques; *fig* **I don't care t.**, (no) me importa un bledo.

two-piece ['tuːpiːs] **I** *adj* de dos piezas. **II** *n* (*suit*) traje *m* de dos piezas.

two-ply ['tuːplaɪ] *adj* (*wool*) de dos hilos.

two-seater ['tuːsiːtə^r] *adj & n Aut* biplaza (*f*).

twosome ['tuːsəm] *n* pareja *f*; **we went in a t.**, fuimos los dos juntos.

two-storey ['tuːstɔːrɪ] *adj* de dos pisos.

two-stroke ['tu:strəʊk] *adj (engine)* de dos tiempos. ▪ **t. mixture,** carburante *m* para un motor de dos tiempos.

two-time ['tu:taɪm] *vtr fam* engañar en el amor.

two-tone ['tu:təʊn] *adj* de dos colores.

two-way ['tu:weɪ] *adj* 1 *(street)* de dos direcciones. **2** *Rad* **t. radio,** aparato *m* emisor y receptor; *Elec* **t. switch,** conmutador *m* bidireccional.

two-wheeler ['tu:wi:lə'] *n fam* bicicleta *f*.

tycoon [taɪ'ku:n] *n* magnate *m*.

type [taɪp] **I** *n* 1 *(kind)* tipo *m*, clase *f*; *(brand)* marca *f*; *(of car)* modelo *m*; **Gruyère-t. cheese,** queso *m* tipo Gruyère; **he's a nasty t.,** es un tipo antipático; **she's not my t.,** no es mi tipo; **what t. of person is she?,** ¿qué clase de persona cs? **2** *Typ* carácter *m*, tipo *m*; *(print)* caracteres *mpl*, tipos *mpl*; **in bold t.,** en negrita; **in large/small t.,** en caracteres grandes/pequeños. **II** *vtr* escribir a máquina, mecanografiar; **to t. out a piece of work,** pasar un trabajo a máquina. **III** *vi* escribir a máquina.

typecast ['taɪpkɑ:st] *vtr (pt & pp typecast)* encasillar.

typescript ['taɪpskrɪpt] *n* texto *m* escrito a máquina *or* mecanografiado.

typeset ['taɪpset] *vtr (pt & pp typeset)* Print componer.

typesetter ['taɪpsetə'] *n Print* 1 *(person)* cajista *mf*. **2** *(machine)* máquina *f* para componer tipos.

typewriter ['taɪpraɪtə'] *n* máquina *f* de escribir.

typewritten ['taɪprɪtən] *adj* escrito,-a a máquina, mecanografiado,-a.

typhoid ['taɪfɔɪd] *n Med* **t. (fever),** fiebre *f* tifoidea.

typhoon [taɪ'fu:n] *n* tifón *m*.

typhus ['taɪfəs] *n Med* tifus *m*.

typical ['tɪpɪkəl] *adj* típico,-a; **that's t. of him,** es muy típico de él.

typify ['tɪpɪfaɪ] *vtr (pt & pp typified)* tipificar, ser característico,-a de.

typing ['taɪpɪŋ] *n* mecanografía *f*. ▪ **t. paper,** papel *m* para escribir a máquina.

typist ['taɪpɪst] *n* mecanógrafo,-a *m,f*.

typography [taɪ'pɒgrəfɪ] *n* tipografía *f*.

tyrannical [tɪ'rænɪkəl] *adj* tiránico,-a.

tyrannize ['tɪrənaɪz] *vtr* tiranizar.

tyrannous ['tɪrənəs] *adj see* **tyrannical**.

tyranny ['tɪrənɪ] *n* tiranía *f*.

tyrant ['taɪrənt] *n* tirano,-a *m,f*.

tyre [taɪə'] *n* neumático *m*. ▪ **t. pressure,** presión *f* de los neumáticos.

tyro ['taɪrəʊ] *n (pl tyros)* aprendiz,-a *m,f*, principiante *mf*.

Tyrol [tɪ'rəʊl] *n* Tirol.

Tyrolean [tɪrə'lɪən] *adj & n* tirolés,-esa *(m,f)*.

Tyrrhenian Sea [tɪri:nɪən'si:] *n* **the T. S.,** el Mar Tirreno.

U

U, u [ju:] *n (the letter)* U, u *f*.

UAE [ju:eɪ'i:] *abbr of* **United Arab Emirates,** Emiratos *mpl* Arabes Unidos, EAU *mpl*.

ubiquity [ju:'bɪkwɪtɪ] *n (gen)* ubicuidad *f*; *(of God)* omnipresencia *f*.

udder ['ʌdə'] *n* ubre *f*.

UDR [ju:di:'ɑ:'] *abbr of* **Ulster Defence Regiment.**

UEFA [ju:'eɪfə, ju:'i:fə] *Sport abbr of* **Union of European Football Associations,** Unión *f* de Asociaciones Europeas de Fútbol, UEFA *f*.

UFO, ufo ['ju:ef'əʊ, 'ju:fəʊ] *(pl UFOs, ufos) abbr of* **unidentified flying object,** objeto *m* volador no identificado, OVNI *m*, ovni *m*.

Uganda [ju:'gændə] *n* Uganda.

Ugandan [ju:'gændən] *adj & n* ugandés,-esa *(m,f)*.

ugh [ʊx, ʊh, ʌh] *interj* ¡uf!, ¡puf!

ugliness ['ʌglɪnɪs] *n* fealdad *f*.

ugly ['ʌglɪ] *adj (uglier, ugliest) (gen)* feo,-a; *(incident, situation)* desagradable; **as u. as sin,** más feo que un pecado; **to grow u.,** afearse; **to have an u. temper,** tener mal genio; *fig* **u. duckling,** patito feo.

UHF [ju:eɪtʃ'ef] *Rad TV abbr of* **ultra high frequency,** frecuencia *f* ultraalta, UHF *f*.

UK [ju:'keɪ] *abbr of* **United Kingdom,** Reino *m* Unido, R.U. *m*.

Ukraine [ju:'kreɪn] *n* **the U.,** Ucrania.

Ukranian [ju:'kreɪnɪən] **I** *adj* ucraniano,-a, ucranio,-a. **II** *n* 1 *(people)* ucraniano,-a *(m,f)*. **2** *(language)* ucranio *m*.

ulcer ['ʌlsə'] *n (outer)* llaga *f*; *(inner)* úlcera *f*. ▪ **stomach u.,** úlcera *f* de estómago.

ulcerate ['ʌlsəreɪt] **I** *vtr* ulcerar. **II** *vi* ulcerarse.

ulterior [ʌl'tɪərɪə'] *adj* 1 *(hidden)* oculto,-a. **2** *(further)* ulterior.

ultimate ['ʌltɪmɪt] **I** *adj* 1 *(final)* último,-a; *(of aim)* final; *(of decision)* definitivo,-a. **2** *(basic)* esencial, fundamental. **II the u.** *n* el no va más. ◆**ultimately** *adv* 1 *(finally)* finalmente. **2** *(basically)* en el fondo.

ultimatum [ʌltɪ'meɪtəm] *n (pl ultimatums or ultimata* [ʌltɪ'meɪtə]*)* ultimátum *m*.

ultra- ['ʌltrə] *pref* ultra-.

ultrafashionable [ʌltrə'fæʃənəbəl] *adj* a la última moda, muy de moda.

ultramarine [ʌltrəmə'ri:n] **I** *n* azul *m* ultramarino *or* de ultramar. **II** *adj (from overseas)* ultramarino,-a.

ultrasound [ʌltrə'saʊnd] *n* ultrasonido *m*.

ultraviolet [ʌltrə'vaɪəlɪt] *adj* ultravioleta.

umbilical [ʌm'bɪlɪkəl, ʌmbɪ'laɪkəl] *adj* umbilical; **u. cord,** cordón umbilical.

umbrage ['ʌmbrɪdʒ] *n* resentimiento *m*; **to take u. at sth,** sentirse ofendido,-a por algo.

umbrella [ʌm'brelə] *n* 1 *(device)* paraguas *m inv*. ▪ **beach u.,** quitasol *m*, parasol *m*, sombrilla *f*; **u. stand,** paragüero *m*. **2** *Av Mil* cobertura *f* aérea. **3** *fig (protection)* manto *m*, protección *f*; *(patronage)* patrocinio *m*. ▪ **u. organization,** organismo *m* madre.

umpire ['ʌmpaɪə^r] I *n* árbitro *m*. II *vtr* arbitrar.

umpteen [ʌmp'tiːn] *adj fam* muchísimos,-as, la tira de; **u. guests,** un montón de invitados.

umpteenth [ʌmp'tiːnθ] *adj* enésimo,-a.

UN [juː'en] *abbr of* **United Nations (Organization),** (Organización *f* de las) Naciones *fpl* Unidas, ONU *f sing*.

un- [ʌn] *pref* in-, des-, poco ..., sin ...; **unadvisable,** desaconsejable, poco aconsejable; **unanswered,** sin contestar.

'un [ʌn] *pron fam* **he's a bad 'un,** es un tipo de mucho cuidado; **the little 'uns,** los chiquitines, los peques.

unabashed [ʌnə'bæʃt] *adj* 1 *(unperturbed)* inmutable, imperturbable. 2 *(shameless)* desvergonzado,-a, descarado,-a.

unable [ʌn'eɪbəl] *adj* incapaz; **I'm u. to attend the meeting,** me es imposible asistir a la reunión; **to be u. to do sth/anything,** no poder hacer algo/nada.

unabridged [ʌnə'brɪdʒd] *adj* íntegro,-a; **u. edition,** edición íntegra.

unacceptable [ʌnək'septəbəl] *adj* inaceptable.

unaccommodating [ʌnə'kɒmədeɪtɪŋ] *adj* *(person)* poco sociable.

unaccompanied [ʌnə'kʌmpənɪd] *adj* 1 *(person)* solo,-a, sin compañía. 2 *Mus* sin acompañamiento.

unaccomplished [ʌnə'kʌmplɪʃt] *adj* 1 *(unfinished)* incompleto,-a, sin acabar. 2 *(mediocre)* mediocre.

unaccountable [ʌnə'kauntəbəl] *adj* inexplicable.

unaccounted-for [ʌnə'kauntɪdfɔː^r] *adj* **to be u.-f.,** faltar; **five passengers are still u.-f.,** se desconoce aún el paradero de cinco pasajeros.

unaccustomed [ʌnə'kʌstəmd] *adj* desacostumbrado,-a **(to,** a); **he's u. to this climate,** no está muy acostumbrado a este clima.

unacquainted [ʌnə'kweɪntɪd] *adj* **to be u. with,** no conocer, ignorar; **I'm u. with Shaw's plays,** no conozco las obras de Shaw.

unadventurous [ʌnəd'ventʃərəs] *adj* poco atrevido,-a *or* arriesgado,-a.

unadvisable [ʌnəd'vaɪzəbəl] *adj* desaconsejable, poco aconsejable.

unaffected [ʌnə'fektɪd] *adj* 1 *(unchanged)* no afectado,-a **(by,** por). 2 *(indifferent)* indiferente **(by,** a); **u. by his insults,** inmutable ante sus insultos. 3 *(natural) (person)* natural, afable, campechano,-a; *(style)* llano,-a, sin afectación.

unafraid [ʌnə'freɪd] *adj* sin miedo **(of,** a); **to be u. of sb/sth,** no tenerle miedo a algn/algo.

unaided [ʌn'eɪdɪd] *adj* sin ayuda, solo,-a.

unalterable [ʌn'ɔːltərəbəl] *adj* inalterable.

unambiguous [ʌnæm'bɪgjuəs] *adj* inequívoco,-a.

unambitious [ʌnæm'bɪʃəs] *adj* 1 *(person)* poco ambicioso,-a, sin ambición. 2 *(idea, project)* poco ambicioso,-a, de corto alcance.

unanimous [juː'nænɪməs] *adj* unánime.

unannounced [ʌnə'naunst] *adj* sin avisar; **she came in u.,** *(without knocking)* entró sin llamar; *(without announcement)* entró sin ser anunciada.

unanswerable [ʌn'ɑːnsərəbəl] *adj* 1 *(argument etc)* irrefutable. 2 *(question)* sin respuesta (posible), que no tiene respuesta.

unanswered [ʌn'ɑːnsəd] *adj* sin contestar.

unappreciated [ʌnə'priːʃɪeɪtɪd] *adj* poco apreciado,-a *or* valorado,-a.

unappreciative [ʌnə'priːʃɪətɪv] *adj* desagradecido,-a; **to be u. of,** no apreciar, no valorar.

unapproachable [ʌnə'prəutʃəbəl] *adj* inabordable, inaccesible.

unarmed [ʌn'ɑːmd] *adj* desarmado,-a; **u. combat,** lucha a cuerpo limpio.

unashamed [ʌnə'ʃeɪmd] *adj* desvergonzado,-a, descarado,-a.

unasked [ʌn'ɑːskt] *adv* 1 **u. (for),** *(unrequested)* no solicitado,-a; *(spontaneous)* espontáneo,-a. 2 *(not invited)* sin ser invitado,-a; **she often helps quite u.,** muchas veces ayuda sin que se lo pidan.

unassuming [ʌnə'sjuːmɪŋ] *adj* modesto,-a, sin pretensiones.

unattached [ʌnə'tætʃt] *adj* 1 *(independent)* libre, independiente; *(loose)* suelto,-a. 2 *(not engaged or married)* soltero,-a y sin compromiso. 3 *Jur (of property etc)* no embargado,-a.

unattainable [ʌnə'teɪnəbəl] *adj* inalcanzable.

unattended [ʌnə'tendɪd] *adj* 1 *(not looked after) (counter, desk)* desatendido,-a; **to leave a child u.,** dejar a un niño sin nadie que le vigile. 2 *(alone)* solo,-a.

unattractive [ʌnə'træktɪv] *adj* poco atractivo,-a, feo,-a.

unauthorized [ʌn'ɔːθəraɪzd] *adj* 1 *(person)* no autorizado,-a; **'no entry to u. persons',** 'prohibido el paso a toda persona ajena a la empresa *or* a la obra'. 2 *(trade etc)* ilícito,-a, ilegal.

unavailable [ʌnə'veɪləbəl] *adj* no disponible; **Mr X is u. today,** el Sr. X no le puede atender hoy; **that brand is u. in supermarkets,** esa marca no se vende en los supermercados.

unavoidable [ʌnə'vɔɪdəbəl] *adj* *(gen)* inevitable; *(accident)* fortuito,-a.

unaware [ʌnə'weə^r] *adj* ignorante, inconsciente **(of,** de); **to be u. of danger,** ser inconsciente del peligro; **to be u. of sth,** ignorar algo.

unawares [ʌnə'weəz] *adv* 1 *(unexpectedly)* desprevenido,-a; **he caught me u.,** me cogió desprevenido. 2 *(without knowing)* inconscientemente, sin darse cuenta; **she dropped it u.,** se le cayó sin darse cuenta.

unbalanced [ʌn'bælənst] *adj* desequilibrado,-a.

unbearable [ʌn'beərəbəl] *adj* insoportable, inaguantable, intolerable.

unbeatable [ʌn'biːtəbəl] *adj* *(team)* invencible, sin rival; *(price, quality)* inmejorable, inigualable.

unbecoming [ʌnbɪ'kʌmɪŋ] *adj* 1 *(unsuitable)* poco apropiado,-a, impropio,-a **(de,** of); **u. of a gentleman,** impropio de un caballero. 2 *(unflattering)* poco favorecedor,-a.

unbelievable [ʌnbɪ'liːvəbəl] *adj* increíble.

unbend [ʌn'bend] I *vtr* (*pt & pp* **unbent** [ʌn'bent]) *fig* hacerse más amable. II *vi fam fig* relajarse.

unbia(s)sed [ʌn'baɪəst] *adj* imparcial.

unblinking [ʌn'blɪŋkɪŋ] *adj* sin pestañear; *fig* imperturbable.

unborn [ʌn'bɔːn] *adj* sin nacer, aún no nacido,-a, nonato,-a.

unbounded [ʌn'baundɪd] *adj* ilimitado,-a; *fig* desmedido,-a.

unbreakable [ʌn'breɪkəbəl] *adj* irrompible; *fig* inquebrantable.

unbridled [ʌn'braɪdəld] *adj fig* desenfrenado,-a.

unbroken [ʌn'brəukən] *adj* 1 *(whole)* intacto,-a, sin romper. 2 *(uninterrupted)* ininterrumpido,-a, continuo,-a; **six hours of u. sleep,** seis horas de sueño continuo. **3** *(untamed)* sin domar. **4** *(record)* sin batir *or* igualar.

unburden [ʌn'bɜːdən] *vtr* descargar; *fig* **to u. one's heart to sb,** desahogarse con algn, confiarse a algn.

unbusinesslike [ʌn'bɪznɪslaɪk] *adj (lacking in method)* poco metódico,-a, desorganizado,-a; *(informal)* informal.

unbutton [ʌn'bʌtən] *vtr* **1** *(undo)* desabrochar. **2** *fam* **to u. oneself,** relajarse.

uncalled-for [ʌn'kɔːldfɔːʳ] *adj* **1** *(inappropriate)* inapropiado,-a, insensato,-a, fuera de lugar. **2** *(unjustified)* inmerecido,-a, injustificado,-a. **2** *(unnecessary)* innecesario,-a, superfluo,-a.

uncanny [ʌn'kænɪ] *adj* misterioso,-a, extraño,-a.

uncaring [ʌn'keərɪŋ] *adj* indiferente.

unceasing [ʌn'siːsɪŋ] *adj* incesante, continuo,-a.

uncertain [ʌn'sɜːtən] *adj* **1** *(not certain)* incierto,-a; *(doubtful)* dudoso,-a; *(unspecified)* indeterminado,-a; **I'm still u. (as to) whether or not she is coming,** aún no sé con toda seguridad si viene ella o no; **in no u. terms,** claramente, sin rodeos. **2** *(not reliable)* inseguro,-a. **3** *(changeable) (weather etc)* variable. **4** *(hesitant)* indeciso,-a.

uncertainty [ʌn'sɜːtəntɪ] *n* incertidumbre *f*, duda *f*.

unchallenged [ʌn'tʃælɪndʒd] *adj (right etc)* indiscutido,-a, incontestado,-a.

unchangeable [ʌn'tʃeɪndʒəbəl] *adj* inmutable, inalterable.

unchanged [ʌn'tʃeɪndʒd] *adj* igual, sin alteración; **it has remained u.,** ha quedado igual.

unchecked [ʌn'tʃekt] *adj* **1** *(not restrained)* desenfrenado,-a; **u. advance,** avance sin obstáculos. **2** *(not examined)* no comprobado,-a, sin comprobar.

uncivil [ʌn'sɪvəl] *adj (impolite)* descortés.

uncivilized [ʌn'sɪvɪlaɪzd] *adj (tribe)* incivilizado,-a, salvaje; *(not cultured)* inculto,-a; *fig* **u. hour,** hora intempestiva.

unclaimed [ʌn'kleɪmd] *adj* sin reclamar.

uncle ['ʌŋkəl] *n* tío *m*. ■ *fam* **U. Sam,** el Tío Sam.

unclean [ʌn'kliːn] *adj* sucio,-a; *Rel* impuro,-a.

unclear [ʌn'klɪəʳ] *adj* poco claro,-a, confuso,-a.

uncoil [ʌn'kɔɪl] **I** *vtr* desenrollar. **II** *vi* desenrollarse.

uncombed [ʌn'kəʊmd] *adj (hair)* despeinado,-a.

uncomfortable [ʌn'kʌmftəbəl] *adj* **1** *(physically)* incómodo,-a, poco confortable. **2** *(awkward)* incómodo,-a, molesto,-a; **to feel u.,** no estar a gusto, sentirse incómodo,-a. **3** *(unpleasant)* desagradable; **to make things u. for sb,** complicarle la vida a algn.

uncommitted [ʌnkə'mɪtɪd] *adj* no comprometido,-a.

uncommon [ʌn'kɒmən] *adj* **1** *(rare)* poco común *or* corriente, insólito,-a; *(unusual)* extraordinario,-a. **2** *(excessive)* excesivo,-a, desmesurado,-a. ◆**uncommonly** *adv* extraordinariamente; **not u.,** con cierta frecuencia.

uncommunicative [ʌnkə'mjuːnɪkətɪv] *adj* poco comunicativo,-a, reservado,-a, cerrado,-a.

uncompromising [ʌn'kɒmprəmaɪzɪŋ] *adj* intransigente, inflexible; **u. honesty,** sinceridad absoluta.

unconcealed [ʌnkən'siːld] *adj* no dismulado,-a, evidente.

unconcerned [ʌnkən'sɜːnd] *adj* indiferente (**about,** a).

unconditional [ʌnkən'dɪʃənəl] *adj* incondicional; **u. refusal,** negativa rotunda.

unconditioned [ʌnkən'dɪʃənd] *adj* **1** *Psych* no condicionado,-a; **u. reflex,** reflejo espontáneo. **2** *(unconditional)* incondicional.

unconfirmed [ʌnkən'fɜːmd] *adj* no confirmado,-a, sin confirmar.

uncongenial [ʌnkən'dʒiːnɪəl] *adj (person)* antipático,-a; *(work)* desagradable.

unconnected [ʌnkə'nektɪd] *adj* no relacionado,-a; **the two events are quite u.,** los dos sucesos no guardan relación entre sí.

unconscionable [ʌn'kɒnʃənəbəl] *adj* **1** *(unscrupulous)* sin escrúpulos. **2** *(excessive)* excesivo,-a, desmesurado,-a.

unconscious [ʌn'kɒnʃəs] **I** *adj* **1** *Med* inconsciente; **she was u. for two hours,** estuvo dos horas sin conocimiento; **to become u.,** perder el conocimiento. **2** *(unaware)* inconsciente (**of,** de). **3** *(unintentional)* involuntario,-a. **II the u.** *n Psych* el inconsciente.

unconsciousness [ʌn'kɒnʃəsnɪs] *n Med* pérdida *f* del conocimiento, inconsciencia *f*.

unconsidered [ʌnkən'sɪdəd] *adj (rash)* irreflexivo,-a.

unconstitutional [ʌnkɒnstɪ'tjuːʃənəl] *adj* anticonstitucional, inconstitucional.

uncontested [ʌnkən'testɪd] *adj* incontestado,-a. ■ *Pol* **u. seat,** escaño *m* ganado sin oposición.

uncontrollable [ʌnkən'trəʊləbəl] *adj (gen)* incontrolable; *(people)* ingobernable; *(desire)* irresistible; **u. laughter,** ataque de risa.

unconventional [ʌnkən'venʃənəl] *adj* poco convencional, original.

unconvinced [ʌnkən'vɪnst] *adj* poco convencido,-a, escéptico,-a.

uncooperative [ʌnkəʊ'ɒpərətɪv] *adj* poco cooperativo,-a.

uncoordinated [ʌnkəʊ'ɔːdɪneɪtɪd] *adj* no coordinado,-a, sin coordinar.

uncork [ʌn'kɔːk] *vtr* descorchar; *fig* soltar, dar rienda suelta a.

uncorrected [ʌnkə'rektɪd] *adj* sin corregir.

uncouple [ʌn'kʌpəl] *vtr* Rail desenganchar, desacoplar, desconectar.

uncouth [ʌn'kuːθ] *adj (rude)* grosero,-a; *(rough)* tosco,-a.

uncover [ʌn'kʌvəʳ] *vtr* **1** destapar. **2** *fig (plot etc)* revelar, descubrir.

uncovered [ʌn'kʌvəd] *adj* **1** destapado,-a, al descubierto. **2** *Fin* **u. cheque,** cheque *m* sin fondos.

uncrossed [ʌn'krɒst] *adj* GB *(cheque)* sin barrar *or* cruzar.

unction ['ʌŋkʃən] *n* **1** *Rel* unción *f*; **extreme u.,** extremaunción *f*. **2** *(suavity)* zalamería *f*, fervor *m* fingido. **3** *(ointment)* ungüento *m*.

uncultivated [ʌn'kʌltɪveɪtɪd] *adj* **1** *(person)* inculto,-a. **2** *Agr (land)* sin cultivar, baldío,-a, yermo,-a.

uncurbed [ʌn'kɜːbd] *adj (unchecked)* desenfrenado,-a.

uncut [ʌn'kʌt] *adj* **1** *(of grass etc)* sin cortar; *Print (of book)* intonso,-a. **2** *(of gemstone)* sin tallar.

undamaged [ʌn'dæmɪdʒd] *adj* **1** *(article etc)* sin desperfectos, en buen estado; *(person)* indemne, ileso,-a. **2** *fig (reputation etc)* intacto,-a.

undated [ʌn'deɪtɪd] *adj* sin fecha.

undaunted [ʌn'dɔːntɪd] *adj* firme, impávido,-a **(by,** ante); **to be u. in one's resolve,** ser firme en sus propósitos.

undeceive [ʌndɪ'siːv] *vtr fml* desengañar.

undecided [ʌndɪ'saɪdɪd] *adj* 1 *(person)* indeciso,-a; **he is u. whether to go**, no sabe si ir o no. 2 *(issue)* pendiente; **that's still u.**, eso está aún por decidir.

undecipherable [ʌndɪ'saɪfərəbəl] *adj* indescifrable.

undefeated [ʌndɪ'fiːtɪd] *adj* invicto,-a.

undefended [ʌndɪ'fendɪd] *adj* indefenso,-a; *Jur* **u. suit**, pleito *m* sin defensa.

undefined [ʌndɪ'faɪnd] *adj* indefinido,-a, indeterminado,-a.

undelivered [ʌndɪ'lɪvəd] *adj* sin entregar; **if u. please return to sender**, en caso de ausencia devuélvase al remitente; **u. letter**, carta devuelta.

undeniable [ʌndɪ'naɪəbəl] *adj* innegable, irrefutable.

under ['ʌndə'] I *prep* 1 *(below, beneath)* debajo de, bajo; **u. the table**, debajo de la mesa; **from u.**, de debajo de; **u. the sun**, bajo el sol. 2 *(less than)* menos de; **he ran a mile in u. four minutes**, corrió una milla en menos de cuatro minutos; **incomes u. £1,000**, ingresos inferiores a 1.000 libras; **u. age**, menor de edad. 3 *Mil (lower than)* de rango inferior a; **no one u. a captain**, nadie de rango inferior a capitán. 4 *(in the power of)* bajo; **u. Caesar**, bajo César; **u. the doctor**, en manos del médico. 5 *(subject to, in)* bajo; **u. arrest**, bajo arresto, detenido,-a; **u. cover**, a cubierto; **u. lock and key**, bajo llave; **u. obligation to**, en la obligación de; **u. repair**, en reparación; **u. the circumstances**, dadas las circunstancias; *fig* **I was u. the impression that …**, tenía la impresión de que … . 6 *(according to)* según, conforme a; **u. his father's will**, según el testamento de su padre; **u. the terms of the contract**, según los términos del contrato. 7 *(known by)* bajo; **he worked there u. a false name**, trabajó allí bajo un nombre falso. 8 *Astrol* bajo; **born u. Aries**, nacido bajo el signo de Aries. II *adv* abajo, debajo; **to go u.**, ir a pique; *fam* **down u.**, a *or* en Australia; *fam* **he's one degree u. today**, hoy no anda muy fino.

under- ['ʌndə'] *pref (below)* sub-, infra-; *(insufficiently)* insuficientemente.

underarm ['ʌndərɑːm] I *adj* 1 *Sport (throw)* por debajo del hombro. 2 *(below the arm)* axilar; **u. deodorant**, desodorante para las axilas. II *adv Sport* por debajo del hombro; *Cricket* **to bowl u.**, lanzar la pelota por debajo.

undercarriage [ʌndə'kærɪdʒ] *n Av* tren *m* de aterrizaje.

undercharge [ʌndə'tʃɑːdʒ] *vtr* cobrar menos de lo debido.

underclothes ['ʌndəkləʊðz] *npl*, **underclothing** ['ʌndəkləʊðɪŋ] *n* ropa *f sing* interior.

undercoat ['ʌndəkəʊt] *n (of paint)* primera mano *f*.

undercover [ʌndə'kʌvə'] I *adj* secreto,-a, clandestino,-a. II *adv* en la clandestinidad; **to go u.**, pasar a la clandestinidad.

undercurrent ['ʌndəkʌrənt] *n* 1 *(in sea)* corriente *f* submarina. 2 *fig* tendencia *f* oculta.

undercut [ʌndə'kʌt] I *vtr (pt & pp* **undercut)** *Com (competitor)* vender más barato que. II ['ʌndəkʌt] *n Culin* filete *m* de solomillo.

underdeveloped [ʌndədɪ'veləpt] *adj* 1 subdesarrollado,-a. 2 *Phot* insuficientemente revelado,-a.

underdevelopment [ʌndədɪ'veləpmənt] *n* subdesarrollo *m*.

underdog ['ʌndədɒg] *n* desvalido,-a *m,f*, perdedor,-a *m,f*.

underestimate [ʌndər'estɪmeɪt] I *vtr* subestimar, infravalorar. II [ʌndər'estɪmɪt] *n* infravaloración *f*, menosprecio *m*.

underexposure [ʌndərɪk'spəʊʒə'] *n Phot* subexposición *f*.

underfed [ʌndə'fed] *adj* subalimentado,-a, desnutrido,-a.

underfoot [ʌndə'fʊt] *adv* debajo de los pies, en el suelo; **to trample sth u.**, pisotear algo.

undergo [ʌndə'gəʊ] *vtr (pt* **underwent;** *pp* **undergone** [ʌndə'gɒn]*) (gen)* experimentar; *(change)* sufrir; *(test etc)* pasar por; **to u. an operation**, someterse a una intervención quirúrgica.

undergraduate [ʌndə'grædjʊɪt] *n* estudiante *mf* universitario,-a.

underground ['ʌndəgraʊnd] I *adj* subterráneo,-a; *fig* clandestino,-a; *fig Cin Mus* underground; **the u. press**, la prensa clandestina. II [ʌndə'graʊnd] *adv* bajo tierra; *fig* clandestinamente; *fig* **to go u.**, pasar a la clandestinidad; *fig* **we had to work u.**, tuvimos que trabajar en la clandestinidad. III ['ʌndəgraʊnd] *n* 1 *(area, region)* subterráneo *m*. 2 *Pol (gen)* movimiento *m* clandestino; *(during World War II)* resistencia *f*. 3 *(transport)* **the u.**, el metro, *SAm* el subterráneo.

undergrowth ['ʌndəgraʊθ] maleza *f*.

underhand ['ʌndəhænd] I *adj (method)* ilícito,-a, poco limpio,-a; *(person)* solapado,-a, ladino,-a; **u. affair**, asunto turbio. II *adv* bajo cuerda, ilícitamente.

underline [ʌndə'laɪn] *vtr* subrayar.

underling ['ʌndəlɪŋ] *n pej* mandado,-a *m,f*, subordinado,-a *m,f*.

underlying [ʌndə'laɪŋ] *adj* 1 *(concealed)* subyacente. 2 *(basic)* esencial, fundamental.

undermanned [ʌndə'mænd] *adj* escaso,-a de personal; *Naut* con una tripulación insuficiente.

undermentioned ['ʌndəmenʃənd] *adj* abajo citado,-a *or* mencionado,-a.

undermine [ʌndə'maɪn] *vtr* socavar, minar.

underneath [ʌndə'niːθ] I *prep* debajo de, bajo. II *adv* abajo, debajo. III *adj* de abajo, inferior. IV *n* parte *f* inferior, fondo *m*.

undernourished [ʌndə'nʌrɪʃt] *adj* desnutrido,-a, subalimentado,-a.

underpaid [ʌndə'peɪd] *adj* mal pagado,-a; **we're u. and overworked**, nos pagan mal y encima nos matan a trabajar.

underpass ['ʌndəpɑːs] *n* paso *m* subterráneo.

underprivileged [ʌndə'prɪvɪlɪdʒd] I *adj* desvalido,-a, marginado,-a. II **the u.** *npl* los desvalidos.

underrate [ʌndə'reɪt] *vtr see* undervalue.

undersell [ʌndə'sel] *vtr (pt & pp* **undersold)** 1 *(sell at low price)* malvender. 2 *(undercut)* vender a menor precio que.

undershirt ['ʌndəʃɜːt] *n US* camiseta *f*.

undersigned ['ʌndəsaɪnd] *adj & n* abajo firmante *(mf)*.

undersized [ʌndə'saɪzd] *adj (thing)* demasiado pequeño,-a, diminuto,-a; *(person)* diminuto,-a.

underskirt ['ʌndəskɜːt] *n* 1 *(petticoat)* enaguas *fpl*; *(modern use)* combinación *f*. 2 *(lining)* forro *m*.

undersold [ʌndə'səʊld] *pt & pp see* undersell.

understaffed [ʌndə'stæft] *adj* falto,-a de personal.

understand [ʌndə'stænd] *vtr & vi (pt & pp understood)* **1** *(comprehend)* entender, comprender; **I can't u. it**, no logro entenderlo; **I u. French perfectly**, entiendo perfectamente el francés; **that's easily understood**, eso se comprende fácilmente; **to u. business**, entender de negocios; *fam* **do I make myself understood?**, ¿me explico? **2** *(assume, believe)* entender; **am I to u. that ...?**, ¿quiere eso decir que ...?; **she gave me to u. that ...**, me dio a entender que .... **3** *(hear)* tener entendido; **I u. he'll give his consent**, tengo entendido que dará su aprobación. **4** *(be compatible with)* **to u. one another**, entenderse. **5** *(take for granted) (word, meaning)* sobreentender.

understandable [ʌndə'stændəbəl] *adj* comprensible.

understanding [ʌndə'stændɪŋ] **I** *n* **1** *(intellectual grasp)* entendimiento *m*, comprensión *f*; **it's beyond u.**, no hay forma de entenderlo. **2** *(interpretation)* intepretación *f*; **it was my u. that he would pay the expenses**, yo tenía entendido que los gastos correrían a su cargo. **3** *(agreement)* acuerdo *m*; **to come to** *or* **reach an u.**, llegar a un acuerdo. **4** *(condition)* condición *f*; **on the u. that ...**, a condición de que ... . **II** *adj* comprensivo,-a, compasivo,-a.

understatement [ʌndə'steɪtmənt] *n* atenuación *f*, eufemismo *m*; **to say that the boy is rather clever is an u.**, decir que el chico es bastante listo es quedarse corto.

understood [ʌndə'stud] **I** *pt & pp see* understand. **II** *adj* **1** *(assumed)* entendido,-a; **I wish it to be u. that ...**, (quiero) que conste que ... . **2** *(agreed on)* convenido,-a. **3** *(implied)* sobreentendido,-a, implícito,-a.

understudy ['ʌndəstʌdɪ] *n Theat* suplente *mf*.

undertake [ʌndə'teɪk] *vtr (pt undertook; pp undertaken* [ʌndə'teɪkən]*)* **1** *(take on) (responsibility)* asumir; *(task, job)* encargarse de. **2** *(promise)* comprometerse a.

undertaker ['ʌndəteɪkə'] *n* empresario,-a *m,f* de pompas fúnebres; **u.'s**, funeraria *f*, pompas *fpl* fúnebres.

undertaking [ʌndə'teɪkɪŋ] *n* **1** *(responsibility)* responsabilidad *f*, carga *f*; *(task)* tarea *f*, empresa *f*; **large-scale u.**, empresa a gran escala. **2** *(guarantee)* garantía *f*; **I can give you no such u.**, no puedo garantizárselo.

undertone ['ʌndətəʊn] *n* **1** *(low voice)* voz *f* baja; **in an u.**, en voz baja. **2** *fig (suggestion)* fondo *m*, matiz *m*.

undertook [ʌndə'tʊk] *pp see* undertake.

undervalue [ʌndə'vælju:] *vtr* subestimar, infravalorar.

underwater [ʌndə'wɔ:tə'] **I** *adj* submarino,-a. **II** *adv* bajo el agua.

underwear ['ʌndəweə'] *n inv* ropa *f* interior.

underweight [ʌndə'weɪt] *adj* de peso insuficiente; **to be u.**, *(gen)* pesar menos de lo debido; *(boxer, jockey)* no dar el peso.

underwent [ʌndə'went] *pt see* undergo.

underworld ['ʌndəwɜ:ld] *n* **1** *(of criminals)* hampa *f*, bajos fondos *mpl*. **2** *Myth* **the u.**, el averno, el Hades.

underwrite [ʌndə'raɪt] *vtr (pt underwrote; pp underwritten)* **1** *Fin* suscribir. **2** *(guarantee)* garantizar, avalar. **3** *(insure)* asegurar.

underwriter ['ʌndəraɪtə'] *n* **1** *Fin* suscriptor,-a *m,f*. **2** *(insurer)* asegurador,-a *m,f*.

underwritten [ʌndə'rɪtən] *pp see* underwrite.

underwrote [ʌndə'rəʊt] *pt see* underwrite.

undeserved [ʌndɪ'zɜ:vd] *adj* inmerecido,-a.

undeserving [ʌndɪ'zɜ:vɪŋ] *adj (case etc)* de poco mérito, que no merece atención; **u. of**, indigno,-a de.

undesirable [ʌndɪ'zaɪrəbəl] *adj & n* indeseable *(mf)*.

undetected [ʌndɪ'tektɪd] *adj (mistake etc)* pasado,-a por alto, no detectado,-a; **to pass u.**, pasar desapercibido.

undetermined [ʌndɪ'tɜ:mɪnd] *adj* indeterminado,-a, indefinido,-a.

undeterred [ʌndɪ'tɜ:d] *adj* sin inmutarse; **u. by**, sin arredrarse ante.

undeveloped [ʌndɪ'veləpt] *adj (gen)* sin desarrollar; *(land)* sin explotar.

undid [ʌn'dɪd] *pt see* undo.

undies ['ʌndɪz] *npl fam* bragas *fpl*.

undigested [ʌndɪ'dʒestɪd] *adj* **1** indigesto,-a. **2** *fig* mal digerido,-a *or* asimilado,-a; **u. knowledge**, conocimientos mal asimilados.

undignified [ʌn'dɪɡnɪfaɪd] *adj (person)* poco digno,-a; *(attitude etc)* indecoroso,-a, indigno,-a.

undiluted [ʌndaɪ'lu:tɪd] *adj* no diluido,-a, sin diluir; *fig* **to talk u. nonsense**, decir disparates *or* chorradas.

undiplomatic [ʌndɪplə'mætɪk] *adj* poco diplomático,-a.

undiscerning [ʌndɪ'sɜ:nɪŋ] *adj* sin discernimiento.

undischarged [ʌndɪs'tʃɑːdʒd] *adj* **1** *(bankrupt)* no rehabilitado,-a. **2** *(debt)* sin liquidar. **3** *(duty)* no cumplido,-a.

undisciplined [ʌn'dɪsɪplɪnd] *adj* indisciplinado,-a.

undisclosed [ʌndɪs'kləʊzd] *adj* sin revelar.

undiscovered [ʌndɪ'skʌvəd] *adj* sin descubrir, desconocido,-a.

undiscriminating [ʌndɪ'skrɪmɪneɪtɪŋ] *adj* indiscriminado,-a, sin discriminación.

undisguised [ʌndɪs'ɡaɪzd] *adj (person)* sin disfraz; *fig* franco,-a, no disimulado,-a.

undisputed [ʌndɪ'spju:tɪd] *adj (unchallenged)* incontestable; *(unquestionable)* indiscutible, incuestionable.

undisturbed [ʌndɪ'stɜ:bd] *adj* **1** *(person)* tranquilo,-a; **I wish to be left u.**, que no me molesten. **2** *(things)* sin tocar; **we left everything u.**, dejamos las cosas tal como estaban.

undivided [ʌndɪ'vaɪdɪd] *adj* **1** *(complete)* entero,-a. **2** *(unanimous)* unánime; **to give one's u. attention**, prestar toda la atención.

undo [ʌn'du:] *vtr (pt undid; pp undone)* **1** *(unfasten) (knot)* desatar, deshacer; *(button)* desabrochar. **2** *(destroy)* deshacer, destruir; *prov* **what is done cannot be undone**, a lo hecho pecho. **3** *(put right)* enmendar; **to u. the damage**, reparar el daño.

undone¹ [ʌn'dʌn] *adj (unfinished)* inacabado,-a; **to leave some work u.**, dejar trabajo sin hacer *or* acabar.

undone² [ʌn'dʌn] **I** *pp see* undo. **II** *adj (unfastened) (knot etc)* deshecho,-a; **to come u.**, *(shoelace)* desatarse; *(button, blouse)* desabrocharse; *(necklace etc)* soltarse.

undoubted [ʌn'daʊtɪd] *adj* indudable.

undreamed [ʌn'dri:md] *adj*, **undreamt** [ʌn'dremt] *adj* **u. (of)**, nunca soñado,-a, inimaginable.

undress [ʌn'dres] I *vtr* desnudar. II *vi* desnudarse.

undressed [ʌn'drest] *adj (naked)* desnudo,-a; *(partially dressed)* medio vestido,-a; **to get u.**, desnudarse.

undue [ʌn'dju:] 1 *adj (excessive)* excesivo,-a; **with u. haste**, con demasiada premura. 2 *(improper)* indebido,-a; **u. optimism**, optimismo injustificado.

undulate ['ʌndjʊleɪt] I *vtr* hacer ondear. II *vi* ondular, ondear.

undulation [ʌndjʊ'leɪʃən] *n* ondulación *f*.

unearned [ʌn'ɜːnd] *adj* 1 *(undeserved)* inmerecido,-a. 2 *(wages etc)* no ganado,-a. ■ *Fin* **u. income**, renta *f*; *Fin* **u. increment**, plusvalía *f*.

unearth [ʌn'ɜːθ] *vtr* desenterrar; *fig (information etc)* desenterrar, sacar a luz; *fig (plot etc)* descubrir.

unearthly [ʌn'ɜːθlɪ] *adj* 1 *(supernatural)* sobrenatural, de otro mundo; *(mysterious)* misterioso,-a. 2 *(heavenly)* celestial. 3 *fam (outlandish)* espantoso,-a; **u. din**, ruido de mil demonios; **why do we have to get up at this u. hour?**, ¿por qué nos tenemos que levantar a esta hora tan intempestiva?

uneasiness [ʌn'iːzɪnɪs] *n* 1 *(of person)* inquietud *f*, desasosiego *m*. 2 *(of situation)* incomodidad *f*.

uneasy [ʌn'iːzɪ] *adj* 1 *(troubled, worried)* inquieto,-a, preocupado,-a; *(disturbing)* inquietante; **to be u. about sth**, inquietarse *or* preocuparse por algo; **u. sleep**, sueño agitado. 2 *(uncomfortable)* incómodo,-a, molesto,-a.

uneconomic(al) [ʌniːkə'nɒmɪk(əl)] *adj* poco económico,-a *or* rentable.

uneducated [ʌn'edjʊkeɪtɪd] *adj* inculto,-a, ignorante; **u. speech**, habla popular.

unemployed [ʌnɪm'plɔɪd] I *adj* sin trabajo, en paro, parado,-a; **to be u.**, estar en paro. II **the u.** *npl* los parados.

unemployment [ʌnɪm'plɔɪmənt] *n* 1 *(condition)* paro *m*, desempleo *m*; **to be on u. benefit**, cobrar el paro. ■ *Admin* **u. benefit**, *US* **u. compensation**, subsidio *m* de desempleo. 2 *(number, percentage)* número *m* de parados, paro *m*.

unending [ʌn'endɪŋ] *adj* interminable, inacabable.

unenthusiastic [ʌnɪnθjuːzɪ'æstɪk] *adj* poco entusiasta.

unenviable [ʌn'envɪəbəl] *adj* poco *or* nada envidiable.

unequal [ʌn'iːkwəl] *adj* 1 *(not equal)* desigual; *(pulse)* irregular. 2 *(inadequate)* poco apto,-a; **to be u. to a task**, no estar a la altura de una tarea.

unequalled, *US* **unequaled** [ʌn'iːkwəld] *adj* sin igual *or* par; **u. strength**, fuerza inigualable.

unequivocal [ʌnɪ'kwɪvəkəl] *adj* inequívoco,-a, claro,-a.

UNESCO, Unesco [juːˈneskəʊ] *abbr of* **United Nations Educational, Scientific and Cultural Organization**, Organización *f* de las Naciones Unidas para la Educación, la Ciencia y la Cultura, UNESCO *f*.

unethical [ʌn'eθɪkəl] *adj* poco ético,-a.

uneven [ʌn'iːvən] *adj* 1 *(not level)* desigual; *(jagged, bumpy)* accidentado,-a; **an u. road**, una carretera con baches. 2 *(variable)* variable, irregular. 3 *(not fairly matched)* desigual.

unevenness [ʌn'iːvənnɪs] *n* 1 *(of surface, distribution)* desigualdad *f*. 2 *(of progress etc)* irregularidad *f*.

uneventful [ʌnɪ'ventfʊl] *adj* sin acontecimientos; **an u. life**, *(quiet)* una vida tranquila; *(routine)* una vida monótona *or* rutinaria.

unexceptionable [ʌnɪk'sepʃənəbəl] *adj* irreprochable, intachable.

unexceptional [ʌnɪk'sepʃənəl] *adj* ordinario,-a, corriente.

unexciting [ʌnɪk'saɪtɪŋ] *adj (monotonous)* monótono,-a; *(uninteresting)* sin interés.

unexpected [ʌnɪk'spektɪd] *adj (unhoped for)* inesperado,-a; *(event)* imprevisto, -a.

unexplained [ʌnɪk'spleɪnd] *adj* inexplicado,-a; **his disappearance remains u.**, su desaparición sigue siendo un enigma.

unexplored [ʌnɪk'splɔːd] *adj* inexplorado,-a.

unexposed [ʌnɪk'spəʊzd] *adj* 1 *Phot (film)* virgen 2 *(crime)* no descubierto,-a.

unexpurgated [ʌn'ekspəgeɪtɪd] *adj* no expurgado,-a, íntegro,-a.

unfailing [ʌn'feɪlɪŋ] *adj (gen)* indefectible; *(incessant)* constante; *(patience)* inagotable; *(humour)* inalterable; *(memory)* infalible.

unfair [ʌn'feə] *adj* injusto,-a; *Sport* sucio,-a. ◆**unfairly** *adv* injustamente.

unfairness [ʌn'feənɪs] *n* injusticia *f*.

unfaithful [ʌn'feɪθfʊl] *adj (friend)* desleal; *(husband, wife)* infiel.

unfaithfulness [ʌn'feɪθfʊlnɪs] *n (of friend)* deslealtad *f*; *(of husband, wife)* infidelidad *f*.

unfamiliar [ʌnfə'mɪljə] *adj* 1 *(unknown)* desconocido,-a. 2 *(not conversant)* no familiarizado,-a (**with**, con).

unfashionable [ʌn'fæʃənəbəl] *adj (fashion etc)* pasado,-a de moda; *(ideas etc)* poco popular.

unfasten [ʌn'fɑːsən] *vtr (knot)* desatar; *(clothing, belt)* desabrochar; *(door, window)* abrir.

unfathomable [ʌn'fæðəməbəl] *adj fml* insondable

unfavourable, *US* **unfavorable** [ʌn'feɪvərəbəl] *adj (gen)* desfavorable; *(criticism)* adverso,-a *(winds)* contrario,-a. ◆**unfavourably** *adv* desfavorablemente.

unfeeling [ʌn'fiːlɪŋ] *adj (insensitive)* insensible; *(no sympathetic)* sin compasión.

unfettered [ʌn'fetəd] *adj* sin trabas.

unfinished [ʌn'fɪnɪʃt] *adj* inacabado,-a, sin acabar incompleto,-a; **u. business**, un asunto pendiente.

unfit [ʌn'fɪt] *adj* 1 *(not suitable) (thing)* inadecuado,-a, impropio,-a; *(person)* no apto,-a (**for** para), incapaz (**to**, de). 2 *(incompetent)* incompetente. 3 *(physically)* incapacitado,-a, inútil; **to be u.**, no estar en forma.

unflagging [ʌn'flægɪŋ] *adj (courage)* infatigable, incansable; *(interest)* constante.

unflappable [ʌn'flæpəbəl] *adj fam* imperturbable flemático,-a.

unflattering [ʌn'flætərɪŋ] *adj* poco halagüeño,-a *or* halagador,-a.

unflinching [ʌn'flɪntʃɪŋ] *adj* 1 *(determined)* resuelto,-a. 2 *(fearless)* impávido,-a.

unfold [ʌn'fəʊld] I *vtr* 1 *(paper etc)* desplegar *(sheet)* desdoblar; *(newspaper)* abrir; *(map)* extender. 2 *(outline)* exponer. 3 *(reveal)* revelar; *(secret)* descubrir. II *vi* 1 *(open up)* desplegarse desdoblarse, abrirse; *(landscape)* extenderse. 2 *(thoughts, plot)* desarrollarse. 3 *(secret)* revelarse descubrirse.

unforeseeable [ʌnfɔː'siːəbəl] *adj* imprevisible.

unforeseen [ʌnfɔː'siːn] *adj* imprevisto,-a.

unforgettable [ʌnfə'getəbəl] *adj* inolvidable.

unforgivable [ʌnfə'gɪvəbəl] *adj* imperdonable.

unforgiving [ʌnfə'gɪvɪŋ] *adj* que no perdona, implacable.

unfortunate [ʌn'fɔ:tʃənɪt] *adj (person)* desgraciado,-a, desafortunado,-a; *(event)* desgraciado,-a; *(remark)* desafortunado,-a; **how u.!**, ¡qué mala suerte!, ¡qué pena! ◆**unfortunately** *adv* desgraciadamente, por desgracia.

unfounded [ʌn'faʊndɪd] *adj (rumour)* infundado,-a, sin fundamento; *(complaint)* injustificado,-a.

unfreeze [ʌn'fri:z] *vtr (pt* **unfroze**; *pp* **unfrozen**) **1** *(thaw)* descongelar. **2** *Fin Com (prices, wages)* descongelar; *(credit, account)* desbloquear.

unfrequented [ʌnfrɪ'kwentɪd] *adj* poco frecuentado,-a.

unfriendly [ʌn'frendlɪ] *adj (***unfriendlier**, **unfriendliest**) antipático,-a, poco amistoso,-a, hostil.

unfroze [ʌn'frəʊz] *pt*, **unfrozen** [ʌn'frəʊzən] *pp* *see* **unfreeze**.

unfruitful [ʌn'fru:tfʊl] *adj fig* infructuoso,-a.

unfulfilled [ʌnfʊl'fɪld] *adj* **1** *(not carried out)* incumplido,-a, frustrado,-a. **2** *(not satisfied)* no satifecho,-a, insatisfecho,-a; *(ambition)* frustrado,-a; *(dream)* irrealizado,-a.

unfurl [ʌn'fɜ:l] **I** *vtr (flag, sails)* desplegar. **II** *vi* desplegarse.

unfurnished [ʌn'fɜ:nɪʃt] *adj* sin amueblar.

ungainly [ʌn'geɪnlɪ] *adj (clumsy)* torpe; *(gait)* desgarbado,-a.

ungodly [ʌn'gɒdlɪ] *adj (***ungodlier**, **ungodliest**) *(behaviour, language)* impío,-a; *fam fig* **at an u. hour**, a una hora intempestiva, a las tantas de la noche.

ungovernable [ʌn'gʌvənəbəl] *adj* **1** *Pol (people)* ingobernable. **2** *(feelings)* incontrolable, incontenible, irreprimible.

ungracious [ʌn'greɪʃəs] *adj* descortés, poco amable.

ungrateful [ʌn'greɪtfʊl] *adj (unthankful)* desagradecido,-a; *(thankless)* ingrato,-a.

ungrudging [ʌn'grʌdʒɪŋ] *adj (liberal)* generoso,-a; *(of support)* incondicional. ◆**ungrudgingly** *adv* de buena gana.

unguarded [ʌn'gɑ:dɪd] *adj* **1** *(unprotected)* indefenso,-a, sin protección. **2** *(imprudent)* desprevenido,-a, descuidado,-a, imprudente. **3** *(frank)* franco,-a.

unhampered [ʌn'hæmpəd] *adj* libre (**by**, de), sin estorbos.

unhappy [ʌn'hæpɪ] *adj (***unhappier**, **unhappiest**) **1** *(sad)* triste. **2** *(wretched)* desdichado,-a, desgraciado,-a, infeliz; *(unfortunate)* desafortunado,-a, poco afortunado,-a. ◆**unhappily** *adv (unfortunately)* desgraciadamente; *(sadly)* tristemente.

unhappiness [ʌn'hæpɪnɪs] *n* **1** *(sadness)* tristeza *f*. **2** *(wretchedness)* desdicha *f*, infelicidad *f*.

unharmed [ʌn'hɑ:md] *adj* ileso,-a, indemne.

unhealthy [ʌn'helθɪ] *adj (***unhealthier**, **unhealthiest**) **1** *(ill)* enfermo,-a, enfermizo,-a. **2** *(unwholesome)* malsano,-a, insalubre. **3** *fig* morboso,-a, malsano,-a.

unheard [ʌn'hɜ:d] *adj* **1** no oído,-a; **her request went u.**, su petición no fue atendida. **2** **u. of**, *(outrageous)* inaudito,-a; *(without precedent)* sin precedente; *(unknown)* desconocido,-a.

unheard-of [ʌn'hɜ:dɒv] *adj (before noun)* inaudito,-a.

unheeded [ʌn'hi:dɪd] *adj* desatendido,-a; **the warning went u.**, nadie hizo caso de la advertencia.

unhelpful [ʌn'helpfʊl] *adj (advice)* inútil; *(person)* poco servicial.

unhesitating [ʌn'hezɪteɪtɪŋ] *adj* **1** *(person)* resuelto,-a, decidido,-a. **2** *(reply)* inmediato,-a. ◆**unhesitatingly** *adv* sin vacilar.

unhinged [ʌn'hɪndʒd] *adj* **1** *(door)* desquiciado, -a. **2** *fig (mind)* trastornado,-a, desquiciado,-a.

unholy [ʌn'həʊlɪ] *adj (***unholier**, **unholiest**) **1** *(place, subject)* profano,-a; *(person)* impío,-a. **2** *fam* terrible; **an u. muddle**, un lío endiablado; **an u. row**, un escándalo de órdago.

unhook [ʌn'hʊk] *vtr (from hook, nail, etc)* descolgar; *(clothing)* desabrochar.

unhoped [ʌn'həʊpt] *adj* **u. for**, inesperado,-a.

unhurt [ʌn'hɜ:t] *adj* ileso,-a, indemne.

unhygienic [ʌnhaɪ'dʒi:nɪk] *adj* antihigiénico,-a.

UNICEF ['ju:nɪsef] *abbr of* **United Nations Children's Fund**, Fondo *m* de las Naciones Unidas para la Ayuda a la Infancia, UNICEF *f*.

unicorn ['ju:nɪkɔ:n] *n Myth* unicornio *m*.

unidentified [ʌnaɪ'dentɪfaɪd] *adj* no identificado,-a, sin identificar. ■ **u. flying object**, objeto *m* volador no identificado, ovni *m*.

unification [ju:nɪfɪ'keɪʃən] *n* unificación *f*.

uniform ['ju:nɪfɔ:m] **I** *adj* uniforme; *(temperature)* constante. **II** *n* uniforme *m*; **in u.**, de uniforme, uniformado,-a.

uniformed ['ju:nɪfɔ:md] *adj* uniformado,-a.

uniformity [ju:nɪ'fɔ:mɪtɪ] *n* uniformidad *f*.

unify ['ju:nɪfaɪ] *vtr (pt & pp* **unified**) unificar.

unilateral [ju:nɪ'lætərəl] *adj* unilateral.

unimaginable [ʌnɪ'mædʒɪnəbəl] *adj* inimaginable.

unimaginative [ʌnɪ'mædʒɪnɪtɪv] *adj* poco imaginativo,-a, falto,-a de imaginación.

unimpaired [ʌnɪm'peəd] *adj (unharmed)* intacto,-a; *(health)* inalterado,-a; *(strength)* no disminuido,-a.

unimportant [ʌnɪm'pɔ:tənt] *adj* sin importancia, poco importante, insignificante.

unimpressed [ʌnɪm'prest] *adj* no impresionado,-a.

unimpressive [ʌnɪm'presɪv] *adj* poco impresionante, mediocre.

uninformed [ʌnɪn'fɔ:md] *adj* mal informado,-a, ignorante; *(opinion)* sin fundamento.

uninhabitable [ʌnɪn'hæbɪtəbəl] *adj* inhabitable.

uninhabited [ʌnɪn'hæbɪtɪd] *adj (uninhabited)* deshabitado,-a; *(deserted)* despoblado,-a.

uninhibited [ʌnɪn'hɪbɪtɪd] *adj* sin inhibición.

uninitiated [ʌnɪ'nɪʃɪeɪtɪd] *adj* lego,-a, no iniciado,-a, ignorante.

uninspired [ʌnɪn'spaɪəd] *adj (person)* falto,-a de inspiración; *(performance)* insulso,-a, aburrido,-a, poco inspirado,-a.

uninspiring [ʌnɪn'spaɪərɪŋ] *adj* que no inspira.

unintelligent [ʌnɪn'telɪdʒənt] *adj* poco inteligente.

unintelligible [ʌnɪn'telɪdʒəbəl] *adj* ininteligible, incomprensible.

unintentional [ʌnɪn'tenʃənəl] *adj* involuntario,-a. ◆**unintentionally** *adv* involuntariamente, sin querer; **I did it u.**, lo hice sin querer.

uninterested [ʌn'ɪntrɪstɪd] *adj* no interesado,-a, indiferente.

uninteresting [ʌn'ɪntrɪstɪŋ] *adj* poco interesante, sin interés.

uninterrupted [ʌnɪntə'rʌptɪd] *adj* ininterrumpido,-a.

uninvited [ˌʌnɪnˈvaɪtɪd] adj 1 (guest) no invitado,-a.
2 (comment) gratuito,-a, no solicitado,-a.
uninviting [ˌʌnɪnˈvaɪtɪŋ] adj (offer, appearance) poco atractivo,-a; (food) poco apetecible or apetitoso,-a.
union [ˈjuːnjən] I n 1 unión f; fig (marriage) enlace m; **to live in perfect u.**, vivir en perfecta armonía. 2 (organization) sindicato m; **the students' u.**, el sindicato estudiantil; Ind **(trade)** U., sindicato m. 3 Mech unión f. 4 US **the U.**, los Estados Unidos. ■ **U. Jack,** bandera f del Reino Unido, bandera f británica. II adj sindical, del sindicato.
unionization [ˌjuːnjənaɪˈzeɪʃən] n sindicación f, sindicalización f.
unionize [ˈjuːnjənaɪz] I vtr sindicalizar. II vi sindicalizarse.
unique [juːˈniːk] adj (singular, peculiar) único,-a; (extraordinary) extraordinario,-a.
unisex [ˈjuːnɪseks] adj unisex.
unison [ˈjuːnɪsən] n Mus unisonancia f; fig (harmony) armonía f; **in u.,** al unísono.
unit [ˈjuːnɪt] n 1 unidad f. ■ **monetary u.,** unidad f monetaria; **u. price,** precio m por unidad; Fin **u. trust,** sociedad f de inversiones. 2 Furn módulo m, elemento m. ■ **kitchen u.,** mueble m de cocina. 3 Math unidad f. 4 Mil unidad f. 5 Tech grupo m. ■ Comput **central processing u.,** procesador m central; **generator u.,** grupo m electrógeno; **stereo u.,** equipo m estereofónico; Comput **visual display u.,** pantalla f. 6 (centre) centro m; (department) servicio m. ■ Med **intensive care u.,** unidad f de cuidados intensivos, unidad f de vigilancia intensiva; **research u.,** centro m de investigaciones. 7 (team) equipo m; Cin TV **film u.,** equipo m de rodaje.
unite [juːˈnaɪt] I vtr 1 (join) unir. 2 (assemble) reunir. II vi unirse, juntarse.
united [juːˈnaɪtɪd] adj unido,-a. ■ **United Arab Emirates,** Emiratos mpl Arabes Unidos; **U. Kingdom,** Reino m Unido; **U. States (of America),** Estados mpl Unidos (de América); **U. Nations,** Naciones fpl Unidas.
unity [ˈjuːnɪtɪ] n (union) unidad f; (harmony) armonía f.
Univ abbr of **University,** Universidad f, Univ f.
universal [juːnɪˈvɜːsəl] adj universal; **u. remedy,** panacea f.
universe [ˈjuːnɪvɜːs] n universo m.
university [juːnɪˈvɜːsɪtɪ] I n universidad f. II adj universitario,-a.
unjust [ʌnˈdʒʌst] adj (unfair) injusto,-a; (unfounded) sin fundamento, infundado,-a.
unjustifiable [ʌndʒʌstɪˈfaɪəbəl] adj injustificable.
unjustified [ʌnˈdʒʌstɪfaɪd] adj injustificado,-a.
unkempt [ʌnˈkempt] adj (gen) descuidado,-a; (hair) despeinado,-a; (appearance) desaliñado,-a.
unkind [ʌnˈkaɪnd] adj (not nice) poco amable, desconsiderado,-a; (cruel) cruel; (criticism) despiadado,-a. ◆**unkindly** adv con poca amabilidad, desconsideradamente.
unkindness [ʌnˈkaɪndnɪs] n falta f de amabilidad or consideración.
unknowing [ʌnˈnəʊɪŋ] adj 1 (unaware) inconsciente. 2 (ignorant) ignorante. ◆**unknowingly** adv inconscientemente, sin darse cuenta.
unknown [ʌnˈnəʊn] I adj desconocido,-a; **the u. soldier,** el soldado desconocido. ■ Math **u. quantity,** incógnita f. II **the u.** n lo desconocido.
unlabelled [ʌnˈleɪbəld] adj sin etiqueta.

unlawful [ʌnˈlɔːfʊl] adj (not legal) ilegal; (not legitimate) ilegítimo,-a.
unleash [ʌnˈliːʃ] vtr 1 (dog) soltar. 2 fig (release) liberar, dar rienda suelta a; (provoke) provocar, desencadenar.
unleavened [ʌnˈlevənd] adj ácimo, sin levadura. ■ **u. bread,** pan m ácimo.
unless [ʌnˈles] conj a menos que, a no ser que.
unlike [ʌnˈlaɪk] I adj diferente (a), distinto,-a (de) she is not u. her sister, se parece bastante a su hermana; that was very u. her, no es lo normal en ella II adv a diferencia de; he, u. his father, ..., a diferencia de su padre, él ... .
unlikely [ʌnˈlaɪklɪ] adj 1 (improbable) poco probable; it's not at all u. that ..., bien pudiera ser que ... . 2 (unusual, unexpected) inverosímil; in the u. event that she should want to come, suponiendo que quisiera venir, lo cual es mucho suponer.
unlimited [ʌnˈlɪmɪtɪd] adj ilimitado,-a; there were u. supplies of beer, había cerveza a granel.
unlit [ʌnˈlɪt] adj (fire, cigarette, etc) sin encender, no encendido,-a; (place) sin luz, no iluminado,-a.
unload [ʌnˈləʊd] vtr & vi (gen) descargar; fig (get rid of) deshacerse de; (problems) descargar (on en).
unloading [ʌnˈləʊdɪŋ] n descarga f. ■ **u. bay,** descargadero m.
unlock [ʌnˈlɒk] vtr 1 (door) abrir (con llave). 2 fig (mystery) resolver, revelar.
unlooked-for [ʌnˈlʊktfɔː] adj inesperado,-a.
unloved [ʌnˈlʌvd] adj no amado,-a.
unloving [ʌnˈlʌvɪŋ] adj poco cariñoso,-a.
unlucky [ʌnˈlʌkɪ] adj (unluckier, unluckiest) (unfortunate) desafortunado,-a, desgraciado,-a; to be u. (person) tener mala suerte; (thing) traer mala suerte. ◆**unluckily** adv desafortunadamente, desgraciadamente, por desgracia.
unmade [ʌnˈmeɪd] adj (bed) sin hacer.
unmanageable [ʌnˈmænɪdʒəbəl] adj (people) ingobernable; (child, hair) indomable; (machine) difícil de manejar, poco manejable.
unmanly [ʌnˈmænlɪ] adj poco viril, afeminado,-a.
unmanned [ʌnˈmænd] adj (spacecraft etc) no tripulado,-a.
unmarked [ʌnˈmɑːkt] adj 1 (spotless) en perfecto estado, como nuevo,-a. 2 (street) sin letrero. 3 Ftb (player) desmarcado,-a.
unmarried [ʌnˈmærɪd] adj soltero,-a.
unmask [ʌnˈmɑːsk] vtr desenmascarar; fig (plot) descubrir.
unmatched [ʌnˈmætʃt] adj (unique) sin par, incomparable.
unmentionable [ʌnˈmenʃənəbəl] adj que no se debe mencionar, tabú.
unmerciful [ʌnˈmɜːsɪfʊl] adj despiadado,-a, sin piedad.
unmethodical [ʌnmɪˈθɒdɪkəl] adj poco metódico,-a.
unmistak(e)able [ʌnmɪsˈteɪkəbəl] adj inconfundible. ◆**unmistak(e)ably** adv sin lugar a dudas.
unmitigated [ʌnˈmɪtɪgeɪtɪd] adj 1 (absolute) absoluto,-a, total; (liar) rematado,-a. 2 (grief) profundo,-a.
unmolested [ʌnməˈlestɪd] adv tranquilamente, sin problemas.
unmoved [ʌnˈmuːvd] adj impasible, indiferente; (to pleas etc) insensible (by, a).

unmusical [ʌm'mjuːzɪkəl] adj 1 (sound) poco armonioso,-a. 2 (person) (untalented) sin dotes para la música; (unenthusiastic) poco aficionado,-a a la música.

unnamed [ʌn'neɪmd] adj 1 sin nombre. 2 (anonymous) anónimo,-a.

unnatural [ʌn'nætʃərəl] adj 1 (against nature) antinatural; (abnormal) anormal. 2 (affected) afectado,-a, poco natural.

unnecessary [ʌn'nesɪsərɪ] adj innecesario,-a, inútil; **it's u. to add that ...,** sobra añadir que ... .

unnerve [ʌn'nɜːv] vtr (disconcert) desconcertar, turbar; (frighten) acobardar.

unnerving [ʌn'nɜːvɪŋ] adj desconcertante.

unnoticed [ʌn'nəʊtɪst] adj inadvertido,-a, desapercibido,-a; **to let sth pass u.,** pasar algo por alto, no reparar en algo.

unnumbered [ʌn'nʌmbəd] adj sin numerar.

UNO ['juːnəʊ] abbr of **United Nations Organization,** Organización f de las Naciones Unidas, ONU f.

unobserved [ʌnɒb'zɜːvd] adj inadvertido,-a, desapercibido,-a.

unobtainable [ʌnəb'teɪnəbəl] adj inasequible, inalcanzable.

unobtrusive [ʌnəb'truːsɪv] adj discreto,-a. ◆**unobtrusively** adv con discreción.

unoccupied [ʌn'ɒkjʊpaɪd] adj 1 (person) desocupado,-a. 2 (house) desocupado,-a; (region) despoblado,-a; (seat) libre; Mil (territory) no ocupado,-a.

unofficial [ʌnə'fɪʃəl] adj extraoficial, no oficial. ◆**unofficially** adv extraoficialmente.

unopened [ʌn'əʊpənd] adj sin abrir.

unorthodox [ʌn'ɔːθədɒks] adj 1 (behaviour, technique, etc) poco ortodoxo,-a. 2 Rel heterodoxo,-a.

unpack [ʌn'pæk] I vtr (boxes) desembalar; (suitcase) deshacer; (objects) desempaquetar, desenvolver. II vi deshacer la(s) maleta(s).

unpaid [ʌn'peɪd] adj (bill, debt) sin pagar, impagado,-a. 2 (work) no retribuido,-a, sin renumeración.

unpalatable [ʌn'pælətəbəl] adj (taste) desagradable (al gusto); fig desagradable, difícil de aceptar.

unparalleled [ʌn'pærəleld] adj 1 (in quality) sin par, incomparable. 2 (without precedent) sin precedente.

unpardonable [ʌn'pɑːdənəbəl] adj imperdonable.

unpatriotic [ʌnpætrɪ'ɒtɪk] adj (person) poco patriota; (action) antipatriótico,-a.

unperturbed [ʌnpə'tɜːbd] adj impasible; **she carried on u.,** continuó sin inmutarse; **u. by,** no perturbado,-a por.

unpick [ʌn'pɪk] vtr Sew descoser.

unplanned [ʌn'plænd] adj imprevisto,-a, inesperado,-a.

unplayable [ʌn'pleɪəbəl] adj Sport (ball) imposible de jugar.

unpleasant [ʌn'plezənt] adj 1 (nasty, not nice) desagradable, molesto,-a. 2 (unfriendly) antipático,-a (**to,** con).

unpleasantness [ʌn'plezəntnɪs] n 1 (nastiness) carácter m desagradable, lo desagradable. 2 (illfeeling) disgusto m.

unplug [ʌn'plʌg] vtr (pt & pp **unplugged**) desenchufar.

unpolished [ʌn'pɒlɪʃt] adj 1 (gen) sin brillo; (shoes) sin lustrar; (diamond) en bruto. 2 fig (manner, style) poco pulido,-a.

unpolluted [ʌnpə'luːtɪd] adj no contaminado,-a.

unpopular [ʌn'pɒpjʊləʳ] adj impopular; **to make oneself u.,** ganarse la antipatía de todos.

unpopularity [ʌnpɒpjʊ'lærɪtɪ] n impopularidad f.

unprecedented [ʌn'presɪdəntɪd] adj (without precedent) sin precedente; (unheard of) inaudito,-a.

unpredictable [ʌnprɪ'dɪktəbəl] adj imprevisible; **she's very u.,** no se sabe nunca cómo reaccionará or cómo actuará.

unprepared [ʌnprɪ'peəd] adj 1 (speech etc) improvisado,-a; (person) desprevenido,-a. 2 (not ready) no preparado,-a; **I was u. for what happened,** no esperaba lo que ocurrió; **she went into marriage u.,** se casó sin saber en lo que se metía.

unprepossessing [ʌnpriːpə'zesɪŋ] adj poco atractivo,-a.

unpresentable [ʌnprɪ'zentəbəl] adj impresentable.

unpretentious [ʌnprɪ'tenʃəs] adj (simple) modesto,-a, sencillo,-a; (humble) sin pretensiones.

unprincipled [ʌn'prɪnsɪpəld] adj sin principios or escrúpulos.

unprintable [ʌn'prɪntəbəl] adj (book) impublicable; (word, comment) que no se puede repetir.

unproductive [ʌnprə'dʌktɪv] adj (inefficient) improductivo,-a; (fruitless) infructuoso,-a.

unprofessional [ʌnprə'feʃənəl] adj (ethical) poco profesional, no ético,-a; (substandard) de aficionado,-a.

unprofitable [ʌn'prɒfɪtəbəl] adj (inefficient) poco rentable; (fruitless) poco provechoso,-a.

unpronounceable [ʌnprə'naʊnsəbəl] adj impronunciable.

unprotected [ʌnprə'tektɪd] adj indefenso,-a, sin protección.

unprovoked [ʌnprə'vəʊkt] adj no provocado,-a; (attack) gratuito,-a.

unpublishable [ʌn'pʌblɪʃəbəl] adj impublicable.

unpublished [ʌn'pʌblɪʃt] adj inédito,-a, no publicado,-a.

unpunished [ʌm'pʌnɪʃt] adj sin castigar; (crime) impune; **to go u.,** (person) no ser castigado,-a; (deed) quedar impune.

unqualified [ʌn'kwɒlɪfaɪd] adj 1 (without qualification) sin título; (incompetent) incompetente; **I am u. to speak on the subject,** no soy quién para hablar sobre este tema; **u. to vote,** sin derecho a voto. 2 (unconditional) incondicional; (denial) rotundo,-a; (endorsement) sin reserva; (success) total.

unquenchable [ʌn'kwentʃəbəl] adj (thirst) insaciable.

unquestionable [ʌn'kwestʃənəbəl] adj indiscutible, incuestionable.

unquestioned [ʌn'kwestʃənd] adj (right etc) indiscutido,-a, incontrovertido,-a; (undoubted) indudable.

unquestioning [ʌn'kwestʃənɪŋ] adj (gen) incondicional; (obedience) ciego,-a.

unquote [ʌn'kwəʊt] vi **quote ... unquote,** se abren comillas ... se cierran comillas.

unravel [ʌn'rævəl] I vtr (pt & pp **unravelled,** US **unraveled**) 1 (untangle) desenredar, desenmarañar. 2 fig (mystery) desenmarañar, desembrollar. II vi 1 (become untangled) desenredarse, desenmarañarse. 2 fig (mystery) desenmarañarse.

unread [ʌn'red] adj (book) sin leer, no leído,-a.

unreadable [ʌn'riːdəbəl] adj 1 (handwriting) ilegible. 2 (book) imposible de leer.

unreal [ʌn'rɪəl] adj irreal.

unrealistic [ʌnrɪə'lɪstɪk] adj poco realista.

unreasonable [ʌn'riːzənəbəl] adj poco razonable; (demands) desmedido,-a; (prices) exorbitante; (hour) inoportuno,-a.

unreasoning [ʌn'riːzənɪŋ] adj irracional.

unrecognizable [ʌnrekəg'naɪzəbəl] adj irreconocible.

unrecognized [ʌn'rekəgnaɪzd] adj (talent, government, etc) no reconocido,-a; to go u., pasar sin ser reconocido.

unrecorded [ʌnrɪ'kɔːdɪd] adj 1 (music) no grabado,-a, sin grabar. 2 (fact, comment) no mencionado,-a; (not taken down) no registrado,-a, sin registrar.

unrefined [ʌnrɪ'faɪnd] adj 1 Ind no refinado,-a, sin refinar. ■ u. sugar, azúcar m sin refinar. 2 (person) tosco,-a, poco fino,-a, basto,-a.

unrehearsed [ʌnrɪ'hɜːst] adj (unprepared) improvisado,-a; Theat (play) sin ensayar.

unrelated [ʌnrɪ'leɪtɪd] adj 1 (not connected) no relacionado,-a, inconexo,-a. 2 (family) sin parentesco; Mr Hardy and Miss Miller are u., entre el Sr. Hardy y la Srta. Miller no hay parentesco alguno.

unrelenting [ʌnrɪ'lentɪŋ] adj (behaviour) implacable; (struggle) encarnizado,-a.

unreliable [ʌnrɪ'laɪəbəl] adj 1 (person) que no es de fiar, de poca confianza; my daily help is very u., no se puede contar con mi asistenta. 2 (information) que no es de fiar; (machine) poco seguro,-a or fiable; their washing machine is u., su lavadora es poco fiable.

unreliability [ʌnrɪlaɪə'bɪlɪtɪ] n 1 (of person) poca formalidad f. 2 (of information) poca seguridad f; (of weather) inestabilidad f; (of machine) tendencia f a averiarse.

unrelieved [ʌnrɪ'liːvd] adj 1 (pain) no aliviado,-a. 2 (monotonous) monótono,-a; (boredom) total.

unremitting [ʌnrɪ'mɪtɪŋ] adj 1 (efforts etc) incesante, continuo,-a. 2 (person) incansable.

unrepentant [ʌnrɪ'pentənt] adj impenitente.

unrequited [ʌnrɪ'kwaɪtɪd] adj u. love, amor no correspondido.

unrepresented [ʌnreprɪ'sentɪd] adj no representado,-a, sin representación.

unreserved [ʌnrɪ'zɜːvd] adj 1 (praise, support) sin reserva, incondicional. 2 (person, nature) abierto,-a. 3 (seats) libre, sin reservar. ◆unreservedly adv sin reserva.

unresolved [ʌnrɪ'zɒlvd] adj see unsolved.

unresponsive [ʌnrɪ'spɒnsɪv] adj insensible.

unrest [ʌn'rest] n (social etc) malestar m; political u., desasosiego m de raíz política.

unrewarded [ʌnrɪ'wɔːdɪd] adj sin recompensa; my efforts were u., mis esfuerzos no se vieron premiados.

unrivalled, US **unrivaled** [ʌn'raɪvəld] adj único,-a, sin par, sin rival.

unroll [ʌn'rəʊl] I vtr desenrollar. II vi desenrollarse.

unruffled [ʌn'rʌfəld] adj fig tranquilo,-a, sereno,-a.

unruly [ʌn'ruːlɪ] adj (unrulier, unruliest) 1 (child) revoltoso,-a, indisciplinado,-a. 2 (hair) rebelde.

unsaddle [ʌn'sædəl] vtr desensillar.

unsafe [ʌn'seɪf] adj (dangerous) peligroso,-a; (risky) inseguro,-a, arriesgado,-a; to feel u., sentirse inseguro.

unsaid [ʌn'sed] adj sin decir; it's better left u., más vale no decir nada; much was left u., quedó mucho por decir.

unsalaried [ʌn'sælərɪd] adj no remunerado,-a.

unsalted [ʌn'sɔːltɪd] adj sin sal.

unsanitary [ʌn'sænɪtərɪ] adj antihigiénico,-a.

unsatisfactory [ʌnsætɪs'fæktərɪ] adj insatisfactorio,-a; it's most u., deja mucho que desear.

unsatisfied [ʌn'sætɪsfaɪd] adj insatisfecho,-a.

unsatisfying [ʌn'sætɪsfaɪŋ] adj 1 (job etc) poco satisfactorio,-a. 2 (meal) insuficiente.

unsavoury, US **unsavory** [ʌn'seɪvərɪ] adj desagradable.

unscathed [ʌn'skeɪðd] adj ileso,-a, indemne.

unscented [ʌn'sentɪd] adj sin perfume.

unscientific [ʌnsaɪən'tɪfɪk] adj poco científico,-a.

unscrew [ʌn'skruː] vtr destornillar, desatornillar.

unscrupulous [ʌn'skruːpjʊləs] adj sin escrúpulos.

unseasonable [ʌn'siːzənəbəl] adj (weather) atípico,-a, anormal.

unseasoned [ʌn'siːzənd] adj 1 (inexperienced) inexperto,-a, poco avezado,-a. 2 (green) verde. 3 Culin sin sazonar or aderezar.

unseat [ʌn'siːt] vtr 1 Equit derribar. 2 Parl (deputy etc) quitarle el escaño a; Pol (government) derribar, derrocar.

unseconded [ʌn'sekəndɪd] adj (motion) no apoyado,-a.

unseemly [ʌn'siːmlɪ] adj impropio,-a; in an u. manner, sin decoro.

unseen [ʌn'siːn] I adj (invisible) no visto,-a, invisible; (unnoticed) inadvertido,-a. II n 1 GB Edu texto m no trabajado en clase. 2 the u., lo invisible.

unselfish [ʌn'selfɪʃ] adj desinteresado,-a, generoso,-a.

unserviceable [ʌn'sɜːvɪsəbəl] adj inservible, inútil.

unsettle [ʌn'setəl] vtr perturbar, inquietar.

unsettled [ʌn'setəld] adj 1 (person) nervioso,-a, intranquilo,-a; (situation) inestable. 2 (weather) variable, inestable. 3 (lifestyle etc) agitado,-a. 4 (matter, question) pendiente. 5 (debt) pendiente. 6 (land) sin colonizar.

unshak(e)able [ʌn'ʃeɪkəbəl] adj firme, inquebrantable.

unshaven [ʌn'ʃeɪvən] adj sin afeitar.

unshrinkable [ʌn'ʃrɪŋkəbəl] adj Tex que no encoge.

unsightly [ʌn'saɪtlɪ] adj feo,-a, desagradable.

unsigned [ʌn'saɪnd] adj sin firmar.

unskilful, US **unskillful** [ʌn'skɪlfʊl] adj torpe, desmañado,-a.

unskilled [ʌn'skɪld] adj 1 (without skill) (worker) no cualificado,-a; (work) no especializado,-a. 2 (untalented) inexperto,-a; he is quite u. at drawing, se le da bastante mal el dibujo.

unsociable [ʌn'səʊʃəbəl] adj insociable, huraño,-a.

unsold [ʌn'səʊld] adj no vendido,-a, sin vender.

unsolicited [ʌnsə'lɪsɪtɪd] adj no solicitado,-a, voluntario,-a; he did it u., lo hizo espontáneamente.

unsolved [ʌn'sɒlvd] adj no resuelto,-a, sin resolver.

unsophisticated [ʌnsə'fɪstɪkeɪtɪd] adj 1 (naïve) ingenuo,-a. 2 (simple) poco sofisticado,-a, sencillo,-a.

unsound [ʌn'saʊnd] *adj* 1 *(unstable)* inestable, débil; *Jur* of **u. mind,** demente. 2 *(fallacious)* falso,-a, erróneo,-a. 3 *(defective)* defectuoso,-a; *(not firm)* poco sólido,-a. 4 *Fin (investment)* poco seguro,-a, especulativo,-a.

unsparing [ʌn'speərɪŋ] *adj* pródigo,-a; **u. in one's efforts,** sin escatimar esfuerzos; **u. of praise,** pródigo en alabanzas.

unspeakable [ʌn'spi:kəbəl] *adj* 1 indecible. 2 *fig (evil)* infando,-a, atroz.

unspecified [ʌn'spesɪfaɪd] *adj* indeterminado,-a, sin especificar.

unspoiled [ʌn'spɔɪld] *adj*, **unspoilt** [ʌn'spɔɪlt] *adj* *(unaltered)* intacto,-a, conservado,-a; *(not developed)* sin explotar.

unspoken [ʌn'spəʊkən] *adj* 1 *(tacit)* tácito,-a, implícito,-a. 2 *(unuttered)* *(word)* sin pronunciar; *(feeling)* no expresado,-a.

unstable [ʌn'steɪbəl] *adj* *(thing)* inestable, movedizo,-a; *(person)* inestable, voluble, tornadizo,-a.

unsteady [ʌn'stedɪ] *adj* 1 *(not firm)* inestable; *(table, chair)* cojo,-a; *(hand, voice)* tembloroso,-a; **to be u. on one's feet,** tambalearse. 2 *(varying)* variable; *(pulse)* irregular.

unstinting [ʌn'stɪntɪŋ] *adj* pródigo,-a **(in,** en, de); **to be u. in one's praise,** no escatimar elogios.

unstitch [ʌn'stɪtʃ] *vtr* descoser; **to come unstitched,** descoserse.

unstressed [ʌn'strest] *adj Ling* átono,-a.

unstuck [ʌn'stʌk] *adj* despegado,-a; **to come u.,** despegarse, desengancharse; *fig* venirse abajo, fracasar.

unsubstantiated [ʌnsəb'stænʃɪeɪtɪd] *adj (accusation)* no probado,-a, no demostrado,-a; *(rumour)* infundado,-a.

unsuccessful [ʌnsək'sesfʊl] *adj* 1 *(fruitless)* fracasado,-a, fallido,-a. *(useless)* vano,-a, inútil. 2 *(businessman etc)* fracasado,-a; *(candidate)* derrotado,-a, vencido,-a; *(in exam)* suspendido,-a; **to be u. at sth,** no tener éxito con algo, fracasar en algo. ◆**unsuccessfully** *adv* sin éxito, infructuosamente, en vano.

unsuitable [ʌn'su:təbəl] *adj* 1 *(person)* no apto,-a; **he's quite u. for the post,** es la persona menos indicada para el puesto. 2 *(thing)* impropio,-a, inadecuado,-a; *(remark)* inoportuno,-a; *(time)* inconveniente, intempestivo,-a; *Cin* **'u. for children',** 'no apto para menores'; **u. for the occasion,** impropio para la ocasión.

unsuited [ʌn'su:tɪd] *adj* 1 *(inappropiate)* *(person)* no apto,-a; *(thing)* impropio,-a **(to,** para). 2 *(incompatible)* incompatible.

unsupported [ʌnsə'pɔ:tɪd] *adj* 1 *(statement)* infundado,-a. 2 *(person)* sin apoyo, sin respaldo; **u. financially,** sin apoyo financiero.

unsure [ʌn'ʃʊəʳ] *adj* poco seguro,-a; **to be u. about** sth, dudar de algo; **to be u. of oneself,** carecer de confianza en sí mismo.

unsurpassed [ʌnsɜ:'pɑ:st] *adj* no superado,-a.

unsuspected [ʌnsə'spektɪd] *adj* 1 *(not suspected)* insospechado,-a. 2 *(unknown)* desconocido,-a.

unsuspecting [ʌnsə'spektɪŋ] *adj* confiado,-a; **he went in u.,** entró sin sospechar nada.

unsweetened [ʌn'swi:tənd] *adj* sin azúcar; *Ind* sin edulcorar.

unswerving [ʌn'swɜ:vɪŋ] *adj* firme, constante **(in,** en).

unsympathetic [ʌnsɪmpə'θetɪk] *adj (unfeeling)* impasible, sin compasión; *(not understanding)* poco comprensivo,-a; **she was totally u.,** no fue nada comprensiva; **they were u. to my request,** se mostraron indiferentes a mi petición.

unsystematic [ʌnsɪstɪ'mætɪk] *adj* poco sistemático,-a, poco metódico,-a.

untainted [ʌn'teɪntɪd] *adj* 1 *(water etc)* no contaminado,-a. 2 *fig (reputation)* sin mancha; **u. by scandal,** limpio,-a de escándalos.

untapped [ʌn'tæpt] *adj (mine etc)* sin explotar.

untarnished [ʌn'tɑ:nɪʃt] *adj (metal)* sin oxidar; *fig* sin mancha.

untaxed [ʌn'tækst] *adj* libre de impuestos.

untempered [ʌn'tempəd] *adj Metal* sin templar.

untenable [ʌn'tenəbəl] *adj* insostenible, indefendible.

untested [ʌn'testɪd] *adj* 1 *(not tested)* no probado,-a. 2 *(not proved)* sin comprobar.

unthinkable [ʌn'θɪŋkəbəl] *adj* impensable, inconcebible; **it's u. that ...,** es impensable que (+ *subj*).

untidiness [ʌn'taɪdɪnɪs] *n (gen)* desorden *m*; *(of appearance)* desaseo *m*, desaliño *m*.

untidy [ʌn'taɪdɪ] *adj* **(untidier, untidiest)** *(room, person)* desordenado,-a; *(hair)* despeinado,-a; *(appearance)* desaseado,-a, desaliñado,-a.

untie [ʌn'taɪ] *vtr* 1 *(unfasten)* desatar. 2 *(set free)* soltar, desligar.

until [ʌn'tɪl] I *conj* hasta que; **he won't come u. you invite him,** no vendrá hasta que no le invites; **she worked u. she collapsed,** trabajó hasta caerse; **u. she gets back,** hasta que vuelva; **u. you told me,** hasta que me lo dijiste. II *prep* hasta; **u. after dinner,** hasta después de cenar; **u. now,** hasta ahora; **u. ten o'clock,** hasta las diez; **not u. Monday,** hasta el lunes no.

untimely [ʌn'taɪmlɪ] I *adj* 1 *(premature)* prematuro,-a; **to come to an u. end,** morir antes de tiempo. 2 *(inopportune)* inoportuno,-a; *(hour)* intempestivo,-a. II *adv* 1 *(early)* prematuramente. 2 *(inopportune)* inoportunamente, a deshora.

untiring [ʌn'taɪərɪŋ] *adj* incansable, infatigable.

untold [ʌn'təʊld] *adj* 1 *(undescribable)* indecible, inefable. 2 *fig (incalculable) (loss)* incalculable; *(wealth)* fabuloso,-a. 3 *(not told)* sin contar, nunca contado,-a.

untouchable [ʌn'tʌtʃəbəl] *adj & n* intocable *(mf)*.

untouched [ʌn'tʌtʃt] *adj* 1 *(not touched)* intacto,-a. 2 *(unharmed)* ileso,-a, indemne; *(not damaged)* intacto,-a. 3 *(unaffected)* insensible **(by,** a).

untoward [ʌntə'wɔ:d, ʌn'təʊəd] *adj* 1 *(unfortunate)* desafortunado,-a; **I hope nothing u. has happened,** espero que no hayan tenido ningún contratiempo. 2 *(adverse)* adverso,-a.

untrained [ʌn'treɪnd] *adj* 1 *(unskilled)* sin preparación profesional; *(teacher)* sin título. 2 *(inexpert)* inexperto,-a. 2 *Sport* sin entrenar, desentrenado,-a. 2 *(animal)* no amaestrado,-a.

untransferable [ʌntræns'fɜ:rəbəl] *adj* intransferible.

untried [ʌn'traɪd] *adj* 1 *(not attempted)* no probado,-a; **to leave nothing u.,** intentarlo *or* probarlo todo. 2 *Jur (person)* no juzgado,-a, sin juicio; *(case)* no visto,-a.

untrue [ʌn'tru:] *adj* 1 *(false)* falso,-a. 2 *(unfaithful)* infiel, desleal. 3 *(inexact)* inexacto,-a.

untrustworthy [ʌn'trʌstwɜːðɪ] *adj* 1 *(person)* de poca confianza; **he's quite u.**, no es de fiar en absoluto. 2 *(source)* dudoso,-a, no fidedigno,-a.

untruth [ʌn'truːθ] *n* mentira *f*.

untruthful [ʌn'truːfʊl] *adj* 1 *(person)* mentiroso,-a; **she was u. about her past**, mintió sobre su pasado. 2 *(report)* falso,-a.

untuned [ʌn'tjuːnd] *adj Mus* desafinado,-a.

unusable [ʌn'juːzəbəl] *adj* inservible, inutilizable.

unused [ʌn'juːzd] *adj* 1 *(not used) (car)* sin usar, nuevo,-a; *(flat etc)* sin estrenar; *(stamp)* sin matar. 2 *(not in use)* que no se utiliza. 3 [ʌn'juːst] *(unaccustomed)* desacostumbrado,-a **(to, a)**; **I'm u. to this kind of life**, no estoy acostumbrado a este tipo de vida.

unusual [ʌn'juːʒʊəl] *adj (rare)* insólito,-a, raro,-a, poco común; *(original)* original; *(exceptional)* excepcional; **it's u. for her to be so late**, es raro que llegue tan tarde; **of u. interest**, de excepcional interés; **that's u.!**, ¡qué raro! ◆**unusually** *adv* excepcionalmente; **u. attentive**, más atento que de costumbre.

unutterable [ʌn'ʌtərəbəl] *adj* indecible, inefable.

unvarying [ʌn'veərɪɪŋ] *adj* invariable, constante.

unveil [ʌn'veɪl] *vtr* 1 *(uncover)* descubrir. 2 *fig (reveal) (plot)* descubrir, desvelar; *(secret)* revelar.

unventilated [ʌn'ventɪleɪtɪd] *adj* sin ventilación.

unverifiable [ʌn'verɪfaɪəbəl] *adj* que no puede verificarse.

unvoiced [ʌn'vɔɪst] *adj* 1 *(untold)* no expresado,-a. 2 *Ling* sordo,-a.

unwaged [ʌn'weɪdʒd] I *adj (not paid)* no remunerado,-a. II **the u.** *npl (not paid)* los no asalariados; *(unemployed)* los parados.

unwanted [ʌn'wɒntɪd] *adj* 1 *(gen)* indeseado,-a; *(child)* no deseado,-a. 2 *(superfluous)* superfluo,-a; **u. hair**, vello *m*.

unwarranted [ʌn'wɒrəntɪd] *adj* 1 *(gen)* injustificado,-a; *(remark)* gratuito,-a; *(interference)* indebido,-a. 2 *(unauthorized)* no autorizado,-a.

unwary [ʌn'weərɪ] *adj* imprudente, incauto,-a.

unwashed [ʌn'wɒʃt] *adj* sucio,-a, sin lavar.

unwavering [ʌn'weɪvərɪŋ] *adj* 1 *(undaunted) (loyalty)* constante, firme; *(courage)* inquebrantable; **u. in one's resolve**, firme en sus propósitos. 2 *(fixed)* fijo,-a.

unwelcome [ʌn'welkəm] *adj* 1 *(visitor)* molesto,-a; **to make sb feel u.**, hacer que algn se sienta incómodo,-a. 2 *(visit)* inoportuno,-a; *fig (news etc)* desagradable.

unwell [ʌn'wel] *adj* malo,-a, indispuesto,-a.

unwholesome [ʌn'həʊlsəm] *adj* 1 *(climate etc)* insalubre. 2 *fig (practice etc)* depravado,-a.

unwield(l)y [ʌn'wiːld(l)ɪ] *adj* 1 *(heavy)* pesado,-a; *(cumbersome)* abultado,-a. 2 *(difficult to handle)* poco manejable, de difícil manejo. 3 *(clumsy)* torpe, patoso,-a.

unwilling [ʌn'wɪlɪŋ] *adj* no dispuesto,-a; **to be u. to do sth**, no estar dispuesto a hacer algo. ◆**unwillingly** *adv* de mala gana.

unwillingness [ʌn'wɪlɪŋnɪs] *n* desgana *f*.

unwind [ʌn'waɪnd] *(pt & pp* **unwound)** I *vtr* desenrollar. II *vi* 1 desenrollarse. 2 *(relax)* relajarse.

unwise [ʌn'waɪz] *adj* imprudente, desaconsejable.

unwitting [ʌn'wɪtɪŋ] *adj* involuntario,-a.

unworkable [ʌn'wɜːkəbəl] *adj* 1 *(not feasible)* impracticable; *(suggestion)* irrealizable. 2 *(mine)* inexplotable.

unworldly [ʌn'wɜːldlɪ] *adj* poco mundano,-a, espiritual.

unworthy [ʌn'wɜːðɪ] *adj* no digno,-a, indigno,-a **(of, de)**; **he is u. of my confidence**, no merece mi confianza; **u. conduct**, conducta reprobable; **u. of notice**, que no merece atención.

unwound [ʌn'waʊnd] *pt & pp see* **unwind**.

unwrap [ʌn'ræp] *vtr (pt & pp* **unwrapped)** *(gift)* desenvolver; *(package)* deshacer, abrir.

unwritten [ʌn'rɪtən] *adj (gen)* no escrito,-a; *(agreement)* verbal. ■ *Jur* **u. law**, derecho *m* consuetudinario.

unyielding [ʌn'jiːldɪŋ] *adj* inflexible, rígido,-a.

unzip [ʌn'zɪp] *vtr (pt & pp* **unzipped)** bajar la cremallera de.

up [ʌp] I *prep* 1 *(movement)* **to climb** *or* **go up the mountain**, escalar la montaña; **to walk up and down the room**, ir de un lado a otro de la habitación; **to walk up the street**, ir calle arriba. 2 *(position)* en lo alto de; **further up the street**, más adelante (en la misma calle); **halfway up the ladder**, a mitad de la escalera; **up a tree**, en lo alto de un árbol. II *adv* 1 *(upwards)* arriba, hacia arriba; **from ten pounds up**, de diez libras para arriba; **halfway up**, a medio camino; **hands up!**, ¡arriba las manos!; **right up (to the top)**, hasta arriba (del todo); **to go** *or* **come up**, subir; **to look up**, mirar hacia arriba; **to stand up**, ponerse en pie, levantarse; **to throw sth up into the air**, lanzar algo al aire; **to walk up and down**, ir de un lado para otro. 2 *(stationary)* arriba; **face up**, boca arriba; *(on parcel)* **'this side up'**, 'este lado hacia arriba'. 3 *(in the sky)* **the moon is up**, ha salido la luna. 4 *(torn apart)* **'road up'**, 'carretera en obras'; *fig* **his blood was up**, le hervía la sangre; *fig* **to be up in arms**, poner el grito en el cielo. 5 *(towards)* hacia; **to come** *or* **go up to sb**, acercarse a algn. 6 *(in, to)* **he's up in Yorkshire**, está en Yorkshire; **to go up north**, ir al norte. 7 *(out of bed)* **to get up**, levantarse; **to stay up all night**, no acostarse. 8 *(increased)* **bread is up again**, el pan ha subido otra vez; **he put up his offer**, aumentó su oferta; **prices have gone up**, los precios han subido. 9 *Jur (in court)* **he was up before the magistrate**, compareció ante el juez; **she was up for speeding**, le inculparon por exceso de velocidad. 10 *(exposed)* **it's up for discussion**, se está discutiendo; **up for sale**, en venta. 11 *(taught)* **she's well up in Latin**, sabe mucho latín. 12 *fam (happening)* **something's up**, pasa algo; **what's up (with you)?**, ¿qué pasa (contigo)? 13 **up with ...!**, ¡viva ...! 14 **to be up against sth**, enfrentarse con algo. 15 **up to**, *(as far as, until)* hasta; **I can spend up to £5**, puedo gastar un máximo de cinco libras; **up to here**, hasta aquí; **up to now**, hasta ahora, hasta la fecha. 16 **to be up to**, *(depend on)* depender de; **it's up to him to do it**, le toca a él hacerlo; **it's up to you**, depende de ti, la decisión está en tus manos. 17 **to be up to**, *(be capable of)* estar a la altura de; **I don't feel up to doing it today**, hoy no me encuentro con fuerzas para hacerlo; **it's not up to much**, no vale gran cosa; **she isn't up to the journey**, no está en condiciones de hacer el viaje. 18 **to be up to**, *(devise)* traerse entre manos; **he's up to sth**, está tramando algo; **she's up to no good**, no puede estar haciendo nada bueno **what are you up to?**, ¿qué te traes entre manos? 19 *sl offens* **up yours**, ¡métetelo por el culo! III *adj* 1 *(out of bed)* **up (and about)**, levantado,-a. 2 *(fin-*

ished) terminado,-a; **his leave's up,** se le ha acabado el permiso; **time's up,** (ya) es la hora; *fam* **the game's up!,** ¡se acabó (la broma)! **3** *Rail (line)* de ascenso; *(train)* ascendente. **4** *(escalator etc)* de subida. **IV** *vtr (pt & pp upped) fam* aumentar. **V** *vi fam* **to up and ...,** coger y ...; **she upped and went,** cogió y se fue, de pronto se fue. **VI** *n GB fig* **on the up and up,** en alza; *fig* **ups and downs,** altibajos *mpl*, vicisitudes *fpl*.

up-and-coming [ˌʌpənˈkʌmɪŋ] *adj* que promete mucho; **an up-a.-c. lawyer,** un abogado con futuro.

upbringing [ˈʌpbrɪŋɪŋ] *n* educación *f*.

update [ʌpˈdeɪt] **I** *vtr* actualizar, poner al día. **II** [ˈʌpdeɪt] *n* puesta *f* al día.

upfront [ˈʌpfrʌnt] *adj fam* franco,-a, sincero,-a.

upgrade [ʌpˈɡreɪd] **I** *vtr* **1** *(promote)* ascender, subir de categoría. **2** *(improve)* mejorar la calidad de. **II** [ˈʌpɡreɪd] *n* **to be on the u.,** ir a más.

upheaval [ʌpˈhiːvəl] *n* trastorno *m*, agitación *f*.

upheld [ʌpˈheld] *pt & pp see* **uphold.**

uphill [ˈʌphɪl] **I** *adj* ascendente; *fig* arduo,-a, duro,-a. **II** *adv* cuesta arriba.

uphold [ʌpˈhəʊld] *vtr (pt & pp upheld)* **1** *(maintain)* sostener, mantener; **to u. the law,** hacer respetar las leyes. **2** *(support)* apoyar.

upholster [ʌpˈhəʊlstəʳ] *vtr* tapizar.

upholstery [ʌpˈhəʊlstərɪ] *n* **1** *(covering)* tapizado *m*, tapicería *f*. **2** *(padding)* relleno *m*. **3** *(trade)* tapicería *f*.

upkeep [ˈʌpkiːp] *n* **1** *(maintenance)* mantenimiento *m*, conservación *f*. **2** *(costs)* gastos *mpl* de mantenimiento.

uplift [ʌpˈlɪft] **I** *vtr* elevar; *fig* inspirar. **II** [ˈʌplɪft] *n fig* edificación *f*.

uplifting [ʌpˈlɪftɪŋ] *adj fig* edificante.

up-market [ˈʌpmɑːkɪt] *adj* de calidad superior, de categoría.

upon [əˈpɒn] *prep fml* en, sobre; **once u. a time ...,** érase una vez ...; **u. my word,** (mi) palabra de honor.

upper [ˈʌpəʳ] **I** *adj* **1** *(position)* superior; **the u. jaw,** la mandíbula superior; **u. storey,** piso de arriba; *fig* **to get or have the u. hand,** llevar ventaja, llevar la delantera. ■ *Typ* **u. case,** mayúscula *f*; **U. Volta,** Alto Volta. **2** *(in rank)* alto,-a; **the u. class,** la clase alta; *Pol* **the U. House,** la Cámara Alta; *fam* **the u. crust,** la flor y nata. **II** *n* **1** *(of shoe)* pala *f*. **2** *fam* **to be on one's uppers,** estar sin blanca *or* un céntimo. **3** *sl (drugs)* anfeta *f*.

upper-class [ˈʌpəklæs] *adj* de la clase alta.

uppermost [ˈʌpəməʊst] *adj* más alto,-a; *fig* predominante; *fig* **it was u. in my mind,** era lo que más me preocupaba más.

uppish [ˈʌpɪʃ] *adj GB fam* presumido,-a; **don't get so u.!,** ¡baja esos humos!

upright [ˈʌpraɪt] **I** *adj* **1** *(vertical)* vertical; **u. piano,** piano vertical. **2** *(honest)* honrado,-a, de honor. **II** *adv* derecho, en posición vertical. **III** *n* **1** *(stake)* montante *m*; *Ftb (post)* poste *m*. **2** *(piano)* piano *m* vertical.

uprising [ˈʌpraɪzɪŋ, ʌpˈraɪzɪŋ] *n* sublevación *f*, alzamiento *m*.

uproar [ˈʌprɔːʳ] *n* tumulto *m*, alboroto *m*; **the town is in an u.,** la ciudad está alborotada.

uproot [ʌpˈruːt] *vtr* desarraigar.

upset [ʌpˈset] **I** *vtr (pt & pp upset)* **1** *(overturn)* volcar; *(capsize)* hacer zozobrar; *(spill)* derramar. **2** *(shock)* trastornar; *(worry)* preocupar; *(displease)*

disgustar; **he is easily u.,** se disgusta por nada. **3** *(spoil)* desbaratar. **4** *(make ill)* sentar mal; **spicy food upsets my stomach,** las comidas picantes me sientan mal. **II** [ˈʌpset] *n* **1** *(reversal)* revés *m*, contratiempo *m*. **2** *Sport (win)* victoria *f* inesperada. **3** *(disorder etc)* trastorno *m*, disgusto *m*; **we had a bit of an u.,** sufrimos un ligero contratiempo. **III** [ʌpˈset] *adj* **1** *(overturned)* volcado,-a. **2** *(shocked)* trastornado,-a, alterado,-a; *(displeased)* disgustado,-a. **3 to have an u. stomach,** sentirse mal del estómago. **4** *(spoiled)* desbaratado,-a.

upsetting [ʌpˈsetɪŋ] *adj* preocupante, desconcertante.

upshot [ˈʌpʃɒt] *n* resultado *m*; **what will be the u. of it all?,** ¿cómo acabará todo?

upside [ˈʌpsaɪd] *n* **1** *(top)* parte *f* superior. **2 u. down,** al revés; **to turn sth u. down,** poner algo al revés; *fam* **the house was u. down,** la casa estaba patas arriba.

upstage [ʌpˈsteɪdʒ] **I** *adv & adj Theat* en el fondo del escenario. **II** *vtr fam* eclipsar.

upstairs [ʌpˈsteəz] **I** *adv* al piso de arriba; **she lives u.,** vive en el piso de arriba; **to go u.,** subir. **II** *n* piso *m* de arriba *or* superior.

upstanding [ʌpˈstændɪŋ] *adj fig* recto,-a, honrado,-a, ejemplar.

upstart [ˈʌpstɑːt] *n* **1** *(newly risen)* advenedizo,-a *m,f*. **2** *(arrogant)* impertinente *mf*.

upstream [ʌpˈstriːm] *adv* río arriba, contra la corriente.

upsurge [ˈʌpsɜːdʒ] *n* aumento *m*, subida *f*.

uptake [ˈʌpteɪk] *n fam* **to be quick on the u.,** cogerlas al vuelo.

uptight [ʌpˈtaɪt] *adj fam* nervioso,-a; **to get u.,** agobiarse.

up to date [ˌʌptəˈdeɪt] *adj* **1** *(current)* al día; **to be up to d. on sth,** estar al tanto *or* al corriente de algo. **2** *(modern)* moderno,-a, a la moda.

upturn [ˈʌptɜːn] *n (improvement)* mejora *f*.

upturned [ʌpˈtɜːnd] *adj* **u. nose,** nariz respingona.

upward [ˈʌpwəd] *adj* ascendente, hacia arriba; *Fin* **u. tendency,** tendencia al alza.

upward(s) [ˈʌpwəd(z)] *adv* **1** hacia arriba; **face u.,** boca arriba; **from ten (years) u.,** a partir de los diez años; **from twenty pounds u.,** de veinte libras para arriba; *fam* **u. of,** algo más de.

Urals [ˈjʊərəlz] *n pl* **the U.,** los (Montes) Urales.

uranium [jʊˈreɪnɪəm] *n Chem* uranio *m*.

Uranus [jʊˈreɪnəs] *n Astron* Urano *m*.

urban [ˈɜːbən] *adj* urbano,-a.

urbane [ɜːˈbeɪn] *adj* urbano,-a, cortés.

urbanize [ˈɜːbənaɪz] *vtr* urbanizar.

urchin [ˈɜːtʃɪn] *n* **1** *(child)* pilluelo,-a *m,f*, golfillo,-a *m,f*. **2** *Zool* **sea u.,** erizo *m* de mar.

urea [ˈjʊərɪə] *n* urea *f*.

urethra [jʊˈriːθrə] *n (pl* **urethras** *or* **urethrae** [jʊˈriːθriː]) *Anat* uretra *f*.

urge [ɜːdʒ] **I** *vtr* **1** *(incite)* incitar; *(press)* instar; *(plead)* exhortar; **she urged the soldiers to put down their arms,** exhortó a los soldados a que dejaran las armas. **2** *(advocate)* preconizar; *(insist on)* instar; **to u. that sth should be done,** insistir en que se haga algo. **3 to u. sb on,** *(incite)* darle cuerda a algn; *(encourage)* animar a algn. **II** *n* impulso *m*; **to feel an u. to do sth,** sentir un vivo deseo de hacer algo.

urgency [ˈɜːdʒənsɪ] *n* urgencia *f*; **of great u.,** muy urgente.

urgent ['ɜ:dʒənt] *adj (gen)* urgente; *(need, tone)* apremiante; **it is u. that I speak to her**, me urge hablar con ella.

urinal [jʊ'raɪnəl, 'jʊərɪnəl] *n* **1** *(toilet)* urinario *m*. **2** *(bowl)* orinal *m*.

urinate ['jʊərɪneɪt] *vi* orinar.

urine ['jʊərɪn] *n* orina *f*.

urn [ɜ:n] *n* **1** urna *f*; **burial u.**, urna cineraria. **2 tea u.**, tetera *f* grande.

urology [jʊ'rɒlədʒɪ] *n Med* urología *f*.

Ursa ['ɜ:sə] *n Astron* Osa *f*. ■ **U. Major**, Osa *f* Mayor; **U. Minor**, Osa *f* Menor.

Uruguay ['jʊərəgwaɪ] *n* Uruguay.

Uruguayan [jʊərə'gwaɪən] *adj & n* uruguayo,-a *(m,f)*.

us [ʌs] *pers pron* **1** *(as object)* nos; **give us some**, danos algo; **he sees us**, nos ve; **let's forget it**, olvidémoslo; **let us in**, déjanos entrar. **2** *(after prep)* nosotros,-as; **among us**, entre nosotros; **both of us**, nosotros dos; **come with us**, ven con nosotros; **four of us**, cuatro de nosotros; **he's one of us**, es de los nuestros; **there are three of us**, somos tres; **they are luckier than us**, tienen más suerte que nosotros. **3** *(after v to be)* nosotros,-as; **she wouldn't believe it was us**, no creía que fueramos nosotros. **4** *fam* me; **give us a kiss!**, ¡dame un beso!; **let's have a look**, déjame ver.

US [ju:'es] *abbr of* **United States**, Estados *mpl* Unidos, EE.UU. *mpl.*

USA [ju:es'eɪ] **1** *US abbr of* **United States Army**, Ejército *m* de los Estados Unidos. **2** *abbr of* **United States of America**, Estados *mpl* Unidos de América, EE.UU. *mpl.*

usable ['ju:zəbəl] *adj* utilizable.

USAF [ju:eseɪ'ef] *US Mil abbr of* **United States Air Force**, Fuerzas *fpl* Aéreas de los Estados Unidos, USAF.

usage ['ju:sɪdʒ] *n* **1** *(use)* uso *m*, empleo *m*. **2** *(habit, custom)* costumbre *f*. **3** *Ling* uso *m*.

use [ju:z] **I** *vtr* **1** *(gen)* emplear, utilizar, usar; **he used a pair of pliers to remove the nails**, utilizó unos alicates para sacar los clavos; **I u. it as a hammer**, me sirve de martillo; **you can u. my name as a reference**, puedes dar mi nombre si te piden referencias; **what is it used for?**, ¿para qué sirve?; *fam* **u. your head!**, ¡piensa un poco!, ¡utiliza la cabeza! **2** *(apply)* emplear; **to u. every means**, emplear todos los medios; **to u. force**, hacer uso de la fuerza; **to u. one's influence**, valerse de su influencia. **3** *(consume)* consumir, gastar; **how much coffee have you used so far?**, ¿cuánto café llevas gastado? **4 to u. up**, acabar; **it's all used up**, está agotado, no queda nada; **to u. up the scraps**, aprovechar los restos. **5** *(take unfair advantage of)* aprovecharse de; **they are (just) using you**, se aprovechan de ti. **6** *fam (need)* **I could u. a drink**, no me vendría mal un trago. **II** *v aux (past tense only)* soler, acostumbrar; **I used to live in Scotland as a child**, de pequeño viví en Escocia; **they didn't u. to play together**, no solían jugar juntos; **things aren't what they used to be**, las cosas han cambiado, ya no es como antes; **where did you u. to live?**, ¿dónde vivías (antes)? **III** [ju:s] *n* **1** *(gen)* uso *m*, empleo *m*, utilización *f*; *(handling)* manejo *m*; **directions for u.**, modo de empleo, instrucciones para el uso; **fit for u.**, en buen estado; **for emergency u. only**, utilícese sólo en caso de emergencia; *Pharm* **'for external u.'**, 'para uso externo'; **in everyday u.**, de uso corriente; **in u.**, en uso; *(on lift)* **'not in u.'**, 'no funciona'; **ready for u.**, listo para

usar; **room with u. of kitchen**, habitación con derecho a cocina; **to come into u.**, empezar a utilizarse; **to make (good) u. of sth**, aprovechar algo; **to put sth to good u.**, sacar partido de algo. **2** *(application)* aplicación *f*. **3** *(usefulness)* utilidad *f*; **I have no further u. for it**, ya no me sirve para nada; **it's no u.**, es inútil, no vale la pena; **what's the u.?**, ¿para qué?; **what's the u. of writing to her?**, ¿de qué sirve escribirle?; *fam* **it's no u. crying**, no sirve de nada llorar. **4 of u.**, útil; **to be of u.**, servir; **can I be of any u. to you?**, ¿puedo serle útil en algo?

used [ju:zd] *adj* **1** *(second-hand)* usado,-a, de segunda mano. **2** [ju:st] *(accustomed)* **to be u. to**, estar acostumbrado,-a a; **to get u. to**, acostumbrarse a.

useful ['ju:sfʊl] *adj (gen)* útil; *(practical)* práctico,-a; **this is u. for storing things**, esto va bien para guardar cosas; **to come in u.**, venir bien; **to make oneself u.**, ser útil, ayudar.

usefulness ['ju:sfʊlnɪs] *n* utilidad *f*.

useless ['ju:slɪs] *adj* **1** inútil; **it's u.**, es inútil. **2** *fam (person)* inútil (**at**, para); **I'm u. at that sort of thing**, soy un negado para ese tipo de cosas; **she's quite u.**, es un cero a la izquierda.

user ['ju:zə'] *n* **1** usuario,-a *m,f*; **telephone users**, los usuarios de teléfono. **2** *fam (of drugs)* drogadicto,-a *m,f*.

usher ['ʌʃə'] **I** *n* **1** *Cin Theat* acomodador,-a *m,f*. **2** *(in court etc)* ujier *m*. **II** *vtr* **to u. in**, *Cin Theat* acomodar; *(at home)* hacer pasar; **to u. out**, acompaña hasta la puerta.

USN [ju:es'en] *US Mil abbr of* **United States Navy**, Armada *f* de los Estados Unidos, USN.

USS [ju:es'es] *US Naut abbr of* **United States Ship**, barco *m* de los Estados Unidos.

USSR [ju:eses'ɑ:'] *abbr of* **Union of Soviet Socialist Republics**, Unión *f* de Repúblicas Socialistas Soviéticas, URSS *f*.

usual ['ju:ʒʊəl] **I** *adj* corriente, normal; **as u.**, como siempre, como de costumbre; **at the u. hour**, a la hora habitual; **earlier than u.**, más pronto que de costumbre; **it's not u. for her to be late**, no suele llegar tarde; **it's the u. practice**, es lo normal; **the u. problems**, los problemas de siempre; **the u. thing**, lo de siempre. **II** *n* **1** lo habitual, lo usual; **out of th u.**, fuera de lo común. **2** *fam (drink etc)* **the u.**, lo de siempre. ◆**usually** *adv* normalmente; **she was more than u. polite**, estuvo más amable de lo habitual; **what do you u. do on Sundays?**, ¿qué suele hacer los domingos?

usurer ['ju:ʒərə'] *n* usurero,-a *m,f*.

usurpation [ju:zɜ:'peɪʃən] *n* usurpación *f*.

utensil [ju:'tensəl] *n* utensilio *m*. ■ **kitchen utensils**, batería *f sing* or utensilios *mpl* de cocina.

uterus ['ju:tərəs] *n (pl uteri* ['ju:təraɪ]*) Anat* útero *m*, matriz *f*.

utilitarian [ju:tɪlɪ'teərɪən] **I** *adj* **1** *Philos* utilitarista. **2** *(useful)* utilitario,-a. **II** *n Philos* utilitarista *mf*.

utility [ju:'tɪlɪtɪ] *n* **1** utilidad *f*. ■ **u. goods**, artículos *mpl* utilitarios; **u. room**, *(for storage)* trascocina *f*, *(for ironing)* cuarto *m* de planchar; **u. vehicle**, ut litario *m*. **2** **(public) u.**, empresa *f* de servicio pú blico.

utilize ['ju:tɪlaɪz] *vtr* utilizar, servirse de.

utmost ['ʌtməʊst] **I** *adj* sumo,-a, extremo,-a; **it is o the u. importance that …**, es de suma importanci que … (+ *subj*); **the u. ends of the earth**, los con fines más remotos de la tierra; **with the u. ease,** con suma facilidad. **II** *n* máximo *m*; **to do** *or* **try one's u.,** hacer todo lo posible; **to the u.,** al máximo, a más no poder.

utopia [ju:'təʊpɪə] *n* utopía *f*.

utopian [ju:'təʊpɪən] **I** *adj* utópico,-a. **II** *n* utopista *mf*.

utter¹ ['ʌtəʳ] *vtr (words)* pronunciar; *(threat)* proferir; *(sigh)* dar; *(cry)* lanzar; **she didn't u. a word,** no pronunció palabra, no dijo ni pío.

utter² ['ʌtəʳ] *adj* total, completo,-a, absoluto,-a; **he's an u. fool,** es tonto de remate; **she's an u. stranger to me,** no le conozco de nada; **that's u. nonsense!,** ¡es pura tontería!; **u. bliss,** la más completa felicidad.

utterance ['ʌtərəns] *n* declaración *f*.

U-turn ['ju:tɜ:n] *n* cambio *m* de sentido.

uvula ['ju:vjʊlə] *n (pl uvulas or uvulae* ['ju:vjʊli:]*)* *Anat* úvula *f*, campanilla *f*.

uvular ['ju:vjʊləʳ] *adj* uvular.

V, v [vi:] *n (the letter)* V, v *f*.

V *Elec abbr of* **volt(s),** voltio(s) *m(pl)*, V.

v 1 *(pl vv) abbr of* **verse,** verso *m*, v. **2** *(also vs) Jur Sport abbr of* **versus,** contra. **3** *fam abbr of* **very,** muy. **4** *abbr of* **vide** (see), véase, vid.

vac [væk] *n (abbr of vacation)* GB Sch Univ fam vacaciones *fpl*.

vacancy ['veɪkənsɪ] *n* **1** *(job, post)* vacante *f*, puesto *m* vacante; **to fill a v.,** ocupar un puesto; **'v. for a waiter',** 'se necesita camarero'. **2** *(room in hotel)* habitación *f* libre; **'no vacancies',** 'completo'.

vacant ['veɪkənt] *adj* **1** *(empty)* vacío,-a. **2** *(job, post)* vacante; **'situations v.',** 'ofertas de trabajo'. **3** *(room, seat, hour)* libre. **3** *(mind, expression)* vacío,-a; **with a v. stare,** con la mirada perdida. ◆**vacantly** *adv (absent-mindedly)* distraídamente.

vacate [vəˈkeɪt] *vtr* **1** *(post)* dejar, dejar vacante. **2** *(flat etc)* desalojar, desocupar.

vacation [vəˈkeɪʃən] **I** *n* **1** GB Sch Univ vacaciones *fpl*; **the long v.,** las vacaciones de verano. **2** US vacaciones *fpl*; **to be on v.,** estar de vacaciones; **to take a v.,** tomarse unas vacaciones. **II** *vi* US pasar las vacaciones **(in, at,** en).

vacationer [vəˈkeɪʃənəʳ] *n*, **vacationist** [vəˈkeɪʃənɪst] *n* US summer **v.,** veraneante *mf*.

vaccinate ['væksɪneɪt] *vtr* Med vacunar.

vaccine ['væksi:n] *n* Med vacuna *f*.

vacillate ['væsɪleɪt] *vi* **1** *(hesitate)* vacilar, dudar. **2** *(sway)* oscilar.

vacillating ['væsɪleɪtɪŋ] *adj* **1** *(hesitating)* vacilante, indeciso,-a. **2** *(swaying)* oscilante.

vacuous ['vækjʊəs] *adj* **1** *(empty)* vacío,-a, vacuo,-a. **2** *(mindless)* necio,-a, tonto,-a.

vacuum ['vækjʊəm] *n (pl vacuums or vacua* ['vækjʊə]*) Phys* vacío *m*; *fig* **to leave a v.,** dejar un vacío. ■ **v. brake,** freno *m* de vacío; **v. cleaner,** aspiradora *f*; **v. flask,** termo *m*. **II** *vtr* limpiar con aspiradora; **to v. the living room,** pasar la aspiradora por el salón.

vacuum-packed ['vækjʊəmpækt] *adj* envasado,-a al vacío.

vade mecum [vɑːdɪˈmeɪkʊm] *n* vademécum *m*.

vagabond ['vægəbɒnd] *adj & n* vagabundo,-a *(m,f)*.

vagary ['veɪgərɪ, vəˈgeərɪ] *n fml* capricho *m*.

vagina [vəˈdʒaɪnə] *n (pl vaginas or vaginae* [vəˈdʒaɪniː]*) Anat* vagina *f*.

vaginal [vəˈdʒaɪnəl] *adj* vaginal.

vagrancy ['veɪgrənsɪ] *n* vagabundeo *m*, vagabundería *f*.

vagrant ['veɪgrənt] *adj & n* vagabundo,-a *(m,f)*.

vague [veɪg] *adj (imprecise)* vago,-a, impreciso,-a; *(indistinct)* borroso,-a; **I haven't the vaguest idea,** no tengo la más mínima idea; **she was v. about it,** no dio detalles.

vagueness ['veɪgnɪs] *n (gen)* vaguedad *f*, imprecisión *f*; *(of outline)* lo borroso.

vain [veɪn] *adj* **1** *(proud)* vanidoso,-a, presumido,-a. **2** *(hopeless)* vano,-a; **in v.,** en vano.

valance ['væləns] *n (of bed)* cenefa *f*, doselera *f*.

vale [veɪl] *n lit* valle *m*; *fig* **v. of tears,** valle de lágrimas.

valence ['veɪləns] *n* US Chem see **valency.**

Valencian [vəˈlensɪən] *adj & n* valenciano,-a *(m,f)*.

valency ['veɪlənsɪ] *n* Chem valencia *f*.

valentine ['væləntaɪn] *n* **1** *(card)* tarjeta *f* que se manda el Día de los Enamorados (14 de febrero). **2** *(sweetheart)* novio,-a *m,f*.

valerian [vəˈleərɪən] *n* Bot valeriana *f*.

valet ['vælɪt, 'væleɪ] *n* ayuda *m* de cámara.

valiant ['vælɪənt] *adj* valiente.

valid ['vælɪd] *adj (gen)* válido,-a; *(ticket)* valedero,-a; **no longer v.,** caducado,-a; *(ticket)* **v. for six months,** valedero para seis meses.

validate ['vælɪdeɪt] *vtr* validar.

validity [vəˈlɪdɪtɪ] *n* validez *f*.

Valletta [vəˈletə] *n* (La) Valeta.

valley ['vælɪ] *n* valle *m*.

valour, US **valor** ['væləʳ] *n* valor *m*, valentía *f*.

valuable ['væljʊəbəl] **I** *adj* valioso,-a, de valor. **II** **valuables** *npl* objetos *mpl* de valor.

valuation [væljʊˈeɪʃən] *n* **1** *(act)* valoración *f*, valuación *f*. **2** *(price)* valor *m*.

value ['vælju:] **I** *n (gen)* valor *m*; **50 pence is good v.,** 50 peniques es un buen precio; **of great/little v.,** de gran/poco valor; **of no v.,** sin valor; **to get good v. for money,** sacarle jugo al dinero; **to increase in v.,** aumentar en valor; **to the v. of,** por el valor de; **traditional values,** valores tradicionales. ■ **v. added tax,** impuesto *m* sobre el valor añadido. **II** *vtr* **1** *(estimate value of)* valorar, tasar. **2** *(appreciate)* valorar, estimar, apreciar.

valueless ['væljʊlɪs] *adj* sin valor.

valuer ['væljʊəʳ] n tasador,-a m,f.

valve [vælv] n 1 Anat Tech válvula f. ■ **safety v.**, válvula f de seguridad. 2 Rad lámpara f. 3 Bot Zool valva f. 4 Mus llave f.

valvular ['vælvjʊləʳ] adj valvular.

vamp¹ [væmp] n fam vampiresa f.

vamp² [væmp] n pala f, empella f.

vampire ['væmpaɪəʳ] n vampiro m. ■ Zool **v. bat,** vampiro m.

van¹ [væn] n 1 Aut furgoneta f, camioneta f. ■ GB **breakdown v.**, grúa f; **delivery v.**, furgoneta f de reparto; **prison v.**, coche m celular; **removal v.**, camión m de mudanza. 2 GB Rail furgón m.

van² [væn] n fam abbr of vanguard.

vandal ['vændəl] n 1 vándalo,-a m,f. 2 Hist **V.**, vándalo,-a m,f.

vandalism ['vændəlɪzəm] n vandalismo m.

vandalize ['vændəlaɪz] vtr destruir, destrozar, hacer estragos en.

vane [veɪn] n (weather or wind) v., veleta f.

vanguard ['vænɡɑ:d] n vanguardia f; **to be in the v. of,** estar en la vanguardia de.

vanilla [vəˈnɪlə] n vainilla f.

vanish ['vænɪʃ] vi desaparecer, esfumarse; **to v. from sight,** desaparecer de la vista; fig **to v. into thin air,** desaparecer sin dejar rastro.

vanishing point ['vænɪʃɪŋpɔɪnt] n punto m de fuga.

vanity ['vænɪtɪ] n vanidad f; **out of sheer v.**, por pura vanidad. ■ **v. bag, v. case,** neceser m.

vanquish ['væŋkwɪʃ] vtr lit vencer.

vantage ['vɑ:ntɪdʒ] n ventaja f; **v. point,** posición f ventajosa or estratégica.

Vanuatu ['vænu:ætu:] n Vanuatu.

vapid ['væpɪd] adj insípido,-a, soso,-a.

vaporize ['veɪpəraɪz] I vtr vaporizar. II vi vaporizarse.

vaporizer ['veɪpəraɪzəʳ] n (device) vaporizador m; (spray) pulverizador m, atomizador m.

vaporous ['veɪpərəs] adj vaporoso,-a.

vapour, US vapor ['veɪpəʳ] n (gen) vapor m; (on windowpane) vaho m. ■ **v. trail,** estela f de humo.

variability [veərɪəˈbɪlɪtɪ] n variabilidad f.

variable ['veərɪəbəl] adj & n variable (f).

variance ['veərɪəns] n fml discrepancia f; **to be at v.**, no concordar; **to be at v. with sb,** estar en desacuerdo con algn.

variant ['veərɪənt] adj & n variante (f).

variation [veərɪˈeɪʃən] n variación f.

varicose ['værɪkəʊs] adj Med varicoso,-a. ■ **v. veins,** varices fpl.

varied ['veərɪd] adj variado,-a, diverso,-a.

variegated ['veərɪɡeɪtɪd] adj abigarrado,-a.

variety [vəˈraɪtɪ] n 1 (diversity) variedad f, diversidad f; (assortment) surtido m; **for a v. of reasons,** por razones diversas; **there is a wide v. of opinions,** hay gran diversidad de opiniones; prov **v. is the spice of life,** en la variedad está el gusto. 2 Theat variedades fpl. ■ **v. show,** espectáculo m de variedades.

various ['veərɪəs] adj 1 (different) diverso,-a, vario,-a; **the v. authorities on the subject,** las distintas autoridades en el tema. 2 (several) varios,-as.

varnish ['vɑ:nɪʃ] I n barniz m. ■ GB **nail v.,** esmalte m de uñas. II vtr barnizar.

vary ['veərɪ] vi (pt & pp varied) variar; **opinions v.**, las opiniones varían; **prices v. from £2 to £4,** los precios oscilan entre 2 y 4 libras; **to v. in size,** variar de tamaño.

varying adj diverso,-a; **with v. degrees of success,** con más o menos éxito.

vascular ['væskjʊləʳ] adj Anat Biol vascular.

vase [vɑ:z] n florero m, jarrón m.

vasectomy [væˈsektəmɪ] n Med vasectomía f.

Vaseline® ['væsɪli:n] n vaselina f.

vassal ['væsəl] n Hist vasallo,-a m,f.

vast [vɑ:st] adj (area etc) vasto,-a, inmenso,-a, enorme; (majority) abrumador,-a; **v. sums of money,** grandes cantidades de dinero.

vastness ['vɑ:stnɪs] n vastedad f, inmensidad f.

VAT, Vat [vi:eɪˈti:, væt] Econ abbr of **value added tax,** impuesto m sobre el valor añadido, IVA m.

vat [væt] n cuba f, tina f.

Vatican ['vætɪkən] n **the V.**, el Vaticano. ■ **V. City,** Ciudad f del Vaticano.

vaudeville ['vəʊdəvɪl, 'vɔ:dəvɪl] n Theat vodevil m.

vault¹ [vɔ:lt] n 1 Archit bóveda f. 2 (cellar) sótano m; (for wine) bodega f. 3 (tomb) tumba f. 4 (of bank) cámara f acorazada.

vault² [vɔ:lt] I vtr & vi saltar. II n Gymn salto m. ■ **pole v.,** salto m de pértiga.

vaulting ['vɔ:ltɪŋ] adj Gymn **v. horse,** potro m; Sport **v. pole,** pértiga f.

vaunt [vɔ:nt] vtr fml jactarse de, hacer alarde de.

VC [vi:ˈsi:] 1 Com abbr of **Vice-Chairman,** Vicepresidente m. 2 Univ abbr of **Vice Chancellor,** Rector m. 3 Pol abbr of **Vice-Consul,** Vicecónsul m. 4 GB Mil abbr of **Victoria Cross,** Cruz f de (la Reina) Victoria.

VCR [vi:si:ˈɑ:ʳ] abbr of **video cassette recorder,** (grabador m de) video m.

VD [vi:ˈdi:] Med abbr of **venereal disease,** enfermedad f venérea.

VDU [vi:di:ˈju:] Comput abbr of **visual display unit,** pantalla f.

veal [vi:l] n Culin ternera f.

vector ['vektəʳ] n Math vector m.

veer¹ [vɪəʳ] vi (ship) virar; (car) cambiar de dirección, girar; (road) torcer; fig **to v. from one's course,** desviarse de su camino; fig **to v. round,** cambiar de opinión.

veg [vedʒ] n (abbr of vegetable or vegetables) fam verdura(s) f(pl), hortaliza(s) f(pl).

vegetable ['vedʒtəbəl] n (gen) vegetal m; (food) verdura f, hortaliza f, legumbre f; **early vegetables,** verduras tempranas. ■ **the v. kingdom,** el reino vegetal; **v. garden,** huerta f, huerto m.

vegetarian [vedʒɪˈteərɪən] adj & n vegetariano,-a (m,f).

vegetarianism [vedʒɪˈteərɪənɪzəm] n vegetarianismo m.

vegetate ['vedʒɪteɪt] vi vegetar.

vegetation [vedʒɪˈteɪʃən] n vegetación f.

vehemence ['vi:ɪməns] n vehemencia f.

vehement ['vi:ɪmənt] adj vehemente.

vehicle ['vi:ɪkəl] n 1 Tech vehículo m. ■ **armoured v.**, vehículo m blindado; **motor v.**, automóvil m. 2 fig vehículo m, medio m.

vehicular [vɪˈhɪkjʊləʳ] adj de vehículos; **v. traffic,** tránsito rodado.

veil [veɪl] **I** *n* velo *m*; *Rel* **to take the v.**, tomar el velo; *fig* **to draw a v. over sth**, correr un tupido velo sobre algo. **II** *vtr* 1 velar, cubrir con velo. 2 *fig* velar, disimular; **veiled reference**, alusión velada.

vein [veɪn] *n* 1 *Anat* vena *f*. 2 *Bot* vena *f*, nervio *m*. 3 *Geol Min* vena *f*, veta *f*. 4 *(in wood, marble)* vena *f*, filón *m*. 5 *fig (mood)* vena *f*, humor *m*; **to be in v.**, estar en vena.

veined [veɪnd] *adj* veteado,-a.

veiny [ˈveɪnɪ] *adj (veinier, veiniest)* venoso,-a.

vela [ˈviːlə] *npl see* **velum**.

velar [ˈviːləʳ] *adj & n Ling* velar *(f)*.

vellum [ˈveləm] *n* vitela *f*. ■ **v. paper**, papel *m* vitela.

velocity [vɪˈlɒsɪtɪ] *n* velocidad *f*.

velodrome [ˈviːlədrəʊm, ˈve]ədrəʊm] *n* velódromo *m*.

velour(s) [veˈlʊəʳ] *n Tex* veludillo *m*.

velum [ˈviːləm] *n Anat* velo *m* (del paladar).

velvet [ˈvelvɪt] *n Tex* terciopelo *m*; **an iron hand in a v. glove**, mano de hierro en guante de terciopelo.

velveteen [velvɪˈtiːn] *n Tex* pana *f*.

velvety [ˈvelvɪtɪ] *adj* aterciopelado,-a.

venal [ˈviːnəl] *adj* venal, sobornable.

venality [vɪˈnælɪtɪ] *n* venalidad *f*.

vend [vend] *vtr Jur* vender.

vendetta [venˈdetə] *n* enemistad *f*, odio *m*.

vending [ˈvendɪŋ] *n* **v. machine**, máquina *f* expendedora.

vendor [ˈvendɔːʳ] *n Jur* vendedor,-a *m,f*.

veneer [vɪˈnɪəʳ] **I** *n* 1 *(covering)* chapa *f*. 2 *fig* apariencia *f*. **II** *vtr* chapar, chapear.

venerable [ˈvenərəbəl] *adj* venerable.

venerate [ˈvenəreɪt] *vtr* venerar.

venereal [vɪˈnɪərɪəl] *adj Med* venéreo,-a.

Venetian [vɪˈniːʃən] *adj & n* veneciano,-a *(m,f)*. ■ **v. blind**, persiana *f* graduable.

Venezuela [venɪˈzweɪlə] *n* Venezuela.

Venezuelan [venɪˈzweɪlən] *adj & n* venezolano,-a *(m,f)*.

vengeance [ˈvendʒəns] *n* venganza *f*; **to take v. on sb**, vengarse de algn; *fam* **it was raining with a v.**, llovía con ganas.

vengeful [ˈvendʒfʊl] *adj* vengativo,-a.

venial [ˈviːnɪəl] *adj* venial; **v. sin**, pecado venial.

Venice [ˈvenɪs] *n* Venecia.

venison [ˈvenzən, ˈvenɪsən] *n Culin* carne *f* de venado.

venom [ˈvenəm] *n* veneno *m*.

venomous [ˈvenəməs] *adj* venenoso,-a; *fig* **v. tongue**, lengua viperina.

venous [ˈviːnəs] *adj Anat* venoso,-a.

vent [vent] **I** *n* 1 *(opening)* abertura *f*, orificio *m*; *(grille)* rejilla *f* de ventilación; *fig* **to give v. to one's feelings**, desahogarse. ■ **air v.**, respiradero *m*. 2 *(of volcano)* chimenea *f*. **II** *vtr fig (feelings)* descargar; **to v. one's anger on sb**, desahogarse con algn.

ventilate [ˈventɪleɪt] *vtr* ventilar, airear.

ventilation [ventɪˈleɪʃən] *n* ventilación *f*. ■ *Min* **v. shaft**, pozo *m* de ventilación.

ventilator [ˈventɪleɪtəʳ] *n* ventilador *m*.

ventricle [ˈventrɪkəl] *n Anat* ventrículo *m*.

ventriloquist [venˈtrɪləkwɪst] *n* ventrílocuo,-a *m,f*.

ventriloquism [venˈtrɪləkwɪzəm] *n*, **ventriloquy** [venˈtrɪləkwɪ] *n* ventriloquia *f*.

venture [ˈventʃəʳ] **I** *vtr* arriesgar, aventurar; **to v. an opinion**, aventurar una opinión; **he didn't v. to ask**, no se atrevió a preguntarlo; *prov* **nothing ventured, nothing gained**, quien no arriesga no cruza la mar. **II** *vi* arriesgarse; **to v. out of doors**, atreverse a salir. **III** *n* empresa *f* arriesgada, aventura *f*; **business/joint v.**, empresa comercial/colectiva; **it's a completely new v.**, es algo completamente nuevo.

venue [ˈvenjuː] *n* 1 *Jur* jurisdicción *f*. 2 *(meeting place)* lugar *m* de reunión. 3 *(for concert etc)* local *m*.

Venus [ˈviːnəs] *n* 1 *Myth* Venus *f*. 2 *Astron* Venus *m*.

veracious [veˈreɪʃəs] *adj* veraz, sincero,-a.

veracity [veˈræsɪtɪ] *n* veracidad *f*.

veranda(h) [vəˈrændə] *n* veranda *f*, terraza *f*.

verb [vɜːb] *n Ling* verbo *m*.

verbal [ˈvɜːbəl] *adj* verbal. ◆**verbally** *adv* verbalmente, de palabra.

verbalize [ˈvɜːbəlaɪz] *vtr* verbalizar.

verbatim [vəˈbeɪtɪm] **I** *adj* textual. **II** *adv* palabra por palabra, textualmente.

verbena [vɜːˈbiːnə] *n Bot* verbena *f*.

verbiage [ˈvɜːbɪdʒ] *n* verborrea *f*, verbosidad *f*.

verbose [vɜːˈbəʊs] *adj* verboso,-a, locuaz.

verbosity [vɜːˈbɒsɪtɪ] *n* verbosidad *f*.

verdant [ˈvɜːdənt] *adj lit* verde.

verdict [ˈvɜːdɪkt] *n* 1 *Jur* veredicto *m*, fallo *m*; **to return a v. of guilty/not guilty**, pronunciar un veredicto de culpabilidad/inocencia. 2 *(opinion)* opinión *f*, juicio *m*; **give me your v. on it**, dime lo que opinas de ello.

verge [vɜːdʒ] **I** *n* 1 *(margin)* borde *m*, margen *m*; *fig* **on the v. of**, al borde de, a dos dedos de; *fig* **to be on the v. of doing sth**, estar a punto de hacer algo. 2 *GB (of road)* arcén *m*. **II** *vi* rayar **(on, en)**; **it verges on madness**, raya en la locura; **she's verging on fifty**, ronda los cincuenta años.

verger [ˈvɜːdʒəʳ] *n C of E* sacristán *m*.

verifiable [ˈverɪfaɪəbəl] *adj* verificable.

verification [verɪfɪˈkeɪʃən] *n* verificación *f*, comprobación *f*.

verify [ˈverɪfaɪ] *vtr (pt & pp verified)* verificar, comprobar.

verisimilitude [verɪsɪˈmɪlɪtjuːd] *n* verosimilitud *f*.

veritable [ˈverɪtəbəl] *adj* verdadero,-a, auténtico,-a.

verity [ˈverɪtɪ] *n* verdad *f*.

vermicelli [vɜːmɪˈselɪ] *npl Culin* fideos *mpl*.

vermil(l)ion [vəˈmɪljən] **I** *n* bermellón *m*. **II** *adj* bermejo,-a.

vermin [ˈvɜːmɪn] *npl* 1 *(animals)* bichos *mpl*, sabandijas *fpl*. 2 *fig* gentuza *f sing*, chusma *f sing*.

verminous [ˈvɜːmɪnəs] *adj* lleno,-a de bichos.

vermouth [ˈvɜːməθ] *n* vermú *m*, vermut *m*.

vernacular [vəˈnækjʊləʳ] **I** *n* lengua *f* vernácula. **II** *adj* vernáculo,-a.

veronica [vəˈrɒnɪkə] *n Bot* verónica *f*.

verruca [vəˈruːkə] *n (pl verruccas or verruccae* [vəˈruːsiː]*)* med verruga *f*.

Versailles [veəˈsaɪ] *n* Versalles *f*.

versatile [ˈvɜːsətaɪl] *adj* 1 *(person)* polifacético,-a; *(object)* dúctil, de múltiples aplicaciones. 2 *Zool* versátil.

versatility [vɜːsəˈtɪlɪtɪ] *n* 1 *(of person)* carácter *m* polifacético; *(of object)* ductilidad *f*, variedad *f* de aplicaciones. 2 *Zool* versatilidad *f*.

verse [vɜːs] *n* **1** (*stanza*) estrofa *f*. **2** (*poetry*) versos *mpl*, poesía *f*; **blank v.**, verso blanco; **free v.**, verso libre; **in v.**, en verso. **3** (*of song*) copla *f*. **4** (*of Bible*) versículo *m*.

versed [vɜːst] *adj* versado,-a; **to be (well) v. in**, ser (muy) versado en.

versification [vɜːsɪfɪˈkeɪʃən] *n* versificación *f*.

versify [ˈvɜːsɪfaɪ] *vi* (*pt & pp* **versified**) versificar.

version [ˈvɜːʃən, ˈvɜːʒən] *n* **1** (*gen*) versión *f*; **the uncut v. of the film**, la versión íntegra de la película. ■ *Theat* **stage v.**, adaptación *f* teatral. **2** *Mus* interpretación *f*. **3** *Aut* modelo *m*; **the economy v.**, el modelo económico.

verso [ˈvɜːsəʊ] *n* (*pl* **versos**) *Print* reverso *m*.

versus [ˈvɜːsəs] *prep* *Jur* *Sport* contra.

vertebra [ˈvɜːtɪbrə] *n* (*pl* **vertebras** *or* **vertebrae** [ˈvɜːtɪbriː]) *Anat* vértebra *f*.

vertebral [ˈvɜːtɪbrəl] *adj* vertebral.

vertebrate [ˈvɜːtɪbreɪt, ˈvɜːtɪbrɪt] *adj & n* vertebrado,-a *(m)*.

vertex [ˈvɜːteks] *n* (*pl* **vertexes** *or* **vertices**) **1** *Anat* *Geom* vértice *m*. **2** *fig* cumbre *f*, cima *f*.

vertical [ˈvɜːtɪkəl] *adj & n* vertical (*f*).

vertices [ˈvɜːtɪsiːz] *npl see* **vertex**.

vertigo [ˈvɜːtɪgəʊ] *n* (*pl* **vertigoes** *or* **vertigines** [vɜːˈtɪdʒɪniːz]) *Med* vértigo *m*.

vervain [ˈvɜːveɪn] *n* *Bot* verbena *f*.

verve [vɜːv] *n* vigor *m*, brío *m*, energía *f*.

very [ˈverɪ] **I** *adv* **1** (*extremely*) muy; **it's v. kind of you**, es muy amable de tu parte; **to be v. hungry**, tener mucha hambre; **v. few**, muy pocos,-as, poquísimos,-as; **v. little**, muy poco; **v. much**, mucho, muchísimo; **v. tall**, muy alto,-a, altísimo,-a; **v. well**, muy bien. **2** (*emphatic*) **at the v. latest**, a más tardar, como máximo; **at the v. least**, como mínimo, por lo menos; **the v. best**, el mejor de todos; **the v. first/last**, el primero/último de todos; **the v. same day**, el mismo día. **II** *adj* **1** (*extreme*) de todo; **at the v. end**, al final de todo. **2** (*precise*) exacto,-a, mismo,-a; **at this v. moment**, en este mismo momento; **her v. words**, sus palabras exactas; **in the v. middle**, justo en medio; *fam* **it's the v. thing**, es justo lo que hacía falta. **3** (*mere*) **the v. thought of it!**, ¡sólo con pensarlo!

vesicle [ˈvesɪkəl] *n* *Anat* vesícula *f*.

vesicular [veˈsɪkjʊləʳ] *adj* *Anat* vesicular.

vespers [ˈvespəz] *npl* *Rel* vísperas *fpl*.

vessel [ˈvesəl] *n* **1** (*container*) vasija *f*, recipiente *m*. **2** *Naut* buque *m*, nave *f*, navío *m*. ■ **cargo v.**, buque *m* de carga. **3** *Anat* *Bot* vaso *m*. ■ **blood v.**, vaso *m* sanguíneo.

vest [vest] **I** *n* **1** (*undershirt*) camiseta *f*. **2** *US* chaleco *m*. **II** *vtr* *Jur* dar posesión a (**with**, de), conferir a (**with**, -); **to v. sb with rights**, conferir derechos a algn.

vestal [ˈvestəl] *adj* vestal. ■ **v. virgin**, vestal *f*.

vested [ˈvestɪd] *adj* *Jur* *Fin* absoluto,-a, efectivo,-a; **v. interests**, derechos adquiridos; *fig* intereses creados *or* personales; **to have a v. interest in a matter**, tener intereses personales en un asunto.

vestibule [ˈvestɪbjuːl] *n* **1** (*entrance hall*) vestíbulo *m*, entrada *f*. **2** *Anat* vestíbulo *m*.

vestige [ˈvestɪdʒ] *n* vestigio *m*, rastro *m*.

vestigial [vesˈtɪdʒɪəl] *adj* vestigial.

vestment [ˈvestmənt] *n* *Rel* vestidura *f* sacerdotal.

vestry [ˈvestrɪ] *n* *Rel* sacristía *f*.

Vesuvius [vɪˈsuːvɪəs] *n* Vesubio *m*.

vet[1] [vet] **I** *n* *fam* *abbr of* **veterinary surgeon**. **II** *vtr* (*pt & pp* **vetted**) *GB* someter a investigación, examinar.

vet[2] [vet] *n* (*abbr of* **veteran**) *US* *Mil* excombatiente *mf*.

vetch [vetʃ] *n* *Bot* arveja *f*.

veteran [ˈvetərən] *n* **1** (*gen*) veterano,-a *m,f*; *fig* **he's a v. photographer**, es un fotógrafo experimentado. ■ *GB* **v. car**, coche *m* de época (construido antes de 1919); **v. soldier**, soldado *m* veterano. **2** *US* *Mil* (**war**) **v.**, ex combatiente *mf*.

veterinarian [vetərɪˈneərɪən] *n* *US* veterinario,-a *m,f*.

veterinary [ˈvetərɪnərɪ] *adj* veterinario,-a. ■ **v. medicine**, veterinaria *f*; *GB* **v. surgeon**, veterinario,-a *m,f*.

veto [ˈviːtəʊ] **I** *n* (*pl* **vetoes**) veto *m*; **power** *or* **right of v.**, derecho *m* de veto; **to impose a v. over sth**, poner el veto a algo. **II** *vtr* (*pt & pp* **vetoed**) vetar; (*forbid*) vedar, prohibir.

vetting [ˈvetɪŋ] *n* *GB* investigación *f*, examen *m*.

vexation [vekˈseɪʃən] *n* **1** (*annoyance*) disgusto *m*, vejación *f*. **2** (*worry*) preocupación *f*.

vexatious [vekˈseɪʃəs] *adj* molesto,-a.

vexed [vekst] *adj* **1** (*annoyed*) disgustado,-a, molesto,-a; **she was v. at the delay**, le disgustó el retraso. **2** (*worried*) inquieto,-a. **3** (*debated*) controvertido,-a.

VHF [viːeɪtʃˈef] *Rad* *abbr of* **very high frequency**, frecuencia *f* muy alta, VHF.

via [ˈvaɪə] *prep* por, vía; **they travelled v. Paris**, viajaron vía París.

viability [vaɪəˈbɪlɪtɪ] *n* viabilidad *f*.

viable [ˈvaɪəbəl] *adj* viable, factible, practicable.

viaduct [ˈvaɪədʌkt] *n* viaducto *m*.

viand [ˈvaɪənd] *n* (*gen pl*) vianda *f*.

viaticum [vaɪˈætɪkəm] *n* (*pl* **viaticums** *or* **viatica** [vaɪˈætɪkə]) *Rel* viático *m*.

vibes [vaɪbz] *npl* (*abbr of* **vibrations**) *fam* vibraciones *fpl*.

vibrant [ˈvaɪbrənt] *adj* **1** (*sound*) vibrante. **2** *fig* (*personality*) vital, fuerte; (*city*) animado,-a.

vibraphone [ˈvaɪbrəfəʊn] *n* *Mus* vibráfono *m*.

vibrate [vaɪˈbreɪt] *vi* vibrar (**with**, de).

vibration [vaɪˈbreɪʃən] *n* vibración *f*.

vibrator [vaɪˈbreɪtəʳ] *n* vibrador *m*.

vibratory [ˈvaɪbrətərɪ] *adj* vibratorio,-a.

viburnum [vaɪˈbɜːnəm] *n* *Bot* viburno *m*.

vicar [ˈvɪkəʳ] *n* **1** *C of E* párroco *m*. **2** *RC* vicario *m*; **the V. of Christ**, el Vicario de Cristo. ■ **v. general** vicario *m* general.

vicarage [ˈvɪkərɪdʒ] *n* casa *f* del párroco, vicaría *f*.

vicarious [vɪˈkeərɪəs] *adj* (*gen*) experimentado,-a por otro; (*punishment*) sufrido,-a por otro; **v. pleasure**, placer indirecto.

vice[1] [vaɪs] *n* vicio *m*. ■ **v. squad**, brigada *f* contra el vicio.

vice[2] [vaɪs] *n* (*tool*) torno *m or* tornillo *m* de banco

vice[3] [vaɪs] *pref* vice-. ■ *Mil* **v. admiral**, vicealmirante *m*; *Univ* **v. chancellor**, rector,-a *m,f*; **v. presidency**, vicepresidencia *f*; **v. president**, vicepresidente,-a *m,f*.

vice-chairman [vaɪsˈtʃeəmən] *n* (*pl* **vice-chairmen**) vicepresidente *m*.

viceroy [ˈvaɪsrɔɪ] *n* virrey *m*.

viceroyalty [vaɪsˈrɔɪəltɪ] *n* virreinato *m*.

vice versa [vaisɪ'vɜ:sə] *adv* viceversa.

vicinity [vɪ'sɪnɪtɪ] *n* **1** *(area)* vecindad *f*, inmediaciones *fpl*; **in the v. of,** cerca de, en las inmediaciones de. **2** *(nearness)* proximidad *f*.

vicious ['vɪʃəs] *adj* *(violent)* virulento,-a, violento,-a; *(malicious)* malintencionado,-a; *(cruel)* cruel, depravado,-a, perverso,-a; **to have a v. tongue,** tener una lengua viperina. ■ **v. circle,** círculo *m* vicioso.

viciousness ['vɪʃəsnɪs] *n* *(violence)* virulencia *f*, violencia *f*; *(malice)* maldad *f*, mala intención *f*; *(cruelty)* crueldad *f*, depravación *f*, perversidad *f*.

vicissitude [vɪ'sɪsɪtju:d] *n* vicisitud *f*.

victim ['vɪktɪm] *n* víctima *f*; **to be the v. of,** ser víctima de; *fig* **to fall v. to sb's charms,** sucumbir ante los encantos de algn.

victimize ['vɪktɪmaɪz] *vtr* *(punish)* perseguir, tomar como víctima; *(retaliate against)* tomar represalias contra.

victor ['vɪktə'] *n* vencedor,-a *m,f*, triunfador,-a *m,f*.

Victorian [vɪk'tɔ:rɪən] *adj* victoriano,-a.

Victoriana [vɪktɔ:rɪ'ɑ:nə] *npl* antigüedades *fpl* victorianas.

victorious [vɪk'tɔ:rɪəs] *adj* victorioso,-a, vencedor,-a; *Sport* **the v. team,** el equipo ganador.

victory ['vɪktərɪ] *n* victoria *f*, triunfo *m*; **a sweeping v.,** una victoria aplastante; *fam* **to pull off a v.,** conseguir una victoria.

victualler ['vɪtələ'] *n* *GB* **licensed v.,** *(gen)* vendedor *m* autorizado de bebidas alcohólicas; *(pub owner)* dueño *m* de un bar.

victuals ['vɪtəlz] *npl* *(food)* víveres *mpl*, vituallas *fpl*; *(provisions)* provisiones *fpl*.

video ['vɪdɪəʊ] *n* vídeo *m*. ■ **v. camera,** videocámara *f*; **v. cassette,** videocasete *f*; **v. club,** videoclub *m*; **v. frequency,** videofrecuencia *f*; **v. game,** videojuego *m*; **v. (cassette) recorder,** vídeo *m*; **v. tape,** videocinta *f*, cinta *f* de vídeo.

videodisc ['vɪdɪəʊdɪsk] *n* videodisco *m*.

videophone ['vɪdɪəfəʊn] *n* videoteléfono *m*.

video-tape ['vɪdɪəʊteɪp] *vtr* grabar (en vídeo).

vie [vaɪ] *vi* *(pt & pp vied)* competir, rivalizar (**against, with,** con).

Vienna [vɪ'enə] *n* Viena.

Viennese [vɪə'ni:z] *adj & n* vienés,-esa *(m,f)*.

Viet Nam, Vietnam [vjet'næm] *n* Vietnam.

Vietnamese [vjetnə'mi:z] **I** *adj* vietnamita. **II** *n* **1** *(person)* vietnamita *mf*; **the v.,** los vietnamitas. **2** *(language)* vietnamita *m*.

view [vju:] **I** *n* **1** *(sight)* vista *f*, panorama *m*; **a lovely v.,** una vista preciosa; **in full v. of,** a plena vista de; **to be on v.,** estar a la vista; **to come into v.,** aparecer; *fig* **in v. of,** en vista de; *fig* **in v. of the fact that ...,** dado que ... . **2** *(opinion)* opinión *f*, parecer *m*; **in my v.,** en mi opinión; **point of v.,** punto de vista; **to take a dim** *or* **poor v. of sth,** ver algo con malos ojos. **3** *(survey)* visión *f* de conjunto, panorama *m*. **4** *(aim)* fin *m*; **with a v. to doing sth,** con la intención de hacer algo; **with this in v.,** con este fin. **II** *vtr* **1** *(look at)* mirar; *(house etc)* visitar. **2** *(look on)* contemplar, ver; *(topic, problem)* enfocar; **they v. his policies as a potential threat,** consideran que su política es amenazadora.

viewer ['vju:ə'] *n* **1** *TV* telespectador,-a *m,f*, televidente *mf*. **2** *Phot* visionador *m*.

viewfinder ['vju:faɪndə'] *n* *Phot* visor *m*.

viewpoint ['vju:pɔɪnt] *n* punto *m* de vista.

vigil ['vɪdʒɪl] *n* **1** *(watch)* vigilia *f*, vela *f*; **all-night v.,** vela nocturna; **to keep v.,** velar. **2** *Rel* vigilia *f*.

vigilance ['vɪdʒɪləns] *n* vigilancia *f*.

vigilante [vɪdʒɪ'læntɪ] *n* vigilante *mf*.

vignette [vɪ'njet] *n* *Print* viñeta *f*.

vigorous ['vɪɡərəs] *adj* vigoroso,-a, enérgico,-a.

vigour, *US* **vigor** ['vɪɡə'] *n* vigor *m*, fuerza *f*.

Viking ['vaɪkɪŋ] *adj & n* vikingo *(m)*.

vile [vaɪl] *adj* **1** *(evil)* vil, infame, despreciable. **2** *(disgusting)* repugnante. **3** *fam* *(awful)* malísimo,-a, horrible; **to be in a v. temper,** estar de un humor de perros.

vileness ['vaɪlnɪs] *n* vileza *f*.

vilify ['vɪlɪfaɪ] *vtr* *(pt & pp vilified)* denigrar, difamar.

villa ['vɪlə] *n* **1** *(country house)* villa *f*, quinta *f*, casa *f* de campo. **2** *GB* chalet *m*.

village ['vɪlɪdʒ] *n* *(small)* pueblecito *m*, aldea *f*; *(larger)* pueblo *m*.

villager ['vɪlɪdʒə'] *n* aldeano,-a *m,f*.

villain ['vɪlən] *n* *(gen)* villano,-a *m,f*, canalla *m*; *Cin Theat* malo,-a *m,f*.

villainous ['vɪlənəs] *adj* **1** *(evil)* vil, infame. **2** *fam* *(very bad)* malísimo,-a, horrible.

villainy ['vɪlənɪ] *n* villanía *f*, vileza *f*, bajeza *f*.

vim [vɪm] *n sl* marcha *f*.

vinaigrette [vɪneɪ'gret] *n* *Culin* **v. (sauce),** (salsa *f*) vinagreta *f*.

vindicate ['vɪndɪkeɪt] *vtr* **1** *(actions etc)* justificar, vindicar. **2** *(rights)* reivindicar.

vindication [vɪndɪ'keɪʃən] *n* **1** *(justification)* justificación *f*, vindicación *f*; **in v. of sth,** para justificar algo. **2** *(claim)* reivindicación *f*.

vindicatory ['vɪndɪkeɪtərɪ] *adj* vindicatorio,-a, vindicativo,-a.

vindictive [vɪn'dɪktɪv] *adj* vindicativo,-a, vengativo,-a; **to feel v. towards sb,** guardar rencor a algn. ◆**vindictively** *adv* con venganza, con rencor.

vine [vaɪn] *n* *Bot* *(along ground)* vid *f*; *(climbing)* parra *f*. ■ **v. grower,** viticultor,-a *m,f*, viñador,-a *m,f*; **v. growing,** viticultura *f*; **v. leaf,** hoja *f* de parra *or* de vid; **v. shoot,** sarmiento *m*.

vinegar ['vɪnɪɡə'] *n* vinagre *m*. ■ **v. bottle,** vinagrera *f*; **wine v.,** vinagre *m*.

vine-growing ['vaɪnɡrəʊɪŋ] *adj* vitícola.

vineyard ['vɪnjəd] *n* viña *f*, viñedo *m*.

vintage ['vɪntɪdʒ] *n* **1** *(crop, year)* cosecha *f*; **what v. is it?,** ¿de qué cosecha es? **2** *(season)* vendimia *f*. **3** *(era)* era *f*; **of Victorian v.,** de la era victoriana. **II** *adj* **1** *(wine)* añejo,-a. **2** *(classic)* clásico,-a; *Aut* **v. car,** coche *m* de época (construido entre 1919 y 1930).

vinyl ['vaɪnɪl] *Chem n* vinilo *m*.

viola[1] [vɪ'əʊlə] *n* *Mus* viola *f*.

viola[2] [var'əʊlə] *n* *Bot* viola *f*, violeta *f*.

violate ['vaɪəleɪt] *vtr* **1** *(rape)* violar. **2** *(break)* infringir.

violation [vaɪə'leɪʃən] *n* **1** *(rape)* violación *f*. **2** *(of law etc)* infracción *f*.

violator ['vaɪəleɪtə'] *n* *Jur* violador,-a *m,f*.

violence ['vaɪələns] *n* violencia *f*; **to resort to v.,** recurrir a la violencia; *fig* **to do v. to sth,** perjudicar algo.

violent ['vaɪələnt] *adj* **1** violento,-a; **to have a v. temper,** ser de temperamento violento. **2** *(intense)* intenso,-a; profundo,-a; **to take a v. dislike for sth,** sentir una fuerte aversión por algo. ◆**violently** *adv*

1 *(with violence)* violentamente; **to behave v.,** mostrarse violento. 2 *(intensely)* terriblemente; **to be v. ill,** vomitar mucho.

violet ['vaɪəlɪt] **I** *n* **1** *Bot* violeta *f*. ■ *fam* **shrinking v.,** persona *f* tímida. **2** *(colour)* violeta *m*, violado *m*. **II** *adj* violeta, violado,-a.

violin [vaɪə'lɪn] *n Mus* violín *m*.

violinist [vaɪə'lɪnɪst] *n* violinista *mf*, violín *mf*.

VIP [vi:aɪ'pi:] *fam abbr of* **very important person,** personaje *m* muy importante; **VIP lounge,** *(at airport etc)* sala *f* de personalidades; **VIP treatment,** privilegios *mpl* especiales.

viper ['vaɪpər] *n Zool* víbora *f*.

viperine ['vaɪpəraɪn] *adj*, **viperous** ['vaɪpərəs] *adj* viperino,-a.

virago [vɪ'rɑ:gəʊ] *n (pl* **viragoes** *or* **viragos)** arpía *f*.

viral ['vaɪrəl] *adj Med* viral, vírico,-a.

virgin ['vɜ:dʒɪn] **I** *n* virgen *f*; **the V. Mary,** la Virgen María; **to be a v.,** ser virgen. **II** *adj* virgen. ■ **V. Islands,** Islas *fpl* Vírgenes.

virginal[1] ['vɜ:dʒɪnəl] *adj* virginal.

virginal[2] ['vɜ:dʒɪnəl] *n Mus* virginal *m*.

virginity [və'dʒɪnɪtɪ] *n* virginidad *f*.

Virgo ['vɜ:gəʊ] *n Astrol Astron* Virgo *m*.

virile ['vɪraɪl] *adj* viril, varonil.

virility [vɪ'rɪlɪtɪ] *n* virilidad *f*.

virtual ['vɜ:tʃʊəl] *adj* virtual. ◆**virtually** *adv (in effect)* virtualmente, en la práctica; *(almost)* casi; **it's v. impossible,** es prácticamente imposible.

virtue ['vɜ:tju:, 'vɜ:tʃu:] *n* **1** *(gen)* virtud *f*; **by v. of,** en virtud de; *prov* **to make a v. of necessity,** poner a mal tiempo buena cara. **2** *(advantage)* ventaja *f*.

virtuoso [vɜ:tju'əʊzəʊ] *n (pl* **virtuosos** *or* **virtuosi** [vɜ:tju'əʊsi:]*) Mus* virtuoso,-a *m,f*.

virtuous ['vɜ:tʃʊəs] *adj* virtuoso,-a.

virulence ['vɪrʊləns] *n* virulencia *f*.

virulent ['vɪrʊlənt] *adj* virulento,-a.

virus ['vaɪrəs] *n (pl* **viruses)** *Med* virus *m inv*. ■ **v. infection,** infección *f* viral *or* vírica.

Vis, Visc 1 *abbr of* **Viscount,** Vizconde *m*. **2** *abbr of* **Viscountess,** Vizcondesa *f*.

visa ['vi:zə] *n* visado *m*, *Am* visa *f*.

vis-à-vis [vi:zɑ:'vi:] *prep* **1** *(regarding)* respecto a. **2** *(opposite)* frente a, enfrente de.

viscera ['vɪsərə] *npl Anat* vísceras *fpl*.

visceral ['vɪsərəl] *adj* visceral.

viscose ['vɪskəʊs] *n Tex* viscosa *f*.

viscosity [vɪs'kɒsɪtɪ] *n* viscosidad *f*.

viscount ['vaɪkaʊnt] *n* vizconde *m*.

viscountess ['vaɪkaʊntɪs] *n* vizcondesa *f*.

viscous ['vɪskəs] *adj* viscoso,-a.

vise [vaɪs] *n US see* vice[2].

visibility [vɪzɪ'bɪlɪtɪ] *n* visibilidad *f*; **poor v.,** escasa visibilidad.

visible ['vɪzɪbəl] *adj* visible.

Visigoth ['vɪzɪgɒθ] *n Hist* visigodo,-a *m,f*.

Visigothic [vɪzɪ'gɒθɪk] *adj* visigodo,-a, visigótico,-a.

vision ['vɪʒən] *n* **1** *(faculty)* visión *f*. **2** *(eyesight)* vista *f*; **to have good v.,** tener buena vista. ■ *fig* **tunnel v.,** estrechez *f* de miras. **3** *(apparition)* visión *f*; **to see visions,** ver visiones; *fam* **I had visions of being left homeless,** ya me veía sin casa. **4** *(foresight)* visión *f*, clarividencia *f*; **a man of v.,** un hombre con visión de futuro.

visionary ['vɪʒənərɪ] *n* visionario,-a *m,f*.

visit ['vɪzɪt] **I** *vtr* **1** *(person)* visitar, hacer una visita a. **2** *(place)* visitar, ir a; **we are visiting the town,** estamos de visita en la ciudad. **II** *n* visita *f*; **he's on a v. to France,** se ha ido de viaje a Francia; **official v.,** visita oficial; **to pay sb a v.,** ir a ver a algn; *fam* **flying v.,** visita relámpago.

visitation [vɪzɪ'teɪʃən] *n* **1** *(visit)* visita *f* oficial. **2** *Rel* **the V.,** la Visitación.

visiting ['vɪzɪtɪŋ] *adj* **1** *(for visiting)* de visita; *GB* **v. card,** tarjeta de visita; *Med* **v. hours,** horas de visita. **2** *(guest)* visitante; *Sport* **v. team,** equipo visitante; *Univ* **v. lecturer,** profesor invitado.

visitor ['vɪzɪtər] *n* **1** *(guest)* invitado,-a *m,f*; **we've got visitors,** tenemos visita. **2** *(in hotel)* cliente,-a *m,f*. **3** *(tourist)* turista *mf*, visitante *mf*; **visitors to our city,** los visitantes de nuestra ciudad. **4** *GB Med* **health v.,** enfermera *f* visitante.

visor ['vaɪzər] *n* visera *f*.

vista ['vɪstə] *n* vista *f*, panorama *m*; *fig* perspectiva *f*, horizonte *m*.

visual ['vɪʒʊəl, 'vɪzjʊəl] *adj* **1** *(gen)* visual. ■ *Educ* **v. aids,** medios *mpl* visuales; **v. arts,** artes *mpl* visuales. **2** *(optical)* ocular.

visualize ['vɪʒʊəlaɪz, 'vɪzjʊəlaɪz] *vtr* **1** *(imagine)* imaginar, imaginarse, plantearse. **2** *(foresee)* prever.

vital ['vaɪtəl] *adj* **1** *(gen)* vital; *Med* **v. function,** función vital. **2** *(lively)* vital, vivo,-a, enérgico,-a. **3** *(essential)* fundamental, indispensable; **of v. importance,** de suma importancia. **4** *(decisive)* decisivo,-a, clave. ■ **v. statistics,** *(data)* datos *mpl* demográficos; *fam* medidas *fpl* del cuerpo de la mujer. ◆**vitally** *adv* sumamente; **it's v. important,** es de suma importancia.

vitalist ['vaɪtəlɪst] *adj & n* vitalista *(mf)*.

vitality [vaɪ'tælɪtɪ] *n* vitalidad *f*.

vitalize ['vaɪtəlaɪz] *vtr* vitalizar.

vitamin ['vɪtəmɪn, *US* 'vaɪtəmɪn] *n* vitamina *f*; **with added vitamins,** vitaminado,-a. ■ **v. B,** vitamina *f* B; **v. content,** contenido *m* vitamínico; **v. deficiency,** avitaminosis *f inv*.

vitiate ['vɪʃɪeɪt] *vtr* viciar.

vitreous ['vɪtrɪəs] *adj* vítreo,-a.

vitriol ['vɪtrɪɒl] *n Chem* vitriolo *m*.

vitriolic [vɪtrɪ'ɒlɪk] *adj* **1** *Chem* vitriólico,-a. **2** *fig* virulento,-a, mordaz.

vituperation [vɪtju:pə'reɪʃən] *n* vituperación *f*.

viva ['vaɪvə] *n (abbr of* **viva voce***) GB Univ* examen *m* oral.

vivacious [vɪ'veɪʃəs] *adj* vivaz, animado,-a.

vivaciousness [vɪ'veɪʃəsnɪs] *n*, **vivacity** [vɪ'væsɪtɪ] *n* viveza *f*, vivacidad *f*.

vivid ['vɪvɪd] *adj* **1** *(bright, lively)* vivo,-a, intenso,-a. **2** *(graphic)* gráfico,-a, realista.

vividness ['vɪvɪdnɪs] *n* viveza *f*.

viviparous [vɪ'vɪpərəs] *adj Biol* vivíparo,-a.

vivisection [vɪvɪ'sekʃən] *n* vivisección *f*.

vixen ['vɪksən] *n* **1** *Zool* zorra *f*. **2** *fig* arpía *f*.

viz [vɪz] *abbr of* **videlicet** (namely), a saber, es decir.

V-neck(ed) ['vi:nek(t)] *adj* con el cuello en pico.

vocabulary [və'kæbjʊlərɪ] *n* vocabulario *m*, léxico *m*.

vocal ['vəʊkəl] *adj* **1** *(gen)* vocal. ■ *Anat* **v. cords** cuerdas *fpl* vocales. **2** *(noisy)* ruidoso,-a, chillón,-ona.

vocalist ['vəʊkəlɪst] *n* cantante *mf*, vocalista *mf*.

vocalize ['vəʊkəlaɪz] I *vtr* vocalizar. II *vi Ling* vocalizarse.

vocation [vəʊ'keɪʃən] *n* vocación *f*; **to miss one's v.**, errar la vocación.

vocational [vəʊ'keɪʃənəl] *adj* profesional; **v. guidance**, orientación profesional.

vocative ['vɒkətɪv] *adj* & *n Ling* vocativo,-a *(m)*.

vociferate [vəʊ'sɪfəreɪt] *vi* vociferar.

vociferous [vəʊ'sɪfərəs] *adj* **1** *(vehement)* vociferador,-a, vociferante. **2** *(noisy)* ruidoso,-a, clamoroso,-a. ◆**vociferously** *adv* a gritos, a voces.

vodka ['vɒdkə] *n* vodka *m* & *f*.

vogue [vəʊg] *n* boga *f*, moda *f*; **to be in v.**, estar de moda, estar en boga.

voice [vɔɪs] I *n* **1** voz *f*; **in a loud/low v.**, en voz alta/baja; **to lose one's v.**, quedarse afónico; **to raise one's v.**, levantar la voz; *fig* **at the top of one's v.**, a voz en grito; *fig* **to give v. to an opinion**, expresar una opinión. **2** *Ling* voz *f*. II *vtr* **1** *(express)* expresar. **2** *Ling* sonorizar.

voiced [vɔɪst] *adj Ling* sonoro,-a.

voiceless ['vɔɪslɪs] *adj* **1** *(hoarse)* afónico,-a. **2** *Ling* sordo,-a.

voice-over [vɔɪs'əʊvəʳ] *n Cin TV* voz *f* en off.

void [vɔɪd] I *adj* **1** *(empty)* vacío,-a; *(post)* vacante. **2** *Jur* nulo,-a, inválido,-a; **to make a contract v.**, anular un contrato. II *n* vacío *m*.

vol 1 *(pl vols) abbr of* **volume**, tomo *m*, t.; **a 3 v. edition**, una edición en tres tomos. **2** *abbr of* **volume**, volumen *m*, cantidad *f*, vol.

volatile ['vɒlətaɪl] *adj* volátil.

volcanic [vɒl'kænɪk] *adj* volcánico,-a.

volcano [vɒl'keɪnəʊ] *n* *(pl volcanos or volcanoes)* volcán *m*.

volcanology [vɒlkə'nɒlədʒɪ] *n* vulcanología *f*.

vole [vəʊl] *n Zool* campañol *m*, ratón *m* campestre.

volition [və'lɪʃən] *n fml* volición *f*; **of** *or* **on one's own v.**, por voluntad propia.

volley ['vɒlɪ] I *n* **1** *(of shots)* descarga *f*. **2** *fig (of stones, insults)* lluvia *f*. **3** *Ten* volea *f*. II *vi Mil* lanzar una descarga. III *vtr Ten* volear.

volleyball ['vɒlɪbɔːl] *n Sport* balonvolea *m*, voleibol *m*.

volt [vəʊlt] *n Elec* voltio *m*.

Volta ['vɒltə] *n* **Upper V.**, Alto Volta.

voltage ['vəʊltɪdʒ] *n Elec* voltaje *m*.

volte-face [vɒlt'fɑːs] *n inv lit* cambio *m* de opinión.

voltmeter ['vəʊltmiːtəʳ] *n* voltímetro *m*.

volubility [vɒljʊ'bɪlɪtɪ] *n* locuacidad *f*.

voluble ['vɒljʊbəl] *adj* locuaz, hablador,-a.

volume ['vɒljuːm] *n* **1** *Phys* volumen *m*. **2** *(amount)* volumen *m*, cantidad *f*. **3** *Rad TV* volumen *m*; **to turn up/down the v.**, subir/bajar el volumen. **4** *(book)* volumen *m*, tomo *m*; *fig* **to speak volumes**, decirlo todo.

voluminous [və'luːmɪnəs] *adj* voluminoso,-a.

voluntary ['vɒləntərɪ] *adj* voluntario,-a. ■ **v. organization**, organización *f* benéfica; **v. work**, obras *fpl* benéficas; **v. worker**, voluntario,-a *m,f*.

volunteer [vɒlən'tɪəʳ] I *n* voluntario,-a *m,f*. ■ *Mil* **v. army**, ejército *m* de voluntarios. II *vtr (help etc)* ofrecer; **to v. information**, facilitar datos. III *vi* **1** ofrecerse *(for, para)*; **she volunteered to do the washing up**, se ofreció para lavar los platos. **2** *Mil* alistarse como voluntario.

voluptuous [və'lʌptjʊəs] *adj* voluptuoso,-a.

voluptuousness [və'lʌptjʊəsnɪs] *n* voluptuosidad *f*.

vomit ['vɒmɪt] I *vtr* & *vi* vomitar, devolver. II *n* vómito *m*.

voodoo ['vuːduː] *n* *(pl voodoos)* vudú *m*.

voracious [vɒ'reɪʃəs] *adj* voraz.

voraciousness [vɒ'reɪʃəsnɪs] *n*, **voracity** [vɒ'ræsɪtɪ] *n* voracidad *f*.

vortex ['vɔːteks] *n* *(pl vortexes or vortices* ['vɔːtɪsiːz]*)* vórtice *m*; *fig* vorágine *f*.

votary ['vəʊtərɪ] *n* **1** *Rel* devoto,-a *m,f*. **2** *(adherent)* partidario,-a *m,f*.

vote [vəʊt] I *n* **1** *(choice)* voto *m*; **by a majority v.**, por mayoría de votos. **2** *(voting)* votación *f*; **to take a v. on sth**, someter algo a votación; **v. of censure**, voto *m* de censura; **v. of confidence**, voto de confianza; **write-in v.**, votación por escrito. **3** *(right to vote)* derecho *m* al voto *or* de votar. II *vtr* **1** votar; **they voted to adjourn the meeting**, votaron que se suspendiera la reunión; **to v. sb into office**, elegir a algn para un cargo. **2** *(elect)* elegir; **she was voted president**, fue elegida presidenta. **3** *fam* proponer. III *vi (gen)* votar; **to v. by a show of hands**, votar a mano alzada; **to v. Communist**, votar comunista; **to v. for sb**, votar por algn; **to v. on sth**, someter algo a votación.

voter ['vəʊtəʳ] *n* votante *mf*.

voting ['vəʊtɪŋ] *n* votación *f*. ■ **v. paper**, papeleta *f*; **v. pattern**, tendencia *f* del voto.

votive ['vəʊtɪv] *adj Rel* votivo,-a.

vouch [vaʊtʃ] I *vi* **to v. for sth/sb**, responder de algo/por algn. II *vtr* asegurar, garantizar.

voucher ['vaʊtʃəʳ] *n* **1** *(document)* comprobante *m*. **2** *GB* vale *m*. ■ **luncheon v.**, vale *m* de comida.

vow [vaʊ] I *n Rel* voto *m*; **v. of chastity**, voto de castidad; **v. of poverty**, voto de pobreza; **to take one's vows**, pronunciar sus votos. II *vtr* jurar; **to v. obedience**, jurar obediencia; **to v. that ...**, jurar que ... .

vowel ['vaʊəl] *n Gram* vocal *f*.

voyage ['vɔɪdʒ] *n (gen)* viaje *m*; *(by sea)* viaje en barco; *(crossing)* travesía *f*; **maiden v.**, viaje inaugural; **to go on a v.**, hacer un viaje en barco.

voyager ['vɔɪdʒəʳ] *n* viajero,-a *m,f*.

VP *abbr of* **Vice President**, Vicepresidente *m*.

V-sign ['viːsaɪn] *n* **1** *(of victory)* señal *f* de la victoria. **2** *GB (as insult)* ≈ corte *m* de mangas.

VSO [viːesˈəʊ] *GB abbr of* **Voluntary Service Overseas**.

VTOL [viːtiːəʊˈel] *Av abbr of* **vertical take-off and landing (aircraft)**, avión *m* de despegue y aterrizaje vertical; **VTOL fighters**, aviones *mpl* de combate, VTOL.

VTR [viːtiːˈɑːʳ] *abbr of* **video tape recorder**, grabador *m* de videocinta.

vulcanite ['vʌlkənaɪt] *n Min* vulcanita *f*.

vulcanize ['vʌlkənaɪz] *vtr Tech* vulcanizar.

vulcanology [vʌlkəˈnɒlədʒɪ] *n see* **volcanology**.

vulgar ['vʌlgəʳ] *adj* **1** *(coarse)* vulgar, ordinario,-a, grosero,-a; *(in poor taste)* de mal gusto; **don't be v.!**, ¡no seas grosero! **2** *Ling* vulgar; **v. Latin**, latín vulgar. **3** *Math* **v. fraction**, fracción *f* común.

vulgarism ['vʌlgərɪzəm] *n Ling* vulgarismo *m*.

vulgarity [vʌlˈgærɪtɪ] *n (coarseness)* vulgaridad *f*, ordinariez *f*, grosería *f*; *(poor taste)* mal gusto *m*.

vulgarize ['vʌlgəraɪz] *vtr* **1** *(debase)* degradar. **2** *(popularize)* vulgarizar.

vulnerability [vʌlnərə'bɪlɪtɪ] *n* vulnerabilidad *f*.
vulnerable ['vʌlnərəbəl] *adj* vulnerable.
vulture ['vʌltʃəʳ] *n Orn* buitre *m*. ■ **bearded v.**, que-

brantahuesos *m inv*.
vulva ['vʌlvə] *n (pl vulvas or vulvae* ['vʌlviː]*) Anat* vulva *f*.

W

W, w ['dʌbəljuː] *n (the letter)* W, w *f*.
W 1 *abbr of* **West,** Oeste, O. **2** *Elec abbr of* **Watt(s),** vatio(s) *m(pl)*, W.
wacky ['wækɪ] *adj (wackier, wackiest) US fam (person)* chiflado,-a, chalado,-a; *(thing)* absurdo,-a.
wad [wɒd] **I** *n (of paper)* taco *m*; *(of cotton wool)* bolita *f*; *Med* tapón *m*; *(of banknotes)* fajo *m*. **II** *vtr (pt & pp* **wadded)** rellenar, acolchar.
wadding ['wɒdɪŋ] *n* relleno *m*.
waddle ['wɒdəl] **I** *n* forma *f* de andar de los patos. **II** *vi* andar como los patos.
wade [weɪd] *vi* caminar por el agua; **to w. across a river,** vadear un río. ◆**wade through** *vi* hacer con dificultad; **I'm wading through the book,** me cuesta mucho terminar el libro.
wader ['weɪdəʳ] *n* **1** *Orn* ave *f* zancuda. **2 waders,** botas *fpl* de pescador.
wafer ['weɪfəʳ] *n Culin* barquillo *m*; *Rel* hostia *f*; *(for sealing)* oblea *f*.
wafer-thin ['weɪfəθɪn] *adj* **1** muy fino,-a; **to cut sth w.-t.,** cortar algo en lonchas muy finas. **2** *fig (majority)* escasísimo,-a.
waffle¹ ['wɒfəl] *n Culin* (tipo *m* de) barquillo *m*.
waffle² ['wɒfəl] *GB fam* **I** *vi* meter mucha paja; **to w. on,** parlotear. **II** *n* paja *f*.
waft [wɑːft, wɒft] **I** *vtr (sound, smell)* llevar por el aire. **II** *vi (sound, scent)* flotar (por *or* en el aire).
wag¹ [wæg] **I** *vtr (pt & pp* **wagged)** *(tail, finger)* menear. **II** *vi (tail)* menearse; *fam* **tongues will w.,** van a chismorrear. **III** *n* meneo *m*; **with a w. of its tail,** meneando la cola.
wag² [wæg] *n fam (wit)* bromista *mf*, guasón,-ona *m,f*.
wage [weɪdʒ] **I** *n (also* **wages)** salario *m*, sueldo *m*; **basic/minimum w.,** salario base/mínimo; **w. claim,** reivindicación *f* salarial; **w. earner,** asalariado,-a *m,f*. **II** *vtr (campaign)* realizar (**against,** contra); **to w. war,** hacer la guerra (**on,** a).
wage-packet ['weɪdʒpækɪt] *n* sueldo *m*.
wager ['weɪdʒəʳ] *lit* **I** *n* apuesta *f*. **II** *vtr lit* apostar.
waggish ['wægɪʃ] *adj* burlón,-ona, bromista.
waggle ['wægəl] **I** *vtr (ears etc)* menear. **II** *vi* menearse.
wa(g)gon ['wægən] *n (horse-drawn)* carro *m*; *(lorry)* camión *m*, furgón *m*; *GB Rail* vagón *m*; **covered w.,** carromato *m*; **goods w.,** vagón de mercancías; *fam* **to go on the w.,** dejar la bebida.
wagtail ['wægteɪl] *n Orn* lavandera *f*. ■ **grey w.,** lavandera *f* cascadeña; **white w.,** lavandera *f* blanca.
waif [weɪf] *n* niño,-a *m,f* desamparado,-a.
wail [weɪl] **I** *n* **1** *(of sorrow)* lamento *m*, gemido *m*, plañido *m*. **2** *(of siren)* aullido *m*. **II** *vi* **1** *(person)* lamentar, gemir, plañir. **2** *(siren)* aullar, ulular.

wailing ['weɪlɪŋ] **I** *adj* gemidor,-a. **II** *n* lamentaciones *fpl*, gemidos *mpl*. ■ **W. Wall,** Muro *m* de las Lamentaciones.
waist [weɪst] *n Anat* cintura *f*; *Sew* talle *m*.
waistband ['weɪstbænd] *n* cinturilla *f*.
waistcoat ['weɪstkəʊt] *n GB* chaleco *m*.
waistline ['weɪstlaɪn] *n Anat* cintura; *Sew* talle *m*.
wait [weɪt] **I** *n* espera *f*; *(delay)* demora *f*; **to lie in w.,** estar al acecho; **we had a long w.,** tuvimos que esperar mucho tiempo. **II** *vtr* esperar; **to wait one's turn,** esperar su turno. **III** *vi* **1** esperar, aguardar; **I can't w. to see her,** me muero de ganas de verla; **let's w. and see,** esperemos a ver qué pasa; **repairs while you w.,** reparaciones en el acto; **to keep sb waiting,** hacer esperar a algn; **to w. for sth,** esperar algo, aguardar algo; **w. a moment!,** ¡un momento! **2** *(serve)* **to w. at table,** servir la mesa. ◆**wait about, wait around** *vi* esperar, perder el tiempo. ◆**wait on** *vtr* servir; **to w. on sb hand and foot,** tratar a algn a cuerpo de rey. ◆**wait up** *vi* **to w. up for sb,** esperar a algn levantado,-a.
waiter ['weɪtəʳ] *n* camarero *m*.
waiting ['weɪtɪŋ] *n* espera *f*; **'No W.',** 'Prohibido Aparcar'; **to play a w. game,** esperar el momento oportuno. ■ **w. list,** lista *f* de espera; **w. room,** sala *f* de espera.
waitress ['weɪtrɪs] *n* camarera *f*.
waive [weɪv] *vtr fml (demand, rights)* abdicar, renunciar a; *(rule)* no aplicar.
wake¹ [weɪk] **I** *vtr (pt* **woke;** *pp* **woken) to w. sb (up),** despertar a algn. **II** *vi* **to w. (up),** despertar(se); *fig* **to w. up to the truth,** darse cuenta de la verdad; *fig* **w. up!,** ¡despierta!, ¡despabílate! **III** *n Ir (for dead)* velatorio *m*.
wake² [weɪk] *n (in water)* estela *f*; *fig* **in the w. of the storm,** tras la tormenta; *fig* **to leave chaos in one's w.,** dejar una estela de caos.
wakeful ['weɪkfʊl] *adj (sleepless)* desvelado,-a; **to have a w. night,** pasar la noche en blanco. **2** *fml (alert)* vigilante, alerta.
waken ['weɪkən] *vtr lit* despertar.
wakey ['weɪkɪ] *interj fam* **w.!, w.!,** ¡despierta!, ¡arriba!
Wales [weɪlz] *n* (el país de) Gales; **the Prince of W.,** el príncipe de Gales.
walk [wɔːk] **I** *n* **1** *(long)* caminata *m*; *(short)* paseo *m*; **it's an hour's w.,** está a una hora de camino; **to go for a w.,** dar un paseo, pasear; **to slow down to a w.,** aflojar el paso; **to take the dog for a w.,** sacar a pasear al perro. **2** *(fait)* modo *m* de andar, andares *mpl*. **3** *(avenue)* paseo *m*. **4** *(sphere)* **people from all walks of life,** gente *f* de toda condición. **II** *vtr* **1** andar; **to w. it,** ir a pie; *fam* ganar fácil; **to w. the streets,** callejear; *euph (prostitute)* hacer la carrera; **we walked her home,** la acompañamos a casa. **2**

(dog) pasear; *(horse)* llevar al paso; **he walked me off my feet,** me agotó a fuerza de pasear. III *vi* 1 andar; **can the child w.?,** ¿sabe andar el niño?; *US* '**W.!**', 'Pasen'. 2 *(go on foot)* ir andando, ir a pie; **I had to w. home,** tuve que volver a casa a pie. ◆**walk about** *vi* ir y venir, pasear. ◆**walk across** I *vtr* atravesar. II *vi* acercarse; **to w. across to sb,** abordar a algn. ◆**walk away** *vi* alejarse; *fig* **she walked away from the crash,** salió ilesa del choque; *fig* **to w. away with a prize,** llevarse un premio. ◆**walk down** *vtr (stairs)* bajar; *(street)* bajar por. ◆**walk into** *vtr* 1 *(place)* entrar en; *fig (trap)* caer en. 2 *(bump into)* tropezar con. 3 *fig* **to w. into a job,** encontrar un trabajo sin esfuerzo alguno. ◆**walk off** *vi (steal, win easily)* to w. off with sth, llevarse algo. ◆**walk on** *vi* 1 seguir su camino. 2 *Theat* salir a escena. ◆**walk out** *vi* salir; *Ind* declararse en huelga; **to w. out of a meeting,** abandonar una reunión en señal de protesta; **to w. out on sb,** abandonar a algn. ◆**walk over** I *vtr fam* **to w. all over sb,** tratar a algn a patadas. II *vi* acercarse; **to w. over to sb,** abordar a algn. ◆**walk up** I *vtr (stairs)* subir; *(street)* subir por. II *vi* acercarse; **to w. up to sb,** abordar a algn; **to w. up and down,** andar or pasear de un lado para otro.

walkabout ['wɔːkəbaʊt] *n (by Queen, President, etc)* paseo *m* informal entre la gente.

walker ['wɔːkə^r] *n* paseante *mf*; *Sport* marchador,-a *m,f*; **he's a fast w.,** anda deprisa.

walkie-talkie [wɔːkɪ'tɔːkɪ] *n Rad* walkie-talkie *m*.

walking ['wɔːkɪŋ] I *n (gen)* andar *m*, pasear *m*; *(hiking)* excursionismo *m*. II *adj* **at w. pace,** a paso de marcha; *fam fig* **he's a w. encyclopaedia,** es una enciclopedia ambulante. ■ **w. shoes,** zapatos *mpl* de andar; **w. stick,** bastón *m*; **w. tour,** excursión *f* a pie.

Walkman® ['wɔːkmən] *n (pl Walkmans)* walkman® *m*.

walk-on ['wɔːkɒn] *adj Theat* **w.-o. part,** papel *m* de figurante *or* comparsa.

walkout ['wɔːkaʊt] *n Ind* huelga *f*.

walkover ['wɔːkəʊvə^r] *n* triunfo *m* fácil; **it was a w.,** fue un paseo *or* pan comido.

walk-up ['wɔːkʌp] *n US* casa *m* sin ascensor.

walkway ['wɔːkweɪ] *n esp US* paso *m* de peatones.

wall [wɔːl] I *n* 1 *(freestanding, exterior)* muro *m*; **the Berlin W.,** el muro de Berlín; *fig* **a w. of flame,** una cortina de llamas; *fig* **a w. of silence,** un muro de silencio; *fig* **to form a human w.,** formar una pared humana; *fig* **to go to the w.,** arruinarse; *Com* quebrar; *fig* **to have one's back to the w.,** estar entre la espada y la pared; *fam fig* **it's driving me up the w.,** me está volviendo loco,-a. ■ **cavity w.,** muro *m* doble; **city w.,** muralla *f*; **garden w.,** tapia *f*; **sea w.,** dique *m*. 2 *(interior)* pared *f*; **partition w.,** tabique *m*; **party w.,** pared medianera; *fam fig* **I'm banging my head against a brick w.,** es para darse contra las paredes. ■ **w. lamp,** aplique *m*; **w. map,** mapa *m* mural; **w. unit,** módulo *m* de estantería. 3 *(of cave, rock)* pared *f*. 4 *Anat* **abdominal w.,** pared *f* abdominal. 5 *Ftb* barrera *f*. ◆**wall in** *vtr* tapiar, cercar con tapia. ◆**wall off** *vtr* amurallar, aislar *or* separar con pared. ◆**wall up** *vtr* tapiar; *(door, fireplace)* condenar.

wallaby ['wɒləbɪ] *n (pl wallaby or wallabies)* Austral Zool ualabí *m*.

walled [wɔːld] *adj (city)* amurallado,-a; *(garden)* cercado,-a con tapia.

wallet ['wɒlɪt] *n* cartera *f*.

wallflower ['wɔːlflaʊə^r] *n* 1 *Bot* alhelí *m*. 2 *(person) fam* **to be a w.,** ser un invitado de piedra.

Walloon [wɒ'luːn] I *adj* valón,-ona. II *n (person)* valón,-ona *m,f*; *(language)* valón *m*.

wallop ['wɒləp] *fam* I *n* golpazo *m*. II *vtr* 1 *(hit)* pegar fuerte. 2 *(defeat)* dar una paliza a.

walloping ['wɒləpɪŋ] *n fam (beating, defeat)* paliza *f*.

wallow ['wɒləʊ] *vi (animal)* revolcarse **(en,** in); **to w. in the mud,** revolcarse en el lodo; *fig* **to w. in self-pity,** sumirse en la lástima de sí mismo.

wallpaper ['wɔːlpeɪpə^r] I *n* papel *m* pintado. II *vtr (decorate)* empapelar.

wall-to-wall [wɔːltə'wɔːl] *adj* **w.-to-w. carpeting,** moqueta *f*.

wally [wɒli] *n fam* idiota *mf*, inútil *mf*.

walnut ['wɔːlnʌt] *n Bot (fruit)* nuez *f*; *(tree, wood)* nogal *m*. ■ **black walnut,** nogal *m* negro; **common w.,** nogal *m*.

walrus ['wɔːlrəs] *n Zool* morsa *f*.

waltz [wɔːls] *Mus* I *n* vals *m*. II *vi* valsar; *fam fig* **to w. in/out,** entrar/salir con desenvoltura; *fam fig* **to w. off with sth,** llevarse algo como si tal cosa.

wan [wɒn] *adj (wanner, wannest) (face)* pálido,-a; *(look, smile)* apagado,-a; *(light)* macilento,-a.

wand [wɒnd] *n (magic)* **w.,** varita *f* (mágica).

wander ['wɒndə^r] I *n* paseo *m*, vuelta *f*; **to go for a w.,** dar una vuelta. II *vtr* **to w. the streets,** vagar por las calles. III *vi* 1 *(aimlessly)* vagar, errar; **to w. about,** deambular; **to w. in/out,** entrar/salir sin prisas; **to w. off on one's own,** apartarse para estar solo,-a. 2 *(stray)* desviarse, apartarse; *(mind)* divagar; **his glance wandered round the room,** recorrió el cuarto con la mirada; **to let one's thoughts w.,** dejar vagar la imaginación.

wanderer ['wɒndərə^r] *n* andariego,-a *m,f*; *(traveller)* viajero,-a *m,f*; *(nomad)* nómada *mf*.

wandering ['wɒndərɪŋ] I *adj* errante, errabundo,-a; *(tribe)* nómada; *(minstrel)* ambulante; *(speech)* divagador,-a. ■ *Bot* **w. Jew,** tradescantia *f*. II **wanderings** *npl* 1 andanzas *fpl*, viajes *mpl*. 2 *(of mind, speech)* divagaciones *fpl*.

wane [weɪn] I *vi (moon)* menguar; *fig (strength, influence)* menguar, decrecer; *(interest)* decaer, decrecer; *(light)* mermar. II *n* **to be on the w.,** *(moon, strength)* estar menguando; *(power)* estar en decadencia.

waning ['weɪnɪŋ] *adj (moon)* menguante; *fig* decadente, decreciente.

wangle ['wæŋgəl] *vtr fam* agenciarse; **she'll w. it somehow,** se las amañará de algún modo; **to w. a free ticket,** pillar una invitación.

wank [wæŋk] *sl* I *n* paja *f*. II *vi* hacerse una paja.

wanker ['wæŋkə^r] *n sl* gilipollas *mf inv*; mamón,-ona *m,f*.

want [wɒnt] I *n* 1 *(lack)* falta *f*, carencia *f*; **for w. of anything better to do,** a falta de algo mejor que hacer; **it wasn't for w. of trying,** no fue por falta de esfuerzos. 2 *(poverty)* indigencia *f*, miseria *f*. II *vtr* 1 *(desire)* querer, desear; **do you w. a cigarette?,** ¿quieres un pitillo?; **I know when I'm not wanted,** sé cuando estoy de más; **it's just what I w.,** es exactamente lo que quiero; **she wants a bike for her birthday,** pide *or* quiere una bicicleta para su cumpleaños; **what more do you w.?,** ¿qué más quieres? 2 *(wish)* **I don't w. to,** no quiero; **I don't w. you making a noise,** no quiero que hagas ruido; **to w. to do sth,** querer/desear hacer algo; **you can say what**

you w., puedes decir lo que quieras. **3** *fam (need)* necesitar; **he wants a good talking-to,** no le vendría mal un fuerte rapapolvo; **the grass wants cutting,** hace falta cortar el césped. **4** *(seek)* buscar; **'cook wanted',** 'se necesita cocinero,-a'; **he is wanted by the police,** le busca la policía; **you're wanted on the phone,** te llaman al teléfono. ◆**want for** *vtr* carecer de algo; **they w. for nothing,** lo tienen todo. ◆**want out** *vi fam* dejarlo; **he'd had enough and wanted out,** estaba harto y quería dejarlo.

wanted ['wɒntɪd] *adj* **1** *(necessary)* necesario,-a. **2** *(by police)* buscado,-a.

wanting ['wɒntɪŋ] *adj* **1** *(have missing)* **to be w.,** faltar; **she is w. in tact,** le falta tacto. **2** *(deficient, short)* deficiente **(in,** en); **he was found w.,** no daba la talla.

wanton ['wɒntən] *adj* **1** *(motiveless)* sin motivo, sin sentido; **w. cruelty,** crueldad *f* inmotivada *or* gratuita. **2** *(person) (unrestrained)* desenfrenado,-a; *(licentious)* lascivo,-a.

war [wɔːʳ] *n* guerra *f*; **between the wars,** en el período de entreguerras; **to be at w.,** estar en guerra **(with,** con); **to go to w.,** emprender la guerra **(over,** por); *fig* **to declare/wage w.,** declarar/hacer la guerra; *hum* **you seem to have been in the wars,** te noto bastante maltrecho,-a. ■ **cold w.,** guerra *f* fría; **w. games,** *Mil* ejercicios *mpl* de simulacro de combate; *(games)* juegos *mpl* de estrategia militar; **w. memorial,** monumento *m* a los caídos; **w. of nerves,** guerra *f* de nervios.

warble ['wɔːbəl] **I** *n* gorjeo *m*. **II** *vi* gorjear.

warbler ['wɔːbləʳ] *n Orn* pájaro *m* cantor, ave *f* cantora. ■ **Cetti's w.,** ruiseñor *m* bastardo; **Dartford w.,** curruca *f* cabilarga; **garden w.,** curruca *f* mosquitera; **melodious w.,** zarcero *m* común; **Orphean w.,** curruca *f* mirlona; **reed w.,** carricero *m* común; **willow w.,** mosquitero *m* musical; **wood w.,** mosquitero *m* silbador.

warbling ['wɔːblɪŋ] *n* gorjeo *m*, trinos *mpl*.

ward [wɔːd] **I** *n* **1** *(of hospital)* sala *f*. **2** *Jur* pupilo,-a *m,f*. ■ **w. of court,** pupilo,-a *m,f* bajo tutela judicial. **3** *GB Pol* distrito *m* electoral. ◆**ward off** *vtr (blow)* parar, desviar; *(attack)* rechazar; *(danger)* evitar; *(illness)* prevenir.

warden ['wɔːdən] *n (of residence)* guardián,-ana *m,f*, encargado,-a *m,f*. ■ **game w.,** guardia *m* de coto; **traffic w.,** ≈ guardia *m* urbano.

warder ['wɔːdəʳ] *n GB* carcelero,-a *m,f*.

wardrobe ['wɔːdrəʊb] *n* **1** *Furn* armario *m*, ropero *m*. **2** *(clothes)* guardarropa *m*; **she has a large w.,** tiene un vestuario muy amplio. **3** *Theat* vestuario *m*.

wardroom ['wɔːdruːm] *n Naut* cámara *f* de oficiales.

wardship ['wɔːdʃɪp] *n Jur* tutela *f*.

warehouse ['weəhaʊs] *n* almacén *m*, depósito *m*.

wares [weəz] *npl* mercancías *fpl*.

warfare ['wɔːfeəʳ] *n* guerra *f*; **germ w.,** guerra bacteriológica; *fig* **class w.,** lucha *f* de clases.

warhead ['wɔːhed] *n* **(nuclear) w.,** cabeza *f or* ojiva *f* nuclear.

warhorse ['wɔːhɔːs] *n fig* **an old w.,** un,-a veterano,-a.

warlike ['wɔːlaɪk] *adj* belicoso,-a, guerrero,-a.

warm [wɔːm] **I** *adj* **1** *(water)* tibio,-a, templado,-a; *(hands)* caliente; *(wind, climate)* cálido,-a; **a w. day,** un día caluroso *or* de calor; **I am w.,** *(disagreeably)* tengo calor; *(rather than cold)* ya he entrado en calor; **it is (very) w. today,** hoy hace

(mucho) calor; **keep w.,** abrígate; **this coffee is only w.,** este café está templado; **to get w.,** calentarse; **to keep sth w.,** mantener algo caliente; **w. clothing,** ropa de abrigo; *fig (riddles)* **you're getting w.,** ¡caliente, caliente! **2** *(welcome, applause)* cálido,-a. **II** *n fam* **to sit in the w.,** sentarse al calor. **III** *vtr* calentar; *fig* alegrar; **to w. one's hands,** calentarse las manos. **IV** *vi* calentarse; *fig* **to w. to an idea,** *(empezar a)* entusiasmarse con una idea; **to w. to sb,** cogerle simpatía a algn. ◆**warm up I** *vtr* **1** *(room, engine)* calentar; *(soup)* (re)calentar; *(person)* hacer entrar en calor. **2** *fig (audience etc)* animar. **II** *vi* **1** *(room, engine)* calentarse; *(food)* (re)calentarse; *(person)* entrar en calor. **2** *(athlete)* hacer ejercicios de calentamiento; *(performer)* ambientarse. **3** *fig (audience, party)* animarse. ◆**warmly** *adv fig* calurosamente; *(thank)* con efusión; *(recommend)* con entusiasmo.

warm-blooded [wɔːm'blʌdɪd] *adj* de sangre caliente.

warm-hearted [wɔːm'hɑːtɪd] *adj* afectuoso,-a, bondadoso,-a.

warmonger ['wɔːmʌŋgəʳ] *n* belicista *mf*.

warmth [wɔːmθ] *n (heat)* calor *m*; *fig* cordialidad *f*.

warm-up ['wɔːmʌp] *n Sport* (ejercicios *mpl* de) calentamiento *m*; **a w.-up match,** un partido de preparación.

warn [wɔːn] *vtr* avisar **(of,** de), advertir, prevenir **(about,** sobre; **against,** contra); **he warned me not to go** *or* **against going,** me advirtió que no fuera; **the policeman warned me for speeding,** el policía me amonestó por exceso de velocidad; **to w. sb that,** advertir a algn que, prevenir a algn de que; **you've been warned!,** ¡estás avisado,-a! ◆**warn away, warn off** *vtr* avisar.

warning ['wɔːnɪŋ] **I** *adj (glance, shot)* de advertencia, de aviso; *(letter)* admonitorio,-a. ■ *Aut* **w. light,** piloto *m*; **w. sign,** *(of illness)* síntoma *m*; *Traffic* señal *f* de aviso. **II** *n* **1** *(of danger)* advertencia *f*, aviso *m*; *Meteor* **gale w.,** aviso de vientos fuertes; **let this be a w. to you,** que esto te sirva de escarmiento. **2** *(replacing punishment)* amonestación *f*. **3** *(notice)* aviso *m*; **to give sb fair w.,** avisar a algn debidamente; **without w.,** sin previo aviso.

warp [wɔːp] **I** *n* **1** *(also* **warping)** *(of wood)* alabeo *m*. **2** *Tex* urdimbre *f*. **II** *vtr* **1** *(wood)* alabear, combar. **2** *fig (mind)* pervertir, torcer. **III** *vi* alabearse, combarse.

war-paint ['wɔːpeɪnt] *n* pintura *f* de guerra.

warpath ['wɔːpɑːθ] *n fam* **to be on the w.,** estar buscando follón.

warped [wɔːpt] *adj* **1** *(wood)* alabeado,-a, combado,-a. **2** *(mind, sense of humour)* retorcido,-a.

warplane ['wɔːpleɪn] *n* avión *m* de combate.

warrant ['wɒrənt] **I** *n* **1** *Jur* mandamiento *m or* orden *f* judicial; **there is a w. out for his arrest,** se ha ordenado su detención. ■ **death w.,** sentencia *f* de muerte; **search w.,** mandamiento *m or* orden *f* de registro; *Mil* **w. officer,** suboficial *m*. **2** *(authorization note)* cédula *f*; *Com* bono *m*, vale *m*; **for payment,** libramiento *m*, orden *f* de pago. ■ **travel w.,** vale *m* de viaje. **II** *vtr* **1** *(justify)* justificar. **2** *(guarantee)* garantizar; **I w. you,** te lo aseguro.

warranty ['wɒrəntɪ] *n Com* garantía *f*.

warren ['wɒrən] *n* zona *f* de conejeras; *fig* laberinto *m*.

warring ['wɔːrɪŋ] *adj (nations)* en guerra; **the w. factions,** las facciones opuestas.

warrior ['wɒrɪər] n guerrero,-a m,f; **the Unknown W.**, el Soldado Desconocido.

Warsaw ['wɔːsɔː] n Varsovia.

warship ['wɔːʃɪp] n buque m or barco m de guerra.

wart [wɔːt] n Med verruga f; fam **warts and all**, con todas sus imperfecciones.

wart-hog ['wɔːthɒg] n jabalí m verrugoso.

wartime ['wɔːtaɪm] I n tiempos mpl de guerra. II adj **w. economy**, economía de guerra.

wary ['weərɪ] adj (**warier, wariest**) cauteloso,-a, precavido,-a, prudente; **to be w. of doing sth**, temer or dudar en hacer algo; **to be w. of sb/sth**, tener cuidado con algn/algo, recelar de algn/algo.

was [wɒz] pt see **be**.

wash [wɒʃ] I n 1 (person) lavado m; (of clothes) lavado m, colada f; **to give sth a w.**, lavar algo; **to have a w.**, lavarse; fig **it will all come out in the w.**, todo saldrá bien. 2 (of ship) estela f; (of water) remolinos mpl; (sound) chapoteo m. 3 (of paint) capa f. II vtr 1 (gen) lavar; (dishes) fregar; **to w. oneself**, lavarse; **to w. one's hair**, lavarse la cabeza. 2 (sea, river) llevar; **to w. sth ashore**, echar algo a la playa; **he was washed overboard**, un golpe de mar le arrojó por la borda. III vi 1 (person) lavarse; (do the laundry) hacer la colada; **this material doesn't w. well**, esta tela no se lava bien; fam **that (story) won't wash**, eso no colará. 2 (lap) batir; **the waves washed against the ship**, las olas bañaban el navío. ◆**wash away** vtr (of sea) llevarse; (traces) borrar; **he was washed away by the current**, fue arrastrado por la corriente. ◆**wash down** vtr (wall etc) lavar; (food) rociar. ◆**wash off** vi quitarse lavando. ◆**wash out** I vtr 1 (stain) quitar lavando. 2 (bottle) enjuagar; (shirt) dar un lavado rápido a. II vi quitarse lavando. ◆**wash up** I vtr 1 GB (washing-up) fregar. 2 (of sea) arrojar a la playa. 3 fam **to be (all) washed up**, estar acabado,-a. II vi 1 GB fregar los platos. 2 US lavarse rápidamente.

washable ['wɒʃəbəl] adj lavable.

washbasin ['wɒʃbeɪsən] n, **washbowl** ['wɒʃbəʊl] n jofaina f, palangana f, lavamanos m inv.

washcloth ['wɒʃklɒθ] n US manopla f.

washed-out [wɒʃ'aʊt] 1 (colours) descolorido,-a, desteñido,-a. 2 fig (tired) sin energías, agotado,-a; (complexion) pálido,-a.

washer ['wɒʃər] n 1 (machine) lavadora f. 2 Tech (bolt) arandela f; (on tap) junta f.

washer-up ['wɒʃər'ʌp] n (pl **washers-up**) fam friegaplatos mf inv.

washing ['wɒʃɪŋ] n 1 (action) lavado m; (of clothes) lavado m, colada f; **are there w. facilities?**, (personal) ¿hay lavabos?; (for clothes) ¿hay lavadero?; **bring in the w.**, recoge la ropa tendida; (dirty) **w.**, ropa f sucia or para lavar; **to do the w.**, hacer la colada. ■ **w. line**, tendedero m; **w. machine**, lavadora f; **w. powder**, detergente m; **w. soda**, sosa f.

washing-up [wɒʃɪŋ'ʌp] n GB 1 (action) fregado m; **to do the w.-up**, fregar los platos. ■ **w.-up bowl**, barreño m; **w.-up liquid**, detergente m para vajillas. 2 (dishes) platos mpl (para fregar).

wash-leather ['wɒʃleðər] n gamuza f.

washout ['wɒʃaʊt] n fam fracaso m.

washroom ['wɒʃruːm] n US euph servicios mpl.

washstand ['wɒʃstænd] n lavabo m.

wasp [wɒsp] n Ent avispa f. ■ **wasps' nest**, avispero m.

waspish ['wɒspɪʃ] adj (temperament) irritable, enojadizo,-a, irascible; (comment) punzante.

wastage ['weɪstɪdʒ] n pérdidas fpl, merma f.

waste [weɪst] I adj 1 (unwanted) desechado,-a; **w. food**, restos mpl de comida; Ind **w. products**, productos mpl de desecho. 2 (ground) baldío,-a, yermo,-a; **w. ground**, terreno baldío. II n 1 (unnecessary use) desperdicio m; (of resources, effort) derroche m; (of money) despilfarro m, derroche m; (of time) pérdida f; **it's a w. of money**, es tirar el dinero; **to go to w.**, desperdiciarse, echarse a perder. 2 (left-overs) desperdicios mpl, desechos mpl; (rubbish) basura f. ■ **radio-active w.**, desechos radioactivos; **w. disposal unit**, trituradora f (de desperdicios); **w. pipe**, tubo m de desagüe. 3 (usu pl) yermo m; **the Arctic wastes**, los desiertos árticos. III vtr (squander) desperdiciar, malgastar; (resources) derrochar; (money) despilfarrar; (time, chance) desperdiciar, perder; fig **kindness is wasted on her**, ser amable con ella es una pérdida de tiempo; prov **w. not, want not**, quien guarda halla. ◆**waste away** vi consumirse, demacrarse.

wasted ['weɪstɪd] adj (life) desperdiciado,-a; (body) atrofiado,-a.

wasteful ['weɪstfʊl] adj (person) despilfarrador,-a, pródigo,-a; (habits, use) pródigo,-a.

wastefulness ['weɪstfʊlnɪs] n despilfarro m, prodigalidad f.

wasteland ['weɪstlænd] n baldío m, yermo m.

wastepaper [weɪst'peɪpər] n papeles mpl usados or viejos. ■ **w. basket**, papelera f.

waster ['weɪstər] n fam vago,-a m,f.

wasting ['weɪstɪŋ] adj Med **w. disease**, enfermedad f que debilita.

wastrel ['weɪstrəl] n (spendthrift) manirroto,-a m,f; (good-for-nothing) perdido m.

watch [wɒtʃ] I n 1 (look-out) vigilancia f; **to be on the w.**, estar al acecho (**for**, de); **to keep a close w. on sth/sb**, vigilar algo/a algn muy atentamente; **to keep w.**, vigilar (**over**, a). 2 Mil (period, body) guardia f; (individual) centinela m; Naut (period, body) guardia f; (individual) vigía m; **to be on w.**, **keep w.**, estar de guardia. 3 Hist (night) **w.**, ronda f. 4 (timepiece) reloj m; **digital/wrist w.**, reloj digital/de pulsera. ■ **w. chain**, leontina f. II vtr 1 (observe) mirar, observar; **to w. sb do sth**, mirar a algn hacer algo; **to w. television/a match**, mirar la televisión/un partido. 2 (keep an eye on) vigilar, observar; (with suspicion) acechar; **w. the noticeboard/the time**, estén atentos al tablón de anuncios/al reloj. 3 (be careful of) tener cuidado con; **w. it!**, ¡ojo!, ¡cuidado!; **w. what you say**, fíjate en or ten cuidado con lo que dices; **w. you don't fall**, ten cuidado de no caerte; **w. your head!**, ¡cuidado con la cabeza!; fig **to w. one's step**, ir con pies de plomo. III vi (look) mirar, observar. ◆**watch out for** vtr tener cuidado con; **w. out!**, ¡ojo!; **w. out for the traps**, cuidado or ojo con las trampas. ◆**watch over** vtr vigilar; **to w. over sb's interests**, velar por los intereses de algn.

watchband ['wɒtʃbænd] n US see **watchstrap**.

watchdog ['wɒtʃdɒg] n perro m guardián; fig guardián,-ana m,f.

watcher ['wɒtʃər] n observador,-a m,f, espectador,-a m,f.

watchful ['wɒtʃfʊl] adj vigilante, atento,-a.

watchfulness ['wɒtʃfʊlnɪs] n vigilancia f.

watchmaker ['wɒtʃmeɪkər] n relojero,-a m,f.

watchman ['wɒtʃmən] n (pl **watchmen**) vigilante m; **night w.**, (of factory, site) vigilante nocturno; (on Spanish street) sereno m.

watchstrap ['wɒtʃstræp] *n* correa *f* (dc rcloj).

watchtower ['wɒtʃtauəʳ] *n* atalaya *f*.

watchword ['wɒtʃwɜːd] *n* 1 *(password)* contraseña *f*. 2 *(motto)* lema *m*.

water ['wɔːtəʳ] I *n* 1 agua *f*; **drinking/running w.**, agua potable/corriente; **hard/soft w.**, agua dura/blanda; **salt/fresh w.**, agua salada/dulce; **the road is under w.**, la carretera está inundada; *fig* **the theory doesn't hold w.**, la teoría cae por su base; *fig* **to get into hot w.**, meterse en un buen lío; *fig* **to spend money like w.**, gastar dinero como agua. ■ **hot w. bottle**, bolsa *f* de agua caliente; **w. bottle**, cantimplora *f*; **w. closet**, wáter *m*, retrete *m*; *Sport* **w. jump**, ría *f*; *Bot* **w. lily**, nenúfar *m*; **w. main**, conducción *f* de aguas; **w. pipe**, cañería *f*; **w. pistol**, pistola *f* de agua; **w. polo**, water polo *m*; **w. power**, fuerza *f* hidráulica; **w. rate**, tarifa *f* del agua; **w. softener**, acondicionador *m* de agua; **w. tank**, depósito *m* de agua; **w. wings**, flotadores *mpl*. 2 *(of river, sea)* agua *f*; **coastal/territorial waters**, aguas costeras/jurisdiccionales; *Naut* **high/low w.**, marea *f* alta/baja; *fig* **it's all w. under the bridge**, ha llovido mucho desde entonces; *fig* **to get into deep w.**, meterse en camisa de once varas; *fig* **to keep one's head above w.**, mantenerse a flote. ■ **w. rat**, rata *f* de agua; **w. sports**, deportes *mpl* acuáticos. 3 *(urine)* **to pass w.**, orinar; *Med* **difficulty in passing w.**, retención *f* de orina. 4 *Med* **w. on the brain**, hidrocefalia *f*; **w. on the knee**, derrame *m* sinovial. II *vtr* 1 *(plants, river)* regar. 2 *(horses)* abrevar. ◆**water down** *(drink)* aguar; *(water)* bautizar; *fig* **a watered-down version**, una versión atenuada. III *vi (eyes)* lagrimear, llorar; **my mouth watered**, se me hizo la boca agua.

water-bed ['wɔːtəbed] *n* colchón *m* de agua

watercolour, US watercolor ['wɔːtəkʌlə] *n Art* acuarela *f*.

water-cooled ['wɔːtəkuːld] *adj Tech* refrigerado,-a por agua.

watercourse ['wɔːtəkɔːs] *n* lecho *m*, cauce *m*, canal *m*.

watercress ['wɔːtəkres] *n Bot* berro *m*.

waterfall ['wɔːtəfɔːl] *n* cascada *f*, salto *m* de agua, catarata *f*.

waterfowl ['wɔːtəfaul] *n Orn* ave *f* acuática.

waterfront ['wɔːtəfrʌnt] *n (shore)* orilla *f* del agua; *(promenade)* paseo *m* marítimo; *(harbour)* puerto *m*.

waterhole ['wɔːtəhəul] *n* charca *f*.

watering ['wɔːtərɪŋ] *n* 1 *(of plants)* riego *m*; **w. can**, regadera *f*. 2 *(of drink)* **w. (down)**, dilución *f*; *fig* atenuación *f*. ■ *(for cattle)* **w. place**, abrevadero *m*.

waterline ['wɔːtəlaɪn] *n Naut* línea *f* de flotación.

waterlogged ['wɔːtəlɒgd] *adj (land, wood)* empapado,-a, anegado,-a.

watermark ['wɔːtəmaːk] *n* filigrana *f*.

watermelon ['wɔːtəmelən] *n Bot* sandía *f*.

watermill ['wɔːtəmɪl] *n* molino *m* de agua.

waterproof ['wɔːtəpruːf] I *adj (material)* impermeable; *(watch)* sumergible. II *n (coat)* impermeable *m*. III *vtr* impermeabilizar.

watershed ['wɔːtəʃed] *n Geog* línea *f* divisoria de aguas; *fig* coyuntura *f* crítica, punto *m* decisivo.

waterside ['wɔːtəsaɪd] *n* ribera *f*.

water-ski ['wɔːtəskiː] *Sport* I *n* esquí *m* acuático. II *vi (pt & pp* **water-skied** *or* **water-ski'd)** hacer esquí acuático.

water-skiing ['wɔːtəskiːɪŋ] *n Sport* esquí *m* acuático.

watertight ['wɔːtətaɪt] *adj (waterproof)* estanco,-a, hermético,-a; *fig* irrefutable.

waterway ['wɔːtəweɪ] *n* vía *f* fluvial; **inland w.**, canal *m* (navegable).

water-wheel ['wɔːtəwiːl] *n Ind* rueda *f* hidráulica; *(mill)* molino *m*.

waterworks ['wɔːtəwɜːks] *npl* 1 central *f sing* de abastecimiento de agua. 2 *Med fam euph* aparato *m sing* urinario. 3 *fam fig* **to turn on the w.**, empezar a llorar.

watery ['wɔːtərɪ] *adj* 1 *(like water)* acuoso,-a; *(soup)* aguado,-a; *(coffee)* flojo,-a. 2 *(eyes)* lacrimoso,-a. 3 *(pale)* pálido,-a.

watt [wɒt] *n Elec* vatio *m*.

wattage ['wɒtɪdʒ] *n* potencia *f* en vatios.

wave [weɪv] I *n* 1 *(at sea)* ola *f*. 2 *(in hair)* onda *f*. 3 *Rad Phys* onda *f*. ■ **medium/short w.**, onda *f* media/corta; **shock waves**, *(of explosion)* onda *f sing* expansiva; *fig* conmoción *f sing*, repercusión *f sing*. 4 *fig (of anger, strikes, attackers)* oleada *f*; *(of protest, crime)* ola *f*, oleada *f*. 5 *(fashion)* **the new w.**, la nueva ola. 6 *(gesture)* saludo *m* con la mano. II *vtr* 1 *(shake)* agitar; *(brandish)* blandir; *(help, objection)* **to w. aside**, rechazar, desechar; **to w. goodbye to sb**, despedirse de algn con la mano; **to w. one's arms (about)**, agitar los brazos. 2 *Hairdr* ondular, marcar. III *vi* 1 *(shake arm)* agitar el brazo; **she waved (to me)**, *(greeting)* me saludó con la mano; *(goodbye)* se despidió (de mí) con la mano; *(signal)* me hizo señas *or* señales con la mano. 2 *(flag)* ondear; *(corn)* ondular. 3 *(shake)* agitarse. 4 *(hair)* ondular.

waveband ['weɪvbænd] *n Rad* banda *f* (sonora).

wavelength ['weɪvlenθ] *n Rad* longitud *f* de onda; *fam* **we're not on the same w.**, no estamos en la misma onda.

waver ['weɪvə'] I *vi (hesitate)* vacilar, oscilar **(between**, entre); *(voice)* temblar; *(courage)* flaquear, vacilar.

wavering ['weɪvərɪŋ] *adj (person)* indeciso,-a, vacilante; *(voice)* tembloroso,-a.

wavy ['weɪvɪ] *adj (wavier, waviest) (hair, line)* ondulado,-a.

wax[1] [wæks] I *n* cera *f*; *(in ear)* cerumen *m*. II *vtr* 1 *(polish)* encerar. 2 *fam (record)* grabar.

wax[2] [wæks] *vi* 1 *(moon)* crecer. 2 *fml* ponerse; **to w. lyrical**, entusiasmarse, exaltarse.

waxen ['wæksən] *adj* de cera; *fig (complexion)* céreo,-a.

waxwing ['wækswɪŋ] *n Orn* ampelis *m* europeo.

waxwork ['wækswɜːk] *n* 1 figura *f* de cera. 2 **waxworks**, museo *m* de cera.

waxy ['wæksɪ] *adj (waxier, waxiest)* céreo,-a.

way [weɪ] I *n* 1 *(route)* camino *m*; **a letter/another baby is on the w.**, una carta/otro niño está en camino; **he made his own w. back (home)**, volvió solo (a casa); **I know my w. about**, conozco estos parajes; **I must be on my w.**, es hora de irme; **on the w.**, en el camino, de paso; **on the w. here**, de camino para aquí; **out of the w.**, apartado,-a, remoto,-a; **the bank is on your w.**, el banco te pilla de camino; **the river wound its w. along the valley**, el río serpenteaba por el valle; **to ask the w.**, preguntar el camino; **to force one's w. in**, entrar a la fuerza; **to go by w. of Burgos**, ir vía Burgos; **to go the long w. round**, ir por el camino más largo; **to go** the wrong w., errar el camino; **to lose one's w.**, perderse; **to make one's w. through the crowd**, abrirse camino entre la multitud; **to push one's w. through**, abrise paso a empujones; **which is the w. to the station?**, ¿por dónde se va a la estación?; *fig* **is there a w. round the problem?**, ¿hay un modo de soslayar el problema?; *fig* **reforms are on the w.**, se avecinan reformas; *fig* **she went out of her w.** to help, se desvivió para ayudar; *fig* **to go one's own w.**, ir a lo suyo; *fig* **to make one's w. (in the world)**, abrirse camino (en el mundo); *fig* **to see one's w. (clear) to doing sth**, ver la forma *or* la manera de hacer algo; *fig* **to work one's w. up**, ascender a fuerza de trabajo; *fig* **we went our separate ways**, seguimos cada cual por nuestro camino; *fam fig* **to talk one's w. out of trouble**, salir del apuro a base de labia; *fam fig* **to pay one's w.**, *(person)* pagar su parte; *(firm)* ser solvente; *fam fig* **we drank our w. through three bottles**, nos liquidamos tres botellas. **2** *(with adv)* **I can't find my w. out**, no encuentro la salida; **I stopped off on the w. back**, hice escala en el viaje de regreso; **I stopped on the w. out**, me detuve al salir; **on the w. up/down**, en la subida/bajada; **she's on the w. back**, está regresando; **there's no w. through**, el paso está cerrado; **to be on the w. up**, ir subiendo; **w. in**, entrada *f*; **w. out**, salida *f*; *fig* **the easy w. out**, la solución fácil; *fig* **to look for a w. out**, buscar una salida; *fig* **waistcoats are on the w. out**, los chalecos van camino de desaparecer. **3** *(road)* vía *f*, camino *m*; **across** *or* **over the w.**, enfrente *(from*, de); **the Appian W.**, la Vía Apia; *Rel* **the W. of the Cross**, el viacrucis; *fig* **the parting of the ways**, el momento de separarse. **4** *(space, path)* paso *m*; **(get) out of the** *or* **my w.!**, ¡quítate de en medio!; **I kept out of the w.**, me mantuve a distancia; **right of w.**, derecho *m* de paso; *Jur* servidumbre *f* de paso; *Aut* prioridad *f*; **there's a wall in the w.**, hay un muro de por medio; **to get out of the w. of sth**, dejarle paso a algo, apartarse de algo; **to give w.**, *(collapse)* ceder, hundirse; *(yield)* ceder **(to,** a); *Aut* ceder el paso; **to keep out of sb's w.**, evitar encontrarse con algn; **to push sb out of the w.**, apartar a algn a empujones; **to put obstacles in sb's w.**, ponerle obstáculos en el camino a algn; **you're in the w.**, estás estorbando; *fig* **as soon as the elections are out of the w.**, en cuanto terminen las elecciones; *fig* **to get sb/sth out of the w.**, desembarazarse de algn/ algo; *fig* **to stand in the w.**, ser un obstáculo. **5** *(direction)* dirección *f*; **a three-w. discussion**, una discusión trilateral; **come this w.**, venga por aquí; **I'll be down your w. tomorrow**, estaré en su barrio mañana; **if the opportunity comes my w.**, si se me presenta la oportunidad; **which w. did he go?**, ¿por dónde se fue?; **that w.**, por allá; **the other w. round**, al revés; **to be the right/wrong w. up**, estar cabeza arriba/abajo; **to split sth three ways**, dividir algo en tres partes iguales; *fig* **it's the other w. round**, es al contrario; *fig* **to look the other w.**, hacer la vista gorda. ■ **one-w. street**, calle *f* de sentido único. **6** *(distance)* distancia *f*; **a long w. off**, lejos; **it's a long w.**, es un largo camino; **we've a long w. to go**, nos queda un gran trecho por recorrer; *fig* **he'll go a long w.**, llegará lejos; *fig* **I'm with you all the way**, estoy totalmente de acuerdo contigo; *fig* **that went a long w. towards reassuring her**, eso contribuyó en gran medida a tranquilizarla; *fig* **the soup went a long w.**, la sopa cundió mucho; *fig* **we've come a long w.**, hemos hecho grandes progresos; *fig fam* **you're w. out**, andas muy desacertado,-a. **7** *(motion, progress)* **to be under w.**, *Naut* estar en marcha; *(work)* estar en marcha, avanzar; *(meeting,*

match) haber empezado; **the building is well under w.**, la construcción ya está bastante avanzada; **to get under w.**, *Naut* zarpar; *(travellers, work)* ponerse en marcha; *(meeting, match)* empezar. **8** *(means, method)* método *m*, manera *f*, camino *m*; **do it any w. you like**, hazlo del modo que quieras; **have it your own w.**, como tú quieras; **I'll do it my w.**, lo haré a mi manera; **there are many ways of doing it**, hay muchas maneras de hacerlo; **ways and means**, medios *mpl*; **to get one's own w.**, salirse con la suya. **9** *(manner)* modo *m*, manera *f*, forma *f*; **can I help in any w.?**, ¿puedo ayudar de alguna manera?; **I feel the same w.**, yo opino lo mismo; **in a friendly w.**, de modo amistoso; **in a small w.**, en plan modesto; **one w. or another**, de un modo o de otro; **strikes have become a w. of life**, las huelgas son ya una costumbre; **that's the w. it is**, así es; **that's the w.!**, ¡eso es!; **the French w. of life**, el estilo de vida francés; **the w. he spoke**, el modo en que habló; **the w. things are going**, tal como van las cosas; **there's no w. I can accept it**, me es imposible aceptarlo; **to do things in a big w.**, hacer las cosas a lo grande; **to my w. of thinking**, a mi modo de ver; **you're going about it the wrong w.**, vas por camino equivocado; *fam* **no w.!**, ¡ni hablar!, ¡de ninguna manera! **10** *(talent)* don *m*; **she has a w. with children**, tiene un don para los niños. **11** *(respect)* aspecto *m*; **by w. of introduction/of an experiment**, a modo de introducción/de experimento; **either w. you lose**, en cualquier caso pierdes; **in a w.**, en cierto sentido *or* modo; **in many ways**, desde muchos puntos de vista; **in some ways**, en algunos aspectos; **it doesn't matter to me one w. or the other**, me da exactamente igual; **she is in no w. to blame**, no es culpable de ninguna manera; **there are no two ways about it**, no tiene vuelta de hoja; **what is there in the w. of refreshment?**, ¿qué hay como refrigerio?; **you can't have it both ways**, no se puede repicar e ir en la procesión. ■ *(racing)* **each w. bet**, apuesta *f* a colocado. **12** *(custom)* hábito *m*, costumbre *f*; **it's always the w.**, siempre es así; **to be set in one's ways**, tener costumbres arraigadas; **to get out of the w. of doing sth**, perder la costumbre de hacer algo; **to mend one's ways**, enmendarse. **13** *(state)* estado *m*; **leave it the w. it is**, déjalo tal como está; **the car is in a bad w.**, el coche está en mal estado; **the patient is in a bad w.**, el enfermo está bastante mal; *euph* **to be in the family w.**, estar en estado. **14** *(course)* **by the w.**, a propósito, por cierto, dicho sea de paso; **in the w. of business**, en el curso de los negocios; **that is by the w.**, eso no viene *or* no hace al caso. **II** *adv fam* mucho, muy; **I'm w. behind with my work**, estoy atrasadísimo,-a en mi trabajo; **it was w. off target**, no alcanzó ni con mucho el blanco; **w. back in 1940**, allá en 1940; **w. past the church**, mucho más allá de la iglesia.

wayfarer ['weɪfeərə'] *n* caminante *mf*, viajero,-a *m,f*.

waylay [weɪ'leɪ] *vtr (pt & pp* **waylaid)** **1** *(attack)* atacar por sorpresa. **2** *fig (intercept)* salirle al paso a algn, abordar.

way-out [weɪ'aʊt] *adj fam* estrafalario,-a, exagerado,-a, supermoderno,-a.

wayside ['weɪsaɪd] *n* borde *or* lado *m* del camino; **a w. inn**, una posada de camino; *fig* **to fall by the w.**, quedarse en el camino.

wayward ['weɪwəd] *adj (non-conformist)* rebelde; *(capricious)* caprichoso,-a; *(shot, aim)* desviado,-a.

WC, wc [dʌblju:'si:] *abbr of* **water closet**, wáter *m*, WC.

we [wi:] *pers pron* nosotros,-as; **we went in,** (nosotros,-as) entramos; **here we are,** aquí estamos; **we English,** nosotros los ingleses.

WEA [dʌblju:i:'eɪ] *GB abbr of* **Workers' Educational Association.**

weak [wi:k] *adj (structure, body)* débil, endeble; *(character, government)* débil; *(argument, excuse)* pobre, poco convincente; *(joke, team, piece of work)* flojo,-a; *(tea)* flojo,-a; **I know your w. spot,** conozco tu punto flaco; **to be w. at French,** estar flojo,-a en francés; **to grow w.,** debilitarse, desfallecer. ◆**weakly** *adv* débilmente.

weaken ['wi:kən] **I** *vtr* debilitar; *(argument)* quitar fuerza. **II** *vi* **1** *(person)* debilitarse, desfallecer; *(structure, resistance, opponent)* flaquear. **2** *(concede ground)* ceder, aflojar.

weak-kneed [wi:k'ni:d] *adj fig* medroso,-a, pusilánime.

weakling ['wi:klɪŋ] *n (physical, moral)* débil *mf*; *(physical)* debilucho *m*, alfeñique *m*.

weak-minded [wi:k'maɪndɪd] *adj (indecisive)* indeciso,-a; *(weak-willed)* de poca voluntad.

weakness ['wi:knɪs] *n* **1** *(in strength)* debilidad *f*, flaqueza *f*. **2** *(character flaw)* flaqueza *f*, punto *m* flaco; **to have a w. for sb/sth,** tener una debilidad por algn/algo.

weak-willed [wi:k'wɪld] *adj* de poca voluntad.

weal [wi:l] *n Med* cardenal *m*, equimosis *f inv*.

wealth [welθ] *n* riqueza *f*; *fig* abundancia *f*; **a w. of detail,** una profusión de detalles.

wealthy ['welθɪ] *adj (wealthier, wealthiest)* rico,-a, adinerado,-a, acaudalado,-a; **the w.,** los ricos.

wean [wi:n] *vtr (child)* destetar; *fig* **to w. sb from the habit,** desacostumbrar (gradualmente) a algn de un hábito.

weapon ['wepən] *n* arma *f*.

wear [weər] **I** *vtr (pt wore; pp worn)* **1** *(clothes)* llevar (puesto,-a), vestir; *(shoes)* calzar; **he usually wears a suit,** suele usar traje; **he wears glasses,** lleva gafas; **he wears his hair long,** lleva el pelo largo; **to w. black,** vestirse de negro; *(mourning)* ir de luto; **what shall I w.?,** ¿qué me voy a poner? **2** *(erode)* desgastar; **he walked so far that he wore a hole in his shoes,** caminó tanto que se le agujerearon los zapatos. **3** *fam (tolerate)* tolerar, aceptar; **he won't w. it,** no lo soportará. **II** *vi (gen)* llevarse, aguantar; **these shoes are wearing well,** estos zapatos están dando buen resultado; *(garment)* **to w. into holes,** agujerearse con el uso; **to w. (thin/smooth),** desgastarse (con el roce); *fig* **my patience is wearing thin,** se me está acabando la paciencia; *fig* **she is wearing well,** se conserva bien. **III** *n* **1** ropa *f*. ■ **evening w.,** traje *m* de noche; **leisure w.,** ropa *f* de sport. **2** *(use) (clothes)* uso *m*; **for everyday w.,** para todos los días; **I got a lot of w. out of it,** me duró mucho; **it will stand hard w.,** es muy resistente. **3** *(deterioration)* desgaste *m*; **normal w. and tear,** desgaste *m* or deterioro *m* natural; **to be the worse for w.,** *(object)* estar deteriorado,-a; *fig (person)* estar desmejorado,-a; **I feel the worse for w.,** me siento maltrecho,-a. ◆**wear away I** *vtr (stone etc)* erosionar, desgastar; *(inscription)* borrar. **II** *vi (stone etc)* erosionarse, desgastarse; *(inscription)* borrarse. ◆**wear down I** *vtr (heels)* desgastar; *fig* **to w. sb down,** vencer la resistencia de algn. **II** *vi* desgastarse. ◆**wear off** *vi (effect, pain)* pasar, desaparecer; **the novelty has worn off,** ha dejado de ser una novedad. ◆**wear on** *vi (time)* transcurrir, pasar; **the day wore on,** avanzaba el día. ◆**wear out I** *vtr*

gastar, desgastar; *fig* agotar, rendir; **to w. oneself out,** agotarse. **II** *vi* gastarse, desgastarse.

wearable ['weərəbəl] *adj (clothes, shoes)* llevable.

wearing ['weərɪŋ] *adj* **1** *(tiring)* cansado,-a, agotador,-a. **2** *fig (tiresome)* pesado,-a.

weary ['wɪərɪ] **I** *adj (wearier, weariest)* **1** *(tired)* cansado,-a, fatigado,-a. **2** *(fed up)* cansado,-a, harto,-a; **to grow w. of doing sth,** cansarse de hacer algo. **II** *vtr (pt & pp wearied)* cansar. **III** *vi* cansarse **(of,** de). ◆**wearily** *adv* con cansancio, cansadamente.

weariness ['wɪərɪnɪs] *n* cansancio *m*, fatiga *f*.

wearisome ['wɪərɪsəm] *adj* **1** *(tiring)* cansado,-a, fatigoso,-a. **2** *(tedious)* pesado,-a, fatigoso,-a.

weasel ['wi:zəl] *n (pl weasels or weasel) Zool* comadreja *f*.

weather ['weðər] **I** *n* tiempo *m*; **bad w.,** mal tiempo; **in hot w.,** en tiempo caluroso; **in this w.,** con el tiempo que hace; **the w. is fine,** hace buen tiempo; **w. permitting,** si el tiempo no lo impide; **what's the w. like?,** ¿qué tiempo hace?; *fig* **he made heavy w. of it,** le costó mucho trabajo hacerlo; *fig* **to feel under the w.,** no encontrarse bien. ■ **w. centre,** servicio *m* meteorológico; **w. chart, w. map,** mapa *m* meteorológico; **w. forecast, w. report,** parte *m* meteorológico; **w. vane,** veleta *f*. **II** *vtr* **1** *(wood)* curar; *Geol* **weathered rocks,** rocas erosionadas. **2** *fig (crisis)* aguantar; *Naut fig* **to w. the storm,** capear el temporal. **II** *vi (rock)* desgastarse; *(building)* adquirir la pátina del tiempo.

weather-beaten ['weðəbi:tən] *adj (person)* curtido,-a; *(building)* deteriorado,-a por los agentes naturales.

weathercock ['weðəkɒk] *n* veleta *f*.

weatherfish ['weðəfɪʃ] *n (fish)* lomo *m* de lago.

weatherman ['weðəmæn] *n (pl weathermen)* hombre *m* del tiempo.

weatherproof ['weðəpru:f] *adj (house)* impermeabilizado,-a; *(clothing)* impermeable.

weave [wi:v] **I** *n* tejido *m*. **II** *vtr (pt wove; pp woven)* **1** *Tex* tejer. **2** *(interwine)* entretejer, tejer; *(wicker)* trenzar. **3** *(intrigues)* tramar, urdir, tejer; **to w. a spell,** echar un conjuro **(on,** a). **III** *vi* **1** *(person, road)* zigzaguear; **the car wove in and out of the traffic,** el coche se abría paso por entre el tráfico. **2** *fam* **get weaving!,** ¡espabílate!

weaver ['wi:vər] *n* tejedor,-a *m,f*.

weaving ['wi:vɪŋ] *n* tejido *m*.

web [web] *n* **1** **(spider's) w.,** telaraña *f*. **2** *fig (intrigue)* red *f*, organización *f*; *(tangle)* embrollo *m*. **3** *(lies)* sarta *f*. **4** *Orn (of foot)* membrana *f*, interdigital *m*.

webbed [webd] *adj Orn* palmeado,-a; **w. foot,** pata *f* palmeada.

webbing ['webɪŋ] *n Furn* (entramado *m*) de tiras *fpl* de cáñamo.

web-footed [web'fʊtɪd] *adj Orn* palmípedo,-a.

Wed *abbr of* **Wednesday,** miercóles *m*, miérc.

wed [wed] *vtr arch (pt & pp wed or wedded)* casarse con.

wedded ['wedɪd] *adj* **1** *(married)* casado,-a; **w. bliss,** felicidad *f* conyugal. **2** *fig* **to be w. to an idea,** aferrarse *or* estar aferrado,-a a una idea.

wedding ['wedɪŋ] *n* boda *f*, casamiento *m*; **to have a church w.,** casarse por la iglesia. ■ **w. breakfast,** banquete *m* nupcial; **w. cake,** tarta *f* nupcial; **w. day,** día *m* de la boda; **w. dress,** traje *m* or vestido *m* de novia; **w. present,** regalo *m* de boda; **w. ring,** alianza *f*, anillo *m* de boda.

wedge [wedʒ] **I** *n* **1** *(for door, wheel)* cuña *f*, calzo *m*; *(for table leg)* calce *m*; *(for splitting)* cuña; *fig* **it's the thin end of the w.,** éste es sólo el primer paso. **2** *(of cake, cheese)* trozo *m* grande. **II** *vtr (wheel, leg of chair, etc)* calzar; *(object)* **to be wedged tight,** estar completamente atrancado,-a *or* trabado,-a; **to w. a door open,** mantener abierta una puerta mediante una cuña.

Wednesday ['wenzdɪ] *n* miércoles *m*; *see also* Saturday.

wee[1] [wi:] **I** *adj esp Scot* pequeñito,-a, chiquito,-a; **a w. bit,** un poquitín; **a w. bit heavy,** un poco pesado,-a.

wee[2] [wi:] *fam* **I** *n* pipí *m*; **to go for a w.,** (ir a) hacer pipí. **II** *vi* hacer pipí.

weed [wi:d] *n* **1** *Bot* mala hierba *f*. **2** *sl (marijuana)* hierba *f*, hachís *m*. **3** *pej (person)* debilucho,-a *m,f*, canijo,-a *m,f*. **II** *vtr* **1** *(garden)* desherbar, escardar. **2** *fig* **to w. out,** eliminar, suprimir. **III** *vi* escardar.

weeding ['wi:dɪŋ] *n* escarda *f*.

weedkiller ['wi:kɪlə\[r]] *n* herbicida *m*.

weedy ['wi:dɪ] *adj (weeedier, weediest) pej* debilucho,-a, desmirriado,-a.

week [wi:k] *n* semana *f*; **a w. (ago)** today/yesterday, hoy hace/ayer hizo una semana; **a w. today,** de hoy en ocho días; **in a w.'s time,** dentro de una semana; **in/during the w.,** entre semana; **last/next w.,** la semana pasada/que viene; **once a w.,** una vez a la/por semana; **the w. after next,** no la semana que viene sino la otra; **w. in, w. out,** semana tras semana. ■ *Rel* **Holy W.,** Semana *f* Santa.

weekday ['wi:kdeɪ] *n* día *m* laborable; **on a w.,** entre semana.

weekend [wi:k'end] *n* fin *m* de semana; **at the w.,** *(once) (durante)* el fin de semana; *(regularly)* los fines de semana.

weekly ['wi:klɪ] **I** *adj* semanal. **II** *adv* semanalmente; **twice w.,** dos veces por semana. **III** *Press* semanario *m*.

weep [wi:p] **I** *vi (pt & pp wept)* llorar; **to w. for sb,** llorar a algn; **to w. with joy,** llorar de alegría. **II** *vtr (tears)* derramar. **III** *n* **to have a good w.,** llorar a lágrima viva; **to have a little w.,** llorar un poco.

weeping ['wi:pɪŋ] **I** *adj* lloroso,-a; *Bot* **w. willow,** sauce *m* llorón. **II** *n* llanto *m*.

weepy ['wi:pɪ] *adj (weepier, weepiest) fam* lloroso,-a, llorón,-ona.

weevil ['wi:vɪl] *n Ent* gorgojo *m*.

wee-wee ['wi:wi:] *n & vi see* wee[2].

weft [weft] *n Tex* trama *f*.

weigh [weɪ] **I** *vtr* **1** *(gen)* pesar. **2** *fig (consider)* ponderar, sopesar; **he weighs his words,** pondera sus palabras; **to w. one thing against another,** contraponer una cosa a otra. **3** *Naut* **to w. anchor,** levar anclas. **II** *vi* **1** *(gen)* pesar; *(responsibilities)* pesar **(upon,** sobre); **it doesn't w. anything,** no pesa; **it weighs three kilos,** pesa tres kilos; *fig* **it is weighing on his conscience,** pesa sobre su conciencia; *fig* **time weighs heavily on his hands,** se le hace largo el tiempo; *fam* **it weighs a ton,** pesa una tonelada. **2** *fig (influence)* influir; **his age weighed heavily in his favour,** su edad influyó mucho a favor suyo. ◆**weigh down** *vtr* sobrecargar **(with,** de); **she was weighed down with parcels,** iba muy cargada de paquetes. ◆**weigh in** *vi* **1** *Sport* pesarse. **2** *fam (join in)* intervenir. ◆**weigh out** *vtr (food etc)* pesar.

◆**weigh up** *vtr (consider) (thing, matter)* evaluar, ponderar; *(person)* formar una opinión sobre; **she soon had him weighed up,** no tardó en calarle; **to w. up the pros and cons,** sopesar los pros y los contras.

weighbridge ['weɪbrɪdʒ] *n* báscula *f* de puente.

weigh-in ['weɪɪn] *n Sport* pesaje *m*.

weight [weɪt] **I** *n* **1** peso *m*; **feel the w. of this,** sopesa esto; **to lose w.,** perder peso, adelgazar; **to put on w.,** ganar peso, engordar; **to sell sth by w.,** vender algo a peso; **weights and measures,** pesos y medidas; *fig* **it's worth its w. in gold,** vale su peso en oro; *fam fig* **to pull one's w.,** poner de su parte; *fam fig* **to throw one's w. about,** hacer sentir su autoridad *or* su fuerza. **2** *(of clock, scales)* pesa *f*. **3** *fig (influence)* peso *m*; **this adds w. to the case,** esto le da peso al argumento; **to carry w.,** *(opinion, argument)* tener peso; *(person)* pesar, tener influencia. **4** *fig (burden)* peso *m*, carga *f*; **that's a w. off my mind,** eso me quita un peso de encima. **II** *vtr* poner peso en; *(net)* lastrar; **to w. sth down,** sujetar algo con pesos.

weighting ['weɪtɪŋ] *n (on salary)* suplemento *m* de salario.

weightless ['weɪtlɪs] *adj* ingrávido,-a.

weightlessness ['weɪtlɪsnɪs] *n* ingravidez *f*.

weightlifter ['weɪtlɪftə\[r]] *n Sport* levantador,-a *m,f* de pesos, halterófilo,-a *m,f*.

weightlifting ['weɪtlɪftɪŋ] *n Sport* halterofilia *f*, levantamiento *m* de pesos.

weighty ['weɪtɪ] *adj (weightier, weightiest)* pesado,-a; *fig (problem, matter)* importante, grave; *(argument)* de peso.

weir [wɪə\[r]] *n* presa *f*.

weird [wɪəd] *adj* raro,-a, extraño,-a.

weirdness ['wɪədnɪs] *n* rareza *f*.

weirdo ['wɪədəʊ] *n fam* tipo *m* raro.

welcome ['welkəm] **I** *adj (person)* bienvenido,-a; *(news)* grato,-a; *(change)* oportuno,-a; **the money would be most w.,** el dinero me vendría muy bien; **to make sb w.,** acoger a algn calurosamente; **w. home!,** ¡bienvenido,-a a casa!; **you're w.!,** ¡no hay de qué!; **you're w. to stay,** puede quedarse con toda confianza. **II** *n (greeting)* bienvenida *f*, acogida *f*. **III** *vtr (gen)* acoger, recibir; *(more formally)* darle la bienvenida a; *(news)* acoger con agrado; *(decision)* aplaudir; **I would w. the opportunity,** agradecería la oportunidad.

welcoming ['welkəmɪŋ] *adj (speech)* de bienvenido; *(smile)* acogedor,-a.

weld [weld] *vtr* soldar.

welder ['weldə\[r]] *n* soldador *m*.

welding ['weldɪŋ] *n* soldadura *f*. ■ **spot w.,** soldadura *f* por puntos.

welfare ['welfeə\[r]] *n* **1** *(well-being)* bienestar *m*; *(public)* salud *f*. ■ **animal/child w.,** protección *f* de animales/de menores; **w. work,** (trabajos *mpl* de) asistencia *f* social; **w. worker,** asistente *mf* social. **2** *US (social security)* **w. (payments),** (prestaciones *fpl* de la) seguridad *f* social.

well[1] [wel] *n* **1** pozo *m*, manantial *m*. ■ **oil w.,** pozo *m* de petróleo. **2** *(of staircase)* caja *f*; *(of lift)* hueco *m*. **3** *(of court, hall)* hemiciclo *m*. ◆**well up** *vi* brotar; **tears welled up in his eyes,** se le llenaron los ojos de lágrimas.

well[2] [wel] **I** *adj* **1** *(healthy)* bien; **are you keeping w.?,** estás bien de salud?; **he's not w.,** no se encuentra bien; **(I'm) very w., thank you,** (estoy) muy bien, gracias; **I don't feel w.,** no me siento bien; **to**

get w., reponerse; **you look w.,** tienes buena cara. **2** *(satisfactory, fortunate)* bien; **all is w.,** todo va bien; **if that's the case, w. and good,** si es así, bien está; **it's just as w.,** menos mal; **just as w. you stayed,** menos mal que te quedaste; **that's all very w. but ...,** todo eso está muy bien, pero ...; **you're w. rid of him,** menos mal que te has librado de él; *prov* **all's w. that ends w.,** bien está lo que bien acaba. **3** *(advisable)* recomendable; **it is as w. to remember that,** conviene recordar que; **it might/ would be as w. to consult him,** quizás convenga/estaría bien consultarle. **II** *adv (better, best)* **1** *(properly, successfully)* bien; **he has done w. (for himself),** ha prosperado; **the business is doing** or **going w.,** el negocio marcha bien; **they get on very w. (together),** se entienden muy bien; **to do sth w.,** hacer algo bien; **she did w. in the exam,** el examen le fue bien; **w. done!,** ¡bien hecho!, ¡muy bien!, ¡bravo! **2** *(favourably, kindly)* bien; **he speaks w. of you,** habla bien de ti; **it was in bad taste but he took it w.,** fue de mal gusto pero lo tomó a bien. **3** *(thoroughly)* bien; **I know him w.,** le conozco bien; **I know it only too w.,** lo sé de sobra; *Culin* **w. done,** muy hecho,-a. **4** *(much, by a big margin)* bien; **he's w. over thirty,** tiene treinta años bien cumplidos; **it's pretty w. finished,** está casi terminado,-a; **it's w. worth a visit,** vale la pena visitarlo; **w. after six o'clock,** mucho después de las seis; **w. in advance,** muy por adelantado; **w. over a hundred,** mucho más de cien; *fam* **he'll damn** or **jolly w. have to go!,** ¡mal que bien tendrá que ir! **5** *(easily, with good reason)* bien; **he couldn't very w. say no,** difícilmente podía decir que no; **I may w. do that,** bien puedo hacer eso; **it may w. rain,** es muy posible que llueva; **you might as w. admit it,** más vale que lo confieses. **6 as w.,** también; **as w. as,** así como, lo mismo que; **bring the baby as w.,** traiga al niño también; **children as w. as adults,** tanto niños como adultos; **he is clever as w. as good-looking,** además de guapo es inteligente. **III** *interj* **1** *(surprise)* ¡bueno!, ¡vaya!; **w. I never!,** ¡no me digas!; **w., w.!,** ¡vaya, vaya! **2** *(agreement, interrogation, resignation)* bueno; **very w.,** bueno, muy bien; **w.?,** ¿y bien?, ¿qué?; **w., all right,** bueno, está bien; **w., what now?,** ¿bueno, y ahora qué? **3** *(doubt)* bueno, pues; **w., I don't know,** pues no sé. **4** *(resumption)* bueno, pues (bien); **w., as I was saying,** bueno or pues (bien), como iba diciendo. **5** *(consequence)* (bueno) pues; **I'm tired –w., go to bed,** estoy cansando –(bueno) pues, acuéstate.

well-balanced ['welbælənst] *adj (diet, person)* equilibrado,-a.

well-behaved ['welbehervd] *adj (child)* formal, educado,-a.

well-being ['welbi:ɪŋ] *n* bienestar *m*.

well-bred ['welbred] *adj (person)* (bien) educado,-a.

well-built ['welbɪlt] *adj (building etc)* de construcción sólida; *(person)* fornido,-a.

well-chosen [wel'tʃəʊzən] *adj (remarks)* acertado,-a.

well-disposed [weldɪ'spəʊzd] *adj* bien dispuesto,-a **(towards,** hacia).

well-done ['weldʌn] *adj* bien hecho,-a; *(steak etc)* bien pasado,-a.

well-earned ['welɜ:nd] *adj* (bien) merecido,-a.

well-educated [wel'edʊkeɪtɪd] *adj* culto,-a, instruido,-a.

well-founded ['welfaʊndɪd] *adj (suspicion)* bien fundado,-a.

well-heeled ['welhi:ld] *adj fam* adinerado,-a.

wellies ['welɪz] *npl GB fam*, **wellingtons** ['welɪŋtənz] *npl* botas *fpl* de goma.

well-informed ['welɪnfɔ:md] *adj* bien informado,-a **(on,** acerca de).

well-judged ['weldʒʌdʒd] *adj* bien calculado,-a.

well-known ['welnəʊn] *adj* (bien) conocido,-a.

well-made ['welmeɪd] *adj* bien hecho,-a.

well-mannered ['welmænəd] *adj* educado,-a, cortés, formal.

well-meaning [wel'mi:nɪŋ] *adj* bien intencionado,-a.

well-meant ['welment] *adj* bienintencionado,-a.

well-nigh ['welnaɪ] *adv* casi.

well-off [wel'ɒf] *adj* **1** *(rich)* acomodado,-a, rico,-a, pudiente. **2** *fam fig (fortunate)* **you don't know when you're w. o.,** no te das cuenta de la suerte que tienes.

well-spoken [wel'spəʊkən] *adj* con acento culto.

well-timed ['weltaɪmd] *adj* oportuno,-a.

well-to-do [weltə'du:] *adj* acomodado,-a; **the w.-to-do,** la gente pudiente.

well-wisher ['welwɪʃəʳ] *n* admirador,-a *m,f*, partidario,-a *m,f*.

well-worn ['welwɔ:n] *adj (clothes etc)* gastado,-a, raído,-a; *(path)* trillado,-a; *fig (theme, phrase)* gastado,-a, trillado,-a.

Welsh [welʃ] **I** *adj* galés,-esa. ■ *Furn* **W. dresser,** aparador *m*; *Culin* **W. rarebit,** tostada *f* con queso fundido. **II** *n* **1** *(language)* galés *m*. **2** *pl* **the W.,** los galeses.

Welshman ['welʃmən] *n (pl* **Welshmen)** galés *m*.

Welshwoman ['welʃwʊmən] *n (pl* **Welshwomen)** ['welʃwɪmɪn]*)* galesa *f*.

welt [welt] **I** *n* **1** *(of shoe)* vira *f*. **2** *Sew* ribete *m*. **3** *(weal)* cardenal *m*, verdugon *m*. **II** *vtr (shoe)* poner una vira; *fam fig* pegar, dar una hostia a.

welter ['weltəʳ] *n fml* mezcla *f* confusa, mescolanza *f*.

welterweight ['welterweɪt] *n Box (category, boxer)* (peso *m*) wélter *m*.

wench [wentʃ] *n dated pej* moza *f*, mozuela *f*.

wend [wend] *vtr fml lit* **to w. one's way,** dirigir sus pasos **(towards,** hacia).

went [went] *pt see* **go**.

wept [wept] *pt & pp see* **weep**.

were [wɜ:ʳ, *unstressed* wəʳ] *pt see* **be**.

werewolf ['wɪəwʊlf] *n (pl* **werewolves** ['wɪəwʊlvz]*)* hombre *m* lobo.

west [west] **I** *n* oeste *m*, occidente *m*; **in** or **to the w.,** al oeste; **the Far W.,** el Lejano Oeste; *Pol* **the W.,** los países occidentales. **II** *adj* del oeste, occidental; **the w. coast,** la costa occidental; **the W. Indies,** las Antillas; **w. wind,** viento del oeste; **W. Indian,** antillano,-a. **III** *adv* al oeste, hacia el oeste; **it faces w.,** da al oeste; *fam fig (be ruined)* **to go w.,** desgraciarse, estropearse.

westbound ['westbaʊnd] *adj (traffic etc)* en dirección al oeste.

westerly ['westəlɪ] *adj (wind)* del oeste; **in a w. position,** orientado,-a hacia el oeste; **in a w. direction,** en dirección al oeste.

western ['westən] **I** *adj* del oeste, occidental; **W. Europe,** Europa Occidental; **in W. France,** en el oeste de Francia. **II** *n Cin* western *m*.

westward ['westwəd] *adj* **in a w. direction,** hacia el oeste.

westwards ['westwədz] *adv* hacia el oeste.

wet [wet] **I** *adj (wetter, wettest)* **1** mojado,-a; *(slightly)* húmedo,-a; *(paint, ink)* fresco,-a; **I got (my feet) w.,** me mojé (los pies); **'w. paint',** 'recién pintado'; **w. through, soaking w.,** *(person)* calado,-a hasta los huesos; *(thing)* empapado,-a. ■ **w. suit,** traje *m* isotérmico. **2** *(rainy)* lluvioso,-a; **it has been very w.,** ha llovido mucho; **the w. season,** la época de las lluvias. **3** *fam (person)* apocado,-a, soso,-a. ■ **w. blanket,** aguafiestas *mf inv.* **II** *n* **1** *(rain)* lluvia *f; (damp)* humedad *f.* **2** *fam* apocado,-a *m,f.* **III** *vtr (pt & pp* **wet)** mojar, humedecer; **to w. oneself,** orinarse; **to w. the bed,** mojar, orinarse en la cama.

wetness ['wetnɪs] *n* humedad *f.*

whack [wæk] **I** *vtr* **1** *(hit hard)* pegar, zurrar; *(ball)* golpear fuertemente. **2** *fam (defeat)* dar una paliza a. **II** *n* **1** *(blow)* porrazo *m.* **2** *fam (share)* parte *f,* porción *f.*

whacked [wækt] *adj fam* agotado,-a.

whacking ['wækɪŋ] *adj fam* **a w. great car,** un coche grandísimo.

whale [weɪl] *n (pl* **whale** *or* **whales)** *Zool* ballena *f; fam* **we had a w. of a time,** nos lo pasamos pipa/en grande.

whalebone ['weɪlbəʊn] *n* (barba *f* de) ballena *f.*

whaler ['weɪlə^r] *n (person)* ballenero *m,f; (ship)* ballenero *m.*

whaling ['weɪlɪŋ] *n* caza *f* de ballenas; **the w. industry,** la industria ballenera.

wharf [wɔ:f] *n (pl* **wharfs** *or* **wharves** [wɔ:vz]*)* muelle *m,* embarcadero *m.*

wharfage ['wɔ:fɪdʒ] *n* muellaje *m.*

what [wɒt, *unstressed* wət] **I** *adj* **1** *(direct question)* qué; **w. (sort of) bird is that?,** ¿qué tipo de ave es ésa?; **w. good is that?,** ¿para qué sirve eso?; **w. time is it?,** ¿qué hora es? **2** *(indirect question)* qué; **ask him w. size he takes,** pregúntale qué talla usa. **3** *(all the)* **he gave me w. money he had,** me dio (todo) el dinero que tenía; **she lost w. little she had,** perdió lo poco que tenía. **II** *pron* **1** *(direct question)* qué; **w. are you talking about?,** ¿de qué estás hablando?; **w. about me?,** ¿y yo?; **w. about going tomorrow?,** ¿qué te parece si vamos mañana?; **w. about the money you owe me?,** ¿qué hay del dinero que me debes?; **w. can I do for you?,** ¿en qué puedo servirle?; **w. did it cost?,** ¿cuánto costó?; **w. did you do that for?,** ¿por qué hiciste eso?; **w. (did you say)?,** ¿cómo?; **w. does he look like?,** ¿qué aspecto tiene?; **w. does it sound like?,** ¿cómo suena?; **w. do you take me for?,** ¿por quién me tomas?; **w. if it rains?,** ¿y si llueve?; **w. is happening?,** ¿qué pasa?; **w. is it?,** *(definition)* ¿qué es?; *(what's the matter)* ¿qué hay?; **w. is your surname?,** ¿cuál es su apellido?; **w.'s it called?,** ¿cómo se llama?; **w.'s the French for 'cat'?,** ¿cómo se dice 'cat' en francés?; **w.'s this for?,** ¿para qué sirve esto?; **w. was the film like?,** ¿qué tal la película?; *fam* **so w.?,** **w. about it?,** **w. of it?,** ¿y qué?; *fam* **w. d'you know!,** ¡mira por dónde! **2** *(indirect question)* qué, lo que; **he asked me w. I thought,** me preguntó lo que pensaba; **I didn't know w. to say,** no sabía qué decir; **I wonder w. will happen,** me pregunto qué va a pasar; *fam* **books, journals and w. have you,** libros, revistas y tal; *fam* **he knows w.'s w.,** sabe lo que se hace. **3** lo que; **(and) w.'s more,** y además; **come w. may,** pase lo que pase; **guess w.!,** ¿sabes qué?; **it's just**

w. I need, es exactamente lo que necesito; **w. with the heat and the noise, I couldn't sleep,** entre el calor y el ruido no pude dormir; *fam* **I'll tell you w.,** pues, mira; *fam* **to give sb w. for,** darle a algn su merecido. **4** *exclam (surprise, indignation)* ¡cómo!; **w., no coffee!,** ¡cómo que no hay café! **III** *interj* qué; **w. a goal!,** ¡qué *or* vaya golazo!; **w. a lovely picture!,** ¡qué cuadro más bonito!; **w. weather!,** ¡qué tiempo!

what-d'you-call-it ['wɒtdʒʊkɔ:lɪt] *n fam* chisme *m* este *or* ese.

whatever [wɒt'evə^r, *unstressed* wət'evə^r] **I** *adj* **1** *(any)* cualquiera que; **at w. time you like,** a la hora que quieras; **of w. colour,** no importa de qué color. **2** *(with negative)* **nothing w.,** nada en absoluto; **with no interest w.,** sin interés alguno. **II** *pron* **1** *(anything, all that)* (todo) lo que; **do w. you like,** haz lo que quieras; **w. I have is yours,** todo lo que tengo es tuyo. **2** *(no matter what)* **don't tell him w. you do,** no se te ocurra decírselo bajo ningún concepto; **w. (else) you find,** cualquier (otra) cosa que encuentres; **he goes out w. the weather,** sale haga el tiempo que haga. **III** *interr* **w. happened?,** ¿qué (diablos) pasó?

whatnot ['wɒtnɒt] *n fam* **1** *(what-d'you-call-it)* chisme *m.* **2** *Furn* estantería *f.*

whatsoever [wɒtsəʊ'evə^r] *adj* en absoluto; **nothing w.,** nada en absoluto.

wheat [wi:t] *n Bot* trigo *m.* ■ **w. germ,** germen *m* de trigo.

wheatear ['wi:tɪə^r] *n Orn* collalba *f* gris.

wheedle ['wi:dəl] *vtr* engatusar; **to w. sb into doing sth,** engatusar a algn para que haga algo; **to w. sth out of sb,** sonsacar algo a algn halagándole.

wheel [wi:l] **I** *n* rueda *f;* **the big w.,** la noria; *Aut* **the front wheels,** las ruedas delanteras; **to be at the w.,** *Aut* ir al volante; *Naut* llevar el timón; *fig* **the wheels of government,** la maquinaria del gobierno; *fig* **there are wheels within wheels,** es más complicado de lo que parece. **II** *vtr (bicycle)* empujar. **III** *vi* **1** *(bird)* revolotear. **2** *(person)* **to w. round,** girar sobre los talones. **3** *Mil* dar la vuelta; **right w.!,** ¡vuelta a la derecha!

wheelbarrow ['wi:lbærəʊ] *n* carretilla *f.*

wheelbase ['wi:lbeɪs] *n Aut* distancia *f* entre ejes.

wheelchair ['wi:ltʃeə^r] *n* silla *f* de ruedas.

wheeler ['wi:lə^r] *n Aut* **three-w.,** vehículo *m* de tres ruedas.

wheeling ['wi:lɪŋ] *n* **w. and dealing,** negocios *mpl* sucios, maquinaciones *fpl.*

wheeze [wi:z] **I** *vi* respirar con dificultad, resollar. **II** *n* respiración *f* dificultosa *or* sibilante, resuello *m.*

wheezy ['wi:zɪ] *adj (wheezier, wheeziest) (person)* asmático,-a; *(breathing)* sibilante.

whelk [welk] *n Zool* buccino *m.*

when [wen] **I** *adv* **1** *(direct question)* cuándo; **from** *or* **since w.?,** ¿desde cuándo?; **w. did he arrive?,** ¿cuándo llegó? **2** *(indirect question)* cuándo; **tell me w. to go,** dime cuándo he de irme; *(while pouring)* **say w.,** me dirás basta. **3** *(on which)* cuando, en que; **one day w. I'm passing through,** un día cuando esté de paso; **the days w. I work,** los días en que trabajo. **II** *conj* **1** cuando; **I'll tell you w. she comes,** se lo diré cuando llegue; **it will look good w. painted,** tendrá buen aspecto cuando esté pintado,-a; **it was raining w. I got up,** llovía cuando me levanté; **w. he saw her he stopped,** al verla se detuvo; **w. he was a boy ...,** de niño ..., cuando era pequeño ... . **2** *(whenever)* cuando; **we have**

fun w. he comes, nos divertimos mucho cuando viene. **3** *(given that, if)* cuando, si; **you should stay in bed w. you've got the flu,** deberías quedarte en la cama cuando tienes la gripe. **4** *(although)* aunque; **he withdrew w. he might have won,** se retiró aunque podía haber ganado.

whence [wens] *adv fml lit* **1** *(from where)* de dónde. **2** *fig* por lo cual.

whenever [wen'evə^r] I *conj (when)* cuando; *(every time)* siempre que; **come w. you like,** venga cuando quiera; **w. I see it I think of you,** siempre que lo veo, pienso en ti. II *adv* Monday, Tuesday or w., lunes, martes o cuando sea; **w. that might be,** sea cuando sea.

where [weə^r] *adv* **1** *(direct question)* dónde; *(direction)* adónde; **w. are you going?,** ¿adónde vas?; **w. did we go wrong?,** ¿en qué nos equivocamos?; **w. do we begin?,** ¿por dónde empezamos?; **w. do you come from?,** ¿de dónde es usted?; **w. is the exit?,** ¿dónde está la salida?; **w. to?,** ¿adónde? **2** *(indirect question)* dónde; *(direction)* adónde; **tell me w. you went,** dime adónde fuiste. **3** *(at, in which)* donde, en que; *(direction)* adonde, a donde; **I'll stay w. I am,** me quedaré donde estoy; **that's (just) w. you're wrong,** en eso se equivoca usted; **the house w. I was born,** la casa donde or en que nací; **go w. you like,** ve donde quieras. **4** *(when)* cuando; **w. safety is involved,** cuando se trata de seguridad.

whereabouts [weərə'bauts] I *adv* (por) dónde; **w. do you live?,** ¿por dónde vives? II ['weərəbauts] *n* paradero *m*; **his w. are unknown,** se desconoce su paradero.

whereas [weər'æz] *conj* **1** *(but, while)* mientras que; **she is tall w. her sister is short,** ella es alta mientras que su hermana es baja. **2** *Jur* considerando que.

whereby [weə'baɪ] *adv* por el or la or lo cual; **the means w.,** el medio por el cual.

wherefore ['weəfɔ:^r] *n see* why.

whereupon [weərə'pɒn] *conj fml* con lo cual, después de lo cual.

wherever [weər'evə^r] I *conj* dondequiera que; **I'll find him w. he is,** le encontraré dondequiera que esté; **I try to help w. possible,** procuro ayudar donde sea posible; **sit w. you like,** siéntate donde quieras; **Zafra, w. that might be,** Zafra, quién sabe dónde está. II *adv* **1** *(direct question)* adónde; *(emphatic)* **w. did you go?,** ¿adónde diablos fuiste? **2** *(somewhere)* **Burgos, Avila or w.,** Burgos, Avila o donde sea.

wherewithal ['weəwɪðɔ:l] *n fam* pelas *fpl*; **we don't have the w. to go on holiday this year,** no tenemos dinero para ir de vacaciones este año.

whet [wet] *vtr (pt & pp* whetted) **1** to **w. sb's appetite,** despertar or abrir el apetito a algn. **2** *dated (tool)* afilar.

whether ['weðə^r] *conj* **1** *(if)* si; **I don't know w. it is true,** no sé si es verdad; **I doubt w. he'll win,** dudo que gane; **it depends on w. he comes (or not),** depende de si viene (o no). **2** *(in comparison)* **w. by accident or design,** fuera por accidente o a propósito; **w. he comes or not,** venga o no.

whey [weɪ] *n* suero *m*.

which [wɪtʃ] I *adj* **1** *(direct question)* qué; **w. colour do you prefer?,** ¿qué color prefieres?; **w. one?,** ¿cuál?; **w. ones?,** ¿cuáles?; **w. shops did you go to?,** ¿a qué tiendas fuiste?; **w. way?,** ¿por dónde? **2** *(indirect question)* qué; **tell me w. dress you like,** dime qué vestido te gusta. **3** el or la cual, los or las cuales;

fun w. he comes, nos divertimos mucho cuando

by **w. time,** y para entonces; **in w. case,** en cuyo caso. II *pron* **1** *(direct question)* cuál, cuáles; **w. is the faster road?,** ¿cuál es la carretera más rápida?; **w. of the cars did you buy?,** ¿qué coche compraste?; **w. of you did it?,** ¿quién de vosotros lo hizo? **2** *(indirect question)* cuál, cuáles; **I can't tell w. is w.,** no distingo cuál es cuál; **I don't know w. (one) I'd rather have,** no sé cuál prefiero. **3** *(defining relative)* que; *(after preposition)* que, el or la cual, los or las cuales, el or la que, los or las que; **here are the books w. I have read,** aquí están los libros que he leído; **the accident w. I told you about,** el accidente de que te hablé; **the car in w. he was travelling,** el coche en (el) que viajaba; **the countries through w. we passed,** los países por donde pasamos; **the match w. we went to,** el partido a que asistimos; **this is the one (w.) I like,** éste es el que me gusta, ésta es la que me gusta. **4** *(non-defining relative)* el or la cual, los or las cuales; **I played three sets, all of w. I lost,** jugué tres sets, todos los cuales perdí; **six pears, half of w. are ripe,** seis peras, de las cuales la mitad están maduras. **5** *(referring to a clause)* lo cual, lo que; **he won, w. made me very happy,** ganó, lo cual or lo que me alegró mucho.

whichever [wɪtʃ'evə^r] I *adj* el/la que, cualquiera que; **I'll take w. books you don't want,** tomaré los libros que no quieras; **w. system you choose,** cualquiera que sea el sistema que elijas; **w. way you go,** por dondequiera que vayas. II *pron* el que, la que; **take w. suits you best,** tome el que le convenga más.

whiff [wɪf] *n* **1** *(quick smell)* olor *m* pasajero, vaharada *f*; *(of air, smoke)* bocanada *f*; **I caught a w. of gas,** percibí de repente un olor de gas. **2** *fam (bad smell)* tufo *m*.

while [waɪl] I *n* **1** *(length of time)* rato *m*, tiempo *m*; **after a w.,** al rato, al poco tiempo; **all the w.,** *(constantly)* a cada rato; *(without stopping)* todo el tiempo; **I'll be a good w.,** tardaré un buen rato; **in a little w.,** dentro de poco; **once in a w.,** de vez en cuando; **stay a little w.,** quédate un ratito. **2** *(compensation)* pena *f*, recompensa *f*; **it's not worth your w. staying,** no merece la pena que te quedes; **it's worth w. going,** vale la pena ir; *fam* **I'll make it worth your w.,** te recompensaré bien. II *vtr (spend)* to **w. away the time (doing sth),** pasar el rato (haciendo algo). III *conj* **1** *(time)* mientras; **he fell asleep w. driving,** se durmió mientras conducía; **w. he was here,** mientras estuvo aquí. **2** *(although)* aunque; **w. I understand your fears, I don't share them,** aunque comprendo tus temores, no los comparto. **3** *(whereas)* mientras que; **I like football, w. he prefers tennis,** a mí me gusta el fútbol mientras que él prefiere el tenis.

whilst [waɪlst] *conj see* while III.

whim [wɪm] *n* capricho *m*, antojo *m*; **as the w. takes him,** según se le antoja.

whimsical ['wɪmsɪkəl] *adj (person, idea)* caprichoso,-a; *(smile)* enigmático,-a.

whimper ['wɪmpə^r] I *n* gimoteo *m*, quejido *m*; *(of dog)* gemido *m*. II *vi* gimotear, lloriquear; *(dog)* gemir.

whinchat ['wɪntʃæt] *n Orn* tarabilla *f* norteña.

whine [waɪn] I *n* **1** *(of pain)* quejido *m*; *(of dog)* gemido *m*. **2** *(of engine)* rechinamiento *m*. II *vi* **1** *(child)* gimotear, lloriquear; *(dog)* gemir; *(with pain)* dar quejidos. **2** *(complain)* quejarse. **3** *(engine)* rechinar.

whining ['waɪnɪŋ] I *adj (child)* quejica. II *n (of child)* gimoteo *m*; *(of dog)* gemidos *mpl*.

whinny ['wɪnɪ] I *vi* relinchar. II *n* relincho *m*.

whip [wɪp] **I** n **1** (for punishment) azote m; (of lion tamer) látigo m; (for riding) fusta f; GB fam fig **to get a fair crack of the w.**, tener la misma oportunidad. **2** Parl (person) oficial mf encargado,-a de la disciplina de un partido. **II** vtr (pt & pp **whipped**) **1** (as punishment) azotar, fustigar; (horse) dar latigazos a. **2** Culin batir; **whipped cream,** nata f montada. **3** fam fig (beat easily) dar una paliza a. **4** fam (steal) mangar. ◆**whip away** vtr arrebatar, coger bruscamente. ◆**whip off** vtr (clothes etc) quitarse bruscamente. ◆**whip out** vtr sacar de repente. ◆**whip up** vtr (passions, enthusiasm) avivar, excitar; (help) activar, fomentar.

whiplash ['wɪplæʃ] n **1** (thong) tralla f. **2** (stroke) latigazo m.

whippet ['wɪpɪt] n Zool galgo m pequeño.

whipping ['wɪpɪŋ] n **1** azotamiento m; **to give sb a w.**, azotar a algn. **2** (beating) azotaina f, zurra f; fig (defeat) paliza f. ■ Culin **w. cream,** nata f para batir; fig **w. boy,** cabeza f de turco.

whip-round ['wɪpraʊnd] n fam colecta f; **to have a w.-r.**, hacer una colecta.

whirl [wɜːl] **I** n giro m, vuelta f; fig torbellino m; fig **my thoughts/senses are in a w.**, tengo los pensamientos/los sentidos trastornados; fig **the social w.**, la vida mundana; fam **let's give it a w.**, probemos suerte. **II** vtr **to w. sth round,** dar vueltas a or hacer girar algo. **III** vi **to w. along/past,** ir/pasar como un relámpago; **to w. round,** girar con rapidez; (of dust, leaves) arremolinarse; **my head's whirling,** me está dando vueltas la cabeza.

whirlpool ['wɜːlpuːl] n remolino m, vorágine f.

whirlwind ['wɜːlwɪnd] n torbellino m, remolino m.

whir(r) [wɜːʳ] **I** n zumbido m, runrún m. **II** vi zumbar, runrunear.

whisk [wɪsk] **I** n **1** (movement) movimiento m brusco; **a w. of the tail,** un coletazo. **2** Culin batidor m; (electric) batidora f. **II** vtr **1** (animal) sacudir (la cola); **using its tail to w. away the flies,** sacudiéndose las moscas con la cola. **2** Culin (eggs etc) batir. **III** vi **to w. past,** pasar a toda velocidad. ◆**whisk away, whisk off** vtr quitar bruscamente, llevarse de repente; **he was whisked (off) to hospital,** lo llevaron a toda prisa al hospital.

whisker ['wɪskəʳ] n **1** pelo m (de la barba); fig **to win by a w.**, ganar por un pelo. **2 whiskers,** (of person) barbas fpl, patillas fpl; (of cat) bigotes mpl.

whisky, Ir US **whiskey** ['wɪskɪ] n whisky m, güisqui m.

whisper ['wɪspəʳ] **I** n **1** (of person, leaves) susurro m; **to speak in a w.**, hablar en voz baja. **2** (rumour) rumor m. **II** vtr decir en voz baja; **a whispered conversation,** una conversación en voz baja. **III** vi cuchichear, susurrar, hablar en voz baja; fig (leaves) susurrar.

whispering ['wɪspərɪŋ] n **1** cuchicheo m; (of leaves) murmullo m. **2** (rumours) murmuración f. **2 whisperings,** rumores mpl, chismes mpl, murmuraciones fpl.

whist [wɪst] n Cards whist m.

whistle ['wɪsəl] **I** n **1** (instrument) pito m, silbato m; **to blow a** or **the w.**, pitar; fig **it broke as clean as a w.**, se rompió limpiamente. **2** (sound) silbido m, pitido m; **blast on a w.**, pitido m, silbido m. **II** vtr (tune) silbar. **III** vi **1** (person, kettle, wind) silbar; (train) pitar; **to w. (to) sb/a dog,** llamar a algn/a un perro con un silbido. **2** (in protest) silbar, pitar. **3** fig (missile, train) **to w. past,** pasar silbando. **4** fam

he can w. for his money, en lo que se refiere a su dinero, ya puede esperar sentado.

whistle-stop tour [wɪsəlstɒp'tʊəʳ] n Pol serie f de visitas breves durante una campaña electoral.

whistling ['wɪsəlɪŋ] n silbido(s) m(pl).

Whit [wɪt] **I** adj W. **Sunday/Monday,** domingo m/ lunes m de pentecostés. **II** n fam pentecostés m; **at W.**, en pentecostés.

whit [wɪt] n fam pizca f; **not a w.**, ni un ápice, ni pizca.

white [waɪt] **I** adj blanco,-a; **a w. man,** un hombre blanco; **to go w.**, (face) palidecer, ponerse pálido,-a; (hair) encanecer; **w. bread,** pan blanco; **w. coffee,** café m con leche; **w. hair,** pelo m blanco or cano; fig **a w. Christmas,** una Navidad con nieve; fig **a w. lie,** una mentira piadosa; fig **as w. as a sheet,** pálido,-a como la muerte; **as w. as snow,** más blanco,-a que la nieve; fig **to have a w. wedding,** casarse por la iglesia. ■ US **the W. House,** la Casa Blanca; **w. elephant,** elefante m blanco; **w. heat,** incandescencia f; (sea) **w. horses,** palomas fpl; Admin **w. paper,** libro m blanco; Bot **w. poplar,** álamo m blanco, chopo m blanco; Cook **w. sauce,** bechamel m. **II** n **1** (colour) blanco m; **dressed in w.**, vestido,-a de blanco. **2** (person) blanco,-a m,f. **3** (of egg) clara f. **4** Anat (of eye) blanco m. **5 whites,** ropa f sing blanca.

whitebait ['waɪtbeɪt] n pescaditos mpl fritos.

whitebeam ['waɪtbiːm] n Bot **common w.**, mostajo m, mostellar m.

white-collar ['waɪtkɒləʳ] adj **w.-c. worker,** empleado m administrativo or de oficina.

white-hot [waɪt'hɒt] adj candente, incandescente.

whiten ['waɪtən] vtr blanquear, blanquecer.

whiteness ['waɪtnɪs] n blancura f.

whitening ['waɪtənɪŋ] n (for walls, shoes) blanco m de España.

whitethroat ['waɪtθrəʊt] n Orn curruca f zarcera.

whitewash ['waɪtwɒʃ] **I** n **1** lechada f, cal f. **2** fig (cover-up) encubrimiento m. **3** fig (defeat) paliza f. **II** vtr **1** (wall) enjalbegar, encalar, blanquear. **2** fig (matter) encubrir.

whither ['wɪðəʳ] adv arch ¿adónde?

whiting ['waɪtɪŋ] n inv (fish) pescadilla f.

whitish ['waɪtɪʃ] adj blanquecino,-a.

Whitsun(tide) ['wɪtsən(taɪd)] n Rel pentecostés m.

whittle ['wɪtəl] vtr cortar en pedazos; **to w. away at,** roer; fig **to w. down,** cercenar; (expenses, list) reducir poco a poco.

whiz(z) [wɪz] vi (pt & pp **whizzed**) **1** (sound) silbar, zumbar. **2** (speed) pasar zumbando; (arrow) rehilar; **to w. past,** pasar silbando or zumbando. ■ fam **w. kid,** joven mf dinámico,-a y emprendedor,-a.

WHO [dʌblju:eɪtʃ'əʊ] abbr of World Health Organization, Organización f Mundial de la Salud, OMS.

who [huː] pron **1** (direct question) quién, quiénes; **w. are they?**, ¿quiénes son?; **w. is it?**, ¿quién es?; fam **w. did you meet?**, ¿a quién encontraste?; fam **w. is the book for?**, ¿para quién es el libro? **2** (indirect question) quién; **I don't know w. did it,** no sé quién lo hizo; **to know w.'s w.**, saber quién es quién; **w. should it be but Maria!,** no podía ser otra (más) que María. **3** rel (defining) que; **those w. don't know,** los que no saben; fam **the man w. I saw,** el hombre que or a quien vi. **4** rel (non-defining) quien, quienes, el or la cual, los or las cuales; **Elena's mother, w. is very rich ...,** la madre de Elena, la cual es muy rica ... . 5 **'Who's W.'**, 'Quién es Quién'.

whoa [wəʊ] *interj* ¡so!

whodun(n)it [hu:'dʌnɪt] *n fam* novela *f* or obra *f* de teatro *or* película *f* de suspenso.

whoever [hu:'evəʳ] *pron* 1 quien, quienquiera que, el que; **give it to w. you like,** dáselo a quien quieras; **w. said that is a fool,** el que dijo eso es un tonto; **w. you are,** quienquiera que seas. 2 *(direct question)* **w. told you that?,** *(surprised)* ¿pero quien te dijo eso?; *(annoyed)* ¿quién (diablos) te dijo eso?

whole [həʊl] I *adj* 1 *(entire)* entero,-a, íntegro,-a; **a w. week,** una semana entera; **he took the w. lot,** se los llevó todos; **the w. truth,** toda la verdad; **the w. world,** el mundo entero; *fig* **a w. lot of things,** muchas *or* muchísimas cosas. 2 *(in one piece)* intacto,-a, sano,-a; **there was not a glass left w.,** no quedó un vaso sano. 3 *Math* entero,-a; **a w. number,** un número entero. II *n* 1 *(single unit)* todo *m*, conjunto *m*; **as a w.,** en su totalidad, en conjunto; **the parts form a w.,** las partes forman un conjunto. 2 *(all)* totalidad *f*; **the w. of London,** todo Londres; **the w. of the school,** la escuela entera. 3 **on the w.,** en general, en conjunto.

wholefood ['həʊlfu:d] *n* alimento(s) *m(pl)* integral(es). ■ **w. shop,** tienda *f* de dietética.

wholehearted [həʊl'hɑ:tɪd] *adj (enthusiastic)* entusiasta; *(sincere)* sincero,-a; *(unreserved)* incondicional; **my w. support,** mi apoyo absoluto. ◆**wholeheartedly** *adv* con entusiasmo, sinceramente, de todo corazón, sin reservas; **I agree w.,** estoy completamente de acuerdo.

wholemeal ['həʊlmi:l] *adj* integral. ■ **w. bread,** pan *m* integral.

wholesale ['həʊlseɪl] *Com* I *n* venta *f* al por mayor. II *adj* al por mayor; *fig* total, general; *fig* **the w. destruction of plant life in the region,** la destrucción absoluta de la vida vegetal de la región. III *adv* al por mayor; *fig* de modo general, en su totalidad; **the prisoners were massacred w.,** los prisioneros fueron aniquilados por completo.

wholesaler ['həʊlseɪləʳ] *n* mayorista *mf*.

wholesome ['həʊlsəm] *adj (food)* sano,-a; *fig* sano,-a, saludable.

wholly ['həʊllɪ] *adv* enteramente, completamente.

whom [hu:m] *pron fml* 1 *(direct question) (accusative)* a quién; **w. did you see?,** ¿a quién viste?; *(after preposition)* **of** *or* **from w.?,** ¿de quién?; **to w. are you referring?,** ¿a quién te refieres? 2 *rel (accusative)* que, a quien, a quienes; **those w. I have seen,** los que he visto. 3 *rel (after preposition)* quien, quienes, el *or* la cual, los *or* las cuales; **my brothers, both of w. are miners,** mis hermanos, que son mineros los dos.

whoop [wu:p] I *n* grito *m* de alegría. II *vi* gritar de alegría; *fam* **to w. it up,** pasárselo en grande.

whoopee [wʊ'pi:] *interj* ¡hurra!

whooping cough ['hu:pɪŋkɒf] *n Med* tos *f* ferina.

whoops [wʊps] *interj* ¡ay!, ¡up lá!

whopper ['wɒpəʳ] *n fam* 1 *(big thing)* cosa *f* descomunal; *(of fish)* **what a w.!,** ¡qué pez más gigante! 2 *(lie)* trola *f*, bola *f*.

whopping ['wɒpɪŋ] *adj fam* enorme, descomunal; **a w. great dinner,** una cena impresionante.

whore [hɔːʳ] *n offens* puta *f*.

whose [hu:z] *pron* 1 *(direct question)* de quién, de quiénes; **w. are these gloves?,** ¿de quién son estos guantes?; **w. car should we go in?,** ¿en qué coche

vamos a ir?; **w. daughter are you?,** ¿dc quién es usted hija?; **w. is this?,** ¿a quién pertenece esto? 2 *(indirect question)* de quién, de quiénes; **I don't know w. these coats are,** no sé de quién son estos abrigos. 3 *rel* cuyo(s), cuya(s); **the man w. children we saw,** el hombre a cuyos hijos vimos.

why [waɪ] I *adv* por qué; *(for what purpose)* para qué; **I don't know w. he did it,** no sé por qué lo hizo; **that is w. I didn't come,** por eso no vine; **there's no reason w. you shouldn't go,** no hay motivo para que no vayas; **w. not go to bed?,** ¿por qué no te acuestas?; **w. (on earth) did you do that?,** ¿por qué (demonios) hiciste eso?; **w. worry?,** ¿por qué preocuparse? II *n fam* porqué *m*; **the whys and wherefores,** el porqué y el cómo. III *interj* 1 *(fancy that!)* ¡toma!, ¡vaya!; **w., it's David!,** ¡si es David! 2 *(protest, assertion)* sí, vamos; **w. it's quite simple!,** ¡si es muy sencillo!; **w., of course!,** ¡vaya que sí!, ¡por supuesto que sí!

wick [wɪk] *n* mecha *f*; *GB fam fig* **to get on sb's w.,** tocarle las narices a algn.

wicked ['wɪkɪd] *adj* 1 *(person)* malvado,-a, malo,-a; *(action)* malo,-a, perverso,-a; **a w. grin,** una sonrisa traviesa. 2 *fam* malísimo,-a; *(temper)* terrible; *(waste)* vergonzoso,-a; *(weather)* feo,-a, horrible. ◆**wickedly** *adv* 1 *(behave)* malvadamente, perversamente. 2 *fam* **w. expensive,** terriblemente caro,-a.

wickedness ['wɪkɪdnɪs] *n* maldad *f*.

wicker ['wɪkəʳ] I *n* mimbre *f*. II *adj* de mimbre; **w. chair,** silla *f* de mimbre.

wickerwork ['wɪkəwɜːk] *n (material)* mimbre *m*; *(art)* cestería *f*; *(articles)* artículos *mpl* de mimbre.

wicket ['wɪkɪt] *n* 1 *Cricket (stumps)* palos *mpl*; *(pitch)* terreno *m*; *fig* **to be on a sticky w.,** encontrarse en apuros. 2 **w. gate,** postigo *m*, portillo *m*.

wicketkeeper ['wɪkɪtki:pəʳ] *n Cricket* cátcher *m*.

wide [waɪd] I *adj* 1 *(road, trousers)* ancho,-a; *(eyes)* muy abiertos; *(gap, interval)* grande; *(measure)* **it is ten metres w.,** tiene diez metros de ancho; **the curtain is too w. for the window,** la cortina es demasiado ancha para la ventana. 2 *(area)* amplio,-a, extenso,-a; *(knowledge, experience, repercussions)* amplio,-a; *(coverage, range, support)* extenso,-a; **a w. variety,** una gran variedad; **to win by a w. margin,** ganar por un amplio margen; **w. interests,** intereses muy diversos. 3 *(off target)* desviado,-a; *Ftb* **the shot was w.,** el tiro salió desviado; **to be w. of the mark,** no dar en el blanco; *fig* no acertar. II *adv* **from far and w.,** de todas partes; *(at dentist)* **open w.!,** ¡abra bien la boca!; **to open one's eyes w.,** abrir los ojos de par en par; *Ftb* **to shoot w.,** chutar el balón muy desviado; *Aut* **to take the bend w.,** tomar la curva abierta; **w. apart,** muy separados,-as; **w. awake,** completamente despierto,-a; *fig* despabilado,-a; **w. open,** *(door, eyes, mouth)* abierto,-a de par en par; *(spaces)* muy abiertos,-as; **with mouth w. open,** boquiabierto,-a. ◆**widely** *adv (travel, scatter)* extensamente; *(believed, available)* generalmente; **he is w. known,** es muy conocido; **her books are w. read,** su obra es muy leída.

wide-angle ['waɪdæŋgəl] *adj Phot* **w.-a. lens,** objetivo *m* gran angular.

wide-eyed [waɪd'aɪd] *adj* con los ojos muy abiertos.

widen ['waɪdən] I *vtr (road, hole, etc)* ensanchar; *(interests)* ampliar, extender. II *vi* ensancharse; *fig* **the gap has widened,** las diferencias han aumentado.

wide-ranging ['waɪdreɪndʒɪŋ] *adj (interests)* múltiples, muy diversos,-as; *(discussion)* amplio,-a; *(survey, study)* de gran alcance.

widespread ['waɪdspred] *adj (unrest, belief)* general; *(damage)* extenso,-a; **to become w.**, generalizarse.

widow ['wɪdəʊ] *n* viuda *f*.

widowed ['wɪdəʊd] *adj* enviudado,-a; **to be w.**, enviudar.

widower ['wɪdəʊəʳ] *n* viudo *m*.

widowhood ['wɪdəʊhʊd] *n* viudez *f*.

width [wɪdθ] *n* **1** *(gen)* extensión *f*, anchura *f*. **2** *(of material)* ancho *m*.

wield [wiːld] *vtr (weapon, pen)* manejar; *(weapon)* blandir; *fig (power)* ejercer.

wife [waɪf] *n (pl wives)* mujer *f*, esposa *f*. ■ *fig* **old wives' tale**, cuento *m* de viejas.

wig [wɪg] *n* peluca *f*.

wigeon ['wɪdʒən] *n Orn* ánade *m* silbón.

wigging ['wɪgɪŋ] *n fam* **to give sb a w.**, echar un rapapolvo a algn.

wiggle ['wɪgəl] **I** *vtr (finger etc)* menear; **to w. (one's hips)**, contonearse. **II** *vi* menearse.

wiggly ['wɪglɪ] *adj* ondulado,-a.

Wight [waɪt] *n* **Isle of W.**, Isla *f* de Wight.

wigwam ['wɪgwæm] *n US* tienda *f* india, tepe *m*.

wild [waɪld] **I** *adj* **1** *(animal, tribe)* salvaje; *(bull)* bravo,-a; **w. beast**, fiera *f*; **w. goose**, ganso *m* salvaje; *fig* **w. horses wouldn't drag me there**, no iría ni por todo el oro del mundo. ■ *fig* **w. goose chase**, búsqueda *f* inútil. **2** *(plant)* silvestre, salvaje. **3** *(landscape)* agreste, salvaje; *(wind)* furioso,-a, borrascoso,-a; **a w. night**, una noche tormentosa; **the W. West**, el Salvaje Oeste. **4** *(temperament, behaviour)* alocado,-a, desordenado,-a; *(appearance)* desordenado,-a; *(passions, imagination, dance)* desenfrenado,-a; *(laughter, enthusiasm)* loco,-a; *(applause)* fervoroso,-a; *(thoughts)* extravagante, loco,-a; *(exaggeration)* enorme; **a w. party**, una fiesta bárbara; *Sport* **a w. shot**, un tiro incontrolado; **to make a w. guess**, adivinar al azar; **w. with joy/ jealousy**, loco,-a de alegría/celos; *fam fig* **she is w. about him/about tennis**, está loca por él/por el tenis. **5** *GB fam fig (angry)* enfadado,-a; **it makes me w.**, me exaspera; **to be w.**, estar furioso,-a (**with**, contra). **6** *Cards* **w. card**, comodín *m*. **II** *adv (garden)* **to grow w.**, ser silvestre; **to run w.**, *(animal)* vivir en su estado natural; *(garden)* volver al estado silvestre; *fig (children)* desmandarse; *fig (hooligans)* portarse como salvajes. **III** *n (animals)* **in the w.**, en el estado salvaje *or* natural; **the wild (of Africa)**, las regiones salvajes (de África); *fig* **to live out in the wilds**, vivir en el quinto pino. ◆**wildly** *adv* **1** *(rush round, gesticulate)* como un,-a loco,-a, frenéticamente; *(applaud)* fervorosamente; *(shoot)* sin apuntar; *(hit out)* a tontas y a locas. **2** **w. enthusiastic**, loco,-a de entusiasmo; **w. exaggerated**, exageradísimo,-a; **w. inaccurate**, sumamente inexacto,-a.

wildcat ['waɪldkæt] *n (pl wildcat or wildcats) Zool* gato,-a *m,f* montes. ■ *Ind* **w. strike**, huelga *f* salvaje.

wildebeest ['wɪldɪbiːst, 'vɪldɪbiːst] *n Zool* ñu *m*.

wilderness ['wɪldənɪs] *n* desierto *m*, yermo *m*.

wildfire ['waɪldfaɪəʳ] *n* **to spread like w.**, correr como la pólvora.

wildfowl ['waɪldfaʊl] *npl Orn* aves *fpl* de caza.

wildlife ['waɪldlaɪf] *n* fauna *f*. ■ **w. park**, safari *m*.

wildness ['waɪldnɪs] *n* **1** *(of animal)* estado *m* salvaje; *(plants)* estado *m* silvestre. **2** *(of landscape)* aspecto *m* agreste *or* salvaje. **3** *(of wind)* furia *f*. **4** *(of temperament, passions)* locura *f*, desenfreno *m*; *(of behaviour)* desórdenes *mpl*; *(of appearance)* desorden *m*; *(of ideas)* extravagancia *f*.

wiles [waɪlz] *npl (tricks)* artimañas *fpl*, artificios *mpl*; *(cunning)* astucia *f*.

wilful, *US* **willful** ['wɪlfʊl] *adj* **1** *(stubborn)* voluntarioso,-a; **a w. child**, un niño terco. **2** *Jur* premeditado,-a. ◆**wilfully** *adv* **1** *(stubbornly)* voluntariosamente, tercamente. **2** *esp Jur (deliberately)* premeditadamente; **on the day in question, you did w. and maliciously plan the bombing**, en el día de la fecha, planeó con premeditación y alevosía la colocación de la bomba.

will[1] [wɪl] **I** *n* **1** voluntad *f*; **against my will**, contra mi voluntad, a pesar mío; **an iron w.**, una voluntad de hierro; **good/ill w.**, buena/mala voluntad; **of my own free w.**, por mi propia voluntad; **the w. to live**, la voluntad de vivir; **with the best will in the world**, con la mejor voluntad del mundo; *prov* **where there's a w. there's a way**, querer es poder. **2** *Jur (testament)* testamento *m*, últimas *fpl* voluntades; **he left me the house in his w.**, me dejó *or* legó la casa; **last w. and testament**, última disposición *f or* voluntad *f*; **to make one's w.**, hacer testamento. **II** *vtr* desear; **fate willed that ...**, el destino quiso que ... .

will[2] [wɪl] *v aux (pt* **would***)* **1** *(future) (esp 2nd & 3rd person)* **don't forget, w. you!**, ¡que no se te olvide, eh!; **I'll starve —no, you won't!**, voy a morir de hambre —¡qué va!; **she w. not** *or* **she won't do it**, no lo hará; **they w. come, they'll come**, vendrán; **w. he be there? —yes, he w.**, ¿estará allí? —sí, (estará); **you'll tell him, won't you?**, se lo dirás, ¿verdad? **2** *(command)* **you w. be here at eleven!**, ¡estarás aquí a las once! **3** *(future perfect)* **they w.** *or* **they'll have finished by tomorrow**, habrán terminado para mañana. **4** *(willingness)* **be quiet, w. you! – no, I won't!**, ¿quiere callarse? – no quiero; *(marriage ceremony)* **I w.**, sí, quiero; **I won't have it!**, ¡no lo permito!; **the car won't start**, no arranca el coche; **w. you have a drink? – yes, I w.**, ¿quiere tomar algo? –sí, por favor; **won't you sit down?**, ¿quiere sentarse? **5** *(custom)* **accidents w. happen**, siempre habrá accidentes; **he w. play for hours**, suele jugar durante horas y horas. **6** *(persistence)* **he w. have it that ...**, se obstina en creer que ...; **if you w. go out without a coat ...**, si te empeñas en salir sin abrigo ... . **7** *(probability)* **he'll be on holiday now**, ahora estará de vacaciones. **8** *(ability)* **the car w. do 100 miles per hour**, el coche puede alcanzar 100 millas por hora; **the lift w. hold ten people**, en el ascensor caben diez personas.

willie ['wɪlɪ] *n fam* pitilín *m*.

willies ['wɪlɪz] *npl fam* susto *m sing*; **that man gives me the w.**, ese hombre me pone la piel de gallina; **to put the w. up sb**, poner los pelos de punta a algn.

willing ['wɪlɪŋ] *adj (obliging)* servicial, complaciente; **God w.**, si Dios quiere; **I'm quite w. to do it**, lo haré con mucho gusto; **there were plenty of w. hands**, no faltaban personas dispuestas a ayudar; **to be w. to do sth**, estar dispuesto,-a a hacer algo; **to show w.**, dar pruebas de buena voluntad. ◆**willingly** *adv* de buena gana, de (buen) grado; **I would w. pay but ...**, pagaría de buena gana pero ... .

willingness ['wɪlɪŋnɪs] *n* buena voluntad *f*; **his w. to help**, su buena disposición para ayudar.

will-o'-the-wisp [wɪləðə'wɪsp] *n* fuego *m* fatuo.

willow ['wɪləʊ] n Bot w. **(tree)**, sauce m. ▪ **crack w.**, mimbrera f; **goat w.**, sauce m cabruno; **white w.**, sauce m blanco.

willowy ['wɪləʊɪ] adj esbelto,-a.

willpower ['wɪlpaʊə'] n (fuerza f de) voluntad f; **she lacks w.**, tiene poca voluntad.

willy-nilly [wɪlɪ'nɪlɪ] adv de grado o por fuerza.

wilt [wɪlt] vi (plant) marchitarse.

wily ['waɪlɪ] adj (**wilier, wiliest**) astuto,-a, zorro,-a.

win [wɪn] I n victoria f; **to have a w. (on the pools)**, ganar (en las quinielas). II vtr (pt & pp **won**) 1 (gen) ganar; (prize) ganar, llevarse; (victory) conseguir, ganar; **to w. a place in the team**, conseguir un puesto en el equipo; **to w. sth from sb**, ganarle algo a algn; **to w. the pools**, ganar en las quinielas. 2 fig (sympathy) ganarse, granjearse; (friendship) granjearse; (praise) cosechar, atraerse; **to w. friends**, granjearse amistades; **to w. sb's love** or **heart**, conquistar a algn. III vi ganar; fam **you can't w.!**, ¡no hay manera de hacerlo bien! ◆**win back** vtr (land etc) reconquistar; (money) recuperar. ◆**win over** vtr ganar; (cause, idea) atraer (**to**, a, hacia); (voters) ganarse, arrastrar; (sympathy, support) ganarse, conquistar. ◆**win through** vi conseguir triunfar.

winner ['wɪnə'] n ganador,-a m,f, vencedor,-a m,f; fam fig **this product is a w.**, este producto será un gran éxito.

winning ['wɪnɪŋ] adj (person, team) ganador,-a, vencedor,-a; (number, ticket) premiado,-a; (stroke, goal) decisivo,-a; (ways, smile) atractivo,-a. ▪ **w. post**, meta f.

winnings ['wɪnɪŋz] npl ganancias fpl.

wince [wɪns] I vi tener un rictus de dolor. II n mueca f or rictus m de dolor.

winch [wɪntʃ] I n cigüeña f, torno m, cabrestante m. II vtr **to w. sth up**, levantar algo con un torno.

wind¹ [wɪnd] I n 1 viento m; **high winds**, vientos fuertes; **into the w.**, contra el viento; **north w.**, viento del norte; **to sail close to the w.**, Naut navegar de bolina; fig jugar con una situación peligrosa; Naut **to sail/run before the w.**, navegar viento en popa; fig **there's something in the w.**, algo flota en el aire; fig **to get w. of sth**, olerse algo; fig (curb) **to take the w. out of sb's sails**, pararle los pies a algn; fig **to throw caution to the w.**, dejar de lado la prudencia; fam fig **to get the w. up**, ponerse nervioso,-a; prov **it's an ill w. (that blows nobody any good)**, no hay mal que por bien no venga. ▪ **w. tunnel**, túnel m aerodinámico. 2 (breath) aliento m; **to get one's second w.**, recobrar el aliento. 3 Med flato m, flatulencia f; **to have w.**, tener gases; euph **to break w.**, ventosear. 4 Mus **w. instrument**, instrumento m de viento. II vtr cortar la respiración a; **to be winded**, quedarse sin aliento.

wind² [waɪnd] I vtr (pt & pp **wound**) 1 (onto a reel) arrollar, devanar; **to w. a bandage round one's finger**, envolverse el dedo con una venda; **to w. wool (up) into a ball**, ovillar lana. 2 (film, tape) **to w. on/back**, avanzar/rebobinar. 3 (in fishing) **to w. in the line**, cobrar el sedal. 4 (clock) dar cuerda a. 5 (handle, winch) dar vueltas a. II vi (road, river) serpentear; (snake) enroscarse (**around**, alrededor de). III n (of road, river) recodo m, vuelta f. ◆**wind down** I vtr Aut (window) bajar. II vi 1 (clock) quedarse sin cuerda. 2 fam (relax) relajarse. ◆**wind up** I vtr 1 (roll up) devanar, enrollar. 2 (close business etc) cerrar, liquidar; (session, debate) clausurar. 3 (clock) dar cuerda a. 4 fam **to be**

all wound up, estar nerviosísimo,-a. II vi 1 (meeting) terminar; (speaker) acabar el discurso. 2 fam acabar; **you'll w. up in hospital**, acabarás en el hospital.

windbag ['wɪndbæg] n fam charlatán,-ana m,f.

windbreak ['wɪndbreɪk] n abrigo m, abrigadero m.

winder ['waɪndə'] n (of watch) corona f.

windfall ['wɪndfɔːl] n (fruit) fruta f caída; fig ganancia f inesperada or caída del cielo.

winding ['waɪndɪŋ] adj (road, river) sinuoso,-a, tortuoso,-a; (staircase) de caracol.

windlass ['wɪndləs] n Tech torno m.

windmill ['wɪndmɪl] n molino m (de viento).

window ['wɪndəʊ] n ventana f; (of vehicle, of ticket office, in post office) ventanilla f; Rail **a w. seat**, un asiento junto a la ventanilla; **(shop) w.**, escaparate m; **to clean the windows**, limpiar los cristales; **to lean out of the window**, asomarse a la ventana. ▪ Arch **stained-glass w.**, vidriera f; **w. box**, jardinera f; **w. cleaner**, limpiacristales mf inv; **w. dresser**, escaparatista mf; **w. dressing**, decoración f de escaparates; fig fachada f, apariencias fpl; **w. frame**, marco m de ventana.

windowpane ['wɪndəʊpeɪn] n cristal m.

window-shopping ['wɪndəʊʃɒpɪŋ] n **to go w.-s.**, ir a mirar escaparates.

windowsill ['wɪndəʊsɪl] n alféizar m, antepecho m.

windpipe ['wɪndpaɪp] n Anat tráquea f.

windscreen ['wɪndskriːn] n, US **windshield** ['wɪndʃiːld] n Aut parabrisas m inv. ▪ **w. washer**, lavaparabrisas m inv; **w. wiper**, limpiaparabrisas m inv.

windsock ['wɪndsɒk] n Av manga f, cataviento m.

windswept ['wɪndswept] adj (landscape) azotado,-a por el viento; (person, hair) despeinado,-a (por el viento).

windward ['wɪndwəd] I adj Naut de barlovento; **the W. Islands**, las Islas de Barlovento. II n barlovento m; **to w.**, a barlovento.

windy ['wɪndɪ] adj (**windier, windiest**) 1 (day, weather) ventoso,-a; (place) expuesto,-a al viento; **it is very w. today**, hoy hace mucho viento. 2 fam fig miedoso,-a, cagón,-ona; **he got w.**, le entró canguelo or mieditis.

wine [waɪn] I n vino m; **red w.**, vino tinto; **table w.**, vino de mesa; **w.-producing region**, región f vitícola. ▪ **w. cellar**, bodega f; **w. list**, lista f de vinos; **w. merchant**, vinatero,-a m,f; **w. tasting**, cata f de vinos; **w. vinegar**, vinagre m de vino. II vtr fam fig **to w. and dine sb**, agasajar a algn, tratar a algn por todo lo alto.

wineglass ['waɪnglɑːs] n copa f (para vino).

wineskin ['waɪnskɪn] n odre m.

wing [wɪŋ] I n 1 Orn Av ala f; **to take w.**, alzar el vuelo; fig **to clip sb's wings**, cortarle las alas a algn; fig **to take sb under one's w.**, tomar a algn bajo su protección. ▪ GB Av **w. commander**, teniente m coronel; **w. tip**, punta f del ala. 2 (of building) ala f. 3 Aut aleta f. ▪ **w. mirror**, retrovisor m externo. 4 (of armchair) oreja f. 5 **wings**, Theat (in the) w., (entre) bastidores mpl; fig **to wait in the w.**, esperar la entrada en escena. 6 Ftb banda f; **to dribble down the right w.**, driblar por la banda derecha. 7 Pol ala f; **the left w.**, el ala izquierda, la izquierda. 8 Mech **w. nut**, tuerca f mariposa. II vtr **to w. its way**, ir volando.

winger ['wɪŋə'] n Ftb extremo m.

wingspan ['wɪŋspæn] n (of bird, plane) envergadura f.

wink [wɪŋk] I n guiño m; **to give sb a w.**, hacerle un
guiño a algn; fig **as quick as a w.**, en un abrir y cerrar de ojos; fig **to tip sb the w.**, darle el soplo a
algn; fam fig **a nod is as good as a w.**, a buen entendedor con pocas palabras basta; fam fig **I didn't
get a w. (of sleep)**, no pegué ojo; fam fig **to have
forty winks**, echar una siestecita or una cabezada.
II vi 1 (person) guiñar el ojo. 2 (light) titil(e)ar, parpadear.

winker ['wɪŋkər] n GB Aut intermitente m.

winking ['wɪŋkɪŋ] adj pestañeante.

winkle ['wɪŋkəl] I n Zool bígaro m, bígarro m. II
vtr GB fam **to w. sth out of sb**, sacar or sonsacar
algo a algn.

winnow ['wɪnəʊ] vtr Agr aventar.

winsome ['wɪnsəm] adj encantador,-a, atractivo,-a.

winter ['wɪntər] I n invierno m; **in w. (time)**, en invierno. II adj de invierno, invernal; **w. clothes**, ropa
f de invierno. ■ **w. sports**, deportes mpl de invierno. III vi pasar el invierno, invernar.

wintry ['wɪntrɪ] adj (wintrier, wintriest) (scene,
weather) invernal, de invierno.

wipe [waɪp] I vtr limpiar, enjugar; **to w. one's brow**,
enjugarse la frente; **to w. one's feet/nose**, limpiarse
los pies/las narices; **to w. sth (dry/clean)**, enjugar/
limpiar algo; **to w. the dishes**, enjugar los platos;
fam fig (defeat) **to w. the floor with sb**, cascarle una
paliza a algn. II n limpión m; **to give sth a w.**, darle
un limpión a algo. ◆**wipe away** vtr (tear) enjugar.
◆**wipe down** vtr (walls) rascar. ◆**wipe off** vtr
quitar frotando; **to w. sth off the blackboard/the
tape**, borrar algo de la pizarra/de la cinta; fam fig
to w. the smile off sb's face, quitarle a algn las ganas
de reír. ◆**wipe out** vtr 1 (erase) borrar; fig **to w.
out the memory of sth**, borrar algo de la memoria.
2 (illness) erradicar, extirpar. 3 (destroy) (army)
aniquilar; (species, population) exterminar. ◆**wipe
up** vtr limpiar.

wiper ['waɪpər] n Aut limpiaparabrisas m inv; **w.
blade**, goma f del limpiaparabrisas.

wire [waɪər] I n 1 alambre m; Elec cable m, hilo m;
Tel hilo; fig **she's a live w.**, tiene muchísima energía.
■ **barbed w.**, alambre m de espino; Mil **barbed w.
entanglement** or **fence**, alambrada f; **w. brush**, cepillo m metálico; **w. cutters**, cortaalambres m inv,
cizalla f sing; **w. netting**, red f de alambre, tela f
metálica; (on window) alambrera f; **w. wool**,
estropajo m metálico. 2 (telegram) telegrama m,
cable(grama) m. II vtr 1 (tie) atar con alambre. 2
Elec **to w. (up) a house**, poner or instalar el cableado de una casa; **to w. (up) an appliance to the
mains**, conectar un aparato a la toma eléctrica;
wired for sound, sonorizado,-a. 3 (telegram etc)
poner un telegrama a, enviar por telegrama.

wireless ['waɪəlɪs] n dated 1 (system) radiofonía f,
radio f. ■ **w. message**, radiograma m; Av **w. operator**, radiotelegrafista mf. 2 **w. (set)**, (aparato m
de) radio f; **I heard it on the w.**, lo oí por la radio.

wiretapping ['waɪətæpɪŋ] n intervención f de teléfonos.

wiring ['waɪərɪŋ] n Elec (network) cableado m; (action) instalación f del cableado. ■ **w. diagram**, esquema m del cableado.

wiry ['waɪərɪ] adj (wirier, wiriest) (hair) estropajoso,-a; (person) nervudo,-a.

wisdom ['wɪzdəm] n 1 (learning) sabiduría f, saber
m. 2 (good sense) (of person) cordura f, (buen)
juicio m; (of action) prudencia f, lo prudente. 3
Dent **w. tooth**, muela f del juicio.

wise [waɪz] adj 1 (learned) sabio,-a; **a w. man**, un
sabio; (Bible) **the Three W. Men**, los Reyes Magos.
■ US fam **w. guy**, sabelotodo mf. 2 (knowledgeable) sabio,-a, entendido,-a; fig **it's easy to be w.
after the event**, todo el mundo es lisato después de
visto; fam fig **I'm none the wiser**, sigo sin entender;
fam fig **I've got w. to him**, ya le he calado; fam fig
nobody will be any the wiser, nadie se dará cuenta;
fam fig **to put sb w.**, poner a algn al tanto (**to, about**,
de). 3 (sensible) (advice) sabio,-a, cuerdo,-a; (remark) juicioso,-a; (decision, move) atinado,-a,
acertado,-a; **it would be w. to keep quiet**, sería prudente callarse; **you were very w.**, obraste con
acierto or con mucho tino. ◆**wise up** vi fam 1 (rea-
lise) darse cuenta. 2 (accept) aceptar; **w. up!**, ¡para
que lo sepas!, ¡a ver si te enteras! ◆**wisely** adv 1
(with wisdom) sabiamente. 2 (with prudence) jui-
ciosamente, prudentemente.

wisecrack ['waɪzkræk] fam I n salida f, chiste m. II
vi chancear, bromear.

wish [wɪʃ] I n 1 (desire) deseo m (**for**, de); **according
to/against his wishes**, según/contra sus deseos; **I
haven't the slightest w. to go**, no tengo el menor
deseo de ir; **to make a w.**, pedir un deseo. 2 **wishes**,
deseos mpl; (greeting) **best w.**, felicitaciones fpl;
give your mother my best w., salude a su madre de
mi parte; **with best w. for the future**, con mis mejores deseos para el futuro; (end of letter) **with best
w., Peter**, saludos (cordiales) de Peter. II vtr 1
(want) querer, desear; **I w. he would hurry up**,
estoy deseando que se dé prisa; **I w. I could stay
longer**, me gustaría poder quedarme más tiempo; **I
w. that I were in your place**, quisiera estar en tu
lugar; **I w. you had met me!**, ¡ojalá me lo hubieras
dicho!; **to w. to do sth**, querer or desear hacer algo.
2 (foist) desear; **to w. sth onto sb**, endosarle algo a
algn; **I wouldn't w. it on anyone**, no desearía que lo
sufriera nadie. 3 (desire) desear; **to w. sb goodnight**,
darle las buenas noches a algn; **to w. sb well** or **luck**
or **all the best**, desearle a algn mucha suerte. III vi
1 (with wishbone etc) pedir un deseo. 2 (want) desear; **as you w.**, como quieras; **do as you w.**, haga
lo que quiera; **I have everything I could w. for**,
tengo todo cuanto pudiera desear; **to w. for sth**, desear algo.

wishbone ['wɪʃbəʊn] n Anat Orn espoleta f.

wishful ['wɪʃful] adj **it's w. thinking**, es hacerse ilusiones.

wishy-washy ['wɪʃɪwɒʃɪ] adj fam (person) soso,-a,
insípido,-a, sin carácter; (ideas) borroso,-a.

wisp [wɪsp] n (of straw) brizna f; (of wool, hair) mechón m; (of smoke) voluta f; fig **a mere w. of a girl**,
una chica menudita.

wispy ['wɪspɪ] adj (wispier, wispiest) tenue, delgado,-a.

wistful ['wɪstful] adj melancólico,-a, nostálgico,-a,
pensativo,-a.

wit [wɪt] n 1 (intelligence) (often pl) inteligencia f;
(ingenuity) ingenio m; **a battle of wits**, una pugna
de inteligencias; **she didn't have the w. to say no**,
no tuvo suficiente inteligencia or presencia de
ánimo para decir que no; fig **to be at one's wits' end**,
estar para volverse loco,-a; fam fig **to have one's
wits about one**, ser or estar despabilado,-a. 2 (humour) ingenio m, agudeza f, chispa f. 3 (person)
chistoso,-a m,f, persona f salada.

witch [wɪtʃ] *n* bruja *f*. ■ **w. doctor**, hechicero *m*; *fig* **w. hunt**, caza *f* de brujas.

witchcraft [ˈwɪtʃkrɑːft] *n* brujería *f*, hechicería *f*.

with [wɪð, wɪθ] *prep* 1 *(in possession of)* con; **a room w. a bath/w. no bath**, un cuarto con baño/sin baño; **do you have any money w. you?**, ¿traes dinero?; **the man w. the glasses**, el hombre de las gafas. 2 *(accompanying)* con; **he went w. me/you**, fue conmigo/contigo; **to leave a child w. sb**, dejar a un niño al cuidado de algn; *Naut* **to sail w. the wind**, navegar con el viento; *fam* **w. (sugar) or without (sugar)?**, ¿azúcar? 3 *(including)* con; **I have six w. this one**, con éste tengo seis; **it cost 2,000 pesetas w. wine**, costó 2.000 pesetas vino incluido. 4 *(despite)* con; **w. all his faults, I admire him**, le admiro con todos sus defectos. 5 *(given)* con; **w. your help/permission**, con su ayuda/permiso; **w. your intelligence it will be easy**, dada su inteligencia será fácil. 6 *fig (on the side of)* con; **we're all w. you**, todos estamos contigo. 7 *(contact, relationship)* con; **he's w. Lloyd's**, trabaja para Lloyd's; **it has nothing to do w. politics**, no tiene nada que ver con la política; **she is popular w. her colleagues**, es popular entre sus colegas; **to deal/mix w. sb**, tratar/asociarse con algn. 8 *(against)* con; **at war w. France**, en guerra con Francia; **to fight/compete w. sb**, pelearse/competir con algn. 9 *(regarding)* con; **I had trouble w. the clutch**, tuve problemas con el embrague; **w. him, money is everything**, para él, todo es cuestión de dinero. 10 *(manner)* con, de; **to fill a vase w. water**, llenar un jarrón de agua; **w. difficulty**, con dificultad; **w. one gulp**, de un trago; **w. tears in her eyes**, con los ojos llenos de lágrimas. 11 *(instrument)* con; **it is made w. butter**, está hecho con mantequilla; **they cut the bread w. a knife**, cortaron el pan con un cuchillo. 12 *(circumstances)* con; **I can't phone w. my boss here**, no puedo telefonear estando mi jefe aquí; **to sleep w. the window open**, dormir con la ventana abierta. 13 *(because of)* de; **she put on weight w. so much eating**, engordó de tanto comer; **to be paralysed w. fear**, estar paralizado,-a de miedo. 14 *(after)* con; **w. experience**, con la experiencia; **w. that, he went out**, con lo cual salió; **w. these words he left**, dicho esto, se marchó. 15 *(from)* de, con; **to break w. sb**, romper con algn; **to part company w. sb**, separarse de algn. 16 *(according to)* con, según; **it varies w. the season**, varía con la temporada. 17 *(expressions)* **down w. the president!**, ¡abajo el presidente!; **on w. the show!**, ¡que siga el espectáculo!; **to hell w. the neighbours!**, ¡al diablo con los vecinos!

withdraw [wɪðˈdrɔː] I *vtr (pt* **withdrew***; pp* **withdrawn)** 1 *(gen)* retirar, sacar; **to w. money from the bank**, retirar *or* sacar dinero del banco. 2 *(go back on)* retirar; *(statement, accusation)* retractarse de; *(plan)* renunciar a; *Jur (demand)* renunciar a, apartarse de. II *vi* 1 *(move back)* retirarse, apartarse; *(from room)* retirarse; *Mil* replegarse, retirarse. 2 *(drop out)* renunciar; *Sport* **to w. from a competition**, retirarse de un concurso.

withdrawal [wɪðˈdrɔːəl] *n* retirada *f*; *(of statement, accusation)* retractación *f*; *(of complaint, plan, candidate)* renuncia *f*; *Sport* retirada *f*. ■ **w. method**, *fam* marcha *f* atrás; *Med* **w. symptoms**, síndrome *m* de abstinencia.

withdrawn [wɪðˈdrɔːn] I *pp see* withdraw. II *adj (person)* introvertido,-a, cerrado,-a.

withdrew [wɪðˈdruː] *pt see* withdraw.

wither [ˈwɪðəʳ] I *vtr (plant)* marchitar. II *vi* marchitarse.

withered [ˈwɪðəd] *adj (plant)* marchito,-a; *fig (person)* old **and w.**, viejo,-a y ajado,-a.

withering [ˈwɪðərɪŋ] *adj (look)* fulminante; *(criticism)* mordaz.

withhold [wɪðˈhəʊld] *vtr (pt & pp* **withheld** [wɪðˈheld]*) (money)* retener; *(decision)* aplazar; *(consent)* negar; *(information)* ocultar.

within [wɪˈðɪn] I *prep* 1 *(inside)* dentro de; **w. the city limits**, dento de los límites de la ciudad. 2 *(distance, range)* accurate to **w. a centimetre**, exacto,-a con una diferencia de un centímetro; **it is w. walking distance**, queda bastante cerca para ir andando; **situated w. five kilometres of the town**, situado,-a a menos de cinco kilómetros de la ciudad; **w. a radius of ten miles**, en un radio de diez millas; **w. sight of the sea**, con vistas al mar; *fig* **w. an inch of death**, a dos dedos de la muerte. 3 *(time)* **they arrived w. a few days of each other**, llegaron con pocos días de diferencia; **w. the hour**, dentro de una hora; **w. the next five years**, durante los cinco años que vienen. II *adv* dentro; **enquire w.**, razón aquí; **from w.**, desde dentro.

with-it [ˈwɪðɪt] *adj fam* **a w.-it hairstyle**, un peinado a la última moda; **she is very w. it**, tiene ideas muy modernas; **to get w. it**, ponerse de moda.

without [wɪˈðaʊt] I *prep* sin; **he did it w. my knowing**, lo hizo sin que lo supiera yo *or* sin saberlo yo; **the house is not w. charm**, la casa no deja de tener su encanto; **to go out w. a coat**, salir sin abrigo; **w. money or luggage**, sin dinero ni equipaje; *fig* **to do** *or* **go w. sth**, *(voluntarily)* prescindir de algo; *(forcibly)* pasarse sin algo, arreglárselas sin algo. II *adv lit arch* fuera, desde fuera; **w. the city walls**, extramuros.

withstand [wɪðˈstænd] *vtr (pt & pp* **withstood)** *(gen)* resistir a; *(pain)* aguantar, soportar.

witness [ˈwɪtnɪs] I *n* 1 *(person)* testigo *mf*; **John will be my w.**, pongo por testigo a John; **to call sb as a w.**, citar a, algn como testigo; *Jur* **w. for the prosecution/for the defence**, testigo de cargo/de descargo. ■ *Jur* **w. box**, *US* **w. stand**, barra *f* de los testigos. 2 *(evidence)* testimonio *m*; **to bear w. to sth**, dar fe de *or* atestiguar algo. 3 *Rel* **Jehovah's W.**, testigo *mf* de Jehová. II *vtr* 1 *(see)* presenciar; **was the crash witnessed by anybody?**, ¿hay testigos del accidente? 2 *fig (notice)* notar. 3 *Jur* **to w. a document**, firmar un documento como testigo.

witter [ˈwɪtəʳ] *vi* parlotear; **to w. on about sth**, insistir en un tema.

witty [ˈwɪtɪ] *adj (**wittier, wittiest)** (person)* ingenioso,-a, salado,-a; *(remark)* agudo,-a; *(speech)* gracioso,-a.

witticism [ˈwɪtɪsɪzəm] *n* agudeza *f*, ocurrencia *f*, salida *f*. ◆**wittily** *adv* ingeniosamente, con gracia.

wittiness [ˈwɪtɪnɪs] *n* agudeza *f*, ingenio *m*.

wives [waɪvz] *npl see* wife.

wizard [ˈwɪzəd] *n* hechicero *m*, mago *m*; *fam* **a financial w.**, un lince de los negocios.

wizardry [ˈwɪzədrɪ] *n* hechicería *f*, magia *f*; *fam* genio *m*.

wizened [ˈwɪzənd] *adj (face)* arrugado,-a; *(withered)* marchito,-a.

wk *abbr of* **week**, semana, sem.

wobble [ˈwɒbəl] I *vi (table)* cojear, tambalearse; *(ladder, bicycle)* titubear; *(jelly)* temblar; *(needle)* oscilar; *(wheel)* trepidar. 2 *(sway)* bambolearse, tambalearse. II *n* 1 *(table)* tambaleo *m*; *(ladder, bicycle)* titubeo *m*; *(jelly)* temblor *m*; *(needle)* oscilación *f*; *Aut* **wheel w.**, trepidación *f* de las ruedas. **2** *(swaying)* bamboleo *m*.

wobbly ['wɒblɪ] *adj (table)* tambaleante, cojo,-a; *(ladder, bicycle)* titubeante, poco firme; *(jelly)* tem- blón,-ona; **my legs feel w.**, tengo las piernas débiles.

woe [wəʊ] *n lit* infortunio *m*, mal *m*; **a tale of w.**, una retahíla de desgracias; **w. betide you if I catch you!**, ¡ay de ti si te cojo! **2** woes, penas *fpl*, desgra- cias *fpl*.

woebegone ['wəʊbɪgɒn] *adj* desconsolado,-a, ca- riacontecido,-a.

woeful ['wəʊfʊl] *adj* **1** *(person)* afligido,-a, ape- nado,-a. **2** *(sight)* triste, penoso,-a; **w. ignorance**, una ignorancia lamentable. ◆**woefully** *adv* triste- mente, lamentablemente.

woke [wəʊk] *pt see* wake[1].

woken ['wəʊkən] *pp see* wake[1].

wolf [wʊlf] **I** *n (pl wolves)* **1** *Zool* lobo *m*; *fig* **a w. in sheep's clothing**, un lobo con piel de cordero; *fig* **to cry w.**, gritar '¡al lobo!'; *fig* **to keep the w. from the door**, no pasar hambre. ■ *fig* **lone w.**, lobo *m* solitario; **w. cub**, lobato *m*, lobezno *m*. **2** *fam* se- ductor *m*, tenorio *m*. ■ **w. whistle**, silbido *m* de ad- miración. **II** *vtr* **to w. (down) one's food**, zampar(se) la comida.

wolfhound ['wʊlfhaʊnd] *n* perro *m* lobo.

wolfish ['wʊlfɪʃ] *adj* lobuno,-a.

wolves [wʊlvz] *npl see* wolf.

woman ['wʊmən] *n (pl women)* mujer *f*; **old w.**, vieja *f*, anciana *f*; **women's magazine**, revista *f* fe- menina; **women's libber**, feminista *mf*; **women's li- beration movement**, *fam* **women's lib**, movimiento *m* feminista; **women's rights**, derechos *mpl* de la mujer; **young w.**, joven *f*.

womanhood ['wʊmənhʊd] *n (adulto)* edad *f* de mujer; **to reach w.**, hacerse mujer.

womanizer ['wʊmənaɪzə'] *n* mujeriego *m*.

womanly ['wʊmənlɪ] *adj* femenino,-a.

women ['wɪmɪn] *npl see* woman.

womb [wu:m] *n Anat* matriz *f*, útero *m*.

won [wʌn] *pt & pp see* win.

wonder ['wʌndə'] **I** *n* **1** *(miracle)* maravilla *f*, mi- lagro *m*; **a nine-day w.**, un prodigio efímero; **no w. he hasn't come**, no es de extrañar que no haya ve- nido; *fig* **to do** *or* **work wonders**, hacer maravillas; *fam* **it's a w. he hasn't lost it**, es un milagro que no lo haya perdido. **2** *(amazement)* admiración *f*, asombro *m*; **they gazed at it in w.**, lo contemplaban asombrados. **II** *adj* **w. drug**, remedio *m* milagroso, panacea *f*. **III** *vtr* **1** *(be surprised)* sorprenderse; **I don't w. that he is angry**, no me extraña que esté enfadado. **2** *(ask oneself)* preguntarse; **I w. why**, ¿por qué será? **IV** *vi* **1** *(marvel)* maravillarse; **to w. at sth**, admirarse de algo; *fam* **he'll be in the bar I shouldn't w.**, me imagino que estará en el bar. **2** *(reflect)* pensar; **it makes you w.**, te da en qué pensar; **I was wondering about going to Spain**, pen- saba en la posibilidad de ir a España; **why do you ask? —just wondered**, ¿por qué preguntaste? —por pura curiosidad.

wonderful ['wʌndəfʊl] *adj* maravilloso,-a, estu- pendo,-a; **we had a w. time**, lo pasamos de maravilla *or* en grande. ◆**wonderfully** *adv* mara- villosamente, de maravilla.

wonderland ['wʌndəlænd] *n* mundo *m* maravi- lloso; *Lit* **Alice in W.**, Alicia en el País de las Ma- ravillas.

wonderment ['wʌndəmənt] *n* admiración *f*.

wonky ['wɒŋkɪ] *adj (wonkier, wonkiest) fam GB (unstable)* cojo,-a, poco firme; *(not straight)* tor- cido,-a.

wont [wəʊnt] **I** *adj fml* acostumbrado,-a; **to be w. to**, soler. **II** *n* costumbre; **it is his wont to ...**, tiene la costumbre de ... .

woo [wu:] *vtr (pt & pp wooed) lit (court)* cortejar; *fig* buscar el favor de; *(voters)* solicitar el apoyo de.

wood [wʊd] *n* **1** *(forest) (often pl)* bosque *m*; *fig* **we're not out of the w. yet**, todavía no estamos a salvo; *fig* **you can't see the w. for the trees**, los ár- boles no dejan ver el bosque. **2** *(material)* madera *f*; *(for fire)* leña *f*; **sherry from the w.**, jerez *m* de barril; *fam fig* **touch w.!**, ¡toca madera! ■ **w. pulp**, pulpa *f* de madera; **w. shavings**, virutas *fpl*. **3** *Golf* palo *m* de madera. **4** *Sport (bowling)* bola *f*.

woodcarver ['wʊdkɑ:və'] *n* tallista *mf*.

woodcarving ['wʊdkɑ:vɪŋ] *n* **1** *(craft)* tallado *m* en madera. **2** *(object)* talla *f* en madera.

woodcock ['wʊdkɒk] *n Orn* becada *f*, chochaper- diz *f*.

woodcut ['wʊdkʌt] *n* grabado *m* en madera.

woodcutter ['wʊdkʌtə'] *n* leñador,-a *m,f*.

wooded ['wʊdɪd] *adj* arbolado,-a.

wooden ['wʊdən] *adj* **1** *(of wood)* de madera; **w. spoon/leg**, cuchara *f*/pata *f* de palo; *GB Sport fam* **to win the w. spoon**, ser el colista. **2** *fig (expression, style)* rígido,-a; *(movement)* tieso,-a; *(acting)* sin ex- presión.

woodland ['wʊdlənd] *n* bosque *m*, monte *m*, ar- bolado *m*.

woodlouse ['wʊdlaʊs] *n (pl woodlice* ['wʊdlaɪs]*) Ent* cochinilla *f*.

woodpecker ['wʊdpekə'] *n Orn* pico *m*, pájaro *m* carpintero. ■ **great spotted w.**, pico *m* picapinos; **green w.**, pito *m* real; **lesser-spotted w.**, pico *m* menor.

wood-pigeon ['wʊdpɪdʒən] *n Orn* paloma *f* torcaz.

woodpile ['wʊdpaɪl] *n* montón *m* de leña.

woodshed ['wʊdʃed] *n* leñera *f*.

woodwind ['wʊdwɪnd] *n Mus* **w. (instruments)**, instrumentos *mpl* de viento de madera.

woodwork ['wʊdwɜ:k] *n* **1** *(craft)* carpintería *f*. **2** *(of building)* maderaje *m*, maderamen *m*.

woodworm ['wʊdwɜ:m] *n* carcoma *f*; **it has w.**, está carcomido,-a.

woody ['wʊdɪ] *adj (woodier, woodiest)* **1** *(area)* ar- bolado,-a. **2** *(texture)* leñoso,-a.

woof [wʊf] *interj (of dog)* ¡guau!

wool [wʊl] **I** *n Tex* lana *f*; **ball of w.**, ovillo *m* de lana; *fig* **to pull the w. over sb's eyes**, engañar a algn, dar gato por liebre a algn; *fam fig* **dyed-in-the- w. communist**, un comunista fanático *or* acérrimo. ■ **steel w.**, fibra *f* metálica. **II** *adj* de lana.

woollen, *US* **woolen** ['wʊlən] **I** *adj* **1** *(cloth, dress)* de lana. **2** *Com* lanero,-a. **II** **woollens** *npl* géneros *mpl* de lana *or* de punto.

woolly, *US* **wooly** ['wʊlɪ] **I** *adj (woollier, woolliest, US woolier, wooliest)* **1** *(made of wool)* de lana, la- nudo,-a. **2** *fig (unclear)* confuso,-a; *(outline)* bo- rroso,-a; *(sound)* impreciso,-a. **II** **woollies** *npl fam* ropa *f sing* de lana.

word [wɜ:d] **I** *n* **1** *(spoken)* palabra *f*; **in other words ...**, es decir ..., o sea ...; **she didn't say a w.**, no dijo ni una palabra *or* ni pío; **without a w.**, sin decir pa- labra, sin chistar; **words failed me**, me quedé sin habla; *fig* **a w. of advice,** un consejo; *fig* **a w. of warning,** una advertencia; *fig* **don't put words in my mouth,** no me atribuyas cosas que no he dicho; *fig* **he's too stupid for words,** es de lo más estúpido que hay; *fig* **I'd like a w. with you,** quiero hablar contigo un momento; *fig* **it's the last w. in cameras,** es el grito en cámaras; *fig* **she didn't have a good w.** (to say) **for him,** no dijo absolutamente nada en su favor; *fig* **she didn't say it in so many words,** no lo dijo de modo explícito; *fig* **to get a w. in** (edgeways), meter baza; *fig* **to have words with sb,** tener unas palabras con algn; *fam fig* **to put in a good w. for sb,** interceder por algn. **2** *(written)* palabra *f*, vocablo *m*, voz *f*; **in the words of the poet ...,** como dice el poeta ...; **the words of a song,** la letra de una canción; *fig* **w. for w.,** palabra por palabra. ■ **w. processing,** procesamiento *m* de textos; **w. processor,** procesador *m* de textos. **3** *fig (message)* mensaje *m*, recado *m*; **is there any w. from him?,** ¿hay noticias de él?; **he left w. that he was going away,** dejó dicho que se marchaba; **to send w.,** mandar recado; **w. came that ...,** llegó noticia de que ... . **4** *fig (rumour)* voz *f*, rumor *m*; **w. is going round that ...,** corre la voz de que ... . **5** *fig (promise, assurance)* palabra *f*; **he's a man of his w.,** es hombre de palabra; **I give my w. that ...,** doy mi palabra que ...; **to keep** or **be as good as one's w.,** cumplir su palabra; **w. of honour!,** ¡palabra de honor! **6** *fig (command)* orden *f*; **just say the w.,** sus deseos son órdenes. **II** *vtr (express)* expresar, formular; **a badly worded letter,** una carta mal redactada.

wording ['wɜːdɪŋ] *n* términos *mpl*, expresión *f*; **I changed the w. slightly,** cambié algunas palabras.

word-perfect [wɜːd'pɜːfekt] *adj* **to be w.-p.,** *(actor)* saber su papel; *(text, speech)* ser correcto,-a hasta la última palabra.

wordplay ['wɜːdpleɪ] *n* juego *m* de palabras.

wordy ['wɜːdɪ] *adj* (**wordier, wordiest**) prolijo,-a, verboso,-a.

wore [wɔːʳ] *pt see* **wear.**

work [wɜːk] **I** *n* **1** *(gen)* trabajo *m*; **a day's w.,** el trabajo de un día; **he was hard at w.,** trabajaba con ahínco; **his w. in the field of physics,** su labor en el campo de la física; **it's hard w.,** cuesta trabajo; **'Men at W.',** 'Obras'; **to be at w.,** estar trabajando; **to set to w.,** ponerse a trabajar; **we have our w. cut out to finish it,** nos va a costar trabajo terminarlo; *fam* **to make short w. of sth,** despachar algo deprisa. **2** *(employment)* trabajo *m*, empleo *m*; **a day off w.,** un día de asueto; **to be off w.,** estar ausente en el trabajo; **to be out of w.,** estar parado,-a or desempleado,-a; **to go to w.,** ir al trabajo. **3** *(action)* obra *f*; **keep up the good w.!,** ¡que siga así!; **the forces at w.,** los elementos en juego; *fam* **nice w.!,** ¡muy bien!, ¡bravo! **4** *(product)* trabajo *m*, obra *f*; **a piece of w.,** un trabajo, una labor; **a w. of art/fiction,** una obra de arte/de ficción; **crochet w.,** labor *f* de ganchillo; **it's all my own w.,** es obra de mi propia mano. **5** **works** *fpl*. **public w.,** obras (públicas); **road w.,** obras (de carretera). **6 works,** *(machinery)* mecanismo *m sing*; *fam fig* **to give sb the** (full) **w.,** *(treat well)* tratar a algn a lo grande; *(beat, scold)* sacudirle el polvo a algn. **7 works,** *(factory)* fábrica *f*. **II** *vtr* **1** *(drive)* hacer trabajar; **he works his men very hard,** hace trabajar muchísimo a sus empleados; **to w. oneself to death,** matarse trabajando; **to w. one's way through college,** costearse los estudios trabajando; **to w. one's way up/down,** subir/bajar a duras penas; *fig* **to w. one's way up in**

a firm, lograr ascender en una empresa. **2** *(machine)* manejar; *(mechanism)* accionar; *(plan)* realizar; **how do you w. this lighter?,** ¿cómo haces funcionar este mechero?; **it is worked by electricity,** funciona con electricidad. **3** *(miracles, changes)* operar, hacer; *fam* **how can we w. it (so that we don't pay),** ¿cómo podemos arreglárnoslas (para no pagar)? **4** *Agr (land)* trabajar, cultivar; *Min (mine)* explotar. **5** *(wood, metal, etc)* trabajar, labrar; *Culin* **w. the butter into the flour,** mézclese la mantequilla con la harina. **III** *vi* **1** *(gen)* trabajar (**on,** at en); **down to w.!,** ¡a trabajar!, ¡manos a la obra! **he's working on the car,** está reparando el coche; **my wife goes out to w.,** mi mujer trabaja fuera de casa; **to w. as a gardener,** trabajar de jardinero; *fam* **w. hard/harder,** trabajar mucho/más; *fam fig* **to w. like a Trojan,** trabajar como un negro; **to w. on a case,** investigar un caso; *Ind* **to w. to rule,** estar en huelga de celo; *fam* **I'm working on it,** estoy en ello. **2** *(machine)* funcionar, marchar; **it works on gas,** funciona con gas; **the light isn't working,** la luz no funciona. **3** *(drug)* surtir efecto; *(system)* funcionar bien; *(plan, trick)* tener éxito, salir bien; **that idea won't w.,** esa idea no es factible. **4** *(operate)* obrar; **it will w. against you,** redundará en contra de ti; **to w. loose,** soltarse, aflojarse; **to w. through,** penetrar (**to,** hasta); **we have no data to w. on,** no tenemos datos en que basarnos; **we w. on the principle that ...,** nos guiamos guiados por el principio de que ... **we're working towards a solution,** nos vamos aproximando poco a poco a una solución; *fig* **it work both ways,** es un arma de dos filos. ◆**work off** *vt* *(fat)* quitarse trabajando; *(energy)* consumir trabajando; *(anger)* desahogar. ◆**work out I** *vtr* **1** *(plan)* idear, elaborar; *(itinerary)* planear; *(details)* desarrollar; **I've got it all worked out,** lo tengo todo perfectamente planeado. **2** *(problem)* resolver, solucionar; *(solution)* encontrar; *(amount)* calcular; **I can't w. out how he did it,** no me explico cómo lo hizo; **w. out how much I owe you,** calcule cuánto le debo. **II** *vi* **1** *(problem)* resolverse; **things didn't w. out for her,** las cosas no le salieron bien. **2** *(calculation)* salir; **it works out at 5 each,** sale a 5 cada uno. **3** *Sport* hacer ejercicio. ◆**work up I** *vtr* **1** *(develop)* desarrollar; **I'm working up an appetite,** se me está abriendo el apetito. **2** *(excite)* exaltar, acalorar; **to get worked up,** excitarse, exaltarse; **to w. up enthusiasm,** entusiasmarse (**for,** con, por). **II** *vi* **to w. up to sth,** preparar el terreno para algo.

workable ['wɜːkəbəl] *adj* factible, viable.

workaday ['wɜːkədeɪ] *adj* rutinario,-a.

workaholic [wɜːkə'hɒlɪk] *n fam* adicto,-a *m,f* al trabajo.

work-basket ['wɜːkbɑːskɪt] *n Sew* costurero *m*.

workbench ['wɜːkbentʃ] *n* banco *m* de trabajo.

worker ['wɜːkəʳ] *n* **1** *(gen)* trabajador,-a *m,f*; *(manual)* obrero,-a *m,f*; **he's a good/fast w.,** trabaja bien/con rapidez; *Pol* **the workers,** los obreros, los trabajadores. ■ *Ent* **w. bee,** (abeja) obrera *f*.

workforce ['wɜːkfɔːs] *n* mano *f* de obra.

work-in ['wɜːkɪn] *n* encierro *m* en la fábrica.

working ['wɜːkɪŋ] **I** *adj* **1** *(population, partner, capital)* activo,-a. ■ **w. class,** clase *f* obrera; **working man,** obrero *m*; **w. party,** grupo *m* de trabajo. **2** *(clothes, surface, conditions)* de trabajo; *(week, hours)* laborable. ■ **w. day,** *(not rest day)* día *m* laborable; *(number of hours)* jornada *f* laboral; **w. lunch,** comida *m* de negocios. **3** *(machine)* **it is in w. order,** funciona; **the w. parts of a machine,** las piezas móviles de una máquina. ■ **w. model,**

modelo *m* que funciona. **4** *(majority, knowledge)* suficiente; **w. knowledge,** conocimientos *mlp* básicos. ■ **w. agreement,** acuerdo *m* provisional. **II** *n* **1** *(of machine)* funcionamiento *m*. **2 workings,** *(mechanics)* funcionamiento *m sing; Min (of pit)* explotación *f sing.*

workload ['wɜːkləʊd] *n* cantidad *f* de trabajo.

workman ['wɜːkmən] *n (pl* **workmen)** *(gen)* trabajador *m; (manual)* obrero *m*.

workmanlike ['wɜːkmənlaɪk] *adj* hábil, concienzudo,-a, bien hecho,-a.

workmanship ['wɜːkmənʃɪp] *n (appearance)* ejecución *f*, hechura *f; (skill)* habilidad *f*, arte *m*; **a fine piece of w.,** un trabajo primoroso.

workmate ['wɜːkmeɪt] *n* compañero,-a *m,f* de trabajo.

work-out ['wɜːkaʊt] *n Sport* entrenamiento *m*; **to have a w.-o.,** hacer ejercicio.

workroom ['wɜːkruːm] *n* sala *f* de trabajo.

work-sharing ['wɜːkʃeərɪŋ] *n* repartición *f* del trabajo.

worksheet ['wɜːkʃiːt] *n Ind* plan *m* de trabajo.

workshop ['wɜːkʃɒp] *n* taller *m*.

workshy ['wɜːkʃaɪ] *adj* gandul,-a, holgazán,-ana.

worktop ['wɜːktɒp] *n* encimera *f*.

work-to-rule [wɜːktə'ruːl] *n Ind* huelga *f* de celo.

world [wɜːld] *n* **1** *(gen)* mundo *m*; **all over the w.,** en todo el mundo; **the best in the w.,** el mejor del mundo; **to see the w.,** ver mundo; *fig* **he would give the w. to know,** daría lo que fuera por saberlo; *fig* **it will do you the w. of good,** te hará un provecho enorme; *fig* **there is a w. of difference between A and B, A and B are worlds apart,** hay un mundo de diferencia entre A y B; *fig* **to come down in the w.,** venir a menos; *fig* **to come up in the w.,** prosperar, medrar; *fig* **to feel on top of the w.,** *(health)* estar como una rosa; *(morale)* sentirse fenomenal; *fig* **to think the w. of sb,** querer mucho *or* adorar a algn; *fam fig* **his house is out of this w.,** tiene una casa que es un sueño *or* una maravilla; *fam fig* **I wouldn't hurt her for the w.,** no la heriría por nada del mundo; *fam fig* **it's a small w.,** el mundo es un pañuelo; *fam fig* **it's not the end of the w.,** el mundo no va a hundirse por esto. ■ **the Third W.,** el Tercer Mundo; *Fin* **the W. Bank,** el Banco Mundial; *Ftb* **the W. Cup,** el Mundial; **w. power,** potencia *f* mundial; **w. record,** récord *m* mundial; **w. war,** guerra *f* mundial. **2** *(life)* mundo *m*, vida *f; fig* **in this w.,** en esta vida; *fig* **the next w.,** el otro mundo; *fig* **to be dead to the w.,** estar profundamente dormido,-a. **3** *(sphere)* mundo *m*; **the animal w.,** el reino animal; **the business/theatre w.,** el mundo comercial/del teatro; *fam fig* **he is** *or* **lives in a w. of his own,** vive ajeno a las cosas de este mundo.

world-class ['wɜːldklɑːs] *adj* de categoría mundial.

world-famous ['wɜːldfeɪməs] *adj* de fama mundial.

worldliness ['wɜːldlɪnɪs] *n* mundanería *f*.

worldly ['wɜːldlɪ] *adj* mundano,-a; **w. goods,** bienes *mpl* materiales.

world-weary ['wɜːldwiːrɪ] *adj* hastiado,-a del mundo.

worldwide ['wɜːldwaɪd] *adj* mundial, universal.

worm [wɜːm] **I** *n* **1** *Zool* gusano *m; fig* **w.'s eye view,** vista *f* a ras de tierra; *fam fig* **the w. has turned,** se me *or* le ha agotado la paciencia; *fam* **you w.!,** ¡vil gusano! ■ **(earth) w.,** lombriz *f*. **2** *Med* **worms,** lombrices *fpl*. **3** *Mech (of screw)* tornillo *m* sin fin. ■ **w.**

gear, engranaje *m* de tornillo sin fin. **II** *vtr* sacar; **to w. a secret out of sb,** sonsacarle un secreto a algn; *fam fig* **to w. one's way into a group,** colarse en un grupo.

worm-eaten ['wɜːmiːtən] *adj (wood)* carcomido,-a; *(fruit)* agusanado,-a.

wormwood ['wɜːmwʊd] *n Bot* ajenjo *m*.

worn [wɔːn] **I** *pp of* **wear. II** *adj* gastado,-a, usado,-a.

worn-out ['wɔːnaʊt] *adj (thing)* gastado,-a, estropeado,-a, *(person)* rendido,-a, agotado,-a.

worried ['wʌrɪd] *adj* inquieto,-a, preocupado,-a; **to get w.,** inquietarse.

worrier ['wʌrɪər] *n* **to be a w.,** ser propenso,-a a preocuparse.

worry ['wʌrɪ] **I** *vtr (pt & pp* **worried) 1** *(make anxious)* preocupar, inquietar; **it doesn't w. me,** me tiene sin cuidado; *fam* **don't w. your head about it,** no te preocupes en absoluto por eso. **2** *(pester)* molestar. **3** *(dog)* perseguir, atacar. **II** *vi* preocuparse, inquietarse **(about, over,** por); **don't w.,** no te preocupes, no importa; **there's no need to w.,** no hay por qué inquietarse. **III** *n (state)* inquietud *f*, intranquilidad *f; (cause)* preocupación *f;* **financial worries,** problemas *mpl* económicos; **that's the least of my worries,** eso es lo que menos me preocupa.

worrying ['wʌrɪɪŋ] *adj* inquietante, preocupante; *fam* **he's the w. sort,** es de los que se inquietan por nada.

worse [wɜːs] **I** *adj (comp of bad)* peor; **I have seen w.,** he visto casos peores; **in a w. condition than before,** en peor condición que antes; **it** *or* **he gets w. and w.,** va de mal en peor; **to get w.,** empeorar; **to make matters w.,** para colmo de desgracias; *fig* **he's none the w. for the experience,** la experiencia no le ha perjudicado; *fam* **so much** *or* **all the w. for him,** tanto peor para él; *fam* **w. luck!,** mala suerte; *fam fig* **to be the w. for drink,** estar bebido,-a *or* borracho,-a. **II** **the w.** *n* lo peor; **a change for the w.,** un empeoramiento; *fig* **to take a turn for the w.,** empeorar. **III** *adv (comp of badly)* peor; **he is behaving w. than ever/w. and w.,** se está portando peor que nunca/cada vez peor; **I am w. off than before,** *(in health)* me encuentro peor que antes; *(financially)* ando peor de dinero que antes; **I don't think any the w. of her for that,** no la estimo en menos por eso.

worship ['wɜːʃɪp] **I** *vtr (pt & pp* **worshipped)** *Rel* adorar, venerar; *fig* **he worships money,** rinde culto al dinero. **II** *n* **1** *Rel* adoración *f*, culto *m; fig* adoración *f*, veneración *f*. **2** *Rel (ceremony)* culto *m*. ■ **place of w.,** templo *m*. **3** *GB (address)* **his W. the Mayor,** el señor alcalde; *Jur* **yes, your W.,** sí, su señoría.

worshipper ['wɜːʃɪpər] *n* adorador,-a *m,f*, devoto,-a *m,f*.

worst [wɜːst] **I** *adj (superl of bad)* peor; **his w. mistake,** su error más grave; **the w. part about it is that ...,** lo peor es que ...; **the w. two pupils in the class,** los dos peores alumnos de la clase. **II** *n* **1** *(person)* el *or* la peor, los *or* las peores. **2** *(impersonal)* lo peor; **the w. of the storm is over,** ya ha pasado lo peor de la tormenta; *fig* **let him do his w.,** que haga todo lo que quiera. **III** *adv (superl of badly)* peor; **the w. dressed man,** el hombre peor vestido; **the w. off,** *(gen)* los más perjudicados; *(financially)* los más pobres; *fig* **to come off w.,** llevarse la peor parte.

worsted ['wʊstɪd] *n Tex* estambre *m*.

worth [wɜ:θ] **I** adj **1** (of the value of) que vale, con un valor de; **a house w. £50,000,** una casa que vale 50.000 libras; **it's w. the money,** (before buying) vale lo que piden; (after buying) vale lo que costó; fam fig **it's more than my job is w.,** me jugaría or arriesgaría mi empleo; fam fig **she's w. a fortune,** está forrada. **2** (deserving of) lo que merece, merecedor,-a de; **a book w. reading,** un libro que merece la pena leer; **for what it's w.,** por si sirve de algo; **it's w. a visit,** vale la pena visitarlo; **it's w. the trouble** or **it's w. your while** or **it's w. it,** vale or merece la pena; **it's w. thinking about/mentioning,** es digno de consideración/mención. **II** n **1** (in money) valor m; **five pounds' w. of petrol,** gasolina por valor de 5 libras, 5 libras de gasolina; fam fig **to get one's money's w.,** sacarle jugo al dinero. **2** (of person) valía f.

worthless [ˈwɜ:θlɪs] adj (gen) sin valor; (effort) inútil; (person) despreciable.

worthlessness [ˈwɜ:θlɪsnɪs] n falta f de valor.

worthwhile [wɜ:θˈwaɪl] adj valioso,-a, útil, que vale la pena; **the journey was w.,** el viaje merecía la pena.

worthy [ˈwɜ:ðɪ] **I** adj (worthier, worthiest) **1** (deserving) digno,-a (of, de), merecedor,-a (of, de); (winner, cause) justo,-a; **it is w. of attention,** es digno,-a de atención; **there is no musem w. of the name,** no hay museo que merezca ese nombre; **w. opponent,** un adversario digno de respeto. **2** (distinguished) benemérito,-a; (citizen) respetable, honorable; (effort, motives) loable; (action) meritorio,-a. **II** n hum prócer m.

worthiness [ˈwɜ:ðɪnɪs] n mérito m.

would [wʊd, unstressed wəd] v aux **1** (conditional) **I w.** or **I'd go if I had time,** iría si tuviera tiempo; **he w.** or **he'd have won but for that,** habría ganado su no hubiera sido por eso; **we w. if we could,** lo haríamos si pudieramos. **2** (reported speech) **he said that he w.** or **he'd come,** dijo que vendría. **3** (willingness) **the car wouldn't start,** el coche no arrancaba; **they asked him to come but he wouldn't,** le invitaron a venir pero no quiso; **w. you do me a favour?,** ¿quiere hacerme un favor? **4** (wishing) **he w.** or **he'd like to know why,** quisiera saber por qué; **I'd rather go home,** preferiría ir a casa; **w. you like a cigarette?,** ¿quiere un pitillo?; arch **w. that I could,** ojalá que pudiera. **5** (custom) **we w.** or **we'd go for walks,** solíamos dar un paseo. **6** (persistence) **try as I w.,** por mucho que lo intentara; **well, if you w. eat so many apples ...,** pues si te empeñaste en comer tantas manzanas ... . **7** (conjecture) **it w. have been about three weeks ago,** debe haber sido hace unas tres semanas; **w. this be your cousin?,** ¿será éste su primo? **8** (expectation) **so it w. appear,** según parece.

would-be [ˈwʊdbi:] adj en potencia; **a w.-be politician,** un aspirante a político; **the w.-be assassin,** el asesino fracasado; pej **a w.-be poet,** un supuesto poeta.

wound[1] [waʊnd] pt & pp see **wind**[2].

wound[2] [wu:nd] **I** n herida f; fig **he left licking his wounds,** se fue con el rabo entre las piernas; fig **to rub salt into the w., he said ...,** para hacer más daño todavía, dijo ... . **II** vtr herir.

wounded [ˈwu:ndɪd] adj herido,-a.

wounding [ˈwu:ndɪŋ] adj hiriente.

wove [wəʊv] pt see **weave**.

woven [ˈwəʊvən] pp see **weave**.

wow [waʊ] fam **I** n éxito m sensacional; **it was a w.,** fue sensacional. **II** vtr (spectators etc) encandilar. **III** interj ¡caramba!

WP [dʌbəljuːˈpi:] **1** abbr of **word processing,** procesamiento m de textos. **2** abbr of **word processor,** procesador m de textos.

WPC [dʌbəljuːpiːˈsi:] GB abbr of **Woman Police Constable.**

wpm [dʌbəljuːpiːˈem] Com abbr of **words per minute,** pulsaciones fpl por minuto, p.p.m.

WRAC [dʌbəljuːɑːˈesi:, fam ræk] GB Mil abbr of **Women's Royal Army Corps.**

WRAF [dʌbəljuːɑːˈreɪef, fam ræf] GB Mil abbr of **Women's Royal Air Force.**

wrangle [ˈræŋgəl] **I** n disputa f, altercado m. **II** vi disputar (**over,** acerca de, por), reñir (**over,** acerca de, por).

wrap [ræp] **I** vtr (pt & pp **wrapped**) **1** (parcel etc) to w. (up), envolver; **he wrapped his arms around her,** la estrechó entre sus brazos; **he wrapped his scarf round her neck,** se abrigó con la bufanda; fig **wrapped in mystery,** rodeado,-a en el misterio; fig **wrapped up in one's work/one's thoughts/oneself,** absorto,-a en su trabajo/en sus pensamientos/en sí mismo,-a; fam **we soon wrapped up the deal,** no tardamos nada en concluir el negocio. **II** vi **1** (snake, rope) **to w. round sth,** enrollarse or enroscarse en algo; fam **w. up well,** abrígate. **2** (be quiet) callarse; fam **w. up!,** ¡cierra el pico! **III** n (shawl) chal m; (cape) capa f; (housecoat) bata f; fam fig **to keep sth under wraps,** mantener algo secreto.

wrapper [ˈræpəʳ] n (of sweet) envoltorio m; (of book) sobrecubierta f.

wrapping [ˈræpɪŋ] n envoltura f, envoltorio m. ■ **w. paper,** papel m de envolver.

wreath [ri:θ] n (pl **wreaths** [ri:ðz, ri:θs]) (of flowers) corona f. ■ **laurel w.,** corona f de laurel.

wreathe [ri:ð] vtr enguirnaldar, coronar; fig **wreathed in mist,** envuelto,-a en niebla.

wreck [rek] **I** n **1** Naut naufragio m; (ship) barco m naufragado or hundido. **2** (of car, plane) restos mpl; (of building) ruinas fpl; **the car was a complete w.,** el coche quedó completamente destrozado; fam **he drives an old w.,** conduce un cacharro. **3** fig (person) ruina f; **I'm a nervous w.,** tengo los nervios destrozados. **II** vtr **1** Naut (ship) hacer naufragar. **2** (car, plane) destrozar, estropear; (machine) desbaratar. **3** fig (health, career) arruinar; (life, marriage) destrozar; (hopes) destruir; (plans) estropear, desbaratar; (chances) echar a perder.

wreckage [ˈrekɪdʒ] n (of ship, car, plane) restos mpl; (of building) ruinas fpl.

wrecked [ˈrekt] adj **1** (ship) naufragado,-a; (sailor) náufrago,-a. **2** (car, plane) destrozado,-a; (building) destruido,-a. **3** fig (life, career) arruinado,-a; (hopes) arruinado,-a; (plans) estropeado,-a.

wrecker [ˈrekəʳ] n US **1** (of building) demoledor,-a m,f. **2** Aut **w. (truck),** grúa f.

wren [ren] n Orn chochín m.

wrench [rentʃ] **I** n **1** (pull) tirón m, arranque m; **to give sth a w.,** darle un tirón brusco a algo. **2** Med torcedura f. **3** fig separación f dolorosa; **it will be a w. for me to leave,** me costará trabajo irme. **4** (tool) (monkey) **w.,** GB llave f inglesa; US llave f. **II** vtr (pull) **to w. oneself free,** soltarse de un tirón; **to w. sth off sb/out of sb's hands,** arrebatar algo a algn de las manos de algn; **to w. sth off/out/open,** quitar, arrancar/abrir algo de un tirón.

wrest [rest] *vtr* **to w. sth from sb**, arrebatarle *or* arrancarle algo a algn.

wrestle ['resəl] *vi Sport* luchar.

wrestler ['reslə'] *n Sport* luchador,-a *m,f*.

wrestling ['reslɪŋ] *n Sport* lucha *f*. ■ **all-in w.**, lucha libre; **w. match**, combate *m* de lucha.

wretch [retʃ] I *n* 1 **(poor) w.**, pobre diablo *m*, desgraciado,-a *m,f*. 2 *(child)* pillo,-a *m,f*, pícaro,-a *m,f*; **you little w.!**, ¡granuja!, ¡tunante!

wretched ['retʃɪd] *adj* 1 *(unhappy)* desdichado,-a, abatido,-a; **I felt w. about it**, me dio mucha pena. 2 *(pitiful, unfortunate)* desgraciado,-a, desdichado,-a; *(conditions)* miserable, lamentable; *fam (bad, poor)* horrible, malísimo,-a; **what w. weather!**, ¡qué tiempo más feo *or* espantoso! 3 *(ill)* indispuesto,-a; **I feel w.**, me encuentro fatal. 4 *(contemptible)* miserable, despreciable. 5 *fam (damned)* maldito,-a, condenado,-a; **that w. boy**, ese maldito chiquillo.

wretchedness ['retʃɪdnɪs] *n* 1 *(unhappiness, misfortune)* desdicha *f*, desgracia *f*. 2 *(of conditions)* miseria *f*.

wriggle ['rɪgəl] I *vtr (gen)* menear; *fam fig* **how did he w. his way in?**, ¿cómo logró introducirse? II *vi* **to w. (about)**, *(worm)* serpentear, retorcerse; *(restless child)* moverse *or* revolverse nerviosamente; **to w. free**, escapar deslizándose; *fam fig* **to w. out of a tight spot/obligation**, librarse habilmente de un apuro/una obligación.

wriggly ['rɪglɪ] *adj* sinuoso,-a.

wring [rɪŋ] *vtr (pt & pp wrung)* 1 *(clothes)* escurrir; *(hands)* retorcer; **to w. the neck of a chicken**, retorcerle el pescuezo a un pollo; *fam* **I'll w. his neck if I catch him**, si lo pillo lo mato *or* le retuerzo el pescuezo. 2 *fig (extract)* arrancar, sacar; **to w. money/a secret out of sb**, arrancarle dinero/un secreto a algn.

wringer ['rɪŋə'] *n* escurridor *m*; *fam* **to put sb through the w.**, hacer pasar un mal trago a algn.

wringing ['rɪŋɪŋ] *adj* **to be w. wet**, *(garment)* estar empapado,-a; *(person)* estar calado,-a hasta los huesos.

wrinkle ['rɪŋkəl] I *n* arruga *f*. II *vtr* arrugar. III *vi* arrugarse.

wrinkled ['rɪŋkəld] *adj* arrugado,-a.

wrist [rɪst] *n Anat* muñeca *f*.

wristwatch ['rɪstwɒtʃ] *n* reloj *m* de pulsera.

writ [rɪt] *n Jur* mandamiento *m or* orden *f* judicial, auto *m*; **to issue a w. against sb**, llevar a algn a juicio; **to serve a w. on sb**, entregar una orden a algn.

write [raɪt] I *vtr (pt wrote; pp written) (gen)* escribir; *(article)* redactar; *(cheque)* extender; *US* **to w. sb**, escribir a algn; *fig* **his guilt is written all over his face**, lleva la culpabilidad escrita *or* impresa en la cara. II *vi* escribir **(about**, sobre); **he writes**, es escritor; *Press* **to w. for a paper**, colaborar en un periódico; **to w. (in) for sth**, escribir pidiendo algo; **we w. (to each other) regularly**, nos escribimos *or* nos carteamos con regularidad; **w. to this address**, diríjase a la dirección siguiente; *fam fig* **it's nothing to w. home about**, no es nada del otro mundo. ◆**write away** I *vtr* **to w. away for sth**, pedir algo por escrito. ◆**write back** *vi* contestar. ◆**write down** *vtr (gen)* poner por escrito; *(note)* apuntar, anotar. ◆**write in** I *vtr* insertar (en un escrito). II *vi* escribir; **many listeners wrote in to complain**, muchos oyentes escribieron quejándose. ◆**write off** I *vtr* *Fin* dar por perdido; *(car)* destrozar; *(person)* dar

por acabado,-a. II *vi* escribir; **to w. off for sth**, pedir algo por escrito. ◆**write out** *vtr (cheque, recipe)* extender; **to w. sth out neatly**, pasar algo a limpio; **w. your name out in full**, escríbase su nombre completo. ◆**write up** *vtr (notes, thesis)* redactar; *(diary, journal)* poner al día.

write-off ['raɪtɒf] *n* ruina *f*; **the car's a w.-o.**, el coche está hecho una ruina.

writer ['raɪtə'] *n* 1 *(by profession)* escritor,-a *m,f*; *(of book, letter)* autor,-a *m,f*. 2 *(of handwriting)* **to be a good/bad w.**, tener buena/mala letra.

write-up ['raɪtʌp] *n* reportaje *m*; *Cin Theat* crítica *f*, reseña *f*.

writhe [raɪð] *vi* retorcerse.

writing ['raɪtɪŋ] *n* 1 *(script)* escritura *f*; *(handwriting)* letra *f*; **I can't read his w.**, no entiendo su letra; **(to put sth) in w.**, (poner algo) por escrito; *fig* **the w. on the wall**, los malos presagios. 2 *writings*, escritos *mpl*. 3 *(action)* escritura *f*. ■ **w. desk**, escritorio *m*. 4 *(profession)* profesión *f* de escritor, trabajo *m* literario.

written ['rɪtən] I *pp see* **write**. II *adj* escrito,-a; **w. consent**, consentimiento por escrito; **w. exam**, examen escrito.

WRNS [dʌbəlju:ɑ:ren'es, *fam* renz] *GB Mil abbr of* **Women's Royal Naval Service**.

wrong [rɒŋ] I *adj* 1 *(erroneous)* incorrecto,-a, erróneo,-a, equivocado,-a; *Mus* **a w. note**, una nota falsa; **I got the w. train**, me equivoqué de tren; **my watch is w.**, mi reloj anda mal; *Tel* **sorry, I've got the w. number**, lo siento, me he confundido de número; **the lamp is in the w. place**, la lámpara está mal colocada; **to drive on the w. side of the road**, conducir por el lado contrario de la carretera; **to go the w. way**, equivocarse de camino; *fam* **the cake has gone down the w. way**, se me ha atragantado el pastel; *fam fig* **you're going the w. way about it**, lo estás haciendo mal. 2 *(unsuitable)* impropio,-a inadecuado,-a; *(time)* inoportuno,-a; **he's the w. man for the job**, no es la persona apropiada para el puesto; **to say the w. thing**, decir algo inoportuno; *fig* **to be on the w. side of forty**, tener cuarenta años bien cumplidos; *fam fig* **to get out of bed on the w. side**, levantarse con el pie izquierdo. 3 *(not right)* *(person)* equivocado,-a; **I was w. about that boy**, me equivoqué con ese chico; **to be w.**, no tener razón, estar equivocado,-a; **you're not all w.**, no andas muy descaminado,-a; **you're w. in thinking that ...**, te equivocas si piensas que ... . 4 *(immoral etc)* malo,-a; **it is w. to steal**, robar está mal; **it was w. of him to say that**, hizo mal en decir eso; **there's nothing w. in that**, no hay nada malo en eso; **what's w. with smoking?**, ¿qué tiene de malo fumar? 5 *(amiss)* **is anything w.?**, ¿pasa algo?; **something's w. (somewhere)**, hay algo que no está bien; **there's something w. with the car**, se ha averiado el coche; **what's w.?**, ¿qué hay?; **what's w. with you?**, ¿qué te pasa?, ¿qué tienes? II *adv* mal, incorrectamente; **everything has gone w.**, todo ha salido mal; **to get it w.**, equivocarse, no acertar; **to get the answer w.**, contestar mal; *Math* equivocarse en el cálculo; **you can't go w.**, no tiene pérdida; **you won't go far w. if ...**, no andarás muy descaminado,-a si ...; *fam fig* **don't get me w.**, no me comprendas mal; *fam* **to go w.**, *(mistake)* equivocarse; *(on road)* equivocarse de camino; *(machinery, watch)* estropearse; *(plan)* fallar, fracasar; *fam fig* **you've got it w.**, te equivocas, lo entiendes mal; *fam* **you're doing it (all) w.**, lo estás haciendo (muy) mal. **III** *n* **1** *(evil, bad action)* mal *m*; **to know right from w.**, saber distinguir entre el bien y el mal; **you did w. to hit him,** hiciste mal en pegarle; *fam fig* **two wrongs do not make a right,** no se subsana un error cometiendo otro. **2** *(injustice)* injusticia *f*; *(offence)* agravio *m*; **the rights and wrongs of a matter,** lo justo y lo injusto de un asunto; **to right a w.,** deshacer un entuerto. **3 to be in the w.,** *(to blame)* tener la culpa; *(mistaken)* no tener razón. **IV** *vtr (treat unfairly)* ser injusto,-a con; *(judge unfairly)* juzgar mal; *(offend)* agraviar. ◆**wrongly** *adv* **1** *(incorrectly)* incorrectamente, mal; **w. worded,** mal expresado,-a. **2** *(mistakenly)* equivocadamente, erróneamente, sin

razón; **rightly or w.,** por fas o por nefas. **3** *(unjustly)* injustamente.
wrongdoer ['rɒŋduːəʳ] *n* malhechor,-a *m,f*.
wrongdoing ['rɒŋduːɪŋ] *n* maldad *f*.
wrongful ['rɒŋfʊl] *adj* injusto,-a, ilegal; **w. dismissal,** despido *m* improcedente.
wrote [rəʊt] *pt see* **write**.
wrung [rʌŋ] *pt & pp see* **wring**.
wry [raɪ] *adj* (**wrier, wriest** *or* **wryer, wryest**) sardónico,-a, irónico,-a.
wryneck ['raɪnek] *n Orn* torcecuello *m*.
WWF [dʌbəljuːdʌbəljuːˈef] *abbr of* **World Wildlife Fund,** Fondo *m* mundial para la naturaleza.

X, x [eks] *n (the letter)* X, x *f*; **Mr X,** el Sr. X; *Cin* **X certificate,** para mayores de 18 años.
xenon ['zenɒn] *n Chem* xenón *m*.
xenophobia [zenəˈfəʊbɪə] *n* xenofobia *f*.
xenophobic [zenəˈfəʊbɪk] *adj* xenófobo,-a.
xerography [zɪˈrɒgrəfɪ] *n* xerografía *f*.
Xerox® ['zɪərɒks] **I** *n* xerocopia *f*. **II** *vtr* xerocopiar.
XL [eksˈel] *abbr of* **extra large (size),** (talla *f*) muy grande.

Xmas ['eksməs, 'krɪsməs] *n abbr of* **Christmas,** Navidad *f*.
X-ray [eksˈreɪ] **I** *n* **1** *(beam)* rayo *m* X; **X-r. therapy,** radioterapia *f*. **2** *(picture)* radiografía *f*; **to have an X-r.,** hacerse una radiografía. **II** *vtr* radiografiar.
xylene ['zaɪliːn] *n Chem* xileno *m*.
xylograph ['zaɪləgrɑːf] *n* xilografía *f*.
xylography [zaɪˈlɒgrəfɪ] *n* xilografía *f*.
xylophone ['zaɪləfəʊn] *n* xilófono *m*.
xylophonist [zaɪˈlɒfənɪst] *n* xilofonista *mf*.

Y, y [waɪ] *n (the letter)* Y, y *f*.
yacht [jɒt] **I** *n* yate *m*; **y. club,** club *m* náutico; **y. race,** regata *f*. **II** *vi* **1** ir en yate, dar un paseo en yate. **2** *Sport* participar en una regata.
yachting ['jɒtɪŋ] *n Sport* navegación *f* a vela; *(competition)* regatas *fpl*.
yachtsman ['jɒtsmən] *n (pl* **yachtsmen***)* tripulante *m* de yates, deportista *m* de vela, balandrista *m*.
yachtswoman ['jɒtswʊmən] *n (pl* **yatchtswomen** ['jɒtswɪmɪn]*)* tripulante *f* de yates, deportista *f* de vela, balandrista *f*.
yak [jæk] *n Zool* yac *m*, yak *m*.
yam [jæm] *n Bot* **1** ñame *m*. **2** *US (sweet potato)* boniato *m*.
Yank [jæŋk] *n GB pej* yanqui *mf*.
yank [jæŋk] *fam* **I** *vtr* tirar; *(tooth)* arrancar. **II** *n* tirón *m*; **give it a y.,** dale un tirón.
Yankee ['jæŋkɪ] *adj & n pej* yanqui *mf*.
yap [jæp] **I** *vi (pt & pp* **yapped***)* **1** *(of dog)* aullar. **2** *fam (of person)* darle al pico *or* a la sinhueso. **II** *n* aullido *m*.
yard¹ [jɑːd] *n* **1** *(measure)* yarda *f* (=0.914 metros). **2** *Naut* verga *f*.

yard² [jɑːd] *n* patio *m*; *US* jardín *m*; *(of school)* patio de recreo; **back y.,** patio *m*; **builder's y.,** depósito *m* de materiales; *Rail* **goods y.,** depósito *m* de mercancías.
yardage ['jɑːdɪdʒ] *n* medida *f* en yardas.
yardarm ['jɑːdɑːm] *n Naut* penol *m*.
yardstick ['jɑːdstɪk] *n* vara *f* que mide una yarda; *fig* criterio *m*, norma *f*.
yarn [jɑːn] *n* **1** *Sew* hilo *m*, hilado *m*. **2** *(story)* historia *f*, cuento *m*; *(lie)* **to spin a y.,** inventarse *or* contar una historia.
yawl [jɔːl] *n Naut* yola *f*.
yawn [jɔːn] **I** *vi* bostezar. **II** *n* bostezo *m*; *fig* aburrimiento *m*.
yawning ['jɔːnɪŋ] *adj (of gap)* profundo,-a.
yaws [jɔːz] *n Med* pián *m*, frambesia *f*.
yd *(pl* **yds***) abbr of* **yard,** yarda *f*.
ye [jiː, *unstressed* jɪ] *pers pron arch* vos.
yea [jeɪ] *adv arch* sí *m*.
yeah [jeə] *adv fam* sí.
year [jɪəʳ] *n* **1** *(period of time)* año *m*; **all y. round,** durante todo el año; **a y. ago last March,** en marzo hizo un año; **I haven't seen you for (donkey's) years,**

hace siglos que no te veo; **last y.**, el año pasado; **next y.**, el próximo año, el año que viene; **the New Y.**, el Año nuevo; **y. in, y. out, y. after y.**, año tras año. ■ **calendar y.**, año *m* civil; **financial y.**, año *m* económico; **leap y.**, año *m* bisiesto; **light y.**, año *m* luz; **New Y.'s Day**, el día de Año nuevo; **New Y.'s Eve**, Noche *f* vieja; **school y.**, año *m* escolar. **2** *(age)* año *m*; **he's getting on in years**, va para viejo; **I'm ten years old**, tengo diez años; *fam fig* **to put years on sb**, echarle años a algn. **3** *Educ* curso *m*; **first-y. student**, estudiante de primero; **she's in my y.**, es de mi curso.

yearbook ['jɪəbʊk] *n* boletín *m* or revista *f* anual, anuario *m*.

yearling ['jɪəlɪŋ] *adj & n* primal,-a *m,f*. ■ **y. (colt)**, potro *m* de un año.

yearly ['jɪəlɪ] **I** *adj* anual. **II** *adv* anualmente, cada año.

yearn [jɜːn] *vi* anhelar, añorar; **to y. for sth**, anhelar algo.

yearning ['jɜːnɪŋ] *n* anhelo *m*, ansia *f* **(for**, de).

yeast [jiːst] *n Culin* levadura *f*.

yell [jel] **I** *vi* gritar, aullar. **II** *vtr (insults etc)* gritar. **III** *n* grito *m*, alarido *m*.

yellow ['jeləʊ] **I** *adj* amarillo,-a; *Press (press)* sensacionalista; *fam fig (cowardly)* cobarde. ■ **y. fever**, fiebre *f* amarilla; **y. pages**, páginas *fpl* amarillas. **II** *n* amarillo *m*. **III** *vi* volverse amarillo,-a.

yellowhammer ['jeləʊhæmə'] *n Orn* escribano *m* cerillo.

yellowish ['jeləʊɪʃ] *adj* amarillento,-a.

yelp [jelp] **I** *vi* gañir, aullar. **II** *n* gañido *m*, aullido *m*.

Yemen ['jemən] *n* **(the) Y.**, (el) Yemen.

Yemeni ['jemənɪ] *adj & n* yemení *(mf)*, yemenita *(mf)*.

yen [jen] *n inv Fin* yen *m*.

yen [jen] *n (desire)* deseo *m*, ganas *fpl*.

yeoman ['jəʊmən] *n (pl yeomen)* GB Mil **Y. of the Guard**, alabardero *m* de la Casa Real británica.

yes [jes] **I** *adv* **1** *(affirmation)* sí; **to answer y. or no**, responder sí o no; **you said y.**, dijiste que sí. **2** *(interrogation) (answering knock at the door)* ¿quién es?; *(answering person in same room)* ¿dime?; *Tel* ¿dígame?; *(in surprise)* ¿de verdad? **3** *(answering a summons)* **y.!**, ¡voy! **II** *n (affirmation)* sí *m*.

yes-man ['jesmæn] *n (pl yes-men* ['jesmen]*)* cobista *m*, pelota *m*.

yesterday ['jestədeɪ] *adv & n* ayer *m*; **the day before y.**, anteayer; **y. morning**, ayer por la mañana; **y. week**, ayer hizo una semana.

yesteryear ['jestəjɪə'] *adv lit* **(of) y.**, (de) antaño.

yet [jet] **I** *adv* **1** *(so far)* aún no, todavía no; **as y.**, hasta ahora; **I haven't decided y.**, aún no lo he decidido; *(in a question)* **has he arrived y.?**, ¿ha venido ya? **2** *(even)* más; **y. again**, otra vez; **y. more**, todavía más, más aún; **y. more flowers**, más flores aún. **3** *(eventually)* todavía, aún; **he'll win y.**, todavía puede ganar. **II** *conj* sin embargo; **y. I like him**, sin embargo, me gusta.

yeti ['jetɪ] *n* yeti *m*.

yew [juː] *n Bot* tejo *m*.

Yiddish ['jɪdɪʃ] **I** *adj* judeoalemán,-a. **II** *n (language)* dialecto *m* judeoalemán, yiddish *m*.

yield [jiːld] **I** *n* **1** *(gen)* rendimiento *m*, producción *f*. **2** *Agr* cosecha *f*. **3** *Fin* beneficio *m*, rédito *m*. ■ **net y.**, rédito *m*. **II** *vtr (results, interest)* producir;

Agr dar buena cosecha; *(money)* rendir. **III** *vi* **1** *(surrender)* rendirse, ceder. **2** *(break)* hundirse, ceder. **3** *Traffic* ceder el paso.

yielding ['jiːldɪŋ] *adj* **1** *(flexible)* blando,-a, flexible. **2** *(person)* complaciente.

yippee [jɪ'piː] *interj fam* ¡yupi!

YMCA [waɪemsiː'eɪ] *abbr of* **Young Men's Christian Association**, albergue *m* para jóvenes hombres.

yob(bo) ['jɒb(əʊ)] *n fam* gamberro,-a *m,f*, macarra *mf*.

yod [jɒd] *n Ling* yod *f*.

yodel ['jəʊdəl] *vi (pt & pp yodelled*, *US* **yodeled)** cantar a la tirolesa *or* al estilo tirolés.

yoga ['jəʊɡə] *n* yoga *m*.

yog(h)urt ['jɒɡət] *n* yogur *m*.

yoke [jəʊk] **I** *n* **1** *(cross-piece)* yugo *m*; *fig* yugo *m*. **2** *(pair of oxen)* yunta *f*. **3** *Sew* canesú *m*. **II** *vtr (oxen)* uncir; *fig* unir.

yokel ['jəʊkəl] *n pej* paleto,-a *m,f*, patán *m*.

yolk [jəʊk] *n* yema *f*.

yon [jɒn] *adj arch (sing)* aquel, aquella; *(pl)* aquellos,-as.

yonder ['jɒndə'] **I** *adj arch (sing)* aquel, aquella; *(pl)* aquellos,-as. **II** *adv* más allá.

yonks [jɒŋks] *npl fam* tira *f*; **y. ago**, hace la tira.

you [juː, *unstressed* jʊ] *pers pron* **1** *(subject) (familiar use) (sing)* tú; *(pl)* vosotros,-as; **how are y.?**, ¿cómo estás?, ¿cómo estáis? **2** *(subject) (polite use) (sing)* usted; *(pl)* ustedes; **how are y.?**, ¿cómo está?, ¿cómo están? **3** *(subject) (impers use)* se; **y. never know**, nunca se sabe. **4** *(object) (familiar use) (sing) (before verb)* te; *(after preposition)* ti; *(pl) (before verb)* os; *(after peposition)* vosotros,-as; **I saw y.**, te vi, os vi; **it's for y.**, es para ti, es para vosotros,-as; **with you**, contigo, con vosotros,-as. **5** *(object) (polite use) (sing) (before verb)* le; *(after preposition)* usted; *(pl) (before verb)* les; *(after preposition)* ustedes; **I saw y.**, le vi, les vi; **it's for y.**, es para usted, es para ustedes; **with you**, con usted, con ustedes. **6** *(object) (impers use)* **alcohol makes you drunk**, el alcohol emborracha.

young [jʌŋ] **I** *adj (age)* joven; *(sister, brother, etc)* pequeño,-a; *fig* **the night is still y.**, la noche es joven; *fam* **I'm not as y. as I was**, los años no pasan en balde; *fam* **you are only y. once**, sólo se vive una vez. ■ **y. lady**, señorita *f*; *(fiancée)* prometida *f*; **y. man**, joven *m*; *(fiancé)* prometido *m*. **II** *n* **1** *(people)* **the y.**, los jóvenes, la juventud. **2** *(animals)* crías *fpl*.

youngster ['jʌŋstə'] *n* muchacho,-a *m,f*, joven *mf*; **the youngsters**, los chicos.

your [jɔː, *unstressed* jə] *poss adj* **1** *(familiar use) (sing)* tu, tus; *(pl)* vuestro,-a, vuestros,-as; **y. car**, tu coche, vuestro coche; **y. books**, tus libros, vuestros libros. **2** *(polite use)* su, sus; **y. car**, su coche; **y. books**, sus libros. **3** *(impers use)* el, la, los, las; **the house is on y. right**, la casa queda a la derecha; **they clean y. shoes for you**, te limpian los zapatos; **you get y. ticket first**, primero se compra el billete. **4** *(formal address)* Su; **Y. Excellency**, Su Excelencia; **Y. Highness**, Su Alteza; **Y. Majesty**, Su Majestad. **5** *fam (emphatic use)* el, la, los, las; **y. average Spaniard**, el español medio; **y. tipical feminist**, la típica feminista.

yours [jɔːz] *poss pron* **1** *(familiar use) (sing)* el tuyo, la tuya, los tuyos, las tuyas; *(pl)* el vuestro, la vuestra, los vuestros, las vuestras; **the cup is y.**, la taza es tuya, la taza es vuestra; **the cups are y.**, las tazas son tuyas, las tazas son vuestras; **is this y.?**, ¿es el tuyo?, ¿es la tuya?, ¿es el vuestro?, ¿es la vuestra? **2** *(polite use) (sing)* el suyo, la suya; *(pl)* los suyos, las suyas; **the cup is y.**, la taza es suya; **the cups are y.**, las tazas son suyas; **is this y.?**, ¿es el suyo?, ¿es la suya? **3** *(in letters)* **y. faithfully**, le(s) saluda atentamente; **y. sincerely**, reciba un cordial saludo de.

yourself [jɔːˈself, *unstressed* jəˈself] *(pl* **yourselves** [jɔːˈselvz]) **I** *pers pron* **1** *(familiar use) (sing)* tú mismo,-a; *(pl)* vosotros,-as mismos,-as; **by y.**, (tú) solo; **by yourselves**, vosotros,-as solos,-as; **do it y.**, hazlo tú; **do it yourselves**, hacedlo vosotros,-as. **2** *(polite use) (sing)* usted mismo,-a; *(pl)* ustedes mismos,-as; **by y.**, (usted) solo,-a; **by yourselves**, (ustedes) solos,-as; **do it y.**, hágalo usted; **do it yourselves**, háganlo ustedes. **II** *reflexive pron* **1** *(familiar use) (sing)* te; *pl (familiar use)* os; **enjoy y.!**, ¡diviértete!, ¡que te diviertas!; **enjoy yourselves**, ¡divertíos!, ¡que os divertáis!; **have you hurt y.?**, ¿te has hecho daño?; **have you hurt yourselves?**, ¿os habéis hecho daño? **2** *(polite use)* se; **enjoy y.**, ¡diviértase!, ¡que se divierta!; **enjoy yourselves**, ¡diviértanse!, ¡que se diviertan!; **have you hurt y.?**, ¿se ha hecho daño?; **have you hurt yourselves?**, ¿se han hecho daño?

youth [juːθ] *n* **1** *(period of life)* juventud *f*. **2** *(young man)* joven *m*. **3** *(young people)* juventud *f*. ■ **y. club**, club *m* juvenil; **y. hostal**, albergue *m* juvenil.
youthful [ˈjuːθfʊl] *adj* juvenil, joven.
youthfulness [ˈjuːθfʊlnɪs] *n* juventud *f*.
yowl [jaʊl] **I** *n* aullido *m*. **II** *vi* aullar.
yo-yo [ˈjəʊjəʊ] *n* yoyo *m*, yoyó *m*.
yr *(pl* **yrs**) **1** *abbr of* **year**, año *m*, A. **2** *abbr of* **your**, tu, su.
Yucatan [ˈjuːkətæn] *n* Yucatán *m*.
Yucatecan [ˈjuːkəˈtekən] *adj* yucateco,-a.
yucca [ˈjʌkə] *n Bot* yuca *f*.
yucky [ˈjʌkɪ] *adj* (**yuckier, yuckiest**) *fam* asqueroso,-a.
Yugoslav [ˈjuːgəʊslɑːv] **I** *adj* yugoslavo,-a. **II** *n* yugoslavo,-a *m,f*.
Yugoslavia [juːgəʊˈslɑːvɪə] *n* Yugoslavia.
Yugoslavian [juːgəʊˈslɑːvɪən] **I** *adj* yugoslavo,-a. **II** *n (person)* yugoslavo,-a *m,f*.
Yuletide [ˈjuːltaɪd] *n fml* Navidades *fpl*.
yummy [ˈjʌmɪ] *adj* (**yummier, yummiest**) *fam* riquísimo,-a, de rechupete, de chuparse los dedos.
YWCA [waɪdʌbəljuːsiːˈeɪ] *abbr of* **Young Women's Christian Association**, albergue *m* para jóvenes mujeres.

Z

Z, z [zed, *US* ziː] *n (the letter)* Z, z *f*.
Zaire [zɑːˈɪəʳ] *n* Zaire.
Zairean [zɑːˈɪərɪən] *adj & n* zaireño,-a *(mf)*.
Zambezi [zæmˈbiːzɪ] *n* Zambeze.
Zambia [ˈzæmbɪə] *n* Zambia.
Zambian [ˈzæmbɪən] *adj & n* zambiano,-a *(m,f)*.
zany [ˈzeɪnɪ] *adj* (**zanier, zaniest**) *fam* **1** *(mad)* loco,-a, chiflado,-a. **2** *(eccentric)* estrafalario,-a, extravagante.
zap [zæp] **I** *interj* zas¡ **II** *vtr sl (pt & pp* **zapped**) **1** *(hit)* pegar. **2** *fam (kill)* cargarse. **3** *(do sth quickly)* hacer rápidamente.
zeal [ziːl] *n (fantical)* celo *m*, excesivo,-a; *(enthusiam)* entusiasmo *m*.
zealot [ˈzelət] *n* fanático,-a *m,f*.
zealous [ˈzeləs] *adj* *(fanatical)* celoso,-a; *(enthusiastic)* entusiasta.
zebra [ˈziːbrə, ˈzebrə] *n Zool* cebra *f*. ■ *GB* **z. crossing**, paso *m* cebra *or* de peatones.
zebu [ˈziːbuː] *n Zool* cebú *m*.
zed [zed] *n*, *US* **zee** [ziː] *n* zeta *f*.
Zen [zen] *n* Zen *m*.
zenith [ˈzenɪθ] *n Astron* cenit *m*; *fig* apogeo *m*.
zephyr [ˈzefəʳ] *n* céfiro *m*.
zeppelin [ˈzepəlɪn] *n Av* zepelín *m*.
zero [ˈzɪərəʊ] **I** *n (pl* **zeros** *or* **zeroes**) cero *m*; **two degrees below z.**, dos grados bajo cero. ■ **z. hour**, hora *f* cero. **II** *vi (pt & pp* **zeroed**) *Mil* **to z. in on**, apuntar hacia; *fig (problem)* centrarse en.
zest [zest] *n* **1** *(eagerness)* brío *m*, entusiasmo *m*. **2** *(wit)* gracia *f*. **3** *Culin* cáscara *f*, corteza *f*.

zigzag [ˈzɪgzæg] **I** *n* zigzag *m*. **II** *vi (pt & pp* **zigzagged**) zigzaguear.
zilch [zɪltʃ] *n US sl* nada, nada de nada.
Zimbabwe [zɪmˈbɑːbweɪ] *n* Zimbabue.
Zimbabwean [zɪmˈbɑːbweɪən] *adj & n* zimbabuense *(mf)*, zimbabuo,-a *(m,f)*.
zinc [zɪŋk] *n Chem* cinc *m*, zinc *m*.
Zion [ˈzaɪən] *n* Sión *m*.
Zionism [ˈzaɪənɪzəm] *n* sionismo *m*.
Zionist [ˈzaɪənɪst] *adj & n* sionista *(mf)*.
zip [zɪp] **I** *n* **1** *Sew* **z.** **(fastener)**, cremallera *f*. **2** *fam* brío *m*, energía *f*. ■ *US* **z. code**, código *m* postal. **II** *vi (pt & pp* **zipped**) cerrar *or* unir *or* subir la cremallera. ◆**zip by** *vi* pasar como un rayo. ◆**zip up** *vtr* cerrar con cremallera; **z. me up, please**, súbeme la cremallera, por favor.
zipper [ˈzɪpəʳ] *n US* cremallera *f*.
zippy [ˈzɪpɪ] *adj* (**zippier, zippiest**) *fam* brioso,-a, vivaz.
zircon [ˈzɜːkɒn] *n Min* circón *m*.
zirconium [zɜːˈkəʊnɪəm] *n Chem* circonio *m*.
zither [ˈzɪðəʳ] *n Mus* cítara *f*.
zodiac [ˈzəʊdɪæk] *n Astrol* zodiaco *m*, zodíaco *m*.
zombie [ˈzɒmbɪ] *n* zombie *f*.
zone [zəʊn] **I** *n* zona *f*. ■ *US* **postal z.**, distrito *m* postal; **time z.**, huso *m* horario. **II** *vtr* dividir en zonas.
zoning [ˈzəʊnɪŋ] *n* división *f* en zonas.
zonked [zɒŋkt] *adj fam* **1** *(exhausted)* reventado,-a, molido,-a. **2** *(drunk)* ciego,-a, colocado,-a. *(drugged)* colocado,-a, flipado,-a.

zoo [zu:] *n* zoo *m*.
zoology [zəʊ'ɒlədʒɪ] *n* zoología *f*.
zoological [zəʊə'lɒdʒɪkəl] *adj* zoológico,-a; **z. garden,** parque *m* zoológico.
zoologist [zəʊ'ɒledʒɪst] *n* zoólogo,-a *m,f*.
zoom [zu:m] **I** *n* **1** *(buzz)* zumbido *m*. **2** *Phot* **z. lens,** zoom *m*, teleobjetivo *m*. **II** *vi* **1** *(buzz)* zumbar. **2** *(rush)* **to z. past,** pasar volando. ◆**zoom in** *vi (camera)* acercarse rápidamente. ◆**zoom out** *vi (camera)* alejarse rápidamente.
zucchini [zu:'ki:nɪ] *n (pl zucchini or zucchinis)* US calabacín *m*.
Zulu ['zu:lu:] *adj* & *n* zulú *(mf)*.
Zululand ['zu:lu:lænd] *n* Zululandia.

ESPAÑOL - INGLÉS

Abreviaturas usadas en este diccionario

abr	abreviatura	Ecuad	Ecuador
adj	adjetivo	Educ	educación
Admin	administración	Elec	electricidad
adv	adverbio	Ent	entomología
Agr	agricultura	Equit	equitación
Ajedrez	ajedrez	Esc	escuela
algn	alguien	Esgr	esgrima
algo	algo	esp	especialmente
Alpin	alpinismo	Esp	España, español
Am	Hispano América	Esquí	esquí
Anat	antomía	etc	etcétera
Antill	Antillas	euf	eufemismo
aprox	aproximadamente	exclam	exclamativo
arc	arcaico	f	femenino
arg	argot	fam	familiar, coloquial
Arg	Argentina	Farm	farmacia
Arqueol	arqueología	Ferroc	ferrocarriles
Arquit	arquitectura	fig	uso figurado
art	artículo	Filat	filatelia
Arte	bellas artes	Filip	Filipinas
Astrol	astrología	Filos	filosofía
Astron	astronomía	Fin	finanzas
Astronáut	astronáutica	Fisiol	fisiología
Atlet	atletismo	Fís	física
Austral	Australia	fml	uso formal
Aut	automóviles, circulación rodada	Fot	fotografía
aux	auxiliar	Ftb	fútbol
Av	aviación	fut	futuro
Béisb	béisbol	Gal	Galicia
Bill	billar	GB	británico, Gran Bretaña
Biol	biología	Geog	geografía
Bol	Bolivia	Geol	geología
Bolos	bolos	Geom	geometría
Bot	botánica	ger	gerundio
Box	boxeo	Gimn	gimnasia
Bridge	bridge	Golf	golf
CAm	América Central	Guat	Guatemala
Can	Canarias	Herald	heráldica
Carp	carpintería	Hist	historia
Cat	Cataluña	Hond	Honduras
Caza	caza	Hortic	horticultura
Chi	Chile	hum	humorístico
Cicl	ciclismo, bicicletas	IgAng	Iglesia Anglicana
Cin	cine, películas	IgCat	Iglesia Católica
Col	Colombia	imperat	imperativo
Com	comercio	imperf	imperfecto
comp	comparativo	impers	impersonal
cond	condicional	Impr	imprenta
conj	conjunción	Ind	industria
Constr	construcción	indef	indefinido
Cost	costura	indet	indeterminado
CR	Costa Rica	indic	indicativo
Crick	cricket	infin	infinitivo
Cuba	Cuba	Inform	informática, ordenadores
Culin	cocina	interj	interjección
Damas	damas	interr	interrogativo
def	definido	inv	invariable
defect	defectivo	Ir	Irlanda
dem	demostrativo	irón	irónico
Dep	deporte	irreg	irregular
desus	desusado	Jur	derecho, jurídico
dimin	diminutivo	Ling	lingüística
Ecol	ecología	lit	literario
Econ	economía	Lit	literatura

loc	locución	*Prensa*	prensa
loc adj	locución adjetiva	*prep*	preposición
loc adv	locución adverbial	*pres*	presente
Lucha	lucha libre	*pron*	pronombre
m	masculino	*prov*	proverbio, refrán
Mat	matemáticas	*Psic*	psicología, psiquiatría
Med	medicina	*pt*	pretérito
Metal	metalurgia	*Quím*	química
Meteor	meteorología	®	marca registrada
Méx	México	*Rad*	radio
Mil	militar	*RD*	República Dominicana
Min	minas, mineralogía	*rel*	relativo
Mit	mitología	*Rel*	religión
Mueb	muebles	*RPl*	Río de la Plata
Mús	música	*Rugby*	rugby
n	nombre	*Salv*	El Salvador
Naipes	naipes	*SAm*	América del Sur
Natación	natación	*Seg*	seguros
Náut	náutica, naval	*sing*	singular
neg	negativo	*subj*	subjuntivo
neut	neutro	*suf*	sufijo
Nic	Nicaragua	*superl*	superlativo
nf	nombre femenino	*tamb*	también
nfpl	nombre femenino plural	*Taur*	tauromaquia
nm	nombre masculino	*Teat*	teatro
nmf/nm,f	nombre masculino y femenino	*Téc*	técnica
nmpl	nombre masculino plural	*Tel*	teléfonos
npl	nombre plural	*Telec*	telecomunicaciones
Numis	numismática	*Ten*	tenis
ofens	ofensivo	*Tex*	textiles
Odont	odontología	*Tip*	tipografía
Opt	óptica	*Tricot*	tricotar, punto
Orn	ornitología	*TV*	televisión
Pan	Panamá	*Univ*	universidad
Par	Paraguay	*Urug*	Uruguay
Parl	parlamento	*US*	Estados Unidos
pas	voz pasiva	*usu*	usualmente
p ej	por ejemplo	*v*	verbo
Peluq	peluquería	*Val*	Valencia
Per	Perú	*Vasc*	Vascongadas
pers	personal	*v aux*	verbo auxiliar
Pesca	pesca	*véase, véanse*	véase, véanse
Petról	industria petrolera	*Ven*	Venezuela
pey	peyorativo	*Vet*	veterinaria
pl	plural	*vi*	verbo intransitivo
Pol	política	*v impers*	verbo impersonal
pos	posesivo	*vr*	verbo reflexivo
pp	participio pasado	*vtr*	verbo transitivo
PR	Puerto Rico	*v unipers*	verbo unipersonal
pref	prefijo	*Zool*	zoología

Summary of Spanish grammar

1. Phonetics

It is virtually impossible to provide in a book an accurate description of how a foreign language is pronounced. The following table is based on IPA with certain modifications and attempts to give an approximate idea of the Spanish sound system as compared with the British English one.

Letter	Phonetic symbol	Examples	Approximate British English equivalent
Vowels:			
a	[a]	gato, amar, mesa	first element of the diphthongs [aɪ] as in mɪght, or [aʊ] as in hoᴡ
e	[e]	estrella, vez, firme	first element of the diphthong [eɪ] in pay
i	[i]	inicuo, iris, pitiminí	[i:] as in see, but shorter
o	[o]	bolo, cómodo, oso	somewhere between [ɒ] as in lot and [ɔ:] as in taught
u	[u]	turuta, puro, tribu	[u:] as in food, but shorter
y	[i]	rey, buey, y	[i:] as in see, but shorter

Diphthongs:

The pronunciation of the Spanish diphthongs as in baile, hay, fauna, peine, ley, feudo, boina, bocoy, and bou presents no difficulties since these are merely combinations of the pure vowels above.

Letter	Phonetic symbol	Examples	Approximate British English equivalent
Semi-consonants:			
u	[w]	buey, cuando, fuiste	[w] as in ᴡait
i	[j]	viernes, vicio, ciudad, ciar	[j] as in yes
y	[j]	yermo, ayer, yate	[j] as in yes
Consonants:			
b	[b]	boda, burro, ambos	[b] as in be
	[β]	haba, traba	This voiced bilabial fricative does not exist in English. It is similar to a [b] but is continuous rather than explosive
c	[k]	cabeza, cuco, acoso, frac	[k] as in car, keep, queen
	[θ]	cecina, cielo	[θ] as in thing
ch	[tʃ]	chepa, ocho	[tʃ] as in chamber
d	[d]	dedo, andar	[d] as in day
	[ð]	dedo, ánade, abad	[ð] as in this
f	[f]	fiesta, afición	[f] as in for
g	[g]	gas, rango, gula	[g] as in get
	[ɣ]	agua, agosto, lagar	This velar fricative does not exist in English. It is similar to the noise made when gargling
	[x]	genio, legión	Similar to Scottish [x] in loch
h	—	hambre, ahíto	The Spanish h is silent
j	[x]	jabón, ajo, carcaj	Similar to Scottish [x] in loch
k	[k]	kilo, kimono	[k] as in car, keep, queen
l	[l]	labio, hábil, elegante	[l] as in law
ll	[ʎ]	lluvia, calle	Similar to the sound [lj] in milʎion
m	[m]	mano, amigo, hambre, pum	[m] as in man
n	[n]	nata, ratón, antes, enemigo	[n] as in night
ñ	[ɲ]	año, ñoño	Similar to the sound [nj] in onion
p	[p]	pipa, pelo	[p] as in point
q	[k]	quiosco, querer, alambique	[k] as in car, keep, queen
r(r)	[r]	pero, correr, padre	This single vibrant [r] does not exist in English
	[rr]	reír, honrado, perro	This multiple vibrant [r] does not exist in English
s	[s]	sauna, asado, cortés	Similar to the [s] in hissing but articulated with the tip of the tongue rather than the blade
t	[t]	teja, estén, atraco, tarot	[t] as in time
v	[b]	verbena, vena	See b above
	[β]	ave, vivo	See b above
w	[b]	wagón, waterpolo	[b] as in be
x	[ks]	éxito, examen, extensión	[ks] as in exercise
z	[θ]	zorro, azul, caza, soez	[θ] as in thing

2. Spelling

Spanish presents few spelling problems: generally speaking, it is spelled as it is spoken, and spoken as it is spelled. Problems may arise, however, when two or more letters can be used to represent one sound or the same letter can be used to represent more than one sound. Sometimes, the use of one letter or another is governed by certain rules, but in other cases it is purely a question of etymology and the only sure guide is familiarity with the word in question.

Another feature of Spanish spelling is the written accent. There are strict rules governing their use and once these are learned the writing of accents is relatively easy.

Finally, there are slight differences in the way Spanish and English capitalize, punctuate and divide words.

2.1. Main spelling difficulties

The letters *b* and *v*.
These two letters, which represent the [b/β] phoneme, are pronounced in exactly the same way; they are not distinguished from each other as they are in English. Although there are no general rules which govern their use, the following observations will help the user to avoid incorrect spelling.

Words containing the [b/β] phoneme written with *b*:

a) infinitives ending in *-ibir* and all the forms of these verbs: *escribir, concebía, percibisteis*. Note, however: *vivir*.
b) all forms of the verbs *beber, deber, caber, haber* and *saber*, and words derived from them.
c) the endings of the imperfect indicative tense: *-aba, -abas, -aba, -ábamos, -abais, -aban*.
d) the imperfect indicative of the verb *ir: -iba, -ibas, ...* .
e) those beginning with *bibl-* or the syllable *bu-: biblioteca, buscar, burdo, bulo*. Note, however, that *vudú* is written with *v*.
f) those where this sound is in the final position: *boabab, club*.
g) those ending in *-bilidad* and *-bundo/-bunda: habilidad, nauseabundo*. Note, however, that the following, though pronounced similarly, are written with *v*, as are their derivatives: *civilidad, movilidad*.
h) all words in which this sound is followed by a consonant: *bable, bruma, blanco, obvio, abstenerse*.
i) all compounds of the words listed above.

Words containing the [b/β] phoneme written with *v*:

a) those where this phoneme is immediately preceded by the prefix *ad-: adversidad, advertir*.
b) adjectives ending in *-avo/-ava, -ave, -eva, -eve, -ivo/-iva: nuevo, suave, abusivo*. Note, however, that *árabe* and *sílaba* along with their derivatives are written with *b*.
c) all forms of the present indicative, imperative, and present subjunctive of the verb *ir: voy, vayamos*.
d) all forms of the preterite tense and the imperfect and future subjunctive of the verbs *estar, andar* and *tener* including their compounds: *estuve, tuvieran, anduviere*.
e) those which begin with the prefix *vice-: vicepresidente*.
f) those ending in *-ívoro/-ívora: carnívoro, omnívoro*. Note, however: *víbora*.
g) all compounds of the words listed above.

The letters *c*, *k* and *q*.
These three letters are used to represent the sound [k] (as in 'car', 'keep' or 'question'). Before the vowels *a, o, u*, before a consonant, and in some cases at the end of a word *c* is used: *caña, coloso, acuñar, crin, aclarado, frac, yac*. Before the vowels *e* or *i*, *qu* is written: *querubín, quienes*. The letter *k* is used in words of foreign origin in which the original spelling has been maintained: *ketchup, kitsch*.

The letters *c* and *z*.
These two letters are used to represent the sound [θ] (as in 'thin' or 'thatch'). Before the vowels *e* and *i* the letter *c* is used; before the vowels *a, o, u* and at the end of a word *z* is used: *acero, cima, zapato, azogue, zurra, soez*. There are a few exceptions to this rule: *zendavesta, zendo, zigzag, zipizape, zirigaña* and *¡zis, zas!* Some words can also be written with either *c* or *z*: *a(c/z)imo, a(c/z)imut, (c/z)eda, (c/z)eta, (c/z)inc*.

The letters *g* and *j*.
The letter *j* always represents the fricative sound [x] (as in the Scottish 'loch'). This sound is also rendered by the letter *g* when this precedes the vowels *e* and *i*. The letter *g* also represents the sound [g] (as in 'golf', 'get'); this occurs when it precedes the vowels *a, o, u*, a consonant, or comes at the end of a word. The letter *g* with the pronunciation [g] can also precede the letters *e* and *i*, but it must be immediately followed by a silent *u: guerra, siguiente*. In cases when the group *gu* precedes *e* or *i*, but the *u* is pronounced, a dieresis is placed above it: *lingüista, agüero*.

In words which contain the [x] sound there may be confusion as to whether *g* or *j* should be written. The following guidelines will help.

The [x] sound is normally written *g* in the following groups of words:

a) those formed with the prefix *geo-*: *geografía, geométrica.*
b) those formed with the suffixes: *-gélico, -gen, -géneo, -génico, -genio, -génito, -gente, -gesimal, -gésimo, -giénico, -ginal, -gíneo, -gio, -gión, -gional, -gionario, -gioso, -gírico, -gismo, -igen, -ígeno, -ígero, -ogía, -ógico: angélico, origen, homogéneo, genio, congénito, gente, higiénico, virginal, regional, litigioso, zoología, lógico, indígena.* Note, however, that there are other words with similarly pronounced endings which are written with *j: jején, comején, aguajinoso, ojén, espejismo, paradójico, salvajismo.*
c) verbs whose infinitives end in: *-igerar, -ger, -gir: corregir, proteger.* Note, however, that *desquijerar, brujir, tejer, crujir* and their compounds are written with *j.*

The [x] sound is normally written *j* in the following groups of words:

a) those with the sounds [xe] and [xi] which derive from words containing *ja, jo* or *ju: bajito* (from *bajo*), *rojizo* (from *rojo*).
b) those formed with the suffix *-jería: relojería, conserjería.*
c) those with the ending *-je: carruaje, empuje.* Note, however, that the following have similarly pronounced endings but are written with *g: ambages, auge, cónyuge, esfinge, falange, faringe, laringe, meninge.*
d) all forms of the verbs whose infinitive contains this letter.
e) some irregular forms of the preterite tense: *dije, dijiste, conduje, condujiste,* etc.

The letter *h.*
The letter *h* is silent in Spanish so the pronunciation of a word is no guide as to whether it is written with an *h* or not. However, all words beginning with *hidra-, hiper-, hipo-* and *hue-* are written with *h: hipérbole, huevo.*

The letters *r* and *rr.*
The letter *r* is used to represent two different sounds: the one-tap [r] sound when it appears either in the middle of a word or in the final position: *cara, arte, amor,* and the multiple vibrant [rr] when it appears in initial position or follows the consonants *l, n* or *s: roca, honra.* The double *rr* always represents the multiple vibrant [rr] sound and is written only between vowels: *perro, carro.*

2.2. Stress in Spanish

In every word of more than one syllable there is one syllable which is stressed more than the others. Spanish indicates where the stress falls in a word by means of written accents.

General Rules
a) Apart from certain words (see **Special Rules** below), most monosyllabic words do not require written accents: *en, soy.*
b) Words stressed on the final syllable require a written accent on that syllable when they end in a vowel or the consonants *n* or *s.* In all other cases a written accent is not needed: *camión, café* but *valor, sutil.*
c) Words stressed on the penultimate syllable require a written accent on that syllable whenever the word does not end in a vowel or the consonants *n* or *s: árbol, inútil* but *casa, acento.*
d) Words stressed on the antepenultimate syllable require a written accent on that syllable: *miércoles, barítono.*
e) *y* is considered a consonant in terms of stress and consequently never appears with a written accent.

Special Rules
a) Certain monosyllabic words require a written accent to distinguish them from their homonyms:

él	he, him	*el*	the
tú	you	*tu*	your
mí	me	*mi*	my
		mi	mi (musical note)
sí	him/her/it/yourself	*si*	if
sí	yes	*si*	ti (musical note)
más	more	*mas*	but
sé	from *saber* and *ser*	*se*	him/her/it/yourself
		se	you
dé	from *dar*	*de*	of, from
té	tea	*te*	the letter T

b) The particle *aun* requires a written accent (*aún*) when it means 'still': *aún no ha llegado.* When it means 'even' it does not require a written accent: *aun en el mejor de los casos, la situación se presenta difícil.*

c) The adverb *solo* requires a written accent when it means 'only' but no accent is needed when it means 'alone': *este tren circula sólo los días festivos* but *trabajo solo los días festivos.*

d) The following demonstrative pronouns also require a written accent to distinguish them from demonstrative adjectives: *éste,-a (este,-a), ése,-a (ese,-a), aquél,-élla (aquel,-ella), éstos,-as (estos,-as), ésos,-as (esos,-as), aquéllos,-éllas (aquellos,-as)*: *Este coche es una maravilla. Sin embargo, aquél no vale nada.*
Note that the neuter forms *eso, esto* and *aquello* never require a written accent.

e) In both direct and indirect questions and exclamations the following words require a written accent: *qué, quién, cuál, cúyo, cuánto, cuán, cuándo, cómo, dónde*: *¿dónde ha ocurrido?* but *sucedió donde se cruzan los caminos; no sé cuándo vendrá* but *llegará cuando den las cinco.* The particles *qué, cuándo, cómo, dónde* and *porqué* require a written accent when they are used as nouns: *el cómo, el dónde: el cuándo y el porqué del asesinato se conocerán durante el juicio. Quién* and *cuál* also require a written accent in expressions such as: *quién más quién menos.*

f) Verb forms retain a written accent when followed by an enclitic pronoun making one word: *déme, dispónte.* It should be noted that if by adding a pronoun the stress in the word becomes antepenultimate, this new stress has to be marked with a written accent: *cógelo, repítemelo.*

g) Words which require a written accent as single words may lose this when they appear as compound words. However, this rule does not apply to compound words formed with a hyphen: *asimismo* but *cántabro-astur.*

h) In adverbs formed with the ending *-mente* if the root adjective has a written accent then this is retained (see section 3.5.6.).

i) Proper nouns of foreign origin usually retain their original spelling though it is also possible to adapt them: *Lyon* or *Lyón, Mózart* or *Mozart.* However, in the case of proper nouns that have been adapted to Spanish the use of a written accent is not optional: *París, Córcega.*

Diphthongs, triphthongs and hiatus

A group of two vowels that make one syllable is called a diphthong; one of three vowels is called a triphthong. A diphthong is formed by one weak vowel (*i, u*) preceded or followed by one strong vowel (*a, e, o*). A triphthong is one strong vowel between two weak ones. As far as stress is concerned the general rules apply, with both diphthongs and triphthongs being treated as if they were one syllable. The written accent is placed above the strong vowel or above the final weak vowel in the cases of the groups *ui* and *iu*: *huésped, miércoles, despreciéis, lingüística.*

When groups of consecutive vowels do not form diphthongs or triphthongs then this called hiatus. Usually in these cases the group is made up of strong vowels; the stressed vowel will bear a written accent or not in accordance with the rules above: *león, toreo, traéis.* However when the stressed vowel is a weak vowel, the normal rules of stress are ignored and it is the weak vowel which carries the written accent in order to distinguish the group from a diphthong or triphthong: *reían, río, frío.*

The combination *ui* is always considered a diphthong whatever its pronunciation and follows the special rules listed above: *huir, contribuí, circuito.*

2.3. Punctuation

Although there are some slight differences in use, punctuation marks in English and Spanish are very similar. However there are one or two symbols peculiar to Spanish:

a) Spanish has an inverted exclamation mark which is placed at the beginning of an exclamation: *¡Dios mío!*

b) Spanish has an inverted question mark which is placed at the beginning of a question: *¿Qué desea?, nada, pero, ¿y usted?*

c) Apart from being used in both English and Spanish as an informal substitute for commas or brackets, in Spanish the dash is also used in the same situation as English speech marks or inverted commas; it is used to indicate the change of speaker in a dialogue or to separate speech from the main text.

> —Me marcho —anunció el extranjero—. Muchas gracias.
> —Ha sido un placer.

2.4. Use of capital letters

Initial capital letters are used less in Spanish than they are in English. Here are some cases in which English uses capitals but Spanish does not:

a) Adjectives derived from proper nouns: Jacobite, *jacobita*; Aristotelian, *aristotélico.*

b) Peoples, races, tribes and languages: English, *inglés*; German, *alemán.*

c) Creeds, monastic orders, religions: Benedictine, *benedictino*; Catholic, *católico.*

d) The words *battle, street, square, etc*: the Battle of Trafalgar, *la batalla de Trafalgar*; Catalonia Square, *la plaza de Cataluña.*

e) Days of the week and months of the year: Tuesday, *martes*; January, *enero*.
f) In the titles of books, paintings etc it is not obligatory in Spanish to write the nouns and adjectives with an initial capital letter: Concise English-Spanish Spanish-English Dictionary, *Diccionario manual (Manual) de inglés-castellano castellano-inglés (Inglés-Castellano Castellano-Inglés)* However in the case of institutions, as in English, capital letters must always be used: Spanish Royal Academy, *Real Academia Española*.

In all other cases Spanish and English are similar in their use of capital letters. However, Spanish tends to use capitals for important positions (*presidente, ministro*) only in official documents or when specific reference is made to that person: the President, *El Presidente*, the Pope, *El Papa*.

2.5. Word division

The rules for word division in Spanish are much simpler than they are in English. The basic rule in Spanish is that syllables are never split up, i.e. that one should never divide the letters belonging to the same syllable: *ins-tante* and not *in-stante*. Nor should the digraphs *ch*, *ll*, *rr* be separated: *ca-rro* and not *car-ro*.
Division should never leave just one letter on the preceding line: *ami-go* and not *a-migo*. When division comes between a consonant and the letter *h*, the consonant should come last in the line and the *h* at the beginning of the next: *al-helí*.

3. Morphosyntax

3.1. Gender

Gender is the grammatical feature which conventionally classifies words into masculine and feminine. The gender of a noun can be recognized by its concordance with the article or other determiners.
Gender modifies articles, nouns, adjectives and pronouns.

3.1.1. Noun gender

In the case of many nouns gender is arbitrary, but a few guidelines may be given as to which types of noun are generally masculine or feminine.

Masculine nouns
These include: a) Proper and common nouns designating men or male animals and those which refer to occupations or professions traditionally carried out by men: *José, león, carpintero*.
b) Names of rivers and mountains: *Tajo, Everest*.
c) Months of the year and days of the week.

Feminine nouns
These include: a) Proper and common nouns designating women or female animals and those which refer to occupations or professions traditionally carried out by women: *Marta, cabra, enfermera*.
b) Letters of the alphabet: *be, eme*.
c) Sciences, arts and professions: *ingeniería*.
d) Grammatical and rhetorical figures: *metáfora*.

3.1.2. Adjective gender

There are two types of adjective:

a) Those with a double ending, one for the feminine and one for the masculine. In most cases, these consist of adjectives ending in *-o/-a* or *-or/-ora* and those ending in *-o/-a* or *-és/-esa* formed from place names: *bonito,-a, hablador,-ora, madrileño,-a, barcelonés,-esa*.
b) Those with a single ending, namely those which end in *-a, -e, -i, -í* or *-n, -l, -r, -s, -z, -ista* and those ending in *-ú* formed from place names: *alegre, marroquí, común, fiel, familiar, cortés, capaz, hindú*.

3.1.3. Formation of the masculine and feminine

Nouns
a) In masculine nouns the *-o* ending changes to *-a* in the feminine: *abuelo, abuela*; *perro, perra*.
b) Masculine nouns ending in a consonant add *-a* in the feminine: *león, leona*; *escritor, escritora*.

Adjectives

The feminine of adjectives which end in -*o* is formed by changing the -*o* to -*a*: *blanco, blanca*; *sucio, sucia*. Those which end in a consonant take the feminine form in the same way as nouns: *andaluz, andaluza*; *holgazán, holgazana*.

Observations

In addition to the masculine and feminine genders, Spanish includes the neuter gender which is formed by introducing the article *lo* before certain adjectives (to designate generic or abstract concepts): *lo mejor* (the best); *lo bello* (what is beautiful).

Some nouns denoting persons have the same form for both sexes and are said to be of common gender. In these cases, the gender is indicated only by the article used: *un pianista* (a male pianist); *una pianista* (a female pianist).

Some masculine and feminine nouns are used to denote animals of either sex. The gender is not indicated by the article but by placing the word *macho* or *hembra* after the noun: *una serpiente macho* (a male snake).

Some words may be preceded by either the feminine or the masculine article, such as *el mar, la mar* (the sea).

Certain changes in gender signify a change in meaning. For example, *la cólera* means 'anger' and *el cólera*, 'cholera'; *el frente* means 'the (war) front' and *la frente*, 'the forehead'. More information regarding this point is given in the dictionary at the appropriate entries.

3.2. Number

Number indicates whether one is referring to a single person, animal or object (the singular form) or to more than one person, animal or object (the plural form).

In Spanish, number applies to articles, nouns, adjectives, pronouns and verbs.

The plural form of Spanish nouns and adjectives is formed by adding -*s* or -*es* to the singular form.

3.2.1. Formation of the plural form of common nouns and adjectives

Nouns and adjectives whose plural is formed by adding -*s* are:

a) those ending in an unstressed vowel: *casa, casas*; *blanco, blancos*.
b) those ending in a stressed -*é*: *café, cafés*.

Nouns and adjectives whose plural is formed by adding -*es* are:

a) the names of vowels: *a, aes*; *i, íes*; *o, oes*; *u, úes*.
b) nouns and adjectives ending in a consonant or stressed -*i*: *árbol, árboles*; *anís, anises*; *cañón, cañones*; *sufí, sufíes*.

3.2.2. Observations

In nouns and adjectives a final -*z* changes to -*c*- in the plural: *vez, veces*; *feliz, felices*.

Words ending in a stressed -*á*, -*ó* or -*ú* add -*s* in some cases and -*es* in others: *papá, papás*; *bajá, bajaes*; *rubí, rubíes*. Irregular plurals are indicated in the appropriate entries in the dictionary.

Nouns of more than one syllable ending in -*s* preceded by an unstressed vowel are invariable: *lunes, crisis*. Again, these irregularities are indicated in the dictionary.

3.2.3. Proper nouns

When a proper noun is used in the plural, all the preceding rules and exceptions are observed in the formation of the plural. However, surnames ending in -*z* such as *Núñez* and *Pérez* are invariable.

3.2.4. Nouns of foreign origin

The plural of nouns of foreign origin is usually formed in accordance with the above rules. Nevertheless, the plural of *lord* is *lores*, and *club* becomes *clubes*. Irregular plurals are indicated in the dictionary.

3.2.5. Compound nouns and adjectives

When the elements of a compound noun or adjective are separate, only the first element carries the plural form: *ojos de buey*, *patas de gallo*.

If the compound is a single word, the plural -*s* is applied to the end of the word: *patitiesos, primogénitos*.

3.3. Formation of interrogative and negative sentences

3.3.1. Interrogative sentences

In Spanish an affirmative sentence can be used as a question provided it is given the appropriate pronunciation and question marks; thus the sentence *Natalia está enferma* may also be a question: *¿Natalia está enferma?* Word order in an interrogative sentence in Spanish only changes when extra emphasis is desired: *¿Está Natalia enferma?*

When a question is made with an interrogative adverb or pronoun, the latter goes at the beginning and is followed by the main verb or personal pronoun, if there is one: *¿Dónde está Correos? ¿Quién te lo arregló?*

More information regarding the translation and uses of interrogative pronouns is given in the corresponding entries in the dictionary.

3.3.2. Negative sentences

In Spanish, negative sentences are formed by placing the negative adverb *no* before the verb, with the rest of the negative expression coming after it: *Ella no quiere montar. La reunión no podrá celebrarse jamás.*

The negative adverb is never placed between the auxiliary verb and the participle which follows it: *Yo no he hecho nada.*

Words having a negative sense such as *jamás, nunca, nada, nadie, ninguno,* and the phrases such as *de ningún modo, en mi vida, ni con mucho* and so on may take the place of *no* before the verb. However, when they are placed after the verb *no* is indispensable.

3.4. Derivation

In Spanish, affixes provide a highly productive way of forming new words. Phrases such as 'the little cat' and 'the jeweller's shop' correspond to *el gatito* and *la joyería*; a suffix (*-ito, -ería*) has been added to an original form (*gato, joya*) to produce a word belonging to the same family.

Most prefixes used in Spanish, many of which are the same as in English, are of Latin or Greek origin: *deci-* in *decimal*, *extra-* in *extraordinario*, and so on.

Suffixes are of particular importance in Spanish. The most common of these are augmentative, diminutive and pejorative.

Augmentative

-ón/-ona	*tazón* (from *taza*)
-azo/-aza	*padrazo* (from *padre*)
-ote/-ota	*muchachota* (from *muchacha*)

Diminutive

-ico/-ica	*burrico* (from *burro*)
-illo/-illa	*caminillo* (from *camino*)
-ito/-ita	*cochecito* (from *coche*)
-uelo/-uela	*mozuela* (from *moza*)
-ete/-eta	*guapete* (from *guapo*)

Pejorative

-aco/-aca	*libraco* (from *libro*)
-acho/-acha	*poblacho* (from *pueblo*)
-ejo/-eja	*caballejo* (from *caballo*)
-ucho/-ucha	*pueblucho* (from *pueblo*)

3.5. Parts of speech

3.5.1. The noun

Spanish nouns have both gender and number. Masculine nouns may be accompanied by the articles *el* or *un*, and the feminine nouns by *la* or *una*.

Common nouns

Common nouns refer to people, animals or things in general: *cerrajero*, *oso*, *castillo*, *montaña*.

Proper nouns

Proper nouns refer to a particular person, animal or thing. In Spanish they are usually capitalized: *Ricardo*, *Everest*. Rules about the use of articles with this type of noun are given in the section dealing with the article.

Noun functions

The noun can act as:

a) A subject, when it is the main part of a noun phrase: *Los niños comen chocolate*.
In Spanish the subject pronoun can be (and usually is) omitted, as the verb alone is sufficient to indicate the person and number of the subject. See the section on the verb for more details.
b) An attribute or predicate, when it complements the verbs *ser*, *estar* and *parecer*: *Mi tío es bombero*.
c) A direct object: *Ana recibe regalos*. If the direct object is a person the preposition *a* is required: *He visto a tu padre*. With animals, the use of the preposition is optional.
d) An indirect object, introduced by the prepositions *a* or *para*: *Compraremos un diccionario al niño*.
e) The object of another noun: *París*, *capital de Francia*; *el profeta rey*.
f) An object introduced by a preposition: *silencio de muerte*; *viaje en barco*.
g) The object of an adjective: *apto para el mando*.
h) Vocative: *Le aseguro, señora, que esto no es verdad*.

1.5.2. The adjective

Adjective functions

The adjective is added to the noun to qualify or determine it, being classified as either qualifying or determining.

It may behave as a noun in certain circumstances: for example, as a subject in the sentence: *Guapos y feos luchaban por lo mismo* or as a direct object in the sentence: *Al mediodía comimos caliente*. The adjective also behaves as a noun when preceded by the article: *el rojo*; *lo bello*.

Main characteristics

a) The adjective usually goes after the noun, but indefinite, interrogative and exclamative adjectives are placed before the noun, as are adjectives expressing cardinal numbers.
b) *Medio*, *buen*, *mal*, *poco*, *mucho*, *mero* and *gran* are placed before the noun.
c) *Alguno*, *ninguno*, *bueno*, *malo*, *primero* and *tercero* drop the final *-o* when they precede a masculine noun: *algún día*; *ningún hombre*.
d) *Grande* is shortened to *gran* when placed before the noun: *una gran expectación*.

Agreement

Adjectives with masculine and feminine endings agree with the noun in gender and number. However:

a) If the adjective applies to more than one noun, it takes the plural form: *simpatía y generosidad incomparables*.
b) If the adjective qualifies several nouns which have a different gender and number, the masculine plural form is used: *la chica y el chico altos; la casa y los pisos lujosos*.

The qualifying adjective

The qualifying adjective indicates the qualities which may be attributed to persons, animals or things: *una moto rápida*; *un vino bueno*.

It is placed after the noun. However, word order may be changed for special emphasis or in fixed constructions.

Comparative and superlative

The comparative is formed with *más ... que* or *menos ... que*: *Javier es más guapo que Antonio*. *Este cuchillo está menos afilado que el otro*.

When the element *que* in a comparative expression is followed by a verb, it is replaced by *de lo que*: *Esto es más difícil de lo que parece*.

The English comparative phrases 'as ... as' and 'so ... as' are rendered by the Spanish *tan ... como*: *Mi casa es tan bonita como la tuya*.

The superlative is formed with *el más ... de* or *el menos ... de*: *el barrio más populoso de la ciudad*.

The absolute superlative is formed by placing *muy* before the adjective or by adding the suffix *-ísimo/-ísima*: *muy educado,-a*, *educadísimo,-a*.

Observations

a) Some adjectives have special forms for the comparative and superlative:

	comparative	superlative
bueno,-a	*mejor*	*óptimo,-a*
malo,-a	*peor*	*pésimo,-a*
grande	—	*mayor*

b) Comparative and superlative forms ending in *-or* do not change when forming the feminine singular.

Determining adjectives

These are classified into numerals or indefinite, demonstrative and possessive adjectives.

Numerals

a) All ordinal numerals; cardinal numerals ending with *uno*; and cardinal numerals containing *-cientos* agre
in gender with the noun they determine: *la **primera** puerta*; ***una** casa*; ***trescientas cuatro** personas*; ***quinient***
***una** libras*.

b) Cardinals between 20 and 30 take the forms *veintiún, veintidós, veintitrés* and so on, and those between 3
and 40, 40 and 50, etc (up to 100) take the conjunction *y*: *treinta y uno*; *ochenta y tres*.

c) The above indications apply to the formation of all cardinals above 100: *ciento veintiuno*; *seiscientos cu*
renta y dos.

d) While *millón, billón*, etc take the adjective *un*, the numerals *ciento, cien*, and *mil* do not: *un millón*; *ciento*
mil.

e) For the days of the month (except the first day), only cardinals are used: *el dos de octubre*; *el veintinuev*
de noviembre; but *el **primero** de junio*.
More information regarding numerals may be found in the dictionary entries; see specifically the entrie
for *ocho* and *octavo,-a*.

Indefinite adjectives

The main indefinite adjectives are *mucho, poco, todo* and *ninguno*. They indicate an unspecified amoun
of something and are placed before the noun: *Hay **pocos** árboles en la ciudad.*

Demonstrative adjectives

These are as follows:

	near me	near you	away from both
Masculine			
sing	*este*	*ese*	*aquel*
plural	*estos*	*esos*	*aquellos*
Feminine			
sing	*esta*	*esa*	*aquella*
plural	*estas*	*esas*	*aquellas*
Neuter			
sing	*esto*	*eso*	*aquello*

Possessive adjectives

These are used to indicate to which person (possessor) something belongs.
One possessor.

	1st person	2nd person	3rd person
Masculine			
sing	*mi, mío*	*tu, tuyo*	*su, suyo*
plural	*mis, míos*	*tus, tuyos*	*sus, suyos*
Feminine			
sing	*mi, mía*	*tu, tuya*	*su, suya*
plural	*mis, mías*	*tus, tuyas*	*sus, suyas*

Note that when the singular forms *mío, mía, tuyo, tuya, suyo* and *suya* precede the noun, they becom
mi, tu and *su* respectively: *Es amiga **mía**; es **mi** amiga. Es asunto **tuyo**; es **tu** asunto.* Likewise, the plural form
become *mis, tus* and *sus*: *problemas **míos**, **mis** problemas.*

Several possessors.

	1st person	2nd person	3rd person
Masculine			
sing	*nuestro*	*vuestro*	*su, suyo*
plural	*nuestros*	*vuestros*	*sus, suyos*
Feminine			
sing	*nuestra*	*vuestra*	*su, suya*
plural	*nuestras*	*vuestras*	*sus, suyas*

Interrogative adjectives

These are: *qué* and *cuánto*. See dictionary entries for use.

3.5.3. The article

The article is the part of speech which precedes the noun and specifies its gender and number. When th
article is definite (see chart below), it indicates that the person is already acquainted with the noun (*la cas*
or designates a noun or nouns with a generic meaning (*los tigres*). The indefinite article is used when th
person is not previously acquainted with the noun: *Veo una casa.* When the article is placed before any speci
part of speech it enables it to function as a noun. For example: *El **llegar** tarde es una mala costumbre. L*
***pobres** pasan hambre.* The neuter article *lo* may precede an adjective, changing it into a noun and giving
an abstract quality: ***lo** bonito*; ***lo** bello*.

Forms of the article

	Definite		Neuter	Indefinite	
	Masculine	Feminine		Masculine	Feminine
Sing	el	la	lo	un	una
Plural	los	las	los	unos	unas

The definite article

With reflexive verbs, it is equivalent to an English possessive adjective in sentences such as: *Me lavo las manos* (I wash my hands). *Ponte el sombrero* (put on your hat).

It may acquire the pronominal value of the English 'the one' or 'the ones': *el del sombrero blanco* (the one in the white hat).

As a rule, it is preferable to avoid using the article before proper names of people, although this phenomenon is quite common in colloquial speech: *Asunción* is better than *la Asunción*, and so on. On the other hand, it is acceptable to use the article before surnames: *El Cuesta lo sabrá*.

Most geographical names do not take the article, with a few exceptions:
a) some cities: *Los Ángeles, La Coruña, La Habana*
b) all rivers, seas and mountains: *el Ebro, el Mediterráneo, los Pirineos*

Most names of countries do not take the article. It is now disappearing from countries which used to take it: *(El) Perú, (El) Japón*. However, the article continues to be used in *Los Estados Unidos, La Unión Soviética* and *La (Unión) India*.

The article in general

The masculine article (*el, un*) is used with feminine nouns which begin with a stressed *a-* or *ha-*, when these are used in the singular: *el agua, el hacha, un hambre feroz, el alma, el águila*. Note however that the plural forms are regular: *las aguas, las hachas, etc.*

The prepositions *a* and *de* and the article *el* contract into the forms *al* and *del*.

For further details on this point, see the section on gender and the corresponding dictionary entries.

3.5.4. The pronoun

The pronoun takes the place of the noun and performs its functions.

Demonstrative pronouns

These are used to convey the distance between the person or thing they represent and the speaker or speakers: *No quiero la camisa blanca, quiero ésta azul.*

		near me	near you	away from both
Masculine				
	sing	éste	ése	aquél
	plural	éstos	ésos	aquéllos
Feminine				
	sing	ésta	ésa	aquélla
	plural	éstas	ésas	aquéllas
Neuter				
	sing	esto	eso	aquello

Personal pronouns

Strong pronouns

sing	plural

1st	yo, mí, conmigo	nosotros, nosotras
2nd	tú, ti, usted, vos, contigo	vosotros, vosotras, ustedes, vos
3rd	él, ella, sí, consigo	ellos, ellas, sí, consigo

Weak pronouns

sing	plural

1st	me	nos
2nd	te	os
3rd	le, la, lo/se	les, las, los/se

Use of strong pronouns

Yo and *tú* are always used as subjects. The Spanish subject pronoun is only used for emphasis or to prevent ambiguity as the person of the subject is already conveyed by the verb. When neither of these reasons for its use exists, its presence in the sentence renders the style heavy and is to be avoided.

Mí, ti and *sí* are always used as complements or objects preceded by a preposition.

Nosotros, nosotras, nos, vosotros, vosotras, vos, usted, ustedes, él, ella, ellos and *ellas* may be used as subjects, or as complements and objects when preceded by a preposition.

Usted and *ustedes* are the second person pronouns used for courtesy. The accompanying verb is in the third person singular or plural.

Vos is used in several Latin American countries to replace *tú*.

Use of weak pronouns

Lo, la, los and *las* are always direct objects: *La he dejado en casa* (referring to *la cartera*).

Me, te, nos, os, le and *se* may be either direct objects or indirect objects: *Me quiere mucho* (direct object); *Me compró un anillo* (indirect object).

Les is always an indirect object: *Les traigo la cena.*

Se may also be an impersonal subject equivalent to the English 'one', 'you', 'they', 'people' or the passive voice: *Se habló de todo* (they talked about everything or everything was talked about).

When *le* and *les* precede another third person pronoun they are replaced by *se*. One doesn't say: *Le lo mandaron. Les las quitaron*; but rather: *Se lo mandaron. Se las quitaron.*

Regarding the improper use of personal pronouns, see the dictionary entries for *laísmo*, *leísmo* and *loísmo*.

Order

Weak pronouns placed after the verb are added on to it: *diciéndolo, molestarte*.

When several weak pronouns accompany the verb, whether preceding or following it, the second and first person pronouns come before the third: *Póntelo*; *Nos la enviaron ayer*; *Me los he comido*. The pronoun *se* always precedes the others: *Pónselo. Se te conoce en la cara. Nos lo ofrecen.*

Possessive pronouns

The forms of the possessive pronouns are the same as those of the possessive adjectives which follow the noun (see chart above), with the exception of *mi/mis*, *tu/tus* and *su/sus*.

Like the adjective, the possessive pronoun agrees with the noun denoting the thing possessed: *Este libro es mío. Esta casa es tuya.*

Interrogative pronouns

These are: *qué, quién, cuál, cuánto*. See dictionary entries for usage.

Relative pronouns

These relate two clauses by representing or substituting in the second clause a person or thing mentioned in the first clause.

The most common are: *el/la/los/las que, el/la cual, los/las cuales, quien/quienes, cuyo/cuya/cuyos/cuyas*.

3.5.5. The verb

We will make a distinction here between the variable forms of the verb and the invariable forms. The former are those that undergo a series of modifications in relation to the mood, the tense and the person of the verb. The invariable forms, which undergo no such modifications, are the infinitive, the participle and the gerund.

Variable forms

Spanish verbs have different endings or inflexions which depend on their mood, tense or person (and number).

Moods

Spanish verbs have three moods: indicative, subjunctive and imperative, which are expressed by the endings of the verb.

The indicative is generally used to indicate real actions. It is mainly used in independent statements and in some subordinate statements: *Los niños juegan en el jardín. Me han dicho que los niños juegan en el jardín.*

The subjunctive is mainly used in subordinate statements, where the actions are considered to be doubtful or possible (conditional subjunctive), or else necessary or desired (optative subjunctive). Below you will find a general table of their principal uses:

In subordinate statements
a) doubt or ignorance: *Dudo que vuelva. Ignoraba que hubiese venido.*
b) fear and emotion: *Temo que no haya remedio. Siento que no me escriba.*
c) possibility: *Es posible que llueva. Era poco probable que nos viesen.*

Conditional
in independent statements: *Quizá no lo sepan. Tal vez nos hubieran ayudado.*
in subordinate statements:
a) Subjective need or volition: *Deseaba que me dejase tranquilo. Os prohíbo que volváis por aquí.*
b) Objective need: *Es necesario que el todo sea mayor que cada una de sus partes. Era preciso que hablásemos del asunto.*

Optative
in independent statements: *¡Ojalá llueva! ¡Viva el alcalde!*

The imperative is used to express orders and is a direct use of the optative subjunctive of wishing: *¡Ven! ¡Entrad pronto!* In negative imperatives the subjunctive is used: *¡No vengas! ¡No entres!*

Indicative
Simple tenses

Presente: (Present)	now habit historic future an order	*Leo este libro* (at this moment). *Me levanto a las siete* (usually, normally). *Colón descubre América en el año 1492* (instead of *descubrió*). *El domingo vamos de excursión* (instead of *iremos*). *Sales a la calle y me compras tabaco* (instead of *sal* and *cómprame*).
Pretérito imperfecto: (Imperfect)	setting the scene repeated action coexistence interrupted action politeness	*Era la primavera.* *Las niñas saltaban a la comba.* *Le saludé cuando iba a la escuela* (the two preterites/pasts coincide). *Salía cuando tú llegaste* (a past action which is not completed). *Quería pedirte un favor* (the successful completion depends on the person addressed).
Pretérito indefinido: (Preterite)	absolute past action	*Salió el tren. La industria prosperó mucho.*
Futuro imperfecto: (Future)	absolute future action of an order of probability of surprise	*Volveremos otro día.* *No matarás.* *Serán las doce* (supposition). *¡Si será tonto!*
Condicional: (Conditional)	future in the past of probability conditional of politeness	*Dijo que volvería* (the action of *volver* was after that of *decir*). *Tendría 50 años* (supposition). *Si tuviese dinero la compraría.* *Me gustaría verlo otra vez.*

Compound tenses
   The compound tenses are formed with the relevant tense of the auxiliary verb *haber* (see **Conjugation**) and the past participle of the main verb.

Pretérito perfecto:
(Present perfect)
past related to the present   *Ha salido el tren. La industria ha prosperado mucho.*

Pretérito pluscuamperfecto:
(Pluperfect)
past before another past   *Mirábamos las casas que habían construido allí.*

Pretérito anterior:
(Past Anterior)
past just before another past   *Cuando hubo pagado se marchó.*

Futuro perfecto:
(Future Perfect)
future before another future   *Cuando llegues habremos cenado.*

Condicional perfecto:
(Conditional Perfect)
future in the past but before another action   *Aseguraban que cuando volviésemos habrían terminado su tarea.*
   of probability   *Habría cumplido 50 años* (I assume that he/she is that age).
   of politeness   *Habría querido hablar usted.*

Subjunctive
   In a) both verbs are indicative as the statement is affirmative. The negative statements in b) show the correspondence between the main verb (indicative) and the subordinate verb (subjunctive).

		Indicative	Subjunctive
a) *Creo que llega* *Creo que llegará*	b) No creo que No creo que		*llegue*

Creo que llegó	No creo que	
Creí que llegaba	No creí que	*llegara o llegase*
Creía que llegaría	No creía que	

Creo que ha llegado	No creo que	
Creo que habrá llegado	No creo que	*haya llegado*

Creía que había llegado	No creía que	
Creía que habría llegado	No creía que	*hubiera o hubiese llegado*

The tense correspondence of the subjunctive is therefore as follows:

Indicative	Subjunctive
presente and *futuro*	*presente*
pretérito indefinido, *pretérito imperfecto* and *condicional*	*pretérito imperfecto*
pretérito perfecto and *futuro perfecto*	*pretérito perfecto*
pretérito pluscuamperfecto and *condicional perfecto*	*pretérito pluscuamperfecto*

Correspondence of the tenses in subordinate statements (see **Moods**).

Subordinate verbs in the indicative: Any tense of the subordinate verb may be used, whether the main verb is in the present, past or future:

Dice/ha dicho		*viene/venía/vino*
Decía/dijo/había dicho	*que Juan*	*ha venido/había venido/vendrá*
Dirá/habrá dicho/diría/habría dicho		*habrá venido/vendría/habría venido*

Exception: Verbs of perception need to be in the same time as their subordinate verb: *Veo que llueve. Veía/vi/había visto que llovía.*

Subordinate verbs in the subjunctive:
a) With verbs of volition, the subordinating verb can be in any tense which describes an action which took place after that of the main verb: *Me mandaron que estudie/que estudiase* (but not *hubiese estudiado*, because that describes an action which comes before *mandaron*).
b) With other verbs in the present or future, the subordinate verb may be in any tense: *No creo/creeré que venga/viniese/haya venido/hubiese venido.*

Conjugation

Personal Forms

The endings of verbs vary according to whether the subject is the first, second or third person, singular or plural (see **Personal pronouns**). While in English it is not possible to omit the subject, in Spanish omission of the subject pronoun is quite common since the ending of the verb already indicates the subject. On saying *escribo* it is not necessary to indicate who is writing, as we know that *yo* is the subject of *escribo*. We know that the subject of *escribes* is *tú*; the subject of *escribe* is *él* or *ella* and so on.

All Spanish verbs (regular and irregular) belong to one of the following three conjugations:
1st conjugation: verbs with the infinitive ending in *-ar*.
2nd conjugation: verbs with the infinitive ending in *-er*.
3rd conjugation: verbs with the infinitive ending in *-ir*.

Reflexive or Pronominal Verbs

Reflexive or pronominal verbs are those that are conjugated with a personal pronoun functioning as a complement, coinciding in person with the subject.

Personal Pronouns (*me, te, se, nos, os, se*) are put before the verb in all tenses and persons of the indicative and subjunctive moods, but are added onto the end of the verb, forming one single word, in all forms of the imperative mood and in all the invariable forms (infinitive and gerund).

In compound tenses the pronoun is placed immediately before the auxiliary verb.

Variable forms
Indicative

Simple	Compound
Present	Present Perfect
(yo) **me** *lavo*	*(yo)* **me** *he lavado*
(tú) **te** *lavas*	*(tú)* **te** *has lavado*
(él, ella) **se** *lava*	*(él, ella)* **se** *ha lavado*
(nosotros) **nos** *lavamos*	*(nosotros)* **nos** *hemos lavado*
(vosotros) **os** *laváis*	*(vosotros)* **os** *habéis lavado*
(ellos,-as) **se** *lavan*	*(ellos,-as)* **se** *han lavado*

mperative
ívate (tú)
ívese (él, ella)
ivémonos (nosotros)
ivaos (vosotros)
ívense (ellos)

nvariable Forms

	Simple	Compound
nfinitive:	*lavarse*	*haberse lavado*
3erund:	*lavándome*	*habiéndome lavado*
	lavándote	*habiéndote lavado*
	lavándose	*habiéndose lavado*

Regular verbs

Regular verbs are those which, when conjugated, keep the whole of the root unchanged and take the ndings given in the table of models of regular conjugation. The verb *amar* belongs to the 1st conjugation, *emer* to the 2nd and *partir* to the 3rd.

rregular verbs

The irregularities which are present in the conjugation of some verbs have two types of cause: changes of oot, and alterations to the ending. Some verbs undergo only one of these modifications while others undergo oth. There are also spelling and accentuation irregularities. In the table of models of irregular conjugation, ie type of irregularity is indicated for each verb, and only the tenses and persons in which the irregularity xists are shown.

efective, impersonal and unipersonal verbs

Defective verbs are those which are not conjugated in all the tenses or persons for the following reasons:
) Because of the meaning of the verb some tenses and persons are never used: *soler* is used only in the present of the indicative and subjunctive, and in the imperfect of the indicative and, very rarely, in the present perfect of the indicative with the participle.
) Some verbs do not take certain tenses or persons for reasons strictly to do with form: *abolir* is used only in the persons whose endings contain the vowel *i*.
Some verbs are used only in the 3rd person singular or plural because of their meaning.
These are impersonal and unipersonal verbs. Impersonal verbs are those which do not have a subject: *llover*, *amanecer*. Unipersonal verbs are those that have a third person subject, but this is usually omitted: *ocurrir*.

oice

ctive voice

In active statements the subject initiates a process, expressed by the verb, which has a direct object as omplement if it is a transitive statement and no object if it is intransitive: *César venció a Pompeyo*.

assive voice

The passive voice in Spanish is formed with the auxiliary verb *ser*, which carries the idea of person, number, ense and mood, and the past participle of the conjugating verb, which carries the meaning and which should gree with the subject in gender and number: *La serpiente fue muerta por Pedro*.

The use of this form of passive statement is not as frequent as in English. In its place the reflexive passive often used.

In the reflexive passive the verb is in the active, but it is really a passive because the subject does not erform the action but receives it and it is called reflexive because it uses the reflexive pronoun *se*: *Se compran bros. Se alquila piso*.

erbal Periphrasis

Verbal periphrasis is the union of two verbs in which one of them loses some of its meaning and is used s an auxiliary to indicate the tense and the person in which the periphrasis is conjugated. Types of periphrasis re the following:

nfinitive periphrasis
xamples: *ir a* + infinitive (beginning of a process)
          haber de + infinitive (obligation)
          tener que + infinitive (obligation)
          soler + infinitive
          poder + infinitive

erund periphrasis
ll of them giving the idea of continuation of an action
xamples: *estar* + gerund
          andar + gerund
          seguir + gerund

Participle periphrasis
Examples: *ser* + participle (passive voice)
estar + participle (result of a process)
llevar + participle (result of a process)

Invariable forms

The infinitive
The ending of the infinitive of each Spanish verb shows which of the three models of regular conjugation the verb belongs to: *-ar* first conjugation (eg *amar*); *-er* second conjugation (eg *temer*); *-ir* third conjugation (eg *partir*). In some subordinate statements which express commands, wishes, uncertainty, necessity, etc, Spanish uses the subjunctive or the indicative where in English the infinitive would be used: *Me pidió que pagas la cuenta* (he asked me to pay the bill). *Esperan que se irá pronto* (they expect him to go soon).
The Spanish noun infinitive is equivalent to the English noun infinitive and often, also, to the English gerund used as a noun: *Errar es humano* (To err is human). *Fumar es malo para la salud* (Smoking is bad for your health).

The past participle
The majority of past participles are regular. Irregular past participles are indicated in the dictionary entry of each verb.
When used in the formation of compound tenses, Spanish past participles are always invariable: *He recibido una carta. Los libros que he recibido.*
However, when used in the passive voice, they are variable and agree with the subject in gender and number: *Laura fue recibida por el Rey. Los jóvenes fueron escoltados hasta la puerta.*
Likewise, when used as an adjective or an attribute, they agree with the noun: *un problema resuelto*; *La obra está terminada.*

The gerund
The first conjugation forms the gerund by adding *-ando* to the root. The second and third conjugations form the gerund by adding *-iendo* to the root.
The Spanish gerund never has the function of a noun. It expresses an action simultaneous with, or immediately preceding one expressed by the verb of the main clause: *Lee paseándose* (while walking up and down). *Viendo a su padre* (on seeing his father) *corrió hacia él. Habiendo estudiado la proposición* (after studying the proposal) *he decidido aceptarla.*

Uses of *ser* and *estar*

The English verb 'to be' may be rendered in Spanish by two verbs: *ser* and *estar*.

a) Where the verb is followed by a noun:

ser is used without a preposition to identify: *Luis es el farmacéutico* (Luis is the chemist) or to classify *Luis es farmacéutico* (Luis is a chemist). When it classifies it takes the preposition *de*: *Soy de Badajoz* (I am from Badajoz). *Las paredes son de papel* (The walls are made of paper). When it indicates finality or destination it takes *para*: *La carta es para Ramón, las flores son para Mari Luz* (The letter is for Ramón, the flowers are for Mari Luz).

estar always takes a preposition. It may indicate the function performed by the subject: *Paco está de farmacéutico* —note that *Paco* is not a chemist by profession, he is just doing the job of a chemist— or it may indicate various other things including manner, depending on the preposition: *Está sin trabajo* (He is out of work). *Estaba en mangas de camisa* (He was in his shirtsleeves). *Está con su novia* (He's with his girl friend).

b) Where the verb is followed by an adjective:

ser expresses a permanent or inherent quality: *Ana es alta.*
estar expresses a quality which is neither permanent nor inherent: *Pilar está resfriada, Jaime está de vacaciones* —it is clear that a cold is not permanent and that a person who is away on holiday will come back at some time.

Sometimes both verbs may be used with the same adjective, but there is a change of meaning. For example *Juan es bueno* means that Juan is a good man but *Juan está bueno* means either that he is no longer ill or, colloquially, that he is good looking.

For more information see the appropriate dictionary entries.

3.5.6. The adverb

The adverb qualifies or determines verbs, adjectives, or other adverbs:

Verb	Adjective	Adverb
*trabaja **bien***	*muy blanco*	*demasiado tarde*
*viene **hoy***	*tristemente célebre*	*bastante bien*

Position of the adverb

As a rule, when the word to be qualified is an adjective or an adverb, the adverb is placed immediately before it: *un libro **bien** escrito*.

When the word to be qualified is a verb, the adverb may be placed before or after it: *Mañana llegará mi padre; Mi padre llegará mañana*.

Negative adverbs are always placed before the verb: *No conozco a este hombre*.

Adverbs are very rarely placed between the auxiliary verb and the principal verb: *Ha vencido **fácilmente** a su adversario*.

Classification

Adverbs are normally divided into the following groups according to their meaning:

place:	*aquí, ahí, allí, acá, allá, cerca, lejos, encima, debajo, arriba, abajo, dentro, adentro, fuera, afuera, junto, delante, enfrente, detrás, donde, adonde.*
time:	*hoy, ayer, anteayer, mañana, pasado mañana, antaño, ahora, antes, después, luego, entonces, tarde, temprano, siempre, nunca, jamás, ya, mientras, aún, todavía.*
manner:	*bien, mal, mejor, peor, como, tal, cual, así, apenas, despacio, aprisa, adrede, aposta, sólo,* etc. Many adverbs ending in *-mente: fácilmente, buenamente, blandamente.* Various masculine singular adjectives: *fuerte, bajo, alto, claro, ligero.*
order:	*primeramente, sucesivamente, últimamente.* Some numeral adjectives used adverbially: *primero, segundo,* etc.
quantity:	*mucho (muy), poco, algo, nada, más, menos, bastante, demasiado, casi, tan, tanto, cuanto.*
certainty:	*sí, no, ni, también, tampoco, cierto, ciertamente, efectivamente, claro, pues, seguro, seguramente, nunca, jamás, acaso, quizá, quizás, tal vez.*

Observations

Some Spanish adverbs are formed from an adjective to which the ending *-mente* is attached: *feliz, **felizmente***. When the adjective is one which takes gender inflections, the adverb is formed from the feminine form of the adjective: *loco,-a, **locamente***.

When various adverbs ending in *-mente* directly follow each other, only the last adverb takes the *-mente* ending: *Habló **clara** y **serenamente***.

Adverbs ending in *-mente* keep the written accent of the original adjective: *fácilmente, cortésmente*.

Some adverbs can take diminutive suffixes (***cerquita, tempranito***) and superlative suffixes (***muchísimo***). (See section dealing with suffixes.)

Adverbial Phrases

Adverbial phrases are groups of two or more words that are used adverbially. Spanish contains a wealth of these phrases; the main ones have been brought together in the dictionary and can be found under the corresponding entries.

3.5.7. The preposition

Prepositions are an invariable part of a statement whose function is to serve as a link between any syntactic element and its complement.

The most usual Spanish prepositions are:

a, ante, bajo, cabe, con, contra, de, desde, en, entre, hacia, hasta, para, por, según, sin, so, sobre, tras.

Use of *por* and *para*

The basic difference between these prepositions is that *por* looks back to the roots, origins or causes of a thing, while *para* looks forwards to the result, aim, goal or destination.

por is used to express:

Cause, reason, motive (usually to say why something has happened): *Lo hizo **por** rabia* (He did it out of anger).

The period in which the action takes place: *Salieron **por** la noche* (They went out at night).

The place where the action takes place: *Pasan **por** la calle* (They go along the street). *Lo cogieron **por** los pies* (They took hold of him by his feet).

The means: *Lo llamaron **por** teléfono* (They contacted him by telephone). *Enviado **por** avión* (sent by air).

The agent of the passive voice: *El cadáver fue identificado **por** la viuda* (The body was identified by the widow).

Substitution, equivalence: *¿Podrías hacerlo **por** mí?* (Could you do it for me?). ***Por** tres mil pesetas puedes comer bastante bien* (You can eat quite well for three thousand pesetas).

Distribution, proportion: *Son diez mil pesetas **por** persona* (It's ten thousand pesetas per head). *Veinte **por** ciento* (Twenty per cent).

Multiplication and measurements: *Tres **por** tres nueve* (Three threes are nine). *Mide un metro cuarenta **por** dos veinte* (It measures one metre forty by two metres twenty).

'in search of' with verbs of movement (*ir, venir* ...): *Voy **por** pan* (I'm going for some bread).

estar + por + infinitive expresses:
a) an action still to be performed: *La cocina está **por** limpiar* (The kitchen still needs to be cleaned).
b) an action on the point of being performed: *Estaba **por** salir de casa* (He was on the point of leaving home).

tener/dar + por expresses opinion: *Le dieron **por** desaparecido* (They gave him up for lost).

para is used to express:

Finality, destiny (this use often occurs in sentences in the future): *Es **para** tu padre* (It's for your father). *Compré tela **para** un vestido* (I bought some dress material). *Salimos **para** Brasil* (We're setting out for Brazil).

Direction of movement i.e. 'towards': *Vienen **para** acá* (They're coming this way).

Deadlines: ***Para** noviembre tiene que estar listo* (It has to be ready by November).

Comparison: ***Para** lo que sirve puedes tirarlo a la basura* (For what it's worth, you might as well throw it away).

Convenience: *No es buena época **para** la pesca* (It's not a good time of year for fishing).

Imminence: with *estar + para +* infinitive: *El jefe está **para** llegar* (The boss will be arriving soon).

3.5.8. The conjunction

Conjunctions are links between two parts of a statement or between two statements. They are normally classified as **single** and **compound** depending on the number of words with which they are formed (the former are composed of one word, the latter more than one).

They are classified by their function into: **coordinating conjunctions**, when the statements that are joined by these conjunctions have a certain degree of grammatical or semantic independence and **subordinating conjunctions**, when the aforementioned statements are dependent on each other in form and meaning.

The most common are the **coordinating conjunctions** which are further divided into:

Adversatives. These express opposition or difference between the joined statements: *mas, pero, empero, aunque, sino, sin embargo*.
Copulatives. These express connection without any special meaning: *y, e, ni*.
Disjunctives. These express an alternative: *o, u*.
Distributives. These can contain words which are repeated or appear in opposition: *bien ... bien; ya ... ya; aquí ... allá; éste ... aquél*, and others.

Spanish verb conjugation tables

Models corresponding to the three regular conjugations

(AMAR - TEMER - PARTIR)

Active voice
No personal forms

Simple	Compound
Infinitive: am-*ar*, tem-*er*, part-*ir*	*haber* amado, temido, partido
Gerund: am-*ando*, tem-*iendo*, part-*iendo*	*habiendo* amado, temido, partido
Past participle: am-*ado*, tem-*ido*, part-*ido*	

Personal forms

Indicative mood

Simple tenses	Compound tenses
Present	**Present perfect**
am-*o, -as, -a; -amos, -áis, -an*	*he, has, ha; hemos, habéis, han*
tem-*o, -es, -e; -emos, -éis, -en*	amado, temido, partido
part-*o, -es, -e; -imos, -ís, -en*	
Imperfect	**Pluperfect**
am-*aba, -abas, -aba; -ábamos, -abais, -aban*	*había, habías, había;*
tem ⎫ *-ía, -ías, -ía; -íamos, -íais, -ían*	*habíamos, habíais, habían*
part ⎭	amado, temido, partido
Preterite	**Past Anterior**
am-*é, -aste, -ó; -amos, -asteis, -aron*	*hube, hubiste, hubo;*
tem ⎫ *-í, -iste, -ió; -imos, -isteis, -ieron*	*hubimos, hubisteis, hubieron*
part ⎭	amado, temido, partido
Future	**Future Perfect**
amar ⎫	*habré, habrás, habrá;*
temer ⎬ *-é, -ás, -á; -emos, -éis, -án*	*habremos, habréis, habrán*
partir ⎭	amado, temido, partido
Conditional	**Conditional Perfect**
amar ⎫	*habría, habrías, habría;*
temer ⎬ *-ía, -ías, ía; -íamos, -íais, -ían*	*habríamos, habríais, habrían*
partir ⎭	amado, temido, partido

Subjunctive mood

Present	**Present perfect**
am-*e, -es, -e; -emos, -éis, -en*	*haya, hayas, haya;*
tem ⎫ *-a, -as, -a; -amos, -áis, -an*	*hayamos, hayáis, hayan*
part ⎭	amado, temido, partido
Imperfect	**Pluperfect**
am ⎫ *-ara, -aras, -ara; -áramos, -arais, -aran* o	*hubiera, hubieras, hubiera;*
⎭ *-ase, -ases, -ase; -ásemos, -aseis, -asen*	*hubiéramos, hubierais, hubieran,* o
tem ⎫ *-iera, -ieras, -iera; -iéramos, -ierais, -ieran* o	*hubiese, hubieses, hubiese;*
part ⎭ *-iese, -ieses, -iese; -iésemos, -ieseis, -iesen*	*hubiésemos, hubieseis, hubiesen*
	amado, temido, partido
Future	**Future Perfect**
am-*are, -ares, -are; -áremos, -areis, -aren*	*hubiere, hubieres, hubiere;*
tem ⎫ *-iere, -ieres, -iere; -iéremos, -iereis, -ieren*	*hubiéremos, hubiereis, hubieren*
part ⎭	amado, temido, partido

Imperative mood*

Present
am *-a,* -e; -emos, *-ad,* -en
tem *-e,* -a; -amos, *-ed,* -an
part *-e,* -a; -amos, *-id,* -an

*The imperative only has forms for the second person: *ama (tú), amad (vosotros)*. The imperative forms for all other persons are taken from the subjunctive mood.

Models for irregular conjugation

Spelling variation
The conjugation of some verbs does not follow the normal rules. However it is not considered that these are irregular, but that their conjugation follows certain spelling rules. These variations are as follows:

1. SACAR (*c* changes to *qu* before *e*)

	INDICATIVE				SUBJUNCTIVE			IMPERATIVE
Present	Past simple	Future	Conditional	Present	Imperfect	Future		
	saqué			*saque*				
	sacaste			*saques*				saca (tú)
	sacó			*saque*				*saque* (él)
	sacamos			*saquemos*				*saquemos*
	sacasteis			*saquéis*				(nosotros)
	sacaron			*saquen*				sacad (vos.)
								saquen (ellos)

2. MECER (*c* changes to *z* before *a* and *o*)

	INDICATIVE				SUBJUNCTIVE			IMPERATIVE
Present	Past simple	Future	Conditional	Present	Imperfect	Future		
mezo				*meza*				
meces				*mezas*				mece (tú)
mece				*meza*				*meza* (él)
mecemos				*mezamos*				*mezamos*
mecéis				*mezáis*				(nosotros)
mecen				*mezan*				meced (vos.)
								mezan (ellos)

3. ZURCIR (*c* changes to *z* before *a* and *o*)

	INDICATIVE				SUBJUNCTIVE			IMPERATIVE
Present	Past simple	Future	Conditional	Present	Imperfect	Future		
zurzo				*zurza*				
zurces				*zurzas*				zurce (tú)
zurce				*zurza*				*zurza* (él)
zurcimos				*zurzamos*				*zurzamos*
zurcís				*zurzáis*				(nosotros)
zurcen				*zurzan*				zurcid (vos.)
								zurzan (ellos)

4. REALIZAR (*z* changes to *c* before *e*)

	INDICATIVE				SUBJUNCTIVE			IMPERATIVE
Present	Past simple	Future	Conditional	Present	Imperfect	Future		
	realicé			*realice*				
	realizaste			*realices*				realiza (tú)
	realizó			*realice*				*realice* (él)
	realizamos			*realicemos*				*realicemos*
	realizasteis			*realicéis*				(nosotros)
	realizaron			*realicen*				realizad (vos.)
								realicen (ellos)

5. PROTEGER (*g* changes to *j* before *a* and *o*)

	INDICATIVE				SUBJUNCTIVE			IMPERATIVE
Present	Past simple	Future	Conditional	Present	Imperfect	Future		
protejo				*proteja*				
proteges				*protejas*				protege (tú)
protege				*proteja*				*proteja* (él)
protegemos				*protejamos*				*protejamos*
protegéis				*protejáis*				(nosotros)
protegen				*protejan*				proteged (vos.)
								protejan (ellos)

6. DIRIGIR (*g* changes to *j* before *a* and *o*)

	INDICATIVE				SUBJUNCTIVE			IMPERATIVE
Present	Past simple	Future	Conditional	Present	Imperfect	Future		
dirijo				*dirija*				
diriges				*dirijas*				dirige (tú)
dirige				*dirija*				*dirija* (él)
								dirijamos (nos.)
dirigimos				*dirijamos*				*dirigid*
dirigís				*dirijáis*				*(vosotros)*
dirigen				*dirijan*				*dirijan* (ellos)

7. LLEGAR (*g* changes to *gu* before *e*)

	INDICATIVE				SUBJUNCTIVE			IMPERATIVE
Present	Past simple	Future	Conditional	Present	Imperfect	Future		
	llegué			*llegue*				
	llegaste			*llegues*				
	llegó			*llegue*				llega (tú)
	llegamos			*lleguemos*				*llegue* (él)
	llegasteis			*lleguéis*				*lleguemos* (nosotros)
	llegaron			*lleguen*				llegad (vos.)
								lleguen (ellos)

8. DISTINGUIR (*gu* changes to *g* before *a* and *o*)

	INDICATIVE				SUBJUNCTIVE			IMPERATIVE
Present	Past simple	Future	Conditional	Present	Imperfect	Future		
distingo				*distinga*				
distingues				*distingas*				distingue (tú)
distingue				*distinga*				*distinga* (él)
distinguimos				*distingamos*				*distingamos* (nosotros)
distinguís				*distingáis*				distinguid (vosotros)
distinguen				*distingan*				*distingan* (ellos)

9. DELINQUIR (*qu* changes to *c* before *a* and *o*)

	INDICATIVE				SUBJUNCTIVE			IMPERATIVE
Present	Past simple	Future	Conditional	Present	Imperfect	Future		
delinco				*delinca*				
delinques				*delincas*				delinque (tú)
delinque				*delinca*				*delinca* (él)
delinquimos				*delincamos*				*delincamos* (nosotros)
delinquís				*delincáis*				delinquid (vosotros)
delinquen				*delincan*				*delincan* (ellos)

Verbs ending in *-jar, -jer,* and *-jir* retain the letter *j* in every person of every tense.

Changes in stress

Verbs ending in *-uar* or *-iar.*

The letters *u* and *i* are either unstressed throughout the whole conjugation and as a consequence do not carry a written accent, or are stressed in certain persons of certain tenses.

10. ADECUAR* (unstressed *u*)

	INDICATIVE				SUBJUNCTIVE			IMPERATIVE
Present	Past simple	Future	Conditional	Present	Imperfect	Future		
adecuo				adecue				
adecuas				adecues				adecua (tú)
adecua				adecue				adecue (él)
adecuamos				adecuemos				adecuemos (nosotros)
adecuáis				adecuéis				adecuad (vosotros)
adecuan				adecuen				adecuen (ellos)

11. ACTUAR (stressed *ú* in certain persons of certain tenses)

	INDICATIVE				SUBJUNCTIVE			IMPERATIVE
Present	Past simple	Future	Conditional	Present	Imperfect	Future		
actúo				*actúe*				
actúas				*actúes*				*actúa* (tú)
actúa				*actúe*				*actúe* (él)
actuamos				actuemos				actuemos
actuáis				actuéis				(nosotros)
actúan				*actúen*				actuad
								(vosotros)
								actúen (ellos)

12. CAMBIAR* (unstressed *i*)

	INDICATIVE				SUBJUNCTIVE			IMPERATIVE
Present	Past simple	Future	Conditional	Present	Imperfect	Future		
cambio				cambie				
cambias				cambies				cambia (tú)
cambia				cambie				cambie (él)
cambiamos				cambiemos				cambiemos
cambiáis				cambiéis				(nosotros)
cambian				cambien				cambiad
								(vosotros)
								cambien
								(ellos)

13. DESVIAR (stressed *í* in certain persons of certain tenses)

	INDICATIVE				SUBJUNCTIVE			IMPERATIVE
Present	Past simple	Future	Conditional	Present	Imperfect	Future		
desvío				*desvíe*				
desvías				*desvíes*				*desvía* (tú)
desvía				*desvíe*				*desvíe* (él)
desviamos				desviemos				desviemos
desviáis				desviéis				(nosotros)
desvían				*desvíen*				desviad
								(vosotros)
								desvíen (ellos)

14. AUXILIAR (*i* can be stressed or unstressed)

	INDICATIVE				SUBJUNCTIVE			IMPERATIVE
Present	Past simple	Future	Conditional	Present	Imperfect	Future		
auxilío				*auxilíe*				
auxilías				*auxilíes*				*auxilía* (tú)
auxilía				*auxilíe*				*auxilíe* (él)
auxiliamos				auxiliemos				auxiliemos
auxiliáis				auxiliéis				(nos.)
auxilían				*auxilíen*				auxiliad (vos.)
o				o				*auxilíen* (ellos)
auxilio				auxilie				o
auxilias				auxilies				auxilia (tú)
auxilia				auxilie				auxilie (él)
auxiliamos				auxiliemos				auxiliemos
auxiliáis				auxiliéis				(nos.)
auxilian				auxilien				auxiliad (vos.)
								auxilien (ellos)

* This is a regular verb and has been included to serve as a model conjugation and as a contrast to other verbs in which the diphthong is not retained in certain persons of certain tenses.

Verbs whose stem contains a diphthong.

In some verbs the diphthong is not retained and consequently the letters *u* and *i* bear an accent in certain persons of certain tenses.

15. AISLAR (stressed *í* in certain persons of certain tenses)

	INDICATIVE				SUBJUNCTIVE			IMPERATIVE
Present	Past simple	Future	Conditional	Present	Imperfect	Future		
aíslo				*aísle*				
aíslas				*aísles*				*aísla* (tú)
aísla				*aísle*				*aísle* (él)
aislamos				aislemos				aislemos
aisláis				aisléis				(nosotros)
aíslan				*aíslen*				aislad
								(vosotros)
								aíslen (ellos)

16. AUNAR (stressed *ú* in certain persons o certain tenses)

	INDICATIVE				SUBJUNCTIVE			IMPERATIVE
Present	Past simple	Future	Conditional	Present	Imperfect	Future		
aúno				*aúne*				
aúnas				*aúnes*				
aúna				*aúne*				*aúna* (tú)
aunamos				aunemos				*aúne* (él)
aunáis				aunéis				aunemos
aúnan				*aúnen*				(nosotros)
								aunad
								(vosotros)
								aúnen (ellos)

17. DESCAFEINAR (stressed *í* in certain persons of certain tenses)

	INDICATIVE				SUBJUNCTIVE			IMPERATIVE
Present	Past simple	Future	Conditional	Present	Imperfect	Future		
descafeíno				*descafeíne*				
descafeínas				*descafeínes*				
descafeína				*descafeíne*				*descafeína*
descafeinamos				descafeinemos				(tú)
descafeináis				descafeinéis				*descafeíne*
descafeínan				*descafeínen*				(él)
								descafeine-
								mos (nos.)
								descafeinad
								(vosotros)
								descafeínen
								(ellos)

18. REHUSAR (stressed *ú* in certain persons of certain tenses)

	INDICATIVE				SUBJUNCTIVE			IMPERATIVE
Present	Past simple	Future	Conditional	Present	Imperfect	Future		
rehúso				*rehúse*				
rehúsas				*rehúses*				
rehúsa				*rehúse*				*rehúsa* (tú)
rehusamos				rehusemos				*rehúse* (él)
rehusáis				rehuséis				rehusemos
rehúsan				*rehúsen*				(nosotros)
								rehusad
								(vosotros)
								rehúsen
								(ellos)

19. REUNIR (stressed *ú* in certain persons of certain tenses)

	INDICATIVE				SUBJUNCTIVE			IMPERATIVE
Present	Past simple	Future	Conditional	Present	Imperfect	Future		
reúno				*reúna*				
reúnes				*reúnas*				
reúne				*reúna*				*reúne* (tú)
reunimos				reunamos				*reúna* (él)
reunís				reunáis				reunamos
reúnen				*reúnan*				(nosotros)
								reunid
								(vosotros)
								reúnan (ellos)

20. AMOHINAR (stressed *í* in certain persons of certain tenses)

	INDICATIVE				SUBJUNCTIVE			IMPERATIVE
Present	Past simple	Future	Conditional	Present	Imperfect	Future		
amohíno				*amohíne*				
amohínas				*amohínes*				
amohína				*amohíne*				*amohína* (tú)
amohinamos				amohinemos				*amohíne* (él)
amohináis				amohinéis				amohinemos
amohínan				*amohínen*				(nosotros)
								amohinéis
								(vosotros)
								amohínen
								(ellos)

21. PROHIBIR (stressed *í* in certain persons of certain tenses)

	INDICATIVE			SUBJUNCTIVE			IMPERATIVE
Present	Past simple	Future	Conditional	Present	Imperfect	Future	
prohíbo				*prohíba*			
prohíbes				*prohíbas*			*prohíbe* (tú)
prohíbe				*prohíba*			*prohíba* (él)
prohibimos				prohibamos			prohibamos
prohibís				prohibáis			(nosotros)
prohíben				*prohíban*			prohibid
							(vosotros)
							prohíban
							(ellos)

Spelling variations and changes in stress

This group includes those verbs which display both types of modification at the same time.

22. AVERIGUAR (unstressed *u*, *gu* changes to *gü* before *e*)

	INDICATIVE			SUBJUNCTIVE			IMPERATIVE
Present	Past simple	Future	Conditional	Present	Imperfect	Future	
	averigüé			*averigüe*			
	averiguaste			*averigües*			averigua (tú)
	averiguó			*averigüe*			*averigüe* (él)
	averiguamos			*averigüemos*			*averigüemos*
	averiguasteis			*averigüéis*			(nosotros)
	averiguaron			*averigüen*			averiguad
							(vosotros)
							averigüen
							(ellos)

23. AHINCAR (stressed *í* in certain persons of certain tenses; the *c* changes to *qu* before *e*)

	INDICATIVE			SUBJUNCTIVE			IMPERATIVE
Present	Past simple	Future	Conditional	Present	Imperfect	Future	
ahínco	*ahinqué*			*ahínque*			
ahíncas	ahincaste			*ahínques*			*ahínca* (tú)
ahínca	ahincó			*ahínque*			*ahínque* (él)
ahincamos	ahincamos			*ahínquemos*			*ahínquemos*
ahincáis	ahincasteis			*ahínquéis*			(nosotros)
ahíncan	ahincaron			*ahínquen*			ahincad
							(vosotros)
							ahínquen
							(ellos)

24. ENRAIZAR (stressed *í* in certain persons of certain tenses; the *z* changes to *c* before *e*)

	INDICATIVE			SUBJUNCTIVE			IMPERATIVE
Present	Past simple	Future	Conditional	Present	Imperfect	Future	
enraízo	*enraicé*			enraíce			
enraízas	enraizaste			*enraíces*			*enraíza* (tú)
enraíza	enraizó			enraíce			*enraíce* (él)
enraizamos	enraizamos			*enraicemos*			*enraicemos*
enraizáis	enraizasteis			*enraicéis*			(nosotros)
enraízan	enraizaron			enraícen			enraizad
							(vosotros)
							enraícen
							(ellos)

25. CABRAHIGAR (stressed *í* in certain persons of certain tenses; the *g* changes to *gu* before *e*)

	INDICATIVE			SUBJUNCTIVE			IMPERATIVE
Present	Past simple	Future	Conditional	Present	Imperfect	Future	
cabrahígo	*cabrahigué*			*cabrahigue*			
cabrahígas	cabrahigaste			*cabrahigues*			*cabrahíga* (tú)
cabrahíga	cabrahigó			*cabrahigue*			*cabrahigue* (él)
cabrahíga-mos	cabrahigamos			*cabrahiguemos*			*cabrahiguemos*
cabrahigáis	cabrahigasteis			*cabrahiguéis*			(nosotros)
cabrahígan	cabrahigaron			*cabrahíguen*			cabrahigad
							(vosotros)
							cabrahíguen
							(ellos)

6. HOMOGENEIZAR (stressed *í* in certain persons of certain tenses; the *z* changes to *c* before *e*)

	INDICATIVE			SUBJUNCTIVE			IMPERATIVE
Present	Past simple	Future	Conditional	Present	Imperfect	Future	
homogeneízo	*homogeneicé*			*homogeneíce*			
homogenei-zas	*homogenei-zaste*			*homogeneíces*			*homogeneíza* (tú)
homogeneíza	*homogeneizó*			*homogeneíce*			*homogeneíce* (él)
homogenei-zamos	*homogeneizamos*			*homogeneicemos*			*homogenei-cemos* (nos.)
homogenei-záis	*homogeneizasteis*			*homogeneicéis*			homogenei-zad (vos.)
homogenei-zan	*homogeneizaron*			*homogeneícen*			*homogeneí-cen* (ellos)

Verbs with systematic irregularity

In this group we include those verbs which present the following types of irregularity:
- Diphthongization of the stem vowel in stressed syllables.
- Weakening of the stem vowel.
- Loss of the vowel of the conjugation ending owing to the influence of stem consonant.
- Adding of a consonant to the final stem consonant.

There is a correlation of irregularities which can be summarized as follows:

> Pres. Indic. → Pres. Subj. → Imperat.
> Pret. Indic. → Imperf. Subj. → Future Subj.
> Fut. Indic. → Conditional

7. ACERTAR (*e* changes to the diphthong *ie* in stressed syllables)

	INDICATIVE			SUBJUNCTIVE			IMPERATIVE
Present	Past simple	Future	Conditional	Present	Imperfect	Future	
cierto				*acierte*			
ciertas				*aciertes*			*acierta* (tú)
cierta				*acierte*			*acierte* (él)
certamos				acertemos			acertemos (nosotros)
certáis				acertéis			acertad (vosotros)
ciertan				*acierten*			*acierten* (ellos)

8. ENTENDER (*e* changes to the diphthong *ie* in stressed syllables)

	INDICATIVE			SUBJUNCTIVE			IMPERATIVE
Present	Past simple	Future	Conditional	Present	Imperfect	Future	
entiendo				*entienda*			
entiendes				*entiendas*			*entiende* (tú)
entiende				*entienda*			*entienda* (él)
entendemos				entendamos			entendamos (nosotros)
entendéis				entendáis			entended (vosotros)
entienden				*entiendan*			*entiendan* (ellos)

9. DISCERNIR (*e* changes to the diphthong *ie* in stressed syllables)

	INDICATIVE			SUBJUNCTIVE			IMPERATIVE
Present	Past simple	Future	Conditional	Present	Imperfect	Future	
discierno				*discierna*			
disciernes				*disciernas*			*discierne* (tú)
discierne				*discierna*			*discierna* (él)
discernimos				discernamos			discernamos (nosotros)
discernís				discernáis			discernid (vosotros)
disciernen				*disciernan*			*disciernan* (ellos)

30. ADQUIRIR (*i* changes to the diphthong *ie* in stressed syllables)

	INDICATIVE			SUBJUNCTIVE			IMPERATIVE
Present	Past simple	Future	Conditional	Present	Imperfect	Future	
adquiero				*adquiera*			
adquieres				*adquieras*			*adquiere* (tú)
adquiere				*adquiera*			*adquiera* (él)
adquirimos				adquiramos			adquiramos
adquirís				adquiráis			(nosotros)
adquieren				*adquieran*			adquirid
							(vosotros)
							adquieran
							(ellos)

31. CONTAR (*o* changes to the diphthong *ue* in stressed syllables)

	INDICATIVE			SUBJUNCTIVE			IMPERATIVE
Present	Past simple	Future	Conditional	Present	Imperfect	Future	
cuento				*cuente*			
cuentas				*cuentes*			*cuenta* (tú)
cuenta				*cuente*			*cuente* (él)
contamos				contemos			contemos
contáis				contéis			(nosotros)
cuentan				*cuenten*			contad
							(vosotros)
							cuenten (ellos)

32. MOVER (*o* changes to the diphthong *ue* in stressed syllables)

	INDICATIVE			SUBJUNCTIVE			IMPERATIVE
Present	Past simple	Future	Conditional	Present	Imperfect	Future	
muevo				*mueva*			
mueves				*muevas*			*mueve* (tú)
mueve				*mueva*			*mueva* (él)
movemos				movamos			movamos
movéis				mováis			(nosotros)
mueven				*muevan*			moved
							(vosotros)
							muevan (ellos)

33. DORMIR (*o* changes to the diphthong *ue* in stressed syllables or to *u* in certain persons of certain tenses)

	INDICATIVE			SUBJUNCTIVE			IMPERATIVE
Present	Past simple	Future	Conditional	Present	Imperfect	Future	
duermo	dormí			*duerma*	*durmiera*	*durmiere*	
duermes	dormiste			*duermas*	*durmieras*	*durmieres*	*duerme* (tú)
duerme	*durmió*			*duerma*	*durmiera*	*durmiere*	*duerma* (él)
dormimos	dormimos			*durmamos*	*durmiéramos*	*durmiéremos*	*durmamos*
dormís	dormisteis			*durmáis*	*durmierais*	*durmiereis*	(nosotros)
duermen	*durmieron*			*duerman*	*durmieran*	*durmieren*	dormid
					o		(vosotros)
					durmiese		*duerman*
					durmieses		(ellos)
					durmiese		
					durmiésemos		
					durmieseis		
					durmiesen		

34. SERVIR (*e* weakens to *i* in certain persons of certain tenses)

	INDICATIVE			SUBJUNCTIVE			IMPERATIVE
Present	Past simple	Future	Conditional	Present	Imperfect	Future	
sirvo	serví			*sirva*	*sirviera*	*sirviere*	
sirves	serviste			*sirvas*	*sirvieras*	*sirvieres*	*sirve* (tú)
sirvo	*sirvió*			*sirva*	*sirviera*	*sirviere*	*sirva* (él)
servimos	servimos			*sirvamos*	*sirviéramos*	*sirviéremos*	*sirvamos*
servís	servisteis			*sirváis*	*sirvierais*	*sirviereis*	(nosotros)
sirven	*sirvieron*			*sirvan*	*sirviera*	*sirvieren*	servid
					o		(vosotros)
					sirviese		*sirvan* (ellos)
					sirvieses		
					sirviese		
					sirviésemos		
					sirvieseis		
					sirviesen		

5. HERVIR (*e* changes to the diphthong *ie* in stressed syllables or to *i* in certain persons of certain tenses)

	INDICATIVE				SUBJUNCTIVE		IMPERATIVE
Present	Past simple	Future	Conditional	Present	Imperfect	Future	
hiervo	herví			hierva	hirviera	hirviere	
hierves	herviste			hiervas	hirvieras	hirvieres	hierve (tú)
hierve	hirvió			hierva	hirviera	hirviere	hierva (él)
hervimos	hervimos			hirvamos	hirviéramos	hirviéremos	hirvamos
hervís	hervisteis			hirváis	hirvierais	hirviereis	(nosotros)
hierven	hirvieron			hiervan	hirvieran	hirvieren	hervid
					o		(vosotros)
					hirviese		hiervan (ellos)
					hirvieses		
					hirviese		
					hirviésemos		
					hirvieseis		
					hirviesen		

6. CEÑIR (the *i* of certain endings is absorbed by *ñ*; the *e* changes to *i* in certain persons of certain tenses)

	INDICATIVE				SUBJUNCTIVE		IMPERATIVE
Present	Past simple	Future	Conditional	Present	Imperfect	Future	
ciño	ceñí			ciña	ciñera	ciñere	
ciñes	ceñiste			ciñas	ciñeras	ciñeres	ciñe (tú)
ciñe	ciñó			ciña	ciñera	ciñere	ciña (él)
ceñimos	ceñimos			ciñamos	ciñéramos	ciñéremos	ciñamos
ceñís	ceñisteis			ciñáis	ciñerais	ciñereis	(nosotros)
ciñen	ciñeron			ciñan	ciñeran	ciñeren	ceñid
					o		(vosotros)
					ciñese		ciñan (ellos)
					ciñeses		
					ciñese		
					ciñésemos		
					ciñeseis		
					ciñesen		

7. REÍR (follows the *ceñir* model with the difference that the loss of *i* is not due to the influence of any consonant)

	INDICATIVE				SUBJUNCTIVE		IMPERATIVE
Present	Past simple	Future	Conditional	Present	Imperfect	Future	
río	reí			ría	riera	riere	
ríes	reíste			rías	rieras	rieres	ríe (tú)
ríe	rió			ría	riera	riere	ría (él)
reímos	reímos			riamos	riéramos	riéremos	riamos
reís	reísteis			riáis	rierais	riereis	(nosotros)
ríen	rieron			rían	rieran	rieren	reíd
					o		(vosotros)
					riese		rían (ellos)
					rieses		
					riese		
					riésemos		
					rieseis		
					riesen		

8. TAÑER (the *i* ending is absorbed by *ñ* in certain persons of certain tenses)

	INDICATIVE				SUBJUNCTIVE		IMPERATIVE
Present	Past simple	Future	Conditional	Present	Imperfect	Future	
	tañí				tañera	tañere	
	tañiste				tañeras	tañeres	
	tañó				tañera	tañere	
	tañimos				tañéramos	tañéremos	
	tañisteis				tañerais	tañereis	
	tañeron				tañeran	tañeren	
					o		
					tañese		
					tañeses		
					tañese		
					tañésemos		
					tañeseis		
					tañesen		

9. EMPELLER (the *i* ending is absorbed by *ll* in certain persons of certain tenses)

	INDICATIVE				SUBJUNCTIVE		IMPERATIVE
Present	Past simple	Future	Conditional	Present	Imperfect	Future	
	empellí				empellera	empellere	
	empelliste				empelleras	empelleres	
	empelló				empellera	empellere	
	empellimos				empelléramos	empelléremos	

					empellerais	empellereis
					empelleran	empelleren
					o	
					empellese	
					empelleses	
					empellese	
					empellésemos	
					empelleseis	
					empellesen	

40. MUÑIR (the *i* ending is absorbed by *ñ* in certain persons of certain tenses)

	INDICATIVE				SUBJUNCTIVE		IMPERATIVE
Present	**Past simple**	**Future**	**Conditional**	**Present**	**Imperfect**	**Future**	
	muñí				muñera	muñere	
	muñiste				muñeras	muñeres	
	muñó				muñera	muñere	
	muñimos				muñéramos	muñéremos	
	muñisteis				muñerais	muñereis	
	muñeron				muñeran	muñeren	
					o		
					muñese		
					muñeses		
					muñese		
					muñésemos		
					muñeseis		
					muñesen		

41. MULLIR (the *i* ending is absorbed by the *ll* in certain persons of certain tenses)

	INDICATIVE				SUBJUNCTIVE		IMPERATIVE
Present	**Past simple**	**Future**	**Conditional**	**Present**	**Imperfect**	**Future**	
	mullí				mullera	mullere	
	mulliste				mulleras	mulleres	
	mulló				mullera	mullere	
	mullimos				mulléramos	mulléremos	
	mullisteis				mullerais	mullereis	
	mulleron				mulleran	mulleren	
					o		
					mullese		
					mulleses		
					mullese		
					mullésemos		
					mulleseis		
					mullesen		

42. NACER (*c* changes to *zc* before *a* and *o*)

	INDICATIVE				SUBJUNCTIVE		IMPERATIVE
Present	**Past simple**	**Future**	**Conditional**	**Present**	**Imperfect**	**Future**	
nazco				*nazca*			
naces				*nazcas*			nace (tú)
nace				*nazca*			*nazca* (él)
nacemos				*nazcamos*			*nazcamos*
nacéis				*nazcáis*			(nosotros)
nacen				*nazcan*			naced
							(vosotros)
							nazcan (ellos)

43. AGRADECER (*c* changes to *zc* before *a* and *o*)

	INDICATIVE				SUBJUNCTIVE		IMPERATIVE
Present	**Past simple**	**Future**	**Conditional**	**Present**	**Imperfect**	**Future**	
agradezco				*agradezca*			
agradeces				*agradezcas*			agradece (tú)
agradece				*agradezca*			*agradezca* (él)
agradecemos				*agradezcamos*			*agradezcamos*
agradecéis				*agradezcáis*			(nosotros)
agradecen				*agradezcan*			agradeced
							(vosotros)
							agradezcan
							(ellos)

. CONOCER (*c* changes to *zc* before *a* and *o*)

	INDICATIVE				SUBJUNCTIVE			IMPERATIVE
esent	Past simple	Future	Conditional	Present	Imperfect	Future		
nozco				*conozca*				
noces				*conozcas*				conoce (tú)
noce				*conozca*				*conozca* (él)
nocemos				*conozcamos*				*conozcamos*
nocéis				*conozcáis*				(nosotros)
nocen				*conozcan*				conoced
								(vosotros)
								conozcan
								(ellos)

. LUCIR (*c* changes to *zc* before *a* and *o*)

	INDICATIVE				SUBJUNCTIVE			IMPERATIVE
esent	Past simple	Future	Conditional	Present	Imperfect	Future		
zco				*luzca*				
ces				*luzcas*				luce (tú)
ce				*luzca*				*luzca* (él)
cimos				*luzcamos*				*luzcamos*
cís				*luzcáis*				(nosotros)
cen				*luzcan*				lucid
								(vosotros)
								luzcan (ellos)

. CONDUCIR (*c* changes to *zc* before *a* and *o*; the Preterite is irregular)

	INDICATIVE				SUBJUNCTIVE			IMPERATIVE
esent	Past simple	Future	Conditional	Present	Imperfect	Future		
onduzco	**conduje**			*conduzca*	**condujera**	**condujere**		
onduces	**condujiste**			*conduzcas*	**condujeras**	**condujeres**		conduce (tú)
onduce	**condujo**			*conduzca*	**condujera**	**condujere**		*conduzca* (él)
onduci-	**conduji-**			*conduzca-*	**condujéra-**	**condujére-**		*conduzcamos*
nos	mos			mos	mos	mos		(nosotros)
onducís	**condujisteis**			*conduzcáis*	**condujerais**	**condujereis**		conducid
onducen	**condujeron**			*conduzcan*	**condujeran**	**condujeren**		(vosotros)
					o			*conduzcan*
					condujese			(ellos)
					condujeses			
					condujese			
					condujésemos			
					condujeseis			
					condujesen			

erbs with systematic irregularity and spelling variation
his group includes verbs which share some of the irregularities and spelling variations of the preceding group.

. EMPEZAR (*e* changes to the diphthong *ie* in stressed syllables and *z* changes to *c* before *e*)

	INDICATIVE				SUBJUNCTIVE			IMPERATIVE
esent	Past simple	Future	Conditional	Present	Imperfect	Future		
npiezo	empecé			*empiece*				
npiezas	empezaste			*empieces*				*empieza* (tú)
npieza	empezó			*empiece*				*empiece* (él)
npeza-	empezamos			*empecemos*				*empecemos*
nos								(nosotros)
npezáis	empezasteis			*empecéis*				empezad
npiezan	empezaron			*empiecen*				(vosotros)
								empiecen
								(ellos)

. REGAR (*e* changes to the diphthong *ie* in stressed syllables; *g* changes to *gu* before *e*)

	INDICATIVE				SUBJUNCTIVE			IMPERATIVE
esent	Past simple	Future	Conditional	Present	Imperfect	Future		
ego	regué			*riegue*				
egas	regaste			*riegues*				*riega* (tú)
ega	regó			*riegue*				*riegue* (él)
gamos	regamos			*reguemos*				*reguemos*
gáis	regasteis			*reguéis*				(nosotros)
egan	regaron			*rieguen*				regad
								(vosotros)
								rieguen (ellos)

49. TROCAR (*o* changes to the diphthong *ue* in stressed syllables; *c* changes to *qu* before *e*)

	INDICATIVE				SUBJUNCTIVE			IMPERATIVE
Present	Past simple	Future	Conditional	Present	Imperfect	Future		
trueco	troqué			*trueque*				
truecas	trocaste			*trueques*				*trueca* (tú)
trueca	trocó			*trueque*				*trueque* (él)
trocamos	trocamos			*troquemos*				*troquemos*
trocáis	trocasteis			*troquéis*				(nosotros)
truecan	trocaron			*truequen*				trocad
								(vosotros)
								truequen
								(ellos)

50. FORZAR (*o* changes to the diphthong *ue* in stressed syllables; *z* changes to *c* before *e*)

	INDICATIVE				SUBJUNCTIVE			IMPERATIVE
Present	Past simple	Future	Conditional	Present	Imperfect	Future		
fuerzo	forcé			*fuerce*				
fuerzas	forzaste			*fuerces*				*fuerza* (tú)
fuerza	forzó			*fuerce*				*fuerce* (él)
forzamos	forzamos			*forcemos*				*forcemos*
forzáis	forzasteis			*forcéis*				(nosotros)
fuerzan	forzaron			*fuercen*				forzad
								(vosotros)
								fuercen (ellos)

51. AVERGONZAR (*o* changes to the diphthong *üe* in stressed syllables; *g* changes to *gü* in stressed syllables; *z* changes to *c* before *e*)

	INDICATIVE				SUBJUNCTIVE			IMPERATIVE
Present	Past simple	Future	Conditional	Present	Imperfect	Future		
avergüenzo	avergoncé			*avergüence*				
avergüenzas	avergonzaste			*avergüences*				*avergüenza*
avergüenza	avergonzó			*avergüence*				(tú)
avergonza-mos	avergonzamos			*avergoncemos*				*avergüence* (él)
								avergoncemos
avergonzáis	avergonzasteis			*avergoncéis*				(nosotros)
avergüen-zan	avergonzaron			*avergüencen*				avergonzad
								(vosotros)
								avergüencen
								(ellos)

52. COLGAR (*o* changes to the diphthong *ue* in stressed syllables; *g* changes to *gu* before *e*)

	INDICATIVE				SUBJUNCTIVE			IMPERATIVE
Present	Past simple	Future	Conditional	Present	Imperfect	Future		
cuelgo	colgué			*cuelgue*				
cuelgas	colgaste			*cuelgues*				*cuelga* (tú)
cuelga	colgó			*cuelgue*				*cuelgue* (él)
colgamos	colgamos			*colguemos*				*colguemos*
colgáis	colgasteis			*colguéis*				(nosotros)
cuelgan	colgaron			*cuelguen*				colgad
								(vosotros)
								cuelguen
								(ellos)

53. JUGAR (*u* changes to the diphthong *ue* in stressed syllables; *g* changes to *gu* before *e*)

	INDICATIVE				SUBJUNCTIVE			IMPERATIVE
Present	Past simple	Future	Conditional	Present	Imperfect	Future		
juego	jugué			*juegue*				
juegas	jugaste			*juegues*				*juega* (tú)
juega	jugó			*juegue*				*juegue* (él)
jugamos	jugamos			*juguemos*				*juguemos*
jugáis	jugasteis			*juguéis*				(nosotros)
juegan	jugaron			*jueguen*				jugad
								(vosotros)
								jueguen (ellos)

54. COCER (*o* changes to the diphthong *ue* in stressed syllables; *c* changes to *z* before *a* and *o*)

	INDICATIVE				SUBJUNCTIVE			IMPERATIVE
Present	Past simple	Future	Conditional	Present	Imperfect	Future		
cuezo				*cueza*				
cueces				*cuezas*				*cuece* (tú)

		cueza	cueza (él)
		cozamos	cozamos (nosotros)
		cozáis	coced (vosotros)
		cuezan	cuezan (ellos)

5. ELEGIR (*e* changes to *i* in certain persons of certain tenses; *g* changes to *j* before *a* and *o*)

	INDICATIVE			SUBJUNCTIVE			IMPERATIVE
Present	Past simple	Future	Conditional	Present	Imperfect	Future	
elijo	elegí			*elija*	*eligiera*	*eligiere*	*elige* (tú)
eliges	elegiste			*elijas*	*eligieras*	*eligieres*	*elija* (él)
elige	eligió			*elija*	*eligiera*	*eligiere*	*elijamos* (nosotros)
elegimos	elegimos		.	*elijamos*	*eligiéramos*	*eligiéremos*	elegid (vosotros)
elegís	elegisteis			*elijáis*	*eligierais*	*eligiereis*	*elijan* (ellos)
eligen	eligieron			*elijan*	*eligieran*	*eligieren*	
					o		
					eligiese		
					eligieses		
					eligiese		
					eligiésemos		
					eligieseis		
					eligiesen		

6. SEGUIR (*e* changes to *i* in certain persons of certain tenses; *gu* changes to *g* before *a* and *o*)

	INDICATIVE			SUBJUNCTIVE			IMPERATIVE
Present	Past simple	Future	Conditional	Present	Imperfect	Future	
sigo	seguí			*siga*	*siguiera*	*siguiere*	*sigue* (tú)
sigues	seguiste			*sigas*	*siguieras*	*siguieres*	*siga* (él)
sigue	siguió			*siga*	*siguiera*	*siguiere*	*sigamos* (nosotros)
seguimos	seguimos			*sigamos*	*siguiéramos*	*siguiéremos*	seguid (vosotros)
seguís	seguisteis			*sigáis*	*siguierais*	*siguiereis*	*sigan* (ellos)
siguen	siguieron			*sigan*	*siguieran*	*siguieren*	
					o		
					siguiese		
					siguieses		
					siguiese		
					siguiésemos		
					siguieseis		
					siguiesen		

7. ERRAR (*e* changes to *ye* in stressed syllables)

	INDICATIVE			SUBJUNCTIVE			IMPERATIVE
Present	Past simple	Future	Conditional	Present	Imperfect	Future	
yerro				*yerre*			*yerra* (tú)
yerras				*yerres*			*yerre* (él)
yerra				*yerre*			erremos (nosotros)
erramos				erremos			errad (vosotros)
erráis				erréis			*yerren* (ellos)
yerran				*yerren*			

8. AGORAR (*o* changes to the diphthong *ue* in stressed syllables; *g* changes to *gü* before *e*)

	INDICATIVE			SUBJUNCTIVE			IMPERATIVE
Present	Past simple	Future	Conditional	Present	Imperfect	Future	
agüero				*agüere*			
agüeras				*agüeres*			*agüera* (tú)
agüera				*agüere*			*agüere* (él)
agoramos				agoremos			agoremos (nosotros)
agoráis				agoréis			agorad (vosotros)
agüeran				*agüeren*			*agüeren* (ellos)

9. DESOSAR (*o* changes to *hue* in stressed syllables)

	INDICATIVE			SUBJUNCTIVE			IMPERATIVE
Present	Past simple	Future	Conditional	Present	Imperfect	Future	
deshueso				*deshuese*			
deshuesas				*deshueses*			*deshuesa* (tú)
deshuesa				*deshuese*			*deshuese* (él)

desosamos
desosáis
deshuesan

desosemos
desoséis
deshuesen

desosemos
(nosotros)
desosad
(vosotros)
deshuesen
(ellos)

60. OLER (*o* changes to *hue* in stressed syllables)

	INDICATIVE				SUBJUNCTIVE		IMPERATIVE
Present	Past simple	Future	Conditional	Present	Imperfect	Future	
huelo				*huela*			
hueles				*huelas*			*huele* (tú)
huele				*huela*			*huela* (él)
olemos				olamos			olamos
oléis				oláis			(nosotros)
huelen				*huelan*			oled
							(vosotros)
							huelan (ellos)

61. LEER (the *i* ending changes to *y* before *o* and *e*)

	INDICATIVE				SUBJUNCTIVE		IMPERATIVE
Present	Past simple	Future	Conditional	Present	Imperfect	Future	
	leí				*leyera*	*leyere*	
	leíste				*leyeras*	*leyeres*	
	leyó				*leyera*	*leyere*	
	leímos				*leyéramos*	*leyéremos*	
	leísteis				*leyerais*	*leyereis*	
	leyeron				*leyeran*	*leyeren*	
					o		
					leyese		
					leyeses		
					leyese		
					leyésemos		
					leyeseis		
					leyesen		

62. HUIR (*i* changes to *y* before *a*, *o* and *e*)

	INDICATIVE				SUBJUNCTIVE		IMPERATIVE
Present	Past simple	Future	Conditional	Present	Imperfect	Future	
huyo	*huí*			*huya*	*huyera*	*huyere*	
huyes	*huiste*			*huyas*	*huyeras*	*huyeres*	*huye* (tú)
huye	*huyó*			*huya*	*huyera*	*huyere*	*huya* (él)
huimos	huimos			*huyamos*	*huyéramos*	*huyéremos*	*huyamos*
huís	huisteis			*huyáis*	*huyerais*	*huyereis*	(nosotros)
huyen	*huyeron*			*huyan*	*huyeran*	*huyeren*	huid
					o		(vosotros)
					huyese		*huyan* (ellos)
					huyeses		
					huyese		
					huyésemos		
					huyeseis		
					huyesen		

63. ARGÜIR (*i* changes to *y* before *a*, *o* and *e*; *gü* becomes *gu* before *y*)

	INDICATIVE				SUBJUNCTIVE		IMPERATIVE
Present	Past simple	Future	Conditional	Present	Imperfect	Future	
arguyo	argüí			*arguya*	*arguyera*	*arguyere*	
arguyes	argüiste			*arguyas*	*arguyeras*	*arguyeres*	*arguye* (tú)
arguye	*arguyó*			*arguya*	*arguyera*	*arguyere*	*arguya* (él)
argüimos	argüimos			*arguyamos*	*arguyéramos*	*arguyéremos*	*arguyamos*
argüís	argüisteis			*arguyáis*	*arguyerais*	*arguyereis*	(nosotros)
arguyen	*arguyeron*			*arguyan*	*arguyeran*	*arguyeren*	argüid
					o		(vosotros)
					arguyese		*arguyan* (ellos)
					arguyeses		
					arguyese		
					arguyésemos		
					arguyeseis		
					arguyesen		

Irregular verbs

These verbs have many forms which cannot be classified in any of the preceding groups since they do not follow any pattern.

64. ANDAR

	INDICATIVE				SUBJUNCTIVE			IMPERATIVE
Present	Past simple	Future	Conditional	Present	Imperfect	Future		
	anduve				anduviera	anduviere		
	anduviste				anduvieras	anduvie-res		
	anduvo				anduviera	anduviere		
	anduvimos				anduviéra-mos	anduviére-mos		
	anduvisteis				anduvierais	anduviereis		
	anduvieron				anduvieran	anduvieren		
					o			
					anduviese			
					anduvieses			
					anduviese			
					anduviése-mos			
					anduvieseis			
					anduviesen			

65. ASIR

	INDICATIVE				SUBJUNCTIVE			IMPERATIVE
Present	Past simple	Future	Conditional	Present	Imperfect	Future		
asgo				asga				
ases				asgas				ase (tú)
ase				asga				asga (él)
asimos				asgamos				asgamos
asís				asgáis				(nosotros)
asen				asgan				asid (vosotros)
								asgan (ellos)

66. CABER

	INDICATIVE				SUBJUNCTIVE			IMPERATIVE
Present	Past simple	Future	Conditional	Present	Imperfect	Future		
quepo	cupe	cabré	cabría	quepa	cupiera	cupiere		
cabes	cupiste	cabrás	cabrías	quepas	cupieras	cupieres		cabe (tú)
cabe	cupo	cabrá	cabría	quepa	cupiera	cupiere		quepa (él)
cabemos	cupimos	cabremos	cabríamos	quepamos	cupiéramos	cupiéremos		quepamos
cabéis	cupisteis	cabréis	cabríais	quepáis	cupierais	cupiereis		(nosotros)
caben	cupieron	cabrán	cabrían	quepan	cupieran	cupieren		cabed
					o			(vosotros)
					cupiese			quepan (ellos)
					cupieses			
					cupiese			
					cupiésemos			
					cupieseis			
					cupiesen			

67. CAER

	INDICATIVE				SUBJUNCTIVE			IMPERATIVE
Present	Past simple	Future	Conditional	Present	Imperfect	Future		
caigo	caí			caiga	cayera	cayere		
caes	caíste			caigas	cayeras	cayeres		cae (tú)
cae	cayó			caiga	cayera	cayere		caiga (él)
caemos	caímos			caigamos	cayéramos	cayéremos		caigamos
caéis	caísteis			caigáis	cayerais	cayereis		(nosotros)
caen	cayeron			caigan	cayeran	cayeren		caed
					o			(vosotros)
					cayese			caigan (ellos)
					cayeses			
					cayese			
					cayésemos			
					cayeseis			
					cayesen			

68. DAR

	INDICATIVE				SUBJUNCTIVE			IMPERATIVE
Present	Past simple	Future	Conditional	Present	Imperfect	Future		
doy	di			dé	diera	diere		
das	diste			des	dieras	dieres		da (tú)

da	dio			dé	diera	diere	**dé** (él)
damos	dimos			demos	diéramos	diéremos	damos
dais	disteis			deis	dierais	diereis	(nosotros)
dan	dieron			den	dieran	dieren	dad
					o		(vosotros)
					diese		den
					dieses		(ellos)
					diese		
					diésemos		
					dieseis		
					diesen		

69. DECIR

	INDICATIVE				SUBJUNCTIVE		IMPERATIVE
Present	Past simple	Future	Conditional	Present	Imperfect	Future	
digo	dije	diré	diría	diga	dijera	dijere	
dices	dijiste	dirás	dirías	digas	dijeras	dijeres	di (tú)
dice	dijo	dirá	diría	diga	dijera	dijere	diga (él)
decimos	dijimos	diremos	diríamos	digamos	dijéramos	dijéremos	digamos
decís	dijisteis	diréis	diríais	digáis	dijerais	dijereis	(nosotros)
dicen	dijeron	dirán	dirían	digan	dijeran	dijeren	decid
					o		(vosotros)
					dijese		digan (ellos)
					dijeses		
					dijese		
					dijésemos		
					dijeseis		
					dijesen		

70. ERGUIR

	INDICATIVE				SUBJUNCTIVE		IMPERATIVE
Present	Past simple	Future	Conditional	Present	Imperfect	Future	
irgo, yergo	erguí			irga, yerga	irguiera	irguiere	
irgues, yergues	erguiste			irgas, yergas	irguieras	irguieres	irgue, yergue (tú)
irgue, yergue	irguió			irga, yerga	irguiera	irguiere	irga, yerga (él)
erguimos	erguimos			irgamos	irguiéramos	irguiéremos	irgamos (nosotros)
erguís	erguisteis			irgáis	irguierais	irguiereis	erguid (vosotros)
irgen, yergen	irguieron			irgan, yergan	irguieran	irguieren	irgan, yergan (ellos)
					o		
					irguiese		
					irguieses		
					irguiese		
					irguiésemos		
					irguieseis		
					irguiesen		

71. ESTAR

	INDICATIVE					SUBJUNCTIVE		IMPERATIVE
Present	Imperfect	Past simple	Future	Conditional	Present	Imperfect	Future	
estoy	estaba	estuve	estaré	estaría	esté	estuviera	estuviere	
estás	estabas	estuviste	estarás	estarías	estés	estuvieras	estuvieres	está (tú)
está	estaba	estuvo	estará	estaría	esté	estuviera	estuviere	esté (él)
estamos	estábamos	estuvimos	estaremos	estaríamos	estemos	estuviéramos	estuviéremos	estemos
estáis	estabais	estuvisteis	estaréis	estaríais	estéis	estuvierais	estuviereis	(nosotros)
están	estaban	estuvieron	estarán	estarían	estén	estuvieran	estuvieren	estad
						o		(vosotros)
						estuviese		estén (ellos)
						estuvieses		
						estuviese		
						estuviésemos		
						estuvieseis		
						estuviesen		

72. HABER

	INDICATIVE				SUBJUNCTIVE		IMPERATIVE
Present	Imperfect	Past simple	Future	Conditional	Present	Imperfect	Future	
he	había	hube	habré	habría	haya	hubiera	hubiere	
has	habías	hubiste	habrás	habrías	hayas	hubieras	hubieres	he (tú)

...a	había	hubo	habrá	habría	haya	hubiera	hubiere	haya (él)
...emos	habíamos	hubimos	habremos	habríamos	hayamos	hubiéramos	hubiéremos	hayamos
			habréis	habríais		hubierais	hubiereis	(nosotros)
...abéis	habíais	hubisteis	habrán	habrían	hayáis	hubieran	hubieren	habed
...an	habían	hubieron			hayan	o		(vosotros)
						hubiese		hayan (ellos)
						hubieses		
						hubiese		
						hubiésemos		
						hubieseis		
						hubiesen		

3. HACER

	INDICATIVE				SUBJUNCTIVE			IMPERATIVE
Present	Past simple	Future	Conditional	Present	Imperfect	Future	
...ago	hice	haré	haría	haga	hiciera	hiciere	
...aces	hiciste	harás	harías	hagas	hicieras	hicieres	haz (tú)
...ace	hizo	hará	haría	haga	hiciera	hiciere	haga (él)
...acemos	hicimos	haremos	haríamos	hagamos	hiciéramos	hiciéremos	hagamos
...acéis	hicisteis	haréis	haríais	hagáis	hicierais	hiciereis	(nosotros)
...acen	hicieron	harán	harían	hagan	hicieran	hicieren	haced
					o		(vosotros)
					hiciese		hagan (ellos)
					hicieses		
					hiciese		
					hiciésemos		
					hicieseis		
					hiciesen		

4. IR

		INDICATIVE				SUBJUNCTIVE			IMPERATIVE
Present	Imperfect	Past simple	Future	Conditional	Present	Imperfect	Future	
...oy	iba	fui			vaya	fuera	fuere	ve (tú)
...as	ibas	fuiste			vayas	fueras	fueres	vaya (él)
...a	iba	fue			vaya	fuera	fuere	vayamos
...amos	íbamos	fuimos			vayamos	fuéramos	fuéremos	(nosotros)
...ais	ibais	fuisteis			vayáis	fuerais	fuereis	id (vosotros)
...an	iban	fueron			vayan	fueran	fueren	vayan (ellos)
						o		
						fuese		
						fueses		
						fuese		
						fuésemos		
						fueseis		
						fuesen		

5. OÍR

	INDICATIVE				SUBJUNCTIVE			IMPERATIVE
Present	Past simple	Future	Conditional	Present	Imperfect	Future	
...igo	oí			oiga	oyera	oyere	
...yes	oíste			oigas	oyeras	oyeres	oye (tú)
...ye	oyó			oiga	oyera	oyere	oiga (él)
...ímos	oímos			oigamos	oyéramos	oyéremos	oigamos
...ís	oísteis			oigáis	oyerais	oyereis	(nosotros)
...yen	oyeron			oigan	oyeran	oyeren	oíd
					o		(vosotros)
					oyese		oigan (ellos)
					oyeses		
					oyese		
					oyésemos		
					oyeseis		
					oyesen		

6. PLACER

	INDICATIVE				SUBJUNCTIVE			IMPERATIVE
Present	Past simple	Future	Conditional	Present	Imperfect	Future	
...lazco	plací			plazca	placiera	placiere	
...laces	placiste			plazcas	placieras	placieres	place (tú)
...lace	plació, **plugo**			plazca,	placiera,	placiere,	plazca (él)
				plegue	**pluguiera**	**pluguiere**	plazcamos
...lacemos	placimos			plazcamos	placiéramos	placiéremos	(nosotros)
...lacéis	placisteis			plazcáis	placierais	placiereis	placed
...lacen	placieron,			plazcan	placieran	placieren	(vosotros)
	pluguieron				o		plazcan (ellos)
					placiese		
					placieses		

placiese,
pluguiese
placiésemos
placieseis
placiesen

77. PODER

	INDICATIVE				SUBJUNCTIVE		IMPERATIVE
Present	Past simple	Future	Conditional	Present	Imperfect	Future	
puedo	**pude**	*podré*	*podría*	*pueda*	**pudiera**	**pudiere**	
puedes	**pudiste**	*podrás*	*podrías*	*puedas*	**pudieras**	**pudieres**	*puede* (tú)
puede	**pudo**	*podrá*	*podría*	*pueda*	**pudiera**	**pudiere**	*pueda* (él)
podemos	**pudimos**	*podremos*	*podríamos*	podamos	**pudiéramos**	**pudiéremos**	podamos
podéis	**pudisteis**	*podréis*	*podríais*	podáis	**pudierais**	**pudiereis**	(nosotros)
pueden	**pudieron**	*podrán*	*podrían*	*puedan*	**pudieran**	**pudieren**	poded
					o		(vosotros)
					pudiese		*puedan* (ellos)
					pudieses		
					pudiese		
					pudiésemos		
					pudieseis		
					pudiesen		

78. PONER

	INDICATIVE				SUBJUNCTIVE		IMPERATIVE
Present	Past simple	Future	Conditional	Present	Imperfect	Future	
pongo	**puse**	**pondré**	**pondría**	**ponga**	**pusiera**	**pusiere**	
pones	**pusiste**	**pondrás**	**pondrías**	**pongas**	**pusieras**	**pusieres**	**pon** (tú)
pone	**puso**	**pondrá**	**pondría**	**ponga**	**pusiera**	**pusiere**	**ponga** (él)
ponemos	**pusimos**	**pondremos**	**pondríamos**	**pongamos**	**pusiéramos**	**pusiéremos**	**pongamos**
							(nosotros)
ponéis	**pusisteis**	**pondréis**	**pondríais**	**pongáis**	**pusierais**	**pusiereis**	poned
ponen	**pusieron**	**pondrán**	**pondrían**	**pongan**	**pusieran**	**pusieren**	(vosotros)
					o		**pongan**
					pusiese		(ellos)
					pusieses		
					pusiese		
					pusiésemos		
					pusieseis		
					pusiesen		

79. PREDECIR

	INDICATIVE				SUBJUNCTIVE		IMPERATIVE
Present	Past simple	Future	Conditional	Present	Imperfect	Future	
predigo	**predije**			**prediga**	**predijera**	**predijere**	
predices	**predijiste**			**predigas**	**predijeras**	**predijeres**	**predice** (tú)
predice	**predijo**			**prediga**	**predijera**	**predijere**	**prediga** (él)
predecimos	**predijimos**			**predigamos**	**predijéramos**	**predijéremos**	**predigamos**
							(nosotros)
predecís	**predijisteis**			**predigáis**	**predijerais**	**predijereis**	predecid
predicen	**predijeron**			**predigan**	**predijeran**	**predijeren**	(vosotros)
					o		**predigan**
					predijese		(ellos)
					predijeses		
					predijese		
					predijésemos		
					predijeseis		
					predijesen		

80. QUERER

	INDICATIVE				SUBJUNCTIVE		IMPERATIVE
Present	Past simple	Future	Conditional	Present	Imperfect	Future	
quiero	**quise**	*querré*	*querría*	*quiera*	**quisiera**	**quisiere**	
quieres	**quisiste**	*querrás*	*querrías*	*quieras*	**quisieras**	**quisieres**	*quiere* (tú)
quiere	**quiso**	*querrá*	*querría*	*quiera*	**quisiera**	**quisiere**	*quiera* (él)
queremos	**quisimos**	*querremos*	*querríamos*	queramos	**quisiéramos**	**quisiéremos**	queramos
queréis	**quisisteis**	*querréis*	*querríais*	queráis	**quisierais**	**quisiereis**	(nosotros)
quieren	**quisieron**	*querrán*	*querrían*	*quieran*	**quisieran**	**quisieren**	quered
					o		(vosotros)
					quisiese		*quieran* (ellos)
					quisieses		
					quisiese		
					quisiésemos		
					quisieseis		
					quisiesen		

81. RAER

	INDICATIVE				SUBJUNCTIVE		IMPERATIVE
Present	Past simple	Future	Conditional	Present	Imperfect	Future	
rao, **raigo**, **rayo**	raí			**raiga, raya**	**rayera**	**rayere**	
raes	raíste			**raigas, rayas**	**rayeras**	**rayeres**	rae (tú)
rae	*rayó*						**raiga, raya** (él)
raemos	raímos			**raiga, raya**	**rayera**	**rayere**	**raigamos,**
raéis	raísteis			**raigamos, rayamos**	**rayéramos**	**rayéremos**	**rayamos** (nosotros)
raen	*rayeron*			**raigáis, rayáis**	**rayerais**	**rayereis**	raed (vosotros)
				raigan, rayan	**rayeran**	**rayeren**	**raigan, rayan** (ellos)
					o		
					rayese		
					rayeses		
					rayese		
					rayésemos		
					rayeseis		
					rayesen		

82. ROER

	INDICATIVE				SUBJUNCTIVE		IMPERATIVE
Present	Past simple	Future	Conditional	Present	Imperfect	Future	
roo, **roigo**, **royo**	roí			roa, **roiga**, **roya**	**royera**	**royere**	
roes	roiste			roas, **roigas**, **royas**	**royeras**	**royeres**	roe (tú)
roe	**royó**			roa, **roiga**, **roya**	**royera**	**royere**	roa, **roiga**, **roya** (él)
roemos	roímos			roamos, **roigamos**, **royamos**	**royéramos**	**royéremos**	roamos, **roigamos**, **royamos** (nosotros)
roéis	roísteis			roáis, **roigáis**, **royáis**	**royerais**	**royereis**	roed (vosotros)
roen	**royeron**			roan, roigan, **royan**	**royeran**	**royeren**	roan, **roigan**, **royan** (ellos)
					o		
					royese		
					royeses		
					royese		
					royésemos		
					royeseis		
					royesen		

83. SABER

	INDICATIVE				SUBJUNCTIVE		IMPERATIVE
Present	Past simple	Future	Conditional	Present	Imperfect	Future	
sé	**supe**	*sabré*	*sabría*	sepa	**supiera**	**supiere**	
sabes	**supiste**	*sabrás*	*sabrías*	sepas	**supieras**	**supieres**	sabe (tú)
sabe	**supo**	*sabrá*	*sabría*	sepa	**supiera**	**supiere**	sepa (él)
sabemos	**supimos**	*sabremos*	*sabríamos*	sepamos	**supiéramos**	**supiéremos**	sepamos (nosotros)
sabéis	**supisteis**	*sabréis*	*sabríais*	sepáis	**supierais**	**supiereis**	sabed (vosotros)
saben	**supieron**	*sabrán*	*sabrían*	sepan	superan	supieren	sepan (ellos)
					o		
					supiese		
					supieses		
					supiese		
					supiésemos		
					supieseis		
					supiesen		

84. SALIR

	INDICATIVE				SUBJUNCTIVE		IMPERATIVE
Present	Past simple	Future	Conditional	Present	Imperfect	Future	
salgo		**saldré**	**saldría**	**salga**			
sales		**saldrás**	**saldrías**	**salgas**			sal (tú)
sale		**saldrá**	**saldría**	**salga**			**salga** (él)
salimos		**saldremos**	**saldríamos**	**salgamos**			**salgamos** (nosotros)
salís		**saldréis**	**saldríais**	**salgáis**			salid (vosotros)
salen		**saldrán**	**saldrían**	**salgan**			**salgan** (ellos)

85. SATISFACER

	INDICATIVE				SUBJUNCTIVE			IMPERATIVE
Present	Past simple	Future	Conditional	Present	Imperfect	Future	
satisfago	satisfice	satisfaré	satisfaría	satisfaga	satisficiera	satisficiere	
satisfaces	satisficiste	satisfa-rás	satisfarías	satisfagas	satisficieras	satisficie-res	satisfaz, sa-tisface (tú)
satisface	satisfizo	satisfará	satisfaría	satisfaga	satisficiera	satisficiere	satisfaga (él)
satisface-mos	satisfici-mos	satisfa-remos	satisfaría-mos	satisfaga-mos	satisficiéra-mos	satisficié-remos	satisfagamos (nosotros)
satisfacéis	satisficis-teis	satisfa-réis	satisfaríais	satisfagáis	satisficierais	satisficie-reis	satisfaced (vosotros)
satisfacen	satisficie-ron	satisfa-rán	satisfarían	satisfagan	satisficieran o satisficiese satisficieses satisficiese satisficiése-mos satisficieseis satisficiesen	satisficie-ren	satisfagan (ellos)

86. SER

	INDICATIVE				SUBJUNCTIVE			IMPERATIVE
Present	Imperfect	Past simple	Future	Conditional	Present	Imperfect	Future	
soy	era	fui	seré	sería	sea	fuera	fuere	
eres	eras	fuiste	serás	serías	seas	fueras	fueres	sé (tú)
es	era	fue	será	sería	sea	fuera	fuere	sea (él)
somos	éramos	fuimos	seremos	seríamos	seamos	fuéramos	fuéremos	seamos (nosotros)
sois	erais	fuisteis	seréis	seríais	seáis	fuerais	fuereis	(nosotros)
son	eran	fueron	serán	serían	sean	fueran o fuese fueses fuese fuésemos fueseis fuesen	fueren	sed (vosotros) sean (ellos)

87. TENER

	INDICATIVE				SUBJUNCTIVE			IMPERATIVE
Present	Past simple	Future	Conditional	Present	Imperfect	Future	
tengo	tuve	tendré	tendría	tenga	tuviera	tuviere	
tienes	tuviste	tendrás	tendrías	tengas	tuvieras	tuvieres	ten (tú)
tiene	tuvo	tendrá	tendría	tenga	tuviera	tuviere	tenga (él)
tenemos	tuvimos	tendre-mos	tendría-mos	tengamos	tuviéramos	tuviére-mos	tengamos (nosotros)
tenéis	tuvisteis	tendréis	tendríais	tengáis	tuvierais	tuviereis	tened (vosotros)
tienen	tuvieron	tendrán	tendrían	tengan	tuvieran o tuviese tuvieses tuviese tuviésemos tuvieseis tuviesen	tuvieren	tengan (ellos)

88. TRAER

	INDICATIVE				SUBJUNCTIVE			IMPERATIVE
Present	Past simple	Future	Conditional	Present	Imperfect	Future	
traigo	traje			traiga	trajera	trajere	
traes	trajiste			traigas	trajeras	trajeres	trae (tú)
trae	trajo			traiga	trajera	trajere	traiga (él)
traemos	trajimos			traigamos	trajéramos	trajéremos	traigamos (nosotros)
traéis	trajisteis			traigáis	trajerais	trajereis	traed (vosotros)
traen	trajeron			traigan	trajeran o trajese trajeses trajese trajésemos trajeseis trajesen	trajeren	traigan (ellos)

89. VALER

	INDICATIVE				SUBJUNCTIVE		IMPERATIVE
Present	**Past simple**	**Future**	**Conditional**	**Present**	**Imperfect**	**Future**	
valgo		**valdré**	**valdría**	**valga**			
vales		valdrás	valdrías	valgas			vale (tú)
vale		valdrá	valdría	valga			valga (él)
valemos		valdre- mos	valdría- mos	valgamos			valgamos (nosotros)
valéis		valdréis	valdríais	valgáis			valed (vosotros)
valen		valdrán	valdrían	valgan			valgan (ellos)

90. VENIR

	INDICATIVE				SUBJUNCTIVE		IMPERATIVE
Present	**Past simple**	**Future**	**Conditional**	**Present**	**Imperfect**	**Future**	
vengo	**vine**	**vendré**	**vendría**	**venga**	**viniera**	**viniere**	**ven** (tú)
vienes	viniste	vendrás	vendrías	vengas	vinieras	vinieres	**venga** (él)
viene	vino	vendrá	vendría	venga	viniera	viniere	**vengamos**
venimos	vinimos	vendre- mos	vendría- mos	vengamos	viniéramos	viniére- mos	(nosotros)
venís	vinisteis	vendréis	vendríais	vengáis	vinierais	viniereis	venid (vosotros)
vienen	vinieron	vendrán	vendrían	vengan	vinieran	vinieren	**vengan** (ellos)
					o viniese vinieses viniese viniésemos vinieseis viniesen		

91. VER

	INDICATIVE				SUBJUNCTIVE		IMPERATIVE
Present	**Past simple**	**Future**	**Conditional**	**Present**	**Imperfect**	**Future**	
veo	vi				viera	viere	
ves	viste				vieras	vieres	ve (tú)
ve	vio				viera	viere	vea (él)
vemos	vimos				viéramos	viéremos	veamos (nosotros)
veis	visteis				vierais	viereis	ved (vosotros)
ven	vieron				vieran	vieren	vean (ellos)
					o viese vieses viese viésemos vieseis viesen		

92. YACER

	INDICATIVE				SUBJUNCTIVE		IMPERATIVE
Present	**Past simple**	**Future**	**Conditional**	**Present**		**Future**	
yazco, yaz- go, yago				yazca, yazga, yaga			
yaces				yazcas, yazgas, yagas			yace, **yaz** (tú)
yace				yazca, yazga, yaga			**yazca, yazga, yaga** (él)
yacemos				yazcamos, yazgamos, yagamos			**yazcamos, yazgamos, ya- gamos** (noso- tros)
yacéis				yazcáis, yazgáis, yagáis			yaced (vosotros)
yacen				yazcan, yazgan, yagan			**yazcan, yazgan, yagan** (ellos)

A

A, a *nf (la letra)* A, a.
A *abr de* **amperio,** ampère, amp, A.
a *abr de* **área,** are.
(a) *abr de* **alias,** alias.
a *prep véase tamb* **al. 1** *(dirección)* to; **caer al suelo,** to fall to *o* onto the floor; **girar a la izquierda,** to turn (to the) left; **ir a Colombia,** to go to Colombia; **ir al cine,** to go to the cinema; **llegar a Valencia,** to arrive in *o* reach Valencia; **subir a un tren/al autobús,** to get on a train/the bus; **vete a casa,** go home. **2** *(distancia)* away; **a cien kilómetros de aquí,** a hundred kilometres (away) from here. **3** *(posición)* at, on; **a la derecha,** on the right; **a la entrada,** at the entrance; **a la orilla del mar,** by the sea; **a lo lejos,** in the distance; **a mi lado,** at *o* by my side, next to me; **a orillas del Támesis,** on the banks of the Thames; **al lado de,** at the side of, next to, beside; **al norte/sur de,** to the north/south of; **al sol,** in the sun; **sentarse a la mesa,** to sit down at (the) table. **4** *(tiempo)* at; **a la mañana,** (on) the following morning; **a la semana,** per week; **a los sesenta años,** at the age of sixty; **a los tres meses/la media hora,** three months/half an hour later; **a los tres meses de su llegada,** three months after his arrival; **a tiempo,** in time; **al final,** in the end; **al principio,** at first. **5** *(manera)* **a ciegas,** blindly; **a la carta,** à la carte; **a la francesa,** (in the) French fashion *o* manner *o* style; **a lápiz,** in pencil; **a mano,** by hand; **escrito a mano/máquina,** handwritten/typewritten; **hecho a mano/máquina,** hand-made/machine-made; **a oscuras,** in the dark; **a pie,** on foot; **a su manera,** in his *o* her own way; **olla a presión,** pressure cooker. **6** *(cantidad)* **a cientos,** in hundreds, by the hundreds; *(medida)* **a 90 kilómetros por hora,** at 90 kilometres an hour; *(precio)* **¿a cuánto están las cerezas?** —**a 300 pesetas el kilo,** how much are the cherries? —three hundred pesetas a kilo; **ganar cuatro a dos,** to win four to two. **7** *(complemento directo) (no se traduce)* **saludé a tu tía,** I said hello to your aunt; **vi a tu madre/al rey,** I saw your mother/the king. **8** *(complemento indirecto) (destinatario)* to; **díselo a Javier,** tell Javier; **te lo di a ti,** I gave it to you; *(procedencia)* from; **se lo compré al representante,** I bought it from the sales representative. **9** *(finalidad)* **fueron a ayudarle,** they went to help him; **vino a vernos,** he came to see us; *fam* **ir a por vino,** to go and fetch some wine. **10** *(verbo + a + infin)* **aprender a nadar,** to learn (how) to swim; **negarse a salir,** to refuse to come out. **11** *(nombre + a + infin)* **sueldo a convenir,** salary to be agreed; **total a pagar,** total amount payable. **12** *(condicional)* **a decir verdad,** to tell (you) the truth; **a no ser por ...,** if it were not for ... . **13** *(desafío)* **¿a que no lo haces?,** I bet you don't do it! **14** *(exclamaciones imperativas)* **¡a comer!,** lunch/dinner etc. is ready!; **¡a dormir!,** bedtime!; **a ver,** let's see; **¡a ver!, ¿qué pasa aquí?,** all right, what's going on here?

abacería *nf* grocer's (shop).
abacero,-a *nm,f* grocer.
ábaco *nm* abacus.
abacorar *vtr Ant Can Ven* **1** *(acosar)* to hound, harass; *(acometer)* to attack. **2** *(sujetar)* to hold (down).

abad *nm Rel* abbot.
abadejo *nm (pez)* pollack.
abadesa *nf Rel* abbess.
abadía *nf Rel* **1** *(edificio)* abbey. **2** *(dignidad)* abbacy.
abajeño,-a *Am* **I** *adj* lowland, coastal. **II** *nm,f* lowlander, coastal dweller.
abajo I *adv* **1** *(posición)* below, down; *(en una casa)* downstairs; **ahí a.,** down there; **aquí a.,** down here; **a. del todo,** right at the bottom; **el piso de a.,** *(apartamento)* the flat downstairs; *(planta)* the floor below; **¿la de arriba o la de a.?,** the top one or the bottom one?; **la parte de a.,** the bottom (part); **más a.,** further down. **2** *(dirección)* down, downward; **calle a.,** down the street; **cuesta a.,** downhill; **echar algo a.,** to knock sth down; **hacia a.,** down, downwards; **ven aquí a.,** come down here; *(en una casa)* come downstairs; **venirse a.,** *(caer)* to fall down; *fig (proyecto)* to fall through. **II** *interj* **¡a. la censura!,** down with censorship!
abalanzarse [4] *vr* to rush forward, spring forward; **a. hacia,** to rush towards; **a. sobre,** to rush at, pounce on, swoop down on.
abalear *vtr Am* to shoot *o* fire at.
abalorio *nm* **1** *(cuenta de vidrio)* glass bead. **2** *(adorno de poco valor)* trinket.
abanderado,-a I *pp de* **abanderar. II** *nm,f* **1** *(portaestandarte)* standard bearer. **2** *fig* leader, champion.
abanderar *vtr Náut* to register.
abandonado,-a I *pp de* **abandonar. II** *adj* **1** abandoned, deserted; **sentirse a.,** to feel deserted. **2** *(descuidado)* neglected; **el jardín está a.,** the garden hasn't been looked after. **3** *(desaseado)* untidy, unkempt.
abandonar I *vtr* **1** *(lugar)* to leave, quit; *(persona)* to abandon; *(actividad)* to give up, withdraw from; *(traicionar)* to desert; **a. el barco,** to abandon ship; **a. la carrera,** to drop out; **me ha abandonado la suerte,** luck has forsaken me. **2** *(renunciar)* to relinquish, renounce. **3** *(descuidar)* to neglect; **abandonó sus obligaciones,** he neglected his duties. **4** *Dep* to withdraw from. **II** **abandonarse** *vr* **1** *(ceder)* to give way, give in; **a. a la bebida,** to overindulge in drinking. **2** *(descuidarse)* to neglect one's appearance, let oneself go.
abandono *nm* **1** *(acción)* abandoning, desertion. **2** *(actividad, idea)* giving up. **3** *(descuido)* neglect, lack of care; **estado de a.,** abandoned state. **4** *(dejadez)* apathy, carelessness, laziness. **5** *Dep* withdrawal; **ganar por a.,** to win by default. **6** *Náut* abandonment.
abanicar [1] **I** *vtr* to fan. **II** **abanicarse** *vr* to fan oneself.
abanico *nm* **1** fan; **en (forma de) a.,** fan-shaped. ■ *Inform* **a. de salida,** fan out. **2** *fig (gama)* range; **un amplio a. de posibilidades,** a wide range of possibilities.
abaniqueo *nm* fanning.
abarajar *vtr* **1** *Arg Par Urug (cuchillazos)* to fend off. **2** *(tomar en el aire)* to catch.
abaratamiento *nm* reduction in price.

abaratar I *vtr* to cut *o* reduce the price of. **II abaratarse** *vr (artículos)* to become cheaper, come down in price; *(precios)* to come down.

abarca *nf (prenda)* sandal.

abarcar [1] *vtr* **1** *(con los brazos)* to get one's arms round. **2** *(englobar)* to cover, embrace; **el libro abarca varios temas,** the book covers several topics; *prov* **quien mucho abarca poco aprieta,** do not bite off more than you can chew. **3** *(trabajo)* to undertake, take on. **4** *Am (acaparar)* to monopolize.

abaritonado,-a *adj Mús* baritone.

abarquillamiento *nm (madera)* warping; *(cartón)* curling up.

abarquillar *vtr*, **abarquillarse** *vr (madera)* to warp; *(cartón)* to curl up.

abarrajado,-a *adj Am (desvergonzado)* shameless; *(descarado)* insolent.

abarrancarse *vr fig* to get bogged down, get stuck **(en,** in).

abarrotado,-a I *pp de* **abarrotar. II** *adj* packed **(de,** with), crammed **(de,** with); **a. de gente,** (jam-) packed, very crowded.

abarrotar I *vtr* **1** *(llenar)* to pack, cram, fill up **(de,** with); **el público abarrotaba la sala,** the room was packed (with people). **2** *Am (acaparar)* to buy up. **II abarrotarse** *vr Am (aburuirse)* to go down in price.

abarrotería *nf* **1** *Am (tienda de comestibles)* grocer's shop, grocery store. **2** *CAm (ferretería)* ironmonger's (shop).

abarrotero,-a *nm,f Am* grocer.

abarrotes *nmpl Am* groceries.

abastecedor,-a I *adj* supplying, providing. **II** *nm,f* supplier, purveyor.

abastecer [43] **I** *vtr* to supply, provide. **II abastecerse** *vr* to stock up **(de** *o* **con,** with), lay in supplies **(de** *o* **con,** of); **a. de víveres,** to get in supplies.

abastecimiento *nm (acción)* supplying, provision; **a. de agua,** water supply.

abasto *nm* **1** *(provisión)* supplying, provisioning; *fam* **es que no doy a.,** I just can't cope, I can't keep up. **2 abastos,** *(víveres)* provisions, supplies. ■ **mercado de a.,** wholesale food market.

abatanar *vtr* **1** *Tex (paño)* to full. **2** *fig (golpear)* to beat.

abate *nm Rel* father, abbé.

abatible *adj* folding, collapsible; **asiento a.,** folding seat.

abatido,-a I *pp de* **abatir. II** *adj* **1** *(deprimido)* depressed, downhearted. **2** *(caído)* fallen, drooping. **3** *(despreciable)* despicable, low.

abatimiento *nm* depression, dejection.

abatir I *vtr* **1** *(derribar)* to knock down, pull down; *(árbol)* to cut down. **2** *(matar)* to kill; *(herir)* to wound; *(a tiros)* to shoot down. **3** *(desanimar)* to depress, dishearten. **4** *fml (bajar)* to lower, take down. **II abatirse** *vr* **1** *(ave, avión)* to swoop **(sobre,** down on), dive **(sobre,** down on); *fig* **la desgracia se abatió sobre la familia,** misfortune fell upon the family. **2** *(desanimarse)* to lose heart, become depressed.

abdicación *nf* abdication.

abdicar [1] *vtr & vi* to abdicate; **abdicó (la corona) en su hijo,** she abdicated (from the throne) in favour of her son; *fig* **a. de una ideología,** to give up an ideology.

abdomen *nm Anat* abdomen.

abdominal I *adj Anat* abdominal. **II abdominales** *nmpl Gimn* sit-ups.

abecé *nm* **1** *(alfabeto)* ABC, alphabet. **2** *fig (principio)* basics *pl,* rudiments *pl.*

abecedario *nm* **1** *(alfabeto)* alphabet. **2** *(libro)* spelling book.

abedul *nm Bot* birch. ■ **a. pubescente,** downy birch.

abeja *nf* **1** *Ent* bee. ■ **a. reina,** queen bee. **2** *fig (persona)* busy bee.

abejaruco *nm Orn* bee-eater.

abejón *nm Ent* **1** *(zángano)* drone. **2** *(abejorro)* bumblebee.

abejorreo *nm* buzzing.

abejorro *nm* **1** *Ent (abeja)* bumblebee; *(coleóptero)* cockchafer. **2** *fig (persona)* bore, nuisance.

aberración *nf* aberration.

aberrante *adj* aberrant.

aberrar *vi* to be mistaken.

abertura *nf* **1** *(hueco)* opening, gap; *(grieta)* crack, slit. **2** *Geog (entre montañas)* pass; *(ensenada)* cove, creek. **3** *Cost* vent. **4** *Opt* aperture.

abetal *nm* fir plantation.

abeto *nm Bot* fir (tree). ■ **a. rojo,** spruce.

abicharse *vr Arg Urug* to go maggoty.

abierto,-a I *pp de* **abrir. II** *adj* **1** open, unlocked; **a campo a.,** open country; **a. de par en par,** wide open; **ciudad abierta al mar,** a seaward-looking city; **guerra abierta,** open war; **herida abierta,** open *o* gaping wound; *fig* **con los brazos abiertos,** with open arms; *fig* **quedarse con la boca abierta,** to be left speechless; *fig* **ver el cielo a.,** to see a way out. **2** *(grifo)* (turned) on; **dejar el grifo a.,** to leave the tap running. **3** *fig (persona) (sincero)* open, frank; *(comprensivo)* open-minded. **4** *Ling (vocal)* open.

abigarrado,-a *adj* **1** *(multicolor)* gaudy. **2** *(mezclado)* jumbled, mixed up; **un discurso a.,** a disjointed speech.

Abisinia *n* Abyssinia.

abisinio,-a *adj & nm,f* Abyssinian.

abismal *adj* abysmal; *fig* **una diferencia a.,** a world of a difference.

abismar I *vtr (confundir)* to confuse, bewilder. **II abismarse** *vr* **1** to be engrossed **(en,** in), become absorbed **(en,** in). **2** *Am (asombrarse)* to be amazed.

abismo *nm* abyss; *fig* **al borde del a.,** on the brink of ruin; *fig* **entre ellos media un a.,** they are worlds apart.

abjuración *nf* abjuration.

abjurar *vtr & vi* to abjure, forswear.

ablandamiento *nm* softening.

ablandar I *vtr* **1** *(gen)* to soften. **2** *fig (calmar)* to soothe, appease; *fig* **a. a algn,** to soften sb up; *fig* **la música ablanda a las fieras,** music soothes the savage breast. **II** *vi (tiempo)* to get milder; *(nieve, hielo)* to melt. **III ablandarse** *vr* **1** *(gen)* to soften (up), go soft *o* softer. **2** *(tiempo)* to get warmer *o* milder; *(nieve, hielo)* to melt. **3** *fig (persona)* to mellow.

ablativo *nm Ling* ablative (case).

ablución *nf Rel* **1** ablution. **2 abluciones,** water and wine *sing.*

abnegación *nf* abnegation, self-denial.

abnegado,-a *adj* selfless, self-sacrificing.

abobado,-a *adj* **1** *(tonto)* stupid, silly. **2** *(pasmado)* bewildered.

abocado,-a *adj* **1 estar** *o* **verse a. a,** to be heading for; **está a. al fracaso,** it is doomed to failure. **2** *(vino)* medium dry.

abochornado,-a I *pp de* **abochornar.** II *adj fig* ashamed, embarrassed.

abochornar I *vtr* **1** *(avergonzar)* to shame, embarrass. **2** *(acalorar)* to make flushed. II **abochornarse** *vr* **1** *(avergonzarse)* to become embarrassed; *(estar avergonzado)* to be ashamed. **2** *(planta)* to wilt.

abocinado,-a *adj* *(gen)* trumpet-shaped; *Arquit* splayed.

abofetear *vtr* to slap.

abogacía *nf* legal profession.

abogadillo,-a *nm,f pey* second-rate lawyer, pettifogger.

abogado,-a *nm,f* **1** lawyer, solicitor; *(en tribunal supremo)* barrister; **ejercer de a.,** to practise law, be a lawyer. ■ **a. de oficio,** legal aid lawyer; **a. defensor,** counsel for the defense; **a. del diablo,** devil's advocate; **a. del Estado,** public prosecutor, *US* attorney general; **a. laboralista,** union lawyer. **2** *fig (defensor)* advocate, champion.

abogar [7] *vtr* to plead; **a. a favor de,** to plead for, defend; **a. por algo,** to advocate *o* champion sth.

abolengo *nm* ancestry, lineage; **de rancio a.,** of ancient lineage.

abolición *nf* abolition.

abolicionismo *nm* abolitionism.

abolicionista *adj & nmf* abolitionist.

abolir *vtr* defect to abolish.

abollado,-a I *pp de* **abollar.** II *adj* dented.

abolladura *nf* *(hundimiento)* dent; *(bollo)* bump.

abollar I *vtr* **1** to dent. **2** *Arte* to emboss. II **abollarse** *vr* to get dented.

abombado,-a I *pp de* **abombar.** II *adj* convex.

abombar I *vtr* to make convex. II **abombarse** *vr* *Am* **1** *(pudrirse)* to rot. **2** *fam (achisparse)* to get tipsy.

abominable *adj* abominable; **el a. hombre de las nieves,** the abominable snowman.

abominación *nf* abomination.

abominar *vtr & vi* **a. (de),** to abominate, loathe.

abonable *adj Fin* payable.

abonado,-a I *pp de* **abonar.** II *adj* **1** *Fin (pagado)* paid; **a. en cuenta,** credited. **2** *Agr (tierra)* fertilized, manured. III *nm,f* **1** *Ferroc Teat* season ticket holder. **2** *(al teléfono, a revista)* subscriber.

abonanzar [4] *vi (tiempo)* to become settled, grow calm; *(tormenta)* to clear up.

abonar I *vtr* **1** *fml (pagar)* to pay (for); **a. al contado,** to pay cash. **2** *(avalar)* to vouch for, guarantee; **le abona su reputación,** his reputation speaks for itself. **3** *(subscribir)* to subscribe. **4** *Agr (tierra)* to manure, fertilize. II **abonarse** *vr* **1** *(a una revista)* to subscribe (**a,** to). **2** *Ferroc Teat* to buy a season ticket.

abonaré *nm* promissory *o* credit note, IOU.

abono *nm* **1** *(pago)* payment; *(depósito)* deposit. **2** *Agr (producto)* fertilizer; *(estiércol)* manure; *(acción)* fertilizing. **3** *(a revista etc)* subscription; *Ferroc Teat* season ticket.

abordable *adj (persona)* approachable; *(lugar)* accessible; *(asunto)* manageable.

abordaje *nm Náut (choque)* collision, fouling; *(ataque)* boarding; **¡al a.!,** stand by to board!

abordar *vtr* **1** *Náut (chocar)* to run foul of, collide with; *(atacar)* to board. **2** *fig* to approach; **a. a algn,** to approach sb; **a. un asunto,** to tackle a subject.

aborigen *(pl aborígenes)* I *adj* native, indigenous; *esp Austral* aboriginal. II *nmf* native; *esp Austral* aborigine.

aborrecer [43] *vtr* **1** *(odiar)* to detest, hate, loathe. **2** *(las crías)* to abandon.

aborrecible *adj* detestable, loathesome.

aborrecimiento *nm* hate, hatred, loathing.

aborregado,-a I *pp de* **aborregarse.** II *adj* **1** *(cielo)* covered with fleecy clouds. **2** *fam (persona)* mindless, sheeplike.

aborregarse [7] *vr* **1** *(cielo)* to become covered with fleecy clouds. **2** *fam (persona)* to become sheeplike, follow the crowd.

abortar I *vi* **1** *(involuntariamente)* to miscarry, have a miscarriage; *(intencionadamente)* to abort, have an abortion. **2** *fig (fracasar)* to fail, miscarry. II *vtr* **1** *(feto) Med* to abort. **2** *Av (despegue)* to abort.

abortista *nmf* abortionist.

abortivo,-a I *adj* abortive. II *nm* abortifacient.

aborto *nm* **1** *(espontáneo)* miscarriage; *(provocado)* abortion. **2** *ofens (persona)* freak, ugly person; *(cosa)* abortion.

abotargado,-a I *pp de* **abotargarse.** II *adj* swollen.

abotargamiento *nm* swelling.

abotargarse [7] *vr* to swell up.

abotinado,-a *adj* **zapato a.,** ankle boot.

abotonar I *vtr (ropa)* to button (up). II **abotonarse** *vr* **1** *(persona)* to do one's buttons up. **2** *(ropa)* to button (up).

abovedado,-a I *pp de* **abovedar.** II *adj Arquit* vaulted, arched.

abovedar *vtr Arquit* to vault, arch.

abra *nf* **1** *Geog (bahía)* cove, inlet; *(desfiladero)* gorge, mountain pass. **2** *Geol (grieta)* fissure. **3** *Am (en bosque)* clearing.

abracadabra *nm* abracadabra.

abracar *vtr Am* to include, embrace, cover.

abrasado,-a I *pp de* **abrasar.** II *adj* burnt; **morir a.,** to be burnt to death.

abrasador,-a *adj* burning, scorching; *fig* **pasión abrasadora,** consuming passion.

abrasar I *vtr & vi* to burn, scorch; **este café abrasa,** this coffee is scalding hot. II **abrasarse** *vr* to burn; *fig* **a. de calor,** to be sweltering; *fig* **a. de sed,** to be parched.

abrasión *nf* abrasion.

abrasivo,-a *adj & nm* abrasive.

abrazadera *nf Téc* clamp, brace.

abrazar [4] *vtr* to embrace, hug; *fig (doctrina, causa)* to embrace. II **abrazarse** *vr* **a. a** *o* **con algn,** to embrace sb; **se abrazaron,** they embraced each other.

abrazo *nm* embrace, hug; **dar un a. a algn,** to embrace sb; *(en carta)* **un a.** *o* **abrazos,** with best wishes from; *(más íntimo)* love.

abrecartas *nm inv* letter-opener, paperknife.

abrelatas *nm inv* tin-opener, *US* can opener.

abrevadero *nm* drinking trough.

abrevar *vtr (animales)* to water, give water to.

abreviado,-a I *pp de* **abreviar.** II *adj* shortened; *(texto)* abridged; *(palabra)* abbreviated; *(explicación)* brief.

abreviar [12] **1** *vtr* to shorten; *(texto)* to abridge; *(palabra)* to abbreviate; *(discurso, estancia)* to cut short; **a. los trámites,** to speed up the formalities. **II** *vi* to be quick *o* brief; **para a.,** to cut a long story short.

abreviatura *nf* abbreviation.

abridor *nm* **1** *(de latas, botellas)* opener. **2** *(pendiente)* sleeper.

abrigadero *nm* shelter, sheltered place.

abrigado,-a **I** *pp de* abrigar. **II** *adj* **1** *(lugar)* sheltered, protected. **2** *(persona)* wrapped up; **ir muy a.,** to be well wrapped up.

abrigar [7] **I** *vtr* **1** *(contra el frío)* to wrap up, keep warm; **abriga al niño,** wrap the child up well; **esta chaqueta abriga mucho,** this cardigan is very warm. **2** *(proteger)* to protect, shelter. **3** *fig (esperanza)* to foster, cherish. **4** *(duda, sospecha)* to have, harbour, *US* harbor. **II** abrigarse *vr* **1** *(protegerse)* to shelter, take shelter. **2** to wrap oneself up.

abrigo *nm* **1** *(prenda)* coat, overcoat; **ropa de a.,** warm clothes *pl*. **2** *(refugio)* shelter; **al a. de,** protected *o* sheltered from; **al a. de la ley,** under the protection of the law. **3** *fam (de cuidado)* **es un tipo de a.,** he's an ugly character; *(tremendo)* **hace un sol de a.,** it's roasting hot.

abril *nm* April; *fig* **una muchacha de quince abriles,** a girl of fifteen summers; *prov* **en a., aguas mil,** (March winds and) April showers bring forth May flowers; *véase tamb* noviembre.

abrileño,-a *adj* April; **tiempo a.,** April weather.

abrillantador,-a I *nm* **1** *(producto)* polish. **2** *(instrumento)* polishing tool. **II** *nm,f (persona)* polisher.

abrillantar *vtr* **1** *(pulir)* to polish, burnish, make shine. **2** *fig (embellecer)* to embellish.

abrir *(pp* abierto*)* **I** *vtr* **1** to open; **¡abrid paso!,** make way!; **a. un agujero,** to make a hole; **a. un túnel,** to dig a tunnel; **a. una cremallera,** to undo a zip; *fig* **a. la mano,** to relax standards; **fig en un a. y cerrar de ojos,** in the twinkling of an eye; *fam* **abrirle la cabeza a algn,** to smash sb's head in; *fam* **no abrió la boca,** he didn't say a word. **2** *(gas, luz)* to switch on, turn on; **abre el grifo,** turn the tap on. **3** *(empezar) (campaña)* to head; *(manifestación)* to lead; *(baile)* to open; *(negocio)* to open, set up, start up; *Jur* **a. un expediente,** to start proceedings; *Mil* **a. fuego,** to open fire. **II** abrirse *vr* **1** *(gen)* to open; *(apetito)* to whet; *(extenderse)* to spread out, unfold; *fig* **a. paso en la vida,** to make one's way in life. **2** *(dar)* to open **(a,** onto), look **(a,** onto). **3** *(ligamentos)* to sprain. **4** *(sincerarse)* to open out; **a. a algn,** to confide in sb. **5** *arg (largarse)* to clear off, be off; **¡me abro!,** I'm off!

abrochar *vtr,* **abrocharse** *vr (botones)* to do up; *(camisa)* to button (up); *(cierre)* to fasten; *(zapatos)* to tie up, do up; *(cremallera)* to do up.

abrogación *nf Jur* abrogation, repeal.

abrogar [7] *vtr Jur* to abrogate.

abrojal *nm* thistle patch.

abrojo *nm* **1** *Bot* thistle. **2** *Náut* **abrojos,** reef *sing*.

abroncar [1] *vtr fam* **1** *(reñir)* to tear a strip off, give a dressing-down to. **2** *(abuchear)* to boo, heckle.

abrótano *nm Bot* southernwood.

abrumado,-a I *pp de* abrumar. **II** *adj* overwhelmed; **a. de trabajo,** snowed under with work.

abrumador,-a *adj* overwhelming, crushing; **mayoría abrumadora,** overwhelming majority.

abrumar I *vtr* to overwhelm, crush; **tantos problemas me abruman,** all these problems are getting on top of me; *fig* **le abrumó con sus atenciones,** his attentions made her feel uncomfortable. **II** abrumarse *vr Meteor* to become misty.

abrupto,-a *adj* **1** *(montaña, pendiente)* steep, abrupt; *(terreno)* rugged. **2** *fig (brusco)* abrupt, sudden.

absceso *nm Med* abscess.

absentismo *nm (de trabajadores)* absenteeism; *(de terrateniente)* absentee landlordism.

ábside *nm Arquit* apse.

absolución *nf* **1** *Rel* absolution. **2** *Jur* acquittal.

absolutismo *nm* absolutism.

absolutista *adj & nmf* absolutist.

absoluto,-a *adj* absolute; **en a.,** not at all, by no means; **nada en a.,** nothing at all; **lo a.,** the absolute. ◆**absolutamente** *adv* absolutely, completely; **a. nada,** nothing at all.

absolutorio,-a *adj Jur* **sentencia absolutoria,** verdict of not guilty.

absolver [32] *(pp* absuelto*)* *vtr* **1** *Rel* to absolve. **2** *Jur* to acquit.

absorbencia *nf* absorbency.

absorbente I *adj* **1** *(papel)* absorbent. **2** *fig (trabajo)* absorbing, engrossing; *(exigente)* demanding; *(persona)* domineering. **II** *nm* absorbent.

absorber *vtr* **1** *(líquidos)* to absorb, soak up. **2** *fig (conocimientos)* to absorb; *(consumir)* to use up; *(cautivar)* to captivate; **la lectura le absorbe por completo,** he gets completely absorbed in his reading.

absorción *nf* absorption.

absorto,-a *adj* **1** *(ensimismado)* absorbed, engrossed **(en,** in); **estar a. en sus pensamientos,** to be lost in thought. **2** *(pasmado)* amazed, bewildered.

abstemio,-a I *adj* teetotal, abstemious; **es a.,** he's a teetotaller. **II** *nm,f* teetotaller.

abstención *nf* abstention.

abstencionismo *nm* abstentionism.

abstencionista *adj & nmf* abstentionist.

abstenerse [87] *vr* to abstain **(de,** from), refrain **(de,** from); **a. de votar,** to abstain (from voting); **en la duda a.,** when in doubt, don't.

abstinencia *nf* abstinence; *(de drogas)* withdrawal; **síndrome de a.,** withdrawal symptoms *pl*.

abstracción *nf* **1** *(gen)* abstraction. **2** *(concentración mental)* concentration; **tiene gran capacidad de a.,** he has great powers of concentration.

abstracto,-a *adj* abstract; **en a.,** in the abstract.

abstraer [88] **I** *vtr* to abstract. **II** *vi* to think in the abstract. **III** abstraerse *vr* **1** *(ensimismarse)* to become lost in thought; *(concentrarse)* to engross oneself **(en,** in). **2** *(prescindir)* **a. de,** to leave aside.

abstraído,-a I *pp de* abstraer. **II** *adj* **1** *(ensimismado)* absorbed, engrossed. **2** *(distraído)* absentminded.

abstruso,-a *adj* abstruse.

abstuve *pt indef véase* abstenerse.

absuelto,-a I *pp de* absolver. **II** *adj* **1** *Rel* absolved. **2** *Jur* acquitted.

absurdidad *nf* absurdity.

absurdo,-a I *adj* absurd; **lo a. sería irse ahora,** it would be crazy for us to leave now; **¡no seas a.!,** don't be ridiculous!; **¡qué a.!,** how absurd! **II** *nm* absurdity, absurd thing; **eso es un a.,** that's an absurdity.

abubilla *nf Orn* hoopoe.

abuchear *vt* to boo, jeer at.

abucheo *nm* booing, jeering.

abuela *nf* **1** grandmother; *fam* grandma, granny; *fam* **¡cuéntaselo a tu a.!** pull the other one!; *fam* **éramos pocos y parió la a.**, as if that wasn't enough, that was all we needed; *fam* **no tiene a.**, he is not afraid of blowing his own trumpet; *fam* **¡tu a.!**, rubbish! **2** *fig* old woman.

abuelo *nm* **1** grandfather; *fam* grandad, grandpa. **2 abuelos**, grandparents; *fig (antepasados)* ancestors. **3** *fig* old man.

abuhardillado,-a *adj* **techo a.**, sloping *o* slanted roof.

abulense I *adj* of *o* from Avila. **II** *nmf* native *o* inhabitant of Avila.

abulia *nf* apathy, lack of willpower.

abúlico,-a *adj* apathetic, lacking in willpower.

abultado,-a I *pp de* **abultar. II** *adj (paquete, bulto)* bulky, big.

abultamiento *nm* **1** *(bulto)* bulkiness. **2** *(agrandamiento)* increase (in size). **3** *(hinchazón)* swelling.

abultar I *vtr* **1** *(agrandar)* to enlarge, increase. **2** *fig* to exaggerate. **II** *vi* to be bulky; **abulta mucho**, it takes up a lot of space.

abundamiento *nm fml* **a mayor a.**, furthermore.

abundancia *nf* abundance, plenty; **en a.**, in abundance; *fig* **nadar en la a.**, to be rolling in money.

abundante *adj* abundant, plentiful.

abundar *vi* **1** to abound, be plentiful; **abundan las ciruelas**, there are plenty of plums; **a. en**, to abound in, be full of; **en Noruega abunda la madera**, Norway is rich in timber. **2** *fig* **a. en**, *(idea)* to share, support.

abur *interj fam* cheerio!, see you!

aburguesado,-a I *pp de* **aburguesarse. II** *adj* bourgeois.

aburguesamiento *nm* process of becoming bourgeois.

aburguesarse *vr* to become bourgeois.

aburrición *nf Am (antipatía)* dislike; *(odio)* hate, loathing.

aburrido,-a I *pp de* **aburrir. II** *adj* **1** boring, tedious; *(monótono)* dull, dreary; **¡qué a.!**, how boring!; **ser a.**, to be boring. **2** *(persona)* bored; **a. de**, *(cansado)* tired of; *(harto)* fed up with; **a. de esperar**, tired of waiting; **estar a.**, to be bored.

aburrimiento *nm* boredom; **¡qué a.!**, how boring!, what a bore!; *(cosa, persona)* **ser un a.**, to be a bore.

aburrir I *vtr* to bore; *(cansar)* to tire. **II** **aburrirse** *vr* to get bored; **a. como una ostra**, to be bored stiff.

abusar *vi* **1** *(propasarse)* to go too far; **a. de**, *(situación, persona)* to take (unfair) advantage of; *(poder)* to abuse, misuse; *(salud, amabilidad)* to abuse; *Jur* **a. de un niño/una mujer**, to molest a child/woman; **¡sin a.!**, don't push it too far! **2** *(usar demasiado)* to overindulge (**de**, in), overuse; **a. de la bebida**, to drink too much *o* to excess.

abusivo,-a *adj* excessive, exorbitant; **precio a.**, exorbitant price; **trato a.**, ill-treatment.

abuso *nm* **1** abuse, misuse; **a. de confianza**, betrayal of trust, breach of faith. ■ *Jur* **abusos deshonestos**, indecent assault *sing*. **2** *(injusticia)* injustice; **¡es un a.!**, this is most unfair!

abusón,-ona *fam* **I** *adj (fresco)* shameless; *(gorrón)* sponging, scrounging; *(injusto)* unfair, abusive. **II** *nm,f (gorrón)* sponger, scrounger; *(injusto)* unfair person.

abyección *nf* abjection, wretchedness.

abyecto,-a *adj* abject, wretched.

a. C. *abr de* **antes de Cristo,** before Christ, BC.

a/c *Com abr de* **a cuenta,** on account.

acá *adv* **1** *(lugar)* here, over here; **a. y allá**, here and there; **de a. para allá**, to and fro, up and down; **más a.**, nearer; **¡ven a.!**, come here! **2** *(tiempo)* **de entonces a.**, since then; **de un tiempo a.**, lately.

acabado,-a I *pp de* **acabar. II** *adj* **1** *(terminado)* finished, complete. **2** *fig (gastado)* worn-out, spent; **a. como político**, a burnt-out politician; **una persona acabada**, a has-been. **III** *nm Téc* finish.

acabamiento *nm (terminación)* completion; *(fin)* end; *euf (muerte)* end.

acabar I *vtr* to finish (off); *(completar)* to complete. **II** *vi* **1** to finish, end; **acaba en punta**, it has a pointed end; **a. bien**, to have a happy ending; **a. con algo**, *(terminarlo)* to finish sth; *(romperlo)* to break sth; **acabarás conmigo**, you'll be the end of me; **a. de ...**, to have just ...; **no acaba de convencerme**, I'm not quite convinced; **a. mal**, to end badly; *fam* **¡acabáramos!**, now I get it!, you could have said so before!; *fam* **para a. de arreglarlo**, to cap it all. **2** (**a. + ger**, **a. + por + inf**) to end up; **acabaron casándose** *o* **por casarse**, they ended up getting married. **III** **acabarse** *vr* **1** to finish, end, come to an end, stop; **acábate la leche**, drink up your milk; **se (nos) acabó la gasolina**, we ran out of petrol; *fam* **¡se acabó!** that's that!; *fam* **se acabó lo que se daba**, that's it! **2** *(morir)* to die.

acabóse *nm fam* **eres el a.**, you're the limit; **esto es el a.**, this is the end.

acacia *nf Bot* acacia.

academia *nf* **1** *(sociedad)* academy; **A. de Bellas Artes**, Royal Academy of Arts; **La Real A. Española**, the Spanish Academy. **2** *(centro de enseñanza)* school, academy. ■ **a. de idiomas**, language school; **a. militar**, military academy.

academicismo *nm* academicism.

académico,-a I *adj* academic; *Univ* **estudios académicos**, university studies. **II** *nm,f* academician, member of an academy.

acaecer [43] *v unipers* to happen, occur.

acallar *vtr* **1** to silence, quieten. **2** *fig (persona)* to pacify; *(protestas)* to silence.

acalorado,-a I *pp de* **acalorar. II** *adj* **1** hot; *(cara)* flushed. **2** *fig (excitado)* worked up, excited; *(debate etc)* heated, angry.

acaloramiento *nm* **1** heat. **2** *fig* heat, passion.

acalorar I *vtr* **1** to warm up, heat up. **2** *fig* to excite; *(pasiones)* to arouse, inflame. **II** **acalorarse** *vr* **1** to get warm *o* hot. **2** *fig (persona)* to get excited *o* worked up; *(debate etc)* to become heated.

acampada *nf* camping. ■ **zona de a.**, camp site.

acampanado,-a *adj* bell-shaped; *(prendas)* flared.

acampar *vi* to camp.

acanalado,-a *adj (gen)* grooved; *Arquit* fluted; *Tricot* ribbed.

acanaladura *nf (gen)* groove; *Arquit* fluting.

acantilado,-a I *adj (costa)* steep, sheer; *(fondo del mar)* shelving; *(rocoso)* rocky, craggy. **II** *nm* cliff.

acantonar *vtr Mil (tropas)* to billet, quarter (**en**, in).

acaparador,-a I *adj* 1 hoarding. 2 *fig (instinto)* acquisitive; *(tendencia)* monopolizing. II *nm,f* hoarder; *(monopolizador)* monopolizer.

acaparamiento *nm* hoarding; *fig* monopolizing.

acaparar *vtr* 1 *(productos)* to hoard; *(el mercado)* to corner. 2 *fig* to monopolize, keep for oneself; **acaparó la atención de todos,** he commanded the attention of everyone.

acaracolado,-a *adj* spiral-shaped; *(pelo)* very curly.

acaramelado,-a I *pp de* acaramelar. II *adj* 1 *(color)* caramel-coloured, *US* caramel-colored. 2 *fig (pareja)* lovey-dovey, starry-eyed; *(voz)* syrupy, sugary.

acaramelar I *vtr* to coat with caramel. II acaramelarse *vr fig* to become lovey-dovey *o* starryeyed.

acariciador,-a *adj* caressing; *fig* **una voz acariciadora,** a sensuous voice.

acariciar [12] I *vtr* 1 to caress, fondle; *(pelo, animal)* to stroke. 2 *fig (esperanza, sueño)* to cherish; *(idea)* to have in mind. II acariciarse *vr* to caress each other; **a. el bigote,** to stroke one's moustache.

acariñar *vtr Am* to caress, fondle.

acarrear *vtr* 1 *(transportar)* to carry, transport. 2 *fig (conllevar)* to cause, bring, give rise to.

acarreo *nm* transport, carriage; **gastos de a.,** transport costs, haulage.

acartonado,-a I *pp de* acartonarse. II *adj* 1 cardboard-like. 2 *(piel)* wizened, shrivelled up.

acartonarse *vr* 1 to go stiff *o* hard. 2 *fig (piel)* to become wizened, shrivel up. 3 *Am* to look consumptive.

acaso *adv* perhaps, maybe; **¿a. no te lo dijo?,** didn't she tell you?; **a. podamos verlo,** perhaps we will see him; **no es torpe, si a. inseguro,** he's not dull, if anything insecure; **por si a.,** just in case; **si a. viene ...,** if he should come ... .

acatamiento *nm (de la ley)* observance; *(persona)* respect.

acatar *vtr* 1 *(leyes, normas)* to observe, comply with; *(persona)* to respect. 2 *Am (notar)* to notice.

acatarrado,-a I *pp de* acatarrarse. II *adj* **estar a.,** to have a cold.

acatarrarse *vr* to catch a cold.

acato *nm véase* acatamiento.

acaudalado,-a I *pp de* acaudalar. II *adj* rich, wealthy, well-off.

acaudalar *vtr* to accumulate, amass.

acaudillar *vtr* to lead.

acceder *vi* 1 *(consentir)* **a. a,** to agree to, accede to, consent to. 2 *(tener acceso)* **a. a la universidad,** to gain admittance to *o* enter university; **a. al poder,** to accede to power, take office; **a. al trono,** to accede *o* succeed to the throne.

accesibilidad *nf* accessibility.

accesible *adj* accessible; *(persona)* approachable.

accésit *nm (pl accésits o accésis) (mención)* honourable mention; *(premio)* consolation prize.

acceso *nm* 1 *(entrada)* access, entry; **'prohibido el a.',** 'no admittance'. ▪ *Inform* **a. al azar, a. directo,** random access; *Univ* **prueba de a.,** entrance examination. 2 *(paso)* approach, access; **los accesos a Barcelona,** the approaches to Barcelona. ▪ **carretera de a.,** approach road; **vía de a.,** slip road. 3 *Med (de tos)* fit; *(de fiebre)* attack, bout; *fig* fit, outburst.

accesorio,-a I *adj* accessory; *(gastos)* incidental. II *nm* accesory, extra.

accidentado,-a I *pp de* accidentarse. II *adj* 1 *(persona)* injured. 2 *(lleno de incidentes)* eventful; *(vida)* troubled, stormy. 3 *(terreno)* uneven, bumpy, hilly. III *nm,f* casualty, accident victim.

accidental *adj* accidental; **un encuentro a.,** a chance meeting.

accidentarse *vr* to have an accident.

accidente *nm* 1 accident; **por a.,** by accident, accidentally; **sufrir un a.,** to have an accident. ▪ **a. de trabajo,** industrial accident; **a. ferroviario/de carretera,** rail/road accident. 2 *Geog (del terreno)* unevenness, irregularity. ▪ **accidentes geográficos,** geographical features.

acción *nf* 1 *(gen)* action; *(acto)* act, deed; **poner en a.,** to put in action; **ponerse en a.,** to start doing sth. ▪ *Rel* **a. de gracias,** thanksgiving; *Mil* **a. de guerra,** act of war; **buena a.,** good deed; **campo de a.,** field of action; **hombre de a.,** man of action; **película de a.,** adventure film; *Téc* **radio de a.,** operating range. 2 *Jur* action, lawsuit; **ejercitar una a. contra algn,** to bring an action against sb. 3 *Com Fin (bolsa)* share; **acciones amortizadas,** redeemed shares; **acciones en cartera,** shares in portfolio.

accionamiento *nm* starting, activation.

accionar I *vtr (máquina)* to drive, activate, work. II *vi* to gesticulate.

accionista *nmf Com Fin* shareholder, stockholder.

acebo *nm Bot (hoja)* holly; *(árbol)* holly tree.

acechanza *nf véase* acecho.

acechar *vtr* 1 *(vigilar)* to watch, spy on; *(esperar)* to lie in wait for; *(animal)* to stalk. 2 *(amenazar)* to threaten, lurk; **un grave peligro nos acecha,** great danger is looming (up).

acecho *nm* watching; **estar al a. de,** *(vigilar)* to be on the watch for; *(esperar)* to lie in wait for.

acecinar I *vtr (carne)* to cure, salt. II acecinarse *vr fig (persona)* to become thin and wizened.

acedera *nf Bot* sorrel.

acedía[1] *nf* 1 *(acidez)* sourness, acidity. 2 *Med* heartburn. 3 *fig (desabrimiento)* sourness, unpleasantness.

acedía[2] *nf (pez)* dab.

acéfalo,-a *adj Zool* acephalous; *fig (sociedad, partido)* leaderless.

aceitar *vtr* to oil.

aceite *nm* oil. ▪ **a. de girasol/maíz/oliva,** sunflower/corn/olive oil; *(en el mar)* **mancha de a.,** oil slick; *fig* **balsa de a.,** millpond.

aceitera *nf* 1 *Culin* oil bottle; **aceiteras,** oil and vinegar set *sing*. 2 *Aut* oil can.

aceitero,-a I *adj* oil; **la industria aceitera,** the oil industry. II *nm,f* oil merchant.

aceitillo *nm SAm* scented oil.

aceitoso,-a *adj* oily; *(grasiento)* greasy.

aceituna *nf* olive. ▪ **a. rellena,** stuffed olive.

aceitunado,-a *adj* olive, olive-coloured; **de tez aceitunada,** olive-skinned.

aceitunero,-a *nm,f* 1 *(recolector)* olive picker *o* harvester. 2 *(vendedor)* olive seller.

aceituno,-a I *nm Bot* olive tree. II *adj Am* olive, olive-coloured.

aceleración *nf Fís* acceleration. ▪ *Aut* **poder de a.,** speeding up, acceleration; *fig* hastening.

acelerada *nf* acceleration.

acelerado,-a I *pp de* acelerar. II *adj* accelerated, fast, quick; *Fís* **movimiento a.**, accelerated motion. III *nf* acceleration.

acelerador,-a I *adj* accelerating. II *nm* *Aut* accelerator; **pisar el a.**, to step on the accelerator.

aceleramiento *nm véase* aceleración.

acelerar I *vtr* to accelerate; *fig* to speed up; **a. el paso**, to quicken one's pace. II **acelerarse** *vr fig* *(apresurarse)* to hasten, hurry up.

acelerón *nm* sudden acceleration; *Aut* **dar un a.**, to step on the accelerator, put one's foot down.

acelga *nf Bot* chard.

acémila *nf* 1 *Zool (mula)* mule; *(bestia carga)* pack horse. 2 *fig (persona torpe)* clumsy idiot.

acendrado,-a I *pp de* acendrar. II *adj* pure, unblemished.

acendrar *vtr* to purify.

acento *nm* 1 *Ling (gráfico)* accent; *(tónico)* stress. ■ **a. ortográfico,** (written) accent. 2 *fig (énfasis)* stress, emphasis; **poner el a. en algo**, to stress *o* emphasise sth. 3 *(tono)* accent; **a. vasco,** Basque accent.

acentor *nm Orn* hedge sparrow, dunnock.

acentuación *nf* accentuation.

acentuado,-a I *pp de* acentuar. II *adj* 1 *Ling (con acento gráfico)* accentuated; *(con acento tónico)* stressed. 2 *fig (marcado)* strong, marked.

acentuar [11] I *vtr* 1 to stress, accentuate. 2 *fig* to emphasize, stress, accentuate. II **acentuarse** *vr fig* to become more pronounced *o* noticeable *o* marked.

aceña *nf* watermill.

acepción *nf* 1 *(de palabra)* meaning, sense; **en su más amplia a.**, in the broadest sense of the word. 2 *(preferencia)* preference; **sin a. de personas,** without respect of persons.

acepilladora *nf* planer, planing machine.

aceptabilidad *nf* acceptability.

aceptable *adj* acceptable.

aceptación *nf* 1 acceptance. 2 *(éxito)* success; **tener poca a.**, to have little success, not to be popular.

aceptar *vtr* to accept.

acequia *nf* 1 *(zanja)* irrigation ditch *o* channel. 2 *Am (arroyo)* stream.

acera *nf* pavement, *US* sidewalk; *fam pey* **ser de la a. de enfrente,** to be gay *o* queer.

acerado,-a I *pp de* acerar. II *adj* 1 *Metal* steel, steely. 2 *fig (mordaz)* cutting, sharp.

acerar *vtr* 1 *(recubrir de acero)* to steel. 2 *(convertir en acero)* to turn into steel. 3 *fig (fortalecer)* to strengthen.

acerbo,-a *adj* 1 *(sabor)* sour, bitter. 2 *fig (tono)* harsh, bitter; *(dolor)* cruel, harsh.

acerca *adv* **a. de**, about, on.

acercamiento *nm* 1 *(acción)* bringing together, coming together. 2 *fig (de enemigos)* bringing together, reconciliation; *Pol (entre naciones, partidos)* rapprochement; **se produjo un a. entre los dos,** the two of them came closer together.

acercar [1] I *vtr* 1 to bring near *o* nearer, bring (over), draw up; *fig* to bring together; **acerca un poco la tele,** could you move the TV a bit closer?; **¿me acercas la sal?,** can you pass me the salt?; **¿te acerco a casa?,** can I give you a lift home? II **acercarse** *vr* 1 to come closer *o* up, move closer, approach; **a. a algn,** to go up to sb, come up to sb. 2 *(ir)* to go;

acércate a la farmacia, go to the chemist's; *(venir)* **Pilar se acercó a vernos,** Pilar dropped in to see us.

acería *nf* steelworks *sing*, steel mill.

acerico *nm Cost* pincushion.

acero *nm* 1 steel; *fig* **tener nervios de a.**, to have nerves of steel. ■ **a. inoxidable,** stainless steel. 2 *fig (espada)* sword, steel.

acérrimo,-a *adj (partidario)* staunch, steadfast, earnest; *(enemigo)* bitter.

acertado,-a I *pp de* acertar. II *adj* 1 *(opinión, solución)* right, correct; *(comentario)* fitting; *(idea, decisión)* clever; *(color)* well-chosen; **la palabra acertada,** the exact word. 2 *(conveniente)* suitable, wise; **no estuviste muy a. al decir eso,** it wasn't very wise of you to say that.

acertante I *adj* winning. II *nmf (ganador)* winner; *(de problemas)* solver.

acertar [27] I *vtr* to get right; *(adivinar)* to guess correctly; **a. el tiro,** to hit the mark; **a. las quinielas,** to win the pools; **acertó tres preguntas,** she got three questions right. II *vi* 1 to guess correctly, be right; **acertó con la calle que buscaba,** she found the street she was looking for; **has acertado,** you are right. 2 *(suceder)* **a. a,** to happen to; **acertó a pasar por allí un hombre,** a man happened to pass nearby.

acertijo *nm* riddle.

acervo *nm Jur* common property. ■ **a. cultural,** cultural tradition *o* heritage; **a. familiar,** family property.

acetato *nm Quím* acetate.

acético,-a *adj Quím* acetic.

acetileno *nm Quím* acetylene.

acetona *nf Quím* acetone.

achacar [1] *vtr (atribuir)* to attribute.

achacoso,-a *adj* ailing, unwell.

achampañado,-a *adj (vino)* champagne-style.

achantar I *vi fam* to scare, frighten. II **achantarse** *vr* 1 *(acobardarse)* to lose one's nerve, get frightened. 2 *fam (esconderse)* to hide. 3 *fam (callarse)* to shut up. 4 *Am (detenerse)* to stop.

achaparrado,-a *adj* squat, stocky.

achaque *nm* ailment, complaint; **achaques propios de la vejez,** old age complaints.

achará *interj CAm* oh dear!, what a pity!

acharolado,-a *adj* varnished.

achatado,-a I *pp de* achatar. II *adj* flattened.

achatamiento *nm* flattening.

achatar *vtr* to flatten.

achicado,-a *adj* childish.

achicar [1] I *vtr* 1 *(amilanar)* to intimidate. 2 *(encoger)* to reduce, make smaller. 3 *(mina)* to drain; *(barco)* to bale out. 4 *CAm* to fasten, tie up. II **achicarse** *vr* 1 *(amilanarse)* to lose heart. 2 *(encogerse)* to get smaller.

achicharradero *nm fam* oven, furnace; **esta habitación es un a.,** this room is like an oven.

achicharrante *adj* burning, scorching, searing, sweltering.

achicharrar I *vtr* 1 *(quemar)* to burn, scorch; *fam* **hace un sol que achicharra,** it's roasting. 2 *(importunar)* to bother, pester; **a. a preguntas,** to plague with questions. 3 *Am* to crush. II **achicharrarse** *vr (quemarse)* to roast.

achicharronar *vtr CAm véase* achicharrar.

achicoria *nf Bot* chicory.

achinado,-a *adj* **1** *(gen)* oriental-looking; *(ojos)* slanting. **2** *Am (aplebeyado)* common, coarse, vulgar. **3** *Am (tez)* yellow-skinned.

achingar [7] *vtr CAm (acortar)* to shorten; *(achicar)* to take in.

achira *nf Bot* **1** *Am* arrowhead. **2** *SAm* canna.

achispar I *vtr (emborrachar)* to make tipsy. II **achisparse** *vr (emborracharse)* to get tipsy o tight.

acholado,-a *adj Am* **1** half-caste. **2** *(avergonzado)* ashamed; *(amilanado)* scared.

acholar *Am* I *vtr (avergonzar)* to shame; *(amilanar)* to scare. II **acholarse** *vr* **1** to adopt half-caste ways. **2** *(avergonzarse)* to be ashamed; *(amilanarse)* to become scared.

achuchado,-a I *pp de* **achuchar.** II *adj hum* tough, difficult.

achuchar *vtr* **1** *(en ataque)* to set on; *(atosigar)* to set against. **2** *(estrujar)* to crush, squeeze.

achucharrar *vtr Am* to crush, squash.

achuchón *nm* **1** *(empujón)* push, shove. **2** *(indisposición)* indisposition. **3** *fam (pareja)* **darse achuchones,** to pet.

achucutar I *vtr (humillar)* to shame, humiliate; *(abatir)* to depress, discourage. II **achucutarse** *vr (humillarse)* to be ashamed; *(abatirse)* to become depressed o discouraged.

achulado,-a *adj fam* **1** *(grosero)* vulgar, common, crude. **2** *(presumido)* cocky.

achunchar *SAm* I *vtr (asustar)* to frighten, scare; *(avergonzar)* to shame. II **achuncharse** *vr (asustarse)* to become scared; *(avergonzarse)* to feel ashamed.

achurruscar [1] I *vtr Am* to squash. II **achurruscarse** *vr* **1** *Am* to get squashed. **2** *Col Ecuad Guat •(ensortijarse)* to curl up.

aciago,-a *adj* ill-fated, fateful; **un día a.,** a fateful day.

acíbar *nm (planta)* aloe; *(jugo)* aloes *pl*; *fig* bitterness, sorrow.

acibarar *vtr fig* to embitter.

acicalado,-a I *pp de* **acicalar.** II *adj* well-dressed, smart.

acicalamiento *nm* smartening up.

acicalar I *vtr (persona, habitación)* to smarten up. II **acicalarse** *vr* to dress up, smarten up.

acicate *nm* **1** *(espuela)* spur. **2** *fig (aliciente)* spur, incentive, stimulus.

acidez *nf* **1** *(de sabor)* sharpness, sourness. **2** *Quím* acidity. ▪ *Med* **a. de estómago,** heartburn.

acidia *nf* idleness, indolence.

acidificar [1] *vtr* to acidify.

ácido,-a I *adj (sabor)* sharp, tart, acidic; *Quím* acidic; *fig (tono)* harsh. II *nm Quím* acid. ▪ **a. acético/clorhídrico/sulfúrico,** acetic/hydrochloric/sulphuric acid.

acierto *nm* **1** correct guess, right answer; *(idea, decisión)* good choice o idea. **2** *(tino)* wisdom, good judgement; **con gran a.,** very wisely. **3** *(éxito)* success.

ácimo,-a *adj* unleavened; **pan á.,** unleavened bread.

aclamación *nf* acclamation, acclaim.

aclamar *vtr* to acclaim.

aclaración *nf* explanation; **exijo una a.,** I demand an explanation.

aclarado *nm* rinsing, rinse.

aclarar I *vtr* **1** *(color, pelo)* to lighten, make lighter. **2** *(líquido)* to thin (down). **3** *(enjuagar)* to rinse. **4** *(explicar)* to clarify, explain; **quiero a. una cosa,** I'd like to make something clear. II *v impers (el tiempo)* to clear (up). III **aclararse** *vr* **1** *(entender)* to understand; **es que no me aclaro,** I don't really know what's going on; *fam* **¡a ver si te aclaras!,** *(explícate)* explain yourself!; *(decídete)* make up your mind! **2** *(el tiempo)* to clear (up); *fig* **a. la voz,** to clear one's throat.

aclaratorio,-a *adj* explanatory.

aclimatable *adj* able to become acclimatized o *US* acclimated.

aclimatación *nf* acclimatization, *US* acclimation.

aclimatar I *vtr* to acclimatize, *US* acclimate (**a,** to). II **aclimatarse** *vr* to become acclimatized o *US* acclimated (**a,** to); *fig* **a. a algo,** to get used to sth.

acné *nf Med* acne.

acobardar I *vtr* to frighten, unnerve. II **acobardarse** *vr* to become frightened, lose one's nerve, shrink back (**ante,** from).

acochambrar *vtr Am fam (ensuciar)* to dirty, soil; *(manchar)* to stain.

acocuyado,-a *adj SAm fam* merry, tipsy.

acodado,-a *adj* **1** *(cañería)* elbowed. **2** *(apoyado)* leaning (on one's elbows).

acodalar *vtr Arquit* to prop o shore up.

acodar I *vtr* **1** *(doblar)* to bend. **2** *Bot* to layer. II **acodarse** *vr* to lean on one's elbows.

acodo *nm* **1** *Bot* layering. **2** *Constr (moldura)* frame.

acogedor,-a *adj (persona)* friendly, welcoming; *(lugar)* cosy, warm.

acoger [5] I *vtr* **1** *(recibir)* to receive; *(a invitado)* to welcome; **le acogieron con los brazos abiertos,** they welcomed him with open arms. **2** *(admitir)* to admit, accept; **a. a un huérfano/refugiado,** to take in an orphan/refugee. **3** *(guarecer)* to shelter, protect. II **acogerse** *vr (protegerse)* to take refuge; *fig* **a. a,** to take refuge in. **2** *(promesa, amnistía)* to avail oneself of; **a. a la ley,** to have recourse to the law.

acogida *nf* reception, welcome; **dar a. a algn,** to welcome sb.

acogido,-a I *pp de* **acoger.** II *nm,f (en asilo, orfanato)* inmate, resident.

acogotar *vtr* **1** *(matar)* to kill (with a blow on the neck). **2** *(derribar)* to knock down. **3** *fig (acobardar)* to frighten, intimidate.

acojonado,-a *vulg* I *pp de* **acojonar.** II *adj* **1** *(asustado)* shit-scared. **2** *(asombrado)* amazed; **estaban acojonados,** they were bloody amazed.

acojonamiento *nm vulg* funk, jitters *pl*.

acojonante *adj vulg (impresionante)* bloody great o terrific.

acojonar I *vtr vulg* **1** *(atemorizar)* to scare, put the wind up. **2** *(impresionar)* to impress; *(pasmar)* to amaze, stun; **acojonó al personal con su voz,** everyone was bloody amazed by her voice. II **acojonarse** *vr vulg (acobardarse)* to get the wind up, shit oneself, be shit-scared.

acojone *nm,* **acojono** *nm vulg* funk, jitters *pl*.

acolchado,-a I *pp de* **acolchar.** II *adj* **1** *(pared, puerta)* padded; *(prenda)* quilted. III *nm* **1** padding, quilting. **2** *Arg (edredón)* eiderdown.

acolchar *vtr (rellenar)* to pad; *(prenda)* to quilt.

acólito *nm* **1** *Rel* acolyte; *(monaguillo)* altar boy. **2** *fig (ayudante)* acolyte; *irón* minion.

acollarar I *vtr* 1 *(perro)* to put a collar on; *(bueyes)* to yoke. 2 *Am (unir)* to couple. II **acollararse** *vr Am* 1 *(unirse)* to get together. 2 *(confabularse)* to plot. 3 *(casarse)* to get married.

acomedido,-a *adj* helpful.

acomedirse [34] *vr Am* to offer, volunteer.

acometedor,-a *adj* 1 *(emprendedor)* enterprising. 2 *(que ataca)* aggressive.

acometer *vtr* 1 *(emprender)* to undertake; **a. una tarea,** to undertake a task. 2 *(atacar)* to attack. 3 *(afectar súbitamente)* to be seized by; **le acometió la tos,** he had a coughing fit; **le acometió la risa,** she burst out laughing.

acometida *nf* 1 *(ataque)* attack. 2 *Elec (conexión)* connection.

acometividad *nf* 1 *(dinamismo)* enterprise. 2 *(agresividad)* aggression, aggressiveness.

acomodación *nf* 1 *(colocación conveniente)* arrangement; **la a. de los invitados al banquete,** the seating arrangements for the banquet. 2 *(vivienda)* preparation. 3 *(adaptación)* adaptation; **la a. de los hechos a la realidad,** the adaptation of theory to practice.

acomodadizo,-a *adj* accommodating, easy-going.

acomodado,-a I *pp de* **acomodar.** II *adj* 1 *(ordenado, colocado)* arranged. 2 *(adaptado)* applied, adapted. 3 *(rico)* well-off, well-to-do. 4 *(comodón)* comfort-loving. 5 *(precio)* moderate, reasonable. 6 *(conveniente)* suitable.

acomodador,-a *nm,f (hombre)* usher; *(mujer)* usherette.

acomodar I *vtr* 1 *(colocar)* to arrange; **a. los paquetes en el maletero,** to fit the parcels into the boot. 2 *(aplicar)* to apply, adapt; **se podría a. este ejemplo a otros casos,** this example is applicable in other cases. 3 *(alojar)* to lodge, accommodate. 4 *(proporcionar empleo a)* to provide with a job, find a job for. 5 *(en un cine, teatro)* to find a place for; **nos acomodó en la segunda fila,** he found us a seat in the second row. 6 *(conciliar)* to reconcile. II **acomodarse** *vr* 1 *(instalarse)* to make oneself comfortable; **se acomodó en el sillón,** he settled down in the armchair. 2 *(adaptarse)* to adapt oneself; **se acomoda a todo,** he adapts to everything.

acomodaticio,-a *adj* 1 accommodating, easygoing. 2 *pey* pliable.

acomodo *nm* 1 *(trabajo)* job. 2 *(alojamiento)* accommodation.

acompañado,-a I *pp de* **acompañar.** II *adj* accompanied; **bien/mal a.,** in good/bad company.

acompañamiento *nm* 1 *(gen)* accompaniment. 2 *(comitiva)* retinue, escort. 3 *Mús* accompaniment.

acompañanta *nf* 1 (female) companion, chaperon, chaperone. 2 *Mús* (female) accompanist.

acompañante I *adj* accompanying. II *nmf* 1 companion, escort. 2 *Mús* accompanist.

acompañar I *vtr* 1 to accompany, go with; **le acompañó hasta la puerta,** she saw him to the door; **me acompañó al médico,** he came with me to see the doctor; **¿te acompaño a casa?,** can I walk you home?; *fml* **le acompaño en el sentimiento,** my condolences. 2 *Mús* to accompany. 3 *(adjuntar)* to enclose, attach. II **acompañarse** *vr Mús* to accompany oneself **(a,** on).

acompaño *nm CAm* meeting.

acompasado,-a I *pp de* **acompasar.** II *adj* 1 *(ruido, movimiento)* rhythmic. 2 *(paso)* slow, measured; *(habla)* slow, deliberate.

acompasar *vtr* 1 *Mús* to mark the time of, mark the rhythm of. 2 *fig (ajustar)* to keep in time, adjust.

acomplejado,-a I *pp de* **acomplejar.** II *adj* 1 with a complex; **estar a.,** to have a complex **(por,** about). 2 *(tímido)* shy. III *nm,f* person with a complex; **es un a.,** he has a complex.

acomplejar I *vtr* to give a complex; *fam* **me acomplejas con tantos conocimientos,** I feel so ignorant in your company. II **acomplejarse** *vr* **a. por,** to develop a complex about.

acondicionado,-a I *pp de* **acondicionar.** II *adj (preparado)* equipped, fitted-out; **el piso no está a.,** the flat is not fit to be lived in.

acondicionador *nm* conditioner; **a. de aire,** air conditioner.

acondicionamiento *nm* conditioning, setting up, fitting up; *(mejoramiento)* improvement.

acondicionar *vtr* to prepare, set up, fit up; *(mejorar)* to improve; **a. la red ferroviaria/viaria,** to improve the railway/road network.

acongojado,-a I *pp de* **acongojar.** II *adj* distressed, afflicted, anguished.

acongojar I *vtr* to grieve, make suffer. II **acongojarse** *vr* to be grieved, be distressed.

aconsejable *adj* advisable.

aconsejar I *vtr* to advise; **necesito que me aconsejes,** I need your advice. II **aconsejarse** *vr* to seek advice.

acontecer [43] *v unipers* to happen, take place.

acontecimiento *nm* event, happening.

acopiar [12] *vtr* to gather, collect.

acopio *nm* 1 *(acción)* storing. 2 *(cosa)* store, stock; **hacer a. de,** to store up.

acoplable *adj* adjustable, adaptable.

acoplado *nm SAm* trailer.

acoplador *nm* coupler, adapter.

acopladura *nf*, **acoplamiento** *nm* 1 fitting, adaptation. 2 *Téc (acción)* coupling connection; *(junta)* joint. 3 *Astronáut* docking. 4 *Inform* handshaking.

acoplar I *vtr* 1 *(juntar)* to fit (together), to join, adjust. 2 *Téc (conectar)* to couple, connect, join. 3 *(animales)* to mate, pair. II **acoplarse** *vr* 1 to fit, join. 2 *(animales)* to mate, pair. 3 *Astronáut* to dock.

acoquinamiento *nm fam* fear, loss of nerve.

acoquinar *fam* I *vtr* to frighten, intimidate. II **acoquinarse** *vr* to become frightened, lose one's nerve.

acorazado,-a I *pp de* **acorazar.** II *adj (blindado)* armoured, *US* armored, armour-plated, *US* armor-plated. III *nm Náut (barco)* battleship.

acorazar [4] I *vtr (blindar)* to armour, *US* armor, armour-plate, *US* armor-plate. II **acorazarse** *vr (endurecerse)* to steel oneself, harden oneself **(contra,** against).

acorazonado,-a *adj* heart-shaped.

acorchado,-a I *pp de* **acorchar.** II *adj* 1 cork-like. 2 *(miembro)* numb.

acorchar I *vtr* to cover with cork. II **acorcharse** *vr* 1 to become cork-like. 2 *(miembro)* to go numb.

acordado,-a I *pp de* **acordar.** II *adj* agreed; **en el plazo a.,** within the agreed period; **según lo a.,** as agreed.

acordar [31] I *vtr* 1 to agree; *(decidir)* to decide; **acordaron no ir a la huelga,** they decided not to go on strike. 2 *Am (otorgar)* to award. II **acordarse**

vr to remember; **no me acuerdo,** I can't remember; ¿**te acuerdas de Iñaki?,** do you remember Iñaki?

acorde I *adj* in agreement. II *nm Mús* chord; **a los acordes del himno nacional,** to the tune of the National Anthem.

acordeón *nm Mús* accordion.

acordeonista *nmf* accordionist.

acordonado,-a I *pp de* acordonar. II *adj* cordoned off, sealed off.

acordonar *vtr* 1 *(zona)* to cordon off, seal off. 2 *(atar con cordones)* to lace up.

acorralado,-a I *pp de* acorralar. II *adj* cornered; *(animal)* at bay.

acorralar *vtr* to corner; **a. a un animal,** to put an animal at bay.

acortar I *vtr* to shorten, make shorter; **a. distancias,** to cut down the distance. II acortarse *vr fig* to be shy.

acosar *vtr* to chase, pursue; *fig* **a. a algn a preguntas,** to bombard sb with questions.

acoso *nm* chase, pursuit; *fig* hounding. ▪ **a. sexual,** sexual harassment.

acostar [31] I *vtr* to put to bed; **está acostado,** he's gone to bed, he's sleeping. II acostarse *vr* 1 to go to bed; **hora de a.,** bedtime; **voy a acostarme un ratito,** I'm going to lie down for a while. 2 *fam* **a. con algn,** to sleep with sb, go to bed with sb.

acostillar *vi Am* to fall over (sideways).

acostumbrado,-a I *pp de* acostumbrar. II *adj* 1 *(habitual)* usual, customary; **es lo a.,** it is the custom. 2 *(habituado)* used, accustomed; **a. al frío,** used to the cold.

acostumbrar I *vtr* 1 *(habituar)* to accustom to; **hay que acostumbrarlos desde el principio,** you must get them used to it from the start. 2 *(soler)* to be in the habit of; **acostumbra salir por las tardes,** she usually goes out in the evenings. II acostumbrarse *vr* 1 *(habituarse)* to become accustomed (**a,** to), get used (**a,** to); **pronto te acostumbrarás,** you'll soon get used to it. 2 *(uso impers)* to be usual; **ya no se acostumbra,** it is no longer usual.

acotación *nf* 1 *(en un escrito)* (marginal) note; *Teat* stage direction. 2 *(en un mapa)* elevation mark.

acotado,-a I *pp de* acotar. II *adj* 1 *(terreno)* enclosed. 2 *(escrito)* annotated.

acotamiento *nm* enclosing, demarcation.

acotar *vtr* 1 *(área)* to enclose, demarcate; *fig (tema)* to delimit. 2 *(poner notas)* to add notes to; *(texto)* to annotate. 3 *Geog (mapa)* to mark with elevations.

acotejar *Am* I *vtr (arreglar)* to arrange. II *vr (ponerse cómodo)* to make oneself comfortable.

ácrata *adj & nmf* anarchist.

acre[1] *adj* 1 *(sabor)* sour, bitter; *(olor)* acrid. 2 *fig (palabras)* bitter, harsh; *(crítica)* biting.

acre[2] *nm (medida)* acre.

acrecentamiento *nm* increase, growth.

acrecentar [27] I *vtr* to increase. II acrecentarse *vr* to increase, grow.

acreditación *nf* accreditation.

acreditado,-a I *pp de* acreditar. II *adj* 1 reputable, prestigious. 2 *(embajador, representante)* accredited.

acreditar I *vtr* 1 to give credit to, be a credit to, add to the reputation of. 2 *(probar)* to prove; **este documento le acredita como único heredero,** this document proves him to be the only heir. 3 *(em-*

bajador) to accredit. 4 *Fin (abonar en cuenta)* to credit. II acreditarse *vr* to make one's name, gain a reputation.

acreditativo,-a *adj* which proves, which gives proof.

acreedor,-a I *adj* deserving; **a. a un premio,** worthy of a prize. II *nm,f Com* creditor.

acribillar *vtr* 1 to riddle, pepper; **a. a algn a balazos,** to riddle sb with bullets. 2 *fig* to pester, harass; **a. a algn a preguntas,** to bombard sb with questions.

acrílico,-a *adj* acrylic.

acrimonia *nf véase* acritud.

acriollarse *vr Am* to adopt local customs.

acrisolar *vtr* 1 *Metal* to purify; *fig* to perfect. 2 *fig (probar)* to prove, show.

acritud *nf* 1 *(al gusto)* sourness, bitterness; *(al olfato)* acridness. 2 *(de dolor)* intensity, sharpness. 3 *fig (mordacidad)* acrimony.

acrobacia *nf* 1 acrobatics *sing.* 2 *fig* manoeuvre, *US* maneuver.

acróbata *nmf* acrobat.

acrobático,-a *adj* acrobatic.

acrobatismo *nm véase* acrobacia.

acromático,-a *adj* achromatic.

acromatismo *nm* achromatism.

acrónimo *nm Ling* acronym.

acrópolis *nf inv* acropolis.

acta *nf* 1 *(de junta, reunión)* minutes *pl*, record; *(publicadas)* transactions *pl*; **levantar a.,** to draw up the minutes. 2 *(certificado)* certificate, official document. ▪ **a. notarial,** affidavit. 3 **actas,** minutes, record *sing*; *(publicadas)* transactions.

actitud *nf (disposición)* attitude; *(postura)* position; **en a. de ataque,** ready to attack.

activación *nf* 1 *Téc* activation. 2 *fig (avivamiento)* livening up, quickening.

activar *vtr* 1 *Téc* to activate. 2 *Inform* to enable. 3 *fig (avivar)* to liven up, quicken.

actividad *nf* activity.

activismo *nm Pol* activism.

activista *nmf Pol* activist.

activo,-a I *adj* 1 active; **volcán a.,** active volcano; **en a.,** on active service. 2 *Ling* active. II *nm Fin* asset, assets *pl*; **a. disponible,** liquid assets *pl*; **a. y pasivo,** assets and liabilities.

acto *nm* 1 act, action; **a. seguido,** immediately afterwards; **en a. de servicio,** in action; **en el a.,** at once; **hacer a. de presencia,** to put in an appearance; '**se hacen llaves en el a.**', 'keys cut while you wait'. ▪ **a. reflejo,** reflex action; **a. sexual,** sexual intercourse. 2 *(ceremonia)* ceremony; **a. de inauguración,** opening ceremony. ▪ **salón de actos,** assembly hall. 3 *Teat* act; **comedia en tres actos,** three-act play. 4 *Rel* Act; **Actos de los Apóstoles,** Acts of the Apostles.

actor,-a I *adj Jur* **parte actora,** prosecution. II *nm Cin Teat* actor.

actriz *nf Cin Teat* actress.

actuación *nf* 1 *Cin Teat Dep* performance. 2 *(intervención)* intervention, action.

actual I *adj* current, present; *(al día)* up-to-date; **en las circunstancias actuales,** under the present circumstances; **un tema muy a.,** a very topical subject. II *fam fml* this month; **el 28 del a.,** the 28th of this month. ◆actualmente *adv (hoy en día)* nowadays, these days; *(ahora)* at the moment, at present.

actualidad *nf* 1 present time; **en la a.,** at present; **estar de a.,** to be fashionable; **temas de a.,** topical subjects. 2 *(hechos)* current affairs *pl;* **la a. deportiva,** *(estado)* the current state of things in the sports world; *(noticias)* sports newsreel.

actualización *nf* 1 *(puesta al día)* updating, bringing up to date. 2 *Filos* actualization.

actualizar [4] *vtr* 1 *(poner al día)* to update, bring up to date. 2 *Filos* to actualize.

actuar [11] **I** *vtr* to actuate, work. **II** *vi* 1 to act; **a. como** *o* **de,** to act as; **actuó como debía,** he did what he had to do. 2 *Cin Teat* to perform, act.

actuario *nm Jur* clerk (of the court); *Fin* actuary.

acuarela *nf Art* watercolour, *US* watercolor.

acuarelista *nmf* watercolourist, *US* watercolorist.

Acuario *nm Astrol Astron* Aquarius.

acuario *nm (de peces)* aquarium.

acuartelamiento *nm Mil* 1 *(alojamiento)* quartering. 2 *(retención)* confinement to barracks. 3 *(lugar)* barracks (for confinement).

acuartelar *vtr Mil* 1 *(alojar)* to quarter, billet. 2 *(retener)* to confine to barracks.

acuático,-a *adj* aquatic, water; **ave acuática,** aquatic bird.

acuatinta *nf Arte* aquatint.

acuchillar *vtr* 1 *(herir, matar)* to knife, stab. 2 *Cost (hacer aberturas)* to slash. 3 *Carp* to plane (down).

acuciante *adj* urgent, pressing; **necesidad a.,** urgent need.

acuciar [12] *vtr* 1 to urge on; **acuciado por la necesidad,** urged on by necessity. 2 *(dar prisa)* to hurry up. 3 *(desear)* to long *o* yearn for.

acudir *vi* 1 *(ir)* to go; *(venir)* to come, arrive; **acudió puntualmente a la cita,** he arrived punctually for the meeting. 2 *(sobrevenir)* to come back; **aquellos recuerdos acudían a su memoria,** those memories kept coming back to him. 3 *(ir en ayuda)* to help, come forward; **pidió ayuda pero nadie acudió,** she asked for help, but nobody came forward. 4 *(recurrir)* to resort; **acudiré al gobernador,** I'll see the governor (about it), I'll take this matter to the governor; **no sé dónde a.,** I don't know where to turn.

acueducto *nm* aqueduct.

acuerdo *nm* agreement; **¡de a.!,** all right!, O.K.!; **de a. con,** in accordance with; **de común a.,** by common consent; **estar de a. en algo/en hacer algo,** to agree on sth/to do sth; **llegar a un a.,** to come to an agreement; **ponerse de a.,** to agree. ■ **a. comercial,** commercial agreement; **a. marco,** framework agreement.

acuerpar *vtr CAm* to support, defend.

acuidad *nf fml* acuity, sharpness.

acuilmarse *vr CAm* to become depressed, lose heart.

acullá *adv fml* far away; **a. de los mares,** far beyond the sea.

acullicar *vi SAm* to chew coca.

acumulable *adj* accumulable; *Com* **intereses acumulables,** accumulable interest *sing.*

acumulación *nf* accumulation.

acumulador,-a **I** *adj* accumulative. **II** *nm Elec* accumulator, storage battery.

acumular **I** *vtr* to accumulate; **a. datos,** to gather data; **a. dinero,** to amass money. **II acumularse** *vr* 1 to accumulate, pile up, build up. 2 *(gente)* to gather.

acumulativo,-a *adj* accumulative.

acunar *vtr* to rock.

acuñación *nf* striking, minting.

acuñar *vtr* 1 *(monedas)* to strike, mint, coin; *fig* **a. una frase,** to coin a phrase. 2 *(poner cuñas)* to wedge.

acuosidad *nf* 1 *(gen)* wateriness. 2 *(jugosidad)* juiciness.

acuoso,-a *adj* 1 *(gen)* watery. 2 *(jugoso)* juicy; **un buen melocotón a.,** a nice juicy peach.

acupuntura *nf Med* acupuncture.

acurrucarse [1] *vr* to curl up, snuggle up.

acusación *nf* 1 accusation. 2 *Jur* charge; **la a. particular,** the private prosecutor. ■ **acta de a.,** indictment.

acusado,-a **I** *pp de* acusar. **II** *adj* 1 accused; **a. de asesinato,** charged with murder. 2 *fig (marcado)* marked, noticeable. **III** *nm,f* accused, defendant.

acusador,-a **I** *adj* accusing. **II** *nm,f* accuser.

acusar **I** *vtr* 1 to accuse (**de,** of); *Jur* to charge (**de,** with). 2 *(delatar)* **todo parece acusarla,** all evidence seems to point to her; *fig* **esta máquina acusa cualquier cambio de temperatura,** this machine is susceptible to any slight change in temperature; *fig* **se acusa la falta de organización,** the lack of organization is evident; *fig* **su cara acusaba el cansancio,** his face showed his exhaustion. 3 *(recibir)* to take; **a. los golpes,** to take the blows. 4 *Com* **a. recibo,** to acknowledge receipt. **II acusarse** *vr* 1 *(confesar)* to confess. 2 *(acentuarse)* to become more pronounced.

acusativo *nm Ling* accusative.

acusatorio,-a *adj* accusatory.

acuse *nm Com* **a. de recibo,** acknowledgment of receipt.

acusetas *nm inv Am*, **acusete** *nm Am* telltale.

acusica *adj & nmf,* **acusón,-ona** *adj & nm,f fam* telltale.

acústica *nf* acoustics *sing.*

acústico,-a *adj* acoustic.

adagio *nm* 1 *(proverbio)* proverb. 2 *Mús* adagio.

adalid *nm* 1 *(caudillo)* leader. 2 *(guía)* champion.

adamascado,-a *adj* damask.

Adán *nm* Adam. ■ *Anat* **nuez de A.,** Adam's apple.

adán *nm fam* untidy *o* slovenly person.

adaptable *adj* adaptable.

adaptación *nf* adaptation.

adaptado,-a **I** *pp de* adaptar. **II** *adj* adapted.

adaptador *nm Elec* adapter.

adaptar **I** *vtr* 1 to adapt. 2 *(ajustar)* to adjust, fit. **II adaptarse** *vr* to adapt oneself (**a,** to).

adarga *nf* shield.

adarme *nm* jot, whit, scrap; **por adarmes,** in dribs and drabs.

adecentar **I** *vtr* to tidy (up), clean (up). **II adecentarse** *vr* to tidy oneself up.

adecuación *nf* adaptation.

adecuado,-a **I** *pp de* adecuar. **II** *adj* appropriate, suitable, fitting.

adecuar [10] *vtr* to adapt, make suitable.

adefesiero,-a *adj Am* nonsensical.

adefesio *nm* 1 *(persona)* freak. 2 *(cosa)* monstrosity. 3 *fam (disparate)* nonsense.

a. de J.C. *abr de* **antes de Jesucristo,** before Christ, BC.

Adelaida *n* Adelaide.

adelantado,-a I *pp de* adelantar. II *adj* 1 *(aventajado)* advanced; *(desarrollado)* developed; *(precoz)* precocious. 2 *(antes de tiempo)* early; **pagar por a.**, to pay in advance. 3 *(reloj)* fast. 4 *(atrevido)* bold, forward.

adelantamiento *nm Aut* overtaking; **hacer un a.**, to overtake.

adelantar I *vtr* 1 to move o bring forward; *fig* to advance; *Dep (pelota)* to pass forward; **a. tres puestos,** to go up three places. 2 *(reloj)* to put forward. 3 *(pasar delante)* to pass; *Aut* to overtake; **adelantó un coche rojo,** he overtook a red car. 4 *(acelerar)* to speed up, accelerate; *fig* **no nos adelantemos los acontecimientos,** let's not jump the gun, we'll cross that bridge when we come to it. 5 *(dinero)* to pay in advance, advance; **a. a algn el sueldo,** to advance sb's pay. 6 *fig (aventajar)* to overtake; **le adelantó en matemáticas,** he overtook him in maths. II *vi* 1 to advance; **así adelantamos más,** it's quicker this way. 2 *(progresar)* to make progress; **ha adelantado bastante,** she's been doing very well. 3 *(ganar)* to gain, get; **con eso no adelantas nada,** that's a waste of time. 4 *(reloj)* to be fast. III **adelantarse** *vr* 1 *(ir delante)* to go ahead; **adelántate y compra las entradas,** go ahead and get the tickets; **se adelantó a su tiempo,** he was ahead of his time. 2 *(llegar temprano)* to be early; **el verano se ha adelantado,** we are having an early summer. 3 *(anticiparse)* to get ahead **(a,** of); **se me adelantó a pagar,** I was going to pay, but he beat me to it. 4 *(aproximarse)* to go o come forward; **se adelantó a saludarla,** he went forward to greet her. 5 *(reloj)* to gain, be fast.

adelante I *adv* further, forward; **de ahora en a.**, from now on; **de aquí en a.**, from here on; **llevar a. un plan,** to carry out a plan; **más a.**, *(lugar)* further on; *(tiempo)* later; **sacó a sus hijos a.**, he gave his children all they needed; **seguir a.**, to keep going, carry on; *fig* **van saliendo a.**, they're managing. II *interj (pase)* come in!; *(siga)* go ahead!, carry on!

adelanto *nm* 1 advance; **los adelantos de la ciencia,** the progress of science. 2 *(tiempo)* **este reloj lleva diez minutos de a.**, this watch is ten minutes fast; **le lleva media hora de a.**, he has half an hour's lead over her. 3 *Com (de dinero)* advance payment.

adelfa *nf Bot* oleander, rosebay.

adelgazador,-a *adj* slimming, weight-reducing.

adelgazamiento *nm* slimming. ■ **cura de a.**, slimming cure o diet.

adelgazar [4] I *vtr (persona)* to make thin, slim; *(cosa)* to make slim. II *vi (enflaquecer)* to slim, lose weight; **ha adelgazado mucho,** he's lost a lot of weight.

ademán *nm* 1 *(movimiento)* movement; *(gesto)* gesture; **en a. de,** with the intention of, as if about to; **hacer a. de,** to look as if one is about to. 2 **ademanes,** manners.

además *adv* besides, in addition; **a. de él,** besides him; *(también)* also, as well; **a., no lo he visto nunca,** furthermore, I've never seen him; **llegó cansado, y a., enfermo,** he arrived tired and ill to boot.

Adén *n* Aden.

ADENA *nf Ecol abr de* Asociación para la Defensa de la Naturaleza.

adentrarse *vr* 1 *(penetrar)* to penetrate deep, enter deep **(en,** into). 2 *fig (profundizar)* to go deeply into, study thoroughly.

adentro I *adv* 1 *(dentro)* inside; **venid a.**, come inside. 2 *(hacia o en el interior)* **mar a.**, out to sea; **os vayáis muy a.**, don't go too far in; **tierra a.**, inland. II **adentros** *nmpl* **decir algo para sus a.**, to say sth to oneself.

adepto,-a I *adj* who follows, who supports. II *nm,f* follower, supporter.

aderezar [4] I *vtr* 1 *Culin (comida)* to season; *(ensalada)* to dress; *(bebidas)* to mix. 2 *(preparar)* to get ready, prepare. 3 *fig (adornar) (persona)* to make beautiful; *(cosa)* to embellish. II **aderezarse** *vr (arreglarse)* to dress up, get ready.

aderezo *nm* 1 *Culin (de comida)* seasoning; *(de ensalada)* dressing. 2 *(preparación)* preparation, disposition. 3 *(joyas)* set of jewellery. 4 *(arreos)* harness, trappings *pl*.

adeudar I *vtr* 1 *(deber)* to owe, have a debt of. 2 *Com (en cuenta)* to charge, debit; **a. una cuenta,** to charge an account. II **adeudarse** *vr (contraer deudas)* to get into debt.

adeudo *nm* 1 *(deuda)* debt. 2 *Com* debit, charge.

a D. g. *abr de* **a Dios gracias,** thanks be to God.

adherencia *nf* 1 *(adhesión)* adherence; *(pegajosidad)* adhesion, sticking. 2 *Aut* roadholding.

adherente I *adj* adherent. II *nm* 1 *(requisito)* requisite. 2 *(adhesivo)* adhesive.

adherir [35] I *vtr* to stick on. II *vi* to stick **(a,** to). III **adherirse** *vr fig* **a. a,** to adhere to, follow.

adhesión *nf* adhesion, adherence; *fig (apoyo)* support; *fig (afiliación)* **a. a una doctrina,** adherence to a doctrine; *fig* **contaba con la a. de todos,** he had everyone's support.

adhesivo,-a *adj & nm* adhesive.

adicción *nf* addiction; **crear a.**, to be addictive.

adición *nf* addition.

adicional *adj* additional.

adicionar *vtr* to add; *Mat* to add up.

adicto,-a I *adj* 1 fond **(a,** of), keen **(a,** on); *(drogas)* addicted **(a,** to). 2 *(partidario)* supporting. II *nm,f* 1 supporter, follower. 2 *(drogas)* addict.

adiestrado,-a I *pp de* adiestrar. II *adj* 1 trained, instructed. 2 *Herald* dexterwise.

adiestramiento *nm* training, instruction.

adiestrar I *vtr* to train, instruct. II **adiestrarse** *vr* to train oneself.

adinerado,-a I *pp de* adinerarse. II *adj* wealthy, rich. III *nm,f* rich person.

adinerarse *vr fam* to get rich.

adiós *(pl* adioses*)* I *interj* goodbye; *fam* bye-bye; *(al cruzarse con algn)* hello; *fam* **¡a. a las vacaciones!,** that's my holidays finished! II *nm* goodbye; **decir a. con la mano,** to wave goodbye; *fam fig* **decir a. a algo,** to say goodbye to sth.

adiposidad *nf* adiposity; *(obesidad)* obesity.

adiposo,-a *adj Anat* adipose.

aditamento *nm (añadidura)* added piece, addition; *(complemento)* accessory.

aditivo,-a *adj & nm* additive.

adivinación *nf* 1 guessing; **a. del pensamiento,** mind-reading. 2 *(predicción)* divination, forecast.

adivinador,-a *nm,f* fortune-teller.

adivinanza *nf* riddle, puzzle.

adivinar *vtr* 1 to guess; **a. el pensamiento,** to read sb's mind. 2 *(presagiar)* to foretell, forecast. 3 *(enigma)* to solve.

adivinatorio,-a *adj* divinatory.

adivino,-a *nm,f* fortune-teller.

adjetivación *nf Ling* adjectival use.

adjetival *adj Ling* adjectival.

adjetivar *vtr* **1** *Ling* to use adjectivally *o* as an adjective. **2** *fig (calificar)* to label, describe.

adjetivo,-a I *adj* adjectival, adjective. **II** *nm* adjective.

adjudicación *nf* **1** *(concesión)* award, awarding. **2** *(en subasta)* sale.

adjudicar [15] **I** *vtr* **1** *(premio)* to award. **2** *(vender)* to sell, knock down; **¡adjudicado!**, sold! **II** **adjudicarse** *vr (apropiarse)* to appropriate, take over.

adjudicatario,-a *nm,f* **1** *(premiado)* awardee. **2** *(comprador)* buyer, successful bidder.

adjuntar *vtr* to enclose, attach; *(en carta)* **adjunto una muestra,** please find enclosed sample.

adjunto,-a I *pp de* **adjuntar.** **II** *adj* **1** enclosed, attached; **rellenar el cupón a.,** fill in the enclosed form. **2** *Educ* assistant; **profesor a.,** assistant teacher. **III** *nm,f Educ* assistant teacher.

adlátere *nm* henchman, follower.

adm., admón., *abr de* **administración,** administration.

administración *nf* **1** *(gobierno)* administration, authorities *pl*. ■ *Pol* **a. central,** central government; **a. pública,** public administration. **2** *(de empresa)* administration, management. ■ **consejo de a.,** board of directors. **3** *(cargo)* post of administrator; post of manager. **4** *(despacho)* administrator's office, manager's office. **5** *(oficina)* (branch) office. ■ **A. de Hacienda,** (local) tax office; **a. de lotería,** lottery office.

administrador,-a I *adj* administrating. **II** *nm,f* **1** administrator; *(ama de casa)* **es muy buena administradora,** she knows how to stretch money. **2** manager; *(de bienes, fincas)* administrator.

administrar I *vtr* **1** to administer; **a. justicia,** to administer justice. **2** *(dirigir)* to run, manage. **3** *fml (dar)* to give; **le administró un antibiótico,** he gave him an antibiotic. **II** **administrarse** *vr* to manage one's own money.

administrativo,-a I *adj* administrative. **II** *nm,f* **1** *(funcionario)* official. **2** *(de empresa, banco)* office worker.

admirable *adj* admirable.

admiración *nf* admiration; **causar a.,** to impress; **sentir a.,** to admire.

admirador,-a I *adj* admiring. **II** *nm,f* admirer.

admirar I *vtr* **1** to admire. **2** *(sorprender)* to amaze, surprise, astound, astonish; **me admira su valor,** I am amazed by his courage; **quedarse admirado,** to be astonished. **II** **admirarse** *vr* to be amazed, be astonished.

admirativo,-a *adj* admiring.

admisibilidad *nf* admissibility.

admisible *adj* admissible, acceptable.

admisión *nf* **1** admission; **'reservado el derecho de a.',** 'the management reserves the right to refuse admission'. **2** *(aceptación)* acceptance. **3** *Téc* inlet, intake.

admitir *vtr* **1** to admit, let in. **2** *(aceptar)* to admit, accept; **'no se admiten cheques',** 'no cheques accepted'. **3** *(permitir)* to allow; **no admito este tipo de conversación,** I will not tolerate this type of conversation; *fig* **este libro admite varias lecturas,** this book is open to various interpretations. **4** *(reconocer)* to admit, acknowledge; **admito que fui demasiado lejos,** I admit that I took things too far. **5**

(haber lugar) to hold; **admite hasta cien personas,** there is room for up to a hundred people.

admonición *nf* warning, reproof.

admonitorio,-a *adj* warning.

ADN *nm abr de* **ácido desoxirribonucleico,** desoxyribonucleic acid, DNA.

adobado,-a I *pp de* **adobar.** **II** *adj Culin* marinated.

adobar *vtr* **1** *Culin (carne, pescado)* to marinate. **2** *(pieles)* to tan.

adobe *nm* **1** *Constr* adobe. **2** *SAm fig* big foot.

adobo *nm Culin* **1** *(acción)* marinating. **2** *(salsa)* marinade.

adocenado,-a I *pp de* **adocenarse.** **II** *adj* common or garden, ordinary.

adocenarse *vr* to become commonplace.

adoctrinamiento *nm* indocrination.

adoctrinar *vtr* to indoctrinate.

adolecer [43] *vi* **1** *(sufrir)* to be ill; **adolecía de asma,** he suffered from asthma; *fig fml* **adolece de excesivo barroquismo,** it is far too baroque. **2** *(carecer)* to lack; **adolece de interés,** he lacks enthusiasm.

adolescencia *nf* adolescence.

adolescente *adj & nmf* adolescent.

adónde *adv interr* where (to)?

adonde *adv* where.

adondequiera *adv* wherever.

adopción *nf* adoption; **país de a.,** country of adoption.

adoptar *vtr* to adopt.

adoptivo,-a *adj (hijo)* adopted, adoptive; *(padres)* adoptive; *fig* **hijo a. de la ciudad,** honorary citizen; *fig* **país a.,** country of adoption.

adoquín *nm* cobble, paving stone.

adoquinado,-a I *pp de* **adoquinar.** **II** *adj* cobbled. **III** *nm* cobbling, paving.

adoquinar *vtr* to cobble, pave.

adorable *adj* adorable.

adoración *nf* **1** *Rel* worship, adoration. **2** *fig* adoration, worshipping.

adorador,-a I *adj* **1** *Rel* worshipping. **2** *fig* adoring. **II** *nm,f* **1** *Rel* worshipper. **2** *fig* adorer, worshipper.

adorar *vtr* **1** *Rel* to worship. **2** *fig* to adore.

adormecedor,-a *adj* sleep-inducing, soporific.

adormecer [43] **I** *vtr* **1** to send to sleep, make sleepy. **2** *fig (acallar)* to quieten; *(calmar)* to soothe. **II** **adormecerse** *vr* **1** *(dormirse)* to doze off. **2** *(miembro)* to go to sleep, go numb.

adormecido,-a I *pp de* **adormecer.** **II** *adj* sleepy, drowsy.

adormecimiento *nm* **1** *(sueño)* drowsiness, sleepiness. **2** *(de miembro)* numbness.

adormidera *nf Bot* poppy.

adormilarse *vr* to doze, drowse.

adornamiento *nm* adornment, decoration.

adornar *vtr* to adorn, decorate; *fig* to embellish.

adorno *nm (gen)* decoration, adornment; *Cost* trimming; **de a.,** decorative.

adorote *nm SAm* handbarrow.

adosado,-a I *pp de* **adosar.** **II** *adj Constr* semidetached.

adosar *vtr* to lean (**a,** against).

adquirido,-a I *pp de* **adquirir.** **II** *adj* acquired.

adquirir [30] *vtr* to acquire.

adquisición *nf (gen)* acquisition; *(compra)* buy, purchase.

adquisitivo,-a *adj* acquisitive.

adrede *adv* deliberately, on purpose, purposely.

adrenalina *nf* adrenalin.

adriático,-a I *adj* Adriatic. II *nm* **el (Mar) A.**, the Adriatic (Sea).

adscribir *(pp adscrito)* I *vtr* 1 *(atribuir)* to ascribe to. 2 *(a un trabajo)* to appoint to. II **adscribirse** *vr (afiliarse)* to affiliate **(a,** to).

adscripción *nf* 1 *(atribución)* ascription. 2 *(a un trabajo)* appointment.

adscrito,-a I *pp de* adscribir. II *adj* 1 *(atribuido)* ascribed. 2 *(a un trabajo)* appointed.

adsorbente *adj & nm Fís* adsorbent.

adsorber *vtr* to adsorb.

adsorción *nf Fís* adsorption.

aduana *nf* 1 customs *pl*; **el tabaco no paga a.**, there's no duty on tobacco; **pasar por la a.**, to go through customs. ■ **oficial de a.**, customs officer. 2 *(oficinas)* customs building.

aduanero,-a I *adj* customs. II *nm,f* customs officer.

aducir [46] *vtr* to adduce, allege.

adueñarse *vr* **a. de,** to appropriate, seize; *fig* **el terror se adueñó de ella,** she was seized by terror.

aduje *pt indef véase* aducir.

adulación *nf* adulation, flattery.

adulador,-a I *adj* adulating, flattering. II *nm,f* adulator, flatterer.

adular *vtr* to adulate, flatter, soft-soap.

adulón,-ona I *adj* fawning, grovelling, *US* groveling. II *nm,f* crawler, groveller, *US* groveler.

adulteración *nf* adulteration.

adulterado,-a I *pp de* adulterar. II *adj* adulterated.

adulterar *vtr* to adulterate.

adulterio *nm* adultery.

adúltero,-a I *adj* adulterous. II *nm,f (hombre)* adulterer; *(mujer)* adulteress.

adultez *nf* 1 adulthood. 2 *CAm (virilidad)* virility.

adulto,-a *adj & nm,f* adult; **los adultos,** grown-ups; **una persona adulta,** an adult.

adustez *nf fig* harshness, severity.

adusto,-a 1 scorched, charred, burnt. 2 *fig (austero)* harsh, stern, austere, severe.

aduzco *indic pres véase* aducir.

advenedizo,-a *adj & nm,f* parvenu, parvenue, upstart.

advenimiento *nm (gen)* advent, coming; *(al trono)* accession.

adventicio,-a *adj* accidental; *Biol* adventitious.

adventismo *nm Rel* Adventism.

adventista *adj & nmf Rel* Adventist.

adverbial *adj Ling* adverbial.

adverbio *nm Ling* adverb.

adversario,-a I *adj* opposing; **el equipo a.,** the opposing team. II *nm,f* adversary, opponent.

adversidad *nf* adversity, misfortune, setback.

adverso,-a *adj* 1 adverse, unfavourable; **en condiciones adversas,** in adverse conditions. 2 *(opuesto)* opposed. 3 *(adversario)* opposing.

advertencia *nf* warning; *(consejo)* piece of advice; **te voy a hacer una a.,** mark my words.

advertido,-a I *pp de* advertir. II *adj* warned; *(informado)* informed; **estás o quedas a.,** you've been warned.

advertir [35] *vtr* 1 to warn; *(informar)* to inform, advise; **te lo había advertido,** I told you; *fam* **te advierto que él tampoco lo vio,** mind you, he didn't see it either. 2 *(darse cuenta)* to realize, notice; **no advirtió su presencia,** he didn't notice he was there.

adviento *nm Rel* Advent.

advocación *nf Rel* invocation; **bajo la a. de,** under the protection of.

adyacente *adj* adjacent.

aéreo,-a *adj* 1 aerial; **vista aérea,** aerial view. 2 *Av* air; **líneas aéreas,** airlines; **tráfico a.,** air traffic.

aero- *pref* aero-; *Av* **aerobús,** airbus.

aeróbica *nf* aerobics *sing*.

aerobio,-a *Biol* I *adj* aerobic. II *nm* aerobe.

aeroclub *nm Av* flying club.

aerodeslizador *nm* hovercraft.

aerodinámica *nf Fís* aerodynamics *sing*.

aerodinámico,-a *adj Fís* aerodynamic; **de línea aerodinámica,** streamlined.

aeródromo *nm Av* aerodrome.

aerofagia *nf Med* aerophagia.

aerofaro *nm* beacon.

aerógrafo *nm Arte* airbrush.

aerograma *nm* aerogram, aerogramme.

aeromodelismo *nm* aeroplane modelling *o US* modeling.

aeromodelista I *adj* aeroplane modelling *o US* modeling. II *nmf* aeroplane modeller *o US* modeler.

aeromodelo *nm* model aeroplane.

aeromoza *nf Am* air hostess.

aeronáutica *nf Av Náut* aeronautics *sing*.

aeronáutico,-a *adj Av Náut* aeronautic, aeronautical.

aeronaval *adj Av Náut* air-sea.

aeronave *nf Av* airship. ■ **a. espacial,** spaceship.

aeroplano *nm Av* aeroplane.

aeropuerto *nm Av* airport.

aerosol *nm Quím* aerosol.

aerostática *nf Fís* aerostatics *sing*.

aerostático,-a *adj Fís* aerostatic; **globo a.,** hot-air balloon.

aerostato *nm Fís* hot-air balloon.

a/f *abr de* **a favor,** in favour *o US* favor.

afabilidad *nf* affability.

afable *adj* affable.

afamado,-a I *pp de* afamar. II *adj* famous, well known.

afamar I *vtr* to make famous. II **afamarse** *vr* to become famous.

afán *nm (pl afanes)* 1 *(esfuerzo)* effort. 2 *(celo)* zeal; *(interés)* keenness, eagerness; **con a.,** keenly.

afanador,-a I *adj* zealous, eager. II *nm,f* 1 zealous *o* eager person. 2 *(ratero)* thief.

afanar I *vtr* 1 *fam (robar)* to nick, pinch, swipe. *Am (dinero)* to earn. II **afanarse** *vr* 1 to work with zeal; **a. por conseguir algo,** to do one's best to achieve *o* obtain sth. 2 *fam (robar)* to nick, pinch, swipe.

afanoso,-a *adj* 1 *(persona)* keen, zealous, eager. *(tarea)* hard, tough, laborious.

afarolarse *vr Am (emocionarse)* to get worked up, get excited; *(enfadarse)* to get angry.

afasia *nf Med* aphasia.

afásico,-a *adj & nm,f Med* aphasic.

afear *vtr* **1** to make ugly. **2** *fig (reprochar)* to reproach; **afearle a algn la conducta,** to censure sb's behaviour.

afección *nf* **1** *(enfermedad)* affection, disease; **una a. de garganta,** a throat complaint. **2** *(afición)* fondness.

afeccionarse *vr* to take a liking (**a,** to), become fond (**a,** of).

afectación *nf* affectation.

afectado,-a I *pp de* afectar. II *adj* **1** *(gen)* affected; **la región afectada por la sequía,** the area affected by (the) drought. **2** *(fingido)* pretended, affected. **3** *(emocionado)* affected, upset; **está muy a.,** he's very upset. **4** *(involucrado)* involved; **las personas afectadas,** the people involved. **5** *Med* **a. de hepatitis,** suffering from hepatitis.

afectar *vtr* **1** *(gen)* to affect; **a. la voz,** to talk in an affected way; **afectó indiferencia,** she affected indifference; **le afectó mucho,** she was deeply affected; **nos afecta a todos,** it concerns all of us. **2** *(dañar)* to damage; **le afectó a los ojos,** it damaged his eyes.

afectísimo,-a *adj fml superl de* afecto,-a; *(en una carta)* **suyo a.,** yours faithfully.

afectividad *nf* affectivity.

afectivo,-a *adj* **1** *(sensibilidad)* sensitive. **2** *Psic* affective.

afecto,-a I *adj* **1** *(aficionado)* fond (**a,** of). **2** *Med* suffering (**de,** from). II *nm* affection; *(en carta)* **con todo mi a.,** with all my love; **tomarle a. a algn,** to become fond of sb.

afectuosidad *nf* affection.

afectuoso,-a *adj* affectionate.

afeitado *nm* **1** shave, shaving. **2** *Taur (cuernos)* blunting.

afeitadora *nf* razor, shaver.

afeitar I *vtr* **1** to shave. **2** *Taur (de toro)* to blunt the horns of. II **afeitarse** *vr* to shave.

afeite *nm* arc make-up.

afelpado,-a *adj Tex* velvety.

afeminación *nf* effeminacy.

afeminado,-a I *pp de* afeminar. II *adj* effeminate. III *nm* effeminate man; *fam* sissy.

afeminamiento *nm* effeminacy.

afeminar I *vtr* to make effeminate. II **afeminarse** *vr* to become effeminate.

aferrado,-a I *pp de* aferrar. II *adj* clinging to, clutching, holding on to; *fig* **a. a sus ideas,** sticking to his guns.

aferramiento *nm* **1** clutching, clinging. **2** *fig (obstinación)* stubbornness.

aferrar I *vtr* **1** to clutch, cling, grasp. **2** *Náut (anclar)* to anchor, moor; **a. las velas,** to furl the sails. II **aferrarse** *vr* to clutch, cling; **aférrate bien,** hold (on) tight; *fig* **a. a una creencia,** to cling to a belief.

Afganistán *n* Afghanistan.

afgano,-a *adj & nm,f* Afghan.

AFI *nm Ling abr de* **Asociación Fonética Internacional,** International Phonetic Association, IPA.

afianzamiento *nm* strengthening, reinforcement; *(definitivo)* consolidation.

afianzar [4] I *vtr* **1** to strengthen, reinforce, consolidate. **2** *Jur (pagar fianza)* to stand bail for. II **afianzarse** *vr* to steady oneself; *(agarrarse)* to cling; *fig* **su fama se afianzó,** he became a man of well-established reputation.

afición *nf* **1** *(inclinación)* penchant, liking; **tiene a. por la música,** he is fond of music. **2** *(ahínco)* interest, zeal; **con a.,** keenly. **3** *Dep* **la a.,** the fans *pl*.

aficionado,-a I *pp de* aficionar. II *adj* **1** keen, fond; **ser a. a viajar,** to be fond of travelling. **2** *(no profesional)* amateur. III *nm,f* **1** enthusiast; **un a. a la música,** a music lover. **2** amateur.

aficionar I *vtr (interesar)* to interest, make fond of. II **aficionarse** *vr (interesarse)* to become fond (**a,** of), take a liking (**a,** to); **se aficionó al teatro,** she became a theatre lover.

afijo,-a *Ling* I *adj* affixed. II *nm* affix.

afilado,-a I *pp de* afilar. II *adj (con filo)* sharp; *(con punta)* pointed; *fig* **cara afilada,** long, thin face. III *nm* sharpening.

afilador,-a I *adj* sharpening. II *nm (persona)* knife-grinder. III *nf (máquina)* sharpener.

afilalápices *nm inv* pencil sharpener.

afilamiento *nm fig (de cara, nariz)* sharpness.

afilar I *vtr* **1** *(cuchillo, lápiz)* to sharpen. **2** *Arg Par Urug (cortejar)* to court; *(requebrar)* to flatter. II **afilarse** *vr* to grow pointed *o* sharp.

afiliación *nf* affiliation.

afiliado,-a I *pp de* afiliar. II *adj* affiliated, member. III *nm,f* affiliate, member.

afiliar [12] I *vtr* to affiliate, make a member. II **afiliarse** *vr* to affiliate, become a member.

afiligranado,-a *adj Arte* filigreed; *fig* delicate, dainty, fine.

afín *adj* **1** *(semejante)* kindred, similar; *(relacionado)* related; **el alcohol y los productos afines,** alcohol and related products; **gustos afines,** similar tastes. **2** *(próximo)* adjacent, next.

afinación *nf* **1** *(gen)* polishing, refining. **2** *(música, máquina)* tuning.

afinado,-a I *pp de* afinar. II *adj* **1** *(gen)* polished, refined. **2** *(música)* in tune, tuned.

afinador,-a *Mús* I *nm,f (persona)* tuner. II *nm* tuning key.

afinar *vtr* **1** *(gen)* to polish, perfect; *(puntería)* to sharpen. **2** *(instrumento)* to tune. **3** *(metales)* to refine.

afincar *vtr,* **afincarse** *vr* [1] to settle down, establish oneself.

afinidad *nf* affinity; *Quím* similarity.

afirmación *nf* **1** *(aseveración)* statement, assertion. **2** *(afianzamiento)* strengthening.

afirmado *nm (de carretera)* road surface.

afirmar I *vtr* **1** *(aseverar)* to state, declare; **afirmó no saber nada,** he said he knew nothing (about it). **2** *(afianzar)* to strengthen, reinforce. II **afirmarse** *vr (opinión)* to maintain; **se afirmó en su negativa,** he insisted on refusing.

afirmativo,-a I *adj* affirmative; **en caso a. ...,** if the answer is yes ... . II *nf* affirmative answer.

aflautado,-a *adj* flute-like.

aflicción *nf* affliction, suffering, grief.

afligido,-a I *pp de* afligir. II *adj* afflicted, grieved, troubled.

afligir [6] I *vtr* to afflict, grieve, trouble. II **afligirse** *vr* to grieve, be distressed.

aflojamiento *nm* loosening; *fig* relaxation.

aflojar I *vtr (soltar)* to loosen; *fig (esfuerzo)* to relax; *fam* **a. la mosca,** to fork out. **II** *vi (disminuir)* to weaken, grow weak; **el calor ha aflojado un poco,** the heat has let up a bit. **III aflojarse** *vr (soltarse)* to come *o* work loose; **se aflojó el tornillo,** the screw came loose.

afloramiento *nm Min* outcrop.

aflorar *vi* **1** *Min* to crop out, outcrop. **2** *fig (asomar)* to come to the surface, appear.

afluencia *nf* inflow, influx; **la a. de público,** the flow of people.

afluente I *adj (caudaloso)* flowing, inflowing; *(persona)* verbose, wordy. **II** *nm Geog* tributary.

afluir [62] *vi* to flow (**a,** into).

aflujo *nm* afflux.

afluxionarse *vr CAm* to swell up.

afonía *nf Med* loss of voice, hoarseness.

afónico,-a *adj* voiceless, hoarse; **estar a.,** to have lost one's voice.

aforismo *nm* aphorism.

aforístico,-a *adj* aphoristic.

aforo *nm* **1** *(capacidad)* seating capacity. **2** *(evaluación)* valuation, assessment.

afortunado,-a *adj* fortunate, lucky; *(dichoso)* happy; *fig* **una respuesta poco afortunada,** a rather inappropriate answer; *prov* **a. en el juego, desgraciado en amores,** lucky at cards, unlucky in love.

afrancesado,-a I *adj* **1** *(galicista)* pro-French, who has gone French. **2** *Hist* supporting Napoleon. **II** *nm,f Hist* (Spanish) supporter of Napoleon.

afrancesamiento *nm* pro-French attitude, Frenchification.

afrecha *nf* bran.

afrenta *nf fml* affront, offense; **hacerle una a. a algn,** to affront sb.

afrentar I *vtr* to affront, offend. **II afrentarse** *vr* to be ashamed (**de,** of).

afrentoso,-a *adj fml* **1** *(que ofende)* offending, offensive. **2** *(que avergüenza)* shameful, disgraceful.

Africa *n* Africa.

africado,-a *Ling* **I** *adj* affricative. **II** *nf* affricate.

africano,-a *adj & nm,f* African.

afrikaans *nm (idioma)* Afrikaans.

afro *adj fam* afro.

afroamericano,-a *adj & nm,f* Afro-American.

afroasiático,-a *adj & nm,f* Afro-Asian.

afrodisíaco,-a *adj & nm* aphrodisiac.

afrontamiento *nm* confrontation.

afrontar *vtr* **1** *(hacer frente)* to confront, face; **a. las consecuencias,** to face up to the consequences; **a. una situación,** to face a situation. **2** *Jur (carear)* to confront, bring face to face. **3** *(poner enfrente)* to face.

afta *nf Med* aphtha.

aftoso,-a *adj Med* **fiebre aftosa,** foot-and-mouth disease.

afuera I *adv* outside; **la parte de a.,** the outside; **más a.,** further out; **salir a.,** to come *o* go out. **II afueras** *nfpl* outskirts; **vivían en las a. de Pamplona,** they lived on the outskirts of Pamplona.

afuereño,-a *adj Am* strange; *(extranjero)* foreign.

agachada *nf (acción)* squatting; *(ardid)* trick, ruse.

agachadiza *nf Orn* snipe. ■ **a. común,** snipe; **a. real,** great snipe.

agachado,-a *adj CAm* sly, furtive.

agachar 1 *vtr* to lower, bow. **II agacharse** *vr* **1** *(encogerse)* to cower; *(agazaparse)* to crouch (down), squat; *(protegerse)* to duck (down). **2** *fam (aguantarse)* to put up with. **3** *Am (someterse)* to give in (**a,** to); to submit (**a,** to).

agalla *nf* **1** *(de pez)* gill. **2** *Orn* temple. **3** *Bot* gall, gallnut. **4** **agallas,** *(angina)* sore throat *sing*; *fig (valor)* guts, pluck *sing*; **tiene a.,** she's got guts. **5** *Am (codicia)* greed; **tener agallas,** to be greedy.

agallado,-a *adj Arg Chi PR* graceful, debonair.

ágape *nm* **1** feast, banquet. **2** *Hist* agape.

agareno,-a *adj & nm,f Rel* Muslim, Moslem; **un perfil a.,** an Arab-like profile.

agarrada *nf fam* quarrel; **tener una a. con algn,** to have a row with sb.

agarraderas *nfpl fam* **tener buenas a.,** to be well connected, have the right friends.

agarradero *nm* **1** *(asa)* handle. **2** *fam (excusa)* excuse.

agarrado,-a I *pp de* agarrar. **II** *adj fam* stingy, tight; **baile a.,** cheek-to-cheek dancing.

agarrador,-a *adj Am (licor)* strong.

agarrar I *vtr* **1** *(asir con las manos)* to grasp, clutch, seize; **agárralo fuerte,** hold it tight. **2** *(conseguir)* to take advantage of; **agarré la oferta que me brindaban,** I jumped at the offer which they made me. **3** *fam (pillar)* to catch; **agarrarla, a. una borrachera,** to get drunk *o* pissed; **agarró un cabreo,** he flew off the handle. **II agarrarse** *vr* **1** to hold on to, cling to, clutch; **agarraos bien,** hold tight; *fig* **a. a un clavo ardiendo,** to clutch at a straw; *fam* **se agarra a lo que sea para no trabajar,** he seizes on any excuse to avoid work. **2** *Culin (pegarse)* to stick. **3** *fam (pelearse)* to quarrel, fight.

agarrón *nm fam* **1** *(tirón)* pull, tug. **2** *(agarrada)* fight, quarrel.

agarroso,-a *adj CAm* sour, tart.

agarrotado,-a I *pp de* agarrotar. **II** *adj* **1** *(apretado)* tight. **2** *(músculo)* stiff. **3** *(motor)* seized up.

agarrotamiento *nm* **1** *(atadura)* tightening. **2** *(rigidez)* stiffening. **3** *(de máquina)* seizing up.

agarrotar I *vtr* **1** *(atar)* to tighten, tie up tightly. **2** *(músculos)* to stiffen. **3** *(estrangular)* to strangle; *(dar garrote)* to garotte. **II agarrotarse** *vr* **1** *(entumecerse músculos)* to stiffen; *(perder sensibilidad)* to go numb. **2** *(máquina)* to seize up.

agasajado,-a I *pp de* agasajar. **II** *nm,f* guest of honour *o US* honor.

agasajar *vtr (obsequiar)* to smother with attentions, treat well; *(dar agasajo)* to wine and dine.

agasajo *nm* **1** *(acogida)* royal welcome; *(trato)* kindness. **2** *(comida)* reception, banquet. **3** *(regalo)* gift.

ágata *nf Min* agate.

agatas *adv SAm (apenas)* hardly; *(con dificultad)* with great difficulty.

agateador *nm Orn* tree creeper.

agaucharse *vr SAm* to adopt **gaucho** ways.

agave *nf Bot* agave.

agavilladora *nf Agr* binder.

agavillar I *vtr Agr* to bind, sheave. **II agavillarse** *vr fig* to get together, form groups.

agazapar I *vtr* to grab (hold of). **II agazaparse** *vr* *(agacharse)* to crouch (down), squat; *(esconderse)* to hide.

agencia *nf* agency; *(sucursal)* branch. ■ **a. bancaria,** bank; **a. de viajes,** travel agency.

agenciarse [12] *vr* **1** *(apañarse)* to manage, look after oneself; **agenciárselas,** to manage; **ya me las agenciaré como pueda,** I'll manage. **2** *(proporcionarse)* to get oneself; **se ha agenciado un cochazo increíble,** he's got himself a fantastic car.

agenda *nf* diary; **a. del día,** agenda.

agente I *adj Ling* **complemento a.,** agent. II *nmf* agent. ■ **a. de policía,** *(hombre)* policeman; *(mujer)* policewoman; **a. de tráfico,** *(hombre)* traffic policeman; *(mujer)* traffic policewoman; **a. secreto,** secret agent. III *nm* agent. ■ **a. provocador,** agent provocateur; **agentes naturales,** natural agents.

agigantado,-a I *pp de* agigantar. II *adj* massive, huge; **a pasos agigantados,** by leaps and bounds.

agigantar I *vtr* to enlarge; *fig* to exaggerate. II **agigantarse** *vr* to become huge.

ágil *adj* agile.

agilidad *nf* agility; **con a.,** swiftly.

agilipollado,-a *adj vulg* stupid, daft.

agilización *nf* speeding up.

agilizar [4] *vtr* to make agile; *fig* to speed up; **a. los trámites,** to speed up the paperwork.

agiotaje *nm Com* speculation.

agiotista *nmf Com* speculator.

agitación *nf* agitation; *fig (inquietud)* excitement, restlessness; **a. política,** political agitation.

agitado,-a I *pp de* agitar. II *adj* **1** agitated, shaken; *fig* anxious. **2** *(ajetreado)* hectic; **una vida muy agitada,** a very hectic life. **3** *(mar)* rough.

agitador,-a I *nm,f (persona)* agitator. II *nm Quím* agitator.

agitanado,-a *adj* gypsy-like.

agitar I *vtr (botella)* to shake; *(pañuelo)* to wave; *fig (multitudes)* to agitate; **'agítese antes de usarlo',** 'shake before use'. II **agitarse** *vr* **1** to move restlessly; *fig (inquietarse)* to become agitated. **2** *(mar)* to become rough.

glomeración *nf* **1** *(gen)* agglomeration. **2** *(de gente)* crowd.

glomerado *nm* **1** *Constr* agglomerate. **2** *(combustible)* briquette.

glomerante *nm* binding material.

glomerar I *vtr (agrupar)* to agglomerate, amass. II **aglomerarse** *vr* **1** *(agruparse)* to agglomerate, amass; **los coches se aglomeraban en la plaza,** cars piled up in the square. **2** *(gente)* to crowd, form a crowd.

glutinación *nf* agglutination.

glutinante I *adj* agglutinant, binding; *Ling* **lengua a.,** agglutinative language. II *nm* agglutinant.

glutinar I *vtr* to agglutinate, bind; *fig* to bring together. II **aglutinarse** *vr* to agglutinate; *fig* to come together.

gnosticismo *nm* agnosticism.

gnóstico,-a *adj & nm,f* agnostic.

gobiado,-a I *pp de* agobiar. II *adj (doblado)* bent down, weighed down; *fig* **a. de problemas,** snowed under with problems; *fig* **a. de trabajo,** up to one's eyes in work.

gobiador,-a *adj,* **agobiante** *adj (cansado)* backbreaking, exhausting; *(carga)* overwhelming; *(lugar)* claustrophobic; *(calor)* oppressive; *(persona)* tiresome, tiring.

gobiar [12] I *vtr (doblar)* to bend down, weigh down; *fig (abrumar)* to overwhelm, overburden; **me agobia la gran ciudad,** the big city is too much for me. II **agobiarse** *vr (angustiarse)* to worry too

much; **enseguida se agobia por todo,** he worries about everything.

agobio *nm* burden, suffocation, oppression.

agolpamiento *nm* crowd, crush.

agolparse *vr* to crowd, throng; *fig* **las lágrimas se agolpaban en sus ojos,** tears welled up in his eyes.

agonía *nf* **1** dying breath, last gasp; **en su a.,** on his deathbed; **tener una larga a.,** to die after a long illness. **2** *fig (sufrimiento)* agony, grief, sorrow.

agónico,-a *adj* dying, death; **estertores agónicos,** death rattle; **estar en estado a.,** to be about to die.

agonizante I *adj* dying. II *nmf* dying person.

agonizar [4] *vi* **1** to be dying; **está agonizando,** he could die any moment now. **2** *fig (extinguirse)* to fail, fade away.

ágora *nm Hist* agora.

agorafobia *nf Psic* agoraphobia.

agorero,-a I *adj* ominous; *fig* **ave agorera,** bird of ill omen; *fam* **¡qué a. eres!,** what a jinx you are! II *nm,f* fortune-teller.

agostar *vtr,* **agostarse** *vr (marchitarse)* to wither, wilt; *fig* to extinguish, kill.

agosto *nm* August; *fam* **hacer su a.,** to make a packet *o* pile; *véase tamb* noviembre.

agotado,-a I *pp de* agotar. II *adj* **1** *(cansado)* exhausted, worn out. **2** *Com* sold out; *(existencias)* exhausted; *(libro)* out of print.

agotador,-a *adj* exhausting. ■ **a. físico,** physical strain.

agotamiento *nm* exhaustion.

agotar I *vtr* **1** *(cansar)* to exhaust, tire out, wear out. **2** *(acabar)* to exhaust, use up (completely). II **agotarse** *vr* **1** *(acabarse)* to run out, be used up; *Com* to be sold out. **2** *(persona)* to become exhausted *o* tired out.

agrá *nm CAm fig* disappointment, sorrow, grief.

agraciado,-a I *pp de* agraciar. II *adj* **1** *(hermoso)* beautiful, pretty; **poco a.,** unattractive, plain. **2** *(ganador)* winning. III *nm,f* lucky winner.

agraciar [12] *vtr* **1** *(embellecer)* to beautify, make more attractive. **2** *fml (conceder una gracia)* to reward with a favour.

agradable *adj* pleasant, agreeable; **de sabor a.,** pleasant tasting; **poco a.,** unpleasant.

agradar *vi* to please; **no me agrada,** I don't like it.

agradecer [43] *vtr* **1** to thank, be grateful to; **te lo agradezco mucho,** I am very grateful to you. **2** *(uso impers)* to be welcome; **siempre se agradece un descanso,** a rest is always welcome.

agradecido,-a I *pp de* agradecer. II *adj* grateful; **le estoy muy a.,** I am very grateful to you; **le quedaría muy a. si ...,** I should be very much obliged if ... .

agradecimiento *nm* gratefulness, gratitude.

agrado *nm* pleasure; **con a.,** with pleasure; **no es de su a.,** he doesn't like it, it isn't to his liking.

agrandar I *vtr* **1** *(ampliar)* to enlarge, make larger. **2** *fig (exagerar)* to exaggerate. II **agrandarse** *vr* **1** *(ampliarse)* to enlarge, become larger. **2** *(acentuarse)* to become more intense.

agrario,-a *adj* agrarian, land; **política agraria,** agricultural policy.

agrarismo *nm* agrarianism.

agravamiento *nm* aggravation, worsening.

agravante I *adj Jur* aggravating. II *nm & f* added difficulty; *Jur* aggravating circumstance. ■ **robo con a.,** aggravated theft.

agravar I *vtr* to aggravate, worsen. II agravarse *vr* to worsen, get worse.

agraviante I *adj* offending, insulting. II *nmf* offender.

agraviar [12] *vtr* to offend, insult.

agravio *nm* offense, insult.

agraz *nm* 1 *(uva)* unripe *o* sour grape; *(zumo)* sour grape juice; *fig* **en a.**, prematurely, before its time. 2 *fig (amargura)* bitterness; *(sinsabor)* unpleasantness.

agredir *vtr* defect to attack.

agregación *nf* 1 *(añadidura)* aggregation. 2 *Educ* post of teacher. 3 *Pol* post of attaché; *(oficina)* office of the attaché.

agregado,-a I *pp de* agregar. II *adj Educ* **profesor a.**, *(escuela)* secondary school teacher; *Univ* assistant teacher. III *nm,f* 1 *Pol* attaché; **a. cultural**, cultural attaché. 2 *Arg Par Urug* tenant who pays rent in kind.

agregaduría *nf* véase agregación 2 & 3.

agregar [7] I *vtr* 1 *(añadir)* to add; **a. un poco de agua**, add a small amount of water. 2 *(destinar)* to appoint. II agregarse *vr (añadirse a)* to join; **se agregó al grupo**, she joined the group.

agresión *nf* aggression, attack.

agresividad *nf* aggressiveness.

agresivo,-a *adj* aggressive.

agresor,-a I *adj* attacking. II *nm,f* aggressor, attacker.

agreste *adj* 1 *(campesino)* country, rural. 2 *(sin cultivar)* uncultivated, wild. 3 *fig (grosero)* coarse, uncouth.

agriado,-a I *pp de* agriar. II *adj* 1 *(agrio)* sour. 2 *fig (persona)* sour, embittered.

agriar [12] I *vtr* 1 *(vino)* to turn sour. 2 *(persona)* to embitter. II agriarse *vr* to turn sour.

agrícola *adj* agricultural.

agricultor,-a *nm,f* farmer.

agricultura *nf* agriculture; **dedicarse a la a.**, to be a farmer, farm.

agridulce *adj* bittersweet; *Culin* **cerdo a.**, sweet and sour pork.

agriera *nf Am* heartburn.

agrietamiento *nm* cracking.

agrietar I *vtr (resquebrajar)* to crack; *(piel, labios)* to chap. II agrietarse *vr (resquebrajarse)* to crack; *(manos)* to get chapped.

agrimensor,-a *nm,f* surveyor.

agrimensura *nf* surveying.

agringarse [7] *vr Am* to behave like a gringo.

agrio,-a I *adj* sour. II agrios *nmpl* citrus fruits.

agrisado,-a *adj* greyish.

agro *nm* agriculture.

agronomía *nf* agronomy.

agronómico,-a *adj* agronomical, agronomic.

agrónomo,-a I *adj* farming. II *nm,f* **(ingeniero) a.**, agronomist.

agropecuario,-a *adj* farming, agricultural.

agrupación *nf*, **agrupamiento** *nm* 1 grouping, group. 2 *(asociación)* association.

agrupar I *vtr (congregar)* to group, put into groups. II agruparse *vr* 1 *(congregarse)* to group together, form a group. 2 *(asociarse)* to associate.

agrura *nf* sourness, tartness.

agua *nf* water; **aguas arriba**, upstream; *Med (par turienta)* **romper aguas**, to break one's water bag; *fig* **ahogarse en un vaso de a.**, to make a mountai out of a molehill; *fig* **está más claro que el a.**, it's a clear as crystal; *fig* **estar con el a. al cuello**, to be u to one's neck in it; *fig* **nos vino como a. de mayo**, was a godsend; *fam* **nunca digas de este a. no be beré**, never say never; *fam* **se me hace la boca a.**, makes my mouth water; *fam* **parecerse como do gotas de a.**, to be as like as two peas in a pod. ■ **a bendita**, holy water; **a. corriente**, running water; **a de colonia**, (eau de) cologne; **a. de lluvia**, rainwate **a. de mar**, seawater; **a. del grifo**, tap water; **a dulce**, fresh water; **a. mineral sin gas**, still minera water; **a. mineral con gas**, fizzy *o* sparkling minera water; **a. potable**, drinking water; **a. salada**, sa water; **aguas jurisdiccionales**, territorial waters; *far* **aguas menores**, pee *sing*; **aguas residuales**, sewag *sing*; **aguas termales**, thermal springs.

aguacatal *nm* avocado plantation.

aguacate *nm Bot (árbol)* avocado; *(fruto)* avocad (pear).

aguacero *nm* shower, downpour.

aguachirle *nm* dishwater.

aguada *nf* 1 fresh water supply; **hacer a.**, to tak on water. 2 *Arte* gouache.

aguado,-a I *pp de* aguar. II *adj* wishy-washy, w tered down; **leche aguada**, watered-down milk.

aguador,-a *nm,f* water carrier.

aguafiestas *nmf inv* spoilsport, killjoy, wet blar ket.

aguafuerte *nm* 1 *Arte* etching; **grabar al a.**, etch. 2 *Quím* nitric acid.

aguamanil *nm (jarro)* water jug; *(palangana)* wat bowl.

aguamar *nm (pez)* jellyfish.

aguamarina *nf Min* aquamarine.

aguamiel *nm* 1 *(bebida)* hydromel. 2 *Méx* agav juice.

aguanieve *nf Meteor* sleet.

aguanoso,-a *adj* 1 *(fruto)* watery. 2 *(lugar)* wate logged.

aguantable *adj* bearable, tolerable.

aguantaderas *nfpl fam* patience *sing*.

aguantar I *vtr* 1 *(retener)* to hold, hold bac **aguanta la respiración**, hold your breath. 2 *(s portar)* to tolerate; **no lo aguanto más**, I can't stan it any longer. 3 *(sostener)* to support, hold; **aguan esto**, hold this. II aguantarse *vr* 1 *(contenerse)* keep back; *(risa, lágrimas)* to hold back. 2 *(resi narse)* to resign oneself; *fam* **¡que se aguante!**, that his *o* her tough luck!

aguante *nm* patience, endurance; **tener mucho a** *(ser paciente)* to be very patient; *(tener resistenci* to be strong, have a lot of stamina.

aguar [22] I *vtr* to water down, add water to; *fig* **la fiesta a algn**, to spoil sb's fun. II aguarse *vr* be flooded.

aguardar I *vtr* to wait for, await; **no sabía lo que aguardaba**, he didn't know what was in store f him. II *vi* to wait.

aguardentoso,-a *adj* which contains liquor.

aguardiente *nm* liquor, brandy. ■ **a. de caña**, rur

aguarrás *nm* turpentine.

aguatero,-a *nm,f Am* water carrier *o* seller.

aguazal *nm* puddle.

agudeza *nf* **1** sharpness, keenness; *(del dolor)* acuteness. **2** *fig (viveza)* wit, wittiness. **3** *fig (ingenio)* witticism, witty saying.

agudización *nf*, **agudizamiento** *nm* **1** sharpening. **2** *(empeoramiento)* worsening.

agudizar [4] **I** *vtr (afilar)* to sharpen (up). **2** *(empeorar)* to intensify, worsen, make more acute. **II** **agudizarse** *vr* **1** *(afilarse)* to sharpen. **2** *(empeorar)* to intensify, worsen, become more acute.

agudo,-a *adj* **1** *(afilado)* sharp; *(dolor)* acute. **2** *fig (sentido)* sharp, keen. **3** *fig (ingenioso)* witty; *(mordaz)* sharp. **4** *Ling* oxytone. **5** *Mat* acute. **6** *(sonido)* treble, high; *(voz)* high-pitched. **7** *Med* acute.

agüero *nm* omen, presage; *fig* **pájaro de mal a.,** bird of ill omen.

aguerrido,-a *adj* hardened; **a. en la lucha,** battle-hardened.

aguijón *nm* **1** *Zool* sting. **2** *Bot* thorn, prickle. **3** *fig (estímulo)* sting, spur. **4** *(espuela)* spur.

aguijonazo *nm (punzada)* sting; *fig* goad.

aguijonear *vtr* **1** *(punzar)* to goad. **2** *fig (estimular)* to spur on.

águila *nf Orn* eagle; *fig* **tener vista de á,** to be eagle-eyed. ■ **á. imperial,** Imperial eagle; **á. pescadora,** osprey; **á. real,** golden eagle.

aguileño,-a *adj* aquiline; **nariz aguileña,** aquiline nose.

aguilera *nf* eyrie.

aguililla *Am* **I** *adj (caballo)* fast, swift. **II** *nmf (estafador)* swindler.

aguilucho *nm Orn* **1** *(águila joven)* eaglet. **2** harrier.

aguinaldo *nm* **1** *(de navidad)* Christmas box. **2** *(retribución)* bonus. **3** *(villancico)* Christmas carol.

aguja *nf* **1** needle; *Tricot* knitting needle; *(de reloj)* hand; *(de tocadiscos)* stylus; *(de arma de fuego)* firing pin; *fig* **buscar una a. en un pajar,** to look for a needle in a haystack. **2** *(pez)* garfish. **3** *Orn* godwit. **4** *Arquit (obelisco)* obelisk; *(capitel)* spire, steeple. **5** *Culin (dulce)* sweet pastry; *(de carne)* meat pastry. **6** *Culin* **carne de agujas,** shoulder. **7** *Ferroc* point, *US* switch.

agujereado,-a **I** *pp de* **agujerear. II** *adj* with holes, perforated.

agujerear *vtr* to make holes in, perforate.

agujero *nm* hole; **lleno de agujeros,** riddled with holes; *fig* **la empresa tiene un a. de seis millones de pesetas,** six million pesetas are missing from the company's books.

agujetas *nfpl* stiffness *sing*; **tener a.,** to be stiff.

agujetero,-a **I** *nm,f (fabricante)* needle maker; *(vendedor)* needle seller. **II** *nm Am (alfiletero)* pincushion.

agur *interj fam* bye!, see you!

agusanado,-a **I** *pp de* **agusanarse. II** *adj* maggoty, wormy.

agusanarse *vr* to get maggoty *o* wormy.

agustino,-a *adj & nm,f Rel* Augustinian.

agutí *nm Zool* agouti.

aguzanieves *nf inv Orn* pied wagtail.

aguzar [4] *vtr* **1** *(afilar)* to sharpen. **2** *fig (estimular)* to spur on, prick; **a. el oído,** to prick up one's ears; **a. la vista,** to look attentively; **la necesidad aguza el ingenio,** necessity is the mother of invention.

ah *interj* oh!

aherrojar *vtr* **1** *(encadenar)* to chain, put in irons. **2** *fig (oprimir)* to oppress.

aherrumbrarse *vr* **1** *(oxidarse)* to rust, go rusty. **2** *(saber a hierro)* to taste of rust.

ahí *adv* **1** *(lugar determinado)* there; **a. está,** there he *o* she *o* it is; **vete por a.,** go that way; *fig* **a. está el problema,** that's the problem; *fam* **a. es nada,** not bad eh?; *fam* **¡a. le duele!,** you've hit the nail on the head; *fam* **¡a. va!,** my goodness! **2** *(lugar indeterminado)* **por a.,** there, round there; out; **luego nos vamos por a.,** then we can go out. **3** *(aproximadamente)* **por a., por a.,** more or less; **por a. va la cosa,** that's not a bad guess. **4** *(consecuencia)* **de a. se deduce que no es verdad,** from which we deduce that it is not true.

ahijado,-a **I** *pp de* **ahijar. II** *nm,f* **1** godchild; *(hombre)* godson; *(mujer)* goddaughter; **ahijados,** godchildren. **2** *(hijo adoptivo)* adopted child.

ahijar [15] **I** *vtr* **1** *(niño)* to adopt. **2** *fig* to attribute, impute. **II** **ahijarse** *vr (niño)* to adopt.

ahínco *nm* keenness, enthusiasm, eagerness; **con a.,** enthusiastically, eagerly.

ahíto,-a **I** *adj* **1** *(de comida)* full, stuffed. **2** *fig (harto)* fed up. **II** *nm* indigestion.

ahogado,-a **I** *pp de* **ahogar. II** *adj* **1** *(en líquido)* drowned; **morir a.,** to drown. **2** *(asfixiado)* asphyxiated, suffocated; *fig* **a. de tiempo,** pushed for time; *fig* **estar a. de dinero,** to find it difficult to make ends meet; *fig* **un grito a.,** a muffled cry. **3** *(lugar)* stuffy, close. **III** *nm,f* drowned person.

ahogar [7] **I** *vtr* **1** *(en líquido)* to drown. **2** *(asfixiar)* to asphyxiate, suffocate. **3** *fig (reprimir)* to stifle; **a. las lágrimas,** to hold back one's tears; **a. las penas,** to drown one's sorrows. **4** *fig (oprimir)* to oppress, afflict; **a. una rebelión,** to suffocate a rebellion; **el trabajo nos ahoga,** we're snowed under with work. **5** *Aut (motor)* to flood. **6** *Am Culin (rehogar)* to brown. **II** **ahogarse** *vr* **1** *(en líquido)* to drown, be drowned; *fig* **a. en un vaso de agua,** to make a mountain out of a molehill. **2** *(asfixiarse)* to suffocate; *fig* **me ahogo de calor,** I'm suffocating with this heat. **3** *Aut (motor)* to be flooded.

ahogo *nm* **1** *(al respirar)* breathing trouble, tightness of the chest. **2** *fig (congoja)* grief, sorrow, distress. **3** *fig (penuria)* financial difficulty.

ahondar **I** *vtr (profundizar)* to deepen, make deeper. **II** *vi* to go deep; *fig* **a. en un problema,** to examine a problem in depth.

ahora **I** *adv* **1** *(en este momento)* now; **a. mismo,** right now; **a. o nunca,** it's now or never; **a. que lo pienso,** now that I come to think of it; **de a. en adelante,** from now on; **por a.,** for the time being. **2** *(hace poco tiempo)* a while ago; **a. mismo acabo de enterarme,** I've just heard about it. **3** *(dentro de poco tiempo)* shortly; **a. voy,** I'm coming; **a. vuelvo,** I'll be back in a minute; **hasta a.,** *(hasta el momento)* until now, so far; *(hasta luego)* see you later. **II** *conj* **a. bien** *o* **que,** but, however; **a. bien, ¿tú estás de acuerdo?,** now then, do you agree?; **a mí me gusta, a. bien, ¿le gustará a ella?,** I like it, but will she like it?

ahorcado,-a **I** *pp de* **ahorcar. II** *adj* hanged. **III** *nm,f* hanged person.

ahorcadora *nf CAm Zool* large wasp.

ahorcajarse *vr* to sit astride.

ahorcamiento *nm* hanging.

ahorcar [1] **I** *vtr* to hang. **II** **ahorcarse** *vr* to hang oneself.

ahorita *adv Am véase* **ahora.**

ahormar *vtr* **1** *(zapatos, ropa)* to shape, form. **2** *fig (carácter)* to mould, *US* mold.

ahorquillado,-a *adj* forked.

ahorrador,-a I *adj* thrifty. II *nm,f* thrifty person.

ahorrar I *vtr (dinero)* to save, put aside; *fig* **eso me ahorra tener que ir al centro,** it'll save me going into town. II **ahorrarse** *vr* 1 to save oneself; **a. trabajo,** to save oneself work; **ahórrate los comentarios,** keep your comments to yourself. 2 *Am (malograrse)* to come to nothing, fall through.

ahorrativo,-a *adj* thrifty.

ahorro *nm* saving; **tener unos ahorros,** to have a few savings; **un a. de energía,** an energy saving. ■ *Fin* **caja de ahorros,** savings bank.

ahuate *nm CAm Méx Bot* needle.

ahuecamiento *nm* 1 hollowing out. 2 *(de colchón)* fluffing up; *(de tierra)* loosening. 3 *(de voz)* deepening.

ahuecar [1] I *vtr* 1 to hollow out; **a. las manos,** to cup one's hands; *fam* **a. el ala,** to clear off, beat it. 2 *(almohada, cabello)* to fluff up; *(tierra)* to loosen. 3 *(voz)* to deepen. II **ahuecarse** *vr fam (engreírse)* to become conceited, give oneself airs.

ahuevar I *vi Méx* to lay eggs. II *vtr Col Nic Per (atontar)* to stun; *(azorar)* to embarrass; *(acobardar)* to frighten, scare.

ahulado *nm* 1 *Am (hule)* oilskin, oilcloth. 2 *CAm (chanclo)* overshoe.

ahumado,-a I *pp de* **ahumar.** II *adj* 1 *(pescado, jamón)* smoked; *(bacon)* smoky; **salmón a.,** smoked salmon. 2 *(cristal)* smoked. III *nm (proceso)* smoking.

ahumar [16] I *vtr* 1 *(carne, pescado)* to smoke; **a. un cristal,** to smoke a pane of glass. 2 *(lugar)* to fill with smoke, smoke out. II *vi (echar humo)* to smoke, give off smoke. III **ahumarse** *vr* 1 to be blackened by smoke. 2 *Culin* to acquire a smoky taste. 3 *fam (emborracharse)* to get drunk.

ahusado,-a *adj* tapered, tapering.

ahuyentar *vtr* to scare away, drive away; *fig* **a. los malos pensamientos,** to dismiss bad thoughts.

ailanto *nm Bot* tree of heaven.

aimará *adj & nmf* Aymara.

aindiado,-a *adj Am* Indian-like.

airado,-a I *pp de* **airar.** II *adj* angry, irritated, furious.

airar [15] I *vtr (irritar)* to anger, irritate, make furious. II **airarse** *vr (irritarse)* to get angry.

aire *nm* 1 air; **al a.,** *(hacia arriba)* into the air; *(al descubierto)* uncovered; **al a. libre,** in the open air; **cambiar de aires,** to change one's surroundings; **en el a.,** *(pendiente)* in the air; *Rad (en antena)* on the air; **hacerse a.,** to fan oneself; **saltar por los aires,** to blow up; **tomar el a.,** to take the air, get some fresh air; **vivir del a.,** to live on air. ■ **a. acondicionado,** air conditioning. 2 *(viento)* wind; *(corriente)* draught; **hace a.,** it's windy. 3 *fig (aspecto)* air, appearance; **con a. cansado,** looking tired. 4 *fig (parecido)* likeness; **a. de familia,** family likeness. 5 *fig (gracia)* gracefulness. 6 *(estilo)* style, manner, way; **dejar a algn a su a.,** to let sb do what he *o* she wants. 7 *Mús (canción)* air, tune. 8 **aires,** *fig (vanidad)* conceit *sing;* **darse a.,** to put on airs.

aireación *nf* ventilation.

airear I *vtr (ropa, habitación)* to air; *fig (asunto)* to publicize. II **airearse** *vr* 1 *(pillar un resfriado)* to catch a cold. 2 *(tomar el aire)* to get some fresh air.

aireo *nm* airing; *fig* publicizing.

airón *nm* 1 *Orn (garza)* heron. 2 *(penacho)* crest, tuft.

airoso,-a *adj* graceful, elegant; *fig* **salir a. de una situación,** to come out of a situation with flying colours.

aisa *nf Arg Bol Per* rockfall.

aislacionismo *nm* isolationism.

aislacionista *adj & nmf* isolationist.

aislado,-a I *pp de* **aislar.** II *adj* 1 isolated. 2 *Téc* insulated.

aislador,-a *Téc* I *adj* insulating. II *nm* insulator.

aislamiento *nm* 1 isolation. 2 *Téc* insulation.

aislante *Téc* I *adj* insulating. II *nm* insulator.

aislar [15] I *vtr* 1 to isolate. 2 *Téc* to insulate. II **aislarse** *vr* to isolate oneself (**de,** from).

ajá *interj* good!

ajado,-a I *pp de* **ajar.** II *adj* 1 *(ropa)* shabby. 2 *(piel)* wizened.

ajambado,-a *adj CAm* greedy, piggish.

ajamonarse *vr fam (mujer)* to get plump.

ajar I *vtr* to wear out, spoil. II **ajarse** *vr (piel)* to become wizened, wrinkle.

ajardinar *vtr* to landscape, lay out with gardens.

ajedrecista *nmf* chess player.

ajedrez *nm* 1 *(juego)* chess. 2 *(piezas y tablero)* chess set.

ajedrezado,-a *adj* chequered, *US* checkered.

ajenjo *nm* 1 *Bot* wormwood, absinth, absinthe. 2 *(licor)* absinth, absinthe.

ajeno,-a *adj* 1 belonging to other people; *Dep* **jugar en campo a.,** to play away from home; **por causas ajenas a nuestra voluntad,** for reasons beyond our control; **vivir a costa ajena,** to live off other people. 2 *(distante)* detached; **a. a lo que estaba ocurriendo,** unaware of what was happening; **a. al tema,** outside the subject. 3 *(impropio)* **a. a su manera de ser,** unlike him. 4 *(extraño)* '**prohibido el paso a toda persona ajena a la obra',** 'workers only'.

ajetreado,-a *adj* (very) busy, hectic.

ajetreo *nm* activity, hard work, bustle.

ajigolones *nmpl Guat Méx Salv* difficulties.

ajillo *nm dimin Culin* **al a.,** fried with garlic.

ajo *nm* garlic; *fam* **estar en el a.,** to be in on it. ■ **cabeza de a.,** head of garlic; **diente de a.,** clove of garlic.

ajolote *nm Zool* axolotl.

ajonjolí *nm Bot* sesame.

ajorca *nf* bracelet; *(en el tobillo)* anklet.

ajotar *vtr CAm PR* to urge on, incite.

ajuar *nm (de novia)* trousseau; *(de niño)* layette; *(moblaje)* household furnishings *pl;* *(bienes)* property, goods *pl.*

ajumarse *vr fam* to get drunk.

ajuntar I *vtr fam* to be friends with; **¿me ajuntas?,** will you be my friend?; **ya no te ajunto,** I am not friends with you any more. II **ajuntarse** *vr fam (una pareja)* to live together, cohabit.

ajustado,-a I *pp de* **ajustar.** II *adj* 1 *(justo)* right, correct; **un precio a.,** a reasonable price. 2 *(ropa)* tight, clinging; **bien a.,** well-fitting.

ajustador,-a I *adj* adjusting, fitting. II *nm,f* fitter.

ajustar I *vtr* 1 to adjust, fit; **a. dos piezas,** to make two pieces fit. 2 *(ceñir)* to tighten. 3 *(encajar)* to insert, fit into *o* together. 4 *(concertar)* to settle, fix; *fig* **ajustarle las cuentas a algn,** to settle a score with sb. 5 *(acordar)* to agree, arrange. 6 *Impr* to make up. 7 *Com Fin (cuenta) (saldar)* to balance; *(liquidar)* to settle. 8 *Am (enfermedad)* to attack. 9

CAm (cumplir) to be. **10** *CAm Col (contratar)* to take on. **II** ajustarse *vr* to fit; **a. el cinturón,** to tighten one's belt; *fig (adaptarse)* **ajústate a lo que te han dicho,** just do as you have been told.

ajuste *nm* **1** adjustment, fitting; *Téc* assembly. ■ *TV* **carta de a.,** test card. **2** *(de precio, cuenta)* settlement, fixing. ■ *fig* **a. de cuentas,** settling of scores. **3** *Impr* make-up, composition.

ajusticiado,-a **I** *pp de* ajusticiar. **II** *adj* **morir a.,** to be executed. **III** *nm,f* executed person.

ajusticiamiento *nm* execution.

ajusticiar [12] *vtr* to execute.

ajustón *nm Ecuad Guat Hond (castigo)* punishment; *(mal trato)* ill-treatment.

al *(contracción de a & el)* **1** *véase* a. **2** *(al + infin)* al parecer, apparently; **al salir,** on leaving; **está al caer,** it's about to happen.

ala *nf* **1** wing; *fig* cortarle las alas a algn, to clip sb's wings; *fig* dar alas a, to egg on, encourage; *fig* volar uno con sus propias alas, to stand on one's own two feet. **2** *(de sombrero)* brim. **3** *(de hélice)* blade. **4** *Dep (jugador)* winger. **5** *fam* peseta; **me costó cinco mil del a.,** it cost me all of five thousand pesetas.

alabanza *nf* **1** *(elogio)* praise. **2** *(jactancia)* boasting, bragging.

alabar **I** *vtr (elogiar)* to praise. **II** alabarse *vr (jactarse)* to boast, brag.

alabastrino,-a **I** *adj* alabastrine. **II** *nf* thin sheet of alabaster.

alabastro *nm* alabaster.

álabe *nm* **1** *Téc (de rueda hidráulica)* paddle; *(de rueda dentada)* tooth. **2** *(rama caída)* drooping branch.

alabear *vtr,* alabearse *vr* to warp.

alabeo *nm* warp, warping.

alacena *nf* (food) cupboard.

alaco *nm CAm* **1** *(persona)* good-for-nothing. **2** *(harapo)* rag, tatter. **3** *(trasto)* piece of junk.

alacrán *nm Zool* scorpion.

alado,-a *adj* **1** *(con alas)* winged. **2** *fig (veloz)* fast, quick.

alagartado,-a *adj* **1** *(parecido al lagarto)* motley. **2** *CAm (tacaño)* stingy, mean, tight.

alagartarse *vr CAm* to become stingy.

alalau *interj Bol Ecuad Per* brrrrr!

alambicado,-a **I** *pp de* alambicar. **II** *adj* **1** *fig (escaso)* given sparingly. **2** *fig (rebuscado)* overcomplicated.

alambicamiento *nm* **1** *(destilación)* distilling, distillation. **2** *(sutileza)* affectation.

alambicar [1] *vtr* **1** *(líquidos)* to distil, *US* distill. **2** *(examinar)* to scrutinize. **3** *fig (estilo, lenguaje)* to subtilize, overcomplicate. **4** *fig (ganancias)* to reduce to a minimum.

alambique *nm* still.

alambrada *nf* wire fence.

alambrado *nm* **1** *véase* alambrada. **2** *véase* alambrera.

alambrar *vtr* to fence with wire.

alambre *nm* wire; *fig* **estar como un a.,** to be as thin as a rake. ■ **a. de púas,** barbed wire.

alambrera *nf (de ventana)* wire netting; *(para comida)* food safe.

alambrista *nmf* tightrope walker.

alameda *nf* **1** poplar grove. **2** *(paseo)* promenade, avenue, boulevard.

álamo *nm Bot* poplar.

alancear *vtr* to spear.

alano,-a *adj & nm,f* **1** *Hist* Alan. **2** *Zool* **(perro) a.,** mastiff.

alar *nm* eaves *pl.*

alarde *nm (ostentación)* bragging, boasting, (vain) display; **hacer a. de,** to flaunt, parade, show off.

alardear *vi* to brag, boast, show off; **a. de rico** *o* **de riqueza,** to flaunt one's wealth.

alardeo *nm véase* alarde.

alargado,-a **I** *pp de* alargar. **II** *adj* elongated, long.

alargamiento *nm* **1** lengthening; *(estirado)* stretching. **2** *(prolongación)* prolongation, extension.

alargar [7] *vtr* **1** to lengthen; *(estirar)* to stretch; **ella alargó la mano para cogerlo,** she stretched out her hand to get it. **2** *(prolongar)* to prolong, extend; **alargaron su estancia en Madrid,** they extended their stay in Madrid. **3** *(dar)* to pass, hand over; **alárgame ese jersey,** can you pass me that jumper? **II** alargarse *vr* **1** to lengthen, get longer; **en verano los días se alargan,** in summer the days get longer; **la reunión se alargó hasta las dos,** the meeting went on until two. **2** *(excederse)* to be long-winded, go on (too long).

alargo *nm Elec* extension (lead).

alarido *nm* screech, shriek, yell; **dar un a.,** to howl.

alarma *nf* **1** alarm; **dar la a.,** to give the alarm; **entonces sonó la a.,** then the alarm went off. ■ **falsa a.,** false alarm; **señal de a.,** alarm (signal); **voz de a.,** alarm (call). **2** *(dispositivo)* alarm.

alarmado,-a **I** *pp de* alarmar. **II** *adj* alarmed.

alarmante *adj* alarming.

alarmar **I** *vtr* to alarm. **II** alarmarse *vr* to be alarmed; to alarm oneself.

alarmismo *nm* alarmism.

alarmista *nmf* alarmist.

alavense *adj & nmf,* alavés,-esa *adj & nm,f* **I** *adj* of *o* from Alava. **II** *nmf & nm,f* native *o* inhabitant of Alava.

alazán,-ana *adj & nm,f* **(caballo) a.,** chestnut.

alba *nf* **1** dawn, daybreak; **al (rayar el) a.,** at daybreak, at dawn. **2** *Rel (prenda)* alb.

albacea *nmf (hombre)* executor; *(mujer)* executrix.

albacetense *adj & nm,f,* albaceteño,-a *adj & nm,f* **I** *adj* of *o* from Albacete. **II** *nmf & nm,f* native *o* inhabitant of Albacete.

albacora *nf (pez)* albacore, long-fin tunny.

albahaca *nf Bot* basil.

albanés,-esa *adj & nm,f* Albanian.

Albania *n* Albania.

albano,-a *adj & nm,f véase* albanés,-esa.

albañal *nm* **1** sewer, drain. **2** *fig* mess.

albañil *nm* bricklayer; *(obrero)* building worker. ■ **peón de a.,** labourer, *US* laborer.

albañilería *nf* **1** bricklaying. **2** *(obra)* **pared de a.,** brick wall.

albar *adj* white.

albarán *nm Com* delivery note, despatch note.

albarda *nf* **1** packsaddle. **2** *CAm* saddle.

albardear *vtr* **1** *CAm (fastidiar)* to annoy, bother. **2** *CAm & Méx (domar)* to break in.

albardón *nm* **I** *Am* raised land between lakes *o* beaches. **II** *Méx* type of saddle.

albaricoque *nm Bot* **1** *(fruta)* apricot. **2** *(árbol)* apricot tree.

albaricoquero *nm Bot* apricot tree.

albarrana *adj* **torre a.**, watchtower.

albatros *nm inv Orn* albatross.

albayalde *nm* white lead.

albazo *nm* 1 *Am Mil (ataque)* dawn raid *o* attack; *(toque)* reveille. 2 *Arg (madrugón)* early rising. 3 *Méx* early morning theft.

albedrío *nm* will. ■ **libre a.**, free will.

albéitar *nm* veterinary surgeon.

alberca *nf* 1 *(poza)* (small) reservoir. 2 *Méx (piscina)* swimming pool.

albergar [7] I *vtr (alojar)* to house, accommodate; *fig (sentimientos)* to cherish, harbour, *US* harbor. II **albergarse** *vtr (alojarse)* to stay.

albergue *nm* 1 *(lugar)* hostel. ■ **a. juvenil,** youth hostel. 2 *(refugio)* shelter, refuge; **dar a.,** to take in, put up.

albero,-a I *adj (blanco)* white. II *nm (paño)* dishcloth.

albilla *adj* **uva a.**, white grape.

albinismo *nm* albinism.

albino,-a *adj & nm,f* albino.

Albión *n* Albion.

albis (in) *loc adv* left in the dark; **estar in a.**, not to have the faintest idea; **me quedé in a.**, my mind went blank.

albo,-a *adj lit* white.

albóndiga *nf,* **albondiguilla** *nf Culin* meatball.

albor *nm* 1 *(blancura)* whiteness. 2 **albores,** beginning *sing*; **en los a. de ...,** at the dawn of ..., at the beginning of ... .

alborada *nf* 1 *(alba)* dawn, daybreak. 2 *Mús* dawn song. 3 *Mil (diana)* reveille.

alborear *v impers* to dawn.

albornoz *nm (prenda)* bathrobe.

alborotadizo,-a *adj* excitable.

alborotado,-a I *pp de* **alborotar.** II *adj* 1 worked up, agitated, excited. 2 *(desordenado)* untidy, messy. 3 *(irreflexivo)* reckless, rash.

alborotador,-a I *adj* 1 *(rebelde)* rebellious, turbulent; *(ruidoso)* noisy, rowdy. 2 *(mar)* rough, tempestuous. II *nm,f* troublemaker, agitator.

alborotar I *vtr* 1 *(agitar)* to stir up, agitate, work up. 2 *(desordenar)* to make untidy, turn upside down. 3 *(sublevar)* to incite to rebel. II *vi* 1 *(hacer jaleo)* to kick up a racket. 2 *(causar desorden)* to cause disorder; **no alborotéis más,** stop it, behave yourselves. III **alborotarse** *vr* 1 to get excited *o* worked up. 2 *(mar)* to get rough.

alboroto *nm* 1 *(jaleo)* din, racket, row. 2 *(desorden)* disturbance, uproar. 3 *(susto)* shock, alarm. 4 **alborotos,** *CAm Culin* popcorn *sing*.

alborozar [4] I *vtr* to fill with joy, delight. II **alborozarse** *vr* to be overjoyed.

alborozo *nm* merriment, gaiety, joy.

albricias I *nfpl (regalo)* present *sing*, gift *sing*. II *interj* great!, smashing!

albufera *nf Geog* lagoon, pool.

álbum *nm* album.

albumen *nm Bot* albumen.

albúmina *nf Biol* albumin.

albur *nm* chance; **los albures de la vida,** the ups and downs of life.

albura *nf fml* whiteness.

alca *nf Orn* razorbill.

alcachofa *nf* 1 *Bot* artichoke. 2 *(de tubo, regadera)* rose, sprinkler.

alcahuete,-a *nm,f* 1 *(celestino) (hombre)* procurer, pimp; *(mujer)* procuress. 2 *fig (chismoso)* gossipmonger.

alcahuetería *nf* 1 *(tercería)* procuring. 2 *(chismes)* gossiping.

alcaldada *nf* abuse of authority.

alcalde *nm* mayor.

alcaldesa *nf (que ejerce)* lady mayor, mayoress; *(mujer del alcalde)* mayoress.

alcaldía *nf* 1 *(cargo)* mayorship; **fue durante la a. del Sr Reyes,** it was when Sr Reyes was mayor. 2 *(oficina)* mayoralty, mayor's office. 3 *(territorio)* land under the jurisdiction of a mayor.

álcali *nm Quím* alkali.

alcalinidad *nf Quím* alkalinity.

alcalino,-a *adj Quím* alkaline.

alcaloide *nm Quím* alkaloid.

alcance *nm* 1 reach; **al a. de cualquiera,** within everybody's reach; **al a. de la vista,** in sight; **dar a. a,** to catch up with; **fuera del a. de los niños,** out of the reach of children; **no está a mi a.,** I can't afford it. 2 *(de arma, radio)* range. 3 *fig* scope, importance, significance; **de gran a.,** far-reaching. 4 **alcances,** *(inteligencia)* intelligence *sing*; **persona de pocos a.,** unintelligent person.

alcancía *nf* 1 *(hucha)* money box. 2 *Am (para limosnas)* collecting box.

alcanfor *nm* camphor.

alcanforado,-a I *pp de* **alcanforar.** II *adj* camphorated.

alcanforar I *vtr* to camphorate. II **alcanforarse** *vr Am (desaparecer)* to vanish, disappear.

alcanforero *nm Bot* camphor tree.

alcantarilla *nf* sewer; *(boca)* drain.

alcantarillado *nm* sewer system.

alcantarillar *vtr* to lay sewers in.

alcanzable *adj* within reach, attainable.

alcanzar [4] I *vtr* 1 *(gen)* to reach; *(tren, autobús)* to catch; *(persona)* to catch up with; **la piedra le alcanzó en la cabeza,** the stone hit him on the head; **la producción alcanza dos mil unidades diarias,** production is up to two thousand units a day. 2 *(pasar)* to pass, hand over; **alcánzame el pan,** pass me the bread. 3 *(llegar a tener)* to attain, achieve, obtain; **alcanzó lo que tanto deseaba,** he got what he was longing for. 4 *(afectar)* to affect; **las consecuencias nos alcanzan a todos,** its consequences affect us all. 5 *(conseguir)* to manage; **a. a ver/comprender,** to be able to see/understand. II *vi* 1 *(ser suficiente)* to be sufficient; **con un kilo no alcanza para todos,** one kilo won't be enough for all of us; **me alcanzó para un mes,** it lasted me a month. 2 *(ser capaz)* to manage; **él alcanza a todo,** he manages to do everything.

alcaparra *nf Bot* 1 *(fruto)* caper. 2 *(planta)* caper bush.

alcaraván *nm Orn* stone curlew.

alcaravea *nf* caraway.

alcarraza *nf* clay jar.

alcatraz *nm Orn* gannet.

alcaudón *nm Orn* shrike.

alcayata *nf* hook.

alcazaba *nf Mil* fortress, citadel.

alcázar *nm* 1 *(fortaleza)* fortress, citadel. 2 *(castillo)* castle, palace.

alce *nm Zool* elk, moose.

alción *nm Orn* kingfisher; *Mit* halcyon.

alcista I *adj (bolsa)* rising, bullish; **tendencia a.**, upward tendency. II *nmf (bolsa)* bull.

alcoba *nf* bedroom. ■ *fig* **secretos de a.**, intimacies.

alcohol *nm* 1 *Quím* alcohol. ■ **a. metílico** *o* **desnaturalizado**, methylated spirit. 2 *(bebida)* alcohol, spirits *pl.*

alcohólico,-a *adj & nm,f* alcoholic. ■ **Alcohólicos Anónimos**, Alcoholics Anonymous.

alcoholímetro *nm* Breathalyzer®.

alcoholismo *nm* alcoholism.

alcoholización *nf* alcoholization.

alcoholizado,-a I *pp de* alcoholizar. II *adj & nm,f* alcoholic.

alcoholizar [4] I *vtr* to alcoholize. II **alcoholizarse** *vr* to become an alcoholic.

alcohómetro *nm* Breathalyzer®.

alcor *nm Geog* hill.

alcornocal *nm* cork oak grove.

alcornoque *nm* 1 *Bot* cork oak. 2 *fig (persona)* idiot, dimwit.

alcotán *nm Orn* hobby.

alcotana *nf* pickaxe, *US* pickax.

alcurnia *nf* lineage, ancestry; **de alta a.**, of noble lineage.

alcuza *nf* 1 oil bottle. 2 *Am (vinagreras)* cruet.

alcuzcuz *nm Culin* couscous.

aldaba *nf* 1 *(llamador)* door knocker. 2 *(pestillo)* latch, bar, bolt. 3 *fig* **tener buenas aldabas**, to know the right people.

aldabilla *nf* latch, hook.

aldabón *nm* large door knocker.

aldabonazo *nm* 1 loud knock; *fig* shock. 2 *(advertencia)* warning.

aldea *nf* small village, hamlet.

aldeano,-a I *adj* 1 *(de aldea)* village. 2 *fig* rustic. II *nm,f* villager.

aleación *nf* alloy.

alear *vtr (metales)* to alloy.

aleatorio,-a *adj* fortuitous, chance, accidental.

alebrestado,-a I *pp de* alebrestarse. II *adj* 1 *CAm Col (mujeriego)* fond of women *o* girls. 2 *Méx (irritable)* irascible, touchy.

alebrestarse [27] *vr* 1 to lie down flat. 2 *fig (acobardarse)* to cower, shrink back. 3 *(alarmarse)* to be *o* get alarmed. 4 *(caballo)* to rear up.

aleccionador,-a *adj (instructivo)* instructive; *(ejemplar)* exemplary.

aleccionamiento *nm (instrucción)* instruction; *(adiestramiento)* training.

aleccionar *vtr (instruir)* to teach, instruct; *(adiestrar)* to train.

aledaño,-a I *adj* adjoining, adjacent. II **aledaños** *nmpl* outskirts.

alegación *nf* claim, plea, allegation.

alegador,-a *adj Am* argumentative.

alegar [7] *vtr* 1 *(aducir)* to claim, allege, plea. 2 *Am (discutir)* to argue.

alegato *nm* 1 *(argumento)* claim, plea. 2 *(razonamiento)* forceful statement. 3 *Am (disputa)* dispute, argument.

alegoría *nf* allegory.

alegórico,-a *adj* allegorical, allegoric.

alegrar I *vtr* 1 *(complacer)* to make happy *o* glad; **me alegra que se lo hayas dicho**, I am glad you told her. 2 *fig (avivar)* to enliven, brighten up. 3 *fig euf* *(achispar)* to make tipsy. II **alegrarse** *vr* 1 *(estar contento)* to be glad, be happy, be pleased; **me alegro de verte**, I am pleased to see you; **me alegro por ti**, I am happy for you. 2 *fig euf (achisparse)* to get merry.

alegre *adj* 1 *(contento)* happy, glad, joyful; **es muy a.**, she is a very happy person. 2 *(color)* bright; *(música)* lively; *(habitación)* pleasant, cheerful. 3 *fig euf (achispado)* tipsy, merry. 4 *fig pey* **mujer de vida a.**, loose woman. 5 *fig pey (irreflexivo)* thoughtless, irresponsible, rash.

alegría *nf* 1 *(felicidad)* joy, happiness; **saltar de a.**, to jump with joy; *fig* **¡qué a.!**, that's wonderful! 2 *pey (irresponsabilidad)* thoughtlessness, irresponsibility, rashness. 3 **alegrías**, *Mús* song *o* dance from Cádiz.

alegrón *nm fam* pleasant surprise.

alegrona *nf Am* prostitute.

alejado,-a I *pp de* alejar. II *adj* 1 *(lejano)* far away, remote. 2 *(separado)* aloof, apart; **a. de su familia**, aloof from his family.

alejamiento *nm* 1 *(separación)* spacing out, separation. 2 *(persona)* estrangement.

Alejandría *n* Alexandria.

alejandrino,-a[1] I *adj* 1 of *o* from Alexandria. II *nm,f* native *o* inhabitant of Alexandria.

alejandrino[2] *adj & nm Lit* Alexandrine.

alejar I *vtr* to move further away, remove; *(separar)* to separate; *fig* **aleja esos pensamientos**, stop thinking like that; *fig* **a. las dudas**, to avert doubts. II **alejarse** *vr* 1 to go away, move away; **el coche se alejó**, the car drove off into the distance; **no te alejes de mí**, keep close to me.

alela *nf CAm* big foot.

alelado,-a I *pp de* alelar. II *adj* 1 *(tonto)* stupid, foolish. 2 *(atontado)* stupefied, bewildered.

alelar I *vtr* to bewilder. II **alelarse** *vr* 1 to become stupid *o* foolish. 2 to be bewildered.

aleluya I *nm & f* hallelujah, alleluia. II *interj* hallelujah! III *nm* Easter time. IV *nf* 1 *Lit fam (pareado)* couplet. 2 *Am (excusa)* frivolous excuse.

alemán,-ana I *adj* German. II *nm,f (persona)* German. III *nm (idioma)* German.

Alemania *n* Germany. ■ **A. del Este,** East Germany; **A. Occidental/Oriental,** West/East Germany.

alentado,-a I *pp de* alentar. II *adj* 1 *(valiente)* brave, daring. 2 *(altanero)* haughty, arrogant. 3 *Am (sano)* healthy, strong.

alentador,-a *adj* encouraging; **un panorama poco a.**, a rather black future.

alentar [27] I *vtr fig (animar)* to encourage. II *vi* 1 *desus* to breathe. 2 *fig (albergar)* to harbour; **su corazón alienta los más bellos sentimientos,** the most noble sentiments burn within his heart. III **alentarse** *vr CAm Col (dar a luz)* to give birth (**de**, to).

alerce *nm Bot* larch.

alérgeno *nm* allergen.

alergia *nf* allergy.

alérgico,-a *adj* allergic.

alero *nm* 1 *Arquit* eaves *pl.* 2 *Aut (guardabarros)* wing.

alerón *nm Av* aileron.

alerta I *adv (vigilante)* alert. II *nf (atención)* alert; **dar la (voz de) a.**, to give the alert; **en estado de a.**, to be (on the) alert. III *adj* alert. IV *interj* look out!, watch out!

alertar I *vtr* to alert (**de**, to); **nos alertó del peligro**, he alerted us to the danger. II *vi* to be alert.

aleta *nf* 1 (*de pez*) fin; (*de foca, de nadador*) flipper. 2 *Av* (*alerón*) aileron. 3 *Aut* (*guardabarros*) wing. 4 (*de nariz*) ala, wing.

aletargado,-a I *pp de* aletargar. II *adj* lethargic; (*amodorrado*) drowsy.

aletargamiento *nm* 1 (*letargo*) lethargy. 2 *fig* (*modorra*) drowsiness, sleepiness.

aletargar [7] I *vtr* (*amodorrar*) to make drowsy *o* sleepy. II **aletargarse** *vr* (*amodorrarse*) to become drowsy *o* sleepy.

aletear *vi* 1 (*aves*) to flutter *o* flap its wings. 2 (*con los brazos*) to wave *o* flap one's arms about.

aleteo *nm* 1 (*de alas*) fluttering *o* flapping of wings. 2 (*de brazos*) waving *o* flapping of the arms. 3 *fig* (*palpitación*) palpitation.

aleutiano,-a *adj* Aleutian; **las Islas Aleutianas**, the Aleutian Islands.

alevín *nm* 1 (*pescadito*) fry, young fish. 2 *fig* (*principiante*) beginner.

alevosía *nf* (*traición*) treachery; (*premeditación*) premeditation; **con a.**, (*a traición*) treacherously; (*premeditadamente*) deliberately.

alevoso,-a *adj* (*traidor*) treacherous; (*premeditado*) premeditated.

alfa *nf* (*letra*) alpha; *fig* **a. y omega**, beginning and end, alpha and omega.

alfabético,-a *adj* alphabetical, alphabetic.

alfabetización *nf* teaching to read and write; **campaña de a.**, literacy campaign.

alfabetizar [4] *vtr* 1 (*ordenar*) to alphabetize, arrange in alphabetical order. 2 (*enseñar*) to teach to read and write.

alfabeto *nm* 1 (*abecedario*) alphabet. 2 (*código*) code; **a. telegráfico**, telegraphic code.

alfaguara *nf* abundant spring.

alfajor *nm* 1 *Am* (*golosina*) sweet, *US* candy. 2 *SAm* (*daga*) dagger, knife.

alfalfa *nf Bot* lucerne, alfalfa.

alfalfal *nm*, **alfalfar** *nm* lucerne *o* alfalfa field.

alfalque *nm Geog* sandbank.

alfanje *nm* 1 (*sable*) cutlass. 2 (*pez*) swordfish.

alfar *nm* 1 (*taller*) pottery, potter's workshop. 2 (*arcilla*) clay.

alfarería *nf* 1 (*arte*) pottery. 2 (*taller*) potter's workshop; (*tienda*) pottery shop.

alfarero,-a *nm,f* potter.

alféizar *nm Arquit* sill, windowsill.

alfeñique *nm* 1 (*dulce*) almond flavoured sugar pastry. 2 *fig* (*persona*) weakling. 3 (*remilgo*) primness, affectation.

alférez *nm* 1 *Mil* second lieutenant. 2 *SAm* person who pays for a party.

alfil *nm* (*pl* **alfiles**) *Ajedrez* bishop.

alfiler *nm* 1 *Cost* pin; **sujetar con alfileres**, to pin up; *fam* **no cabe ni un a.**, it's crammed full. 2 (*broche*) pin, brooch; (*del pelo*) clip; (*de corbata*) tiepin; (*de tender ropa*) peg.

alfilerazo *nm* 1 (*punzada*) pinprick. 2 *fig* (*pulla*) taunt.

alfiletero *nm* pin box, pin case.

alfombra *nf* 1 carpet. 2 (*del baño*) bathmat; (*alfombrilla*) rug, mat.

alfombrado,-a I *pp de* alfombrar. II *adj* carpeted. III *nm* carpeting.

alfombrar *vtr* to carpet.

alfombrilla *nf* rug, mat.

alforja *nf* 1 (*para caballerías*) saddlebag; (*al hombro*) knapsack. 2 **alforjas**, *fig* provisions.

alga *nf Bot* alga; (*marina*) seaweed.

algalia *nf Zool* civet.

algarabía *nf* hubbub, hullabaloo.

algarada *nf* 1 (*alboroto*) din, row, racket. 2 *Mil* (*correría*) raid.

algarroba *nf Bot* 1 (*planta*) vetch. 2 (*fruto*) carob bean.

algarrobal *nm* 1 (*de algarrobas*) vetch plantation. 2 (*de algarrobos*) carob tree plantation.

algarrobo *nm* carob tree.

algazara *nf* din, row, racket.

álgebra *nf Mat* algebra.

algebraico,-a *adj* algebraic, algebraical.

álgido,-a *adj* 1 *fig* (*culminante*) culminating, critical; **el punto a.**, the height. 2 *fml* (*muy frío*) very cold, icy.

algo I *pron indef* 1 something; **a. así**, something like that; **a. así como veinte**, round about twenty; **de hacer a. te llamaría**, if I decided to do anything, I'd give you a ring; **di a.**, say something; **por a. será** there must be a reason for it; **¿te pasa a.?**, is there something wrong?; **toma a.**, have something to drink *o* eat; *fam* **a. es a.**, it's better than nothing isn't it?; *fam* **me va a dar a.**, I'm going to go round the bend. 2 (*cantidad indeterminada*) some; **¿queda a. de pastel?**, is there any cake left? II *adv* (*un poco*) quite, somewhat; **está a. mejor**, she's feeling a bit better; **te queda a. grande**, it's a bit too big for you III *nm fam* **ella tiene a.**, she has a certain something about her.

algodón *nm Bot Text* cotton; *fam* **criado entre algodones**, pampered. ■ *Farm* **a. (hidrófilo)**, cotton wool.

algodonal *nm* cotton plantation *o* field.

algodonero,-a I *adj* cotton; **la industria algodonera**, the cotton industry. II *nm Bot* cotton plant III *nm,f* cotton grower.

algodonoso,-a *adj* cottony.

algoritmo *nm Inform Mat* algorithm.

alguacil *nm* 1 (*esbirro*) bailiff. 2 *Zool* (*araña*) zebra spider; *Arg Urug* (*libélula*) dragonfly.

alguien *pron indef* 1 (*afirmativo*) somebody, someone; **a. ha robado mi paraguas**, someone has stolen my umbrella; *fig* **creerse a.**, to think one is somebody; *fig* **ser a.**, to be somebody *o* important. 2 (*interrogativo*) anybody, anyone; **¿has visto a a.?**, have you seen anybody?

algún *adj* (*delante de nombres masculinos*) *véas* alguno,-a.

alguno,-a I *adj* 1 (*delante del nombre*) (*afirmativo*) some; **alguna que otra vez**, now and then; **algunos días**, some days; **salgo alguna (que otra) tarde**, I go out the odd evening; (*interrogativo*) any; **¿has tomado alguna medicina?**, have you taken any medicine?; **¿le has visto alguna vez?**, have you ever seen him? 2 (*después del nombre*) (*negativo*) no at all; **no vino persona alguna**, nobody came. II *pron indef* 1 someone, somebody; **a. dirá que ...**, someone might say that ...; **a. que otro**, some one. 2 **algunos,-as**, some (people); **a. de** *o* **entre ellos**, some of them.

alhaja *nf* 1 (*joya*) jewel, gem. 2 *fig* (*objeto, persona*) gem, treasure; *irón* (*persona*) **¡menuda a.!**, he's a fine one!

alharaca *nf* fuss; **hacer alharacas,** to make a lot of fuss and bother.

alhelí *nm (pl alhelíes) Bot* wallflower, stock.

alheña *nf* **1** *Bot (planta)* privet; *(flor)* privet blossom. **2** *(polvo)* henna.

alhucema *nf Bot* lavender.

aliado,-a **I** *pp de* aliar. **II** *adj* allied. **III** *nm,f* ally; *Hist* **los Aliados,** the Allies.

alianza *nf* **1** *(pacto)* alliance. **2** *(anillo)* wedding ring.

aliar [13] **I** *vtr* **1** to ally. **2** *(combinar)* to combine. **II** aliarse *vr* to become allies, form an alliance.

alias *adv & nm inv* alias.

alicaído,-a *adj* **1** *fig (débil)* weak, feeble. **2** *fig (deprimido)* down, depressed.

alicantino,-a **I** *adj* of *o* from Alicante. **II** *nm,f* native *o* inhabitant of Alicante.

alicatado,-a **I** *pp de* alicatar. **II** *nm* glazed tiling.

alicatar *vtr* **1** to tile. **2** *(azulejos)* to cut.

alicates *nmpl* pliers *pl.*

aliciente *nm* **1** *(atractivo)* lure, charm. **2** *(incentivo)* incentive, encouragement.

alicorear *vtr CAm* to decorate.

alicorto,-a *adj* **1** *(de alas cortas)* with clipped wings. **2** *fig (sin aspiraciones)* without ambition.

alicrejo *nm CAm* **1** *(caballo)* old nag, hack. **2** *(feo)* ugly person *o* thing.

alícuota *adj* aliquot.

alienación *nf Psic* alienation, derangement.

alienado,-a **I** *pp de* alienar. **II** *adj (loco)* insane, deranged. **III** *nm,f (lunático)* lunatic.

alienar **I** *vtr* to alienate. **II** alienarse *vr* to become alienated.

alienígeno,-a *adj & nm,f* alien.

alienista *nmf* alienist, psychiatrist.

aliento *nm* **1** *(respiración)* breath; **cobrar a.,** to get one's breath back; **sin a.,** breathless. **2** *fig (ánimo)* encouragement, boost; **dar a. a,** to encourage to.

alifafe *nm* (minor) ailment, complaint.

aligeramiento *nm* **1** *(carga)* lightening. **2** *(paso)* quickening. **3** *(dolor)* easing, soothing.

aligerar *vtr* **1** *(descargar)* to make lighter. **2** *(acelerar)* to speed up; **a. el paso,** to quicken one's pace; *fam* **¡aligera!,** hurry up! **3** *fig (atenuar)* to relieve, soothe.

alijo *nm* contraband; **un a. de drogas,** a consignment of drugs.

alimaña *nf Zool* vermin, pest.

alimentación *nf* **1** *(acción)* feeding; *Téc* feed. **2** *(comida)* food; **una a. basada en cereales,** a diet based on cereals.

alimentador,-a **I** *adj Téc* feeding. **II** *nm* feeder.

alimentar **I** *vtr* **1** *(dar alimento)* to feed; *(servir de alimento)* to nourish; **el pescado alimenta mucho,** fish is very nutritious; **la madre alimenta a su hijo,** the mother feeds her son; **la fábrica alimenta a toda la comarca,** the whole area owes its living to the factory. **2** *fig (alentar)* to encourage, foster; **a. pasiones,** to feed passions. **3** *Inform* to feed. **II** alimentarse *vr* **a. con** *o* **de,** to live on.

alimenticio,-a *adj* nutritious; **productos alimenticios,** food products, foodstuffs; **valor a.,** nutritional value.

alimento *nm* **1** *(comida)* food; *fig* **el odio es el a. de las guerras,** hate fuels war. **2** *(valor nutritivo)* nutritional value; **tiene poco a.,** it is not very nourishing.

alimón *adv* **al a.,** together, in collaboration.

alinderar *vtr Am* to mark the boundaries of.

alineación *nf* **1** alignment, lining up; *Pol* **política de no a.,** non-alignment policy. **2** *Dep (equipo)* line-up.

alineado,-a **I** *pp de* alinear. **II** *adj* aligned, lined-up; *Pol* **países no alineados,** non-aligned countries.

alineamiento *nm* alignment.

alinear **I** *vtr* **1** to align, line up. **2** *Dep (formar equipo)* to line up. **3** *Mil (formar)* to form up. **II** alinearse *vr* **1** to line up. **2** *Mil (formar)* to fall in. **3** *Pol* to become aligned.

aliñar *vtr Culin* to season, flavour, *US* flavor; *(ensalada)* to dress.

aliño *nm Culin* seasoning, dressing.

alioli *nm Culin* garlic mayonnaise.

alipegarse *vr CAm* to stick (**a,** to).

alipego *nm CAm* bonus, extra.

alisador,-a **I** *adj* smoothing. **II** *nm* smoothing tool.

alisar *vtr*, **alisarse** *vr* to smooth.

alisios *adj & nmpl* **(vientos) alisios,** trade winds.

aliso *nm Bot* alder.

alistado,-a **I** *pp de* alistar. **II** *adj Mil* enlisted, enrolled.

alistamiento *nm Mil* recruitment, enlistment.

alistar **I** *vtr Mil* to recruit, enlist. **II** alistarse *vr Mil* to enlist, enrol, *US* enroll; **¡alístate!,** join the army!

aliteración *nf Lit* alliteration.

aliviadero *nm* spillway.

aliviador,-a *adj* comforting, consoling.

alivianar *vtr Am véase* aliviar.

aliviar [12] **I** *vtr* **1** *(aligerar)* to lighten, make lighter. **2** *(calmar)* to soothe, relieve. **3** *(consolar)* to comfort, console. **4** *fam (darse prisa)* to hurry. **II** aliviarse *vr (dolor)* to diminish, get better.

alivio *nm* **1** *(mejoría)* relief. **2** *(consuelo)* comfort, consolation. **3** *fam* **es un tipo de a.,** a fine one, he is!; **un calor de a.,** stifling heat.

aljaba *nf* **1** *(para flechas)* quiver. **2** *Am Bot* fuchsia.

aljama *nf* **1** *(junta)* assembly. **2** *Rel (sinagoga)* synagogue; *(mezquita)* mosque.

aljamía *nf Ling* Spanish language written in Arabic characters.

aljibe *nm* cistern, tank.

aljófar *nm (perla)* pearl; *(rocío)* dewdrop.

aljofifa *nf* floorcloth.

allá *adv* **1** *(lugar alejado)* there, over there; **a. abajo/ arriba,** down/up there; **¡a. voy!,** here I go!; **más a.,** further on; **más a. de,** beyond; **no tan a.,** not that far. ■ **el más a.,** the beyond. **2** *(tiempo)* back; **a. por los años veinte,** back in the twenties. **3** *(locuciones)* **a. cada uno,** you have to decide for yourself; **a. se las componga,** that's his problem, that's his tough luck; **a. tú, a. vosotros,** that's your problem; *fam* **no muy a.,** nothing special.

allanamiento *nm* **1** *(aplanamiento)* levelling, flattening. **2** *fig (de dificultades)* smoothing-out. **3** *Jur* **a. de morada,** unlawful entry; *(robo)* housebreaking, breaking and entering.

allanar **I** *vtr* **1** *(aplanar)* to level, flatten. **2** *fig (dificultades)* to smooth out; **a. el terreno,** to clear the way. **3** *Jur* to break into. **II** allanarse *vr (acceder)* to agree, conform.

allegado,-a I *pp de* allegar. II *adj* close, related; **personas allegadas,** close friends. III *nm,f* close friend.

allegar [7] I *vtr* 1 *(reunir)* to gather, collect. 2 *(acercar)* to bring closer. II **allegarse** *vr (acceder)* to agree, conform.

allende *adv fml* beyond; **a. los mares,** overseas.

allí *adv (lugar)* there, over there; *(tiempo)* then; **a. abajo/arriba,** down/up there; **de a. para acá,** back and forth; **hasta a. no tuvimos problemas,** up until then we had no problems.

alma *nf* soul; **como a. que lleva el diablo,** in a flash; **con el a. destrozada,** broken-hearted; **con toda el a.,** wholeheartedly; **en cuerpo y a.,** body and mind; **llegar al a. de algn,** to touch *o* move sb; **no había ni un a.,** there was not a soul; **no poder algn con su a.,** to be absolutely exhausted; **parecer un a. en pena,** to look like a ghost; **se le cayó el a. a los pies,** her heart sank; **sentir algo en el a.,** to be deeply sorry about *o* for sth; **ser el a. de la fiesta,** to be the life and soul of the party; *fig* **a. de Dios,** good soul; *fam* **almas gemelas,** kindred spirits.

almacén *nm* 1 *(local)* warehouse, storehouse; *(habitación)* storeroom. 2 **(grandes) almacenes,** *Com* department store *sing.* 3 *Arg Par Urug (colmado)* grocer's shop.

almacenaje *nm* 1 *(almacenamiento)* storage, warehousing. 2 *Com (coste)* storage charge.

almacenamiento *nm* 1 *(gen)* storage, warehousing. 2 *(cosas almacenadas)* stock. 3 *Inform* storage.

almacenar *vtr* 1 to store, warehouse. 2 *(acumular)* to store up, keep; **a. trastos,** to keep junk.

almacenero *nm* warehouseman, storekeeper.

almacenista *nmf (vendedor)* wholesaler; *(propietario)* warehouse owner.

almáciga *nf* 1 *(semillero)* seedbed. 2 *(resina)* mastic.

almácigo *nm* 1 *(semillero)* seedbed. 2 *Bot* mastic tree.

almádena *nf Téc* sledgehammer.

almadraba *nf* 1 *(pesca)* tunny fishing. 2 *(lugar)* tunny-fishing ground. 3 *(red)* tunny net.

almadreña *nf* clog.

almagre *nm* red ochre.

almanaque *nm* almanac, calendar.

almario *nm* wardrobe, cupboard.

almazara *nf Ind* oilmill.

almeja *nf Zool* clam.

almena *nf* merlon; **almenas,** battlements; **con almenas,** castellated, battlemented.

almenar I *vtr* to build battlements on. II *nm (para fuego)* torch holder.

almenara *nf* 1 *(fuego)* beacon. 2 *(candelabro)* candelabrum. 3 *(para fuego)* torch holder, cresset.

almendra *nf* 1 *Bot* almond. ■ **a. garapiñada,** sugared almond. 2 *(piedra)* pebble.

almendrado,-a I *adj* almond-shaped. II *nm* almond paste.

almendral *nm Bot* almond grove.

almendro *nm Bot* almond tree.

almendruco *nm* unripe almond.

almeriense I *adj* of *o* from Almeria. II *nmf* native *o* inhabitant of Almeria.

almiar *nm Agr* haystack.

almíbar *nm* syrup.

almibarado,-a I *pp de* almibarar. II *adj* 1 *(dulce)* syrupy. 2 *fig (meloso)* sugary, sweet.

almibarar *vtr (cubrir con almíbar)* to cover in syrup; *fig* **a. las palabras,** to use honeyed words.

almidón *nm* starch.

almidonar *vtr* to starch.

almilla *nf* 1 *(jubón)* jerkin. 2 *Téc* tenon. 3 *Culin* breast of pork.

alminar *nm Arquit* minaret.

almirantazgo *nm Mil* admiralty.

almirante *nm Mil* admiral.

almirez *nm* mortar.

almizcle *nm* musk.

almizcleña *nf Bot* grape hyacinth.

almizcleño,-a *adj* musky.

almizclero,-a I *adj* musky. II *nm Zool* musk deer.

almofrej *nm,* **almofrez** *nm Am* sleeping bag.

almohada *nf* pillow; *fam* **consultarlo con la a.,** to sleep on it.

almohade *adj & nmf Hist* Almohade.

almohadilla *nf* 1 (small) cushion. 2 *(tampón)* inkpad.

almohadillado,-a I *pp de* almohadillar. II *adj* 1 *(forrado)* padded. 2 *Arquit* bossed. III *nm* 1 padding. 2 bossing.

almohadillar *vtr* 1 *(forrar)* to pad. 2 *Arquit* to boss.

almohadón *nm* large pillow, cushion.

almoneda *nf* 1 *(subasta)* auction. 2 *(venta a bajo precio)* clearance.

almorávide *adj & nmf* Almoravid.

almorrana *nf Med fam* pile.

almorzar [50] I *vi (al mediodía)* to have lunch; *(desayunar)* to have breakfast. II *vtr (al mediodía)* to have for lunch; *(desayunar)* to have for breakfast.

Almte. *abr de* **almirante,** admiral, Adm.

almuecín *nm,* **almuédano** *nm Rel* muezzin.

almuerzo *nm* 1 *(al mediodía)* lunch. 2 *(desayuno)* breakfast. 3 *(a media mañana)* mid-morning snack.

alocado,-a *adj (distraído)* scatterbrained; *(irreflexivo)* thoughtless, rash.

alocución *nf* speech, address.

aloe *nm,* **áloe** *nm* 1 *Bot* aloe. 2 *Med* aloes *sing.*

alojamiento *nm* accommodation, lodging; **dar a.,** to accommodate.

alojar I *vtr* 1 *(hospedar)* to accommodate, house, lodge. 2 *(balsa)* to lodge. II **alojarse** *vr (hospedarse)* to be lodge, stay.

alón[1] *nm* plucked wing.

alón,-ona[2] *adj CR Cub Chi* large-winged.

alondra *nf Orn* lark. ■ **a. común,** skylark.

alopatía *nf Med* allopathy.

alopecia *nf Med* alopecia.

alotropía *nf Quím* allotropy.

alpaca[1] *nf Zool Tex* alpaca.

alpaca[2] *nf Metal* alpaca, German silver.

alpargata *nf* canvas sandal, espadrille.

alpargatería *nf* 1 *(tienda)* espadrille shop. 2 *(taller)* espadrille factory.

Alpes *npl* **los A.,** the Alps.

alpestre *adj* Alpine; *fig* mountainous, rough.

alpinismo *nm Dep* mountaineering, climbing.

alpinista *nmf Dep* mountaineer, climber.

alpino,-a *adj* Alpine.

alpiste nm 1 Bot birdseed, canary grass. 2 fam (bebida) booze; (comida) food.

alquería nf 1 (casa) farmstead. 2 (conjunto de casas) hamlet.

alquilar vtr to hire; (pisos, casas) to rent; 'se alquila', 'to let'.

alquiler nm 1 (acción) hiring; (de pisos, casas) renting, letting; a. de coches, car hire; de a., (pisos, casas) to let, rented; (coche) for hire; (televisión) for rent. 2 (precio) hire, rental; (de pisos, casas) rent.

alquimia nf alchemy.

alquimista nmf alchemist.

alquitrán nm tar. ■ a. de hulla, coal tar.

alquitranado,-a I pp de alquitranar. II adj tarred, tarry. III nm 1 (acción) tarring. 2 (pavimento) tarmac.

alquitranar vtr to tar.

alrededor I adv (lugar) round, around; a. de la mesa, round the table; (aproximadamente) a. de las dos, around two o'clock; a. de quince, about fifteen; mira a., look around. II alrededores nmpl surrounding area sing; en los a. de Barcelona, in the area round Barcelona, just outside Barcelona.

Alsacia n Alsace.

alsaciano,-a adj & nm,f Alsatian.

alt. abr de altitud, altitude, alt.

alta nf (ingreso) admission; dar de o el a., (a un empleado) to register in the National Health System; (a un enfermo) to discharge from hospital; Mil to pass as fit; darse de a., (socio) to join; (enfermo) to discharge oneself; solicitar el a., to apply to be a member.

altanería nf arrogance, haughtiness, conceit.

altanero,-a adj arrogant, haughty, conceited.

altar nm Rel altar; fig llevar al a., to lead to the altar; fig poner en un a., to put on a pedestal.

altavoz nm loudspeaker.

alterabilidad nf changeability.

alterable adj changeable.

alteración nf 1 (cambio) alteration. 2 (alboroto) quarrel, row; a. del orden público, disturbance of the peace. 3 (excitación) uneasiness, agitation, restlessness.

alterar I vtr 1 (cambiar) to alter, change. 2 (deteriorar) to worsen, deteriorate; (dañar) to spoil, make go bad. 3 (enfadar) to upset, annoy; (poner nervioso) to agitate, make feel restless. II alterarse vr 1 (cambiar) to change. 2 (deteriorarse) to spoil, go bad o off. 3 (enfadarse) to be upset, lose one's temper; no se altera por nada, he never loses his temper.

altercado nm quarrel, argument.

alternador nm Elec alternator.

alternancia nf alternation.

alternante adj alternating.

alternar I vtr (sucederse) to alternate. II vi 1 (relacionarse) to meet people, socialize; le gusta a., he's very sociable. 2 (con hombres) to entertain; (ella) alterna con hombres, she entertains men. III alternarse vr to alternate.

alternativa nf alternative, option, choice; tomar una a., to decide, choose.

alternativo,-a adj alternative.

alterne nm fam 1 bar de a., bar (with hostesses); chica de a., hostess. 2 euf (prostitución) prostitution.

alterno,-a adj alternate, alternating; días alternos, alternate days.

alteza nf Highness; Su A. Real, His o Her Royal Highness.

altibajos nmpl fig los a. de la vida, the ups and downs of life.

altillo nm 1 Arquit attic. 2 Geog hillock.

altilocuente adj grandiloquent.

altímetro nm altimeter.

altiplanicie nf, **altiplano** nm Geog high plateau.

altísimo,-a I superl de alto. II el A. nm Rel the Almighty.

altisonancia nf grandiloquence.

altisonante adj grandiloquent, pompous.

altitud nf altitude, height.

altivez nf, **altiveza** nf arrogance, haughtiness, conceit.

altivo,-a adj arrogant, haughty, conceited.

alto[1] nm 1 (interrupción) stop, break; hacer un a. en el trabajo, to take a short break from work. 2 Mil halt; ¡a.!, halt; ¡a. el fuego!, cease fire!; dar el a., to order to halt; un a. el fuego, a cease-fire.

alto,-a[2] I adj 1 (persona, árbol, edificio) tall; (montaña, techo, presión) high; mi hija Ana es muy alta, my daughter Ana is very tall; tiene una casa de techos altos, she has a house with high ceilings; un barco en alta mar, a ship on the high seas; fig pasar por a., to overlook. 2 (elevado) top, upper; el A. Aragón, Upper Aragon; en lo a., at the top; los pisos altos, the top floors. 3 (superior, avanzado) a altas horas de la noche, late at night; alta sociedad, high society; alta tecnología, high technology; clase alta, upper class; precio a., high price. 4 (sonido) (fuerte) loud; (agudo) high, sharp; en voz alta, aloud, in a loud voice; una nota alta, a high note. II adv 1 high, high up; no subas tan a., don't go so far up; sal con las manos en a., come out with your hands up. 2 (fuerte) loud, loudly; pon la radio más alta, turn the radio up. III nm 1 (altura) height; ¿cuánto mide de a.?, (persona) how tall is he?; (cosa) how high is it?; fig por todo lo a., in a grand way; fig tirando por lo a., at the most, at the outside. 2 (elevación) hill. 3 Am (montón) pile, heap. 4 altos, Am upstairs sing. ◆altamente adv highly, extremely.

altoparlante nm Am loudspeaker.

altozano nm 1 (elevación) hillock, hill; (de una ciudad) upper part. 2 Am (de iglesia) atrium.

altramuz nm Bot lupin.

altruismo nm altruism.

altruista I adj altruistic. II nmf altruist.

altura nf 1 height; a. del agua, depth of the water; de diez metros de a., ten metres high; de poca a., not very high. 2 (nivel) level; a la a. de la calle Ancha, at the junction with Calle Ancha; a la a. del cine, by the cinema; a la misma a., on the same level; Geog on the same latitude; fig estar a la a. de las circunstancias, to rise to the occasion; fig no está a su a., he does not measure up to him; fam quedar a la a. del betún, to make a very poor showing. 3 fig (de sentimientos) loftiness, nobleness. 4 alturas, (cumbres) heights; Rel heaven sing; fig a estas a., by now; fig a estas a. ya no se puede cambiar nada, it's too late to change anything.

alubia nf Culin bean.

alucinación nf hallucination.

alucinado,-a I pp de alucinar. II adj arg amazed, spaced out.

alucinador,-a *adj* hallucinatory.

alucinamiento *nm* hallucination.

alucinante *adj* 1 hallucinatory. 2 *arg (extraordinario)* brilliant, mind-blowing.

alucinar I *vtr* 1 to hallucinate. 2 *fig (cautivar)* to fascinate. II *vi arg* to be amazed, be spaced out.

alucinógeno,-a I *adj* hallucinogenic. II *nm* hallucinogen.

alud *nm* avalanche.

aludido,-a I *pp de* aludir. II *adj* above-mentioned, in question; *fig* **darse por a.**, to take the hint.

aludir *vi* to allude to, mention.

alujar *vtr CAm* to polish, shine.

alumbrado,-a I *pp de* alumbrar. II *adj* 1 *(iluminado)* lit, lighted. 2 *fam (alegre)* merry, tipsy. III *nm* 1 *Elec* lighting. ■ **a. público**, street lighting. 2 *Aut* lights *pl*.

alumbramiento *nm* 1 *Elec* lighting. 2 *Med* childbirth.

alumbrar I *vtr* 1 *(iluminar)* to light, give light to, illuminate; **el sol nos alumbra**, the sun gives us light. 2 *fig (instruir)* to enlighten. 3 *Am (examinar al trasluz)* to hold up to the light. II *vi Med (parir)* to give birth. III **alumbrarse** *vr fam* to get tipsy.

alumbre *nm Quím* alum.

alúmina *nf Quím* alumina.

aluminio *nm Metal* aluminium, *US* aluminum.

alumnado *nm Educ* 1 *(de colegio)* pupils *pl*. 2 *Univ* student body.

alumno,-a *nm,f* 1 *(de colegio)* pupil; **a. externo**, day pupil; **a. interno**, boarder. 2 *Univ* student.

alunizaje *nm* moon landing.

alunizar [4] *vi* to land on the moon.

alusión *nf* allusion, mention.

alusivo,-a *adj* allusive (**a**, to).

aluvial *adj* alluvial.

aluvión *nm* alluvion, flood; *fig* **un a. de preguntas**, a barrage of questions.

aluzar [4] *vtr Am* to light, lighten.

álveo *nm* river-bed, bed.

alveolar *adj Anat Ling* alveolar.

alveolo *nm*, **alvéolo** *nm* 1 *Anat* alveolus. 2 *(de panal)* cell.

alverja *nf*, **alverjana** *nf Am* pea.

alza *nf* 1 *(de tiempo, temperatura)* rise; **en a.**, rising; *(bolsa)* **jugar al a.**, to bull the market; *fig* **estar en a.**, to be coming up. 2 *Impr* underlay. 3 *Mil* sight.

alzacuello *nm* clerical collar.

alzada *nf* 1 *(de un caballo)* height at the withers. 2 *Jur (apelación)* appeal.

alzado,-a I *pp de* alzar. II *adj* 1 raised, lifted; **votación a mano alzada**, vote by a show of hands. 2 *(persona)* fraudulently bankrupt. 3 *Am (animal)* runaway. 4 *Am (persona)* insolent, impudent. 5 *SAm (animal) (hembra)* on heat; *(macho)* in rut. II *nm* 1 *Arquit* elevation. 2 *Impr* gathering. 3 *(robo)* theft.

alzamiento *nm* 1 *(aumento)* raising, increase. 2 *(rebelión)* uprising.

alzaprima *nf* 1 *(palanca)* crowbar, lever. 2 *(cuña)* wedge. 3 *Mús* bridge.

alzaprimar *vtr* to lever up.

alzar [4] I *vtr* 1 *(levantar)* to raise, lift; **a. el telón**, to raise the curtain; **a. el vuelo**, to take off; **a. la voz**, to raise one's voice; **a. los ojos**, to look up; **a. un edificio**, to raise a building; *Náut* **a. velas**, to hoist

sail. 2 *(quitar)* to remove, take off. 3 *Impr* to gather. 4 *(cosecha)* to get in, gather in. II **alzarse** *vr* 1 *(levantarse)* to get up, rise. 2 *(sobresalir)* to stand out. 3 *Pol (rebelarse)* to rise, rebel; **a. en armas**, to rise. 4 *(conseguir)* to obtain, achieve; **a. con la victoria**, to win, be victorious. 5 *Am (animal)* to go back to the wild.

alzo *nm CAm* theft.

ama *nf (señora)* lady of the house; *(dueña)* owner ■ **a. de casa**, housewife; **a. de cría**, wet nurse; **a. de llaves**, housekeeper; *CAm Col PR* **a. de brazos**, nanny, nurse.

amabilidad *nf* kindness; *fml* **tenga la a. de esperar** would you be so kind as to wait.

amable *adj* kind, nice; *fml* **¿sería usted tan a. de seguirme?**, would you be so kind as to follow me?

amacayo *nm Am* amaryllis.

amacizar [4] *vtr* 1 *CAm Col (abarrotar)* to cram, stuff, pack. 2 *Col Méx (afianzar)* to strengthen, secure.

amachimbrarse *vr Am*, **amachinarse** *vr Am* to live together.

amacho,-a *adj CAm* outstanding.

amachorrarse *vr Am (hembra)* to go sterile.

amado,-a I *pp de* amar. II *adj* loved, beloved. II *nm,f* sweetheart.

amadrinar *vtr* to be the godmother of.

amaestrado,-a I *pp de* amaestrar. II *adj* trained *(domado)* tamed; **ratón a.**, performing mouse.

amaestrador,-a I *adj* training; *(domador)* taming II *nm,f (entrenador)* trainer; *(domador)* tamer.

amaestramiento *nm* training; *(doma)* taming.

amaestrar *vtr (animal)* to train; *(domar)* to tame **amaestró a su perro**, he trained his dog.

amagamiento *nm Am* ravine.

amagar [7] I *vtr* 1 *(dar indicios de)* to show sign of; **amagaba una sonrisa**, there was the hint of smile on his lips. 2 *(amenazar)* to threaten; **a. y n dar**, to make threats but not carry them out; **amaga un gran peligro**, he is threatened by grea danger. 3 *(fingir)* to dissemble, simulate; **a. una r tirada**, to simulate a retreat. II *vi* 1 *(ser inminente* to threaten, be imminent; **amagaba tormenta**, storm was threatening. 2 *(enfermedad)* to show th first signs; **a. un ataque al corazón**, to show symp toms of the onset of a heart attack.

amago *nm* first sign, indication; **a. de infarto**, onse of a heart attack.

amainar *vi* 1 *(viento, tormenta)* to drop, die dowr 2 *fig (apaciguarse)* to calm down.

amalgama *nf* amalgam.

amalgamación *nf* amalgamation.

amalgamar *vtr* to amalgamate.

amalhayar *vtr CAm Col* to desire, covet, long fo

amamantamiento *nm* breast-feeding, suckling.

amamantar *vtr* to breast-feed, suckle.

amancay *nm Am* amaryllis.

amancebamiento *nm* cohabitation.

amancebarse *vr* to cohabit.

amanecer [43] I *v impers* to dawn; **amanece ten prano**, day breaks early. II *vi* to be somewhere daybreak; **amanecimos en Finlandia**, we were Finland at daybreak. III *nm* dawn, daybreak; **al a** at dawn.

amanerado,-a I *pp de* amanerar. II *adj* ma nered, affected.

amaneramiento *nm* affectation.

amanerar I *vtr (maneras)* to affect. II amanerarse *vr* to become affected.

amansador *nm Am* horsebreaker.

amansar I *vtr* 1 to tame; **a. un caballo,** to break in a horse. 2 *fig (apaciguar)* to tame, calm. II amansarse *vr* to become tame.

amante I *adj* loving, fond (**de,** of); **a. del arte,** fond of art. II *nmf* lover.

amanuense *nmf* scribe.

amañado,-a I *pp de* amañar. II *adj* 1 *(hábil)* clever, skilful, *US* skillful. 2 *(falso)* faked.

amañar I *vtr (falsear)* to fix, fiddle; **a. las cuentas,** to cook the books; **a. las elecciones,** to rig the elections; **a. una historia,** to fabricate a story. II amañarse *vr fam (apañárselas)* amañárselas, to manage; **siempre se las amaña para conseguir lo que quiere,** he always manages to get his way.

amaño *nm* trick, fiddle, scheme.

amapola *nf Bot* poppy.

amar I *vtr* to love. II amarse *vr* to love each other, be in love (with each other).

amaraje *nm* 1 *Náut* landing at sea. 2 *Astronáut* splashdown.

amaranto *nm Bot* amaranth.

amarar *vi* 1 *Náut* to land at sea. 2 *Astronáut* to splash down.

amarchantarse *vr Am* to become a regular customer (**en,** of).

amargado,-a I *pp de* amargar. II *adj fig* embittered, bitter; *(resentida)* resentful; **ella está amargada,** she feels very bitter; **una sonrisa amargada,** a sour smile. III *nm,f* bitter person.

amargar [7] I *vtr* to make bitter; *fig* to embitter, sour; **amargarle la existencia a algn,** to make sb's life a misery; **aquello nos amargó la tarde,** that ruined the whole evening. II *vi* to taste bitter. III amargarse *vr fig* to become embittered *o* bitter; **no te amargues por eso,** don't let that make you bitter.

margo,-a I *adj* bitter. II *nm* bitterness.

margor *nm* bitterness.

margura *nf* bitterness, grief, sorrow, sadness.

mariconado,-a *adj vulg* queer.

marillear *vi* 1 *(volverse amarillo)* to yellow, go yellow. 2 *(tirar a amarillo)* to be yellowish.

marillento,-a *adj* yellowish.

marillez *nf* yellowness.

marillismo *nm Prensa* sensationalism.

marillista *adj Prensa* sensationalist.

marillo,-a *adj & nm* yellow.

marilloso,-a *adj Am* yellowish.

maro *nm Bot* clary sage.

marra *nf* 1 *Náut* mooring rope; **soltar amarras,** to cast off, let go. 2 *fig (lazo)* tie, binding; **soltarse las amarras,** to break loose. 3 **amarras,** *fam* connections.

marradero *nm Náut (argolla)* mooring ring; *(lugar)* mooring.

marraje *nm Náut* mooring charges *pl.*

marrar I *vtr* 1 *Náut* to moor, tie up. 2 *(atar)* to tie (up), bind. II amarrarse *vr CAm Col (emborracharse)* to get drunk.

marre *nm Náut* mooring.

marrete *adj Am* mean, stingy, tight.

martelado,-a I *pp de* amartelarse. II *adj* starry-eyed.

martelarse *vr* to become very loving.

amartillar *vtr* 1 *(martillear)* to hammer. 2 *(escopeta)* to cock.

amasadera *nf* kneading trough.

amasandería *nf Am* baker's shop, bakery.

amasar *vtr* 1 *Culin (masa)* to knead. 2 *Constr (yeso, cemento)* to mix. 3 *fig (dinero)* to amass. 4 *fam (urdir)* to cook up.

amasijo *nm* 1 *Culin (masa)* dough. 2 *Constr (de yeso, cemento)* mixture. 3 *fam (mezcolanza)* hotchpotch, jumble.

amateur *adj & nmf* amateur.

amatista *nf Min* amethyst.

amatorio,-a *adj* love; **poesía amatoria,** love poetry.

amazacotado,-a *adj* 1 *(duro)* hard, tough; **arroz a.,** stodgy rice. 2 *(apretado)* crammed.

amazona *nf* 1 *(jinete)* horsewoman. 2 *Mit* Amazon.

Amazonas *n* el A., the Amazon.

amazónico,-a *adj* Amazonian.

ambages *nmpl* **hablar sin a.,** to go straight to the point; **ir** *o* **andarse con a.,** to beat around the bush.

ámbar *nm* amber.

ambarino,-a I *adj* amber. II *nf Am Bot* scabious.

Amberes *n* Antwerp.

ambición *nf* ambition.

ambicionar *vtr* to have as an ambition; **siempre ambicionó ser rico,** he always wanted to be rich.

ambicioso,-a I *adj* ambitious. II *nm,f* ambitious person.

ambidextro,-a I *adj* ambidextrous. II *nm,f* ambidextrous person.

ambientación *nf Lit Teat* setting.

ambiental *adj* environmental.

ambientar I *vtr* 1 *(dar ambiente)* to give atmosphere to; **este café está muy bien ambientado,** this cafe has a very nice atmosphere. 2 *Lit Teat (situar)* to set; **la obra está ambientada en la Edad Media,** the play *o* the book is set in the Middle Ages. II ambientarse *vr (adaptarse)* to get used to.

ambiente I *adj* environmental; **temperatura a.,** room temperature. II *nm* environment; *fig (medio)* atmosphere, environment, milieu; **cambiar de a.,** to change one's surroundings; **el a. familiar,** the family environment; **en este a. no hay quien trabaje,** it is impossible to work in these conditions; **en este pueblo no hay a.,** there is not much going on in this village.

ambigú *nm (pl ambigúes)* buffet, buffet supper.

ambigüedad *nf* ambiguity.

ambiguo,-a *adj* ambiguous.

ámbito *nm* 1 *(espacio)* space, sphere; **de a. local,** local; **empresa de a. nacional,** nationwide company; **en el a. de,** within; **en el a. de esta provincia,** within this county. 2 *(ambiente)* atmosphere, environment.

ambivalencia *nf* ambivalence.

ambivalente *adj* ambivalent.

ambos,-as *adj pl fml* both; **por a. lados,** on both sides.

ambrosía *nf* ambrosia.

ambulancia *nf* ambulance.

ambulante *adj* travelling, *US* traveling, mobile; **biblioteca a.,** mobile library.

ambulatorio,-a I *adj* ambulatory. II *nm* surgery, clinic.

ameba *nf* amoeba, *US* ameba.

amedrantar I *vtr fml (asustar)* to frighten, scare. II **amedrantarse** *vr (asustarse)* to be frightened, scared; *(acobardarse)* to become intimidated.

amelcochar *Am* I *vtr (espesar)* to thicken. II **amelcocharse** *vr* 1 *(espesarse)* to thicken. 2 *(reblandecerse)* to soften, go soft.

amelonado,-a *adj* 1 melon-shaped. 2 *fam (enamorado)* lovesick.

amén[1] *nm Rel* amen; *fam* **decir a. a todo,** to agree with everything; *fam* **en un decir a.,** in the twinkling of an eye.

amén[2] *adv* **a. de,** *(excepto)* except for; *(además de)* in addition to.

amenaza *nf* threat, menace.

amenazador,-a *adj,* **amenazante** *adj* threatening, menacing.

amenazar [4] *vtr* to threaten; **a. de muerte a algn,** to threaten to kill sb; *fig* **amenaza lluvia,** it is threatening to rain.

amenguar [22] *vtr* 1 *(disminuir)* to lessen, reduce. 2 *(deshonrar)* to defame, belittle.

amenidad *nf* pleasantness, agreeableness.

amenizar [4] *vtr* to make (more) entertaining; **para a. la velada,** to liven up the party.

ameno,-a *adj* pleasant, enjoyable, entertaining.

América *n* America. ■ **A. Central,** Central America; **A. del Norte,** North America; **A. del Sur,** South America.

americana *nf (prenda)* jacket.

americanismo *nm Ling* Americanism.

americanista *nmf* Americanist.

americanización *nf* Americanization.

americanizar [4] I *vtr* to Americanize. II **americanizarse** *vr* to become Americanized, go American.

americano,-a *adj & nm,f* American.

amerindio,-a *adj & nm,f* Amerindian, American Indian.

ameritado,-a I *pp de* **ameritar.** II *adj Am* worthy.

ameritar *vtr* 1 *(merecer)* to deserve. 2 *Am (otorgar méritos)* to recognize the worth *o* merit of.

amerizaje *nm véase* **amaraje.**

amerizar [4] *vi véase* **amarar.**

amestizado,-a *adj* like a half-breed.

ametrallador,-a *adj* **fusil a.,** automatic rifle.

ametralladora *nf* machine gun.

ametrallar *vtr* to machine-gun.

amianto *nm Min* asbestos *sing.*

amiba *nf véase* **ameba.**

amigable *adj* amicable, friendly.

amigacho,-a *nm,f fam* mate, friend.

amígdala *nf Anat* tonsil.

amigdalitis *nf Med* tonsillitis.

amigo,-a I *adj* 1 friendly; **una mano amiga,** a friendly hand; **son muy amigos,** they are very good friends. 2 *(aficionado)* fond (**de,** of); **a. del buen vino,** fond of good wine. II *nm,f* 1 friend; **hacerse a. de,** to make friends with; **hacerse amigos,** to become friends; **un a. mío,** a friend of mine. 2 *(novio)* boyfriend; *(novia)* girlfriend; *(amante)* lover.

amigote *nm fam* pal, mate, chum.

amiguero,-a *adj Am* who makes friends easily.

amiguete *nm fam véase* **amigote.**

amilanamiento *nm* 1 *(miedo)* fear. 2 *(desánimo)* discouragement; *(abatimiento)* depression.

amilanar I *vtr* 1 *(asustar)* to frighten, scare. 2 *(desanimar)* to discourage, depress. II **amilanarse** *vr* 1 *(asustarse)* to be frightened. 2 *(desanimarse)* to be discouraged, become depressed.

aminoácido *nm Quím* amino acid.

aminoración *nf* reduction, decrease, cut; **a. de la velocidad,** slowing down.

aminorar *vtr* to reduce, decrease, cut; **a. el paso,** to slow down.

amistad *nf* 1 friendship; **trabar a. con,** to make friends with. 2 **amistades,** friends; **hacer nuevas a.,** to make new friends.

amistoso,-a *adj* friendly; **en plan a.,** in a friendly way; *Dep* **partido a.,** friendly match.

amnesia *nf Med* amnesia, loss of memory.

amnésico,-a I *adj* amnesic. II *nm,f* amnesiac.

amnistía *nf* amnesty.

amnistiar [13] *vtr* to amnesty, grant an amnesty to

amo *nm* 1 *(señor)* master; *fig* **ser el a.,** to be the boss; *fam* **ser el a. del cotarro,** to rule the roost. 2 *(dueño)* owner.

amoblar [31] *vtr* to furnish.

amodorrado,-a I *pp de* **amodorrarse.** II *adj* sleepy, drowsy.

amodorramiento *nm* sleepiness, drowsiness.

amodorrarse *vr (adormecerse)* to become sleepy *o* drowsy; *(dormirse)* to fall into a stupor.

amohosarse *vr Am* to go mouldy *o US* moldy.

amojamado,-a *adj* wizened, wrinkled.

amojonamiento *nm* marking out.

amojonar *vtr* to mark out.

amojosarse *vr SAm* to go mouldy *o US* moldy.

amolado,-a I *pp de* **amolar.** II *adj* sharpened. III *nm* sharpening, grinding.

amolar [31] *vtr* 1 to sharpen, grind. 2 *fam (fastidiar)* to annoy, pester.

amoldable *adj* adaptable; *fig* **Juan es muy a.,** Juan adapts to everything.

amoldamiento *nm* 1 adapting, adjusting. 2 *fam (persona)* adaptation.

amoldar I *vtr* to adapt, adjust. II **amoldarse** *vr* to adapt oneself; **ella no pudo a. a la nueva vida,** she couldn't get used to the new lifestyle.

amollar I *vi (ceder)* to yield, give in. II *vtr & vi Náut (cabos)* to pay out.

amonestación *nf* 1 *(advertencia)* rebuke, reprimand, reprehension; *Dep (tarjeta)* warning. 2 **amonestaciones,** *Rel* banns.

amonestar *vtr* 1 *(advertir)* to rebuke, reprimand; *Dep* to warn. 2 *Rel* to publish the banns of.

amoniacal *adj Quím* ammoniacal.

amoniaco *nm,* **amoníaco** *nm* ammonia.

amontillado,-a *adj (vino)* pale dry, amontillado

amontonado,-a *adj* heaped up, piled up.

amontonamiento *nm* 1 *(acción)* piling, heaping. 2 *(montón)* pile, heap.

amontonar I *vtr* 1 to pile up, heap up. 2 *(juntar)* to collect, gather; **a. trastos,** to keep junk. II **amontonarse** *vr* to pile up, heap up; *(gente)* to crowd together.

amor *nm* 1 love; *(con esmero)* loving care; **ella fue su gran a.,** she was his great love; **hacer el a.,** to make love; **por el a. de Dios,** for God's sake; *fig* **cada cuatro, un a.,** a girl in every port; *fam* **con de mil amores,** with pleasure; *fam* **por a. al arte,** for the sake of it; *prov* **a. con a. se paga,** one good turn deserves another. ■ *Lit* **a. cortés,** courtly love; **a. propio,** self-esteem. **2 amores,** *(persona)* loves; *(asuntos)* love affairs.

amoral *adj* amoral.

amoralidad *nf* amorality.

amoratado,-a I *pp de* amoratarse. II *adj* 1 *(de frío)* blue with cold. 2 *(de un golpe)* black and blue; **con un ojo a.,** with a black eye.

amoratarse *vr* 1 *(de frío)* to turn blue. 2 *(de un golpe)* to turn black and blue.

amorcillo *nm* Cupid.

amordazar [4] *vtr (perro)* to muzzle; *(persona)* to gag.

amorfo,-a *adj* amorphous.

amorío *nm* love affair, flirtation.

amoroso,-a *adj* loving, affectionate.

amortajamiento *nm* shrouding.

amortajar *vtr* to shroud, wrap in a shroud.

amortiguación *nf (de un dolor)* alleviation, mitigation; *(de un golpe)* damping; *(de un ruido)* muffling; *(de una luz)* subduing.

amortiguador,-a I *adj (de dolor)* alleviating, mitigating; *(de golpe)* damping, cushioning; *(de ruido)* muffling; *(de luz)* subduing. II *nm Aut* shock absorber; *Téc* damper.

amortiguamiento *nm véase* amortiguación.

amortiguar [22] *vtr (dolor)* to alleviate, mitigate; *(golpe)* to damp, cushion; *(ruido)* to muffle; *(luz)* to subdue.

amortizable *adj Fin* redeemable.

amortización *nf Fin* 1 *(reembolso)* redemption. 2 *(depreciación)* amortization, depreciation, writing off.

amortizar [4] *vtr Fin* 1 *(reembolsar)* to redeem. 2 *(depreciar)* to amortize, depreciate, write off; *fam* **me costó caro, pero lo he amortizado,** it was expensive, but I've got my money's worth out of it.

amoscarse [1] *vr fam* to get angry.

amostazar [4] *vtr fam* to make angry, annoy.

amotinado,-a I *pp de* amotinar. II *adj (insurrecto)* riotous, insurgent; *Mil* mutinous. III *nm,f (insurrecto)* rioter, insurgent; *Mil* mutineer.

amotinamiento *nm* riot, rioting; *(insurrección)* insurrection; *Mil* mutiny.

amotinar I *vtr* to incite to riot; *Mil* to incite to mutiny. II amotinarse *vr* to rise up, riot; *Mil* to mutiny.

amovible *adj* detachable, removable.

amovilidad *nf* detachability, removability.

amparar I *vtr* to protect; *(ayudar)* to help; *(favorecer)* to favour, *US* favor. II ampararse *vr* to use as protection; *(defenderse)* to take shelter; **se amparó en sus amigos,** he sought the help of his friends.

amparo *nm* protection, shelter; **al a. de,** under the protection of.

ampelis *nm inv Orn* waxwing.

amperímetro *nm Elec* ammeter.

amperio *nm Elec* ampère, amp.

ampliable *adj* enlargeable.

ampliación *nf* enlargement, extension; *Constr* extension; *Fot* enlargement; *Fin* **a. de capital,** increase in capital; **a. de estudios,** furthering of studies.

ampliado,-a I *pp de* ampliar. II *adj* enlarged, extended.

ampliadora *nf Fot* enlarger.

ampliar [13] *vtr* to enlarge extend; *Constr (casa, edificio)* to build an extension to; *Fot (fotografía)* to enlarge; *Fin (capital)* to increase; **a. una idea,** to develop an idea.

amplificación *nf* amplification.

amplificador,-a I *adj* amplifying. II *nm* amplifier.

amplificar [1] *vtr* to amplify.

amplio,-a *adj* large, roomy, spacious; *(ancho)* wide, broad; **en el sentido más a. de la palabra,** in the broadest sense of the word.

amplitud *nf* 1 spaciousness, expanse, extent; *fig* **de gran a.,** far-reaching. ■ **a. de miras,** broad-mindedness. 2 *(espacio)* room, space. 3 *Fís* amplitude.

ampolla *nf* 1 *Med* blister. 2 *(vasija)* flask, bottle. 3 *(burbuja)* bubble.

ampulosidad *nf* pomposity, bombast.

ampuloso,-a *adj* pompous, bombastic.

amputación *nf* 1 *Med* amputation. 2 *fig (supresión)* cutting out.

amputar *vtr* 1 *Med* to amputate. 2 *fig (suprimir)* to cut out.

Amsterdam *n* Amsterdam.

amuchar *vtr Am* to increase, multiply.

amueblar *vtr* to furnish.

amuermado,-a *adj fam* 1 *(atontado)* dopy, dopey, groggy. 2 *(deprimido)* down, depressed. 3 *(aburrido)* bored.

amuermar *vtr fam* 1 *(atontar)* to make feel dopy *o* dopey *o* groggy. 2 *(deprimir)* to depress. 3 *(aburrir)* to bore.

amujerado,-a *adj* effeminate.

amulatado,-a *adj* like a mulatto.

amuleto *nm* amulet. ■ **a. de la suerte,** lucky charm.

amura *nf Náut* 1 *(proa)* bow. 2 *(cabo)* tack.

amurallado,-a I *pp de* amurallar. II *adj* walled.

amurallar *vtr* to wall, fortify.

anabaptismo *nm Rel* Anabaptism.

anabaptista *adj & nmf Rel* Anabaptist.

anabolismo *nm Biol* anabolism.

anacarado,-a *adj* pearly.

anacardo *nm Bot (árbol)* cashew tree; *(fruto)* cashew nut.

anacoluto *nm Ling* anacoluthon.

anaconda *nf Zool* anaconda.

anacoreta *nmf* anchorite, anchoret.

anacrónico,-a *adj* anachronistic, anachronic.

anacronismo *nm* anachronism.

ánade *nm Orn* duck. ■ **á. friso,** gadwall; **á. rabudo,** pintail; **á. real,** mallard; **á. silbón,** wigeon.

anaerobio,-a *Biol* I *adj* anaerobic. II *nm* anaerobe.

anafe *nm* portable stove *o* cooker.

anagrama *nm* anagram.

anal *adj Anat* anal.

anales *nmpl* annals.

analfabetismo *nm* illiteracy.

analfabeto,-a *nm,f* illiterate; *fig* **es un a.,** he is stupid.

analgesia *nf Med* analgesia.

analgésico,-a *adj & nm Med* analgesic.

análisis *nm inv* analysis. ■ **a. de orina,** urine analysis; **a. de sangre,** blood test.

analista *nmf* analyst.

analítico,-a *adj* analytical, analytic.

analizable *adj* analyzable.

analizador,-a I *adj* analyzing. II *nm Fís* analyzer.

analizar [4] *vtr* to analyze.

analogía *nf* analogy.

analógico,-a *adj* analogical.

analogismo *nm* analogism.

análogo,-a *adj* analogous, similar.

ananá *nm (pl ananaes)*, **ananás** *nm (pl ananases) Bot* pineapple.

anaquel *nm* shelf.

anaranjado,-a *adj & nm (color)* orange.

anarco *nmf fam* anarchist.

anarquía *nf* anarchy.

anárquico,-a *adj* anarchical, anarchic.

anarquismo *nm* anarchism.

anarquista *adj & nmf* anarchist.

anarquizante *adj* anarchist.

anatema *nm* anathema; **lanzar anatemas,** to curse.

anatematizar [4] *vtr* to anathematize; *fig* to curse.

anatomía *nf* anatomy.

anatómico,-a *adj* anatomical, anatomic.

anca *nf* haunch. ■ **ancas de rana,** frogs' legs.

ancestral *adj* ancestral.

ancestro *nm* ancestor.

ancho,-a I *adj* wide, broad; **a lo a.,** breadthwise; **te está muy a.,** it's too big for you; *fam* **quedarse tan a.,** to behave as if nothing had happened. II *nm* 1 *(anchura)* width, breadth; **dos metros de a.,** two metres wide; **¿qué a. tiene?,** how wide is it? 2 *Cost* width. III **anchas** *nfpl fam* **a mis** *o* **tus a.,** at ease, comfortable; **me sentí a mis a.,** I felt comfortable *o* at home.

anchoa *nf (pez)* anchovy.

anchura *nf (ancho)* width, breadth; *Cost* **a. de cintura,** waist measurement.

anchuroso,-a *adj* wide, broad; *(espacioso)* spacious.

ancianidad *nf* old age.

anciano,-a I *adj* very old. II *nm,f* old person; **los ancianos,** old people. ■ **residencia de ancianos,** old people's home.

ancla *nf Náut* anchor; **echar anclas,** to drop anchor; **levar anclas,** to weigh anchor.

anclaje *nm* 1 *Náut* anchorage. 2 *Constr Téc* anchor.

anclar *vtr & vi Náut Téc* to anchor.

áncora *nf Náut Téc* anchor.

ancorar *vtr & vi véase* anclar.

andadas *nfpl fam* old ways; **volver a las a.,** to go back to one's old tricks.

andaderas *nfpl* baby-walker *sing.*

andado,-a I *pp de* andar. II *adj* 1 *(común)* common. 2 *(gastado)* worn out. III *nm CAm (modo de andar)* way of walking, gait.

andador,-a I *adj (aficionado a andar)* fond of walking; *(rápido)* fast-walking. II *nm,f (bueno)* good walker; *(rápido)* fast walker. III *nm* baby-walker.

andadura *nf* walking.

andalón,-ona *adj CAm* fond of walking.

Andalucía *n* Andalusia.

andalucismo *nm* 1 *Ling* Andalusian word *o* expression. 2 *Pol* Andalusian nationalism.

andaluz,-a *adj & nm,f* Andalusian.

andamiaje *nm Constr* scaffolding.

andamio *nm Constr* scaffold.

andana *nf* row, line.

andanada *nf* 1 *(represión)* reprimand, rebuke. 2 *Taur* covered stand. 3 *Mil (descarga)* broadside. 4 *(andana)* row, line.

andancia *nf* 1 *Am (andanza)* adventure. 2 *CAm (éxito)* success.

andante I *adj* **caballero a.,** knight errant. II *nm Mús* andante.

andanza *nf* adventure, happening.

andares *nmpl* walk *sing*, gait *sing.*

andar [64] I *vi* 1 to walk; *(venir)* to come; *(ir)* to go; **a. de puntillas,** to tiptoe; *fam (sorpresa)* ¡anda!, come off it!, get away!; *fam* ¡andando!, let's go!, let's get a move on! 2 *(trasladarse algo)* to move; **este coche anda despacio,** this car goes very slowly. 3 *(funcionar)* to work, go, function; **este ascensor no anda,** this lift is out of order; **esto no anda,** this doesn't work. 4 *fam (estar)* to be; **anda por los cuarenta,** he's about forty; **anda preocupada estos días,** she's been rather worried lately; **anda siempre diciendo que ...,** he's always saying that ...; **¿qué tal andamos de tiempo?,** how are we off for time?; **tus calcetines deben a. por ahí,** your socks must be there somewhere. 5 *(obrar)* **anda con cuidado,** take care, be careful; *prov* **dime con quién andas y te diré quién eres,** birds of a feather flock together; *prov* **quien mal anda mal acaba,** those who live by the sword die by the sword. II *vtr (recorrer)* to walk; **a. diez kilómetros,** to walk ten kilometres. III **andarse** *vr* **ándate con cuidado,** mind what you do, take good care of yourself; *fig* **a. con rodeos, a. por las ramas,** to beat about the bush.

andariego,-a I *adj* 1 *(que anda)* fond of walking. 2 *(que viaja)* fond of travelling. II *nm,f* 1 *(andador)* good walker. 2 *(viajero)* person who likes travelling.

andarín,-ina I *adj* good at walking. II *nm,f* good walker.

andas *nfpl* portable platform *sing; Rel* **llevaban el santo en a.,** they carried the saint on a float; *fig* **llevar a algn en a.,** to pamper sb.

andén *nm Ferroc* platform.

Andes *npl* Andes.

andinismo *nm Am* mountaineering.

andino,-a *adj & nm,f* Andean.

andoba *nmf (hombre)* guy; *(mujer)* bird.

Andorra *n* Andorra.

andorrano,-a *adj & nm,f* Andorran.

andrajo *nm* rag, tatter; **hecho un a.,** in rags.

andrajoso,-a *adj* ragged, tattered.

androceo *nm Bot* androecium.

andrógeno *nm Biol* androgen.

andrógino,-a *Biol* I *adj* androgynous, androgyne. II *nm* androgyne.

androide *nm* android.

andullo *nm* 1 *(rollo)* rolled tobacco leaf. 2 *(manojo)* bunch of tobacco leaves. 3 *SAm (hoja grande)* large leaf for wrapping.

andurriales *nmpl fam* out-of-the way place *sing.*

anea *nf Bot* bulrush, reed mace.

anécdota *nf* anecdote.

anecdotario *nm* collection of anecdotes.

anecdótico,-a *adj* anecdotic, anecdotal.

anegación *nf* flooding.

anegadizo,-a *adj* subject to flooding.

anegamiento *nm véase* anegación.

anegar [7] I *vtr* to flood. II **anegarse** *vr* to flood; *fig* **a. en lágrimas,** to fill with tears.

anejo,-a I *adj* attached, joined (**a**, to). II *nm* annexe, *US* annex.

anemia *nf Med* anaemia, *US* anemia.

anémico,-a I *adj Med* anaemic, *US* anemic. II *nm,f Med* anemia *o US* anemia sufferer.

anemómetro *nm Fís* anemometer.

anémona *nf*, **anemona** *nf*, **anemone** *nf* 1 *Bot* anemone. 2 *Zool* **a. de mar**, sea anemone.

anestesia *nf Med* anaesthesia, *US* anesthesia.

anestesiar [12] *vtr Med* to anaesthetize, *US* anesthetize.

anestésico,-a *adj & nm Med* anaesthetic, *US* anesthetic.

anestesista *nmf Med* anaesthetist, *US* anesthesiologist.

aneurisma *nm Med* anaeurysm.

anexar *vtr* to annex.

anexión *nf* annexation.

anexionar *vtr véase* anexar.

anexionismo *nm Pol* annexationism, annexionism.

anexionista *adj & nmf Pol* annexationist, annexionist.

anexo,-a I *adj* attached, joined (**a**, to). II *nm* annexe, *US* annex.

anfeta *nf arg* amphetamine.

anfetamina *nf Farm* amphetamine.

anfibio,-a I *adj* amphibious. II *nm Zool* amphibian; **los anfibios**, amphibia *pl*.

anfibología *nf Ling* amphibology.

anfiteatro *nm* 1 amphitheatre, *US* amphitheater. 2 *Univ* lecture theatre *o US* theater. 2 *Cin Teat* gallery.

anfitrión,-ona I *nm* host. II *nf* hostess.

ánfora *nf* amphora.

anfractuosidad *nf* roughness, cragginess; *(camino)* twisting, winding.

angarillas *nfpl (carretilla)* handbarrow *sing*; *(camilla)* stretcher *sing*.

ángel *nm* 1 *Rel* angel; *fig* **es un á.**, he behaves beautifully; *fig* **tener á.**, to have a something about one. ■ *Rel* **á. de la guarda**, guardian angel; *Dep* **salto del á.**, swallow dive. 2 *Am (micrófono)* hand microphone.

ngélica *nf Bot* angelica.

ngelical *adj*, **angélico,-a** *adj* angelical, angelic.

ngelito *nm dimin fam* little angel; *irón* **menudo a. estás tú hecho**, you are a fine one!

ngelote *nm* 1 *(niño)* chubby child. 2 *(adulto)* good person.

ngelus *nm inv Rel* Angelus.

ngina *nf Med* angina; **estar con anginas**, to have a sore throat. ■ *Med* **a. de pecho**, angina pectoris.

nglicanismo *nm Rel* Anglicanism.

nglicano,-a *adj & nm,f Rel* Anglican; **la Iglesia Anglicana**, the Anglican Church, the Church of England.

nglicismo *nm* Anglicism.

nglo,-a I *adj* Anglian. II *nm,f* Angle, Anglian.

ngloamericano,-a *adj & nm,f* Anglo-American.

nglófilo,-a *adj & nm,f* Anglophile.

nglófobo,-a *adj & nm,f* Anglophobe.

nglófono,-a I *adj* English-speaking. II *nm,f* English speaker.

nglosajón,-ona *adj & nm,f* Anglo-Saxon.

Anglonormando,-a *adj* **las Islas Anglonormandas**, the Channel Islands.

Angola *n* Angola.

angoleño,-a *adj & nm,f* Angolan, Angolese.

angora *nf* angora; **gato de a.**, Angora cat; **lana de a.**, angora wool.

angosto,-a *adj fml* narrow.

angostura *nf* 1 *(estrechez)* narrowness. 2 *Bot* angostura.

angra *nf Geog* cove, inlet, creek.

anguila *nf (pez)* eel. ■ **a. de mar**, conger eel.

anguila *nf Am* eel.

angula *nf (pez)* elver.

angular *adj* angular; *Fot* **(objetivo) gran a.**, wide-angle lens; *Arquit* **piedra a.**, cornerstone.

ángulo *nm* 1 *Geom* angle; **en á. con**, at an angle to. ■ **á. recto**, right angle; *Mil* **á. de tiro**, elevation. 2 *(esquina, rincón)* corner.

anguloso,-a *adj* angular.

angustia *nf* 1 anguish; **¡qué a.!**, how distressing! 2 *(malestar físico)* sickness, nausea.

angustiado,-a I *pp de* angustiar. II *adj (afligido)* distressed; *(preocupado)* worried.

angustiar [12] I *vtr (afligir)* to distress; *(preocupar)* to worry. II **angustiarse** *vr (afligirse)* to become distressed; *(preocuparse)* to worry.

angustioso,-a *adj (acongojante)* distressing; *(preocupado)* worrying.

anhelante *adj* longing, yearning.

anhelar *vtr* to long for, yearn for; **anhelaba encontrarse con ella**, he was longing to meet her.

anhelo *nm* longing, yearning.

anhídrido *nm Quím* anhydride.

anidar I *vi Orn* to nest, make one's nest; *fig* **la esperanza anidó en su corazón**, hope filled his heart. II *vtr fig* to shelter.

anilina *nf Quím* aniline, anilin.

anilla *nf* 1 *(aro)* ring. 2 **anillas**, *Dep* rings.

anillado,-a I *pp de* anillar. II *adj* 1 ringed. 2 *(en forma de anillo)* annular, ring-like. III *nm Orn* ringing.

anillar *vtr* 1 *(dar forma de anillo)* to make into a ring. 2 *(sujetar con anillos)* to ring. 3 *Orn (marcar)* to ring.

anillo *nm* 1 ring; *fig* **me viene como a. al dedo**, it's just what I needed; *fig irón* **no se te van a caer los anillos por eso**, doing that wouldn't be beneath you. ■ **a. de boda**, wedding ring; **a. de prometida**, engagement ring. 2 *Astron* ring. 3 *Arquit* annulet. 4 *(de gusano)* annulus; *(de culebra)* coil.

ánima *nf* 1 *Rel* soul. ■ **á. bendita**, soul in Purgatory. 2 *(de arma)* bore. 3 **ánimas**, *Rel* evening bell *sing*.

animación *nf* 1 movement, activity; **hay gran a. en la plaza**, there is a lot of bustle in the square. 2 *(diversión)* entertainment; **dar a. a una fiesta**, to liven a party up.

animado,-a I *pp de* animar. II *adj* 1 *(movido)* lively, entertaining, jolly; **una película muy animada**, a very entertaining film. 2 *(alegre)* cheerful, in high spirits. ◆**animadamente** *adv* cheerfully.

animador,-a I *adj* cheering, encouraging. II *nm,f (en baile)* entertainer; *Dep* cheerleader.

animadversión *nf* ill feeling, animosity.

animal I *adj* 1 animal; **el reino a.**, the animal kingdom. 2 *fam (persona) (basto)* rough; *(necio)* ignorant; *(grosero)* rude, coarse. II *nm* 1 animal. ■ **a.**

de bellota, pig; **a. de carga,** beast of burden. **2** *fam (persona) (basto)* rough person, brute; *(necio)* dunce; *(grosero)* rude person.

animalada *nf fam* stupid thing to do *o* say; **es una a. que conduzcas sin carné,** it's incredibly stupid of you to drive without a licence!

animalidad *nf* animality.

animar I *vtr* **1** *(alentar)* to encourage. **2** *(alegrar) (persona)* to cheer up; *(local, fiesta, reunión)* to liven up, brighten up. **II animarse** *vr* **1** *(persona)* to cheer up; *(cosas)* to brighten up. **2** *(decidirse)* to make up one's mind; **¿te animas a venir?,** do you feel like coming along, then?; **¡venga, anímate!,** come on, say that you will!

anímico,-a *adj* **estado a.,** frame *o* state of mind.

animismo *nm Rel* animism.

animista I *Rel adj* animistic. **II** *Rel nmf* animist.

ánimo *nm* **1** *(espíritu)* spirit; *(mente)* mind; *(alma)* soul; **no tenía en el á.** idea in his mind. ■ **estado de á.,** frame *o* state of mind. **2** *(intención)* intention; **con á. de,** with the intention of; **no estaba en mí á. ofenderle,** it wasn't my intention to offend him; **sin á. de ofenderte,** no offence intended. **3** *(valor, coraje)* courage; **dar ánimos a,** to encourage; **¡levanta ese á.!,** cheer up!; **no tiene ánimos para nada,** he's really in low spirits.

animosidad *nf* animosity, ill feeling.

animoso,-a *adj* cheerful, encouraged.

aniñado,-a I *pp de* **aniñarse. II** *adj* childlike; *pey* childish.

aniñarse *vr* to grow *o* become childish.

anión *nm Fís* anion.

aniquilación *nf* annihilation, destruction.

aniquilador,-a *adj* annihilating, destructive.

aniquilamiento *nm véase* **aniquilación.**

aniquilar *vtr* to annihilate, destroy; **a. al enemigo,** to wipe out the enemy.

anís *nm* **1** *Bot (planta)* anise; *(grano)* aniseed; *fam* **no ser grano de a.,** to be no trifle. **2** *(bebida)* anisette. **3** *Culin (confite)* aniseed ball.

anisado,-a I *pp de* **anisar. II** *adj* flavoured with aniseed.

anisar *vtr* to flavour with aniseed.

anisete *nm* anisette.

aniversario *nm* anniversary.

Ankara *n* Ankara.

ano *nm Anat* anus.

anoche *adv (late)* last night; *(early)* yesterday evening; **antes de a.,** the night before last.

anochecer [43] **I** *v impers* to get dark; **cuando anochece,** at nightfall, at dusk. **II** *vi* to be somewhere at dusk; **anochecimos en Cuenca,** we were in Cuenca at dusk. **III** *nm* nightfall, dusk.

anochecido,-a I *pp de* **anochecer. II** *adv* night, dark. **III** *nf* nightfall, dusk.

anodino,-a *adj* **1** *Med* anodyne. **2** *fig (ineficaz)* inefficient; *(insubstancial)* insubstantial. **3** *fig (soso)* insipid, dull.

ánodo *nm Fís* anode.

anomalía *nf* anomaly.

anómalo,-a *adj* anomalous.

anona I *nf* **1** *Bot* soursop. **2** *CAm (estupidez)* stupidity. **II** *adj CAm (estúpido)* stupid.

anonadación *nf,* **anonadamiento** *nm* **1** *(destruir)* annihilation, destruction. **2** *(abatimiento)* discouragement. **3** *(humillación)* humiliation. **4** *(estupefacción)* amazement, astonishment.

anonadar *vtr* **1** *(aniquilar)* to annihilate, destro* *fig* to crush. **2** *(abatir)* to dishearten, dismay, di* pirit. **3** *(humillar)* to humiliate. **4** *(maravillar)* * amaze, astonish, astound.

anonimato *nm* anonimity; **permanecer en el a.,** * remain anonymous *o* nameless.

anonimista *nmf Am* anonymous author.

anónimo,-a I *adj* **1** *(desconocido)* anonymous. * *Com (sociedad)* limited, *US* incorporated. **II** *nm (carta)* anonymous letter; *(obra)* anonymous wor* **2** *(anonimato)* anonimity.

anorak *nm (pl* **anoraks)** *(prenda)* anorak.

anorexia *nf Med* anorexia.

anormal I *adj* **1** abnormal. **2** *(inhabitual)* unusua* **una situación a.,** an irregular situation. **3** *Med* su* normal. **II** *nmf Med* subnormal person.

anormalidad *nf* abnormality.

anotación *nf* **1** *(acotación)* annotation. **2** *(apunt* noting. **3** *(nota)* note.

anotar *vtr* **1** *(acotar)* to annotate, add notes to. * *(apuntar)* to take down, make a note of.

anovulación *nf Med* anovulation.

anovulatorio *nm Farm* anovulatory.

anquilosado,-a I *pp de* **anquilosar. II** *adj* anch* losed, ankylosed; *fig* paralysed; **costumbres anqu* **losadas,** stagnated customs.

anquilosamiento *nm* anchylosis, ankylosis; * stagnation, paralysis.

anquilosar I *vtr* to anchylose, ankylose. **II anq* losarse** *vr* to anchylose, ankylose; *fig* to stagna* be paralysed.

anquilosis *nf* anchylosis, ankylosis.

anquilostoma *nf* hookworm.

ánsar *nm Orn* goose. ■ **á. común,** greylag goose*

ansia *nf* **1** *(deseo)* longing, yearning; **a. de pod*** longing for power. **2** *(ansiedad)* anxiety; *(angust* anguish. **3** *Med* sick feeling.

ansiado,-a I *pp de* **ansiar. II** *adj* longed-for.

ansiar [13] *vtr* to long for, yearn for; **ansiaba volv* **a casa,** he was longing to go back home.

ansiedad *nf* anxiety; **con a.,** anxiously; *M* nervous tension.

ansioso,-a *adj* **1** *(deseoso)* eager, longing. **2** *(* *sasosegado)* anxious, worried. **3** *(codicioso)* gree* covetous.

anta¹ *nf Zool* elk, moose.

anta² *nf* **1** menhir. **2** *Arquit* anta.

antagónico,-a *adj* antagonistic.

antagonismo *nm* antagonism.

antagonista I *adj* antagonistic. **II** *nmf* antagoni*

antaño *adv* in the past, formerly.

antañón,-ona *adj fam* very old.

antártico,-a I *adj* Antarctic. **II el A.** *nm* the A* arctic Ocean.

Antártida *n* Antarctica.

ante¹ *nm* **1** *Zool* elk, moose. **2** *(piel)* suede.

ante² *prep* **1** before, in the presence of; *Jur* **a.** **tario,** in the presence of a notary; **a. todo,** first * all. **2** *(en comparación con)* compared with, next * **3** *(delante de)* in the face of; **a. las circunstanci** under the circumstances; **a. tanta amabilid** seeing how very kind he was.

anteanoche *adv* the night before last.

anteayer *adv* the day before yesterday.

antebrazo *nm Anat* forearm.

antecámara *nf* antechamber, anteroom.

antecedente I *adj* antecedent, previous. **II** *nm* antecedent; **¿hay algún a. de esta enfermedad en su familia?**, is there any history of this illness in your family? **III antecedentes** *nmpl* **1** *(historial)* record *sing*; **tener malos a.**, to have a bad record. ▪ *Jur* a. **penales**, criminal record *sing*. **2** *fig (persona)* **estar en a.**, to be in the picture; **poner en a.**, to put in the picture.

anteceder *vtr* to precede, go before.

antecesor,-a *nm,f* **1** *(en un cargo)* predecessor. **2** *(antepasado)* ancestor.

antedata *nf* antedate.

antedatar *vtr* to antedate.

antedicho,-a I *adj* aforementioned, aforesaid. **II** *nm,f* person mentioned before.

antediluviano,-a *adj* antediluvian; *fig* as old as the hills.

antefirma *nf fml* title of the signatory.

antelación *nf* precedence; **con a. a estos hechos**, before these things happened; **con poca a.**, at short notice; **con un mes de a.**, a month beforehand, with a month's notice; *fml* **con la debida a.**, well in advance, in good time.

antemano *adv* **de a.**, beforehand, in advance.

antena *nf* **1** *Rad TV* aerial, antenna. **2** *Zool Ent* antenna, feeler.

anteojeras *nfpl* blinkers, *US* blinders.

anteojo *nm* **1** telescope. **2 anteojos**, *(gafas)* glasses, spectacles; *(binoculares)* binoculars, field glasses.

antepalco *nm Teat* anteroom to a box.

antepasado,-a I *adj* previous, prior. **II** *nm,f* ancestor.

antepatio *nm* forecourt.

antepecho *nm* **1** *(de ventana)* sill. **2** *(pretil)* parapet, guardrail.

antepenúltimo,-a *adj* antepenultimate; **el capítulo a.**, the last chapter but two.

anteponer [78] *(pp antepuesto)* *vtr* to put *o* place in front.

anteproyecto *nm* **1** *(gen)* preliminary plan, draft. **2** *Jur* first draft, discussion document; **a. de ley**, draft bill.

antepuesto,-a I *pp de* **anteponer**. **II** *adj* placed in front.

antepuse *pt indef véase* **anteponer**.

anterior I *adj* **1** previous, before; **el día a.**, the day before. **2** *(delantero)* anterior, fore, front; **parte a.**, front part. **II el a., la a.** *nmf* the previous one. ◆**anteriormente** *adv* previously, before.

anterioridad *nf* **con a.**, before; **con a. a**, prior to, before.

antes I *adv* **1** *(tiempo)* before, earlier; **'a. de entrar dejen salir'**, 'let people off *o* out before boarding'; **cuanto a., lo a. posible**, as soon as possible; **él llegó a.**, he arrived first; **mucho a.**, long before. **2** *(antaño)* in the past; **a. llovía más**, it used to rain more in the past. **3** *(lugar)* in front, before; **a. de mí en la cola**, in front of me in the queue; **a. del semáforo**, before the traffic lights. **4** *(preferencia)* **a. prefiero hacerlo yo**, I'd rather do it myself. **II** *conj* **a. (bien)**, on the contrary. **III** *adj* before; **la noche a.**, the night before.

antesala *nf* antechamber, anteroom; **hacer a.**, to wait; *fig* **en la a. de**, on the verge of.

antevíspera *nf* two days before.

anti- *pref* anti-; **antimilitarismo**, antimilitarism.

antiácido,-a *adj & nm Med* antacid.

antiadherente *adj* nonstick.

antiaéreo,-a *adj Mil* anti-aircraft.

antialcohólico,-a I *adj* teetotal. **II** *nm,f* teetotaller.

antiatómico,-a *adj* **refugio a.**, fall-out shelter.

antibiótico,-a *adj & nm Med* antibiotic.

anticiclón *nm Meteor* anticyclone, high pressure area.

anticipación *nf* bringing forward; **con a.**, in advance; **con suficiente a.**, in good time, enough in advance.

anticipado,-a I *pp de* **anticipar**. **II** *adj* brought forward; *(temprano)* early; **elecciones anticipadas**, early elections; **gracias anticipadas**, thanks in advance; **Com por a.**, in advance. ◆**anticipadamente** *adv* in advance.

anticipar I *vtr (acontecimiento)* to bring forward; *(dinero)* to pay in advance; **no anticipemos acontecimientos**, we'll cross that bridge when we come to it. **II anticiparse** *vr* **1** *(adelantarse)* to beat to it; **iba a decírtelo, pero él se me anticipó**, I was going to tell you, but he beat me to it. **2** *(llegar antes)* to arrive early; **las lluvias se han anticipado este año**, the rain has come earlier than expected this year; *fig* **a. a su tiempo**, to be ahead of one's time.

anticipo *nm* **1** foretaste. **2** *Fin (adelanto)* advance; **pedir un a.**, to ask for an advance (on one's wages). **3** *Fin (préstamo)* prepayment.

anticlerical *adj & nmf* anticlerical.

anticlericalismo *nm* anticlericalism.

anticlinal *nm Geol* anticline.

anticoagulante *adj & nm* anticoagulant.

anticomunista *adj & nmf* anti-communist.

anticoncepción *nf* contraception.

anticonceptivo,-a *adj & nm* contraceptive.

anticongelante *adj & nm (de radiador)* antifreeze; *(de parabrisas)* de-icer.

anticonstitucional *adj* unconstitutional.

anticorrosiva,-a *adj & nm* anticorrosive.

anticristo *nm Rel* Antichrist.

anticuado,-a *adj* antiquated, old-fashioned, out-of-date.

anticuario,-a *nm,f (conocedor)* antiquarian, antiquary; *(comerciante)* antique dealer.

anticuerpo *nm Biol* antibody.

antidemocrático,-a *adj Pol* undemocratic.

antideportivo,-a *adj Dep* unsportsmanlike, unsporting.

antideslizante I *adj (neumático)* anti-skid; *(suelo)* nonslip. **II** *nm* anti-skid device.

antideslumbrante *adj* anti-glare, anti-dazzle.

antidetonante *adj* antiknock.

antídoto *nm Farm* antidote.

antiestético,-a *adj* ugly, unsightly.

antifascismo *nm Pol* anti-fascism.

antifascista *nmf Pol* anti-fascist.

antifaz *nm (prenda)* mask.

antigás *adj* **careta a.**, gas mask.

antígeno,-a *Med* **I** *adj* antigenic. **II** *nm* antigen.

antigualla *nf (cosa)* old-fashioned thing; *(persona)* has-been.

antigüedad *nf* **1** *(período histórico)* antiquity, age; **en la a.**, in olden days, in former times. **2** *(en un empleo, cargo)* seniority. **3** *(objeto)* antique; **tienda de antigüedades**, antique shop.

antiguo,-a I *adj* 1 old, ancient; **de a.**, since ancient times; **un coche a.**, an old car. 2 *(pasado de moda)* old-fashioned; **a la antigua**, in an old-fashioned way; **estar chapado a la antigua**, to be an old fogey. 3 *(en un empleo, cargo)* senior; **los socios más antiguos**, the most senior members. 4 *(anterior)* former; **antiguos alumnos**, former pupils *o* students. II **los antiguos** *nmpl* the ancients.

antihéroe *nm* antihero.

antihigiénico,-a *adj* unhygienic, unhealthy.

antihistamínico,-a *adj & nm Med* antihistamine.

antiinflacionista *adj Econ* anti-inflationary.

antillano,-a *adj & nm,f* West Indian.

Antillas *npl* **las A.**, the West Indies, the Antilles.

antílope *nm Zool* antelope.

antimateria *nf Fís* antimatter.

antimísil *adj* antimissile.

antimonio *nm Quím* antimony.

antinatural *adj* unnatural, contrary to nature.

antiniebla *adj inv* **luces a.**, foglamps, *US* foglights.

antinomia *nf* antinomy.

antinómico,-a *adj* antinomic.

antioxidante *Quím* I *adj (para alimentos)* antioxidant; *(para metales)* antirust. II *nm (para alimentos)* antioxidant; *(para metales)* antirust substance.

antipapa *nm Rel* antipope.

antiparras *nfpl fam* specs, glasses.

antipatía *nf* antipathy, dislike; **coger a. a**, to take a dislike to; **tener a. a**, to dislike.

antipático,-a *adj* unfriendly, unkind, unpleasant, not nice; **Julio me es a.**, I don't like Julio; **ser a.**, to be unfriendly; **una persona antipática**, an unpleasant person.

antipatizar [4] *vi Am* not to get on **(con,** with).

antipatriótico,-a *adj* unpatriotic.

antipirético,-a *adj & nm Med* antipyretic.

antípoda I *adj* antipodean, antipodal. II *nmf (persona)* antipodean. III *nm* 1 *(punto)* antipode. 2 **antípodas**, Antipodes.

antiqueño,-a *adj & nm,f* Antiguan.

antiquísimo,-a I *superl de* antiguo. II *adj* very old, ancient.

antirrábico,-a *adj Farm* anti-rabies, anti-rabic.

antirreglamentario,-a *adj* against the rules.

antirrobo I *adj inv* antitheft; **alarma a.**, burglar alarm. II *nm (para coche)* antitheft device; *(para casa)* burglar alarm.

antisemita I *adj* anti-Semitic. II *nmf* anti-Semite.

antisemítico,-a *adj* anti-Semitic.

antisemitismo *nm* anti-Semitism.

antiséptico,-a *adj & nm Farm* antiseptic.

antisocial *adj* antisocial.

antitanque *adj inv* antitank.

antítesis *nf inv* antithesis.

antitetánico,-a *adj Farm* anti-tetanus.

antitético,-a *adj* antithetic, antithetical.

antitóxico,-a *adj Farm* antitoxic.

antitoxina *nf* antitoxin.

antojadizo,-a *adj* capricious, fanciful, unpredictable.

antojarse *vr* 1 *(encapricharse)* to feel like, fancy; **cuando se me antoje**, when I feel like it; **se le antojó un helado**, he fancied an ice cream. 2 *(suponer)* to suppose; **se me antoja que no lo sabe**, I have the feeling that he doesn't know.

antojo *nm* 1 *(capricho)* whim, fancy, caprice; *(de embarazada)* craving; **a su a.**, in one's own way, as one pleases. 2 *Anat* birthmark.

antología *nf* anthology; *fig* **de a.**, remarkable, outstanding.

antológico,-a *adj* anthological.

antónimo,-a *Ling* I *adj* antonymous. II *nm* antonym.

antonomasia *nf* antonomasia; **por a.**, par excellence.

antorcha *nf* 1 *(tea)* torch. 2 *fig (guía)* guiding light.

antracita *nf Min* anthracite.

ántrax *nm inv Med* anthrax.

antro *nm (tugurio)* dump, hole; *fig* **a. de perdición**, den of vice.

antropocéntrico,-a *adj* anthropocentric.

antropofagia *nf* anthropophagy.

antropófago,-a I *adj* anthropophagic, anthropophagous. II *nm,f* anthrophagite.

antropoide I *adj* anthropoid, anthropoidal. II *nmf* anthropoid.

antropología *nf* anthropology.

antropológico,-a *adj* anthropological.

antropólogo,-a *nm,f* anthropologist.

antropomorfismo *nm* anthropomorphism.

antropomofo,-a I *adj* anthropomorphic. II *nm,f* anthropomorphist.

anual *adj* annual; **ingresos anuales**, yearly income.

anualidad *nf* annual payment, annuity.

anuario *nm* yearbook.

anudadura *nf*, **anudamiento** *nm* 1 *(acción)* knotting, tying, fastening. 2 *(nudo)* knot.

anudar I *vtr* 1 *(atar)* to knot, tie, fasten. 2 *fig (unir)* to join, bring together. II **anudarse** *vr* to get into a knot; *fig* **se le anudó la lengua**, he became tongue-tied.

anuencia *nf* consent, approval.

anuente *adj* consenting, consentient.

anulable *adj* cancellable.

anulación *nf* annulment, cancellation; *(de ley)* repeal; **a. de matrimonio**, annulment of marriage.

anular¹ I *adj* annular, ring-shaped; **dedo a.**, ring finger. II *nm* ring finger.

anular² I *vtr* 1 *(matrimonio)* to annul; *Com (pedido)* to cancel; *Dep (gol)* to disallow; *Jur (ley)* to repeal; *(sentencia)* to quash; **a. un efecto**, to cancel out the effect of sth. 2 *fig (persona)* to deprive of authority. 3 *Inform* to delete. II **anularse** *vr (persona)* to lose one's authority.

anunciación *nf Rel* **la a. de la Virgen**, the Annunciation.

anunciador,-a *adj & nm,f*, **anunciante** *adj & nmf* I *adj* 1 announcing, who announces. 2 *(publicidad)* advertising, who advertises; **empresa anunciadora**, advertising agency. II *nm,f & nmf* 1 announcer. 2 *(publicista)* advertiser.

anunciar [12] I *vtr* 1 *(avisar)* to announce. 2 *(dar publicidad)* to advertise. II **anunciarse** *vr (darse publicidad)* to advertise oneself; **a. en un periódico,** to put an advert in a newspaper.

anuncio *nm* 1 *(aviso)* announcement; **son un a. de primavera**, they are a sign of spring. 2 *(comercial)* advertisment, advert, ad; *(valla publicitaria)* hoarding, *US* billboard. 3 *(cartel)* notice, poster; **pon un**

a. en la escuela, put a notice up in the school; **tablón de anuncios,** noticeboard.

anverso *nm* 1 *(de moneda)* obverse. 2 *(de página)* recto.

anzuelo *nm Pesca* (fish) hook; *fig* **echar el a. a,** to try to hook; *fig* **morder** *o* **picar el a.,** to swallow the bait, take the hook.

añadido,-a I *pp de* añadir. II *adj* added. III *nm* 1 *(postizo)* switch, hairpiece. 2 *(cosa añadida)* addition, piece added on.

añadidura *nf* addition, piece added on; **por a.,** besides, on top of everything else.

añadir *vtr* to add (**a,** to).

añagaza *nf* 1 *Caza* decoy, stool pigeon, lure. 2 *fig (artificio)* lure, trick.

añal I *adj* 1 *(anual)* annual. 2 *(animal)* year-old. II *nmf (animal)* yearling.

añejar I *vr (envejecer)* to age; *(vino, queso)* to mature; *(jamón)* to cure. II **añejarse** *vr* 1 *(mejorar)* to improve with age, mature. 2 *(estropearse)* to deteriorate.

añejo,-a *adj* 1 *(vino, queso)* mature; *(jamón)* cured. 2 *(viejo)* old. 3 *(estropeado)* stale.

añicos *nmpl* bits; **hacer a.,** to smash to pieces.

añil I *adj* indigo, blue. II *nm* 1 *Bot* indigo plant. 2 *(color)* indigo. 3 *(para lavar)* blue.

año *nm* 1 year; **el a. pasado,** last year; **hace años,** a long time ago, years ago; **los años cincuenta,** the fifties; **todo el a.,** all the year (round); **una vez al a.,** once a year; *fig* **estar a años luz de,** to be miles away from. ■ **a. bisiesto,** leap year; *Educ* **a. escolar,** school year; **a. luz,** light year. 2 **años,** age *sing*; **¿cuántos a. tienes?,** how old are you?; **cumplió 18 a.,** she was 18, she celebrated her 18th birthday; **en sus a. mozos,** in his youth; **entrado en a.,** getting on; **tiene nueve a.,** he's nine years old.

añojo *nm (becerro)* yearling calf; *(cordero)* yearling lamb.

añoranza *nf* longing, yearning, nostalgia; **sentir a. de su país,** to be homesick.

añorar I *vtr* 1 *(pasado)* to long for, yearn for, miss. 2 *(país)* to feel homesick for, miss. 3 *(persona fallecida)* to mourn. II *vi* to pine.

añoso,-a *adj* very old.

aojar *vtr* to cast the evil eye on.

aorta *nf Anat* aorta.

aovar *vi* to lay eggs.

apabullamiento *nm* bewilderment, perplexity, confusion.

apabullar *vtr* 1 *fam (aplastar)* to crush, flatten. 2 *(dejar confuso)* to bewilder, perplex, confuse.

apacentadero *nm* pasture.

apacentamiento *nm* pasturing, grazing.

apacentar [27] I *vtr* 1 *(ganado)* to put out to pasture, graze. 2 *fig (cuidar)* to take care of; *(alimentar)* to feed. II **apacentarse** *vr (ganado)* to pasture, graze.

apache *adj & nmf* Apache.

apacheta *nf SAm* cairn, shrine.

apachico *nm Am* bundle, package.

apachurrar *vtr* I *(despachurrar)* to squash, flatten. II **apachurrarse** *vr Am (achaparrar)* to get stocky.

apacibilidad *nf* gentleness, mildness, calmness.

apacible *adj* gentle, mild, calm.

apaciguador,-a I *adj* pacifying. II *nm,f* pacifier.

apaciguamiento *nm* pacifying, appeasement.

apaciguar [22] I *vtr (calmar)* to pacify, appease. II **apaciguarse** *vr (calmarse)* to calm down; *(tormenta)* to abate.

apadrinamiento *nm* 1 *(de bautizo)* function of godfather. 2 *(de boda)* function of best man. 3 *(de duelo)* function of second. 4 *(mecenazgo)* sponsoring, patronage.

apadrinar *vtr* 1 *(bautizo)* to act as godfather to. 2 *(boda)* to be best man for. 3 *(duelo)* to act as second to. 4 *(artista)* to sponsor.

apagadizo,-a *adj* slow to burn.

apagado,-a I *pp de* apagar. II *adj* 1 *(luz etc)* out; **este cigarrillo está a.,** this cigarette is out. 2 *(color)* dull. 3 *(voz)* sad; *(mirada)* expressionless, lifeless; *(carácter, persona)* spiritless.

apagar [7] I *vtr* 1 *(fuego)* to extinguish, put out. 2 *(luz)* to turn out *o* off, put out; **apaga esa luz,** turn off that light. 3 *(desconectar)* to turn off, switch off; **apaga la tele,** switch the telly off. 4 *(color)* to soften. 5 *fig (dolor)* to soothe; **a. la sed,** to quench one's thirst. 5 *fam* **apaga y vámonos,** let's call it a day. II **apagarse** *vr* 1 *(luz)* to go out; *(televisión)* to go off. 2 *(morir)* to pass away.

apagavelas *nm inv* candle snuffer.

apagón *nm* power cut, blackout.

apainelado,-a *adj Arquit* basket-handle.

apaisado,-a *adj* 1 oblong. 2 *Inform* landscape.

apalabrar *vtr* 1 *(concertar)* to make a verbal agreement on; **apalabraron el precio por teléfono,** they agreed the price over the phone. 2 *(contratar)* to engage verbally.

Apalaches *npl* **los (Montes) A.,** the Appalachians.

apalancado,-a I *pp de* apalancar. II *adj* 1 *(escondido)* hidden. 2 *arg (perezoso)* ensconced.

apalancar [1] I *vtr* 1 to lever up; **a. una puerta,** to lever a door open. 2 *(esconder)* to hide. II **apalancarse** *vr arg* to ensconce oneself, settle down; **se apalancaron delante de la tele,** they settled down in front of the telly.

apalancamiento *nm* 1 leverage. 2 *arg (pereza)* laziness.

apalanque *nm arg* laziness.

apaleado,-a I *pp de* apalear. II *adj* beaten.

apaleamiento *nm* beating, hitting, thrashing.

apalear[1] *vtr* 1 *(pegar)* to beat, hit, thrash. 2 *Agr (varear)* to thresh.

apalear[2] *vtr Agr (grano)* to winnow.

apaleo *nm Agr* 1 *(acción)* winnowing. 2 *(tiempo)* winnowing time.

apangado,-a *CAm* I *pp de* apangarse II *adj (zopenco)* silly, stupid.

apangarse [7] *vr CAm* to crouch, squat.

apaniguarse [22] *vr Am* to gang up.

apañado,-a I *pp de* apañar II *adj* 1 *(ordenado)* tidy; *(limpio)* clean; *(arreglado)* well-dressed, smart. 2 *(hábil)* clever, skilful, *US* skillful; *(mañoso)* handy. 3 *(adecuado)* smart and practical; **es un vestido muy a.,** it's a very smart dress and you can wear it anywhere. 4 *fam* **estar a.,** to be in for a surprise; *fam* **pues sí que estamos apañados,** now we're really done for, now we've had it.

apañar I *vtr* 1 *(ordenar)* to tidy; *(limpiar)* to clean; *(ataviar)* to smarten up. 2 *(comprender, remendar)* to mend, fix. 3 *(recoger)* to collect; *fig (robar)* to clean out. 4 *Am (proteger)* to shelter, conceal, protect. II **apañarse** *vr fam* **apañárselas,** to manage; **ya me las apañaré solo,** I'll manage on my own.

apaño *nm* **1** *(arreglo)* tidying; *(limpieza)* cleaning; *(atavio)* smartening up. **2** *(componenda, remiendo)* mend, repair; **no tiene a.**, nothing can be done about it. **3** *(habilidad)* skill. **4** *fam (lío amoroso)* (love) affair; *(persona)* lover; **tener un a.**, to have a bit on the side.

aparador *nm* **1** *(mueble)* sideboard, cupboard. **2** *(escaparate)* shop window.

aparato *nm* **1** (piece of) apparatus, set; *(dispositivo)* device; *(instrumento)* instrument; **a. para destilar el agua**, water-distilling device. ■ **a. de radio**, radio set; **a. de televisión**, television set; *Anat* **a. digestivo**, digestive system; **a. ortopédico**, orthopaedic aid; **aparatos eléctricos**, domestic appliances; *Pol* **el a. del estado**, the State apparatus. **2** *Tel* telephone; **¿quién está al a.?**, who's speaking? **3** *Av* plane. **4** *(ostentación)* display; pomposity, splendour; **con mucho a.**, very pompously; **una tormenta con gran a. eléctrico**, a storm with tremendous flashes of lightning.

aparatosidad *nf* **1** *(pomposidad)* pomposity, ostentation, showiness, show. **2** *(espectacularidad)* spectacularity.

aparatoso,-a *adj* **1** *(pomposo)* pompous, ostentatious, showy. **2** *(espectacular)* spectacular; **un accidente a.**, a spectacular accident.

aparcamiento *nm* **1** *(acción)* parking; **maniobra de a.**, parking manoeuvre. **2** *(en la calle)* place to park, parking place. **3** *(parking)* car park, *US* parking lot.

aparcar [1] *vtr* **1** to park; '**prohibido a.**', 'no parking'. **2** *fig (tema, cuestión)* to put on one side.

aparcería *nf Agr* sharecropping.

aparcero,-a *nm,f Agr* sharecropper.

apareamiento *nm* **1** *(de cosas)* pairing off, matching up. **2** *(de animales)* mating.

aparear I *vtr* **1** *(cosas)* to pair off, match up. **2** *(animales)* to mate. II **aparearse** *vr (animales)* to mate.

aparecer [43] I *vi* **1** *(gen)* to appear; **no aparece en mi lista**, he is not on my list. **2** *(en el mercado)* to come out (**en**, onto). **3** to turn up, show up; **¿apareció por fin el dinero?**, did the money turn up in the end?; **rara vez aparece por aquí**, he seldom shows his face round here. II **aparecerse** *vr* to appear; **se le apareció un ángel**, an angel appeared to him.

aparecido,-a I *pp de* **aparecer**. II *nm,f* ghost.

aparejado,-a I *pp de* **aparejar**. II *adj* **1** *(adecuado)* suitable, fit. **2 ir a. con**, to go along with; **llevar** *o* **traer a.**, to entail.

aparejador,-a *nm,f* **1** *Arquit* quantity surveyor; clerk of works. **2** *Náut* rigger.

aparejar I *vtr* **1** *(caballo)* to harness. **2** *(aparear)* to pair off, match up. **3** *Náut* to rig out. **4** *(preparar)* to get ready, prepare. II **aparejarse** *vr CAm (emparejarse)* to pair, mate.

aparejo *nm* **1** *(equipo)* equipment, gear. ■ **a. de pesca**, fishing tackle. **2** *(arreos)* harness. **3** *Náut* rigging. **4** *Arquit* bond. **5** *Téc (poleas)* block and tackle.

aparentar I *vtr* **1** *(simular)* to pretend, affect; **a. indiferencia**, to pretend to be indifferent, affect indifference. **2** *(tener aspecto)* to look; **no aparenta esa edad**, she doesn't look that age. II *vi* to show off.

aparente *adj* **1** apparent; **sin motivo a.**, for no apparent reason. **2** *(conveniente)* suitable. **3** *(vistoso)* showy.

aparición *nf* **1** appearance, appearing. **2** *(visión)* apparition.

apariencia *nf* appearance; **en a.**, apparently; **según todas las apariencias**, to all appearances; **tiene a. de bueno**, he looks like a good person; *fig* **guardar las apariencias**, to keep up appearances.

aparragarse [7] *vr Am (achaparrarse)* to get stocky.

apartado,-a I *pp de* **apartar**. II *adj (distante)* remote, isolated; **a. de la vida política**, retired from political life; **mantente a. de él**, keep away from him; **un lugar a.**, a remote place. III *nm* **1** *(párrafo)* section, paragraph. **2 a. de correos**, Post Office Box.

apartamento *nm* (small) flat, apartment.

apartamiento *nm* **1** *(separación)* separation, putting aside. **2** *(habitación)* room, lodging.

apartar I *vtr* **1** *(alejar)* to move away, remove; **aparta**, move out of the way; **aparta eso de mi vista**, take that away immediately; **a. (a algn) de un empujón**, to push (sb) aside; **a. (algo) de una patada**, to kick (sth) aside; **a. la mirada**, to look away. **2** *(separar)* to separate, put aside; **apártame la comida**, keep my lunch for me; **apartó sus libros**, she put her books aside. II **apartarse** *vr* **1** *(alejarse)* to move over, move away; **apártate de en medio**, move out of the way; **apártate el pelo de la cara**, move your hair out of your face. **2** *(separarse)* to separate, withdraw; **no nos apartemos del tema**, let's not get off the subject; **se apartó de todos**, she cut herself off from everybody.

aparte I *adv* **1** aside, apart, separately; **envíalo a.**, send it under separate cover; **eso hay que pagarlo a.**, you have to pay for that separately. **2** *(además)* besides; **a. de eso**, besides that; *(con omisión de)* apart from; **eso a.**, apart from that. **3** *(por separado)* separately; **vino a.**, it didn't come with the rest. II *adj (especial)* special; *(diferente)* different, separate; **ella es algo a.**, she is something special; **eso es capítulo a.**, that's completely different, that's another kettle of fish altogether. III *nm* **1** *Teat* aside; *fig* **ella se lo comentó en un a.**, she called him aside and told him. **2** *Ling* new paragraph; **punto y a.**, full stop, new paragraph.

apasionado,-a I *pp de* **apasionar**. II *adj* passionate, fervent, enthusiastic; **a. por la música**, very fond of music.

apasionamiento *nm* passion, enthusiasm; **hablar con a.**, to speak passionately *o* with passion.

apasionante *adj* exciting, fascinating.

apasionar I *vtr* to excite, thrill, fascinate; **le apasiona el jazz**, he is mad about jazz. II **apasionarse** *vr* **1** to get excited, become enthusiastic (**por, de**, about); **se apasionó por ese trabajo**, she got really involved in that job. **2** *(enamorarse)* to fall head over heels in love (**por, de**, with).

apaste *nm CAm Méx* earthenware bowl.

apatía *nf* apathy.

apático,-a I *adj* apathetic. II *nm,f* apathetic person.

apátrida I *adj* stateless. II *nmf* stateless person.

apdo. *abr de* **apartado**, Post Office Box, P.O.B.

apeadero *nm Ferroc* halt.

apear I *vtr* **1** *(desmontar)* to take down; *(del caballo)* to help down (**de**, from); *fig* **a. el tratamiento**, to drop sb's formal title. **2** *(árbol)* to fell. **3** *(caballo)* to hobble. **4** *(finca)* to survey. **5** *(vehículo)* to wedge, scotch. **6** *Constr (apuntalar)* to prop up. **7** *fam (disuadir)* to convince, dissuade. **8** *CAm (reprender)* to tell off. II **apearse** *vi (de un autobús, tren)* to alight, get off; *(de un coche)* to get out; **se apeó en Jerez**, he got off in Jerez; *fig* **a. de sus ideas**, to give up one's ideas; *fam* **a. del burro,** to back down.

apechugar [7] *vi* 1 *fam (aguantar)* to put up with; **a. con todo el trabajo,** to shoulder all the work. 2 *Am (robar)* to steal.

apedrear I *vtr* 1 *(tirar piedras a)* to throw stones at. 2 *(matar a pedradas)* to stone (to death). II *v impers Meteor (granizar)* to hail. III apedrearse *vr Agr* to be damaged by hail.

apegado,-a I *pp de* apegarse. II *adj* devoted, attached **(a, to).**

apegarse [7] *vr* to become devoted *o* attached **(a, to).**

apego *nm* love, affection; **tomar a. a,** to become attached to.

apelable *adj Jur* appealable.

apelación *nf* 1 *Jur* appeal; **interponer a.,** to appeal; **recurso de a.,** appeal. 2 *fig* help; **no tener a.,** to be helpless.

apelar *vi* 1 *Jur* to appeal; **a. de una sentencia,** to appeal against a sentence. 2 *fig (recurrir)* to resort to; **a. a la buena voluntad de algn,** to appeal to sb's goodwill.

apelativo,-a I *adj & nm* appellative. II *nm Am (apellido)* surname, family name.

apellidar I *vtr* to call. II apellidarse *vr* to have as a surname, be called.

apellido *nm* surname, family name; **a. de soltera,** maiden name; *fig* **con nombre y apellidos,** with all the details.

apelmazado,-a *adj* heavy, stodgy.

apelmazar [4] I *vtr (amazacotar)* to compress, squeeze together. II apelmazarse *vr (amazacotarse)* to cake, go lumpy.

apelotonar I *vtr* 1 *(amontonar)* to pile up, put into a pile. 2 *(hacer una pelota)* to roll into a ball. II apelotonarse *vr (gente)* to crowd together.

apenar I *vtr (entristecer)* to grieve, make sad. II apenarse *vr* 1 *(entristecerse)* to be grieved. 2 *Am (avergonzarse)* to be ashamed; *(ruborizarse)* to blush.

apenas *adv* 1 *(casi no)* hardly, scarcely; **a. come,** he hardly eats anything; **a. si hay nieve,** there is hardly any snow. 2 *(tan pronto como)* as soon as; **a. llegó, sonó el teléfono,** just as he arrived the phone rang, no sooner had he arrived than the phone rang.

apencar [1] *vi fam véase* apechugar.

apendectomía *nf Med* apendectomy.

apéndice *nm* 1 *Anat* appendix. 2 *fig (persona)* lapdog.

apendicitis *nf Med* appendicitis.

apeninos *nmpl* **los (Montes) A.,** the Apennines.

apensionarse *vr Am* to get sad *o* depressed.

apeo *nm* 1 *(de un árbol)* felling. 2 *(de una finca)* surveying.

aperar *vtr Am* 1 *(caballo)* to harness; to saddle. 2 *(abastecer)* to supply.

apercibimiento *nm* 1 *(preparación)* preparation. 2 *Jur (advertencia)* warning.

apercibir I *vtr* 1 *(preparar)* to get ready, prepare. 2 *(avisar)* to warn. II apercibirse *vr* 1 *(prepararse)* to get ready. 2 *(percatarse)* to notice.

apercollar [31] *vtr Arg* to snatch, trap.

apergaminado,-a I *pp de* apergaminarse. II *adj* 1 parchment-like; **papel a.,** parchment paper. 2 *fig (piel)* wrinkled; *(cara)* wizened.

apergaminarse *vr fig* to wrinkle, become wizened.

aperitivo,-a I *adj* appetizing. II *nm (bebida)* apéritif; *(comida)* appetizer.

apero *nm (gen pl)* equipment, tools *pl.* ■ **aperos de labranza,** farming implements.

aperreado,-a I *pp de* aperrear. II *adj fam* lousy, wretched; **una vida aperreada,** a dog's life.

aperrear I *vtr (cansar)* to wear out, exhaust. II aperrearse *vr fig (emperrarse)* to insist.

apertura *nf* 1 *(comienzo)* opening, beginning; **a. del curso,** beginning of the academic year; **sesión de a.,** opening session. 2 *Pol (liberalización)* liberalization.

apesadumbrado,-a I *pp de* apesadumbrar. II *adj* sad, distressed.

apesadumbrar *vtr* to sadden, distress, pain.

apestado,-a I *pp de* apestar. II *adj* 1 *Med* plagueridden. 2 *(olor)* foul, pestilential. 3 *fig* infested **(de,** with).

apestar I *vi* 1 to stink: **esta habitación apesta,** this room stinks. 2 *fam (estar lleno)* to be teeming with. II *vtr* to infect with the plague.

apestoso,-a *adj* stinking; **olor a.,** foul smell.

apetecer [43] *vi* to feel like, fancy; **¿qué te apetece para cenar?,** what would you like for supper?; **¿te apetece ir al cine?,** do you fancy going to the cinema?

apetecible *adj* tempting, inviting.

apetencia *nf* 1 *(apetito)* hunger, appetite. 2 *fig (deseo)* longing, craving, desire.

apetito *nm* appetite; **abrir el a.,** to whet one's appetite; **a. carnal,** sexual appetite, desire.

apetitoso,-a *adj* appetizing, tempting; *(comida)* delicious, tasty.

api *nm Am* boiled maize *o* wheat *o* rice.

apiadar I *vtr* to move to pity. II apiadarse *vr (compadecerse)* to take pity **(de,** on).

ápice *nm* 1 *(punta)* apex. 2 *fig (parte pequeña)* tiny piece; **ni un á.,** not a bit; **no me gusta ni un á.,** I don't like it at all.

apicultor,-a *nm,f* beekeeper, apiculturist, apiarist.

apicultura *nf* beekeeping, apiculture.

apilamiento *nm* piling up, heaping up.

apilar *vtr,* **apilarse** *vr* to pile up, heap up.

apilonar *vtr Am* to pile up, heap up.

apiñado,-a I *pp de* apiñar. II *adj* 1 *(apretado)* crammed, packed. 2 cone-shaped.

apiñamiento *nm* cramming, packing.

apiñar I *vtr (apretar)* to cram, pack. II apiñarse *vr (arremolinarse)* to crowd together.

apio *nm Bot* celery.

apiolar *vtr* to catch.

apiri *nm SAm* 1 *(peón)* mineworker. 2 *(mozo)* porter.

apisonadora *nf* roadroller, steamroller.

apisonar *vtr (carrretera)* to roll.

aplacamiento *nm* placation, calming.

aplacar [1] I *vtr* to placate, calm; **a. el hambre,** to satisfy one's hunger. II aplacarse *vr* to calm down.

aplanacalles *nmf inv Am* loafer, idler.

aplanador,-a I *adj* levelling, *US* leveling, smoothing. II *nf Am* steamroller.

aplanamiento *nm* levelling, *US* leveling, smoothing.

aplanar I *vtr* 1 *(igualar)* to level, smooth, flatten. 2 *fig (deprimir)* to dishearten, depress. II aplanarse *vr* 1 *(edificio)* to fall down. 2 *fig (persona)* to become disheartened *o* depressed.

aplastamiento *nm* 1 flattening, squashing. 2 *fig* crushing.

aplastante *adj* crushing, overwhelming; *fig (en elecciones)* triunfo a., landslide victory.

aplastar I *vtr* 1 to flatten, squash; el árbol aplastó el coche, the tree crushed the car. 2 *fig (vencer)* to crush, destroy. II aplastarse *vr* to be crushed; se aplastó contra la pared, it got smashed against the wall.

aplatanado,-a I *pp de* aplatanarse. II *adj fam* apathetic, lazy.

aplatanarse *vr fam* to become apathetic.

aplaudir *vtr* 1 to clap, applaud. 2 *fig (aprobar)* to applaud, approve.

aplauso *nm* 1 applause. 2 *fig (aprobación)* applause, praise.

aplazamiento *nm* postponement, adjournment; *Fin (de un pago)* deferment.

aplazar [4] I *vtr* 1 to postpone, adjourn; *Fin (pago)* to defer. 2 *Am (examen)* to fail.

aplicable *adj* applicable.

aplicación *nf* 1 application. 2 *(adorno)* appliqué.

aplicado,-a I *pp de* aplicar. II *adj* 1 *(diligente)* studious, diligent, hard-working; un alumno a., a hard-working pupil. 2 *(práctico)* applied; ciencias aplicadas, applied sciences.

aplicar [1] I *vtr* 1 to apply. 2 *(destinar)* to assign. II aplicarse *vr* 1 *(esforzarse)* to apply oneself, work hard. 2 *(usar)* to apply, be applicable; puede a. en todos los casos, it can be applied in all cases.

aplique *nm* 1 *(adorno)* appliqué. 2 *(lámpara)* wall light, wall lamp.

aplomar *vtr* to plumb.

aplomo *nm* aplomb, composure, self-assurance.

apocado,-a I *pp de* apocar. II *adj* 1 *(intimidado)* intimidated, frightened. 2 *(tímido)* shy, timid.

apocalipsis *nm inv* apocalypse.

apocalíptico,-a *adj* apocalyptic.

apocamiento *nm* timidity, lack of self-confidence.

apocar [1] *vtr* 1 *(intimidar)* to intimidate, frighten. 2 *(humillar)* to humiliate, belittle.

apocopar *vtr Ling* to apocopate.

apócope *nm Ling* apocope, apocopation.

apócrifo,-a *adj* apocryphal.

apodar *vtr* to nickname.

apoderado,-a I *pp de* apoderar. II *adj* authorized; *Jur* with power of attorney to. III *nm,f* 1 agent, representative. 2 *(de torero, deportista)* manager.

apoderar I *vtr* to authorize, empower; *Jur* to grant power of attorney. II apoderarse *vr* to take possession *(de,* of), seize; *fig* el miedo se apoderó de ella, she was seized by fear.

apodo *nm* nickname.

apófisis *nf Anat* apophysis.

apogeo *nm* 1 *Astron* apogee. 2 *fig (punto culminante)* height, climax; en pleno a. de, at the height of.

apolillado,-a I *pp de* apolillar. II *adj* moth-eaten.

apolilladura *nf* moth hole.

apolillar I *vtr* to eat, make holes in. II apolillarse *vr* to get moth-eaten.

apolíneo,-a *adj* Apollonian.

apolismar I *vtr Am (estropear)* to make a mess of, spoil, ruin. II apolismarse *vr CAm (quedarse raquítico)* to waste (away), wither, become debilitated.

apoliticismo *nm* apoliticism.

apolítico,-a *adj* apolitical.

apologético,-a I *adj* apologetic. II *nf* apologetics *sing.*

apología *nf* apology, defence, *US* defense.

apologista *nmf* apologist.

apólogo *nm* apologue.

apoltronado,-a I *pp de* apoltronarse. II *adj* lazy idle.

apoltronamiento *nm* laziness, idleness.

apoltronarse *vr* 1 *(vegetar)* to get lazy, get idle. 2 *(sentarse)* to sit back, lounge.

apoplejía *nf Med* apoplexy.

apopléctico,-a *adj & nm,f* apoplectic.

apoquinar *vtr fam* to cough up, fork out.

aporcar [1] *vtr Agr* to earth up.

aporreado,-a I *pp de* aporrear. II *adj* beaten; *fi* una vida aporreada, a dog's life.

aporrear *vtr* to beat, hit, thrash; a. la puerta, t bang the door; *fam* a. el piano, to bang (away) o the piano.

aporreo *nm* beating, thrashing; *(de puerta)* bang ing; *fam (de piano)* thumping.

aportación *nf* contribution.

aportar I *vtr* 1 to contribute; *fig* a. su granito de arena, to chip in one's small contribution. 2 *(pro porcionar)* to give, provide; a. ideas, to offer som ideas. II *vi Náut* to reach port.

aporte *nm* 1 supply. 2 *fig (contribución)* contribu tion.

aportillar *vtr* to breach, make a breach in.

aposentamiento *nm* 1 *(acción)* housing, lodging 2 *(habitación)* room. 3 *(hospedaje)* lodgings.

aposentar I *vtr (alojar)* to house, lodge. II apo sentarse *vr (alojarse)* to stay, lodge.

aposento *nm* 1 *(cuarto)* room. 2 *(hospedaje)* lodg ings *pl;* tomar a. en, to put up at.

aposición *nf Ling* apposition.

apósito *nm Med* dressing.

aposta *adv* on purpose, intentionally.

apostadero *nm Mil* post, station; *Náut* naval sta tion.

apostador,-a *adj & nm,f,* apostante *adj & nm* I *adj* betting. II *nm,f & nmf* better, bettor.

apostar[1] [31] I *vtr* to bet, stake; a. a los caballos, t bet on horses; te apuesto una cena a que no vien I bet you a dinner that he won't come. II *vi* to be aposté por tu caballo, I bet on your horse; apues a que sí viene, I bet she will come. III apostars *vr* to bet; me apuesto lo que quieras, I bet you any thing.

apostar[2] I *vtr (situar)* to post, station. II apostars *(situarse)* to post oneself, station oneself.

apostasía *nf Rel* apostasy.

apóstata *nmf* apostate.

apostatar *vi* to apostatize.

apostilla *nf* note; *Jur* apostille.

apostillar *vtr* to add notes to, annotate.

apóstol *nm* 1 *Rel* apostle. 2 *fig (defensor)* apostl champion.

apostolado *nm* apostolate.

apostólico,-a *adj* 1 *(de los apóstoles)* apostolic. 2 *(del papa)* apostolic, papal; **bendición apostólica,** papal blessing.

apostrofar *vtr* 1 to apostrophize. 2 *fig (reprender)* to reprimand, tell off.

apóstrofe *nm & f* 1 apostrophe. 2 *fig (reprimenda)* insult, offense.

apóstrofo *nm Ling* apostrophe.

apostura *nf* 1 *(garbo)* good bearing. 2 *(apariencia)* appearance, look.

apoteósico,-a *adj* enormous, tremendous; **un recibimiento a.,** a mass welcome.

apoteosis *nf inv* apotheosis; *(de un espectáculo)* **a. final,** grand finale.

apoyar I *vtr* 1 to lean; **apoya la cabeza en la pared,** rest your head against the wall. 2 *(basar)* to base, found. 3 *(defender) (una causa)* to support; *(persona)* to back, second. II **apoyarse** *vr* 1 to lean; **apóyate en mi brazo,** hold my arm. 2 *fig (basarse)* to be based, rest; **su teoría se apoya en la investigación,** his theory is based on research.

apoyo *nm* 1 support. ■ **punto de a.,** *Fís* fulcrum; *fig (fundamento)* base. 2 *fig* support, backing, help.

apreciable *adj* 1 appreciable, noticeable. 2 *(estimable)* valuable, precious.

apreciación *nf* appreciation.

apreciar [12] I *vtr* 1 *(sentir aprecio)* to regard highly, hold in high esteem; **le aprecia mucho,** she is very fond of him. 2 *(reconocer el valor)* to appreciate; **a. el buen vino,** to appreciate good wine. 3 *(formar juicio)* to appraise, value. 4 *(percibir)* to notice, see; **no puedo a. la diferencia,** I can't really tell the difference. II **apreciarse** *vr* to be noticeable; **se aprecia un cambio notable,** a remarkable change can be seen.

apreciativo,-a *adj* appreciative.

aprecio *nm* regard, esteem; **sentir a. por algn,** to be fond of sb.

aprehender *vtr* 1 *(coger)* to apprehend, seize. 2 *(entender)* to understand.

aprehensión *nf* 1 apprehension, capture, seizure. 2 *(entendimiento)* comprehension, understanding.

apremiador,-a *adj,* **apremiante** *adj* urgent, pressing.

apremiar [12] I *vtr* 1 *(compeler)* to compel, urge, press. 2 *(dar prisa)* to hurry (along). 3 *(oprimir)* to oppress. II *vi* to be urgent; **el tiempo apremia,** we are running short of time.

apremio *nm* 1 urgency; **por a. de trabajo,** because of pressure of work. 2 *Jur* writ.

aprender *vtr* to learn; **así aprenderás,** that'll teach you.

aprendiz,-a *nm,f* apprentice, trainee.

aprendizaje *nm* 1 apprenticeship, traineeship. 2 *Psic* learning; **técnicas de a.,** learning techniques.

aprensión *nf* apprehension; **sentir a.,** to feel apprehensive.

aprensivo,-a *adj & nm,f* apprehensive.

apresamiento *nm* seizure, capture.

apresar *vtr* to seize, capture.

aprestar I *vtr* 1 *(preparar)* to prepare, get ready. 2 *Tex* to size. II **aprestarse** *vr (prepararse)* to get ready.

apresto *nm* 1 *(preparación)* preparation. 2 *(acción)* sizing; *(material)* size.

apresuración *nf* haste, hurry.

apresurado,-a *adj* I *pp de* apresurarse. II *adj* 1 *(persona)* in a hurry. 2 *(cosa)* hurried.

apresuramiento *nm véase* apresuración.

apresurar I *vtr* to accelerate, hurry up, speed up. II **apresurarse** *vr* to hurry up; **se apresuró a salir,** he hurried towards the door.

apretado,-a I *pp de* apretar. II *adj* 1 tight; **íbamos todos apretados en el coche,** we were all squashed together in the car. 2 *fig (difícil)* tight, difficult; **una situación apretada,** a tight spot. 3 *(ocupado)* busy; **una jornada apretada,** a busy day.

apretar [27] I *vtr* 1 *(nudo, tornillo)* to tighten; *(botón)* to press; **a. el gatillo,** to pull the trigger; **a. el paso,** to quicken one's pace; **me aprietan las botas,** these boots are too tight for me. 2 *(estrechar)* to squeeze, hug; **a. la mano a algn,** to shake sb's hand; **la apretó contra sí,** he hugged her. 3 *fig (acosar)* to pester; *(presionar)* to put pressure on. 4 *(aumentar)* to get worse, get stronger; **apretaba el calor,** it got hotter and hotter. 5 *(esforzarse)* to work hard; **tienes que a. más si quieres aprobar,** you'll have to pull your socks up if you want to pass. II **apretarse** *vr* 1 to narrow; *fig* **a. el cinturón,** to tighten one's belt. 2 *(agolparse)* to crowd together.

apretón *nm* 1 squeeze. ■ **a. de manos,** handshake. 2 apretones, crush *sing*; **los a. del metro,** the crush of the tube.

apretujar I *vtr* to squeeze, crush. II **apretujarse** *vr* to squeeze together, cram together.

apretujón *nm fam* squeeze, crowding, crush.

apretura *nf* 1 *(gen pl) (apretón)* crush. 2 *fig (aprieto)* tight spot, fix. 3 *(escasez)* scarcity; **pasar apreturas,** to suffer hardship.

aprevenir [90] *vtr Am véase* prevenir.

aprieto *nm* tight spot, fix, jam; **poner a algn en un a.,** to put sb in an awkward situation; **salir del a.,** to get out of trouble.

apriorismo *nm Filos* apriorism.

apriorístico,-a *adj Filos* aprioristic.

aprisa *adv* quickly.

aprisco *nm (sheep)* fold.

aprisionar *vtr* 1 *(encarcelar)* to put in prison, imprison. 2 *fig (atrapar)* to trap.

aprobación *nf* approval; **le dio su a.,** he gave his consent, he approved it.

aprobado,-a I *pp de* aprobar. II *adj* approved. III *nm Educ* pass, passing grade; **sacar un a.,** to get a pass.

aprobar [31] *vtr* 1 to approve. 2 *(estar de acuerdo)* to approve of; **no apruebo su conducta,** I do not approve of his behaviour. 3 *Educ (examen)* to pass; *(estudiante)* to pass, give a pass to; **todos aprobaron el examen de francés,** they all passed the French exam. 4 *Pol (ley)* to pass. 5 *Am (ir bien)* to suit; **le aprobaron las vacaciones,** the holidays did him good.

aprobatorio,-a *adj* approving, approbatory.

apropiación *nf* 1 *(adecuación)* adaptation. 2 *(robo)* appropriation. ■ *Jur* **a. indebida,** theft.

apropiado,-a I *pp de* apropiar. II *adj* suitable, appropriate.

apropiar [12] I *vtr* to adapt, make suitable. II **apropiarse** *vr* to appropriate, steal.

aprovechable *adj* that can be used, usable, serviceable.

aprovechado,-a I *pp de* aprovechar. II *adj* 1 well used *o* spent; **mal a.,** wasted. 2 *(espacio)* well-planned. 3 *(alumno)* diligent, studious. 4 *fam pey* *(egoísta)* selfish; *(sinvergüenza)* who sponges *o* scrounges; **es un tipo muy a.,** he's a sponger *o* scrounger.

aprovechamiento *nm* **1** *(uso)* use, exploitation; **a. de aguas residuales,** use of sewage. **2** *Educ* progress, improvement.

aprovechar I *vtr* **1** to make good use of, make the most of; **Ana aprovechó el tiempo,** Ana made good use of her time. **2** *(sacar provecho)* to take advantage of, benefit from; **a. la ocasión,** to seize the opportunity; *pey* **aprovechó que era un pobre diablo para engañarlo,** seeing that he was a poor devil he cheated him; *fam* **¡que aproveche!,** enjoy your meal!, bon appétit! **II** *vi* to be useful; **aprovechamos mucho la tarde,** we've done lots of things this afternoon. **III** **aprovecharse** *vr* to use to one's advantage, take advantage; **a. de algn,** to take advantage of sb; **a. de algo,** to make the most of sth.

aprovisionamiento *nm* supply, suplying, provision.

aprovisionar *vtr* to supply, provide; **a. las tropas,** to give supplies to the troops.

aproximación *nf* **1** approximation; **por a.,** by approximation; *fam* **ni por a.,** far from it. **2** *(acercamiento)* bringing together; *(de países)* rapprochement. **3** *(lotería)* consolation prize.

aproximado,-a I *pp de* **aproximar. II** *adj* approximate; **un cálculo a.,** a rough estimate.

aproximar I *vtr* to bring *o* put nearer; **aproxima la silla un poco,** draw your chair up a bit; **aquello las aproximó más,** that made them feel closer together. **II aproximarse** *vr* **1** to move nearer; **aproxímate más,** come closer. **2** *(estar cerca)* to be near, be close; **se aproximan los exámenes,** the exams are getting nearer.

aproximativo,-a *adj* approximate, rough.

aprudenciarse *vr Am* to control oneself, be careful.

áptero,-a *adj Ent* apterous.

aptitud *nf* **1** aptitude; **a. para la pintura,** aptitude for painting; **prueba de a.,** aptitude test. **2** *(idoneidad)* suitability, aptness.

apto,-a *adj* **1** *(apropiado)* suitable, appropriate; *Cin* **a. para todos los públicos,** U-certificate film, *US* rated 'G'; *Cin* **no a.,** for adults only. **2** *(capaz)* capable, able; **un trabajador a.,** a capable worker. **3** *(físicamente)* fit; **a. para el servicio,** fit for (military) service.

apuesta *nf* bet, wager.

apuesto,-a *adj* good-looking; *(hombre)* handsome.

apulismarse *vr CAm* to waste (away), wither.

apunarse *vr SAm* to get mountain sickness.

apuntado,-a I *pp de* **apuntar. II** *adj* **1** *(anotado)* written down, taken down. **2** *(terminado en punta)* pointed, sharp.

apuntador,-a *nm,f Teat* prompter.

apuntalamiento *nm* propping-up, shoring-up, underpinning.

apuntalar *vtr* to prop up, shore up, underpin.

apuntar I *vtr* **1** *(señalar)* to point at; **no apuntes con el dedo,** don't point at people *o* things with your finger; **quisiera a. que ...,** I'd like to point out that ... . **2** *(arma)* to aim, point; *Mil* **¡apunten!,** take aim! **3** *(anotar)* to note down, make a note of; **apúntalo en mi cuenta,** put it on my account; **a. a algn en una lista,** to put sb on a list. **4** *(estar encaminado)* to be aimed at, be designed to; **estas medidas apuntan a**

mejorar la situación, these measures are aimed at improving the situation. **5** *(indicar)* to indicate, suggest; **todo parece a. a ...,** everything seems to point to ... . **6** *Teat* to prompt; *Educ fam* to whisper the answer **(a,** to). **7** *Cost* to tack. **II** *vi* **1** *(empezar a manifestarse)* to (begin to) show; **cuando apunta el día,** when day breaks. **2** *Teat* to prompt. **III apuntarse** *vr* **1** *(en una lista)* to put one's name down. **2** *(matricularse)* to enrol, *US* enroll. **3** *fam* *(participar)* to take part **(a,** in); **¿te apuntas?,** are you game?

apunte *nm* **1** *(gen pl)* note; **tomar apuntes,** to take notes. **2** *(dibujo)* sketch; **sacar un a.,** to do a sketch. **3** *Teat* *(apuntador)* prompter; *(voz de apuntador)* prompt; *(impreso)* prompt book. **4** *Naipes* stake.

apuntillar *vtr Taur* to finish off.

apuñalar *vtr* to stab.

apurado,-a I *pp de* **apurar. II** *adj* **1** *(terminado)* finished. **2** *(preocupado)* worried; *(avergonzado)* embarrassed. **3** *(necesitado)* in need; **a. de dinero,** hard up for money; **a. de tiempo,** in a hurry. **4** *(difícil)* awkward, difficult; **una situación apurada,** a tight spot, a jam.

apurar I *vtr* **1** *(terminar)* to finish off, end; *(agotar)* to wear out, exhaust; **a. una copa,** to drain a glass; *fig* **apurarle la paciencia a algn,** to exhaust sb's patience; *fig* **si me apuras,** if you insist; *fam* if you twist my arm. **2** *(preocupar)* to worry. **3** *(apremiar)* to rush, hurry, pester; **no me apures,** don't rush me, don't pester me. **II apurarse** *vr* *(preocuparse)* to worry, get worried; **no te apures,** don't worry.

apuro *nm* **1** *(situación difícil)* tight spot, fix, jam; **estar *o* encontrarse en un a.,** to be in a tight spot. **2** *(escasez de dinero)* hardship; **pasar apuros,** to be hard up. **3** *(vergüenza)* embarrassment; **¡qué a.!,** how embarrassing!

apurruñar *vtr* **1** *Am* *(manosear)* to handle roughly. **2** *SAm Cub* *(apiñar)* to cram, pack, stuff.

apusurarse *vr CAm* to get moth-eaten.

aquejado,-a I *pp de* **aquejar. II** *adj* suffering **(de,** from).

aquejar *vtr* to afflict, affect; **le aqueja una grave enfermedad,** he is suffering from a serious illness.

aquel,-ella *adj dem* **1** that; **a. niño,** that boy. **2** **aquellos,-as,** those; **aquellas niñas,** those girls.

aquél,-élla I *pron dem m,f* **1** that one; *(el anterior)* the former; **coge a.,** take that one; **vinieron Pedro y Manuel, a. disfrazado de Tarzán,** Pedro and Manuel came, the former dressed up as Tarzan. **2** **todo a. que,** anyone who, whoever; **a. que hable,** he who speaks. **3** **aquéllos,-as,** those; *(los anteriores)* the former; **llévate a.,** take those. **II** *nm fam* something; **ella tiene un a.,** she's got something about her.

aquelarre *nm* witches' sabbath.

aquella *adj dem f véase* **aquel.**

aquélla *pron dem f véase* **aquél.**

aquello *pron dem neut* that, it; **a. parecía una casa de locos,** it was sheer bedlam in that place; **¿le has hablado de a.?,** have you spoken to him about it?; *fam* **a. de que no hacían falta entradas era verdad,** it was true that we didn't need (to get) tickets; *fam* **por a. de que no se molestara,** so that he wouldn't feel put out.

aquellos,-as *adj dem pl véase* **aquel,-ella.**

aquéllos,-as *pron dem m,fpl véase* **aquél,-élla.**

aquerenciarse [12] *vr (a un lugar)* to become fond of.

aquí *adv* 1 *(lugar)* here; **a. arriba,** up here; **a. está,** here it is; **a. fuera,** out here; **a. mismo,** right here; **a. y allá,** here and there; **de a. para allá,** up and down, to and fro; **hasta a.,** this far; **por a. por favor,** this way please; **tiene que estar por a.,** it must be around here somewhere; *fig* **hasta a. podíamos llegar,** that's the end of it; *fam* **a. un amigo,** this is a friend. 2 *(tiempo)* now; then; **a. empieza lo peor,** here begins the worst; **de a. a poco,** soon; **de a. en adelante,** from now on; **hasta a.,** up till now. 3 *(consecuencia)* **de a. (que),** hence; **de a. que no te lo dijera,** and that's why I didn't tell you.

aquiescencia *nf* acquiescence.

aquietar I *vtr* to pacify, calm down. II **aquietarse** *vr* to calm down.

aquilatamiento *nm* 1 *(de oro, piedra preciosa)* assay. 2 *fig (evaluación)* assessment, evaluation.

aquilatar *vtr* 1 *(metales, piedras preciosas)* to assay. 2 *fig (evaluar)* to assess, evaluate.

aquileño,-a *adj,* **aquilino,-a** *adj* véase aguileño,-a

Aquiles *nm* Achilles. ■ **talón de A.,** Achilles heel.

ara *nf* altar; *(piedra)* altar stone; *fml* **en aras de,** for the sake of; **en aras de la paz,** so as to keep the peace.

árabe I *adj (de Arabia)* Arab, Arabian; Arabic; **literatura a.,** Arabic literature. II *nmf (persona)* Arab. III *nm (idioma)* Arabic.

arabesco *nm* arabesque.

Arabia *n* Arabia; **A. Saudita,** Saudi Arabia.

arábigo,-a I *adj* Arabic, Arabian; **goma arábiga,** gum arabic; **números arábigos,** Arabic numerals. II *nm (idioma)* Arabic.

arabismo *nm* Arabic expression.

arabista *nmf* Arabist.

arácnido *nm Zool* arachnid.

arada *nf* 1 *(acción)* ploughing, *US* plowing. 2 *(tierra)* ploughed *o US* plowed land.

arado *nm* plough, *US* plow.

arador *nm* ploughman, *US* plowman.

Aragón *n* Aragon.

aragonés,-esa *adj & nm,f* Aragonese.

arameo,-a I *adj* Aramaean, Aramean. II *nm,f (persona)* Aramaean, Aramean. III *nm (idioma)* Aramaic.

arancel *nm* tariff, customs duty.

arancelar *vtr CAm* to pay.

arancelario,-a *adj* tariff, duty; **derechos arancelarios,** duties.

arándano *nm Bot* bilberry.

arandela *nf* 1 *Téc* washer. 2 *SAm Cost* frill.

araña *nf* 1 *Zool* spider. ■ **tela de a.,** spider's web. 2 *(cangrejo)* **a. de mar,** spider crab. 3 *(pez)* weever. 4 *Bot* love-in-a-mist. 5 *(lámpara)* chandelier.

arañar I *vtr* 1 *(raspar)* to scratch. 2 *fig (reunir)* to scrape together. II **arañarse** *vr* to scratch oneself.

arañazo *nm* scratch.

arao *nm Orn* guillemot.

arar *vtr Agr* to plough, *US* plow.

arasá *nm Am* guava.

araucano,-a *adj & nm,f* Araucanian.

araucaria *nf Bot* araucaria, monkey puzzle tree.

arbitraje *nm* 1 *(desacuerdo)* arbitration. 2 *Dep* refereeing; *Cricket Ten* umpiring.

arbitral *adj* of the referee; **sentencia a.,** judgement by arbitration.

arbitrar *vtr* 1 to arbitrate. 2 *(obtener)* to contrive; *(reunir)* to collect; **a. fondos,** to raise funds. 3 *Dep* to referee, umpire.

arbitrariedad *nf* 1 arbitrariness. 2 *(acción)* arbitrary action.

arbitrario,-a *adj* arbitrary.

arbitrio *nm* 1 *(voluntad)* will; *(juicio)* judgement; **lo dejo a tu a.,** I leave it to your discretion. 2 *(medio)* mean. 3 **arbitrios,** taxes.

árbitro,-a *nm,f* 1 arbiter, arbitrator; *(mujer)* arbitress. 2 *Dep* referee, umpire.

árbol *nm* 1 *Bot* tree; *fig* **los árboles no dejan ver el bosque,** you can't see the wood for the trees. ■ **á. del amor,** Judas tree; **á. del cielo,** tree of Heaven; **á. frutal,** fruit tree. 2 *Téc* shaft. 3 *Náut* mast. 4 *(gráfico)* tree (diagram). ■ **á. genealógico,** family *o* genealogical tree.

arbolado,-a I *pp de* arbolar. II *adj* 1 *(con árboles)* wooded, with trees. 2 *(mar)* very high. III *nm* woodland.

arboladura *nf Náut* masts and spars *pl.*

arbolar I *vtr* 1 *Náut* to mast. 2 *(enarbolar)* to hoist; *(esgrimir)* to brandish. II **arbolarse** *vr (las olas)* to rear up.

arboleda *nf* wood, copse, spinney, grove.

arbóreo,-a *adj* arboreal; **vegetación arbórea,** trees *pl.*

arborescente *adj* arborescent.

arboricultor,-a *nm,f* arboriculturist.

arboricultura *nf* arboriculture.

arbotante *nm Arquit* flying buttress.

arbustivo,-a *adj* bushlike.

arbusto *nm Bot* bush, shrub.

arca *nf* 1 chest. 2 *(caja de caudales)* strongbox, safe. ■ **arcas públicas,** Treasury *sing.* 3 *Rel* **el A. de Noé,** Noah's Ark.

arcabucero *nm Hist* arquebusier.

arcabuz *nm Hist* arquebus.

arcada *nf* 1 *(conjunto de arcos)* arcade. 2 *(de puente)* arch. 3 *(náusea)* retching.

arcaico,-a *adj* archaic.

arcaísmo *nm* archaism.

arcaizante *adj* archaistic.

arcángel *nm* archangel.

arcano,-a I *adj* arcane. II *nm* mystery.

arce *nm Bot* maple (tree). ■ **a. menor,** common *o* field maple; **a. real,** Norway maple; **a. rojo,** red maple.

arcediano *nm* archdeacon.

arcén *nm* side of the road, verge; *(de autopista)* hard shoulder.

archi- *pref* super-; **archiconocido,** super-famous; **archisabido,** extremely well-known.

archibebe *nm Orn* redshank.

archidiácono *nm* archdeacon.

archidiócesis *nf inv* archdiocese.

archiduque,-esa *nm,f (hombre)* archduke; *(mujer)* archduchess.

archimandrita *nm* archimandrite.

archipiélago *nm Geog* archipelago.

archivador,-a I *nm,f* archivist. II *nm* filing cabinet.

archivar *vtr* 1 *(ordenar)* to file (away). 2 *(arrinconar)* to shelve. 3 *Inform* to save. 4 *fam (guardar)* to put (away).

archivero,-a *nm,f* archivist.

archivo *nm* 1 *(gen)* file. 2 *Inform* file. 3 *(conjunto de documentos)* files *pl*, archives *pl*. 4 *(archivador)* filing cabinet. 5 *fig (modelo)* model, example.

archivolta *nf Arquit* archivolt.

arcilla *nf* clay; **a. cocida,** baked clay.

arcilloso,-a *adj* clayey, clayish.

arcipreste *nm Rel* archpriest.

arco *nm* 1 *Mat* arc. 2 *Arquit* arch. ■ **a. apuntado,** lancet *o* pointed arch; **a. carpanel,** three-centred arch; **a. de herradura,** horseshoe arch; **a. de medio punto,** semicircular arch; **a. de triunfo,** triumphal arch; **a. tudor,** four-centred *o* Tudor arch. 3 *Mús (de violín)* bow. 4 *Elec* arc. ■ **a. voltaico,** electric arc. 5 *Dep* bow. ■ **tiro con a.,** archery. 6 *Meteor* **a. iris,** rainbow.

arcón *nm Mueb* large chest.

arder *vi* to burn; **a. completamente,** to burn down; **la casa estaba ardiendo,** the house was in flames; *fig* **ardiendo de fiebre,** burning with fever; *fig* **a. de pasión,** to burn with passion; *fig* **a. en guerras,** to be lashed by war; *fam* **la cosa está que arde,** things are getting pretty hot.

ardid *nm* scheme, trick, plot.

ardiente *adj* 1 *(encendido)* burning, scalding, boiling hot; **capilla a.,** funeral *o* mortuary chapel. 2 *fig (intenso)* ardent, passionate; *(fervoroso, activo)* eager.

ardilla *nf Zool* squirrel.

ardite *nm fam* **me importa un a.,** I couldn't give a damn.

ardor *nm* 1 burning sensation, burn; *(calor)* heat. ■ *Med* **a. de estómago,** heartburn. 2 *fig (ansia)* ardour, *US* ardor, fervour, *US* fervor; **con a.,** passionately.

ardoroso,-a *adj* 1 burning, boiling hot. 2 *fig* ardent, passionate.

arduo,-a *adj* arduous, very difficult, awkward.

área *nf* 1 *(zona)* area, zone; **en esta á. de la ciudad,** in this part of (the) town. ■ *Dep* **á. de castigo,** penalty area; *Aut* **á. de servicio,** service area. 2 *(superficie)* area. 3 *(medida)* are (100 square metres).

arena *nf* 1 sand; **playa de a.,** sandy beach. ■ **arenas movedizas,** quicksand *sing*. 2 *(de circo romano)* arena. 3 *Taur (plaza)* bullring.

arenal *nm* large extension of sand.

arenga *nf* harangue; **pronunciar una a.,** to harangue.

arengar [7] *vtr* to harangue.

arenilla *nf* 1 fine sand. 2 **arenillas,** *Med (del riñón)* stones.

arenisca *nf* sandstone.

arenoso,-a *adj* sandy.

arenque *nm (pez)* herring. ■ *Culin* **a. ahumado,** kipper, kippered herring.

arete *nm* 1 *(anillo)* small ring. 2 *(pendiente)* earring. 3 *(pez)* red gurnard.

argamasa *nf Constr* mortar.

Argel *n* Algiers.

Argelia *n* Algeria.

argelino,-a *adj* & *nm,f* Algerian.

argentado,-a *adj* 1 *(bañado de plata)* silver-plated. 2 *lit* silvery.

argentífero,-a *adj* argentiferous.

Argentina *n* Argentina.

argentinismo *nm Ling* Argentinean expression.

argentino,-a *adj* & *nm,f* Argentinean, Argentine.

argolla *nf* 1 *(aro)* (large) ring. 2 *fig* shackles *pl*. 3 *Am (alianza)* wedding ring.

argón *nm Quím* argon.

argonauta *nm Mit* argonaut.

argot *nm (popular)* slang; *(técnico)* jargon.

argucia *nf* sophism, fallacy.

argüir [63] *vtr* 1 *(deducir)* to deduce, conclude. 2 *(argumentar)* to argue. 3 *(probar)* to prove, show.

argumenista *nmf* scriptwriter.

argumentación *nf* 1 arguing, argument; **mediante a.,** by argument. 2 *(argumento)* argument.

argumentar *vtr véase* argüir.

argumento *nm* 1 *(razonamiento)* argument. 2 *Lit Teat (trama)* plot.

arguyo *indic pres véase* argüir.

aria *nf Mús* aria.

aridecer I *vtr* & *vi* to dry up. II **aridecerse** *vr* to dry up.

aridez *nf* 1 aridity. 2 *fig (monotonía)* dryness.

árido,-a I *adj* arid; *fig* dry. II **áridos** *nmpl Com* dry goods.

Aries *nm Astron Astrol* Aries.

ariete *nm* 1 *Mil Hist* battering ram. 2 *Ftb* centre forward.

ario,-a *adj* & *nm,f* Aryan.

arisco,-a *adj* 1 *(persona)* unfriendly, stand-offish; *(áspera)* surly, gruff; *(huidiza)* shy. 2 *(animal)* unfriendly.

arista *nf* edge.

aristocracia *nf* aristocracy.

aristócrata *nmf* aristocrat.

aristocrático,-a *adj* aristocratic.

aristotélico,-a *adj Filos* Aristotelian.

aritmética *nf Mat* arithmetic.

aritmético,-a *adj Mat* arithmetical, arithmetic.

arito *nm Col Guat Hond* earring.

arlequín *nm Lit* Harlequin.

arlequinada *nf* (piece of) clowning *o* buffoonery.

arma *nf* 1 weapon, arm; **alzarse en armas,** to rise up in arms; **pasar por las armas,** to execute; **presentar armas,** to present arms; **rendir armas,** to surrender; **tomar las armas,** to take up arms; *fig* **a. de doble filo,** double-edged sword; *fam* **ser de armas tomar,** to be formidable *o* frightening. ■ **a. blanca,** knife, blade, steel; **a. corta,** small arm; **a. de artillería,** artillery; **a. de fuego,** firearm; **a. homicida,** murder weapon; **a. nuclear,** nuclear weapon; **licencia de armas,** firearms licence. 2 **armas,** *Mil (profesión militar)* army *sing*; *(fuerzas militares)* military forces; *(empresa militar)* military combat *sing*; **hecho de a.,** fact of arms.

armada *nf* navy, naval forces *pl*; *Hist* **la A. Invencible,** the Spanish Armada.

armadía *nf* raft.

armadijo *nm Caza* snare, trap.

armadillo *nm Zool* armadillo.

armado,-a I *pp de* armar. II *adj* armed; **ir a.,** to be armed.

armador,-a *nm,f Náut* shipowner.

armadura *nf* 1 *Hist* suit of armour *o US* armor. 2 *(armazón)* frame; **a. de las gafas,** spectacle frame. 3 *Arquit* framework.

armamentista I *adj* 1 arms; **la carrera a.,** the arms race. 2 *CAm (militarista)* militarist. II *nmf Am (militarista)* militarist. III *nm (fabricante)* arms manufacturer.

armamento *nm* 1 *(acción)* armament, arming. 2 **armamentos,** *(armas)* armaments, arms.

armar I *vtr* 1 *(tropas, personas)* to arm. 2 *(cargar) (arma de fuego)* to load; *(bayoneta)* to fix. 3 *(montar)* to fit *o* put together, assemble; *(tienda)* to pitch; **está sin a.,** it hasn't been put up yet. 4 *(disponer, preparar)* to arrange, prepare. 5 *fam (organizar)* **¡ahora sí que la has armado!,** you've really done it now!; **armaron un escándalo,** they created a scandal. II **armarse** *vr* to arm oneself; **todos los habitantes se armaron,** everybody prepared for war; *fig* **a. de paciencia,** to summon up one's patience; *fig* **a. de valor,** to pluck up courage; *fig* **a. de papel y lápiz,** to provide oneself with paper and pencil; *fam* **se va a a. la de Dios es Cristo, se va a a. la gorda,** there's going to be real trouble.

armario *nm (para ropa)* wardrobe; *(de cocina)* cupboard. ■ **a. empotrado,** built-in wardrobe *o* cupboard.

armatoste *nm (cosa)* monstrosity; *(máquina)* useless contraption; *(persona)* useless great oaf.

armazón I *nf* frame, framework; *(de madera)* timberwork; *Arquit* shell; *(de una escultura)* armature. II *nm Am (estantería)* shelf, shelving.

Armenia *n* Armenia.

armenio,-a I *adj & nm,f* Armenian. II *nm (idioma)* Armenian.

armería *nf* 1 *(tienda)* gunsmith's (shop). 2 *(oficio)* gunsmith's craft. 3 *(museo)* armoury, *US* armory, museum of arms.

armero,-a *nm,f* armourer, *US* armorer; *(de armas de fuego)* gunsmith; *Mil* **(maestro) a.,** armourer, *US* armorer.

armiño *nm Zool* ermine.

armisticio *nm Mil* armistice.

armonía *nf* harmony.

armónico,-a I *adj* harmonic. II *nm Mús* harmonic. III *nf Mús* harmonica, mouth organ. ◆**armónicamente** *adv* in harmony, harmoniously.

armonio *nm Mús* harmonium.

armonioso,-a *adj* harmonious.

armonización *nf* harmonizing.

armonizar [4] *vtr & vi* to harmonize.

arnés *nm* 1 *(armadura)* armour, *US* armor. 2 **arneses,** *(arreos)* harness *sing*, trappings.

árnica *nf Bot* arnica; **tintura de á.,** (tincture of) arnica.

aro *nm* 1 hoop, iron ring; *(servilletero)* serviette ring; *fam* **entrar** *o* **pasar por el a.,** to knuckle under. 2 *(juego)* hoop. 3 *Bot* cuckoopint. 4 *(sortija)* ring.

aroma *nm* aroma, fragrance; *(de vino)* bouquet.

aromático,-a *adj* aromatic, fragrant.

aromatización *nf* scenting, perfuming.

aromatizador *nm* air freshener.

aromatizar [4] *vtr* to scent, perfume.

arpa *nf Mús* harp.

arpado,-a *adj* serrated.

arpegio *nm Mús* arpeggio.

arpía *nf* 1 *Mit* harpy. 2 *fig (mujer)* harpy, old witch.

arpillera *nf Tex* sackcloth, burlap.

arpista *nmf Mús* harpist.

arpón *nm* harpoon.

arponar *vtr*, **arponear** *vtr* to harpoon.

arponero,-a *nm,f* harpooner.

arqueado,-a I *pp de* **arquear.** II *adj* bowed, bent, curved; **piernas arqueadas,** bow legs.

arquear *vtr*, **arquearse** *vr* to bend, curve.

arqueo *nm* 1 bending, curving. 2 *Com* checking, cashing up; **hacer el a.,** to cash up. 3 *Náut* gauging.

arqueolítico,-a *adj* Stone-Age.

arqueología *nf* archaeology, *US* archeology.

arqueológico,-a *adj* archaeological, *US* archeological.

arqueólogo,-a *nm,f* archaeologist, *US* archeologist.

arquería *nf Arquit* arcade.

arquero,-a *nm,f* archer; *(hombre)* bowman.

arqueta *nf* small chest.

arquetípico,-a *adj* archetypal.

arquetipo *nm* archetype.

arquitecto,-a *nm,f* architect.

arquitectónico,-a *adj* architectural, architectonic.

arquitectura *nf* architecture.

arquitrabe *nm Arquit* architrave.

arquivolta *nf Arquit* archivolt.

arrabal *nm* 1 *(suburbio)* suburb. 2 **arrabales,** *(afueras)* outskirts.

arrabalero,-a I *adj pey* ill-bred. II *nm,f* ill-bred person.

arrabiatar *Am* I *vtr (dos animales)* to tie by the tail to. II **arrabiatarse** *vr* to submit slavishly **(a,** to), bow down **(a,** to).

arrabio *nm Metal* cast iron.

arracada *nf* pendant, earring.

arracimarse *vr* to bunch *o* cluster together.

arraigado,-a I *pp de* **arraigar.** II *adj* deeply rooted.

arraigar [7] I *vi* to take root. II **arraigarse** *vr* to settle down.

arraigo *nm (acción)* the act of taking root; *fig (raíces)* roots *pl*; **una tradición con mucho a.,** a deeply-rooted tradition.

arramblar I *vtr* to cover with sand. II *vi fam* **a. con algo,** to make off with sth.

arrancaclavos *nm inv* claw hammer, nail extractor.

arrancada *nf* jerk, jolt.

arrancar [1] I *vtr* 1 to uproot, pull up; **a. de raíz,** *(árbol)* to uproot; *fig (eliminar una costumbre)* to wipe out. 2 *(separar con fuerza)* to pull *o* tear off *o* out; **a. un diente/el pelo,** to pull out a tooth/one's hair; **a. una etiqueta,** to tear off a label; **me arrancó el libro de las manos,** he wrenched the book from my hands; *fig* **le arrancaron la confesión con torturas,** they extracted the information from him by torture. 3 *Aut (coche)* to start. II *vi* 1 *Aut Téc* to start; **el coche no arranca,** the car won't start. 2 *(partir)* to set off, start out; *(barco)* to set sail. 3 *(empezar)* to begin; **a. a correr,** to break into a run; **a. a llorar/reír,** to burst out crying/laughing; *fig* **el problema arranca de años atrás,** the problem goes back several years. III **arrancarse** *vr* to do something unexpected; *fam* **¿y ahora te arrancas con eso?,** why on earth didn't you tell me before?

arranchar *vtr* 1 *Náut* to skirt. 2 *Am* to grab, snatch.

arranque *nm* 1 *Aut Téc* starting. ■ **motor de a.,** starting motor. 2 *(comienzo)* start. ■ **punto de a.,** beginning. 3 *Arquit* foot. 4 *fam (arrebato)* outburst, fit. 5 *CAm (pobreza)* poverty.

arranquera *nf Am* poverty.

arrapiezo *nm* 1 *(andrajo)* rag, tatter. 2 *(niño)* whippersnapper, urchin.

arrasado,-a I *pp de* arrasar. **II** *adj* **1** devastated, destroyed; *fig* **ojos arrasados en lágrimas,** eyes brimming with tears. **2** *(allanado)* levelled, *US* leveled, smooth.

arrasar *vtr* **1** to devastate, destroy. **2** *(terreno)* to level, smooth.

arrastradizo,-a *adj* trailing, dragging.

arrastrado,-a I *pp de* arrastrar. **II** *adj* **1** *fam (miserable)* miserable, wretched. **2** *Naipes* in which one must follow suit.

arrastrar I *vtr* to pull (along), drag (along), haul; **arrástralo,** pull it along; **a. los pies,** to drag one's feet; **la corriente lo arrastró,** the current swept him away; *fig* **a. a las masas,** to sway the crowds; *fig* **dejarse a.,** to get carried away. **II** *vi* **1** *(por el suelo)* to trail (on the ground). **2** *Naipes* to lead. **III** arrastrarse *vr* to drag oneself, crawl; *fig (humillarse)* to creep, crawl.

arrastre *nm* **1** pulling, dragging; *fam* **para el a.,** *(persona)* on one's last legs; *(cosa)* done for. ■ *Pesca* **(pesca de) a.,** trawling. **2** *Naipes* lead. **3** *(telesquí)* drag lift.

arrayán *nm Bot* myrtle.

arre *interj* gee up!, giddy up!

arrea *interj fam* goodness me!

arreada *nf Am* cattle rustling.

arrear *fam* **I** *vtr* **1** to spur on; *(caballos)* to urge on; *(ganado)* to drive. **2** *(apresurar)* to hurry up. **3** *fam (asestar)* to give; **a. una bofetada a algn,** to slap sb in the face, give sb a slap in the face. **4** *Am (ganado)* to rustle. **II** *vi fam* **salir arreando,** to rush off.

arrebatado,-a I *pp de* arrebatar. **II** *adj* **1** *(precipitado)* rash, hasty. **2** *(iracundo)* furious, enraged. **3** *(impulsivo)* impulsive. **4** *(ruborizado)* blushing, flushed. **5** *Culin fam (quemado)* burnt.

arrebatador,-a *adj fig* captivating, fascinating.

arrebatar I *vtr* **1** *(coger)* to snatch, seize; *fig (cautivar)* to captivate, fascinate. **2** *Am (atropellar)* to run over, knock down. **II** arrebatarse *vr* **1** *(enfurecerse)* to become furious; *(exaltarse)* to get carried away. **2** *Culin fam (quemarse)* to burn.

arrebato *nm,* arrebatamiento *nm* **1** *(arranque)* outburst, fit; **le dio un a. y dejó el trabajo,** he suddenly upped and left his job. **2** *(furor)* anger, fury, rage.

arrebol *nm* **1** *(de las nubes)* red glow; *(de las mejillas)* ruddiness, redness. **2** **arreboles,** red clouds.

arrebolar I *vtr* **1** *(enrojecer)* to give a red glow to. **2** *(persona)* to make ruddy. **II** arrebolarse *vr* **1** *(enrojecer)* to glow red. **2** *(persona)* to blush.

arrebujar I *vtr* **1** *(arrugar)* to crumple up. **2** *(envolver)* to wrap up. **II** arrebujarse *vr* *(envolverse)* to wrap oneself up.

arrechucho *nm fam* **1** *Med* temporary ailment. **2** *(arranque)* sudden impulse, outburst, fit.

arreciar [12] *vi (empeorar)* to get worse; *(aumentar)* to get heavier *o* stronger.

arrecife *nm Náut* reef.

arrecloques *nmpl CAm* **1** *(perifollos)* frills, trimmings. **2** *(rodeos)* evasiveness *sing,* circumlocution *sing.*

arredrar I *vtr (asustar)* to frighten. **II** arredrarse *vr (asustarse)* to be frightened.

arreglado,-a I *pp de* arreglar. **II** *adj* **1** *(solucionado)* settled, fixed, sorted out; **lo de tu billete ya está a.,** your ticket is all sorted out now. **2** *(reparado)* repaired, fixed. **3** *(ordenado)* tidy, arranged, neat. **4** *(persona)* well-dressed, smart. **5** *fam* **¡es-**

tamos arreglados!, we're really done for!; *irón* **¡vas a. si crees que él lo va a hacer!,** you're in for a shock if you think he's going to do it!

arreglar I *vtr* **1** *(gen)* to settle, fix up, sort out arrange; **arreglaron los papeles para casarse,** they got their papers in order so that they could get married; **yo lo arreglaré,** I'll see to it. **2** *(componer)* to repair, fix, mend; *(cabello)* to do; *(habitación)* to decorate; *(escrito)* to rearrange; *Mús (composición,* to arrange; *Cost (vestido)* to alter; **lo llevé a a.,** I had it repaired; *fig* **el tiempo lo arregla todo,** time heals all wounds. **3** *(ordenar)* to tidy up, put ir order; **a. la casa,** to do the housework. **4** *(niño)* to dress and smarten up, get ready. **5** *fam* to sort out **yo le arreglaré,** I'll teach him! **6** *Am (capar)* to castrate, geld. **II** arreglarse *vr* **1** *(acicalarse)* to ge ready, dress up; *fam* **a. de punta en blanco,** to dress up to the nines. **2** *fam (apañarse)* to manage; **arréglatelas como puedas,** *(haz lo que puedas)* do as bes you can; *(allá tú)* that's your problem, not mine **con este trozo me arreglo,** this piece will do (for me, I'll make do with this piece; **él siempre se la: arregla para hacer lo que quiere,** he always manage to get his way; **tendrás que arreglarte sin el coche** you'll have to get by without the car. **3** *(resolverse,* to be solved; **todo se arreglará,** things will be al right (in the end). **4** *(pactar)* to reach an agreement

arreglista *nmf Mús* arranger.

arreglo *nm* **1** *(de una disputa)* settlement, arrange ment. **2** *(reparación)* repair, mend; *(modificación,* change, alteration; *(de una casa)* conversion, re decoration; **no tiene a.,** it is beyond repair; *fam* **¡ti no tienes a.!,** you're hopeless! **3** *(limpieza)* cleaning tidying. **4** *fml* **con a. a,** in accordance with.

arrejuntarse *vr fam* to cohabit, live together.

arrellanarse *vr* to sit back; **se arrellanó en el sillón** he settled back in the armchair.

arremangar [7] **I** *vtr (mangas etc)* to roll up. **II** arremangarse *vr* to roll one's sleeves *o* trouser up.

arremansar *vi CAm* to hold up *o* back.

arremeter *vi* to attack; **el toro arremetió contra él** the bull charged at him; *fig* **arremetió contra la ley,** he attacked the law.

arremetida *nf* attack, assault.

arremolinarse *vr* to whirl about; *fig (gente)* tc crowd together, cram together.

arrendable *adj (piso)* rentable; *Jur* leasable.

arrendador,-a I *adj* renting, leasing. **II** *nm,f* lessor *(hombre)* landlord; *(mujer)* landlady.

arrendajo *nm Orn* jay; *fam* mimic.

arrendamiento *nm* **1** *(alquiler)* renting, leasing. **2** *(precio)* rent, lease.

arrendar [27] *vtr (piso)* to rent, lease; *(dar er arriendo)* to let on lease; *(tomar en arriendo)* tc take on lease.

arrendatario,-a I *adj* renting, leasing. **II** *nm,, leaseholder, lessee; *(inquilino)* tenant.

arrenquín *nm Am* **1** *(bestia)* leading animal. **2** *(persona)* follower.

arreo I *nm Am* mule train. **II** arreos *nmpl* **1** *(de caballería)* harness *sing,* trappings. **2** *(adornos)* adornments; *(cosas, bultos)* stuff *sing,* trappings.

arrepanchingarse [7] *vtr fam* to lounge, nestle.

arrepentido,-a I *pp de* arrepentirse. **II** *adj* regretful, repentant; **está a.,** he's regretful of having done it), he regrets it. **II** *nf euf* reformed prostitute.

arrepentimiento *nm* regret, repentance.

arrepentirse [35] *vr* to regret; **te arrepentirás,** you'll regret it; *Rel* **a. de sus pecados,** to repent one's sins.

arrepollar *vi CAm* to squat, crouch.

arrequintar *vtr Am* to tie *o* bind tightly.

arrestado,-a I *pp de* arrestar. II *adj* arrested, detained, imprisoned.

arrestar *vtr* to arrest, detain; *(encarcelar)* to put in prison.

arresto *nm* 1 arrest. ▪ *Jur* **a. domiciliario,** under house arrest; **a. mayor,** close arrest; **a. menor,** open arrest. 2 **arrestos,** *(determinación)* daring *sing; fam* guts.

arriar [13] *vtr (bandera)* to strike; *(velas)* to lower.

arriate *nm* flower bed.

arriba I *adv* up; *(encima)* on the top; **ahí a.,** up there; **a. del todo,** right on the top; **cuesta a.,** uphill; **de a.** abajo, from top to toe, from top to bottom; **desde a.,** from above; **hacia a.,** upwards; **la parte de a.,** the top (part); **más a.,** higher up, further up; **patas a.,** upside down; **sueldos de un millón para a.,** salaries from one million upwards; **ven aquí a.,** come up here; **vive a.,** he lives upstairs; *fml* **véase más a.,** see above; *fig* **los de a.,** the upper classes; *fam* **mirar a uno de a.** abajo, to look sb up and down. II *interj* get up!, up you get!; **¡a. la República!,** long live the Republic!; **¡a. las manos!,** hands up!

arribada *nf Náut* arrival.

arribar *vi Náut* to reach port, arrive.

arribeño,-a *Am* I *adj* highland. II *nm,f* highlander.

arribismo *nm* arrivisme, social climbing.

arribista I *adj* ambitious, self-seeking. II *nmf* arriviste, parvenu, parvenue, social climber.

arribo *nm Náut* arrival.

arriendo *nm* lease; *(de un piso)* renting; **dar en a.,** to let out on lease; **tomar en a.,** to take on lease.

arriero,-a *nm,f* muleteer.

arriesgado,-a I *pp de* arriesgar. II *adj* 1 *(peligroso)* risky, dangerous. 2 *(persona)* fearless, daring.

arriesgar [7] I *vtr* to risk, endanger; **a. todo lo que uno tiene,** to stake all one has got; **a. una hipótesis,** to venture a theory; *fam* **a. el pellejo,** to risk one's skin. II **arriesgarse** *vr* to risk; **a. a fracasar,** to risk failure; **se arriesga demasiado,** he's taking too many risks.

arrimadero *nm* 1 *(estribo)* support. 2 *(de pared)* wainscot.

arrimadizo,-a *fig* I *adj* parasitic. II *nm,f (oportunista)* parasite.

arrimado,-a I *pp de* arrimar. II *nm,f Am* 1 guest, lodger. 2 *(concubino)* lover.

arrimar I *vtr* 1 *(acercar)* to move closer, bring near *o* nearer; **arrímalo a la pared,** move it up to the wall; *fam* **a. el hombro,** to lend a hand. 2 *(arrinconar)* to put away. II **arrimarse** *vr* to move *o* get close, come near *o* nearer; **no te arrimes a la pared,** keep away from the wall, don't lean against the wall; *fig* **a. a algn,** to seek sb's protection; *fam* **a. al sol que más calienta,** to get on the winning side.

arrimo *nm (apoyo)* support, protection; *(ayuda)* help; **al a. de,** under the protection of.

arrinconado,-a I *pp de* arrinconar. II *adj* put away, laid aside, forgotten; *(persona)* forsaken.

arrinconar I *vtr* 1 *(poner en un rincón)* to put in a corner. 2 *(retirar del uso)* to put away, lay aside. 3 *(acorralar)* to corner. II **arrinconarse** *vr (aislarse)* to isolate oneself.

arriscado,-a *adj* 1 *(arriesgado)* risky, dangerous. 2 *(con riscos)* craggy, cliffy.

arroba *nf (medida)* arroba; *(de peso)* 11.5 kg; *(de volumen)* variable liquid measure; *fig* **por arrobas,** by the score.

arrobamiento *nm véase* arrobo.

arrobar I *vtr (embelesar)* to rapture, enthral, *US* enthrall, fascinate. II **arrobarse** *vr (embelesarse)* to go into raptures, be enthralled, be fascinated.

arrobo *nm* rapture, enthralment, *US* enthrallment, fascination.

arrocero,-a I *adj* rice; **la industria arrocera,** the rice industry. II *nm,f* rice grower.

arrodajarse *vr CAm* to sit down cross-legged.

arrodillado,-a I *pp de* arrodillar. II *adj* kneeling down, on one's knees; **estar a.,** to be kneeling down.

arrodillar I *vtr* to make sb kneel down. II **arrodillarse** *vr* to kneel down.

arrogación *nf Jur* arrogation.

arrogancia *nf* 1 *(orgullo)* arrogance. 2 *(gallardía)* gallantry, valour, *US* valor, bravery.

arrogante *adj* 1 *(orgulloso)* arrogant. 2 *(gallardo)* gallant, valiant, brave.

arrogarse [7] *vr* to arrogate.

arrojadizo,-a *adj* for throwing; **arma arrojadiza,** projectile, missile.

arrojado,-a I *pp de* arrojar. II *adj* 1 thrown (out); *fig* **el saldo a.,** the resulting balance. 2 *(osado)* fearless, bold, daring.

arrojar I *vtr* 1 *(tirar)* to throw, fling, hurl; **'prohibido a. basuras',** 'no dumping'. 2 *(echar)* to throw out; **los arrojó de su casa,** he threw them out of the house. 3 *(humo)* to kick *o* belch out; *(lava)* to spew out; *fig* **a. luz sobre,** to shed light on. 4 *Com* to produce; **a. un saldo positivo,** to give a favourable balance. II *vi fam (vomitar)* to throw up, be sick. III **arrojarse** *vr (tirarse)* to throw oneself, fling oneself; **a. por la ventana,** to throw oneself out of the window; **se arrojó sobre él,** he jumped on him.

arrojo *nm* fearlessness, daring, courage.

arrollable *adj* rollable.

arrollador,-a *adj fig* irresistible, overwhelming; **un éxito a.,** a resounding success; **una personalidad arrolladora,** a captivating personality.

arrollamiento *nm* 1 *(acción)* rolling, rolling up. 2 *(atropello)* running over, knocking down. 3 *fig (aplastamiento)* crushing, routing. 4 *(por agua, viento)* sweeping away, carrying off. 5 *Elec* winding.

arrollar *vtr* 1 *(enrollar)* to roll, roll up. 2 *(atropellar)* to run over, knock down. 3 *fig (aplastar)* to crush, rout. 4 *(agua, viento)* to sweep away, carry off. II **arrollarse** *vr CAm Per (mangas)* to roll up one's sleeves; *(faldas)* to gather one's skirts up.

arropamiento *nm* wrapping up.

arropar I *vtr* to wrap up; **ella lo arropó en la cama,** she tucked him up in bed. II **arroparse** *vr* to wrap oneself up.

arrope *nm Culin* boiled must, grape syrup.

arrostrar *vtr (las consecuencias)* to face; *(peligro)* to brave.

arroyo *nm* **1** *(corriente)* brook, stream. **2** *(de calle)* gutter; *fig* **sacar (a algn) del a.**, to drag (sb) from the gutter; *fig* **poner (a algn) en el a.**, to chuck (sb) out. **3** *SAm (río)* river.

arroyuelo *nm* (small) stream, brook.

arroz *nm* rice. ▪ **a. blanco**, boiled rice; **a. con leche**, rice pudding; **a. integral**, brown rice.

arrozal *nm* rice field, rice plantation.

arruga *nf* **1** *(piel)* wrinkle. **2** *(ropa)* crease.

arrugamiento *nm* *(piel)* wrinkling; *(ropa)* creasing.

arrugar [7] **I** *vtr* *(piel)* to wrinkle; *(ropa)* to crease; *(papel)* to crumple (up); *fig* **a. el ceño**, to frown. **II arrugarse** *vr* **1** *(piel)* to wrinkle; *(ropa)* to crease. **2** *fam (acobardarse)* to get the wind up.

arruinado,-a **I** *pp de* **arruinar**. **II** *adj* **1** bankrupt, ruined. **2** *(inservible)* ruined.

arruinar **I** *vtr* to bankrupt, ruin. **II arruinarse** *vr* to be bankrupt, be ruined.

arrullador,-a *adj* **1** *Orn (paloma)* cooing. **2** *(sonido, voz)* lulling.

arrullar **I** *vtr* **1** *Orn (paloma)* to coo at. **2** *(bebé)* to lull. **II arrullarse** *vr* to bill and coo.

arrullo *nm* **1** *Orn (de paloma)* cooing. **2** *(nana)* lullaby. **3** *(de enamorados)* billing and cooing.

arrumaco *nm fam* kissing, hugging; **hacerse arrumacos**, to pet; **ir con arrumacos a algn**, to flatter sb.

arrumar **I** *vtr* *Náut* to stow. **II arrumarse** *vr Náut* to cloud over.

arrumbar **I** *vtr* **1** *(deshechar)* to put away, lay aside. **2** *fig (persona)* to neglect, ignore. **II** *vi Náut* to set course *(hacia,* for).

arrurrú *nm Am* lullaby.

arsenal *nm* **1** *Náut* shipyard. **2** *(de armas)* arsenal. **3** *fig (cúmulo)* store, storehouse; *(conjunto)* array.

arsénico *nm Quím* arsenic.

art. *abr de* **artículo**, article, art.

arte *nm & f* **1** art; **el a. bizantino**, Byzantine art; *fig* **no tener ni a. ni parte en algo**, to have nothing to do with sth; *fam* **hacer algo por amor al a.**, to do sth for the love of it; *(sin cobrar)* to do sth for free; *fam* **por a. de birlibirloque**, as if by magic. ▪ **artes plásticas**, plastic arts; **bellas artes**, fine arts. **2** *(habilidad)* workmanship, skill. ▪ **malas artes**, deceit *sing*. **3** *Pesca* **a. (de pesca)**, fishing gear.

artefacto *nm* **1** appliance, device. ▪ **a. explosivo**, explosive device, bomb. **2** *Arqueol* artefact.

artejo *nm* **1** *Anat (nudillo)* knuckle. **2** *Zool (de artrópodos)* article, segment.

artemisa *nf Bot* artemisia.

artería *nf* craftiness, artfulness.

arteria *nf Anat* artery. ▪ **a. carótida**, carotid artery; **a. coronaria**, coronary artery.

arterial *adj Anat* arterial.

arterio(e)sclerosis *nf Med* arteriosclerosis.

artero,-a *adj* crafty, artful.

artesa *nf* trough.

artesanado *nm* craftsmen *pl*.

artesanal *adj* handmade; **actividades artesanales**, arts and crafts.

artesanía *nf* **1** *(cualidad)* craftsmanship. **2** *(obra)* crafts *pl*, handicrafts *pl*. ▪ **objeto de a.**, handmade object.

artesano,-a **I** *adj* handmade. **II** *nm,f (hombre)* craftsman; *(mujer)* craftswoman.

artesiano,-a *adj* artesian; **pozo a.**, artesian well.

artesón *nm Arquit* **1** coffer. **2** *(artesonado)* coffered ceiling.

artesonado,-a *Arquit* **I** *adj* coffered. **II** *nm* coffered ceiling.

ártico,-a **I** *adj* arctic; **el océano a.**, the Arctic Ocean. **II el Á.** *nm* the Arctic.

articulación *nf* **1** *Ling* articulation. **2** *Anat* joint, articulation. **3** *Téc* joint.

articulado,-a **I** *pp de* **articular**. **II** *adj* **1** *(lenguaje)* articulate. **2** *(tren, muñeco)* articulated. **III** *nm (de una ley, un reglamento)* articles *pl*.

articular **I** *adj* articulated. **II** *vtr* to articulate.

articulatorio,-a *adj* articulatory.

articulista *nmf Prensa* writer of articles.

artículo *nm* **1** *Ling* article. ▪ **a. definido**, definite article; **a. indefinido**, indefinite article. **2** *Prensa* article. ▪ **a. de fondo**, leading article. **3** *(mercancía)* article, product; **artículos alimenticios**, foodstuffs; **artículos de limpieza**, cleaning products. ▪ **a. de primera necesidad**, basic commodity; *fam* **hacer el a.**, to plug sth. **4** *Rel* article; **a. de fe**, article of faith; *fam* **como a. de fe**, as if it were gospel truth.

artífice *nmf* **1** *(artista)* artist. **2** *(autor)* author; *fig* **ella ha sido el a. del acuerdo**, she is the architect of the agreement.

artificial *adj* artificial; *Tex* **fibras artificiales**, man-made o synthetic fibres; **una sonrisa a.**, an artificial smile.

artificiero,-a *nm,f* artificier, armourer, *US* armorer.

artificio *nm* **1** *(mecanismo)* artifice. ▪ **a. pirotécnico, fuego de a.**, firework. **2** *(habilidad, arte)* skill, dexterity. **3** *(astucia)* artifice.

artificioso,-a *adj* **1** *(habilidoso)* skilful, *US* skillful, dexterous. **2** *(astuto)* crafty, artful.

artillería *nf Mil* artillery. ▪ **a. antiaérea**, anti-aircraft guns *pl*.

artillero *nm Mil* artilleryman.

artilugio *nm* **1** *(aparato)* gadget, device. **2** *(ardid)* trick, scheme.

artimaña *nf* artifice, trick, ruse.

artista *nmf* artist; **a. de cine**, film star.

artístico,-a *adj* artistic.

artrítico,-a *adj Med* arthritic.

artritis *nf Med* arthritis.

artrópodo *nm Zool* arthropod.

artrosis *nf Med* arthrosis.

aruñón *nm Am* threat.

arveja *nf* **1** *Bot* vetch, tare. **2 arvejas**, *Am (guisantes)* peas.

Arz., Arzpo. *abr de* **Arzobispo**, Archbishop, Abp.

arzobispal *adj* of o relating to the archbishop.

arzobispo *nm* archbishop.

as *nm* **1** *(cartas)* ace; **a. de picas/tréboles**, ace of spades/clubs. **2** *fig* ace, star, wizard; **a. del volante**, ace driver.

asa *nf* handle.

asadero,-a **I** *adj* (for) roasting. **II** *nm fig* oven.

asado,-a **I** *pp de* **asar**. **II** *adj Culin* roast, roasted; **pollo a.**, roast chicken; *fig* **a. de calor**, roasting, boiling hot. **III** *nm Culin* roast.

asador *nm* **1** roaster. **2** restaurant serving roast meat (and fish).

asaduras *nfpl Culin* offal *sing*; *(de ave)* giblets.

saetar *vtr* to shoot arrows at; *(herir)* to wound with arrows; *(matar)* to kill with arrows; *fig* **a. a preguntas,** to bombard with questions.

salariado,-a I *pp de* asalariar. **II** *adj* salaried; **trabajador a.,** wage earner, salaried worker. **III** *nm,f* wage earner, salaried worker.

salariar [12] *vtr* to employ.

saltador,-a I *adj* assaulting, attacking. **II** *nm,f* attacker; *(en un robo)* raider, robber.

saltante I *adj* assaulting, attacking. **II** *nmf* attacker; *(en un robo)* raider, robber.

saltar *vtr* to assault, attack; *(para robar)* to raid, rob; *fig* **le asaltaron las dudas,** he was filled with doubts.

salto *nm* **1** assault, attack; *(con robo)* raid, robbery; **tomar por a.,** to take by storm. **2** *Box* round.

samblea *nf* assembly, meeting. ■ **a. general,** general meeting.

sambleísta *nmf* member of an assembly *o* meeting.

sar I *vtr* **1** *Culin* to roast; **a. a la parrilla,** to grill. **2** *fig (molestar)* to annoy, pester. **II asarse** *vr fig* to be roasting, be boiling hot.

saz *adj lit* **1** *(muy)* very. **2** *(bastante)* rather, quite.

sbesto *nm* *Min* asbestos *sing*.

scendencia *nf* **1** ancestry, ancestors *pl*; **de a. judía,** of Jewish descent. **2** *(influencia)* ascendancy.

scendente I *adj* ascendant, ascending. **II** *nm* ascendant.

scender [28] **I** *vtr* to promote; **le han ascendido a capitán,** he's been promoted to captain. **II** *vi* **1** to ascend, move upward; *(temperatura, nivel)* to rise; **la cuenta asciende a diez mil pesetas,** the bill adds up to ten thousand pesetas. **2** *(aumentar)* to increase. **3** *(al trono)* to ascend; *(de categoría)* to be promoted; **a. a primera división,** to be promoted to the first division.

scendiente I *nm* ascendancy, power. **II** *nmf (persona)* ancestor.

scensión *nf* **1** climb, climbing. ■ *Rel* **día de la A.,** Ascension Day. **2** *(al trono)* accession.

scensional *adj* ascendant, upward.

scensionista *nmf (en globo)* balloonist; *(alpinista)* mountaineer.

scenso *nm* promotion.

scensor *nm* lift, *US* elevator.

scensorista *nmf* lift attendant.

sceta *nmf* ascetic.

scético,-a I *adj* ascetic. **II** *nf* asceticism.

scetismo *nm* asceticism.

sco *nm* disgust, repugnance; **está hecho un a.,** *(cosa)* it's filthy, it's a mess; *(persona)* he's very much under the weather; **me da a.,** it makes me (feel) sick; **¡qué a.!,** how disgusting *o* revolting!

scua *nf* live coal; *fig* **en o sobre ascuas,** on tenterhooks; *fam* **arrimar el a. a su sardina,** to look after number one.

seado,-a I *pp de* asear. **II** *adj* clean, tidy, neat.

sear I *vtr* to clean, tidy up. **II asearse** *vr* to wash, get washed.

sechanza *nf (conspiración)* scheme; *(trampa)* trap.

sediar [12] *vtr* to besiege, lay siege to; *fig* **a. con preguntas,** to besiege with questions.

sedio *nm* siege; *fig* **el a. de los periodistas,** the harassment by journalists.

asegurado,-a I *pp de* asegurar. **II** *adj* **1** *Seg* insured. **2** *(indudable)* secure; **el éxito está a.,** it's bound to be a success.

asegurador,-a *Seg* **I** *adj* insuring, insurance. **II** *nm,f* insurer.

asegurar I *vtr* **1** *Seg* to insure. **2** *(garantizar)* to assure, guarantee; **le aseguro que ...,** I can assure you that ...; **me han asegurado que llega hoy,** I've been promised that it'll arrive today. **3** *(sujetar) (puerta)* to secure; *(cerrar)* to close tightly. **II asegurarse** *vr* to make sure; **a. de cerrar el gas,** to make sure that the gas is turned off.

asemejar I *vtr* to make alike, make similar. **II asemejarse** *vr* to look like, be like.

asenso *nm* assent, consent; **dar a.,** to believe.

asentaderas *nfpl fam* bottom *sing*, buttocks.

asentado,-a I *pp de* asentar. **II** *adj* **1** *(situado)* placed, situated. **2** *(firme)* firm, secure; **un edificio mal a.,** a building with bad foundations. **3** *(establecido)* established, settled.

asentamiento *nm* **1** *Mil* emplacement. **2** *(poblado)* settlement.

asentar [27] **I** *vtr* **1** *(situar)* to place, situate, site; **a. un campamento,** to set up camp; **a. los cimientos,** to lay the foundations. **2** *(asegurar)* to secure, make firm; **no está bien asentado,** it's not steady. **II asentarse** *vr* **1** *(situarse)* to be situated. **2** *(persona)* to settle down, establish oneself. **3** *(tierra)* to sink.

asentimiento *nm* assent, consent.

asentir [35] *vi* to assent, agree; **a. con la cabeza,** to nod.

aseo *nm* **1** *(acción)* cleaning, tidying up. **2** *(limpieza)* cleanliness, tidiness. ■ **a. personal,** personal cleanliness. **3** **(cuarto de) a.,** bathroom; *(retrete)* toilet.

asepsia *nf* **1** *Med* asepsis. **2** *fig (frialdad)* coldness, coolness.

aséptico,-a *adj* **1** *Med* aseptic. **2** *fig (frío)* cold, cool.

asequible *adj* obtainable, accessible; **a. a todos,** *(de comprar)* within everybody's reach; *(de entender)* easy to understand.

aserción *nf* assertion, statement.

aserradero *nm* sawmill.

aserrado,-a I *pp de* aserrar. **II** *adj* serrated. **III** *nm* sawing.

aserrador,-a I *adj* sawing. **II** *nm* sawyer. **III** *nf (máquina)* power saw.

aserradura *nf* **1** *(acción)* sawing. **2** *(corte)* saw cut. **3 aserraduras,** sawdust *sing*.

aserrar [27] *vtr* to saw (up).

aserrín *nm* sawdust.

aserruchar *vtr Am* to saw (up).

aserto *nm* assertion, statement.

asesinar *vtr* to murder, kill; *Pol (cometer magnicidio)* to assassinate.

asesinato *nm* murder, killing; *(magnicidio)* assassination.

asesino,-a I *adj* murderous; **el arma asesina,** the murder weapon; *fig* **una mirada asesina,** a murderous look. **II** *nm,f* killer; *(hombre)* murderer; *(mujer)* murderess.

asesor,-a I *adj* advisory. **II** *nm,f* adviser, advisor, consultant. ■ **a. fiscal,** tax advisor.

asesoramiento *nm* **1** *(acción)* advising. **2** *(consejo)* advice.

asesorar I *vtr* **1** *(gen)* to advise, give (professional) advice to. **2** *Com* to act as consultant to. **II asesorarse** *vr* to consult; **asesórate bien antes de actuar,** take good advice before you do anything.

asesoría *nf* **1** *(cargo)* consultancy, consultantship. **2** *(oficina)* consultant's office.

asestar *vtr* to deal; **a. un golpe a algn,** to hit sb; **a. un puñetazo,** to punch; **a. una patada,** to kick; **a. una puñalada,** to stab.

aseveración *nf* asseveration, assertion.

aseverar *vtr* to asseverate, assert.

asexuado,-a *adj,* **asexual** *adj* asexual.

asfaltado,-a I *pp de* asfaltar. **II** *adj* asphalted. **III** *nm* **1** *(acción)* asphalting. **2** *(pavimento)* asphalted (road) surface, Tarmac.

asfaltar *vtr* to asphalt.

asfáltico,-a *adj* containing asphalt.

asfalto *nm* asphalt.

asfixia *nf Med* asphyxia, asphyxiation, suffocation.

asfixiado,-a I *pp de* asfixiar. **II** *adj fam* broke; **estar a.,** to be broke.

asfixiador,-a *adj,* **asfixiante** *adj* asphyxiating, suffocating; *fam* **hace un calor a.,** it's stifling.

asfixiar [12] *vtr,* **asfixiarse** *vr* to asphyxiate, suffocate.

asgo *indic pres véase* asir.

así I *adv* **1** *(de esta manera)* thus, like this *o* that, this way, so; **a las seis o a.,** around six o'clock; **algo a.,** something like this *o* that, something along these *o* those lines; **a. a.,** so-so; **a. de grande/alto,** this big/tall; **a. es,** that's right; **a. es la vida,** such is life; **a. fue,** that's how it was; **a. se lo dije,** I told him so; **¿cómo a.?,** how come?; **diez años o a.,** ten years more or less; **¿no es a.?,** isn't that so *o* right?; **ponlo a.,** put it this way; **y a. todo,** and the same applies to all the rest; *fam* **lo mismo le da a. que así,** she couldn't care less. **2** *(tanto como)* as; **a. en casa como en la oficina,** the same at home as in the office; **no puedo decidirlo a. como a.,** I can't decide just like that. **3** *(aunque)* **a. tenga que hacerlo yo mismo,** even if I have to do it myself. **4** *(a pesar de todo)* **y aun a.,** and despite that; **y a. y todo no lo entiendo,** even now I can't understand it. **5** *(por tanto, de modo que)* **a. pues,** therefore; **a. que no pude ir,** that's why I couldn't go; *fam* **¿a. que te has casado?,** so you've got married, have you? **6** *(tan pronto como)* **a. que lo sepas llámame,** as soon as you know give me a ring. **II** *adj* **un marido a. es una joya,** a husband like that is a gem.

Asia *n* Asia. ▪ **A. Menor,** Asia Minor.

asiático,-a *adj & nm,f* Asian.

asidero *nm* **1** *(asa)* handle. **2** *fig (pretexto)* pretext, excuse.

asiduidad *nf* assiduity; **con a.,** frequently, regularly.

asiduo,-a *adj* assiduous, regular.

asiento *nm* **1** seat; **a. trasero,** rear *o* back seat; **tome a.,** take a seat. **2** *(de vasija)* bottom. **3** *(poso)* sediment. **4** *Fin* entry, registry. **5** *Com (contrato)* trading contract. **6** *Arquit* settling.

asignación *nf* **1** assignment, allocation. **2** *(nombramiento)* appointment, assignment. **3** *(paga)* allocation, allowance; *(sueldo)* wage, salary.

asignar *vtr* **1** to assign, allot, allocate. **2** *(nombrar)* to assign, appoint.

asignatario,-a *nm,f Am Jur* beneficiary.

asignatura *nf Educ* subject; **a. pendiente,** failed subject.

asilado,-a *nm,f* **1** *(pobre)* person who lives in charity home. **2** *Pol (refugiado)* refugee.

asilar *vtr* **1** *(recoger)* to take in, give shelter to. **2** *P* *(dar refugio)* to grant *o* give political asylum to.

asilo *nm* **1** asylum. ▪ **a. de ancianos,** old people home; *Pol* **a. político,** political asylum. **2** *fig (prc tección)* protection, help, assistance; **dar a., t** shelter.

asimetría *nf* asymmetry.

asimétrico,-a *adj* asymmetrical, asymmetric.

asimiento *nm* **1** *(acción)* grasping, seizing, holdin **2** *(efecto)* attachment.

asimilable *adj* assimilable.

asimilación *nf* assimilation.

asimilar I *vtr* to assimilate. **II** asimilarse *vr* to a similate, be assimilated.

asimilativo,-a *adj* assimilative, assimilating.

asimismo *adv* **1** *(también)* also, as well. **2** *(de es manera)* likewise; *(además)* moreover.

asir [65] **I** *vtr (agarrar)* to take, grasp, seize, tal hold of. **II** *vi Bot (echar raíces)* to take root. **I** **asirse** *vr (agarrarse)* to get hold of one another; *f* **a. a una idea,** to cling to an idea.

asirio,-a *adj & nm,f Hist* Assyrian.

asistencia *nf* **1** *(presencia)* attendance; **con la a. d** in the presence of; **falta de a. al trabajo,** absenc from work. **2** *(público)* audience, public; **hub mucha a.,** there was a large audience. **3** *(ayuda)* a sistance, help, aid; **a. médica/técnica,** medical/tecl nical assistance; **con la a. de,** with the help of.

asistenta *nf* charlady, cleaning lady.

asistente I *adj* attending; **el público a.,** th audience. **II** *nmf* **1** *a.* **social,** social worker. **asistentes,** public *sing;* **los a. al acto,** the aud ence, the public. **III** *nm* assistant.

asistido,-a I *pp de* asistir. **II** *adj* assisted; **a. p ordenador,** computer-assisted. **III** *nm SAm* ten porary labourer *o US* laborer.

asistir I *vtr* to assist, help; **le asistió el médico d cabecera,** he was treated *o* attended by his gener: practitioner; *fml* **le asiste la razón,** he's right. **II** **1** to attend, be present; **lleva un mes sin a. a clase** he hasn't been to school for a month. **2** *(servir)* t work as a servant.

asma *nf Med* asthma.

asmático,-a *Med* **I** *adj* asthmatic. **II** *nm,f* asthmati person, person suffering from asthma.

asnal *adj* asinine, of a donkey, of an ass.

asno *nm* **1** *Zool* donkey, ass. **2** *fam (persona)* as: idiot.

asociación *nf* association. ▪ **a. de ideas,** associa tion of ideas; **a. de vecinos,** neighbours' associa tion.

asociacionismo *nm* associationism.

asociado,-a I *pp de* asociar. **II** *adj* associated, a: sociate. **III** *nm,f* associate, partner.

asociamiento *nm* association.

asociar [12] **I** *vtr* **1** to associate, link, connect; **a ideas,** to associate ideas. **2** *Com* to take into par nership. **II** asociarse *vr* **1** to be associated; **se asoci con el alcohol,** it is associated with alcohol. **2** *Cor* to become partners; **a. con algn,** to become sb partner.

asociativo,-a *adj* associative.

asocio *nm Am* association.

asolación *nf* devastation, destruction, razing.

asolador,-a *adj* devastating, destructive.

asolamiento *nf* devastation, destruction, razing.

asolar [31] *vtr* to devastate, destroy, raze.

asoleada *nf Am* sunstroke.

asolear I *vtr* to put in the sun. II **asolearse** *vr* to sunbathe.

asomar I *vtr* to show, put out, stick out; **asoma la cabeza por la ventana,** put your head out of the window. II *vi (empezar)* to appear; **ya asoma el día,** day is breaking. III **asomarse** *vr* to lean out; *(balcón)* to come out; **a. a la ventana,** to lean out of the window.

asombrado,-a I *pp de* **asombrar**. II *adj* surprised; amazed, astonished; **me dejó a.,** I was amazed.

asombrar I *vtr (sorprender)* to surprise, amaze, astonish. II **asombrarse** *vr (sorprenderse)* to be astonished; **a. de algo,** to be amazed at sth.

asombro *nm* surprise, amazement, astonishment.

asombroso,-a *adj* surprising, amazing, astonishing.

asomo *nm* sign, trace, hint; **sin el menor a. de interés,** without any interest at all.

asonada *nf Mil* putsch.

asonancia *nf Lit* assonance.

asonante *adj* assonant.

asordar *vtr* to deafen.

asorocharse *vr SAm* 1 to suffer from mountain sickness. 2 *fig (ruborizarse)* to blush; *(avergonzarse)* to feel ashamed.

aspa *nf* 1 *(de molino)* arm; *(de ventilador)* blade; *(armazón)* arms *pl.* 2 *(cruz)* X-shaped cross; **en forma de a.,** X-shaped. 3 *SAm (asta)* horn.

aspar *vtr* 1 to crucify. 2 *fig (fastidiar)* to annoy, pester. 3 *fam* **¡que me aspen si …!,** I'll be damned if …!

aspaventoso,-a *adj* fussy, theatrical, exaggerated.

aspaventarse *vr CAm* to become frightened.

aspaviento *nm* fuss; **hacer aspavientos,** to gesticulate and wave one's arms about.

aspecto *nm* 1 look, appearance; **¿qué a. tenía?,** what did he look like?; **tener a. de,** to look like; **tiene muy buen a.,** *(persona)* he's looking very well; *(cosa)* it looks very good. 2 *(de un asunto)* aspect, side; **bajo este a.,** from this angle; **en todos los aspectos,** in every respect.

aspereza *nf* roughness, coarseness, asperity; *fig* **limar asperezas,** to smooth things over.

asperezar [4] *vtr CAm* to roughen.

asperges *nm inv* 1 sprinkling. 2 *Rel* aspergillum.

asperjar *vtr* to sprinkle; *Rel* to sprinkle with holy water.

áspero,-a *adj* rough, coarse, asperous; *fig (carácter)* surly.

asperón *nm* sandstone.

aspersión *nf* sprinkling. ■ **riego por a.,** spraying.

aspersor *nm* sprinkler.

aspersorio *nm Rel* aspergillum.

áspid *nm Zool* asp.

aspidistra *nf Bot* aspidistra.

aspillera *nf Mil* loophole.

aspiración *nf* 1 inhalation, breathing in; **a. de aire,** intake of air. 2 *Ling* aspiration. 3 *Téc* sucking in. 4 **aspiraciones,** *(pretensión)* aspiration *sing,* strong desire *sing;* **tiene pocas a. profesionales,** he has few professional ambitions.

aspirado,-a I *pp de* **aspirar** . II *adj Ling* aspirated. III *n Ling* aspirate.

aspirador,-a I *adj* sucking; **bomba aspiradora,** suction pump. II *nm,f* vacuum cleaner.

aspirante I *adj* **bomba a.,** suction pump. II *nmf (para puesto de trabajo)* candidate, applicant.

aspirar I *vtr* 1 *(respirar)* to inhale, breath in. 2 *Ling (sonido)* to aspirate. 3 *Téc (absorber)* to suck in, draw in. II *vi fig (desear)* to aspire; **a. a ser famoso,** to aspire after fame.

aspirina *nf Farm* aspirin.

asquear I *vtr* to disgust, revolt, make sick. II **asquearse** *vr* to be disgusted *o* revolted.

asquerosidad *nf* filthy *o* revolting thing; **¡que a.!,** how revolting!

asqueroso,-a I *adj (sucio)* filthy; *(desagradable)* revolting, disgusting, foul. II *nm,f* 1 filthy *o* revolting person. 2 *(cerdo)* swine.

asta *nf* 1 *(de bandera)* staff, pole; **a media a.,** at half-mast. 2 *Zool (cuerno)* horn. 3 *Mil (palo de la lanza)* haft; *(pica)* lance, pike.

astado,-a I *adj Zool* horned. II *nm Taur* bull.

astenia *nf Med* asthenia.

asténico,-a *adj & nm,f Med* asthenic.

asterisco *nm* asterisk.

asteroide *adj & nm Astron* asteroid.

astifino,-a *adj Taur* narrow-horned.

astigmático,-a *Med* I *adj* astigmatic. II *nm,f* astigmat, astigmatic.

astigmatismo *nm Med* astigmatism.

astil *nm* 1 *(mango)* handle. 2 *(de flecha)* shaft. 3 *(de balanza)* arm, beam.

astilla *nf* splinter, chip; *fig* **hacer astillas,** to smash to smithereens; *prov* **de tal palo, tal a.** like father, like son.

astillar *vtr* to splinter.

astillero *nm* shipyard, dockyard.

astilloso,-a *adj* brittle, easily splintered.

astracán *nm* astrakhan.

astrágalo *nm* 1 *Anat* astragalus. 2 *Arquit* astragal.

astral *adj* astral; *Astrol* **carta a.,** birth chart, individual horoscope.

astringencia *nf* astringency.

astringente *adj & nm* astringent.

astringir [6] *vtr* to astringe, constrict.

astro *nm* star. ■ *lit* **el a. rey,** the sun; *fig* **a. de la pantalla,** film star.

astrofísica *nf* astrophysics *sing.*

astrolabio *nm Astron* astrolabe.

astrología *nf* astrology.

astrológico,-a *adj* astrological.

astrólogo,-a *nm,f* astrologer.

astronauta *nmf* astronaut.

astronáutica *nf* astronautics *sing.*

astronave *nf Astronáut* spacecraft, spaceship.

astronomía *nf* astronomy.

astronómico,-a *adj* 1 *(de los astros)* astronomical, astronomic. 2 *fig (elevado)* astronomical.

astrónomo,-a *nm,f* astronomer.

astroso,-a *adj* 1 *(andrajoso)* shabby, ragged, untidy. 2 *(desdichado)* unfortunate.

astucia *nf* astuteness, cunning, shrewdness.

astur *adj & nmf,* **asturiano,-a** *adj & nm,f* Asturian.

Asturias *n* Asturias; **Príncipe de A.,** ≈ Prince of Wales.

astuto,-a *adj* astute, cunning, shrewd.

asueto *nm* short holiday.

asumir *vtr* to assume, take upon oneself; **a. el poder,** to assume control.

asunceno,-a I *adj* of *o* from Asunción. II *nm,f* native *o* inhabitant of Asunción.

asunción *nf* assumption, taking on.

asunto *nm* 1 subject, topic, matter, issue, affair; **a. de faldas,** affair with a woman; **el a. es que ...,** the thing is that ...; **no es a. mío,** it is nothing to do with me; **no es a. tuyo,** mind your own business; **y a. concluido,** and let that be the end of the matter. 2 **asuntos,** *Pol* affairs; **A. Exteriores,** Foreign Affairs.

asustadizo,-a *adj* easily frightened *o* scared.

asustar I *vtr* to frighten, scare. II **asustarse** *vr* to be frightened, be scared; **ella se asusta por todo,** she's frightened of everything.

asustón,-ona *adj Am* frightening.

atacante I *adj* attacking, assailing. II *nmf* attacker, assailant.

atacar [1] *vtr* 1 to attack, assault, assail. 2 *(dañar)* to attack, affect, damage; **atacó la cosecha,** it attacked the crops; **le atacó a los pulmones,** it attacked his lungs; *fig* **a. los nervios,** to get on someone's nerves. 3 *(combatir)* **todos atacaron sus ideas,** everyone attacked his ideas.

atadero *nm* 1 *(cuerda)* cord, rope; *(cadena)* chain. 2 *(anilla)* halter ring, hitching hook.

atadijo *nm fam* bundle.

atado,-a I *pp de* **atar.** II *adj* 1 *(ligado)* tied, bound; **a. a un árbol,** tied to a tree. 2 *fig (tímido)* timid, shy. III *nm (legajo)* bundle. IV *nf Arg* packet of cigarettes.

atadura *nf* 1 *(acción)* tying, binding, fastening. 2 *(cuerda)* binding, string, cord. 3 *fig (impedimento)* tie, hindrance.

atajar I *vi* to take a shortcut **(por,** across *o* through). II *vtr* 1 *(entorpecer el paso)* to halt, stop; **a. un incendio,** to check the spread of a fire; **a. un mal de raíz,** to kill sth at the root; **a. una manifestación,** to check a demonstration; **Eva me atajó cuando salía,** Eva stopped me as I was leaving. 2 *(interrumpir)* to interrupt, cut short; **atajaron al orador,** they interrupted the speaker.

atajo *nm* 1 shortcut; *fig* **echar por un a.,** to take a shortcut, take the easiest way out. 2 *(grupo)* bunch; **sois un a. de sinvergüenzas,** you're a bunch of rotters.

atalaya I *nf (torre)* watchtower, lookout; *(mirador)* vantage point. II *nm (persona)* watcher, lookout.

atalayar *vtr* 1 *(vigilar)* to watch (over), observe. 2 *fig (espiar)* to spy on.

atañer [38] *v unipers* to concern, have to do with; **en lo que atañe a este asunto,** as far as this subject is concerned, with regard to this subject; **eso a ti no te atañe,** that has nothing to do with you.

ataque *nm* 1 attack; assault. ■ **a. aéreo,** air raid. 2 *Med* fit; *fig* **un a. de celos/odio,** a fit of jealousy/hatred. ■ **a. al corazón,** heart attack; **a. de nervios,** fit of hysterics; **a. de tos,** fit of coughing.

atar I *vtr* 1 *(ligar)* to tie, bind; **átale los zapatos,** do his shoes up; **átalo bien,** fasten it tight; **a. de pies y manos,** to bind hand and foot; *fig* **a. cabos,** to put two and two together; *fam* **estar loco de a.,** to be as mad as a hatter. 2 *fig* to bind, tie down; **a. corto a algn,** to keep a tight rein on sb; **una profesión que ata mucho,** a profession that ties one down a lot. II **atarse** *vr fig* to get tied up.

atarazana *nf* shipyard, dockyard.

atardecer [43] I *v impers* to get *o* grow dark. II *nm* evening, dusk.

atareado,-a I *pp de* **atarear.** II *adj* busy, occupied.

atarear I *vtr* to keep busy, assign a task to. II **atarearse** *vtr* to be busy, work hard.

atarugar [7] I *vtr fam* 1 *(llenar)* to stuff, pack, cram; **a. a algn con comida,** to stuff sb with food. 2 *fig (hacer callar)* to shut up. II **atarugarse** *vr* 1 *fig (avergonzarse)* to feel confused *o* embarrassed; *(cortarse)* to stop short, become tongue-tied. 2 *fig (atragantarse)* to choke.

atascadero *nm fig* stumbling block, obstacle.

atascar [1] I *vtr* 1 *(bloquear)* to block up, obstruct; **a. una cañería,** to clog up a pipe. 2 *fig (obstaculizar)* to hamper, hinder. II **atascarse** *vr* 1 *(bloquearse)* to become obstructed, become blocked; **se ha atascado el fregadero,** the sink is blocked. 2 *(coche, motor)* to get jammed, get stuck. 3 *fig (estancarse)* to get tangled up, get bogged down.

atasco *nm* 1 *(acción)* obstruction, blockage. 2 *(de tráfico)* traffic jam.

ataúd *nm* coffin.

ataviar [13] I *vtr* 1 *(adornar)* to deck, adorn. 2 *(arreglar)* to dress up. II **ataviarse** *vr (arreglarse)* to dress oneself up, attire oneself.

atávico,-a *adj* atavistic.

atavío *nm* 1 *(adorno)* adornment. 2 *(vestido)* dress, attire.

atavismo *nm* atavism.

ateísmo *nm* atheism.

atelaje *nm* 1 *(caballos)* team of horses. 2 *(guarnición)* harness.

atemorizar [4] I *vtr* to frighten, scare. II **atemorizarse** *vr* to be frightened, be scared.

atemperación *nf* 1 *(moderación)* moderation, restraint, tempering. 2 *(acomodación)* adjustment, accommodation.

atemperar I *vtr* 1 *(moderar)* to moderate, temper. 2 *(adaptar)* to adjust, accommodate **(a,** to). II **atemperarse** *vr* 1 *(moderarse)* to moderate oneself, restrain oneself. 2 *(ajustarse)* to adjust oneself, accommodate oneself.

Atenas *n* Athens.

atenazado,-a I *pp de* **atenazar.** II *adj* 1 gnashed, clenched. 2 *fig* gripped, tormented; **a. por el miedo,** seized by fear.

atenazar [4] *vtr* 1 to gnash, clench. 2 *fig* to torture, torment; **el remordimiento lo atenazaba,** remorse tormented him.

atención I *nf* 1 attention; **al principio no me llamó la a.,** at first I didn't notice anything unusual; **'a., carretera en obras',** 'danger, roadworks ahead'; **llamar la a.,** to attract attention; **llamar la a. a algn,** to tell sb off; **prestar a.,** to pay attention **(a,** to). 2 *(detalle)* nice thought; **en a. a,** as a sign of respect for; **ha sido una a. por su parte,** it was terribly kind of him. 3 **atenciones,** attentions; **tener muchas a. con algn,** to smother sb with attentions. II *interj (cuidado)* watch out!

atender [28] I *vtr* 1 *(cliente)* to attend to; *(consejo, advertencia)* to heed, listen to; *(máquina)* to service; *(niño, inválido)* to look after, care for. 2 *(escuchar)* to attend to, pay attention to. II *vi* 1 **a. a,** to attend to, pay attention to. 2 **a. por,** to answer to the name of.

atendible *adj* worthy of attention *o* consideration.

atendido,-a I *pp de* **atender.** II *adj SAm Méx* considerate, helpful.

ateneo *nm* athenaeum, *US* atheneum.

atenerse [87] *vr* **1 a. a,** *(regla)* to abide by; *(promesa)* to stand by. **2** to rely on; **atente a las consecuencias,** bear the consequences in mind; **no sabe a que a.,** he doesn't know where he stands.

ateniense *adj & nmf* Athenian.

atentado *nm* attack, assault; **a. contra la vida de algn,** attempt on sb's life. ■ **a. terrorista,** terrorist attack.

atentar I *vi* **a. a** *o* **contra,** to commit a crime against; **a. contra la vida de algn,** to make an attempt on sb's life. II *vtr (delito)* to attempt, commit.

atento,-a I *pp de* atender. II *adj* **1** attentive, observant; **estar a. a los riesgos,** to be mindful *o* aware of the risks. **2** *(amable)* polite, thoughtful, considerate; **es muy a.,** he is very considerate; *(en carta)* **su atenta (carta),** your esteemed letter. **3** *fml* **a. a,** in view of, considering. ◆**atentamente** *adv* **1** attentively. **2** *(amablemente)* politely, kindly, thoughtfully; *(en carta)* **le saluda a.,** yours sincerely *o* faithfully.

atenuación *nf* attenuation, lessening; *Jur* extenuation.

atenuante I *adj* attenuating; *Jur (circunstancias)* extenuating. II *nm Jur* extenuating circumstance.

atenuar [11] *vtr* **1** to attenuate; *Jur* to extenuate. **2** *(importancia)* to lessen, diminish.

ateo,-a I *adj* atheistic. II *nm,f* atheist.

ateperetarse *vr CAm* to get confused, lose one's head.

aterciopelado,-a *adj* velvet, velvety; *fig* **voz aterciopelada,** sweet voice.

aterido,-a I *pp de* aterirse. II *adj* stiff with cold, numb.

aterimiento *nm* stiffness with cold, numbness.

aterirse *vr defect* to be stiff with cold, be numb.

aterrada *nf Náut* landfall.

aterrador,-a *adj* terrifying, frightful.

aterraje *nm* **1** *Av* landing. **2** *Náut* landfall.

aterramiento *nm* fear, terror.

aterrar[1] I *vtr* to terrify, frighten. II aterrarse *vr* to be terrified *o* frightened, panic.

aterrar[27] I *vtr* **1** *(derribar)* to pull down, demolish. **2** to cover with earth. II *vi Av* to land; *Náut* to stand inshore.

aterrizaje *nm Av* landing. ■ **a. forzoso,** forced landing; **a. violento,** crash landing.

aterrizar [4] *vi* **1** *Av* to land. **2** *fig* to show up, arrive.

aterronar I *vtr* to cake, harden. II aterronarse *vr* to go lumpy, cake, harden.

aterrorizar[4] I *vtr* to terrify; *Mil Pol* to terrorize. II aterrorizarse *vr* to be terrified.

atesoramiento *nm* hoarding, accumulation, storing up.

atesorar *vtr* **1** *(acumular)* to hoard, accumulate, store up. **2** *fig (cualidades, defectos)* to possess.

atestación *nf* attestation, testimony.

atestado,-a[1] *nm Jur* affidavit, statement; **atestados,** testimonials.

atestado,-a[2] I *pp de* atestar. II *adj (abarrotar)* packed, crammed; **estaba a. de gente,** it was full of people.

atestar[1] *vtr Jur (testificar)* to testify.

atestar[2] [27] I *vtr (abarrotar)* to pack, cram, stuff **(de,** with). II atestarse *vr (de comida)* to stuff oneself.

atestiguación *nf* attestation, testimony.

atestiguar [22] *vtr* **1** *Jur (testificar)* to testify to, bear witness to, give evidence of. **2** *fig* to vouch for.

atetar *vtr (animal)* to suckle; *(niño)* to feed.

atezado,-a I *pp de* atezar. II *adj* **1** *(por el sol)* tanned. **2** *(negro)* black, blackened.

atezar [4] I *vtr* **1** *(al sol)* to tan, burn. **2** *(ennegrecer)* to blacken, turn black. II atezarse *vr (ennegrecerse)* to go black.

atiborrado,-a *adj* **a. de,** full of, stuffed with, packed with.

atiborrar I *vtr (abarrotar)* to fill, pack, stuff **(de,** with). II atiborrarse *vr fam (de comida)* to stuff oneself.

atiburnar *vtr CAm,* **atiburrar** *vtr CAm Col véase* atiborrar.

ático *nm Arquit* attic; *(vivienda)* attic flat, penthouse.

atiesar *vtr* to stiffen, tighten, stretch taut.

atigrado,-a *adj (tigre)* striped; *(gato)* tabby.

atildado,-a I *pp de* atildar. II *adj (elegante)* smart, neat, spruce.

atildamiento *nm* **1** *(esmero)* elegance, tidiness. **2** *fig (censura)* censure.

atildar I *vtr* **1** *Tip* to mark with a tilde. **2** *fig (asear)* to tidy, clean up. **3** *fig (censurar)* to criticize, censure, find fault with. II atildarse *vr (asearse)* to titivate oneself, spruce oneself up.

atilintar *vtr CAm* to tense, tauten.

atinado,-a I *pp de* atinar. II *adj (correcto)* accurate, correct; *(pertinente)* pertinent; *(persona)* sensible; **una decisión a.,** a wise decision. ◆**atinadamente** *adv* correctly, sensibly; **según dijo a.,** as he rightly said.

atinar *vi (acertar)* to guess right, be right, do the right thing; **a. a hacer algo,** to succeed in doing sth; **a. al blanco,** to hit the target; **atinó con la solución,** he found the solution.

atingencia *nf Am* connection, relation.

atiparse *vr fam (de comida)* to stuff oneself, guzzle.

atípico,-a *adj* atypical.

atiplado,-a I *pp de* atiplar. II *adj* high-pitched.

atiplar I *vtr (agudizar)* to raise the pitch of. II atiplarse *vr (voz)* to go squeaky.

atipujarse *vr CAm Méx* to stuff oneself **(de,** with).

atiriciarse *vr Med* to contract jaundice.

atisbadero *nm* peephole; *(atalaya)* lookout.

atisbador,-a I *adj* prying, nosy. II *nm,f* observer, snooper, spy.

atisbar *vtr* **1** *(observar)* to spy on, observe, watch. **2** *fig (vislumbrar)* to make out.

atisbo *nm* **1** *(acción)* spying, watching. **2** *fig (indicios)* slight sign, inkling; **no hay el menor a. de esperanza,** there's not the slightest hope.

atizadero *nm* **1** poker. **2** *fig (estímulo)* spark, stimulus.

atizador *nm* poker.

atizar[4] I *vtr (fuego)* to poke, stoke; *(vela)* to snuff. II *fig (rebelión)* to stir up; *(pasiones)* to rouse, excite. III atizarse *vr fam (comer, beber)* to knock back; **se atizó toda una botella de vino,** he knocked back a whole bottle of wine.

atizonar *vtr Bot* to blight.

atlántico,-a I *adj* Atlantic. II *nm* **el (océano) A.** the Atlantic (Ocean).

atlas I *adj* **los (montes) A.**, the Atlas Mountains. **II** *nm inv* atlas.

atleta *nmf* athlete.

atlético,-a *adj* athletic.

atletismo *nm* athletics *sing*.

atmósfera *nf* 1 atmosphere. 2 *fig* atmosphere, sphere of influence.

atmosférico,-a *adj* atmospheric, atmospherical.

atoar *vtr* to tow.

atocha *nf Bot* esparto.

atochal *nm Bot* esparto field.

atocinar I *vtr* 1 *(cerdo)* to slice up, make into bacon. 2 *fam fig (asesinar)* to do in, carve up. **II atocinarse** *vr fam* 1 *(enfadarse)* to get het up. 2 *(enamorarse)* to fall madly in love.

atol *nm CAm Ven* drink made from maize flour.

atolería *nf Am* atol shop o stall.

atolladero *nm* 1 *(lugar fangoso)* morass, quagmire. 2 *fig (aprieto)* fix, jam, scrape; **estar en un a.**, to be in a jam; **sacar a algn de un a.**, to get sb out of a fix; **salir del a.**, to get out of a jam.

atollar *vi*, **atollarse** *vr* 1 *(atascarse)* to get stuck in the mud, get bogged down. 2 *fig (atrancarse)* to get into a fix o scrape.

atolón *nm Geog* atoll.

atolondrado,-a I *pp de* **atolondrar. II** *adj* 1 *(desatinado)* scatterbrained, reckless, silly. 2 *(aturdido)* stunned, bewildered.

atolondramiento *nm* 1 *(desatino)* recklessness, silliness. 2 *(aturdimiento)* confusion, bewilderment.

atolondrar I *vtr* to confuse, stun, bewilder. **II atolondrarse** *vr* to be confused, stunned, bewildered.

atómico,-a *adj* atomic.

atomización *nf* atomization, spraying.

atomizador *nm* atomizer, spray, scent spray.

atomizar [4] *vtr* to atomize, spray.

átomo *nm* 1 *Quím* atom. 2 *fig (pizca)* atom, particle, speck; **ni un a. de,** not a trace of.

atonal *adj* atonal.

atónito,-a *adj* amazed, astonished, nonplussed.

átono,-a *adj* atonic, unstressed.

atontado,-a I *pp de* **atontar. II** *adj* 1 *(tonto)* silly, foolish. 2 *(aturdido)* stunned, bewildered, amazed. ◆**atontadamente** *adv* 1 *(tontamente)* foolishly, recklessly. 2 *(de manera confusa)* in a stunned o bewildered way.

atontamiento *nm* bewilderment.

atontar I *vtr (aturdir)* to stun, confuse, bewilder. **II atontarse** *vr (aturdirse)* to be o get confused, mixed-up, bewildered.

atorar I *vtr (embarrancar)* to obstruct, block, choke. **II atorarse** *vr (embarrancarse)* to get stuck in the mud.

atormentador,-a I *adj* tormenting. **II** *nm,f (hombre)* tormentor; *(mujer)* tormentress.

atormentar I *vtr* 1 *(torturar)* to torture. 2 *fig (importunar)* to torment, harass; *(tentar)* to tantalize. **II atormentarse** *vr (sufrir)* to torment oneself, suffer agonies.

atornillar *vtr* 1 *(enroscar)* to screw on o up o down o together. 2 *Am* to pester, annoy.

atorradero *nm SAm* tramp's resting place.

atorrante *nmf SAm* tramp, *US* bum, *US* hobo.

atortojar *vtr Am véase* **atortolar.**

atortolar I *vtr fam* 1 *(acobardar)* to intimidate, scare. 2 *(aturdir)* to confuse. **II atortolarse** *vr (enamorarse)* to bill and coo.

atortujar *vtr* to squash, flatten.

atosigador,-a I *adj* 1 *(venenoso)* poisonous. 2 *fig (apremio)* harassing, pressing. **II** *nm,f* 1 *(envenenador)* poisoner. 2 *fig (opresor)* oppressor, tormentor.

atosigamiento *nm* 1 *(envenenamiento)* poisoning. 2 *fig (apremio)* harassment.

atosigar [7] *vtr* 1 *(envenenar)* to poison. 2 *(preocupar)* to worry. 3 *fig (apremiar)* to harass, pester.

atrabancar [1] **I** *vtr* to rush o hurry over. **II atrabancarse** *vr* to get into a jam.

atrabiliario,-a I *adj* bad-tempered, moody. **II** *nm,f* bad-tempered person, moody person.

atrabilis *nf inv fig* bad temper, moodiness.

atracadero *nf Náut* landing place, wharf, berth.

atracador,-a *nm,f (de banco)* (bank) robber; *(en la calle)* attacker, mugger.

atracar [1] **I** *vtr* 1 *(robar)* to hold up, rob. 2 *fam (de comida)* to stuff, gorge. **II** *vi Náut* to come alongside, tie up. **III atracarse** *vr (de comida)* to stuff oneself **(de,** with), gorge oneself **(de,** on).

atracción *nf* 1 attraction. 2 **atracciones,** attractions, show *sing*. ■ **parque de a.,** funfair.

atraco *nm* hold-up, robbery. ■ *Jur* **a. a mano armada,** armed robbery.

atracón *nm* 1 *fam (de comida)* binge, blowout; **pegarse un a.,** to make a pig of oneself. 2 *Am (pelea)* fight, brawl.

atractivo,-a I *adj* attractive, charming, appealing. **II** *nm* attraction, charm, appeal. ◆**atractivamente** *adv* attractively.

atraer [88] *vtr* 1 *(gen)* to attract; *(imaginación)* to appeal to; *(adhesión)* to win. 2 *(cautivar)* to charm, captivate.

atrafagar [7] *vi*, **atrafagarse** *vr* to bustle about, be busy.

atragantarse *vr* to choke **(con,** on), swallow the wrong way; **a. con un cacahuete,** to choke on a peanut; *fig* **ese chico se me atraganta,** I can't stand that boy.

atraigo *indic pres véase* **atraer.**

atraillar [15] *vtr* 1 *(perro)* to put on a leash. 2 *fig (dominar)* to control.

atraje *pt indef véase* **atraer.**

atramparse *vr* 1 *(caer en la trampa)* to be trapped, fall into a trap. 2 *(conducto)* to get clogged o blocked up. 3 *fig (persona)* to get into a fix, be in a scrape.

atrancar [1] **I** *vtr (puerta)* to bar, bolt. **II** *vi fam (persona)* to stride along; *(en la lectura)* to read hastily. **III atrancarse** *vr (encerrarse)* to lock oneself in.

atrapar *vtr* to seize, capture, catch.

atraque *nm Náut* mooring place, berth; *(de nave espacial)* link-up.

atrás I *adv* 1 *(lugar)* at the back, behind; **cuenta a.,** countdown; **estar a.,** to be behind o at the back; **ir hacia a.,** to go backwards; **puerta de a.,** back o rear door; *fig* **volverse a.,** to change one's mind. 2 *(tiempo)* previously, in the past, ago; **un año a.,** a year ago; **venir de muy a.,** to go o date back a long time. **II** *interj* get back!

trasado,-a I *pp de* atrasar. **II** *adj* **1** late, slow; *(pago)* overdue; *(reloj)* slow; **andar a.**, to be slow; Prensa **número a.**, back number. **2** *(país)* backward, underdeveloped; *(alumno)* backward, retarded.

trasar I *vtr* to delay; *(reloj)* to put back. **II** *vi (reloj)* to lose, be slow. **III** atrasarse *vr* **1** to remain *o* stay behind, lag behind; *fig* **a. con un pago**, to get into debt, be in arrears. **2** *(tren)* to be late.

traso *nm* **1** delay; *(de reloj)* slowness; **llegar con media hora de a.**, to arrive half an hour late. **2** *(de país)* backwardness. **3** atrasos, *Fin* arrears.

travesado,-a I *pp de* atravesar. **II** *adj* **1** *(persona)* cross-eyed, squinting. **2** *(animal)* mongrel, crossbred. **3** *fig (mal intencionado)* wicked, difficult, bloody-minded; **me tiene a.**, he can't stand me.

travesar [27] **I** *vtr* **1** *(cruzar)* to cross, cross over, go across, go over, pass through; *fig* **a. una mala racha**, to go through a bad patch. **2** *(bala, navaja)* to pierce, go through. **3** *(puente)* to cross, span, bridge. **4** *(objeto)* to lay across, put across, put crosswise. **II** atravesarse *vr* **1** *(estar atravesado)* to be across, be in the way. **2** *fig* to interrupt, butt in. **3** *fig (inmiscuirse)* to interfere, meddle. **4** *fig* **a. algn a uno**, not to be able to bear *o* stand sb.

trayente *adj* attractive.

treguar *vtr* to agree to a truce (with).

trenzo *nm Am* difficulty, trouble, conflict.

treverse *vr* to dare, venture; **a. a hacer algo**, to dare to do sth; **a. con algn**, to be cheeky *o* insolent to sb; **a. con algo**, to take sth on; **¿te atreves?**, are you game?

trevido,-a I *pp de* atreverse. **II** *adj* **1** *(osado)* daring, bold. **2** *(insolente)* insolent, impudent. **3** *(indecoroso)* daring, risqué.

trevimiento *nm* **1** *(actitud)* daring, audacity. **2** *(insolencia)* insolence, impudence, effrontery.

tribución *nf* **1** *(acción)* attribution. **2** *(poder)* power, authority.

tribuible *adj* attributable.

tribuir [62] **I** *vtr* to attribute, ascribe. **II** atribuirse *vr* to assume.

tribular I *vtr* to afflict, distress, grieve. **II** atribularse *vr* to suffer, be distressed, be grieved.

tributivo,-a *adj* attributive.

tributo *nm* attribute.

trición *nf Rel* attrition, sorrow.

tril *nm* lectern, bookrest; *Mús* music stand.

trincheramiento *nm* entrenchment.

trincherar I *vtr* to entrench, dig a trench. **II** atrincherarse *vr* to entrench.

trio *nm Hist* atrium, portico; *Arquit* entrance hall, porch.

trito,-a *adj* contrite.

trochar *vi* to take a short cut.

trocidad *nf* **1** *(barbaridad)* atrocity, outrage. **2** *(disparate)* silly remark, foolish thing.

trofia *nf Med* atrophy.

trofiar [12] *vtr*, **atrofiarse** *vr* to atrophy.

tronado,-a I *pp de* atronar. **II** *adj* rash, thoughtless, reckless.

tronador,-a *adj* thundering, deafening.

tronamiento *nm* **1** *(ruido)* thundering. **2** *(aturdimiento)* daze, stunned state. **3** *fig (confusión)* bewilderment, confusion.

tronar [31] *vtr* **1** *(ensordecer)* to deafen. **2** *(aturdir)* to stun, daze. **3** *fig (confundir)* to bewilder, confuse.

atropar *vtr*, **atroparse** *vr* to group together.

atropellado,-a I *pp de* atropellar. **II** *adj* **1** *(persona)* hasty, impetuous, rash. **2** *(comportamiento)* abrupt, brusque.

atropellador,-a I *adj* rough, inconsiderate. **II** *nm,f* lout.

atropellar I *vtr* **1** to trample underfoot; *Aut* to knock down, run over. **2** *fig* to rush through, hurry over; *(sentimientos)* to outrage, hurt; *(derechos)* to disregard; *(inferior)* to bully, oppress. **II** *vi* **a. por**, *(abrirse camino)* to push one's way through; *fig (abusar)* to ride roughshod over. **III** atropellarse *vr fig* to speak *o* act hastily, rush in.

atropello *nm* **1** accident, collision; *Aut* knocking down, running over. **2** *fig (abuso)* abuse, outrage.

atroz *adj* **1** *(bárbaro)* atrocious, outrageous. **2** *fam (enorme)* enormous, huge, tremendous. ◆**atrozmente** *adv* **1** atrociously, outrageously. **2** *fam* dreadfully, tremendously.

ATS *nmf Med abr de* ayudante técnico sanitario.

atta. *abr de* atenta.

atto. *abr de* atento.

atuendo *nm* dress, attire.

atufar I *vtr fig (irritar)* to vex, irritate. **II** *vi (oler mal)* to stink. **III** atufarse *vr* **1** to be overcome; **se atufó por los gases**, he was overcome by the fumes. **2** *(vino)* to turn sour. **3** *fig (enfadarse)* to get angry *o* annoyed.

atufo *nm* anger, annoyance.

atujar *vtr*, **atular** *vtr CAm (perros)* to set (**a**, on).

atún *nm (pez)* tunny, tuna.

atunero,-a I *adj* tuna. **II** *nm* tuna *o* tunny fisherman.

aturdido,-a I *pp de* aturdir. **II** *adj* **1** *(confundido)* stunned, dazed. **2** *(atolondrado)* harebrained, reckless.

aturdimiento *nm* **1** *(confusión)* confusion, bewilderment. **2** *(atolondramiento)* thoughtlessness, recklessness.

aturdir I *vtr* **1** *(por un golpe)* to stun, daze; *(por un ruido)* to deafen; *(por una droga)* to stupefy. **2** *fig (atolondrar)* to stun, dumbfound; *(confundir)* to bewilder, confuse. **II** aturdirse *vr* **1** to be stunned. **2** *fig (atolondrarse)* to become confused *o* bewildered.

aturrado,-a *adj CAm* **1** *(tullido)* crippled; *(entumido)* numb, stiff. **2** *(arrugado)* creased; wrinkled.

aturrullar I *vtr (aturdir)* to confuse, bewilder. **II** aturrullarse *vr (aturdirse)* to get confused *o* bewildered.

atusar I *vtr (pelo) (cortar)* to trim; *(peinar)* to comb, smooth down. **II** atusarse *vr* to overdress.

atuve *pt indef véase* atenerse.

auca *nf Orn* wild goose.

audacia *nf* audacity, boldness, daring.

audaz *adj* audacious, bold, daring.

audible *adj* audible.

audición *nf* **1** *(acción)* hearing; *Rad TV* reception. **2** *Teat (prueba)* audition; **le hicieron una a.**, they gave him an audition. **3** *Mús (concierto)* concert.

audiencia *nf* **1** *(recepción)* audience, hearing; *(entrevista)* formal interview. **2** *Jur (tribunal)* high court. **3** *(público)* audience.

audífono *nm* hearing aid, deaf aid.

audiovisual *adj* audio-visual.

auditar *vtr* to audit.

auditivo,-a I *adj* auditory; car. **II** *nm (auricular)* earpiece, receiver.

auditor *nm* 1 *Fin* auditor. 2 *Mil* legal adviser.

auditoría *nf* 1 *(proceso)* audit, auditing. 2 *(empleo)* auditorship.

auditorio *nm* 1 *(público)* audience. 2 *(sala)* auditorium, hall.

auge *nm* 1 *(punto culminante)* peak, summit; *Com* boom, upsurge, upturn; *fig* **estar en a.**, to be thriving *o* booming. 2 *Astron* apogee.

auguración *nf* augury.

augural *adj* augural.

augurar *vtr* to augur.

augusto,-a *adj* august, magnificent, majestic.

aula *nf* *Educ* classroom; *Univ* lecture room.

aulaga *nf* *Bot* gorse, furze.

aullador,-a *adj* howling, yelling.

aullar [16] *vtr* to howl, yell.

aullido *nm*, **aúllo** *nm* howl, yell.

aumentador,-a I *adj* augmenting, increasing. **II** *nm* *Elec* booster.

aumentar I *vtr* to augment, increase, add to; *(precios)* to put up; *(producción)* to step up; *Fot* to enlarge; *Opt* to magnify; *Rad (sonido)* to amplify. **II aumentarse** *vr* to increase, be on the increase; *(precios)* to go up, rise; *(valor)* to appreciate.

aumentativo,-a *adj* augmentative.

aumento *nm* increase, growth; *Fot* enlargement; *Ópt* magnification; *Rad* amplification; **a. de precios**, rise in prices; **ir en a.**, to be on the increase.

aun *adv* 1 even; **a. así**, even so, even then; **a. cuando**, even though; **a. más**, even more.

aún *adv* still, yet; **a. está aquí**, he's still here; **ella no ha venido a.**, she hasn't come yet.

aunar [16] **I** *vtr* to unite, join, combine. **II aunarse** *vr* to unite, combine.

aunque *conj* although, though; *(enfático)* even if, even though; **a. no vengas**, even if you don't come; **es severo a. justo**, he's strict but fair.

aúpa *interj* up!, get up!

aupar [16] *vtr* 1 *(levantar)* to help up. 2 *fig (alabar)* to praise.

aura *nf* 1 *lit (brisa)* gentle breeze. 2 *fig (aplauso)* applause, acclamation. 3 *(halo)* aura.

aúreo,-a *adj* golden.

aureola *nf* aureole, halo.

aurícula *nf* auricle.

auricular I *adj* auricular, of the ear. **II** *nm* 1 *(dedo)* little finger. 2 *Tel* earpiece, receiver. **3 auriculares**, earphones, headphones.

auriense I *adj* of *o* from Orense. **II** *nmf* native *o* inhabitant of Orense.

aurora *nf* daybreak, dawn. ■ **a. borealis**, aurora borealis, northern lights.

auscultación *nf* *Med* sounding, auscultation.

auscultar *vtr* *Med* to sound (with a stethoscope).

ausencia *nf* absence.

ausentarse *vr* 1 *(faltar)* to absent oneself. 2 *(irse)* to disappear, go missing.

ausente I *adj* 1 absent. 2 *(distraído)* lost in thought. **II** *nmf* 1 absentee. 2 *Jur* missing person.

ausentismo *nm* absenteeism.

auspicio *nm* auspice.

austeridad *nf* 1 *(sobriedad)* austerity. 2 *(severidad)* severity.

austero,-a *adj* 1 *(sobrio)* austere. 2 *(severo)* severe, stern.

austral *adj* south, southern.

Australia *n* Australia.

australiano,-a *adj* & *nm,f* Australian.

Austria *n* Austria.

austríaco,-a *adj* & *nm,f* Austrian.

austro *nm* *Meteor* south wind.

autarquía *nf* *Econ* autarky.

autenticación *nf* authentication; *(legalización)* legalization.

autenticar [1] *vtr* to authenticate; *(legalizar)* to authorize, legalize.

autenticidad *nf* authenticity.

auténtico,-a 1 *adj* authentic, genuine. **II** *nf (certificado)* certificate; *(copia legalizada)* certified copy.

autentificar [1] *vtr* to authenticate.

autillo *nm* *Orn* scops owl.

autismo *nm* autism.

autista *nmf* autistic person.

autístico,-a *adj* autistic.

auto[1] *nm* *Aut* car.

auto[2] *nm* *Jur* decree, writ; *(pleito)* **autos**, papers, documents; *fam* **estar en autos**, to be in the know.

autoadhesivo,-a *adj* self-adhesive.

autoanálisis *nm* self-analysis.

autobiografía *nf* autobiography.

autobiográfico,-a *adj* autobiographical.

autobomba *nf* fire engine.

autobombearse *vr* *fam* to blow one's own trumpet.

autobombo *nm* *fam* self-praise, blowing one's own trumpet.

autobús *nm* bus.

autocamión *nm* *Aut* lorry.

autocar *nm* *Aut* coach.

autociclo *nm* *Aut* motorcycle.

autoclave *nf* 1 *Med* autoclave, sterilizer. 2 *Culin* pressure cooker.

autocopista *nf* stencilling machine.

autocracia *nf* *Pol* autocracy.

autocrático,-a *adj* *Pol* autocratic.

autocrítica *nf* self-criticism.

autóctono,-a *adj* indigenous, autochthonous.

autodefensa *nf* self-defence, *US* self-defense.

autodidacto,-a I *adj* self-taught. **II** *nm,f* self-taught person.

autodisciplina *nf* self-discipline.

autódromo *nm* motor racing track.

autoescuela *nf* *Aut Educ* driving school, school *o* motoring.

autogiro *nm* *Av* autogyro, helicopter.

autogobierno *nm* *Pol* self-government.

autógrafo,-a I *adj* autographic. **II** *nm* autograph.

autohipnosis *nf* self-hypnosis.

autómata *nm* automaton.

automaticidad *nf* automaticity.

automático,-a *adj* automatic.

automatismo *nm* automatism.

automatización *nf* automation.

automatizar [4] *vtr* to automate.

automotor,-a I *adj* self-propelled. **II** *nm* *Ferro* diesel train.

automóvil *nm Aut* car.

automovilismo *nm Aut* motoring.

automovilista *nmf Aut* motorist.

automovilístico,-a *adj Aut* car; **accidente a.**, car accident.

autonomía *nf* autonomy, home rule.

autonómico,-a *adj* autonomous, self-governing.

autónomo,-a *adj* autonomous, free.

autopista *nf Aut* motorway.

autopsia *nf* 1 *Med* autopsy, post mortem. 2 *fig* critical dissection.

autor,-a *nm,f (gen)* writer; *(hombre)* author; *(mujer)* authoress; *Teat* manager; *(de crimen)* perpetrator.

autoridad *nf* authority.

autoritario,-a *adj* authoritarian.

autoritarismo *nm* authoritarianism.

autoritativo,-a *adj* authoritative.

autorizable *adj* authorizable.

autorización *nf* authorization.

autorizado,-a I *pp de* autorizar. II *adj* authoritative, official.

autorizar [4] *vtr* 1 to authorize; *Jur* to legalize. 2 *(aprobar)* to approve, give authority to.

autorretrato *nm* self-portrait.

autoservicio *nm* 1 *(restaurante)* self-service restaurant. 2 *(tienda)* supermarket.

autostop *nm* hitch-hiking; **hacer a.**, to hitch-hike.

autostopista *nmf* hitch-hiker.

autosuficiencia *nf* self-sufficiency.

autosuficiente *adj* self-sufficient.

autosugestión *nf* autosuggestion.

auxiliador,-a I *adj* helping. II *nm,f* helper.

auxiliar [14] I *adj & nmf* auxiliary, assistant. II *vtr* to help, assist; *(país)* to bring aid to; *(moribundo)* to attend.

auxilio *nm* help, aid, assistance, relief. ■ **primeros auxilios**, first aid *sing*.

Av., Avda. *abr de* **Avenida**, Avenue, Ave.

a/v *abr de* **a vista**, at *or* on sight.

aval *nm Com Fin* endorsement, guarantee.

avalancha *nf* avalanche.

avalar *vtr Com* to guarantee, endorse.

avalista *nmf Com* guarantor.

avalorar *vtr* 1 *(evaluar)* to value, assess, estimate. 2 *(animar)* to encourage.

avaluación *nf* valuation.

avaluar [11] *vtr* to value, assess.

avance *nm* 1 *(acción)* advance. 2 *Fin* advance payment; *Com (balance)* balancing; *(presupuesto)* estimate. 3 *Cin* trailer. ■ *TV* **a. informativo,** news preview, *US* news brief.

avante *adv Naút* ahead, forward.

avanzada *nf Mil* advance guard.

avanzado,-a I *pp de* avanzar. II *adj* advanced; **de avanzada edad,** advanced in years.

avanzar [4] I *vtr* to advance, move forward; *Fin (dinero)* to advance; *Mil etc* to promote; *(propuesta)* to put forward. II *vi & avanzarse vr* 1 to advance, go forward. 2 *(noche, invierno)* to draw in.

avanzo *nm Fin Com (cómputos)* balancing; *(presupuesto)* estimate.

avaricia *nf* avarice, meanness, miserliness; *fam* **con a.**, extremely; **es pelma con a.**, he's terribly boring.

avariento,-a *adj* avaricious, mean, miserly.

avaro,-a I *adj* avaricious, mean, miserly. II *nm,f* miser.

avasallador,-a *adj* overwhelming.

avasallamiento *nm* subjection, subjugation, domination.

avasallar I *vtr* to subdue, subject. II avasallarse *vr* to yield, accept domination.

avatar *nm* 1 change, transformation. 2 **avatares,** ups and downs.

ave *nf* bird; *fig* **es un a. nocturna,** he's a night-bird. ■ **a. de rapiña,** bird of prey; **aves de corral,** poultry.

avecinar I *vtr* to bring close *o* up to. II avecinarse *vr* to approach, come near.

avecindarse *vr* to settle, take up residence.

avefría *nf Orn* lapwing, common plover.

avejentarse *vr* to age (prematurely).

avejigar [7] *vi*, avejigarse *vr* to blister.

avellana *nf Bot* hazelnut.

avellanal *nm*, **avellanedo** *nm* hazel wood, hazel plantation.

avellano *nm Bot* hazelnut tree; *(madera)* hazel wood.

avemaría *nf Rel* Ave Maria, Hail Mary; *fam* **en un a.**, in a jiffy; *fam* **saber algo como el a.**, to know sth backwards.

avena *nf Agr Bot* oats *pl*.

avenado,-a I *pp de* avenar. II *adj* half-crazy, with a streak of madness.

avenal *nm Agr* oatfield.

avenamiento *nm Agr* draining, drainage.

avenar *vtr Agr* to drain.

avendré *indic fut de* avenir.

avenencia *nf* agreement, compromise; *Com* deal.

avengo *indic pres de* avenir.

avenida *nf* 1 *(calle)* avenue. 2 *(de río)* flood, spate. 3 *(reunión)* gathering, meeting.

avenido,-a I *pp de* avenir. II *adj* **bien a.**, in agreement, on good terms; **mal a.**, in disagreement, on bad terms.

avenimiento *nm* agreement, compromise; *(concilio)* harmony, understanding.

avenir [90] I *vtr* to reconcile, harmonize. II *vi* to happen. III avenirse *vr* to agree, be in agreement; to harmonize, be on good terms; **a. a hacer algo,** to agree to do sth; **a. con algo,** to come to terms with sth.

aventador,-a *Agr* I *adj* winnowing. II *nm,f* winnower. III *nf* winnowing machine.

aventajado,-a I *pp de* aventajar. II *adj* 1 *(ventajoso)* advantageous, favourable, *US* favorable. 2 *(sobresaliente)* outstanding, exceptional; *(en cabeza)* in the lead.

aventajar *vtr* 1 to lead, be ahead *o* in front of; *(llegar aventajado)* to come first, come ahead of. 2 *(superar)* to surpass, outdo; **nadie le aventaja en compañerismo,** nobody beats him for team spirit.

aventamiento *nm Agr* winnowing.

aventar [27] *vtr* 1 *Agr* to winnow. 2 *(el viento)* to blow away; *(el fuego)* to blow (on), fan; **a. las cenizas,** to cast ashes to the wind.

aventura *nf* 1 adventure; **novela de aventuras,** adventure novel. 2 *(riesgo)* risk, danger. 3 *(relación amorosa)* (love) affair.

aventurado,-a I *pp de* aventurar. II *adj (arriesgado)* risky, dangerous; **no sería demasiado a. afirmar que ...,** it would not be going too far to state that ... .

aventurar I *vtr* 1 to risk, put in danger. 2 **a. una opinión,** to hazard an opinion. II aventurarse *vr* to venture, dare.

aventurero,-a I *adj* adventurous; **de espíritu a.,** venturesome. II *nm,f (hombre)* adventurer; *(mujer)* adventuress.

avergonzado,-a I *pp de* avergonzar. II *adj* ashamed, embarrassed.

avergonzar [51] I *vtr* to shame, put to shame; *(turbar)* to embarrass. II avergonzarse *vr* to be ashamed (**de,** of), be embarrassed.

avería *nf* 1 *Com Náut (daño)* damage. 2 *Téc (desperfecto)* failure; malfunction; **el viento ocasionó una a. en el transformador,** the wind damaged the transformer; **en caso de a.,** in case of breakdown. 3 *Aut* breakdown; **tuvimos una a.,** we had a breakdown in the car.

averiado,-a I *pp de* averiar. II *adj* 1 faulty; **está a.,** it's out of order, it's not working, something is wrong with it. 2 *Aut* broken down.

averiar [13] I *vtr* 1 *(dañar)* to damage, spoil. 2 *Téc (estropear)* to cause to malfunction. 3 *Aut* to cause a breakdown. II averiarse *vr* 1 *(dañarse)* to get damaged. 2 *(estropearse)* to malfunction, go wrong, fail. 3 *Aut* to break down.

averiguable *adj* verifiable.

averiguación *nf* investigation, inquiry.

averiguar [22] I *vtr* to investigate, inquire into, find out about, ascertain; **averigua su número de teléfono,** find out his phone number. II *vi CAm Méx (discutir)* to argue.

averno *nm Lit* Hades, the nether regions *pl*.

averroísmo *nm Fil* Averroism.

aversión *nf* aversion, loathing; **sentir a. por,** to loath.

avestruz *nm Orn* ostrich.

avetorillo *nm Orn* little bittern.

avetoro *nm Orn* bittern.

avezado,-a I *pp de* avezar. II *adj (acostumbrado)* used.

avezar [4] I *vtr (acostumbrar)* to accustom, get used. II avezarse *vr (acostumbrarse)* to become accustomed, get used (**a,** to).

aviación *nf* 1 aviation. ■ **accidente de a.,** air crash; **a. civil,** civil aviation. 2 *Mil* air force.

aviado,-a I *pp de* aviar. II *adj* 1 *(preparado)* ready. 2 *fam* **¡pues sí que estamos aviados!,** that's all we needed!

aviador,-a[1] *nm,f* aviator, flier; *Mil (piloto)* air force pilot.

aviador,-a[2] *nm,f Am* 1 financier of mining enterprises. 2 one who lends money or equipment to cattlemen, miners or farmers.

aviar [13] *vtr* 1 *(preparar)* to prepare, get ready. 2 *(arreglar)* to tidy; *(ordenar)* to put in order. 3 *(proveer)* to supply, equip. 4 *(apresurar)* to hurry up; **¡avía!,** hurry up! 5 *Am (dinero)* to lend money to; *(efectos)* to provide with equipment.

avícola *adj* poultry.

avicultor,-a *nm,f* poultry keeper.

avicultura *nf* aviculture; *(de aves de corral)* poultry keeping.

avidez *nf* avidity, eagerness.

ávido,-a *adj* avid, eager; **á. de aventuras,** thirsty for adventures.

avieso,-a *adj* evil, wicked, depraved.

avilés,-esa I *adj* of *o* from Avila. II *nm,f* native *o* inhabitant of Avila.

avinagrado,-a I *pp de* avinagrar. II *adj* vinegary, sour; *fig* sour; **carácter a.,** sour character.

avinagrar I *vtr* to turn sour, embitter. II avinagrarse *vr* to turn sour; *fig (carácter)* to become sour *o* bitter.

avío *nm* 1 preparation, tidying; **el a. de la casa,** household chores. 2 *(de labrador, de pastor)* provisions. 3 *avíos, (utensilios)* gear *sing*, tackle *sing*, equipment *sing*. 4 *Am (préstamo)* loan of money or equipment.

avión[1] *nm Orn* martin.

avión[2] *nm Av* 1 aeroplane, *US* airplane, plane, aircraft; *(en carta)* **por a.,** airmail; **viajar en a.,** to fly, go by plane. ■ **a. a reacción,** jet (plane). 2 *Am (cometa)* kite.

avioneta *nf Av* light aircraft *o* plane.

avisado,-a I *pp de* avisar. II *adj* 1 warned; **estás a., you've been warned.** 2 *(sagaz)* shrewd; *(prudente)* wise, prudent.

avisador,-a I *adj* warning. II *nm* 1 *Téc (alarma)* warning device, bell. 2 *(persona)* messenger.

avisar *vtr* 1 *(informar)* to inform, notify, announce; **avísame cuando hayas acabado,** let me know when you finish; **a. con un mes de antelación,** to give a month's notice. 2 *(advertir)* to warn; **avisamos a los conductores que ...,** we warn motorists that ...; **ya te avisé,** I warned you. 3 *(mandar llamar)* to call for; to notify; **'avisamos grúa',** 'cars will be towed away'; **a. a la policía,** to notify the police; **a. al médico,** to send for the doctor.

aviso *nm* 1 notice; *(advertencia)* warning; *(nota)* note; **hasta nuevo a.,** until further notice; **mandar a. de que,** to inform that; **sin previo a.,** without notice. 2 **andar *o* estar sobre a.,** to be on the alert, keep one's eyes open; **estar sobre a.,** *(estar enterado)* to know what's going on, be in on it; *(ya haber avisado)* to have been warned; **poner sobre a.,** to forewarn; **ya ma han puesto sobre a.,** I've been told (about it). 3 *Am (anuncio)* advertisement, advert.

avispa *nf Ent* wasp.

avispado,-a I *pp de* avispar. II *adj fam* quick-witted, quick on the uptake.

avispar *vtr,* avisparse *vr fam* to quicken *o* smarten up.

avispero *nm* 1 *Ent (conjunto de avispas)* swarm of wasps. 2 *Ent (nido)* wasps' nest. 3 *fig (atolladero)* tight spot, mess. 4 *Med* carbuncle.

avistar *vtr* to see, sight.

avitaminosis *nf Med* avitaminosis, vitamin deficiency.

avituallamiento *nm* provisioning.

avituallar *vtr* to provision, supply with food.

avivado,-a I *pp de* avivar. II *adj fig* enlivened, quickened; *(pasión, enfado)* stirred, aroused.

avivar I *vtr* 1 *(fuego)* to stoke (up); *(color, luz)* to brighten; *(pasión, dolor)* to intensify. 2 *fig (anhelos, deseos)* to enliven; *(paso)* to quicken. II *vi fam* **¡aviva!,** hurry up!, move on! III avivarse *vr* to become brighter *o* livelier.

avizor,-a adj estar ojo a., to be on the alert o on the lookout.

avizorar vtr to spy on, watch.

avocatero nm Am avocado pear tree.

avutarda nf Orn great bustard.

axial adj, **axil** adj axial.

axila nf 1 Anat armpit, axilla. 2 Bot axil.

axilar adj axillar, axillary.

axioma nm axiom.

axiomático,-a adj axiomatic.

ay I interj (dolor) ouch!; (queja) ¡ay de mí!, poor me!; (amenaza) ¡ay de ti como te coja!, I'll give it to you if I catch you!; (sobresalto) ¡ay! ¡qué susto!, God! what a fright! **II** nm (suspiro, queja) aah!

aya nf arc 1 (ama de cría) wet nurse. 2 (niñera) nanny. 3 (institutriz) governess.

ayayay nm Am peasant song.

ayer I adv 1 yesterday; **antes de a.,** the day before yesterday; **a. por la mañana/por la tarde,** yesterday morning/afternoon; **a. por la noche,** last night; **parece que fue a.,** apparently it was yesterday. 2 (en tiempo pasado) before, formerly. **II** nm past; **los recuerdos del a.,** memories from the past.

ayo nm arc private tutor.

ayocote nm Am kidney bean.

ayote nm Bot CAm (fruto) gourd, pumpkin.

ayotera nf Bot (planta) gourd, pumpkin.

ayuda nf 1 help, assistance; **con la a. de un bastón,** with the aid of a walking stick; **ir en a. de algn,** to come to sb's assistance; **prestar a.,** to help. ▪ **a. de cámara,** valet. 2 Med (lavativa) enema.

ayudante nmf assistant. ▪ Cin Teat **a. de dirección,** production assistant; Med **a. técnico-sanitario,** nurse; Mil adjutant.

ayudantía nf assistantship; Mil adjutancy.

ayudar I vtr to help, assist, aid; **¿en qué puedo ayudarle?,** (how) can I help you? **II** **ayudarse** vr (hacer uso de, apoyarse) to use, make use of; (unos a otros) to help.

ayunar vi to fast.

ayunas nfpl 1 (sin comer) **en a.,** without having eaten breakfast; **hay que tomarlo en a.,** you have to take it on an empty stomach. 2 fig in the dark; **quedarse en a.,** not to understand a thing.

ayuno nm fasting, fast; **guardar a.,** to fast.

ayuntamiento nm 1 (corporación) town council, city council. 2 (edificio) town hall, city hall. 3 fml **a. carnal,** sexual intercourse.

azabache nm Min jet; fig **pelo negro como el a.,** jet black hair, raven hair.

azada nf Agr hoe.

azadón nm Agr (wide) hoe.

azafata nf 1 (de avión) air hostess o stewardess. 2 (de congresos, exposiciones) hostess, stewardess.

azafrán nm Bot Culin saffron.

azafranado,-a adj saffron-coloured, US saffron-colored.

azahar nm Bot (del naranjo) orange blossom; (del limonero) lemon blossom. ▪ **agua de a.,** orange-flower water.

azalea nf Bot azalea.

azar nm 1 chance; **al a.,** at random; **por puro a.,** by pure chance. ▪ **juegos de a.,** games of chance. 2 (desgracia) misfortune, accident; **los azares de la vida,** the ups and downs of life.

azarado,-a I pp de azarar. **II** adj embarrassed.

azaramiento nm embarrassment.

azarar I vtr to embarrass. **II** **azararse** vr to be embarrassed.

azarearse vr Am véase azararse.

azaroso,-a adj hazardous, dangerous, risky.

ázimo,-a adj **pan á.,** unleavened bread.

ázoe nm arc Quím nitrogen.

azogado,-a I pp de azogar. **II** adj 1 silvered, quick-silvered. 2 Med suffering from mercurialism. 3 fig (inquieto) restless.

azogar [7] vtr to (coat with) quicksilver; (espejos) to silver.

azogue nm mercury, quicksilver.

azor nm Orn goshawk.

azorado,-a I pp de azorar. **II** adj embarrassed.

azoramiento nm embarrassment.

azorar I vtr to embarrass. **II** **azorarse** vr to be embarrassed.

azorencarse [1] vr CAm to get confused o mixed-up.

Azores nfpl **las (Islas) A.,** the Azores.

azoro nm 1 Am (azoramiento) embarrassment. 2 CAm (fantasma) ghost, spirit.

azotado,-a I pp de azotar. **II** adj 1 (con látigo) whipped, flogged. 2 fig whipped, lashed.

azotaina nf fam spanking, smacking; **darle una a. a un niño,** to spank a child.

azotar I vtr 1 (con látigo) to whip, flog. 2 (golpear) to beat, beat down on. 3 fig (peste, hambre) to scourge. **II** **azotarse** vr Am (vagabundear) to loaf around.

azotazo nm fam smack.

azote nm 1 (vara) whip, scourge. 2 (golpe) lash, stroke (of the whip); **diez azotes,** ten lashes. 3 fam smacking, spanking. 4 fig scourge.

azotea nf flat roof; fam **estar mal de la a.,** to have a screw loose, not be right in the head.

azotera nf SAm ≈ cat-o'-nine-tails sing.

azteca adj & nmf Aztec.

azúcar nm & f sugar. ▪ **a. blanco,** refined sugar; **a. cande, a. candi,** sugar candy; **a. de caña,** cane sugar; **a. de lustre,** icing sugar; **a. moreno, a. negro,** brown sugar; **terrón de a.,** lump of sugar.

azucarado,-a I pp de azucarar. **II** adj 1 (con azúcar) sugared, sweetened. 2 (como el azúcar) sugar-like; (dulce) sweet. 3 fig sugary.

azucarar I vtr to sugar, put sugar in, sweeten. **II** **azucararse** vr Am to crystallize.

azucarero,-a I adj sugary; **la industria azucarera,** the sugar industry. **II** nm & f sugar bowl. **III** nf sugar factory.

azucarillo nm Culin lemon candy.

azucena nf Bot white lily.

azuela nf adze.

azufaifa nf Bot (fruto) jujube.

azufaifo nm Bot (árbol) jujube tree.

azufrado,-a I pp de azufrar. **II** adj sulphured, US sulfured, sulphurated, US sulfurated.

azufrar vtr Quím to sulphur, US sulfur, sulphurate, US sulfurate.

azufre nm Quím sulphur, US sulfur.

azufroso,-a adj Quím sulphurous, US sulfurous.

azul adj & nm blue. ▪ **a. celeste,** light-blue; **a. eléctrico,** electric blue; **a. marino,** navy blue; **a. turquesa,** turquoise; **príncipe a.,** Prince Charming; **sangre a.,** blue blood.

azulado,-a I *pp de* **azular** II *adj* blue, bluish.
azular *vtr* to blue.
azulejo[1] *nm Orn* bluebird.
azulejo[2] *nm (baldosín)* (glazed) tile.
azulete *nm (para la ropa)* blue; **dar a.,** to blue.

azulgrana *adj inv* 1 *(colores)* blue and scarlet. 2 *Dep* related to Barcelona Football Club.
azulino,-a *adj* bluish.
azuzar[4] *vtr* 1 **a. los perros a algn,** to set the dog on sb. 2 *fam* to egg on, urge.

B

B, b [be] *nf (la letra)* B, b.
baba *nf (de niño)* dribble; *(de adulto)* saliva, spittle; *(de animal)* saliva; *(de caracol)* slime; *fig* **caérsele a uno la b.,** to be delighted; *fig* **se le cae la b. con su nieto,** he dotes on his grandson; *fam* **tener muy mala b.,** to have a nasty streak.
babear *vi* 1 *(niño)* to dribble; *(adulto, animal)* to slobber. 2 *fig* to drool.
babel *nm & f* bedlam; **la casa está hecha una b.,** the house is upside down; **la reunión se convirtió en un verdadero b.,** the meeting became sheer bedlam.
babero *nm* bib.
Babia *n fig* **estar en B.,** to be daydreaming, have one's head in the clouds.
babieca I *adj* silly, simple-minded. II *nmf* fool, simpleton.
babilla *nf Zool* stifle.
babilonio,-a *adj & nm,f Hist* Babylonian.
bable *nm Ling* Asturian dialect.
babor *nm Náut* port, port side, larboard; **a b.,** to port, on the port side; **¡tierra a b.!,** land to port!
babosa *nf Zool* slug.
babosear *vtr* to slobber over, drool over.
baboseo *nm* slobbering, drooling.
baboso,-a *adj* 1 *(niño)* dribbly; *(adulto)* slobbery. 2 *fam fig* sloppy.
babucha *nf* slipper.
babuino *nm Zool* baboon.
baca *nf Aut* roof rack.
bacalao *nm (pez)* cod; *fam* **cortar el b.,** to be the boss; *fam* **¡te conozco b.!,** you can't fool me.
bacanal *nf* bacchanalia, orgy.
bacará *nm,* **bacarrá** *nm Naipes* baccarat.
bache *nm* 1 *(en la carretera)* pot hole. 2 *Av* air pocket. 3 *fig* bad patch; **pasar un b.,** to go through a bad patch; **salir del b.,** to recover from a bad patch. 4 *Econ* slump, depression.
bachiller I *nmf* pupil who has obtained the bachillerato. II *nm fam* ≈ General Certificate of Education O level, *US* high school degree.
bachillerato *nm* ≈ General Certificate of Education O level, *US* high school degree.
bacía *nf* basin; *(de afeitar)* shaving bowl.
bacilar *adj Biol* bacillary.
bacilo *nm Biol* bacillus, germ.
bacón *nm,* **bacon** *nm* bacon.
bacteria *nf Biol* bacterium, germ; **bacterias,** bacteria.
bactericida *Biol* I *adj* bactericidal, germ-killing. II *nm* bactericide, germicide.
bacteriología *nf Biol* bacteriology.

bacteriológico,-a *adj Biol* bacteriological.
bacteriólogo,-a *nm,f Biol* bacteriologist.
báculo *nm* 1 *(bastón)* walking stick. 2 *(de obispo)* crosier. 3 *fig* support, comfort; **ella fue el b. de su vejez,** she was the staff of his old age.
badajo *nm* clapper.
badajocense I *adj* of *o* from Badajoz. II *nmf* native *o* inhabitant of Badajoz.
badajoceño,-a *adj & nm,f véase* **badajocense**
badana *nf* sheepskin; *fig* **zurrarle la b. a algn,** to give sb a good hiding.
badén *nm* 1 *(cauce)* paved ford. 2 *(zanja)* gully; *Au* uneven road.
badil *nm,* **badila** *nf (pala)* fire shovel; *(atizador)* poker.
bádminton *nm Dep* badminton.
baf(f)le *nm* loudspeaker.
bagaje *nm* 1 *Mil* baggage. 2 *fig* experience, background; **b. intelectual,** intellectual background.
bagatela *nf (baratija)* knick-knack; *fig* trifle; **no te enfades por una b.,** don't get worked up over nothing.
Bagdad *n* Baghdad.
bagre *nm (pez)* catfish.
bah *interj* bah!
Bahamas *npl* **las (Islas) B.,** the Bahamas.
bahameño,-a *adj & nm,f* Bahamian.
bahía *nf Geog* bay; **B. de Hudson,** Hudson Bay.
Bahrein *n* Bahrain.
bailable *adj* for dancing; **música b.,** dance music, music that one can dance to.
bailador,-a *nm,f (bailarín)* dancer; *(de flamenco)* Spanish folk dancer.
bailar [15] I *vtr* to dance; **b. la polca,** to dance the polka. II *vi* 1 to dance; **nadie la saca a b.,** no one asks her to dance; **no me gusta b. agarrado,** I don't like dancing cheek to cheek; *fig* **b. al son que le tocan,** to toe the line; *fig* **le bailaban los ojos de alegría,** her eyes sparkled with joy; *fam* **otro que tal baila,** they're two of a kind; *fam* **¡que me quiten lo baila(d)o!,** but at least I had a good time!; *fam* **siempre me toca b. con la más fea,** I always get the short end of the stick. 2 *(quedar grande)* to be too big; **esta falda me b.,** this skirt is loose on me. 3 *(moverse)* to wobble; **esta mesa b.,** this table's wobbly.
bailarín,-ina I *adj* dancing. II *nm,f* dancer; *(clásico)* ballet dancer.
baile *nm* 1 *(danza)* dance; **la sardana es un b. catalán,** the sardana is a Catalan dance; **¿me concede usted este b.?,** may I have the pleasure of this dance? ■ **b. clásico,** ballet. 2 *(fiesta popular)* dance.

(de etiqueta) ball; **b. de disfraces,** masked ball, fancy dress ball; **b. de gala,** gala ball. 3 Med **b. de San Vito,** Saint Vitus's dance.

bailón,-ona fam I adj fond of dancing. II nm,f bopper.

bailongo nm fam low-class dance, hop.

bailotear vi fam to dance, jig about.

bailoteo nm fam dancing, jigging about.

baja nf 1 (disminución) drop, fall; **estar en b.,** to be dropping o falling; Fin **jugar a la b.,** to bear. 2 Mil loss, casualty; **bajas de guerra,** war losses; **dar a un soldado de b.,** to discharge a soldier; **ser b.,** to be reported missing. 3 (cese) **estar dado de b.,** to be on sick leave; **dar de b. a algn,** (despedir) (de una empresa) to lay sb off; (de un club, de una sociedad) to take away sb's membership; (de un colegio profesional) to strike sb off; **darse de b.,** (por enfermedad) to take sick leave; (de un club) to resign **(de,** from), drop out **(de,** of); (en una suscripción) to cancel.

bajada nf 1 (descenso) descent; (disminución) decrease, diminish, reduction. 2 (camino por donde se baja) way down, slope. 3 (taxi) **b. de bandera,** minimum fare.

bajamar nf low tide; ebb-tide.

bajante nf Am low tide.

bajar I vtr 1 (descender) to bring o get o take down; **baja la maleta del armario,** take the suitcase down from the cupboard; Teat **b. el telón,** to lower the curtain; **b. la categoría a algn,** to demote sb; **b. las persianas,** to let down the blinds; fig **b. los humos a algn,** to take sb down a peg or two. 2 (recorrer de arriba abajo) to come o go down; **b. la escalera,** to come o go downstairs. 3 (inclinar) to lower; **b. la cabeza,** to bow o lower one's head. 4 (disminuir) (volumen) to turn down; (voz) to lower; (precios etc) to reduce, lower, cut; **¡baja esa maldita música!,** turn that bloody music down!; **los mayoristas han bajado los precios,** the wholesalers have cut prices. II vi 1 (ir de un lugar a otro más bajo) to go o come down; **bajo en seguida,** I'll be down in a minute. 2 (apearse) (de un tren, autobús, avión) to get off; (de una moto, bicicleta) to get off; (de un coche) to get out **(de,** of); **bajó del coche,** he got out of the car. 3 (disminuir) to fall, drop; **ha bajado el azúcar,** sugar has come down in price; **han bajado las ventas,** sales are down; **no bajará de tres horas,** it will take at least three hours; **¡ojalá baje la temperatura!,** let's hope the temperature drops! III **bajarse** vr 1 to come o go down; **bájate de ahí,** get down. 2 (apearse) (de un tren, autobús, avión) to get off; (de una moto, bicicleta) to get off; (de un coche) to get out **(de,** of); **se bajó de la bici,** she got off the bike; **se bajó del coche,** he got out of the car. 3 (inclinarse) to bend over o down.

bajareque nm Am fence made of cane and mud.

bajel nm lit Náut vessel, ship.

bajera nf 1 Am low quality tobacco leaves. 2 Arg (gualdrapa) saddlecloth.

bajero,-a adj lower.

bajetón,-ona adj Antill Col Ecuad (persona) short, small.

bajeza nf 1 (acción vil) vile deed, base action. 2 (condición) lowliness; **b. intelectual,** lack of intelligence.

bajines (por lo) loc adv, **bajinis (por lo)** loc adv fam on the sly; **hablar por lo b.,** to speak quietly.

bajío nm 1 Mar (banco de arena) sandbank. 2 Am (terreno bajo) lowland.

bajista Fin I adj bearish; **tendencia b.,** tendency to lower prices. II nmf bear.

bajo,-a I adj 1 (cosa, precio) low; (persona) short; (sonido) faint, soft; (voz) low; **en voz baja,** in a low voice; **un techo muy b.,** a very low ceiling; **una mujer baja,** a short o small woman. 2 (en lugar inferior) **un piso b.,** a lower floor flat; (en nivel inferior) **de baja calidad,** of poor quality; **la clase baja,** the lower class; fig **tirando por lo b.,** at a conservative guess. 3 (inclinado) low; **con la cabeza baja,** with bowed head. 4 (territorio, río) lower; **el B. Aragón,** lower Aragon. 5 fig (vil) base, contemptible. II nm 1 Geog lowland, depression. 2 Náut sandbank. 3 Mús (cantante, voz, instrumento) bass. 4 **bajos,** (planta baja) ground floor sing; (sótano) basement sing. 5 **bajos,** (de pantalones) bottoms, US cuffs; (de falda) hem sing. III adv 1 (en lugar inferior) **volar b.,** to fly low. 2 (en voz baja) quietly, softly; **hablar b.,** to speak quietly, whisper; fig **por lo b.,** in secret, on the sly. IV prep 1 (lugar) under, underneath; **b. la lluvia,** in the rain; **b. tierra,** underground, buried. 2 Pol Hist under; **b. Nerón/la República,** under Nero/the Republic. 3 (temperatura) below; **cinco grados b. cero,** five degrees below zero. 4 (garantía, condición) under; **b. fianza,** on bail; **b. juramento,** under oath; **b. pena de muerte,** under sentence of death.

bajón nm 1 Mús (instrumento) bassoon; (músico) bassoonist. 2 (bajada) sharp fall, decline. 3 Com Fin slump. 4 (de salud) relapse, deterioration; **ha sufrido un b.,** she has taken a turn for the worse.

bajorrelieve nm Arte bas-relief.

bajura nf pesca **de b.,** coastal fishing.

bakelita nf Quím véase **baquelita**.

bala I nf 1 Mil bullet; fig **como una b.,** like a shot. ■ **b. de cañón,** cannonball; **b. de goma,** rubber bullet; **b. perdida,** stray bullet. 2 (de lana, algodón) bale. 3 Am **ni a b.,** by no means. II nmf fam (persona) **b. perdida,** oddball.

balaca nf, **balacada** nf CAm Ecuad (fanfarronada) bragging.

balacera nf Am (tiroteo) shooting.

balada nf Lit Mús ballad.

baladí adj (pl **baladíes**) trivial; **asunto b.,** secondary matter, triviality.

balalaika nf Mús balalaika.

balance nm 1 (vaivén) to-and-fro, rocking. 2 Fin (operación contable) balance; (declaración) balance sheet. 3 (cálculo) estimate; **el b. provisional de heridos,** the provisional estimate of casualties; **hacer b. de una situación,** to take stock of a situation.

balancear I vtr 1 (poner en equilibrio) to balance. 2 (mecer) to rock. II **balancearse** vr 1 (en una mecedora) to rock; (en un columpio) to swing. 2 (barco) to roll.

balanceo nm rocking, swinging, rolling.

balancín nm 1 (mecedora) rocking-chair. 2 (de balanza) balancing beam. 3 Téc Aut rocker arm. 4 (circo) balancing pole.

balandra nf Náut sloop.

balandro nm Náut yacht.

balanza nf 1 (aparato) scales pl; fig **estar en la b.,** to be in the balance o in danger; **b. de precisión,** precision balance. 2 Com Fin Pol balance. ■ **b. comercial,** balance of trade; **b. de pagos,** balance of payments; **b. de poderes,** balance of power. 3 Astrol **B.,** Libra, the Scales pl.

balar vi to bleat, baa.

balarrasa *nm fam* **1** *(aguardiente)* strong brandy. **2** *(persona)* madcap.

balasto *nm* ballast.

balaustrada *nf* balustrade, railing.

balaustre, balaústre *nm* **1** baluster. **2** *Am (paleta de albañil)* trowel.

balay *nm Am (cesta)* wicker basket.

balazo *nm* **1** *(disparo)* shot; **matar a algn de un b.**, to shoot sb dead. **2** *(herida)* bullet wound; **murió de un b.**, she died of a bullet wound.

balboa *nm Fin* standard monetary unit of Panama.

balbucear *vi* **1** *(adulto)* to stutter, stammer. **2** *(niño)* to babble.

balbuceo *nm* **1** *(adulto)* stuttering, stammering. **2** *(niño)* babbling.

balbuciente *adj* **1** *(adulto)* stuttering, stammering. **2** *(niño)* babbling.

balbucir *vi defect véase* balbucear .

Balcanes *npl* los **B.**, the Balkans.

balcánico,-a *adj* Balkan; **la Península balcánica**, the Balkan Peninsula.

balcón *nm* **1** balcony; **asomarse al b.**, *(mirar a la calle)* to look over the balcony; *(salir)* to go out onto the balcony. ■ **b. corrido**, row of balconies. **2** *fig (miranda)* vantage point.

balda *nf* shelf.

baldado,-a I *pp* debaldar . **II** *adj* **1** *(impedido)* crippled. **2** *fam (cansado)* shattered.

baldaquín *nm*, **baldaquino** *nm* canopy, baldachin.

baldar I *vtr* **1** *(lisiar)* to cripple, maim; **b. a algn a palos**, to give sb a thorough beating. **2** *fam (cansar)* to wear out. **II** baldarse *vr fam (cansarse)* to wear oneself out.

balde[1] *nm* pail, bucket.

balde[2] *loc adv* **1** *(gratis)* **de b.**, free; **viajar de b.**, to travel without paying; **trabajar de b.**, to work without getting paid. **2** *(en vano)* **en b.**, in vain; **he venido en b.**, I have come for nothing.

baldear *vtr Náut* **1** *(regar)* to wash, swill down. **2** *(achicar)* to bale out.

baldeo *nm* wash, washing, swilling down.

baldío,-a I *adj* **1** *(tierra)* uncultivated, waste. **2** *(vano)* vain, useless. **II** *nm* **1** *(erial)* wasteland. **2** *Am (solar)* plot for building.

baldón *nm (deshonra)* shame; *(injuria)* insult, offence; **tu conducta es un b. para la familia**, your behaviour is a disgrace to the family.

baldosa *nf* (ceramic) floor tile; *(para pavimentar)* flagstone, paving stone.

baldosín *nm* small tile.

balear I *adj* Balearic. **II** *nmf* native *o* inhabitant of the Balearic Islands.

Baleares *npl* las **(Islas) B.**, the Balearic Islands.

baleárico,-a *adj & nm,f véase* balear .

balido *nm* bleating, bleat.

balín *nm* small bullet.

balística *nf* ballistics *sing*.

balístico,-a *adj* ballistic.

balita *nf Am (canica)* marble.

baliza *nf* **1** *Náut* buoy. **2** *Av* beacon.

ballena *nf* **1** *Zool* whale. **2** *(de corsé)* whalebone, stay. **3** *fam* fat person, fatso.

ballenero,-a I *adj* whaling; **industria ballenera**, whaling industry. **II** *nm* **1** *(persona)* whaler. **2** *(barco)* whaler, whaling boat.

ballesta *nf* **1** *Hist* crossbow. **2** *Aut* spring.

ballet *nm* ballet.

balneario,-a I *adj* health, thermal. **II** *nm* spa health resort.

balompié *nm* football.

balón *nm* **1** *Dep* ball, football. **2** *(recipiente)* cyl inder; *(gases)* bag. ■ **b. de oxígeno**, oxygen cyl inder; *fig* godsend, boost, shot in the arm.

baloncesto *nm Dep* basketball.

balonmano *nm Dep* handball.

balonvolea *nm Dep* volleyball.

balsa *nf* **1** *(estanque, charca)* pond, pool; **como un b. de aceite**, *(mar)* as calm as a millpond; *fig* ver quiet. **2** *Náut* raft; **b. salvavidas**, life raft.

balsámico,-a *adj* balsamic; *fig* soothing.

bálsamo *nm* balsam, balm.

Báltico *nm* **el (Mar) B.**, the Baltic (Sea).

baluarte *nm* **1** *(fortificación)* bulwark, bastion. **2** *fi* stronghold, bastion; **un b. de la democracia**, a bas tion of democracy. **3** *Am Pesca* funnel-shaped fis trap.

bamba *nf* **1** *(baile)* Cuban dance. **2** *CAm (moneda* one peso coin.

bambalina *nf Teat* fly, flies *pl*.

bambalúa *nm Am* untidy *o* scruffy person.

bambolear *vi*, **bambolearse** *vr (gen)* to swing *(persona, árbol)* to sway; *(mesa, silla)* to wobble *(barco)* to rock, roll.

bamboleo *nm (gen)* swinging; *(persona, árbol* swaying; *(mesa, silla)* wobbling, wobble; *(barco* rocking, rolling.

bambolla *nf Am* talk, chat.

bambú *nm (pl bambúes) Bot* bamboo.

banal *adj* banal, trivial.

banalidad *nf* triviality, banality.

banana *nf véase* banano .

bananero,-a I *adj* **1** banana. **2** *Am Pol fig* pey re pública bananera, banana republic. **II** *nm (planta* ción)* banana plantation.

banano *nm* **1** *(fruto)* banana. **2** *(árbol)* banana tree

banca *nf* **1** *(asiento)* bench. **2** *Com Fin (conjunto d* bancos)* (the) banks; *(actividad)* banking; **el secto de la b.**, the banking sector; **nacionalización de l b.**, nationalization of the banks. **3** *(en juegos)* bank **hacer saltar la b.**, to break the bank.

bancada *nf Arg Par* members of the legislativ body in the same political party.

bancario,-a *adj Com Fin* banking; **sistema b.** banking system.

bancarrota *nf Fin* bankruptcy; **estar en b.**, to b bankrupt.

banco *nm* **1** *(asiento)* bench; *(de iglesia)* pew. **2** *Té* bench. **3** *Com Fin* bank; **B. Mundial,** World Bank ■ **b. de datos**, data bank; **b. de ojos**, eye bank; b de sangre, blood bank. **4** *Náut* bank; **b. de arena** sandbank. **5** *(de peces)* shoal, school. **6** *Geol (es trato)* layer.

banda *nf* **1** *(faja, condecoración)* sash, band, rib bon; *Herald* band. **2** *Ind* belt; **b. transportadora** conveyor belt. **3** *Mús* band. **4** *Cin* **b. sonora**, soun track. **5** *(personas)* gang; *(de pájaros)* flock. **6** *(lado* side; **a la otra b. del río**, on the other side of th river. ■ *Ftb* **línea de b.**, touchline; **saque de b.** throw-in. **7** *Náut* side. **8** *(en billar)* cushion.

bandada *nf (pájaros)* flock.

bandazo *nm* lurch; **dar bandazos**, to lurch.

bandear¹ I *vtr* 1 to rock, move from side to side. 2 *Am (taladrar)* to bore, drill. 3 *Am (cruzar un río)* to cross. II **bandearse** *vr* to manage, cope; **sabe bandeárselas bien,** he knows how to look after himself.

bandear² *vtr CAm* 1 *(perseguir)* to pursue, chase. 2 *(herir)* to wound severely.

bandeja *nf* tray; *fig* **servir algo a algn en b.,** to hand sth to sb on a plate.

bandera *nf* flag; *Mil* **jurar b.,** to swear allegiance to the flag; **la b. española,** the Spanish flag; *fam* **de b.,** fantastic, terrific; *fam* **lleno hasta la b.,** packed full; *fam* **una chica de b.,** a real cracker.

bandería *nf* party, faction.

banderilla *nf* 1 *Taur* banderilla; *fig* **clavar** *o* **plantar banderillas a algn,** to slight *o* taunt sb. 2 *Culin* savoury snack on a cocktail stick. 3 *Am (sablazo)* sponging, scrounging.

banderillear *vtr Taur* to thrust banderillas into the bull's neck.

banderillero *nm Taur* banderillero.

banderín *nf* 1 *(bandera pequeña)* pennant, small flag. 2 *Mil (soldado)* pennant bearer.

banderita *nf* little flag; **el día de la b.,** flag day.

banderola *nf* banderole.

bandidaje *nm* banditry.

bandido *nm* bandit, outlaw; *fam* crook.

bando¹ *nm* 1 *Jur (edicto)* edict, proclamation. 2 **bandos,** banns.

bando² *nm* 1 *(facción)* faction, side; **pasarse al otro b.,** to go over to the other side, change allegiances; *fam* **ser del b. contrario,** to be gay. 2 *(de peces)* shoal, school; *(de aves)* flock.

bandolera¹ *nf (mujer)* woman bandit.

bandolera² *nf (correa)* bandoleer, bandolier; **en b.,** over one's shoulder.

bandolerismo *nm* banditry.

bandolero *nm* bandit, outlaw.

bandurria *nf Mús* bandurria.

Bangladesh *n* Bangladesh.

banjo *nm Mús* banjo.

banquero,-a *nm,f* banker.

banqueta *nf* 1 *(banco)* bench, form. 2 *(taburete)* stool.

banquete *nm* banquet, feast; **b. de bodas,** wedding reception *o* feast.

banquetear *vtr & vi* to banquet.

banquillo *nm* 1 *Jur* dock; *fig* **sentar a algn en el b. de los acusados,** to have sb on the carpet. 2 *Dep* bench.

banquisa *nf* floe, ice field.

bañadero *nm* water hole used by animals.

bañado,-a I *pp de* bañar. II *adj fig* bathed; **b. en lágrimas/sangre/sudor,** bathed in tears/blood/sweat. III *nm Am* marshland, swamp.

bañador *nm (de mujer)* bathing *o* swimming costume; *(de hombre)* swimming trunks *pl*.

bañar I *vtr* 1 *(lavar)* to bath. 2 *(cubrir)* to coat, cover; *Téc* to dip; **b. de oro,** to gild; **b. un pastel en chocolate,** to cover a cake in chocolate. 3 *fml (dar el sol, la luz)* to bathe; **la luz de la luna bañaba la habitación,** the room was bathed in moonlight. II **bañarse** *vr (limpiarse)* to have *o* take a bath; *(mar, piscina)* to go swimming, go for a swim, have a swim *o* a dip.

bañera *nf (baño)* bath, bathtub.

bañero,-a *nm,f* lifeguard.

bañista *nmf* bather, swimmer.

baño *nm* 1 *(gen)* bath; **tomar un b.,** to have *o* take a bath; *fig* **b. de sangre,** bloodbath; *fig* **b. de sol,** sun-bath; *fig* **dar un b. a algn,** to beat *o* outshine sb. ■ *Fot* **b. fijador,** fixing bath; *Culin* **b. María,** bain-marie; **b. turco,** Turkish bath; **traje de b.,** swimming costume. 2 *(capa) (de pintura)* coat; *(de chocolate, almíbar)* coating, covering. 3 *(cuarto de baño)* bathroom; *(lavabo)* toilet. 4 **baños,** *(balneario)* spa *sing; (aguas)* waters; **tomar los b.,** to take the waters. ■ **b. medicinales,** medicinal waters; **b. romanos,** Roman baths.

baptisterio *nm* 1 *(edificio)* baptistry. 2 *(pila)* font.

baquelita *nf Quím* Bakelite.

baqueta *nf* 1 *(de fusil)* ramrod; *fig* **tratar a algn a (la) b.,** to treat sb badly, push sb around. 2 **baquetas,** *Mús* drumsticks.

baqueteado,-a I *pp de* baquetear. II *adj* hardened.

baquetear *vtr (tratar mal)* to treat harshly *o* roughly; *(curtir)* to toughen, harden.

baqueteo *nm* rough treatment.

baquía *nf Am (destreza)* knack, skill; **hombre de b.,** old hand.

báquico,-a *adj* bacchic, bacchanalian.

bar *nm* 1 *(lugar)* bar, snack bar, café. 2 *Fís* bar.

barahúnda *nf (ruido)* din, uproar; *(confusión)* chaos.

baraja *nf Naipes* 1 pack, deck; *fig* **jugar con dos barajas,** to doubledeal. 2 *Am* playing card.

barajar *vtr* 1 *Naipes* to shuffle; *(papeles)* to mix, jumble up; *fig (nombres)* to juggle, play with; **b. nombres de posibles candidatos,** to consider names of possible candidates. 2 *Arg Chi Urug (detener) (golpe)* to fend off; *(intento)* to thwart. 3 *Arg (agarrar al vuelo)* to grab.

barajustar *vi Am (escapar)* to go *o* run away.

baranda *nf* 1 *(de escalera)* handrail, banister; *(de balcón)* handrail. 2 *Bill* cushion.

barandal *nm (listón)* base; *(barandilla)* banister; *Fin* **b. imponible** *o* **impositiva,** tax assessment basis.

barandilla *nf* 1 *(escalera)* handrail, banister; *(balcón)* handrail. 2 *Am (adral de carro)* cart rail.

baratija *nf* 1 trinket, knick-knack. 2 **baratijas,** junk *sing*.

baratillo *nm* 1 *(cosas)* junk, second-hand goods *pl*. 2 *(tienda)* junk shop, second-hand dealer's; *(mercadillo)* flea market.

barato,-a I *adj* cheap; **sale más b. en tren,** it's cheaper by train. II *adv* cheaply; **allí se come muy b.,** you can eat very cheaply there.

baratura *nf* cheapness, low price.

baraúnda *nf véase* barahúnda.

barba I *nf* 1 *Anat* chin. 2 *(pelo)* beard; **b. cerrada,** thick beard; **barbas de chivo,** goatee (beard); *fig* **cien pesetas por b.,** a hundred pesetas a head; *fig* **es un tipo con toda la b.,** he's every inch a man; *fig* **se rió en mis barbas,** he laughed in my face. ■ *Impr* **papel con barbas,** deckle-edged paper. 3 *Orn* wattle. II *nm Teat* old man's part.

barbacana *nf* barbican.

barbacoa *nf*, **barbacuá** *nf* 1 barbecue. 2 *Am (camastro)* makeshift wattle bed. 3 *Am Agr (andamio)* watchtower over maize fields. 4 *Am (cabaña)* tree house, hut on stilts. 5 *Am (granero)* loft.

barbado,-a I *adj* bearded. **II** *nm Bot (renuevo)* shoot.

Barbados *n* Barbados.

barbaridad *nf* **1** *(crueldad)* cruelty, atrocity, outrage; *fam* **¡qué b.!**, how terrible!, how awful! **2** *(disparate)* piece of nonsense; **no digas barbaridades**, don't talk nonsense. **3** *fig* a lot; **beber una b.**, to drink like a fish; **costar una b.**, to cost a fortune.

barbarie *nf* **1** *(crueldad)* savagery, cruelty. **2** *(falta de cultura)* ignorance.

barbarismo *nm Ling* barbarism.

bárbaro,-a I *adj* **1** *Hist* barbarian. **2** *(cruel)* barbaric, barbarous. **3** *(inculto, tosco)* rough, uncouth. **4** *(temerario)* daring, bold. **5** *fam (enorme)* massive; **tener un hambre bárbara**, to be ravenous *o* starving. **6** *fam (estupendo)* tremendous, terrific; **una cosa bárbara**, something fantastic. **II** *nm,f Hist* barbarian. **III** *interj* **¡b.!**, *fam* great!, fantastic! ◆**bárbaramente** *adv* **1** savagely, barbarously. **2** *fam* fantastically.

barbechar *vtr Agr* to leave fallow.

barbechera *nf*, **barbecho** *nm Agr* fallow land; **dejar una tierra en b.**, to leave a piece of land fallow.

barbería *nf* barber's (shop).

barbero *nm* barber.

barbián,-ana I *adj* self-assured, carefree. **II** *nm,f* self-assured *o* carefree person.

barbicano *adj* grey-bearded.

barbicastaño *adj* brown-bearded.

barbilampiño I *adj* beardless, smooth-faced. **II** *nm* greenhorn, novice, inexperienced youth.

barbilindo I *adj* dandified. **II** *nm* dandy.

barbilla *nf Anat* chin.

barbiquejo *nm Am* (type of) bandage.

barbiquiú *nm Am (fiesta campestre)* barbecue.

barbitúrico *nm Farm* barbiturate.

barbo *nm (pez)* barbel. ■ **b. de mar**, red mullet.

barbudo,-a *adj* bearded.

barca *nf* small boat.

barcarola *nf Mús* barcarole.

barcaza *nf Náut* lighter.

barcelonés,-esa I *adj* of *o* from Barcelona. **II** *nm,f* native *o* inhabitant of Barcelona.

barco *nm* boat, ship, vessel. ■ **b. cisterna**, tanker; **b. de pasajeros**, liner; **b. de vapor**, steamer.

bardana *nf Bot* burdock.

bardo *nm* bard, poet, minstrel.

baremo *nm* **1** *Mat* ready reckoner. **2** *(tarifas)* scale, table, list.

bario *nm Quím* barium.

barítono *nm Mús* baritone.

barloventear *vi Náut* to ply windward, sail to windward.

barlovento *nm Náut* windward; **Islas de B.**, Windward Islands.

barman *nm (pl bármanes)* barman.

barnacla *nf Orn* goose. ■ **b. canadiense**, Canada goose; **b. cariblanca**, barnacle goose.

barniz *nm* **1** *(en madera)* varnish; *(en cerámica)* glaze. **2** *fig* smattering; **tener un b. de cultura**, to have a veneer of culture.

barnizado,-a I *pp de* **barnizar**. **II** *adj (madera)* varnished; *(cerámica)* glazed. **III** *nm (madera)* coat of varnish, varnishing; *(cerámica)* glaze, glazing.

barnizar [4] *vtr (madera)* to varnish; *(cerámica)* to glaze.

barométrico,-a *adj* barometric.

barómetro *nm* barometer.

barón *nm* **1** *(noble)* baron. **2** *Pol fam* top man, mandarin.

baronesa *nf* baroness.

baronía *nf* barony.

barquero,-a *nm,f (hombre)* boatman; *(mujer)* boatwoman.

barquilla *nf Av* gondola.

barquillero,-a *nm,f* wafer seller.

barquillo *nm* wafer.

barquinazo *nm (vuelco)* overturning; *(tumbo)* jolt.

barra *nf* **1** *(gen)* bar; *fig* **no pararse en barras**, to stop at nothing. ■ **b. de bicicleta**, crossbar; **b. de hierro**, iron bar; **b. de labios**, lipstick; **b. de pan**, French loaf, baguette. **2** *Jur (del acusado)* dock; *(de testigo)* witness box; *(barandilla)* bar. **3** *(mostrador)* bar. ■ **b. americana**, bar with hostesses. **4** *Dep* **b. fija**, horizontal bar. **5** *Am Dep* supporters *pl*. **6** *Am Jur (público)* members of the public. **7** *Arg fam (amigos)* gang, group of friends.

barrabás *nm* scamp, rascal.

barrabasada *nf fam (travesura)* piece of mischief; *(mala pasada)* mean *o* low trick; **decir barrabasadas**, to talk nonsense.

barraca *nf* **1** *(caseta)* shack, hut. **2** *(en Valencia y Murcia)* thatched farmhouse. **3** *(puesto de feria)* stall, booth. **4** *Am (almacén)* warehouse, storehouse.

barracón *nm* prefab hut.

barracuda *nf (pez)* barracuda.

barranco *nm* **1** *(despeñadero)* cliff, precipice; *(torrentera)* gully, ravine. **2** *fig (obstáculo)* difficulty, obstacle.

barraquismo *nm* slums *pl*; **el ayuntamiento no ha podido erradicar el b. de la ciudad**, the council has not yet been able to eliminate slums from the town.

barreduras *nfpl* sweepings, rubbish *sing*.

barreminas *nm inv* minesweeper.

barrena *nf* **1** *Téc (metal)* twist drill; *(madera)* bit; **b. de mano**, gimlet. **2** *Av* spin; **entrar en b.**, to go into a spin.

barrenar *vtr* **1** *Téc* to drill; *(agujeros)* to bore. **2** *Náut* to scuttle. **3** *(desbaratar)* to frustrate, foil. **4** *(infringir una ley)* to break, violate.

barrendero,-a *nm,f* sweeper, street sweeper.

barreno *nm* **1** *(taladro)* large drill. **2** *(agujero)* bore, borehole; *Min* blasthole. **3** *Min (carga explosiva)* charge.

barreño *nm* ceramic bowl.

barrer *vtr* **1** *(limpiar con escoba)* to sweep. **2** *fig (el viento)* to sweep away; *fig* **b. con todo**, to take everything away; *fig* **b. para adentro**, to look after number one.

barrera *nf* **1** barrier, fence; **b. del sonido**, sound barrier; *fig* barrier, obstacle; **poner barreras**, to hinder **(a, -)**, impede **(a, -)**. **2** *Taur (valla)* fence; *(localidad)* first row of seats; *fig* **ver los toros desde la b.**, to sit on the fence.

barretina *nf* Catalan cap.

barrica *nf* (medium-sized) barrel.

barricada *nf* barricade; **levantar barricadas**, to erect barricades.

barriga nf 1 (vientre) belly; fam tummy; fam **echar b.**, to get a paunch, get fat; fam **llenarse la b.**, to gorge o stuff oneself; fam **rascarse** o **tocarse la b.**, to laze around, lounge about. 2 (de una vasija) belly, bulge. 3 (comba de una pared) bulge.

barrigón,-ona adj, **barrigudo,-a** adj big-bellied, potbellied.

barril nm barrel, keg; **cerveza de b.**, draught beer.

barrilete nm 1 small barrel. 2 (de revólver) chamber. 3 Carp clamp.

barrillo nm pimple, spot.

barrio nm area, district; **del b.**, local; **el B. Gótico**, the Gothic Quarter; fam **irse al otro b.**, to kick the bucket; fam **mandar a algn al otro b.**, to do sb in. ■ **b. chino**, red-light district; **barrios bajos**, slums.

barriobajero,-a adj slummy, slum.

barritar vi (elefante) to trumpet.

barrizal nm mire, quagmire.

barro[1] nm 1 (lodo) mud. 2 (arcilla) clay; **b. cocido**, baked clay; **objetos de b.**, earthenware sing; **un cacharro de b.**, an earthenware pot, a ceramic pot. 3 Arg Par Urug (desacierto) blunder.

barro[2] nm Med pimple, spot.

barroco,-a adj 1 Arte baroque. 2 fig ornate, extravagant.

barroquismo nm 1 baroque style. 2 fig extravagance.

barroso,-a[1] adj (con barro) muddy.

barroso,-a[2] adj Med (con granos) spotty.

barrote nm bar; (de silla, mesa) crosspiece.

barrumbada nf Am (insensatez) piece of nonsense.

barruntar vtr (sospechar) to suspect; (presentir) to have a feeling; **barruntaba un desenlace trágico**, I suspected a tragic outcome.

barrunto nm 1 (presentimiento) feeling, presentiment; (sospecha) suspicion. 2 (señal, indicio) sign, indication.

bartola (a la) loc adv fam carelessly; **tenderse** o **tumbarse a la b.**, to laze around, idle away one's time.

bártulos nmpl fam things, stuff sing; bits and pieces; **liar los b.**, to pack up one's things, pack one's bags o stuff.

barullo nm (alboroto) row, din; (confusión) confusion, mess; **armar b.**, to raise hell; **armarse un b.**, to get into a muddle; fam **a b.**, lots of, loads of, tons of; **bombones a b.**, chocolates galore; **había niños a b.**, there were loads of children.

basa nf base.

basáltico,-a adj basaltic.

basalto nm basalt.

basamento nm (de una columna) base, plinth.

basar I vtr 1 to put on a base. 2 fig (argumentos) to base (**en**, on). II **basarse** vr 1 to base oneself (**en**, on); **¿en qué te basas para decir eso?**, what grounds do you have for saying that?; **me baso en lo que he visto**, I'm going by what I have seen. 2 (una teoría) to be based (**en**, on).

basca nf 1 (náusea) nausea; **le produce bascas**, it makes him feel sick; fam **si me da la b.**, if I feel like it. 2 arg people, crowd.

báscula nf scales pl; (para camiones) weighbridge, platform scale.

basculante adj tilting; (camión) tip-up.

bascular vi (oscilar) to tilt.

base nf 1 (gen) base; fig basis; **el arroz es la b. de su alimentación**, rice forms the basis of their diet; **la b. de una estatua**, the base of a statue; Pol fig **la b. del partido**, the rank and file of the party; fig **su argumento carece de b.**, her argument has no foundation. ■ **alimento b.**, staple food o diet; **sueldo b.**, minimum wage. 2 (principio, conocimiento) basis, grounding; **este libro te dará una buena b. en astronomía**, this book will give you a good grounding in astronomy; **si partimos de la b. de que ...**, if we start from the premise that ... . 3 Mil base. ■ **b. aérea**, air base; **b. naval**, naval base; **b. de operaciones**, field headquarters. 4 **a b. de**, by; **a b. de bien**, extremely well; **a b. de no hacer nada**, by doing nothing; **comida a b. de verduras**, vegetarian meal.

básico,-a adj 1 basic, essential. 2 Quím basic.

Basilea n Basel.

basílica nf basilica.

basilisco nm Mit basilisk; fig **ponerse hecho un b.**, to become furious.

básquet nm Dep véase **baloncesto**

basset nm basset hound.

bastante I adj 1 (suficiente) enough; **hay b. comida para todos**, there's enough food for everyone; **no tengo b. dinero**, I haven't got enough money; **¿tenéis bastantes libros?**, have you got enough books?; **ya tenemos bastantes problemas**, we've got enough problems already. 2 (abundante) quite a lot of; **b. gente**, quite a lot of people; **b. tiempo**, quite some time; **hace b. calor/frío**, it's quite hot/cold; **tiene bastantes amigos**, she's got quite a lot of friends. II adv 1 (suficiente) enough; **con esto hay b.**, that is enough; **no soy lo b. rico para ...**, I am not rich enough to ... . 2 (un poco) fairly, quite; **b. alto**, quite tall; **b. bien**, quite well; **me gusta b.**, I quite like it; **vamos b. al cine**, we go to the cinema quite often.

bastar I vi to be sufficient o enough, suffice; **basta con tocarlo para que se abra**, you only have to touch it and it opens; **basta con tres**, three will be enough; **¡basta de tonterías!**, enough of this nonsense!; fam **me basta y me sobra**, that's more than enough for me. II **bastarse** vr **b. a sí mismo**, to be self-sufficient, rely only on oneself. III interj **¡basta (ya)!**, that's enough!, that will do!

bastardía nf (calidad de bastardo) bastardy; fig (bajeza) baseness, meanness.

bastardilla nf Impr **en b.**, in italics.

bastardillo,-a adj Impr italic.

bastardo,-a I adj bastard; fig (despreciable) base, mean. II nm,f bastard.

basteza nf coarseness.

bastidor nm 1 Constr Cost frame. 2 **bastidores**, Teat wings; fig **entre b.**, behind the scenes.

bastilla nf Cost hem.

bastión nm bastion.

basto[1] nm 1 Naipes (carta española) ≈ club; **bastos**, (palo de la baraja) ≈ clubs. 2 Am (gualdrapa) saddlecloth.

basto,-a[2] adj (cosa) rough, coarse; (persona) rude, coarse, uncouth.

bastón nm 1 stick, walking stick. 2 (insignia) baton; fig **empuñar el b.**, to take charge o command.

bastonazo nm blow with a stick.

bastoncillo nm Anat rod.

bastonera nf umbrella stand.

basura *nf (desperdicios)* rubbish, *US* trash, garbage; **tirar algo a la b.**, to throw something away. ■ **cubo de la b.**, dustbin, *US* trash can.

basurero *nm* **1** *(persona)* dustman, refuse collector, *US* garbage collector. **2** *(lugar)* rubbish dump, *US* garbage dump.

bata *nf (para casa)* dressing gown; *(para el trabajo)* overall; *(de médico etc)* white coat, lab coat.

batacazo *nm* **1** crash, bang, bump; *fig* **darse un b.**, to come a cropper. **2** *Am (carreras de caballos)* unexpected *o* surprise win; *fig* fluke, stroke of luck.

batalla *nf* **1** battle; **librar b.**, to do *o* join battle; **presentar b.**, to draw up in battle array; *fam* **dar b.**, to be a lot of trouble; **este niño da mucha b.**, this child is a real handful. ■ **b. campal**, pitched battle; **campo de b.**, battlefield. **2** *Arte* battle scene. **3** *fam* **de b.**, ordinary, everyday; **zapatos de b.**, everyday shoes.

batallador,-a I *adj* fighting, struggling. **II** *nm,f* fighter, struggler.

batallar *vi* **1** *(reñir con armas)* to battle, wage war. **2** *fig (disputar)* to fight, quarrel; **tendré que b. con el jefe para que me aumente el sueldo,** I'll have to battle with the boss to get him to give me a rise.

batallón[1] *nm* battalion; **b. de infantería,** infantry battalion; *fam fig* **un b. de niños,** a crowd of children.

batallón,-ona[2] *adj* quarrelsome, contentious.

batata *nf Bot* sweet potato.

batatazo *nm Am véase* **batacazo.**

bate *nm Béisb Crick* bat.

batea *nf* tray.

bateador,-a *nm,f Béisb* batter; *Crick (hombre)* batsman; *(mujer)* batswoman.

batear *Am* **I** *vi* to bat; **es su turno para b.,** it is his turn to bat. **II** *vtr* to hit; **b. la pelota,** to hit *o* bat the ball.

batel *nm Náut* small boat.

batería I *nf* **1** *Mil* battery; *fig* **una b. de preguntas,** a barrage of questions. **2** *Aut Elec* battery. **3** *Teat* footlights *pl.* **4** *Mús (de orquesta)* percussion; *(de conjunto)* drums *pl;* **toca la b.,** he plays the drums. **5** *(conjunto de cosas)* set. ■ **b. de cocina,** pots and pans, set of pans. **6** **aparcar en b.,** to park at an angle to the kerb. **II** *nmf* drummer; **el b. del conjunto es holandés,** the group's drummer is Dutch.

batiborrillo *nm,* **batiburrillo** *nm* jumble, mess.

batida *nf* **1** *Caza* beat. **2** *Mil* reconnaissance. **3** *(de la policía)* raid.

batido,-a I *pp de* **batir. II** *adj Culin* whipped. **III** *nm* milk shake.

batidor,-a I *adj* beating. **II** *nm,f* **1** *Culin (manual)* whisk; *(automático)* blender; *(robot de cocina)* mixer. **2** *Mil (explorador)* scout. **3** *Caza* beater.

batiente I *adj* banging; **reírse a mandíbula b.,** to laugh one's head off. **II** *nm* **1** *(jamba)* jamb. **2** *(hoja de puerta)* leaf.

batín *nm* short dressing gown.

batintín *nm* gong.

batir I *vtr* **1** *(gen)* to beat; *(metales)* to hammer; *(palmas)* to clap; *(alas)* to flap. **2** *Culin (huevos)* to beat; *(nata, claras)* to whip, whisk. **3** *Dep (marca, récord)* to break; **batió el récord mundial de los 100 metros libres,** she broke the world 100 metres freestyle record. **4** *(derribar)* to break down; **b. una puerta,** to break down a door. **5** *(desmontar)* to take down. **6** *(reconocer) Mil* to reconnoitre. **7** *Caza* to

beat. II batirse *vr* to fight; **b. en duelo,** to fight a duel; **b. en retirada,** to beat a retreat.

batiscafo *nm* bathyscaphe.

batista *nf Tex* cambric, batiste.

batracio,-a *adj & nm* batrachian.

batuecas *nfpl fam* **estar en las b.,** to be daydreaming, have one's head in the clouds.

batuquear *vtr Am* to shake.

baturrillo *nm fam* jumble, mess, mishmash.

baturro,-a *nm,f fam* Aragonese peasant.

batuta *nf Mús* baton; *fig* **llevar la b.,** to be in charge, be the boss.

baúl *nm* **1** trunk. ■ **b. mundo,** large trunk. **2** *Am (maletero)* boot, *US* trunk.

bauprés *nm Náut* bowsprit.

bausán,-ana *adj Am* idle, lazy.

bautismal *adj* baptismal.

bautismo *nm* baptism, christening; *fig* **b. de fuego,** baptism of fire; *fig* **b. del aire,** first flight, maiden flight. ■ **fe de b.,** certificate of baptism.

bautista *adj & nmf Rel* Baptist.

bautisterio *nm* baptistry.

bautizar [4] *vtr* **1** *Rel* to baptize, christen; **bautizaron al niño con el nombre de David,** the child was christened David. **2** *(poner nombre a)* to name; **b. una calle/un barco,** to name a street/ship; **le bautizaron con el mote de 'El Alto',** he was nicknamed 'El Alto'. **3** *fam (mezclar con agua)* to water down.

bautizo *nm Rel* baptism, christening; *(fiesta)* christening party.

bauxita *nf Min* bauxite.

bávaro,-a *adj & nm,f* Bavarian.

Baviera *n* Bavaria.

baya *nf Bot* berry.

bayeta *nf* **1** *Tex* flannel. **2** *(paño)* floorcloth.

bayo,-a I *adj (color)* whitish yellow. **II** *nm* **1** *(caballo)* bay. **2** *Ent (mariposa)* silkworm moth.

bayoneta *nf Mil* bayonet; **ataque a la b.,** bayonet charge; **calar la b.,** to fix bayonets.

bayonetazo *nm (golpe)* bayonet thrust; *(herida)* bayonet wound.

bayunco,-a *adj CAm (huraño)* unsociable, rude.

bayunquear *vi CAm (tontear)* to flirt.

baza *nf Naipes* trick; *fig* **meter b.,** to interfere, butt in; **no me dejaron meter b.,** they didn't let me get a word in edgeways.

bazar *nm* bazaar.

bazo *nm Anat* spleen.

bazofia *nf (comida)* left-overs *pl,* scraps *pl,* pigswill; *fig pey* pigswill, rubbish, filth.

bazooka *nm Mil* bazooka.

Bco. *abr de* **banco,** bank.

be *nf* name of the letter B in Spanish; *fig* **be por be,** down to the last detail.

beata *nf* **1** *Rel* lay sister. **2** *Rel (beatificada)* woman who has been beatified. **3** *(piadosa)* devout woman. **4** *fam pey* prude, sanctimonious woman.

beatería *nf* sanctimoniousness.

beatificación *nf* beatification.

beatificar [1] *vtr* to beatify.

beatífico,-a *adj* beatific.

beatitud *nf* beatitude.

beatnik *nmf (pl* **beatniks)** beatnik.

beato,-a I *adj* 1 *Rel (beatificado)* beatified; *(piadoso)* devout. 2 *pey* prudish, sanctimonious. 3 *(feliz)* happy. II *nm* 1 *Rel* lay brother. 2 *(beatificado)* man who has been beatified; *(piadoso)* devout person.

bebé *nm* baby. ■ **b. probeta,** test-tube baby.

bebedero *nm* 1 *(abrevadero)* drinking trough, water trough. 2 *(vasija)* drinking dish. 3 *(lugar)* watering place.

bebedizo *nm Med* potion; *Lit* poisonous potion; *(de amor)* love potion.

bebedor,-a I *adj* (hard *o* heavy) drinking. II *nm,f* (hard *o* heavy) drinker.

beber I *vtr & vi (agua, vino)* to drink; **b. a grandes tragos,** to gulp down; **b. algo de un trago,** to drink sth down in one go; *fig* **b. de** *o* **en buenas fuentes,** to have reliable sources of information; *fig* **b. los vientos por algo,** to long for sth, be dying for sth. II *vi (brindar)* to toast, drink to sb's health; **bebamos a** *o* **por la felicidad de los novios,** let us drink to the happiness of the bride and groom.

bebercio *nm arg* **el b.,** drink, booze; **dedicarse al b.,** *(siempre)* to take to the bottle; *(alguna vez)* to drink, booze.

bebible *adj* drinkable.

bebido,-a I *pp de* beber . II *adj (borracho)* drunk; *(entonado)* tipsy. III *nf* drink, beverage; **bebidas alcohólicas,** alcoholic drinks; **darse a la b.,** to take to drink.

bebistrajo *nm fam* concoction, witch's brew.

beca *nf* grant, scholarship, award.

becada *nf Orn* woodcock.

becar [1] *vtr* to award a grant *o* scholarship to.

becario,-a *nm,f* grant *o* scholarship holder.

becerrada *nf Taur* bullfight with young bulls.

becerro *nm* calf; *fig* **b. de oro,** golden calf.

bechamel *adj & nf Culin* bechamel; **salsa b.,** bechamel sauce, white sauce.

becuadro *nm Mús* natural sign.

bedel *nm Univ* beadle, head porter.

beduino,-a *adj & nm,f* Bedouin.

befo,-a *adj* thick-lipped.

begonia *nf Bot* begonia.

beige *adj & nm* beige.

béisbol *nm Dep* baseball; **jugador de b.,** baseball player.

beisbolero,-a *nm,f* baseball player.

bejuco *nm Bot* liana, reed.

beldad *nf arc (hermosura)* beauty; *(mujer bella)* beauty, belle; **su hija es una b.,** your daughter is a real beauty.

belduque *nm Am* large pointed knife.

Belén *nm* Bethlehem; *fig* **estar en B.,** to have one's head in the clouds.

belén *nm* 1 *Rel* nativity scene, crib. 2 *fig* mess, chaos; **armar un b.,** to kick up a fuss *o* rumpus; **esta casa es un b.,** it's bedlam in this house; **meterse en belenes,** to get into difficulties.

belfo,-a I *adj* thick-lipped. II *nm* thick lip.

belga *adj & nmf* Belgian.

Bélgica *n* Belgium.

bélgico,-a *adj* Belgian.

Belgrado *n* Belgrade.

Belice *n* Belize.

belicense *adj & nmf,* **beliceño,-a** *adj & nm,f* Belizean.

belicismo *nm* warmongering, bellicosity.

belicista I *adj* belligerent, bellicose. II *nmf* warmonger.

bélico,-a *adj (de espíritu)* warlike, bellicose; *(preparativos etc)* war; **material b.,** armaments *pl.*

belicoso,-a *adj (de guerra)* warlike, bellicose; *(pendenciero)* aggressive.

beligerancia *nf* belligerency, belligerence; **política de no b.,** policy of non-aggression.

beligerante *adj* belligerent; **los países beligerantes,** the countries at war.

bellaco,-a I *adj* 1 wicked, roguish. 2 *Am (caballo)* vicious. II *nm,f* villain, scoundrel, rogue.

belladona *nf Bot* belladonna, deadly nightshade.

bellaquería *nf* wickedness, roguery.

belleza *nf (gen)* beauty; **crema de b.,** beauty cream; *(mujer)* **una b.,** a beauty.

bello,-a *adj* beautiful; *Educ* **bellas artes,** (fine) arts; **el b. sexo,** the fair sex; *Lit* **la bella durmiente,** Sleeping Beauty.

bellota *nf Bot* acorn; *fam fig* **animal de b.,** blockhead.

bemba *nf Am* thick lips *pl.*

bemol I *adj Mús* flat; **si b.,** B flat. II *nm* 1 *Mús* flat. 2 **bemoles,** *fam (difícil)* **esto tiene b.,** this is a tough one. 3 **bemoles,** *arg (valor)* guts; **para eso se necesitan b.,** you've got to have guts to do that.

benceno *nm Quím* benzene.

bencina *nf* benzine.

bendecir [79] *vtr* to bless; **b. la mesa,** to say grace; **¡Dios te bendiga!,** God bless you!

bendición *nf* 1 *(acción)* blessing; *(ceremonia)* Benediction; **es una b. de Dios,** it's a godsend; **es una b. oírle,** he's a joy to listen to; **¡qué b.!,** how marvellous!; *fam* **echar la b. a algn,** to have done with sb. ■ **b. de la mesa,** grace. 2 **bendiciones,** wedding *sing;* **echar las b. a los novios,** to join in marriage.

bendito,-a I *adj* 1 blessed; **¡b. sea Dios!,** *(liturgia)* thanks be to God!; *fam* thank goodness!; *fam* **esa bendita costumbre de fumar en la mesa,** this damned habit of smoking at table. 2 *(de pocos alcances)* simple, simple-minded. II *nm,f* 1 *(santo)* saint; **dormir como un b.,** to sleep like a baby. 2 *(bonachón)* good sort, kind soul; *(tontorrón)* simple soul.

benedictino,-a *adj & nm* Benedictine.

benefactor,-a I *adj* beneficent. II *nm,f* benefactor.

beneficencia *nf* beneficence, charity; **una organización de b.,** charity organization, welfare organization.

beneficiado,-a I *pp de* beneficiar . II *adj* favoured, *US* favored; **salir b. de algo,** to do well out of sth, profit from sth. III *nm Rel* beneficiary.

beneficiar [12] I *vtr* 1 *(hacer bien)* to benefit, favour, *US* favor; **esa decisión no beneficia a nadie,** that decision benefits nobody. 2 *Fin (acciones)* to sell below par. 3 *Am (ganado)* to slaughter. II **beneficiarse** *vr* 1 to benefit. 2 *Com Fin* to profit; **b. de** *o* **con algo,** to profit from *o* by sth. 3 *vulg* to get one's oats.

beneficiario,-a *nm,f* beneficiary.

beneficio *nm* 1 *Com Fin* profit; **b. neto,** net profit. 2 *(bien)* benefit; **en b. de todos,** in everyone's interest; **en b. propio,** in one's own interest; **en b. tuyo/suyo,** for your/his own good. 3 *Teat* charity performance; **un concierto a b. del asilo de ancianos,**

a concert in aid of the old people's home. **4** *Am (ganado)* slaughter. **5** *CAm (ingenio)* sugar refinery, coffee plantation.

beneficioso,-a *adj* beneficial, useful, good.

benéfico,-a *adj* charitable; **función benéfica,** charity performance; **institución benéfica,** charitable body, charity.

benemérito,-a I *adj fml* worthy, meritous. **II la Benemérita** *nf* the Spanish Civil Guard.

beneplácito *nm fml* approval, consent.

benevolencia *nf* benevolence, kindness.

benevolente *adj,* **benévolo,-a** *adj* benevolent, kind.

Bengala *n* Bengal.

bengala *nf* flare.

bengalí I *adj* Bengali. **II** *nmf (pl* **bengalíes)** *(persona)* Bengali. **III** *(idioma)* Bengali.

benigno,-a *adj (persona)* gentle, benign, affable; *(clima)* mild.

benimeño,-a *adj & nm,f* Beninese.

Benín *n* Benin.

benjamín,-ina *nm,f* youngest child; **Rosa es la benjamina de la familia,** Rosa is the baby of the family.

beodo,-a *adj & nm,f* drunk.

berberecho *nm Zool* (common) cockle.

berberisco,-a *adj & nm,f* Berber.

berbiquí *nm Téc* **b. y barrena,** brace and bit.

beréber *nmf,* **berebere** *nmf* Berber.

berenjena *nf Bot* aubergine, *US* eggplant.

berenjenal *nm Bot* aubergine *o US* eggplant bed; *fam* **te has metido en un b.,** you've got yourself into a fine mess.

bergamota *nf Bot* bergamot.

bergante *nm* scoundrel, ruffian.

bergantín *nm Náut* brig, brigantine.

beriberi *nm Med* beriberi.

berilo *nm Min* beryl.

Berlín *n* Berlin; **B. Este/Oeste,** East/West Berlin.

berlina *nf* **1** *(carruaje)* berlin. ■ **b. inglesa,** mailcoach. **2** *Aut* saloon.

berlinés,-esa I *adj* of *o* from Berlin. **II** *nm,f* Berliner.

bermejo,-a *adj* reddish, red.

bermellón *nm* vermilion.

Bermudas I *nfpl* **las (Islas) B.,** Bermuda *sing.* **II b.** *nmpl (prenda)* Bermuda shorts.

Berna *n* Bern.

bernés,-esa *adj & nm,f* Bernese.

berrear *vi* **1** *(becerro)* to bellow, low. **2** *fam (gritar)* to howl, bawl. **3** *Mús fam* to sing off key, sing out of tune.

berrido *nm* **1** bellowing, lowing. **2** *fam (grito)* howl, shriek; **dar berridos,** to howl, shriek. **3** *Mús fam* note which is off key, screech.

berrinche *nm fam* rage, tantrum; **coger** *o* **agarrar un b.,** to throw a tantrum.

berro *nm Bot* cress, watercress.

berrocal *nm* rocky place.

berza *nf Bot* cabbage; *arg* **estar con la b.,** to be an idiot.

berzal *nm* cabbage patch.

berzas *nmf inv,* **berzotas** *nmf inv fam* idiot, halfwit.

besamanos *nm inv* **1** *(recepción oficial)* royal audience. **2** *(modo de saludar)* hand kissing.

besamel *nf,* **besamela** *nf véase* **bechamel.**

besar I *vtr* to kiss; *fig* **b. el suelo,** to fall flat on one's face; *fig* **fue llegar y b. el santo,** it was as easy as pie, it was a piece of cake, it was a walkover. **II besarse** *vr* **1** to kiss; **se besaron al despedirse,** they kissed each other goodbye. **2** *fam (tropezar)* to bump heads; **se besaron al doblar la esquina,** they bumped into each other as they turned the corner.

besito *nm Am (panecillo)* coconut bun.

beso *nm* **1** kiss; *fam* **comerse a algn a besos,** to kiss sb passionately. **2** *fig* bump, collision; **darse un b.,** to bump into each other.

best-seller *nm* best-seller.

bestia I *nf* beast, animal; **b. de carga,** beast of burden. **II** *nmf fam fig* brute, beast; **estar hecho un b.,** to be as strong as a horse; **ser una mala b.,** to be a nasty piece of work. **III** *adj fig* brutish, boorish; **a lo b.,** rudely, inconsiderately; **aquí te tratan a lo b.,** they are really rude to you in here, they treat you like animals in here; **eso es muy b.,** *(malo)* that's really unpleasant; *(demasiado)* that's going too far; **¡no seas b.!,** *(grosero)* don't be rude!; *(exagerado)* don't exaggerate!

bestial *adj* **1** animal, bestial. **2** *fam (enorme)* huge, tremendous; *(extraordinario)* fantastic, terrific, great; **esa película es b.,** that film's brilliant; **una comida b.,** a huge meal. ◆**bestialmente** *adv* fantastically; **lo pasamos b.,** we had a fantastic time.

bestialidad *nf* **1** bestiality, savagery. **2** *fam (estupidez)* stupidity; **decir bestialidades,** to say horrible things. **3** *fam (cantidad grande)* **una b. de,** tons of, stacks of.

bestiario *nm Lit* bestiary.

besucón,-ona I *adj* fond of kissing. **II** *nm,f* person who is fond of kissing.

besugo *nm* **1** *(pez)* sea bream. **2** *pey (persona)* idiot, half-wit; **mantener** *o* **sostener un diálogo de besugos,** to talk at cross purposes.

besuguera *nf* shallow oval fish pan.

besuquear *fam* **I** *vtr* to kiss, cover with kisses. **II besuquearse** *vtr* to smooch.

besuqueo *nm fam* smooching.

beta *nf (letra griega)* beta; **rayos b.,** beta rays.

bético,-a *adj Hist* Andalusian.

betún *nm* **1** *Quím* bitumen, asphalt. **2** *(para el calzado)* shoe polish; *fam* **quedar a la altura del b.,** to give a poor show.

bezo *nm* thick lip.

bezudo,-a *adj* thick-lipped.

Bhutan *n* Bhutan.

biberón *nm* baby's bottle, feeding bottle.

Biblia *nf* **1** *Rel* Bible; **la (Santa) B.,** the (Holy) Bible; *fam* **saber la B. en verso,** to know everything, be very knowledgeable. **2 b.,** *arg (drogas)* book of cigarette papers.

biblia *nf CAm fig (astucia, maña)* cunning, skill.

bíblico,-a *adj Rel* biblical.

bibliófilo,-a *nm,f* bibliophile, booklover.

bibliografía *nf* bibliography.

bibliográfico,a *adj* bibliographic, bibliographical.

bibliógrafo,-a *nm,f* bibliographer.

biblioteca *nf* **1** library; **b. ambulante,** mobile library. **2** *Mueb* bookcase, bookshelves *pl.*

bibliotecario,-a *nm,f* librarian.

BIC *nf abr de* **Brigada de Investigación Criminal,** ≈ Criminal Investigation Department, CID.

bicameral *adj Pol* bicameral, two-chamber.

bicarbonato *nm* *Quím* bicarbonate. ■ **b. sódico,** bicarbonate of soda.

bicéfalo,-a *adj* bicephalous, two-headed.

bicentenario *nm* bicentenary, *US* bicentennial.

bíceps *nm inv Anat* biceps.

bichan *f* snake.

biche *adj* 1 *Col (fruta)* green, unripe; *(persona)* weak, frail. 2 *Méx (vacío)* empty; *fam (fofo)* flabby.

bichero *nm Náut* boathook.

bicho *nm* 1 *(insecto)* bug, insect; *fig* ¿qué b. te ha picado?, what's the matter with you?, what's got into you?, *US* what's bugging you? 2 *(animal)* beast, animal; *Taur* bull. 3 *fam (persona)* odd character; **mal b.,** nasty piece of work; **todo b.** viviente, every living soul; **un b. raro,** a weird person, an oddball.

bichoco,-a *adj Arg Chi Urug fig (persona)* over the hill, past it; **caballo b.,** nag.

bici *nf fam* bike.

bicicleta *nf* bicycle; **ir en b.,** to ride a bicycle; ¿sabes montar en b.?, can you ride a bicycle?

bicoca *nf fam fig* bargain; **es una bicoca,** it's a bargain.

bicolor *adj* two-colour, two-tone; *Pol* **gobierno b.,** two-party government.

bicoque *nm Am* rap on the head.

bicornio *nm* two-cornered hat.

bidé *nm* bidet.

bidón *nm* large can, drum; **b. de gasolina,** oil drum.

biela *nf Aut* connecting rod.

bielda *nf Agr* winnowing.

bieldo *nm Agr* winnowing fork.

bien[1] *adv* 1 *(tal como es debido)* well, properly; **habla b. el italiano,** she speaks Italian well; **hay que escribirlo b.,** it must be written correctly; **hiciste b. en decírmelo,** you were right to tell me; **las cosas le van b.,** things are going well for him; **oler b.,** to smell nice *o* lovely; *(comida)* to smell good; **portarse b.,** to behave well; *prov* **quien b. te quiere te hará llorar,** you have to be cruel to be kind. 2 *(excelente)* all right, O.K.; **¡b.!,** good!, great!; **¡muy b.!,** excellent, first class!; **pasarlo b.,** to have a good time; **¡qué b.!,** great!, fantastic! 3 *(con buena salud)* well; **¿no te encuentras b.?,** aren't you feeling well? 4 *(cómodamente)* well, comfortably; **viven b.,** they're comfortably off. 5 *(fácilmente)* easily; **b. podía haberme avisado,** she might have let me know; **b. puede acabarlo en un día,** he can easily finish it off in a day; **b. puedes permitirte el lujo de fumar puros,** if anybody can afford to treat himself to cigars, you can; **b. puedo creer que ...,** I can well believe that ... . 6 *(con gusto)* really; *(de buena gana)* willingly, gladly; **b. lo pagaría si tuviera bastante dinero,** I'd gladly pay for it if I had enough money; **b. me tomaría ahora una sopita de cebolla,** I'd really love a bowl of onion soup right now. 7 *(seguramente)* **b. se gastaron la mitad de la herencia en aquella casa,** they must have spent half the inheritance on that house. 8 *(muy, bastante)* very, quite; **b. es verdad que ...,** it's quite clear that ...; **b. temprano,** very early, nice and early; **dame un té b. caliente,** I'd like a nice hot cup of tea; **la casa está b. lejos del pueblo,** the house is a long way from the village. 9 *(mucho)* lot, many; **b. de veces,** lots of times. 10 *(en interrogativas)* ¿y b.?, and so?, what then? 11 *(estar + bien)* *(de dinero)* well-off; *(de salud)* well; **la abuela está muy b. de salud,** grandmother is in really good health; *(cómodamente)* **aquí dentro se está muy b.,** it's nice and cosy in

here; *(es bueno)* **esta comida está b.,** this meal is fine; *(prenda)* **esta falda te está b.,** this skirt suits you; *(merecer)* **le está b. empleado que se le haya escapado el avión,** I'm glad he missed the plane, it serves him right; **¡está b.!,** (¡de acuerdo!) fine!, all right!; *(¡basta!)* that's enough!; **¡ya está b.!,** that's (quite) enough!; *fam (bonito, interesante)* **esa película francesa está muy b.,** that French film is very good; *fam* **su novia está muy b.,** his girlfriend is very nice; *irón* **¡(pues) sí que estamos b.!,** (well), we are in a fine mess! 12 **sentar b.,** agree with; **no me ha sentado b. la fruta,** the fruit has disagreed with me; **sus comentarios no se me sentaron b.,** I didn't like his remarks. 13 *fml* **tener a b. de,** to be so kind as to; **rogamos tenga a bien de ...,** would you please ...?, we should be grateful if you would ... . 14 **más b.,** rather, a little; **es más b. tímida,** she's on the shy side, she's a little shy. II *conj* **ahora b.,** now, now then; **o b.,** or, or else; **b. ... o b. ...,** either ... or ...; **b. en metro o b. en coche,** either by tube or by car; **no b.,** as soon as; **no b. llegó el policía, empezó el tiroteo,** no sooner had the policeman arrived than the shooting began; **si b.,** while, although, even if. III *adj* well-to-do, well-off; **la gente b.,** the wealthy, the upper classes.

bien[2] *nm* 1 *(bondad)* good, good thing; **el b. y el mal,** good and evil; **un hombre de b.,** an upright *o* upstanding man; *prov* **haz b. y no mires a quien,** do well and dread no shame. 2 *(bienestar, provecho)* benefit, advantage; **dedicó su vida al bien de los demás,** she devoted her life to others; **por el b. de,** for the good of, in the interest of; **lo hace por el b. de sus hijos,** he does it for the sake of his children; **lo hicieron por tu b.,** they did it for your own good. 3 **bienes,** goods. ■ **b. de equipo,** *(maquinaria, instalaciones)* capital goods; *Jur* property; **b. gananciales,** communal property, property acquired during marriage; **b. inmuebles,** real estate; **b. muebles,** movables, personal property; **b. públicos,** public property.

bienal I *adj* biennial. II *nf* biennial (exhibition).

bienaventurado,-a I *adj* 1 *Rel* blessed. 2 *(afortunado)* fortunate, happy. II *nm,f* naïve person.

bienaventuranza *nf* 1 happiness, bliss. 2 *Rel* **las bienaventuranzas,** the Beatitudes.

bienestar *nm (personal)* well-being, contentment; *(comodidad)* ease, comfort.

bienhechor,-a I *adj* beneficent, beneficial. II *nm,f* *(hombre)* benefactor; *(mujer)* benefactress.

bienintencionado,-a *adj* well-meaning, well-intentioned.

bienio *nm* biennium, two-year period.

bienvenida *nf* welcome; **dar la b. a algn,** to welcome sb.

bienvenido,-a *adj* welcome.

bies *nm inv Cost* bias; **al b.,** on the bias.

bifásico,-a *adj Elec* two-phase.

bife *nm Am* 1 *Culin* steak; **b. a caballo,** steak with two fried eggs. 2 *(bofetada)* slap.

bífido,-a *adj Anat Bot* bifid.

bifocal *adj* bifocal; **gafas bifocales,** bifocals.

bifurcación *nf* bifurcation; *(de la carretera)* fork.

bifurcado,-a *adj* forked.

bifurcarse[1] *vr* to fork, branch off.

bigamia *nf* bigamy.

bígamo,-a I *adj* bigamous. II *nm,f* bigamist.

bígaro *nm Zool* winkle.

bigote *nm* 1 *(de persona)* moustache, *US* mustache; *(de gato)* whiskers *pl*. 2 *fam* **de b.**, *(enorme)* huge; *(sensacional)* tremendous, great, terrific; **una comida de b.**, a fantastic meal.

bigotera *nf (compás)* bow compass.

bigotudo,-a *adj* with a large moustache, moustachioed.

biguán *nm CAm* large bundle.

bigudí *nm* hair-curler, roller.

bilateral *adj* bilateral; **acuerdo b.**, bilateral agreement.

bilbaíno,-a I *adj* of *o* from Bilbao. II *nm,f* native *o* inhabitant of Bilbao.

biliar *adj* biliary; *Med* **cálculo b.**, bile stone.

bilingüe *adj* bilingual.

bilingüismo *nm* bilingualism.

bilioso,-a *adj* bilious.

bilis *nf* 1 *Med* bile. 2 *fig* bile, spleen; *fig* **descargar la b. contra algn,** to vent one's spleen on sb; **esa actitud me exalta la b.**, that attitude makes my blood boil.

billar *nm* 1 *(juego)* billiards *sing*; **jugar al b.**, to play billiards. ■ **b. americano,** pool; **b. romano,** pinball; **b. ruso,** snooker. 2 *(mesa)* billiard table. 3 **billares,** billiard room *sing*, pool room *sing*.

billetaje *nm* tickets *pl*.

billete *nm* 1 *(de sorteo, bus, avión, etc)* ticket; **sacar un b.,** to buy a ticket. ■ **b. de ida y vuelta,** return (ticket), *US* round-trip ticket; **b. sencillo** *o* **de ida,** single (ticket); *Ferroc* **b. kilométrico,** ≈ Rail Rover. 2 *(de banco)* note, *US* bill; **un b. de mil,** a thousand peseta note.

billetera *nf*, **billetero** *nm* wallet, *US* billfold.

billón *nm* billion, *US* trillion.

bimensual *adj* twice-monthly, bi-monthly, fortnightly.

bimestral *adj* every two months.

bimestre I *adj véase* bimestral. II *nm* period of two months.

bimotor I *adj* twin-engine, twin-engined. II *nm* twin-engined plane.

binario,-a *adj* 1 binary; *Mat* **sistema b.**, binary system. 2 *Mús* two beats to the bar, two-four measure.

bincha *nf Am (pañuelo)* kerchief.

bingo *nm* 1 *(juego)* bingo. 2 *(sala)* bingo hall.

binoculares *nmpl* field glasses, binoculars.

binóculo *nm* pince-nez.

binomio *nm Mat* binomial.

biodegradable *adj* biodegradable.

biofísica *nf* biophysics.

biografía *nf* biography.

biográfico,-a *adj* biographic, biographical.

biógrafo,-a *nm,f* biographer.

biología *nf* biology.

biológico,-a *adj* biological.

biólogo,-a *nm,f* biologist.

biombo *nm (folding)* screen.

biopsia *nf Med* biopsy.

bioquímica *nf* biochemistry.

bioquímico,-a I *adj* biochemical. II *nm,f* biochemist.

bióxido *nm Quím* dioxide. ■ **b. de carbono,** carbon dioxide.

bipartidismo *nm Pol* two-party system, bipartisanship.

bípedo,-a *adj & nm,f* biped.

biplano *nm Av* biplane.

biquini *nm (prenda)* bikini.

birlar *vtr fam* to pinch, nick, swipe; **me han birlado la cartera,** my wallet's been pinched.

birlibirloque *loc adv* **por arte de b.**, as if by magic.

Birmania *n* Burma.

birmano,-a *adj & nm,f* Burmese.

birreactor *Av* I *adj* twin-jet. II *nm* twin-jet plane.

birreta *nf Rel* biretta.

birrete *nm* cap, beret; *Rel* biretta; *Univ* mortarboard, academic cap.

birria *nf fam* monstrosity; **esa película es una b.**, that film is rubbish.

biruji *nm fam* chilly wind.

bis I *adv* twice; **viven en el 34 b.**, they live at 34 A. II *nm* encore.

bisabuela *nf* great-grandmother.

bisabuelo *nm* great-grandfather; **bisabuelos,** great-grandparents.

bisagra *nf* hinge.

bisar *vtr* to give an encore, repeat.

bisbisar *vtr*, **bisbisear** *vtr* to mutter, mumble.

bisbiseo *nm* muttering, mumbling.

bisbita *nf Orn* pipit. ■ **b. arbórea/campestre/común,** tree/tawny/meadow pipit.

bisección *nf* bisection.

bisector *adj Geom* bisecting.

bisectriz I *adj Geom* bisecting. II *nf Geom* bisector, bisectrix.

bisel *nm* bevel edge, bevel.

biselar *vtr* to bevel.

bisemanal *adj* twice-weekly.

bisexual *adj & nmf* bisexual.

bisiesto *adj* **año b.**, leap year.

bisílabo,-a *adj* two-syllabled, disyllabic.

bismuto *nm Quím* bismuth.

bisnieto,-a *nm,f (niño)* great-grandson; *(niña)* great-granddaughter; **mis bisnietos,** my great-grandchildren.

bisojo,-a *adj* cross-eyed.

bisonte *nm Zool* bison, American buffalo.

bisoñé *nm* toupee.

bisoño,-a I *adj Mil* raw; *fig* inexperienced, green. II *nm,f Mil* raw recruit, *US* rookie; *fig* greenhorn, novice.

bisté *nm*, **bistec** *nm* steak.

bisturí *nm Med* scalpel, surgical knife.

bisutería *nf* imitation jewellery *o US* jewelry.

bitácora *nf Náut* binnacle. ■ **cuaderno de b.**, logbook.

bíter *nm* bitters *pl*.

bitoque *nm* 1 *(tapón)* spigot. 2 *Am Med* cannula. 3 *CAm (sumidero)* drain, sewer.

bituminoso,-a *adj* bituminous.

bivalente *adj Quím* bivalent.

bivalvo,-a *adj* bivalve.

bizantino,-a I *adj* 1 Byzantine. 2 *fig* pointless; **discusiones bizantinas,** hair-splitting arguments. II *nm,f* Byzantine.

bizarría *nf* 1 *(valor)* gallantry, bravery. 2 *(generosidad)* generosity.

bizarro,-a *adj* 1 *(valiente)* gallant, brave. 2 *(generoso)* generous.

bizco,-a I *adj* cross-eyed; *fig* **quedarse b.**, to be dumbfounded *o* flabbergasted. II *nm,f* cross-eyed person.

bizcocho *nm* Culin sponge cake *o* finger.

biznieto,-a *nm,f véase* bisnieto,-a.

bizquear *vi* to go cross-eyed.

blanca *nf* 1 *fam* **estar** *o* **quedarse sin b.**, to be flat broke. 2 *Mús* minim.

Blancanieves *nf* Lit Snow White.

blanco,-a[1] I *adj* white; **más b. que la nieve**, as white as snow; **dar carta blanca**, to give sb a free rein; **tez blanca**, fair complexion. II *nm,f (hombre)* white man; *(mujer)* white woman; **los blancos**, whites.

blanco[2] *nm* 1 *(color)* white; **en b. y negro**, in black and white. ■ *Constr* **b. de España**, whiting; *Anat* **b. de la uña**, half-moon; *Anat* **b. del ojo**, white of the eye. 2 *(vacío)* blank; **dejó la hoja en b.**, he left the page blank; **votos en b.**, blank votes; *fig* **pasar la noche en b.**, to have a sleepless night; **quedarse en b.**, to fail to understand. 3 *(diana)* target; **dar en el b.**, to hit the target *o* the bull's eye; **tirar al b.**, to shoot at a target; **tiro al b.**, target shooting; *fig* **ser el b. de todas las miradas**, to be the centre of attention.

blancor *nm*, **blancura** *nf* whiteness.

blancuzco,-a *adj pey* whitish.

blandengue *adj pey* weak, soft, feeble.

blandir *vtr defect* to brandish.

blando,-a *adj* 1 *(maleable)* soft; **un colchón b.**, a soft mattress; **tiene las carnes muy blandas**, he is flabby. 2 *fig (suave)* soft, gentle; **clima b.**, mild climate; **es demasiado b. con sus hijos**, he's too soft with the children; **una mirada blanda**, a tender look.

blanducho,-a *adj*, **blandujo,-a** *adj fam* softish; *pey (cuerpo)* flabby.

blandura *nf* 1 *(calidad)* softness. 2 *fig (dulzura)* gentleness, tenderness; *(debilidad)* mildness, weakness.

blanduzco,-a *adj pey* softish.

blanqueador,-a I *adj (que pone blanco)* whitening; *(con lejía)* whitewashing; **un producto b.**, a whitening *o* bleaching agent. II *nm,f* whitewasher.

blanquear I *vtr* 1 *(poner blanco)* to whiten; *(con lejía)* to bleach. 2 *(encalar)* to whitewash. II *vi* to turn white, be whitish.

blanquecino,-a *adj* whitish.

blanqueo *nm* 1 whitening; *(con lejía)* bleaching. 2 *(encalado)* whitewashing; *Téc* blanching.

blasfemar *vi* Rel to blaspheme **(contra,** against); *(decir palabrotas)* to curse, swear.

blasfemia *nf* Rel blasphemy; *(palabrota)* curse.

blasfemo,-a I *adj* blasphemous. II *nm,f* blasphemer.

blasón *nm* 1 *(escudo)* coat of arms. 2 *(heráldica)* heraldry. 3 *(divisa)* device. 4 *fig (gloria, honor)* glory, honour, *US* honor; **hacer b. de algo**, to boast about sth.

blasonar I *vtr* to emblazon. II *vi fig* boast **(de,** about).

blástula *nf* Biol blastula.

bledo *nm* Bot blite; *fam* **me importa un b.**, I couldn't give a damn, I couldn't care less.

blenorragia *nf* Med blennorrhagia.

blenorrea *nf* Med blennorrhea, *US* blennorrhoea.

blindado,-a *adj* 1 *Mil* armoured, *US* armored, armour-plated, *US* armor-plated; *(antibalas)* bulletproof; **coche b.**, bullet-proof car; *(furgoneta)* security van; **puerta blindada**, reinforced door, security door. 2 *Téc* shielded.

blindaje *nm* 1 armour, *US* armor; *(vehículo)* armour *o US* armor plating. 2 *Téc* shield.

blindar *vtr* 1 *(vehículo)* to armour, *US* armor. 2 *Téc* to shield.

bloc *nm* pad. ■ **b. de notas**, notepad.

blocar [1] *vtr* Ftb to block.

blonda *nf* blond lace.

blondo,-a *adj lit* blond, fair.

bloque *nm* 1 *(gen)* block; **un b. de cemento**, a concrete block; **en b.**, en bloc. ■ **b. de pisos**, block of flats. 2 *(manzana de casas)* block. 3 *Pol* bloc; **el b. de países comunistas**, the Communist Bloc countries.

bloquear *vtr* 1 *Mil* to blockade. 2 *Com Fin (precios)* to freeze. 3 *Téc* to jam, block. 4 *Ftb (pelota)* to block. 5 *Parl (ley, decreto)* to block. 6 *(obstruir)* to block, obstruct; **la nieve bloqueó todas las vías de acceso al pueblo**, the village was cut off by snow.

bloqueo *nm* 1 *Mil* blockade; **forzar el b.**, to run the blockade; **levantar un b.**, to raise a blockade. 2 *Com Fin (precios)* freeze, freezing.

blues *nm* Mús blues *pl.*

bluff *nm* bluff.

blusa *nf* blouse.

blusón *nm* loose blouse, smock.

boa I *nf* Zool boa. II *nm (prenda)* (feather) boa.

boato *nm* show, ostentation.

bobada *nf (acción)* silliness, fooling about; *(comentarios)* nonsense, rubbish; **decir bobadas**, to talk nonsense; **¡no hagas bobadas!**, don't be silly!

bobalicón,-ona *fam* I *adj* simple, stupid. II *nm,f* simpleton, idiot.

bobear *vi (decir bobadas)* to talk nonsense; *(hacer bobadas)* to do silly things, fool about.

bobería *nf véase* bobada.

bóbilis bóbilis (de) *loc adv fam* 1 *(de balde)* free, for nothing. 2 *(sin esfuerzo)* without lifting a finger.

bobina *nf* 1 *(de película)* reel, spool; *(de hilo)* bobbin, reel, spool; *(de cinta magnética)* reel. 2 *Elec* coil. ■ **b. de encendido**, ignition coil.

bobinar *vtr* to wind.

bobo,-a I *adj (tonto)* stupid, silly; *(ingenuo)* naïve, simple. II *nm,f* fool, simpleton, dunce; **entre bobos anda el juego**, they are all the same, they are all as bad as each other. III *nm* Teat buffoon, jester.

boca *nf* 1 *Anat* mouth; **b. abajo**, face downward; **b. arriba**, face upward; *fig* **a b. llena**, openly, straight out; *fig* **a pedir de b.**, in accordance with one's wishes; *fig* **todo le salió a pedir de b.**, everything turned out exactly as he had wished; *fig* **andar de b. en b.**, to be the talk of the town; *fig* **b. de escorpión**, evil tongue; *fig* **decir algo con la b. chica**, to say one thing and mean another; *fig* **hacer b.**, to whet one's appetite; *fig* **írsele la b. a algn**, to be unable to keep one's mouth shut, to let the cat out of the bag; *fig* **meterse en la b. del lobo**, to put one's head into the lion's mouth; *fig* **quitarle a algn las palabras de la b.**, to take the words right out of sb's mouth; *fig* **tengo cinco bocas que mantener**, I've got five mouths to feed; *fam* **cerrarle la b. a algn**, to shut sb up; *fam* **con la b. abierta**, open-mouthed, agape; *fam* **no abrir la b.**, **no decir esta b. es mía,** not to open one's mouth, not to say a word; *fam* **quedarse con la b.** abierta, to be astounded *o* amazed; *fam* **se le hizo la b.** agua, his mouth watered; *fam* **taparle la b.** a algn, to shut sb up, keep sb quiet; *vulg* **¡cállate la b.!,** shut up!; *prov* **en b. cerrada no entran moscas,** silence is golden; *prov* **por la b. muere el pez,** the least said the better. ▪ **b. a b.,** kiss of life, mouth-to-mouth respiration; **b. de riego,** hydrant. **2** *(entrada)* entrance; *Téc* opening, aperture; **b. del estómago,** pit of the stomach; **la b. de un túnel,** the mouth of a tunnel; **la b. del metro,** the entrance to the tube *o* underground station. **3** *(vino)* bouquet, aroma.

bocacalle *nf (calle secundaria)* side street; *(entrada)* entrance to a street, intersection.

bocadillo *nm* **1** sandwich; **tomar un b.,** to have a snack; **un b. de jamón/tortilla,** a ham/omelette sandwich. **2** *(de cómic, chiste)* balloon.

bocado *nm* **1** *(mordisco)* mouthful; *(piscolabis)* bite to eat, snack, tidbit; **con el b. en la boca,** having scarcely finished eating; **no he probado b. en todo el día,** I haven't had a bite to eat all day; *fam* **b. sin hueso,** soft job, cushy number. ▪ *Anat* **b. de Adán,** Adam's apple. **2** *(mordedura)* bite. **3** *(freno del caballo)* bit.

bocajarro (a) *loc adv* point-blank.

bocamanga *nf* cuff, wristband.

bocanada *nf* **1** *(de vino)* mouthful. **2** *(de humo)* whiff, puff; **una b. de viento,** a gust of wind.

bocata *nm arg* sandwich, sarnie, buttie.

bocazas *nmf inv fam* bigmouth, blabbermouth.

bocel *nm Arquit* torus.

bocera *nf* **1** food left around the mouth after eating or drinking, moustache. **2** *Med* lip sore.

boceras *nmf inv fam* bigmouth, blabbermouth.

boceto *nm Arte* sketch, outline; *(de un trabajo escrito)* outline, plan.

bocha *nf* **1** *(bola)* bowl. **2 bochas,** *(juego)* bowls.

bochar *vtr* **1** *(bocha)* to take out. **2** *Am (suspender)* to fail. **3** *Méx Ven (rechazar)* to reject.

bochinche *nm fam* uproar, din, riot; **armar un b.,** to kick up a row.

bochorno *nm* **1** *(tiempo)* sultry *o* close weather; *(calor sofocante)* stifling heat; **hacer b.,** to be sultry *o* close *o* muggy. **2** *fig (vergüenza)* shame, embarrassment. **3** *(rubor)* blush, flush.

bochornoso,-a *adj* **1** *(tiempo)* sultry, close, muggy, oppressive; *(calor)* stifling. **2** *fig (vergüenza)* shameful, embarrassing.

bocina *nf* **1** *Aut* horn; **tocar la b.,** to blow *o* sound one's horn. **2** *Mús* horn, trumpet. **3** *(de gramófono)* horn.

bocinazo *nm Aut* hoot, honk, toot.

bocio *nm Med* goitre.

bocón,-ona *fam* **I** *adj* big-mouthed. **II** *nm,f* bigmouth, braggart.

bocoy *nm (pl bocoyes)* large cask.

boda *nf* wedding, marriage. ▪ **bodas de diamante/ oro/plata,** diamond/gold/silver wedding *sing*; **lista de bodas,** wedding list.

bodega *nf* **1** wine cellar; *(tienda)* wine shop. **2** *Náut* hold. **3** *(almacén)* warehouse. **4** *Am (tienda de comestibles)* grocery store, grocer's.

bodegón *nm* **1** *(restaurante)* cheap restaurant. **2** *(taberna)* tavern. **3** *Arte* still-life painting.

bodeguero,-a *nm,f (propietario)* owner of a wine cellar; *(encargado)* cellarman.

bodoque **I** *nm* **1** *(bola de barro)* pellet. **2** *Cost* raised embroidery stitch. **3** *Méx (chichón)* bump, lump, swelling. **4** *CAm (pelota informe)* lump; *(de papel)* ball. **II** *nmf fam* dimwit, dunce.

bodorrio *nm pey* wedding.

bodrio *nm* **1** *(comida)* mishmash, hotchpotch. **2** *fam* rubbish, trash; **su última novela es un b.,** his latest novel is rubbish; **¡vaya b. de película!,** what a useless film!

body *nm* bodystocking, leotard.

BOE *nm abr de* **Boletín Oficial del Estado,** Official Gazette.

bóer *adj & nmf (pl bóers)* Boer.

bofe **I** *nm Zool (pulmón)* lung, lights *pl*; *fam fig (trabajar mucho)* **echar el b.** *o* **los bofes,** to work flat out, slog one's guts out; *(esforzarse mucho)* to go all out. **II** *adj CAm (antipático)* disagreeable, unpleasant.

bofetada *nf* slap round the face; *fig* blow; **dar una b. a algn,** to slap sb's face; *fig* **darse de bofetadas por algo,** to come to blows over sth; *fig* **esos colores se dan de bofetadas,** those colours really clash; *fig* **no tener (ni) media b.,** to be a weakling, be weedy; *fig* **¡qué b. le has dado al decir eso!,** what you said was a real blow to him!

bofetón *nm* hard slap round the face.

bofia *nf arg* **la b.,** the fuzz *pl*, the cops *pl*, the law; **tiene jaleos con la b.,** he's in trouble with the law.

boga[1] *nf (pez) (de agua dulce)* bream; *(de mar)* bogue.

boga[2] **I** *nf* **1** *Náut* rowing. **2** *fig* **estar en b.,** to be in fashion. **II** *nmf* rower.

bogada *nf (palada)* stroke.

bogador,-a *nm,f* rower.

bogar [7] *vi* **1** *(remar)* to row. **2** *(navegar)* to sail.

bogavante *nm (pez)* lobster.

bogotano,-a **I** *adj* of *o* from Bogotá. **II** *nm,f* native of Bogotá.

bohardilla *nf véase* **buhardilla.**

bohemia *nf* Bohemia, Bohemian life.

bohemio,-a *adj & nm,f* Bohemian.

bohío *nm Am* hut, cabin.

boicot *nm (pl boicots)* boycott.

boicotear *vtr* to boycott.

boicoteo *nm* boycott, boycotting.

boina *nf* beret.

boîte *nf,* **boite** *nf* nightclub, discotheque.

boj *nm Bot* **1** *(árbol)* box. **2** *(madera)* boxwood.

bojar **I** *vtr (medir)* to measure; **b. una isla,** to measure the perimeter of an island. **II** *vi (medir)* to measure; **la isla boja cuarenta kilómetros,** the island has a perimeter of forty kilometres.

bojear *vi (navegar)* to coast.

bojote *nm Am* bundle, package.

bol *nm* bowl.

bola *nf* **1** *(cuerpo esférico)* ball, sphere; *(canica)* marble; *Dep fam* ball; *fig* **dejar que ruede la b.,** to let things take their course; **no dar pie con b.,** to be unable to do anything right. ▪ **b. de billar,** billard ball; **b. de cristal,** crystal ball; **b. de nieve,** snowball; *Téc* **cojinete de bolas,** ball bearing; **queso de b.,** Edam cheese. **2** *fam fig (mentira)* fib, lie; **meter bolas,** to tell fibs. **3** *Bridge* slam. **4 bolas,** *SAm* bolas. **5 bolas,** *vulg (cojones)* balls.

bolacha *nf Am (masa de caucho)* lump of rubber.

bolada *nf (lanzamiento)* throw; *(en billar)* stroke.

bolado *nm* **1** (*azucarillo*) sweet. **2** *Am* business. **3** *Méx* love affair.

bolardo *nm* *Náut* bollard.

bolchevique *adj & nmf* Bolshevik.

bolcheviquismo *nm*, **bolchevismo** *nm* Bolshevism.

boldo *nm* *Bot* boldo.

boleada *nf* *Arg Urg* hunt using bolas.

boleadoras *nfpl* *Arg Urug* bolas.

bolear[1] I *vtr* **1** *SAm* to catch with bolas. **2** *Arg fig* (*jugar una mala pasada*) to play a dirty trick on. **3** *Méx* (*embetunar*) to polish. II **bolearse** *vr Arg* **1** (*caballo*) to rear. **2** (*tropezar*) to trip (**con**, over), stumble (**con**, over). **3** (*equivocarse*) to make a mistake. **4** (*avergonzarse*) to become embarrassed; (*ruborizarse*) to blush.

bolear[2] *vtr* (*arrojar*) to throw.

bolera *nf* bowling alley, skittle alley.

bolero,-a[1] I *adj* (*mentiroso*) lying, fibbing. II *nm,f* liar, fibber.

bolero,-a[2] I *nm,f* *Mús* bolero dancer. II *nm* **1** *Mús* bolero. **2** (*chaquetilla*) bolero. **3** *CAm* (*sombrero de copa*) top hat. **4** *Méx* (*limpiabotas*) shoeblack.

boleta *nf* **1** (*permiso*) pass, permit. **2** (*vale*) voucher, slip. **3** *Am* ballot.

boletería *nf* *Am Dep Ferroc* ticket office, *GB* booking office; *Teat* ticket office, box office.

boletero,-a *nm,f* *Am* ticket seller.

boletín *nm* **1** (*publicación*) journal, bulletin; **B. Oficial del Estado**, Official Gazette. **2** (*de suscripción*) form.

boleto *nm* (*de rifa, lotería*) ticket; (*de quinielas*) coupon.

boli *nm* *fam* ballpen, biro®.

boliche *nm* **1** (*juego de bolos*) bowling, skittles. **2** (*en la petanca*) jack. **3** (*lugar*) bowling alley. **4** (*juguete*) cup-and-ball game. **5** *Am* (*tenducho*) small grocery store; (*taberna*) tavern; (*figón*) cheap restaurant. **6** *Chi* (*casa de juego*) gaming *o* gambling house.

bólido *nm* **1** *Astron* meteor, meteorite; *fam* **ir como un b.**, to be in a terrible rush; **siempre vas como un b.**, you're always in a mad rush. **2** *Aut* racing car.

bolígrafo *nm* ballpoint (pen), biro®.

bolilla *nf* *Arg Par Urug* **1** (*bolita de sorteos*) numbered ball. **2** *Educ* (*tema*) topic.

bolillero *nm* *Arg Par Urug* (*bombo de sorteos*) drum.

bolillo *nm* *Cost* bobbin; **encaje de bolillos**, bobbin lace.

bolívar *nm* *Fin* standard monetary unit of Venezuela.

Bolivia *n* Bolivia.

boliviano,-a I *adj* Bolivian. II *nm,f* (*persona*) Bolivian. III *nm* *Fin* boliviano.

bollar *vtr* **1** *Tex* to stamp. **2** (*metal*) to dent, bump; **me han bollado el coche**, somebody's dented my car.

bollería *nf* bakery, baker's.

bollo *nm* **1** *Culin* bun, bread roll; *fig* **no está el horno para bollos**, it's not the right time. **2** (*abolladura*) dent. **3** (*chichón*) bump, swelling. **4** (*alboroto*) fuss, confusion.

bollón *nm* stud.

bolo I *nm* **1** skittle, ninepin. ■ **b. alimenticio**, bolus. **2** (*bolera*) bowling alley. **3 bolos**, (*juego*) skittles; *fig* **echar a rodar los b.**, to stir up trouble. II *adj* *CAm fam* drunk.

bolsa[1] *nf* **1** (*gen*) bag. ■ **b. de agua caliente**, hot-water bottle; *Av* **b. de aire**, air pocket; **b. de deportes**, sports bag; **b. de la compra**, shopping bag; **b. de papel**, paper bag; **b. de viaje**, travel bag. **2** (*de dinero*) purse; **¡la b. o la vida!**, your money or your life! **3** *Anat* (*lacrimal*) sac; (*bajo los ojos*) bag. **4** *Min* pocket. **5** (*en prenda*) bag, pucker.

bolsa[2] *nf* *Fin* Stock Exchange; **jugar a la b.**, to play the market. ■ **agente de b.**, stockbroker; **b. de trabajo**, employment exchange, job centre.

bolsear *vtr* *CAm Méx* (*robar*) to pick sb's pocket.

bolsero,-a *nm,f* **1** (*fabricante*) maker *o* seller of bags *o* purses. **2** *Méx* (*carterista*) pickpocket.

bolsillo *nm* **1** (*en prenda*) pocket; **de b.**, pocket, pocket-size; **diccionario de b.**, pocket dictionary; **edición de b.**, pocket edition; **libro de b.**, paperback; *fig* **meterse a algn en el b.**, to win sb over; *fig* **tener a algn en el b.**, to have sb in one's pocket *o* under one's control. **2** (*monedero*) purse, *US* pocketbook; **consultar con el b.**, to check the state of one's finances; **lo pagó de su b.**, he paid for it himself, he paid for it out of his own pocket; *fam* **rascarse el b.**, to give money.

bolsín *nm* *Fin* kerb *o* outside market.

bolso *nm* handbag, bag, *US* purse.

bomba[1] *nf* **1** *Téc* pump. ■ **b. aspirante**, suction pump; **b. de aire**, air pump; **b. de incendios**, fire engine; *Med* **b. gástrica**, stomach pump. **2** *Mús* slide.

bomba[2] I *nf* **1** *Mil* bomb; *fig* **a prueba de bombas**, bombproof, shellproof; *fig* **estar** *o* **ir echando bombas**, to be furious; *fig* **la noticia cayó como una b.**, the news burst like a bombshell. ■ **b. atómica**, atomic bomb; **b. de hidrógeno**, hydrogen bomb; **b. de mano**, hand grenade; **b. de neutrones**, neutron bomb; **b. de relojería**, time bomb; **b. fétida**, stink bomb; **b. incendiaria**, incendiary bomb. **2** (*de lámpara*) glass lampshade, globe. II *adj fam* fantastic; **éxito b.**, tremendous success; **noticia b.**, shattering piece of news. III *adv fam* **pasarlo b.**, to have a great time *o* a whale of a time.

bombacho,-a *adj* baggy, loose-fitting; **pantalón b.**, knickerbockers *pl*.

bombachos *nmpl* knickerbockers.

bombardear *vtr* *Mil* to bomb, shell, bombard; *Fís* (*átomo*) to bombard; *fig* **b. a algn a preguntas**, to bombard sb with questions.

bombardeo *nm* **1** *Mil* bombing, bombardment. **2** *Fís* bombardment.

bombardero,-a I *adj* bombing, bomber; **avión b.**, bomber (plane); **lancha bombardera**, gunboat. II *nm* **1** *Av* bomber. **2** *Hist* (*soldado*) bombardier.

bombazo *nm* bomb explosion *o* blast; *fig* **menudo b. cuando se enteren**, there'll be hell to pay when they find out.

bombear *vtr* to pump.

bombeo *nm* **1** (*de líquido*) pumping; **estación de b.**, pumping station. **2** (*curvatura*) camber.

bombero,-a *nm,f* (*hombre*) fireman; (*mujer*) firewoman; *US* (*ambos sexos*) firefighter. ■ **cuerpo de bomberos**, fire brigade; **parque de bomberos**, fire station.

bombilla *nf* *Elec* (light) bulb.

bombín *nm* **1** (*sombrero*) bowler hat. **2** (*para hinchar*) pump. **3** (*de cerradura*) cylinder.

bombo *nm* **1** *Mús* bass drum; *fig* **a b. y platillo(s)**, with a great song and dance; **anunciar algo a b. y platillo(s)**, to announce sth with much ballyhoo; *fam*

dar b. a algn, to praise sb excessively; *fam* **darse b.,** to blow one's own trumpet; *fam* **dejar a una chica con b.,** to get a girl into trouble. 2 *(de sorteo)* lottery drum. 3 *(de lavadora)* drum.

bombón *nm* 1 *(de chocolate)* chocolate; **de b.,** chocolate-coated; **una caja de bombones,** a box of chocolates. 2 *fam (mujer)* pretty girl, cracker; **es un b.,** she's a real dish.

bombona *nf* 1 *(garrafa)* carafe; *Quím* carboy; **una b. de vino,** a carafe of wine. 2 *(recipiente metálico)* cylinder. ■ **b. de butano,** butane gas cylinder.

bombonera *nf* 1 *(caja)* chocolate box. 2 *fig (lugar)* small, cosy place *o* room *o* house.

bombonería *nf* sweetshop, confectioner's.

bombote *nm CAm Ven* small boat.

bonachón,-ona I *adj* good-natured, easy-going. II *nm,f* kind *o* good-natured soul, easy-going person.

bonaerense I *adj* of *o* from Buenos Aires. II *nmf* native *o* inhabitant of Buenos Aires.

bonancible *adj* 1 *(tiempo)* fair; *(mar)* calm. 2 *(persona)* kind.

bonanza *nf* 1 *Náut (tiempo)* fair weather; *(mar)* calm at sea. 2 *fig (prosperidad)* prosperity. 3 *Min* bonanza.

bondad *nf (calidad de bueno)* goodness; *(amabilidad)* kindness, generosity; *fml* **tenga la b. de esperar,** please be so kind as to wait.

bondadoso,-a *adj* kind, good, good-natured.

bonete *nm Rel* cap, biretta; *Univ* cap, mortarboard.

bongó *nm Mús* bongo, bongo drum.

boniato *nm Bot* sweet potato.

bonificación *nf* 1 *(mejora)* improvement. 2 *Com (descuento)* discount, allowance, rebate; *Fin* **b. fiscal,** tax rebate.

bonificar [1] *vtr Com* to discount, allow.

bonísimo,-a *adj superl de* bueno.

bonito,-a[1] *adj* pretty, nice.

bonito[2] *nm (pez)* (Atlantic) bonito.

Bonn *n* Bonn.

bono *nm* 1 *(vale)* voucher. 2 *Fin* bond, deventure; **bonos del tesoro** *o* **del Estado,** Treasury bonds.

bono-bus *nm* bus pass.

bonzo *nm Rel* bonze.

boñiga *nf,* **boñigo** *nm* cow dung.

boom *nm* boom; **el b. turístico,** the tourist boom.

boomerang *nm* boomerang.

boqueada *nf* last breath; **dar la última b.,** to breathe one's last.

boquear *vi* to gasp; *(en agonía)* to breathe one's last; *fam fig* to be on one's last legs.

boquera *nf* 1 *Med (pupa)* crack, lip sore. 2 *Agr* sluice.

boquerón *nm (pez)* anchovy.

boquete *nm (paso angosto)* narrow opening, small gap; *(brecha)* breach.

boquiabierto,-a *adj* open-mouthed; **se quedó b. al oír la noticia,** he was flabbergasted when he heard the news, he was stunned by the news.

boquilla *nf* 1 *(para fumar)* cigarette *o* cigar holder; *(de cigarrillo)* tip; *(de pipa)* mouthpiece; **decir algo de b.,** to pay lip service to sth. 2 *Mús* mouthpiece. 3 *(orificio)* opening. 4 *(de un bolso)* clasp. 5 *(de manguera)* nozzle; *(de lámpara)* burner. 6 *Agr* sluice.

bórax *nm inv Quím* borax.

Borbón *n Hist* Bourbon.

borbónico,-a *adj* Bourbon.

borborigmo *nm Med* rumbling.

borbotar *vi,* **borbotear** *vi* to bubble.

borboteo *nm* bubbling.

borbotón *nm* bubbling; *fig* **hablar a borbotones,** to gabble; *fig* **salir a borbotones,** to gush forth.

borceguí *nm (pl borceguíes)* half boot, ankle boot.

borda *nf* 1 *Náut (de barco)* gunwale; **arrojar** *o* **echar por la b.,** to throw overboard; *fig* to renounce. ■ **(motor de) fuera b.,** outboard motor. 2 *Náut (de galera)* mainsail.

bordada *nf Náut* tack, board.

bordado,-a I *pp de* bordar. II *adj Cost* embroidered. III *nm* embroidery.

bordador,-a *nm,f* embroiderer.

bordadura *nf* embroidery.

bordar *vtr* 1 *Cost* to embroider. 2 *fig (ejecutar perfectamente)* to do excellently; **el actor ha bordado su papel,** the actor gave an excellent performance.

borde[1] *nm (de mesa, camino)* edge; *Cost* hem, edge; *(de vasija)* rim, brim; **al b. de,** on the brink of, on the verge of; **al b. del mar,** at the seaside. ■ *Av* **b. de ataque/salida,** leading/trailing edge.

borde[2] I *adj* 1 *Bot (planta)* wild. 2 *fam (torpe)* clumsy; *(tonto)* daft, stupid. II *nmf fam (torpe)* clumsy person; *(tonto)* idiot.

bordear *vtr* 1 *(ir por el borde)* to go round the edge of, skirt. 2 *fig (aproximarse)* to border on, verge on; **bordeaba los cuarenta años,** he was pushing forty. 3 *Náut* to tack.

bordelés,-esa I *adj* of *o* from Bordeaux. II *nm,f* native *o* inhabitant of Bordeaux.

bordillo *nm* kerb, *US* curb.

bordin *nm Am* boarding house.

bordo *nm Náut* board; **a b.,** on board; **subir a b.,** to go on board; **de alto b.,** seagoing.

bordón *nm* 1 *(bastón)* staff. 2 *(muletilla)* pet phrase. 3 *Mús (cuerda)* bass string. 4 *Impr* omission.

bordonear *vi Mús (guitarra)* to strum.

boreal *adj* northern, boreal.

bóreas *nm inv* Boreas, north wind.

Borgoña *n* Burgundy.

borgoña *nm (vino)* Burgundy.

borgoñés,-esa *adj & nm,f,* **borgoñón,-ona** *adj & nm,f* Burgundian.

bórico,-a *adj Quím* boric. ■ **ácido b.,** boric acid.

borla *nf* 1 *Cost* tassel. 2 *(para polvos)* powder puff.

borne *nm Elec* terminal.

boro *nm Quím* boron.

borona *nf* 1 *(maíz)* maize, *US* corn. 2 *(mijo)* millet.

borra *nf* 1 *(para colchones)* flock; *fig* **meter b.,** to pad (out). 2 *(pelusa)* fluff. 3 *(poso)* sediment, dregs *pl.*

borrachera *nf* 1 *(embriaguez)* drunkenness; **agarrar** *o* **coger** *o* **pillar una b.,** to get drunk; *fam* **se pilló una b. de órdago,** he got drunk out of his skull. 2 *fig (exaltación)* ecstasy, rapture, enthusiasm.

borrachín *nm fam* soak, boozer.

borracho,-a I *adj* 1 *(bebido)* drunk; **b. como una cuba, b. perdido,** blind drunk; **estar b.,** to be drunk *fig* **b. de poder/de felicidad,** drunk with power/ happiness. 2 *Culin (bizcocho)* rum baba. II *nm,f* drunkard, drunk; **ser un b.,** to be a drunkard.

orrador nm 1 (escrito) rough copy, US first draft. 2 (croquis) rough o preliminary sketch. 3 (goma de borrar) rubber, eraser; (de la pizarra) board rubber o duster.

orradura nf crossing out, erasure.

orraja nf Bot borage; fam fig **quedar en agua de borrajas,** to come to nothing, fizzle o peter out.

orrajear vtr (palabras) to scribble; (papel) to doodle o scribble on.

orrar I vtr 1 (con goma) to erase, rub out; (tachar) to cross out o off; **b. la pizarra,** to clean the blackboard. 2 Inform to erase, delete; **b. un archivo/documento,** to erase a file/document. 3 fig to erase, wipe away. II **borrarse** vr 1 (ovidarse) to be erased; **se me borró de la memoria,** I forgot all about it. 2 (darse de baja) to drop out, withdraw; **me he borrado del club,** I'm not a member of the club any more.

orrasca nf 1 Meteor (tormenta) storm; (chubasco) squall; (nieve) flurry. 2 fig (contratiempo) hitch.

orrascoso,-a adj 1 Meteor (tormentoso) stormy; (viento) gusty, squally. 2 fig stormy, tempestuous.

orrego,-a nm,f 1 Zool (corderillo) yearling lamb. 2 fam fig (persona) ass, dimwit. 3 fam (pelliza) sheepskin coat.

orrico nm 1 Zool ass, donkey. 2 fam fig ass, dimwit.

orro nm Zool yearling lamb.

orrón nm 1 (mancha de tinta) blot, smudge; fig **b. y cuenta nueva,** let's wipe the slate clean, let's start afresh. 2 (escrito) rough copy, US rough draft. 3 (croquis) rough o preliminary sketch. 4 fig (imperfección, deshonor) blemish.

orronear vtr (palabras) to scribble; (en papel) to doodle o scribble on.

orroso,-a adj (confuso, impreciso) blurred, hazy, indistinct; **escritura borrosa,** smudgy o illegible handwriting; **ideas borrosas,** vague o hazy ideas; **veo b.,** I can't see clearly, everything's blurred.

oscaje nm 1 (bosque pequeño) thicket, grove, copse. 2 Arte (paisaje) woodland scene.

oscoso,-a adj wooded.

osque nm wood, forest.

osquejar vtr (dibujo) to sketch, outline; fig (plan) to draft, outline.

osquejo nm (dibujo) sketch, study; fig (plan) draft, outline.

osquimán nm Bushman.

ostezar [4] vi to yawn.

ostezo nm yawn.

ota nf 1 boot; fig **morir con las botas puestas,** to die with one's boots on; fam **ponerse las botas,** to strike it rich, make a killing, feather one's nest; fam **ponerse las botas comiendo,** to stuff oneself. ■ **botas camperas,** cowboy boots; **botas de montar,** riding boots. 2 (de vino) wineskin.

otadero nm Am ford.

otador,-a nm 1 Náut boatpole. 2 Carp nail puller, claw hammer. 3 Odont forceps. 4 Impr shooting stick.

otadura nf Náut launching (of a boat).

otafumeiro nm Rel incense burner, thurible, censer.

otalón nm Náut boom.

otana nf Am snack.

otánica nf botany.

botánico,-a I adj botanical, botanic. II nm,f botanist.

botanista nmf botanist.

botar I vi 1 (saltar) to jump; (caballo) to buck; fam **está que bota,** she's hopping mad. 2 (pelota) to bounce, rebound. II vtr 1 Náut (barco) to launch. 2 (arrojar) to throw o chuck out; Ftb **b. un córner,** to take a corner. 3 (despedir) to fire. 4 (pelota) to bounce. 5 Am (despilfarrar) to squander.

botarate I adj foolish. II nmf 1 madcap, fool. 2 Am (despilfarrador) spendthrift, squanderer.

botarel nm Arquit flying buttress.

bote[1] nm (acción de botar) jump, bound; **dar botes,** to jump up and down; **de un b.,** with one leap. 2 (de pelota) bounce, rebound. 3 (de caballo) buck.

bote[2] nm 1 (lata) can, tin; (de cristal) jar; (para propinas) jar o box for tips; **leche de b.,** tinned milk; fam **chupar del b.,** to scrounge; **sólo quiere chupar del b.,** he's just a hanger-on; fam **tener a algn metido en el b.,** to have sb under one's thumb, have sb in the palm of one's hand. ■ **b. de humo,** smoke bomb.

bote[3] nm (lancha) boat. ■ **b. salvavidas,** lifeboat.

bote[4] nm **de b. en b.,** packed, full to bursting.

botella nf bottle.

botellazo nm blow with a bottle.

botellín nm small bottle.

botepronto nm (rugby) dropkick; (football, tennis) half volley; fam **a b.,** all of a sudden.

botica nf 1 (farmacia) chemist's (shop), pharmacy, US drugstore; fam **hay de todo como en b.,** there's everything under the sun. 2 (medicamentos) medicines pl. 3 (tienda) shop.

boticario,-a nm,f chemist, pharmacist, US druggist.

botija nf 1 (vasija) earthenware pitcher. 2 Am (tesorro enterrado) buried treasure.

botijo nm earthenware pitcher (with spout and handle); fam fig **estar hecho un b.,** to be like a barrel.

botín[1] nm (de un robo) loot, booty.

botín[2] nm (calzado) ankle boot, spat, legging.

botiquín nm medicine chest o cabinet, first aid kit.

boto nm boot.

botón nm 1 Cost button; fig **b. de muestra,** sample. 2 Bot (capullo) bud. ■ **b. de oro,** buttercup. 3 Téc button; **pulsar el b.,** to press the button. 4 (tirador) knob.

botonadura nf buttons pl, set of buttons.

botones nm inv (en un hotel) buttons sing, bellboy, US bellhop; (chico de recados) messenger, errand boy.

bototo nm Am (calabaza) gourd o calabash (for carrying water).

Botswana n Botswana.

botswanés,-esa adj & nm,f Botswanan.

botulismo nm Med botulism.

boutique nf boutique.

bóveda nf 1 Arquit vault, crypt. ■ fig **b. celeste,** vault of heaven; Anat **b. craneana,** cranial cavity; Arquit **b. de cañón,** barrel vault. 2 (cripta) crypt.

bóvido,-a Zool I adj bovid. II **bóvidos** nmpl bovidae pl, bovines.

bovino,-a I adj bovine. II **bóvinos** nmpl bovines.

boxcalf nm box calf.

boxeadornm boxer.

boxearvi to box.

boxeonm boxing.

bóxernm (pl **bóxers**) Hist Boxer.

boyanf 1 Náut buoy. 2 Pesca (corcho) float.

boyanteadj 1 Náut buoyant. 2 (próspero) prosperous, thriving. 3 (feliz) buoyant, happy. 4 Taur (toro) easy to fight.

boyarvi to float.

boyero,-anm,f ox driver, cowherd.

boy-scoutnm boy scout.

bozalnm muzzle.

bozonm 1 (vello) down, fuzz; (moustache) youthful moustache, fine hairs. 2 (parte exterior de la boca) mouth, lips.

bracearvi 1 (mover los brazos) to swing o wave one's arms about. 2 (nadar) to swim. 3 (forcejear) to struggle, wrestle.

braceronm (day) labourer.

bracete (de)loc adv arm-in-arm.

braco,-aI adj snub-nosed. II nm (perro) pointer, setter.

braganf 1 (cuerda) (guy) rope. 2 (pañal) nappy, US diaper. 3 (usu pl) panties pl, knickers pl; vulg **estar en bragas**, to be flat broke; vulg **estar hecho una b.**, to be shattered o worn out; vulg **pillar a algn en bragas**, to catch sb with his trousers down.

bragaduranf Anat Cost crotch, crutch.

bragazasnm inv fam henpecked husband.

bragueronm truss.

braguetanf fly, flies pl.

braguetazonm vulg marriage of convenience; **dar el b.**, to marry (into) money.

bragueteronm vulg lecher.

brahmánnm Rel Brahman, Brahmin.

brahmánico,-aadj Rel Brahmanic, Brahminic.

brahmanismonm Rel Brahmanism, Brahminism.

braillenm braille.

bramantenm hemp string o cord.

bramarvi 1 (toro, vaca) to low, bellow; (elefante) to trumpet. 2 (persona) (de dolor) to bawl, howl; (de ira) to roar, thunder. 3 (viento) to howl, roar; (mar) to roar, thunder; (trueno) to rumble, roll.

bramidonm 1 (toro, vaca) lowing, bellowing; (elefante) trumpeting. 2 (de dolor) bawling, howling; (de ira) roaring, thundering. 3 (viento) howling, roaring; (mar) roaring, thundering; (trueno) rumbling, rolling.

brandynm brandy.

branquianf gill, branchia.

branquialadj branchial.

brasanf ember, red-hot coal; **chuletas a la b.**, barbecued chops.

braseronm brazier.

Brasiln Brazil.

brasileño,-aadj & nm,f, **brasilero,-a**adj & nm,f Brazilian.

bravatanf 1 (amenaza) piece o act of bravado. 2 (fanfarronada) boasting, bragging, showing off; **decir bravatas**, to brag, boast, show off.

bravezanf 1 (bravura) courage, bravery. 2 (de los elementos) inclemency; **la b. del mar,** the fury of the sea.

bravío,-aI adj 1 (salvaje) wild, untamed; (silvestre) wild. 2 fig (rústico) uncouth, uneducated. II nm (bravura) wildness, ferocity.

bravo,-a I adj 1 (valiente) brave, courageous. ... (feroz) fierce, ferocious; **un toro b.,** a fighting bull 3 (mar) rough, stormy; (terreno) rugged; (paisaje wild. 4 (carácter) churlish, bad-tempered. II inter **¡b.!** well done!, bravo!

bravuconadanf boast, brag.

bravucón,-ona I adj boastful, boasting. II nm, boaster, braggart.

bravuranf 1 (de los animales) ferocity, fierceness 2 (de las personas) courage, bravery. 3 (de toro fighting spirit. 4 (balandronada) boasting, bragging

brazanf 1 Náut (medida) fathom. 2 Natación breas stroke; **nadar a b.,** to swim breast stroke.

brazadanf 1 Natación stroke. 2 (cantidad) armful

brazadonm armful.

brazalnm 1 (insignia) armband; **el b. de la Cru Roja,** the Red Cross armband. 2 Hist brassard. .. (de un río) irrigation ditch.

brazaletenm 1 (insignia) armband. 2 (pulsera bracelet.

brazonm 1 Anat arm; Zool foreleg; (de sillón, to cadiscos, balanza) arm; (de río, candelabro branch; (de árbol) branch; (de grúa) boom, jib; (d micrófono) boom; (de molino) sail arm; **a b. par tido,** with bare fists; fig tooth and nail; **en brazos in one's arms; ir del b.,** to walk arm in arm; fig co **los brazos abiertos,** with open arms; fig **con lo brazos cruzados,** lazily, doing nothing; fig **no dar s b. a torcer,** not to give in, stand firm; fig **ser el b derecho de algn,** to be sb's right-hand man; far **estar hecho un b. de mar,** to be dressed to kill ■ Cat Culin **b. de gitano,** type of Swiss roll con taining cream; Geog **b. de mar,** inlet; **huelga d brazos caídos,** go slow. 2 fig (poder, esfuerzo power strength; **el b. de la ley,** the arm of the law 3 **brazos,** (trabajadores, ayuda) hands; **siempr faltan b.,** more hands are always needed.

breanf 1 tar, pitch. 2 (tela) tarpaulin.

brebajenm concoction, brew.

brecanf (pez) pandora.

brechanf 1 (en muro, pared) opening, break, gap Mil breach; fig **estar siempre en la b.,** to be alway at it. 2 (en la cabeza, en una ceja) gash. 3 fig breach **nada hace b. en él,** nothing affects him.

brécolnm Bot brocoli, broccoli.

breganf 1 (lucha) struggle, fight. 2 (riña) row, quai rel. 3 (trabajo duro) hard work, toil; **andar a la b** to slog away, toil away.

bregar[7] I vtr (amasar) to knead. II vi 1 (lucha to struggle, fight. 2 (reñir) to row, quarrel. 3 (tr bajar con afán) to slog away, toil away.

bremanf (pez) bream.

breñanf, **breñal**nm scrub.

brequenm Ferroc 1 Am (freno) brake. 2 SAr (vagón de equipajes) luggage van, US baggage ca

Bretañanf 1 Brittany. 2 **Gran B.,** Great Britain.

breténnm shackles pl, fetters pl; fig **poner a algn e un b.,** to put sb in a tight spot.

bretón,-ona I adj Breton. II nm,f (persona Breton. III nm (idioma) Breton.

brevanf 1 (higo) early fig; fam fig **de higos a breva** once in a blue moon. 2 (puro) flat cigar. 3 fi (suerte) stroke of luck; (chollo) cushy job, cush number; **¡no caerá esa b.!,** no such luck!

breveI adj brief, short; **en b.,** shortly, soon; e **breves palabras,** in short; **hicieron una b. paus** they paused briefly; **seré b.,** I shall be brief. II n Rel (papal) brief. III nf Mús Gram breve.

revedad *nf* briefness, brevity, shortness; **con b.,** concisely, briefly; **con la mayor b. posible,** as soon as possible.

reviario *nm* 1 *Rel* breviary. 2 *(compendio)* compendium, summary.

rezal *nm* heath, moor.

rezo *nm Bot* heather.

ribonada *nf* piece of mischief, rascally trick.

ribón,-ona I *adj* roguish, dishonest. II *nm,f* rogue, rascal.

ricolaje *nm* do-it-yourself, DIY; **le encanta el b.,** she's really keen on do-it-yourself; **la sección de b.,** the DIY department.

rida *nf* 1 *(rienda)* rein, bridle; **a toda b.,** at full gallop. 2 *Téc* flange.

ridge *nm Naipes* bridge; **jugar al b.,** to play bridge.

rigada I *nf* 1 *Mil* brigade. ■ **general de b.,** brigadier, *US* brigadier general. 2 *(de policías)* squad. ■ **b. antiterrorista,** anti-terrorist squad; **b. móvil,** flying squad. 3 *(de trabajadores)* gang. II *nm Mil* sergeant major.

rigadier *nm* brigadier.

rillante I *adj* 1 *(reluciente)* brilliant, sparkling. 2 *fig (excelente)* bright, brilliant; **un escritor b.,** an outstanding writer. II *nm* diamond; **un collar de brillantes,** a diamond necklace.

rillantez *nf* 1 *(resplandor)* brilliance, brightness. 2 *fig (excelencia)* brilliance.

rillantina *nf* brilliantine.

rillar *vi* 1 *(resplandecer)* to shine; *(piedra preciosa, ojos, etc)* to sparkle; *(estrella)* to twinkle, shine; *(sol, luna)* to shine; *(lentejuelas etc)* to glitter; *(metal pulido)* to gleam; *(seda)* to shimmer; *(luz muy fuerte)* to glare, sparkle; *(ascuas etc)* to glow. 2 *fig (destacar)* to stand out; **b. por su ausencia,** to be conspicuous by one's absence.

rillo *nm* 1 *(resplandor)* shine; *(de las estrellas)* twinkling; *(del sol, de la luna)* brightness; *(de lentejuelas etc)* glittering; *(de los metales)* shine; *(de una superficie)* gloss, shine; *(del cabello, de una tela)* sheen; *(de un color)* brilliance; *(de una pantalla)* brightness; *(de los zapatos)* shine; **sacar b. a,** to shine, polish. 2 *fig* brilliance, splendour.

rincar [1] *vi* 1 *(dar saltos)* to jump, hop, skip, frolic; *(cordero)* to gambol. 2 *(enfadarse)* to fly into a rage, fly off the handle.

rinco *nm* jump, hop, skip; **de un b.,** with a jump.

rindar I *vi* to drink, toast, drink a toast; **brindemos por tu salud,** let us drink to your health. II *vtr* 1 *(ofrecer)* to offer, provide; **le agradezco la oportunidad que me brinda,** I thank you for giving me this opportunity. 2 *Taur* to dedicate the bull **(a, to).** III **brindarse** *vr* to offer **(a, to),** volunteer **(a, to);** **se brindó a invitarnos,** he offered to pay for the meal.

rindis *nm* 1 toast. 2 *Taur* dedication (of the bull).

río *nm* 1 *(pujanza)* energy, force; **lleno de b.,** full of go. 2 *(resolución)* determination. 3 *(garbo, gallardía)* dash, spirit.

rioso,-a *adj* 1 *(enérgico)* energetic, vigorous. 2 *(decidido)* determined, resolute. 3 *(con garbo, gallardía)* dashing, spirited. 4 *(caballo)* fiery, spirited.

riqueta *nf* briquette, briquet.

risa *nf* breeze; **b. marina,** sea breeze.

risca *nf Naipes* Spanish card game.

ritánico,-a I *adj* British; **las Islas Británicas,** the British Isles. II *nm,f* British person, Briton; **los británicos,** the British.

brizna *nf* 1 *(de hierba)* blade; *(de hilo)* strand, thread. 2 *(trozo)* bit.

broca *nf* 1 *Téc (taladro)* drill, bit. 2 *(clavo)* tack. 3 *Cost* bobbin.

brocado *nm Tex* brocade.

brocal *nm* curb (of a well).

brocearse *vr SAm Min* to become mined out.

brocha I *adj CAm fam (entremetido)* meddlesome; *(adulador)* flattering. II *nf Arte Constr* paintbrush, brush; *(de afeitar)* shaving brush; *Constr* **pintor de b. gorda,** painter and decorator; **bromas de b. gorda,** crude *o* tasteless jokes.

brochada *nf,* **brochazo** *nm* brush stroke; *fig* **de un b.,** at one stroke.

broche *nm* 1 *(de prenda)* fastener, clasp, clip. 2 *(joya)* brooch; *fig* **cerrar con b. de oro,** to finish with a flourish.

brocheta *nf Culin* skewer.

bróculi *nm* brocoli, broccoli.

broma[1] *nf (chiste)* joke; *(chanza)* trick, prank, lark; **bromas aparte,** seriously (though); **¡déjate de bromas!,** stop mucking around!, let's talk seriously now!; **echar** *o* **tomar algo a b.,** not to take sth seriously, treat sth as a joke; **en b.,** as a joke; **estar de b.,** to be in a joking mood; **gastar bromas/una b. a algn,** to play jokes/a joke on sb; **medio en b. medio en serio, entre bromas y veras,** half jokingly; **¡ni en b.!,** not on your life!; **¡quince mil pesetas me costó la b.!,** fifteen thousand pesetas it cost me! ■ **b. pesada,** practical joke.

broma[2] *nf Zool* shipworm.

bromato *nm Quím* bromate.

bromear *vi* to joke.

bromista I *adj* fond of joking *o* playing jokes. II *nmf* joker, prankster.

bromo *nm Quím* bromine.

bromuro *nm Quím* bromide.

bronca *nf* 1 *(riña)* quarrel, row; **se armó una b. de miedo,** an almighty row broke out. 2 *(pelea)* scuffle, brawl, fight. 3 *(reprensión)* telling off, ticking off, dressing down; **el jefe le echó una b.,** the boss told him off; **llevarse una b.,** to get a ticking *o* telling off. 4 *(abucheo)* jeering, booing, boos *pl.* 5 *Arg Chi Urug (rabia)* rage, anger.

bronce *nm* bronze; *fig* **ser de b.,** to be as hard as nails, have a heart of stone; *fam* **ligar b.,** to sunbathe.

bronceado,-a I *pp de* **broncear.** II *adj* 1 bronze, bronze coloured *o US* colored. 2 *(por el sol)* suntanned, tanned, sunburnt. III *nm* 1 bronzing. 2 *(por el sol)* suntan, tan.

bronceador,-a I *adj* tanning, suntan; **leche bronceadora,** suntan cream. II *nm (crema)* suntan cream *o* lotion; *(aceite)* suntan oil.

broncear I *vtr (metal, estatua)* to bronze. II **broncearse** *vr* to get a tan *o* a suntan.

bronco,-a *adj* 1 *(superficie)* rough, coarse; *(metales)* brittle. 2 *(sonido, voz)* harsh, raucous. 3 *fig (carácter)* rough, rude, surly.

bronconeumonía *nf Med* bronchopneumonia.

broncoscopio *nm* bronchoscope.

bronquial *adj Anat* bronchial.

bronquio *nm Anat* bronchus.

bronquítico,-a *adj Med* bronchitic.

bronquitis *nf inv Med* bronchitis.

broqueta *nf véase* **brocheta**

brotar vi 1 Bot (planta) to sprout; (sacar capullos) to come into bud; (sacar hojas) to sprout, come into leaf. 2 (manar) to spring, gush forth; (río) to rise. 3 (lágrimas) to well up. 4 Med (erupción) to break out. 5 fig (nacer, manifestarse) to appear, spring up.

brote nm 1 Bot (renuevo) bud, shoot; (acción de brotar) budding. 2 (de agua) gushing. 3 (de lágrimas) welling up. 4 Med (de erupción) outbreak, appearance. 5 fig (epidémico, violento) outbreak.

broza nf 1 (despojo de las plantas) dead leaves o wood. 2 (desechos) rubbish, US trash. 3 (maleza) undergrowth, thicket. 4 fig (paja) padding.

brucelosis nf Med brucellosis.

bruces (de) loc adv face downwards; **se cayó de b.,** he fell flat on his face.

bruja nf 1 (hechicera) witch, sorceress. 2 fam (mujer fea) old hag o crone; (arpía) witch.

brujería nf witchcraft, sorcery.

brujo nm wizard, sorcerer; (en una tribu primitiva) witch doctor, medicine man.

brújula nf compass; fig **perder la b.,** to lose one's bearings.

bruma nf (niebla) mist; (de calor) (heat) haze.

brumoso,-a adj misty, hazy.

Brunei n Brunei.

bruno[1] nm Bot (árbol y fruta) black plum.

bruno,-a[2] adj dark brown.

bruñido nm 1 (acción) polishing, burnishing. 2 (efecto) polish, burnish.

bruñir [40] vtr 1 to polish, burnish. 2 Arg CR Guat fam (molestar) to pester, annoy.

brusco,-a I adj 1 (persona) brusque, abrupt. 2 (repentino) sudden, sharp; **un descenso b. de temperatura,** a sharp drop in temperature. II nm Bot butcher's broom.

Bruselas n Brussels; **coles de B.,** Brussels sprouts.

bruselense I adj of o from Brussels. II nmf native o inhabitant of Brussels.

brusquedad nf 1 (de carácter) brusqueness, abruptness. 2 (de superficies etc) suddenness, abruptness.

brutal adj 1 (violento, cruel) brutal, rough. 2 fam (enorme) huge, colossal, gigantic; **hubo una subida b. de precios,** there was a tremendous rise in prices. 3 fam (magnífico) great, terrific, fantastic; **es una película b.,** it's a terrific film.

brutalidad nf 1 (crueldad) brutality, savagery. 2 (acción cruel) brutal o savage act.

bruto,-a I adj 1 (necio, incapaz) stupid, thick. 2 (inculto) ignorant, uneducated. 3 (tosco) rough, coarse, uncouth. 4 (piedra preciosa) rough, uncut; **un diamante en b.,** an uncut diamond. 5 (sin refinar) crude; **petróleo b.,** crude oil. 6 Fin gross; **noventa mil pesetas brutas,** ninety thousand pesetas before tax. 7 (peso) gross. II nm,f 1 (estúpido) blockhead, brute. 2 (inculto) ignoramus. III nm Zool brute, beast.

bruza nf 1 (para caballos) horse brush. 2 Impr printer's brush.

bubónico,-a adj Med bubonic; **peste bubónica,** bubonic plague.

bucal adj Anat buccal, oral, of the mouth.

bucanero nm Hist buccaneer.

Bucarest n Bucharest.

búcaro nm vase o jar made of clay.

buceador,-a nm,f diver.

bucear vi 1 to dive, swim under water. 2 fig to investigate, explore, sound (out).

buche nm 1 Zool (de ave) crop, craw; (de animales) maw; fig **guardar algo en el b.,** to keep quiet about sth. 2 fam (estómago) belly, stomach. 3 (de líquido) mouthful.

bucle nm curl, ringlet.

bucólico,-a I adj bucolic, pastoral. II nf bucolic pastoral poem.

Buda nm Rel Buddha.

Budapest n Budapest.

budín nm Culin pudding.

budismo nm Rel Buddhism.

budista adj Buddhist.

buen adj (delante de un nombre) ¡b. viaje!, have good trip!; **un b. trabajo,** a good job; fig **un b. día,** all of a sudden; véase tamb **bueno,-a** .

buenaventura nf good fortune, good luck; **echar la b. a algn,** to tell sb's fortune.

buenazo,-a I adj good-natured. II nm,f good-natured person.

bueno,-a I adj 1 (gen) good; **lo b.,** the good thing; irón **lo b. es que ...,** the funny thing (about it) is the ...; **ser de buena familia,** to be from a good family; **un buen alumno,** a good pupil; **una buena madre,** a good mother; **una buena película,** a good film. (agradable) nice, pleasant. 3 (amable) (con ser) good, kind, good-natured; **el b. de Carlos,** good o Carlos; **es muy buena persona,** she's a very kind soul; **ser más b. que el pan,** to be as good as gold. 4 (sano) (con estar) well, in good health. 5 (tiempo) good; **hoy hace buen tiempo,** the weather is good today; **mañana hará un día b.,** it will be a nice day tomorrow. 6 (útil) useful. 7 (conveniente) good; **es b. comer tanto,** it's not good for you to eat so much; **sería b. que cambiáramos de coche este verano,** it would be a good idea if we changed our car this summer. 8 (todavía servible) usable; **esos zapatos son buenos aún,** those shoes are still wearable. 9 (considerable) considerable; **un buen número de,** a good number of; **una buena cantidad,** a considerable amount. 10 irón fine, real, proper; **¡en buen te has metido, chico!,** that's a fine mess you've got yourself into, my boy! 11 (grande) good, big; **un buen trozo de pastel,** a nice big piece of cake; **una buena paliza,** a good hiding. 12 fam (de gran atractivo físico) gorgeous, sexy; **¡qué b. está!,** **¡tío b.,** he's a bit of all right!; **¡tía buena!,** she's a bit of all right! 13 **¡buenas!,** (saludos) hello!; **buenas noches,** good evening; **buenas tardes,** good afternoon, good evening; **buenos días,** good morning. 14 (locuciones) **de buena gana,** willingly; **de buenas a primeras,** suddenly, all at once; **estar de buenas,** to be in a good mood; **los buenos tiempos,** the good old days; **por las buenas,** willingly; **por las buenas o por las malas,** willy-nilly; fam **tirarse una buena vida,** lead a cushy life; irón **¡buena la has hecho!,** that's done it!; irón **de los buenos,** lovely, grand; **un susto de los buenos,** a real fright; irón **¡ésta sí que buena!,** that's a good one; irón **¡estamos buenos!,** what a fine mess we're in!; irón **¡estaría b.!,** I should jolly well hope not!; irón **librarse de una buena,** get away with sth; irón **poner b. a algn,** to criticize sb, GB slate sb. II interj **¡b.!** (sorpresa) well! (bien, de acuerdo) all right, OK. ◆**buenamente** adv 1 (fácilmente) easily; **haz lo que b. puedas,** just do what you can; **si b. puedes,** if you possibly can. 2 (voluntariamente) readily, willingly.

buey nm Zool ox, bullock. ■ **b. marino,** sea cow

búfalo,-a *nm,f Zool* buffalo.

bufanda *nf* scarf, muffler.

bufar I *vi* 1 *(toro)* to snort; *(gato)* to spit; *(caballo)* to neigh. 2 *fig (persona)* to be fuming; **el jefe está que bufa,** the boss is hopping mad. 3 *Méx (emborracharse)* to get drunk. II **bufarse** *vr Méx (superficie)* to blister.

bufé *nm* 1 *Culin* buffet. ▪ **b. libre,** self-service buffet meal. 2 *(mueble)* sideboard.

bufete *nm* 1 *(mesa de escribir)* desk, writing table. 2 *(despacho)* lawyer's office. 3 *(clientela del abogado)* practice.

buffet *nm (pl buffets) véase* **bufé.**

bufido *nm* 1 *(de toro)* snort; *(de gato)* spit; *(de caballo)* neigh. 2 *fig* outburst.

bufo,-a I *adj* comic, clownish; **ópera bufa,** comic opera. II *nm,f* clown, buffoon.

bufonada *nf* jest, piece of buffoonery; **bufonadas,** clowning *sing,* buffoonery *sing.*

bufonesco,-a *adj* comical, farcical.

bufón,-ona I *adj* comical, farcical. II *nm,f* clown, buffoon, jester.

buganvilla *nf Bot* bougainvillea.

buhardilla *nf* 1 *(desván)* attic, garret. 2 *(ventana)* dormer window.

búho *nm Orn* owl. ▪ **b. real,** eagle owl.

buhonería *nf (baratijas)* pedlar's *o* hawker's wares *pl; (oficio)* peddling, hawking.

buhonero,-a *nm,f* pedlar, hawker.

buitre *nm* 1 *Orn* vulture. 2 *fig (persona)* opportunist.

buje *nm Téc* axle box, bushing.

bujía *nf* 1 *(vela)* candle. 2 *Aut* sparking plug, spark plug. 3 *Fís* candlepower.

bula *nf* 1 *Rel (documento)* papal bull. 2 *Hist (sello de plomo)* bulla.

bulbo *nm Anat Bot* bulb.

bulboso,-a *adj* bulbous.

buldog *nm Zool* bulldog.

bulerías *nfpl* Andalusian song and dance, accompanied by clapping.

bulevar *nm* boulevard.

Bulgaria *n* Bulgaria.

búlgaro,-a I *adj* Bulgarian. II *nm,f (persona)* Bulgarian. III *nm (idioma)* Bulgarian.

bulla *nf* 1 *(griterío)* racket, row, uproar. 2 *(muchedumbre)* crowd, mob.

bullanga *nf* tumult, racket.

bullanguero,-a I *adj* noisy, riotous. II *nm,f* noisy person, troublemaker.

bullicio *nm* 1 *(ruido)* din, hubbub, noise. 2 *(movimiento y ruido)* bustle, hustle and bustle. 3 *(tumulto)* uproar.

bullicioso,-a *adj* 1 *(ruidoso)* noisy, rowdy. 2 *(animado)* bustling, busy.

bullir [41] *vi* 1 *(hervir)* to boil, bubble (up). 2 *fig (sangre)* to boil. 3 *fig (de ira)* to seethe. 4 *(pulular)* to swarm, teem. 5 *(tener gran actividad)* to bustle about. 6 *(moverse)* to move, stir. II **bullirse** *vr (moverse)* to move, stir, budge.

bulo *nm* hoax, rumour, *US* rumor, false report.

bulto *nm* 1 *(volumen, tamaño)*, size, volume, bulk; **hacer mucho b.,** to be very bulky, take up a lot of space; *fig* **a b.,** roughly, broadly; **escoger a b.,** to choose at random; *fig* **de b.,** important, obvious; **un error de b.,** a serious mistake; *fam* **escurrir el b.,** to

dodge, pass the buck. 2 *(cuerpo que se distingue mal)* shape, form. 3 *(fardo, maleta, caja)* bundle, piece of luggage, box. 4 *Med (chichón)* bump, swelling. 5 *Med (protuberancia)* lump. 6 *Am (carpatacio)* satchel, briefcase.

bumeran *nm,* **bumerang** *nm* boomerang.

bungalow *nm* bungalow.

búnker *nm* 1 *(refugio)* bunker. 2 *fam Pol* **el b.,** reactionaries *pl,* reactionary forces *pl.*

bunkeriano,-a *adj fam Pol* reactionary, extreme right-wing.

buñuelo *nm* 1 *Culin* doughnut. 2 *fam (cosa mal hecha)* botch up, bungle, mess.

BUP *nm abr de* **Bachillerato Unificado Polivalente,** ≈ GCSE studies.

buqué *nm* bouquet.

buque *nm* ship. ▪ **b. de desembarco,** landing craft; **b. de guerra,** warship; **b. de pasajeros,** liner, passenger ship; **b. escuela,** training ship; **b. insignia,** flagship.

burbuja *nf* bubble; **hacer burbujas,** to bubble, make bubbles.

burbujear *vi* to bubble.

burbujeo *nm* bubbling.

burdégano *nm Zool* hinny.

burdel *nm* brothel.

Burdeos *n* Bordeaux.

burdo,-a *adj* 1 *(tosco)* coarse, rough; **paño b.,** coarse cloth. 2 *(grosero)* rude, rough. 3 *(torpe)* clumsy.

bure *nm fam* amusement, pastime; **darse un b.,** to go for a stroll; **irse de b.,** to go on a binge *o* a spree.

bureta *nf Quím* burette.

burgalés,-a I *adj* of *o* from Burgos. II *nm,f* native *o* inhabitant of Burgos.

burgo *nm* hamlet.

burgomaestre *nm* burgomaster, mayor.

burgués,-a I *adj* bourgeois, middle-class. II *nm,f* bourgeois *o* middle-class person.

burguesía *nf* bourgeoisie, middle class, middle classes *pl.*

buril *nm* burin, engraver's chisel.

burilar *vtr* to engrave with a burin.

Burkina Faso *n* Burkina-Faso.

burla *nf* 1 *(mofa)* gibe, jeer, taunt; **hacer b. de algo** *o* **algn,** to mock *o* make fun of sth *o* sb; *fig* **b. burlando,** quietly, on the quiet, without anyone noticing. 2 *(broma)* joke; **en son de b.,** in fun; **no te lo digo en son de b.,** I'm not joking; **entre burlas y veras,** half jokingly. 3 *(engaño)* trick, hoax, deception.

burladero *nm* 1 *Taur* refuge in bullring. 2 *Aut (traffic)* island, *US* safety island.

burlador *nm* Casanova, Don Juan, seducer.

burlar I *vtr* 1 *(engañar)* to deceive, trick, outwit. 2 *(eludir)* to dodge, evade; **b. las leyes,** to flout the law. II **burlarse** *vr* to make fun **(de,** of), mock **(de, -),** ridicule **(de, -),** laugh **(de,** at).

burlesco,-a *adj* burlesque, comic, funny.

burlete *nm Téc* draught *o US* draft excluder.

burlón,-ona I *adj* mocking. II *nm,f* joker, wag.

buró *nm* 1 *(escritorio)* bureau, desk. 2 *Pol* executive committee. 3 *Mex (mesa de noche)* bedside table.

burocracia *nf* bureaucracy.

burócrata *nmf* bureaucrat.

burocrático,-a *adj* bureaucratic.

burrada *nf* **1** *(dicho necio)* stupid *o* foolish remark; **decir burradas**, to talk nonsense. **2** *(hecho necio)* stupid *o* foolish act. **3** *fam* loads *pl*, lots *pl*; **¿cuánto trabajo tienes? —una b.**, how much work have you got? —loads; **la película me gustó una b.**, I really liked the film; **una b. de gente**, loads of people, tons of people; **vale una b.**, it costs a fortune.

burrajo *nm* horse dung.

burro,-a I *adj* **1** *fam (de pocos alcances)* stupid, dumb; **tu hermano es muy b.**, your brother's a real dimwit. **2** *fam (tozudo)* stubborn; **ponerse b.**, to dig one's heels in. **II** *nm,f* **1** *Zool* donkey, ass; *fam fig* **apearse** *o* **bajarse del b.**, to climb *o* back down; *fam fig* **no ver tres en un b.**, to be as blind as a bat. **2** *fam (estúpido)* ass, dunce, dimwit, blockhead. **3** *fam (persona laboriosa)* drudge, plodder; **b. de carga**, dogsbody, drudge. **III** *nm Carp* sawhorse.

bursátil *adj* stock-exchange, stock-market; **precios bursátiles**, stock-exchange quotations.

burudanga *nf Am* worthless object, piece of junk.

burundés,-esa *adj* & *nm,f* Burundian.

Burundi *n* Burundi.

bus *nm* bus.

busca *nf* **1** search, hunt; **ir en b. de**, to go in search of. **2** *Caza* party of hunters, beating party. **3** *Cub Méx PR (provecho)* perks *pl*, fringe benefits *pl*.

buscapié *nm fig* hint, feeler.

buscapiés *nm inv* firecracker, jumping jack.

buscapleitos *nmf inv* troublemaker.

buscar [1] **I** *vtr (gen)* to look *o* search for; **b. una llave perdida**, to search for a lost key; **b. una palabra en el diccionario**, to look up a word in the dictionary; **buscó su nombre en la lista**, he looked for her name on the list; **está buscando empleo**, she's looking for work *o* a job; **ir a b. algo**, to go and get sth, fetch sth; **fue a buscarme a la estación**, she picked me up at the station; *fig* **b. ayuda**, to seek *o* fetch help; *fig* **b. camorra**, to be looking for trouble *o* a fight; *fig* **b. una aguja en un pajar**, to look for a needle in a haystack; *fig* **buscarle tres pies al gato**, to split hairs, complicate matters; *fam fig* **buscarle las cosquillas a algn**, to annoy sb, rub sb up the wrong way. **II** **buscarse** *vr fam* **b. la vida**, to try and earn one's living, try and make one's way in life; *fam* **buscársela**, to ask for it, be looking for trouble; *fam* **tú te lo has buscado**, you asked for it.

buscavidas *nmf inv fam* **1** *(entrometido)* snooper, busybody, meddler. **2** *(ambicioso, despabilado)* hustler, go-getter.

buscón,-ona I *nm,f (ladrón)* petty thief; *(estafador)* crook, swindler. **II** *nf (prostituta)* whore, streetwalker.

búsqueda *nf* search, quest; *Inform* search.

busto *nm* **1** *Anat (de mujer)* bust; *(de hombre)* chest. **2** *Arte* bust.

butaca *nf* **1** *(sillón)* armchair, easy chair. **2** *Cin Teat* seat; **b. de platea** *o* **patio**, seat in the stalls; **patio de butacas**, stalls *pl*, *US* orchestra.

butano *nm Quím* butane; **(gas) b.**, butane gas; **bombona de (gas) b.**, cylinder of butane gas.

butaque *nm Am* small armchair.

buten (de) *loc adv arg* first rate, excellent, terrific.

butifarra *nf Culin* Catalan sausage.

buzo *nm* diver. ■ **campana de b.**, diving bell.

buzón *nm* **1** letter box, *US* mailbox; **echar una carta al b.**, to post a letter. **2** *fig (boca grande)* big mouth.

byte *nm Inform* byte.

C

C, c [θe] *nf (la letra)* C, c.

C 1 *abr de* **Celsius**, Celsius, C. **2** *abr de* **centígrado**, centigrade, C.

C., C/ *abr de* **calle**, Street, St; Road, Rd.

C. *abr de* **capítulo**, chapter, ch.

c/ 1 *abr de* **calle**, Street, St; Road, Rd. **2** *abr de* **cargo**, cargo *o* freight. **3** *abr de* **cuenta**, account, a/c.

C., Cª *abr de* **compañía**, Company, Co.

ca *interj* not at all!, not a bit of it!

cabal I *adj* **1** *(exacto)* exact, precise; **dos mil pesetas cabales**, two thousand pesetas exactly. **2** *(completo)* complete. **3** *fig* honest, upright; **un hombre c.**, an upright man. **II** **cabales** *nmpl fam* **no estar algn en sus c.**, to have a screw loose. ✦**cabalmente** *adv* exactly.

cábala *nf* **1** cabala, cabbala. **2** *fig (suposición)* supposition; **hacer cábalas sobre algo**, to speculate about sth. **3** *fig (conjura)* plot.

cabalgada *nf Hist (tropa)* troop of riders; *(correría)* cavalry raid.

cabalgadura *nf* **1** *(montura)* mount. **2** *(de carga)* beast of burden.

cabalgar [7] **I** *vtr* **1** to ride. **2** *(aparejar)* to cover. **II** *vi* to ride, go riding.

cabalgata *nf* cavalcade. ■ **la c. de los Reyes Magos**, the procession of the Three Wise Men.

cabalista *nmf* cabalist, cabbalist; *fig (intrigante)* intriguer.

cabalístico,-a *adj* cabalistic, cabbalistic; *fig (oculto)* hidden.

caballa *nf (pez)* mackerel.

caballar *adj* horse; **ganado c.**, horses *pl*.

caballeresco,-a *adj* chivalric, chivalrous, knightly

caballería *nf* **1** *(cabalgadura)* mount, steed. **2** *Mil* cavalry; **c. ligera**, light cavalry. **3** *Hist* chivalry knighthood; *Lit* **libros de caballerías**, novels *o* chivalry.

caballeriza *nf* **1** *(cuadra)* stable. **2** *(conjunto de caballos)* stud. **3** *(personal)* grooms *pl*, stable hands *pl*.

caballerizo *nm* groom, stableboy, stableman; *His* **c. mayor del rey**, Master of the King's Horse.

caballero *nm* **1** *(señor)* gentleman, sir; **¿qué desea c.?**, can I help you, sir?; **ropa de c.**, menswear. *Hist* knight, cavalier; **armar c. a algn**, to knight sb

caballerosidad *nf* gentlemanliness, chivalry.

caballeroso,-a adj gentlemanly, chivalrous; **una actitud poco caballerosa,** an ungentlemanly attitude.

caballete nm 1 Téc (soporte) trestle. 2 Anat (de la nariz) bridge. 3 Arquit (de tejado) ridge. 4 (de pintor) easel.

caballista nmf 1 (jinete) good rider. 2 (experto) horse expert.

caballito nm 1 Zool c. de mar, sea-horse. 2 Ent c. del diablo, dragonfly. 3 caballitos, merry-go-round sing, US carousel sing.

caballo nm 1 Zool horse; **a c.,** on horseback; **montar a c.,** to ride; fig **a c. entre ...,** halfway between ...; prov **a c. regalado no le mires el dentado,** don't look a gift horse in the mouth. ■ **c. de carreras,** racehorse. 2 Téc horsepower; **un (coche) dos caballos,** a 2 CV (car). 3 Ajedrez knight. 4 Naipes queen. 5 arg (heroína) junk, horse, scag, smack.

caballuno,-a adj horsey, horse-like.

cabaña nf 1 (choza) hut, shack. 2 (ganado) livestock.

cabaret nm (pl cabarets) cabaret, nightclub.

cabarga nf SAm leather horseshoe.

cabe[1] prep lit next to.

cabe[2] nm fam Ftb header.

cabecear I vi 1 (negar) to shake one's head. 2 (dormirse) to nod. 3 (inclinarse) to bend, sway. 4 Náut to pitch. **II** vtr Ftb to head.

cabeceo nm 1 (negación) shake of the head. 2 (al dormirse) nodding, nod. 3 (inclinación) bending, swaying. 4 Náut pitching.

cabecera nf 1 top, head; **la c. de la mesa,** the head of the table. 2 (de la cama) bedhead. ■ **médico de c.,** family doctor, GP. 3 (de un río) source, headwaters. 4 Tip headline.

cabecilla nmf leader.

cabellera nf 1 (pelo) (long) hair. 2 (de cometa) tail.

cabello nm 1 hair. 2 Culin c. de ángel, sweet made of gourd and syrup. 3 cabellos, (de maíz) corn silk sing.

cabelludo,-a adj hairy; **cuero c.,** scalp.

caber [66] vi 1 to fit, be (able to be) contained; **cabe en el rincón,** it fits in the corner; **¿cabemos todos?,** is there room for all of us?; **¿cuántas personas caben en este teatro?,** what's the capacity of this theatre?; **en esta jarra caben tres litros,** this jar holds three litres; **no cabe por la puerta,** it won't go through the door; fig **no cabe (la menor) duda de que ...,** there is no doubt that ...; fig **no c. en sí de gozo,** to be beside oneself with joy; fig **no cabe ni un alfiler,** it is packed; fig **no me cabe en la cabeza,** I can't understand it. 2 (ser posible) to be possible; **cabe la posibilidad de que ...,** there is a possibility o chance that ...; **no está mal dentro de lo que cabe,** it isn't bad, considering the circumstances. 3 fml (corresponder) **me cabe la satisfacción de anunciar ...,** it gives me great pleasure to announce ...; **me cupo el honor de ...,** I had the honour to o of ... . 4 Mat to go; **doce entre cuatro caben a tres,** four into twelve goes three (times).

abestrear Am vi 1 fam fig (obedecer) to follow blindly. 2 (llevar del cabestro) to lead by the halter.

abestrillo nm sling; **con el brazo en c.,** with her arm in a sling.

abestro nm 1 (dogal) halter. 2 Zool (buey manso) leading ox (for bulls).

cabeza nf 1 head; **c. abajo,** upside down; **c. arriba,** the right way up; **de c.,** (directamente) headfirst; (abrumado) overwhelmed; (de memoria) by heart; **de pies a c.,** from top to toe; **lavarse la c.,** to wash one's hair; **volver la c.,** to look round; fam **c. cuadrada,** bigot; fam **c. de chorlito** o **loca,** scatterbrain; fam **calentarse la c. por,** to get worked up about; fig **a la c. de,** (guiando) at the head of; (en primer lugar) at the front o top of; fig **estar mal de la c.,** to be a mental case; fig **irse la c.,** to get dizzy; fig **no tener ni pies ni c.,** to be absurd o pointless; fig **pasarle a algn por la c.,** to occur to sb; fig (sensatez) **perder la c.,** to lose one's head; fig **quitarle a algn una idea de la c.,** to talk sb out of an idea; fig **subirse algo a la c.,** to go to one's head; fig **tener mucha c.,** to be very bright; fam fig **meterse algo en la c.,** to get sth into one's head; fam fig **no levantar c.,** not to recover, not get back to normal; fam fig **romperse la c.,** (golpearse) to smash one's head; (devanarse los sesos) to rack one's brains; fam fig **tengo la c. como un bombo,** my head's splitting. ■ **c. de puente,** bridgehead; **dolor de c.,** headache. 2 (persona) head; **veinte mil por c.,** twenty thousand a head o per person. ■ **c. de turco,** scapegoat; **el** o **la c. de familia,** the head of the family. 3 (res) head inv; **un rebaño de mil cabezas,** a thousand head of sheep. 4 Inform **c. fija,** fixed head.

cabezada nf 1 (golpe) butt, blow on the head. 2 (gesto) nod; fam **echar una c.,** to have a snooze. 3 (correaje) cavesson. 4 Náut pitch, pitching. 5 Am saddlebow.

cabezal nm 1 Téc head, headstock; (de tocadiscos) pick-up. 2 (almohada) bolster. 3 (vendaje) compress. 4 Chi Méx (travesaño) crossbeam.

cabezazo nm 1 (golpe dado) butt. 2 (golpe recibido) blow on the head. 3 Ftb header.

cabezón,-ona adj fam 1 (presuntuoso) bigheaded. 2 (terco) pigheaded.

cabezonada nf fam pigheaded action.

cabezonería nf fam 1 (obstinación) pigheadedness. 2 (cabezonada) pigheaded action.

cabezota fam **I** adj 1 bigheaded. 2 (terco) pigheaded. **II** nmf 1 bighead. 2 (terco) pigheaded person.

cabezudo,-a I adj 1 bigheaded. 2 fig (terco) pigheaded. 3 (vino) heady. **II** nm 1 carnival figure with a huge head. 2 (pez) bullhead, miller's thumb.

cabezuela nf 1 (harina) second grade flour. 2 Bot flower head.

cabida nf 1 capacity; **dar c. a,** to leave room for. 2 (extensión) area, extension.

cabildada nf abuse of authority.

cabildear vi to intrigue, scheme.

cabildeo nm intriguing, scheming.

cabildo nm 1 (ayuntamiento) town council. 2 Rel chapter.

cabina nf cabin, booth. ■ Cin **c. de proyección,** projection room; Tel **c. telefónica,** telephone box, US telephone booth.

cabizbajo,-a adj crestfallen.

cable[1] nm (cuerda, maroma) cable; arg **echarle un c. a algn,** to give sb a hand.

cable[2] nm (cablegrama) cablegram.

cablegrafiar [13] vtr to send a cable, cable.

cablegrama nm cablegram, cable.

Cabo n 1 **Ciudad del C.,** Cape Town. 2 **C. Verde,** Cape Verde.

cabo *nm* 1 (*extremo*) end, stub. 2 *fig* (*fin*) **al c.**, finally; **al c. de dos horas/tres días,** after two hours/three days; **al fin y al c.**, after all; **de c. a rabo,** from start to finish. 3 *Náut* rope, line, cable; *fig* **atar** *o* **juntar cabos,** to put two and two together; *fig* **no dejar ningún c. suelto,** to leave no loose ends. 4 *Mil* corporal; (*policía*) sergeant. 5 *Geog* cape. 6 **cabos,** (*de caballo*) tail and mane *sing*.

cabotaje *nm Naút* coastal traffic, cabotage; **barco de c.,** coaster.

cabra *nf* 1 *Zool* goat; *fam* **estar como una c.,** to be off one's head. 2 *Am* (*trampa*) trick.

cabracho *nm* (*pez*) scorpion fish.

cabrahigar [25] *vtr* to hang skewered figs on fig-trees for superstitious reasons.

cabrales *nm inv Culin* type of blue cheese from Asturias.

cabré *indic fut véase* **caber.**

cabrear I *vtr vulg* to make angry; **estar cabreado,-a,** to be pissed off. **II cabrearse** *vr* to get worked up; **ella se cabrea por cualquier cosa,** she blows her top over everything.

cabreo *nm vulg* anger; **agarrar(se)** *o* **coger** *o* **pillar un c.,** to fly off the handle; **¡tengo** *o* **llevo un c. encima!,** I'm really pissed off!

cabrero,-a *nm,f* goatherd.

cabrestante *nm Náut* capstan.

cabria *nf Téc* gin.

cabrilla *nf* 1 (*trípode*) sawhorse. 2 **cabrillas,** (*espuma*) white horses, whitecaps.

cabrillear *vi* 1 (*olas*) to break into white horses. 2 (*rielar*) to glisten.

cabrillona *nf Arg Urug Zool* young goat.

cabrío,-a *adj* caprine, goat-like, goatish.

cabriola *nf* (*de caballo*) capriole; (*de niño*) caper, skip.

cabriolé *nm arc* cabriolet.

cabritilla *nf* kid, kidskin.

cabrito,-a I *nm* 1 *Zool* kid. 2 *desus* (*hombre*) cuckold. **II** *nm,f vulg* bugger, snot.

cabrón,-ona I *nm* 1 *Zool* he-goat, billy-goat. 2 *desus* cuckold. **II** *nm,f ofens* 1 (*hombre*) bastard; (*woman*) bitch. 2 *SAm* (*chulo*) pimp.

cabronada *nf vulg* dirty trick; **hacer una c. a algn,** to do the dirty on sb, play a dirty trick on sb.

cabronazo *nm ofens* bastard, fucker.

cabujón *nm Min* cabochon.

cábula *nf Am* 1 (*ardid*) trick, stratagem. 2 (*cábala*) cabala, cabbala.

cabuya *nf Bot* agave, pita.

caca *nf fam* 1 (*excremento*) feces *pl*; **el niño (se) ha hecho c.,** the baby did it in his pants; *fig* **este libro es una c.,** this book is shitty. 2 (*en lenguaje infantil*) poopoo; **no toques eso que es c.,** don't touch that, it's dirty *o* nasty.

cacahuate *nm Bot véase* **cacahuete.**

cacahuero *nm Am* owner of cacao plantations.

cacahuete *nm Bot* (*fruto*) peanut; (*planta*) groundnut.

cacalote *nm* 1 *Méx Orn* crow. 2 *CAm* popcorn.

cacao *nm* 1 *Bot* cacao. 2 (*polvo, bebida*) cocoa. 3 *fam* (*lío*) mess, cockup; **tener un c. mental,** to be confused *o US* screwed up. 4 *Am* (*chocolate*) chocolate.

cacaotal *nm* cacao plantation.

cacaraña *adj CAm* (*letra*) badly written.

cacarear I *vi* (*gallo o gallina*) to cluck. **II** *vtr fig* t strut about; **su tan cacareado éxito,** his much talke of success.

cacareo *nm* 1 (*de gallo o gallina*) clucking. 2 *f* boasting, bragging.

cacarico,-a *adj Am* disabled, handicapped.

cacatúa *nf* 1 *Orn* cockatoo. 2 *fig pey* (*mujer*) ug old woman.

cacaxtle *nm CAm* (*esqueleto*) skeleton.

cacereño,-a I *adj of o* from Cáceres. **II** *nm,f* nativ *o* inhabitant of Cáceres.

cacería *nf* hunting, shooting, hunt, shoot.

cacerola *nf Culin* saucepan, casserole.

cacha[1] *nf* 1 *fam Anat* (*muslo*) thigh; **estar cachas,** be hunky, be a hunk. 2 (*de un arma*) butt.

cacha[2] *nf* 1 *Am* (*engaño*) trick, swindle. 2 *CA* (*abuso*) abuse.

cachaco *nm Am* (*lechuguino*) fop, dandy.

cachada *nf* 1 *Am* (*cornada*) goring. 2 *Arg Par Ur* (*burla*) taunt, jeer.

cachafaz,-a *adj Arg Chi* (*sinvergüenza*) mischi vous, cheeky.

cachafo *nm Méx* (*de cigarrillo*) end, *US* butt.

cachalote *nm Zool* cachalot, sperm whale.

cachar[1] *vtr* 1 *Am* (*burlar*) to deceive, fool. 2 *A* (*cornear*) to gore. 3 *CAm* (*conseguir*) to get, obtai 4 *CAm Urug* (*robar*) to steal. 5 *Arg* (*tomar*) to tak hold, grab.

cachar[2] *vtr Am* (*pelota*) to catch.

cacharpas *nfpl Am* junk *sing*, useless objects.

cacharrazo *nm* 1 *fam* blow, punch. 2 *Am* (*trago*) sip of a strong drink.

cacharrería *nf* pottery shop.

cacharrero,-a *nm,f* pottery maker *o* dealer.

cacharro *nm* 1 crock, earthenware pot *o* jar. 2 *fa* (*cosa*) thing, piece of junk. 3 *fam* (*coche*) bange 4 *CAm* (*cárcel*) prison. 5 **cacharros,** *fam* (*de cocin* pots and pans.

cachaza *nf* sluggishness, phlegm; **¡qué c. tiene** how slow you are!

cachazudo,-a *adj* sluggish, phlegmatic.

cache *adj Arg* sloppy, slovenly.

cachear *vtr* to frisk, search.

cachemir *nm*, **cachemira** *nf Tex* cashmere.

cacheo *nm* frisk, frisking.

cachería *nf* 1 *Am* small shop. 2 *Arg* sloppiness.

cachetada *nf* slap.

cachete *nm* 1 (*puñetazo*) punch. 2 *desus* (*mejill* cheek.

cachetón,-ona *adj* 1 *Am* (*carrilludo*) fat-face chubby cheeked. 2 *Méx* (*descarado*) impuder cheeky.

cachimbazo *nm CAm* 1 (*balazo*) shot. 2 (*bofetae* slap. 3 (*trago*) shot.

cachimbo *nf Ent* mayfly.

cachiporra *nf* club, truncheon.

cachiporrazo *nm* clubbing, blow with a club.

cachirulos *nmpl fam* thingamabob *sing*, thir ummy *sing*.

cachivache *nm fam* thing, knick-knack, piece junk.

cacho[1] *nm* 1 *fam* (*pedazo*) bit, piece; *fig* **¡qué c. animal!,** what a nasty piece of work! 2 *Méx PR* (* tería*) part of lottery ticket.

cacho[2] *nm* **1** *Am (cuerno)* horn. **2** *Am (vasija)* vessel (made of horn). **3** *Am (anécdota)* story, tale, anecdote. **4** *Arg Chi (cubilete)* box for dice. **5** *Arg Par Urug* bunch of bananas.

cachón,-ona I *adj* big-horned. II *nm,f* big-horned animal.

cachondearse *vr fam* **c. de**, to take the mickey out of; **se cachondea de todo**, he takes everything as a joke.

cachondeo *nm fam* laugh; **¡vaya c.!**, what a laugh!

cachondo,-a *adj fam* **1** *(excitado sexualmente)* hot, randy, horny. **2** *(divertido)* funny.

cachorro,-a I *adj Cuba PR Ven (terco)* obstinate, stubborn; *(malcriado)* bad-mannered. II *nm,f* **1** *(de perro)* pup, puppy. **2** *(de gato)* kitten. **3** *(de otros animales)* cub, baby.

cachúa *nf SAm* Indian dance.

cachupín,-ina *nm,f CAm Méx* Spanish settler in Latin America.

cacique *nm* **1** *(jefe indio)* cacique. **2** *(déspota)* despot, tyrant.

caciquil *adj pey* despotic.

caciquismo *nm* **1** *Pol* caciquism. **2** *pey* despotism.

caco *nm fam* thief.

cacofonía *nf* cacophony, dissonance.

cacofónico,-a *adj* cacophonous, cacophonic.

cacreco,-a *adj CAm (vagabundo)* wandering, vagrant.

cacto *nm*, **cactus** *nm inv Bot* cactus *inv*.

cacumen *nm fam fig* brains *pl*.

cada *adj (de dos)* each; *(de varios)* each, every; **a c. cual lo suyo**, each to his own; **a c. paso**, at every step; **¿c. cuánto?**, how often?; **c. día**, every day; **c. dos por tres**, every other minute; **c. vez lo entiendo menos**, it becomes harder and harder (for me) to understand; **c. vez más**, more and more; **c. vez más tarde**, later and later; **cuatro de c. diez**, four out of (every) ten; **nos deben mil a c. uno**, they owe each of us a thousand; **que c. cual se las apañe como pueda**, it's every man for himself; **¡te inventas c. historia!**, you come up with some fine stories!

cadalso *nm (patíbulo)* scaffold; *(plataforma)* platform.

cadáver *nm* **1** *(de persona)* corpse, (dead) body; **ingresar c.**, to be dead on arrival. **2** *(de animal)* body, carcass.

cadavérico,-a *adj* cadaverous; **con palidez c.**, deathly pale.

cadena *nf* **1** chain; *(correa de perro)* lead, leash; **tirar de la c. (del váter)**, to flush the toilet. **2** *(grupo de empresas)* chain; **una c. de cines/supermercados**, a chain of cinemas/supermarkets. **3** *Rad* chain of stations; *TV* channel. **4** *Ind* line. ■ **c. de fabricación**, production line; **c. de montaje**, assembly line; **trabajo en c.**, assembly line work. **5** *Geog* range. ■ **c. montañosa**, mountain range. **6** *Jur* **c. perpetua**, life imprisonment. **7** *fig (serie)* series, sequence. ■ **reacción en c.**, chain reaction. **8 cadenas** *Aut* tyre *o US* tire chains.

cadencia *nf* cadence, rhythm; *Mús* cadenza.

cadencioso,-a *adj* **1** rhythmic, rhythmical. **2** *fig (ritmo adecuado)* measured, even.

cadeneta *nf* **1** *Tricot* chain stitch. **2** *(de papel)* paper chain.

cadera *nf Anat* hip; **con las manos en las caderas**, hands on hips.

cadete *nm* **1** *Mil* cadet. **2** *Arg Bol Par (aprendiz)* apprentice.

Cádiz *n* Cadiz.

cadmio *nm Quím* cadmium.

caducar [1] *vi* to expire, lose validity.

caducidad *nf* expiration, loss of validity, lapse; **fecha de c.**, *(en alimentos)* ≈ sell-by date; *(en medicinas)* to be used before.

caduco,-a *adj* **1** expired, out-of-date, invalid. **2** *Bot* deciduous. **3** *(senil)* senile; *pey* decrepit.

caedizo *nm Am* sloping roof.

caer [67] I *vi* **1** to fall; **c. de bruces**, to fall flat on one's face; **c. de cabeza/de espaldas**, to fall on one's head/back; **dejar c.**, to drop; **la falda te cae por un lado**, your skirt dips at one side; *fig* **c. enfermo** *o* **en cama**, to fall ill; *fig* **c. en la tentación**, to give in *o* yield to temptation; *fig* **c. en manos de**, to fall into the hands of; *fig* **c. en un error**, to make a mistake; *fig* **está al c.**, *(llegar)* he'll arrive any minute now; *(ocurrir)* it's on the way; *fig* **¡qué bajo has caído!**, how low you have fallen!; *fam* **déjate c. alguna vez por casa**, come round and see us sometime. **2** *(coincidir fechas)* to be; **su cumpleaños cae en sábado**, his birthday falls on a Saturday. **3** *(premio, lotería)* *(tocar)* to go; **el primer premio cayó en Granada**, the first prize went to Granada; *fig* **¡la que nos ha caído encima!**, what a lovely situation to be in! **4** *(entender)* to understand, see; **no caigo en lo que me quieres decir**, I don't quite understand what you're getting at; **ya caigo**, I get it. **5** *(hallarse)* to be; **cae por Salamanca**, it is somewhere near Salamanca. **6** *(sentar)* to agree with; *(prenda)* to suit; **el pescado no me ha caído bien**, the fish didn't agree with me; **esa chaqueta te cae bien**, that jacket suits you; *(persona)* **me cae bien/gorda** *o* **mal**, I like/don't like her. **7** *(perder) (en combate)* to surrender; *(cargo, posición)* to fall; **el gobierno ha caído**, the government has fallen. **8** *(abalanzarse)* to throw oneself **(sobre, on)**. **9** *(finalizar)* **al c. el día**, in the evening; **al c. la noche**, at nightfall. II **caerse** *vr* to fall (down); **me caí de la escalera**, I fell off the ladder; **se te ha caído el pañuelo**, you've dropped your handkerchief; *fam* **no tener dónde c. muerto**, to have nothing to one's name; *fam fig* **caérsele a uno la cara de vergüenza**, to die of shame.

café *nm* **1** *Bot* coffee; **un grano de c.**, a coffee bean. **2** *(bebida)* (cup of) coffee; **c. solo/con leche**, black/white coffee. **3** *(lugar)* café, coffee bar *o* shop.

cafeína *nf* caffeine.

cafetal *nm* coffee plantation.

cafetería *nf* snack bar, coffee bar; *Ferroc* buffet car.

cafetero,-a I *adj* **1** coffee; **la producción cafetera**, coffee production. **2** *fam (persona)* coffee-loving; **es muy c.**, he loves coffee. II *nf* **1** *(para hacer café)* coffee-maker. ■ **cafetera exprés**, expresso-coffee machine. **2** *(para servir café)* coffeepot. **3** *fam (coche viejo)* old banger *o* crock; *(persona)* **estar como una cafetera**, to be barmy *o* nuts.

cafeto *nm Bot* coffee.

cafre I *adj (persona)* brutal, barbarous. II *nm,f (persona)* savage, beast.

cagada *nf vulg* **1** *(mierda)* shit. **2** *fig (error)* fuck-up, cockup.

cagado,-a I *pp* decagar. II *adj* **1** *fam* **lleva los pantalones cagados**, he's shit his pants. **2** *vulg (cobarde)* coward; **estar c.**, to be shit-scared. III *nm,f vulg (cobarde)* shit, yellow belly.

cagalera *nf vulg* the runs *pl*; **darle a algn la** *o* **una c.**, to be shit-scared.

cagar [7] *vulg* I *vi* 1 to (have a) shit. 2 *(estropear)* to ruin, spoil; **la has cagado comprándote este coche,** you fucked up buying this car. II **cagarse** *vr* to shit oneself; **c. de miedo,** to be shit-scared; **¡me cago en ...!,** bloody ...!; **¡me cago en diez** *o* **la mar!,** damn it!; **¡me cago en la leche!,** fuck!

cagarruta *nf* 1 sheep *o* goat dirt. 2 *fig vulg (hombre insignificante)* little shit.

cagón,-ona *vulg* I *adj* 1 *fam* loose-bowelled. 2 *vulg (cobarde)* yellow. II *nm,f vulg* chicken.

cagueta *vulg* I *adj* yellow. II *nmf* coward, chicken.

caída *nf* 1 fall, falling; *(de pelo, de un diente)* loss; *(de una tela)* body, hang; **c. de ojos,** demure look. 2 *(del terreno)* slope. 3 *(de precios)* drop. 4 *Cost (ancho)* width; *(largo)* length. 5 *fig* downfall, collapse; *Hist* **la c. del Imperio Romano,** the fall of the Roman Empire.

caído,-a I *pp de* **caer.** II *adj* 1 fallen; *fig* **c. del cielo,** *(inesperado)* out of the blue; *(oportuno)* heaven-sent. 2 *(hombros)* drooping. 3 *fig (alicaído)* crestfallen. III **los caídos** *nmpl* the fallen *pl.*

caigo *indic pres véase* **caer.**

caima *adj Am* dull, flat.

caimán *nm* 1 *Zool* caiman, cayman, alligator. 2 *Am fig (persona astuta)* fox.

Caín I *adj* evil. II *nm* Cain; *fig* evil person; *fam* **pasar las de C.,** to go through hell.

Cairo *n* El C., Cairo.

caito *nm SAm* wool thread.

caja *nf* 1 *(gen)* box; *fam fig* **echar a algn con cajas destempladas,** to send sb packing. ▪ **c. de caudales,** safe, strongbox; **c. de colores,** paintbox; *Elec* **c. de empalmes,** junction box; **c. fuerte,** strongroom; **c. de música,** music *o* musical box; *Av* **c. negra,** black box; *fam TV* **la c. tonta,** the idiot box. 2 *(de embalaje)* crate, case; **una c. de cerveza,** a crate of beer. 3 *(féretro)* coffin, casket. 4 *Fin (en una tienda)* cash desk; *(en un banco)* cashier's desk; **ayer robaron la c.,** they robbed the till yesterday; **hacer mucha c.,** to take a lot; **pague en c.,** pay at the cash desk. 5 *Impr* case. ▪ **c. alta/baja,** upper/lower case. 6 *Aut (carrocería)* body. ▪ **c. de cambios,** gearbox. 7 *Com (banco)* bank; **c. de ahorros** *o* **de pensiones,** savings bank; **C. Postal de Ahorros,** Post Office Savings Bank. 8 *Anat* **c. craneana,** cranium, skull. 9 *Téc* housing, casing. 10 *Mús (de piano)* case; *(de violín)* body. 11 *Mil* **entrar en c.,** to enlist, join up.

cajear I *vtr CAm (zurrar)* to beat up. II **cajearse** *vr Guat Méx (en el juego)* to contract debts.

cajero,-a *nm,f* cashier. ▪ **c. automático,** cash point, dispenser.

cajeta *CAm nf* 1 sweet *o* biscuit box. 2 *Méx Culin (fruit)* custard. 3 **de c.,** excellent.

cajete *nm Guat Méx Salv* pan *o* bowl with glass-coated interior.

cajetero,-a I *adj CAm (ridículo)* ridiculous. II *nm Méx* matches maker *o* dealer.

cajetilla *nf (de cigarrillos)* packet, *US* pack.

cajista *nmf Impr* typesetter.

cajón *nm* 1 *(caja grande)* crate, chest. 2 *(en un mueble)* drawer; *fig* **c. de sastre,** jumble; *fam* **de c.,** obvious, self-evident. 3 *(caseta)* stall. 4 *Am (ataúd)* coffin. 5 *Méx (abacería)* grocer's (shop).

cal¹ *nf* lime; *fig* **a c. y canto,** hermetically; *fig* **de c. y canto,** strong, tough; *fam* **una de c. y otra de arena,** six of one and half a dozen of the other. ▪ **c. apagada** *o* **muerta,** slaked lime; **c. viva,** quicklime.

cal² *abr de* **caloría(s),** calorie(s), cal.

cala¹ *nf* 1 *(pedazo de fruta)* slice, sample. 2 *fam* peseta.

cala² *nf* 1 *Geog (ensenada)* creek, cove, inlet. 2 *Náut* hold.

cala³ *nf Bot* arum.

calabacín *nm Bot* 1 *(pequeño)* courgette, *US* zucchini. 2 *(grande)* marrow, *US* squash.

calabaza *nf* 1 *Bot* pumpkin, gourd. 2 *fam (persona)* dolt. 3 *fam fig* **dar calabazas a algn,** *(suspender)* to fail sb; *(a un pretendiente)* to turn sb down.

calabazada *nf fam véase* **cabezada** 1.

calabazar *nm* gourd *o* pumpkin field.

calabobos *nm inv Meteor* drizzle.

calabozo *nm* 1 *(prisión)* jail, prison. 2 *(celda)* cell.

calada *nf fam (de cigarrillo)* drag, puff; *arg (de porro)* hit, toke.

calado,-a I *pp de* **calar.** II *adj* soaked; **vengo calado,** I'm soaked (to the skin). III *nm* 1 *Cost* openwork, embroidery. 2 *Náut* draught, *US* draft. 3 *(profundidad del mar)* depth.

calador *nm Am* borer, probe.

calafate *nm* caulker.

calafatear *vtr Náut* to caulk.

calamar *nm Zool* squid *inv*; *Culin* **calamares a la romana,** squid fried in batter.

calambre *nm* 1 *Elec (descarga)* electric shock; **ese cable da c.,** that wire is live. 2 *(espasmo)* cramp; **me dio un c. en la pierna,** I got a cramp in my leg.

calamidad *nf* 1 calamity, disaster; *fam* **¡estás hecho una c.!,** what a sorry sight you are! 2 *(persona)* dead loss, good-for-nothing.

calamitoso,-a *adj* calamitous, disastrous.

calandraco *nm Am* 1 *(andrajo)* rag. 2 *(casquivano)* scatterbrain.

calandrado *nm Téc* calendering.

calandrar *vtr Téc* to calender.

calandria¹ *nf Orn* calandra lark.

calandria² *nf Téc (de lustrar)* calender; *(torno)* treadmill.

calaña *nf pey* 1 *(carácter)* nature, disposition; **una persona de mala c.,** a bad sort. 2 *(clase)* kind, stock; **no me gusta la gente de esa c.,** I don't like that kind of people.

calapé *nm Am Culin* roast tortoise *o* turtle.

calar I *vtr* 1 *(mojar)* to soak, drench. 2 *(agujerear)* to pierce, penetrate. 3 *(sombrero)* to jam on. 4 *Téc* to do fretwork on. 5 *Cost* to do openwork on. 6 *Mil (bayoneta)* to fix. 7 *fig (penetrar)* to have an effect on; **tus consejos han calado hondo en ella,** she has taken your advice to heart. 8 *fam (persona)* to rumble; **¡te tengo calado!,** I've got your number! II *vi Náut* to draw. II **calarse** *vr* 1 *(mojarse)* to get soaked. 2 *(el sombrero)* to pull down. 3 *Aut (el motor)* to stop, stall.

calavera I *nf* 1 skull. 2 *Méx Aut* rear light. II *nm (hombre)* tearaway, madcap.

calaverada *nf* madcap escapade.

calcado,-a I *pp de* **calcar.** II *adj* traced, copied; *fig* **es c. a su padre,** he's the spitting image of his father. III *nm* tracing.

calcar [1] *vtr* 1 *(un dibujo)* to trace. 2 *fig (imitar)* to copy, imitate.

calcáreo,-a *adj Geol* calcareous.

calce *nm* 1 *(llanta)* rim. 2 *(cuña)* wedge. 3 *CAm Méx (de un documento)* lower margin.

calceta *nf* 1 *(prenda)* stocking. 2 *Tricot* knitting; **hacer c.,** to knit.

calcetín *nm* sock.

cálcico,-a *adj* calcium, calcic.

calcificación *nf* calcification.

calcificar[1] *vtr*, **calcificarse** *vr* to calcify.

calcinación *nf* calcination.

calcinar *vtr* to calcine; *fig* to burn.

calcio *nm Quím* calcium.

calco *nm* 1 *(de un dibujo)* tracing. 2 *(copia)* (carbon) copy. 3 *fig (imitación)* imitation, copy.

calcomanía *nf* transfer.

calcopirita *nf Min* chalcopyrite.

calculable *adj* calculable.

calculador,-a I *adj* calculating. II *nm & f* calculator.

calcular *vtr* 1 to calculate, work out, figure. 2 *(evaluar)* to (make an) estimate; **calcula lo que necesitas,** figure out how much you need; **calculando por lo bajo,** at the lowest estimate. 3 *(suponer)* to think, suppose, figure, guess; **calculo que llegará tarde,** I don't expect him until late.

cálculo *nm* 1 calculation, estimate, figures *pl*; **según mis cálculos,** by my reckoning; **si mis cálculos no fallan,** if I am right. ■ **c. mental,** mental arithmetic. 2 *Med* stone, gallstone. ■ **c. biliar,** bile stone. 3 *Mat* calculus. ■ **regla de c.,** slide rule.

caldas *nfpl Geol* thermal springs.

caldeamiento *nm* heating, warming.

caldear *vtr* 1 *(una habitación)* to heat, warm. 2 *fig (excitar)* to heat *o* warm up; **sus palabras caldearon el ambiente,** his words stirred up those present.

caldera *nf* boiler; *(caldero)* cauldron; *fam* **las calderas de Pedro Botero,** Hell.

calderada *nf* boilerful, cauldronful.

calderería *nf* 1 *(oficio)* boilermaking. 2 *(lugar)* boilermaker's shop.

calderero,-a *nm,f* boilermaker.

caldereta *nf Culin (de cordero)* lamb stew; *(de pescado)* fish stew.

calderilla *nf Fin* small change.

caldero *nm* 1 *(caldera)* small cauldron. 2 *(contenido)* cauldronful.

calderón *nm Mús* pause.

caldillo *nm Méx Culin* spicy minced meat stew.

caldo *nm* 1 *Culin* stock, broth. 2 *Biol* **c. de cultivo,** *Quím* culture medium; *fig (terreno abonado)* breeding ground. 3 **caldos,** *(vino)* wines.

caldoso,-a *adj* with a lot of stock.

calé *adj & nm* gypsy.

calefacción *nf* heating. ■ **c. central,** central heating.

calefactor,-a *nm* 1 *(persona)* heating engineer. 2 *(máquina)* heater.

caleidoscópico,-a *adj* kaleidoscopic.

caleidoscopio *nm* kaleidoscope.

calendario *nm* calendar; **c. académico,** school year.

calendas *nfpl* calends; *lit* **c. griegas,** never.

caléndula *nf Bot* calendula.

calentador,-a I *adj* heating. II *nm* heater; **c. de agua,** water heater.

calentamiento *nm* heating; **ejercicios de c.,** warming-up exercises.

calentar[27] I *vtr* 1 *(agua, horno)* to heat; *(comida, habitación)* to warm up; *Dep* **c. los músculos,** to tone up one's muscles; *fig (no trabajar)* **c. el asiento,** to warm the chair; *fig (importunar)* **c. los sesos** *o* **los cascos,** to get hot under the collar. 2 *fig (exaltar)* to heat up, inflame. 3 *fig (irritar)* to annoy. 4 *fam (pegar)* to tan, warm. 5 *fam (excitar)* to arouse (sexually), turn on. II **calentarse** *vr* 1 to get hot *o* warm, heat up. 2 *fig (exaltarse)* to get excited; **se calentaron los ánimos,** people became very excited. 3 *fig (enfadarse)* to get heated *o* annoyed. 4 *fam (excitarse)* to get randy *o* horny.

calentón,-ona *adj,* **calentorro,-a** *adj fam* horny, randy.

calentura *nf Med* fever, temperature.

calenturiento,-a *adj* feverish; **mente calenturienta,** *(exaltada)* hothead; *(excitada)* dirty mind.

calesa *nf arc* calash, calèche.

calesera *nf* 1 *(prenda)* type of bolero jacket. 2 *Mús* Andalusian song.

calibrado *nm* boring, gauging.

calibrador *nm* borer, gauge, callipers *pl, US* calipers *pl*. ■ **c. micrométrico,** vernier calliper, calliper rule.

calibrar *vtr* 1 *Téc* to gauge, bore. 2 *fig (juzgar)* to judge, size up.

calibre *nm* 1 *Téc* bore, gauge. 2 *(de arma)* calibre. 3 *fig (importancia)* size, importance.

caliche *nm* 1 *(partícula)* flake (of paint), chip (of plaster). 2 *fam (proyectil)* pellet. 3 *Am (mineral)* saltpetre, *US* saltpeter. 4 *SAm Quím* Chile saltpetre *o* nitre.

calidad *nf* 1 quality; **muebles de primera c.,** first-class furniture; **un vino de c.,** good-quality wine. 2 *(condición)* capacity; **en c. de profesor,** as a teacher. 3 *(clase)* kind, type; **las distintas calidades de tomates,** the various types of tomatoes.

cálido,-a *adj* warm; **una cálida acogida,** a warm welcome.

calidoscópico,-a *adj véase* caleidoscópico,-a.

calidoscopio *nm véase* caleidoscopio.

calientabraguetas *nf inv vulg* prick teaser.

calientaplatos *nm inv* hotplate.

caliente *adj* 1 hot, warm; **un baño/café c.,** a hot bath/cup of coffee. 2 *fig (acalorado)* heated, spirited; **en c.,** in the heat of the moment. 3 *fam (excitado)* hot, randy.

califa *nm* caliph.

califato *nm* caliphate.

calificable *adj* qualifiable.

calificación *nf* 1 qualification. 2 *Educ (nota)* mark; **libro de calificaciones,** school report.

calificado,-a I *pp de* **calificar** II *adj* 1 *(prestigioso)* eminent, well-known. 2 *(apto)* apt, suitable.

calificador,-a *adj* examining.

calificar[1] *vtr* 1 to describe, consider; **calificaron sus ideas de progresistas,** they labelled *o* marked his ideas progressive; **le calificó de inmoral,** he called him immoral. 2 *Educ (examen, ejercicio)* to mark, grade. 3 *Ling (palabra)* to qualify.

calificativo,-a I *adj* qualifying; **adjetivo c.,** qualifying adjective. II *nm* 1 epithet; **no encuentro calificativos,** words fail me. 2 *Ling* qualifier.

californiano,-a *adj & nm,f* Californian.

caligrafía *nf* calligraphy; **ejercicios de c.,** handwriting exercises; **tiene una c. infantil,** his handwriting looks childish.

caligráfico,-a *adj* calligraphic.

calígrafo,-a *nm,f* calligrapher.

calima *nf* haze, mist.

calimocho *nm* drink made with wine and Coca-Cola.

calina *nf Meteor véase* **calima.**

caliqueño *nm fam* cheap cigar.

cáliz *nm* 1 *Rel* chalice. 2 *Bot* calyx. 3 *lit (copa)* cup.

caliza *nf Geol* limestone.

calizo,-a *adj Geol* lime.

calla *nf SAm* (garden) pick.

callada *nf* silence; **dar la c. por respuesta,** to ignore the other person's question *o* request.

callado,-a I *pp de* **callar. II** *adj* quiet, silent; **una persona muy callada,** a very quiet *o* reserved person; *fam* **más c. que un muerto,** as quiet as a mouse; *fam* **¡qué c. te lo tenías!,** how quiet you've kept it!

callampa *nf SAm (seta)* mushroom.

callana *nf SAm* flat earthenware pan.

callandito *adv fam,* **callando** *adv fam* **(a la chita) c.,** on the quiet *o* sly.

callar I *vi* 1 *(en silencio)* to be quiet, keep quiet, say nothing; **los que deberían hablar callan,** those who ought to speak remain silent. 2 *(dejar de hablar)* to stop talking, shut up; **¡callad!,** be quiet!; *fam* **¡calla! ¿de verdad?,** don't tell me!, is that true? **II** *vtr (esconder)* not to mention, keep to oneself; **ella calló su nombre,** she kept quiet about his name. **III callarse** *vr* 1 to be quiet, say nothing; **se calló cuando le preguntaron,** he didn't answer when (he was) asked. 2 *(dejar de hablar)* to stop talking, be quiet; *fam* **c. la boca,** to clam up, shut up.

calle *nf* 1 street, road; **c. de dirección única,** one-way street; **doblar la c.,** to turn the corner; *fig* **dejar a algn en la c.,** *(sin trabajo)* to fire sb; *(sin casa)* to leave sb homeless; *fig* **echar** *o* **poner a algn (de patitas) en la c.,** to throw *o* kick sb out; *fig* **el hombre de la c.,** the man in the street; *fig (prostitutas)* **hacer la c.,** to walk the streets, solicit; *fig* **llevar** *o* **traer a algn por la c. de la amargura,** to give sb a tough time; *fig* **quedarse en la c.,** to be left jobless *o* homeless. ▪ **c. mayor,** high street, *US* main street. 2 *Atlet Natación* lane.

calleja *nf* narrow street.

callejear *vi* to wander (about) the streets.

callejeo *nm* wandering about.

callejero,-a I *adj* 1 (in the) street; **celebración callejera,** celebration in the street; **gato c.,** street cat. 2 *(persona)* fond of going out. **II** *nm (mapa)* street directory.

callejón *nm* back alley *o* street. ▪ **c. sin salida,** cul-de-sac, dead end; *fig* **en un c. sin salida,** at an impasse.

callejuela *nf* narrow street, lane.

callicida *nm* corn remover.

callista *nmf* chiropodist.

callo *nm* 1 *Med* callus, corn; *fam* **darle al c.,** to slog. 2 *fam (persona fea)* (ugly) sight. 3 *Culin* **callos,** tripe *sing.*

callosidad *nf* callosity, callus.

calloso,-a *adj* callous.

calma *nf* 1 calmness, tranquillity, *US* tranquility; **perder la c.,** to lose one's patience; **todo está en c.,** all is calm; **tómatelo con c.,** take it easy. 2 *(negocio)* slack period, lull. 3 *(cachaza)* phlegm, slowness; **¡qué c. tienes!,** how calm you are! 4 *Meteor* calm weather. ▪ **c. chicha,** dead calm.

calmante I *adj* sedative, soothing. **II** *nm Farm* painkiller, sedative, tranquillizer, *US* tranquilizer.

calmar I *vtr (persona)* to calm (down); *(dolor)* to soothe, relieve. **II** *vi (estado)* to fall calm. **III calmarse** *vr* 1 *(persona)* to calm down. 2 *(dolor, viento)* to abate, ease off.

calmoso,-a *adj* 1 calm, serene. 2 *(flemático)* phlegmatic, sluggish.

caló *nm (idioma)* gypsy dialect.

calor *nm* 1 heat, warmth; **al c. de,** *(calentado por)* in the heat of; *fig (amparado por)* under the wing of; **entrar en c.,** to warm up; **hacer c.,** to be hot; *(persona)* **tener c.,** to be hot; *fig* **el c. del hogar,** the warmth of home. 2 *fig (afecto)* warmth, love; *(entusiasmo)* ardour, *US* ardor, passion.

caloría *nf* calorie, calory.

calórico,-a *adj,* **calorífico,-a** *adj* caloric, calorific.

calostro *nm Biol* colostrum.

calote *nm Arg* swindle, fraud.

calumnia *nf* 1 calumny. 2 *Jur* slander.

calumniador,-a I *adj* 1 calumnious, calumniatory. 2 *Jur* slanderous. **II** *nm,f* 1 calumniator. 2 *Jur* slanderer.

calumniar [12] *vtr* 1 to calumniate, libel. 2 *Jur* to slander.

caluroso,-a *adj* warm, hot; *fig* **una calurosa acogida,** a warm reception.

calva *nf* 1 *(de la cabeza)* bald patch. 2 *(claro)* clearing.

calvario *nm* 1 *Rel* Calvary; *(Vía Crucis)* stations *pl* of the Cross. 2 *fig (sufrimiento)* ordeal, calvary.

calvero *nm (claro)* clearing.

calvicie *nf* baldness.

calvinismo *nm Rel* Calvinism.

calvinista *Rel* **I** *adj* Calvinist. **II** *nmf* Calvinist.

calvo,-a I *adj* 1 *(persona)* bald; **ni tanto ni tan c.,** neither one extreme nor the other. 2 *(terreno)* barren, bare. **II** *nm* bald man.

calza *nf* 1 *(cuña)* wedge, scotch. 2 *desus* stocking.

calzada *nf* road, roadway, *US* pavement.

calzado,-a I *pp de* **calzar. II** *adj* 1 wearing shoes; **c. por el mejor zapatero,** shod by the best shoemaker. 2 *Rel* calced, shod. **III** *nm* shoes *pl,* footwear; **un buen c.,** a good pair of shoes.

calzador *nm* shoehorn.

calzar [4] **I** *vtr* 1 *(poner calzado)* to put shoes on; **viste y calza al niño,** dress the child and put his shoes on. 2 *(llevar calzado)* to wear (shoes); **¿qué número calza?,** what size do you take?; *fig* **el mismo que viste y calza,** in person. 3 *(hacer zapatos)* to make shoes; **le calza el mejor zapatero,** he has his shoes made by the best shoemaker. 4 *(poner una cuña)* to wedge, scotch. **II calzarse** *vr* **c. los zapatos,** to put on one's shoes.

calzo *nm* 1 *(cuña)* wedge, scotch. 2 **calzos,** *(de caballo)* stockings.

calzón *nm desus* trousers *pl.*

calzonazos *nm inv fam* henpecked husband.

calzoncillos *nmpl* underpants, pants.

calzonudo,-a *adj* 1 *Am (tonto)* stupid. 2 *Méx (valiente)* brave; *(enérgico)* energetic. 3 *Méx* native Indian.

cama *nf* bed; **estar en** *o* **guardar c.,** to be confined to bed; *(indefinidamente)* to be bedridden; **hacer la c.,** to make the bed; **irse a la c.,** to go to bed; **meterse en la c.,** *(para dormir)* to go to bed; *(meterse dentro)* to get into bed; *fam* **llevarse a algn a la c.,** to get off with sb. ▪ **c. doble/sencilla,** double/single bed; **c. turca,** couch.

camachuelo *nm Orn* bullfinch.

camada *nf* **1** *(de pájaros)* brood; *(de animal)* litter. **2** *(capa)* layer. **3** *fig (banda)* gang, band.

camafeo *nm* cameo.

camagua *adj CAm Méx (maíz)* ripening.

camaleón *nm Zool* chameleon.

camalote *nm Am Bot* water hyacinth.

camanance *nm CAm* dimple.

cámara **I** *nf* **1** *(de un palacio, castillo)* room, chamber. ■ **c. acorazada**, strongroom; **c. nupcial**, bridal suite. **2** *(persona)* **ayuda de c.**, valet; **médico de c.**, royal doctor. **3** *(institución)* chamber. ■ **c. de comercio**, chamber of commerce; **C. de los Diputados**, ≈ House of Commons, *US* House of Representatives. **4** *Cin Fot TV* camera; **a c. lenta**, in slow motion. **5** *Téc* chamber. ■ **c. de gas**, gas chamber; **c. frigorífica**, cold-storage room. **6** *Aut* inner tube. **7** *Mús* chamber; **música de c.**, chamber music. **II** *nm,f (hombre)* cameraman; *(mujer)* camerawoman.

camarada *nmf* **1** *(de trabajo)* colleague, fellow worker; *(de colegio)* schoolmate, schoolfellow. **2** *Pol* comrade.

camaradería *nf* **1** companionship, friendship. **2** *Pol* comradeship.

camarera *nf* **1** *(de hotel)* chambermaid. **2** *(sirvienta)* maid. **3** *Hist (de una reina)* lady-in-waiting.

camarero,-a *nm,f* **1** *(de bar, restaurante) (hombre)* waiter; *(mujer)* waitress; *(detrás de la barra) (hombre)* barman; *(mujer)* barmaid. **2** *(de barco, avión) (hombre)* steward; *(mujer)* stewardess.

camarilla *nf* clique; *Pol* pressure group, lobby.

camarín *nm Rel* small chapel.

camarlengo *nm Rel* camerlengo, camerlingo.

camarón *nm Zool* (common) prawn.

camarote *nm Náut* cabin.

camastro *nm* rickety old bed.

cambado,-a *adj Am* bow-legged.

cambalache *nm pey (de fruslerías)* swap, exchange.

cambalachear *vtr (fruslerías)* to swap, exchange.

cambiante **I** *adj* **1** changing. **2** *(carácter)* changeable. **II** cambiantes *nmpl* changing colours *o US* colors.

cambiar [12] **I** *vtr* **1** to change; **eso no cambia nada**, that doesn't make any difference; **han cambiado el horario de los trenes**, the train schedules have been changed. **2** *(cambiar de sitio)* to shift, move; **no cambies esos libros (de sitio)**, leave those books where they are. **3** *(intercambiar)* to swap, exchange; **c. impresiones**, to exchange views. **4** *(dinero)* to change; **¿me puede c. mil pesetas?**, can you change a thousand pesetas for me? **5** *(moneda extranjera)* to change, exchange. **II** *vi* to change; **c. de casa**, to move (house); **c. de idea**, to change one's mind; **c. de táctica**, to shift one's ground; **c. de trabajo**, to get another job; *Aut* **c. de velocidad**, to change gear. **III** cambiarse *vr* **1** *(de ropa)* to change (clothes). **2** *(de casa)* to move (house).

cambiazo *nm fam* switch; **dar el c. (a algn)**, to do a switch (on sb).

cambio *nm* **1** *(gen)* change, changing; **c. de planes/política**, change of plans/policy; **un c. en la opinión pública**, a shift in public opinion. ■ **c. de impresiones**, exchange of views; **c. de la guardia**, changing of the guard. **2** *(dinero)* change; **me han dado mal el c.**, they gave me the wrong change; **¿tienes c. de mil pesetas?**, have you got change for a thousand pesetas? **3** *Fin (de acciones)* price, quotation; *(de divisas)* exchange. ■ **letra de c.** bill of exchange; **libre c.**, free trade. **4** *Aut* gear change. ■ **caja de cambios**, gearbox; **c. automático**, automatic transmission. **5** *fig* **a c. de**, in exchange for, instead of. **6 en c.**, however; **para él significa mucho, en c. para mí no significa nada**, it means a lot to him but nothing to me.

cambista *nmf Fin* moneychanger.

Camboya *n* Cambodia.

camboyano,-a *adj & nm,f* Cambodian.

cambullón *nm* **1** *Am (enredo)* swindle; *(confabulación)* plot, intrigue. **2** *Col Méx (cambalache)* swap, exchange.

camelar *vtr fam*, **camelarse** *vr fam* **1** to cajole, blarney. **2** *(galantear)* to flirt (with).

camelia *nf Bot* camellia.

camello,-a **I** *nm,f Zool* camel. **II** *nm arg (traficante de drogas)* (drug) pusher, dope dealer.

camelo *nm fam* **1** *(engaño)* hoax; **¡vaya un c.!**, what a sham! **2** *(bulo)* cock-and-bull story.

camerino *nm Teat* dressing room.

camero,-a *adj* **cama camera**, small double bed.

Camerún *n* Cameroon.

camerunés,-esa *adj & nm,f* Cameroonian.

camilla *nf* **1** *(para enfermos)* stretcher. **2** *(mesa)* **(mesa) c.**, small round table under which a heater is placed.

camillero,-a *nm,f* stretcher-bearer.

camilucho,-a *adj & nm,f Am* Indian (day) labourer *o US* laborer.

caminante *nmf* walker.

caminar **I** *vi* to walk. **II** *vtr* to cover, travel; **caminaron diez kilómetros**, they walked for ten kilometres; **caminamos horas y horas**, we walked for hours.

caminata *nf* (tiring) long walk.

caminero,-a *adj* **peón c.**, roadman.

camino *nm* **1** *(vía)* path, track; **ir c. de**, to be going to; **ponerse en c.**, to set off; *fig* **c. de rosas**, bed of roses; *fig* **el c. del éxito**, the road to success; *fig* **ir por buen/mal c.**, to be on the right/wrong track. ■ **c. de herradura**, bridle path; *Astron* **el C. de Santiago**, the Milky Way. **2** *(ruta)* route, way; **a medio c.**, half-way; **en el c. de casa al trabajo**, on the way to work; **estar en c.**, to be on the way; **nos coge *o* pilla de c.**, it is on the way. **3** *(medio, modo)* way; **abrir c.**, to clear the way; **abrirse c.**, to break through; *fig* **ha abierto el c. para nuevas investigaciones**, he's paved the way for new research; *fig* **no es el c. para convencerla**, that's not the (best) way to bring her over. **4** *SAm* table runner.

camión *nm* lorry, *US* truck; *fam* **estar como un c.**, to be gorgeous *o* a knockout. ■ **c. cisterna**, tanker; **c. de la basura**, refuse lorry, *US* garbage truck; **c. frigorífico**, refrigerator lorry.

camionaje *nm* haulage, cartage.

camionero,-a *nm,f* lorry *o US* truck driver.

camioneta *nf* van.

camisa *nf* **1** *(prenda)* shirt; **en mangas de c.**, in one's shirtsleeves; *fig* **cambiar de c.**, to change sides; *fig* **dejar a algn sin c.**, to leave sb penniless; *fig* **jugarse hasta la c.**, to put one's shirt on sth; *fam* **meterse en c. de once varas**, *(inmiscuirse)* to poke one's nose into other people's business; *fig* to bite off more than one can chew; *fam* **no llegarle a algn la c. al cuerpo**, to be terrified. ■ **c. de dormir**, nightdress, nightgown; **c. de fuerza**, straightjacket. **2** *Téc (de*

horno) lining; *(de cilindro)* sleeve. **3** *Zool (de serpiente)* slough. **4** *(carpeta)* folder.
camisería *nf* outfitter's (shop), shirt shop.
camisero,-a **I** *adj* **blusa camisera,** shirt blouse; **vestido c.,** shirtwaister. **II** *nm,f* outfitter, shirt maker.
camiseta *nf* **1** *(de uso interior)* vest, *US* undershirt. **2** *(de uso exterior)* T-shirt. **3** *Dep* shirt; **sudar la c.,** to sweat (for it).
camisola *nf arc* camisole.
camisón *nm* **1** *(para dormir)* nightdress, nightgown, nightie. **2** *Am (vestido)* dress.
camomila *nf Bot* camomile.
camorra *nf fam* trouble; *(riña)* fight; **buscar c.,** to look for trouble.
camorrista **I** *adj* quarrelsome, rowdy. **II** *nmf* troublemaker.
camote *nm* **1** *Am Bot (batata)* sweet potato. **2** *Am Bot (bulbo)* bulb. **3** *Am (mentira)* lie. **4** *Am fig (enamoramiento)* love, crush. **5** *Am fig (amante)* lover. **6** *Méx (bribón)* rascal.
campal *adj* **batalla c.,** pitched battle.
campamento *nm* camp. ▪ **c. de trabajo,** work camp; **c. de verano,** summer camp.
campana *nf* **1** bell; **c. de buzo,** diving bell; **c. de cristal,** bell jar *o* glass; **dar la *o* una vuelta de c.,** to overturn; *fig* **a toque de c.,** to the sound of bells; *fam* **tú has oído campanas y no sabes dónde,** you haven't got a clue. **2** *CAm (floripondio)* large white flower.
campanada *nf* peal *o* ring of a bell; *fig* **dar la c.,** to cause a sensation *o* a scandal.
campanario *nm Arquit* belfry, bell tower.
campanear **I** *vi* to ring the bells. **II campanearse** *vr* to sway, swagger.
campaneo *nm* **1** peal *o* pealing of bells. **2** *(contoneo)* sway, swagger.
campanero,-a *nm,f* **1** bell-ringer. **2** *(constructor)* bell founder.
campanilla *nf* **1** small bell; **tocar la c.,** to ring the handbell; *fam* **de campanillas,** de luxe, topnotch. **2** *Anat* uvula. **3** *Bot* bell flower.
campanillear *vi* to ring the bells.
campanilleo *nm* ringing (of bells).
campante *adj fam* **1** *(despreocupado)* cool, unconcerned; **se quedó tan c.,** he didn't bat an eyelid. **2** *(ufano)* proud, self-satisfied.
campaña *nf* **1** *(actividad, empresa)* campaign. ▪ *Pol* **c. electoral,** election campaign; **c. publicitaria,** advertising campaign. **2** *Mil (expedición)* expedition; **de c.,** field. ▪ **misa de c.,** open-air mass. **3** *(campo)* country, countryside. ▪ **tienda de c.,** tent.
campar *vi* to wander, roam; *fam* **c. por sus respetos,** to do as one pleases.
campear *vi* **1** *(dejarse ver)* to be visible; **en lo alto campeaba una bandera,** a flag could be seen at the top. **2** *Am Agr* to watch over cattle in fields.
campechanería *nf,* **campechanía** *nf* openness, informality.
campechano,-a **I** *adj (alegre)* open, good-natured. **II** *nf Cuba Méx (bebida)* mixture of spirits.
campeón,-ona *nm,f* champion.
campeonato *nm* championship; *fam* **de c.,** great, brilliant; **un tonto de c.,** an utter idiot.
campero,-a *adj* **1** *(de campo)* country, rural; **(botas) camperas,** Spanish leather boots. **2** *Arg Par Urug (persona)* expert in agricultural matters.

campesinado *nm* peasantry, peasants *pl.*
campesino,-a **I** *adj* country, rural. **II** *nm,f (hombre)* countryman; *(mujer)* countrywoman.
campestre *adj* country, rural.
camping *nm* camping site; **hacer *o* ir de c.,** to go camping.
campiña *nf* **1** *(campo)* countryside. **2** *Agr (cultivo)* stretch of cultivated land.
campista *nmf* camper.
campo *nm* **1** *(campiña)* country, countryside; **a c. raso,** in the open air; **a c. traviesa *o* través,** cross-country. ▪ **casa de c.,** country house. **2** *Agr* field; **las faenas del c.,** agricultural work; **trabajar (en) el c.,** he works (on) the land. **3** *Mil* field. ▪ **c. de batalla,** battlefield; **c. de concentración,** concentration camp; **c. de tiro,** shooting range. **4** *Dep* field. ▪ **c. deportivo,** playing field; **c. de fútbol,** football pitch; **c. de golf,** golf links, golf course; **c. de tenis,** tennis court. **5** *(espacio)* space; *fig* **dejarle a algn el c. libre,** to leave the field open for sb; **c. visual,** visual field. **6** *(ámbito)* field, scope; **en el c. de la psicología,** in the field of psychology. ▪ **trabajo de c.,** fieldwork. **7** *Elec Fís* field. ▪ **c. magnético,** magnetic field; *Fot* **profundidad de c.,** depth of field.
camposanto *nm* cemetery.
camuesa *nf Bot* pippin.
camueso *nm Bot* pippin tree.
camuflaje *nm* camouflage, disguise.
camuflar *vtr* to camouflage, disguise.
can *nm lit Zool* dog.
cana *nf* grey hair, white hair; *fam* **echar una c. *o* una canita al aire,** to let one's hair down.
Canadá *n* Canada.
canadiense *adj & nmf* Canadian.
canal *nf* **1** *(artificial)* canal. ▪ **c. de riego,** irrigation canal. **2** *(natural)* channel. ▪ **C. de la Mancha,** English Channel. **3** *Elec Inform TV* channel. **4** *(de tejado)* gutter. **5** *Anat* canal. **6** *(res)* open carcass; **abrir (un animal) en c.,** to slit (an animal) open. **7** *fig (vía)* channel; **por otros canales,** through other channels.
canaleta *nf* **1** *Arg Náut* loading channel. **2** *SAm (canalón)* roof gutter.
canalización *nf* **1** *(acción)* canalization. **2** *(tubería)* piping. **3** *Am (alcantarillado)* sewage *o* sewerage system.
canalizar [4] *vtr* **1** *(agua)* to canalize; *(riego)* to channel. **2** *(area)* to canalize. **3** *fig (dirigir) (opiniones etc)* to direct; *(dinero)* to channel.
canalla *pey* **I** *nm (bribón)* swine, rotter. **II** *n (chusma)* riffraff, mob.
canallesco,-a *adj pey* rotten, despicable.
canalón *nm* gutter.
canalones *nmpl Culin* cannelloni.
canapé *nm* **1** *(sofá)* couch, sofa. **2** *Culin* canapé.
canario,-a **I** *adj & nm,f* Canarian. ▪ **Islas Canarias,** Canary Islands, Canaries. **II** *nm Orn* canary.
canasta *nf* **1** *(cesto)* basket. **2** *Naipes* canasta. **3** *(en baloncesto)* basket.
canastilla *nf* **1** *(cestito)* small basket. **2** *(de un bebé)* layette.
canastillo *nm Am (de niño)* layette; *(ajuar)* trousseau.
canasto **I** *nm (cesto)* big basket, hamper. **II** **canastos** *interj* good heavens!
cancán *nm* **1** *Mús* cancan. **2** *(prenda)* frilly petticoat.

cancanear *vi fam* **1** *Am (expresarse mal)* to stumble in one's speech. **2** *Arg Urug (bailar)* to dance the cancan. **3** *Arg Urug Pol* to be corrupt. **4** *CAm Col (tartamudear)* to stammer.

cancel *nm* **1** *(contrapuerta)* storm door. **2** *Arg (verja)* gate. **3** *Méx (biombo)* folding screen.

cancela *nf* wrought-iron gate.

cancelación *nf* cancellation.

cancelar *vtr* to cancel.

cáncer *nm* **1** *Med* cancer; **c. de pulmón/mama,** lung/breast cancer. **2** *Astrol Astron* Cancer. ■ **Trópico de C.,** Tropic of Cancer.

cancerbero,-a I *nm Mit* Cerberus. **II** *nm,f Ftb* goalkeeper.

cancerígeno,-a *Med* **I** *adj* carcinogenic. **II** *nm* substance that can produce cancer.

canceroso,-a *Med* **I** *adj* cancerous. **II** *nm* patient suffering from cancer.

cancha[1] **I** *nf* **1** *(gen)* ground. **2** *Tenis* court. **3** *(de peleas de gallos)* cockpit. **4** *Am (hipódromo)* racecourse. **5** *Am (terreno)* plot of land. **6** *Arg CR Chi fig* **abrir** *o* **dar c. (a algn),** to give sb an advantage. **7** *Arg Chi fig* **estar uno en su c.,** to be in one's element. **8** *Arg fig* **tener c.,** to have experience. **II** *interj Arg (abrir paso)* out of the way!

cancha[2] *nf SAm* toasted maize.

canche *adj CAm* blonde.

canciller *nm* chancellor.

cancillería *nf* chancellery, chancellory.

canción *nf* song; *fam* **ya estás otra vez con la misma c.,** you're harping on the same old story again.

cancionero *nm* **1** *Lit* collection of songs *o* poems. **2** *Mús* songbook.

candado *nm* padlock.

candanga *adj Am* the Devil.

candeal I *adj* **pan/trigo c.,** white bread/wheat. **II** *nm Am (bebida)* drink made of milk, eggs and brandy.

candela *nf* candle.

candelabro *nm* candelabrum, candlestick.

candelero *nm* candlestick; *fig* **en el c.,** at the top.

candente *adj* candescent, red-hot, white-hot; *fig* **tema c.,** pressing issue.

candidato,-a *nm,f* candidate.

candidatura *nf* **1** *(opción)* candidature, candidacy; **presentar su c.,** to put forward one's candidature. **2** *(lista)* list of candidates.

candidez *nf* candour, *US* candor, ingenuousness.

cándido,-a *adj* candid, ingenuous.

candil *nm* oil lamp.

candilejas *nfpl Teat* footlights.

candor *nm* candour, *US* candor, innocence, pureness.

candoroso,-a *adj* innocent, pure.

canela *nf* cinnamon; *fam* **ser c. fina,** to be exquisite *o* excellent.

canelo,-a I *adj* cinnamon. **II** *nm Bot* cinnamon tree.

caneo *nm Am* hut, shack.

canesú *nm Cost* bodice.

cangilón *nm* **1** *(jarro)* pitcher; *(de molino)* bucket. **2** *Am* cart track.

cangrejo *nm (de mar)* crab; *(de río)* freshwater crayfish; *fam* **avanzar como los cangrejos,** to take one step forward and two backwards; *fam* **rojo como un c.,** as red as a lobster.

canguelo *nm arg* funk.

canguro I *nm Zool* kangaroo. **II** *nmf fam* babysitter.

caníbal *adj & nmf* cannibal.

canibalismo *nm* cannibalism.

canica *nf* marble; **jugar a las canicas,** to play marbles.

canícula *nf* dog days, midsummer heat.

caniche *nm Zool* poodle.

canijo,-a *adj fam* puny, weak.

canilla *nf* **1** *Anat* long bone; *(de ave)* wing bone. **2** *(carrete)* bobbin, reel.

canillera *nf Am (cobardía)* cowardice; *(miedo)* fear.

canillita *nm SAm* newspaper boy.

canino,-a I *adj Zool* canine; *fam* **tener un hambre canina,** to be starving. **II** *nm (colmillo)* canine.

canje *nm* exchange.

canjeable *adj* exchangeable.

canjear *vtr* to exchange.

cano,-a *adj* white, grey; **de pelo c.,** with white *o* grey hair.

canoa *nf* **1** *Náut* canoe, small boat. **2** *Am (cajón)* oblong shaped box; *(canal)* wooden *o* metal pipe.

canódromo *nm* dog *o* greyhound track.

canon *nm* **1** *(gen)* canon, norm; **como mandan los cánones,** in accordance with the rules. **2** *Mús Rel* canon. **3** *Com* royalty.

canónico,-a *adj* canonical; *Rel* **derecho c.,** canon law.

canónigo *nm (persona)* canon.

canonización *nf* canonization.

canonizar [4] *vtr* to canonize.

canoso,-a *adj* white-haired, grey-haired; **pelo c.,** white *o* grey hair.

cansado,-a I *pp de* cansar. **II** *adj* **1** *(gen)* tired, weary; **estar c.,** to be tired; **tiene la vista cansada,** his eyes are tired. **2** *(pesado)* boring, tiring; **un viaje c.,** a tiring journey.

cansancio *nm* tiredness, weariness; *fam* **estoy muerto de c.,** I'm on my last legs.

cansar I *vtr* to tire, weary; **me cansa subir corriendo,** running upstairs tires me out. **II** *vi* to be tiring; **después de un rato acaba por c.,** after a while it gets boring; **siempre el mismo trabajo cansa,** one gets tired of always doing the same job. **III** **cansarse** *vr* to get tired; **c. enseguida,** to get tired easily; **se cansó de esperar y se fue,** he got fed up (with) waiting and left.

cansino,-a *adj* weary, slow.

cantábrico,-a *adj* Cantabrian; **Mar C.,** Bay of Biscay.

cántabro,-a *adj & nm,f* Cantabrian.

cantada *nf fam* blunder.

cantaleta *nf Am* harping on, nagging.

cantamañanas *nm inv fam* bullshitter.

cantante I *adj* singing; **llevar la voz c.,** to rule the roost. **II** *nmf* singer.

cantaor,-a *nm,f* flamenco singer.

cantar[1] *vtr & vi* **1** *Mus* to sing; **c. a dos voces,** to sing a duet; **c. las excelencias de,** to sing the praises of; *fig* **cantarle a algn las verdades** *o* **las cuarenta,** to give sb a piece of one's mind; *fig* **en menos que canta un gallo,** in a flash; *fam* **c. como una almeja,** to stick out like a sore thumb; *fam* **cantarlas claras,** to give a piece of one's mind. **2** *arg (confesar)* to sing, spill the beans. **3** *arg (oler mal)* to stink, whiff.

cantar[2] *nm lit* song; *fam* ¡eso es otro c.!, that's a totally different thing! ▪ *Lit* **c. de gesta,** chanson de geste; *Rel* **C. de los Cantares,** Song of Songs, Song of Solomon.

cantárida *nf Ent* Spanish fly.

cantarín,-ina *adj* 1 *(persona)* fond of singing. 2 *(voz)* sing-song.

cántaro *nm (recipiente)* pitcher; *(contenido)* pitcherful; *fig* **a cántaros,** plenty, in buckets; *fig* **llover a cántaros,** to rain cats and dogs.

cantata *nf Mús* cantata.

cante *nm* 1 *(canto)* singing. ▪ *Esp* **c. hondo, c. jondo,** flamenco. 2 *arg (error)* blunder; **¡vaya c.!,** what a clanger! 3 *fam (regañina)* scolding.

cantera *nf* 1 *(de piedra)* quarry. 2 *fig Ftb* young players.

cantería *nf* stone cutting; **puente de c.,** bridge made of hewn stone.

cantero *nm* stonemason.

cántico *nm Rel* canticle.

cantidad I *nf* quantity, amount, sum; **en c.,** a lot; **pagaron una c. astronómica por el rescate,** they paid an astronomical amount for his release; *fam* **había c. de gente,** there were thousands of people; *fam* **cantidades industriales,** tons, loads. II *adv fam* a lot; **me gusta c.,** I love it.

cántiga *nf*, **cantiga** *nf Lit Mús* song, ballad.

cantil *nm Am* edge of a cliff.

cantilena *nf Lit Mús* cantilena, song; *fam* **siempre estás con la misma c.,** you're always going on about the same old story.

cantimplora *nf* water bottle.

cantina *nf* canteen, buffet.

cantinela *nf véase* cantilena.

cantinero,-a *nm,f* bar attendant.

canto[1] *nm* 1 *Mús (arte)* singing; **estudia c.,** he is studying singing. 2 *(canción)* song; *fig* **c. del cisne,** swan-song. 3 *Lit* canto.

canto[2] *nm* 1 *(borde)* edge; **de c.,** on its side; **ponlo de c.,** put it sideways; **tiene cinco centímetros de c.,** it is five centimetres thick; *fam* **no me caí por el c. de un duro,** I missed falling by the skin of my teeth. 2 *(guijarro)* pebble, stone. ▪ **c. rodado,** *(grande)* boulder; *(pequeño)* pebble. 3 *fam* **al c.,** for sure, straight away; **cada vez que nos vemos, bronca al c.,** every time we meet we have a row.

cantón *nm* canton.

cantonera *nf* corner piece.

cantor,-a I *adj* singing; **los niños cantores de Viena,** the Vienna Boys Choir; **pájaro c.,** songbird. II *nm,f* singer.

canturrear *vi* to hum, croon.

canturreo *nm* humming, crooning.

cánula *nf Téc* cannula.

canutas *nfpl fam* **pasarlas c.,** to have a hard time.

canutero *nm Am (de bolígrafo)* barrel (of pen).

canuto *nm* 1 *(tubo)* tube. 2 *Bot* internode. 3 *arg (porro)* joint. 4 *CAm Méx (de bolígrafo)* barrel (of pen). 5 *Méx Culin (sorbete)* tube-shaped sorbet.

caña *nf* 1 *Bot (planta)* reed; *(tallo)* cane, stem. ▪ **c. de azúcar,** sugar cane. 2 *(vaso)* tall slender glass. 3 *Anat* bone marrow. 4 *(de una bota)* leg; **botas de media c.,** calf-length boots. 5 *(de pescar)* rod. 6 *fam (cerveza)* glass of draught *o* US draft beer. 7 *fam* **dar** *o* **meter c.,** *(persona)* to do sb over; *(coche)* to go at full speed.

cañada *nf* 1 *Geog (barranco)* gully, ravine. 2 *(camino)* cattle track. 3 *Am (arroyo)* stream.

cañadón *nm Cuba SAm* narrow deep stream.

cañamazo *nm* burlap.

cáñamo *nm Bot* hemp; *(tela)* hempen cloth. ▪ **c. indio,** cannabis.

cañamón *nm Bot* hemp seed.

cañaveral *nm* cane plantation.

cañería *nf* (piece of) piping.

cañí *adj & nmf (pl cañís) fam* gypsy.

cañizal *nm*, **cañizar** *nm véase* cañaveral.

cañizo *nm* cane wattle.

caño *nm* 1 *(tubo)* tube. 2 *(chorro)* spout. 3 *Min (galería)* gallery. 4 *Náut (canal)* navigation channel. 5 *Arg (tubería)* pipe, piping.

cañón *nm* 1 *(arma)* gun. ▪ **c. antiaéreo,** anti-aircraft gun. 2 *Hist* cannon; *fig* **al pie del c.,** without yielding; *fam* **estar c.,** to be *o* look terrific. 3 *(de fusil)* barrel; **escopeta de doble c.,** double-barrelled rifle. 4 *(tubo)* tube, pipe; **c. de estufa,** stove flue. 5 *Geog* canyon. 6 *Teat TV* spotlight. 7 *(de pluma)* barrel.

cañonazo *nm* 1 *(disparo)* gunshot; **salva de 21 cañonazos,** 21-gun salute. 2 *Ftb* strong shot.

cañonear *vtr* to shell.

cañonero,-a *adj* armed; **(lancha) cañonera,** gunboat.

caoba *nf Bot* mahogany.

caolín *nm Min* kaolin.

caos *nm* chaos.

caótico,-a *adj* chaotic.

Cap. *abr de* **capitán,** Captain, Capt.

cap. *abr de* **capítulo,** chapter, ch.

capa *nf* 1 *(prenda)* cloak, cape; *fig* **de c. caída,** low-spirited; **andar de c. caída,** to have seen better days; *fig* **defender a c. y espada,** to fight tooth and nail; *fam* **hacer de su c. un sayo,** to do as one feels like. 2 *(pretexto)* excuse; **so c. de,** with the excuse that, under the pretext of. 3 *(mano)* layer, coat; **una c. de pintura,** a coat of paint; **una c. de polvo,** a film of dust; *Culin* **una c. de chocolate,** a coating of chocolate. 4 *Geol (estrato)* stratum, layer. 5 *fig (clase social)* class, stratum.

capacidad *nf* 1 *(cabida)* capacity; **con c. para 100 personas,** with room for 100 people; **un depósito de 50 litros de c.,** a fifty-litre tank. 2 *(aptitud)* capacity, ability; **no tiene c. para la música,** he hasn't got an ear for music; **tiene una gran c. de trabajo,** he's a very hard worker.

capacitación *nf* training.

capacitar *vtr* 1 *(instruir)* to train; **estar capacitado para ...,** to be trained *o* qualified to ... . 2 *(autorizar)* to authorize, license, make able; **no estoy capacitado para responder,** I'm not able to answer.

capacho *nm* 1 *(cesto grande)* big basket. 2 *SAm (sombrero viejo)* old hat.

capar *vtr* 1 *(castrar)* to castrate. 2 *Am (podar)* to prune.

caparazón *nm* 1 *(concha)* shell. 2 *fig (refugio)* cover, protection.

capataz *nm,f (hombre)* foreman; *(mujer)* forewoman.

capaz *adj* 1 *(con capacidad)* capable, able; **Pedro no sería c. de una cosa así,** Pedro wouldn't do something like that; **¿serías c.?,** *(podrías)* could you?; *(te atreverías)* would you dare?; **si se entera es c. de despedirle,** if he finds out he could quite easily sack him. **2** *(eficiente)* efficient. **3** *(con espacio)* with room **(para,** for); **un teatro c. para mil personas,** a theatre which holds a thousand people.

capazo *nm* **1** *(cesto)* basket. **2** *(de bebé)* carrycot.

capcioso,-a *adj pey* captious, artful; **pregunta c.,** catch question.

capea *nf Taur* amateur bullfight.

capear *vtr* **1** *(dificultad etc)* to dodge, shirk; *fig* **c. el temporal,** to weather the storm. **2** *Taur* to make passes with the cape. **3** *Náut* to ride out.

capellán *nm Rel* chaplain.

capellanía *nf Rel* chaplaincy.

capelo *nm* **1** *(sombrero)* cardinal's hat. **2** *(cargo)* cardinalship. **3** *Am (campana de cristal)* bell glass.

caperuza *nf* **1** *(prenda)* hood. **2** *(tapa)* cap; **la c. de la pluma,** the cap of a pen.

capia *nf Am Culin* maize, *US* corn.

capicúa **I** *adj* **número c.,** reversible number; **palabra c.,** palindrome. **II** *nm* palindrome.

capilar **I** *adj* **1** hair; **loción c.,** hair lotion. **2** *Fís* capillary. **II** *nm* capillary.

capilaridad *nf* capillarity.

capilla *nf* **1** *(oratorio)* chapel; **estar en c.,** *(condenado a muerte)* to be awaiting execution; *fig (en ascuas)* to be like a cat on hot bricks. ■ **c. ardiente,** funeral chapel. **2** *Mús* choir.

capirotada *nf* **1** *Am Culin* criollo dish with meat, vegetables, cheese etc. **2** *Méx fam (cementerio)* common grave.

capirotazo *nm* flip, flick.

capirote *nm* **1** *(prenda)* hood. ■ *fam* **tonto de c.,** silly idiot. **2** *(capirotazo)* flip, flick.

capital **I** *adj* **1** *(primordial)* capital, main, chief; **de importancia c.,** of capital importance; **pena c.,** capital punishment. **2** *(ciudad)* capital. **II** *nf capital.* ■ **c. de provincia,** county town, *US* county seat. **III** *nm Com Fin* capital. ■ **c. activo** *o* **social,** working *o* share capital; **c. inicial,** capital.

capitalismo *nm Econ* capitalism.

capitalista *Econ* **I** *adj* capitalist, capitalistic. **II** *nmf* capitalist.

capitalización *nf Econ Fin* capitalization.

capitalizar [4] *vtr Econ Fin* to capitalize.

capitán,-ana **I** *nm* **1** *Mil* captain. ■ **c. general,** field marshal, *US* general of the army. **2** *Náut* captain, skipper. ■ **c. de corbeta,** lieutenant-commander; **c. de fragata,** commander; **c. general de la Armada,** Admiral of the Fleet. **II** *nm,f* **1** *(jefe)* leader; **la capitana del grupo,** the leader of the group. **2** *Dep* captain. **III** *nf Náut* flagship.

capitanear *vtr* **1** *Mil Náut* to captain, command. **2** *(dirigir)* to lead. **3** *Dep (equipo)* to captain.

capitanía *nf Mil* captaincy, captainship. ■ **c. general,** *(cargo)* rank of field marshal; *(edificio)* military headquarters.

capitel *nm Arquit* capital, chapiter.

capitolio *nm* Capitol.

capitoste *nm pey* bigwig.

capitulación *nf* agreement; *Mil* capitulation. ■ *Jur* **capitulaciones matrimoniales,** marriage settlement.

capitular[1] *adj* capitular; **sala c.,** chapterhouse.

capitular[2] *vi Mil* to capitulate, surrender; *(llegar a un acuerdo)* to reach an agreement.

capítulo *nm* **1** *(de libro)* chapter. **2** *fig (tema)* subject; **dentro del c. de las innovaciones,** among the innovations; *fig* **eso ya es c. aparte,** that's another story; *fig* **llamar a algn a c.,** to call sb to account.

capó *nm Aut* bonnet, *US* hood.

capón *nm* **1** *(pollo)* capon. **2** *(golpe)* rap on the head with the knuckles.

caporal *nm* **1** *Mil (cabo)* corporal. **2** *Agr (capataz)* farm manager.

capota *nf Aut* folding hood *o* top.

capote *nm* **1** *(prenda)* cape, cloak with sleeves; *Mil* greatcoat; *fig* **pensar** *o* **decir algo para su c.,** to think *o* tell oneself. **2** *Taur* cape; *fig* **echarle un c. a algn,** to give sb a hand.

capotera *nf Am* clothes hanger, clothes hook.

capricho *nm* **1** *(antojo)* whim, caprice; **hacer algo por puro c.,** to do sth because it takes one's fancy. **2** *Mús* caprice, capriccio.

caprichoso,-a **I** *adj* whimsical, fanciful; **formas caprichosas,** fanciful forms. **II** *nm,f* whimsical person.

Capricornio *nm Astrol Astron* Capricorn.

caprino,-a *adj* goat; **ganado c.,** goats.

cápsula *nf* **1** *(gen)* capsule. **2** *(de botella)* top, cap.

capsular *adj* capsular.

Capt. *abr de* **Capitán,** Captain, Capt.

captación *nf* **1** *(de ondas, de agua)* reception. **2** *(comprensión)* understanding, comprehension. **3** *(atracción)* fascination, captivation; *Pol* **c. de votos,** winning of votes.

captar *vtr* **1** *(ondas, agua)* to receive, pick up. **2** *(comprender)* to understand, grasp. **3** *(atraer)* to attract *o* hold sb's attention *o* interest.

captura *nf* capture.

capturar *vtr (criminal)* to capture; *(cazar, pescar)* to catch; *Mil* to seize.

capucha *nf (prenda)* hood.

capuchino,-a **I** *adj Rel* Capuchin. **II** *nm* **1** *Rel (monje)* Capuchin monk. **2** *(café)* capuccino, white coffee. **III** *nf Rel (monja)* Capuchin nun.

capuera *nf Arg Pan Par* **1** *(en la selva)* clearing, deforested land. **2** *(huerta)* vegetable garden.

capullo *nm* **1** *Ent* cocoon. **2** *Bot* bud; **en c.,** budding. **3** *vulg Anat (prepucio)* foreskin. **4** *ofens (persona) (estúpido)* silly bugger.

caqui **I** *adj (color)* khaki. **II** *nm Bot* persimmon.

cara *nf* **1** *(gen)* face; **c. a c.,** face to face; **c. a la pared,** facing the wall; **con c. de felicidad,** with a happy expression; **poner buena c.,** to look pleased; **poner c. de asco,** to look disgusted; **poner mala c.,** to pull a long face; **tener buena/mala c.,** to look good/bad; **tener c. de,** to look; **tenía c. de no haber dormido,** he looked as if he hadn't had any sleep; **ella tiene c. de no estar a gusto,** she looks unhappy; **tienes mala c. hoy,** you look a bit off-colour today; **volver la c.,** to look the other way; *fig* **c. de circunstancias,** serious look; *fig* **dar la c.,** to face the consequences (of one's acts); *fig* **dar la c. por algn,** to stand up for sb; *fig* **(de) c. a las próximas elecciones,** with a view to the next elections; *fig* **echarle a algn algo en c.,** to reproach sb for sth; *fig* **plantar c. a algn,** to face up to sb; *fig* **verse las caras,** to come face to face; *fam* **de pocos amigos,** unfriendly face; *fam* **romperle la c. a algn,** to smash sb's face in. **2** *(lado)* side; *(de medalla, moneda)* right side; **¿c. o cruz?,** heads or tails?; **echar** *o* **jugar algo a c. o cruz,** to toss (a coin) for sth; **la c. oculta de la luna,** the dark side of the moon. **3** *(de un edificio)* face. **4** *fam (desfachatez)* cheek, nerve; **¡qué c. (más dura) tienes!,** what a cheek you've got!; **tener más c. que espalda,** to have a lot of cheek. **II** *nm fam (desvergonzado)* cheeky person.

carabela *nf Náut* caravel.

carabina *nf* 1 *(arma)* carbine, rifle. 2 *(persona)* chaperon; **ir de c.**, to be chaperon.

carabinero *nm* customs officer.

cárabo *nm* *Orn* tawny owl.

caracense I *adj* of *o* from Guadalajara. II *nmf* native *o* inhabitant of Guadalajara.

caracol I *nm* 1 *Zool (de tierra)* snail; *(de mar)* winkle. 2 *Anat (del oído)* cochlea. 3 *(rizo de pelo)* kiss-curl. 4 *Equit* caracole; **hacer caracoles,** to caracole. II **¡caracoles!** *interj* good heavens!

caracola *nf Zool* conch.

carácter *nm (pl caracteres)* 1 *(temperamento)* character; **de gran** *o* **mucho c.**, with a strong character; **tener buen/mal c.**, to be good-natured/bad-tempered. 2 *fig (índole)* nature; **con c. de invitado,** as a guest; **por razones de c.** privado, for private reasons. 3 *Impr (signo)* letter. ■ **caracteres góticos,** Gothic type; **c. de imprenta,** type, typeface.

característico,-a I *adj & nf* characteristic. II *nm,f Teat (hombre)* character actor; *(mujer)* character actress.

caracterización *nf* characterization.

caracterizado,-a I *pp de* **caracterizar.** II *adj* 1 *(gen)* characterized, portrayed; **la figura del padre está muy bien caracterizada,** the character of the father is very well portrayed. 2 *(disfrazado)* disguised; **c. de Papá Noel,** dressed up as Father Christmas.

caracterizar [4] I *vtr* to characterize, portray. II **caracterizarse** *vr* 1 *(distinguirse)* to be characterized. 2 *Teat* to portray.

caracterología *nf* study of character *o* character type.

caracterológico,-a *adj* character type.

caracú *nm* 1 *Bol Chi RPl (ganado vacuno)* type of cattle. 2 *Am Zool* bone marrow.

caradura *nmf fam* cheeky devil; **¡qué c. eres!,** you're so cheeky!

carajillo *nm fam* coffee with a dash of brandy.

carajo *vulg* I *nm (pene)* prick. II *interj* shit!; **la fiesta se fue al c.,** the party fell through; **¡vete al c.!,** go to hell!

caramanchel *nm Arg Chi* snack bar.

caramba[1] *interj fam* 1 *(sorpresa)* good grief! 2 *(enfado)* damn it!

caramba[2] *nf* 1 *CAm Mús* traditional musical instrument. 2 *Arg Méx* old traditional song.

carámbano *nm* icicle.

carambola *nf Bill* cannon, *US* carom; *fam* **por c.,** by a fluke.

caramelo *nm* 1 *(dulce)* sweet, *US* candy. 2 *(azúcar quemado)* caramel; *Culin* **a punto de c.,** syrupy.

carantoña *nf* 1 *(máscara)* ugly mask. 2 *pey (mujer)* mutton dressed as lamb. 3 **carantoñas,** caresses; **hacerle c. a algn,** *(acariciar)* to fondle sb; *fig (adular)* to butter sb up.

carapacho *nm* 1 *(caparazón)* carapace. 2 *Am Culin* seafood dish cooked in the shell.

caraqueño,-a I *adj* of *o* from Caracas. II *nm,f* native *o* inhabitant of Caracas.

carátula *nf* 1 *(máscara)* mask; *fig* **el mundo de la c.,** theatre. 2 *(cubierta)* cover.

caravana *nf* 1 *(expedición)* caravan. 2 *Aut (vehículo)* caravan. 3 *Aut (atasco)* traffic jam; **había mucha c.,** there was a long tailback.

caray *interj* God!, good heavens!; **¡este c. de chico me tiene harta!,** this damned boy is trying my patience!

carbón *nm* 1 *(gen)* coal; *fam* **¡se acabó el c.!,** that's that! ■ **c. de leña, c. vegetal,** charcoal; **c. mineral, c. de piedra,** coal; **mina de c.,** coal mine; **papel c.,** carbon paper. 2 *(para dibujar)* charcoal.

carbonada *nf Am Culin* meat vegetable and rice stew.

carboncillo *nm* charcoal.

carbonera *nf* coal cellar.

carbonería *nf* coal merchant's.

carbonero,-a I *adj* coal. II *nm* 1 *(persona)* coal merchant. 2 *Orn* tit. ■ **c. común,** great tit.

carbónico,-a *adj* carbonic; *Quím* **anhídrido c.,** carbon dioxide; **agua carbónica,** mineral water.

carbonífero,-a *adj* carboniferous; *Geol Hist* **el periodo c.,** the Carboniferous period.

carbonilla *nf* 1 *(dibujo)* charcoal. 2 *(ceniza)* coal dust; **c. de locomotora,** locomotive soot.

carbonización *nf* carbonization; *(combustión)* burning, charring.

carbonizar [4] I *vtr* to carbonize, burn, char; **morir carbonizado,** to be burnt to death. II **carbonizarse** *vr (gen)* to carbonize, burn, char.

carbono *nm Quím* carbon. ■ **dióxido de c.,** carbon dioxide.

carbunco *nm Med* anthrax.

carburación *nf* carburation.

carburador *nm Aut Elec* carburettor, *US* carburetor.

carburante *nm Aut Elec* fuel.

carburar *vi* 1 *(quemar)* to carburet. 2 *fam (funcionar)* to work properly; **hoy no carburo,** I just can't do anything right today.

carburo *nm* carbide.

carca *adj & nmf fam* square, straight; *Pol* reactionary.

carcaj *nm* 1 *(de flechas)* quiver. 2 *Am (de arma)* rifle case, pistol holster.

carcajada *nf* guffaw; **reírse a carcajadas,** to laugh one's head off; **soltar una c.,** to burst out laughing.

carcajearse *vr* to laugh heartily; **me carcajeo yo de sus amenazas,** his threats make me laugh.

carcamal *nm fam* old fogey.

cárcava *nf Geol* gully.

cárcel *nf* 1 *(prisión)* prison, gaol, jail. 2 *Téc* clamp.

carcelario,-a *adj* 1 *(de cárcel)* prison, gaol, jail. 2 *Téc* clamping.

carcelero,-a *nm,f* gaoler, jailer, warder, *US* warden.

carcinoma *nm Med* carcinoma, cancer.

carcoma *nf* 1 *Ent* woodworm. 2 *fig (preocupación)* anguish, anxiety.

carcomer I *vtr (madera)* to eat away; *fig (salud)* to undermine, eat away. II **carcomerse** *vr* to be consumed **(de,** with).

carda *nf* 1 *(máquina)* card, carding machine, teasel. 2 *(cardado)* carding.

cardado *nm* 1 *Ind* carding. 2 *Peluq* backcombing.

cardar *vtr* 1 *(lana, algodón)* to card. 2 *Peluq* to backcomb.

cardenal *nm* 1 *Rel* cardinal. 2 *Med (hematoma)* bruise.

cardenalato *nm Rel* cardinalship.

cardenalicio,-a *adj Rel* of *o* related to a cardinal; **colegio c.,** college of cardinals.

cárdeno,-a *adj* purple, violet.

cardiaco,-a *adj & nm,f*, **cardíaco,-a** *adj & nm,f* I *adj* cardiac, heart; **ataque c.,** heart attack. II *nm,f* person with a heart condition.

cardinal *adj* cardinal; **punto/número c.,** cardinal point/number.

cardiología *nf Med* cardiology.

cardiólogo,-a *nm,f Med* cardiologist.

cardiopatía *nf Med* heart condition *o* disease.

cardo *nm* 1 *Bot (comestible)* cardoon; *(con espinas)* thistle; **c. borriquero,** cotton thistle. 2 *(persona) fam* **ser un c. (borriquero),** to be an unsociable *o* harsh person; **ser un c.,** to be very ugly.

carear *vtr* 1 *Jur (encarar)* to bring two people face to face. 2 *(comparar)* to compare.

carecer [43] *vi* to lack; **carezco de experiencia,** I lack experience.

carena *nf*, **carenado** *nm* 1 *Náut* careening. 2 *Aut* streamlining.

carenar *vtr* 1 *Náut (un barco)* to careen. 2 *Aut (un coche)* to streamline.

carencia *nf* lack **(de,** of).

carente *adj* lacking; **c. de interés,** lacking interest.

careo *nm Jur* confrontation.

carero,-a *adj fam* expensive, overpriced.

carestía *nf* 1 *(falta)* lack, shortage. 2 *Fin* high price *o* cost; **la c. de la vida,** the high cost of living.

careta *nf* mask; *fig* **quitarle la c. a algn,** to unmask sb. ▪ **c. antigas,** gas mask.

carey *nm* 1 *Zool* sea turtle. 2 *(concha)* tortoiseshell; **una montura de c.,** a tortoiseshell frame.

carezco *indic pres véase* carecer.

carga *nf* 1 *(acción)* loading; *fig* **c. afectiva,** emotional content; *fig* **ser un burro de c.,** to be a dogsbody; *fig* **volver a la c.,** to go on and on about sth. ▪ *Ferroc* **andén de c.,** loading platform; *Náut* **buque de c.,** freighter; *Aut* **zona de c. y descarga,** loading and unloading bay. 2 *(cosa cargada)* load. ▪ **animal de c.,** beast of burden; **c. máxima,** maximum load; *Av Náut (de avión, barco)* cargo, freight. 3 *Fin (gasto)* debit; *(peso)* burden, load. ▪ **c. fiscal,** tax charge. 4 *(repuesto)* refill. 5 *Mil* charge; **a paso de c.,** at the double. ▪ **c. explosiva,** explosive charge. 6 *Elec (de condensador)* charge; *(en circuito)* load. 7 *fig (obligación)* burden; **las cargas de un trabajo,** the duties *o* responsibilities of a job.

cargado,-a I *pp de* cargar. II *adj* 1 *(gen)* loaded; **una pistola cargada,** a loaded gun. 2 *fig* burdened; **c. de deudas,** up to one's eyes in debt; **c. de razón,** strongly convinced that one is right. 3 *Elec* charged. 4 *(bebida)* strong; **un café c.,** a strong coffee. 5 *(espeso)* dense, heavy; **atmósfera cargada,** stuffy atmosphere.

cargador,-a I *adj* loading. II *nm,f* 1 loader. 2 *(de muelle)* docker, stevedore. 3 *(de alto horno)* stocker. III *nm* 1 *(dispositivo)* charger. 2 *(de bolígrafo)* filler. 3 *Am* porter.

cargamento *nm* 1 *(carga)* load. 2 *(de avión, barco)* cargo, freight.

cargante *adj fam* annoying.

cargar [7] I *vtr* 1 *(gen)* to load; **c. un mechero** *o* **una pluma,** to fill a lighter *o* a pen; **le cargó el saco a la espalda,** he put the sack on his back; *fig* **c. las culpas a algn,** to put the blame on sb; *fam* **c. la mano** *o* **las tintas,** to overdo it. 2 *fig (achacar)* to burden. 3

Com (cobrar) to charge; **cárguelo a mi cuenta,** charge it to my account. 4 *(recargar)* to put too much; **ha cargado la habitación de cuadros,** she's put too many paintings in the room. 5 *Fot Mil* to load. 6 *Elec (bateria)* to charge. 7 *Naipes* to trump. 8 *fam (fastidiar)* to annoy; **su conversación me carga,** I find her conversation very boring. II *vi* 1 to load. 2 *Arquit (apoyarse)* to rest. 3 *(recaer)* to fall upon. 4 *(llevar)* to carry; **c. con la responsabilidad/con la culpa,** to take the responsibility/the blame; **yo cargaré con la mochila,** I'll carry the rucksack; *fig* **c. con las consecuencias,** to suffer the consequences. 5 *Mil (contra el enemigo etc)* to charge. III *cargarse* *vr* 1 *(gen)* to load oneself with; **c. de paciencia,** to display as much patience as one has got; *fam* **c. de pastillas,** to stuff oneself with pills; *fam* **cargársela,** to get into hot water; *fam* **te la vas a cargar,** you're asking for trouble and you're going to get it. 2 *Meteor* to become overcast. 3 *fam Educ* to fail. 4 *fam (estropear, destrozar)* to smash, ruin; **me he cargado la radio,** I've broken the radio. 5 *fam (matar)* to kill; **se cargaron a cuatro,** they bumped off four.

cargazón *nf* 1 *Med (estómago, ojos)* heavy feeling. 2 *Meteor* heavy cloud.

cargo *nm* 1 *(puesto)* post, position; **alto c.,** top job, high ranking position; **desempeñar** *o* **ocupar el c. de,** to have a post as; **jurar el c.,** to take an oath. 2 *(dirección, custodia)* charge; **correr** *o* **estar al c. de,** to be in charge of; **hacerse c. de,** to take charge of; **tener a su c.,** to have in one's charge. 3 *Fin (débito)* charge, debit; **con c. a mi cuenta,** charged to my account. 4 *Jur* charge, accusation. ▪ **testigo de c.,** witness for the prosecution. 5 *(carga)* load, weight; *fig* **hazte c. de mi situación,** please try to understand my situation. ▪ *fig* **c. de conciencia,** weight on one's conscience.

cargosear *vtr Arg Chi Urug* to pester.

carguero,-a *nm* 1 *(avión)* transport plane, freighter. 2 *(barco)* freighter.

cariacontecido,-a *adj hum* down in the mouth, crestfallen.

cariar [12] I *vtr (dientes, huesos)* to cause to decay. II *cariarse* *vr* to decay.

cariátide *nf Arquit* caryatid.

caribe I *adj* Caribbean. II *nm,f (persona)* Caribbean. III *nm (idioma)* Carib.

caricato *nm Teat* comedian who imitates famous people.

caricatura *nf* 1 *(dibujo)* caricature. 2 *Am (dibujos animados)* cartoon film.

caricaturista *nmf* caricaturist.

caricaturizar [4] *vtr* to caricature.

caricia *nf* caress, stroke.

caridad *nf* charity. ▪ **obra de c.,** charitable deed.

caries *nf inv Med* decay, caries.

carilla *nf Impr* page, side of a piece of paper.

carillón *nm Mús* carillon.

carimbo *nm Am* branding iron.

cariñena *nm (vino)* sweet wine from Cariñena (Zaragoza).

cariño *nm* 1 *(amor)* affection, love; **coger** *o* **tomar c. a algo/algn,** to grow fond of sth/sb; **con todo c.,** lots of love; **ella le tiene mucho c.,** she's very fond of him; **lo ha hecho con todo el c.,** he made it with loving care. 2 *(querido)* darling; **ven c.,** come here darling *o* dear. 3 *CAm Col Chi (regalo)* gift, present.

cariñoso,-a *adj* loving, affectionate.

carioca *adj & nm,f* Brazilian.

carisma *nm* charisma, charism.

carismático,-a *adj* charismatic.

caritativo,-a *adj* charitable.

cariz *nm* aspect, look.

carlinga *nf Av* **1** *(para piloto)* cockpit. **2** *(para pasajeros)* cabin.

carlismo *nm Hist* Carlism.

carlista *adj & nmf Hist* Carlist.

carmelita *adj & nmf Rel* Carmelite.

carmesí *adj & nm lit* crimson.

carmín I *adj & nm* **(de color) c.**, carmine. II *nm* **c. (de labios)**, lipstick.

carnada *nf* bait.

carnal *adj* **1** *(de carne)* fleshy, carnal. **2** *(pariente)* first; **primo/tía c.**, first cousin/aunt.

carnaval *nm* carnival. ■ **martes de c.**, Shrove Tuesday.

carnaza *nf véase* **carnada**.

carne *nf* **1** *Anat* flesh; *fig* **en c. y hueso**, in person; *fig* **poner la c. de gallina (a algn)**, to give (sb) the creeps; *fam* **de pocas carnes**, thin; *fam* **metido en carnes**, plump; *fam* **uno es de c. y hueso**, one is only human. ■ *fig* **c. de cañón**, cannon fodder; **c. de gallina**, goosepimples; **c. viva**, raw flesh. **2** *(alimento)* meat; **no come c.**, he doesn't eat meat; *fig* **echar toda la c. en el asador**, to go in for everything. ■ **c. de cerdo**, pork; **c. de cordero**, lamb; **c. de ternera**, veal; **c. de vaca**, beef; **c. picada**, mince (meat). **3** *(de fruta)* pulp. **4** *Filos Rel* **la c. y el espíritu**, flesh and spirit.

carné *nm*, **carnet** *nm* card. ■ **c. de conducir**, driving licence; **c. de identidad**, identity card.

carnear *vtr* **1** *Am (animal)* to slaughter. **2** *Arg Méx (matar)* to murder; *(herir)* to injure.

carnero *nm* **1** *Zool* ram. **2** *Culin (carne)* mutton.

carnicería *nf* **1** *(tienda)* butcher's (shop). **2** *fig (masacre)* slaughter, bloodshed.

carnicero,-a I *adj* **1** *(carnívoro)* carnivorous. **2** *fig (cruel)* bloodthirsty. II *nm,f* **1** butcher. **2** *fam (médico)* sawbones.

cárnico,-a *adj* meat; **productos cárnicos**, meat products.

carnívoro,-a *Zool* I *adj* carnivorous. II *nm,f* carnivore.

carnoso,-a *adj* fleshy.

caro,-a I *adj* **1** *(costoso)* expensive, dear. **2** *lit (querido)* dear. II *adv* **costar** *o* **salir c.**, to cost a lot; **pagar c.**, to pay a high price; **vender c.**, to sell at a high price.

carolingio,-a *adj Hist* Carolingian, Carlovingian.

carota *nmf fam* cheeky person.

carótida *nf Anat* carotid.

carpa *nf* **1** *(pez)* carp. ■ *Dep* **salto de la c.**, jack-knife. **2** *(de circo)* big top, marquee, big tent.

carpe *nm Bot* hornbeam.

carpeta *nf* folder, file.

carpetazo *nm* termination; **dar c. a un asunto**, to shelve a matter.

Cárpatos *npl* Carpathians.

carpetovetónico,-a I *adj* Spanish through and through. II *nm,f* Spanish chauvinist.

carpintería *nf* **1** *(oficio)* carpentry. ■ **c. metálica**, metalwork. **2** *(taller)* carpenter's (shop).

carpintero,-a *nm,f* carpenter.

carpir *vtr Am* to weed, hoe.

carraca *nf* **1** *(instrumento)* rattle. **2** *Orn* roller. **3** *fam (coche viejo)* banger; *(persona)* decrepit old person.

carrasca¹ *nf Bot* kermes oak.

carrasca² *nf Am Mús* scraper.

carrasco *nm Am* large forest, forest land.

carraspear *vi* to clear one's throat.

carraspeo *nm* clearing of the throat.

carraspera *nf* hoarseness.

carrera *nf* **1** *(acción)* run; **a la c.**, in a hurry; **darse una c.**, to hurry; **tomar c.**, to take a run. **2** *(trayecto)* route, ride. **3** *Dep* race. ■ **c. contra reloj**, race against the clock; **c. de caballos**, horse race; **coche de carreras**, racing car; **c. de coches**, rally, meeting; **c. de relevos/de vallas**, relay/hurdle race. **4** *(estudios)* university education *o* training; **Claudia estudió** *o* **hizo la c. de abogado**, Claudia studied law; **dar c. a algn**, to pay for sb's studies. **5** *(profesión)* career, profession; **hacer c. de**, to succeed as; **hacer c. en la vida**, to succeed in life; **c. diplomática**, diplomatic career. **6** *euf (prostitución)* prostitution; **hacer la c.**, to walk the streets. **7** *(calle)* street, avenue. **8** *(de media)* ladder. **9** *Mil* **c. de armamentos**, arms race.

carrerilla *nf* run; **de c.**, parrot fashion; **tomar c.**, to take a run.

carreta *nf* cart.

carretada *nf* **1** *(carga)* cartload. **2** *fam (montón)* heaps, loads.

carrete *nm* *(de hilo)* bobbin, reel; *(de película)* spool; *(de cable)* coil.

carretera *nf* road. ■ **c. comarcal**, B road; **c. de circunvalación**, ring road; **c. nacional**, A *o* main road; **mapa** *o* **red de carreteras**, road map *o* network.

carretería *nf* **1** *(oficio)* cartwright's work. **2** *(taller)* cartwright's shop.

carretero *nm* **1** *(constructor)* cartwright. **2** *(conductor)* carter, cart driver; *fam* **blasfemar** *o* **jurar como un c.**, to swear like a trooper.

carretilla *nf* wheelbarrow; *fam* **saber algo de c.**, to know sth parrot fashion.

carretón *nm* **1** *(carrito)* small cart. **2** *CAm (de hilo)* bobbin.

carricero *nm Orn* teal.

carricoche *nm* **1** *(carromato)* caravan. **2** *fam Aut (coche)* old crock, banger.

carril *nm* **1** *Ferroc* rail. **2** *Aut* lane. **3** *(surco)* furrow.

carrillo *nm Anat* cheek; *fam* **comer a dos carrillos**, to devour, gobble up.

carro *nm* **1** *(carreta)* cart; *fam* **¡alto** *o* **para el c.!**, hold your horses!; *fam* **apearse del c.**, to give up *o* way. **2** *Mil* tank. ■ **c. de combate**, tank. **3** *(de máquina de escribir)* carriage. **4** *fam (coche)* wheels, motor, car.

carrocería *nf Aut* body, bodywork.

carromato *nm* caravan, covered cart.

carroña *nf* carrion.

carroza I *nf* **1** *(coche de caballos)* coach, carriage. **2** *(de carnaval)* float. II *nmf fam* out-of-date person; **tu eres ya un c.**, you're not that young any more. III *adj fam* old-fashioned, out-of-date.

carruaje *nm* carriage, coach.

carta *nf* **1** *(gen)* letter; **echar una c.**, to post a letter; *fig* **a c. cabal**, through and through; *fig* **tomar cartas en un asunto**, to take part in an affair. ■ **c. abierta**, open letter; **c. certificada/urgente**, registered/express letter; **c. de presentación/recomendación**, letter of introduction/recommendation. 2 *(minuta)* menu; **a la c.,** à la carte. ■ **c. de vinos,** wine list. 3 *Naipes* card; **echar las cartas a algn,** to tell sb's fortune; *fig* **jugárselo todo a una c.,** to put all one's eggs in one basket; *fig* **no saber a qué c. quedarse,** not to know what to do *o* think; *fig* **poner las cartas sobre la mesa,** to put *o* lay one's cards on the table, come clean. 4 *Geog (mapa)* chart. ■ **c. de navegación,** navigation chart. 5 *Jur (documento)* chart. ■ **c. blanca,** carte blanche; **c. de naturaleza, c. de ciudadanía,** naturalization papers. 6 *TV* **c. de ajuste,** test card.

cartabón *nm* 1 *(regla)* set square, triangle. 2 *Am (talla)* size.

cartagenero,-a I *adj* of *o* from Cartagena. II *nm,f* native *o* inhabitant of Cartagena.

cartaginés,-esa *adj & nm,f Hist* Carthaginian.

cartapacio *nm* 1 *(cuaderno)* writing pad, notebook. 2 *(carpeta)* folder, file.

cartearse *vr* to correspond (with), exchange letters (with).

cartel *nm* poster, bill; **esta obra lleva tres años en c.,** this play's been running for three years; **pegar carteles,** to put *o* stick up bills; **prohibido fijar carteles,** post no bills; *fig* **de c.,** reputed; *fig* **tener buen c.,** to be popular.

cartelera *nf* hoarding, *US* billboard. ■ *Prensa* **c. de espectáculos,** entertainments section *o* page.

carteo *nm* correspondence, exchange of letters.

cárter *nm* 1 *Téc* housing. 2 *Aut* crankcase.

cartera *nf* 1 *(de bolsillo)* wallet. 2 *(de mano)* handbag; *(para documentos etc)* briefcase; *(de colegial)* satchel, schoolbag; *fig* **tener algo en c.,** to be planning sth. 3 *Pol (ministerio)* portfolio; **ministro sin c.,** minister without portfolio. 4 *Com* portfolio. ■ **c. de pedidos,** order book. 5 *Am (bolso)* handbag, *US* purse.

carterista *nm* pickpocket.

cartero,-a *nm,f (hombre)* postman; *(mujer)* postwoman.

cartesianismo *nm Filos* Cartesianism.

cartesiano,-a *adj & nm,f Filos* Cartesian.

cartilaginoso,-a *adj* cartilaginous.

cartílago *nm* cartilage.

cartilla *nf* 1 *(libreta)* book. ■ **c. de ahorros,** savings book; **c. militar,** military record. 2 *(libro)* first reader; *fam* **cantarle** *o* **leerle la c. a algn,** to tell sb off.

cartografía *nf* cartography.

cartográfico,-a *adj* cartographic, cartographical.

cartógrafo,-a *nm,f* cartographer.

cartomancia *nf* cartomancy.

cartón *nm* 1 *(material)* card, cardboard. ■ **caja de c.,** cardboard box; *Arte* **c. piedra,** papier mâché. 2 *(de cigarrillos)* carton. 3 *Arte (dibujo)* sketch.

cartuchera *nf* cartridge holder *o* belt.

cartucho *nm* 1 *(de arma)* cartridge; *fig* **quemar el último c.,** to play one's last card. ■ **c. de fogueo,** blank cartridge. 2 *(de papel)* paper bag, paper cone.

cartujo *I nm,f* Carthusian; *fam* **vivir como un c.,** to live like a hermit. II *nf* Charterhouse.

cartulina *nf* card.

casa *nf* 1 *(edificio)* house; **buscar c.,** to look for a place to live; **c. de pisos,** block of flats *o* apartments; **en c. de un amigo,** at a friend's house; **fuimos a c. de Daniel,** we went to Daniel's; *fig* **echar** *o* **tirar la c. por la ventana,** to go all out, spare no expense;

fig **empezar la c. por el tejado,** to put the cart before the horse; *fam* **hacer la c.,** to do the housework. 2 *(hogar)* home; **de andar por c.,** run-of-the-mill, ordinary; **vestido de andar por c.,** dressed casually; **no paro en c.,** I'm never at home; **no sale de c.,** she never goes out; **pásate por c.,** come round *o* over; **vete a c.,** go home; *fig* **como Pedro por su c.,** as if he owned the place; *fig* **llevar la c.,** to run the household; *fig* **ser muy de c.,** to be home-loving; *fam* **se me cae la c. encima,** I can't stand being in the house; *prov* **en c. del herrero cuchara de palo,** the shoemaker's wife is always the worst shod. 3 *(familia)* family; **un amigo de la c.,** a friend of the family. 4 *(linaje)* house; **la C. de los Austrias,** the House of Hapsburg. 5 *Com (empresa)* company, firm; **la política de esta c.,** the company's policy. ■ **c. matriz/principal,** head/central office. 6 **c. de huéspedes,** boarding house; **c. de juego,** gambling house; **c. de modas,** fashion shop; **c. de socorro,** first aid post; *euf* **c. de citas,** brothel, house of ill repute.

casaca *nf* 1 *Hist* long coat. 2 *(chaqueta)* short coat.

casación *nf Jur* cassation, annulment.

casadero,-a *adj* of marrying age.

casado,-a I *pp de* **casar.** II *adj* married; **está c. con Adela,** he's married to Adela. III *nm,f* married person; **los recién casados,** the newlyweds.

casal *nm Arg Urug Zool* pair.

casamata *nf Mil* casemate.

casamentero,-a I *adj* matchmaking. II *nm,f* matchmaker.

casamiento *nm* 1 *(matrimonio)* marriage. 2 *(boda)* wedding.

casanova *nm desus* Casanova, ladies' man, rake.

casar I *vtr* 1 to marry; **ya ha casado a sus dos hijas,** he's already married off his two daughters. 2 *(encajar)* to join, fit. 3 *Jur (derogar)* to annul, quash. II *vi* to match, go *o* fit together. III **casarse** *vr* to marry, get married; **c. en segundas nupcias,** to get married again; **c. por la iglesia/por lo civil,** to get married in church/in a registry office; *fam* **se casaron de penalty,** it was a shotgun wedding.

cascabel *nm* 1 bell. ■ *Zool* **serpiente de c.,** rattlesnake. 2 *fig (persona)* happy person.

cascabelear I *vi* 1 *(zascandilear)* to act recklessly. 2 *Am (cascabeles)* to jingle. II *vtr fig (infundir ilusiones)* to beguile, raise the hopes of.

cascada *nf* waterfall, cascade.

cascado,-a I *pp de* **cascar.** II *adj fig* 1 *(persona)* worn-out, aged. 2 *(voz)* harsh, hoarse.

cascajo *nm* 1 gravel, rubble. 2 *(trozo)* fragment, shred. 3 *fig (persona)* **estar hecho un c.,** to be a wreck.

cascanueces *nm inv* nutcracker.

cascar [1] I *vtr* 1 to crack. 2 *fam (pegar)* to belt, thump; **te voy a c. como no vuelvas a hacer,** I'll belt you one if you do it again. 3 *fam (dañar)* to harm; **el tabaco casca mucho,** smoking does you a lot of harm; *fam* **cascarla,** to kick the bucket, snuff it. II *vi* 1 *fam (charlar)* to chat away. 2 *fam (morir)* to peg out; **se puso enfermo y cascó,** he fell ill and died. III **cascarse** *vr* 1 *(romperse)* to crack. 2 *(voz)* to become harsh *o* hoarse. 3 *vulg (masturbarse)* **cascársela,** to wank, *US* jerk off.

cáscara I *nf* 1 *(de huevo, de nuez)* shell. 2 *(de fruta)* skin, peel. 3 *(de grano)* husk. 4 *fig Pol* **ser de (la) c. amarga,** to be progressive. II *interj* **¡cáscaras!,** well, I never!

cascarilla *nf* husk.

cascarón *nm* eggshell; *fig* **recién salido del c.**, wet behind the ears.

cascarrabias *nmf inv fam* short-tempered person.

casco *nm* 1 helmet; **c. protector** *o* **de motorista**, crash helmet. 2 *(de caballería)* hoof. 3 *Náut* hull. 4 *(de ciudad)* **c. urbano**, city centre, central area. 5 *(trozo)* broken piece, fragment. 6 *(de metralla)* piece of shrapnel. 7 *(envase)* empty bottle. 8 *(de sombrero)* crown. 9 **cascos**, *(auriculares)* headphones; *(cabeza)* brains, head *sing*; **calentarse** *o* **romperse los c.**, to rack one's brains; **ser alegre de c.**, to be a scatterbrain. 10 *Am (gajo de fruta)* segment, piece.

cascote *nm* 1 piece of rubble *o* debris; **cascotes**, rubble *sing*. 2 *(de metralla)* piece of shrapnel.

casería *nf Am* customers *pl*.

caserío *nm* 1 *(pueblo)* hamlet, small village. 2 *(casa)* country house.

casero,-a I *adj* 1 *(hecho en casa)* home-made; **comida casera**, home-made food. 2 *(familiar)* family; **una velada casera**, a family get-together. 3 *(persona)* home-loving. 4 *Dep fam (árbitro)* favouring *o US* favoring the home team. II *nm,f* 1 *(dueño)* *(hombre)* landlord; *(mujer)* landlady. 2 *(guarda)* keeper. 3 *Am (parroquiano)* customer, client.

caserón *nm* big rambling house.

caseta *nf* 1 *(barraca)* hut, booth. 2 *(de feria, exposición)* stand, stall; *(de balneario, de playa)* bathing hut, *US* bath house. 3 *Dep* changing room.

casete I *nm (magnetófono)* cassette player *o* recorder. II *nf (cinta)* cassette (tape).

casi *adv* almost, nearly; **c. mil personas**, almost one thousand people; **c. ni me acuerdo**, I can hardly remember it; **c. nunca**, hardly ever; **me fui c. sin comer**, I left having eaten hardly anything; *fam* **c.**, **c.**, just about; *fam* **c. que**, sort of, nearly; *fam* **diez millones**, **¡c. nada!**, ten million, peanuts!

casilla *nf* 1 *(de casillero)* pigeonhole. 2 *(cuadro, cuarícula)* square. 3 *fig* **sacar a algn de sus casillas**, to drive sb mad.

casillero *nm* 1 *(de cartas etc)* pigeonholes *pl*. 2 *Dep (marcador)* scoreboard.

casimba *nf Am* 1 *(pozo)* well; *(manantial)* spring, fountain. 2 *(vasija)* pan for collecting rainwater.

casino *nm* casino.

casis *nf inv Bot* blackcurrant bush.

caso *nm* 1 *(ocasión, evento)* case; **cuando llegue el c.**, in due course; **el c. es que ...**, the fact *o* thing is that ...; **el c. Mattei**, the Mattei affair; **en c. contrario**, otherwise; **en c. de necesidad**, if need be; **en cualquier c.**, in any case; **en el mejor/peor de los casos**, at best/worst; **en este c.**, in such a case; **en todo c.**, in any case *o* instance; **en un c. extremo, en último c.**, as a last resort; **hacer c. a** *o* **de algn**, to pay attention to sb; **hacer c. omiso de**, to take no notice of; **no venir al c.**, to be beside the point; **para el c. tanto da**, it doesn't make any difference; **pongamos por c.**, let's say; **se daba el c. de que ...**, it so happened that ...; **el c. de apendicitis**, an appendicitis case. ■ **c. de conciencia**, a case of conscience; **c. de fuerza mayor**, dire necessity. 2 *(suceso)* event, happening; **dado el c. de que**, in the event of; *fam* **¡eres un c.!**, you're a case! 3 *Ling* case.

casona *nf* large house.

casorio *nm fam* wedding.

caspa *nf* dandruff.

Caspio *n* Caspian Sea.

cáspita *interj* dear me!, goodness gracious!

casquete *nm* 1 *(prenda)* skullcap. 2 *Geom* **c. esférico**, fragment of a sphere. 3 *Geog* **c. polar**, polar cap. 4 *vulg (polvo)* bang, screw; **echar un c.**, to have a bang *o* a screw.

casquillo *nm* 1 *(de cartucho)* case. 2 *Téc* ferrule, tip. 3 *Am (herradura)* horseshoe.

casquivano,-a *adj fam* scatterbrained.

cassette *nm & f véase* **casete**

casta *nf* 1 *(linaje)* lineage, descent; **de c.**, of breeding, of good stock; *prov* **de c. le viene al galgo**, it runs in the family. 2 *(animales)* breed; **de c.**, thoroughbred, pedigreed. 3 *(división social)* caste.

castaña *nf* 1 *Bot* chestnut; *fig* **sacarle a algn las castañas del fuego**, to pull sb's chestnuts out of the fire for them. ■ **c. pilonga**, dried chestnut. 2 *(moño)* bun. 3 *(vasija)* demijohn. 4 *fam (golpe)* *(bofetada)* slap; *(golpe)* blow, punch; **se pegó una c. con el coche**, he had a car crash; *fam* **¡toma c.!**, what do you think of that, then! 5 *fam (borrachera)* binge, skinful.

castañar *nm* chestnut grove.

castañazo *nm fam* 1 *Aut* crash. 2 *(golpe)* thump, whack.

castañero,-a *nm,f* chestnut seller.

castañeta *nf* snap of the fingers.

castañetear I *vtr (castañuelas)* to play castanets. II *vi (dientes)* to chatter.

castañeteo *nm* 1 sound of castanets. 2 *(de dientes)* chattering.

castaño,-a I *adj* chestnut-brown; *(pelo)* brown, dark; **ojos castaños**, brown *o* chestnut eyes. II *nm* 1 *Bot* chestnut; *fam* **eso pasa de c. oscuro**, this is going a bit too far. 2 *(madera)* chestnut.

castañuela *nf* castanet; *fam* **más contento que unas castañuelas**, as happy as a sandboy.

castellanismo *nm Ling* word *o* expression common to the Castilian spoken in Castile.

castellanizar [4] *vtr Ling* to Hispanicize.

castellano,-a I *adj* Castilian. II *nm,f (persona)* Castilian. III *nm (idioma)* Spanish, Castilian.

castellonense I *adj* of *o* from Castellón de la Plana. II *nmf* native *o* inhabitant of Castellón de la Plana.

casticismo *nm* love of tradition.

castidad *nf* chastity.

castigador,-a *fam nm,f (hombre)* ladies' man; *(mujer)* man-eater.

castigar [7] *vtr* 1 to punish, chastise. 2 *(dañar)* to harm, ruin; **el viento castigó los árboles**, the wind whipped the trees. 3 *(afligir)* to afflict. 4 *Jur* to penalize. 5 *Dep* to punish, penalize. 6 *fam (enamorar)* to seduce.

castigo *nm* 1 punishment, chastisement; **c. ejemplar**, exemplary punishment; **levantar un c.**, to withdraw a punishment. 2 *(daño)* torture, suffering. 3 *Jur* penalty. 4 *Dep* **área de c.**, penalty area; **c. máximo**, penalty.

Castilla *n* Castile; **C. la Nueva/la Vieja**, New/Old Castile; *fig* **¡ancha es C.!**, it's a free world!

castillo *nm* castle; *fig* **hacer** *o* **levantar castillos en el aire**, to build castles in the sky. ■ **c. de fuegos artificiales**, firework display.

castizo,-a *adj* pure, authentic; **madrileño c.**, Madrilenian to the core.

casto,-a *adj* chaste.

castor *nm Zool* beaver.

castración *nf* castration, gelding.

castrado,-a I *pp de* **castrar** II *adj* castrated, gelded. III *nm* eunuch.

castrar *vtr* to castrate, geld; *fig (debilitar)* to mutilate.

castrense *adj* military; **vida c.**, military life.

castrismo *nm Pol* Castroism.

castrista *adj* & *nmf Pol* Castroist.

casual I *adj* accidental, chance; **fue un encuentro c.**, we met by chance. II *nm fam* chance; **por un c.**, by any chance. ◆**casualmente** *adv* by chance.

casualidad *nf* chance, coincidence; **de o por c.**, by chance; **dió la c. que ...**, it so happened that ...; **¿tienes un lápiz, por c.?**, do you happen to have a pencil?; **una c. increíble**, an amazing coincidence.

casuca *nf*, **casucha** *nf pey* hovel.

casuístico,-a I *adj* casuistic, casuistical. II *nf* casuistry.

casulla *nf Rel* chasuble.

catan *nf* 1 *(acción)* tasting. 2 *(muestra)* taste, sample.

cataclismo *nm Geol* catastrophe; *fig* cataclysm.

catacumbas *nfpl Hist* catacombs.

catador,-a *nm,f* taster; **c. de vinos**, wine taster.

catadura *nf pey* looks *pl*.

catafalco *nm* catafalque.

catalán,-ana I *adj* Catalan, Catalonian. II *nm,f* Catalan, Catalonian. III *nm (idioma)* Catalan.

catalanismo *nm* 1 *Ling* Catalanism, Catalan word *o* expression used in Spanish. 2 *Pol* Catalan nationalism.

catalanista *Pol* I *adj of o* relating to Catalan nationalism. II *nmf* Catalan nationalist.

catalejo *nm* telescope.

catalepsia *nf* catalepsy.

cataléptico,-a *adj* & *nm,f* cataleptic.

catalizador,-a I *adj* catalytic. II *nm* catalyst.

catalizar[4] *vtr* 1 *Quím* to catalyse. 2 *fig (atraer)* to act as a catalyst for.

catalogación *nf* cataloguing.

catalogar[7] *vtr* 1 to catalogue, *US* catalog. 2 *(clasificar)* to classify.

catálogo *nm* catalogue, *US* catalog.

catalpa *nf Bot* catalpa, Indian bean tree.

Cataluña *n* Catalonia.

cataplasma *nf* 1 *Farm* cataplasm, poultice. 2 *fam (pelmazo)* bore; **que c. eres**, what a pain in the neck you are.

cataplines *nmpl fam (testículos)* nuts.

catapulta *nf* catapult.

catapultar *vtr* to catapult.

catar *vtr (vino, comida)* to taste.

catarata *nf* 1 waterfall; **las cataratas del Niágara**, the Niagara Falls. 2 *Med* cataract; **operar (a algn) de cataratas**, to perform a cataract operation (on sb).

catarral *adj* catarrhal, cold.

catarro *nm* (common) cold, catarrh.

catarsis *nf* catharsis, katharsis.

catártico,-a *adj* cathartic.

catastral *adj* cadastral.

catastro *nm* cadastre, cadaster.

catástrofe *nf* catastrophe.

catastrófico,-a *adj* catastrophic.

catavino *nm (recipiente)* wine taster.

catavinos *nm inv (persona)* wine taster.

cate *nm fam* 1 *(golpe)* thump, whack. 2 *Educ* failed subject, fail; **¿cuántos cates has sacado?**, how many subjects did you fail?

catear *vtr fam Educ* to fail, *US* flunk.

catecismo *nm Rel* catechism.

cátedra *nf* 1 *Univ* professorship; *(de instituto)* post of head of a department. ■ **ex c.**, ex cathedra; **sentar c.**, to master a science or an art. 2 *Univ (departamento)* department; **la c. de historia**, the history department.

catedral *nf* cathedral; *fam* **como una c.**, huge.

catedralicio,-a *adj* cathedral.

catedrático,-a *nm,f Educ* 1 *Univ* professor. 2 *(de instituto)* head of department.

cátedro,-a *nm,f fam véase* · **catedrático,-a**

categoría *nf* category, class; **con/sin c.**, with/without class; **una persona de c.**, an important person.

categórico,-a *adj* categoric; **un no c.**, a flat refusal.

catenario,-a *adj* & *nf Téc* catenary.

catequesis *nf Rel* catechesis.

catequista *nmf Rel* catechist, catechizer.

catequizar[4] *vtr Rel* to catechize.

cateto[1] *nm Geom* cathetus, short side of a right-angled triangle.

cateto,-a[2] *nm,f pey* yokel, bumpkin.

catinga *nf* 1 *Am (olor) (persona)* body odour *o US* odor; *(animales o plantas)* stench, strong smell. 2 *Arg (suciedad)* dirtiness, filthiness.

catión *nm Fís* cation.

cátodo *nm Elec* cathode.

catolicismo *nm Rel* Catholicism.

católico,-a *adj* & *nm,f Rel* Catholic; *fam* **no estar muy c.**, *(persona)* not to feel well.

catón[1] *nm fig* harsh critic.

catón[2] *nm (libro)* primer, first reading book.

catorce *inv* I *adj (cardinal)* fourteen; *(ordinal)* fourteenth. II *nm* 1 fourteen, fourteenth. 2 *fam (quiniela)* jackpot; *véase tamb* **ocho**

catorceavo,-a I *adj* fourteenth. II *nm,f* fourteenth (part); *véase tamb* **octavo,-a**

catre *nm fam* bed; *vulg* **llevarse algn al c.**, to lay sb.

caucásico,-a *adj* & *nm,f* Caucasian.

Cáucaso *n* Caucasus.

cauce *nm* 1 *(de un río)* bed. 2 *fig (canal)* channel; **cauces oficiales**, official channels.

caucho *nm Am* rubber.

caución *nf Jur* bail, guarantee.

caudal[1] *nm* 1 *(de un río)* flow. 2 *(riqueza)* wealth, riches *pl*. 3 *fig (abundancia)* plenty, abundance; **c. de conocimientos**, wealth of (intellectual) knowledge.

caudal[2] *adj* caudal; *(de pez)* **aleta c.**, caudal fin.

caudaloso,-a *adj* copious, heavy, abundant; **un río muy c.**, a large plentiful river.

caudillaje *nm* 1 leadership. 2 *Am (caciquismo)* tyranny, despotism. 3 *Arg Chi* tyrants *pl*. 4 *Arg* period of tyrannical rule.

caudillo *nm* leader, head.

causa *nf* 1 cause, motive; **a o por c. de**, because of; **c. común**, common cause; **con conocimiento de c.**, with full knowledge of the facts; **por tu c.**, for your sake. 2 *(ideal)* cause; **morir por una c.**, to die for a cause. 3 *Jur (caso)* case; *(juicio)* trial; **instruir una c.**, to take legal proceedings.

causal *adj* causal.

causalidad *nf* causality.

causante I *adj* causal, causing; **el hecho c. de la protesta,** what caused the protest. **II** *nm,f* person who causes; **el c. del malentendido,** the one to blame for the misunderstanding.

causar *vtr* **1** *(gen)* to cause, bring about *o* on. **2** *(hacer, dar)* to make, give; **me causa un gran placer,** it gives me great pleasure; **me causó muy buena impresión,** he made a good impression on me.

causticidad *nf* causticity.

cáustico,-a *adj* caustic.

cautela *nf* caution, cautiousness.

cauterización *nf Med* cauterization.

cauterizador,-a *Med* **I** *adj* cauterizing, cauterant. **II** *nm* cautery, cauterant.

cauterizante *adj Med* cauterizing.

cauterizar [4] *vtr Med* to cauterize, fire; *fig* to apply drastic measures to.

cautivador,-a *adj* captivating.

cautivar *vtr* **1** to capture, take prisoner. **2** *fig (fascinar)* to captivate, capture.

cautiverio *nm,* **cautividad** *nf* captivity.

cautivo,-a *adj & nm,f* captive.

cauto,-a *adj* cautious, wary.

cava[1] *nf (cavada)* digging.

cava[2] **I** *nf (bodega)* wine cellar. **II** *nm (vino espumoso)* cava, champagne.

cavar I *vtr* to dig; *fig* **c. uno su propia fosa,** to dig one's own grave. **II** *vi fig (meditar)* to meditate **(en,** on).

caverna *nf* **1** cave, cavern; **hombre de las cavernas,** caveman. **2** *Anat* cavity.

cavernícola I *adj* **1** cave dwelling; **hombre c.,** caveman. **2** *fam (carca)* reactionary. **II** *nm,f* **1** cave dweller. **2** *fam* reactionary.

cavernoso,-a *adj* **1** cavernous. **2** *(voz, sonido)* deep, resounding; **voz cavernosa,** deep and hollow voice.

caviar *nf* caviar.

cavidad *nf* cavity.

cavilación *nf* pondering, musing.

cavilar *vtr* to ponder, brood over.

caviloso,-a *adj CAm* gossipy.

cayado *nm* **1** *(de pastor)* shepherd's crook. **2** *(de obispo)* crosier, crozier. **3** *Anat* **c. de la aorta,** arch of the aorta.

cayo *nm Geog* key.

cayuco *nm Am* small flat-bottomed canoe.

caza I *nf* **1** hunting; **ir de c.,** to go hunting; **partida de c.,** hunt. **2** *(animales)* game. ▪ **c. furtiva,** poaching; **c. mayor/menor,** big/small game. **3** *fig (persecución)* pursuit, chase; **andar a la c. de algo,** to hunt for sth; **levantar la c.,** to give the game away. **II** *nm Av* fighter, fighter plane.

cazabombardero *nm Av* fighter bomber.

cazador,-a I *adj* hunting. **II** *nm,f* hunter; **c. furtivo,** poacher.

cazadora *nf* **1** *(prenda)* (waist-length) jacket. **2** *Am (camioneta)* van.

cazalla *nf* aniseed spirit.

cazar [4] *vtr* **1** to hunt; **fue a c. elefantes,** he went elephant hunting. **2** *(cobrar)* to catch, bag; **han cazado diez faisanes,** they bagged ten pheasants; *fam* **cazarlas al vuelo,** to be quick on the uptake. **3** *fig (acosar)* to hunt *o* chase down. **4** *fam (conseguir)* to catch, land; **c. un marido,** to trap a husband.

cazasubmarinos *nm inv Mil* submarine chaser.

cazatalentos *nmf inv* head-hunter.

cazatorpedero *nm Mil* (torpedo-boat) destroyer.

cazcarria *nf* splash of mud.

cazo *nm* **1** *(cacerola)* saucepan. **2** *(cucharón)* ladle.

cazón *nm (pez)* dogfish.

cazuela *nf* **1** casserole, saucepan. **2** *Culin (guiso)* casserole, stew; **a la c.,** stewed.

cazurrería *nf* sullenness, surliness.

cazurro,-a *adj* sullen, surly.

c/c *abr de* **cuenta corriente,** current account, c/a.

CCOO *nfpl abr de* Comisiones Obreras.

CDS *nm Pol abr de* Centro Democrático y Social.

ce *nf (la letra)* c; *fig* **ce por ce,** in great detail, with a fine-toothed comb; *fig* **por ce o por be,** for one reason or another.

cebada *nf Bot* barley.

cebador *nm Téc* primer.

cebar I *vtr* **1** *(animal)* to fatten; *fam (persona)* **estar cebado,** to be as fat as a pig. **2** *(poner un cebo a)* to bait. **3** *Téc (máquina, bomba)* to prime. **II** **cebarse** *vr* **1** *(ensañarse)* to make prey **(en,** on). **2** *(dedicarse)* to devote oneself to.

cebo *nm* bait.

cebolla *nf Bot* **1** onion. **2** *(bulbo)* bulb.

cebolleta *nf Bot* **1** *(especie)* chives *pl.* **2** *(cebolla tierna)* spring onion.

cebollino *nm* **1** *Bot (especie)* chives *pl.* **2** *Bot (cebolla)* spring onion. **3** *fam (persona)* idiot, nitwit.

cebra *nf* **1** *Zool* zebra. **2** *Aut* **paso c.,** zebra crossing, *US* crosswalk.

ceca *nf* **1** *Hist* Royal Mint. **2** *fam fig* **de la C. a la Meca,** from pillar to post.

cecear *vi* to lisp.

ceceo *nm* lisp.

cecina *nf Culin* cured beef.

cedazo *nm* sieve.

ceder I *vtr* **1** *(dar)* to cede, give, hand over; **c. una propiedad,** to cede a property. **2** *Aut* **c. el paso,** to give way; **señal de 'ceda el paso',** 'give way' sign, *US* 'yield way' sign. **3** *Dep (pelota)* to pass (over). **II** *vi* **1** *(darse)* to yield, give way; **han cedido los cimientos,** the foundations have given way. **2** *(disminuir)* to diminish, slacken, go down. **3** *(rendirse)* to give up, yield; **hay que saber c.,** one has to make concessions at times.

cedilla *nf (la letra)* cedilla.

cedro *nm Bot* cedar.

cédula *nf* **1** document, certificate; **c. personal,** identity card. ▪ *Arg Chi Urug* **c. de identidad,** identity card. **2** *Com Fin* bond, certificate, warrant.

CEE *nf abr de* Comunidad Económica Europea, European Economic Community, EEC.

cefalalgia *nf Med* cephalalgia, headache.

cefalea *nf Med* severe cephalalgia, migraine.

céfiro *nm lit* zephyr.

cegador,-a *adj* blinding.

cegar [48] **I** *vtr* **1** to blind; *fig* **cegado por la ira,** blind with rage. **2** *(tapar)* to blind; *(puerta, ventana)* to wall up. **II** **cegarse** *vr fig* to become blinded.

cegato,-a *fam* **I** *adj* short-sighted. **II** *nm,f* short-sighted person.

ceguera *nf* **1** blindness. **2** *fig (ofuscación)* blindness, short-sightedness.

Ceilán *n* Ceylon.

ceilanés,-esa *adj & nm,f* Ceylonese.

ceja *nf* **1** *Anat* eyebrow; **fruncir las cejas,** to frown; *fig* **se le ha metido entre c. y c.,** she's got it into her head; *fam* **quemarse las cejas,** to burn the midnight oil. **2** *Mús (del violín etc)* bridge. **3** *SAm (sección de bosque)* forest with path.

cejar *vi* to yield, give way; **c. en el empeño,** to give up, slacken one's efforts.

cejijunto,-a *adj* **1** *(persona)* with bushy eyebrows too close together. **2** *(ceñudo)* frowning.

cejilla *nf* capo.

celada¹ *nf* trap, ambush.

celada² *nf* *Hist (de armadura)* sallet, helmet.

celador,-a *nm,f* attendant; *(de un colegio)* monitor; *(de una cárcel)* ward.

celar¹ *vtr* **1** *(la ley)* to observe closely, abide strictly by. **2** *(vigilar)* to watch over, spy on.

celar² *vtr* to hide, conceal.

celda *nf* **1** cell. ■ **c. de castigo,** punishment cell. **2** *Inform* cell.

celdilla *nf (beehive)* cell.

celebérrimo,-a *adj* most famous, well-known.

celebración *nf* **1** *(festejo)* celebration. **2** *(cumplimiento, realización)* holding; **la c. del juicio tendrá lugar hoy,** the trial will be held today.

celebrante **I** *adj* celebrating. **II** *nm* *Rel* celebrant *o* officiating priest.

celebrar **I** *vtr* **1** *(reunión)* to hold. **2** *(festejar)* to celebrate. **3** *(alabar)* to praise. **4** *Rel (misa)* to celebrate. **5** *(estar contento)* to be glad *o* happy; **celebro que todo saliera bien,** I'm glad everything went well. **II** *vi* *Rel (oficiar misa)* to celebrate mass. **III** **celebrarse** *vr* to take place, be held; **el partido se celebrará en Cádiz,** the match will be held in Cadiz; **su cumpleaños se celebra el ocho de abril,** his birthday falls on April 8th.

célebre *adj* **1** *(famoso)* famous, celebrated, well-known. **2** *Am (hermoso)* beautiful, pretty.

celebridad *nf* **1** celebrity, fame. **2** *(persona)* celebrity.

celeridad *nf* celerity, swiftness, speed.

celeste **I** *adj* **1** *(de cielo)* celestial. **2** *(color)* sky-blue. **II** *nm* sky blue.

celestial *adj* **1** celestial, heavenly; *fam* **ser algo música c.,** to be heavenly music. **2** *fig (delicioso)* heavenly, delightful.

celestina *nf* go-between.

celibato *nm* celibacy.

célibe *adj & nmf* celibate.

celo *nm* **1** zeal, conscientiousness. **2** *Biol (macho)* rut; *(hembra)* heat; **en c.,** *(macho)* in rut; *(hembra)* on *o* in heat. **3 celos,** jealousy *sing*; **tener c. (de algn/ algo),** to be jealous (of sb/sth).

celo® *nm fam* sellotape®, *US* Scotch tape®.

celofán *nm* cellophane.

celosía *nf (reja)* lattice; *(ventana)* lattice window.

celoso,-a *adj* **1** *(cuidadoso)* zealous, conscientious; **c. de su vida privada,** protective of his private life. **2** *(envidioso)* jealous. **3** *Antill SAm (arma)* delicate. **4** *Am (mecanismo)* highly sensitive.

celta **I** *adj* Celtic, Keltic. **II** *nm,f* Celt, Kelt. **III** *nm (idioma)* Celtic, Keltic.

celtibérico,-a *adj & nm,f,* **celtíbero,-a** *adj & nm,f* Celtiberian.

céltico,-a *adj* Celtic, Keltic.

célula *nf* cell; *fig Pol* **c. comunista,** comunist cell.

celular *adj* **1** *Biol* cellular, cell. **2** *(penitenciario)* jail; **coche c.,** Black Maria.

celulitis *nf inv* cellulitis.

celuloide *nm* **1** *(material)* celluloid. **2** *fig (cine)* cinema; **estrella del c.,** film star.

celulosa *nf* *Quím* cellulose.

cembro *nm* *Bot* arolla pine.

cementación *nf* case-hardening.

cementar *vtr* to case-harden.

cementerio *nm* cemetery, graveyard. ■ **c. de coches,** scrapyard.

cemento *nm* **1** *Constr* concrete, cement; **c. armado,** reinforced concrete. **2** *(de los dientes)* cement.

cena *nf* supper; *(completa o formal)* dinner.

cenáculo *nm* **1** *Hist* cenacle. **2** *fig (círculo social)* group.

cenacho *nm* basket.

cenador *nm* bower, arbour, *US* arbor.

cenagal *nm* **1** *(lugar cenagoso)* marsh, swamp. **2** *fig (apuro)* jam, tight spot.

cenagoso,-a *adj* muddy, marshlike.

cenar **I** *vi* to have supper *o* dinner. **II** *vtr* to have for supper *o* dinner; **¿qué cenamos hoy?,** what is there for supper tonight?

cenceño,-a *adj* thin, lean.

cencerrada *nf fam* tin-pan serenade (given to a widow *o* widower who remarries).

cencerro *nm* cowbell; *fam* **estar como un c.,** to be nuts *o* crackers.

cendal *nm* *Tex* silk stuff.

cenefa *nf* **1** *(de ropa)* edging, trimming. **2** *(de suelo, techo)* ornamental border, frieze.

cenetista *Pol* **I** *adj* of *o* related to the CNT (Confederación Nacional del Trabajo). **II** *nmf* member of the CNT.

cenicero *nm* ashtray.

Cenicienta *nf* **la C.,** Cinderella.

ceniciento,-a *adj* ashy, ashen.

cenit *nm* zenith.

cenital *adj* zenithal.

ceniza *nf* **1** ash. ■ **Miércoles de C.,** Ash Wednesday. **2 cenizas,** *(restos mortales)* ashes.

cenizo *nm fam* **1** *(aguafiestas)* wet blanket, killjoy. **2** *(gafe)* jinx.

cenobio *nm* monastery.

cenobita *nmf* coenobite.

censar **I** *vtr (incluir en el censo)* to register (in a census). **II** *vi (hacer un censo)* to take a census.

censo *nm* **1** census; **hacer un c.,** to take a census. ■ **c. electoral,** electoral roll. **2** *(tributo)* tax.

censor *nm* **1** censor; *Fin* **c. jurado de cuentas,** auditor. **2** *(crítico)* critic.

censura *nf* **1** censorship; **pasar por la c.,** to be censured. **2** *(crítica)* censure, criticism; **digno de c.,** censurable. ■ *Com Fin* **c. de cuentas,** audit, auditing; *Pol* **moción de c.,** motion of censure.

censurable *adj* censurable.

censurar *vtr* **1** *(libro, película)* to censor. **2** *(condenar)* to censure, criticize.

centauro *nm* *Mit* centaur.

centavo,-a **I** *adj* hundredth. **II** *nm* **1** hundredth (part). **2** *Am Fin (moneda)* cent, centavo; *véase tamb* octavo,-a.

centella *nf* **1** *(chispa)* spark; *(luz intermitente)* flash; *fig* **rápido como una c.,** (as) quick as a flash. **2** *(rayo)* lightning.

centelleante *adj* flashing, sparkling.

centellear *vi* to flash, sparkle; **las estrellas centelleaban en el cielo,** the stars twinkled in the sky.

centelleo *nm* flashing, sparkling.

centena *nf*, **centenar** *nm* hundred; **a centenares,** in hundreds.

centenario,-a I *adj* hundred-year-old, more than a hundred years old; **una cifra centenaria,** a three-figure sum. II *nm,f* centenarian. III *nm (aniversario)* centenary, hundredth anniversary.

centeno *nm Bot* rye.

centesimal *adj* centesimal.

centésimo,-a I *adj* hundredth; **centésima parte,** one hundredth. II *nm,f (de una serie)* hundredth. III *nm* 1 *(parte)* hundredth. 2 *(moneda)* cent, centesimo; *véase tamb* octavo,-a.

centígrado,-a *adj* centigrade.

centigramo *nm* centigram, centigramme.

centilitro *nm* centilitre, *US* centiliter.

centímetro *nm* centimetre, *US* centimeter.

céntimo *nm* cent, centime; *fam* **estar sin un c.,** to be penniless.

centinela *nm* 1 *Mil* sentry; **estar de c.,** to stand sentry. 2 *fig (vigilante)* lookout, watch.

centolla *nf*, **centollo** *nm Zool* spider crab.

centrado,-a I *pp de* centrar. II *adj* 1 centred, *US* centered. 2 *(equilibrado)* balanced; *(dedicado)* devoted **(en,** to).

central I *adj* central. II *nf* 1 *Elec* power station. ■ **c. nuclear/térmica,** nuclear/thermal power station. 2 *(oficina principal)* head office; **c. de correos,** central *o* main post office; **c. telefónica,** telephone exchange. III *nm Am (hacienda)* sugar mill.

centralismo *nm* centralism.

centralista *adj & nmf* centralist, centralistic.

centralita *nf Tel* switchboard.

centralización *nf* centralization.

centralizador,-a *adj* centralizing.

centralizar [4] I *vtr* to centralize. II centralizarse *vr* to become centralized.

centrar I *vtr* 1 to centre, *US* center; **c. un cuadro,** to centre a picture; *fig* **c. un tema,** to define a subject. 2 *(esfuerzos, atención)* to concentrate, centre, *US* center; **centra su vida en la política,** she dedicates herself to politics. 3 *(basar)* to centre *o US* center around, base. 4 *Dep* **c. el balón,** to centre *o US* center the ball. II *vi Dep* to centre, *US* center. III centrarse *vr* 1 to be centred *o US* centered *o* based; **la novela se centra en la vida del niño,** the novel revolves around the child's life. 2 *(concentrarse)* to concentrate **(en,** on).

céntrico,-a *adj* centrally situated; *(de ciudad)* **zona céntrica,** town *o* city centre, *US* downtown.

centrifugador,-a I *adj* centrifugal. II *nf* 1 centrifugal machine, spinning machine. 2 *(de ropa)* spin- dryer.

centrifugar [7] *vtr* to centrifuge; *(ropa)* to spin-dry.

centrífugo,-a *adj* centrifugal.

centrípeto,-a *adj* centripetal.

centrista *Pol* I *adj* centre, *US* center; **partido c.,** centre party. II *nmf* centrist.

centro *nm* 1 middle, centre, *US* center; **c. de la ciudad,** town *o* city centre; **el c. de la Tierra,** the centre of the Earth. 2 *(establecimiento)* institution, centre, *US* center. ■ **c. benéfico,** charitable organization; **c. comercial,** shopping centre; **c. cultural,** cultural centre; **c. docente** *o* **de enseñanza,** educa-

tional institution; **c. sanitario,** hospital, clinic. 3 *Mat* centre, *US* center. 4 *Dep* centre, *US* center. ■ **delantero c.,** centre forward; **medio c.,** centre half. 5 *Pol* centre, *US* center; **partido de c.,** centre party.

centroafricano,-a *adj* of *o* from Central Africa; **República Centroafricana,** Central African Republic.

Centroamérica *n* Central America.

centroamericano,-a *adj & nm,f* Central American.

centrocampista *nmf Ftb* midfield player.

centuplicar [1] I *vtr* to centuplicate, multiply a hundredfold. II centuplicarse *vr* to be mulitplied a hundredfold.

céntuplo,-a *adj & nm* hundredfold, centuple.

centuria *nf* century.

centurión *nm* centurion.

ceñido,-a I *pp de* ceñir. II *adj* tight-fitting, clinging.

ceñir [36] I *vtr* 1 to cling to, be tight on; **esa falda te ciñe demasiado,** that skirt is too tight on you. 2 *(rodear)* to surround, encircle; **la ciñó con sus brazos,** he embraced her tightly. 3 *lit (llevar ceñido)* to wear; **c. la espada,** to gird the sword. II ceñirse *vr* 1 *(atenerse, limitarse)* to limit oneself, stick **(a,** to); **c. al tema,** to keep to the subject; **ciñéndonos a este caso en concreto,** coming down to this particular case. 2 *(prenda)* to cling **(a,** to).

ceño *nm* scowl, frown; **con el c. fruncido,** frowning.

ceñudo,-a *adj* frowning.

CEOE *nf abr de* **Confederación Española de Organizaciones Empresariales,** ≈ Confederation of British Industry, CBI.

cepa *nf* 1 *Bot (de vid)* vine; *(tronco)* stump. 2 *fig (origen)* origin; **de pura c.,** authentic, true; **vasco de pura c.,** Basque through and through.

cepillado,-a I *pp de* cepillar. II *adj* 1 brushed. 2 *Carp* planed. III *nm* 1 brushing. 2 *Carp* planing.

cepillar I *vtr* 1 to brush. 2 *Carp* to plane (down). 3 *fam (adular)* to butter up. 4 *fam (desplumar)* to fleece. II cepillarse *vr* 1 *(con cepillo)* to brush. 2 *fam (matar)* to do in; *Educ* to plough; *(acabar)* to finish; **se cepilló la tarta él solito,** he gobbled up the whole cake himself. 3 *vulg (mujer)* to lay.

cepillo *nm* 1 brush. ■ **c. de dientes,** toothbrush; **c. del pelo,** hairbrush; **c. de uñas,** nailbrush. 2 *Carp* plane. 3 *(para limosnas)* alms box.

cepo *nm* 1 *(rama)* branch. 2 *Caza* trap. 3 *Aut* clamp. 4 *Hist (tortura)* stocks *pl.* 5 *(para limosnas)* alms box.

ceporro *nm* 1 *(cepa)* log. 2 *fam* dimwit, blockhead; **dormir como un c.,** to sleep like a log.

cera *nf* 1 wax; *(de abeja)* beeswax; **blanco como la c.,** as white as snow. 2 *(del oído)* earwax, cerumen. 3 *(para suelos, muebles)* wax, polish.

cerámica *nf* 1 *(arte)* ceramics *sing*, pottery. 2 *(objeto)* piece of pottery.

cerámico,-a *adj* ceramic.

ceramista *nmf* ceramist, potter.

cerbatana *nf* blowpipe.

cerca¹ *nf* fence, wall.

cerca² *adv* 1 near, close; **ven más c,** come closer; **ya estamos c.,** we are almost there. 2 **c. de,** *(casi)* nearly, around; **c. de cien personas,** about one hundred people. 3 **c. de,** *(poco distante)* near, close; **el colegio está c. de mi casa,** the school is near my house. 4 **de c.,** closely; **lo vi muy de c.,** I saw it close up.

cercado *nm* 1 *(lugar cerrado)* enclosure. 2 *(cerca)* fence, wall.

cercanía *nf* 1 proximity, nearness. 2 **cercanías,** outskirts, suburbs; ■ **tren de c.,** suburban train.

cercano,-a *adj* near, nearby, close; **de un pueblo c.,** from a neighbouring town *o* village. ■ **el C. Oriente,** the Near East.

cercar [1] *vtr* 1 *(poner una cerca)* to fence, enclose. 2 *(rodear)* to fence in, wall in, encircle. 3 *Mil (sitiar)* to besiege, surround.

cercenar *vtr* 1 *(cortar)* to cut off, amputate. 2 *fig (disminuir)* to diminish, reduce, slash.

cerceta *nf Orn* teal.

cerciorar I *vtr* to assure. II **cerciorarse** *vr* to make sure; **se cercioró de que no había nadie en la casa,** he checked that the house was empty.

cerco *nm* 1 circle, ring; **c. luminoso,** circle of light. 2 *Mil (sitio)* siege; **c. policíaco,** police cordon; **poner c. (a una ciudad),** to besiege (a town). 3 *(marco)* frame.

cerda *nf* 1 *Zool* sow. 2 *(pelo) (de cerdo)* bristle; *(de caballo)* horsehair; **cepillo de c.,** bristle brush. 3 *vulg (mujer)* pig.

cerdada *nf fam* dirty trick; **hacerle una c. a algn,** to do the dirty on sb.

Cerdeña *n* Sardinia.

cerdo *nm* 1 *Zool* pig. 2 *(carne)* pork. 3 *fam pey (hombre)* pig, arsehole.

cereal I *adj* cereal. II *nm* cereal; **cereales,** breakfast cereal *sing*.

cerealista *adj* cereal, cereal-producing.

cerebelo *nm Anat* cerebellum.

cerebral *adj* 1 cerebral, brain. 2 *(frío, intelectual)* calculating.

cerebro *nm* 1 *Anat* brain. 2 *fig (inteligencia)* brains *pl*; **ella es el c. de la organización,** she's the brains of the organization. ■ **lavado de c.,** brainwashing.

ceremonia *nf* 1 ceremony. ■ **maestro de ceremonias,** master of ceremonies. 2 *(cumplido)* deference, ceremony; **con gran c.,** with great pomp.

ceremonial *nm* ceremonial.

ceremonioso,-a *adj* ceremonious, formal; *pey* pompous, stiff.

céreo,-a *adj* wax, waxen.

cerería *nf* chandler's shop.

cereza *nf* 1 *Bot (fruto)* cherry. 2 *Am* husk of the coffee bean.

cerezo *nm Bot* cherry tree.

cerilla *nm* match; **una caja de cerillas,** a box of matches.

cerillero,-a *nm,f* match seller.

cerner [28] I *vtr (harina)* to sift. II **cernerse** *vr* 1 *(pájaro, avión)* to hover. 2 *fig* to loom, threaten.

cernícalo *nm Orn* kestrel. 2 *fig (persona)* blockhead, dolt.

cernir [29] *vtr & vr véase* **cerner.**

cero *nm* 1 *Mat* zero; **tres grados bajo c.,** three degrees below zero. 2 *(cifra)* nought, zero; **sacar un c. en literatura,** to get a nought in literature; *fig* **partir de c.,** to start from scratch; *fig* **ser un c. a la izquierda,** to be useless *o* a good-for-nothing. 3 *Dep* nil; **dos a c.,** two nil. 4 *(ninguno)* none; **sacó c. puntos,** he didn't get any points at all.

cerquillo *nm Arg Méx* fringe.

cerrado,-a I *pp de* **cerrar.** II *adj* 1 closed, shut; **a puerta cerrada,** in camera; *fig* **a ojos cerrados,** with one's eyes closed. 2 *Ling* **vocal cerrada,** close vowel. 3 *(marcado) (acento)* broad; *(curva)* tight, sharp; *(ovación)* thunderous. 4 *(barba)* bushy. 5 *fig (oculto)* hidden, obscure. 6 *(persona) (introvertida)* uncommunicative, reserved; *(intransigente)* intransigent, uncompromising, unyielding; *fam (torpe)* thick; **c. de mollera,** thickheaded.

cerradura *nf* lock; **c. antirrobo,** antitheft lock.

cerrajería *nf* 1 *(oficio)* locksmith's trade. 2 *(taller)* locksmith's shop.

cerrajero,-a *nm,f* locksmith.

cerrar [27] I *vtr* 1 *(ventana, libro, tienda, ojos)* to shut, close; *(grifo, gas)* to turn off; *(luz)* to turn off, switch off; *(cremallera)* to fasten, zip (up); *(negocio, oficina)* to close down; *(cuenta)* to close; *(discusión)* to end, finish; *(compra)* to close, conclude; *(sobre)* to seal; *(agujero)* to plug; *(grieta)* to fill; *(puños)* to clench; *(en dominó)* to block; **c. con llave,** to lock; **c. el paso a algn,** to block sb's way; **c. la marcha,** to bring up the rear; *fam* **c. el pico,** to shut one's trap. II *vi* 1 to close, shut. 2 *Tricot* to cast off. III **cerrarse** *vr* 1 to close, shut; **la puerta se cerró de golpe,** the door slammed shut; *fam* **c. en banda,** to stick to one's guns. 2 *(obstinarse)* to stand fast, persist **(en,** in). 3 *Med (cicatrizar)* to close up, heal. 4 *Aut* to close in. 5 *Meteor* to cloud over.

cerrazón *nf* 1 *(obstinación)* obstinacy. 2 *(estupidez)* dimness, denseness; **c. mental,** narrow-mindedness. 3 *Meteor* stormy *o* black sky.

cerril *adj* 1 *(terreno)* rough. 2 *(animal)* wild, untamed. 3 *(persona) (tosca)* uncouth, coarse; *(obstinada)* pig-headed, headstrong.

cerro *nm* hill; *fig* **irse por los cerros de Ubeda,** to beat around the bush.

cerrojazo *nm* **dar c. (a algo/algn),** to cut (sth/sb) short.

cerrojo *nm* 1 bolt; **echar** *o* **correr el c. (de una puerta),** to bolt (a door). 2 *Ftb* blanket defence.

certamen *nm* competition, contest.

certero,-a *adj* 1 *(tiro, tirador)* accurate, good; **es un tirador muy c.,** he's a crack shot. 2 *(acertado)* accurate, certain.

certeza *nf*, **certidumbre** *nf* certainty; **saber (algo) con c.,** to be certain (of sth); **tener la c. de que ...,** to be sure *o* certain that ... .

certificación *nf* 1 *(confirmación)* certification. 2 *(de un envío)* registration. 3 *(documento)* certificate.

certificado,-a I *pp de* **certificar.** II *adj* 1 certified. 2 *(envío)* registered. III *nm* 1 *(gen)* certificate. ■ **c. médico,** medical certificate. 2 *(carta)* registered letter; *(paquete)* registered package.

certificar [1] *vtr* 1 *(gen)* to certify, guarantee. 2 *(carta, paquete)* to register.

cerúleo,-a *adj* cerulean, deep-blue.

cerumen *nm* cerumen, earwax.

cerval *adj* **miedo c.,** terror, funk.

cervantino,-a *adj* of *o* relating to Cervantes, Cervantine.

cervato *nm Zool* fawn.

cervecería *nf* 1 *(bar)* pub, bar. 2 *(fábrica)* brewery.

cervecero,-a I *adj* beer; **la producción cervecera,** beer production. II *nm* brewer.

cerveza *nf* beer, ale. ■ **c. de barril,** draught beer; **c. dorada** *o* **ligera,** lager; **c. negra,** stout.

cervical *adj Anat* cervical, neck.

cérvido,-a I *adj* cervid. **II** *nm* *Zool* cervid.

cerviz *nf* cervix, nape of the neck; *fig* **ser duro de c.,** to be pig-headed.

cesación *nf* cessation, suspension.

cesante I *adj* dismissed; *(ministro)* removed from office; *(embajador)* recalled. **II** *nm,f (funcionario)* suspended official; *(parado)* unemployed worker.

cesar *vi* **1** to stop, cease; **sin c.,** incessantly. **2** *(dejar un empleo)* to leave, quit; **c. en el cargo,** to cease one's functions.

cesárea *nf* *Med* Caesarean (section), *US* Cesarean (section).

cese *nm* **1** cessation, suspension. **2** *(despido)* dismissal; **dar el c. (a algn),** to dismiss (sb).

CESID *nm* *Mil* *abr de* **Centro Superior de Información de la Defensa.**

cesión *nf* cession; **c. de tierras,** assignment of land.

cesionario,-a *nm,f* cessionary, assignee.

cesionista *nmf* grantor, assignee.

césped *nm* lawn, grass; **cortar el c.,** to mow the lawn.

cesta *nf* **1** basket. ■ **c. de la compra,** shopping basket; **c. de Navidad,** Christmas hamper. **2** *Dep* pelota *o* jai-alai basket.

cestería *nf* **1** *(material)* wickerwork, basketwork. **2** *(fabricación)* basket making. **3** *(tienda)* basket shop.

cesto *nm* basket; **c. de los papeles,** wastepaper basket.

cesura *nf* *Lit* caesura.

ceta *nf* *véase* zeta.

cetáceo,-a *Zool* **I** *adj & nm* cetacean, whale. **II** cetáceos *nmpl* cetaceans.

cetrería *nf* falconry, hawking.

cetrino,-a *adj* **1** *(cara)* sallow. **2** *fig (melancólico)* melancholic.

cetro *nm* sceptre, *US* scepter; *lit* **empuñar el c.,** to ascend the throne; *fig* **ostentar el c.,** to hold the lead.

ceutí I *adj* of *o* from Ceuta. **II** *nmf* native *o* inhabitant of Ceuta.

CF *nm* *Dep* *abr de* **Club de Fútbol,** Football Club, FC.

CGPJ *nm* *Jur* *abr de* **Consejo General del Poder Judicial.**

Ch, ch [tʃe, θeˈatʃe] *nf (el dígrafo)* formerly fourth letter of the Spanish alphabet.

cha *nm* *Pol* shah.

chabacanada *nf*, **chabacanería** *nf* **1** *(vulgaridad)* vulgarity, bad taste. **2** *(grosería)* rude *o* coarse remark; **decir chabacanerías,** to make rude *o* obscene remarks.

chabacano,-a *adj* **1** *(objeto)* cheap, tacky. **2** *(chiste, persona)* rude, foul-mouthed. **3** *(trabajo)* shoddy, slipshod.

chabola *nf* shack; **las chabolas,** shanty town *sing.*

chabolismo *nm* shanty towns; **quieren acabar con el c.,** they want to do away with shanty dwellings.

chabolista *nmf* shanty dweller.

chacal *nm* *Zool* jackal.

chácara¹ *nf* *Am* **1** *(bolsa)* leather bag. **2** ulcer, sore.

chácara² *nf* *CAm* *véase* chacra.

chacarera *nf* *Arg* folk dance.

chacarero,-a *nm,f* *SAm* peasant farmer, farm labourer, *US* farm laborer.

chacha *nf* *fam (niñera)* nanny, nursemaid; *(criada)* maid.

cha-cha-chá *nm*, **chachachá** *nm* *Mús* cha-cha, cha-cha-cha.

chachalaca *nf* *CAm* *Méx* *fig (charlatán)* chatterbox.

cháchara *nf* **1** *fam (charla)* small talk, chinwag; **estar de c.,** to have a yap. **2** **chácharas,** *(baratijas)* trinkets, junk *sing.*

chacharear I *vi* **1** *fam (charlar)* to chatter, gossip. **2** *Méx (comerciar)* to deal in trinkets. **II** *vtr* *Méx (comprar y vender)* to buy and sell.

chachi *adj* *fam* *véase* chanchi.

chacho,-a *nm,f* **1** *fam (muchacho)* boy, lad; *(muchacha)* girl, lass. **2** *fam (tratamiento) (muchacho)* mate, buddy; *(muchacha)* love, dear. **3** *CAm (mellizo)* twin. **4** *Méx (sirviente)* servant.

chacina *nf* **1** smoked meat. **2** seasoned pork.

chacinería *nf* pork bucher's shop.

chacinero,-a *nm,f* pork butcher.

chacolí *nm (pl* chacolíes*)* dry wine from the Basque Country.

chacolotear *vi (herraduras)* to clatter.

chacoloteo *nm* clattering.

chacona *nf* *arc* *Mús (baile)* chaconne.

chacota *nf* joking, banter; **hacer c. de algo,** to have a laugh about something; **tomar algo a c.,** to take sth as a joke.

chacotear *vi*, **chacotearse** *vr* to joke, have a laugh; *(mockingly)* to poke fun (**de,** at).

chacra *nf* *Am* small farm *o* holding.

chacuaco,-a I *adj (chapucero)* shoddy, slapdash. **II** *nm* **1** *(horno)* smelting furnace. **2** *CAm (cigarro)* roughly made cigar. **3** *Méx* *Salv (colilla)* cigar stub. **III** *nm,f (persona)* bungler.

chacuaquería *nf* *Am* shoddiness, roughness.

chafallar *vtr* *fam* to botch (up).

chafallo *nm* *fam* **1** *(chapuza)* botched job, botch up. **2** *(borrón)* crossing out.

chafalote,-a I *adj* *Arg* *Urug (persona)* coarse, rude. **II** *nm* *Am (espada)* sword.

chafar I *vtr* **1** *(aplastar)* to squash, crush, flatten. **2** *(arrugar)* to crease, crumple. **3** *fam (interrumpir)* to butt in. **4** *fam (plan, negocio)* to ruin, spoil. **5** *fam (abatir)* to crush; *(desilusionar)* to disappoint. **II** **chafarse** *vr* **1** *(aplastarse)* to be squashed *o* crushed *o* flattened. **2** *(arrugarse)* to become creased *o* crumpled.

chafarrinada *nf*, **chafarrinón** *nm* spot, stain.

chafirete *nm* *Méx* lorry driver, *US* truck driver.

chaflán *nm* chamfer; **la casa que hace c.,** the house on the corner.

chagolla *nf* *Méx* **1** *(moneda) (falsa)* counterfeit coin; *(gastada)* worn-out coin. **2** *fig (cosa despreciable)* useless thing.

chagorra *nf* *Méx* woman of the lower classes.

chaguar [22] *vtr* *Arg (clothes, sponge)* to wring out, squeeze.

chagüite *nm* *CAm* **1** *(charco)* puddle. **2** *(sementera) (acto)* sowing; *(época)* sowing season.

chaira *nf* **1** *(cuchilla de zapatero)* shoemaker's knife. **2** *(acero de afilar)* (sharpening) steel. **3** *(navaja)* jack-knife.

chal *nm (prenda)* shawl.

chala *nf* **1** *Am* maize leaf. **2** *Arg* *Bol* *fig (dinero)* dough, money; **pelar la c. a algn,** to swindle sb, do sb out of money.

chalado,-a *fam* I *pp de* chalar. II *adj (chiflado)* crazy, nuts, crackers; *(enamorado)* **estar c. por algo/ algn,** to be crazy about sth/sb.

chaladura *nf fam (chifladura)* crazy idea; *(enamoramiento)* crazy love.

chalán,-ana I *adj & nm,f* 1 *(comerciante en caballos)* horse-dealer. 2 *(timador)* shady businessman, wheeler-dealer, shark. II *nm Am (domador)* horsebreaker, *US* broncobuster.

chalana *nf Náut* barge, lighter.

chalanear *vtr* 1 *pey* to wheel and deal. 2 *Am (caballos)* to break (in). 3 *CAm (bromear)* to joke. 4 *Arg (molestar)* to annoy, pester.

chalar I *vtr fam* to drive crazy *o* nuts *o* round the bend. II **chalarse** *vr fam* to go mad *o* nuts; **c. por algo/algn,** to be mad about sth/sb.

chalchihuite *nm* 1 *CR Méx (esmeralda)* rough emerald. 2 *CAm (baratija)* trinket, trifle. 3 *CAm (sortilegio)* spell.

chalé *nm (pl* **chalés)** *véase* chalet.

chaleco *nm* waistcoat, *US* vest; *(de punto)* sleeveless pullover. ■ **c. antibalas,** bullet-proof vest; **c. salvavidas,** life jacket.

chalet *nm (pl* **chalets)** *(casa de campo)* country house *o* cottage; *(de lujo)* villa; *(en la montaña)* mountain chalet; *(en la ciudad)* house; *(individual)* detached house; *(adosado)* semi-detached house.

chalina *nf* 1 *(corbata)* cravat. 2 *Am (chal estrecho)* stole.

chalón *nm Am* black shawl.

chalote *nm Bot* shallot.

chalupa I *nf* 1 *Náut (lancha)* boat, launch. 2 *Méx (canoa)* canoe. 3 *Méx (torta de maíz)* oval-shaped corn cake. II *adj fam (chalado)* nuts; **estar c.,** to be bonkers.

chamaco,-a *nm,f Méx fam (muchacho)* boy, lad; *(muchacha)* girl, lass.

chamagoso,-a *adj Méx* 1 *(astroso)* grubby, shabby. 2 *(cosa)* rough, cheap.

chamal *nm Am* cloak worn by Indians.

chamarilear *vtr* to swap *o* deal in second-hand goods.

chamarileo *nm* trading in second-hand goods.

chamarilero,-a *nm,f,* **chamarillero,-a** *nm,f* second-hand *o* junk dealer.

chamarra *nf* 1 *(zamarra)* sheepskin jacket. 2 *CAm fig (engaño)* confidence trick.

chamarro *nm CAm* coarse woollen blanket.

chamba[1] *nf* 1 *Arg Ecuad (césped)* turf. 2 *Guat Méx (trabajo)* low-paid job.

chamba[2] *nf fam (chiripa)* fluke, piece of luck, lucky break; **por c.,** by a fluke.

chambear *vi Méx* 1 *(feriar)* to swap, exchange, barter. 2 *(trabajar)* to work for a pittance.

chambelán *nm* chamberlain.

chambergo *nm Hist* broad-brimmed hat.

chambón,-ona *fam* I *adj* 1 *(torpe)* clumsy. 2 *(afortunado)* flukey, jammy. II *nm,f* 1 *(torpe)* clumsy person. 2 *(suertudo)* lucky *o* jammy person.

chambonada *nf fam* 1 *(torpeza)* clumsiness; *(patinazo)* blunder. 2 *(suerte)* fluke, piece of luck.

chambonear *vi* to botch (up), bungle.

chambra *nf* housecoat.

chamiza *nf* 1 *(planta)* chamiso. 2 *(leña)* brushwood.

chamizo *nm* 1 *(leño, árbol)* half-burnt log *o* tree. 2 *(choza)* thatched hut. 3 *pey (tugurio)* hovel, shack, shanty.

chamorro,-a *adj* shorn, close-cropped.

champa *nf* 1 *SAm (césped)* sod, turf. 2 *CAm* palm leaf shack. 3 *Am fig (cosa enmarañada)* tangled jumble.

champán *nm,* **champaña** *nm* champagne.

champiñón *nm Bot* mushroom.

champola *nf CAm Cuba RD* drink made from the guanábana fruit.

champú *nm* shampoo. ■ **c. anticaspa,** anti-dandruff shampoo.

champurrado *nm Méx* 1 *(bebida)* drink made from chocolate. 2 *fam (enredo)* hotch-potch, jumble, mess.

champurrar *vtr fam (bebidas)* to mix.

champurro *nm Méx* liquor cocktail.

chamuchina *nf Am* 1 *(populacho)* rabble, mob. 2 *(niños)* gang of kids.

chamullar *vi vulg* 1 *(hablar)* to speak, talk. 2 *(chapurrear)* to jabber; **sólo sé c. en francés,** I only have a smattering of French.

chamuscar [1] I *vtr* 1 *(socarrar)* to singe, scorch. 2 *Méx (vender barato)* to sell cheaply. II **chamuscarse** *vr (socarrarse)* to singe, scorch, get scorched.

chamusquina *nf* singeing, scorching; *fam* **esto me huele a c.,** there's something fishy going on here.

chanada *nf fam* trick, ruse.

chancaca *nf* 1 *Am (masa)* syrup cake. 2 *CAm (torta)* maize cake with honey.

chancaquita *nf Am* syrup cake with nuts *o* coconut.

chancar [1] *vtr Am* 1 *(triturar)* to crush, grind. 2 *(maltratar)* to treat badly; *(golpear)* to beat.

chancear I *vi (bromear)* to joke, horse around. II **chancearse** *vr (bromear)* to joke; **c. de,** to make fun of.

chancero,-a *adj* fond of joking.

chanchada *nf Am fam* dirty trick.

chanchería *nf Am* pork butcher's shop.

chanchi *adj fam* great! terrific! fantastic!; **lo pasamos c.,** we had a ball.

chancho,-a *Am* I *adj (sucio)* dirty, filthy. II *nm,f* 1 *Zool* pig, hog. ■ **c. salvaje,** boar. 2 *(carne)* pork.

chanchullero,-a *fam* I *adj* crooked, bent, underhand. II *nm,f* crook, racketeer.

chanchullo *nm fam* fiddle, wangle, racket; **meterse en chanchullos,** to be on the fiddle.

chancla *nf* old worn-out shoe.

chancleta *nf* 1 *(zapato viejo)* old shoe. 2 *(zapatilla)* slipper, mule. 3 *Am fam* baby girl.

chancletero,-a *adj,* **chancletudo,-a** *adj Am* low-class, common.

chanclo *nm (zueco)* clog; *(de goma)* overshoe, galosh.

chancro *nm Med* chancre.

chancua *nf Arg Urug* ground maize.

chándal *nm Dep* track *o* jogging suit.

chanfaina *nf Culin* offal stew; *(en Andalucía)* vegetable soup.

changador *nm Arg Bol* porter.

chango,-a I *adj Méx (listo)* sharp, clever, quick on the uptake. II *nm,f Méx (persona lista)* clever dick. III *nm* 1 *Zool* monkey. 2 *Arg Urug (criado)* young servant. 3 *Méx (muchacho)* boy.

changuear *Am* I *vi (bromear)* to joke, jest. II **changuearse** *vr (bromear)* to joke, jest; **c. de,** to make fun of.

changüí *nm fam* **1** *(engaño)* trick, hoax; **dar c. a algn,** *(engañar)* to play a trick on sb; *(tomar el pelo)* to tease sb. **2** *(novato)* novice, beginner.

chanquete *nm (pez)* transparent goby.

chantaje *nm* blackmail; **hacer c. a algn,** to blackmail sb.

chantajear *vtr* to blackmail.

chantajista *nmf* blackmailer.

chantre *nm Rel* precentor, cantor.

chanza *nf* joke; **de** *o* **en c.,** jokingly, in fun; **estar de c.,** to be joking.

chao *interj fam* so long!, bye-bye!, ciao!

chapa *nf* **1** *(de metal)* sheet, plate; **c. ondulada,** corrugated iron. **2** *(de madera)* panel-board, sheet; *(enchapado)* veneer; *(contrachapado)* plywood; **madera de 3 chapas,** 3-ply wood. **3** *(tapón)* bottle top, cap. **4** *(ficha metálica)* metal tag, tally, token; *(medalla)* badge, disc; *Mil* **c. de identificación,** identity disc; *fam* **estar sin c.,** to be penniless. **5** *fig (sentido común)* common sense; **hombre de c.,** sensible man. **6 chapas,** *(juego)* pitch-and-toss, *US* pennypitching.

chapado,-a **I** *pp de* **chapar.** **II** *adj* **1** *(metal)* plated; **c. en oro,** gold-plated. **2** *(madera, mueble)* veneered, finished. **3** *fig* **c. a la antigua,** old-fashioned.

chapalear *vi* to splash about.

chapaleo *nm* splash, splashing.

chapaleta *nf Téc* flap valve.

chapandongo *nm CAm* tangle, entanglement.

chapar *vtr* **1** *(metal)* to plate. **2** *(madera, mueble)* to veneer, finish.

chaparrada *nf Meteor* downpour, heavy shower.

chaparral *nm* thicket of kermes oaks.

chaparrear *vi Meteor* to pour down, rain heavily.

chaparro *nm* **1** *(rechoncho)* short, stocky person. **2** *Méx fam (muchacho)* kid, child.

chaparrón *nm* **1** *Meteor* downpour, heavy shower; **ha caído un buen c.,** there's been a heck of a downpour. **2** *fig (de preguntas etc)* shower, bombardment.

chapear *vtr* **1** *(metal)* to plate. **2** *(madera, mueble)* to veneer, finish.

chapero *nm arg* arse peddlar.

chapetón,-ona *Am* **I** *adj (torpe)* clumsy, awkward. **II** *nm,f* **1** *(immigrante)* recently-arrived European immigrant. **2** *(torpe)* clumsy *o* awkward person. **III** *nm (chaparrón)* downpour, heavy shower.

chapín **I** *adj* **1** *CAm (guatemalteco)* Guatemalan. **2** *Col Guat Hond (patizambo)* bow-legged, bandy-legged. **II** *nm* **1** *(chanclo)* clog. **2** *CAm (guatemalteco)* Guatemalan.

chapinismo *nm CAm* **1** *(de Guatemala)* of *o* from Guatemala. **2** *(vocablo, giro)* Guatemalan way of speaking.

chapinizarse [4] *vr CAm* to assume a Guatemalan character.

chapiscar [1] *vtr CAm* to harvest maize.

chapista *nm,f* sheet metal worker; *Aut* panel beater.

chapistería *nf* sheet metal work; *Aut* panel beating; **taller de c.,** body repair shop.

chapitel *nm Arquit* **1** *(de torre)* spire. **2** *(de columna)* capital.

chapó[1] *nm* type of billiards.

chapó[2] *interj fam* well done!, bravo!

chapodar *vtr (plantas)* to prune, trim.

chapotear **I** *vtr (humedecer)* to moisten, dampen; *(con esponja)* to sponge (down). **II** *vi (chapalear)* to splash about, paddle.

chapoteo *nm* **1** moistening; *(con esponja)* sponging. **2** *(chapaleo)* splashing (about), paddling.

chapucear **I** *vtr (hacer aprisa y mal)* to botch, bungle, make a mess of. **II** *vi Méx (hacer trampas)* to trick, deceive, swindle.

chapucería *nf* **1** *(chapuza)* botched job, shoddy piece of work. **2** *(tosquedad)* shoddiness. **3** *(embuste)* lie.

chapucero,-a **I** *adj (trabajo)* slapdash, shoddy, sloppy; *(persona)* bungling, clumsy. **II** *nm,f* **1** *(frangollón)* botcher, bungler. **2** *(embustero)* liar.

chapulín *nm* **1** *Am Zool (langosta)* locust. **2** *CAm (niño)* kid, child.

chapurrar *vtr,* **chapurrear** *vtr* **1** *(idioma)* to speak badly *o* with difficulty; **sólo chapurreaba el francés,** he spoke only a few words of French. **2** *fam (licores)* to mix.

chapurreo *nm* jabbering.

chapuz *nm* **1** *(chapuzón)* duck, ducking. **2** *(chapuza)* botched job, shoddy piece of work.

chapuza *nf* **1** *(trabajo ocasional)* odd job. **2** *(trabajo mal hecho)* botched job, shoddy piece of work.

chapuzar [4] **I** *vtr (zambullir)* to duck. **II** **chapuzarse** *vr (zambullirse)* to dive in; *(bañarse)* to have a dip.

chapuzón *nm (zambullida)* duck, ducking, dive; *(baño corto)* dip; **darse un c.,** to have a dip.

chaqué *nm* morning coat.

chaqueta *nf* jacket; **hay que ir de c.,** suits must be worn; *fig Pol* **cambiar de c.,** to change sides; *fam* **ser más vago que la c. de un guardia,** to be bone idle. ▪ **c. de punto,** knitted cardigan; **c. de smoking,** dinner jacket; **traje de c.,** suit.

chaquete *nm* type of backgammon.

chaquetear *vi fam Pol* to change sides, be a turncoat.

chaqueteo *nm fam Pol* changing sides, turncoat tactics.

chaquetero,-a *nm,f fam Pol* turncoat.

chaquetilla *nf* short jacket. ▪ *Taur* **c. torera,** bullfighter's jacket.

chaquetón *nm (de lana)* heavy woollen jacket; *(trenca)* duffel jacket. ▪ **c. tres cuartos,** three-quarter length jacket.

chaquira *nf Hist SAm* glass bead.

charada *nf* charade.

charamusca[1] *nf Méx* candy twist.

charamuscas[2] *nfpl Am Bot* brushwood.

charanagua *nf Méx* drink made from bitter pulque, honey, and chili.

charanga *nf* **1** *Mús Mil* brass band. **2** *fam (alboroto)* din, racket, hullabaloo. **3** *Am (baile)* informal dance.

charape *nm Méx* fermented drink made from corn, honey, cloves and cinnamon.

charca *nf* pond, pool.

charco *nm* puddle, pool; *fam (ir a América)* **cruzar** *o* **pasar el c.,** to cross the pond.

charcón,-ona *Arg Bol* **I** *adj* thin, skinny. **II** *nm,f* emaciated animal *o* person.

charcutería *nf* pork butcher's shop, delicatessen.

charcutero,-a *nm,f* pork butcher.

harla *nf (conversación)* talk, chat; *(conferencia)* talk, informal lecture *o* address.

harlador,-a *fam* **I** *adj* talkative. **II** *nm,f* chatterbox.

harlar *vi* to talk, chat.

harlatán,-ana **I** *adj (parlanchín)* talkative; *(chismoso)* gossipy. **II** *nm,f* **1** *(parlanchín)* chatterbox; *(chismoso)* gossip; *(bocazas)* charlatan, bigmouth. **2** *(embaucador)* trickster, charmer.

harlatanería *nf* **1** *(palabrería)* talkativeness, verbosity. **2** *(de vendedor)* sales patter, spiel.

harlestón *nm Mús* charleston.

harlotada *nf* **1** *Taur* comic bullfight. **2** *fam (payasada)* clowning around, buffoonery.

harlotear *vi fam (parlotear)* to chatter, prattle, natter; *(charlar)* to chat.

harloteo *nm fam (parloteo)* prattling, nattering; *(charla)* chat.

harnego,-a *nm,f Cat pey* Spanish immigrant worker, often from southern Spain, who has settled in Catalonia.

harnela *nf* hinge.

harol *nm* **1** *(barniz)* varnish; *fam* **darse c.**, to blow one's trumpet, brag. **2** *(piel)* patent leather. ■ **zapatos de c.**, patent leather shoes.

harolar *vtr* to varnish.

harquear **I** *vtr SAm* **1** *(carne)* to dry, cure. **2** *(herir)* to slash, cut up, severely wound. **II** **charquearse** *vr Arg (a la montura)* to hold on tight.

harqui *nm Am (carne)* dried beef, cured meat; *(fruta)* dried fruit.

harquicán *nm SAm* **1** *Culin (guiso)* dried meat and vegetable stew. **2** *fig (barullo)* jumble, confusion.

harrada *nf* tacky ornament, cheap trinket.

harrán[1] *nm* rascal, scoundrel, rogue.

harrán[2] *nm Orn* tern.

harranada *nf* dirty trick.

harrancito *nm Orn* little tern.

harrasquear *vtr* **1** *Méx (apuñalar)* to stab. **2** *Ecuad Pan Ven (instrumento)* to strum.

harreada *nf Méx* festival.

harretera *nf Mil* epaulette.

harro,-a **I** *adj* **1** *fig (persona)* coarse, uncouth, boorish. **2** *fig (objeto)* cheap, kitsch, gaudy; *(vestido)* loud. **3** *Méx (pintoresco)* picturesque. **4** *(jinete)* skilled. **II** *nm Méx* **1** *(jinete)* horseman, cowboy (in traditional costume). **2** *(sombrero)* widebrimmed hat.

hárter *adj inv* **(vuelo) c.**, charter (flight).

has *interj* crash!, wham!

hasca *nf* **1** *(leña menuda)* brushwood. **2** *Am (cabellera revuelta)* mop of hair, tangled hair; *(maraña)* tangle.

hascar [1] **I** *vtr (lengua)* to click; *(dedos)* to snap; *(látigo)* to crack; *(chocolate etc)* to crunch. **II** *vi (ruido de madera etc)* to crack.

hascarrillo *nm (chiste)* joke, funny story; *(historieta)* witty anecdote.

hasco *nm* **1** *(broma)* trick, joke; **dar un c. a algn**, to play a trick on sb. **2** *(decepción)* disappointment; **llevarse un c.**, to be disappointed; ¡**menudo c. me llevé!**, I was so disappointed!

hasis *nm inv* **1** *Aut* chassis; *fam* **quedarse en el c.**, to be reduced to skin and bone. **2** *Fot* plate holder.

chasquear[1] *vtr* **1** *(gastar una broma)* to play a trick on. **2** *(decepcionar)* to disappoint, let down. **3** *(promesa)* to break, fail to keep.

chasquear[2] **I** *vtr (lengua)* to click; *(dedos)* to snap; *(látigo)* to crack; *(chocolate etc)* to crunch. **II** *vi (madera etc)* to crack, crackle.

chasqui *nm Am* messenger, courier.

chasquido *nm (de la lengua)* click; *(de los dedos)* snap; *(de látigo, madera)* crack; *(de chocolate etc)* crunch.

chata *nf* bedpan.

chatarra *nf* **1** *(escoria)* scrap (metal), scrap iron; *fam* **este coche es una c.**, this car is a heap of junk. ■ **parque de c.**, scrap yard. **2** *fam (monedas)* small change. **3** *fam pey (joyas)* gaudy jewelery.

chatarrero,-a *nm,f* scrap dealer *o* merchant.

chatear *vi fam* to go out for a few drinks.

chateo *nf fam* **ir de c.**, to go out for a few drinks.

chati *adj fam* duckie, love.

chato,-a **I** *adj* **1** *(nariz)* snub; *(persona)* snub-nosed. **2** *(objeto)* flat, flattened; *(barco)* flat, shallow; *(torre)* low, squat. **3** *Am (pobre)* mean, wretched; **dejar c. a algn**, *(vencer)* to crush *o* defeat sb; *(engañar)* to trick *o* deceive sb; *fig (chasquearse)* **quedarse c.**, to be left dumbfounded. **II** *nm (small)* glass of wine; **tomar unos chatos**, to have a few drinks. **III** *nm,f* **1** *(persona)* snub-nosed person. **2** *fam (apelativo cariñoso)* dear, duckie, love; ¡**muchas gracias, c.!**, thanks a lot, love!

chaucha **I** *adj inv RPl* **1** *(de mala calidad)* poor, inferior. **2** *(insípido)* insipid, tasteless. **II** *nf Arg (judía verde)* green bean.

chauvinismo *nm* chauvinism.

chauvinista *adj & nmf* chauvinist.

chaval,-a *nm,f fam (chico)* boy, lad; *(chica)* girl, lass; *(joven)* kid, youngster; *fam (apelativo)* mate.

chaveta *nf Téc (clavija)* key, cotter (pin); *fam* **estar mal de la c.**, to have a screw loose; *fam* **perder la c.**, to go off one's rocker; *fam* **perder la c. por**, to be crazy about.

chavo *nm* brass coin; *fam* **estar sin un c.**, to be penniless *o* flat broke.

chayote *nm Bot (fruto y planta)* chayote.

chayotera *nf Bot (planta)* chayote plant.

che *(pl ches)* **I** *nf (dígrafo)* name of the digraph **Ch** in Spanish. **II** *interj Arg Bol Urug fam* **1** *(para llamar la atención)* hey!, listen! **2** *fam (muletilla)* man, mate, you know, I mean; **no sabe lo que dice, c.**, he doesn't know what he's saying, man.

checa *nf* detention cell, cooler.

checo,-a **I** *adj* Czech. **II** *nm,f (persona)* Czech. **III** *nm (idioma)* Czech.

checoslovaco,-a **I** *adj* Czechoslovakian, Czech. **II** *nm,f (persona)* Czechoslovakian, Czechoslovak, Czech.

Checoslovaquia *n* Czechoslovakia.

chele *nm CAm* **I** *adj (peliblanco)* white-haired. **II** *(legaña)* rheum.

chelear *vtr CAm* to whiten.

cheli *nm arg* Spanish urban slang.

chelín *nm* shilling.

chenca *nf CAm* cigarette end, butt.

chepa *nf fam* hump.

cheque *nm Banca, US* check; **cobrar un c.**, to cash a cheque; **extender un c.**, to issue a cheque; **extender** *o* **hacer un c. a nombre de**, to make out a cheque to. ■ **c. abierto/cruzado/en blanco**, open/

crossed/blank cheque; **c. al portador,** cheque payable to bearer; **c. de viaje** *o* **de viajero,** traveller's cheque, *US* traveler's check; **c. sin fondos,** dud *o* bouncing cheque; **talonario de cheques,** cheque book, *US* check book.

chequear *vtr* 1 *(controlar, examinar)* to check; *(comprobar)* to check up on; *Aut (coche)* to service; *Med* to give a checkup to.

chequeo *nm Med* checkup.

chequera *nf Am* cheque book, *US* check book.

chéster *nm (pl chéster o chésteres)* Cheshire cheese.

chévere I *adj* 1 *Col Méx Ven fam (magnífico)* great, terrific, fantastic. 2 *Ecuad PR Ven (bonito)* pretty. **II** *nm Cuba PR Ven (valentón)* braggart.

chevió *nm (pl cheviots) Tex* cheviot.

chibola *nf Am* bump, swelling.

chic *adj inv (elegante)* chic, elegant; *(de moda)* fashionable.

chicana *nf* chicanery, trickery.

chicanear *vi* to engage in chicanery *o* trickery.

chicanero,-a *adj* trickster.

chicano,-a *adj & nm,f* chicano.

chicar [1] *vtr Arg Urug* to chew tobacco.

chicarrón,-ona *nm,f fam (chico)* strapping lad; *(chica)* strapping lass.

chicha¹ *nf fam (carne)* meat; *(persona)* **tener muchas chichas,** to be chubby.

chicha² *nf Am* chicha, maize liquor; **c. de uva,** drink made from grape juice; *fam* **de c. y nabo,** insignificant; *fam* **no ser ni c.** ni limonada, to be a waste of space. 2 *fig (berrinche)* rage, bad temper.

chicha³ *adj inv Náut* **calma c.,** dead calm.

chícharo *nm Bot* 1 *(guisante)* pea. 2 *(garbanzo)* chickpea.

chicharra *nf* 1 *Ent* cicada; *fig* **cantaba la c.,** it was boiling hot. 2 *Elec* buzzer, bell. 3 *fam (parlanchín)* chatterbox.

chicharrero *fam* **I** *nm,f (tinerfeño)* native *o* inhabitant of Tenerife. **II** *nm fam (lugar)* oven, hothouse.

chicharro *nm* 1 *(de cerdo)* pork crackling, fried pork rind. 2 *(pez)* scad, horse mackerel.

chicharrón *nm* 1 *(de cerdo)* pork crackling, fried pork rind; *fam* **quedar hecho un c.,** to be burnt to a cinder. 2 *fig (persona)* sunburnt person.

chiche¹ I *nm Am (pecho)* breast. **II** *nf Méx (niñera)* nanny, nursemaid.

chiche² Am I *adj fam (fácil)* easy, piece of cake. **II** *nm fam* 1 *(joya)* jewel; *(juguete)* toy; *(chuchería)* trinket, knick-knack. 2 *(persona) (elegante)* elegant person; *(hábil)* skilful *o* nifty person.

chichear *vtr & vi* to hiss.

chicheme *nm CAm* cold drink made from corn, milk, and sugar.

chicheo *nm* hissing.

chichería *nf Am (bar)* chicha bar, tavern; *(tienda)* chicha shop.

chichero,-a *nm,f Am* 1 *(vendedor)* chicha seller. 2 *(fabricante)* chicha maker.

chichón¹ *nm* bump, lump.

chichón,-ona² *adj CAm* easy.

chichonera *nf (gorro)* padded cap; *(casco)* helmet.

chichote *nm CAm Ven* bump, swelling.

chicle *nm* 1 chewing gum. 2 *Mex (suciedad)* dirt, filth.

chiclear *vi* to chew gum.

chico,-a I *adj* 1 *(pequeño)* small, little; **estos pan talones se me han quedado chicos,** I've grown out o these trousers; *fig* **dejar c. a algn,** to make sb loo small. 2 *Méx irón (descomunal)* big, enormous. **I** *nm,f* 1 *(muchacho)* boy, lad; *(muchacha)* girl, lass **el c. de los recados,** the office boy; **es buena chica** she's a good girl; *fam* **como c.** con zapatos nuevos like a kid with a new toy; *Cin fam* **el c. de la peli cula,** the goody. 2 *(para dirigirse a algn)* **mira, c.** yo de ti me iría, listen mate, if I were you I'd go **III** *nf* 1 *(criada)* maid. 2 *Am (tanda, partida)* game

chicolear *vi* to pay compliments, say nice things.

chicoleo *nm* compliment, flirtatious remark.

chicoria *nf Bot* chicory.

chicote,-a I *nm,f fam (hombre)* fine lad; *(mujer* fine lass. **II** *nm* 1 *fam (puro)* cigar. 2 *Am (látigo* whip. 3 *CAm (serie, retahíla)* volley, stream.

chicuite *nm SAm Min* bucket.

chifla *nf (siseo)* hiss, hissing; *(silbido)* whistle, whis tling.

chiflado,-a *fam* **I** *pp de* **chiflar. II** *adj (loco)* mad crazy, barmy, nuts, round the twist *o* bend; **estar c** con *o* por, to be mad *o* crazy about. **III** *nm,f* nut loony, headcase.

chifladura *nf fam* 1 *(locura)* madness, craziness. *(idea alocada)* barmy idea, madcap scheme. 3 *(afi cíon)* craze, mania; **su c. es el fútbol,** he's mad o football.

chiflar I *vtr* 1 *(silbar)* to hiss (at), boo (at), whistl (at); *(pito)* to blow. 2 *fam (encantar, fascinar)* t enchant, entrance, fascinate, captivate; **esa canción me chifla,** that song's fantastic; **nos chiflan los co ches antiguos,** we're mad on old cars. **II** *vi Gua Méx (pájaros)* to sing. **III** **chiflarse** *vr fam (volvers loco)* to go mad *o* round the bend; **c. por,** to fal head over heels in love with.

chifleta *nf CAm Mex* joke.

chiflido *nm* whistle, whistling.

chigua *nf Am* large basket, hamper.

chigüín *nm Hond Nic Salv* rachitic child.

chiita *adj & nmf* Shiite.

chilaba *nf (prenda)* jellaba, jellabah.

chilapeño *nm Mex* straw hat.

chilar *nm Agr* chili plantation.

chilca *nf Am Bot* boneset.

chilchote *nm Mex* type of hot chili.

chile *nm* 1 *Bot Culin* chili (pepper). ▪ **c. molido** chili powder. 2 *CAm fam (mentira)* lie.

chileno,-a *adj & nm,f* Chilean.

chilillo *nm CAm* whip.

chilindrina *nf fam* 1 *(cosilla)* trifle. 2 *(anécdota* anecdote, story; *(chiste)* joke; *(chanza)* joking banter.

chilindrón *nm* 1 *Culin* sauce made from tomatoe and red peppers; **pollo al c.,** chicken in a tomate and red pepper sauce. 2 *Naipes* type of card game

chilla *nf Caza* decoy, bird call.

chillar I *vi* 1 *(persona)* to scream, shriek, shout, cry *(cerdo)* to squeal; *(ratón)* to squeak; *(pájaro)* t squawk, screech; *(radio)* to blare; *(frenos)* t screech, squeal; *(puerta, ventana)* to creak, squeak *fam* **chillarle a algn,** to give sb a dressing-down. *fig (protestar)* to protest, complain; **¡no chilles!,** sto moaning! 3 *(colores)* to be loud *o* gaudy, clash. **I** **chillarse** *vr* 1 *Am (enojarse)* to become annoyed *fam* to get cross; *(ofenderse)* to take offence. *CAm (avergonzarse)* to become embarrassed.

hillería *nf* **1** *(griterío)* screaming, shrieking, yelling, howling. **2** *(regaño)* dressing-down, telling-off, reprimand.

hillido *nm (de persona)* scream, shriek, shout, cry; *(de cerdo)* squeal; *(de ratón)* squeak; *(de pájaro)* squawk, screech; *(de frenos)* screech, squeal; *(puerta, ventana)* creaking, sweaking.

hillón,-ona I *adj* **1** *(voz)* shrill, high-pitched; *(sonido)* harsh, strident, screechy. **2** *(color)* loud, gaudy, shocking. **II** *nm,f* loud person.

hilmole *nm Méx Culin* tomato, onion, and pepper sauce.

himal *nm Mex* dishevelled hair.

himar *vtr Méx* to annoy, bother, vex.

himbo *nm Am* sweet made from egg yolk, syrup and almonds.

himenea *nf* **1** *(conducto, tubo)* chimney; *(de barco)* funnel, stack. ■ **c. de ventilación,** air shaft. **2** *(hogar abierto)* fireplace, hearth. ■ **c. (francesa),** fireplace with a mantelpiece. **3** *fam (cabeza)* nut, block; **no andar bien de la c.,** to be off one's rocker. **4** *Am Min (pique)* shaft.

himiscolear *vi Méx* **1** *(chismear)* to gossip. **2** *(beber)* to swig.

himpancé *nm Zool* chimpanzee.

hina *n* China.

hina[1] *nf* **1** pebble, small stone; *fam* **tocarle a uno la c.,** to have bad luck, be left carrying the can. **2** *arg (droga)* deal.

hina[2] *nf (porcelana)* china; *(vajilla)* china, chinaware.

hinampear *vi Mex* **1** *(huir)* to escape, flee. **2** *(evitar)* to avoid. **3** *(tener miedo)* to be afraid *o* scared. **4** *(compromiso)* to break.

hinaste *nm CAm* **1** prolific germ. **2** *(raza)* pedigree.

hinastear *vtr CAm (aves de corral)* to fertilize.

hinazo *nm* **1** *(piedra)* large pebble, stone. **2** *(golpe)* blow with a stone.

hinchar *fam* **I** *vtr (fastidiar)* to annoy, pester, bug; **eso es lo que más me chincha,** that's what bugs me most of all. **II chincharse** *vr (fastidiarse)* to grin and bear it, get on with it; **¡chínchate!,** **¡para que te chinches!,** so there!; **no me hizo caso, pues ahora, que se chinche,** he didn't listen to me, so now he'll have to lump it.

hincharrero *nm* flea pit, bug-infested place.

hinche I *nf Ent* bug, bedbug; *fam* **caer** *o* **morir como chinches,** to fall like flies. **II** *nm,f fam (persona)* nuisance, pest, bore, drag.

hincheta *nf* drawing pin, *US* thumbtack.

hinchilla *nf* chinchilla.

hinchín *nm* **1** *(ruido)* chink, clash and tinkle; *Mús (orquesta)* tinny music; *(brindis)* toast, chin-chin; **¡c.!,** cheers!, (to) your (good) health!; **hacer c. con las copas,** to clink glasses. **2** *CAm RPl (sonajero)* baby's rattle. **3** *Cuba PR Ven (llovizna)* drizzle.

hinchinear *vtr CAm* to caress, pamper.

hinchón® *nm* aniseed liquor.

hinchona *nf Quím* quinine.

hinchorrería *nf* **1** *(impertinencia)* insolence, disrespect; *(pesadez)* tediousness. **2** *(chisme)* piece of gossip.

hinchorrero,-a *adj* **1** *(chinchoso)* insolent, cheeky; *(pesado)* tedious. **2** *(chismoso)* gossipy.

hinchorro *nm* **1** *(red)* dragnet. **2** *(bote)* dinghy.

hinchoso,-a *adj fam fig* wearisome, tiresome.

chinchulín *nm Am* cow's tripe.

chinear *vtr CAm* **1** *(niño)* to carry in one's arms *o* piggyback. **2** *(mimar)* to pamper, spoil.

chinela *nf (zapatilla)* slipper, mule; *(chanclo)* clog.

chinero *nm Mueb* china cupboard *o* cabinet; *(alacena)* dresser.

chinesco,-a *adj* Chinese; **sombras chinescas,** shadow theatre *sing.*

chingada *nf Méx vulg ofens* **hijo de la c.,** son of a bitch; **¡vete a la c.!,** bugger off!

chingana *nf Am* **1** *(taberna)* tavern, bar, saloon; dance hall. **2** *(fiesta)* wild party, rowdy celebration.

chingar [7] **I** *vtr* **1** *fam (beber mucho)* to put away, knock back, drink a lot of. **2** *(fastidiar)* to annoy, pester. **3** *vulg (estropear)* to fuck up, ruin. **4** *vulg (joder)* to fuck, screw; *ofens* **¡chinga a tu madre!,** fuck off! **5** *Am (cortar el rabo)* to dock, cut the tail off. **II** *vi CAm fam (bromear)* to joke. **III chingarse** *vr fam* **1** *(emborracharse)* to get sloshed *o* sozzled *o* pissed. **2** *CAm (fracasar)* to go down the drain, fall through.

chingaste *nm CAm* residue, dregs *pl.*

chingo,-a I *adj CAm* **1** *(cuchillo)* blunt; *(animal)* tailless; *(vestido)* short. **2** *Ven (nariz)* snub. **II chingos** *nmpl (ropa interior)* underwear *sing.*

chino[1] *nm (piedrecita)* pebble, stone; **juego de los chinos,** guessing game in which pebbles *o* coins are hidden in clenched fists.

chino,-a[2] **I** *adj (de la China)* Chinese; **tinta china,** Indian ink; *fam* **barrio c.,** red-light district; *fam* **cuento c.,** tall story. **II** *nm,f (persona)* Chinese, Chinaman; *fam* **un trabajo de chinos,** a fiddly task *o* piece of work; *fam* **engañar a algn como a un c.,** to take sb for a ride. **III** *nm* **1** *(idioma)* Chinese; *fam* **eso me suena a c.,** it's all Greek to me. **2** *(colador)* sieve.

chino[3] **I** *adj* bald. **II** *nm,f* **1** *CAm vulg (mestizo)* mestizo, half-caste. **2** *SAm (criado)* servant; **trabajar como un c.,** to work like a slave. **3** *Am (hombre del pueblo)* country person. **4** *Am (cariño)* darling, sweetheart. **5** *Méx* **chinos,** *(rizos)* curls. **III** *nm Arg (enojo)* anger. **IV** *nf arg (droga)* (piece of) hash.

chip *nm (pl* **chips)** **1** *Inform* chip. **2 chips,** *fam* crisps.

chipa *nf SAm* straw fruit basket.

chipe *nm CAm (encanijado)* skinny man *o* boy. **2** *(quejica)* moaner, grumbler.

chipén *adj fam* **de c.,** great, terrific, fantastic.

chipilingo *nm Col Méx* baby, young child.

chipirón *nm (pez)* baby squid.

chipolo *nm Am Naipes* card game.

Chipre *n* Cyprus.

chipriota *adj & nmf* Cypriot.

chiqueadores *nmpl Méx* poultice for headaches.

chiquear I *vtr Cuba Méx* **1** *(mimar)* to pamper, spoil. **2** *(adular)* to flatter. **II chiquearse** *vr* **1** *CAm (pavonearse)* to seek flattery **2** *Am (contonearse)* to swagger along.

chiquero *nm (corral)* stockyard; *(pocilga)* pigsty.

chiquigüite I *adj Méx (abobado)* dim-witted, dumb. **II** *nm ÇAm (cesto)* basket without handles.

chiquillada *nf (travesura)* childish prank; *(niñería)* childish thing; **hacer chiquilladas,** to behave childishly.

chiquillería *nf fam* crowd of noisy kids *o* youngsters.

chiquillo,-a *nm,f* kid, youngster; **portarse como un c.,** to behave like a child.

chiquitín,-ina I *adj (pequeño)* tiny, weeny. II *nm,f (niño)* tiny tot.

chiquito,-a I *adj (pequeño)* tiny, weeny, very small. II *nm,f (niño)* tiny tot, kid; *fam* **no andarse con chiquitas,** not to beat about the bush.

chiquitura *nf* 1 *CAm RPl (pequeñez)* tiny thing. 2 *CAm (niñería)* childish thing to do.

chirajo *nm* 1 *CAm (trastos)* junk. 2 *Am (andrajos)* rag, tatter.

chiribita *nf* 1 *(chispa)* spark; *fam* **echar chiribitas,** to be furious *o* hopping mad. 2 **chiribitas,** *fam* spots before the eyes. 3 *Bot* daisy.

chiribitil *nm (desván)* attic, loft, garret; *(cuchitril)* tiny room, cubbyhole.

chirigota *nf fam* joke; **estar de c.,** to be joking; **tomarse algo a c.,** to take sth as a joke.

chirigotero,-a *adj fam* fond of joking.

chirimbolo *nm fam* thing, thingummyjig, whatsit.

chirimía *nf Mús* type of hornpipe.

chirimiri *nm* drizzle, fine misty rain.

chirimoya *nf Bot (fruto)* custard apple.

chirimoyo *nm Bot (árbol)* custard apple tree.

chiringo *nm Méx* small piece of sth.

chiringuito *nm (en playa etc)* refreshment stall *o* stand; *(en carretera)* roadside *o* seaside snack bar; **montarse un c.,** to set up a small business.

chirinola *nf* 1 *(debate)* heated discussion; *(discusión)* quarrel, row. 2 *(fruslería)* trifle; **estar de c.,** to be in a good mood. 3 *(juego)* skittles *pl*. 4 *(conversación)* lengthy conversation.

chiripa *nf* 1 *Bill* fluke, scratch, lucky stroke. 2 *fam fig* **de** *o* **por c.,** by a fluke, by chance; **cogió el tren por c.,** it was sheer luck that he caught the train.

chirivía *nf* 1 *Bot* parsnip. 2 *Orn* wagtail.

chirla *nf (pez)* small clam.

chirle *adj fam* insipid.

chirlo *nm (herida)* gash, slash; *(cicatriz)* scar.

chirola *nf* 1 *CAm arg (cárcel)* clink, nick. 2 *CAm (bolita)* little ball. 3 *Arg Bol (moneda)* coin of little value.

chirona *nf arg (cárcel)* clink, nick; **estar en c.,** to be in the clink *o* nick, be inside.

chirota *nf CAm* shameless woman.

chirrear *vi*, **chirriar** *vi* [13] 1 *(gozne, puerta)* to creak; *(frenos)* to screech, squeal. 2 *(de pájaro)* to squawk, screech. 3 *fig (persona)* to sing badly.

chirrido *nm* 1 *(de gozne, puerta)* crack, cracking; *(de frenos)* screech, screeching, squeal, squealing. 2 *(de pájaro)* squawk, squawking, screech, screeching.

chirrión *nm* 1 *Am (látigo)* leather whip. 2 *CAm (sarta)* string.

chirrisco,-a *adj* 1 *CAm Ven (pequeñito)* small, tiny. 2 *Méx (enamoradizo)* amorous.

chirumen *nm fam* brains *pl*, grey matter.

chirusa *nf*, **chiruza** *nf Am fam* coarse *o* uncouth woman.

chis *interj (¡silencio!)* sh!, ssh!, hush!

chiscón *nm* hut, hovel.

chischás *nm (de espada)* clash, clashing.

chisgarabís *nm fam (entrometido)* busybody, meddler.

chisgo *nm Méx fam* charm, elegance.

chisme *nm* 1 *(habladuría)* piece of gossip; **chismes,** gossip, tittle-tattle; **siempre andan con chismes,** they're always gossiping. 2 *fam (trasto)* knick-

knack; *(utensilio)* gadget; *(cosa)* thing, odds an ends; **tiene mil y un chismes eléctricos,** she's got tor of electrical gadgets; **coge tus chismes y vete,** pac your bags and go; *(dispositivo)* **hay que apretar est c.,** you have to press this thing here.

chismear *vi* to gossip.

chismería *nf* gossip, piece of gossip.

chismero,-a *adj* gossipy, gossiping.

chismografía *nf hum* gossip, gossiping.

chismorrear *vi fam* to gossip.

chismorreo *nm fam* gossip, gossiping.

chismoso,-a I *adj (murmurador)* gossipy, gossip ing. II *nm,f (individuo)* gossip, gossipmonger.

chispa I *nf* 1 *(de la lumbre)* spark; *Elec* spark, flasl *fig* sparkle, glitter; *fam* **echar chispas, estar uno qu echa chispas,** to be very annoyed. 2 *fam (pedacito un poco)* bit, tiny amount; **ni c.,** nothing at all; **un c. de coñac,** a drop of brandy; **una c. de sal,** a pinc of salt; *fig* **no tiene ni c. de gracia,** it's not a b funny; *fig* **no tienen ni c. de inteligencia,** the haven't an ounce of intelligence. 3 *Meteor (gota o lluvia)* drop, droplet; **caen chispas,** it's spitting. *fam (agudeza, gracia)* wit, sparkle; *(inteligencia)* in telligence; *(viveza)* liveliness; **ser una c.,** to be ver bright; **tener c.,** to be witty *o* funny, be a real liv wire; **una película con c.,** a brilliant film. 5 *fam (bc rrachera)* drunkenness; **coger** *o* **pillar una c.,** to g sloshed; **¡menuda c. llevabas anoche!,** you were we and truly canned last night! 6 *(mentira)* lie. 7 *Gua Méx (éxito)* success. II *adj Méx (gracioso)* amusing

chisparse *vr fam* to get drunk *o* tipsy.

chispazo *nm* 1 *(de la lumbre)* spark; *fig (brote* **aquello fue el c. que originó el incidente,** th sparked off the incident; *fig* **c. de ingenio,** flash c genius. 2 *fam (chisme, cotilleo)* piece of gossip.

chispeante *adj* sparkling; *fig* scintillating, brillian'

chispear I *vi* 1 *(echar chispas)* to spark, throw ou sparks; *fig (relucir)* to sparkle. 2 *Meteor (llovizna* to spit. II **chispearse** *vr Arg RD (emborracharse* to get tipsy.

chispo,-a *fam* I *adj* drunk, tipsy. II *nm* swig, quic drink.

chisporrotear *vi (fuego)* to spark, throw ou sparks; *(leña)* to crackle; *(aceite)* to splutter, spi *(carne)* to sizzle.

chisporroteo *nm (del fuego)* sparking; *(de la leña* crackling; *(del aceite)* spluttering, spitting; *(de l carne)* sizzling.

chisquero *nm* pocket lighter.

chisquete *nm* 1 *(trago)* swig, drink; **echar un c.,** t have a quick one. 2 *(chorro)* jet, squirt.

chist *interj (¡silencio!)* sh!, ssh!, hush! 2 *(par llamar la atención)* psst!

chistar *vi* to speak; **no c.,** not to say a word; **sin c** without saying a word.

chistate *nm CAm Med* dysuria.

chiste *nm* 1 *(cuento gracioso)* joke, funny story **caer en el c.,** to get the joke; **contar un c.,** to tell joke; *irón* **tener c.,** to be funny; **la cosa no tiene c** it's no joke; **tomar algo a c.,** to take sth as a joke ■ **c. verde,** blue joke, dirty joke. 2 *(dibujo humc rístico)* cartoon.

chistera *nf* 1 *(sombrero de copa)* top hat. 2 *De (guante de mimbre) (en pelota)* basketwork glove 3 *(cesta de pescador)* fish basket, angler's basket.

chistoso,-a I *adj (persona)* funny, witty, fond c joking; *(anécdota, suceso)* funny, amusing. II *nm, (bromista)* joker, comic, comedian.

histu *nm Mús* Basque flute.

histulari *nm* Basque flute player.

hita *nf* 1 *Anat* anklebone. 2 *(juego)* jacks, knucklebones, quoits; **dar en la c.**, to hit the nail on the head. 3 *loc adv* **a la c. callando**, *(en silencio)* quietly, unobtrusively; *(con disimulo)* secretly, stealthily.

hito[1] *nm Méx* 1 *Culin* fried goat. 2 *(grasa)* muck; *(suciedad)* filth.

hito[2] *interj fam*, **chitón** *interj fam (¡silencio!)* sh!, ssh!, hush!

hivar I *vtr* 1 *fam (molestar)* to annoy, pester. 2 *fam (acusar)* inform. II **chivarse** *vr* 1 *fam* to tell, split; **c. a la policía**, to inform the police. 2 *vulg (fastidiarse)* to get cross.

hivatazo *nm fam (soplo)* informing; *(advertencia)* tip-off; **dar el c.**, to inform, squeal, give a tip-off.

hivatear *vi fam (soplonear)* to inform, split, squeal.

hivato,-a I *nm,f fam (delator)* informer, squealer, grass; *(acusica)* telltale. II *nm* 1 *(dispositivo)* device, gadget. 2 *Zool* kid, young goat.

hiverrazo *nm CAm (ruído)* bump, thud; *(caída)* fall.

hivo,-a[1] *nm,f Zool* kid, young goat; *fig* **c. expiatorio**, scapegoat; *fam* **estar como un c.** *o* **una chiva**, to be mad.

hivo,-a[2] I *nm* 1 *Am (berrinche)* fit of anger. 2 *CAm hum* local M.P. 3 *Méx (salario)* day's wage. II *nf* 1 *Am (perilla)* goatee beard. 2 *CAm (manta)* woollen blanket. 3 *Am (mala mujer)* whore. 4 **chivas**, *Méx (bártulos)* things, junk *sing*.

hivudo,-a *adj & nm,f Arg Cuba Ven (barbudo)* bearded.

hoc *nm Med* shock; **c. nervioso**, nervous shock.

hocante *adj* 1 *(persona)* funny, witty. 2 *(cosa)* surprising, startling; *(raro)* strange; *(escandaloso)* shocking, offensive. 3 *Méx (pesado)* tiresome, irritating, annoying. 4 *Arg (indigno)* unworthy.

hocar [1] I *vi* 1 *(topar)* to crash, collide; *Aut* **c. con** *o* **contra**, to crash into, run into, collide with; **chocaron dos autobuses**, two buses collided *o* crashed (into each other); *(pelota)* **c. contra**, to hit, strike. 2 *Mil* to clash, fight. 3 *fig (en discusión)* to clash, fall out. 4 *fig (sorprender)* to surprise, startle; *(extrañar)* to shock; *(causar enfado)* to annoy; **me chocó que no me contestara**, I was very surprised that he didn't reply. II *vtr (gen)* to clink; *(la mano)* to shake; **vamos a chocar las copas y brindaremos por Juan**, let's raise our glasses and toast Juan; *fam* **¡chócala!**, **¡choca esos cinco!**, shake (on it)!, put it there!

hocarrería *nf (chiste grosero)* coarse *o* dirty joke.

hocarrero,-a *adj* coarse, vulgar.

hocha perdiz *nf Orn* woodcock.

hochear *vi* 1 *(de viejo)* to dodder, be senile. 2 *(de cariño)* to be soft.

hochera *nf*, **chochez** *nf* 1 *(vejez)* dotage, senility. 2 *(sentimentalismo)* silliness, sentimentality.

hochín *nm Orn* wren.

hocho[1] *nm* 1 *(altramuz)* lupin. 2 cinammon candy stick. 3 **chochos**, sweets, *US* candies. 4 *vulg* cunt.

hocho,-a[2] *adj* 1 *(senil)* doddering, senile; **viejo c.**, old dodderer. 2 *(sentimental)* soft, sentimental.

hochocol *nm Méx* pitcher, jug.

hoclo[1] *nm (chanclo) (de madera)* clog; *(de goma)* overshoe, galosh.

choclo[2] *nm* 1 *SAm* ear of maize, corn on the cob; *fam* **¡qué c.!**, what a drag! 2 *Culin* stew made with tender maize. 3 *Arg (percance)* mishap. 4 *Arg (molestia)* annoyance. 5 *Méx (zapato)* flat shoe worn by men; *fam* **meter el c.**, to put one's foot in it.

choco[1] *nm (pez)* small cuttlefish.

choco[2] *nm Am (perro de aguas)* water spaniel.

choco,-a[3] *adj Am* handicapped; *(con una pierna)* one-legged; *(manco)* one-armed; *(con una oreja)* one-eared; *(tuerto)* one-eyed.

chócola *nf Am* children's game.

chocolate *nm* 1 *Culin* chocolate; *(bebida)* drinking chocolate, cocoa; **c. con leche**, milk chocolate; **tableta de c.**, bar of chocolate; *fam* **las cosas claras y el c. espeso**, let's get things clear. 2 *arg (drogas)* dope, hashish.

chocolatera *nf* 1 *(recipiente)* chocolate pot. 2 *fam (trasto)* piece of junk; *(coche)* old banger.

chocolatería *nf* 1 *(fábrica)* chocolate factory; *(granja)* café serving drinking chocolate. 2 *Am Ecuad fig* head.

chocolatero,-a I *adj* fond of chocolate, chocolate-loving. II *(fabricante)* chocolate maker; *(vendedor)* chocolate vendor.

chocolatín *nm*, **chocolatina** *nf (tableta)* bar of chocolate, chocolate bar; *(bombón)* chocolate.

chófer *nm (pl chóferes) Am*, **chofer** *nm (pl choferes) (gen)* driver; *(particular)* chauffeur; **coche de alquiler sin c.**, self-drive hire car.

cholla *nf* 1 *fam (cabeza)* nut, block, head; *(inteligencia)* brains, grey matter. 2 *CAm (llaga)* wound. 3 *Am (pereza)* laziness.

chollar *vtr CAm* 1 *(desollar)* to skin. 2 *(mortificar)* to reprehend.

chollo *nm fam* 1 *(sinecura)* cushy number, doddle. 2 *(ganga)* bargain, snip.

cholludo,-a *adj Am pey (haragán)* lazy, slow.

cholo,-a *adj & nm,f Am (mestizo)* half-breed, mestizo.

choloque *nm Am Bot* soapberry.

chompa *nf Am* jumper, pullover, jersey.

chongo *nm Méx* 1 *(moño)* bun. 2 **chongos**, *Culin* type of caramel custard.

chonta *nf SAm Bot* palm tree.

chontal *adj & nmf Am* 1 *(tribu)* Chontal tribe. 2 *(inculto)* bumkin, yokel, peasant.

chopera *nf Bot* poplar grove.

chopo[1] *nm Bot* poplar; ■ **c. blanco**, white poplar; **c. lombardo**, Lombardy poplar; **c. negro**, black poplar.

chopo[2] *Mil fam* gun; *fig* **cargar con el c.**, to join up.

choque *nm* 1 *(gen)* impact; *Aut Ferroc etc* crash, smash, collision; **c. de frente**, head-on collision; **c. múltiple**, pile-up. 2 *fig (contienda)* clash; *Mil* skirmish; **fuerzas de c.**, shock troops; **la policía de c.**, riot police. 3 *Med* shock.

choquezuela *nf Anat* kneecap.

chorcha *nf* 1 *CAm (cresta de ave)* crest. 2 *CAm (bocio)* goitre. 3 *Méx (grupo gente alegre)* band, gang. 4 *Méx pey* rowdy party.

choricero,-a *nm,f* 1 *(fabricante)* sausage maker; *(vendedor)* sausage vendor. 2 *fig hum (extremeño)* from *o* of Extremadura.

chorizar *vtr fam* to pinch.

chorizo I *nm* 1 *Culin* chorizo, salami, highly-seasoned pork sausage. 2 *fam (ratero)* thief, pickpocket. 3 *(en el circo)* balancing pole. 4 *SAm*

Constr clay and straw used for plastering. **5** *Arg Par Urug (carne)* sirloin. **6** *Méx (moneda)* roll tube of coins. **II** *adj Méx (malvado)* evil, wicked.

chorlitejo *nm Orn* plover. ■ **c. chico,** little ringed plover; **c. grande,** ringed plover; **c. patingro,** Kentish plover.

chorlito *nm Orn* plover; *fam fig* **cabeza de c.,** scatterbrain.

chorra I *adj & nmf vulg (tonto)* idiot, fool; **hacer el c.,** to act the fool. **II** *nf* **1** *fam (suerte)* luck; **¡qué c. tiene el tío ese!,** how lucky can you get! **2** *vulg (pene)* prick.

chorrada *nf* **1** *(de líquido)* extra drop. **2** *fam (adorno superfluo)* frill; *(fruslería)* trinket, knickknack; *(tontería)* bits and pieces *pl*, odds and ends *pl*; *(regalito)* small gift, little something. **3** *fam (estupidez)* piece of nonsense; **decir** *o* **parir chorradas,** to talk rubbish; **el examen fue una c.,** the exam was a walkover.

·chorrear I *vi* **1** *(salir a chorros)* to gush, spurt, spout; *fam* **c. de sudor,** to pour with sweat; *fam* **tengo el abrigo que chorrea,** my coat is dripping wet. **2** *(gotear)* to drip, trickle. **3** *fam (suceder sin interrupción)* to flow. **II** *vtr fam (reprender)* to tick off, give a dressing-down to.

chorreo *nm* **1** *(en chorro)* gush, gushing, spurting, spouting. **2** *(goteo)* dripping, trickle. **3** *fam (reprimenda)* ticking-off, dressing-down. **4** *fam fig (gasto)* drain; **un c. de gastos,** a drain on resources.

chorrera *nf* **1** *(canalón)* gully, channel; *(señal de agua)* mark. **2** *Cost* shirt frill. **3** *Am (serie)* **una c. de,** a string *o* stream of.

chorretada *nf* **1** *(chorro)* gush, spurt, jet; *fig* **hablar a chorretadas,** to gabble. **2** *(porción extra)* extra drop.

chorrillo *nm fig* steady flow *o* trickle.

chorro *nm* **1** *(de agua etc)* jet, spurt; *(poca cantidad)* trickle; **salir a chorros,** to gush forth. **2** *Téc* jet, blast; **de propulsión a c.,** jet propelled. ■ **avión a c.,** jet plane; **c. de arena,** sandblast; **c. de vapor,** steam jet. **3** *fig* stream, flood, torrent; **a chorros,** in plenty, in abundance, copiously; **hablar a chorros,** *(atropelladamente)* to gabble; *(mucho)* to talk nineteen to the dozen; **llover a chorros,** to pour down. **4** *Am (grifo)* tap, *US* faucet.

chota *nf Zool (cabrita)* female kid; *(ternera)* sucking calf; *fam* **estar como una c.,** to be nuts.

chotacabras *nm inv Orn* nightjar.

chotear I *vtr fam* to make fun of. **II chotearse** *vr* **1** *fam* to joke; **c. de,** to make fun of, scoff at. **2** *Arg (sombrero)* to lift the brim of a hat.

choteo *nm fam* joking; **de c.,** in fun; **tomarse algo a c.,** to take sth as a joke.

choto,-a *nm,f* **1** *Zool (cabrito)* kid, young goat; *(ternero)* sucking calf; *fam* **estar como una chota,** to be nuts. **2** *Arg Urug (trapacero)* swindler.

chova *nf Orn* **c. piquirroja,** chough.

chovinismo *nm* chauvinism.

chovinista I *adj* chauvinistic. **II** *nmf* chauvinist.

choza *nf* hut, shack.

chozno,-a *nm,f* great-great-great-grandchild.

christmas *nm inv* Christmas card.

chubasco *nm* **1** *Meteor* heavy shower, downpour; **c. de nieve,** brief snowstorm. **2** *fig (contratiempo)* setback; **aguantar el c.,** to weather the storm.

chubasquero *nm* raincoat.

chúcaro,-a *adj Am* **1** *(ganado)* wild, untamed. *(tímido)* shy.

chucear *vtr Am* to wound with a pike *o* lance.

chucha *nf* **1** *Zool* bitch. **2** *fam* dear. **3** *fam* peset **4** *Bol Chi Per vulg* cunt.

chuchada *nf CAm* fraud, swindle, trick.

chuchería *nf fam* **1** *(fruslería)* trinket, knick-knac **2** *(bocado)* tidbit, snack; *(golosina)* sweet, L candy.

chucho[1] *nm Zool fam* dog, mongrel.

chucho[2] *nm Am* shiver.

chucho[3] *interj (al perro)* shoo!, scat!

chucho,-a[4] *adj CAm* mean, stingy.

chuchoca *nf SAm (para sazonar)* toasted maize.

chuchoco,-a *adj Arg* old, decrepit.

chuchumeco *nm Am* **1** *(hombre mezquino)* co temptible fellow, rat. **2** *(enano)* dwarf, runt.

chuco,-a *adj Am (carne)* high, off.

chucrut *nf,* **chucruta** *nf Culin* sauerkraut.

chueca *nf* **1** *(de árbol)* stump. **2** *Anat* ball of sock joint. **3** *Dep* game resembling hockey. **4** *fam f (broma)* practical joke, prank.

chueco,-a *adj Am* **1** *(torcido)* crooked, ben twisted. **2** *(patizambo)* bow-legged, bandy-legged

chueta *nmf* Balearic Jew.

chufa *nf Bot* chufa, groundnut; **horchata de c** milky drink made from chufas.

chufla *nf,* **chufleta** *nf fam (broma)* joke; *(mof* taunt, jeer; **hacer c. de,** to mock.

chufletear *vi* to joke, jest, banter.

chulada *nf fam* **1** *(grosería)* coarse remark *o* ac *(desfachatez)* cheeky remark *o* act; *(mala jugad* dirty trick. **2** *(bravuconada)* brag, boast, swagger

chulanchar *vtr Arg* to swagger.

chulapo,-a *nm,f,* **chulapón,-ona** *nm,f fam* *(hombre)* spiv, flash Harry, show-off; *(muje* flashy female. **2** *(castizo)* working-class Madril nian.

chulear *fam* **I** *vtr* **1** *(burlarse de)* to make fun of. *(robar)* to pinch, nick. **II** *vi (pavonearse)* to bra swagger, throw one's weight about. **III chulears** *vr fam* **1** *(burlarse)* **c. de,** to make fun of. **2** *(pav nearse)* to brag, swagger, throw one's weight abou

chulería *nf fam* **1** *(donaire)* charm, sparkle, wit. *(valentonería)* bragging, swaggering, bravado. *(vulgaridad)* coarseness, vulgarity. **4** *(groserí* coarse remark *o* behaviour; *(desfachatez)* cheek remark *o* behaviour.

chulesco,-a *adj fam* **1** *(descarado)* cheeky, cock **2** *(vulgar)* flashy, loud, brassy.

chuleta *nf* **1** *Culin* chop, cutlet; **c. de cerdo,** por chop. **2** *fam (bofetada)* slap. **3** *Educ fam* crib (note *US* trot. **4 chuletas,** *fam* whiskers, sideburns.

chulo,-a *fam* **I** *adj* **1** *(descarado)* cheeky, cocky; **p nerse c.,** to get cocky. **2** *(vistoso)* showy, flashy. *(bonito)* nice, pretty, sweet; **¡qué c. vas!,** how sma you look! **II** *nm,f* **1** *(castizo)* working-class Madr lenian. **2** *(matón)* flash Harry; *(presuntuoso)* shov off, swank. **III** *nm (proxeneta)* pimp.

chulón,-ona *adj CAm* naked.

chumacera *nf Téc* bearing; *Náut* rowlock, *US* oa lock.

chumbe *nm Am (faja)* sash.

chumero *nm CAm* apprentice.

chunga *nf fam* joke, fun; **estar de c.,** to be in joking mood; **tomar algo a** *o* **en c.,** to treat sth as joke.

hungar [7] **I** *vi fam* to joke. **II** chungarse *vr fam* to joke; **c. de,** to make fun of.

hungo,-a *adj fam (malo)* naff; *(sin valor)* worthless; **es un tío muy c.,** he's a really nasty piece of work.

hungón,-ona *adj fam* fond of joking.

hunguear I *vi fam* to joke. **II** chunguearse *vr fam* to joke; **c. de,** *(broma)* to joke about; *(mofa)* to make fun of.

hunguero,-a *adj fam* fond of joking.

hupa *nf (prenda)* short jacket; *fam* **poner a algn como c. de dómine,** to give sb a dressing-down, haul sb over the coals.

hupacirios *nm pej fam (beato)* Holy Joe, Holy Willie.

hupachup® *nm* lollipop.

hupada *nf (a un pirulí etc)* suck; *(a un cigarro)* puff, drag; *(en pipa)* pull, puff; **dar chupadas a un cigarro,** to puff at a cigar.

hupadero *nm (para bebé)* teething ring.

hupado,-a II *pp de* chupar. **II** *adj* **1** *(flaco)* skinny, bony, thin; **de cara chupada,** gaunt, hollow-cheeked. **2** *(estrecho) (falda etc)* tight. **3** *arg* **está c.,** it's dead easy.

hupador *nm (para bebé)* teething ring.

hupar I *vtr* **1** *(gen)* to suck; *(un cigarro)* to puff at; *(beber a sorbos)* to sip; *fam* **chuparle la sangre a algn,** to bleed sb dry. **2** *(lamer)* to lick. **3** *(absorber)* to suck up, soak up, absorb. **II** *vi* to suck. **III** chuparse *vr* **1 c. el dedo,** to suck one's thumb; **c. los dedos,** to lick one's fingers; *fam* **está para c. los dedos,** it's really mouthwatering; *fam* **¡chúpate eso!,** stick that in your pipe and smoke it! **2** *(consumirse)* to grow thin, waste away. **3** *fam (aguantar)* to put up with; **nos chupamos toda la película,** we sat through the whole film. **4** *Am (conversación)* to put up with; **me chupé todo su viaje,** I put up with all the details of his trip.

hupatintas *nm inv pey* penpusher, office drudge.

hupete *nm* **1** *(para bebé)* dummy, soother, *US* pacifier; *(de biberón)* teat. **2** *Am (caramelo)* lollipop.

hupetear *vi* to suck at.

hupeteo *nm* sucking.

hupi *adj fam* great, terrific, fantastic.

hupinazo *nm* **1** *(cañonazo)* loud bang. **2** *Ftb fam* hard kick.

hupino,-a *adj Arg* tailless.

hupón,-ona I *adj* **1** *(que chupa)* sucking. **2** *fam (gorrón)* sponging, scrounging. **II** *nm* **1** *Bot* sucker. **2** *(pirulí)* lollipop. **3** *Am* dummy, soother, *US* pacifier; *(de biberón)* teat. **4** *(desatrancador)* plunger. **5** *Hon Méx Med* boil.

hupóptero,-a *nm,f irón fam* sponger, scrounger.

hurdón *nm Bot* raspberry.

hurrasco *nm* barbecued meat, barbecued steak.

hurre *nm fam* filth, grease.

hurrería *nf* fritter shop.

hurrero,-a *nm,f* **1** fritter maker, fritter seller. **2** *arg (afortunado)* lucky person.

hurrete *nm* dirty mark, grease spot.

hurretear *vtr Am* to stain.

hurretón *nm* dirty mark, grease spot.

hurretoso,-a *adj* dirty, filthy.

hurria *nf* **1** *Méx* stain. **2** *Am* **churrias,** diarrhoea *sing*, *US* diarrhea *sing*.

churriento,-a *adj véase* churretoso,-a.

churrigueresco,-a *adj* **1** *Arquit* churrigueresque, Spanish baroque. **2** *fig* excessively ornate, loud, flashy, tawdry.

churro *nm* **1** *Culin* fritter, *US* cruller. **2** *fam (chapuza)* botch, mess, slapdash job. **3** *fam (chiripa)* fluke, piece of good luck.

churrullero,-a I *adj (hablador)* talkative; *(chismoso)* gossipy. **II** *nm,f (hablador)* chatterbox; *(chismoso)* gossip.

churruscar [1] *vtr & vi,* churruscarse *vr (pan etc)* to burn.

churrusco *nm* piece of burnt toast.

churumbel *nm fam* kid, child.

churumbela *nf* **1** *Mús* hornpipe. **2** *Am* cup with tube from which maté is drunk.

chus *interj (al perro)* here, boy!; *fam* **no decir ni c., ni mus,** not to say a word.

chuscada *nf* funny remark, joke.

chusco,-a[1] *adj (divertido)* funny, droll; *(gracioso)* witty.

chusco[2] *nm* **1** *(mendrugo)* chunk of stale bread. **2** *Mil fam* ration bread.

chusma *nf* **1** rabble, mob, riffraff. **2** *Arg* group of Indians.

chuso,-a *nm Arg (seco)* parchment-like, wrinkled.

chuspa *nf Am* bag, pouch.

chusquero *nm Mil fam* ranker.

chut *nm Dep* shot, kick.

chutar I *vi* **1** *Dep (a gol)* to shoot. **2** *fam* to go well; **va que chuta,** it's going really well; **¡y vas que chutas!,** and then you're well away! **II** chutarse *vr (drogas) arg* to fix, shoot up, mainline.

chute *nm arg (drogas)* fix.

chuza *nf Méx Bolos* strike.

chuzo *nm Am (pila)* pike; *(bastón)* metal-tipped stick; *fam fig* **caer chuzos de punta,** to rain cats and dogs, pour down.

chuzón,-ona *adj* **1** *(astuto)* crafty, wily, sly. **2** *(ingenioso)* witty, sharp, clever.

chuzonada *nf* piece of clowning around *o* tomfoolery, prank.

CI *nm abr de* **coeficiente intelectual,** intelligence quotient, IQ.

Cía., cía *abr de* **compañía,** Company, Co.

cianuro *nm Quím* cyanide.

ciática *nf Med* sciatica.

cibernética *nf* cybernetics *sing*.

cibernético,-a *adj* cybernetic.

cicatería *nf* stinginess, meanness.

cicatero,-a I *adj* stingy, mean. **II** *nm,f* miser.

cicatriz *nf Med* scar.

cicatrización *nf Med* healing.

cicatrizar [4] *vtr & vi Med* to heal.

cicerone *nmf* guide, cicerone.

ciclamen *nm Bot* cyclamen.

cíclico,-a *adj* cyclic, cyclical.

ciclismo *nm Dep* cycling.

ciclista *Dep* **I** *adj* cycle, cycling. **II** *nmf* cyclist.

ciclo *nm (gen)* cycle; *(de conferencias etc)* course, series.

ciclocróss *nm Dep* cyclo-cross.

ciclomotor *nm Aut* moped.

ciclón *nm Meteor* cyclone; *fig* **como un c.,** like a whirlwind.

cíclope nm Mit Cyclops.

ciclópeo,-a adj gigantic, huge, massive.

ciclostil nm cyclostyle, mimeograph.

ciclostilar vtr to cyclostyle, mimeograph.

cicuta nf Bot hemlock.

cidra nf Bot (fruta) citron.

cidro nm Bot (árbol) citron (tree).

ciego,-a I adj 1 (persona) blind; **a ciegas,** blindly; fig without a clue; **quedarse c.,** to go blind; fig **c. de cólera,** blind with anger; fam **ponerse c.,** (bebiendo) to get blind drunk; (drogas) to get very stoned. 2 Constr blocked up. II nm,f blind person; **los ciegos,** the blind pl. III nm Anat caecum.

cielo I nm 1 sky; **a c. abierto,** opencast, US opencut; fig **venirse el c. abajo,** (llover) to pour down; (desmoralizarse) to lose heart; fig **ver el c. abierto,** to see the way out (of a difficulty). 2 Rel heaven; fig **bajado** o **caído del c.,** (oportuno) heaven-sent; (inesperado) out of the blue; fig **clamar al c.,** to cry out to heaven; fig **mover** o **remover c. y tierra,** to move heaven and earth; fig **ser un c.,** to be an angel. ■ **Arquit c. raso,** ceiling. 3 Anat (de la boca) roof. II interj ¡c. santo!, good heavens!

ciempiés nm inv Zool centipede.

cien adj & nm inv hundred; c. libras, a o one hundred pounds; **es c. por c. cierto,** it's one hundred per cent true; **éste es el que hace c.,** this is the hundredth; fam **ponerse a c.,** to get worked up, be up to a hundred.

ciénaga nf Geog marsh, bog.

ciencia nf 1 (disciplina) science; **hombre de c.,** scientist; fig **saber algo a c. cierta,** to know something for certain. ■ Lit Cin **c. ficción,** science fiction; **c. infusa,** intuition; **ciencias empresariales,** business studies; **ciencias exactas,** mathematics; **ciencias ocultas,** the occult sing. 2 (saber) knowledge, erudition.

cienmilésimo,-a adj & nm,f, **cienmillonésimo,-a** adj & nm,f hundred millionth.

cieno nm mud, mire.

científico,-a I adj scientific. II nm,f scientist.

ciento adj hundred; **c. doce,** one hundred and twelve; **por c.,** per cent; **por cientos,** by the hundred; fam **c. y la madre,** a crowd; fam **dar c. y raya a algn,** to run rings round sb.

cierne nm Bot budding; fig **en c.** o **ciernes** (en potencia) in embryo o potential; **es un tenista en c.,** he's got potential as a tennis player.

cierre nm 1 (acción) closing, shutting; (de fábrica) shutdown; Rad TV close-down. ■ **c. patronal,** lockout. 2 (mecanismo) (de bolso) clasp; (de puerta, ventana) catch; (de una tienda) shutter; (prenda) fastener. ■ **c. de seguridad,** safety lock.

cierto,-a I adj 1 (seguro) sure, definite; (verdadero) right, true; **estar en lo c.,** to be right; **lo c. es que ...,** the fact is that ...; **por c.,** by the way. 2 (algún) certain; **ciertas personas,** some people; **de cierta edad,** elderly; **en ciertos casos,** in certain o some cases. II adv certainly.

ciervo,-a nm,f Zool deer; (macho) stag, hart; (hembra) doe, hind.

cierzo nm Meteor north wind.

cifra nf 1 Mat (número) figure, number. 2 (suma) amount; **c. global,** lump sum. 3 (código) cipher, code; **en c.,** in code; fig mysteriously.

cifrado,-a I pp de **cifrar.** II adj 1 (en cifra) coded, in code. 2 fig (ilusión, esperanza) placed.

cifrar I vtr 1 (mensaje) to encode. 2 fig (ilusión, esperanza) to place. II **cifrarse** vr to amount o come to.

cigala nf Zool Dublin Bay prawn; Norway lobster.

cigarra nf Ent cicada.

cigarral nm (en Toledo) country house.

cigarrero,-a I nm,f (persona) street tobacco seller. II nf (estuche) cigar case.

cigarrillo nm cigarette. ■ **c. con filtro,** filter(-tip) cigarette.

cigarro nm 1 (puro) cigar. 2 (cigarrillo) cigarette.

cigüeña nf 1 Orn stork. 2 Téc crank.

cigüeñal nm Téc crankshaft.

cilicio nm Rel (prenda) hair shirt.

cilindrada nf Aut Téc cylinder capacity.

cilíndrico,-a adj cylindric, cylindrical.

cilindro nm cylinder.

cima nf summit; fml **dar c. a algo,** to crown sth.

cimarrón,-a Am I adj 1 Zool wild animal. 2 Hist **esclavo c.,** runaway slave. II nm,f Hist runaway slave.

címbalo nm Mús cymbal.

cimborio nm, **cimborrio** nm Arquit dome.

cimbra nf 1 Arquit soffit. 2 Constr centring, US centering.

cimbrar vtr, **cimbrear** I vtr 1 (gen) to make quiver; (caña) to waggle. 2 Constr to erect a centring for an arch. II **cimbrearse** vr to sway.

cimbreo nm 1 (balanceo) waggle, quiver. 2 (andar) sway, swaying.

cimentación nf Constr 1 (acción) laying of foundations. 2 (cimientos) foundation, foundations pl.

cimentar vtr Constr to lay the foundations of; fig (amistad, idea) to strengthen, consolidate.

cimientos nmpl Constr foundations; **echar** o **poner los c.,** to lay the foundations; fig **desde los c.,** from the very start.

cinamomo nm Bot cinnamon (tree).

cinc nm Metal zinc.

cincel nm chisel.

cincelado,-a I pp de **cincelar.** II adj chiselled, US chiseled. III nm chiselling, US chiseling.

cincelar vtr to chisel.

cincha nf Equit girth, US cinch.

cincho nm belt; Téc hoop.

cinco inv I adj (cardinal) five; (ordinal) fifth; **el de las c.,** five o'clock tea. II nm five; fam ¡choca vengan esos c.!, slap me five!; véase tamb **ocho.**

cincuenta inv I adj (cardinal) fifty; (ordinal) fiftieth. II nm fifty; véase tamb **ochenta** y **ocho.**

cincuentavo,-a I adj fiftieth; **cincuentava parte** fiftieth. II nm,f fiftieth; véase tamb **octavo,-a.**

cincuentena nf fifty.

cincuentenario nm fiftieth anniversary.

cincuentón,-ona adj & nm,f fam fifty-year-old.

cine nm 1 (local) cinema, US movie theater; **ir al c.** to go to the cinema, US go to the movies. ■ **c. de estreno,** first-run cinema. 2 (arte) cinema; **hacer c.,** to make films, US make movies; fam **ser de c.** to be fabulous. ■ **c. mudo/sonoro,** silent/talking films pl; **estrella de c.,** film star.

cineasta nmf film director, film maker.

cineclub nm (pl **cineclubs**) small film society.

cinéfilo,-a nm,f film lover, US moviegoer.

cinegética nf hunting.

cinegético,-a *adj* of *o* related to hunting.

cinema *nm véase* cine

cinemateca *nf véase* filmoteca

cinemática *nf* kinematics *sing.*

cinematografía *nf* film making, cinematography.

cinematográfico,-a *adj* cinematographic; **la industria cinematográfica,** the film *o US* movie industry.

cinematógrafo *nm* film projector, *US* movie projector.

cinerama *nf* cinerama.

cinética *nf* kinetics *sing.*

cinético,-a *adj* kinetic.

cingalés,-esa *adj* & *nm,f* Singhalese.

cíngaro,-a *adj* & *nm,f* Tzigane, gypsy.

cínico,-a I *adj* cynical. II *nm,f* cynic.

cinismo *nm* cynicism.

cinta *nf* 1 *(tira)* band, strip; *(para adornar)* ribbon; *Cost* braid, edging; **c. para (sujetar) el pelo,** headband. 2 *Téc* tape. ■ **c. adhesiva/aislante,** adhesive/insulating tape; **c. de ametralladora,** loading belt; *Téc Inform* **c. magnética,** magnetic tape; **c. magnetofónica,** recording tape; **c. métrica,** tape measure; **c. transportadora,** conveyor belt. 3 *Cin* film.

cinto *nm (cinturón)* belt; *(de sable)* swordbelt.

cintura *nf Anat* waist; *fam* **meter a algn en c.,** to bring sb into line.

cinturón *nm* belt; *fig* **apretarse el c.,** to tighten one's belt. ■ **c. de castidad/seguridad,** chastity/safety belt.

cipe *adj CAm* **niño c.,** sickly child.

cipote I *adj* stupid. II *nm* 1 *ofens (persona)* tit, cunt. 2 *vulg (pene)* prick, cock.

ciprés *nm Bot* cypress.

CIR *nm Mil abr de* **Centro de Instrucción de Reclutas,** ≈ Recruits Training Unit.

circense *adj* circus.

circo *nm* 1 *(espectáculo)* circus. 2 *Geog* cirque.

circuito *nm Elec Dep* circuit. ■ *TV* **c. cerrado de televisión,** closed circuit television; *Téc* **corto c.,** short circuit.

circulación *nf* 1 *(gen)* circulation; **fuera de c.,** out of circulation; *Fin* **poner en/retirar de la c.,** to put into/withdraw from circulation. ■ *Med* **c. de la sangre** *o* **sanguínea,** blood circulation. 2 *Aut (tráfico)* traffic; **una carretera de mucha c.,** a very busy road. ■ **c. rodada,** vehicular traffic; **código de la c.,** highway code.

circular I *adj* & *nf* circular. II *vi* 1 *(moverse)* to circulate, move, pass; *(líquido)* to flow; *(trenes, autobuses)* to run; **circulan muchos coches por esta calle,** there's a lot of traffic on this street; **¡circulen!,** move along, please!; **hacer c.,** *(documento)* to circulate; *(líquido)* to make flow; *fig (rumor)* to spread; **hoy no circulan trenes,** there are no trains running today; *(en letrero)* **peatón circule por la** *o* **su izquierda,** pedestrians keep to the left. 2 *Aut (conducir)* to drive; **c. por la izquierda/derecha,** to drive on the left/right.

circulatorio,-a *adj* circulatory.

círculo *nm* 1 *(gen)* circle. ■ *fig* **c. vicioso,** vicious circle. 2 *(club)* circle, club.

circuncidar *vtr* to circumcise.

circuncisión *nf* circumcision.

circunciso,-a *adj* circumcised.

circundante *adj* surrounding.

circundar *vtr* to surround, encircle.

circunferencia *nf Geom* circumference.

circunflejo *adj* & *nm Ling* circumflex.

circunloquio *nm* circumlocution; **déjate de circunloquios,** stop beating about *o* around the bush.

circunscribir *(pp* **circunscrito)** I *vtr Geom* to circumscribe. II **circunscribirse** *vr fig* to confine *o* limit oneself.

circunscripción *nf* district. ■ **c. electoral,** constituency.

circunscrito,-a I *pp de* circunscribir. II *adj* circumscribed.

circunspección *nf* circumspection, seriousness.

circunspecto,-a *adj* circumspect, serious, grave.

circunstancia *nf* circumstance; **en estas circunstancias ...,** under the circumstances ...; **estar a la altura de las circunstancias,** to rise to the occasion; *fam* **poner cara de circunstancias,** to look grave.

circunstancial *adj* circumstantial; *Ling* **complemento c.,** adverbial complement.

circunvalación *nf* 1 *Hist* circumvallation. 2 *Aut* **carretera de c.,** ring road, *US* belt, beltway; **línea de c.,** *(de tren)* circular line; *(de autobús)* circular route.

circunvalar *vtr* to circumvallate, surround.

cirílico,-a *adj Ling* Cyrillic.

cirio *nm* wax candle; *fam* **armar un c.,** to kick up a rumpus.

cirro *nm Meteor* cirrus.

cirrosis *nf Med* cirrhosis.

cirroso,-a *adj,* **cirrótico,-a** *adj* cirrhotic.

ciruela *nf Bot* plum. ■ **c. claudia,** greengage; **c. pasa,** prune.

ciruelo *nm Bot* plum tree.

cirugía *nf Med* surgery. ■ **c. estética** *o* **plástica,** plastic surgery.

cirujano,-a *nm,f Med* surgeon.

ciscarse [1] *vr euf* to soil oneself; **¡me cisco en ...!,** damn ...!

cisco *nm* 1 *(carbón)* charcoal. 2 *fam (trifulca)* row, rumpus; *fam* **estoy hecho c.,** I'm done for; *fam* **hacer c. (algo),** to smash (sth) to pieces.

cisma *nm* 1 *Rel* schism. 2 *Pol* split.

cismático,-a *adj* & *nm,f* schismatic.

cisne *nm Orn* swan.

cisterna *nf* cistern, tank. ■ **buque** *o* **camión c.,** tanker.

cistitis *nf inv Med* cystitis.

cita *nf* 1 *(convocatoria)* appointment; **en el congreso se dieron c. casi mil especialistas,** almost a thousand experts attended the conference; **tener una c. con algn,** to have arranged to meet sb. 2 *(amorosa)* date. ■ **casa de citas,** house of ill repute, brothel. 3 *(mención)* quotation.

citación *nf Jur* citation, summons *sing.*

citado,-a I *pp de* citar. II *adj* aforementioned.

citar I *vtr* 1 *(dar cita)* to arrange to meet, make an appointment with. 2 *Jur* to summon; **c. a algn a juicio,** to call sb as a witness. 3 *(mencionar)* to quote; **cito de memoria,** I'm quoting from memory; **para c. sólo un ejemplo,** to give just one example. II **citarse** *vr* to arrange to meet, make a date **(con,** with).

cítara *nf Mús* zither, sitar.

citología *nf Biol* cytology.

citoplasma *nm* cytoplasm.

cítrico,-a I *adj* citric, citrus. II **cítricos** *nmpl* citrus fruits.

ciudad *nf* town, city; **ir a la c.**, to go to *o* into town; **la gran c.**, the big city. ■ **c. dormitorio,** dormitory suburb *o* town; **c. jardín,** garden city.

ciudadanía *nf* citizenship.

ciudadano,-a I *adj* civic; **deberes ciudadanos,** civic duties. II *nm,f* citizen.

ciudadela *nf* citadel, fortress.

ciudarealeño,-a I *adj* of *o* from Ciudad Real. II *nm,f* native *o* inhabitant of Ciudad Real.

civet *nm* Culin stew, ragout.

civeta *nf* Zool civet.

cívico,-a *adj* civic.

civil I *adj* 1 civil; **matrimonio c.,** civil marriage; **casarse por lo c.,** to get married in a registry office. 2 *Mil* civilian. II *nm* member of the **Guardia Civil.**

civilista *nmf* Am Pol defender of civil government.

civilización *nf* civilization.

civilizado,-a I *pp de* **civilizar.** II *adj* civilized.

civilizador,-a I *adj* civilizing. II *nm,f* civilizer.

civilizar [4] I *vtr* to civilize. II **civilizarse** *vr* to become civilized.

civismo *nm* good citizenship, civility.

cizalla *nf*, **cizallas** *nfpl* 1 *(herramienta)* metal shears *pl*, wire cutters *pl*. 2 *Metal* metal clippings *pl o* cuttings *pl*.

cizaña *nf* Bot bearded darnel; *fig* **sembrar c.,** to sow discord.

cl *abr de* **centilitro(s),** centilitre(s), US centiliter(s), cl.

clamar *vtr* to cry out for, clamour *o* US clamor for; **c. venganza,** to cry out for revenge.

clamor *nm* clamour, US clamor.

clamoroso,-a *adj* clamorous; **un éxito c.,** an overwhelming success.

clan *nm* clan.

clandestinidad *nf* secrecy; **en la c.,** underground, in secrecy.

clandestino,-a *adj* clandestine, underground, secret.

claque *nf fig* Teat claque.

claqué *nm* Mús tap dancing.

clara *nf* 1 *(de huevo)* white. 2 *fam (bebida)* shandy.

claraboya *nf* Arquit skylight.

clarear I *vtr* to light up; *(habitación)* to illuminate; *(color)* to make lighter. II *vi* 1 *(amanecer)* to dawn. 2 *Meteor (despejar)* to clear up. 3 *Tex (transparentar)* to wear thin, become transparent. III **clarearse** *vr* to let the light through; *fig (delatarse)* to give oneself away.

clarete *adj & nm (vino)* claret.

claridad *nf* 1 *(luz)* light, brightness. 2 *(inteligibilidad)* clearness, clarity; **con c.,** clearly.

clarificación *nf* clarification.

clarificador,-a I *adj* clarifying. II *nm,f* clarifier.

clarificar [1] *vtr* to clarify, clear up.

clarín *nm* Mús bugle; **toque de c.,** bugle call.

clarinete *nm* Mús 1 *(instrumento)* clarinet. 2 *(persona)* clarinettist.

clarinetista *nmf* clarinettist.

clarividencia *nf* 1 *(lucidez)* lucidity, clear thinking. 2 *(percepción)* clairvoyance, far-sightedness.

clarividente I *adj* 1 *(lúcido)* lucid. 2 *(perceptivo)* clairvoyant, far-sighted. II *nmf (persona)* clairvoyant.

claro,-a I *adj* 1 *(gen)* clear; **dejar algo c.**, to make sth clear; **¿está c.?**, is that clear?; *fig* **más c. que el agua,** as clear as daylight; *fig* **mente clara,** clear mind; *fam* **a las claras,** openly; *fam* **¡lo llevas c.!** you've got it coming to you! 2 *(bien iluminado)* bright, well-lit. 3 *(líquido, salsa)* thin. 4 *(color)* light. II *interj* of course!; **¡c. que no!**, of course not! **¡c. que sí!**, certainly! III *nm* 1 *(espacio)* gap, space *(en un bosque)* clearing; **c. de luna,** moonlight **dejar un c.,** to leave a gap. 2 *Meteor* bright spell IV *adv* clearly; **¡habla c.!**, make yourself clear!; *fig* **no lo veo (nada) c.**, I can't see it working.

claroscuro *nm* Art chiaroscuro.

clase *nf* 1 *(grupo, distinción)* class; **tener c.,** to have class. ■ **c. alta/media,** upper/middle class; **c. obrera dirigente,** working/ruling class; **clases pasivas,** pensioners; **primera/segunda c.,** first/second class. 2 *Educ (curso)* class; **dar c. a algn,** to teach sb. ■ **c. de conducir,** driving lesson; **c. particular,** private class *o* lesson. 3 *Educ (aula)* classroom; *Univ* lecture hall. 4 *(tipo)* kind, sort; **de buena c.,** good quality; **de toda(s) clase(s),** of all kinds *o* sorts **toda c. de ...,** all kinds of ... .

clasicismo *nm* classicism.

clasicista I *adj* classicistic. II *nmf* classicist.

clásico,-a I *adj* 1 classical; **música clásica,** classical music. 2 *(típico)* classic, typical; **es el ejemplo c.,** that's the classic example. 3 *(en el vestir)* classic. II *nm* classic. III **clásicas** *nfpl* Ling the classics.

clasificación *nf* 1 *(gen)* classification; *Dep* league table; *(de discos)* ≈ top twenty. 2 *(distribución)* sorting (out).

clasificador,-a I *adj* classifying. II *nm,f* classifier III *nm* Mueb filing cabinet.

clasificar [1] I *vtr* to classify, class; *(libros, cartas* to sort (out). II **clasificarse** *vr* 1 *Dep* to qualify; **e equipo se clasificó para la final,** the team qualifie for the final. 2 *Dep (llegar)* to come; **se clasificó se gundo,** he came (in) second.

clasismo *nm* class-consciousness.

clasista I *adj* class-conscious. II *nmf* class-consciou person.

claudicación *nf* submission, yielding.

claudicar [1] *vi* to yield, give in.

claustro *nm* 1 *Arquit* cloister. 2 *Rel fig* monasti life. 3 *Educ (profesores)* staff; *(junta)* staff meeting *Univ* senate.

claustrofobia *nf* Med claustrophobia.

cláusula *nf* clause.

clausura *nf* 1 *(cierre)* closure, closing. ■ **ceremoni de c.,** closing ceremony. 2 *Rel* enclosure. ■ **monj de c.,** enclosed nun.

clausurar *vtr (curso, conferencia)* to close; *(debate* to end, conclude; *Jur (bar, local)* to close (down).

clavado,-a I *pp de* **clavar.** II *adj* 1 *(con clavos)* nail studded, nailed. 2 *(fijo)* firmly fixed; *fig* **con la mi rada clavada en ...,** staring at ...; *fam* **dejar (a algn c.,** to leave (sb) dumbfounded. 3 *fam (exacto)* **es c a su padre,** he's the spitting image of his father; **so las diez clavadas,** it's ten o'clock sharp *o* on the dot

clavar I *vtr* 1 *(gen)* to nail; *(clavo)* to bang *o* hamme in; *(estaca)* to drive; *fig* **c. los ojos en..**, to rivet one' eyes on ... . 2 *fam (cobrar caro)* to sting *o* fleece II **clavarse** *vr (gen)* to get; **c. un cuchillo,** to thrus a knife in one's hand *o* body; **c. una astilla,** to ge a splinter in one's finger; **c. una espina,** to pric oneself on a thorn.

clave I *nm Mús* harpsichord. **II** *nf* **1** *(de un enigma)* key, clue; **la c. de su actitud,** the key to her attitude. **2** *(código)* key, cipher; **en c.,** in code. **3** *Mús (tono)* key; *(signo)* clef. **4** *Arquit* keystone. **III** *adj (importante)* important; **la palabra c.,** the key word; **ocupa un puesto clave,** he holds a top position.

clavel *nm Bot* carnation.

clavellina *nf Bot* pink.

clavetear *vtr* to stud with nails.

clavicordio *nm Mús* clavichord.

clavícula *nf Anat* clavicle, collarbone.

clavija *nf* **1** *Téc* peg; *fig* **apretarle las clavijas a algn,** to tighten the screws on sb. **2** *Elec Tel* plug.

clavo *nm* **1** nail, stud; *fig* **agarrarse a un c. ardiendo,** to clutch at a straw; *fig* **dar en el c.,** to hit the nail on the head; *fig* **remachar el c.,** to make matters worse; *fam* **como un c.,** very punctual; *fam* **estar sin un c.,** to be dead broke. **2** *Bot* clove. **3** *vulg (pene)* prick, horn.

claxon *nm (pl* **cláxones)** *Aut* horn, hooter; **tocar el c.,** to sound the horn.

clemencia *nf* mercy, clemency.

clemente *adj* merciful, clement.

clementina *nf Bot* clementine.

cleptomanía *nf* kleptomania.

cleptómano,-a *adj & nm,f* kleptomaniac.

clerecía *nf* clergy.

clergyman *nm (prenda)* clericals *pl,* clergyman's suit.

clerical I *adj* clerical. **II** *nmf* clericalist.

clericalismo *nm* clericalism.

clérigo *nm* priest.

clero *nm* clergy.

cliché *nm* **1** *Fot* negative. **2** *Impr* plate. **3** *fig (lugar común)* cliché.

cliente *nmf* customer, client.

clientela *nf* customers *pl,* clients *pl,* clientele.

clima *nm* climate; *fig* atmosphere; **en un c. de cordialidad,** in a cordial atmosphere.

climaterio *nm* climacteric.

climático,-a *adj* climatic, climatical.

climatización *nf* air conditioning.

climatizado,-a I *pp de* **climatizar.** **II** *adj* air-conditioned.

climatizar [4] *vtr* to air-condition.

climatología *nf* climatology.

climatológico,-a *adj* climatologic, climatological.

clímax *nm inv* climax.

clínica *nf* clinic.

clínico,-a I *adj* clinical. **II** *nm,f (persona)* clinician, physician.

clip *nm (para papel)* clip; *(para pelo)* hair-grip, *US* bobby pin.

clíper *nm (pl* **clíperes)** *Náut* clipper.

clítoris *nm inv Anat* clitoris.

cloaca *nf* sewer, drain.

cloquear *vi* to cluck.

cloqueo *nm* cluck, clucking.

clorado,-a I *pp de* **clorar.** **II** *adj* chlorinated. **III** *nm* chlorination.

clorhídrico,-a *adj Quím* hydrochloric.

cloro *nm Quím* chlorine.

clorofila *nf Bot* chlorophyll, *US* chlorophyl.

clorofílico,-a *adj* chlorophyllous.

cloroformo *nm Farm* chloroform.

cloruro *nm Quím* chloride. ■ **c. sódico,** sodium chloride.

club *nm (pl* **clubs** *o* **clubes)** club. ■ **c. náutico,** yacht club.

clueca I *adj* broody. **II** *nf* broody hen.

cm *abr de* **centímetro(s),** centimetre(s), *US* centimeter(s), cm.

Cnel. *abr de* **Coronel,** Colonel, Col.

CNT *nf abr de* **Confederación Nacional de Trabajadores,** workers national confederation.

coacción *nf* coercion.

coaccionar *vtr* to coerce, compel.

coactivo,-a *adj* coercive, compelling.

coadjutor,-a I *adj & nm,f* coadjutant. **II** *nm Rel* coadjutor.

coadyuvante *adj & nmf fml* coadjutant.

coadyuvar *vtr fml* to contribute, help.

coagulación *nf* coagulation, clotting.

coagulante I *adj* coagulative. **II** *nm* coagulant, coagulator.

coagular I *vtr & vi (gen)* to coagulate; *(sangre)* to clot; *(leche)* to curdle. **II coagularse** *vr (gen)* to coagulate; *(sangre)* to clot; *(leche)* to curdle.

coágulo *nm* coagulum, clot.

coala *nm Zool* koala (bear).

coalición *nf* coalition.

coaligar [7] *vtr,* **coaligarse** *vr* to ally (with).

coartada *nf* alibi.

coartar *vtr* to hinder; *fig* to restrict.

coautor,-a *nm,f* coauthor.

coba *nf fam* soft soap; **dar c. a algn,** to soft-soap sb.

cobalto *nm* cobalt. ■ **bomba de c.,** cobalt bomb.

cobarde I *adj* cowardly. **II** *nmf* coward.

cobardía *nf* cowardice.

cobaya *nf,* **cobayo** *nm Zool* guinea pig.

cobertizo *nm* shed, shack.

cobertor *nm* **1** *(colcha)* bedspread. **2** *(manta)* blanket.

cobertura *nf* cover; *Seg* **c. de seguros,** insurance cover.

cobija *nf Am* blanket.

cobijar I *vtr (gen)* to shelter; *(fugitivo)* to harbour, *US* harbor. **II cobijarse** *vr* to take shelter.

cobijo *nm (techo)* shelter; *fig (protección)* protection, refuge.

cobista *fam* I *adj* soapy. **II** *nmf* crawler, toady.

cobla *nm Cat Mús* brass band.

cobra *nf Zool* cobra.

cobrador,-a *nm,f* **1** *(de autobús etc) (hombre)* conductor; *(mujer)* conductress. **2** *(de luz, agua, etc)* collector.

cobrar *vtr* **1** *(dinero)* to charge; *(cheque)* to cash; *(salario)* to earn; **cóbralo todo junto,** put it all together; **¿cuánto cobras al mes?,** how much do you earn a month?; **han venido a c. el alquiler,** they've been to collect the rent; **me ha cobrado diez duros,** she charged me fifty pesetas; *Com* **por c.,** unpaid. **2** *irón* to get beaten *o* a slap; **¡vas a c.!,** you'll cop a clout!, you're in for it! **3** *Caza* to retrieve. **4** *fig (adquirir)* to gain, get; **c. aliento,** to get one's breath back; **c. ánimos,** to take courage *o* heart; **c. importancia,** to become important. **II cobrarse** *vr* **1** *(dinero)* to take, collect; **cóbrese de aquí,** take it out of this, please. **2** *desus (recuperarse)* to recover.

cobre *nm* **1** *Metal* copper; *fam* **batir el c.,** to go hard at it. **2** *Am (moneda)* copper cent.

cobrizo,-a *adj* copper, copper-coloured, *US* copper-colored, coppery.

cobro *nm* 1 *(pago)* collecting; *(de cheque)* cashing; **el c. del gas,** the gas payment; *Com* **presentar al c.,** to hand in for payment. ■ *Tel* **c. revertido,** reverse-charge, *US* collect. 2 *Caza* retrieval.

coca *nf* 1 *Bot* coca. 2 *arg (droga)* cocaine, coke. 3 *fam (bebida)* Coke®. 4 *Cat Culin* type of flat cake.

cocaína *nf* cocaine.

cocainómano,-a *nm,f* cocaine addict, coke head.

cocción *nf Culin* cooking; *(en agua)* boiling; *(en horno)* baking.

cocear *vi* to kick.

cocer [54] **I** *vtr Culin (comida)* to cook; *(hervir)* to boil; *(en horno)* to bake. **II** *vi (hervir)* to boil. **III co-cerse** *vr* 1 *Culin (comida)* to cook; *(hervir)* to boil; *(en horno)* to bake. 2 *fam (de calor)* to roast, be boiling. 3 *(tramarse)* to be afoot *o* going on, be cooking.

cochambre *nf* filth, muck.

cochambroso,-a *adj* filthy.

coche *nm* 1 *Aut* car, automobile, motorcar; **fuimos en c.,** we went by car. ■ **c. blindado,** armoured car; **c. celular,** police van; **c. de alquiler,** hired car, *US* rented car; **c. de bomberos,** fire engine; **c. de ca-rreras,** racing car; **c. de época,** vintage car; **c. familiar,** estate (car), *US* station wagon; **c. fúnebre,** hearse. 2 *Ferroc* carriage, coach. ■ **c. cama,** sleeping car, *US* sleeper. 3 *(de caballos)* carriage, coach. 4 *(de niño)* pram, *US* baby carriage.

cochera *nf Aut* 1 *desus* garage. 2 *(de autobuses, tranvías)* depot.

cochero *nm Aut* coachman.

cochinada *nf fam* filthy *o* dirty thing; *fam fig (obscenidad)* obscenity; **decir cochinadas,** to say foul *o* obscene things; **hacer una c. (a algn),** to play a dirty trick (on sb).

cochinería *nf* 1 *(suciedad)* filthiness. 2 *véase* co-chinada.

cochinilla[1] *nf Zool* woodlouse.

cochinilla[2] *nf Ent* cochineal.

cochinillo *nm Zool* sucking pig.

cochino,-a **I** *adj* 1 *(sucio)* filthy, disgusting. 2 *fam (miserable)* lousy, bloody; **¡c. dinero!,** damn money! **II** *nm,f* 1 *Zool (macho)* pig, swine; *(hembra)* sow. 2 *fam (persona)* filthy person, pig.

cocido,-a **I** *pp de* **cocer. II** *adj* cooked, boiled; *fam* **estar c.,** to be sloshed. **III** *nm Culin* stew.

cociente *nm Mat* quotient.

cocina *nf* 1 *(arte)* cooking. ■ **c. casera,** home cooking; **c. de mercado,** food in season; **c. española,** Spanish cooking *o* cuisine; **libro de c.,** cookery book, *US* cookbook. 2 *(habitación)* kitchen. ■ **uten-silios de c.,** kitchen utensils. 3 *(aparato)* cooker, *US* stove. ■ **c. económica,** stove; **c. eléctrica/de gas,** electric/gas cooker.

cocinar *vtr & vi* to cook.

cocinero,-a *nm,f* cook.

cocinilla *nf* (small portable) cooker *o US* stove.

cocker *nm Zool* cocker (spaniel).

cocktail *nm véase* cóctel.

coco[1] *nm Bot (árbol)* coconut palm; *(fruta)* coconut.

coco[2] *nm* 1 *fam (fantasma)* bogeyman; **ser un c.,** *(ser feo)* to be ugly; *(dar miedo)* to be frightening. 2 *arg (cabeza)* hard nut; **comer el c. a algn,** to brainwash sb; **comerse el c.,** to get worked up, rack one's brains.

cocodrilo *nm Zool* crocodile.

cócora *nf Col Cuba PR (cólera)* anger, rage.

cocotal *nm* coconut grove.

cocotero *nm Bot* coconut palm.

cóctel *nm* cocktail. ■ **c. Molotov,** Molotov cocktail.

coctelera *nf* cocktail shaker.

codazo *nm* 1 *(señal)* nudge with one's elbow. 2 *(golpe)* blow with one's elbow; *fig* **abrirse paso** *o* **camino a codazos,** to elbow one's way through.

codear **I** *vi* 1 *(empujar)* to elbow. 2 *SAm (pedir con insistencia)* to keep on. **II** **codearse** *vr (relacionarse)* to rub shoulders **(con,** with), hobnob **(con,** with).

codeína *nf Farm* codeine.

codera *nf Cost* elbow patch.

códice *nm Lit* codex.

codicia *nf* greed, thirst.

codiciable *adj* desirable.

codiciado,-a **I** *pp de* **codiciar. II** *adj* much desired, coveted.

codiciar [12] *vtr* to covet, crave for.

codicioso,-a **I** *adj* covetous, greedy. **II** *nm,f* greedy person.

codificación *nf* 1 *Jur* codification. 2 *(de mensajes)* encoding.

codificador,-a **I** *adj* 1 *Jur* codifying. 2 *(de mensajes)* encoding. **II** *nm,f* 1 *Jur* codifier. 2 *(de mensajes)* encoder. 3 *Inform* encoder.

codificar [1] *vtr (ley)* to codify; *(mensajes)* to encode.

código *nm* code.

codillo *nm* 1 *Anat Zool* elbow. 2 *Culin* shoulder. 3 *Téc (de tubería)* elbow.

codo *nm* 1 *Anat* elbow; **de codos,** on one's elbows *fig* **c. a** *o* **con c.,** side by side; *fig* **desgastarse** *o* **romperse los codos,** to study a lot, swot, cram; *fam* **alzar** *o* **empinar el c.,** to knock them back; *fam* **hablar por los codos,** to talk nonstop. 2 *Téc (de tubería)* elbow.

codorniz *nf Orn* quail.

COE *nm Dep abr de* **Comité Olímpico Español,** Spanish Olympic Committee.

coeducación *nf* coeducation.

coeficiente *nm* 1 *Mat* coefficient. 2 *(grado)* degree, rate. ■ **c. de crecimiento,** growth rate; **c. de inteligencia,** intelligence quotient.

coercitivo,-a *adj* coercive.

coetáneo,-a *adj & nm,f* contemporary.

coexistencia *nf* coexistence.

coexistir *vi* to coexist.

cofa *nf Náut* top. ■ **c. mayor,** maintop.

cofia *nf (prenda)* bonnet.

cofrade *nm,f (gen)* member (of brotherhood); *(hombre)* brother (of brotherhood); *(mujer)* sister (of brotherhood).

cofradía *nf (hermandad)* brotherhood; *(asociación)* association.

cofre *nm* 1 *(arca, baúl)* trunk, chest. 2 *(para dinero, joyas)* box, casket.

coger [5] **I** *vtr* 1 *(asir)* to seize, take hold of; **coge esto un momento,** hold this a second; *fig* **c. algo por los pelos,** to just make sth; *fam* **cogió la puerta y se marchó,** he upped and left; *fam* **no hay por dónde cogerlo,** he hasn't got a leg to stand on. 2 *(tomar, to take;* **me cogió un buen sitio,** I've got a very good place; *fig* **no ha cogido un libro en su vida,** he hasn't read a book in his life. 3 *(tomar prestado)* to borrow; **te he cogido la pluma,** I've borrowed your pen

4 *(pelota, ladrón, resfriado)* to catch; *fig* **me cogió desprevenido,** I was caught unawares. **5** *fig (entender)* to understand; **no cogí el chiste,** I didn't get the joke. **6** *(recoger)* to pick (up); *(fruta, flores)* to gather; *Tricot* **c. puntos,** to pick up stitches. **7** *(acento, costumbre)* to pick up; *(sentimiento)* to take; **coger miedo a,** to become afraid of; *fam* **c. una manía,** to get hooked on sth. **8** *(velocidad, fuerza)* to gather. **9** *(emisora, canal)* to pick up. **10** *(transporte)* to take, catch. **11** *(empleados, empleo)* to take on. **12** *(atropellar)* to run over, knock down. **13** *(espacio)* to take up. **14** *Am vulg* to fuck. **II** *vi* **1** *(plantas, colores)* to take. **2** *(ir)* to go; **coge por la calle de la iglesia,** take the church road. **3** *fam* **cogió y se fue,** he upped and left; **cogió y se puso a chillar,** he started to scream like mad. **III cogerse** *vr (pillarse)* to catch; *(agarrarse)* to hold, clutch; **cógete bien,** hold tight; **ella se cogió de su brazo,** she took his arm; *fam* **se cogió un cabreo,** he got very angry.

cogestión *nf* copartnership.

cogida *nf Taur* gore, goring.

cogido,-a I *pp de* coger. **II** *adj (sujeto)* fixed; *(atrapado)* trapped, caught. **III** *nm Cost* gather, pleat.

cognición *nf* cognition.

cognoscitivo,-a *adj* cognitive.

cogollo *nm* **1** *(de lechuga, col)* heart; *fam* **hasta el c.,** to the core. **2** *(brote)* shoot. **3** *fig (la flor y la nata)* **el c.,** the cream. **4** *Arg Zool (chicharra)* large cicada.

cogorza *nf fam* **agarrar** *o* **pillar una c.,** to get blotto *o* smashed.

cogotazo *nm fam* blow on the back of the neck.

cogote *nm* nape *o* back of the neck.

cogotudo,-a *nm,f SAm* upstart.

cohabitación *nf* cohabitation.

cohabitar *vi* to live together, cohabit.

cohecho *nm fml Jur* bribery.

coherencia *nf* coherence, coherency.

coherente *adj* coherent.

cohesión *nf* cohesion.

cohete *nm* rocket; *fam* **como un c.,** like a rocket. ■ *Astronáut* **c. espacial,** space rocket.

cohibición *nf* inhibition, restraint.

cohibido,-a I *pp de* cohibir. **II** *adj* inhibited, restrained.

cohibir [21] **I** *vtr* to inhibit, restrain. **II cohibirse** *vr* to feel inhibited *o* embarrassed.

COI *nm Dep abr de* **Comité Olímpico Internacional,** International Olympic Committee, IOC.

coima *nf Chi Per RP* bribe.

coincidencia *nf* coincidence; **dio la c. de que ...,** it just so happened that ...; **en c. con,** in agreement with.

coincidente *adj* coincident, coinciding.

coincidir *vi* **1** *(acordar)* to coincide; **nuestras ideas no coinciden,** our ideas don't coincide *o* agree. **2** *(encontrarse)* to meet; **coincidí con ella en Madrid,** I was in Madrid at the same time as her.

coito *nm* coitus, intercourse.

cojear *vi (persona)* to limp, hobble; *(mueble)* to wobble; *fig (ir mal)* to falter; *fam* **c. del mismo pie,** to have the same faults.

cojera *nf* limp, lameness.

cojín *nm* cushion.

cojinete *nm Téc* bearing. ■ **c. de agujas/bolas,** needle/ball bearing.

cojo,-a I *adj (persona)* lame, limping; *(mueble)* wobbly; *fig (defectuoso)* faulty, incomplete. **II** *nm,f* lame person.

cojón *vulg* **I** *nm Anat* ball; **de cojones,** *(estupendo)* fucking brilliant *o* good; *(pésimo)* fucking awful *o* bad; **ponérsele los cojones como corbata,** to shit bricks; **por cojones,** like it or not; **tener cojones,** to have guts *o* balls. **II** *interj* fuck it!

cojonudo,-a *adj vulg* fucking great.

col *nf Bot* cabbage. ■ **c. de Bruselas,** Brussels sprout; **c. lombarda,** red cabbage; **c. rizada,** kale, collard.

col. **1** *abr de* **columna,** column, col. **2** *abr de* **colección,** collection.

cola[1] *nf* **1** *Av Zool* tail; *(de vestido)* train; *(de chaqueta)* tail. ■ **c. de caballo,** *Bot* horsetail; *(peinado)* ponytail. **2** *fam (pene)* willie. **3** *(parte posterior)* **a la c.,** at the back *o* rear. ■ *Ferroc* **vagón de c.,** rear coach. **4** *(fila)* queue, *US* line; **hacer c.,** to queue (up), *US* stand in line; **ponerse en la c.,** to get into the queue; *fam* **traer c.,** to have consequences.

cola[2] *nf* glue; *fam* **no pega ni con c.,** it doesn't match at all.

colaboración *nf* **1** collaboration. **2** *Prensa* contribution.

colaboracionismo *nm Pol* collaboration.

colaboracionista *Pol* **I** *adj* collaborating. **II** *nmf* collaborator.

colaborador,-a I *adj* collaborating. **II** *nm,f* **1** collaborator. **2** *Prensa* contributor.

colaborar *vi* **1** to collaborate, cooperate. **2** *Prensa* to contribute.

colación *nf* **1** *(refrigerio)* light meal, snack. **2** *(cotejo)* collation; **sacar** *o* **traer (algo) a c.,** to bring (sth) up. **3** *SAm Culin (grajea, confite)* sweet. **4** *Méx Culin* mixed sweets *pl.*

coladera *nf* **1** *Am (alcantarilla)* sewer. **2** *Méj (desagüe)* grate.

colada *nf* **1** *(lavado)* wash, laundry; **hacer la c.,** to do the washing *o* laundry. **2** *Metal* tapping. **3** *Geol (volcánica)* outflow.

colado,-a I *pp de* colar. **II** *adj* **1** *(líquido)* filtered, strained. **2** *fam (enamorado)* madly in love, head over heels (in love).

colador *nm (de té, café)* strainer; *(para comida, caldo)* colander, sieve; *fig* **como un c.,** full of holes, like a sieve; *fam* **dejar como un c.,** to be riddled with bullets.

coladura *nf fam* clanger, slip-up.

colapsar I *vtr* to cause to collapse. **II colapsarse** *vr* to break down, collapse.

colapso *nm* **1** *Med* collapse. **2** *(de tráfico)* traffic jam, hold-up.

colar [31] **I** *vtr* **1** *(líquido)* to strain, filter. **2** *fam (hacer pasar)* to pass, slip; *(moneda)* to pass off; *(hecho, historia)* to give. **II** *vi fam* to wash; **esto no colará,** this won't wash. **III colarse** *vr* **1** *(escabullirse)* to slip in, gatecrash; *(en una cola)* to jump the queue. **2** *fam (equivocarse)* to slip up, make a mistake; *(enamorarse)* to fall (for).

colateral *adj* collateral.

colcha *nf* bedspread.

colchón *nm* mattress. ■ *Téc* **c. de aire,** air cushion; **c. neumático,** air mattress.

colchonería *nf* mattress maker's (shop).

colchonero,-a *nm,f* mattress maker.

colchoneta *nf Dep* small mattress.

colear *vi* **1** *(perro)* to wag its tail; *(vaca)* to switch its tail; *fam* **vivito y coleando,** alive and kicking. **2** *fam (seguir)* to drag on; *fam* **el asunto aún colea,** we haven't heard the last of it yet. **3** *Am (animal)* to tackle by the tail. **4** *CAm PR (edad)* to be close on an age.

colección *nf* collection.

coleccionar *vtr* to collect.

coleccionista *nmf* collector.

colecta *nf* collection.

colectivero *nm Arg* minibus driver.

colectividad *nf* community; **en c.,** communally.

colectivización *nf* collectivization.

colectivizar [4] *vtr* to collectivize.

colectivo,-a I *adj* collective. **II** *nm* **1** *(asociación)* association, guild. **2** *Ling* collective noun. **3** *Arg Par* hired car.

colector *nm* **1** *(sumidero)* main sewer. **2** *Téc* **c. de admisión/escape,** inlet/exhaust manifold.

colega *nmf* **1** colleague. **2** *arg (amigo)* buddy, chum, mate.

colegiado,-a I *pp de* **colegiarse. II** *adj* **1** *(afiliado)* collegiate. **2** *(colectivo)* collective. **III** *nm* collegian; *Dep* referee.

colegial I *adj* **1** collegial, collegiate. **2** *(escolar)* school; **vida c.,** school life. **II** *nm* **1** schoolboy; **los colegiales,** the schoolchildren. **2** *Méx (mal jinete)* bad horseman.

colegiala *nf* schoolgirl.

colegiarse [12] *vr* to join a professional association.

colegiata *nf* collegiate church.

colegio *nm* **1** *(escuela)* school; **de vuelta al c.,** back to school. ■ **c.** *privado o de pago, GB* public *o* independent school. **2** *(asociación profesional)* association, college; **c. de abogados,** the Bar. ■ *Pol* **c. electoral,** electoral college. **3** *Univ (residencia)* **c. mayor** *o* **universitario,** hall of residence.

colegir [55] *vtr* to infer, deduce.

cólera¹ *nf* **1** *(ira)* anger, rage; **montar en c.,** to fly into a temper. **2** *(bilis)* bile.

cólera² *nm Med* cholera.

colérico,-a *adj* **1** *(encolerizado)* furious. **2** *(carácter)* bad-tempered.

colesterina *nf,* **colesterol** *nm Med* cholesterin, cholesterol.

coleta *nf* pigtail, ponytail; **cortarse la c.,** *Taur* to retire from bullfighting; *fig* to retire.

coletazo *nm* **1** *(golpe de cola)* wag *o* swish of the tail; *Aut* **dar coletazos,** to sway about. **2** *fig (manifestación última)* death throes *pl,* final tremor, stir.

coletilla *nf* postscript, addition.

coleto *nm (prenda)* doublet; *fig* **echarse algo al c.,** *(comer)* to eat sth right up; *(beber)* to drink sth down.

colgado,-a I *pp de* **colgar. II** *adj* **1** hanging; **un jamón c. del techo,** a leg of ham hanging from the ceiling. **2** *(ahorcado)* hung. **3** *fam Educ* **tener asignaturas colgadas,** to still have subjects to pass. **4** *arg* **dejar (a algn) c.,** to leave (sb) in the lurch. **5** *arg (drogado)* stoned, high.

colgador *nm* (coat) hanger.

colgadura *nf (gen pl)* hangings *pl, US* drapes *pl.*

colgajo *nm* **1** *(de ropa)* rag, torn piece. **2** *(de uva)* bunch. **3** *Med (de piel)* flap, graft.

colgante I *adj* hanging. **II** *nm* **1** *Arquit (festón)* festoon. **2** *(joya)* pendant.

colgar [52] **I** *vtr* **1** *(gen)* to hang (up); *(colada)* to hang (out). **2** *(ahorcar)* to hang. **3** *fam (suspender)* to fail; **me han colgado en matemáticas,** I've failed maths. **4** *(abandonar)* **c. los libros,** to give up studying. **II** *vi* **1** to hang **(de,** from); **cuelga de un lado,** it dips on one side; *fig* **c. de un hilo,** to hang by a thread. **2** *Tel* to put down, hang up; **me han colgado,** they've hung up on me; **¡no cuelgue!,** hold on! **III colgarse** *vr (ahorcarse)* to hang oneself.

colibrí *nm Orn* humming bird.

cólico *nm Med* colic.

coliflor *nf Bot* cauliflower.

coligallero *nm CAm* miner who steals gold to sell.

colijo *indic pres véase* **colegir.**

colilla *nf* (cigarette) end *o* butt.

colimbo *nm Orn* diver.

colina *nf Geog* hill, slope.

colindante *adj* adjoining, adjacent.

colindar *vi* to be adjacent **(con,** to).

colirio *nm Farm* eyewash, collyrium.

colirrojo *nm Orn* redstart.

coliseo *nm Arquit* coliseum, colosseum.

colisión *nf* collision, crash, clash.

colisionar *vi* to collide, crash, clash.

colista *nmf Dep (persona, equipo)* last.

colitis *nf Med* colitis.

collado *nm* **1** *(colina)* hill. **2** *(paso entre montañas)* pass.

collage *nm Arte* collage.

collalba *nf Orn* wheatear.

collar *nm* **1** *(adorno)* necklace. **2** *(de perro)* collar. **3** *Téc (abrazadera)* collar, ring.

collera *nf* **1** *(de arreos)* collar. **2** *Am (pareja)* couple. **3** *Arg Chi (animales)* pair. **4** *SAm* **colleras,** *(gemelos)* cufflinks.

colmado,-a I *pp de* **colmar. II** *adj* full, filled; **una cucharada colmada,** a heaped teaspoonful. **III** *nm* grocer's (shop), *US* grocery store.

colmar *vtr* **1** to fill (right up); *(vaso, copa)* to fill to the brim. **2** *fig* to shower, overwhelm; **nos colmaron de regalos,** they showered us with gifts. **3** *fig (ambiciones)* to fulfil, satisfy.

colmena *nf* beehive; *fig* **c. humana,** human hive.

colmenar *nm* apiary.

colmenero,-a *nm,f* beekeeper.

colmillo *nm Anat* eye *o* canine tooth; *Zool (de carnívoro)* fang; *(de jabalí, elefante)* tusk; *fig* **enseñar los colmillos,** *(los animales)* to bare its teeth; *fig* to show one's teeth.

colmo *nm* height, summit; **el c. de la ineficacia,** the height of inefficiency; **¡eso es el c.!,** that's the last straw!; **para c. (de desgracias),** to top it all.

colocación *nf* **1** *(acto)* positioning, collocation. **2** *(situación)* situation, place. **3** *Fin (de capital)* investment. **4** *(empleo)* job, employment.

colocado,-a I *pp de* **colocar. II** *adj* **1** *(empleado)* employed; **estar muy bien c.,** to have a very good job. **2** *arg (embriagado)* sozzled; *(drogado)* stoned, high.

colocar [1] **I** *vtr* **1** *(gen)* to place, put; *(alfombra)* to lay; *(cuadro)* to hang; *Mil (tropas)* to position. **2** *Fin (invertir)* to invest. **3** *(emplear)* to give work to. **4** *fam (casar)* to marry off; **ha colocado a todas sus hijas,** he's married off all his daughters. **5** *fam (artículos defectuosos)* to fob off. **6** *arg (drogar)* to stone. **II colocarse** *vr* **1** *(situarse)* to put *o* install *o*

US instal oneself. **2** *(emplearse)* to take a job; **se ha colocado de secretaria,** she's got a job as a secretary. **3** *Dep (clasificarse)* to be; **se colocó en tercer lugar,** he moved into third position *o* place. **4** *arg (embriagarse)* to get sozzled; *(drogarse)* to get stoned *o* high.

colocho *nm CAm* **1** *(viruta)* wood shaving. **2** *(rizo)* curl, ringlet.

colocón *nm arg* high.

colofón *nm* **1** *(apéndice)* colophon. **2** *fig (remate)* crowning, climax.

coloidal *adj* colloidal.

coloide *nm* colloid.

colombiano,-a *adj & nm,f* Colombian.

colombino,-a *adj* of *o* relating to Christopher Columbus.

colombofilia *nf* pigeon breeding.

colombófilo,-a **I** *adj* pigeon-breeding. **II** *nm,f* pigeon breeder.

colon *nm Anat* colon.

colón *nm* **1** *Fin* standard monetary unit of Costa Rica and El Salvador. **2** *nm* **Cristóbal C.,** Christopher Columbus.

colonia[1] *nf* **1** *Biol Pol* colony; **c. de veraneantes,** colony *o* group of holiday-makers. **2** *(gen pl)* *(campamento)* summer camp.

colonia[2] *nf (agua de colonia)* cologne.

coloniaje *nm Am Hist (período)* colonial period.

colonial **I** *adj* **1** *Pol* colonial. **2** *Com* imported. **II coloniales** *nmpl* imported *o* overseas foodstuffs.

colonialismo *nm* colonialism.

colonialista *adj & nmf* colonialist.

colonización *nf* colonization.

colonizador,-a **I** *adj* colonizing. **II** *nm,f* colonizer, colonist.

colonizar [4] *vtr* to colonize.

colono *nm* **1** *Agr* tenant farmer. **2** *(habitante)* colonist, colonial, settler.

coloquial *adj* colloquial.

coloquialismo *nm* colloquialism.

coloquio *nm* discussion, colloquium.

color *nm* **1** colour, *US* color; **c. rojo,** red; *Tex* **c. sólido,** fast colour; **dar c.,** *(colorear)* to colour; *fig (animar)* to liven up; **de c.,** *(en colores)* in colour, coloured; *euf (persona)* coloured; **de colores,** multicoloured; *Cin Fot* **en color(es),** in colour; *fig* **un discurso carece de c.,** a boring speech; *fig Pol* **sin distinción de credos ni colores,** without prejudice to race or creed; *fig (picante)* **subido de c.,** risqué; *fig* **verlo todo de c. de rosa,** to see life through rose-coloured spectacles. **2** *(colorido)* colour, *US* color. **3 colores,** *(bandera)* colours, *US* colors, flag *sing*; *Dep (equipo)* team *sing*.

coloración *nf* coloration, colouring, *US* coloring.

colorado,-a **I** *adj* red; **ponerse c.,** to blush. **II** *nm* red.

colorante **I** *adj* colouring, *US* coloring. **II** *nm* colouring, *US* coloring, dye.

colorear *vtr* to colour, *US* color.

colorete *nm* rouge.

colorido *nm* colour, *US* color.

colorín *nm* **1** bright *o* vivid colour *o* *US* color; **y c. colorado, este cuento se ha acabado,** and that's the end of the story. **2** *Orn* goldfinch.

colorismo *nm Arte* predominant use of colour *o* *US* color.

colorista **I** *adj* colouristic, *US* coloristic. **II** *nmf* colourist, *US* colorist.

colosal *adj* **1** colossal. **2** *fig (extraordinario)* splendid, excellent.

coloso *nm* colossus.

coludo,-a *adj Am* absent-minded.

columbario *nm* columbarium.

columbrar *vtr* **1** *(vislumbrar)* to see, make out. **2** *fig (conjeturar)* to guess.

columna *nf* column. ■ *Anat* **c. vertebral,** vertebral column, spinal column.

columnata *nf* colonnade.

columnista *nmf Prensa* columnist.

columpiar [12] **I** *vtr (mecerse)* to swing. **II columpiarse** *vr* **1** *(mecerse)* to swing. **2** *fam (meter la pata)* to drop a clanger.

columpio *nm* swing.

colza *nf* colza; **aceite de c.,** colza oil.

coma[1] *nf* **1** *Ling Mús* comma; **sin faltar (ni) una c.,** down to the last detail. ■ **punto y c.,** semicolon. **2** *Mat* point.

coma[2] *nm Med* coma; **entrar en c.,** to go into a coma.

comadre *nf* **1** *(vecina)* neighbour; *(amiga)* friend. **2** *pey (chismosa)* old wife, gossip, gossipmonger. **3** *(madrina)* godmother. **4** *fam (alcahueta)* go-between.

comadrear *vi* to gossip.

comadreja *nf Zool* weasel.

comadreo *nm* gossip, gossiping, tittle-tattle.

comadrería *nf* piece of gossip.

comadrona *nf* midwife.

comandancia *nf* **1** *(distrito, graduación)* command. **2** *(local, edificio)* commander's headquarters. **3** *(zona)* area under a commander's jurisdiction.

comandante *nm* **1** *Mil (oficial)* commander, commanding officer; *(graduación)* ≈ major. **2** *Av* pilot.

comandar *vtr Mil* to command.

comandita *nf Com* **(sociedad en) c.,** limited *o* *US* silent partnership; *fam* **ir en c.,** to go en masse.

comanditar *vtr Com* to enter as a sleeping *o* *US* silent partner.

comanditario,-a *adj* sleeping, *US* silent; **sociedad comanditaria,** limited *o* silent partnership.

comando *nm* **1** *Mil* commando. **2** *Inform* command.

comarca *nf* region, area.

comarcal *adj* regional, local.

comatoso,-a *adj Med* comatose; **en estado c.,** in coma.

comba *nf* **1** *(curvatura)* curve, bend. **2** *(juego)* skipping; *(cuerda)* skipping rope; **saltar a la c.,** to skip.

combadura *nf (de cuerda, cable)* bend, curve; *(de viga, pared)* sag, bulge.

combar **I** *vtr (curvar)* to bend. **II combarse** *vr (curvarse)* to bend, curve; *(una pared)* to sag.

combate *nm* **1** *(lucha)* combat, struggle; *Box* fight; *Mil* battle; **fuera de c.,** knockout; *(eliminado)* out of action; **librar c.,** to wage battle. **2** *Méx (ayuda)* mutual help.

combatiente **I** *adj* fighting. **II** *nmf (persona)* fighter, combatant. **III** *nm Orn* ruff.

combatir **I** *vtr (luchar)* to fight; *fig (oponerse)* to combat. **II** *vi* to fight, struggle **(contra,** against).

combatividad *nf* fighting spirit, aggressiveness.

combativo,-a *adj* spirited, aggressive.
combinación *nf* 1 combination. 2 *(prenda)* slip. 3 *fam* fiddle, wangle.
combinado,-a I *pp de* combinar. II *adj* combined, mixed. III *nm (mezcla)* mixture; *(cóctel)* cocktail.
combinar I *vtr* 1 *(ingredientes, esfuerzos)* to combine. 2 *(colores)* to go with, match. II **combinarse** *vr* to combine.
combo,-a *adj* bent, curved; *(pared)* sagging.
combustible I *adj* combustible. II *nm* fuel.
combustión *nf* combustion.
comecocos *nm inv arg (de tragaperras)* pac-man; *(asunto, libro, etc)* soul-destroyer.
comedero *nm* feeding trough, manger.
comedia *nf Teat* comedy; *fig (farsa)* sham, farce; *fam* **hacer c.**, to put on an act. ■ **c. de enredo**, farce.
comediante,-a *nm,f Teat (hombre)* actor; *(mujer)* actress; *fig (hipócrita)* hypocrite, comedian.
comedido,-a I *pp de* comedirse. II *adj* 1 *(moderado)* self-restrained, moderate, reserved. 2 *Am (servicial)* helpful, obliging, pleasing.
comedimiento *nm* restraint, moderation.
comediógrafo,-a *nm,f Teat* playwright, dramatist.
comedirse [34] *vr* 1 *(moderarse)* to restrain oneself. 2 *Arg Ecuad (entrometerse)* to meddle, interfere.
comedor,-a I *adj* big-eating; **es muy c.**, he's a big eater. II *nm* 1 *(sala)* dining room; *(de fábrica)* canteen; *(de universidad)* refectory. 2 *Mueb* dining-room suite.
comensal *nmf* companion at table.
comentar *vtr (escribir)* to comment on; *(hablar, discutir)* to discuss, talk about.
comentario *nm* 1 *(observación)* comment, remark; *Lit Rad TV (crítica)* commentary. 2 **comentarios**, *(murmuración)* gossip; **sin c.**, no comment.
comentarista *nmf Prensa Rad TV* commentator.
comenzar [47] *vtr & vi* to begin, start, commence; **comenzó a llover**, it started raining *o* to rain; **comenzó diciendo que ...**, he started by saying that ... .
comer I *vtr* 1 to eat; **c. paella**, to have paella; *fam* **sin comerlo ni beberlo**, without having had anything to do with it. 2 *(color)* to fade. 3 *(corroer)* to corrode; *fig* **me come la envidia**, I'm green with envy. 4 *Ajedrez* to take, capture. 5 *fig (gastar)* to eat away; *(combustible)* to use (up). II *vi* to eat; **dar de c. a algn**, to feed sb; **echar de c. (a los animales)**, to feed (animals); **¿has comido?**, have you eaten yet?; **no tener qué c.**, not to have enough to live on; *fig* **c. a dos carrillos**, to gulp down one's food. III **comerse** *vr* 1 to eat; **c. las uñas**, to bite one's nails; **¡cómetelo!**, eat it up!; *fig* **c. a algn a besos**, to smother sb with kisses; *fig* **c. algn con los ojos**, to look at sb lovingly; *fig* **c. algo con los ojos**, to devour sth with one's eyes; *fam* **¿eso con qué se come?**, what the heck is that?; *vulg* **esta tía está como para comérsela**, I could really give her one. 2 *fig (saltarse)* to omit; *(párrafo)* to skip; *(palabra)* to swallow; **se come las palabras**, he slurs (his words). 3 *(color)* to fade.
comercial *adj* commercial, sales; **banco/tratado c.**, commercial bank/treaty; **película c.**, commercial film *o* US movie.
comercialización *nf* commercialization, marketing.
comercializar [4] *vtr* to commercialize, market.
comerciante I *adj* business-minded. II *nmf* merchant; *pey* **ser (un) c.**, to be a moneymaker.

comerciar [12] *vi (comprar y vender)* to trade, buy and sell; *(hacer negocios)* to do business.
comercio *nm* 1 commerce, trade; **c. exterior**, foreign trade. ■ **Cámara de C.**, Chamber of Commerce; **libre c.**, free trade. 2 *(tienda)* shop.
comestible I *adj* edible, eatable. II **comestibles** *nmpl* food *sing*, foodstuff(s); **tienda de comestibles**, grocer's shop, US grocery store.
cometa I *nm Astron* comet. II *nf (juguete)* kite.
cometer *vtr (error, falta)* to make; *(delito, crimen)* to commit.
cometido *nm* 1 *(tarea)* task, assignment; **desempeñar su c.**, to carry out one's task. 2 *(deber)* duty; **cumplir su c.**, to do one's duty.
comezón *nm* itch, itching; **sentir c.**, to have an itch; *fig* **sentía c. por replicar**, I was itching to answer back.
cómic *nm Arte Lit* comic.
comicial *adj* of *o* relating to elections.
comicidad *nf* comicalness, funniness.
comicios *nmpl Pol* elections.
cómico,-a I *adj* 1 *(divertido)* comical, comic, funny. 2 *Teat* comedy; **actor c.**, comedian. II *nm,f* comic; *(hombre)* comedian; *(mujer)* comedienne.
comida *nf* 1 *(alimento)* food; **c. y casa**, food and accommodation. 2 *(acción)* meal; **tres comidas al día**, three meals a day; **c. campestre**, picnic. 3 *(almuerzo)* lunch.
comidilla *nf fam* talk; **esa pareja es la c. del barrio**, that couple are the talk of the street.
comido,-a I *pp de* comer. II *adj* eaten; **c. por la polilla**, motheaten; **se fueron comidos**, they went after having had lunch.
comience I *subj pres véase* comenzar. II *imperat véase* comenzar.
comienzo *nm* beginning, start; **a comienzos de**, at the beginning of; **dar c. (a algo)**, to begin *o* start (sth); **en sus comienzos**, in its early stages.
comilón,-ona I *adj* greedy, gluttonous. II *nm,f* big eater, glutton.
comilona *nf fam* big meal, feast.
comillas *nfpl* inverted commas; **entre c.**, in inverted commas.
comino *nm Bot* cumin, cummin; *fam* **me importa un c.**, I don't give a damn (about it); *fam* **no valer un c.**, not to be worth tuppence.
comisaría *nf* police station.
comisario *nm* 1 *(de policía)* police inspector. 2 *(delegado)* commissioner, deputy, delegate.
comiscar [1] *vtr & vi fam* to nibble.
comisión *nf* 1 *Com (retribución)* commission; **a comisión c.**, on a commission basis; **cobrar (una) c.**, to get a commission (**por** *o* **sobre**, on). 2 *(comité)* committee; **c. permanente**, standing commission. 3 *Jur (perpetración)* perpetration, committing.
comisionado,-a I *pp de* comisionar. II *adj* commisioned. III *nm,f* commissioner.
comisionar *vtr* to commission.
comisura *nf Anat* corner, angle.
comité *nm* committee.
comitiva *nf* suite, retinue, procession.
como I *adv* 1 as; *(modo, manera)* **blanco c. el marmol**, as white as snow; **dilo c. quieras**, say it however you like; **estás c. ausente**, you are in another world; **habla c. su padre**, he talks like his father; **me gusta c. cantas**, I like the way you sing; **tanto c. eso no**, not as much as that. 2 *(en calidad*

de) as; **c. presidente,** as president; **lo compré c. recuerdo,** I bought it as a souvenir. **3** about; *(aproximadamente)* **c. a la mitad de camino,** half-way; **c. unos diez,** about ten. **4** *(según, conforme)* as; **c. decíamos ayer,** anyway, as we were saying yesterday. **II** *conj* **1** *desus (así que)* as; **c. llegaban se sentaban,** they sat as they came in. **2** *(que)* **no vimos nada de tanta gente c. había,** there were so many people that we couldn't see a thing. **3** *(si)* if; **c. no estudies vas a suspender,** if you don't study hard, you'll fail. **4** *(porque)* as, since; **c. no venías me marché,** as you didn't come I left. **5** *(modo, comparación)* as; **c. si nada** *o* **tal cosa,** as if nothing had happened; *fam* **c. si lo viera,** I can imagine perfectly well. **6 c. quiera,** *véase* comoquiera.

cómo I *adv* **1** *(interrogativo)* how, what; **¿c. es de grande/ancho?,** how big/wide is it?; **¿c. estás?,** how are you?; **¿c. ha dicho?,** I beg your pardon?; **¿c. lo sabes?,** how do you know?; *(a cuanto)* **¿a c. están los tomates?,** how much are the tomatoes?; *(por qué)* **¿c. fue que no viniste a la fiesta?,** why didn't you come to the party?; *fam* **¿c.?,** what?; *fam* **¿c. es eso?, ¿c. así?,** how come? **2** *(exclamativo)* how; **¡c. corre el tiempo!,** how time flies!; **¡c. has crecido!,** you've really grown a lot!; **¡c. no!,** but of course! **II** *nm* **el c. y el porqué,** the whys and wherefores.

cómoda *nf Mueb* chest of drawers, commode.

comodidad *nf* comfort, convenience; **con c.,** comfortably.

comodín *nm Naipes* joker; *fig* excuse.

cómodo,-a *adj* **1** comfortable; **ponerse c.,** to make oneself comfortable. **2** *(útil)* handy, convenient.

comodón,-ona *fam* **I** *adj* comfort-loving. **II** *nm,f* comfort lover.

comodoro *nm Mil* commodore.

comoquiera *adv* **1** *(de cualquier manera)* anyway, anyhow; **c. que sea,** whatever way, one way or another. **2** *(puesto que)* **c. que no estaba enterado,** as he didn't know.

compactar *vtr* to compact, compress.

compacto,-a *adj* compact, dense.

compadecer [43] **I** *vtr* to feel sorry for, pity. **II** compadecerse *vr* to have *o* take pity **(de,** on).

compadraje *nm* conspiracy, plot.

compadre *nm* **1** *(padrino)* godfather. **2** *Am fam (amigo, compañero)* friend, mate. **3** *Arg Par (matón)* smoothy, boaster.

compadrear *vi* **1** *Am (ser amigos)* to be friends. **2** *Arg Par Urug (jactarse)* to bluster, boast. **3** *Arg Par Urug (hacer ostentación)* to show off.

compaginar **I** *vtr* **1** *(combinar)* to combine, make compatible, reconcile. **2** *Impr* to make up. **II** compaginarse *vr* to be compatible, go together.

compaña *nf fam* company, friends.

compañerismo *nm* companionship, comradeship, fellowship.

compañero,-a *nm,f* **1** companion, mate, friend; **c. de armas,** comrade-in-arms. **2** *(de colegio o escuela,* schoolmate; **c. de equipo,** team-mate; **c. de habitación,** roommate. **2** *fig (de zapato, guante, etc)* other one.

compañía *nf* **1** *(gen)* company; **malas compañías,** bad company; **señora de c.,** lady companion; **hacer c. (a algn),** to keep (sb) company; **en c. de,** in the company of. **2** *(empresa)* company. ■ **c. de seguros/ de teatro,** insurance/theatre company. **3** *Mil* company.

comparable *adj* comparable.

comparación *nf* comparison; **en c.,** comparatively; **en c. con,** compared to; **sin c.,** beyond compare.

comparado,-a **I** *pp de* comparar. **II** *adj* comparative.

comparar *vtr* to compare; *fam* **¡no compares!,** far from it!

comparativo,-a *adj & nm* comparative.

comparecencia *nf Jur* appearance; **no c.,** nonappearance.

comparecer [43] *vi* **1** *Jur* to appear **(ante,** before). **2** *(presentarse)* to show up.

comparsa **I** *nf* **1** *Teat* extras *pl.* **2** *(de carnaval)* group of people in carnival dress, masquerade. **II** *nm,f* walk-on, extra.

compartimentado,-a *adj* partitioned.

compartimento *nm,* compartimiento *nm* compartment. ■ *Téc* **c. estanco,** watertight compartment; *Ferroc Náut* **c. de primera/segunda clase,** first-/second-class compartment.

compartir *vtr* **1** *(dividir)* to divide (up), share (out). **2** *(piso, opinión)* to share.

compás *nm* **1** *Téc (instrumento)* (pair of) compasses. **2** *Náut (brújula)* compass. **3** *Mús (división)* time; *(intervalo)* beat; *(ritmo)* rhythm; **c. de espera,** *Mús* bar rest; *fig (pausa)* delay; **al c. (de una música),** in time (to music); **llevar el c., (con la mano)** to beat time; *(bailando)* to keep time; **perder el c.,** to lose the beat.

compasión *nf* compassion, pity; **una persona sin c.,** a merciless person; **tener c. (de algn),** to feel sorry (for sb).

compasivo,-a *adj* compassionate, sympathetic.

compatibilidad *nf* compatibility.

compatible *adj* compatible.

compatriota *nmf* compatriot; *(hombre)* fellow countryman; *(mujer)* fellow countrywoman.

compeler *vtr fml* to compel, force.

compendiar [12] *vtr* to abridge, summarize.

compendio *nm* summary, résumé, synopsis.

compenetración *nf* **1** *(persona)* mutual understanding. **2** *Fís* interpenetration.

compenetrarse *vr* **1** *(persona)* to understand each other *o* one another; **ella se compenetra muy bien con su papel,** she identifies herself very well with her role. **2** *Fís* to interpenetrate.

compensación *nf* compensation, indemnity; **en c.,** *(en pago)* in payment, as compensation; *(a cambio)* in exchange. ■ *Fin* **c. bancaria,** clearing.

compensador,-a **I** *adj* compensating. **II** *nm* compensator.

compensar **I** *vtr (pérdida, error)* to make up for; *(indemnizar)* to compensate (for), indemnify (against, for); *Téc* to balance, compensate; **te compensaré con diez mil pesetas,** I'll give you ten thousand pesetas *o* as compensation. **II** *vi* to be worthwhile; **este trabajo no me compensa,** this job's not worth my time.

competencia *nf* **1** *(rivalidad)* competition; *(a algn, producto)* **hacer la c.,** to compete with *o* against. **2** *(incumbencia)* field, scope, province; **eso no es de mi c.,** that is outside my scope *o* not in my field. **3** *(capacidad)* ability, competence, proficiency.

competente *adj* **1** *(adecuado)* appropriate. **2** *(capaz)* competent, proficient. **3** *Jur* competent.

competer *vtr (incumbir)* to come under the jurisdiction of; *(concerner)* to be in the field of; *(corresponder)* to be up to.

competición *nf* competition, contest.

competido,-a I *pp de* **competir**· II *adj* hard-fought.

competidor,-a I *adj* competing. II *nm,f* 1 *Com Dep* competitor. 2 *(participante)* contestant, candidate. 3 *(rival)* rival, opponent.

competir [34] *vi* 1 to compete (**con**, with *o* against; **en**, in; **por**, for). 2 *(rivalizar)* to rival.

competitivo,-a *adj* competitive.

compilación *nf* 1 *(acción)* compiling. 2 *(colección)* compilation.

compilador,-a *nm,f* compiler.

compilar *vtr* to compile.

compinche *nmf* 1 *fam (compañero)* chum, pal. 2 *pey (cómplice)* accomplice.

complacencia *nf* 1 *(satisfacción)* satisfaction. 2 *(indulgencia)* indulgence; **tener excesivas complacencias con** *o* **hacia algn**, to be overindulgent towards sb.

complacer [76] I *vtr* 1 *(agradar)* to please; **¿en qué puedo complacerle?**, what can I do for you?; *fml* **me complace presentarles a ...**, it gives me great pleasure to introduce to you ... . 2 *(satisfacer)* to satisfy, gratify; *fml* to oblige. II **complacerse** *vr* 1 *(satisfacerse)* to delight (**en**, in), take pleasure (**en**, in). 2 *fml* to take pleasure in, be pleased to.

complacido,-a I *pp de* **complacer**· II *adj* pleased, satisfied.

complaciente *adj* 1 *(agradable)* obliging, helpful. 2 *Lit (marido)* complaisant.

complejidad *nf* complexity.

complejo,-a I *adj* complex. II *nm Ind Psic* complex.

complementar I *vtr* to complement. II **complementarse** *vr* to complement (each other), be complementary to (each other).

complementario,-a *adj* complementary.

complemento *nm* 1 *(gen)* complement. ■ *Mil* **oficial de c.**, reserve officer. 2 *Ling* complement, object; **c. directo**, direct object. 3 *(perfección)* culmination, perfection.

completar *vtr (gen)* to complete; *(perfeccionar)* to round off; *(acabar)* to finish.

completo,-a *adj* 1 *(terminado)* complete, completed; **por c.**, completely; *(perfecto)* round, perfect; *(terminado)* finished. 2 *(total)* full; **al c.**, full up, to capacity. ◆**completamente** *adv* completely.

complexión *nf Anat* build; **de c. fuerte**, well-built.

complicación *nf* complication; **buscarse complicaciones**, to make life difficult for oneself.

complicado,-a I *pp de* **complicar**· II *adj* 1 *(complejo)* complicated, complex. 2 *(implicado)* involved. 3 *(persona)* complex.

complicar [1] I *vtr* 1 *(gen)* to make complicated, complicate. 2 *(involucrar)* to involve (**en**, in). II **complicarse** *vr (gen)* to get complicated; **c. la vida**, to make life difficult for oneself.

cómplice *nmf* accomplice.

complicidad *nf* complicity.

complot *nm (pl* **complots***)* conspiracy, plot.

componenda *nf* shady deal; **hacer componendas**, to scheme.

componente I *adj* component, constituent. II *nm* 1 *(parte, pieza)* component, constituent; *(ingrediente)* ingredient. 2 *(persona)* member. 3 *Meteor* **viento de c. norte/sur**, northerly/southerly wind.

componer [78] *(pp* **compuesto***)* I *vtr* 1 *(formar)* to compose, make up, form. 2 *(reparar)* to mend, fix, repair. 3 *(discusión etc)* to settle; *(ánimos etc)* to soothe. 4 *(música, versos)* to compose. 5 *Impr (texto, página)* to compose, set. 6 *(adornar)* to decorate, adorn. II **componerse** *vr* 1 *(consistir)* to be made up (**de**, of), consist (**de**, of). 2 *(engalanarse, arreglarse)* to dress up. 3 *fam* **componérselas**, to manage; **¿cómo te las compondrás para hacerlo?**, how will you manage to do it?

comportamiento *nm* behaviour, *US* behavior, conduct.

comportar I *vtr (implicar)* to entail, involve. II **comportarse** *vr (conducirse)* to behave; **c. mal**, to misbehave; **saber c.**, to know how to behave oneself.

composición *nf* 1 *(gen)* composition; **hacer(se) una c. de lugar**, *(decidirse)* to make a plan of action; *(formarse una idea)* to get a picture of a situation. 2 *(acuerdo)* settlement; *(reconciliación)* reconciliation. 3 *Impr* setting, composition.

compositor,-a *nm,f Mús* composer.

compostelano,-a I *adj* of *o* from Santiago de Compostela. II *nm,f* native *o* inhabitant of Santiago de Compostela.

compostura *nf* 1 *(composición)* composition, arrangement. 2 *(reparación)* mending, repair. 3 *(moderación)* restraint, moderation; *(dignidad)* composure; **nunca pierde la c.**, he never loses his composure. 4 *(convenio)* agreement.

compota *nf Culin* compote.

compra *nf* purchase, buy; **la c. de un piso**, the purchase of a flat; **ir de c.**, to go shopping. ■ **c. a crédito**, credit purchase; **c. a plazos**, hire purchase, *US* instalment buying.

comprador,-a *nm,f* purchaser, buyer, shopper.

comprar I *vtr* 1 to buy; **cómprame uno**, *(para mí)* buy me one, buy one for me; *(yo te lo vendo)* buy one from me. 2 *fig (sobornar)* to bribe, buy off. II **comprarse** *vr* to buy (for oneself); **me compré una bicicleta**, I bought myself a bicycle.

compraventa *nf Com* buying and selling, dealing; **contrato de c.**, contract of sale.

comprender I *vtr* 1 *(entender)* to understand; **¿comprendes?**, you see?; **c. mal**, to misunderstand; **hacerse c.**, to make oneself understood; **se comprende**, it's understandable. 2 *(contener)* to comprise, include; **viaje con todo comprendido**, all-in *o* inclusive trip. II **comprenderse** *vr* to understand each other *o* one another.

comprensible *adj* understandable.

comprensión *nf* understanding.

comprensivo,-a *adj* understanding.

compresa *nf* 1 *(higiénica)* sanitary towel. 2 *Med (vendaje)* compress.

compresibilidad *nf* compressibility.

compresible *adj* compressible.

compresión *nf* compression; **relación de c.**, compression ratio.

compresor,-a I *adj* compressing. II *nm* compressor.

comprimible *adj* compressible.

comprimido,-a I *pp de* **comprimir**· II *adj* compressed; **escopeta de aire c.**, air rifle. III *nm Farm* tablet.

comprimir I *vtr* to compress; *(gente)* to cram together. II **comprimirse** *vr* to get compressed; *(gente)* to squeeze.

comprobable *adj* verifiable, provable.
comprobación *nf* verification, check, checking.
comprobante *nm* **1** *Com* (*recibo, justificante*) voucher, receipt. **2** *Jur* document in proof.
comprobar [31] *vtr* **1** (*verificar*) to verify, check; (*demostrar*) to prove. **2** (*confirmar*) to confirm; **compruébalo tú mismo,** see *o* look for yourself.
comprometedor,-a I *adj* **1** (*cosa*) compromising. **2** (*persona*) troublemaking. **II** *nm,f* troublemaker.
comprometer I *vtr* **1** (*arriesgar*) to endanger, risk, jeopardize; (*persona*) to compromise. **2** (*empeñar*) to commit; (*obligar*) to compel, oblige, force. **3** (*involucrar*) to involve. **4** (*poner en un aprieto*) to embarrass. **II comprometerse** *vr* **1** (*gen*) to compromise oneself. **2** (*obligarse*) to commit oneself; **c. a hacer algo,** to undertake to do sth. **3** (*involucrarse*) to involve oneself; **no te comprometas,** don't get involved.
comprometido,-a I *pp de* **compremeter. II** *adj* **1** (*arriesgado*) in jeopardy; (*persona*) compromised. **2** (*obligado*) obliged, compelled. **3** (*involucrado*) involved. **4** (*para casarse*) engaged. **5** (*trabajo, situación*) delicate, difficult, awkward.
compromisario,-a *adj & nm,f* representative.
compromiso *nm* **1** (*obligación*) obligation, commitment; **libre de c.,** without obligation; **por c.,** out of a sense of duty; **ella siempre cumple sus compromisos,** she always meets her obligations. **2** (*acuerdo*) agreement. **3** *fml* (*cita*) appointment; (*amorosa*) date; **c. matrimonial,** engagement; **soltero y sin c.,** single and unattached. **4** (*situación difícil*) difficult situation; **poner (a algn) en un c.,** to put (sb) in a difficult *o* embarrassing situation. **5** *Méx* **compromisos,** (*rizos*) curls, ringlets.
compuerta *nf Téc* sluice, floodgate.
compuesto,-a I *pp de* **componer. II** *adj* **1** compound, composite; **palabra/sustancia compuesta,** compound word/substance. **2** (*elegante*) dressed up; (*arreglado*) tidy. **3** (*comedido*) composed. **4** (*reparado*) mended, repaired. **III** *nm* compound.
compulsa *nf* **1** (*cotejo*) collation, comparison. **2** *Jur* (*documento*) certified true copy.
compulsar *vtr* **1** (*cotejar*) to collate. **2** *Jur* (*hacer copia*) to make a certified true copy.
compulsión *nf* compulsion.
compulsivo,-a *adj* compulsory.
compunción *nf* (*arrepentimiento*) compunction; (*tristeza*) sorrow, sadness.
compungido,-a I *pp de* **compungir. II** *adj* (*arrepentido*) remorseful; (*triste*) sorrowful, sad.
compungir [6] **I** *vtr* (*entristecer*) to make sorry *o* sad. **II compungirse** *vr* (*arrepentirse*) to feel remorseful; (*entristecerse*) to feel sorry *o* sad.
compuse *pt indef véase* **componer.**
computable *adj Inform* computable.
computación *nf Inform* computing.
computador,-a *nm,f Inform* computer.
computar *vtr* **1** (*calcular*) to compute, calculate. **2** *fml* (*conmutar*) to consider valid; **el primer año no se computa a efectos de antigüedad,** the first year doesn't count for seniority.
cómputo *nm* computation, calculation.
comulgante *nmf* communicant.
comulgar [7] **I** *vi* **1** *Rel* to receive Holy Communion. **2** *fig* (*compartir ideas, etc*) to share; **no comulgo con esas teorías,** I don't agree with these theories; *fam* **c. con ruedas de molino,** to be

extremely gullible *o* credulous. **II** *vtr* to administer Holy Communion.
comulgatorio *nm Rel* communion rail.
común I *adj* **1** (*gen*) common; **bien c.,** common good; **de c. acuerdo,** by common consent; **hacer algo en c.,** to do sth jointly; **poco c.,** unusual; **por lo c.,** generally. **2** (*compartido*) shared, communal; **amigos comunes,** mutual friends; **dormitorio/televisión c.,** communal dormitory/television; **gastos comunes,** shared expenses. **II** *nm* **1** (*pueblo*) **el c.,** the community; (*mayoría*) **el c. de la gente,** the majority of people. **2** *GB Pol* **los Comunes,** the Commons.
comuna *nf* **1** (*comunidad*) commune. **2** *Am* (*municipio*) municipality; (*ayuntamiento*) town council.
comunal *adj* **1** (*común*) communal. **2** *Am* (*del municipio*) municipal.
comunicable *adj* **1** (*transmitible*) communicable. **2** (*comunicativo*) sociable.
comunicación *nf* **1** (*gen*) communication; **estar/ponerse en c. (con algn),** to be/get in touch (with sb); **vía de c.,** thoroughfare. **2** (*comunicado*) communication; (*oficial*) communiqué. **3** *Tel* connection. **4** (*unión*) link, connection. **5 comunicaciones,** (*correos, transportes, etc*) communications.
comunicado,-a I *pp de* **comunicar. II** *adj* served; **una zona bien comunicada,** a well-served zone; **dos ciudades bien comunicadas,** two towns with good connections (between them). **III** *nm* (*parte*) communiqué; **c. a la prensa,** press release.
comunicante I *adj* (*que comunica*) communicating; **vasos comunicantes,** communicating vessels. **II** *nmf* (*informador*) informer.
comunicar [1] **I** *vtr* **1** (*gen*) to communicate; **comuníquenoslo lo antes posible,** let us know as soon as possible. **2** (*transmitir*) to convey. **3** (*conectar*) to connect. **II** *vi* **1** (*estar, ponerse en comunicación*) to communicate; (*por carta*) to correspond **c. con algn,** to get in touch with sb. **2** (*estar conectado*) to be linked, be connected. **3** *Tel* to be engaged; **está comunicando,** the line is engaged. **III comunicarse** *vr* **1** (*gen*) to communicate. **2** (*transmitirse*) to be transmitted.
comunicativo,-a *adj* communicative, sociable.
comunidad *nf* community; **en c.,** together. ▪ *Jur* **c. de bienes,** co-ownership; **c. de propietarios,** owners' association.
comunión *nf* **1** (*compenetración*) communion, fellowship. **2** (*comunidad*) community. **3** *Rel* Holy Communion.
comunismo *nm Pol* communism.
comunista *adj & nmf Pol* communist.
comunitario,-a *adj* **1** of *o* relating to the community; **centro c.,** community centre. **2** of *o* relating to the EEC, Community.
con *prep* **1** (*gen*) with; (*instrumento, medio, modo*) with; **¿c. qué lo cortarás?,** what will you cut it with?; **voy cómodo c. estas botas/este jersey,** I'm comfortable in these boots/this sweater. **2** (*en compañía, juntamente*) with; **c. ese frío/niebla,** in that cold/fog; **estar c. (la) gripe/ (un) resfriado,** to have the flu/a cold; **vine c. mi hermana,** I came with my sister. **3** (*contenido*) with; **una bolsa c. dinero,** a bag full of money. **4** (*relación*) to; **habló c. todos,** he spoke to everybody; **sé amable c. ella,** be nice to her. **5** (*con la condición*) as; **c. (sólo) que ...,** as long as ...; **c. tal (de) que ...,** provided that ...; **c. todo (y eso),** even so. **6** (*con infinitivo*) **c. llamar ya quedarás bien,** you'll make a good impression just by phoning. **7** (*a pesar de*) in

spite of; **c. ser tan caro no funciona bien,** it doesn't work despite being expensive.

conato *nm* **1** *(intento)* attempt; **hizo un c. de irse,** he made an attempt to go. **2** *(principio)* beginnings *pl*, start. **3** *(tendencia)* tendency, inclination.

concadenar *vtr véase* **concatenar.**

concatenación *nf* concatenation, linking.

concatenar *vtr,* **concatenarse** *vr* to concatenate, link together.

concavidad *nf* concavity.

concebible *adj* conceivable, imaginable.

concebir [34] **I** *vtr* **1** *(plan, hijo)* to conceive; **no concibo cómo pudo hacerlo,** I can't understand how he did it. **2** *fig (sentimiento)* to have, experience; **c. esperanzas,** to build up one's hopes; **no le hagas c. esperanzas,** don't raise his hopes. **II** *vi (quedarse embarazada)* to become pregnant, conceive.

conceder *vtr* **1** *(gen)* to grant, concede; *(premio)* to award; **concédeme cinco minutos,** give me five minutes; **c. demasiado valor a algo,** to attach too much value to sth. **2** *(admitir)* to admit, concede.

concejal,-a *nm,f* town councillor.

concejalía *nf* councillorship.

concejo *nm* (town) council.

concelebrar *vtr Rel* to concelebrate.

concentración *nf (gen)* concentration; *(de manifestantes)* gathering, rally. ■ **campo de c.,** concentration camp; **c. parcelaria,** (land) consolidation.

concentrado,-a I *pp de* **concentrar. II** *adj (gen)* concentrated; *(gente)* gathered. **III** *nm* concentrate, extract.

concentrar I *vtr* to concentrate; **la manifestación concentró miles de personas,** thousands of people turned up at the rally. **II concentrarse** *vr* to concentrate; **concéntrate en lo que haces,** concentrate on what you're doing; **se concentraron más de un millón de personas,** over a million people turned up.

concéntrico,-a *adj* concentric.

concepción *nf* conception.

concepto *nm* **1** *(idea)* concept, conception, idea; **formarse un c. (de algo/de algn)** to form an opinion (of sth/sb). **2** *(opinión)* opinion, view; **tener buen/ mal c. de,** to have a good/a bad opinion of. **3** *(aspecto)* **bajo/por ningún c.,** under no circumstances. **4** *(en calidad de)* **en c. de,** by way of. **5** *Fin (apartado)* heading, section. **6** *Arg Urug (beneficio)* profit, benefit; *(gasto)* expense.

conceptual *adj* conceptual.

conceptuar [11] *vtr* to deem, consider, think; **bien/ mal conceptuado,** well/badly considered.

conceptuoso,-a *adj* high-sounding, sententious.

concerniente *adj* concerning, regarding; *fml* **en lo c. a,** with regard to.

concernir [29] *v unipers* **1** *(afectar)* to concern, touch; **en lo que a mí/ti concierne,** as far as I am/ you are concerned; **en lo que concierne a,** with regard/respect to. **2** *(corresponder)* to be up to; **a ti te concierne decidir,** it's up to you to decide.

concertado,-a I *pp de* **concertar. II** *adj* concerted.

concertar [27] **I** *vtr* **1** *(actividad, acción)* to plan, co-ordinate; *(cita, entrevista)* to arrange; *(precio)* to agree on; *(acuerdo)* to reach; *(tratado)* to conclude. **2** *Mús (voces)* to harmonize. **II** *vi* **1** *(concordar)* to agree, tally. **2** *Mús (armonizar)* to harmonize, be in tune. **III concertarse** *vr (ponerse de acuerdo)* to get together, reach an agreement.

concertina *nf Mús* concertina.

concertino *nm Mús* first violin.

concertista *nmf* soloist.

concesión *nf* **1** *(gen)* concession, granting; **hacer concesiones,** to make concessions. **2** *(de un premio)* awarding.

concesionario,-a I *adj* concessionary. **II** *nm,f Com* concessionaire, concessioner, licence holder, licensee.

concha *nf* **1** *Zool (caparazón)* shell; *(carey)* tortoiseshell. **2** *Teat (del apuntador)* prompt box. **3** *Am vulg* cunt. **4** *Am (descaro)* cheek.

conchabar I *vtr* **1** *(unir)* to blend. **2** *Am (tomar sirviente)* to hire. **II conchabarse** *vr* **1** *(confabularse)* to gang up on, scheme. **2** *(emplearse como criado)* to offer one's services as a servant.

concho[1] *nm Am (residuos)* residue; *(sobras comida)* leftovers *pl*.

concho[2] *interj fam* fudge!, sugar!

conciencia *nf* **1** *(conocimiento)* consciousness, awareness; **a c.,** conscientiously; **en c.,** in truth; **tener/tomar c. (de algo),** to be/become aware (of sth). **2** *(moral)* conscience; **con la c. tranquila,** with a clear conscience; **remorder la c. a algn,** to weigh on sb's conscience.

concienciar [12] **I** *vtr* to make aware **(de,** of). **II concienciarse** *vr* to become aware **(de,** of).

concienzudo,-a *adj* conscientious.

concierto *nm* **1** *(acuerdo)* agreement; *fig* concord, concert. **2** *(disposición)* order; **sin orden ni c.,** any old how. **3** *Mús* concert; *(composición)* concerto.

conciliábulo *nm* secret meeting.

conciliación *nf* conciliation, reconciliation.

conciliador,-a *adj* conciliating, conciliatory.

conciliar[1] [12] *vtr* **1** *(ideas, grupos, etc)* to conciliate, bring together; *(enemigos)* to reconcile, placate. **2 c. el sueño,** to get to sleep.

conciliar[2] *adj* conciliar.

conciliatorio,-a *adj* conciliatory.

concilio *nm Rel* council; **el C. de Trento,** the Council of Trent.

concisión *nf* concision, conciseness.

conciso,-a *adj* concise, brief.

concitar *vtr* to stir up, incite; **concitó el odio del pueblo contra el gobierno,** he incited the people's hatred for the government.

conciudadano,-a *nm,f* fellow citizen.

cónclave *nm,* **conclave** *nm* **1** *Rel* conclave. **2** *fig (reunión)* private meeting; **tener un c.,** to sit in conclave.

concluir [62] **I** *vtr* **1** *(terminar)* to finish; *(negocio)* to close. **2** *(deducir)* to conclude, infer. **II** *vi* to finish, come to an end. **III concluirse** *vr* to finish, end.

conclusión *nf* **1** *(final)* conclusion, end; *(resultado)* result; **en c.,** in conclusion. **2** *(deducción)* conclusion; **llegar a una c.,** to come to a conclusion.

concluso,-a *adj Jur* adjourned pending sentence.

concluyente *adj* conclusive, decisive.

concomerse *vr* to be consumed, itch; **c. de impaciencia,** to itch with impatience; **c. de envidia,** to be green with envy.

concomitancia *nf* concomitance.

concomitante *adj* concomitant.

concordancia *nf* concordance.

concordante *adj* concordant.

concordar [31] **I** *vtr (concertar)* to bring into agreement; *Ling (palabras)* to make agree. **II** *vi (gen)* to agree; **esto no concuerda con lo que dijo ayer,** this doesn't fit in with what he said yesterday.

concordato *nm* concordat.

concorde *adj* in agreement.

concordia *nf* concord, harmony.

concreción *nf* **1** *(concisión)* concision, conciseness. **2** *Geol Med* concretion.

concretar I *vtr* **1** *(precisar)* to specify, state explicitly; *(fijar)* to fix; **c. una fecha/una hora,** to fix a date/a time. **2** *(limitar)* to limit, direct; **concretemos nuestros esfuerzos en algo práctico,** let's direct our efforts to practical objectives. **3** *(resumir)* to sum up. **II concretarse** *vr* **1** *(limitarse)* to confine oneself *o* keep to. **2** *(materializarse)* to become established *o* definite; **mis ideas empiezan a c.,** my ideas are beginning to take shape.

concreto,-a *adj* **1** *(preciso, real)* concrete; **en c.,** *(definido)* definite; *(en resumen)* in brief, in short. **2** *(particular)* particular; **buscaba un tipo de vestido c.,** I was looking for a particular type of dress; **en el caso c. de ...,** in the particular case of ... . ◆**concretamente** *adv* **1** *(exactamente)* exactly; **no sé qué quiere c.,** I don't know exactly what he wants. **2** *(en particular)* in particular, specifically; **quiero ése c.,** I want this one in particular.

concubina *nf* concubine.

concubinato *nm* concubinage.

conculcar [1] *vtr* to infringe, break; **este acto conculca los principios de la ley,** this act violates all principles of law.

concuñado,-a *nm,f (hombre)* husband of one's brother-in-law *o* sister-in-law; *(mujer)* sister *o* wife of one's brother-in-law *o* sister in law.

concupiscencia *nf* concupiscence, lustfulness.

concupiscente *adj* concupiscent, lustful.

concurrencia *nf* **1** *(conjunción)* concurrence, conjunction. **2** *(público)* attendance, audience; **divirtió a la c.,** he kept the audience amused.

concurrente I *adj* concurrent. **II** *nmf* person present; **los concurrentes,** those present; *(público)* members of the audience.

concurrido,-a I *pp de* **concurrir. II** *adj* **1** *(espectáculo)* well-attended, popular. **2** *(calle, lugar público)* crowded, busy.

concurrir *vi* **1** *(convergir) (gente)* to converge **(en, on)**, meet **(en, in)**; *Geom (líneas)* to cross, intersect; **todos concurrieron a la boda,** everybody attended the wedding. **2** *(coincidir)* to concur, coincide; **concurren unas circunstancias especiales,** under very special circumstances. **3** *(contribuir)* to contribute **(en, to)**. **4** *(concursar) (en concurso)* to compete; *(en elecciones, examen)* to be a candidate.

concursante *nmf* **1** *(en un concurso)* contestant, competitor, participant. **2** *(para un empleo)* candidate.

concursar *vi* **1** *(competir)* to compete. **2** *(para un empleo)* to be a candidate; *(para proyecto de trabajo)* to tender.

concurso *nm* **1** *(competición)* competition; *(de belleza, deportiva)* contest; **fuera de c.,** out of the running. ■ **c. radiofónico,** radio quiz (programme). **2** *fml (concurrencia)* concourse, help, collaboration; **con el c. de todos,** with everyone's assistance. **3** *(llamamiento)* tender; **presentar (una obra) a c.,** to invite tenders (for a piece of work).

condado *nm* county.

condal *adj* of *o* relating to a count; *euf* **la Ciudad C.,** Barcelona.

conde *nm* count.

condecoración *nf* decoration, medal.

condecorar *vtr* to decorate.

condena *nf* **1** *(desaprobación)* condemnation, disapproval. **2** *Jur (sentencia)* sentence, conviction; **cumplir la c.,** to serve one's sentence.

condenable *adj* condemnable, blameworthy.

condenación *nf* condemnation; *Rel* damnation.

condenado,-a I *pp de* **condenar. II** *adj* **1** *Jur* convicted; **c. a muerte,** condemned to death. **2** *Rel* damned. **3** *Constr (cegado)* condemned. **4** *(sin arreglo)* hopeless, doomed; **un plan c. al fracaso,** a plan doomed to fail. **5** *fam (maldito)* damned. **III** *nm,f* **1** *Jur* convicted person; *(a muerte)* condemned person; *fam* **trabajar como un c.,** to work like a horse. **2** *Rel* damned. **3** *fam (miserable)* wretch. ◆**condenadamente** *adv fam* darned.

condenar I *vtr* **1** *Jur* to convict, find guilty; **la condenaron a muerte,** she was condemned to death. **2** *(desaprobar)* to condemn. **3** *(fallar un plan)* to doom. **4** *Constr (puerta, ventana)* to block *o* wall off. **II condenarse** *vr Rel* to be damned.

condenatorio,-a *adj* condemnatory.

condensable *adj* condensable.

condensación *nf* **1** *(acción)* condensing. **2** *(efecto)* condensation.

condensado,-a I *pp de* **condensar. II** *adj* condensed; *Culin* **leche condensada,** condensed milk.

condensador *nm Elec* condenser.

condensar I *vtr* to condense. **II condensarse** *vr* to condense.

condesa *nf* countess.

condescendencia *nf* **1** *(deferencia)* condescension. **2** *(amabilidad)* affability.

condescender [28] *vi* **1** *(dignarse)* to condescend. **2** *(ceder)* to comply (with), consent (to).

condescendiente *adj* **1** *(transigente)* condescending. **2** *(complaciente)* obliging, helpful.

condestable *nm Hist* High Constable.

condición *nf* **1** *(situación)* condition, state; **condiciones de salud,** state of health; **en buenas/malas condiciones,** in good/bad condition; **estar en condiciones de hacer algo,** *(físicas)* to be fit to do sth; *(morales)* to be in a position to do sth. **2** *(manera de ser)* nature, character; **de c. rebelde/bonachona,** of a rebellious/an easy-going nature. **3** *(índole)* status, position; **en su c. de director,** in his capacity as director. **4** *(circunstancia)* circumstance, condition; **condiciones de trabajo,** working conditions; **con la c. de que ...,** on the condition that ...; **poner condiciones,** to lay down conditions. **5** *(aptitud)* aptitude, talent; **tener condiciones para la música,** to have an aptitude *o* a talent for music.

condicionado,-a I *pp de* **condicionar. II** *adj* conditioned.

condicional I *adj* conditional. **II** *nm Ling* conditional.

condicionamiento *nm* conditioning.

condicionar *vtr* to condition; **una cosa condiciona la otra,** one thing determines the other.

cóndilo *nm Anat* condyle.

condimentación *nf Culin* seasoning, flavouring, *US* flavoring.

condimentar *vtr Culin* to season, flavour, *US* flavor.

condimento *nm Culin* seasoning, flavouring, *US* flavoring.
condiscípulo,-a *nm,f Educ* fellow pupil *o* student, schoolmate.
condolencia *nf* condolence, sympathy.
condolerse [32] *vr* to sympathize (with), feel pity (for), feel sorry (for).
condominio *nm* 1 *Jur* joint ownership. 2 *Pol* condominium.
condón *nf* condom, rubber.
condonación *nf* condonation, remission.
condonar *vtr (ofensa)* to condone; *(deuda)* to cancel, remit.
cóndor *nm Orn* condor.
conducción *nf* 1 *Aut* driving. 2 *Fís* conduction. 3 *(transporte)* transportation; *(por tubería)* piping; *(por cable)* wiring. 4 *(cañería)* pipe, intake.
conducir [46] I *vtr (coche, ganado)* to drive; *(líquido)* to convey; *(electricidad)* to carry, conduct; *(gente, ejército)* to lead; *(negocio)* to manage. II *vi* 1 *Aut* to drive; **permiso de c.,** driving licence, *US* driver's license. 2 *(llevar)* to lead; **eso no conduce a nada,** this leads nowhere. III **conducirse** *vr fml* to conduct oneself, behave.
conducta *nf* behaviour, *US* behavior, conduct; **mala c.,** misbehaviour, misconduct.
conductibilidad *nf*, **conductividad** *nf Elec* conductivity.
conducto *nm* 1 *(tubería)* pipe. 2 *Anat* duct, canal. 3 *fig (canal)* channel; **por conductos oficiales,** through official channels.
conductor,-a I *adj* conductive. II *nm,f Aut* driver. III *nm Elec* conductor; **no c.,** nonconductor.
condumio *nm fam* 1 *fam (comida)* grub, nosh. 2 *Méx Culin* sort of nougat.
conectar I *vtr* 1 to connect up. 2 *Elec* to plug in, switch on. II *vi* 1 *Rad TV* to tune into a station. 2 *(comunicar)* to enter into a relationship with. 3 *fam (enterarse)* to be tuned in, understand.
coneja *nf Zool* doe; *fam* **ser una c.,** to breed like rabbits.
conejar *nm Zool* rabbit hutch.
conejera *nf (doméstica)* rabbit hutch; *(en libertad)* rabbit warren *o* burrow; *fig* **viven en una c.,** they live in a right dive.
conejero,-a I *adj* rabbit-hunting. II *nm* rabbit breeder.
conejillo *nm Zool* **c. de Indias,** guinea pig.
conejo *nm* 1 *Zool* rabbit. 2 *vulg (coño)* cunt, pussy.
conexión *nf* 1 *Téc* connection; **estar en c. con,** to be connected to. 2 *fig* relationship; **nuestra empresa tiene buenas conexiones,** our company has good connections.
conexo *adj* connected.
confabulación *nf* conspiracy, plot.
confabulador,-a *nm,f* conspirator, plotter.
confabular I *vi* to confabulate, discuss. II **confabularse** *vr* to conspire, plot.
confección *nf* 1 *Cost* dressmaking, tailoring; *(ropa hecha)* off-the-peg clothes; **la industria de la c.,** the clothing industry. 2 *(realización)* making, making up.
confeccionador,-a *nm,f* 1 *Cost* outfitter. 2 *(realizador)* maker, author.
confeccionar *vtr (vestido, lista)* to make (up); *Culin (plato)* to cook.
confeccionista *nmf Cost* outfitter.

confederación *nf* confederation, confederacy.
confederado,-a I *pp de* **confederar.** II *adj & nm,f* confederate.
confederal *adj* confederative.
confederar I *vtr* to confederate. II **confederarse** *vr* to confederate, become a confederation.
conferencia *nf* 1 *(charla)* lecture, talk; **dar una c. (sobre algo),** to lecture (on sth), give a lecture (on sth). 2 *Pol* conference, meeting. ■ **c. de prensa,** press conference. 3 *Tel (llamada)* long-distance call; **poner una c. con Toledo,** to make *o* place a call to Toledo.
conferenciante *nmf* lecturer.
conferenciar [12] *vi* to confer (**sobre,** on; **con,** with).
conferir [35] *vtr fml* 1 *(honor, privilegio)* to confer, bestow, award. 2 *(dar)* to give; **las canas le conferían un aire digno,** his white hair gave him an air of dignity.
confesar [27] I *vtr* to confess, admit; *(crimen)* to own up to; *Rel (pecados)* to confess, hear the confession of; **¡confiésalo!,** own up! II *vi Jur (decir toda la verdad)* to own up; *fam* **c. de plano,** to admit everything. III **confesarse** *vr* to confess; *Rel* to go to confession, make one's confession; **c. culpable,** to admit one's guilt.
confesión *nf* confession, admission; *Rel* confession.
confesional *adj* denominational.
confesionario *nm Rel* confessional.
confeso,-a *adj* 1 *Jur* self-confessed. 2 *Hist* coverted Jew.
confesonario *nm Rel véase* **confesionario.**
confesor *nm* confessor.
confeti *nm (pl* **confetis)** confetti.
confiado,-a I *pp de* **confiar.** II *adj* 1 *(engreído)* self-satisfied; *(presumido)* conceited. 2 *(crédulo)* gullible, unsuspecting.
confianza *nf* 1 *(seguridad)* confidence; **con toda c.,** in all confidence; **en c.,** confidentially; **tener c. en uno mismo,** to be self-confident; *fml (cartas)* **en la c. de que ...,** trusting that ... . 2 *(fe)* trust; **de c.,** *(fiable)* reliable; *(de responsabilidad)* trustworthy. 3 *(presunción)* conceit. 4 *(franqueza)* familiarity, intimacy; **estar en c.,** to be among friends; **tener mucha c. con algn,** to be on intimate terms with sb; **tomarse (demasiadas) confianzas,** to take liberties.
confiar [13] I *vtr (entregar)* to entrust; *(información, secreto)* to confide. II *vi (estar seguro de)* to be confident; *(tener fe)* to trust; **confío en ella,** I trust her; **no confíes en su ayuda,** don't count on his help. III **confiarse** *vr* to confide (**en** *o* **a,** in); **c. demasiado en algo,** to be over-confident about sth.
confidencia *nf* confidence, secret.
confidencial *adj* confidential.
confidente,-a *nm,f* 1 *(hombre)* confidant; *(mujer)* confidante. 2 *(de la policía)* informer.
configuración *nf* configuration, shape; **la c. del terreno,** the lie of the land.
configurar *vtr* to shape, form.
confín *nm* limit, boundary; **los confines del conocimiento,** the confines of knowledge.
confinación *nf*, **confinamiento** *nm* confinement.
confinar I *vtr Jur* to confine. II *vi (territorio)* to border (on). III **confinarse** *vr* to shut oneself away *o* up.

confirmación *nf* confirmation.

confirmar *vtr* to confirm; *prov* **la excepción confirma la regla,** the exception proves the rule.

confirmatorio,-a *adj* confirmatory.

confiscación *nf* confiscation.

confiscar [1] *vtr* to confiscate.

confitado,-a I *pp de* **confitar.** II *adj* candied, glacé; **frutas confitadas,** comfits.

confitar *vtr* (*fruta*) to candy; (*carne*) to preserve.

confite *nm* sweet, *US* candy.

confitería *nf* 1 (*tienda*) sweet shop, confectioner's (shop), *US* candy store. 2 *Am* (*cafetería*) café.

confitero,-a *nm,f* confectioner.

confitura *nf* preserve, jam.

conflagración *nf fml* 1 (*fuego*) conflagration. 2 (*guerra*) outbreak.

conflictividad *nf* c. **laboral,** labour *o US* labor disputes *pl o* unrest.

conflictivo,-a *adj* delicate; **tiempos conflictivos,** times of conflict; **un tema c.,** a delicate *o* difficult subject.

conflicto *nm* conflict. ▪ **c. laboral,** labour *o US* labor dispute.

confluencia *nf* confluence.

confluente *adj* confluent.

confluir [62] *vi* to converge; (*ríos, caminos*) to meet, come together.

conformación *nf* structure, shape.

conformar I *vtr* (*configurar*) to shape. II *vi* (*concordar*) to agree (**con,** with); **de buen c.,** easy going. III **conformarse** *vr* (*contentarse*) to resign oneself, be content; **se conformó con una recompensa insignificante,** he agreed to a small compensation.

conforme I *adj* 1 (*satisfecho*) satisfied; **c.,** agreed, all right; **no estoy c.,** I don't agree. 2 (*acorde*) in accordance *o* keeping with; **c. a la realidad/sus necesidades,** in accordance with reality/his needs. II *conj* 1 (*según, como*) as; **c. lo vi/lo oí,** as I saw/heard it. 2 (*en cuanto*) as soon as; **ven c. te llame,** como as soon as I call you. 3 (*a medida que*) as; **la policía los detenía c. iban saliendo,** the police were arresting them as they came out. III *nm* approval, agreement.

conformidad *nf* 1 (*aprobación*) approval, consent. 2 (*resignación*) resignation. 3 (*afinidad*) conformity; **en c. (con algo),** in conformity (with sth); **no c.,** nonconformity.

conformismo *nm* conformity.

conformista *adj & nmf* conformist.

confort *nm* (*pl* **conforts**) comfort; (*en anuncio*) '**todo c.**', 'all mod cons', 'luxurious'.

confortable *adj* comfortable.

confortador,-a *adj*, **confortante** *adj* 1 (*que fortalece*) invigorating. 2 *fig* (*que consuela*) comforting; (*que anima*) cheering.

confortar *vtr* 1 (*fortalecer*) to invigorate. 2 *fig* (*consolar*) to comfort; (*animar*) to cheer.

confraternar *vi* to fraternize.

confraternidad *nf* brotherliness.

confraternizar [4] *vi* to fraternize.

confrontación *nf* 1 (*enfrentamiento*) confrontation. 2 (*comparación*) comparison, collation.

confrontar I *vtr* to confront; (*carear*) to bring face to face. 2 (*cotejar*) to compare, collate. II *vi* (*lindar*) to border. III **confrontarse** *vr* to face, confront.

confundible *adj* **c. con,** easily confused (with) *o* mistaken (for).

confundir I *vtr* 1 (*equivocar*) to confuse (**con,** with), mistake (**con,** for); (*persona*) to mislead; **le confundió con su prima,** he mistook her for his cousin. 2 (*mezclar*) to mix. 3 (*turbar*) to confound, embarrass; **me ha confundido su amabilidad,** I'm overwhelmed by his kindness. II **confundirse** *vr* 1 (*equivocarse*) to be mistaken; (*teléfono*) **se ha confundido,** you've got the wrong number. 2 (*mezclarse*) to mingle; (*colores, formas*) to blend; **la casa se confunde con el paisaje,** the house blends into the landscape; **se confundió entre el gentío,** he disappeared into the crowd. 3 (*turbarse*) to be confused *o* embarrassed.

confusión *nf* 1 (*desorden*) confusion, chaos. 2 (*equivocación*) confusion, mistake. 3 (*turbación*) confusion, embarrassment.

confusionismo *nm* confusion.

confuso,-a *adj* 1 (*poco claro*) (*estilo*) confused, obscure; (*formas, recuerdos*) blurred, vague; (*ideas*) confused. 2 (*mezclado*) mixed up. 3 (*turbado*) confused, embarrassed.

conga *nf Mús* conga.

congelación *nf* 1 (*gen*) freezing. 2 *Fin* (*de salarios, precios*) freeze. 3 *Med* frostbite.

congelado,-a I *pp de* **congelar.** II *adj* frozen; *Med* frostbitten. III **congelados** *nmpl* frozen food *sing*.

congelador *nm* freezer.

congelar I *vtr* (*gen*) to freeze; *Fin* **c. precios,** to freeze prices; *Med* **un dedo congelado,** a frostbitten finger. II **congelarse** *vr* 1 to freeze; *fam* **me estoy congelando,** I'm freezing. 2 *Med* to get *o* become frostbitten.

congénere 1 *adj* congeneric, congenerous. II *nm,f* 1 *Bot Zool* congener. 2 *pey* sort, kind.

congeniar [12] *vi* to get on (**con,** with); **no congenia con su familia,** he doesn't get on very well with his family.

congénito,-a *adj* congenital, innate.

congestión *nf* congestion. ▪ *Med* **c. cerebral,** stroke.

congestionar I *vtr Aut Med* to congest. II **congestionarse** *vr* to become congested.

conglomeración *nf* conglomeration.

conglomerado,-a I *pp de* **conglomerar.** II *nm Geol Téc* conglomerate.

conglomerar *vtr*, **conglomerarse** *vr* to conglomerate.

congoja *nf* 1 (*angustia*) anguish, distress. 2 (*pena*) sorrow, grief.

congoleño,-a *adj & nm,f*, **congolés,-esa** *adj & nm,f* Congolese.

congraciar [12] I *vtr* to win over. II **congraciarse** *vr* to ingratiate oneself (**con,** with).

congratulación *nf fml* congratulation.

congratular I *vtr* to congratulate (**por,** on). II **congratularse** *vr* to congratulate oneself (**por,** on).

congregación *nf* (*junta*) assembly; *Rel* congregation.

congregante *nmf* member of a congregation.

congregar [7] *vtr*, **congregarse** *vr* to congregate, assemble.

congresista *nmf* member of a congress.

congreso *nm* congress, conference. ▪ *Pol* **c. de los Diputados,** Parliament, *US* Congress.

congrio *nm* (*pez*) conger (eel).

congruencia nf 1 (coherencia) congruity. 2 Mat congruence.

congruente adj, **congruo,-a** adj 1 (coherente) coherent, suitable. 2 Mat congruent.

cónico,-a adj 1 (en forma de cono) conical. 2 Geom conic.

conífero,-a Bot I adj coniferous. II nf conifer.

conjetura nf conjecture; **por c.**, by guesswork.

conjeturar vtr to conjecture.

conjugable adj conjugable.

conjugación nf conjugation.

conjugar [7] vtr to conjugate; fig (planes, opiniones) to join, bring together.

conjunción nf Ling conjunction.

conjuntado,-a I pp de **conjuntar** II adj co-ordinated.

conjuntar vtr to co-ordinate.

conjuntiva nf Anat conjunctiva.

conjuntivitis nf Med conjunctivitis.

conjuntivo,-a adj conjunctive.

conjunto,-a I adj 1 (combinado) combined. 2 (compartido) joint. ■ **base conjunta**, joint base. II nm 1 (grupo) collection, group; **un c. de poemas**, a collection of poems. 2 (todo) whole; **de c.**, overall; **en c.**, on the whole; **en su c.**, as a whole. 3 (prenda) outfit, ensemble. 4 Mús (clásico) ensemble; (pop) group, band. 5 Mat set. 6 Dep team.

conjura nf, **conjuración** nf conspiracy, plot.

conjurado,-a I pp de **conjurar** II adj conspiring, plotting. III nm,f conspirator, plotter.

conjurar I vtr 1 (demonio, mal pensamiento) to exorcise; (peligro) to stave off, ward off. 2 lit (rogar) to beseech. II vi to conspire, plot. III conjurarse vr to conspire, plot.

conjuro nm 1 (exorcismo) exorcism. 2 (encantamiento) spell, incantation.

conllevar vtr (enfermedad) to put up with; (dolor) to bear.

conmemoración nf commemoration.

conmemorar vtr to commemorate.

conmemorativo,-a adj commemorative.

conmensurable adj commensurable.

conmigo pron pers with me; **Clara hablaba c.**, Clara was talking to me.

conminación nf threat, commination.

conminador,-a adj threatening, menacing.

conminar vtr to threaten, menace.

conminativo,-a adj, **conminatorio,-a** adj threatening, menacing.

conmiseración nf fml commiseration, pity.

conmoción nf commotion, shock. ■ Med **c. cerebral**, concussion.

conmocionar vtr to shock; Med to concuss.

conmovedor,-a adj touching; **una película conmovedora**, a moving film.

conmover [32] I vtr (persona) to touch, move; (objeto, casa) to shake. II **conmoverse** vr 1 (persona) to be touched o moved. 2 (cosas) to be shaken.

conmutabilidad nf commutability.

conmutable adj commutable.

conmutación nf commutation.

conmutador nm 1 Elec switch. 2 Am Tel switchboard.

conmutar vtr to exchange; Jur (castigo, sentencia) to commute; Elec (corriente) to commutate.

conmutativo,-a adj commutative.

connatural adj connatural, inherent.

connivencia nf connivance, collusion.

connotación nf connotation.

connotar vtr to connote.

connubio nm lit matrimony, marriage.

cono nm Geom cone.

conocedor,-a adj & nm,f expert.

conocer [44] I vtr 1 to know; **dar (algo/algn) a c.**, to make (sth/sb) known; **darse a c.**, to make oneself known; **no conozco bien este tema**, I am not very familiar with this subject; fam **c. algo al dedillo** o **palmo a palmo**, to know something off by heart. 2 (identificar) to recognize; **¿de qué o dónde me conoces?**, where do you know me from?; **te he conocido por la voz**, I recognized you by your voice. 3 (a algn por primera vez) to meet; **c. (a algn) de vista**, to know (sb) by sight; **¿conoces a Teresa?**, have you met Teresa? 4 (visitar país, lugar) to be in; **no conozco Rusia**, I haven't been to Russia yet. II vi **c. de**, (ser conocedor) to know about; Jur (caso) to hear. III **conocerse** vr 1 (a sí mismo) to know oneself. 2 (dos personas) to know each other; (por primera vez) to meet; **se conocieron en el metro**, they met on the tube. 3 (uso impers) **se le conoce la felicidad en la cara**, happiness shows in his face; fam **se conoce que se enfadó**, apparently he got angry.

conocido,-a I pp de **conocer** II adj known; (famoso) well-known; **esa cara me es conocida**, I've seen that face before; **me suena c.**, it rings a bell. III nm,f acquaintance; **es un c. suyo**, he's an acquaintance of his.

conocimiento nm 1 (saber) knowledge; **con c. de causa**, with full knowledge of the facts; **tener conocimiento (de algo)**, to know (about sth); **tiene pocos conocimientos de biología**, he knows little about biology. 2 (madurez) **tener c.**, to have an understanding of. 3 (conciencia) conciousness; **perder/recobrar el c.**, to lose/regain conciousness. III (sentido común) common sense.

conque conj so; **llegas tarde, c. date prisa**, you're late, so hurry up.

conquense I adj of o from Cuenca. II nmf native o inhabitant of Cuenca.

conquián nm Méx Naipes cooncan.

conquista nf conquest; (amorosa) **hacer una c.**, to make a conquest.

conquistador,-a I adj conquering. II nm,f conqueror. III nm (galán) lady-killer.

conquistar vtr Mil (país, ciudad) to conquer; fig (puesto, título) to win; (a un hombre o una mujer) to win over.

consabido,-a adj 1 (bien conocido) well-known. 2 (usual) familiar, usual.

consagración nf 1 Rel consecration. 2 (de un artista, escritor) recognition; (de una costumbre) establishment.

consagrado,-a I pp de **consagrar** II adj 1 consecrated. 2 recognized, time-honoured, US time-honored, established, hallowed.

consagrar I vtr 1 Rel (iglesia, pan y vino) to consecrate. 2 (persona) (confirmar) to confirm; (palabra, expresión) to establish. 3 (dedicar) to devote, consecrate. II **consagrarse** vr 1 (dedicarse) to devote oneself (a, to), dedicate oneself (a, to). 2 (lograr fama) to establish oneself.

consanguíneo,-a I *adj* related by birth, consanguineous; **hermano c.**, half-brother. II *nm,f* blood relation.

consanguinidad *nf* blood relationship, consanguinity.

consciencia *nf véase* consciencia

consciente *adj* 1 conscious, aware; **ser c. de algo**, to be aware of sth. 2 *Med* conscious; **estar c.**, to be conscious. 3 *(responsable)* reliable.

consecución *nf (de un objetivo)* achievement, attainment; *(de un deseo)* realization. 2 *(obtención)* obtaining, obtainment.

consecuencia *nf* 1 *(resultado)* consequence, result; **a** *o* **como c. de**, as a consequence *o* result of; **atenerse a las consecuencias**, to suffer the consequences; **en c.**, therefore; **tener** *o* **traer (malas) consecuencias**, to have (ill) effects. 2 *(coherencia)* consistency.

consecuente *adj* 1 *(coherente)* consistent; **c. con sus ideas**, consistent with one's ideas. 2 *(siguiente)* consequent. ◆**consecuentemente** *adv* 1 consistently. 2 *(seguidamente)* consequently, therefore.

consecutivo,-a *adj* consecutive.

conseguir [56] *vtr* 1 *(obtener) (cosa)* to get, obtain; *(objetivo)* to achieve, attain. 2 *(lograr)* to manage, succeed in; **conseguí terminar**, I managed to finish.

conseja *nf Lit* fable, legend.

consejero,-a *nm,f* 1 *(asesor)* adviser. 2 *Pol* councillor. 3 *Com* member (of a board of directors). ■ **c. delegado**, managing director.

consejo *nm* 1 *(recomendación)* advice; **pedir c. (a algn)**, to ask (sb) for advice; **te daré un c.**, I'll give you a piece of advice. 2 *(junta)* council; **celebrar c.**, to hold council. ■ **c. de administración**, board of directors; **c. de guerra**, court martial; **c. de ministros**, cabinet; *(reunión)* cabinet meeting.

consenso *nm* 1 *(consentimiento)* assent, consent. 2 *(acuerdo)* consensus.

consensual *adj* consensual.

consentido,-a I *pp de* consentir II *adj (mimado)* spoiled, spoilt. III *nm,f* spoiled *o* spoilt child *o* person.

consentimiento *nm* consent.

consentir [35] I *vtr* 1 *(tolerar)* to tolerate, allow, permit; **no consientas que haga eso**, don't allow him to do that. 2 *(mimar)* to spoil. 3 *(aguantar peso, esfuerzo)* to bear, admit. II *vi* 1 to consent, give way; **consiente en quedarse**, he agrees to stay. 2 *(ceder mueble, pieza)* to weaken. III **consentirse** *vr (debilitarse)* to be weakened.

conserje *nm* porter; *(encargado)* caretaker.

conserjería *nf* 1 *(lugar)* porter's lodge, caretaker's quarters, reception. 2 *(oficio)* job of porter, caretaker etc.

conserva *nf* 1 *(en lata)* tinned *o* canned food. 2 *(dulces)* preserves *pl*.

conservación *nf* 1 preservation. ■ **instinto de c.**, self-preservation. 2 *(mantenimiento)* maintenance, upkeep.

conservador,-a I *adj & nm,f* conservative; *Pol* Conservative. II *nm (de museo)* curator.

conservadurismo *nm Pol* conservatism.

conservante *nm* preservative.

conservar I *vtr* to conserve, preserve; *(mantener)* to keep up, maintain; *Culin* to preserve; **c. la salud**, to keep healthy; **consérvalo**, keep it, hold on to it. II **conservarse** *vr (mantener hábito, tradición)* to survive. 2 *fig* to age well; **Ana se conserva muy bien**, Ana looks well for her age.

conservatorio *nm* 1 *Mús* conservatory, conservatoire, school of music. 2 *Arg Educ* private school.

conservería *nf* canning industry.

conservero,-a I *adj* canning. II *nm,f* canner.

considerable *adj* considerable, substantial, large.

consideración *nf* 1 *(reflexión)* consideration, attention; **tomar algo en c.**, to take sth into account. 2 *(respeto)* regard; **con c.**, *(con respeto)* respectfully; *(con cuidado)* carefully; **en c.**, considering; **por c. a**, out of consideration for. 3 **de c.**, important, considerable; **herido de c.**, seriously injured.

considerado,-a I *pp de* considerar II *adj* 1 *(apreciado)* highly regarded *o* thought of; **estar bien/mal c.**, to well/badly thought of. 2 *(atento)* considerate, thoughtful.

considerar *vtr* 1 *(meditar)* to consider, think over; **c. los pros y los contras**, to weigh up the pros and cons. 2 *(juzgar)* to judge, regard, deem; **lo considero imposible**, I think it's impossible. 3 to treat with consideration, respect.

consigna *nf* 1 *Mil* orders, instructions. 2 *(de estación, aeropuerto)* left-luggage office, *US* checkroom. 3 *(señal, lema)* watchword; **'por la igualdad', era su c.**, 'equality for all', was their watchword.

consignación *nf* 1 *(asignación)* allocation. 2 *Com (de mercancías)* consignment; *Naut* shipment.

consignar *vtr* 1 *(asignar)* to allocate; *(cantidad)* to assign. 2 *Com (mercancía)* to consign, ship, dispatch. 3 *(hacer constar)* to record; *(declaración)* to take down.

consignatario,-a *nm,f* 1 *Com* consignee. ■ **c. de buques**, shipbroker. 2 *Jur (depositario)* trustee, mortgagee.

consigo [1] *pron pers* 1 *(tercera persona)* with him *o* her; *(plural)* with them; **c. mismo**, with himself *o* herself; **c. mismos**, with themselves; *fam fig* **ella no las tenía todas c.**, she didn't rate her chances highly. 2 *(usted)* you; **c. mismo**, with yourself.

consigo [2] *indic pres véase* conseguir

consiguiente *adj* resulting, resultant, consequent; **por c.**, therefore, consequently.

consintiente *adj* consenting, agreeing.

consistencia *nf* 1 consistency, firmness, solidness; *Culin* **tomar c.**, to thicken. 2 *fig* soundness.

consistente *adj* 1 *(firme)* firm, solid. 2 *fig* sound. 3 **c. en**, consisting of.

consistir *vi* to consist (**en**, in, of); **el secreto consiste en tener paciencia**, the secret lies in being patient.

consistorial *adj* **casa c.**, town hall.

consistorio *nm* 1 *Rel* consistory. 2 *(ayuntamiento)* town council.

consocio,-a *nm,f* partner, associate.

consola *nf* 1 *Mueb* console table. 2 *(tablero de instrumentos)* console.

consolación *nf* consolation, comfort. ■ **premio de c.**, consolation prize.

consolador,-a *adj* consoling, comforting.

consolar [31] I *vtr* to console, comfort. II **consolarse** *vr* to console oneself, take comfort (**con**, from).

consólida *nm Bot* comfrey.

consolidación *nf* consolidation.

consolidar I *vtr* to consolidate; *(deuda)* to fund. II **consolidarse** *vr* to consolidate.

consolidativo,-a *adj* consolidating, consolatory.

consomé nm Culin clear soup, consommé.

consonancia nf 1 Lit consonance, rhyme. 2 fig harmony; **en c. con,** in keeping with.

consonante adj & nf consonant.

consonántico,-a adj consonantal.

consonar [31] vi 1 Mús Lit to harmonize, rhyme. 2 fig to agree, fit, be in harmony.

consorcio nm Com consortium, association, partnership.

consorte 1 adj **príncipe c.,** prince consort. II nmf 1 (cónyuge) partner, spouse. 2 Jur **consortes,** accomplices, joint partners.

conspicuo,-a adj 1 lit conspicuous, obvious. 2 (notable) prominent, outstanding.

conspiración nf conspiracy, plot.

conspirador,-a nm,f conspirator, plotter.

conspirar vi (confabularse) to conspire, plot.

constancia nf 1 (perseverancia) constancy, perseverance; **hacer algo con c.,** to persevere at sth. 2 (testimonio) proof, evidence; **dejar c. de algo,** (registrar) to put sth on record; (probar) to prove sth.

constante I adj constant, steady; (persona) steadfast. II nf constant, constant feature. ◆**constantemente** adv constantly.

constar vi 1 (figurar) to figure in, be included (in); **c. en acta,** to be on record; **hacer c.,** (decir) to express; (escribir) to put down; fml **para que así conste,** for the record. 2 (ser evidente) to be a fact; **me consta que ...,** I am absolutely certain that ...; **que conste que ...,** it's a fact that ... . 3 (consistir) **c. de,** to be made up of, consist of.

constatación nf verification; (verificación) checking.

constatar vtr to verify, confirm; (comprobar) to check.

constelación nf Astron constellation.

constelado,-a adj fig strewn (**de,** with).

consternación nf consternation, panic, dismay.

consternar I vtr to dismay, shatter, shock. II **consternarse** vr to be dismayed, shocked, aghast.

constipación nf Med cold, chill.

constipado,-a Med I adj **estar c.,** to have a cold o a chill. II nm cold, chill.

constiparse vr to catch a cold o a chill.

constitución nf (composición) constitution; Pol la **C. española,** the Spanish constitution.

constitucional I adj constitutional. II nm Pol constitucionalist.

constituir [62] I vtr 1 (formar) to constitute, make up; **está constituido por cinco islas,** it consists of five islands. 2 (ser) to be, represent; **constituye un honor para mí,** it is a great honour for me. 3 (fundar) to constitute, set up. 4 (nombrar) to appoint. II **constituirse** vr to set oneself up (**en,** as).

constitutivo,-a adj constituent, component.

constituyente adj & nmf Pol constituent.

constreñimiento nm 1 (obligación) constraint, imposition. 2 (opresión) restriction.

constreñir [36] vtr 1 (forzar) to compel, force. 2 (oprimir) to restrict. 3 Med (arteria) to constrict; (estreñimiento) to constipate.

constricción nf constriction.

construcción nf 1 construction; **la industria de la c.,** the building industry; **en (vías de) c.,** under construction. 2 (edificio) building.

constructivo,-a adj constructive.

constructor,-a I adj building, construction; **empresa constructora,** builders pl, construction company. II nm,f builder.

construir [62] vtr to construct, build.

consuegra nf son-in-law's o daughter-in-law's mother.

consuegro nm son-in-law's o daughter-in-law's father.

consuelo nm consolation; **es un c.,** that's comforting; **sin c.,** inconsolably.

cónsul nmf consul.

consulado nm 1 (oficina) consulate. 2 (cargo) consulship.

consular adj consular.

consulta nf 1 consultation; **quería hacerte una c.,** I need your advice. ■ **obra de c.,** reference book. 2 Med surgery; **pasar c.,** to see patients; **horas de c.,** surgery hours. 3 Med (despacho) consulting room.

consultar vtr to consult, seek advice (**con,** from); (en un libro) to look up; fig **consultarlo con la almohada,** to sleep on it.

consultivo,-a adj consultative, advisory.

consultorio nm 1 (asesoría) office, information office; (de médico) consulting room; (en hospital) outpatients'. 2 Prensa problem page, advice column.

consumación nf consummation, completion; (de un crimen) perpetration.

consumado,-a I pp de consumar. II adj 1 consummated; **hecho c.,** fait accompli, accomplished fact. 2 fig (perfecto) consummate; **un bobo c.,** a complete fool.

consumar vtr to complete, carry out; (crimen) to commit; (matrimonio) to consummate.

consumición nf 1 consumption. 2 (bebida) drink. ■ **c. mínima,** basic charge.

consumido,-a I pp de consumir. II adj 1 (gastado) wasted, spent. 2 fig (devorado) **c. por los celos,** consumed by jealousy.

consumidor,-a I adj consuming; **países consumidores de café,** coffee-drinking countries. II nm,f consumer.

consumir I vtr 1 (gastar) to consume; fig **me consumió esperar tanto,** it got on my nerves waiting so long. 2 (destruir) to destroy; **el fuego consumió el edificio,** the fire destroyed the building. II **consumirse** vr 1 (extinguirse) to burn out; fig (persona) to waste away. 2 (secarse) to boil away. 3 fig (por la pasión) to be consumed o devoured.

consumismo nm consumerism.

consumo nm consumption. ■ **bienes de c.,** consumer goods; **sociedad de c.,** consumer society.

consunción nf Med consumption.

consuno adv **de c.,** with one accord.

consustancial adj **ser c. con,** to be inseparable from.

contabilidad nf Com 1 (profesión) accountancy. 2 (de empresa, sociedad) accounting, book-keeping; **llevar la c.,** to keep the books.

contabilizar [4] vtr Com to enter in the books.

contable I adj countable. II nmf Com accountant, book-keeper.

contactar vtr to contact, get in touch (**con,** with).

contacto nm contact; Aut ignition; **entrar en c.,** to make contact; **perder la c.,** to lose touch; **ponerse en c.,** to get in touch. ■ Opt **lentes de c.,** contact lenses.

contado,-a I *pp de* contar. II *adj* **1** *(sumado)* counted; **tiene los días contados,** his days are numbered. **2** *(raro)* scarce; *(poco)* little; *(pocos)* few and far between; **contadas veces,** very seldom. **3** Com **pagar al c.,** to pay cash.

contador,-a I *nm,f* **1** *(narrador)* teller. **2** *(contable)* accountant, book-keeper. II *nm* meter. ■ **c. de agua,** water meter.

contaduría *nf* **1** *(oficio)* accountancy. **2** *(oficina)* accountant's office.

contagiar [12] I *vtr Med (enfermedad)* to transmit, pass on; *fig* **me contagió la risa,** their laughter was infectious. II **contagiarse** *vr* **1** *(enfermar)* to get infected, catch. **2** *(transmitirse)* to be contagious.

contagio *nm* **1** *Med* contagion, infection. **2** *fig* corruption, perversion.

contagioso,-a *adj* **1** *Med* contagious, infectious. **2** *fam* catching; **risa contagiosa,** infectious laugh.

contaminación *nf* contamination; *(de la atmósfera)* pollution.

contaminador,-a *adj* contaminating; *(de la atmósfera)* polluting.

contaminar I *vtr* **1** to contaminate; *(aire, agua)* to pollute. **2** *fig (pervertir)* to contaminate, corrupt. II **contaminarse** *vr* to become contaminated **(con, de,** with, by).

contante *adj* **dinero c. (y sonante),** hard *o* ready cash.

contar [31] I *vtr* **1** *(sumar)* to count; **c. con los dedos,** to count on one's fingers; **cuenta los puntos,** count how many points. **2** *(considerar)* to consider, reckon. **3** *(tener)* to have; **cuenta cincuenta años,** he's fifty years old. **4** *(narrar)* to relate, tell; **cuéntame un cuento,** tell me a story; **habría mucho que c.,** it's a long story; *fam* **¡cuéntamelo a mí!,** you're telling me!; *vulg* **¡cuéntaselo a tu abuela!,** come off it! **5** *(incluir)* to count (in), include; **te cuento entre mis amigos,** I consider you one of my friends. **6** *(suponer)* to count (on), expect; **ella cuenta llegar allí a las doce,** she expects to arrive there at twelve. II *vi* **1** *(tener importancia)* to count; **ese partido no cuenta,** that match doesn't count. **2 c. con algn,** *(confiar en algn)* to rely on sb; *(incluir a algn)* to count sb in; **cuenta con ello,** you can count on it. **3** *(tener presente)* to take into account; **no había contado con eso,** I hadn't allowed for that. **4** *(tener)* to have, be provided with; **cuenta con un dispositivo especial,** it has got a special device. III **contarse** *vr* **1** to be counted; **se cuentan por miles,** there are thousands of them. **2** *(incluirse)* to include oneself. **3** *fam* **¿qué se cuentas?,** how's it going?

contemplación *nf* contemplation; *fam* **no andarse con contemplaciones,** to make no bones about it, come straight to the point.

contemporaneidad *nf* contemporaneousness.

contemporáneo,-a *adj & nm,f* contemporary.

contemporizador,-a I *adj* compliant, compromising. II *nm,f* conformist, middle-of-the-road person.

contemporizar [4] *vi* to compromise, be compliant.

contención *nf* **1** *(moderación)* moderation, control. **2** *Constr* **muro de c.,** retaining wall. **3** *Jur* lawsuit.

contencioso,-a I *adj* contentious; *Jur* litigious; **asunto c.,** judicial matter. II *nm Jur* legal action, case.

contendedor,-a *nm,f* contender, antagonist.

contender [28] *vi* **1** *(pelear)* to contend, fight. **2** *(competir)* to contest.

contendiente I *adj* contending, competing. II *nmf* contender, contestant.

contener [87] I *vtr* **1** *(encerrar, llevar)* to contain, hold. **2** *(reprimir)* to restrain, hold back; **no pudo c. la risa,** he couldn't hold back his laughter. II **contenerse** *vr* to control oneself, hold (oneself) back.

contenido,-a I *pp de* contener. II *adj* **1** contained **(en,** in). **2** *(persona)* reserved, circumspect. III *nm* content, contents *pl.*

contenta *nf* **1** *(agasajo)* good treatment *o* welcome. **2** *Am Com* acknowledgement.

contentadizo,-a *adj* easy to please.

contentar I *vtr* **1** *(satisfacer)* to please. **2** *(alegrar)* to cheer up. II **contentarse** *vr* **1** *(conformarse)* to make do **(con,** with), be satisfied **(con,** with). **2** *(alegrarse)* to cheer up.

contento,-a I *adj* happy, pleased **(con,** with; **de,** about). II *nm* happiness, contentment, joy.

contera *nf* tip; *fig* **echar la c.,** to finish, end; *fig* **por c.,** to cap it all.

contertulio,-a *nm,f* member of a social group *o* gathering.

contestable *adj* debatable.

contestador *nm* **c. automático,** answering machine.

contestación *nf* **1** *(respuesta)* answer; **dar c.,** to answer. **2** *(oposición)* opposition. **3** *Jur* plea.

contestar I *vtr* **1** *(responder)* to answer; **c. bien/mal,** to give the right/wrong answer. **2** *Jur* to confirm. II *vi* **1** *(replicar)* to answer back. **2** *(oponer)* to contest, question.

contestatario,-a I *adj* argumentative; *fam* bolshie. II *nm,f* attacker, dissenter.

contexto *nm* context; *fig* environment.

contextura *nf* **1** *(disposición)* texture. **2** *(complexión de persona)* build.

contienda *nf* contest, struggle, dispute.

contigo *pron pers* with you; *prov* **c. pan y cebolla,** anything will do as long as we are together.

contigüidad *nf* contiguity, closeness, nearness.

contiguo,-a *adj* contiguous **(a,** to), adjoining, adjacent **(a,** to).

continencia *nf* *(en el sexo)* continence; *(en la gula)* moderation.

continental *adj* continental.

continente *nm* **1** *Geog* continent. **2** *(recipiente)* container. **3** *(compostura)* countenance; *(aspecto)* air.

contingencia *nf* **1** *(probabilidad)* contingency, eventuality. **2** *(riesgo)* risk, hazard.

contingente I *adj* *(posible)* contingent, accidental. II *nm* **1** *(grupo)* contingent. **2** *Mil* contingent. **3** *Com Fin* quota, share. **4** *(contingencia)* contingency.

continuación *nf* continuation, follow-up; **a c.,** next; **tener c.,** to be continued.

continuador,-a I *adj* continuing. II *nm,f* continuator.

continuar [11] I *vtr & vi* to continue, carry on (with); **ella continúa durmiendo,** she's still asleep; **continúa en Francia,** he's still in France; **continuará,** to be continued; **continuaron su camino,** they went on their way. II **continuarse** *vr* to continue, go on; **la carretera se continúa hasta el mar,** the road runs all the way down to the sea.

continuidad *nf* continuity.
continuo,-a I *adj* 1 *(seguido)* continuous, endless. ■ **línea continua**, *(en dibujo etc)* unbroken line; *Aut* solid white line. 2 *(reiterado)* continual, constant. II *nm* continuum; **un c. de gente**, a constant flow of people. ◆**continuamente** *adv* continuously.
contonearse *vr* to swing one's hips.
contoneo *nm* swinging of the hips, hip-swinging.
contorno *nm* 1 *(perfil)* outline; *(perímetro)* perimeter; **el c. de la figura**, the shape of the figure. 2 *Numis (canto)* rim, edge. 3 *(alrededores)* surroundings *pl*, environment; *(territorio)* region, district.
contorsión *nf* contortion.
contorsionarse *vr* to contort *o* twist oneself, writhe.
contorsionista *nmf* contorsionist.
contra I *prep* against; **debemos luchar c. ellos**, we must fight them; **en c. de lo que se esperaba**, contrary to expectations; **hablar en c. de**, to criticize; **opinar en c.**, to disagree. II *nm* **los pros y los contras**, the pros and cons. III *nf fam* drawback, snag; **llevar la c. a algn**, to disagree with sb.
contraalmirante *nm Mil* rear admiral.
contraatacar [1] *vtr* to counterattack.
contraataque *nm* counterattack.
contrabajo *nm Mús (instrumento)* double bass; *(voz)* low bass.
contrabandista *nmf* smuggler; **c. de armas**, gunrunner.
contrabando *nm* 1 *(acción)* smuggling; **c. de armas**, gunrunning; **pasar algo de c.**, to smuggle sth in. 2 *(mercancías)* smuggled goods *pl*; **un reloj de c.**, a contraband watch.
contracción *nf* contraction.
contracepción *nf* contraception.
contrachapado *nm* plywood.
contracorriente I *nf* crosscurrent; **c. submarina**, underset. II **ir c.**, to go against the tide.
contráctil *adj* contractile.
contractual *adj* contractual.
contracultura *nf* counterculture.
contradanza *nf* country dance.
contradecir [69] *(pp* **contradicho***)* I *vtr* 1 *(decir lo contrario)* to contradict; **siempre me contradices**, you're always contradicting me. 2 *(estar en oposición)* to run against, disagree with; **sus actos contradicen sus palabras**, he says one thing and does another. II **contradecirse** *vr* to contradict oneself; *(decir cosas contradictorias)* to be inconsistent.
contradicción *nf* contradiction; **el espíritu de la c.**, contrariness.
contradictorio,-a *adj* contradictory.
contraer [88] I *vtr* 1 *(encoger)* to contract, tighten (up). 2 *(enfermedad)* to catch. 3 *(deuda)* to contract; *(hábito)* to pick up; **c. matrimonio con algn**, to marry sb. II **contraerse** *vr* 1 *(encogerse)* to contract, tighten. 2 *Am (concentrarse)* to apply oneself **(a, to).**
contraespionaje *nm* counterespionage.
contrafuerte *nm* 1 *Arquit* buttress. 2 *(en calzado)* stiffener. 3 *(de montaña)* foothill.
contrahecho,-a *adj* hunchbacked, deformed.
contraigo *indic pres véase* contraer.
contraindicación *nf Med* contraindication; **'contraindicaciones, ninguna,'** 'it can be used safely by anyone'.

contraje *pt indef véase* contraer.
contralmirante *nm Mil véase* contraalmirante.
contralto *nmf Mús* contralto.
contraluz *nm* view against the light; **a c.**, against the light.
contramaestre *nm* 1 *Náut* warrant officer. 2 *(capataz)* foreman.
contramano (a) *loc adv* the wrong way *o* direction.
contraofensiva *nf Mil* counteroffensive.
contraorden *nf* countermand.
contrapartida *nf* 1 *Com Fin* balancing entry. 2 *fig* compensation.
contrapelo (a) *loc adv* the wrong way; *fig* the wrong way, against the grain; **acariciar un gato a c.**, to stroke a cat the wrong way.
contrapesar *vtr* 1 *(equilibrar)* to counterbalance, counterpoise. 2 *fig (compensar)* to offset, balance.
contrapeso *nm* counterweight.
contraponer [78] *(pp* **contrapuesto***)* I *vtr* 1 *(oponer)* to set in opposition **(a, to)**, set up **(a, against)**; *(encarar)* to set against. 2 *fig (contrastar)* to contrast. II **contraponerse** *vr (oponerse)* to be opposed.
contraportada *nf* back page.
contraposición *nf (oposición)* clash, conflict; *(contraste)* contrast; **estar en c.**, to clash.
contraproducente *adj* counterproductive; **tener un resultado c.**, to have a boomerang effect.
contrapuerta *nf* storm door, double door.
contrapuesto,-a I *pp de* contraponer. II *adj (en oposición)* clashing, conflicting; *(en contraste)* contrasting.
contrapuntear *vi Am* 1 *(versos)* to compete in poetry improvising contest. 2 *(rivalizar)* to compete, contend.
contrapunto *nm* 1 *Mús* counterpoint. 2 *Am (de versos)* poetry improvisation contest.
contrariar [13] *vtr* 1 *(oponerse)* to oppose, go against; **lo dice por contrariarme**, he says that just to be awkward. 2 *(disgustar)* to upset; **por no contrariarte**, so as not to upset you. 3 *(obstaculizar)* to obstruct, hinder.
contrariedad *nf* 1 *(oposición)* opposition. 2 *(disgusto)* annoyance; **hacer un gesto de c.**, to look annoyed. 3 *(contratiempo)* obstacle, setback, hitch.
contrario,-a I *adj* 1 *(opuesto)* contrary, opposite; **al c.**, on the contrary; **de lo c.**, otherwise; **en dirección contraria**, in the wrong direction; **llevar la contraria**, to be contrary; **no llevarle la contraria a algn**, to humour sb; **por el c.**, on the contrary; **todo lo c.**, quite the opposite. 2 *(perjudicial)* contrary **(a, to)**, harmful **(a, to)**; **c. a nuestros intereses**, not in our interests. II *nm,f* opponent, rival. ◆**contrariamente** *adv* **c. a ...**, contrary to ... .
contrarrestar *vtr* 1 *(hacer frente)* to resist, oppose; *(compensar)* to offset, counteract. 2 *(pelota)* to return.
contrarrevolución *nf* counter-revolution.
contrasentido *nm* 1 *(gen)* contradiction; *(disparate)* piece of nonsense. 2 *(mala interpretación)* misinterpretation.
contraseña *nf (consigna)* secret mark; *Mil* password, watchword.
contrastar I *vtr* 1 *(oponer)* to contrast **(con, with)** 2 *(pesos, medidas)* to check. 3 *(oro, plata)* to hallmark. II *vi (oponerse)* to contrast **(con, with)**, be in contrast **(a, to).**

contraste nm 1 (oposición) contrast. 2 (de pesos y medidas) verification, inspection. 3 (en oro, plata) hallmark.

contrata nf contract.

contratación nf 1 (pedidos) total orders pl, volume of business. 2 (contrato) hiring.

contratar vtr (servicio, mercancía) to sign a contract for; (empleado) to hire, engage; (deportista) to sign up; (arriendo) to take on.

contratiempo nm 1 (contariedad) setback, hitch; (accidente) mishap. 2 Mús a c., offbeat; fig in the offbeat.

contratista nmf contractor. ■ Constr c. de obras, building contractor.

contrato nm contract. ■ c. de alquiler, lease, leasing agreement; c. de trabajo, work contract.

contravención nf Jur contravention, infringement, violation.

contravenir [90] vtr Jur to contravene, infringe, violate.

contraventana nf shutter.

contrayente I adj contracting. II nmf (en un matrimonio) contracting party.

contribución nf 1 contribution; poner a c., to use, draw on. 2 Fin (impuesto) tax, rates pl. ■ c. territorial, land tax; c. urbana, rates pl.

contribuir [62] I vtr to contribute (a, to; para, towards). II vi 1 to contribute; fig c. al éxito de algo, to contribute to the success of sth. 2 Fin (pagar impuestos) to pay taxes.

contribuyente Fin I adj taxpaying. II nmf taxpayer.

contrición nf contrition; hacer un acto de c., to repent.

contrincante nmf rival, opponent.

contristar I vtr (afligir) to make sad. II contristarse vr (afligirse) to become sad, grieve.

contrito,-a adj contrite.

control nm 1 control; bajo c., under control; bajo el c. de, under the supervision of; c. de (la) natalidad, birth control; ejercer o llevar el c., to be in control. ■ c. a distancia, remote control. 2 (lugar) checkpoint. ■ c. de pasaportes, passport inspection o check; Aut c. policial, roadblock.

controlador,-a I adj control; ficha controladora, control chart. II nm,f Av c. (aéreo), air traffic controller.

controlar I vtr 1 (gen) to control. 2 (comprobar) to check; Com Fin to audit. II controlarse vr (moderarse) to control oneself.

controversia nf controversy, argument.

controvertir [35] I vtr to dispute, argue about. II vi to argue.

contubernio nm pey 1 (cohabitación ilícita) cohabitation. 2 (confabulación) conspiracy, clique.

contumacia nf 1 (obstinación) obstinacy; (desobediencia) insubordination. 2 Jur contumacy.

contumaz adj 1 (obstinado) obstinate; (desobediente) insubordinate. 2 Jur contumacious.

contundencia nf 1 (fuerza) force, energy. 2 fig (convicción) conviction, force; me convenció con la c. de sus argumentos, I was convinced by the weight of her argument.

contundente adj 1 (arma) blunt. 2 fig (convincente) forceful, convincing; un argumento c., a weighty argument.

conturbación nf anxiety, dismay, perturbation.

conturbado,-a I pp de conturbar. II adj anxious, dismayed, perturbed.

conturbar I vtr to trouble, dismay, perturb. II conturbarse vr to be troubled, be dismayed, become perturbed.

contusión nf contusion, bruise.

contusionar vtr to contuse, bruise.

conuco nm Am small farm.

convalecencia nf convalescence.

convalecer [43] vi to convalesce (de, after), recover (de, from).

convaleciente adj & nmf convalescent.

convalidación nf Educ validation; (documento) ratification.

convalidar vtr to validate; (documento) to ratify.

convección nf Fís convection.

convecino,-a I adj neighbouring, US neighboring. II nm,f neighbour, US neighbor.

convector nm convector.

convencer [2] I vtr to convince, persuade; c. a algn de algo, to convince sb about sth; dejarse c., to let oneself be persuaded; no me convence la idea, I'm not sold on the idea. II convencerse vr to be convinced, become convinced; me convencí de mi error, I realized my mistake.

convencimiento nm conviction, certainty; llegar al c. de que ..., to be convinced that ... .

convención nf 1 Pol (pacto) convention, treaty. 2 (asamblea) convention, congress. 3 (conformidad) convention.

convencional adj conventional.

convencionalismo nm conventionalism, conventionality.

convenible adj 1 (conveniente) suitable, fitting; (precio) fair, reasonable. 2 (persona) accommodating.

convenido,-a I pp de convenir. II adj agreed, arranged, set.

conveniencia nf 1 (utilidad) usefulness; (oportunidad) suitability, advisability. 2 (provecho) convenience. 3 (convenio) agreement. ■ conveniencias sociales, proprieties.

conveniente adj 1 (útil) useful; (oportuno) suitable, convenient; (aconsejable) advisable; creo c. avisarle, I feel I should warn him; en el momento c., at the right time. 2 (precio) good, fair.

convenio nm agreement, treaty, convenant. ■ c. laboral, labour agreement.

convenir [90] I vtr & vi 1 (acordar) to agree; c. en, to agree on; c. una fecha, to agree on a date; sueldo a c., salary negotiable. 2 (ser oportuno) to suit, be good for; conviene recordar que ..., it's as well to remember that ...; te conviene descansar, you need a rest.

conventillero,-a nm,f Arg (persona) gossip.

convento nm Rel (de monjas) convent; (de monjes) monastery.

conventual adj Rel conventual.

convergencia nf convergence.

convergente adj convergent, converging, concurring.

converger [5] vi, **convergir** [6] vi to converge, meet.

conversación nf conversation, talk; dar c., to keep sb chatting; fig dejar caer una cosa en la c., to bring sth up in conversation; fig trabar c. con algn, to get into conversation with sb.

conversador,-a I *adj* talkative. II *nm,f* 1 *(hablador)* conversationalist, talker. 2 *Am (charlatán)* gabber.

conversar *vi* to converse, talk.

conversión *nf* conversion.

converso,-a I *adj* converted. II *nm,f* convert.

conversón,-ona *adj CAm* talkative.

convertibilidad *nf* convertibility.

convertible I *adj* convertible. II *nm Am* convertible.

convertir [35] I *vtr* 1 *(transformar)* to change, convert. 2 *Rel* to convert; **c. a algn al cristianismo,** to convert sb to Christianity. II **convertirse** *vr* 1 **c. en,** to turn into, become; **se convirtió en una escritora famosa,** she became a famous writer. 2 *Rel* to be converted (**a,** to).

convexidad *nf* convexity.

convexo,-a *adj* convex.

convicción *nf* conviction; **mis convicciones no me permiten hacer eso,** it's against my beliefs to do that; **tengo la c. de que ...,** I firmly believe that ... .

convicto,-a *adj* guilty, convicted.

convidado,-a I *pp de* convidar. II *adj* invited. III *nm,f* guest; *fig* **como un c. de piedra,** silent as the grave.

convidar I *vtr* 1 to invite; **nos convidó a una copa,** he offered us a drink. 2 *fig (incitar)* to inspire, prompt. II **convidarse** *vr fam* to invite oneself; **se convidó por la cara,** he invited himself along.

convincente *adj* convincing.

convite *nm* 1 *(fiesta)* party; *(comida)* dinner, lunch. 2 *(invitación)* invitation. 3 *Am (mojiganga)* masquerade.

convivencia *nm* life together; *fig* coexistence; **la c. se hizo imposible,** living together became impossible.

convivir *vi* to live together; **saber c.,** to give and take; *fig* to coexist (**con,** with).

convocar [1] *vtr* to convoke, call together, summon; **c. oposiciones,** to hold competitive examinations; **c. una reunión,** to call a meeting.

convocatoria *nf* 1 *(citación)* convocation, summons *sing,* call (to a meeting). 2 *Educ* examination; **c. de setiembre,** second sitting (in September).

convoy *nm* 1 *Aut Náut (escolta)* convoy. 2 *Ferroc* train.

convoyar *vtr* to convoy, guard, escort.

convulsión *nf Med* convulsion; *fig* upheaval.

convulsionar *vtr Med* to convulse.

convulsivo,-a *adj* convulsive.

convulso,-a *adj* convulsed (**de,** with).

conyugal *adj* conjugal. ■ **vida c.,** married life.

cónyuge *nmf* spouse, partner; *(marido)* husband; *(mujer)* wife; **cónyuges,** married couple *sing,* husband and wife.

coña *nf vulg* 1 *(guasa)* joking, larking about; **estar de c.,** to have a joke; **ser la c.,** to be the limit; **tomar algo a c.,** to take sth as a joke. 2 *(molestia)* nuisance.

coñac *nm* brandy, cognac.

coñazo *nm vulg* pain, drag; **dar el c.,** to be a real pain.

coñearse *vr vulg* to take the piss (**de,** out of).

coño I *nm Anat vulg* cunt; **estar en el quinto c.,** to be far *o* miles away. II *interj vulg (sorpresa)* well, fuck me!; *(disgusto, enfado)* for fuck's sake!; **¡qué c. quieres!,** what the hell do you want!

coop. *abr de* **cooperativa,** co-operative, co-op.

cooperación *nf* co-operation.

cooperador,-a I *adj* co-operative, collaborating, participating. II *nm,f* collaborator, co-operator.

cooperar *vi* to co-operate (**a, en,** in; **con,** with); **c. a un fin,** to have a common aim.

cooperativo,-a I *adj* co-operative. II *nf* 1 *(asociación, local)* co-operative. ■ **c. agrícola,** farmers' co-operative.

coordenado,-a I *pp de* coordenar. II *adj* co-ordinated. III *nf* co-ordinate.

coordinación *nf* co-ordination.

coordinador,-a I *adj* co-ordinating, organizing. II *nm,f* co-ordinator, organizer. III *nf (comité)* co-ordinating committee; **c. general,** joint committee.

coordinar *vtr* to co-ordinate; **c. los esfuerzos,** to combine forces.

copa *nf* 1 *(vaso)* glass; *(alcohol)* **irse de copas,** to go out drinking; **llevar una c. de más,** to have one too many; **tomar una c.,** to have a drink. ■ **sombrero de c.,** top hat. 2 *(del árbol)* top. 3 *Dep (campeonato, trofeo)* cup; **la c. mundial,** the world cup. 4 **copas,** *Naipes (baraja española)* hearts.

copar *vtr* to take; **los puestos están todos copados,** the jobs are all taken up.

copartícipe *adj & nmf (socio)* partner; *(colaborador)* collaborator; *(copropietario)* joint owner, co-owner.

copear *vi* to drink; *(ir de copas)* to go drinking.

Copenhague *n* Copenhagen.

copeo *nm* drinking; **ir de c.,** to go out drinking.

copete *nm* 1 *(de pelo)* tuft; *(penacho)* crest; *(de caballo)* forelock; *(de helado)* top. 2 *fig (altanería)* pride, haughtiness. 3 *fig* **de alto c.,** high-class.

copia *nf* 1 copy; **sacar una c.,** to make a copy. ■ **papel de c.,** copy paper. 2 *(persona)* image. 3 *Cin* print; **c. diaria,** rushes *pl.* 4 *lit (abundancia)* abundance.

copiador,-a I *adj* copying. II *nf* photocopier.

copiar [12] *vtr* 1 *(gen)* to copy. 2 *(escribir)* to copy, take down. 3 *(imitar)* to copy, imitate. 4 *Educ* to cheat; **la pillaron copiando,** she was caught cheating.

copiloto *nm Av* copilot; *Aut* co-driver.

copinar *vtr Méx* 1 *(desollar)* to skin. 2 *(desatar)* to let loose.

copión,-ona *nm,f fam* cheat, cheater; *(imitador)* copycat.

copiosidad *nf* abundance.

copioso,-a *adj* abundant, copious, plentiful; **copiosas lluvias,** heavy rain *sing.*

copista *nmf* copyist.

copita *nf* 1 *(small)* glass. 2 *Golf* tee.

copla *nf* 1 *(verso, estrofa)* verse, couplet; *fam* **andar en coplas,** to be the talk of the town; *fam* **la misma c.,** the same old story. 2 **coplas,** *(canciones)* folk songs, popular songs. 3 *Am (caño)* pipe (joint).

copo¹ *nm* 1 *(gen)* flake; *(de nieve)* snowflake; *(de algodón)* ball (of cotton); **copos de avena,** rolled oats. 2 *Arg Ven (nubes)* bank of clouds.

copo² *nm (pesca)* catch (of fish).

copón *nm fam* **se armó un lío del c.,** there was a great mess.

coproducción *nf* co-production, joint production.

coproductor *nm* co-producer.

copropiedad *nf* joint ownership.

copropietario,-a *adj & nm,f* co-owner, joint owner.

copudo,-a *adj* bushy, thick.

cópula *nf* 1 *(coito)* copulation, intercourse. 2 *Ling* conjunction.

copular *vtr* to copulate (**con,** with).

copulativo,-a *adj* copulative.

COPYME *nm abr de* Confederación de la Pequeña y Mediana Empresa.

coque *nm Min* coke.

coquetear *vi* to flirt (**con,** with).

coquetería *nf* coquetry, flirtation.

coqueto,-a I *adj* flirtatious. II *nm,f* 1 *(mujer)* coquette, flirt; *(hombre)* flirt. 2 *Mueb (tocador)* dressing table.

coquetón,-ona *adj (mujer)* coquette, flirty; *(hombre)* flirtatious.

coraje *nm* 1 *(valor)* toughness, courage; **echar c.,** to take courage. 2 *(ira)* anger, annoyance; **dar c.,** to infuriate; **¡qué c.!,** how maddening!

corajudo,-a *adj* 1 *(valiente)* tough, brave. 2 *(irritable)* quick-tempered.

coral[1] *nm Zool* coral; **corales,** coral necklace *sing.*

coral[2] I *adj* choral. II *nm Mús* choral, chorale.

coralina *nf Bot* coralline.

coralino,-a *adj* coral.

corambre *nf* hides *pl,* skins *pl.*

Corán *nf Rel* Koran.

coraza *nf* 1 *(armadura)* armour, *US* armor, cuirass; *fig* armour, protection. 2 *Zool (caparazón)* shell.

corazón *nm* 1 *Anat* heart; **estar enfermo** *o* **padecer del c.,** to have heart trouble; *fig* **abrir algn su c.,** to open one's heart out; *fig* **con el c. en un puño,** with one's heart in one's mouth; *fig* **de (todo) c.,** in all sincerity; *fig* **hablar con el c. en la mano,** to wear one's heart on one's sleeve; *fig* **romper el c. a algn,** to break sb's heart; *fig* **tener buen c.,** to be kind-hearted. 2 *(parte central)* heart, core; *(de fruta)* core; **en el c. de la ciudad,** in the heart of the city. 3 *(apelativo cariñoso)* darling, sweetheart. 4 **corazones,** *Naipes* hearts.

corazonada *nf* 1 *(presentimiento)* hunch, feeling; **tuve la c. de que ...,** something told me that ... . 2 *(impulso)* impulse.

corbata *nf* 1 tie, *US* necktie; **con c.,** wearing a tie. 2 *(en bandera)* sash, tassel. 3 *Arg (pañuelo)* bandanna, bandana, scarf.

corbatín *nm* bow tie.

corbeta *nf Náut* corvette.

Córcega *n* Corsica.

corcel *nm lit* steed, charger.

corchea *nf Mús* quaver.

corchero,-a *adj* cork; **industria corchera,** cork industry.

corchete *nm* 1 *Cost (gafete)* hook and eye, snap fastener. 2 *Impr* square bracket.

corcho *nm* 1 *(gen)* cork; *(corteza)* cork bark. 2 *(tapón)* cork. 3 *(pesca)* float. 4 *(flotador)* float.

córcholis *interj (sorpresa)* goodness me!, *US* gee!

orcor *nm CAm* gulp, gulping noise.

orcova *nf* 1 *Anat (joroba)* hunchback, hump. 2 *Am* party lasting one or more days.

orcovado,-a I *adj* hunchbacked. II *nm,f* hunchback.

corcovear *vi* 1 *Am (refunfuñar)* to grumble; *(indignarse)* to get upset. 2 *Méx (tener miedo)* to be afraid.

corcovo *nm* prance.

cordaje *nm* 1 *(cuerdas)* ropes *pl,* cordage. 2 *Náut* rigging.

cordel *nm* rope, cord; **a c.,** in a straight line.

cordelería *nf* 1 *(oficio)* ropemaking. 2 *Náut* rigging.

cordelero,-a *nm,f* ropemaker.

cordero,-a I *nm,f* lamb; *fig* **ser un c.,** to be as meek as a lamb. II *nm* lambskin.

cordial I *adj* 1 *(afable)* cordial, warm, friendly. 2 *Farm (tonificante)* cordial, stimulating. II *nm Farm* cordial.

cordialidad *nf* cordiality, warmth, friendliness.

cordillera *nf Geog* mountain chain *o* range.

cordobán *nm* cordovan (leather).

Córdoba *n* Cordova.

cordobés,-esa *adj & nm,f* Cordovan.

cordón *nm* 1 *(gen)* rope, string; *(de zapatos)* shoelace, shoestring; *Elec* flex; *(hebra)* **lana de 3 cordones,** 3-ply wool. ■ *Anat* **c. umbilical,** umbilical cord. 2 *(cadena humana)* cordon. ■ **c. policial,** police cordon.

cordoncillo *nm (cordón pequeño)* cord; *Cost* braid, piping.

cordura *nf* sound judgement, good sense; **con c.,** sensibly, prudently, wisely.

Corea *n* Korea.

corea *nf Med* Saint Vitus's dance.

coreano,-a I *adj & nm,f* Korean. II *nm (idioma)* Korean.

corear *vtr* 1 *(cantar a coro)* to sing in chorus. 2 *fig (opinión)* to echo. 3 *(aclamar)* to applaud.

coreografía *nf* choreography.

coreográfico,-a *adj* choreographic.

coreógrafo,-a *nm,f* choreographer.

corista *nf Teat* chorus girl.

coriza *nf Med* coryza.

cormorán *nm Orn* **c. (grande),** cormorant; **c. moñudo,** shag.

cornada *nf Taur* goring; **dar cornadas a,** to gore.

cornamenta *nf* 1 *(gen)* horns *pl;* *(del ciervo)* antlers *pl.* 2 *fam ofens (del marido)* cuckold's horns *pl.*

córnea *nf Anat* cornea.

cornear *vtr* to gore.

corneja *nf Orn* crow.

cornejo *nm Bot* dogwood.

córneo,-a *adj* horn-like, corneous.

córner *nm Ftb* corner, corner (kick); **sacar un c.,** to take a corner.

corneta I *nf Mús (instrumento)* bugle; **c. de llaves,** cornet. II *nm Mil (persona)* bugler; cornet player.

cornetín *nm Mús* 1 *(instrumento)* cornet. 2 *(persona)* cornet player.

cornisa *nf* 1 *Arquit* cornice. 2 *Geog* **la C. Cantábrica,** the Cantabrian Coast.

corno *nm Mús* horn; **c. inglés,** cor anglais, English horn.

cornucopia *nf* cornucopia, horn of plenty.

cornudo,-a I *adj* 1 *(animal)* horned, antlered. 2 *fam ofens (marido)* cuckolded. II *nm (marido)* cuckold.

coro *nm* 1 *Mús* choir. 2 *Teat* chorus; *fig* **a c.,** all together; *fig* **hacer c.,** to join in the chorus.

corola *nf Bot* corolla.

corolario nm corollary.

corona nf 1 crown; **mensaje de la c.**, King's o Queen's speech. 2 (aureola) halo. 3 (de ramas, flores) wreath, garland. ▪ **c. funeraria,** funeral wreath. 4 Anat crown (of the head); (del diente) crown. 5 (moneda) crown.

coronación nf 1 (acto) coronation. 2 fig (culminación) crowning.

coronamiento nm 1 (culminación) crowning. 2 Arquit crown.

coronar I vtr 1 (poner una corona a) to crown; lit **la sierra está coronada de nieve,** the mountains are capped with snow. 2 fig (culminar) to culminate, crown; **c. la cima,** to reach the summit. II **coronarse** vr (en el parto) to crown; **el niño se corona,** the baby's head is showing.

coronario,-a adj Med coronary; **insuficiencia coronaria,** cardiac arrest.

coronel nm Mil colonel.

coronilla nf Anat crown of the head; fam **andar de c.,** to run around in circles; fam **estar hasta la c.,** to be fed up (**de,** with).

corpiño nm (prenda) bodice.

corporación nf corporation; **c. metropolitana,** city corporation; Com Fin company, association.

corporal I adj corporal, body; **castigo c.,** corporal punishment. II nm (lienzo) corporal, corporale.

corporativo,-a adj corporative; **asociación corporativa,** syndicate.

corpóreo,-a adj bodily, physical.

corpulencia nf corpulence, stoutness.

corpulento,-a adj corpulent, stocky, stout.

corpus nm 1 (conjunto) corpus. 2 Rel C., Corpus Christi.

corpúsculo nm Biol corpuscle.

corral nm 1 (gen) yard; (de granja) farmyard, US corral; (de casa) courtyard. 2 (para niños) playpen.

correa nf 1 (tira) strap; (de reloj) watchstrap; (de pantalón) belt; (de perro) lead, US leash. 2 Téc belt; **c. sin fin,** conveyor belt. 3 (elasticidad) elasticity, stretch; fig **tiene mucha c.,** he can take a joke.

correaje nm belts pl, straps pl.

corrección nf 1 (rectificación) correction, adjustment. ▪ Tip **c. de pruebas,** proofreading. 2 (cortesía) courtesy, correctness, politeness; **tratar a la gente con c.,** to be polite. 3 (reprimenda) rebuke; (castigo) punishment.

correccional adj & nm reformatory.

correctivo,-a adj & nm corrective.

correcto,-a adj 1 (sin errores) correct, accurate, good. 2 (rasgos) regular; **facciones correctas,** regular o even features. 3 (cortés) polite, courteous (**con,** to); (conducta) proper; (ropa) suitable. ◆**correctamente** adv 1 (sin errores) correctly, accurately. 2 (con educación) correctly, politely, properly.

corrector,-a I adj corrective. II nm,f Impr **c. de pruebas,** proofreader.

corredera nf Téc track, rail, runner; **puerta/ventana de c.,** sliding door/window.

corredizo,-a adj sliding; **nudo c.,** slipknot.

corredor,-a I adj running. II nm,f 1 Dep runner. 2 Fin **c. de bolsa,** stockbroker; **c. de fincas,** estate agent. III nf Orn (ave) **corredora,** flightless bird.

corregible adj which can be corrected, rectifiable.

corregir [55] I vtr 1 (gen) to correct, rectify. 2 Impr (pruebas etc) to read. 3 (reprender) to scold, reprimand, tell off. 4 Educ (ejercicios) to mark. II **co-**

rregirse vr (persona) to mend one's ways; (defecto) to right itself.

correlación nf correlation.

correlativo,-a adj & nm correlative.

corremolinos nm inv Orn dunlin.

correntoso,-a adj Am fast-flowing, torrential.

correo nm 1 post, US mail; **a vuelta de c.,** by return (of post); **echar al c.,** to post; **por c.,** by post. ▪ **c. certificado,** registered post; Inform **c. electrónico,** electronic mail; (tren) **c.,** mail train. 2 **correos,** (edificio) post office sing; **lista de c.,** poste restante. 3 (persona) courier; Mil dispatch rider.

correoso,-a adj 1 (flexible) flexible, leathery. 2 fig (difícil de masticar) tough, leathery.

correr I vi 1 (gen) to run; **echar a c.,** to start running; **se fue corriendo,** he ran off o away. 2 (de prisa) to rush, hurry; **no corras, habla más despacio,** don't rush yourself, speak slower. 3 (coche) to go fast; (conductor) to drive fast; (caballo) to race, run. 4 (tiempo) to pass, go by; **el mes/año que corre,** the current month/year. 5 (noticia) to circulate, spread; **la noticia corrió como la pólvora,** the news spread like wildfire. 6 (río) to run, flow; (camino etc) to run; **la carretera corre entre las montañas,** the road winds through the mountains. 7 (viento) to blow. 8 (sueldo) to be payable. 9 (encargarse) **c. con los gastos,** to foot the bill; **corre a mi cargo,** I'll take care of it. 10 **c. prisa,** to be urgent. II vtr 1 (distancia) to cover; (país etc) to travel through; **c. mundo,** to globetrot. 2 (echar) to close; (cortina) to draw; (cerrojo) to lock (the door). 3 (mover) to pull up, draw up. 4 (arriesgarse) to run. 5 (aventura etc) to have; **corrimos un gran peligro,** we were in great danger. 6 (noticia etc) to spread; **c. la voz,** to pass it on. 7 fam **correrla,** to live it up. 8 **dejar c. algo,** to let sth pass. 9 Am (echar) to let off, fire. 10 Arg (asustar) to frighten, scare. III **correrse** vr 1 (persona) to move over; (objeto) to shift, slide. 2 (color, tinta) to run; **se corre al lavarlo,** it runs in the wash. 3 (avergonzarse) to blush, go red. 4 fam (juerga) to go on; **se corrieron una juerga monumental,** they went on a real bender. 5 arg (tener orgasmo) to come.

correría nf 1 (incursión) raid, foray. 2 **correrías,** (andanzas) travels.

correspondencia nf 1 (gen) correspondence; **esta palabra no tiene c. en español,** there's no translation for this word in Spanish. 2 (comunicación) communication; Ferroc (enlace) connection. 3 (cartas) correspondence, mail; **mantener c. con algn,** to correspond with sb.

corresponder I vi 1 (gen) to correspond (**a, to; con,** with), tally (**con,** with). 2 (ser apropiado) to be suitable o to be right; (color, mueble) to match, go (**con,** with); fig **no corresponde con lo que esperaba,** it doesn't come up to my expectations. 3 (incumbir) to concern, be incumbent upon; **esta tarea te corresponde a ti,** it's your job to do this. 4 (tocar, pertenecer) to be one's due; **me dieron lo que me correspondía,** they gave me my share. 5 (devolver) to return, reciprocate; (favor) to repay; **amor no correspondido,** unrequited love; **c. a la amabilidad de algn,** to repay sb's kindness. 6 Ferroc to connect (**con,** with). II **corresponderse** vr 1 (ajustarse) to correspond, agree; (armonizar) to be in harmony (**con,** with). 2 (apreciarse) to have mutual affection; (amarse) to love one another, love each other. 3 (cifras) to tally.

correspondiente *adj* **1** *(que corresponde)* corresponding (**a**, to). **2** *(apropiado)* appropriate; *(oportuno)* convenient. **3** *(respectivo)* own; **cada uno con su c. etiqueta,** each one with its own label.

corresponsal *nmf Prensa* correspondent.

corresponsalía *nf Prensa* post of correspondent.

corretaje *nm Fin* brokerage (fee).

corretear I *vi* **1** *(correr)* to run about. **2** *fam (vagar)* to hang about. II *vtr* **1** *Am (perseguir)* to chase. **2** *CAm (ahuyentar)* to scare o ward off.

correteo *nm* running about, hustle and bustle.

correveidile *nmf inv fig* **1** *(chismoso)* gossip. **2** *(alcahuete)* go-between.

corrida *nf* **1** *(paso rápido)* run, dash, race; **de c.,** *(rápidamente)* in a flash; *(de memoria)* from memory, by heart. **2** *Taur (fiesta)* **c. (de toros),** bullfight.

corrido,-a I *pp de* correr. II *adj* **1** *(peso)* heavy; **un kilo c.,** over a kilo, a good kilo. **2** *(cortina)* drawn. **3** *(continuo)* continuous; **balcón c.,** full balcony; **seto c.,** unbroken hedge. **4** *fig (avergonzado)* abashed; **dejar c.,** to embarrass; **quedarse c.,** to feel embarrassed. **5** *fam (experimentado)* **hombre/mujer c.,** man/woman of the world. **6 de c.,** without stopping; **recitar de c.,** to reel off; **traducir de c.,** to translate at o on sight. **7** *Am (completo)* full, complete. III *nm Méx* ballad.

corriente I *adj* **1** *(común)* ordinary, average, run-of-the-mill; **es c. ver ...,** you often see ...; **lo más c. es ...,** the usual thing is ...; **salirse de lo c.,** to be out of the ordinary; **un vestido c.,** an ordinary dress. **2** *(agua)* running. **3** *(mes, año)* current, present; **el diez del c.,** the tenth of this month. **4** *Fin (cuenta)* current; *(moneda)* valid. **5** *(al día)* **al c.,** up to date; **estar al c.,** to be in the know; **poner (algn) al c. (de algo),** to fill (sb) in (on sth); **ponerse al c.,** to get up to date; **tener al c.,** to keep informed. II *nf* **1** current, stream, flow; **c. abajo,** downstream; **c. arriba,** upstream; **ir** o **navegar contra c.,** to swim against the tide; *fig* to go against the tide; *fig* **dejarse llevar por la c.,** to follow the herd; *fig* **seguir la c.,** to follow the crowd; *fam* **seguirle** o **llevarle la c. a algn,** to humour sb. ■ *Elec* **c. alterna,** alternating current; *Elec* **c. eléctrica,** (electric) current; *Geog* **c. del Golfo,** Gulf Stream; **c. sanguínea,** bloodstream. **2** *(de aire)* draught, *US* draft. **3** *(tendencia)* trend, current; **corrientes del arte,** currents in art. ◆**corrientemente** *adv* usually, normally.

corrijo *indic pres véase* corregir.

corrillo *nm* small group of people talking, clique.

corrimiento *nm Geol* slipping, sliding. ■ **c. de tierras,** landslide.

corro *nm* **1** *(de personas)* circle, ring; *fig* **hacer c. aparte,** to form a small circle; *fig* **hacerle c. a algn,** to gather round sb. **2** *(juego infantil)* ring-a-ring-a-roses.

corroboración *nf* corroboration.

corroborar *vtr* to corroborate.

corroborativo,-a *adj* corroborative.

corroer [82] I *vtr* **1** *(degastar)* to corrode; *Geol* to erode. **2** *fig (minar)* to corrode, eat away o up; **la envidia le corroe el alma,** envy eats away at the soul. II **corroerse** *vr* **1** *(desgastarse)* to become corroded. **2** *fig* to be eaten up (**de**, with).

corromper I *vtr* **1** *(pudrir)* to turn bad, rot. **2** *(pervertir)* to corrupt, pervert. **3** *(sobornar)* to bribe. **4** *(estropear)* to spoil; **la falta de lectura corroe el lenguaje,** not reading enough can impoverish one's

language. II **corromperse** *vr* **1** *(pudrirse)* to go bad, rot. **2** *(pervertirse)* to become corrupted.

corrosión *nf* corrosion, rust; *Geol* erosion.

corrosivo,-a *adj* **1** corrosive. **2** *fig (mordaz)* caustic.

corrupción *nf* **1** *(putrefacción)* rot, decay. **2** *fig* corruption, degradation; *(soborno)* bribe; *(perversión)* seduction. ■ *Jur* **c. de menores,** corruption of minors.

corruptela *nf* corruption, sharp practice.

corrupto,-a *adj* corrupt; **un juez c.,** a corrupt judge.

corruptor,-a I *adj* corrupting. II *nm,f* corrupter, perverter.

corrusco *nm fam* crust of stale bread.

corsario,-a I *adj* privateer. II *nm* corsair, privateer.

corsé *nf (prenda)* corset.

corsetería *nf* ladies' underwear shop.

corso,-a *adj & nm,f* Corsican.

corta *nf* tree felling.

cortacésped *nm & f* lawnmower.

cortacircuitos *nm inv Elec* circuit breaker.

cortado,-a I *pp de* cortar. II *adj* **1** *(troceado)* cut (up); *(en lonchas)* sliced. **2** *(leche)* sour. **3** *(labios)* chapped. **4** *fig (estilo)* concise, clipped. **5** *fam (aturdido)* dumbfounded; **quedarse c.,** to be speechless o lost for words. **6** *Am (cuerpo)* chilly. **7** *SAm (sin dinero)* penniless. III *nm* small coffee with a dash of milk.

cortador,-a I *adj* cutting. II *nm* cutter.

cortadura *nf* **1** *(corte)* cut. **2** *Geog (paso)* gorge. **3** **cortaduras,** *(recortes)* cuttings, clippings.

cortafuego *nm* **1** *Agr (zanja)* firebreak. **2** *Arquit (pared)* fire wall.

cortante *adj* cutting, sharp; *fig (viento)* biting, bitter; *fig (estilo)* incisive, acrid, cutting.

cortapapeles *nm inv* paperknife; *Téc* guillotine.

cortapisa *nf fig* restriction, limitation, condition; **sin cortapisas,** with no strings attached.

cortaplumas *nm inv* penknife.

cortar I *vtr* **1** *(gen)* to cut; *(pelo)* to cut, trim; *(pastel)* to cut up; *(carne)* to carve; *(árbol)* to cut down; *Cost (vestido)* to cut out; **c. por la mitad,** to split down the middle; *fam fig* **c. con un amigo,** to split up with a friend. **2** *(piel)* to chap, crack. **3** *Naipes* to cut. **4** *(detener, interrumpir)* to cut off, interrupt; **nos han cortado el teléfono,** our telephone has been disconnected; *fig* **c. algo de raíz,** to nip sth in the bud; *fam* **c. algo por lo sano,** to take drastic measures. **5** *(bloquear)* to block; **la nieve nos cortó el paso,** we were cut off by the snow. **6** *(suprimir)* to cut out; *Cin (película)* to cut. **7** *(viento, frío)* to chill, bite; **un viento que corta,** a biting wind. **8** *fig (dividir)* to divide, split; **el río corta el valle en dos,** the river cuts through the valley. **9** *Culin (mayonesa etc)* to curdle. **10** *Arg PR Urug* to take a short cut through. II *vi (destacarse)* to stand out. III **cortarse** *vr* **1** *(herirse)* to cut oneself; **c. el pelo,** *(uno mismo)* to cut one's hair; *(por otro)* to have one's hair cut. **2** *(piel)* to become chapped. **3** *(leche)* to curdle; *(mayonesa)* to separate, curdle. **4** *Tel* to be cut off; **se cortó la comunicación,** we were cut off. **5** *fam (aturdirse)* to get confused o tongue-tied; **hablar en público me corta mucho,** I get tongue-tied speaking in public. **6** *vulg* **cortársela,** to cut one's dick off.

cortaúñas *nm inv* nail clippers *pl*.

corte[1] *nm* 1 *(gen)* cut; **c. de pelo,** haircut; **me he hecho un c. en la mano,** I cut my hand. 2 *(filo)* edge. 3 *(sección)* section; **c. transversal,** cross section. 4 *Cost* cross section; **este vestido tiene un c. elegante,** this dress has an elegant cut. ■ **c. y confección,** dressmaking. 5 *(de libro)* edge. 6 *(tela para vestido)* length. 7 *fam (respuesta brusca)* rebuff; **dar un c. a algn,** to cut sb dead; **¡jo, qué c.!,** what a blow! 8 *vulg* **c. de mangas,** ≈ V-sign. 9 *Arg (gallardía)* grace, gracefulness.

corte[2] *nf* 1 *(de reyes)* court; *fig hum (séquito)* retinue; **hacer la c. a,** to court. 2 **Cortes,** (Spanish) Parliament *sing.* 3 *Am Jur (tribunal)* court.

cortedad *nf* 1 *(pequeñez)* shortness, smallness. 2 *fig (timidez)* shyness, timidity. 3 *fig (falta)* lack; **c. de ánimo,** lack of courage.

cortejar *vtr* to court.

cortejo *nm* 1 *(galanteo)* courting. 2 *(comitiva)* entourage, retinue. ■ **c. fúnebre,** funeral cortège. 3 *fig (secuela)* sequel, aftermath.

cortés *adj* courteous, polite; *prov* **lo c. no quita lo valiente,** you can be polite but firm at the same time. ◆**cortésmente** *adv* courteously, politely.

cortesía *nf* 1 *(educación)* courtesy, politeness; **acto de c.,** politeness; **la c. pide que ...,** etiquette demands that ... . ■ **visita de c.,** courtesy call. 2 *(en cartas)* formal ending. 3 *(reverencia)* bow, curtsy.

corteza *nf* 1 *(de árbol)* bark; *(de fruta)* peel, skin; *(de queso)* rind; *(de pan)* crust. 2 *fig (apariencia)* outside, outward appearance.

cortijero,-a *nm,f* Andalusian farmer.

cortijo *nm* Andalusian farm *o* farmhouse.

cortina *nf* curtain, screen; **c. de tienda,** tent flap; **correr las cortinas,** to draw the curtains. ■ *Mil fig* **c. de fuego,** barrage; *fig* **c. de humo,** smoke screen.

cortinaje *nm* drapery.

cortinilla *nf* small lace curtain.

cortisona *nf Med* cortisone.

corto,-a **I** *adj* 1 *(distancia)* short; **novela corta,** short story; *fam* **c. de alcances,** not very bright, dim; *fam* **c. de miras,** narrow-minded. ■ **c. de vista,** shortsighted; *Aut* **luz corta,** dipped headlights *pl.* 2 *(tiempo)* short, brief; **el viaje se hizo c.,** the journey went by quickly; *fig* **a la corta o a la larga,** sooner or later. 3 *(escaso)* scant, meagre; *fam* **quedarse c.,** *(calcular mal)* to underestimate; *(no decir todo)* to hold sth back. 4 *fam (tonto)* thick, dim. 5 *(apocado)* timid, shy. **II** *nm Cin* short (film).

cortocircuito *nm Elec* short circuit.

cortometraje *nm Cin* short (film).

coruñés,-esa **I** *adj* of *o* from La Coruña. **II** *nm,f* native *o* inhabitant of La Coruña.

corvadura *nf* curvature, curve.

corvejón *nm* 1 *(de caballo)* hock; *(de gallo)* spur. 2 *Orn* cormorant.

corvina *nf (pez)* meagre.

corvo,-a *adj* curved, bent; **nariz corva,** hooked nose.

corzo,-a *nm,f Zool (macho)* roe buck; *(hembra)* roe deer.

cosa[1] *nf* 1 *(gen)* thing; **mete tus cosas en el cajón,** put your things in the drawer; **tengo que decirte una c.,** I've got something to tell you; **tal como están las cosas,** as things stand. 2 *(asunto)* matter, business; **cosas de negocios,** business matters; **eso es c. tuya,** that's your business *o* affair; **eso es otra c.,** that's different. 3 *(frase negativa)* nothing, not anything; **no he visto c. igual,** I've never seen anything like it.

4 *(tiempo)* **c. de,** about; **es c. de unas horas,** it'll take a couple of hours. 5 *(manía)* hang-up; **cada uno tiene sus cosas,** we've all got our hang-ups. 6 *(locuciones)* **como si tal c.,** just like that; **cosas de la vida,** that's life; **decir cuatro cosas,** to tell a few home truths; **no sea c. que ...,** make sure that ...; **no ser gran c.,** not to be important, not be up to much; **no valer gran c.,** not to be worth much; **ser c. hecha,** to be no sooner said than done; **ser poquita c.,** not to be much.

cosa[2] *conj Am* so that.

cosaco,-a *adj* & *nm* Cossack; *fam* **beber como un c.,** to drink like a fish.

coscorrón *nm* knock *o* blow on the head.

cosecha *nf* 1 *Agr* harvest, crop; **de c. propia,** homegrown; *fig* of one's own invention; **hacer la c.,** to harvest. 2 *(tiempo)* harvest time. 3 *(año del vino)* vintage.

cosechadora *nf Téc* combine harvester.

cosechar *vtr* 1 *Agr* to harvest, gather (in); **se cosecha en setiembre,** harvest time is in September. 2 *(cultivar)* to grow. 3 *fig (recoger)* to reap, harvest; **c. disgustos,** to build up trouble (for oneself).

cosechero,-a *nm,f* harvester, grower.

coser *vtr* 1 to sew; **te he cosido el botón,** I've sewn the button on for you; *fam* **es c. y cantar,** it's plain sailing, it's a piece of cake. 2 *Med* to stitch up. 3 *(grapar)* to staple (together). 4 *fig (atravesar)* **c. a balazos,** to riddle with bullets.

cosido,-a **I** *pp* de **coser.** **II** *adj* sewn-on. **III** *nm* 1 sewing. 2 *Med* stitching.

cosijoso,-a *adj* 1 *Am (molesto)* annoying. 2 *Guat Méx (quejica)* grumbling.

cosmético,-a **I** *adj* & *nm* cosmetic. **II** *nf* cosmetics *pl.*

cósmico,-a *adj* cosmic.

cosmografía *nf* cosmography.

cosmográfico,-a *adj* cosmographic, cosmographical.

cosmología *nf* cosmology.

cosmológico,-a *adj* cosmologic, cosmological.

cosmonauta *nmf* cosmonaut.

cosmopolita *adj* & *nmf* cosmopolitan.

cosmos *nm inv* cosmos.

coso *nm* 1 *(cercado)* arena, enclosure; *Taur lit* bullring. 2 *(carcoma)* woodworm.

cosquillas *nfpl* tickles, tickling *sing;* **hacer c. a algn,** to tickle sb; **tener c.,** to be ticklish; *fam* **buscarle las c. a algn,** to annoy sb.

cosquillear *vtr* to tickle; **me cosquillea la idea de ...,** I've been toying with the idea of ... .

cosquilleo *nm* tickling.

costa[1] *nf Geog (litoral)* coast, coastline; *(playa)* beach, seaside, *US* shore; **veraneamos en la c.,** we spend our summer holidays at the seaside. ■ **C. de Marfil,** Ivory Coast.

costa[2] *nf* 1 *(coste) Fin* cost, price; **a c. de,** at the expense of; **a c. de muchos esfuerzos,** by dint of great effort; **a toda c.,** at all costs, at any price; **vive a c. mía,** he lives off me. 2 **costas,** *Jur (gastos)* costs; **condenar a c.,** to order to cover the costs; **pagar las c.,** to pay costs.

costado *nm* 1 *(lado)* side; **de c.,** sideways. 2 *Méx Ferroc (andén)* platform. 3 **costados,** *(genealogía)* lineage *sing;* **por los cuatro c.,** on all sides; **es catalana por los cuatro c.,** she's Catalan through and through.

costal *nm* sack; *fig* **vaciar el c.,** to relieve oneself of the burden; *prov* **ser harina de otro c.,** that's another kettle of fish.

costalada *nf*, **costalazo** *nm* fall (on one's back); **darse una c.,** to fall on one's back.

costanero,-a *adj* 1 *(inclinado)* sloping. 2 *Náut (costero)* coastal.

costanilla *nf* steep street.

costar [31] *vi* 1 *Fin Com* to cost; **c. barato,** to be cheap; **c. caro,** to be expensive, cost a lot; **¿cuánto cuesta?,** how much is it?; *fam* **cuesta un ojo de la cara,** it costs an arm and a leg. 2 *fig* **c. caro algo a algn,** to pay dearly for sth; **c. trabajo** *o* **mucho,** to be hard; **cueste lo que cueste,** at any cost; **le costó la vida,** it cost him his life; **me cuesta hablar francés,** I find it difficult to speak French.

costarricense *adj* & *nmf*, **costarriqueño,-a** *adj* & *nm,f* Costa Rican.

coste *nm* cost, price, expense; **a precio de c.,** (at) cost price; **c. de la vida,** cost of living.

costear[1] I *vtr (pagar)* to afford, pay for; **c. los gastos,** to foot the bill. II **costearse** *vr (pagarse)* to pay one's way.

costear[2] *vtr* 1 *Náut* to coast. 2 *Arg Chi (lugar)* to reach with great difficulty.

costero,-a I *adj* coastal, coast; **ciudad costera,** seaside town. II *nm Náut* coasting vessel, coaster.

costilla *nf* 1 *Anat* rib. 2 *Culin* cutlet. 3 *fam (esposa)* wife, other half. 4 **costillas,** *Anat fam* back *sing*; **medirle las c. a algn,** to give sb a good hiding.

costillar *nm Anat* ribs *pl*.

costo[1] *nm* cost, price.

costo[2] *nm arg (hachís)* dope, shit, stuff.

costoso,-a *adj* 1 *(caro)* costly, expensive. 2 *(difícil)* hard; **es un trabajo c.,** it's hard work.

costra *nf* crust; *Med* scab.

costumbre *nf* 1 *(hábito)* habit; **como de c.,** as usual; **la fuerza de la c.,** force of habit; **tenía la c. de madrugar,** he used to get up early. 2 *(tradición)* custom; **es una c. china,** it's a Chinese custom. 3 **costumbres,** *(personales)* manner *sing*, ways; *(de pueblo)* customs.

costumbrismo *nm Art Lit* folk literature.

costumbrista I *adj (novela)* about local customs *o* traditions. II *nmf* writer of folk literature.

costura *nf* 1 *(cosido)* sewing; **cesto de la c.,** needlework basket. 2 *(confección)* dressmaking. ■ **alta c.,** haute couture. 3 *(línea de puntadas)* seam; **medias sin c.,** seamless stockings; *fig* **sentar las costuras a algn,** to tan sb.

costurera *nf* seamstress.

costurero *nm* sewing basket.

costurón *nm* 1 *(cosido)* untidy seam. 2 *Med (cicatriz)* noticeable scar.

cota[1] *nf Geog* height above sea level; *fig* **la delincuencia ha alcanzado cotas muy elevadas,** delinquency has increased alarmingly.

cota[2] *nf Hist* tabard. ■ **c. de malla,** coat of mail.

cotarro *nm fam* noisy gathering; **dirigir el c., ser el amo del c.,** to be (the) boss, run the show.

cotejable *adj* comparable.

cotejar *vtr* to check, compare.

cotejo *nm* check, comparison.

coterráneo,-a *adj* & *nm,f* compatriot, fellow countryman *o* countrywoman.

cotidiano,-a *adj* daily; **vida cotidiana,** everyday life.

cotilla I *nf (faja)* corset. II *nmf fam* busybody, gossip.

cotillear *vi fam* to gossip (**de,** about).

cotilleo *nm fam* gossip, gossiping.

cotizable *adj Fin* quotable; **acciones cotizables en bolsa,** stock market shares.

cotización *nf* 1 *Fin* (market) price, quotation. ■ **c. de cierre,** closing price; **c. del día,** current price; **c. máxima,** high. 2 *(cuota)* membership fees *pl*, subscription.

cotizar [4] I *vtr* 1 *Fin* to quote, price. 2 *(pagar cuota)* to pay a subscription. II **cotizarse** *vr* 1 *Com Fin* **c. a,** to sell at; **¿a cuánto se cotizan las acciones?,** what are the shares selling at? 2 *fig* to be valued, be in demand.

coto *nm* 1 *(vedado)* enclosure, reserve. ■ **c. de caza,** game preserve. 2 *(límite)* **poner c. a,** to put a stop to.

cotón *nm Am (prenda)* work shirt.

cotona *nf (prenda)* 1 *Am* cotton shirt. 2 *Méx* chamois leather jacket.

cotorra *nf* 1 *Orn* parrot. 2 *fig (persona)* chatterbox; **hablar como una c.,** to be a chatterbox.

cotorrear *vi fig* to chatter, prattle.

cotorreo *nm fig* chatter, prattle.

COU *nm Educ abr de* **Curso de Orientacion Universitaria,** ≈ GCE A-level studies, sixth-form studies.

covacha *nf* 1 *(cueva)* cave. 2 *Am (trastero)* lumber room.

covachuela *nf* small cave *o* cellar.

coyote *nm Zool* coyote, prairie wolf.

coyuntura *nf* 1 *Anat (articulación)* articulation, joint. 2 *fig (circunstancia)* moment, juncture; **c. crítica,** turning point; *Econ* **la c. económica,** the economic situation.

coz *nf* kick; **dar una c.,** to kick; *fig* **tratar a algn a coces,** to treat sb like dirt.

C.P. *abr de* **código postal,** postcode.

crac *nm* 1 *(onomatopeya)* crack, snap; **la silla hizó crac y me quedé sentado en el suelo,** the chair went 'crack' and I ended up (sitting) on the floor. 2 *Fin* bankruptcy, crash; *Hist* **el c. de la bolsa neoyorquina,** the Wall-Street crash.

craneal *adj*, **craneano,-a** *adj* cranial, skull.

cráneo *nm Anat* cranium, skull; *fam* **romperle el c. a algn,** to smash sb's head in.

crápula *lit* I *nf (vida licenciosa)* debauchery. II *nm (persona)* reprobate.

craso,-a *adj lit* 1 *(person)* fat, gross. 2 *fig (error)* gross, crass.

cráter *nm* crater.

creación *nf* creation.

creador,-a I *adj* creative. II *nm,f* creator.

crear I *vtr (gen)* to create, make; *(inventar)* to invent; *(gobierno)* to set up; *(escuela, institución)* to found; **c. amistades,** to make friends; **c. problemas,** to create problems. II **crearse** *vr* to make; **te creas muchos problemas,** you make life difficult for yourself.

creatividad *nf* creativity.

creativo,-a *adj* creative.

crecer [43] I *vi* 1 *(persona, planta)* to grow; **¡cómo has crecido!,** how you've grown!; **dejar c. la barba,** to grow a beard. 2 *(incrementar)* to increase; **crecen los días,** the days are getting longer; **c. en importancia,** to become more important. 3 *Tricot (puntos)* to add, increase. 2 *(río, marea)* to rise;

(luna) to wax. **3** *(aumentar)* to spread; **crece el malestar,** discontent is spreading. **II crecerse** *vr* to become conceited; **c. ante los problemas,** to thrive on problems.

creces *nfpl* increase (in volume) *sing; fig* **con c.,** fully, in full; **devolver con c.,** to return with interest; **lo pagarás con c.,** you'll more than pay for this.

crecida *nf* flood, spate.

crecido,-a **I** *pp de* **crecer.** **II** *adj* **1** *(persona)* grown, grown-up. **2** *(número)* big, large. **3** *(río)* in flood *o* spate. **4** *fig* vain, conceited.

creciente **I** *adj (interés)* growing, increasing; *(precios)* rising; *(luna)* crescent. **II** *nf (de río)* flood, spate.

crecimiento *nm (desarrollo)* growth, increase; *(subida)* rise.

credencial **I** *adj* credential; **cartas credenciales,** credentials. **II credenciales** *nfpl* credentials.

credibilidad *nf* credibility.

crediticio,-a *adj Fin* credit; **restricción crediticia,** credit squeeze.

crédito *nm* **1** *(confianza)* credit, belief, credence; **dar c. a,** to believe (in), credit. **2** *(fama)* reputation, standing; **persona digna de c.,** reliable person. **3** *Com Fin* credit; **a c.,** on credit.

credo *nm* **1** *Rel* Creed. **2** *Mús* Credo. **3** *fig (creencias)* creed, credo.

credulidad *nf* credulity, gullibility.

crédulo,-a *adj* credulous, gullible.

creencia *nf* belief; **creencias religiosas,** religious beliefs.

creer [61] **I** *vtr* **1** *(admitir)* to believe; **hay que verlo para creerlo,** it has to be seen to be believed. **2** *(estimar, opinar)* to think; **creo que no,** I don't think so; **creo que sí,** I think so; **creo que equivocas,** I think you are mistaken. **3** *(tener fe)* to believe; **c. en,** to believe in; **no creo en las brujas,** I don't believe in witches. **II** *vi Rel (ser creyente)* to profess; **no cree, es ateo,** he's not a believer, he's an atheist. **III creerse** *vr* **1** *(estar convencido)* to consider oneself to be; **¿qué te has creído?,** what *o* who do you think you are?; **se creen muy inteligentes,** they think they are very intelligent. **2** *(aceptar)* to believe; **todo te lo crees,** you'll swallow everything.

creíble *adj* credible, believable.

creído,-a **I** *pp de* **creer.** **II** *adj* arrogant, vain; *fam* **ser un c.,** to be full of oneself.

crema **I** *nf* **1** *Culin (de leche)* cream; *(natillas)* custard; **c. de champiñones,** cream of mushroom soup. **2** *(ungüento)* cream; *(betún)* shoe polish; **c. de afeitar/broncear,** shaving/suntan cream. **3** *fig (lo mejor)* the cream; **ella se codea con la c. de la ciudad,** she rubs shoulders with the top people in the city. **II** *adj* cream, cream coloured *o US* colored.

cremación *nf* cremation.

cremallera *nf* **1** *(de vestido)* zipper, zip (fastener); *fam* **echar la c.,** to shut one's mouth. **2** *Téc* rack. ■ **ferrocarril de c.,** rack *o* cog railway.

crematorio,-a *nm* **(horno)** c., crematorium.

cremoso,-a *adj* creamy; **queso c.,** full fat cheese.

crepé *nm* **1** *Tex* crepe. **2** *Peluq* hairpiece. **3** *(suela)* crêpe.

crepe *nf Culin* crêpe, pancake.

crepitar *vi* to crackle.

crepuscular *adj* twilight; **luz c.,** twilight.

crepúsculo *nm* twilight.

crecendo (in) *loc adv* crescendo; **ir en c.,** to be increasing.

crespo,-a *adj* **1** *(pelo)* frizzy. **2** *(irritado)* angry. **3** *(estilo)* obscure.

crespón *nm Tex* crepe.

cresta *nf* **1** *Orn* crest; *(de gallo)* comb; *fig* **dar a algn en la c.,** to deflate sb. **2** *Geog (de montaña)* crest, summit. **3** *(de ola)* crest. **4** *(cabello)* toupee.

Creta *n* Crete.

creta *nf* chalk, chalky lime.

cretino,-a **I** *adj* stupid, cretinous. **II** *nm,f* cretin.

cretona *nf Tex* cretonne.

creyente *nmf* believer.

crezco *indic pres véase* **crecer.**

cría *nf* **1** *(de animales)* breeding, raising; **c. de cerdos,** pig breeding. **2** *(cachorro)* young; **la gata tuvo siete crías,** the cat had seven kittens. **3** *(camada)* brood, litter. **4** *Am (estirpe)* stock.

criada *nf* maid, servant.

criadero *nm* **1** *(de plantas)* nursery. ■ *Zool* **c. de ostras,** oyster bed. **2** *Min* seam.

criadilla *nf* **1** *Culin* bull's testicle. **2** *Bot* potato, tuber. **3** *(trufa)* **c. de tierra,** truffle.

criado,-a **I** *pp de* **criar.** **II** *adj (animal)* reared, raised; *(persona)* bred, brought up; **niño mal criado,** spoilt child. **III** *nm,f* servant.

crianza *nf (de animales)* breeding; *(lactancia)* nursing. ■ *fig* **vinos de c.,** vintage wines.

criar [13] **I** *vtr* **1** *(animales)* to breed, raise, rear; *(niños)* to bring up, rear, care for; **me crió mi abuela,** my grandmother brought me up; *prov* **Dios los cría y ellos se juntan,** birds of a feather flock together. **2** *(nutrir, amamantar)* to nurse; **crió a sus niños a pecho,** she breast-fed her children. **3** *(producir)* to have, grow; **esta tierra cría buenos melones,** this is good soil for melons; **los perros crían pulgas,** dogs have fleas. **4** *(vino)* to make, mature. **II** *vi (engendrar)* to give birth; **las ovejas crían en primavera,** sheeps lamb in spring. **III criarse** *vr* **1** *(crecer)* to grow; *(formarse)* to be brought up. **2** *(producirse)* to grow; **aquí no se cría trigo,** wheat isn't grown here.

criatura *nf* **1** *(ser)* (living) creature. **2** *(crío)* baby, child; *fig* **a sus veinte años aún se comporta como una c.,** even though he's twenty he still behaves like a child.

criba *nf* **1** *(tamiz)* sieve; *fig* **estar como una c.,** to be riddled with holes. **2** *fig (sistema de selección)* screening; **pasar por la c.,** to screen; *fam Educ* **hacer una c.,** to fail many students.

cribado *nm SAm* type of embroidery.

cribar *vtr* **1** *(colar)* to sieve, sift. **2** *fig (candidatos)* to screen.

cric *nm (pl crics) Aut* jack.

crimen *nm (pl crímenes) (asesinato)* murder; *(delito)* crime.

criminal **I** *adj* **1** *(gen)* criminal. **2** *fam (malísimo)* awful, appalling, criminal. **II** *nmf (malhechor)* criminal.

criminalidad *nf* criminality, guilt. ■ **índice de c.,** crime rate.

criminalista *nmf* **1** *Jur (abogado)* criminal lawyer. **2** *(estudioso)* criminologist.

criminología *nf* criminology.

crin *nf,* **crines** *nfpl* mane *sing.*

crío,-a **I** *adj* young, babyish. **II** *nm fam* kid.

criollo,-a *adj & nm,f* Creole.

cripta *nf* crypt.

críptico,-a *adj* cryptic.

criptografía *nf* cryptography, coding.

críquet *nm Dep* cricket.

crisálida *nf Ent* chrysalis.

crisantemo *nm Bot* chrysanthemum. ■ **c. de asma,** asthma attack; **c. de llanto,** fit of tears; **c. nerviosa,** nervous breakdown. 2 *(dificultad)* crisis. ■ **c. financiera,** financial crisis; *Pol* **c. de gobierno,** cabinet crisis. 3 *(escasez)* shortage.

crisis *nf inv* 1 *(ataque)* fit, attack. ■ **c. de asma,** asthma attack; **c. de llanto,** fit of tears; **c. nerviosa,** nervous breakdown. 2 *(dificultad)* crisis. ■ **c. financiera,** financial crisis; *Pol* **c. de gobierno,** cabinet crisis. 3 *(escasez)* shortage.

crisma I *nm Rel* chrism, holy oil. II *nf fam* head, nut; **se rompió la c.,** he split his head open.

crisol *nm* crucible; *fig* melting pot.

crispación *nf* tenseness, contraction.

crispar *vtr (causar contracción)* to tense; *fig* **eso me crispa los nervios,** that sets my nerves on edge, that gets on my nerves; *fam* **c. a algn,** to annoy sb intensely.

cristal *nm* 1 crystal. ■ **c. de cuarzo,** quartz crystal; **c. de roca,** rock crystal. 2 *(vidrio)* glass. ■ **botella de c.,** glass bottle; **copa de c.,** wine glass; **vaso de c.,** drinking glass. 3 *(de gafas)* lense. 4 *(de ventana)* (window) pane. 5 **cristales,** piece of glass; **ella se cortó el pie con unos c.,** she cut her foot on some broken glass. 6 *Am (vaso)* glass.

cristalería *nf* 1 *(fábrica)* glassworks *sing*. 2 *(tienda)* glassware shop. 3 *(conjunto)* glassware; *(vasos)* glasses *pl*.

cristalero,-a *nm,f* glazier.

cristalino,-a I *adj* transparent, clear. II *nm Opt* crystalline lens.

cristalización *nf* 1 *Quím* crystallization. 2 *fig* consolidation.

cristalizar [4] *vi* 1 *Quím* to crystallize. 2 *fig* to crystallize, take shape.

cristianar *vtr fam* to christen, baptize.

cristiandad *nf* Christendom.

cristianismo *nm* Christianity.

cristianizar *vtr* to convert to Christianity.

cristiano,-a I *adj* 1 *Rel* Christian. 2 *fam (vino)* watered. II *nm fam* 1 *(persona)* person; **cualquier c.,** anybody; **ni un c.,** not a soul. 2 *(lenguaje)* plain language; **hablar en c.,** *(hablar claro)* to speak plainly; *(hablar español)* to speak Spanish. 3 *CAm (bonachón)* good-natured person. III *nm,f Rel* Christian.

Cristo *nm Rel* Christ; *fam* **armar un c.,** to kick up a big fuss; *fam* **donde C. dio las tres voces,** in the middle of nowhere; *fam* **ni C.,** nobody; *fam* **poner a algn hecho un C.,** to have a real go at sb.

criterio *nm* 1 *(pauta)* criterion, yardstick; **c. estrecho,** narrow viewpoint; **persona de amplios criterios,** broad-minded person. 2 *(discernimiento)* discernment, discrimination; **lo dejo a tu c.,** I leave it to your discretion; **tener buen c.,** to have sound judgement. 3 *(opinión)* opinion, point of view; **cambiar de c.,** to change one's mind.

crítica *nf* 1 *(juicio)* criticism. 2 *Prensa (reseña)* review, write-up; **escribir una c.,** to write a review; **tener buena c.,** to get good reviews. ■ **c. teatral,** theatre column. 3 *(conjunto de críticos)* critics. 4 *(censura)* criticism; **ser dado a las críticas,** to be very critical.

criticar [1] I *vtr* to criticize. II *vi (murmurar)* to gossip.

crítico,-a I *adj* critical. II *nm,f* critic.

criticón,-ona *fam* I *adj* fault-finding, hypercritical. II *nm,f* fault-finder.

croar *vi* to croak.

crocante *nm Culin* almond brittle.

croché *nm Cost* crochet.

croissant *nm Culin* croissant.

crol *nm Natación* crawl.

cromado I *pp de* **cromar.** II *adj* chrome. III *nm* chroming.

cromar *vtr* to chrome.

cromático,-a *adj* chromatic.

cromo *nm* 1 *(metal)* chromium, chrome. 2 *(cromolitografía)* picture card, transfer; *fam* **ir hecho un c.,** to look a real sight.

cromosoma *nm Biol* chromosome.

crónica *nf* 1 *(gen)* account, chronicle. 2 *Hist* chronicle. 3 *Prensa* column, feature, article. ■ **c. de sucesos,** news page *o* column. 4 *Rad* programme, feature.

crónico,-a *adj* chronic; *fig* deeply rooted.

cronista *nmf Prensa* feature writer, columnist; *(periodista)* journalist. ■ **c. de radio,** radio commentator.

cronología *nf* chronology.

cronológico,-a *adj* chronological.

cronometraje *nm* timing.

cronometrar *vtr* to time.

cronómetro *nm Dep* stopwatch.

croquet *nm Dep* croquet.

croqueta *nf Culin* croquette. ■ **c. de carne,** meat rissole; **c. de pescado,** fishcake.

croquis *nm inv* sketch.

cruce *nm* 1 *(gen)* crossing; *Aut* crossroads. 2 *(mezcla)* cross; *(de razas)* crossbreeding. 3 *Tel* crossed line; **hay un c. de líneas,** the lines are crossed.

crucero *nm* 1 *Arquit* transept. 2 *Náut* cruise; *(barco)* cruiser.

crucial *adj* crucial, critical.

crucificado,-a I *pp de* **crucificar.** II *adj* crucified.

crucificar [1] *vtr* to crucify; *fig* to torture.

crucifijo *nm* crucifix.

crucifixión *nf* crucifixion.

crucigrama *nm* crossword (puzzle).

cruda *nf Guat Méx* drunkenness.

crudeza *nf* 1 *(dureza)* harshness. 2 *(rudeza)* crudeness, coarseness. 3 *(de alimento)* rawness, unripeness. 4 **crudezas,** undigested food *sing*.

crudo,-a I *adj* 1 *(natural)* raw; **este pollo está c.,** the chicken is underdone; *Téc* **seda cruda,** raw silk; *fam fig* **lo veo muy c.,** it doesn't look too good, I don't hold out much hope. 2 *(clima)* harsh. 3 *fig (fuerte)* crude, coarse. 4 *(color)* natural, unbleached. 5 *Méx (resaca)* hangover. II *nm (petróleo)* oil.

cruel *adj (persona)* cruel; *(inclemente)* harsh, severe.

crueldad *nf* cruelty; *fig* **la c. del clima,** the severity of the climate.

cruento,-a *adj* bloody, gory.

crujido *nm (de puerta)* creak, creaking; *(de patatas fritas)* crunching; *(de hojas, papel)* rustle, rustling; *(de dientes)* grinding.

crujiente *adj (alimentos)* crunchy; *(seda)* rustling.

crujir *vi (puerta)* to creak; *(patatas fritas)* to crunch; *(hojas, papel)* to rustle; *(dientes)* to grind.

crupier *nm* croupier.

crustáceo *nm Zool* crustacean.

cruz *nf* 1 *(gen)* cross; **con los brazos en c.,** with outstretched arms; *fig* **hacer c. y raya,** to swear never again. ■ **c. gamada,** swastika; **C. Roja,** Red Cross. 2 *fig (carga)* burden, cross. 3 *(de moneda)* tails *pl.* **¿cara o c.?,** heads or tails?

cruzada *nf* 1 *Hist* crusade. 2 *(campaña)* campaign.

cruzado,-a I *pp de* **cruzar.** II *adj* 1 *(gen)* crossed; **con los brazos cruzados,** arms folded; *Com* **cheque c./no cruzado,** crossed/open cheque; *fig* **estar de brazos cruzados,** to be doing nothing. 2 *Cost (abrigo, chaqueta)* double-breasted. 3 *(atravesado)* across; **había un camión c. en la carretera,** a lorry was blocking the road. 4 *(animal, planta)* crossbred. III *nm Hist* crusader.

cruzadora *nf Méx* pickpocket's female accomplice.

cruzar [4] I *vtr* 1 *(gen)* to cross; *Geom (línea)* to intersect; **c. a nado,** to swim across; **c. apuestas,** to make bets; **c. los brazos,** to fold one's arms; **c. un río,** to cross a river; **cruzarle la cara a algn,** to slap sb's face. 2 *(poner atravesado)* **c. algo con una raya,** to draw a line across *o* through sth. 3 *(palabra, mirada)* to exchange. 4 *(animal, planta)* to cross, crossbreed. II *vi (atravesar)* to cross; **los coches cruzaban en todas direcciones,** cars were crossing in all directions. III **cruzarse** *vr* 1 *(juntarse)* to meet; **c. con algn,** to pass sb; **c. de brazos,** to fold one's arms; *fig* to sit back and do nothing; *fig* **c. en el camino de algn,** to cross sb's path.

CSD *nm abr de* **Consejo Superior de Deportes,** ≈ Sports Council.

c.s.f. *abr de* **coste, seguro y flete,** cost, insurance and freight, c.i.f.

CSIC *nm abr de* **Consejo Superior de Investigaciones Científicas.**

cta. *Com abr de* **cuenta,** account, a/c.

cta. cte. *Com abr de* **cuenta corriente,** current account, c/a.

Cte. *Mil abr de* **comandante,** Major, Maj.

cte. *abr de* **corriente,** of the present month *o* year.

CTNE *nf abr de* **Compañía Telefónica Nacional de España,** ≈ British Telecom.

ctra. *abr de* **carretera,** road, rd.

cts. *abr de* **céntimos,** cents.

c/u *abr de* **cada uno,** each, ea.

cuaderna *nf Náut* frame.

cuadernillo *nm* booklet.

cuaderno *nm (libreta)* notebook; *Educ* exercise book. ■ **Náut c. de bitácora,** logbook.

cuadra *nf* 1 *Agr (establo)* stable. 2 *Am (manzana)* block (of houses).

cuadrado,-a I *pp de* **cuadrar.** II *adj* 1 *Geom* square. 2 *(complexión física)* broad, stocky; *vulg* **tenerlos cuadrados,** to have the balls to do sth. 3 *fig (mente)* rigid; **tener una mente cuadrada,** to have a one-track mind. III *nm* 1 *Geom* square. 2 *Mat* square; **elevar (un número) al c.,** to square (a number).

cuadragésimo,-a I *adj* fortieth. II *nm,f (de una serie)* fortieth. III *nm* fortieth; *véase tamb* **octavo,-a.**

cuadrante *nm* 1 *Náut Mat (instrumento)* quadrant. 2 *(reloj de sol)* sundial. 3 *(cojín)* square pillow.

cuadrar I *vtr Mat* to square. II *vi* 1 *(coincidir)* to square, agree (**con,** with); *(sumas, cifras)* to tally. 2 *fig (convenir)* to suit. III **cuadrarse** *vr* 1 *(soldado)* to stand to attention. 2 *fig (mantenerse firme)* to dig one's heels in.

cuadratura *nf Mat* quadrature; **la c. del círculo,** squaring the circle.

cuadrícula *nf* squares *pl,* crisscross pattern. ■ **papel de c.,** squared paper.

cuadricular¹ *adj* squared.

cuadricular² *vtr* to square, divide into squares.

cuadrilátero I *adj* quadrilateral, four-sided. II *nm Box* ring.

cuadriplicar [1] *vtr* to quadruple.

cuadrilla *nf (equipo)* gang, team; *Mil* squad; *Taur* bullfighter's team.

cuadro *nm* 1 *Geom* square; **tela a cuadros,** checked cloth. 2 *Arquit Téc* frame. 3 *Arte* painting, picture; **c. falso,** a fake. 4 *Teat* scene. 5 *Lit* description, picture; **c. de la vida rural,** picture of country life. 6 *(bancal)* bed, patch, plot. 7 *Elec Téc* panel. ■ **c. de distribución,** switchboard; **c. de mandos,** control panel. 8 *(gráfico)* chart, graph. 9 *(personal)* staff; *Mil* cadre. ■ **c. de dirigentes,** leaders *pl;* **c. facultativo,** medical staff.

cuadrúpedo,-a *adj & nm* quadruped.

cuádruple *adj* quadruple, fourfold.

cuajada *nf Culin* curd.

cuajado,-a I *pp de* **cuajar.** II *adj* 1 *(leche)* curdled; *(sangre)* clotted; *(huevo)* set. 2 *(lleno)* full, filled; **c. de,** filled with; **c. de peligros,** fraught with danger.

cuajar I *vtr* 1 *(leche)* to curdle; *(sangre)* to clot; *(huevo)* to set. 2 *(llenar)* to fill (**de,** with). II *vi* 1 *(nieve)* to lie. 2 *fig (tener éxito)* to be a success, be well received; *(idea)* to catch on; **la idea no cuajó,** the idea didn't get off the ground; **su estilo no cuajó,** his style wasn't liked. 3 *Méx (mentir)* to lie. 4 *Méx (hablar)* to chatter.

cuajo *nm* 1 *(cuajadura)* rennet. 2 *fam (cachaza)* calmness, phlegm; **tener mucho c.,** to be phlegmatic. 3 **arrancar algo de c.,** to tear sth out by the roots.

cual I *pron rel (precedido de artículo)* 1 *(persona)* who, whom; **inventado por un español el c. se llamaba ...,** invented by a Spaniard who was called ... . 2 *(cosa)* which; **la casa, la c. se construyó el año pasado,** the house which was built last year; **me levanté tarde con lo c. perdí el tren,** I got up late which meant I missed the train; **tuvieron una avería, lo c. les retrasó mucho,** they broke down which meant they were delayed a long time. II *pron* 1 *(correlativo)* as; **hicimos tal c. nos dijo,** we did exactly as he said we should; **arc la vida, c. la conocemos, es un valle de lágrimas,** life as we know it is a sea of troubles. 2 *arc (valor adverbial)* such as, like; **el agua brillaba c. un espejo,** the water sparkled like a mirror; **c. si,** as if; **se portó c. si fuera mayor,** he behaved as if he were older.

cuál I *pron interr* which (one)?, what?; **¿c. es tu nombre?,** what's your name?; **¿c. quieres?,** which one do you want? II *pron indef (oraciones distributivas)* **c. más, c. menos, todos ayudaron,** everybody did what they could to help. III *adj interr* which. IV *loc adv* **a c. más,** equally; **a c. más deprisa,** each as fast as the other.

cualidad *nf* 1 *(de persona)* quality, attribute, trait. 2 *(de cosa)* quality.

cualificado,-a I *pp de* **cualificar.** II *adj (obrero)* qualified, skilled.

cualificar I *vtr* to qualify. II **cualificarse** *vr* to become qualified, complete one's training.

cualitativo,-a *adj* qualitative.

cualquier *adj indef* any; **en c. momento,** at any moment *o* time; **c. cosa vale,** anything will do.

cualquiera *(pl cualesquiera)* **I** *adj indef* **1** *(indefinido)* any; **una dificultad c.,** any difficulty. **2** *(corriente)* ordinary; **no compres uno c.,** don't buy any old one; **no es un plato c.,** it's no ordinary dish. **II** *pron indef* **1** anybody; **c. te lo puede decir,** anybody can tell you; **¡c. lo sabe!,** who knows? **2** nobody; **¡c. lo come!,** nobody could eat that! **3 c. que sea,** whatever it is; **c. que sea la hora,** no matter what time it is. **III** *nmf fig pey* **ser un c.,** to be a nobody; **es una c.,** she's a hussy.

cuan *adv* as ... as; *arc* **c. pronto pudo,** as soon as he could; **tendido c. largo era,** lying flat out.

cuán *adv interr arc* how; **¡c. agradable sería!,** how lovely it would be!; **c. pronto ocurrió,** as soon as it happened.

cuando I *adv (de tiempo)* when; **c. más** *o* **mucho,** at the most; **c. menos,** at least; **de c. en c.,** de vez **en c.,** from time to time; **el martes es c. surgirán los problemas,** the problems will start on Tuesday. **II** *conj* **1** *(temporal)* when; **c. quieras,** whenever you want; **c. vengas,** when you come. **2** *(condicional) (si)* since, if; **c. tú lo dices,** if you say so. **3** *(concesiva) (aunque) (aun)* **c.,** even if; **aun c. lo supiera no te lo diría,** even if I knew I wouldn't tell you. **4** *(causal) (puesto que)* **c. tú lo dices, será verdad,** if you say so, then it must be true. **III** *prep* during, at the time; **c. la guerra,** during the war; **c. niño,** as a child; *(yo)* when I was a child.

cuándo I *adv interr* when?; **¿de c. acá?,** since when?; **¿para c. lo quieres?,** when do you want it for? **II** *nm* when; **debes especificar el como y el cuando,** you must make clear how and when.

cuantía *nf (suma)* quantity, amount; *(dimensión)* extent; **de mayor c.,** important; **de menor c.,** insignificant.

cuantificar [1] *vtr* to quantify, measure.

cuantioso,-a *adj (cantidad)* substantial, considerable; *(número)* numerous.

cuantitativo,-a *adj* quantitative.

cuanto[1] *nm Fís* quantum; **teoría de los cuantos,** quantum theory.

cuanto,-a[2] **I** *adj rel* all that, whatever, whoever; **gasta c. dinero gana,** he spends every penny he earns. **II** *pron rel* as much as; **coma c. quiera,** eat as much as you want; **regala todo c. tiene,** he gives away everthing he's got. **III** *pron indef pl* **unos cuantos,** a few. **IV** *adv* **1** *(tiempo)* **c. antes,** as soon as possible; **en c.,** when; **c. termine,** as soon as *o* when I finish. **2** *(cantidad)* **c. más ... más,** the more ... the more; **c. más lo miro, más me gusta,** the more I look at it the more I like it. **3** *(por lo que corresponde a)* **c. a, en c. a,** with respect to, regarding. **4** *(causal)* **por c.,** given that, since.

cuánto,-a I *adj & pron interr* how many?, how much?; **¿cuántas veces?,** how many times?; **¿c. es?,** how much is it?; **¿cuántos alumnos sois?,** how many are there in your class?; **¿cuántos sois?,** how many of you are there? **II** *adv* how, how much; **¡cuánta gente hay!,** what a lot of people there are!; **¡c. me gusta!,** I really like it!; **¡c. has escrito!,** what a lot you've written!

cuáquero,-a *adj & nm,f Rel* Quaker.

cuarenta I *adj inv (cardinal)* forty; *(ordinal)* fortieth. **II** *nm inv* forty; *fam* **cantarle a algn las c.,** to give sb a piece of one's mind; *véase tamb* **ochenta y ocho**

cuarentavo,-a **I** *adj* fortieth; **cuarentava parte,** fortieth. **II** *nm (parte)* fortieth: *véase tamb* **octavo**

cuarentena *nf* **1** *(cuarenta unidades)* forty, about forty. **2** *Med* quarantine; *fig* **poner a algn en c.,** to send sb to Coventry.

cuarentón,-ona I *adj (persona)* forty-year-old. **II** *nm,f* person in his *o* her forties.

cuaresma *nf Rel* Lent.

cuartear I *vtr* **1** *(carne)* to quarter. **2** *(rajar)* to crack, split. **3** *Méx (pegar)* to whip. **II** **cuartearse** *vr* **1** *(rajarse)* to crack, split. **2** *Méx (acobardarse)* to chicken out; *(desdecirse)* to go back on one's word.

cuartel *nm Mil* barracks *pl*; **vida de c.,** army life; *fig* **no dar c.,** to show no mercy. ■ **c. general,** headquarters; **c. de invierno,** winter quarters *pl.*

cuartelada *nf,* **cuartelazo** *nm Mil* putsch, military uprising.

cuartelero,-a *adj* barrack, barracks.

cuartelillo *nm Mil* post, station.

cuartería *nf Cuba Chi RD* block (of houses).

cuarterón *nm* **1** *(medida)* quarter pound. **2** *(de puerta o ventana)* panel.

cuarteto *nm Mús* quartet.

cuartilla *nf* **1** *(hoja)* sheet of paper. **2 cuartillas,** *Tip* copy.

cuartillo *nm (medida)* pint, just over half a litre.

cuarto,-a I *adj* fourth; **cuarta fila,** fourth row. **II** *nm,f (de una serie)* fourth. **III** *nm* **1** *(parte)* fourth; **abrigo tres cuartos,** three-quarter length coat; *fam* **de tres al c.,** worthless; *véase tamb* **octavo,-a 2** *(de hora)* quarter; **las tres y c.,** quarter past three; **he esperado tres cuartos de hora,** I've been waiting for three quarters of an hour. ■ **c. creciente,** first quarter; **c. menguante,** last quarter. **3** *(de carne)* joint. ■ **c. trasero,** hindquarter; **c. delantero,** shoulder. **4** *Dep* **cuartos de final,** quarter finals. **5** *(habitación)* room. ■ **c. de baño,** bathroom; **c. de estar,** living room; *Fot* **c. oscuro,** darkroom; **c. trasero,** junk room. **6 cuartos,** *fam* dough, money; **cuatro cuartos,** very little money; **estar sin un c.,** to be broke *o* skint. **7** *Méx Aut* sidelight.

cuartucho *nm fam* hovel, cramped room.

cuarzo *nm Min* quartz.

cuás *nm Méx* best friend.

cuate,-a *adj & nm,f* **1** *Méx (mellizo)* twin; *fig* very similar, alike. **2** *Guat Méx (compinche)* buddy, mate.

cuatezón,-ona *nm,f Méx* hornless bull *o* goat.

cuatí *nm CAm Zool* coati.

cuatrero,-a I *adj* **1** *CAm (traidor)* treacherous. **2** *Méx (que dice disparates)* preposterous. **II** *nm,f (ladrón de caballos)* rustler, horse thief.

cuatrillizo,-a *adj & nm,f* quadruplet.

cuatrimotor *nm Av* four-engined plane.

cuatro I *adj inv (cardinal)* four; *(ordinal)* fourth; **a las c.,** at four o'clock. **II** *nm inv* **1** four. **2** *fam (unos cuantos)* a few; **cayeron c. gotas,** it rained a little bit; **decir c. cosas,** to say a few things; **más de c.,** several; **a más de c. les gustaría estar en tu lugar,** I know quite a few people who'd like to be in your position; *véase tamb* **ocho**

cuatrocientos,-as *adj & nm* four hundred.

Cuba *n* Cuba.

cuba *nf* cask, barrel; *fam* **estar como una c.,** to be (as) drunk as a lord.

cubalibre *nm* rum *o* gin and coke.

cubano,-a *adj & nm,f* Cuban.

cubata nm fam véase cubalibre.

cubertería nf cutlery.

cubeta nf 1 (cubo) bucket, pail; (en laboratorio) tank, dish. 2 (del barómetro) bulb. 3 Méx (sombrero) top hat.

cúbico,-a adj cubic; Mat **raíz cúbica**, cube root.

cubículo nm cubicle.

cubierta nf 1 (gen) cover, covering. 2 Aut (capó) bonnet, US hood. 3 (neumático) tyre, US tire. 4 Arquit roof. ■ **c. de lona**, tarpaulin, canvas. 5 Av Náut deck.

cubierto,-a I pp de **cubrir** II adj 1 (gen) covered; (cielo) overcast; fam **tener las espaldas cubiertas**, to be well-heeled. 2 (plaza, vacante) filled. II nm 1 (en la mesa) place setting; **a mil pesetas el c.**, one thousand pesetas per head; **precio del c.**, cover charge. 2 (techumbre etc) cover; **estar a c.**, to be under cover; **ponerse a c.**, to take cover. 3 **cubiertos**, cutlery sing.

cubil nm lair.

cubilete nm 1 Culin (flanero) mould, US mold; (dados) dicebox; (juego) cup. 2 Am (sombrero) top hat.

cubiletear vtr 1 (dados) to shake. 2 fig to cheat, fiddle.

cubismo nm Art cubism.

cubista adj & nmf Art cubist.

cubito nm little cube. ■ **c. de hielo**, ice cube.

cubo nm 1 bucket. ■ **c. de la basura**, rubbish bin. 2 Geom Mat cube; **elevar al c.**, to cube. 2 Aut (de rueda) hub.

cubrecama nm bedspread.

cubrepié nm Am bedspread.

cubrir (pp **cubierto**) I vtr 1 (gen) to cover; **el agua le cubría hasta la cintura**, the water came up to his waist; **una fina capa de polvo cubría la mesa**, the table was covered in a thin layer of dust. 2 Arquit (edificio) to put a roof (on). 3 (ocultar) to hide; **la niebla cubría el valle**, the valley was veiled in mist. 4 (sentimiento) to hide. 5 (llenar) to fill, cover with; **c. de besos**, to smother with kisses; **c. una plaza o una vacante**, to fill a vacancy. 6 (satisfacer) to meet; **c. gastos**, to cover expenses; **c. las necesidades**, to cover one's needs; **c. una deuda**, to meet a debt. 7 (recorrer) to cover; (distancia) to travel. 8 Prensa (suceso, noticia) to cover. 9 Zool (montar) to pair. II **cubrirse** vr (ponerse sombrero) to put one's hat on; (revestirse) to cover oneself (con, with). 3 fig (protegerse) to cover oneself against. 4 Meteor (cielo) to become overcast. 5 (vacante) to be filled.

cuca nf 1 vulg penis. 2 **cucas**, (caramelos) sweets; arg (pasta) pesetas. 3 Am Culin sweet made of flour.

cucaña nf 1 (juego) greasy pole. 2 fam (bicoca) easy-pickings pl.

cucaracha nf 1 Ent cockroach. 2 Méx Ferroc tramcar.

cuchara nf spoon; **c. de palo**, wooden spoon; fig **meter algo a algn con c.**, to drum sth into sb; fam **meter c.**, to butt in.

cucharada nf spoonful; **c. rasa/colmada**, level/heaped spoonful.

cuchareta nmf Cuba Méx busybody.

cucharilla nf teaspoon. ■ **c. de café**, coffee spoon.

cucharón nm ladle.

cuche nm, **cuchi** nm Am pig.

cuchichear vi to whisper.

cuchicheo nm whispering.

cuchilla nf 1 (hoja) blade. ■ **c. de afeitar**, razor blade. 2 Am (cortaplumas) penknife. 3 Am (cumbre) ridge, crest.

cuchillada nf, **cuchillazo** nm cut, stab, knife wound; **ayer hubo cuchilladas en el puerto**, there was a stabbing down at the port last night.

cuchillo nm 1 (gen) knife. ■ **c. de monte**, hunting knife; **c. de pan**, breadknife; **c. de trinchar**, carving knife. 2 Arquit support.

cuchipanda nf fam spree, meal; **salir de c.**, to go out on the town.

cuchitril nm 1 (establo) pigsty. 2 fam (cuartucho) hovel, hole.

cucho,-a adj 1 CAm (jorobado) hunchback. 2 Méx (desnarigado) small nosed.

cuchufleta nf fam joke.

cuchugo nm SAm saddlebag.

cuchumbo nm CAm 1 (embudo) funnel. 2 (cubeta) bucket.

cuclillas loc adv **en c.**, crouching; **ponerse en c.**, to crouch down.

cuclillo nm Orn cuckoo.

cuco,-a I adj fam 1 (mono) cute. 2 (astuto) shrewd, crafty. II nm 1 Orn cuckoo. 2 (pesca) red gurnard.

cucú nm (pl **cucúes**) 1 (canto) cuckoo. 2 (reloj) cuckoo clock.

cucurucho nm 1 (envoltorio) paper cone. 2 (helado) cornet. 3 (capirote) pointed hood. 4 Am (prenda) hooded garment. 5 Am Geom summit, apex.

cuello nm 1 Anat (garganta) neck; **cortar el c. a algn**, to slit sb's throat; fig **con el agua hasta el c.**, in a tight spot; fig **estar metido hasta el c.**, to be up to one's neck in it; fam **me apuesto el c.**, I'd put my shirt on it. 2 (de ropa) collar; **jersey de c. redondo**, crew-necked jumper; **c. de pajarita**, bow tie; fam **hablar para el c. de su camisa**, to mutter to oneself. 3 (de botella) neck.

cuenca nf 1 Geog basin; **la c. del río**, the river basin. 2 Anat (de los ojos) socket. 3 Min **c. minera**, coalfield.

cuenco nm 1 (vasija) earthenware bowl. 2 (concavidad) hollow; **c. de la mano**, hollow of the hand.

cuenta nf 1 (cálculo) count, counting; **hacer cuentas**, to do sums; **sacar cuentas**, to work out; fam **la c. de la vieja**, counting on one's fingers. ■ **c. atrás**, countdown. 2 Com (factura) bill; **la c. del teléfono**, the telephone bill; **pasar la c.**, to send the bill; **por c. de la casa**, on the house. 3 Fin (en banco) account. ■ **c. bancaria**, bank account; **c. corriente**, current account; **c. al descubierto**, overdrawn account. 4 (de collar, rosario) bead. 5 (locuciones) **ajustar cuentas**, to settle up; **caer en la c.**, to realize; **dar c.**, to report; **dar cuentas a**, to inform o answer to; **beber más de la c.**, to have one too many; **darse c.**, to realize; **en resumidas cuentas**, in short; **pedir cuentas**, to ask for an explanation; **tener en c.**, to take into account; **trabajar por c. propia**, to be self-employed; **traer c.**, to be worthwhile.

cuentagotas nm inv Med dropper.

cuentakilómetros nm inv (distancia) milometer; (velocidad) speedometer.

cuentarrevoluciones nm inv rev counter.

cuentista I nmf 1 (narrador) storyteller. 2 (cotilla) gossip. II adj & nmf (exagerado) overdramatic (person).

cuento nm (gen) story, tale; Lit short story; **contar un c.,** to tell a story; fig **el c. de la lechera,** counting one's chickens before they are hatched; fig **eso no viene a c.,** that's beside the point; fig **traer algo a c.,** to mention sth, bring sth up; fam **¡déjate de cuentos!,** get on with it!; fam **es el c. de nunca acabar,** it just drags on and on; fam **ir a algn con el c.,** to tell tales to sb; fam **tiene más c. que Calleja,** he's always making such a fuss; fam **vivir del c.,** to live by one's wits. ■ **c. chino,** tall story; **c. de hadas,** (narración) fairy story; (sensacional) cock-and-bull story.

cuereada nf Am beating.

cuerda nf 1 (cordel) string, rope; fig **bailar en la c. floja,** to be hanging from a thread; fig **aflojar la c.,** to ease up; fig **apretar la c.,** to tighten up; fig **bajo c.,** dishonestly. ■ **c. de la ropa,** clothes-line; **c. de presos,** chain gang; **c. floja,** tightrope. 2 Mús string, cord; Mús (voz) voice. ■ Anat **cuerdas vocales,** vocal chords. 3 (del reloj) spring; **dar c. al reloj,** to wind up a watch; fig **parece que le hayan dado c.,** he seems to have been encouraged to talk; fam fig **se me acabó la c.,** I've nothing left to say; (estar cansado) I'm exhausted. 4 Geom chord.

cuerdo,-a I adj (acto) prudent, sensible; (persona) sane; **no está c.,** he is not in his right mind. II nm,f sane person.

cuerna nf 1 (cornamenta) antlers pl, horns pl. 2 (de caza) hunting horn.

cuerno nm 1 (gen) horn; (de ciervo) antler; fig **me huele a c. quemado,** I think there is something fishy going on; fam **mandar a algn al c.,** to send sb packing; fam **mandar algo al c.,** to pack sth in; fam **romperse los cuernos,** to break one's back; fam fig **poner cuernos a algn,** to be unfaithful to sb; vulg **¡vete al c.!,** get lost! 2 Mil wing. 3 Mús horn.

cuero nm 1 (pellejo de animal) skin, hide; leather; **chaqueta de c.,** leather jacket. 2 (persona) skin; fam **en cueros (vivos),** (stark) naked; fam **quedarse en cueros,** to strip off. ■ Anat **c. cabelludo,** scalp. 3 (odre) wineskin. 4 Ftb (balón) ball. 5 Am (correa) whip.

cuerpo nm 1 Anat (ser) body; (constitución) build; (figura) figure; (tronco) trunk; **a c. descubierto,** defenceless; **de c. entero,** full-length; **echar el c. atrás,** to lean back; **lucha a c.,** hand-to-hand combat; fig **hombre de c. entero,** man of integrity; fig **entregarse en c. y alma,** to give one's all; fig **tomar c.,** to take shape; fig **vivir a c. de rey,** to live like a king; euf **hacer de c.,** to relieve oneself. ■ Jur **c. del delito,** evidence; Mat **c. geométrico,** regular solid; **cuerpos celestes,** heavenly bodies. 2 (cadáver) corpse; **de c. presente,** lying in state. 3 (parte) section, part; (parte principal) main part, main body; **armario de tres cuerpos,** wardrobe in three sections; **c. superior,** upper section; **el c. del libro,** the main body of the book. 4 (grosor) body, thickness. 5 (grupo) body, corps, force. ■ **c. de baile,** corps de ballet; **c. de bomberos,** fire brigade; **c. diplomático,** diplomatic corps; **c. de sanidad,** medical corps.

cuervo nm 1 Orn raven; prov **cría cuervos (y te sacarán los ojos),** biting the hand that feeds you. ■ **c. marino,** cormorant. 2 ofens priest.

cuesta I nf slope; **c. abajo,** downhill; **c. arriba,** uphill; fig **ir c. abajo,** to be declining; fig **se me hace c. arriba,** I find it an uphill struggle. ■ fig **la c. de enero,** the January squeeze. II loc adv **a cuestas,** on one's back o shoulders.

cuestación nf charity collection; **hacer una c.,** to raise money for charity.

cuestión nf 1 (pregunta) question. 2 (asunto) matter, question, problem; **c. candente,** burning question; **c. de vida o muerte,** it's a matter of life or death; **en c. de unas horas,** in just a few hours; **no es c. de enfadarse,** it's nothing to get angry about; **una c. jurídica,** a legal matter. 3 (discusión) quarrel, argument; **tener una c.,** to have a quarrel.

cuestionable adj questionable, debatable.

cuestionar vtr to question, debate.

cuestionario nm questionnaire.

cuete nm Méx slice of meat from the leg.

cueva nf cave; fig **c. de ladrones,** den of thieves.

cuévano nm pannier.

cuezo indic pres véase **cocer.**

cuidado,-a I pp de **cuidar.** II adj looked after; **un jardín muy c.,** a well cared for garden. III nm 1 (esmero) care; **con c.,** carefully; **de c.,** (enfermo) very ill; (peligroso) dangerous, suspicious; **estar al c. de,** (cosa) to be in charge of; (persona) to look after; **ir o andarse con c.,** to go carefully; **me trae sin c.,** I don't care; **tener c.,** to be careful. 2 fam Med **cuidados intensivos,** intensive care (unit) sing. 3 (recelo) worry; **siente c. por la herida,** he's concerned about the injury. IV **¡c.!** interj look out!, watch out!; **¡c. con el perro!,** beware of the dog!; **¡c. con lo que dices!,** watch what you say!; **¡c. con los niños!,** mind the children!

cuidador,-a I nm Arg (enfermero) male nurse. II nf Méx (niñera) nanny.

cuidadoso,-a adj 1 (atento) careful. 2 (celoso) cautious.

cuidar I vtr to care for, look after; **c. de que,** to make sure that; **c. de que todo salga bien,** to make sure that everything goes alright; **c. los detalles,** to pay attention to details; **c. una herida,** to dress a wound. II **cuidarse** vr 1 (conservarse) to look after oneself, take care of oneself; **cuídate,** look after yourself. 2 (preocuparse) **c. de,** to worry, mind; **no se cuida de la opinión de la gente,** he doesn't care what people think; **c. de que,** to make sure that, be careful to.

cuita nf worry, trouble.

cuita² nf CAm excrement.

cuja nf 1 Am (cama) bed. 2 Hond Méx (sobre) envelope. 3 Méx (envoltura) flap.

culamen nm vulg fat arse.

culata nf 1 (de arma) butt. 2 Aut cylinder head. 3 (de animales) haunch, hindquarters pl. 4 Arg (del carro) back end.

culatazo nm (de arma) recoil, kick.

culebra nf 1 Zool (serpiente) snake. 2 Am (cuenta) debt, bill. 3 Méx downpour, heavy shower.

culebrear vi (zigzaguear) to zigzag; (río) to meander, wind.

culebrilla nf 1 (de cometa) zigzag. 2 Med ringworm.

culebrina nf forked lightning.

culebrón nm Méx television serial, soap.

culeco,-a adj Am 1 (contento) very happy. 2 (enamorado) in love.

culero nm Arg leather belt.

culimiche adj Méx worthless.

culiminarse vr Méx to stoop, get down.

culinario,-a adj culinary, cooking; **arte c.,** cuisine.

culminación nf culmination.

culminante adj (punto) highest; (momento) culminating.

culminar I *vi* 1 *(perfeccionarse)* to reach a peak *o* its highest point. 2 *fig (acabar)* to end, culminate **(con, en, in)**.

culo *nm* 1 *fam* Anat *(trasero)* bottom; *fam (ano)* bum, *US* fanny; *vulg* arse, *US* ass; **caer de c.**, to fall flat on one's bottom; *fig* **con el c. al aire**, in a fix, in a tight spot; *fig* **ir de c.**, to be rushed off one's feet; *fig* **mojarse el c.**, to come down off the fence; *fig* **ser c. de mal asiento**, to be a fidget; *vulg* **lamer el c. a algn**, to lick sb's arse; *ofens* **¡métetelo por el c.!**, stick it up your arse!; *ofens* **¡vete tomar por el c.!**, fuck off! 2 *fam (de recipiente)* bottom; **queda** *o* **hay un c.**, there is a little bit left in the bottom.

culón,-ona *adj fam* big-bottomed.

culpa *nf* 1 *(error)* fault; **fue c. mía**, it was my fault; **por tu c.**, because of you. 2 *(responsabilidad)* blame; **cargar a algn con la c.**, to give sb the blame; **echar la c. a algn**, to put the blame on sb; **sentimiento de c.**, guilty feeling.

culpabilidad *nf* guilty, culpability.

culpable I *adj* guilty; *Jur* **declararse c.**, to plead guilty. II *nmf* offender, culprit; **yo no soy el c.**, I'm not to blame.

culpar I *vtr* to blame; **c. a algn de un delito**, to accuse sb of an offence; **no se puede c. a nadie**, nobody is to blame. II **culparse** *vr* to blame oneself, take the blame.

cultivado,-a I *pp de* **cultivar** II *adj* 1 Agr cultivated, tilled. 2 *(con cultura)* cultured, refined.

cultivar *vtr* 1 Agr to cultivate, farm. 2 *fig (amistad)* to cultivate. 3 *(ejercitar)* to work at, practise, improve; **c. la memoria**, to improve one's memory. 4 *Biol (producir)* to culture.

cultivo *nm* 1 *(labranza)* farming, cultivation; **dedicarse al c. de**, to grow; **poner en c.**, to cultivate. 2 *(cultivo)* crop; **c. de maíz**, crop of corn. 3 *Biol* culture; **c. de tejidos**, tissue culture. 4 *fig (desarrollo)* development, growth.

culto,-a I *adj (persona)* cultured, educated; *(estilo)* refined. II *nm* 1 worship; **c. dominical**, Sunday worship. 2 cult. ◆**cultamente** *adv* in a refined *o* elegant manner.

cultura *nf* culture; **la c. prerromana**, Pre-Roman culture; **una mujer de c.**, an educated woman.

cultural *adj* cultural.

cumbarí *adj & nm* Arg Culin very hot red pepper.

cumbia *nf* Columbian dance.

cumbre *nf* 1 *(de montaña)* summit, top; 2 *fig (culminación)* pinnacle; **alcanzar la c.**, to reach the top. ■ *Pol* **(conferencia) c.**, summit conference.

cumiche *nm* CAm baby (of the family).

cumpleaños *nm inv* birthday; **¡feliz c.!**, happy birthday!; **fiesta de c.**, birthday party.

cumplido,-a I *pp de* **cumplir** II *adj* 1 completed; **misión cumplida**, mission accomplished; **plazo c.**, expiry date; **trabajo c.**, finished work. 2 *(abundante)* large; **un almuerzo muy c.**, a big lunch. 3 *(perfecto)* accomplished; **un c. caballero**, a perfect gentleman. 4 *(cortés)* polite, well-bred. III *nm (cortesía)* compliment; **cambiar cumplidos con algn**, to exchange pleasantries with sb; **por c.**, out of courtesy.

cumplidor,-a *adj* reliable, dependable.

cumplimentar *vtr* 1 *(felicitar)* to congratulate. 2 *(cumplir)* to fulfil, *US* fulfill, carry out.

cumplimiento *nm* 1 *(observación)* fulfilment, *US* fulfillment; **c. de la ley**, observance of the law. 2 *(cumplido)* courtesy, politeness.

cumplir I *vtr* 1 *(realizar)* to carry out, fulfil, *US* ful fill; **c. un deseo**, to fulfil a wish; **c. una orden**, t carry out an order; *Jur* **c. una pena**, to serve a sen tence; **c. una promesa**, to keep a promise. 2 *(res petar)* **c. con algn**, to keep one's promise to sb; **c con el deber**, to do one's duty; **c. con la ley**, to abid by the law. 3 *(años)* to be; **al c. los sesenta**, whe he *o* she turned sixty; **ayer cumplí veinte años, I wa** twenty (years old) yesterday; **¡que cumplas mucho años!**, many happy returns! II *vi* 1 *(cumplimentar* to be polite; **lo hice por c.**, I was just being polite 2 *(plazo)* to expire, end. 3 *(satisfacer)* to do one' duty. III **cumplirse** *vr* 1 *(realizarse)* to be fulfilled come true; **se cumplió su deseo**, his wish came true 2 *(años)* to be; **hoy se cumple la fecha de ...**, toda is the anniversary of ... .

cúmulo *nm* 1 *(sinnúmero)* pile, load; **un c. de pro blemas**, a load of problems. 2 *fig (conjunto)* accu mulation; **este chico es un c. de cualidades**, tha boy's got it all. 3 *Meteor* cumulus.

cuna *nf* 1 *(camita)* cradle, cot. ■ **canción de c.** lullaby. 2 *fig (origen)* cradle, beginning; **c. de l civilización**, cradle of civilization. 3 *(estirpe)* stock **de humilde c.**, of humble birth. 4 *(lugar de nacimier to)* birthplace.

cunda *nm* Cuba Méx wag.

cundir *vi* 1 *(dar de sí)* to go far *o* a long way; **m cunde mucho el trabajo** *o* **el tiempo**, I seem to ge a lot done. 2 *(extenderse)* to spread; **cundió el pá nico**, panic spread; **cundió la voz de que ...**, rumou had it that ... .

cuneta *nf (zanja)* ditch; *(de la carretera)* verge.

cuña *nf* 1 *(taco)* wedge; **hacer c.**, to be wedged in *fig* **meter c.**, to stir up trouble. 2 *(influencia)* in fluence; **tener c.**, to have influence. 3 *CAm Au* two-seater (car).

cuñado,-a *nm,f (hombre)* brother-in-law; *(mujer* sister-in-law.

cuño *nm* 1 *(troquel)* die, stamp. 2 *(sello)* stamp mark; **tener el c.**, to bear the mark; *fig* **de nuevo c.** newly-coined.

cuota *nf* 1 *(porción)* quota, share. 2 *(contribución* membership fees *pl*, dues *pl*.

cuotidiano,-a *adj* daily.

cupe *pt indef véase* **caber**

cupé *nm* Aut coupé.

cupiera *subj imperf véase* **caber**

cuplé *nm* Mús popular lyric song.

cupletista *nf* music-hall singer.

cupo *nm* 1 *(cuota)* quota. 2 Mil contingent; **exce dente de c.**, exempt from military service. 3 *Am Au (plaza)* seat. 4 *Méx fam (cárcel)* prison.

cupón *nm* Com *(vale)* coupon, voucher; *Cor* trading stamp; *fam* **c. de los ciegos**, lottery fo the blind.

cúpula *nf* Arquit dome, cupola.

cuquería *nf* 1 *(astucia)* craftiness. 2 *fam (monad* pretty little thing; **¡qué c. de vestido!**, what a prett little dress!

cura I *nm* Rel priest. ■ **c. párroco**, parish priest. I *nf* Med cure, healing; **hacer las primeras curas**, t give first aid; *fig* **no tiene c.**, there's no remedy.

curaca *nm* Am petty tyrant.

curación *nf (cura)* cure, treatment; *(de herida* healing; **c. milagrosa**, miracle cure; **pronta c.** speedy recovery.

curado,-a I *pp de* curar. **II** *adj* **1** *(sanado)* cured; *(herida)* healed. **2** *(carne, pescado)* cured, salted; *(piel)* tanned. **3** *Am (borracho)* drunk.

curandero,-a *nm,f* quack.

curar I *vtr* **1** *(sanar)* to cure; *(herida)* to dress a wound; *(enfermedad)* to treat; **c. con medicamentos,** to treat with medication; *fig* **c. un mal,** to right a wrong. **2** *(piel)* to tan; *(carne, pescado)* to cure; *(madera)* to season. **II** *vi (recuperarse)* to recover, get well. **2** *(herida)* to heal (up). **III curarse** *vr (sanar)* to recover, get well; *(herida)* to heal up.

curare *nm Am* curare, curari.

curasao *nm (vinos)* curaçao.

curativo,-a *adj* curative; **poder c.,** healing power.

curato *nm Rel* **1** *(cargo)* curacy. **2** *(parroquia)* parish.

curco,-a *Am* **I** *adj (jorobado)* hunchbacked. **II** *nf (joroba)* hump.

curda *nf fam* drunkenness; **agarrar una c.,** to get plastered.

curia *nf* **1** *Rel* curia. **2** *Jur* Bar.

curiosear I *vtr & vi (fisgar)* to pry into; *(visitar)* to look round. **II** *vi (en asuntos ajenos)* to pry.

curiosidad *nf* **1** *(indiscreción)* curiosity, inquisitiveness; **despertar la c. de algn,** to arouse sb's curiosity; **tener c. de,** to be curious about. **2** *(objeto raro)* curiosity. **3** *(aseo)* care, cleanliness.

curioso,-a I *adj* **1** *(indiscreto)* curious, inquisitive. **2** *(extraño)* strange, odd; **lo c. es que ...,** the strange thing is that ... . **3** *(ordenado)* neat, tidy. **II** *nm,f* **1** *(mirón)* onlooker. **2** *pey (chismoso)* nosey-parker, busybody. **3** *Am (curandero)* quack.

currante *nmf arg* worker.

currar *vi,* **currelar** *vi arg* to graft, grind, slave.

curre *nm arg* job, meal ticket.

currículum *nm (pl* **curricula)** **c. vitae,** curriculum vitae.

curro *nm arg* **dar un c. a algn,** to give sb a hammering.

currutaco,-a I *adj Am (rechoncho)* plump. **II currutacos** *nmpl CAm* diarrhoea *sing, US* diarrhea *sing.*

curry *nm Culin* curry.

cursado,-a I *pp de* cursar. **II** *adj* **1** *(cartas)* dispatch. **2** *(versado)* experienced.

cursante *nmf* student.

cursar *vtr* **1** *(enviar)* to send, dispatch; *(orden)* to give. **2** *(tramitar)* to make an application. **3** *(estudiar)* to study, attend.

cursi 1 *adj* affected, showy, pretentious. **II** *nmf* affected *o* showy *o* pretentious person.

cursilada *nf* **hizo la c. de ...,** he was so vulgar as to ... .

cursilería *nf* **1** *(cualidad)* vulgarity, bad taste. **2** *(cosa cursi)* vulgar *o* kitsch object.

cursillista *adj & nmf* participant, member of a course.

cursillo *nm* short course, training course. ■ **c. de conferencias,** course of lectures; **c. de reciclaje,** refresher course.

cursivo,-a *adj* **letra cursiva,** italics.

curso *nm* **1** *(dirección)* course; **el c. de los acontecimientos,** the course of events; *fig* **año** *o* **mes en c.,** current year *o* month; *fig* **dar c. a,** *(tramitar)* to deal with; *fig (dar libertad)* to give free rein to; *fig* **dejar que las cosas sigan su c.,** to let things take their course; *fig* **en el c. de ...,** during the course of ...; *fig* **estar en c.,** to be under way. **2** *(del río)* flow, current. **3** *Educ (académico)* academic *o* school year; **estamos en el mismo c.,** we are in the same year *o* class; **exámenes de fin de c.,** final exams, finals; **mis compañeros de c.,** my classmates. **4** *Educ (asignatura)* course, subject; **c. de filosofía,** philosophy course. **5** *Fin* **moneda de c. legal,** legal tender.

cursor *nm Téc* slide; *Inform* cursor.

curtido,-a I *pp de* curtir. **II** *adj* **1** *(rostro)* tanned, sunburnt; *(cuero)* tanned. **2** *fig (avezado)* hardened. **III** *nm (piel)* tanning.

curtidor,-a *nm,f* tanner.

curtiduría *nf* tannery.

curtir I *vtr* **1** *(piel)* to tan; **el sol y el viento curten la piel,** sun and wind tan the skin. **2** *fig (avezar)* to harden, toughen. **3** *Arg RPl (azotar)* to whip. **II curtirse** *vr* **1** *(piel)* to get tanned. **2** *fig (avezarse)* to become hardened. **3** *SAm (emporcarse)* to get dirty.

curva *nf* **1** *(gen)* curve; **trazar una c.,** to draw a curve; *fam* **¡vaya curvas tiene esa mujer!,** what a body that woman's got! **2** *(en carretera)* bend. ■ **c. cerrada,** sharp bend. **3** *(gráfico)* curve, graph.

curvar *vtr (gen)* to curve; *(espalda)* to arch.

curvatura *nf* curvature.

curvilíneo,-a *adj* **1** *Geom* curvilinear, curvilineal. **2** *fam (cuerpo de mujer)* curvaceous, shapely.

curvo,-a *adj (objeto)* curved; *(doblado)* crooked, bent.

cusca *nf pey Méx* flirty tart.

cuscurro *nm Culin* crust of bread.

cuscús *nm Culin* couscous.

cúspide *nf* **1** *Geog* summit, peak. **2** *Geom* apex. **3** *fig (culminación)* peak.

custodia *nf* **1** *(vigilancia)* custody, care; **bajo c.,** in custody; **encargar a algn la c. de algo,** to give sb custody of sth. **2** *Rel* monstrance.

custodiar [12] *vtr (proteger)* to keep, take care of, look after; *(vigilar)* to guard, watch over.

custodio *nm* custodian, guardian, keeper.

cususa *nf CAm* liquor made from sugar cane.

cutacha *nf CR Hond Nic* long knife.

cutáneo,-a *adj* cutaneous, skin; *Med* **enfermedad cutánea,** skin disease; *Med* **erupción cutánea,** rash.

cutara *nf CR Cuba Méx* sandal.

cutícula *nf* cuticle.

cutis *nm* complexion, skin.

cuy *nm SAm Zool* guinea pig.

cuyo,-a *pron rel & pos* whose, of which; **en c. caso,** in which case; **la familia en cuya casa nos quedamos,** the family in whose house we stayed; **la señora, c. hijo es tu amigo, vive aquí,** the lady whose son is your friend lives here.

cv *abr de* **caballos de vapor,** horse power, hp.

D

D, d [de] *nf (la letra)* D, d.

D. *abr de* **don,** Mister, Mr.

Da., D.ª *abr de* **doña,** Mrs, Miss.

dable *adj* possible, feasible, practicable.

dabute(n) *adj arg* great, terrific.

dactilar *adj* digital; **huellas dactilares,** fingerprints.

dactilografía *nf* typing, typewriting.

dactilógrafo,-a *nm,f* typist.

dadaísmo *nm Arte Lit* Dadaism.

dadaísta *adj & nmf Arte Lit* Dadaist.

dádiva *nf (regalo)* gift, present; *(donativo)* donation; *(compensación)* sop.

dadivoso,-a I *adj* generous. II *nm,f* generous person.

dado,-a¹ I *pp de* **dar.** II *adj* 1 given; **dada su edad,** in view of his age; **en un caso d.,** in a given case; **en un momento d.,** at a given moment, at a certain point. 2 *(aficionado a)* **ser d. a,** to be keen on, be fond of; **sus padres son muy dados a viajar,** his parents are very fond of travelling. 3 *(en vista de)* **d. que,** as, since, in view of, given that; **d. que tienes fiebre, mejor que te quedes en casa,** since you've got a temperature, you'd better stay at home. 4 *fam* **ir d.,** to be heading for trouble; **con el nuevo jefe vamos dados,** we're in for it with this new boss.

dado² *nm* 1 *(para juegos)* die, dice *pl;* **echar los dados,** to throw the dice; *fig* **cargar los dados,** to load the dice. 2 *Téc* block. 3 *Arquit* dado.

dador,-a *nm,f* 1 *(gen)* donor. 2 *(de carta)* bearer; *(de letra de cambio etc)* drawer.

daga *nf* dagger.

daguerrotipo *nm Fot* daguerreotype.

Dakota *n* Dakota; **D. del Norte,** North Dakota; **D. del Sur,** South Dakota.

dalia *nf Bot* dahlia.

dálmata I *adj* Dalmatian. II *nm* Dalmatian (dog).

daltoniano,-a I *adj* colour-blind, *US* color-blind. II *nm,f* person who is colour-blind *o US* color-blind.

daltonismo *nm* colour *o US* color blindness.

dama *nf* 1 *(señora)* lady. ■ **d. de honor,** *(de reina)* lady-in-waiting; *(de novia)* bridesmaid; **primera d.,** *Teat* leading lady; *Pol* first lady. 2 *Ajedrez Naipes* queen; *Damas* king. 3 **damas,** *(juego)* draughts, *US* checkers; **tablero de d.,** draughtboard, *US* checkerboard.

damajuana *nf* demijohn.

Damasco *n* Damascus.

damasco *nm* 1 *Tex* damask. 2 *Bot* damson.

damasquina *nf Bot* French marigold.

damasquinado *nm Téc* damascene.

damasquinar *vtr* to damascene, damask.

damisela *nf Hist & irón* damsel, young lady.

damnificado,-a I *pp de* **damnificar.** II *adj (person)* injured; *(cosa)* damaged. III *nm,f* victim, injured person; **los damnificados por el incendio,** the victims of the fire.

damnificar [1] *vtr (person)* to injure, harm; *(cosa)* to damage.

Damocles *nm* Damocles; *fig* **la espada de D.,** the sword of Damocles.

danés,-esa I *adj* Danish. II *nm,f (persona)* Dane III *nm* 1 *(idioma)* Danish. 2 *(perro)* **gran d.,** Great Dane.

dantesco,-a *adj fig* Dantesque, horrific.

Danubio *nm* **el D.,** the Danube.

danza *nf* 1 *(gen)* dancing; *(baile)* dance; **d. guerrera,** war dance; **la d. de la muerte,** the dance o death; *fig* **está siempre en d.,** she's always on the go. 2 *fig (negocio sucio)* shady business *o* deal; *(lío* mess. 3 *fam (jaleo)* rumpus, row; **armar una d.,** to make a scene.

danzante I *adj* dancing. II *nmf* 1 dancer. 2 *fam (persona vivaracha)* enterprising person; *(entrome tido)* busybody, meddler; *(casquivano)* scatter brain, featherbrain.

danzar [4] I *vtr* to dance. II *vi* 1 to dance (**con** with). 2 *fam (entrometerse)* to meddle, interfere (**en,** with, in).

danzarín,-ina *nm,f (profesional)* dancer.

dañado,-a I *pp de* **dañar.** II *adj* 1 *(estropeado* damaged, spoiled. 2 *(malo)* wicked, evil.

dañar I *vtr (cosa)* to damage; *(persona)* to hurt harm; *(estropear)* to spoil; **dañará su reputación,** will damage her reputation. II **dañarse** *vr* 1 *(cosa,* to get damaged; *(persona)* to get hurt, be harmed 2 *(comestibles)* to rot, go bad *o* off.

dañino,-a *adj* harmful, damaging (**para,** to); **ani males dañinos,** pests, vermin *sing.*

daño *nm (a cosa)* damage; *(a persona)* hurt, harm injury; *(perjuicio)* wrong; **hacer d. a,** *(a cosa)* t damage; *(a persona)* to harm; **hacerse d.,** to hur oneself; **se hizo d. en la pierna,** he hurt his leg; **lo daños ocasionados por la inundación,** the damage caused by the flooding; **no hace d.,** *(indoloro)* i doesn't hurt, it isn't painful; *(inofensivo)* it's harm less, it does no harm. ■ *Jur* **daños y perjuicios** (legal) damages.

dañoso,-a *adj* harmful.

dar [68] I *vtr* 1 *(gen)* to give; *(entregar) (paquete carta, etc)* to deliver, hand over; *(pan, sal, etc)* t pass, hand; *(recado, recuerdos)* to pass on, give *(noticia)* to tell, announce, report; *(consejos)* t give; *(naipes)* to deal; *(pintura, cera)* to apply, pu on; *(olor)* to give off; *(gas, luz)* to turn on; **d. brille a unos zapatos,** to polish one's shoes; **d. clase, t** teach; *(universidad)* to lecture; **d. la enhorabuena** to congratulate (**por,** on); **d. la mano a algn,** t shake hands with sb; **d. las gracias por algo,** to sa thank you for sth; *fml* to give thanks for sth; **d. lo buenos días/las buenas noches a algn,** to wish sl good morning/good evening, say hello to sb; **d lugar a,** to give rise to; **d. muestras de alegría/tris teza,** to look happy/sad; **d. palmadas,** to clap; **d parte de,** to report; **d. razón,** to give an account (**de** of); **d. un grito,** to let out a cry; **d. un paseo,** to g for a walk o stroll; **d. un paso,** to take a step; **d. una puñalada a algn,** to stab sb; **d. voces,** *(gritar)* to shout; *(correr la voz)* to let it be known; **me da asco/ miedo/lástima** *o* **pena,** it makes me feel sick/afraid/ sad, it disgusts/frightens/saddens me; **me da lo mismo, lo mismo da, me da igual,** it's all the same to me; **me da no sé qué,** it gives me a strange feeling; **no d. una,** not to get anything right; **nos da mucho gusto verlo/oírlo,** we are very pleased to see/hear it; **¿qué más da?,** what does it matter?, it makes no difference. **2** *(reloj)* to strike; **el reloj de la catedral dio las 4,** the cathedral clock struck 4; **ya han dado las 9,** it's gone 9 (o'clock). **3** *(película)* to show, screen; *(obra de teatro)* to perform, put on; *(obra musical)* to play, perform; *(concierto)* to hold, put on; *(fiesta)* to throw, give; **¿qué dan en el Roxy?,** what's on at the Roxy? **4** *(producir)* *(cosecha)* to produce, yield; *(fruto, flores)* to bear; *(beneficio, interés)* to give, yield. **5** *(pegar)* to hit; **¡dale fuerte!,** hit him hard!, let him have it! **6** *(seguir)* **¡dale!,** go on!; *(¡venga!)* come on!; **seguir dale que dale con algo, seguir dale que te pego con algo,** to keep on and on doing sth; **¡y dale!,** there he *o* she goes again! **7 d. a conocer,** *(persona)* to introduce, present; *(noticia)* to release; **d. a entender que ...,** to give to understand that ..., imply that ... . **8** *fam (tener el hábito)* **darle a la botella,** to be (too) fond of the bottle. **II** *vi* **1** *(ataque, risa)* **darle a algn un ataque de tos/risa,** to have a coughing fit/an attack of the giggles. **2 d. a,** *(ventana, habitación)* to look out onto, overlook; *(puerta)* to open onto, lead to. **3 d. con,** *(persona)* to meet, come across, bump into; *(cosa)* to find, discover; **d. con los huesos en la cárcel,** to end *o* land up in jail; **d. consigo en el suelo,** to collapse; **dio con la moto contra el muro,** he crashed the motorbike into the wall. **4** *(suministrar)* to give; **d. de beber/comer a algn,** to give sb sth to drink/eat; **d. de comer al bebé/gato/perro,** to feed the baby/cat/dog; **d. de espaldas a,** to turn one's back on; **d. de palos a algn,** to beat sb (up). **5** *(ropa)* **d. de sí,** to stretch, give. **6** *(pegar)* **d. a algn en la cabeza,** to hit sb on the head; **el sol me daba en la cara,** the sun was shining in my face. **7** *(acertar)* **d. con** *o* **en una solución,** to hit upon *o* find a solution; *fig* **d. en el clavo,** to hit the nail on the head. **8** *(ser suficiente)* **d. para,** to be enough *o* sufficient for; **el presupuesto no da para más,** the budget will not stretch any further. **9** *(empeñarse)* **darle a uno por hacer algo,** to take it into one's head to do sth; **ahora le ha dado por ahí,** that's his latest fad; **le dio por la pintura,** he took up painting. **10** *(considerar)* **d. por,** to assume, consider; **lo dieron por muerto,** he was assumed dead, he was given up for dead; **d. por hecho** *o* **concluido un asunto,** to consider a matter closed. **11 d. que hablar,** to set people talking; **d. que hacer,** to make work, give trouble; **el suceso dio que pensar,** the incident gave people food for thought. **III darse** *vr* **1** *(entregarse)* to give in, surrender. **2** *(suceder)* to happen, occur; **luego se dio un caso extraño,** then something strange happened. **3** *(crecer)* *(planta etc)* to grow; *(hallarse)* to be found, exist; **las setas se dan muy bien en este bosque,** there are lots of mushrooms in this wood; **no se dan mucho los pinos en esta zona,** few pine trees are to be found (growing) in this region. **4** *(consagrarse)* **d. a,** to devote oneself *o* give oneself over to; *pey* to take to, abandon oneself to; **se dio a la bebida,** he took to drink; **d. a conocer,** to make oneself known. **5** *(golpearse)* **d. con** *o* **contra,** to bump *o* crash into. **6** *(considerarse)* **d. por,** to consider oneself; **d. por aludido,** to take the hint; *(sen-*

tirse ofendido) to take sth personally; **d. por satisfecho,** to feel satisfied; **d. por vencido,** to give in, surrender. **7** *(resultar)* **se le da bien/mal el francés,** she's good/bad at French; **se me dan fatal las matemáticas,** I'm hopeless at maths. **8** *(importar)* **tanto le da suspender,** he couldn't care less about failing (the exam); *fam* **¿qué se me da?,** why should I care? **9** *(presumir)* **dárselas de,** to pose as, fancy oneself as; **no te las des de inocente,** stop acting innocent; **se las da de experto en el tema,** he thinks he's an expert on the subject.

dardo *nm (flecha)* dart, arrow; *fig* caustic remark.

dársena *nf Náut* dock.

darvinismo *nm* Darwinism.

darvinista *adj & nmf* Darwinist.

data *nf* **1** *(fecha)* date. **2** *Com* item.

datar **I** *vtr* to date, put a date on. **II** *vi* **d. de,** to date back to *o* from; **esa costumbre data del siglo doce,** that custom dates back to the twelfth century.

dátil *nm* **1** *Bot (fruto)* date. ■ **d. de mar,** date shell. **2 dátiles,** *fam (dedos)* fingers.

datilera *nf Bot (árbol)* date palm.

dativo,-a *adj & nm Ling* dative; **en d.,** in the dative.

dato *nm* fact, datum, piece of information; **por falta de datos,** because of lack of information. ■ *Inform* **banco de datos,** data bank; *Inform* **base de datos,** data base; **datos estadísticos,** statistical data *usu sing*; **datos personales,** personal details; *Inform* **procesamiento** *o* **proceso de datos,** data processing.

dB *abr de* **decibelio,** decibel, dB.

d.C. *abr de* **después de Cristo,** Anno Domini, AD.

dcha. *abr de* **derecha,** right.

de[1] *nf* name of the letter D in Spanish.

de[2] *prep* **1** *(pertenencia)* of, 's, s'; **el coche/hermano de Elvira,** Elvira's car/brother; **el padre de la niña,** the girl's father; **el padre de las niñas,** the girls' father; **el título de la novela,** the title of the novel. **2** *(procedencia)* from; **de Lugo a Monforte,** from Lugo to Monforte; **esta carta viene de tu oficina,** this letter is from your office; **soy de Almería,** I am from Almería. **3** *(descripción)* **el niño de ojos azules,** the boy with blue eyes; **la señora del vestido rojo,** the lady in the red dress; **un reloj de oro,** a gold watch; **un vaso de plástico,** a plastic cup. **4** *(contenido)* of; **un saco de patatas,** a sack of potatoes. **5** *(uso)* **gafas de sol,** sunglasses; **goma de borrar,** rubber, *US* eraser. **6** *(oficio)* by, as; **es arquitecto de profesión,** he's an architect by profession; **hace de secretaria,** she's working as a secretary. **7** *(precio)* at; **la de cincuenta pesetas,** the one at fifty pesetas, the fifty peseta one; **patatas de quince peniques el kilo,** potatoes at fifteen pence a kilo. **8** *(medida)* **una avenida de quince kilómetros,** an avenue fifteen kilometres long; **una botella de litro,** a litre bottle. **9** *(con superlativo)* in; **el más largo de España,** the longest in Spain; **el mejor del mundo,** the best in the world. **10** *(tiempo)* **a las tres de la tarde,** at three in the afternoon; **de día,** by day; **de lunes a jueves,** from Monday to Thursday; **de noche,** at night. **11** *(causa)* with, because of; **llorar de alegría,** to cry with joy; **morir de hambre,** to die of hunger. **12** *(condicional)* **de haber llegado antes,** if he had arrived before; **de no ser así,** if that wasn't *o* weren't so, if that wasn't *o* weren't the case; **de ser cierto,** if it was *o* were true. **13** *(en expresiones de queja, lástima, etc)* **¡ay de mí!,** poor me!; **¡el desgraciado de mi hijo!,** oh my poor son!

deambular *vi* to saunter, stroll, wander.

deambulatorio *nm Arquit* ambulatory.

deán *nm* dean.

debacle *nf* disaster, downfall.

debajo *adv* underneath, below; **el mío es el de d.**, mine is the one below; **está d. de la mesa**, it's under the table; **por d. de lo normal**, below normal; **salió por d. del coche**, he came out from under the car.

debate *nm* debate, discussion. ■ **d. parlamentario**, parliamentary debate.

debatir I *vtr* to debate. II **debatirse** *vr* to struggle; **d. entre la vida y la muerte**, to fight for one's life.

debe *nm Com* debit, debit side.

deber[1] *nm* 1 duty, obligation; **cumplir con su d.**, to do one's duty. 2 *deberes, Educ* homework *sing*; **hacer los d.**, to do one's homework.

deber[2] I *vtr* 1 *(adeudar)* to owe; **me debes cien pesetas**, you owe me a hundred pesetas. 2 *(d. + infinitivo) (en presente y futuro)* to have to, must; **debe comer**, he must eat; **debe irse ahora**, she has to leave now; **deberás estar allí a las ocho**, you have to be there at eight (o'clock); **no debes salir con este tiempo**, you mustn't go out in this weather. 2 *(d. + infinitivo) (en condicional)* should, ought to; **debería haber ido ayer**, I should have gone yesterday; **deberías visitar a tus padres**, you ought to visit your parents; **no deberías haber ido**, you shouldn't have gone. 3 *(d. + infinitivo) (en pretérito)* should have, ought to have; **debiste decírmelo**, you ought to have told me; **debía hacerlo pero no tuve tiempo**, I should have done it, but I didn't have time; **debía hacerlo porque así me lo ordenaron**, I had to do it because I was ordered to; **no debiste hacerlo**, you shouldn't have done it. II *v aux (probabilidad)* **d. de**, must; **deben de estar fuera**, they must be out; **ha debido de caerse**, he must have fallen over; **no deben de estar en casa**, they can't be at home; **no debió de encontrarlo**, he can't have found it. III **deberse** *vr* 1 *(ser consecuencia de)* to be due to; **¿a qué se debe esta actitud?**, what is the reason for this attitude?; **esto se debe a la falta de agua**, this is because of the water shortage. 2 *(dedicarse)* **se debe a la patria**, he has an obligation to his country; **ella se debe a su trabajo**, she must put her work first.

debido,-a I *pp de* **deber**. II *adj* 1 due; **a su d. tiempo**, in due course; **con el d. respeto**, with due respect. 2 *(conveniente)* right; **a la temperatura debida**, at the right temperature. 3 *(adecuado)* proper; **más de lo d.**, too much; **tomaron las debidas precauciones**, they took the proper precautions. 4 *(requerido)* **como es d.**, properly; **come como es d.**, eat properly; **espero que le reciban como es d.**, I hope they will welcome him as they ought to. 5 *(a causa de)* **d. a**, because of, owing to, due to; **d. a que**, because of the fact that; **d. al mal tiempo**, because of the bad weather. ◆**debidamente** *adv* duly, properly.

débil I *adj* 1 *(flojo)* weak, feeble; **punto d.**, weak spot; **tiene el pulso d.**, his pulse is weak. 2 *(poco perceptible)* faint; **un ruido d.**, a faint noise; **una luz d.**, a dim light. 3 *(vocal, sílaba)* weak. II *nmf* weak person; **d. mental**, mentally retarded person; **los económicamente débiles**, the poor.

debilidad *nf* weakness, feebleness; *fig* **tener d. por**, *(persona)* to have a soft spot for; *(cosa)* to have a weakness for; *fig* **tiene d. por el teatro**, he is really keen on the theatre.

debilitación *nf* weakening.

debilitador,-a *adj* weakening, debilitating.

debilitamiento *nm véase* **debilitación**.

debilitar I *vtr* to weaken, debilitate. II **debilitarse** *vr* to weaken, grow weak.

debilucho,-a *pey* I *adj* weak, frail, delicate. II *nm,f* weakling.

débito *nm* 1 *(deuda)* debt. 2 *(debe)* debit.

debocar [1] *vi Arg Bol* to vomit.

debut *nm* début, debut.

debutante I *nmf (actor, actriz)* person who gives his *o* her first perfomance. II *nf (en sociedad)* debutante.

debutar *vi* to make one's début *o* debut.

década *nf* decade.

decadencia *nf* decadence, decline, decay.

decadente *adj & nmf* decadent.

decaedro *nm Mat* decahedron.

decaer [67] *vi* to decay, decline, deteriorate; **está decayendo el comercio**, business is falling off; **su ánimo no decae a pesar de la enfermedad**, she doesn't lose heart in spite of her illness; **su entusiasmo no decae**, his enthusiasm never flags; **su salud ha decaído**, his health has deteriorated; **tarde o temprano todos los imperios decaen**, all empires decay sooner or later.

decaído,-a I *pp de* **decaer**. II *adj* 1 *(débil)* weak. 2 *(desmoralizado)* depressed, downhearted.

decaimiento *nm* 1 *(decadencia)* decline, decay. 2 *(debilidad)* weakness, weakening. 3 *(desaliento)* gloominess, low spirits *pl*.

decalitro *nm* decalitre, *US* decaliter.

decálogo *nm* decalogue.

decámetro *nm* decametre, *US* decameter.

decanato *nm* 1 *(cargo)* deanship. 2 *(despacho de decano)* deanery.

decano,-a *nm,f* 1 *Univ* dean. 2 *(miembro más antiguo)* senior member; *(hombre)* doyen; *(mujer)* doyenne.

decantación *nf* decanting.

decantar[1] I *vtr lit (alabar)* to praise, extol. II **decantarse** *vr (inclinarse por)* to lean towards; *fig* to show a preference for.

decantar[2] *vtr (verter)* to decant.

decapitación *nf* beheading, decapitation.

decapitar *vtr* to behead, decapitate.

decasílabo,-a I *adj* decasyllabic. II *nm* decasyllable.

deceleración *nf* deceleration.

decelerar *vi* to decelerate, slow down.

decena *nf (about)* ten; **una d. de veces**, (about) ten times; **por decenas**, in tens.

decencia *nf* 1 *(decoro)* decency; **con d.**, decently. 2 *(honradez)* honesty.

decenio *nm* decade.

decentar [27] *vtr* to begin to use up; *fig* **d. la salud** to begin to lose one's health.

decente *adj* 1 *(honrado)* honest, respectable; **un hombre d.**, a respectable man. 2 *(decoroso)* decent, modest. 3 *(limpio)* clean, tidy.

decepción *nf* disappointment, disenchantment.

decepcionante *adj* disappointing.

decepcionar *vtr* to disappoint.

deceso *nm fml* decease, passing.

dechado *nm* model, example; **ser un d. de virtudes** to be a paragon of virtue.

decibel *nm*, **decibelio** *nm Fís* decibel.

decidido,-a I *pp de* decidir. **II** *adj* determined, resolute. ◆**decididamente** *adv* **1** *(resueltamente)* resolutely. **2** *(definitivamente)* definitely.

decidir I *vtr* **1** *(determinar)* to decide; *(asunto)* to settle; **decidieron suspender la reunión,** they decided to cancel the meeting. **2** *(resolver)* to resolve. **3** *(convencer, persuadir)* to decide, persuade; **su madre le decidió a dejar de fumar,** his mother persuaded him to stop smoking. **II** *vi* to decide, choose; **d. entre dos cosas,** to choose between two things. **III** decidirse *vr* to make up one's mind; **d. a hacer algo,** to make up one's mind to do sth; **d. por algo,** to decide on sth.

decidor,-a *adj* **1** *(gracioso)* witty. **2** *(que habla con facilidad)* fluent, eloquent.

decilitro *nm* decilitre, *US* deciliter.

décima *nf* **1** *Mat* tenth, tenth part. **2** *(en un termómetro)* tenth of a degree; **tener décimas,** to have a slight temperature. **3** *Lit* ten-line stanza.

decimal I *adj* decimal, **el sistema métrico d.,** the metric system. **II** *nm* **1** *(número)* decimal. **2 decimales,** *Méx* money *sing.*

decímetro *nm* decimetre, *US* decimeter.

décimo,-a I *adj* tenth; **décima parte,** tenth. **II** *nm,f (de una serie)* tenth. **III** *nm* **1** *(parte)* tenth. **2** *(billete de lotería)* tenth part of a lottery ticket; *véase tamb* octavo,-a·

decimoctavo,-a I *adj* eighteenth; **decimoctava parte,** eighteenth. **II** *nm,f (de una serie)* eighteenth. **III** *nm (parte)* eighteenth; *véase tamb* octavo,-a·

decimocuarto,-a I *adj* fourteenth; **decimocuarta parte,** fourteenth. **II** *nm,f (de una serie)* fourteenth. **III** *nm (parte)* fourteenth; *véase tamb* octavo,-a·

decimonónico,-a *adj* nineteenth-century.

decimonono,-a, decimonoveno,-a I *adj* nineteenth; **decimonovena parte,** nineteenth. **II** *nm,f (de una serie)* nineteenth. **III** *nm (parte)* nineteenth; *véase tamb* octavo,-a·

decimoquinto,-a I *adj* fifteenth; **decimoquinta parte,** fifteenth. **II** *nm,f (de una serie)* fifteenth. **III** *nm (parte)* fifteenth; *véase tamb* octavo,-a·

decimoséptimo,-a I *adj* seventeenth; **decimoséptima parte,** seventeenth. **II** *nm,f (de una serie)* seventeenth. **III** *nm (parte)* seventeenth; *véase tamb* octavo,-a·

decimosexto,-a I *adj* sixteenth; **decimosexta parte,** sixteenth. **II** *nm,f (de una serie)* sixteenth. **III** *nm (parte)* sixteenth; *véase tamb* octavo,-a·

decimotercero,-a, decimotercio,-a I *adj* thirteenth; **decimotercera parte,** thirteenth. **II** *nm,f (de una serie)* thirteenth. **III** *nm (parte)* thirteenth; *véase tamb* octavo,-a·

decir[1] *nm* saying; *fam* **es un d.,** it's just a saying.

decir[2] [69] *(pp* dicho) **I** *vtr* **1** to say; **¿cómo se dice 'papaya' en inglés?,** how do you say 'papaya' in English?; **dice que no quiere venir,** he says he doesn't want to come; **se dice que ...,** they say that ...; **d. el padrenuestro,** to say the Lord's Prayer. **2** *(contar)* to tell; **d. una mentira/la verdad,** to tell a lie/the truth. **3** *(llamar)* to call; **le dicen la casa del diablo,** it's known as the devil's house; **se llama Enrique pero le dicen Quique,** his name's Enrique, but he's called Quique (for short). **4** *(opinar)* to think; **¿qué me dices del nuevo jefe?,** what do you think of the new boss? **5** *(denotar)* to tell, show; **su actitud dice mal de su educación,** his behaviour doesn't say much for his upbringing; **su cara dice que está mintiendo,** you can tell from his face that he's lying. **6** *(sugerir)* to mean; **los juegos electrónicos no me**

dicen nada, I'm not the least bit interested in electronic games; **¿qué te dice el cuadro?,** what does the picture mean to you?; **su última película no me dice nada,** I'm not too impressed by her latest film. **7** **querer d.,** to mean; **no quise d. eso,** I didn't mean to say that; **¿qué quieres d.?,** what do you mean? **8** *(locuciones)* **¿cómo diría yo?,** how shall I put it?; **como quien dice, como si dijéramos,** as it were, so to speak; **d. por d.,** to speak for the sake of speaking; **dicho de otro modo,** in other words; **dicho y hecho,** no sooner said than done; **digamos,** let's say; **digo que,** in my opinion; **dímelo a mí,** you're telling me!; **el qué dirán,** what people say; **es d.,** that is (to say); **Juan es lo que se dice un imbécil,** Juan is what you would call an idiot; **ni que d. tiene,** needless to say; **¡no me digas!,** really!; **o mejor dicho,** or rather; **por así decirlo,** so to speak; **¡y que lo digas!,** you bet! **II** decirse *vr* to tell oneself; **sé lo que me digo,** I know what I am saying.

decisión *nf* **1** *(resolución)* decision; **tomar una d.,** to take *o* make a decision. **2** *(firmeza de carácter)* determination, resolution; **con d.,** decisively.

decisivo,-a *adj*, **decisorio,-a** *adj* decisive; **de forma decisiva,** definitely.

declamación *nf* **1** *(acción)* recitation. **2** *(arte)* declamation.

declamar *vtr & vi* to declaim, recite.

declamatorio,-a *adj* declamatory.

declaración *nf* **1** *(gen)* declaration; *(afirmación)* statement; **d. de amor,** declaration of love; **d. de quiebra,** declaration of bankruptcy; **d. de renta,** tax declaration *o* return; **hacer una d.,** to make a statement; **negarse a hacer declaraciones,** to refuse to comment. **2** *Jur* **prestar d.,** to give evidence. **3** *Bridge* bid.

declarado,-a I *pp de* declarar. **II** *adj* open, professed; **enemigo d.,** sworn enemy. ◆**declaradamente** *adv* openly.

declarante I *adj* declaring, who declares. **II** *nmf* *Jur* witness.

declarar I *vtr* **1** *(gen)* to declare; *(afirmar)* to state; **el presidente declaró que ...,** the president stated that ...; **fue declarado vencedor,** he was declared (the) winner. **2** *Jur* **d. culpable/inocente a algn,** to find sb guilty/not guilty. **3** *Bridge* to bid. **II** *vi* **1** to declare. **2** *Jur* to testify. **III** declararse *vr* **1** to declare oneself; *(a un chico, una chica)* to declare one's love (**a,** for); **d. a favor/en contra de,** to declare oneself in favour of/against; **d. en huelga,** to go on strike; **d. en quiebra,** to go into bankruptcy, become bankrupt. **2** *(epidemia, guerra, incendio)* to start, break out. **3** *Jur* **d. culpable,** to plead guilty.

declaratorio,-a *adj* declaratory.

declinable *adj Ling* declinable.

declinación *nf* **1** *(caída)* decline, decay. **2** *Ling* declension. **3** *Astron* declination.

declinar I *vi* **1** *(decaer)* to decline, decay. **2** *(disminuir)* to diminish, lessen; *(fiebre)* to abate, diminish. **3** *(terminar)* **al d. el día,** when the day draws to a close. **II** *vtr* **1** *(rechazar)* to decline. **2** *Ling* to decline.

declive *nm* **1** *(del terreno)* incline, slope. **2** *(decadencia)* decline.

decoloración *nf* bleaching; fading.

decolorante *nm* bleaching agent.

decolorar I *vtr* to fade; to bleach; **d. el pelo,** to bleach one's hair. **II** decolorarse *vr* to fade; to be bleached.

decomisar *vtr* tó confiscate, seize.

decomiso *nm* **1** *(artículos, bienes)* confiscated article *o* goods *pl.* **2** *(acción)* confiscation, seizure.

decoración *nf* **1** decoration; **d. de escaparates**, window dressing. **2** *Teat* scenery, set.

decorado *nm Teat* scenery, set.

decorador,-a I *adj* decorating. II *nm,f* **1** *(persona)* decorator; **d. de escaparates**, window dresser; **pintor d.**, painter and decorator, interior designer. **2** *Teat* set designer.

decorar *vtr* to decorate, adorn; **d. una casa**, to decorate a house.

decorativo,-a *adj* decorative, ornamental; **ser** *o* **estar de figura decorativa**, to be there for decorative purposes only.

decorazonar I *vtr* to dishearten, discourage. II **descorazonarse** *vr* to lose heart, become discouraged.

decoro *nm* **1** *(respeto)* dignity, decorum; **el d. de la profesión**, the dignity of the profession. **2** *(dignidad)* decency; **vivir con d.**, to live decently. **3** *(pudor)* modesty, decency; **hablar con d.**, to speak decorously; **sin d.**, indecently.

decoroso,-a *adj* **1** *(correcto)* proper, seemly, decorous. **2** *(digno)* decent, respectable; **un trabajo d.**, a respectable job; **un sueldo d.**, a decent salary. **3** *(decente)* decent, modest; **un vestido d.**, a decent dress.

decrecer [43] *vi* to decrease, diminish; **las aguas decrecieron**, the waters subsided; **los días decrecen**, the days are getting shorter; **decrece el interés por el fútbol**, interest in football is declining.

decreciente *adj* decreasing, diminishing, declining.

decrecimiento *nm* decrease.

decrépito,-a *adj* decrepit.

decrepitud *nf* decrepitude.

decretar *vtr* to decree, ordain.

decreto *nm* decree, order. ■ **d.-ley**, decree.

decúbito *nm* horizontal position; **estar en d. prono/ supino**, to be lying face down/up, be lying prone/ supine.

decurso *nm fml* **en el d. de los años**, over the years.

dedada *nf* **1** *(cantidad)* thimbleful, small amount. **2** *(mancha)* fingerprint.

dedal *nm* thimble.

dédalo *nm* labyrinth.

dedicación *nf* **1** dedication, devotion; **su d. a la familia/al partido**, his devotion to his family/to the party. **2** *Rel (consagración)* dedication, consecration.

dedicar [1] I *vtr (gen)* to dedicate; *(tiempo, esfuerzos)* to devote (**a**, to); **dedicó al público unas palabras de agradecimiento**, he addressed a few words of thanks to the audience. II **dedicarse** *vr (consagrarse)* to devote *o* dedicate oneself to; **¿a qué se dedica?**, what do you do for a living?; **los fines de semana ella se dedica a la pesca**, at weekends she spends her time fishing.

dedicatoria *nf* dedication, inscription.

dedicatorio,-a *adj* dedicatory.

dedil *nm* fingerstall.

dedillo *nm* **cumplir las instrucciones al d.**, to carry out instructions to the letter; **saber algo al d.**, to have sth at one's fingertips, know sth very well.

dedo *nm Anat (de la mano)* finger; *(del pie)* toe; **meterse los dedos en la nariz**, to pick one's nose; *fig* **a dos dedos de**, only an inch away from; *fig* **elegir a algn a d.**, to hand-pick sb; *fig* **no mover un d.**, not to lift a finger; *fig* **no tener dos dedos de frente**, to be as thick as two short planks; *fig* **poner el d. en la llaga**, to touch on a sore spot; *fam* **cogerse** *o* **pillarse los dedos**, to get caught in the act; *fam* **entrar a d.**, to get in by the back door *o* by pulling strings; *fam* **escoger a algn a d.**, to designate sb; *fam* **hacer d.**, to hitchhike; *fam fig* **está para chuparse los dedos**, it's delicious *o* mouthwatering; *fam fig* **no se chupa el d.**, he wasn't born yesterday. ■ **d. anular**, third finger, ring finger; **d. corazón**, middle finger; **d. del pie**, toe; **d. índice**, index finger; **d. meñique**, little finger; **d. pulgar**, **d. gordo**, thumb; **yema del d.**, fingertip.

deducción *nf* deduction.

deducible *adj* **1** deducible, inferable. **2** *Com* deductible.

deducir [46] I *vtr* **1** to deduce, infer. **2** *Com* to deduct, subtract. II **deducirse** *vr* to follow; **de aquí se deduce que ...**, from this it follows that ... .

deductivo,-a *adj* deductive.

defecación *nf* defecation.

defecar [1] *vtr* to defecate.

defección *nf* defection, desertion.

defectivo,-a *adj* defective; *Ling* **verbo d.**, defective verb.

defecto *nm* **1** *(físico)* defect, fault; **d. de pronunciación**, speech defect; **d. físico**, physical defect. **2** *(moral)* fault, shortcoming; **en d. de**, for lack of, for want of.

defectuoso,-a *adj* defective, faulty.

defender [28] I *vtr* **1** to defend (**contra**, against; **de**, from). **2** *(proteger)* to protect; **d. del frío**, to protect from the cold. **3** *(opinión, afirmación)* to defend, uphold; *(persona)* to stand up for. **4** *Jur* to defend; **d. una causa**, to argue a case. II **defenderse** *vr* **1** to defend oneself. **2** *fam (espabilarse)* to get by, manage; **se defiende bastante bien en francés**, he can get by quite well in French.

defendible *adj* defensible, justifiable.

defendido,-a I *pp de* **defender**. II *adj* **1** defended. **2** *Jur* defendant. III *nm,f Jur* defendant.

defenestración *nf* defenestration.

defenestrar *vtr* to throw out of a window.

defensa I *nf* **1** defence, *US* defense; **en d. propia** **en legítima d.**, in self-defence; **salir en d. de algn**, to come out in defence of sb. **2** *Cuba Chi Méx Au (parachoques)* bumper, *US* fender. II *nm Dep* defender, back.

defensiva *nf* defensive; **estar/ponerse a la d.**, to be, go on the defensive.

defensivo,-a *adj* defensive.

defensor,-a I *adj* defending; *Jur* **abogado d.**, counsel for the defence. II *nm,f* defender; *Jur* counsel for the defence.

deferencia *nf* deference; **en** *o* **por d. a**, in deference to.

deferente *adj* deferential.

deferir [35] I *vi* to defer to. II *vtr Jur* to delegate (**a**, to), transfer (**a**, to).

deficiencia *nf* **1** *(defecto)* defect, deficiency, shortcoming; **las deficiencias del servicio**, the shortcomings of the service. **2** *(insuficiencia)* lack; **d. mental**, mental deficiency; **la d. de medios**, the lack of means.

deficiente I *adj* **1** *(defectuoso)* deficient, faulty; **un trabajo d.,** a shoddy piece of work. **2** *(insuficiente)* insufficient, lacking; **una iluminación d.,** poor lighting. **II** *nmf* **d. mental,** mentally retarded person.

déficit *nm (pl déficits)* **1** *Com Fin* deficit. **2** *fig* shortage.

deficitario,-a *adj* showing a deficit; **balance d.,** balance showing a deficit.

definible *adj* definable.

definición *nf* definition; **por d.,** by definition.

definido,-a I *pp de* definir. **II** *adj* definite, defined; *Ling* **artículo d.,** definite article.

definir I *vtr* to define. **II definirse** *vr* to make oneself clear.

definitivo,-a *adj* definitive, final; **en definitiva,** finally, in short; **en definitiva, no hay motivo de alarma,** in short, there is nothing to worry about. ◆**definitivamente** *adv* **1** *(para siempre)* for good, once and for all. **2** *(finalmente)* finally; **la boda será d. el catorce,** the wedding will finally be held on the fourteenth.

deflación *nf Econ* deflation.

deflacionista *adj Econ* deflationary.

deflector *nm Téc* baffle, deflector.

deformación *nf* deformation.

deformar I *vtr (gen)* to deform, put out of shape; *(cara)* to disfigure; *fig* **d. la realidad/la verdad/una imagen,** to distort reality/the truth/a picture. **II deformarse** *vr* to go out of shape, become distorted.

deforme *adj (persona, miembro)* deformed; *(imagen)* distorted; *(objetos)* misshapen.

deformidad *nf* **1** deformity, malformation. **2** *(error)* fault, shortcoming.

defraudación *nf* **1** *(decepción)* disillusionment. **2** *(fraude)* fraud. ■ **d. fiscal,** tax evasion.

defraudado,-a I *pp de* defraudar. **II** *adj* disillusioned.

defraudador,-a I *adj* **1** *(decepcionante)* disillusioning. **2** *(engañoso)* deceiving, cheating. **II** *nm,f* person who commits fraud. ■ **d. fiscal,** tax evader.

defraudar *vtr* **1** *(decepcionar)* to disillusion; *(esperanzas)* to dash; **tu comportamiento me ha defraudado,** I am disappointed with your behaviour. **2** *(cometer fraude)* to defraud, cheat; **d. a Hacienda,** to evade taxes.

defunción *nf fml* decease, demise.

degeneración *nf* degeneration.

degenerado,-a I *pp de* degenerar. **II** *adj & nm,f* degenerate.

degenerar *vi* to degenerate.

degenerativo,-a *adj* degenerative.

deglución *nf* swallow, swallowing.

deglutir *vtr & vi* to swallow.

degollación *nf* **1** *(decapitación)* beheading, execution. **2** *(matanza)* slaughter, massacre.

degolladero *nm* slaughterhouse.

degolladura *nf* cut in the throat.

degollar [58] *vtr* **1** *(cortar la garganta a)* to cut *o* slit the throat of; *(decapitar)* to behead. **2** *fig (arruinar)* to ruin, spoil.

degollina *nf fam* slaughter, massacre.

degradación *nf* **1** degradation. **2** *Mil* demotion.

degradante *adj* degrading, humiliating.

degradar I *vtr* **1** *(humillar)* to degrade, humiliate. **2** *Mil* to demote. **II degradarse** *vr* to degrade *o* demean oneself.

degüello *nm (degolladura)* throat cutting; *(decapitación)* beheading.

degustación *nf* tasting; **d. de vinos,** wine tasting.

degustar *vtr* to taste, try, sample.

dehesa *nf* pasture, meadow.

deidad *nf* deity.

deificación *nf* deification.

deificar [1] *vtr* to deify.

deísmo *nm* deism.

deísta I *adj* deistic. **II** *nmf* deist.

dejadez *nf* **1** *(abandono de sí mismo)* slovenliness, neglect. **2** *(descuido general)* negligence, carelessness. **3** *(pereza)* laziness, apathy.

dejado,-a I *pp de* dejar. **II** *adj* **1** *(descuidado)* untidy, slovenly. **2** *(negligente)* negligent, careless. **3** *(perezoso)* lazy, apathetic. **4** *fam* **d. de la mano de Dios,** godforsaken. **III** *nm,f* untidy *o* slovenly person.

dejante *adv Am* **1** *(además de)* in addition to. **2** *(no obstante)* nevertheless.

dejar I *vtr* **1** *(colocar)* to put, leave; **deja el vaso donde estaba,** put the glass back where it was; **dejó las llaves sobre la mesa,** he left the keys on the table. **2** *(abandonar)* to leave; **d. algo por imposible,** to give sth up; **d. plantado a algn,** to stand sb up; **dejé el tabaco y la bebida,** I gave up smoking and drinking; **dejó a su familia,** he abandoned his family; **dejó la casa a las diez,** he left home at ten. **3** *(omitir)* to leave out, omit; **déjalo,** forget it. **4** *(legar)* to leave; **su abuela le dejó una fortuna,** her grandmother left her a fortune. **5** *(ceder)* to give, leave, hand over; **me dejó su silla cuando se fue,** he gave me his seat when he left. **6** *(producir)* to produce, leave; **el fuego deja ceniza,** fire leaves ashes; **el negocio le deja grandes beneficios,** he gets good profits from his business. **7** *(causar un efecto)* to make; **déjame en paz** *o* **tranquilo,** leave me alone; **d. preocupado,** to worry; **d. sorprendido,** to surprise; **d. triste,** to make sad; *fig* **d. frío,** to leave cold. **8** *(permitir)* to let, allow; **d. caer,** to drop; **d. el paso libre,** to get out of the way; **d. entrar/salir,** to let in/out; **me dejaron salir antes,** they let me leave early; **no dejan fumar aquí,** smoking is not allowed here. **9** *(prestar)* to lend; **me dejó el libro,** she lent me the book. **10** *(esperar)* to wait; **deja que se le pase el enfado,** wait until he's cooled down. **11** *(aplazar)* to put off; **dejaron el viaje para el verano,** they put the trip off until the summer. **12** *(cesar)* to stop; **deja (de, -),** give up **(de, -);** **dejé de verle en verano,** I stopped seeing him in the summer; **dejó de fumar el año pasado,** he gave up smoking last year; **no puedo d. de extrañarme,** I can't get used to the idea. **II** *v aux* **1** *(no d. de + infinitivo)* not to fail to; **no deja de venir a clase ni un día,** he never misses a class; **ella no deja de llamarme,** she's always phoning me up; **no deja de ser extraño que ...,** it is still surprising that ...; **no dejaré de tenerlo en cuenta,** I'll keep it in mind. **2** *(d. + participio)* **d. dicho,** to leave word *o* a message; **d. algo escrito,** to put sth into writing; **dejó dicho que le despertaran,** he asked to be woken up. **III dejarse** *vr* **1** *(permitir)* to let *o* allow oneself; **d. engañar,** to let oneself be deceived; **no te dejes insultar así,** don't let yourself be insulted like that. **2** *(olvidar)* to forget; **me he dejado las llaves dentro,** I've left the keys inside; **te has dejado tres líneas sin copiar,** you've forgotten to copy three lines. **3** *(abandonarse)* to neglect oneself, let oneself go. **4** *(locuciones)* **d. barba,** to grow a beard; **d. caer en un sillón,** to flop into an armchair; **d. caer por casa de algn,** to drop in on sb; **d. llevar por algn,** to be influenced by sb; **d. llevar por algo,** to get carried away by sth; **d. ver,** to be seen; **se deja sentir el frío/verano,** one can feel the cold/ that summer is here.

deje *nm* slight accent.

del *(contracción de de + el) véase* **de.**

delación *nf* denunciation, accusation, revelation.

delantal *nm* apron.

delante *adv* 1 in front; **el de d.,** the one in front; **la entrada de d.,** the front entrance; **mi hermana es la que está d.,** my sister is the one in front. 2 **d. de,** in front of, ahead of; **d. de mí,** in front of me; **d. de tus ojos,** before your eyes; **nos encontramos d. de la estación,** we met outside the station. 3 **por d.,** in front; **se entra por d.,** the entrance is at the front; **se lo lleva todo por d.,** he destroys everything in his path; **tiene toda la vida por d.,** he has his whole life ahead of him.

delantera *nf* 1 front (part). 2 *(ventaja)* lead; **coger** *o* **tomar la d.,** to get ahead, take the lead; **llevar la d.,** to be in the lead. 3 *Ftb* forward line, the forwards *pl.* 4 **delanteras,** *vulg (tetas)* tits.

delantero,-a I *adj* front; **parte delantera,** front part; **rueda d.,** front wheel. II *nm* 1 *Ftb (jugador)* forward. ■ **d. centro,** centre forward. 2 *Cost* front.

delatar *vtr* 1 *(denunciar)* to denounce, inform on *o* against. 2 *fig* to give away; **sus ojos le delataron,** his eyes gave him away.

delator,-a I *adj* 1 *(denunciante)* who informs, who denounces. 2 *fig* which gives away, that reveals; **tenía una sonrisa delatora en sus labios,** his smile was a giveaway. II *nm,f (informador)* informer.

delco *nm Aut* distributor.

deleble *adj* which can be erased *o* rubbed out easily.

delectación *nf* delight, delectation.

delegación *nf* 1 *(acto, delegados)* delegation. 2 *(oficina)* local office, branch.

delegado,-a I *pp de* **delegar.** II *adj* delegated. III *nm,f* 1 delegate; **d. de Hacienda,** chief tax inspector. 2 *Com* representative.

delegar [7] *vtr* to delegate; **d. poderes en algn,** to delegate powers to sb.

delegatorio,-a *adj* delegating, that delegates.

deleitar I *vtr* to delight. II **deleitarse** *vr* to delight in, take delight in.

deleite *nm* delight, pleasure.

deleitoso,-a *adj* delightful, enjoyable.

deletéreo,-a *adj* poisonous, deadly.

deletrear *vtr* to spell (out).

deletreo *nm* spelling (out).

deleznable *adj* 1 *(resbaladizo)* slippery. 2 *(que se rompe fácilmente)* fragile; **arcilla d.,** crumbly clay. 3 *(poco duradero)* ephemeral. 4 *(inconsistente)* weak.

delfín[1] *nm Zool* dolphin.

delfín[2] *nm Hist* dauphin.

delgadez *nf* 1 *(flacura)* thinness. 2 *(esbeltez)* slenderness.

delgado,-a *adj* 1 *(flaco)* thin. 2 *(esbelto)* slender, slim.

delgaducho,-a *adj pey* skinny.

deliberación *nf* deliberation.

deliberado,-a I *pp de* **deliberar.** II *adj* deliberate, intentional.

deliberar *vi* to deliberate (on), consider.

deliberativo,-a *adj* deliberative.

delicadeza *nf* 1 *(finura)* delicacy, daintiness. 2 *(tacto)* tactfulness; **falta de d.,** tactlessness, bad manners *pl;* **es una falta de d. no levantarse para saludar,** it's bad manners not to stand up when greeting sb; **tuvo la d. de no mencionar el tema,** he was tactful enough not to mention the subject. 3 *(fragilidad)* fragility.

delicado,-a *adj* 1 *(fino)* delicate, dainty; *(exquisito)* exquisite; **un gusto d.,** a refined taste. 2 *(difícil)* delicate, difficult; **un trabajo d.,** a tricky job; **una situación delicada,** a delicate situation. 3 *(enfermizo)* delicate, frail. 4 *(difícil de contentar)* fussy, hard to please. 5 *(cortés)* refined, polite. 6 *(muy sensible)* hypersensitive. 7 *(frágil)* fragile.

delicaducho,-a *adj pey* frail, sickly.

delicia *nf* delight; **esta tarta es una d.,** this pie is delightful; **hacer las delicias de algn,** to delight sb.

delicioso,-a *adj* delightful, charming; **una comida deliciosa,** a delicious meal.

delictivo,-a *adj* criminal, punishable; **conducta delictiva,** criminal conduct.

delicuescencia *nf* deliquescence.

delimitación *nf* delimitation, demarcation.

delimitar *vtr* to delimit, mark the boundaries of.

delincuencia *nf* delinquency.

delincuente *adj & nmf* delinquent. ■ **d. juvenil,** juvenile delinquent.

delineación *nf* delineation, outlining.

delineante *nmf (hombre)* draughtsman; *(mujer)* draughtswoman.

delinear *vtr* to delineate, outline.

delinquir [9] *vi* to break the law, commit an offence *o US* offense.

delirante *adj* delirious, frenzied.

delirar *vi* to be delirious, rave; *fig* to talk nonsense.

delirio *nm* 1 delirium; **delirios de grandeza,** delusions of grandeur. 2 *fig* nonsense. 3 *fam* **¡fue el d.!,** it was really great!

delirium tremens *nm Med* delirium tremens.

delito *nm* crime, offence, *US* offense; **lo cogieron en flagrante d.,** he was caught red-handed *o* in the act.

delta I *nm Geog* delta. II *nf (letra griega)* delta.

demacrado,-a I *pp de* **demacrarse.** II *adj* emaciated.

demacrarse *vr* to become emaciated.

demagogia *nf* demagogy.

demagógico,-a *adj* demagogic, demagogical.

demagogo,-a *nm,f* demagogue.

demanda *nf* 1 *(petición)* request, demand. 2 *(pregunta)* inquiry. 3 *(búsqueda)* search; **en d. de,** asking for. 4 *Jur* lawsuit; **presentar una d. contra algn,** to take legal action against sb. 5 *Com* demand; **la ley de la oferta y la d.,** the law of supply and demand.

demandado,-a I *pp de* **demandar.** II *nm,f Jur* defendant.

demandante *nmf Jur* claimant.

demandar *vtr* 1 *Jur* to sue. 2 *(pedir, rogar)* to request.

demarcación *nf* 1 demarcation. 2 *(terreno)* district, zone.

demarcar [1] *vtr* to demarcate.

demás I *adj & pron* the rest (of); **la d. gente,** the rest of the people; **lo d., ya lo sabes,** you already know the rest; **los d. se fueron antes,** the rest left arlier; **por lo d.**, otherwise, apart from that; **estoy ansado pero, por lo d., me encuentro bien,** I am red, but, apart from that, I am all right; **todo lo .,** everything else. **II** *adv* **I** besides; *véase tamb* **demás. 2 por d.,** in vain, uselessly; **es por d. di- cil,** it's much too difficult; **está por d. que le llames,** ere's no point in calling her; **y d.,** etcetera; **me vanté, me lavé, me vestí y d.,** I got up, had a wash, ot dressed, and so on.

masía *nf* **1** *(exceso)* excess, surplus; **en d.,** ex- essively; **bebe en d.,** he drinks too much. **2** *(abuso)* ffence, outrage. **3** *(descaro)* insolence; *(atrevi- iento)* audacity.

masiado,-a I *adj (singular)* too much; *(plural)* *o* many; **hay demasiada comida,** there is too much ood; **quieres demasiadas cosas,** you want too many *ings.* **II** *adv* too (much); **es d. grande/caro,** it is *o* big/dear; **fumas/trabajas d.,** you smoke/work *o* much.

mencia *nf* dementia, insanity, madness.

mencial *adj fam* chaotic.

mente I *adj* insane, mad. **II** *nmf* mental patient; *ens* lunatic.

mérito *nm* demerit, fault.

mocracia *nf* democracy.

mócrata I *adj* democratic. **II** *nmf* democrat.

mocrático,-a *adj* democratic.

mocratización *nf* democratization.

mocratizar [4] *vtr* to democratize.

mografía *nf* demography.

mográfico,-a *adj* demographic; **crecimiento d.,** opulation increase *o* growth; **explosión demográ- ca,** population explosion.

moledor,-a *adj* **1** demolishing. **2** *fig* devastating.

moler [32] *vtr* to demolish, pull down.

molición *nf* demolition.

moniaco,-a *adj* demoniac, demoniacal.

monio *nm* devil, demon; *fig* **llevarse (a algn) el** *o* **todos los demonios,** to get furious; *fig* **ponerse** **mo un d.,** to get really angry; *fig* **ser un d.,** to be real devil; *fam* **¿cómo demonios …?,** how the hell ?; *fam* **¡demonio(s)!,** hell!, damn!; *fam* **¡d. de** **ño!,** you little devil!; *fam* **¿dónde demonios …?,** ere the hell …?; *fam* **el d. de tu hermano,** your vil of a brother; *fam* **hace un frío de mil demonios,** s perishing; *fam* **¡qué demonio(s)!,** damn it!; *fam* **uién demonios …?,** who the hell …?; *fam* **saber/** er a demonios, to taste/smell horrible *o* foul.

monología *nf* demonology.

montre *interj* damn it!

mora *nf* delay; **sin d.,** without delay.

morar I *vtr (aplazar)* to delay, hold up; **la tor- enta demoró la llegada del avión,** the plane was ld up by the storm. **II demorarse** *vr* **1** *(retra- rse)* to be delayed, be held up; **la conferencia se** moró más de lo previsto, the lecture started later an expected. **2** *(detenerse)* to stay, linger on.

mostrable *adj* demonstrable.

mostración *nf* **1** *(gen)* demonstration; **hacer a d. de cómo funciona una máquina,** to demon- ate how a machine works; **una d. atlética,** an ath- ic display; **una d. de fuerza,** a show of strength. *Mat* proof.

mostrar [31] *vtr* **1** *(mostrar)* to show, demon- ate; **eso demuestra que no entiendas bien el inglés,** at shows that you don't understand English very ll. **2** *(probar)* to prove; **ha demostrado su valor**

en tales circunstancias, he has proved his courage in these circumstances. **3** *Mat* to prove.

demostrativo,-a *adj & nm Ling* demonstrative.

demudado,-a I *pp de* **demudar. II** *adj (pálido)* pale; *(alterado)* upset.

demudar I *vtr (color de la cara)* to alter, change. **II demudarse** *vr* **1** to change one's expression *o* colour. **2** *(alterarse)* to look upset.

denario *nm Hist* denarius.

dendrita *nf Biol Min* dendrite.

denegación *nf (desestimación)* refusal, denial. ■ *Jur* **d. de demanda,** dismissal.

denegar [48] *vtr (desestimar)* to refuse; *(negar)* to deny; *Jur* **d. una demanda,** to dismiss a claim.

dengue *nm* fastidiousness, fussiness; **hacer den- gues,** to be fussy *o* finicky.

denigración *nf* denigration, defamation.

denigrante *adj* denigrating, disparaging.

denigrar *vtr* to denigrate, disparage, run down.

denominación *nf* **1** denomination, naming. **2** *(nombre)* denomination, name; *(vinos)* '**d. de ori- gen',** 'appellation d'origine'.

denominado,-a *adj* named, designated; **el candi- dato d.,** the candidate appointed.

denominador,-a I *adj* denominative. **II** *nm Mat* denominator. ■ **mínimo común d.,** lowest common denominator.

denominar *vtr* to name, designate.

denominativo,-a *adj Ling* denominative.

denonado,-a *adj* brave, courageous. ◆**denona- damente** *adv* bravely, courageously.

denostar [31] *vtr* to insult.

denotar *vtr* to denote, indicate.

densidad *nf* density, thickness; **d. de población,** population density.

densificar [1] *vtr* to make dense, densify, thicken.

denso,-a *adj* dense, thick.

dentado,-a I *pp de* **dentar. II** *adj* toothed; **cuchillo d.,** knife with a serrated edge; *Bot* **hoja dentada,** dentate leaf; **rueda dentada,** cog wheel.

dentadura *nf* teeth, set of teeth; **tiene una d. pre- ciosa,** she has beautiful teeth. ■ **d. postiza,** false teeth *pl*, dentures *pl*.

dental *adj* dental.

dentar [27] **I** *vi* to teethe, cut teeth. **II** *vtr* to serrate.

dentellada *nf* **1** *(mordisco)* bite. **2** *(señal)* tooth- mark.

dentellar *vi* to chatter; **dentellaba de frío,** his teeth were chattering with cold.

dentellear *vtr* to nibble at.

dentera *nf* **dar d. a algn,** to set sb's teeth on edge; *fig* to make sb green with envy.

dentífrico,-a I *adj* tooth; **pasta dentífrica,** tooth- paste. **II** *nm* toothpaste.

dentista *nmf* dentist; **ir al d.,** to go to the dentist's.

dentón,-ona I *adj* toothy, buck-toothed. **II** *nm,f* toothy *o* goofy person. **III** *nm (pez)* dentex.

dentro *adv* **1** *(en el interior)* inside; **aquí d.,** in here; **el regalo está d.,** the present is inside; **muy d.,** deep inside; **por d.,** inside; **es verde por d.,** it's green (on the) inside; **por d. está triste,** deep down (inside) he feels sad; **vamos d. (de la casa),** let's go indoors. **2** *(tiempo)* **d. de lo posible,** as far as possible; **d. de lo que cabe,** under the circumstances; **d. de poco,** shortly, soon; **d. de un mes,** in a month's time.

dentudo,-a *adj & nm,f véase* **dentón,-ona I & II.**

denuesto *nm* insult.

denuncia *nf* 1 accusation; *(condena)* denunciation.
2 *Jur (documento)* report; **presentar una d.**, to report, lodge a complaint, bring an action.

denunciable *adj* which may be reported.

denunciador,-a *nm,f*, **denunciante** *nmf Jur* person who reports a crime.

denunciar [12] *vtr* 1 *(delito)* to report (a, to). 2 *(condenar)* to denounce. 3 *fig (indicar)* to indicate; **el retraso denuncia la falta de planificación,** the delay points to a lack of planning.

deontología *nf* deontology.

deparar *vtr* to give, afford; **el viaje me deparó un placer inesperado,** the journey brought me unexpected pleasure; **nunca se sabe lo que nos depara el destino,** we never know what fate has in store for us.

departamental *adj* departmental.

departamento *nm* 1 *(división territorial)* province, district. 2 *(de un organismo)* department, section. 3 *Educ* department; **d. de lenguas extranjeras,** modern languages department. 4 *Ferroc* compartment. 5 *(de un objeto)* compartment, section. 6 *Arg Chi* apartment, flat.

departir *vi fml* to talk, converse.

depauperación *nf fml* 1 *(empobrecimiento)* impoverishment. 2 *Med (debilitación)* weakening.

depauperar *vtr fml* 1 *(empobrecer)* to impoverish. 2 *Med (debilitar)* to weaken.

dependencia *nf* 1 dependence, dependency. 2 *(sucursal)* branch; *(sección)* section, department. 3 *Com (conjunto de dependientes)* (sales) staff. 4 **dependencias,** rooms, outbuildings.

depender *vi* to depend (**de**, on); **depende de ti,** it is up to you; **depende del tiempo (que haga),** it depends on the weather; **dependo de mis padres,** I am dependent on my parents; **en lo que de mí depende,** as far as I am concerned.

dependienta *nf* shop assistant, salesgirl, saleswoman.

dependiente I *adj* dependent (**de**, on). II *nm* shop assistant, salesman.

depilación *nf* depilation; **d. a la cera,** waxing.

depilar I *vtr* to depilate, remove the hair from; *(cejas)* to pluck. II **depilarse** *vr* to depilate.

depilatorio,-a *adj & nm* depilatory; **crema depilatoria,** hair-remover, hair-removing cream.

deplorable *adj* deplorable, regrettable.

deplorar *vtr* to deplore, regret deeply, lament.

deponente I *adj* 1 *Ling* deponent. 2 *Jur* testifying. II *nm Ling* deponent verb. III *nmf Jur* deponent, witness.

deponer [78] *vtr* 1 *(dejar)* to abandon; **al final depuso su actitud hostil,** in the end he set aside his hostility; **d. las armas,** to lay down one's arms. 2 *(destituir)* to remove from office; *(líder)* to depose. 3 *Jur* to testify about, give evidence about. 4 *(defecar)* to defecate.

deportación *nf* deportation.

deportado,-a I *pp de* deportar. II *adj* deported. III *nm,f* deportee, deported person.

deportar *vtr* to deport.

deporte *nm* sport; **campo de deportes,** sports ground; **hacer algo por d.,** to do sth as a hobby; **hacer d.,** to practise sports; **¿practicas algún d.?,** do you go in for any sport?, do you take part in sports? ■ **deportes de invierno,** winter sports.

deportista I *adj* sporty, keen on sport. II *n* *(hombre)* sportsman; *(mujer)* sportswoman.

deportividad *nf* sportsmanship.

deportivo,-a I *adj* 1 sports; **club d.,** sports cl■ **chaqueta deportiva,** sports jacket. 2 *(imparc■* sporting, sportsmanlike. II *nm Aut* sports car.

deposición *nf* 1 *(de un oficial)* removal from offi *(líder)* deposition. 2 *Jur* testimony, deposition, ■ dence. 3 *fml (evacuación de vientre)* defecation.

depositador,-a *nm,f*, **depositante** *nmf Fin* ■ positor.

depositar I *vtr* 1 *Fin* to deposit. 2 *(colocar)* place, put; *fig* **ha depositado en mí toda su c■ fianza,** she has placed all her trust in me. 3 *(al■ cenar)* to store. II **depositarse** *vr (posos, polvo)* settle.

depositaría *nf* depository.

depositario,-a I *nm,f* 1 depositary, trustee. 2 *sorero)* treasurer. 3 *(de un secreto etc)* reposit■ II *nm (tesorero)* treasurer, cashier.

depósito *nm* 1 *Fin (bancario)* deposit. 2 *(lug■* dump; *(almacén)* store, warehouse, depot. ■ **d.** **basuras,** rubbish tip *o* dump; **d. de cadáveres,** m■ tuary, *US* morgue; **d. de chatarra,** scrapyard; **d.** **objetos perdidos,** lost property office, *US* lost-a■ found department. 3 *(contenedor)* tank; **d. de ag** water tank. ■ **d. de gasolina,** petrol tank. 4 *(s■ mento)* deposit, sediment. 5 *Mil* depot.

depravación *nf* depravity, depravation.

depravado,-a I *pp de* depravar. II *adj* deprav■ III *nm,f* depraved person, degenerate.

depravar I *vtr* to deprave, corrupt. II **deprava■** *vr* to become depraved.

depre *nf arg* downer, depression; **¡vaya d.!,** wh■ downer!

depreciación *nf Fin* depreciation; **la d. de la** **seta,** the depreciation of the peseta.

depreciar [12] I *vtr* to decrease *o* reduce the va of. II **depreciarse** *vr* to depreciate, lose value.

depredación *nf* 1 pillaging, plundering. 2 *(mal■ sión)* misappropiation (of funds), embezzlemen■

depredador,-a I *adj* pillaging, plundering. II *n* pillager, plunderer.

depredar *vtr* to pillage, plunder.

depresión *nf* depression; **d. económica,** econo■ depression; *Hist* **los años de la d.,** the years of Depression. ■ *Meteor* **d. atmosférica,** atmosph■ depression; *Med* **d. nerviosa,** nervous breakdo■

depresivo,-a *adj* depressing; *Med* depressive.

depresor,-a I *adj* depressing. II *nm Med* depres■

deprimente *adj* depressing.

deprimido,-a I *pp de* deprimir. II *adj* depress■

deprimir I *vtr* to depress. II **deprimirse** *vr* to depressed.

deprisa *adv* quickly.

depuesto,-a *pp de* deponer.

depuración *nf* 1 *(del agua)* purification, dep■ tion; *(de la sangre)* cleansing. 2 *fig* purge, purg■

depurado,-a I *adj* purifying; **planta depurad■** purifying plant. II *nm (sustancia)* depurative; *(■ quina, aparato)* purifier.

depurar *vtr* 1 *(purificar) (agua)* to purify, depur■ *(sangre)* to cleanse. 2 *Pol (partido)* to purge. 3■ *(perfeccionar)* to perfect, refine; **estilo depur■** pure style.

depurativo,-a *adj & nm Med* depurative.

erecha I *nf* 1 *(mano)* right hand. 2 *(lugar)* right, ight-hand side; **a la d.**, to *o* on the right, on the ight-hand side. 3 *Pol* **la d.**, the right, the right ving; **de derechas,** right-wing. II *interj Mil* **¡d.!,** ight turn.

erechazo *nm* Box right.

erechista I *adj* right-wing, rightist. II *nmf* right-vinger, rightist.

erecho,-a I *adj* 1 *(de la derecha)* right; **el ojo d.,** he right eye. 2 *(recto)* upright, straight; **ponte d.,** tand up straight; *fig* **no hacer nada a derechas,** to lo nothing right; *fig* **un hombre hecho y d.**, a real nan. II *nm* 1 *Jur (conjunto de leyes)* law; **d. penal/** olítico, criminal/constitutional law; **estudiar d.**, to tudy law. 2 *(privilegio)* right, claim; **con d. a,** with he right to; **dar d.**, to entitle; **de d.**, by right; **de-** echos civiles/humanos, civil/human rights; **el d. al** oto, the right to vote; **estar en su d.**, to be within ne's rights; **no hay d.**, it's not fair; **'reservados** dos los derechos'**, 'all rights reserved', 'copyright'; ener **d. a,** to be entitled to, have the right to. 3 *(de na tela)* right side; **¿cuál es el d. y cuál es el revés?,** hich is the right side and which the wrong side? 4 *om* derechos, duties, taxes. ■ **d. de admisión,** ght *sing* to refuse admission; **d. de aduana,** cus-oms duties; **d. de autor,** royalties; **d. de matrícula,** egistration *o* enrolment fees; **d. de sucesión,** death uties. III *adv* straight, directly; **andar d.,** to walk traight; **fue d. a la puerta,** he went straight to the oor; **siga todo d.,** to go straight on. ◆**derecha-** ente *adv* 1 *(de forma directa)* directly, straight. 2 on discreción) properly.

riva *nf Náut* drift; **a la d.,** adrift; **ir a la d.,** to drift.

rivación *nf* 1 *Ling* derivation. 2 *(de una carre-ra)* turn-off, diversion. 3 *Elec* shunt.

rivada *nf Mat* derivative.

rivado,-a I *pp de* **derivar.** II *adj* derived, deriv-tive. III *nm* 1 *Ling* derivative. 2 *Quím* derivative, y-product.

rivar I *vtr* 1 *(cambiar la dirección)* to direct, di-ert; **derivó la conversación hacia otro tema,** he eered the conversation on to a different subject. *Elec* to shunt. II *vi* 1 *(cambiar de dirección)* to rift; **después, sus gustos derivaron hacia el cine,** ater, his tastes inclined towards the cinema; **la reu-ión derivó hacia otros derroteros,** the meeting rifted on to other matters. 2 *(proceder)* to spring, ise; **su amistad deriva de intereses comunes,** their iendship stems from common interests. 3 *Náut* to rift. 4 *Ling* to be derived (**de,** from), derive (**de,** om); **'ventanal' deriva de 'ventana',** 'ventanal' is erived from 'ventana'. III *derivarse vr* 1 *(pro-* eder) to result *o* stem (**de,** from). 2 *Ling* to be de-ved (**de,** from).

rivativo,-a *adj & nm* derivative.

rmatitis *nm inv Med* dermatitis.

rmatología *nf Med* dermatology.

rmatólogo,-a *nm,f Med* dermatologist.

rmatosis *nf inv Med* dermatosis.

rmico,-a *adj* dermal, dermic, skin.

rmis *nf inv* dermis, derm.

rogable *adj Jur* repealable.

rogación *nf* repeal, abolition.

rogar [7] *vtr* 1 *Jur* to repeal, abolish, annul. 2 ontrato) to rescind, cancel.

rogatorio,-a *adj* repealing, abolishing, annul-ng.

derramamiento *nm* 1 spilling, overflowing; **d. de sangre,** bloodshed. 2 *(dispersión)* scattering (of people).

derramar I *vtr* to spill, pour; **d. lágrimas/sangre,** to shed tears/blood. II **derramarse** *vr* 1 *(líquido)* to spill; **la leche se derramó sobre la mesa,** the milk spilt all over the table. 2 *(desparramarse)* to scatter; **los rebeldes se derramaron por la ciudad,** the rebels scattered throughout the city.

derrame *nm* 1 *(gen)* spilling; *(de sangre)* shedding. 2 *(pérdida)* leak, leakage. 3 *Med* discharge. ■ **d. ce-rebral,** brain haemorrhage. 4 *Arquit (de puerta, ventana)* splay.

derrapar *vi Aut* to skid.

derredor *nm* surroundings *pl*; **al** *o* **en d. de,** round, around.

derrengar [48] I *vtr* 1 *(deslomar)* to break sb's back. 2 *fig (cansar)* to wear out; **estoy derrengado,** I'm shattered. II **derrengarse** *vr* to wear oneself out.

derretido,-a I *pp de* **derretir.** II *adj* 1 melted; **man-tequilla derretida,** melted butter; **plomo d.,** molten lead. 2 *fam fig* **está d. por ella,** he's madly in love with her.

derretimiento *nm* 1 melting; *(de la nieve)* thawing. 2 *fam fig* intense love, burning passion.

derretir [34] I *vtr* 1 *(gen)* to melt (down); *(hielo, nieve)* to thaw. 2 *(derrochar)* to squander, waste. II **derretirse** *vr* 1 *(metal)* to melt; *(hielo, nieve)* to thaw; *fam fig* **d. de amor,** to burn with love. 2 *(in-quietarse)* to fret, worry.

derribar *vtr* 1 *(demoler)* to pull down, knock down; **d. una casa,** to demolish a house; **el viento derribó muchos árboles,** the wind blew down a lot of trees. 2 *(hacer caer) (persona)* to knock down *o* over; *(avión)* to shoot down; **derribó tres aviones ene-migos,** he shot down three enemy planes. 3 *fig (des-tituir) (cargo)* to remove *o* oust from office; *(gobierno)* to overthrow, bring down.

derribo *nm* 1 demolition, pulling down; **materiales de d.,** rubble. 2 *(lugar)* demolition site.

derrocamiento *nm* 1 *Pol* overthrow, toppling. 2 *(edificio)* demolition.

derrocar [1] *vtr* 1 to overthrow; *(gobierno)* to bring down; *(ministro)* to oust from office, topple. 2 *(edi-ficio)* to demolish, pull down.

derrochador,-a I *adj* spendthrift, wasteful, squan-dering. II *nm,f* spendthrift, wasteful person, squan-derer.

derrochar *vtr* 1 *(dinero)* to waste, squander. 2 *(re-bosar)* to be full of; **d. salud/simpatía,** to be full of health/good humour.

derroche *nm* 1 *(gasto)* waste, squandering. 2 *(abun-dancia)* profusion, abundance. 3 *(energía)* burst.

derrota *nf* 1 defeat, failure, setback. 2 *Náut (rumbo)* (ship's) course.

derrotado,-a I *pp de* **derrotar.** II *adj* 1 defeated. 2 *(andrajoso)* in tatters, ragged. 3 *arg (acabado)* knackered.

derrotar *vtr* to defeat, beat; **nuestro equipo derrotó al equipo local,** our team beat the local team.

derrotero *nm* 1 *Náut* sailing directions *pl.* 2 *fig* path, course *o* plan of action. 3 *Náut (libro de na-vegación)* book of charts.

derrotismo *nm* defeatism.

derrotista *adj & nmf* defeatist.

derruido,-a I *pp de* **derruir.** II *adj* in ruins.

derruir [62] *vtr* to demolish, knock down, pull down.

derrumbadero *nm* precipice, cliff.

derrumbamiento *nm* 1 *(demolición)* demolition. 2 *(caída)* collapse, falling down; *(techo)* caving in. 3 *fig (gobierno, civilización)* collapse.

derrumbar I *vtr* 1 *(edificio)* to demolish, knock down, pull down. 2 *(despeñar)* to throw, hurl down. 3 *(hundir)* to ruin, destroy. II **derrumbarse** *vr* 1 *(edificio)* to collapse, fall down; *(techo)* to fall in, cave in. 2 *(precipitarse)* to hurl *o* fling oneself headlong **(por,** down). 3 *fig* to collapse; **sus esperanzas se derrumbaron,** her hopes were shattered.

derrumbe *nm véase* **derrumbadero.**

derviche *nm Rel* dervish.

desabastecido,-a *adj* short of, out of.

desaborido,-a I *adj* 1 *(comida)* tasteless, insipid. 2 *fig (persona)* dull. II *nm,f fig* dull person.

desabrido,-a *adj* 1 *(comida)* tasteless, insipid. 2 *(tiempo)* unpleasant. 3 *fig (tono)* harsh; *(persona)* moody, irritable.

desabrigado,-a I *pp de* **desabrigar.** II *adj* 1 *(lugar)* open, exposed. 2 *(persona)* **ir muy d.,** to be lightly clad. 3 *fig* unprotected, defenceless, *US* defenseless.

desabrigar [7] I *vtr (ropa)* to take off *o* remove. II **desabrigarse** *vr (sacar ropa)* to take off some of one's clothes; *(en la cama)* to throw off one's bedclothes.

desabrochar I *vtr* to undo, unfasten. II **desabrocharse** *vr* 1 *(persona)* to undo, unfasten; **desabróchate la camisa,** undo your shirt. 2 *(prenda)* to come undone *o* unfastened.

desacatar *vtr (falta de respecto)* to show no respect towards; *(orden)* to disobey, not observe.

desacato *nm* lack of respect, disrespect **(a,** for); *Jur* **d. al tribunal,** contempt of court.

desacertado,-a I *pp de* **desacertar.** II *adj (inadecuado)* inappropriate, unwise; *(inoportuno)* untimely; *(erróneo)* wrong, mistaken; **un regalo d.,** a badly chosen present; **una observación desacertada,** a tactless remark.

desacertar [27] *vi* 1 *(fallar)* to be wrong, be mistaken. 2 *(falta de tacto)* to lack tact, be tactless.

desacierto *nm (error)* mistake, error; *(mala selección)* bad choice; **fue un d. hacer este comentario,** it was an unfortunate remark to make.

desacompañado,-a *adj* alone, lonely; **se sintió desacompañada,** she felt alone.

desaconsejado,-a I *pp de* **desaconsejar.** II *adj* ill-advised.

desaconsejar *vtr* to advise against; **le desaconsejaron los viajes largos,** they advised him against long journeys.

desacoplar *vtr Téc* to uncouple; *Elec* to disconnect.

desacorde *adj* 1 *Mús* discordant. 2 clashing; **opiniones desacordes,** conflicting opinions.

desacostumbrado,-a I *pp de* **desacostumbrar.** II *adj* unusual, uncommon.

desacostumbrar I *vtr* **d. a algn de hacer algo,** to break sb from the habit of doing sth; **estoy desacostumbrado,** I've lost the habit. II **desacostumbrarse** *vr* to get out of the habit, give up.

desacreditar I *vtr* to discredit, bring into discredit, run down, disparage. II **desacreditarse** *vr* to become discredited.

desactivar *vtr (bomba)* to defuse, make safe.

desacuerdo *nm* disagreement; **estar en d. con,** be in disagreement *o* at variance with.

desafecto,-a I *adj* disaffected, opposed. II *nm* l₂ of affection, coldness.

desafiante *adj* challenging, defiant.

desafiar [13] *vtr* to challenge, defy; **te desafío, que no lo haces?,** I dare you to do it.

desafinado,-a I *pp de* **desafinar.** II *adj* Mús ⊲ of tune.

desafinar I *vi (gen)* to be out of tune; *(canción)* sing out of tune; *(instrumento)* to play out of tu II *vtr* to put out of tune. III **desafinarse** *vr* to out of tune.

desafío *nm* 1 *(reto)* challenge. 2 *(duelo)* duel.

desaforado,-a *adj* 1 *(desmedido)* huge, enorm **gritos desaforados,** terrible cries. 2 *(escandalo* outrageous; *(persona)* loud, rowdy. ◆**desafo damente** *adv (desmedidamente)* excessively; candalosamente)* outrageously.

desafortunado,-a *adj* unlucky, unfortunate.

desafuero *nm* 1 *Jur* violation *o* infringement of laws. 2 *(abuso)* outrage, excess.

desagradable *adj* unpleasant, disagreeable.

desagradar *vi* to displease; **me desagrada su c ducta,** I don't like his behaviour.

desagradecer [43] *vtr* to be ungrateful for, sl ingratitude for.

desagradecido,-a I *pp de* **desagradecer.** II ungrateful. III *nm,f* ungrateful person.

desagradecimiento *nm* ingratitude, ungrate ness.

desagrado *nm* displeasure; **con d.,** reluctantly.

desagraviar [12] *vtr* 1 *(excusarse)* to make ame for. 2 *(compensar)* to indemnify, compensate.

desaguar [22] I *vtr (vaciar)* to drain. II *vi* 1 *ciarse)* to drain (off); *(el baño)* to empty. 2 *(des bocar)* to flow, drain **(en,** into); **el Ebro desagu el Mediterráneo,** the Ebro flows into the Medi ranean.

desagüe *nm (vaciado)* drain, outlet; *(cañe* waste pipe, drainpipe; *Aut* **d. del radiador,** radi overflow pipe.

desaguisado,-a I *adj (contra ley)* illegal, unlaw *(contra razón)* outrageous. II *nm* 1 *(delito)* offe *US* offense; *(agravio)* outrage. 2 *fam (destr* damage; *(fechoría)* mischief.

desahogado,-a I *pp de* **desahogar.** II *adj* 1 *pacioso)* spacious, roomy. 2 *(acomodado)* well-well-to-do. 3 *fig (descarado)* cheeky, insolent.

desahogar [7] I *vtr (dolor)* to relieve; *(desfogar* vent, pour out. II **desahogarse** *vr* 1 *(desfogars* let off steam. 2 *(confiarse)* to open one's heart (to). 3 *(descargarse)* to get something off one's ch

desahogo *nm* 1 *(alivio)* relief; **le sirve de d.,** it him let off steam. 2 *(descanso)* relaxation. 3 *(gura económica)* comfort, ease; **vivir con d.,** to comfortably.

desahuciado,-a *adj* 1 *(enfermo)* hopeless. 2 quilino)* evicted.

desahuciar [12] *vtr* 1 *(desalojar)* to evict. 2 *(qi toda esperanza)* to deprive of all hope; **d. a un fermo,** to give up all hope for a patient.

desahucio *nm* eviction.

desairado,-a I *pp de* **desairar.** II *adj* 1 *(sin é* unsuccessful; *(sin gracia)* awkward; *(humill* spurned; **quedar d.,** to come off badly, create a impression; **una situación desairada,** an awkward situation. **2** *(desgarbado)* unattractive.

desairar *vtr* to slight, snub, spurn; **acepté su regalo para no desairarla,** I accepted her present so as not to offend her.

desaire *nm* slight, rebuff; **hacerle un d. a algn,** to snub sb.

desajustar I *vtr* **1** to disarrange; *(máquinas)* to put out of order. **2** *fig* **d. los planes de algn,** to upset sb's plans. **II desajustarse** *vr (máquinas)* to go wrong, break down; *(piezas)* to come apart; *(tornillos)* to come loose.

desajuste *nm* **1** *(máquinas) (mal funcionamiento)* maladjustment; *(avería)* breakdown. **2** *(desconcierto)* disorder; *(desequilibrio)* imbalance; **d. económico,** economic imbalance; **un d. de horarios,** clashing timetables.

desalado,-a[1] **I** *pp de* desalar[1]. **II** *adj Culin* desalted; **bacalao d.,** desalted cod.

desalado,-a[2] **I** *pp de* desalar[2]. **II** *(apresurado)* hasty; **fue d. a la comisaría,** he rushed to the police station.

desalar[1] *vtr Culin* to remove the salt from, desalt.

desalar[2] **I** *vtr (aves)* to clip the wings of. **II desalarse** *vr (apresurarse)* to rush; *fig* **se desalaba por llegar,** he longed to arrive.

desalentador,-a *adj* discouraging, disheartening.

desalentar [27] **I** *vtr* to leave *o* put out of breath; *fig* to discourage, dishearten. **II desalentarse** *vr* to get discouraged, lose heart.

desaliento *nm (desánimo)* discouragement; *(abatimiento)* dismay.

desalinear I *vtr* to put out of line. **II desalinearse** *vr* to get *o* go out of line.

desaliñado,-a I *pp de* desaliñar. **II** *adj* scruffy, untidy, down-at-heel.

desaliñar *vtr* to make scruffy *o* untidy.

desaliño *nm* scruffiness, untidiness.

desalmado,-a I *adj* **1** *(malo)* wicked. **2** *(cruel)* cruel, heartless. **II** *nm,f* **1** *(malo)* wicked person. **2** *(cruel)* cruel *o* heartless person.

desalojamiento *nm* **1** *(expulsión) (inquilino)* eviction; *(personas)* dislodging, removal; *(lugar)* evacuation, clearing. **2** *(abandono)* abandonment.

desalojar I *vtr* **1** *(inquilino)* to evict; *(personas)* to remove, dislodge; *(lugar)* to clear, evacuate; **la policía desalojó el teatro,** the police cleared the theatre. **2** *(abandonar)* to move out of, abandon; **d. una casa,** to vacate a house. **II** *vi* to move house, move out.

desalojo *nm véase* desalojamiento.

desalquilado,-a I *pp de* desalquilar. **II** *adj* vacant, unrented.

desalquilarse *vr (local, inmueble)* to become vacant.

desamarrar *vtr Náut (barco)* to unmoor, cast off; *(desatar)* to untie.

desambientado,-a *adj* **1** *(persona)* out of place; *(desorientado)* disoriented. **2** *(lugar)* lacking in atmosphere.

desamor *nm (desafecto)* lack of affection, coldness; *(indiferencia)* indifference; *(antipatía)* dislike.

desamortizable *adj* alienable.

desamortización *nf* alienation, disentailment.

desamortizar [4] *vtr* to alienate, disentail.

desamparado,-a I *pp de* desamparar. **II** *adj (persona)* helpless, unprotected; *(lugar)* abandoned, forsaken. **III** *nm,f* helpless *o* abandoned person.

desamparar *vtr* **1** to abandon, desert. **2** *Jur* to renounce, relinquish.

desamparo *nm* helplessness; **en d.,** deserted, abandoned.

desamueblado,-a I *pp de* desamueblar. **II** *adj* unfurnished.

desamueblar *vtr* to remove *o* clear the furniture from.

desandar [64] *vi* to go back over, retrace; **d. lo andado,** to retrace one's steps.

desangrado,-a I *pp de* desangrar. **II** *adj* **morir d.,** to bleed to death.

desangramiento *nm* bleeding.

desangrar I *vtr* **1** *(sangrar)* to bleed. **2** *(desaguar)* to drain. **3** *fig (empobrecer)* to bleed white. **II desangrarse** *vr* to lose (a lot of) blood.

desanidar I *vi* to leave the nest. **II** *vtr fig* to oust **(de,** from).

desanimado,-a I *pp de* desanimar. **II** *adj* **1** *(persona)* downhearted, dejected, discouraged. **2** *(fiesta etc)* dull, lifeless.

desanimar I *vtr* to discourage, dishearten, depress. **II desanimarse** *vr* to lose heart, get depressed *o* discouraged.

desánimo *nm (desaliento)* discouragement, dejection; *(depresión)* depression.

desanudar *vtr* **1** *(nudo)* to untie; *(paquete, corbata)* to undo. **2** *fig (desenmarañar)* to straighten *o* sort out.

desapacible *adj (gen)* unpleasant, disagreeable; *(sonido)* harsh, discordant, jarring; *(tiempo)* nasty, unpleasant.

desaparecer [43] *vi* to disappear; **hacer d.,** to cause to disappear, hide; *fam fig* **d. del mapa,** to vanish off the face of the earth.

desaparecido,-a I *pp de* desaparecer. **II** *adj* missing. **III** *nm,f* missing person; **hay tres desaparecidos,** there are three people missing.

desaparición *nf* disappearance.

desapasionado,-a *adj* dispassionate, objective, impartial. ◆**desapasionadamente** *adv* dispassionately, objectively, impartially.

desapego *nm* indifference, lack of affection.

desapercibido,-a *adj* **1** *(inadvertido)* unnoticed; **pasar d.,** to go unnoticed. **2** *(desprevenido)* unprepared.

desaplicado,-a I *adj* slack, lazy. **II** *nm,f* lazy bones *sing,* slacker.

desapolillarse *vr fam fig* to shake off the cobwebs.

desaprensión *nf* unscrupulousness.

desaprensivo,-a I *adj* unscrupulous. **II** *nm,f* unscrupulous person.

desaprobación *nf* disapproval.

desaprobador,-a *adj* disapproving.

desaprobar [31] *vtr* **1** *(no aprobar)* to disapprove of. **2** *(rechazar)* to reject; *(censurar)* to oppose.

desapropiar [12] **I** *vtr* to deprive **(de,** of). **II desapropiarse** *vr* to give up, surrender, cede.

desaprovechado,-a I *pp de* desaprovechar. **II** *adj* **1** *(desperdiciado)* wasted. **2** *(persona) (lento)* slow; *(poco trabajador)* unproductive; **un estudiante d.,** a student who could do better.

desaprovechar *vtr* **1** *(dinero, tiempo)* to waste. **2** not to take advantage of; **d. una ocasión,** to fail to make the most of an opportunity.

desarbolar *vtr (nave)* to dismast.

desarmable *adj* that can be taken to pieces, collapsible.

desarmar *vtr* **1** *(desmontar)* to dismantle, take to pieces; **d. un motor,** to strip down an engine. **2** *Mil Pol* to disarm. **3** *fig* to disarm.

desarme *nm* **1** *Mil Pol* disarmament. ■ **d. nuclear,** nuclear disarmament. **2** *(de una máquina)* dismantling.

desarraigado,-a I *pp de* **desarraigar. II** *adj* **1** *(árbol)* uprooted. **2** *fig (persona)* rootless, without roots, uprooted.

desarraigar [7] **I** *vtr* **1** *(árbol, persona)* to uproot. **2** *fig (vicio)* to break the habit of. **II desarraigarse** *vr* **1** *(árbol etc)* to become uprooted. **2** *fig (persona)* to lift up one's roots.

desarraigo *nm* **1** *(árbol, persona)* uprooting. **2** *fig (vicio)* breaking of a habit.

desarrapado,-a *adj & nm,f* véase **desharrapado,-a**.

desarreglado,-a I *pp de* **desarreglar. II** *adj* **1** *(habitación)* untidy. **2** *(persona)* untidy, slovenly.

desarreglar *vtr* **1** *(desordenar)* to untidy, make untidy, mess up; **los niños han desarreglado las camas,** the children have untidied the beds; **te han desarreglado todo el peinado,** they've messed your hair up. **2** *(estropear)* to spoil, upset; **has desarreglado mis planes,** you've upset my plans.

desarreglo *nm (desorden)* disorder, mess; *(desorganización)* confusion.

desarrollado-a I *pp de* **desarrollar. II** *adj* developed; **país d.,** developed country.

desarrollar I *vtr* **1** *(gen)* to develop, evolve, expand; **d. el crecimiento,** to promote growth; **d. la industria de un país,** to develop a country's industry. **2** *(desplegar)* to show; **d. un mapa,** to unfold a map; *fig* **d. una gran inteligencia,** to show great intelligence. **3** *Mat (ecuación)* to expand; *(problema)* to work out. **4** *(explicar)* to expound; *(teoría)* to explain. **II desarrollarse** *vr* **1** *(crecer)* to develop; *(incrementar)* to grow. **2** *(tener lugar)* to take place; **el concierto se desarrolló sin incidencias,** the concert went off without incident; **la acción se desarrolla en la India,** the story is set in India.

desarrollo *nm* **1** *(desenvolvimiento, crecimiento)* development; *(incremento)* growth; **índice de d.,** growth rate; **industria en pleno d.,** flourishing industry; **países en vías de d.,** developing countries. **2** *Mat (ecuación)* expansion; *(problema)* working out.

desarropar I *vtr (prendas)* to take off *o* remove. **II desarroparse** *vr* **1** to take off some of one's clothes. **2** *(en la cama)* to throw off one's bedclothes.

desarrugar [7] *vtr* to smooth out; *(ropa)* to remove the creases from; **desarruga el entrecejo,** stop frowning.

desarticulación *nf* **1** *Med* dislocation. **2** *fig (descoyuntar)* breaking up; **la d. de un comando terrorista,** the smashing of a terrorist command group.

desarticulado,-a I *pp de* **desarticular. II** *adj* disjointed.

desarticular *vtr* **1** *Med* to dislocate. **2** *(piezas)* to take to pieces. **3** *fig (descoyuntar)* to break up; *Pol* to smash; **d. un complot,** to foil a plot.

desaseado,-a I *adj* untidy, scruffy, unkempt. **II** *nm,f* untidy person, scruff.

desaseo *nm* untidiness, scruffiness, dirtiness.

desasir [65] **I** *vtr* to release, let go. **II desasirse** *vr* to get loose; **d. de,** to free *o* rid oneself of.

desasnar *vtr fam* to teach good manners to, civilize.

desasosegado,-a I *pp de* **desasosegar. II** *adj* restless, anxious.

desasosegar [48] **I** *vtr (intranquilizar)* to make restless *o* uneasy; *(inquietar)* to disturb. **II desasosegarse** *vr* to become uneasy *o* restless.

desasosiego *nm* restlessness, anxiety, uneasiness.

desastrado,-a I *adj* **1** *(desaseado)* untidy, scruffy. **2** *(sucio)* dirty. **II** *nm,f* scruffy person.

desastre *nm* **1** *(hecho)* disaster; **la excursión fue un d.,** the outing was a disaster; **¡que d.!,** what a mess! **2** *(persona)* disaster; **tu hermano es un d.,** your brother's just hopeless; **un d. de persona,** a hopeless case.

desastroso,-a *adj* disastrous.

desatado,-a I *pp de* **desatar. II** *adj* **1** undone, loose. **2** *fig (temperamento)* wild; *(pasiones)* uncontrolled.

desatar I *vtr* **1** to untie, undo, unfasten. **2** *fig (la lengua)* to loosen; *(pasiones)* to unleash. **II desatarse** *vr* **1** to come undone; **d. los zapatos,** to undo one's shoes; **el perro se desató,** the dog broke loose; **por fin se le desató la lengua,** he finally began to talk. **2** *fig (desencadenarse)* to break loose, explode; **se desató la tormenta,** the storm broke; **su cólera se desató,** she exploded with anger.

desatascar [1] *vtr (tubería)* to unblock, clear.

desatención *nf* **1** *(falta de atención)* lack of attention; *(distracción)* neglect. **2** *(descortesía)* impoliteness, discourtesy.

desatender [28] *vtr* to neglect, not pay attention to; **dejar a un cliente desatendido,** to leave a customer unattended.

desatento,-a *adj* **1** *(distraído)* inattentive; *(descuidado)* careless. **2** *(descortés)* impolite, discourteous.

desatinado,-a I *pp de* **desatinar. II** *adj* **1** *(tonto)* silly, foolish. **2** *(imprudente)* rash, reckless. **III** *nm,f (persona)* fool.

desatinar I *vi (acto)* to act foolishly; *(hablando)* to talk nonsense. **II** *vtr* to exasperate, bewilder.

desatino *nm (disparate)* silly thing; *(hablando)* foolish remark; **cometer desatinos,** to act foolishly; **decir desatinos,** to talk nonsense. **2** *(equivocación)* blunder, mistake.

desatornillar *vtr* to unscrew.

desatracar [1] *vi Náut* to cast off, unmoor.

desatrancar [1] *vtr* **1** *(tubería)* to unblock, clear. **2** *(puerta)* to unbolt, unbar.

desautorización *nf* **1** *(gen)* refusal to give permission *o* authority. **2** *(de manifestación, huelga)* banning. **3** *(desmentir)* denial. **4** *(desacreditar)* discrediting.

desautorizado,-a I *pp de* **desautorizar. II** *adj* **1** *(gen)* unauthorized. **2** *(manifestación, huelga)* banned, forbidden. **3** *(desmentir)* denied. **4** *(desacreditar)* discredited.

desautorizar [4] *vtr* **1** *(gen)* to disallow, declare unauthorized. **2** *(manifestación, huelga)* to ban, forbid. **3** *(desmentir)* to deny. **4** *(desacreditar)* to discredit.

desavenencia *nf* **1** *(desacuerdo)* disagreement, discord. **2** *(riña)* quarrel, row.

desavenido,-a I *pp de* desavenir. II *adj* 1 *(desunido)* in disagreement. 2 *(enemistado)* on bad terms.

desavenir [90] I *vtr* to cause to quarrel. II desavenirse *vr* to quarrel; **d. con algn,** to fall out with sb, have a difference of opinion with sb.

desaventajado,-a *adj* 1 *(persona)* at a disadvantage. 2 *(situación)* disadvantageous, unfavourable.

desayunar I *vi* to have breakfast; *fml* to breakfast; **ya he desayunado,** I have already had breakfast. II *vtr* to have for breakfast; **ayer desayuné café y tostadas,** yesterday, I had coffee and toast for breakfast. III desayunarse *vr* 1 to have breakfast. 2 *fig* to hear about sth for the first time; **¿no sabías que Pepe se había casado? —ahora me desayuno,** didn't you know that Pepe had got married? —that's the first I've heard of it.

desayuno *nm* breakfast.

desazón *nf* 1 *(de gusto)* lack of flavour, tastelessness. 2 *Med* discomfort. 3 *fig* anxiety, uneasiness.

desazonado,-a I *pp de* desazonar. II *adj* 1 *(gusto)* without flavour, tasteless. 2 *Med* feeling unwell. 3 *fig* anxious, uneasy.

desazonar I *vtr* 1 *(gusto)* to make tasteless. 2 *fig* to cause anxiety to, worry. II desazonarse *vr Med* to feel unwell *o* off-colour.

desbancar [1] *vtr* 1 *(en el juego)* to take the bank from. 2 *fig (suplantar)* to supplant, replace, oust.

desbandada *nf* scattering; **a la d.,** in great disorder; **hubo una d. general,** everyone scattered.

desbandarse *vr* to scatter, disperse; **todos sus hijos se desbandaron después de su divorcio,** all their children went their own way after their divorce.

desbarajustar *vtr (desordenar)* to throw into confusion *o* disorder; *(trastocar)* to upset.

desbarajuste *nm* confusion, disorder; **hay tal d. que no encuentro tu libro,** everything's in such a mess that I can't find your book.

desbaratado,-a I *pp de* desbaratar. II *adj* ruined, wrecked.

desbaratamiento *nm* spoiling, wrecking.

desbaratar *vtr* 1 to spoil, ruin, wreck; **su llegada desbarató mis planes,** his arrival messed up my plans. 2 *Mil* to rout, throw into confusion.

desbarrar *vi (hablar)* to talk nonsense; *(hacer)* to do silly things.

desbastar *vtr* 1 *Carp (madera)* to rough plane; *Min (piedra, mineral)* to smooth down. 2 *fig (educar)* to refine.

desbloquear *vtr* 1 *(un sitio)* to lift the blockade on. 2 *Econ (créditos, precios)* to unfreeze.

desbloqueo *nm* 1 *(de un sitio)* lifting of the blockade. 2 *Econ (créditos, precios)* unfreezing.

desbocado,-a I *pp de* desbocar. II *adj* 1 *(caballo)* runaway. 2 *Cost* **de cuello d.,** with a loose-fitting neck. 3 *(mal hablado)* foul-mouthed. 4 *(arma)* wide-mouthed. 5 *(herramienta)* worn smooth. III *nm,f* foul-mouthed person.

desbocar [1] I *vtr (cántaro)* to break the rim of. II desbocarse *vr* 1 *(caballo)* to bolt, run away. 2 *fig (perder mesura)* to blow up, explode.

desbordamiento *nm* 1 overflowing. 2 *fig (de rabia, alegría)* outburst, outbreak, explosion.

desbordante *adj* overflowing, bursting.

desbordar I *vtr* 1 to overflow; **el agua desbordó el cauce del río,** the water overflowed the banks of the river. 2 *(sobrepasar)* to go beyond, surpass; **su actitud desborda mi comprensión,** his attitude is be-

yond my comprehension. II *vi* to overflow **(de,** with), burst **(de,** with). III desbordarse *vr* 1 to overflow, flood; **el café se está desbordando de la cafetera,** the coffeepot is overflowing. 2 *fig* to burst; **su corazón se desborda de alegría,** her heart is bursting with joy.

desbravar I *vtr (animal)* to tame; *(caballo)* to break in. II desbravarse *vr* 1 *(animal)* to become tame; *(caballo)* to be broken in. 2 *(de vino)* to lose its strength. 3 *fig (persona)* to calm down.

desbrozar [4] *vtr (área)* to clear of weeds *o* undergrowth; *(camino)* to clear.

desbrozo *nm* 1 *(acción)* clearing of weeds *o* undergrowth. 2 *(hojarasca)* twigs *pl*, dead leaves *pl*.

descabalar *vtr* to leave incomplete.

descabalgar [7] *vi Equit* to dismount.

descabellado,-a I *pp de* descabellar. II *adj* crazy, wild; **una idea descabellada,** a crazy idea.

descabellar *vtr* 1 *(despeinar)* to dishevel, ruffle. 2 *Taur* to kill with a final thrust, administer the coup de grâce to.

descabello *nm Taur* final thrust, coup de grâce.

descabezar [4] I *vtr* 1 to behead, decapitate. 2 *Agr (árbol)* to cut the top off; *(plantas)* to top. 3 *fam fig* **d. un sueño,** to take a nap. II descabezarse *vr fam* to rack one's brains.

descacharrante *adj fam* hilarious.

descacharrar *vtr fam (romper)* to break; *(estropear)* to ruin, mess up.

descafeinado,-a *adj* 1 decaffeinated; **café d.,** decaffeinated coffee. 2 *hum* watered-down, diluted.

descafeinar [17] *vtr* to decaffeinate.

descalabazarse [4] *vr fam* to rack one's brains.

descalabrado,-a I *pp de* descalabrar. II *adj* 1 *(herido en la cabeza)* with a head injury, wounded in the head. 2 *fig* damaged, injured.

descalabrar *vtr* 1 *(herir en la cabeza)* to wound in the head. 2 *fig* to damage, harm.

descalabro *nm* setback, misfortune.

descalcificación *nf Med* decalcification.

descalcificar [1] I *vtr* to decalcify. II descalcificarse *vr* to become decalcified.

descalificación *nf* disqualification.

descalificar [1] *vtr* to disqualify.

descalzar [4] I *vtr (zapatos)* to take off. II descalzarse *vr* to take one's shoes off.

descalzo,-a I *adj* barefoot, barefooted; **ir d.,** to go barefoot. 2 *Rel* barefoot. II *nm,f Rel (hombre)* barefoot monk; *(mujer)* barefoot nun.

descamación *nf Med* desquamation, flaking; *(pelarse)* peeling.

descamarse *vr Med* to desquamate, flake off; *(pelarse)* to peel off.

descambiar [12] *vtr Com* to exchange.

descaminar *vtr* 1 to mislead, send in the wrong direction; **ir descaminado,** to be on the wrong road; *fig* to be on the wrong track. 2 *fig (corromper)* to lead astray; **las malas compañías le descaminaron,** bad company led him astray. II descaminarse *vr* 1 to go the wrong way. 2 *fig* to go astray.

descamisado,-a I *adj* 1 without a shirt, shirtless. 2 *fig* wretched, poor. II *nm* 1 *(pobre)* wretch, poor person. 2 **descamisados,** *Hist (en España)* liberals who participated in the 1820 revolution. 3 **descamisados,** *(en Argentina)* supporters of Perón.

descampado,-a I *adj* open, without trees *o* buildings. **II** *nm* open space, open field; **en d.**, in the open country.

descansado,-a I *pp de* descansar. **II** *adj* **1** *(persona)* rested; **estar d.**, to be rested. **2** *(tranquilo)* restful; **una vida descansada**, a peaceful life.

descansar I *vi* **1** *(gen)* to rest, have a rest; *(corto tiempo)* to take a break; **necesito d. un rato**, I need to have a little rest. **2** *(dormir)* to sleep; **hasta mañana y que descanses**, good night and sleep well; *euf* **que en paz descanse**, may he *o* she rest in peace. **3** *(confiar)* to trust **(sobre,** in), confide **(sobre,** in). **4** *Arquit (apoyarse)* to rest **(sobre,** on), be supported **(sobre,** by); *(basarse)* to be based **(sobre,** on). **5** *Agr* to lie fallow. **II** *vtr* to rest; **descansa los pies sobre el cojín,** rest your feet on the cushion; *Mil* **¡descansen armas!**, order arms!

descansillo *nm Arquit* landing.

descanso *nm* **1** rest, break; **me voy a tomar un día de d.**, I'm going to take a day off; **sin d.**, without a break. **2** *Cin Teat* interval; *Dep* half-time, interval. **3** *(alivio)* relief; **¡qué d.!**, what a relief! **4** *(rellano)* landing. **5** *Mil* **¡d.!**, at ease!

descapotable *adj & nm Aut* convertible.

descapotar *vtr Aut* **d. el coche,** to put the car roof down.

descarado,-a I *adj (insolente)* cheeky, insolent; *(desvergonzado)* shameless; **es un robo d.,** it's an absolute rip-off. **II** *nm,f* cheeky person, scoundrel. ◆**descaradamente** *adv* impudently, shamelessly.

descarga *nf* **1** unloading. **2** *Elec* discharge. **3** *(arma)* firing, discharge; **d. cerrada,** volley.

descargadero *nm* wharf, unloading dock.

descargador,-a *nm,f* **d. de muelle,** docker, stevedore.

descargar [7] **I** *vtr* **1** *(mercancías, barco)* to unload. **2** *fig (aliviar)* to relieve **(de,** of). **3** *Elec* to discharge; **d. la batería,** to run down the battery. **4** *(arma) (disparar)* to fire; *(vaciar)* to unload; *(golpe)* to deal; **descargó un golpe sobre el árbitro,** he dealt the referee a blow. **5** *Jur (absolver)* to absolve **(de,** of), acquit **(de,** of). **II** *vi Meteor (nubes)* to burst. **III descargarse** *vr* **1** *(de responsabilidad)* to free oneself. **2** *Jur (excusa)* to clear oneself. **3** *Elec (of battery)* to go flat.

descargo *nm* **1** *(gen)* unloading. **2** *Com* credit. **3** *Jur* discharge, acquittal; **en su d.,** in his defence; **testigo de d.,** witness for the defence.

descarnado,-a I *pp de* descarnar. **II** *adj* **1** *(delgado)* lean. **2** *fig* harsh, unadorned; **hizo una descripción descarnada del accidente,** he gave a straightforward description of the accident.

descarnar *vtr* **1** *(hueso)* to strip the flesh from. **2** *fig* to lay bare.

descaro *nm* cheek, impudence, nerve; **tuvo el d. de llamarme por teléfono,** he had the nerve to phone me; **¡qué d.!**, what a cheek!

descarriar [13] **I** *vtr* to lead astray, put on the wrong road; *fig* **ser la oveja descarriada,** to be the lost sheep. **II** descarriarse *vr* to go astray, lose one's way.

descarrilamiento *nm Ferroc* derailment.

descarrilar *vi Ferroc* to run off the rails, go off the rails, be derailed.

descartar I *vtr* to discard, reject, rule out; **esto queda descartado,** this is out. **II** descartarse *vr* *Naipes* to discard, throw away.

descarte *nm* rejection, casting aside; *Naipes* card thrown away.

descasar *vtr* to separate; *(matrimonio)* to annul the marriage of.

descascarillarse *vr* to chip, peel, flake off.

descastado,-a I *adj* ungrateful, cold. **II** *nm,f* ungrateful person.

descendencia *nf* descendants *pl*, offspring; **morir sin d.,** to die without issue.

descendente *adj* descending, downward.

descender [28] **I** *vtr* **1** to lower. **2** *(bajar)* to descend, come *o* go down. **II** *vi* **1** *(temperatura)* to fall drop. **2** *fig* to stop **(a,** to).

descendiente *nmf* descendant, offspring.

descendimiento *nm* descent, taking down, lowering.

descenso *nm* **1** descent; *(en la temperatura)* fall drop. **2** *fig* lowering, decline. **3** *Dep* relegation.

descentrado,-a I *pp de* descentrar. **II** *adj* **1** off centre, off-beam. **2** *fig* all-at-sea, disorientated.

descentralización *nf* decentralization.

descentralizar [4] *vtr* to decentralize.

descentrar *vtr* **1** to knock off centre. **2** *fam fig* to put (one) off one's stroke.

desceñir [36] *vtr (cinturón)* to loosen.

descepar *vtr (cepa)* to uproot; *(plantas)* to pull up by the roots.

descerrajar *vtr* **1** *(la cerradura)* to force, break open. **2** *fam (tiro)* to fire.

descifrable *adj* decipherable; *(letra)* legible.

desciframiento *nm* deciphering, decoding.

descifrar *vtr* **1** *(mensaje)* to decipher, decode. *(misterio)* to solve; *(motivos, causas)* to figure out

desclavar *vtr* to remove the nails from; **d. un cuadro,** to take down a picture.

descoagulación *nf* decoagulation.

descoagulante *adj* decoagulating.

descoagularse *vr* to decoagulate.

descocado,-a I *pp de* descocarse. **II** *adj fam* brazen, cheeky.

descocarse [1] *vr* to get brazen *o* cheeky.

descoco *nm fam* cheek, boldness.

descojonado,-a I *pp de* descojonarse. **II** *adj vulg* **1** *(de risa)* **estábamos descojonados de risa,** we pissed ourselves laughing. **2** *(cansado)* knackered.

descojonante *adj vulg* bloody funny; **una película d.,** a bloody funny film.

descojonarse *vr vulg* to piss oneself laughing.

descolgar [52] **I** *vtr (cuadro, cortinas)* to take down; **d. el teléfono,** to pick up the telephone; **teléfono está descolgado,** the telephone is off the hook. **II** descolgarse *vr* **1** *(bajar)* to let oneself down, slide down. **2** *fam* to appear suddenly *o* unexpectedly, turn up. **3** *fam (decir)* to come out with.

descollante *adj* outstanding.

descollar [31] *vi* to stand out; **la iglesia descuella sobre las casas del pueblo,** the church towers above the houses in the village; *fig* **descuella por su inteligencia,** her intelligence makes her stand out.

descolocar *vtr* **1** to put out of place; **no descoloque los papeles,** don't disturb the papers. **2** *Ind* to lay off.

descolonización *nf* decolonization.

descolonizar [4] *vtr* to decolonize.

descoloramiento *nm (desteñir)* fading; *(perder color)* discolouration, *US* discoloration.

descolorar *vtr (desteñir)* to fade; *(perder color)* to discolour, *US* discolor.

descolorido,-a *adj (desteñido)* faded; *(que pierde color)* discoloured, *US* discolored.

descombrar *vtr* to clear of debris.

descomedido,-a I *pp de* **descomedirse. II** *adj* 1 *(descortés)* rude, insolent. 2 *(desproporcionado)* excessive, disproportionate.

descomedimiento *nm* rudeness, insolence.

descomedirse [34] *vr* to be rude *o* disrespectful.

descomponer [78] *(pp* **descompuesto) I** *vtr* 1 *(corromper)* to rot, decompose. 2 *(separar)* to break down; *Mat* to split up. 3 *Téc* to put out of order. 4 *(desordenar)* to disturb, unsettle, upset. 5 *Fís* to resolve; **d. una fuerza,** to resolve a force. 6 *Mat* to factorize. **II descomponerse** *vi (turbarse)* to become upset; *(perder la paciencia)* to lose one's temper, lose control.

descomposición *nf* 1 decomposition, rotting, decay. 2 *(separación)* separation, analysis; *Téc* breakdown. 3 *fam (diarrea)* looseness of bowels, diarrhoea, *US* diarrhea. 4 *Mat* factorizing.

descompostura *nf* 1 *(desaliño)* slovenliness, untidiness. 2 *(falta de pudor)* insolence, lack of respect, rudeness.

descompresión *nf* decompression.

descompresor *nm Téc* decompressor.

descomprimir *vtr* to decompress, depressurize.

descompuesto,-a I *pp de* **descomponer. II** *adj* 1 rotten, decomposed, decayed. 2 *(estropeado)* out of order, broken down. 3 *(encolerizado)* furious. 4 **estar d.,** to have diarrhoea *o US* diarrhea. 5 *fig (inmodesto)* brazen. 6 *Am (borracho)* drunk.

descompuse *pt indef véase* **descomponer.**

descomunal *adj* huge, massive.

desconcertante *adj* disconcerting, disturbing, upsetting.

desconcertar [27] **I** *vtr* 1 *(perturbar)* to disconcert, disturb, upset. 2 *(desorientar)* to confuse. 3 *Anat* to dislocate. **II desconcertarse** *vr (desorientarse)* to be bewildered, be puzzled.

desconchado,-a I *pp de* **desconchar. II** *adj (pintura, yeso)* peeling, flaking; *(loza)* chipped.

desconchar I *vtr* to strip off. **II desconcharse** *vr* to flake off, chip.

desconchón *nm (acción)* flaking, chipping, peeling; *(marca)* bare patch, chip.

desconcierto *nm* disorder, chaos, confusion, bewilderment; **sembrar el d.,** cause confusion.

desconcordia *nf* discord, disagreement.

desconectado,-a I *pp de* **desconectar. II** *adj* disconnected, cut off.

desconectar *vtr* to disconnect, cut off, switch off, unplug.

desconexión *nf* disconnection.

desconfiado,-a I *pp de* **desconfiar. II** *adj* distrustful, wary, suspicious. **III** *nm,f* suspicious *o* wary person.

desconfianza *nf* distrust, mistrust, suspicion.

desconfiar [13] *vi* to distrust (**de, -**), mistrust (**de, -**), be suspicious (**de,** of).

descongelar *vtr (nevera)* to defrost; *(créditos)* to unfreeze; *(comida)* to thaw out.

descongestión *nf (gen)* relieving of congestion; *(de la nariz)* clearing.

descongestionar *vtr (gen)* to relieve of congestion; *(nariz)* to clear.

desconocer [44] *vtr* 1 *(no saber)* not to know, be unaware of; **desconozco su paradero,** I don't know where he is. 2 *(no reconocer)* not to recognize; *(fingir)* to ignore, pretend not to know; **me desconoció,** he ignored me. 3 *(rechazar)* to disown.

desconocido,-a I *pp de* **desconocer. II** *adj* unknown, unfamiliar; *fig (irreconocible)* unrecognizable; **Alan estaba d.,** Alan was unrecognizable; **lo d.,** the unknown; **una persona desconocida,** a stranger. **III** *nm,f* stranger.

desconocimiento *nm* ignorance, lack of knowledge.

desconsideración *nf* lack of consideration, inconsideration, thoughtlessness.

desconsiderado,-a I *pp de* **desconsiderar. II** *adj* inconsiderate, thoughtless, rash. **III** *nm,f* inconsiderate *o* thoughtless *o* rash person.

desconsolado,-a I *pp de* **desconsolar. II** *adj* disconsolate, grief-stricken, dejected.

desconsolador,-a *adj* heartbreaking, distressing.

desconsolar [31] **I** *vtr* to distress, grieve. **II desconsolarse** *vr* to be distressed *o* full of grief.

desconsuelo *nm* grief, sorrow.

descontado,-a I *pp de* **descontar. II** *adj fam* **dar por d.,** to take for granted; **por d.,** needless to say, of course.

descontaminación *nf* decontamination.

descontaminar *vtr* to decontaminate.

descontar [31] *vtr* 1 *(rebajar)* to discount, deduct; *(no incluir)* to leave out, disregard; **descontando los gastos,** excluding expenses. 2 *Dep (añadir)* to add on; **el árbitro descontó las perdidas de tiempo,** the referee added on time for stoppages.

descontentadizo,-a *adj* hard to please, fussy.

descontentar *vtr* to make unhappy *o* dissatisfied.

descontento,-a I *adj* discontented, unhappy, dissatisfied. **II** *nm (una persona)* discontent, malcontent; *(población)* dissatisfaction, unrest.

descontrol *nm fam* lack of control; **había un d. total,** it was absolute chaos.

descontrolado,-a I *pp de* **descontrolarse. II** *adj* uncontrolled, haywire; **estar d.,** to be out of control.

descontrolarse *vr* to lose control.

desconvocar *vtr* to call off, cancel.

descorazonador,-a *adj* disheartening.

descorchador *nm* corkscrew.

descorchar *vtr* to uncork.

descorche *nm* uncorking.

descornar [31] **I** *vtr* to remove the horns from. **II descornarse** *vr fam* 1 *(pensar)* to rack one's brains. 2 *(trabajar)* to slave (away), toil.

descorrer I *vtr (gen)* to draw back; *(cortina)* to open; **d. el cerrojo,** to unbolt the door. **II** *vi (escurrir)* to drip, trickle.

descorrimiento *nm* dripping, trickling.

descortés *adj* rude, impolite, discourteous.

descortesía *nf* discourtesy, rudeness, impoliteness.

descortezar [4] *vtr* 1 to bark, remove the bark from. 2 *Culin* to peel, remove the crust from.

descoser I *vtr Cost* to unstitch, unpick. **II descoserse** *vr Cost* to come unstitched; *fig* to start to speak. 2 *fam fig* to fart.

descosido *nm* 1 open seam: *fam* **como un d.,** like mad, wildly. 2 *fig (persona)* babbler.

descoyuntar *vtr Med (hueso)* to dislocate; *fam* **estoy descoyuntado,** I am dead beat.

descrédito *nm* disrepute, discredit; **caer en d.,** to fall into disrepute.

descreído,-a I *adj* disbelieving, unbelieving. **II** *nm,f* disbeliever, unbeliever.

descreimiento *nm* disbelief.

descremado,-a I *pp de* **descremar. II** *adj* skimmed; **leche descremada,** skim *o* skimmed milk; **yogur d.,** low-fat yoghurt.

descremar *vtr (leche)* to skim.

describir *(pp* **descrito)** *vtr* **1** to describe. **2** *(trazar)* to trace.

descripción *nf* description, describing, tracing.

descriptible *adj* describable.

descriptivo,-a *adj* descriptive.

descrito,-a I *pp de* **describir. II** *adj* described.

descruzar [4] *vtr (piernas)* to uncross; *(brazos)* to unfold.

descuajaringar [7] **I** *vtr fam* to pull *o* take to pieces; *fig* **estoy descuajaringado,** I am on my last legs. **II descuajaringarse** *vr fam* **d. de risa,** to crack up, fall about laughing.

descuajilotado,-a *adj CAm (cara)* distraught; *(tez)* palid, pale.

descuartizamiento *nm (persona)* quartering; *(cosas)* carving up, cutting into pieces.

descuartizar [4] *vtr (persona)* to quarter; *(cosas)* to cut up, cut into pieces; *fam fig (personas, opiniones)* to pull to pieces, tear apart.

descubierta *nf Mil* reconnaissance, reconnoitring, scouting.

descubierto,-a I *pp de* **descubrir. II** *adj* **1** *(sin cubierta)* open, uncovered; **a cara** *o* **a cuerpo d.,** openly; **a cielo d.,** in the open; *(sin sombrero)* bareheaded. **2** *(encontrado)* discovered. **III** *nm* **1** *Fin* overdraft; **estar al d.,** to be overdrawn, be in the red. **2 dormir al d.,** to sleep out in the open; **poner al d.,** to uncover, expose, bring out into the open; **quedar en d.,** to be exposed, come out into the open.

descubridor,-a *nm,f* discoverer.

descubrimiento *nm* discovery.

descubrir *(pp* **descubierto) I** *vtr* **1** *(gen)* to discover; *(conspiración)* to uncover; *(petróleo)* to find; *(remedio)* to discover. **2** *(enterarse)* to find out about, discover. **3** *(delatar)* to give away; **no me descubras a la policía,** don't tell the police about me. **4** *(divisar)* to make out, see. **5** *(destapar)* to uncover; **el rey descubrió una placa conmemorativa,** the king unveiled a commemorative plaque. **II descubrirse** *vr* **1** *(quitarse el sombrero)* to take off one's hat. **2** *Box* to lower one's guard.

descuento *nm Com* discount, reduction, deduction; **con d.,** at a discount.

descuidado,-a I *pp de* **descuidar. II** *adj* **1** *(desaseado)* untidy, neglected. **2** *(negligente)* careless, negligent. **3** *(desprevenido)* off one's guard.

descuidar I *vtr* to neglect, overlook. **II** *vi* to be careless; **descuida, voy yo,** don't worry, I'll go; **descuide usted,** don't worry, have no fear. **III descuidarse** *vr* to be careless; **como te descuides, llegarás tarde,** if you don't watch out, you'll be late.

descuidero *nm* pickpocket.

descuido *nm* **1** *(falta de cuidado)* negligence, carelessness, neglect. **2** *(distracción)* oversight, slip, mistake. **3 al d.,** casually, nonchalantly; **por d.,** inadvertently, by mistake.

desde *adv* **1** *(tiempo)* since; **d. ahora,** from now on; **¿d. cuándo?,** since when?; **d. el lunes,** since Monday; **d. entonces,** since then, from then on; **d. hace un año,** for a year; **d. siempre,** always. **2** *(lugar)* from; **d. aquí,** from here; **d. arriba/abajo,** from above/below; **d. mi casa hasta la tuya hay una buena tirada,** it's a bit of a way from my house to yours. **3 d. luego,** *(como coletilla)* well, really!; **d. luego no se puede confiar en nadie hoy en día,** really, you can't trust anyone these days. **4 d. luego,** *(como respuesta)* of course; **¿me puedes prestar tu coche?** —**d. luego,** can you lend me your car? —yes, of course.

desdecir [79] *(pp* **desdicho) I** *vi* **1** not to be equal **(de,** to), not live up **(de,** to). **2** *(no armonizar)* not to match **(de, -),** not go **(de,** with), clash **(de,** with). **II desdecirse** *vr* to go back on one's word.

desdén *nm* disdain, contempt, scorn.

desdentado,-a *adj* toothless. **II** *nm Zool* edentate.

desdeñable *adj* **1** *(despreciable)* contemptible, despicable. **2** *(sin importancia)* negligible, insignificant; **su fortuna no es nada d.,** he has a considerable fortune.

desdeñar I *vtr (despreciar)* to disdain, scorn. **2** *(rechazar)* to turn down. **3** *(no tener en cuenta)* to ignore. **II desdeñarse** *vr* to disdain to, not deign to.

desdeñoso,-a *adj* disdainful, scornful, contemptuous.

desdibujado,-a I *pp de* **desdibujar. II** *adj* blurred, faint, shadowy.

desdibujar I *vtr* to blur. **II desdibujarse** *vr* to become blurred *o* faint.

desdicha *nf* misfortune, adversity, misery; **por d.,** unfortunately; **para colmo de desdichas,** to top it all.

desdichado,-a I *adj* unfortunate, unlucky, wretched. **II** *nm,f* poor devil, wretch; *fam* **es un d.,** he's a poor soul. ◆**desdichadamente** *adv* unfortunately.

desdigo *indic pres véase* **desdecir.**

desdiré *indic fut véase* **desdecir.**

desdoblamiento *nm* **1** *(enderezamiento)* straightening, unfolding. **2** *(duplicación)* splitting; **d. de personalidad,** split personality.

desdoblar *vtr* **1** *(enderezar)* to straighten. **2** *(extender)* to unfold. **3** *(duplicar)* to split; **van a d. esta carretera,** they're going to turn this road into a dual-carriageway.

desdoro *nm* tarnishing; *fig* blot, stain, dishonour, *US* dishonor.

deseable *adj* desirable.

deseado,-a I *pp de* **desear. II** *adj* desired.

desear *vtr (con pasión)* to desire; *(querer)* to want; *(anhelar)* to wish (for); **deja mucho que d.,** it leaves a lot to be desired; **estoy deseando que vengas,** I'm looking forward to your coming; **¿qué desea?,** can I help you?; **te deseo lo mejor,** I wish you all the very best.

desecación *nf (gen)* drying; *Quím* desiccation; **la d. de un pantano,** the draining of a marsh.

desecar [1] *vtr* to desiccate, dry up; **d. una laguna,** to drain a lagoon.

desechable *adj* disposable, throw-away.

desechar *vtr* **1** *(tirar)* to discard, throw out *o* away; **desechó todas las piezas defectuosas,** he threw away all the defective pieces; *prov* **lo que uno desecha, otro lo ruega,** one man's meat is another man's poison. **2** *(renunciar)* to turn down, refuse; *(idea, proyecto)* to drop, discard; **debería d. esas locas**

ideas que se le han metido en la cabeza, he should forget all these madcap ideas; **desecha cualquier consejo que pueda darle yo,** he brushes aside any advice I give him; **d. esa oferta sería un error,** to turn down this offer would be a mistake; **tuvimos que d. el proyecto,** we had to drop the plan.

desecho *nm* **1** *(gen)* reject; **ropa de d.,** castoff; *fig* **es un d. de la sociedad,** he is a social outcast. **2 desechos,** *(basura, residuos)* dregs, rubbish *sing,* debris *sing;* **d. radioactivos,** radioactive waste *sing.* **3** *Am (atajo)* short cut.

deselectrizar [4] *vtr Elec* to discharge.

desembalaje *nm* unpacking.

desembalar *vtr* to unpack.

desembarazado,-a I *pp de* **desembarazar. II** *adj* free and easy, uninhibited, nonchalant.

desembarazar [4] **I** *vtr* **1** *(librar)* to free, disencumber; *(vaciar)* to empty. **2** *Am (dar a luz a)* to give birth to. **II desembarazarse** *vr (librarse de)* to get rid **(de,** of), rid oneself **(de,** of); **intentaré desembarazarme de él lo antes posible,** I'll try and get rid of him as soon as possible.

desembarazo *nm* **1** *(desenvoltura)* ease, nonchalance; *(seguridad en sí mismo)* self-assurance, self-confidence. **2** *Am (parto)* birth.

desembarcadero *nm Náut* landing stage, pier, wharf.

desembarcar [1] **I** *vtr (mercancías)* to unload; *(personas)* to disembark, put ashore. **II** *vi* to disembark, land, go ashore. **III desembarcarse** *vr* to disembark, land, go ashore.

desembarco *nm (mercancías)* landing, unloading; *(personas)* disembarkation.

desembargar [7] *vtr Jur* to lift *o* raise an embargo.

desembargo *nm Jur* lifting *o* raising of an embargo.

desembarque *nm véase* **desembarco.**

desembarrancar [1] *vtr Náut (un barco)* to refloat.

desembocadura *nf* **1** *(de río)* mouth, outlet. **2** *(salida)* exit, way out.

desembocar [1] *vi (río)* to flow **(en,** into); *(calle)* to lead **(en,** into), end **(en,** at); *fig* to lead **(en,** to), end up **(en,** in); **el Ebro desemboca en el Mediterráneo,** the river Ebro flows into the Mediterranean; *fig* **las actuales tensiones internacionales pueden d. en un conflicto armado,** current international tension may lead to armed conflict.

desembolsar *vtr* to pay out.

desembolso *nm* expenditure, expense, outgoings *pl,* payment; **d. inicial,** down payment.

desemborrachar *vtr* to sober up.

desembozar [4] *vtr* to unmask, uncover; *fig* to uncover, bring out into the open.

desembragar [7] *vtr* **1** *Mec* to disengage. **2** *Aut* to release *o* disengage the clutch, declutch.

desembrague *nm Aut* declutching; *Téc* disengaging.

desembriagar [7] *vtr* to sober up.

desembridar *vtr* to unbridle.

desembrollar *vtr fam* **1** *(aclarar)* to clarify, clear up. **2** *(desenredar)* to disentangle.

desembuchar *vtr* **1** *(aves)* to disgorge. **2** *fig (decir)* to blurt out; *fam fig* **¡desembucha!,** come out with it!

desemejante *adj* dissimilar, different.

desemejanza *nf* dissimilarity, difference.

desempacar [1] *vtr* to unpack.

desempachar *vtr* to relieve from indigestion.

desempacho *nm* assurance, self-confidence.

desempañar *vtr (un cristal)* to wipe the condensation from; *Aut* to demist.

desempapelar *vtr* **1** *(un paquete)* to unwrap. **2** *(una pared)* to strip.

desempaquetar *vtr* to unpack, unwrap.

desemparejado,-a I *pp de* **desemparejar. II** *adj* without a partner; **un calcetín d.,** an odd sock.

desemparejar *vtr* to unmatch, separate.

desempatar *vtr Dep* to play a deciding match, play off a tie; *(superar)* to take the lead.

desempate *nm Dep* breaking the tie, play-off; **el gol del d.,** the deciding goal; **partido de d.,** play-off, deciding match.

desempedrar [27] *vtr* to remove the paving (stones) from, unpave; *fig* **d. la calle,** to roam *o* walk the streets.

desempeñar **I** *vtr* **1** *(recuperar lo empeñado)* to take out of pawn, redeem; **d. a algn,** to pay sb's debts. **2** *(cumplir) (obligación)* to discharge, fulfil, *US* fulfill, carry out; *(cargo)* to fill, hold, occupy; **d. un cargo,** to hold a post. **3** *Teat* to play; **desempeña el papel del bufón,** he plays the part of the fool. **II desempeñarse** *vr (cancelar las deudas)* to get out of debt.

desempeño *nm* **1** *(de lo empeñado)* redeeming; *(deuda)* payment. **2** *(obligaciones)* carrying out, fulfilment, *US* fulfillment. **3** *Teat* performance, playing, acting.

desempleado,-a I *adj* unemployed, out of work. **II** *nm,f* unemployed person; **los desempleados,** the unemployed.

desempleo *nm* unemployment; **cobrar el d.,** to be on the dole.

desempolvar *vtr* **1** to dust. **2** *(volver a usar)* to unearth, dig up; *fig* **d. recuerdos,** to revive memories.

desencadenamiento *nm* **1** unchaining. **2** *fig* setting in motion; **d. de una revolución,** outbreak of a revolution.

desencadenar **I** *vtr* **1** to unchain. **2** *(producir)* to spark off, start. **3** *(desatar)* to unleash. **II desencadenarse** *vr* **1** *(desatarse)* to break loose; *(viento, pasión)* to rage. **2** *(producirse)* to start, break out.

desencajado,-a I *pp de* **desencajar. II** *adj (descolocado)* out of place, out of joint; *fig* **rostro d. por la ira,** face distorted by anger.

desencajar **I** *vtr* to take apart, remove. **II desencajarse** *vr* **1** *(persona)* to come loose. **2** *(persona)* to look wild; *(cara)* to become distorted.

desencajonar *vtr* to take out of a box, unpack.

desencallar *vtr* to refloat.

desencaminar *vtr véase* **descaminar.**

desencantamiento *nm* disenchantment.

desencantar *vtr* **1** *(desembrujar)* to disenchant. **2** *(decepcionar)* to disappoint, disillusion.

desencanto *nm* disappointment, disillusionment.

desencapotarse *vr (cielo)* to clear.

desencapricharse *vr* to go off **(de,** -), lose interest **(de,** in).

desencarcelar *vtr* to release (from prison), free.

desenchufar *vtr* to unplug, disconnect.

desencofrar *vtr Constr* to remove the shuttering from.

desenconarse *vr fig* to cool off, calm down.

desencuadernar I *vtr* to unbind. II **desencuadernarse** *vr* to come unbound.

desenfadado,-a I *pp de* **desenfadar**. II *adj* carefree, free and easy; **en un tono d.**, in a carefree way. ◆**desenfadadamente** *adv* casually.

desenfadar(se) *vtr & vr* to calm down.

desenfado *nm (seguridad en uno mismo)* assurance, self-confidence; *(desenvoltura)* ease, openness.

desenfocado,-a I *pp de* **desenfocar**. II *adj* 1 *Fot* out of focus. 2 *fig (problema, asunto)* wrongly approached.

desenfocar [1] *vtr* 1 *Fot* to take out of focus. 2 *fig* to get the wrong approach.

desenfoque *nm* 1 incorrect focusing. 2 *fig (tema)* wrong approach.

desenfrenado,-a I *pp de* **desenfrenar**. II *adj* frantic, uncontrolled; *(vicios, pasiones)* unbridled; **apetito d.**, insatiable appetite.

desenfrenar I *vtr* *Equit* to unbridle. II **desenfrenarse** *vr (pasiones, vicios)* to let loose, go wild.

desenfreno *nm (vicio)* licentiousness, debauchery, unrestraint; *(pasiones)* unleashing.

desenfundar *vtr* 1 *(sacar)* to draw *o* pull out. 2 *(destapar)* to uncover.

desenganchar *vtr* 1 *(soltar)* to set loose, unhook. 2 *(desunir)* to uncouple.

desengañar I *vtr* 1 **d. a algn**, to open sb's eyes, put sb wise. 2 *(quitar ilusión)* to disappoint, disillusion; **está desengañado de la política**, he's disillusioned with politics. II **desengañarse** *vr* 1 *(ver el error)* to see, realize. 2 *(sufrir un desengaño)* to be disappointed. 3 *(perder ilusión)* to face the truth *o* the facts; **se desengañó de llegar a ser actor famoso**, he accepted that he would never be a famous actor; *fam* **¡desengáñate!**, (let's) face it!

desengaño *nm* 1 disappointment; **llevarse** *o* **sufrir un d. con algo**, to be disappointed in sth. 2 *(verdad desagradable)* eye-opener.

desengrasar *vtr* to degrease, remove the grease from.

desenhebrar *vtr (una aguja)* to unthread.

desenlace *nm* 1 *(resultado)* result, outcome; **un feliz d.**, a happy end. 2 *Cin Teat Lit* ending, dénouement.

desenlazar [4] *vtr* to untie, undo; *fig* to unravel, solve.

desenmarañar *vtr (pelo)* to untangle; *(un problema)* to unravel, clear up; *(un asunto)* to sort out.

desenmascarar I *vtr* to unmask. II **desenmascararse** *vr* 1 to take off one's mask. 2 *fig (conocerse)* to be revealed, show up.

desenredar I *vtr* to untangle, disentangle. II **desenredarse** *vr* to get out of, extricate oneself from.

desenrollar *vtr* to unroll, unwind.

desenroscar [1] *vtr* to unscrew, uncoil.

desensillar *vtr (un caballo)* to unsaddle.

desentenderse [28] *vr* 1 *(afectar ignorancia)* to ignore **(de, -)**, pretend not to hear *o* know **(de,** about); **se desentiende de nuestros problemas**, he ignores our problems. 2 *(no ocuparse)* to have nothing to do with; **se desentendió del asunto**, he wanted nothing to do with the matter.

desenterrar [27] *vtr* 1 *(un cadáver)* to exhume, disinter; **d. un tesoro escondido**, to dig up a hidden treasure. 2 *fig (traer a la memoria)* to revive, recall.

desentoldarse *vr Méx (cielo)* to clear.

desentonar *vi* 1 *Mús* to sing out of tune, be out of tune. 2 *(contrastar)* not to match; **las cortinas desentonan del resto**, the curtains don't match the rest. 3 *(estar fuera de lugar)* to be out of place, seem wrong; **sus modales desentonan en tan selecta compañía**, his manners seem out of place in such refined company.

desentramar *vtr Arg (un andamio)* to dismantle, take apart.

desentrañar *vtr (destripar)* to disembowel; *fig (un problema)* to unravel, get to the bottom of, figure out.

desentrenado,-a *adj* out of training *o* shape.

desentumecer [43] *vtr* to put the feeling back into; **d. las piernas**, to stretch one's legs.

desenvainar *vtr (espada)* to draw.

desenvoltura *nf* 1 *(soltura)* grace, ease. 2 *(naturalidad)* confidence. 3 *(desvergüenza)* boldness, insolence.

desenvolver [32] *(pp desenvuelto)* I *vtr* to unwrap. II **desenvolverse** *vr* 1 *(manejarse)* to manage, cope; **se desenvuelve muy bien**, he copes very well. 2 *(desarrollarse)* to go, develop; **la entrevista se desenvolvió con normalidad**, the interview went (off) smoothly.

desenvuelto,-a I *pp de* **desenvolver**. II *adj* 1 natural, confident; **actitud desenvuelta**, naturalness. 2 *(hábil)* resourceful, quick. 3 *(ágil)* graceful, deft.

deseo *nm* desire, wish; **buenos deseos**, good intentions; **formular un d.**, to make a wish; **se cumplieron sus deseos**, his wishes came true.

deseoso,-a *adj* eager, desirous, anxious; **estar d. de amistad**, to long *o* yearn for friendship; **estar d. de hacer algo**, be eager to do sth.

desequilibrado,-a I *pp de* **desequilibrar**. II *adj* unbalanced, off balance. III *nm,f* unbalanced person.

desequilibrar I *vtr* to unbalance, throw off balance. II **desequilibrarse** *vr* to become mentally disturbed.

desequilibrio *nm* lack of balance, imbalance; **d. mental**, mental disorder.

deserción *nf* 1 *Mil* desertion. 2 *(abandono)* abandonment.

desertar *vi* 1 *Mil* to desert. 2 *(abandonar) (obligaciones)* to abandon; *(fiesta)* to leave.

desértico,-a *adj* desert; **terrenos desérticos**, desert lands.

desertización *nf* desertification.

desertor,-a *nm,f Mil & fig* deserter.

desesperación *nf* despair, desperation; **con total d.**, in total despair; **es una d. tener que esperar tanto**, it's exasperating *o* unbearable to have to wait so long.

desesperado,-a I *pp de* **desesperar**. II *adj* 1 *(sin esperanza)* desperate, hopeless; **en situación desesperada**, in a hopeless situation. 2 *(desazonado)* exasperated, infuriated. III *nm,f* desperate person; *fig* **a la desesperada**, as a last hope; *fig* **como un d.**, like a madman; *fig* **correr como un d.**, to run like mad.

desesperante *adj* exasperating.

desesperanza *nf* despair, hopelessness, desperation.

desesperanzar [4] I *vtr* to make lose hope; **la falta de noticias lo desesperanzó totalmente,** the lack of news plunged him into total despair. II **desesperanzarse** *vr* to despair, lose hope.

desesperar I *vtr* to exasperate. II *vi* to have lost (all) hope; **desespero ya de encontrarlo,** I've given up all hope of finding it. III **desesperarse** *vr* 1 to lose hope, despair. 2 *(irritarse)* to feel helpless. 3 *(lamentarse)* to regret.

desestabilización *nf* destabilization.

desestabilizar [4] *vtr* to destabilize.

desestimación *nf* refusal, rejection.

desestimar *vtr (solicitud, recurso)* to refuse, reject.

desfachatez *nf* cheek, nerve.

desfalcar [1] *vtr Fin* to misappropriate, embezzle.

desfalco *nm Fin* embezzlement, misappropriation.

desfallecer [43] *vi* 1 to lose strength, faint; **estoy que desfallezco,** I feel faint. 2 *(desanimarse)* to lose heart.

desfallecido,-a I *pp de* **desfallecer.** II *adj* exhausted, very weak, faint.

desfallecimiento *nm* faintness.

desfasado,-a I *pp de* **desfasar.** II *adj* 1 outdated; **tu libro está d.,** your book is out of date. 2 *(persona)* old-fashioned, behind the times. 3 *Téc* out of phase.

desfasar I *vtr Téc* to phase out. II **desfasarse** *vr* 1 *Téc* to change the phase. 2 *(persona)* to be out of synch; *arg* to be high.

desfase *nm* 1 *(diferencia)* gap, imbalance; **d. horario,** jet lag; **hay un gran d. entre lo que dice y lo que hace,** he says one thing and does something quite different. 2 *Elec* phase difference.

desfavorable *adj* unfavourable, *US* unfavorable.

desfavorecer [43] *vtr* 1 *(perjudicar)* to disadvantage; **la nueva ley de renta desfavorece a los solteros,** the new tax law has disadvantages for unmarried people. 2 *(sentar mal)* not to flatter, not suit; **ese corte de pelo te desfavorece,** this haircut doesn't suit you.

desfibrar *vtr Téc* to shred.

desfigurado,-a I *pp de* **desfigurar.** II *adj (persona)* disfigured; *(estatua etc)* disfaced; *fig (hecho)* distorted.

desfigurar *vtr (cara)* to disfigure; *(estatua)* to disface; *fig (verdad)* to distort; *fig* **su versión de los hechos desfiguraba la realidad,** his version of the events did not reflect the truth.

desfiladero *nm* defile, narrow pass.

desfilar *vi* 1 *(gen)* to march in single file, defile. 2 *Mil* to march, march past, parade. 3 *(acudir)* to come; **por su casa desfilan todo tipo de personas,** all kinds of people are always dropping in at her place. 4 *(irse)* to leave, file out.

desfile *nm Mil* parade, march past; **d. de carrozas,** procession of floats; *Mil* **d. de la victoria,** victory parade; **d. de modas,** fashion show.

desfloración *nf* deflowering.

desflorar *vtr* 1 *(estropear)* to spoil, ruin. 2 *(desvirgar)* to deflower. 3 *(tema)* to touch on, skim over.

desfogar [7] I *vtr* to let out, give vent to; **desfoga sus problemas en el trabajo con sus hijos,** he takes his problems at work out on his children. II **desfogarse** *vr* to let off steam; **se desfoga con la bebida,** he drowns his sorrows in drink.

desfondar I *vtr* 1 *(quitar el fondo)* to knock the bottom out of; *fig (quitar fuerza)* to whack, tire out. 2 *Agr (la tierra)* to plough deeply. II **desfondarse** *vr* to collapse; *fig* to flake out.

desfonde *nm* removal *o* knocking out of the bottom; *fig* exhaustion.

desgaire *nm* nonchalance, careless; **al d.,** nonchalantly, carelessly.

desgajar I *vtr* 1 *(una rama)* to tear off; *(una página)* to rip *o* tear out. 2 *(romper)* to break. II **desgajarse** *vr* 1 *(separarse)* to come off. 2 *(persona)* to leave, split away **(de,** from), break ties **(de,** with).

desgalichado,-a *adj fam* gawky, ungainly.

desgana *nf* 1 *(inapetencia)* lack of appetite. 2 *(apatía)* apathy, indifference; **con d.,** reluctantly, unwillingly.

desganado,-a *pp de* **desganar.** II *adj* 1 *(inapetente)* not hungry; **estar d.,** to have no appetite. 2 *(apático)* apathetic, half-hearted.

desganar I *vtr* to spoil the appetite of. II **desganarse** *vr* 1 *(perder el apetito)* to lose one's appetite. 2 *(desinteresarse)* to lose interest **(de,** in), go off **(de,** -).

desgañitarse *vr fam* to shout oneself hoarse, shout one's head off.

desgarbado,-a *adj* ungraceful, ungainly.

desgarrador,-a *adj* heart-breaking, heart-rending; *(aterrador)* bloodcurdling.

desgarramiento *nm* ripping, tearing.

desgarrar *vtr* 1 *(romper)* to tear, rip. 2 *fig (corazón)* to break.

desgarriate *nm Méx (desastre)* disaster; *(destrozo)* damage.

desgarro *nm* 1 tear, rip. 2 *Am (esputo)* spit, spittle.

desgarrón *nm* big tear, rip, slash.

desgastar I *vtr (consumir)* to wear out; *fig* **los diez primeros minutos de la batalla desgastaron nuestras fuerzas,** we used up all our strength in the first ten minutes of the battle. II **desgastarse** *vr (consumirse)* to wear out; *fig (persona)* to wear oneself out.

desgaste *nm* wear, wear and tear; *(metal)* corrosion; *(cuerdas)* fraying.

desglosar *vtr (escrito)* to detach; *(gastos)* to break down.

desglose *nm* breakdown, separation.

desgobierno *nm* misgovernment, mismanagement, mishandling.

desgracia *nf* 1 *(contrariedad)* misfortune, mishap; **para colmo de desgracias** *o* **para mayor d.,** to top it all; **por d.,** unfortunately; **¡qué d.!,** how awful! 2 *(deshonor)* disfavour, *US* disfavor, disgrace; **caer en d.,** to lose favour, fall into disgrace.

desgraciado,-a I *pp de* **desgraciar.** II *adj* unfortunate, unlucky; **una infancia desgraciada,** an unhappy childhood. III *nm,f* unfortunate *o* unlucky person; **ser un pobre d.,** to be a poor devil. ◆**desgraciadamente** *adv* unfortunately.

desgraciar [12] I *vtr* 1 *(echar a perder)* to spoil. 2 *(herir gravemente)* to injure seriously. II **desgraciarse** *vr* 1 *(plan)* to fall through. 2 *(persona)* to be hurt.

desgranadora *nf Agr* threshing machine.

desgranamiento *nm* 1 *(guisantes)* shelling. 2 *(trigo)* threshing.

desgranar I *vtr* 1 *(guisantes)* to shell; *(trigo)* to thresh; **d. un racimo de uvas,** to pick grapes from a bunch. 2 *fig (analizar)* to spell out. II **desgranarse** *vr* to come loose.

desgrane *nm véase* **desgranamiento.**

desgravable *adj Fin* tax-deductible.

desgravación *nf Fin* deduction; **d. fiscal,** tax deduction.

desgravar *vtr Fin (impuestos)* to deduct.

desgravio *nm* 1 *(persona)* atonement, satisfaction; **en d. de,** in amends for. 2 *(compensación)* indemnification, compensation.

desgreñado,-a I *pp de* **desgreñar.** II *adj* 1 *(pelo)* ruffled, tousled, dishevelled. 2 *(persona)* dishevelled.

desgreñar I *vtr* to ruffle, dishevel, tousle. II **desgreñarse** *vr* to mess up *o* untidy one's hair.

desguace *nm (de barcos)* breaking up; *Aut* scrapping.

desguanzo *nm Méx* weakness.

desguañangar *vtr Am fam* to wreck.

desguardo *nm Arg (medallón)* locket; *(talismán)* talisman.

desguarnecer [43] *vtr* 1 to take off, remove, strip off. 2 *Mil* to leave unprotected, remove the garrison from.

desguazar [4] *vtr Náut (un barco)* to break up; *Aut* to scrap.

deshabillé *nm* negligé, *US* negligee.

deshabitado,-a I *pp de* **deshabitar.** II *adj* uninhabited, unoccupied.

deshabitar *vtr (lugar, casa)* to leave, abandon, vacate.

deshabituar [11] I *vtr (perder la costumbre de)* to get out of the habit of; *(superar un hábito)* to break the habit of. II **deshabituarse** *vr (perder la costumbre)* to get out of the habit, lose the habit; *(superar un hábito)* to break the habit.

deshacer [73] *(pp deshecho)* I *vtr* 1 *(un paquete)* to undo; *(una cama)* to unmake; *(una maleta)* to unpack; *(puntadas)* to unpick; *fig* **d. el camino,** to retrace one's steps; *fig* **ser el que hace y deshace,** to be the boss, rule the roost. 2 *(destruir)* to destroy, ruin; *fig* **d. a algn,** to be the ruin of sb. 3 *(romper un acuerdo)* to break off. 4 *(disolver) (un sólido)* to dissolve; *(helado, chocolate, cera, etc)* to melt. II **deshacerse** *vr* 1 *(gen)* to come undone *o* untied. 2 *(afligirse)* to go to pieces; **se deshizo al morir su madre,** he went to pieces when his mother died. 3 *(disolverse) (un sólido)* to dissolve; *(helado, chocolate, cera, etc)* to melt. 4 *(desvanecerse)* to fade away, disappear. 5 *(prodigar)* to be full **(en,** of); **d. en elogios,** to be full of praise; **d. en lágrimas,** to cry one's eyes out. 6 *(esforzarse)* to break one's back, bend over backwards; **d. en atenciones,** to be extremely kind; **d. trabajando,** to wear oneself out working; **se deshace por complacerme,** he would do anything to please me. 7 *(desembarazarse)* to get rid **(de,** of); **deshazte de él,** get rid of him. 8 *(chiflarse)* to be crazy *o* mad (about).

desharrapado,-a I *adj* ragged, shabby, tattered. II *nm,f* shabby person, tramp.

deshecho,-a I *pp de* **deshacer.** II *adj* 1 undone, untied; *(cama)* unmade; *(maleta)* unpacked; *(paquete)* unwrapped. 2 *(destrozado)* destroyed, disintegrated; **el coche quedó d.,** the car was a write-off. 3 *(roto)* broken, smashed. 4 *(disuelto)* dissolved; *(derretido)* melted. 5 *(abatido)* devasted, shattered;

está d. con la enfermedad de su hijo, he's shattered by his son's illness. 6 *(agotado)* exhausted, tired out, shattered.

deshelar [27] *vtr* to thaw, melt; *(congelador)* to defrost; *(parabrisas)* to de-ice.

desherbar [27] *vtr* to weed.

desheredado,-a I *pp de* **desheredar.** II *adj* disinherited; *fig* deprived, underprivileged. III *nm,f* disinherited person; *fig* deprived *o* underprivileged person; **los desheredados,** the deprived.

desheredar *vtr* to disinherit.

deshidratación *nf* dehydration.

deshidratado,-a I *pp de* **deshidratar.** II *adj* dehydrated.

deshidratar I *vtr* to dehydrate. II **deshidratarse** *vr* to become dehydrated.

deshidrogenar *vtr* to dehydrogenate, dehydrogenize.

deshielo *nm* 1 *(gen)* thaw; *(congelador)* defrosting; *(parabrisas)* de-icing. 2 *fig (distensión)* thaw.

deshilachado,-a I *pp de* **deshilachar.** II *adj* frayed.

deshilachar *vtr* to fray.

deshilado,-a I *pp de* **deshilar.** II *adj* frayed.

deshilar *vtr véase* **deshilachar.**

deshilvanado,-a I *pp de* **deshilvanar.** II *adj* *Cost* untacked. 2 *fig (sin enlace)* disjointed.

deshilvanar *vtr Cost* to untack.

deshinchado,-a I *pp de* **deshinchar.** II *adj* flat, deflated.

deshinchar I *vtr* to deflate, let down. II **deshincharse** *vr* 1 to go down; **ya se me ha deshinchado el brazo,** the swelling in my arm has gone down. 2 *fig (persona)* to get off one's high horse.

deshojar *vtr (flor)* to remove *o* strip the petals of; *(árbol)* to remove *o* strip the leaves of; *(libro)* to tear the pages out of.

deshollinador,-a *nm,f* chimney sweep.

deshollinar *vtr (chimenea)* to sweep.

deshonestidad *nf* 1 *(sin honestidad)* dishonesty. 2 *(impudor)* immodesty, impropriety, indecent.

deshonesto,-a *adj* 1 *(sin honestidad)* dishonest. 2 *(inmoral)* immodest, indecent, improper.

deshonor *nm,* **deshonra** *nf* dishonour, *US* dishonor, disgrace.

deshonrar *vtr* 1 *(gen)* to dishonour, *US* dishonor. 2 *(ofender)* to insult. 3 *(ultrajar)* to slander, difame *(desprestigiar)* to bring disgrace on.

deshonroso,-a *adj* dishonourable, *US* dishonorable, disgraceful, shameful.

deshora (a) *loc adv* at an unreasonable *o* inconvenient time; **comer a d.,** to eat at odd times.

deshuesadora *nf* stoning *o* boning machine.

deshuesar *vtr (carne)* to bone; *(fruta)* to stone.

deshumanización *nf* dehumanization.

deshumanizado,-a I *pp de* **deshumanizar.** II *adj* dehumanized.

deshumanizar [4] *vtr* to dehumanize.

desiderata *nf* desiderata.

desiderativo,-a *adj* desiderative.

desidia *nf* apathy, negligence, slovenliness.

desidioso,-a *adj* apathetic, negligent, slovenly.

desierto,-a I *adj* 1 *(deshabitado)* uninhabited; **isla desierta,** desert island. 2 *(con poca o sin gente)* empty, deserted; **el teatro estaba d.,** the theatre was empty. 3 *(no adjudicado)* void; **el jurado declaró d**

el premio, the prize was declared void; **quedar d.,** to be declared void. **II** *nm* desert; **clamar en el d.,** to cry in the desert.

designación *nf* **1** *(nombre)* name, designation. **2** *(nombramiento)* appointment, designation.

designar *vtr* **1** *(denominar)* to call, designate. **2** *(asignar un cargo)* to appoint, assign. **3** *(fijar)* to assign, fix.

designio *nm* intention, plan; **los designios del Señor,** God's will.

desigual *adj* **1** *(gen)* uneven. **2** *(diferente)* unequal, different. **3** *(variable)* changeable; **tiempo/carácter d.,** changeable weather/temper. **4** *(no liso)* uneven, rough. **5** *(irregular)* uneven, irregular, inconsistent.

desigualar **I** *vtr* to make unequal *o* uneven. **II desigualarse** *vr* to become unequal *o* uneven.

desigualdad *nf* **1** *(gen)* inequality. **2** *(diferencia)* difference. **3** *(de carácter)* changeability. **4** *(en el terreno)* roughness. **5** *(en la escritura)* unevenness, inconsistency.

desilusión *nf* disappointment, disillusionment.

desilusionado,-a *I pp de* **desilusionar.** **II** *adj* disappointed, disillusioned. disheartened.

desilusionar **I** *vtr* to disappoint, disillusion, dishearten. **II desilusionarse** *vr* to be disappointed, become disillusioned.

desimanar *vtr,* **desimantar** *vtr* to demagnetize.

desinencia *nf Ling* desinence.

desinfección *nf* disinfection.

desinfectante *adj & nm* disinfectant.

desinfectar *vtr* to disinfect.

desinflamación *nf Med* reduction of inflammation.

desinflamar *Med* **I** *vtr* to reduce the swelling *o* inflammation in. **II desinflamarse** *vr* to go down, become less swollen *o* inflamed.

desinflar **I** *vtr* to deflate; *(una rueda)* to let down. **II desinflarse** *vr* **1** to go flat. **2** *fam fig (desanimarse)* to lose interest, cool off.

desinsectación *nf* fumigation.

desinsectar *vtr (fumigar)* to fumigate.

desintegración *nf* disintegration, break up; **d. atómica,** atomic disintegration; **d. nuclear,** nuclear fission.

desintegrar **I** *vtr* **1** to disintegrate, break up. **2** *Fís (un átomo)* to split. **II desintegrarse** *vr* **1** to disintegrate, break up. **2** *Fís* to split.

desinterés *nm* **1** *(generosidad)* unselfishness, generosity; **todo lo hace con d.,** his motives are completely unselfish. **2** *(falta de interés)* lack of interest, apathy; **su desinterés por el trabajo es preocupante,** his lack of interest in work is worrying.

desinteresado,-a **I** *pp de* **desinterarse.** **II** *adj* selfless, unselfish.

desinteresarse *vr* **1** *(desentenderse)* to have nothing to do **(de,** with). **2** *(perder interés)* to lose interest **(de,** in), go off **(de,** -).

desintoxicación *nf* detoxication, detoxification; **una cura de d. alcohólica,** a drying-out cure.

desintoxicar [1] **I** *vtr* to detoxicate, detoxify; *(alcohol)* to dry out. **II desintoxicarse** *vr Med* to detoxicate oneself; *(alcohol)* to dry out.

desistir *vi* to desist, give up; *Jur* to waive.

deslavar *vtr* **1** *(lavar mal)* to half-wash. **2** *Méx (ribera de un río)* to wash away.

deslavazado,-a *adj* **1** *(sin firmeza)* limp. **2** *(deshilvanado)* disjointed.

desleal *adj* disloyal.

deslealtad *nf* disloyalty.

desleír [37] **I** *vtr (sólido)* to dissolve; *(líquido)* to dilute. **II desleírse** *vr* to dissolve.

deslenguado,-a **I** *pp de* **deslenguarse.** **II** *adj (insolente)* insolent, cheeky; *(grosero)* coarse, foulmouthed.

deslenguarse [22] *vr* to be rude.

desliar [13] **I** *vtr (un paquete)* to unwrap. **II desliarse** *vr* to come unwrapped *o* undone, open.

desligar [7] *vtr* **1** *(desatar)* to untie, unfasten. **2** *fig (independizar)* to separate; **d. a algn de un compromiso,** to free *o* release sb from an obligation; **d. el aspecto político y el económico,** to consider the political and economic aspects separately.

deslindar *vtr* **1** *(una propiedad)* to set out the boundaries of. **2** *fig (aclarar)* to define, outline.

deslinde *nm* setting out of boundaries.

deslío *indic pres véanse* **desleír** *&* **desliar.**

desliz *nm* **1** *(resbalón)* slip, slide. **2** *fig (error)* mistake, error, slip; **cometer** *o* **tener un d.,** to slip up, make a slip.

deslizamiento *nm* slipping, slip; **un d. de tierra,** landslide.

deslizar [4] **I** *vtr* **1** *(pasar)* to slide, slip. **2** *(decir, hacer)* to slip in; **ella deslizó algunas indirectas sobre su ineficacia,** she dropped a few hints about his inefficiency; **le deslizó una nota en el bolso,** he slipped a note into her handbag. **II** *vi (resbalar)* to slide, slip. **III deslizarse** *vr* **1** *(patinar)* to slide; *(sobre agua)* to glide. **2** *(fluir)* to flow; **las aguas se deslizan plácidamente,** the waters flow peacefully by. **3** *(transcurrir)* to go by, fly; **la mañana se deslizó sin sobresaltos,** the morning passed by without incidents. **4** *(entrar)* to slip into; *(salir)* to slip out of; **se deslizó en los camerinos sin que nadie lo viera,** he slipped unseen into the dressing rooms.

deslomar **I** *vtr* to wear out, exhaust. **II deslomarse** *vr* to wear oneself out, break one's back.

deslucido,-a **I** *pp de* **deslucir.** **II** *adj* **1** *(sin brillo)* faded, dull, lacklustre, *US* lackluster. **2** *(sin brillantez)* unimpressive, unexciting.

deslucir [45] *vtr* **1** to dull, fade. **2** *(quitar atractivo)* to spoil.

deslumbrador,-a *adj* **1** dazzling. **2** *(que asombra)* dazzling, impressive.

deslumbramiento *nm* dazzle, dazzling.

deslumbrante *adj véase* **deslumbrador,-a.**

deslumbrar *vtr* to dazzle.

deslustrar *vtr* **1** *(quitar brillo)* to take the shine off, dull. **2** *(desacreditar)* to stain, tarnish.

desluzco *indic pres véase* **deslucir.**

desmadejado *adj* tired out, exhausted.

desmadejamiento *nm* exhaustion.

desmadejar *vtr* to tire out, exhaust.

desmadrado,-a **I** *pp de* **desmadrarse.** **II** *adj fam* wild, unruly; **los niños están desmadrados hoy,** the children are wild today.

desmadrarse *vr fam* to go wild.

desmadre *nm fam* chaos, havoc, hullabaloo.

desmagnetizar [4] *vtr* to demagnetize.

desmalezar [4] *vtr Am* to weed.

desmán *nm* outrage, excess.

desmanchar *Am* **I** *vtr* to clean, remove spots from. **II desmancharse** *vr* **1** *(apartarse)* to move away. **2** *(salir a correr)* to go for a run.

desmandado,-a I *pp de* desmandarse. **II** *adj* **1** *(persona)* rebellious; **multitud desmandada,** unruly crowd. **2** *(animal)* stray; **un caballo d.,** a runaway horse.

desmandarse *vr* to rebel, get out of hand, run wild; *(animal)* to stray from the herd; *(caballo)* to bolt.

desmano (a) *loc adv* out of the way; **me coge a d.,** it is out of my way.

desmantelado,-a I *pp de* desmantelar. **II** *adj* **1** dismantled. **2** *Náut* dismasted, unrigged.

desmantelamiento *nm* **1** dismantling. **2** *Náut* dismasting, unrigging.

desmantelar *vtr* **1** to dismantle. **2** *Náut* to dismast, unrig.

desmaquillador,-a I *adj* **leche desmaquilladora,** cleansing cream *o* milk, make-up remover. **II** *nm* make-up remover.

desmaquillar(se) *vtr & vr* to remove one's make-up.

desmarcarse [1] *vr Dep* to lose one's marker.

desmayado,-a I *pp de* desmayarse. **II** *adj* unconscious; **caer d.,** to faint.

desmayarse *vr* to faint, lose consciousness, swoon.

desmayo *nm* faint, fainting fit; **tener un d.,** to faint.

desmedido,-a *adj* disproportionate, out of all proportion; **ambición desmedida,** unbounded ambition.

desmedrado,-a *adj* tiny, puny, emaciated.

desmejorar(se) *vi & vr* to deteriorate, go downhill; **estar desmejorado,-a,** to look off-colour *o* unwell.

desmelenado,-a I *pp de* desmelenarse. **II** *adj* tousled, ruffled, dishevelled.

desmelenar I *vtr (despeinarse)* to dishevel. **II** desmelenarse *vr fam (desmadrarse)* to let one's hair down.

desmembración *nf*, **desmembramiento** *nm* dismemberment; *fig* separation, division.

desmembrar [27] *vtr* to dismember; *fig* to split *o* break up.

desmemoriado,-a *adj* forgetful, absent-minded.

desmentir [35] *vtr* **1** *(gen)* to deny. **2** *(contradecir)* to belie, contradict. **3** *(desmerecer)* not to live up to.

desmenuzar [4] *vtr* **1** *(deshacer)* to break into little pieces, crumble; *(carne)* to chop up. **2** *fig (analizar)* to examine in detail; **d. un asunto,** to look into a subject carefully.

desmerecer [43] *vi* **1** *(perder valor)* to lose value. **2** *(ser inferior)* to compare unfavourably **(de,** with), be inferior **(de,** to).

desmerecimiento *nm* demerit.

desmesura *nf* immoderation, disproportion.

desmesurado,-a *adj* disproportionate, excessive. ◆**desmesuradamente** *adv* extremely, disproportionately, excessively.

desmigajar *vtr*, **desmigar** [7] *vtr (pan)* to crumble.

desmilitarización *nf* demilitarization.

desmilitarizar [4] *vtr* to demilitarize.

desmineralización *nf* demineralization.

desmineralizar [4] *vtr* to demineralize.

desmirriado,-a *adj véase* esmirriado,-a.

desmontable *adj* that can be taken to pieces; **estantería d.,** shelf in kit form.

desmontar I *vtr* **1** *(desarmar)* to take to pieces, take down, dismantle. **2** *(derribar)* to knock down. **3** *(cortar árboles)* to clear of trees. **4** *(allanar)* to level. **5** *(armas)* to uncock. **II** *vi (apearse)* to dismount **(de, -),** get off **(de, -).**

desmoralización *nf* demoralization.

desmoralizador,-a *adj* demoralizing.

desmoralizar [4] *vtr* to demoralize.

desmoronamiento *nm* disintegration, decay, crumbling; **el d. de un imperio,** the fall of an empire.

desmoronar I *vtr* to disintegrate, destroy; *(una roca)* to erode. **II** desmoronarse *vr* to crumble, fall to pieces; *fig* **al oír la noticia se desmoronó,** he was devastated by the news.

desmotar *vtr* **1** *(la lana)* to burl. **2** *Am (el algodón)* to gin.

desmovilización *nf Mil* demobilization.

desmovilizar [4] *vtr Mil* to demobilize.

desnacionalización *nf Fin* denationalization, privatization.

desnacionalizar [4] *vtr Fin* to denationalize, privatize.

desnatar *vtr (leche)* to skim.

desnaturalización *nf* **1** adulteration. **2** *(destierro)* banishment. **3** *Quím* denaturation.

desnaturalizado,-a I *pp de* desnaturalizar. **II** *adj* **1** adulterated, distorted. **2** *Quím* denatured; **alcohol d.,** denatured alcohol. **3** *(descastado)* unnatural, inhuman.

desnaturalizar [4] *vtr* **1** *(alterar)* to adulterate, tamper with. **2** *Quím* to denature. **3** *(desterrar)* to banish.

desnivel *nm* **1** unevenness, difference of level; *fig* **el d. económico,** the economic gap. **2** *(en el terreno)* drop, difference in height.

desnivelación *nf* unevenness, unlevelling.

desnivelado,-a I *pp de* desnivelar. **II** *adj* **1** *(desigual)* not level, uneven, unequal. **2** *(desequilibrado)* out of balance.

desnivelar *vtr* **1** to make uneven, put on a different level. **2** *(desequilibrar)* to throw out of balance; *(balanza)* to tip.

desnucar [1] **I** *vtr* to break the neck of. **II** desnucarse *vr* to break one's neck.

desnuclearizar *vtr* to denuclearize.

desnudar I *vtr* to undress. **II** desnudarse *vr* to get undressed.

desnudez *nf* nudity, nakedness.

desnudismo *nm* nudism.

desnudista *adj & nmf* nudist.

desnudo,-a I *adj* naked, nude; **con los hombros desnudos,** with bare shoulders; **la verdad desnuda,** the plain *o* naked truth. **II** *nm Arte* nude.

desnutrición *nf* undernourishment, malnutrition.

desnutrido,-a I *pp de* desnutrirse. **II** *adj* undernourished.

desnutrirse *vr* to become undernourished.

desobedecer [43] *vtr* to disobey.

desobediencia *nf* disobedience.

desobediente I *adj* disobedient. **II** *nmf* disobedient person.

desocarse *vr SAm* **1** *(animales)* to be footsore. **2** *(dislocarse)* to sprain one's hand *o* foot.

esocupación *nf* 1 *(paro)* unemployment. 2 *(ocioidad)* leisure.

esocupado,-a I *pp de* desocupar. II *adj* 1 *(vacío)* empty, vacant; ¿está d. este asiento?, is this seat free? 2 *(ocioso)* free, not busy; si estás d., if you're not busy. 3 *(sin empleo)* unemployed.

esocupar I *vtr* to empty, vacate; *Mil* to evacuate. I desocuparse *vr (de un trabajo)* to give up work.

esodorante *adj & nm* deodorant.

esodorar *vtr* to deodorize.

esoír [75] *vtr* to ignore, take no notice of, turn a leaf ear to.

esojarse *vr* to strain one's eyes.

esolación *nf (aflicción)* desolation; *(pena)* grief.

esolado,-a I *pp de* desolar. II *adj* 1 *(devastado)* devastated, desolated. 2 *(desconsolado)* inconsolable, disconsolate.

esolador,-a *adj* 1 *(devastador)* devastating. 2 *(desconsolador)* desolating.

esolar [31] *vtr* 1 *(devastar)* to devastate. 2 *(desconsolar)* to desolate, distress.

esollar [31] *vtr (un animal)* to skin; *fig* d. vivo a algn, to tear sb to pieces.

esorbitado,-a I *pp de* desorbitar. II *adj* 1 *(excesivo)* disproportionate; *(exagerado)* exaggerated; precios desorbitados, exhorbitant prices. 2 con los jos desorbitados, pop-eyed.

esorbitar *vtr (exagerar)* to get out of proportion, exaggerate; d. una noticia, to blow a piece of news up out of all proportion.

esorden *nm* 1 *(desarreglo)* untidiness, disorder, mess; en d., in a mess; ¡qué d.!, what a mess! 2 *(desarreglo)* irregularity; evite el d. en las comidas, take meals at regular times. ■ desórdenes, *(disturbio)* riot ing, disorder *sing*; d. públicos, civil disorder *sing*; os últimos d. han alterado la vida ciudadana, the ecent disturbances have shaken people's lives. 4 desordenes, *(excesos)* excesses.

esordenado,-a I *pp de* desordenar. II *adj* 1 *(desarreglado)* messy, untidy; la casa está toda desordenada, the house is upside down; *fig* deas desordenadas, jumbled (up) *o* confused ideas. *fig (vida)* irregular.

esordenar I *vtr* to make untidy, mess up. II desordenarse *vr* to get *o* become untidy *o* messed up.

esorejado,-a *adj Am* without handles.

esorganización *nf* disorganization.

esorganizar [4] *vtr* to disorganize, disrupt.

esorientación *nf* disorientation; *fig* confusion.

esorientado,-a I *pp de* desorientar. II *adj* disoriented; *fig* tu reacción le dejó d., your reaction onfused him.

esorientar I *vtr* to disorientate; *fig* to confuse. II desorientarse *vr* to lose one's sense of direction, ose one's bearings, be lost *o* disoriented; *fig* to get onfused.

esosar [59] *vtr (carne)* to bone; *(fruta)* to stone.

esovar *vi (insectos)* to lay eggs; *(peces)* to spawn.

esove *nm (de insectos)* egg-laying; *(de peces)* pawning.

esoxidación *nf* deoxidization.

esoxidante I *adj* deoxidizing. II *nm* deoxidizer.

esoxidar *vtr* to deoxidize.

esoxirribonucleico,-a *adj Quím* deoxyribonucleic.

desoye *indic pres véase* desoír.

despabilado,-a I *pp de* despabilar. II *adj* 1 *(sin sueño)* wide awake. 2 *(listo)* quick, smart; ser muy d., to be quick on the uptake, have one's wits about one.

despabilar I *vtr* 1 *(despertar)* to wake up. 2 *(avivar el ingenio)* to smarten up, wise up. 3 *(consumir)* to finish off, eat up. II *vi (avivar el ingenio)* to get a move on; como no despabiles te quedas sin el trabajo, get your act together or you'll lose the job. III despabilarse *vr* 1 *(despertarse)* to wake up. 2 *(darse prisa)* to hurry up.

despachar I *vtr* 1 *(terminar)* to finish; *(resolver)* to get through. 2 *(enviar)* to send, dispatch. 3 *(tratar un asunto)* to deal with; debo d. un negocio con el director, I must settle a matter with the director; d. la correspondencia, to sort out the mail. 4 *(en tienda)* to serve; *(entradas)* to issue, sell. 5 *fam (comer)* to polish off, get through. 6 *fam fig (despedir)* to send away *o* packing, sack. 7 *fam fig (matar)* to kill. II despacharse *vr (acabar)* to finish off; d. de algo, to get rid of sth; *fig* d. a gusto con algn, to give sb a piece of one's mind.

despacho *nm* 1 *(acción)* dispatch, handling. 2 *(comunicación)* dispatch. ■ d. diplomático, diplomatic dispatch; d. telefónico, telephone call; d. telegráfico, telegram. 2 *(oficina)* office; el d. del jefe, the boss's office. ■ mesa d., desk. 3 *(en casa)* study. 4 *(venta)* selling, sale. 5 *(lugar de venta)* d. de billetes, ticket office; d. de localidades, box office; d. de vino, wine merchant's.

despachurrar *fam* I *vtr* to squash, crush, flatten. II despachurrarse *vr* to get squashed *o* crushed.

despacio I *adv* 1 *(lentamente)* slowly; camina d., walk slowly. 2 *Arg Chi (en voz baja)* quietly. II *interj* take it easy!

despacioso,-a *adj* slow, sluggish.

despampanante *adj fam* stunning.

despancar [1] *vtr SAm (maíz)* to husk.

despanzurrar *vtr fam* to squash, crush.

desparejado,-a I *pp de* desparejar. II *adj* without a partner; un calcetín d., an odd sock.

desparejar *vtr,* desaparejarse *vr* to separate.

desparejo,-a *adj* 1 *(dispar)* unlike, different. 2 *Arg Par Urug (desigual)* uneven, uncentred, *US* uncentered, unbalanced.

desparpajo *nm* 1 *(desenvoltura)* self-assurance, ease; con d., in a carefree way, confidently. 2 *CAm (desorden)* disorder, confusion.

desparramar *vtr,* desparramarse *vr* to spread, scatter; *(líquido)* to spill.

despatarrado,-a I *pp de* despatarrar. II *adj* with legs wide open.

despatarrar I *vtr fig* to amaze. II despatarrarse *vr (abrir las piernas)* to open one's legs wide, sprawl; *(al caer)* to go sprawling.

despavorido,-a *adj* terrified.

despechado,-a *adj* bearing a grudge, spiteful.

despecho *nm* spite; por d., out of spite.

despechugado,-a *fam* I *pp de* despechugarse. II *adj* bare chested.

despechugarse [7] *vr fam* to show *o* bare one's chest.

despectivo,-a *adj* 1 derogatory, contemptuous, disparaging; de forma despectiva, in a derogatory way; en tono d., contemptuously. 2 *Ling* pejorative.

despedazar [4] *vtr* to cut *o* tear to pieces.

despedida *nf* **1** farewell, goodbye. ■ **cena de d.,** farewell dinner; **d. de soltera,** hen party; **d. de soltero,** stag party. **2** *Mús* last verse (of a song).

despedir [34] **I** *vtr* **1** (*del trabajo*) to sack, fire, dismiss; ¡**está Vd. despedido!,** you're fired! **2** (*decir adiós*) to see off, say goodbye to; **fue al aeropuerto a despedirlo,** he went to see him off at the airport. **3** (*desprender*) to give off; **esta máquina despide un olor muy desagradable,** this machine gives off an awful smell. **4** (*lanzar*) to shoot; **salir d.,** to shoot off. **5** (*echar*) to chuck *o* throw out. **II despedirse** *vr* **1** (*decir adiós*) to say goodbye (**de,** to); **vino a d.,** he came to say goodbye. **2** (*irse*) to take one's leave, leave; *fam* **d. a la francesa,** to take French leave. **3** *fig* to forget, give up; **puedes despedirte de la idea de comprarte el coche,** you can forget the idea of buying the car.

despegado,-a I *pp de* **despegar. II** *adj* **1** unstuck; **la foto está despegada,** the photo has come unstuck. **2** *fig* cold, distant, detached.

despegar [7] **I** *vtr* to unstick, take off, detach. **II** *vi* *Av* to take off. **III despegarse** *vr* **1** (*separarse*) to come unstuck. **2** *fig* (*perder afecto*) to lose affection (**de,** for); (*separarse*) to alienate oneself (**de,** from), cut oneself off (**de,** from).

despego *nm* coldness, detachment; **con d.,** with indifference.

despegue *nm Av* takeoff. ■ **pista de d.,** runway.

despeinado,-a I *pp de* **despeinar. II** *adj* dishevelled, with untidy hair.

despeinar I *vtr* to ruffle; (*peinado*) to mess up. **II despeinarse** *vr* to ruffle one's hair, make one's hair untidy.

despejado,-a I *pp de* **despejar. II** *adj* **1** (*ancho*) wide, spacious; **una frente despejada,** a broad forehead. **2** (*cielo*) clear, cloudless. **3** (*listo*) clever, bright. **4** (*despierto*) wide awake.

despejar I *vtr* **1** (*desocupar*) to clear (away); **despeja la mesa de papeles,** clear those papers off the table; *Ftb* **d. el balón,** to clear the ball. **2** (*aclarar*) to disentangle; **d. la mente,** to clear one's head; **d. un enigma,** to clear up a mystery. **3** (*espabilar*) to keep awake; **el paseo te despejará,** the walk will wake you up. **4** *Mat* to find the unknown quantity. **5** *Inform* to clear. **II despejarse** *vr* **1** (*cielo*) to clear. **2** (*persona*) (*despertar*) to wake up; (*espabilarse*) to clear one's head.

despeje *nm Dep* clearance.

despellejar *vtr* **1** (*quitar el pellejo*) to skin. **2** *fig* (*criticar*) to criticize unmercifully, pull to pieces.

despelotado,-a *vulg* **I** *pp de* **despelotarse. II** *adj* naked, starkers.

despelotarse *vr vulg* **1** (*desnudarse*) to strip. **2** (*descojonarse*) to laugh one's head off, die laughing.

despelote *nm vulg* **1** (*desnudo*) strip. **2** (*descojone*) laugh.

despensa *nf* **1** (*fresquera*) pantry, larder. **2** (*víveres*) stock of food, provisions *pl*.

despeñadero *nm* cliff, precipice.

despeñar I *vtr* to throw over a cliff. **II despeñarse** *vr* to throw oneself over a cliff.

despercudir *vtr Am* to liven up, wake up.

desperdiciar [12] *vtr* (*gen*) to waste; (*oportunidad*) to throw away.

desperdicio *nm* **1** (*acto*) waste, wasting; *fig* **esta película no tiene d.,** this film is excellent from start to finish. **2 desperdicios,** (*basura*) rubbish *sing*; (*desechos*) scraps, leftovers; (*residuos*) waste *sing*.

desperdigar [7] *vtr*, **desperdigarse** *vr* to sca ter, separate.

desperezarse [4] *vr* to stretch (oneself).

desperfecto *nm* **1** (*defecto*) flaw, imperfection. (*daño*) damage; **la lluvia causó algunos despe fectos,** the rain caused some damage.

despersonalizar [4] *vtr* to depersonalize, ma impersonal.

despertador *nm* alarm clock. ■ **reloj d.,** alar watch.

despertar [27] **I** *vtr* **1** to wake (up), awaken; *fig* (*peranzas, sentimientos*) to raise, arouse. **II despe tarse** *vr* to wake (up), awaken.

despezuñarse *vr Am* **1** (*caminar de prisa*) to wa very quickly, rush. **2** (*esforzarse*) to exert onese make an effort.

despiadado,-a *adj* merciless, heartless, cruel.

despido *nm* dismissal, sacking. ■ **d. improceden** wrongful dismissal.

despierto,-a *adj* **1** (*desvelado*) awake. **2** (*espal lado*) quick, sharp, bright.

despilarar *vtr Am* to remove the props from.

despilfarrador,-a *adj & nm,f* spendthrift, waste

despilfarrar *vtr* to waste, squander.

despilfarro *nm* wasting, squandering.

despintar I *vtr* **1** (*arrancar la pintura*) to take *o* str the paint off. **2** *Am* (*apartar la mirada*) to lo away. **II despintarse** *vr* (*desteñirse*) to fade, lo colour *o US* color; (*por la lluvia*) to wash off.

despistado,-a I *pp de* **despistar. II** *adj* **1** (*ol dadizo*) absent-minded, scatterbrained. **2** (*confus* confused; **este asunto me tiene muy d.,** this busine has got me all muddled up. **III** *nm,f* absent-mind person, scatterbrain; **hacerse el d.,** to pretend n to understand.

despistar I *vtr* **1** (*hacer perder la pista*) to los throw off one's scent. **2** *fig* to mislead, muddle. **despistarse** *vr* **1** (*perderse*) to get lost, lose on way. **2** (*distraerse*) to do absent-mindedly; **me d pisté y cogí su bolso en vez del mío,** without thinki I took her bag instead of mine. **3** (*olvidarse*) forget about; **no vine porque me despisté,** I did come because it completely slipped my mind.

despiste *nm* **1** (*error*) mistake, slip; ¡**vaya d.!,** wł a blunder! **2** (*cualidad*) absent-mindedness.

desplante *nm* outspoken *o* cutting remark.

desplatear *vtr Am fam* to do out of money, fleec

desplazado,-a I *pp de* **desplazar. II** *adj* out place, misplaced; **sentirse d.,** to feel out of place

desplazamiento *nm* **1** (*viaje*) trip, journey. **2** *N* displacement. **3** (*traslado*) removal, movement.

desplazar [4] **I** *vtr* **1** (*trasladar*) to displace, mo **2** *Náut* to displace. **3** *fig* (*suplantar*) to take the pl of, supplant. **II desplazarse** *vr* (*ir*) to travel, go

desplegar [48] **I** *vtr* **1** (*abrir*) to unfold, open (ou spread (out). **2** *fig* (*energías etc*) to use, deploy. **desplegarse** *vr* **1** (*abrirse*) to unfold, open (ou spread (out). **2** *Mil* to deploy.

despliegue *nm* **1** *Mil* deployment. **2** *fig* (*muestr* display, show, manifestation.

desplomarse *vr* (*gen*) to collapse; (*caer*) to fa topple over; (*precios*) to slump, fall sharply.

desplome *nm*, **desplomo** *nm Arquit* overhang

desplumar *vtr* **1** (*ave*) to pluck. **2** *fam* (*estafar*) fleece, swindle.

despoblación *nf* depopulation. ■ **d. forestal,** ɑ forestation.

espoblar [31] I *vtr* to depopulate; **d. de árboles,** to deforest. II **despoblarse** *vr* to become depopulated.

espojar I *vtr* **1** *(quitar)* to strip, clear (**de,** of). **2** *fig* to divest, deprive (**de,** of). **3** *Jur* to dispossess. II **despojarse** *vr* **1** *(ropa)* to take off. **2** *fig (sentimiento etc)* to free oneself (**de,** of).

espojo *nm* **1** *(desposeimiento)* deprivation, stripping. **2 despojos,** *(de animal)* offal *sing*; *(desperdicios)* leftovers, scraps; *Constr* rubble *sing*; *(cadáver)* remains.

esportillar *vtr*, **desportillarse** *vr* to chip (off).

esposado,-a I *pp de* **desposar.** II *adj fml* newly-wed.

esposar I *vtr fml* to marry. II **desposarse** *vr fml '(casarse)* to get married (**con,** to); *(prometerse)* to become engaged (**con,** to).

esposeer [61] *vtr* to dispossess (**de,** of); **d. a algn de su autoridad,** to remove sb from authority.

esposeído,-a I *pp de* **desposeer.** II **los desposeídos** *nmpl* the have-nots.

esposorios *nmpl fml (boda)* marriage *sing*; *(esponsales)* engagement *sing*, betrothal *sing*.

espostar *vtr Am* to cut up.

espota *nmf* despot.

espótico,-a *adj* despotic.

espotismo *nm* despotism. ■ *Hist* **d. ilustrado,** enlightened despotism.

espotizar *vtr Am* to tyrannize.

espotricar [1] *vi* to rave (**contra,** about), rant on).

espreciable *adj* despicable, contemptible; *(en cantidad)* negligible; *(en calidad)* worthless.

espreciar [12] *vtr* **1** *(desdeñar)* to scorn, despise, look down on. **2** *(rechazar)* to reject, spurn. **3** *(menospreciar)* to deprecate, belittle.

espreciativo,-a *adj* scornful, contemptuous.

esprecio *nm* **1** *(desdén)* scorn, contempt, disdain. **2** *(desaire)* slight, snub.

esprejuiciarse *vr Am* to free oneself of prejudices, become more open-minded.

esprender I *vtr* **1** *(separar)* to remove, detach. **2** *(soltar)* to give off. II **desprenderse** *vr (soltarse)* o come off *o* away; *fig* **de aquí se desprende que ...,** t can be deduced from this that ...; *fig* **el enojo se desprende de sus palabras,** you can tell she's angry by what she's saying. **2** *(renunciar)* to part with, give away; **se desprendió de todos sus bienes,** she gave away all her possessions. **3** *fig (liberarse)* to rid (**de,** of), free (**de,** from); **se desprendió de todas sus dudas,** he rid himself of his doubts.

esprendido,-a I *pp de* **desprender.** II *adj fig* generous, unselfish, disinterested.

esprendimiento *nm* **1** *(acción)* loosening, detachment. ■ *Med* **d. de retina,** detachment of the retina; **d. de tierras,** landslide. **2** *fig (generosidad)* generosity, unselfishness.

espreocupación *nf* **1** *(tranquilidad)* unconcern, nonchalance; *(indiferencia)* indifference. **2** *(descuido)* carelessness, negligence.

espreocupado,-a I *pp de* **despreocuparse.** II *adj* **1** *(tranquilo)* unconcerned, unworried; *(indiferente)* indifferent. **2** *(descuidado)* careless, negligent, sloppy; **tener un estilo d. en el vestir,** to dress loppily *o* carelessly.

espreocuparse *vr* **1** *(tranquilizarse)* to stop worrying. **2** *(desentenderse)* to be unconcerned, be indifferent (**de,** to).

desprestigiar [12] I *vtr (desacreditar)* to discredit, run down; **su conducta le ha desprestigiado,** his behaviour has ruined his reputation. II **desprestigiarse** *vr* to lose one's prestige, bring discredit on oneself.

desprestigio *nm* discredit, loss of reputation; **campaña de d.,** smear campaign.

desprevenido,-a *adj* unprepared, unready; **coger** *o* **pillar a algn d.,** to catch sb unawares, take sb by surprise.

desproporción *nf* disproportion, lack of proportion.

desproporcionado,-a *adj* disproportionate, disproportioned, out of proportion.

despropósito *nm* piece of nonsense, silly remark; **decir muchos despropósitos,** to talk a lot of nonsense.

desprovisto,-a *adj* lacking (**de,** -), without (**de,** -), devoid (**de,** of); **d. de interés,** devoid of interest, uninteresting; **estar d. de,** to be lacking in, lack.

después *adv* **1** *(gen) (tiempo)* afterwards, later; *(entonces)* then; *(luego)* next; **poco d.,** soon after; **¿qué pasó d.?,** *(entonces)* what happened then?; *(luego)* what happened next?; **vendrá d.,** he'll come later. **2** *(orden)* next, after; **mi calle está d.,** my street is next. **3 d. de,** *(tiempo)* after; *(desde)* since; **d. de la guerra,** after the war; **d. de 1975,** since 1975. **4 d. de,** *(orden)* after; **el 2 está d. del 1,** 2 comes after 1; **mi calle está d. de la tuya,** my street is the one after yours. **5 d. (de) que,** after; **d. (de) que amanezca saldremos,** we'll go out when the sun is up; **d. (de) que lo hice, me arrepentí,** after doing it, I regretted it. **6** *(al fin y al cabo)* **d. de todo,** after all; **d. de todo es un buen chico,** when all is said and done, he's a nice guy.

despuntado,-a I *pp de* **despuntar.** II *adj* blunt.

despuntar I *vtr* **1** *(embotar)* to blunt, make blunt. **2** *Náut (cabo, punta)* to round. II *vi* **1** *(planta)* to sprout; *(flor)* to bud. **2** *(alba)* to break; **al d. el alba,** at daybreak, at dawn. **3** *fig (destacar)* to excel, stand out; **despunta por su inteligencia,** her intelligence is outstanding.

desquiciar [12] I *vtr* **1** *(puerta)* to unhinge, take off its hinges. **2** *fig (transtornar)* to upset, unsettle; *(volver loco)* to unhinge. II **desquiciarse** *vr* **1** *(puerta)* to come off its hinges. **2** *fig (volverse loco)* to go crazy.

desquitarse *vr* to get even, take revenge; **hoy he perdido pero mañana me desquitaré de esta derrota,** I've lost today but I'll make up for my defeat tomorrow.

desquite *nm (satisfacción)* satisfaction; *(venganza)* revenge, retaliation; **tomarse el d.,** to have one's revenge, get one's own back.

destacado,-a I *pp de* **destacar.** II *adj* outstanding, prominent, distinguished.

destacamento *nm Mil* detachment.

destacar [1] I *vtr* **1** *Mil* to detach. **2** *Arte* to make stand out, highlight. **3** *fig* to emphasize, point out; **me gustaría d. que ...,** I would like to point out that ... . II *vi (descollar)* to stand out; **destaca por su bondad,** his kindness is exceptional. III **destacarse** *vr* to stand out.

destajo *nm* piecework; **trabajar a d.,** to do piecework; *fig* **hablar a d.,** to talk nineteen to the dozen.

destapar I *vtr* **1** *(abrir)* to open; *(descubrir)* to uncover; *(botella)* to uncork; *(abrir la tapa)* to take the lid off. **2** *fig* to reveal, uncover. II *vi Méx (echar a correr)* to start running. III **destaparse** *vr* **1** to get uncovered; **durmiendo me destapé,** the sheets slipped off me while I was asleep. **2** *fig* to do unexpectedly; **se destapó diciendo que no quería ir,** all of a sudden he said he didn't want to go.

destape *nm fam Cin Teat* striptease; **una película de d.,** a blue movie.

destartalado,-a *adj (desproporcionado)* rambling; *(desvencijado)* tumbledown, ramshackle; *(coche)* rickety.

destellar *vi* to flash, sparkle, glitter.

destello *nm (resplandor)* flash, sparkle; *(brillo)* gleam, wink; *fig* glimmer; **a veces tiene destellos de inteligencia,** sometimes he shows a glimmer of intelligence.

destemplado,-a I *pp de* **destemplar.** II *adj* **1** *Mús* harsh, out of tune, discordant. **2** *(voz, gesto)* sharp, snappy; **con cajas destempladas,** rudely, brusquely. **3** *(carácter, actitud)* irritable, tetchy. **4** *Meteor (tiempo)* unpleasant. **5** *(enfermo)* indisposed, out of sorts.

destemplanza *nf* **1** *Mús* harshness. **2** *(irritabilidad)* irritability. **3** *Meteor* unpleasantness. **4** *Med (indisposición)* indisposition.

destemplar *vtr* **1** *Mús (desafinar)* to put out of tune. **2** *fig (descomponer)* to disturb, upset. II **destemplarse** *vr* **1** *Mús (desafinarse)* to get out of tune. **2** *Med* to become indisposed *o* out of sorts.

desteñir [36] I *vtr* to discolour, *US* discolor. II *vi* to lose colour *o US* color, fade; *(color)* to run; **esta tela destiñe,** this fabric is not colour fast. III **desteñirse** *vr* to lose colour *o US* color, fade; **los pantalones se destiñeron,** the trousers faded.

desternillarse *vi fam* **d. (de risa),** to split one's sides laughing.

desterrado,-a I *pp de* **desterrar.** II *nm,f* exile.

desterrar [27] *vtr* to exile, banish; *fig* **d. la tristeza,** to banish sadness.

destetar *vtr* to wean.

destete *nm* weaning.

destiempo (a) *loc adv* at the wrong time *o* moment.

destierro *nm* **1** *(acción, pena)* exile. **2** *(lugar)* place of exile.

destilación *nf* distillation.

destilado,-a I *pp de* **destilar.** II *adj* distilled; **agua destilada,** distilled water.

destilador,-a I *adj* distilling. II *nm,f* **1** *(persona)* distiller. **2** *(alambique)* still.

destilar *vtr* **1** *(filtrar)* to distil. **2** *(sangre, pus)* to exude, ooze. **3** *fig (revelar)* to exude, reveal; **sus ojos destilaban odio,** the look in her eyes was full of hatred.

destilería *nf* distillery.

destinado,-a I *pp de* **destinar.** II *adj* destined, bound; *fig* **estar d. al fracaso,** to be doomed to failure.

destinar *vtr* **1** *(asignar)* to set aside, assign; **d. una cantidad de dinero para gastos,** to allot some money for expenses, put aside some money for expenses. **2** *(nombrar)* to appoint; **le han destinado a la sucursal de Granada,** he has been appointed to the Granada branch. **3** *Mil (asignar a puesto)* to post.

destinatario,-a *nm,f* **1** *(de paquete, carta)* addressee. **2** *(de mercancías)* consignee.

destino *nm* **1** *(uso)* purpose, use; **una habitación sin d. fijo,** an all-purpose room. **2** *(rumbo)* destination; **el avión con d. a Santiago,** the plane to Santiago; **el barco con d. a Dublín,** the boat bound for Dublin;

salir con d. a Salamanca, to leave for Salamanca *(puesto de trabajo)* position, post; **salió ayer para d.,** he left yesterday to take up his post; **un d. cartero,** a job as a postman. **4** *(sino)* fate, fortun **el d. lo quiso así,** it was fate, it was fated to be; **fuerza del d.,** the power of destiny.

destitución *nf* dismissal from office.

destituir [62] *vtr* to dismiss *o* remove from offic

destornillador *nm* **1** *(herramienta)* screwdriver *fam (combinado)* screwdriver, vodka and orang

destornillar *vtr* to unscrew.

destorrentado,-a I *pp de* **destorrentarse.** II *e CAm (manirroto)* lavish, reckless.

destorrentarse *vr* **1** *Hond Méx (perder el tino)* go off the rails. **2** *Méx fig (ir por mal camino)* to astray.

destratar *vtr Am (trato)* to break off.

destrenzar [4] *vtr* to unplait.

destreza *nf* skill, dexterity; **tener d.,** to be skilfu

destripar *vtr* **1** *(animal, persona)* to disembow *(pescado)* to gut. **2** *(despanzurrar)* to cut open; **d tripé el cojín,** I tore the cushion open.

destronamiento *nm (de un monarca)* dethro ment; *fig* overthrow.

destronar *vtr (monarca)* to dethrone; *fig* to ov throw.

destrozado,-a I *pp de* **destrozar.** II *adj* **1** torn-t smashed; **estos zapatos están destrozados,** th shoes are ruined. **2** *(moralmente)* shatter broken. **3** *(muy cansado)* done in, worn-out, hausted.

destrozar [4] *vtr* **1** *(romper)* to destroy, ru wreck; *(rasgar)* to tear to shreds *o* pieces; **el l racán destrozó los edificios,** the hurricane wreck the buildings; **el perro me ha destrozado la cl queta,** the dog has torn my jacket to shreds. **2** *(abatir moralmente)* to crush, shatter. **3** *fig (vi persona)* to ruin; *(corazón)* to break.

destrozo *nm* **1** *(gen)* destruction. **2 destrozos,** da age *sing*; **los destrozos ocasionados por la tormen** the damage caused by the storm.

destrucción *nf* destruction.

destructivo,-a *adj* destructive.

destructor,-a I *adj* destructive. II *nm Náut* stroyer.

destruir [62] *vtr (gen)* to destroy; *fig (persona, p yecto)* to ruin.

desunión *nf* **1** *(división)* separation, division. **2** *(discordia)* dissension, discord; **la d. entre los t bajadores,** the lack of solidarity among the worke

desunir *vtr* **1** *(dividir)* to separate, pull apart *(enemistar)* to set at odds, split; **las diferencias líticas desunen a los países,** political differences countries against each other.

desusado,-a *adj* **1** *(anticuado)* old-fashioned, o dated. **2** *(inusitado)* unusual, extraordinary.

desuso *nm* disuse; **caer en d.,** to fall into disuse; **d.,** obsolete, outdated.

desvaído,-a *adj* **1** *(color)* faded, pale; *(contorr* blurred. **2** *(persona)* drab, dull.

desvalido,-a *adj* helpless, destitute. II *nm,f* d titute person; **los desvalidos,** the needy.

desvalijamiento *nm* theft, robbery.

desvalijar *vtr (robar)* to clean out, rob; *(ca tienda)* to burgle; **me desvalijaron la casa,** my ho was stripped bare.

desvalorización *nf* devaluation, depreciation.

desvalorizar [4] *vtr* to devalue, depreciate.

desván *nm* attic, loft.

desvanecer [43] I *vtr* 1 *(disipar)* to cause to vanish, make disappear; *fig* to dispel; **d. dudas/temores,** to dispel doubts/fears. 2 *(color)* to fade; *(contorno)* to blur. II **desvanecerse** *vr* 1 *(disiparse)* to vanish, fade away. 2 *(desmayarse)* to faint.

desvanecimiento *nm* 1 *(desaparición)* disappearance, dispelling. 2 *(desmayo)* faint, fainting fit.

desvariar [13] *vi* to talk nonsense, rave.

desvarío *nm* 1 *(delirio)* raving, delirium. 2 *(disparate)* incoherence, wanderings *pl* of the mind.

desvelado,-a I *pp de* **desvelar**. II *adj* awake, wide awake.

desvelar I *vtr* *(despabilar)* to keep awake, stop from sleeping; **el café me desvela,** coffee keeps me awake. II **desvelarse** *vr* 1 *(desvivirse)* to devote oneself (**por,** to); **ella se desvela por el bienestar de todos,** she does her utmost to see that everybody is happy. 2 *(despavilarse)* to stay awake; **si leo novelas me desvelo,** if I read novels I can't get to sleep.

desvelo *nm* 1 *(insomnio)* insomnia, sleeplessness. 2 **desvelos,** *(esfuerzos)* efforts, pains; **su familia es el objeto de todos sus d.,** he devotes himself entirely to his family.

desvencijado I *pp de* **desvencijar**. II *adj* *(gen)* broken; *(máquina)* broken-down.

desvencijar I *vtr* *(romper)* to break; *(máquina)* to break down. II **desvencijarse** *vr* *(romperse)* to fall apart; *(aflojarse)* to become loose.

desventaja *nf* disadvantage, drawback; **estar en d.,** to be at a disadvantage; **las desventajas de una profesión,** the drawbacks of a profession.

desventajoso,-a *adj* disadvantageous, unfavourable, *US* unfavorable.

desventura *nf* misfortune, bad luck.

desventurado,-a I *adj* unfortunate, unlucky; **una vida desventurada,** an unhappy life. II *nm,f* unfortunate person, wretch; **los desventurados,** the unfortunate; **un pobre d.,** a poor wretch.

desvergonzado,-a I *adj* 1 *(sin decoro)* shameless, impudent. 2 *(descarado)* insolent. II *nm,f* 1 *(sinvergüenza)* shameless person. 2 *(fresco)* insolent *o* cheeky person.

desvergüenza *nf* 1 *(falta de decoro)* impudence, shamelessness. 2 *(atrevimiento)* cheek, nerve, insolence; **tuvo la d. de negarlo,** he had the cheek to deny it. 3 *(impertinencia)* insolent *o* rude remark.

desvestir [34] I *vtr* to undress. II **desvestirse** *vr* to undress, get undressed.

desviación *nf* deviation; *Med* **d. de columna,** slipped disc; **d. de la norma,** deviation from the norm; **d. de una carretera,** diversion, detour.

desviacionismo *nm* deviationism.

desviacionista *adj* & *nmf* deviationist.

desviar [13] I *vtr* 1 to change the course of; *(río, carretera)* to divert; *(golpe)* to deflect; *fig (tema)* to change; *fig (pregunta)* to parry, evade; **d. la mirada,** to look away. 2 *(descaminar)* to lead away from; **d. del buen camino,** to lead astray. II **desviarse** *vr* 1 *(avión, barco)* to go off course; *(coche)* to make a detour. 2 *(persona, camino)* to leave; **nos desviamos de la carretera principal,** we left the main road; *fig* **d. del objetivo,** to lose sight of one's purpose; *fig* **d. del tema,** to digress.

desvinculación *nf* releasing, freeing.

desvincular I *vtr* to separate, free. II **desvincularse** *vr* to separate, cut oneself off; **d. de la familia,** to break away from one's family.

desvío *nm* diversion, detour; **d. por obras,** diversion due to roadworks.

desvirgar [7] *vtr* to deflower.

desvirtuar [11] *vtr* 1 *(debilitar)* to impair, spoil. 2 *(anular)* to cancel out, invalidate.

desvivirse *vr* 1 *(gustar mucho)* to be mad about; **se desvive por el chocolate,** he is mad about chocolate. 2 *(esforzarse)* to do one's utmost; **se desvivieron por ayudarnos,** they bent over backwards to help us.

detallado,-a I *pp de* **detallar**. II *adj* detailed, thorough. ◆**detalladamente** *adv* in (great) detail.

detallar *vtr* 1 *(narrar con detalle)* to relate in detail. 2 *(precisar)* to give the details of; **d. la hora y el día,** to give the exact hour and day. 3 *Com* to retail.

detalle *nm* 1 detail; **contar con d.,** to go into detail; **dar detalles,** to give details; **sin entrar en d.,** without going into details. 2 *(delicadeza)* nice thought, nicety; **¡qué d.!,** how nice!, how sweet!; **tiene muchos detalles,** he is very considerate. 3 *(toque decorativo)* touch, ornament. 4 *Am Com* retailing.

detallista I *adj* 1 *(perfeccionista)* perfectionist, discriminating. 2 *(delicado)* thoughtful, considerate. II *nmf Com* retailer, retail trader.

detección *nf* detection.

detectar *vtr* to detect.

detective *nmf* detective. ■ **d. privado,** private detective *o* eye.

detector,-a *nm,f* detector. ■ **d. de incendios,** fire detector; **d. de mentiras,** lie detector; **d. de un radar,** radar scanner.

detención *nf* 1 *(paro)* stopping, halting, hold-up; **con d.,** carefully, thoroughly. 2 *Jur (arresto)* detention, arrest.

detener [87] I *vtr* 1 to stop, halt; **d. las negociaciones,** to hold up negotiations. 2 *(retener)* to delay; **no quiero detenerle más,** I won't keep you any longer. 3 *Jur (arrestar)* to arrest, detain. II **detenerse** *vr* 1 to stop; **se detuvo y la miró,** he stopped and looked at her. 2 *(entretenerse)* to hang about, linger.

detenido,-a I *pp de* **detener**. II *adj* 1 *(parado)* standing still, stopped. 2 *(detallado)* detailed, thorough; **después de un d. análisis,** after a careful analysis. III *nm,f* detainee, person under arrest. ◆**detenidamente** *adv* carefully, thoroughly.

detenimiento *nm* **con d.,** carefully, thoroughly.

detentar *vtr* to hold unlawfully.

detergente *adj* & *nm* detergent.

deteriorado,-a I *pp de* **deteriorar**. II *adj* damaged, worn.

deteriorar I *vtr (estropear)* to spoil, damage. II **deteriorarse** *vr* 1 *(estropearse)* to get damaged, wear out. 2 *(empeorar)* to get worse.

deterioro *nm* 1 *(daño)* damage; **el d. de la ropa,** wear and tear of clothes; **ir en d. de,** to harm. 2 *(empeoramiento)* deterioration, worsening; **el d. de las relaciones internacionales,** the deterioration of international relations.

determinable *adj* determinable.

determinación *nf* 1 *(decisión)* decision; **tomar una d.,** to make a resolution *o* a decision. 2 *(valor)* determination, resolution; **con d.,** determinedly.

determinado,-a I *pp de* **determinar**. II *adj* 1 *(preciso)* definite, precise; **en el día d.,** on the appointed day; **en este caso d.,** in this particular case. 2 *(re-*

suelto) decisive, resolute. **3** *Ling* definite; **el artículo d.,** the definite article. **4** *Mat* determinate.

determinante I *adj* decisive, determinant. **II** *nm Mat* determinant.

determinar I *vtr* **1** *(decidir)* to decide on; **han determinado salir el lunes,** they have decided to leave on Monday. **2** *(indicar)* to detect, grasp; **podemos d. las razones de su conducta,** we can see the reasons for his behaviour. **3** *(disponer)* to stipulate. **4** *(fijar)* to fix, set; **determinaron la fecha de la boda,** they fixed the date of the wedding. **5** *(ocasionar)* to bring about; **la nieve determinó el accidente,** the accident was caused by the snow; **las grandes manifestaciones determinaron un cambio en la legislación,** the massive demonstrations brought about a change in the law. **II determinarse** *vr* to bring oneself to, make up one's mind to; **no se determinaba a irse,** he couldn't make up his mind to go.

determinativo,-a *adj* determinant; *Ling* determinative.

determinismo *nm Filos* determinism.

determinista *adj & nmf Filos* determinist.

detestable *adj* detestable, respulsive; **un olor d.,** an awful smell.

detestación *nf* detestation, hatred.

detestar *vtr* to detest, hate.

detonación *nf* detonation, explosion.

detonador *nm* detonator.

detonante I *adj* detonating, explosive. **II** *nm* detonator; *fig* trigger; **el golpe de estado fue el d. de la crisis,** the coup d'état triggered off the crisis.

detonar *vtr* to detonate, explode.

detractar *vtr* to detract, slander.

detractor,-a I *adj* slanderous. **II** *nm,f* detractor, slanderer.

detrás *adv* **1** *(parte posterior)* behind, on *o* at the back **(de,** of); **el índice está d.,** the index is at the back; **ponlo d. de la mesa,** put it behind the table; **salió de d.,** she came out from behind. **2** *(después)* then, afterwards; **los jugadores salen primero o d. los entrenadores,** the players appear first and after them the coaches. **3** *fig* **d. de,** behind; **me pregunto qué hay d. de tanta amabilidad,** I wonder what is behind all his kindness. **4** *fig* **por d.,** behind the back; **hablan de él por d.,** they are talking about him behind his back.

detrimento *nm* detriment, harm; **en d. de,** to the detriment of; **sin d. de,** without detriment to.

detrito *nm,* **detritus** *nm inv Geol* detritus.

detuve *pt indef véase* **detener.**

deuda *nf Fin* debt; **contraer una d.,** to get into debt; **estoy en d. contigo,** *(monetaria)* I am in debt to you, I owe you money; *(moral)* I am indebted to you; *fig* **lo prometido es d.,** a promise is a promise. ■ **d. del Estado,** public debt, government stock; **d. pública,** government stock, national debt.

deudo,-a *nm,f* relative.

deudor,-a I *adj* indebted. **II** *nm,f* debtor.

devalimiento *nm* destitution.

devaluación *nf* devaluation.

devaluar [11] *vtr* to devaluate.

devanador *nm Am* winder, reel.

devanar I *vtr (hilo)* to wind; *(alambre)* to coil. **II devanarse** *vr* **1** *fam fig* **d. los sesos,** to rack one's brains. **2** *Cuba Méx* to double up with pain *o* laughter.

devaneo *nm* **1** *(pérdida de tiempo)* waste of time, frivolity. **2** *(amorío)* flirting.

devastación *nf* devastation.

devastador,-a I *adj* devastating. **II** *nm,f* devastator.

devastar *vtr* to devastate, ravage.

devengado,-a I *pp de* **devengar. II** *adj (sueldo)* due; *(intereses)* accrued.

devengar [7] *vtr (sueldo)* to earn; *(intereses)* to earn, accrue; **ese dinero no devenga intereses,** that money does not earn any interest.

devenir[1] *nm Filos* flow of life.

devenir[2] [90] *vi* to become, turn into.

devisar *vtr Méx* to stop.

devoción *nf* **1** *Rel* devotion; devoutness; **con d.,** devoutly; *fam* **Mozart no es santo de mi d.,** Mozart isn't really my cup of tea. **2** *(dedicación, afición)* devotion; **siente una gran d. por su madre,** he is devoted to his mother.

devocionario *nm* prayer book.

devolución *nf* **1** *(restitución)* giving back, return; *Com* refund, repayment; **d. del importe,** refund of money; **no se admiten devoluciones,** purchases cannot be exchanged. **2** *Jur* devolution.

devolver [32] *(pp* **devuelto) I** *vtr* **1** *(restituir)* to give back, return; *Com* to refund, return, repay; **d. la mesa a su lugar,** to put the table back in its place; **d. los libros a la biblioteca,** to return the books to the library; **d. una visita,** to return a visit. **2** *(restaurar)* to restore, give back; **d. la paz a un país,** to restore peace to a country. **3** *(vomitar)* to vomit, throw *o* bring up. **II devolverse** *vr Am* to go *o* come back, return.

devorador,-a *adj* devouring; **hambre devoradora,** ravenous hunger.

devorar *vtr* **1** *(comer)* to devour. **2** *(engullir)* to eat up, gobble up. **3** *fig (consumir)* to devour, consume; **d. un libro,** to devour a book; **el fuego devoró la casa,** the fire devoured the house; **los celos la devoraban,** she was eaten up with jealousy.

devoto,-a I *adj Rel* pious, devout; **promesa devota,** devotional promise; *fig* **d. de su familia,** devoted to his family. **II** *nm,f* **1** *Rel* pious person. **2** *fig (seguidor)* devotee.

devuelto,-a I *pp de* **devolver. II** *adj* returned, given back; **el dinero d.,** the refunded money.

dextrina *nf Quím* dextrin, dextrina.

deyección *nf* **1** *(de volcán)* ejecta *pl.* **2** *Med* dejecta *pl,* faeces *pl.*

DF *nm abr de* **Distrito Federal,** Federal District.

DGS *nf* **1** *abr de* **Dirección General de Seguridad,** government department responsible for National Security. **2** *abr de* **Dirección General de Sanidad,** government department responsible for Public Health.

DGT *nf* **1** *abr de* **Dirección General de Tráfico,** government department responsible for Traffic. **2** *abr de* **Dirección General de Turismo,** government department responsible for Tourism.

di 1 *pt indef véase* **dar. 2** *imperat véase* **decir.**

día *nm* **1** day; **al d. siguiente/al otro d.,** the following day; **cada d.,** each *o* every day; **de un d. para otro,** any day now; **del d.,** fresh; **d. a d.,** day by day; **hoy (en) d.,** nowadays; **¿qué d. es hoy?,** what's the date today; **todos los días,** every day, daily; **un d. sí y otro no,** every other day; *fig* **el d. de mañana,** in the future; *fig* **el d. menos pensado, cualquier d.,** when you least expect it, one of these fine days; *fig* **en su**

d., in due course; *fig* **estar al d.,** to be up to date; *fig* **poner al d.,** to bring up to date; *fig* **un buen d.,** one fine day; *fig* **un d. señalado,** a red-letter day; *fig* **vivir al d.,** to live from hand to mouth. ■ **d. de paga,** payday; **d. festivo,** holiday; **d. laborable,** working day; **d. lectivo,** teaching day; **d. libre,** free day, day off. **2** *(luz solar)* daytime; **a la luz del d.,** in daylight; **al caer el d.,** at dusk; **al despuntar el d.,** at dawn, at daybreak; **de d.,** by day; **durante el d.,** during the daytime; **es de d.,** it is daylight. **3** *(tiempo atmosférico)* weather, day; **hace buen/mal d.,** it's a nice/bad day, the weather is nice/bad today.

diabetes *nf Med* diabetes.

diabético,-a *adj & nm,f* diabetic.

diablesa *nf* she-devil.

diablillo *nm fam* imp.

diablo *nm* devil, demon; *fig* **un pobre d.,** a poor devil; *fam* **¡al d. con los prejuicios!,** to hell with prejudice; *fam* **¿cómo/dónde diablos ...?,** how/where on earth ...?; how/where the hell ...?; *fam* **este niño es un d.,** he's a little devil; *fam* **le mandó al d.,** she told him to go to hell; *fam* **¿qué diablos ...?,** what the hell ...?; *fam* **un jaleo de (todos) los diablos,** an almighty racket.

diablura *nf* mischief, naughtiness, naughty behaviour.

diabólico,-a *adj* **1** *(relativo al diablo)* devilish, diabolic. **2** *(muy intrincado)* diabolical.

diábolo *nm* diabolo.

diaconato *nm* deaconry, diaconate.

diácono *nm* deacon; **ordenar de d.,** to ordain as a deacon.

diacrónico,-a *adj* diachronic; **lingüística diacrónica,** diachronic linguistics.

diadema *nf* diadem; *(joya)* tiara.

diafanidad *nf* diaphaneity, translucence; *(transparencia)* transparence.

diáfano,-a *adj* diaphanous, translucent; *(transparente)* transparent.

diafragma *nm (gen)* diaphragm; *Fot* aperture; *Med* cap.

diagnosis *nf inv Med* diagnosis.

diagnosticar [1] *vtr* to diagnose.

diagnóstico,-a I *adj* diagnostic. II *nm Med* diagnosis.

diagonal *adj & nf* diagonal; **en d.,** diagonally.

diagrama *nm* diagram. ■ *Inform* **d. de flujo,** flowchart.

dial *nm* dial.

dialectal *adj* dialectal.

dialéctica *nf* dialectic, dialectics *sing*.

dialéctico,-a *adj* dialectical; *Filos* **materialismo d.,** dialectical materialism.

dialecto *nm* dialect.

dialectología *nf* dialectology.

diálisis *nf inv* dialysis.

dialogar [7] I *vi* to have a conversation, talk. II *vtr* to write in dialogue form.

diálogo *nm* dialogue, conversation.

dialtiro *adv Guat Méx* entirely, completely.

diamante *nm* diamond; **d. en bruto,** uncut diamond. ■ *fig* **bodas de d.,** diamond wedding *sing*.

diamantino,-a *adj* diamond-like, diamantine.

diametral *adj* diametrical, diametral. ◆**diametralmente** *adv* diametrically; **d. opuesto a,** diametrically opposed to.

diámetro *nm Mat* diameter.

diana *nf* **1** *Mil* reveille; **tocar d.,** to sound reveille. **2** *(blanco)* bull's eye; **hacer d.,** to hit the bull's eye.

diantre *nm euf* hell.

diapasón *nm Mús* **1** *(instrumento)* tuning fork, diapason. **2** *(escala)* diapason, scale, range; **subir/bajar el d.,** to raise/lower the tone of one's voice. **3** *(de instrumento de cuerda)* fingerboard.

diapositiva *nf Fot* slide.

diario,-a I *adj* daily; **a d.,** daily, every day; **ropa de d.,** everyday clothes. II *nm* **1** *Prensa* (daily) newspaper; **d. de la mañana/la tarde,** morning/evening newspaper. **2** *(libro, narración)* diary, journal. ■ *Náut* **d. de a bordo, d. de navegación,** logbook. ◆**diariamente** *adv* daily, every day.

diarrea *nf Med* diarrhoea; *US* diarrhea; *fam fig* **d. verbal,** verbal diarrhoea.

diáspora *nf* diaspora.

diástole *nf Anat* diastole.

diatriba *nf* diatribe; **lanzar una d.,** to launch an attack.

dibujante *nmf* **1** sketcher, drawer; **d. de dibujos animados,** cartoonist. **2** *Téc* draughtsperson; *(hombre)* draughtsman, *US* draftsman; *(mujer)* draughtswoman, *US* draftswoman.

dibujar I *vtr* **1** *(trazar)* to draw, sketch. **2** *fig (describir)* to describe. II **dibujarse** *vr* to be outlined *o* shown; **en su rostro se dibujó la alegría,** her face showed her happiness.

dibujo *nm* **1** *(arte)* drawing, sketching. ■ **d. artístico,** artistic drawing; **d. lineal,** draughtsmanship. **2** *(figura)* drawing, sketch. ■ **dibujos animados,** cartoons. **3** *(muestra)* pattern.

dicción *nf* diction.

diccionario *nm* dictionary.

díceres *nmpl Am (murmuraciones)* gossip *sing*; *(rumores)* rumour *sing*.

dicha *nf* **1** *(hecho afortunado, suerte)* good fortune; **nunca es tarde si la d. es buena,** better late than never. **2** *(alegría)* happiness.

dicharachero,-a *adj* talkative and witty *o* funny.

dicho,-a I *pp de* **decir.** II *adj* said; **dicha información,** this (piece of) information; **d. de otro modo,** to put it another way; **d. hombre,** the said man; **d. sea de paso,** let it be said in passing; **lo d.,** what we said; **mejor d.,** or rather; **propiamente d.,** strictly speaking. III *nm (refrán)* saying, proverb; *prov* **del d. al hecho hay mucho trecho,** there's many a slip twixt cup and lip, it is easier said than done.

dichoso,-a *adj* **1** *(feliz)* happy, fortunate. **2** *fam (molesto)* damned; **¡este d. trabajo!,** this damned job!

diciembre *nm* December; *véase tamb* **noviembre.**

dicotomía *nf* dichotomy.

dictado I *pp de* **dictar.** II *nm* **1** dictation; **escribir algo al d.,** to take sth down. **2 dictados,** *fig* dictates; **los dictados de la conciencia,** the dictates of conscience.

dictador,-a *nm,f* dictator.

dictadura *nf* dictatorship.

dictáfono® *nm* Dictaphone®.

dictamen *nm* **1** *(informe)* report; **la junta directiva emitió su d. final,** the board of directors gave their final report. **2** *(opinión)* opinion.

dictaminar *vi* to pronounce *o* pass judgement, give an opinion (**sobre,** on).

dictar *vtr* 1 *(texto)* to dictate. 2 *(ley)* to enact, decree; *(sentencia)* to pass. 3 *(aconsejar)* to suggest, say; **haz lo que el sentido común te dicte,** do what common sense tells you. 4 *Am (conferencia, discurso)* to give, deliver.

dictatorial *adj* dictatorial.

didáctica *nf* didactics *sing.*

didáctico,-a *adj* didactic.

diecinueve I *adj (cardinal)* nineteen; *(ordinal)* nineteenth; **a las d. horas,** at nineteen hundred hours. II *nm inv* 1 nineteen. 2 *(fecha)* nineteenth; *véase tamb* ocho.

diecinueveavo,-a I *adj* nineteenth. II *nm,f (de una serie)* nineteenth. III *nm (parte)* nineteenth; *véase tamb* octavo,-a.

dieciochesco,-a *adj* eighteenth-century.

dieciocho I *adj (cardinal)* eighteen; *(ordinal)* eighteenth; **a las d. horas,** at eighteen hundred hours. II *nm* 1 eighteen. 2 *(fecha)* eighteenth; *véase tamb* ocho.

dieciséis I *adj (cardinal)* sixteen; *(ordinal)* sixteenth; **a las d. horas,** at sixteen hundred hours. II *nm inv* 1 sixteen. 2 *(fecha)* sixteenth; *véase tamb* ocho.

dieciseisavo,-a I *adj* sixteenth. II *nm,f (de una serie)* sixteenth. III *nm (parte)* sixteenth; *véase tamb* octavo,-a.

diecisiete I *adj (cardinal)* seventeen; *(cardinal)* seventeenth; **a las d. horas,** at seventeen hundred hours. II *nm inv* 1 seventeen. 2 *(fecha)* seventeenth; *véase tamb* ocho.

diecisieteavo,-a I *adj* seventeenth. II *nm,f (de una serie)* seventeenth. III *nm (parte)* seventeenth; *véase tamb* octavo,-a.

diente *nm* tooth; *Arquit* toothing brick; *Téc* cog; **echar los dientes,** to teethe; *fig* **de dientes afuera,** without meaning it, hypocritically; *fig* **hablar entre dientes,** to mumble; *fig* **poner los dientes largos a algn,** to make sb green with envy; *fam* **tener buen d.,** to be a good eater. ■ *fig* **d. de ajo,** clove of garlic; **d. de leche,** milk tooth; **d. picado,** decayed tooth; **dientes postizos,** false teeth.

diera *subj imperf véase* dar.

diéresis *nm inv Ling* diaeresis.

diesel I *adj* diesel. II *nm* diesel engine.

diestra *nf* right hand; **a la d.,** on the right.

diestro,-a I *adj* 1 *lit* on the right-hand side; **estuvo sentado en la parte diestra,** he sat on the right-hand side; *fig* **a d. y siniestro,** right, left and centre, wildly. 2 *(hábil)* skilful, *US* skillful, clever. II *nm Taur* bullfighter, matador. ◆**diestramente** *adv* skilfully, *US* skillfully.

dieta[1] *nf (régimen)* diet; **estar a d.,** to be on a diet.

dieta[2] *nf* 1 *Pol (asamblea)* diet, assembly. 2 **dietas,** *Com* expenses *o* subsistence allowance.

dietética *nf* dietetics *sing.*

dietético,-a *adj* dietetic, dietary; **médico d.,** dietician.

dietista *nmf* dietician.

diez I *adj (cardinal)* ten; *(ordinal)* tenth; **a las d.,** at ten o'clock. II *nm inv* 1 ten. 2 *(fecha)* tenth; *véase tamb* ocho.

diezmar *vtr* to decimate.

difamación *nf* defamation, slander; *(escrita)* libel.

difamador,-a I *adj* defamatory, slanderous; *(escrito)* libellous. II *nm,f* defamer, slanderer.

difamar *vtr* to defame, slander; *(por escrito)* to libel.

difamatorio,-a *adj* defamatory, slanderous; *(escrito)* libellous.

diferencia *nf* difference; **a d. de,** unlike; **d. de opinión,** disagreement; **hacer d. entre,** to make a distinction between.

diferenciación *nf* differentiation.

diferencial I *adj* distinguishing. II *nm* differential.

diferenciar [12] I *vtr* 1 *(distinguir)* to differentiate, distinguish (**entre,** between); **los daltónicos no diferencian entre el verde y el rojo,** colour-blind people cannot tell green from red. 2 *(hacer diferente)* to make different; **¿qué te diferencia de mí?** what makes you different from me? II **diferenciarse** *vr* 1 *(distinguirse)* to differ (**de,** from), be different (**de,** from). 2 *(destacar)* to distinguish oneself, stand out; **se diferencia de las demás por sus rasgos orientales,** she stands out from the rest because of her Eastern features.

diferente I *adj* different; **d. de los demás,** different from the rest. II *adv* differently; **pensamos d.,** we disagree.

diferido,-a I *pp de* diferir. II *adj Rad TV* **retransmisión en d.,** recorded transmission.

diferir [35] I *vtr (aplazar)* to postpone, defer, put off; **han diferido la boda,** the wedding has been put off. II *vi (distinguirse)* to be different, differ (**entre, de,** from).

difícil *adj* difficult, hard; **d. de complacer,** hard to please; **d. de creer/hacer,** difficult to believe/do; **es d. que llegue hoy,** it is unlikely that she'll arrive today; **tiene un carácter d.,** he has a difficult character.

dificultad *nf (gen)* difficulty; *(problema)* trouble, problem.

dificultar *vtr* to make difficult, hinder, restrict, obstruct; **la niebla dificulta la visibilidad,** fog reduces visibility.

dificultoso,-a *adj* difficult, hard.

difteria *nf Med* diphtheria.

diftérico,-a *adj Med* diphtheric.

difuminar *vtr Arte* to blur, soften.

difundir I *vtr (luz, calor)* to diffuse; *fig (noticia, enfermedad)* to spread. II **difundirse** *vr (luz, calor)* to become diffused; *fig (noticia, enfermedad)* to spread; **se difundió la noticia de su muerte,** the news spread that he had died.

difunto,-a I *adj* late, deceased; **su difunta madre,** her late mother. II *nm,f* deceased. ■ **Día de los Difuntos,** All Souls' *o* Saints' Day; **misa de difuntos,** Requiem Mass.

difusión *nf* 1 *(de noticia, enfermedad)* spreading; **tener gran d.,** to be widely known. 2 *(calor, luz)* diffusion. 3 *Rad* broadcast, broadcasting.

difuso,-a *adj* 1 *(luz)* diffuse. 2 *fig (estilo, discurso)* diffuse, wordy.

difusor,-a *adj* spreading, propagating; **la agencia difusora de la noticia,** the agency which made the news known.

digerible *adj* digestible.

digerir [35] *vtr (comida)* to digest; *(información, hecho)* to assimilate.

digestión *nf* digestion. ■ **corte de d.,** sudden indigestion.

digestivo,-a I *adj* digestive. II *nm* digestive drink.

digital *adj* digital; **huellas digitales,** fingerprints.

dígito *nm Mat* digit.

dignarse *vr* to deign (**a**, to), condescend (**a**, to).

dignatario,-a *nm,f* dignitary.

dignidad *nf* **1** *(cualidad)* dignity. **2** *(cargo)* office, post; *(rango)* rank.

dignificante *adj* dignifying.

dignificar [1] *vtr* to dignify.

digno,-a *adj* **1** *(merecedor)* worthy, deserving; **d. de admiración**, worthy of admiration; **d. de mención/ verse**, worth mentioning/seeing. **2** *(apropiado)* fitting, appropriate. **3** *(decoroso)* decent, good. ◆**dignamente** *adv* with dignity.

digo *indic pres véase* **decir**.

digresión *nf* digression.

dije[1] *pt indef véase* **decir**.

dije[2] *nm* charm, trinket.

dilación *nf* delay, hold-up; **sin d.**, without delay.

dilapidación *nf* wasting, squandering.

dilapidar *vtr* to waste, squander.

dilatación *nf* dilation, expansion.

dilatado,-a **I** *pp de* **dilatar**. **II** *adj* **1** *(agrandado)* dilated; **pupilas dilatadas**, dilated pupils. **2** *(vasto)* vast, extensive; **un hombre de dilatada experiencia**, a man of vast experience. ◆**dilatadamente** *adv* extensively, at length.

dilatar **I** *vtr* **1** *(agrandar)* to expand; **el calor dilata los cuerpos**, heat expands bodies. **2** *Med* to dilate. **3** *(prolongar)* to prolong. **4** *(retrasar)* to delay. **II dilatarse** *vr* **1** *(agrandarse)* to expand. **2** *Med* to dilate.

dilatoria *nf* delay, procrastination.

dilatorio,-a *adj* delaying.

dilema *nm* dilemma.

dilentante *nmf* dilettante.

diligencia *nf* **1** *(esmero)* diligence, care; **con d**, diligently. **2** *(gestión)* business. **3 diligencias**, *Jur* formalities; **hacer unas d.**, to go through the formalities; **instruir d.**, to start proceedings. ■ **d. previas**, inquiries.

diligenciar [12] *vtr* to make a formal application (for).

diligente *adj* diligent.

dilucidación *nf* elucidation.

dilucidar *vtr* to elucidate, throw light (on), clarify.

diluir [62] **I** *vtr* to dilute, dissolve. **II diluirse** *vr* to dilute.

diluviar [12] *v impers Meteor* to pour down, pour with rain.

diluvio *nm* flood; **el D. (Universal)**, the Flood; *fig* **un d. de consejos**, a torrent of advice; *fig* **un d. de protestas**, a storm of protests.

diluyo *indic pres véase* **diluir**.

dimanar *vi* to emanate (**de**, from).

dimensión *nf* **1** dimension, size; **de gran d.**, very large. **2** *fig (importancia)* importance.

dimensional *adj* dimensional.

dimes y diretes *nmpl fam* **1** *(habladurías)* gossip *sing*. **2** *(discusión)* quibbling *sing*; **andar en d. y d.**, to bicker, quibble.

diminutivo,-a *adj & nm* diminutive.

diminuto,-a *adj* minute, tiny.

dimisión *nm* resignation; **presentar la d.**, to hand in one's resignation.

dimisionario,-a *adj* outgoing; **el director d.**, the outgoing director.

dimitir *vi & vtr* to resign (**de**, from); **d. de un cargo**, to give in *o* tender one's resignation.

Dinamarca *n* Denmark.

dinamarqués,-esa *adj & nm & nm,f véase* **danés,-esa**.

dinámica *nf* dynamics *sing*.

dinámico,-a *adj* dynamic.

dinamismo *nm* dynamism.

dinamita *nf* dynamite; **volar con d.**, to dynamite.

dinamitar *vtr* to dynamite, blow up.

dinamitero,-a *nm,f* dynamiter.

dinamo *nf*, **dínamo** *nf Elec* dynamo.

dinamoeléctrico,-a *adj* dynamoelectric, dynamoelectrical.

dinamometría *nf* dynamometry.

dinamómetro *nm* dynamometer.

dinar *nm Fin* dinar.

dinastía *nf* dynasty.

dinástico,-a *adj* dynastic.

dineral *nm* fortune; **ella se gastó un d. en la boda**, she spent a fortune on the wedding.

dinerillo *nm fam* small amount of money.

dinero *nm* money; **andar bien de d.**, to have plenty of money; **andar mal *o* escaso de d.**, to be short of money; **gente de d.**, wealthy people. ■ **d. contante (y sonante)**, cash; **d. efectivo *o* en metálico**, cash; **d. falso**, counterfeit money; **d. para gastos**, pocket money; **d. suelto**, loose change.

dinosaurio *nm* dinosaur.

dintel *nm Arquit* lintel.

diñar *vtr fam* to die; **diñarla**, to snuff it, kick the bucket.

diocesano,-a *adj & nm,f Rel* diocesan.

diócesis *nf inv Rel* diocese.

dioptría *nf Med* dioptre, *US* diopter.

dios *nm Rel* god; **a D. rogando y con el mazo dando**, God helps those who help themselves; **a la buena de D.**, any old how; **costar algo D. y ayuda**, to be very difficult, be a real hassle; **D. los cría y ellos se juntan**, birds of a feather flock together; **¡D. mío!**, my God!; **¡D. nos coja confesados!**, God help us!; **hacer algo como D. manda**, to do sth properly; **lo hice como D.**, I did my very best, I did it as best as I could; **¡por D.!**, for goodness sake!; **¡válgame D.!**, **¡vaya por D.!**, good heavens!; *fam* **armar la de D. es Cristo**, to raise hell, make an almighty racket; *fam* **ni D.**, nobody; *fam* **todo D.**, everybody.

diosa *nf* goddess.

diploma *nm* diploma.

diplomacia *nf* diplomacy.

diplomado,-a **I** *pp de* **diplomarse**. **II** *adj* qualified, with a diploma.

diplomarse *vr* to graduate.

diplomático,-a **I** *adj* diplomatic; **cuerpo d.**, diplomatic corps; **valija diplomática**, diplomatic bag. **II** *nm,f* diplomat.

díptero,-a **I** *adj* **1** *Zool* dipterous. **2** *Arquit* dipteral. **II** *nm,f Zool* dipteran; **los dípteros**, Diptera *pl*.

díptico *nm* diptych.

diptongo *nm Ling* diphthong.

diputación *nf* **d. provincial**, ≈ county council.

diputado,-a *nm,f* ≈ Member of Parliament, M.P.; *US (hombre)* Congressman; *(mujer)* Congresswoman. ■ **Cámara de Diputados**, ≈ House of Commons, *US* Congress; **d. provincial**, ≈ county councillor.

dique *nm Náut* dike. ■ **d. seco**, dry dock.

diré *fut véase* **decir.**

dire *nmf fam* boss.

dirección *nf* 1 direction; **le dieron la d. del proyecto,** they put him in charge of the project; **llevar la d. de algo,** to run sth. 2 *Cin Teat* production. 3 *(dirigentes)* management; **por orden de la d.,** by order of the management. 4 *(cargo)* directorship; *(de un partido)* leadership; *(de un colegio)* headship. 5 *(destino)* destination; **salieron con d. a Soria,** they left for Soria. 6 *(sentido)* way; **calle de d. única,** oneway street. 7 *(señas)* address. 8 *Aut Téc* steering. ▪ **d. asistida,** power assisted steering.

direccional *nm Am Aut* indicator.

directivo,-a I *adj* directive; **junta directiva,** board of directors. II *nm,f* director, manager, board member. III *nf* board of directors, management.

directo,-a I *adj* direct; **emisión en d.,** live broadcast. II *nm Box* straight hit. III *nf Aut* top gear. ◆**directamente** *adv* directly, straight away.

director,-a *nm,f (gen)* director; *Cin* (film) director; *(de colegio)* (hombre) headmaster; *(mujer)* headmistress; *Univ* principal; *(de editorial)* editor; *(de prisión)* governor. ▪ *Teat* **d. de escena,** stage manager; **d. de orquesta,** conductor; **d. espiritual,** father confessor; **d. gerente,** managing director.

directorio *nm* 1 *(gobierno)* governing body. 2 *(normas)* instructions *pl*, directive. 3 *(guía)* directory, guide. 4 *(junta)* board of directors. 5 *Inform* directory.

directriz I *adj* guiding; **líneas directrices,** guidelines. II *nf* 1 directive, instruction. 2 *Mat* directrix.

dirigente I *adj* leading; **clase d.,** ruling class. II *nmf* leader; **los dirigentes de la empresa,** the company management.

dirigible *adj & nm Náut Aeronáut* dirigible.

dirigir [6] I *vtr* 1 *(gen)* to direct. 2 *(empresa)* to manage; *(negocio, colegio)* to run. 3 *Cin (película)* to direct; *Teat (obra)* to direct, produce; *Mús (orquesta)* to conduct; **d. un partido,** to lead a party; **d. un periódico,** to edit a newspaper; **d. una expedición/revuelta,** to head an expedition/a revolt. 4 *(guiar)* to guide; *Aut Náut* to steer. 5 *(orientar)* to aim; *(acusación)* to level; *(carta, protesta)* to address; **consejos dirigidos a los jóvenes,** advice aimed at the young; **d. los ojos hacia abajo,** to look down; **estas palabras no van dirigidas a mí,** these words are not meant for me. 6 *(esfuerzos, atención)* to concentrate. 7 *(apuntar)* to aim, point. II **dirigirse** *vr* *(ir)* to go; **¿hacia dónde te diriges?,** where are you heading for?; **nos dirigimos hacia el río,** we made our way towards the river. 2 *(escribir)* to write; **diríjase al apartado de correos 42,** write to P.O. Box 42. 3 *(hablar)* to address, speak; **nunca se dirige a mí,** he never speaks to me; **se dirigió a mí al hablar,** she looked at me as she spoke.

dirigismo *nm Econ* state control.

dirimente *adj* 1 *(que anula)* nullifying. 2 *(que zanja)* decisive, final; **un argumento d.,** a decisive argument.

dirimir *vtr* 1 *(anular)* to nullify, declare void. 2 *(zanjar)* to solve, end.

discar *vtr Arg Per Urug Tel* to dial.

discente I *adj Educ* **cuerpo d.,** student body. II *nmf* student.

discernimiento *nm* discernment, judgement.

discernir [29] *vtr* to discern, distinguish, tell; **d. el bien del mal,** to tell good from evil.

disciplina *nf* 1 discipline. 2 *(asignatura)* subject.

disciplinado,-a *adj* disciplined.

disciplinar *vtr* to discipline, instruct.

disciplinario,-a *adj* disciplinary.

discípulo,-a *nm,f* 1 *(alumno)* student, pupil. 2 *(seguidor)* disciple, follower.

disco *nm* 1 disc, US disk. 2 *Dep* discus. 3 *Mús* record; **grabar un d.,** to make a record. 4 *Tel* dial. 5 *(semáforo)* **d. rojo/verde,** red/green light. 6 *Inform* disk. ▪ **d. duro** *o* **fijo,** hard disk; **d. flexible,** floppy disk. 7 *fam (conversación repetida)* same old story.

discóbolo *nm Dep* discus thrower.

discográfico,-a *adj* **casa discográfica,** record company; **el mundo d.,** the record world.

díscolo,-a *adj* rebellious, disobedient.

disconforme *adj* in disagreement; **estoy d. con tu opinión,** I don't agree with you.

disconformidad *nf* disagreement, disconformity.

discontinuidad *nf* discontinuity, lack of continuity.

discontinuo,-a *adj* discontinuous; *Aut* **línea discontinua,** broken line.

discordancia *nf* discord.

discordante *adj* discordant; **ser la nota d.,** to clash.

discordia *nf* discord; **la manzana de la d.,** the bone of contention; **sembrar d.,** to sow discord.

discoteca *nf* 1 discotheque, nightclub. 2 *(colección de discos)* record collection, record library.

discotequero,-a *nm,f fam* nightclubber.

discreción *nf* 1 *(sensatez)* discretion, tact. 2 *(a voluntad)* **a d.,** freely; **beba agua a d.,** drink water at your own discretion.

discrecional *adj* not prescribed, optional; **parada d.,** request stop; **servicio d. de autobuses,** special bus service.

discrepancia *nf (desacuerdo)* disagreement; *(diferencia)* discrepancy.

discrepante *adj* discrepant, conflicting.

discrepar *vi (disentir)* to disagree (**de,** with; **en,** on); *(diferenciarse)* to be different (**de,** from).

discreto,-a I *adj* 1 *(prudente)* discreet, tactful. 2 *(moderado)* average, reasonable; **de dimensiones discretas,** rather small; **un sueldo d.,** a moderate salary. 3 *(color)* sober. 4 *(prenda)* modest, sober. II *nm,f* discreet person.

discriminación *nf* discrimination.

discriminar *vtr* 1 *(diferenciar)* to discriminate between, distinguish. 2 *(tratar como inferior)* to discriminate against.

discriminatorio,-a *adj* discriminatory.

disculpa *nf* excuse; **dar disculpas,** to make excuses; **pedir disculpas a algn,** to apologize to sb.

disculpable *adj* excusable, forgivable.

disculpar I *vtr* to excuse, forgive; **discúlpame ante tus padres,** make my apologies to your parents; **disculpe mi inexperiencia,** forgive my inexperience. II **disculparse** *vr* to apologize, excuse oneself; **se disculpó por haber llegado tarde,** he apologized for arriving late.

discurrir I *vi* 1 *(pensar)* to think, ponder. 2 *fig (transcurrir)* to pass, go by; **la conferencia discurrió sin interrupciones,** the lecture went off without interruptions. 3 *fml (andar)* to walk, wander; **la gente discurría por la plaza,** people walked about the square. II *vtr* to think up.

discursivo,-a *adj* discursive.

discurso *nm* 1 *(conferencia)* speech; **dar** *o* **pronunciar un d.**, to make a speech. 2 *(raciocinio)* **d. mental**, mental powers. 3 *(expresión de idea)* discourse; **perder el hilo del d.**, to lose the thread of one's argument. 4 *(transcurso)* course, passing; **el d. del tiempo**, the passage of time.

discusión *nf* 1 *(charla)* discussion. 2 *(disputa)* argument; **eso no admite d.**, that's undeniable.

discutible *adj* debatable, questionable.

discutir I *vtr* 1 *(hablar)* to discuss, talk about; *(en Parlamento)* **d. un proyecto de ley**, to discuss a bill; **un personaje muy discutido**, a very controversial character. 2 *(contradecir)* to question. II *vi* to argue **(de**, about); **están discutiendo de política**, they're arguing about politics.

disecación *nf (taxidermia)* stuffing.

disecar [1] *vtr* 1 *Med (cortar)* to dissect. 2 *(taxidermia)* to stuff. 3 *(planta)* to dry.

disección *nf véase* **disecación**.

diseminación *nf* dissemination, spreading.

diseminar *vtr* to disseminate, spread.

disensión *nf* dissension, disagreement.

disentería *nf Med* dysentery.

disentimiento *nm* dissent, disagreement.

disentir [35] *vi (discrepar)* to dissent, disagree **(de**, with); *(diferir)* to differ, be different; **las dos versiones disienten**, the two versions differ.

diseñador,-a *nm,f* designer.

diseñar *vtr* to design.

diseño *nm* design.

disertación *nf* dissertation, discourse.

disertar *vi* to discourse **(sobre**, on, upon), lecture.

disfraz *nm* disguise; *(prenda)* fancy dress; **baile de disfraces**, fancy dress ball; *fig* **bajo el d. de**, under the guise of.

disfrazar [4] I *vtr* to disguise; *fig (ideas, sentimientos)* to disguise, cover up. II **disfrazarse** *vr* to disguise oneself; **d. de pirata**, to dress up as a pirate.

disfrutar I *vi* 1 *(gozar)* to enjoy oneself; **disfruta viéndoles felices**, she enjoys seeing them happy. 2 *(poseer)* to enjoy, have **(de**, -); **disfruta de una excelente salud**, he enjoys excellent health; **¡hay que d. de la vida!**, life is for living! II *vtr* to get, receive; **disfrutan la pensión**, they receive a pension.

disfrute *nm (goce)* enjoyment; *(aprovechamiento)* benefit.

disgregación *nf* disintegration, break-up.

disgregar [7] *vtr* 1 to disintegrate, break up. 2 *(dispersar)* to disperse.

disgustado,-a I *pp de* **disgustar**. II *adj* upset, displeased; **está disgustada con la actitud de su padre**, she is upset about her father's reaction; **están muy disgustados con el coche**, they are very unhappy with the car.

disgustar I *vtr (molestar)* to upset, make unhappy; **le disgustó mucho que no le saludaras**, he was very upset because you didn't say hello to him; **me disgusta que hables así**, it upsets me to hear you talk like that. II **disgustarse** *vr* 1 *(sentir enfado)* to get upset, be annoyed; **se disgustó porque no se lo dijiste**, she was annoyed because you didn't tell her. 2 *(enemistarse)* to quarrel.

disgusto *nm* 1 *(enfado)* annoyance, displeasure; **dar un d.**, to upset; **llevarse un d.**, to get upset; **no sabes qué d. me llevó**, you don't know how upset I was. 2 *(problema, desgracia)* trouble, misfortune;

no gano para disgustos, it's just one thing after another; **¡qué d.!**, what a pity!, how sad! 3 **a d.**, unwillingly; **sentirse** *o* **estar a d.**, to feel ill at ease.

disidencia *nf* dissidence, disagreement.

disidente *adj & nmf* dissident.

disidir *vi* to dissent.

disimulación *nf* pretence, dissemblance.

disimulado,-a I *pp de* **disimular**. II *adj* 1 *(persona)* sly, crafty; **hacerse el d.**, to pretend not to see *o* notice. 2 *(oculto)* hidden, concealed. ◆**disimuladamente** *adv (con astucia)* craftily; *(escondiéndose)* without being seen, surreptitiously, hiddenly.

disimular *vtr* to conceal, hide; **con la pintura se disimulan las manchas**, stains don't show under the paint; **ella disimuló su pena**, she hid her sorrow.

disimulo *nm véase* **disimulación**.

disipado,-a I *pp de* **disipar**. II *adj* dissipated, debauched, wasted; **una vida disipada**, a life of debauchery.

disipar *vtr* 1 *(humos, niebla)* to drive away; *fig* to dispel; **d. esperanza**, to shatter hopes; **d. temores/dudas**, to dispel fears/doubts. 2 *(derrochar)* to squander.

dislate *nm* absurdity, nonsense.

dislexia *nf Med* dyslexia.

disléxico,-a I *adj Med* dyslexic. II *nm,f Med* dyslexic person.

dislocar [1] I *vtr* 1 *(hueso)* to dislocate. 2 *fig (hechos)* to distort. II **dislocarse** *vr* to dislocate, become dislocated; **d. la muñeca**, to dislocate one's wrist.

disloque *nm fam* bedlam, madness; **cuando apareció el ídolo, aquello fue el d.**, when the idol appeared, the crowds went wild.

disminución *nf* decrease, drop; **ir en d.**, to diminish.

disminuir [62] I *vtr* to decrease, reduce, diminish; **d. el tamaño/la velocidad**, to reduce size/speed. II *vi* to diminish, drop, fall; **las temperaturas han disminuido**, temperatures have dropped.

disociable *adj* dissociable.

disociación *nf* dissociation.

disociar [12] *vtr* to dissociate.

disolubilidad *nf* solubility.

disoluble *adj* soluble, dissoluble.

disolución *nf* 1 *(desleimiento)* dissolution, dissolving. 2 *fig (anulación)* invalidation, cancellation. 3 *fig (relajación)* looseness, dissoluteness; **d. de las costumbres**, decadence. 4 *Quím* solution.

disoluto,-a I *adj* dissolute. II *nm,f* libertine.

disolvente *adj & nm* solvent, dissolvent.

disolver [32] *(pp disuelto)* I *vtr* 1 to dissolve; **d. un matrimonio/el Parlamento**, to dissolve a marriage/Parliament. 2 *(anular)* to annul. II **disolverse** *vr* to be dissolved; **la manifestación se disolvió pacíficamente**, the demonstration broke up peacefully.

disonancia *nf Mús* dissonance; *fig* disharmony.

disonante *adj Mus* dissonant; *Mús & fig* discordant.

dispar *adj* unlike, disparate.

disparada *nf Am* sudden and wild rush, stampede.

disparadero *nm* 1 *(arma)* trigger. 2 *fam* **poner a algn en el d.**, to get sb's dander up.

disparador *nm* 1 *(de arma)* trigger. 2 *Fot* shutter release. 3 *(de reloj)* escapement.

disparar I *vtr (arma de fuego)* to fire; *(bala, flecha)* to shoot; *Ftb* **d. el balón,** to shoot the ball; **¡nos disparan!,** they are firing at us! II *vi (disparatar)* to talk nonsense. III **dispararse** *vr* 1 *(arma)* to go off, fire. 2 *(precios)* to shoot up. 3 *(salir corriendo)* to fly o rush off. 4 *(hablar con volubilidad)* to get carried away. 5 *Méx (dinero)* to squander.

disparatado,-a I *pp de* **disparatar.** II *adj* absurd, senseless.

disparatar *vi* to talk nonsense.

disparate *nm* 1 *(desatino)* blunder, nonsense, senseless talk; **no digas disparates,** don't talk nonsense. 2 *(tontería)* foolish act; **ha sido un d. contestar así,** you were a fool to answer like that. 3 *(barbaridad)* enormity; **lo que has hecho es un d.,** you've done something terrible; **piden un d.,** they are asking an awful lot.

disparejo,-a *adj* unequal, uneven.

disparidad *nf* disparity, difference.

disparo *nm* 1 shot; **se oían disparos,** firing o shots o shooting could be heard. 2 *Dep* shot; **d. a puerta,** shot.

dispendio *nm* splurge.

dispensa *nf* dispensation, exemption.

dispensar *vtr* 1 *(otorgar)* to give, grant; **dispensó una palabra de agradecimiento,** he said a few words of thanks. 2 *(disculpar)* to pardon, forgive; **dispense la molestia,** I'm sorry to bother you. 3 *(eximir)* to exempt, free from an obligation; **me dispensaron (de) la gimnasia,** I was exempted from gym class.

dispensario *nm Med* dispensary.

dispersar I *vtr* 1 *(separar)* to disperse; *(esparcir)* to scatter; **d. la atención/los esfuerzos,** to spread one's attention/efforts. 2 *Mil* to disperse, rout. II **dispersarse** *vr* to disperse, scatter.

dispersión *nf (separación)* dispersion; *(esparcimiento)* scattering.

disperso,-a *adj (separado)* dispersed; *(esparcido)* scattered.

displicencia *nf* indifference, apathy; **con d.,** half-heartedly.

displicente *adj* indifferent, uninterested; **con un tono d.,** showing no emotion, coldly.

disponer [78] *(pp* **dispuesto)** I *vtr* 1 *(arreglar)* to arrange, set out; **dispon las sillas para que todos vean,** arrange the chairs so that everyone can see. 2 *(preparar)* to prepare, get ready. 3 *(ordenar)* to order; **el alcalde dispuso suspender las fiestas,** the Mayor ordered the suspension of the festivities; **la ley dispone que,** the law stipulates that. II *vi* 1 *(tener)* to have at one's disposal; **d. de dinero/tiempo,** to have money/time available; **los medios de que dispone,** the means available to him. 2 *(usar)* to make use of, do as one wants with. III **disponerse** *vr* 1 *(prepararse)* to prepare, get ready; **se disponía a marcharse, cuando sonó el teléfono,** he was about to leave when the phone rang. 2 *(mentalmente)* to be prepared, expect; **no me dispongo a perder,** I'm not prepared to lose.

disponibilidad *nf* availability; *Fin* liquidity; *Com* available stock.

disponible *adj* available.

disposición *nf* 1 *(uso)* disposition, disposal; **a la d. de,** at the disposal of; **a su d.,** at your disposal o service; **tener la libre d. de algo,** to have sth entirely at one's disposal. 2 *(estado de ánimo)* disposition, frame of mind; *(colocación)* arrangement, layout; **este niño no está en d. de salir,** this child isn't up to

going out. 3 *(orden)* order, law; **las disposiciones vigentes,** current legislation. 4 *(aptitud)* talent, gift; **nunca he tenido d. para el dibujo,** I have never been any good at drawing.

dispositivo *nm* device, gadget.

dispuesto,-a I *pp de* **disponer.** II *adj* 1 *(a punto)* ready; **¿estamos todos dispuestos para salir?,** are we all ready to go? 2 *(decidido)* determined; **está d. a hablar,** he is determined to talk. 3 *(hábil)* bright, clever, capable. 4 *(que se presta)* willing, prepared; **está poco d. a ayudar,** he is reluctant to help; **estoy d. a lo que sea para conseguirlo,** I'll do anything to get it; **la empresa no está dispuesta a ofrecer más dinero,** the company is not prepared to offer more money; **siempre está d. a hacer de secretaria,** he is always willing to act as secretary. 5 *(establecido)* established, stipulated; **según lo d. por la ley,** in accordance with what the law stipulates.

disputa *nf* dispute, argument.

disputar I *vtr* 1 *(discutir)* to argue. 2 *(oponerse a)* to dispute. 3 *(pretender) (premio)* to contend for. 4 *Dep (partido)* to play. II **disputarse** *vr* 1 *(pretender)* to contend for; **cinco aspirantes se disputan el puesto,** there are five candidates contending for the position. 2 *Dep* to be played; **el partido se disputa el jueves,** the match will be played on Thursday.

disquete *nm Inform* diskette, floppy disk.

disquisición *nf* 1 disquisition. 2 **disquisiciones,** digressions; *fam* **d. filosóficas,** rambling *sing.*

distancia *nf* 1 *(espacio)* distance; **a d.,** from a distance; **guardar las distancias,** to keep one's distance. 2 *fig (diferencia)* difference, gap; **acortar distancias,** to bridge the gap; **hay gran d. de una cosa a la otra,** the two things are quite different. 3 *Fot* **d. focal,** focal length.

distanciado,-a I *pp de* **distanciar.** II *adj* distant, separated; *fig* **me he distanciado mucho de mi familia,** I've distanced myself from my family.

distanciamiento *nm* distancing, distance.

distanciar [12] I *vtr* 1 to separate, distance. 2 *(poner a distancia)* to set apart o at a distance, make a gap between. II **distanciarse** *vr* to become separated; *fig* **distanciarse de los amigos,** to distance oneself from one's friends.

distante *adj* distant, far-off.

distar *vi* 1 *(estar a)* to be distant o away; **dista sesenta kilómetros del centro,** it's sixty kilometres away from the centre. 2 *fig (ser diferente)* to be far from; **dista mucho de ser perfecto,** it's far from (being) perfect.

distender [28] *vtr fig* to ease, relax; **d. las relaciones internacionales,** to ease international relations.

distensión *nf* 1 *Med (lesión)* strain. 2 *(calma)* easing, relaxation, *Pol* **d. de las relaciones,** détente.

distinción *nf* distinction; **a d. de,** unlike; **sin d. de,** irrespective of. 2 *(honor)* distinction; **d. de honor,** honour; **de gran d.,** highly distinguished. 3 *(deferencia)* respect; **hacer una d. con algn,** to treat sb with special deference. 4 *(elegancia)* refinement.

distinguido,-a I *pp de* **distinguir.** II *adj* 1 *(ilustre)* distinguished. 2 *(elegante)* elegant; *(culto)* cultured, of distinction.

distinguir [8] I *vtr* 1 *(diferenciar)* to distinguish. 2 *(ver)* to see, make out; **pude distinguirlo entre la multitud,** I saw o distinguished him among the crowd. 3 *(caracterizar)* to mark, distinguish. 4 *(mostrar preferencia)* to single out. 5 *(honrar)* to honour,

US honor. **II** *vi (diferenciar)* to discriminate. **III**
distinguirse *vr* **1** *(sobresalir)* to distinguish oneself,
stand out. **2** *(verse)* to be visible.

distintivo,-a I *adj* distinctive, distinguishing; **rasgo
d.**, characteristic feature. **II** *nm* **1** *(señal)* distinctive
sign *o* mark. **2** *(característica)* characteristic, emblem; **el d. de una profesión,** the emblem *o* symbol
of a profession.

distinto,-a *adj (diferente)* different; *(varios)*
various; **comimos distintos tipos de queso y patés,**
we ate various sorts of cheese and pâté.

distorsión *nf* **1** *Med* sprain. **2** distortion; *fig* **la d.
de la verdad,** distortion of the truth.

distracción *nf* **1** *(pasatiempo)* pastime, hobby; *(recreo)* recreation, entertainment, relaxation; **en Barcelona hay distracciones para todos los gustos,**
Barcelona offers something for everyone; **mi d. favorita es la música,** music is my favourite pastime.
2 *(error)* slip, oversight; **fue una d. por mi parte,** it
was an oversight on my part. **3** *(descuido)* distraction, absent-mindedness; **en un momento de d. cogí
tus llaves,** in a moment of absent-mindedness I took
your keys.

distraer [88] **I** *vtr* **1** *(atención)* to distract; **está prohibido d. al conductor,** do not distract the driver;
por lo menos, te distrae de tus preocupaciones, at
least it takes your mind off your worries. **2** *(divertir)*
to entertain, amuse. **3** *fam fig (robar)* to embezzle.
II distraerse *vr* **1** *(divertirse)* to amuse oneself. **2**
(entretenerse) to relax, pass the time; **necesitas dis-
traerte,** you need to relax. **3** *(abstraerse)* to let one's
mind wander; **te distraes mucho,** you are so absent-
minded.

distraído,-a I *pp de* **distraer. II** *adj* **1** *(divertido)*
entertaining, fun. **2** *(inatento)* absent-minded. **3** *Chi
Méx (desaseado)* slovenly, unkempt. **III** *nm,f* absent-minded person; **hacerse el d.**, to pretend not to
notice *o* know.

distribución *nf* **1** distribution. **2** *(entrega)* delivery;
la d. del correo, mail delivery. **3** *(de una casa, un
jardín)* layout.

distribuidor,-a I *adj* distributing, distributive. **II**
nm,f **1** distributor; **los distribuidores de películas,**
the film distributors. **2** *Com* wholesaler.

distribuir [62] *vtr* to distribute, deliver; **d. el agua
y la electricidad,** to supply gas and electricity; **d. el
trabajo entre los miembros del equipo,** to share the
work among everybody in the team.

distributivo,-a *adj* distributive.

distrito *nm* district. ■ **d. postal,** postal district.

disturbar *vtr* to disturb.

disturbio *nm* riot, disturbance; **disturbios callejeros,** riots.

disuadir *vtr* to dissuade, deter.

disuasión *nf* dissuasion, deterrence.

disuasivo,-a *adj,* **disuasorio,-a** *adj* dissuasive,
deterrent.

disuelto,-a *pp de* **disolver.**

disyuntiva *nf* alternative.

dita *nf Am* debt.

DIU *nm Med abr de* **dispositivo intrauterino,** intrauterine device, IUD.

diuresis *nf Med* diuresis.

diurético,-a *adj & nm Med* diuretic.

diurno,-a *adj* daytime, daily; *(planta)* diurnal.

divagación *nf* digression.

divagar [7] *vi* to digress, wander.

diván *nm Mueb* divan, couch.

díver *adj inv fam* great fun.

divergencia *nf* divergence; **d. de opiniones,** diverging opinions.

divergente *adj* divergent, diverging.

divergir [6] *vi* to diverge.

diversidad *nf* diversity, variety.

diversificación *nf* diversification.

diversificar [1] **I** *vtr* to diversify, vary. **II** **diversificarse** *vr* to be diversified *o* varied.

diversión *nf* fun, amusement.

diverso,-a *adj (diferente)* different; *(varios)* several, various; **trajo diversos regalos para los niños,**
he brought various presents for the children.

divertido,-a I *adj de* **divertir. II** *adj* **1** *(de risa)* amusing, funny; **una película divertida,** a funny film. **2**
(entretenido) fun, entertaining; **un tipo muy divertido,** a very amusing chap. **3** *Am (ebrio)* tipsy.

divertir [35] **I** *vtr* to amuse, entertain. **II** **divertirse**
vr to enjoy oneself, have a good time; **por diver-
tirme,** for fun; **¡que te diviertas!,** enjoy yourself!,
have fun!

dividendo *nm Mat Com* dividend.

dividir *vtr* to divide, split (**en,** into); **la guerra dividió
al país,** the war divided the country; **los Andes dividen Chile de Argentina,** the Andes separate Chile
from Argentina; **15 dividido entre 3 son 5,** 15 divided by 3 is 5. **II** **dividirse** *vr* to divide, split up;
el partido se dividió en dos facciones, the party split
into two factions.

divieso *nm* boil, furuncle.

divinidad *nf* **1** *Filos* God, divinity. **2** *(dios pagano)*
deity. **3** *fam* **¡qué d.!,** how gorgeous!

divinización *nf* deification.

divinizar [4] *vtr* to deify.

divino,-a *adj* **1** divine. **2** *fam (bonito)* wonderful,
fantastic, gorgeous; **tienen una casa divina,** they
have a fantastic house.

divisa *nf* **1** *(emblema)* symbol, emblem. **2** *Taur* bull
owner's emblem. **3** *Herald* device, motto. **4 divisas,**
Com foreign currency *sing.*

divisar *vtr* to make out, discern.

divisibilidad *nf* divisibility.

divisible *adj* dividable; *Mat* divisible.

división *nf* division; **hay d. de opiniones,** opinions
are divided; *Ftb* **primera/segunda d.,** first/second division. ■ *Mil* **d. acorazada** *o* **blindada,** armoured division.

divisor,-a I *adj* dividing. **II** *nm* divider; *Mat* divisor.
■ **máximo común d.,** highest common factor, *US*
highest common denominator.

divisorio,-a I *adj* dividing. **II** *nf Geog* divide.

divo,-a *nm,f* star; **es una diva (de ópera),** she is a
prima donna.

divorciado,-a I *pp de* **divorciar. II** *adj* divorced.
III *nm,f (hombre)* divorcé; *(mujer)* divorcée.

divorciar [12] **I** *vtr* to divorce. **II** **divorciarse** *vr* to
get divorced; **se divorció de él,** she divorced him,
she got a divorce from him.

divorcio *nm* **1** divorce. **2** *fig (discrepancia)* discrepancy; **hay un d. entre lo que dice y lo que hace,** he
says one thing and does another.

divulgación *nf* **1** *(difusión)* disclosure, spreading;
la d. de una noticia, the publication of a news item.
2 *(de conocimientos)* popularization.

divulgador,-a *adj* **1** *(difusor)* broadcasting. **2** *(propagador)* popularizing.

divulgar [7] *vtr* 1 *(difundir)* to disclose, reveal; *Rad* to broadcast; **las emisoras de radio divulgaron la noticia,** the radio stations broadcast the news. 2 *(propagar)* to popularize.

Djibouti *n* Djibouti, Jibouti.

D.L. *abr de* **depósito legal,** legal deposit, bond.

D.m. *abr de* **Dios mediante,** God willing.

DNI *nm abr de* **Documento Nacional de Identidad,** Identity Card, ID card.

do *nm Mús (de solfa)* doh, do; *(de escala diatónica)* C. ■ **do de pecho,** high C; *fam* **dar el do de pecho,** to surpass oneself.

doberman *nm Zool* Doberman (pinscher).

dobladillo *nm Cost* hem.

doblaje *nm Cin* dubbing.

doblar I *vtr* 1 *(duplicar)* to double; **me dobla la edad,** he is twice as old as I am. 2 *(plegar)* to fold *o* turn up. 3 *(torcer)* to bend. 4 *Cin Teat (actor, actriz)* to double (**a,** for); *(película)* to dub. 5 *(esquina)* to go round. 6 *Méx (matar a disparos)* to shoot. II *vi* 1 *(girar)* to turn; **dobla a la derecha/izquierda,** turn right/left. 2 *(campanas)* to toll. 3 *Cin Teat* to play two roles, double. III **doblarse** *vr* 1 *(plegarse)* to fold. 2 *(torcerse)* to bend. 3 *(someterse)* to yield, give in.

doble I *adj* double; **arma de d. filo,** double-edged weapon; **una frase de d. sentido,** a sentence with a double meaning. II *nm* 1 double; **gana el d. que tú,** she earns twice as much as you do. 2 *Cost (dobladillo)* hem. 3 *(toque de campana)* toll. 4 *Cin* stunt man, double. III *nf Cin* stunt woman, double. IV *adv* double; **d. peor/mejor,** twice as bad/good; *fig* **tú oyes d.,** you must be imagining things. ◆**doblemente** *adv* 1 *(muy)* doubly. 2 *fig (con hipocresía)* insincerely, two-facedly.

doblegar [7] I *vtr* 1 *(doblar)* to bend. 2 *fig (ceder)* to make give in. II **doblegarse** *vr* to give in.

dobles *nmpl Dep* doubles; **d. femeninos/masculinos,** ladies'/men's doubles.

doblez I *nm (pliegue)* fold. II *nm & f fig* two-facedness, deceitfulness; **ser una persona sin d.,** to be an honest *o* guileless person.

doc *abr de* **documento,** document, doc.

doce I *adj (cardinal)* twelve; *(ordinal)* twelfth; **d. casas,** twelve houses; **el siglo d./XII,** the twelfth/ 12th century. II *nm inv* 1 twelve. 2 *(fecha)* twelfth; *véase tamb* **ocho.**

doceavo,-a I *adj* twelfth. II *nm,f (de una serie)* twelfth. III *nm (parte)* twelfth; *véase tamb* **octavo,-a.**

docena *nf* dozen; **a docenas,** by the dozen; *fig* **d. de fraile,** baker's dozen.

docencia *nf* teaching; **siempre le ha gustado la d.,** he has always liked teaching.

docente I *adj* teaching; **centros docentes,** educational centres; **personal d.,** teaching staff. II *nmf* teacher.

dócil *adj* docile, obedient.

docilidad *nf* docility, obedience.

dock *nm* 1 dock. 2 docks, warehouse *sing*.

docto,-a I *adj* learned. II *nm,f* learned person, connoisseur. ◆**doctamente** *adv* learnedly.

doctor,-a *nm,f* doctor; **d. en filosofía,** doctor in *o* of philosophy; **la doctora le recetó antibióticos,** the doctor prescribed antibiotics for him.

doctorado *nm Univ* doctorate, PhD.

doctoral *adj* doctoral; **un tono d.,** a pedantic way of speaking.

doctorarse *vr Univ* to take *o* receive one's doctorate.

doctrina *nf* doctrine, teachings *pl*.

doctrinal *adj* doctrinal.

doctrinario,-a *adj & nm,f* doctrinaire.

documentación *nf* documentation; **la d. del coche,** the car papers; **la policía le pidió la d.,** the police asked to see his papers.

documentado,-a I *pp de* **documentar.** II *adj* 1 documented, researched; **una película bien documentada,** a well-researched film. 2 *fam (enterado)* informed.

documental *adj & nm Cin TV* documentary.

documentar I *vtr* 1 *(libro, informe)* to document. 2 *(persona)* to give information. II **documentarse** *vr* to research (**sobre,** -), get information (**sobre,** about *o* on).

documento *nm* document. ■ **d. nacional de identidad,** identity card.

dodecafónico,-a *adj Mús* dodecaphonic.

dogal *nm* 1 *(de caballo)* halter. 2 *(soga de reo)* hangman's noose.

dogma *nm* dogma.

dogmático,-a *adj & nm,f* dogmatic.

dogmatismo *nm* dogmatism.

dogmatizar [4] *vi* to dogmatize.

dogo *nm Zool* bulldog.

dólar *nm* dollar.

dolencia *nf* ailment; **achaques y dolencias,** aches and pains.

doler [32] I *vi* 1 to hurt, ache; **me duele la muela/la cabeza,** I've got toothache/a headache; **me duelen los ojos,** my eyes hurt. 2 *(sentir pena)* to feel hurt; **estar dolido,** to be hurt; **le duele que no le hayas invitado,** he is hurt that you didn't invite him. 3 *(sentir pesar)* to be sorry *o* sad; **me duele tener que echarte,** I'm sorry to have to throw you out. II **dolerse** *vr* 1 *(quejarse)* to complain (**de,** about). 2 *(arrepentirse)* to regret (**de,** for). 3 *(sentir pena)* to suffer (**de,** for)

dolmen *nm* dolmen.

dolo *nm Jur* fraud.

Dolomitas *npl* Dolomites.

dolor *nm* 1 *Med* pain, ache. ■ **d. de cabeza,** headache; **d. de muelas,** toothache. 2 *(padecimiento moral)* grief, sorrow; *(pesar)* regret.

dolorido,-a *adj* 1 *(dañado)* sore, aching. 2 *(apenado)* sad, grieved, hurt.

dolorosa *nf* 1 *Rel* Our Lady of Sorrow. 2 *arg (en restaurante)* bill; **tráeme la d.,** what's the damage?

doloroso,-a *adj* painful.

doma *nf* taming; *(de caballos)* breaking in.

domador,-a *nm,f* tamer. ■ **d. de caballos,** horse-breaker.

domar *vtr (animal)* to tame; *(caballo)* to break in; *fig* to break in.

domesticable *adj* trainable.

domesticación *nf* domestication, taming.

domesticar [1] *vtr* to domesticate; *(animal)* to tame; **d. leones para un circo,** to train lions for a circus.

doméstico,-a I *adj* domestic; **animal d.,** pet; **servicio d.,** domestic help. II *nm,f* domestic, household servant.

domiciliación *nf Fin* payment by standing order.

omiciliado,-a I *pp de* domiciliar. **II** *adj* residing, living.

omiciliar [12] *vtr* **1** *Fin* to pay by standing order. **2** to house.

omiciliario,-a *adj* house; *Jur* **arresto d.,** house arrest.

omicilio *nm* home, residence; **escriba el nombre y el d.,** write your name and address; **servicio a d.,** house deliveries; **sin d. fijo,** of no fixed abode *o* residence. ■ **d. fiscal,** registered office.

ominación *nf* domination, dominion.

ominante *adj* **1** *(que domina)* dominant, dominating. **2** *(déspota)* domineering.

ominar I *vtr* **1** *(tener bajo el poder)* to dominate, rule. **2** *fig (contener)* to control; **d. el fuego,** to contain the fire; **d. la ira/los nervios,** to control one's rage/nerves. **3** *fig (conocer a fondo)* to master; **d. el francés,** to have a good command of French; **d. la fotografía,** to be very good at photography; **los estudiantes tienen que d. el verbo 'to be',** students have to master the verb 'to be'. **4** *(ver)* to see; **desde el balcón se domina la llanura,** from the balcony one can see the plain. **5** *(tener bajo el control)* to overpower, overcome; **le dominó la rabia,** he was overcome by rage. **II** *vi* **1** *(imperar sobre personas o cosas)* to dominate. **2** *(resaltar)* to stand out. **3** *fig (abundar)* to predominate, dominate; **el azul era el color que dominaba,** blue was the predominant colour. **III** dominarse *vr* to control oneself; **tuve que dominarme para no contestarle mal,** I had to restrain myself from answering him angrily.

omingas *nfpl arg* boobs.

omingo *nm inv* Sunday; **el traje de los domingos,** one's Sunday best. ■ **D. de Resurrección** *o* **Pascua,** Easter Sunday; *véase tamb* viernes.

ominguejo *nm Am* poor devil, wretch.

ominguero,-a I *adj* Sunday. **II** *nm,f fam* weekend driver.

ominica *n* Dominica.

ominical *adj* Sunday; **periódico d.,** Sunday newspaper.

ominicano,-a *adj & nm,f* Dominican; **República Dominicana,** Dominican Republic.

ominico,-a *adj Rel* Dominican.

ominio *nm* **1** dominion; *(poder)* control, power; **d. de sí mismo,** self-control; **d. de un idioma,** command of a language; **d. del mar,** command of the sea; **ejercer d.,** to exert control; **ser del d. público,** to be public knowledge. **2** *(condominio)* domain. **3** *(ámbito)* scope, sphere; **el d. de la ciencia,** the sphere of science. **4** dominios, dominions; **los d. de la Commonwealth,** the dominions of the Commonwealth.

ominó *nm,* **dómino** *nm* **1** *(juego)* dominoes *pl;* *(fichas)* set of dominoes. **2** *(disfraz)* domino.

on Quijote *nm Lit* Don Quixote.

on[1] *nm* **1** *(regalo)* present, gift. **2** *(talento)* natural gift, talent; **tiene el d. de sacarme de quicio,** he has a knack for getting my goat up. ■ **d. de gentes,** gift of the gab.

on[2] *(tratamiento)* **Señor D. Jesús Ayerra,** Mr Jesús Ayerra; **buenos días D. Jesús,** good morning, Mr Ayerra; **D. Fulano de Tal,** Mr So-and-So; **d. nadie,** a nobody.

onación *nf* donation.

onaire *nm* **1** *(garbo)* grace, elegance. **2** *(ocurrencia graciosa)* wisecrack, witticism.

donante *nmf* donor; *Med* **d. de sangre,** blood donor.

donar *vtr fml* to donate, give; **d. sangre,** to give blood.

donativo *nm* donation.

doncella *nf lit arc* **1** *(mujer joven)* maid, maiden. **2** *(criada)* maid, housemaid.

doncellez *nf* maidenhood.

dónde *adv interr* where; **¿de d. eres?,** where are you from?; **no sé d. le vi,** I can't remember where I saw him; **¿por d. se va a la playa?,** which way is it to the beach?

donde *adv rel* where, in which; **a** *o* **en d.,** where; **de** *o* **desde d.,** from where; **d. quieras,** wherever you want; **está d. lo dejaste,** it is right where you left it; **la casa d. nací,** the town where *o* in which I was born; **la fiesta d. nos conocimos,** the party where we met; *fam* **d. las dan las toman,** tit for tat; *fam* **¡vaya por d.!,** what do you know?

dondequiera *adv* everywhere; **d. que vaya,** wherever I go.

dondiego *nm Bot* marvel-of-Peru, four-o'clock. ■ **d. de día,** morning glory; **d. de noche,** marvel-of-Peru, four-o'clock.

donjuán *nm* Don Juan, womanizer; **tiene fama de d.,** he has reputation for being a Don Juan *o* a Casanova.

donoso,-a *adj desus* **1** *(gracioso)* graceful, elegant. **2** *(ocurrente)* witty; *irón* **donosa ocurrencia,** what a bright idea.

donostiarra I *adj* of *o* from San Sebastián. **II** *nmf* native of San Sebastián.

doña *nf (tratamiento)* **Señora D. Mercedes Torres,** Mrs Mercedes Torres; **D. Mercedes ha llegado,** Mrs Torres has arrived.

dopar *vtr Dep* to dope, drug.

doping *nm Dep* doping.

doquier *adv,* **doquiera** *adv lit* **por d. que,** everywhere.

dorada *nf (pez)* gilthead bream.

dorado,-a I *pp de* dorar. **II** *adj* golden; **con la piel dorada por el sol,** suntanned; **los años dorados de la juventud,** the golden years of youth. **III** *nm* **1** *Téc* gilding. **2** *(pez)* dorado. **3** dorados, gilt objects; **crema para limpiar d.,** metal polish.

dorar *vtr* **1** *(cubrir con oro)* to gild; *fig* **d. la píldora,** to sugar the pill. **2** *(tostar)* to brown.

dórico,-a I *adj* Dorian; *Arquit* **orden d.,** Doric order. **II** *nm* Doric.

dormido,-a I *pp de* dormir. **II** *adj* asleep; *(soñoliento)* sleepy; **quedarse d.,** to fall asleep; **tengo la pierna dormida,** my leg has gone numb.

dormilón,-ona I *adj fam* sleepyheaded. **II** *nm,f* sleepyhead.

dormir [33] **I** *vi* to sleep; **¿dormiste bien?,** did you sleep well?; **d. con algn,** to sleep with sb; **tener ganas de d.,** to feel sleepy; *fam* **d. como un lirón, d. a pierna suelta,** to sleep like a log; *fam fig* **no te duermas o te quitarán el puesto,** don't let the grass grow under your feet. **II** *vtr* to put to sleep; **d. la siesta,** to have an afternoon nap; *fam* **d. la mona,** dormirla, to sleep it off. **III** dormirse *vr* to fall asleep, nod off; **duérmete,** go to sleep; **se me ha dormido el brazo,** my arm has gone to sleep; *fig* **d. en los laureles,** to rest on one's laurels.

dormitar *vi* to doze, snooze.

dormitorio *nm* **1** *(de una casa)* bedroom. **2** *(de un colegio, residencia)* dormitory.

dorsal I *adj* dorsal, spinal, back. II *nm Dep* number.

dorso *nm* back; **instrucciones al d.**, instructions over; **ponga la fecha en el d.**, write the date on the back; **véase al d.**, see overleaf. ■ **el d. de la mano,** the back of the hand.

dos I *adj* 1 *(cardinal)* two; **d. amigos,** two friends; *(ordinal)* second; **el capítulo d.**, the second chapter. II *nm inv (gen)* two; *(fecha)* second; **de d. en d.**, in twos; **el d. de octubre,** the second of October; **entre (los) d.**, between the two of us *o* you *o* them; **los d.**, both; **para nosotros/vosotros d.**, for both of us/you; **¿qué número quieres?** —**el d.**, what number do you want? —number two; *fam* **cada d. por tres,** every other minute; *fam* **como d. y d. son cuatro,** without any doubt; *fam* **en un d. por tres,** in a flash; *véase tamb* **ocho.**

doscientos,-as *adj & nm,f (cardinal)* two hundred; *(ordinal)* two hundredth.

dosel *nm* canopy.

dosificación *nf* dosage.

dosificar [1] *vtr* 1 *(gen)* to dose. 2 *(esfuerzos, energías)* to measure.

dosis *nf inv* dose; **en pequeñas d.**, in small doses.

dossier *nm* dossier.

dotación *nf* 1 *(acción)* endowment. 2 *(personal)* personnel, staff; **la d. del barco,** the crew of the ship.

dotado,-a I *pp de* **dotar.** II *adj* equipped; **d. de un moderno equipo,** provided with modern equipment; *fam (chico)* **bien d.**, good looking; *vulg (órganos genitales)* well-hung.

dotar *vtr* 1 *(dar dote)* to give a dowry. 2 *(proveer)* to endow, provide; **d. de,** to provide with; **está dotado de un gran oído musical,** he's got an excellent ear for music; **d. una oficina,** *(de personal)* to staff an office; *(de dinero)* to assign money to an office.

dote *nf* 1 *(bienes)* dowry. 2 **dotes,** gift *sing*, talent *sing*; **tiene d. para la danza,** he is a gifted dancer.

doy *indic prec véase* **dar.**

DP *nm abr de* **distrito postal,** postal district, PD.

dpt. *abr de* **departamento,** department, Dept.

Dr. *abr de* **doctor,** doctor, Dr.

Dra. *abr de* **doctora,** doctor, Dr.

dracma *nf Fin* drachma.

draconiano,-a *adj fig* Draconian, harsh.

draga *nf* 1 *(máquina)* dredge. 2 *(barco)* dredger.

dragado,-a I *pp de* **dragar.** II *nm* dredging.

dragar [7] *vtr* to dredge.

drago *nm Bot* dragon tree.

dragón *nm* 1 *(fiera)* dragon. 2 *Hist (soldado)* dragoon.

dragonear *Am vi* 1 to pose (**de,** as). 2 to boast.

drama *nm* drama.

dramático,-a *adj* dramatic; **autor d.**, playwright; *fam* **una situación dramática,** a dramatic situation.

dramatismo *nm* 1 drama. 2 *(exageración)* dramatization.

dramatizar [4] *vtr Lit Teat* to dramatize.

dramaturgia *nf Teat* dramatics *sing*.

dramaturgo,-a *nm,f Teat* playwright, dramatist.

dramón *nm fam* melodrama.

draque *nm Am* drink made of water, liquor, sugar and nutmeg.

drástico,-a *adj* drastic.

drenaje *nm* drainage; **colector de d.**, main drain.

drenar *vtr* to drain.

Dresde *n* Dresden.

driblar *vi Dep* to dribble.

dril *nm* 1 *(tela)* drill, drilling. 2 *(mono)* drill.

drive *nm Dep* drive.

droga *nf* 1 *(limpieza)* household product; *(pintura)* paint. 2 *(narcótico)* drug. ■ **d. blanda,** soft drug; **dura,** hard drug. 3 *Am (deuda)* debt; *(trampa)* trap. 4 *Am* medicine, medication.

drogadicto,-a *adj & nm,f* drug addict.

drogado,-a I *pp de* **drogar.** II *adj* drugged (up). III *nm,f* drug addict.

drogar [7] I *vtr* to drug. II **drogarse** *vr* to drug oneself, take drugs.

drogata *nmf arg*, **drogota** *nmf arg* junkie.

droguería *nf* 1 hardware and household goods shop. 2 *Am (farmacia)* chemist.

droguero,-a *nm,f Am* swindler.

dromedario *nm Zool* dromedary.

druida,-esa *nm,f* druid.

DSE *abr de* **Dirección de la Seguridad del Estado.**

dto. *abr de* **descuento,** discount.

dual *adj* dual; *TV* **sistema d.**, dual system.

dualidad *nf* duality.

dualismo *nm* dualism.

dualista *adj* dualistic.

dubitativo,-a *adj* doubtful.

Dublín *n* Dublin.

dublinés,-esa I *adj* of *o* from Dublin. II *nm* Dubliner.

ducado *nm* 1 *Hist* dukedom, duchy. 2 *arc (moneda)* ducat.

ducal *adj* duke's, ducal.

ducha *nf* shower; **darse/tomar una d.**, to take/have a shower; *fam fig* **una d. de agua fría,** a hard blow, a kick in the teeth.

duchar I *vtr* to shower, give a shower. II **ducharse** *vr* to shower, have *o* take a shower.

ducho,-a *adj* expert; **estar d. en la materia,** to be well versed in the subject.

duco *nm* lacquer; **pintar al d.**, to lacquer.

dúctil *adj* ductile.

ductilidad *nm* ductility.

duda *nf* doubt; **no cabe d., no hay d.**, (there is) no doubt; **poner algo en d.**, to question sth; **sacar a algn de dudas,** to dispel sb's doubts; **salir de dudas,** to shed one's doubts; **sin d.**, no doubt, without doubt; **sin la menor d.**, without the slightest doubt.

dudar I *vi* 1 *(gen)* to doubt, have doubts. 2 *(vacilar)* to hesitate; **dudaba entre ir o quedarme,** I hesitated whether to go *o* to stay; **estoy dudando si ir o no,** I am not sure whether to go or not. 3 *(desconfiar)* **de algn,** to suspect sb; **¿dudas de mi palabra?,** don't you trust me? II *vtr* to doubt; **dudo que llegue a tiempo,** I doubt she can come on time; **dudo que sea verdad,** I doubt that's true; **lo dudo,** I doubt it; **no lo dudé ni un momento,** I didn't think twice (about it).

dudoso,-a *adj* 1 *(incierto)* uncertain, doubtful. *(indeciso)* undecided, hesitant; **estoy d.**, I'm hesitant. 3 *(poco honrado)* dubious, suspect. 4 *(poco seguro)* questionable.

duela *nf* stave.

duelo¹ *nm (combate)* duel; **batirse en d.**, to fight a duel.

elo² *nm* **1** *(dolor)* grief, affliction. **2** *(luto)* mourn-g.

ende *nm* **1** *(espíritu)* goblin, elf. **2** *(nomo)* nome. **3** *(encanto misterioso)* magic, charm; **Granada es una ciudad con d.,** Granada is a magical ty; **para cantar flamenco hay que tener d.,** a flamenco singer must have a certain magnetism.

eña *nf* **1** *(gen)* owner; *(casa huéspedes)* landlady; **g es muy dueña de hacer de su vida lo que quiera,** ne can do as she pleases with her life. **2** *arc (tramiento)* lady.

eño *nm* owner; *(de casa etc)* landlord; **es el d. y ñor,** he is lord and master; **¿quién es el d.?,** who wns this?; **se ha hecho el d.,** he is boss now; *fig* **acerse d. de la situación,** to get the situation under ontrol; *fig* **ser d. de sí mismo,** to be self-possessed.

ero *n* **el D.,** the Douro.

Ice I *adj* **1** *(sabor)* sweet. **2** *(carácter, voz, música)* ft, sweet, gentle. **3** *(metal)* soft. **4** *(agua)* fresh; **eces de agua d.,** freshwater fish. II *nm* **1** *Culin* astel) cake; **fruta en d.,** *(escarchada)* glacé fruit; *onfitada)* fruit in heavy syrup; **me encantan los ulces,** I have a sweet tooth. ■ **d. de almíbar,** preserved fruit; **d. de membrillo,** quince jelly. **2** *(camelo)* sweet, *US* candy. **3** *Am* brown sugar.

Icería *nf* confectionery; *(tienda)* confectioner's.

Icero,-a I *adj* sweet-toothed. II *nm,f* confectioner.

Icificar [1] *vtr* **1** to sweeten. **2** *fig* to soften.

Izaina *nf Mús* old type of pipe, dulzaina.

Izaino,-a *adj* sweetish, sugary; **sus canciones son uy dulzainas,** his songs are very soppy.

Izarrón,-ona *adj*, dulzón,-ona *adj* sickly, versweet.

Izor *nm* **1** sweetness. **2** *fig* gentleness, sweetness, ftness.

Izura *nf* **1** sweetness. **2** *fig* gentleness, sweetness, ftness; **es una d. de niño,** he is such a sweet baby little boy.

mping *nm Com* dumping.

na *nf Geog* dune.

o *nm Mús* duet.

odécimo,-a I *adj* twelfth; **duodécima parte,** velfth. II *nm,f (de una serie)* twelfth. III *nm* arte) twelfth; *véase tamb* octavo,-a.

odenal *adj Anat Med* duodenal.

odeno *nm Anat* duodenum.

plex I *adj* duplex. II *nm* **1** *Arquit* duplex, duplex partment. **2** *Telec* linkup.

duplicación *nf* duplication, doubling.

duplicado,-a I *pp de* duplicar. II *adj* **por d.,** in duplicate; **hay que presentar los impresos por d.,** all forms must be handed in in duplicate. III *nm* duplicate, copy.

duplicar [1] I *vtr (gen)* to duplicate; *(cifras)* to double. II duplicarse *vr* to double; **el número de parados se ha duplicado,** the number of unemployed has doubled.

duplicidad *nm* **1** duplicity. **2** *fig (falsedad)* duplicity, falseness.

duplo,-a *adj & nm,f* double.

duque *nm* duke.

duquesa *nf* duchess.

durabilidad *nf* durability.

durable *adj* durable, lasting.

duración *nf* duration, length; **disco de larga d.,** long-playing record; *fam* LP.

duradero,-a *adj* durable, lasting.

durante *prep (por)* during, in; *(todo el período)* for; **duerme d. el día,** he sleeps during the day; **d. todo el día,** all day long; **ha llovido d. la noche,** it rained during the night; **la vi tan sólo d. tres o cuatro segundos,** I saw her for only three or four seconds; **la vi varias veces d. las vacaciones,** I saw her several times during the holidays; **viví en La Coruña d. un año,** I lived in La Coruña for a year.

durar *vi* **1** to last, go on for; *fig* **Helena no durará ni tres meses en el cargo,** Helena won't last more than three months in her job. **2** *(ropa, calzado)* to wear well, last.

durazno *nm Bot (fruto)* peach; *(árbol)* peach tree.

dureza *nf* **1** hardness, toughness; *(severidad)* harshness, severity; *fig* **d. de corazón,** hardheartedness. **2** *(callosidad)* corn.

durmiente I *adj* sleeping; **la bella d.,** sleeping beauty. II *nmf* sleeping person *o* animal. III *nm Am Ferroc* sleeper, *US* tie.

duro,-a I *adj* **1** hard; *(carne)* tough; *Dep* **juego d.,** rough play. **2** *(penoso)* hard, difficult. **3** *(áspero)* tough, harsh. **4** *(resistente)* tough, strong. **5** *(sin sentimientos)* hardhearted, tough. II *nm* **1** *(moneda)* five-peseta coin; *fam* **¡lo que faltaba para el d.!,** just what we *o* I needed! **2** *(persona)* tough guy. III *adv* hard; **le da d. al trabajo,** he works hard; **pégale d.,** hit him hard.

dux *nm Hist* doge.

d/v *abr de* **días vista; a diez d/v,** due within ten days.

E

e *nf (la letra)* E, e.

br de **Este,** East, E.

onj *(delante de palabras que empiecen por i o hi)* nd; **verano e invierno,** summer and winter.

interj *(para animar)* come on!; *(para indicar relución)* so there!

sonense I *adj* of *o* from San Sebastián. II *nmf* ative *o* inhabitant of San Sebastián.

ebanista *nm Carp* cabinet-maker.

ebanistería *nf Carp* **1** *(arte)* cabinet-making. **2** *(taller)* cabinet-maker's.

ébano *nm* ebony.

ebonita *nf* ebonite, vulcanite.

ebriedad *nf* inebriation, intoxication, drunkenness.

ebrio,-a *adj* inebriated, intoxicated, drunk; *fig* **e. de ira,** furious.

Ebro *n* el E., the Ebro.

ebullición *nf* boiling; **entrar en e.**, to come to the boil; **estar a punto de e.**, to be at boiling point; *fig* **estar en e.**, to be boiling over. ■ **punto de e.**, boiling point.

eccehomo *nm Rel* Ecce Homo; *fam fig* **estar hecho un e.**, to be a wreck.

eccema *nm Med* eczema.

echado,-a I *pp de* echar. II *adj* 1 *(tumbado)* **estar e.**, to be lying down. 2 *(arrojado)* thrown; *(descartado)* thrown away; *fam* **e. pa'lante**, go-getter.

echador,-a I *adj CAm Méx* bigheaded. II *nf* **echadora de cartas**, fortune-teller.

echar I *vtr* 1 *(lanzar)* to throw; *fig* **e. algo a suertes**, to draw lots for sth; *fig* **e. maldiciones**, to curse; *fig* **e. pelillos a la mar**, to bury the hatchet; *fig* **e. una mano**, to give a hand; *fig* **e. una mirada/una ojeada**, to have a look/a quick look *o* glance. 2 *(depositar)* to put, drop; **e. dinero en un saco**, to put money into a bag. 3 *(correo)* to post. 4 *(expulsar)* to throw out. 5 *(despedir)* to sack, dismiss, fire; **le echaron del colegio**, he was expelled from school. 6 *(derribar)* **e. por tierra** *o* **abajo**, *(edificio)* to demolish; *fig (proyecto)* to ruin. 7 *(brotar, salir)* to grow; **e. bigotes**, to grow a moustache; *fig* **e. raíces**, to put down roots. 8 *(emanar)* to emit, give out *o* off; **la chimenea echa mucho humo**, a lot of smoke is coming out of the chimney. 9 *(poner)* *Culin* to put in, add; **e. el cerrojo**, to bolt the door; *Aut* **e. el freno**, to put the brake on. 10 *(decir)* **e. la buenaventura**, to tell sb's fortune; **e. una regañina** *o* **un sermón a algn**, to tell sb off. 11 *(calcular)* to guess; **e. cuentas**, to calculate; **le echó 37 años**, he thought she looked 37; *fam* **échale precio**, guess how much I paid. 12 *(apartar)* to push aside; **echa eso a un lado**, push that to one side. 13 *(servir)* to give, serve up; *(gasolina)* to put in; **me has echado mucho**, you've given me a lot. 14 *fam (exhibir)* *Cin TV* to show; **esta noche echan 'Yo, Claudio'**, 'I, Claudius' is on tonight. 15 *(acusar)* **e. en cara**, to blame; **no me eches en cara tus errores**, don't blame me for your mistakes. 16 **e. de menos** *o* **en falta**, to miss; **echa de menos a su amigo Pepe**, he misses his friend Pepe. II *vi* 1 *(e. + a + infin)* *(empezar)* to begin to; **echó a correr**, he ran off; *(deteriorar)* **e. a perder**, to spoil. 2 *(dar)* **e. de comer**, to feed. 3 *(ir)* **e. por un camino**, to follow a path; **e. por la derecha**, to go right. III **echarse** *vr* 1 *(lanzarse)* to throw oneself; *fig* **la noche se nos echó encima**, it was night before we knew it. 2 *(tumbarse)* to lie down; **e. al suelo**, to lie on the floor. 3 *(apartarse)* **e. a un lado**, to move oneself to one side; *fig* **e. atrás**, to have second thoughts, get cold feet. 4 *fam* **e. novio/novia**, to get a steady boyfriend/girlfriend. 5 *(e. + a + infin)* *(empezar)* to begin to; **e. a llorar**, to burst into tears. **e. a perder**, *(comida)* to go bad; *(personas)* to go downhill; **e. a reír**, to burst out laughing. 6 *fam* **echárselas de**, to claim to be; **se las echa de muy listo**, he thinks he's very smart.

echarpe *nm* shawl, stole.

echazón *nf Náut* jetsam.

echona *nf Arg Chi Per Agr* sickle.

eclampsia *nf Med* eclampsia.

eclecticismo *nm* eclecticism.

ecléctico,-a *adj & nm,f* eclectic.

eclesial *adj* ecclesiastic, ecclesiastical, church.

eclesiástico,-a I *adj* ecclesiastic, ecclesiastical, church. II *nm* clergyman.

eclipsar I *vtr* 1 *Astron* to eclipse. 2 *fig* to eclip outshine. II **eclipsarse** *vr* 1 *Astron* to be eclips 2 *fig (desaparecer)* to disappear, vanish.

eclipse *nm* eclipse.

eclíptico,-a *adj & nf* ecliptic.

eclisa *nf Ferroc* fishplate.

eclosión *nf* 1 *Zool* hatching, emergence; *Bot* b soming. 2 *fig* upsurge, flowering, emergence.

eclosionar *vi* to break *o* burst out, emerge.

eco *nm* 1 *Fís* echo. 2 *fig* echo, response; **hacer e.**, have an effect, make an impression; **tener e.**, arouse interest. ■ *Prensa* **ecos de sociedad**, gos column *sing*.

ecografía *nf Med* scan.

ecología *nf* ecology.

ecológico,-a *adj* ecological.

ecologista I *adj* ecological; *Pol* **partido e.**, ecol party. II *nmf* ecologist.

ecólogo,-a *nm,f* ecologist.

economato *nm Com* company store.

econometría *nf* econometrics *sing*.

economía *nf* 1 *(gen)* economy; **e. domésti** housekeeping; **la e. británica**, the British econor 2 *(ciencia)* economics. 3 *(ahorro)* economy, s ing; **hacer economías**, to economize. 4 *(cualid* economy, thrift, thriftiness.

económico,-a *adj* 1 *(gen)* economic. 2 *(bar* cheap, economical, inexpensive; **resultar e.**, to cheap. 3 *(persona)* thrifty, careful with mon ◆**económicamente** *adv* economically; **viajar e.** travel cheaply.

economista *nmf* economist.

economizar [4] *vtr (dinero, tiempo)* to economi save; *(cosas)* to use sparingly.

ecónomo *nm* 1 *Fin* trustee. 2 *Rel* acting pa priest.

ecosistema *nm* ecosystem.

ectoplasma *nm* ectoplasm.

ecuación *nf Mat* equation. ■ **e. de segundo gra** quadratic equation; **sistema de ecuaciones**, set equations.

Ecuador *n* Ecuador.

ecuador *nm* 1 *Geog* equator. 2 *Educ fam* **paso e.**, trip organised by students celebrating half-v stage in their degree.

ecualizador *nm Fís* equalizer.

ecuánime *adj* 1 *(temperamento)* equable, ev tempered. 2 *(juicio)* impartial, fair.

ecuanimidad *nf* 1 *(temperamento)* equanimity *(juicio)* impartiality, fairness.

ecuatoguineano,-a I *adj* of *o* from Equato Guinea. II native *o* inhabitant of Equato Guinea.

ecuatorial *adj* equatorial.

ecuatoriano,-a *adj & nm,f* Ecuadorian, Ec doran.

ecuestre *adj* equestrian.

ecuménico,-a *adj Rel* ecumenic, ecumenical, cumenical.

ecumenismo *nm* ecumenicism, ecumenicalism

eczema *nm Med* eczema.

ed 1 *abr de* **edición**, edition, ed. 2 *abr de* **editor** editorial, ed. 3 *abr de* **editor**, editor, ed.

edad *nf* age; **los menores de e.**, minors, child under age; **¿qué e. tienes?**, how old are you?; **tienes e. para ...**, you are old enough to ...; *eu* rcera e., senior citizens *pl*; *euf* una persona de e., n elderly person. ■ e. media, Middle Ages *pl*.

lén *nm* 1 Eden. 2 *fig* paradise, heaven.

lénico,-a *adj* idyllic, heavenly.

lición *nf* 1 *Impr (publicación)* publication; *(de se-os)* issue; Ediciones Sánchez, Sanchez Publications. 2 *(conjunto de ejemplares)* edition; agotada la ., out of stock. ■ e. anotada, annotated text; e. pirata, pirate edition.

icto *nm* edict, proclamation.

ificable *adj Arquit* suelo e., land with planning ermission.

ificación *nf Arquit* building, construction.

ificador,-a *adj* 1 *Constr* building. 2 *(ejemplar)* difying.

ificante *adj* edifying, uplifting.

ificar [1] *vtr* 1 *(construir)* to build. 2 *fig (enseñar)*) edify, uplift; e. con el ejemplo, to teach by xample.

ificio *nm* building; E. Cisneros, Cisneros House.

il,-a I *nm,f* town councillor. II *nm Hist* aedile.

imburgo *n* Edinburgh.

ipo *nm* Oedipus; *Psic* complejo de E., Oedipus omplex.

itar *vtr* 1 *(libros, periódicos)* to publish; *(discos)*) release. 2 *Inform* to edit.

itor,-a I *adj* publishing. II *nm,f* publisher.

itorial I *adj* publishing. II *nf* publishers, publishg house. III *nm Prensa* editorial, leader article.

itorialista *nmf Prensa* leader writer.

redón *nm* eiderdown, continental quilt, duvet, *S* comforter.

ucación *nf* 1 *(preparación)* education; gastos de ., school o college fees. 2 *(urbanidad)* upbringing, reeding; falta de e., rudeness, discourtesy; nunca abía visto tal falta de e. en la mesa, I'd never seen ich bad table manners; ¡qué falta de e.!, how rude!

ucado,-a *adj* polite.

ucador,-a I *adj* educating. II *nm,f* educationist, teacher.

ucando,-a *nm,f* pupil, student.

ucar [1] *vtr (enseñar)* to educate, teach; *(entrenar)* to train.

ucativo,-a *adj* educational; método e., teaching lethod; sistema e., education system.

ulcorante *nm* sweetener.

ulcorar *vtr* to add sweeteners to; *fig* tener una isión edulcorada de la realidad, to look at the orld through rose-tinted glasses.

.UU. *abr de* Estados Unidos, United States of merica, USA.

e *nf* name of the letter F in Spanish.

ectismo *nm* showiness, theatricality.

ectista *adj* showy, stagy.

ectividad *nf* effectiveness; con e. desde ..., with ffect from ..., as from ... .

ectivo,-a I *adj* 1 *(con resultado)* effective; medidas efectivas, effective measures; hacer algo e., to arry sth out; *Fin* hacer e. un cheque, to cash a heque; *Jur* hacerse e., to come into effect. 2 *(real)* eal, actual. II *nm* 1 *Fin* cash, funds *pl*; en e., in ash; e. en caja, petty cash. 2 *(plantilla)* personnel. efectivos, *Mil* forces. ◆efectivamente *adv* quite!, es indeed!

ecto *nm* 1 *(resultado)* effect, end result; surtir e., » work, do the job, be effective; tener e., to take lace. 2 *(impresión)* impression; causar o hacer e.,

to make an impression; hace buen e., it looks good; no produjo ningún e., it had no effect. 3 *(fin práctico)* aim, object; a tal e., to that end; a efectos de ..., with the object of ... . 4 *(efectivamente)* en e., quite!, yes indeed! 5 *Dep* spin; *Ftb* chutar con e., to bend *o* swerve the ball; dar e. a la pelota, to put some spin on the ball. 6 *Fin* bill, draft. ■ e. interbancario, bank draft *o* bill; efectos públicos, public bonds. 7 *Cin Rad Teat TV* effect; efectos especiales/ sonoros, special/sound effects. 8 efectos, *(artículos)* effects, things. ■ e. de escritorio, stationery *sing*; e. personales, personal belongings *o* effects.

efectuación *nf* accomplishment.

efectuar [11] I *vtr* to carry out, make, do; e. un pago, to make a payment; *Com* e. un pedido, to place an order; e. una suma, to do a sum; e. un viaje, to make a journey. II efectuarse *vr* to take place.

efeméride *nf* 1 *(aniversario)* anniversary; *(acontecimiento)* event. 2 efemérides, *Prensa* list of the day's anniversaries.

efervescencia *nf* 1 *(gen)* effervescence; *(de bebida)* fizziness. 2 *fig* high spirits *pl*.

efervescente *adj* 1 *(gen)* effervescent; *(bebidas)* fizzy. 2 *fig* vivacious, high-spirited.

eficacia *nf (persona)* efficiency, effectiveness; *(cosas)* efficacy, effectiveness; *(rendimiento)* efficiency.

eficaz *adj (competente)* efficient; *(cosas)* efficacious, effective; *(rendimiento)* efficient. ◆eficazmente *adv* effectively.

eficiencia *nf* efficiency; *Econ* e. económica, cost-effectiveness.

eficiente *adj* efficient. ◆eficientemente *adv* efficiently.

efigie *nf* effigy, image.

efímero,-a *adj* ephemeral, short-lived, fleeting.

efluvio *nm* emanation, flow, effusion; *fig* e. de alegría, surge of happiness.

efusión *nf* 1 *(derramamiento)* effusion, pouring out. 2 *(manifestación de afecto)* effusiveness.

efusividad *nf* effusiveness.

efusivo,-a *adj* effusive, warm. ◆efusivamente *adv* effusively, warmly.

EGB *nf Educ abr de* Enseñanza General Básica, ≈ Primary School Education.

Egeo *n* el (Mar) E., the Aegean Sea.

égida *nf* 1 *Mit* aegis. 2 *fig* protection; bajo la é. de ..., under the aegis of ... .

egipcio,-a *adj & nm,f* Egyptian; la frontera e.-israelí, the Israeli-Egyptian border.

Egipto *n* Egypt.

egiptología *nf* Egyptology.

egiptólogo,-a *nm,f* Egyptologist.

eglefino *nm (pez)* haddock.

ego *nm* ego.

egocéntrico,-a *adj* egocentric, self-centred.

egocentrismo *nm* egocentricity.

egoísmo *nm* egoism, selfishness.

egoísta I *adj* egoistic, egoistical, selfish. II *nmf* egoist, selfish person.

ególatra I *adj* egomaniacal. II *nmf* egomaniac.

egolatría *nf* egomania, self-worship.

egotismo *nm* egotism.

egotista I *adj* egotistic, egotistical. II *nmf* egotist.

egregio,-a *adj* eminent, illustrious, renowned.

egresar *vi Am* to leave school, *US* graduate.

egreso *nm Arg Chi* graduation.

eh *interj* 1 hey (you)! 2 *fam (al final de frase)* OK?, right? 3 *fam (pregunta)* you what?

eider *nm Orn* eider duck.

Eire *n* Eire, Republic of Ireland.

ej. *abr de* ejemplo, example, e.g.

eje *nm* 1 *Téc (de ruedas)* axle; *(de máquinas)* shaft, spindle; *Aut* e. **trasero/delantero,** rear/front axle; *fam fig* **partir por el e. a** algn, to kill sb; **nos han subido el alquiler y nos han partido por el e.,** they've put the rent up and it's just about killing us. 2 *Mat* axis. 3 *Pol* E., Axis. 4 *fig* centre, *US* center, core.

ejecución *nf* 1 *(orden)* carrying out. 2 *(ajusticiamiento)* execution. 3 *Mús* performance. 4 *Jur* seizure.

ejecutante *nmf Mús* performer.

ejecutar *vtr* 1 *(orden)* to carry out. 2 *(ajusticiar)* to execute. 3 *Mús* to perform, play. 4 *Jur (reclamar)* to seize. 5 *Inform* to run.

ejecutivo,-a I *adj* executive; *Pol* **el poder e.,** the executive. II *nm* board member, executive. II *f Com* the executive.

ejecutor,-a *nm,f* 1 *Jur* executor. 2 *(verdugo)* executioner.

ejecutoria *nf Jur* writ of execution.

ejecutorio,-a *adj Jur* executory, enforceable.

ejem *interj* ahem, hmm.

ejemplar I *adj* exemplary, model. II *nm* 1 *Impr* copy, number, issue; **e. duplicado,** duplicate copy. 2 *(especimen)* specimen.

ejemplaridad *nf* exemplariness.

ejemplarizar [4] *vtr* to set an example to.

ejemplificación *nf* illustration, exemplification.

ejemplificar [1] *vtr* to illustrate, exemplify.

ejemplo *nm* example; **dar e.,** to set an example; **poner de e.,** to give as an example; **por e.,** for example; **servir de e.,** to serve as an example.

ejercer [2] I *vtr* 1 *(practicar)* to practise; **e. una profesión,** to follow *o* practise a profession. 2 *(usar)* to exercise; *(una influencia)* to exert; **e. el derecho de ...,** to exercise one's right to ... . II *vi* to work (**de,** as).

ejercicio *nm* 1 *(gen)* exercise; **e. de una profesión,** practice of a profession; **hacer e.,** to take *o* do exercise. 2 *Educ* exercise; *(en un examen)* question; **cuaderno de ejercicios,** exercise book. 3 *Fin Pol* year; **e. económico,** financial *o* fiscal year.

ejercitar I *vtr (dedicarse)* to practise. II **ejercitarse** *vr (entrenarse)* to practise; *Mil* to exercise.

ejército *nm* army.

ejido *nm* common land.

ejote *nm CAm Méx Agr* string bean.

el *art def* 1 *(gen)* the; **el sol, el mar y el cielo,** the sun, the sea and the sky. 2 *(no se traduce)* **el Canadá,** Canada; **el Sr. García,** Mr. Garcia. 3 *(el + de)* the one; **el de las once,** the eleven o'clock one; **el de Madrid,** the one from Madrid. 4 *(el + de) (no se traduce)* **el de ayer,** yesterday's; **el de tu amigo,** your friend's. 5 *(el + que)* the one you want; **el que tienes en la mano,** the one you've got in your hand; **el que vino ayer,** the one who came yesterday.

él *pron pers* 1 *(sujeto) (persona)* he; **él me quiere,** he loves me. 2 *(animal, cosa)* it; **él ladró con fuerza,** it barked loudly. 3 *(complemento) (persona)* him; **con/sin él,** with/without him; **¡es él!,** it's him!; **fui a**

donde él, I went over to him; **hablábamos de él,** were talking about him; **pídeselo a él,** ask him it. 4 *(animal, cosa)* it; **pon el libro dentro él,** put book in it. 5 *(posesivo)* **de él,** his; **no es mío, es él,** it isn't mine, it's his.

elaboración *nf* 1 *(de un producto)* manufacti production; **de e. casera,** home-made. 2 *(de idea)* working out, development.

elaborar *vtr* 1 *(producto)* to make, manufacti produce. 2 *(teoría)* to develop.

elasticidad *nf* elasticity, stretch; *fig* flexibility.

elástico,-a I *adj* 1 elastic; **cama e.,** trampoline. 2 flexible; **eso es muy e.,** that depends on other tors. II *nm* 1 elastic. 2 **elásticos,** braces.

ele[1] *interj* eh!

ele[2] *nf* name of the letter L in Spanish.

elección *nf* 1 *(opción)* choice; **lo dejo a tu e.,** I le that up to you. 2 *(de un cargo)* election. 3 **e ciones,** *Pol* elections; **convocar a e.,** to call an e tion; **e. generales,** general election *sing*.

electivo,-a *adj* elective; *Pol* **cargo e.,** elective fice.

electo,-a *adj* elect; **el presidente e.,** the presid elect.

elector,-a *nm,f Pol* voter, elector.

electorado *nm* electorate, voters *pl*.

electoral *adj* electoral; **campaña e.,** election c paign; **colegio e.,** polling station; **distrito e.,** ≈ c stituency.

electoralismo *nm pey* electioneering.

electoralista *adj pey* electioneering.

electorero,-a *nm,f pey* electioneer.

electricidad *nf* electricity.

electricista *nmf* electrician; **ingeniero e.,** electr engineer.

eléctrico,-a *adj* electric, electrical.

electrificación *nf* electrification.

electrificar [1] *vtr* to electrify.

electrizante *adj fig* electrifying.

electrizar [4] *vtr* to electrify; *fig* **la audiencia qu electrizada con su actuación,** the audience was e trified by her performance.

electrocardiograma *nm Med* electrocardiogr

electrochoque *nm Med* electric shock therapy

electrocución *nf* electrocution.

electrocutar I *vtr* to electrocute. II **electrocuta** *vr* to be electrocuted.

electrodo *nm* electrode.

electrodoméstico *nm* (home) electrical ar ance.

electroimán *nm* electromagnet.

electrólisis *nf* electrolysis.

electrolito *nm* electrolyte.

electromagnético,-a *adj* electromagnetic.

electrón *nm* electron.

electrónico,-a I *adj* electronic. II *nf* electro *sing*.

electrostático,-a I *adj* electrostatic. II *nf* elec statics *sing*.

elefanta *nf Zool* cow *o* female elephant.

elefante *nm Zool* elephant.

elefantiasis *nf Med* elephantiasis.

elegancia *nf* elegance, stylishness, smartness.

elegante *adj* elegant, stylish, smart. ◆**elegar mente** *adv* elegantly, stylishly, smartly.

elegía *nf* elegy.

elegiaco,-a *adj*, **elegíaco,-a** *adj* **1** elegiac. **2** *fig (lastimero)* elegiac, plaintive, lamenting.

elegibilidad *nf* eligibility.

elegible *adj* eligible.

elegido,-a I *pp de* **elegir**. **II** *adj* **1** chosen. **2** *Pol* elected. **III** el e. *nm* the chosen one; **los elegidos,** the chosen few.

elegir [55] *vtr* **1** *(optar)* to choose. **2** *Pol* to elect.

elemental *adj* **1** *(relativo al elemento)* elemental. **2** *(básico)* basic, fundamental. **3** *(muy fácil)* elementary.

elemento *nm* **1** *(gen)* element. **2** *(individuo)* type, individual; *fam* **es un buen e.,** he's a good sort. **3** *(ambiente)* **estar en su e.,** to be in one's element. **4** *(pieza, componente)* component, part. **5 elementos,** *(fundamentos)* rudiments; **e. de filosofía/geometría,** basic principles of philosophy/geometry. **6 elementos,** *(fuerzas naturales)* elements; **nada puede el hombre contra los e.,** man is helpless against the elements.

elenco *nm* **1** *(catálogo)* index, catalogue. **2** *Teat* cast. **3** *(personas)* group of people.

elepé *nm* *Mús* LP (record).

elevación *nf* *(gen)* elevation, rise; **e. del terreno,** rise in the ground, elevation; **la e. del nivel de vida,** the rise in the standard of living.

elevado,-a I *pp de* **elevar**. **II** *adj* **1** *(alto)* elevated, raised, high; *(edificio)* tall. **2** *fig (pensamiento)* lofty, noble. **3** *(tono, voz)* angry. **4** *Mat* **e. al cuadrado,** squared; **e. a la cuarta potencia,** raised to the power of four.

elevador,-a I *adj* elevating, hoisting, lifting. **II** *nm* *Am* hoist, lift, *US* elevator.

elevalunas *nm inv* *Aut* window mechanism. ■ **e. eléctrico,** electric window.

elevar I *vtr* **1** *(alzar)* to elevate, raise, lift. **2** *Mat* to raise; **e. a la cuarta potencia,** to raise to the power of four. **3** *fig* to exalt. **II elevarse** *vr* **1** *(subir)* to rise; *(llegar a una altura)* to reach; *(erguirse)* to stand (above), tower above. **2** *(sumar)* to amount o come to; **¿a cuánto se elevan los daños?,** how much does the damage amount o come to?

elfo *nm* *Mit* elf.

elidir *Ling* **I** *vtr* to elide. **II elidirse** *vr* to elide, be elided.

elijo *indic pres véase* **elegir**.

eliminación *nf* elimination.

eliminador,-a I *adj* eliminating. **II** *nm,f* eliminator.

eliminar *vtr* **1** *(gen)* to eliminate; *(desecho)* to get rid of; *(un factor)* to rule out. **2** *fam (matar)* to eliminate, kill.

eliminatorio,-a I *adj* qualifying, eliminatory. **II** *nf* *Dep* heat, qualifying round.

elipse *nf* *Mat* ellipse.

elipsis *nf inv* *Ling* ellipsis.

elíptico,-a *adj* elliptic, elliptical.

elisión *nf* *Ling* elision.

elite *nf*, **élite** *nf* elite, élite.

elitismo *nm* elitism.

elitista *adj* elitist.

elixir *nm* elixir.

ella *pron pers f* **1** *(sujeto)* she; **e. y yo,** she and I. **2** *(animal, cosa)* it, she; **e. ladró con fuerza,** it o she barked loudly. **3** *(complemento)* her; *(animal, cosa)* it, her; **para/con e.,** for/with her; **¡es e.!,** it's her!; **pon el libro sobre e.,** put the book on it. **4** *(posesivo)*

de e., hers; **la casa es de e.,** the house is hers; **eso es asunto de e.,** that's her affair.

ellas *pron pers fpl véase* **ellos**.

elle *nf* name of the digraph Ll in Spanish.

ello *pron pers neut* it; **¡a e.!,** to work!; **e. es que ...,** the fact is that ...; **¡no se hable más de e.!,** (and) that's final!

ellos *pron pers mpl* **1** *(sujeto)* they. **2** *(complemento)* them; **con/sin e.,** with/without them. **3** *(posesivo)* **de e.,** theirs; **eso es cosa de e.,** that's their affair.

elocución *nf* elocution.

elocuencia *nf* eloquence.

elocuente *adj* eloquent.

elogiable *adj* praiseworthy.

elogiar [12] *vtr* to praise, eulogize.

elogio *nm* praise, eulogy.

elogioso,-a *adj* appreciative, complimentary, eulogistic. ◆**elogiosamente** *adv* eulogistically, admiringly.

elongación *nf* **1** *Med* elongation. **2** *Astron* elongation.

elote *nm* *Am* tender corncob.

El Salvador *n* El Salvador.

elucidación *nf* clarification, elucidation.

elucidar *vtr* to elucidate, explain.

elucubración *nf* **1** *(trabajo)* lucubration. **2** *(divagación)* rambling.

elucubrar *vtr* **1** *(trabajar)* to lucubrate. **2** *(divagar)* to ramble.

eludible *adj* avoidable.

eludir *vtr* *(responsabilidad, obligación)* to evade; *(la justicia)* to evade; *(perseguidores)* to escape, avoid; **e. una respuesta,** to avoid answering.

elusivo,-a *adj* evasive.

E.M. *abr de* **Edad Media,** Middle Ages.

Emª *abr de* **Emecia, Eminecia,** Eminence, Eminency.

emanación *nf* emanation.

emanar *vi* **1** *(desprenderse)* to emanate. **2** *(derivar)* to derive o come (**de,** from).

emancipación *nf* emancipation.

emancipado,-a I *pp de* **emancipar**. **II** *adj* emancipated, free, liberated.

emancipador,-a *adj* emancipating, liberating.

emancipar I *vtr* to emancipate, free. **II emanciparse** *vr* to become emancipated o liberated o free.

emasculación *nf* castration, emasculation.

embabiamiento *nm* *fam* daydreaming, having one's head in the clouds.

embadurnar *vtr* to daub, smear (**de,** with).

embajada *nf* **1** *(oficina, residencia)* embassy. **2** *(cargo)* ambassadorship, post of ambassador. **3** *(comunicación)* message. **4** *fam* cheeky proposition o suggestion.

embajador,-a *nm,f* ambassador.

embalador,-a *nm,f* packer.

embalaje *nm* packing, packaging; **gastos de e.,** packing (costs); **papel de e.,** wrapping paper.

embalar[1] *vtr* *(mercancías)* to pack, wrap.

embalar[2] **I** *vi* to speed up. **II embalarse** *vr* **1** *(acelerar)* to speed up. **2** *fig (persona)* to get carried away.

embaldosado *nm* **1** *(trabajo)* tiling. **2** *(suelo)* tiled floor.

embaldosar *vtr* to tile.

embalsadero *nm* fen, marsh, swamp.

embalsamador,-a *nm,f* embalmer.

embalsamar *vtr* to embalm.

embalsar *vtr* **1** *(llenar de agua)* to dam up. **2** *Náut (izar a una persona)* to sling o lift.

embalse *nm* **1** *(presa)* dam, reservoir. **2** *(acción)* damming.

embanastar *vtr* to put into a basket.

embancarse [1] *vtr Náut* to run aground.

embarazado,-a I *pp de* embarazar. II *adj* **1** *(preñada)* pregnant. **2** *(turbado)* embarrassed. III *nf* pregnant woman, expectant mother.

embarazar [4] *vtr* **1** *(dejar preñada)* to make pregnant. **2** *(dificultar)* to hinder. **3** *(turbar)* to embarrass.

embarazo *nm* **1** *(preñez)* pregnancy. **2** *(obstáculo)* obstacle. **3** *(turbación)* embarrassment.

embarazoso,-a *adj* awkward, troublesome, embarrassing.

embarcación *nf* **1** *(nave)* boat, craft; **e. de desembarco,** landing craft. **2** *(embarco)* embarkation. **3** *(viaje)* voyage.

embarcadero *nm* pier, quay, jetty.

embarcador,-a *nm,f* docker.

embarcar [1] I *vtr* **1** *(personas)* to embark; *(mercancías)* to ship. **2** *fig* involve, implicate; **e. a algn en un asunto,** to involve sb in an affair. II **embarcarse** *vr* **1** *(barco)* to embark, go on board; *(avión)* to board. **2** *fig* to embark.

embarco *nm* embarkation.

embardar *vtr* to thatch.

embargar [7] *vtr* **1** *Jur* to seize, impound. **2** *fig* to overwhelm; **le embargaba la emoción,** he was overcome by emotion.

embargo *nm* **1** *Jur* seizure of property. **2** *Com* embargo. **3** *Náut* embargo. **4** sin e. *loc adv* nevertheless, however, nonetheless.

embarque *nm* *(persona)* boarding; *(mercancías)* loading; **tarjeta de e.,** boarding card.

embarrado,-a I *pp de* embarrar. II *adj* muddy.

embarrancar(se) [1] *vi & vr* **1** *Náut* to run aground. **2** *fig* to get bogged down.

embarrar I *vtr* **1** *(llenar de barro)* to cover with mud. **2** *Am (fastidiar)* to annoy. **3** *CAm Méx (implicar)* to implicate, involve. II **embarrarse** *vr* to get covered in mud.

embarrialarse *vr* *CAm* **1** *Ven (embarrarse)* to get covered with mud. **2** *(atascarse)* to become bogged down.

embarullador,-a I *adj* bungling, muddling. II *n* bungler, muddler.

embarullar *vtr* to bungle, mess up.

embate *nm* **1** *(de las olas)* pounding. **2** *fig* outburst.

embaucador,-a I *adj* deceitful; **palabras embaucadoras,** lies. II *nm,f* deceiver, swindler, cheat.

embaucar [1] *vtr* to deceive, dupe, swindle, cheat.

embebecer [43] I *vtr (entretener)* to delight, fascinate. II **embebecerse** *vr* to be captivated o fascinated.

embeber I *vtr* **1** *(absorber)* to soak up. **2** *Cost* to take in. II **embeberse** *vr* to become absorbed o engrossed **(en,** in).

embebido,-a I *pp de* embeber. II *adj* engrossed, absorbed.

embelecar [1] *vtr* to deceive, cheat.

embeleco *nm* deception, cheating.

embelequería *nf Am* deception, deceit, cheating.

embelesado,-a I *pp de* embelesar. II *adj* delighted, fascinated.

embelesar *vtr* to delight, fascinate.

embeleso *nm* delight, fascination.

embellecedor,-a I *adj* beautifying; **crema e** beauty cream. II *nm Aut* hubcap.

embellecer [43] *vtr (cosa, sitio)* to embellish brighten up; *(persona)* to flatter.

embellecimiento *nm* embellishment, beautifying

emberrincharse *vr*, **emberrinchinarse** *vr* far to fly into tantrum.

embestida *nf* **1** onslaught. **2** *Taur* charge.

embestir [34] *vtr* **1** *Taur* to charge. **2** *(lanzarse)* t assault; **e. contra,** to attack.

embetunar *vtr (zapatos)* to black.

embicar [1] *vi Am Naut* to head the boat straigl for the coast.

embijar *vtr Am* to soil, dirty.

emblandecer [43] I *vtr* to soften. II **emblande** cerse *vr fig* to relent.

emblanquecer [43] *vtr* to whiten, bleach.

emblema *nm* emblem, badge; *Com* logo.

emblemático,-a *adj* emblematic.

embobado,-a I *pp de* embobar. II *adj* fascinatec

embobamiento *nm* fascination, amazement.

embobar I *vtr* to fascinate, amaze. II **embobars** *vr* to be fascinated o besotted **(con, de,** by).

embocadura *nf* **1** *(de un río)* mouth. **2** *Mús* moutl piece. **3** *(bocado)* bit. **4** *(sabor del vino)* taste, fla vour, *US* flavor.

embocar [1] *vtr* **1** *(meter)* to introduce; *(en la boca* to put into the mouth. **2** *Golf* to hole.

embochinchar *vtr Am (alborotar)* to kick up racket.

embolado *nm* **1** *Teat* minor role. **2** *Taur* bull wit wooden balls on its horns. **3** *fam* fib, lie.

embolar[1] *vtr Taur* to put wooden balls on the horr of.

embolar[2] I *vtr CAm* to get drunk. II **embolarse** to get drunk.

embolia *nf Med* embolism, clot.

émbolo *nm Téc* piston.

embolsar I *vtr* **1** *(dinero)* to pocket. **2** *fig (cobra* to collect. II **embolsarse** *vr* to pocket, earn.

embonar *vtr Am* **1** *(ensamblar)* to join. **2** *(fave recer)* to suit. **3** to manure.

emboquillado *adj* filter-tipped.

emborrachar I *vtr* to get drunk. II **emborr** charse *vr* to get drunk.

emborrascarse [1] *vr Meteor* to become stormy overcast.

emborronar I *vtr* **1** *(garrapatear)* to blot. **2** *fig* t scribble. II **emborronarse** *vr* to smudge.

emboscada *nf* ambush; **tender una e.,** to lay a ambush.

emboscar [1] *vtr* to ambush.

embotado,-a I *pp de* embotar. II *adj* dull, blun blunted.

embotadura *nf* dulling.

embotar *vtr* to blunt; *fig (los sentidos)* to dull; *(* mente) to fuddle.

embotellado,-a I *pp de* embotellar. II a bottled. III *nm* bottling.

embotellador,-a I *nm,f (persona)* bottler. II *r (máquina)* bottling machine.

embotellamiento *nm* **1** *(acción)* bottling. **2** *Aut fig* traffic jam.

embotellar *vtr* **1** *(meter en botella)* to bottle. **2** *Aut fig* to block. **3** *fam* to swot up on.

embozar [4] **I** *vtr* **1** *(cubrir el rostro)* to muffle. **2** *fig* to play one's cards close to one's chest. **II embozarse** *vr* **1** to muffle oneself up. **2** *fig* to play one's cards close to one's chest.

embozo *nm* **1** *(prenda)* muffler, mask, covering of the face. **2** *fig (recato)* reserve.

embragar [7] *vi Aut* to engage the clutch.

embrague *nm* clutch.

embravecer [43] **I** *vtr* to enrage. **II embravecerse** *vr* **1** *(enfadarse)* to become enraged. **2** *(mar)* to become rough.

embrear *vtr* to tar, pitch.

embriagado,-a I *pp de* **embriagar. II** *adj* intoxicated, drunk, drunken.

embriagador,-a *adj* intoxicating.

embriagar [7] **I** *vtr* **1** to intoxicate, get drunk; *fig* to transport, enrapture. **II embriagarse** *vr* to get drunk; *fig* to be transported *o* enraptured.

embriaguez *nf* intoxication, drunkenness; *fig* intoxication, rapture.

embridar *vtr (un caballo)* to bridle.

embrión *nm* **1** *Biol* embryo. **2** *fig (de una idea, novela)* beginnings *pl*, embryo; *(de revolución)* seeds *pl*; **en e.**, in embryo.

embrionario,-a *adj* embryonic, embryonal; **en estado e.**, in *o* at the embryonic stage.

embrocar [1] *vtr Méx* to pull on.

embrollado,-a I *pp de* **embrollar. II** *adj* confused, muddled. ◆**embrolladamente** *adv* confusedly.

embrollador,-a I *adj* confusing, muddling. **II** *nm,f (persona)* troublemaker.

embrollar I *vtr* to confuse, muddle. **II embrollarse** *vr* to get muddled *o* confused.

embrollo *nm* **1** *(lío)* muddle, confusion. **2** *(mentiras)* pack of lies. **3** *fig* embarrassing situation.

embromar *vtr* **1** *(hacer broma)* to tease, play a trick *o* a joke on. **2** *Am* to annoy.

embrujado,-a I *pp de* **embrujar. II** *adj (persona)* bewitched; *(sitio)* haunted.

embrujar *vtr* **1** *(un lugar)* to haunt; *(persona)* to bewitch. **2** *fig (fascinar)* to cast a spell on, bewitch.

embrujo *nm* spell, charm; *fig* attraction, fascination.

embrutecer [43] **I** *vtr* to make dull and stupid. **II embrutecerse** *vr* to become dull and stupid.

embuchacarse [1] *vr CAm* to pocket.

embuchado,-a I *pp de* **embuchar. II** *adj* **carne e.**, processed cold meat *o* meats. **III** *nm* **1** *Culin* processed cold meat. **2** *fig (asunto engañoso)* cover-up. **3** *fig Pol (fraude)* rigging of elections.

embuchar I *vtr* **1** *(embutir)* to stuff. **2** *(aves)* to force-feed. **3** *(comer)* to stuff oneself with. **II embucharse** *vr Am* to get angry without reason.

embudo *nm* funnel; *fam* **eso funciona según la ley del e.**, there's one law for the rich and another for the poor.

embullar *vi Am* to make a din.

embuste *nm* lie, trick.

embustero,-a I *adj* deceitful, lying. **II** *nm,f* cheater, liar.

embutido *nm* **1** *(embuchado)* cold cut, processed cold meat. **2** *(incrustación)* inlay. **3** *Am Cost* strip of lace.

embutir I *vtr* **1** *(carne)* to stuff. **2** *(meter)* to stuff *o* cram *o* squeeze **(en**, into). **3** *(incrustar)* to inlay. **4** *fig (resumir)* to condense. **II embutirse** *vr fam (atiborrarse)* to stuff oneself **(de**, with).

eme *nf* **1** name of the letter M in Spanish. **2** *fam euf* sugar; **esto es una e.**, this is rubbish; ¡**vete a la e.!**, eff off!

emergencia *nf* **1** *(salida)* emergence. **2** *(caso imprevisto)* emergency; **en caso de e.**, in an emergency.

emergente *adj* **1** *(saliente)* emergent. **2** *(resultante)* resulting, consequent.

emerger [5] *vi* to emerge.

emérito,-a *adj Educ* emeritus.

emigración *nf* emigration, migration.

emigrado,-a I *pp de* **emigrar. II** *nm,f* emigrant; *Pol* émigré.

emigrante *adj & nmf* emigrant.

emigrar *vi (gen)* to emigrate; *(aves)* to migrate.

eminencia *nf* **1** *Geog* height, hill, elevation. **2** *fig (mérito)* prominence. **3** *fig (persona)* eminence, eminency; **Su E.**, His Eminence.

eminente *adj* **1** *(alto)* high. **2** *fig (renombrado)* eminent; **un e. psiquiatra**, a top *o* eminent psychiatrist. ◆**eminentemente** *adv* eminently.

emir *nm* emir.

emirato *nm* emirate; **Emiratos Árabes Unidos**, United Arab Emirates.

emisario,-a *nm,f* emissary.

emisión *nf* **1** *(gen)* emission. **2** *Fin Filat* issue; **e. de bonos**, bond issue; **e. pública**, public issue. **3** *Rad TV (programa)* broadcast; *(transmisión)* broadcasting; **cierre de la e.**, close-down; **e. en directo**, live transmission.

emisor,-a I *adj* **1** *Rad TV* **centro e.**, transmitter, broadcasting station. **2** *Fin* **banco e.**, issuing bank. **II** *nm* **1** *Rad* radio transmitter. **2** *Fin* issuer. **III** *nf Rad TV* radio *o* television station.

emitir *vtr* **1** *(gen)* to emit; *(sonidos de los seres vivos)* to utter, emit; *(luz, calor)* to give off. **2** *(manifestar)* to express; *Jur* **e. el fallo** *o* **la sentencia**, to pronounce judgement, pass sentence; **e. un juicio**, to express an opinion. **3** *Rad TV* to transmit. **4** *Fin Filat (moneda, títulos, etc)* to issue.

Emmo. *abr de* **Eminentísimo**, Most Eminent.

emoción *nf* **1** emotion; **regirse por las emociones**, to be ruled by the heart. **2** *(excitación)* excitement; **la e. del momento**, the heat of the moment; ¡**qué e.!**, how exciting!

emocionado,-a I *pp de* **emocionar. II** *adj* deeply moved *o* touched.

emocional *adj* emotional.

emocionante *adj* **1** *(conmovedor)* moving, touching. **2** *(agitado)* exciting, thrilling.

emocionar I *vtr* **1** *(conmover)* to move, touch; **me emocionó la película**, I found the film really moving. **2** *(excitar)* to thrill; **a los niños les emociona ir en barco**, the kids love going out in a boat. **II emocionarse** *vr* **1** *(conmoverse)* to be moved to tears. **2** *(excitarse)* to get excited.

emolumento *nm* emolument.

emotividad *nf* emotiveness.

emotivo,-a *adj (palabras)* emotive, stirring, rousing; *(persona)* emotional; *(escena)* moving, touching.

empacadora *nf Téc* packing machine.

empacar [1] I *vtr* 1 *(mercancias)* to pack. 2 *Am* to annoy. II empacarse *vr* 1 to dig one's heels in. 2 *fig* to become shy *o* embarrassed. 3 *Am (animales)* to balk.

empachado,-a I *pp de* empachar. II *adj* 1 *(desmañado)* slow-witted. 2 *(ahíto)* bloated.

empachar I *vtr* 1 *(comer demasiado)* to give indigestion. 2 *fig (hartar)* to be fed up; **me empacha tanta televisión,** I'm sick of so much television. II empacharse *vr* 1 *(indigestión)* to stuff oneself. 2 *(avergonzarse)* to get embarrassed.

empacho *nm* 1 *(comida)* indigestion, upset stomach. 2 *fig* surfeit; **tener un e. de ...,** to have had one's fill of ... . 2 *fig (vergüenza)* embarrassment; **no tener e. en decir ...,** to have no qualms about saying ...; **sin e.,** unashamedly.

empachoso,-a *adj* 1 *(comida)* heavy, indigestible. 2 *(vergonzoso)* shameful.

empadrar *vtr Méx (animales)* to mate.

empadronamiento *nm* 1 *(acción)* census taking. 2 *(padrón)* census.

empadronar I *vtr* to take a census. II empadronarse *vr* to register.

empalagamiento *nm* 1 *(comida)* cloyingness. 2 *(fastidio)* bother.

empalagar [7] *vi* 1 *(dulces)* to pall, cloy. 2 *fig (fastidiar)* to bother, pester.

empalago *nm véase* empalagamiento.

empalagoso,-a *adj* 1 *(dulces)* sickly sweet, palling. 2 *fig (persona)* smarmy.

empalar *vtr* to impale.

empalizada *nf* fence.

empalmar I *vtr* 1 *(unir)* to join; *(cuerdas, cintas)* to splice. 2 *fig (planes, ideas)* to combine. 3 *Ftb* to volley. II *vi* 1 *Ferroc* to connect. 2 *(suceder a continuación)* to follow on from. III empalmarse *vr vulg* to get a hard-on.

empalme *nm* 1 *(gen)* connection; *Carp* joint. 2 *Ferroc* junction; *(en carretera)* intersection, T-junction. 3 *Cin* splice.

empanada *nf Culin* pie; *fam fig* **e. mental,** muddle.

empanadilla *nf Culin* pasty.

empanado,-a I *pp de* empanar. II *adj Culin* breaded, in breadcrumbs.

empanar *vtr* 1 *Culin (rebozar)* to coat in breadcrumbs. 2 *(empanada)* to fill.

empantanado,-a I *pp de* empantanar. II *adj* 1 *(inundado)* flooded. 2 *fig (atascado)* bogged down.

empantanar I *vtr* 1 *(inundar)* to flood. 2 *fig (detener)* to bring to a standstill. II empantanarse *vr* 1 *(inundarse)* to become flooded. 2 *fig (trabajo)* to come to a standstill; *(persona)* to be bogged down.

empañado,-a I *pp de* empañar. II *adj* 1 *(cristal)* misty, steamed up. 2 *(voz)* faint. 3 *fig (honor)* tainted, tarnished.

empañar I *vtr* 1 *(bebé)* to put a nappy on. 2 *(cristales)* to steam up. 3 *fig (reputación)* to taint, tarnish. II empañarse *vr* 1 *(cristal)* to steam up. 2 *fig (reputación)* to become tainted *o* tarnished.

empañetar *vtr Am (encalar)* to whitewash.

empapado,-a I *pp de* empapar. II *adj* soaked, drenched, saturated.

empapar I *vtr* 1 *(humedecer)* to soak. 2 *(absorber)* to soak up. II empaparse *vr* 1 *Culin (leche)* to be soaked **(de,** in). 2 *(persona)* to get soaked. 3 *fam fig* to swot up.

empapelado *nm* 1 *(papel)* wallpaper. 2 *(acción)* wallpapering.

empapelar *vtr* 1 *(una pared)* to wallpaper. 2 *(envolver)* to wrap in paper. 3 *Jur fam fig (acusar)* to have up; **lo empapelaron por estafador,** he was had up for fraud.

empapuzado,-a *fam* I *pp de* empapuzar. II *adj* full, bloated.

empapuzar *vtr fam (personas)* to stuff with food; *(animales)* to force-feed.

empaque[1] *nm* 1 *(acción)* packing. 2 *(materiales)* packaging.

empaque[2] *nm* 1 *(aspecto)* bearing, presence. 2 *Am (descaro)* cheek, impudence.

empaquetador,-a *nm,f* packer.

empaquetadura *nf* packing.

empaquetar *vtr* 1 *(mercancias)* to pack. 2 *fig (personas)* to pack *o* squeeze in. 3 *Mil fig (castigar)* to punish.

emparedado,-a I *pp de* emparedar. II *adj* confined, imprisoned. III *nm* sandwich.

emparedar *vtr* to immure.

emparejar I *vtr* 1 *(juntar) (cosas)* to match; *(personas)* to pair off. 2 *(nivelar)* to make level. II *vi* 1 *(ser igual)* to be even. 2 *(alcanzar)* to catch up. III emparejarse *vr Méx* to manage to get.

emparentado,-a I *pp de* emparentar. II *adj* related by marriage **(con,** to).

emparentar [27] *vi* to become related by marriage; **e. con una familia,** to marry into a family.

emparrado *nm Hortic* vine arbour.

emparrillar *vtr* to grill.

empastar *vtr Odont* to fill.

empaste *nm Odont* filling.

empatar *vtr* 1 *Dep* to tie, draw; *Ftb* to equalize; **estar empatados,** to be equal. 2 *Am (unir)* to join.

empate *nm Dep* draw, tie; *Ftb* **el gol del e.,** the equalizer; **e. a tres,** three-all draw, *US* tie three to three.

empavesado *nm* bunting.

empavesar *vtr* to deck, dress, decorate.

empavonarse *vr CAm* to get dolled up.

empecatado,-a *adj* wretched.

empecer [43] *lit* I *vi* to be an obstacle. II *vtr* to damage, harm.

empecinado,-a I *pp de* empecinarse. II *adj (obstinado)* stubborn, pigheaded.

empecinarse *vr* to be stubborn *o* pigheaded, persist.

empedernido,-a *adj* confirmed, hardened, inveterate.

empedrado,-a I *pp de* empedrar. II *adj (calle)* cobbled. III *nm* 1 *(adoquines)* cobblestones *pl.* 2 *(acción)* paving.

empedrar [27] *vtr* to cobble, pave.

empeine *nm* 1 *Anat (pubis)* groin; *(pie)* instep. 2 *(zapato)* instep.

empellar *vtr* to push, jostle, shove.

empellón *nm* push, shove; **abrirse paso a empellones,** to push one's way through.

empelotarse *vr Am* to strip off.

empeñar I *vtr* 1 *(cosas)* to pawn, *US* hock; **estar empeñado,** to be in debt, *US* be in hock. 2 *(palabra, honor)* to pledge; **e. su palabra,** to pledge *o* give one's word. II empeñarse *vr* 1 *(insistir)* to insist (en, on), be determined (en, to). 2 *(endeudarse)* to get into debt.

empeño *nm* 1 *(insistencia)* determination; **poner e. en ello,** to put one's mind to it; **¡qué e. tiene!,** he's obsessed with it! 2 *(deuda)* pledge. ■ **casa de empeños,** pawnshop.

empeñoso,-a *adj* unfailing, unflagging.

empeoramiento *nm* deterioration, worsening.

empeorar I *vi* to deteriorate, worsen. **II** *vtr* to make worse. **III empeorarse** *vr* to get worse.

empequeñecer [43] *vtr (reducir)* to diminish, make smaller; *fig* to put in the shade, belittle.

empequeñecimiento *nm (de tamaño)* diminution, reduction; *fig* belittling.

emperador *nm* 1 *(monarca)* emperor. 2 *(pez espada)* swordfish.

emperatriz *nf* empress.

emperejilarse *vr,* **emperifollarse** *vr fam* to get dolled up.

empero *conj lit* however.

emperramiento *nm* stubbornness.

emperrarse *vr* to dig one's heels in, become stubborn.

empezar [47] *vtr & vi (a hacer algo)* to begin; *(algo)* to start, commence; **empezar a hablar,** to begin to speak; **empezaron diciendo que ...,** they began by saying that ... .

empiece *nm fam* start, beginning.

empiezo *nm Am* start, beginning.

empinado,-a I *pp de* empinar. **II** *adj* 1 *(alto)* very high. 2 *fig (hacia arriba)* steep; *(vertical)* upright. 3 *fig (orgulloso)* upright, proud.

empinar I *vtr (cabeza, brazo)* to lift up; *(un vaso)* to raise; *fam* **e. el codo,** to drink (heavily). **II empinarse** *vr* 1 *(persona)* to stand on tiptoe; *(caballo)* to rear up. 2 *fig (árbol, edificio)* to tower.

empingorotado,-a *adj* 1 *(clase alta)* upper-class. 2 *(engreído)* stuck-up, posh.

empiparse *vr Am* to stuff oneself.

empírico,-a *adj* empiric, empirical. ◆**empíricamente** *adv* empirically.

empirismo *nm* empiricism.

empitonar *vtr Taur* to gore.

empizarrado *nm* slate roof.

empizarrar *vtr* to put a slate roof on, slate.

emplastar *vtr Med* to apply a poultice to, put a poultice on.

emplasto *nm* 1 *Med* poultice. 2 *fig (componenda)* bad job, botched job; **hacer un e. en algo,** to make a poor job of sth, botch sth, make a botch of sth. 3 *(persona)* sickly person.

emplazamiento *nm* 1 *(colocación)* site, location. 2 *Jur* summons *sing; Ind* **e. a la huelga,** strike call.

emplazar[1] [4] *vtr* to locate, situate, place.

emplazar[2] [4] *vtr* 1 *Jur* to summons. 2 *(llamar)* to call together, convene; *Jur* to summons; *Ind* **e. a la huelga,** to call out on strike.

empleado,-a *nm,f* employee, clerk; **e. de banca,** bank clerk. ■ **empleada del hogar,** servant, maid.

emplear I *vtr* 1 *(dar empleo)* to employ. 2 *(usar)* to use, employ. 3 *(gastar) (dinero)* to spend; *(tiempo)* to invest, spend. **II emplearse** *vr (palabra)* to be used.

empleo *nm* 1 *(oficio)* job, occupation; *Pol* employment; **política de pleno e.,** full employment policy; **sin e.,** unemployed, out of work, jobless. 2 *(uso)* use; **modo de e.,** instructions for use.

emplomado *nm Constr (ventana)* leading; *(tejado)* lead roof.

emplomadura *nf Arg Urug (empaste)* filling.

emplomar *vtr* 1 *(soldar)* to join o seal with lead. 2 *Am Odont* to fill.

emplumar I *vtr* 1 *(adornar)* to put feathers o a feather on. 2 *(castigar)* to tar and feather. 3 *fam (castigar)* to punish. **II** *vi* 1 *(pájaro)* to grow feathers. 2 *SAm* to run away, escape.

empobrecer [43] **I** *vi* to impoverish. **II empobrecerse** *vr* to become impoverished o poor.

empollar *vtr* 1 *(huevos)* to brood, hatch. 2 *fam (estudiar)* to swot (up), *US* bone up on.

empollón,-ona *fam* **I** *adj* swotty. **II** *nm,f* swot.

empolvado,-a I *pp de* empolvar. **II** *adj* dusty.

empolvar I *vtr* to cover in dust. **II empolvarse** *vr* 1 to powder; **e. la cara,** to powder one's face. 2 *Méx fig* to be out of practice.

emponchado,-a *adj Am* 1 *(ropa)* wearing a poncho. 2 *(astuto)* cunning. 3 *fig* suspicious.

emponzoñamiento *nm* poisoning.

emponzoñar *vtr* 1 to poison. 2 *fig* to corrupt.

emporcar [1] *vtr* to foul, dirty.

emporio *nm* 1 *Com* emporium, trading o commercial centre. 2 *fig* artistic o cultural centre. 3 *Am* department store.

emporrado,-a I *pp de* emporrarse. **II** *adj arg (drogas)* stoned, high.

emporrarse *vr arg* to get high.

empreñar I *vtr* 1 *(mujer)* to make pregnant; *(animal)* to mate with. 2 *fam fig* to bother, annoy. **II empreñarse** *vr* to become pregnant.

emprendedor,-a *adj* enterprising, resourceful.

emprender *vtr (misión)* to tackle; *(negocio)* to start; *(viaje)* to set off on; *fam* **emprenderla con algn,** to pick on sb.

empresa *nf* 1 *(acción ardua)* enterprise, venture. 2 *Com Ind* firm, business, company, undertaking, enterprise; **e. naviera,** shipping company; **la libre e.,** free enterprise.

empresariado *nm* employers *pl.*

empresarial *adj* managerial; **ciencias empresariales,** business o management studies; **espíritu e.,** entrepreneurial spirit.

empresario,-a *nm,f* employer, entrepreneur; *(hombre)* businessman, manager; *(mujer)* businesswoman, manager, manageress; **e. de pompas fúnebres,** undertaker.

emprésito *nm Fin* debenture loan; **lanzar un e.,** to float a loan.

emprobrecimiento *nm* impoverishment, poverty.

empujar *vtr* 1 to push, shove. 2 *fig* to force, press; **e. a algn a hacer algo,** to push sb into doing sth.

empuje *nm* push, thrust, drive; *fig* **necesita un poco de e.,** he needs encouragement; *fig* **una persona de e.,** a person with a lot of go.

empujón *nm* push, shove; **abrirse paso a empujones,** to push one's way through; **dar empujones,** to push and shove; *fig* **a empujones,** in fits and starts; **trabajar a empujones,** to work in fits and starts; *fig* **dar un e. a algo,** to give sth a push forward.

empuñadura *nf* 1 *(de espada)* hilt; **hasta la e.,** up to the hilt. 2 *Am (de bastón, paraguas)* handle, grip.

empuñar *vtr* 1 *(cuchillo, bastón)* to grasp, seize. 2 *fig* to take up.

emú *nm Orn* emu.

emulación *nf* emulation.

emulador,-a *adj* emulating.

emular *vtr* to emulate.

émulo,-a *nm,f* emulator, rival.

emulsión *nf* emulsion.

emulsionar *vtr* to emulsify.

emulsivo,-a *adj* emulsifying.

en *prep* **1** *(lugar)* in, on, at; **en casa,** at home; **en el trabajo,** at work; **en la mesa,** on the table; **en Madrid,** in Madrid. **2** *(tiempo)* in, on, at; **cae en martes,** it falls on a Tuesday; **en ese momento,** at that moment; **en 1940,** in 1940; **en verano,** in summer. **3** *(transporte)* by, in; **ir en coche/tren,** to go by car/train; **ir en avión,** to fly; **ir en bici,** to cycle. **4** *(tema, materia)* at, in; **bueno en deportes,** good at sports; **Doctor en Física,** Doctor of Physics; **experto en política,** expert in politics. **5 fuiste tonto en creerlo,** you were silly to believe it; *(con infinitivo)* **la conocí en el andar,** I recognized her by her walk. **6** *(modo, manera)* **en broma,** jokingly; **en camino,** on the way; **en francés,** in French; **en guerra,** at war; **¡en marcha!,** let's go!; **en serio,** seriously; **en voz baja,** softly.

enaceitar *vtr* to oil, make oily.

enaguas *nfpl (prenda)* underskirt *sing*, petticoat *sing*.

enajenación *nf* distraction, absent-mindedness. ■ **e. mental,** mental derangement, insanity.

enajenador,-a *adj* alienating.

enajenamiento *nm véase* enajenación.

enajenar I *vtr* **1** *Jur (propiedad)* to alienate, transfer. **2** *(turbar)* to drive mad. **II enajenarse** *vr* **1** *(de una amistad)* to become estranged *o* alienated, alienate. **2** *(enloquecer)* to go mad.

enaltecer [43] *vtr* **1** *(alabar)* to praise, extol. **2** *(ennoblecer)* to do credit to.

enamoradizo,-a *adj* easily infatuated.

enamorado,-a I *adj* in love, lovesick. **II** *nm,f* lover, sweet heart; *fig* **soy un e. del golf,** I love golf, I'm a lover of golf.

enamoramiento *nm* infatuation, falling in love.

enamorar I *vtr* to win the heart of. **II enamorarse** *vr* to fall in love **(de,** with).

enancar [1] **I** *vtr* **1** *Am (montar)* to put on a horse's haunches. **2** *Arg* to follow, be a consequence **(a,** of). **II enancarse** *vr* **1** *Am (montar)* to ride on a horse's haunches. **2** *Am fig (entremeterse)* to meddle, interfere.

enanismo *nm* dwarfism.

enano,-a I *adj* dwarf; *Bot* **frutal e.,** dwarf fruit tree. **II** *nm,f* dwarf; *fam* **divertirse como un e.,** to have a great time.

enarbolar I *vtr* **1** *(izar)* to hoist, fly. **2** *(blandir) (bandera)* to wave; *(estandarte)* to carry; *(espada)* to brandish. **II enarbolarse** *vr* **1** *(caballo)* to rear up. **2** *fig (persona)* to get angry.

enarcar [1] *vtr (lomo)* to arch; *(cejas)* to raise.

enardecedor,-a *adj* rousing, exciting.

enardecer [43] **I** *vtr (sentimiento)* to rouse, stir up; *(persona)* to fill with enthusiasm. **II enardecerse** *vr fig* to become aroused *o* excited.

enardecimiento *nm* excitement, enthusiasm.

enarenar I *vtr* to sand. **II enarenarse** *vr Náut* to run aground.

enastar *vtr (cuchillo)* to put a handle on.

encabestrar *vtr (caballo)* to put a halter on.

encabezamiento *nm (de carta)* heading; *(de periódico)* headline, title; *(preámbulo)* foreword, preamble.

encabezar [4] *vtr* **1** *(carta, lista)* to head; *(periódico)* to title, head, lead. **2** *(movimiento, rebelión)* to lead; *(carrera)* to lead.

encabritarse *vr* **1** *(caballo)* to rear (up); *(barco)* to rise; *(coche, avión)* to stall. **2** *fig (enfurecerse)* to get cross.

encadenado,-a I *pp de* encadenar. **II** *nm* **1** *Arquit* buttress. **2** *Cin* dissolve.

encadenamiento *nm* **1** *(unión)* connection, linking. **2** *Lit* concatenation. **3** *Quím* chaining.

encadenar *vtr* **1** *(poner cadenas)* to chain, shackle. **2** *fig (enlazar)* to link up, connect. **3** *fig (atar)* to tie down, chain down; **los niños la encadenan,** she's tied to her children.

encajar I *vtr* **1** *(ajustar)* to encase, fit in, insert; *Téc* to gear; **e. la puerta,** to push the door to. **2** *fam (golpe, disparo)* to take, stand; *(acontecimiento, situación)* to drop; *(indirecta, comentario)* to get in; **e. un golpe a algn,** to land sb a blow. **II** *vi* **1** *(caber)* to fit; **estas piezas no encajan,** these pieces don't fit. **2** *fig (casar)* to fit (in), correspond, square; **su declaración no encaja con los hechos,** his statement doesn't match the facts. **III encajarse** *vr* **1** *(encalarse)* to sink, get stuck. **2** *(prenda)* to slip on; *(sombrero)* to put on. **3** *Arg (coche)* to get stuck.

encaje *nm* **1** *(acto)* fit, fitting. **2** *Téc (hueco)* socket; *(caja)* housing. **3** *Cost (bordado)* lace.

encajonar I *vtr* **1** *(poner en cajas)* to encase, put in a box, pack. **2** *(meter en un sitio estrecho)* to squeeze in *o* through. **3** *Arquit (pared)* to buttress, coffer. **II encajonarse** *vr* **1** *(en sitio estrecho)* to squeeze in *o* through. **2** *(río)* to narrow.

encalabrinar I *vtr* **1** *(olor, vino)* to go to one's head. **2** *(irritar)* to irritate, annoy. **II encalabrinarse** *vr* **1** *(irritarse)* to get annoyed. **2** *(encapricharse)* to become obsessed *o* infatuated. **3** *(obstinarse)* to be stubborn.

encalado I *pp de* encalar. **II** *nm* whitewashing.

encalambrarse *vr Am* **1** *(aterirse)* to go numb; *(de frío)* to get stiff with cold. **2** *(tener calambre)* to get cramp.

encalamocar [1], **encalamucar** [1] *Col Méx Ven* **I** *vtr* to confuse, bewilder, stun. **II encalamocarse, encalamucarse** *vr* to get confused *o* bewildered, be stunned.

encalar *vtr* to whitewash.

encalladero *nm Náut* sandbank, reef.

encallar *vi* **1** *Náut* to run aground. **2** *fig* to flounder, fail.

encallecer [43] **I** *vi (piel)* to harden, become callous. **II encallecerse** *vr fig (persona)* to become hardened *o* callous.

encalmarse *vr* **1** *(viento)* to drop; *(mar)* to become calm. **2** *(caballo)* to be overheated.

encamar I *vtr (en el suelo)* to stretch out, lie down. **II encamarse** *vr* **1** *(enfermo)* to go to bed. **2** *vulg ofens* **se encama fácilmente,** she's an easy lay.

encaminar I *vtr* **1** *(guiar)* to direct, guide, set *o* put on the right road; **estar bien encaminado,** to be on the right track. **2** *(orientar)* to direct, guide. **II encaminarse** *vr (dirigirse)* to head **(a,** for; **hacia,** towards).

encampanado,-a *adj* bell-shaped.

encandecer [43] **I** *vtr* to make white-hot. **II encandecerse** *vr* to get white-hot.

encandilado,-a I *pp de* encandilar. **II** *adj* **1** *(erguido)* erect. **2** *(deslumbrado)* starry-eyed.

encandilar I *vtr* **1** *(deslumbrar)* to dazzle. **2** *fig (cautivar)* to fascinate, daze. **3** *fig (deseo, ilusión)* to kindle. **II** encandilarse *vr* **1** *(ojos, rostro)* to light up. **2** *Am (asustarse)* to become frightened.

encanecer [43] *vi,* encanecerse *vr* **1** *(pelo)* to go grey *o US* gray. **2** *(persona)* to grow old.

encanijarse *vr* to become weak *o* puny, grow weak *o* puny.

encantado,-a I *pp de* encantar. **II** *adj* **1** *(contento)* delighted, pleased, charmed; **e. de conocerle,** pleased to meet you. **2** *(distraído)* absent-minded. **3** *(embrujado)* enchanted, haunted; **casa encantada,** haunted house.

encantador,-a I *adj* charming, delightful. **II** *nm,f* magician, enchanter. ■ **e. de serpientes,** snake charmer.

encantamiento *nm* spell, charm, enchantment.

encantar *vtr* **1** *(hechizar)* to bewitch, cast a spell on. **2** *(gustar)* to delight, charm, love; **estoy encantado de haber venido,** I'm delighted I came; **me encanta el alpinismo,** I love mountaineering.

encante *nm (subasta)* auction; *(lugar)* auction room.

encanto *nm* **1** *(hechizo)* spell, charm; *fig* **como por e.,** as if by magic. **2** *(atractivo)* delight, charm; **esta casa es un e.,** this house is lovely; *(persona)* **ser un e.,** to be charming. **3** *(expresión cariñosa)* love, sweetheart; **como tu quieras, e.,** whatever you say, darling.

encañado[1] *pp de* encañar[1]. **II** *nm (conducción de agua)* piping, drainage system.

encañado[2] *vtr* **I** *pp de* encañar[2]. **II** *nm (para plantas)* trellis.

encañar[1] *vtr* **1** *(agua)* to pipe. **2** *(terreno)* to drain.

encañar[2] *vtr (planta)* to train.

encañonar I *vtr* **1** *(arma)* to aim *o* point at. **2** *(agua)* to pipe, channel. **II** *vi (aves)* to grow feathers.

encaperuzado,-a *adj,* **encapirotado,-a** *adj* hooded.

encapotado,-a *adj Meteor* overcast, cloudy.

encapotarse *vr Meteor* to become overcast *o* cloudy.

encaprichamiento *nm* infatuation.

encapricharse *vr* to set one's mind **(con,** on); *(encariñarse)* to take a fancy **(con,** to); *(enamorarse)* to get a crush **(con,** on).

encapuchado,-a *adj* hooded.

encarado,-a *adj* **bien e.,** nice-looking, good-looking; **mal e.,** plain.

encaramar I *vtr* **1** *(alzar)* to raise, lift up. **2** *fig (alabar)* to praise, extol. **II** encaramarse *vr* **1** *(subirse)* to climb up, get high up. **2** *fig (encumbrarse)* to reach a high (social) position.

encarar I *vtr* **1** *(poner de frente)* to bring face to face. **2** *fig* to face, confront; **no sabía cómo e. el problema,** he didn't know how to deal with the problem. **3** *(arma)* to point, aim. **II** encararse *vr* **e. con** *o* **a,** to face up to, bring oneself face to face with.

encarcelación *nf* imprisonment, incarceration.

encarcelar *vtr* to imprison, jail, incarcerate.

encarecer [43] **I** *vtr* **1** *(aumentar precios)* to put up the price of. **2** *fig (alabar)* to praise. **3** *fig (insistir)* to urge, recommend; **e. a algn que haga algo,** to

urge sb to do sth. **II** encarecerse *vr* to go up (in price).

encarecidamente *adv* earnestly, insistently.

encarecimiento *nm* **1** *(aumento de precios)* increase *o* rise in price; **el e. de la vida,** the rise in the cost of living. **2** *(insistencia)* insistence; **con e.,** earnestly, insistently. **3** *(alabanza)* extolling, praising.

encargado,-a I *pp de* encargar. **II** *adj* in charge; **la persona encargada de este asunto,** the person in charge of this matter. **III** *nm,f Com (hombre)* manager; *(mujer)* manager, manageress; *(responsable)* person in charge. ■ *Educ* **e. de curso,** tutor; *Pol* **e. de negocios,** chargé d'affaires.

encargar [7] **I** *vtr* **1** *(encomendar)* to put in charge of, entrust. **2** *(recomendar)* to advise, recommend. **3** *Com (pedir)* to order, place an order for; *(libro, cuadro)* to commission; **e. un traje,** to have a suit made. **II** encargarse *vr* **e. de,** to take charge of, look after, see to, deal with; **yo me encargaré de ella,** I'll take care of her.

encargo *nm* **1** *(recado)* errand; **hacer encargos,** to run errands. **2** *(tarea)* job, assignment. **3** *(responsabilidad)* responsibility. **4** *Com* order, commission; **hecho de e.,** *(a petición)* made to order; *(a la medida)* tailor-made.

encariñado,-a 1 *pp de* encariñarse. **II** *adj* attached **(con,** to).

encariñarse *vr* to become fond **(con,** of), get attached **(con,** to).

encarnación *nf* incarnation, embodiment; *fig* **la e. de la bondad,** kindness itself *o* personified.

encarnado,-a *adj* **1** *(hecho carne)* incarnate. **2** *(rojo)* red; **ponerse e.,** to blush, go red.

encarnadura *nf* **buena/mala e.,** (skin with) good/ poor healing qualities.

encarnar I *vtr* **1** *(gen)* to personify, embody. **2** *Teat (personaje, papel)* to play. **II** *vi* **1** *Rel* to become incarnate. **2** *Med* to heal. **III** encarnarse *vr Rel* to become incarnate.

encarnizado,-a I *pp de* encarnizar. **II** *adj* fierce, bloody. ◆encarnizadamente *adv* fiercely, cruelly.

encarnizamiento *nm* fierceness, savagery.

encarnizar [4] **I** *vtr (enfurecer)* to enrage. **II** encarnizarse *vr* to be brutal *o* cruel; **e. con algn,** to attack sb savagely.

encarpetar *vtr* to file (away).

encarrilar *vtr* **1** *(coche, tren)* to put on the road *o* rails. **2** *fig* to direct, guide, **e. bien/mal un asunto,** to get off to a good/bad start.

encarrujar I *vtr Am (tela)* to gather. **II** encarrujarse *vr (rizarse)* to curl up.

encartar I *vi Naipes* to lead. **II** *vtr* **1** *Jur (encausar)* to indict. **2** *(proscribir)* to outlaw, ban, proscribe. **3** *(implicar)* to implicate; **los encartados en el asunto,** those involved in the affair.

encarte *nm* **1** *Naipes* lead. **2** *(en una publicación)* free leaflet, booklet.

encartuchar *vtr Am* to roll up into a cone.

encasillado,-a I *pp de* encasillar. **II** *adj (actor, actriz)* typecast. **III** *nm (conjunto de casillas)* set of squares *o* pigeonholes.

encasillar *vtr* **1** *(poner en casillas)* to pigeonhole. **2** *(clasificar)* to class, classify; *Teat (actor, actriz)* to typecast.

encasquetar I *vtr (sombrero)* to pull down, put on; *fig* **e. una idea a algn,** to put an idea into sb's head. **II** encasquetarse *vr* **1** *(sombrero)* to pull down, put on. **2** *(empeñarse)* **se le encasquetó en la cabeza**

la idea de irse de viaje, he got it into his head to go away on a trip.

encasquillamiento *nm (arma)* jamming.

encasquillar I *vtr Am (caballo)* to shoe. II **encasquillarse** *vr (arma)* to jam.

encausar *vtr Jur* to prosecute.

encauzamiento *nm* 1 *(de agua)* channelling. 2 *fig* guidance, orientation.

encauzar [4] *vtr* 1 *(agua)* to channel. 2 *fig* to channel, direct, guide.

encebollado,-a *adj Culin* with onion; **hígado e.,** liver and onions.

encefalitis *nf Med* encephalitis.

encelar I *vtr* to make jealous. II **encelarse** *vr* 1 *(sentir celos)* to be jealous. 2 *Zool (estar en celo)* to be in rut *o* on heat.

encenagado,-a I *pp de* **encenagarse.** II *adj* 1 *(lleno de barro)* muddy, covered in mud; **lugar e.,** bog. 2 *fig (vicioso)* depraved.

encenagarse [7] *vr* 1 *(cubrirse de barro)* to get covered in mud. 2 *fig (en el vicio)* to wallow.

encendedor *nm (mechero)* lighter.

encender [28] I *vtr* 1 *(incendiar)* to light, set fire to, ignite; *(cerilla)* to strike, light; *(vela)* to light; *(luz)* to turn on, switch on, put on; *(gas)* to light, turn on; *(radio)* to switch on, turn on. 2 *fig* to inflame, stir up, provoke. II **encenderse** *vr* 1 *(incendiarse)* to catch fire, ignite; *(llama)* to flare up; *(luz)* to go *o* come on. 2 *fig* to flare up. 3 *(cara)* to blush, go red.

encendido,-a I *pp de* **encender.** II *adj* 1 *(ardiendo)* on fire, burning; *(cigarrillo)* lit; *(luz)* on; *(cable)* live. 2 *(color)* glowing, fiery; *(cara)* red. III *nm Aut* ignition. ◆**encendidamente** *adv* passionately, ardently.

encerado,-a I *pp de* **encerar.** II *adj (suelo, mueble)* waxed, polished. III *nm* 1 *(pizarra)* blackboard. 2 *(barniz de cera)* waxing.

encerar *vtr* to wax, polish.

encerrar [27] I *vtr* 1 *(gen)* to shut in *o* up; *(con llave)* to lock in *o* up, put under lock and key; *(vallar)* to enclose; *(confinar)* to confine. 2 *fig (contener)* to contain, include; *(implicar)* to involve; **la situación encierra grave peligro,** the situation carries a great risk. II **encerrarse** *vr* 1 *(gen)* to shut oneself up *o* in; *(con llave)* to lock oneself in. 2 *(recluirse)* to go into seclusion *o* retreat.

encerrona *nf* 1 *Taur (corrida privada)* private bullfight. 2 *fig (trampa)* trap; **preparar** *o* **tender una e. a algn,** to lay a trap for sb.

encestar *vi Dep (baloncesto)* to score (a basket).

enceste *nm Dep (baloncesto)* basket.

enchaquetarse *vr Am* to put one's jacket on.

encharcado,-a I *pp de* **encharcar.** II *adj* 1 *(terreno)* flooded, swamped. 2 *(agua)* stagnant.

encharcar [1] I *vtr (terreno)* to flood, swamp. II **encharcarse** *vr* 1 *(terreno)* to swamp, get flooded. 2 *(agua) (formar charcos)* to form puddles; *(estancarse)* to become stagnant.

enchicharse *vr* 1 *Am (emborracharse)* to get drunk (on **chicha**). 2 *CAm (enfurruñarse)* to sulk.

enchilada *nf Guat Méx Nic Culin* stuffed corn pancake seasoned with chili.

enchilar I *vtr* 1 *CR Hond Méx* to season with chili. 2 *Méx fig (molestar)* to annoy. II *vi CR Méx Nic (chile)* to be hot.

enchiloso,-a *adj CAm Méx* hot, peppery, spicy.

enchironar *vtr arg (encarcelar)* to put away.

enchisparse *vr Am* to get drunk.

enchivarse *vr Am* to get angry.

enchufado,-a I *pp de* **enchufar.** II *adj fam* **estar e.,** to have good connections *o* contacts, be well in. III *nm,f fam (persona)* wirepuller; *(en la escuela)* teacher's pet; **ser un e.,** to have good contacts, have friends in the right places.

enchufar I *vtr* 1 *Elec* to plug in. 2 *(unir)* to fit, join, connect. 3 *fam* to pull strings for; **ha enchufado a su hermano en la oficina,** he got his brother a job in his office. II **enchufarse** *vr fam* to get in through the back door; **consiguió e. gracias a la influencia de su padre,** his father's influence got him in.

enchufe *nm* 1 *Elec (hembra)* socket, point; *(macho)* plug; **e. bipolar/tripolar,** two/three pin plug; **a pilas o e. a la red,** battery or mains. 2 *fam* contact; **se lo dieron por e.,** he had a friend who put in a good word for him.

enchufismo *nm fam* string-pulling; **el e. y el amiguismo,** the old boy *o* girl network.

enchutar *vtr CAm* to stuff, cram.

encía *nf Anat* gum.

encíclica *nf Rel* encyclical.

enciclopedia *nf* encyclopaedia, encyclopedia.

enciclopédico,-a *adj* encyclopaedic, encyclopedic.

encierro *nm* 1 *Pol (protesta)* sit-in. 2 *Rel (reclusión)* retreat. 3 *(prisión)* locking up, confinement. 4 *Taur* bullpen; *(recorrido)* bull running.

encima *adv* 1 *(sobre)* on top, above, over; **déjalo e.,** put it on top; **llevar algo e.,** to have sth on; **¿llevas cambio e.?,** do you have any change on you?; *fig* **quitarse algo de e.,** to get rid of sth. 2 *(además)* besides; **se equivocó y e. no quiso reconocerlo,** he was wrong and what was more he wouldn't admit it. 3 **e. de,** *(sobre)* over; *fig (además)* besides; **deja la taza e. de la mesa,** leave the cup on the table; **e. de que no me pagan me insultan,** not only do they not pay, but they insult me as well; *fam* **estar algn e. de otro,** to be on sb's back. 4 **por e.,** *(a más altura)* above; *fig (más importante)* above; *fig (más allá de)* beyond; **aquello estaba por e. de sus posibilidades,** it was beyond his capabilities; **él está por e. de mí,** he is over me; **leyó el libro muy por e.,** he only skipped through the book. 5 **de e.,** top; **el piso de e.,** the floor above.

encimar *vtr Am* to add to.

encimero,-a I *adj* top; **sábana encimera,** top sheet. II *nf (cocina)* hob.

encina *nf Bot* holm *o* evergreen oak, ilex.

encinta *adj* pregnant.

encintar *vtr* to adorn with ribbons.

encizañar *vtr & vi* to disrupt, cause trouble (among).

enclaustrar I *vtr* to cloister, shut up in a convent *o* monastery; *fig* to cloister, shut up. II **enclaustrarse** *vr* to shut oneself up.

enclavar *vtr* 1 *(clavar)* to nail; *(atravesar)* to pierce, transfix. 2 *(ubicar)* to locate, place.

enclave *nm* enclave.

enclenque I *adj (débil)* weak, puny; *(enfermizo)* sickly; *(delgaducho)* skinny. II *nm,f (débil)* weak *o* puny person; *(enfermizo)* sickly person; *(delgaducho)* skinny person.

enclítico,-a *adj & nm,f Ling* enclitic.

encocorar I *vtr fam* to annoy, get on the nerves of. II **encocorarse** *vr fam* to get annoyed, get one's back up.

encoger [5] I *vi (contraerse)* to contract; *(prenda)* to shrink. II *vtr* 1 *(reducir)* to shrink, contract, shorten. 2 *fig (amilanar)* to intimidate, scare. III **encogerse** *vr* 1 *(contraerse)* to contract; *(prenda)* to shrink; **e. de hombros,** to shrug (one's shoulders); *fig* **se me encogió el corazón,** my heart sank. 2 *fig (amilanarse)* to cringe; **no se encoge ante nada,** she isn't afraid of anything, nothing daunts her.

encogido,-a I *pp de* **encoger.** II *adj* 1 *(contraído)* contracted; *(prenda)* shrunk, shrunken. 2 *fig (tímido)* diffident, shy, timid.

encogimiento *nm* 1 *(de tela)* shrinkage; **e. de hombros,** shrug of the shoulders. 2 *(timidez)* diffidence, shyness.

encolado,-a I *pp de* **encolar.** II *nm* 1 *Arte* sizing, pasting; *Carp* gluing. 2 *Cin* splicing. 3 *(de vinos)* clarification.

encolar *vtr* 1 *Arte (lienzo, pared)* to size, paste; *Carp (madera)* to glue. 2 *Cin (película, cinta)* to splice. 3 *(vino)* to clarify.

encolerizar [4] I *vtr* to infuriate, anger, exasperate. II **encolerizarse** *vr* to lose one's temper, get angry.

encomendar [27] I *vtr (encargar)* to commend, entrust, put in charge; **le encomendaron una misión,** they entrusted him with a mission. II **encomendarse** *vr* to entrust oneself (**a,** to); **e. a Dios,** to put one's trust in God.

encomiar [12] *vtr* to extol, laud.

encomiástico,-a *adj* eulogistic, laudatory.

encomienda *nf* 1 *(encargo)* assignment, mission. 2 *Am (paquete postal)* postal parcel.

encomio *nm* praise, tribute, eulogy; **digno de e.,** praiseworthy.

enconado,-a I *pp de* **enconar.** II *adj* 1 *Med* inflamed, sore. 2 *(discusión)* bitter, fierce.

enconar I *vtr* 1 *Med (herida)* to inflame. 2 *(exasperar)* to anger; **e. el ánimo de algn,** to make sb angry. II **enconarse** *vr* 1 *Med (herida)* to become inflamed *o* sore. 2 *(exasperarse)* to get angry *o* irritated.

encono *nm* spitefulness, ill feeling.

encontradizo,-a *adj* **hacerse el e. (con algn),** to bump into (sb) accidentally on purpose.

encontrado,-a I *pp de* **encontrar.** II *adj (contrario)* conflicting, contrary; **pareceres encontrados,** conflicting opinions.

encontrar [31] I *vtr* 1 *(gen)* to find; **no lo encuentro,** I can't find it. 2 *(persona)* to bump into, come across. 3 *(dificultades)* to run into, come up against. 4 *(pensar)* to find, think; **encuentro que no es justo,** I don't think it's fair; *(percibir)* **te encuentro muy cambiado,** you've changed a lot. II **encontrarse** *vr* 1 *(cosas, personas)* to meet; **¿dónde nos encontramos?,** where shall we meet?; **me encontré con Pilar,** I bumped into *o* met Pilar; **nos encontramos con muchos problemas,** we ran into a lot of trouble. 2 *(sentirse)* to feel, be; **e. a gusto,** to be *o* feel comfortable; **e. con ganas de** *o* **fuerzas para hacer algo,** to feel like doing sth. 3 *(estar)* to be, find oneself; **me encontraba en París,** I was in Paris; **me encuentro en apuros,** I am in a bit of trouble.

encontronazo *nm* 1 *(choque)* collision, crash. 2 *fig (de personalidades, ideas)* clash.

encoñado,-a *vulg* I *pp de* **encoñarse.** II *adj* **estar e.,** to be infatuated.

encoñarse *vr vulg* to become infatuated (**de,** with).

encopetado,-a *adj (de alto copete)* upper-class, grand; *(presumido)* haughty, conceited.

encorajar I *vtr (animar)* to encourage. II **encorajarse** *vtr (irritarse)* to get furious *o* angry.

encorajinarse *vr fam* to get angry, lose one's temper.

encorchar *vtr (botellas)* to cork.

encordonar *vtr* to tie up (with cord).

encorvado,-a I *pp de* **encorvar.** II *adj (cosa)* curved, bent; *(persona)* bent, stooping.

encorvadura *nf,* **encorvamiento** *nm (acción)* bending; *(de persona)* stoop, curvature.

encorvar I *vtr* to bend. II **encorvarse** *vr* to stoop *o* bend (over).

encrespado,-a I *pp de* **encrespar.** II *adj* 1 *(pelo)* curly. 2 *(mar)* rough, choppy.

encrespar I *vtr* 1 *(pelo)* to curl, frizz. 2 *(mar)* to make choppy *o* rough; **el viento encrespó las aguas,** the wind whipped up waves on the sea. 3 *fig (enfurecer)* to infuriate. II **encresparse** *vr* 1 *(pelo)* to stand on end. 2 *(mar)* to get rough. 3 *fig (enfurecerse)* to get cross *o* irritated.

encrucijada *nf* crossroads *pl,* intersection; *fig (apuro)* crossroads; **estar en la e.,** to be at crisis point, not know which way to turn.

encrudecer [43] *vi,* **encrudecerse** *vr Meteor (tiempo)* to get colder *o* worse.

encuadernación *nf* 1 *(oficio)* bookbinding. 2 *(cubierta)* binding; **e. en rústica,** paperback; **e. en tela,** cloth binding. ■ **(taller de) e.,** bindery.

encuadernador,-a *nm,f* bookbinder.

encuadernar *vtr* to bind.

encuadramiento *nm* framing.

encuadrar I *vtr* 1 *(cuadro, imagen)* to frame. 2 *fig (encajar)* to fit, insert. 3 *fig* to contain, comprise. II **encuadrarse** *vr* 1 *fig (tener como marco)* **la historia se encuadraba en la Inglaterra victoriana,** the story was set in Victorian England. 2 *(incorporarse)* to become part of, join.

encuadre *nm Cin TV* framing.

encubar *vtr (vino)* to vat.

encubierta *nf* fraud.

encubierto,-a I *pp de* **encubrir.** II *adj (secreto)* concealed, hidden, secret; *(fraudulento)* fraudulent, underhand. ◆**encubiertamente** *adv (secretamente)* secretly; *(fraudulentamente)* fraudulently.

encubridor,-a *nm,f Jur* accessory (after the fact), abettor.

encubrimiento *nm* concealment, hiding; *Jur* complicity, abetment.

encubrir *(pp encubierto) vtr* 1 *(ocultar)* to conceal, hide; *(criminal)* to shelter. 2 *Jur (ser cómplice en)* to be an accomplice in, abet.

encucurucharse *vr CAm Col* to get up on top, reach the top.

encuentro *nm* 1 encounter, meeting; **e. casual** *o* **fortuito,** chance meeting; **ir** *o* **salir al e. de algn,** to go out to meet sb. 2 *(choque)* collision; **e. de opiniones,** clash of opinion. 3 *Dep* meeting, match, clash; **e. amistoso,** friendly match. 4 *Mil* skirmish.

encuesta *nf* 1 *(sondeo)* (opinion) poll, survey; **hacer una e.,** to carry out an opinion poll. 2 *(investigación)* investigation, inquiry.

encuestador,-a *nm,f* pollster.

encuestar *vtr* to poll.

encumbrado,-a I *pp de* encumbrar. II *adj (eminente)* eminent, distinguished; *(socialmente)* upperclass.

encumbramiento *nm* 1 *(acción)* rise, raising. 2 *(posición)* high position, elevated status.

encumbrar I *vtr* to elevate, exalt. II **encumbrarse** *vr* to rise to a high (social) position.

encurtidos *nmpl Culin* pickles.

encurtir *vtr* to pickle.

ende (por) *loc adv* therefore.

endeble *adj* weak, puny, feeble.

endeblez *nf* weakness, fragility, feebleness.

endemia *nf Med* endemic disease.

endémico,-a *adj* 1 *Med* endemic. 2 *fig* chronic.

endemoniado,-a *adj* 1 *(poseso)* possessed. 2 *fig (diabólico)* diabolical; *(maldito)* wretched.

endentar *vtr & vi Téc* to enmesh, interlock.

enderezamiento *nm (poner derecho)* straightening out *o* up; *(poner vertical)* setting upright.

enderezar [4] I *vtr* 1 *(poner derecho)* to straighten out; *(poner vertical)* to set upright. 2 *(guiar)* to direct; *fig* to guide. 3 *(enmendar)* to put in order, set to rights. II **enderezarse** *vr (ponerse recto)* to straighten up.

endeudamiento *nm* borrowing, state of indebtedness. ■ **e. exterior,** foreign debt.

endeudarse *vr* to get *o* fall into debt.

endiablado,-a *adj* 1 *(poseso)* possessed. 2 *(malo)* evil, wicked; *(travieso)* mischievous, devilish. 3 *(maldito)* wretched, cursed. 4 *(desenfrenado)* wild. ◆**endiabladamente** *adv* diabolically; *fig* **e. difícil,** extremely difficult.

endibia *nf Bot* endive.

endilgar [7] *vtr fam* 1 *(trabajo)* to palm off onto; **endilgaron el trabajo a Elvira,** they lumbered Elvira with the job. 2 *(golpe)* to land, deal. 3 *fig* **nos endilgó un largo discurso,** she made us sit through a long speech.

endiñar *vtr (golpe)* to land; *(tortazo)* to fetch.

endiosamiento *nm* conceit, vanity.

endiosar I *vtr* to deify. II **endiosarse** *vr* to become conceited *o* vain.

enditarse *vr Am* to get into debt.

endocrino,-a I *adj Biol* endocrine, endocrinal. II *nm,f fam* endocrinologist.

endocrinología *nf Med* endocrinology.

endocrinólogo,-a *nm,f Med* endocrinologist.

endomingarse [7] *vr fam* to put on one's Sunday best.

endosar *vtr* 1 *Fin (cheque)* to endorse; **e. una letra de cambio,** to endorse a bill of exchange. 2 *fam* to lumber; **me han endosado el trabajo más pesado,** I've been lumbered with the most boring job.

endoso *nm* endorsement; **sin e.,** unendorsed.

endrina *nf Bot* sloe.

endrino,-a I *adj (color)* blue-black. II *nm Bot* sloe, blackthorn.

endrogarse [7] *vr Am* 1 *(endeudarse)* to get into debt. 2 *(drogarse)* to take drugs, use drugs.

endulzar [4] *vtr (dulcificar)* to sweeten; *fig (mitigar)* to alleviate, ease.

endurecer [43] I *vtr* 1 *(poner duro)* to harden, make hard. 2 *fig (fortalecer)* to harden, toughen; **e. su postura,** to take a hard *o* tough line. II **endurecerse** *vr* 1 *(ponerse duro)* to harden, become

hard. 2 *fig (fortalecerse)* to become hardened *o* tough.

endurecimiento *nm* hardening, toughening.

ene *nf* 1 *(letra)* name of the letter N in Spanish. 2 *(cantidad indeterminada)* x; **un número e. de veces,** x number of times.

enebro *nm Bot* juniper.

enema *nm Med* enema.

enemigo,-a I *adj* enemy, hostile; **barco e.,** enemy ship; **soy e. de la bebida,** I'm against drink. II *nm,f* enemy, foe; **somos enemigos declarados,** there's no love lost between us.

enemistad *nf* hostility, hatred, enmity.

enemistar I *vtr* to set at odds, cause a rift between. II **enemistarse** *vr* to become enemies; **e. con algn,** to fall out with sb, become sb's enemy.

energético,-a *adj* energy, power; **crisis energética,** energy crisis.

energía *nf* energy. ■ **e. hidráulica/nuclear,** water/nuclear power; *fig* **e. vital,** vitality.

enérgico,-a *adj* energetic; **decisión enérgica,** firm decision; **en tono e.,** emphatically.

energúmeno,-a *nm,f fam (hombre)* madman; *(mujer)* mad woman; **ponerse como un e.,** to go up the wall.

enero *nm* January; **la cuesta de e.,** the post-Christmas slump; *véase tamb* noviembre.

enervación *nf* 1 *Med (debilidad)* enervation. 2 *fam (irritación)* irritation, exasperation, annoyance.

enervante *adj* 1 *Med (debilitante)* enervating. 2 *fam (irritante)* irritating, exasperating, annoying.

enervar *vtr* 1 *Med (debilitar)* to enervate. 2 *fam (irritar)* to irritate, exasperate, annoy.

enésimo,-a *adj* 1 *Mat* n^{th}; **elevado a la enésima potencia,** raised to the nth power. 2 *fam* umpteenth; **por enésima vez,** for the umpteenth time.

enfadadizo,-a *adj* touchy, irritable.

enfadado,-a 1 *pp de* enfadar. II *adj* angry, cross, annoyed, *US* mad; **estamos enfadados,** we're angry with each other; **estoy e. contigo,** I'm cross with you; **tener cara de e.,** to look angry.

enfadar I *vtr* to make angry *o* cross *o* annoyed. II **enfadarse** *vr* 1 to get angry *o* cross (**con,** with); **e. por nada,** to make a fuss about nothing. 2 *(dos personas)* to fall out.

enfado *nm* anger, irritation; **fue un e. tonto,** she got angry for nothing; **¿se te ha pasado el e.?,** have you calmed down?

enfadoso,-a *adj* annoying, irritating.

enfangar [7] I *vtr* to cover with mud. II **enfangarse** *vr* 1 *(hundirse en el fango)* to stick in *o* sink into the mud. 2 *(ensuciarse de fango)* to get muddy, get covered in mud. 3 *fig* to get involved in dirty business; **e. en el vicio,** to wallow in vice.

énfasis *nm inv* 1 *(fuerza)* emphasis, stress; **poner e. en algo,** to lay stress on sth. 2 *(afectación)* **hablar con e.,** to talk in an affected way.

enfático,-a *adj* emphatic.

enfatizar [4] *vtr* to emphasize, stress.

enfermar *vi* to become *o* fall ill, be taken ill; **e. de agotamiento,** to suffer from exhaustion; **e. del corazón,** to have heart trouble.

enfermedad *nf* 1 *Med* illness, disease, sickness; **ausentarse por e.,** to be away ill *o* sick. ■ **e. contagiosa,** contagious disease; **e. venérea,** venereal disease. 2 *fig (mal)* malady, sickness.

enfermería *nf* sick bay, infirmary.

nfermero,-a *nm,f (mujer)* nurse; *(hombre)* male nurse.

nfermizo,-a *adj* unhealthy, sickly; *fig* **mente enermiza,** morbid mind.

nfermo,-a I *adj* sick, ill; **caer e.,** to be taken ill; *am* **esa gente me pone e.,** those people make me ick. II *nm,f* sick person; *(paciente)* patient; **e. grave,** seriously ill patient.

nfermucho,-a *adj fam* ailing, sickly; **débil y e.,** 'rail and weak.

nfervorizar [4] *vtr* to arouse passions, arouse fervour in, enthuse; **sus palabras enfervorizaron a la muchedumbre,** his words aroused the passions of he crowd.

nfiestarse *vr Am* to enjoy oneself.

nfilar *vtr* 1 *(ir)* to make for; *(calle)* to go along o lown; *(túnel)* to go through. 2 *(dirigir)* to direct.

nflaquecer [43] I *vtr (adelgazar)* to make thin; *'debilitar)* to weaken. II *vi (adelgazar)* to get thin, ose weight.

nflaquecido,-a *adj (delgado)* thin; *(débil)* weak, extenuated.

nflaquecimiento *nm* 1 *(adelgazamiento)* loss of weight. 2 *fig (debilidad)* weakening.

nflatarse *vr* 1 *Am (apenarse)* to sulk. 2 *Méx (ponerse de mal humor)* to get into a bad mood.

nfocar [1] *vtr* 1 to focus, focus on, get into focus; *Fot* **bien/mal enfocado,** in/out of focus. 2 *(iluminar)* to shine a light on. 3 *fig* to approach, look at; **e. un tema desde otro punto de vista,** to look at a subject from another angle.

nfoque *nm* 1 *(acción)* focus, focusing. 2 *fig* approach, angle, point of view.

nfrascar [1] I *vtr* to bottle. II **enfrascarse** *vr (en una actividad)* to become absorbed o engrossed **(en, n);** *(en la lectura)* to bury oneself **(en, in); e. en un problema,** to get tangled up o deeply involved in a problem.

nfrenar *vtr (caballo)* to bridle.

nfrentamiento *nm* confrontation.

nfrentar I *vtr* 1 *(encarar)* to bring face to face, confront. 2 *(afrontar)* to face, confront. II **enfrentarse** *vr (encararse)* to face **(a, -),** face up **(a, to),** confront **(a, -).** 2 *Dep (rival)* to face **(a, -),** meet **(a, -);** *Box* to take **(a, on).** 3 *(pelearse)* to have an argument **(a, with),** fall out **(a, with).**

nfrente *adv* 1 opposite, facing; **la casa de e.,** the house opposite o across the road. 2 **e. de.,** opposite (to), facing; **la casa está e. del colegio,** the house is opposite the school. 3 *fig* opposed to, against; **estaban uno e. del otro,** they were opposed to each other.

nfriador I *adj* cooling. II *nm* cooler.

nfriamiento *nm* 1 *(proceso)* cooling. 2 *Med (catarro)* cold, chill; **pillar un e.,** to catch a cold o chill.

nfriar [13] I *vtr* to cool (down), chill. II *vi* 1 *Meteor* to get cold o colder. 2 *fig* to cool down; **dejar e. algo,** to let sth cool down. III **enfriarse** *vr* 1 *(tener frío)* to get o go cold; *(resfriarse)* to get o catch a cold. 2 *(lo que estaba demasiado caliente)* to cool down; *(ponerse demasiado frío)* to go cold; **el agua se ha enfriado un poco, ahora puedes bañar el bebé,** the water has cooled down a little, now you can bath the baby; **bebe el café, se está enfriando,** drink your coffee, it's getting cold. 3 *fig (pasión, ánimo)* to cool off.

enfundar I *vtr* to put in its case; *(mueble)* to cover; *(espada)* to sheathe. II **enfundarse** *vr (abrigarse)* to wrap oneself up.

enfurecer [43] I *vtr* to enrage, enfuriate. II **enfurecerse** *vr* 1 to get furious, lose one's temper. 2 *(mar)* to become rough.

enfurecimiento *nm* infuriation, temper, rage.

enfurruñamiento *nm fam* sulking.

enfurruñarse *vr fam* to sulk.

engaitar *vtr fam* to take in, trick.

engalanado,-a I *pp de* **engalanar.** II *adj* decked out, festooned.

engalanar I *vtr (calle, balcón)* to deck out, adorn. II **engalanarse** *vr (persona)* to dress up, get dressed up.

engallarse *vr fig* to be o get cocky.

enganchado,-a I *pp de* **enganchar.** II *adj arg (droga)* hooked; **estar e.,** to be hooked (on drugs).

enganchar I *vtr* 1 *(pez)* to hook; *(animales)* to hitch (up), harness; *Ferroc* to couple. 2 *fig (pillar)* to hook, rope in. II **engancharse** *vr* 1 to get caught o hooked up; *arg (drogas)* to get hooked. 2 *Mil* to join up.

enganche *nm* 1 *(gancho)* hook; *(animales)* hitching, harnessing; *Ferroc* coupling. 2 *Mil* enlistment, recruitment.

enganchón *nm (ropa, pelo)* snag.

engañabobos *nm inv (persona)* con man, confidence trickster; *(trampa)* con trick, trap.

engañadizo,-a *adj* gullible.

engañar I *vtr (gen)* to deceive; *(estafar)* to cheat, trick; *(mentir)* to lie, mislead; **las apariencias engañan,** appearances can deceive; **me estás engañando,** I don't believe you, you're not telling me the truth; *fig* **e. el hambre,** to stave off hunger; *fam* **engaña a su mujer,** he's unfaithful to his wife. II **engañarse** *vr (ilusionarse)* to deceive oneself; *(equivocarse)* to be wrong o mistaken; **no nos engañemos,** let's not kid ourselves.

engañifa *nf fam* trick; *(estafa)* swindle.

engaño *nm* 1 *(gen)* deceit; *(estafa)* fraud, trick, swindle; *(mentira)* lie; **aquí no hay e. alguno,** it's all above board. 2 *(error)* mistake, misunderstanding; **estar en un e.,** to be mistaken.

engañoso,-a *adj (palabras)* deceitful, dishonest; *(apariencias)* deceptive; *(consejo)* misleading.

engarce *nm* 1 *(de perlas)* threading, stringing. 2 *(engaste)* setting.

engarzar [4] *vtr* 1 *(collar)* to thread; *(perlas)* to string. 2 *(engastar)* to mount, set. 3 *fig (palabras)* to string together.

engastar *vtr* to set, mount.

engaste *nm* setting, mount.

engatusar *vtr fam* to coax, wheedle, get round; **e. a algn para que haga algo,** to coax sb into doing sth.

engendrar *vtr* 1 *Biol* to engender, beget. 2 *fig* to give rise to, cause; **e. la duda en algn,** to plant the seeds of doubt in sb's mind.

engendro *nm* 1 *Biol (feto)* foetus, *US* fetus. 2 *(criatura deforme)* malformed child; *fam (persona fea)* freak. 3 *fig pey* monstrosity; **este cuadro es un e.,** this painting is a monstrosity.

englobar *vtr (incluir)* to include, comprise; *(reunir)* to lump together, put all together.

engolado,-a *adj (persona)* arrogant, pompous; *(estilo)* high-flown.

engolfarse *vr fig* to get absorbed **(en, in).**

engolosinar I *vtr (tentar)* to tempt, entice. II **engolosinarse** *vr* to become fond (**con,** of), develop a taste (**con,** for).

engomar *vtr* to gum, glue, stick.

engordar I *vtr* to fatten (up), make fat. II *vi* 1 to put on weight, get fat; **he engordado tres kilos,** I've put on three kilos. 2 *(comida, bebida)* to be fattening; **el pan engorda,** bread is fattening.

engorde *nm* fattening (up).

engorro *nm fam* bother, nuisance.

engorroso,-a *adj fam* awkward, bothersome, tiring; **ser e.,** to be a bother *o* a nuisance.

engranaje *nm* 1 *Téc* gear, gears *pl,* gearing; *(de un reloj)* cogwheel. 2 *fig* machinery; **metido en el e. de la política,** caught up in the wheels of politics.

engranar I *vtr* 1 *Téc* to gear, engage. 2 *fig (ideas)* to connect, link. II *vi (encajar)* to engage, mesh.

engrandecer [43] *vtr* 1 *(aumentar)* to enlarge, magnify. 2 *fig (realzar)* to extol, magnify; **viajar engrandece el espíritu,** travel broadens the mind. 3 *fig (alabar)* to exalt, raise up.

engrandecimiento *nm* 1 *(aumento)* enlargement, increase. 2 *fig (realce)* enhancement. 3 *fig (alabanza)* praise.

engrasar *vtr* 1 *(lubricar)* to grease, lubricate, oil. 2 *(manchar)* to make greasy, stain with grease. 3 *fam (sobornar)* to bribe.

engrase *nm* 1 *(acción)* greasing, lubrication, oiling. 2 *(sustancia)* lubricant.

engreído,-a *adj* vain, conceited, stuck-up.

engreimiento *nm* vanity, conceit.

engreír [37] I *vtr Am (mimar)* to spoil, pamper. II **engreírse** *vr* 1 *(envanecerse)* to become vain, conceited, full of oneself. 2 *Am (encariñarse)* to become fond (**de,** of).

engrosar [31] I *vtr (incrementar)* to enlarge; *(cantidad)* to increase, swell. II *vi (engordar)* to get fat, put on weight.

engrudar *vtr* to paste.

engrudo *nm* paste.

enguantado,-a *adj* gloved.

enguaracarse [1] *vr CAm* to hide oneself away.

enguatar *vtr* to pad.

engullir [41] *vtr* to gobble up, gulp down.

enharinar *vtr Culin* to (sprinkle with) flour.

enhebrar *vtr Cost* to thread.

enhiesto,-a *adj* upright, erect.

enhorabuena *nf* congratulations *pl;* **dar la e. a algn,** to congratulate sb; **mi más cordial e.,** my warmest congratulations.

enhornar *vtr Culin* to put into the oven.

enigma *nm* enigma, mystery, puzzle.

enigmático,-a *adj* enigmatic, mysterious, puzzling.

enjabonar *vtr* 1 *(dar jabón a)* to soap. 2 *fig (dar coba a)* to butter up, soft-soap.

enjaezar [4] *vtr Am* to harness, saddle up.

enjalbegar [7] *vtr* to whitewash.

enjambrar I *vtr* to hive. II *vi* to swarm.

enjambre *nm* 1 *(de abejas)* swarm. 2 *fig* swarm, crowd, throng.

enjaretar *vtr fam* to reel off; **le enjaretó un rollo sobre política,** he went on and on about politics to him.

enjaular *vtr* 1 *(animal)* to cage. 2 *fam* to put inside, put in jail.

enjoyar I *vtr* to adorn with jewels. II **enjoyarse** *fam* to overdo one's jewellery.

enjuagar [7] I *vtr* to rinse. II **enjuagarse** *vr* **e. boca,** to rinse out one's mouth.

enjuague *nm* 1 *(acción)* rinse; *(líquido)* mout wash. 2 *fig* plot, scheme.

enjugar [7] *vtr,* **enjugarse** *vr* 1 *(secar)* to dr wipe (away), mop up; **enjugarse la frente,** to m one's brow. 2 *Fin (deuda, déficit)* to clear, wipe ou

enjuiciamiento *nm* 1 *(opinión)* judgement. 2 *J (civil)* lawsuit; *(criminal)* trial, prosecution.

enjuiciar [12] *vtr* 1 *(juzgar)* to judge, examine. 2 *J (juicio civil)* to sue; *(criminal)* to indict, prosecut

enjundia *nf* 1 *(grasa)* fat. 2 *fig (sustancia)* su stance; *(importancia)* importance. 3 *fig (vigo* force, vitality; *(person)* character.

enjundioso,-a *adj* meaty, solid.

enjuto,-a *adj* lean, skinny.

enlace *nm* 1 *(unión)* link, connection; **servir de** **establecer un e.,** to link. ▪ **e. químico,** chemic bond. 2 *(casamiento)* marriage. 3 *Ferroc* conne tion. ▪ **estación de e.,** junction; **vía de e.,** crossove 4 *(persona)* liaison officer. ▪ **e. sindical,** sh steward, *US* union delegate.

enladrillado,-a I *pp de* **enladrillar.** II *adj* bric **suelo e.,** brick floor. III *nm* brick paving.

enladrillar *vtr* to pave with bricks.

enlatado,-a I *pp de* **enlatar.** II *adj* canned, tinne

enlatar *vtr* 1 *(meter en latas)* to can, tin. 2 *A (techo)* to roof with tin.

enlazar [4] I *vtr (unir)* to link, connect, tie (t gether); **e. una idea con otra,** to link one idea wi another. II *vi Ferroc* to connect (**con,** with). III **e lazarse** *vr* 1 *(unirse)* to be linked *o* connected, lin 2 *(familias)* to become linked by marriage.

enlodar I *vtr* 1 *(enfangar)* to muddy, cover wi mud. 2 *fig (reputación)* to stain, besmirch. II **e lodarse** *vr* to get muddy.

enloquecedor,-a *adj* maddening.

enloquecer [43] I *vi (volverse loco)* to go mad. *vtr* 1 *(volver loco)* to drive mad. 2 *fam (gust mucho)* to be mad *o* wild about; **la enloquece el cin** she's mad on the cinema. III **enloquecerse** *vr (vo verse loco)* to go mad, go out of one's mind.

enloquecimiento *nm* madness, insanity.

enlosado,-a I *pp de* **enlosar.** II *nm* floor tilin *(losas)* paving.

enlosar *vtr* to tile, pave (with tiles).

enlozar [4] *vtr Am* to cover *o* coat with enamel.

enlucido,-a I *pp de* **enlucir.** II *nm* plaster.

enlucir [45] *vtr (pared)* to plaster; *(metal)* to polis

enlutado,-a I *pp de* **enlutar.** II *adj* mourning, mourning.

enlutar I *vtr* 1 *(poner de luto)* to cast *o* put in mourning. 2 *fig (ensombrecer)* to cast a shado over. II **enlutarse** *vr (estar de luto)* to be in mour ing; *(ponerse de luto)* to go into mourning.

enmaderar *vtr (pared)* to panel; *(suelo)* to la down floorboards.

enmadrado,-a I *pp de* **enmadrarse.** II *adj (niñ estar e.,** to be tied to one's mother's apron string

enmadrarse *vr (niño)* to be tied to one's mother apron strings.

enmarañamiento *nm* 1 *(enredo)* entanglemen tangle. 2 *fig* confusion, muddle.

marañar I *vtr* 1 *(pelo)* to tangle. 2 *fig (complicar)* to complicate, confuse, muddle up. II **enarañarse** *vr* 1 *(pelo)* to get tangled. 2 *fig (complicarse)* to get confused, get into a mess o a muddle.

narcar [1] *vtr (gen)* to frame; *(rodear)* to surround.

nascarado,-a I *pp de* enmascarar. II *adj* masked. III *nm,f* masked person.

nascarar I *vtr* 1 *(poner una máscara)* to mask. *fig (ocultar)* to conceal, mask, disguise. II **enmascararse** *vr (ponerse una máscara)* to put on a mask; *(disfrazarse)* to masquerade **(de,** as).

nasillar *vtr* to putty.

nendadura *nf* correction.

nendar [27] I *vtr (corregir)* to correct, put right; *(año)* to repair, put right; *Jur* to amend. II **enmendarse** *vr (persona)* to reform, mend one's ways.

nienda *nf (corrección)* correction; *(de daño)* reir, indemnity, compensation; *Jur Pol* amendent; **hacer propósito de e.,** to turn over a new leaf.

nohecer [43] I *vi (metal)* to rust; *Bot* to make mouldy o *US* moldy. II **enmohecerse** *vr (metal)* to st, get rusty; *Bot* to go mouldy o *US* moldy; *fig* go rusty.

nontarse *vr CAm Col Agr* to turn into a wilrness.

noquetar *vtr* to carpet.

nudecer [43] I *vi (callar)* to become dumb, lose e's voice. II **enmudecerse** *vr* 1 *(estar callado)* to silent, say nothing. 2 *(callar)* to become dumb, se one's voice.

iegrecer [43] I *vtr* to blacken, turn black, rken. II **ennegrecerse** *vr* to turn o go black; *fig* get dark, darken.

ioblecer *vtr* 1 *(hacer noble)* to ennoble. 2 *fig* ar esplendor) to do honour to, be a credit to; **este mportamiento te ennoblece,** your behaviour is to ur credit.

ijadizo,-a *adj* irritable, touchy, quick-temred.

ijado,-a I *pp de* enojar. II *adj* angry, cross.

ijar I *vtr* to anger, annoy, upset. II **enojarse** *vr* get angry, lose one's temper, get annoyed o oss.

ijo *nm* anger, annoyance, irritation.

ijoso,-a *adj* annoying, irritating.

irgullecer [43] I *vtr* to fill with pride. II **enorllecerse** *vtr* to be o feel proud; **e. de algo,** to ide oneself on sth, be proud of sth.

irgullecimiento *nm* pride.

irme *adj* 1 *(grande)* enormous, huge, vast, tremndous. 2 *fig (desmedido)* monstrous. ◆**enoremente** *adv* enormously, greatly, tremendously.

irmidad *nf* 1 *(grandeza)* enormity, hugeness. 2 *(desmesura)* enormity, monstrousness; *fam* **nos stó una e.,** we loved it. 3 *(acto)* wicked o monrous thing.

abiar [12] I *vtr* to enrage, infuriate. II **enraiarse** *vr* to become enraged o infuriated.

aizado,-a I *pp de* enraizar. II *adj* rooted.

alzar [24] *vi,* **enraizarse** *vr* 1 *Bot (planta)* to ke root. 2 *fig (persona)* to put down roots.

amada *nf* 1 *(follaje)* foliage, leaves *pl.* 2 *(cortizo)* covering of branches.

enranciar [12] I *vtr* to make rancid o stale. II **enranciarse** *vr* to go rancid, become stale.

enrarecer [43] I *vtr (aire)* to rarefy. II **enrarecerse** *vr* 1 *(aire)* to rarefy. 2 *(escasear)* to become scarce.

enrarecido,-a I *pp de* enrarecer. II *adj* rarefied; *fig* **un ambiente e.,** a tense atmosphere.

enrasar *vtr* to make level o even.

enredadera *nf Bot* climbing plant, creeper.

enredador,-a I *adj (entrometido)* troublemaking, interfering, meddlesome; *(chismoso)* gossip; **una persona e.,** a busybody. II *nm,f (entrometido)* troublemaker; *(chismoso)* busybody, gossip.

enredar I *vtr* 1 *(animal)* to net, catch in a net. 2 *(trampa)* to set. 3 *(enmarañar)* to entangle, tangle up. 4 *fig (asunto)* to confuse, complicate; *(trabajo)* to make a mess of. 5 *fig (persona)* to involve, implicate **(en,** in). 6 *fig (meter cizaña)* **e. a A con B,** to set A against B. II **enredarse** *vr* 1 *(enmarañarse)* to get entangled, get tangled (up) o in a tangle. 2 *fig (asunto)* to get complicated o confused; *(trabajo)* to get in a mess; **e. en una discusión,** to get caught up in a argument. 3 *fig (persona)* to get involved **(con,** with), have an affair **(con,** with).

enredo *nm* 1 *(maraña)* tangle. 2 *fig (lío)* muddle, mess, mix-up, confusion. 3 *(amoroso)* love affair. 4 *Teat* plot. 5 **enredos,** *fam (trastos)* bits and pieces.

enrejado *nm* 1 *(reja)* grating, railings *pl*; *(de jaula, celda)* bars *pl*; *(de jardín)* trellis; *(de ventana)* lattice; **e. de alambre,** wire netting fence. 2 *Cost* openwork.

enrejar *vtr* 1 *(puerta, ventana)* to put a grating on; *(terreno, área)* to fence, put railings round. 2 *Méx Cost* to darn, mend, sew up.

enrevesado,-a *adj* complicated, difficult.

enriquecer [43] I *vtr* 1 *(hacer rico)* to make rich. 2 *fig (mejorar)* to enrich. II **enriquecerse** *vr (hacerse rico)* to get o become rich, prosper.

enriquecimiento *nm* enrichment.

enristrar *vtr (ajos, cebollas)* to string together; *(lanza)* to couch.

enrocar [1] *vi Ajedrez* to castle.

enrojecer [43] I *vtr (volver rojo)* to redden, turn red; *(metal)* to make red-hot. II *vi (ruborizarse)* to blush. III **enrojecerse** *vr (ruborizarse)* to blush; *(volverse rojo)* to go red; *(metal)* to get red-hot.

enrojecimiento *nm (metal)* reddening, glowing; *(rubor)* blushing.

enrolar I *vtr* to enrol, *US* enroll, sign on, sign up; *Mil* to enlist. II **enrolarse** *vr* to enrol, *US* enroll, sign on; *Mil* to enlist, join up.

enrollable *adj* that rolls up, roll-up; **persiana e.,** roller blind.

enrollado,-a I *pp de* enrollar. II *adj* 1 rolled up. 2 *fam* **estar e. con algn,** *(conversando)* to be deep in conversation with sb; *(tener relaciones con)* to go out with sb, see sb. 3 *fam* great; **es un tío muy e.,** he's a great guy.

enrollar I *vtr (papel)* to roll up; *(hilo)* to wind up; *(cable)* to coil. II **enrollarse** *vr* 1 *fam (hablar)* to chatter, go on and on; **e. como una persiana,** to go on and on. 2 *fam (tener relaciones)* **e. con algn,** to have an affair with sb. 3 *fam* **e. bien,** to get on well with people; **e. mal,** to be difficult to get on with.

enronquecer [43] *vi,* **enronquecerse** *vr* to become o go hoarse.

enronquecimiento *nm* hoarseness, huskiness.

enroque *nm Ajedrez* castling.

enroscar [1] **I** *vtr* **1** to coil (round), wind; *(cable)* to twist. **2** *(tornillo)* to screw in *o* on. **II enroscarse** *vr* to coil, wind; *(cable)* to twist, roll up; *(serpiente)* to coil itself.

enrostrar *vtr Am* to reproach.

ensacar [1] *vtr* to pack in sacks *o* bags, bag.

ensaimada *nf Culin* kind of spiral pastry from Majorca.

ensalada *nf Culin* salad; **e. de fruta,** fruit salad.

ensaladera *nf* salad bowl.

ensaladilla *nf Culin* **e. rusa,** Russian salad.

ensalmo *nm* spell, incantation, charm; **como por e.,** as if by magic.

ensalzamiento *nm (enaltecimiento)* exaltation; *(elogio)* praise.

ensalzar [4] *vtr (enaltecer)* to exalt; *(elogiar)* to praise, extol, *US* extoll.

ensamblador *nm* **1** *Inform* assembler. **2** *Carp* joiner.

ensambladura *nf Téc* joint.

ensamblaje *nm Téc* assembly, joining.

ensamblar *vtr* to join, assemble.

ensañamiento *nm* cruelty, brutality.

ensañarse *vr* to be brutal **(con,** with), delight in tormenting **(con,** -).

ensanchamiento *nm* widening, broadening.

ensanchar **I** *vtr (hacer más ancho)* to enlarge, widen, extend, stretch, expand; *Cost (prenda)* to let out. **II ensancharse** *vr* **1** *(hacerse más ancho)* to get wider, spread, stretch, expand. **2** *fig (persona)* to get a big head, become conceited.

ensanche *nm* enlargement, widening, extension; *(de ciudad)* urban development.

ensangrentado,-a **I** *pp de* **ensangrentar.** **II** *adj* bloodstained, bloody.

ensangrentar [27] *vtr* to stain with blood, cover in blood.

ensartar *vtr* **1** to string together. **2** *fig* to reel off, rattle off; **ensartaba una mentira detrás de otra,** he reeled off one lie after another.

ensayar *vtr* **1** *Teat* to rehearse; *Mus* to practise. **2** to test, try out.

ensayismo *nm Filos Lit* essay writing.

ensayista *nmf Filos Lit* essayist.

ensayo *nm* **1** test, trial, experiment, attempt; **a modo de e.,** as an experiment. **2** *Teat* rehearsal. ■ **e. general,** dress rehearsal. **3** *Filos Lit* essay. **4** *Rugby* try.

enseguida *adv,* **en seguida** *adv (inmediatamente)* at once, straight away; *(poco después)* in a minute, soon; **e. voy,** I'll be right there.

ensenada *nf* **1** *Geog* inlet, cove. **2** *Arg (corral)* farmyard.

enseña *nf* ensign, standard.

enseñado,-a **I** *pp de* **enseñar.** **II** *adj (adiestrado)* trained; *(persona)* educated, instructed.

enseñanza *nf* **1** *(educación)* education, teaching, schooling; **dedicarse a la e.,** to be a teacher. ■ **e. laboral,** vocational training; **e. primaria/secundaria/ superior,** primary/secondary/higher education. **2** *(doctrina)* teaching, doctrine.

enseñar *vtr* **1** *(instruir)* to teach, instruct, train; *(educar)* to educate; **e. a algn a hacer algo,** to teach sb how to do sth. **2** *(mostrar)* to show; *(señalar)* to point out; **enseña la combinación,** her petticoat is showing; **nos enseñó la casa,** he showed us over the house; *fig* **e. los dientes,** to bare one's teeth.

enseñorearse *vr* to take over **(de,** -), take pos sion **(de,** of).

enseres *nmpl (bártulos)* belongings, goods; *(m rial)* equipment *sing.*

enseriarse *vr Am* to become *o* look serious.

ensillar *vtr Equit* to saddle (up), put a saddle c

ensimismado,-a **I** *pp de* **ensimismarse.** **II** *(absorbido)* engrossed; *(abstraído)* lost in thou

ensimismamiento *nm* absorption.

ensimismarse *vr (absorberse)* to become grossed; *(abstraerse)* to be lost in thought.

ensoberbecer [43] **I** *vtr* to make arrogant *o* ceited; **el triunfo le ensoberbeció,** success went tc head. **II ensoberbecerse** *vr* **1** to become arro *o* conceited. **2** *fig (mar)* to get rough.

ensombrecer [43] **I** *vtr* to cast a shadow over **ensombrecerse** *vr* to darken; *fig* to bec gloomy.

ensoñación *nf* daydream, pipe dream.

ensoñador,-a **I** *adj* dreamy. **II** *nm,f* dreamer.

ensoñar *vtr* to daydream about.

ensopar *vtr Am* to soak.

ensordecedor,-a *adj* deafening.

ensordecer [43] **I** *vtr* to deafen. **II** *vi* to go de

ensordecimiento *nm* deafness.

ensortijado,-a **I** *pp de* **ensortijarse.** **II** *adj* cu

ensortijarse *vr* to curl.

ensuciar [12] **I** *vtr* **1** to dirty, *US* get dirty, mess **2** *fig (reputación)* to harm, damage. **II ensucia** *vr* to get dirty; **e. las manos,** to get one's ha dirty.

ensueño *nm* dream, fantasy; **unas vacaciones d** a dream holiday.

entablado **I** *pp de* **entablar.** **II** *nm* **1** *(entarima* planking, planks *pl.* **2** *(suelo)* wooden floor.

entablar **I** *vtr* **1** *(conversación)* to open, be *(amistad)* to strike up; *(negocios)* to start. **2** *Ajec* to set up. **3** *Am Jur* **e. acción** *o* **demanda,** to t legal action. **II** *vi Am (empatar)* to draw. **III** **tablarse** *vr Guat Méx (establecerse)* to settle.

entablillado **I** *pp de* **entablillar.** **II** *nm Med* sp

entablillar *vtr Med* to splint.

entalegar [7] *vtr* **1** *(embolsar)* to put in sacks. **2** *nero)* to hoard. **3** *arg* to put inside, put in the n

entallar *vtr Cost* to take in at the waist; **un ves muy entallado,** a close-fitting dress; **una camisa tallada,** a fitted shirt.

entarimado,-a **I** *pp de* **entarimar.** **II** *nm* parc floor.

entarimar *vtr* to cover with parquet.

ente *nm* **1** being. **2** *(institución)* entity, organizati body. **3** *pey* oddball.

enteco,-a *adj* puny, weak, frail.

entelerido,-a *adj Am* thin, skinny.

entendederas *nfpl fam* brains; **ser duro de e.** be slow on the uptake; **tener buenas e.,** to be qu witted.

entendedor,-a *adj* understanding; *prov* **a bue con pocas palabras bastan,** a nod's as good a wink.

entender [28] **I** *vtr* **1** *(comprender)* to understa *(darse cuenta)* to realize; **a mi e.,** to my way thinking; **dar a e. que ...,** to imply that ...; **ha se e.,** to make oneself understood; **tengo en dido que ...,** I understand that ...; *fam* **no entie ni jota,** I don't understand a word. **2** *(discurrir* ink, believe. **3** *(significar)* to mean, intend; **ué entiende con eso?**, what does he mean by at? **4** *(oír)* to hear. **II** *vi* **1** *(comprender)* to understand. **2** *(saber)* **e. de** *o* **en**, to know about, be an pert in; **entiende de vinos**, she knows a lot about ne. **3** *Jur* to have jurisdiction over. **III enten-rse** *vr* **1** *(comprenderse)* to be understood, be eant; **¿qué se entiende por esa palabra?**, what does at what mean? **2** *fam* to know what one is doing; **me entiendo**, I have my reasons. **3** *fam* to get (well) **(con**, with); **e. con un hombre**, to have affair with a man.

.endido,-a I *pp de* **entender. II** *nm,f* expert.

endimiento *nm* **1** *(sentido común)* understand-g, comprehension, grasp. **2** *(inteligencia)* mind, ellect, understanding.

enebrecer [43] **I** *vtr* to darken, obscure. **II en-nebrecerse** *vr* to become *o* get dark.

ente *nf* agreement; *Pol* entente (cordiale).

erado,-a I *pp de* **enterar. II** *adj* knowledgeable, ll-informed; **estar e.**, to be in the know; **estar e. ...,** to be aware of ... . **III** *nm,f fam* expert; **es e. de la música**, he's a real expert on music.

erar I *vtr* *(informar)* to inform **(de**, about, of); *oner al corriente)* to acquaint **(de**, with), tell **(de**, out). **II enterarse** *vr* to find out; **me he enterado que ...**, I hear that ...; **ni me enteré**, I didn't even alize it; **¡toma, para que te enteres!**, so now you ow!

erciar [12] *vtr* *Am* to pack.

ereza *nf* **1** wholeness, entirety. **2** *fig* integrity, ength of character.

erizo,-a *adj* in one piece, whole.

ernecedor,-a *adj* moving, touching. ◆**enter-cidamente** *adv* tenderly.

ernecer [43] **I** *vtr* to move, touch. **II enterne-rse** *vr* to be moved *o* touched.

ernecimiento *nm* **1** *(cariño)* tenderness. **2** *ompasión)* pity.

ero,-a I *adj* **1** *(completo)* entire, complete, ole; **por e.**, completely. **2** *fig (recto, justo)* nest, upright. **3** *fig (que tiene entereza)* firm, solute, unshaken. **II** *nm* **1** *Mat* whole number. *Fin* point; **subir/bajar enteros**, to go up/down ints. **3** *Am (entrega)* payment. ◆**enteramente** *v* entirely, completely.

errador *nm* gravedigger.

erramiento *nm* burial, interment.

errar [27] **I** *vt* **1** to bury, inter. **2** *fig* to forget, e up. **II enterrarse** *vr fig* to bury oneself; **se en-rró en vida**, he cut himself off from the world.

ibiar [12] **I** *vtr* **1** *(enfriar)* to cool, take the chill **f**. **2** *fig (debilitar)* to cool down. **II entibiarse** *vr (enfriarse)* to become lukewarm, cool (down). **2** *(debilitarse)* to cool off.

idad *nf* **1** entity, organization; **e. comercial**, mpany, firm. **2 de e.**, of importance, important.

ierro *nm* **1** burial. **2** *(ceremonia)* funeral; **asistir** un **e.**, to go to a funeral; *arg* **parecer un e. de ter-ra**, to be like a funeral.

intar *vtr* **1** *Impr* to ink. **2** *(manchar)* to stain with k.

izar *vtr* *Am* Bill *(taco)* to chalk.

lo. *abr de* **entresuelo**, first *o* US second floor, ezzanine.

.oldado,-a I *pp de* **entoldar. II** *nm* **1** awning. **2** *ara fiesta, baile)* marquee.

entoldar I *vtr* **1** *(toldo)* to put up. **2** *(para fiesta, baile)* to put up. **II entoldarse** *vr Meteor* to become overcast, cloud over.

entomología *nf* entomology.

entomológico,-a *adj* entomologic, entomological.

entomólogo,-a *nm,f* entomologist.

entonación *nf* intonation.

entonado,-a I *pp de* **entonar. II** *adj* arrogant.

entonar I *vtr* **1** *(nota)* to pitch; *(canción)* to sing; *(voz)* to modulate. **2** *Med (tonificar)* to tone up. **II** *vi* **1** to intone. **2** *fig* to be in harmony, be in tune **(con**, with); **no entona**, she is out of tune. **III en-tonarse** *vr* to give oneself airs.

entonces *adv* then; **por aquel e.**, at that time; **¿qué hiciste e.?**, what did you do then?

entono *nm* arrogance.

entontar *vtr Am* to make silly.

entontecer [43] *vtr (enloquecer)* to drive mad; *(atontar)* to befuddle.

entorchado,-a I *pp de* **entorchar. II** *nm* braid.

entorchar *vtr* **1** *(velas)* to twist into a torch. **2** *(cuerda, hilo)* to cover with wire *o* silk.

entornado,-a I *pp de* **entornar. II** *adj (ojos etc)* half-closed; *(puerta)* ajar.

entornar *vtr (ojos etc)* to half-close; *(puerta)* to leave ajar.

entorno *nm* environment, surroundings *pl*.

entorpecer [43] *vtr* **1** to make numb *o* dull *o* slug-gish. **2** *fig* to obstruct, hinder, impede.

entorpecimiento *nm* **1** numbness, dullness, slug-gishness. **2** *fig* obstruction, stumbling block.

entortadura *nf* crookedness.

entortar *vtr* to make crooked.

entosigar *vtr* to poison.

entrada *nf* **1** *(gen)* entrance, entry; *(puerta)* way in, doorway; **dar e. a**, to let *o* allow in. ■ **e. principal**, main entrance. **2** *Teat Cin* ticket, admission; *(pú-blico)* audience; *(recaudación)* takings *pl*. **3** *fig* be-ginning; *(libro, discurso)* opening; *fig* **de e.**, for a start. **4** *Culin* entrée. **5** *Com (en el libro de cuentas)* entry; *(pago inicial)* down payment, deposit; **e. de capital**, capital inflow; **derechos de e.**, import duty *sing*. **6 entradas**, *Com (ingresos)* receipts, takings. **7 tener entradas (en la frente)**, to have a receding hairline.

entrador,-a I *adj Am (animado)* spirited; *(intré-pido)* intrepid, daring. **II** *nf Guat Méx Venez* pey easy woman.

entramado *nm* (wooden) framework.

entrambos,-as *adj & pron fml* both.

entramparse *vr* **1** *(enredarse)* to get into a mess. **2** *(endeudarse)* to get into debt.

entrante I *adj* entering, coming, incoming; **el mes e.**, next month. **II** *nf Culin* starter.

entrañable *adj* **1** *(íntimo)* intimate, close. **2** *(afec-tuoso)* affectionate, warm-hearted. ◆**entrañable-mente** *adv* deeply, dearly.

entrañar I *vtr* **1** *(ocultar)* to hide. **2** *(conllevar)* to carry; *(implicar)* to entail. **II entrañarse** *vr* to get deeply attached **(con**, to).

entrañas *nfpl* **1** *Anat* entrails, bowels. **2** *fig* heart *sing*, core *sing*; **de buenas/malas e.**, good-/evil-hearted; **no tener e.**, to be heartless; **sacar las e. a algn**, to bleed sb dry; **sin e.**, heartless; *fam* **echar las e.**, to puke one's guts up.

entrar I *vi* **1** to come in, go in, enter; **hazle e.**, invite him in; *fig* **entrado en edad** *o* **en años,** well on in years; *fig* **no me entra en la cabeza que ...,** I can't believe that ...; *fam* **esa mujer no me entra,** I can't stand that woman; *fam* **no e. ni salir en algo,** to be indifferent to sth; *fam* **no me entran las matemáticas,** I can't get the hang of maths. **2** *(encajar)* to fit; **no me entra el zapato,** that shoe doesn't fit me. **3** *(periodo, época)* to enter. **4** *fig (asociación)* to go into. **5** *Mús* to come in; **entró el piano,** the piano came in; *Teat* to enter; **entró Macbeth,** Macbeth entered. **6** *(caber)* **en una libra entran tres manzanas,** you get three apples to the pound. **7** *(año etc)* to begin; **el año que entra,** next year, the coming year; *fig* **hasta bien entrada la tarde,** well into the evening. **8** *(e. + a + infin)* to begin to do sth; **entra a trabajar en la Embajada,** he's starting a new job at the Embassy. **9** *(venir)* to come over; **me entró dolor de cabeza,** I got a headache; **me entraron ganas de reír,** I felt like laughing. **II** *vtr* **1** to introduce; **e. el coche en el garaje,** to put the car into the garage. **2** *Inform* to access. **III entrarse** *vr* to get in.

entre *prep* **1** *(de dos términos)* between; **e. tu y yo,** between the two of us; *fig* **nadar e. dos aguas,** to sit on the fence; *fig* **tener un asunto e. manos,** to be tied up with a matter. **2** *(de más de dos)* among, amongst; **estaba escondido e. los árboles,** it was hidden amongst the trees; **estoy e. los aprobados,** I've passed. **3** *(entremedio)* somewhere between; **e. frío y caliente,** warmish; **e. gris y azul,** greyish-blue. **4** *(sumando)* counting; **e. el cine y la cena gastamos cinco mil pesetas,** what with the cinema and dinner we spent five thousand pesetas; **e. hombres y mujeres somos veinte,** there are twenty of us all together.

entreabierto,-a I *pp de* **entreabrir. II** *adj (ojos etc)* half-open; *(puerta)* ajar.

entreabrir *vtr (pp* **entreabierto)** *(ojos)* to half open; *(puerta)* to leave ajar.

entreacto *nm Teat* interval, intermission.

entrecano,-a *adj* greying, greyish.

entrecejo *nm* space between the eyebrows; *(ceño)* frown; **fruncir el e.,** to frown, knit one's brow.

entrechocarse *vr* to collide, crash.

entrecomillado,-a *adj* in quotation marks *o* inverted commas.

entrecortado,-a *adj* **1** intermittent; *(voz)* faltering, hesitant; *(objeto)* partially cut. **2** *fig* to cut off, interrupt.

entrecot *nm,* **entrecó** *nm Culin* fillet steak.

entrecruzarse [4] *vr* to interweave; **e. los dedos,** to clasp one's hands.

entrecubiertas *nfpl Náut* between-decks.

entredicho *nm* **1** *(prohibición)* prohibition, ban; *Jur* injunction. **2** **estar en e.,** to be suspect; **poner algo en e.,** to have one's doubts about sth.

entredós *nm* **1** *Cost* insertion, panel. **2** *Mueb* cabinet, dresser.

entrefilete *nm Prensa* little piece.

entrefino,-a *adj* medium quality.

entrega *nf* **1** *(gen)* handing over; *(de premios)* presentation; *Com* delivery; **hacer e. de algo,** to present *o* deliver *o* hand over sth. ■ **e. contra reembolso,** cash on delivery. **2** *(de posesiones)* surrender; **la e. de armas,** the surrender of arms. **3** *(fascículo)* part, instalment, *US* installment. **4** *(devoción)* selflessness.

entregar [7] **I** *vtr* **1** *(deberes etc)* to give in, han**■** *(ceder)* to give up; *(dar)* to hand over; *Com* to liver; **e. algo en mano,** to hand sth over. **2** *Mil* sesiones) to surrender. **II entregarse** *v.* *(dedicarse)* give oneself up; *(rendirse)* to give surrender, submit. **2 e. a,** to devote oneself *pey* to indulge in.

entrelazar [4] **I** *vtr* to entwine, interlace; **e.** manos, to clasp one's hands. **II entrelazarse** *v* entwine, interlace.

entrelinear *vtr* to write between lines.

entrelistado,-a *adj* striped, variegated.

entrelucir *vi* **1** *(dejarse ver)* to show throug**l** *(lucir poco)* to shine dimly.

entremedias *adv* in between; *(mientras ta* meanwhile, in the meantime; **e. de,** betw**e** among.

entremés *nm* **1** *Teat* interlude, short farce *o* **■** **2 entremeses,** *Culin* hors d'oeuvres.

entremeter I *vtr* to insert, place between. **II** tremeterse *véase* entrometerse.

entremezclar *vtr* to intermingle, intermix, mi**x**

entrenador,-a *nm,f Dep* trainer, coach.

entrenamiento *nm* training.

entrenar I *vtr* to train, coach. **II entrenarse** *Dep* to train. **2** *fig* to train, prepare oneself.

entrenzar *vtr* to plait, braid.

entrepaño *nm Arquit* alcove, bay; *(de puerta,* tana) panel; *(de estantería)* shelf.

entrepierna *nf* crotch, crutch; *vulg (órga* genitals *pl; vulg* **se lo pasó por la e.,** he didn't a shit about it.

entreponer [78] *pp* **(entrepuesto)** *vtr desus* to ir pose, place between.

entresacar [1] *vtr* to pick out, select; *(pelo, plar* to thin out.

entresijo *nm* secret, mystery, hidden aspect; **tiene muchos entresijos,** this is very complicad**e**

entresuelo *nm* mezzanine, first *o US* second fl

entretanto I *adv* meanwhile, for the time bein**g** *nm* **en el e.,** in the meantime.

entretecho *nm Am* attic, loft.

entretejer *vtr* to interweave, intertwine, entw **entretejido de seda,** interwoven with silk.

entretela *nf* **1** *Cost* interfacing, interlining. **2 e** telas, *fam* heart *sing,* heartstrings; *(entrañas)* trails.

entretención *nf Am* amusement, entertainme

entretenedor,-a *adj* entertaining.

entretener [87] **I** *vtr* **1** *(divertir)* to enter**e** amuse, distract. **2** *(retrasar)* to delay; *(detener* hold up, detain; **no te entretengo más,** I won't **k** you any longer. **3** *(engañar) (hambre)* to kill, s**■** off; *(tiempo)* to while away. **II entretenerse** *(distraerse)* to amuse oneself, while away the ti **me entretengo tocando el piano,** I enjoy playing piano; **sólo para e.,** just for fun. **2** *(retrasarse)* t**■** delayed, be held up.

entretenida *nf* **1** mistress, kept woman. **2 d■** **algn la e.,** to try to put sb off.

entretenido,-a I *pp de* **entretener. II** *adj* en**■** able, entertaining.

entretenimiento *nm* **1** *(distracción)* entert**■** ment, amusement, distraction. **2** *(mantenimie.* upkeep, maintenance; **gastos de e.,** mainten**a** costs.

ntretiempo (de) *adj* period between seasons; **un abrigo de e.,** a lightweight coat.

ntrever [91] *vtr* **1** *(vislumbrar)* to glimpse, catch sight of. **2** *fig (adivinar)* to guess, suspect; **dejó e. que ...,** she hinted that ... .

ntreverado,-a **I** *pp de* entreverar. **II** *adj* mixed, patchy; *Culin* **tocino e.,** streaky bacon.

ntreverar *vtr* to mix, mix up.

ntrevés *indic pres véase* entrever.

ntreví *pt indef véase* entrever.

ntrevía *nf Ferroc* gauge.

ntrevista *nf (encuentro)* meeting; *(entrevista)* interview; **hacer una e. a algn,** to interview sb.

ntrevistador,-a *nm,f* interviewer.

ntrevistar **I** *vtr* to interview. **II** entrevistarse *vr* **e. con algn,** to have an interview *o* a meeting with sb.

ntristecedor,-a *adj* saddening.

ntristecer [43] **I** *vtr* to sadden, make sad. **II** entristecerse *vr* to be sad **(por,** about).

ntrometerse *vr* to meddle, interfere **(en,** in), intrude.

ntrometido,-a **I** *pp de* entrometerse. **II** *adj* interfering, nosy. **III** *nm,f* meddler, busybody, nosey-parker.

ntromparse *vr* **1** *fam* to get sloshed. **2** *Am* to get cross.

ntroncamiento *nm* **1** relationship by marriage. **2** *Ferroc* junction.

ntroncar [1] **I** *vtr* **1** to relate, link, connect. **2** *Méx* to mate animals of the same coat. **II** *vi* to be related to, be connected with; **e. con una familia,** to marry into a family.

ntronización *nf* enthronement.

ntronizar [4] *vtr* **1** to enthrone, put on the throne. **2** *fig* to worship, put on a pedestal.

ntronque *nm véase* entroncamiento.

ntrucharse *vr Méx* to meddle, interfere.

ntubar *vtr arg* to sanction.

ntuerto *nm* **1** injustice, wrong, injury; **deshacer entuertos,** to right wrongs. **2 entuertos,** *Med* afterpains.

ntumecer [43] **I** *vtr* **1** to numb, make numb. **2** *(mar, río)* to swell. **II** entumecerse *vr* **1** to go numb, go dead. **2** *(mar, río)* to swell.

ntumecido,-a **I** *pp de* entumecer. **II** *adj* **1** *(entorpecido)* numb, dead. **2** *(mar, río)* swollen.

ntumecimiento *nm* **1** *(entorpecimiento)* numbness, deadness. **2** *(mar, río)* high.

ntumido,-a *adj Col Méx* shy.

nturbiar [12] **I** *vtr* **1** to make cloudy *o* muddy *o* turbid. **2** *fig* to cloud, obscure, muddle. **II** enturbiarse *vr* **1** to get muddy, become cloudy. **2** *fig* to get confused *o* muddled.

ntusiasmar **I** *vtr* to fill with enthusiasm; *(gustar)* to delight; **me entusiasma Grecia,** I love Greece. **II** entusiasmarse *vr* to get excited *o* enthusiastic **(con,** about).

ntusiasmo *nm* enthusiasm; **con e.,** keenly, enthusiastically; **desbordar e.,** to be over the moon.

ntusiasta **I** *adj* enthusiastic, keen **(de,** on). **II** *nmf* lover; *Dep* fan, follower, supporter.

ntusiástico,-a *adj* enthusiastic.

numeración *nf* enumeration, count, reckoning.

numerar *vtr* to enumerate, count, reckon.

enunciación *nf (teoría)* enunciation; *(palabras)* statement, declaration.

enunciado,-a **I** *pp de* enunciar. **II** *nm* **1** *(problema)* wording. **2** enunciation.

enunciar [12] *vtr (teoría)* to enunciate; *(palabras)* to state, declare.

envainar *vtr* to sheathe.

envalentonamiento *nm* arrogance, boldness.

envalentonarse *vr (ser valiente)* to become bold *o* daring; *(insolentarse)* to become arrogant *o* aggressive.

envanecer [43] **I** *vtr* to make proud *o* vain. **II** envanecerse *vr* to become conceited *o* proud, give oneself airs.

envanecimiento *nm* conceit, vanity.

envarado,-a **I** *pp de* envarar. **II** *adj* numb, stiff.

envaramiento *nm* numbness, stiffness.

envarar *vtr* to stiffen, make stiff.

envasado,-a **I** *pp de* envasar. **II** *adj (botella)* bottled; *(paquete)* packed; *(conservas)* canned, tinned; **e. al vacío,** vacuum-packed. **III** *nm (botella)* bottling; *(paquete)* packing; *(conservas)* canning.

envasar *vtr (paquetes)* to pack; *(botellas)* to bottle; *(enlatar)* to can, tin.

envase *nm* **1** *(acto) (gen)* packing; *(botella)* bottling; *(lata)* canning. **2** *(recipiente)* container; *(botella vacía)* empty; **e. de cartón,** carton; **e. plástico,** plastic container; **e. sin retorno,** nonreturnable container.

envedijarse *vr* **1** *(lana, pelo)* to get tangled. **2** *fig* to quarrel.

envejecer [43] **I** *vi* to grow old. **II** *vtr* to age, make look old.

envejecido,-a **I** *pp de* envejecer. **II** *adj* old, aged, old-looking; **está muy e.,** he looks very old.

envejecimiento *nm* ageing, growing old.

envenenamiento *nm* poisoning; **e. por la comida,** food poisoning.

envenenar *vtr* to poison; *fig* **la envidia envenenó su mente,** envy poisoned his mind.

enverdecer *vi* to become green.

envergadura *nf* **1** *(de pájaro, avión)* span, wingspan; *Náut* breadth (of sail). **2** *fig* importance, scope; **de gran e.,** consequential, far-reaching.

envergar [7] *vtr Náut (velas)* to bend.

envés *nm* **1** *(de tela)* wrong side; *(de página)* back, reverse; *Bot* reverse. **2** *(espalda)* back.

envestidura *nf* investiture, inauguration.

enviado **I** *pp de* enviar. **II** *nm,f* messenger, envoy. ■ *Prensa* **e. especial,** special correspondent.

enviar [13] *vtr* to send; *Com* to remit, dispatch; *(por barco)* to ship; **e. a algn a hacer algo,** to send sb to do sth; *fam* **e. a algn a paseo,** to send sb packing.

enviciar [12] **I** *vtr* to corrupt, spoil. **II** *vi Bot* to produce too many leaves and not enough fruit. **III** enviciarse *vr* to become addicted.

envidar *vi Naipes* to bid, bet.

envidia *nf* envy; **morirse de e.,** to be green with envy; **tener e.,** to envy **(de,** -).

envidiable *adj* enviable.

envidiar [12] *vtr* to envy; **no te envidio la suerte,** sooner you than me; **no tener nada que e.,** to compare favourably **(a,** with).

envidioso,-a *adj* envious. ◆envidiosamente *adv* with envy, enviously.

envilecer [43] **I** *vtr* to degrade, debase. **II** *vi* to lose value, be debased.

envilecimiento *nm* degradation, debasement.

envío *nm* dispatch, shipment; *(remesa)* lot, consignment; *(paquete)* parcel; **gastos de e.**, postage and packing; **hacer un e.**, to dispatch an order. ■ **e. contra reembolso**, cash on delivery.

envite *nm* **1** *Naipes* stake, side bet. **2** offer, bid. **3 al primer e.**, right away, straightaway.

enviudar *vi (hombre)* to become a widower, lose one's wife; *(mujer)* to become a widow, lose one's husband.

envoltorio *nm* **1** *(cosas atadas)* bundle. **2** *(cubierta)* wrapper, wrapping; **deshacer el e.**, to undo the wrapping; **hacer un e. con algo**, to wrap sth up.

envoltura *nf* wrapper, wrapping.

envolver [32] *(pp* **envuelto)** **I** *vtr* **1** *(cubrir) (con papel)* to wrap, wrap up; *(con ropa etc)* to cover, cover up; *fig* **la niebla envolvía la ciudad,** fog enveloped the city. **2** *fig* to imply, involve, mean; *(persona)* to involve, implicate **(en, in); estaba envuelto en el asesinato,** he was involved in the murder. **II envolverse** *vr* **1** to wrap oneself up **(en, in)**. **2** *fig* to become involved **(en, in)**.

enyerbar **I** *vtr Col Chi Méx (hechizar)* to cast a spell on. **II enyerbarse** *vr* **1** *Am* to become covered with grass, grass over. **2** *Guat Méx (envenenarse)* to poison oneself.

enyesado,-a **I** *pp de* enyesar. **II** *nm* plastering; *Med* plaster cast.

enyesar *vtr* to plaster; *Med* to put in plaster.

enzapatar *vtr Am* to put shoes on.

enzarzar [4] **I** *vtr* **1** to cover with brambles. **2** *fig* to sow discord among, set at odds. **II enzarzarse** *vr* **1** to get entangled in brambles. **2** *fig* to squabble; **e. en una disputa,** to get into an argument.

enzima *nf Biol* enzyme.

eñe *nf* name of the letter Ñ in Spanish.

eoceno,-a *nm Geol* Eocene.

eón *nm* aeon, *US* eon.

epatar *vtr arg* to knock dead.

E. P. D. *abr de* **en paz descanse**, rest in peace, R.I.P.

épica *nf Lit* epic poetry.

epicentro *nm* epicentre, *US* epicenter.

épico,-a *adj Lit* epic, heroic; **poema é.**, epic poem.

epicureísmo *nm* Epicureanism.

epicúreo,-a *adj* Epicurean.

epidemia *nf* epidemic.

epidémico,-a *adj* epidemic.

epidérmico,-a *adj* epidermic; **enfermedad e.**, skin disease.

epidermis *nf* epidermis, skin.

epifanía *nf Rel* Epiphany, Twelfth Night.

epiglotis *nf Anat* epiglottis.

epígrafe *nm* **1** *(cita)* epigraph. **2** *(título)* heading, title.

epigrama *nm Lit* epigram, satirical poem.

epilepsia *nf Med* epilepsy.

epiléptico,-a *adj & nm,f* epileptic; **ataque e.**, epileptic fit.

epílogo *nm* **1** epilogue, *US* epilog, final chapter. **2** *(conclusión)* summary.

episcopado *nm Rel* **1** *(lugar)* bishopric. **2** *(época)* episcopate. **3** *(conjunto de obispos)* episcopacy.

episcopal *adj Rel* episcopal.

episiotomía *nf Med* episiotomy.

episódico,-a *adj* episodic.

episodio *nm* **1** *Lit* episode. **2** *(suceso)* event.

epístola *nf fml Lit* epistle, letter.

epistolario *nm* collection of letters.

epitafio *nm* epitaph.

epíteto *nm Lit* epithet; *fam* **fuertes epítetos,** stro words of criticism.

epítome *nm* epitome, summary.

época *nf* time, age; *Hist* period, epoch; *Agr* seaso **hacer é.**, to be a landmark; **la é. de las fresas,** t strawberry season; **muebles de é.**, period furnitur **por aquella é.**, about that time.

epopeya *nf* **1** *Lit* epic poem. **2** heroic action.

E. P. M. *abr de* **en propia mano**, in person, pe sonally.

epsomita *nf* Epsom salts *pl.*

equidad *nf* **1** *Jur* equity. **2** *(templanza)* reasonab ness, fairness.

equidistancia *nf* equidistance.

equidistante *adj* equidistant.

equidistar *vi* to be equidistant **(de,** from).

equilátero *nm Geom* equilateral.

equilibrado,-a **I** *pp de* equilibrar. **II** *adj* balance *(persona)* sensible; **una dieta equilibrada,** a b anced diet.

equilibrar **I** *vtr* **1** to balance, poise. **2** *fig* to balanc adjust. **II equilibrarse** *vr* to balance **(en,** on).

equilibrio *nm* **1** balance, equilibrium; *(en el circ* **hacer equilibrios,** to do a balancing act; **perder e.,** to lose one's balance. **2** *fig (de poder etc)* b ance.

equilibrismo *nm* balancing act.

equilibrista *nmf* **1** tightrope walker, trapeze arti **2** *Am Pol* opportunist.

equino[1] *nm Zool* sea urchin.

equino,-a[2] *adj* equine, horse.

equinoccio *nm* equinox.

equipaje *nm* **1** *(maletas etc)* luggage, baggag **hacer el e.,** to pack, do the packing. **2** *Náut* crew

equipar **I** *vtr* to equip, furnish; *Náut* to fit out. **equiparse** *vr* to kit oneself out, equip oneself **(co de,** with).

equiparable *adj* comparable **(a,** to; **con,** with), a plicable **(a, con,** to).

equiparación *nf* comparison.

equiparar *vtr* to compare **(con,** with), liken **(co** to).

equipo *nm* **1** *Ind* equipment; **gastos de e.,** capi expenditure *sing.* **2** *(ropas, útiles)* outfit, kit. ■ **de alta fidelidad,** hi-fi stereo system; **e. de novi** trousseau. **3** *(personas)* team; *Dep* **e. de fútbol/b loncesto,** football/basketball team. ■ **e. de salv mento,** rescue team.

equis *nf* **1** name of the letter X in Spanish. **2** *M* certain amount, x number.

equitación *nf* horsemanship, horse *o US* hors back riding.

equitador *nm Am* expert in horses, horseman.

equitativo,-a *adj* equitable, fair; **trato e.,** fair square deal.

equivalencia *nf (igual)* equivalence; *(que sus tuye)* compensation.

equivalente *adj (igual)* equivalent; *(que sustituy* compensatory.

equivaler [89] *vi* 1 *(ser igual)* to be equal, be equivalent, amount **(to, a)**. 2 *(significar)* to be tantamount **(a, to)**; **esta respuesta equivale a una negativa**, this answer is tantamount to a refusal.

equivocación *nf* error, mistake; **cometiste una e. marchándote**, you were wrong to leave.

equivocado,-a *I pp de* equivocar. **II** *adj* mistaken, wrong. ◆**equivocadamente** *adv* by mistake.

equivocar [1] **I** *vtr* to mistake, get wrong, confuse. **II equivocarse** *vr* to be mistaken *o* wrong; *(dirección)* to go wrong, get it wrong; **se equivocó de camino**, he went the wrong way; **te has equivocado**, you've made a mistake.

equívoco,-a **I** *adj* equivocal, misleading, ambiguous. **II** *nm* equivocation; ambiguity, double meaning; *(malentendido)* misunderstanding. ◆**equívocamente** *adv* equivocally.

era[1] *nf* era, age; **e. Cristiana**, Christian era.

era[2] *nf* 1 *Agr* threshing floor. 2 *Hortic* bed, plot, patch.

era[3] *pt indef véase* ser.

erario *nm* *Fin* exchequer, treasury.

eras *pt indef véase* ser.

erección *nf* 1 erection, raising; *(del pene)* erection. 2 *fig* foundation, establishment.

eréctil *adj* erectil.

erecto,-a *adj* upright; *(pene)* erect.

eremita *nm* hermit, recluse.

erensano,-a *adj* of *o* from Orense.

eres *indic pres véase* ser.

erguido,-a **I** *pp de* erguir. **II** *adj* 1 *(derecho)* erect, straight, upright. 2 *fig (orgulloso)* proud.

erguir [70] **I** *vtr* to raise up straight, erect, lift up. **II erguirse** *vr* 1 *(levantarse)* to straighten up, stand *o* sit up straight. 2 *fig (engreírse)* to swell with pride.

erial **I** *adj (tierra)* uncultivated, untilled. **II** *nm* uncultivated land.

erica *nf* *Bot* heather.

erigir [6] **I** *vtr* 1 *(elevar)* to erect, raise, build. 2 *fig (fundar)* to establish, found. **II erigirse** *vr* **e. en algo**, to set oneself up in sth.

erizado,-a **I** *pp de* erizarse. **II** *adj* bristly, prickly.

erizarse [4] *vr* to bristle, stand on end.

erizo *nm* 1 *Zool* hedgehog. ■ **e. de mar** *o* **marino**, sea urchin. 2 *Bot* burr, prickly husk. 3 *fam (persona)* surly *o* grumpy person.

ermita *nf* hermitage, shrine.

ermitaño,-a **I** *nm,f* hermit, recluse. **II** *nm* *Zool* hermit crab.

erogación *nf* 1 distribution, division. 2 *Fin* **erogaciones**, expenses, outgoings.

erogar [7] *vtr* 1 to distribute, divide, apportion. 2 *Arg Méx Par (deudas)* to pay.

erógeno,-a *adj* erogenous, erogenic.

erosión *nf* 1 *Geol* erosion, wearing away. 2 *fig (desgaste)* wear and tear.

erosionar *vtr* *Geol* to erode; *(gastar)* to wear away.

erótico,-a *adj* erotic.

erotismo *nm* eroticism.

errabundo,-a *adj* 1 wandering, vagrant. 2 *fig* aimless.

erradicación *nf* eradication, extirpation; *(enfermedad)* stamping out.

erradicar [1] *vtr* to eradicate; *(enfermedad)* to stamp out.

errado,-a **I** *pp de* errar. **II** *adj* mistaken, wrong, erroneous. ◆**erradamente** *adv* mistakenly.

errante *adj* 1 wandering, vagrant, nomadic. 2 *fig* errant.

errar [57] **I** *vtr* 1 *(objetivo)* to miss, get wrong; **e. el camino**, to lose one's way. 2 *fig (persona)* to fail, fail in one's duties to. **II** *vi* 1 to wander, rove, roam. 2 to err; **e. y porfiar**, to persist in error.

errata *nf* *Impr* erratum, misprint; **fe de erratas**, errata.

errático,-a *adj* erratic, wandering.

erre *nf* name of the letter R in Spanish; **e. que e.**, stubbornly, pigheadedly.

erro *nm* *Am* error, mistake.

erróneo,-a *adj* erroneous, wrong, false; **juicio e.**, faulty judgement. ◆**erróneamente** *adv* erroneously, wrongly, falsely.

error *nm* error, mistake; **caer en un e.**, to make a mistake; *Impr* **e. de imprenta**, misprint; **por e.**, by mistake, in error.

eructar *vi* to belch, burp.

eructo *nm* belch, burp.

erudición *nf* erudition, learning, scholarship.

erudito,-a **I** *adj* erudite, learned, intellectual. **II** *nm,f* scholar, intellectual, expert; **e. a la violeta**, pseudo-intellectual. ◆**eruditamente** *adv* scholarly.

erupción *nf* 1 *(de un volcán)* eruption; **entrar en e.**, to erupt. 2 *(en la piel)* rash.

es *indic pres véase* ser.

esa *adj dem véase* ese.

ésa *adj dem véase* ésa.

esbeltez *nf* slimness, slenderness; *(delicadeza)* gracefulness.

esbelto,-a *adj* slim, willowy, slender; *(delicado)* graceful.

esbirro *nm* 1 henchman. 2 *Hist* bailiff.

esbozar [4] *vi* to sketch, outline; *fig* **e. una sonrisa**, to force a smile, smile wanly.

esbozo *nm* sketch, outline, rough draft.

escabechar *vtr* 1 *Culin* to pickle; *(pescado)* to souse. 2 *fam* to do in, bump off; *Educ* to fail.

escabeche *nm* *Culin (líquido)* brine, pickle, souse; **arenques en e.**, soused herrings.

escabechina *nf* massacre; *fam Educ* **hacer una e.**, to fail everybody.

escabel *nm* low stool, footstool.

escabrosidad *nf* 1 *(aspereza)* unevenness, roughness. 2 *fig (dificultad)* toughness, difficulty. 3 *fig (indecencia)* coarseness, crudeness.

escabroso,-a *adj* 1 *(áspero)* uneven, rough. 2 *fig (difícil)* tough, difficult. 3 *fig (indecente)* coarse, crude. ◆**escabrosamente** *adv* 1 unevenly, roughly. 2 *fig* with difficulty. 3 coarsely, crudely.

escabullirse [41] *vr* 1 *(entre los dedos)* to slip through. 2 *(persona)* to slip away, scuttle *o* scurry off.

escachalandrado,-a *adj* *CAm fam* slovenly.

escacharrar *vtr* *fam (plato)* to break; *(coche)* to smash up; *(plan)* to spoil, ruin.

escafandra *nf*, **escafandro** *nm* diving helmet or suit; **escafandra autónoma**, scuba.

escala *nf* 1 *(escalera)* ladder, stepladder; **e. de gato**, rope ladder. 2 *(graduación)* scale; *(de colores)* range. ■ **e. móvil**, sliding scale; *Mús* **e. musical**, scale. 3 *(proporción)* scale; **en gran e.**, on a large scale. **4** *Náut* port of call; *Av* stopover; **hacer e. en,** to call in at, stop over in.

escalada *nf* **1** climb, climbing, scaling. **2** *fig* escalation, increase; *(precios)* rise; **la e. del terrorismo,** the rise in terrorism.

escalador,-a *nm,f* climber, mountaineer.

escalafón *nm* *(de personal)* roll, list of officials; *(graduación)* ladder; *(de salarios)* salary *o* wage scale.

escalar *vtr* **1** *(montaña)* to climb, scale. **2** *fig (posición social)* to climb. **3** *(asaltar)* to burgle.

escaldado,-a I *pp de* escaldar. **II** *adj* scalded; *fig* wary, cautious; **salir e.,** to get one's fingers burnt; *prov* **gato e. del agua fría huye,** once bitten, twice shy.

escaldadura *nf* scald, scalding.

escaldar *vtr* to scald.

escalera *nf* **1** staircase, stair, stairway. ■ **e. de caracol,** spiral staircase; **e. de incendios,** fire escape; **e. mecánica,** escalator. **2** *(escala)* ladder. ■ **e. doble** *o* **de tijera,** stepladder. **3** *Naipes* run, sequence.

escalerilla *nf* *Náut* gangway; *Av* (boarding) ramp.

escalfar *vtr* **1** *Culin* to poach. **2** *Méx* to shortchange.

escalinata *nf* *Arquit* stoop.

escalofriante *adj* hair-raising, bloodcurdling, chilling.

escalofriar *vtr* to give the shivers to.

escalofrío *nm* shiver, shudder; *(de fiebre)* chill; **me dió un e.,** *(de frío)* it made me shiver; *(de miedo, horror)* it gave me the creeps.

escalón *nm* **1** *(peldaño)* step; stepping stone; *(escala)* rung. **2** *fig* degree, level, grade; *Mil* echelon.

escalonado,-a I *pp de* escalonar. **II** *adj* at regular intervals, spaced out; *Peluq* in layers, layered.

escalonar *vtr* to place at intervals, space out; *Mil* to echelon.

escalope *nm* *Culin* escalope.

escalpelo *nm* *Med* scalpel.

escama *nf* **1** *Bot Zool* scale; *(de jabón)* flake; **jabón en escamas,** soap flakes. **2** *fig* resentment, grudge, suspicion.

escamado,-a I *pp de* escamar. **II** *adj* **1** scaly. **2** *fig* wary, suspicious.

escamar I *vtr* **1** to scale, remove the scales from. **2** *fig* to make wary *o* suspicious; **mucho me escama,** it smells fishy to me. **II** escamarse *vr* to smell a rat, become suspicious.

escamoso,-a *adj* scaly; *(piel)* dry, flaky.

escamotear *vtr* **1** *(truquear)* to whisk away, make vanish. **2** *fam fig (robar)* to lift, pinch; *(engañar)* to diddle out of, do out of. **3** *(ocultar)* to disregard, avoid.

escamoteo *nm* **1** *(prestidigitación)* sleight of hand, conjuring. **2** *(robar)* pilfering; *(mangar)* diddling.

escampar I *vtr* to clear out. **II** *vi* to stop raining, clear up.

escanciador *nm* wine waiter.

escanciar [12] *vtr (vino)* to pour out, serve.

escandalera *nf* racket, din, fuss, uproar.

escandalizar [4] **I** *vtr* to scandalize, shock. **II** *vi* to make a racket *o* a din *o* a fuss. **III** escandalizarse *vr* to be shocked (**de,** at, by).

escandallar *vtr* **1** *(fondo del mar)* to sound. **2** *Com* to fix the price of.

escandallo *nm* **1** *(mar)* sounding lead. **2** *Com* price fixing, cost accounting.

escándalo *nm* **1** *(alboroto)* racket, din, fuss, uproar; **armar un e.,** to kick up a fuss. **2** *(asombro)* shock, astonishment. **3** *(desvergüenza)* scandal, outrage.

escandaloso,-a *adj* **1** *(alborotado)* noisy, rowdy. **2** *(irritante)* scandalous, shocking, outrageous. ◆**escandalosamente** *adv* scandalously, shockingly, outrageously.

Escandinavia *n* Scandinavia.

escandinavo,-a *adj & nm,f* Scandinavian.

escaño *nm* **1** bench; *Parl* seat. **2** *Am* park bench.

escapada *nf* **1** escape, flight; *Dep* breakaway; **en una e.,** in a jiffy. **2** flying visit, quick trip.

escapar I *vi* to escape, flee, run away; **dejar e. un suspiro,** to let out a sigh; **e. a algn,** to run away from sb; **escapó de mis manos,** it slipped out of my hands. **II** escaparse *vr* **1** to escape, run away, get away; **e. con algo,** to make off with sth; **e. por un pelo,** to have a narrow escape, have a close shave; *fig* **escapársele a uno algo,** to go unnoticed; **este detalle se me había escapado,** that detail had escaped my notice. **2** *(gas etc)* to leak, leak out, escape. **3** *(autobús, tren)* to miss; **se nos escapó el último autobús,** we missed the last bus.

escaparate *nm* **1** shop window. **2** *Am (armario)* wardrobe.

escaparatista *nmf* window dresser.

escapatoria *nf* **1** escape, flight; *fam* **hacer una e.,** to get away, skive off. **2** *(excusa)* way out, loophole.

escape *nm* **1** escape, flight, getaway; **salirse a e.,** to rush out. **2** *(de gas etc)* leak, escape, leakage. **3** *Téc* exhaust; **tubo de e.,** exhaust (pipe).

escaque *nm* *Ajedrez* square.

escaqueado,-a I *pp de* escaquearse. **II** *adj* *Ajedrez* chequered, *US* checkered.

escaquearse *vr fam* to shirk, skive off.

escarabajo *nm* **1** *Zool* beetle, scarab. **2** *fam (feo y bajo)* toad. **3** **escarabajos,** scribble *sing*.

escaramujo *nm* **1** *Bot (rosal silvestre)* wild rose, dog rose; *(fruto)* rosehip. **2** *Zool* barnacle.

escaramuza *nf* **1** *Mil* skirmish. **2** *fig (riña)* squabble, brush.

escaramuzar [4] *vi Mil* to skirmish.

escarapela *nf* cockade, rosette.

escarapelar I *vtr Am (descascarar)* to peel; *(desconchar)* to shell. **II** *vi Méx Per (atemorizarse)* to get goose flesh.

escarbar *vtr* **1** *(suelo)* to scratch. **2** *(dientes)* to pick. **3** *(fuego)* to poke. **4** *fig* to inquire into, investigate.

escarceo *nm* **1** small wave, ripple. **2** *(tentativa)* attempt. **3** **escarceos,** *(del caballo)* prancing *sing*; **escarceos amorosos,** romantic adventures, flings.

escarcha *nf Meteor* hoarfrost, frost.

escarchado,-a I *pp de* escarchar. **II** *adj* **1** *Meteor* frosty, frost-covered. **2** *Culin (fruta)* crystallized, candied.

escarchar I *vi Meteor* to be frosty *o* freezing. **II** *vtr* **1** *Meteor* to cover in frost. **2** *Culin (pastel)* to ice; *(fruta)* to crystallize.

escarda *nf Hortic* weeding hoe.

escardar *vtr Hortic* **1** to weed. **2** *fig* to weed out.

escardilla *nf,* **escardillo** *nm Hortic* weeding hoe.

escarlata I *adj* scarlet. **II** *nf* **1** *(color)* scarlet. **2** *Med* scarlatina, scarlet fever.

escarlatina *nf Med* scarlatina, scarlet fever.

escarmentar [27] **I** *vtr* to punish severely, teach a lesson to. **II** *vi* to learn one's lesson; **para que escarmientes,** that'll teach you (a lesson).

escarmiento *nm* punishment, lesson; **que esto te sirva de e.,** let that be a lesson to you.

escarnecer [43] *vtr* to scoff at, mock, ridicule.

escarnio *nm* derision, mockery, ridicule.

escarola *nf Bot* curly endive, *US* escarole.

escarpa *nf* slope; *Geog Mil* scarp, escarpment.

escarpado,-a *adj (inclinado)* steep, sheer; *(abrupto)* craggy.

escarpadura *nf véase* **escarpa.**

escarpia *nf* spike, hook.

escasear I *vtr* to be sparing with, skimp on. **II** *vi* to be scarce, get scarce; **escasean las provisiones,** stores are running low.

escasez *nf* **1** *(carencia)* scarcity, shortage, lack. **2** *(mezquindad)* meanness, stinginess.

escaso,-a *adj* scarce, scant, limited; *(recursos)* slender; *(dinero)* tight; **andar e. de dinero,** to be short of money; **conocimientos escasos,** scant knowledge; **e. público,** small audience. ◆**escasamente** *adv* **1** *(insuficientemente)* scantly, sparingly, meagrely, *US* meagerly. **2** *(raramente)* scarcely, hardly, barely.

escatimar *vtr (limitar)* to curtail, cut down; *(regatear)* to give sparingly, skimp on; **no escatimó esfuerzo para ...,** he spared no efforts to ... .

escatimoso,-a *adj* **1** *(mezquino)* sparing, mean, stingy. **2** *(malicioso)* malicious, sly, cunning.

escatología[1] *nf* scatology.

escatología[2] *nf Rel* eschatology.

escatológico,-a[1] *adj* scatological.

escatológico,-a[2] *adj Rel* eschatological.

escayola *nf* **1** plaster of Paris, stucco. **2** *Med* plaster.

escayolar *vtr Med* to put in plaster, plaster; **con el brazo escayolado,** with his arm in plaster.

escena *nf* **1** scene; **una e. conmovedora,** a touching scene; *fam* **desaparecer de e.,** to vanish; *fam* **hacer** *o* **montar una e.,** to make a scene. **2** *Teat* stage; **entrar en e.,** to go on stage; **la segunda e. del primer acto,** the second scene of the first act; **poner en e. una obra,** to stage a play.

escenario *nm* **1** *Teat* stage. **2** *Cin* scenario. **3** *fig* scene, setting; **el e. de la tragedia,** the scene of the tragedy.

escénico,-a *adj* scenic.

escenografía *nf Cin* set design; *Teat* stage design.

escenógrafo,-a *nm,f Cin* set designer; *Teat* stage designer.

escepticismo *nm* scepticism, *US* skepticism.

escéptico,-a *adj & nm,f* sceptic, *US* skeptic.

escindible *adj* divisible.

escindir I *vtr* to split, divide. **II escindirse** *vr* to split (off) **(en,** into).

escisión *nf* **1** split, fission; *Med* excision. **2** *fig* split, division.

esclarecer [43] **I** *vtr* **1** to light up, illuminate. **2** *fig (explicar)* to clear up, shed light on. **3** *fig (entendimiento)* to enlighten. **4** *fig (afamar)* to ennoble. **II** *vi (amanecer)* to dawn.

esclarecido,-a I *pp de* **esclarecer. II** *adj* illustrious, distinguished.

esclarecimiento *nm* **1** *(luz)* illumination. **2** *(explicación)* explanation, clarification. **3** *(entendimiento)* enlightenment.

esclavitud *nf* slavery, servitude.

esclavizar [4] *vtr* to enslave.

esclavo,-a I *adj & nm,f* slave; *fig* **ser e. de algo,** to be a slave to sth. **II** *nf (brazalete)* bangle.

esclerosis *nf Med* sclerosis.

esclusa *nf* lock, sluicegate, floodgate.

escoba *nf* brush, broom; **pasar la e.,** to sweep up; *fam* **estar como una e.,** to be as thin as a rake.

escobazo *nm* blow with a brush *o* broom; **echar a algn a escobazos,** to boot sb out.

escobilla *nf* small brush; *Aut* windscreen wiper blade.

escobón *nm* large brush *o* broom.

escocedura *nf* **1** *(herida)* sore. **2** *(dolor)* soreness, smarting.

escocer [54] **I** *vi* to sting, smart; *fig* to hurt. **II escocerse** *vr (piel)* to be sore; *(persona)* to have a rash.

escocés,-a I *adj* Scottish, Scots; **falda escocesa,** kilt. **II** *nm,f (hombre)* Scotsman; *(mujer)* Scotswoman.

Escocia *n* Scotland.

escoger [5] *vtr* to choose, select, pick out; *Pol* to elect; **e. del montón,** to choose from the pile; **no hay donde e.,** they are all just as bad; **tener donde e.,** to have a good choice.

escogido,-a I *pp de* **escoger. II** *adj* chosen, selected; *(en calidad)* choice, select; *Lit* **obras escogidas,** selected works. ◆**escogidamente** *adv* discerningly.

escogimiento *nm* **1** choice, selection, pick. **2** *(acto)* choosing, selecting, picking.

escolanía *nf* (church) choir.

escolar I *adj* scholastic, school; **curso** *o* **año e.,** school year; **vacaciones escolares,** school holidays. **II** *nm,f (niño)* schoolboy; *(niña)* schoolgirl.

escolaridad *nf* schooling, education; **libro de e.,** school record book.

escolástico,-a *adj* scholastic.

escollera *nf* breakwater, jetty.

escollo *nm* reef, rock; *fig* pitfall, snag.

escolopendra *nf Zool* centipede.

escolta *nf* escort; *Náut* convoy; **dar e.,** to escort, accompany. ■ **e. personal,** bodyguard.

escoltar *vtr* to escort, accompany; *Náut* to convoy.

escombrera *nf* dump, rubbish heap, *GB* tip.

escombros *nmpl* rubbish *sing,* debris *sing.*

esconder I *vtr* to hide **(de,** from), conceal **(de,** from). **II esconderse** *vr* to hide **(de,** from), hide oneself.

escondidas *adv* **a e.,** secretly.

escondite *nm* **1** hiding place, hide-out. **2** hide-and-seek; **jugar al e.,** to play hide-and-seek.

escondrijo *nm* hiding place, hide-out.

escoñado,-a *adj vulg* knackered; **esta máquina está escoñada,** this machine's had it.

escopeta *nf* shotgun; **e. de aire comprimido,** air gun; **e. de cañones recortados,** sawn-off shotgun.

escopetazo **1** *(tiro)* gunshot. **2** *(herida)* gunshot wound. **3** *fig (malas noticias)* bombshell.

escopeteado,-a *adj fam* **ir** *o* **salirse e.,** to be off like a shot.

escoplo *nm* chisel.

escora *nf Náut* **1** *(línea de fuerte)* load line. **2** *(inclinación)* list.

escorar *vi Náut* to list, heel; **el barco va escorado,** the boat has a list; **e. a babor,** to list to port.

escorbuto *nm Med* scurvy.

escoria *nf* **1** *(metal)* dross; *(metal, carbón)* slag. **2** *fig* scum, dregs *pl*. **3 escorias,** volcanic ash *sing*.

escoriación *nf* scraping.

escorial *nm* slag heap.

escoriar [17] *vtr* to scrape.

Escorpio *nm Astrol Astron* Scorpio.

escorpión *nm Zool* scorpion.

escórpora *nf (pez)* rascasse.

escorzar [4] *vtr Arte* to foreshorten.

escorzo *nm* foreshortening.

escota *nf Náut* sheet; **escotas mayores,** main sheets.

escotado,-a **I** *pp de* escotar[1]. **II** *adj Cost* low-cut, low-necked; **ir muy e.,** to wear a low-necked dress. **III** *nm Cost* low neckline.

escotadura *nf Cost* low neckline.

escotar[1] *vtr* **1** *Cost* to cut a low neckline in, cut out the neck of. **2** *(un río)* to draw water from.

escotar[2] *vtr* to share the cost of; *(pareja)* to go Dutch on.

escote[1] *nm Cost* low neckline.

escote[2] *nm* **pagar a e.,** to share the cost of; *(pareja)* to go Dutch on.

escotilla *nf Náut* hatch, hatchway.

escotillón *nm* **1** *Náut* small hatch, scuttle. **2** *Teat* trap door.

escoto,-a *adj & nm,f* Scot.

escozor *nm* **1** *(dolor)* stinging, smarting. **2** *fig (sentimiento)* pain, grief.

escribanía *nf* **1** *(escritorio)* writing desk. **2** *(material)* writing set. **3** *(oficio)* clerkship. **4** *(oficina)* clerk's office. **5** notary's office.

escribano,-a **I** *nm,f Jur* court clerk. **II** *nm Orn* bunting; **e. cerillero,** yellowhammer; **e. hortelano,** ortolan bunting; **e. montesino,** rock bunting; **e. palustre,** reed bunting; **e. soteño,** cirl bunting.

escribiente *nmf* clerk.

escribir *(pp escrito)* **I** *vtr* **1** to write; **e. a mano,** to write in longhand; **e. a máquina,** to type. **2** to spell; **se escribe con g y b,** it is spelt with a g and a b. **II escribirse** *vr* to write to each other, correspond.

escrito,-a **I** *pp de* escribir. **II** *adj* written, stated; **declarar por e.,** to give a written statement; **e. a mano,** handwritten, in longhand; **por e.,** in writing, in black and white. **III** *nm* **1** *(documento)* writing, document, letter, text. **2 escritos,** *Lit (obras)* writings, works.

escritor,-a *nm,f* writer.

escritorio *nm (mueble)* writing desk, bureau; *(oficina)* office; **objetos de e.,** stationery.

escritura *nf* **1** *(de un idioma)* writing, script, alphabet; **e. fonética,** phonetic script; *(de persona)* writing, handwriting; **e. a máquina,** typing. **2** *Jur* deed, document; **e. de propiedad,** title deed. **3 Sagradas Escrituras,** *Rel* Holy Scriptures.

escriturar *vtr* to formalize legally; *(una propiedad)* to register.

escrotal *adj Anat* scrotal.

escroto *nm Anat* scrotum.

escrúpulo *nm* **1** *(recelo)* scruple, qualm, doubt; **no tuvo escrúpulos en hacerlo,** he had no scruples about doing it; **una persona sin escrúpulos,** an unscrupulous person. **2** *(aprensión)* fussiness; **tener escrúpulos,** to be finicky *o* fussy. **3** *(china)* pebble, stone.

escrupulosidad *nf* scrupulousness, extreme care.

escrupuloso,-a *adj* **1** scrupulous. **2** *(quisquilloso)* finicky, fussy. ◆**escrupulosamente** *adv* scrupulously.

escrutador,-a *adj* scrutinizing, searching, penetrating.

escrutar *vtr* **1** *(examen)* to scrutinize, examine carefully. **2** *(votos)* to count.

escrutinio *nm* **1** *(examinar)* examination. **2** *(votos)* counting of votes.

escuadra *nf* **1** *(instrumento)* square; **corte a e.,** cut at right angles; **e. de dibujo,** set square. **2** *(grupo) Mil* squad; *Mil (Armada)* squadron; *(de coches)* fleet.

escuadrar *vtr* to square.

escuadrilla *nf Mil* squadron.

escuadrón *nm Mil Av* squadron.

escualidez *nf* **1** *(delgadez)* emaciation, extreme thinness. **2** *(suciedad)* squalor.

escuálido,-a *adj* **1** *(delgado)* emaciated, extremely thin. **2** *(sucio)* squalid.

escualo *nm (pez)* (spiny) shark.

escucha **I** *nf* listening, listening-in; **escuchas telefónicas,** phone tapping *sing*; **estar a la e.,** to be listening out **(de,** for). **II** *nm Mil* scout.

escuchar **I** *vtr* **1** to hear. **2** to listen to, heed, pay attention to. **II escucharse** *vr* to declaim, speak in an affected way.

escuchimizado,-a *adj* puny, scrawny.

escudar **I** *vtr* **1** *(amparar con el escudo)* to shield. **2** *fig (proteger)* to shield, protect, defend. **II escudarse** *vr* to protect *o* shield oneself; **e. con algo,** to hide behind sth, use sth as an excuse; **e. del peligro,** to protect oneself from danger.

escudería *nf Aut* racing team.

escudero *nm Hist* page; *(que llevaba escudo)* squire.

escudilla *nf* bowl.

escudo *nm* **1** shield. **2** *(blasón)* coat of arms. **3** *(moneda)* escudo.

escudriñar *vtr (inquirir)* to inquire into, investigate; *(examinar)* to examine, scrutinize.

escuela *nf* **1** school; **e. de artes y oficios,** Technical College; **e. de Bellas Artes,** Art School; **e. de conducir,** driving school; **e. de equitación,** riding school; **e. de idiomas,** language school; **e. privada,** private school; **e. pública,** state school. **2** *(doctrina)* school; **gente de la vieja e.,** people of the old school. **3** *(experiencia)* experience, instruction; **la e. de la vida,** the university of life.

escueto,-a *adj* plain, unadorned, bare. ◆**escuetamente** *adv* simply, baldly.

escuezo *indic pres véase* escocer.

esculcar [1] *vtr Am (registrar)* to search.

esculpir *vtr Arte (gen)* to sculpt, sculpture; *(en madera)* to carve; *(en metales)* to engrave.

escultismo *nm* scouting.

escultor,-a *nm,f (gen) (hombre)* sculptor; *(mujer)* sculptress; *(de madera)* woodcarver; *(de metales)* engraver.

escultórico,-a *adj* sculptural.

escultura *nf (gen)* sculpture; *(madera)* carving.

escultural *adj* sculptural; statuesque; **una mujer e.,** a statuesque woman.

escupidera *nf* **1** *(recipiente)* spittoon, *US* cuspidor. **2** *Am (orinal)* chamberpot. **3** *Am fig* **pedir la e.,** to get scared, get cold feet.

escupidor *nm* **1** *Am* chamber pot. **2** *CAm Méx* fireworks *pl.*

escupir **I** *vi* **1** *(gen)* to spit; **e. a algn,** to spit at sb. **2** *vulg (confesar)* to come clean, confess. **II** *vtr* **1** to spit out. **2** *fig (palabras, insultos)* to spit out; **e. a algn,** to scoff at sb.

escupitajo *nm vulg* gob, spit, phlegm.

escurreplatos *nm inv* dish rack.

escurridero *nm* draining board.

escurridizo,-a *adj* **1** *(resbaladizo)* slippery. **2** *fig (elusivo)* elusive, slippery.

escurrido,-a **I** *pp de* escurrir. **II** *adj* **1** *(ropa)* tight-fitting. **2** *(mujer)* slim-hipped. **III** *nm (de lavadora)* spin-drying machine.

escurridor *nm* colander; *(escurreplatos)* dish rack, draining board.

escurrir **I** *vtr (gen)* to drain; *(ropa)* to wring out; *Culin* to drain. **II** *vi (líquido)* to drip, trickle; *(objeto)* to slip, slide; *fig* **e. el bulto,** to dodge the issue. **III** escurrirse *vr* **1** *(gen)* to drain. **2** *(líquido)* to drip, trickle; *(objeto)* to slip, slide. **3** *(escapar)* to run *o* slip away. **4** *(decir más de lo debido)* to let sth slip.

escúter *nm* (motor) scooter.

ése,-a *pron dem m,f* **1** that one; *(el anterior)* the former; **coge é. de ahí,** take that one there; **entraron Pilar y Elvira, ésa vestida de azul,** Pilar and Elvira came in, the former dressed in blue. **2** **ésos,-as,** those (ones); *(los anteriores)* the former (ones); *fam* **¡ni por ésas!,** no way!; *fam* **¡no me vengas con ésas!,** come off it!

ese[1] *nf* **1** name of the letter S in Spanish. **2** **eses,** zigzags; **hacer e.,** to zigzag; *(persona)* to stagger about.

ese,-a[2] *adj dem* **1** that; **esa casa,** that house; *pey* **el hombre e.,** that bloke. **2** **esos,-as,** those; **e. coches,** those cars.

esencia *nf* **1** essence; **eso dijo en e.,** that's briefly what he said; **quinta e.,** quintessence. **2** *(perfume)* essence, scent.

esencial **I** *adj* essential; **lo e.,** the main thing. **II** *nm* essential. ◆**esencialmente** *adv* essentially.

esfera *nf* **1** sphere, globe; **en forma de e.,** spherical, globular. **2** dial; *(del reloj)* face. **3** *fig* sphere, plane, field; **eso está fuera de mi e.,** that isn't my province.

esférico,-a **I** *adj* spherical. **II** *nm Ftb* ball.

esferoide *nm* spheroid.

esfinge *nf* sphinx; *fig* **parecer una e.,** to be inscrutable *o* enigmatic.

esfínter *nm Anat* sphincter.

esforzado,-a **I** *pp de* esforzar. **II** *adj (arrojado)* energetic, vigorous; *(valiente)* bold.

esforzar [50] **I** *vtr* **1** to strengthen, invigorate. **2** to encourage, raise the spirits of. **II** esforzarse *vr* to exert oneself, make an effort, try hard; **e. por hacer algo,** to strive to do sth.

esfuerzo *nm* **1** effort, endeavour, *US* endeavor, exertion; *(la imaginación)* stretch. **2** courage, spirit; **con e.,** with spirit; **sin e.,** effortlessly.

esfumar *vtr,* **esfuminar** **I** *vtr (el contorno)* to soften; *(los colores)* to tone down. **II** esfumarse *vr,* esfuminarse *vr* to fade away, melt away; *(persona)* to disappear, vanish.

esgrima *nf Dep* fencing.

esgrimidor,-a *nm,f* fencer.

esgrimir **I** *vtr* **1** *(una espada)* to wield, brandish. **2** *fig (un argumento)* to put forward. **II** *vi* to fence.

esguince *nm* **1** *Med* sprain; **me hice un e. en el tobillo,** I sprained my ankle. **2** *(ademán)* swerve, dodge; **dar un e.,** to swerve, dodge. **3** *(gesto de disgusto)* frown.

eslabón *nm* link; **el e. perdido,** the missing link.

eslabonamiento *nm* linking.

eslabonar *vtr* to link together, join; *fig* to link, connect.

eslalon *nm Dep* slalom.

eslavo,-a **I** *adj* Slav, Slavonic. **II** *nm,f (persona)* Slav. **III** *nm (idioma)* Slavonic, Slavic.

eslip *nm (pl eslips) (prenda)* men's briefs *pl,* underpants *pl.*

eslogan *nm (pl eslóganes)* slogan; **e. publicitario,** catchword.

eslora *nf Náut* length; **e. máxima,** overall length.

esmaltado,-a **I** *pp de* esmaltar. **II** *adj* enamelled, *US* enameled. **III** *nm* enamelling, *US* enameling.

esmaltar *vtr* **1** *(cubrir)* to enamel; *(las uñas)* to varnish. **2** *fig (adornar)* to embellish, adorn.

esmalte *nm* **1** *(barniz)* enamel; *(de uñas)* nail polish *o* varnish. **2** *fig (esplendor)* splendour, *US* splendor.

esmerado,-a **I** *pp de* esmerar. **II** *adj (trabajo)* neat, careful; *(persona)* conscientious, painstaking, careful. ◆**esmeradamente** *adv* neatly, carefully.

esmeralda *nf* emerald.

esmerar **I** *vtr* to polish. **II** esmerarse *vr* to take great pains (over sth), do one's best.

esmerejón *nm Orn* merlin.

esmeril *nm* emery; **papel de e.,** emery paper.

esmerilar *vtr* to polish with emery paper.

esmero *nm* painstaking care, neatness.

esmirriado,-a *adj fam* puny, scraggy.

esmoquin *nm (pl esmóquines) (prenda)* dinner jacket, *US* tuxedo.

esnifar *vtr arg (drogas)* to sniff.

esnob *(pl esnobs)* **I** *adj (persona)* snobbish; *(restaurante etc)* posh. **II** *nmf* snob.

esnobismo *nm* snobbery, snobbishness.

eso *pron dem neut* that; **¿cómo es e.?,** how come?; **¡e. es!,** that's it!; **e. es un rollo,** that's a drag; **no es e.,** it's not that; **por e.,** that's why; **¿y e. qué?,** so what?; *fam* **a e. de las diez,** around ten; *fam* **e. de las Navidades sale muy caro,** the whole Christmas deal costs a fortune.

esofágico,-a *adj Anat* oesophageal, *US* esophageal.

esófago *nm* oesophagus, *US* esophagus, gullet.

esos,-as *adj dem pl véase* ese,-a[2].

ésos,-as *pron dem m,fpl véase* ése,-a.

esotérico,-a *adj* esoteric.

esoterismo *nm* esotericism.

espabilado,-a **I** *pp de* espabilar. **II** *adj* **1** *(despierto)* wide awake. **2** *fig (adulto)* smart, on the ball; *(niño)* bright, sharp, clever; **su hijo es muy e.,** her little boy is very bright.

espabilar **I** *vtr* **1** *(una vela)* to snuff out. **2** *fig* to wake up, wise up; *(un niño)* to bring forward. **II** espabilarse *vr* to wake up, waken up; *(darse prisa)* to look sharp, hurry up.

espachurrar *vtr* to squash.

espaciador *nm Tip* space-bar.

espacial *adj* spatial, spacial.

espaciar [12] **I** *vtr* to space out. **II** espaciarse *vr* to spread oneself out, stretch out.

espacio *nm* **1** space; *(de tiempo)* length; **mecanografiado a doble e.,** double-spaced. **2** room, space; **nos falta e.,** we're short of space; **ocupa mucho e.,** it takes up a lot of room. **3** *Rad TV* programme, *US* program.

espacioso,-a *adj* spacious, roomy; *(movimiento)* slow.

espada **I** *nf* **1** *(arma)* sword; **desnudar la e.,** to draw one's sword; *fig* **entrar con e. en mano,** to come in looking for trouble; *fig* **e. de dos filos,** double-edged sword; **estar entre la e. y la pared,** to be between the devil and the deep blue sea. ■ **pez e.,** swordfish. **2** *Naipes* spade; **as de espadas,** ace of spades. **II** *nm Taur* matador.

espadachín *nm* **1** swordsman. **2** *pey* bully.

espadaña *nf* **1** *Arquit* exposed belfry. **2** *Bot* bulrush.

espadista *nm arg* burglar.

espaguetis *nmpl* spaghetti *sing.*

espalda *nf* **1** *Anat* back; **espaldas,** back *sing,* shoulders *pl*; **a espaldas de algn,** behind sb's back; **ancho de espaldas,** broad-shouldered; **cargado de espaldas,** round-shouldered, stooping; **por la e.,** from behind; **volver la e. a algn,** to turn one's back on sb; *fig (sorprenderse)* **caerse de espaldas,** to fall flat on one's back; *fig* **echarse algo a la e.,** to take sth on; *fig (tener protección)* **tener guardadas las espaldas,** to have good connections; *fig* **tener las espaldas anchas,** to have broad shoulders, be responsible; *fam* **tira de espaldas,** it knocks you out. ■ *fam* **e. mojada,** *US* wetback. **2** *Natación* backstroke.

espaldar *nm (de silla)* back.

espaldarazo *nm* **1** slap on the back. **2** *fig* accolade.

espaldilla *nf* **1** *Anat* shoulder blade. **2** *Culin (de ternera etc)* shoulder.

espantada *nf (de animales)* stampede; *(de personas)* bolt, stampede; **dar la e.,** to stampede, run away.

espantadizo,-a *adj* easily frightened.

espantajo *nm* **1** *(muñeco)* scarecrow. **2** *fig (cosas)* sight, fright. **3** *fig (persona)* bogeyman, fright, sight; **parecía un auténtico e. tras tres meses en el desierto,** he looked a real sight after having spent three months in the desert.

espantapájaros *nm inv* scarecrow.

espantar I *vtr* **1** *(asustar)* to frighten, scare off. **2** *(ahuyentar)* to frighten away. **II** **espantarse** *vr* **1** to get *o* feel frightened **(de,** of), get *o* feel scared **(de,** of). **2** to be amazed **(de,** at), astonished **(de,** at).

espanto *nm* **1** *(miedo)* fright, terror. **2** *(asombro)* amazement, astonishment; *fam* **de e.,** dreadful, shocking; *fam* **hace un frío de e.,** it's freezing cold; *fam* **¡qué e.!,** how awful! **3** *Am (fantasma)* ghost.

espantoso,-a *adj* **1** *(horrible)* frightening, dreadful. **2** *(pasmoso)* amazing, astonishing.

España *n* Spain.

español,-a I *adj* Spanish. **II** *nm,f (gen)* Spaniard; *(hombre)* Spanish man; *(mujer)* Spanish woman; **los españoles,** the Spanish. **III** *nm (idioma)* Spanish.

españolada *nf pey* something pseudo-Spanish.

españolear *vi* to publicise Spain or Spanish things in an exaggerated way.

españolismo *nm* **1** Spanishness, Spanish quality. **2** love of Spain and Spanish things.

españolista I *adj* pro-Spanish, Hispanophile. **II** *nmf* Hispanophile.

españolizar I *vtr* to make Spanish, hispanicize. **II** **españolizarse** *vr* to adopt Spanish ways.

esparadrapo *nm* sticking plaster.

esparaván *nm Orn* sparrowhawk.

esparcido,-a I *pp de* **esparcir.** **II** *adj* **1** *(desparramado)* scattered; *(rumor)* widespread. **2** *(carácter)* frank, open; *(divertido)* cheerful.

esparcimiento *nm* **1** scattering, spreading. **2** *fig* relaxation, amusement, recreation.

esparcir [3] **I** *vtr (papeles, semillas)* to scatter; *fig (un rumor)* to spread. **II** **esparcirse** *vr* **1** to spread out, scatter, be scattered. **2** to relax, amuse oneself.

espárrago *nm* **1** *Bot* asparagus; **e. triguero,** wild asparagus; *fam* **¡vete a freír espárragos!,** get lost! **2** *Téc* stud.

esparraguera *nf* **1** *Bot* asparagus plant. **2** *Culin* asparagus dish.

espartano,-a I *adj* Spartan; *fig* Spartan, austere. **II** *nm,f* Spartan.

espartero,-a *nm,f* esparto worker.

esparto *nm* esparto grass.

espasmo *nm* spasm.

espasmódico,-a *adj* spasmodic, jerky.

espástico,-a *adj Med* spastic.

espatarrarse *vr* to slip and fall with one's legs wide open, sprawl.

espátula *nf (gen)* spatula; *Art* palette knife; *Téc* stripping knife; *(cristalero)* putty knife.

especia *nf* spice.

especial *adj* **1** special; **en e.,** especially; **e. para ...,** suitable for ...; **sólo en un caso e.,** only in special cases; **tiene un sabor e.,** it has a distinctive taste. **2** *(persona)* fussy, finicky **(para,** about). ◆**especialmente** *adv (exclusivamente)* specially; *(particularmente)* especially.

especialidad *nf* speciality, *US* specialty; *Educ* main subject, specialized field; **no es de mi e.,** it's not in my line.

especialista *nmf* **1** specialist. **2** *Cin* stand-in; *(hombre)* stuntman; *(mujer)* stuntwoman.

especialización *nf* specialization.

especializado,-a I *pp de* **especializarse.** **II** *adj* specialized; **estar e. en algo,** to be a specialist in sth, be specialized in sth.

especializarse [4] *vr* to specialize **(en,** in).

especie *nf* **1** *Biol* species *inv.* **2** *(clase)* kind, sort; **me gusta esa e. de gente,** I like that kind of person; **una e. de sopa,** a kind of soup. **3** *(tema, noticia)* matter, idea, notion; **corría entre los refugiados una e. extraña,** there was a strange idea going about amongst the refugees. **4** **en e.,** in kind; **pagar en e.,** to pay in kind.

especiero *nm* spice rack.

especificación *nf* specification; **sin e. de hora,** without specifying the time.

especificar [1] *vtr* to specify.

específico,-a I *adj* specific; **peso e.,** specific gravity. **II** *nm Med* **1** specific. **2** patent medicine; **laboratorio de específicos,** pharmaceutical lab. ◆**específicamente** *adv* specifically.

espécimen *nm (pl* **especímenes)** specimen.

espectacular *adj* spectacular. ◆**espectacularmente** *adv* spectacularly.

espectacularidad *nf* spectacular nature; **su nuevo número de acrobacia es de gran e.,** his latest acrobatic feat is really spectacular.

espectáculo *nm* 1 *(escena)* spectacle, sight; **dar un e.**, to make a scene, make a spectacle of oneself. 2 *Teat Cin TV* show, performance; **montar un e.**, to put on a show.

espectador,-a *nm,f Dep* spectator; *(accidente, espectáculo improvisado)* onlooker; *Teat Cin* member of the audience; **los espectadores,** the audience *sing*; *TV* viewers.

espectral *adj* spectral, ghostly.

espectro *nm* 1 *Fís* spectrum. 2 *(fantasma)* spectre, *US* specter, ghost, apparition. 3 *fig (persona)* ghost; **parece un e.**, he looks like a ghost. 4 *(gama)* range; **un amplio e. de ideologías,** a wide range of political opinions.

espectrografía *nf Fís* spectrography.

espectrógrafo *nm Fís* spectrograph.

espectroscopia *nf Fís* spectroscopy.

espectroscopio *nm Fís* spectroscope.

especulación *nf* speculation; **e. del suelo,** land speculation.

especulador,-a *nm,f Fin* speculator.

especular I *vtr (conjeturar)* to speculate about, reflect on. II *vi* 1 *(comerciar)* to speculate (**en**, on). 2 *(hacer cábalas)* to speculate, guess (**sobre**, about).

especulativo,-a *adj* speculative, theoretical.

espejear *vi* to shine like a mirror, gleam.

espejismo *nm* 1 mirage. 2 *fig* mirage, illusion.

espejo *nm* 1 mirror; *Aut* **e. retrovisor,** rear-view mirror. 2 *fig* mirror, reflection; **la cara es el e. del alma,** one's face is the window of one's soul.

espejuelos *nmpl* spectacles.

espeleología *nf Dep* potholing, speleology.

espeleólogo,-a *nm,f Dep* potholer, speleologist.

espeluznante *adj* hair-raising, horrifying.

espeluznar *vtr* to horrify, terrify, make one's hair stand on end.

espera *nf* 1 *(acción de esperar)* wait, waiting; **en e. de ...,** waiting for ...; **estar a la e.,** to be waiting *o* expecting; **sala de e.,** waiting room. 2 *(paciencia)* calm, patience; **tener e.,** to have patience.

esperanto *nm Ling* Esperanto.

esperanza *nf* hope, expectance; **dar esperanzas a algn,** to give sb hope; **e. de vida,** life expectancy; **estar en estado de buena e.,** to be expecting *o* pregnant; **tener la e. puesta en algo,** to have one's hopes pinned on sth.

esperanzador,-a *adj* encouraging.

esperanzar I *vtr* to give hope to. II **esperanzarse** *vr* to have hope.

esperar *vtr* 1 *(tener esperanza)* to hope for, expect; **e. la victoria,** to hope for victory; **quien espera desespera,** a watched pot never boils; **te esperábamos ayer,** we were expecting you yesterday. 2 (+ *que*) to hope (that); **espero que así sea,** I hope it's like that; **espero que sí,** I hope so; **espero que vengas,** I hope you'll come; **no se podía e. menos,** it was the least you could hope for. 3 *(aguardar)* to wait for, await; **espera un momento,** wait a moment, hold on; **espero a mi hermano,** I'm waiting for my brother; **ya puedes e. sentado,** you'll be waiting till the cows come home. 4 *(suponer)* to expect; **espero la visita de un amigo,** I'm expecting a friend to call. 5 (+ *infin*) to hope to; **espero ganar el concurso,** I hope to win the competition. 6 *fig (bebé)* to expect.

esperma *nm Biol* sperm. ▪ **e. de ballena,** spermaceti.

espermaticida *adj Med* spermicide

espermatozoide *nm Biol* spermatozoid.

esperpéntico,-a *adj* 1 *Lit* pertaining to the literary genre created by Don Ramón del Valle-Inclán. 2 *(grotesco) fam* grotesque, macabre. 3 *(sin sentido)* ridiculous, absurd.

esperpento *nm* 1 *Lit* genre created by Don Ramón del Valle-Inclán. 2 fright, sight; **va hecho un e.,** he looks a real sight. 3 *(sin sentido)* absurdity, piece of nonsense.

espesante *nm* thickener.

espesar I *vtr* to make denser *o* thicker; *Culin (una salsa)* to thicken. II **espesarse** *vr* to thicken, get thicker.

espeso,-a *adj (bosque, niebla, muchedumbre)* dense; *(líquido, pared, libro)* thick; *(masa)* stiff.

espesor *nm* denseness, thickness; **tres metros de e.,** three metres thick.

espesura *nf* 1 *(grosor)* denseness, density. 2 *(de un bosque)* thicket, overgrown place.

espetar *vtr* 1 *Culin (carne)* to skewer. 2 *(clavar)* to stab. 3 *fig (decir)* to blurt out; **le espetó la sorpresa,** he sprang the surprise on him.

espeto *nm,* **espetón** *nm* spit, skewer.

espía *nmf* spy.

espiar [13] *vtr* to spy on, watch.

espichar I *vtr (pinchar)* to stab. II *vi* 1 *vulg (morir)* to snuff it; **espicharla,** to kick the bucket. 2 *Arg (líquido)* to run out. 3 *Cuba Méx Ven* to slim.

espiche *nm* speech.

espiga *nf* 1 *(de trigo)* ear. 2 *Téc* pin; *(de cuchillo)* tang; *(de tornillo)* bolt; *(de clavo)* shank. 3 *(de campana)* clapper. 4 *Astron* E., Spica.

espigado,-a I *pp de* **espigar.** II *adj* 1 *Bot* ripe. 2 *(con forma de espiga)* ear-shaped. 3 *fig (alto y delgado)* tall, lanky.

espigar [7] I *vtr* to glean; *fig* **e. datos/noticias,** to glean information/news. II **espigarse** *vr (persona)* to shoot up.

espigón *nm* 1 *(punta)* sharp point, spike. 2 *(mazorca)* ear of corn. 3 *(mar)* breakwater, groyne, spur.

espín *nm Fís* spin.

espina *nf* 1 *Bot* thorn; *fig* **no hay rosa sin espinas,** you've got to take the rough with the smooth. 2 *(del pez)* bone. 3 *Anat* **e. dorsal,** spinal column, spine, backbone. 4 *fig* doubt, worry, suspicion; **ése me da mala e.,** I'm suspicious about that one, there's something fishy about that one.

espinaca *nf* spinach; *Culin* **espinacas a la crema,** creamed spinach.

espinal *adj* spinal; **médula e.,** spinal marrow.

espinapez *nm* herringbone.

espinazo *nm Anat* spine, backbone; *fam* **doblar el e.,** to bow and scrape.

espinilla *nf* 1 *Anat* shin. 2 *(barro)* blackhead.

espinillera *nf Dep* shin pad.

espino *nm Bot* 1 hawthorn; **e. albar,** common hawthorn; **e. negro,** blackthorn. 2 *(alambrada)* barbed wire.

espinosillo *nm (pez)* stickleback.

espionaje *nm* spying, espionage; **e. industrial,** industrial espionage; **novela de e.,** spy story.

espira *nf* spire.

espiración *nf* breathing out, expiration, exhalation.

espiral I *adj* spiral; **escalera e.,** spiral staircase. II *nf* spiral; *(de reloj)* hairspring.

espirar I *vtr (respirar)* to breathe out, exhale. II *vi* to breathe.

espiritismo *nm* spiritualism.

espiritista I *adj* spiritualistic. II *nmf* spiritualist.

espíritu *nm* 1 *(principio de vida)* spirit; **exhalar el e.,** to give up the ghost. 2 *(licores)* spirits *pl*; **e. de vino,** spirits of wine, alcohol. 3 *Rel* soul; **el E. Santo,** the Holy Ghost; **espíritus malignos,** evil spirits. 4 *(fantasma)* ghost. 5 *fig (ánimo)* spirit; **e. de cuerpo,** esprit de corps, corporal spirit; **e. combativo,** fighting spirit; **e. deportivo,** sportsmanship. 6 *(idea central)* essence, spirit, soul; **el e. de la ley,** the spirit of the law.

espiritual *adj* spiritual. ◆**espiritualmente** *adv* spiritually.

espiritualidad *nf* spirituality.

espiritualismo *nm* spiritualism.

espiritualista *adj* spiritualist.

espita *nf* tap, US spigot.

espléndido,-a *adj* 1 splendid, magnificent, grand. 2 *(generoso)* lavish, generous. ◆**espléndidamente** *adv* 1 splendidly, magnificently, grandly. 2 *(generosamente)* lavishly, generously.

esplendor *nm* 1 *(resplandor)* brilliance. 2 *fig (lustre)* splendour, US splendor, magnificence, grandeur. 3 *(auge)* glory.

esplendoroso,-a *adj* 1 *(luz)* brilliant, radiant. 2 *(grandioso)* magnificent.

espliego *nm Bot* lavender.

esplín *nm (pl esplines)* melancholy, depression.

espolada *nf* 1 prick with a spur. 2 *(de vino)* swig.

espolear *vtr* 1 *(un caballo)* to spur on. 2 *fig (estimular)* to spur on, encourage.

espoleta¹ *nf Mil* fuse; **quitar la e. de,** to defuse.

espoleta² *nf Anat (de ave)* wishbone.

espolio *nm véase* **expolio.**

espolón *nm* 1 *(de gallináceas)* spur; *(de caballo)* fetlock. 2 *Geog* spur. 3 *(malecón)* sea-wall; *Arquit (tajamar)* buttress. 4 *Náut* ram; **embestir con el e.,** to ram.

espolvorear *vtr* to dust, powder, sprinkle (**de,** with).

esponja *nf* sponge; *fig* **beber como una e., ser una e.,** to drink like a fish; *fam* **pasar la e.,** to let it drop, forget about it.

esponjar I *vr* to make spongy; *(ahucar)* to fluff up. II **esponjarse** *vr* 1 *fig (envanecerse)* to swell with pride. 2 *fig* to glow with health.

esponjoso,-a *adj (tejido)* spongy; *(bizcocho)* light.

esponsales *nmpl* betrothal *sing,* engagement *sing.*

espontanearse *vr* to confide (**con,** in).

espontaneidad *nf* spontaneity; **obrar/hablar con e.,** to act/speak naturally.

espontáneo,-a I *adj* spontaneous; *(persona)* natural, unaffected; *(discurso)* impromptu, unprepared. II *nm Taur* spectator who spontaneously joins in the bullfight. ◆**espontáneamente** *adv* spontaneously.

espora *nf Biol* spore.

esporádico,-a *adj* sporadic.

esporrondingarse *vr* 1 *CAm Col* to spend *o* blow a lot of money. 2 *CAm (desvencijarse)* to come apart.

esposado,-a *adj* 1 newly married. 2 handcuffed.

esposar *vtr* to handcuff.

esposas *nfpl* handcuffs.

esposo,-a I *nm,f* spouse; *(hombre)* husband; *(mujer)* wife. II *nf* bishop's ring.

esprint *nm* sprint.

esprintar *vi* to sprint.

esprínter *nmf* sprinter.

espuela *nf* 1 spur; *fig (última copa)* one for the road; *fig* **poner espuelas a algn,** to spur sb on. 2 *Am (de aves)* spur.

espuerta *nf* basket; **dinero a espuertas,** bags *o* stacks of money.

espulgar [7] *vtr* 1 to delouse, rid of fleas. 2 *fig (examinar)* to scrutinize.

espuma *nf* 1 *(gen)* foam; *(olas)* surf; *(de cerveza)* froth, head; *(de jabón)* lather; **echarse e.,** to foam, froth. ■ **e. de afeitar,** shaving foam. 2 *(impurezas)* scum.

espumadera *nf Culin* spoon for skimming.

espumante *nm* foaming agent.

espumar I *vtr* to skim. II *vi (mar)* to foam; *(jabón)* to lather; *(cerveza)* to froth; *(cava)* to sparkle.

espumarajo *nm (de la boca)* foam, froth; **echando espumarajos,** foaming at the mouth.

espumilla *nf Am* meringue.

espumosidad *nf* frothiness.

espumoso,-a *adj* frothy, foamy, foaming; *(jabón)* lathery; *(vino)* sparkling.

espúreo,-a *adj,* **espurio,-a** *adj* 1 *(niño)* illegitimate. 2 *(falso)* spurious, adulterated.

esputar *vtr* to spit (out).

esputo *nm* sputum, spit.

esqueje *nm Bot* cutting.

esquela *nf* 1 *(carta)* short letter. 2 *(comunicación)* notice, announcement; **e. mortuoria,** announcement of a death.

esquelético,-a *adj* 1 *Anat* skeletal; **estructura e.,** bone structure. 2 *(muy flaco)* skinny; **estar e.,** to be skin and bones.

esqueleto *nm* 1 skeleton; *fam* **mover el e.,** to shake it about. 2 *Constr* framework.

esquema *nm* 1 outline; **seguir un e. fijo,** to follow a set pattern. 2 *(diagrama)* diagram; **dibuja** *o* **trazar un e.,** to draw a diagram.

esquemático,-a *adj* schematic, diagrammatic; **corte e.,** cross section.

esquematizar [4] *vtr (un plano)* to sketch; *(unas ideas)* to outline.

esquí *nm* 1 *(objeto)* ski. 2 *Dep* skiing; **hacer e.,** to go skiing. ■ **e. acuático,** water-skiing.

esquiador,-a *nm,f* skier.

esquiar [13] *vi* to ski.

esquife *nm Náut* skiff.

esquila¹ *nf* small bell, handbell, sheep bell.

esquila² *nf Agr* sheep shearing.

esquilador,-a I *nm,f (persona)* sheepshearer. II *nf (herramienta)* shears *pl.*

esquilar *vtr (cortar el pelo)* to clip; *(ovejas)* to shear.

esquileo *nm* sheepshearing.

esquilmar *vtr* 1 to harvest. 2 *fig (recursos)* to exhaust.

esquilón *nm* large cowbell.

esquimal I *adj & nmf* Eskimo. II *nm (idioma)* Eskimo.

esquina *nf* 1 corner; **a la vuelta de la e.**, just round the corner; **doblar la e.**, to turn the corner; **hacer e. con**, to be on the corner of. 2 *Am* grocer's, corner shop.

esquinado,-a *adj* 1 *(con esquinas)* having corners, sharp-cornered. 2 *fig (difícil)* touchy, irritable.

esquinazo *nm* **dar e. a algn**, to give sb the slip.

esquinera *nf Am,* **esquinero** *nm Méx* corner piece of furniture.

esquirla *nf* splinter.

esquirol *nm Ind* blackleg, scab.

esquite *nm CAm* popcorn.

esquivar *vtr (a una persona)* to shun, avoid; *(un golpe)* to elude, dodge; **e. hacer algo**, to avoid doing sth; **e. un golpe**, to dodge a blow.

esquivez *nf* coldness, aloofness.

esquivo,-a *adj* cold, aloof.

esquizofrenia *nf* schizophrenia.

esquizofrénico,-a *adj & nm,f* schizophrenic.

esquizoide *adj & nmf* schizoid.

esta *adj dem véase* **este,-a**

está *indic pres véase* **estar.**

ésta *pron dem f véase* **éste.**

estabilidad *nf* stability.

estabilización *nf* stabilization.

estabilizador,-a I *adj* stabilizing; **elemento e.**, stabilizing influence *o* factor. II *nm Av Quím* stabilizer.

estabilizar [4] I *vtr* to stabilize, make stable *o* steady. II **estabilizarse** *vr* to become stable *o* stabilized.

estable *adj* stable, steady, balanced.

establecer [43] I *vtr* 1 *(gen)* to establish; *(fundar)* to set up, found; *(gente)* to settle; *(récord)* to set. 2 *(decretar)* to establish, state; **la ley establece que ...**, the law states that ... . II **establecerse** *vr (instalarse)* to establish oneself, settle; *Com* to set up in business.

establecimiento *nm* 1 *(acto)* establishment, setting-up, founding; *(de gente)* settlement. 2 *(edificio)* establishment; **e. central,** head office. 3 *Jur* statute, ordinance.

establo *nm* cow shed, stall, stable.

estabulación *nf* rearing of livestock in stables.

estabular *vtr* to stable.

estaca *nf* 1 *(madero)* stake, post; *(de tienda de campaña)* peg. 2 *(garrote)* stick, cudgel. 3 *Am* mining concession *o* claim.

estacada *nf* 1 fence, fencing; *Mil* stockade; *fig* **dejar a algn en la e.**, to leave sb in the lurch; **estar en la e.**, to be in a fix. 2 *CAm* wound.

estacazo *nm* blow with a stick.

estación *nf* 1 *(del año)* season; **la e. de las lluvias,** the rainy season. 2 *Ferroc Rad* station; **e. balnearia,** spa; **e. de esquí,** ski resort; **e. metereológica,** weather station; **e. de servicio,** service station; **hacer e. en un viaje,** to make a stop on a journey. 3 *Rel (de la cruz)* station.

estacional *adj* seasonal.

estacionamiento *nm* stationing, placing; *Aut (acción)* parking; *(lugar)* car park, *US* parking lot; *fig* **e. del conflicto,** stalemate, impasse.

estacionar I *vtr* to station, place; *Aut* to park. II **estacionarse** *vr* 1 *Aut* to park. 2 *(estancarse)* to remain in the same place, be stationary.

estacionario,-a *adj* stationary, stable.

estadio *nm* 1 *Dep* stadium. 2 *(fase)* stage, phase; **hacer algo por estadios,** to do sth in stages. 3 *arc (medida)* furlong.

estadista *nmf* 1 *Pol (hombre)* statesman; *(mujer)* stateswoman. 2 *Mat* statistician.

estadística *nf (ciencia)* statistics *sing*; **una e.**, a figure, a statistic.

estadístico,-a I *adj* statistical. II *nm,f* statistician.

estado *nm* 1 *(situación)* state, condition; **en buen e.**, in good condition; **e. de ánimo,** state of mind; **e. de excepción,** state of emergency; **e. de salud,** condition, state of health; **e. sólido,** solid state; **mujer en e.**, pregnant woman; *Med* **su e. es grave,** his condition is serious. 2 *(relación)* return, summary; **e. de cuentas,** statement of accounts. 3 *(orden social)* status, rank; **e. civil,** marital status. 4 *(clase)* class, estate; **e. noble,** noble estate. 5 *Pol* state; **e. de previsión,** welfare state; **hombre de e.**, statesman. 6 *Mil* **e. mayor general,** general staff.

Estados Unidos *npl* The United States.

estadounidense I *adj* United States, American; **las universidades estadounidenses,** American universities. II *nmf* United States citizen.

estafa *nf* swindle, fraud.

estafador,-a *nm,f* racketeer, swindler, trickster.

estafar *vtr* to swindle, cheat, trick, defraud; *fam* **te han estafado,** you've been done *o* had.

estafeta *nf* **e. de Correos,** sub post office.

estafilococo *nm Biol* staphylococcus.

estalactita *nf Geol* stalactite.

estalagmita *nf Geol* stalagmite.

estalinismo *nm Pol* Stalinism.

estalinista *adj & nmf* Stalinist.

estallar *vi* 1 *(reventar)* to blow up, explode; *(neumático)* to burst; *(bomba)* to explode, go off; *(volcán)* to erupt; *(cristal)* to shatter; **estalló en pedazos,** it shattered. 2 *(rebelión, epidemia)* to break out; **al e. la guerra,** when war broke out. 3 *(restallar)* to crack; **hacer e. el látigo,** to crack the whip. 4 *fig (sentimientos)* to explode; **e. en sollozos,** to burst into tears.

estallido *nm* 1 *(explosión)* explosion; *(trueno)* crash; *(chasquido)* crack. 2 *fig (de una guerra)* outbreak.

estambre *nm* 1 *Cost* worsted, woollen *o US* woolen yarn. 2 *Bot* stamen.

Estambul *n* Istanbul.

estamento *nm (social)* class, stratum.

estameña *nf Tex* serge.

estampa *nf* 1 *(dibujo)* picture. 2 *fig (aspecto)* appearance, look, aspect; **ser la viva e. de ...,** to be the spitting image of ... . 3 *(marca)* hallmark. 4 *Impr* print; *(proceso)* printing; **dar a la e.**, to publish.

estampación *nf* printing.

estampado,-a I *pp de* **estampar.** II *adj* stamped, printed; *(vestido)* print. III *nm* 1 *(tela)* print. 2 *(proceso)* printing; *Metal* stamping.

estampar *vtr* 1 *(imprimir, dibujar) (vestidos)* to print; *Metal* to stamp. 2 *(escribir)* **e. la firma,** to sign. 3 *(dejar impreso)* to engrave, imprint. 4 *fam (arrojar)* to hurl. 5 *fig (dar)* to plant, place; **le estampó un beso en la frente,** she planted a kiss on his forehead.

estampida *nf* 1 *(estampido)* bang. 2 *(ganado)* stampede; **de e.**, suddenly; **salir de e.**, to be *o* go off like a shot.

estampido *nm* bang; **dar un e.,** to go bang.

estampilla *nf* (rubber) stamp; *Am* (postage) stamp.

estampillado *nm* rubber stamping.

estampillar *vtr* to stamp, put a stamp on; *(un documento)* to rubber-stamp.

estampita *nf* religious print.

estancado,-a I *pp de* estancar. II *adj* 1 *(aguas)* stagnant. 2 *fig* static, at a standstill; *(persona)* **quedarse e.,** to get stuck *o* bogged down.

estancamiento *nm* 1 stagnancy, stagnation. 2 *fig* stagnation, standstill.

estancar [1] I *vtr* 1 *(aguas)* to hold up, hold back; *(el flujo)* to check. 2 *fig (progreso)* to check, block, hold up; *(negociaciones)* to bring to a standstill. 3 *Com (el mercado)* to corner; *(monopolizar)* to have a state monopoly on. II **estancarse** *vr* 1 to stagnate, become stagnant. 2 *fig* to stagnate, get bogged down.

estancia¹ *nf* 1 *(permanencia)* stay. 2 *(aposento)* room. 3 *Am (hacienda)* ranch, farm.

estancia² *nf Lit* stanza.

estanciero *nm Am* rancher, farmer.

estanco I *adj* watertight; **compartimento e.,** watertight compartment. II *nm* state monopoly; *(de tabaco)* tobacconist's.

estándar *(pl estándares)* I *adj* standard, standardized; **normas e.,** set rules. II *nm* standard.

estandarización *nf* standardization.

estandarizar [4] *vtr* to standardize.

estandarte *nm* standard, banner.

estanque *nm* pool, pond; *(depósito)* tank, reservoir; **e. para chapotear,** paddling pool.

estanquero,-a *nm,f* tobacconist.

estanquidad *nf* watertightness.

estante *nm* 1 shelf, rack, stand; **e. para libros,** bookcase. 2 *Am* post, pillar.

estantería *nf* shelves, shelving.

estañado,-a I *pp de* estañar. II *adj* soldered. III *nm* tin plating.

estañar *vtr* 1 *(bañar con estaño)* to tin-plate. 2 *(soldar)* to solder.

estaño *nm* tin.

estaquilla *nf* 1 *(clavo)* tack, spike; *(de tienda de campaña)* tent peg. 2 *Constr* peg.

estaquillar *vtr* to peg *o* tag down, fasten with tacks *o* pegs.

estar [71] I *vi* 1 *(existir, hallarse)* to be, be found; *(persona)* to be in; *(en casa)* to be at home; **aquí no está,** it is not here; **Dios está en todas partes,** God is everywhere; **el mejor vino tinto está en La Rioja,** the best red wine is found in La Rioja; **está fuera,** she's out; **¿está Jorge?,** is Jorge in? 2 *(posición)* to be, stand; **estamos en Barcelona,** we are in Barcelona; **la casa está en medio de la calle,** the house is half-way down the street; *fig* **los precios están bajos,** prices are low. 3 *(e. + adj) (cualidades transitorias)* to be; **el papel está arrugado,** the paper is crumpled; **está enfermo,** he's ill; **está vacío,** it's empty. 4 *(e. + ger) (tiempo continuo)* to be; **está escribiendo,** she is writing; **estaba comiendo,** he was eating. 5 *(e. + adv)* to be; **en seguida está,** it'll be ready in a moment; **está bien,** it's all right; **está mal,** it's wrong; **ya está,** that's done. 6 *(e. + a) (fecha)* to be; *(precio)* to sell *o* be at; **¿a cuántos estamos?,** what's the date?; **estamos a 10 de Enero,** it is the 10th of January; **están a 15 pesetas la pieza,** they're 15 pe-

setas each; **e. al caer,** to be just round the corner; **las vacaciones están al caer,** the holidays will soon be here; *fam* **e. a la que salta,** to ready to seize any opportunity; *fam* **e. a matar,** to be at daggers drawn. 7 *(e. + de) (condiciones transitorias)* **e. de etiqueta,** to be in evening dress; *(sobrar)* **e. de más,** not to be needed; **e. de paseo,** to be out for a walk; **e. de vacaciones,** to be (away) on holiday; **e. de viaje,** to be (away) on a trip; **estos comentarios están de más,** we could do without those comments; **estoy de jefe hoy,** I'm the boss today; *fam* **e. de miedo,** to be a real cracker. 8 *(e. + en) (permanecer)* to be in; *(consistir)* to be; **el problema está en el dinero,** the problem is money; **e. en casa,** to be in, be at home; *(saber)* **e. en lo cierto,** to be right; **e. en todo,** not to miss a trick. 9 *(e. + para)* **e. para algo,** to be in the mood for sth; **estará para las seis,** it will be finished by six; **hoy no estoy para bromas,** I'm in no mood for jokes today. 10 *(e. + por)* **está por hacer,** it is still to be done, it hasn't been done yet; **está por explicar,** it remains to be explained; **está por suceder,** it is going to happen soon; **e. por algo,** to be in favour of sth; **estoy por esperar,** I'm for waiting. 11 *(e. + con)* to have; **e. con la gripe,** to have the flu, be down with flu; *(de acuerdo)* **estoy con Jaime,** I agree with Jaime. 12 *(e. + que)* **está que se duerme,** he is nearly asleep; **estoy que no puedo más,** I can't take any more; *fam* **está que rabia,** he's hopping mad; *fam* **la cosa está que arde,** things are really hotting up. II **estarse** *vr* 1 *(énfasis)* **se estaba muriendo,** he was slowly dying; **¡estáte quieto!,** keep still!, stop fidgeting! 2 *(permanecer)* to spend, stay; **se estuvo toda la tarde viendo la TV,** he spent all afternoon watching TV.

estarcido *nm* stencil.

estarcir [3] *vtr* to stencil.

estatal *adj* state; **enseñanza e.,** state education; **política e.,** government policy.

estático,-a I *adj* static. II *nf* statics *sing*.

estatua *nf* statue; **quedarse hecho una e.,** to be transfixed.

estatuario,-a I *adj* statuary; *fig* statuesque. II *nf* sculptor.

estatuilla *nf* statuette, figurine.

estatuir [62] *vtr* to establish, enact, ordain.

estatura *nf* stature, height; **¿cuál es su e.?,** how tall is she?

estatutario *adj* statutory.

estatuto *nm Jur* statute; *(de ciudad)* by-law; *Pol* **e. de autonomía,** statute of autonomy.

este I *adj* east, eastern; *(dirección)* easterly; *(viento)* east, easterly. II *nm* 1 east; **al e. de Bilbao,** to the east of Bilbao. 2 *(viento)* east wind.

esté *subj pres véase* estar.

este,-a *adj dem* 1 this; **esta casa,** this house. 2 **estos,-as,** these; **estas mujeres,** these women.

éste,-a *pron dem m,f* 1 this one; *(el anterior)* the former; **coge é.,** take this one; **vio a María pero ésta no le dijo nada,** he saw María but she didn't say anything to him. 2 **éstos,-as,** these (ones); *(los anteriores)* the former (ones); *fam* **en éstas,** just then; **estábamos viendo la televisión y en éstas sonó el teléfono,** we were watching television when suddenly the phone rang.

estela¹ *nf* 1 *Náut* wake, wash; *Av* vapour trail; *(de cometa)* tail. 2 *fig* trail.

estela² *nf (lápida)* stele, stela.

estelar adj 1 Astron stellar; **poblaciones estelares,** star clusters; **luz e.,** starlight. 2 fig Cin Teat star; **la figura e.,** the star.

estenografía nf stenography.

estenografiar [13] vtr to take down in shorthand, stenograph.

estenográfico,-a adj stenographic, (in) shorthand.

estenógrafo,-a nm,f stenographer, shorthand writer.

estenotipia nf 1 (arte) stenotypy. 2 Téc Stenotype®.

estenotipista nmf stenotypist.

estentóreo,-a adj stentorian, thundering, booming.

estepa[1] nf Geog steppe.

estepa[2] nf Bot rockrose.

estepario,-a adj pertaining to a steppe.

estera nf rush mat.

esterar vtr to cover with rush matting.

estercolero nm dunghill, manure heap; fig pigsty.

estéreo nm, **estereofonía** nf stereo.

estereofónico,-a adj stereophonic, stereo.

estereografía nf stereography.

estereográfico,-a adj stereographic.

estereógrafo,-a nm,f stereographer.

estereotipado,-a I pp de estereotipar. II adj fig stereotyped, set, standard; **frase estereotipada,** hackneyed phrase, cliché.

estereotipar vtr 1 Impr to stereotype. 2 fig to stereotype.

estereotipo nm stereotype.

estéril adj 1 sterile, barren. 2 Med sterile. 3 fig futile, useless.

esterilete nm Med coil, IUD.

esterilidad nf 1 sterility, barrenness. 2 Med sterility. 3 fig futility, uselessness.

esterilización nf sterilization.

esterilizador,-a I adj sterilizing. II nm,f sterilizer.

esterilizar [4] vtr to sterilize.

esterilla nf 1 small mat. 2 rush matting, wickerwork; Arg **silla de e.,** wickerwork chair. 3 (galón) gold o silver braid.

esterlina adj & nf sterling; **libra e.,** pound (sterling).

esternocleidomastoideo adj & nm Anat sternocleidomastoid.

esternón nm Anat sternum, breastbone.

estero nm estuary, inlet; Am marsh, swamp.

estertor nm death rattle.

esteta nmf aesthete, US esthete.

esteticismo nm aestheticism, US estheticism.

esteticista nmf beautician.

estético,-a I adj aesthetic, US esthetic; Med **cirugía estética,** plastic surgery. II nf Filos aesthetics o US esthetics sing.

estetoscopio nm Med stethoscope.

estevado,-a adj bow-legged, bandy-legged.

estiba nf Náut stowing, loading.

estibador nm docker, stevedore.

estibar vtr 1 (cargar) to stow, load. 2 Am (mercancías) to arrange, place.

estiércol nm manure, dung.

estigma nm 1 (gen) stigma; (marca) brand, mark; (de nacimiento) birthmark. 2 Rel stigmata.

estigmatizar [4] vtr 1 to stigmatize; (marcar) to brand, mark. 2 (infamar) to stigmatize.

estilar I vtr (documento) to draw up. II vi to be in the habit of; **estila pasearse al anochecer,** he usually takes a walk at dusk. III estilarse vr to be in vogue, be fashionable; **se estilan las camisas huecas,** baggy shirts are in.

estilete nm (punzón) stylus; (puñal) stiletto; Med probe.

estilista nmf stylist.

estilístico,-a I adj stylistic. II nf stylistics sing.

estilización nf styling.

estilizar [4] vtr to stylize.

estilo nm 1 (gen) style; (modo) manner, fashion; **algo por el e.,** something like that; **e. de vida,** way of life. 2 Ling speech; **e. directo/indirecto,** direct/indirect speech. 3 Natación stroke; **e. braza,** breaststroke; **e. mariposa,** butterfly stroke; **e. libre,** freestyle. 4 (punzón) stylus.

estilográfica nf fountain pen.

estima nf 1 esteem, respect. 2 Náut dead reckoning.

estimable adj 1 esteemed, reputable, worthy. 2 (cantidad) considerable.

estimación nf 1 (estima) esteem, respect; **e. propia,** self-esteem. 2 (valoración) estimation, evaluation; (cálculo) estimate.

estimado,-a I pp de estimar. II adj esteemed, respected; (en carta) E. Señor, Dear Sir; **Estimada Señora,** Dear Madam.

estimar I vtr 1 (apreciar) to esteem, respect, admire. 2 (valorar) to estimate; (un objeto) to value. 3 (juzgar) to consider, think, reckon; **estimo conveniente dar una explicación,** I think an explanation is due. II estimarse vr 1 to be estimated (en, at), be valued (en, at). 2 to think highly of oneself.

estimativo,-a adj approximate, estimated.

estimulante I adj stimulating, encouraging. II nm stimulant.

estimular vtr 1 to stimulate; **e. el apetito,** to whet one's appetite. 2 fig to encourage.

estímulo nm 1 Biol Fís stimulus, stimulation. 2 fig encouragement; Com incentive.

estío nm summer.

estipendio nm stipend, fee, remuneration.

estipulación nf 1 Jur (cláusula) stipulation, condition, proviso. 2 (acuerdo) agreement.

estipular vtr 1 (disponer) to stipulate, establish. 2 (acordar) to agree on.

estirado,-a I pp de estirar. II adj 1 (brazos) stretched out; (piel) taut. 2 fig stiff, excessively formal; fam mean.

estirar I vtr to stretch, draw out, pull out; **e. el cuello,** to crane one's neck; **e. las piernas,** to stretch one's legs; fig **e. el dinero,** to spin one's money out, make one's money go further; fam fig **e. la pata,** to kick the bucket. II estirarse vr (alargarse) to stretch; fig to shoot up.

estirón nm pull, jerk, tug; fam **dar** o **pegar un e.,** to shoot up o grow quickly.

estirpe nf race, stock, pedigree.

estival adj summer; **época e.,** summertime.

esto pron dem neut this, this thing, this matter; **en e.,** just then; **en e. llegó Asunción,** at that moment Asunción arrived; **e. es,** that is, ie; **vendrá tarde, e. es, a las diez,** he'll be coming late, I mean, at ten; **e. no lo sabe nadie,** nobody knows that; fam **e. de la fiesta,** this business about the party.

estocada *nf Taur* thrust, stab; *fig* **la e. final,** the coup de grâce.

Estocolmo *n* Stockholm.

estofado,-a[1] *Culin* **I** *adj (carne)* stewed. **II** *nm* stew.

estofado,-a[2] *Cost* **I** *adj* quilted. **II** *nm* quilting.

estofar[1] *vtr Culin* to stew.

estofar[2] *vtr Cost* to quilt.

estoicismo *nm* stoicism.

estoico,-a **I** *adj* stoic, stoical. **II** *nm,f* stoic.

estola *nf* stole.

estolidez *nf fml* stupidity, denseness.

estólido,-a *adj* stupid, dense, thick.

estomacal **I** *adj* (of the) stomach; **bebida e.,** digestive liqueur; **trastorno e.,** stomach upset. **II** *nm* digestive liqueur.

estómago *nm* stomach; **tener buen e.,** to have a strong stomach; *fig* to be thick-skinned; *fam* **revolver algo el e. a algn,** to turn one's stomach (over). ■ **dolor de e.,** stomach ache.

estopa *nf (fibra)* tow; *(tela)* burlap. ■ **e. de acero,** steel wool.

estoperol *nm Am* tack, stud.

estopilla *nf Tex* cheesecloth.

estoque *nm Taur* sword.

estoquear *vtr Taur* to thrust at, stab.

estorbar **I** *vtr* **1** *(dificultar)* to hinder, get in the way; **las obras en la calle estorban la libre circulación de los coches,** the road works hold up traffic. **2** *(impedir)* to impede, obstruct. **3** *(molestar)* to disturb, bother, upset; **la música me estorba cuando quiero estudiar,** I can't study when there's music playing. **II** *vi* **1** *(obstaculizar)* to be in the way, block. **2** *(persona)* to be a nuisance; **tu hermano no hace más que estorbar,** your brother is always getting in the way.

estorbo *nm* **1** *(obstáculo)* obstruction, obstacle. **2** *(molestia)* hindrance, encumbrance. **3** *(persona)* nuisance.

estornino *nm Orn* starling.

estornudar *vi* to sneeze.

estornudo *nm* sneeze.

estos,-as *adj dem pl véase* **este,-a**

éstos,-as *pron dem m,fpl véase* **éste,-a**

estoy *indic pres véase* **estar**

estrabismo *nm Med* strabismus, squint; **tener e.,** to have a squint.

estrado *nm* stage, platform; *Mus* bandstand; *Jur* **estrados,** courtrooms.

estrafalario,-a *adj fam (extraño)* eccentric, weird, outlandish; *(desaliñado)* slovenly.

estragar [7] *vtr* to ruin, devastate, ravage; *fig* **e. el paladar,** to deaden one's taste buds.

estrago *nm* ruin, ravage, waste, havoc; **hacer estragos en,** to play havoc with *o* on.

estragón *nm Bot Culin* tarragon.

estrambótico,-a *adj fam* outlandish, weird, eccentric, way-out.

estrangulación *nf* strangling; *Med* strangulation.

estrangulador,-a **I** *adj* strangling; *Med* strangulating. **II** *nm,f (persona)* strangler. **III** *nm Aut* choke.

estrangular *vtr* to strangle; *Med* to strangulate; *Téc (coche)* to throttle.

estraperlear *vi* to deal in black market goods.

estraperlista *nmf* black marketeer.

estraperlo *nm* black market; **tabaco de e.,** black market cigarettes.

Estrasburgo *n* Strasbourg.

estratagema *nf Mil* stratagem; *fam* trick, ruse.

estratega *nmf* strategist.

estrategia *nf* strategy.

estratégico,-a *adj* strategic.

estratificación *nf* stratification.

estratificar [1] **I** *vtr* to stratify. **II** **estratificarse** *vr* to be stratified.

estrato *nm* **1** *Geol* stratum. **2** *Meteor (nube)* stratus. **3** *fig (clase)* stratum, layer, class, level; **estratos sociales,** social strata *pl*.

estratosfera *nf* stratosphere.

estraza *nf* rag, piece of cloth. ■ **papel de e.,** brown paper.

estrechamiento *nm* **1** *(de valle etc)* narrowing; *Cost (de prenda)* taking in; *Aut* 'e. de calzada', 'road narrows'. **2** *(punto estrecho)* narrow point. **3** *fig* tightening; **el estrechamiento de los lazos económicos entre el este y el oeste,** the tightening of economic links between east and west.

estrechar **I** *vtr* **1** *(carretera, valle)* to narrow; *(vestido)* to take in; **e. una falda,** to take in a skirt. **2** *(abrazar)* to squeeze, hug; *(mano)* to shake; **me estrechó la mano con fuerza,** he shook my hand firmly. **3** *fig (obligar)* to compel, constrain. **4** *fig (unir)* to bring closer *o* together; *(lazos)* to tighten; **e. los lazos de amistad,** to tighten the bonds of friendship. **II** **estrecharse** *vr* **1** *(carretera, valle)* to narrow, become narrower; **el camino se estrecha al llegar al pueblo,** as it nears the village the road narrows. **2** *(apretarse)* to squeeze together *o* up. **3** *fig* to tighten, get tighter. **4** *(dos personas)* to embrace one another, hug; **e. la mano,** to shake hands. **5** *fig* to economize, tighten one's belt.

estrechez *nf* **1** *(angostura)* narrowness, tightness; *(falta de espacio)* lack of space. **2** *fig (dificultad económica)* want, need; **pasar estrecheces,** to be hard up; **vivir en la e.,** to live from hand to mouth. **3** *fig (amistad)* closeness, intimacy. **4** *fig (rigidez)* strictness. ■ **e. de miras,** narrow-mindedness. **5** *fig (apuro)* tight spot.

estrecho,-a **I** *adj* **1** narrow; *(vestido)* tight; *(habitación)* cramped, pokey; *(zapatos)* tight, small. **2** *(de dinero)* tight, short. **3** *(sin espacio)* packed, jampacked. **4** *fig (relación)* close, intimate; *(lazo)* close. **5** *fig (actitud)* narrow, rigid; *(carácter)* mean; **e. de miras,** narrow-minded; *fam* strait-laced; **¡no te hagas la estrecha!,** don't be so coy! **II** *nm Geog* strait, straits *pl*; **el E. de Gibraltar,** the Straits of Gibraltar. ◆**estrechamente** *adv* **1** *(con estrechez)* narrowly, tightly. **2** *fig (íntimamente)* closely, intimately; **e. unidos,** very close; **e. vinculados,** closely linked. **3** *fig (con rigidez)* strictly, rigidly.

estrechura *nf* **1** *(angostura)* narrowness, narrow point. **2** *fig (intimidad)* closeness, intimacy.

estregar [48] **I** *vtr (con cepillo)* to scrub; *(con trapo etc)* to rub. **II** **estregarse** *vr* to rub oneself.

estrella *nf (gen)* star; *fig* **haber nacido con buena e.,** to be born under a lucky star; *fig* **nacer con e.,** to be born lucky; *fig* **tener buena/mala e.,** to be lucky, unlucky; *fig* **ver las estrellas,** to see stars. ■ **e. de cine,** film star; *Zool* **e. de mar,** starfish; *Astron* **e. errante, e. fugaz,** shooting star.

estrellado,-a **I** *pp de* **estrellar** **II** *adj* **1** *(en forma de estrella)* star-shaped. **2** *(cielo)* starry, full of stars, star-spangled. **3** *(hecho pedazos)* smashed, shattered.

estrellar I *vtr* **1** *(llenar de estrellas)* to star, cover with stars. **2** *fam (hacer pedazos)* to smash (to pieces), shatter. **II estrellarse** *vr (hacerse pedazos)* to smash, shatter, crash (**contra**, against); *Aut Av (chocar)* to crash (**contra**, into); *fig* **e. contra un problema,** to come up against *o* run into a problem.

estrellato *nm* stardom.

estrellón *nm Am* crash, collision.

estremecedor,-a *adj (que asusta)* startling; *(grito)* bloodcurdling.

estremecer [43] **I** *vtr (gen)* to shake. **II estremecerse** *vr (temblar)* to shake, tremble, vibrate; *(persona)* to tremble (**ante**, at; **de**, with); *(de miedo)* to tremble, shudder; *(de frío)* to shiver, tremble.

estremecido,-a I *pp de* **estremecer**. **II** *adj* shaking (**de**, with), trembling (**de**, with).

estremecimiento *nm (de tierra, edificio)* tremor, vibration; *(de miedo)* trembling, shuddering; *(de frío)* shiver, trembling.

estrena *nf* present, gift.

estrenar I *vtr* **1** *(gen)* to use for the first time; *(ropa)* to wear for the first time; **e. piso,** to move into a new flat. **2** *Teat (obra)* to perform for the first time, give the first performance of; *Cin (película)* to release, put on release. **II estrenarse** *vr* to start, make one's debut.

estreno *nm (de persona)* debut, first appearance; *Teat* first performance; *Cin* premiere, new release; **riguroso e.,** world premiere.

estreñido,-a I *pp de* **estreñir**. **II** *adj* constipated.

estreñimiento *nm Med* constipation.

estreñir [36] *Med* **I** *vtr* to make constipated, constipate. **II estreñirse** *vr* to become constipated.

estrépito *nm (estruendo)* din, racket, clatter; *fig (ostentación)* ostentation, fuss.

estrepitoso,-a *adj* noisy, clamorous; *(ruido)* deafening; *fig (éxito)* resounding; *fig (fracaso)* spectacular. ◆**estrepitosamente** *adv* noisily.

estreptococo *nm Med* streptococcus.

estreptomicina *nf Med* streptomycin.

estrés *nm Med* stress.

estría *nf* **1** *(ranura)* groove; *Arquit* flute, fluting. **2** *fam (en la piel)* stretch mark.

estribación *nf Geog* spur; **estribaciones,** foothills.

estribar *vi* **1** *(apoyarse)* to rest (**en**, on). **2** *fig (basarse)* to lie in, be based on; **su éxito estriba en su capacidad de concentración,** her success lies in her powers of concentration.

estribillo *nm* **1** *(en poesía)* refrain; *(en canción)* chorus. **2** *(muletilla)* pet phrase *o* saying, catchphrase.

estribo *nm* **1** *(de jinete)* stirrup; *Aut* running board, footboard; *(en carruaje)* step; *fig* **perder los estribos,** to lose one's temper, lose one's head. **2** *Arquit* buttress; *(de puente)* pier, support. **3** *Geog* spur. **4** *Anat* stirrup bone.

estribor *nm Náut* starboard.

estrictez *nf Am* strictness.

estricto,-a *adj* strict, rigorous.

estridencia *nf* stridency, shrillness.

estridente *adj* strident, shrill.

estripazón *nf CAm (apretura)* crush; *(destrozo)* destruction.

estrofa *nf Lit* stanza, verse, strophe.

estrógeno *nm* oestrogen, *US* estrogen.

estroncio *nm Quím* strontium.

estropajo *nm* scourer; *fam fig* **poner a algn como un e.,** to pull sb to pieces.

estropajoso,-a *adj* **1** *(lengua)* furry. **2** *(habla)* stammering. **3** *(carne)* gristly, tough. **4** *(pelo)* strawlike. **5** *(persona) (andrajoso)* ragged; *(desaliñado)* slovenly.

estropear I *vtr (máquina, cosecha)* to damage; *(fiesta, plan)* to spoil, ruin; *(salud)* to be bad for; *(pelo, manos)* to ruin. **II estropearse** *vr (máquina)* to break down; *(cosecha)* to be *o* get damaged, be spoiled; *(plan, proyecto)* to fail.

estropicio *nm fam* **1** *(destrozo)* breakage, smashing, damage; *(ruido)* crash, clatter. **2** *fig (desorden)* mess; *(jaleo)* fuss, rumpus; **hacer un e.,** to make a right mess of sth.

estructura *nf (gen)* structure; *(armazón)* frame, framework.

estructuración *nf* structure, organization.

estructural *adj* structural.

estructurar *vtr* to structure, organize.

estruendo *nm* **1** *(ruido)* din, racket. **2** *(confusión)* uproar, tumult.

estruendoso,-a *adj (ruido)* noisy, deafening; *(aplauso)* thunderous.

estrujar I *vtr* **1** *(exprimir)* to squeeze; *(apretar)* to crush; *(ropa)* to wring. **2** *fig (explotar)* to drain, bleed dry. **II estrujarse** *vr fam* **e. los sesos** *o* **el cerebro,** to rack one's brains.

estrujón *nm* tight squeeze, big hug.

estuario *nm Geol* estuary.

estucado,-a I *pp de* **estucar**. **II** *nm* stucco(work).

estucar [1] *vtr* to stucco.

estuche *nm (caja)* case, box; *(vaina)* sheath. ■ **e. de aseo,** toilet bag.

estuco *nm* stucco.

estudiado,-a I *pp de* **estudiar**. **II** *adj (muy pensado)* studied; *(falso)* affected, studied; *(rebuscado)* elaborate, recherché.

estudiantado *nm* students *pl*, student body.

estudiante *nmf* student.

estudiantil *adj* student, of students.

estudiantina *nf* student band.

estudiar [12] **I** *vtr* **1** *(gen)* to study; *(en la universidad)* to read, study; **e. medicina,** to study medicine. **2** *(trabajar)* to study, work; **este año tiene que e. mucho,** he has to work a lot this year. **3** *(pensar)* to think about *o* over, ponder; **lo estudiaré,** I'll think about it. **4** *(observar)* to examine, observe; **he estudiado todos sus movimientos,** I've observed all his movements. **II** *vi* to study; **estudia para médico,** he's studying to be a doctor.

estudio *nm* **1** *(gen)* study; *(encuesta)* survey, research; **dedicarse al e. de algo,** to study sth; **estar en e.,** to be under consideration. ■ *Com* **e. de mercado,** market research; **e. de viabilidad,** feasibility study. **2** *(sala)* studio. ■ *Cin* **e. cinematográfico,** film studio; *Mús* **e. de grabación,** recording studio; *TV* **e. de televisión,** television studio. **3** *(apartamento)* studio (flat). **4 estudios,** studies, education *sing*; **dar e. a algn,** to pay for sb's education; **hizo sus e. en Europa,** she studied in Europe; **tener e.,** to be well-educated.

estudioso,-a I *adj* studious. **II** *nm,f* student, scholar.

estufa *nf* **1** *(calentador)* heater, stove; *(de gas, eléctrica)* fire. **2** *(invernadero)* hothouse, greenhouse.

estufilla *nf* **1** *(brasero)* brazier, foot-warmer. **2** *(manguito)* muff.

estulticia *nf lit* stupidity, foolishness.

estulto,-a *adj lit* stupid, foolish.

estupa I *nf arg (grupo)* drug squad. II *nmf (persona)* drug squad officer.

estupefacción *nf* stupefaction; *(asombro)* astonishment, amazement.

estupefaciente *nm* drug, narcotic.

estupefacto,-a *adj* astounded, flabbergasted.

estupendo,-a *adj* super, marvellous, *US* marvelous, wonderful; ¡e.!, great! ◆**estupendamente** *adv* marvellously, *US* marvelously, wonderfully.

estupidez *nf* stupidity, stupid thing; **cometer una e.**, to do something silly; ¡qué e.!, what a stupid thing to do *o* to say!

estúpido,-a I *adj* silly, stupid. II *nm,f* berk, idiot.

estupor *nm* stupor, amazement, astonishment; **causar e.**, to astonish.

estupro *nm Jur* rape (of a minor).

estuquista *nmf* stucco worker.

esturión *nm (pez)* sturgeon.

estuve *pt indef véase* **estar.**

esvástica *nf* swastika.

ETA *nf abr de* **Euzkadi Ta Askatasuna** *(Patria Vasca y Libertad).*

etapa *nf* 1 *(fase)* period, stage; **por etapas**, in stages; **quemar etapas**, to get on in leaps and bounds. 2 *Dep* leg, stage.

etarra *Pol* I *adj* (of) ETA. II *nmf* member of ETA.

etc. *abr de* **etcétera**, etcetera, etc.

etcétera I *adv* etcetera, and so on. II *nm* list; **y un largo e. de quejas**, and a long list of complaints.

éter *nm* 1 *Quím* ether. 2 *lit (espacio celeste)* ether, sky, heavens *pl.*

etéreo,-a *adj* ethereal.

eternidad *nf* eternity; *fam* age; **tardaste una e.**, you took ages.

eternizar [4] I *vtr* to eternalize, eternize; *fam* to prolong endlessly, make everlasting. II **eternizarse** *vr fam* to be interminable *o* endless; *(persona)* to take ages (**en**, over); *(discusión)* to drag on.

eterno,-a *adj* eternal, everlasting, endless.

ética *nf* ethic, ethics *sing.*

ético,-a I *adj* ethical. II *nm,f* ethicist.

etílico,-a *adj* ethylic; **alcohol e.**, ethyl alcohol; **en estado e.**, intoxicated; **intoxicación etílica**, alcohol poisoning.

etilo *nm Quím* ethyl.

etimología *nf* etymology.

etimológico,-a *adj* etymological.

etiope *adj & nmf*, **etíope** *adj & nmf* Ethiopian.

Etiopía *nf* Ethiopia.

etiqueta *nf* 1 *(marbete)* label, tag; *fig* **poner etiquetas a la gente**, to label people. 2 *(ceremonia)* etiquette, formality, ceremony; **de e.**, formal; **traje de e.**, evening *o* formal dress.

etiquetar *vtr* to label, put a label on.

etiquetero,-a *adj* formal, punctilious, ceremonious.

étnico,-a *adj* ethnic.

etnografía *nf* ethnography.

etnográfico,-a *adj* ethnographic, ethnographical.

etnológico,-a *adj* ethnologic, ethnological.

etnólogo,-a *nm,f* ethnologist.

etrusco,-a I *adj* Etruscan. II *nm,f (persona)* Etruscan. III *nm (idioma)* Etruscan.

eucalipto *nm Bot* eucalyptus.

eucaristía *nf Rel* Eucharist.

eucarístico,-a *adj* eucharistic, eucharistical.

eufemismo *nm* euphemism.

eufemístico,-a *adj* euphemistic.

eufonía *nf* euphony.

eufónico,-a *adj* euphonic, euphonious.

euforia *nf* euphoria, elation.

eufórico,-a *adj* euphoric, elated.

Éufrates *n* (el) É., the Euphrates.

eunuco *nm* eunuch.

eureka *interj* eureka!

euroasiático,-a *adj & nm,f* Eurasian.

eurocomunismo *nm Pol* Eurocommunism.

eurocomunista *adj & nmf Pol* Eurocommunist.

euromisil *nm* Euromissile.

Europa *n* Europe.

europeísmo *nm* Europeanism.

europeísta *adj & nmf* pro-European.

europeización *nf* Europeanization.

europeizar [26] *vtr* to europeanize.

europeo,-a *adj & nm,f* European.

euscalduna I *adj* Basque; *(que habla vasco)* Basque-speaking. II *nmf* Basque speaker.

euskera *adj & nm*, **eusquera** *adj & nm (idioma)* Basque.

Eustaquio *nm Anat* **trompa de E.**, Eustachian tube.

eutanasia *nf* euthanasia.

evacuación *nf* evacuation.

evacuado,-a I *pp de* **evacuar**. II *adj* evacuated. III *nm,f* evacuee.

evacuar [10] *vtr* 1 *(lugar)* to evacuate. 2 *(llevar a cabo)* to carry out; *Jur* to issue. 3 *Anat* to empty; **e. el vientre**, to have a bowel movement.

evadido,-a I *pp de* **evadir**. II *adj* escaped. III *nm,f* fugitive, escapee.

evadir I *vtr (respuesta, peligro)* to avoid; *(responsabilidad)* to shirk; *(divisas, impuestos)* to evade. II **evadirse** *vr (escaparse)* to escape.

evaluación *nf* evaluation. ■ *Educ* **e. continuada**, continuous assessment.

evaluar [11] *vtr* to evaluate, assess.

evanescente *adj* evanescent.

evangélico,-a *adj Rel* evangelic, evangelical.

evangelio *nm* gospel; **el E. según San Juan**, the Gospel according to Saint John.

evangelismo *nm* evangelism.

evangelista *nm* evangelist.

evangelización *nf* evangelization, evangelizing.

evangelizador,-a I *adj* evangelizing. II *nm,f* evangelist.

evangelizar [4] *vtr* to evangelize, preach the gospel to.

evaporable *adj* evaporable.

evaporación *nf* evaporation.

evaporar I *vtr* to evaporate. II **evaporarse** *vr* to evaporate; *fig* to vanish.

evasión *nf (fuga)* escape, flight; *fig* evasion, dodge. ■ **e. fiscal** *o* **de impuestos**, tax evasion; **novela de e.**, escapist novel.

evasiva *nf* evasive answer; **contestar con evasivas**, not to give a straight answer, avoid the issue.

evasivo,-a *adj* evasive.

evento *nm* eventuality, contingency, unforeseen event; **a todo e.**, in any event.

eventual I *adj* **1** *(casual)* chance, possible; *(gastos)* incidental; **circunstancias eventuales,** chance circumstances. **2** *(trabajo, obrero)* casual, temporary, provisional. **II** *nm,f (obrero)* temporary worker. ◆**eventualmente** *adv* by chance.

eventualidad *nf* eventuality, contingency, chance.

evicción *nf Jur* eviction.

evidencia *nf* **1** *(claridad)* obviousness, clearness; *(certidumbre)* certainty; **poner algo en e.**, to demonstrate sth; **poner a algn en e.**, to make a fool of sb, show sb up. **2** *SAm (prueba)* proof, evidence.

evidenciar [12] *vtr* to prove, show, demonstrate, make evident *o* obvious.

evidente *adj* evident, obvious. ◆**evidentemente** *adv* evidently, obviously.

evitable *adj* avoidable, preventable.

evitación *nf* avoidance, prevention.

evitar I *vtr* (*gen*) to avoid; *(prevenir, impedir)* to prevent; *(tentación)* to shun; *(desastre)* to avert; **esto nos evitará muchas molestias,** this'll save us a lot of trouble; **quiero e. que sufra,** I want to spare him any suffering. **II evitarse** *vr* to avoid one another.

evocación *nf* evocation, recollection, recalling.

evocador,-a *adj* evocative, evocatory.

evocar [1] *vtr* **1** *(espíritu)* to invoke. **2** *(recuerdo)* to evoke; *(pasado)* to recall.

evolución *nf* **1** *(cambio)* evolution; *(desarrollo)* development. **2** *(vuelta)* turn; *Mil (movimiento)* manoeuvre, *US* maneuver.

evolucionar *vi* **1** *(cambiar)* to evolve, develop; **e. a pasos agigantados,** to take giant strides. **2** *(dar vueltas)* to turn; *Mil (moverse)* to manoeuvre, *US* maneuver.

evolucionismo *nm* evolutionism.

evolucionista *adj & nmf* evolutionist.

evolutivo,-a *adj* evolutionary, evolving.

ex *pref* former, ex-; **ex alumno,** former pupil, ex-student; **ex combatiente,** ex-serviceman, *US* veteran.

exabrupto *nm* sharp comment, sudden outburst; **contestar a algn con un e.**, to snap at sb.

exacción *nf (de impuestos)* exaction; *(extorsión)* extortion.

exacerbación *nf* **1** *(agravamiento)* exacerbation, aggravation. **2** *(irritación)* exasperation.

exacerbante *adj* **1** *(agravante)* aggravating. **2** *(irritante)* exasperating, irritating.

exacerbar I *vtr* **1** *(agravar)* to exacerbate, aggravate. **2** *(irritar)* to exasperate, irritate. **II exacerbarse** *vr (irritarse)* to feel exasperated.

exactitud *nf (fidelidad)* exactness; *(precisión)* accuracy; **con e.**, accurately.

exacto,-a *adj (fiel)* exact; *(preciso)* exact, accurate; **¡e.!,** precisely!; **para ser e.**, to be precise. ◆**exactamente** *adv* exactly, precisely, just so.

exageración *nf* exaggeration; **¡qué e.!,** come off it!

exagerado,-a I *pp de* **exagerar. II** *adj* exaggerated; *(historia)* far-fetched; *(castigo)* excessive; **es un tipo e.**, he overdoes everything; **precios exagerados,** exorbitant prices; **un gesto e.**, a flamboyant gesture; **una historia e.**, a tall story. ◆**exageradamente** *adv* excessively.

exagerar *vtr* to exaggerate; *pey* to overdo, go too far.

exaltación *nf* **1** *(alabanza)* exaltation, praise. **2** *(júbilo)* exaltation, elation. **3** *(enardecimiento)* overexcitement. **4** *fam Pol (fanatismo)* fanaticism.

exaltado,-a I *pp de* **exaltar. II** *adj (discusión)* impassioned, heated; *(persona)* excitable, hotheaded; **los ánimos estaban exaltados,** feelings were running high. **III** *nm,f fam* hothead; *Pol* fanatic, extremist.

exaltar I *vtr* **1** *(elevar)* to raise, promote. **2** *(ensalzar)* to exalt, praise, extol. **II exaltarse** *vr (enardecerse)* to get overexcited, get carried away, get worked up.

exalumno,-a *nm,f Univ* former student; *(de escuela, colegio) (alumno)* old boy; *(alumna)* old girl.

examen *nm (gen)* examination, exam; *(de problema)* consideration; **aprobar un e.**, to pass an exam; **hacer un e.**, to do an exam; **presentarse a un e.**, to take *o* sit an exam. ■ **e. de conducir,** driving test; *Educ* **e. de ingreso,** entrance examination; *Med* **e. médico,** checkup.

examinador,-a I *adj* examining. **II** *nm,f* examiner.

examinando,-a *nm,f* candidate, examinee.

examinar I *vtr (gen)* to examine; *(inspeccionar)* to go over, inspect, consider. **II examinarse** *vr* to take *o* sit an examination.

exangüe *adj* **1** *(desangrado)* bloodless. **2** *fig (débil)* weak, lifeless.

exánime *adj* **1** *(muerto)* dead. **2** *fig (desmayado)* lifeless; *(muy débil)* worn-out, exhausted.

exasperación *nf* exasperation.

exasperante *adj* exasperating.

exasperar I *vtr* to exasperate. **II exasperarse** *vr* to become exasperated.

Exc., Exca., Exc.ª *abr de* **Excelencia,** Excellency.

excarcelación *nf* release (from prison).

excarcelar *vtr* to release (from prison).

excavación *nf* excavation, digging; *Arqueol* dig.

excavadora *nf* digger.

excavador,-a *nm,f* excavator, digger.

excavar *vtr* to excavate, dig.

excedencia *nf (ausencia)* leave (of absence); *(sueldo)* leave pay; *(de profesor)* sabbatical.

excedente I *adj* **1** *(excesivo)* excessive; *(que sobra)* excess, surplus. **2** *(persona)* on leave; *(profesor)* on sabbatical. **II** *nm Com* surplus, excess.

exceder I *vtr (superar)* to exceed, surpass; *(sobrepasar)* to excel, outdo; **e. el presupuesto,** to overspend; **e. en mucho a ...,** to greatly exceed ... . **II** *vi* **e. de,** to exceed, surpass. **III excederse** *vr* to overdo it, go to extremes; **e. a sí mismo,** to surpass *o* excel oneself; **e. en sus funciones,** to exceed one's duty.

excelencia *nf* **1** excellence; **por e.**, par excellence. **2** *(título)* **Su E.**, His *o* Her Excellency.

excelente *adj* excellent, first-rate.

excelentísimo,-a *adj (alcalde)* Your Worship; *(embajador)* Your Excellency; *(juez)* Your Honour.

excelso,-a *adj* sublime, lofty.

excentricidad *nf* eccentricity.

excéntrico,-a *adj* eccentric.

excepción *nf* exception; **a** *o* **con e. de,** with the exception of, except for; **de e.**, exceptional; **la e. confirma la regla,** the exception proves the rule. ■ *Pol* **estado de e.**, state of emergency.

excepcional *adj (extraordinario)* exceptional, outstanding; *(raro)* exceptional, unusual.

excepto *adv* except (for), excepting, apart from.
exceptuación *nf* exception, exclusion.
exceptuar [11] *vtr* to except, exclude, leave out.
excesivo,-a *adj* excessive.
exceso *nm* 1 excess, surplus; **con e.**, too much; **bebe con e.**, he drinks too much; **en e.**, in excess, excessively. ▪ **e. de equipaje**, excess baggage; **e. de velocidad**, speeding. 2 **excesos**, excesses; **cometer excesos**, to overindulge.
excitabilidad *nf* excitability.
excitable *adj* excitable, easily worked up.
excitación *nf* (*sentimiento*) excitement; (*acción*) excitation.
excitante I *adj* exciting; *Med* stimulating. II *nm* stimulant.
excitar I *vtr* 1 to excite; (*emociones*) to arouse, stir up. II **excitarse** *vr* to get excited, get carried away, get worked up.
exclamación *nf* exclamation; (*grito*) cry; **lanzar** *o* **exhalar una e.**, to cry out. ▪ *Ling* **signo de e.**, exclamation mark.
exclamar *vtr & vi* to exclaim, cry out.
exclamativo,-a *adj*, **exclamatorio,-a** *adj* exclamatory.
exclaustrado,-a I *pp de* **exclaustrar**. II *nm,f Rel* (*monje*) secularized monk; (*monja*) secularized nun.
exclaustrar *vtr Rel* to secularize.
excluir [62] *vtr* to exclude, shut out; (*rechazar*) to reject.
exclusión *nf* exclusion, shutting out; **a e. de**, with the exclusion of, excluding, not counting.
exclusiva *nf Com* sole right; *Prensa* exclusive.
exclusive *adv* exclusively, exclusive; **del ocho de marzo al siete de noviembre exclusive**, from the eighth of March to the seventh of November exclusive.
exclusividad *nf* exclusiveness.
exclusivismo *nm* exclusionism.
exclusivista I *adj* exclusive, select. II *nm,f* exclusivist.
exclusivo,-a *adj* exclusive.
Excma. *abr de* **Excelentísima**, Most Excellent.
Excmo. *abr de* **Excelentísimo**, Most Excellent.
excomulgar [7] *vtr Rel* to excommunicate.
excomunión *nf* excommunication.
excoriación *nf* excoriation, chafing; (*desolladura*) graze.
excoriar [12] I *vtr* to excoriate, chafe. II **excoriarse** *vr* to graze oneself.
excrecencia *nf* excrescence.
excreción *nf* excretion.
excremento *nm* excrement.
excretar *vi* to excrete.
excretor,-a *adj Anat* excretory; **aparato e.**, excretory organ.
exculpación *nf* exoneration; *Jur* acquittal.
exculpar *vtr* to exonerate; *Jur* to acquit.
excursión *nf* excursion, trip, outing; **hacer una e.**, to go on a trip.
excursionismo *nm Dep* hiking.
excursionista *nmf* tripper; (*a pie*) hiker.
excusa *nf* (*pretexto*) excuse; (*disculpa*) excuse, apology; **presentar** *o* **ofrecer sus excusas**, to apologize.

excusado,-a I *pp de* **excusar**. II *adj* 1 (*disculpado*) excused, pardoned, forgiven; (*exempt*) extento; **estar e. de**, to be exempt from. 2 (*innecesario*) unnecessary, needless; **e. es decir que ...**, needless to say that ... . III *nm* (*baño*) toilet.
excusar I *vtr* 1 (*justificar*) to excuse. 2 (*disculpar*) to pardon, forgive. 3 (*eximir*) exempt (**de**, from). 4 (*evitar*) to avoid, prevent; **así excusamos problemas**, this way we avoid problems; **excuso decirte**, I don't have to tell you, needless to say. II **excusarse** *vr* (*disculparse*) to apologize, excuse oneself.
execrable *adj* execrable, abominable.
execración *nf* execration.
execrar *vtr* to execrate, abhor, deplore.
exención *nf* exemption; **e. de impuestos**, tax exemption.
exento,-a *adj* exempt, free (**de**, from); **e. de preocupaciones**, carefree; **está e. del servicio militar**, he's exempt from military service; **no está e. de peligros**, it is not without danger.
exequias *nfpl* obsequies, funeral rites.
exfoliación *nf* exfoliation.
exfoliar [12] *vtr* to exfoliate.
exhalación *nf* 1 (*emanación*) exhalation. 2 (*estrella*) shooting star; (*rayo*) flash of lightning; *fam fig* **pasar como una e.**, to flash past.
exhalar I *vtr* (*aire*) to exhale, breathe out; (*gas*) to give off, emit; (*suspiro*) to heave; (*queja*) to utter. II **exhalarse** *vr* (*persona*) to rush.
exhaustivo,-a *adj* exhaustive, thorough; **de modo e.**, thoroughly.
exhausto,-a *adj* exhausted.
exheredación *nf* disinheritance.
exheredar *vtr* to disinherit.
exhibición *nf* exhibition, show; *Cin* showing.
exhibicionismo *nm* exhibitionism.
exhibicionista *nmf* exhibitionist.
exhibir I *vtr* 1 (*mostrar*) to exhibit, display, show. 2 (*ostentar*) to show off. II **exhibirse** *vr* (*ostentar*) to show off, make an exhibition of oneself.
exhortación *nf* exhortation.
exhortar *vtr* to exhort.
exhuberancia *nf* (*gen*) exuberance; (*abundancia de vegetación*) lushness, luxuriance.
exhumación *nf* exhumation.
exhumar *vtr* to exhume.
exigencia *nf* exigency, demand; (*requisito*) requirement.
exigente *adj* demanding, exacting.
exigir [6] *vtr* (*persona*) to demand, insist on; (*situación*) to require, call for; **este problema exige una solución rápida**, this problem requires a swift solution; **exige demasiado**, he's extremely demanding; **e. buena cualidad en el servicio**, to insist upon good service.
exigüidad *nf* (*pequeñez*) smallness; (*escasez*) scantiness, meagreness, scarcity; **e. de recursos**, lack of funds.
exiguo,-a *adj* (*pequeño*) small, tiny; (*escaso*) scanty, meagre, *US* meager.
exilado,-a I *pp de* **exilar**. II *adj* exiled, in exile. III *nm,f* exile.
exilar I *vtr* to exile, send into exile. II **exilarse** *vr* to go into exile.
exiliado,-a I *pp de* **exiliar**. II *véase* **exilado,-a**.
exiliar [12] *vtr*, **exiliarse** *vr* *véase* **exilar**.

exilio nm 1 (acción) exile, banishment; **enviar al e.**, to send into exile. 2 (lugar) (place of) exile.

eximio,-a adj distinguished, renowned, eminent.

eximir I vtr to exempt, free, excuse (de, from). II eximirse vr to free oneself (de, from).

exinanido,-a adj debilitated, very weak.

existencia nf 1 (vida) existence, life. 2 **existencias**, Com stock sing, stocks; **en existencia**, in stock; **renovar las e.**, to restock. ■ **liquidación de e.**, clearance sale.

existencial adj Filos existential.

existencialismo nm Filos existentialism.

existencialista adj Filos existentialist.

existente adj existing, existent; Com in stock.

existir vi to exist, be (in existence); **existen aún muchas dificultades**, there are still many difficulties.

exitazo nm fam terrific success, smash hit.

éxito nm success; **con é.**, successfully; **no tener é.**, to fail, not succeed; **tener é.**, to be successful.

éxodo nm exodus.

exoneración nf exoneration.

exonerar vtr to exonerate.

exorable adj exorable.

exorbitancia nf exorbitance, excessiveness.

exorbitante adj exorbitant, excessive.

exorcismo nm exorcism.

exorcista nmf exorcist.

exorcizar [4] vtr to exorcize.

exordio nm exordium, foreword.

exótico,-a adj exotic.

expandir I vtr (dilatar) to expand; fig (divulgar) to spread. II expandirse vr (dilatarse) to expand; fig (divulgarse) to spread.

expansión nf 1 (de un gas) expansion; (crecimiento) growth. 2 fig (difusión) spreading. 3 fig (diversión) relaxation, recreation.

expansionarse vr 1 (gas) to expand. 2 fig (divertirse) to relax, amuse oneself, let one's hair down.

expansionismo nm expansionism.

expansionista adj expansionist.

expansivo,-a adj 1 (gas) expansive. 2 fig (persona) open, frank.

expatriación nf expatriation.

expatriado,-a I pp de expatriar. II adj & nm,f expatriate.

expatriar [19] I vtr to exile, banish. II expatriarse vr to leave one's country, emigrate, go into exile.

expectación nf (esperanza) expectation, expectancy, anticipation; (emoción) excitement.

expectante adj expectant.

expectativa nf 1 (esperanza) expectation, expectancy. 2 (perspectiva) prospect; **estar a la e. de**, to be on the lookout for, be on the watch for.

expectoración nf 1 (acción) expectoration. 2 (esputo) sputum, phlegm.

expectorante nm Farm expectorant.

expectorar vtr & vi to expectorate.

expedición nf 1 (gen) expedition; (viaje) expedition; (personas) party. 2 (envío) dispatch, shipping; (conjunto de mercancías) shipment.

expedicionario,-a I adj expeditionary; Mil **cuerpo o grupo e.**, expeditionary force. II nm,f member of an expedition.

expedidor,-a nm,f Com sender, dispatcher, shipper.

expedientar vtr to make a file on, place under enquiry.

expediente nm 1 (informe) dossier, record; (ficha) file; fam **cubrir el e.**, to keep up appearances. ■ Educ **e. académico**, student's record. 2 Jur proceedings pl, action; **formar e. a**, to take proceedings against; **incoar e.**, to start proceedings. 3 (recurso) expedient; **recurrir al e. de**, to resort to.

expedienteo nm pey red tape.

expedir [34] I vtr 1 (despachar) (carta etc) to send, dispatch; (mercancías) to send, dispatch, ship. 2 (pasaporte, título) to issue; (contrato, documento) to draw up. II expedirse vr Arg Chi Urug (manejarse) to manage.

expeditar vtr Am to solve.

expeditivo,-a adj expeditious.

expedito,-a adj (presto) expeditious, prompt, speedy; (libre) free, clear.

expelente adj expelling.

expeler vtr to expel, eject, throw out.

expendedor,-a I adj selling, retailing, retail. II nm,f (vendedor) dealer, seller, retailer; **e. de tabaco**, tobacconist. III nm **e. automático**, vending machine.

expendeduría nf tobacconist's.

expender vtr (al por menor) to retail, sell; (gastar) to spend.

expensas nfpl expenses pl, charges pl, costs pl; **a e. de**, at the expense of.

experiencia nf experience; (experimento) experiment; **por e.**, from experience.

experimentación nf experimentation, experimenting, testing.

experimentado,-a I pp de experimentar. II adj (persona) experienced; (método) tested, tried.

experimental adj experimental.

experimentar vtr 1 (hacer experimentos) to experiment, test. 2 (sentir) to experience, feel; (pérdida) to suffer; (aumento) to show; (cambio) to undergo; Med **e. una mejoría**, to improve, make progress. 3 (probar) to test, try out.

experimento nm experiment, test.

experto,-a I adj expert. II nm,f expert. ◆**expertamente** adv expertly, skilfully, US skillfully.

expiación nf expiation, atonement.

expiar [13] vtr to expiate, atone for.

expiración nf expiration, expiry; **fecha de e.**, expiry date.

expirar vi to expire.

explanada nf esplanade.

explanar vtr 1 (allanar) to level, grade. 2 fig (explicar) to explain, elucidate; (aclarar) to clear up.

explayar I vtr (extender) to extend, spread out. II explayarse vr 1 (hablar) to dwell (on), elaborate (on), talk at length (about). 2 (divertirse) to enjoy oneself. 3 (confiarse) to confide (con, in), open one's heart (con, to).

explicable adj explicable, explainable.

explicación nf explanation; (motivo) reason; **sin dar explicaciones**, without giving any reason.

explicaderas nfpl fam way sing of explaining; **tener buenas e.**, to be good at explaining things.

explicar [1] I vtr to explain, expound. II explicarse vr 1 (persona) to explain (oneself); **¿me explico?**, do you understand?; **se explica muy bien**, he's very articulate. 2 (algo) to understand, make out; **no me lo explico**, I can't understand it.

explicativo,-a *adj* explanatory.

explicitar *vtr* to state explicitly.

explícito,-a *adj* explicit.

exploración *nf* exploration; *Téc* scanning; *Mil* reconnaissance.

explorador,-a I *adj* exploring, exploratory; *Mil* **avión e.**, reconnaissance aircraft. II *nm,f* 1 *(persona)* explorer; *(niño)* boy scout; *(niña)* girl guide, US girl scout. 2 *Med* probe; *Téc* scanner.

explorar *vtr* to explore; *Med* to probe; *Téc* to scan; *Min* to drill, prospect; *Mil* to reconnoitre; *fig* **e. el terreno,** to see how the land lies.

exploratorio,-a *adj* exploratory; *Med* probing.

explosión *nf* 1 *(estallido)* explosion, blast, blowing up; **hacer e.,** to explode; **se oyó una fuerte e.,** there was a loud explosion. ■ **motor de e.,** internal combustion engine. 2 *fig* outburst.

explosionar *vtr & vi* to explode, blast, blow up.

explosivo,-a I *adj* explosive; *Ling* plosive. II *nm* explosive.

explotable *adj (mina)* exploitable, workable; *(terreno)* which can be farmed o cultivated.

explotación *nf* 1 *(utilización)* exploitation, working; *Agr* cultivation (of land); **e. de recursos,** tapping of resources. ■ **e. agrícola,** farm; **e. forestal,** forestry; **e. minera,** mine; **gastos de e.,** running costs o expenses. 2 *pey (abuso)* exploitation.

explotador,-a *nm,f pey* exploiter.

explotar I *vtr* 1 *(gen) (aprovechar)* to exploit; *(mina)* to work; *(recursos)* to tap; *(fábrica)* to operate; *(tierra)* to cultivate. 2 *pey (personas, situación)* to exploit. II *vi (bomba)* to explode, go off.

expoliación *nf* plundering, pillaging, sacking.

expoliar [12] *vtr* to plunder, pillage, sack.

expolio *nm (acción)* plundering, pillaging; *(botín)* plunder, booty.

exponente I *nmf (persona)* exponent. II *nm Mat* index, exponent.

exponer [78] *(pp expuesto)* I *vtr* 1 *(mostrar)* to expose, show, exhibit, display. 2 *(explicar)* to expound, explain, put forward; *(propuesta)* to set out. 3 *(arriesgar)* to expose, risk, endanger. II **exponerse** *vr (arriesgarse)* to run the risk (**a, of**), expose oneself (**a,** to); **no te expongas a tal peligro,** don't expose yourself to such a danger; **te expones a perder el trabajo,** you run the risk of losing your job.

exportable *adj* exportable, for exportation.

exportación *nf* exportation, export. ■ **derechos de e.,** export duties; **licencia de e.,** export licence.

exportador,-a I *adj* exporting; **países exportadores de petróleo,** petroleum exporting countries. II *nm,f* exporter.

exportar *vtr* to export.

exposición *nf* 1 *Arte* exhibition, show, display. ■ **e. universal,** world fair; **sala de exposiciones,** gallery. 2 *(explicación)* account, claim, explanation; *(de hechos, ideas)* exposé. 3 *Fot* exposure.

expositivo,-a *adj* explanatory.

expósito,-a *nm,f (niño)* **e.,** foundling.

expositor,-a *nm,f (de teoría)* exponent; *Arte* exhibitor.

exprés *adj* express; **(olla) e.,** pressure cooker; **(café) e.,** espresso (coffee).

expresado,-a I *pp de* **expresar.** II *adj* aforesaid, above-mentioned.

expresar I *vtr (gen)* to express; *(manifestar)* to state; *(indicar)* to convey. II **expresarse** *vr* to express oneself.

expresión *nf* 1 *(gen)* expression; **reducir algo a la mínima e.,** to reduce sth to the bare minimum. ■ **e. corporal,** free expression. 2 *(locución)* expression, phrase. 3 **expresiones,** greetings, regards.

expresionismo *nm Arte* expressionism.

expresionista *adj & nmf* expressionist.

expresivo,-a *adj* 1 *(elocuente)* expressive; **mirada expresiva,** meaningful glance; **silencio e.,** eloquent silence. 2 *(cariñoso)* warm, affectionate; **es poco e.,** he doesn't show his feelings. ◆**expresivamente** *adv* affectionately.

expreso,-a I *adj (especificado)* express; **con el fin e. de,** with the express purpose of. II *nm Ferroc* express (train). III *adv* on purpose, deliberately; **lo hizo e. para fastidiar,** he did it just to be awkward. ◆**expresamente** *adv (especificamente)* specifically, expressly; *(deliberadamente)* on purpose, deliberately.

exprimidor *nm* squeezer, US juicer.

exprimir *vtr* 1 *(limón)* to squeeze; *(zumo)* to squeeze out. 2 *fig (persona)* to exploit, bleed dry.

expropiación *nf* expropriation.

expropiar [12] *vtr* to expropriate.

expuesto,-a I *pp de* **exponer.** II *adj* 1 *(sin protección)* exposed. 2 *(peligroso)* risky, dangerous; **estar e. a,** to be exposed to. 3 *(manifestado)* expressed, stated. 4 *(exhibido)* on display, exhibited, on show.

expulsar *vtr* 1 *(echar)* to expel, eject, throw out; *Dep (jugador)* to send off; *(de alumno)* to expel; *(de universidad)* to send down, US expel. 2 *(humo etc)* to belch out.

expulsión *nf* expulsion, ejection; *Dep* sending off *(de alumno)* expulsion; *(de universidad)* sending down, US expulsion.

expulsor,-a I *adj* ejecting; **mecanismo e.,** ejector mechanism. II *nm Téc* ejector.

expurgación *nf* expurgation; *fig* purge, purging.

expurgar [7] *vtr* to expurgate; *fig* to purge.

expuse *pt indef véase* **exponer.**

exquisitez *nf* exquisiteness; *(manjar)* delicacy, refinement.

exquisito,-a *adj (bello)* exquisite; *(delicioso)* delicious; *(gusto)* refined.

extasiado,-a I *pp de* **extasiarse.** II *adj* ecstatic, **quedarse e.,** to go into ecstasies o raptures.

extasiarse [13] *vr* to go into ectasies o raptures.

éxtasis *nm inv* ecstasy, rapture.

extemporáneo,-a *adj* 1 *(lluvia etc)* unseasonable. 2 *(inoportuno)* untimely, inappropriate.

extender [28] I *vtr* 1 *(gen)* to extend; *(agrandar)* to enlarge. 2 *(mapa, plano)* to spread (out), open (out); *(mano, brazo)* to stretch (out). 3 *(documento)* to draw up; *(cheque)* to make out; *(pasaporte, certificado)* to issue. II **extenderse** *vr* 1 *(en el tiempo)* to extend, last. 2 *(terreno)* to spread out, stretch; **sus propiedades se extienden hasta el río,** his property stretches down to the river. 3 *(difundirse,* to spread, extend; **el rumor se extendió rápidamente,** the rumour spread quickly. 4 *fig (hablar demasiado)* to enlarge upon, go on about; **siempre se extiende demasiado en sus clases,** she always goes on too much in her classes.

extendido,-a I *pp de* **extender.** II *adj* 1 *(gen)* extended; *(mapa, plano)* spread out, open; *(mano, brazo)* outstretched. 2 *(difundido)* widespread.

extensible *adj* extending.

extensión *nf* 1 *(gen)* extension; *(dimensión)* extent, size; *(superficie)* area, expanse; *Mús* range; **de gran e.**, very extensive; **en toda la e. de la palabra,** in every sense of the word; **por e.**, by extension.

extensivo,-a *adj* extendable, extensive; **hacer extensiva una invitación a algn,** to extend an invitation to sb.

extenso,-a *adj (amplio)* extensive, long, vast; *(grande)* large; *(largo)* long. ◆**extensamente** *adv* extensively, at length; *(ampliamente)* widely.

extensor,-a I *adj* extending; *Anat* **músculo e.**, extensor muscle. II *nm (aparato)* chest expander.

extenuación *nf (agotamiento)* exhaustion; *(debilidad)* weakening; *(enflaquecimiento)* emaciation.

extenuado,-a I *pp de* **extenuar.** II *adj* exhausted, worn-out.

extenuante *adj* exhausting.

extenuar [11] I *vtr (agotar)* to exhaust; *(debilitar)* to weaken. II **extenuarse** *vr* to exhaust oneself.

exterior I *adj* 1 *(de fuera)* outer, exterior, external; *(puerta)* outside; *(pared)* outer; **aspecto e.**, outward appearance. 2 *(política, deuda)* foreign. ■ *Pol* **Ministerio de Asuntos Exteriores,** Ministry of Foreign Affairs, *GB* Foreign Office, *US* State Department; **política e.**, foreign policy. II *nm* 1 *(parte de fuera)* exterior, outside. 2 *(extranjero)* abroad, overseas; **en el e.**, abroad, in foreign countries. 3 *Dep (jugador)* outside. 4 **exteriores,** *Cin* location *sing.* ◆**exteriormente** *adv* outwardly.

exterioridad *nf* outward *o* external appearance.

exteriorización *nf* manifestation, showing, externalization.

exteriorizar [4] *vtr* to show, reveal, manifest.

exterminación *nf* extermination, wiping out, destruction.

exterminador,-a I *adj* exterminating. II *nm,f* exterminator.

exterminar *vtr* to exterminate, wipe out, destroy.

exterminio *nm* extermination, wiping out, destruction.

externo,-a I *adj* external, outward, exterior; **parte externa,** outside; *Farm* **de uso e.**, for external use only. II *nm,f Educ* day pupil. ◆**externamente** *adv* externally, outwardly.

extinción *nf (gen)* extinction; **los bomberos lograron la e. del fuego,** the firemen managed to put out the fire.

extinguir [8] I *vtr (fuego)* to exinguish, put out; *(deuda, raza)* to wipe out. II **extinguirse** *vr (fuego)* to go out; *(especie)* to become extinct, die out.

extinto,-a *adj* extinct.

extintor *nm* fire extinguisher.

extirpable *adj* 1 *Med* removable. 2 *fig* eradicable.

extirpación *nf* 1 *Med* removal, extraction. 2 *fig* eradication, stamping out, wiping out.

extirpar *vtr* 1 *Med* to remove, extract. 2 *fig* to eradicate, stamp out, wipe out.

extorsión *nf* 1 *(molestia)* inconvenience, trouble; **si no le causa e.**, if it won't put you out. 2 *(de dinero)* extortion, exaction.

extorsionar *vtr* 1 *(plan)* to mess up. 2 *(dinero)* to extort, exact.

extra[1] I *adj* 1 *(de más)* extra; **horas e.**, overtime; **paga e.**, bonus. 2 *(superior)* **e. especial,** top quality. II *nm* extra. III *nm,f Cin Teat* extra.

extra[2] *pref* extra.

extracción *nf* 1 *(gen)* extraction. 2 *(lotería)* draw.

extractar *vtr* to summarize.

extracto *nm* 1 *(trozo)* extract, excerpt; *Fin* **e. de cuenta,** statement of account. 2 *(resumen)* summary. 3 *Quím* extract.

extractor *nm* extractor.

extradición *nf* extradition; **otorgar la e. de algn,** to extadite sb.

extraer [88] *vtr* to extract, take out.

extraescolar *adj* out of school; **actividad e.**, extracurricular activity.

extrafino,-a *adj* superfine, best quality; **azúcar e.**, castor sugar; **chocolate e.**, superfine chocolate.

extrajudicial *adj* extrajudicial.

extralimitación *nf* abuse.

extralimitarse *vr* to go too far, overstep the mark; **e. en sus funciones,** to exceed one's authority.

extramuros *adv* outside the city.

extranjería *nf* status of foreigners. ■ **ley de e.**, law on aliens.

extranjerismo *nm* foreign expression.

extranjero,-a I *adj* foreign, alien. II *nm,f* foreigner, alien. III *nm* foreign countries *pl*, abroad; **viajar al e.**, to travel *o* go abroad.

extranjis (de) *loc adv fam* secretly, in an underhand way, on the sly.

extrañamiento *nm* banishment, exile.

extrañar I *vtr* 1 *(desterrar)* to banish, exile. 2 *(sorprender)* to surprise; *(encontrar extraño)* to find strange; **no es de e.**, it's hardly surprising, it's no wonder. 3 *Am (echar de menos)* to miss; **extraño mi cama,** I miss my bed. II **extrañarse** *vr (sorprenderse)* **e. de,** to be surprised at, find surprising.

extrañeza *nf* wonder, surprise, astonishment, strangeness.

extraño,-a I *adj* strange, odd, queer, peculiar; *Med* **cuerpo e.**, foreign body. II *nm,f* stranger. ◆**extrañamente** *adv* strangely, oddly.

extraoficial *adj* unofficial, informal; **declaraciones extraoficiales,** off-the-record statement.

extraordinario,-a I *adj (poco común)* extraordinary, unusual; *(raro)* queer, odd; *(sorprendente)* surprising; *Prensa* **edición extraordinaria,** special edition; **hizo un calor e.**, it was unusually hot; **no tiene nada de e.**, there's nothing special about it. II *nf Prensa* special issue. ◆**extraordinariamente** *adv* extraordinarily, unusually.

extrarradio *nm* outskirts *pl*, suburbs *pl*.

extraterrestre I *adj* extraterrestrial. II *nmf* alien.

extraterritorial *adj* extraterritorial.

extrauterino,-a *adj Med* extrauterine; **embarazo e.**, ectopic pregnancy.

extravagancia *nf* extravagance, eccentricity.

extravagante *adj* odd, outlandish, strange.

extravertido,-a *adj véase* **extrovertido,-a.**

extraviado,-a I *pp de* **extraviar.** II *adj (perdido)* lost, missing; **perro e.**, stray dog.

extraviar [13] I *vtr* 1 *(objeto)* to mislay, lose. 2 *(persona)* to mislead, lead astray. II **extraviarse** *vr* 1 *(objeto)* to be missing, get mislaid. 2 *(persona)* to get lost, lose one's way.

extravío *nm (pérdida)* loss, mislaying; *fig* deviation, leading astray.

extremado,-a I *pp de* **extremar.** II *adj* extreme. ◆**extremadamente** *adv* extremely.

extremar I *vtr* to carry to extremes *o* to the limit, overdo; **e. la prudencia,** to be extremely careful. II **extremarse** *vr* to take great pains, do one's utmost.

extremaunción *nf Rel* extreme unction.

extremeño,-a I *adj* of *o* from Extremadura. II *nm,f* native *o* inhabitant of Extremadura.

extremidad *nf* 1 *(extremo)* end, tip. 2 *Anat (miembro)* limb, extremity.

extremis (in) *loc adv* as a last resort.

extremismo *nm* extremism.

extremista *adj* & *nmf* extremist.

extremo,-a I *adj* extreme, utmost. II *nm,f* 1 *(límite)* end, extreme, furthest point; **en e.,** very much; **en último e.,** as a last resort; **pasar de un e. a otro,** to go from one extreme to another. 2 *Dep (jugador)* wing; *Ftb* **e. derecha/izquierda,** outside-right/-left.

extremoso,-a *adj (persona)* effusive, demonstrative; *(vehemente)* extreme in one's attitudes.

extrínseco,-a *adj* extrinsic.

extroversión *nf* extroversion.

extrovertido,-a *adj* & *nm,f* extrovert.

exuberante *adj (gen)* exuberant; *(vegetación)* lush, abundant.

exudar *vtr* & *vi* to exude, ooze (out).

exultación *nf* exultation.

exultar *vi* to exult, rejoice; **e. de alegría,** to jump for joy.

eyaculación *nf* ejaculation; **e. precoz,** premature ejaculation.

eyacular *vi* to ejaculate.

eyección *nf* ejection.

eyectable *adj* **asiento e.,** ejector seat.

eyectar *vtr* to eject.

eyector *nm* ejector.

F

F, f ['efe] *nf (la letra)* F, f.

F *abr de* **Fahrenheit,** Fahrenheit, F.

fa *nm Mús* F.

fa., fª *abr de* **franco a bordo,** free on board, F.O.B.

fabada *nf Culin* stew of beans, pork sausage and bacon.

fábrica *nf* 1 *(industria)* factory, plant. ▪ **f. de cerveza,** brewery; **f. de conservas,** canning plant; **f. de gas,** gasworks *sing;* **f. de harina,** flour mill; **f. de montaje,** assembly plant; **f. de papel,** paper mill; **marca de f.,** trademark; **precio de f.,** factory *o* ex-works price. 3 *Arquit* masonry; **una pared de f.,** a stonework wall.

fabricación *nf* manufacture, production, making; **de f. casera,** home-made; **de f. propia,** our own make. ▪ **defecto de f.,** manufacturing fault; **f. en cadena,** mass production; **productos de f. defectuosa,** seconds.

fabricante *nmf* manufacturer, maker.

fabricar [1] *vtr* 1 *Ind* to manufacture, produce, make; **fabricado en España,** made in Spain; **f. algo en serie,** to mass-produce sth. 2 *fig (inventar)* **f. cuentos/mentiras,** to fabricate stories/lies.

fabril *adj* manufacturing; **la industria f.,** manufacturing industry.

fábula *nf* 1 *Lit* fable; *fam* **de f.,** smashing, fabulous. 2 *(mito)* myth, legend. 3 *fig (mentira)* invention.

fabulismo *nm SAm* story telling.

fabulista *nmf Lit* writer of fables.

fabuloso,-a *adj* 1 *(extraordinario)* fabulous, fantastic. 2 *Lit* fabulous, mythical.

faca *nf* large curved knife.

facción *nf* 1 *Pol* faction. 2 **facciones,** *(rasgos)* (facial) features.

faccioso,-a I *adj* factious, seditious. II *nm,f* rebel.

faceta *nf* facet; *fig* **este problema presenta muchas facetas,** this problem has many sides to it.

faceto,-a *adj Méx* finicky, fussy.

facha[1] *nf fam* 1 *(aspecto)* appearance, look; **no puedes ir con esa f.,** you can't go (looking) like that. 2 *(mamarracho)* mess, sight; **estar hecho una f.,** to look a mess *o* a sight.

facha[2] I *adj pey* fascist, extreme right-wing. II *nmf pey* fascist, extreme right-winger.

fachada *nf* 1 *Arquit* façade, front; **con f. a,** facing, overlooking. 2 *fam (apariencia)* outward show, façade, window dressing.

fachado,-a *adj fam* **bien f.,** good-looking; **mal f.,** ugly.

fachenda *fam* I *nf (condición)* swankiness, conceit. II *nmf (persona)* swank, show-off.

fachendear *vi fam* to swank, show off.

fachendoso,-a *adj fam* swanky.

fachoso,-a *adj fam* odd-looking.

facial *adj* facial.

fácil *adj* 1 easy; **es muy f. de decir, pero ...,** it's easily said, but ...; **f. de comprender/de leer,** easy to understand/to read. 2 *(probable)* likely, probable; **a estas horas no es f. que venga,** it's unlikely that he will come at this late hour; **es f. que ...,** it's (quite) likely that ... . 3 *(acomodaticio)* compliant, easy-going. 4 *pey (mujer)* easy, loose. ◆**fácilmente** *adv* easily.

facilidad *nf* 1 *(simplicidad)* easiness, facility; **ahora tiene mayor f. para viajar,** it is easier for him to travel now; **con gran f.,** easily; **dar facilidades,** to give every facility, make things easy. ▪ *Com* **facilidades de pago,** easy terms. 2 *(talento)* talent, gift; **tiene f. para los idiomas,** she has a gift for languages.

facilitación *nf* 1 *(simplificación)* facilitation. 2 *(abastecimiento)* provision, furnishing.

facilitar *vtr* 1 *(simplificar)* to make easy *o* easier, facilitate. 2 *(proporcionar)* to provide, supply; **nos facilitarán todo el equipo,** they'll provide us with all the equipment. 3 *(entrevista etc)* to arrange.

facilón,-ona *adj fam* 1 *(muy fácil)* dead easy. 2 *(trivial)* hackneyed, lacking originality; **una canción facilona,** a catchy tune.

facineroso,-a *nm,f* criminal.

facistol I *nm (atril)* lectern. II *adj Antill Ven (petulante)* vain, boastful.

facón *nm Arg Urug* gaucho knife.

facsímil *nm,* **facsímile** *nm* facsimile.

factible *adj* feasible, practicable, workable.

facticio,-a *adj & nm,f* factitious, artificial.

fáctico,-a *adj* **poderes fácticos,** extraparliamentary political powers.

factor *nm* 1 *(condicionante)* factor. 2 *Mat* factor. 3 *Ferroc* luggage clerk.

factoría *nf* 1 *Com* trading post. 2 *(fábrica)* factory, mill.

factótum *nm* 1 *(empleado)* factotum. 2 *(persona entrometida)* busybody.

factura *nf* 1 *Com* bill, invoice; **pasar** *o* **presentar f. a,** to invoice, send a bill to; *fig* to make (sb) pay; **según f.,** as per invoice. ▪ **f. pro forma,** pro forma invoice. 2 *Arg Uru Culin* bread and cakes *pl.*

facturación *nf* 1 *Com* invoicing. 2 *(de equipajes)* registration.

facturar *vtr* 1 *Com* to invoice, charge for. 2 *(equipaje)* to register, check in.

facultad *nf* 1 *(capacidad)* faculty, ability. ▪ **facultades mentales,** mental powers. 2 *fml (poder)* faculty, power; **tener f. para hacer algo,** to be authorized to do sth. 3 *Univ* faculty, school; **f. de Derecho,** faculty of Law; **f. de Letras,** Arts faculty.

facultar *vtr* to authorize, empower.

facultativo,-a I *adj* 1 *(no obligatorio)* optional. 2 *(profesional)* professional; *Med* medical. II *nm,f* doctor, physician.

facundia *nf* verbosity, wordiness, long-windedness.

facundo,-a *adj (locuaz)* verbose, wordy, long-winded; *(parlanchín)* talkative.

faena *nf* 1 *(tarea)* task, job; *fam* **estar metido en f.,** to be hard at work; **faenas de la casa,** housework *sing,* household chores. 2 *fam (mala pasada)* dirty trick. 3 *Taur* series of passes. 4 *Cuba Guat Méx (horas extras)* overtime.

faenar *vi (reses)* to slaughter. 2 *Pesca* to fish.

fagot *Mús* I *nm (instrumento)* bassoon. II *nmf (músico)* bassoonist.

faisán *nm Orn* pheasant.

faja *nf* 1 *(cinturón)* band, belt. 2 *(de mujer)* girdle, corset. 3 *(banda)* sash. 4 *(correo)* **f. (postal),** wrapper. 5 *(franja)* strip; **una f. de terreno sin labrar,** a strip of unploughed land.

fajar *vtr* 1 *(ceñir)* to bind, wrap. 2 *Am (pegar)* to beat.

fajilla *nf Am (en cartas)* wrapper.

fajín *nm Mil* sash.

fajina *nf* 1 *(leña)* brushwood, kindling. 2 *Mil* mess call.

fajo *nm* 1 bundle; **un f. de billetes,** a wad of notes. 2 *Am (trago de licor)* swig. 3 *Méx (cinturón)* belt. 4 *Méx (golpe)* blow.

falacia *nf* 1 *(error)* fallacy. 2 *(engaño)* deceit, trick. 3 *(hábito de engañar)* deceitfulness.

falange *nf* 1 *Anat* phalange, phalanx. 2 *Mil* phalanx. 3 *Hist Pol* **la F. (Española),** the Spanish Falangist Movement.

falangista *adj & nmf Hist Pol* Falangist.

falaz *adj* 1 *(erróneo)* fallacious. 2 *(engañoso)* deceitful; *(falso)* false.

falca *nf* 1 *(defecto)* warp. 2 *(cuña)* wedge.

falda *nf* 1 *(prenda)* skirt; *fig* **está pegado** *o* **cosido a las faldas de su madre,** he is tied to his mother's apron strings; *fam* **anda siempre entre faldas,** he's always with the girls. ▪ **f. escocesa,** kilt; **f. pantalón,** culottes *pl.* 2 *(regazo)* lap; **tener un niño en la f.,** to have a child on one's lap. 3 *Geog (ladera)* slope, hillside. 4 *Culin (corte de carne)* brisket. 5 *(de mesa camilla)* cover.

faldero,-a *adj* 1 *(mujeriego)* fond of the girls. 2 *(perro)* lapdog.

faldillas *nfpl (de traje)* coat-tails; *(de camisa)* shirt-tails.

faldón *nm* 1 *(de ropa)* skirt, tail. 2 *Arquit* gable.

falibilidad *nf* fallibility.

falible *adj* fallible.

fálico,-a *adj* phallic.

falla¹ *nf* 1 *(defecto)* defect, fault. 2 *Ám* fault. 3 *Am (faltar a la palabra)* failure to keep one's promises.

falla² *nf Geol* fault.

falla³ *nf Esp* 1 cardboard figure burnt on Saint Joseph's Day in Valencia. 2 **las Fallas,** firework celebrations held in Valencia on Saint Joseph's Day.

fallar¹ I *vtr* 1 *Jur (sentencia)* to pass, pronounce. 2 *(premio)* to award. II *vi* 1 *Jur* to pass sentence, pronounce judgement. 2 *(premio)* to award a prize.

fallar² I *vtr Naipes* to trump, ruff. II *vi* 1 *(fracasar)* to fail; **he fallado como padre,** I have failed as a father; **le falló la puntería,** he missed his aim; **me falló el plan,** my plan went wrong; **nos falló en el último momento,** he let us down at the last minute; **nuestros cálculos fallaron,** we were wrong, we miscalculated. 2 *(no funcionar)* to fail; **le falló el corazón,** he had a heart attack; **le fallaron los frenos,** the brakes failed. 3 *(ceder)* to give way, collapse.

falleba *nf* espagnolette.

fallecer [43] *vi fml* to pass away, die.

fallecido,-a I *pp de* **fallecer.** II *adj* deceased.

fallecimiento *nm* decease, demise.

fallero,-a *Esp* I *adj* of *o* relating to **las Fallas.** II *nm,f* 1 *(constructor)* maker of **fallas.** 2 *(organizador)* organizer of **las Fallas.**

fallido,-a *adj* unsuccessful, vain; *Com* **deuda fallida,** bad debt.

fallo *nm* 1 *(error)* mistake, blunder; *(fracaso)* failure. 2 *(defecto)* fault, defect. 3 *Jur (sentencia)* judgement, sentence. 4 *(premio)* awarding. 5 *Med Téc* failure. 6 *Naipes* void; **f. en corazones,** void in hearts.

falo *nm* phallus.

falocracia *nf* male chauvinism.

falócrata *nm* male chauvinist (pig).

falsario,-a *nm,f* 1 *(mentiroso)* liar. 2 *(falsificador)* forger, counterfeiter.

falseamiento *nm* falsification.

falsear I *vtr* 1 *(informe etc)* to falsify; *(hechos, la verdad)* to distort. 2 *(falsificar)* to counterfeit, forge. 3 *Constr* to bevel. II *vi* 1 *(flaquear)* to give way. 2 *Mús* to be out of tune.

falsedad *nf* 1 *(hipocresía)* falseness, hypocrisy; *(doblez)* duplicity. 2 *(mentira)* falsehood, lie.

falsete *nm Mús* falsetto; **voz de f.,** falsetto voice.

falsía *nf (hipocresía)* falseness, hypocrisy; *(doblez)* duplicity.

falsificación nf 1 (gen) falsification; (de cuadro, firma) forging, forgery; (de moneda) counterfeiting, forgery. 2 (objeto) forgery.

falsificador,-a I adj (de cuadro, firma) forging; (de dinero) counterfeiting, forging. II nm,f (de cuadro, firma) forger; (de dinero) counterfeiter, forger.

falsificar [1] vtr (gen) to falsify; (cuadro, firma) to forge; (dinero) to counterfeit, forge.

falso,-a adj 1 false, untrue; **dar un paso en f.**, (tropezar) to trip, stumble; (cometer un error) to make a blunder, make a wrong move; **jurar en f.**, to commit perjury. 2 (persona) insincere, treacherous.

falta nf 1 (carencia) lack; **por f. de algo,** for want o lack of sth; **no fui por f. de ganas,** I didn't go because I didn't feel like it; **sin f.**, without fail. ■ **f. de educación,** bad manners; **f. de pago,** nonpayment. 2 (escasez) shortage; **f. de agua,** water shortage. 3 (ausencia) absence; **echar algo/a algn en f.**, to miss sth/sb; **poner f. a algn,** to mark sb absent. 4 (error) mistake; **tu redacción está llena de faltas,** you've made a lot of mistakes in your composition. ■ **f. de ortografía,** spelling mistake. 5 (defecto) fault, defect; **sacar faltas a algo/a algn,** to find fault with sth/sb. 6 (mala acción) misdeed; **coger** o **pillar a algn en f.**, to catch sb at fault. 7 Med missed period. 8 Jur (infracción) misdemeanour. 9 Dep (fútbol) foul; (tenis) fault; **sacar una f.**, to take a free kick. 10 **hacer f.**, to be necessary; **ahora sólo hace f. que llueva,** all we need now is for it to rain; **¡f. hacía!**, and about time too!; **hace f. una escalera,** we need a ladder; **harán f. dos personas para mover el piano,** it'll take two people to move the piano; **me hacen f. más libros,** I need more books; **no hace f. que ...,** there is no need for ... .

faltar vi 1 (no estar) (cosa) to be missing; (persona) to be absent; **me falta un bolígrafo,** one of my pens is missing; **¿quién falta?**, who is missing? 2 (haber poco) to be lacking o needed, not be enough; **falta (más) agua,** we need (more) water, there isn't enough water. 3 (no tener) to lack, not have (enough); **le falta confianza en sí mismo,** he lacks confidence in himself; **le falta una mano,** he has got only one hand. 4 (no acudir) not to go, miss; **no faltaremos a la fiesta,** we won't miss the party; **no faltes,** be sure to come. 5 (incumplir) **f. a la verdad,** not to tell the truth, lie; **f. a su deber,** to fail in one's duty; **f. a su palabra/promesa,** to break one's word/promise; **f. en los pagos,** not to keep up with one's payments. 6 (no respetar) **faltó a mi dignidad,** she slighted me. 7 (quedar) **aún falta mucho por hacer,** there is still a lot to be done; **¿cuánto te falta?**, how long will you be?; how much more do you have to do?; **¿cuántos kilómetros faltan para Olite?**, how many kilometres is it to Olite?, how far is it to Olite?; **falta por ver si lo quiere,** whether she wants it or not remains to be seen; **faltó poco para que se liaran a bofetadas,** they very nearly came to blows; **ya falta poco para las vacaciones,** the holidays will soon be here. 8 (locuciones) **¡lo que me faltaba!**, that's all I needed!; **¡no faltaría** o **faltaba más!**, (por supuesto) (but) of course!; (por supuesto que no) think nothing of it!; **¡sólo me faltaba eso!**, that's all I needed!, that crowns it all!

falto,-a adj lacking, without; **f. de dinero,** short of money; **f. de recursos,** without resources.

faltón,-ona adj fam 1 (informal) unreliable. 2 (grosero) disrespectful. 3 Arg (simple) naïve, simple.

faltriquera nf fob (pocket); fam **rascarse la f.**, to dig into one's pocket.

falúa nf Náut launch.

fama nf 1 (renombre) fame, renown; **de f. mundial,** world-famous. 2 (reputación) reputation; **tiene buena/mala f.**, it has a good/bad name.

famélico,-a adj starving, famished.

familia nf 1 family; **de buena f.**, from a good family; **de f. humilde,** of humble origin; **viene de f.**, it runs in the family; fig **ser como de la f.**, to be like one of the family; fam **estar en f.**, to be among friends; ofens **acordarse de la f. de algn,** to insult sb. ■ **f. numerosa,** large family; **f. política,** in-laws pl; Rel **la Sagrada F.**, the Holy Family. 2 (prole) children pl, offspring pl.

familiar I adj 1 (de la familia) family, of the family; **fiesta f.**, a family party o get-together. 2 (conocido) familiar, well-known; **estos problemas me son familiares,** I'm familiar with these problems. 3 Ling (informal) colloquial. II nmf relation, relative.

familiaridad nf familiarity.

familiarizar [4] I vtr to familiarize (con, with). II **familiarizarse** vr to familiarize oneself (con, with).

famoso,-a I adj famous, well-known; **sus famosas ocurrencias,** her well-known witticisms. II **los famosos** nmpl the famous.

fan nmf fan, admirer; **soy un f. de las motos,** I'm mad on motorbikes.

fanal nm 1 Náut beacon. 2 (campana) bell glass.

fanático,-a I adj fanatic, fanatical. II nm,f fanatic.

fanatismo nm fanaticism.

fanatizar [4] vtr to make a fanatic.

fandango nm 1 Mús fandango. 2 fam (jaleo) row, rumpus.

fandanguero,-a nm,f fam reveller, US reveler.

fanega nf (medida) 1 (de capacidad) = 55.5 litres in Castile, 22.4 litres in Aragon. 2 (de superficie) = 64 square metres in Castile.

fanfarria nf 1 Mús fanfare. 2 fam (fanfarronería) showing off, swanking.

fanfarrón,-ona fam I adj swanky, boastful. II nm,f show-off, swank, braggart.

fanfarronada nf fam (chulería) showing off, swanking; (bravata) brag, boast.

fanfarronear vi fam (chulear) to show off, swank; (bravear) to brag, boast.

fanfarronería nf véase fanfarronada.

fangal nm mire, quagmire, bog.

fango nm 1 (barro) mud, mire. 2 fig degradation.

fangoso,-a adj muddy, miry.

fantasear vi to daydream, dream.

fantasía nf (imaginación) fantasy; (irrealidad) fancy; **una joya de f.**, a piece of imitation jewellery; irón **tienes mucha f. tú,** you're too full of imagination.

fantasioso,-a adj 1 imaginative. 2 Am (jactancioso) boastful.

fantasma nm 1 (espectro) ghost, phantom. 2 fam (fanfarrón) braggart, show-off.

fantasmagoría nf phantasmagoria.

fantasmal adj ghostly.

fantástico,-a adj fantastic.

fantochada nf fam foolish act; (tontería) silly thing.

fantoche nm 1 (títere) puppet, marionette. 2 pey (fanfarrón) braggart, show-off. 3 pey (mamarracho) nincompoop, ninny.

fantochería nf Am foolish act; (tontería) silly thing.

faquir nm fakir.

faralá nm (pl faralaes) Cost flounce, frill.

farallón *nm Geog* crag, rock.

faramalla *nf* 1 (*charla*) blarney, patter. 2 (*farfolla*) bauble.

farándula *nf* 1 *Teat* (*compañía*) group of strolling players; (*profesión*) acting, the theatre. 2 *fam fig* (*faramalla*) blarney.

farandulero,-a *nm,f* 1 *Teat* (*comediante*) strolling player. 2 *fam* (*trapacero*) bamboozler, trickster.

faraón *nm* Pharaoh.

faraónico,-a *adj* Pharaonic.

fardada *nf arg* show, display; ¡vaya f. de coche!, what a flash car!

fardar *vi arg* 1 (*presumir*) to show off, swank; siempre está fardando de novia guapa, he's always boasting about having a beautiful girlfriend. 2 (*lucir*) to be classy *or* flash.

fardo *nm* 1 (*paquete*) bundle, pack. 2 *fam* (*gordo*) está hecho un f., he looks like a barrel.

fardón,-ona *adj arg* classy, flash.

farfolla *nf* 1 *Bot* husk. 2 *fig* worthless thing.

farfulla *nf Am* 1 *véase* farfolla. 2 (*fanfarronería*) showing off, swanking.

farfullador,-a *nm,f* gabbler, jabberer.

farfullar *vtr* to gabble, jabber.

farfullero,-a *adj* 1 (*tartamudo*) gabbling, jabbering. 2 (*chapucero*) slapdash, shoddy.

farináceo,-a *adj* farinaceous.

faringe *nf Anat* pharynx.

faríngeo,-a *adj* pharyngeal.

faringitis *nf Med* pharyngitis.

farisaico,-a *adj* 1 *Hist* Pharisaic, Pharisaical. 2 (*falso*) hypocritical.

fariseísmo *nm* 1 *Hist* Phariseeism. 2 (*falsedad*) hypocrisy.

fariseo,-a *nm,f* 1 *Hist* Pharisee. 2 (*falso*) hypocrite.

farmaceuta *nmf Am véase* farmacéutico,-a.

farmacéutico,-a I *adj* pharmaceutical. II *nm,f* 1 (*licenciado*) pharmacist. 2 (*en una farmacia*) chemist, *US* pharmacist, druggist.

farmacia *nf* 1 *Univ* pharmacology. 2 (*tienda*) chemist's (shop), *US* pharmacy, drugstore.

fármaco *nm* medicine, medication.

farmacología *nf* pharmacology.

farmacológico,-a *adj* pharmacological.

farmacólogo,-a *nm,f* pharmacologist, pharmacist.

faro *nm* 1 (*torre*) lighthouse; (*señal*) beacon. 2 *Aut* headlight, headlamp. 3 *fig* (*guía*) guiding light, guide.

farol *nm* 1 (*luz*) lantern; (*farola*) streetlight, streetlamp. 2 *arg* (*fardada*) bragging, swank; (*engaño*) bluff; ¡adelante con los faroles!, come on then!, keep it up!; marcarse *o* tirarse un f., to brag, boast, swank.

farola *nf* streetlight, streetlamp; (*de gas*) gas lamp.

farolear *vi arg* (*presumir*) to brag, boast, swank.

farolero,-a I *adj arg* boastful. II *nm,f* show-off.

farolillo *nm* 1 (*de papel*) Chinese lantern. ■ *fig* el f. rojo, the last to finish. 2 *Bot* Canterbury bell.

farra *nf fam* binge, spree; ir de f., to go on a spree.

fárrago *nm* hotch-potch, jumble.

farragoso,-a *adj* confused, rambling.

farrear *vi* 1 *Am* (*ir de juerga*) to go out on the town, go on a binge *o* a spree. 2 *Arg* (*malbaratar*) to spend money like water. 3 *Arg Urug* (*burlarse*) to gibe, jeer, scoff.

farruco,-a *adj fam* conceited, cocky.

farruto,-a *adj Chi* weak, sickly.

farsa *nf* 1 *Teat* farce. 2 *fig* sham, farce; el referéndum no fue más que una f., the referendum was nothing but a farce.

farsante I *adj* lying, deceitful. II *nmf* fake, impostor.

fas (por f. o por nefas) *loc adv* by hook or by crook, by any means.

fascículo *nm Impr* fascicle, instalment, *US* installment; en treinta fascículos semanales, in thirty weekly parts.

fascinación *nf* fascination.

fascinador,-a *adj*, **fascinante** *adj* fascinating.

fascinar *vtr* to fascinate, captivate.

fascismo *nm Pol* fascism.

fascista *adj & nmf Pol* fascist.

fase *nf* 1 (*etapa*) phase, stage. 2 *Elec Fís* phase.

fastidiado,-a I *pp de* fastidiar. II *adj* 1 (*hastiado*) sickened, disgusted. 2 (*molestado*) annoyed; (*dañado*) damaged, in bad condition; *fam* su padre está f., her father's in a bad way; *fam* tiene el estómago f., he's got a bad stomach.

fastidiar [12] I *vtr* 1 (*hastiar*) to sicken, disgust. 2 (*molestar*) to annoy, bother; (*partes del cuerpo*) to hurt; me fastidia tener que irme ahora, it's a nuisance to have to leave now; últimamente me está fastidiando la espalda, my back's been bad lately. 3 *fam* (*estropear*) to damage, ruin; (*planes*) to spoil, upset, mess up; *fam* ¡no fastidies!, you're kidding! II fastidiarse *vr* 1 (*aguantarse*) to put up with it, resign oneself; ¡a f. tocan!, we'll have to grin and bear it!; y si no te gusta, te fastidias, and if you don't like it you can lump it!; *fam* ¡que se fastidie!, that's his tough luck! 2 *fam* (*estropearse*) to get damaged, break down; se ha fastidiado el tocadiscos, the record player is bust. 3 (*lastimarse*) to hurt *o* injure oneself; me he fastidiado la mano, I've hurt my hand.

fastidio *nm* 1 (*molestia*) bother, nuisance; ¡qué f.!, what a nuisance! 2 (*aburrimiento*) boredom. 3 (*asco*) repugnance, revulsion.

fastidioso,-a *adj* 1 (*molesto*) annoying, irksome. 2 (*aburrido*) boring, tedious.

fasto *nm* pomp, display.

fastos *nmpl arc* annals, archives.

fastuosidad *nf* pomp, lavishness.

fastuoso,-a *adj* 1 (*cosa*) splendid, lavish. 2 (*persona*) lavish, ostentatious.

fatal I *adj* 1 (*inexorable*) fateful, inevitable; ha llegado la hora *o* el momento f., the time has come. 2 (*mortal*) deadly, fatal; dosis f., lethal dose. 3 *fam* (*muy malo*) awful, horrible, terrible; tengo una suerte f., I'm having rotten luck. II *adv fam* very badly, awfully, terribly; comimos f., the meal was awful; lo pasó f., he had a rotten time; veo f., I can't see a thing. ◆fatalmente *adv* 1 (*inevitablemente*) inevitably. 2 (*muy mal*) very badly, awfully, terribly.

fatalidad *nf* 1 (*destino*) fate. 2 (*desgracia*) misfortune.

fatalismo *nm* fatalism.

fatalista *adj* fatalistic. II *nmf* fatalist.

fatídico,-a *adj* 1 (*desastroso*) disastrous, calamitous. 2 *fml* (*profético*) fateful, ominous.

fatiga *nf* 1 (*cansancio*) fatigue. 2 fatigas, (*esfuerzos*) troubles, difficulties.

fatigar [7] **I** *vtr* **1** to tire, weary. **2** *fig (molestar)* to annoy. **II fatigarse** *vr* to tire, become tired.

fatigoso,-a *adj* **1** tiring, exhausting. **2** *(en respiración)* laboured, *US* labored. ◆**fatigosamente** *adv* with (great) difficulty, painfully.

fatuidad *nf* fatuity, fatuousness.

fatuo,-a *adj* **1** *(necio)* fatuous, foolish. **2** *(envanecido)* vain, conceited.

fauces *nfpl* **1** *Anat Zool* fauces, gullet *sing*. **2** *fig* jaws.

fauna *nf* fauna.

fauno *nm Mit* faun.

fausto,-a *fml* **I** *adj Lit* fortunate, auspicious. **II** *nm* pomp, splendour, *US* splendor.

fauvismo *nm Art* fauvism.

fauvista *nmf Art* fauvist.

favela *nf Am* shanty.

favor *nm* **1** favour, *US* favor, good turn; **a f. de**, in favour of; **a mi/su f.**, in my/his favour; **estamos seis juegos a uno a f. mío**, I'm winning six games to one; **¿puedes hacerme un f.?**, can you do me a favour?; **tener algo a su f.**, to have sth in one's favour; *fam* **tiene al presidente a su favor**, he has the president on his side. **2 por f.**, please; **haga el f. de sentarse**, please sit down; **¿me da fuego, por f.?**, can you give me a light, please?; **¿me harías el f. de corrette un poco?**, could you move over a little please?

favorable *adj* favourable, *US* favorable; *(condiciones)* suitable; **se mostró f. al proyecto**, he was in favour of the project.

favorecedor,-a *adj* favouring, *US* favoring, favourable, *US* favorable; *(retrato)* flattering; *(vestido)* becoming.

favorecer [43] *vtr* **1** to favour, *US* favor, work in sb's favour; **la oscuridad les favorecía**, the darkness was in their favour; **para f. a los más débiles**, to help the weakest; **su altura le ha favorecido**, being tall has been to her advantage. **2** *(agraciar)* to flatter, suit; **el bigote le favorece mucho**, his moustache really suits him.

favorecido,-a **I** *pp de* favorecer. **II** *adj* favoured, *US* favored; **está muy f. con ese peinado**, that hair style really suits him.

favoritismo *nm* favouritism, *US* favoritism.

favorito,-a *adj & nm,f* favourite, *US* favorite.

faz *nf (pl faces)* **1** *lit (cara)* face; **desaparecer de la f. de la tierra**, to disappear off the face of the earth. **2** *(de moneda)* obverse, head. **3** ■ *Rel* **la Santa** *o* **Sacra F.**, the Holy Face.

fdo *abr de* firmado, signed.

fe *nf* **1** faith; **de buena/mala fe**, with good/dishonest intentions; **lo hizo de buena fe**, he did it in good faith; *Rel* **la fe cristiana**, the Christian faith; **tener una fe ciega en algo/algn**, to have blind faith in sth/sb. **2** *Jur (certificado)* certificate. ■ **fe de bautismo/matrimonio**, baptism/marriage certificate; **fe de vida**, document proving that sb is still alive. **3** *Impr* **fe de erratas**, list of errata.

fealdad *nf* ugliness.

febrero *nm* February; *véase tamb* noviembre.

febrífugo,-a *adj & nm Farm* febrifuge.

febril *adj* **1** *Med* feverish. **2** *fig* hectic; **una mente f.**, a restless mind.

febrilidad *nf* feverishness.

fecal *adj Med* faecal.

fecha *nf* **1** date; *Com* **a tres días f.**, three days after sight; **con** *o* **de f. 2 de mayo**, dated May 2nd; **en f. próxima**, at an early date; **fijar la f.**, to fix a date; **hasta la f.**, so far; **poner la f. a una carta**, to date a letter; **sin f.**, undated. ■ **f. límite** *o* **tope**, deadline. **2** *(día)* day; **diez fechas después de su publicación**, ten days after its publication. **3 fechas**, *(época)* time *sing*; **en estas f.**, in those days; **nos vimos hace un año por estas f.**, we met this time last year.

fechador *nm* date stamp.

fechar *vtr* to date, put the date on.

fechoría *nf* misdeed, misdemeanour, *US* misdemeanor; *(de niños)* mischief; *fam* **le han hecho una f. en el pelo**, they've ruined her hair.

fécula *nf* starch.

feculento,-a *adj* starchy.

fecundable *adj* fertilizable.

fecundación *nf* fertilization. ■ **f. in vitro**, in vitro fertilization.

fecundar *vtr* to fertilize, make fertile.

fecundidad *nf* **1** *(fertilidad)* fertility. **2** *fig (productividad)* productivity, fruitfulness.

fecundizar [4] *vtr* **1** to make fertile. **2** *fig* to make fruitful.

fecundo,-a *adj* fertile, fecund.

federación *nf* federation.

federado,-a **I** *pp de* federar. **II** *adj* federated.

federal *adj & nmf* federal.

federalismo *nm* federalism.

federalista *adj & nmf* federalist.

federar *vtr* to federate.

féferes *nmpl Am* junk *sing*.

fehaciente *adj* **1** *fml* authentic, reliable. **2** *Jur* irrefutable; **documento** *o* **prueba f.**, irrefutable proof.

feldespato *nm Min* feldspar, felspar.

felicidad *nf* happiness; **(muchas) felicidades**, *(éxitos)* congratulations; *(navidad)* Merry Christmas; *(cumpleaños)* happy birthday.

felicitación *nf* **1** *(tarjeta)* greetings card. **2 felicitaciones**, congratulations.

felicitar **I** *vtr* to congratulate (**por**, on); **f. a algn por su santo**, to wish sb a happy Saint's Day; **¡te felicito!**, congratulations! **II** felicitarse *vr* to congratulate oneself.

félido,-a *nm Zool* felid, cat.

feligrés,-a *nm,f* parishioner.

feligresía *nf* parish, parishioners *pl*.

felino,-a *adj & nm Zool* feline.

feliz *adj* **1** *(contento)* happy; **¡felices Navidades** *o* **Pascuas!**, Happy *o* Merry Christmas!; **final f.**, happy ending **2** *(acertado)* fortunate. ◆**felizmente** *adv* fortunately, happily; **f. no hubo víctimas**, fortunately, there were no casualties.

felonía *nf* treachery, villainy.

felón,-ona **I** *adj* treacherous, villainous, wicked. **II** *nm,f* traitor, villain.

felpa *nf Tex* plush; **oso** *o* **osito de f.**, teddy bear.

felpudo,-a **I** *adj Tex* plushy, velvety. **II** *nm* mat, doormat.

femenino,-a *adj* feminine; **equipo f.**, women's team; **sexo f.**, female sex.

femineidad *nf*, **feminidad** *nf* femininity.

feminismo *nm* feminism.

feminista *adj & nmf* feminist.

femoral *adj Anat* femoral.

fémur *nm Anat* femur.

fenecer [43] *vi arc* 1 *(acabarse)* to come to an end. 2 *euf (morir)* to pass away, die.

fenecimiento *nm arc* 1 *(fin)* close, end. 2 *euf (muerte)* decease, death.

fenicio,-a *adj & nm,f* Phoenician.

fénix *nm inv* 1 *Mit* phoenix. 2 *fig (genio)* genius, prodigy.

fenol *nm Quím* phenol.

fenomenal I *adj* 1 phenomenal. 2 *fam (fantástico)* great, terrific; **es un tipo f.**, he's a fantastic guy. 3 *fam (enorme)* colossal, huge. II *adv fam* wonderfully, marvellously; **lo pasamos f.**, we had a fantastic time.

fenómeno I *nm* 1 phenomenon. ■ **fenómenos atmosféricos**, atmospheric phenomena. 2 *(prodigio)* genius. 3 *(monstruo)* freak. II *adj fam* fantastic, terrific, smashing. III *interj* fantastic!, terrific!

feo,-a I *adj* 1 *(malo)* ugly; **tuvimos un tiempo muy f.**, we had horrible weather. 2 *fig (alarmante)* nasty; **se está poniendo f.**, I don't like the look of this, I don't like the way this is going; **un asunto f.**, a nasty affair. 3 *(indigno)* improper, rude, not nice; **es f. decir palabrotas**, it's rude to swear. II *nm,f* ugly person. III *nm fam* slight, insult; **hacerle un f. a algn**, to offend sb. ◆**feamente** *adv* in an ugly manner.

feracidad *nf (tierra)* fertility.

feraz *adj* fertile.

féretro *nm* coffin.

feria *nf* 1 *Com* fair. ■ **f. de muestras/del libro,** trade/book fair. 2 *(fiesta)* fair, festival; **la F. de Sevilla,** the Seville Festival.

feriado,-a *adj* **día f.**, holiday.

ferial *adj & nm* fair; **recinto f.**, fairground.

feriante *nmf (vendedor)* stallholder, trader; *(comprador)* fair-goer.

feriar [12] *vtr Col Guat PR* to sell off cheap.

ferina *adj Med* **tos f.**, whooping cough.

fermentación *nf* fermentation.

fermentar *vi* to ferment.

fermento *nm* ferment.

ferocidad *nf* ferocity, fierceness.

ferodo® *nm* brake lining.

feroz *adj* fierce, ferocious; **el lobo f.**, the big bad wolf. ◆**ferozmente** *adv* fiercely, ferociously.

férreo,-a I *adj* 1 ferreous. 2 *fig* iron; **voluntad férrea,** iron will.

ferrería *nf* ironworks *sing*, foundry.

ferretería *nf* 1 *(tienda)* ironmonger's (shop), hardware store. 2 *(género)* ironmongery, hardware. 3 *(ferrería)* forge. 4 *Am (quincallería)* scrap metal dealer's.

ferretero,-a *nm,f* ironmonger, hardware dealer.

férrico,-a *adj* ferric.

ferrita *nf* ferrite.

ferrocarril *nm* railway, *US* railroad.

ferrohormigón *nm Arquit* ferroconcrete.

ferroso,-a *adj Quím* ferrous.

ferroviario,-a I *adj* railway, rail. II *nm,f* railway employee *o* worker.

ferry *nm* ferry.

fértil *adj* 1 fertile. 2 *fig* rich, fertile; **imaginación f.**, fertile imagination.

fertilidad *nf* fertility, fecundity.

fertilización *nf* fertilization.

fertilizante I *adj* fertilizing. II *nm* fertilizer.

fertilizar [4] *vtr* to fertilize.

férula *nf* ferule, rod; *fig* **bajo la f. de,** under the rule of.

férvido,-a *adj* fervid, ardent.

ferviente *adj* fervent, passionate.

fervor *nm* fervour, *US* fervor.

fervoroso,-a *adj* fervent, passionate.

festejar *vtr* 1 *(celebrar)* to celebrate. 2 *(agasajar)* to wine and dine, entertain. 3 *(cortejar)* to court, woo.

festejo *nm* 1 entertainment, feast. 2 **festejos,** festivities.

festín *nm* feast, banquet.

festinar[1] *vtr (apresurar)* to speed up.

festinar[2] *vtr (agasajar)* to wine and dine, entertain.

festival *nm* festival; **f. de cine,** film festival.

festividad *nf* festivity, celebration.

festivo,-a I *adj* 1 *(alegre)* festive, merry. 2 *(de fiesta)* **día f.**, holiday. II *nm* holiday.

festón *nm Cost* festoon; *(de flores)* garland.

festonear *vtr* to festoon.

fetal *adj* foetal, *US* fetal; **posición f.**, foetal position.

fetén *fam* I *adj* 1 *(formidable)* terrific, smashing, great. 2 *(auténtico)* hundred per cent, genuine. II **la f.** *nf* the truth.

fetiche *nm* fetish.

fetichismo *nm* fetishism.

fetichista *adj & nmf* fetishist.

fetidez *nf* stink, stench, fetidness.

fétido,-a *adj* stinking, fetid.

feto *nm* 1 foetus, *US* fetus. 2 *fam (persona muy fea)* monster, ugly sod.

feucho,-a *adj fam* plain, unattractive.

feudal *adj Hist* feudal; **señor f.**, feudal lord.

feudalismo *nm Hist* feudalism.

feudo *nm* fief, feud.

FEVE *nmpl abr de* Ferrocarriles Españoles de Vía Estrecha.

FF.AA. *nfpl abr de* Fuerzas Armadas, Armed Forces.

FF.CC. *nmpl abr de* ferrocarriles, railways, rly.

fiabilidad *nf* reliability, trustworthiness.

fiable *adj* reliable, trustworthy.

fiado,-a I *pp de* fiar. II *adj* 1 *Com* on credit; **comprar al f.**, to buy on credit. 2 *(confiado)* trusting.

fiador,-a I *nm,f* guarantor; **salir** *o* **ser f. de algn,** *(pagar fianza)* to stand bail for sb; *(avalar)* to vouch for sb. II *nm* 1 *(de escopeta)* safety catch. 2 *(cerrojo)* bolt.

fiambre I *adj* 1 *Culin* (served) cold. 2 *irón* stale, old. II *nm* 1 *Culin* cold meat; **plato de fiambres,** dish of cold meats. 2 *fam (cadáver)* stiff, corpse; **dejar f. a algn,** to do sb in.

fiambrera *nf* lunch box.

fianza *nf (depósito)* deposit, security; *Jur* bail; **dejar en libertad bajo f.**, to release on bail.

fiar [13] I *vtr* 1 to guarantee. 2 *(vender)* to sell on credit. 3 *(confiar)* to confide, entrust. II *vi* to trust; **de f.**, trustworthy. III **fiarse** *vr* to trust **(de, -)**; *(en letrero)* **no se fía,** no credit given.

fiasco *nm* fiasco, failure.

fibra *nf* 1 *(filamento)* fibre, *US* fiber; *(de madera)* grain. ■ **f. de vidrio,** fibreglass. 2 *fig (carácter)* push, go; **es una chica con f.**, she's full of go.

fibroso,-a *adj* fibrous.

ficción *nf* fiction.

ficha *nf* **1** *(tarjeta)* index card, file card. ■ **f. policíaca,** police record; **f. técnica,** specifications *pl,* technical data; *Cin* credits *pl.* **2** *Tel* token. **3** *(en juegos)* counter; *Naipes* chip; *Ajedrez* piece, man; *(de dominó)* domino. **4** *Am (bribón)* vagrant.

fichaje *nm Dep* signing (up).

fichar I *vtr* **1** to put on an index card; to file; **está fichado por la policía,** his name is on police files, he has a police record; *fam* **lo tengo bien fichado,** I've got him sized up. **2** *Dep* to sign up. II *vi (al entrar)* to clock in; *(al salir)* to clock out.

fichero *nm* **1** *(archivo)* card index. **2** *Mueb* filing cabinet, file.

ficticio,-a *adj* fictitious.

fidedigno,-a *adj* reliable, trustworthy; **fuentes fidedignas,** reliable sources.

fideicomisario,-a *nm,f Jur* trustee.

fideicomiso *nm Jur* trusteeship; **bajo** *o* **en f.,** in trusteeship.

fidelidad *nf* **1** *(lealtad)* faithfulness, fidelity. **2** *(exactitud)* accuracy. ■ *Mús* **alta f.,** high fidelity, hi-fi.

fideo *nm Culin* noodle; *fam fig* **estar como un f.,** to be as thin as a rake.

Fidji *n* Fiji.

fiduciario,-a *adj* & *nm,f Jur* fiduciary.

fiebre *nf* **1** *Med* fever; **tener f.,** to have a temperature. **2** *fig* fever, excitement.

fiel I *adj* **1** *(leal)* faithful, loyal; **es f. a su mujer,** he is faithful to his wife. **2** *(exacto)* accurate, exact; **memoria f.,** reliable memory. II *nm* **1** *(de balanza)* needle, pointer. **2** **los fieles,** *Rel* the faithful.

fieltro *nm Tex* felt.

fiera *nf* **1** wild animal *o* beast; **luchó como una f.,** she fought like a tiger; *fam* **estar hecho una f.,** to be in a rage. ■ **casa de fieras,** menagerie. **2** *fig (persona de mal carácter)* beast, brute. **3** *fig (genio)* wizard; **es una f. para los idiomas,** she's brilliant at languages. **4** *Taur* bull.

fiereza *nf (ferocidad)* ferocity, ferociousness; *(crueldad)* cruelty.

fiero,-a *adj (salvaje)* wild; *(feroz)* fierce, ferocious; *fig (persona)* cruel.

fierro *nm Am* iron.

fiesta *nf* **1** *(vacaciones)* holiday; **ayer fue f.,** yesterday was a holiday; **el viernes haré f.,** I'll take Friday off. ■ **f. nacional,** bullfighting; **F. de la Hispanidad,** Columbus Day; **F. del Trabajo,** Labour *o US* Labor Day. **2** *Rel* feast. ■ **f. fija/móvil,** immovable/movable feast; **f. de guardar** *o* **precepto,** day of obligation. **3** *(reunión)* party; **estar de f.,** to be in a festive mood; **no estar para fiestas,** to be in no mood for jokes; **¡tengamos la f. en paz!,** cut it out! ■ **sala de fiestas,** dance hall. **4** *(festividad)* celebration, festivity; **el pueblo está de fiestas,** the town is holding its local festivities; **las fiestas de Navidad,** Christmas; **las fiestas de San Fermín,** the festival of San Fermín.

fifiriche *adj CAm Méx* sickly, weak.

figón *nm arc* cheap restaurant.

figura *nf* **1** figure, shape; **f. de cerámica,** pottery figure; **f. decorativa,** figurehead; **tener buena f.,** to have a good figure; **una f. de hombre,** the shape *o* figure of a man. **2** *(personaje)* figure; **una f. de las letras,** an important literary figure. **3** *Cin Teat* character. **4** *Geom* figure, diagram. **5** *Ling* figure.

figuración *nf* imagination; **son figuraciones tuyas,** you're just imagining things.

figurado,-a I *pp de* **figurar.** II *adj* figurative; **en sentido f.,** figuratively.

figurante,-a *nm,f* **1** *Teat Cin* extra. **2** *fig* figurehead.

figurar I *vtr* **1** *(representar)* to represent; **¿qué figuran estas rayas rojas?,** what do these red lines represent? **2** *(simular)* to simulate, feign, pretend; **figuró estar muerto,** he pretended to be dead. II *vi* **1** *(aparecer)* to appear, figure; **su nombre no figura en el listín,** her name isn't in the telephone directory. **2** *(destacar)* to stand out, be important. III **figurarse** *vr* **1** to imagine, suppose; **nunca me lo hubiera figurado,** I would never have suspected it; **ya me lo figuraba,** I thought as much. **2** *interj* **¡figúrate!, ¡figúrese!,** just imagine!

figurativo,-a *adj* figurative.

figurín *nm* **1** *(dibujo)* sketch. **2** *(revista)* fashion magazine. **3** *pey* dandy, fop.

figurinista *nmf Teat Cin* costume designer.

figurón *nm* **1** *pey* show-off, swank. **2** *Náut* **f. de proa,** figurehead.

fija *nf Am fam* sure thing.

fijacarteles *nmf inv* billposter.

fijación *nf* **1** setting, fixing. ■ *Fot* **baño de f.,** fixing bath; **f. de impuestos,** tax assessment. **2** *(amarre)* fastening. **3** **fijaciones,** *Esquí* bindings.

fijado *nm Fot* fixing.

fijador *nm* fixative.

fijapelo *nm Peluq* hair spray *o* gel.

fijar I *vtr* **1** *(sujetar)* to fix, fasten; *(establecer)* to determine; **f. residencia,** to take up residence; **f. un sello en,** to stick a stamp on; **f. una fecha/un precio,** to fix a date/price; *(en letrero)* **prohibido f. carteles,** post no bills. **2** *Carp (puerta)* to hang; *(ventana)* to put in. **3** *Fot Quím* to fix. II **fijarse** *vr* **1** *(darse cuenta)* to notice; **se fija en todo,** she's very observant; **¿te fijas cómo me contesta?,** did you see how he answers me? **2** *(poner atención)* to pay attention, watch; **no se te fijas,** you just don't pay attention; **¡fíjate!, ¡fíjese!,** (just) fancy that!; **fíjate cómo lo hago yo,** watch how I do it; **fíjate en esta foto,** look at this photo.

fijasello *nm Filat* stamp hinge.

fijativo *nm Fot* fixative.

fijeza *nf* **1** *(insistencia)* insistence, firmness; **mirar algo con f.,** to stare at sth. **2** *(certeza)* certainly; **saber algo con f.,** to know sth for certain.

Fiji *n* Fiji.

fijiano,-a *adj* & *nm,f* Fijian.

fijo,-a *adj* **1** *(sujeto)* fixed, fastened; **f. a la pared,** fixed to the wall. **2** *(determinado)* **aún no hay fecha fija,** the exact date hasn't been fixed yet; **con la mirada fija,** staring; **de f.,** for certain, for sure. **3** *(firme)* steady, stable; **asegúrate de que esté bien f.,** make sure it is steady. **4** *(permanente)* permanent; **está f. en Madrid,** he's settled in Madrid; **no quiero un empleo f.,** I don't want a permanent job; **sin residencia fija,** of no fixed abode. **5** *Fot* fast. ◆**fijamente** *adv* fixedly; **mirar f.,** to stare.

fila *nf* **1** file, line; **en f. de uno, en f. india,** in single file; **nos pusieron en f.,** we were lined up; **salirse de la f.,** to step out of line. **2** *(de cine, teatro)* row; **en primera f.,** in the front row. **3** filas, ranks; **cerrar f.,** to close ranks; **entrar a engrosar las f. de,** to join the ranks of; *Mil* **Juan está en f. ahora,** Juan's doing his military service at the moment; **llamar a algn a**

f., to call sb up; **romper f.**, to break ranks; **¡rompan f.!**, fall out!, dismiss!

Filadelfia *n* Philadelphia.

filamento *nm* filament.

filantropía *nf* philanthropy.

filantrópico,-a *adj* philanthropic.

filántropo,-a *nm,f* philanthropist.

filarmónico,-a *adj* philharmonic.

filatelia *nf* philately, stamp collecting.

filatélico,-a *adj* philatelic.

filatelista *nmf* philatelist, stamp collector.

filazo *nm CAm* wound, injury.

filete *nm* 1 *(de carne, pescado)* fillet; *(solomillo)* sirloin. 2 *Téc (de tornillo)* thread.

filfa *nf fam* hoax.

filiación *nf* 1 *(datos personales)* particulars *pl*. 2 *Pol* affiliation.

filial I *adj* 1 filial. 2 *Com* subsidiary; **empresa f.**, subsidiary. II *nf Com* subsidiary.

filibusterismo *nm fam* filibustering.

filibustero,-a *nm,f fam* filibuster.

filigrana *nf* 1 *(en orfebrería)* filigree. 2 *(en el papel)* watermark. 3 **filigranas,** *fig* intricacy *sing*, intricate work *sing*.

filípica *nf* philippic, tirade.

Filipinas *npl* **(las) F.**, (the) Philippines.

filipino,-a *adj & nm,f* Philippine, Filipino.

filisteo,-a *adj & nm,f* Philistine.

film *nm* film, picture, *US* movie.

filmación *nf* filming, shooting.

filmar *vtr* to film, shoot.

filme *nm* film.

fílmico,-a *adj* film, cinema.

filmografía *nf* filmography, films *pl*; **la f. de los años treinta,** the films of the thirties.

filmoteca *nf (archivo)* film library; *(sala de exhibición)* film institute.

filo *nm* 1 (cutting) edge; **sacar f. a algo,** to sharpen sth; *fig* **al f. de la medianoche,** on the stroke of midnight; *fig* **arma de doble f.,** double-edged argument. 2 *CAm Méx (hambre)* hunger.

filología *nf* philology.

filológico,-a *adj* philological.

filólogo,-a *nm,f* philologist.

filón *nm* 1 *Min* seam, vein. 2 *fig (buen negocio)* gold mine.

filoso,-a *adj Am* sharp-edged.

filosofal *adj* **piedra f.,** philosopher's stone.

filosofar *vi* to philosophize.

filosofía *nf* philosophy; *fig* **tomar algo con f.,** to take sth philosophically.

filosófico,-a *adj* philosophical.

filósofo,-a *nm,f* philosopher.

filtración *nf* 1 filtration. 2 *(de información)* leak.

filtrador,-a I *adj* filtering. II *nm* filter.

filtrar *vtr*, **filtrarse** *vr* 1 to filter. 2 *(información)* to leak (out).

filtro *nm* 1 filter. ■ **cigarrillo con f.,** filter *o* filter-tip cigarette; **f. de café,** coffee filter. 2 *Hist (poción)* philtre, love potion.

fimbria *nf Cost (borde)* hem; *(orla)* edging, border.

fin *nm* 1 *(final)* end; **a fines de mes,** at the end of the month; **al f. y al cabo,** when all's said and done, in the end; **cuentos sin f.,** endless lies; **dar** *o* **poner f. a,** to put an end to; **en f.,** anyway; **llegar** *o* **tocar a**

su f., to come to an end; **no tener f.,** to be endless; **noche de F. de Año,** New Year's Eve; **¡por** *o* **al f.!,** at last! ■ **f. de semana,** weekend; **f. de fiesta,** grand finale. 2 *(objetivo)* purpose, aim; **a f. de,** in order to, so as to; **a f. de que,** in order that, so that; **con buen f.,** with good intentions; **con el f. de,** with the intention of; **con este f.,** with this aim; *prov* **el f. justifica los medios,** the end justifies the means.

finado,-a I *pp de* **finar**. II *nm,f* deceased.

final I *adj* final, last. II *nm* 1 end; **al f.,** in the end; **al f. del día,** at the end of the day; **hasta el f.,** until the end. ■ **f. de línea,** terminal; **f. feliz,** happy ending. 3 *Mús* finale. III *nf Dep* final. ■ **cuartos de f.,** quarterfinals. ◆**finalmente** *adv* finally, eventually.

finalidad *nf* purpose, aim.

finalista I *adj* in the final; **equipo f.,** team in the final. II *nmf* finalist.

finalizar [4] *vtr & vi* to end, finish.

financiación *nf*, **financiamiento** *nm* financing.

financiar [12] *vtr* to finance.

financiero,-a I *adj* financial. II *nm,f* financier.

finanzas *nfpl* finances.

finar *fml* I *vi* to pass away, die. II **finarse** *vr* to yearn **(por,** for).

finca *nf* property, estate. ■ *Am* **f. rústica,** country estate; **f. urbana,** building.

finés,-a *adj & nm,f véase* **finlandés,-esa**.

fineza *nf* 1 *véase* **finura**. 2 *(cumplido)* courtesy, compliment.

fingido,-a I *pp de* **fingir**. II *adj* feigned, false; **nombre f.,** assumed name.

fingimiento *nm* pretence, simulation.

fingir [6] I *vtr* to feign, pretend. II **fingirse** *vr* to pretend to be.

finiquitar *vtr Com* 1 *(saldar) (cuenta)* to settle; *(deuda)* to discharge. 2 *(terminar)* to finish, end.

finiquito *nm* 1 *Com (acción)* settlement. 2 *(documento)* final discharge.

finito,-a *adj* finite.

finlandés,-a I *adj* Finnish. II *nm,f (persona)* Finn. III *nm (idioma)* Finnish.

Finlandia *n* Finland.

fino,-a I *adj* 1 fine, delicate; **oro f.,** pure gold. 2 *(alimentos, bebidas)* choice, select. 3 *(sentidos)* sharp, acute; **olfato f.,** keen sense of smell. 4 *(delgado)* thin. 5 *(educado)* refined, polite. 6 *(humor, ironía)* subtle. 7 *fam* **estar f.,** to be witty *o* shrewd; **ir f.,** to be plastered *o* stoned. II *nm (vino)* type of dry sherry.

finolis *adj inv fam* 1 *(remilgado)* fussy, finicky. 2 *(cursi)* affected.

finta *nf* feint.

fintar *vi* to feint.

finura *nf* 1 *(calidad)* fineness, excellence. 2 *(agudeza)* sharpness, acuteness. 3 *(refinamiento)* refinement, politeness. 4 *(sutileza)* subtlety.

fiordo *nm Geog* fiord, fjord.

fique *nm Am Bot* agave fibre.

firma *nf* 1 *(autógrafo)* signature; **ponga la f. aquí,** sign here. 2 *(empresa)* firm, company.

firmamento *nm Astron* firmament.

firmante *adj & nmf* signatory; *fml* **el** *o* **la abajo f.,** the undersigned.

firmar *vtr* to sign.

firme I *adj* **1** firm, steady; *fig* **mantenerse f.**, to hold one's ground. ■ **tierra f.**, terra firma. **2** *(color)* fast. **3** *Jur* **sentencia f.**, final judgement. **4** *Mil* **¡firmes!**, attention! **II** *nm Constr* road surface. **III** *adv* hard. ◆**firmemente** *adv* **1** *(resistente)* firmly. **2** *(fuerte)* strongly.

firmeza *nf* firmness, steadiness.

firulete *nm Am* cheap ornament.

fiscal I *adj* fiscal, tax. **II** *nmf* **1** *Jur* public prosecutor, *US* district attorney. **2** *fig* snooper; informer.

fiscalía *nf* office of public prosecutor.

fiscalización *nf* supervision, inspection.

fiscalizar [4] *vtr* to supervise, investigate.

fisco *nm* treasury, exchequer.

fisgar [7] *vi fam* to snoop, pry.

fisgón,-ona *nm,f (espía)* snooper; *(curioso)* busybody.

fisgonear *vi* to snoop, pry.

física *nf* physics *sing*.

físico,-a I *adj* physical. **II** *nm,f (profesión)* physicist. **III** *nm (aspecto)* physique. ◆**físicamente** *adv* physically.

fisiología *nf* physiology.

fisiológico,-a *adj* physiological.

fisiólogo,-a *nm,f* physiologist.

fisión *nf Fís* fission.

fisioterapeuta *nmf Med* physiotherapist.

fisioterapia *nf Med* physiotherapy.

fisonomía *nf* physiognomy.

fisonomista *nmf fam* **ser buen/mal f.**, to be good/no good at remembering faces.

fístula *nf Med* fistula.

fisura *nf* fissure.

FIV *nf Med abr de* **fecundación in vitro,** in vitro fertilization, IVF.

flaccidez *nf*, **flacidez** *nf* flaccidity, flaccidness, flabbiness.

fláccido,-a *adj*, **flácido,-a** *adj* flaccid, flabby.

flaco,-a I *adj* **1** *(delgado)* thin, skinny. **2** *fig (débil)* weak; **los números son su punto f.**, numbers are his weak point. **II** *nm* weak point *o* spot, weakness.

flacucho,-a *adj pey* skinny.

flacura *nf* thinness, skinniness.

flagelación *nf* flagellation, whipping.

flagelar I *vtr* **1** to flagellate, whip, scourge. **2** *fig (criticar)* to flay. **II flagelarse** *vr* to flagellate oneself.

flagelo *nm* **1** *(látigo)* whip, scourge. **2** *fig (calamidad)* scourge, calamity.

flagrante *adj* flagrant; **en f. delito,** red-handed.

flamante *adj* **1** *(vistoso)* splendid, brilliant. **2** *(nuevo)* brand-new.

flameado,-a I *pp de* **flamear. II** *adj Culin* flambé.

flameante *adj* flamboyant.

flamear I *vtr Culin* to flambé. **II** *vi* **1** *(llamear)* to flame, blaze. **2** *(ondear)* to flutter, flap.

flamenco,-a I *adj* **1** *(de Flandes)* Flemish. **2** *(gitano)* Andalusian gypsy; *fam* **ponerse f.**, to get cocky. **3** *Mús* flamenco. **II** *nm,f (gitano)* Andalusian gypsy. **III** *nm* **1** *(idioma)* Flemish. **2** *Mús* flamenco. **3** *Orn* flamingo.

flámula *nf* streamer, pennant.

flan *nm Culin* caramel custard; **f. de arena,** sand pie; *fig fam* **estar como un f.**, *(físicamente)* to feel tired and washed out; *(anímicamente)* to be easily upset.

flanco *nm* flank, side.

flanera *nf Culin* custard mould.

flanquear *vtr* to flank.

flaquear *vi* **1** *(ceder)* to weaken, give way; **me flaquearon las piernas,** my legs gave way. **2** *(fallar)* to fail; **le flaquea la memoria,** his memory is failing. **3** *(desalentarse)* to lose heart. **4** *(disminuir)* to decrease, diminish.

flaqueza *nf* weakness, frailty.

flash *nm* **1** *Fot* flash, flashlight. **2** *fig (noticia)* newsflash.

flato *nm* **1** wind, flatulence. **2** *Am (melancolía)* gloom, melancholy, sadness. **3** *CAm (aprensión)* apprehension, fear.

flatulencia *nf* flatulence.

flatulento,-a *adj* flatulent.

flauta *Mús* **I** *nf* flute. ■ **f. de Pan,** pipes *pl* of Pan; **f. dulce,** recorder; **f. travesera,** transverse *o* cross flute. **II** *nmf* flautist, *US* flutist, flute player.

flautín *Mús* **I** *nm (instrumento)* piccolo. **II** *nmf (músico)* piccolo player.

flautista *nmf Mús* flautist, *US* flutist, flute player; **el F. de Hamelín,** the Pied Piper (of Hamelin).

flebitis *nf Med* phlebitis.

flecha *nf* **1** *(arma)* arrow; *(dardo)* dart; *fig* **salir como una f.**, to go off like a shot. **2** *Aut* arrow; **siga la f.**, follow the arrow. **3** *Arquit* spire, flèche.

flechar *vtr fig* to inspire sudden love in.

flechazo *nm* **1** *fig (enamoramiento)* love at first sight. **2** *(disparo)* arrow shot. **3** *(herida)* arrow wound.

fleco *nm* **1** *(adorno)* fringe. **2** *fig (borde deshilachado)* frayed edge. **3** *Peluq* fringe, *US* bangs *pl*.

fleje *nm* **1** *Téc* metal strip *o* band. **2** *(de tonel)* (metal) hoop.

flema *nf* phlegm.

flemático,-a *adj* phlegmatic.

flemón *nm Med* gumboil, abscess.

flequillo *nm* fringe, *US* bangs.

fleta *nf Am* **1** *(friega)* rub, rubbing. **2** *(azotaina)* tanning, spanking.

fletador,-a *nm,f* charterer, freighter.

fletamiento *nm* chartering.

fletar I *vtr* **1** *(avión, barco)* to charter, freight. **2** *Am (carro, bestia)* to hire. **3** *Arg (mandar)* to send, order to go (**a,** to). **4** *Arg Chi (despedir)* to fire, sack. **II fletarse** *vr* **1** *CAm (fastidiarse)* to get cross. **2** *Arg (colarse)* to gatecrash.

flete *nm* **1** *(alquiler)* freightage. **2** *(carga de un buque)* cargo. **3** *Am (alquiler)* hiring fee. **4** *Am (carga)* freight, cargo. **5** *Arg (caballo)* fast horse.

fletero,-a I *adj Am* hire, for hire; **carro f.**, hire car. **II** *nm* **1** *Am (cobrador)* collector. **2** *Arg (propietario)* owner of vehicles.

flexibilidad *nf* flexibility.

flexible *adj* flexible.

flexión *nf* **1** *(doblegamiento)* flexion. **2** *Ling* inflection. **3** *Gimn* press-up, *US* push-up.

flexionar *vtr (músculo)* to flex; *(cuerpo)* to bend.

flexo *nm* adjustable table lamp, anglepoise lamp.

flipado,-a *arg* **I** *pp de* **flipar. II** *adj (drogas)* stoned.

flipante *adj arg* great, cool.

flipar *arg* **I** *vtr* to fascinate, captivate; **le flipan las motos,** he's crazy about motorbikes. **II fliparse** *vr* to get stoned.

flipe *nm arg* trip.

flirtear *vi* to flirt.

flirteo *nm* flirtation, flirting.

flojear *vi* 1 *(disminuir)* to fall off, go down; **han flojeado las ventas,** sales have fallen off. 2 *(debilitarse)* to weaken, grow weak; **le flojea la memoria,** his memory is failing.

flojedad *nf* 1 *(debilidad)* weakness, slackness. 2 *(atonía)* flabbiness, limpness.

flojera *nf fam* weakness, faintness.

flojo,-a I *adj* 1 *(suelto)* loose, slack; *vulg* **me la trae floja,** I couldn't give a toss. 2 *(débil)* weak; **está f. en matemáticas,** he's weak at mathematics; **un viento muy f.,** a light wind. 3 *fig (perezoso)* lazy, idle; **una alumna muy floja,** a very weak pupil. 4 *(cobarde)* cowardly. II *nm,f* 1 lazy person, idler. 2 *Am* coward.

flor *nf* 1 flower; **en f.,** in blossom; *fig* **en la f. de la vida,** in the prime of life; *fig* **la f. y nata,** the cream (of society). ■ **f. de harina,** pure wheat flour; **f. de lis,** fleur-de-lis. 2 *fig (piropo)* compliment; **echar flores,** to pay compliments. 3 *(superficie)* **a f. de piel,** skin-deep; **a f. de tierra,** at ground level.

flora *nf* flora.

floración *nf (plantas)* flowering, blooming; *(árboles)* blossoming.

floral *adj* floral.

florar *vi (plantas)* to flower, bloom; *(árboles)* to blossom.

floreado,-a I *pp de* **florear.** II *adj* 1 flowered, flowery. 2 *Lit (estilo)* florid.

florear I *vtr* 1 *(adornar)* to adorn with flowers. 2 *fam fig* to pay compliments to. II *vi* 1 *Mús (guitarra)* to play in arpeggio. 2 *Esgr* to flourish. 3 *Am (florecer) (plantas)* to flower, bloom; *(árboles)* to blossom. 4 *Arg Urug* to show off.

florecer [43] I *vi* 1 *Bot (plantas)* to flower, bloom; *(árboles)* to blossom. 2 *fig (prosperar)* to flourish, thrive. II **florecerse** *vr* to go mouldy *o* moldy.

floreciente *adj fig* flourishing, prosperous.

florecimiento *nm* 1 *Bot (plantas)* flowering, blooming; *(árboles)* blossoming. 2 *fig (auge)* flourishing, prospering.

Florencia *n* Florence.

florentino,-a *adj & nm,f* Florentine.

floreo *nm* flourish.

florero *nm (jarrón)* vase.

florescencia *nf Bot* florescence.

floresta *nf (bosque)* wood, thicket.

florete *nm Esgr* foil.

florezco *indic pres véase* **florecer.**

floricultor,-a *nm,f* flower grower.

floricultura *nf* flower growing, floriculture.

florido,-a *adj* 1 *(con flores)* flowery. 2 *fig (selecto)* choice, select; **lo más f.,** the cream. 3 *Lit (estilo)* florid.

florilegio *nm Lit* anthology.

florín *nm (moneda)* florin.

floripondio *nm pey* 1 *(flor grande)* large flower, gaudy flower. 2 *(adorno excesivo)* heavy ornamentation.

florista *nmf* florist.

floristería *nf* florist's (shop).

florón *nm* 1 *Arquit* rosette. 2 *Herald* fleuron.

flota *nf* fleet. ■ **f. pesquera,** fishing fleet.

flotación *nf* flotation, floating.

flotador *nm* 1 float. 2 *(de niño)* rubber ring. 3 *(de cisterna)* ballcock.

flotante *adj* floating.

flotar *vi* 1 to float. 2 *(ondear)* to wave, flutter.

flote *nm* floating; **a f.,** afloat; **sacar a f. un negocio,** to put a business on a sound footing; *fig* **salir a f.,** to get back on one's feet, get out of difficulty.

flotilla *nf* flotilla.

fluctuación *nf* fluctuation.

fluctuante *adj* fluctuating, subject to fluctuation.

fluctuar [11] *vi* to fluctuate; *(vacilar)* to hesitate.

fluente *adj* flowing, fluid.

fluidez *nf* 1 fluidity. 2 *fig* fluency.

fluido,-a I *pp de* **fluir.** II *adj* 1 fluid. 2 *fig* fluent. III *nm* 1 *Fís* fluid. 2 *Elec* current.

fluir [62] *vi* to flow.

flujo *nm* 1 flow. 2 *Mar* rising tide; **f. y reflujo,** ebb and flow. 3 *Fís* flux. 4 *Med* discharge. 5 *Inform* stream.

fluminense I *adj* of *o* from Rio de Janeiro. II *nmf* native *o* inhabitant of Rio de Janeiro.

flúor *nm* fluorine.

fluorescencia *nf* fluorescence.

fluorescente *adj* fluorescent.

fluorización *nf* fluoridation.

fluoruro *nm Quím* fluoride.

fluvial *adj* fluvial, river.

flux *nm Naipes* flush.

fluyo *indic pres véase* **fluir.**

FM *nf Rad abr de* **Frecuencia Modulada,** frequency modulation, FM.

FMI *nm Econ abr de* **Fondo Monetario Internacional,** International Monetary Fund, IMF.

fo., fol., f.° *abr de* **folio,** folio, fo., fol.

fobia *nf* phobia.

foca *nf* 1 *Zool* seal. ■ **piel de f.,** sealskin. 2 *fam (persona)* fat lump.

focal *adj* focal; **distancia f.,** focal length.

focha *nf Orn* coot.

foco *nm* 1 centre, *US* center, focal point. 2 *Fís Mat* focus. 3 *(lámpara)* spotlight, floodlight. 4 *fig* centre. 5 *Am* (electric light) bulb.

fofo,-a *adj* 1 soft, spongy. 2 *(persona)* flabby.

fogaje *nm Arg Méx Med* rash.

fogata *nf* bonfire.

fogón *nm* 1 *(cocina)* kitchen range, stove. 2 *(de máquina de vapor)* firebox. 3 *Am (fogata)* bonfire, camp fire. 4 *Arg* group of people round a camp fire.

fogonazo *nm* flash.

fogonero *nm* stoker.

fogosidad *nf* 1 *(persona)* ardour, *US* ardor, fire. 2 *(caballo)* fieriness.

fogoso,-a *adj* fiery, spirited.

foguear *vtr* 1 *(personas, caballos)* to accustom to gunfire. 2 *fig* to harden.

fogueo *nm* **cartucho de f.,** blank cartridge.

foja *nf Orn* coot.

folía *nf* popular song and dance of the Canary Isles.

foliación *nf Bot Impr* foliation.

foliar [12] *vtr Impr* to foliate, folio, number.

folicular *adj* follicular.

folículo *nm Bot Anat* follicle.

folio *nm (hoja)* folio, leaf; *Impr* **en f.,** folio, in folio.

folklore *nm* folklore.

folklórico,-a I *adj* 1 folkloric, popular, traditional. 2 *fam pey* quaint. II *nf (cantante)* flamenco singer.

folklorista *nmf* folklorist.

folla *nf vulg* **tener mala f.**, *(mala pata)* to have bad luck, be unlucky; *(mala idea)* to be a nasty piece of work.

follada *nf vulg* screw, fuck.

follaje *nm* **1** *Bot* foliage, leaves. **2** *(palabrería)* verbiage, verbosity.

follar *vulg* **I** *vi (copular)* to fuck, screw. **II** *vtr (suspender)* to fail; **me han follado en mates**, I've failed maths. **III follarse** *vr* to fuck, screw; **se la folló**, he screwed her.

folletín *nm* **1** *(relato)* newspaper serial. **2** *fig* melodrama; **¡menudo f.!**, what a saga!

folletinesco,-a *adj* melodramatic.

folletinista *nmf* serial writer.

folleto *nm (prospecto)* pamphlet, leaflet, brochure; *(explicativo)* instruction leaflet; *(turístico)* brochure.

follisca *nf Am* fight, brawl.

follón *nm fam* **1** *(alboroto)* rumpus, shindy; **armar (un) f.**, to kick up a rumpus. **2** *(enredo, confusión)* mess, trouble; **meterse en un f.**, to get into a mess; **nos quedó un f. de platos sucios**, we were left with a whole load of dirty dishes.

follonero,-a *adj & nm,f* **es muy f.**, he's a real troublemaker.

fomentar *vtr* to promote, encourage, foster.

fomento *nm* **1** promotion, encouragement, fostering. **2** *Med* fomentation.

fonda *nf* **1** *(mesón)* inn. **2** small restaurant. **3** *Chi Guat Salv (taberna)* tavern.

fondeadero *nm Náut* anchorage.

fondeado,-a **I** *pp de* fondear. **II** *adj* **1** anchored. **2** *(rico)* well-off, wealthy.

fondear **I** *vtr* **1** *(sondear)* to sound. **2** *(registrar)* to search. **3** *fig (examinar)* to get to the bottom of. **II** *vi (barco)* to anchor. **III fondearse** *vr Am* to get rich.

fondeo *nm* **1** *(sondeo)* sounding. **2** *(registro)* search. **3** *(anclar)* anchoring.

fondillos *nmpl* seat *sing* (of trousers).

fondilludo,-a *adj* **1** *CAm Per* big-bottomed. **2** *Arg (calzonazos)* henpecked.

fondista *nmf* **1** *(de mesón)* innkeeper. **2** *Dep* long-distance runner.

fondo *nm* **1** *(parte más baja)* bottom; **a f.**, thoroughly; **al f. de la calle**, at the bottom of the street; **tocar f.**, *Náut* to touch bottom; *fig* to reach rock bottom; *fig* **en el f.**, deep down, at heart; *fig* **hay un f. de verdad en sus palabras**, there is some truth in what he says. ■ **bajos fondos**, dregs of society; **doble f.**, false bottom; **f. del mar**, seabed; **forma y f.**, form and substance; **mar de f.**, *Náut* ground swell; *fig* undercurrent of tension. **2** *(parte más lejana)* end, back; **al f. del auditorio**, at the back of the auditorium; **al f. del pasillo**, at the end of the corridor. **3** *(segundo término)* background; **un estampado azul sobre un f. blanco**, a blue pattern on a white background. ■ **música de f.**, background music. **4** *Prensa* **artículo de f.**, leading article. **5** *Dep* **corredor/carrera de f.**, long-distance runner/race; **esquiador/esquí de f.**, cross-country skier/skiing. **6** *Fin* fund; **cheque sin fondos**, bad cheque; **reunir fondos**, to raise funds. ■ **f. común**, kitty; **fondos bloqueados**, frozen assets; **fondos disponibles**, available *o* liquid funds; **fondos públicos**, public funds.

fondón,-ona *adj fam* big-bottomed, fat.

fonducha *nf*, **fonducho** *nm pey* cheap restaurant, cheap boarding house.

fonema *nm Ling* phoneme.

fonendoscopio *nm Med* stethoscope.

fonético,-a **I** *adj* phonetic. **II** *nf* phonetics *sing*.

fónico,-a *adj Ling* phonic.

fonocaptor *nm* pick-up.

fonógrafo *nm* gramophone, *US* phonograph.

fonología *nf Ling* phonology.

fonológico,-a *adj Ling* phonological.

fonoteca *nf* record library.

fontana *nf lit* fountain, spring.

fontanería *nf* plumbing.

fontanero,-a *nm,f* plumber.

footing *nm* jogging; **hacer f.**, to go jogging.

F.O.P. *nfpl abr de* **Fuerzas del Orden Público**, the Police Force.

foque *nm Náut* jib.

forajido,-a *nm,f* outlaw, desperado.

foral *adj* of *o* relating to the **fueros**.

foráneo,-a *adj* alien, foreign.

forastero,-a **I** *adj* foreign, alien. **II** *nm,f* outsider, stranger.

forcejear *vi* to wrestle, struggle.

forcejeo *nm* struggle, struggling.

fórceps *nm inv Med* forceps *pl*.

forense **I** *adj* forensic, legal. **II** *nmf* **(médico) f.**, forensic surgeon.

forestal *adj* forest; **repoblación f.**, reafforestation.

forja *nf* **1** *(fragua)* forge. **2** *(forjado)* forging. **3** *(ferrería)* ironworks *sing*, foundry.

forjado,-a **I** *pp de* forjar. **II** *adj* wrought. **III** *nm Arquit* forging.

forjar **I** *vtr* **1** *(metales)* to forge. **2** *fig* to create, make; **ella sola forjó un imperio**, she created an empire single-handed. **II forjarse** *vr* **1** to forge for oneself; **se ha forjado un buen porvenir**, he has forged a fine future for himself; **f. ilusiones**, to build up false hopes. **2** *CAm* to feather one's nest.

forma *nf* **1** form, shape; **en f. de L**, L-shaped; **¿qué f. tiene?**, what shape is it? **2** *(manera)* way; **de esta f.**, in this way; **de f. que**, so that; **de todas formas**, anyway, in any case; **no hubo f. de convencerla**, there was no way we could convince her. ■ **f. de pago**, method of payment. **3** *Dep* form; **estar en f.**, to be on form; **estar en baja f.**, to be off form; **ponerse en f.**, to get fit. **4** *Rel* **Sagrada F.**, Host. **5** **formas**, *(modales)* manners, social conventions; **guardar las formas**, to keep up appearances. **6** **formas**, *fam (de mujer)* curves.

formación *nf* **1** formation. **2** *(educación)* upbringing. **3** *(enseñanza)* education, training. ■ **f. musical**, musical training; **f. profesional**, technical education; **f. universitaria**, university education.

formal *adj* **1** *(serio)* serious, serious-minded; **noviazgo f.**, formal engagement. **2** *(cumplidor)* reliable, dependable. **3** *(cortés)* polite; **sed formales**, behave yourselves.

formaldehido *nm Quím* formaldehyde.

formalidad *nf* **1** formality. **2** *(seriedad)* seriousness. **3** *(fiabilidad)* reliability. **4** *(trámite)* formality, requisite.

formalina *nf Quím* formalin.

formalismo *nm* formalism.

formalista **I** *adj* formalistic. **II** *nmf* formalist.

formalizar [4] I *vtr* 1 *(hacer formal)* to formalize. 2 *Jur (contrato)* to legalize. II **formalizarse** *vr* to become *o* grow serious.

formar I *vtr* 1 to form; **formó un círculo con las sillas,** she placed the chairs in a circle. 2 *(integrar, constituir)* to form, constitute; **f. un comité,** to form a commitee; **f. parte de algo,** to be a part of sth. 3 *(educar)* to bring up; *(enseñar)* to educate, train. II *vi* to form up; *Mil* **¡a f.!,** fall in! III **formarse** *vr* 1 to be formed, form; **se formó un charco,** a puddle formed; **f. una impresión equivocada,** to get the wrong impression. 2 *(educarse)* to be educated *o* trained.

formativo,-a *adj* formative.

formato *nm* *Inform Tip* format; *(del papel)* size.

formica® *nf* Formica®.

fórmico,-a *adj* *Quím* formic.

formidable *adj* 1 *(tremendo)* tremendous, formidable. 2 *(maravilloso)* wonderful, terrific; **¡f.!,** great!

formol *nm* *Quím* formol.

formón *nm* *Carp* firmer chisel.

fórmula *nf* formula; **por pura f.,** for form's sake. ■ *Aut* **f. uno,** formula one.

formulación *nf* formulation.

formular *vtr* 1 *(una teoría)* to formulate. 2 *(quejas, peticiones)* to make; **f. un deseo,** to express a desire; **f. una pregunta,** to ask a question.

formulario,-a I *adj* routine; **una visita formularia,** a formal visit. II *nm* 1 *Farm* formulary, collection of formulas. 2 *(documento)* form; **rellenar un f. de solicitud,** to fill in an application (form).

formulismo *nm* formulism.

fornicación *nf* *fml* fornication.

fornicador,-a *fml* I *adj* fornicating. II *nm,f* fornicator.

fornicar [1] *vi* *fml* to fornicate.

fornido,-a *adj* strapping, hefty.

fornitura *nf* 1 *Mil* cartridge belt. 2 *(accesorios)* accessories *pl*. 3 *(de un reloj)* spare parts *pl*.

foro *nm* 1 *Hist* forum. 2 *Jur (tribunal)* law court, court of justice; *(profesión)* bar, legal profession. 3 *Teat* back (of the stage). 4 *(reunión)* meeting.

forofo,-a *nm,f fam* fan, supporter.

forrado,-a I *pp de* **forrar.** II *adj* 1 *Cost* lined; *(tapizado)* upholstered. 2 *fam (rico)* well-heeled, well-off.

forraje *nm* 1 *Agr* fodder, forage. 2 *fig (mezcla)* hotch-potch. 3 *Am* cattle food.

forrajear *vtr & vi* 1 to get in the fodder. 2 *Mil* to forage.

forrajero,-a *adj* *Agr* fodder; **plantas forrajeras,** fodder crops.

forrar I *vtr* 1 *(por dentro)* to line. 2 *(por fuera)* to cover; *(tapizar)* to upholster. II **forrarse** *vr fam (de dinero)* to make a packet.

forro *nm* 1 *Cost* lining. 2 *(funda)* cover, case; *(tapizado)* upholstery. 3 *fam fig* **ni por el f.,** not in the slightest.

fortachón,-ona *adj fam* strong, strapping.

fortalecedor,-a *adj* fortifying.

fortalecer [43] I *vtr* to fortify, strengthen. II **fortalecerse** *vr* to fortify oneself, become stronger.

fortalecimiento *nm* fortification, strengthening.

fortaleza *nf* 1 *(vigor)* strength, vigour. 2 *(de espíritu)* fortitude. 3 *Mil* fortress, stronghold.

fortificación *nf* fortification, fortifying.

fortificante I *adj* fortifying. II *nm* fortifier, tonic.

fortificar [1] *vtr* to fortify, strengthen.

fortín *nm* small fort, bunker.

fortísimo,-a *adj* 1 *(muy fuerte)* very strong. 2 *Mús* fortissimo.

fortuito,-a *adj* fortuitous; **encuentro f.,** chance meeting.

fortuna *nf* 1 *(destino)* fortune, fate. ■ **la rueda de la f.,** the wheel of fortune. 2 *(suerte)* luck; **buena f.,** good luck; **mala f.,** misfortune; **por f.,** fortunately; **probar f.,** to try one's luck. 3 *(capital)* fortune; **heredó una f.,** he inherited a fortune.

forúnculo *nm* *Med* boil, furuncle.

forzado,-a I *pp de* **forzar.** II *adj* 1 *(obligado)* forced; **a marchas forzadas,** at a brisk pace. ■ **trabajos forzados,** hard labour *sing*. 2 *(rebuscado)* forced, strained; **una risa forzada,** a forced laugh.

forzar [50] *vtr* 1 to force, compel; **f. a algn a hacer algo,** to compel sb to do sth. 2 to force, break open; **forzaron la puerta del coche,** they broke the car door open. 3 *fml (violar)* to rape.

forzoso,-a *adj* 1 *(inevitable)* inevitable, unavoidable, inescapable. 2 *(obligatorio)* obligatory, compulsory; **la asistencia es forzosa,** attendance is obligatory. ■ *Av* **aterrizaje f.,** forced landing.

forzudo,-a *adj* strong brawny.

fosa *nf* 1 *(sepultura)* grave. ■ **f. común,** common grave. 2 *(hoyo)* pit; hollow. ■ **f. séptica,** septic tank. 3 *Anat* fossa. ■ **fosas nasales,** nostrils.

fosfato *nm* phosphate. ■ **f. de cal,** calcium phosphate.

fosforecer [43] *vi* to phosphoresce, glow.

fosforero,-a I *nm,f* match seller. II *nf* 1 *(caja)* matchbox. 2 *(fábrica)* match factory.

fosforescencia *nf* phosphorescence.

fosforescente *adj* phosphorescent.

fosfórico,-a *adj* *Quím* phosphoric.

fósforo *nm* 1 *Quím* phosphorus. 2 *(cerilla)* match.

fósil *adj & nm* fossil.

fosilización *nf* fossilization.

fosilizarse [4] *vr* to fossilize, become fossilized.

foslilizado,-a I *pp de* **foslizarse.** II *adj* fossilized.

foso *nm* 1 *(hoyo)* hole, pit. 2 *(de fortificación)* moat. 3 *Teat* pit. ■ **f. de la orquesta,** orchestra pit. 4 *(en garage)* inspection pit.

fotingo *nm* *Am* battered old car.

foto *nf fam* photo; **sacar fotos,** to take photos.

fotocalco *nm* photoprint.

fotocomposición *nf* *Impr* typesetting, *US* photosetting.

fotocopia *nf* photocopy, Xerox®; **hacer** *o* **sacar un f. de algo,** to photocopy sth.

fotocopiadora *nf* photocopier.

fotocopiar [12] *vtr* to photocopy.

fotoeléctrico,-a *adj* photoelectric.

fotogénico,-a *adj* photogenic.

fotograbado *nm* photogravure, photoengraving.

fotograbar *vtr* to photoengrave.

fotografía *nf* 1 *(proceso)* photography. 2 *(retrato)* photograph; **hacer** *o* **sacar fotografías,** to take photographs.

fotografiar [13] *vtr* to photograph, take a photograph of.

fotográfico,-a *adj* photographic.

fotógrafo,-a *nm,f* photographer; **f. de prensa,** press photographer.

fotomatón *nm* automatic coin-operated photo machine.

fotómetro *nm* light meter, exposure meter.

fotomontaje *nm Fot* photomontage.

fotón *nm Fís* photon.

fotosíntesis *nf* photosynthesis.

fotostato *nm* photostat.

fototeca *nf Fot* photograph library.

fox-trot *nm Mús* foxtrot.

FP *nf Educ abr de* **Formación Profesional,** technical education.

frac *nm (pl fracs o fraques) (prenda)* dress coat, tails *pl.*

fracasado,-a I *pp de* fracasar. II *adj* unsuccessful. III *nm,f (persona)* failure.

fracasar *vi* to fail, be unsuccessful.

fracaso *nm* failure.

fracción *nf* 1 *(porción)* fraction, fragment. 2 *Mat* fraction. 3 *Pol* faction.

fraccionamiento *nm* breaking up, splitting up, division; *Petról* cracking.

fraccionar *vtr*, **fraccionarse** *vr* to break up, split up, divide into fractions.

fraccionario,-a *adj* fractional; **moneda fraccionaria,** small change.

fractura *nf* fracture.

fracturar *vtr*, **fracturarse** *vr* to fracture, break.

fragancia *nf* fragrance.

fragante *adj* fragrant, scented.

fragata *nf Náut* frigate.

frágil *adj* 1 *(quebradizo)* fragile, breakable. 2 *(débil)* frail, weak.

fragilidad *nf* 1 fragility. 2 *(debilidad)* frailty, weakness.

fragmentación *nf* fragmentation.

fragmentar I *vtr (partir)* to fragment; *(dividir)* to divide up. II **fragmentarse** *vr* to break up.

fragmentario,-a *adj* fragmentary.

fragmento *nm* 1 *(pedazo)* fragment, piece. 2 *Lit* passage.

fragor *nm* din, roar; *(de trueno)* crash.

fragoroso,-a *adj* thunderous, deafening.

fragosidad *nf* 1 *(terreno)* roughness, unevenness. 2 *(vegetación)* thickness, denseness.

fragoso,-a *adj* thunderous, deafening.

fragua *nf* forge.

fraguado I *pp de* fraguar. II *nm* setting, hardening.

fraguar [22] I *vtr* 1 *(metal)* to forge. 2 *fig* to think up, fabricate; *(conspiración)* to hatch. II *vi (endurecerse)* to set, harden.

fraile *nm* friar, monk.

frailecillo *nm Orn* puffin.

frailesco,-a *adj*, **fraileuno,-a** *adj* monkish.

frambuesa *nf Bot* raspberry.

francachela *nf fam (comilona)* feast.

francés,-a I *adj* French; **despedirse a la francesa,** to take French leave. ▪ *Culin* **tortilla francesa,** plain omelette. II *nm,f (hombre)* Frenchman; *(mujer)* Frenchwoman. III *nm* 1 *(idioma)* French. 2 *vulg* blow job; **hacer un f. a algn,** to give sb a blow job.

francesilla *nf Bot* buttercup.

Francfort *n* Frankfurt.

franchute,-a *nm,f pey* Frog, Froggy, Frenchy.

Francia *n* France.

franciscano,-a I *adj* 1 *Rel* Franciscan. 2 *Am (pardo)* brown. II *nm,f Rel* Franciscan.

francmasón,-ona *nm,f* freemason.

francmasonería *nf* freemasonry.

franco,-a¹ *adj* 1 *(persona)* frank, open. 2 *(cosa)* clear, obvious. 3 *Com* free; **f. a bordo,** free on board; **f. de aduana,** duty-free; **f. de porte y embalaje,** post and packaging free; **f. fábrica,** ex-works; **puerto f.,** free port. ◆**francamente** *adv* frankly.

franco² *nm Fin (moneda)* franc.

franco,-a³ *Hist* I *adj* Frankish. II *nm,f (persona)* Frank. III *nm (idioma)* Frankish.

francófilo,-a *adj & nm,f* francophile.

francófono,-a I *adj* French-speaking. II *nm,f* French speaker.

francote,-a *adj fam* outspoken, forthright.

francotirador,-a *nm,f Mil* sniper.

franela *nf* 1 *Tex* flannel. 2 *Am (prenda)* (man's) T-shirt, undershirt.

frangollón,-ona *adj Am (persona)* bungling.

franja *nf (banda)* band, strip; *(faja)* fringe; *Cost* fringe, border; *Geog* **la f. de Gaza,** the Gaza strip.

franjolín,-ina *adj Am* tailless.

franqueable *adj* 1 crossable, which can be crossed. 2 *(obstáculo)* surmountable.

franquear I *vtr* 1 *(dejar libre)* to free, clear; **f. el paso,** to clear the way; **f. la entrada,** to allow to enter. 2 *(atravesar)* to cross; *fig* **f. una dificultad,** to overcome a difficulty. 3 *(carta)* to frank; **máquina de f.,** franking machine; *(en sobre)* **a f. en destino,** postage paid. II **franquearse** *vr* to unbosom oneself, open up one's heart.

franqueo *nm* postage.

franqueza *nf* 1 *(sinceridad)* frankness, openness. 2 *(confianza)* familiarity, intimacy.

franquicia *nf* exemption; *Com* franchise. ▪ *Com* **f. arancelaria,** exemption from customs duty.

franquismo *nm Hist* 1 Francoism. 2 *(régimen)* the Franco regime.

franquista *Hist* I *adj* Francoist, pro-Franco. II *nmf* Francoist, Franco supporter.

frasco *nm* 1 small bottle, flask. 2 *RPl (medida)* = 2.37 litres.

frase *nf* 1 *Ling (oración)* sentence. 2 *(expresión)* phrase; **f. hecha,** set phrase *o* expression, idiom.

fraseología *nf* 1 *Ling* phraseology. 2 *(palabrería)* verbosity.

fraternal *adj* brotherly, fraternal.

fraternidad *nf* brotherhood, fraternity.

fraternización *nf* fraternization.

fraternizar [4] *vi* to fraternize.

fraterno,-a *adj* fraternal, brotherly.

fratricida I *adj* fratricidal. II *nmf* fratricide.

fratricidio *nm* fratricide.

fraude *nm* fraud. ▪ **f. fiscal,** tax evasion.

fraudulencia *nf* fraudulence.

fraudulento,-a *adj* fraudulent.

fray *nm Rel* brother; **F. David,** Brother David.

frecuencia *nf* 1 frequency; **con f.,** frequently, often. 2 *Rad* frequency. ▪ **alta/baja f.,** high/low frequency.

frecuentado,-a I *pp de* frecuentar. II *adj* frequented; **un lugar poco f.,** a rarely frequented spot.

frecuentar *vtr* to frequent, visit.

recuente *adj* **1** *(repetido)* frequent. **2** *(usual)* common.◆**frecuentemente** *adv* frequently, often.

regadero *nm* (kitchen) sink.

regado[1] I *pp de* fregar. II *nm* **1** *(lavado)* washing; *(frotar)* scrubbing. **2** *fam (riña)* fight, quarrel.

regado,-a[2] *adj* **1** *Am (fastidioso)* tiresome, annoying. **2** *Méx (bellaco)* wicked.

regar [48] *vtr* **1** *(lavar)* to wash; *(frotar)* to scrub; **f. los platos,** to wash up, do the dishes; **f. el suelo,** to mop the floor. **2** *Am fig* to annoy, irritate.

regona *nf* **1** *pey (sirvienta)* skivvy. **2** *(utensilio)* mop.

regón,-ona *adj Am (majadero)* silly, stupid.

regotear *vtr fam* to give a quick wipe to.

regoteo *nm fam* quick wipe.

reidora *nf* (deep) fryer.

reiduría *nf* fried-fish shop.

reír [35] *(pp frito)* I *vtr* **1** *Culin* to fry. **2** *fam fig (exasperar)* to exasperate; **le están friendo a preguntas,** they are bombarding him with questions; *fam fig* **la mandé a f. espárragos,** I told her to go to blazes. II **freírse** *vr* to fry; *fig* **nos freíamos,** it was baking hot.

renado I *pp de* frenar. II *nm* braking.

renar *vtr* **1** to brake. **2** *fig (contener)* to restrain, check.

renazo *nm* sudden braking; **dar un f.,** to jam on the brakes.

renesí *nm* frenzy.

renético,-a *adj* **1** *(exaltado)* frenzied, frenetic. **2** *(colérico)* wild, mad.

renillo *nm Anat* fraenum, *US* frenum.

reno *nm* **1** *Aut* brake; **poner/soltar el f.,** to put on/release the brake. ■ **f. de disco/tambor,** disc/drum brake; **f. de mano,** handbrake; **líquido de frenos,** brake fluid. **2** *(de caballería)* bit; *fig* **morder** *o* **tascar el f.,** to champ at the bit. **3** *fig* curb, check; **poner f. a algo,** to curb sth.

rente I *nm* **1** *(parte delantera)* front; *Arquit* front, façade; **al f. de,** at the head of; **chocar de f.,** to crash head on; **hacer f. a algo,** to face sth, stand up to sth. **2** *Mil* front, front line. **3** *Meteor* front. ■ **f. frío/cálido,** cold/warm front. **4** *Pol* front. ■ **f. popular,** popular front. II *nf Anat* forehead; **arrugar la f.,** to frown; **f. a f.,** face to face; **no tener dos dedos de f.,** to be as thick as two short planks; *vulg* **adornar la f.,** to cuckold, be unfaithful to. III *adv* **f. a,** in front of, opposite; **viven f. a la estación,** they live opposite the station.

resa I *adj* red. II *nf* **1** *Bot (planta)* strawberry plant; *(fruto)* (wild) strawberry. **2** *Téc* milling cutter. **3** *Odont* drill.

resado I *pp de* fresar. II *nm* **1** *Téc* milling. **2** *Odont* drilling.

resadora *nf* **1** *Téc* milling machine. **2** *Odont* drill.

resar *vtr Téc* to mill.

resca *nf* **1** *(aire fresco)* fresh air, cool air; **tomar la f.,** to get some fresh air. **2** *fam (impertinencia)* cheeky remark; **decirle cuatro frescas a algn,** to tell sb a few home truths.

rescachón,-ona *adj fam* healthy, robust.

rescales *nmf inv fam* brazen person, cheeky devil.

resco,-a I *adj* **1** cool, cold; **agua fresca,** cold water; **viento f.,** cool wind. **2** *(tela, vestido)* light, fresh; **esta blusa es muy fresca,** this blouse is nice and cool. **3** *(aspecto)* healthy, fresh. **4** *(comida)* fresh; **fruta fresca,** fresh fruit. **5** *(reciente)* fresh, new; **las noti-**cias más frescas, the latest news *sing*. **6** *fig (impasible)* cool, calm, unworried; **se quedó tan f.,** he didn't bat an eyelid. **7** *(desvergonzado)* cheeky, shameless; **la muy fresca se fue sin pagar,** she had the nerve to leave without paying; **¡qué f.!,** what a nerve!; **¡sí que estamos frescos!,** now we're in a fine mess! II *nm* **1** *(frescor)* fresh air, cool air; **al f.,** in the cool; **hacer f.,** to be chilly; *fam* **mandar a algn a tomar el f.,** to send sb packing. **2** *Arte* fresco.

frescor *nm* coolness, freshness.

frescura *nf* **1** *(desvergüenza)* cheek, nerve; **¡qué f.!,** what a nerve! **2** *(impertinencia)* impertinence. **3** *(calma)* coolness, calmness.

fresno *nm Bot* ash tree.

fresón *nm Bot (planta)* strawberry plant; *(fruto)* (large) strawberry.

fresquera *nf Culin* meat safe.

fresquería *nf Am* refreshment stall.

freudiano,-a *adj & nm,f Psic* Freudian.

frialdad *nf* **1** *(frío)* coldness. **2** *fig* coldness, indifference; **me recibieron con f.,** I was given a cool reception.

fricativo,-a *adj Ling* fricative.

fricción *nf* **1** *Fís* friction. **2** *(friega)* rub, rubbing; *(masaje)* massage. **3** *fig* friction, discord.

friccionar *vtr* to rub, massage.

friega *nf* **1** rub, rubbing. **2** *Am (molestia)* nuisance, annoyance. **3** *Am (zurra)* thrashing. **4** *Am (regaño)* scolding, rebuke.

friegaplatos *nmf inv (persona)* dishwasher.

frigidez *nf* frigidity.

frígido,-a *adj* frigid.

frigio,-a *adj & nm,f Hist* Phrygian.

frigorífico,-a I *adj* refrigerating. II *nm* **1** *(de uso doméstico)* refrigerator, fridge. **2** *(cámara)* cold-storage room.

frijol *nm*, **fríjol** *nm Bot* bean, kidney bean.

frío,-a I *adj* **1** cold. **2** *fig* cold, cool, indifferent; **su muerte me dejó f.,** *(dejar indiferente)* her death didn't affect me in the least; *(afectar)* I was stunned by her death. II *nm* cold; **hace mucho f. hoy,** it's very cold today; **pasar f.,** to be cold; **pillar** *o* **coger f.,** to catch (a) cold; **¡qué f.!,** isn't it cold!; *fam* **hace un f. que pela,** it's freezing cold.◆**fríamente** *adv* coldly, coolly.

friolera *nf* **1** trifle, trinket. **2** *fam (dinero)* **se gastó la f. de dos mil dólares en ello,** he spent a mere two thousand dollars on it.

friolero,-a *adj* sensitive to the cold; **soy muy f.,** I really feel the cold.

frisar *vi* **f. con,** to approach, border on; **Armando frisa con los cuarenta,** Armando is getting on for forty.

friso *nm* **1** *Arquit* frieze. **2** *(zócalo)* skirting board.

frisón,-ona I *adj* Friesian. II *nm,f (persona)* Friesian. III *nm (idioma)* Friesian.

fritada *nf* fry, fried dish; *Culin* **f. de pescado,** dish ʼof fried fish.

fritanga *nf pey* greasy food, greasy dish.

fritar *vtr Arg Col Salv* to fry.

frito,-a I *pp véase* freír. II *adj* **1** *Culin* fried. ■ **patatas fritas,** chips, *US* French fries. **2** *fam* exasperated fed up; **me tienes f. con tantas preguntas,** I'm sick to death of all your questions. **3** *fam* **quedarse f.,** to fall asleep. III *nm* fry, piece of fried food; **fritos de calamar,** fried squid *sing*.

frivolidad *nf* frivolity.

frívolo,-a *adj* frivolous.

fronda *nf* 1 *(espesura)* foliage. 2 *(de helecho)* frond.

frondosidad *nf* foliage, luxuriance.

frondoso,-a *adj* leafy, luxuriant.

frontal *adj* frontal; *Anat* **hueso f.**, frontal bone.

frontera *nf* 1 frontier, border. 2 *fig* limit, bounds *pl.*

fronterizo,-a *adj* frontier, border; **pueblos fronterizos,** border towns.

frontero,-a *adj* opposite.

frontis *nm*, **frontispicio** *nm* 1 *Arquit (fachada)* façade, front; *(frontón)* pediment. 2 *Impr* frontispiece.

frontón *nm* 1 *Dep (juego)* pelota. 2 *Dep (edificio)* pelota court. 3 *Arquit* pediment.

frotación *nf*, **frotamiento** *nm* rubbing.

frotar I *vtr* to rub. II **frotarse** *vr* to rub; **f. las manos,** to rub one's hands together.

frote *nm* rubbing.

fructífero,-a *adj* 1 *Bot* fruit-bearing. 2 *fig* fruitful.

fructificar [1] *vi* 1 *Bot* to bear fruit, produce a crop. 2 *fig* to be fruitful.

fructuoso,-a *adj* fruitful.

frugal *adj* frugal.

frugalidad *nf* frugality, frugalness.

fruición *nf* pleasure, delight, enjoyment.

frunce *nm Cost* shir, shirring; **con frunces,** shirred, gathered.

fruncido,-a I *pp de* **fruncir.** II *nm Cost* shirring.

fruncir [3] *vtr* 1 *Cost* to gather. 2 **f. el ceño,** to frown, knit one's brow. 3 *(labios)* to purse, pucker.

fruslería *nf* 1 trinket. 2 *fam fig* trifle.

frustración *nf* frustration.

frustrado,-a I *pp de* **fustrar.** II *adj* frustrated; **el f. golpe de estado,** the attempted coup; **intento f.,** unsuccessful attempt.

frustrar I *vtr (intentos, esperanzas)* to frustrate, thwart; *(persona)* to disappoint. II **frustrarse** *vr* 1 *(proyectos, planes)* to fail, go awry. 2 *(persona)* to be frustrated *o* disappointed.

frustre *nm fam* frustration.

fruta *nf* 1 fruit. ■ **f. del tiempo,** fresh fruit; **f. escarchada,** candied fruit; **f. prohibida,** forbidden fruit; **f. seca,** dried fruit. 2 *fig* fruit, product, result.

frutal I *adj* fruit; **árbol f.,** fruit tree. II *nm* fruit tree.

frutería *nf* fruit shop.

frutero,-a I *adj* fruit; **mercado f.,** fruit market. II *nm,f* fruiterer. III *nm* fruit dish *o* bowl.

frutilla *nf Am Bot* variety of strawberry.

fruto *nm* 1 *Bot* fruit; **dar f.,** to bear fruit. ■ **frutos secos,** *(nueces, almendras)* nuts; *(pasas, higo paso)* dried fruit *sing.* 2 *fig* fruit, product, result; **dar f.,** to be fruitful; **no dar f.,** to be fruitless; **sacar f. de algo,** to profit from sth.

fu *interj* **ni f. ni fa,** so-so, average.

fucsia *nf Bot* fuchsia.

fuego *nm* 1 fire; **apagar el f.,** to put out the fire; **atizar el f.,** to poke the fire; **encender un f.,** to light a fire; **prender f. a algo,** to set fire to sth; *fig* **jugar con f.,** to play with fire; *fig* **poner las manos en el f. por,** to stake one's life on. ■ **f. de Santelmo,** Saint Elmo's fire; **f. fatuo,** will-o'-the-wisp, jack-o'-lantern; **fuegos artificiales,** fireworks; *fig* **prueba de f.,** trial by fire. 2 *(lumbre)* light; **¿me da f., por favor?,** have you got a light, please? 3 *(cocina)* burner, ring;

a f. lento, on a low flame; *(al horno)* in a slow oven 4 *Mil* fire; **¡f.!,** fire!; **hacer** *o* **romper f.,** to open fire *fig* **estar entre dos fuegos,** to be caught between two fires. ■ **f. cruzado,** crossfire; **f. graneado,** sustained fire; **f. nutrido,** heavy fire. 5 *(ardor)* ardour *U.* ardor, zeal; **atizar el f. de la discordia,** to stir up discord.

fuel *nm*, **fuel-oil** *nm* fuel oil.

fuelle *nm* 1 bellows. 2 *Mús (de gaita)* bag.

fuente *nf* 1 *(manantial)* spring. 2 *(artificial)* fountain. 3 *(recipiente)* dish, serving dish. 4 *fig* source **de f. desconocida,** from an unknown source; **fuentes fidedignas** *o* **bien informadas,** reliable sources.

fuer *nm fml* **a f. de,** as a; **a f. de caballero,** as a gentleman.

fuera[1] *adv* 1 outside, out; **desde f.,** from (the) outside; **¡f.!,** get out!; *Box* **f. de combate,** knocked out **f. de duda,** beyond doubt; **f. de lo normal,** extraordinary, very unusual; **f. de lugar,** out of place; **f. de peligro,** out of danger; **f. de serie,** extraordinary; **la puerta de f.,** the outer door; **por f.,** on the outside **quédate f.,** stay outside; **sal f.,** come out, go out; *fi,* **estar f. de sí,** to be beside oneself. 2 away; **estar f.** to be away; *(en el extranjero)* to be abroad; *Dep* **equipo de f.,** the away team; *Dep* **jugar f.,** to play away. 3 *(excepto)* except for, apart from; **f. de esto** apart from this.

fuera[2] I *subj imperf véase* **ir.** II *subj imperf véase* **ser**

fuerano,a *adj Am* foreign, alien.

fuero *nm* 1 code of laws. 2 *(privilegio)* privilege *(exención)* exemption; **los fueros,** rights and privileges enjoyed by certain Spanish provinces. 3 *(jurisdicción)* jurisdiction. 4 *fig* **en tu f. interno,** deep down, in your heart of hearts.

fuerte I *adj* 1 strong; *fig* **palabras fuertes,** strong words; *fig* **está muy f. en matemáticas,** he's very good at mathematics. 2 *(intenso)* severe; **hacía un frío muy f.,** it was extremely cold; **padece dolore muy fuertes,** he suffers severe pain. 3 *(sonido)* loud **la música está demasiado f.,** the music is too loud 4 *(grande)* **el plato f.,** the main course; *fam fig* th most important event; **una comida f.,** a heavy meal **una f. suma,** a large amount of money. 5 *(sujeto* stiff; **este tornillo está muy f.,** this screw is stiff. I *nm* 1 *(fortificación)* fort. 2 *(punto fuerte)* forte strong point; **su f. es la física,** she's very good a physics, physics is her strong point. III *adv* strongly hard; **¡abrázame f.!,** hold me tight!; **comer f.,** to ea a lot; **¡habla más f.!,** speak up!; **¡pégalo f.!,** hit hard!

fuerza I *nf* 1 strength, force; **no tengo fuerzas par andar más,** I haven't got the energy to walk an further; **sacar fuerzas de flaqueza,** to muster up one's courage; *fig* **a f. de,** by dint of, by force of *fig* **las fuerzas vivas de la localidad,** the loca authorities; *fig* **por la f. de la costumbre,** by forc of habit. ■ **f. de voluntad,** willpower; **f. mayor,** force majeure. 2 *Fís* force. ■ **f. de gravedad,** forc of gravity. 3 *Mil* force; ■ **Fuerzas Aéreas,** ≈ *GB* Royal Air Force; **Fuerzas Armadas,** Arme Forces. 4 **a la f.,** *(obligación)* of necessity; *(vio lencia)* by force; **por f.,** of necessity.

fuese I *subj imperf véase* **ir.** II *subj imperf véase* **ser**

fuete *nm Am* whip.

fuga *nf* 1 *(escapada)* flight, escape; **darse a la f.,** to take flight; **poner en f.,** to put to flight. ■ **f. de cerebros,** brain drain; **f. de divisas,** flight of capital. *(pérdida)* leak. 3 *Mús* fugue.

fugacidad *nf* fleetingness.

fugarse [7] *vr* to escape, flee; **f. de casa,** to run away from home; **se ha fugado con su amante,** she has eloped with her lover.

fugaz *adj* fleeting, brief.

fugitivo,-a I *adj* 1 *(en fuga)* fleeing. 2 *fig (efímero)* ephemeral, fleeting. II *nm,f* fugitive, runaway.

fui I *pt indef véase* **ir.** II *pt indef véase* **ser.**

ful I *adj fam (falso)* bogus, phoney; **policía f.,** bogus policeman. II *nf arg (mierda)* shit.

fulano,-a I *nm,f* so-and-so; *(hombre)* what's his name; *(mujer)* what's her name; **Doña Fulana de tal,** Mrs So-and-so; **f., mengano y zutano,** Tom, Dick and Harry. 2 *fam pey* fellow, guy. II *nf pey* whore, tart. ■ **casa de fulanas,** brothel.

fular *nm* foulard, scarf.

fulcro *nm Téc* fulcrum.

fulero,-a *fam* I *adj* cheating, crooked. II *nm,f* cheater.

fúlgido,-a *adj lit* shining, glowing, bright.

fulgor *nm lit* 1 *(resplandor)* brilliance, glow. 2 *(esplendor)* splendour, *US* splendor.

fulgurante *adj* 1 *(que brilla)* brilliant, shining. 2 *fig* magnificent, stunning.

fulgurar *vi* to shine, glow.

fullería *nf* cheating; *Naipes* cardsharping; **hacer fullerías,** to cheat.

fullero,-a I *adj* cheating. II *nm,f Naipes* cheat, cardsharper.

fulmar *nm Orn* fulmar.

fulminación *nf* fulmination.

fulminado,-a I *pp de* **fulminar.** II *adj* struck by lightning.

fulminante I *adj* 1 fulminating. 2 *fig* staggering; **mirada f.,** withering look. II *nm* fuse, detonator. ■ **cápsula f.,** percussion cap.

fulminar *vtr* 1 to strike with lightning. 2 *fig* to strike dead; **f. a algn con la mirada,** to look daggers at sb.

fumada *nf* puff (of smoke).

fumadero *nm pey* smoking den.

fumado,-a I *pp de* **fumar.** II *arg (drogas)* stoned.

fumador,-a I *adj* smoking. II *nm,f* smoker; **los no fumadores,** nonsmokers.

fumar I *vtr & vi* 1 to smoke; *(en letrero)* **no fumar,** no smoking. 2 *Am (dominar)* to outdo, swindle. II **fumarse** *vr* 1 to smoke; **f. un pitillo,** to smoke a cigarette. 2 *fam* **f. las clases,** to play truant *o US* hookie.

fumarel *nm Orn* tern. ■ **f. cariblanco,** whiskered tern; **f. común,** black tern.

fumeta *nmf arg (drogas)* dope fiend, pot-head.

fumigación *nf* fumigation.

fumigar [7] *vtr* to fumigate.

fumista *nm* stove *o* heater repairman.

funámbulo,-a *nm,f* tightrope walker.

funche *nm Am Culin* maize porridge.

función *nf* 1 function; **en f. de,** according to. 2 *(cargo)* duties *pl;* **entrar en funciones,** to take up one's duties; **estar en funciones,** to be in office; **presidente en funciones,** acting president. 3 *Cin Teat* performance; **no hay f.,** no performance. ■ **f. benéfica,** charity performance; **f. de noche,** late performance; **f. de tarde,** matinée.

funcional *adj* functional.

funcionamiento *nm* functioning, working; **poner algo en f.,** to put sth into operation.

funcionar *vi* to function, work; **hacer f. una máquina,** to operate a machine; *(en letrero)* **no funciona,** out of order; *fam* **así no podemos f.,** we can't go on like that.

funcionario,-a *nm,f* civil servant, official; **f. público,** public official.

funda *nf* 1 *(flexible)* cover; **f. de almohada,** pillowcase. 2 *(rígida)* case. 3 *(de arma blanca)* sheath. 4 *arg (condón)* French letter.

fundación *nf* foundation.

fundado,-a I *pp de* **fundar.** II *adj* firm, wellfounded, justified; **mal f.,** ill-founded.

fundador,-a *nm,f* founder.

fundamental *adj* fundamental.

fundamentar *vtr* 1 *fig* to base (**en,** on). 2 *Constr* to lay the foundations of.

fundamento *nm* 1 *(base)* basis, grounds; **sin f.,** unfounded. 2 *(seriedad)* seriousness; *(confianza)* reliability; **una persona de f.,** a reliable person. 3 **fundamentos,** *Constr* foundations.

fundar I *vtr* 1 *(crear)* to found; *(erigir)* to raise. 2 *(basar)* to base, found. II **fundarse** *vr* 1 to be founded; **la empresa se fundó en 1901,** the firm was founded in 1901. 2 *(teoría, afirmación)* to be based; *(persona)* to base oneself.

fundición *nf* 1 melting. 2 *(de metales)* smelting, casting. ■ **hierro de f.,** cast iron. 3 *(lugar)* foundry, smelting works *pl.* ■ **f. de acero,** steelworks *pl.*

fundido *nm Cin TV* fade-in, fade-out.

fundidor *nm* caster, smelter.

fundir I *vtr* 1 *(un sólido)* to melt. 2 *Metal* to found, cast; **f. hierro,** to smelt iron; **f. una estatua en bronce,** to cast a statue in bronze. 3 *Elec (bombilla)* to blow; *(plomos)* to blow. 4 *(unir)* to unite, join. 5 *Am (arruinar)* to ruin. II **fundirse** *vr* 1 *(derretirse)* to melt. 2 *Elec* to blow, burn out; **se han fundido los plomos,** the fuses have gone. 4 *(unirse)* to merge. 5 *Am (arruinarse)* to be ruined.

fúnebre *adj* 1 *(mortuorio)* funeral. 2 *(lúgubre)* mournful, lugubrious.

funeral I *adj* funeral. II *nm (tamb funerales)* 1 *(entierro)* funeral. 2 *(conmemoración)* memorial service.

funerala (a la) *loc adv* 1 *Mil* with reversed arms. 2 *fam* **ojo a la f.,** black eye.

funeraria *nf* undertaker's, *US* funeral parlor.

funerario,-a *adj* funerary, funeral.

funesto,-a *adj* ill-fated, fatal; **consecuencias funestas,** disastrous consequences.

fungicida I *adj* fungicidal. II *nm* fungicide.

fungir [6] 1 *vi CAm Méx* to act (**de,** as). 2 *Cuba Méx PR (dárselas)* **f. de algo,** to pretend to be sth.

funicular *nm Ferroc* funicular (railway).

funir [40] I *vtr PR RD Ven* to mess up. II **funirse** *vr Am (fastidiarse)* to get cross.

furcia *nf ofens* whore, tart.

furgón *nm* 1 *Aut* van, wagon, waggon. 2 *Ferroc* goods wagon, waggon, *US* boxcar. ■ **f. de cola,** guard's van.

furgoneta *nf* van.

furia *nf* fury, rage; **ponerse hecho una f.,** to become furious, fly into a rage.

furibundo,-a *adj* furious, enraged.

furioso,-a *adj* furious; **ponerse f.,** to get angry; **una furiosa tempestad,** a raging storm.

furor *nm* fury, rage; *fig* **hacer f.,** to be all the rage.

furriel *nm Mil* quartermaster.

furtivo,-a *adj* furtive, stealthy; **caza furtiva, pesca furtiva,** poaching; **cazador f., pescador f.,** poacher.

furúnculo *nm Med* boil.

fusa *nf Mús* demisemiquaver, *US* thirty-second note.

fuselaje *nm Av* fuselage.

fusible I *adj* fusible. **II** *nm* fuse.

fusil *nm* gun, rifle; **echarse el f. a la cara,** to aim one's rifle; **f. ametrallador,** automatic rifle.

fusilamiento *nm* shooting, execution.

fusilar *vtr* **1** *(ejecutar)* to shoot, execute. **2** *(plagiar)* to plagiarize.

fusilería *nf* **1** *(fusiles)* rifles *pl*; **descarga** *o* **fuego de f.,** fusillade. **2** *(fusileros)* fusiliers *pl*.

fusilero *nm* fusilier, rifleman.

fusión *nf* **1** *Fís (metales)* fusion, melting; *(hielo)* thawing, melting. ■ **punto de f.,** melting point. **2** *(de intereses, ideas)* fusion. **3** *Com* merger, amalgamation.

fusionar *vtr,* **fusionarse** *vr* **1** to fuse. **2** *Com* to merge.

fusta *nm* riding whip.

fustal *nm,* **fustán** *nm,* **fustaño** *nm Am* (cotton) petticoat *o* underskirt.

fuste *nm* **1** *Arquit* shaft. **2** *(importancia)* importance; **un hombre de f.,** a man of consequence.

fustigar [7] *vtr* **1** *(caballo)* to whip, lash. **2** *fig* to reprimand sharply.

fútbol *nm Dep* football, soccer.

futbolero,-a *nm,f fam* football *o* soccer fan.

futbolín *nm* table football.

futbolista *nmf Dep* footballer, football *o* soccer player.

futbolístico,-a *adj* football, soccer; **encuentro f.,** football *o* soccer match.

futesa *nf fam* trifle.

fútil *adj* futile, trivial.

futilidad *nf* futility, triviality; **hablar de futilidades,** to talk about trivialities.

futriaco,-a *nm,f Col PR RD pey (hombre)* bloke, guy; *(mujer)* bird.

futurismo *nm* futurism.

futurista I *adj* futuristic. **II** *nmf* futurist.

futuro,-a I *adj* future. **II** *nm* **1** future; **en un f. próximo,** in the near future. **2** *Ling* future. ■ **f. perfecto,** future perfect. **3** *(novio)* fiancé, intended. **III** *nf* fiancée, intended.

futurología *nf* futurology.

futurólogo,-a *nm,f* futurologist.

G

G, g [xe] *nf (la letra)* G, g.

g *abr de* **gramo(s),** gram, gramme, grams, grammes, g.

g/ *Fin abr de* **giro,** giro.

gabacho,-a *pey* **I** *adj* French. **II** *nm,f* Frog, Froggy.

gabán *nm* overcoat.

gabardina *nf* **1** *(prenda)* raincoat. **2** *Tex* gabardine.

gabarra *nf Náut* barge, lighter.

gabela *nf* tax, duty.

Gaberones *n* Gaborone.

gabinete *nm* **1** *(despacho)* study; *Fís Quím* laboratory; *Med* **g. de consulta,** surgery; **g. de lectura,** reading-room. **2** *(en museo)* section, room; **el g. de monedas,** the coin section. **3** *Pol* cabinet; **g. fantasma,** shadow cabinet.

gablete *nm Arquit* gable, gable end.

Gabón *n* Gabon.

gabonés,-esa *adj & nm,f* Gabonese.

gacela *nf Zool* gazelle.

gaceta *nf* **1** *Prensa* gazette; *fam* **mentir más que la g.,** to lie like mad. **2** *(persona chismosa)* gossip, gossipmonger.

gacetilla *nf* **1** *Prensa* 'news in brief'. **2** *(persona chismosa)* gossip, gossipmonger.

gacetillero *nm Prensa* **1** editor of 'news in brief' column. **2** *fam* journalist.

gacha *nf* **1** *(masa blanda)* paste, mush. **2 gachas,** *Culin (papilla)* porridge *sing,* pap *sing;* **g. de avena,** oatmeal porridge *sing; fam fig* **hacerse unas g.,** to turn sentimental *o* mushy.

gachí *nf arg (mujer)* bird, chick.

gachó *nm arg* bloke, guy, geezer.

gacho,-a *adj* drooping, bent downward; **a gachas,** on all fours; **con la cabeza gacha,** with one's head bowed; *fig* **estar con las orejas gachas,** to have one's tail between one's legs.

gachón,-ona *adj fam* amusing, charming.

gachumbo *nm SAm* hard fruit shell used for making utensils, vessels, etc.

gaditano,-a I *adj* of *o* from Cadiz. **II** *nm,f* native *o* inhabitant of Cadiz.

gaélico,-a I *adj* Gaelic. **II** *nm (idioma)* Gaelic.

gafa *nf* **1** *(grapa)* clamp. **2 gafas,** glasses, spectacles. ■ **g. de sol,** sunglasses.

gafar *vtr* **1** *(agarrar)* to hook. **2** *fam* to put a jinx on, bring bad luck to.

gafe *adj & nm fam* **ser g.,** to be a jinx.

gafete *nm Cost* hook and eye.

gafudo,-a *fam* **I** *adj* four-eyed. **II** *nm,f* four-eyes.

gag *nm Cin Teat* gag, comic situation.

gaguear *vi Am* to stutter.

gaita I *nf* **1** *Mús* bagpipe, bagpipes *pl; fam* **templar gaitas,** to smooth things out; *fam* ¡**vaya una g.!,** what a drag! **2** *Méx fam fig (maula)* dead loss. **II** *nm,f Arg pey* Galician.

gaitero,-a I *nm,f Mús* piper. **II** *adj* **1** *(color)* gaudy, flashy. **2** *(persona)* buffoonish, clownish.

gajes *nmpl* **1** *(ingresos)* pay *sing,* perquisites. **2** *fam irón* **g. del oficio,** occupational hazards.

gajo *nm* **1** *(de uvas)* bunch; *(de frutas)* cluster. **2** *(de naranja, pomelo, etc)* segment. **3** *(rama desprendida)* torn-off branch. **4** *Am (barbilla)* chin. **5** *CAm (mechón)* lock of hair. **6** *Arg Bot (esqueje)* cutting

gala *nf* **1** *(vestido)* full dress, best clothes; **de g.**, dressed up; *Mil* in full uniform; *(ciudad)* decked out. **2** *(espectáculo)* gala. **3** *(lo más selecto)* cream, pride; **hacer g. de**, to glory in; **la g. de la sociedad**, the cream of society; **la g. del pueblo**, the pride of the village; **tener algo a g.**, to be proud of sth. **4** *Antill Méx (obsequio)* gift, tip. **5 galas**, finery *sing*; **lucir sus mejores g.**, to be dressed in all one's finery.

galáctico,-a *adj Astron* galactic.

galaico,-a *adj lit* Galician.

galán *nm* **1** handsome young man; *hum* ladies' man. **2** *(pretendiente)* suitor. **3** *Teat* leading man; **segundo g.**, second lead. **4 g. de noche**, *Bot* night jasmine. **5 g. de noche**, *Mueb* valet.

galán,-ana *adj véase* galano,-a·

galancete *nm* **1** *pey* foppish young man. **2** *Teat* young male lead.

galano,-a *adj* smart, elegant.

galante *adj* gallant, chivalrous. ◆**galantemente** *adv* gallantly, politely.

galanteador,-a *adj* flirtatious, wooing.

galantear *vtr (mujer)* to court, woo.

galanteo *nm* flirtation, wooing.

galantería *nf* **1** *(caballerosidad)* gallantry, chivalry. **2** *(piropo)* compliment.

galanura *nf* gracefulness, elegance.

galápago *nm* **1** *Zool* turtle. **2** *(lingote)* ingot, pig. **3** *(silla de montar)* light saddle.

Galápagos *npl* **las Islas G.**, the Galapagos Islands.

galardón *nm* prize.

galardonado,-a **I** *pp de* galardonar. **II** *adj* prize-winning; **el ensayo g.**, the (prize-)winning essay. **III** *nm,f* prizewinner.

galardonar *vtr* to award a prize to.

galaxia *nf Astron* galaxy.

galbana *nf fam* torpor, laziness, apathy; **tener g.**, to feel lazy.

galena *nf Min* lead sulphide.

galeno *nm fam* doctor.

galeón *nm Náut* galleon.

galeote *nm* galley slave.

galera *nf* **1** *Náut* galley; **condenar a galeras**, to send to the galleys. **2** *(carro)* covered wagon. **3** *Impr* galley proof. **4** *CAm Méx* hut, shack. **5** *Am* top hat.

galerada *nf* **1** *(carro)* wagonload. **2** *Impr* galley proof.

galería *nf* **1** *Arquit* covered balcony. **2** *(pinacoteca)* art gallery. **3** *(paso subterráneo)* underground passage, gallery. **4** *Teat* gallery, gods *pl*; **hablar para la g.**, to play to the gallery. **5** *(para cortinas)* curtain rail.

galerín *nm Impr* small galley.

galerna *nf*, **galerno** *nm Meteor* strong north-west wind on northern coast of Spain.

galerón *nm Méx* large room, hall.

Gales *n* **el país de G.**, Wales.

galés,-esa **I** *adj* Welsh. **II** *nm,f (hombre)* Welshman; *(mujer)* Welshwoman; **los galeses**, the Welsh. **III** *nm (idioma)* Welsh.

galga *nf* boulder, large stone.

galgo *nm Zool* greyhound; **¡échale un g.!**, you'll be lucky!

galguear *vtr Am* to crave; *(deseos)* to have a craving for.

Galia *n Hist* Gaul.

gálibo *nm Téc* gauge.

Galicia *n* Galicia.

galicismo *nm Ling* gallicism.

gálico,-a *adj* Gallic, French.

Galilea *n* Galilee.

galileo,-a *adj & nm,f* Galilean.

galimatías *nm inv fam* gibberish, rigmarole.

gallardear *vi (pavonear)* to strut; *(presumir)* to swagger.

gallardete *nm* pennant.

gallardía *nf* **1** *(gentileza)* gracefulness, poise. **2** *(arresto)* gallantry, boldness, dash.

gallardo,-a *adj* **1** *(apuesto)* smart, elegant. **2** *(valeroso)* gallant, brave.

gallear *vi* to swank, show off.

gallego,-a **I** *adj* **1** Galician. **2** *Am pey* Spanish. **II** *nm,f* **1** Galician, native of Galicia. **2** *Am pey* Spaniard. **III** *nm (idioma)* Galician.

gallera *nf* coop.

galleta[1] *nf* **1** *Culin* biscuit. **2** *Arg Chi* type of coarse bread. **3** *Min* type of anthracite. **4** *fam (cachete)* slap, smack.

galleta[2] *nf SAm* maté bowl.

galletear *vtr Arg Urug* to sack, fire.

gallina **I** *nf Orn* hen, chicken; **acostarse con las gallinas**, to go to bed very early; **jugar a la g. ciega**, to play blind man's buff; *fig* **como g. en corral ajeno**, like a fish out of water; *fig* **matar la g. de los huevos de oro**, to kill the goose that lays the golden eggs. ■ **g. clueca**, broody hen; **g. de agua**, coot; **g. de Guinea**, guinea fowl; **g. de mar**, gurnard. **II** *nmf fam* coward, chicken.

gallinero *nm* **1** henhouse, hen run. **2** *Teat* **el g.**, the gods *pl*. **3** *fam fig* bedlam, madhouse.

gallineta *nf Orn* coot.

gallito *nm fam fig (presumido)* cock of the walk; *(peleón)* bully.

gallo *nm* **1** *Orn* cock, rooster; *fig* **alzar el g.**, to be high and mighty; *fig* **otro g. me cantara**, things would have turned out differently; *fig* **tener mucho g.**, to be very cocky; *fam fig* **en menos que un canto de g.**, before you could say Jack Robinson. ■ **g. de pelea**, fighting cock, gamecock; **g. silvestre**, capercaillie, woodgrouse. **2** *(pez de San Pedro)* John Dory; *(pez plano)* megrim, sail-fluke. **3** *fam (persona mandona)* bully. **4** *Mús* off-key note, squeak. **5** *Am* brave fellow. **6** *Méx* second-hand item. **7** *Méx* street serenade. **8** *Box* **peso g.**, bantamweight.

gallote,-a *adj CR Méx* cocky.

galo,-a *Hist* **I** *adj* Gallic. **II** *nm,f* Gaul.

galocha *nf* type of clog.

galón[1] *nm* **1** *(cinta)* braid. **2** *Mil* stripe, chevron.

galón[2] *nm (medida)* gallon; *GB* 4.55 litres, *US* 3.79 litres.

galopada *nf Equit* gallop.

galopante *adj* **1** *Equit* galloping. **2** *fig (inflación etc)* galloping, escalating; *Med* **tisis g.**, galloping consumption.

galopar *vi Equit* to gallop.

galope *nm Equit* gallop; **a g., de g.**, at a gallop; *fig* very quickly; **llegó a g.**, he galloped up; **a g. tendido**, at full gallop. ■ **medio g.**, canter.

galopín *nm* **1** *(golfillo)* urchin, ragamuffin. **2** *(bribón)* rogue.

galpón *nm SAm* large shack.

galvánico,-a *adj Fís* galvanic.

galvanismo *nm Fís* galvanism.

galvanizado,-a I *pp de* galvanizar. II *adj* 1 *Fís* galvanized, electroplated. 2 *fig* galvanized. III *nm Fís* electroplating.

galvanizar [4] *vtr* 1 *Fís* to galvanize, electroplate. 2 *fig* to galvanize.

galvanómetro *nm Fís* galvanometer.

gama[1] *nf* 1 *Mús (escala)* scale. 2 *fig (gradación)* range, gamut, scale; **toda la g. de colores,** the whole range of colours.

gama[2] *nf Zool* doe.

gamba[1] *nf Zool* prawn.

gamba[2] *nf arg* 1 *(pierna)* leg. 2 *(cien pesetas)* hundred-peseta note.

gamberrada *nf* act of hooliganism; **hacer una g.,** to do some mischief.

gamberrismo *nm* hooliganism, vandalism.

gamberro,-a I *adj* loutish, ill-bred. II *nm,f* hooligan, lout.

gambeta *nf* 1 *(en danza)* cross step. 2 *Equit* curvet, prance. 3 *Am Ftb* dodge, dribble. 4 *Arg Bol Urug (esguince)* dodge. 5 *Arg Urug fig (evasiva)* excuse.

gambetear *vi* 1 *(danzar)* to cross-step. 2 *Equit* to curvet, prance.

gambeto,-a *adj CAm* with downward-pointing horns.

Gambia *n* (The) Gambia.

gambiano,-a *adj & nm,f* Gambian.

gambito *nm Ajedrez* gambit.

gamella *nf* feeding trough.

gameto *nm Biol* gamete.

gamma *nf (letra)* gamma; **rayos g.,** gamma rays.

gamo *nm Zool* fallow deer.

gamonal *nm Am* cacique.

gamonalismo *nm Am* caciquism.

gamuza *nf* 1 *Zool* chamois. 2 *(trapo)* chamois *o* shammy leather.

gana *nf* 1 *(deseo)* wish **(de,** for); **de buena g.,** willingly; **de mala g.,** reluctantly, begrudgingly; **lo que te venga en g.,** whatever you feel like; **tenerle ganas a algn,** to have it in for sb; **fam no me da la real g.,** I don't damned well feel like it. 2 **tener ganas de (hacer) algo,** to feel like (doing) sth; **tengo** *o* **siento ganas de llorar,** I feel like crying; *fam* **tener unas ganas locas de hacer algo,** to be longing to do sth. 3 **entrarle a uno ganas de hacer algo,** to feel an urge to do sth; **me entran ganas de pegarle,** I really feel like hitting her. 4 **quedarse con las ganas,** not to manage; **se quedó con las ganas de ver el Museo del Prado,** he didn't manage to see the Prado Museum. 5 *(apetito)* appetite; *(hambre)* hunger; **comer con ganas,** to eat heartily.

ganadería *nf* 1 *(crianza de ganado)* stockbreeding. 2 *(rancho)* stock farm, cattle ranch. 3 *(conjunto de ganado)* **la g. extremeña,** the livestock of Extremadura. 4 *(raza)* breed *o* strain of cattle.

ganadero,-a I *adj* relating to livestock, cattle; **enfermedad ganadera,** cattle disease. II *nm,f* stockbreeder, cattle raiser.

ganado,-a I *pp de* ganar. II *nm* 1 stock, livestock; *(vacas)* cattle; *(ovejas)* flock. ■ **g. caballar,** horses *pl*; **g. de cerda,** pigs *pl*; **g. mayor/menor,** large/small livestock; **g. vacuno,** cattle. 2 *fam fig (gente)* crowd.

ganador,-a I *adj* winning. II *nm,f* winner.

ganancia *nf* 1 profit, gain; *Com* **g. líquida,** net profit; *Com* **margen de g.,** profit margin. 2 *Chi Guat Méx (propina)* tip. 3 **ganancias,** earnings.

ganancial *adj Com* relating to profits or earnings; *Jur* **bienes gananciales,** joint property.

gananancioso,-a *adj* profitable, lucrative; **salir g., t** come out on top.

ganapán *nm* 1 *(recadero)* messenger; *(factótum* odd-jobber; *fam (burro de carga)* dogsbody. 2 *fi (hombre tosco)* lout.

ganar I *vtr* 1 *(sueldo)* to earn; **gana mil pesetas l hora,** he earns one thousand pesetas an hour; **g peso,** to gain weight; *fig* **no g. para disgustos, t** have fate against one. 2 *(victoria)* to win; **ganamo el concurso/partido,** we won the contest/match. *(conquistar)* to capture; **después de una dura luch ganaron la ciudad,** after a hard battle they capture the city. 4 *(alcanzar)* to reach; **finalmente ganó l frontera,** he finally got to the border. 5 *(aventajar* to beat; **le gana en bondad,** he's much kinder tha her; **le gana en inteligencia,** she's much more intel ligent than him. II *vi* 1 *(prosperar)* to thrive, d well; **ganamos con el cambio,** we gained with th change; *fig* **llevar las de g.,** to hold the winnin cards. 2 *(mejorar)* to improve; **gana en destrez cada día,** he gets more skilful every day; **has ganad mucho con este corte de pelo,** you look much bette with this new hairstyle. 3 **salir ganando (en algo), t** come out on top (in sth). III **ganarse** *vr* 1 to earn **g. el pan** *o* **los garbanzos,** to earn one's daily bread 2 *(merecer)* to deserve; **se lo ha ganado,** he deserve it; *fam* **¡te la vas a ganar!,** you're going to get it!

ganchillo *nm* 1 *(aguja)* crochet hook. 2 *(labor* crochet work; **hacer g.,** to crochet.

gancho *nm* 1 *(gen)* hook; *(para ropa)* peg; **g. d carnicero,** butcher's hook; *fam fig* **echar el g. a algn** to hook sb. 2 *(cayado)* shepherd's crook. 3 *fam fi (gracia, atractivo)* attractiveness, charm, sex ap peal. 4 *fam fig (cómplice de un timador)* enticer decoy. 5 *Am (horquilla)* hairpin. 6 *Arg Guat (pro tección)* protection, help.

ganchudo,-a *adj* hook-shaped.

gandul,-a I *adj* lazy, bone idle. II *nm,f* idler, good for-nothing.

gandulear *vi* to idle, slack, loaf around.

gandulería *nf* idling, slacking.

ganga[1] *nf* 1 *Orn* sandgrouse. 2 *(algo barato)* bar gain, good buy; **precios de g.,** bargain prices. *(momio)* cinch, gift; *(empleo)* cushy job.

ganga[2] *nf Min* gang, gangue.

Ganges *n* Ganges.

ganglio *nm Med* ganglion.

gangoso,-a *adj* nasal, twanging.

gangrena *nf Med* gangrene.

gangrenarse *vr Med* to become gangrenous.

gangrenoso,-a *adj Med* gangrenous.

gángster *nm (pl gángsters)* gangster.

ganguear *vi* to speak with a twang.

gangueo *nm* nasal accent, twang.

gansada *nf fam* silly thing to say *o* do; **basta de tu gansadas,** enough of your antics *o* nonsense.

gansear *vi* to do *o* say silly things.

ganso,-a I *nm,f* 1 *Orn* goose; *(macho)* gander; *M* **paso de g.,** goose-step. ■ **g. bravo,** wild goose. *fam* dolt, idiot; **hacer el g.,** to act the goat. II *ad* sluggish, lazy, indolent.

ganzúa *nf* 1 *(garfio)* picklock. 2 *(ladrón)* burglar. *(sonsacador)* prying person, wheedler.

gañán *nm* farmhand.

gañido,-a I *pp de* gañir. II *nm* yelp.

gañir [36] *vi* to yelp.

gañote *nm fam* throat, gullet; **de g.,** free.

garabatear *vtr & vi* to scrawl, scribble.

garabato *nm* 1 *(gancho)* hook. 2 *Am Agr* pitchfork. 3 **garabatos,** scrawl *sing.*

garaje *nm* garage.

garambaina *nf* 1 cheap finery, frippery. 2 **garambainas,** *fam* foolery *sing*, nonsense *sing.*

garandumba *nf SAm* 1 *Náut* large raft. 2 *(mujer)* large heavy woman.

garante *Fin* I *adj* acting as guarantor. II *nmf* guarantor.

garantía *nf* 1 guarantee, warranty; **bajo g.,** under guarantee; **certificado de g.,** guarantee. 2 *Jur (fianza)* bond, security.

garantizado,-a I *pp de* garantizar. II *adj* guaranteed, secured.

garantizar [4] *vtr* 1 *(cosa)* to guarantee; *(a persona)* to assure. 2 *(responder de)* to vouch for.

garañón *nm Zool* 1 stud jackass. 2 *Am* stallion.

garapiña *nf* 1 *Culin* sugar coating, icing. 2 *Am* iced pineapple drink.

garapiñar *vtr Culin* to coat with sugar; *(fruta)* to candy; **almendra garapiñada,** sugared almond.

garbanzo *nm Bot* chickpea; *fam fig* **en toda tierra de garbanzos,** everywhere; *fam fig* **ganarse los garbanzos,** to earn one's bread and butter; *fam fig* **g. negro,** black sheep.

garbearse *vr fam* to take a stroll.

garbeo *nm fam (paseo)* stroll; *(viaje)* trip; **darse un g.,** to go for a stroll.

garbo *nm* 1 *(airosidad al andar)* poise, jauntiness. 2 *(gracia)* grace, stylishness. 3 *fig (generosidad)* generosity, unselfishness.

garboso,-a *adj* 1 graceful, stylish. 2 *fig* generous.

garceta *nf Orn* **g. común,** little egret.

gardenia *nf Bot* gardenia.

garduña *nf Zool* marten.

garduño,-a I *adj* thieving. II *nm,f* sneak thief.

garete *nm Náut & fig* **ir** *o* **irse al g.,** to go adrift.

garfio *nm* hook, grapple.

gargajear *vi* to clear one's throat noisily, hawk, spit.

gargajo *nm* spit, phlegm.

garganta *nf* 1 *Anat* throat; **dolor de g.,** sore throat; *fam fig* **le tengo atravesado en la g.,** he sticks in my gullet; *fig* **se me hizo un nudo en la g.,** I got a lump in my throat. 2 *(voz)* voice; **tener buena g.,** to have a good singing voice. 3 *Anat (del pie)* instep. 4 *(desfiladero)* narrow pass, gorge. 5 *Arquit (de columna)* neck.

gargantilla *nf* short necklace.

gárgaras *nfpl* 1 gargles, gargling *sing*; **hacer g.,** to gargle; *fam* **mandarle a algn a hacer g.,** to tell sb to get lost; *fam* **¡vete a hacer g.!,** get lost! 2 *Am (licor)* gargling solution *sing.*

gargarismo *nm* 1 *acción* gargle. 2 *(líquido)* gargling solution.

gargarizar [4] *vi* to gargle.

gárgola *nf Arquit* gargoyle.

garguero *nm*, **gargüero** *nm fam* throat.

garita *nf* 1 *(caseta)* box, cabin, hut; *Mil* **g. de centinela,** sentry box. 2 *(portería)* porter's lodge.

garito *nm* gambling den, gaming house.

garlar *vi* to chatter, prattle.

garlito *nm* 1 *(red)* fish trap. 2 *fig (celada)* trap; **coger a algn en el g.,** to catch sb in the act, catch sb redhanded.

garlopa *nf Carp* jack plane.

garnacha¹ *nf* 1 *(uva)* sweet reddish-black grape. 2 *(vino)* wine made from this grape.

garnacha² *nf Méx* tortilla containing meat, beans and chilli.

Garona *n* Garonne.

garra *nf* 1 *Zool* claw; *(de ave)* talon; *fam pey (de persona)* hand, paw; *fig* **caer en las garras de algn,** to fall into sb's clutches; *fig* **echar la g. a algn,** to lay (one's) hands on sb. 2 *fig (fuerza)* force, power; **tener g.,** to be compelling, have character; **una comedia sin g.,** a play lacking bite. 3 *Téc* claw, hook. 4 *Am* piece of old leather. 5 **garras,** *(harapos)* rags, tatters. 6 **garras,** *Méx* muscular strength *sing.*

garrafa *nf* 1 carafe. 2 *Arg (de gas)* cylinder.

garrafal *adj* monumental, colossal; **un error g.,** a terrible blunder; **una mentira g.,** a whopping lie.

garrafón *nm* demijohn, large carafe.

garrapata *nf Ent* tick.

garrapatear *vi véase* garabatear.

garrapato *nm véase* garabato.

garrapatoso,-a *adj* scrawled, scribbled.

garrapiñar *vtr véase* garapiñar.

garrear *Arg* I *vi* to sponge. II *vtr (robar)* to steal.

garrido,-a *adj* 1 handsome; **una moza garrida,** a pretty young woman. 2 *(elegante)* smart.

garrocha *nf* goad stick; *Taur* pike, lance.

garrochazo *nm* jab from a goad stick, pike thrust.

garrotazo *nm* cudgel blow.

garrote *nm* 1 *(palo grueso)* club, cudgel. 2 *Jur* garrotte; **dar g. a algn,** to garrotte sb.

garrotillo *nm Med* croup.

garrucha *nf* pulley.

garrulería *nf* garrulity.

gárrulo,-a *adj* 1 *(ave)* twittering. 2 *fig (persona)* garrulous.

garza *nf Orn* heron. ■ **g. real,** grey heron.

garzo,-a *adj* blue.

gas *nm* 1 gas; **agua con g.,** carbonated *o* fizzy water; *fam* **a todo g.,** flat out. ■ **g. butano,** butane gas; **g. de escape,** exhaust fumes *pl*; **g. hilarante,** laughing gas; **g. lacrimógeno,** tear gas; **g. mostaza,** mustard gas; **g. natural,** natural gas; **g. pobre,** producer gas. 2 **gases,** flatulence *sing*; *Med* **tener g. en el estómago,** to suffer from flatulence.

gasa *nf* 1 *Tex* gauze. ■ **g. hidrófila,** surgical gauze. 2 *(pañal)* gauze nappy, *US* gauze diaper.

gaseosa *nf* lemonade, carbonated water.

gaseoso,-a *adj* gaseous, gassy.

gasificar [1] *vtr* to gasify.

gasoducto *nm* gas pipeline.

gasógeno *nm* gazogene.

gasoil *nm*, **gasóleo** *nm* diesel oil.

gasolina *nf Aut* petrol, *US* gasoline; **poner g.,** to put petrol in the tank; **surtidor de g.,** petrol station.

gasolinera *nf* 1 *Aut* petrol *o US* gas station. 2 *(lancha)* motorboat.

gasómetro *nm Téc* gasometer.

gasta *nf Méx (de jabón)* small piece; *(de queso, jamón)* thin slice.

gastado,-a I *pp de* gastar. II *adj* 1 *(zapatos etc)* worn-out; *fig (frase)* meaningless; **ese tema está muy g.,** that's a well-worn subject; **este gobierno está ya**

muy g., this government is finished. **2** *(persona)* worn-out, burnt-out.

gastador,-a I *adj* spendthrift. **II** *nm,f* spendthrift, spender. **III** *nm Mil* sapper.

gastar I *vtr* **1** *(consumir) (dinero, tiempo)* to spend; *(gasolina, electricidad)* to use up, consume; **lo gastó todo en ropa,** he spent it all on clothes; **nuestro coche gasta mucha gasolina,** our car uses a lot of petrol. **2** *fig (malgastar)* to waste; **gasta el tiempo,** he wastes his time. **3** *(usar) (perfume, jabón)* to use; *(ropa)* to wear; **g. unos zapatos,** to wear a pair of shoes out; **¿qué número gasta?,** what size do you take? **4** *(tener)* to have; **g. bigote,** to have a moustache; **g. mal genio,** to have a bad temper. **5 g. una broma a algn,** to play a practical joke on sb; **le gastaron una broma pesada,** they played a dirty trick on him. **6 gastarlas,** *fam* to behave; **ya sé cómo las gastas,** I know what you get up to. **II gastarse** *vr* **1** *(zapatos etc)* to wear out. **2** *(gasolina etc)* to run out.

gasto *nm* **1** expense; **cubrir gastos,** to cover costs; **dinero para gastos,** pocket money. ■ **gastos de mantenimiento,** running *o* maintenance costs; **gastos de representación,** entertainment allowance *sing*; **gastos diarios,** daily expenses.

gástrico,-a *adj Med* gastric.

gastritis *nf Med* gastritis.

gastroenteritis *nf Med* gastroenteritis.

gastronomía *nf* gastronomy.

gastronómico,-a *adj* gastronomic, gastronomical.

gastrónomo,-a *nm,f* gourmet, gastronome.

gata *nf Zool* she-cat, cat.

gatas (a) *loc adv* on all fours; **andar a g.,** to crawl.

gatear *vi* **1** to crawl. **2** *(trepar)* to climb. **3** *Am fam* to flirt with women.

gatera *nf* **1** cat door, cat flap, cat hole. **2** *Náut* cat hole.

gatillazo *nm arg ofens* **pegar g.,** to go limp; *(por haber bebido)* to have brewer's droop.

gatillo *nm (de armas)* trigger; **apretar el g.,** to pull the trigger.

gato *nm* **1** *Zool* cat, tomcat; *fam fig* **aquí hay g. encerrado,** there's something fishy going on here; *fam fig* **buscarle tres pies al g.,** to complicate things unnecessarily; *fam fig* **dar g. por liebre,** to take sb in, trick sb; *fam fig* **ser g. viejo,** to be an old hand; *fam fig (personas)* **son cuatro gatos,** there are only a few of them; *prov* **g. escaldado del agua fría huye,** once bitten, twice shy. ■ **g. de algalia,** civet cat; **g. de Angora,** Angora cat; **g. montés,** wildcat; **g. siamés,** Siamese (cat). **2** *Aut Téc* jack. **3** *fam fig* native *o* inhabitant of Madrid.

gatuno,-a *adj* catlike, feline.

gatuperio *nm* **1** *(mezcla)* hotch-potch, mess, jumble. **2** *fig* web of intrigue, tangle.

gauchada *nf SAm* **1** typical gaucho action. **2** *(favor)* favour, *US* favor. **3** *(chiste)* story, joke.

gauchear *vi SAm* **1** to live as a gaucho. **2** *(errar)* to roam about, drift.

gaucho,-a I *adj* **1** *SAm* gaucho; *fig* coarse, rough. **2** *Am (lindo)* pleasant, nice. **3** *Arg Chi (astuto)* cunning, sly. **II** *nm,f* **1** *SAm* gaucho. **2** *Am Equit* good rider. **III** *nf* **1** *Arg (mujer hombruna)* masculine *o* butch woman. **2** *Arg (mujer de mala conducta)* lout.

gaudeamus *nm inv fam* party.

gaveta *nf* **1** *(cajón)* drawer. **2** *Am Aut (guantera)* glove compartment.

gavilán *nm Orn* sparrowhawk.

gavilla *nf* **1** *(de ramillas etc)* sheaf. **2** *fig pey* gang *o* thugs.

gavillero *nm Am* bully, lout.

gaviota *nf Orn* seagull, gull. ■ **g. argéntea,** herring gull; **g. cana,** common gull; **g. enana,** little gull; **g. reidora,** black-headed gull; **g. tridáctila,** kittiwake.

gay *adj inv & nm (pl gays)* gay, homosexual; **el movimiento g.,** the Gay Liberation Movement.

gayo,-a *adj lit* cheerful; **la gaya ciencia,** poetry, the art of poetry.

gazapo *nm* **1** *Zool* young rabbit. **2** *(error)* error, blunder.

gazmoñada *nf,* **gazmoñería** *nf* prudishness.

gazmoñero,-a *adj,* **gazmoño,-a** *adj* prudish.

gaznate *nm* gullet.

gazpacho *nm Culin* gazpacho.

gazuza *nf fam* hunger; **tener g.,** to be starving.

ge *nf* name of the letter G in Spanish.

géiser *nm (pl géiseres)* geyser.

geisha *nf* geisha.

gel *nm* gel. ■ **g. de baño,** shower gel, bubble bath.

gelatina *nf (ingrediente)* gelatin, gelatine; *Culin* jelly.

gelatinoso,-a *adj* gelatinous, jelly-like.

gélido,-a *adj lit* icy, icy cold.

gema *nf* **1** *Bot* bud, gemma. **2** *Min* gem.

gemelo,-a I *adj & nm,f* twin; **hermanos gemelos,** twins; *fig* **almas gemelas,** kindred spirits. **II gemelos** *nmpl* **1** *(de camisa)* cufflinks. **2** *(anteojos,* binoculars.

gemido,-a I *pp de* **gemir.** **II** *nm (quejido)* moan *o* groan; *(gimoteo)* whimper.

geminado,-a *adj* geminate.

Géminis *nm Astrol Astron* Gemini.

gemir [34] *vi* to moan, groan; *(gimotear)* to whimper.

genciana *nf Bot* gentian.

gendarme *nm* gendarme.

gendarmería *nf* gendarmerie.

gene *nm Biol* gene.

genealogía *nf* genealogy.

genealógico,-a *adj* genealogical; **árbol g.,** family tree.

genealogista *nmf* genealogist.

generación *nf* generation; *Inform* **g. de lenguaje natural,** natural language generation.

generacional *adj* generation, generational; **la barrera g.,** the generation gap.

generador,-a I *adj* generating. **II** *nm Téc* generator.

general I *adj* general; **en** *o* **por lo g.,** in general, generally; **es una costumbre muy g.,** it is a very common custom. **II** *nm Mil Rel* general. ◆**generalmente** *adv* generally.

generala *nf Mil* **tocar a g.,** to call to arms; **toque a g.,** call to arms.

generalato *nm Mil* **1** *(grado)* generalship. **2** *(conjunto de generales)* generals *pl.*

generalidad *nf* **1** generality, general statement. **2** *(mayoría)* majority.

generalísimo *nm* generalissimo, supreme commander.

Generalitat *nf Cat Val Pol* autonomous government.

eneralización *nf* **1** generalization. **2** *(extensión)* spread, spreading.

eneralizado,-a I *pp de* generalizar. II *adj* widespread, common.

eneralizador,-a *adj* generalizing.

eneralizar[4] I *vtr* **1** to generalize. **2** *(extender)* to spread. II **generalizarse** *vr* to become widespread o common.

enerar *vtr* to generate.

enerativo,-a *adj* generative.

eneratriz *nf Mat* generatrix.

enérico,-a *adj* generic.

énero *nm* **1** *(clase)* kind, sort; **el g. humano,** mankind; **ese g. de vida no es para mí,** that sort of life is not for me. **2** *Arte Lit* genre. ■ **g. chico,** light opera; **g. dramático,** dramatic genre; **g. lírico,** opera. **3** *(mercancía)* article, piece of merchandise; **géneros de punto,** knitwear *sing*; **géneros de primera calidad,** quality goods. **4** *Ling* gender. **5** *Biol* genus.

enerosidad *nf* generosity, unselfishness.

eneroso,-a *adj* **1** generous **(con, para,** to), splendid. **2** *(vinos)* rich, full-bodied.

énesis *nm Rel* Genesis.

énesis *nf inv* genesis.

enético,-a I *adj* genetic. II *nf* genetics *sing*.

enial *adj* brilliant, inspired, exceptional; *fam* terrific.

enialidad *nf* **1** *(idea)* brilliant idea, stroke of genius. **2** *(acción)* eccentricity. **3** *(cualidad)* genius.

enio *nm* **1** *(carácter)* temperament; *(mal carácter)* temper; **es una persona de mucho g.,** he has a quick temper; **estar de mal g.,** to be in a bad mood; **tener mal g.,** to have a bad temper. **2** *(facultad)* genius; **Mozart fue un g.,** Mozart was a genius; *fam* **eres un g.,** you are brilliant. **3** *(espíritu)* spirit; **el g. español,** the Spanish spirit. **4** *(ser fantástico)* genie.

enital I *adj* genital. II **genitales** *nmpl* genitals.

enitivo *nm Ling* genitive.

eniudo *adj fam* bad-tempered.

enl. *Mil abr de* **General,** General, Gen.

enocidio *nm* genocide.

enotipo *nm Biol* genotype.

énova *n* Genoa.

enovés,-esa *adj & nm,f* Genoese, Genovese.

ente *nf* **1** *(gen)* people *pl*; **¡cuánta g.!,** what a crowd!; **había mucha g.,** there were a lot of people; **¡qué g.!,** what awful people! ■ **la g. bien,** the well-to-do; **g. de bien,** honest people; *fam fig* **g. gorda,** bigwigs; *fam* **g. menuda,** nippers, kids. **2** *(familia)* folks, people *pl*; **tengo a mi g. aquí de vacaciones,** my folks are here on holiday. **3** *(personal)* staff. **4** *Mil* troops. **5** *Am* respectable people.

entil I *adj* **1** *(pagano)* pagan, heathen; *(no judío)* gentile. **2** *(apuesto)* charming. **3** *(amable)* kind. II *nmf* Gentile.

entileza *nf* kindness; **esto es una g. de la casa,** this is on the house; *fml* **por g. de,** by courtesy of.

entilhombre *nm arc* gentleman.

entilicio *adj & nm Ling* gentile.

entilidad *nf*, **gentilismo** *nm Rel* pagans *pl*.

entío *nm* crowd; **¡qué g.!,** what a crowd!

entuza *nf pey* rabble, riffraff.

enuflexión *nf* genuflexion.

enuino,-a *adj* *(puro)* genuine; *(verdadero)* authentic.

GEO *nmpl abr de* **Grupos Especiales de Operaciones,** ≈ Special Air Service, SAS.

geocéntrico,-a *adj* geocentric.

geodesia *nf* geodesy.

geofísico,-a I *adj* geophysical. II *nm,f* geophysicist. III *nf* geophysics *sing*.

geografía *nf* geography. ■ **g. física,** physical geography; **g. política,** political geography; **g. social,** social geography.

geográfico,-a *adj* geographic, geographical.

geógrafo,-a *nm,f* geographer.

geología *nf* geology.

geológico,-a *adj* geologic, geological.

geólogo,-a *nm,f* geologist.

geomagnético,-a *adj* geomagnetic.

geómetra *nmf* geometer, geometrician.

geometría *nf* geometry. ■ **g. del espacio,** solid geometry; **g. descriptiva,** descriptive geometry.

geométrico,-a *adj* geometric, geometrical.

geomorfología *nf* geomorphology.

geopolítica *nf* geopolitics *sing*.

Georgia *n* Georgia.

Georgia del Sur *n* South Georgia.

geórgica *nf Lit* georgic.

geranio *nm Bot* geranium.

gerencia *nf* **1** *(actividad, cargo)* management. **2** *(despacho)* manager's o director's office.

gerente *nmf* manager, director.

geriatra *nmf Med* geriatrician, geriatrist.

geriatría *nf Med* geriatrics *sing*.

gerifalte *nm* **1** *Orn* gerfalcon, gyrfalcon. **2** *fig* boss; **vivir como un g.,** to live like a king.

germanía *nf* thieves' cant.

germánico,-a *adj & nm Ling* Germanic.

germanismo *nm* Germanism.

germanista *nmf* German specialist.

germano,-a I *adj* German, Germanic. II *nm,f* German.

germanooccidental *adj & nmf* West German.

germanooriental *adj & nmf* East German.

germen *nm* **1** *Biol* germ. ■ **g. de trigo,** wheatgerm. **2** *fig* seed, germ, origin.

germicida I *adj* germicidal. II *nm* germicide.

germinación *nf* germination.

germinal *adj* germinal.

germinar *vi* to germinate.

gerontología *nf* gerontology.

gerontólogo,-a *nm,f* gerontologist.

gerundense I *adj* of o from Gerona. II *nmf* native o inhabitant of Gerona.

gerundio *nm Ling* gerund.

gesta *nf arc* heroic exploit, gest, geste; *Lit* **cantar de g.,** chanson de geste.

gestación *nf* **1** *Biol* gestation. **2** *fig* **en g.,** in preparation, in the pipeline.

gestar I *vtr* to gestate. II **gestarse** *vr fig* *(proyecto)* to be under way o in the pipeline; *(sentimientos)* to grow; *(idea)* to develop.

gestatorio,-a *adj* **silla gestatoria,** gestatorial chair.

gesticulación *nf* gesticulation, gestures *pl*.

gesticular *vi* to gesticulate.

gestión *nf* **1** *(diligencia)* enquiry, search. **2** *(administración)* administration, management. **3** **gestiones,** *(negociaciones)* negotiations; *(medidas)* steps, measures.

gestionar *vtr* **1** *Fin* to take steps to acquire *o* obtain, conduct. **2** to negotiate; **están gestionando la entrada del país en la OTAN**, they are negotiating the country's entry into NATO.

gesto *nm* **1** *(mueca)* grimace, face; **hacer gestos**, to pull faces; **torcer el g.**, to look disappointed; **un g. de tristeza**, a sad face. **2** *(señal)* sign; **hizo un g. afirmativo con la cabeza**, he nodded his head in agreement; **tuvo un g. de delicadeza**, he made a gesture of kindness.

gestor,-a **I** *adj* managing; **actividades gestoras**, negotiations. **II** *nm,f* **1** ≈ solicitor. **2** manager.

gestoría *nf* **1** ≈ solicitor's office. **2** agency.

Ghana *n* Ghana.

ghanés,-esa *adj & nm,f* Ghanian, Ghanaian.

Ghates *n* Ghats.

giba *nf* hump, hunch.

gibar *vtr fam* to annoy; **lo hace para g.**, he does it deliberately.

giboso,-a *nm,f* humpback, hunchback.

Gibraltar *n* Gibraltar; **el peñón de G.**, the Rock of Gibraltar.

gibraltareño,-a **I** *adj* of *o* from Gibraltar. **II** *nm,f* Gibraltarian.

giennense **I** *adj* of *o* from Jaén. **II** *nmf* native *o* inhabitant of Jaén.

gigante *adj* giant, gigantic.

gigante,-a *nm,f* *(hombre)* giant; *(mujer)* giantess.

gigantesco,-a *adj* giant, gigantic, gigantesque.

gigantismo *nm Med* gigantism, giantism.

gigoló *nm* gigolo.

gijonés,-esa **I** *adj* of *o* from Gijón. **II** *nm,f* native *o* inhabitant of Gijón.

gili *nm*, **gilí** *nm arg ofens véase* gilipolla.

giliflautas *nm arg ofens véase* gilipolla.

gilipolla *nmf*, **gilipollas** *nmf ofens* bloody fool *o* idiot.

gilipollada *nf*, **gilipollez** *nf ofens* **1** *(dicho)* bullshit, rubbish. **2** *(hecho)* bloody stupid thing to do.

gimiente *adj* whimpering.

gimnasia *nf* gymnastics *pl*; *fam* **eso sería confundir la g. con la magnesia**, it's like chalk and cheese.

gimnasio *nm* gymnasium.

gimnasta *nmf* gymnast.

gimnástico,-a *adj* gymnastic.

gimotear *vi* to whine, whimper.

gimoteo *nm* whining, whimpering.

Ginebra *n* Geneva.

ginebra *nf (bebida)* gin.

ginebrés,-esa *adj & nm,f*, **ginebrino,-a** *adj & nm,f* Genevan, Genevese.

ginecología *nf Med* gynaecology, *US* gynecology.

ginecológico,-a *adj Med* gynaecologic, gynaecological, *US* gynecologic, gynecological.

ginecólogo,-a *nm,f Med* gynaecologist, *US* gynecologist.

gingivitis *nf Med* gingivitis.

gingko *nm Bot* ginkgo, gingko, maidenhair tree.

gira *nf* excursion, tour; *Teat* tour.

girado,-a **I** *pp de* girar. **II** *nm,f Fin* drawee.

girador,-a *nm,f Fin* drawer.

giralda *nf* weathercock.

girar **I** *vi* **1** *(dar vueltas)* to rotate, spin; **el diner** **hace g. al mundo**, money makes the world g round. **2** *(torcer)* to turn; **al llegar a la esquina, gir a la derecha**, turn right at the corner. **3** *fig (versar* to deal with; **la conversación giraba en torno a ti** the conversation evolved around you. **4** *Fin (ex* pedir) to draw. **II** *vtr* **1** *(cambio sentido)* to turn; **g la cabeza**, to turn one's head. **2** *Fin (giro postal)* t send, remit. **3** *Fin (cheque)* to draw; **g. contra**, t draw on; **g. en descubierto**, to overdraw.

girasol *nm Bot* sunflower.

giratorio,-a *adj* rotating, gyratory; **silla giratoria** swivel chair.

giro¹ *nm* **1** *(vuelta)* turn, turning. **2** *(cariz)* turn, di rection; **dar un nuevo g. a**, to put in a new light **tomar un nuevo g.**, to change. **3** *(frase)* turn o phrase. **4** *Fin* draft; **g. en descubierto**, overdraft; **g telegráfico**, giro *o* money order. ■ **g. postal**, post *o* money order.

giro² **I** *adj* **1** *Am (gallo)* with speckled yellow pluma ge. **2** *Arg Col Chi (gallo)* with speckled black an white plumage. **3** *Méx (persona)* confident. **II** *nn (fanfarronada)* blusterer, boaster, swaggerer.

girola *nf Arquit* ambulatory.

gitanada *nf fig* wheedling, cajolement.

gitanería *nf* **1** *véase* gitanada. **2** *(conjunto de g tanos)* gypsies *pl*, gipsies *pl*.

gitanesco,-a *adj* gypsy-like, gipsy-like.

gitano,-a **I** *adj* **1** gypsy, gipsy. **II** *nm,f* **1** gypsy gipsy. **2** *fig (zalamero)* flatterer; *pey* wheedling, ca jolement. **3** *fam (estafador)* fiddler, swindler. **4** *far* vagrant.

glaciación *nf* glaciation.

glacial *adj* **1** glacial. **2** *fig* glacial, hostile; **una des pedida g.**, an icy farewell.

glaciar *nm* glacier.

gladiador *nm Hist* gladiator.

gladiolo *nm*, **gladíolo** *nm Bot* gladiolus.

glande *nm Anat* glans penis.

glándula *nf Anat* gland.

glandular *adj* glandular.

glaseado,-a **I** *pp de* glasear. **II** *nm* glacé.

glasear *vtr Culin (pastel)* to glaze.

glauco,-a *adj fml* bluish-green, glaucous.

glaucoma *nm Med* glaucoma.

gleba *nf Hist* land; **siervo de la g.**, serf.

glicerina *nf Quím* glycerin, glycerine.

global *adj* global, comprehensive. ◆**globalment** *adv* globally, as a whole.

globo *nm* **1** balloon. ■ **g. aerostático**, hot air *o* ga balloon; **g. dirigible**, airship. **2** *(esfera)* globe sphere. ■ **g. celeste**, globe; **g. terrestre** *o* **terráque** globe. **3** *Anat* **g. ocular**, eyeball. **4** *(pantalla lám para)* globe, glass lampshade. **5** *arg (condón** French letter.

globular *adj* globular.

globulina *nf Biol* globulin.

glóbulo *nm* globule. ■ *Anat* **g. blanco/rojo**, white red corpuscle.

gloria *nf* **1** *(fama)* honour, *US* honor, glory; **hac g. de algo**, to boast about sth; *irón* **cubrirse de g** to make a fool of oneself. **2** *(persona famosa)* her **3** *Rel (canto)* Gloria; *(cielo)* heaven; *fam fig* **esta en la g.**, to be in seventh heaven. **4** *fam (cosa pl centera)* delight; **dar g.**, to be a delight; *fam* **sabe oler a g.**, to taste/smell divine.

gloriado *nm Am* punch made from very strong liquor.

gloriarse [12] *vr* **1** *(jactarse)* to boast, show off. **2** *(complacerse)* to take pride (**de**, in).

glorieta *nf* **1** *(en un jardín)* bower, arbour, *US* arbor. **2** *(plazoleta)* small square. **3** *(encrucijada de calles)* roundabout, *US* traffic circle.

glorificación *nf* glorification.

glorificar [1] **I** *vtr* to glorify, exalt. **II** **glorificarse** *vr véase* **gloriarse**.

glorioso,-a *adj* glorious.

glosa *nf* **1** gloss. **2** *Lit (comentario)* notes *pl*, commentary.

glosar *vtr* **1** *(explicar)* to gloss; *(texto)* to interpret. **2** *(comentar)* to comment on, speak about.

glosario *nm* glossary.

glotis *nf Anat* glottis.

glotón,-ona **I** *adj* greedy gluttonous. **II** *nm,f* glutton. **III** *nm Zool* glutton, wolverine.

glotonear *vi* to eat greedily.

glotonería *nf* gluttony, greed.

glucemia *nf Med* glycemia.

glucosa *nf Quím* glucose.

gluten *nm* gluten.

glúteo,-a **I** *adj Anat* gluteal. **II** *nm* gluteus.

gnomo *nm* gnome.

gobernable *adj* governable.

gobernación *nf* governing, government; *Pol Hist* **Ministerio de la Gobernación,** ≈ *GB* Home Office, *US* Department of the Interior.

gobernador,-a **I** *adj* governing; **la junta gobernadora,** the governing board. **II** *nm,f* governor; **g. civil,** provincial governor.

gobernanta *nf* **1** manageress; *fam* bossy woman. **2** *Arg* governess.

gobernante **I** *adj* ruling; **la clase g.,** the ruling class. **II** *nmf* ruler, leader.

gobernar [27] **I** *vtr* **1** *(gen)* to govern; *(un país)* to govern, rule; *(una familia)* to run; *(un negocio)* to handle, run. **2** *(guiar)* to guide; *Náut* to steer. **3** *(dominar)* to dominate, boss about. **4** *Arg (castigar)* to punish. **II** *vi Náut* to steer. **III** **gobernarse** *vr (guiarse)* to manage one's affairs.

gobierno *nm* **1** *Pol* government; *(edificio)* Government House *o* building. **2** *(mando)* command, running, handling; **el g. de la casa,** the running of the household; **el g. de los asuntos,** the handling of affairs. **3** *Náut* steering. **4** *Náut (timón)* rudder. **5** *(locuciones)* **para tu g.,** for your own information; **servir de g.,** to serve as a guideline.

gobio *nm (pez)* gudgeon.

goce *nm* pleasure, enjoyment.

godo,-a **I** *adj Hist* Gothic. **II** *nm,f* **1** *Hist* Goth. **2** *SAm pey* Spaniard.

gofio *nm Am Can* roasted maize meal.

gol *nm Dep* goal; **g. cantado,** open goal, sitter; **g. fantasma,** controversial goal; **tiro a g.,** shot; *fam fig* **meter un g. a algn,** to pull a fast one on sb.

goleada *nf* feast of goals; **ganar por g.,** to hammer the opposition.

goleador,-a *nm,f* scorer; **el máximo g.,** the top scorer.

golear *vtr Dep* to hammer; **el Torpedo goleó 6-1 al Olympic,** Torpedo hammered Olympic 6-1.

goleta *nf Náut* schooner.

golf *nm Dep (deporte)* golf; *(terreno)* golf course; **club de g.,** golf club; **palo de g.,** golf club.

golfante *adj fam* rascal.

golfear *vi* **1** *(vagabundear)* to loaf around. **2** *(hacer gamberradas)* to get up to no good.

golfillo,-a *nm,f* street urchin.

golfista *nmf* golfer.

golfo,-a[1] **I** *nm,f* good-for-nothing, scoundrel, street urchin. **II** *nf fam pey* slut, tart, hussy.

golfo[2] *nm Geog* gulf, large bay; **g. de Bengala,** Bay of Bengal; **g. de Botnia,** Gulf of Bothnia; **g. de Guinea,** Gulf of Guinea; **g. de León,** Gulf of Lions; **g. de Méjico,** Gulf of Mexico; **g. de Vizcaya,** Bay of Biscay; **g. Pérsico,** Persian Gulf.

gollete *nm* **1** *Anat* throat. **2** *(de botella)* neck.

golondrina *nf* **1** *Orn* swallow. **2** *Náut* motorboat.

golondrino *nm* **1** *Orn* young swallow. **2** *fig (vagabundo)* tramp. **3** *Med* boil in the armpit. **4** *Mil* deserter.

golosear *vi* to eat sweets *o US* candy.

golosina *nf* **1** *(caramelos)* sweet, *US* candy. **2** *fig (cosa agradable)* treat.

golosinear *vi* to eat sweets *o US* candy.

goloso,-a *adj* **1** **ser (un) g.,** to have a sweet tooth; *pey* to be greedy. **2** *fig* mouthwatering, inviting.

golpazo *nm* heavy blow.

golpe *nm* **1** blow, knock; *(puñetazo)* punch; **a golpes,** by force; **le dio un g.,** he hit him. **2** *Aut* bump, bang, collision. **3** *(desgracia)* blow, misfortune; **perder el trabajo fue un duro g.,** losing his job was a great blow. **4** *(gracia)* witticism, sally; **la película tiene unos golpes muy buenos,** the film has some very good bits in it. **5** *fig (sorpresa)* shock. **6** *Box* punch; *Box & fig* **g. bajo,** punch below the belt; *Ftb* **g. franco,** free kick. **7** *(atraco)* hold-up, robbery; *fam* **dar un g.,** to do a job. **8** *(locuciones)* **de g.,** **de g. y porrazo,** all of a sudden; **de un g.,** in one go; **errar el g.,** to miss; **g. de efecto,** coup de théatre; **g. de estado,** coup d'état; **g. de fortuna,** stroke of luck; **g. de gracia,** coup de grâce; **g. de mano,** surprise attack; **g. de vista,** quick glance; **no dar ni g.,** not to lift a finger; **parar el g.,** to soften the blow. **9** *Méx (martillo)* sledgehammer.

golpear *vtr (gen)* to hit; *(cosas)* to knock, beat; *(personas)* to thump, hit, punch; *(una puerta, cabeza)* to bang.

golpetear *vtr & vi* to bang; **la puerta golpeteaba con el viento,** the door was banging in the wind.

golpeteo *nm* banging, hammering.

golpismo *nm Pol* tendency to coups d'état.

golpista **I** *nmf* person involved in a coup d'état. **II** *adj* relating to coups d'état.

golpiza *nf Ecuad Méx* thrashing.

goma *nf* **1** rubber, gum; *(caucho)* rubber; **g. arábiga,** gum arabic; **g. de pegar,** glue, gum; **suelas de g.,** rubber soles. **2** *(banda elástica)* rubber band. **3** **g. de borrar,** rubber, *US* eraser; **g. de mascar,** chewing gum. **4** *arg (preservativo)* rubber. **5** *CAm* hangover.

gomaespuma *nf* foam rubber.

gomal *nm Am Agr* rubber plantation.

gomero *nm* **1** *Am Bot* gum tree. **2** *Am (recolector)* rubber collector. **3** *Chi Méx* pot of glue.

gomina *nf Peluq* hair cream.

gomoso,-a **I** *adj* sticky. **II** *nm pey* fop.

gónada *nf Anat* gonad.

góndola *nf* **1** gondola. **2** *(carruaje)* carriage.

gondolero,-a *nm,f* gondolier.

gong *nm,* **gongo** *nm* gong.

gongorino,-a *adj Lit* Gongoristic.

gongorismo *nm Lit* Gongorism.

gongorista *nmf Lit* Gongorist.

gonococo *nm Biol* gonococcus.

gonorrea *nf Med* gonorrhoea, *US* gonorrhea.

gordiano,-a *adj* **nudo g.,** Gordian knot.

gordinflón,-ona *fam* I *adj* chubby, fat. II *nm,f* chubby person, fatty.

gordo,-a I *adj* 1 *(carnoso)* fat; **ponerse g.,** to get fat. 2 *(volumen)* thick; **el dedo g.,** *(mano)* the thumb; *(pie)* the big toe. 3 *(importante)* big; **algo g.,** something serious *o* important; **¡qué mentira tan gorda!,** what a big lie!; *fig* **el premio g.,** the first prize; *fig* **pez g.,** big shot. 4 *(locuciones)* **estar** *o* **quedarse sin g.,** to be broke; **hacer la vista gorda,** to turn a blind eye; **me cae g.,** I can't stand him; **se armó la gorda,** trouble broke out. II *nm,f* fat person; *fam* fatty. III *nm* 1 *(tocino)* fat. 2 *(lotería)* **el g.,** first prize. 3 *Méx* maize tortilla.

gordura *nf* fatness.

gorgorito *nm* trill.

gorgotear *vi* to gurgle.

gorgoteo *nm* gurgle, gurgling.

gorguera *nf* ruff; *(de un armadura)* gorget.

gorigori *nm fam* dirge, funeral chant; **hum cantar el g. a algn,** to bury sb.

gorila *nm* 1 *Zool* gorilla. 2 *fam fig (guardaespaldas)* gorilla, henchman, bodyguard.

gorjear I *vi* to chirp, twitter. II **gorjearse** *vr* 1 *(bebé)* to crow, gurgle. 2 *Am (burlarse)* **g. de algn,** to laugh at sb's expense.

gorjeo *nm* 1 chirping, twittering. 2 *(bebé)* crowing, gurgling.

gorra *nf* cap; *(con visera)* peaked cap; *fam* **de g.,** free; **comer de g.,** to cadge a meal; **vivir de g.,** to sponge, cadge, be a sponger.

gorrear *vi véase* **gorronear.**

gorrero,-a *nm,f véase* **gorrón,-ona.**

gorrino,-a I *adj* dirty, piglike. II *nm,f* pig.

gorrión,-ona I *nm,f Orn* sparrow. ▪ **g. común,** house sparrow; **g. chillón,** rock sparrow; **g. molinero,** tree sparrow; **g. moruno,** Spanish sparrow. II *nm CAm* hummingbird.

gorro *nm* 1 cap; **g. de dormir,** nightcap; **g. frigio,** Phrygian cap. 2 *fam* **estar hasta el g.,** to have had enough, be up to here **(de,** with); **ponerle el g. a algn,** *(irritar)* to annoy sb, get on sb's nerves; *(ridiculizar)* to make fun of sb.

gorrón,-ona I *adj* 1 scrounging. 2 *CAm (egoísta)* egoist. II *nm,f* sponger, scrounger.

gorronear *vi* to scrounge, be a parasite.

gota *nf* 1 *(gen)* drop; *(de sudor)* bead; **caen cuatro** *o* **unas gotas,** it's spitting; **g. a g.,** drop by drop; **la g. que colma el vaso,** the straw that broke the camel's back; **ni g.,** not a bit, nothing at all; **no tengo ni g. de sueño,** I am not at all sleepy; **sudar la g. gorda,** to sweat blood, work hard; *Med* **(transfusión) g. a g.,** drip. 2 *Med* gout. 3 *Arquit* gutta.

gotear *v impers* to drip; *(lluvia)* to drizzle; **el techo gotea,** there's a leak in the ceiling.

goteo *nm* dripping.

gotera *nf* 1 *(agujero)* leak; *(agua)* drip. 2 *(mancha)* drip mark. 3 **goteras,** *(achaques)* aches and pains.

goterón *nm* large drop.

gótico,-a I *adj Arte & Hist* Gothic. II *nm (estilo)* Gothic.

gourmet *nmf (pl gourmets)* gourmet.

goyesco,-a *adj Arte* in the style of Goya.

gozada *nf fam* sheer joy; **¡qué g. de tarde!,** what a marvellous evening!

gozar [4] I *vtr* to enjoy; **goza de buena salud,** he enjoys good health. II *vi* 1 *(divertirse)* to enjoy oneself; **g. con algo,** to be delighted by sth. 2 *(disfrutar)* to enjoy **(de, -).** III **gozarse** *vr* to enjoy; **me gozo con tu presencia,** I'm delighted to be with you.

gozne *nm* hinge.

gozo *nm* 1 joy, pleasure; **dar g.,** to be a joy; **no caber en sí de g.,** to be beside oneself with joy; **saltar de g.,** to jump with joy; **hum todo mi g. en un pozo,** that's just my luck. 2 **gozos,** *Mús Rel* chorus *sing* in honour of the Virgin.

gozoso,-a *adj* 1 *(contento)* delighted. 2 *(que produce alegría)* joyful, happy.

g. p., g/p. *abr de* **giro postal,** postal order, p.o.

grabación *nf* recording.

grabado,-a I *pp de* **grabar.** II *nm* 1 *(arte)* engraving; **g. al agua fuerte,** etching. 2 *(dibujo)* picture, drawing; **una revista con grabados,** an illustrated magazine.

grabador,-a I *adj* recording. II *nm,f* engraver. III *nf* tape recorder.

grabar *vtr* 1 *Arte* to engrave. 2 *(registrar sonidos, imágenes)* to record. 3 *fig (fijar en el ánimo)* **g. en la mente,** to engrave in one's mind *o* memory; **se me quedó muy grabado,** it stuck in my mind. 4 *Inform* to save.

gracejada *nf CAm Méx* dirty trick.

gracejo,-a I *nm* charm, winsomeness; **con mucho g.,** most engagingly. II *nm,f Guat Méx* fool.

gracia *nf* 1 *Rel* grace; **estar en g.,** to be in a state of grace; **por la g. de Dios,** by the grace of God. 2 *(favor)* favour, *US* favor, grace; **disfrutaba de la g. del rey,** he enjoyed the king's favour. 3 *(indulto)* pardon; **petición de g.,** petition of pardon. 4 *(buen trato)* graciousness; **caer en g. a algn,** to make a good impression on sb. 5 *fml (nombre)* **dígame usted su g.,** could you give me your name, please? 6 *(atractivo)* grace, charm; **la g. de su figura,** the charm of her figure. 7 *(garbo)* grace. 8 *(chiste)* joke; **a mí no me hace ninguna g.,** I don't find it funny at all; **hacer** *o* **tener g.,** to be funny; **me hace g.,** marvellous, isn't it?; **¡qué g.!,** how funny!; **reírle las gracias a algn,** to laugh at sb's jokes; **tiene g. que nos encontremos aquí,** it's funny that we should meet here; *(enfado)* **¡vaya (una) g.!,** oh, no!; *(desprecio)* **me hace g.,** it makes me laugh; *iron* **tú y tus gracias,** you and your funny *o* witty remarks. 9 *Mil & fig* **tiro de g.,** coup de grâce. 10 **gracias,** *(agradecimiento)* thanks; *Rel* **acción de g.,** thanksgiving; **a Dios g., g. a Dios,** thank God, thank goodness; **consiguió el trabajo g. a un amigo,** he got the job through a friend; **dar g. a algn,** to thank sb; **g. a,** thanks to; **muchas** *o* **muchísimas g.,** thank you very much; *iron* **y g.,** I *o* you should be so lucky; **¿en taxi?, en autobús y g.,** by taxi? we are lucky enough we can go by bus! 11 *Mit* **las Tres Gracias,** the Three Graces.

grácil *adj* graceful; *(delicado)* delicate.

gracilidad *nf* gracefulness; *(delicadez)* delicateness.

gracioso,-a I *adj* 1 *(divertido)* funny, amusing; **es el chiste más gracioso que he oído,** that's the funniest joke I've ever heard. 2 *(atractivo)* graceful, charming; **sus graciosos ojos,** her charming eyes. **3** *(monarca británico)* Gracious; **Su Graciosa Majestad,** Her Gracious Majesty. **II** *nm,f Teat* comic character; *fam* **no te hagas el g.,** I suppose you think you're very funny.

grada *nf* **1** *(peldaño)* step, stair. **2** *(asiento colectivo)* tier. **3** *(tarima)* stand. **4** *Náut* slipway, building berth. **5 gradas,** flight *sing* of steps, *US* forecourt *sing.*

gradación *nf* **1** gradation. **2** *Mús* scale. **3** *(retórica)* climax.

gradería *nf,* **graderío** *nm* tiers *pl* of seats, *US* bleachers *pl.*

gradiente I *nm* gradient, *US* grade. **II** *nf Am* slope.

grado *nm* **1** *(gen)* degree; **el g. de humedad/intensidad,** degree of humidity/intensity; **en sumo g.,** to an extreme degree; **en tal g.,** so much so. **2** *(fase)* stage. **3** *Educ (curso)* year, form, *US* grade; *(título)* degree. **4** *Mil* rank. **5** *(peldaño)* step. **6** *Ling* degree. **7** *(locuciones)* **de buen g.,** willingly, with (a) grace; **de mal g.,** unwillingly, with (a) bad grace.

graduable *adj* adjustable.

graduación *nf* **1** gradation. **2** *Mil* rank.

graduado,-a I *pp de* **graduar. II** *adj* graduated; **gafas graduadas,** prescription glasses. **III** *nm* graduate; **el g. escolar,** ≈ elementary school studies.

gradual *adj* gradual.

graduar [11] **I** *vtr* **1** *(gen)* to graduate. **2** *Educ Mil (título, graduación)* to confer a degree *o* a rank, *US* graduate. **3** *(medir)* to measure; **g. la vista,** to test sb's eyes. **4** *(regular)* to regulate. **II graduarse** *vr* **1** *Educ Mil* to graduate, receive an academic degree *o* a military rank. **2 g. la vista,** to have one's eyes tested.

grafía *nf* **1** *(signo)* graphic symbol; *(escritura)* writing. **2** *(ortografía)* spelling.

gráfico,-a I *adj* graphic. **II** *nm,f* graph, chart.

grafismo *nm* **1** *(diseño gráfico)* graphics *pl.* **2** *(grafía)* graphic symbol. **3** *fig (fuerza descriptiva)* vividness, graphicness.

grafista *nmf* graphic designer.

grafiti *nmpl* graffiti *pl.*

grafito *nm Min* graphite.

grafología *nf* graphology.

grafólogo,-a *nm,f* graphologist.

gragea *nf Med* pill, tablet.

grajilla *nf Orn* jackdaw.

grajo,-a I *nm,f Orn* rook. **II** *nm Am* body odour.

gral. *abr de* **General,** General, gen.

grama *nf Bot* Bermuda grass.

gramática *nf* grammar; **g. generativa,** transformational grammar; *fam fig* **g. parda,** cunning, astuteness.

gramatical *adj* grammatical.

gramático,-a I *adj* grammatical. **II** *nm,f* grammarian.

gramináceo,-a *adj Bot* gramineous.

gramo *nm* gram, gramme.

gramófono *nm* gramophone.

gramola *nf* gramophone.

gran *adj* **1** *(superior)* tremendous; **a g. altura,** very high; **g. velocidad,** high speed; **me diste una g. alegría,** you've made me very happy; **un g. susto,** a terrible fright. **2** *(excelente, famoso)* great; **una g. persona,** a great person; **un g. libro,** a great book; *véase* **grande.**

grana¹ *nf (semilla)* seed; *(crecimiento)* seeding.

grana² **I** *nf* **1** *Ent* cochineal. **2** *(substancia)* cochineal. **II** *adj* scarlet.

granada *nf* **1** *Bot* pomegranate. **2** *Mil* grenade.

Granada *n* **1** *(ciudad)* Granada. **2** *(país)* Grenada.

granadero *nm Mil* grenadier.

granadino,-a I *adj* of *o* from Granada *o* Grenada. **II** *nm,f* native *o* inhabitant of Granada *o* Grenada. **III** *nf* **1** *Mús* type of flamenco song from Granada. **2** *(bebida)* grenadine.

granado,-a I *pp de* **granar. II** *adj* **1** *(maduro)* ripened. **2** *fig (selecto)* **el** *o* **lo más g.,** the finest. **3** *fig (persona)* mature, of a certain age. **III** *nm Bot* pomegranate tree.

granar *vi Agr* to seed, ripen.

granate I *adj inv (color)* maroon, dark crimson. **II** *nm* **1** *Min* garnet. **2** *(color)* maroon, garnet.

granazón *nf* seeding, ripening.

Gran Bahía Australiana *n* Great Australian Bight.

Gran Bretaña *n* Great Britain.

Gran Canarias *n* Canary Islands, Canaries.

grancanario,-a I *adj* of *o* from the Canary Islands. **2** *nm,f* native *o* inhabitant of the Canary Islands.

grande I *adj (before noun* **gran** *is used)* **1** *(tamaño)* big, large; **esta chaqueta me está g.,** this jacket is too big for me; *fig* **¡qué g. eres!,** you are really fantastic! **2** *(cantidad)* large; **a lo g.,** on a grand scale, in a big way; *fig* **pasarlo en g.,** to have a great time; *fig* **vivir a lo g.,** to live in style. **II** *nmf* **1** *(persona)* grown-up, adult. **2** *(título)* **g. de España,** grandee. **3** *Pol* **los cuatro grandes,** the Big Four.

grandeza *nf* **1** *(tamaño)* size. **2** *(importancia)* greatness; **g. de ánimo,** moral courage. **3** *(generosidad)* generosity; **g. de alma,** magnanimity. **4** *(dignidad nobiliaria)* nobility.

grandilocuencia *nf* grandiloquence, pomp.

grandilocuente *adj* grandiloquent, pompous.

grandiosidad *nf* grandeur, splendour, *US* splendor; **gesto de g.,** grand gesture.

grandioso,-a *adj* grandiose, splendid.

grandote *adj,* **grandullón,-ona** *adj (hombre)* oversized man; *(mujer)* oversized woman.

granel (a) *loc adv* **1** *(sin medir exactamente)* loose, in bulk; **vino a g.,** wine in bulk. **2** *(en abundancia)* tons *o* lots of; *fam* **whisky a g.,** whisky galore.

granero *nm Agr* granary.

granítico,-a *adj* granitic, granite.

granito *nm* **1** *Min* granite. **2** small grain; **aportar su g. de arena,** to make one's small contribution, do one's bit.

granizada *nf* hailstorm; *fig* **una g. de insultos,** a shower of insults.

granizado *nm* iced drink; **g. de limón,** iced lemon (drink).

granizar [4] *v impers* to hail.

granizo *nm* hail, hailstone.

granja *nf* farm.

granjear(se) *vtr & vr* to gain, earn; **su simpatía le granjeó la amistad de todos,** his kindness won him everyone's affection.

granjero,-a *nm,f* farmer.

grano *nm* **1** grain; **un g. de arena/sal/trigo,** a grain of sand/salt/wheat; **un g. de café,** a coffee bean. **2** *Med* spot, pimple. **3** *(locuciones)* **ir al g.,** to get to the point; **ni un g.**, not a bit; **no es g. de anís**, it's not to be sniffed at. **4 granos**, cereals.

granuja I *nf* grapes *pl*. II *nm* **1** *(pilluelo)* ragamuffin, urchin. **2** *(estafador)* crook, trickster.

granujada *nf* foul play, nasty trick.

granujería *nf* gang of rogues *o* urchins.

granulación *nf* granulation.

granulado,-a I *pp de* granular. II *adj* granulated. III *nm Farm* preparation.

granular I *adj* granular. II *vtr* to granulate.

gránulo *nm* **1** granule. **2** *Farm* small pill.

granuloso,-a *adj* **1** *(superficie)* granular. **2** *(piel)* pimply.

granzas *nfpl* **1** *Agr* chaff *sing*. **2** *Min* dross *sing*.

grao *nm* landing beach, shore.

grapa *nf* **1** staple. **2** *Constr* cramp. **3** *(de uvas)* bunch (of grapes). **4** *Arg* type of aniseed liquor *o* gin.

grapadora *nf* stapler.

grapar *vtr* to staple.

grasa *nf* grease, fat.

grasiento *adj* greasy, oily.

graso,-a *adj* fatty; **alimentos grasos**, fatty foods; **pelo g.**, greasy hair.

grasoso,-a *adj* greasy, oily.

gratén *nm Culin* **al g.**, au gratin.

gratificación *nf* **1** *(satisfacción)* gratification. **2** *(recompensa)* reward. **3** *(extra)* bonus.

gratificador,-a *adj*, **gratificante** *adj* gratifying, rewarding.

gratificar [1] *vtr* **1** *(satisfacer)* to gratify. **2** *(recompensar)* to reward.

gratinar *vtr Culin* to roast.

gratis *adv* free, for nothing.

gratitud *nf* gratitude.

grato,-a *adj* *(agradable)* pleasant, pleasing; **me es g. anunciarle que ...**, I am pleased to inform you that ... .

gratuidad *nf* **1** *(ausencia de pago)* **la g. en la enseñanza**, free education. **2** *(arbitrariedad)* gratuitousness.

gratuito,-a *adj* **1** *(de balde)* free (of charge); **entrada gratuita**, free entrance. **2** *(arbitrario)* gratuitous, arbitrary; **afirmación gratuita**, unwarranted statement. ◆**gratuitamente** *adv* **1** *(de balde)* free, for nothing. **2** *(sin fundamento)* unfoundedly.

grava *nf* *(guijas)* gravel; *(piedra)* crushed stone.

gravamen *nm Jur* **1** *(carga)* burden. **2** *(impuesto)* tax.

gravar I *vtr Jur* **1** *(cargar)* to burden. **2** *(impuestos)* to tax; **estar gravado**, to be mortgaged. II **gravarse** *vr Am* *(empeorar)* to get worse.

grave *adj* **1** *(pesado)* heavy. **2** *(importante)* grave, serious. **3** *(muy enfermo)* **estar g.**, to be seriously ill. **4** *(de estilo)* solemn. **5** *(voz, nota)* low. **6** *Ling* **acento g.**, grave accent; **palabra g.**, paroxytone.

gravedad *nf* **1** graveness, seriousness; **herido de g.**, seriously injured. **2** *Fís* gravity; **centro de g.**, centre of gravity; **fuerza de g.**, force of gravity.

gravidez *nf* pregnancy; **en estado de g.**, pregnant.

grávido,-a *adj* **1** *(lleno)* full. **2** *(embarazada)* pregnant, gravid.

gravilla *nf* fine gravel.

gravitación *nf Fís* gravitation.

gravitacional *adj Fís* gravitational.

gravitar *vi* **1** *Fís* to gravitate. **2** *(apoyarse en)* to rest on; **sobre él gravita el peso de las decisiones**, the onus of the decisions rests on him. **3** *(amenazar)* to loom; **el peligro gravitaba sobre nuestras cabezas**, danger loomed over our heads.

gravoso,-a *adj* **1** *(costoso)* costly, expensive. **2** *(molesto)* burdensome.

graznar *vi* *(gen)* to squawk; *(pato)* to quack; *(cuervo)* to caw.

graznido *nm* *(un sonido)* squawk; *(varios)* squawking; *(pato)* quack; *(cuervo)* caw; **el g. del pato**, the quacking of the duck; **el g. del cuervo**, the cawing of the crow.

greca *nf* **1** *Arquit* fret, fretwork. **2** *Am* filtre coffeemaker.

Grecia *n* Greece.

grecolatino,-a *adj* Graeco-Latin.

grecorromano,-a *adj* Graeco-Roman.

greda *nf Min* fuller's earth, clay.

gregario,-a *adj* gregarious; **instinto g.**, herd instinct.

gregoriano,-a *adj* Gregorian; *Mús* **canto g.**, Gregorian chant.

greguería *nf* **1** *(algarabía)* hubbub. **2** *Lit* type of aphorism created by Ramón Gómez de la Serna.

grelos *nmpl* turnip tops.

gremial *adj* union, related to trade unions; **convenio g.**, union agreement.

gremio *nm* **1** *Hist* guild. **2** *(sindicato)* union. **3** *(profesión)* profession.

greña *nf* lock of entangled hair; *fam* **andar a la g.**, to squabble.

greñudo,-a *adj* *(pelo)* tangled; *(persona)* unkempt, dishevelled, *US* disheveled.

gres *nm* stoneware; **g. flameado**, glazed earthenware.

gresca *nf* **1** *(bulla)* racket; **armar g.**, to kick up a racket. **2** *(riña)* row.

grey *nf* **1** *(rebaño)* flock, herd. **2** *(personas)* group, bunch; *Rel* flock.

grial *nm* grail; **el Santo G.**, the Holy Grail.

griego,-a I *adj* Greek. II *nm,f* Greek. III *nm* *(idioma)* Greek; *fam* **hablar en g.**, to talk gibberish, *GB* talk double Dutch.

grieta *nf* crack; *(en la piel)* chap, crack.

grifa *nf* *(droga)* marijuana.

grifería *nf Tec* tap, *US* faucet, plumbing.

grifo,-a[1] I *nm* tap, *US* faucet. II *adj* **1** *Méx* drunk. **2** *Méx* angry.

grifo[2] *nm Mit* griffin, gryphon, griffon.

grilla *nf* **1** *Ent* female cricket. **2** *Am* *(contrariedad)* obstacle.

grillado,-a *adj fam fig* barmy.

grillete *nm* shackle.

grillo[1] *nm Ent* cricket.

grillo[2] *nm Bot* sprout.

grillo[3] *nm* fetters *pl*, shackles *pl*.

grima *nf* annoyance, displeasure; **me da g. ...**, I can't bear ... .

grímpola *nf* pennant.

gringo,-a I *pey* I *adj* foreign; *Am* yankee. II *nm,f* **1** foreigner; *Am* yankee, gringo. **2** *Arg* *(persona)* blond, blonde.

gripal *adj Med* related to flu; **una afección g.**, flu.

gripe *nf* flu; **coger la g.**, to catch flu; **estar con** *o* **tener la g.**, to have flu.

griposo,-a *adj* **estar g.**, to have flu.

gris I *adj* 1 *(color)* grey, *US* gray. 2 *fig (mediocre)* mediocre, third-rate. 3 *fig (triste)* grey, *US* gray, gloomy. II *nm,f* 1 *(color)* grey, *US* gray. 2 *arg Hist* cop; **los grises,** the fuzz *pl*.

grisáceo,-a *adj* greyish.

grisalla *nf Arte* chiaroscuro, grisaille.

grisma *nf Chi Guat Hond* shred, bit.

grisú *nm Min* firedamp.

gritar *vtr & vi* to shout, yell; **el público gritó al cantante,** the singer was booed by the audience; **¡no me grites!,** don't shout at me!

griterío *nm* shouting, din.

grito *nm* shout, yell; **a voz en g.**, **a g. limpio** *o* **pelado,** at the top of one's voice; **dar** *o* **pegar un g.**, to shout, scream; **le llamó con un g.**, he yelled at him; *fig* **pedir algo a gritos,** to be badly in need of sth; *fig* **el último g.**, the latest craze *o* fashion; *fig* **poner el g. en el cielo,** to raise an outcry, hit the ceiling.

gritón,-ona I *adj* noisy, loud-mouthed. II *nm,f* loudmouth, yeller.

Groenlandia *n* Greenland.

grog *nm* grog, punch.

groguí *adj* 1 *Box* punch-drunk, groggy. 2 *fig* groggy, dazed.

grosella *nf Bot* redcurrant; **g. negra,** blackcurrant; **g. silvestre,** gooseberry.

grosellero *nm* currant bush, redcurrant; **g. negro,** gooseberry bush.

grosería *nf* 1 *(ordinariez)* rude word *o* expression; **decir una g.**, to say something rude. 2 *(rusticidad)* rudeness.

grosero,-a I *adj (tosco)* rough, coarse; *(maleducado)* rude, vulgar. II *nm,f* lout, boor.

grosor *nm* thickness.

grosura *nf* fat, suet.

grotesco,-a *adj* grotesque, ludicrous.

grúa *nf* 1 *Constr* crane, derrick. 2 *Aut* breakdown van, *US* tow truck.

grueso,-a I *adj* thick, heavy; **unas uvas gruesas,** some large grapes; **un hombre g.**, a fat man; *Mar* **mar gruesa,** heavy sea; *Med* **intestino g.**, large intestine. II *nm* 1 *(grosor)* thickness. 2 *(parte principal)* bulk, main body; **el g. de la población,** the bulk of the population. III *nf (doce docenas)* gross.

grulla *nf* 1 *Orn* **g. común,** crane. 2 *Méx* bright person.

grullo,-a *adj* scrounging.

grumete *nm* cabin boy.

grumo *nm* lump; *(leche)* curd.

gruñido *nm* grunt.

gruñir [40] *vi* to grunt.

gruñón,-ona I *adj* grumpy, grumbly, grouchy. II *nm,f* grumbler, grouch.

grupa *nf* croup, hindquarters *pl*; **montar a la g.**, to ride pillion; *fig* **volver grupas,** to go back, retrace one's steps.

grupo *nm* 1 *(gen)* group; **en g.**, together as a group. 2 *Téc* unit, set; **g. electrógeno,** power plant.

gruta *nf* grotto, cave.

gua[1] *interj Am* 1 *(temor)* agh! 2 *(admiración)* wow!

gua[2] *nm* 1 *(juego)* game of marbles. 2 *(hoyo)* hole for the marbles.

guaca *nf Am* 1 *(tesoro)* buried treasure. 2 *(hucha)* piggy bank.

guacal *nm CAm* 1 *Bot* calabash tree. 2 calabash basket.

guacamayo,-a *nm,f Orn* macaw.

guacamol *nm*, **guacamole** *nm Am Culin* guacamole, avocado sauce.

guachafita *nf Am* confusion, uproar.

guache *nm Arte* gouache.

guacho,-a *adj & nm,f Am* orphan.

guaco,-a I *adj Méx* twin. II *nm* 1 *Orn* curassow. 2 *Am Bot* guaco.

guadalajareño,-a I *adj* of *o* from Guadalajara. II *nm,f* native *o* inhabitant of Guadalajara.

Guadalupe *n* Guadaloupe.

guadamecí *nm (pl guademecíes)*, **guadamecil** *nm* embossed leather.

guadaña *nf* scythe.

guadañador,-a I *nm,f (persona)* mower. II *nf* mowing machine.

guadañar *vtr* to mow; *(hierba)* to scythe.

guadarnés,-a I *nm* tack room. II *nm,f (hombre)* stable boy; *(mujer)* stable girl.

guagua[1] *nf* 1 worthless thing. 2 *Can Cuba PR* bus.

guagua[2] *nf Am* baby, babe.

guaico *nm Am Geog* depression.

guaina I *nmf Am* youngster. II *nf Arg* young girl.

guajada *nf Méx* silly thing.

guajalote *nm Méx* idiot.

guaje *nm* 1 *(niño)* boy. 2 *fam (granuja)* urchin. 3 *Méx Bot* type of acacia. 4 *Hond Méx Bot* calabash. 5 *Hond Méx fig* idiot. 6 *CAm fig (cosa inútil)* trinket; *(persona inútil)* waste of space.

gualdo,-a *adj* yellow; **la bandera roja y gualda,** the Spanish flag.

gualdrapa *nf* caparison.

guanaco,-a *nm,f* 1 *Zool* guanaco. 2 *Am fig* pey *(rústico)* rustic, (country) bumpkin. 3 *Am fig (simple)* simple soul.

guanche I *adj* Guanche. II *nmf* Guanche, original inhabitant of the Canary Islands.

guandajo,-a *adj Méx* badly dressed.

guando *nm Am* stretcher.

guanear *vi Am (animales)* to defecate.

guano *nm (abono natural)* guano; *(artificial)* manure, fertilizer.

guantada *nf* slap.

guantazo *nm* slap.

guante *nm* glove; *fig* **arrojar el g. a algn,** to throw down the gauntlet; *fig* **más suave que un g.**, as meek as a lamb; *fig* **sentar como un g.**, to fit like a glove; *fam* **echar el g. a algo** *o* **algn,** to nick sth *o* catch sb; *Box* **colgar los guantes,** to give up boxing.

guantear *vtr Am* to slap.

guantera *nf Aut* glove compartment.

guaperas *inv fam* I *adj* slick, good-looking, *US* cute. II *nmf* good-looker.

guapetón,-ona *adj fam* good-looking.

guapo,-a I *adj* 1 good-looking, *US* cute; *(mujer)* beautiful, pretty; *(hombre)* handsome; **es muy guapa,** she's very pretty; **estar g.**, to look smart; **¡hola guapa!,** hello darling! 2 *sl (bonito)* flash. II *nm,f* good-looking person, good-looker. III *nm* 1 *(pendenciero)* quarrelsome person. 2 *(galán)* ladies' man. 3 *Am (valiente)* daredevil, plucky fellow.

guapote,-a *adj fam* good-looking.

guapura *nf* good looks *pl*.

guaquear *vtr CAm Col Arqueol* to excavate, dig.

guaraca[1] *nf Am* sling.

guaraca[2] *nf Am Orn* chachalaca.

guarache *nm Mex* type of sandal.

guaragua *nf Am Mús* swinging.

guarango,-a *adj Am* rude, rough, ill-bred.

guaraní (*pl* **guaraníes**) **I** *adj* Guarani. **II** *nmf* Guarani. **III** *nm* (*idioma*) Guarani.

guarapo,-a *nm,f* **1** juice of sugar cane. **2** sugar-cane liquor.

guarda I *nmf* guard, keeper; **Angel de la G.**, Guardian Angel; **g. forestal**, forester; **g. jurado**, security guard. **II** *nf Impr* endpaper. **III** *nm Arg* (*cobrador*) tram *o* bus conductor.

guardabarrera *nmf Ferroc* crossing keeper.

guardabarros *nm inv Aut* mudguard, *US* fender.

guardabosque *nmf* forester.

guardacoches *nmf inv* parking attendant.

guardacostas *nm inv Mar* coastguard vessel.

guardador,-a *adj* & *nm,f* ser g., to like to keep things; **ser g. de la ley**, to be law-abiding.

guardaespaldas *nmf inv* bodyguard.

guardafrenos *nmf inv* (*hombre*) pointsman, *US* brakeman; (*mujer*) pointswoman, *US* brakewoman.

guardagujas *nmf inv Ferroc* (*hombre*) switchman; (*mujer*) switchwoman.

guardameta *nmf Dep* goalkeeper.

guardamuebles *nm inv* furniture warehouse.

guardapelo *nm* locket.

guardapolvo *nm* (*cubierta*) dust cover; (*mono*) overalls *pl*.

guardar I *vtr* **1** (*conservar*) to keep, hold; **g. un buen recuerdo de**, to have a pleasant memory of. **2** (*observar*) (*la ley*) to observe, abide by; (*un secreto*) to keep; **g. la derecha**, to keep to the right; **g. las distancias**, to keep one's distance; **g. silencio**, to remain silent. **3** (*poner en un sitio*) to put away; **guárdalo en el cajón**, put it in the drawer. **4** (*reservar*) to save; **guárdame un sitio**, keep a seat for me, please; **guárdame un trozo**, save a bit for me. **5** (*proteger*) to protect; **¡Dios guarde a la reina!**, God save the Queen! **6** (*cuidar*) to look after. **7 g. cama**, to stay in bed; **g. las formas**, to be polite; **g. rencor**, to harbour resentment. **8** *Inform* to save. **II** *vi* **¡guarda!**, watch out!, look out! **III guardarse** *vr* **1** (*no dar, retener*) to keep; **me lo guardé en el bolsillo**, I put it in my pocket; **puedes guardarte tus consejos**, you can keep your advice. **2** (*abstenerse*) **g. de hacer algo**, to avoid doing sth; **g. muy mucho de ...,** to take good care not to ...; **me guardé muy bien de hablar**, I made sure not to say a word; *fam* **guardársela a algn**, to have it in for sb.

guardarropa I *nm* **1** (*cuarto*) cloakroom. **2** (*armario*) wardrobe. **II** *nmf* cloakroom attendant.

guardarropía *nf Teat* wardrobe for props.

guardatren *nm Arg Ferroc* guard.

guardavía *nmf Ferroc* (*hombre*) linesman, *US* lineman; (*mujer*) lineswoman, *US* linewoman.

guardería *nf* **1 g. infantil**, nursery (school). **2** (*oficio de guarda*) keeping.

guardia I *nf* **1** (*vigilancia*) watch, lookout, guard; **estar en g.**, to be on guard; **mantener la g.**, to keep watch; **ponerse en g.**, to put oneself on one's guard. **2** (*tropa*) guard; **g. de asalto**, assault guard; **g. municipal** *o* **urbana**, traffic police; **la g. civil**, the civil guard. **3** (*turno de servicio*) duty; *Mil* guard duty; **estar de g.**, to be on duty; **médico de g.**, doctor on duty; **tiene g. de noche**, she's on night duty. **II** *nm* (*hombre*) policeman; (*mujer*) policewoman; **g. civil** civil guard; **g. de tráfico**, traffic policeman *o* policewoman.

guardián,-ana *nm,f* keeper, custodian, watchman

guardilla *nf* attic, garret.

guardón,-ona *nm,f Méx* thrifty person.

guarecer [43] **I** *vtr* to shelter, protect. **II guarecerse** *vr* to take shelter *o* refuge (**de**, from).

guaricha *nf Am pey* female, bird.

guarida *nf* **1** *Zool* haunt, lair. **2** (*refugio de maleantes*) hide-out.

guarismo *nm* digit, number.

guarnecer [43] *vtr* **1** (*poner adornos a*) to decorate trim; *Culin* to garnish. **2** (*dotar*) to provide (**de** with). **3** *Mil* to garrison. **4** *Constr* to plaster.

guarnecido,-a I *pp de* guarnecer. **II** *adj* **1** decorated, trimmed; *Culin* garnished. **2** (*dotado*) equipped. **3** *Mil* garrisoned. **III** *nm Constr* plaster

guarnición *nf* **1** decoration, trimmings *pl*; *Culin* garnish. **2** *Mil* garrison. **3** (*en joyería*) setting. **4** (*pieza del sable y espada*) guard. **5 guarniciones** *Equit* harness *sing*.

guarnicionería *nf* saddlery.

guarnicionero,-a *nm,f* saddler.

guaro *nm CAm* cane liquor.

guarrada *nf*, **guarrería** *nf fam* **1** sth dirty *o* disgusting; **decir guarradas** *o* **guarrerías**, to have a foul mouth. **2** (*acción desaprensiva*) dirty trick.

guarro,-a I *adj* dirty, filthy. **II** *nm,f* pig, dirty pig.

guasa *nf* mockery; **con g.**, jokingly; **estar de g.**, to be joking; **le dijo con g. que cantaba muy bien**, she told him tongue in cheek that he sang very well.

guasango,-a *nm,f Am* uproar.

guasearse *vr* to tease, make fun (**de**, of); **no te guasees de él que es muy tímido**, don't take the mickey out of him, he's very shy.

guaso,-a *adj Am* uncivil, rude.

guasón,-ona I *adj* joking, humorous. **II** *nm,* joker, humorist.

guata *nf Am* belly, paunch; **echar g.**, to get fat.

guatacudo,-a *adj Cuba Méx* big-eared.

guatana *adj Arg* absent-minded.

Guatemala *n* Guatemala.

guatemalteco,-a *adj* & *nm,f* Guatemalan.

guateque *nm* party.

guayaba *nf* **1** *Bot* (*fruto*) guava. **2** *Am fig* (*chica bonita*) pretty young girl. **3** *Am fig* (*mentira*) lie.

guayabate *nm Méx Salv* guava sweet.

guayabear *vi* **1** to have affairs with young girls. **2** *Arg PR Urug* to lie.

guayabero,-a I *adj Am* lying. **II** *nm,f Am* liar. **III** *nf* short jacket.

guayabo *nm* guava tree.

guayaca *nf SAm* (*bolsa*) bag; *fig* (*amuleto*) amulet.

Guayana *n* Guyana.

guayanés,-esa *adj* & *nm,f* Guyanese, Guyanan.

gubernamental *adj*, **gubernativo,-a** *adj* government, governmental; **fuerzas gubernamentales** government forces.

gubernista *adj Am* advocating government policy

gubia *nf* gouge.

guedeja *nf* (*cabellera*) mane of hair; (*de león*) mane.

güegüecho,-a I *adj* 1 *CAm Méx* suffering from goitre *o US* goiter. **2** *CAm Col (tonto)* silly, stupid. **II** *nm CAm Med* goitre, *US* goiter.

güelfo,-a *nm,f Hist* Guelph, Guelf.

guepardo *nm Zool* cheetah.

güero,-a *adj Méx* fair-haired.

guerra *nf* war, warfare; **en g.,** at war; **g. bacteriológica,** germ warfare; **g. civil/mundial/nuclear,** civil/ world/nuclear war; **g. de nervios,** war of nerves; **g. de las galaxias,** Star Wars; **g. fría,** cold war; *fam* **dar g.,** to be a real nuisance; *fam* **tenerle la g. declarada a algn,** to be openly against sb.

guerrear *vi* to war.

guerrero,-a I *adj* 1 warlike, warring; **danza guerrera,** war dance. **2** *fam (niño)* difficult. **II** *nm,f* warrior. **III** *nf* army jacket, trench coat.

guerrilla *nf* 1 *(partida armada)* guerrilla force *o* band. **2** *(lucha)* guerrilla warfare.

guerrillero,-a *nm,f* guerrilla.

gueto *nm* ghetto.

guía I *nmf (persona)* guide; **el g. turístico,** the tour guide. **II** *nf* 1 *(norma)* guidance, guideline. **2** *(libro, lista)* directory, guide; **la g. de teléfonos,** the telephone directory. **3** *Téc* rail, guide. **4** *(de bicicleta)* handlebar. **5** *(de bigote)* end, tip. **6** *(documento)* customs permit. **7** *Bot* main stem.

guiar [13] **I** *vtr* 1 *(indicar el camino)* to guide, lead. **2** *(conducir)* Aut to drive; *Náut* to steer; *Av* to pilot; *(caballo, bici)* to ride. **3** *Agr (plantas)* to train. **II** **guiarse** *vr* to be guided, to go **(por,** by).

guija *nf* 1 *(piedra)* pebble. **2** *Bot* vetch.

guijarral *nm* pebbly place.

guijarro *nm* pebble, stone.

guijo *nm* gravel.

guillado,-a I *pp de* **guillarse. II** *adj fam* nutty, loony.

guilladura *nf fam* madness, craziness.

guillarse *vr fam* 1 *(chiflarse)* to become a real loony, go bonkers. **2** *(escabullirse)* to escape; **guillárselas,** to clear out.

guillotina *nf* guillotine; **ventana de g.,** sash window.

guillotinar *vtr* to guillotine.

güinche *nm Am* hoist.

guinda *nf Bot* morello (cherry).

guindaleza *nf Náut* hawser.

guindar *vtr* 1 *(levantar)* to lift; *Náut* to sway. **2** *fam (colgar)* to hang. **3** *arg* to nick, lift.

guindilla *nf Bot* chilli.

guindo *nm Bot* morello (cherry) tree.

guindola *nf Náut* life buoy.

Guinea *n* Guinea; **G. Bissau,** Guinea-Bissau; **G. Ecuatorial,** Equatorial Guinea.

guinea *nf* guinea.

guineano,-a *adj & nm,f* Guinean.

guineo,-a I *adj & nm,f* Guinean. **II** *nm* banana.

guiñada *nf* 1 *(guiño)* wink. **2** *Náut* yaw, yawing.

guiñapo *nm* 1 *(andrajo)* tatter, rag. **2** *fig (persona)* wreck; **poner a algn como un g.,** to pull sb to pieces.

guiñar *vtr* 1 to wink; **me guiñó un ojo,** he winked at me. **2** *Náut* to yaw.

guiño *nm* wink.

guiñol *nm* puppet theatre.

guiñolesco,-a *adj* like a puppet show.

guión *nm* 1 *(esquema)* sketch, outline. **2** *Cin TV* script. **3** *Ling* hyphen, dash. **4** *(estandarte)* standard, banner. **5** *Orn* **g. de codornices,** corncrake.

guionista *nmf Cin TV* scriptwriter.

guipar *vtr fam* 1 *(ver)* to see. **2** *(descubrir)* to see through.

guipur *nm Tex* guipure.

guipuzcoano,-a I *adj* from *o* of Guipúzcoa. **II** *nm,f* native *o* inhabitant of Guipúzcoa.

guiri *nmf arg* foreigner, tourist.

guirigay *nm* 1 *(lenguaje confuso)* gibberish. **2** *(griterío)* hubbub, commotion.

guirlache *nm Culin* almond brittle.

guirnalda *nf* garland.

guiropa *nf Culin* meat and potato stew.

guisa *nf* way, manner; **a g. de,** as, for; **llevaba una sábana a g. de túnica,** she was wearing a sheet as a tunic.

guisado *nm Culin* stew.

guisante *nm Bot* pea.

guisar *vtr* to cook, stew; **tú te lo guisas, tú te lo comes,** as you make your bed so must you lie in it.

guiso *nm* dish; *(guisado)* stew; **un g. de carne con verduras,** a meat and vegetable stew.

güisqui *nm* whisky; **g. escocés,** Scotch.

guita *nf arg* dough, spondulix.

guitarra I *nf* guitar. **II** *nmf* guitarist.

guitarreo *nm* strumming on the guitar.

guitarrería *nf (tienda)* guitar shop; *(fábrica)* guitar factory.

guitarrero,-a *nm,f (vendedor)* guitar seller; *(fabricante)* guitar maker.

guitarrillo *nm* small four-string guitar.

guitarrista *nmf* guitarist.

guitarro *nm véase* **guitarrillo.**

güito *nm* 1 *(hueso)* stone. **2 güitos,** game played with this stone.

gula *nf* gluttony.

gurí,-isa *nm,f Arg Urug* 1 *(muchacho mestizo)* half-blooded boy. **2** *(hijo)* young child.

guripa *nm fam* 1 *(soldado)* soldier. **2** *(pillo)* scoundrel. **3** *(policía)* cop.

gurmet *nmf* gourmet.

gurrumino,-a I *adj* weak. **II** *nm,f Salv Méx* kid, youngster.

gurú *nm* guru.

gusanillo *nm* 1 little worm. **2** *(locuciones)* **el g. de la conciencia,** one's conscience, feelings of guilt; **matar el g.,** to drink spirits first thing in the morning.

gusano *nm* 1 *Zool* worm, earthworm, maggot; *(oruga)* caterpillar; **g. de seda,** silkworm. **2** *fam (persona despreciable)* worm, despicable person; *(persona insignificante)* poor devil.

gusarapo *nm* tiny creature.

gusgo,-a *adj Méx* sweet-toothed.

gustar I *vtr* 1 *(agradar)* to like; **¡así me gusta!,** that's what I like!, well done!; **me gusta el champán,** I like champagne; *fig* **cuando Ud. guste,** as *o* whenever you wish. **2** *(probar)* to taste, try; **¿Vd. gusta?, ¿gustas?,** would you like some? **II** *vi* **g. de,** to enjoy; **gustaba de leer teatro,** he enjoyed reading plays.

gustativo,-a *adj* gustative; **papilas gustativas,** taste buds.

gustazo *nm fam* great pleasure; **darse el g.**, to treat oneself; **¡qué g. que mañana sea fiesta!**, how wonderful tomorrow is a Bank Holiday!

gustillo *nm (regusto)* aftertaste; **g. ácido**, bitter tang; *fam fig* **¡qué g. me dio!**, how glad I was!; *fam fig (satisfacción)* **sentir un g.**, to be happy.

gusto *nm* **1** *(sentido)* taste; **este guiso tiene poco g.**, this stew is tasteless. **2** *(afición, inclinación)* liking, taste; **g. por la música**, a taste for music; **gustos sencillos**, simple tastes. **3** *(en fórmulas de cortesía)* pleasure; **con (mucho) g.**, with (great) pleasure; **el g. es mío**, the pleasure is mine; **tendré mucho g. en acompañarle al aeropuerto**, I'd be delighted to take you to the airport; **tengo el g. de comunicarle que ...**, it gives me great pleasure to inform you that ... . **4** *(locuciones)* **cogerle el g. a algo**, to take a liking to sth; **dar g. a algn**, to please sb; **da g. ver a tanta gente joven**, it's a pleasure to see so many young people; **darse el g.**, to treat oneself; **eso va a gustos**, it's matter of taste; **estar a g.**, to feel comfortable *o* at ease; **hacer algo a g.**, to enjoy (doing) sth; **hay para todos los gustos**, there is sth for everyone; **nunca llueve a g. de todos**, you can't please everyone; **por g.**, for the sake of it; **¡qué g.!**, how lovely!; **ser de buen/mal g.**, to be in good/bad taste; **tener buen/mal g.**, to have good/bad taste.

gutapercha *nf* gutta-percha.

gutural *adj* guttural.

Guyana *n* Guyana.

guyanés,-esa *adj & nm,f* Guyanese, Guyanan.

guzguear *vtr Méx (comida)* to hunt for.

H

H, h ['atʃe] *nf (la letra)* H, h; **bomba H**, H-bomb, hydrogen bomb.

h *abr de* **hora(s)**, hour, hours, h.

ha[1] *abr de* **hectárea(s)**, hectare, hectares, h.

ha[2] *indic pres véase* **haber**·

haba *nf* broad bean; *fig* **en todas partes cuecen habas**, it's the same the whole world over; *fam* **son habas contadas**, *(cierto)* it's for sure; *(escaso)* they are few and far between. ■ **h. de las Indias**, sweet pea.

Habana (La) *n* Havana.

habanera *nf Mús* dance and music from Havana.

habanero,-a **I** *adj* of *o* from Havana. **II** *nm,f* native *o* inhabitant of Havana.

habano *nm* Havana cigar.

hábeas corpus *nm Jur* habeas corpus.

haber [72] **I** *v aux* **1** *(en tiempos compuestos)* to have; **¡de haberlo sabido!**, if only I had known!; **¡haberlo dicho!**, why didn't you say so?; **¡he dicho!**, and that's that!; **lo había visto**, I had seen it; **lo he hecho**, I have done it; **me habría gustado**, I would have liked it. **2** *(h. de + infin) (obligación)* **has de saber que ...**, you should know that ...; **has de ser bueno**, you must be good; **¿por qué he de ser yo?**, why must it be me?; **¿quién había de ser?**, who else could it have been? **3** *(h. que + infin)* **hay que**, one must, you have to; **habrá que ir a verlo**, we have to go and see it; **hay que hacer deporte**, you've got to do some sport; **hay que hacer las cosas bien**, one has to do things well; **hay que trabajar**, you've got to work; **no hay que llorar**, you mustn't cry; **no hay que tomarlo en serio**, you mustn't take it seriously. **II** *v impers* **1** *(existir, estar)* there is *o* are *o* was *o* were; **¿cuántos hay?**, how many are there?; **habría unas cuarenta personas**, there must have been about forty people; **hay un gato en el tejado**, there is a cat on the roof; **no hay (nada) como ...**, there is nothing like ..., nothing beats ...; **no hay como ser rico**, there is nothing like being rich; **no hay nada como tener un buen coche**, nothing beats having a good car; **no hay quien lo entienda**, it's impossible to understand; **no hay quien te**

aguante hoy, you're impossible today; **no hay quien trabaje con este ruido**, it's impossible for anyone to work with this noise. **2** *Prensa Rad (tener lugar)* **en el encuentro habido entre ...**, in today's game between ...; **habrá una fiesta**, there will be a party; **hubo un accidente**, there was an accident. **3** *lit* **diez años ha**, ten years ago. **4** *(locuciones)* **algo habrá**, there must be something in it; **... como hay pocos**, **donde los haya**, few and far between; **había una vez ...**, there was once ...; **¡habráse visto!**, have you ever seen anything like it?, what a cheek!; **¡hay que ver!**, well I never!, well really!; **no hay de qué**, you're welcome, don't mention it; **no hay tal**, it isn't true; **¿qué hay?**, hello!, hi!, how are things?; *fam* **eres de lo que no hay**, you're impossible; *fam* **no hay por donde cogerle**, he's impossible. **III** *vtr (tener) fml* **los hijos habidos en el matrimonio**, the children of the marriage; *fam* **todos los habidos y por h.**, every single ... . **IV** **haberse** *vr fam* **habérselas con algn**, to have it out with sb, be up against sb. **V** *nm* **1** *(gen pl) (bienes)* assets *pl*, property; *(sueldo)* salary, pay, wages *pl*. **2** *(en balance)* credit; *fig* **tiene en su h. que ...**, it must be said to his credit that ... .

habichuela *nf* kidney bean.

hábil *adj* **1** *(diestro)* skilful, *US* skillful; **h. para la costura**, good at sewing. **2** *(astuto)* clever, smart; **maniobra h.**, clever move. **3** *(apto)* usable; **días hábiles**, working days; **los muebles dejan poco espacio h.**, the furniture leaves little usable space. ◆**hábilmente** *adv* skilfully, *US* skillfully.

habilidad *nf* **1** *(destreza)* skill; **con gran h.**, very skilfully; **tener h. manual**, to be good with one's hands; **tener h. para ...**, to be good at ... . **2** *(astucia)* cleverness, smartness. **3 habilidades**, *(dotes)* skills.

habilidoso,-a *adj* clever, skilful, *US* skillful.

habilitación *nf* **1** *(de un espacio)* fitting out. **2** *(capacitación)* entitlement; *(autorización)* authorization. **3** *(oficina del habilitado)* paymaster's office.

habilitado,-a **I** *pp de* **habilitar**· **II** *nm,f (hombre)* paymaster; *(mujer)* paymistress.

habilitar *vtr* **1** *(espacio)* to fit out; **h. un garaje para sala de juegos,** to fit a garage out as a games room. **2** *(capacitar)* to entitle, enable; *(autorizar)* to empower, authorize; **h. horas para visitas,** to set aside time for visitors. **3** *Fin (financiar)* to finance.

habitable *adj* habitable, inhabitable.

habitación *nf* **1** *(cuarto)* room; *(dormitorio)* bedroom; **h. individual/doble,** single/double room. **2** *Biol (hábitat)* habitat.

habitáculo *nm* **1** *(vivienda)* dwelling. **2** *Biol (hábitat)* habitat.

habitante *nmf* inhabitant.

habitar **I** *vtr (lugar)* to live in, inhabit; **los pueblos primitivos que habitaron la península,** the primitive peoples who inhabited the Peninsula; **una casa sin h.,** an empty house. **II** *vi* to live.

hábitat *nm (pl hábitats)* habitat.

hábito *nm* **1** *(costumbre)* habit, custom; **adquirir el h. de ...,** to get into the habit of ...; **el fumar crea h.,** smoking is habit-forming; **la puntualidad es un h. en mí,** punctuality is second nature to me; **tener el h. de ...,** to be in the habit of ... . **2** *Rel* habit; **colgar los hábitos,** to leave the priesthood; **tomar el h.,** *(hombre)* to take holy orders; *(mujer)* to take the veil; **el h. no hace al monje,** fine clothes don't make a fair lady, clothes don't make the man.

habituación *nf* habituation.

habitual *adj* usual, customary, habitual; *(cliente, lector)* regular. ◆**habitualmente** *adv (repetidamente)* usually; *(con regularidad)* regularly.

habituar [11] **I** *vtr* to accustom **(a,** to**). II habituarse** *vr* to get used **(a,** to**),** become accustomed **(a,** to**).**

habla *nf* **1** *(idioma)* language; **h. regional,** regional dialect; **países de h. española,** Spanish-speaking countries. **2** *(facultad de hablar)* speech; **perder el h.,** to lose one's power of speech; **quedarse sin h.,** to be left speechless. **3** *Tel (comunicación)* **¡al h.!,** speaking!; **estar/ponerse al h. con algn,** to be/get in touch with sb.

habladas *nfpl Am* bragging *sing,* boasting *sing.*

hablado,-a I *pp de* hablar. **II** *adj* **1** spoken; **bien h.,** well-spoken, nicely spoken; **un chico muy bien h.,** a well-spoken young man; **el inglés h.,** spoken English; **mal h.,** coarse, foul-mouthed; **¡qué mal h. eres!,** what a wicked tongue (you've got)! **2** *(tratado, discutido)* dealt with; **eso ya está h.,** that's been dealt with; **fue un asunto muy h.,** it was a widely discussed subject.

hablador,-a *adj (parlanchín)* talkative; *pey (chismoso)* gossipy, given to gossip.

habladuría *nf (rumor)* rumour, *US* rumor; *(chisme)* piece of gossip; **son habladurías de la gente,** it's just idle gossip.

hablante *nmf* speaker; **hay millones de hablantes de español,** there are millions of Spanish speakers.

hablar I *vi* **1** *(gen)* to speak, talk; **h. bien/mal de algn,** to speak well/badly of sb; **h. claro,** to speak plainly; **h. con algn,** to speak to sb; **h. en nombre de algn,** to speak on sb's behalf. **2** *(mentar, tratar)* to mention; **hablaron de ir a París,** they talked of going to Paris; **no se habló de ese tema,** that subject wasn't mentioned; **no me hablaste de eso,** you never mentioned that. **3** *(murmurar)* to talk; **a la gente le gusta h.,** people will talk; **estás dando que h.,** you are making people talk. **4** *(dar un tratamiento)* to call; **háblame de tú,** call me John, Mary, *etc.* **5** *(locuciones)* **h. en broma,** to be joking; **h. por h.,** to talk for the sake of talking; **eso es h. por h.,** take

no notice; **¡ni h.!,** certainly not!; **de eso ni h.,** that's out of the question; **no se hable más de ello,** and that's that; *fig* **es como h. a la pared,** I might as well be talking to myself; *fam* **h. en cristiano** *o* **en plata,** to speak plainly; *fam* **h. por los codos,** to be a chatterbox; *fam* **¡quién fue a h.!,** look who's talking! **II** *vtr* **1** *(tratar un asunto)* to talk over, discuss; **tenemos que hablarlo con el jefe,** we'd better talk to the boss (about it). **2** *(idioma)* to speak; **habla dos idiomas con soltura,** she can speak two languages fluently. **III** hablarse *vr* **1** to speak *o* talk to one another; **llevamos meses sin hablarnos,** we haven't spoken for months; **no me hablo con el jefe,** I don't speak to the boss, I'm not on speaking terms with the boss. **2** *(correr el rumor)* **se habla de que ...,** it's said that ..., there is talk of ... . **3** *(en letrero)* **'se habla español',** 'Spanish spoken here'.

hablilla *nf (rumor)* rumour, *US* rumor; *(chisme)* piece of gossip.

habón *nm* swelling *o* lump on the skin.

habré *indic fut véase* haber.

hacedero,-a *adj* feasible, practicable, possible.

hacedor,-a *nm,f* maker; *Rel* **el Sumo** *o* **Supremo H.,** the Maker.

hacendado,-a I *adj* landed. **II** *nm,f* landowner.

hacendista *nmf* financial expert, tax consultant.

hacendoso,-a *adj* house-proud, hardworking.

hacer [73] **I** *vtr* **1** *(crear, producir, fabricar)* to make; **h. ruido,** to make noise; **h. sombra,** to give shade; **h. un esfuerzo,** to make an effort; **h. un poema,** to write a poem; **h. una casa,** to build a house. **2** *(arreglar) (uñas)* to do; *(barba)* to trim; *(cama)* to make. **3** *(obrar, ejecutar)* to do; **eso no se hace,** you mustn't do that; **hazme un favor,** do me a favour; **¿qué haces?,** *(en este momento)* what are you doing?; *(para vivir)* what do you do (for a living)?; **tengo mucho que h.,** I have a lot to do. **4** *(conseguir) (amigos, dinero)* to make. **5** *(obligar)* to make; **hazle callar/trabajar,** make him shut up/work; **no me hagas esperar,** don't keep me waiting. **6** *(creer, suponer)* to think; **le hacía en París,** I thought she was in Paris; **le hacía más joven,** I thought you were younger. **7** *(recorrer)* to do; **hice Madrid-París de un tirón,** I did Madrid to Paris without stopping; **h. un recorrido de cinco kilómetros,** to cover a distance of five kilometres. **8** *Mat (sumar)* to make; **y con éste hacen cien,** and that makes a hundred. **9** *(ocupar un puesto)* to be; **hago el número seis en la lista,** I'm number six on the list. **10** *(dar aspecto)* to make look; **el negro le hace más delgado,** black makes him look slimmer; **estos pantalones te hacen gorda,** these trousers make you look fat. **11** *(acostumbrar)* to accustom; *fig* **h. el cuerpo a,** to get used to. **12** *(sustituyendo a otro verbo)* to do; **se negó a ir y yo hice lo mismo,** she refused to go and I did the same; **ya no puedo leer como solía hacerlo,** I can't read as well as I used to. **13** *(representar)* to play; **h. el bueno,** to play the (part of the) goody. **14** *(practicar)* to practise; *(pianista)* **h. dedos,** to do finger exercises; *(deportista)* **h. piernas,** to limber up. **15** *(locuciones)* **a medio h.,** half-finished, half-done; **¡así se hace!,** that's it!; **¡bien hecho!,** well done!; **eso está hecho,** *(acabado)* that's finished; *(lleva poco tiempo)* that'll only take a minute, that won't take long; **h. burla de,** to make fun of; **h. el ridículo,** to act the fool; **h. gracia,** to amuse; **h. pedazos,** to ruin; **h. por h.,** to do for the sake of doing; **h. saber,** to make known; **h. tiempo,** to kill time; *fig* **ser el que hace y deshace,** to be the boss; *fam* **¡buena la has hecho!,** you've done it now!; **h. una**

de las suyas, she's *o* he's done it again, there she *o* he goes again. **II** *vi* **1** *(actuar)* to play; **hizo de Desdémona,** she played Desdémona; **hizo de padre y madre,** he acted as both father and mother. **2** *(h. por* o *para* + *infin) (procurar)* to try to; **haz por venir,** try and come. **3** *(comportarse)* to act; **h. el imbécil,** to act stupid; *fam* **h. el indio,** to fool around. **4** *(fingirse)* to pretend; **h. como,** to act as; **h. algn como que no quiere,** to act as though you're not interested; **haz como si no lo supieras,** pretend you don't know. **5 h. bien/mal,** to do the right/wrong thing; **haces mal en no hablar,** you're wrong not to talk; **hice bien en ir,** I was right to go. **6** *(servir)* **eso no hace al caso,** that has nothing to do with it; **Pepe hace a todo,** Pepe can turn his hand to anything. **7** *(convenir)* to be suitable; **a las ocho si te hace,** will eight o'clock be all right for you?; **¿hace?,** O.K.? **III** *v impers* **1** *(clima)* **hace bueno,** it's a fine day; **hace calor,** it's hot; **no ha hecho verano,** we haven't had any summer weather. **2** *(tiempo transcurrido)* ago; **¿cuánto hace de eso?,** how long ago was that?; **hace dos días que no le veo,** I haven't seen him for two days; **hace mucho/poco,** a long/short time ago; **ocurrió hace dos años,** it happened two years ago. **IV hacerse** *vr* **1** *(volverse)* to become; **h. sacerdote,** to become a priest; **h. viejo,** to grow old; **Paco se ha hecho a sí mismo,** Paco's a self-made man; **poeta no nace, se hace,** poets aren't born, they are made. **2** *(crecer)* to grow; **¡qué grande te has hecho!,** haven't you grown! **3** *(resultar)* to become, get; **así se hace más fácil,** it's easier that way; **la vuelta se me hizo más corta,** the return journey felt quicker; **se me hizo imposible ayudarte,** I couldn't help you. **4** *(simular)* to pretend; **se hace el gracioso,** he thinks he's funny; *fig* **h. el sordo,** to turn a deaf ear. **5** *(apropiarse)* **h. con,** to get hold of; **me hice con unos patines,** I got myself a pair of skates. **6** *(habituarse)* to get used **(a,** to); **enseguida me hago a todo,** I soon get used to anything. **7** *(figurarse)* to imagine; **h. una idea de algo,** to imagine sth; **no te hagas ilusiones,** don't expect too much; **se me hace que va a llover,** I think it's going to rain. **8** *Náut* **h. a la mar,** to put to sea. **9** *(fabricar)* to make oneself; **me hice un vestido,** I made myself a dress. **10** *(mandar hacer)* to have made *o* built. **11** *(arreglarse) (uñas)* to do; *(barba)* to have a trim; **h. una permanente,** to have a perm.

hacha *nf* **1** *(herramienta)* axe, *US* ax. **2** *fam* **ser un h. en algo,** to be an ace *o* a wizard at sth.

hachazo *nm* blow with an axe, hack; **lo partió de un h.,** he chopped it straight down the middle.

hache *nf* aitch; *fam* **¡llámalo h.!,** call it what you like, it's all the same; *fam* **por h. o por be,** for one reason or another.

hachís *nm* hashish.

hacia *prep* **1** *(dirección)* towards, to; **h. abajo,** down, downwards; **h. acá,** this way; **h. adelante,** forwards; **h. allá,** that way; **h. arriba,** up, upwards; **h. atrás,** back, backwards; **sentir algo h. algn,** to feel sth for *o* towards sb. **2** *(tiempo)* at about, at around; **h. las tres,** at about three o'clock.

hacienda *nf* **1** *(finca agrícola)* estate, property, *US* ranch. **2** *(bienes propios)* property, wealth. **3** *Fin* Treasury; **Delegación de H.,** ≈ local Inland Revenue office; **h. pública,** public funds *o* finances *pl*; **Ministerio de H.,** ≈ Exchequer, Treasury, Finance Ministry; **Ministro de H.,** ≈ *GB* Chancellor of the Exchequer, *US* Secretary of the Treasury.

hacinamiento *nm* **1** *Agr* stacking; *fig (montón)* piling. **2** *(de gente)* overcrowding.

hacinar **I** *vtr Agr* to stack; *fig (amontonar)* to pile up, heap up. **II hacinarse** *vr (gente)* to be packed **(en,** into).

hada *nf* fairy. ■ **cuento de hadas,** fairy tale; **h. madrina,** fairy godmother.

hado *nm* destiny, fate.

hagiografía *nf* hagiography.

hagiógrafo,-a *nm,f* hagiographer, hagiographist.

hago *indic pres véase* **hacer.**

Haití *n* Haiti.

haitiano,-a *adj* & *nm,f* Haitian, Haytian.

hala *interj* **1** *(¡ánimo!)* come on! **2** *(¡vete!)* clear off!, get out! **3** *(¡deprisa!)* go on!, get moving! **4** *(¡qué exageración!)* come off it!

halagador,-a, *adj* **1** *(lisonjero)* flattering. **2** *(agradable)* gratifying.

halagar **[7]** *vtr* **1** *(lisonjear)* to flatter; **h. el amor propio,** to flatter one's ego. **2** *(agradar)* to please, gratify; **lo hizo para halagarte,** she did it to please you.

halago *nm* flattery, compliment.

halagüeño,-a *adj* **1** *(lisonjero)* flattering; **en tono h.,** flatteringly. **2** *(noticia, impresión)* promising.

halar *vtr Naút* to haul, pull.

halcón *nm Orn* falcon. ■ **h. común,** peregrine (falcon).

halconería *nf* falconry.

halconero,-a *nm,f* falconer.

halda *nf* **1** *(falda)* skirt. **2** *(arpillera)* sackcloth, sacking.

hale *interj* get going!, get a move on!

haleche *nm* anchovy.

hálito *nm* **1** *(aliento)* breath. **2** *(vapor)* vapour, *US* vapor. **3** *lit* gentle breeze.

halitosis *nf Med* halitosis.

hall *nm* (entrance) hall, foyer.

hallar **I** *vtr (encontrar)* to find; *(averiguar)* to find out; *(descubrir)* to discover. **II hallarse** *vr (estar)* to be, find oneself; **h. de viaje,** to be away (on a trip); **h. presente,** to be present.

hallazgo *nm* **1** *(descubrimiento)* discovery, finding; **h. de un cadáver,** body found; **sensacional h. de ...,** sensational find of ... . **2** *(cosa encontrada)* find.

halo *nm* halo, aura.

halógeno,-a *Quím* **I** *adj* halogenous. **II** *nm* halogen.

halterofilia *nf Dep* weightlifting.

hamaca *nf* hammock; *(mecedora)* rocking chair.

hamacar **[1]** *vtr,* **hamacarse** *vr SAm* to swing, rock.

hamaquear *vtr Am* **1** *véase* **hamacar. 2** *fig* **h. a algn,** to keep sb waiting.

hambre *nf* hunger, starvation, famine; **huelga de h.,** hunger strike; **morirse de h.,** to be starving; **nos están matando de h.,** they are starving us to death; **pasar h.,** to be hungry, go hungry; **tener h.,** to be hungry; *fig* **entretener el h.,** to stave off hunger; *fig* **h. y sed de justicia,** hunger and thirst for justice; *fig* **matar el h.,** to kill (one's) hunger; *fig* **sueldos de h.,** starvation wages; *fam* **es más listo que el h.,** he's a cunning devil; *fam pey* **un muerto de h.,** a good-for-nothing.

hambriento,-a **I** *adj* **1** *(con hambre)* hungry starving. **2** *fig (deseoso)* **h. de,** hungry *o* longing for. **II** *nm,f* hungry *o* starving person; **los hambrientos,** the hungry.

Hamburgo *n* Hamburg.

hamburgués,-esa I *adj* of *o* from Hamburg. **II** *nm,f* native *o* inhabitant of Hamburg. **III** *nf* hamburger; **h. de ternera,** beefburger.

hampa *nf* underworld; **el h. barcelonesa,** the Barcelona underworld.

hampesco,-a *adj* criminal, underworld.

hampón,-ona I *adj* tough, rowdy. **II** *nm,f* tough, thug.

hámster *nm (pl hámsters) Zool* hamster.

han *indic pres véase* haber-

hándicap *nm (pl hándicaps)* handicap.

hangar *nm Av* hangar.

haragán,-ana I *adj* lazy, idle. **II** *nm,f* lazybones *inv,* idler.

haraganear *vi* to idle, loaf around.

harakiri *nm* hara-kiri.

harapiento,-a *adj* ragged, in rags.

harapo *nm* rag; **hecho un h.,** in tatters.

haré *indic fut véase* hacer-

harén *nm (pl harenes)* harem.

harina *nf* flour; *fam* **eso es h. de otro costal,** that's another kettle of fish. ■ **h. de maíz,** cornflour, *US* cornstarch; **h. de pescado,** fish meal; **h. de trigo,** wheat flour; **h. lacteada,** malted milk.

harinoso,-a *adj* floury.

harnero *nm* sieve.

hartar I *vtr* **1** *(atiborrar)* to satiate; **el dulce harta enseguida,** sweet things soon fill you up. **2** *(cansar, fastidiar)* to annoy, irritate; **me harta tanto viaje,** I'm fed up with all this coming and going; **me hartan los niños,** children get on my nerves. **3** *(llenar)* to overwhelm **(de,** with); **le hartaron a golpes,** they beat him up; **le hartó a besos,** she covered him with kisses. **II hartarse** *vr* **1** *(saciar el apetito)* to eat one's fill; **comer hasta h.,** to eat oneself sick; **dormir hasta h.,** to have one's fill of sleep. **2** *(cansarse)* to get fed up **(de,** with), grow tired **(de,** of); **me harto de repertírselo,** I'm tired of telling him; **me he hartado de ti,** I've had enough of you. **3** *(de hacer algo)* to do nothing but; **me harté de ver cine,** I did nothing but to go the pictures.

hartazgo *nm* bellyful; **darse un h. de ...,** to stuff oneself with ... .

harto,-a I *adj* **1** *(repleto)* full. **2** *(cansado)* tired of, fed up with; **estoy h. de ser amable con él,** I'm tired of being nice to him; **¡me tienes h.!,** I'm fed up with you!; **¡ya estoy h.!,** I'm fed up!, I'm sick and tired of it! **3** *desus (bastante)* enough; **harta paciencia tuviste,** you were more than patient; **hartos problemas tengo yo,** I've got enough problems. **II** *adv desus* **1** *(muy)* quite, very; **estas manzanas son h. buenas,** these apples are very good; **h. lo siento,** I'm very sorry. **2** *(bastante)* **h. me has dicho,** you've told me enough.

hartura *nf* **1** *(hartazgo)* bellyful. **2** *(abundancia)* plenty, abundance, glut; **tengo tal h. de libros que ...,** I've read so many books that ...; **¡qué h.!,** what a drag! **3** *fig (de deseo)* fulfilment, *US* fulfillment.

has *indic pres véase* haber-

hasta I *prep* **1** *(lugar)* up to, as far as, down to; **¿h. dónde vamos a llegar?,** where will it end? **2** *(tiempo)* until, till, up to; **h. el domingo,** until Sunday; **h. el final,** right to the end; **h. junio,** until June; **h. la fecha,** up to now; **¡h. la vista!,** cheerio!, see you!, *US* so long!; **¡h. luego!,** see you later! **3** *(indica cantidad)* up to, as many as; **cabemos h. seis en el ascensor,** the lift will take up to six people; **cuenta h.**

diez, count to ten. **4** *(incluso)* even; **h. yo lo entiendo,** even I can understand it. **II** *conj* **h. que,** until; **esperaré h. que se vaya,** I'll wait until he goes; **no me iré h. no verlo,** I won't go until I've seen him.

hastiado,-a I *pp de* hastiar- **II** *adj* disgusted **(de,** with), sick **(de,** of).

hastial *nm Arquit* gable (end).

hastiar [13] *vtr* to weary, sicken.

hastío *nm* **1** *(repugnancia)* loathing, disgust. **2** *fig (tedio)* boredom, weariness.

hatajo *nm* **1** *(rebaño)* small herd *o* flock. **2** *fig pey* heap, lot, bunch; **un h. de disparates,** a load of nonsense; **un h. de ladrones,** a gang of thieves; **un h. de mentiras,** a pack of lies.

hatillo *nm* small bundle.

hato *nm* **1** *(de ropa, enseres)* bundle; *fig* **liar el h.,** to pack one's bags, get ready to go. **2** *(rebaño)* herd, flock.

Hawai *n* Hawaii.

hawaiano,-a *adj & nm,f* Hawaiian.

hay *indic pres véase* haber-

Haya (La) *n* The Hague.

haya¹ *nf* **1** *Bot (árbol)* beech. ■ **h. cobriza,** copper beech. **2** *(madera)* beech (wood).

haya² **I** *subj pres véase* haber- **II** *imperat véase* haber-

haz¹ *nm* **1** *(de cosas)* bundle; *Agr* sheaf. **2** *(de luz)* shaft, beam.

haz² *nf (cara)* face.

haz³ *imperat véase* hacer-

hazaña *nf* deed, exploit, heroic feat.

hazmerreír *nm* laughing stock; **es el h. de la clase,** he's the laughing stock of the class.

he¹ *adv* **he ahí/aquí ...,** there/here you have ...; **he ahí la cuestión,** that's the question; **he aquí el problema,** this is the problem; **heme/hete aquí,** here I am/you are; **heme aquí listo para empezar,** here I am ready to start.

he² **I** *indic pres véase* haber- **II** *imperat véase* haber-

hebdomadario,-a *adj Prensa* weekly.

hebilla *nf* buckle.

hebra *nf (de hilo)* thread, piece of thread; *fig* thread; *(de legumbres)* string; *(de carne)* sinew; *(de madera)* grain; *Min (veta)* vein; **pegar la h.,** to chat.

hebraico,-a *adj* Hebraic, Hebraical, Hebrew.

hebraísta *nmf* Hebraist.

hebreo,-a I *adj* Hebrew. **II** *nm,f* Hebrew. **III** *nm (idioma)* Hebrew; *fam* **jurar en h.,** to curse and swear.

Hébridas *npl* **las (Islas) H.,** the Hebrides.

hecatombe *nf* **1** *Hist* hecatomb. **2** *(catástrofe)* disaster, catastrophe.

hechicería *nf (arte)* witchcraft, sorcery; *(hechizo)* spell, charm.

hechicero,-a I *adj* bewitching, charming. **II** *nm,f (hombre)* wizard, sorcerer; *(mujer)* witch, sorceress.

hechizar [4] *vtr* **1** *(embrujar)* to cast a spell on. **2** *fig (fascinar)* to bewitch, charm.

hechizo,-a I *adj Am (local)* local; *(cosa)* **h. de Méjico,** made in Mexico; *(comida)* **producto h.,** home-produced. **II** *nm* **1** *(embrujo)* spell, charm. **2** *fig (fascinación)* fascination, charm.

hecho,-a I *pp de* hacer- **II** *adj* **1** made, done; **¡bien h.!,** well done!; **eso está h.,** that's a sure thing; **está h. un sinvergüenza,** he's a cheeky devil; **¡h.!,** done!, agreed!; **h. a mano,** handmade; **h. a máquina,** machine-made; **lo h. h. está,** what's done is done; **se puso h. una fiera,** he went up the wall, he went mad; *fam* **a lo h. pecho,** as you make your bed, so you must lie on it *o* it's no use crying over spilt milk; *fam* **dicho y h.,** no sooner said than done. **2** *(carne)* done; **muy h.,** *(demasiado)* overdone; *(sin sangre)* well-cooked; **poco h.,** *(no suficientemente)* underdone; *(con sangre)* rare. **3** *(persona)* mature; **un hombre h. y derecho,** a real man. **4** *(frase)* set; *(ropa)* ready-made. **III** *nm* **1** *(realidad)* fact; **de h.,** in fact; **el h. es que ...,** the fact is that ... . **2** *(acto)* act, deed; **h. consumado,** fait accompli; *Mil* **h. de armas,** feat of arms; *Rel* **Hechos de los Apóstoles,** Acts of the Apostles; **hechos son amores,** actions speak louder than words. **3** *(suceso)* event, incident; **el h. tuvo lugar en ...,** the incident took place in ...; *Jur* **el lugar de los hechos,** the scene of the crime *o* incident; **relato de los hechos acontecidos,** account of events.

hechura *nf* **1** *(forma)* shape; *(corte)* cut. **2** *(elaboración)* making. **3** *fml (obra)* creation, product; **h. de Dios,** God's creature.

hectárea *nf* hectare.

hectolitro *nm* hectolitre, *US* hectoliter.

heder [28] *vi* **1** *(apestar)* to stink, smell foul. **2** *fig (fastidiar)* to annoy.

hediondez *nf* stink, stench.

hediondo,-a *adj* **1** *(apestoso)* stinking, foul-smelling, smelly. **2** *fig (asqueroso)* repulsive, filthy. **3** *fig (molesto)* annoying.

hedonismo *nm Filos* hedonism.

hedonista *Filos* **I** *adj* hedonistic, hedonic. **II** *nmf* hedonist.

hedor *nm* stink, stench.

hegeliano,-a *adj Filos* Hegelian.

hegemonía *nf* hegemony.

hégira *nf*, **héjira** *nf* Hegira, Hejira.

helada *nf Meteor* frost, freeze; **caer una h.,** to freeze. ■ **h. blanca,** hoarfrost, white frost.

heladera *nf* **1** *(nevera)* refrigerator. **2** *(de helados)* ice-cream machine.

heladería *nf* ice-cream parlour.

helado,-a **I** *pp de* **helar.** **II** *adj* **1** *(muy frío)* frozen, freezing cold; **estoy h. (de frío),** I'm frozen. **2** *fig (atónito)* **quedarse h.,** to be flabbergasted; **me dejó h.,** I couldn't believe it! **III** *nm* ice cream.

helador,-a **I** *adj* icy, freezing; **viento h.,** icy wind. **II** *nf (máquina)* ice-cream machine.

helar [27] **I** *vtr* **1** *(congelar)* to freeze. **2** *(planta)* to kill by frost. **II** *v impers Meteor* to freeze; **anoche heló,** there was a frost last night. **III** **helarse** *vr* **1** *(congelarse)* to freeze; **se heló el río,** the river froze over. **2** *(planta)* to die from frost. **3** *(persona)* to freeze to death; **nos vamos a h.,** we'll freeze to death; *fig* **se me heló la sangre,** my blood ran cold.

helecho *nm Bot* fern, bracken.

helénico,-a *adj Hist* Hellenic, Greek.

helenismo *nm Hist* Hellenism.

helenístico,-a *adj Hist* Hellenistic, Hellenistical.

hélice *nf* **1** *Av Náut* propeller. **2** *Anat Arquit Mat* helix.

helicóptero *nm Av* helicopter.

helio *nm Quím* helium.

heliocéntrico,-a *adj Astron* heliocentric.

heliotropo *nm Bot* heliotrope.

helipuerto *nm Av* heliport.

Helsinki *n* Helsinki.

Helvecia *n* Helvetia.

helvético,-a *adj & nm,f* Helvetian, Swiss.

hematíe *nm* red blood corpuscle.

hematología *nf Med* haematology, *US* hematology.

hematólogo,-a *nm,f Med* haematologist, *US* hematologist.

hematoma *nm Med* haematoma, *US* hematoma, bruise.

hembra *nf* **1** *Bot Zool* female. **2** *(mujer)* woman; **una real h.,** a fine figure of a woman. **3** *Téc* female; *(de tornillo)* nut; *(de enchufe)* socket.

hembraje *nm Am Agr* female flock *o* herd; *pey* womenfolk.

hemeroteca *nf* newspaper library.

hemiciclo *nm* **1** *(semicírculo)* hemicycle. **2** *Parl* floor.

hemisférico,-a *adj* hemispheric, hemispherical.

hemisferio *nm* hemisphere. ■ **h. norte/sur,** northern/southern hemisphere.

hemofilia *nf Med* haemophilia, *US* hemophilia.

hemofílico,-a *Med* **I** *adj* haemophilic, *US* hemophilic. **II** *nm,f* haemophiliac, *US* hemophiliac.

hemoglobina *nf* haemoglobin, *US* hemoglobin.

hemorragia *nf Med* haemorrhage, *US* hemorrhage.

hemorroides *nfpl Med* haemorrhoids, *US* hemorrhoids.

hemos *indic pres véase* **haber.**

henar *nm Agr* loft.

henchir [34] **I** *vtr (llenar)* to stuff, fill, cram; **h. los pulmones de aire fresco,** to fill one's lungs with fresh air; *fig* **henchido de orgullo,** swollen with pride. **II** **henchirse** *vr (de comida)* to stuff oneself.

hender [28] *vtr* **1** *(resquebrajar)* to crack, cleave, split; *fig (olas)* to cut. **2** *fig (abrirse paso)* to make one's way through.

hendidura *nf* cleft, crack.

hendir [29] *vtr véase* **hender.**

henil *nm Agr* loft.

heno *nm* hay.

hepático,-a *adj* hepatic.

hepatitis *nf inv Med* hepatitis.

heptagonal *adj* heptagonal.

heptágono *nm* heptagon.

heráldica *nf* heraldry.

heráldico,-a *adj* heraldic.

heraldo *nm Hist* herald.

herbáceo,-a *adj* herbaceous.

herbario **I** *adj* herbal. **II** *nm* **1** *(colección)* herbarium. **2** *(botánico)* herbalist.

herbicida *nm* weedkiller, herbicide.

herbívoro,-a **I** *adj* herbivorous, grass-eating. **II** *nm,f Zool* herbivore.

herbolario,-a **I** *adj fam fig* crazy, idiotic. **II** *nm,f (persona)* herbalist. **III** *nm (tienda)* herbalist's (shop).

herboristería *nf* herbalist's (shop).

herboso,-a *adj* grassy.

hercio *nm Fís* hertz.

hercúleo,-a *adj* Herculean.

heredable *adj* inheritable.

heredad *nf* **1** *(finca)* country estate. **2** *(conjunto de bienes)* private estate.

heredado,-a I *pp de* heredar. II *adj* inherited.

heredar I *vtr* 1 *Jur* to inherit; **h. los bienes de algn,** to inherit from sb; **esto lo heredé de ...,** this came to me from ... . 2 *Biol (de los padres)* **ha heredado la sonrisa de su madre,** she's got her mother's smile.

heredero,-a *nm,f (hombre)* heir; *(mujer)* heiress; **h. único,** sole heir; **nombrar a algn h.,** to make sb one's heir. ■ **príncipe h.,** crown prince.

hereditario,-a *adj* hereditary.

hereje *nmf Rel* heretic.

herejía *nf* 1 *Rel* heresy. 2 *fig (disparate)* ¡qué h.!, what nonsense!

herencia *nf* 1 *Jur* inheritance, legacy. 2 *Biol* heredity.

herético,-a *adj* heretical.

herida *nf* 1 *(lesión)* wound. 2 *fig (pena)* wound, outrage; **lamerse las heridas,** to lick one's wounds; **tocar a algn en la h.,** to touch sb's sore spot.

herido,-a I *pp de* herir. II *adj (físicamente)* wounded, injured; *(emocionalmente)* hurt; **caer h.,** to be wounded; **h. de gravedad,** badly injured; **resultó h. el conductor del camión,** the lorry driver was injured; **sentirse h.,** to feel hurt. III *nm,f* wounded o injured person; **no hubo heridos,** there were no casualties.

herir [35] I *vtr* 1 *(causar heridas a)* to wound, injure, hurt; *fig* **h. a algn en lo vivo,** to cut sb to the quick; *fig* **h. a algn en su amor propio,** to wound sb's pride. 2 *(golpear)* to beat, hit. 3 *(vista)* to offend; *(luz)* to dazzle; *(sonido)* to strike. II herirse *vr* to injure o hurt oneself; **se ha herido con un cuchillo,** he cut himself with a knife.

hermafrodita *adj & nmf* hermaphrodite.

hermanable *adj* 1 *(compatible)* compatible. 2 *(a juego)* matching.

hermanado,-a I *pp de* hermanar. II *adj* 1 *(semejante)* similar, alike. 2 *(unido)* joined, united. 3 *(ciudad)* twin.

hermanar I *vtr* 1 *(unir)* to unite, combine. 2 *(dos personas)* to unite spiritually. 3 *(ciudades)* to twin. II hermanarse *vr* 1 *(combinar)* to combine. 2 *(dos personas)* to become brothers o sisters in spirit.

hermanastro,-a *nm,f (hombre)* stepbrother; *(mujer)* stepsister.

hermandad *nf* 1 *(grupo)* fraternity, brotherhood, sisterhood; **h. de labradores,** farmers' association. 2 *(relación)* brotherhood; *fig* close relationship.

hermano,-a I *adj* (closely) related; **ciudades hermanas,** twin towns; **conceptos hermanos,** related concepts. II *nm* 1 brother. ■ **h. gemelo,** twin brother; **h. político,** brother-in-law; **primo h.,** first cousin. 2 *Rel (fraile)* brother. 3 **hermanos,** brothers and sisters; **eran muchos hermanos,** there were a lot of children in the family. III *nf* 1 sister. ■ **h. gemela,** twin sister; **h. política,** sister-in-law; **prima h.,** first cousin. 2 *Rel (monja)* sister.

hermético,-a *adj* 1 hermetic, hermetical, airtight; **cierre h.,** hermetic seal, airtight lid. 2 *fig* impenetrable, secretive; **persona hermética,** secretive person, very reserved person; **un escritor h.,** an abstruse writer.

hermetismo *nm* hermetism; *fig* impenetrability, secrecy, secretiveness.

hermosear *vtr* to beautify, embellish.

hermoso,-a *adj* beautiful, lovely.

hermosura *nf* beauty; ¡qué h. de niño!, what a beautiful child!

hernia *nf Med* hernia, rupture.

herniado,-a *Med* I *pp de* herniarse. II *adj Med* ruptured.

herniarse [12] *vr Med* to rupture oneself.

Herodes *nm* Herod; **ir de H. a Pilatos,** to go from pillar to post.

héroe *nm* hero.

heroico,-a *adj* 1 heroic; **tiempos heroicos,** *(difíciles)* hard times; *(de gestas)* times of heroic deeds. 2 *Lit* heroic.

heroína *nf* 1 *(mujer)* heroine. 2 *(droga)* heroin.

heroinómano,-a *nm,f* heroin addict.

heroísmo *nm* heroism.

herpe *nm,* **herpes** *nm Med* herpes *sing,* shingles *sing.*

herpético,-a *adj Med* herpetic.

herrada *nf* wooden bucket.

herrador *nm* blacksmith.

herradura *nf* horseshoe; **en forma de h.,** horseshoe-shaped.

herraje *nm* iron fittings *pl,* ironwork.

herramienta *nf Téc* tool; **caja de herramientas,** toolbox.

herrar [27] *vtr* 1 *(caballo)* to shoe. 2 *(ganado)* to brand.

herrería *nf* forge, smithy, blacksmith's.

herrero *nm* blacksmith, smith.

herrete *nm* 1 *(remate metálico)* tag, metal tip. 2 *Am Agr* branding iron.

herrumbre *nf* 1 *(óxido)* rust. 2 *(sabor a hierro)* rusty taste.

herrumbroso,-a *adj* rusty.

hertz *nm Fís véase* hercio.

hertziano,-a *adj Fís* Hertzian; **onda hertziana,** Hertzian wave.

hervidero *nm* 1 *(ebullición)* boiling, bubbling. 2 *(manantial)* hot spring. 2 *fig (lugar)* hotbed; **un h. de intrigas,** a nest of intrigue; **un h. de pasiones,** a hotbed of passion. 3 *fig (muchedumbre)* swarm, throng; **ser un h. de,** to be swarming with.

hervir [35] I *vtr (hacer bullir)* to boil. II *vi* 1 *(bullir)* to boil; **romper a h.,** to come to the boil. 2 *(mar)* to surge. 3 *(abundar)* to swarm, seethe (**de,** with); **el mercado hervía de gente,** the market was teeming with people. 4 *(ira)* to seethe (**de, en,** with); **h. en cólera,** to seethe with anger; **h. en deseos de,** to be consumed with.

hervor *nm* boiling, bubbling; *Culin* **dar un h. a algo,** to blanch sth.

hetaira *nm,* **hetera** *nf Hist* hetaera.

heteróclito,-a *adj* 1 *Ling* heteroclite. 2 *fml fig* heterogeneous, irregular.

heterodoxia *nf* heterodoxy.

heterodoxo,-a I *adj* heterodox, unorthodox. II *nm,f* heterodox person.

heterogeneidad *nf* heterogeneity, heterogeneousness.

heterogéneo,-a *adj* heterogeneous.

heterosexual *adj & nmf* heterosexual.

hexagonal *adj* hexagonal.

hexágono *nm* hexagon.

hexámetro *nm* hexameter.

hez *nf* 1 *(gen pl) (poso)* sediment, dregs *pl.* 2 *fig* scum; *pey* **la h. de la sociedad,** the scum o dregs of society. 3 **heces,** *(excrementos)* faeces.

hiato *nm Ling* hiatus.

hibernación *nf* hibernation.

hibernar *vi* to hibernate.

hibisco *nm Bot* hibiscus.

híbrido,-a *adj & nm,f* hybrid.

hice *pt indef véase* hacer.

hiciste *pt indef véase* hacer.

hico *nm Am* clew.

hidalgo,-a I *adj desus* noble; *fig (caballeroso)* gentlemanly. **II** *nm Hist* nobleman, gentleman.

hidalguía *nf* nobility; *fig* chivalry, gentlemanliness.

hidra *nf* 1 *(culebra acuática)* sea snake. 2 *(pólipo)* hydra.

hidratación *nf* 1 *Quím* hydration. 2 *(de la piel)* moisturizing.

hidratante *adj* moisturizing; **crema/leche h.**, moisturizing cream/lotion.

hidratar *vtr* 1 *Quím* to hydrate. 2 *(piel)* to moisturize.

hidrato *nm Quím* hydrate. ■ **h. de carbono,** carbohydrate.

hidráulica *nf* hydraulics *pl*, fluid mechanics *pl*.

hidráulico,-a *adj* hydraulic.

hídrico,-a *adj* hydric.

hidro- *pref* hydro-; **hidrometría,** hydrometry.

hidroavión *nm* seaplane, *US* hydroplane.

hidrocarburo *nm Quím* hydrocarbon.

hidrocefalia *nf Med* hydrocephalus, hydrocephaly.

hidroeléctrico,-a *adj* hydroelectric.

hidrófilo *adj* 1 *Bot* hydrophilous. 2 *(absorbente)* absorbent. ■ **algodón h.,** cotton wool, *US* absorbent cotton.

hidrofobia *nf Med* hydrophobia, rabies *sing*.

hidrógeno *nm Quím* hydrogen.

hidrografia *nf* hydrography.

hidrólisis *nf Quím* hydrolysis.

hidropesía *nf Med* dropsy.

hidrópico,-a *Med adj* dropsical, dropsied.

hidroterapia *nf Med* hydrotherapy.

hiedra *nf Bot* ivy.

hiel *nf* 1 *Anat* bile. 2 *fig* bitterness, gall.

hielo *nm* ice; *fig* **romper el h.,** to break the ice.

hiena *nf Zool* hyaena, hyena.

hierático,-a *adj* 1 *Hist* hieratic, hieratical. 2 *(severo, rígido)* rigid.

hierba *nf* 1 grass; **mala h.,** *Bot* weed; *fig (persona)* bad lot; *fig* **mala h. nunca muere,** ill weeds grow apace; *fam* hum **... y otras hierbas,** ...among others. 2 *Culin* herb. ■ **finas hierbas,** mixed herbs; **h. luisa,** lemon verbena; **h. mate,** maté. 3 **hierbas,** *(veneno)* poison *sing*, potion *sing*. 4 *sl (marihuana)* grass.

hierbabuena *nf Bot* mint.

hierbajo *nm fam* weeds *pl*.

hierro *nm* 1 *(metal)* iron; *fig* **ser de h.,** to be as strong as an ox; *fig* **voluntad de h.,** a will of iron; *fam fig* **quitarle h. a un asunto,** to play a matter down; *prov* **quien a h. mata, a h. muere,** he who lives by the sword, shall die by the sword. ■ **h. colado** *o* **fundido,** cast iron; **h. forjado,** wrought iron. 2 *(punta de arma)* head, point. 3 *(marca en el ganado)* brand.

higa *nf* scorn, derision.

higadillo *nm (gen pl)* liver; **higadillos de pollo,** chicken livers.

hígado *nm* 1 *Anat* liver; *fam* **echar los hígados,** to go flat out. 2 *euf* guts *pl*; **tener hígados,** to have guts.

higiene *nf* hygiene.

higiénico,-a *adj* hygienic. ■ **papel h.,** toilet paper.

higienista *nmf* hygienist.

higo *nm Bot* fig; *fig* **de higos a brevas,** once in a blue moon; *fam* **me importa un h.,** I couldn't care less; *fam* **¡y un h.!,** not on your life!, nothing doing!; *fam* *fig* **hecho un h.,** wizened, crumpled. ■ **h. chumbo,** prickly pear.

higuera *nf Bot* fig tree; *fig* **estar en la h.,** to have one's head in the clouds. ■ **h. chumba,** prickly pear.

hija *nf* daughter; **h. adoptiva,** adopted daughter; **h. mía,** darling; **hijas,** daughters; **h. única,** only daughter; *pey* **h. de papá,** daddy's girl; *vulg ofens* **h. de puta,** bastard; *véase tamb* hijo.

hijastro,-a *nm,f (hombre)* stepson; *(mujer)* stepdaughter.

hijear *vi Am* to adopt, mother.

hijo *nm* 1 son, child; **h. adoptivo,** adopted child; **h. mío,** son, my boy; **h. único,** only son; *fam* **¡h. de mi alma!,** my dearest child!; *fam* **todo h. de vecino,** everyone, every mother's son; *fam euf* **un h. de tal,** a real so-and-so; *pey* **h. de papá,** daddy's boy, rich kid; *vulg ofens* **h. de puta,** bastard, son of a bitch. 2 **hijos,** children. 3 *fig* brainchild.

hijoputa *nm vulg ofens* bastard.

hijuelo *nm Bot* shoot.

hila *nf* 1 *desus (gen pl) (hebra)* lint. 2 *(acción de hilar)* spinning.

hilacha *nf*, **hilacho** *nm* loose *o* hanging thread.

hiladillo *nm* braid.

hilado,-a I *pp de* hilar. **II** *adj* spun. **III** *nm* 1 *(acción de hilar)* spinning. 2 *(fibra textil)* spun textile; **fábrica de hilados,** spinning mill; **tejidos de h.,** spun textiles. 3 *(hilo)* thread.

hilador,-a *nm,f* spinner.

hilandería *nf* mill; *(de algodón)* cotton mill.

hilandero,-a *nm,f* spinner.

hilar *vtr & vi* 1 *(gen)* to spin. 2 *fig (idea, plan)* to work out; **h. muy fino** *o* **delgado,** to split hairs.

hilarante *adj* hilarious; **gas h.,** laughing gas.

hilaridad *nf* hilarity, mirth.

hilatura *nf* 1 *(fábrica)* spinning mill. 2 *(acción de hilar)* spinning.

hilera *nf* line, row; **en h.,** in line.

hilo *nm* 1 *Cost* thread; *(grueso)* yarn; **cortar al h.,** to cut on the grain. 2 *fig (curso) (historia, discurso)* thread; *(de pensamiento)* train; **coger el h.,** to catch *o* get the drift; **estar colgando** *o* **pendiente de un h.,** to be hanging by a thread; **perder el h.,** to lose the thread; **seguir el h.,** to follow the thread. 3 *Tex* linen; **mantel de h.,** linen tablecloth. 4 *Tel* wire. 5 *(chorro fino)* trickle, thin stream; *fig* **un h. de voz,** a tiny voice.

hilván *nm Cost* 1 *(hilo)* tacking, basting. 2 *(cada uno de los hilos)* tack, tacking *o* basting stitch.

hilvanar *vtr* 1 *Cost* to tack, baste. 2 *fig (bosquejar ideas etc)* to throw.

Himalaya *n* **el H.,** the Himalayas *pl*.

himalayo,-a *adj* Himalayan.

himen *nm Anat* hymen.

himeneo *nm Lit (boda)* wedding, marriage. 2 *(epitamio)* marriage ode.

himno *nm* hymn. ■ **h. nacional,** national anthem.

hincapié *nm* **hacer h. en,** *(insistir)* to insist on; *(subrayar)* to emphasize, stress.

hincar [1] I *vtr* 1 *(clavar)* to drive (in); **h. el diente a,** to sink one's teeth into. 2 *arg* **hincarla,** to work; **no la hinca en todo el día,** he doesn't do a scrap of work all day. II hincarse *vr* **h. de rodillas,** to kneel (down).

hincha *fam* I *nf (antipatía)* grudge, dislike; **tener h. a algn,** to have it in for sb, bear a grudge against sb; **me tiene h.,** he's got it in for me. II *nmf Ftb* fan, supporter.

hinchada *nf Ftb fam* fans *pl,* supporters *pl.*

hinchado,-a I *pp de* hinchar. II *adj* 1 *(gen)* inflated, blown up. 2 *Med (cara etc)* swollen, puffed up; *(estómago)* bloated; **me siento h.,** I feel bloated. 2 *fig (persona)* conceited; *(estilo)* bombastic, pompous.

hinchar I *vtr* 1 *(inflar)* to inflate, blow up. 2 *fig (exagerar)* to inflate, exaggerate. II hincharse *vr* 1 *Med* to swell (up); **se me hinchan los tobillos,** my ankles swell up. 2 *fam (hartarse)* to stuff oneself; **me hinché de llorar,** I cried for all I was worth. 3 *(engreírse)* to become conceited *o* bigheaded. 4 *fam (enriquecerse)* to make a packet, line one's pockets.

hinchazón *nf* 1 *Med* swelling. 2 *fig (presunción)* vanity, conceit; *(pomposidad)* pomposity, pompousness.

hindú *adj & nmf* Hindu.

hinduismo *nm* Hinduism.

hiniesta *nf Bot* broom.

hinojo[1] *nm Bot* fennel.

hinojo[2] *nm arc* knee; **postrarse de hinojos,** to kneel (down).

hipar *vi* 1 *(tener hipo)* to hiccup, hiccough, have the hiccups *o* hiccoughs. 2 *fam (desear con ansia)* **h. por algo,** to yearn *o* long for sth. 3 *(lloriquear)* to whine, whimper.

hipérbaton *nm Lit* hyperbaton.

hipérbole *nf Lit* hyperbole, exaggeration.

hiperbólico,-a *adj Lit* hyperbolic.

hipercrítico,-a *adj* hypercritical.

hipermercado *nm* hypermarket.

hipermétrope *Med* I *adj* long-sighted. II *nmf* long-sighted person.

hipermetropía *nf Med* long-sightedness.

hipersensible *adj* hypersensitive.

hipertensión *nf Med* high blood pressure.

hípico,-a *adj* horse, equine; **club h.,** riding club; **concurso h.,** horse race; **sociedad hípica,** racecourse.

hipnosis *nf inv* hypnosis.

hipnótico,-a *adj* hypnotic.

hipnotismo *nm* hypnotism.

hipnotizador,-a I *adj* hypnotizing. II *nm,f* hypnotist.

hipnotizar [4] *vtr* to hypnotize.

hipo *nm* 1 hiccup, hiccough; **me ha dado el h.,** it's given me hiccups, I've got the hiccups; **quitar el h.,** to cure hiccups. 2 *(deseo)* longing; **tener h. por algo,** to be longing for sth.

hipocampo *nm (pez)* sea horse.

hipocondría *nf* hypochondria.

hipocondríaco,-a *adj & nm,f* hypochondriac.

hipocrático,-a *adj* **juramento h.,** Hippocratic oath.

hipocresía *nf* hypocrisy.

hipócrita I *adj* hypocritical. II *nmf* hypocrite.

hipodérmico,-a *adj* hypodermic.

hipódromo *nm* racetrack, racecourse.

hipopótamo *nm Zool* hippopotamus.

hipotálamo *nm Anat* hypothalamus.

hipoteca *nf* 1 *Fin* mortgage. 2 *fig (desventaja)* drawback.

hipotecar [1] *vtr* 1 *Fin* to mortgage. 2 *fig* to jeopardize.

hipotecario,-a *adj Fin* mortgage; **crédito h.,** mortgage loan.

hipotensión *nf Med* low blood pressure.

hipotenusa *nf Geom* hypotenuse.

hipótesis *nf inv* hypothesis; **h. de trabajo,** work thesis.

hipotético,-a *adj* hypothetical, hypothetic.

hiriente *adj* offensive, wounding; *(palabras)* cutting; **en tono h.,** offensively.

hirsuto,-a *adj* 1 hirsute, hairy; *(cerdoso)* bristly. 2 *fig (hosco)* surly, rough, brusque.

hirviente *adj* boiling; *fig* seething.

hisopo *nm* 1 *Bot* hyssop. 2 *Rel* aspergillum, sprinkler. 3 *Am (brocha)* brush.

hispalense *adj & nmf fml* of *o* from Seville.

hispánico,-a *adj* Hispanic, Spanish.

hispanidad *nf* 1 *(carácter hispano)* Spanishness. 2 *(pueblos de habla española)* Spanish *o* Hispanic world; **Día de la H.,** Columbus Day.

hispanismo *nm* 1 *(cultural)* Hispanism. 2 *Ling* Hispanicism.

hispanista *nmf* Hispanist.

hispanizar [4] *vtr* to hispanize, hispanicize.

hispano,-a I *adj* Spanish, Hispanic, Spanish-American. II *nm,f* Spaniard, Spanish American, *US* Hispanic.

Hispanoamérica *nf* Spanish America, Latin America.

hispanoamericanismo *nm* Latin Americanism.

hispanoamericano,-a *adj & nm,f* Spanish American, Latin American.

hispanoárabe *adj* Hispano-Arabic.

hispanófilo,-a *adj & nm,f* Hispanophile.

hispanohablante I *adj* Spanish-speaking. II *nmf* Spanish speaker.

histamina *nf Biol* histamine.

histeria *nf* hysteria; **un ataque de h.,** hysterics *pl; fam fig* **h. colectiva,** mass hysteria.

histérico,-a *adj* hysteric, hysterical; *fam fig* **tu lentitud me pone histérica,** your slowness drives me mad.

histerismo *nm* hysteria; *fig* hysterics *pl.*

histología *nf Biol* histology.

historia *nf* 1 *(estudio del pasado)* history; **esto pasará a la h.,** this will go down in history. ■ **h. natural,** natural history. 2 *(narración)* story, tale; *fam* **¡déjate de historias!,** get to the point!; *fam* **no me vengas con historias,** don't come to me with your tales.

historiado,-a I *pp de* historiar. II *adj fam (recargado)* over-ornate, florid.

historiador,-a *nm,f* historian.

historial *nm* 1 *Med* medical record, case history. 2 *(currículum)* curriculum vitae. 3 *(antecedentes)* background.

historiar [13] *vtr* 1 *Arte* to depict. 2 *(de viva voz)* to tell the story of; *(acontecimientos)* to recount. 3 *(escrito)* to write the history of; *(acontecimientos)* to chronicle. 4 *Am fam (confundir)* to confuse, mix up.

histórico,-a *adj* **1** historical. **2** *(auténtico)* factual, true; **una película basada en hechos históricos,** a film based on true facts. **3** *(de gran importancia)* historic, memorable. **4** *Ling* **presente h.,** historical present.

historieta *nf* **1** *(cuento)* short story, anecdote, tale. **2** *(tira cómica)* comic strip.

histrión *nm* **1** *Teat* actor. **2** *fig (payaso)* clown, buffoon.

histriónico,-a *adj* histrionic.

histrionismo *nm* histrionics *pl*, theatrical behaviour *o US* behavior.

hitita *adj & nmf* Hittite.

hitleriano,-a *adj Pol* Hitler, Hitlerite.

hitlerismo *nm Pol* Hitlerism.

hito *nm* **1** *(mojón) (distancias)* milestone; *(límites)* boundary stone. **2** *(juego)* quoits *pl*. **3** *(blanco)* bull's-eye; *fig* target, aim, goal; **dar en el h.,** to hit the nail on the head. **4** *fig* **mirar de h. en h.,** to stare at.

hizo *indic indef véase* **hacer.**

Hnos., hnos. *abr de* **Hermanos,** Brothers, Bros.

hobby *nm* hobby.

hocico *nm* **1** *(de animal)* muzzle, snout. **2** *pey (de persona)* mug, snout; **caer** *o* **darse de hocicos,** to fall flat on one's face; **poner h.,** to grimace; *fam* **meter los hocicos en algo,** to stick *o* poke one's nose into sth.

hockey *nm Dep* hockey. ■ **h. sobre hielo,** ice hockey; **h. sobre hierba,** (field) hockey.

hogar *nm* **1** *(de la chimenea)* hearth, fireplace. **2** *fig (casa)* home; *fam fig* **h., dulce h.,** home sweet home. **3** *fig (familia)* family; **formar** *o* **crear un h.,** to start a family.

hogareño,-a *adj (vida)* home, family; *(persona)* home-loving, stay-at-home.

hogaza *nf Culin* large loaf (of bread).

hoguera *nf* bonfire; *euf* **morir en la h.,** to be burnt at the stake.

hoja *nf* **1** *Bot* leaf; *fig* **h. de parra,** cover, alibi. **2** *(pétalo)* petal. **3** *(de papel)* sheet, leaf; **una h. en blanco,** a blank sheet of paper. **4** *(de libro)* leaf, page; *fig* **volver la h.,** to change the subject. **5** *(de metal)* sheet; **batir h.,** to beat metal. **6** *(de cuchillo, espada)* blade. ■ **h. de afeitar,** razor blade. **7** *(impreso)* hand-out, printed sheet; **h. suelta,** leaflet. **8** *(documento)* record. ■ *Com* **h. de ruta,** waybill; **h. de servicios,** record of service. **9** *(de puerta o ventana)* leaf; *(de mesa)* leaf, flap; **puerta de dos hojas,** double-leaf door.

hojalata *nf* tin, tin plate.

hojalatería *nf (taller)* tinsmith's; *(objetos)* tinware; *(oficio)* tinwork.

hojalatero *nm* tinsmith.

hojaldrado,-a *adj Culin* **pasta hojaldrada,** puff pastry.

hojaldre *nm Culin* puff pastry.

hojarasca *nf* **1** fallen *o* dead leaves *pl*. **2** *(fronda)* foliage. **3** *fig (paja)* rubbish, trash; *(palabras)* verbiage; **tus promesas son h.,** your promises are worthless.

hojear **I** *vtr (libro)* to leaf through, flick through. **II** *vi Am* to come to leaf.

hojuela *nf* **1** *Culin* pancake; *prov* **miel sobre hojuelas,** so much the better. **2** *(de la aceituna)* pressed olive skins *pl*. **3** *(hoja de metal)* foil.

hola *interj* **1** *(saludo)* hello!, hullo!, *US* hi! **2** *Am Tel* hello?

Holanda *n* Holland.

holandés,-esa **I** *adj* Dutch. **II** *nm,f (hombre)* Dutchman; *(mujer)* Dutchwoman; **los holandeses,** the Dutch. **III** *nm (idioma)* Dutch. **IV** *nf Impr* sheet of paper measuring 21 x 27 cm.

holding *nm Fin* holding company.

holgado,-a **I** *pp de* **holgar. II** *adj* **1** *(ropa)* loose, baggy. **2** *(económicamente)* comfortable; **estar en una situación holgada,** to be comfortably off, be well off. **3** *(espacio)* roomy; **ir h.,** to have plenty of room; *(tiempo)* **andar h. de tiempo,** to have plenty of spare time. ◆**holgadamente** *adv* **1** **caber h.,** to fit (in) easily. **2** **vivir h.,** to be well-off, be comfortably off.

holganza *nf* **1** *(ocio)* leisure, idleness. **2** *(diversión)* pleasure.

holgar [52] **I** *vi* **1** *(estar ocioso)* to be idle. **2** *(sobrar)* **huelga decir que ...,** it goes without saying that ...; **huelgan las palabras,** no comment. **II holgarse** *vr* to be pleased (**con, de,** by).

holgazán,-ana **I** *adj* lazy, idle. **II** *nm,f* lazybones *inv*, layabout.

holgazanear *vi* to laze *o* loaf around.

holgazanería *nf* laziness, idleness.

holgura *nf* **1** *(ropa)* looseness. **2** *(espacio)* space, roominess; *Téc* play, give; **cabes con h.,** there's plenty of room for you. **3** *(bienestar económico)* affluence, comfort; **vivir con h.,** to be comfortably off, be well-off.

hollar [31] *vtr* **1** to tread (on), trample down. **2** *fig (pisar)* to trample on. **3** *fig (humillar)* to humiliate.

hollejo *nm Bot* skin, peel.

hollín *nm* soot.

holocausto *nm* holocaust; *fig* **ofrecer algo en h.,** to offer sth as a sacrifice.

holografía *nf* holography.

holograma *nm* hologram.

hombrada *nf* manly action; *irón* **¡qué h.!,** how brave!

hombre **I** *nm* **1** *(ser físico)* man; **de h. a h.,** man-to-man; **el h. y la mujer,** man and woman; **¡h. al agua!,** man overboard!; **¡pobre h.!,** poor chap!; **ser muy h.,** to be every inch a man; **ser otro h.,** to be a changed man. ■ **h. anuncio,** sandwich man; **h. orquesta,** one-man band; **h. rana,** frogman; *fam* **h. del saco,** bogeyman. **2** *(como ser moral)* **h. de bien,** good *o* upstanding man; **h. de estado,** statesman; **el h. de la calle,** the man in the street; **h. de letras,** man of letters; **h. de mundo,** man of the world; **h. de negocios,** businessman; **h. de paja,** front man; **h. de palabra,** man of his word; **h. de peso,** important figure; **h. de pro** *o* **provecho,** honest man; **h. masa,** the average man. **3** *(especie)* mankind, man. **4** *(adulto)* **se está haciendo un h.,** he's growing into a man; **te hará un h.,** it'll make a man of you. **5** *fam (marido)* husband. **II** *interj* **1** *(saludo)* hey!, hey there!; **¡h., Juan!,** hey, Juan!; **¡h., Pepe, tú por aquí!,** hello there, Pepe!, fancy seeing you here! **2** *(enfático)* **¡sí h.!, ¡h. claro!,** well, of course!, you bet!; **¡h., qué pena!,** oh, what a shame! **3** *(indica reproche)* **¡anda, h.!,** come on!; **¡pero, h.!,** but listen!

hombrear *vi* **1** *(dárselas de hombre)* to act the man. **2** *(empujar)* to push with the shoulders.

hombrera *nf* **1** *(almohadilla)* shoulder pad. **2** *(tirante)* shoulder strap. **3** *Mil* epaulette.

hombretón *nm* big *o* well-built fellow.

hombría *nf* manliness, virility.

hombro *nm* shoulder; **a hombros,** on one's shoulders; **arrimar el h.,** to lend a hand; **encogerse de hombros,** to shrug one's shoulders; **echarse algo al h.,** to shoulder sth; **mirar a algn por encima del h.,** to look down one's nose at sb.

hombruno,-a *adj (mujer)* mannish, butch.

homenaje *nm* homage, tribute; **rendir h. a algn,** to pay homage *o* tribute to sb; **una cena de h. al poeta,** a dinner in honour of the poet.

homenajear *vtr* to pay tribute to.

homeópata I *adj* homeopathic. II *nmf* homeopath.

homeopatía *nf* homeopathy.

homeopático,-a *adj* homeopathic.

homérico,-a *adj Lit* Homeric.

homicida I *nmf (hombre)* murderer; *(mujer)* murderess. II *adj* homicidal; **el arma h.,** the murder weapon.

homicidio *nm* homicide; **h. involuntario,** manslaughter.

homilía *nf Rel* homily, sermon.

homofonía *nf Ling* homophony.

homófono,-a *adj* homophonous, homophonic.

homogeneidad *nf* homogeneity, uniformity.

homogeneizar [26] *vtr* to homogenize, make homogeneous.

homogéneo,-a *adj* homogeneous, uniform.

homologación *nf* 1 *Dep (récord)* ratification. 2 *(registro)* official approval *o* recognition. 3 *Jur (muerte etc)* confirmation.

homologado,-a I *pp de* **homologar.** II *adj* officially approved *o* recognized; **centro de estudios h.,** government recognized school; **productos homologados,** authorized products.

homologar [7] *vtr* 1 *Dep (récord)* to ratify. 2 to give official approval *o* recognition to. 3 *Jur (confirmar)* to confirm *o* endorse.

homólogo,-a I *adj Mat Quím* homologous; *(equiparable)* comparable. II *nm,f (persona con mismas condiciones)* opposite number.

homónimo,-a I *adj* homonymous. II *nm* homonym.

homosexual *adj & nmf* homosexual.

homosexualidad *nf* homosexuality.

honda *nf (arma)* sling.

hondo,-a I *adj* 1 *(profundo)* deep. ■ **plato h.,** soup dish. 2 *fig (muy íntimo)* profound, deep. ■ *Mús* **cante h.,** flamenco song. II *nm* the depths *pl,* the bottom; **en lo h. del cajón,** at the bottom of the drawer.

hondonada *nf Geog* hollow, depression.

hondura *nf* depth; *fig* **meterse en honduras,** *(profundizar)* to go into too much detail; *(tratar sin conocimiento)* to get out of one's depth, get in over one's head.

Honduras *n* Honduras.

hondureño,-a *adj & nm,f* Honduran.

honestidad *nf* 1 *(honradez)* honesty, uprightness. 2 *(pudor)* modesty.

honesto,-a *adj* 1 *(honrado)* honest, upright; **una decisión muy honesta,** a very sensible decision. 2 *(recatado)* modest. ◆**honestamente** *adv* decently, properly.

hongo *nm* 1 *Bot* fungus; **h. venenoso,** toadstool. 2. *(sombrero)* bowler, bowler hat. 3 **h. nuclear,** mushroom cloud.

honor *nm* 1 *(virtud)* honour, *US* honor; **cuestión de h.,** point of honour; **lo juro por mi h.,** I swear it upon my honour; **palabra de h.,** word of honour. 2 *(enaltecer)* **en h. a la verdad ...,** to be fair ...; **es un h. para mí,** it's an honour for me ... . 3 *(reputación)* **hacer h. a,** to live up to; **este vino hace h. a su fama,** this wine lives up to its reputation. 4 *desus (mujer)* virtue; **perdió su h.,** she lost her virginity. 5 **honores,** title *sing,* distinction *sing.* 6 *(fiesta)* **hacer los honores,** to do the honours; **Mil rendir los honores,** with full military honours.

honorable *adj* honourable, *US* honorable.

honorario,-a I *adj* honorary. II **honorarios** *nmpl* fees, fee *sing,* emoluments.

honorífico,-a *adj* honorific, **cargo h.,** unpaid post.

honra *nf* 1 *(amor propio)* dignity, self-esteem. 2 *(fama)* reputation, good name. 3 *(motivo de orgullo)* honour, *US* honor; **me cabe la h. de ...,** I have the honour of ...; **tener a mucha h.,** to be very proud of; **¡a mucha h.!,** and (I'm) proud of it! 4 **honras fúnebres,** last honours.

honradez *nf* honesty, integrity.

honrado,-a I *pp de* **honrar.** II *adj* 1 *(de fiar)* honest. 2 *(honorable)* honourable, *US* honorable. 3 *(decente)* upright, respectable.

honrar I *vtr* 1 *(respetar)* to honour, *US* honor. 2 *(enaltecer)* to do credit to; **esas palabras te honran,** those words do you credit. II **honrarse** *vr* to be honoured *o US* honored.

honrilla *nf* self-respect, pride; **lo hizo por la negra h.,** he did it for the sake of appearances *o* for fear of what people might say.

honroso,-a *adj* 1 *(respeto)* honourable, *US* honorable. 2 *(decoroso)* respectable, reputable.

hontanar *nm Geol* spring.

hora *nf* 1 hour; *fig* time; **¿qué h. es?,** what time is it?; **a altas horas de la madrugada,** in the small hours; **¡a buenas horas!,** and about time too!; **a un en su h.,** at the proper time; **a última h.,** at the last moment; **comer entre horas,** to eat between meals; **dar la h.,** to strike the hour; **h. de acostarse,** bedtime; **h. de cenar,** dinner time; **h. de comer,** lunchtime; **la h. de la verdad,** the moment of truth; **(trabajo) por horas,** (work) paid by the hour; *fam* **tener horas de vuelo,** to be an old hand; *arg* **ir con la h. pegada al culo,** to run around like a blue-arsed fly. ■ **h. punta,** rush hour; **horas extras** *o* **extraordinarias,** overtime (hours). 2 *(cita)* appointment; *(médico etc)* **dar h.,** to fix an appointment; **pedir h.,** to ask for an appointment. 3 *Lit* **libro de horas,** Book of Hours.

horadar *vtr (agujerear)* to drill (through), bore (through); *(perforar)* to pierce.

horario *nm* 1 timetable, *US* schedule; **tengo h. de mañanas,** I work mornings. 2 *(manecilla de reloj)* hour hand.

horca *nf* 1 *Agr* pitchfork, hayfork. 2 *(patíbulo)* gallows *pl,* gibbet. 3 *(de ajos, cebollas)* string.

horcajada *nf* **a horcajadas,** astride.

horchata *nf Culin* sweet milky drink made from chufa nuts or almonds; *fig* **tener sangre de h.,** to have water in one's veins, be gutless.

horchatería *nf* bar where **horchata** is sold.

horchatero,-a *nm,f* person who sells **horchata**.

horcón *nm* 1 *Agr* pitchfork. 2 *Am Arquit* support for roof beams.

horda *nf* horde, mob; *fig* gang.

horizontal *adj* horizontal. ◆**horizontalmente** *adv* horizontally.

horizonte *nm* horizon; *fig* **este producto amplia el h. de la informática,** this product widens the horizons of computer science.

horma *nf* form, mould, *US* mold; *(de zapato)* last; *fig* **encontrar la h. de su zapato,** to meet one's match.

hormiga *nf Ent* ant. ■ **h. blanca,** white ant.

hormigón *nm Constr* concrete. ■ **h. armado,** reinforced concrete.

hormigonera *nf Aut* concrete mixer.

hormiguear *vi* 1 to itch, tingle; **me hormigueaba la pierna,** I had pins and needles in my leg. 2 *(pulular)* to swarm, teem.

hormigueo *nm* pins and needles *pl,* tingling *o* itching sensation; *fig* anxiety, uneasiness.

hormiguero *nm* 1 anthill, ant's nest. 2 *fig (lugar)* **ser un h.,** to be swarming (with people).

hormiguillo *nm* 1 *(cosquilleo)* pins and needles *pl,* tingling *o* itching sensation. 2 *Am Min* amalgamation.

hormiguita *nf dimin* small ant; **ser una h.,** to be hardworking and thrifty.

hormona *nf* hormone.

hormonal *adj* hormonal.

hornacho *nm Min* excavation.

hornacina *nf Arquit* niche.

hornada *nf* 1 *(pan)* batch. 2 *fig* set, batch.

hornazo *nm Culin* pie *o* pastry decorated with hard-boiled eggs.

hornear *vtr* to bake.

hornillo *nm* 1 *Téc* small furnace. 2 *(de cocinar)* stove; **h. eléctrico,** hotplate. 3 *Min* blast hole.

horno *nm* 1 *(cocina)* oven; *Téc* furnace; *(cerámica, ladrillos)* kiln; **h. de fundición,** smelting furnace; *Culin* **pescado al h.,** baked fish; *fam fig* **esta habitación es un h.,** this room is boiling hot; *fam* **no estar el h. para bollos,** not to be the right time. ■ **alto h.,** blast furnace; **h. crematorio,** crematorium. 2 *desus (panadería)* bakery, bakehouse.

Hornos *n* **Cabo de H.,** Cape Horn.

horóscopo *nm* horoscope.

horqueta *nf Am (en carretera)* fork.

horquilla *nf* 1 *Peluq* hair-grip, hairpin, hair clip, *US* bobby pin. 2 *Agr* pitchfork. 3 *Cicl* fork.

horrendo,-a *adj* horrifying, horrible.

hórreo *nm Agr* granary.

horrible *adj* horrible, dreadful, awful.

horripilante *adj* hair-raising, scary, creepy.

horripilar *vtr* to scare stiff, make (one's) hair stand on end, give the creeps.

horro,-a *adj fml* 1 *(carente)* lacking. 2 *(esclavo)* free.

horror *nm* 1 horror, terror; **¡qué h.!,** how awful!; *fam* **tengo h. a las motos,** I hate motorbikes. 2 *fam fig (muchísimo)* an awful lot; **cuesta un h.,** it costs a bomb; **me gusta horrores,** I'm crazy about it; **sufrió horrores,** he suffered terribly. 3 **horrores,** *(atrocidades)* atrocities.

horrorizar [4] I *vtr* to horrify, terrify; *fam* **me horroriza ese traje,** I hate that suit. II **hórrorizarse** *vr* to be horrified.

horroroso,-a *adj* 1 *(que da miedo)* horrifying, terrifying. 2 *fam (muy feo)* hideous, ghastly. 3 *fam (malísimo)* awful, dreadful. 4 *fam (muy grande)*

tengo una sed horrorosa, I'm dying of thirst; **me llevé un susto h.,** I got an awful fright.

hortaliza *nf* 1 vegetable. 2 **hortalizas,** vegetables, garden produce *sing.*

hortelano,-a I *adj* market-gardening, *US* truck-farming. II *nm,f* market gardener, *US* truck farmer; *fig* **ser el perro del h.,** to be the dog in the manger.

hortensia *nf Bot* hydrangea.

hortera *arg* I *adj* common, vulgar; *(ostentoso)* flashy, tacky; *(pomposo)* pretentious. II *nmf (pretensioso)* upstart; *(chabacano)* crude character.

horterada *nf arg* tacky thing *o* act.

hortícola *adj* horticultural.

horticultor,-a *nm,f* horticulturist.

horticultura *nf* horticulture.

hosco,-a *adj* 1 *(poco sociable)* surly, sullen. 2 *(lugar) (tenebroso)* dark, gloomy.

hospedaje *nm* 1 *(acción de hospedar)* lodging. 2 *(lugar)* lodgings *pl,* accommodation.

hospedar I *vtr* to put up, lodge. II **hospedarse** *vr* to stay (**en,** at).

hospedería *nf* inn, hostelry.

hospiciano,-a *nm,f* orphan, person living in an orphanage.

hospicio *nm (para huérfanos)* orphanage; *(para peregrinos)* hospice.

hospital *nm* hospital, infirmary. ■ *Mil* **h. de (primera) sangre,** field hospital.

hospitalario,-a *adj* 1 *(acogedor)* hospitable. 2 *Med* hospital; **instalaciones hospitalarias,** hospital facilities.

hospitalidad *nf* hospitality.

hospitalización *nf* hospitalization.

hospitalizar [4] *vtr* to take *o* send into hospital, hospitalize.

hosquedad *nf* surliness, sullenness.

hostal *nm* hostel, cheap hotel.

hostelería *nf (negocio)* catering business; *(estudios)* hotel management.

hostelero,-a *nm,f arc* innkeeper; *(hombre)* landlord; *(mujer)* landlady.

hostería *nf arc* inn, lodging house.

hosti *interj véase* **hostia**

hostia I *nf* 1 *Rel* host, Eucharistic wafer. 2 *vulg (tortazo)* bash; **darse** *o* **pegarse una h.,** to give oneself a real bash, come a cropper; **darle** *o* **pegarle una h. a algn,** to belt sb, give sb a belting; **estar de mala h.,** to be in a foul mood; **ir a toda h.** *o* echando **hostias,** to go flat out; **ser la h.,** *(fantástico)* to be bloody amazing *o* fantastic; *(penoso)* to be bloody useless. II *interj* Jesus Christ!, damn it!

hostiar *vtr vulg* to bash, sock.

hostigamiento *nm* harassment.

hostigar [7] *vtr* 1 *(caballerías)* to whip. 2 *fig (molestar)* to pester. 3 *(perseguir)* to plague, persecute; *Mil* to harass. 4 *Am (empalagar)* to pall on, cloy.

hostil *adj* hostile.

hostilidad *nf* hostility; *Mil* **romper las hostilidades,** to begin hostilities.

hotel *nm* 1 hotel. 2 *(quinta, chalet)* villa, mansion. 3 *arg (cárcel)* clink, nick.

hotelero,-a I *adj* hotel; **industria hotelera,** hotel industry *o* trade. II *nm,f* hotel-keeper, hotelier.

hoy *adv* 1 *(día)* today; **de h. a mañana,** very soon; **de h. en adelante,** henceforth, from now on; **hasta h.,** up till now. 2 *fig (presente)* now; **h. (en) día,**

nowadays; **h. por h.**, at the present time; **por h.**, for the present.

hoya nf 1 *(hoyo grande)* pit, hole. 2 *(sepultura)* grave. 3 Geog *(llano)* dale, valley. 4 *Am* Geog river basin.

hoyo nm 1 *(agujero)* hole, pit. 2 *(sepultura)* grave. 3 Golf hole.

hoyuelo nm dimple.

hoz[1] nf Agr sickle; Pol **la h. y el martillo,** the hammer and sickle.

hoz[2] nf Geog ravine, gorge.

hozar [4] vtr *(jabalí, cerdo)* to root in *o* among, dig up.

HR nm abr de **Hostal Residencia.**

hube pt indef véase **haber.**

hubiera subj imperf véase **haber.**

hucha nf 1 moneybox, piggy bank. 2 fig *(ahorros)* savings pl, nest egg.

hueco,-a I adj 1 *(vacío)* empty, hollow; **árbol h.,** hollow tree; fig **palabras huecas,** empty words. 2 *(sonido)* resonant. 3 *(esponjoso)* spongy, soft. 4 *(presumido)* vain, conceited; **ponerse h.,** to swell with pride. **II** nm 1 *(cavidad)* hollow, hole; Arquit opening. ■ **h. de la ventana,** window recess; **h. del ascensor,** lift shaft; **h. de la escalera,** stairwell. 2 *(sitio no ocupado)* empty space, empty seat; **dejar un h.,** to leave a gap; **hacer un h. a algn,** to make room for sb; fig **llenar un h.,** to fill a gap *o* a need. 3 *(rato libre)* free time; *(profesor)* free period; **tengo un h. a las cinco, aprovecharé para visitarte,** I'm free at five so I'll visit you. 4 fig *(vacante)* vacancy.

huecograbado nm Impr photogravure.

huele indic pres véase **oler.**

huelga nf strike; **estar en** *o* **de huelga,** to be on strike; **hacer** *o* **ir a la h.,** to go on strike. ■ **h. de brazos caídos,** go-slow; **h. de celo,** work-to-rule; **h. general,** general strike; **h. de hambre,** hunger strike; **h. salvaje,** wildcat strike.

huelguista nmf striker.

huella nf 1 *(del pie)* footprint; *(coche)* track; fig **seguir las huellas de algn,** to follow in sb's footsteps. ■ **h. dactilar,** fingerprint. 2 fig *(vestigio)* trace, sign; **dejar h.,** to leave one's mark; **huellas de dolor,** traces of pain; **no quedó ni h.,** there wasn't a trace.

huelveño,-a I adj of *o* from Huelva. **II** nm,f native *o* inhabitant of Huelva.

huérfano,-a I adj 1 orphan, orphaned; **h. de madre,** motherless; **h. de padre,** fatherless. 2 fig *(carente)* lacking; **h. de cariño,** devoid of love. **II** nm,f orphan.

huero,-a adj 1 *(huevo)* addled, rotten. 2 fig *(hueco)* empty.

huerta nf Agr 1 market *o* US truck garden. 2 *(vega)* irrigated area used for cultivation; **la h. de Valencia,** the huerta of Valencia.

huerto nm *(de verduras)* vegetable garden, kitchen garden; *(de frutales)* orchard; fam fig **llevarse a algn al h.,** *(engañar)* to lead sb up the garden path; *(llevarse a la cama)* to go to bed with sb.

huesillo nm SAm dried peach.

huesista nm CAm public employee.

hueso nm 1 Anat bone; **dar con los huesos en tierra,** to keel over, collapse; **darle a la sin h.,** to talk one's head off; **estar calado** *o* **empapado hasta los huesos,** to be soaked (through); **estar en los huesos,** to be all skin and bone; **romperle a algn un h.** *o* **los huesos,** to give sb a roasting, make mincemeat of sb; **tener los huesos molidos,** to be dead beat o ex-

hausted. 2 *(de fruta)* stone, US pit. 3 fig *(difícil)* hard work; *(profesor)* strict person; **para mí la física es un h.,** I find physics a real chore; **un h. duro de roer,** a hard nut to crack; **el profesor de música es un h.,** the music teacher's a real stickler. 4 fam fig *(de mala calidad)* useless thing. 5 CAm *(trabajo)* sinecure, soft job. 6 Méx *(trabajo)* job.

huesoso,-a adj bony.

huésped,-a nm,f 1 *(invitado)* guest; *(en hotel etc)* lodger, boarder. ■ **casa de huéspedes,** guesthouse. 2 *(anfitrión)* *(hombre)* host; *(mujer)* hostess.

hueste nf 1 Mil army, host. 2 **huestes,** *(seguidores)* followers, supporters.

huesudo,-a adj bony; **rodillas huesudas,** knobbly knees.

hueva nf *(pez)* roe, spawn.

huevazos nm inv vulg wanker.

huevería nf egg shop.

huevero,-a I nm,f person who sells eggs. **II** nf 1 *(copa)* egg cup. 2 *(caja)* egg box. 3 vulg *(suspensorio)* jockstrap.

huevo nm 1 egg; fig **parecerse como un h. a una castaña,** to be as different as chalk and cheese; fig **ser una cosa el h. de Colón,** to be easier than it seems. ■ **h. duro,** hard-boiled egg; **h. escalfado,** poached egg; **h. estrellado** *o* **frito,** fried egg; **h. pasado por agua,** SAm **h. tibio,** soft-boiled egg; **huevos moles,** dessert made from egg yolk(s); **huevos revueltos,** Col **huevos pericos,** scrambled eggs. 2 vulg *(gen pl)* balls pl; **costar un h.,** to cost an arm and a leg; **estar hasta los huevos,** to be pissed off; **hacer algo por huevos,** to do sth even if it kills you; **tener huevos,** to have guts; **¡y un h.!,** like hell!

hugonote,-a adj & nm,f Hist Huguenot.

huida nf 1 flight, escape. 2 *(del caballo)* shying, bolting.

huidizo,-a adj *(tímido)* shy; *(esquivo)* elusive, fleeting.

huillón,-ona adj Am elusive.

huipil nm CAm Méx blouse.

huir [62] vi 1 *(escaparse)* to run away (de, from), flee. 2 *(evitar)* **h. de,** to avoid, keep away from (de, from), escape (de, from); **h. de algn como de la peste,** to avoid sb like the plague. 3 Lit *(tiempo)* to fly.

huisachar vi to dispute at law, contend.

hule nm 1 *(tela impermeable)* oilcloth, oilskin. 2 Guat Méx Aut windscreen wiper blade. 3 CAm Med operating table.

hulear vi CAm to extract rubber (from plants).

hulería nf Am rubber plantation *o* industry.

hulla nf Min coal. ■ **h. blanca,** water power.

hullero,-a adj Min coal; **explotación hullera,** *(mina)* mine; *(industria)* mining.

humanidad nf 1 *(género humano)* humanity, mankind. 2 *(cualidad)* humanity, humaneness. 3 *(bondad)* compassion, kindness. 4 *(corpulencia)* corpulence. 5 **humanidades,** Educ humanities.

humanismo nm humanism.

humanista nmf humanist.

humanístico,-a adj humanistic.

humanitario,-a adj humanitarian.

humanitarismo nm humanitarianism.

humanización nf humanization.

humanizar [4] **I** vtr to humanize. **II** humanizarse vr to become more human.

humano,-a I adj **1** (relativo al hombre) human. **2** (compasivo) humane. **II** nm human (being).

humarada nf, **humareda** nf (dense) cloud of smoke.

humeante adj (humo) smoky, smoking; (vaho) steaming.

humear I vi **1** (echar humo) to smoke; (arrojar vapor) to fume, steam, be steaming hot. **2** fig to smoulder, US smolder. **3** fig (presumir) to be conceited. **II** vtr **1** Am (lugar) to fumigate. **2** Méx (azotar) to scourge, beat.

humedad nf humidity; (vaporización) moisture; (sensación) dampness.

humedecer [43] **I** vtr to moisten, dampen. **II** humedecerse vr to become damp o wet o moist.

húmedo,-a adj (casa, ropa) damp; (clima) humid, damp, moist.

húmero nm Anat humerus.

humildad nf humility, humbleness.

humilde adj humble, modest; una familia h., a poor family.

humillación nf humiliation, humbling.

humillante adj humiliating, humbling.

humillar I vtr **1** (rebajar) to humiliate, humble; me humilla pedir dinero, I find it humiliating to ask for money. **2** arc (bajar) (cabeza) to bow; (rodilla) to bend. **II** humillarse vr h. ante algn, to humble oneself before sb.

humita nf Am Culin tamale, dish of ground maize, wrapped in maize husks and steamed.

humo nm **1** smoke; (gas) fumes pl; (vapor) vapour, US vapor, steam; echar h., to smoke; fig a h. de pajas, thoughtlessly. **2** humos, fig conceit sing, airs; bajarle los h. a algn, to put sb in their place, take sb down a peg or two; ¡qué h. tiene!, she gives herself such airs!; subírsele los h. (a uno), to become conceited, get on one's high horse.

humor nm **1** (genio) mood; (carácter) temper; estar de buen o mal h., to be in a good o bad mood; ¡qué h. tienes!, what patience you've got!; tener h. para algo, to feel like (doing) sth, feel in the mood for (doing) sth; no tengo h. para ir al teatro, I am not in the mood for going to the theatre; tener un h. de perros, to be in a foul temper. **2** (gracia) humour, US humor; el h. inglés, the English sense of humour; sentido del h., sense of humour. **3** (líquido orgánico) humour. ■ Anat h. acuoso, aqueous humour.

humorada nf (dicho gracioso) joke, pleasantry; (extravagancia) whim, caprice.

humorismo nm humour, US humor.

humorista **I** adj humorous. **II** nmf humorist; h. gráfico, cartoonist.

humorístico,-a adj humorous, funny.

humus nm Agr humus.

hundible adj sinkable.

hundido,-a I pp de hundir. **II** adj **1** sunken; barco h., sunken ship; ojos hundidos, deep-set eyes; mejillas hundidas, hollow cheeks. **2** fig (abatido) demoralized.

hundimiento nm **1** (edificio) collapse. **2** (barco) sinking. **3** (tierra) subsidence. **4** fig Fin crash; slump; (ruina) downfall.

hundir I vtr **1** (barco) to sink. **2** (hacer caer) to cause to collapse, ruin; la nieve hundió el techo, the snow caused the roof to collapse; vas a h. el suelo, you'll go through the floor. **3** (meter) to submerge; hundió la cara en la almohada, she buried her face in the pillow. **4** fig (arruinar planes etc) to ruin. **5** fig (abatir) to demoralize; (enemigo) to defeat; h. a algn en la miseria, to plunge sb into misery. **II** hundirse vr **1** (barco) to sink. **2** (derrumbarse) to collapse, cave in; se hundió el imperio, the Empire collapsed. **3** fig (arruinarse) to be ruined. **4** (sucumbir) to be destroyed; h. en la tristeza, to be consumed by sadness; hundido en el olvido, long-forgotten; hundido en la miseria, penniless.

húngaro,-a I adj Hungarian. **II** nm,f (persona) Hungarian. **III** nm (idioma) Hungarian.

Hungría n Hungary.

huno,-a Hist **I** adj Hunnish. **II** nm Hun.

huracán nm hurricane.

huracanado,-a adj Meteor hurricane; vientos huracanados, hurricane winds.

huraño,-a adj pey shy, unsociable.

hurgar [7] **I** vtr **1** (remover fuego etc) to poke, rake. **2** fig (fisgar) to stir up; h. en, to rummage in **3** fig (incitar) to provoke. **II** hurgarse vr h. las narices, to pick one's nose.

hurgón nm poker; (de fuego) rake.

hurgonear vtr to poke, rake.

hurí nf Rel houri.

hurón,-ona I nm Zool ferret. **II** nm,f **1** fam fig (fisgón) busybody, nosey-parker. **2** (huraño) unsociable person.

hurra interj hurray!, hurrah!

hurraca nf Orn véase urraca.

hurtadillas adv a h., stealthily, on the sly.

hurtar vtr **1** (robar) to steal, pilfer. **2** fig (apartar) h. el cuerpo, to dodge (out of the way). **3** (peso) h. en el peso de algo, to cheat on the weight of sth.

hurto nm petty theft, pilfering.

húsar nm Mil hussar.

husillo[1] nm Téc (tornillo de prensa) screw.

husillo[2] nm (conducto de desagüe) drain.

husmeador,-a I adj **1** (con el olfato) sniffing. **2** fig (que curiosea) prying, snooping. **II** (fisgón) nm,f snooper.

husmear I vi to (begin to) smell high, be smelly. **II** vtr **1** (rastrear con el olfato) to sniff out, scent; h. el peligro, to scent danger. **2** fig (curiosear) to poke one's nose into, pry into.

husmeo nm **1** scenting. **2** fig prying, snooping.

huso nm **1** Tex spindle, bobbin. **2** Geog h. horario, time zone.

huy interj **1** (dolor) ouch!, ow! **2** (asombro) ¡h., qué feo!, how ugly!; ¡h., qué raro!, that's odd! **3** (reproche) ¡h., h., h.!, tut, tut, tut!

huyo indic pres véase huir.

huyuyo,-a adj Am unsociable, surly.

Hz abr de hertz, hertz, Hz.

I

, i *nf (la letra)* I, i; **i griega,** Y, y.
b. *abr de* **ibídem,** ibidem, ibid., ib.
bérico,-a *adj* Iberian.
bero,-a *adj & nm,f,* íbero,-a *adj & nm,f* Iberian.
beroamérica *n* Latin America.
beroamericano,-a *adj & nm,f* Latin American.
bice *nm Zool* ibex.
bicenco,-a **I** *adj* of *o* from Ibiza. **II** *nm,f* native *o* inhabitant of Ibiza.
bíd *abr de* **ibídem,** ibidem, ibid., ib.
bis *nf Orn* ibis.
ceberg *nm (pl icebergs)* iceberg.
CONA *nm abr de* Instituto para la Conservación de la Naturaleza.
cono *nm* icon, ikon.
conoclasía *nf* iconoclasm.
conoclasta **I** *adj* iconoclastic. **II** *nmf* iconoclast.
conografía *nf* iconography.
ctericia *nf Med* jaundice, icterus.
d. *abr de* **ídem,** idem, id.
da *nf* **1** going; *(salida)* departure; **billete de i. y vuelta,** return ticket; **idas y venidas,** comings and goings; **viaje de i. y vuelta,** return journey, *US* round trip. **2** *Esgr* attack.
DE *nf abr de* Iniciativa de Defensa Estratégica, Strategic Defense Initiative, SDI.
dea *nf* **1** *(gen)* idea; **i. fija,** fixed idea; **i. luminosa** *o* **genial,** brain wave, *US* brainstorm; **¡qué i.!,** what an idea!; *fam* **tener ideas de bombero,** to have madcap ideas. **2** *(noción)* idea; **hacerse a la i. de,** to get used to the idea of; **no tengo la más mínima i.,** I haven't the faintest idea; *fam* **ni i.,** no idea, not a clue. **3** *(opinión)* opinion; **cambiar de i.,** to change one's mind; **es de ideas bastante conservadoras,** he is quite conservative in his outlook; **¿qué i. tienes de él?,** what do you think of him? **4** *(intención)* intention; **a mala i.,** on purpose; **¿con qué i. lo has hecho?,** why did you do it?
deal **I** *adj* ideal; **la casa i.,** the ideal home. **II** *nm* ideal. ◆**idealmente** *adv* ideally.
dealismo *nm* idealism.
dealista **I** *adj* idealistic. **II** *nmf* idealist.
dealización *nf* idealization.
dealizar [4] *vtr* to idealize, glorify.
dear *vtr* **1** *(inventar)* to devise, invent. **2** *(concebir)* to think up, conceive.
deario *nm* ideology, set of ideas.
deático,-a *adj Am (obsesivo)* manic; *(excéntrico)* eccentric.
dem *adv* idem, ditto; *fam* **í. de í.,** exactly the same.
déntico,-a *adj* identical. ◆**idénticamente** *adv* identically.
dentidad *nf* **1** identity; **carnet de i., documento nacional de i.,** identity card. **2** *(semejanza)* identity, sameness.
dentificable *adj* identifiable.

identificación *nf* identification.
identificar [1] **I** *vtr* to identify. **II** identificarse *vr* to identify oneself **(con,** with).
ideograma *nm* ideogram, ideograph.
ideología *nf* ideology.
ideológico,-a *adj* ideologic, ideological.
ideólogo,-a *nm,f* ideologist.
idílico,-a *adj* idyllic.
idilio *nm* **1** *Lit* idyll. **2** *fig (romance)* romance, love affair.
idioma *nm* language; **el i. francés,** the French language; *fig* **hablar el mismo i.,** to be on the same wavelength.
idiomático,-a *adj* idiomatic; *Ling* **expresión idiomática,** idiom.
idiosincrasia *nf* idiosyncrasy.
idiota **I** *adj* idiotic, stupid. **II** *nmf* idiot, fool; *fam* **¡i.!,** you idiot!
idiotez *nf* **1** idiocy, stupidity. **2** *Med* imbecility, mental deficiency *o* retardation.
idiotizar [4] **I** *vtr* to daze. **II** idiotizarse *vr* to become dazed.
ido,-a **I** *pp de* ir. **II** *adj* **1** *(distraído)* absent-minded; **estar i.,** to be miles away. **2** *fam (chiflado)* crazy, nuts. **III** los idos *nmpl* the dead *pl*, the departed *pl*.
idólatra **I** *adj* idolatrous. **II** *nmf (hombre)* idolater; *(mujer)* idolatress.
idolatrar *vtr* to worship; *fig* to idolize.
idolatría *nf* idolatry.
ídolo *nm* idol.
idoneidad *nf (adecuación)* suitability; *(aptitud)* aptitude, ability.
idóneo,-a *adj* suitable, fit.
idus *nmpl Hist* ides.
iglesia *nf* **1** *(edificio)* church; **i. parroquial,** parish church; *fam* **llevar a algn a la i.,** to lead sb to the altar. **2** *(institución)* the Church; **la i. anglicana,** the Anglican Church, the Church of England; **la i. católica,** the Catholic Church; **la I. y el Estado,** Church and State; *fam fig* **¡con la I. hemos topado!,** we've really come up against a brick wall now.
iglú *nm* igloo.
ígneo,-a *adj* igneous.
ignición *nf* ignition.
ignominia *nf* ignominy, public shame *o* disgrace.
ignominioso,-a *adj* ignominious, shameful.
ignorancia *nf* ignorance.
ignorante **I** *adj* **1** *(sin instrucción)* ignorant. **2** *(no informado)* ignorant, unaware **(de,** of). **II** *nmf* ignoramus.
ignorar *vtr* to be ignorant of, not know; **ignoraba que,** I had no idea that; **no ignoro que,** I am fully aware that.
ignoto,-a *adj* unknown, undiscovered.

igual I *adj* 1 *(lo mismo)* the same, alike; **estoy i. de cansado que tú,** I'm just as tired as you (are); **los veo todos iguales,** they all look the same to me; **es i.,** it doesn't matter; *fam* **nunca he visto cosa i.,** I've never seen anything like it. 2 *(equivalente)* equal; **a partes iguales,** into equal parts, fifty-fifty. 3 *(constante)* even; **la ley es i. para todos,** everybody is equal in the eyes of the law. 4 *Dep (empatados)* even; **ir iguales,** to be even *o* level; **treinta iguales,** thirty all. 5 *Mat* equal; **A es i. a B,** A equals B; **tres (multiplicado) por dos i. a seis,** three multiplied by *o* times two makes six. 6 **al i. que,** just like. 7 **por i.,** equally. II *nm* 1 equal; **de i. a i.,** on an equal footing; **tratar a algn de i. a i.,** to treat sb as an equal; **sin i.,** unique, unrivalled. 2 *Mat* equal *o* equals sign. 3 **iguales,** *(rango)* equals. III *adv* probably; **i. se ha quedado dormido,** he could easily have overslept. ◆**igualmente** *adv* equally; *(también)* also, likewise; **son i. de bonitas,** they are equally pretty; *fam* **¡gracias! — ¡i.!,** thank you! — the same to you!

iguala *nf* 1 *(contrato)* agreement, contract. 2 *(cuota)* agreed fee.

igualación *nf (de cantidades)* equalization; *(de un terreno)* levelling; *(de madera, metal)* smoothing; *Mat* equating.

igualado,-a I *pp de* **igualar.** II *adj* equalized; *(terreno)* level; *(material)* smooth; *Dep* even; **van igualados a dos tantos,** the score is now two all; *(en carreras)* level. III *nf Dep* draw, tie; **el gol de la igualada,** the equalizer.

igualar I *vtr* 1 *(gen)* to equalize, make equal. 2 *(nivelar)* to level; *(pulir)* to smooth. 3 *Dep* to equalize; **i. el marcador,** to equalize. 4 *fig (rivalizar con)* to equal; **nadie le iguala en fuerza,** his strength cannot be matched *o* equalled. II **igualarse** *vr* 1 to be equal. 2 **i. con algn,** to place oneself on an equal footing with sb.

igualdad *nf (gen)* equality; *(identidad)* sameness; *(terreno)* levelness; *(material)* smoothness; **en i. de condiciones,** on equal terms; **i. de salarios/derechos,** equal pay/rights.

igualitario,-a *adj* egalitarian.

iguana *nf Zool* iguana.

ijada *nf,* **ijar** *nm Anat* flank.

ilación *nf* 1 *(relación)* inference, connection, relationship. 2 *(coherencia)* cohesion. 3 *(de discurso)* thread.

ilativo,-a *adj* inferential; *Ling* illative.

ilegal *adj* illegal. ◆**ilegalmente** *adv* illegally.

ilegalidad *nf* illegality.

ilegibilidad *nf* illegibility, illegibleness.

ilegible *adj* illegible, unreadable.

ilegitimidad *nf* illegitimacy, illegitimateness.

ilegitimar *vtr* to outlaw.

ilegítimo,-a *adj* illegitimate. ◆**ilegítimamente** *adv* illegitimately.

íleon *nm Anat* ileum.

ilerdense I *adj* of *o* from Lérida. II *nmf* native *o* inhabitant of Lérida.

ileso,-a *adj* unhurt, unharmed.

iletrado,-a I *adj* illiterate, uneducated, uncultured. II *nm,f* illiterate *o* uneducated *o* uncultured person.

ilicitano,-a I *adj* of *o* from Elche. II *nm,f* native *o* inhabitant of Elche.

ilícito,-a *adj* illicit, unlawful. ◆**ilícitamente** *adv* illicitly.

ilimitable *adj* unlimited.

ilimitado,-a *adj* unlimited, limitless, boundless.

ilion *nm Anat* ilium.

Ilma. *abr de* **Ilustrísima,** Your *o* Her Excellence *o* Excellency.

Ilmo. *abr de* **Ilustrísimo,** Your *o* His Excellence *o* Excellency.

ilógico,-a *adj* illogical. ◆**ilógicamente** *adv* illogically.

Iltre. *abr de* **ilustre,** eminent, distinguished.

iluminación *nf* 1 *(alumbrado)* illumination, lighting; **i. artificial,** artificial lighting. 2 *Fís* illumination. 3 *(de manuscritos)* illumination.

iluminado,-a I *pp de* **iluminar.** II *adj* 1 illuminated, lighted, lit. 2 *(manuscrito)* illuminated. III *nm,f (persona)* visionary, illuminate.

iluminador,-a I *adj* illuminating. II *nm,f (de manuscritos)* illuminator.

iluminar *vtr* 1 to illuminate, light (up). 2 *(manuscritos)* to illuminate. 3 *fig (persona)* to enlighten *(tema)* to throw light upon.

ilusión *nf* 1 *(esperanza)* hope; *(esperanza vana)* illusion, illusory hope, delusion; **forjarse** *o* **hacerse ilusiones,** to build up one's hopes; **no te hagas demasiadas ilusiones,** you shouldn't bank on it; **no te hagas ilusiones,** don't kid yourself, don't raise your hopes. 2 *(sueño)* dream; **su i. es estar de nuevo en casa,** his dream is to be back home. 3 *(emoción)* excitement, thrill; **el viaje me hace mucha i.,** I am really looking forward to the trip; **¡qué i.!,** how exciting!; **su visita me hizo mucha i.,** I was really thrilled by her visit. 4 **i. óptica,** optical illusion.

ilusionar I *vtr* 1 *(esperanzar)* to build up hopes. 2 *(entusiasmar)* to excite, thrill. II **ilusionarse** *vr* 1 *(esperanzarse)* to build up one's hopes. 2 *(entusiasmarse)* to be excited *o* thrilled **(con,** about).

ilusionismo *nm* illusionism.

ilusionista *nmf* illusionist, conjurer.

iluso,-a I *adj* easily deceived, gullible. II *nm,f* dupe.

ilusorio,-a *adj* illusory, unreal.

ilustración *nf* 1 *(grabado)* illustration, picture; *(ejemplo)* illustration. 2 *(erudición)* learning, erudition; *Hist* **la I.,** the Enlightenment.

ilustrado,-a I *pp de* **ilustrar.** II *adj* 1 *(con dibujos, ejemplos)* illustrated. 2 *(erudito)* learned, erudite.

ilustrador,-a I *adj* illustrative. II *nm,f* illustrator.

ilustrar I *vtr* 1 *(gen)* to illustrate. 2 *(aclarar)* to explain, make clear. 3 *(instruir)* to enlighten. II **ilustrarse** *vr* to acquire knowledge **(sobre,** of), learn.

ilustrativo,-a *adj* illustrative.

ilustre *adj* illustrious, distinguished.

ilustrísimo,-a *adj* most illustrious; **Vuestra Ilustrísima,** Your Grace.

imagen *nf* 1 image; *Fís* **i. real/virtual,** real/virtual image; **ser la viva i. de algn,** to be the spitting image of sb. 2 *Rel* image, statue; *fam* **quedarse para vestir imágenes,** to be left on the shelf. 3 *TV* picture.

imaginable *adj* imaginable, conceivable.

imaginación *nf* imagination; **eso son imaginaciones tuyas,** you're imagining things; **nunca se me pasó por la i.,** it never occurred to me.

imaginar I *vtr* to imagine. II **imaginarse** *vr* to imagine; **me imagino que sí,** I suppose so; *fam* **¡imagínate!,** just imagine!

imaginario,-a I *adj* imaginary. II *nf Mil (en los dormitorios)* night guard; *(de reserva)* reserve guard.

imaginativo,-a *adj* imaginative.

imaginería *nf Rel* religious images *pl.*

imaginero *nm* maker of religious images.

imán[1] *nm* magnet; *fam fig* **tener i.**, to have a magnetic personality.

imán[2] *nm Rel* imam, imaum.

imanación *nf*, **imantación** *nf* magnetization.

imanar *vtr*, **imantar** *vtr* to magnetize.

imbatible *adj* unbeatable, invincible.

imbatido,-a *adj* unbeaten, undefeated.

imbebible *adj* undrinkable.

imbécil I *adj* stupid, silly. **II** *nmf* idiot, imbecile.

imbecilidad *nf* stupidity, imbecility.

imberbe *adj* beardless.

imborrable *adj* indelible.

imbricar [1] *vtr* to overlap.

imbuir [62] *fml* **I** *vtr* to imbue. **II** **imbuirse** *vr* to become imbued (**de**, with).

imitable *adj* imitable.

imitación *nf* imitation; **a i. de**, in imitation of; **joyas de i.**, imitation jewellery *sing.*

imitador,-a I *adj* imitative. **II** *nm,f* imitator.

imitamonas *nmf inv fam* copycat.

imitar *vtr (gen)* to imitate; *(gestos)* to mimic.

impaciencia *nf* impatience.

impacientar I *vtr* to make lose patience, exasperate. **II** **impacientarse** *vr* to get *o* grow impatient; **i. por**, to grow impatient at.

impaciente *adj* impatient; **están impacientes por llegar**, they are anxious to arrive; **ponerse i.**, to get *o* grow impatient. ◆**impacientemente** *adv* impatiently.

impacto *nm* impact; *Mil* hit; **i. de bala**, bullet hole.

impagable *adj* unpayable; *fig* invaluable.

impagado,-a I *adj* unpaid. **II** **los impagados** *nmpl Com Fin* unpaid items, items outstanding.

impago I *adj* unpaid. **II** *nm* nonpayment.

impalpable *adj* impalpable.

impar *adj* **1** *Mat* odd. ■ **número i.**, odd number. **2** *(sin igual)* unrivalled, unique.

imparable *adj Dep* unstoppable.

imparcial *adj* impartial, unbiased. ◆**imparcialmente** *adv* impartially.

imparcialidad *nf* impartiality.

impartir *vtr* to convey, impart; *Rel* **i. su bendición a**, to give one's blessing to.

impasibilidad *nf* impassiveness.

impasible *adj* impassive.

impasse *nm* impasse, deadlock.

impavidez *nf* **1** fearlessness, dauntlessness. **2** *Am* freshness, cheekiness.

impávido,-a *adj* **1** intrepid, fearless, dauntless. **2** *Am* fresh, cheeky.

impecable *adj* impeccable.

impedido,-a I *pp de* **impedir**. **II** *adj* disabled, handicapped, crippled. **III** *nm,f* disabled *o* handicapped person, cripple.

impedimenta *nf Mil* impedimenta *pl.*

impedimento *nm (gen)* impediment; *(obstáculo)* hindrance, obstacle.

impedir [34] *vtr (obstaculizar)* to impede, hinder, obstruct; *(imposibilitar)* to prevent, stop, thwart; **i. el paso**, to block the way; **una importante reunión me impedirá ir al bautizo**, an important meeting will prevent me from going to the christening.

impelente *adj Téc* driving, propelling; *fig (incitante)* inviting, driving, impelling.

impeler *vtr Téc* to drive, propel; *fig* to drive, impel, urge.

impenetrabilidad *nf* impenetrability.

impenetrable *adj* impenetrable; *fig (secreto, acción)* obscure; *fig (persona)* reserved, aloof.

impenitencia *nf* impenitence.

impenitente *adj Rel* impenitent, unrepentant; *fig fam (empedernido)* inveterate, confirmed.

impensable *adj* unthinkable.

impensado,-a *adj* unexpected, unforeseen, out of the blue.

impepinable *adj fam* dead sure, certain. ◆**impepinablemente** *adv fam* as sure as eggs are eggs.

imperante *adj* ruling, prevailing.

imperar *vi* to rule, prevail.

imperativo,-a I *adj* imperative. **II** *nm Ling* imperative. ◆**imperativamente** *adv* imperatively.

imperceptibilidad *nf* imperceptibility.

imperceptible *adj* imperceptible. ◆**imperceptiblemente** *adv* imperceptibly.

imperdible *nm* safety pin.

imperdonable *adj* unforgiving, inexcusable.

imperecedero,-a *adj* imperishable; *fig* ever-lasting, immortal.

imperfección *nf* **1** imperfection. **2** *(defecto)* defect, fault, flaw, deficiency.

imperfecto,-a I *adj* **1** imperfect, fallible. **2** *(defectuoso)* defective, faulty, flawed. **3** *Ling* imperfect; **pretérito i.**, imperfect. **II** *nm Ling* imperfect (tense).

imperial *adj* imperial.

imperialismo *nm* imperialism.

imperialista *adj & nmf* imperialist.

impericia *nf (poca habilidad)* lack of skill; *(inexperiencia)* lack of experience, inexperience.

imperio *nm* empire; **el i. romano**, the Roman Empire; *fig* haughtiness, arrogance; *fig* **vale un i.**, it's worth a fortune.

imperioso,-a *adj* **1** *(arrogante)* imperious. **2** *(indispensable)* urgent, imperative; **una necesidad imperiosa**, a pressing need.

impermeabilidad *nf* impermeability, imperviousness.

impermeabilización *nf* waterproofing.

impermeabilizar [4] *vtr* to waterproof.

impermeable I *adj (gen)* impermeable, impervious; *(ropa)* waterproof; *fig* **i. a las críticas**, impervious to criticism. **II** *nm* raincoat, mac.

impersonal *adj* impersonal.

impersonalidad *nf* impersonality, lacking in character.

impertérrito,-a *adj* unmoved, undaunted, fearless.

impertinencia *nf (persona)* impertinence; *(palabras)* impertinent remark.

impertinente I *adj* impertinent, uncalled for, impudent. **II** **impertinentes** *nmpl* lorgnette *sing.* ◆**impertinentemente** *adv* impertinently.

imperturbable *adj* imperturbable, unruffled.

ímpetu *nm* **1** *(impulso)* impetus, impulse, momentum. **2** *(violencia)* violence. **3** *(fogosidad)* impetuosity, impulsiveness.

impetuosidad *nf* **1** *(violencia)* violence. **2** *(fogosidad)* impetuosity, impulsiveness.

impetuoso,-a *adj* 1 *(violento)* violent; **torrente i.,** rushing torrent. 2 *(fogoso)* impetuous, impulsive.

impiedad *nf* Rel impiety; *(falta de compasión)* heartlessness, pitilessness.

impío,-a I *adj* impious, ungodly, irreligious. II *nm,f* infidel.

implacable *adj* relentless, implacable, inexorable.

implantación *nf* 1 *(de costumbres)* implantation; *(de reformas)* introduction. 2 *Med* implantation.

implantar *vtr* 1 *(costumbres)* to implant, instil; *(reformas)* to introduce; **cuando se implantó la democracia,** when democracy was introduced. 2 *Med* to implant.

implicación *nf* implication.

implicar [1] *vtr* 1 *(involucrar)* to implicate, involve **(en,** in); **la implicó en el asunto,** he involved her in the affair. 2 *(conllevar)* to imply; **eso no implica que no sean buenos amigos,** that does not mean that they are not good friends.

implícito,-a *adj* implicit, implied. ◆**implícitamente** *adv* implicitly.

implorar *vtr* to implore, beseech, beg, entreat.

implosión *nf* Fís implosion.

impoluto,-a *adj* pure, spotless, immaculate.

imponderable *adj & nm* imponderable.

imponente *adj* 1 *(impresionante)* imposing, impressive. 2 *fam (sensacional)* terrific, tremendous, smashing.

imponer [78] *(pp* **impuesto)** I *vtr* 1 *(gen)* to impose. 2 *(exigir)* to demand, exact; *(silencio, obediencia)* to command. 3 *(dar)* to give; *Mil* to award; **i. un nombre a algn,** to give a name to sb. 4 *(instruir)* to instruct **(en,** in); *(informar)* to inform **(de,** of). 5 *Fin* to deposit. 6 *Rel* **i. las manos sobre algn,** to impose *o* lay hands on sb. 7 *(un edificio)* to be impressive; *(persona)* to inspire respect. II **imponerse** *vr* 1 *(infundir respeto)* **i. a algn,** to command respect from sb, impose one's authority on sb. 2 *(prevalecer)* to prevail; **se impuso el sentido común,** common sense prevailed. 3 *(ponerse de moda)* to become fashionable; **se ha vuelto a i. la falda corta,** short skirts have become fashionable again. 4 *(asumir)* to assume, take on. 5 *(ser necesario)* to be necessary. 6 *(informarse)* **i. de algo,** to find out about sth, acquaint oneself with sth.

imponible *adj* Fin taxable, subject to taxation; **no i.,** tax-free.

impopular *adj* unpopular, disliked.

impopularidad *nf* unpopularity.

importación *nf* 1 import, importation; **artículos de i.,** imported goods. 2 **importaciones,** imports; **comercio de i.,** import trade.

importador,-a I *adj* importing. II *nm,f* importer.

importancia *nf* importance, significance; **conceder/ dar i. a,** to attach/give importance to; **darse i.,** to show off; **quitar** *o* **restar i. a algo,** to play sth down; **sin i.,** unimportant.

importante *adj* important, significant; **una suma i.,** a considerable sum.

importar[1] *vtr (valer)* to amount to; **los libros importan dos mil pesetas,** the books come to two thousand pesetas. II *vi* 1 *(hacer al caso)* to matter; **eso no le importa a usted,** that doesn't concern you, that's none of your business; **lo compraré, no importa su precio,** I'll buy it whatever the price; **no importa,** it doesn't matter; **no me importa decirlo,** I don't mind saying it; **¿te importa** *o* **importaría escribirlo?,** would you mind writing it down?; *fam* **me**

Importa un bledo *o* **un pito,** I couldn't care less *(implicar)* to involve.

importar[2] *vtr* to import.

importe *nm Com Fin (valor)* price, cost; *(total)* total, amount.

importunar *vtr* to bother, pester, importune.

importuno,-a *adj* 1 *(inoportuno)* inopportune. 2 *(fastidioso)* bothersome, troublesome, annoying; **temo ser i.,** I don't want to be a nuisance.

imposibilidad *nf* impossibility.

imposibilitado,-a I *pp de* **imposibilitar.** II *adj (inválido)* disabled, crippled. 2 *(impotente)* helpless, without means; **verse i. para hacer algo,** to be unable to do sth, be prevented from doing sth.

imposibilitar *vtr* 1 *(impedir)* to make impossible, prevent. 2 *(incapacitar)* to disable, cripple.

imposible I *adj* impossible; **me es i. hacerlo,** I can't (possibly) do it; *fam* **hacer la vida i. a algn,** to make life impossible for sb. II **lo i.** *nm* the impossible; **hacer lo i.,** to do the impossible.

imposición *nf* 1 *(disciplina, condiciones, multas)* imposition. 2 *Fin* deposit; *(impuesto)* tax; **hacer una i.,** to deposit money. 3 **imposiciones,** deposits. 4 *Impr* imposition. 5 *Rel* **i. de manos,** laying on of hands.

impositivo,-a *adj* tax, of taxes; **sistema** *o* **método i.,** tax system.

impositor,-a *nm,f* 1 *Fin* depositor. 2 *Impr* typesetter.

impostor,-a *nm,f* 1 *(farsante)* impostor. 2 *(calumniador)* slanderer.

impostura *nf* 1 *(engaño)* imposture, deception. 2 *(calumnia)* slander.

impotencia *nf* powerlessness, impotence; *Med* impotence.

impotente *adj* powerless, impotent; *Med* impotent; **verse i. para hacer algo,** to find oneself powerless to do sth.

impracticable *adj* 1 *(inviable)* impracticable, unfeasible, unviable. 2 *(camino, carretera)* impassable; *(en letrero)* **carretera i.,** road unsuitable for traffic.

imprecación *nf* imprecation, curse.

imprecar[1] *vtr* to imprecate, curse.

imprecisión *nf* lack of precision, imprecision, vagueness.

impreciso,-a *adj* imprecise, vague.

impredecible *adj* unpredictable.

impregnación *nf* impregnation.

impregnar I *vtr* to impregnate **(en, de,** with). II **impregnarse** *vr* to become impregnated.

impremeditado,-a *adj* unpremeditated.

imprenta *nf* 1 *(arte)* printing, art of printing. 2 *(taller)* printer's, printing house *o* works; **tinta de i.,** printer's ink. 3 *fig* printed matter; **libertad de i.,** freedom of the press.

imprescindible *adj* essential, indispensable; **es i. que,** it is essential that.

impresentable *adj* unpresentable.

impresión *nf* 1 *(huella)* impression, imprint; **i. visual,** visual impression; **i. dactilar** *o* **digital,** fingerprint. 2 *fig (efecto)* impression; **causar i.,** to make an impression. 3 *fig (opinión)* impression; **cambiar impresiones,** to exchange impressions. 4 *Impr* printing; **una i. de diez mil ejemplares,** an edition of ten thousand copies; *Inform* **i. por chorro de tinta,** ink-jet printing.

mpresionabilidad *nf* impressionability.

mpresionable *adj* impressionable.

mpresionante *adj* impressive, striking; *fam* **un error i.,** a terrible mistake.

mpresionar I *vtr* 1 *(sorprender)* to impress, make an impression on; *(conmover)* to move, touch; **el accidente la impresionó mucho,** she was stunned by the accident; **sus cariñosas palabras me impresionaron,** his affectionate words touched me. 2 *Fot* to expose; **película sin i.,** unexposed film. 3 *(grabar discos)* to cut. II **impresionarse** *vr (sorprenderse)* to be impressed; *(conmoverse)* to be moved o touched.

mpresionismo *nm Arte Lit* impressionism.

mpresionista *adj & nmf* impressionist.

mpreso,-a I *pp de* **imprimir.** II *adj* printed; **la letra impresa,** the printed word; **lo vi i.,** I saw it in print. III *nm* 1 *(papel, folleto)* printed matter. 2 *(formulario)* form; **i. de solicitud,** application form. 3 **impresos,** *(de correos)* printed matter *sing.*

mpresor,-a I *nm,f* printer. II *nf Inform* printer.

mprevisible *adj* unforeseeable, unpredictable.

mprevisión *nf* lack of foresight.

mprevisto,-a I *adj* unforeseen, unexpected. II *nm* 1 *(incidente)* unforeseen event; **surgió un i.,** something unexpected came up. 2 **imprevistos,** *(gastos)* incidental expenses.

mprimación *nf Arte* 1 *(acción)* priming. 2 *(sustancia)* primer, priming material.

mprimar *vtr Arte* to prime.

mprimátur *nm inv Rel* imprimatur.

mprimible *adj* printable.

mprimir *vtr (pp* **impreso)** 1 *Impr Inform* to print. 2 *(marcar)* to stamp, imprint, impress. 3 *fig (fijar en el ánimo)* to fix.

mprobabilidad *nf* improbability, unlikelihood.

mprobable *adj* improbable, unlikely. ◆**improbablemente** *adv* improbably.

mprobo,-a *adj* 1 *(sin probidad)* dishonest, corrupt. 2 *(excesivo)* laborious, very hard; **esfuerzo i.,** strenuous effort.

mprocedencia *nf* 1 inappropriateness, unsuitability. 2 *Jur* inadmissibility.

mprocedente *adj* 1 inappropriate, unsuitable. 2 *Jur* inadmissible.

mproductividad *nf* unproductiveness.

mproductivo,-a *adj* unproductive.

mpronta *nf* impression; *fig* mark; **este libro lleva la i. de un gran escritor,** this book has the mark of a great writer.

mpronunciable *adj* unpronounceable.

mproperio *nm* insult, offensive remark.

mpropio,-a *adj* 1 *(incorrecto)* improper; **i. de,** unbecoming to o for. 2 *(inadecuado)* inappropriate, unsuitable.

mprorrogable *adj* that cannot be prolonged o extended.

mprovisación *nf* improvisation; *Mús* extemporization.

mprovisado,-a I *pp de* **improvisar.** II *adj* improvised, impromptu, ad lib; *(reparación, construcción)* makeshift; **discurso i.,** impromptu speech. ◆**improvisadamente** suddenly.

mprovisar *vtr* to improvise; *Mús* to extemporize.

improviso,-a *adj* unforeseen, unexpected; **de i.,** unexpectedly, suddenly; *Mús* **tocar de i.,** to play impromptu; *fam* **coger** o **pillar a algn de i.,** to catch sb unawares.

imprudencia *nf* imprudence, rashness; *(indiscreción)* indiscretion; **i. temeraria,** (criminal) negligence.

imprudente *adj* imprudent, unwise, rash; *(indiscreto)* indiscreet; **conductor i.,** careless driver.

impúber I *adj* below the age of puberty. II *nmf* child below the age of puberty.

impublicable *adj* unpublishable, unprintable.

impudicia *nf,* **impudicicia** *nf (falta de pudor)* immodesty; *(desvergüenza)* shamelessness.

impúdico,-a *adj (indecente)* immodest, improper; *(desvergonzado)* shameless.

impudor *nm* immodesty; *(desvergüenza)* shamelessness.

impuesto,-a I *pp de* **imponer.** II *adj* 1 *(gen)* imposed. 2 *(informado)* **estar i. de** o **en,** to be informed of, be acquainted with. III *nm Fin* tax; **i. sobre el valor añadido (IVA),** value-added tax (VAT); **i. sobre la renta,** income tax; **libre de impuestos,** tax-free; *Com* **tienda libre de impuestos,** duty-free shop.

impugnable *adj* refutable.

impugnación *nf* refutation.

impugnar *vtr (teoría)* to refute, disprove; *(decisión)* to challenge, contest, oppose.

impulsar *vtr* to impel, drive forward; *fig (incitar)* to impel, drive.

impulsión *nf* impulsion.

impulsividad *nf* impulsiveness.

impulsivo,-a *adj* impulsive.

impulso *nm* 1 impulse, thrust. 2 *(velocidad)* momentum; **coger i.,** to gather momentum; *Dep* **tomar i.,** to take a run up.

impune *adj* unpunished. ◆**impunemente** *adv* with impunity.

impunidad *nf* impunity.

impureza *nf* impurity.

impuro,-a *adj* impure.

impuse *pt indef véase* **imponer.**

imputable *adj* attributable.

imputación *nf* imputation, charge.

imputar *vtr* to impute, attribute.

inabarcable *adj* too wide o large.

inabordable *adj* unapproachable, inaccessible.

inacabable *adj* interminable, endless.

inaccesible *adj* inaccessible.

inacentuado,-a *adj Ling* unstressed, atonic.

inaceptable *adj* unacceptable.

inactividad *nf* inactivity; *Fin* lull, stagnation.

inactivo,-a *adj* inactive.

inadaptable *adj* unadaptable.

inadaptación *nf* maladjustment.

inadaptado,-a I *adj* maladjusted. II *nm,f* misfit.

inadecuación *nf* inadequacy.

inadecuado,-a *adj* 1 *(insuficiente)* inadequate. 2 *(inapropiado)* unsuitable, inappropriate.

inadmisible *adj* inadmissible.

inadvertencia *nf* inadvertence, heedlessness; **por i.,** inadvertently, unintentionally.

inadvertido,-a *adj* 1 *(no visto)* unnoticed, unseen; **pasar i.,** to escape notice, pass unnoticed. 2 *(distraído)* inattentive.

inagotable *adj* 1 *(recursos etc)* inexhaustible. 2 *(infatigable)* tireless, indefatigable, unwearying.

inaguantable *adj* unbearable, intolerable.

inalámbrico,-a *adj* wireless.

inalcanzable *adj* unattainable, unachievable.

inalienable *adj* inalienable.

inalterable *adj* 1 *(gen)* unalterable. 2 *(colour)* fast, permanent. 3 *(persona impasible)* impassive, imperturbable.

inalterado,-a *adj* unaltered, unchanged.

inamovible *adj* immovable, fixed.

inane *adj* inane, empty, pointless.

inanición *nf* starvation; *Med* inanition.

inanidad *nf* inanity, senselessness.

inanimado,-a *adj* inanimate.

inapelable *adj* 1 *Jur* unappealable, without appeal. 2 *fig (irremediable)* inevitable, unavoidable.

inapetencia *nf* lack *o* loss of appetite.

inapetente *adj* having no appetite.

inaplazable *adj* which cannot be postponed; *(urgente)* urgent, pressing.

inaplicable *adj* inapplicable.

inapreciable *adj* 1 *(inestimable)* invaluable, inestimable. 2 *(insignificante)* insignificant, minimum.

inapropiado,-a *adj* inappropriate.

inarrugable *adj* crease-resistant.

inarticulado,-a *adj* inarticulate.

inasequible *adj* 1 *(meta)* unattainable, unachievable. 2 *(persona)* unapproachable, inaccessible. 3 *(precio)* prohibitive. 4 *(cuestión, problema)* incomprehensible.

inasistencia *nf* absence.

inastillable *adj* *(cristal)* shatterproof; *(madera)* splinterproof.

inatacable *adj* *Mil* unassailable; *fig (argumento, teoría)* irrefutable.

inatento,-a *adj* inattentive.

inaudible *adj* inaudible.

inaudito,-a *adj* 1 *(nunca oído)* unheard-of; *(sin precedente)* unprecedented. 2 *fig (escandaloso)* outrageous.

inauguración *nf (gen)* inauguration, opening; *(de una placa, estatua)* unveiling.

inaugural *adj* inaugural, opening; **ceremonia i.,** inaugural ceremony; *Av* **vuelo i.,** maiden flight; *Náut* **viaje i.,** maiden voyage.

inaugurar *vtr (gen)* to inaugurate, open; *(placa, estatua)* to unveil; **i. una casa,** to have a housewarming party.

INB *nm Educ abr de* **Instituto Nacional de Bachillerato,** ≈ state secondary school.

inca *adj & nmf* Inca.

incaico,-a *adj* Inca.

incalculable *adj* incalculable, indeterminate.

incalificable *adj* indescribable, unspeakable.

incandescencia *nf* incandescence.

incandescente *adj* incandescent.

incansable *adj* tireless, indefatigable, unwearying. ◆**incansablemente** *adv* tirelessly, indefatigably.

incapacidad *nf* 1 *(gen)* incapacity, incapability; **i. física,** physical disability. 2 *(incompetencia)* incompetence, inefficiency.

incapacitado,-a I *pp de* **incapacitar.** II *adj* 1 *(imposibilitado)* incapacitated, disabled. 2 *(descalificado)* disqualified; *(desautorizado)* incapacitated.

incapacitar *vtr* 1 to incapacitate, disable. 2 *(inhabilitar)* to disqualify, make unfit **(para,** for).

incapaz *adj* 1 incapable **(de,** of), unfit **(de,** for); *fam* **es i. de matar una mosca,** he wouldn't hurt a fly. 2 *(incompetente)* incompetent, inefficient.

incautación *nf Jur* seizure, confiscation.

incautarse *vr Jur* **i. de,** to seize, confiscate.

incauto,-a I *adj* 1 *(imprudente)* incautious, unwary. 2 *(crédulo)* gullible. II *nm,f* gullible person. ◆**in cautamente** *adv* incautiously, unwarily.

incendiado,-a I *pp de* **incendiar.** II *adj (que arde* on fire, burning, in flames; *(destruido)* burnt-out.

incendiar [12] I *vtr* to set on fire, set fire to, se alight, burn down. II **incendiarse** *vr* to catch fire.

incendiario,-a I *adj* incendiary; *fig (discurso etc* inflammatory. II *nm,f (persona)* arsonist, fireraiser.

incendio *nm* fire; **i. forestal,** forest fire; **i. intencio nado** *o* **provocado,** arson.

incensario *nm Rel* censer, thurible.

incentivar *vtr* to give an incentive.

incentivo *nm* incentive.

incertidumbre *nf* uncertainty, doubt.

incesante *adj* incessant, never-ending. ◆**incesan temente** *adv* incessantly.

incesto *nm* incest.

incestuoso,-a *adj* incestuous.

incidencia *nf* 1 *(frecuencia, cantidad)* incidence **hubo una alta i. de muertes en la carretera,** there was high incidence of deaths on the road. 2 *Fís* in cidence. 3 *(repercusión)* repercussion, conse quence, impact, effect; **su discurso tuvo una gran i.** his speech made a great impact. 4 **por i.,** by chanc *o* accident.

incidental *adj* incidental.

incidente *nm* incident; **llegar sin incidentes, t** arrive without any problem.

incidir *vi* 1 *(incurrir)* to fall **(en,** into). 2 *(afectar)* t affect; *(influir)* to influence **(en,** -); **la subida de pre cios incide más sobre los salarios bajos,** the rise i prices has a greater effect on low wages. 3 *Med* t make an incision.

incienso *nm* incense; *fig (adulación)* flattery.

incierto,-a *adj* 1 *(dudoso)* uncertain, doubtful. *(inconstante)* inconstant, unpredictable. ◆**incier tamente** *adv* uncertainly.

incineración *nf (de basuras)* incineration; *(de ca dáveres)* cremation.

incinerador *nm* incinerator.

incinerar *vtr (basura)* to incinerate; *(cadáveres)* t cremate.

incipiente *adj* incipient, budding; **el día i.,** th dawning day.

incisión *nf* incision, cut.

incisivo,-a I *adj* incisive, sharp, cutting; *fig* **un co mentario i.,** a cutting remark. II *nm Anat* incisor.

inciso,-a I *adj (estilo)* jerky. II *nm Ling* interpo lated *o* incidental clause; **a modo de i.,** in passing incidentally.

incitación *nf* incitement.

incitador,-a I *adj* inciting. II *nm,f* inciter.

incitante *adj* 1 *(instigador)* inciting. 2 *(provocativo* provocative.

incitar *vtr* to incite, urge.

incivil *adj* uncivil, rude.

incivilizado,-a *adj* uncivilized.

inclasificable adj unclassifiable.

inclemencia nf inclemency, harshness.

inclemente adj inclement, harsh.

inclinación nf 1 slope, incline, slant; (del cuerpo) stoop. 2 (reverencia) bow; (señal de asentimiento) nod. 3 fig (tendencia) tendency, inclination, propensity, penchant; **tiene i. hacia la música**, he has a penchant for music.

inclinado,-a I pp de inclinar. **II** adj inclined, slanting; fig **me siento i. a creerle**, I feel inclined to believe him.

inclinar I vtr 1 to incline, slant, bend; (cuerpo) to bow; (la cabeza) to nod. 2 fig (persuadir) to persuade, incline, induce, dispose. **II** inclinarse vr 1 to lean, slope, incline; **i. hacia adelante**, to lean forward. 2 (al saludar) to bow; **i. ante**, to bow down to. 3 fig (optar) **i. a**, to be o feel inclined to; **me inclino por éste**, I'd rather have this one, I prefer this one.

inclito,-a adj Lit distinguished, illustrious.

incluido,-a I pp de incluir. **II** adj 1 included; **precio todo i.**, all-in price; **servicio no i.**, service not included. 2 (adjunto) enclosed.

incluir [62] vtr 1 to include; **incluyendo gastos de envío**, including postage and packing; **¿me incluiste en la lista?**, did you include me in the list? 2 (contener) to contain, comprise. 3 (adjuntar) to enclose.

inclusa nf foundling home, orphanage.

inclusero,-a adj & nm,f foundling, orphan.

inclusión nf inclusion; **con i. de**, including.

inclusive adv inclusive; **de martes a viernes i.**, from Tuesday to Friday inclusive; **hasta la lección ocho i.**, up to and including lesson eight.

inclusivo,-a adj inclusive. ◆**inclusivamente** adv inclusive, inclusively.

incluso I adv inclusive, inclusively. **II** prep even.

incoar vtr defect Jur to initiate.

incógnito,-a I adj incognito, unknown. **II** nm incognito; **guardar el i.**, to remain incognito; **viajar de i.**, to travel incognito. **III** nf 1 Mat unknown quantity, unknown. 2 (misterio) mystery; **no sé cómo reaccionará José, es una i.**, I don't know how José will react, he's an unknown quantity. 3 (razón oculta) hidden motive.

incoherencia nf incoherence.

incoherente adj incoherent. ◆**incoherentemente** adv incoherently.

incoloro,-a adj colourless.

incólume adj fml safe, unharmed; **salir i. de un accidente**, to escape from an accident without injury.

incombustible adj incombustible, fireproof.

incomestible adj, **incomible** adj uneatable, inedible.

incomodar I vtr 1 (causar molestia) to inconvenience, put out. 2 (fastidiar) to bother, annoy. 3 (enojar, disgustar) to annoy, anger. **II** incomodarse vr 1 (tomarse molestias) to put oneself out, trouble oneself, go out of one's way; **no te incomodes**, don't put yourself out. 2 (enojarse, disgustarse) to get annoyed o angry.

incomodidad nf, **incomodo** nm 1 (falta de comodidad) discomfort. 2 (molestia) inconvenience. 3 euf (malestar) unrest, uneasiness.

incómodo,-a adj uncomfortable; **sentirse i.**, to feel uncomfortable o awkward.

incomparable adj incomparable.

incomparecencia nf Jur nonappearance, default.

incompatibilidad nf incompatibility; Jur **i. de caracteres**, mutual incompatibility.

incompatible adj incompatible.

incompetencia nf incompetence.

incompetente adj & nmf incompetent.

incompleto,-a adj incomplete; (inacabado) unfinished.

incomprensible adj incomprehensible. ◆**incomprensiblemente** adv incomprehensibly.

incomprensión nf lack of understanding, failure to understand; (poca voluntad) lack of sympathy.

incomprensivo,-a adj uncomprehending; (insolidario) unsympathetic.

incomunicación nf 1 (falta de comunicación) lack of communication. 2 Jur solitary confinement. 3 (aislamiento) isolation.

incomunicado,-a I pp de incomunicar. **II** adj 1 (aislado) isolated; **el pueblo se quedó i.**, the town was cut off. 2 (en la cárcel) in solitary confinement.

incomunicar [1] vtr 1 (aislar) (lugar) to isolate, cut off; (habitación) to shut off. 2 (recluso) to place in solitary confinement.

inconcebible adj inconceivable, unthinkable.

inconciliable adj irreconcilable.

inconcluso,-a adj unfinished.

incondicional I adj (gen) unconditional; (obediencia) unquestioning, absolute; (apoyo) wholehearted; (amigo) faithful; (partidario) staunch. **II** nmf (partidario) staunch supporter; (amigo) faithful friend.

inconexión nf (falta de conexión) disconnection; (incoherencia) incoherence.

inconexo,-a adj (sin conexión) disconnected, unconnected; (incoherente) incoherent, confused.

inconfesable adj shameful, disgraceful, shocking.

inconfeso,-a adj not pleading guilty, not owning up.

inconformismo nm nonconformity.

inconformista adj & nmf nonconformist.

inconfortable adj uncomfortable.

inconfundible adj unmistakable, obvious.

incongruencia nf incongruity.

incongruente adj incongruous.

inconmensurable adj immeasurable, vast, limitless.

inconmovible adj firm, unshakable.

inconquistable adj 1 Mil inconquerable, invincible. 2 fig (tenaz) unyielding.

inconsciencia nf Med unconsciousness; fig (desconocimiento) unawareness; fig (irreflexión) thoughtlessness, irresponsibility.

inconsciente I adj (desmayado) unconscious; fig (despreocupado) unaware (de, of); fig (irreflexivo) thoughtless, irresponsible. **II** nmf unconscious person; fig thoughtless o irresponsible person.

inconsecuencia nf inconsistency, inconsequence.

inconsecuente adj inconsistent, inconsequent; **fue i. en sus respuestas**, her replies lacked consistency.

inconsideración nf inconsiderateness, thoughtlessness.

inconsiderado,-a adj inconsiderate, thoughtless.

inconsistencia nf (de líquido) runniness, watery; (de tela) flimsiness; (de argumento) weakness, insubstantiality.

inconsistente adj (líquidos) runny, watery; (telas) flimsy; (argumentos) weak, insubstantial.

inconsolable *nf* inconsolable, disconsolate.

inconstancia *nf* inconstancy, fickleness.

inconstante *adj* inconstant, fickle; *Meteor* changeable, variable.

inconstitucional *adj* unconstitutional.

inconstitucionalidad *nf* unconstitutionality.

incontable *adj* countless, innumerable, uncountable.

incontaminado,-a *adj* unpolluted, uncontaminated.

incontenible *adj* uncontrollable, irrepressible; **un ataque de risa i.**, a fit of uncontrollable laughter.

incontestable *adj* indisputable, unquestionable, undeniable. ◆**incontestablemente** *adv* indisputably, undeniably.

incontinencia *nf* incontinence.

incontinente[1] *adj* **1** *(desenfrenado)* lacking in sexual control. **2** *Med* incontinent.

incontinente[2] *adv* at once.

incontrolable *adj* uncontrollable.

incontrolado,-a *adj* uncontrolled.

incontrovertible *adj* incontrovertible, indisputable.

inconveniencia *nf* **1** *(gen)* inconvenience. **2** *(impropiedad)* unsuitability; *(no aconsejable)* inadvisability. **3** *(incorrección)* impoliteness; *(dicho grosero)* rude remark; **decir/cometer inconveniencias**, to be tactless.

inconveniente **I** *adj* **1** *(gen)* inconvenient. **2** *(inapropiado)* unsuitable; *(no aconsejable)* inadvisable. **3** *(incorrecto)* impolite; *(grosero)* rude, coarse. **II** *nm* **1** *(objeción)* objection; **poner inconvenientes a algo**, to raise objections to sth. **2** *(desventaja)* drawback; *(problema)* difficulty; **¿tienes i. en acompañarme?**, would you mind coming with me?

incordiar [12] *vtr fam* to bother, pester; **¡no incordies!**, don't be such a nuisance!

incordio *nm fam* nuisance, pain.

incorporación *nf* **1** *(unir)* incorporation. **2** *(del cuerpo)* sitting-up.

incorporado,-a **I** *pp de* **incorporar**. **II** *adj* **1** *(unido)* incorporated; *Téc* built-in, embodied. **2** *(en la cama)* sitting up.

incorporar **I** *vtr* **1** to incorporate (**en**, into); *Culin* to mix, blend. **2** *(levantar)* to help to sit up. **II** **incorporarse** *vr* **1** *(sociedad)* to join; *(trabajo)* to start; *Mil* **i. a filas**, to join up. **2** *(en la cama)* to sit up.

incorpóreo,-a *adj* incorporeal; *(inmaterial)* intangible.

incorrección *nf* **1** *(falta)* incorrectness, inaccuracy; *(gramatical)* mistake. **2** *(descortesía)* impoliteness, discourtesy, impropriety; **cometer una i.**, to commit a faux pas *o* gaffe.

incorrecto,-a *adj* **1** *(equivocado)* incorrect, inaccurate. **2** *(grosero)* impolite, discourteous.

incorregible *adj* incorrigible; **has comido demasiado otra vez, eres i.**, you've eaten too much again, you'll never change.

incorruptible *adj* incorruptible; *fam* straight.

incorrupto,-a *adj* uncorrupted, incorrupt; *(mujer)* chaste.

incredulidad *nf* **1** incredulity, disbelief. **2** *Rel* unbelief.

incrédulo,-a **I** *adj* **1** incredulous, disbelieving. **2** *Rel* unbelieving. **II** *nm,f* **1** disbeliever. **2** *Rel* unbeliever.

increíble *adj* incredible, unbelievable.

incrementar **I** *vtr* to increase. **II** **incrementarse** *v* to increase.

incremento *nm* *(aumento)* increase; *(crecimiento)* growth; **i. de la temperatura**, rise in temperature; **i. del coste de vida**, rise in the cost of living.

increpar *vtr fml* to rebuke, reprimand.

incriminación *nf* incrimination.

incriminar *vtr* to incriminate.

incruento,-a *adj* bloodless.

incrustación *nf* **1** encrustation *o* incrustation. **2** *Arte* inlaying, inlay.

incrustar **I** *vtr* **1** to encrust *o* incrust; *fam fig* **le dio un golpe que lo incrustó contra la pared**, he nearly knocked him through the wall. **2** *(insertar)* to inlay **incrustado con**, inlaid with. **II** **incrustarse** *vr* to become embedded (**en**, in); *fig* **la idea se incrustó en su memoria**, the idea engraved itself in his memory.

incubación *nf* incubation.

incubadora *nf* incubator.

incubar *vtr* to incubate.

incuestionable *adj* unquestionable, indisputable.

inculcar [1] *vtr (gen)* to inculcate; *(principios, ideas)* to instil (**en**, into).

inculpación *nf (gen)* accusation; *Jur* charge.

inculpado,-a **I** *pp de* **inculpar**. **II** *adj (gen)* accused (**de**, of); *Jur* charged (**de**, with). **III** *nm,f* **el i., la inculpada**, the accused.

inculpar *vtr (gen)* to accuse (**de**, of), blame (**de** for); *Jur* to charge (**de**, with).

inculto,-a **I** *adj* **1** *(ignorante)* uneducated, uncultured. **2** *(rudo)* uncouth, uncivilized. **3** *Agr (terreno)* untilled, uncultivated. **II** *nm,f* ignoramus.

incultura *nf* **1** *(ignorancia)* ignorance, lack of culture. **2** *(rudeza)* uncouthness.

incumbencia *nf* duty, obligation, responsibility concern; **no es de mi i.**, it doesn't come within my province, it isn't my concern.

incumbir *vi* to be the duty (**a**, of), be incumbent (**a** upon); **esto no te incumbe**, this is none of your business; **me incumbe a mí hacerlo**, it is my duty to do it, it's my responsibility.

incumplido,-a **I** *pp de* **incumplir**. **II** *adj* unfulfilled.

incumplimiento *nm (de un deber)* non-fulfilment *(de una promesa)* failure to keep; *(de una orden)* failure to execute; *Admin* **i. de contrato**, breach o contract.

incumplir *vtr* not to fulfil; *(deber)* fail to fulfil; *(promesa, contrato)* to break; *(orden)* to fail to carry out.

incunable *nm Impr* **1** incunabulum. **2** **incunables** incunabula *pl*.

incurabilidad *nf* incurability.

incurable *adj Med* incurable; *fig* hopeless, incurable.

incurrir *(pp incurso)* *vi* **1** *(ganarse)* to incur. **2** *(cometer)* to commit; **i. en delito**, to commit a crime **i. en (un) error**, to fall into error.

incursión *nf* raid, incursion.

indagación *nf* investigation, inquiry.

indagar [7] *vtr* to investigate, inquire into.

indebido,-a *adj* **1** *(desconsiderado)* improper undue. **2** *(injusto)* wrongful, unjust. **3** *(ilegal)* unlawful, illegal. ◆**indebidamente** *adv* **1** *(inapropiadamente)* improperly, unduly. **2** *(injustamente* wrongfully, unjustly. **3** *(ilegalmente)* unlawfully illegally.

indecencia *nf* indecency, obscenity; *fam pey* **es una i. ver la poca comida que dan por mil pesetas,** it is a scandal to see how little food you get for 1,000 pesetas.

indecente *adj* 1 *(obsceno)* indecent; **una persona i.,** an obscene person. 2 *(miserable)* miserable; **una habitación i.,** a grotty room. 3 *(sucio)* filthy; **esta camisa está i.,** that shirt is very grubby.

indecible *adj* unspeakable; *(inefable)* indescribable; **sufrir lo i.,** to suffer terribly.

indecisión *nf* indecision, hesitation.

indeciso,-a *adj* 1 *(por decidir)* undecided. 2 *(vacilante)* hesitant, irresolute; **es una persona indecisa,** he can never make up his mind. 3 *(resultados etc)* inconclusive.

indeclinable *adj* 1 *lit (ineludible)* unavoidable. 2 *Ling* indeclinable.

indefectible *adj* unfailing, infallible.

indefendible *adj,* **indefensible** *adj* indefensible.

indefenso,-a *adj* defenceless, helpless.

indefinible *adj* indefinable; *(con palabras)* inexpressible.

indefinido,-a *adj* 1 indefinite; *(impreciso)* undefined, vague. 2 *Ling* indefinite. ◆**indefinidamente** *adv* indefinitely.

indeformable *adj* which will not lose its shape.

indeleble *adj* indelible.

indelicadeza *nf* indelicacy, coarseness; *(acto)* tactless act.

indemne *adj (persona)* unharmed, unhurt; *(cosa)* undamaged.

indemnidad *nf* indemnity.

indemnización *nf* 1 *(acto)* indemnification. 2 *Fin (compensación)* indemnity, compensation; **i. por despido,** severance pay.

indemnizar [4] *vtr* to indemnify, compensate **(de, por,** for).

indemostrable *adj* indemonstrable.

independencia *nf* independence; **con i. de,** independently of; **conseguir** *o* **ganar la i.,** to gain independence; *Hist* **la guerra de la I.,** the War of Independence.

independentista *adj & nmf Pol* independent.

independiente *adj (libre)* independent; *(individualista)* self-sufficient; *Pol* **se presenta como candidato i.,** he's standing as an independent (candidate). ◆**independientemente** *adv* 1 independently **(de,** of). 2 *(aparte de)* regardless, irrespective **(de,** of).

independizar [4] I *vtr* to make independent, grant independence to. II **independizarse** *vr* to become independent.

indescifrable *adj* indecipherable.

indescriptible *adj* indescribable.

indeseable *adj & nmf* undesirable.

indesmallable *adj (medias)* ladderproof, runproof.

indestructible *adj* indestructible.

indeterminable *adj* indeterminable.

indeterminación *nf* indecision, irresolution.

indeterminado,-a *adj* 1 *(sin determinar)* indeterminate; *(sin límite)* indefinite; *(impreciso)* vague. 2 *(persona)* irresolute. 3 *Ling* indefinite.

India *n* **(la) I.,** India.

indiada *nf Am* 1 crowd of Indians. 2 action or expression typical of an Indian.

indiano,-a I *adj lit* Latin American. II *nm Hist* Spanish emigrant who returns to Spain having acquired substantial wealth in Latin America.

Indias *npl* **(las) I.,** the Indies; **las I. Orientales/Occidentales,** the East/West Indies.

indicación *nf* 1 *(señal)* indication, sign. 2 *(corrección)* hint, suggestion; **hacer algo por i. de algn,** to do sth at sb's suggestion. 3 *(instrucción)* instruction, direction; **indicaciones para el uso,** instructions for use. 4 *(informe)* data, figures *pl.*

indicado,-a I *pp de* **indicar.** II *adj* right, suitable, appropriate; **a la hora indicada,** at the specified time; **él es el menos i. para llevar la empresa,** he's the last person who should run the business; **en el momento menos i.,** at the worst possible moment; *fml* **el cambio de tiempo hace i. el uso de ropas gruesas,** owing to the change in weather it's recommended that warm clothes be worn.

indicador,-a I *adj* indicating; **señales indicadoras de peligro,** danger signals. II *nm* 1 *(gen)* indicator. 2 *Téc* gauge, dial, meter; **i. de presión,** pressure gauge; *Aut* **i. del nivel de aceite,** (oil) dipstick; *Aut* **i. de velocidad,** speedometer.

indicar [1] *vtr* 1 *(señalar)* to indicate, show, point out; **i. algo con el dedo,** to point sth out; **¿me podría i. el camino?,** could you show me the way? 2 *(marcar)* to read. 3 *(aconsejar)* to show, advise; **indíqueme qué debo hacer,** tell me what I should do. 4 *(esbozar)* to outline.

indicativo,-a I *adj* 1 indicative **(de,** of). 2 *Ling* **(modo) i.,** indicative (mode). II *nm* 1 *Rad* call sign. 2 *Ling* indicative.

índice *nm* 1 *(señal)* indication, sign. 2 *(libro)* index, table of contents; *(de biblioteca)* index, catalogue. ■ **í. alfabético,** alphabetical index. 3 *(indica proporción)* *(evolución)* index; *(razón)* ratio; *(relación, tanto por ciento, en gráfica)* rate. ■ *Anat* **í. cefálico,** cephalic index; **í. de natalidad/mortalidad,** birth/death rate; *Fin* **í. de precios,** price index; *Fin* **í. del coste de la vida,** cost of living index. 4 *Mat* index. 5 *Anat* **(dedo) í.,** index finger, forefinger. 6 *Rel* **í. expurgatorio,** the Index.

indicio *nm* 1 *(señal)* indication, sign, token **(de,** of); **no hay indicios de que vaya a llover,** there is no sign that it's going to rain. 2 *(gen pl) (cantidad pequeña)* trace.

índico,-a *adj* Indian; **Océano I.,** Indian Ocean.

indiferencia *nf* indifference, apathy, disinterest.

indiferente *adj* 1 *(no importante)* indifferent; **me es i.,** it makes no difference to me. 2 *(actitud) (apatía)* apathetic; *(frialdad)* uninterested; **su esposa le es indiferente,** he doesn't care two hoots about his wife.

indígena I *adj* indigenous, native **(de,** to). II *nmf* 1 native **(de,** of). 2 *Am* Indian.

indigencia *nf fml* poverty, indigence.

indigente *fml* I *adj* needy, poverty-stricken, indigent. II *nmf* poor person; **los indigentes,** the poor, the needy.

indigerible *adj fam (comida)* indigestible, difficult to digest; *fig (persona, cosa)* hard to stomach.

indigestarse *vr* to cause *o* give indigestion; **se le indigestó la comida,** the meal gave her indigestion; *fam fig (caer mal)* **ese tipo se me indigesta,** I can't stomach that guy.

indigestión *nf* indigestion.

indigesto,-a *adj* 1 *(comida)* indigestible, difficult to digest; **sentirse i.,** to be suffering from indigestion. 2 *fig (de trato áspero)* surly, brusque.

indignación *nf* indignation.

indignado,-a I *pp de* indignar. II *adj* indignant (**por**, at, about).

indignante *adj* outrageous, infuriating.

indignar I *vtr* to infuriate, make angry. II **indignarse** *vr* to be *o* feel indignant (**por**, at, about).

indignidad *nf* 1 unworthiness. 2 *(acto)* unworthy act.

indigno,-a *adj (comportamiento)* unworthy (**de**, of); **esta actitud me parece indigna de ti**, I didn't expect you to take that attitude; **Raúl es i. de nuestra amistad**, Raúl is not worthy of our friendship.

índigo *nm* indigo.

indio,-a *adj & nm,f* Indian; **en fila india**, in single file; **hablar como los indios**, to speak (a language) badly; *fam* **hacer el i.**, to act the fool; *Am fig* **subírsele a uno el i.**, to flip, get annoyed.

indirecta *nf fam (insinuación)* hint, insinuation; **tirar** *o* **lanzar una i.**, to drop a hint; **coger la i.**, to get the message.

indirecto,-a *adj* indirect; *Ling* **complemento i.**, indirect complement; *Ling* **estilo i.**, indirect *o* reported speech.

indisciplina *nf* lack of discipline.

indisciplinado,-a I *pp de* indisciplinarse. II *adj* undisciplined, unruly.

indisciplinarse *vr* to become undisciplined *o* unruly.

indiscreción *nf (gen)* indiscretion; *(comentario)* tactless remark; **si no es i.**, **¿cómo piensas gastarte el dinero?**, I hope you don't mind my asking, but how do you plan to spend the money?

indiscreto,-a I *adj* indiscreet, tactless. II *nm,f* indiscreet person.

indiscriminado,-a *adj* indiscriminate. ◆**indiscriminadamente** *adv* indiscriminately.

indiscutible *adj* indisputable, unquestionable.

indisoluble *adj* indissoluble.

indispensable *adj* indispensable, essential.

indisponer [78] *(pp indispuesto)* I *vtr* 1 *(planes)* to upset, spoil; *Med* to upset, make unwell. 2 *fig (enemistar)* **i. a una persona contra otra**, to set one person against another. II **indisponerse** *vr* 1 *Med* to fall ill, become unwell. 2 *fig* **i. con algn**, to fall out with sb.

indisponible *adj* unavailable.

indisposición *nf* 1 *Med* indisposition, illness. 2 *(reticencia)* unwillingness, disinclination.

indispuesto,-a I *pp de* indisponer. II *adj* 1 *Med* indisposed, unwell. 2 *fig (enemistado)* on bad terms (**con**, with).

indispuse *pt indef véase* indisponer.

indistinto,-a *adj* 1 *(indiferente)* immaterial, inconsequential; **es i. ir en tren o en coche**, it makes no difference whether you go by train *o* car. 2 *Fin* **cuenta indistinta**, joint account. 3 *(impreciso)* indistinct; *(borroso)* vague. ◆**indistintamente** *adv* the same; **habla los dos idiomas i.**, she speaks both languages equally well.

individual I *adj* individual; **habitación i.**, single room. II *nm* 1 *(mantel)* place mat. 2 **individuales**, *Dep* singles.

individualidad *nf* individuality.

individualismo *nm* individualism.

individualista I *adj* individualistic. II *nmf* individualist.

individualización *nf* individualization.

individualizar [4] *vtr* to individualize.

individuo *nm* 1 individual. 2 *pey* bloke, guy.

indivisible *adj* indivisible.

indo,-a *adj & nm,f* Indus.

indócil *adj (de ideas fijas)* headstrong; *(desobediente)* disobedient.

indocumentado,-a I *adj* without identification papers. II *nm,f* 1 person without identification papers. 2 *arg* dead loss.

indochino,-a *adj & nm,f* Indo-Chinese.

indoeuropeo,-a *adj & nm,f* Indo-European.

índole *nf* 1 *(carácter)* character, nature, disposition. 2 *(clase, tipo)* kind, sort.

indolencia *nf* indolence, laziness.

indolente I *adj* indolent, lazy. II *nmf* idler.

indoloro,-a *adj* painless.

indomable *adj* 1 *(animal)* untameable. 2 *(pueblo)* ungovernable, unruly; *(niño)* uncontrollable; *(pasión)* indomitable.

indómito,-a *adj* 1 *(no domado)* untamed; *(indomable)* untamable. 2 *(pueblo)* unruly; *(persona)* uncontrollable.

Indonesia *n* Indonesia.

indonesio,-a I *adj* Indonesian. II *nm,f (persona)* Indonesian. III *nm (idioma)* Indonesian.

indubitable *adj* indubitable, undoubted, beyond doubt.

inducción *nf* induction.

inducido,-a I *pp de* inducir. II *adj* induced. III *nm Elec* armature.

inducir [46] *vtr* 1 *(incitar, mover)* to lead, induce; **i. en error**, to lead into error, mislead. 2 *(inferir)* to infer, deduce. 3 *Elec (corriente)* to induce.

inductivo,-a *adj* inductive.

inductor,-a I *adj* 1 inducing. 2 *Elec* inductive. II *nm,f* inducer. III *nm Elec* inductor.

indudable *adj* indubitable, unquestionable; **es i. que**, there is no doubt that.

induje *pt indef véase* inducir.

indulgencia *nf* 1 indulgence, leniency. 2 *Rel* indulgence.

indulgente *adj* indulgent (**con**, towards), lenient (**con**, with).

indultar *vtr Jur* to pardon; *(eximir)* to exempt.

indulto *nm Jur* pardon, amnisty.

indumentaria *nf* clothing, clothes *pl*, garments *pl*.

industria *nf* industry. ■ **i. ligera/pesada**, light/heavy industry.

industrial I *adj* industrial. II *nmf* industrialist, manufacturer.

industrialización *nf* industrialization.

industrializar [4] I *vtr* to industrialize. II **industrializarse** *vr* to become industrialized.

industrioso,-a *adj* industrious.

induzco *indic pres véase* inducir.

INE *nm abr de* Instituto Nacional de Estadística.

inédito,-a *adj* 1 *(libro, texto)* unpublished. 2 *(nuevo)* completely new; *(desconocido)* unknown.

inefable *adj* ineffable, indescribable.

inefectivo,-a *adj (irreal)* unreal.

ineficacia *nf (ineptitud)* inefficiency; *(improducción)* ineffectiveness.

ineficaz *adj (inepto)* inefficient; *(improductivo)* ineffective.

ineficiencia *nf véase* ineficacia.

ineficiente *adj véase* ineficaz.

ineluctable *adj lit* inevitable, inescapable.

ineludible *adj* inescapable, unavoidable.

INEM *nm abr de* **Instituto Nacional de Empleo,** ≈ Unemployment Benefit Office, UBO.

inenarrable *adj desus* unspeakable, inexpressible.

ineptitud *nf* ineptitude, incompetence.

inepto,-a I *adj* inept, incompetent. II *nm,f* incompetent person.

inequívoco,-a *adj* unmistakable, unequivocal.

inercia *nf* 1 *Fís* inertia. 2 *fig (pasividad)* inertia, passivity; *(lentitud)* slowness; **hacer algo por i.,** to do sth out of habit.

inerme *adj* 1 *(desarmado)* unarmed. 2 *fig (sin defensas)* defenceless, unprotected. 3 *Zool* with no prickles *o* spines *o* sting.

inerte *adj* 1 *(gas)* inert. 2 *fig (persona)* passive; *(lenta)* sluggish, slow.

inescrutable *adj fml* inscrutable; *(impenetrable)* mysterious.

inesperado,-a *adj (fortuito)* unexpected, unforeseen; *(imprevisto)* sudden. ◆**inesperadamente** *adv (fortuitamente)* unexpectedly; *(imprevistamente)* suddenly.

inestabilidad *nf* instability, unsteadiness.

inestable *adj* unstable, unsteady.

inestimable *adj* inestimable, invaluable.

inevitable *adj* inevitable, unavoidable. ◆**inevitablemente** *adv* inevitably, unavoidably.

inexactitud *nf* 1 *(gen)* incorrectness, inaccuracy. 2 *(error)* mistake.

inexacto,-a *adj* inexact, inaccurate.

inexcusable *adj* 1 *(imperdonable)* inexcusable, unforgivable. 2 *(ineludible)* unavoidable, inescapable.

inexistencia *nf* non-existence.

inexistente *adj* non-existent, inexistent.

inexorable *adj* inexorable. ◆**inexorablemente** *adv* inexorably.

inexperiencia *nf* 1 *(falta de experiencia)* lack of experience, inexperience. 2 *(falta de habilidad)* lack of skill.

inexperimentado,-a *adj* 1 *(persona)* inexperienced. 2 *(método, invento)* untried.

inexperto,-a *adj* 1 *(sin experiencia)* inexperienced. 2 *(inhábil)* inexpert, unskilled.

inexplicable *adj* inexplicable.

inexplorado,-a *adj* unexplored; *(territorio etc)* uncharted.

inexplotado,-a *adj* unexploited, untapped, unused.

inexpresable *adj* inexpressible.

inexpresivo,-a *adj* inexpressive.

inexpugnable *adj* 1 *Mil* impregnable. 2 *fig* stubborn, hard-headed, unyielding.

inextinguible *adj* inextinguishable.

inextricable *adj* inextricable.

infalibilidad *nf* infallibility.

infalible *adj (indefectible)* infallible; *(en contenido)* faultless.

infamante *adj* shameful.

infamar *vtr* to defame, slander, discredit.

infame *adj* infamous, odious, vile; **tiempo i.,** vile weather; **trabajo i.,** thankless job.

infamia *nf* infamy, disgrace.

infancia *nf* childhood, infancy; **ha vuelto a la i.,** she is in her second childhood.

infanta *nf* infanta, princess.

infante *nm* 1 infante, prince. 2 *Mil* infantryman.

infantería *nf Mil* infantry; **la i. de marina,** the marines.

infanticida I *adj* infanticidal. II *nmf* infanticide, child-killer. III *nm arg* baby snatcher.

infanticidio *nm (acto)* infanticide.

infantil *adj* 1 child, children's; **juegos infantiles,** children's games; **literatura i.,** children's literature; *Med* **parálisis i.,** infantile paralysis; **psicología i.,** child psychology. 2 *(aniñado)* childlike; *pey* childish, infantile.

infantilismo *nm Med* infantilism.

infarto *nm Med* infraction, infarct; *fam* **me va a dar un i.,** it'll be the death of me. ■ **i. de miocardio,** heart attack, coronary thrombosis.

infatigable *adj* indefatigable, tireless, untiring.

infausto,-a *adj lit* unlucky, ill-fated, ill-starred; **un suceso de infausta memoria,** an event which is best left forgotten.

infección *nf* infection.

infeccioso,-a *adj* infectious.

infectar I *vtr* to infect. II **infectarse** *vr* to become infected **(de,** with).

infecto,-a *adj* 1 infected. 2 *(asqueroso)* foul; *(horrendo)* stinking; **olor i.,** stench; **tiempo i.,** filthy weather.

infecundidad *nf* infertility; *(esterilidad)* sterility.

infecundo,-a *adj* infertile; *(estéril)* sterile.

infelicidad *nf* unhappiness; *(infortunio)* misfortune.

infeliz I *adj* unhappy; *(desdichado)* unfortunate. II *nmf fam* simpleton; **es un pobre i.,** he is a poor devil.

inferencia *nf* inference.

inferior I *adj* 1 *(más bajo)* lower; **el lado i.,** the underside; **labio i.,** lower lip. 2 *(en calidad)* inferior **(a,** to); **de calidad i.,** of inferior quality. 3 *(en cantidad)* lower, less; **cualquier número i. a diez,** any number less than *o* under *o* below ten. II *nmf (persona)* subordinate, inferior.

inferioridad *nf* inferiority; **estar en i. de condiciones,** to be at a disadvantage. ■ **complejo de i.,** inferiority complex.

inferir [35] *vtr lit* 1 *(deducir)* to infer, deduce **(de,** from). 2 *(causar)* to cause. 3 *(herida)* to inflict.

infernal *adj* infernal, hellish; *fig* **había un ruido i.,** there was a hell of a noise; *fig* **hace un calor i.,** it's as hot as hell.

infestar *vtr* 1 *(animales, plantas)* to infest. 2 *fig (llenar)* to overrun, invade; **el lugar estaba infestado de turistas,** the place was swarming with tourists. 3 *(infectar)* to infect.

infidelidad *nf* 1 *(deslealtad)* infidelity, unfaithfulness. 2 *(inexactitud)* inaccuracy; **los errores se deben a la i. de la traducción,** the mistakes are due to the inaccuracy of the translation.

infiel I *adj* 1 *(desleal)* unfaithful. 2 *(inexacto)* inaccurate; **si la memoria no me es i.,** if my memory doesn't fail me. II *nmf Rel* infidel, unbeliever. ◆**infielmente** *adv (deslealmente)* unfaithfully. 2 *(inexactamente)* inaccurately.

infiernillo *nm* portable stove; **i. de alcohol,** spirit stove.

infierno *nm* 1 *Rel* hell; **ir al i.**, to go to hell. 2 *(gen pl) Mit* Hades. 3 *fig* hell, inferno; **el edificio se convirtió en un i.**, the building became an inferno; **en el quinto i.**, in the middle of nowhere, at the back of beyond; *fam* **¡vete al i.!**, go to hell!, get lost!

infiltración *nf* infiltration.

infiltrado,-a I *pp de* infiltrar. II *nm,f* infiltrator.

infiltrar I *vtr* to infiltrate; *fig* to drum in, inculcate. II infiltrarse *vr* to infiltrate (**en**, into).

ínfimo,-a *adj fml* 1 *(bajo)* lowest; smallest; **a precios ínfimos**, at ridiculously low prices. 2 *(malo)* poorest, worst; **productos de ínfima calidad**, goods of the poorest quality.

infinidad *nf* 1 *(infinito)* infinity; **me pareció esperar una i. (de tiempo)**, I seemed to wait for ages. 2 *(sinfín)* great number; **en i. de ocasiones**, on countless occasions; **tengo una i. de cosas que hacer**, I've got a million things to do; **una i. de preguntas**, an endless number of questions.

infinitesimal *adj*, **infinitésimo,-a** *adj* infinitesimal.

infinitivo,-a *adj & nm Ling* infinitive.

infinito,-a I *adj* infinite, unlimited, endless. II *nm (gen)* infinity. III *adv (muchísimo)* infinitely, immensely. ◆infinitamente *adv* infinitely.

inflación *nf Econ* inflation.

inflacionario,-a *adj*, **inflacionista** *adj Econ* inflationary.

inflamable *adj* inflammable.

inflamación *nf* 1 *Med* inflammation. 2 *(ignición)* ignition, combustion.

inflamar I *vtr* 1 *Med* to inflame. 2 *(encender)* to set on fire, ignite. 3 *fig* to excite, arouse; **i. las pasiones**, to arouse passions. II inflamarse *vr* 1 *Med* to become inflamed. 2 *(incendiarse)* to catch fire. 3 *fig* to become inflamed; **se inflamaron las pasiones**, passions became inflamed.

inflamatorio,-a *adj* inflammatory.

inflar I *vtr* 1 *(hinchar)* to inflate, blow up; *Náut (vela)* to swell. 2 *Econ* to inflate. 3 *fig (exagerar)* to exaggerate. 4 *(envanecer)* to make conceited. II inflarse *vr* 1 to inflate; *Náut (vela)* to swell. 2 *(persona)* to get conceited (**con**, about); **i. de orgullo**, to swell with pride. 3 *fam* to eat a lot; **se inflaron de macarrones**, they stuffed themselves with macarroni.

inflexibilidad *nf* inflexibility.

inflexible *adj* inflexible.

inflexión *nf* inflection, inflexion.

infligir [6] *vtr* to inflict.

influencia *nf* influence; **ejercer** *o* **tener i. sobre algn**, to have an influence on *o* upon sb; **tener influencias**, to be influential.

influenciable *adj* easily influenced.

influenciar [12] *vtr* to influence.

influenza *nf Med* influenza, flu.

influir [62] I *vtr* to influence. II *vi* 1 to have influence. 2 **i. en** *o* **sobre**, to influence, have an influence on, affect.

influjo *nm* influence.

influyente *adj* influential.

información *nf* 1 information; **a título de i.**, by way of information. ■ **oficina de i.**, information bureau. 2 *Prensa (noticia)* news; **una i.**, a piece of news, (some) news *sing*; **i. periodística**, newspaper report; *Mil* **servicio de i.**, intelligence service. 3 *Tel* directory enquiries *pl*. 4 *(referencias)* references *pl*.

informado,-a I *pp de* informar. II *adj* informed; **bien/mal i.**, well-/badly-informed; **de fuentes bien informadas**, from reliable sources.

informador,-a I *adj* informing. II *nm,f* informant, informer.

informal *adj* 1 *(reunión, cena)* informal. 2 *(comportamiento)* bad, unmannerly, incorrect. 3 *(persona)* unreliable, untrustworthy. ◆informalmente *adv* 1 *(desenfadado)* informally. 2 *(de comportamiento)* incorrectly. 3 *(persona)* unreliably.

informalidad *nf* 1 *(desenfado)* informality. 2 *(comportamiento)* unmannerliness, incorrectness. 3 *(en persona)* unreliability, untrustworthiness.

informante I *adj* informing. II *nmf* informant.

informar I *vtr (enterar)* to inform (**de**, of); *(dar informes)* to report; **el equipo de rescate informó que ...**, the rescue party reported that ... . II *vi* to report (**de**, on); **el científico informó de su descubrimiento**, the scientist announced his discovery. III informarse *vr (procurarse noticias)* to find out (**de**, about), inform oneself; *(enterarse)* to enquire (**de**, about).

informática *nf Inform* computer science, computing; **el mundo de la i.**, the computer world.

informático,-a *Inform* I *adj* computer, computing. II *nm,f* (computer) technician.

informativo,-a I *adj* informative, explanatory. II *nm Rad TV* news bulletin.

informe[1] *nm* 1 report; **dar informes sobre**, to give information about; **según mis informes**, according to my information. 2 **informes**, references; **pedir i. sobre algn**, to make enquiries about sb; **'se necesita asistenta con buenos i.'**, 'wanted cleaner with good references'.

informe[2] *adj* shapeless, formless.

infortunado,-a *adj* unfortunate, unlucky.

infortunio *nm (mala suerte)* misfortune; *(contratiempo)* mishap.

infracción *nf (gen)* offence; *(de ley)* infringement, infraction, breach (**de**, of).

infractor,-a *nm,f* offender.

infraestructura *nf* infrastructure.

in fraganti *loc adv* in the act; **coger** *o* **pillar a algn in f.**, to catch sb red-handed.

infrahumano,-a *adj* subhuman.

infranqueable *adj* impassable, insuperable; *fig* insurmountable.

infrarrojo,-a *adj* infrared.

infrascripto,-a *adj & nm,f*, **infrascrito,-a** *adj & nm,f fml* undersigned; **yo, el i. ...**, I the undersigned ... .

infravalorar *vtr* to undervalue, underestimate.

infrecuente *adj* infrequent; *(extraño)* rare.

infringir [6] *vtr* to infringe, contravene; **i. una ley**, to break a law.

infructuoso,-a *adj* fruitless, unsuccessful. ◆infructuosamente *adv* fruitlessly, unsuccessfully.

ínfulas *nfpl* conceit *sing*, pretension *sing*; **darse í.**, to put on airs.

infundado,-a *adj* unfounded, groundless, baseless.

infundio *nm* lie, tale, fib; **todo esto son infundios**, it's all a pack of lies.

infundir *vtr (gen)* to infuse; *fig* to instil; **i. dudas**, to give rise to doubt; **i. respeto**, to fill with respect.

infusión *nf* infusion; **i. de manzanilla**, camomile tea.

infuso,-a *adj* inspired; *fam irón* **tener ciencia infusa,** to be a born genius.

ingeniar [12] **I** *vtr* to invent, devise, think up. **II ingeniarse** *vr* to manage, find a way; **ingeniárselas para hacer algo,** to manage *o* contrive to do sth.

ingeniería *nf* engineering.

ingeniero,-a *nm,f* engineer. ▪ **i. agrónomo/químico,** agricultural/chemical engineer; **i. de caminos, canales y puertos,** civil engineer; **i. de minas/ montes,** mining/forestry engineer; **i. de telecomunicaciones,** electronic engineer; **i. naval** *o* **de marina,** naval architect; **i. técnico,** technician.

ingenio *nm* **1** *(talento)* talent; *(inventiva)* inventiveness, creativeness; *(chispa)* wit; **aguzar el i.,** to sharpen one's wits. **2** *(persona)* genius. **3** *(máquina)* machine; *(aparato)* device; *Mil* **i. nuclear,** nuclear device. ▪ *Ind* **i. de azúcar,** sugar mill.

ingenioso,-a *adj* ingenious, clever; *(vivaz)* witty; *fam* **dárselas de i.,** to try to be witty.

ingente *adj* huge, enormous.

ingenuidad *nf* ingenuousness, naïveté.

ingenuo,-a **I** *adj* ingenuous, naïve. **II** *nm,f* naïve person.

ingerir [35] *vtr (comida)* to ingest, consume; *(líquidos, alcohol)* to drink, consume.

ingestión *nf* ingestion.

Inglaterra *n* England.

ingle *nf Anat* groin.

inglés,-esa **I** *adj* English. **II** *nm,f* **1** *(hombre)* Englishman; *(mujer)* Englishwoman; **los ingleses,** the English. **III** *nm (idioma)* English.

ingobernable *adj Pol* ungovernable; *(incontrolable)* uncontrollable, unmanageable.

ingratitud *nf* ingratitude, ungratefulness.

ingrato,-a **I** *adj* **1** *(persona)* ungrateful. **2** *(época, noticia)* unpleasant. **3** *(trabajo)* thankless, unrewarding. **4** *(tierra)* unproductive. **II** *nm,f* ungrateful person. ◆**ingratamente** *adv* ungratefully.

ingravidez *nf* weightlessness.

ingrávido,-a *adj* weightless.

ingrediente *nm* ingredient.

ingresar **I** *vtr* **1** *Fin* to deposit, pay in; **i. dinero en una cuenta,** to pay money into an account. **2** *Med* to admit; **i. a algn en el hospital,** to admit sb to hospital. **II** *vi* **1** to enter; **i. en el ejército,** to enlist in the army, join the army, join up; **i. en la Academia,** to be admitted to the Academy; **i. en un club,** to join a club. **2** *(ser admitido)* to be admitted; **ingresó cadáver en el hospital,** he was dead on arrival at the hospital.

ingreso *nm* **1** *Fin* deposit; **hacer un i. en una cuenta,** to pay money into an account. **2** *(entrada)* entry **(en,** into); *(admisión)* admission **(en,** to); **Med su i. en el hospital,** his admission to hospital. **3 ingresos,** *Fin (sueldo, renta)* income *sing; (beneficios)* revenue *sing;* **i. anuales,** annual income; **i. brutos,** gross receipts.

inhábil *adj* **1** *(torpe)* unskilful, clumsy. **2** *(incapaz)* unfit; **i. para el trabajo,** unfit for work. **3** *(inadecuado)* unsuitable. **4 día i.,** non-working day.

inhabilidad *nf* **1** *(torpeza)* unskilfulness, clumsiness. **2** *(incapacitación)* unfitness **(para,** for). **3** *(ineptitud)* ineptitude, incompetence.

inhabilitación *nf* **1** *fml (incapacidad)* disablement. **2** *Jur* disqualification.

inhabilitar *vtr* **1** *fml (incapacitar)* to disable; **inhabilitado para el trabajo,** unfit for work. **2** *Jur* to disqualify.

inhabitable *adj* uninhabitable; *fam* **vive en una casa i.,** she lives in an appalling place.

inhabitado,-a *adj* uninhabited.

inhalación *nf* inhalation.

inhalador *nm Med* inhaler.

inhalar *vtr* to inhale.

inherente *adj* inherent **(a,** in).

inhibición *nf* inhibition.

inhibir **I** *vtr* to inhibit; **sentirse inhibido,** to feel inhibited. **II** **inhibirse** *vr* **1** *(cohibirse)* to be *o* feel inhibited. **2** *(abstenerse)* to keep out **(de,** of), keep away **(de,** from). **3** *Jur (juez)* to stay.

inhóspito,-a *adj* inhospitable.

inhumación *nf* burial.

inhumano,-a *adj* inhumane; *(cruel)* inhuman.

inhumar *vtr* to bury.

INI *nm abr de* **Instituto Nacional de Industria,** ≈ National Enterprise Board, NEB.

iniciación *nf* **1** initiation. **2** *(introducción)* introduction **(a,** to).

iniciado,-a **I** *pp de* **iniciar. II** *adj* initiated. **III** *nm,f* initiate.

iniciador,-a **I** *adj* initiatory. **II** *nm,f* **1** initiator. **2** *(pionero)* pioneer.

inicial *adj* & *adj* initial; **punto i.,** starting point.

iniciar [12] **I** *vtr* **1** *(introducir)* to initiate; **i. a algn en los misterios,** to initiate sb into the mysteries. **2** *(empezar)* to begin, start; *(discusión)* to initiate; *(una cosa nueva)* to pioneer. **II** **iniciarse** *vr* **1** *(aprender)* **i. en algo,** to learn sth. **2** *(empezar)* to begin, start.

iniciativa *nf* initiative; **i. privada,** private enterprise; **por i. propia,** on one's own initiative.

inicio *nm* beginning, start.

inicuo,-a *adj* wicked, iniquitous.

inigualado,-a *adj* unequalled, unparalleled.

inimaginable *adj* unimaginable, inconceivable.

inimitable *adj* inimitable.

ininteligible *adj* unintelligible.

ininterrumpido,-a *adj* uninterrupted, continuous. ◆**ininterrumpidamente** *adv* uninterruptedly, continuously.

iniquidad *nf* iniquity.

injerencia *nf* interference, meddling **(en,** in).

injerir **I** *vtr* to insert. **II** **injerirse** *vr* to interfere, meddle **(en,** in).

injertar *vtr Agr Med* to graft.

injerto *nm* graft; *(acto)* grafting.

injuria *nf (insulto)* insult, affront; *(agravio)* offence, *US* offense; *Jur* **delito de injurias,** crime of slander.

injuriar [12] *vtr* **1** *(insultar)* to insult; *(ultrajar)* to offend. **2** *(dañar)* to damage, harm.

injurioso,-a *adj (insultante)* insulting; *(ofensivo)* offensive.

injusticia *nf* injustice, unfairness.

injustificable *adj* unjustifiable.

injustificado,-a *adj* unjustified. ◆**injustificadamente** *adv* injustifiably.

injusto,-a *adj* unjust, unfair. ◆**injustamente** *adv* unjustly, unfairly.

inmaculado,-a *adj* immaculate.

inmadurez *nf* immaturity.

inmaduro,-a *adj* immature.

inmarcesible *adj,* **inmarchitable** *adj fml* unfading, undying.

inmaterial *adj* immaterial.

inmediaciones *nfpl* neighbourhood *sing*, environs.

inmediato,-a *adj* 1 *(poco después)* immediate, prompt; **de i.,** at once. 2 *(cercano)* close **(a,** to), very near. 3 *(contiguo)* next **(a,** to), adjoining; **en la habitación inmediata a la tuya,** in the room next to yours. ◆**inmediatamente** *adv* immediately, at once.

inmejorable *adj* unsurpassable, excellent; **calidad i.,** unbeatable quality.

inmemorial *adj* immemorial.

inmensidad *nf* immensity, enormity, vastness; **la i. de los mares,** the vastness of the seas.

inmenso,-a *adj* immense, vast; **una fortuna inmensa,** a huge fortune. ◆**inmensamente** *adv* immensely, vastly.

inmerecido,-a *adj* undeserved, unmerited. ◆**inmerecidamente** *adj* undeservedly, undeservingly.

inmersión *nf* immersion; *(submarinismo)* dive.

inmerso,-a *adj* immersed **(en,** in).

inmigración *nf* immigration.

inmigrado,-a I *pp de* **inmigrar.** II *adj* immigrant. III *nm,f* immigrant.

inmigrante *adj & nm,f* immigrant.

inmigrar *vi* to immigrate.

inminencia *nf* imminence.

inminente *adj* imminent, impending.

inmiscuirse [62] *vr* to interfere, meddle **(en,** in).

inmobiliario,-a I *adj* property, real-estate; **agente i.,** estate agent, *US* realtor. II *nf* estate agency, *US* real estate company.

inmoderado,-a *adj* immoderate; *(exagerado)* excessive. ◆**inmoderadamente** *adv* immoderately; *(exageradamente)* excessively.

inmodestia *nf* immodesty.

inmodesto,-a *adj* immodest. ◆**inmodestamente** *adv* immodestly.

inmolación *nf fml* immolation, sacrifice.

inmolar *vtr fml* to immolate, sacrifice.

inmoral *adj* immoral. ◆**inmoralmente** *adv* immorally.

inmoralidad *nf* immorality.

inmortal *adj & nmf* immortal.

inmortalidad *nf* immortality.

inmortalizar [4] I *vtr* to immortalize. II **inmortalizarse** *vr* to be immortalized.

inmotivado,-a *adj* 1 *(sin motivo)* motiveless, unmotivated. 2 *(sin fundamento)* groundless.

inmóvil *adj* 1 motionless, immobile; *(car)* stationary. 2 *fig (constante)* determined, steadfast.

inmovilidad *nf* immobility.

inmovilismo *nm Pol* extreme conservatism.

inmovilista *adj & nmf Pol* ultraconservative.

inmovilización *nf* 1 immobilization. 2 **inmovilizaciones,** fixed assets.

inmovilizado,-a I *pp de* **inmovilizar.** II *adj* motionless, at a standstill.

inmovilizar [4] *vtr* 1 *(persona, cosa)* to immobilize. 2 *Fin (capital)* to immobilize, tie up.

inmueble I *adj* **bienes inmuebles,** real estate, landed property. II *nm* building.

inmundicia *nf* 1 *(suciedad)* dirt, filth; *fig* dirtiness. 2 *(basura)* rubbish, refuse.

inmundo,-a *adj* dirty, filthy; *fig* nasty.

inmune *adj* immune **(a,** to), exempt **(de,** from).

inmunidad *nf* immunity **(contra,** against). ■ **i. diplomática/parlamentaria,** diplomatic/parliamentarian immunity.

inmunización *nf* immunization.

inmunizar [4] *vtr* to immunize **(contra,** against).

inmunología *nf* immunology.

inmutabilidad *nf* immutability.

inmutable *adj* immutable.

inmutarse *vr* to change countenance; **ni se inmutó,** he didn't turn a hair.

innato,-a *adj* innate, inborn.

innecesario,-a *adj* unnecessary. ◆**innecesariamente** *adv* unnecessarily.

innegable *adj* undeniable.

innocuo *adj véase* **inocuo.**

innombrable *adj* unmentionable, unspeakable.

innominado,-a *adj* nameless.

innovación *nf* innovation.

innovador,-a I *adj* innovatory. II *nm,f* innovator.

innovar *vtr & vi* to innovate.

innumerable *adj* innumerable, countless. ◆**innumerablemente** *adv* innumerably.

inobediencia *nf* disobedience.

inobservancia *nf* non-observance **(de,** of).

inocencia *nf* 1 *(gen)* innocence. 2 *(ingenuidad)* naïveté.

inocentada *nf fam* practical joke, hoax; **hacer una i. a algn,** to play a practical joke on sb.

inocente I *adj* innocent. II *nmf* innocent; *(ingenuo)* naïve; **hacerse el i.,** to act innocent. ■ **día de los Inocentes,** Holy Innocents' Day, 28th December ≈ April Fools' Day.

inocentón,-ona I *adj* credulous, naïve, gullible. II *nm,f (ingenuo)* naïve person; *(tonto)* simpleton.

inocuidad *nf* innocuousness, harmlessness.

inoculación *nf* inoculation.

inocular *vtr* to inoculate.

inocuo,-a *adj* innocuous, harmless.

inodoro,-a I *adj* odourless. II *nm* toilet, lavatory.

inofensivo,-a *adj* inoffensive, harmless.

inolvidable *adj* unforgettable.

inoperante *adj* inoperative, ineffective.

inopia *nf fml* poverty, penury; *fig* **estar en la i.,** to be in the clouds, be miles away.

inopinado,-a *adj* unexpected.

inoportuno,-a *adj* inopportune, inappropriate; *(fuera de tiempo)* untimely; **llegó en un momento muy i.,** he turned up at a very awkward moment. ◆**inoportunamente** *adv* inopportunely, inappropriately; *(fuera de tiempo)* at the wrong time.

inorgánico,-a *adj* inorganic.

inoxidable *adj* rustless; **acero i.,** stainless steel.

INP *nm abr de* **Instituto Nacional de Previsión.**

inquebrantable *adj fig (firme)* unshakable; *(infrangible)* unyielding.

inquietante *adj* worrying, disturbing.

inquietar I *vtr* to worry, disturb; **me inquieta esta terrible situación económica,** I'm deeply concerned about this dire economic situation. II **inquietarse** *vr* to worry **(por,** about).

inquieto,-a *adj* 1 *(preocupado)* worried, anxious **(por,** about). 2 *(agitado)* restless. 3 *CAm (aficionado)* keen on, fond of.

inquietud *nf* **1** *(preocupación)* worry, anxiety. **2** *(agitación)* restlessness.

inquilinato *nm* **1** tenancy; *Jur* lease. **2** *Arg Col Urug* block of flats, tenement.

inquilino,-a *nm,f* **1** tenant. **2** *Am* inhabitant.

inquina *nf fam (mala voluntad)* ill will, grudge; *(aversión)* dislike; **tener i. a algn,** to have a grudge against sb; **tomar i. a algn,** to take a dislike to sb.

inquirir [30] *vtr* to inquire, enquire into, investigate.

inquisición *nf* **1** inquiry, investigation. **2** *Hist* **la I.,** the Inquisition.

inquisidor,-a I *adj* inquiring, inquisitive. **II** *Hist nm,f* inquisitor.

inquisitivo,-a *adj* inquisitive.

inri *nm fam* insult; **para más** *o* **mayor i.,** to make matters worse, add insult to injury.

insaciable *adj* insatiable.

insalubre *adj* insalubrious, unhealthy.

insalubridad *nf* insalubrity, unhealthiness.

insano,-a *adj* **1** *(loco)* insane, mad. **2** *(insalubre)* unhealthy.

insatisfacción *nf* dissatisfaction.

insatisfactorio,-a *adj* unsatisfactory, dissatisfactory.

insatisfecho,-a *adj* unsatisfied, dissatisfied.

inscribir *(pp inscrito)* **I** *vtr* **1** *(registrar)* to register, record, enter; **i. a un niño en el registro civil,** to register a child's birth. **2** *(matricular)* to enrol, *US* enroll. **3** *(grabar)* to inscribe. **4** *Geom* to inscribe. **II inscribirse** *vr* **1** *(registrarse)* to register; *(hacerse miembro)* to join; **i. en un concurso,** to enter for a competition. **2** *(matricularse)* to enrol, *US* enroll.

inscripción *nf* **1** *(matriculación)* enrolment, *US* enrollment, registration; *(precio)* registration fee. **2** *(escrito, dibujo)* inscription.

inscrito,-a I *pp de* **inscribir. II** *adj* **1** *(matriculado)* enrolled, registered; **el número de alumnos inscritos ha aumentado,** the number of students enrolled has increased. **2** *(grabado)* inscribed.

insecticida I *adj* insecticidal, insecticide. **II** *nm* insecticide.

insectívoro,-a I *adj* insectivorous. **II** *nm* insectivore.

insecto *nm Ent* insect.

inseguridad *nf* **1** *(falta de confianza)* insecurity. **2** *(duda)* uncertainty. **3** *(peligro)* lack of safety; **existe una gran i. ciudadana,** the city streets are very unsafe.

inseguro,-a *adj* **1** *(poco confiado)* insecure. **2** *(dubitativo)* uncertain, doubtful. **3** *(peligroso)* unsafe; *fig* **terreno i.,** dangerous ground.

inseminación *nf* insemination.

inseminar *vtr* to inseminate.

insensatez *nf* foolishness, stupidity; **sólo dice insensateces,** he just talks nonsense.

insensato,-a I *adj* foolish, stupid. **II** *nm,f* fool.

insensibilidad *nf* **1** *(gen)* insensitivity; *(indiferencia)* callousness. **2** *Med* insensitivity, numbness.

insensibilizar [4] **I** *vtr* **1** *(provocar indiferencia)* to make insensitive (**a,** to): **la vida le ha insensibilizado,** life has hardened him. **2** *Med* to desensitize, anaesthetize. **II insensibilizarse** *vr* to become insensitive.

insensible *adj* **1** *(indiferente)* insensitive (**a,** to), unfeeling, callous; **es i. a todo sentimiento humano,** she's cold to any human feeling. **2** *Med* insensible,

numb. **3** *(imperceptible)* imperceptible, unnoticeable.

inseparable *adj* inseparable; **el trabajo es i. de la fatiga,** work and fatigue go together; **son amigos inseparables,** they're very close friends. ◆**inseparablemente** *adv* inseparably.

inserción *nf* insertion.

insertar *vtr* to insert.

inserto,-a *adj* inserted.

inservible *adj* useless.

insidia *nf* **1** *(trampa)* snare, trap. **2** *(malicia)* maliciousness.

insidioso,-a *adj* insidious.

insigne *adj* distinguished, famous, illustrious.

insignia *nf* **1** *(emblema)* badge, decoration. **2** *(bandera)* flag, banner; *Náut* pennant; **buque i.,** flagship.

insignificancia *nf* **1** *(intrascendencia)* insignificance; **esto demuestra la i. del problema,** that shows how silly the problem is. **2** *(nadería)* trifle.

insignificante *adj* insignificant, meaningless.

insinuación *nf* insinuation, innuendo, hint; **hacer una i.,** to insinuate.

insinuante *adj* insinuating; *(atrevido)* suggestive; **una mirada i.,** a suggestive glance.

insinuar [11] **I** *vtr* to insinuate. **II insinuarse** *vr* **1 i. en,** to worm one's way into. **2 i. a una mujer,** to make advances to a woman.

insipidez *nf* insipidness, insipidity; *fig* dullness, flatness.

insípido,-a *adj* insipid; *fig* dull, flat.

insistencia *nf* insistence; *(persistencia)* persistence; **con i.,** insistently.

insistente *adj* insistent; *(persistente)* persistent. ◆**insistentemente** *adv* insistently, persistently.

insistir *vi* to insist (**en,** on); *(persistir)* to persist (**en,** in); **i. en la importancia de,** to stress the importance of; **i. en que se haga algo,** to insist that sth should be done.

insobornable *adj* incorruptible.

insociable *adj* unsociable.

insolación *nf* **1** *Med* sunstroke; **coger una i.,** to get sunstroke. **2** *Meteor* sunlight, sunshine; **horas de i.,** hours of sunshine *o* sunlight.

insolencia *nf* **1** *(descaro)* insolence. **2** *(inconveniencia)* offence, *US* offense.

insolentarse *vr* to be insolent *o* offensive.

insolente I *adj* **1** *(impertinente)* insolent, offensive. **2** *(arrogante)* haughty, contemptuous. **II** *nmf* **1** *(impertinente)* insolent person. **2** *(arrogante)* haughty *o* contemptuous person.

insólito,-a *adj* *(poco usual)* unusual; *(extraño)* strange, odd.

insoluble *adj* insoluble.

insolvencia *nf Fin* insolvency.

insolvente *adj Fin* insolvent.

insomne I *adj* sleepless. **II** *nmf* insomniac.

insomnio *nm* insomnia; **noche de i.,** sleepless night.

insondable *adj* unfathomable.

insonorización *nf* soundproofing.

insonorizado,-a I *pp de* **insonorizar. II** *adj* soundproof.

insonorizar [4] *vtr* to soundproof.

insonoro,-a *adj* noiseless.

insoportable *adj* unbearable, intolerable.

insoslayable *adj* inevitable, unavoidable.

insospechado,-a *adj* unsuspected.

insostenible *adj* untenable, indefensible.

inspección *nf* inspection. ■ **i. de Hacienda,** tax inspection.

inspeccionar *vtr* to inspect.

inspector,-a *nm,f* inspector. ■ **i. de Hacienda,** tax inspector.

inspiración *nf* **1** *(gen)* inspiration. **2** *(inhalación)* inhalation.

inspirado,-a **I** *pp de* inspirar. **II** *adj* inspired.

inspirador,-a *adj* inspiring, inspirational.

inspirar **I** *vtr* **1** *(gen)* to inspire; **i. respeto,** to inspire respect. **2** *(inhalar)* to inhale, breathe in. **II** inspirarse *vr* **i. en,** to be inspired by, find inspiration in.

instalación *nf* installation. ■ **i. sanitaria,** plumbing; **instalaciones deportivas,** sports facilities.

instalador,-a *nm,f* installer, fitter.

instalar **I** *vtr* **1** *(gen)* to instal, *US* install. **2** *(equipar)* to fit out, equip. **3** *(erigir)* to set up. **II** instalarse *vr* *(persona)* to settle (down), instal oneself.

instancia *nf* **1** *(solicitud)* request, petition; **a instancia(s) de,** at the request of. **2** *(escrito)* application form. **3** *Jur* **tribunal de primera i.,** court of first instance. **4 en primera i.,** first of all; **en última i.,** as a last resort.

instantáneo,-a **I** *adj* instantaneous, instant; **café i.,** instant coffee. **II** *nf Fot* snapshot. ◆instantáneamente *adv* instantaneously, instantly.

instante *nm* instant, moment; **a cada i.,** constantly, all the time; **al i.,** immediately, right away; **en este (mismo) i.,** right now, at this very moment; **en un i.,** in a flash; **por instantes,** incessantly, all the time; **¡un i.!,** just a moment!

instar *vtr* to urge, press.

instauración *nf* founding, establishment.

instaurador,-a **I** *adj* founding, establishing. **II** *nm,f* founder, establisher.

instaurar *vtr* to found, establish; **i. la monarquía,** to establish a *o* the monarchy.

instigación *nf* instigation.

instigador,-a **I** *adj* instigating. **II** *nm,f* instigator.

instigar [7] *vtr* to instigate; **i. a la rebelión,** to incite a rebellion.

instintivo,-a *adj* instinctive. ◆instintivamente *adv* instinctively.

instinto *nm* instinct; **por i.,** instinctively. ■ **i. de conservación,** instinct of self-preservation; **i. maternal,** maternal instinct.

institución *nf* institution, establishment; *fig (persona)* **ser una i.,** to be an institution. ■ **i. benéfica,** charitable foundation.

institucional *adj* institutional.

institucionalizado,-a **I** *pp de* institucionalizar. **II** *adj* institutionalized.

institucionalizar [4] *vtr* to institutionalize.

instituido,-a **I** *pp de* instituir. **II** *adj* instituted.

instituir [62] *vtr* to institute; **i. un heredero,** to appoint an heir.

instituto *nm* **1** *(gen)* institute. ■ **i. de belleza,** beauty salon; **I. Nacional de la Vivienda,** Housing Office. **2** *Educ* state secondary school, *US* high school.

institutriz *nf* governess.

instituyo *indic pres véase* instituir.

instrucción *nf* **1** *(educación)* education, instruction. **2** *(gen pl) (indicación)* instruction; **instrucciones para el** *o* **de uso,** directions for use; **libro de instrucciones,** instruction manual. **3** *Jur* preliminary investigation; **la i. del sumario,** proceedings *pl.* ■ **juez de i.,** examining magistrate. **4** *Mil* drill, training. ■ **i. militar,** military training.

instructivo,-a *adj* instructive.

instructor,-a **I** *adj* instructing. **II** *nm,f* instructor.

instruido,-a **I** *pp de* instruir. **II** *adj* educated, well-educated.

instruir [62] **I** *vtr* **1** *(gen)* to instruct. **2** *(enseñar)* to educate, teach. **3** *Mil* to drill, train. **4** *(informar)* to inform (**de,** of). **5** *Jur* to investigate; **i. una causa,** to investigate a case.

instrumentación *nf* orchestration.

instrumental **I** *adj* instrumental. **II** *nm* (set of) instruments *pl,* equipment.

instrumentar *vtr Mús* to orchestrate.

instrumentista *nmf Mús* **1** *(músico)* instrumentalist. **2** *(fabricante)* instrument maker.

instrumento *nm* instrument.

insubordinación *nf* insubordination.

insubordinado,-a **I** *pp de* insubordinar. **II** *adj* insubordinate. **II** *nm,f* insubordinate, rebel.

insubordinar **I** *vtr (sublevar)* to stir up, incite to rebellion. **II** insubordinarse *vr (sublevarse)* to rebel (**contra,** against).

insuficiencia *nf* insufficiency. ■ *Med* **i. cardíaca,** cardiac insufficiency, heart failure.

insuficiente **I** *adj* insufficient, inadequate. **II** *nm Educ (nota)* fail.

insufrible *adj* insufferable, unbearable.

insular **I** *adj* insular, island; **provincias insulares,** island provinces. **II** *nmf* islander.

insularidad *nf* insularity.

insulina *nf Quím* insulin.

insulso,-a *adj* insipid, tasteless.

insultante *adj* insulting, offensive; **hablar en tono i.,** to speak with a cut in one's voice.

insultar *vtr* to insult.

insulto *nm* insult.

insumergible *adj (gen)* unsinkable; *(reloj)* not waterproof.

insumiso,-a *adj* unsubmissive.

insuperable *adj* **1** *(en calidad)* unsurpassable. **2** *(en dificultad)* insurmountable.

insurgente *adj & nmf* insurgent.

insurrección *nf* insurrection, uprising, revolt.

insurrecto,-a *adj & nm,f* insurgent.

insustancial *adj* insubstantial.

insustancialidad *nf* insubstantiality.

insustituible *adj* irreplaceable.

intacto,-a *adj* intact.

intachable *adj* irreproachable, blameless; **una conducta i.,** impeccable behaviour.

intangible *adj* intangible.

integración *nf* integration.

integral **I** *adj* integral; *Culin* **arroz i.,** brown rice; *Mat* **cálculo i.,** integral calculus; *Culin* **pan i.,** wholemeal bread. **II** *nf Mat* integral. ◆integralmente *adv* entirely, completely.

integrante **I** *adj* integral; **ser parte i. de,** to be integral *o* intrinsic to. **II** *nmf* member.

integrar I *vtr* 1 *(formar)* to compose, make up; **un equipo de fútbol lo integran once jugadores,** a football team is made up of eleven players. 2 *Mat* to integrate. II **integrarse** *vr* to integrate.

integridad *nf* integrity.

integrismo *nm* reaction. ■ **i. religioso,** religious fundamentalism.

íntegro,-a *adj* 1 *(entero)* whole, entire; *Cin Lit* **versión íntegra,** unabridged version. 2 *(honrado)* upright, honest. ◆**integramente** *adv* wholly, entirely.

intelecto *nm* intellect.

intelectual *adj & nmf* intellectual.

intelectualidad *nf* intellectuals *pl,* intelligentsia *pl.*

intelectualismo *nm* intellectualism.

inteligencia *nf* 1 *(intelecto)* intelligence. ■ **cociente de i.,** intelligence quotient, IQ; *Inform* **i. artificial,** artificial intelligence. 2 *(comprensión)* understanding; **en la i. de que,** on the understanding that.

inteligente *adj* intelligent.

inteligible *adj* intelligible.

intemperie *nf* bad weather; **a la i.,** in the open (air), out of doors.

intempestivo,-a *adj* untimely, inopportune; **llegaron a una hora intempestiva,** they came at a bad time.

intención *nf* intention; **buena/mala i.,** good/ill will; **con i.,** deliberately, on purpose; **con la mejor i.,** with the best of intentions; **con segunda/doble i.,** with an ulterior motive; **su i. era buena,** she had the right idea; **tener la i. de hacer algo,** to intend to do sth, have sth in mind.

intencionado,-a *adj,* **intencional** *adj* intentional, deliberate. ◆**intencionadamente** *adv* intentionally, on purpose.

intendencia *nf* Mil ≈ service corps, *US* quartermaster corps.

intendente *nm* Mil quarter-master general.

intensidad *nf* *(gen)* intensity, strength; *(del viento)* force.

intensificación *nf* intensification.

intensificar [1] *vtr,* **intensificarse** *vr (gen)* to intensify; *(relación)* to strengthen; *(problema)* to aggravate.

intensivo,-a *adj* intensive; *Agr* **cultivo i.,** intensive farming; *Educ* **curso i.,** crash course.

intenso,-a *adj* intense; *(luz, corriente)* strong; *(dolor)* acute.

intentar *vtr* to try, attempt; **¡inténtalo!,** try it!, *fam* give it a go!; **intentó levantarlo solo,** he tried to lift it on his own.

intento *nm* attempt, try; **al primer i.,** at the first attempt; *Pol* **i. de golpe de estado,** attempted coup d'état; **i. de suicidio,** attempted suicide; **i. fracasado,** failed attempt.

intentona *nf* 1 *fam* foolhardy attempt. 2 *Pol* putsch.

inter- *pref* inter-; **intercontinental,** intercontinental.

interacción *nf* interaction, interplay.

intercalación *nf* intercalation, insertion.

intercalar *vtr* to intercalate, insert.

intercambiable *adj* interchangeable.

intercambiar [12] *vtr* to exchange, swap.

intercambio *nm* exchange, interchange. ■ **i. comercial/cultural,** commercial/cultural exchange.

interceder *vi* to intercede.

interceptar *vtr* 1 *(atajar)* to intercept. 2 *(carretera)* to block; *(tráfico)* to hold up.

interceptor *nm* interceptor.

intercesión *nf* intercession.

intercesor,-a I *adj* interceding. II *nm,f* intercessor.

intercomunicación *nf* intercommunication.

intercomunicador *nm* intercom.

interconectar *vtr* to interconnect.

interdecir [79] *(pp* **interdicho)** *vtr* to forbid, prohibit.

interdependencia *nf* interdependence.

interdicción *nf,* **interdicto** *nm* interdiction, prohibition.

interés *nm* 1 *(gen)* interest; **merecer i.,** to be interesting; **poner i. en,** to take an interest in; **sentir i. por, tener i. en** *o* **por,** to be interested in. 2 *(provecho personal)* self-interest; **hacer algo (sólo) por i.,** to do sth out of self-interest. ■ **i. propio,** self-interest; **intereses creados,** vested interests. 3 *Fin* interest; **con un i. del 11%,** at an interest of 11%. ■ **i. devengado,** accrued interest; **i. simple/compuesto,** simple/compound interest.

interesado,-a I *pp de* **interesar.** II *adj* 1 interested; **las partes interesadas,** the interested parties. 2 *(egoísta)* selfish, self-interested. III *nm,f* interested person; **los interesados,** those interested *o* concerned.

interesante *adj* interesting; **ser i.,** to be interesting; *fam* **hacerse el i.,** to try to attract attention.

interesar I *vtr* 1 *(tener interés)* to interest; **¿te interesa la poesía?,** are you interested in poetry? 2 *(conseguir interés)* to interest; **logré interesarle en mi proyecto,** I succeeded in interesting him in my project. 3 *(afectar)* to concern, involve; **el asunto nos interesa a todos,** the matter concerns us all. 4 *Med* to affect; **la herida le interesa el hígado,** the wound affects her liver. 5 *(ser importante)* to be of interest, be important; **interesa** *o* **interesaría llegar pronto,** it is important to get there early. II **interesarse** *vr* **i. por** *o* **en,** to be interested in; **se interesó por ti,** he asked about *o* after you.

interfecto,-a *nm,f* 1 *Jur* murder victim. 2 *fam hum* person in question.

interferencia *nf (gen)* interference; *Rad TV* jamming.

interferir [35] *vtr* 1 *(gen)* to interfere with; *(plan)* to upset. 2 *Rad TV* to jam.

interfono *nm* Tel intercom.

intergubernamental *adj* intergovernmental.

ínterin *(pl* **ínterines)** I *nm* interim; **en el í.,** in the meantime. II *adv* while.

interinidad *nf* 1 *(temporalidad)* temporariness. 2 *(empleo)* temporary employment.

interino,-a I *adj* 1 *(trabajo, solución)* temporary, provisional, interim. 2 *(persona)* acting; **presidente i.,** acting president. II *nm,f* 1 *(trabajador temporal)* temporary worker. 2 *(sustituto)* stand-in. III *nf (asistenta)* cleaner, cleaning lady. ◆**interinamente** *adv* temporarily.

interior I *adj* 1 *(gen)* interior, inner, inside; **habitación i.,** inner room; **ropa i.,** underwear, underclothes. 2 *Pol* domestic, internal; **correo i.,** inland mail. **3** *Geog* inland. **II** *nm* **1** *(gen)* inside, interior, inner part; **pasemos al i.,** let's go inside; *fig* **en su i. no estaba de acuerdo,** deep down she disagreed. **2** *Geog* interior; *Pol* **Ministerio del I.,** Home Office, *US* Department of the Interior; *Pol* **Ministro del I.,** Home Secretary. **3** *Ftb (jugador)* inside-forward.

interioridad *nf* **1** inwardness. **2 interioridades,** personal affairs, family secrets; *(secretos)* ins and outs; **las i. de la política,** the ins and outs of politics; **meterse en i.,** to delve.

interiorizar [4] *vtr* to internalize.

interjección *nf Ling* interjection.

interlocutor,-a *nm,f* speaker, interlocutor; **su i.,** the person he was speaking to, the person who spoke to him.

interludio *nm* interlude.

intermediario,-a I *adj* intermediary. **II** *nm,f* intermediary, mediator, go-between; **servir de i.,** to act as a mediator. **III** *nm Com* middleman.

intermedio,-a I *adj* intermediate; **la etapa intermedia,** the intervening period, the period in between. **II** *nm* **1** *(intervalo)* interval, intermission. **2** *(por medio de)* **por i. de,** through, by means of.

interminable *adj* interminable, endless.

intermitencia *nf* intermittence, intermittency; **con i.,** intermittently, on and off.

intermitente I *adj* intermittent. **II** *nm Aut* indicator, blinker.

internacional I *adj* international, worldwide. **II** *nmf Dep* international. **III** **la I.** *nf Mús* the Internationale. ◆**internacionalmente** *adv* internationally.

internacionalismo *nm* internationalism.

internacionalizar [4] **I** *vtr* to internationalize. **II** **internacionalizarse** *vr* to become internationalized *o* international.

internado,-a I *pp de* **internar**. **II** *adj* **1** *Pol Mil* interned. **2** *Med* confined. **III** *nm* **1** *(prisionero)* internee. **2** *(colegio)* boarding school. **3 internados,** *(alumnos)* boarders. **IV** *nf Dep* breakthrough.

internamiento *nm* **1** *Pol* internment. **2** *Med* confinement.

internar I *vtr* **1** *Pol* to intern. **2** *Med (en hospital mental)* to confine. **II** **internarse** *vr* **1** *(penetrar)* to penetrate, advance **(en,** into). **2** *Dep* to break through.

internista *adj & nmf Med* internist.

interno,-a I *adj* **1** internal; *Med* **medicina interna,** internal medicine; *Med* **por vía interna,** internally. **2** *Pol* domestic. **II** *nm,f* **1** *(alumno)* boarder. **2** *Med (enfermo)* intern.

interparlamentario,-a *adj Parl* interparliamentary.

interpelación *nf Parl* interpellation, appeal.

interpelar *vtr Parl* to interpellate.

interplanetario,-a *adj* interplanetary.

interpolación *nf* interpolation, insertion.

interpolar *vtr* to interpolate, insert.

interponer [78] *(pp* **interpuesto***)* **I** *vtr* to interpose, insert; *Jur* **i. un recurso,** to give notice of appeal. **II** **interponerse** *vr* to intervene.

interposición *nf* interposition, insertion; *Jur* **i. de un recurso,** lodging of an appeal.

interpretación *nf* **1** *(gen)* interpretation; **ha habido una mala i.,** there has been a misunderstanding. **2** *Mús Teat* performance.

interpretar *vtr* **1** *(gen)* to interpret; **i. mal,** to misunderstand, misinterpret. **2** *Teat (papel)* to play; *(obra)* to perform; *Mús (concierto)* to play, perform; *(canción)* to sing.

intérprete *nmf* **1** *(traductor)* interpreter. **2** *Teat* performer; *Mús (cantante)* singer; *(músico)* performer.

interpuesto,-a I *pp de* **interponer**. **II** *adj* interposed.

interpuse *pt indef véase* **interponer**.

interracial *adj* interracial.

interregno *nm* interregnum.

interrogación *nf* interrogation, questioning. ■ *Ling* **(signo de) i.,** question *o* interrogation mark.

interrogador,-a I *adj (que interroga)* interrogating, questioning; *(vista)* inquisitive. **II** *nmf (persona)* interrogator.

interrogante I *adj* interrogating, questioning. **II** *nm* question mark.

interrogar [7] *vtr (gen)* to question; *(testigo etc)* to interrogate.

interrogativo,-a *adj & nm* interrogative.

interrogatorio *nm* interrogation.

interrumpir *vtr (gen)* to interrupt; *(tráfico)* to block; *Elect* to switch off.

interrupción *nf* interruption; **sin i.,** uninterruptedly, without a break. ■ **i. del embarazo,** termination of pregnancy.

interruptor *nm Elec* switch.

intersección *nf* intersection.

intersticio *nm (gen)* interstice, crevice; *(grieta)* crack; *(intervalo)* gap.

interurbano,-a *adj* intercity; *Tel* **conferencia interurbana,** trunk call, long-distance call.

intervalo *nm* **1** *(de tiempo)* interval; **a intervalos,** at intervals. **2** *(espacio)* gap.

intervención *nf* **1** *(participación)* intervention, participation **(en,** in), contribution **(en,** to); **hacer una i.,** to take the floor; *Pol* **política de no i.,** non-intervention policy. **2** *Med* operation; **realizar** *o* **hacer una i. quirúrgica,** to perform surgery. ■ **i. quirúrgica,** surgical operation.

intervencionismo *nm* interventionism.

intervencionista *adj & nmf* interventionist.

intervenir [90] **I** *vi (participar)* to intervene **(en,** in), take part, participate **(en,** in), contribute **(en,** to); **en esta película intervienen treinta actores,** there are thirty actors in this film; **la policía intervino para dispersar la manifestación,** the police broke up the demonstration; **no intervino en la discusión,** she did not take part in the debate. **II** *vtr* **1** *(confiscar)* to confiscate, seize. **2** *Tel (teléfono)* to tap. **3** *Med* to operate on.

interventor,-a *nm,f (financiero)* financial controller; *(de las actas)* scrutineer; *(judicial)* official receiver; *(supervisor)* supervisor, inspector. ■ *Fin* **i. (de cuentas),** auditor.

interviú *nm (pl interviús)* interview.

intestinal *adj* intestinal.

intestino,-a I *adj (luchas)* internal, domestic. **II** *nm Anat* intestine. ■ **i. delgado/grueso,** small/large intestine.

intimación *nf* announcement, notification.

intimar I *vtr (notificar)* to notify **(a,** to). **II** *vi (entablar amistad)* to become close **(con,** to).

intimidación *nf* intimidation.

intimidad *nf (amistad)* intimacy; *(vida privada)* private life; *(privacidad)* privacy; **en la i.,** privately, in private.

intimidar I *vtr* to intimidate. **II intimidarse** *vr* to be intimidated, get scared; **no se intimida por nada,** she's afraid of nothing.

íntimo,-a I *adj* 1 intimate; **higiene íntima,** personal hygiene. 2 *(vida)* private; **una boda íntima,** a quiet wedding. 3 *(amistad)* close. **II** *nm,f* close friend, intimate.

intitular *vtr* to entitle, call.

intocable *adj & nmf* untouchable.

intolerable *adj* intolerable.

intolerancia *nf* intolerance.

intolerante I *adj* intolerant. **II** *nmf* intolerant person.

intoxicación *nf* poisoning; *(por alimentos)* food poisoning.

intoxicar [1] *vtr* to poison.

intra- *pref* intra-; **intrauterino,** intrauterine.

intraducible *adj* untranslatable.

intragable *adj* unpalatable; *fam* **es una película i.,** this film is unbearable.

intramuros *adv lit* within the city (walls).

intramuscular *adj* intramuscular.

intranquilidad *nf* worry, uneasiness, restlessness.

intranquilizador,-a *adj* worrying, upsetting.

intranquilizar [4] **I** *vtr* to worry, upset, make uneasy. **II intranquilizarse** *vr* to get worried, be anxious.

intranquilo,-a *adj* worried, disquieted, uneasy, restless.

intransferible *adj* untransferable, nontransferable.

intransigencia *nf* intransigence.

intransigente *adj* intransigent.

intransitable *adj* impassable.

intransitivo,-a *adj Ling* intransitive.

intrascendencia *nf* insignificance, unimportance.

intrascendente *adj* insignificant, unimportant.

intratable *adj* 1 *(problema)* intractable, unmanageable. 2 *(persona)* unsociable, unapproachable.

intravenoso,-a *adj Med* intravenous.

intrépido,-a *adj* intrepid, bold, daring.

intriga *nf* intrigue; *Cin Teat* plot.

intrigante I *adj* 1 *(interesante)* intriguing, interesting. 2 *pey (maquinador)* scheming. **II** *nmf (persona)* intriguer.

intrigar [7] **I** *vtr (interesar)* to intrigue, interest; **esto me tiene muy intrigado,** this has got me really intrigued. **II** *vi (maquinar)* to plot, scheme.

intrincado,-a *adj* 1 *(cuestión, problema)* intricate, complicated. 2 *(bosque)* dense.

intríngulis *nm inv fam* hidden snag, catch; **tiene su i.,** there's more to it than meets the eye.

intrínseco,-a *adj* intrinsic, inherent.

introducción *nf* introduction.

introducir [46] **I** *vtr* 1 *(gen)* to introduce. 2 *(poner en uso)* to bring in, introduce. 3 *(meter)* to insert, put in. 4 *(problema, discordia)* to cause, create, bring about. **II introducirse** *vr* 1 *(moda, costumbre)* to be introduced **(en,** into). 2 *(meterse)* to get into, enter; **i. en la alta sociedad,** to work one's way into high society.

introductor,-a I *adj* introductory. **II** *nm,f* introducer.

introductorio,-a *adj* introductory.

intromisión *nf* meddling, interfering, intrusion.

introspección *nf* introspection.

introspectivo,-a *adj* introspective.

introversión *nf* introversion.

introvertido,-a I *adj* introverted. **II** *nm,f* introvert.

intrusión *nf* intrusion.

intrusismo *nm* quackery.

intruso,-a I *adj* intrusive. **II** *nm,f* 1 *(gen)* intruder; *Jur* trespasser. 2 *(impostor)* quack, impostor.

intuición *nf* intuition.

intuir [62] *vtr* to sense, feel.

intuitivo,-a *adj* intuitive. ◆**intuitivamente** *adv* intuitively, by intuition.

inundación *nf* flood, flooding.

inundar *vtr* to flood, swamp.

inusitado,-a *adj* unusual, uncommon.

inútil I *adj* 1 *(gen)* useless; *(esfuerzo, intento)* vain, pointless; **es i. que llores,** there's no point in crying. 2 *Mil* unfit (for service). **II** *nmf fam* good-for-nothing.

inutilidad *nf* uselessness.

inutilizado,-a I *pp de* **inutilizar. II** *adj* out of action.

inutilizar [4] *vtr (gen)* to make *o* render useless; *(máquina etc)* to put out of action; **las bombas inutilizaron el alumbrado de la ciudad,** the bombing knocked out the lights of the city.

invadir *vtr* to invade; *fig* **le invadió la tristeza,** she was overcome by sadness; *fig* **los estudiantes invadieron la calle,** students poured out onto the street.

invalidación *nf* invalidation.

invalidar *vtr* to invalidate.

invalidez *nf* 1 *Jur (nulidad)* invalidity. 2 *Med (minusvalía)* disablement, disability.

inválido,-a I *adj* 1 *Jur (nulo)* invalid. 2 *Med (minusválido)* disabled, handicapped. **II** *nm,f Med* disabled *o* handicapped person.

invariabilidad *nf* invariability.

invariable *adj* invariable, unchanging.

invariado,-a *adj* unchanged.

invasión *nf* invasion.

invasor,-a I *adj* invading. **II** *nm,f* invader.

invectiva *nf* invective; **una i.,** a piece of invective.

invencible *adj* 1 *Mil* invincible, unbeatable. 2 *(obstáculo)* insurmountable; *Hist* **la A. Invencible,** the Spanish Armada.

invención *nf (invento)* invention; *(hallazgo)* discovery; *(mentira)* fabrication; *fam* **i. del tebeo,** stupid idea.

inventar I *vtr (crear)* to invent; *(cuento, historia)* to imagine; *(excusa, mentira)* to make up, concoct, fabricate. **II inventarse** *vr (excusa, mentira)* to make up, concoct.

inventariar [12] *vtr* to inventory.

inventario *nm* 1 *(lista)* inventory. 2 *(operación)* stocktaking; *Com* **hacer el i.,** to do the stocktaking.

inventivo,-a I *adj* inventive, resourceful. **II** *nf* inventiveness; *(imaginación)* imagination.

invento *nm* invention; *fam* **¡vaya i.!,** what a bright idea!

inventor,-a *nm,f* inventor.

invernadero *nm* greenhouse, hothouse, conservatory. ■ **efecto i.**, greenhouse effect.

invernal *adj* winter, wintry.

invernar [27] *vi* **1** (*pasar el invierno*) to winter, spend the winter (**en**, in). **2** (*animales*) to hibernate.

inverosímil *adj* unlikely, improbable.

inverosimilitud *nf* unlikeliness, improbability.

inversión *nf* **1** (*gen*) inversion. **2** *Fin* investment.

inversionista *nmf Fin* investor.

inverso,-a *adj* inverted, opposite, contrary; **a la inversa,** (*al revés*) vice versa, the other way round; (*al contrario*) on the contrary; **en orden i.**, in reverse order; **en sentido i.**, in the opposite direction; **y a la inversa,** and vice versa.

inversor,-a *nm,f Fin* investor.

invertebrado,-a *adj & nm Zool* invertebrate.

invertido,-a I *pp de* invertir **II** *adj* inverted, reversed. **III** *nm,f pey* queer.

invertir [35] *vtr* **1** (*orden*) to invert, reverse, turn round; (*dirección*) to reverse; **i. los papeles,** to exchange roles. **2** (*tiempo*) to spend (**en**, on); (*dinero, esfuerzos*) to invest (**en**, in); **i. en bolsa,** to invest in stock.

investidura *nf* investiture.

investigación *nf* **1** (*policíaca etc*) investigation, inquiry. **2** (*científica*) research.

investigador,-a I *adj* investigation. **II** *nm,f* **1** (*detective*) investigator. **2** (*científico*) researcher, research worker.

investigar [7] *vtr* **1** (*indagar*) to investigate. **2** (*ciencia*) to do research on.

investir [34] *vtr* to invest; **i. a algn con** *o* **de algo,** to invest sb with sth, confer sth on sb.

inveterado,-a *adj* inveterate, deep-rooted.

inviable *adj* non-viable, unfeasible.

invicto,-a *adj lit* unconquered, unbeaten.

invidente I *adj* blind, sightless. **II** *nmf* blind person.

invierno *nm* winter.

inviolabilidad *nf* inviolability.

inviolable *adj* inviolable.

inviolado,-a *adj* inviolate.

invisible *adj* invisible.

invitación *nf* invitation; *Cin Teat* (*entrada*) ticket.

invitado,-a I *pp de* invitar **II** *adj* invited; **artista i.,** guest artist. **III** *nm,f* guest; **tenemos invitados,** we have guests.

invitador,-a *adj,* **invitante** *adj* inviting.

invitar *vtr* to invite; **hoy invito yo,** the drinks are on me today; **i. a algn a comer,** to invite sb to lunch; **me invitó a una copa,** he treated me to a drink; *fig* **esa música invita a bailar,** this music makes you want to dance.

invocación *nf* invocation.

invocar [1] *vtr* to invoke.

involución *nf* **1** *Biol* involution. **2** *Pol* regression, reaction.

involucionista *adj & nmf Pol* regressive, reactionary.

involucrado,-a I *pp de* involucrar **II** *adj* involved.

involucrar I *vtr* to involve (**en**, in). **II** involucrarse *vr* to get involved (**en**, in).

involuntario,-a *adj* involuntary, unintentional, accidental.

involutivo,-a *adj* **1** *Biol* involutional. **2** *Pol* regressive.

invulnerable *adj* invulnerable.

inyección *nf* injection; **poner una i.,** to give an injection. ■ **i. intramuscular/intravenosa,** intramuscular/intravenous injection.

inyectable I *adj* injectable. **II** *nm Farm* injection.

inyectar *vtr* to inject (**en**, into); **i. algo a algn,** to inject sb with sth.

inyector *nm Téc* injector.

iodo *nm véase* yodo

ión *nm* ion.

iónico,-a *adj* ionic.

ionizador *nm* ionizer.

ionizar [4] *vtr* to ionize.

ionosfera *nf* ionosphere.

ir [74] **I** *vi* **1** (*gen*) to go; **ir a caballo,** to ride; **ir de Bilbao a Madrid,** to go from Bilbao to Madrid; **ir de paseo,** to go for a walk; **ir de compras/caza,** to go shopping/hunting; **ir del brazo/de la mano,** to walk arm in arm/hand in hand; **ir despacio,** to go slowly; **ir en coche,** to go by car, drive; **ir en tren,** to go by train; **me voy,** I'm off; **quiero ir contigo,** I want to go with you; **¡vamos!,** let's go!; **voy a Lima,** I'm going to Lima; **¡ya voy!,** (I'm) coming! **2** (*río, camino*) to lead; **esta carretera va a la frontera,** this road leads to the border. **3** (*obrar*) **con miedo,** to be afraid; **ir con prisa,** to be in a hurry. **4** (*funcionar*) to work (properly); **el ascensor no va,** the lift is out of order. **5** (*desenvolverse*) **¿cómo le va el nuevo trabajo?,** how is he getting on in his new job?; **¿cómo te va?,** how are things?, how are you doing? **6** (*sentar bien*) to suit; **el verde te va mucho,** green really suits you. **7** (*combinar*) to match; **el rojo no va muy bien con el verde,** red does not go well with green. **8** (*vestir*) to wear; **ir con falda,** to wear a skirt; **ir de blanco/de uniforme,** to be dressed in white/in uniform. **9** *fam* (*importar, concernir*) to concern; **a mí ni me va ni me viene,** it doesn't concern me; **en esto te va la reputación,** your reputation is at stake here; **eso va por ti también,** and the same goes for you; **¿qué te va en ello?,** what does it matter to you? **10** *fam* (*comportarse*) to act; **ir de guapo por la vida,** to be a flash Harry. **11** (*edad*) **ir para los sesenta,** she's pushing sixty; **ir por los cincuenta,** to be about fifty. **12** (*carrera, profesión*) **va para abogado,** he's studying to be a lawyer. **13** *Naipes* to go, lead. **14** (*ir + por*) (*seguir*) **ir por la orilla del río,** to follow the riverside; (*ir a buscar*) **ve (a) por agua,** go and fetch some water; (*haber llegado*) **voy por la página noventa,** I've got as far as page ninety. **15** (*locuciones*) **a eso iba,** I was coming to that; **¡ahí va!,** catch!; **dejarse ir,** to let oneself go; **en lo que va de año,** so far this year; **ir a parar,** to end up; **ir dado,** to be in for it; **¡qué va!,** of course not!, nothing of the sort!; **¿quién va?,** *Mil* who goes there?; (*turno*) whose turn is it?; **va a lo suyo,** he looks after his own interests; **¡vamos a ver!,** let's see!; **¡vaya!,** fancy that!; **¡vaya moto!,** what a bike!; *fig* **ir demasiado lejos,** to go too far; *fam* **ir tirando,** to get by; **entonces fue y me dijo que no quería hacerlo,** then he went and told me that he didn't want to do it; *fam* **¡vamos anda!,** come on!; *fam* **vas que chutas,** you're set; *vulg* **ir de culo,** to be fucked for time. **II** *v aux* **1** (*ir + gerundio*) **ir andando,** to go on foot; **ir corriendo,** to run; **va mejorando,** she's improving. **2** (*ir + pp*) **ir cansado,** to be tired; **ya van rotos tres,** three (of them) have already been broken; *fam fig* **ir vendido,** to be lost. **3** (*ir a + inf*) **iba a decir que,** I was going to say that; **ir a parar en la cárcel,** to end up in jail; **va a llover,** it's going to rain; **vas a caerte,** you'll fall. **III** irse *vr* **1** (*marcharse*) to go away, leave; **me voy,** I'm off; **¡vámonos!,** let's go!; **¡vete!,** go away!; **vete a casa,** go home. **2** *(líquido, gas) (escaparse)* to leak. **3** *(mano, pie)* to slip; **se le fue el pie,** his foot slipped. **4** *(gastarse)* to go, disappear; **el dinero se va sin que uno se dé cuenta,** money just slips away without your noticing it. **5** *euf (morir)* to pass away, die. **6** *(locuciones)* **i. a pique,** *(barco)* to sink; *fig* to fall through; **i. abajo** *o* **al traste,** to fall through; **i. de la boca** *o* **de la lengua,** to tell it all; **i. la mano,** to overdo it; *fam fig* **i. por las ramas,** to get sidetracked.

ira *nf* wrath, rage, anger; **descargar la i. en algn,** to vent one's wrath on sb.

iracundo,-a *adj* **1** *(irascible)* irascible. **2** *(enfadado)* irate, angry.

Irak *n* Irak.

Irán *n* Iran.

iraní *adj & nmf (pl iraníes)* Iranian.

Iraq *n véase* Irak.

iraquí *adj & nmf (pl iraquíes)* Iraqi.

irascibilidad *nf* irascibility.

irascible *adj* irascible, irritable.

iris *nm inv Anat* iris. ■ **arco i.,** rainbow.

irisación *nf (gen pl)* iridiscence.

irisado,-a **I** *pp de* irisar. **II** *adj* iridescent.

irisar **I** *vtr* to make iridescent. **II** *vi* to be iridescent.

Irlanda *n* Ireland. ■ **I. del Norte,** Northern Ireland.

irlandés,-esa **I** *adj* Irish. **II** *nm,f (hombre)* Irishman; *(mujer)* Irishwoman; **los irlandeses,** the Irish. **III** *nm* **1** *(idioma)* Irish. **2** *fam (café)* Irish coffee.

ironía *nf* irony; **con i.,** ironically.

irónico,-a *adj* ironic.

ironizar [4] *vtr* to ridicule, be ironical about.

IRPF *nm Econ abr de* **impuesto sobre la renta de las personas físicas,** income tax.

irracional *adj* irrational.

irracionalidad *nf* irrationality.

irradiación *nf* irradiation.

irradiar [12] *vtr* **1** *(emitir)* to irradiate, radiate. **2** *Am fig (expulsar)* to expel.

irrazonable *adj* unreasonable.

irreal *adj* unreal.

irrealidad *nf* unreality.

irrealizable *adj* unattainable, unfeasible; *fig* unreachable.

irrebatible *adj* irrefutable.

irreconciliable *adj* irreconcilable.

irreconocible *adj* unrecognizable.

irrecuperable *adj* irretrievable.

irrecusable *adj* unimpeachable.

irreducible *adj,* **irreductible** *adj* **1** *Mat* irreducible. **2** *fig (inflexible)* unyielding.

irreemplazable *adj* irreplaceable.

irreflexión *nf* rashness, impetuosity.

irreflexivo,-a *adj (acción)* rash; *(persona)* impetuous.

irrefrenable *adj* unrestrained, uncontrollable; **un impulso i.,** an irresistible urge.

irrefutable *adj* irrefutable.

irregular *adj* irregular.

irregularidad *nf* irregularity.

irrelevante *adj* irrelevant.

irremediable *adj* irremediable, incurable.

irremisible *adj* unpardonable, unforgivable.

irremplazable *adj* irreplaceable.

irreparable *adj* irreparable.

irreprimible *adj* irrepressible.

irreprochable *adj* irreproachable, blameless.

irresistible *adj* **1** *(impulso, persona)* irresistible. **2** *(insoportable)* unbearable.

irresoluto,-a *adj* irresolute.

irrespetuoso,-a *adj* disrespectful.

irrespirable *adj* unbreathable.

irresponsabilidad *nf* irresponsibility.

irresponsable **I** *adj* irresponsible. **II** *nmf* irresponsible person.

irreverencia *nf* irreverence.

irreverente *adj* irreverent.

irreversible *adj* irreversible.

irrevocable *adj* irrevocable.

irrigación *nf* irrigation.

irrigar [7] *vtr* to irrigate, water.

irrisorio,-a *adj* derisory, ridiculous.

irritabilidad *nf* irritability.

irritable *adj* irritable.

irritación *nf* irritation.

irritante *adj* irritating.

irritar **I** *vtr* **1** *(enfadar)* to irritate, exasperate. **2** *Med* to irritate, inflame. **II** **irritarse** *vr (enfadarse)* to lose one's temper, get angry.

irrompible *adj* unbreakable.

irrumpir *vi* to burst (**en,** into).

irrupción *nf* irruption.

isabelino,-a *adj Hist (en España)* Isabelline; *(en Inglaterra)* Elizabethan.

isla *nf* island, isle. ■ *Aut* **i. de peatones,** traffic island, *US* safety island; **(las) Islas Galápagos,** the Galapagos Islands.

islam *nm Rel* Islam.

islámico,-a *adj,* **islamita** *adj* Islamic.

islandés,-esa **I** *adj* Icelandic. **II** *nm,f (persona)* Icelander. **III** *nm (idioma)* Icelandic.

Islandia *n* Iceland.

isleño,-a **I** *adj* island; **la población isleña,** the population of the island. **II** *nm,f* islander.

isleta *nf* islet.

islote *nm* small *o* rocky island.

ismo *nm fam* ism.

isobara *nf* isobar.

isósceles *adj Geom* **triángulo i.,** isosceles triangle.

isoterma *nf* isotherm.

isótopo *nm* isotope.

Israel *n* Israel.

israelí *adj & nmf (pl israelíes)* Israeli.

israelita *adj & nmf Hist* Israelite.

istmo *nm Geog* isthmus. ■ **I. de Panamá,** Isthmus of Panama.

Italia *n* Italy.

italiano,-a **I** *adj* Italian. **II** *nm,f (persona)* Italian. **III** *nm (idioma)* Italian.

ítem **I** *nm* item. **II** *adv* item, likewise, also.

itinerante *adj* itinerant, itinerating.

itinerario *nm* itinerary, route.

IVA *nm Econ abr de* **impuesto sobre el valor añadido,** value-added tax, VAT.

izar [4] *vtr* to hoist, raise.

izqda., izqdª *abr de* **izquierda,** left.

-**izqdo.**, **izqd°** *abr de* **izquierdo**, left.

izquierda *nf* 1 left; **a la i.**, on the left; **girar a la i.**, to turn left. 2 *(mano)* left hand. 3 *Pol* **la i.**, the left; **de izquierdas**, left-wing.

izquierdismo *nm Pol* leftism.

izquierdista *Pol* I *adj* leftist, left-wing. II *nmf* leftist, left-winger.

izquierdo,-a *adj* 1 left; **brazo i.**, left arm. 2 *(zurdo)* left-handed.

izquierdoso,-a *adj fam* leftish.

J

J, j ['xota] *nf (la letra)* J,j.

ja *interj* 1 *(al reír)* **¡ja, ja!**, ha, ha! 2 *(incredulidad)* come on!, come off it!

jabalí *nm (pl jabalíes) Zool* wild boar.

jabalina[1] *nf Zool* female wild boar.

jabalina[2] *nf Dep* javelin.

jabato *nm Zool* young wild boar; *fig* **ser un j.**, to be as bold as a lion.

jábega *nm Pesca* casting net.

jabeque *nm Náut* xebec, zebec.

jabón *nm* soap; **j. de afeitar/tocador**, shaving/toilet soap; *fam fig* **dar j. a algn**, to soft-soap o flatter sb.

jabonado *nm* 1 *(acción)* soaping. 2 *(ropa)* laundry. 3 *fam (reprimenda)* reprimand, ticking off.

jabonadura *nf* soaping; **jabonaduras**, soapy water *sing*, soapsuds.

jabonar *vtr véase* **enjabonar**.

jaboncillo *nm* 1 *(pastilla de jabón)* bar of toilet soap. 2 *Bot* soapberry.

jabonera *nf* soapdish.

jabonoso,-a *adj* soapy.

jaca *nf Zool* 1 *(caballo pequeño)* pony, cob. 2 *(caballo castrado)* gelding.

jacal *nm Guat Méx Ven* hut, shack.

jácara *nf* 1 *Lit (romance)* picaresque ballad. 2 *fam* nuisance, irritation.

jacarandá *nm Bot* jacaranda.

jacarandoso,-a *adj fam* cheerful, lively.

jacaré *nm Am Zool* caiman.

jacarero *nm*, **jacarista** *nm* merry-maker.

jácena *nf Arquit* main beam.

jacinto *nm* 1 *Bot* hyacinth. 2 *Min* **j. de Ceilán**, zircon; **j. occidental**, topaz; **j. oriental**, ruby.

jaco *nm pey* nag, hack.

jacobeo,-a *adj Rel* of Saint James; **peregrinación jacobea**, pilgrimage to Santiago de Compostela.

jactancia *nf* boastfulness, boasting, bragging.

jactancioso,-a I *adj* boastful. II *nm,f* braggart.

jactarse *vr* to boast, brag **(de,** about).

jaculatorio,-a I *adj* fervent. II *nf* fervent speech.

jade *nm Min* jade.

jadeante *adj* panting, breathless.

jadear *vi* to pant, gasp.

jadeo *nm* panting, gasping.

jaenés,-esa *adj & nm,f véase* **jiennense**.

jaez *nm* 1 *(del caballo)* harness, trappings *pl.* 2 *pey (ralea)* kind, sort; **gente de ese j.**, people of that ilk o kind.

jaguar *nm Zool* jaguar.

jai *nf vulg* woman.

jalar I *vtr* 1 *(tirar de un cabo)* to pull, heave. 2 *fam (comer)* to wolf down; **¡cómo le gusta j.!**, he loves stuffing himself! 3 *CAm (hacer el amor)* to make love. II **jalarse** *vr* 1 *fam (comerse)* to wolf down, scoff. 2 *Am (emborracharse)* to get drunk.

jalbegar [7] *vtr* to whitewash.

jalea *nf* jelly. ■ **j. real**, royal jelly.

jaleador, -a I *adj* cheering, encouraging. II *nm,f* cheering spectator o participant.

jalear *vtr* 1 *(animar)* to cheer (on), clap and shout. 2 *Caza* to urge on.

jaleo *nm* 1 *(alboroto)* din, racket; *(escándalo)* fuss, commotion; *(riña)* row; *(confusión)* muddle; **armar j.**, to make a racket; **armar un j.**, to kick up a fuss; **armarle j. a algn**, to start a row with sb. 2 *CAm (galanteo)* courting.

jaleoso,-a *adj* noisy.

jalón[1] *nm* 1 *(estaca)* marker pole; *fig (hito)* milestone. 2 *Am (trecho)* stretch, distance.

jalón[2] *nm* 1 *(tirón)* pull, tug. 2 *CAm (galán)* gallant. 3 *Méx (trago)* shot, tot.

jalonar *vtr (señalar con estacas)* to stake out; *fig (marcar)* to mark.

Jamaica *n* Jamaica.

jamaicano,-a *adj & nm,f* Jamaican.

jamancia *nf fam* 1 *(comida)* grub, nosh. 2 *(hambre)* hunger.

jamar *vtr fam* to scoff, eat.

jamás *adv* 1 *(j. + indic)* never; **j. he estado allí**, I have never been there. 2 *(j. + subj)* ever; **el mejor libro que j. se haya escrito**, the best book ever written. 3 *(locuciones)* **j. de los jamases**, never ever, never on your life; **nunca j.**, never ever; **por siempre j.**, for ever (and ever).

jamba *nf Arquit* jamb.

jamelgo *nm pey* old nag, hack.

jamón *nm* ham; **j. de York** *o* **en dulce**, boiled ham; **j. serrano**, cured ham; *fam* **¡y un j.! (con chorreras)!**, nothing doing!, you must be joking!

jamona *fam* I *adj* buxom. II *nf* buxom woman.

jamuga *nf*, **jamugas** *nfpl* side-saddle *sing*.

jamurar *vtr Náut* to bale out.

jándalo,-a *adj & nm,f fam* Andalusian.

jangada *nf* 1 *(estupidez)* stupid remark o comment. 2 *(trastada)* mischief. 3 *Arg (armadía)* raft. 4 *Am (balsa)* raft.

Japón *n* **(el) J.**, Japan.

japonés,-esa I *adj* Japanese. II *nm,f (persona)* Japanese; **los japoneses**, the Japanese. III *nm (idioma)* Japanese.

japuta *nf (pez)* Ray's bream.

jaque *nm Ajedrez* check; **dar j. a,** to check; **dar j. mate a,** to checkmate; **estar en j.,** to be in check; **j. al rey,** check; **j. mate,** checkmate; *fig* **tener** *o* **traer a algn en j.,** to intimidate *o* threaten sb.

jaquear *vtr Ajedrez* to check; *fig (amenazar)* to harass, threaten.

jaqueca *nf* migraine, headache; *fig* **dar j. a,** to bore, be a pain in the neck to.

jaquecoso,-a *adj fig* bothersome, irksome.

jáquima *nf CAm Méx* drunkenness, drunken bout.

jara *nf Bot* rockrose.

jarabe *nm* 1 syrup; **j. para la tos,** cough mixture; *fig* **dar a algn j. de palo,** to give sb a hiding; *fig* **j. de pico,** blarney, smooth talk; *fig* **tener mucho j. de pico,** to talk glibly. 2 *Mús* Mexican dance.

jarana *nf fam* 1 *(juerga)* wild party, spree; **ir de j.,** to go on a spree *o* a binge. 2 *(jaleo)* racket, din; **armar j.,** to make a racket. 3 *Méx Mús* small guitar. 4 *Am Mús* dance. 5 *Am (burla)* taunt, jeer. 6 *CAm (deuda)* debt.

jaranero,-a I *adj* fun-loving, party-loving. II *nm,f* pleasure seeker, party-lover.

jarcia *nf* 1 *Náut* rigging, ropes *pl*; **j. de labor,** running rigging; **j. muerta,** standing rigging. 2 *Pesca* fishing tackle.

jardín *nm* garden; **j. botánico,** botanical garden; **j. de infancia,** nursery school, kindergarten.

jardinera *nf* 1 *(mujer)* gardener. 2 *(mueble) (para tiestos)* planter, flower stand; *(en una ventana)* window box. 3 *(vehículo) (carruaje)* open carriage; *(tranvía)* open tramcar.

jardinería *nf* gardening.

jardinero *nm* gardener.

jareta *nf* 1 *Cost* casing. 2 *Náut* cable, rope.

jarocho,-a I *adj* 1 *(insolente)* rude, uncouth. 2 *Méx* of *o* from Veracruz. II *nm,f Méx* native *o* inhabitant of Veracruz.

jarra *nf* pitcher; **j. de leche,** milkchurn; **j. de cerveza,** beer tankard; *fig* **de** *o* **en jarras,** arms akimbo, hands on hips.

jarrete *nm (de persona)* back of the knee; *(de animal)* hock.

jarretera *nf (liga)* garter; **la Orden de la J.,** the Order of the Garter.

jarro *nm (recipiente)* jug; *(contenido)* jugful; *fig* **echar un j. de agua fría a,** to pour cold water on.

jarrón *nm* vase; *Arqueol* urn.

Jartum *n* Khartoum.

jaspe *nm Min* jasper.

jaspeado,-a I *pp de* jaspear. II *adj* mottled, speckled.

jaspear *vtr* to mottle, speckle.

Jauja *nf fig* promised land; **¡esto es J.!,** this is the life! **la tierra de J.,** the land of plenty, the land of milk and honey.

jaula *nf (para animales)* cage; *(embalaje)* crate; *(niños)* playpen; *Min* cage.

jauría *nf* pack of hounds; *fig* gang.

Java *n* Java.

javanés,-a *adj & nm,f* Javanese.

jayán,-ana *nm,f (hombre)* big strong man; *(mujer)* big strong woman.

jazmín *nm Bot* jasmine.

jazz *nm Mús* jazz.

jazzístico,-a *adj Mús* jazz, jazzy.

jazzman *nm Mús* jazz player.

J.C. *abr de* **Jesucristo,** Jesus Christ, J.C.

je *interj* **¡je, je!,** ha, ha!

jean *nm* jeans *pl*.

jebe *nm* 1 *(alumbre)* alum. 2 *Am (caucho)* rubber.

jeep *nm Aut* jeep.

jefa *nf* female boss, manageress; *fam* mother.

jefatura *nf* 1 *(cargo, dirección)* leadership; **bajo la j. de,** under the leadership of. 2 *(sede)* central office; *Mil* headquarters; **j. de policía,** police headquarters.

jefe *nm* 1 head, chief, boss; *Com* manager; **j. de estación,** stationmaster; **j. de negociado,** head of department; **j. de redacción,** editor-in-chief; **j. de taller,** foreman; **j. de ventas,** sales manager. 2 *Pol* leader; **J. de Estado,** Head of State. 3 *Mil* officer in command; **comandante en j.,** commander-in-chief; **J. de Estado Mayor,** Chief of Staff.

Jehová *nm* Jehovah; **testigos de J.,** Jehovah's Witnesses.

jején *nm* 1 *Am Ent* black fly. 2 *Méx (abundancia)* abundance.

jengibre *nm Bot* ginger.

jenízaro,-a I *adj fig* mixed. II *nm* janissary.

jeque *nm* sheik, sheikh.

jerarca *nm* hierarch, chief.

jerarquía *nf* 1 *(gen)* hierarchy; **j. social,** social hierarchy. 2 *(grado)* scale. 3 *(categoría)* rank; **de j.,** high-ranking.

jerárquico,-a *adj* hierarchic, hierarchical.

jeremías *nmf inv* whiner, whinger.

jerez *nm* sherry.

jerezano,-a I *adj* of *o* from Jerez. II *nm,f* native *o* inhabitant of Jerez.

jerga¹ *nf (argot) (técnica)* jargon; *(vulgar)* slang; **la j. legal,** legal jargon.

jerga² *nf Tex* coarse woollen cloth.

jergal *adj (técnico)* of jargon; *(vulgar)* slangy.

jergón *nm* straw mattress; *fig (torpe)* country bumpkin.

jeribeque *nm (guiño)* wink; *(gesto)* grimace.

jerigonza *nf* 1 *véase* jerga¹. 2 *(extravagancia)* oddness.

jeringa *nf Med* syringe; *Aut* **j. de engrase,** grease gun.

jeringar [7] *vtr* 1 *Med* to syringe. 2 *fam (molestar)* to pester, annoy.

jeringazo *nm* squirt, syringeful.

jeringuilla *nf Med (hypodermic)* syringe.

jeroglífico,-a I *adj* hieroglyphic. II *nm* 1 *Ling* hieroglyph, hieroglyphic. 2 *(juego)* rebus.

jerosolimitano,-a I *adj* of *o* from Jerusalem. II *nm,f* native *o* inhabitant of Jerusalem.

jersey *nm (pl jerseyes o jerseis)* sweater, pullover, jumper.

Jerusalén *n* Jerusalem.

Jesucristo *nm* Jesus Christ.

jesuita *adj & nmf* Jesuit.

jesuítico,-a *adj* Jesuitic; *fig* cautious, wary.

Jesús I *nm* Jesus; *fam* **en un decir J.,** in the twinkling of an eye. II *interj* 1 *(expresa sorpresa)* good heavens! 2 *(al estornudar)* bless you!

jet *nm Av* jet.

jeta *fam* I *nf* 1 *(cara)* mug, face; **poner j.,** to pull a face. 2 *(hocico)* snout. 3 *(descaro)* cheek; **tener j.,** to be cheeky, have a nerve; **¡qué j. tienes!,** what a cheek you've got! II *nmfpl* rogue *sing*.

jet-set nf jet-set.

ji interj ¡ji, ji, ji!, hee, hee, hee!

jibá nm Cuba Méx RD Bot coca plant.

jíbaro,-a Am I adj peasant-like, rustic. II nm,f peasant.

jibia nf (pez) cuttlefish.

jicama nf Bot sweet turnip.

jícara nf 1 (bol) small cup; Am gourd. 2 CAm (cabeza de ganado) head. 3 Méx bald head.

jícaro nm CAm Cuba Bot calabash tree.

jicote nm Am Ent large wasp.

jicotera nf 1 Am (avispero) wasps' nest. 2 Méx (zumbido) buzzing of wasps.

jiennense I adj of o from Jaén. II nmf native o inhabitant of Jaén.

jijona nm Culin type of nougat.

jilguero,-a nm,f Orn goldfinch.

jilipollas nmf inv fam ofens véase gilipollas.

jineta[1] nf Zool genet.

jineta[2] nf 1 Equit a la j., with short stirrups. 2 Mil (hombrera) epaulette.

jinete nm rider, horseman.

jinetear Equit I vtr Am (domar) to break in. II vi (montar) to ride regally.

jingoísmo nm jingoism.

jingoísta adj & nmf jingo, jingoist.

jingol nm Bot jujube.

jiñar vi vulg to shit.

jipa nf Am straw hat.

jipar vi Am véase jipiar.

jipato,-a adj Am (persona) pale.

jipi nm Panama hat.

jipiar vi (gemir) to groan; (gimotear) to wail.

jipido nm fam hiccough, hiccup.

jira nf picnic.

jirafa nf 1 Zool giraffe; fig tall person. 2 (de micrófono) boom.

jirón nm (trozo desgarrado) shred, strip; (pedazo suelto) bit, scrap; **hecho jirones**, in shreds o tatters.

jiste nm head (on beer), froth.

jitomate nm Méx (type of) tomato.

jiu-jitsu nm Dep jujitsu.

JJOO nmpl abr de **Juegos Olímpicos**, Olympic Games.

jo interj fam bloody hell!

Job nm (pl Jobs) Job; **tiene más paciencia que el santo J.**, he has the patience of Job.

jobar interj blast!

jockey nm Dep jockey.

jocó nm (pl jocoes) Zool orang-utan, orang-outang.

jocoserio,-a adj tragicomic.

jocosidad nf humour.

jocoso,-a adj funny, humorous, comic.

jocundo,-a adj jovial.

joder vulg ofens I vtr 1 (copular) to fuck. 2 (fastidiar) to piss off; **jode mucho tener que trabajar en domingo**, having to work on Sunday really pisses me off; **¡no me jodas!**, come on, don't give me that! 3 (echar a perder) to fuck up; **¡la jodiste!**, you screwed it up! 4 (romper) to bugger up, break; **ha vuelto a j. el ordenador**, he has screwed the computer up again. 5 (lastimar) to injure; **tiene el brazo jodido**, his arm is buggered. II joderse vr 1 (fastidiarse) to put up with it; **¡hay que j.!**, you'll just have to grin and bear it; **¡que se joda!**, to hell with

him! 2 (echarse a perder) to fuck up, ruin; **me jodí el domingo por ayudarle a mudarse**, I messed up my Sunday by helping her to move house; **¡se jodió el invento!**, that's the end of that! 3 (lastimarse) to hurt, fuck up. 4 (romperse) to go bust; **se jodió el día**, the weather turned bad. III interj bloody hell!, fuck!

jodido,-a I pp de joder. II adj vulg ofens 1 (maldito) bloody, fucking. 2 (molesto) annoying; **es j. trabajar con ese ruido**, it's bloody awful having to work with that noise. 3 (enfermo) in a bad way; (cansado) knackered, exhausted. 4 (estropeado, roto) bust, done for, kaput, buggered. 5 (difícil) complicated.

jodienda nf vulg ofens 1 (coito) fuck. 2 (molestia) balls-up, mess.

jofaina nf washbasin.

jogging nm Dep jogging; **hacer j.**, to jog.

jóker nm Naipes joker.

jolgorio nm fam (juerga) binge; (algazara) fun; **ir de j.**, to go on a binge; **¡qué j.!**, what fun!

jolín interj, **jolines** interj fam (sorpresa) gosh!, good grief!; (enfado) blast!, damn!

jónico,-a I adj Ionic, Ionian; Arquit Ionic; **el (Mar) J.**, the Ionian Sea. II nm,f Ionian. III nm Ling Lit Ionic.

jope interj fam gosh!, good grief!

Jordán n (río) Jordan.

Jordania n (país) Jordan.

jordano,-a adj & nm,f Jordanian.

jorguín,-ina nm,f (hombre) sorcerer, enchanter; (mujer) sorceress, enchantress.

jorguinería nf sorcery, magic.

jornada nf 1 (día de trabajo) **j. (laboral)**, working day; **j. de siete horas**, seven-hour (working) day; **j. intensiva**, working day without a lunch break; **j. partida**, working day with a lunch break; **trabajo de media j./j. completa**, part-time/full-time work. 2 (camino recorrido en un día) day's journey; **de Bilbao a Sevilla hay dos jornadas de camino**, it's a two-day journey from Bilbao to Seville. 3 Mil expedition. 4 Dep **los resultados de la j. del sábado**, Saturday's results. 5 Teat (uso antiguo) act. 6 **jornadas**, conference sing, congress sing; **las II J. de Moda Española**, the 2nd Conference on Spanish Fashion.

jornal nm (paga) day's wage; **ganar un buen j.**, to earn a good wage; **trabajar a j.**, to be paid by the day.

jornalero,-a nm,f day labourer o US laborer.

joroba I nf 1 (deformidad) curvature, hump. 2 fam (fastidio) nuisance, drag. II interj drat!

jorobado,-a I pp de jorobar. II adj hunchbacked, humpbacked. III nm,f hunchback, humpback.

jorobar fam I vtr 1 (fastidiar) to annoy, bother; **me joroba**, it really gets up my nose. 2 (romper) to smash up, break. 3 (estropear) to ruin, wreck; **¡no jorobes!**, (fastidio) stop pestering me!; (incredulidad) pull the other one! II jorobarse vr 1 (fastidiarse) to put up with; **¡hay que j.!**, that really is the limit! 2 (estropearse) to break.

josefino,-a I adj of o from San José. II nm,f native o inhabitant of San José.

jota[1] nf 1 name of the letter J in Spanish. 2 (cantidad mínima) jot, scrap; **ni j.**, not an iota; **no entiendo ni j.**, I don't understand a thing; **no sabe ni j. de latín**, he doesn't know the first thing about Latin; **no se ve ni j.**, you can't see a thing.

jota[2] *nf Mús* Spanish dance and music.

joule *nm Fís* joule.

joven **I** *adj* young; **de aspecto j.,** young-looking; **de j.,** as a young man *o* woman. **II** *nmf (hombre)* youth, young man; *(mujer)* girl, young woman; **los jóvenes,** young people, youth.

jovencito,-a **I** *adj* very young. **II** *nm,f (hombre)* boy, youngster; *(mujer)* girl, youngster.

jovenzuelo,-a **I** *adj* very young. **II** *nm,f (hombre)* lad, youngster; *(mujer)* lass, youngster.

jovial *adj* jovial, good-humoured.

jovialidad *nf* joviality, cheerfulness.

joya *nf* **1** jewel, piece of jewellery; **joyas de imitación,** imitation jewellery *sing*. **2** *fig (personas)* ser una j., to be a real treasure *o* godsend.

joyería *nf* **1** *(tienda)* jewellery shop, jeweller's (shop). **2** *(comercio)* jewellery trade.

joyero,-a **I** *nm,f* jeweller. **II** *nm* jewel case *o* box.

Juan *nm* John; **J. Palomo, (yo me lo guiso yo me lo como),** to go one's own way, paddle one's own canoe; **ser un buen J.,** to be a simple Simon; **ser un J. Lanas,** to be a wimp.

juanesca *nf* chaos, confusion.

juanete *nm* **1** *(en el pie)* bunion. **2** *Náut* topgallant.

jubilación *nf* **1** *(acción)* retirement; **j. anticipada,** early retirement. **2** *(dinero)* pension.

jubilado,-a **I** *pp de* **jubilar.** **II** *adj* retired. **III** *nm,f* retired person, pensioner; **los jubilados,** retired people.

jubilar[1] *adj* **año j.,** jubilee.

jubilar[2] **I** *vtr (retirarse)* to retire, pension off; *fam fig* to get rid of, ditch. **II** *vi fml (alegrarse)* to rejoice. **III** **jubilarse** *vr* **1** *(retirarse)* to retire, go into retirement. **2** *(alegrarse)* to rejoice. **3** *CAm Ven (hacer novillos)* to play truant. **4** *Cuba Méx (instruirse)* to learn, become skilled.

jubileo *nm* **1** *Hist (fiesta)* jubilee. **2** *Rel (indulgencia)* indulgence; **ganar el j.,** to gain an indulgence.

júbilo *nm* jubilation, joy.

jubiloso,-a *adj* jubilant, joyful.

jubón *nm* doublet, jerkin.

judaico,-a *adj* Judaic, Jewish.

judaísmo *nm* Judaism.

judaización *nf* Judaization.

judaizar [24] *vi* to Judaize.

judas *nm inv* traitor.

judeocristiano,-a *adj & nm,f* Judaeo-Christian, *US* Judeo-Christian.

judeoespañol,-a *adj & nm,f* Judaeo-Spanish, *US* Judeo-Spanish.

judería *nf* **1** *(barrio)* Jewish quarter. **2** *Am fig (travesura)* mischief, naughtiness.

judía *nf Bot* bean; **j. blanca/pinta,** haricot/kidney bean; **j. verde,** French bean, green bean.

judiada *nf fam* dirty trick.

judicatura *nf* **1** *(cuerpo)* judicature. **2** *(tiempo en el cargo)* judge's term of office.

judicial *adj* judicial, juridical.

judío,-a **I** *adj* Jewish; *arg* mean, stingy. **II** *nm,f* Jew; **j. converso,** converted Jew.

judo *nm Dep* judo.

judoka *nmf* judoka.

juego *nm* **1** game; *Naipes* **descubrir su j.,** to show one's hand; **j. de azar,** game of chance; **j. de cartas,** card game; **j. de envite,** gambling game; **j. de in-**genio, guessing game; **juegos florales,** poetry competition *sing*; **juegos malabares,** juggling *sing*; *Naipes* **tener buen/mal j.,** to have a good/bad hand; *fig* **conocer el j. de algn,** to know sb's game; *fig* **descubrirle el j. a algn,** to see through sb; *fig* **hacer** *o* **seguir el j. a algn,** to play along with sb; *fig* **j. de manos,** sleight of hand; *fig* **j. de palabras,** play on words, pun; *fig* **j. limpio/sucio,** fair/foul play; *fig* **poner algo en j.,** to put sth at stake; *fig* **ser un j. de niños,** to be child's play; *fig* **tomar algo a j.,** not to take sth seriously. **2** *Dep (gen)* sport; *Tenis* game; *Bridge* rubber; **entrar en j.,** to come into play; **Juegos Olímpicos,** Olympic Games; **terreno de j.,** *Tenis* court; *Ftb* field; **estar en fuera de j.,** to be offside. **3** *(apuestas)* gambling; **casa de j.,** gambling house; **mesa de j.,** gambling table, card table; **¡hagan j., señores!,** place your bets! **4** *(conjunto de piezas)* set; **j. de café/té,** coffee/tea service; **j. de destornilladores,** set of screwdrivers; *fig* **a j.,** matching; *fig* **hacer j.,** to match. **5** *(movimiento)* play.

juerga *nf fam* binge, rave-up; **de j.,** living it up, having a good time; **ir(se) de j.,** to go on a binge; **tener ganas de j.,** to feel like living it up, feel like having a good time.

juerguearse *vr fam (irse de juerga)* to rave it up. **2** *(burlarse)* to make fun **(de,** of).

juerguista **I** *adv* fun-loving. **II** *nmf* fun-loving person, raver.

jueves *nm inv* Thursday; **J. Santo,** Maundy Thursday; *fam fig* **no es nada del otro j.,** it's nothing to write home about; *véase tamb* viernes.

juez *nmf* judge; *Ftb* **j. de banda** *o* **de línea,** linesman; **j. de instrucción,** examining magistrate; **j. de menores,** juvenile court magistrate; *Dep* **j. de meta,** finishing line judge; **j. de paz,** justice of the peace; **j. de primera instancia,** judge of the first instance; *Dep* **j. de salida,** starter; *Tenis* **j. de silla,** umpire.

jugada *nf* **1** *(gen)* play; *Ajedrez* move; *Bill* shot; *Dardos* throw. **2** *Fin* **j. de Bolsa,** speculation. **3** *fam* dirty trick; **hacerle una mala j. a algn,** to play a dirty trick on sb.

jugador,-a **1** player; *(apostador)* gambler. **2** *Fin* **j. de Bolsa,** speculator.

jugar [53] **I** *vi* **1** *(gen)* to play; **j. a(l) fútbol/tenis,** to play football/tennis; **¿quién juega?,** whose go is it?; *fig* **j. con dos barajas,** to double-deal; *fig* **j. con fuego,** to play with fire; *fig* **j. sucio,** to play dirty. **2** *(burlarse)* to make fun **(con,** of); **j. con los sentimientos de algn,** to play with sb's feelings. **3** *Fin* **j. a la Bolsa,** to play the Stock Exchange. **II** *vtr* **1** *(gen)* to play; *fam fig* **j. una mala pasada a algn,** to play a dirty trick on sb. **2** *(hacer uso) (una pieza)* to move; *(una carta)* to play; **jugó el as,** he played the ace. **3** *(apostar)* to bet, stake. **III** **jugarse** *vr* **1** *(arriesgar)* to risk; *fam* **j. el pellejo,** to risk one's neck. **2** *(apostar)* to stake, bet; **me juego mil pesetas,** I bet you a thousand pesetas; **j. el todo por el todo,** to stake everything one has. **3** *(engañar)* **jugársela a algn,** to pull a fast one on sb, take sb for a ride; **jugársela al marido/a la mujer,** to be unfaithful to *o* two-time one's husband/wife.

jugarreta *nf fam* dirty trick.

juglar *nm Hist* minstrel, jester.

juglaresco,-a *adj* minstrel.

jugo *nm* juice; **j. gástrico,** gastric juice; *fig* **sacar el j. a algo,** to make the most of sth; *fig* **sacarle el j. a algn,** to exploit sb, bleed sb dry.

jugosidad *nf* juiciness, succulence.

jugoso,-a *adj* 1 juicy; **un filete j.**, a juicy steak. 2 *fig (rentable)* profitable; **un negocio j.**, a lucrative business. 3 *fig (sustancioso)* substantial, meaty.

juguete *nm* toy; **pistola de j.**, toy gun; *fig* **ser el j. de algn**, to be sb's plaything.

juguetear *vi* to play, frolic.

jugueteo *nm* playing, frolicking.

juguetería *nf* 1 *(tienda)* toyshop. 2 *(comercio)* toy business.

juguetón,-ona *adj* playful, frolicsome.

juicio *nm* 1 *(facultad mental)* judgement, discernment; *(opinión)* opinion, judgement; **a j. de**, in the opinion of; **a mi j.**, in my opinion; **dejar algo a j. de algn**, to leave sth to sb's discretion; **emitir un j. sobre algo**, to express an opinion about sth; **hombre de j.**, man of judgement. 2 *(sensatez)* reason, common sense; **en su sano j.**, in one's right mind; **perder el j.**, to go mad *o* insane; **quitar** *o* **trastornar el j. a algn**, to drive sb insane; **tener mucho j.**, to be sensible; **tener poco j.**, to have little common sense. 3 *Jur* trial, lawsuit; **j. a puerta abierta**, public hearing; **j. contencioso/penal**, civil/criminal action; **llevar a algn a j.**, to take legal action against sb, sue sb; **suspender un j.**, to adjourn a trial. 4 *Rel* judgement; **J. Final**, Last Judgement.

juicioso,-a *adj* judicious, sensible, wise.

julay *nm arg* sucker.

julepe *nm* 1 *Naipes* kind of card game. 2 *fig (castigo)* punishment. 3 *Am (susto)* fright, scare. 4 *Am (fatiga)* tiredness.

julepear *vtr* 1 *fam (reñir)* to tell off. 2 *fam (cascar)* to give a good beating. 3 *Am (asustar)* to frighten. 4 *Am (atormentar)* to torment.

juliana *nf Bot* damewort.

julio¹ *nm* July; *véase tamb* noviembre.

julio² *nm Fís* joule.

juma *nf fam* binge.

jumarse *vr fam* to get sloshed *o* drunk.

jumento *nm* ass, donkey.

jumera *nf fam* bender; **agarrar una j.**, to go on a bender.

juncal I *adj* rushlike; *fig* willowy, graceful. II *nm* bed of rushes.

juncia *nf Bot* sedge.

junco¹ *nm* 1 *Bot* rush; **j. de Indias**, rattan; **j. oloroso**, camel grass. 2 *(bastón)* walking stick, cane.

junco² *nm Náut* junk.

jungla *nf* jungle; **j. de asfalto**, concrete jungle.

junio *nm* June; *véase tamb* noviembre.

júnior *(pl juniores)* I *adj Dep* junior. II *nm* 1 *Rel* junior novice. 2 *Dep* junior; **campeonato j. de golf**, junior golf championship. 3 *(benjamín)* youngest son.

junípero *nm Bot* juniper.

junquera *nf* 1 *Bot (planta)* rush, bulrush. 2 *(juncal)* bed of rushes.

junquillo *nm* 1 *Bot* jonquil. 2 *Arquit* beading. 3 *(bastón)* walking stick.

junta *nf* 1 *(reunión)* meeting, assembly, conference; *(conjunto de personas)* board, council, committee; *(sesión)* session, sitting; **celebrar j.**, to hold a meeting; **j. administrativa**, administrative board; **j. de accionistas**, shareholders' meeting; **j. de empresa**, works council; **j. directiva**, board of directors; *Pol* **j. de gobierno**, cabinet meeting; **j. general**, general meeting; **ser miembro de una j.**, to sit on a committee, be on a board. 2 *Arquit* joint. 3 *Náut* seam.

4 *Mil* junta; **j. militar**, military junta. 5 *Téc* joint. ■ **j. de culata**, gasket; **junta de recubrimiento** *o* **de solapa**, lap joint; **j. universal**, universal joint.

juntar I *vtr* 1 *(unir)* to join, put together; *(piezas)* to assemble; **j. dos cosas**, to join two things together; **vamos a j. las mesas**, let's put the tables together. 2 *(reunir) (sellos)* to collect; *(dinero)* to raise; *(gente)* to gather (people) together. II **juntarse** *vr* 1 *(unirse a)* to join, get together; *(ríos, caminos)* to meet; **nos juntamos toda la familia**, all the family got together; **se juntó al grupo**, he joined the group; *fig* **al final me junté con cinco ofertas de trabajo**, eventually I found myself with five job offers. 2 *(amancebarse)* to live together; **la dejó y se juntó con su amante**, he left her and went to live with his mistress.

junto,-a I *adj* together; **dos camas juntas**, two beds placed side by side; **están muy juntos**, they are very close together; **todos juntos**, all together; **viven juntos**, they're living together. II *adv* near, close; **demasiado j.**, too close together; **llegó j. con su hermana**, she came with her sister. ◆**juntamente** *adv* 1 *(en unión)* jointly, together. 2 *(al mismo tiempo)* at the same time.

juntura *nf* 1 *Téc* joint, seam. 2 *Anat* joint.

Júpiter *nm Astron Mit* Jupiter.

jura *nf (acción)* oath; *(ceremonia)* swearing in; **j. de bandera**, oath of allegiance to the flag.

jurado,-a I *pp de* jurar. II *adj* sworn; **declaración jurada**, sworn statement; *fig* **tenérsela jurada a algn**, to have it in for sb. III *nm* 1 *Jur (tribunal)* jury; *(miembro del tribunal)* juror, member of the jury. 2 *(en un concurso)* panel of judges, jury.

juramentado,-a I *pp de* juramentar. II *adj* sworn, sworn-in.

juramentar I *vtr* to swear, swear in. II **juramentarse** *vr* to take the oath, be sworn in.

juramento *nm* 1 *Jur* oath; **bajo j.**, under oath; **j. de fidelidad**, oath of allegiance; **j. falso**, perjury; **tomar j. a algn**, to swear sb in. 2 *(blasfemia)* swearword, curse; **soltar juramentos**, to curse, blaspheme.

jurar I *vi* 1 *Jur Rel* to swear, take an oath; **j. en falso**, to commit perjury; **j. en vano**, to take the name of the Lord in vain. 2 *(blasfemar)* to curse, swear. II *vtr* to swear; **j. el cargo**, to take the oath of office; **j. fidelidad**, to pledge allegiance; **j. por Dios**, to swear to God. III **jurarse** *vr* 1 *(prometerse)* to swear; **se juraron amor eterno**, they swore eternal love to each other. 2 *fam* **jurársela(s) a algn**, to have it in for sb.

jurásico,-a *adj Geol* Jurassic.

jurel *nm (pez)* scad, horse mackerel.

jurídico,-a *adj* juridical, legal.

jurisconsulto *nm* jurist, legal expert.

jurisdicción *nf* jurisdiction.

jurisdiccional *adj* jurisdictional; **aguas jurisdiccionales**, territorial waters.

jurisperito *nm* jurist, legal expert.

jurisprudencia *nf* jurisprudence.

jurista *nmf* jurist, lawyer.

justa *nf* 1 *Hist* joust, tournament. 2 *Lit* competition.

justicia *nf* justice, fairness; **administrar j.**, to administer justice; **es de j. que ...**, it's only fair *o* right that ...; **hacer j.**, to do justice; **se ha hecho j.**, justice has been done; **tomarse la j. por su mano**, to take the law into one's own hands.

justiciero,-a *adj* severe.

ustificable *adj* justifiable.

ustificación *nf* justification.

ustificado,-a I *pp de* justificar. II *adj* justified, well-grounded.

ustificante I *adj* justifiying. II *nm* voucher, written proof, document.

ustificar [1] I *vtr* to justify; **sin nada que lo justifique**, without good reason. II **justificarse** *vr* to clear oneself, justify oneself; **j. con algn**, to apologize to sb for sth.

ustillo *nm* jerkin.

ustiprecio *nm* appraisal, estimate.

usto,-a I *adj* 1 *(gen)* just, fair, right; **un castigo j.**, a just punishment; **un trato j.**, a fair deal. 2 *(apretado) (ropa)* tight; **viven muy justos con su sueldo**, they just manage to make ends meet on her salary; *(tiempo)* **estamos justos de tiempo**, we're pressed for time. 3 *(exacto)* right, accurate; **cuatro kilos justos**, four kilos exactly; **la palabra justa**, the right word; **un cálculo j.**, a precise calculation. 4 *(preciso)* **llegamos en el momento justo. j. en que salían**, we arrived just as they were leaving. 5 **lo j.**, just enough *o* right; **más de lo j.**, more than enough. II *nm,f* just *o* righteous person; **los justos**, the just, the righteous; *fig* **pagan justos por pecadores**, the innocent

often have to pay for the sins of the guilty. III *adv* 1 *(exactamente)* exactly, precisely; **es j. lo que mereces**, it's just what you deserve; **hice j. lo que me dijiste**, I did exactly as you told me. 2 *(que llega)* just enough; **tengo j. para la entrada**, I've got just enough for the ticket; **llegó j.**, he just made it. ◆**justamente** *adv* 1 *(con exactitud)* precisely, exactly; **¡j.!**, precisely! 2 *(con escasez)* **vive j. con su sueldo**, his wage is just enough to live on. 3 *(con justicia)* fairly, justly.

juvenil *adj* youthful, young; *Dep* **el equipo j.**, the junior team.

juventud *nf* 1 *(edad)* youth; **estar en plena j.**, to be young. 2 *(aspecto joven)* youthfulness; **conservar la j.**, to keep one's youthful looks. 3 *(conjunto de jóvenes)* young people; **la j. de hoy**, the youth of today.

juzgado *nm* court, tribunal; **j. de guardia**, court, police court; *fam fig* **es de j. de guardia**, it's absolutely scandalous!

juzgador,-a I *adj* judging. II *mn,f* judge.

juzgar [7] *vtr* 1 *(gen)* to judge; **a j. por las apariencias**, judging by appearances; **j. mal**, to misjudge. 2 *(considerar)* to consider, think; **le juzgo una persona muy inteligente**, I consider him to be a very intelligent person.

K

K, k [ka] *nf (la letra)* K, k.

ka *nf* name of the letter K in Spanish.

Kabul *n* Kabul.

kafkiano,-a *adj* Kafkaesque.

káiser *nm* Kaiser.

kaki *adj & nm véase* caqui.

kamikaze *nm* kamikaze.

Kampuchea *n* Kampuchea.

kantiano,-a *adj Filos* Kantian.

kantismo *nm Filos* Kantianism, Kantism.

kapok *nm* kapok.

kárate *nm Dep* karate.

karateka *nmf Dep* person who does karate.

kart *nm (pl* **karts)** (go-)kart, go-cart.

karting *nm* karting, go-cart racing.

Katar *n* Qatar.

Katmandú *n* Katmandu, Kathmandu.

kayac *nm* kayak, kaiak.

Kenia *n* Kenya.

keniata *adj & nmf* Kenyan.

kepis *nm inv véase* quepis.

keroseno *nm véase* queroseno.

keynesiano,-a *adj Econ* Keynesian.

Kg, kg *abr de* **kilogramo(s)**, kilograms, kilogrammes, kg.

kibutz *nm inv* kibbutz.

kif *nm* kif, marijuana.

kilo *nm* 1 *(medida)* kilo; *fam* **pesa un k.**, it weighs a ton. 2 *arg (millón)* a million pesetas.

kilociclo *nm* kilocycle.

kilogramo *nm* kilogram, kilogramme.

kilolitro *nm* kilolitre, *US* kiloliter.

kilometraje *nm* ≈ mileage.

kilometrar *vtr* to measure in kilometres.

kilométrico,-a *adj* 1 kilometric, kilometrical; **billete k.**, multiple-journey ticket. 2 *fam (muy largo)* very long; **un sermón k.**, a never-ending sermon.

kilómetro *nm* kilometre, *US* kilometer.

kilovatio *nm* kilowatt. ■ **k. hora**, kilowatt-hour.

kilt *nm (prenda)* kilt.

kimono *nm véase* quimono.

kindergarten *nm* nursery, kindergarten.

kiosco *nm véase* quiosco.

kiwi *nm* 1 *Orn* kiwi. 2 *Bot (fruto)* kiwi (fruit), Chinese gooseberry.

Kleenex® *nm* Kleenex®, tissue; **¿tienes un k.?**, have you got a tissue?

Km, km *abr de* **kilómetro(s)**, kilometre, kilometres, km, kms.

Km/h, km/h *abr de* **kilómetros hora**, kilometres per hour, km/h.

knock-out *nm Box* knockout; *fam fig* **dejar k. a algn**, to knock sb out.

K.O. *abr de* **knock-out**, knockout, KO.

koala *nm Zool* koala (bear).

krausismo *nm Filos* philosophy of Krause.

krausista *adj & nmf* Krausist.

Krisna *nm Rel* Krishna.

Kurdistán *n* Kurdistan.

kurdo,-a I *adj* Kurdish. II *nm,f (persona)* Kurd. III *nm (idioma)* Kurdish.

Kuwait *n* Kuwait.
kuwaití *adj & nmf* Kuwaiti.
Kw, kw *abr de* **kilovatio(s),** kilowatt, kilowatts, kW,

kw.
Kw/h, kw/h *abr de* **kilowatios hora,** kilowatts per hour, kWh, kwh, kw-h.

L

L, l ['ele] *nf (la letra)* L, l.
l *abr de* **litro(s),** litre, litres, *US* liter, liters, l.
la[1] *art det f* I the; **la mesa,** the table. II *pron dem* **1** the one; **la del sombrero rojo,** the one in the red hat; *fam* **a la que puedas vente,** come as soon as you can. **2 la de,** the amount of, the number of; **la de gente que había,** there were so many people; *véase tamb* **el**.
la[2] *pron pers f* **1** *(objeto directo)* her; *(usted)* you; *(cosa)* it; **la invitaré a la fiesta,** I'll invite her to the party; **no la dejes abierta,** don't leave it open; **ya la avisaremos, señora,** we shall notify you, madam; *véase tamb* **le**. **2** *(objeto indirecto) (a ella)* her; *(a usted)* you; *véase* **laismo**.
la[3] *nm Mús* la, lah, A; **concierto en la menor,** concerto in A minor.
laberíntico,-a *adj* labyrinthine, labyrinthic; *fig* confusing.
laberinto *nm* labyrinth, maze.
labia *nf fam* loquacity; *pey* glibness; **tener mucha l.,** to have the gift of the gab.
labiado,-a *adj Bot* labiate.
labial I *adj Ling* labial. II *nf* labial.
lábil *adj* **1** *(inconstante)* volatile; *(inestable)* unstable. **2** *(resbaladizo)* slippery.
labilidad *nf* **1** *(inestabilidad)* instability. **2** *(que hace resbalar)* slipperiness. **3** *(carácter)* fickleness, inconstancy.
labio *nm* lip; *fig* mouth.
labiodental *adj & nf Ling* labiodental.
labor *nf* **1** job, (piece of) work, task; **una l. de equipo,** teamwork; **(de profesión) sus labores,** housewife. **2** *Agr* farmwork. **3** *Cost* needlework, sewing. ■ **labor(es) de punto,** knitting *sing.* **4** *(productos del tabaco)* tobacco goods *pl.*
laborable *adj* **1** *(no festivo)* **día l.,** workday, working day. **2** *Agr* tillable, arable.
laboral *adj* labour, *US* labor; **accidente l.,** industrial accident; **jornada l.,** working day; *Jur* **juicio l.,** industrial relations hearing.
laboralista *adj Jur* **abogado l.,** industrial relations lawyer.
laborar *vi fml* to work.
laboratorio *nm* laboratory.
laboriosidad *nf* laboriousness.
laborioso,-a *adj* **1** *(persona trabajadora)* hardworking, industrious. **2** *(tarea ardua)* laborious, arduous.
laborismo *nm Pol* Labour Movement.
laborista *Pol* I *adj* Labour; **partido l.,** Labour Party. II *nmf* Labour (Party) member *o* supporter.
labra *nf* carving, cutting.
labrado,-a I *pp de* **labrar**. II *adj* **1** *Arte* carved. **2** *Agr* ploughed, worked. **3** *Cost* embroidered. III *nm* **1** *Arte* carving, cutting. **2** *Cost* embroidery.

labrador,-a *Agr nm,f (granjero)* farmer; *(trabajador)* farm worker.
labrantío,-a *Agr* I *adj* **tierra labrantía,** arable land. II *nm* arable land.
labranza *nf Agr* farming.
labrar I *vtr* **1** *(madera)* to carve; *(piedra)* to cut; *(metal)* to work. **2** *Agr* to till, cultivate; *fig* **está labrando su triunfo,** he is working towards success. II **labrarse** *vr fig* to make oneself; **l. un porvenir,** to build a future for oneself.
labriego,-a *nm,f desus* farm worker, farm labourer *o US* laborer.
laburno *nm Bot* laburnum.
laca *nf* **1** *Arte* lacquer. **2** *Peluq* hair lacquer, hairspray. ■ **l. de uñas,** nail polish *o* varnish. **3** *(resina)* lac; *(manufacturada)* shellac.
lacayo *nm* **1** *Hist* lackey, footman. **2** *fig* lackey, hanger-on, flunky, flunkey.
laceración *nf fml* laceration.
lacerante *adj fml* sharp; **un grito l.,** a heart-rending cry.
lacerar[1] *vtr fml* **1** to lacerate, tear. **2** *fig* to hurt.
lacerar[2] *vi fml* to suffer.
lacero,-a *nm,f* **1** *(de reses)* lassoer. **2** *(de perros sueltos)* dog-catcher. **3** *(de caza menor)* poacher.
lacha[1] *nf (pez)* anchovy, variety of sardine.
lacha[2] *nf fig* shame; **tener poca l.,** to be shameless.
lacio,-a *adj* **1** *(pelo)* lank, limp. **2** *(planta)* withered, drooping. **3** *(sin vigor)* languid, limp.
lacón *nm* foreknuckle of pork; *Culin* boiled bacon.
lacónico,-a *adj* laconic; *(conciso)* terse.
laconismo *nm* terseness, laconism.
lacra *nf* **1** *(señal)* mark, scar. **2** *fig* evil, curse; *(tara)* defect; **una l. social,** a social scourge, a blot on society. **3** *Am (costra)* scab.
lacrado,-a I *pp de* **lacrar**. II *nm* sealing with wax.
lacrar[1] *vtr* to seal with sealing wax.
lacrar[2] *vtr* to injure the health of; *(contagiar)* to infect; *fig* to cause harm to.
lacre *nm* sealing wax.
lacrimal *adj* lachrymal, lacrimal; *Anat* **conductos lacrimales,** tear ducts.
lacrimógeno,-a *adj* **1 gas l.,** tear gas. **2** *(lagrimoso)* *(persona)* tearful; *fig* **una película lacrimógena,** a tear-jerking film.
lacrimoso,-a *adj* tearful.
lactancia *nf* lactation; *(amamantamiento)* breast-feeding.
lactante I *adj* lactational. II *nmf* unweaned *o* breast-fed baby.
lactar I *vtr (niño)* to suckle, nurse. II *vi* to nurse.

ácteo,-a *adj* milk, milky; **productos lácteos,** milk *o* dairy products; *Astron* **Vía Láctea,** Milky Way.

áctico,-a *adj Quím* lactic.

actosa *nf Quím* lactose, milk sugar.

acustre *adj fml* lake; **planta l.,** lake plant.

adear I *vtr* 1 *(inclinar)* to tilt; *(sesgar)* to slant; *(cabeza)* to lean. 2 *(desviar)* to divert. II **ladearse** *vr* 1 *(inclinarse)* to lean, tilt. 2 *(apartarse)* to turn away, go off. 3 *(juntarse)* to join sides **(con,** with)

adeo *nm* leaning, inclination.

adera *nf Geog* slope, hillside, mountainside.

adilla *nf Ent* crab louse.

adino,-a I *adj* 1 *(astuto)* cunning, crafty. 2 *CAm* of mixed race. II *nm (idioma)* Ladino. III *nm,f Am (indio)* Spanish-speaking Indian.

ado *nm* 1 side; **debe de estar en otro l.,** it must be somewhere else. 2 *(posición)* **a un l.,** aside; **al l.,** close by, nearby; **al l. de,** next to, beside; **la casa de al l.,** the house next door; *Dep* **cambiar de l.,** to change ends; **echarse** *o* **hacerse a un l.,** to make way; **llevar el sombrero de l.,** to wear one's hat aslant; **ponte de l.,** stand sideways. 3 *(en direcciones)* direction; **¿por qué l.?,** which way?; **por todos lados,** on *o* from all sides. 4 *fig (locuciones)* **dar de l. a algn,** to cold-shoulder sb, desert sb; **dejar algo a un l.** *o* **de l.,** to leave *o* set sth aside; **l. débil,** weak point; **por un l. ...,** **por otro l. ...,** on the one hand ..., on the other hand ... .

adrador,-a *adj* barking; *prov* **perro l.,** **poco mordedor,** his bark is worse than his bite.

adrar *vi* to bark, yap; *fam fig* **¡para ya de l.!,** stop growling!, stop yapping at me!

adrido *nm* bark, yap; *fam fig* **no me vengas con ladridos,** don't you growl at me.

adrillo *nm* 1 *Constr* brick; **fábrica de ladrillos,** brickworks *pl.* 2 *fig* block; **l. de un tejido,** block of material. 3 *fam (pesado)* bore, drag.

adrón,-ona I *adj* thieving. II *nm,f* thief, robber; **¡al l.!,** stop thief!; *fig* **l. de corazones,** lady-killer. III *nm* 1 *(de canal)* sluicegate. 2 *Elec* multiple socket.

adronear *vi* to thieve, steal.

adronera *nf* den of thieves.

adronzuelo,-a *nm,f* 1 *(carterista)* pickpocket; *(granuja)* petty thief. 2 *fam (niño)* little devil.

agarta *nf* 1 *Zool* female lizard. 2 *fam pey (bribona)* minx, sly woman; *(prostituta)* tart, whore.

agartija *nf Zool* small lizard.

agarto *nm* 1 *Zool* lizard. ■ **l. de Indias,** alligator. 2 *fam (bribón)* sly *o* crafty fellow.

agartón,-ona *fam* I *adj* sly, crafty. II *nm (bribón)* sly devil. III *nf (bribona)* minx, sly woman; *(prostituta)* tart, whore.

ago *nm* lake.

agópodo *nm Orn* **l. escocés,** red grouse.

ágrima *nf* 1 tear; **asomar las lágrimas a los ojos,** to start crying; **derramar lágrimas,** to shed tears. 2 *(adorno)* teardrop.

agrimal I *adj* lachrymal, lacrimal. II *nm* corner of the eye.

agrimear *vi* 1 *(llorar frecuentemente)* to shed tears easily, weep. 2 *(involuntariamente)* to water.

agrimeo *nm* 1 *(frecuente)* weeping, tears *pl.* 2 *(involuntario)* watering.

agrimón *nm fam* big tear.

lagrimoso,-a *adj (persona)* tearful; **ojos lagrimosos,** watery eyes.

laguna *nf* 1 *Geog* small lake, lagoon. 2 *fig (hueco)* gap, hiatus.

La Haya *n* The Hague.

laicado *nm* laity.

laicismo *nm* secularism.

laico,-a I *adj* lay, secular; **escuela laica,** secular school. II *nm,f* lay person; *(hombre)* layman; *(mujer)* laywoman.

laísmo *nm Ling* incorrect use of **la, las** as indirect objects instead of **le, les.**

laja *nf Geol* stone slab.

lama[1] *nm Rel* lama.

lama[2] *nf* 1 *(cieno)* mud, slime. 2 *Am (musgo)* moss.

lama[3] *nm Tex* lamé.

lameculos *nmf inv ofens* bootlicker, arselicker.

lamedura *nf* lick, licking.

lamentable *adj* deplorable, regrettable. ◆**lamentablemente** *adv* regrettably, unfortunately.

lamentación *nf* lament, lamentation; **Muro de las Lamentaciones,** Wailing Wall.

lamentar I *vtr* to regret, be sorry about; *(cartas)* **lamentamos informarle que ...,** we regret to inform you that *o* of ... . II **lamentarse** *vr* to complain; **¿de qué te lamentas?,** what are you complaining about?

lamento *nm* moan, wail.

lamentoso,-a *adj (quejumbroso)* plaintive, mournful; *(lamentable)* deplorable, regrettable; *(lastimoso)* pitiful.

lameplatos *nmf inv fam* 1 poor devil. 2 *(goloso)* glutton.

lamer *vtr* to lick.

lametazo *nm,* **lametón** *nm fam* lick.

lamia *nf (pez)* variety of shark.

lamido,-a I *pp de* **lamer.** II *adj fig* 1 *(flaco)* skinny, scrawny. 2 *(pálido)* pale. 3 *(afectado)* pretentious, mannered.

lámina *nf* 1 sheet, plate; **l. de acero,** steel sheet. 2 *Impr* plate, illustration. 3 *Bot* lamina.

laminación *nf* 1 lamination. 2 *(de metal)* rolling.

laminado,-a I *pp de* **laminar.** II *adj* 1 laminate, laminated. 2 *(metales)* rolled; **acero l.,** rolled steel, sheet steel. III *nm* 1 lamination. 2 *(de metales)* rolling. ■ **tren de l.,** rolling mill.

laminadora *nf* rolling mill.

laminar[1] *vtr* 1 *(superficie)* to laminate. 2 *(metal)* to roll out.

laminar[2] *adj* laminar; **corriente l.,** laminar flow.

lámpara *nf* 1 lamp, light. ■ **l. de aceite/alcohol,** oil/spirit lamp; **l. de pie,** standard lamp. 2 *Elec (bombilla)* bulb. 3 *Rad* valve. 4 *fam (mancha)* oil *o* grease stain.

lamparería *nf (fábrica)* lamp factory; *(tienda)* lamp shop.

lamparero,-a *nm,f (fabricante)* lamp maker; *(vendedor)* dealer.

lamparilla *nf* 1 small lamp. 2 *(en iglesia)* candle.

lamparón *nm fam* oil *o* grease stain.

lampazo *nm Bot* burdock.

lampiño,-a *adj* hairless.

lamprea *nf (pez)* lamprey.

lana *nf* 1 wool; *prov* **ir por l. y volver trasquilado,** to go for wool and come home shorn. 2 *Am (purria)* riffraff. 3 *CAm (tramposo)* swindler. 4 **lanas,** *Méx* money *sing.* 5 **lanas,** *Méx* lies.

lanar *adj* wool, wool-bearing; **ganado l.,** sheep.

lance *nm* 1 *(lanzar)* throw. 2 *(pesca)* catch. 3 *lit (episodio)* episode, event, incident; **l. de fortuna,** chance event. 4 *(riña)* quarrel, argument. ■ **l. de honor,** challenge, duel. 5 *Dep* stroke, move. 6 **de l.,** *(barato)* cheap; *(de segunda mano)* second-hand.

lancero *nm* lancer.

lanceta *nf Med* lancet.

lancha[1] *nf (piedra lisa)* stone slab.

lancha[2] *nf Náut* boat, motorboat, launch. ■ **l. motora,** speedboat; **l. neumática,** rubber dinghy; **l. patrullera,** patrol boat; **l. salvavidas,** lifeboat.

lanchero *nm* boatman.

lanchón *nm Náut* lighter, barge.

lancinante *adj* piercing, stabbing.

landa *nf* moor, moorland.

landó *nm (pl* **landós)** landau.

lanero,-a *adj* wool, woollen; *US* woolen; **la industria lanera,** the wool industry.

lángaro,-a *adj* 1 *CAm (vagabundo)* vagrant, vagabond. 2 *Col Méx (hambriento)* starving.

langosta *nf* 1 *Zool* (spiny) lobster. 2 *Ent* locust.

langostino *nm Zool* prawn.

languidecer [43] *vi* to languish.

languidez *nf* languor; *(falta de vigor)* listlessness.

lánguido,-a *adj* languid; *(sin vigor)* listless, sluggish.

lanilla *nf* 1 *(pelusa)* nap. 2 *(tela)* flannel.

lanolina *nf Farm* lanolin, lanoline.

lanoso,-a *adj,* **lanudo,-a** *adj* woolly, fleecy; *(peludo)* furry.

lanza *nf* 1 *Mil* spear, lance; *fig* **estar con la l. en ristre,** to be ready for action; *fig* **romper una l. en favor de algn/de algo,** to defend sb/sth. 2 *(de carruaje)* shaft.

lanzacabos *nm inv Náut* **cañón l.,** life-saving gun.

lanzacohetes *nm inv Mil* rocket launcher.

lanzada *nf* 1 *(golpe)* lance *o* spear thrust. 2 *(herida)* lance *o* spear wound.

lanzadera *nf* shuttle.

lanzado,-a I *pp de* **lanzar.** II *adj fam* determined, resolute; **ir l.,** to speed along, tear along.

lanzador,-a I *adj* throwing. II *nm,f* thrower; *Crick* bowler; *Béisb* pitcher.

lanzagranadas *nm inv Mil* grenade launcher.

lanzallamas *nm inv Mil* flame-thrower.

lanzamiento *nm* 1 throw, throwing, hurling. 2 *Dep (de disco, jabalina)* throw; *(de peso)* put; *Crick* ball, delivery; *Béisb* pitch. 3 *Mil (de cohete)* launching; *(de proyectil, torpedo)* firing; *(de bomba)* dropping. 4 *Com* launch, launching; **precio de l.,** launching price. 5 *Náut* launch.

lanzaminas *nm inv Mil* minelayer.

lanzaplatos *nm inv Dep* (clay pigeon) trap.

lanzar [4] I *vtr* 1 *(arrojar)* to throw, fling, hurl; *Crick* to bowl; *Béisb* to pitch. 2 *fig (grito)* to let out; *(suspiro)* to heave; *(insulto)* to hurl; *(mirada)* to fire. 3 *Náut* to launch; *Mil (lanzacohetes, ataque)* to launch; *(misil, torpedo)* to fire; *(bomba)* to drop. 4 *Com (producto, campaña)* to launch. II **lanzarse** *vr* 1 *(arrojarse)* to fling *o* hurl oneself; **l. al suelo,** to throw oneself to the ground; **l. con paracaídas,** to

make a parachute jump; **se lanzó al mar,** he leap into the sea. 2 to embark on; **l. a los negocios,** to g into business.

lanzatorpedos *nm inv Mil* **tubo l.,** torpedo tube.

laña *nf* clamp, rivet.

lañar *vtr* to clamp, rivet.

Laos *n* Laos.

laosiano,-a *adj & nm,f* Laotian.

lapa *nf* 1 *Zool* limpet. 2 *pey (persona)* bore; **pegars como una l.,** to cling like a leech.

lapicero *nm* pencil.

lápida *nf* memorial stone; **l. sepulcral,** tombstone.

lapidación *nf* stoning, lapidation.

lapidar *vtr* 1 to throw stones at, lapidate; *(matar)* t stone to death. 2 *Am (labrar piedras)* to carve.

lapidario,-a *adj & nm,f* lapidary; *fig* **lenguaje l.** concise language.

lapislázuli *nm Min* lapis lazuli.

lápiz *nm* pencil; **lápices de colores,** coloured pencils crayons. ■ **l. labial** *o* **de labios,** lipstick; **l. de ojos** eyeliner.

lapo *nm arg (gargajo)* spit.

lapón,-ona I *adj* Lapp. II *nm,f* Lapp, Laplander III *(idioma)* Lapp.

Laponia *n* Lapland.

lapso *nm* 1 *(curso de tiempo)* lapse, space of time 2 *(error)* lapse, slip.

lapsus *nm* slip, lapse; **l. de memoria,** lapse o memory.

laquear *vtr* to lacquer.

lar *nm* 1 *Mit (gen pl)* lar, household god. 2 **lares,** *l* home *sing.*

lardero *adj* **jueves l.,** the Thursday before Lent.

larga *nf* 1 *Taur* bullfighting pass. 2 **dar largas a u asunto,** to put a matter off, delay a matter. ◆**largamente** *adv* 1 *(extensamente)* at length. 2 *(gene rosamente)* generously.

largar [7] I *vtr* 1 *(aflojar)* to let loose; *Náut* **l. ama rras,** to cast off. 2 *fam (dar)* to give; **me largó u billete de mil,** he slipped me a thousand-peset note; *fig* **le largué una bofetada,** I gave him a sla on the face. 3 *fam (soltar, decir)* to come out wit *(grito)* to let out; **¡vaya bronca me ha largado!,** h really hauled me over the coals! II **largarse** *vr* ! *fam* to clear off, split; **¡lárgate!,** beat it! 2 *Am (lan zarse a)* to begin (**a,** to).

largo,-a I *adj* 1 *(longitud, distancia)* long; *(tiempo* long, lengthy; **l. tiempo,** a long time; **pasamos u mes l. allí,** we spent a good month there. 2 *(exce sivo)* too long; **se hizo l. el día,** the day dragged on 3 *(alto)* tall; **cayó cuan l. era,** he fell full length. *fam (astuto)* sharp, shrewd. 4 *(generoso)* generous lavish. 5 **largos,-as,** many; **l. años,** many years. I *nm* 1 *(longitud)* length; **¿cuánto tiene de l.?,** ho long is it?; **lo até con dos largos de cuerda,** I tied i with two lengths of rope. 2 *Mús* largo. III *adv* 1 **l y tendido,** at length. 2 **a lo l.,** lengthways; **a lo l. d** *(espacio)* along; *(tiempo)* through; **a lo l. y a l ancho,** all over. 3 **a la larga,** in the long run. 4 *fam* **¡l. (de aquí)!,** clear off! 5 **venir de l.,** to have a lon history. 6 *(vestir)* **poner(se) de l.,** to come out; **ves tirse de l.,** to wear a long dress. 7 **ir para l.,** to g *o* walk straight past. 8 **tener para l.,** to expect a lon wait *o* delay, have a long wait ahead.

largometraje *nm Cin* feature film, full-length film

larguero *nm* 1 *Arquit* main longitudinal beam. 2 *(d puerta)* jamb. 3 *(de cama)* side. 4 *Ftb* crossbar.

arqueza *nf* **1** *(longitud)* length. **2** *(liberalidad)* generosity.

arguirucho,-a *adj fam* gangling, lanky, long-legged.

argura *nf* length.

aringe *nf Anat* larynx.

aríngeo,-a *adj* laryngeal.

aringitis *nf Med* laryngitis.

aringólogo,-a *nm,f Med* laryngologist.

arva *nf* larva.

arvado,-a *adj Med* masked, larval.

as[1] *art det fpl* **1** the; **l. Ramírez,** the Ramírez girls *o* sisters; **l. sillas,** the chairs; **lávate l. manos,** wash your hands; *(no se traduce)* **me gustan l. flores,** I like flowers. **2 l. que,** *(persona)* the ones who, those who; *(objeto)* the ones that, those that; **toma l. que quieras,** take whichever ones you want; *véase tamb* **la y los.**

as[2] *pron pers fpl* **1** *(objeto directo) (ellas)* them; *(ustedes)* you; **l. llamaré mañana,** I'll call them up to-morrow; **no l. rompas,** don't break them; **Pepa es de l. mías,** Pepa is on my side; *véase tamb* **los. 2** *(objeto indirecto) (a ellas)* them; *(a ustedes)* you; *véase tamb* **les.**

asaña *nf Culin* lasagna, lasagne.

asca *nf* stone chip.

ascivia *nf* lasciviousness, lechery.

ascivo,-a *adj* lascivious, lewd, lecherous.

áser *nm inv* laser.

asitud *nf* lassitude.

aso,-a *adj* **1** *(cansado)* tired, weary; *(débil)* languid. **2** *(pelo, hilo)* straight.

ástima *nf* **1** pity; **es una l. que se haya perdido,** it's a pity it got lost; **estar hecho una l.,** to be a sorry sight; **por l.,** out of pity; **¡qué l.!,** what a pity!, what a shame!; **tener l. a algn,** to feel sorry for sb. **2** *(quejido)* complaint.

astimado,-a I *pp de* **lastimar. II** *adj* hurt.

astimadura *nf* injury.

astimar I *vtr* **1** to hurt, injure. **2** *(sentimientos)* to hurt. **II lastimarse** *vr* to hurt *o* injure oneself; **se lastimó el tobillo,** he hurt his ankle.

astimero,-a *adj* doleful, plaintive.

astimoso,-a *adj* pitiable, pitiful, woeful; **ella ofrecía un aspecto l.,** she was a sorry sight.

astrar *vtr Náut* to ballast.

astre *nm* **1** *Náut* ballast; **largar** *o* **soltar l.,** to dis-charge ballast. **2** *fig* dead weight; **el l. de los convencionalismos,** the burden of conventionality.

ata[1] *nf* **1** *(hojalata)* tinplate; **hecho de l.,** made of tin. **2** *(bote de conserva)* tin, *US* can; **espárragos en l.,** tinned *o US* canned asparagus.

ata[2] *nf fam* nuisance, drag; **dar la l.,** to be a nui-sance *o* a pest; **es una l. tener que ir a la mili,** having to do military service is a drag.

atear *vtr Am* to pester, be annoying to.

atente *adj* latent, dormant.

ateral I *adj* side, lateral; *Ling* **consonante l.,** lateral consonant; **salió por la puerta l.,** he went out by the side door. **II** *nm* side passage; *Aut* **(carril) l.,** side lane.

atería *nm Am* tinsmith's (shop).

átex *nm inv Bot* latex.

atido *nm* *(corazón)* beat; *(palpitaciones)* throb, throbbing.

atifundio *nm* large landed estate.

latifundismo *nm* distribution and exploitation of land in **latifundios.**

latifundista I *adj* of *o* relating to **latifundios. II** *nmf* owner of a **latifundio.**

latigazo *nm* **1** lash; *(sonido)* crack. **2** *arg (trago)* drink, swig. **3** *Med* whiplash injury.

látigo *nm* **1** whip. **2** *(en parque de atracciones)* **el l.,** the whip. **3** *Am (latigazo)* lash.

latigueada *nf Am (azotaina)* flogging.

latiguillo *nm (muletilla)* tag, pet phrase.

latín *nm* Latin; **saber mucho l.,** to be smart, be no-body's fool, know one's stuff. ■ **l. bajo/vulgar,** Low/Vulgar Latin.

latinajo *nm pey (cita)* Latin quotation; *(lengua)* dog Latin.

latinidad *nf* **1** *(lengua)* Latin. **2** *(pueblos latinos)* Latin countries *pl.*

latinismo *nm* Latinism.

latinizar [4] *vtr* to Latinize.

latino,-a *adj & nm,f* **1** Latin; **América Latina,** Latin America; *Rel* **Iglesia latina,** Roman Catholic Church, Latin Church. **2** *Náut* **vela latina,** lateen sail.

Latinoamérica *n* Latin America.

latinomericano,-a *adj & nm,f* Latin American.

latir *vi (palpitar)* to beat, throb; *fig* to be latent.

latitud *nf* **1** *Geog* latitude. **2 latitudes,** region *sing,* area *sing.*

lato,-a *adj (extenso)* wide, broad.

latón *nm* brass; **un clavo de l.,** a brass nail.

latoso,-a *fam* **I** *adj* boring, annoying. **II** *nm,f* bore, drag.

latrocinio *nm desus* robbery, theft; **estos precios son un puro l.,** those prices are a daylight robbery.

laucha *nf* **1** *Am* mouse. **2** *Am fig* intelligent man. **3** *Arg Chi (menudo)* shrimp. **4** *Arg* dirty old man.

laúd *nm* **1** *Mús* lute. **2** *Náut* catboat.

laudable *adj* laudable, praiseworthy.

láudano *nm (droga)* laudanum.

laudatorio,-a *adj* laudatory.

laudo *nm* **1** award. **2** *Jur* finding.

laureado,-a I *adj* **1** *Lit* award-winning; **poeta l.,** poet laureate. **2** *Mil* decorated. **II** *nm,f Lit* laureate.

laurel *nm Bot* laurel, (sweet) bay; *Culin* bay leaf; *fig* **dormirse en sus laureles,** to rest on one's laurels. ■ **l. rosa,** oleander.

Lausana *n* Lausanne.

lava *nf Geol* lava.

lavable *adj* washable.

lavabo *nm* **1** *(pila)* washbasin. **2** *(cuarto de aseo)* washroom. **3** *(retrete)* lavatory, toilet.

lavacoches *nmf inv* car washer.

lavacristales *nmf inv* window cleaner.

lavada *nf* wash, washing.

lavadero *nm* **1** *(de ropa)* washroom, laundry. **2** *Am Min* washery.

lavado,-a I *pp de* **lavar. II** *nm* **1** wash, washing. ■ *Med* **l. de estómago,** washing out of the stomach; *fam fig* **l. de cerebro,** brainwashing; **l. en seco,** dry-cleaning. **2** *Arte* wash.

lavadora *nf* **1** *(máquina)* washing machine. **2** *(persona)* washerwoman.

lavafrutas *nm inv* finger bowl.

lavamanos *nm inv* washbasin.

lavanda *nf Bot* lavender.

lavandería *nf* 1 *(atendida por personal)* laundry. 2 *(automática)* launderette, *US* laundromat.

lavandera *nf* 1 laundress, washerwoman. 2 *Orn* **l. blanca,** white wagtail; **l. cascadeña,** grey wagtail.

lavandero *nm* laundryman, launderer.

lavándula *nf Bot* lavender.

lavaojos *nm inv* eyebath.

lavaplatos *nm inv* dishwasher.

lavar I *vtr* to wash; *(cabello)* to shampoo; **l. en seco,** to dry-clean. II **lavarse** *vr* to wash oneself; **l. las manos,** to wash one's hands; *fig* **l. las manos de algo,** to wash one's hands of sth.

lavativa *nf Med* enema.

lavatorio *nm* 1 *Rel (de la misa)* lavabo. 2 *(de Semana Santa)* maundy. 3 *(lavamanos)* washbasin. 4 *Med* lotion. 5 *(palangana)* washbasin. 6 *(lavabo)* lavatory.

lavavajillas *nm inv* dishwasher.

lavotear *fam* I *vtr* to wash hurriedly. II **lavotearse** *vr* to have a quick wash.

lavoteo *nm fam* quick *o* hurried wash.

laxante *adj & nm* laxative.

laxar *vtr* 1 *(ablandar)* to ease, slacken, loosen. 2 *(vientre)* to loosen.

laxitud *nf* laxity, laxness.

laxo,-a *adj* lax, loose.

laya *nf desus* kind, sort; **de toda l.,** of all kinds *o* sorts.

lazada *nf* 1 *(nudo)* knot. 2 *(adorno)* bow.

lazareto *nm* isolation hospital; *(cuarentena)* quarantine station.

lazarillo *nm* blind person's guide; **perro l.,** guide dog, *US* Seeing Eye dog.

lazo *nm* 1 *(adorno)* bow; **l. de zapato,** shoelace. 2 *(nudo)* knot. ■ **l. corredizo,** slipknot. 3 *(para reses)* lasso. 4 *(trampa)* snare, trap. 5 *fig (gen pl) (vínculo)* tie, bond; **lazos de amistad,** bonds of friendship; **lazos familiares** *o* **de sangre,** family ties.

lb *abr de* **libra(s),** pound, pounds, lb, lbs; **pesa 4 lb,** it weighs 4 lb.

l.c. *abr de* **loco citato,** l.c.

Lda *abr de* **licenciada,** *(female)* graduate.

Ldo *abr de* **licenciado,** *(male)* graduate.

le I *pron pers mf* 1 *(objeto indirecto) (a él)* him; *(a ella)* her; *(a cosa)* it; **lávale la cara,** wash his face; **le compraré uno,** I'll buy one for her; **no le oigo,** I can't hear her; **no quiero verle más,** I don't want to see him any more; **¿qué le pasa?,** what's the matter with her? 2 *(a usted)* you; **no quiero molestarle,** I don't wish to disturb you; **ya le llamaré,** I'll give you a call. II *pron pers m (objeto directo) (él)* him; *(usted)* you; *véase también* **leísmo**.

leal I *adj* loyal, faithful. II *nmf (incondicional)* loyalist.

lealtad *nf* loyalty, faithfulness.

leandra *nf arg* peseta.

lebrato *nm*, **lebratón** *nm Zool* leveret.

lebrel *nm Zool* greyhound.

lebrillo *nm arc* earthenware bowl.

lección *nf* lesson; *fig* **dar una l. a algn,** to teach sb a lesson; *fig* **te servirá de l.,** it will be a lesson to you.

lechada *nf* whitewash.

lechal *adj* sucking; **cordero l.,** sucking lamb.

lechar *vtr* 1 *Am (ordeñar)* to milk. 2 *Méx (blanquear)* to whitewash.

leche *nf* 1 milk; *Anat* **dientes de l.,** milk teeth; *Culi* **l. frita,** dessert made of fried milk and flour batter; ■ **l. condensada,** condensed milk; **l. descremada** *o* **desnatada,** skim *o* skimmed milk. 2 *Bot* milky sap. 3 *fam* **mala l.,** bad mood; **¡qué mala l.!,** what rotten luck!; **salió echando leches,** he took off like a bat out of hell; **tener mala l.,** to be spiteful. 4 *ar (golpe)* knock; **dar** *o* **pegar una l. a algn,** to clobber sb. 5 *vulg* **a toda l.,** at top speed, flat out. 6 *vul* semen.

lechecillas *nfpl* sweetbreads.

lechera *nf* 1 *(que vende)* woman who sells milk; *(que ordeña)* milkmaid; **el cuento de la l.,** pie in the sky. 2 *(vasija)* churn. 3 *Arg* milk cow. 4 *arg* police car.

lechería *nf* dairy, creamery.

lechero,-a I *adj* milk, dairy; **central lechera,** dairy co-operative; **vaca lechera,** milk cow. II *nm* milkman.

lecho *nm* bed; **l. del río,** river-bed; **l. mortuorio,** deathbed; *fig* **l. de rosas,** bed of roses.

lechón *nm Zool* 1 *(cochinillo)* sucking pig. 2 *(puerco)* swine, hog.

lechona *nf Zool* young sow.

lechoncillo *nm* sucking pig.

lechoso,-a *adj* milky.

lechuga *nf* 1 lettuce; *fam fig* **(fresco) como una l.,** as fresh as a daisy. 2 *fam (billete)* green.

lechuguilla *nf arc (prenda)* ruff.

lechuguino *nm* dandy, fop.

lechuza *nf Orn* owl.

lectivo,-a *adj* school; **horas lectivas,** teaching hours.

lector,-a I *adj* reading; **habilidades lectoras,** reading skills. II *nm,f* 1 *(persona)* reader. 2 *Univ* lector; *(language)* assistant. 3 *Inform* reader. III *nm (aparato)* **l. de microfichas,** microfile reader; **l. de microfilmes,** microfilm reader.

lectorado *nm Univ* assistantship.

lectura *nf* 1 reading; **dar l. a algo,** to read sth; **de mucha l.,** well-read; **material de l.,** reading matter. 2 interpretation; **hizo una l. marxista de la obra,** he gave the work a Marxist interpretation.

leer [61] *vtr* to read; **léenos el menú,** read out the menu for us; **l. la mano a algn,** to read sb's palm; *fig* **l. entre líneas,** to read between the lines.

legación *nf* legation.

legado,-a I *pp de* **legar.** II *nm* 1 *(herencia)* legacy, bequest. 2 *(representante)* legate; **l. apostólico,** papal nuncio.

legajo *nm* dossier.

legal *adj* 1 *Jur* legal, lawful; **requisitos legales,** legal formalities. 2 *fam (persona)* honest, trustworthy. ◆**legalmente** *adv* legally, lawfully.

legalidad *nf* legality, lawfulness; **según la l. (vigente),** according to the law.

legalismo *nm* legalism.

legalista I *adj* legalistic. II *nmf* legalist.

legalización *nf* legalization.

legalizar [4] *vtr* to legalize; *(documento)* to authenticate.

légamo *nm* slime, ooze.

legamoso,-a *adj* slimy.

legaña *nf (en ojos)* sleep; *fig* **quitarse las legañas,** to get a move on.

legañoso,-a *adj* bleary-eyed.

legar [7] *vtr* 1 *(propiedad etc)* to bequeath; *fig (tradiciones etc)* to hand down, pass on. 2 *(enviar como delegado)* to delegate.

legatario,-a *nm,f Jur* legatee, heir.

legendario,-a *adj* legendary.

legible *adj* legible.

legión *nf* legion; *fig* **una l. de admiradores le seguía**, a legion of admirers followed her. ■ *Mil* **L. Extranjera**, Foreign Legion.

legionario,-a **I** *adj* legionary. **II** *nm* legionary, legionnaire; *Med* **enfermedad del l.**, Legionnaire's Disease.

legislación *nf* legislation.

legislador,-a **I** *adj* legislative. **II** *nm,f* legislator.

legislar *vi* to legislate, enact.

legislativo,-a *adj* legislative.

legislatura *nf* 1 legislature. 2 *Am Pol* legislative body.

legitimación *nf Jur* legitimization.

legitimar *vtr* to legitimize; *(legalizar)* to legalize.

legitimidad *nf Jur* legitimacy; *(licitud)* justice.

legítimo,-a *adj* 1 *Jur* legitimate; **en legítima defensa**, in self-defence. 2 *(auténtico)* authentic, real; **oro l.**, pure gold.

lego,-a **I** *adj* 1 *Rel* lay, secular. 2 *(ignorante)* ignorant, uninformed; **ser l. en la materia**, to know nothing about the subject. **II** *nm Rel* lay brother.

legua *nf (medida)* league; *fig* **se nota a la l.**, it stands out a mile. ■ **l. marítima**, marine league.

leguleyo *nm pey* pettifogger, shyster.

legumbre *nf* legume, pod vegetable.

leguminoso,-a **I** *adj* leguminous. **II** *nf* pulse, leguminous plant.

leíble *adj* readable.

leída *nf* reading.

leído,-a **I** *pp de* **leer** **II** *adj* well-read; **ser muy l.**, to be very knowledgeable.

leísmo *nm Ling* incorrect use of **le** as a direct object instead of **lo**.

leitmotiv *nm* leitmotiv, leitmotif.

lejanía *nf* distance.

lejano,-a *adj* distant, far-off; **parientes lejanos**, distant relatives. ■ **el L. Oriente**, the Far East.

lejía *nf* bleach, lye.

lejísimos *adv* very far (away).

lejos **I** *adv* far (away); **a lo l.**, in the distance; **de l.**, from a distance; **desde l.**, from a long way off; **¿está l.?**, is it far?; **l. de mí/ti/él ...**, far away from me/you/him ...; *fig* **ir demasiado l.**, to go too far; *fig* **l. de mí hacer tal cosa**, how could I do a thing like that?; *fig* **l. de mejorar, empeora**, it gets worse instead of better; *fig* **llegar l.**, to go a long way; *fig* **más l.**, farther *o* further away; *fig* **ni de l.**, far from it; *fig* **sin ir más l.**, to take an obvious example; *fam fig* **l. del mundanal ruido**, far from the madding crowd. **II** *nm* distant view; *(cuadro)* background.

lelo,-a *fam* **I** *adj* stupid, silly; **quedarse l.**, to be stunned *o* stupefied. **II** *nm,f* ninny.

lema *nm* 1 *(divisa)* motto, slogan. 2 *(concurso)* *(contraseña)* code name.

lemosín,-ina **I** *adj* of *o* from Limoges. **II** *nm (idioma)* langue d'oc.

lempira *nm* lempira, standard monetary unit of Honduras.

lencería *nf* 1 *Tex (ropa blanca)* linen (goods *pl*). 2 *(prenda) (sólo de mujer)* lingerie. 3 *(tienda)* linen shop, draper's (shop).

lencero,-a *nm,f* draper.

lendakari *nm* head of the Basque government.

lengua *nf* 1 *Anat* tongue; **sacar la l. a algn**, to stick one's tongue out at sb; *fig* **andar en lenguas**, to be the talk of the town; *fig* **hacerse lenguas de algo**, to praise sth wildly; *fig* **largo *o* ligero de l.**, loose-tongued; *fig* **l. viperina *o* de víbora**, viperous tongue; *fig* **malas lenguas**, gossip *sing*; *fam fig* **con la l. fuera**, puffing and panting; *fam fig* **darle a la l.**, to chatter; *fam fig* **irse de la l.**, to spill the beans; *fam fig* **morderse la l.**, to hold one's tongue; *fam fig* **no tener pelos en la l.**, not to mince one's words, be outspoken; *fam fig* **tener algo en la punta de la l.**, to have sth on the tip of one's tongue; *fam fig* **tirarle a algn de la l.**, to try to draw sth out of sb; *fam fig* **tragarse la l.**, to bite one's lip. 2 *Ling* language, tongue. ■ **l. franca**, lingua franca; **l. madre**, parent language; **l. materna**, native *o* mother tongue; **l. muerta/viva**, dead/living language. 3 *Geog* neck, spit.

lenguado *nm (pez)* sole.

lenguaje *nm* 1 *(habla)* speech, language; **l. corporal**, body language. 2 *(idioma)* language. ■ **l. poético**, poetic language; **l. literario**, literary style. 3 *Inform* language. ■ **l. de alto nivel**, high-level language; **l. de programación**, program language.

lenguaraz *adj (hablador)* talkative, garrulous; *(mal hablado)* foul-mouthed.

lengüeta *nf* 1 *(de zapato)* tongue, flap. 2 *Mús* reed. 3 *Am (charlatán)* chatterbox.

lengüetada *nf*, **lengüetazo** *nm* lick.

lengüetear *vi Am* to chatter.

Leningrado *n* Leningrad.

leninismo *nm Pol* Leninism.

leninista *adj & nmf Pol* Leninist.

lenitivo,-a **I** *adj* soothing, lenitive. **II** *nm* lenitive; *fig* palliative.

lenocinio *nm fml* procuring, pimping. ■ **casa de l.**, brothel.

lente **I** *nmf* lens; *Opt* **l. de contacto**, contact lenses. **II** **lentes** *nmpl Opt* glasses, spectacles.

lenteja *nf Bot Culin* lentil; *prov* **venderse por un plato de lentejas**, to sell oneself cheap.

lentejuela *nf* sequin, spangle.

lentilla *nf Opt* contact lens.

lentisco *nm Bot* mastic tree.

lentitud *nf* slowness; **con l.**, slowly.

lento,-a *adj* slow; **fuego l.**, low heat; **ser l. de reflejos**, to have slow reflexes.

leña *nf* 1 firewood; **hacer l.**, to collect firewood; **l. pequeña**, kindling; *fig* **echar l. al fuego**, to add fuel to the fire. 2 *fam (golpes)* knocks *pl*; *Dep* rough play; **dar *o* repartir l.**, to hit out; *Dep* to play rough.

leñador,-a *nm,f* woodcutter, lumberjack.

leñazo *nm arg (golpe)* blow, smash; **se pegaron un l. contra un árbol**, they crashed into a tree.

leñe *interj fam* damn it!

leñera *nf* woodshed.

leño *nm* 1 log; *fig* **dormir como un l.**, to sleep like a log. 2 *fam (persona)* blockhead, half-wit.

leñoso,-a *adj* wood-like, ligneous.

Leo *nm Astrol Astron* Leo.

león *nm* 1 *Zool* lion; *fig* **se llevó la parte del l.**, he got the lion's share; *prov* **no es tan fiero el l. como lo pintan**, he/she's not as fierce as he/she's made out to be. ■ *Zool* **l. marino**, sea lion. 2 *Astrol Astron* Leo.

leona *nf* **1** *Zool* lioness. **2** *(mujer)* brave woman; *(provocadora)* man-eater.

leonado,-a *adj* tawny.

leonera *nf* **1** lion's den; *fig* untidy place *o* room; ¿cómo puedes vivir en esa l.?, how can you live in this mess? **2** *Arg Ecuad PR* crowded cell.

leonés,-esa **I** *adj* of *o* from León. **II** *nm,f* native *o* inhabitant of León.

leonino,-a *adj* **1** leonine, lion-like. **2** *Jur* **contrato l.**, one-sided contract.

leontina *nf* watch chain.

leopardo *nm Zool* leopard.

leotardo *nm* **1** leotard, bodystocking. **2** **leotardos,** thick tights.

lépero,-a *adj CAm* coarse, vulgar.

lepidóptero,-a *Zool* **I** *adj* lepidopterous. **II** *nm* lepidopteran.

leporino,-a *adj* **labio l.**, harelip.

lepra *nf Med* leprosy.

leproso,-a **I** *adj* leprous. **II** *nm,f* leper.

lerdera *nf*, **lerdeza** *nf CAm* laziness.

lerdo,-a *adj (torpe)* clumsy; *(poco despierto)* dull, drowsy.

leridano,-a **I** *adj* of *o* from Lérida. **II** *nm,f* native *o* inhabitant of Lérida.

les **I** *pron pers mfpl* **1** *(objeto indirecto)* (a ellos) them; **acéptales el regalo,** accept their present; **l. di todo el dinero,** I gave them all the money. **2** *(a ustedes)* you; **l. esperaré,** I shall wait for you; **no quiero molestarles,** I don't wish to disturb you. **II** *pron pers mpl (objeto directo) (ellos)* them; *(ustedes)* you; *véase tamb* **leísmo·**

lesbiana *nf* lesbian.

lesbianismo *nm* lesbianism.

Lesotho *n* Lesotho.

lesión *nf* **1** *(daño corporal)* injury, wound. **2** *(perjuicio)* damage, harm.

lesionado,-a **I** *pp de* **lesionar· II** *adj* **1** injured; wounded. **2** damaged, harmed. **III** *nm,f* injured person; **hubo 20 lesionados,** there were 20 injured.

lesionar **I** *vtr* **1** *(alguien)* to wound; *(algo)* to damage. **2** *fig (intereses)* to damage. **II** **lesionarse** *vr* to get injured.

lesivo,-a *adj fml* injurious; harmful, damaging.

leso,-a **1** *adj (ofendido)* offended; injured; *Jur* **crimen de lesa majestad,** lese-majesty, treason; **crimen** *o* **delito de lesa patria,** high treason. **2** *Am* silly, foolish.

letal *adj* lethal, deadly.

letanía *nf Rel* litany; *fam fig* long list.

letárgico,-a *adj* lethargic.

letargo *nm* lethargy.

letífico,-a *adj fml* joyful.

letón,-ona **I** *adj* Latvian. **II** *nm,f* Latvian, Lettish. **III** *nm (idioma)* Latvian, Lettish.

Letonia *n* Latvia.

letra *nf* **1** *Impr Ling* letter; *fig* **al pie de la l.**, to the letter, word for word; *fig* **mándale cuatro letras,** drop her a line; *prov* **la l. con sangre entra,** spare the rod and spoil the child. ■ **l. bastardilla** *o* **itálica** *o* **cursiva,** italics *pl*, italic type; **l. de imprenta** *o* **de molde,** print; **l. gótica,** Gothic script; **l. mayúscula** *o* **de caja alta** *o* **versal,** capital letter; **l. minúscula** *o* **de caja baja,** small letter; **l. negrilla,** semibold type; **l. seminegra,** bold type; **l. versalita,** small capital. **2** *(modo de escribir)* (hand)writing; **de su puño y l.**,

in his own hand; **tener buena/mala l.**, to have good bad handwriting. **3** *Mús (texto)* lyrics *pl*, words p **4** *Fin* **l. (de cambio),** bill of exchange, draft; **l. a l vista,** sight draft. **5 letras,** *Univ* arts; **Facultad de L.** Faculty of Arts; **licenciado en L.**, arts graduate. **letras,** *(literatura)* letters; **hombre/mujer de l.**, man woman of letters.

letrado,-a **I** *adj* learned. **II** *nm,f* lawyer.

letrero *nm (aviso)* notice, sign; *(cartel)* poster; **l. lu minoso,** neon sign.

letrina *nf* latrine; *fig* **la playa era una auténtica l.** the beach was like a public toilet.

leucemia *nf Med* leukaemia. *US* leukemia.

leucémico,-a *Med* **I** *adj* leukaemic, *US* leukemic **II** *nm,f* person suffering from leukaemia *o US* leu kemia.

leucocito *nm* leucocyte, *US* leukocyte.

leva¹ *nf* **1** *Mil (reclutamiento)* levy. **2** *Téc* cam. *Náut* weighing anchor.

leva² *nf* **1** *Am (levita)* frock coat. **2** *CAm Col (en gaño)* trick.

levadizo,-a *adj* which can be raised, raisable raiseable; **puente l.**, drawbridge.

levadura *nf* leaven, yeast. ■ *Culin* **l. en polvo** baking powder.

levantado,-a **I** *pp de* **levantar· II** *adj* up, out o bed.

levantador,-a *nm,f* **l. de pesos** *o* **pesas,** weight lifter.

levantamiento *nm* **1** *(suspensión)* raising, lifting **l. de la veda,** opening of the hunting *o* fishin season. **2** *Dep* **l. de pesos** *o* **pesas,** weightlifting. *Mil (insurrección)* uprising, insurrection.

levantar **I** *vtr* **1** to raise, lift; *(mano, voz)* to raise *(ojos)* to look up, raise; *fig* **l. dudas/temores,** t raise doubts/fears; *fig* **l. un país,** to put a countr on its feet. **2** *(obstáculos)* to put up. **3** *(edificios monumento)* to erect. **4** *Pol* to stir up. **5** *(castigo* to suspend. **6** *(recoger)* to clear; **l. la mesa,** to clea the table. **7** *Naipes* **l. las cartas,** to cut (the cards) **8** *(concluir)* to finish; *(aplazar)* to postpone; **se le vanta la sesión,** the court will adjourn. **II** *vr* **1** *(po nerse de pie)* to stand up, rise. **2** *(salir de la cama* to get up, get out of bed; **l. pronto** *o* **temprano,** t get up early; *fig* **l. con el pie izquierdo,** to get ou of bed on the wrong side. **3** *(sobresalir)* to stan out, tower (above). **4** *Pol* to rise, revolt; **l. e armas,** to rise up in arms. **5** *(viento)* to come up *(tormenta)* to gather; *fig* **se levantó una ola de ru mores,** a flood of rumours arose.

levante *nm* **1** *Geog (punto cardinal)* east; **(el) L.** Levante, the regions of Valencia and Murcia. *(viento)* east wind, Levanter.

levantino,-a **I** *adj* of *o* from the **Levante. II** *nm,* native *o* inhabitant of the **Levante.**

levantisco,-a *adj* restless, turbulent.

levar *vtr (ancla)* to weigh; **l. anclas,** to set sail.

leve *adj (ligero)* light; *fig (de poca importancia* slight, unimportant. ◆**levemente** *adv* lightl slightly.

levedad *nf (ligereza)* lightness; *fig* slightness; *fig (d ánimo)* levity.

leviatán *nm Rel* leviathan.

levita¹ *nm Hist* Levite.

levita² *nf* frock coat.

levitación *nf* levitation.

levitar *vi* to levitate.

evítico,-a I *adj Hist* Levitical; *fig* clerical. **II** *nm Rel* Leviticus.

exema *nm Ling* lexeme.

exical *adj Ling* lexical.

éxico *Ling* **I** *adj* lexical. **II** *nm (diccionario)* lexicon; *(vocabulario)* lexicon, vocabulary, word list.

exicografía *nf Ling* lexicography.

exicográfico,-a *adj Ling* lexicographic, lexicographical.

exicógrafo,-a *nm,f Ling* lexicographer.

exicología *nf Ling* lexicology.

exicológico,-a *adj Ling* lexicologic, lexicological.

exicólogo,-a *nm,f Ling* lexicologist.

exicón *nm Ling* lexicon.

ey *nf* 1 *(gen)* law; *Jur* law; *Parl* bill, act; *Dep* rule, law; **aprobar una l.**, to pass a bill; **estar fuera de la l.**, to be outside the law; **según/contra la l.**, according to/against the law; *fig con todas las de la l.*, properly, completely; *fig* **la l. del más fuerte**, the law of the jungle; *fam* **hecha la l.**, **hecha la trampa**, laws are made to be broken; *fam fig* **la l. del embudo**, one law for oneself and a different one for the others. ■ **la l. de la gravedad**, the law of gravity; **l. orgánica** *o* **constitucional**, constitutional law; **l. seca**, prohibition law, *US* dry law. 2 *(de un metal)* purity; **oro de l.**, pure gold.

eyenda *nf* 1 *(relato)* legend; **l. negra**, black legend. 2 *(en un mapa)* legend; *(en una moneda)* inscription.

ezna *nf* awl, bradawl.

ía¹ *nf (soga)* rope.

ía² *nf (heces)* lees *pl*, dregs *pl*.

iana *nf Bot* liana.

iar [13] **I** *vtr* 1 *(envolver)* to wrap up; *(atar)* to tie up, do up, bind; *(un cigarrillo)* to roll. 2 *(enredar)* to muddle up; *(confundir)* to confuse. 3 *(complicar)* to involve; **quiso liarme en un negocio sucio**, he tried to get me mixed up in some shady deal; **l. a bofetadas**, to come to blows. **II liarse** *vr* 1 *(embarullarse)* to get muddled up. 2 *fam* to become lovers, have an affair; *(enrollarse)* to get involved with, embroiled in. 3 *(empezar)* to begin; **l. a hablar**, to have a natter.

ibación *nf Lit* libation.

ibanés,-esa *adj & nm,f* Lebanese.

íbano *n* el L., the Lebanon.

ibar *vtr (néctar)* to suck; *(licor)* to take a sip, swig.

ibelista *nmf* lampoonist.

ibelo *nm (escrito difamatorio)* lampoon, satire; *Jur* petition.

ibélula *nf Ent* dragonfly.

iberación *nf* 1 *(de país)* liberation; *(de persona)* release, freeing. 2 *Fin (impuestos)* exemption; *(hipoteca)* redemption.

iberado,-a I *pp de* liberar. **II** *adj* liberated, freed; **mujer liberada**, liberated woman.

iberador,-a I *adj* liberating. **II** *nm,f* liberator.

iberal I *adj* 1 *(gen)* liberal; *(carácter)* easy-going; *Pol* **Partido L.**, Liberal Party; *(trabajo)* **profesión l.**, profession. 2 *(generoso)* generous, liberal. **II** *nmf* liberal. ◆**liberalmente** *adv* liberally, freely.

iberalidad *nf* generosity, liberality.

iberalismo *nm* liberalism.

iberalización *nf* liberalization.

iberalizar [4] **I** *vtr* to liberalize; *Fin* to lift, deregulate. **II liberalizarse** *vr* to become free, become liberal.

liberar I *vtr (país)* to liberate; *(prisionero)* to free, release. **II liberarse** *vr* to get *o* become free.

liberatorio,-a *adj* liberating, freeing.

Liberia *n* Liberia.

liberiano,-a *adj & nm,f* Liberian.

líbero *nm Ftb* sweeper.

libérrimo,-a *adj Lit* entirely *o* totally free.

libertad *nf* 1 freedom, liberty; **en l.**, free; *Jur* **(en) l. bajo palabra/fianza**, (on) parole/bail; *Jur* **(en) l. condicional**, (on) parole; *Jur* **(en) l. provisional**, *(bajo fianza)* (on) bail; **(en) l. vigilada**, (on) probation; **l. de comercio**, free trade; **l. de expresión**, freedom of speech; *fig* **tomarse la l. de decir algo**, to take the liberty of saying sth. 2 **libertades**, liberties; **tomarse (demasiadas) l.**, to take liberties.

libertador,-a I *adj* liberating. **II** *nm,f* liberator.

libertar *vtr (poner en libertad)* to set free, release, liberate, deliver; *(eximir)* to exempt.

libertario,-a *adj & nm,f* libertarian.

libertinaje *nm* licentiousness.

libertino,-a *adj & nm,f* libertine.

liberto,-a I *adj* emancipated, free. **II** *nm,f (hombre)* freedman; *(mujer)* freedwoman.

Libia *n* Libya.

libidinoso,-a *adj* libidinous, lewd.

libido *nf* libido.

libio,-a *adj & nm,f* Libyan.

libra *nf Fin* pound; **l. esterlina**, pound sterling. 2 *(medida)* pound. 3 **L.**, *Astrol Astron* Libra.

libraco *nm pey (libro grande)* large, heavy book; *(libro malo)* trashy book.

librado,-a I *pp de* librar. **II** *nm,f Fin* drawee.

librador,-a *nm,f Fin* drawer.

libramiento *nm*, **libranza** *nf Fin* order of payment, bill of exchange.

librar I *vtr* 1 *(gen)* to save, free; *Jur* to free, release; *Rel* **¡Dios me** *o* **nos libre!**, heaven forbid!; **salir bien librado**, to get off lightly. 2 *Com* to draw; **l. una letra**, to draw a bill. 3 *Mil* to fight; **l. batalla**, to do *o* join battle. **II** *vi* 1 *(no ir a trabajar)* to have off; **libro los martes**, I have Tuesdays off. 2 *(dar a luz)* to give birth. **III librarse** *vr* to escape; **l. de algn**, to get rid of sb; **l. de una buena**, to have a narrow escape; **l. de una multa**, to get out of paying a fine.

libre *adj* free; *Educ* **alumno l.**, external student; **asiento l.**, free seat; *(en letrero)* **entrada l.**, admission free, open to the general public; *(en servicios)* **l.**, vacant; *Fin* **l. cambio**, free trade; *Fin* **l. de impuestos**, tax-free; **l. de preocupaciones**, free from worries; *Natación* **los cien metros libres**, the one hundred metres free-style; **ratos libres**, spare time; **traducción l.**, free translation. ◆**libremente** *adv* freely.

librea *nf* livery, uniform.

librecambio *nm*, **librecambismo** *nm Econ* free trade.

librecambista *Econ* **I** *adj* free trade. **II** *nmf* free-trader.

librepensador,-a I *adj* freethinking. **II** *nm,f* free-thinker.

librepensamiento *nm* freethinking, free thought.

librería *nf* 1 *(tienda)* bookshop, *US* bookstore. 2 *Mueb (armario)* bookcase; *(estantería)* bookshelf.

librero,-a I *nm,f* bookseller. **II** *nm Méx (estantería)* bookshelf; *(armario)* bookcase.

libresco,-a *adj pey* bookish.

libreta *nf* notebook; **l. (de ahorro)**, savings book.

libretista *nmf Mús* librettist.

libreto *nm Mús* libretto.

librillo *nm* small book, booklet; **l. de papel de fumar**, packet of cigarette papers.

libro *nm* **1** book; *Com* **llevar los libros**, to keep the accounts. ■ *Pol* **l. blanco/rojo**, White/Red Paper; **l. de bolsillo**, paperback; *Com* **l. de caja**, cashbook; **l. de consulta**, reference book; **l. de cuentos**, storybook; *Jur* **l. de familia**, book in which births and deaths in the family are registered; **l. de lectura**, reader; **l. de reclamaciones**, complaints book; **l. de texto**, textbook; *Fin* **l. mayor**, ledger. **2** *Zool Anat* third stomach.

Lic. *abr* de **licenciado,-a**, licenciate, graduate.

licantropía *nf Psic* lycanthropy.

licántropo *nm Psic* lycanthrope; *(leyenda)* werewolf.

licencia *nf* **1** *(permiso)* licence, *US* license, permission; *(documentos)* permit, licence, *US* license; **dar l. a algn**, to grant sb permission; *Mil* **l. absoluta**, discharge; **l. de armas/caza**, gun/hunting licence; *Com* **l. fiscal**, business permit; *Com* **l. de importación**, import licence. **2** *(libertad abusiva)* licence, *US* license, licentiousness. ■ **l. poética**, poetic licence. **3** *Univ* degree. **4** *Am Aut* driving licence, *US* driver's license.

licenciado,-a I *pp de* **licenciar**. II *adj* **1** *Univ* graduated. **2** *Mil* discharged. III *nm,f* **1** *Univ* graduate, licentiate, bachelor; *Mil* discharged soldier; **l. en Ciencias**, Bachelor of Science; **l. en francés**, French graduate. **2** *Am* lawyer.

licenciar [12] I *vtr* **1** *(dar permiso a)* to grant a permit *o* licence *o US* license on; *Mil* to discharge. **2** *Univ* to confer a degree on. II **licenciarse** *vr Univ* to graduate.

licenciatura *nf Univ (título)* (bachelor's) degree; *(ceremonia)* graduation; *(curso)* degree (course).

licencioso,-a *adj* licentious, dissolute.

liceo *nm* **1** *Hist* Lyceum. **2** *(sociedad literaria)* literary society. **3** *(escuela)* secondary school.

licitación *nf Com* bid, bidding; *Com* **sacar (algo) a l.**, to put (sth) up for auction.

licitador *nm Com* bidder.

licitar *vtr Com (pujar)* to bid for; *(optar)* to tender for.

lícito,-a *adj (justo)* just, fair; *(permisible)* allowed; *Jur* lawful, licit.

licitud *nf (justicia)* justness, fairness; *Jur* lawfulness, legality.

licor *nm* **1** *(líquido)* liquid. **2** *(bebida destilada)* liquor, spirits *pl, US* licor.

licorera *nf* liquor bottle, decanter.

licorería *nf Com* off-licence, *US* package store, *US* licor store; *Ind* distillery.

licoroso,-a *adj (vinos etc)* strong; **vino l.**, fortified sweet wine.

licuable *adj* liquefactive.

licuación *nf* liquefaction.

licuado *nm Am (batido)* milk shake; *(refresco)* soft drink.

licuadora *nf* liquidizer.

licuar [10] *vtr* I *vtr* to liquefy. II **licuarse** *vr* to liquefy, become liquid.

licuecer [43] *vtr & vi véase* **licuar**.

licuefacción *nf* liquefaction.

lid *nf (combate)* contest, combat, fight; *fig* dispute, controversy; *fig* **experto en esas lides**, experienced in these matters.

líder *nmf* leader.

liderar *vtr* to lead, head.

liderato *nm*, **liderazgo** *nm* leadership; *De* leader, top *o* first position.

lidia *nf* **1** *Taur* bullfight, bullfighting; **toro de l.**, fighting bull. **2** *(lucha)* fight, combat.

lidiador *nm Taur* bullfighter.

lidiar [12] I *vtr* **1** *Taur* to fight. **2** *fig* to deal with. ■ *vi* to fight; **l. con**, to contend with, fight against.

liebre *nf* **1** *Zool* hare; *fig* coward; *fig* **levantar la l.**, to let the cat out of the bag. **2** *Atlet* pacemaker.

liencillo *nm Am Tex* rough cotton cloth.

liendre *nf Ent* nit.

lienzo *nm* **1** *Tex* linen. **2** *Arte* canvas, painting. *Arquit* (stretch of) wall. **4** *Am (trozo de cerca)* stretch (of fence).

liga *nf* **1** *Dep Pol* league. **2** *(prenda)* garter. **3** *(sustancia pegajosa)* birdlime. **4** *Bot* mistletoe. *(mezcla)* mixture. **6** *(aleación)* alloy.

ligado,-a I *pp de* **ligar**. II *adj* connected, linked. I *nm Tip* ligature; *Mús* slur.

ligadura *nf* bond, tie; *Tip* ligature; *Mús* slur.

ligamento *nm* **1** *Anat* ligament. **2** *Tex* weave.

ligamentoso,-a *adj* ligamentous, ligamenta, ligamentary.

ligar [7] I *vtr* **1** *(unir)* to tie, bind; *fig* to join; *fig* **ligaba la política**, they were united by politics. *(alear)* to alloy. **3** *Culin* to thicken. **4** *Med* to bind up. **5** *Mús* to slur. **6** *fam (conquistar)* to pinch. *CAm Méx (curiosear)* to nose about. **8** *Arg (enterderse)* to get along well with. II *vi* I *fam (seducir)* to chat up a man *o* woman, get off with sb, scor, **2** *(concordar)* **l. con**, to agree with, be in accordance with. **3** *Naipes* to combine good cards. **4** *CAm P (deseo)* to have one's desires satisfied. **5** *Arg (en juego)* to be lucky. III **ligarse** *vr* to bind oneself; commit oneself.

ligazón *nf* **1** *(unión)* bond, tie. **2** *Náut* rib, beam.

ligereza *nf* **1** *(livianidad)* lightness, thinness, flimsiness. **2** *(agilidad)* agility, nimbleness. **3** *(frivolidad)* rashness, flippancy; *(indiscreción)* indiscretion; **hablar/obrar con l.**, to speak/act rashly without thinking.

ligero,-a I *adj* **1** *(peso)* light, lightweight; **l. como una pluma**, as light as a feather; **l. de ropa**, light clad; *Box* **peso l.**, lightweight. **2** *(ágil)* agile, nimble *(veloz)* swift, quick; **l. de manos**, light-fingered; **paso l.**, nimble step, *Mil* quick march. **3** *(frívolo)* rash, flippant; **de l.**, rashly; **tomarse algo a la ligera**, to take sth lightly. **4** *(de poca importancia)* slight. II *adv* **1** *(rápido)* fast, swiftly. **2** *Am (pronto)* soon. ◆**ligeramente** *adv* **1** *(levemente)* lightly. **2** *(un poco)* slightly.

lignito *nm Min* lignite.

ligón[1] *nm (herramienta)* hoe.

ligón,-ona[2] *adj & nm,f fam (hombre)* skirt-chaser; *(mujer)* easy pick-up.

ligue *nm fam* pick-up; **ir de l.**, to go out on the pick up, go talent spotting, cruise.

liguero,-a I *adj Dep* league; **partido l.**, league match. II *nm* suspender belt, suspenders *pl, U* garter belt.

liguilla *nf Dep* round-robin tournament.

lija *nf* **1** *(pez)* dogfish. **2** *Téc* sandpaper. ■ **papel l.**, sandpaper.

lijadora *nf Téc* sander, sanding machine.

lijar *vtr Téc* to sand *o* sandpaper (down).

lila¹ *adj & nm & nf* lilac.

lila² *fam* **I** *adj (tonto)* dumb, stupid. **II** *nmf (tonto)* twit.

liliáceo,-a *adj Bot* liliaceous.

liliputiense *adj & nmf* Lilliputian.

lima¹ *nf Bot* lime.

lima² *nf* **1** *(herramienta)* file; *fig* **come como una l.,** he eats like a horse. ■ **l. de uñas,** nailfile. **2** *fig* polish, polishing up.

limaco *nm Zool* slug.

limado *nm* filing.

limadura *nf* filing.

limar *vtr* **1** *(desbastar)* to file (down *o* off); *fig* **l. asperezas,** to smooth things over. **2** *(pulir una obra)* to polish up, put the final touches to.

limaza *nf Zool* slug.

limbo *nm* **1** *Rel* limbo; *fig* **estar en el l.,** to be miles away. **2** *Mat* limb.

limeño,-a **I** *adj* of *o* from Lima. **II** *nm,f* native *o* inhabitant of Lima.

limero *nm Bot* lime (tree).

limitación *nf* limitation, limit.

limitado,-a **I** *pp de* limitar . **II** *adj* **1** *(gen)* limited. **2** *euf (poco listo)* dull, dim-witted.

limitar **I** *vtr* to limit, restrict. **II** *vi* to border; **l. con,** to border on. **III** limitarse *vr* to limit *o* restrict oneself.

limitativo,-a *adj* restrictive, limiting.

límite *nm (gen)* limit; *Geog Pol* boundary, border; **caso l.,** borderline case; **dentro de unos límites,** within limits; **fecha l.,** deadline; **velocidad l.,** maximum speed.

limítrofe *adj* bordering, neighbouring, *US* neighboring.

limo *nm* slime, mud.

limón *nm Bot* lemon.

limonada *nf (sin gas)* lemon squash; *(con gas)* lemonade, *US* lemon soda.

limonera *nf* shaft (of a cart).

limonero,-a **I** *adj* lemon; **pera limonera,** large variety of pear. **II** *nm* lemon tree.

limonita *nf Min* limonite.

limosna *nf* alms, charity; **dar (una) l.,** to give alms; **pedir l.,** to beg.

limosnear *vi* to beg.

limosnero,-a **I** *adj* charitable. **II** *nm,f Am* beggar.

limoso,-a *adj* slimy, muddy.

limpiabarros *nm inv* boot scraper.

limpiabotas *nm inv* bootblack, shoeblack.

limpiachimeneas *nm inv* chimney sweep.

limpiacristales *nm inv* window cleaner.

limpiador,-a **I** *adj* cleaning, cleansing. **II** *nm,f (persona)* cleaner. **III** *nm (producto)* cleaner, cleanser.

limpiaparabrisas *nm inv Aut* windscreen *o US* windshield wiper.

limpiar [12] **I** *vtr* **1** *(gen)* to clean, cleanse; *(con un trapo)* to wipe; *fig* to cleanse, purify; **l. algo en seco,** to dry-clean sth. **2** *fam (hurtar)* to pinch, nick; **le limpiaron la cartera,** they cleaned out his wallet. **II** limpiarse *vr* to clean oneself.

limpidez *nf Lit* limpidity.

límpido,-a *adj Lit* limpid.

limpieza *nf (calidad)* cleanness, cleanliness; *(acción)* cleaning; *fig (integridad)* integrity; *fig (pureza)* purity; **hacer la l.,** to do the cleaning.

limpio,-a **I** *adj* **1** *(aseado)* clean, tidy; **l. como una patena,** clean as a new pin; **¿tienes las manos limpias?,** are your hands clean?; *fig* **l. de (toda) sospecha,** free of suspicion. **2** *(honrado)* honest, fair; **juego l.,** fair play; **un negocio poco l.,** a shady business. **3** *Fin (neto)* net; **en l.,** net; **su sueldo asciende a 150.000 pesetas limpias,** he earns 150,000 pesetas after tax. **4** *(claro)* clear; **¿has sacado algo en l. de todo ello?,** have you got anything out of all that? **5** *fam (ignorante)* ignorant; **de este tema estoy l.,** I don't know a thing about the subject. **6** *fam (arruinado)* broke; **la caída de la bolsa me dejó l.,** the stock market crash left me broke. **II** *adv* fairly; **jugar l.,** to play fair.

limpión *nm Am* tea towel, tea-cloth, *US* dishtowel.

limusina *nf Aut* limousine.

linaje *nm* **1** *(familia)* lineage. **2** *(especie)* kind, class.

linajudo,-a *adj* highborn, blue-blooded.

linaza *nf Bot* flaxseed, linseed.

lince *nm Zool* lynx; *fig* **ser un l.,** not to miss a thing; *fig* **tener ojo de l.,** to have a sharp eye.

linchamiento *nm* lynching.

linchar *vtr* to lynch.

lindante *adj (limítrofe)* bordering; *fig (rayano)* bordering on; **una franqueza l. con la grosería,** an openness bordering on rudeness.

lindar *vi* to adjoin; **l. con,** to border on; **Suiza linda con Alemania,** Switzerland borders on Germany.

linde *nmf* boundary, limit.

lindero,-a **I** *adj* bordering, adjoining; **tiene un solar l. con el mío,** he has a lot next *o* adjacent to mine. **II** *nm* boundary, limit.

lindeza *nf* **1** *(belleza)* prettiness. **2** *fam (halagos)* flattering word, sweet talk. **3** **lindezas,** *iron (insultos)* insults.

lindo,-a *adj (bonito)* pretty, lovely; **de lo l.,** a great deal, in a grand manner. ◆**lindamente** *adv* neatly, prettily.

línea *nf* **1** *(gen)* line; **de primera l.,** first-rate; **en l. recta,** in a straight line; **en líneas generales,** roughly speaking; *Inform* **fuera de l.,** off-line; **l. aérea,** airline; *Dep* **l. delantera/trasera,** forward/backward line; **l. de puntos,** dotted line; *Inform* **ordenador en l.,** on-line computer. **2** *(silueta)* figure; **guardar la l.,** to watch one's weight. **3** *(familia)* line; **l. directa,** unbroken line. **4** *(valores morales)* line; **sus palabras estuvieron en la l. habitual,** his words were along the usual lines.

lineal *adj* linear; **dibujo l.,** line drawing.

lineamiento *nm* **1** *(contorno)* contour, outline. **2** *Am (directrices)* outline.

linfa *nf* lymph.

linfático,-a *adj* lymphatic.

lingotazo *nm fam (de bebida alcohólica)* long swig.

lingote *nm* ingot; *(de oro, plata)* bar.

lingual *adj & nf* lingual.

lingüista *nmf* linguist.

lingüístico,-a **I** *adj* linguistic. **II** *nf* linguistics *sing*.

linier *nm Dep* linesman.

linimento *nm Farm* liniment.

lino *nm* **1** *Bot* flax. **2** *Tex* linen.

linóleo *nm,* **linóleum** *nm* lino, linoleum.

linotipia *nf Impr* linotype.

linotipista *nmf Impr* linotypist.

linotipo *nmf Impr* linotype.

linterna *nf (de pilas)* torch; *(farol)* lantern. ∎ **l. mágica,** magic lantern.

lío *nm* 1 *(paquete)* bundle; **un l. de ropa,** a bundle of clothes. 2 *fam (embrollo)* mess, muddle; *(chisme)* tale; **hacerse un l.,** to get mixed up; **meterse en líos,** to get into trouble. 3 *fam (relación amorosa)* affair.

liofilización *nf* freeze-drying.

liofilizar [4] *vtr* to freeze-dry.

lioso,-a *fam* I *adj (persona)* troublemaking; *(asunto)* tangled, confusing. II *nm,f* troublemaker.

lipidia I *nf* 1 *CAm (pobreza)* poverty. 2 *Cuba Méx (impertinencia)* impertinence. II *nmf Cuba Méx (persona fastidiosa)* nuisance, pest.

lipidioso,-a *adj Am* bothersome, annoying.

lípido *nm Quím* lipid, lipide.

liposoluble *adj Quím* fat-soluble.

lipotimia *nf Med* syncope, fainting fit.

liquen *nm Bot* lichen.

liquidación *nf* 1 *(gen)* liquidation. 2 *Fin* liquidation; *(operación en bolsa)* settlement. 3 *Com (venta)* clearance sale.

liquidado,-a I *pp de* liquidar. II *adj* 1 *(pagado)* paid, settled. 2 *(vendido)* sold off *o* up. 3 *(resuelto)* solved. 4 *fam (muerto)* killed.

liquidador,-a *nm,f* liquidator.

liquidámbar *nm Bot* **l. americano,** sweet gum.

liquidar *vtr* 1 *(licuar)* to liquefy. 2 *Com (deuda)* to liquidate; *(mercancías)* to sell off *o* up; *(cuenta)* to settle. 3 *fam (resolver)* to resolve, solve; **hay que l. este problema antes de mañana,** we have to solve this problem by tomorrow. 4 *fam (eliminar)* to kill, bump off.

liquidez *nf Fin* liquidity.

líquido,-a I *adj* 1 *(gen)* liquid. 2 *Fin* net; **renta líquida,** net income. 3 *Ling* liquid; **consonante líquida,** liquid consonant. 4 *Am (cuentas etc)* exact. II *nm* 1 *(fluido)* liquid. 2 *Fin* liquid assets *pl*; **l. imponible,** taxable income.

lira[1] *nf Mús* lyre.

lira[2] *nf Fin* lira.

lírico,-a I *adj* 1 *(poético)* lyric, lyrical. 2 *Arg Ven* dreamy, Utopian. II *nm* lyric poet. III *nf* lyric poetry.

lirio *nm* iris. ∎ **l. de agua,** calla lily; **l. de los valles,** lily of the valley.

lirismo *nm* 1 *Lit* lyricism. 2 *Am (fantasía)* fantasy.

lirón *nm* dormouse; *fig* **dormir como un l.,** to sleep like a log.

lirondo *adj véase* mondo,-a.

lis *nf* 1 *Bot* iris. 2 *Heráld* fleur-de-lis.

Lisboa *n* Lisbon.

lisboeta I *adj* of *o* from Lisbon. II *nmf* native *o* inhabitant of Lisbon.

lisiado,-a I *pp de* lisiar. II *adj* crippled, disabled. III *nm,f* cripple, disabled person.

lisiar [12] I *vtr* to maim, cripple. II lisiarse *vr* to be maimed.

liso,-a *adj* 1 *(superficie)* smooth, even; *Dep* **los cien metros lisos,** the hundred metres. 2 *(pelo)* straight, sleek. 3 *(colores)* plain. 4 *Am (desvergonzado)* cheeky. ◆lisamente *adv* plainly; **lisa y llanamente,** purely and simply.

lisonja *nf* (piece of) flattery.

lisonjeador,-a I *adj* flattering. II *nm,f* flatterer.

lisonjear *vtr* to flatter.

lisonjero,-a *adj* 1 *(halagador)* flattering. 2 *(satis factorio)* gratifying; **no veo el futuro muy l.,** the fu ture doesn't look very rosy.

lista *nf* 1 *(franja)* stripe, band; **a listas,** striped. 2 *(relación)* list, register; **pasar l.,** to call the registe *o* the roll. ∎ **l. de boda,** wedding list; **l. de correos** poste restante, *US* general delivery; **l. de espera** waiting list; **l. negra,** blacklist.

listado,-a I *pp de* listar. II *adj* striped. III *nm* enu meration, listing.

listar *vtr* to list.

listeza *nf* 1 *(listura)* shrewdness, alertness. 2 *(pron titud)* promptness, quickness, sharpness.

listillo *nm fam* smart aleck, know-all.

listín *nm Tel* telephone directory.

listo,-a *adj* 1 *(inteligente)* clever, smart; **dárselas de l.** to think oneself clever; **pasarse de l.,** to be too clever by half. 2 *(diligente)* prompt, quick; *fan* **¡(pues sí que) estamos listos!,** what a fine mess we're in!; *fam* **¡vas o estás l.!,** you're kidding yourself! *(a punto)* ready, prepared; **¿estás l.?,** (are you ready?

listón *nm* 1 *Carp* lath. 2 *Dep (de saltar)* bar; *fig* **subi el l.,** to tighten the conditions, raise the require ments.

listura *nf* shrewdeness, alertness.

lisura *nf* 1 *(tersura)* smoothness. 2 *(franqueza,* frankness, straightforwardness.

litera *nf* 1 *(cama)* berth, bunk, couchette. 2 *(us antiguo)* litter.

literal *adj* literal, exact. ◆literalmente *adv* liter ally, word for word.

literario,-a *adj* literary.

literato,-a *nm,f* writer, man *o* woman of letters.

literatura *nf* literature.

lítico,-a *adj* lithic.

litigación *nf Jur* litigation.

litigante *adj & nmf Jur* litigant.

litigar [7] I *vtr Jur* to litigate, go to law. II *vi (con tender)* to argue, dispute.

litigio *nm Jur* litigation, lawsuit; *fig* dispute; **en l.** in dispute.

litigioso,-a *adj Jur* litigious.

litografía *nf* 1 *(técnica)* lithography. 2 *(imagen,* lithograph.

litografiar [13] *vtr* to lithograph.

litográfico,-a *adj* lithographic.

litógrafo,-a *nm,f* lithographer.

litoral I *adj* coastal. II *nm* 1 *(costa)* coast, seaboard 2 *Arg Par Urug (ribera)* riverside.

litosfera *nf Geol* lithosphere.

litri *fam* I *adj* snobbish, pretentious. II *nmf* snob.

litro *nm (medida)* litre, *US* liter.

Lituania *n* Lithuania.

lituano,-a I *adj* Lithuanian. II *nm,f* Lithuanian. II *nm (idioma)* Lithuanian.

liturgia *nf* liturgy.

litúrgico,-a *adj* liturgical.

liviandad *nf* 1 *(ligereza)* lightness. 2 *(frivolidad,* unimportance, triviality.

liviano,-a *adj* 1 *(de poco peso)* light. 2 *(trivial,* trivial, fickle. 3 *(lascivo)* lewd.

lividecer [43] *vi* to become *o* go livid.

lividez *nf* lividness, lividity.

lívido,-a *adj* livid.

liza *nf* 1 *(lucha)* contest, combat. 2 *Hist* lists *pl.*

LL, ll ['eʎe] *nf (el dígrafo)* formerly fourteenth letter of the Spanish alphabet.

llaga *nf Med (úlcera)* sore; *(lesión)* wound; *fig* **poner el dedo en la ll.**, to touch a sore spot *o* point.

llagar [7] *vtr* to wound; to injure.

llama[1] *nf* 1 flame, blaze; **en llamas**, in flames, ablaze. 2 *fig (pasión)* flame, ardour, *US* ardor.

llama[2] *nf Zool* llama.

llamada *nf* 1 *(gen)* call. ▪ *Tel* **l. teléfonica**, telephone call; *Tel* **l. interurbana**, long-distance call; **señal de ll.**, ringing tone. 2 *Tip (en un escrito)* reference mark.

llamado,-a I *pp de* **llamar**. II *adj* so-called; **el l. Viejo Continente**, the so-called Old World.

llamador *nm* 1 *(aldaba)* door knocker. 2 *(timbre)* bell.

llamamiento *nm* appeal, call.

llamar I *vtr* 1 *(gen)* to call; **l. a algn a voces**, to shout to sb; **l. al médico**, to call the doctor; **si es niño le llamaremos Juan**, if it's a boy we'll call him Juan. 2 *(convocar)* to summon, call. 3 *(atraer)* to draw, attract; **l. la atención**, to attract attention; *fam* **el dinero llama al dinero**, like breeds like. II *vi* 1 *Tel (telefonear)* **l. (por teléfono)**, to ring up, call; **mañana te llamo**, I'll give you a ring tomorrow. 2 *(a la puerta)* to knock; **l. a la puerta**, to knock at the door; **llaman a la puerta**, there's somebody at the door. II **llamarse** *vr* to be called; **¿cómo te llamas?**, what's your name?; **me llamo Paco**, my name is Paco; **¡eso (sí que) se llama comer!**, now that's what I call eating!; *fig* **l. a engaño**, to claim one has been cheated.

llamarada *nf* 1 *(llama)* flame, sudden blaze. 2 *(del rostro)* sudden flush. 3 *fig (arrebato)* flare-up, outburst.

llamativo,-a *adj* 1 *(color, ropa)* loud, gaudy, flashy. 2 *(persona)* flashy, showy.

llanero,-a *nm,f (hombre)* plainsman; *(mujer)* plainswoman.

llaneza *nf (franqueza)* openness, frankness; *(sencillez)* simplicity.

llanito,-a *adj & nm,f fam* Gibraltarian.

llano,-a I *adj* 1 *(superficie)* flat, level, even. 2 *(franco)* open, frank; *(amable)* friendly; *(claro)* clear, easy. 3 *(corriente)* simple, common; **el pueblo l.**, the common people. II *nm (terreno)* plain.

llanote,-a *adj fam* plain-spoken, straightforward.

llanta *nf* 1 *Aut (aro metálico)* wheel rim. 2 *Am (neumático)* tyre, *US* tire.

llantén *nm Bot* plantain.

llantera *nf*, **llantina** *nf fam* fit of tears, sobbing.

llanto *nm* tears *pl*, crying, weeping; **deshacerse en ll.**, to cry one's heart out.

llanura *nf Geog* plain.

llave *nf* 1 *(de puerta, candado, etc)* key; **cerrar con ll.**, to lock; **echar la ll.**, to lock up; **guardar algo bajo ll.**, to keep sth under lock and key; *(piso)* **llaves en mano**, available for immediate occupation. ▪ *Aut* **l. de contacto**, ignition key; **l. maestra**, master key. 2 *Téc* spanner, wrench. ▪ **l. inglesa**, monkey wrench. 3 *Elec (interruptor)* switch. ▪ **l. de paso**, stopcock, tap; **l. del gas**, (gas) tap. 4 *Lucha* lock. 5 *(de arma)* lock. 6 *Tip* bracket.

llavero *nm* key ring.

llavín *nm* small key, latchkey.

llegada *nf (gen)* arrival; *Dep* finish.

llegar [7] I *vi* 1 to arrive, come, reach; **l. a casa**, to arrive home; **l. a Madrid**, to arrive in Madrid. 2 *(ser bastante)* to be enough; **la sopa no llega para todos**, there isn't enough soup for everyone. 3 *(alcanzar)* to reach; **¿llegas al techo?**, can you reach the ceiling?; **l. a los cincuenta**, to reach fifty; **l. a un acuerdo**, to reach an agreement; **su estupidez no llega a tanto**, he's not that stupid; *fig* **ella llegó a donde se proponía**, she got where she wanted to be. 4 *(ascender, importar)* to be; **estar al l.**, to be about to arrive; **ese coche llega al millón de pesetas**, that car costs about a million pesetas. 5 *(locuciones)* **l. a la fama**, to become famous; **l. a más**, to better oneself; **l. al alma**, to affect deeply; **l. al extremo de**, to go as far as; **l. a oídos de algn**, to hear; *fig* **l. a las manos**, to come to blows; *fig* **l. lejos**, to go far; *fam* **¡hasta ahí podíamos l.!**, that's the limit! II *v aux (l. + a + infin)* to have just, to have just; **llegó a decir que …**, he even said that …; **si llego a saberlo**, if only I had known. III **llegarse** *vr* to stop by, go *o* come round; **llégate al estanco y tráeme tabaco**, go to the tobacconist's and get me some cigarettes.

llenador,-a *adj Arg Chi Urug (comida)* filling.

llenar I *vtr* 1 *(gen)* to fill; *(formulario)* to fill in; *(superficie)* to cover; *(tiempo)* to fill, occupy; **l. una botella de agua**, to fill a bottle with water; **llenaron la pared de cuadros**, they covered the wall with pictures. 2 *(satisfacer)* to satisfy, meet; **es un trabajo que no llena**, it's a job that gives one no sense of fulfilment. 3 *fig (de regalos)* to shower (**de**, with); *(de insultos)* to heap (**de**, on). II *vi (comida)* to be filling. III **llenarse** *vr* to fill (up), become full; **las calles se llenan de turistas**, the streets are filled with tourists.

lleno,-a I *adj* full (up); **la botella está llena de agua**, the bottle is full of water; **l. hasta los bordes**, full to the brim; **tengo la agenda llena**, I've got a busy day; *fig* **de l.**, entirely, fully; **nos afectó de l.**, we were directly affected by it. II *nm Teat* full house.

llenito,-a *adj fam* chubby, tubby.

llevadero,-a *adj* bearable, tolerable.

llevar I *vtr* 1 *(transportar)* to carry; **¿llevas dinero encima?**, have you got any money on you?; **¿qué llevas en la mano?**, what have you got in your hand? 2 *(prenda)* to wear; **¿qué llevaba puesto?**, what was he wearing? 3 *(pelo)* to have; **l. el pelo largo**, to have long hair. 4 *(conducir)* to take, lead; **¿a dónde me llevas?**, where are you taking me?; *fig* **esto me llevó a pensar que …**, this led me to think that … . 5 *(soportar)* to bear, put up with; **¿cómo lleva lo de su enfermedad?**, how's he bearing up? 6 *(pasar tiempo)* **¿cuánto tiempo lleva ahí?**, how long has it been there?; **en lo que llevamos de año**, so far this year. 7 *(requerir tiempo)* to take; **me llevó dos horas encontrarte**, it took me two hours to find you. 8 *(encargarse de)* to run; **l. las cuentas**, to keep the books; **l. un negocio**, to run a business. 9 *(exceder)* **te llevo tres años**, I'm three years older than you; **l. ventaja a algn**, to be ahead of sb, have the advantage over sb. 10 *(tratar)* to treat, handle; **Felipe sabe l. a su tío**, Felipe knows how to handle his uncle. 11 *Mat* to carry over. 12 *(paso, ritmo)* to keep, mark. 13 *(locuciones)* **dejarse l. por algn**, to be influenced by sth *o* sb; **l. algo a cabo o a efecto**, to carry sth out; **l. de cabeza**, to be tied up with; **l. idea de**, to want to; **l. algo a la práctica**, to put sth into practice; **l. a (féliz) término**, to bring to an (*o* a happy) end. II *v aux (l. + participio)* to have + past participle; **llevaba escritas seis cartas**, I had written six letters; **llevamos andado medio camino**, we're half-way there. **III llevarse** *vr* **1** *(coger)* to take; *fam* **l. por delante,** to run over. **2** *(recibir)* to get; **l. un susto,** to get a shock; **l. una decepción,** to be disappointed; **l. una sorpresa,** to be surprised. **3** *(conseguir)* to win, carry off; **l. la mejor/peor parte,** to get the best/worst of it; **l. un premio,** to win a prize. **4** *(arrastrar)* to take away, remove; **la riada se llevó todos los coches,** the flood swept away all the cars. **5** *(estar de moda)* to be fashionable; **se llevan los tonos rojos,** red is in fashion. **6** *(entenderse)* to get on (**con,** with); **l. bien con algn,** to get on well with sb.

llorar I *vi* **1** to cry, weep; **ponerse a l.,** to start crying; *fam* **l. a lágrima viva** *o* **a moco tendido,** to cry one's heart out; *prov* **quien bien te quiere te hará l.,** you have to be cruel to be kind. **2** *fam* to groan, moan; *vulg* **el que no llora no mama,** he who doesn't ask doesn't get. **II** *vtr* to mourn; **l. la muerte de algn,** to mourn sb's death; *fig* **l. lágrimas de sangre,** to regret doing sth.

llorera *nf fam* fit of tears, sobbing.

lloriquear *vi* to whimper, snivel.

lloriqueo *nm* whimpering, snivelling, *US* sniveling.

lloro *nm* tears *pl,* weeping.

llorón,-ona I *adj* tearful, weeping. **II** *nm,f* crybaby. **III** *nf fam (borrachera triste)* downer.

llorona *nf Am* big spur.

lloroso,-a *adj* tearful, weeping.

llovedera *nf Am* continuous rain.

llover [32] *v impers* to rain; **¿llueve?,** is it raining?; **llueve a cántaros,** it's pouring (down); *fig* **como llovido del cielo,** out of the blue; **aquel dinero me vino como llovido del cielo,** that money was a godsend; *fig* **ha llovido mucho desde entonces,** a lot of water has passed under the bridge since then; *fam fig* **llueve sobre mojado,** it never rains but it pours.

llovizna *nf* drizzle.

lloviznar *v impers* to drizzle.

lloviznoso,-a *adj Am* rainy, wet.

lluvia *nf* **1** rain. **2** *fig (de regalos, insultos)* shower; *(de quejas)* string; **recibió una l. de preguntas,** he was bombarded with questions.

lluvioso,-a *adj* rainy; *(clima)* wet.

lo[1] *art det neut* the; **lo curioso (del caso) es que ...,** the funny thing (about it) is that ...; **lo mejor,** the best (part); **lo peor,** the worst (part).

lo[2] *pron pers m & neut* **1** *(objeto directo)* him; *(usted)* you; *(cosa)* it; **debes hacerlo,** you must do it; **lo mataron,** they killed him; **¡míralo!,** look at it!; **no lo creo,** I don't think so; **ya lo sabía,** I knew it!; *véase tamb* **le 2 lo que ...,** what ...; **lo que pasa,** what happens. **3** **lo cual ...,** which ...; **lo cual no se entiende,** which doesn't make any sense. **4 lo de ...,** the affair *o* business of ...; **cuéntame lo del juicio,** tell me about the trial. **5 lo mío,** mine; **lo tuyo,** yours; *véase* **loísmo.**

loa *nf* **1** *(alabanza)* praise. **2** *Lit* eulogy.

loable *adj* praiseworthy, laudable.

loar *vtr* to praise.

loba *nf Zool* she-wolf; *fig* whore.

lobanillo *nm Med* cyst, wen.

lobato *nm Zool* wolf cub.

lobero,-a I *adj* wolfish, wolf. **II** *nm* wolf hunter.

lobezno *nm Zool* wolf cub.

lobo *nm Zool* wolf; **como boca de l.,** pitch-dark; *fig* **meterse en la boca del l.,** to put one's head in the lion's mouth; *fam* **el l. feroz,** the big bad wolf; *fam*

¡menos lobos!, that's a tall story! ▪ **l. marino,** sea dog.

lóbrego,-a *adj* gloomy, murky.

lobreguez *nf* gloom, gloominess, murk.

lobular *adj* lobular.

lóbulo *nm* lobe.

lobuno,-a *adj* wolfish, wolflike, wolf.

local I *adj* local. **II** *nm* **1** *(recinto)* premises *pl,* site. **2** *(sede)* headquarters *pl.*

localidad *nf* **1** *(pueblo)* village, town. **2** *Cin Teat (lugar)* seat; *(billete)* ticket; **reserva de localidades,** (advanced) booking.

localista *adj* regional, local.

localización *nf* location, placing, siting.

localizar [4] *vtr* **1** *(encontrar)* to locate, find, site. **2** *(fuego, dolor)* to localize.

locatario,-a *nm,f* tenant, occupant.

locatis *nmf fam* nutter, crackpot.

locaut *nm Ind* lockout.

loc. cit. *abr de* **loco citato,** loco citato, loc. cit., l.c.

loción *nf* lotion; **l. capilar,** hair restorer *o* lotion.

loco,-a I *adj* mad, crazy; **a lo l.,** carelessly, wildly; **l. de amor,** madly in love; **l. por los coches,** crazy about cars; **volverse l.,** to go mad; *fam* **l. de remate,** mad as a hatter; *fam* **¡ni l.!,** I'd sooner die!; *fam* **traer l. a algn,** to drive sb crazy. **II** *nm,f (hombre)* madman; *(mujer)* madwoman; **como (un) l.,** like crazy; **hacer el l.,** to act the fool. **III** *nf arg (afeminado)* queen.

locomoción *nf* locomotion.

locomotor,-a I *adj* locomotive; **fuerza locomotora,** locomotive power. **II** *nf* railway engine, locomotive.

locomotriz I *adj* locomotive. **II** *nf* railway engine.

locuacidad *nf* loquacity, talkativeness.

locuaz *adj* loquacious, talkative.

locución *nf* phrase, locution.

locuelo,-a *adj fam* madcap, nutty.

locura *nf* **1** *(enfermedad)* madness, insanity; **con l.,** madly; **¡qué l.!,** it's madness! **2** *(disparate)* lunacy, act of folly, crazy thing; **cometer** *o* **hacer una l.,** to do something foolish.

locutor,-a *nm,f Rad* announcer, commentator; *TV* newsreader.

locutorio *nm Rel* parlour, *US* parlor; *Rad* studio; *Tel* telephone booth; *(sala de visitas)* visiting room.

lodazal *nm* muddy place, mire.

LODE *nf abr de* **Ley Orgánica Reguladora del Derecho a la Educación.**

lodo *nm* mud; *fig* **cubrir de l. a algn,** to drag sb's name through the mud.

lodoso,-a *adj* muddy.

logarítmico,-a *adj* logarithmic.

logaritmo *nm* logarithm.

logia *nf* **1** *Arquit* loggia. **2** *(masónica)* lodge.

logicismo *nm Filos* logicism.

lógico,-a I *adj* logical; **era l. que ella se enfadara,** it stands to reason that she'd get angry. **II** *nm,f* logician. **III** *nf* logic; **no tiene l.,** there's no logic to it. ◆**lógicamente** *adv* logically.

logístico,-a *Filos & Mil* **I** *adj* logistic. **II** *nf* logistics *sing o pl.*

logopeda *nmf* speech therapist.

logopedia *nf* speech therapy, logopaedics *sing,* *US* logopedics *sing.*

logotipo *nm* logotype.

logrado,-a I *pp de* lograr. II *adj* successful.

lograr I *vtr (gen)* to get, obtain; *(premio)* to win; *(ambición)* to achieve; *(deseo)* to fulfil, *US* fulfill; *(hacer algo)* to succeed; **logré que se quedara,** I managed to persuade her to stay. II **lograrse** *vr* to succeed, make it, do well.

logrero,-a *nm,f* 1 *(usurero)* moneylender. 2 *Am (gorrón)* scrounger.

logro *nm* 1 *(consecución)* achievement, accomplishment; *(éxito)* success. 2 *(lucro)* profit. 3 *(usura)* usury.

logroñés,-esa I *adj* of o from Logroño. II *nm,f* native o inhabitant of Logroño.

loísmo *nm Ling* incorrect use of **lo** o **los** as an indirect object instead of **le** o **les.**

loma *nf Geog* hill, hillock, rise.

lombardo,-a *adj & nm,f* Lombard; **col lombarda,** red cabbage.

lombriz *nf* worm, earthworm; **l. intestinal,** (intestinal) worm.

lomillería *nf SAm (tienda, aparejos)* saddlery.

lomo *nm* 1 *Anat* back. 2 *Culin* loin; **a lomo(s),** on the back; **l. (de cerdo),** pork loin; *fig* **doblar el l.,** to toil. 3 *(de libro)* spine.

lona *nf* 1 *Tex* canvas. 2 *Box* canvas.

loncha *nf* slice; **l. de bacon,** rasher.

lonche *nm Am* luncheon, snack.

lonchería *nf Am* snack bar.

londinense I *adj* of o from London. II *nmf* native o inhabitant of London.

Londres *n* London.

longanimidad *nf fml* forbearance.

longaniza *nf Culin* spicy (pork) sausage.

longevidad *nf* longevity.

longevo,-a *adj* long lived.

longitud *nf* 1 length; **dos metros de l.,** two metres long. ■ *Rad* **l. de onda,** wavelength; *Dep* **salto de l.,** long jump. 2 *Geog* longitude.

longitudinal *adj* longitudinal. ◆**longitudinalmente** *adv* lengthways.

longui(s) *nm* **hacerse el l.,** to act dumb, keep one's trap shut.

lonja¹ *nf (loncha)* slice; **l. de bacon,** rasher.

lonja² *nf (edificio)* exchange; **l. de pescado,** fish market.

lontananza *nf Arte* background; **en l.,** in the distance.

loquería *nf Am* mental asylum, mental hospital.

loquero,-a I *nm,f* nurse in a mental asylum. II *nf Arg fam* madness.

lord *nm (pl* **lores)** lord; *GB Parl* **Cámara de los Lores,** House of Lords.

lorenzo,-a *adj* coarse, uncouth.

loriga *nf Mil arc* coat of mail.

loro *nm* 1 *Orn* parrot. 2 *fam (mujer fea)* harpy, old hag.

lorza *nf Cost* tuck, pleat.

los¹ *art det mpl* the; **l. libros,** the books; **cierra l. ojos,** close your eyes; **esos son l. míos/tuyos,** these are mine/yours; **l. García,** the Garcías; *véase tamb* **el, las** y **lo.**

los² *pron pers mpl* 1 *(objeto directo) (ellos)* them; *(ustedes)* you; **¿l. has visto?,** have you seen them?; **mañana nos l. comeremos,** we will eat them tomorrow; **quiero que l. conozcas,** I want you to

meet them. 2 **l. que,** *(persona)* the ones who, those who; *(objeto)* the ones that, those that; **toma l. que quieras,** take whichever ones you want; *véase tamb* **les** y **loísmo.**

losa *nf* (stone) slab, flag, flagstone; **l. sepulcral,** tombstone; *fam* **estar bajo la l.,** to be six feet under.

loseta *nf* floor tile, wall tile.

LOT *nf abr de* Ley de Ordenación Territorial.

lota *nf (pez)* burbot.

lote *nm* 1 *(porción)* share, portion. 2 *Com* lot. ■ **l. de Navidad,** Christmas box o hamper. 3 *Inform* batch. 4 *fam* kiss; **darse el l.,** to pet.

lotería *nf* lottery; **jugar a la l.,** to play the lottery; **tocarle la l. a algn,** to win a prize in the lottery; *fig* **ser una l.,** to be a matter of luck, be a complete lottery.

lotero,-a *nm,f* lottery-ticket seller.

loto *nf Bot* lotus.

loza *nf* 1 *(cerámica)* pottery. 2 *(de cocina)* crockery.

lozanía *nf* 1 *(plantas)* lushness, luxuriance; *(flores)* freshness. 2 *(personas)* vigour, *US* vigor, robustness, liveliness.

lozano,-a *adj* 1 *(vegetales)* lush, fresh, luxuriant. 2 *(personas)* robust, lively.

Ltda. *abr de* **Limitada,** Limited, Ltd.

lubina *nf (pez)* bass.

lubricación *nf* lubrication.

lubricante I *adj* lubricating. II *nm* lubricant.

lubricar [1] *vtr* to lubricate.

lubricidad *nf* 1 *(deslizamiento)* slipperiness. 2 *fig (lujuria)* lewdness.

lúbrico,-a *adj* 1 *(resbaladizo)* slippery. 2 *fig (lujurioso)* lewd.

lubrificación *nm* lubrication.

lubrificar [1] *vtr* to lubricate.

lucense I *adj* of o from Lugo. II *nmf* native o inhabitant of Lugo.

lucero *nm* 1 *Astron* (bright) star; **l. del alba/de la tarde,** morning/evening star. 2 *(de un animal)* star.

lucidez *nf* lucidity.

lucido,-a I *pp de* lucir. II *adj* brilliant, splendid; *iron* **estar l.,** to be in a fine mess.

lúcido,-a *adj* lucid, clear.

luciente *adj* shining.

luciérnaga *nf Ent* glowworm.

Lucifer *nm* Lucifer.

lucimiento *nm* brilliance; **con l.,** brilliantly.

lucio *nm (pez)* pike.

lucir [45] I *vtr* 1 *(iluminar)* to illuminate, light up. 2 *(exhibir)* to show off; *(cualidades, talento)* to display; *(ropas)* to sport; **ella lucía un modelito carísimo,** she was wearing a very expensive number. II *vi* 1 *(brillar)* to shine; *fig* **así le luce el pelo,** it serves him right. 2 *(aprovechar)* to profit from. III **lucirse** *vr* 1 *(hacer buen papel)* to do very well; *iron (hacer mal papel)* to look a real fool. 2 *fam (vestirse bien)* to dress up. 3 *(presumir)* to show off.

lucrar I *vtr* to gain. II **lucrarse** *vr* to (make a) profit.

lucrativo,-a *adj* lucrative, profitable.

lucro *nm* profit, gain; **afán de l.,** greed for money.

luctuoso,-a *adj* sad, mournful; **un accidente l.,** a tragic accident.

lucubración *nf* lucubration.

lucubrar *vtr* to lucubrate.

lúcumo *nm Am Bot* canistel.

lucha nf 1 fight, struggle. ■ Pol l. de clases, class struggle. 2 Dep wrestling. ■ l. libre, free-style wrestling.

luchador,-a I adj fighting, battling. II nm,f (combatiente) fighter. 2 Dep wrestler.

luchar vi 1 (combatir) to fight, struggle; **luchad por la paz,** fight for peace. 2 Dep to wrestle.

lúdico,-a adj, **lúdrico,-a** adj relating to games, recreational.

luego I adv 1 (después) then, next, afterwards; **se quitó el sombrero, l. la chaqueta,** he took off his hat and then his jacket. 2 (más tarde) later (on); **déjalo para l.,** leave it for later; **¡hasta l.!,** so long!; **te veré l.,** I'll see you later. 3 **desde l.,** of course. 4 Am (algunas veces) sometimes. II conj therefore; **pienso, l. existo,** I think therefore I am.

lueguito adv Am immediately, at once.

lúes nf Med syphilis.

lugano nm Orn siskin.

lugar nm 1 (sitio) place, spot; **en l. de,** instead of; **en primer l.,** in the first place, firstly, first of all; **en tu l.,** if I were you; **sin l. a dudas,** no room for doubt; **tener l.,** to take place; fig **fuera de l.,** out of place; fig **l. común,** commonplace, platitude. 2 **dar l. a,** to cause, give rise to.

lugareño,-a I adj rural, village. II nm,f villager; (hombre) countryman; (mujer) countrywoman.

lugarteniente nmf lieutenant, deputy.

lúgubre adj gloomy, dismal, lugubrious.

Luisiana n Louisiana.

lujo nm luxury; **impuesto de l.,** luxury tax; **no puedo permitirme ese l.,** I just can't afford that.

lujoso,-a adj luxurious. ◆**lujosamente** adv luxuriously.

lujuria nf 1 (lascivia) lechery, lust. 2 (exceso) profusion, exuberance.

lujuriar [12] vi 1 (pecar) to succumb to the temptations of the flesh, lust (after). 2 (aparearse) to mate.

lujurioso,-a I adj lecherous, lustful. II nm lecher.

lumbago nm Med lumbago.

lumbar adj Anat lumbar.

lumbre nf 1 (fuego) fire. 2 (resplandor) brightness, glow. 3 Arquit light, skylight.

lumbrera nf luminary; fig luminary, eminence.

luminaria nf light, illumination.

luminiscencia nf luminiscence.

luminiscente adj luminiscent.

luminosidad nf brightness, luminosity.

luminoso,-a adj luminous; fig bright.

lumpen nm lumpenproletariat.

luna nf 1 Astron moon; fig **estar en la l.,** to be woolgathering; fig **quedarse a la l. de Valencia,** to be left in the lurch; fig **vivir en la l.,** to have one's head in the clouds. ■ **claro de l.,** moonlight; **l. creciente,** crescent o waxing moon; **l. llena,** full moon; **l. menguante,** waning moon; **l. nueva,** new moon; **media l.,** half moon, crescent; fig **l. de miel,** honeymoon. 2 (vidrio) window pane; (espejo) mirror. 3 fam (talante) mood; **tener lunas,** to be potty.

lunación nf Astron lunar month.

lunar I adj Astron lunar. II nm 1 (redondel) spot; (en la piel) mole, beauty spot; **vestido de lunares,** spotted dress. 2 fig (defecto) flaw, blemish.

lunático,-a I adj lunatic. II nm,f lunatic.

lunes nm inv Monday; **vendré el l.,** I'll come on Monday; véase tamb **viernes.**

lunfa nm, **lunfardo** nm Ling Buenos Aires slang.

lupa nf magnifying glass.

lúpulo nm Bot hop, hops pl.

lusitano,-a adj & nm,f, **luso,-a** adj & nm,f 1 His Lusitanian. 2 (portugués) Portuguese.

lustrar vtr to polish; (zapatos) to shine.

lustre nm (brillo) shine, polish, lustre, US luster; fig (esplendor) splendour, US splendor, glory; **dar o sacar l. a algo,** to polish sth.

lustro nm five-year period.

lustroso,-a adj shiny, glossy.

luteranismo nm Rel Lutheranism.

luterano,-a adj & nm,f Rel Lutheran.

luto nm 1 (vestido) mourning; **ir de o llevar l.,** to be in mourning. 2 fig sorrow, grief.

luxación nf Med dislocation, luxation.

Luxemburgo n Luxembourg.

luxemburgués,-esa I adj Luxembourgian. II nm,f Luxembourger.

luz nf 1 (gen) light; **a la l. del día,** in broad daylight **l. del sol/de la luna,** sunlight/moonlight; fig **a la l. de,** in the light of; fig **a todas luces,** obviously (parir) fig **dar a l.,** to give birth to; fig **dar l. verde a,** to give the green light to; fig **sacar a la l.,** (publicar) to publish; (revelar) to bring to light; fig **sali a la l.,** (publicarse) to come out; (descubrise) to come to light; fam fig **entre dos luces,** tipsy. 2 fam (electricidad) electricity; **se ha ido la l.,** the lights have gone out. 3 Arquit (abertura) opening window; (de un puente) span. 4 (lámpara, vela) light, lamp; Aut light. ■ **luces de cruce,** dipped headlights; **luces de posición,** sidelights; **l. larga** headlights pl. 5 arg money. 6 **luces,** (cultura) culture sing; (inteligencia) intelligence sing; **corto de l.** dim-witted; **el Siglo de las L.,** the Age of Enlighten ment. 7 **traje de luces,** Taur bullfighter's costume.

Luzbel nm Lucifer, Satan.

luzco indic pres véase **lucir.**

M

M, m ['eme] nf (la letra) M, m.

m 1 abr de **metro(s)** metre, metres, US meter, meters, m. 2 abr de **minuto(s)** minute, minutes, min. 3 abr de **milla(s)** mile, miles.

m/ abr de **mi,** my.

maca nf 1 (defecto) flaw, blemish. 2 (de una fruta) bruise.

macabro,-a adj macabre.

macacinas *nfpl CAm* flat leather shoes.

macaco,-a[1] *adj Am* ugly, misshapen.

macaco,-a[2] *adj & nm,f Am* Chinese immigrant.

macaco[3] *nm* 1 *Zool (mono)* macaque. 2 *Méx (coco)* bogeyman.

macadam *nm (pl* **macadams***),* **macadán** *nm (pl* **macadanes***)* macadam.

macana *nf* 1 *Am (palo)* club. 2 *Am (chapuza)* bad job, botched job, mess. 3 *Am (mentira)* lie; *(engaño)* trick. 4 *CAm Méx (azada)* hoe. 5 *Arg (trasto)* rubbish; **esta máquina es una m.**, this typewriter is useless. 6 *Arg (conversación latosa)* long boring conversation. 7 *Am (chal)* cotton shawl.

macanazo *nm Am* 1 *(golpe)* blow (with a club). 2 *fam (disparate)* nonsense, absurdity. 3 *fam (fastidio)* nuisance, bore.

macanear *vtr* 1 *Am (paparruchas)* to make up. 2 *Arg (chapuza)* to botch. 3 *Méx (tierra)* to hoe.

macanudo,-a *adj fam* great, terrific.

macaquear I *vtr CAm (robar)* to steal. II *vi Arg* to grimace, make faces.

macarra *arg* I *adj* vulgar, cheap. II *nm* pimp.

macarrón *nm* 1 *Culin* macaroon. 2 *Náut* stanchion.

macarrones *nmpl Culin* macaroni *sing*; **m. al gratén**, macaroni cheese.

macarrónico,-a *adj (lenguaje, estilo)* macaronic; **latín m.**, pig Latin.

macarse [1] *vr (fruta)* to (start to) go bad.

macedonia *nf Culin* fruit salad.

macedonio,-a *adj & nm,f* Macedonian.

maceración *nf* maceration.

macerar *vtr* to macerate.

macero *nm* mace bearer.

maceta[1] *nf* 1 *(tiesto)* plant pot, flowerpot. 2 *Méx fam (cabeza)* head.

maceta[2] I *nf* 1 *(martillo)* mallet. 2 *Am (palo)* bat. II *adj Am* 1 *(caballo)* useless, slow. 2 *(persona)* slow-walking.

macetero *nm* flowerpot stand *o* holder.

macfarlán *nm,* **macferlán** *nm (abrigo)* long sleeveless coat.

machaca *nmf fam* dogsbody.

machacadora *nf* crusher, crushing machine.

machacar [1] I *vtr* 1 *(triturar, aplastar)* to crush; *(moler)* to grind, crush. 2 *Mil (derrotar)* to crush, destroy; *fig (en una discusión)* to crush, flatten. 3 *fam (insistir mucho en)* to harp on about, go on about; **no machaques tanto el asunto**, stop going on about it. 4 *fam (estudiar con ahínco)* to swot up on, *US* grind away at. II *vi* 1 *fam (insistir mucho)* to harp on, go on; *fig* **machacando se aprende el oficio**, practice makes perfect; *fig* **m. en hierro frío**, to bang one's head against a brick wall. 2 *fam (estudiar con ahínco)* to swot, cram, *US* grind. 3 *vulg (masturbarse)* **machacársela**, to wank, beat one's meat.

machacón,-ona *fam* I *adj (repetitivo)* repetitious; *(pesado)* boring, tiresome. II *nm,f* 1 *(pesado)* bore, nuisance. 2 *(muy estudioso)* swot, *US* grind.

machaconería *nf fam (insistencia)* tiresome insistence.

machada *nf fam* 1 *(fanfarronada)* piece of bravado, showing off; **hacer una m.**, to show off. 2 *(necedad)* stupid thing.

machado *nm* hatchet.

machaje *nm Am (herd o flock of)* male animals *pl*.

machamartillo (a) *loc adv (con firmeza)* firmly; *(con obstinación)* obstinately; **católico a m.**, Catholic through and through.

machar I *vtr (machacar)* to grind, crush. II **macharse** *vr SAm* to get drunk.

machete *nm* machete.

machetero,-a *nm,f* 1 *(que desbroza)* path clearer. 2 *Agr* (sugar) cane cutter. 3 *Méx (trabajador)* worker. 4 *Méx (empollón)* swot.

machihembrado *nm Carp (ranura y lengüeta)* tongue and groove (joint); *(caja y espiga)* mortise and tenon (joint).

machihembrar *vtr Carp (ranura y lengüeta)* to join with a tongue and groove; *(caja y espiga)* to join with a mortise and tenon.

machinar I *vtr (maquinar)* to plot. II **machinarse** *vr CAm (amancebarse)* to live together.

machismo *nm* machismo, male chauvinism.

machista *adj & nmf* macho, male chauvinist.

macho I *adj* 1 *(animal, planta)* male; **una girafa m.**, a male giraffe. 2 *Téc (pieza)* male. 3 *fam (viril)* manly, virile, macho. 4 *(fuerte)* strong, robust; **vino m.**, strong wine. II *nm* 1 *(animal, planta)* male. ■ *Zool* **m. cabrío**, he-goat, billy goat. 2 *Zool (mulo)* he-mule. 3 *Téc (pieza)* male piece *o* part; *(de enchufe)* plug. ■ **m. de aterrajar** *o* **de roscar**, screw tap. 4 *Cost (de corchete)* hook. 5 *fam (hombre viril)* macho, he-man, tough guy; **¿qué te pasa, m.?**, what's up with you, man? 6 *Cuba Col Guat* unpolished grain of rice.

machón I *nm Arquit* buttress. II *adj Am (mujer)* mannish.

machote[1] *nm* 1 *Am (borrador)* rough draft; *(modelo)* example, model. 2 *Méx Min* reference mark.

machote[2] I *adj* manly, virile, macho. II *nm* macho, he-man, tough guy.

machucar [1] *vtr (aplastar)* to crush.

machucho,-a *adj* 1 *(mayor, maduro)* middle-aged. 2 *(juicioso)* sensible, prudent.

maciega *nf* 1 *Am (mala hierba)* weed. 2 *Arg* grassland, prairie.

macilento,-a *adj (flaco)* gaunt, emaciated; *(pálido)* wan, pale; *(triste)* sad.

macis *nf inv (especia)* mace.

macizo,-a I *adj* 1 *(sólido)* solid; **de latón m.**, of solid brass. 2 *(persona)* solid, robust; *fam (atractivo)* smashing. II *nm* 1 *(masa sólida)* mass. ■ *Geog* **m. montañoso** *o* **de montañas**, mountain mass, massif. 2 *(de flores)* bed; *(de árboles)* clump. 3 *Arquit (de edificios)* group; *(de una pared)* stretch.

macramé *nm* macramé.

macro- *pref* macro-; **macroeconomía**, macroeconomics *sing*.

macro *nf Inform* macro.

macrobiótica *nf* macrobiotics *sing*.

macrobiótico,-a *adj* macrobiotic.

macrocosmo *nm* macrocosm.

macroscópico,-a *adj* macroscopic.

macuco,-a *Am* I *adj* 1 *(macanudo)* great, terrific. 2 *(taimado)* crafty, cunning, sly. II *nm* overgrown boy.

mácula *nf* 1 *(mancha)* stain, spot. 2 *(defecto)* flaw, blemish; **sin m.**, flawless.

macuto *nm* 1 *(morral)* knapsack, haversack. ■ *fam* **radio m.**, bush telegraph, grapevine. 2 *Cuba RD Ven* begging basket.

Madagascar *n* Madagascar.

madama *nf* 1 *fml* madam. 2 *SAm vulg (partera)* midwife.

madeja *nf (de lana etc)* hank, skein; *fig* **enredarse la m.**, to get complicated.

Madera *n* Madeira.

madera[1] *nm (vino)* Madeira (wine).

madera[2] *nf* 1 *(gen)* wood; *(de construcción)* timber, *US* lumber; **de m.**, wood, wooden; *fam* **¡toca m.!**, touch wood!, *US* knock on wood! ▪ **m. contrachapada**, plywood; **m. dura**, hardwood; **m. fósil**, lignite. 2 *Zool (del casco de las caballerías)* horn, rind. 3 *Golf* wood. 4 *fig (disposición natural)* **tener buena m.**, to have what it takes; **tiene m. de músico**, he has the makings of a musician.

maderable *adj (árbol, bosque)* timber-yielding.

maderaje *nm*, **maderamen** *nm* 1 *(madera)* timber, wood. 2 *(conjunto de vigas etc)* timberwork, timbering, woodwork.

maderería *nf* timberyard, *US* lumberyard.

maderero,-a I *adj* timber, *US* lumber; **la industria maderera**, the timber industry. II *nm,f* timber *o US* lumber merchant.

madero *nm* 1 *(de construcción)* log, piece of timber. 2 *arg (policía)* cop; **los maderos**, the fuzz *pl*.

madona *nf Art Rel* Madonna.

madrás *nm Tex* madras.

madrastra *nf* stepmother.

madraza *nf* doting mother.

madre I *nf* 1 *(gen)* mother; **es m. de tres hijos**, she is a mother of three (children); *fam* **como su m. lo parió,** *(desnudo)* in one's birthday suit, stark-naked; *fam* **éramos ciento y la m.**, there were hundreds of us; *fam* **mentar la m. de algn**, to swear at sb; *vulg* **de puta m.**, bloody great *o* fantastic; *vulg ofens* **la m. que te parió** *o* **matriculó**, you bastard!; *vulg ofens* **¡tu m.!**, up yours! ▪ **el día de la M.**, Mother's Day; **futura m.**, expectant mother, mother-to-be; **la reina m.**, the Queen Mother; **m. adoptiva**, adoptive mother; **m. alquilada**, surrogate mother; **m. de familia**, mother, housewife; **m. de leche**, wet nurse; **m. política**, mother-in-law; **m. soltera**, unmarried mother. 2 *Rel* mother. ▪ **m. superiora**, mother superior. 3 *(de río)* bed; **salirse de m.**, *(río)* to burst its banks, overflow; *fig (persona) (excederse)* to go over the top, go too far; *fig* **sacar de m. a algn**, to make sb lose their patience. 4 *fig (orígen, raíz)* mother, origin, cradle; *fig* **ahí está la m. del cordero**, *(causa)* there's the real reason; *(dificultad)* there's the rub; *prov* **el ocio es la m. del vicio**, the Devil finds work for idle hands to do. ▪ *(de empresa)* **casa m.**, head office; **la m. patria**, one's motherland; **lengua m.**, mother tongue. 5 *(del café)* grounds *pl*, dregs *pl*. 6 *(acequia)* main channel. II *interj* **¡m. de Dios!**, **¡m. mía!**, good heavens!

madreperla *nf* 1 *(ostra)* pearl oyster. 2 *(nácar)* mother-of-pearl.

madrépora *nf Zool* white coral, madrepore.

madreselva *nf Bot* honeysuckle.

Madrid *n* Madrid.

madrigal *nm Lit Mús* madrigal.

madriguera *nf* 1 *(de conejo)* burrow, hole; *(de zorro)* den, lair; *(de tejón)* set. 2 *fig (de maleantes)* den, hideout.

madrileño,-a I *adj* of *o* from Madrid, Madrilenian. II *nm,f* native *o* inhabitant of Madrid, Madrilenian.

Madriles *nmpl fam* **Los M.**, Madrid.

madrina *nf* 1 *(de bautizo)* godmother. 2 *(de boda)* ≈ bridesmaid. 3 *(protectora)* protectress.

madrinazgo *nm* role of godmother *o* protectress.

madroñal *nm* grove of strawberry trees *o* arbutus.

madroño *nm Bot* strawberry tree.

madrugada *nf* 1 dawn; **de m.**, at daybreak. 2 early morning; **las tres de la m.**, (at) three o'clock in the morning.

madrugador,-a I *adj* early rising. II *nm,f* early riser.

madrugar [7] *vi* 1 to get up early; *prov* **no por mucho m. amanece más temprano**, time must take its course. 2 *fam fig (adelantarse)* to get there first.

madrugón *nm fam* **darse** *o* **pegarse un m.**, to get up unusually early, get up very early.

maduración *nf (fruta, verdura)* ripening; *(queso, vino)* maturing.

madurar I *vtr* 1 *(vino, queso, persona)* to mature; *(fruta)* to ripen. 2 *fig (un plan)* to think out. II *vi* 1 *(persona)* to mature. 2 *(fruta)* to ripen.

madurativo,-a *adj* 1 maturing. 2 *(fruta)* ripening.

madurez *nf* 1 maturity. 2 *(de la fruta)* ripeness.

maduro,-a *adj* 1 mature; **de edad madura**, middle-aged. 2 *(fruta)* ripe.

maese *nm arc* master.

maestranza *nf Mil* 1 arsenal. 2 *(personal)* staff of an arsenal.

maestrazgo *nm Hist* 1 *(dignidad)* office of the grand master of a military order. 2 *(jurisdicción)* territory under a grand master's jurisdiction.

maestre *nm (de una orden militar)* master.

maestría *nf* mastery, skill.

maestro,-a I *adj* 1 *(excelente)* excellent; **llave maestra**, master key; **obra maestra**, masterpiece. 2 *(principal)* main. ▪ **pared maestra**, load-bearing wall. II *nm,f* 1 *Educ* teacher. ▪ **m. de escuela**, schoolteacher. 2 *(especialista)* master; **es un m. de la escultura**, he is a master of sculpture. ▪ **m. de ceremonias**, master of ceremonies; **m. de obras**, foreman. 2 *Mús* maestro. 3 *Taur* matador.

mafia *nf* mafia, maffia.

mafioso,-a I *adj* of *o* relating to the mafia. II *nm,f* member of the mafia, mafioso.

maganzón,-ona *Am fam* I *adj (holgazán)* lazy. II *nm,f* lazy person.

magdalena *nf Culin* bun, cake.

Magdalena *nf* Magdalene; **estar hecho** *o* **llorar como una M.**, to cry one's eyes out.

magia *nf* magic; **por arte de m.**, as if by magic.

magiar *adj & nmf* Magyar.

mágico,-a *adj* 1 magic, magical. 2 *fig (maravilloso)* wonderful, fascinating.

magín *nm fam* imagination; **ni se me pasó por el m.**, it didn't even cross my mind, it never entered my head.

magisterio *nm* teaching.

magistrado,-a *nm,f* judge.

magistral *adj* 1 *Educ* of *o* relating to teaching. 2 *(excelente)* masterly; **un tono m.**, a magisterial tone; **una jugada m.**, a master stroke.

magistratura *nf* magistracy; **la M. de Trabajo**, ≈ industrial tribunal.

magma *nm Geol* magma.

magnanimidad *nf* magnanimity.

magnánimo,-a *adj* magnanimous.

magnate *nm* magnate, tycoon; **un m. de la prensa,** a press baron.

magnesia *nf* magnesia.

magnésico,-a *adj* magnesic.

magnesio *nm* Quím magnesium.

magnético,-a *adj* magnetic.

magnetismo *nm* magnetism.

magnetizar [4] *vtr* 1 *(imantar)* to magnetize. 2 *(hipnotizar)* to hypnotize.

magneto *nm* magneto.

magnetofón *nm*, **magnetófono** *nm* tape recorder.

magnetofónico,-a *adj* magnetic.

magnicida *nmf* assassin.

magnicidio *nm* assassination.

magnificar [1] *vtr* 1 to praise, extol. 2 *fig* to magnify.

magnificiencia *nf* 1 *(grandiosidad)* magnificence, grandeur. 2 *(generosidad)* generosity.

magnífico,-a *adj* magnificent, splendid.

magnitud *nf* magnitude, dimension; **de primera m.,** of the first order. .

magno,-a *adj lit* great. ■ **aula magna,** main amphitheatre; **Carta Magna,** Magna Carta.

magnolia *nf* Bot magnolia.

mago,-a *nm,f* wizard, magician. ■ **los tres Reyes Magos,** the Three Wise Men, the Three Kings.

magrear *vtr vulg* to grope.

magreo *nm vulg* groping.

magro,-a I *adj* 1 *(sin grasa)* lean. 2 *(pobre)* meagre, US meager. II *nm (de cerdo)* lean meat. III *nf* slice of ham.

maguey *nm* 1 Am Bot maguey. 2 Méx fig *(embriaguez)* drunkenness.

magulladura *nf* bruise, contusion.

magullar I *vtr* to bruise, damage. II **magullarse** *vr* to get bruised, get damaged.

mahometanismo *nm* Rel Mohammedanism.

mahometano,-a *adj & nm,f* Rel Mohammedan, Muslim.

mahonesa *nf véase* **mayonesa.**

mai *nm* arg *(porro)* joint.

maillot *nm* 1 *(bañador)* (lady's) swimming costume. 2 Dep shirt.

maitines *nmpl IgCat* matins; **tocar a m.,** to ring to matins.

maíz *nm* maize, US corn. ■ **palomitas de m.,** popcorn *sing.*

maizal *nm* field of maize *o* US corn.

majada *nf* 1 *(corral)* sheepfold. 2 *(estiércol)* dung. 3 Am *(rebaño)* herd, flock.

majaderear Am I *vtr* to pester, bother, annoy. II *vi* to be a nuisance *o* pest.

majadería *nf* silly thing, absurdity; **decir majaderías,** to talk nonsense.

majadero,-a I *adj* foolish, stupid. II *nm,f* fool, idiot.

majador,-a I *adj* crushing, grinding. II *nm,f* crusher, grinder.

majar *vtr* to crush, grind.

majara, majareta *fam* I *adj* loony, nutty; **volverse m.,** to go crazy. II *nmf* loony, nut.

majestad *nf* 1 *(título)* Majesty; **Su M.,** *(usted)* Your Majesty; *(él, ella)* His *o* Her Majesty. 2 *(majestuosidad)* grandeur, majesty.

majestuosidad *nf* majesty, grandeur, stateliness.

majestuoso,-a *adj* majestic, stately.

majo,-a *adj (bonito)* pretty, nice; *fam (simpático)* nice; **tiene un hijo muy m.,** she's got a lovely little boy; *fam* **anda, m., dame un besito,** come on, darling, give me a little kiss.

majuelo *nm* Bot hawthorn.

mal I *nm* 1 evil, wrong; **el bien y el m.,** good and evil, right and wrong. 2 *(daño)* harm; **del m. el menos,** the lesser of two evils; **el m. está en que ...,** the problem is that ...; **m. menor,** minor evil; **no le deseo ningún m.,** I don't wish him any harm; *prov* **no hay m. que por bien no venga,** every cloud has a silver lining. 3 *(enfermedad)* illness, disease. 4 CAm Per *(epilepsia)* epilepsy. 5 CAm Per *(pataleta)* fit. II *adj* bad; **un m. año,** a bad year; *véase tamb* **malo,-a.** III *adv* badly, wrong; **caer m.,** to create a bad impression; **el actor lo hizo bastante m.,** the actor gave a rather poor performance; **encontrarse m.,** *(enfermo)* to feel ill; *(desplazado)* to feel uncomfortable; **ir de m. en peor,** to go from bad to worse; **m. que bien,** one way or another; **menos m. que ...,** it's a good job (that) ...; **no está (nada) m.,** it is not bad (at all); **no estaría m. un baño en la playa,** I fancy a swim in the sea; *(sabor)* **saber m.,** to taste bad; **fig me sabe m.,** I feel sorry about it; **sentar m.,** *(comida)* to disagree with; *fig (molestar)* to take badly; **su respuesta me sentó muy m.,** I didn't like his reply at all; **te oigo/veo (muy) m.,** I can hardly hear/see you; **tomar a m.,** *(enfadarse)* to take badly; **no lo tomes a m.,** don't get me wrong.

malabar *adj* **juegos malabares,** juggling *sing.*

malabarismo *nm* juggling; **hacer malabarismos,** to juggle.

malabarista *nmf* juggler.

malaca *nf Am* malacca cane.

malacitano,-a *adj & nm,f véase* **malagueño.**

malacostumbrado,-a *adj* spoiled.

malacostumbrar *vtr* to spoil.

málaga *nm (vino)* Malaga wine.

malagueño,-a I *adj* of *o* from Malaga. II *nm,f* native *o* inhabitant of Malaga. III *nf Mús* Spanish music and dance similar to the **fandango.**

malagueta *nf* allspice.

malandanza *nf* misfortune.

malandrín,-ina *hum* I *adj* malicious, wicked. II *nm,f* scoundrel, rogue.

malapata *fam* I *nf (mala suerte)* bad luck; *(falta de gracia)* lack of charm. II *nmf (patoso)* clumsy person; *(gafe)* jinx.

malaquita *nf Min* malachite.

malaria *nf Med* malaria.

malasombra *nmf (pelma)* pest, nuisance, drag; *(patoso)* clumsy person.

malatoba *nm Am Zool* red cockerel *o* rooster.

malavenido,-a *adj* incompatible; **estar malavenidos,** to be in disagreement.

malaventura *nf véase* **desventura.**

malaventurado,-a *adj & nm,f véase* **desventurado,-a.**

Malawi *n* Malawi.

malawiano,-a *adj & nm,f* Malawian.

malayo,-a I *adj* Malayan, Malay. II *nm,f (persona)* Malayan, Malay. III *nm (idioma)* Malay.

Malaysia *n* Malaysia.

malbaratar *vtr (productos)* to undersell; *(dinero)* to squander.

malcarado,-a *adj* grim-faced.

malcasado,-a *adj* 1 *(infeliz)* unhappily married. 2 *(infiel)* unfaithful. 3 *(con persona inferior)* married below one's station.

malcomer *vi* to eat badly *o* poorly.

malcontento,-a *adj & nm,f véase* **descontento,-a.**

malcriado,-a I *adj* ill-mannered, ill-bred, uncivil. II *nm,f* ill-mannered *o* uncivil person.

malcriar [13] *vtr* to spoil.

maldad *nf* 1 *(gen)* badness, evil. 2 *(acción perversa)* evil *o* wicked thing; **cometer maldades,** to do evil *o* wrong. 3 *fam (travesura)* mischief; **hacer maldades,** to get up to mischief.

maldecir [79] I *vtr* to curse; **maldijo su suerte,** she cursed her luck. II *vi* 1 *(blasfemar)* to curse. 2 to speak ill; **maldice de su familia,** he speaks ill of his family.

maldiciente I *adj* 1 *(que se queja)* grumbling, always complaining. 2 *(malhablado)* foul-mouthed. II *nmf* grumbler, complainer, moaner.

maldición I *nf* curse. II *interj* damnation!

maldito,-a *adj* 1 *(embrujado)* damned, cursed; **¡maldita sea!,** damn it! 2 *fam (molesto)* damned, bloody; **estos malditos zapatos me están matando,** these bloody shoes are killing me.

Maldivas *npl* **las M.,** the Maldive Islands.

maldivo,-a *adj & nm,f* Maldivan.

maleabilidad *nf* malleability.

maleable *adj* malleable.

maleante *adj & nmf* delinquent, criminal.

malear I *vtr fig* to corrupt, pervert. II **malearse** *vr* to go bad; *(pervertirse)* to become corrupted.

malecón *nm* 1 *(dique)* sea wall. 2 *(atracadero)* pier, jetty.

maledicencia *nf* evil talk.

maleducado,-a I *adj* bad-mannered. II *nm,f* bad-mannered person.

maleficio *nm (hechizo)* curse, spell.

maléfico,-a *adj* evil, harmful.

malentendido *nm* misunderstanding.

malestar *nm* 1 *(molestia)* discomfort; **tengo m. general,** I don't feel well. 2 *fig (inquietud)* uneasiness; **hay un m. general en el país,** there is (a feeling of) unrest throughout the country.

maleta[1] I *nf* 1 suitcase, case; **hacer la m.,** to pack one's things *o* case. 2 *Am (hatillo)* bundle. 3 *Col Cuba PR hum (joroba)* hump. II *nm fam (persona)* bungler.

maleta[2] *adj* 1 *Am (malvado)* wicked. 2 *CAm fam (despreciable)* despicable, worthless.

maletero *nm* 1 *(mozo)* porter; *(fabricante)* suitcase maker; *(vendedor)* suitcase seller. 2 *Aut* boot, *US* trunk.

maletilla *nm Taur* trainee matador.

maletín *nm* briefcase.

malevolencia *nf* malevolence.

malévolo,-a *adj* malevolent.

maleza *nf* 1 *(arbustos)* thicket, undergrowth. 2 *(malas hierbas)* weeds *pl.*

malformación *nf Med* malformation.

malgache *adj & nmf* Madagascar.

malgastador,-a I *adj* squandering, wasteful. II *nm,f* spendthrift, squanderer.

malgastar *vtr & vi* to waste, squander.

malhablado,-a I *adj* foul-mouthed. II *nm,f* foul-mouthed person.

malhadado,-a *adj lit* ill-fated.

malhaya *interj arc* damn!, curse it!

malhechor,-a I *adj* criminal. II *nm,f* wrongdoer, criminal.

malherir [35] *vtr* to wound seriously, injure badly.

malhumor *nm* bad temper *o* mood; **estoy de m.,** I am in a bad temper *o* mood.

malhumorado,-a *adj* bad-tempered, cross.

Malí *n* Mali.

malicia *nf* 1 *(mala intención)* malice, maliciousness, spite. 2 *(astucia)* cunning, craftiness, slyness. 3 *(maldad)* badness, evil, evilness. 4 *(sospecha)* suspicion.

maliciar [12] *vtr*, **maliciarse** *vr* to feel suspicious about, have one's suspicions about.

malicioso,-a I *adj* malicious, spiteful. II *nm,f* malicious *o* spiteful person.

maliense *adj & nmf* Malian.

malignidad *nf* malignity.

maligno,-a I *adj* malignant; **un tumor m.,** a malignant tumor. II **el m.** *nm Rel* the devil.

malintencionado,-a I *adj* ill-intentioned. II *nm,* ill-intentioned person.

malla *nf* 1 *(red)* mesh. ■ **m. de alambre,** wire netting. 2 *(prenda)* leotard. 3 *Am (bañador)* swimsuit, swimming costume.

mallo *nm* 1 *(mazo)* mallet. 2 *Dep (juego)* croquet *(terreno)* croquet lawn.

Mallorca *n* Majorca.

mallorquín,-ina *adj & nm,f* Majorcan.

malmirado,-a *adj* 1 ill-considered. 2 *(desconsiderado)* inconsiderate.

malo,-a I *adj véase tamb* **mal.** 1 *(gen)* bad; **estar a malas,** to be on bad terms; **hace mucho que no me llama, ¡m.!,** he hasn't rung for ages, it's a bad sign; **un año m.,** a bad year; **por las malas,** by force; *pro* **más vale m. conocido que bueno por conocer,** better the devil you know than the one you don't know. 2 *(persona) (malvado)* wicked, bad; *(travieso)* naughty; **ser m.,** to be wicked *o* bad; **no seas m.,** don't be naughty. 3 *(cosa) (de baja calidad)* bad poor, cheap; *(falso)* false; **una mala canción/co mida,** a poor song/meal; **un diamante m.,** a false diamond. 4 *(perjudicial)* harmful; **el tabaco es m.** tobacco is harmful; **ser m. para ...,** not to be any good for ... . 5 *(difícil)* difficult, hard; **una montaña mala de escalar,** a difficult mountain to climb; **lo m. es que ...,** the problem is that ... . 6 *(enfermo)* ill sick; **estar m.,** to be sick; *fam* **ponerse m.,** *(en fermar)* to fall ill; *(estropearse)* to go bad; *euf* **esta mala,** to have a period. II *nm,f fam* **el m. (de la película,** the baddy *o* villain. ◆**malamente** *ad fam* 1 *(mal)* badly. 2 *(apenas)* hardly.

maloca *nf SAm* 1 *(invasión)* invasion and pillage o Indian territory. 2 *(ataque)* Indian raid.

malogrado,-a I *pp de* **malograr.** II *adj* 1 *(des aprovechado)* wasted. 2 *(difunto)* ill-fated; **el m James Dean,** the ill-fated James Dean.

malograr I *vtr* to waste. II **malograrse** *vr* 1 to fail fall through; **las cosechas se han malogrado,** th crops have been ruined. 2 *(persona)* to die young.

maloliente *adj* foul-smelling, stinking, smelly.

malón *nm* 1 *Am Hist* Indian raid. 2 *Am (alborota dores)* group of rowdies. 3 *SAm (mala pasada)* dirt trick. 4 *SAm (visita inesperada)* surprise visit.

maloquear *vi* **1** *Am* to make a raid. **2** *SAm (atacar)* to attack; *(sorprender)* to make a surprise attack. **3** *SAm (comerciar de contrabando)* to smuggle.

malparado,-a *adj* **salir m.**, to end up in a sorry state, come off badly.

malpensado,-a **I** *adj* nasty-minded. **II** *nm,f* nasty-minded person; **ser un m.**, to have a twisted mind.

malquerencia *nf* **1** *(antipatía)* dislike. **2** *(malevolencia)* malevolence.

malquistar *vtr* **m. a algn contra algn**, to set sb against sb else.

malsano,-a *adj* unhealthy, bad; **una mente malsana**, a sick mind.

malsonante *adj* **1** *(cacofónico)* ill-sounding. **2** *(grosero)* rude, offensive; **palabras malsonantes**, foul language.

Malta *n* Malta.

malta *nf (cebada)* malt.

malteado,-a **I** *adj* malted. **II** *nm (operación)* malting.

maltés,-a *adj & nm,f* Maltese.

maltón,-ona *adj Am* big for its age.

maltraer [88] *vi* **llevar** *o* **traer a algn a m.**, to give sb a hard time, ill-treat sb.

maltraído,-a *adj Am* shabby, untidy.

maltratar *vtr* to ill-treat, mistreat.

maltrato *nm* ill-treatment, mistreatment.

maltrecho,-a *adj* in a sorry state, wrecked.

maltusianismo *nm* Malthusianism.

maltusiano,-a *adj & nm,f* Malthusian.

malucho,-a *adj fam* not very well, poorly, off-colour, *US* off-color.

malva **I** *adj inv* mauve. **II** *nm (color)* mauve. **III** *nf Bot* mallow; **como una m.**, as quiet as a mouse; *fam* **criar malvas**, to be pushing up the daisies.

malvado,-a **I** *adj* evil, wicked. **II** *nm,f* villain, evil person.

malvasía *nf* **1** *Bot* variety of sweet grape. **2** *(vino)* dessert wine made with these grapes.

malvavisco *nm Bot* marshmallow.

malvender *vtr* to sell at a loss.

malversación *nf* misappropriation, embezzlement.

malversador,-a **I** *adj* embezzling. **II** *nm,f* embezzler.

malversar *vtr* to misappropriate, embezzle.

Malvinas *npl* **las (Islas M.)**, the Falkland Islands.

malvivir *vi* to live very badly.

mamá *nf fam* mum, mummy.

mama *nf* **1** *Anat (de mujer)* breast. **2** *Zool* udder. **3** *fam (mamá)* mum, mummy.

mamada *nf* **1** suck, sucking; *(bebé)* feed. **2** *vulg (felatio)* blow job. **3** *Am (ganga)* bargain. **4** *Arg Urug fam (embriaguez)* drunkenness.

mamadera *nf Am* feeding bottle.

mamado,-a *adj vulg* **1** *(borracho)* plastered. **2** *(fácil)* (dead) easy.

mamar **I** *vtr (leche)* to suck; *fig* to grow up with. **II mamarse** *vr fam (emborracharse)* to get pissed *o* drunk.

mamario,-a *adj* mammary.

mamarrachada *nf fam* **1** *(acción)* ridiculous action, stupid thing to do. **2** *(bodrio)* dead loss.

mamarracho,-a *nm,f fam* **1** *(persona)* ridiculous-looking person, mess, sight; **¡vaya m. está hecho!**, what a sight he looks! **2** *(obra)* mess, sight.

mambo *nm Mús* mambo.

mameluco *nm* **1** *Hist* Mameluke. **2** *fig* fool, idiot, dimwit. **3** *Am (prenda)* romper-suit.

mamífero,-a **I** *adj* mammalian, mammal. **II** *nm* mammal.

mamografía *nf Med* mammography.

mamola *nf* **1** chuck under the chin. **2** *fam* **dar** *o* **hacer la m. a algn**, to make a sucker out of sb.

mamón,-ona **I** *adj (que aún mama)* unweaned. **II** *nm* **1** *vulg ofens* pillock, prick, wally. **2** *Bot (chupón)* sucker. **3** *Am Bot* Spanish lime. **4** *Am fam (borracho)* drunkard, drunk. **5** *Méx* spongecake.

mamotreto *nm* **1** *(libro)* great big thick book. **2** *(armatoste)* monstrosity.

mampara *nf (cancel)* screen.

mamporro *nm fam (bofetada)* punch, clout; *(accidente)* bump.

mampostería *nf* masonry, rubblework.

mampostero,-a *nm,f* stonemason.

mampuesto *nm Am* gun rest.

mamut *nm Zool* mammoth.

mana *nf* **1** *Am (maná)* manna. **2** *CAm Col (manantial)* spring, fountain.

maná *nm Rel* manna.

manada *nf* **1** *Zool (de vacas, elefantes)* herd; *(de ovejas)* flock; *(de lobos, perros)* pack; *(de leones)* pride. **2** *fam (multitud)* crowd, mob; **en manadas**, in crowds.

manager *nmf Dep Mús* manager.

managüense **I** *adj* of *o* from Managua. **II** *nmf* native *o* inhabitant of Managua.

manantial *nm* spring, fountain; *fig (orígen)* source, origin, fount; **agua de m.**, spring water.

manar **I** *vi* **1** to flow, run (de, from). **2** *fig* to abound in. **II** *vtr* to run with, flow with; **la herida manaba sangre**, blood flowed from his wound.

manatí *nm Zool* manatee.

manazas *nmf inv fam* clumsy person.

mancar [1] **I** *vtr* to maim, cripple. **II mancarse** *vr* to become maimed *o* crippled.

mancarrón,-ona *Am* **I** *adj (persona)* disabled. **II** *nm,f (caballo viejo)* old nag.

manceba *nf* concubine.

mancebo *nm arc* **1** *(muchacho)* young man. **2** single man, bachelor.

Mancha *n Geog* **La M.**, La Mancha; **el Canal de la M.**, the English Channel.

mancha *nf* **1** stain, spot. ■ **m. solar**, sunspot; **m. de tinta/vino**, ink/wine stain. **2** *fig (defecto)* blemish; **sin m.**, unblemished.

manchado,-a **I** *pp de* **manchar**. **2** *adj* dirty, stained; **un caballo m.**, a spotted horse.

manchar **I** *vtr* to stain, dirty; *fig* to stain, blemish. **II mancharse** *vr* to get dirty.

manchego,-a **I** *adj* of *o* from La Mancha. **II** *nm,f* native *o* inhabitant of La Mancha. **III** *nm* cheese from La Mancha.

manchón *nm fam* large spot *o* stain.

mancilla *nf* stain, blemish.

mancillar *vtr (honor, fama)* to dishonour, *US* dishonor, stain.

manco,-a **I** *adj* **1** *(sin un brazo)* one-armed; *(sin brazos)* armless. **2** *(sin una mano)* one-handed; *(sin manos)* handless. **3** *fig (defectuoso)* defective, faulty; *fam* **no ser m.**, *(persona)* to be no fool;

(cosas) to be no little thing. **II** *nm,f* **1** one-armed *o* armless person. **2** one-handed *o* handless person.

mancomún (de) *loc adv* by common consent.

mancomunar *vtr*, **mancomunarse** *vr (esfuerzos, dinero, etc)* to put together.

mancomunidad *nf* community, association.

mancornas *nfpl Am* cufflinks.

mandado,-a **I** *pp de* mandar. **II** *nm (recado)* order, errand; **hacer un m.**, to run an errand. **III** *nm,f (persona)* person who carries out an order.

mandador *nm Am* whip.

mandamás *nmf (pl* **mandamases)** *fam* bigwig, boss.

mandamiento *nm* **1** *(orden)* order, command. **2** *Jur* warrant, mandate. **3** *Rel* Commandment. ■ **los Diez Mandamientos**, the Ten Commandments.

mandanga *nf fam* **1** *(pachorra)* sluggishness, indolence. **2** *(hachís)* marihuana, hash. **3 mandangas,** *(patrañas)* stories; **no me vengas con m.**, who do you think you're trying to kid?

mandar **I** *vtr* **1** *(ordenar)* to order; **la ley manda que ...,** the law stipulates that ...; **le mandó venir,** he ordered him to come; *fam* **¿mande?,** pardon?; *fam* **me mandó a paseo,** she sent me packing, she told me to get lost. **2** *(grupo)* to lead, be in charge *o* command of; *Mil (ejército)* to command; **aquí mando yo,** I'm the boss here; **¿quién manda aquí?,** who is in charge here? **3** *(enviar)* to send; **lo mandé a comprar caramelos,** I sent him to buy some sweets; **m. algo por correo,** to post sth, send sth by the post; **m. recuerdos,** to send regards. **4** *Am (convidar)* to invite; **le mandó a sentarse,** he offered him a seat. **5** *Am (lanzar)* to throw, hurl. **II** mandarse *vr Am (irse)* to go, leave.

mandarín *nm Hist* mandarin.

mandarina *nf Bot* mandarin (orange), tangerine.

mandarinero *nm*, **mandarino** *nm Bot* mandarin orange tree, tangerine tree.

mandatario,-a *nm,f* **1** *Jur* mandatory. **2** *Pol* president; **el primer m. de la nación,** the head of state.

mandato *nm* **1** *(orden)* order, command. **2** *Jur* writ, warrant. ■ **m. judicial,** warrant. **3** *Pol (legislatura)* mandate, term of office.

mandíbula *nf* jaw; *fam* **reír a m. batiente,** to laugh one's head off.

mandil *nm* **1** *(prenda)* apron. **2** *(bayeta)* grooming cloth. **3** *Arg Chi (gualdarapa)* horse blanket.

mandioca *nf Bot* manioc, tapioca.

mando *nm* **1** *(autoridad)* command, control; **ejercer el m., estar al m., tener el m.,** to be in charge *o* control; **entregar el m.,** to hand over command; **tomar el m.,** to take command. **2** *(mandato)* term of office. **3** *(gobernante)* authorities *pl,* those in command *pl;* **los mandos del ejército,** high-ranking army officers. ■ **alto m.,** high command. **4** *Téc (control)* controls *pl.* ■ **cuadro** *o* **tablero de mandos,** *Av* instrument panel; *Aut* dashboard; **m. a distancia,** remote control; **palanca de m.,** *Téc* control lever; *(de avión, videojuego)* joystick.

mandoble *nm* **1** two-handed blow *o* swordstroke. **2** *(espada)* large sword. **3** *fam (reprensión)* telling off.

mandolina *nf Mús* mandolin, mandoline.

mandón,-ona **I** *adj fam* bossy, domineering. **II** *nm,f fam* bossy *o* domineering person. **III** *nm Am* (mine) foreman.

mandrágora *nf*, **mandrágula** *nf Bot* mandrake.

mandril *nm* **1** *Zool* mandril. **2** *Téc* mandrel.

manduca *nf*, **manducatoria** *nf*, **manduque** *nm fam* grub, chow, nosh.

manducar [1] *vtr & vi fam* to nosh.

maneador *nm Am* leather thong, rein.

manecilla *nf (de reloj)* hand.

manejabilidad *nf* manageability.

manejable *adj (gen)* manageable; *(herramienta,* easy-to-use; *(coche)* manoeuvrable, *US* maneu vrable.

manejar **I** *vtr* **1** *(manipular)* to handle, operate; *fig* to handle, deal with; **maneja muy bien las tijeras** she's very handy with a pair of scissors; **manejó la situación muy bien,** he dealt with the situation very cleverly. **2** *(dirigir)* to run, manage; **ella sola maneja la empresa,** she runs the company on her own. **3** *fig (dominar)* to domineer, boss about, push around **Rosa maneja a su marido,** Rosa bosses her husband about. **4** *Am Aut (un coche)* to drive. **II** manejarse *vr* to manage; *fam* **manejárselas,** to manage by oneself; **ya te las manejarás,** you'll manage somehow.

manejo *nm* **1** *(uso)* handling, use; **de fácil m.,** easy to-use. **2** *Téc (de una máquina)* running, operation **3** *fig (de un negocio)* management. **4** *fig* tricks *pl* trickery. **5** *Am Aut (de un coche)* driving.

manera *nf* **1** way, manner; **a m. de,** by way of; **a la m. de,** in the manner of; **a mi/tu m.,** my/your way in my/your own way; **de cualquier m.,** *(mal)* care lessly, any old how; *(con facilidad)* easily; *(en cual quier caso)* in any case; **de esta/esa m.,** in this/tha way; **de la m. que sea,** *(pase lo que pase)* whateve happens; *(no importa como)* any way you *etc* like **de mala m.,** *(mal)* badly; *(groseramente)* rudely; **d m. que,** so; **te lo advertí, de m. que no te quejes,** warned you, so don't complain now; **de ninguna m.** in no way, certainly not; **de otra m.,** *(si no es así* otherwise; *(de distinto modo)* in a different way; **d tal m. que,** in such a way that; **de todas maneras** anyway, at any rate, in any case; **de una m. o d otra,** one way or another; **en cierta m.,** in a way; **e** **gran m.,** extremely; **sobre m.,** very much; **es mi m. de ser,** that's the way I am; **no hay m.,** it's impos sible; **¡qué** *o* **vaya m. de tomarnos el pelo!,** that's fine way to tease us!; **¡y de qué m.!,** and how! **2** *(clase)* kind, sort. **3 maneras,** manners; **con buena m.,** politely.

maneto,-a *adj Am* with deformed hands, maimec in the hand(s).

manferlán *nm véase* macfarlán.

manga *nf* **1** sleeve; **de m. corta/larga,** short-/long sleeved; **en mangas de camisa,** in shirtsleeves; **si mangas,** sleeveless; *fig* **hacer mangas y capirotes,** t act arbitrarily; *fig* **hacer un corte de mangas a algn** to give sb a V-sign; *fig* **m. por hombro,** messy an untidy; *fig* **ser de** *o* **tener la m. ancha,** *(ser poco es tricto)* to be broad-minded; *(ser benevolente)* to b easy-going; *fig* **sacarse algo de la m.,** to pull sth ou of one's hat. **2** *(manguera)* hose, hosepipe. ■ **m. d riego,** *(de jardín)* garden *o* watering hose; *(de bom bero)* fire hose. **3** *(red)* casting net. ■ **m. de mari posas,** butterfly net. **4** *Geog* **m. de mar,** arm of the sea. **5** *Náut* breadth. **6** *Aeronáut* windsock, wind sleeve. **7** *Meteor (de agua)* waterspout; *(de viento* whirlwind. **8** *Dep* leg, round; *Bridge* game; **ir a m.** to go to-use game. **9** *Culin (filtro)* muslin strainer; *(d pastelero)* icing bag, forcing bag. **10** *Am (calle)* en trance to a corral. **11** *Am (turba)* crowd, mob. **12** *CAm (manta)* (sackcloth) blanket. **13** *Méx (prenda* oilskin poncho.

manganeso *nm Quím* manganese.

mangangánm 1 *Arg Par Urug* large bee. 2 *Am fig (fastidioso)* bore, pest. 3 *Arg Bol fig (ladrón)* thief.

mangante *arg* I *adj* cadging. II *nmf (gorrón)* cadger, scrounger; *(ladrón)* thief.

manganzón,-onaadj *Am* lazy, idle.

mangar[7] *vtr arg* to knock off, pinch, nick, swipe.

manglarnm mangrove swamp.

manglenm mangrove.

mango¹nm handle; *(de un hacha)* helve; *(de un látigo)* stock. ■ **m. de la escoba,** broomstick.

mango²nm *Bot* mango.

mangoneador,-afam I *adj* 1 bossy, domineering. 2 *(entrometido)* meddler. II *nm,f* bossy *o* domineering person.

mangonear *vi* 1 *fam (manipular)* to be bossy, throw one's weight around. 2 *fam (entrometerse)* to meddle. 3 *Am (lucrarse)* to be on the fiddle.

mangoneonm 1 *fam* bossing around. 2 *fam (entrometimiento)* meddling. 3 *Am (chanchullo)* fiddling.

mangostanf *Zool* mongoose.

manguearI *vtr* 1 *Am (caza)* to beat. 2 *Am fam fig (persona)* to coax, entice. 3 *Arg Chi (ganado)* to drive. II *vi* 1 *Am (fingir que se trabaja)* to pretend to be working. 2 *Am (vagar)* to wander.

mangueranf 1 *(de jardín)* garden *o* watering hose, hosepipe; *(de bombero)* fire hose. 2 *Am (corral)* corral, yard. 3 *Chi Arg (carro)* hose reel.

manguiarg I *adj (malo)* bad; *(falso)* false. II *nm,f (ladrón)* thief; *(sinvergüenza)* rotter.

manguito nm 1 *(para las manos)* muff; *(para las mangas)* oversleeve. 2 *Téc* sleeve.

maninf *fam* demo, demonstration.

manínm *(pl* **manises)** peanut.

maníanf 1 *Med* mania; *fam* **sin manías,** head-first. ■ **m. depresiva,** manic-depressive psychosis; **m. persecutoria,** persecution mania *o* complex. 2 *(costumbre)* habit; **tiene la m. de dejar el coche siempre abierto,** he's got this bad habit of leaving the car unlocked. 3 *(afición exagerada)* craze; **la m. de las motos,** the motorbike craze. 4 *(ojeriza)* dislike, ill will; **cogerle** *o* **tomarle m. a algn,** to take a dislike to sb; **me tiene m.,** he has it in for me, he can't stand me.

maniaco,-aadj & *nm,f,* **maníaco,-a**adj & *nm,f* 1 *Psic* manic. 2 *fam (obseso)* maniac.

maniacodepresivo,-aadj & *nm,f* manic-depressive.

maniatarvtr *(a una persona)* to tie the hands of.

maniático,-aI *adj* fussy. II *nm,f* fussy person.

manicomio nm mental hospital; *fam* **esta casa es un m.,** this place is like a madhouse.

manicuro,-aI *nm,f* manicurist. II *nf* manicure; **hacerse la manicura,** to have a manicure.

manido,-a *adj* 1 *(comida)* high. 2 *(asunto)* trite, hackneyed, worn-out.

manierismonm *Arte* mannerism.

manierista *Arte* I *adj* manneristic. II *nmf* mannerist.

manifestaciónnf 1 *(expresión)* manifestation, expression; **como m. de su amistad,** as a sign of his friendship. 2 *(declaración)* declaration, comment. 3 *(demostración colectiva)* demonstration.

manifestador,-aadj demonstrating, showing.

manifestantenmf demonstrator.

manifestar[27] I *vtr* 1 to manifest, declare; **el director manifestó que ...,** the director declared that ... . 2 *(mostrar)* to show, display. II **manifestarse** *vr* 1 *(declararse)* to declare oneself; **se manifestó partidario de la idea,** he declared himself in favour of the idea. 2 *(por la calle)* to demonstrate.

manifiesto,-aI *adj* evident, clear, obvious, manifest; *(falta)* glaring; **poner de m.,** *(revelar)* to reveal, show; *(hacer patente)* to make clear. II *nm* manifesto.

maniguanf *Am Geog* scrubland.

manijanf 1 *(manubrio)* handle. 2 *(maniota)* hobble.

manilanm *(puro)* Manila (cigar).

manilargo,-aadj 1 *(ladrón)* light-fingered. 2 *(generoso)* generous, openhanded.

manileño,-aI *adj* of *o* from Manila. II *nm,f* native *o* inhabitant of Manila.

manilla *nf* 1 *(argolla)* handcuff, manacle. 2 *(de reloj)* hand. 3 *Méx (guante)* protective glove. 4 *Arg Chi Ven Aut* door handle.

manillarnm handlebar.

maniobra *nf* 1 *Mil* manoeuvre, *US* maneuver; **hacer maniobras,** to manoeuvre; **estar de maniobras,** to be on manoeuvres. 2 *fig (jugada)* move.

maniobrabilidadnf manoeuvrability, *US* maneuverability.

maniobrable *adj* manoeuvrable, *US* maneuverable.

maniobrarvi to manoeuvre, *US* maneuver.

maniotanf hobble.

manipulaciónnf manipulation; **m. de mercancías,** handling of goods.

manipulador,-a I *adj* manipulating. II *nm,f* manipulator, handler.

manipularvtr 1 *(gen)* to manipulate; *(mercancías)* to handle. 2 *fig* to interfere with.

manipuleonm *fam* manipulation.

manípulonm *Mil Rel* maniple.

maniqueísmonm Manicheism.

maniqueo,-aadj & *nm,f* Manichean.

maniquíI *nmf (modelo)* model, mannequin. II *nm (muñeco)* dummy; *fig* puppet.

manirroto,-aadj & *nm,f* spendthrift.

manitasnmf *inv fam* 1 **m. de plata,** clever hands; **ser un m.,** to be handy, be very good with one's hands. 2 **hacer m.,** to hold hands.

manivelanf *Téc* crank.

manjarnm dish, food; **un m. exquisito,** an exquisite dish; *fig* **m. de dioses,** food fit for the gods.

mano¹nf 1 hand; **a m.,** *(sin máquina)* by hand; *(asequible)* at hand; **escrito a m.,** handwritten; **hecho a m.,** handmade; **a m. armada,** armed; **a manos de,** at the hands of; **a manos llenas,** generously; **abrir la m.,** *(transigir)* to become more tolerant; *(gastar mucho)* to spend carelessly; **al alcance de la m.,** within one's grasp; **alargar la m.,** *(para coger algo)* to stretch out one's hand; *(a algn)* to offer one's hand; **alzar la m. contra algn,** to (threaten to) use violence against sb, raise one's hand to sb; **apretar la m.,** to tighten up (-, on); **¡arriba las manos!,** hands up!; **cogidos de la m.,** holding hands; **dar** *o* **tender la m.,** *(para saludar)* to shake hands **(a,** with); *(para ayudar)* to offer one's hand **(a,** to); **estrechar la m. a algn,** to shake hands with sb; *fig* **con el corazón en la m.,** sincerely; *fig* **con m. dura,** severely, with an iron hand; *fig* **de mi/tu m.,** up to me/you; *fig* **de la m. de algn,** under sb's guidance, under the influence of sb; *fig* **de primera m.**, first-hand; *fig* **de segunda m.**, second-hand; *fig* **dejar algo en manos de algn**, to leave sb in charge of sth; *fig* **echar una m. a algn**, to give sb a hand; *fig* **en buenas manos**, in good hands; *fig* **hacer lo que está de su m.**, to do all in one's power; *fig* **írsele a algn la m.** to overdo it; *fig* **írsele a algn algo de las manos**, to lose control over sth; *fam* **¡las manos quietas!**, hands off!; *fig* **m. a m.**, *(juntos)* together; *(entrevista)* tête-à-tête; *fig* **m. sobre m.**, idle; *fig* **¡manos a la obra!**, shoulders to the wheel (and noses to the grindstone)!; *fig* **meter m.**, *(a un problema)* to tackle; *vulg* to touch up; *fig* **no estaba en mi m. poder ayudarle**, I could do nothing to help her; *fig* **(no) saber lo que se lleva** *o* **trae uno entre manos**, (not) to know what's happening *o* going on; *fig* **ponerse en manos de algn**, to place oneself in sb's hands; *fig* **ser la m. derecha de algn**, to be sb's right hand, be sb's right-hand man; *fig* **traerse algo entre manos**, to be up to sth; *fam* **cargar la m.**, to overdo it; *fam* **coger** *o* **pillar a algn con las manos en la masa**, to catch sb red-handed; *fam* **echar m. de algo/algn**, to make use of sth/sb; *fam* **le das la m. y se toma el codo**, give him an inch and he'll take a mile. ■ **apretón de manos**, handshake; **bomba de m.**, hand grenade; **equipaje de m.**, hand luggage. **2** *Zool* forefoot, forepaw. ■ **m. de ave**, claw; **m. de cerdo**, pig's trotter. **3** *(de reloj)* hand. **4** *(lado)* side; **a m. derecha/izquierda**, on the right/left(-hand side). **5** *(dosis)* dose, series; **m. de jabón**, soaping; **m. de pintura**, coat of paint; *fam* **le dió una m. de azotes**, he gave him a hiding. **6** *(influencia)* influence; **se ve su m. en la decoración**, you can see her influence in the decoration. **7** *(trabajador)* hand, labourer, *US* laborer; **hay que contratar más manos**, we have to employ more workers. ■ **m. de obra**, labour (force); **m. de obra especializada**, skilled labour. **8** *(habilidad)* skill; **¡qué manos tienes!**, you're really clever with your hands!; **tener buena m. para algo**, to be good at sth; *fig* **tener m. izquierda**, to be tactful. **9** *Naipes (grupo de cartas)* hand; *(juego)* game; *(primer jugador)* lead; **echar una m. (de cartas)**, to play a game of cards; **yo soy m.**, it's my lead. **10** *(de mortero)* pestle. **11** *(de papel)* quire. **12** *Am (aventura)* mishap, accident; *(mala pasada)* dirty trick. **13** *Am (de plátanos)* bunch. **14** *Chi Méx (cuatro)* four of the same thing.

mano² *nmf Am fam* chum, mate, pal.

manojo *nm* bunch; **un m. de flores/llaves**, a bunch of flowers/keys; *fam* **ser un m. de nervios**, to be a bundle of nerves.

manómetro *nm Téc* pressure gauge.

manopla *nf* **1** mitten. **2** *Hist* gauntlet.

manoseado,-a **I** *pp de* manosear. **II** *adj* worn(-out); *fig* hackneyed.

manosear *vtr* to touch repeatedly, finger; *fam* to paw.

manoseo *nm* touching, pawing.

manotazo *nm* cuff, slap.

manotear **I** *vtr* to cuff, slap. **II** *vi* to gesticulate.

manoteo *nm* gesticulation.

mansalva (a) *loc adv* without risk, safely.

mansarda *nf Arquit* attic.

mansedumbre *nf* **1** *(persona)* meekness, gentleness. **2** *(animal)* tameness, docility.

mansión *nf* mansion; **m. señorial**, stately home.

manso,-a *adj* **1** *(persona)* gentle, meek. **2** *(animal)* tame, docile.

mansurrón,-ona *adj* gentle *o* docile in the extreme.

manta **I** *nf* **1** blanket; **a m.**, abundantly; *fam* lots of; **había gente a m.**, there were loads of people; *fam* **liarse la m. a la cabeza**, to take the plunge, go the whole hog; *fam* **tirar de la m**, to let the cat out of the bag. ■ **m. de viaje**, traveling rug; **m. eléctrica**, electric blanket. **2** *(zurra)* beating, hiding. **3** *(pez)* manta ray, devilfish. **4** *Am (costal)* bag (for carrying ore). **5** *SAm (prenda)* poncho. **II** *adj fam* lazy, bone idle. **III** *nmf fam* lazy person, idler.

manteado *nm* **1** *CAm Méx (tienda)* tent. **2** *Méx (toldo)* awning.

manteamiento *nm* tossing in a blanket.

mantear *vtr* to toss in a blanket.

manteca *nf* *(de animal)* fat; *(de la leche)* cream. ■ **m. de cacao/cacahuete**, cocoa/peanut butter; **m. de cerdo**, lard.

mantecado *nm* **1** *(pastel)* shortcake. **2** *(helado)* dairy ice cream.

mantecoso,-a *adj (graso)* greasy; *(cremoso)* buttery.

mantel *nm* tablecloth.

mantelería *nf* table linen.

manteleta *nf* shawl.

mantenedor,-a *nm,f Lit* member of a jury.

mantener [87] **I** *vtr* **1** *(conservar)* to keep, keep going; **mantén el fuego encendido**, keep the fire burning; **m. la línea**, to keep in trim; *(en letrero)* **'mantenga limpia su ciudad'**, 'keep your town tidy'. **2** *(entrevista, reunión)* to have; **m. correspondencia con algn**, to correspond with sb; **m. relaciones con algn**, *(amorosas)* to be going out with sb; *(amistosas)* to be on friendly terms with sb. **3** *(ideas, opiniones)* to defend, maintain; **mantuvo su actitud contraria al proyecto**, he maintained his opposition to the project. **4** *(sustentar)* to support, feed; **ella sola mantiene a su familia**, she supports the whole family on her own. **5** *(sostener)* to support, hold up; **esta columna mantiene la pared**, this column holds the wall up. **II** **mantenerse** *vr* **1** *(sostenerse)* to stand; **este edificio se mantiene en pie de milagro**, it's a miracle this building is still standing. **2** *(continuar)* to keep, hold; **m. firme**, to hold one's ground; **m. tranquilo/vivo**, to keep *o* stay calm/alive; *fam* **m. en sus trece**, to stick to one's guns. **3** *(sustentarse)* to support oneself.

mantenido,-a **I** *pp de* mantenerse. **II** *adj* continuous, constant; **un esfuerzo m.**, continuous effort. **III** *nf pey* kept woman.

mantenimiento *nm* **1** *Téc* maintenance, upkeep; **servicio de m.**, maintenance service. **2** *(alimento)* sustenance, support.

manteo¹ *nm (manteamiento)* tossing in a blanket.

manteo² *nm (capa)* mantle.

mantequería *nf* dairy.

mantequero,-a **I** *adj* butter; **la industria mantequera**, the butter industry. **II** *nm,f (hombre)* dairyman; *(mujer)* dairywoman. **III** *nf* **1** *(vasija)* butter dish. **2** *(máquina)* butter churn.

mantequilla *nf* butter.

mantilla *nf* **1** *(de mujer)* mantilla. **2** *(de niño)* shawl; *fig* **estar en mantillas**, to be in nappies.

mantillo *nm* **1** *(humus)* humus. **2** *(abono)* leaf mould, *US* leaf mold.

mantillón,-ona **I** *adj Méx* shameless. **II** *nm Am (gualdrapa)* horse blanket.

manto nm 1 (capa) cloak, mantle; fig **un m. de silencio,** a veil of silence. 2 Min layer, stratum. 3 Zool mantle.

mantón nm shawl. ■ **m. de Manila,** embroidered silk shawl.

mantudo,-a nm,f CAm masked o disguised person.

mantuve pt indef véase mantener.

manual I adj manual; **trabajo m.,** manual labour; Educ **trabajos manuales,** handicrafts. II nm (libro) manual, handbook.

manubrio nm crank, handle.

manudo,-a adj CAm Arg with big hands.

manufactura nf 1 (fabricación) manufacture. 2 (fábrica) factory.

manufacturado,-a adj manufactured.

manufacturar vtr to manufacture.

manufacturero,-a adj manufacturing.

manuscrito,-a I adj handwritten, manuscript. II nm manuscript.

manutención nf maintenance; **la m. de una familia es cada día más costosa,** feeding a family is becoming increasingly expensive.

manzana nf 1 Bot apple; fig **sano como una m.,** as fit as a fiddle. 2 Arquit (bloque) block. 3 CAm (medida) 1.73 acres.

manzanal nm, **manzanar** nm apple orchard.

manzanilla nf 1 Bot camomile. 2 (infusión) camomile tea. 3 (vino) manzanilla.

manzano nm Bot apple tree.

maña nf 1 (habilidad) skill, dexterity; **darse** o **tener m. para algo,** to be good at doing sth; prov **más vale m. que fuerza,** brain is better than brawn. 2 (astucia) trick.

mañana I nf morning; **a las dos de la m.,** at two in the morning; **de m.,** early in the morning; **por la m.,** in the morning. II nm tomorrow, the future; **hay que pensar en el m.,** one has to think about tomorrow o the future. III adv tomorrow; **¡hasta m.!,** see you tomorrow!, till tomorrow!; **m. por la m.,** tomorrow morning; **pasado m.,** the day after tomorrow.

mañanero,-a adj 1 (madrugador) early rising. 2 (matutino) morning; **la brisa mañanera,** the morning breeze.

mañanita nf bed jacket.

maño,-a adj & nm,f fam Aragonese.

mañoso,-a adj 1 (hábil) skilful, US skillful, dextrous, deft. 2 (astuto) crafty, cunning.

maoísmo nm Pol maoism.

maoísta adj & nmf Pol maoist.

maorí adj & nmf Maori.

mapa nm map; **m. mural,** wall map; fam **borrar del m.,** (eliminar) to get rid of; (matar) to kill; fam **desaparecer del m.,** to vanish (from the face of the earth); fam **como** o **hecho un m.,** badly bruised o cut.

mapache nm Zool raccoon.

mapamundi nm 1 (mapa) map of the world, world map. 2 (nalgas) backside, bum.

maqueta nf 1 (miniatura) scale model, maquette. 2 Impr dummy. 3 Mús demo (tape).

maquetista nmf maquette maker.

maqui nmf véase maquis.

maquiavélico,-a adj Machiavellian.

maquiavelismo nm Machiavellism.

maquillador,-a nm,f make-up assistant.

maquillaje nm 1 (producto) make-up. ■ **m. de fondo,** foundation. 2 (acción) making-up.

maquillar I vtr to make up. II **maquillarse** vr 1 (ponerse maquillaje) to put one's make-up on, make (oneself) up. 2 (llevar maquillaje) to wear make-up.

máquina nf machine; **escrito a m.,** typewritten; **hecho a m.,** machine-made; fam **a toda m.,** at full speed. ■ **m. de afeitar (eléctrica),** (electric) razor o shaver; **m. de coser/lavar,** sewing/washing machine; **m. de escribir,** typewriter; **m. de tren,** locomotive; **m. fotográfica** o **de fotos,** camera; **m. tragaperras,** slot machine, one-armed bandit.

maquinación nf machination.

maquinador,-a I adj machinating. II nm,f machinator.

maquinal adj mechanical.

maquinar vtr to machinate, plot.

maquinaria nf 1 machinery, machines pl. 2 (de reloj etc) (mecanismo) mechanism, works pl.

maquinilla nf **m. de afeitar,** safety razor.

maquinismo nm mechanization.

maquinista nmf machinist; (de tren) engine driver.

maquinización nf mechanization.

maquinizar [4] vtr to mechanize.

maquis nm inv Mil guerrilla.

mar nm & f 1 sea; **en alta m.,** on the high seas; **hacerse a la m.,** to put (out) to sea, set sail; **m. adentro,** out to sea; **por m.,** by sea; fam **pelillos a la m.,** let bygones be bygones. ■ **m. de fondo,** ground swell; fig (tensiones) undercurrent of tension; **m. gruesa,** heavy sea; **m. picada,** rough sea. 2 (marejada) swell. 3 fam (gran cantidad) **está la m. de guapa,** she's looking really beautiful; **estar hecho un m. de lágrimas,** to cry one's eyes out; **la m. de cosas,** a lot of things; **llover a mares,** to rain cats and dogs; **me encuentro la m. de bien,** I feel great; **sudar a mares,** to sweat buckets; **sumido en un m. de confusiones,** utterly confused. 4 nm sea. ■ **M. Arábigo,** Arabian Sea; **M. de Aral,** Aral Sea; **M. de Filipinas,** Philippine Sea; **M. de Irlanda,** Irish Sea; **M. de Java,** Java Sea; **M. de la China Oriental/Meridional,** East/South China Sea; **M. de las Antillas,** Caribbean Sea; **M. de los Sargazos,** Sargasso Sea; **M. de Noruega,** Sea of Norway; **M. de Tasmania,** Tasman Sea; **M. del Coral,** Coral Sea; **M. del Japón,** Japan Sea; **M. del Norte,** North Sea; **M. Ligur,** Ligurian Sea; **M. Muerto,** Dead Sea: **M, Negro,** Black Sea; **M. Rojo,** Red Sea.

marabú nm Orn marabou.

marabunta nf 1 plague of ants. 2 fig (multitud) mob.

maraca I nf Am Mús maraca, rattle. II nmf Col PR Ven fam (zoquete) blockhead.

maracuyá nf Bot passion fruit.

maraña nf 1 (maleza) thicket. 2 fig (lío) tangle, mess.

marasmo nm 1 Med marasmus. 2 fig (apatía) apathy; (estancamiento) standstill, stagnation.

maratón nm Dep marathon.

maratoniano,-a I adj marathon. II nm,f marathon runner.

maravedí nm Hist (moneda) maravedi.

maravilla nf marvel, wonder; **de m.,** wonderfully; **decir maravillas de algo** o **algn,** to speak enthusiastically about sth o sb; **hacer maravillas,** to do o work wonders; **¡qué m.!**, how wonderful!; **¡qué m. de película!**, what a wonderful film!; *fam* **a las mil maravillas,** marvellously; *fam* **venir de maravilla,** to be just what one wanted, be a godsend.

maravillarI *vtr* to amaze, astonish; **quedamos maravillados al oírle cantar,** we were amazed by his singing, we marvelled at his singing. II **maravillarse** *vr* to marvel (**con,** at), wonder (**con,** at).

maravilloso,-a *adj* wonderful, marvellous, *US* marvelous.

marbete *nm* 1 (*etiqueta*) label. 2 (*perfil*) edge, border.

marca *nf* 1 mark, sign. 2 *Com* (*productos comestibles y del hogar*) brand; (*otros productos*) make; **hay muchas marcas de coches/ordenadores/neveras en el mercado,** there are lots of makes of car/computer/refrigerator on the market; **pantalones/zapatos de m.,** designer shoes/trousers; **¿que m. de café/jabón/dentífrico compras?,** what brand of coffee/soap/toothpaste do you buy?; *fam* **de m. mayor,** outstanding, enormous. ■ **m. de fábrica,** trademark; **m. registrada,** registered trademark. 3 (*acción de marcar*) marking; **la m. del ganado,** the branding of cattle. 4 *Dep* (*récord*) record; **batir la m. mundial,** to break the world record.

marcación *nf Am* branding iron.

marcado,-a I *pp de* **marcar** II *adj* 1 marked. 2 (*evidente*) distinct, strong; **con marcada diferencia,** noticeably different. ◆**marcadamente** *adv* markedly; **un espíritu m. liberal,** a clearly liberal spirit.

marcador,-a I *adj* marking. II *nm* 1 marker. 2 *Dep* scoreboard; **inaugurar el m.,** to start *o* open the scoring.

marcaje *nm Dep* marking.

marcapaso *nm*, **marcapasos** *nm inv Med* pacemaker.

marcar [1] I *vtr* 1 to mark; (*ganado*) to brand; *Com* (*mercancías*) to put a price on, mark; *Mús* **m. el compás/el paso,** to mark rhythm/time; **m. época,** to mark an era; **m. un terreno,** to mark the land out *o* off; *fig* **la experiencia lo marcó para siempre,** the experience marked him for life. 2 (*cabello*) to set. 3 (*aparato*) to indicate, show; **el contador marca 1.327,** the meter reads 1,327; **el reloj marca las tres,** the clock says 3 o'clock. 4 *Dep* (*gol, puntos*) to score; (*jugador*) to mark; *fig* **su plan marca un gol para la empresa,** her project scores a point for the firm. 5 *Tel* to dial. II **marcarse** *vr fam* **m. un farol,** to show off, boast; **m. un tanto,** to score a triumph.

marcha *nf* 1 march; **abrir/cerrar la m.,** to be first/last in a march *o* procession. ■ **m. antinuclear,** anti-nuclear march; *Dep* **m. atlética,** walk, walking race. 2 (*partida*) departure; **el día de su m.,** the day he went away; **¡en m.!,** let's go! 3 (*progreso*) course, progress; **la ecología es una ideología en m.,** ecology is on the move; **la m. de los acontecimientos,** the course of events; **la m. de las negociaciones/de un negocio,** the progress of the negotiations/a business; **hacer algo sobre la m.,** to do sth as one goes along. 4 (*velocidad*) speed; **a marchas forzadas,** against the clock; **a toda m.,** (at) full speed; *fig* at full blast; **disminuir la m.,** to slow down. 5 *Aut* gear; *Aut* **dar m. atrás,** to reverse; *fig* **han dado m. atrás al proyecto,** they have abandoned the project. ■ **m. atrás,** reverse (gear); **primera marcha,** first *o* bottom gear. 6 *Mús* march; **m. fúnebre/militar/nupcial,** funeral/military/wedding march. 7 (*funcionamiento*) operation, running; **estar en m.,** (*maquinaria*) to be in operation, be on, be working; (*proyecto etc*) to be under way; **poner en m.,** (*coche, motor*) to start;

(*negocio*) to start up. 8 *fam* (*energía*) go; (*animación*) good humour *o US* humor, good vibrations; **hay mucha m. aquí,** it's really lively here; **ir de m.** to go out on the town, have a wild time; **irle la m. a algn,** (*ser marchoso*) to be a raver, enjoy living it up; (*ser masoquista*) to be masochist; **¡qué m. lleva hoy!,** count me in for anything today!

marchamo *nm* mark, seal.

marchante,-a I *nm Com* merchant, dealer. II *Am nm,f* 1 (*cliente*) customer, regular client. 2 (*amante*) lover.

marchar I *vi* 1 (*ir*) to go, walk; *fam* **¡marchando!** on your way!; **¡tres de hamburguesa! —¡marchando!,** three hamburgers! —coming right up! . (*funcionar*) to work, function; **la radio no marcha** the radio isn't working; *fig* **el negocio no marcha** the business is doing badly; *fig* **m. sobre ruedas,** to run like clockwork. 3 *Mil* to march. 4 *Cuba Chi PR* (*caballo*) to walk. II **marcharse** *vr* (*irse*) to leave *o* depart.

marchitamiento *nm* shrivelling, *US* shriveling withering.

marchitar I *vtr* to shrivel, wither. II **marchitarse** *vr* to shrivel, wither.

marchito,-a *adj* shrivelled, *US* shriveled, withered

marchoso,-a *fam* I *adj* fun-loving, wild; **es una gente muy marchosa,** they are always living it up **música marchosa,** music with a bit of go. II *nm,* raver, fun lover; **es un m.,** he's a right raver.

marcial *adj* martial; **ley m.,** martial law.

marcialidad *nf* military manners *pl*.

marcianitos *nmpl fam* (*juego*) **los m.,** space in vaders.

marciano,-a *adj & nm,f* Martian.

marco *nm* 1 (*cerco*) frame. 2 *fig* (*fondo*) framework setting; **en un m. adecuado,** in an appropriate set ting. 3 *Fin* (*moneda*) mark. 4 *Ftb* goalposts *pl*, goal

marea *nf* 1 *Mar* tide; *fig* **contra viento y m.,** com hell or high water. ■ **m. alta/baja,** high/low tide ■ **m. negra,** oil slick. 2 *fig* (*multitud*) crowd, mot **una m. de vendedores,** a crowd of salesmen.

mareado,-a I *pp de* **marear** II *adj* 1 sick; (*en u avión*) airsick; (*en un coche*) carsick, travel-sick **estar m.,** to feel sick; (*en el mar*) to feel seasick; (*e un avión*) to feel airsick; (*en un coche*) to feel ca sick *o* travel-sick. 2 (*aturdido*) dizzy. 3 *euf* (*bebid*) tipsy.

mareaje *nm* 1 (*profesión*) navigation, seamanship 2 (*rumbo*) course.

mareante *adj* 1 *Náut* seafaring. 2 (*nauseabundc*) sickening, nauseating. 3 *fig* (*pesado*) boring.

marear I *vtr Náut* to sail. II *vtr & vi* 1 to make sick (*en el mar*) to make seasick; (*en un avión*) to mak airsick; (*en un coche*) to make carsick *o* travel-sick 2 (*aturdir*) to make dizzy. 3 *fam* (*cargar*) to annoy pester. 4 *Méx PR* (*embaucar*) to cheat. III **marearse** *vr* 1 to get sick; (*en el mar*) to get seasick (*en un avión*) to get airsick; (*en un coche*) to g carsick *o* travel-sick. 2 (*quedar aturdido*) to ge dizzy. 3 *euf* (*emborracharse*) to get tipsy. 4 *Ar Cuba PR* (*desteñirse*) to fade.

marejada *nf* 1 *Mar* swell. 2 *fig* (*descontento*) unres

maremagno *nm*, **maremágnum** *nm* 1 (*multitud*) multitude, abundance. 2 (*confusión*) confu sion.

maremoto *nm Mar* seaquake.

marengo,-a *adj* **gris m.,** dark grey.

mareo *nm* 1 *(náusea)* sickness; *(en el mar)* seasickness; *(en un avión)* airsickness; *(en un coche)* carsickness, travel-sickness. 2 *(aturdimiento)* dizziness, lightheadedness.

marfil *nm* ivory.

marfileño,-a I *adj* 1 *(nacionalidad)* of *o* from the Ivory Coast. 2 *(ebúrneo)* ivory-like. II *nm,f* native *o* inhabitant of the Ivory Coast.

marga *nf Min* marl, loam.

margarina *nf Culin* margarine.

margarita *nf* 1 *Bot* daisy; *fig* **echar margaritas a los puercos**, to cast pearls before swine; *fig* **deshojar la m.**, to play 'he *o* she loves me, he *o* she loves me not'. 2 *Impr* daisy-wheel.

margen *nmf* 1 border, edge; *(río)* bank; **el m. del camino**, the side of the road; *fig* **dejar algn** *o* **algo al m.**, to leave sb *o* sth out; *fig* **mantenerse al m.**, not to get involved. 2 *(papel)* margin; **el m. de la hoja**, the margin of the page. 3 *Com* margin. ■ **m. de beneficios**, profit margin. 4 *(ocasión)* opportunity; **dar m. a algn para hacer algo**, to give sb the occasion to do sth.

marginación *nf* 1 *(exclusión)* exclusion. 2 *Pol* isolation.

marginado,-a I *pp de* **marginar** . II *adj* 1 excluded. 2 *Pol* on the fringe. III *nm,f* dropout.

marginal *adj* 1 marginal. 2 *Pol* fringe; **arte/grupo m.**, fringe art/group.

marginar *vtr* 1 *(de un grupo, sociedad)* to leave out, exclude. 2 *(anotar)* to add marginal notes to. 3 *(dejar márgenes)* to leave a margin on.

maría *nf arg* 1 *(droga)* marijuana, pot. 2 *Educ arg (asignatura fácil)* easy subject. 3 *fam (ama de casa)* housewife.

mariachi *nm Mús* mariachi.

marica *nm vulg ofens* queer, poof.

Maricastaña *n* **en tiempo de M.**, years and years ago, ages ago.

maricón *nm vulg ofens* queer, poof.

mariconada *nf vulg* dirty trick.

mariconera *nf* (man's) clutch bag.

mariconería *nf vulg* homosexualism.

maridaje *nm* close association, intimate relationship.

maridar I *vtr fig (unir)* to marry. II *vi lit (casarse)* to marry; *(amancebarse)* to live together, cohabit.

marido *nm* husband.

mariguana *nf,* **marihuana** *nf,* **marijuana** *nf* marijuana.

marimacho *nm vulg* mannish woman, butch woman.

marimandón,-ona *nm,f fam* domineering person.

marimba *nf* 1 *(tambor)* type of drum. 2 *(xilófon)* marimba. 3 *Arg PR* instrument which is out of tune. 4 *Arg (paliza)* beating, hiding.

marimbero,-a *adj CAm* clumsy.

marimorena *nf fam* row, fuss; *fam* **armar(se) la m.**, to kick up a racket.

marina *nf* 1 *Náut* seamanship. 2 *Mil* navy. ■ **m. de guerra**, navy; **m. mercante**, merchant navy. 3 *Art (pintura)* seascape. 4 *Geog (zona costera)* seacoast.

marinería *nf* 1 *(profesión)* sailoring. 2 *(marineros)* seamen *pl*, sailors *pl*.

marinero,-a I *adj* sea, seafaring; **barco m.**, seaworthy ship; **gente marinera**, people of the sea; *Culin* **pescado a la marinera**, fish in a tomato and wine sauce with shellfish; **pueblo m.**, fishing village

o town. II *nm* sailor, seaman; *fam* **m. de agua dulce**, landlubber. III *nf Am* type of folk dance.

marino,-a I *adj* marine; **brisa marina**, sea breeze. II *nm* 1 seaman. 2 *Am Mil* **marinos**, marines.

marioneta *nf* 1 marionette, puppet. 2 **marionetas**, puppet show *sing*.

mariposa *nf* 1 *Ent* butterfly. 2 *(lamparilla)* oil lamp. 3 *Natación* butterfly. 4 *(tuerca)* wing nut. 5 *ofens (afeminado)* nancy.

mariposear *vi fig* 1 *(ser inconstante)* to be fickle. 2 *(flirtear)* to flirt. 3 *(zascandilear)* to hover around.

mariposón *nm* 1 *(galanteador)* flirt. 2 *Am ofens (marica)* queer, pansy, poof.

mariquita I *nf Ent* ladybird. II *nm fam ofens (marica)* queer, pansy, poof.

marisabidilla *nf fam* bluestocking, know-all.

mariscal *nm Mil* marshal; **m. de campo**, field marshal.

marisco *nm Culin Zool* shellfish; '**especialidad en pescados y mariscos'**, 'seafood a speciality'.

marisma *nf Geog* salt-marsh.

marismeño,-a *adj* marsh.

marisquería *nf* seafood restaurant, shellfish bar.

marista *adj & nm Rel* Marist.

marital *adj* marital; **vida m.**, married life.

maritates *nmpl CAm* equipment *sing*, tackle *sing*.

marítimo,-a *adj* maritime, sea; **ciudad marítima**, coastal town; **ruta marítima**, sea route; **seguro m.**, marine insurance.

marjal *nm Geog* marsh, bog.

marketing *nm Com* marketing.

marlo *nm Am* 1 *(espiga de maíz)* cob. 2 *(tronco de cola)* dock. 3 *(de planta)* stem.

marmita *nf (olla)* cooking pot.

marmitón,-ona *nm,f* kitchen helper, scullion.

mármol *nm* marble.

marmolería *nf* 1 *(taller)* marble cutter's workshop. 2 *(mármoles)* marblework.

marmolista *nmf* marble cutter.

marmóreo,-a *adj* marmoreal, marble.

marmota *nf* 1 *Zool* marmot; *fam* **dormir como una m.**, to sleep like a log. 2 *fam (dormilón)* sleepyhead. 3 *fam (mujer)* charwoman.

maroma *nf* 1 *(cuerda)* thick rope. 2 *Náut* cable. 3 *Am (volatín)* acrobatic performance. 4 *Am Pol fig (de partido)* sudden change of party; *(de opinion)* sudden change of opinion.

maromear *vi Am* 1 *(hacer volatines)* to do acrobatics on the tightrope. 2 *Pol fig (vacilar)* to sit on the fence; *(cambiar de partido)* to change one's allegiance.

maromo *nm arg* guy, bloke.

marqués *nm* marquis.

marquesa *nf* marchioness.

marquesado *nm* marquisate.

marquesina *nf Arquit* canopy.

marquesote *nm CAm Méx Culin* type of cake.

marquetería *nf* marquetry, inlaid work.

marrajo,-a 1 *adj* 1 *Taur* vicious, dangerous. 2 *(astuto)* cunning, sly. II *nm (pez)* mako shark.

marranada *nf,* **marranería** *nf* filthy thing *o* act; **han dejado el piso hecho una m.**, they've left the flat like a pigsty; *fam* **hacer una m. a algn**, to play a dirty trick on sb.

marrano,-a I *adj (sucio)* filthy, dirty. II *nm,f* 1 *fam (cochino)* dirty pig, slob; *(cabrón)* swine. 2 *Zool* pig.

marrar *vi* to go wrong, fail.

marras (de) *loc adv* aforementioned; el individuo de m., the man in question.

marrasquino *nm (vino)* maraschino.

marrón glacé *nm Culin* marron glacé.

marrón I *adj (color)* brown. II *nm* 1 *(color)* brown. 2 *arg (condena)* sentence; comerse un m., to own up; pillar de m., to catch red-handed.

marroquí *adj & nmf*, marroquín,-ina *adj & nm,f* Moroccan.

marroquinería *nf* 1 *Ind* leather tanning. 2 *(artículos de cuero)* leather goods.

Marruecos *n* Morocco.

marrullería *nf* cajolery, wheedling.

marrullero,-a I cajoling, wheedling. II *nm,f* cajoler, wheedler.

Marsella *n* Marseilles.

marsellés,-esa I *adj* of *o* from Marseilles. II *nm,f* native *o* inhabitant of Marseilles.

marsopa *nf Zool* porpoise.

marsupial *adj & nm,f Zool* marsupial.

marta *nf Zool* 1 *(animal)* (pine) marten. ■ m. cibellina, sable. 2 *(piel)* sable.

martajar *vtr Am (maíz)* to grind; *fam* m. el inglés, to speak broken English.

Marte *n Astrol Astron Mit* Mars.

martes *nm inv* Tuesday; M. de Carnaval, Shrove Tuesday, Pancake Tuesday; m. y trece, ≈ Friday the thirteenth; *prov* en m., ni te cases ni te embarques, never take important decisions on a Tuesday; *véase tamb* viernes.

martillar *vtr véase* martillear.

martillazo *nm* blow with a hammer.

martillear *vtr* to hammer; *fig* m. los oídos, to hammer *o* pound on one's ears.

martilleo *nm* hammering.

martillo *nm* hammer. ■ *Zool* pez m., hammerhead shark.

martín pescador *nm Orn* kingfisher.

martinete[1] *nm Orn* 1 *(ave)* night heron. 2 *(penacho)* plume.

martinete[2] *nm* 1 *(mazo)* drop hammer. 2 *(para clavar estacas)* pile-driver. 3 *Mús (macillo)* hammer.

martingala *nf fam* trick.

Martinica *n* Martinique.

mártir *nmf* martyr.

martirio *nm* 1 martyrdom. 2 *fig (fastidio)* torment.

martirizador,-a I *adj* agonizing. II *nm,f* tormentor, torturer.

martirizar [4] *vtr* 1 to martyr. 2 *fig (fastidiar)* to torture, torment.

marxismo *nm* Marxism.

marxista *adj & nmf* Marxist.

marzo *nm* March; *véase tamb* noviembre.

m/c, m/cta *abr de* mi cuenta, my account.

mas *conj lit* but.

más I *adv* 1 *(comparativo)* more; compra otro m., buy another one; es m. alta/resuelta que yo, she's taller/more resolute than me; *(mayor)* hay m. número de niños que de adultos, there are more children than adults; necesito m. tiempo, I need more

time; no tengo m., I haven't got any more. 2 *(con numerales, cantidad)* more than, over; m. de diez, over ten. 3 *(superlativo)* most; es el m. bonito/caro, it's the prettiest/most expensive. 4 *exclam* so ..., what a ...; ¡está m. guapa!, she looks so beautiful!; ¡qué casa m. bonita!, what a lovely house! 5 *(después de pron interr e indef)* else; ¿algo m.?, anything else?; no, nada m., no, nothing else; ¿dónde/qué/quién m.?, where/what/who else?; nadie/alguien m., nobody/somebody else. 6 *(locuciones)* a m. no poder, as much as possible; a m. tardar, at the latest; a m. y mejor, a great deal; cada día *o* vez m., more and more; cada vez m. caro, more and more expensive, dearer and dearer; como el que m., as well as anyone *o* the next man; cuanto *o* mientras m. trabajas, m. ganas, the more you work, the more you earn; cuanto *o* mientras m. lo pienso, menos lo entiendo, the more I think about it, the less I understand it; cuanto m. mejor, the more the better; chilló m. que cantó, he screamed rather than sang; de m., *(de sobras)* spare, extra; *(que sobra)* too much, too many; dos de m., two too many; estar de m., to be unnecessary, be surplus to requirements; traje uno de m., I brought a spare one; el que m. y el que menos, everybody; el m. allá, the beyond; es m., what's more, furthermore; de lo m., extremely, very, ever so; es de lo m. guapo, he's ever so handsome; lo m. posible, as much as possible; lo m. pronto/tarde, as soon/late as possible; m. allá *o* adelante, further on; m. allá de, beyond; m. bien, rather; m. de la cuenta, too much; m. lo normal, more than usual; (poco) m. o menos, more or less; m. que, rather than; m. que nunca, more than ever; m. aún, even more; ni m. ni menos, exactly; no m. de *o* que, no more than, only; *(con nombre)* por m., however much *o* no matter how much, however many *o* no matter how many; por m. dinero/millones que ahorres no podrás comprarte un castillo, however much money/many millions you save you won't be able to buy a castle; *(con adj, adv, verbo)* however (much), no matter how (much); por m. fuerte que sea, however strong he may be; por m. que grites no te oirá nadie, no matter how much you shout nobody will hear you; ¿qué m. da?, does it make any difference?, what's the difference?; quien m., quien menos, everybody; sin m. ni m., without reason; tanto m. cuanto que ..., all the more because ...; todo lo m., at the most *o* latest; *fam* ¡y tú, m.!, same to you! II *nm inv* 1 *Mat* plus; dos m. dos, two plus *o* and two. 2 los/las m., the majority, most people; las m. de las veces, more often than not. III *adj fam* el tuyo es m. vestido que el mío, yours is a better dress than mine.

masa *nf* 1 *(gen)* mass; una m. líquida, a liquid mass. ■ m. atómica, atomic mass; m. encefálica, brain. 2 *(de cosas)* bulk, volume. 3 *(gente)* mass; atraer a las masas, to draw the crowds; en m., en masse. ■ medios de comunicación de masas, mass media; producción en m., mass production. 4 *Elec (tierra)* earth, *US* ground. 5 *Constr (mortero)* mortar. 6 *Culin* dough; *fig* con las manos en la m., red-handed.

masacrar *vtr* to massacre.

masacre *nf* massacre.

masaje *nm* massage; dar masaje(s) (a), to massage

masajista *nmf (hombre)* masseur; *(mujer)* masseuse.

mascada *nf* 1 *Am (tabaco)* plug of chewing tobacco. 2 *CAm Ecuad (tesoro)* store of money. 3 *Arg*

Chi (bocado) mouthful, bite. **4** *Méx (pañuelo)* silk handkerchief.

mascadura *nf* chewing, mastication.

mascar [1] *vtr & vi* to chew, masticate.

máscara *nf* **1** mask; *fig* **quitar la m. a algn,** to unmask sb; *fig* **quitarse la m.,** to reveal oneself. ▪ **m. de gas,** gas mask; **traje de m.,** fancy dress. **2 máscaras,** masquerade *sing.* **3** *nmf (persona)* masked person.

mascarada *nf* masquerade.

mascarilla *nf* **1** mask. ▪ **m. de oxígeno,** oxygen mask. **2** *Med* face mask. **3** *(cosmética)* face pack.

mascarón *nm* **1** *(máscara)* large mask. **2** *Náut* **m. de proa,** figurehead.

Mascate *n* Muscat.

mascota *nf* mascot.

masculinidad *nf* masculinity, manliness.

masculinizar [4] *vtr* to make mannish.

masculino,-a **I** *adj* **1** *Zool Bot* male; **órganos masculinos,** male organs. **2** *(de hombre)* male, manly; **una voz masculina,** a manly voice. **3** *(para hombre)* men's; **ropa masculina,** men's clothes, menswear. **4** *Ling* masculine. **II** *nm Ling* masculine.

mascullar *vtr* to mumble.

masía *nf Cat* farm.

masilla *nf* putty.

masivo,-a *adj* massive.

masoca *nm,f fam* masochist.

masón *nm* freemason, mason.

masonería *nf* freemasonry, masonry.

masónico,-a *adj* masonic.

masoquismo *nm* masochism.

masoquista **I** *adj* masochistic. **II** *nmf* masochist.

mastaba *nf Arquit Hist* mastaba.

masticación *nf* chewing, mastication.

masticador,-a *adj* chewing, masticating.

masticar [1] *vt* **1** to chew, masticate. **2** *fig (ponderar)* to chew *o* ponder over.

mástil *nm* **1** *(asta)* mast, pole. **2** *Náut* mast. **3** *(de guitarra)* neck.

mastín *nm Zool* mastiff.

mastitis *nf Med* mastitis.

mastodonte *nm* mastodon.

mastodóntico,-a *adj* elephantine.

mastoides *adj & nf inv Anat* mastoid.

mastuerzo **I** *adj (necio)* stupid, foolish, doltish. **II** *nm* **1** *Bot* cress. **2** *(necio)* dolt.

masturbación *nf* masturbation.

masturbar *vtr,* **masturbarse** *vr* to masturbate.

mata *nf* **1** *(matorral)* bush, shrub; **a salto de m.,** *(al día)* from one day to the next; *(apresuradamente)* like a shot; *(de cualquier manera)* any old how, haphazardly. ▪ **m. de pelo,** head of hair. **2** *(ramita)* sprig; **una m. de tomillo/romero,** a sprig of thyme/rosemary.

matachín *nm* slaughterer.

matadero *nm* slaughterhouse, abattoir; *fig* **llevar (a algn) al m.,** to put (sb's life) at risk.

matador,-a **I** *adj* killing. **II** *nm Taur* matador, bullfighter.

matadura *nf (harness)* sore.

matahambre *nm Am Culin* chop.

matalahúga *nf,* **matalahúva** *nf* **1** *(planta)* anise. **2** *(semilla)* aniseed.

matalascallando *nm inv fam* wolf in sheep's clothing.

matamoscas *nm inv* **1** *(pala)* fly swat. **2** fly killer.

matanza *nf* **1** slaughter. **2** *Culin* pork products *pl.* **3** *CAm* butcher's (shop); meat market.

mataperros *nm inv fam* street urchin.

matar **I** *vtr* **1** to kill; *fig* **m. a algn a disgustos,** to drive sb insane; *fam* **el que la sigue la mata,** where there's a will, there's a way; *fam* **estar a m. con algn,** to be at daggers drawn with sb; *fam* **m. el hambre/ el tiempo,** to kill hunger/the time; *fam* **matarlas callando,** to be a wolf in a sheep's clothing; *fam* **que me maten si ...,** I'll be damned if ... . **2** *(redondear)* to round, bevel. **3** *(sello)* to frank. **4** *(polvo)* to lay. **5** *(luz, fuego)* to put out. **6** *(color)* to tone down. **II matarse** *vr* to kill oneself; *fig* **se mata para sacar a la familia adelante,** she kills herself working to support her family.

matarife *nm* slaughterer.

matarratas *nm inv* **1** *(raticida)* rat poison. **2** *fam (brebaje)* rotgut.

matasanos *nmf inv fam* quack.

matasellos *nm inv* **1** *(instrumento)* canceller. **2** *(marca)* postmark.

matasiete *nm fam* bully, braggart.

matasuegras *nm inv* paper serpent.

matate *nm CAm* string bag.

matazón *nf Am (animales)* slaughter, killing; *fig* toll, carnage.

match *nm Dep* match.

mate[1] *adj (sin brillo)* matt.

mate[2] *nm Ajedrez* mate. ▪ **jaque m.,** checkmate.

mate[3] **1** *Am Bot* maté; *(bebida)* Paraguayan tea, maté. **2** *SAm (planta)* gourd; *(recipiente)* gourd. **3** *Am fam (cabeza)* nut.

matear *vi SAm* to drink maté.

matemática *nf,* **matemáticas** *nfpl* mathematics *sing.*

matemático,-a **I** *adj* mathematical. **II** *nm,f* mathematician. ◆**matemáticamente** *adv* mathematically.

materia *nf* **1** matter; *Fis* material. ▪ **m. gris,** grey matter; **m. prima,** raw material. **2** *(tema)* matter, question; **en m. de,** as regards; **entrar en m.,** to get to the point. ▪ **índice de materias,** table of contents. **3** *Educ (asignatura)* subject.

material **I** *adj* material, physical; **daños materiales,** damage to property; **el autor m. del hecho,** the real instigator of the deed, the person behind the deed; **no tengo tiempo m. para hacerlo,** I just haven't got the time to do it. **II** *nm* material. ▪ **m. escolar/de construcción,** teaching/building material *o* materials *pl*; **m. de oficina,** office equipment. ◆**materialmente** *adv* materially, physically; **es m. imposible,** it is quite *o* absolutely impossible.

materialidad *nf* material nature.

materialismo *nm* materialism. ▪ *Filos* **m. dialéctico,** dialectic materialism.

materialista *adj & nmf* materialist.

materialización *nf* materialization.

materializar [4] *vtr,* **materializarse** *vr* to materialize.

maternal *adj* maternal, motherly.

maternidad *nf* matcrnity, motherhood.

materno,-a *adj* maternal; **abuelo m.,** maternal grandfather; **lengua materna,** native *o* mother tongue.

mates *nfpl fam* maths *sing, US* math *sing.*

matinal I *adj* morning, matinal. II *nf* matinée.

matinée *nf,* **matiné** *nf* matinée.

matiz *nm* 1 *(color)* shade, hue, tint; **tres matices de rosa,** three shades of pink. 2 *fig* shade of meaning, nuance; **un m. irónico,** a touch of irony.

matización *nf* 1 *Arte* blending, harmonization; *(coloreado)* shading, tingeing. 2 *fig (de palabras)* nuances *pl.*

matizar [1] *vtr* 1 *Arte (proporcionar)* to blend, harmonize; *(dar color)* to tinge. 2 *fig (palabras, discurso)* to tinge; *(voz)* to vary *o* modulate. 3 *fig (precisar)* to be more precise *o* explicit about; **convendría m. este tema,** we ought to look more closely at this; **esto, hay que matizarlo,** it's not as straightforward as that; **¿podría m. sus recientes declaraciones, por favor?,** could you clarify your recent statements please?

matojo *nm* shrub, bush; **un m. de hierbas,** a tuft of grass.

matón,-ona *nm,f fam* thug, bully.

matonear I *vtr CAm* 1 *(asesinar)* to kill. 2 *(desherbar)* to clear. II *vi* 1 *(alardear de matón)* to play the tough guy. 2 *fam (chulear)* to show off, be cocky.

matorral *nm* brushwood, thicket.

matraca I *nf (ruido)* rattle; *fam* **dar la m. a algn,** *(dar la lata)* to pester *o* bother sb; *(burlarse)* to make fun of sb, laugh at sb. II *nmf fam* bore, pest, nuisance.

matraquear *vi* 1 *(hacer ruido)* to rattle. 2 *fam* to pester, be a nuisance.

matraqueo *nm* 1 *(ruido)* rattling. 2 *fam* pestering.

matraz *nm Quím* flask.

matrero,-a I *adj (astuto)* sly, cunning. II *nm,f* 1 *(astuto)* trickster, slyboots. 2 *Am (bandolero)* bandit, brigand.

matriarcado *nm* matriarchy.

matriarcal *adj* matriarchal.

matricida *nmf (persona)* matricide.

matricidio *nm (acto)* matricide.

matrícula *nf* 1 *(lista)* roll, list. 2 registration. ■ **derechos de m.,** registration fee; **m. de honor,** top mark; **plazo de m.,** registration period. 3 *Aut (número)* registration number; *(placa)* number *o US* license plate. 4 *Náut* **puerto de m.,** port of registry.

matriculación *nf* registration.

matricular *vtr,* **matricularse** *vr* to register; **me matriculé en (un curso de) inglés,** I put my name down for English (classes).

matrimonial *adj* matrimonial; **agencia m.,** marriage bureau; **enlace m.,** wedding; **vida m.,** married life.

matrimonio *nm* 1 marriage; **contraer m.,** to marry. ■ **cama de m.,** double bed; **m. civil/religioso,** registry office/church wedding. 2 *(pareja casada)* married couple; **el m. y los niños,** the couple and their children; **el m. Romero,** Mr and Mrs Romero, the Romeros.

matritense *adj* of *o* from Madrid.

matriz *nf* 1 *Anat* womb, uterus. 2 *(de talonario)* stub. 3 *(de documento) (original)* original, master copy. 4 *Téc* mould, *US* mold. 5 *Impr Mat* matrix.

matrona *nf* 1 *(madre respetable)* matron, mature woman. 2 *Med (comadrona)* midwife. 3 *(en cárceles, hospitales)* matron. 4 *(en aduanas)* searcher.

matufia *nf RPl fam* trick, fraud.

matungo,-a I *adj Am (flacucho)* weak, emaciated; *(cojo)* lame. II *nm RPl Cuba* old horse, hack, nag.

maturrango,-a I *adj* 1 *Am (jinete)* poor, incompetent. 2 *Am pey* Spanish *o* European. 3 *Arg Chi (persona)* clumsy.

Matusalén *nm* Methuselah; **más viejo que M.,** as old as Methuselah *o* the hills.

matute *nm* 1 smuggling; **de m.,** contraband; **hacer m.,** to smuggle. 2 *(género)* contraband, smuggled goods *pl.* 3 *(casa de juegos)* gambling den.

matutear *vi* to smuggle.

matutino,-a I *adj* morning; **estrella matutina,** morning star. II *nm Prensa* morning newspaper.

maula I *nf* 1 *(trasto)* piece of junk; **este coche es una m.,** this car is an old crate. 2 *(retal)* remnant. 3 *(engaño)* (dirty) trick. II *nmf fam* 1 *fig (persona) (moroso)* bad payer; *(tramposo)* slippery *o* tricky customer; *(pesado)* bore. 2 *(vago)* dead loss, good-for-nothing.

maullador,-a *adj* miaowing.

maullar [16] *vi* to miaow.

maullido *nm* miaowing, miaow.

Mauricio *n* Mauritius.

Mauritania *n* Mauritania.

mauritano,-a *adj & nm,f* Mauritanian.

máuser *nm Mil* mauser.

mausoleo *nm Arquit* mausoleum.

maxilar *Anat* I *adj* maxillary. II *nm* jaw, jawbone.

máxima *nf* maxim.

máxime *adv* especially, all the more so.

máximo,-a I *adj* 1 *superl de* **grande.** 2 maximum; **la máxima puntuación,** the highest score. 3 *Mat* **m. común divisor,** highest common factor. II *nm* maximum; **al m.,** to the utmost; **como m.,** *(como mucho)* at the most; *(lo más tarde)* at the latest; **mi paciencia llegó al m.,** my patience reached its limit. III *nf Meteor* maximum temperature.

maya I *adj* Mayan. II *nmf* Maya, Mayan.

mayador,-a *adj véase* **maullador,-a.**

mayar *vi véase* **maullar.**

mayestático,-a *adj* 1 majestic. 2 *Ling* **plural m.,** the Royal 'we'.

mayido *nm véase* **maullido.**

mayo *nm* 1 *(mes)* May; *prov* **hasta el cuarenta de m. no te quites el sayo,** ne'er cast a clout till May be out; *véase tamb* **noviembre.** 2 *(palo)* maypole.

mayólica *nf Constr* majolica.

mayonesa *nf Culin* mayonnaise.

mayor I *adj* 1 *(comparativo)* larger, bigger, greater; *(persona)* older; *(hermanos, hijos)* elder; **su casa es m. que la mía,** her house is bigger than mine; **Elvira es m. que Pilar,** Elvira is older than Pilar; **sus hermanos mayores,** her elder brothers. 2 *(superlativo)* largest, biggest, greatest; *(persona)* oldest; *(hermanos, hijos)* eldest; **el m. enemigo,** the greatest enemy; **la m. parte,** the majority; **la m. parte de las veces,** most times; **el m. de la clase,** the oldest in the class; **su hija m.,** his eldest daughter. 3 *(adulto)* grown-up; **hacerse m.,** to grow up; **ser m. de edad,** to be of age; *fam* **ya eres m.,** you're a big boy *o* girl now. 4 *(maduro)* elderly, mature; **un hombre (ya) m.,** an elderly man. 5 *(principal)* major, main; **calle m.,** high *o* main street; *Educ* **colegio m.,** hall of residence; *Com* **libro m.,** ledger; **plaza m.,** main square; **premisa m.,** major premise. 6 *Mús* major; **Do/Re/Mi m.,** C/D/E major. 7 *Com* **al por m.,** wholesale; *fig (en abundancia)* by the score, galore.

II *nm* **1** *Mil* major. **2 mayores,** *(adultos)* grown-ups, adults; **una película para m.,** a film for adults; **respetar a los m.,** to show respect for one's elders. **3 mayores,** *(antepasados)* ancestors. III *nmf* **el** *o* **la m.,** the oldest; *(hermanos, hijos)* the eldest.

mayoral *nm* **1** *(pastor)* head shepherd. **2** *Agr (capataz)* foreman. **3** *arc (cochero)* coachman.

mayorazgo *nm* **1** *(primogenitura)* primogeniture. **2** *(herencia)* entailed estate. **3** *(heredero)* heir (to an entailed estate). **4** *fig (primogénito)* first-born, eldest son.

mayordomo *nm* butler.

mayoría *nf* majority; **en su m.,** in the main; **la gran** *o* **inmensa m.,** the great *o* vast majority; **la m. de los niños,** most children. ■ **m. absoluta/relativa,** absolute/relative majority; **m. de edad,** majority.

mayorista I *adj* wholesale. II *nmf* wholesaler; **precios de m.,** wholesale prices.

mayoritario,-a *adj* majority; **un gobierno m.,** a majority government.

mayúsculo,-a I *adj* **1** *(enorme)* very big, enormous; **un susto m.,** a tremendous scare. **2** *Ling (letra)* capital. II *nf* capital letter.

maza *nf* **1** *Téc* large hammer, pounder. ■ **m. de fraga,** drop hammer. **2** *Hist (arma)* mace, war club. **3** *(insignia)* mace. **4** *fig* bore. **5** *Mús* drumstick.

mazacote[1] *nm* **1** *Constr* concrete. **2** *Culin* solid mass, stodge. **3** *fam (adefesio)* eyesore, monstrosity. **4** *fam (pesado)* bore, pest. **5** *Am (mezcla confusa)* hotch-potch.

mazacote[2] *nm* *Méx Zool* boa.

mazamorra *nf* **1** *SAm Culin* maize porridge. **2** *(en el pie)* sore, soreness.

mazapán *nm* *Culin* marzipan.

mazazo *nm* blow with a hammer *o* mace; **caer como un m.,** to go down like a lead balloon; **la noticia fue un m.,** the news was a heavy blow.

mazmorra *nf* dungeon.

mazo *nm* **1** *(martillo)* mallet. **2** *(manojo)* wad, bunch; **un m. de billetes de banco/de papeles,** a wad of banknotes/papers. **3** *fig (pesado)* bore, pest.

mazorca *nf* *Bot* spike; *Agr* cob.

mazurca *nf* *Mús* mazurka.

me I *pron pers* me; **¿me das un caramelo?,** will you give me a sweet?; **no me mires,** don't look at me. II *pron reflexivo* myself; **me veo en el espejo,** I can see myself in the mirror; **me voy/muero,** I'm going/dying.

meada *nf vulg* **1** piss, slash; **echar una m.,** to have a piss. **2** *(mancha)* urine stain.

meadero *nm vulg* bog.

meandro *nm* meander.

mear I *vi vulg* to (have a) piss. II **mearse** *vr* to wet oneself; *fig* **m. de risa,** to piss oneself (laughing).

MEC *nm abr de* **Ministerio de Educación y Ciencia,** Department of Education and Science, DES.

Meca *n* **1 la M.,** Mecca; *fig* **andar de la Ceca a la M.,** to go back and forth. **2** *fig (centro)* mecca, centre, *US* center.

mecachis *fam interj* darn it!, damn it!

mecánica *nf* **1** *(ciencia)* mechanics *sing.* **2** *(mecanismo)* mechanism, works *pl.*

mecanicista I *adj* mechanistic. II *nmf* mechanist.

mecánico,-a I *adj* mechanical. II *nm,f* mechanic.

mecanismo *nm* mechanism.

mecanización *nf* mechanization.

mecanizar [4] *vtr* to mechanize.

mecano® *nm* Meccano®.

mecanografía *nf* typewriting, typing.

mecanografiar [13] *vtr* to type.

mecanógrafo,-a *nm,f* typist.

mecatazo *nm* **1** *CAm Méx (latigazo)* lash, stroke. **2** *Méx fam (trago)* swig.

mecate *nm* **1** *CAm Méx Filip* strip of pita fibre *o* *US* fiber; string. **2** *Méx (grosero)* coarse *o* vulgar person.

mecedor,-a I *adj* rocking. II *nf* rocking chair.

mecenas *nmf inv* patron.

mecenazgo *nm* patronage.

mecer [2] I *vtr* to rock. II **mecerse** *vr* to swing, rock.

mecha *nf* **1** *(de vela)* wick. **2** *Mil Min* fuse; *fam* **a toda m.,** at full speed; *fam* **aguantar m.,** to grin and bear it. **3** *Culin* lardoon, piece of bacon used to lard meat. **4** *(de pelo)* streak; **hacerse mechas,** to have one's hair streaked. **5** *Am (broma)* joke. **6** *Am (barrena)* bit. **7** *Méx (miedo)* fear.

mechar *vtr* **1** *(carne)* to lard. **2** *(pelo)* to streak.

mechero,-a I *nm* (cigarette) lighter. ■ **m. de gas,** gas lighter. II *nmf arg* shoplifter.

mechificar *vi Am* to mock, scoff.

mechón *nm* **1** *(de pelo)* lock. **2** *(de lana)* tuft.

mechonear *vtr,* **mechonearse** *vr Am (el cabello)* to tear (at) one's hair.

meco,-a *adj* **1** *CAm Méx (grosero)* rude, rough, vulgar, coarse. **2** *Antill Méx (cabello)* fair, blond, blonde; *(cosas)* golden. **3** *(animal)* red *o* ginger and black.

medalla I *nf* medal; *fam* **ponerse medallas,** to boast. II *nmf Dep (campeón)* medallist, *US* medalist.

medallista *nmf* medallist, *US* medalist, engraver of medals.

medallón *nm* medallion.

médano *nm,* **medano** *nm (duna)* sand dune; *(banco)* sandbank.

media *nf* **1** stocking; *Am (calcetín)* sock; **hacer m.,** to knit. **2** *(promedio)* average; **una m. de tres litros por día,** three litres a day on average. **3** *Mat* mean; **m. aritmética/geométrica,** arithmetic/geometric mean.

mediación *nf* mediation, intervention; **por m. de un amigo,** through a friend.

mediado,-a I *pp de* **mediar.** II *adj* half-full, half-empty; **está el jarro m.,** the jug is half full; **llevo mediada la obra,** I'm half-way through the play; **a mediados de mes/semana,** about the middle of the month/week.

mediador,-a I *adj* mediating. II *nm,f* mediator.

mediagua *nf Am* roof which slopes in one direction.

medialuna *nf* **1** *(símbolo musulmán)* crescent. **2** *Culin (pasta)* croissant.

mediana *nf Mat* median.

medianería *nf* **1** *(pared)* party wall. **2** *Am (aparcería)* partnership.

medianero,-a *adj* dividing; *Arquit* **muro m.,** dividing fence; *Arquit* **pared medianera,** party wall.

medianía *nf* **1** middling position; **vivir en la m.,** to have an undistinguished social position. **2** *pey (persona)* mediocre person.

mediano,-a I *adj* **1** middling, average; **inteligencia mediana,** average intelligence. **2** *(tamaño)* medium-sized; **un coche m.,** a medium-sized car. **3** *pey (mediocre)* mediocre. II *nf Cat* (≈ half pint) bottle of beer.

medianoche *nf* midnight; **a m.**, in the middle of the night.

mediante *prep* by means of, with the help of, using; **Dios m.**, God willing.

mediar [12] *vi* 1 *(intervenir)* to mediate, intervene; **m. en favor de** *o* **por algn,** to intercede on behalf of sb. 2 *(tiempo)* to pass; **mediaron tres semanas,** three weeks passed; *(distancia)* **median nueve kms entre Tafalla y Olite,** it is nine kms from Tafalla to Olite; *fig* **media un abismo,** there is an enormous gap *o* difference. 3 *(hecho, circunstancia)* to exist; **media el hecho de que es menor de edad,** there is the fact that he is a minor. 4 *(ocurrir)* to intervene, happen, come up; **se iban a casar pero medió el escándalo,** they were going to get married, but the scandal intervened. 5 *(estar en la mitad)* to be in the middle, be half-way through; **mediaba agosto,** it was mid-August.

mediatización *nf* decisive influence.

mediatizar [4] *vtr* to exercise *o* have a decisive influence on.

medicación *nf* 1 *(tratamiento)* medication, medical treatment. 2 *(medicamentos)* medicines *pl.*

medicamento *nm* medicine, medicament.

medicamentoso,-a *adj* medicinal.

medicar [1] I *vtr* to administer medicines to, medicate. II **medicarse** *vr* to take medicines.

medicina *nf* medicine; **estudiante de m.,** medical student, medic.

medicinal *adj* medicinal.

medicinar *vtr* to treat, give medicine to.

medición *nf* 1 *(acción)* measuring. 2 *(dato)* measurement.

médico,-a I *adj* medical. II *nm,f* doctor, physician. ■ **m. de cabecera,** family doctor, general practitioner, GP.

medida *nf* 1 measure; **a (la) m.,** *(ropa)* made-to-measure; *(mueble)* specially made; **pesos y medidas,** weights and measures; **tres medidas de arroz,** three measures of rice; *fig* **a la m. de,** according to; *fig* **a m. que,** as; **a m. que pasa el tiempo,** as time goes by; *fig* **en gran m.,** to a great extent; *fig* **en la m. en que,** in so far as, inasmuch as; *fig* **en la m. de lo posible,** as far as possible; *fig* **en mayor/menor m.,** to a greater/lesser extent; *fig* **hasta cierta m.,** to a certain extent. 2 *(medición)* measuring, measurement. 3 *(moderación)* moderation, prudence; **sin m.,** immoderately, excessively. 4 *(disposición)* action, measure; **adoptar** *o* **tomar medidas,** to take steps. ■ **m. preventiva,** preventive measure; **m. represiva,** deterrent. 5 *Lit* scansion.

medidor,-a I *adj* measuring. II *nm Am Téc* meter.

medieval *adj* medieval.

medievalismo *nm* medievalism.

medievalista *nmf* medievalist.

medievo *nm* Middle Ages *pl.*

medio,-a I *adj* 1 half; **a m. camino,** half-way; **clase media,** middle class; **dedo m.,** middle finger; **m. kilo,** half a kilo; **una hora y media,** one and a half hours, an hour and a half; *fig* **media luz,** half-light. 2 *(intermedio)* middle; **a media mañana/tarde,** in the middle of the morning/afternoon; **de media edad,** middle-aged. 3 *(promedio)* average; **el hombre m.,** the average man; **temperatura media,** mean temperature. II *adv* 1 half; **está m. muerto,** he is half dead; **está m. terminado,** it's half finished. 2 **a medias,** *(incompleto)* unfinished; *(entre dos)* between the two; **lo dejó a medias,** he left it half done; **lo pagamos a medias,** we went halves on it, we shared the cost; **ir a medias,** to go halves. III *nm* 1 *(mitad)* half; **de m. a m.,** completely. 2 *(centro)* middle; **de por m.,** in the way; **en m. (de),** *(en el centro)* in the middle (of); *(entre dos)* in between; *(entre varios)* among; **(justo) en m. de la calle,** (right) in the middle of the street; **estar/ponerse en m.,** to be/put oneself in the way; **la casa del m.,** the middle house; **por (el) m.,** in *o* down the middle; *fam* **quitar algo/a algn de en m.,** to get sth/sb out of the way. 3 *(procedimiento)* means, way; **medios de comunicación,** (mass) media; **medios de vida,** means of support; **no hay m. de ...,** there's no way of ...; **por m. de ...,** by means of ...; **por sus propios medios,** on his own resources; **por todos los medios,** by all possible means. 4 *Biol Fís* medium; **adaptación al m.,** adaptation to the environment. ■ **m. ambiente,** environment. 5 *Mat* mean. 6 *(círculo social)* environment, circle; **en los medios teatrales,** in the world of theatre; **encontrarse en su m.,** to be in one's element. 7 *Dep (jugador)* halfback. 8 **medios,** *(económicos)* means; **no tener m.,** not to have economic resources.

mediocre *adj* mediocre.

mediocridad *nf* mediocrity.

mediodía *nm* 1 *(hora exacta)* midday, noon. 2 *(período aproximado)* early afternoon, lunchtime; **las tiendas cierran dos** *o* **tres horas al m.,** shops are closed for two or three hours in the early afternoon *o* at lunchtime. 3 *(sur)* south.

medioevo *nm* véase **medievo.**

mediopensionista *nmf* day student.

medir [34] I *vtr* 1 *(distancia, superficie, temperatura)* to measure; *fig* **los boxeadores midieron sus fuerzas,** the boxers measured *o* gauged each other's strength. 2 *(sopesar)* to weigh up; **m. los pros y los contras,** to weigh up the pros and cons. 3 *(moderar)* to weigh; **mide tus palabras,** weigh your words. 3 *Lit (verso)* to scan. II *vi* to measure, be; **¿cuánto mides?,** how tall are you?; **mide 2 metros,** he is 2 metres tall; **mide dos metros de alto/ancho/largo,** it is two metres high/wide/long. III **medirse** *vr* **m. con algn,** to measure oneself against sb.

meditabundo,-a *adj* pensive, thoughtful.

meditación *nf* meditation.

meditar *vtr* & *vi* to meditate, ponder; **m. sobre algo,** to ponder over sth.

meditativo,-a *adj* meditative.

mediterráneo,-a I *adj* Mediterranean. II **el M.** *nm* the Mediterranean.

médium *nmf (pl médiums)* medium.

medo,-a I *adj* Median. II *nm,f* Mede.

medrar *vi* 1 *(plantas, animales)* to thrive, grow. 2 *fig* to flourish, do well, prosper.

medro *nm* 1 *(plantas, animales)* growth. 2 *fig* prosperity. 3 *(mejora)* improvement. 4 **medros,** *progres sing,* advancement *sing.*

medroso,-a I *adj* 1 *(temeroso)* fearful, faint-hearted. 2 *(que causa miedo)* frightening. II *nm,f* fearful person.

médula *nf* 1 *Anat* marrow. ■ **m. espinal,** spinal cord; **m. ósea,** bone marrow. 2 *fig (lo más profundo)* marrow, pith; **hasta la m.,** to the marrow.

medular *adj* of *o* related to the marrow.

medusa *nf* Zool jellyfish.

mefistofélico,-a *adj* Mephistophelian.

mefítico,-a *adj* poisonous, mephitic.

megaciclo *nm Rad* megacycle.

megafonía *nf* **1** *(técnica)* sound amplification. **2** *(equipo)* public-address system, PA system.

megáfono *nm* megaphone.

megalítico,-a *adj* megalithic.

megalito *nm* megalith.

megalomanía *nf* megalomania.

megalómano,-a *adj* megalomaniac.

megatón *nm* Fís megaton.

megavatio *nm* Fís megawatt.

megavoltio *nm* Fís megavolt.

mejicano,-a *adj & nm,f* Mexican.

Méjico *n* Mexico. ■ **ciudad de M.**, Mexico City; **Nuevo M.**, New Mexico.

mejilla *nf* cheek.

mejillón *nm* Zool mussel.

mejillonero,-a **I** *adj* mussel; **la industria mejillonera,** the mussel industry. **II** *nm,f (criador)* mussel farmer; *(pescador)* mussel gatherer. **III** *nf* mussel farm.

mejor **I** *adj* **1** *(comparativo)* better; **es m. no decírselo,** it's better not to tell her; **esta novela es m. que la anterior,** this novel is better than his last one; **a falta de algo m.,** for want of something better; **pensé que era m. no salir,** I thought I'd better stay at home. **2** *(superlativo)* best; **tu m. amiga,** your best friend; **el m. de los dos,** the better of the two; **el m. de los tres,** the best of the three; **lo m.,** the best thing; **lo m. de algo,** the best part of sth; **lo m. posible,** as well as possible. **II** *adv* **1** *(comparativo)* better; **así es m.,** that's better; **cada vez m.,** better and better; **ella conduce m.,** she drives better; **ir a m.,** to improve, get better; **m. dicho,** or rather; **m. o peor,** one way or another; **¡mucho o tanto m.!,** so much the better! **2** *(superlativo)* best; **es el que m. canta,** he is the one who sings the best; **a lo m.,** *(quizás)* perhaps; *(ojalá)* hopefully.

mejora *nf* **1** improvement; **m. de sueldo,** pay increase, (pay) rise. **2** *(puja)* higher bid.

mejorable *adj* improvable.

mejoramiento *nm* improvement.

mejorar **I** *vtr* to improve, better; **m. la red vial,** to improve the road system; **m. una oferta/una puja,** to raise an offer/a bid; **m. una marca** *o* **un récord,** to break a record. **II** *vi* to improve, get better; **el tiempo ha mejorado,** the weather has cleared up; **m. de salud,** to improve in health, get better; **m. de situación,** to better oneself. **III mejorarse** *vr* to get better; **¡que te mejores!,** get well soon!

mejoría *nf* improvement.

mejunje *nm* unpleasant mixture *o* brew.

melado,-a **I** *adj* honey-coloured, US honey-colored. **II** *nm* Am cane syrup.

melancolía *nf* melancholy.

melancólico,-a **I** *adj* melancholic, melancholy. **II** *nm,f* melancholic person.

melanina *nf* Biol melanin.

melaza *nf* molasses *pl*.

melcocha *nf* honey toffee.

melcochudo,-a *adj* chewy.

melé *nf* Dep scrum.

melena *nf* **1** (head of) hair. ■ **m. de león,** mane. **2 melenas,** mop *sing*.

melenudo,-a **I** *adj* long-haired. **II** *nm,f* long-haired person.

melifluo,-a *adj* mellifluous.

melillense **I** *adj* of *o* from Melilla. **II** *nmf* native *o* inhabitant of Melilla.

melindre *nm* **1** Culin *(frito)* honey fritter; *(de mazapan)* iced marzipan cake. **2** *fig (afectación)* affectation, fussiness; **andarse con melindres,** to be finicky *o* fastidious *o* fussy.

melindroso,-a **I** *adj* affected, fussy, finicky. **II** *nm,f* affected *o* finicky person.

melisa *nf* Bot (lemon) balm.

mella *nf* **1** *(hendedura)* nick, notch; *(en plato, taza, etc)* chip. **2** *(hueco)* gap, hole; **tantos gastos han hecho m. en mis ahorros,** all these expenses have made a hole in my savings. **3** *fig* impression; **hacer m.,** *(en algn)* to make an impression on; *(en el honor, la reputación, etc)* to damage.

mellado,-a **I** *pp de* **mellar.** **II** *adj* **1** *(hendido)* nicked, notched; *(plato, taza, etc)* chipped. **2** *(sin dientes)* gap-toothed. **3** *fig* damaged.

melladura *nf* véase **mella.**

mellar *vtr* **1** to nick, notch; *(plato, taza, etc)* to chip, take a chip out of. **2** *fig (honor)* to cast a slur on; *(orgullo)* to dent.

mellizo,-a *adj & nm,f* twin.

melocotón *nm* peach; Culin **melocotones en almíbar,** peaches in syrup, tinned peaches.

melocotonar *nm* peach orchard.

melocotonero *nm* Bot peach tree.

melodía *nf* melody, tune.

melódico,-a *adj* melodic.

melodioso,-a *adj* melodious, tuneful.

melodrama *nm* melodrama.

melodramático,-a *adj* melodramatic.

melomanía *nf* love of *o* for music.

melómano,-a *nm,f* music lover.

melón *nm* **1** Bot melon. **2** *hum (cabeza)* nut, bonce. **3** *fam (tonto)* ninny.

melonar *nm* melon patch.

melonero,-a *nm,f (vendedor)* melon seller; *(criador)* melon grower.

melopea *nf fam* **coger** *o* **agarrar/llevar una m.,** to get/be drunk *o* pissed.

melosidad *nf* sweetness, gentleness.

meloso,-a *adj* sweet, honeyed.

melva *nf (pez)* frigate mackerel.

membrana *nf* membrane.

membranoso,-a *adj* membranous.

membrete *nm* letterhead.

membrillo *nm* **1** Bot quince; *(árbol)* quince tree; *(dulce)* quince preserve *o* jelly. **2** *arg (chivato)* nark.

membrudo,-a *adj (1)* brawny, burly.

memela *nf* Guat Hond Méx type of maize tortilla.

memez *nf* stupidity; **decir memeces,** to talk nonsense.

memo,-a *fam* **I** *adj* silly, stupid. **II** *nm,f* nincompoop, ninny.

memorable *adj* memorable.

memorándum *nm (pl memorándums)* notebook.

memoria *nf* **1** memory; **aprender/saber algo de m.,** to learn/know sth by heart; **borrar de la m.,** to banish from memory; **falta de m.,** forgetfulness; **hablar de m.,** to speak from memory; **hacer m. de algo,** to remember *o* recall sth; **irse de la m.,** to slip one's mind; **refrescar la m. a algn,** to refresh sb's memory; **traer algo a la m.,** to recall sth; **venir a la m.,** to come to mind. **2** *(recuerdo)* memory, recollection; **de grata/ingrata m.,** of happy/

unhappy memory. **3** *(informe)* report, statement; **m. anual,** annual report. **4** *(estudio escrito)* essay. **5** *(inventario)* inventary, list. **6 memorias,** *(biografía)* memoirs.

memorial *nm* **1** *(libro)* notebook. **2** *arc (petición)* memorial.

memorión,-ona *fam* **I** *adj* with a very good memory. **II** *nm,f* person with a very good memory. **III** *nm* very good memory.

memorístico,-a *adj* acquired by memory.

memorización *nf* memorizing.

memorizar [4] *vtr* to memorize.

mena *nf Min* ore.

menaje *nm* furniture and furnishing *pl.* ■ **departamento de m.,** hardware and kitchen department; **m. de cocina,** kitchen equipment.

mención *nf* mention; **digno de m.,** worth mentioning; **hacer m. de algo,** to mention sth. ■ **m. honorífica,** honourable mention.

mencionado,-a **I** *pp de* **mencionar. II** *adj* mentioned; *fml* **arriba** *o* **anteriormente m.,** aforementioned.

mencionar *vtr* to mention.

menda *pron fam* yours truly; **el** *o* **mi m. se queda en casa,** I'll stay at home; **me lo dijo un m. que pasaba por allí,** a bloke who was passing by told me.

mendicante *adj & nmf* mendicant.

mendicidad *nf* **1** *(acción)* begging. **2** *(modo de vida)* beggary.

mendigar [7] *vtr & vi* to beg.

mendigo,-a *nm,f* beggar.

mendrugo *nm* crust *o* chunk (of stale bread).

menear **I** *vtr* to shake, move; *(cola)* to wag, waggle; *fam (caderas, cuerpo)* to wiggle. **II menearse** *vr* to move, shake; *fam* **una tormenta de no te menees,** a hell of a storm; *vulg* **meneársela,** to wank.

meneo *nm* **1** *(de cola)* wag, waggle; *(de caderas)* wiggle. **2** *(paliza)* hiding.

menester *nm* **1** *arc (ocupación)* work, occupation. **2** *arc (necesidad)* **haber** *o* **ser m.,** to be necessary; **no es m. que te quedes,** there is no need for you to stay; **si hubiera m.,** if need be. **3 menesteres,** *euf* call of nature *sing*; **salió a hacer sus m.,** he went out to answer a call of nature.

menesteroso,-a **I** *adj* needy. **II** *nm,f* needy person.

menestra *nf Culin* vegetable stew.

mengano,-a *nm,f fam* so-and-so, what's-his *o* her-name; *véase también* **fulano.**

mengua *nf* **1** *(disminución)* decrease, diminution; **sin m.,** without detriment **(de,** to). **2** *(falta)* lack, want; **sin m.,** complete. **3** *(deshonra)* descredit.

menguado,-a **I** *adj* **1** *(reducido)* decreased. **2** *(cobarde)* cowardly, spineless; *(miserable)* wretched, miserable. **II** *nmf (cobarde)* coward; *(miserable)* wretch. **III** *nm Tricot (punto)* decrease.

menguante *adj* waning, on the wane. ■ **cuarto m.,** last quarter; **luna m.,** waning moon.

menguar [22] **I** *vtr* **1** to diminish, reduce. **2** *(en calceta)* to decrease. **II** *vi* **1** to diminish, decrease. **2** *(la luna)* to wane.

menhir *nm* menhir.

menina *nf arc* maid.

meninge *nf Anat* meninx.

meningitis *nf Med* meningitis.

meñique **I** *adj (muy pequeño)* tiny, very small; **(dedo) m.,** little finger. **II** *nm (dedo auricular)* little finger.

menisco *nm Anat Fís* meniscus.

menopausia *nf Med* menopause.

menor **I** *adj* **1** *(comparativo)* smaller, lesser; *(persona)* younger; **de m. tamaño,** smaller; **mal m.,** lesser evil; **ser m. de edad,** to be a minor. **2** *(superlativo)* smallest, least, slightest; *(persona)* youngest; **sin el m. interés,** without the slightest interest; **el m. de los dos,** the smaller of the two; **el m. de los tres,** the smallest of the three; **es la m.,** she's the youngest child. **3** *(inferior)* minor; **una obra m.,** a minor work. **4** *Rel* minor. ■ **órdenes menores,** minor orders. **5** *Mús* minor; **en La m.,** in A minor. **6** *Com* **al por m.,** retail. **II** *nmf* minor; **apto para menores,** for all ages. ■ *Jur* **tribunal de menores,** juvenile court.

Menorca *n* Minorca.

menorquín,-ina *adj & nm,f* Minorcan.

menos **I** *adv* **1** *(comparativo)* less, fewer; **m. dinero/leche/tiempo,** less money/milk/time; **m. gente/libros/pisos,** fewer people/books/flats; **ayer llovió m. que hoy,** yesterday it rained less than today; **deberías comer m.,** you should eat less; **tiene m. años de lo que parece,** he's younger than he looks. **2** *(superlativo)* least, fewest; **ayer fue cuando vino m. gente,** yesterday was when the fewest people came; **fui el que perdí m. dinero,** I lost the least money. **3** *(locuciones)* **a m. que,** unless; **al** *o* **por lo** *o* **cuando m.,** at least; **cuánto m. lo pienses, mejor,** the less you think about it, the better; **cuánto** *o* **mientras m. comes, más adelgazarás,** the less you eat, the more weight you'll lose; **echar a algn de m.,** to miss sb; **en m. de ...,** in less than ...; **en m. de nada,** in no time at all; **eso es lo de m.,** that doesn't matter, that's the least of it; **hacer a algn de m.,** to disdain *o* belittle sb; **ir** *o* **venir a m.,** to lose social status; **lo m. que puedes hacer,** the least you can do; **m. de ...,** less than ...; **¡m. mal!,** thank God!, that's a relief!; **m. aún,** even less; **nada m.,** no less, no fewer; **nada m. que la mitad de la plantilla perdieron sus puestos de trabajo,** no less than half the staff lost their jobs; **¡escribió sesenta cartas, nada m.!,** he wrote no fewer than sixty letters!; **ni mucho m.,** far from it; **no es para m.,** you couldn't expect less; **no puedo por m. de decirle,** I can't help telling you; **para no ser m.,** not to be left behind; **por m. de nada,** for no reason at all; **¿qué m. que decírselo personalmente?,** the least he could have done is to tell her himself; **si al m.,** if only; **ya será m.,** come off it! **II** *prep* but, except; **todo m. eso,** anything but that. **III** *nm* **1** *Mat* minus; **tres m. uno,** three minus one. **2** **los** *o* **las m. de,** the minority of. **IV** *adj fam* **ésta es m. casa que la tuya,** your house is better than this one.

menoscabar *vtr* **1** *(dañar)* to impair, harm, spoil; **tanto trabajo menoscabó su salud,** so much work damaged her health. **2** *(mermar)* to reduce, diminish; **este decreto menoscaba los derechos de los trabajadores,** this decree infringes on workers' rights. **3** *fig (desacreditar)* to discredit.

menoscabo *nm* harm, damage; **ir en m. de algo,** to be to the detriment of sth; **sin m.,** unimpaired.

menospreciable *adj* despicable, contemptible.

menospreciar [12] *vtr* to show contempt for, scorn, disdain; **m. los consejos de algn,** to disregard sb's advice.

menosprecio *nm* contempt, scorn, disdain; **con m. de,** without regard for.

mensaje *nm* message; *fml* **el m. de la Corona,** the King's *o* Queen's speech.

mensajero,-a I *adj* message-carrying. ■ **paloma mensajera,** carrier pigeon. II *nm,f* messenger, courier.

menstruación *nf* 1 *(acción)* menstruation. 2 *(sangre)* menses *pl.*

menstrual *adj* menstrual.

menstruar [11] *vi* to menstruate.

menstruo *nm* 1 *(sangre)* menses *pl.* 2 *(acción)* menstruation.

mensual *adj* monthly; **dos visitas mensuales,** two visits a month.

mensualidad *nf* *(pago)* monthly payment; *(sueldo)* monthly salary *o* wage.

mensurable *adj* measurable.

menta *nf* 1 *Bot* mint. ■ **m. aquatica,** water mint; **m. de gatos,** catmint; **té de m.,** mint tea. 2 *(licor)* crème de menthe.

mentado,-a I *pp de* **mentar.** II *adj* 1 *(mencionado)* aforementioned. 2 *lit (famoso)* famous, well-known.

mental *adj* mental; *fam* **lo suyo es m.,** she's not right in her head. ◆**mentalmente** *adv* mentally.

mentalidad *nf* mentality; **de m. abierta/cerrada,** open-/narrow-minded.

mentalizar [4] I *vtr (concienciar)* to make aware. II **mentalizarse** *vr* 1 *(concienciarse)* to become aware. 2 *(hacerse a la idea)* to come to terms **(a,** with); **tienes que mentalizarte,** you'll just have to get used to it.

mentar [27] *vtr* to mention, name; **ni lo mientes,** don't bring the subject up; *euf* **m. la madre a algn,** to insult sb.

mente *nf* mind; **no estaba en mi m.,** it wasn't my intention (-, to); **tenía la m. en blanco,** my mind went blank; **traer (algo) a la m.,** to bring (sth) to mind; **venir a la m.,** to come to mind. ■ **m. abierta/ tolerante/cerrada,** open/broad/closed mind.

mentecato,-a I *adj* stupid. II *nm,f* fool, idiot.

mentidero *nm fam* gossip corner *o* shop.

mentir [35] *vi* to lie, tell lies; **miente más que habla,** he lies through his teeth.

mentira *nf* lie; **aunque parezca m.,** strange as it many seem; **parece m.,** it is unbelievable; *fam fig* **una m. como una casa,** a whopping lie, a whopper. ■ **m. piadosa,** white lie.

mentirijilla *nf,* **mentirilla** *nf* **de mentirijillas, de mentirillas,** as a joke, for a laugh, for fun.

mentiroso,-a I *adj* lying; **un niño m.,** a child who tells lies. II *nm,f* liar.

mentís *nm* denial; **dar un m. a (un rumor),** to deny (a rumour).

mentol *nm* menthol.

mentolado,-a *adj* mentholated, menthol.

mentón *nm Anat* chin.

mentor *nm* mentor.

menú *nm* 1 *Culin* menu (of the day). 2 *Inform* menu.

menudear I *vtr* to repeat frequently; **menudea sus visitas a esta casa,** he visits us quite often. II *vi* 1 to happen frequently; **los robos menudean en este barrio,** burglaries are frequent in this area. 2 *(dar detalles)* to go into details.

menudencia *nf* 1 trifle. 2 *(esmero)* exactness, meticulousness. 3 **menudencias,** *(de cerdo)* offal *sing.*

menudeo *nm* 1 *(repetición)* repetition. 2 *Com* retail.

menudillos *nmpl* giblets.

menudo,-a I *adj* 1 minute, tiny; **¡m. es el niño!,** the little devil!; **¡m. lío/susto!,** what a mess/fright! ■ *Com* **a** *o* **por la menuda,** retail; **la gente menuda,** the little ones *pl*; **lluvia menuda,** fine rain. 2 *fig* of minor importance. II **menudos** *nmpl (de res)* offal *sing*; *(de ave)* giblets. III *adv* **a m.,** often.

meollo *nm* 1 *(miga)* crumb. 2 *Anat (seso)* brains *pl*; *(médula)* marrow. 3 *fig (quid)* essence, pith; **el m. de la cuestión,** the heart of the matter. 4 *fig (juicio)* intelligence, brains *pl.*

meón,-ona *adj* 1 *vulg* who wets himself *o* herself. 2 *fig* baby.

mequetrefe *nmf* whippersnapper.

mercachifle *nmf* 1 *(buhonero)* pedlar. 2 *fam fig (pesetero)* money-grubber.

mercadear *vi arc* to trade.

mercader *nmf arc* merchant.

mercadería *nf arc* merchandise, goods *pl.*

mercado *nm* market; **acaparar el m.,** to corner the market; **abrir m. para un producto,** to make a market for a product; **sacar algo al m.,** to put sth on the market, market sth. ■ **m. al aire libre, m. callejero,** street market; **M. Común,** Common Market; **m. negro,** black market.

mercadotecnia *nf* marketing.

mercancía *nf* commodity, goods *pl.*

mercante *adj* merchant. ■ **barco/marina m.,** merchant ship/navy.

mercantil *adj* mercantile, commercial; **operaciones mercantiles,** commercial transactions.

mercantilismo *nm Econ* mercantilism.

mercantilista *adj & nmf Econ* mercantilist.

merced *nf fml* favour, *US* favor, grace; **a m. de,** at the mercy of; **m. a,** thanks to; *fml* **nos hizo la m. de ...,** he did us the favour of ... .

mercenario,-a *adj & nm,f* mercenary.

mercería *nf* 1 *(género)* haberdashery, *US* notions *pl*; *(tienda)* haberdasher's (shop), *US* notions store. 2 *Am (tienda de telas)* draper's (shop), *US* dry-goods store.

mercero,-a *nm,f* haberdasher, *US* notions dealer.

mercurio *nm* 1 *Quím* mercury, quicksilver. 2 *Astrol Astron Mit* Mercury.

merecedor,-a *adj* deserving; **ser m. de,** to be worthy of, deserve.

merecer [43] *vtr,* **merecerse** *vr* to deserve, merit, be worth; **merece la pena visitarlo,** it is worth a visit.

merecido,-a I *pp de* **merecer.** II *adj* deserved; **ella lo tiene m.,** *(recompensa)* she well deserves it; *(castigo)* it serves her right. III *nm* deserved punishment, just deserts *pl.*

merecimiento *nm* merit, worthiness.

merendar [27] I *vtr* to have as an afternoon snack, have for tea. II *vi* to have an afternoon snack, have tea.

merendero *nm (establecimiento)* tearoom, snack bar; *(en el campo)* picnic spot.

merendola *nf fam* feast.

merengue I *nm* 1 *Culin (dulce)* meringue. 2 *fam (persona)* weak *o* lily-livered person. 3 *RPl (tifulca)* row, fuss. II *nmf fam* supporter of Real Madrid football club.

meretriz *nf fml* prostitute.

merezco *indic pres véase* **merecer.**

meridiano,-a I *adj* **1** *(del mediodía)* midday, noon. **2** *(evidente)* evident, obvious; **de una claridad meridiana,** patently clear. **II** *nm* meridian.

meridional I *adj* southern. **II** *nmf* southerner.

merienda *nf* **1** *(comida a media tarde)* afternoon snack, tea; **ir de m.,** to go for a picnic. ■ **m. cena,** high tea; *fam* **m. de negros,** bedlam, free-for-all. **2** *(provisiones)* packed lunch; picnic.

merino,-a I *adj Zool* merino. **II** *nm,f Zool* merino (sheep); *(hembra)* merino ewe; *(macho)* merino ram. **III** *nm* (merino) wool.

mérito *nm* merit, worth; **atribuirse el m. de algo,** to take the credit for sth; **de m.,** worthy; **hacer méritos para algo,** to strive to deserve sth.

meritocracia *nf* meritocracy.

meritorio,-a I *adj* praiseworthy, meritorious. **II** *nm,f* unpaid trainee.

merluza *nf* **1** *(pez)* hake. **2** *fam (borrachera)* **cogerse una m.,** to get drunk.

merluzo,-a *adj & nm fam* ninny, fool.

merma *nf* decrease, reduction.

mermar I *vtr* to cause to decrease *o* diminish. **II** *vi* to decrease, diminish. **III** mermarse *vr* to decrease, diminish.

mermelada *nf* **1** jam; **m. de melocotón/fresa,** peach/strawberry jam. **2** *(de agrios)* marmalade; **m. de naranja/limón,** orange/lemon marmalade.

mero[1] *nm (pez) (del mediterráneo)* grouper; *(del atlántico)* halibut.

mero,-a[2] *adj* mere, pure; **por el m. hecho de,** through the mere fact of; **una mera coincidencia,** a mere coincidence.

merodeador,-a I *adj* **1** *Caza Mil* marauding. **2** *(paseante)* wandering, prowling. **II** *nm,f* **1** *Caza Mil* marauder. **2** *(vagabundo)* prowler.

merodear *vi* **1** *Caza Mil* to maraud. **2** *(vagar)* to prowl.

merodeo *nm* **1** *Caza Mil* marauding. **2** *(vagabundeo)* prowling.

mes *nm* **1** month; **diez mil pesetas al m.,** ten thousand pesetas a month; **el m. pasado/que viene,** last/next month. **2** *(mensualidad) (cobro)* monthly salary *o* wages *pl*; *(pago)* monthly payment; **no ha cobrado el m.,** he hasn't been paid for last month. **3** *fam (menstruación)* menstruation; **estar con el m.,** to have one's period.

mesa *nf* **1** table; **bendecir la m.,** to say grace; **levantarse de la m.,** to leave the table; **poner/recoger la m.,** to set/clear the table; **sentarse a la m.,** to sit down at (the) table; **servir la m.,** to wait at table; **ser amante de la buena m.,** to be fond of good food; *fig* **a m. puesta,** with free maintenance; *fig* **a m. y mantel,** with free food. ■ **m. de despacho, m. de trabajo,** desk; **m. de operaciones,** operating table; **m. redonda,** *Hist* Round Table; *fig (reunión)* round table. **2** *(junta directiva)* board, executive; **el presidente de la m.,** the chairman. ■ **m. electoral,** electoral college.

mesana *nf* mizzen. ■ *Náut* **palo de m.,** mizzenmast.

mesar I *vtr* to tear (at). **II** mesarse *vr* to tear (at) one's hair *o* beard.

mescalina *nf* mescalin.

meseta *nf* plateau, tableland, meseta; **la M.,** the plateau of Castile.

mesiánico,-a *adj* messianic.

mesianismo *nm* messianism.

mesilla *nf* small table. ■ **m. de noche,** bedside table.

mesnada *nf* **1** *Hist* armed retinue. **2** **mesnadas,** followers.

mesón *nm* **1** *Hist* inn, tavern. **2** *(restaurante)* old-style tavern.

mesonero,-a *nm,f* innkeeper.

Mesopotamia *n* Mesopotamia.

mesopotámico,-a *adj & nm,f* Mesopotamian.

mestizaje *nm* crossbreeding.

mestizo,-a *adj & nm,f* half-breed, half-caste, mestizo.

mesura *nf fml* moderation, restraint.

mesurar I *vtr* to restrain, temper. **II** mesurarse *vr* to restrain oneself.

meta *nf* **1** *(en carreras) (de caballos)* winning post; *(de coches, bicicletas)* finish, finishing line. **2** *Ftb (portería)* goal. **3** *fig (objetivo)* goal, aim, objective.

metabólico,-a *adj* metabolic.

metabolismo *nm* metabolism.

metafísica *nf* metaphysics.

metafísico,-a *adj* metaphysical.

metáfora *nf* metaphor.

metafórico,-a *adj* metaphoric, metaphorical.

metal *nm* **1** metal; **metales comunes/preciosos,** base/precious metals; *fig (dinero)* **el vil m.,** filthy lucre. **2** *(timbre de la voz)* timbre. **3** *Mús* brass.

metálico,-a I *adj* metallic. **II** *nm* cash; **pagar en m.,** to pay (in) cash.

metalista *nm* metalworker.

metalización *nf* metallization.

metalizar [4] *vtr* to metallize.

metaloide *nm* metalloid.

metalurgia *nf* metallurgy.

metalúrgico,-a I *adj* metallurgical. **II** *nm,f* metallurgist.

metamórfico,-a *adj* metamorphic.

metamorfismo *nm* metamorphism.

metamorfosear *vtr* to metamorphose.

metamorfosis *nf* metamorphosis.

metano *nm* methane.

metapiles *nmpl CAm* copper ingots.

metedura *nf fam* **m. de pata,** blunder.

meteórico,-a *adj* meteoric.

meteorito *nm* meteorite.

meteoro *nm* meteor.

meteorología *nf* meteorology.

meteorológico,-a *adj* meteorological. ■ **parte m.,** weather report.

meteorólogo,-a *nm,f* meteorologist; *(hombre)* weatherman.

meter I *vtr* **1** *(poner)* to put; **mete los juguetes en la caja,** put the toys in the box; **siempre meto mi dinero en el banco,** I always put my money in the bank; *fig* **su familia le metió en la empresa,** his family got him a job in the firm; *fig* **m. la nariz** *o* **las narices en algo,** to poke one's nose into sth; *fam* **a todo m.,** *(a toda velocidad)* at full speed; *(intensamente)* intensely; *fam* **m. mano a algo,** to get down to (do) sth; *fam fig* **m. la pata,** to put one's foot in it, drop a clanger; *vulg* **m. mano a algn,** to touch up *o* feel sb. **2** *(comprometer)* to involve (**en,** in), to get mixed up (**en,** in); **a mí no me metáis en eso,** don't get me mixed up in that; **andar metido en deudas,** to be up one's eyes in debt. **3** *fam fig (dar)* to give; **me metieron una multa,** I got a ticket; **nos metió el rollo de siempre,** he gave us the same old story; **m. miedo a algn,** to frighten sb, put the wind up sb; **m. prisa a algn,** to hurry sb up. **4** *(hacer)* to make; **m. ruido,** to make a noise. **5** *Cost (vestido) (de ancho)* to take in; *(de largo)* to take up. **II** meterse *vr* **1** *(entrar)* to go o come in, get into; **se metió en la casa,** he went into the house; **ella se metió en el coche,** she got into the car; **métete en la cama,** get into bed. **2** *(introducir)* to put; **métete la camisa (por dentro),** tuck your shirt in; **no te metas los dedos en la nariz,** don't pick your nose; *fig* **métete esto en la cabeza,** get this into your head; *vulg* **que se lo meta donde le quepa,** he can shove it up his backside. **3** *(dedicarse)* to go into; **m. monja,** to become a nun; **m. en un conjunto,** to join a band; **m. en política,** to go into politics. **4** *(estar, ir a parar)* to be; **¿dónde se ha metido este niño?,** where on earth is that child?; **¿dónde te habías metido?,** where have you been (all this time)?; **yo no sabía dónde meterme (de la vergüenza),** (I was so ashamed) I just didn't know where to put myself. **5** *(entrometerse)* to meddle; **tú no te metas en esto, métete en tus cosas,** mind your own business; **m. con algn,** *(en broma)* to tease sb; *(en serio)* to lay into sb; **m. donde no llaman,** to poke one's nose in; **m. en todo,** to poke one's nose into everything; **no m. en nada,** *(dejar hacer)* not to interfere; *(no comprometerse)* not to get involved at all, stay out of it.

meticulosidad *nf* meticulousness.

meticuloso,-a *adj* **1** meticulous. **2** *pey (quisquilloso)* finicky.

metido,-a **I** *pp de* meter. **II** *adj* **1** *fam* **estar muy m. en algo,** to be deeply involved in sth; **m. en años,** getting on (in years); **m. en carnes,** plump. **2** *Am (entrometido)* meddlesome. **III** *nm fam* dressing-down; **dar/pegar un buen m. a un pastel/una paella,** to take a good helping of a cake/a paella.

metileno *nm* methylene.

metílico,-a *adj* methylic.

metódico,-a *adj* methodical.

metodismo *nm Rel* Methodism.

metodista *adj & nmf Rel* Methodist.

metodizar [4] *vtr* to methodize.

método *nm* **1** method. **2** *Educ* course; **m. de música,** music course.

metodología *nf* methodology.

metodológico,-a *adj* methodological.

metomentodo *nmf inv fam* busybody.

metonimia *nf Ling* metonymy.

metraje *nm Cin (de una película)* length.

metralla *nf Mil* shrapnel.

metralleta *nf Mil* sub-machine-gun.

métrica *nf Lit* metrics *sing.*

métrico,-a *adj* **1** metric. ■ **cinta métrica,** tape measure; **sistema m.,** metric system. **2** *Lit* metrical.

metro *nm* **1** *(medida)* metre, *US* meter. **2** *fam* underground, tube, *US* subway.

metrónomo *nm* metronome.

metrópoli *nf* metropolis.

metropolitano,-a **I** *adj* metropolitan; **área metropolitana de Londres,** ≈ Greater London. **II** *nm fml* underground, tube, *US* subway.

meublé *nm (casa de citas)* brothel; *(apartamento)* flat rented by the hour.

mexicano,-a *adj & nm,f véase* mejicano,-a.

México *nm véase* Méjico.

mezcla *nf* **1** *(acción)* mixing, blending. **2** *(producto)* mixture, blend; **hay tal m. de acentos,** there is such a variety of accents. ■ **m. explosiva,** *(explosivo)* ex-plosive mixture; *fig (situación)* explosive situation. **3** *Rad Cin* mixing; *Aut* mixture.

mezclador,-a *nm,f (persona, máquina)* mixer.

mezclar **I** *vtr* **1** *(dos o más cosas)* to mix, blend. **2** *(desordenar)* to mix up; **mezcló todas las fichas,** he mixed up all the index cards; **m. dos temas,** to mix two subjects up. **3** *(involucrar)* to involve, mix up; **mezcló a su hermano en un asunto muy turbio,** he got his brother mixed up in some very shady business; **verse mezclado en algo,** to find oneself mixed up in sth. **II** mezclarse *vr* **1** *(cosas)* to get mixed up; **al caerse, se mezclaron todos los papeles,** when they fell, all the papers got mixed up; *(gente)* **aquí se mezcla todo el mundo,** all kinds of people mingle here. **2** *(intervenir)* to get involved; **m. con cierta clase de gente,** to mix with a certain kind of people.

mezcolanza *nf fml* strange mixture, hotch-potch; **habla una m. de inglés y español,** he speaks a funny mixture of English and Spanish.

mezquinar **I** *vtr* **1** *Am* to be mean o stingy with. **2** *Arg (esquivar)* to dodge. **II** *vi Am* to be mean o stingy.

mezquindad *nf* **1** *(avaricia)* meanness, stinginess. **2** *(sordidez)* lowness, baseness. **3** *(acción)* mean thing, vile deed.

mezquino,-a *adj* **1** *(avaricioso)* mean, stingy. **2** *(sórdido)* low, base. **3** *(escaso)* miserable; **un sueldo m.,** a miserable wage.

mezquita *nf Rel* mosque.

m/f. *abr de* **mi favor,** my favour o *US* favor.

m/g *abr de* **miligramo,** milligramme, milligram, mg.

mi¹ *adj* my; **mi casa/trabajo,** my house/job; **mis cosas/libros,** my things/books.

mi² *nm Mús* E; **mi menor,** E minor.

mí *pron pers* me; **a mí me dio tres,** he gave me three; **¡a mí!,** help!; **¡(y) a mí qué!,** so what!; **compra otro para mí,** buy one for me too; **para mí que ...,** I think that ...; **por mí ...,** *(aprobación)* it's all right with o by me; *(indiferencia)* I don't care; **por mí puede hacer lo que quiera,** he can do what he likes for all I care; **por mí mismo,** just by myself.

mía *adj & pron pos f véase* mío.

miaja *nf* crumb; *fig* bit; **no queda ni una m. de comida,** there is not a morsel left.

miasma *nm* miasma.

miau *nm* miaow, mew.

mica *nf Min* mica.

micción *nf Biol* micturition.

Micenas *n* Mycenae.

micénico,-a *adj* Mycenaean.

michelín® *nm fam* spare tyre o *US* tire.

mico,-a **I** *nm* **1** *Zool* long-tailed monkey. **2** *fig (hombre lujurioso)* randy man, rake. **3** *fam fig (locuciones)* **dar el m.,** *(dar un chasco)* to let sb down; *(sorprender)* to come up with sth unexpected; **hecho un m.,** ashamed, embarrassed; **ser el último m.,** to be of no account; **volverse m. para hacer algo,** to (have to) struggle to do sth. **II** *nm,f (persona fea)* ape, ugly person.

micología *nf Med* mycology.

micosis *nf Med* mycosis.

micra *nf (medida)* micron.

micro *nm nm fam* mike, microphone.

micro- *pref* micro; **microcirugía,** microsurgery.

microbiano,-a *adj* microbic, microbial.

microbio *nm* microbe.

microbiología *nf* microbiology.

microbiológico,-a *adj* microbiological.

microbús *nm Aut* minibus.

microchip *nm (pl microchips) Inform* microchip.

microcircuito *nm* microcircuit.

microcomputadora *nf Inform* microcomputer.

microcosmos *nm* microcosmos.

microficha *nf* microfiche.

microfilm *nm* microfilm.

micrófono *nm* microphone; **hablar por el m.**, to speak over *o* through the microphone.

microlentilla *nf véase* lentilla.

microonda *nf* microwave; **un (horno) microondas,** a microwave (oven).

microordenador *nm Inform* microcomputer.

microorganismo *nm* microorganism.

microprocesador *nm Inform* microprocessor.

microscópico,-a *adj* microscopic.

microscopio *nm* microscope.

microsurco *nm* microgroove.

microtaxi *nm Aut* minicab.

microtécnia *nf*, **microtecnologia** *nf* microtechnology.

microteléfono *nm* receiver.

mieditis *nf fam* jitters *pl*; **pasar m.**, to have the jitters.

miedo *nm* fear; *(recelo)* aprehension; **dar m.**, to be scary; **le da m. quedarse sin trabajo,** he's worried about losing his job; **me dio m. decírselo,** I was afraid to tell her; **me entró muchísimo m.**, I felt really frightened; **una película de m.**, a horror film; **por m. a,** for fear of; **por m. de que te pareciera mal,** for fear of upsetting you; **¡qué m.!**, how frightening!; **tener m. de algo/algn,** to be afraid of sth/sb; *fig* **morirse de m.**, to be scared stiff; *fam* **de m.**, *(que asusta)* ghastly, awful; *(fantástico)* great, terrific; *fam* **lo pasamos de m.**, we had a fantastic time.

miedoso,-a **I** *adj* fainthearted, cowardly, timid. **II** *nm,f* coward.

miel *nf* honey; **dulce como la m.**, as sweet as honey; *fig* **dejar a algn con la m. en los labios,** to shatter sb's hopes; *fig* **m. sobre hojuelas,** so much the better. ■ **luna de m.**, honeymoon.

mielga *nf* alfalfa.

mielina *nf Anat* myelin.

miembro *nm* **1** *Anat* limb; **m. viril,** penis. **2** *(socio)* member; **estado m.**, member state. **3** *Mat* member. **4** *fig (parte)* part, section.

miente *nf arc* mind, thought; **parar** *o* **poner mientes en,** to think of, consider.

mientras **I** *adv* **m. (tanto),** meanwhile, in the meantime; **ahora vuelvo, m. (tanto), échale un vistazo a esto,** I'll be back in a minute, in the meantime, have a look at this. **II** *conj* **1** *(al mismo tiempo que)* while, whilst; **Carmen llegó m. comíamos,** Carmen arrived while we were eating. **2** *(durante el tiempo que)* when, while; **m. viví en Berlín,** when I lived in Berlin, during the time I lived in Berlin; **m. yo viva no le faltará nada,** while I am still alive, she won't go without. **3** *(por el contrario)* whereas; **él lo admitió, m. que tú lo negaste,** he admitted it, whereas you denied it. **4** *fam (cuanto más)* **m. más/menos ...,** the more/less ...; **m. más se tiene, más se quiere,** the more one has, the more one wants.

miércoles *nm inv* Wednesday. ■ **M. de Ceniza,** Ash Wednesday; *véase tamb* viernes.

mierda *nf vulg* **1** *(gen) fig* shit; **ese libro es una m.**, that book is crap; **estar hecho una m.**, *(cansado)* to be shagged out; *(abatido)* to be down in the dumps; **irse a la m.**, to go to hell; **mandar a la m. a algn,** to tell sb to go to hell. **2** *fig (porquería)* dirt, filth. **3** *(borrachera)* **coger** *o* **pillar una m.**, to get drunk.

mies *nf* **1** *(grano)* corn, grain. **2** *(cosecha)* harvest time. **3 mieses,** cornfields.

miga *nf* **1** *(de pan etc)* crumb; *fig* **hacer buenas/malas migas con algn,** to get on well/badly with sb; *fig* **hacer migas a algn/algo,** to smash sb/sth to bits; *fam* **hecho migas,** *(destrozado físicamente)* smashed to bits; *(destrozado moralmente)* totally destroyed. **2** *(trocito)* bit. **3** *fig (intríngulis)* substance; **la cosa tiene m.**, there is more to it than meets the eye. **4 migas,** breadcrumbs; *Culin* fried breadcrumbs.

migaja *nf* **1** *(de pan)* crumb. **2** *fig* bit, scrap. **3 migajas,** *(del pan)* crumbs; *fig* leftovers.

migar [7] *vtr (desmenuzar)* to crumble; **se miga el pan en la leche,** (you) crumble the bread into the milk.

migración *nf* migration.

migraña *nf Med* migraine.

migrar *vi* to migrate.

migratorio,-a *adj* migratory.

mijo *nm Bot* millet.

mil *adj & nm* thousand; **m. pesetas,** a *o* one thousand pesetas; **m. veces,** a thousand times; **que hace m.**, the thousandth.

milagrería *nf* superstitious belief in miracles.

milagrero,-a *adj* **1** *(crédulo)* who believes in miracles. **2** *(milagroso)* miracle-working.

milagro *nm* miracle; **de m.**, *(en el último momento)* in the nick of time; *(por un pelo)* by the skin of one's teeth; **fue un m. que no se matara,** it was a miracle he didn't kill himself; **hacer milagros,** to work wonders; *fam* **ella nos contó su vida y milagros,** she told us her life story from beginning to end.

milagroso,-a *adj* **1** miraculous. **2** *fig (maravilloso)* wonderful, amazing.

milamores *nm inv Bot* red valerian.

milano *nm Orn* kite. ■ **m. negro,** black kite; **m. real,** red kite.

milenario,-a **I** *adj* millenarian, millenial. **II** *nm* millenium, millenary.

milenio *nm* millenium, millenary.

milésimo,-a *adj & nm,f* thousandth.

milhojas *nm inv Culin* puff pastry.

mili *nf fam* military *o* national service; **hacer la m.**, to do one's military service.

milibar *nm Fís* millibar.

milicia *nf* **1** *(arte)* art of war. **2** *(gente armada)* militia. ■ **milicias universitarias,** students' military service.

miliciano,-a **I** *adj* of *o* relating to the militia. **II** *nm* militiaman. **III** *nf* woman soldier.

miligramo *nm* milligram, milligramme.

mililitro *nm* millilitre, *US* milliliter.

milímetro *nm* millimetre, *US* millimeter.

militancia *nf* militancy.

militante *adj & nmf* militant.

militar **I** *adj* military. ■ **cartilla m.**, military record; **tribunal m.**, military court. **II** *nm* military man, soldier; **los militares,** the armed forces. **III** *vi* **1** *Mil* to serve. **2** *Pol (de un partido)* to be a militant.

militarismo *nm* militarism.

militarista I *adj* militarist, militaristic. II *nmf* militarist.

militarización *nf* militarization.

militarizar[4] *vtr* to militarize.

milla *nf (medida)* mile.

millar *nm* thousand; **millares de personas,** thousands of people; *fig* **a millares,** in thousands.

millón *nm* million; *(mucho dinero)* **esa casa vale millones,** that house is worth a fortune; **tengo millones de cosas que hacer,** I've got thousands of things to do; *(mucho)* **un m. de gracias,** thanks a million.

millonada *nf fam* fortune, bomb; **me costó una m.,** it cost me a bomb.

millonario,-a *adj & nm,f* millionaire.

millonésimo,-a *adj & nm,f* millionth.

milonga *nf* 1 *SAm Mús* popular Argentinian song and dance. 2 *Am (fiesta)* family party. 3 *Am (chisme)* gossip.

milpa *nf CAm Méx* field of maize, *US* cornfield.

miltomate *nm Bot* 1 *Hond Guat Méx* small white tomato. 2 *Guat Méx* tomato grown in a maize field.

mimado,-a I *pp de* **mimar** II *adj (consentido)* spoiled.

mimar *vtr (niño, persona)* to spoil, coddle, pamper.

mimbre *nm* wicker; **cesta de m.,** wicker basket.

mimbrear *vi*, **mimbrearse** *vr* to sway.

mimbrera *nf (arbol)* (common) osier.

mimbreral *nm* osier bed.

mimético,-a *adj* mimetic.

mimetismo *nm* mimicry, mimesis.

mímica *nf* mimicry.

mímico,-a *adj* mimic.

mimo *nm* 1 *Teat (actor)* mime. 2 *fig (zalamería)* coddling, pampering; *fam* **con gran m.,** with love and care.

mimosa *nf Bot* mimosa, silver wattle.

mimoso,-a *adj* loving, affectionate.

mina *nf* 1 *Min* mine; **m. de carbón,** coal mine. ■ **ingeniero de minas,** mining engineer. 2 *(conducto)* underground passage, tunnel. 3 *(explosivo)* mine. ■ **campo de minas,** minefield. 4 *(de lápiz)* lead; *(de bolígrafo)* refill. 5 *fig (ganga)* gold mine; **este negocio es una m.,** this business is a gold mine.

mina[2] *nf* 1 *SAm (mujer)* bird; *(concubina)* lady friend, lover. 2 *Arg Méx (prostituta)* prostitute.

minador,-a I *adj* mining. II *nm* 1 *(buque)* minelayer. 2 *(soldado)* sapper.

minar *vtr* 1 *Mil Min* to mine. 2 *fig (desgastar)* to undermine.

minarete *nm* minaret.

mineral *adj & nm* mineral, ore.

mineralización *nf* mineralization.

mineralizar[4] *vtr*, **mineralizarse** *vr* to mineralize.

mineralogía *nf* mineralogy.

mineralógico,-a *adj* mineralogical.

minería *nf* 1 *Min* mining. 2 *Ind* mining industry.

minero,-a I *adj* mining; **industria/zona minera,** mining industry/area. II *nm,f* miner.

mineromedicinal *adj* **aguas mineromedicinales,** mineral waters with curative powers.

minga *nf fam* prick, dick.

mingitorio *nm* urinal.

miniatura *nf* miniature.

miniaturista *nmf* miniaturist.

miniaturizar[4] *vtr* to miniaturize.

minifalda *nf* miniskirt.

minifundio *nm* smallholding.

minifundista I *adj* of *o* relating to **minifundios.** II *nmf* smallholder.

mínima *nf* minimum temperature.

minimizar[4] *vtr* to minimize, play down; **el ministro minimizó la importancia del incidente,** the minister played down the incident.

mínimo,-a I *adj* 1 *Mat Téc* minimum, lowest. ■ **m.** común múltiplo, lowest common multiple. 2 *(muy pequeño)* minute, tiny; **un número m. de personas,** a very small number of people. II *nm* minimum; **al m.,** to a minimum; **como m.,** at least; **ni lo más m.,** not in the least.

mínimo *nm fam* pussy (cat), kitty.

minipimer® *nm o f* liquidizer, blender.

ministerial *adj* ministerial.

ministerio *nm* 1 *Pol* ministry, *US* department. ■ **M. de Asuntos Exteriores,** ≈ Foreign Office; **M. de Hacienda,** ≈ Exchequer; **M. del Interior** *o* **de la Gobernación,** ≈ Home Office. 2 *Rel* ministry.

ministrable *adj* likely to become a minister.

ministro,-a *nm,f* 1 *Pol* minister. ■ **m. de Asuntos Exteriores,** ≈ Foreign Secretary; **m. de Economía y Hacienda,** ≈ Chancellor of the Exchequer; **m. del Interior,** ≈ Home Secretary; **primer m.,** Prime Minister. 2 *Rel* minister.

minorar *vtr*, **minorarse** *vr* to reduce, decrease, diminish.

minoría *nf* minority. ■ *Jur* **m. de edad,** minority.

minoritario,-a *adj* minority; **gobierno m.,** minority government.

minucia *nf* trifle.

minuciosidad *nf (meticulosidad)* meticulousness; *(detallismo)* minuteness.

minucioso,-a *adj* 1 *(persona)* meticulous. 2 *(informe, trabajo, etc)* minute, detailed.

minué *nm* minuet.

minuendo *nm Mat* minuend.

minúsculo,-a I *adj* miniscule, minute; **letra minúscula,** lower-case *o* small letter. II *nf* small *o* lower-case letter.

minusválido,-a I *adj* handicapped, disabled. II *nm,f* handicapped person, disabled person.

minuta *nf* 1 *(borrador)* draft. 2 *(cuenta)* lawyer's bill. 3 *(menú)* menu.

minutero *nm* minute hand.

minuto *nm* minute; **al m.,** a moment later; **sin perder un m.,** without wasting a minute; **vuelvo en un m.,** I'll be back in a moment.

miñango *nm Am* bit, small piece.

mío,-a I *adj pos* of mine, my; **no es asunto m.,** it is none of my business; **un amigo m.,** a friend of mine. II *pron pos* mine; **ese libro es m.,** that book is mine; *fam* **ésta es la mía,** this is the chance I've been waiting for; **lo m. son las matemáticas,** what I am the best at is mathematics; *fam* **los míos,** my people *o* folks.

miocardio *nm Anat* myocardium.

miope I *adj Ópt* myopic, short-sighted; *fig* short-sighted; **una política m.,** a short-sighted policy. II *nmf Ópt* myopic *o* short-sighted person; *fig* short-sighted person.

miopía *nf* myopia, short-sightedness.

MIR *nm Med abr de* **Médico Interno Residente,** *GB* houseman, *US* intern.

mira *nf* 1 *Téc* sight. ■ **línea de m.**, line of sight; **punto de m.**, front sight; **m. taquimétrica**, stadia rod. 2 *fig (objetivo)* aim, target; **amplitud de miras**, broad-mindedness; **con miras a**, with a view to; **poner la m. en algo**, to aim at; **tener la m. puesta en algo**, to have designs on sth.

mirada *nf* look; **apartar la m.**, to look away; **clavar o fijar la m. en**, to fix one's eyes on; **fulminar con la m.**, to look daggers at; **lanzar o echar una m.**, to glance at; **levantar la m.**, to raise one's eyes; **seguir algo/a algn con la m.**, to follow sth/sb with one's eyes; **sostener la m.**, to stare at; **volver la m. a**, to turn one's eyes towards. ■ **m. fija**, stare; **m. rápida**, glance.

miradero *nm* 1 *(persona)* centre o *US* center of attention. 2 *(lugar)* vantage point.

mirado,-a I *pp de* mirar. II *adj* 1 *(considerado)* considered; **bien m.**, highly regarded o respected, well liked; *fig* all in all; **mal m.**, disliked, looked down on. 2 *(cuidadoso)* careful. 3 *(cauto)* cautious.

mirador *nm* 1 *Arquit (balcón)* bay window, windowed balcony. 2 *(lugar con vista)* viewpoint.

miraguano *nm* 1 *(árbol)* kapok tree. 2 *(material)* kapok.

miramiento *nm* 1 *(cautela)* caution. 2 *(gen pl) (consideración)* consideration, respect; **andarse con miramientos**, *(personas)* to treat people with respect; *(cosas)* to handle things carefully; **sin miramientos**, *(personas)* without respect; *(cosas)* carelessly.

mirar I *vtr* 1 to look at; **le miró a los ojos**, he looked him in the eye; **m. a algn de arriba a abajo**, to eye sb from head to toe; **m. algo por encima**, to glance at sth; **m. una palabra en el diccionario**, to look up a word in the dictionary; *fig* **m. algo o algn con buenos/malos ojos**, to have a good/bad opinion of sth o sb; *fig* **m. a algn por encima del hombro**, to look down on sb; *fam fig* **de mírame y no me toques**, very fragile. 2 *(vigilar)* to check, watch; **mira bien el cambio antes de irte**, check your change before leaving; **¡mira lo que dices/haces!**, mind o watch what you say/do! 3 *(atender)* to look after; **m. por algn o algo**, to look after sb o sth; **sólo mira por su interés**, he only looks after his own interests. 4 *(reflexionar)* to think, consider; **gasta el dinero sin m.**, he spends money thoughtlessly. 5 *(tener cuidado)* to be careful; *(procurar)* to see; **mira donde pones los pies**, watch where you're putting your feet; **mira que llegue bien/que no le pase nada**, see that he arrives all right/that nothing happens to him. 6 *(comprobar)* to check; **mira si ha llegado tu padre**, go and see/ask if your father has arrived; **mira (a ver) si hay carta(s)**, go and see/check if there's any mail. 7 *(dar)* to look, face; **la casa mira al sur**, the house faces south; **la cocina mira al jardín**, the kitchen looks onto the garden. 8 *(locuciones)* **mira, haz lo que te parezca**, look, you can do whatever you want; **¡mira por donde!**, fancy that!; **mira que si se presenta ahora**, just imagine if he turned up now!; **mira que te lo dije**, I told you, didn't I?; **¡mira quien habla!**, look who's talking! II mirarse *vr* 1 *(reflexionar)* to think twice; **ella se lo mirará antes de intentarlo**, she'll think twice before trying it. 2 *(uso reflexivo)* to look at oneself; **m. en el espejo**, to look at oneself in the mirror; *fig* **m. en algn**, to think highly of sb. 3 *(uso recíproco)* to look at each other o one another. 4 *(uso impers)* **si bien se mira**, all things considered; **se mire como se mire**, whichever way you look at it.

miríada *nf* myriad.

miriámetro *nm (medida)* myriametre, *US* myriameter.

mirilla *nf* spyhole, peephole.

miriñaque *nm Hist* crinoline.

miriópodo *nm* myriapod.

mirlo *nm Orn* m. (blanco), blackbird; *fig* **ser un m. blanco**, to be a rare bird. ■ **m. acuático**, dipper, water ouzel.

mirón,-ona I *adj* 1 *(espectador)* onlooking. 2 *pey (voyeur)* peeping. II *nm,f* 1 *(espectador)* onlooker. 2 *pey* voyeur, peeping Tom.

mirra *nf Bot* myrrh.

mirto *nm Bot* myrtle.

misa *nf* mass; **celebrar o decir m.**, to say mass; **ir a m.**, *Rel* to go to mass; *fam fig (ser verdad)* to be gospel; *fam fig* **no saber de la m. la media o mitad**, to know much less about sth than one thinks. ■ **m. cantada**, sung Mass; **m. de difuntos**, Requiem Mass; **m. del gallo**, Midnight Mass on Christmas Eve.

misal *nm* missal.

misantropía *nf* misanthropy.

misántropo,-a I *adj* misanthropic. II *nm,f* misanthrope, misanthropist.

miscelánea *nf* miscellany.

misceláneo,-a *adj* miscellaneous.

miscible *adj* miscible.

miserable I *adj* 1 miserable, wretched, poor; **por unas miserables pesetas**, for a few miserable pesetas; **una vida m.**, a wretched life; **viviendas miserables**, very poor dwellings. 2 *(tacaño)* miserly, mean, stingy. 3 *(malvado)* wretched, despicable. II *nmf* 1 *(tacaño)* miser. 2 *(canalla)* wretch, villain.

miseria *nf* 1 *(pobreza extrema)* extreme poverty. 2 *(desgracia)* misery, affliction. 3 *(tacañería)* miserliness, meanness. 4 *(insignificancia)* pittance; **ganar una m.**, to earn next to nothing.

misericordia *nf* mercy, compassion.

misericordioso,-a *adj* merciful, compassionate.

mísero,-a *adj* miserable, wretched; **¡m. de mí!**, woe is me!

misil *nm* missile; **m. tierra-aire**, surface-to-air missile.

misión *nf* 1 mission. ■ **m. cumplida**, mission accomplished. 2 *Rel* mission.

misionero,-a I *adj* mission. II *nm,f* missionary.

misiva *nf lit* missive.

mismísimo,-a *adj superl fam* 1 *(preciso)* very; **en el m. centro**, right in the centre; **en este m. momento**, at this very moment. 2 *(en persona)* in person; **este niño es el m. demonio**, this child is the devil himself; **me lo dijo el m. director**, the director himself told me.

mismo,-a I *adj* 1 same; **bebemos en el m. vaso**, we are sharing the same glass. 2 *(uso enfático) (propio)* own; **la escuela está en su misma calle**, the school is right in the same street where he lives; **su misma familia no lo puede entender**, even her own family cannot understand it; **yo m.**, I myself. II *pron* same; **éste es el m. que vimos ayer**, this is the same one we saw yesterday; **estar en las mismas (de siempre)**, to be back to square one; **lo m.**, the same (thing); **dar o ser lo m.**, to make no difference; **no es lo m. oír que escuchar**, hearing is not the same as listening; **o lo que es lo m.**, that is to say; **por eso m.**, that is why; **por lo m.**, for that reason; **por uno o sí m.**, by oneself; **tres cuartos de lo m.**, much of a muchness. III *adv* 1 *(exactamente)* exactly; **ahora m.**, right now *o* away; **allí/aquí m.**, right there/here; **ayer m.**, just *o* only yesterday; **mañana m.**, tomorrow! **2** *(por ejemplo)* for instance; **aquí m.**, here will do; **que venga algn, Juan m.**, ask one of them to come, Juan, for instance. **3 así m.**, likewise. ◆**mismamente** *adv fam* just, precisely.

misoginia *nf* misogyny.

misógino,-a I *adj* misogynous. **II** *nm,f* misogynist.

miss *nf* Miss; **M. España 1992**, Miss Spain 1992.

míster *nm* **1** *(tratamiento)* señor. **2** *fam* foreigner. **3** *Ftb* coach, trainer.

misterio *nm* mystery; **no hay ningún m.**, there is no mystery about it; **con m.**, mysteriously.

misterioso,-a *adj* mysterious.

mística *nf* mystical theology.

misticismo *nm* mysticism.

místico,-a I *adj* mystic, mystical. **II** *nm,f* mystic.

mistificación *nf* trick.

mistificar [1] *vtr* to trick, cheat.

mistral *nm Meteor* mistral.

MIT *nm abr de* Ministerio de Información y Turismo.

mitad *nf* half, middle; **a/hacia la m. de**, in/towards the middle of; **a m. de camino**, half-way there; **a m. de precio**, half price; **en m. de la reunión**, half-way through the meeting; **la m. de un libro/una casa**, half a book/a house; **mi otra m.**, my better half; **partir algo por la m.**, to cut sth in half/down the middle; *fam* **m. y m.**, half and half; *fam* **partir a algn por la m.**, to shatter sb's plans *o* expectations.

mitayera *nf Am* supplies canoe.

mítico,-a *adj* mythical.

mitigador,-a I *adj* mitigating. **II** *nm,f* mitigator.

mitigar [7] *vtr fml* to mitigate, palliate, relieve; *(luz)* to reduce.

mitin *nm Pol* meeting, rally.

mito *nm* **1** myth. **2** *Orn* long-tailed tit.

mitología *nf* mythology.

mitológico,-a *adj* mythological.

mitomanía *nf* mythomania.

mitómano,-a *adj & nm,f* mythomaniac.

mitón *nm* mitt, mitten.

mitote *nm* **1** *Méx (baile)* Indian dance. **2** *Am (fiesta casera)* family party. **3** *Am (aspaviento)* fuss. **4** *Am (pendencia)* row; *(bulla)* uproar. **5** *Méx (chisme)* gossip.

mitra *nf* **1** mitre. **2** *fig (rango)* rank of bishop.

mitrado I *adj* mitred. **II** *nm (arzobispo)* archbishop; *(obispo)* bishop.

mixomatosis *nf Med* myxomatosis.

Mixteca *adj & nmf* Mixtec.

mixtificación *nf véase* mistificación.

mixtificar [1] *vtr véase* mistificar.

mixto I *adj* mixed. ■ *Educ* **colegio m.**, coeducational school. **II** *nm Ferroc* passenger and goods train.

mixtura *nf* mixture.

mízcalo *nm* milk fungus.

m/L. *abr de* **mi letra (de crédito)**, my credit bill.

moaré *nm véase* muaré.

mobiliario *nm* furniture.

MOC *nm abr de* **Movimiento de Objetores de Conciencia**, Conscientious Objectors' Movement.

moblaje *nm* furniture.

moca *nm* mocha, coffee.

mocasín *nm* moccasin.

mocedad *nf* youth.

mocerío *nm* (group of) young people.

mocetón,-ona *nm,f (mozo)* strapping lad; *(moza)* strapping lass.

mochales *adj inv fam* crazy, mad.

moche *fam* **a troche y m.**, helter-skelter, pell-mell.

mochila *nf* rucksack, backpack.

mocho,-a I *adj* **1** blunt. **2** *Am (mutilado)* crippled, disabled. **3** *Guat Méx Pol* conservative. **4** *Méx (católico)* Catholic. **II** *nm Arm* stock.

mochuelo *nm* **1** *Zool* little owl. **2** *fam fig (fastidio)* bore, boring task; **cargar con el m.**, *(con la peor parte)* to get the worst part of a job; *(llevarse las culpas)* to carry the can.

moción *nf* motion; **presentar/aprobar una m.**, to table/pass a motion. ■ **m. de censura**, vote of censure.

mocionar *vtr Arg Hond Par* to table a motion.

moco *nm* **1** mucus, snot; **caérsele a algn los mocos**, to have a runny nose; **limpiarse los mocos**, to blow one's nose; **llorar a m. tendido/a m. y baba**, to cry one's eyes out. **2** *(de vela)* drippings. **3** *(de pavo)* wattle, caruncle; *fam* **un millón no es m. de pavo**, a million is no trifle.

mocoso,-a I *adj* with a runny nose. **II** *nm,f fam* brat.

moda *nf* **1** fashion; **a la m./de m.**, in fashion; **la última m.**, the latest fashion; **pasado de m.**, old-fashioned. **2** *(furor pasajero)* craze; **la m. de los monopatines**, the skateboard craze.

modal I *adj* modal. **II** **modales** *nmpl* manners; **¡vaya m.!**, what manners! ■ **buenos/malos m.**, good/bad manners.

modalidad *nf* form, category. ■ *Com* **m. de pago**, method of payment; *Dep* **m. deportiva**, sport.

modelado *nm* **1** *(acción)* modelling, *US* modeling. **2** *(efecto)* shape.

modelador,-a I *adj* modelling, *US* modeling. **II** *nm,f* modeller, *US* modeler.

modelar I *vtr* to model, shape. **II** **modelarse** *vr* to model oneself **(en**, on).

modelista *nmf* **1** *(operario)* mould *o US* mold maker. **2** *Cost* pattern maker.

modelo I *adj* model. ■ **niño m.**, model child. **II** *nm* model; **un m. de perfección**, a model of perfection; **un nuevo m. de coche**, a new model of car. **III** *nmf (fashion)* model. ■ **desfile de modelos**, fashion show.

modem *nm Inform Tel* modem.

moderación *nf* moderation.

moderado,-a I *pp de* moderar. **II** *adj* moderate; **temperaturas moderadas**, mild temperatures. **III** *nm,f Pol* moderate; **los moderados**, the moderate wing *sing*, the moderates.

moderador,-a I *adj* moderating. **II** *nm,f* chairperson; *(hombre)* chairman; *(mujer)* chairwoman.

moderar I *vtr* **1** *(gen)* to moderate; *(velocidad)* to reduce; **modera tu lenguaje**, moderate your language. **2** *(debate)* to chair. **II** **moderarse** *vr* to control oneself.

modernidad *nf* modernity.

modernismo *nm* **1** *Lit* modernism. **2** *Arquit* (Spanish) Art Nouveau.

modernista I *adj* **1** *Lit* modernistic. **2** *Arquit* (Spanish) Art Nouveau. **II** *nmf* **1** *Lit* modernist. **2** *Arquit* (Spanish) Art Nouveau architect.

modernización *nf* modernization.

modernizar [4] *vtr*, **modernizarse** *vr* to modernize; **este piso debe modernizarse**, this flat needs modernizing; *fam* **eres un carca, tienes que modernizarte**, you're a square, you have to get up-to-date.

moderno,-a *adj* modern. ◆**modernamente** *adv* in modern times, these days.

modestia *nf* modesty; **con m.**, modestly.

modesto,-a I *adj* modest. II *nm,f* modest person.

modicidad *nf* moderation.

módico,-a *adj* moderate; **una módica suma**, a modest *o* small sum.

modificable *adj* modifiable.

modificación *nf* modification.

modificador,-a *adj* modifying.

modificar [1] *vtr* to modify.

modismo *nm* Ling idiom.

modistería *nf Am* boutique.

modistilla *nf fam* dressmaker's assistant.

modisto,-a *nm,f* 1 *(diseñador)* fashion designer. 2 *(sastre) (hombre)* couturier; *(mujer)* couturière.

modo *nm* 1 *(manera)* way, manner; **m. de empleo**, instructions for use; *véase* manera 1. 2 **modos**, manners. ■ **buenos/malos m.**, good/bad manners. 3 *Ling* mood; **m. subjuntivo**, subjunctive mood.

modorra *nf (somnolencia)* drowsiness.

modoso,-a *adj* 1 *(recatado)* modest. 2 *(respetuoso)* well-behaved, well-mannered.

modulación *nf* modulation. ■ **m. de frecuencia**, frequency modulation.

modular[1] *vtr* to modulate.

modular[2] *adj* modular. ■ **un tresillo m.**, a modular suite.

módulo *nm* module.

mofa *nf* mockery, ridicule; **en tono de m.**, in a gibing tone; **hacer m. de algn/algo**, to scoff at sb/sth.

mofar *vi*, **mofarse** *vr* to scoff (**de**, at), laugh (**de**, at), make fun (**de**, of); **no te mofes de ella**, don't make fun of her.

mofeta *nf* 1 *Zool* skunk. 2 *Min (grisú)* firedamp.

moflete *nm* chubby cheek.

mofletudo,-a *adj* chubby-cheeked.

Mogadiscio *n* Mogadiscio, Mogadishu.

mogol *adj & nmf* Mongol.

mogollón *nm arg* 1 *(gran cantidad de)* **m. de**, stacks of, piles of; **había un m. de gente**, there were thousands of people. 2 *(confusión)* commotion; *(ruido)* row, din, racket; **con este m. no oigo nada**, I can't hear a thing with all this din. 3 *(acción)* action; **vamos donde está el m.**, let's go where the action is, let's go where it's all happening.

mohair *nm Tex* mohair.

mohín *nm* grimace; **hacer un m.**, to make *o* pull a face.

mohíno,-a *adj* sulky, upset.

moho *nm* 1 *(hongo)* mould, *US* mold. 2 *(de metales)* rust.

mohoso,-a *adj* 1 mouldy, *US* moldy. 2 *(oxidado)* rusty.

moisés *nm (cuna)* Moses basket, wicker cradle *o* carrycot, *US* bassinet.

mojado,-a I *pp de* mojar II *adj* wet; *(húmedo)* damp.

mojama *nf* Culin dried salted tuna.

mojar I *vtr* 1 to wet; *(humedecer)* to damp; **m. pa en la leche**, to dip *o* dunk bread in one's milk. 2 *fa (celebrar)* **m. algo**, to celebrate sth with a drink. **mojarse** *vr* 1 to get wet. 2 *fig (comprometerse)* t commit oneself.

mojarra *nf* 1 *(pez)* two-banded bream. 2 *Am* shor broad-bladed knife.

mojicón *nm* 1 *(puñetazo en la cara)* punch, slap. *(bizcocho)* type of sponge cake.

mojigatería *nf* sanctimoniousness, affected piety.

mojigato,-a I *adj* sanctimonious. II *nm,f* sanct monious person.

mojinete *nm RPl Chi Arquit* gable.

mojón *nm* landmark; **m. kilométrico**, ≈ milestone

moka *nm véase* moca

mola *nf* 1 *Med* mole. 2 *(pez)* sunfish.

molar I *adj & nm Anat* molar. II *vi arg* 1 to dig; **m mola cantidad**, I really dig it, it's fab. 2 *(presumir* to show off.

molde *nm* mould, *US* mold, cast. ■ **letras de m.** printed letters; **pan de m.**, ≈ sliced bread.

moldeable *adj* mouldable, *US* moldable.

moldeado,-a I *pp de* moldear II *adj* moulded, *U* molded, cast. III *nm* 1 moulding, *US* molding casting. 2 *Peluq* soft perm, bodywave.

moldeador,-a *adj* moulding, *US* molding, casting.

moldear *vtr* to mould, *US* mold, cast; *(cabello)* t give a soft perm to.

moldura *nf* moulding, *US* molding.

mole *nf* mass, bulk; *fam* **este tío es una m.**, he's fat lump.

molécula *nf* molecule.

molecular *adj* molecular.

moledor,-a I *adj* 1 *(triturador)* grinding; *(aplas tador)* crushing. 2 *fig (persona)* boring. II *nm (c lindro)* roller, crusher.

moler [32] *vtr* 1 *(triturar)* to grind, mill; **m. la ace tuna**, to press olives. 2 *fam fig (cansar)* to wear ou **m. a algn a golpes** *o* **palos**, to beat sb up.

molestar I *vtr* 1 to disturb, bother, annoy; **los niñ le molestan**, children get on his nerves; **no quisier molestarte**, I shouldn't like to bother you; **todo molesta**, everything annoys him. 2 *fml* to bother; **¿ molestaría esperar fuera?**, would you mind waitin outside?; **¿le molestaría llamarme más tarde?**, coul you possibly phone me later?; **perdone que le m leste ...**, I'm sorry to bother you, but .... 3 *(causa malestar)* to hurt, trouble; **esta muela me está m lestando otra vez**, this tooth is troubling me agair 4 *(ofender levemente)* to offend slightly; **¿te molest que no viniera a tu fiesta?**, are you hurt at my mis sing your party? II **molestarse** *vr* 1 *(tomarse la m lestia)* to bother, take the trouble; **no se moleste, y lo haré yo**, don't bother, I'll do it. 2 *(ofenderse)* t take offence *o US* offense, get upset; **se molesta po cualquier cosa**, he gets annoyed *o* upset over an little thing.

molestia *nf* 1 bother, nuisance; **no es ninguna m.** it is no trouble at all; **perdone las molestias que l estamos ocasionando**, please excuse all the troubl *o* inconvenience we are causing you; **si no (le) es m** if it is no trouble to you; **tomarse la m. de hace algo**, to take the trouble (to do sth). 2 *Med (dolor* trouble, slight pain; **tener molestias de estómago**, t have an upset stomach.

molesto,-a *adj* annoying, upsetting; **estar m. con algn,** to be annoyed *o* upset with sb; **ser m.,** to be a nuisance *o* a bother; **una situación molesta,** an embarrassing situation.

molibdeno *nf Quím* molybdenum.

molicie *nf* 1 *fig (lujo)* great *o* excessive luxury. 2 *lit (blandura)* softness.

molido,-a I *pp de* moler . II *adj* 1 ground, milled. 2 *fam (exhausto)* worn-out.

molienda *nf* 1 *(acción)* grinding, milling; **la m. de la aceituna,** the pressing of the olives. 2 *(temporada)* grinding *o* milling season. 3 *(cantidad)* quantity being ground *o* milled.

molinero,-a I *adj* milling. II *nm,f* miller.

molinete *nm* 1 *(ventilador)* air extractor, extractor fan. 2 *(juguete)* toy windmill.

molinillo *nm* grinder, mill. ■ **m. de café,** coffee grinder.

molino *nm* mill. ■ **m. de agua,** watermill; **m. de papel,** paper mill; **m. de viento,** windmill.

molla *nf* 1 soft fleshy part; *(carne)* lean; *(fruta)* flesh. 2 *fig* best part. 3 *fam (michelín)* spare tyre, flab.

mollar *adj* 1 *(tierno)* tender, easy to cut. 2 *fig (útil)* very useful. 3 *(ingenuo)* gullible, credulous, easy to trick. 4 *fam (bueno)* good-looking; **es una tía m.,** she's a cracker.

molledo *nm* 1 *Anat* flesh, fleshy part. 2 *(de pan)* crumb.

molleja *nf* 1 *(de res)* sweetbread. 2 *(de ave)* gizzard.

mollera *nf fam* brains *pl,* sense; **duro de m.,** *(tonto)* dense, thick; *(testarudo)* pigheaded.

molón,-ona *adj arg* flashy, showy.

molonquear *vtr CAm Méx* to beat up.

molturación *nf* grinding, milling.

molturar *vtr* to grind; *(grano)* to mill.

molusco *nm Zool* mollusc, *US* mollusk.

momentáneo,-a *adj* momentary.

momento *nm* moment; **a cada m.,** all the time; **al m.,** at once; **de m.,** for the time being; **de un m. a otro,** any time now; **del m.,** current; **dentro de un m.,** in a moment; **desde el m. en que,** *(tan pronto como)* as soon as; *(puesto que)* since; **desde ese m.,** from that time on; **en buen/mal m.,** at the right/a bad moment; **en cualquier m.,** *(de un momento a otro)* any time now; *(cuando sea)* at any time; **en el m. menos pensado,** when least expected; **en este m.,** *(ahora mismo)* right now; *(actualmente)* at the moment; **en todo m.,** at any moment; **ha llegado el m. de ...,** the moment has come to ...; **no es el m. para ...,** it's not the right time to ...; **pasar por un buen/ mal m.,** to go through a good/bad patch; **por el m.,** for the moment; **por momentos,** by the minute; **sin perder un m.,** without delay.

momia *nf* mummy.

momificación *nf* mummification.

momificar [1] I *vtr* to mummify. II momificarse *vr* to become mummified.

momio *nm fam* cushy number.

mona *nf* 1 *Zool (hembra)* female monkey; *(especie)* Barbary ape; *prov* **aunque la m. se vista de seda, m. se queda,** you can't make a silk purse out of a sow's ear. 2 *fam (imitador)* copycat. 3 *fam (borrachera)* **coger una m.,** to get drunk; **dormir la m.,** to sleep it off. 4 *Naipes* old maid. 5 *Méx (cobarde)* coward. 6 *Cat (pastel)* Easter cake.

monacal *adj Rel* monastic.

monacato *nm Rel* 1 *(vida monástica)* monkhood. 2 *(conjunto de monjes)* monks *pl.*

Mónaco *n* Monaco.

monada *nf fam* 1 *(zalamería)* caress. 2 *(gesto afectado)* silly *o* ridiculous way of acting *o* speaking; *(de niño)* sweet little way. 3 *(preciosidad) (niño)* charming little child, poppet; *(chica)* pretty girl; *(cosa)* pretty thing; **su hija es una m.,** his daughter is a lovely girl; **¡qué m.!,** how cute!; **¡qué m. de chaqueta!,** what a beautiful jacket!

monaguillo *nm Rel* altar boy.

monarca *nm* monarch.

monarquía *nf* monarchy.

monárquico,-a I *adj* monarchic, monarchical. II *nm,f* monarchist.

monarquismo *nm* monarchism.

monasterio *nm Rel* monastery.

monástico,-a *adj Rel* monastic.

monda *nf* 1 *(acción)* peeling. 2 *(piel)* peel, skin; **la m. de una naranja,** the skin of an orange. 3 *fam* **ser la m.,** *(extraordinario)* to be amazing; *(divertido)* to be a scream.

mondadientes *nm inv* toothpick.

mondadura *nf véase* monda 1, 2.

mondar I *vtr* 1 *(naranjas, patatas)* to peel; *(frutos secos)* to shell. 2 *(limpiar)* to clean out, dredge. II mondarse *vr fam* **m. (de risa),** to laugh one's head off.

mondo,-a *adj* bare, plain; *fam* **con un sueldo m. de veinte mil,** with a bare wage of twenty thousand; *fam* **m. y lirondo,** pure and simple.

mondongo *nm (intestinos)* innards *pl; Culin* **hacer el m.,** to make sausages.

monear *vi Am* to boast, show off.

moneda *nf* 1 *Fin* currency, money; **acuñar m.,** to mint money; *fig* **ser m. corriente,** to be everyday stuff. ■ **la Casa de la M.,** ≈ the Royal Mint; **m. falsa,** counterfeit money. 2 *(pieza)* coin; *fig* **pagar a uno con la misma m.,** to pay sb back in kind. ■ **m. suelta,** small change.

monedero *nm* 1 *(bolsa)* purse. 2 *Fin* minter. ■ **m. falso,** counterfeiter.

monegasco,-a *adj & nm,f* Monegasque.

monería *nf véase* monada .

monetario,-a I *adj* monetary. II *nm* collection of coins and medals.

monetarismo *nm Econ* monetarism.

monetarista *adj & nmf Econ* monetarist.

mongol I *adj* Mongolian. II *nmf (persona)* Mongolian. II *nm (idioma)* Mongolian.

Mongolia *n* Mongolia.

mongólico,-a *Med* I *adj* mongolian. II *nm,f* mongol.

mongolismo *nm Med* mongolism, Down's syndrome.

monigote *nm* 1 *(figura grotesca)* rag *o* paper doll; **m. de nieve,** snowman. 2 *pey (persona)* puppet, person with a weak character. 3 *(dibujo)* rough drawing *o* sketch (of a person).

monitor,-a *nm,f* monitor; *(profesor)* instructor; **trabaja como m. de esquí,** he works as a ski instructor.

monitorio,-a *adj* monitory.

monja *nf Rel* nun.

monje *nm Rel* monk.

monjil *adj pey* nun-like.

mono,-a I *adj fam (bonito)* pretty, lovely, cute, sweet; **¡qué vestido tan m.!**, what a lovely dress!; **una niña muy mona**, a very pretty little girl. **II** *nm* **1** *Zool* monkey. **2** *pey (persona)* ape, ugly person; *fam* **m. de imitación**, copycat; *fam* **ser el último m.**, to be a nobody. **3** *(prenda) (de trabajo)* boiler suit, overalls *pl*; *(de niño)* romper-suit, dungarees *pl*. **4** *(dibujo humorístico)* cartoon. **5** *arg (droga)* cold turkey, withdrawal symptoms. **6** *Naipes (comodín)* joker.

monocarril *adj & nm* monorail.

monocorde *adj Mus* single-stringed; *fig* monotonous.

monocromático,-a *adj Fis Fot* monochromatic.

monocromo,-a *adj & nm* monochrome.

monóculo *nm* monocle.

monocultivo *nm Agr* monoculture, single crop (farming).

monofásico,-a *adj Elec* single-phase.

monogamia *nf* monogamy.

monógamo,-a I *adj* monogamous. **II** *nm,f* monogamist.

monografía *nf* monograph.

monográfico,-a *adj* monographic.

monograma *nm* monogram.

monolingüe *adj* monolingual.

monolítico,-a *adj* monolithic.

monolito *nm* monolith.

monologar [7] *vi* to soliloquize.

monólogo *nm* monologue.

monomanía *nf Psic* monomania.

monomaníaco,-a *adj*, **monomaniático,-a** *adj Psic* monomaniac.

monoplano *adj & nm Av* monoplane.

monoplaza *adj & nm* single-seater.

monopolio *nm* monopoly.

monopolización *nf* monopolization.

monopolizar [4] *vtr* to monopolize.

monosabio *nm Taur* picador's assistant.

monosilábico,-a *adj Ling* monosyllabic.

monosílabo,-a *Ling* **I** *adj* monosyllabic. **II** *nm* monosyllable.

monoteísmo *nm Filos* monotheism.

monoteísta *Filos* **I** *adj* monotheistic. **II** *nmf* monotheist.

monotipia *nf Impr* Monotype®.

monotonía *nf* monotony.

monótono,-a *adj* monotonous.

monóxido *nm Quím* monoxide.

Mons *abr de* **Monseñor**, Monsignor, Mgr, Mgsr.

monseñor *nm Rel* monsignor.

monserga *nf fam (aburrido)* boring talk; *(molesto)* annoying talk; **dar la m. a algn**, *(aburrir)* to bore sb; *(molestar)* to pester o annoy sb; **déjate de monsergas**, don't go on so.

monstruo I *nm* **1** monster. **2** *(genio)* genius. **II** *adj inv fam* fantastic; **una fiesta m.**, a terrific party.

monstruosidad *nf* monstrosity.

monstruoso,-a *adj* **1** *(repugnante)* monstrous. **2** *(enorme)* massive, huge.

monta *nf* **1** *(ir a caballo)* riding; *(subir a caballo)* mounting. **2** *fig (importancia)* value; **de poca m.**, of little importance.

montacargas *nm inv* goods lift, service lift, *US* freight elevator.

montado,-a I *pp de* **montar**. **II** *adj* **1** *Mil* mounted. ■ **la policía montada**, the mounted police. **2** *(instalado)* furnished, decorated, fitted out; **una oficina montada con todo lujo**, a luxuriously fitted-out office.

montador,-a *nm,f* **1** *(operario)* fitter, assembler. ■ **m. de joyas**, setter. **2** *Cin* TV film editor. **3** *Teat* stager, producer.

montadura *nf* **1** *(engaste)* setting, mount. **2** *véase* **montura 1**.

montaje *nm* **1** *Téc (instalación, ensamblaje)* fitting, assembling. ■ **cadena de m.**, assembly line. **2** *Cin* editing and mounting. **3** *Teat* staging. **4** *Fot* montage. **5** *arg (farsa)* farce, sham, **¡menudo m.!**, what a farce!

montaña *nf* **1** mountain; **vacaciones en la m.**, holidays in the mountains; **hacer una m. (de un grano de arena)**, to make a mountain out of a molehill. ■ **m. rusa**, big dipper. **2** *fig (montones)* mountains *pl*, piles *pl*; **una m. de arroz**, mountains of rice. **3** *Am (bosque)* forest, jungle.

montañero,-a *nm,f* mountaineer, climber.

montañés,-a I *adj* **1** *(de las montañas)* mountain, highland. **2** *(santanderino)* of o from Santander. **II** *nm,f* **1** *(de las montañas)* highlander. **2** *(santanderino)* native o inhabitant of Santander.

montañismo *nm* mountaineering, mountain climbing.

montañoso,-a *adj* mountainous.

montante *nm* **1** *Constr Téc* upright. **2** *(de puerta)* post. **3** *(de ventana)* mullion. **4** *Arquit* stanchion. **5** *Fin (total)* total amount.

montaplatos *nm inv* service lift, dumb waiter.

montar I *vi* **1** *(caballo, bicicleta)* to mount, get on; *(avión, autobús, tren)* to get on; *(coche)* to get into. **2** *(ir montado)* to ride; **m. a caballo**, to ride, go (horse) riding; **m. a pelo**, to ride bareback; **m. en avión**, to travel by plane; **m. en coche/burro**, to ride in a car/on a donkey. **3** *(tener importancia)* **tanto monta**, it makes no difference, it's all the same. **II** *vtr* **1** *(cabalgar)* to ride; **no se atreve a m. ese caballo**, he doesn't dare ride that horse. **2** *(poner encima)* to put on, mount; **montó al pequeño sobre el burrito**, he lifted the little boy onto the donkey. **3** *Zool (cubrir)* to mount. **4** *(acaballar)* to overlap; **una solapa monta sobre la otra**, one lapel overlaps the other. **5** *Fin (sumar)* to amount to, come to; **el total monta cien mil pesetas**, the total amounts to one hundred thousand pesetas. **6** *(máquina etc)* to assemble, put together; *(arma)* to cock; *(joya)* to mount, set; *(tienda)* to put up; *(negocio)* to set up, start; *(casa)* to set up. **7** *Culin (claras, nata)* to whip. **8** *Cin Fot (película)* to edit, mount; *(fotografía)* to mount. **9** *Teat (obra)* to stage, mount; *fam* **m. un número**, to make a scene. **III** *montarse vr* **1** *(subirse)* *(avión, autobús, bicicleta)* to get on; *(coche)* to get into. **2** *fam (armarse)* to break out; **menudo jaleo se montó**, there was a right to-do. **3** *arg* **montárselo**, to have things (nicely) worked out o set up; **qué bien te lo montas**, you've got things nicely set up.

montaraz *adj* **1** *(montañés)* highland, mountain. **2** *(arisco)* harsh, wild.

montarral *nm CAm Ven* thicket, scrub.

monte *nm* **1** *(montaña)* mountain; *(con nombre propio)* mount; **de m.**, wild; **M. Everest**, Mount Everest; *fam* **echarse al m.**, to take to the hills; *prov* **no todo el m. es orégano**, life is not just a bowl of cherries. ■ *Anat* **m. de Venus**, *(de la mano)* mount of Venus; *(del pubis)* mons veneris. **2** *(bosque)* woodland. ■ **m. alto,** forest; **m. bajo,** scrub, underbrush. **3** *Fin* **m. pío** *o* **de piedad,** assistance fund.

montepío *nm Fin* assistance fund.

montera *nf Taur* bullfighter's hat; *prov* **ponerse el mundo por m.,** not to give a damn about what people might say.

montería *nf* **1** *(caza mayor)* hunting. **2** *(arte)* chase, venery.

montero,-a *nm,f* beater.

montés,-a *adj (animal)* wild.

montevideano,-a *adj & nm,f* Montevidean.

montículo *nm Geog* hillock.

montilla *nm (vino)* montilla, sherry-like wine.

monto *nm* total amount, total.

montón *nm* **1** heap, pile; **hace un m. de años,** many years ago; *fam* **del m.,** run-of-the-mill, nothing special; *arg* **me gusta un m.,** I really love it. **2 montones,** stacks, piles, tons; **a m.,** lots of; **gana dinero a m.,** he earns pots of money.

montubio,-a *nm,f Am* coastal peasant.

montuno,-a *adj Am (rudo)* coarse; *(montaraz)* wild; *(rústico)* rustic.

montuoso,-a *adj* mountainous.

montura *nf* **1** *(cabalgadura)* mount. **2** *(silla de montar)* saddle; **sin m.,** bareback. **3** *(soporte)* *(de gafas)* frame; *(de joya)* setting; *(de máquina, telescopio)* mounting, assembly.

monumental *adj* monumental.

monumento *nm* **1** *Arquit Arte* monument. **2** *fam (hermosura)* good-looking person; **es un m.,** she is a beauty.

monzón *nm Meteor* monsoon.

moña *nf* ribbon, bow.

moño *nm* **1** *(de pelo)* chignon, bun; *fam* **estar hasta el m.,** to be fed up to the back teeth. **2** *(de ave)* crest.

moñudo,-a *adj (animales)* crested.

MOPU *nm abr de* **Ministerio de Obras Públicas y Urbanismo,** ≈ Ministry of Public Works.

moquear *vi* to have a runny nose.

moqueo *nm* runny nose.

moqueta *nf* **1** *(alfombra)* fitted carpet. **2** *Tex* moquette.

moquillo *nm Vet* **1** *(de perro)* distemper. **2** *(de gallina)* pip.

mor *nm* **por m. de,** for the sake of, because of.

mora[1] *nf* **1** *(fruto)* *(de moral)* mulberry; *(de la morera)* white mulberry; *(zarzamora)* blackberry. **3** *(mujer)* Moorish woman. **4** *Arg CR PR Bot* osage orange. **5** *Méx Bot* mulberry.

mora[2] *nf Jur (retraso)* delay.

morada *nf fml* abode, dwelling; **hacer m.,** to stay temporarily.

morado,-a **I** *adj* purple; *fam* **pasarlas moradas,** to have a tough time; **ponerse m.,** to stuff oneself. **II** *nm* purple.

morador,-a *nm,f fml* dweller, inhabitant.

moradura *nf véase* **moretón.**

moral **I** *adj* moral; **deber m.,** moral duty. **II** *nm Bot* mulberry tree. **III** *nf* **1** *(conjunto de reglas)* morals *pl.* **2** *(ánimo)* morale, spirits *pl*; **levantar la m. a algn,** to cheer sb up, raise sb's spirits; **no tengo m. para verle ahora,** I couldn't face seeing him now; *fam* **tienes más m. que el Alcoyano,** what an optimist you are!

moraleja *nf* moral.

moralidad *nf* morality.

moralismo *nm* moralism.

moralista **1** *adj* moralistic. **II** *nmf* moralist.

moralización *nf* moralization.

moralizar [4] *vtr & vi* to moralize.

morapio *nm fam (vino)* red wine.

morar *vi fml* to dwell, reside.

moratoria *nf Jur* moratorium.

morbidez *nf* softness, tenderness.

mórbido,-a *adj* **1** *(suave)* soft, delicate. **2** *fml (malsano)* morbid.

morbilidad *nf* morbidity, morbidness.

morbo *nm fam,* **morbosidad** *nf* **1** *(enfermedad)* sickness. **2** *(interés malsano)* morbidity.

morboso,-a *adj* **1** *(enfermo)* sick, ill. **2** *fml (malsano)* morbid.

morcilla *nf* **1** *Culin* black pudding; *fam* **que le den m.,** he can drop dead for all I care. **2** *Teat* improvised part.

morcillo *nm* fore knuckle.

mordacidad *nf* mordacity.

mordaz *adj* mordant.

mordaza *nf* gag.

mordedor,-a *adj* which bites, vicious; **perro m. poco ladrador,** his bark is worse than his bite.

mordedura *nf* bite.

morder [32] **I** *vtr* to bite; **me ha mordido,** it has bitten me; *fig* **m. el anzuelo,** to take the bait; *fam* **el jefe está que muerde,** the boss is hopping mad. **II** **morderse** *vr* to bite (oneself); **m. las uñas/los labios,** to bite one's nails/lips; **m. la lengua,** *(sin querer)* to bite one's tongue; *(reprimirse)* to hold one's tongue.

mordido,-a **I** *pp de* **morder.** **II** *nf* **1** *(mordedura)* bite. **2** *Am (soborno)* bribe.

mordiente *adj & nm* mordant.

mordisco *nm* bite; **dar** *o* **pegar un m.,** *(a algo)* to take a bite at *o* out of; *(a algn)* to bite.

mordisquear *vtr* to nibble (at).

morena *nf (pez)* moray eel.

moreno,-a **I** *adj* **1** *(pelo)* dark-haired; *(ojos)* dark-eyed; *(piel)* dark-skinned. **2** *(bronceado)* suntanned, tanned; **ponerse m.,** to get a suntan; **en seguida me pongo m.,** I go brown very quickly. **3** *(raza negra)* black; **una cantante morena,** a black singer. **4** *(cosas)* brown; **pan/azúcar m.,** brown bread/sugar. **II** *nm,f* **1** *(persona)* *(de pelo)* dark-haired person; *(de ojos)* dark-eyed person; *(de piel)* dark-skinned person. **2** *(de raza negra)* black person. **3** *(bronceado)* suntan, tan.

morera *nf Bot* white mulberry.

morería *nf Hist* Moorish quarter; **la m.,** the Moors *pl.*

moretón *nm fam* bruise.

morfema *nm Ling* morpheme.

Morfeo *nm Mit* Morpheus.

morfina *nf* morphine.

morfinomanía *nf* addiction to morphine.

morfinómano,-a **I** *adj* addicted to morphine. **II** *nm,f* morphine addict.

morfología *nf* morphology.

morfológico,-a *adj* morphological.

morgue *nf* morgue.

moribundo,-a *adj & nm,f* moribund.

morigeración *nf* moderation.

morigerado,-a *adj* moderate.

morigerar *vtr* to moderate.

moriles *nm (vino)* moriles, sherry-like wine.

morir [33] **1** *vi* **1** to die; **m. de amor** *o* **pena,** to die from a broken heart; **m. de frío,** to die of cold; **m. de hambre,** to starve to death, die of hunger; **m. de una enfermedad/de cáncer,** to die from an illness/ from cancer; **¡muera la corrupción!,** down with corruption!; **murió en la guerra/de muerte natural,** he died in the war/a natural death. **2** *fig (terminar)* to end, finish; **los ríos van a m. al mar,** rivers end their life in the sea. **3** *lit (desaparecer)* to vanish, fade; **las olas morían a sus pies,** the waves came in and died by his feet. **II morirse** *vr* **1** to die; **m. de aburrimiento,** to be bored to death; **m. de envidia/ miedo,** to be dying with envy/fear; **m. de frío,** to die of cold; *fig* to freeze to death; **m. de ganas (de hacer algo),** to be dying (to do sth); **m. de hambre,** to starve to death; *fig* to be starving; **m. por algo** *o* **algn,** to be crazy about sth *o* sb; **m. de risa,** to die laughing; *fam* **que me muera si ...,** may I be struck down dead if ... .

morisco,-a *Hist* **I** *adj* of *o* relating to Spanish Moors converted to Christianity, Morisco. **II** *nm,f* Spanish Moor converted to Christianity, Morisco.

mormón,-ona *adj & nm,f* Mormon.

mormonismo *nm* Mormonism.

moro,-a **I** *adj* **1** *Hist* Moorish. **2** *(musulmán)* Muslim; *(árabe)* Arab. **3** *fam pey (machista)* sexist. **II** *nm,f* **1** *Hist* Moor; *fam* **hay moros en la costa,** the coast is not clear. **2** *(musulmán)* Muslim; *(árabe)* Arab. **3** *pey (machista)* sexist man.

morocho,-a **I** *adj* **1** *Am (robusto)* tough, strong. **2** *SAm (moreno)* dark, swarthy. **II** *nm,f* **1** *Am (robusto)* tough *o* strong person. **2** *SAm (moreno)* dark *o* swarthy person.

morocota *nf Am* gold coin.

morosidad *nf* **1** *(lenitud)* slowness, sluggishness. **2** *Com Fin* arrears *pl* (of payment).

moroso,-a *adj* **1** *(perezoso)* slow, sluggish, torpid. **2** *Com Fin* in arrears, slow to pay; **cliente m.,** slow *o* bad payer.

morrada *nf* **1** *(golpe)* blow; **se dio una gran m.,** he smashed his head in. **2** *(bofetada)* slap.

morral *nm* **1** *(para pienso)* nosebag. **2** *Mil* haversack; *(de cazador)* gamebag.

morralla *nf* **1** *Pesca* small fish. **2** *(chusma)* rabble, scum. **3** *(cosas sin valor)* rubbish, junk.

morrear *vtr,* **morrearse** *vr vulg* to snog, smooch.

morrena *nf Geol* moraine.

morreo *nm vulg* snog, smooch.

morrillo *nm* **1** *(de animal) (testuz)* fleshy part of the nape. **2** *fam (de persona)* (fleshy) back of the neck.

morriña *nf Gal* homesickness.

morrión *nm Mil* helmet, shako.

morro *nm* **1** *(de animal) (hocico)* snout, nose. **2** *fam (de persona)* mouth, (thick) lips; **arrugar** *o* **torcer el m.,** to pull faces (to show disagreement); **caerse de m.,** to fall flat on one's face; **estar de morros,** to be in a bad mood; **partir los morros a algn,** to punch sb in the face *o* mouth; **pasar por los morros,** to rub it in; **poner m.,** to look cross; *fam* **¡vaya m.!,** what a cheek! **3** *(parte saliente)* sticking out part, nose; **el m. del coche,** the nose of the car.

morrocotudo *adj fam & hum* amazing, terrific; **un lío m.,** a tremendous mess.

morrón **I** *adj* **pimiento m.,** (fleshy) red pepper. **II** *nm véase* **morrada 1.**

morronguear *vi* **1** *Am* to suck, sip. **2** *Arg Chi* to doze, snooze.

morroñoso,-a *adj CAm* **1** *(áspero)* rough. **2** *(egoísta)* selfish; *(roñoso)* stingy.

morrudo,-a *adj fam* thick-lipped.

morsa *nf Zool* walrus.

morse *nm Téc* morse.

mortadela *nf Culin* mortadella.

mortaja *nf* **1** *(sudario)* shroud. **2** *SAm fig (papel de cigarrillo)* cigarette paper.

mortal **I** *adj* **1** mortal; **los mortales,** mortals; **odio/ pecado m.,** mortal hatred/sin. **2** *(mortífero)* fatal, lethal, deadly; **un accidente m.,** a fatal accident; **veneno m.,** lethal *o* deadly poison. **II** *nmf* mortal.

mortalidad *nf* mortality; **índice de m.,** death rate.

mortandad *nf* mortality, death toll.

mortecino,-a *adj* lifeless, colourless, *US* colorless.

mortero *nm Culin Mil* mortar.

mortífero,-a *adj* deadly, fatal, lethal.

mortificación *nf* mortification.

mortificar [1] **I** *vtr* to mortify. **II mortificarse** *vr* to mortify oneself.

mortual *nm CAm Méx* inheritance, inherited goods *pl.*

mortuorio,-a *adj* mortuary. ■ **lecho m.,** deathbed.

morueco *nm Zool* ram.

moruno,-a *adj* Moorish; *(árabe)* Arab. ■ *Culin* **pincho m.,** ≈ kebab.

Mosa *n* Meuse.

mosaico,-a **I** *adj Rel* of *o* relating to Moses. **II** *nm* mosaic.

mosca *nf* **1** *Ent* fly. **2** *(perilla)* goatee. **3** *Box* **peso m.,** flyweight. **4** *arg (dinero)* dough, bread; **aflojar/ soltar la m.,** to fork out, stump up. **5** *(locuciones)* **pescar a m.,** to fly-fish; *fam* **con la m. en** *o* **tras la oreja,** suspicious; *fam* **estar m.,** *(suspicaz)* to be suspicious; *(enfadado)* to be cross; *fam* **es incapaz de matar una m.,** he's totally harmless, he wouldn't harm a fly; *fam* **m.** *o* **mosquita muerta,** hypocrite; *fam* **no se oye una m.,** you could hear a pin drop; *fam* **picarle a algn la m.,** to start feeling suspicious; *fam* **por si las moscas,** just in case; *fam* **¿qué m. te ha picado?,** what's biting you?

moscada *adj* **nuez m.,** nutmeg.

moscarda *nf Ent* blowfly, bluebottle.

moscardón *nm* **1** *Ent* blowfly. **2** *fam (pesado)* pest, nuisance.

moscatel **I** *adj (vino)* muscat. **II** *nm (vino)* muscatel, muscat.

moscón *nm véase* **moscardón.**

mosconear *vtr* to pester, annoy, bother.

moscovita *adj & nmf* Muscovite.

Moscú *n* Moscow.

mosén *nm Cat Rel* Reverend.

mosqueado **I** *pp de* **mosquear.** **II** *adj* **1** *(manchado)* spotted. **2** *fam (enfadado)* cross.

mosquearse *vr fam* **1** *(enfadarse)* to get cross. **2** *(sospechar)* to smell a rat.

mosquerío *nm,* **mosquero** *nm Am* cloud of flies.

mosquete *nm Mil* musket.

mosquetero *nm Hist* musketeer.

mosquetón *nm* **1** *Mil Hist* carbine. **2** *Téc* snap link *o* hook.

mosquitera *nf* mosquito net.

mosquitero *nm* 1 *(red)* mosquito net. 2 *Orn* **m. común,** chiffchaff; **m. musical,** willow warbler; **m. silbador,** wood warbler.

mosquito *nm Ent* mosquito.

mostacho *nm* moustache, *US* mustache.

mostachón *nm Culin* macaroon.

mostajo *nm Bot* common whitebeam.

mostaza *nf Bot Culin* mustard.

mostellar *nm Bot* common whitebeam.

mosto *nm (del vino)* must; *(bebida)* grape juice.

mostrador *nm* 1 *(de tienda)* counter. 2 *(de bar)* bar.

mostrar I *vtr* 1 *(gen)* to show; **muéstramelo,** show it to me. 2 *(materiales, cualidades)* to display, exhibit. 3 *(explicar)* to explain, show. II **mostrarse** *vr* to be, appear, show oneself; **se mostró muy comprensiva,** she was very understanding.

mostrenco,-a I *adj* 1 *(sin dueño)* ownerless; **bienes mostrencos,** ownerless property. 2 *fig (ignorante)* stupid, thick, dense. 3 *(gordo)* fat. II *nm,f* 1 *(ignorante)* blockhead, dunce. 2 *(gordo)* very fat person.

mota *nf* 1 *(brizna)* mote, speck; **una m. de polvo,** a speck of dust. 2 *(lunar)* dot; **rojo con motas blancas,** red with white dots. 3 *fig (defecto)* small flaw *o* defect *o* fault. 4 *Am (mechón)* lock of hair. 5 *Méx (droga)* marijuana.

mote[1] *nm (apodo)* nickname; **poner m. a algn,** to give sb a nickname; **le pusimos como m. 'el Alto',** we nicknamed him 'Lofty'.

mote[2] *nm Am Culin* boiled salted maize *o US* corn.

moteado,-a *adj* dotted.

motear *vi SAm* to eat **mote.**

motejar *vtr* to accuse, brand; **le motejaron de ladrón,** they branded him (as) a thief.

motel *nm* motel.

motete *nm* 1 *Mús* motet. 2 *CAm (atado)* bundle. 3 *Am (cuévano)* pannier.

motilidad *nf Téc* motility.

motín *nm (amotinamiento)* mutiny, rising; *(disturbio)* riot, disturbance.

motivación *nf* motivation, drive.

motivar *vtr* 1 *(causar)* to cause, give rise to. 2 *(inducir)* to motivate. 3 *(razonar)* to explain, justify.

motivo *nm* 1 *(causa)* motive, cause; *(gen plural)* grounds *pl*; **bajo ningún m.,** under no circumstances; **con este** *o* **tal m.,** for this reason; **con m. de,** on the occasion of; **darle a algn motivos para hacer algo,** to give sb reason to do sth; **hay suficientes motivos de divorcio,** there are sufficient grounds for divorce; **se ha enfadado con m.,** he has every reason to be angry; **sin m.,** for no reason at all; *fml* **Juan Segarra ha sido m. de homenaje,** a tribute has been paid to Juan Segarra. 2 *Art Mús* motif, leitmotif.

moto *nf Aut* motorbike.

motobomba *nf* fire engine.

motocarro *nm Aut* three-wheeled delivery van.

motocicleta *nm véase* **moto.**

motociclismo *nm Aut* motorcycling.

motociclista *nmf Aut* motorcyclist.

motociclo *nm Aut* motorcycle.

motocross *nm Aut* motocross.

motocultivo *nm Agr* mechanized agriculture.

motonáutica *nf Náut* motorboating.

motonáutico,-a *adj Náut* of *o* relating to motorboating.

motonave *nf Náut* motorboat.

motoniveladora *nf* bulldozer.

motor,-a I *adj* 1 *Téc* motive, motor. 2 *Biol* motor. II *nm* engine, motor. ■ **m. diesel,** diesel engine; **m. eléctrico,** electric motor; **m. de explosión,** internal combustion engine; **m. de reacción,** jet engine; **m. fuera borda** *o* **bordo,** outboard motor. III *nf Náut* motorboat.

motorismo *nm Aut* motorcycling.

motorista *nmf Aut* motorcyclist.

motorizado I *pp de* **motorizar.** II *adj* motorized.

motorizar [4] I *vtr* to motorize. II **motorizarse** *vr fam* to get oneself a car *o* motorbike.

motosierra *nf* power saw.

motricidad *nf* motivity.

motriz *adj f* 1 *Téc* motive. ■ **fuerza m.,** motive power. 2 *Biol* motor.

movedizo,-a *adj* 1 *(fácil de mover)* easy to move. 2 *(poco firme)* unsteady. ■ **arenas movedizas,** quicksand *sing.*

mover [32] I *vtr* 1 to move; **m. algo de su sitio,** to move sth out of its place; **no muevas la cabeza,** keep your head still; *fam* **m. el esqueleto,** to dance. 2 *(hacer funcionar)* to drive *o* work; **la máquina mueve el tren,** the engine pulls the train. 3 *(incitar, provocar)* to drive *o* incite; **m. a algn a piedad,** to move sb to pity; **movido por la compasión,** swayed by compassion; **sólo le mueve su interés por el dinero,** it is only money that impels him to do anything. II **moverse** *vr* 1 to move; **no te muevas,** don't move. 2 *fam (gestionar)* to take every step, make all possible efforts; **hay que m. para encontrar un trabajo,** you have to move heaven and earth to find a job. 3 *(darse prisa)* to hurry up; **¡muévete!,** get a move on! 4 *fig (relacionarse)* to move; **ella se mueve entre artistas,** she moves in artistic circles.

movible *adj* movable.

movida *nf arg* action; **la m. madrileña,** swinging Madrid.

movido,-a I *pp de* **mover.** II *adj* 1 *Fot* blurred. 2 *(persona)* active, restless. 3 *CAm Chi (enteco)* puny.

móvil I *adj* movable, mobile. ■ *TV Rad* **unidad m.,** outside broadcast unit. II *nm* 1 *(motivo)* motive, reason; **el m. del crimen,** the motive for the murder. 2 *Art* mobile.

movilidad *nf* mobility.

movilización *nf* mobilization.

movilizar [4] *vtr (tropas, multitudes, personas)* to mobilize.

movimiento *nm* 1 *gen* movement; *Fís Téc* motion; **m. circular/lineal,** circular/linear motion; **(poner algo) en m.,** (to set sth) in motion. ■ **m. sísmico,** earth tremor. 2 *(actividad)* movement, activity; **hay mucho m. en el mercado,** there is a lot of bustle in the market. 3 *Com Fin (entradas y salidas)* operations; **el m. de turistas es menor este año,** the number of tourists has gone down this year. ■ **m. de caja,** turnover, transactions *pl.* 4 *Art Lit* movement; **m. literario,** literary movement. 5 *Mús* tempo. 6 *Pol (sublevación)* movement, uprising. 7 *Esp Hist* **el M.,** the Falangist Movement.

moviola *nf Cin TV* editing projector.

moza *nf* 1 lass, young girl; **ser una buena m.,** to be a good-looking girl. 2 *arc (sirvienta)* maid.

mozalbete *nm* boy, young lad.

Mozambique *n* Mozambique.

mozambiqueño,-a *adj & nm,f* Mozambiquean.

mozárabe *Hist* I *adj* Mozarabic. II *nmf* Mozarab.

mozo *nm* 1 lad, boy; **ser un buen m.**, to be a good-looking *o* handsome man. 2 *(de estación)* porter; *(de hotel)* bellboy, *US* bellhop. ■ **m. de comedor**, waiter's assistant, *US* busboy; **m. de estación**, porter. 3 *Mil* conscript.

mozuelo,-a I *nm* young lad. II *nf* young lass.

m/p *abr de* **mi pagaré**, I owe you, IOU.

ms. *abr de* **manuscrito**, manuscript, ms.

muaré *nm Tex* moiré.

mucamo,-a *nm,f Am* servant.

muchacha *nf* 1 *(chica)* (young) girl. 2 *fam (sirvienta)* maid.

muchachada *nf*, **muchachería** *nf* 1 *(acción)* childish act *o* prank. 2 *(grupo)* group of children.

muchacho *nm* (young) boy, lad; **un gran m.**, a good lad.

muchedumbre *nf* 1 *(de gente)* crowd. 2 *(de cosas)* a great deal of.

mucho,-a I *adj* 1 *sing (gen en frases afirmativas)* a lot of, lots of, much; **hace m. calor**, it's very hot; **queda m. café**, there's a lot of coffee left; **m. tiempo**, a long time; **tengo m. sueño/mucha sed**, I am very sleepy/thirsty; *(colectivo)* **hay m. tonto suelto**, there are lots of idiots around; *(gen en frases neg e interr)* much; **¿bebes m. café?** —**no, no m.**, do you drink much coffee?; —**no, not much**. 2 *(demasiado)* **es m. coche para mí**, this car is far too big *o* expensive for me. 3 **muchos,-as**, *(gen en frases afirmativas)* a lot of, lots of; **tiene m. años ya**, he is very old now; **tienen m. hijos**, they have a lot of children; *(gen en frases neg e interr)* **no hizo muchas preguntas**, he didn't ask many questions; **¿tienes m. amigos?**, have you got many friends? II *pron* 1 a lot, a great deal, much; **¿cuánta leche queda?** —**mucha**, how much milk is there left? —a lot. 2 **muchos,-as**, a lot, many; **¿cuántos libros tienes?** —**m.**, how many books have you got? —lots; **m. de los presentes**, many of the people here; **m. son los que ...**, there are many who ... . III *adv* 1 (very) much, a lot; **como m.**, at the most; **con m.**, by far; **me gusta m.**, I like it very much; **m. antes/después**, long before/after; **m. mejor/peor**, a lot better/worse; **ni con m.**, not nearly as; **no es, ni con m., tan bueno como el otro**, it is not nearly as good as the other one; **ni m. menos**, not in the least; **por m. (que) ...**, however much ...; **por m. que te empeñes**, however hard you try; **tener a algn en m.**, to think a lot of sb; *fam* **muy m.**, very much. 2 *(tiempo)* **hace m. que no viene por aquí**, he has not been to see us for a long time. 3 *(a menudo)* often; **vamos m. al cine**, we go to the cinema quite often.

mucosa *nf* mucous membrane.

mucosidad *nf* mucosity, mucus.

mucoso,-a *adj* mucous.

múcura *nf Am* water jar, pitcher.

muda *nf* 1 *(de ropa)* change of clothes. 2 *Orn Zool (de plumas, pelo)* moult, *US* molt, moulting *o US* molting season; *(serpiente)* slough. 3 *(de la voz)* breaking.

mudable *adj* 1 *(cambiable)* changeable. 2 *(inconstante)* fickle.

mudada *nf Am* 1 *(muda)* change of clothes. 2 *Arg Cuba (traslado)* move, removal.

mudanza *nf* 1 *(cambio)* changing, change. 2 *(de residencia, piso)* move, removal; **estar de m.**, to be moving. ■ **camión de m.**, removal van.

mudar I *vtr* 1 *(cambiar)* to change; **le han mudado de oficina**, he's been moved to a different office; **m. de opinión**, to change one's mind. 2 *(trasladar)* to change, move; **mudaron su residencia al sur de la ciudad**, they went to live in the south of the city. 3 *(de ropa)* to change. 4 *(de plumas, pelo)* to moult, *US* molt; *(de piel)* to shed, slough. 5 *(de voz)* to break. II **mudarse** *vr* 1 to change, move; **m. de sitio**, to change seats. 2 *(de ropa)* to change one's clothes. 3 *(de casa)* to move (house).

mudéjar *adj & nmf Hist* Mudejar.

mudenco,-a *adj* 1 *(tartamudo)* stuttering. 2 *CAm (necio)* stupid, silly.

mudez *nf* dumbness.

mudo,-a I *adj* 1 *(que no habla)* dumb; **m. de asombro**, dumbfounded; **m. de nacimiento**, born dumb. 2 *Ling* mute. 3 *Cin* silent. ■ **cine m.**, silent films *pl*. 4 *fig (callado)* speechless, silent. II *nm,f* dumb person.

mueblaje *nm véase* **mobiliario**.

mueble I *adj* movable. ■ **bienes muebles**, movables. II *nm* piece of furniture; **muebles**, furniture *sing*; **con/sin muebles**, furnished/unfurnished. ■ **m. bar**, cocktail cabinet.

mueblista *nmf (fabricante)* furniture maker; *(vendedor)* furniture dealer.

mueca *nf* 1 *(de burla)* mocking face; **hacer muecas**, to pull faces. 2 *(de dolor, asco)* grimace.

muela *nf* 1 *Anat* molar, tooth; **empastar una m.**, to fill a tooth. ■ **dolor de muelas**, toothache; **m. del juicio**, wisdom tooth. 2 *Téc (de molino)* millstone; *(de afilar)* grindstone.

muelle¹ 1 *adj* soft, comfortable. II *nm* spring.

muelle² *nm* 1 *(andén)* loading bay, freight platform. 2 *Náut* dock.

muérdago *nm Bot* mistletoe.

muermo *nm* 1 *Vet* glanders, farcy. 2 *arg (tedio)* boredom, pain; **esta fiesta es un m.**, this party is a drag; **este tío es un m.**, this bloke is a real bore.

muerte *nf* 1 death. ■ **m. natural**, natural death. 2 *(homicidio)* murder. 3 *(locuciones)* **a m.**, to the death; **a vida o m.**, life-and-death; **dar m. a algn**, to kill sb; **estar a (las puertas de) la m.**, to be dying, be at death's door; **hasta la m.**, unto death; **odiar a algn a m.**, to loathe sb; *fam* **de mala m.**, lousy, rotten; *fam* **un susto de m.**, the fright of one's life; *arg* **estar de m.**, to be fantastic.

muerto,-a I *pp de* **morir**. II *adj* 1 dead; **caer m.**, to drop dead; **dar a algn por m.**, to assume sb to be dead, give sb up for dead; **horas muertas**, spare time; **medio m. o más m. que vivo**, half-dead; **m. de hambre**, starving; **m. de frío**, frozen to death; **m. de miedo**, scared stiff; **m. de pena**, broken-hearted; **m. de risa**, laughing one's head off; **nacido m.**, stillborn; **no tener dónde caerse m.**, not to have a place to lay one's head; **lengua muerta**, dead language; **naturaleza muerta**, still life; *Aut* **punto m.**, neutral; **en punto m.**, out of gear. 2 *fam (cansado)* dead tired, dog-tired, exhausted. III *nm,f* 1 *(difunto)* dead person; *(cadáver)* corpse; **callarse como un m.**, not to say a word; **hacer el m.**, to float on one's back; **hacerse el m.**, to pretend to be dead; **ser un m. de hambre**, to be an absolute nobody; *fam* **cargar con el m.**, *(llevar la peor parte)* to be a dogsbody; *(llevarse las culpas)* to carry the can; *fam* **echarle el m. a algn**, to pass the buck to sb; *ofens*

¡tus muertos!, up yours! **2** *(víctima)* fatality, victim; **hubo dos muertos,** there were two fatalities, two (people) died.

muesca *nf* **1** *Téc (entalladura)* mortise, mortice. **2** *(incisión)* nick, notch.

muestra *nf* **1** *(espécimen)* sample, specimen; **botón de m.,** sample. ▪ **feria de muestras,** trade fair; **m. gratuita,** free sample. **2** *(modelo a copiar)* pattern, model. **3** *(prueba, señal)* proof, sign; **dar muestras de,** to show signs of; **como m. de poder,** as a demonstration of power; **m. de cariño/respeto,** token of affection/respect; **una m. más de ...,** yet another example of ... .

muestrario *nm* collection of samples.

muestreo *nm* sampling; **m. al azar,** random sampling.

mugido *nm* **1** *(de vaca)* moo; *(de toro)* bellow. **2** *Lit (estrépito)* howl, roar. **3 mugidos,** *(de vaca)* mooing *sing*, lowing *sing*; *(de toro)* bellowing *sing*.

mugir [6] *vi* **1** *(vaca)* to moo, low; *(toro)* to bellow. **2** *fig* to bellow. **3** *Lit* to howl, roar.

mugre *nf* **1** *(suciedad)* filth, grime. **2** *Am (cosa sin valor)* piece of rubbish.

mugriento,-a *adj* filthy, grimy.

muguet *nm*, **muguete** *nm Bot* lily of the valley.

mujer *nf* **1** woman; **dos mujeres,** two women. ▪ **m. fatal,** femme fatale; **m. de la limpieza,** cleaning lady; **m. de su casa,** housewife; *euf* **m. de la vida, m. de la vida alegre,** prostitute. **2** *(esposa)* wife; **su futura m.,** his bride-to-be; *fml* **tomar m.,** to get married.

mujeriego I *adj* woman-chasing. **II** *nm* womanizer, woman chaser.

mujeril *adj* **1** *(femenino)* womanly. **2** *pey (cursi)* womanish.

mujerío *nm* group of women.

mujerona *nf* buxom woman.

mujerzuela *nf* prostitute.

mújol *nm (pez)* grey mullet.

mula *nf* she-mule; *fig* **terco como una m.,** as stubborn as a mule.

muladar *nm* dump, rubbish tip.

muladí *Hist* **I** *adj* of *o* relating to the Spanish Christians converted to Islam in the Middle Ages. **II** *nmf* Spanish Christian converted to Islam.

mular *adj* mule; **ganado m.,** mules *pl*.

mulato,-a *adj & nm,f* mulatto.

muleque *nm* **1** *Am (esclavo negro)* black slave. **2** *Arg Cuba Urug (muchacho negro)* black boy.

mulero *nm* muleteer.

muleta *nf* **1** *(prótesis)* crutch. **2** *fig (apoyo)* support, prop. **3** *Taur* muleta.

muletilla *nf* **1** *Ling (estribillo)* pet word, cliché. **2** *(bastón)* cross-handled cane.

mullido,-a *adj* soft, fluffy.

mullir [41] *vtr* **1** *(lana)* to beat, soften; *(colchón)* to fluff up. **2** *Agr (tierra)* to break up, hoe.

mulo *nm* mule; *fam* **estar hecho un m.,** to be as strong as a horse.

multa *nf* fine; *Aut* ticket; **m. de aparcamiento,** parking ticket.

multar *vtr* to fine.

multi- *pref* multi-; **multicelular,** multicellular.

multicanal *adj TV* multichannel.

multicolor *adj* multicoloured, *US* multicolored.

multicopiar [12] *vtr* to duplicate.

multicopista *nf* duplicator.

multidireccional *adj* multidirectional.

multifamiliar *nm Am* block of flats.

multiforme *adj* multiform.

multigrado *adj* multigrade.

multilaminar *adj (madera)* multi-ply.

multilateral *adj* multilateral.

multimillonario,-a *adj & nm,f* multimillionaire.

multinacional *adj & nf* multinational.

multíparo,-a *adj* multiparous.

múltiple *adj* **1** *Mat* multiple. **2 múltiples,** *(muchos)* many.

multiplexor *nm Inform* multiplexor.

multiplicable *adj* multipliable.

multiplicación *nf (gen) Mat* multiplication.

multiplicador,-a I *adj* multiplying. **II** *nm* **1** *Mat* multiplier. **2** *Mil* booster.

multiplicando *nm Mat* multiplicand.

multiplicar [1] **I** *vtr & vi* to multiply **(por,** by). **II multiplicarse** *vr* **1** *(reproducirse, aumentar)* to multiply. **2** *fig (estar en todo)* to be everywhere.

multiplicidad *nf* multiplicity.

múltiplo,-a *adj & nm* multiple. ▪ *Mat* **mínimo común m.,** lowest common multiple.

multirriesgo *adj inv Seg* **póliza m.,** multiple risk policy.

multitud *nf* **1** *(de personas)* crowd. **2** *(de cosas)* multitude; **tengo una m. de cosas que hacer,** I have thousands of things to do.

multitudinario,-a *adj* multitudinous.

multiviaje *adj* **tarjeta m.,** season ticket.

mundanal *adj*, **mundano,-a** *adj* of this world, mundane; **huir del m. ruido,** to get away from it all.

mundial I *adj* world, worldwide; **campeón m.,** world champion; **de fama m.,** world-famous. **II** *nm* world championship. ◆**mundialmente** *adv* throughout the world, worldwide.

mundillo *nm fam irón* circles *pl*, spheres *pl*; **el m. literario,** literary circles.

mundo *nm* **1** world; **el m. de los niños/negocios,** the world of children/business; **el fin del m.,** the end of the world; **correr** *o* **ver m.,** to knock around; **echar** *o* **traer al m.,** to bring into the world; **nada del otro m.,** nothing special; **por nada del m.,** not for all the tea in China; **se me hundió el m.,** my world caved in; **todo el m.,** everyone; *fml* **venir al m.,** to come into the world; *euf* **echarse al m.,** to become a prostitute; *prov* **la m. es un pañuelo,** it's a small world. ▪ **el otro m.,** the hereafter, life after death; **hombre/ mujer de m.,** man/woman of the world. **2** *(baúl)* trunk.

mundología *nf* worldliness, experience of the world.

mundovisión *nf TV* satellite broadcasting.

muñeca *nf* **1** *Anat* wrist. **2** *(juguete, muchacha bonita)* doll.

muñeco *nm* **1** *(juguete)* (little) boy doll; **m. de trapo,** rag doll; **m. de nieve,** snowman. **2** *fig (marioneta)* puppet.

muñequera *nf* wristband.

muñequilla *nf* **1** *Téc* trunnion. **2** *(de trapo)* polishing bag *o* pad.

munición *nf Mil* ammunition. ▪ **municiones de boca,** provisions; **m. submarina,** underwater ordnance.

municipal I *adj* municipal; **elecciones municipales,** local (council) elections. II *nm (municipal)* policeman.

municipalidad *nf* municipality.

municipalizar [4] *vtr* to municipalize.

municipio *nm* 1 *Jur (circunscripción administrativa)* municipality. 2 *(territorio)* territory of a municipality. 3 *(ciudadanos)* people living in a municipality. 4 *(ayuntamiento)* town council.

munificencia *nf* munificence.

muñir [40] *vtr* 1 *(convocar)* to summon. 2 *(amañar)* to fix.

muñón *nm* 1 *Anat* stump. 2 *Téc* gudgeon.

mural *adj & nm* mural.

muralla *nf* 1 *(de una ciudad)* wall. 2 *Am (pared)* wall. 3 *Méx (casa)* tenement.

múrciano,-a I *adj* of o from Murcia. II *nm,f* native o inhabitant of Murcia.

murciélago *nm Zool* bat.

murga *nf* 1 *Mús* band of street musicians. 2 *fam (tabarra)* bore, pain; **dar la m.,** to be a pest o drag.

murmullo *nm* murmur, murmuring, whisper, whispering; **el m. de las hojas,** the rustling of the leaves.

murmuración *nf* gossip, backbiting.

murmurador,-a I *adj* gossipy. II *nm,f* gossip.

murmurar *vi* 1 *(susurrar)* to whisper; *(refunfuñar)* to mutter, grumble. 2 *(criticar)* to gossip, backbite. 3 *(producir murmullo)* to murmur.

muro *nm* wall. ■ **m. de defensa,** dam.

murria *nf fam* sadness, melancholy; **estar con la m.** o **tener m.,** to have the blues, be feeling down.

murrio,-a *adj fam* sad, blue.

mus *nm Naipes* card game.

musa *nf* 1 *Mit* Muse. 2 *Lit (inspiración)* muse; **dedicarse a las musas,** to write poetry.

musaraña *nf* 1 *Zool* shrew; *fam* **estar mirando a** o **pensando en las musarañas,** to be daydreaming o in the clouds. 2 *Chi Salv Nic fam (mueca)* face, grimace.

muscular *adj* muscular.

musculatura *nf* musculature; **desarrollar la m.,** to develop one's muscles.

músculo *nm Anat* muscle; **m. estriado/liso,** striated/ smooth muscle.

musculoso,-a *adj* muscular.

muselina *nf Tex* muslin; **m. fina,** mull.

museo *nm* museum; **m. de arte** o **pintura,** art gallery.

museografía *nf,* **museología** *nf* museology.

musgo *nm Bot* moss.

musgoso,-a *adj* mossy.

música *nf* music; *fam* **irse con la m. a otra parte,** to make oneself scarce; **poner m. a,** to set to music. ■ **m. clásica,** classical music; **m. de fondo,** background music; *fig* **m. celestial,** high-sounding words, empty promises.

musical I *adj* musical. II *nm (comedia)* musical.

musicalidad *nf* musicality.

músico,-a I *adj* musical. II *nm,f* musician. ■ *Culin* **postre de m.,** dessert of nuts and dried figs, raisins, etc with a glass of muscatel.

musicología *nf* musicology.

musicólogo,-a *nm,f* musicologist.

musiquero,-a I *adj arg* fond of music. II *nm* music cabinet.

musitar *vi lit* to whisper.

muslo *nm Anat* thigh.

mustango *nm Zool* mustang.

mustiarse [12] *vr* to wilt, wither.

mustio,-a *adj* 1 *(plantas)* wilted, withered. 2 *(persona)* sad, gloomy.

musulmán,-ana *adj & nm,f* Muslim, Moslem.

mutabilidad *nf* mutability.

mutable *adj* mutable.

mutación *nf (gen)* change; *Biol* mutation.

mutante *adj & nmf* mutant.

mutilación *nf* mutilation.

mutilado,-a I *adj* mutilated, crippled, disabled. II *nm,f* cripple, disabled person; **m. de guerra,** disabled serviceman.

mutilar *vtr* to mutilate.

mutis *nm Teat* exit; **hacer m.,** *(callarse)* to shut up; *(irse)* to make oneself scarce; ¡m.!, silence!

mutismo *nm* 1 *(silencio)* complete silence. 2 *Med* mutism.

mutua *nf véase* **mutualidad** 2.

mutualidad *nf* 1 *(reciprocidad)* mutuality. 2 *(asociación)* mutual benefit society.

mutualista I *adj* of o relating to a mutual benefit society. II *nmf* member of a mutual benefit society.

mutuo,-a *adj* mutual, reciprocal.

muy *adv* very; **m. bueno/malo,** very good/bad; ¡**m. bien!,** very good!; **m. de agradecer,** very much to be appreciated; **m. de los catalanes,** typically Catalan; **eso es m. de Domingo,** that's just like Domingo; *pey* that's Domingo all over; **m. de mañana/noche,** very early/late; **por m. caro/rápido que sea,** expensive/ fast though it may be; **por m. mal que salgan las cosas,** even if the worst comes to the worst; **ser m. hombre/mujer,** to be a real man/woman; *fam* **el m. tonto se lo dijo todo,** silly him, told her everything; *fam* **m. mucho,** very much.

N

N, n ['ene] *nf (la letra)* N, n.

N 1 *abr de* **newton,** newton, N. 2 *abr de* **Norte,** North, N.

n. *abr de* **nacido,-a,** born, b.

n/ *abr de* **nuestro,-a,** our.

nabo *nm* 1 *Bot (planta)* turnip. 2 *Bot (raíz)* root vegetable. 3 *vulg (pene)* prick.

nácar *nm* mother-of-pearl, nacre.

nacarado,-a *adj,* **nacarino,-a** *adj* mother-of-pearl, nacreous, pearly.

nacatamal *nm CAm* tamale stuffed with pork.

nacer [42] *vi* **1** *(gen)* to be born; **al n.**, at birth; **nació en una familia acomodada,** she was born into well-to-do family; **nació para músico,** he was born to be a musician; *fig* **al n. el día,** at daybreak *o* dawn; *fig* **volver a n.**, to be born again; *fam fig* **n. de pie,** to be born under a lucky star; *fam fig* **no nací ayer,** I wasn't born yesterday. **2** *(pajaro)* to hatch (out). **3** *Bot (brotar)* to sprout, come up. **4** *(pelo, plumas)* to begin to grow. **5** *(surgir)* to spring (up). **6** *(tener su origen)* to originate, start; **el Ebro nace en Fontibre,** the river Ebro rises in Fontibre. **7** *(derivarse)* to arise; **su actitud nace de su inseguridad,** his attitude stems from his lack of confidence.

nacido,-a I *pp de* **nacer.** II *adj* born; **n. de padre español,** born of a Spanish father; **recién n.**, newborn; *fig* **bien n.**, *(de familia ilustre)* of noble birth; *(noble, bondadoso)* of noble mind; *fig* **mal n.**, despicable, mean. III *nm,f (gen pl)* **los nacidos en ...,** those born in ... .

naciente I *adj (nuevo)* new, recent; *(creciente)* growing; *(sol)* rising; **su n. amistad,** their newly formed friendship. II *nm (este)* East.

nacimiento *nm* **1** *(gen)* birth; **de n.**, from birth; **sordo de n.**, deaf from birth; **de noble n.**, of noble birth; *fam* **ser tonto de n.**, to be a complete idiot. ■ **lugar de n.**, birthplace, place of birth. **2** *fig (principio)* origin, beginning; *(de río)* source; **el n. de una nueva era,** the beginning of a new era. **3** *(belén)* Nativity scene, crib, crèche.

nación *nf* **1** *(gen)* nation; **las Naciones Unidas,** the United Nations. **2** *(país, estado)* country, state. **3** *(pueblo)* people.

nacional I *adj* **1** national; **himno n.**, national anthem. **2** *(productos, mercados)* domestic; **vuelos nacionales,** domestic flights. II *nmf* national; *Hist* **los nacionales,** the Francoist forces.

nacionalidad *nf* nationality.

nacionalismo *nm* nationalism.

nacionalista I *adj* nationalist, nationalistic. II *nmf* nationalist.

nacionalización *nf* **1** *(naturalización)* naturalization. **2** *(industria)* nationalization.

nacionalizar [4] I *vtr* **1** *(naturalizar)* to naturalize. **2** *Econ (banca, industria)* to nationalize. II *nacionalizarse vr* to become naturalized; **n. español,** to take up Spanish citizenship.

nacionalsocialismo *nm Hist* National Socialism.

naco *nm* **1** *SAm (tabaco)* chew (of black tobacco). **2** *CAm fig (cobarde)* coward. **3** *Arg fig (susto)* fright, fear.

nada I *pron* nothing, anything; **antes de n.**, first of all; **casi n.**, almost nothing; **como si n.**, just like that; **de n.**, insignificant; **dentro de n.**, in a moment; **enfadarse por n.**, to get upset for no reason at all; **gracias, —de n.**, thanks, —don't mention it; **n. de eso,** nothing of the kind; **¡n. de eso!**, not a bit of it!; **n. de excusas,** no excuses; **n. de n.**, nothing at all; **n. más,** only; **n. más verla,** as soon as he saw her; **(n. más y) n. menos que,** no less than; **nadie sabía n.**, nobody knew anything at all; **no es n.**, it is nothing; **no hay n. que hacer,** nothing can be done; **por n. del mundo,** (not) for anything in the world; **¡y n. de ir en moto!**, and no riding motorcycles! II *adv* not at all; **no me gusta n.**, I don't like it at all. III *nf* nothingness; **salir de la n.**, to come out of nowhere.

nadador,-a *nm,f* swimmer.

nadar *vi* **1** *Dep* to swim; **n. a braza,** to do the breast-stroke; *fig* **n. en dinero,** to be rolling in money; *fam* **n. y guardar la ropa,** to have one's cake and eat it, have the best of both worlds. **2** *(flotar)* to float.

nadería *nf* little something, trifle.

nadie I *pron* nobody, not ... anybody; **allí no había n.**, there was nobody there; **n. de su familia,** none of his relatives; **n. vino,** no one came; **no se lo digas a n.**, don't tell anyone; *fig* **tú no eres n. para hablarme así,** you have no right to talk to me like that. II *nm* nobody; **ser un (don) n.**, to be a nobody.

nadir *nm Astron* nadir.

nado (a) *loc adv* swimming; **cruzar** *o* **pasar a n.**, to swim across.

nafta *nf* **1** *Quím* naphtha. **2** *Am (gasolina)* petrol, *US* gasoline.

naftalina *nf* naphtalene, naphtaline. ■ **bola de n.**, mothball.

nagüeta *nf CAm* overskirt.

naif *adj Arte* naïf.

nailon *nm* nylon; **medias de n.**, nylons *pl*.

naipe *nm* playing card.

nal. *abr de* **nacional,** national, nat.

nalga *nf Anat* buttock; **nalgas,** bottom *sing*, buttocks.

Namibia *n* Namibia.

nana *nf* lullaby; *fam* **del año de la n.**, very old-fashioned; *fam* **el año de la n.**, the year dot.

nanay *interj fam* no way!

nao *nf lit* vessel.

napa *nf* nappa.

napalm *nm Quím* napalm.

napias *nfpl fam* snout *sing*.

napoleónico,-a *adj Hist* Napoleonic.

Nápoles *n* Naples.

napolitano,-a *adj & nm,f* Neapolitan.

naranja I *nf Bot* orange; *fig* **mi media n.**, my better half. ■ **n. agria,** Seville orange; **n. sanguina,** blood orange. II *adj & nm (color)* orange. III **naranjas** *interj fam* **¡n. (de la China)!**, no way!

naranjada *nf* orangeade.

naranjal *nm* orange grove.

naranjo *nm* orange tree.

narcisismo *nm* narcissism, narcism.

narcisista I *adj* narcissistic. II *nmf* narcissist.

narciso *nm* **1** *Bot* narcissus, daffodil. **2** *fig (hombre)* narcissist.

narcosis *nf Med* narcosis.

narcótico,-a I *adj* narcotic. II *nm Med* narcotic; *(droga)* drug.

narcotizar [4] *vtr Med* to narcotize; *(drogar)* to drug.

narcotraficante *nmf* drug trafficker.

narcotráfico *nm* drug trafficking.

nardo *nm Bot* spikenard, nard.

narigón,-ona *nm,f*, **narigudo,-a** *nm,f* person with a big nose.

nariz *nf Anat* nose; *(sentido)* sense of smell; *fig* **darle a algn con la puerta en las narices,** to slam a door in sb's face; *fig* **darse de narices con algn,** to bump into sb; *fig* **darse de narices contra el suelo,** to fall flat on one's face; *fam* **de narices,** terrific; *fam* **en mis (propias) narices,** right under my very nose; *fig* **estar hasta las narices de,** to be totally fed up with; *fam* **hacer lo que le sale a uno de las narices,** to do whatever one wants; *fam* **hinchársele las narices a**

algn, to get one's back up; *fam* **me da en la n. que me quiere engañar,** I've got this feeling he wants to cheat me; *fam* **meter las narices en algo,** to poke one's nose into sth; *fam* **narices,** nose *sing; fam* **¡narices!,** not on your life!; *fam* **por narices,** because I say so; *fam* **¿qué narices ...?,** what the hell ...?; *fam* **tener narices,** to have a lot of nerve; *fam* **¡tiene narices la cosa!,** this is too much!; *fam* **tocarle a algn las narices,** to get on sb's wick; *fam* **tocarse las narices,** not to do a thing. ■ **n. chata,** snub nose; **n. griega,** straight nose; **n. respingona,** turned-up nose.

narizotas *nmf inv fam* big-nose.

narración *nf* narration, narrative, account.

narrador,-a *nm,f* narrator.

narrar *vtr* to narrate, tell.

narrativo,-a *adj & nf* narrative.

nasa *nf (pesca)* keepnet.

nasal *adj & nf* nasal.

nasalización *nf* nasalization.

nasalizar [4] *vtr* to nasalize.

nata *nf* 1 *(gen)* cream; **n. batida,** whipped cream. 2 *(de leche hervida)* skin. 3 *fig* cream, best.

natación *nf Dep* swimming.

natal *adj* natal; **mi país n.,** my native country; **su pueblo n.,** his home town.

natalicio,-a I *adj* birthday. II *nm* birthday.

natalidad *nf* birth rate. ■ **control de n.,** birth control.

natillas *nfpl Culin* custard *sing.*

natividad *nf* Nativity.

nativismo *nm Am* nativism.

nativo,-a *adj & nm,f* native.

nato,-a *adj* born.

natura *nf lit* nature; **contra n.,** against nature.

natural I *adj* 1 *(gen)* natural; *(fruta, flor)* fresh; **de tamaño n.,** life-size, life-sized; **en estado n.,** in its natural state; *Jur* **hijo n.,** illegitimate child; **luz n.,** daylight, sunlight. 2 *(sin elaboración)* plain; **al n.,** *(en la realidad)* in real life; *Culin* in its own juice. 3 *(espontáneo)* natural, unaffected. 4 *(comprensible)* natural, usual. 5 **ser n. de,** to come from. 6 *Mús* natural, *US* cancel. II *nmf* native, inhabitant; **los naturales de,** the natives of, those born in. III *nm* 1 *(temperamento)* nature, disposition; **de n. sencillo,** of an unaffected nature. 2 *Taur* type of pass with the **muleta.** ◆**naturalmente** *adv* naturally; **¡n.!,** of course!

naturaleza *nf* 1 *(gen)* nature; **dejar obrar a la n.,** to let nature take its course; **en plena n.,** in the wild, in unspoilt countryside. ■ *Arte* **n. muerta,** still life. 2 *(forma de ser)* nature, character; **es de n. agresiva,** he is aggressive by nature; **por n.,** by nature. 3 *(complexión)* physical constitution; **de n. robusta,** strongly built.

naturalidad *nf* 1 *(sencillez)* naturalness; **con la mayor n. del mundo,** as if it were the most natural thing in the world; **con n.,** naturally, straightforwardly. 2 *(espontaneidad)* ease, spontaneity.

naturalismo *nm* naturalism.

naturalista I *adj* naturalistic. II *nmf* naturalist.

naturalización *nf* naturalization.

naturalizar [4] I *vtr* to naturalize. II **naturalizarse** *vr* to become naturalized, take up citizenship.

naturismo *nm* naturism.

naturista I *adj* naturistic. II *nmf* naturist.

naufragar [7] *vi* 1 *(barco)* to sink, be wrecked; *(persona)* to be shipwrecked. 2 *fig (plan)* to fail, fall through; *(persona)* to fail.

naufragio *nm* 1 *Náut* shipwreck. 2 *fig (fracaso)* failure, disaster.

náufrago,-a I *adj* wrecked, shipwrecked. II *nm,f* shipwrecked person, castaway.

náusea *nf (gen pl)* nausea, sickness; **me da n.,** it makes me sick; **sentir náuseas,** to feel sick.

nauseabundo,-a *adj* nauseating, sickening.

náutica *nf* navigation, seamanship.

náutico,-a *adj* nautical; **deportes náuticos,** water sports.

navaja *nf* 1 *(cuchillo)* penknife, pocketknife. ■ **n. de afeitar,** razor; **n. de monte,** hunting knife; **n. de muelle,** flick-knife, *US* switchblade. 2 *Zool (molusco)* razor-shell.

navajada *nf,* **navajazo** *nm* stab, gash.

navajero *nm fam* thug.

naval *adj* naval.

Navarra *n* Navarre.

navarro,-a I *adj* Navarrese, of *o* from Navarre. II *nm,f* native *o* inhabitant of Navarre.

nave *nf* 1 *Náut* ship, vessel; *fig* **quemar las naves,** to burn one's boats *o* one's bridges. 2 *Astronáut* **n. (espacial),** spaceship, spacecraft. 3 *Arquit (de iglesia)* nave. ■ **n. lateral,** aisle. 4 *Ind* plant, building. ■ **n. industrial,** industrial premises *pl.*

navegabilidad *nf* 1 *(de un río)* navigability. 2 *(de un barco)* seaworthiness. 3 *(de un avión)* airworthiness.

navegable *adj* navigable.

navegación *nf* 1 *(arte)* navigation. ■ *Av* **n. aérea,** air navigation; **n. fluvial,** river navigation. 2 *(barcos)* shipping.

navegante I *adj* sailing; **un pueblo n.,** a seafaring people. II *nmf* navigator.

navegar [7] *vi* 1 *Náut* to navigate, sail; *fig* **n. contra corriente,** to go against the tide. 2 *Av* to navigate, fly.

Navidad *nf* Christmas; **es N.,** it's Christmas (time); **felicitar las Navidades,** to wish (sb) happy *o* merry Christmas. ■ **árbol de N.,** Christmas tree.

navideño,-a *adj* Christmas.

naviero,-a I *adj* shipping. II *nm,f (propietario)* shipowner.

navío *nm Náut* vessel, ship.

nazareno,-a I *adj & nm,f* Nazarene. II *nm Rel* 1 **el N.,** Jesus of Nazareth. 2 hooded penitent in Holy Week processions.

nazco *indic pres véase* **nacer.**

nazi *adj & nmf Pol* Nazi.

nazismo *nm Pol* Nazism.

N.B. *abr de* **nota bene** (observa bien), note well, N.B, n.b.

n/c., n/cta. *abr de* **nuestra cuenta,** our account, our acct.

neblina *nf Meteor* mist, thin fog.

neblinoso,-a *adj Meteor* misty.

nebulosa *nf Astron* nebula.

nebulosidad *nf Meteor* cloudiness, nebulosity.

nebuloso,-a *adj* 1 *Meteor* cloudy, hazy. 2 *fig* nebulous, vague.

necedad *nf* 1 *(estupidez)* stupidity, foolishness. 2 *(tontería)* stupid thing to say *o* to do; **son necedades,** it's nonsense.

necesario,-a *adj* necessary; **es n. hacerlo,** it has to be done; **es n. que vayas,** you must go; **hacerse n.,** *(algo)* to be required; *(alguien)* to become vital *o* essential; **no es n. que vayas,** there is no need for you to go; **si fuera n.,** if need be; **todo lo n.,** all that is necessary.

neceser *nm (de aseo)* toilet bag *o* case; *(de maquillaje)* make-up bag *o* kit.

necesidad *nf* 1 *(gen)* necessity, need; **de n.,** essential; **artículos de primera n.,** essentials; **una herida mortal de n.,** a fatal wound; **no hay n. de,** there is no need to *o* for; **por n.,** of *o* by necessity; **si hubiera n.,** if the need arises; **tener n. de,** to need. 2 *(hambre intensa)* starvation, hunger; **morir de n.,** to starve to death. 3 *(pobreza)* poverty, want, hardship; **quedamos en la mayor n.,** we were left in dire need. 4 *(gen pl) (excrementos)* **hacer sus necesidades,** to relieve oneself.

necesitado,-a I *pp de* **necesitar.** II *adj (pobre)* needy, poor; **n. de,** in need of. III *nm,f* needy person; **los necesitados,** the needy *pl*.

necesitar *vtr (gen)* to need; *(en anuncios)* **'se necesita chico',** 'boy wanted'; *fam* **n. Dios y ayuda,** to need all the help one can get; *fam* **no n. abuela,** to blow one's own trumpet.

necio,-a I *adj* silly, stupid. II *nm,f* fool, idiot.

nécora *nf* *Zool* fiddler crab.

necrofilia *nf* necrophilia.

necrófilo,-a *adj* necrophiliac.

necrología *nf* obituary.

necrológico,-a *adj* necrological; **nota necrológica,** obituary.

néctar *nm* nectar.

nectarina *nf* nectarine.

neerlandés,-esa I *adj* Dutch, of *o* from the Netherlands. II *nm,f (persona) (gen)* Netherlander; *(hombre)* Dutchman; *(mujer)* Dutchwoman; **los neerlandeses,** the Dutch. III *nm (idioma)* Dutch.

nefando,-a *adj fml* abominable, odious.

nefasto,-a *adj* 1 *(que causa desgracia)* unlucky, ill-fated. 2 *(perjudicial)* harmful, fatal.

nefritis *nf inv* Med nephritis.

negación *nf* 1 *(gen)* negation; **la n. de la realidad,** the negation of reality. 2 *(negativa)* negative, denial, refusal. 3 *Ling* negative.

negado,-a I *pp de* **negar.** II *adj* dull; **ser n. para algo,** to be hopeless *o* useless at sth. III *nm,f* no-hoper.

negar [48] I *vtr* 1 *(gen)* to deny; **n. con la cabeza,** to shake one's head; **Engracia niega haberlo robado,** Engracia denies having stolen it. 2 *(no conceder)* to refuse, deny; **le negaron la beca,** he didn't get the grant; **nos negaron la entrada,** we were turned away. II **negarse** *vr* 1 to refuse (a, to); **se negó a aceptar la oferta,** he turned the offer down; **se niega a entenderlo,** he refuses to understand it. 2 *Culin* to curdle.

negativa *nf* negative, denial; **una n. rotunda,** a flat refusal.

negativismo *nm* negativism.

negativo,-a I *adj* 1 negative. 2 *Mat* minus. II *nm* *Fot* negative.

negligé *nm* negligée.

negligencia *nf* negligence, carelessness.

negligente I *adj* negligent, neglectful, careless. II *nmf* negligent *o* careless person.

negociable *adj* negotiable.

negociación *nf* negotiation; **entablar negociaciones con,** to open negotiations with. ■ **n. colectiva,** collective bargaining.

negociado *nm* 1 *(sección)* department, section. 2 *Am (negocio ilícito)* shady deal.

negociador,-a I *adj* negotiating; **comité n.,** negotiating committee. II *nm,f* negotiator.

negociante *nmf* dealer; *(hombre)* businessman; *(mujer)* businesswoman.

negociar [12] I *vtr Fin Pol* to negotiate. II *vi (comerciar)* to do business, deal; **negocia en *o* con ganado,** he trades *o* deals in cattle.

negocio *nm* *Com Fin (gen)* business; *(transacción)* deal, transaction; *(asunto)* affair; **buen n.,** *Com* profitable deal; *irón* bargain; **el n. del espectáculo,** show business; **hablar de negocios,** to talk business; **hacer n.,** to make a profit; **mal n.,** bad deal; *fig* **n. sucio,** shady deal; *irón* **¡vaya n.!,** that was a fine deal! ■ **hombre de negocios,** businessman; **mujer de negocios,** businesswoman.

negral *nm* *Bot* pine.

negrear *vi* to turn dark *o* black.

negrero,-a I *adj* of the black slave trade. II *nm,f* 1 black-slave trader. 2 *fig* slave driver.

negrilla *adj & nf,* **negrita** *adj & nf* *Impr* bold (face).

negro,-a I *adj* 1 *(gen)* black; **cerveza negra,** stout; **n. como la boca del lobo,** pitch-black; *Hist* **peste negra,** Black Death; *fig* **lista negra,** blacklist. 2 *(bronceado)* suntanned; **se pone n. enseguida,** he tans really quickly. 3 *fig (humor)* sad, gloomy; *(suerte)* awful; *(desesperado)* desperate; *(enfadado)* cross; **el lado n. de las cosas,** the dark side of things; **estar n. con algo,** to be desperate about sth; **la cosa se pone negra,** things look bad; **pasarlas negras,** to have a rotten time; **poner n. a algn,** to drive sb mad; **ponerse n.,** to go mad; **verlo todo n.,** to be very pessimistic; **vérselas negras para hacer algo,** to have a tough time doing sth. II *nm,f (hombre)* black; *(mujer)* black (woman); *fam* **trabajar como un n.,** to work like a dog. III *nm* 1 *(color)* black. 2 *(persona)* ghostwriter. IV *nf* 1 *Mús* crotchet, *US* quarter note. 2 *fig (mala suerte)* bad luck; **tener la negra,** to be very unlucky.

negroide *adj & nmf* Negroid.

negrón *nm* *Orn* scoter.

negrura *nf* blackness.

negruzco,-a *adj* blackish.

nemotecnia *nf* mnemonics *sing.*

nemotécnico,-a *adj* mnemonic.

nene,-a *nm,f* 1 *(niño)* baby boy; *(niña)* baby girl. 2 *(apelativo cariñoso)* darling, baby.

nenúfar *nm* *Bot* water lily.

neocelandés,-esa I *adj* of *o* from New Zealand. II *nm,f* New Zealander.

neoclasicismo *nm* *Arte Lit* neoclassicism.

neoclásico,-a *Arte Lit* I *adj* neoclassic, neoclassical. II *nm,f* neoclassicist.

neófito,-a *nm,f* neophyte; *(aprendiz)* beginner.

neolítico,-a *adj & nm* Neolithic.

neologismo *nm* neologism.

neón *nm* neon.

neorrealismo *nm* *Cin* neorealism.

neoyorkino,-a I *adj* of *o* from New York. II *nm,f* New Yorker.

neozelandés,-esa *adj & nm,f véase* **neocelandés,-esa.**

Nepal n Nepal.

nepalés,-esa I adj Nepalese, of o from Nepal. **II** nm,f Nepalese; **los nepaleses,** the Nepalese pl.

nepotismo nm nepotism.

Neptuno n Astron Mit Neptune.

nervio nm **1** Anat Bot nerve; (de la carne) tendon, sinew. **2** fig (fuerza, vigor) nerve, courage; **tener n.,** to have character. **3** Arquit rib. **4** Impr band. **5 nervios,** nerves; **ataque de n.,** a fit of hysterics; **me crispa los n.,** it (really) gets on my nerves; **ponerle a algn los n. de punta,** to set sb's nerves on edge; **ser un manojo de n.,** to be a bundle of nerves; **tener los n. de acero,** to have nerves of steel; **tiene los n. destrozados,** he's a nervous wreck.

nerviosidad nf, **nerviosismo** nm nervousness, nerves pl.

nervioso,-a adj nervous; **poner n. a algn,** to get on sb's nerves; **ponerse n.,** to get all excited; **¡qué niño más n.!,** what a fidgety child!

nervudo,-a adj **1** Anat sinewy, wiry. **2** (fuerte) strong, vigorous.

neto,-a adj **1** (peso, cantidad) net. **2** (claro) neat, clear.

neumático,-a I adj pneumatic, tyre, US tire. **II** nm tyre, US tire. ■ **n. de recambio,** spare tyre.

neumonía nf Med pneumonia.

neura nf fam depression; **estar con la n.,** to be down in the dumps.

neuralgia nf Med neuralgia.

neurálgico,-a adj Med neuralgic.

neurastenia nf Med neurasthenia.

neurasténico,-a Med **I** adj neurasthenic. **II** nm,f neurasthenic person.

neurólogo,-a nm,f Med neurologist.

neurología nf Med neurology.

neurona nf Anat neuron.

neurosis nf Med neurosis.

neurótico,-a adj & nm,f Med neurotic.

neutral adj neutral.

neutralidad nf neutrality.

neutralización nf neutralization.

neutralizar [4] vtr to neutralize.

neutro,-a adj **1** Ling neuter. **2** (imparcial) neutral, impartial. **3** (color) neutral.

neutrón nm Fís neutron. ■ **bomba de neutrones,** neutron bomb.

nevada nf snowfall.

nevado,-a I pp de **nevar. II** adj **1** (gen) covered with snow; (montaña) snow-capped. **2** lit (blanco) snow-white, snowy.

nevar [27] v impers to snow.

nevera nf refrigerator, fridge.

nevisca nf light snowfall.

neviscar [1] v impers to snow gently.

nexo nm connection, link. ■ **n. de unión,** nexus.

n/f. abr de **nuestro favor,** our favour o US favor, our fav.

n/g. abr de **nuestro giro,** our order, our o.

ni conj **1** neither, nor; **ni ha venido ni ha llamado,** he hasn't come or phoned; **no tengo tiempo ni dinero,** I have got neither time nor money; **no vengas ni hoy ni mañana,** don't come today or tomorrow. **2** (ni siquiera) not even; **¡ni hablar!,** no way!; **ni por dinero,** not even for money; **ni se te ocurra,** don't even think about it. **3** (ni que + subj) one would

think that ...; **¡ni que fuera millonario!,** you'd think he was a millionaire!

nica adj CAm hum Nicaraguan.

Nicaragua n Nicaragua.

nicaragüense adj & nmf, **nicaragüeño,-a** adj & nm,f Nicaraguan.

nicho nm niche.

nicotina nf Quím nicotine.

nidada nf (de huevos) clutch; (de crías) brood.

nidal nm nest.

nido nm **1** nest; fig **n. de amor,** love nest; fig **n. de ladrones,** nest of thieves. ■ **cama n.,** pull-out bed; **mesa(s) n.,** nest of tables; Cost **n. de abeja,** smocking. **2** (escondrijo) hiding place. **3** (vivero) hotbed; **n. de discordia,** a hotbed of discord.

niebla nf Meteor fog; **hay mucha n.,** it is very foggy; fig **envuelto en n.,** confused, cloudy.

nieto,-a nm,f (niño) grandson; (niña) granddaughter; **mis nietos,** my grandchildren.

nieve nf **1** Meteor snow; Culin **a punto de n.,** (beaten) stiff. ■ **copo de n.,** snowflake. **2** arg (cocaína) snow. **3** Am (helado) ice cream.

Níger n Niger.

Nigeria n Nigeria.

nigeriano,-a adj & nm,f Nigerian.

nigerino,-a adj & nm,f Nigerien.

nigromancia nf necromancy.

nigromante nmf necromancer.

nihilismo nm Filos nihilism.

nihilista Filos **I** adj nihilistic. **II** nmf nihilist.

Nilo n **el N.,** the Nile.

nilón nm Tex nylon.

nimbo nm nimbus.

nimiedad nf **1** (cualidad) smallness, triviality. **2** (cosa nimia) trifle.

nimio,-a adj **1** (sin importancia) insignificant, petty. **2** (minucioso) overmeticulous, nit-picking.

ninfa nf **1** Mit Zool nymph. **2** fig (mujer) nymph, beautiful woman.

ninfómana nf Med nymphomaniac.

ninfomanía nf Med nymphomania.

ningún adj (delante de nm sing) no, not any; **de ningún modo,** in no way; véase tamb **ninguno,-a**.

ninguno,-a I adj no, not any; **en ninguna parte,** nowhere; **ninguna cosa,** nothing; **no tiene ninguna gracia,** it is not funny at all. **II** pron **1** (persona) nobody, no one; **n. de ellos,** none of them; **n. lo vio,** no one saw it. **2** (objeto) not any, none; **n. me gusta,** I don't like any of them.

niña nf **1** Anat pupil; fig **es la n. de sus ojos,** she's the apple of his eye. **2** véase **niño,-a**.

niñada nf **1** (chiquillada) childishness, childish behaviour o US behavior. **2** (cosa nimia) trifle.

niñera nf nursemaid, nanny.

niñería nf véase **niñada**.

niñez nf childhood, infancy.

niño,-a nm, f **1** (gen) child; (muchacho) (small) boy; (muchacha) (little) girl; **de n.,** as a child; **desde n.,** from childhood; **es muy niña,** she's very young for her age; **n. prodigio,** child prodigy; pey **n. bien** o **de papá,** rich boy, rich kid; pey **n. bonito** o **mimado,** mummy's o daddy's boy. **2** (bebé) baby; **esperar un n.,** to be expecting a baby. **3** Am (tratamiento) (amo) master; (ama) miss. **4** niños, children; fig **juego de n.,** child's play.

nipón,-ona *adj* & *nm,f* Japanese; **los nipones,** the Japanese.

níquel *nm Quím* nickel.

niquelado,-a I *pp de* niquelar. **II** *adj* nickel-plated. **III** *nm* nickelling, *US* nickeling.

niquelar *vtr* to nickel.

niqui *nm* T-shirt.

nirvana *nm Rel* nirvana.

níspero *nm Bot (fruto)* medlar; *(árbol)* medlar tree.

nitidez *nf* 1 *(trasparencia)* limpidness, transparency. 2 *(claridad)* accuracy, precision.

nítido,-a *adj* 1 *(transparente)* limpid, transparent. 2 *(claridad)* accurate, precise.

nitrato *nm Quím* nitrate. ■ **n. de Chile,** Chilean nitrate, Chile saltpetre, nitre.

nítrico,-a *adj Quím* nitric.

nitrogenado,-a *adj* nitrogenous.

nitrógeno *nm* nitrogen.

nitroglicerina *nf* nitroglycerine.

nivel *nm* 1 *(altura)* level, height; **a n.,** levelled; **a n. del mar,** at sea level; **al n. de,** on a level with. 2 *(categoría)* standard, degree; **alto n. de especialización,** high degree of specialization; **estar al mismo n. que,** to be on a level with. ■ **n. de vida,** standard of living. 3 *(instrumento)* level. ■ **n. de aire,** spirit level. 4 *Ferroc* **paso a n.,** level crossing, *US* grade crossing.

nivelación *nf* levelling, *US* leveling.

nivelador,-a I *adj* levelling, *US* leveling. **II** *nm,f* leveller, *US* leveler.

nivelar *vtr* to level out *o* off.

níveo,-a *adj lit* snowy, snow-white.

Niza *n* Nice.

n/L. *abr de* **nuestra letra (de crédito),** our letter of credit, our L/C.

n/o. *abr de* **nuestra orden,** our order, our o.

nº *abr de* **número,** number, n.

no I *adv* 1 no, not; **¡a que no …!,** I bet you don't …; **aún no,** not yet; **¡cómo no!,** of course!; **no fumar,** no smoking; **no lo hice,** I didn't do it; **no sea que,** in case; **no sin antes …,** not without first …; **no sólo … sino también …,** not only … but also …; **te guste o no te guste,** whether you like it or not; **¿por qué no?,** why not?; **ya no,** no longer, not any more. 2 *(en frases interrogativas)* **es rubia, ¿no?,** she's blonde, isn't she?; **has ido ya, ¿no?,** you've been there already, haven't you?; **¿no vienes?,** aren't you coming? 3 *(como prefijo negativo)* non; **la no violencia,** nonviolence; **no fumador,** nonsmoker; **pacto de no agresión,** non-aggression pact. 4 *(en frases comparativas)* **es mejor que venga que no que se quede en casa,** he'd be better off coming along rather than staying at home. **II** *nm* no; **un no rotundo,** a definite no.

nobiliario,-a *adj* nobiliary, noble.

noble I *adj* noble; **gas n.,** noble gas. **II** *nmf* *(hombre)* nobleman; *(mujer)* noblewoman; **los nobles,** the nobility *sing.*

nobleza *nf* 1 *(cualidad)* nobility, honesty, uprightness. 2 *(conjunto de nobles)* nobility.

noblote,-a *adj fam* honest, sincere.

noche *nf* night, late evening, night-time; **ayer por la n.,** last night; **buenas noches,** *(saludo)* good evening; *(despedida)* good night; **de n.,** at night; **esta n.,** tonight; **hacer n. en,** to spend the night at *o* in; **hacerse de n.,** to grow dark; **mañana por la n.,** tomorrow night *o* evening; **pasar buena/mala n.,** to sleep well/badly; **por la n.,** at night, in the evening; **son las nueve de la noche,** it's nine p.m.; *fig* **de la n. a la mañana,** overnight.

nochebuena *nf* Christmas Eve.

nochecita *nf Am* dusk.

nochevieja *nf* New Year's Eve.

noción *nf* 1 *(gen)* notion, idea. 2 **nociones,** smattering *sing,* basic knowledge *sing;* **n. de español,** a smattering of Spanish.

nocividad *nf* noxiousness, harmfulness.

nocivo,-a *adj* noxious, harmful.

noctambulismo *nm* sleepwalking.

noctámbulo,-a *nm,f* sleepwalker; *fam* night-bird.

nocturno,-a I *adj* 1 night, evening; **clases nocturnas,** evening classes; **vida nocturna,** night life; **vuelo n.,** night flight. 2 *Bot Zool* nocturnal. **II** *nm Mús* nocturne.

NODO *nm Hist abr de* **Noticiarios y Documentales Cinematográficos,** ≈ Cinema Newsreels.

nodriza *nf* 1 *(ama)* wet nurse. 2 *Av Náut* **buque n.,** supply ship.

nogal *nm Bot* walnut (tree). ■ **n. negro,** black walnut.

nogalina *nf* walnut dye.

nogueral *nm Bot* walnut grove.

nómada I *adj* nomadic. **II** *nmf* nomad.

nomadismo *nm* nomadism.

nombradía *nf* reputation, fame.

nombrado,-a I *pp de* nombrar. **II** *adj* *(mencionado)* mentioned; **n. más arriba,** aforementioned. 2 *(designado)* appointed. 3 *(célebre)* famous, well-known.

nombramiento *nm* appointment.

nombrar *vtr* 1 *(mencionar)* to name, mention. 2 *(designar)* to name, appoint; **n. a algn director,** to appoint sb director.

nombre *nm* 1 name; **a n. de,** addressed to; **en n. de,** on behalf of; **era el presidente sólo de n.,** he was the president in name only; **escritor de n.,** famous writer; **le conozco de n.,** I know him by name; **llamar a algn por el n.,** to call sb by name; **no tiene n.,** it's unspeakable; **n. y apellidos,** full name; **responder al n. de,** to be called; *fig* **llamar a las cosas por su n.,** to call a spade a spade; *fig* **lo que ella ha hecho no tiene n.,** what she did is beyond words. ■ *Cin Teat* **n. artístico,** stage name; *Com* **n. comercial,** trade name; **n. de pila,** Christian name. 2 *Ling* noun. ■ **n. propio,** proper noun.

nomenclador *nm,* **nomenclátor** *nm,* **nomenclatura** *nf* nomenclature.

nomeolvides *nm inv Bot* forget-me-not.

nómina *nf* 1 *(plantilla)* payroll; **estar en n.,** to be on the staff. 2 *(sueldo)* salary, pay cheque.

nominación *nf* nomination.

nominal *adj* nominal.

nominar *vtr* to nominate.

nominativo,-a I *adj* 1 *Com* nominal. 2 *Ling* nominative. **II** *nm Ling* nominative.

non I *adj (número)* odd. **II** *nm* 1 *Mat* odd number; **pares y nones,** odds and evens. 2 **nones,** *fam (negación)* no; **decir n.,** to refuse, say nix.

nonagenario,-a *adj* & *nm,f* nonagenarian.

nonagésimo,-a I *adj* ninetieth; **nonagésima parte,** ninetieth; **n. primero,** ninety-first; **n. segundo,** ninety-second. **II** *nm,f (de una serie)* ninetieth. **III** *nm (parte)* ninetieth; *véase tamb* octavo,-a.

noneco,-a *adj CAm* thick, dull.

nono,-a *adj véase* noveno,-a.

noquear *vtr Box* to knock out.

norcoreano,-a *adj & nm,f* North Korean.

nordeste *nm véase* noreste.

nórdico,-a I *adj* 1 *(del norte)* northern. 2 *(escandinavo)* Nordic. II *nm,f* Nordic person.

noreste *nm* 1 *Geog* northeast. 2 *(viento)* northeasterly.

noria *nf* 1 *(para agua)* water-wheel, noria. 2 *(de feria)* big wheel.

norirlandés,-esa I *adj* Northern Irish. II *nm,f* *(persona)* *(hombre)* Northern Irishman; *(mujer)* Northern Irishwoman; **los norirlandeses,** the Northern Irish.

norma *nf* norm, rule.

normal I *adj* normal, usual, average; **lo n.,** the normal thing, what usually happens. II *nf desus* **(escuela) n.,** teacher training college.

normalidad *nf* normality; **todo ha vuelto a la n.,** everything is back to normal.

normalización *nf* normalization.

normalizar [4] I *vtr* to normalize, restore to normal. II **normalizarse** *vr* to return to normal.

normando,-a I *adj* 1 *(de Normandía)* Norman. 2 *(vikingo)* Norse. II *nm,f* 1 *(de Normadía)* Norman. 2 *(vikingo)* *(hombre)* Norseman; *(mujer)* Norsewoman.

normar *vi Am* to set standards *o* rules.

normativo,-a I *adj* normative. II *nf* rules *pl.*

noroeste *nm* 1 *Geog* northwest. 2 *(viento)* northwesterly.

norte *nm* 1 *Geog* north; **al n. de,** to the north of; **los países del n.,** the northern countries. 2 *fig* aim, goal; **sin n.,** aimless, aimlessly. 3 *(viento)* northerly wind.

norteafricano,-a *adj & nm,f* North African.

Norteamérica *n* North America.

norteamericano,-a *adj & nm,f* (North) American.

norteño,-a I *adj* northern. II *nm,f* Northerner.

Noruega *n* Norway.

noruego,-a I *adj* Norwegian. II *nm,f* Norwegian. III *nm (idioma)* Norwegian.

nos I *pron pers (complemento)* us; **n. ha visto,** he has seen us; **n. trajo un regalo,** he brought us a present. II *pron reflexivo* ourselves; **n. queremos mucho,** we love each other very much; **n. vamos,** we're leaving.

nosotros,-as *pron pers pl* 1 *(sujeto)* we; **n. lo vimos,** we saw it; **somos n.,** it is us. 2 *(complemento)* us; **con n.,** with us; **después de n.,** after us; **para n.,** for us.

nostalgia *nf* nostalgia, yearning; *(morriña)* homesickness.

nostálgico,-a *adj* nostalgic; *(con morriña)* homesick.

nota *nf* 1 *(anotación)* note; **tomar n. de algo,** *(apuntar)* to note *o* jot sth down; *fig (fijarse)* to take note of sth. 2 *Educ (calificación)* mark, grade; **tener buenas notas,** to get good marks. 3 *(cuenta)* bill. 4 *fig (detalle)* element, quality; **la n. dominante,** the prevailing quality; **la n. elegante,** the touch of elegance. 5 *Mús* note; *fam* **dar la n.,** to make oneself noticed.

notabilidad *nf* 1 *(cualidad)* notability. 2 *(persona)* notable.

notable I *adj (apreciable)* noticeable; *(digno de notar)* oustanding, remarkable. II *nm* 1 *Educ (calificación)* credit (mark). 2 **notables,** *(personas)* VIPs.

notación *nf* notation.

notar I *vtr* 1 *(percibir)* to notice, note; **hacer n. algo,** to point sth out; **hacerse n.,** to draw attention to oneself; **no lo había notado,** I hadn't noticed. 2 *(sentir)* to feel; **noto como que me falta el aire,** I feel as if I can't breathe. II **notarse** *vr* 1 *(percibirse)* to be noticeable *o* evident, show; **no se nota,** it doesn't show; **se nota que ...,** one can see that ... . 2 *(sentirse)* to feel; **me noto cansado,** I feel tired.

notaría *nf* 1 *(profesión)* profession of notary (public). 2 *(despacho)* notary's office.

notariado *nm* 1 *(profesión)* profession of notary (public). 2 *(cuerpo de notarios)* notaries *pl.*

notarial *adj* notarial.

notario,-a *nm,f* notary (public), public solicitor.

noticia *nf* news *sing*; **dar la n.,** to break the news; **n. bomba,** bombshell; **últimas noticias,** latest news; **una n.,** a piece of news; **una buena n.,** good news.

noticiario *nm,* **noticiero** *nm Rad TV* news bulletin, news *pl*; *Prensa* newspaper.

notición *nm fam* bombshell.

notificación *nf* notification; **sin n. previa,** without (previous) notice. ■ *Jur* **n. judicial,** summons *sing.*

notificar [1] *vtr* to notify, inform.

notoriedad *nf* fame, notoriety, reputation.

notorio,-a *adj* 1 *(conocido)* noticeable, evident. 2 *(famoso)* famous, well-known.

novatada *nf* 1 *(broma)* rough joke, rag. 2 *(dificultad)* beginner's error; **pagar la n.,** to learn the hard way.

novato,-a I *adj (persona)* inexperienced, green. II *nm,f* 1 *(principiante)* novice, beginner. 2 *Univ* fresher.

novecientos,-as *adj inv & nm,f inv (cardinal)* nine hundred; *(ordinal)* nine hundredth.

novedad *nf* 1 *(cualidad)* newness. 2 *(cosa nueva)* novelty; **tienda de novedades,** fashion shop; **últimas novedades,** latest arrivals. 3 *(cambio)* change, innovation. 4 *(noticia)* news *pl*; **sin n.,** no change, no news; *Mil* nothing to report.

novedoso,-a *adj* 1 *(nuevo)* new, full of novelties. 2 *Am (novelesco)* novelistic, fictional.

novel I *adj* new, inexperienced. II *nmf* beginner, novice.

novela *nf Lit* novel; *(corta)* story. ■ **n. corta,** short story; **n. policíaca,** detective story.

novelar I *vtr* to novelize, convert into a novel, make a novel out of. II *vi* to write novels.

novelería *nf* gossip.

novelero,-a *adj* 1 *(aficionado a las novedades)* fond of new things; *(a novelas)* fond of novels. 2 *(fantasioso)* highly imaginative. 3 *(chismoso)* gossipy.

novelesco,-a *adj* 1 *(de novela)* novelistic, fictional. 2 *(extraordinario)* bizarre, fantastic.

novelista *nmf* novelist.

novelística *nf* novel, fiction.

novelístico,-a *adj* novelistic.

novelón *nm fam pey* long and badly written novel, pulp novel.

novena *nf Rel* novena.

noveno,-a I *adj* ninth; **novena parte,** ninth. II *nm,f (de una serie)* ninth. III *nm (parte)* ninth; *véase tamb* octavo,-a.

noventa *inv* I *adj (cardinal)* ninety; *(ordinal)* ninety.
II *nm* ninety; *véase tamb* ochenta *y* ocho.

noventavo,-a *adj & nm,f & nm véase* nonagésimo,-a.

novia *nf* 1 *(amiga)* girlfriend. 2 *(prometida)* fiancée. 3 *(en boda)* bride.

noviazgo *nm* engagement; **romper un n.**, to break off an engagement.

noviciado *nm Rel* noviciate, novitiate.

novicio,-a *nm,f Rel* novice.

noviembre *nm* November; **a mediados de n.**, in the middle of November, in mid-November; **a principios/finales de n.**, at the beginning/end of November; **durante el mes de n.**, during *o* in November; **el primero/dieciséis de n.**, (on) the first/ sixteenth of November; **en n.**, in November; **en n. del año pasado/del año que viene**, last/next November; **nació el 10 de n. 1955**, he was born on 10th November 1955; **todos los años en n.**, each *o* every November.

noviero,-a *adj CAm Méx* who falls in love easily.

novillada *nf Taur* 1 *(corrida)* bullfight with young bulls. 2 *(conjunto de novillos)* herd of young bulls.

novillero,-a *nm,f* 1 *Taur* apprentice matador. 2 *fam Educ* truant.

novillo,-a I *nm,f* 1 *Zool (toro)* young bull; *(vaca)* young cow. 2 *fam Educ* **hacer novillos**, to play truant *o US* hooky. II *nm* 1 *fam (cornudo)* cuckold. 2 *Am Zool (buey sin domar)* wild bull. 3 *Chi Méx (ternero castrado)* castrated bull calf.

novilunio *nm* new moon.

novio *nm* 1 *(amigo)* boyfriend. 2 *(prometido)* fiancé. 3 *(en boda)* bridegroom; **los novios**, the bride and groom.

N.S. *abr de* **Nuestro Señor,** Our Lord.

NªSª *abr de* **Nuestra Señora,** Our Lady.

nto. *abr de* **neto**, net, n.

nubarrón *nm fam* storm cloud.

nube *nf* 1 *(gen)* cloud; **n. de verano**, *Meteor* sudden storm; *fig (enfado pasajero)* huff; *fig* **estar** *o* **vivir en las nubes**, to have one's head in the clouds; *fig* **los precios están por las nubes**, prices are sky-high; *fig* **poner a algn por las nubes**, to praise sb to the skies. 2 *fig (multitud)* swarm, crowd.

nublado,-a I *pp de* nublar. II *adj* 1 *Meteor* cloudy, overcast. 2 *fig* **n. por la pasión**, blinded by passion. III *nm Meteor* thick cloud.

nublar I *vtr Meteor* to cloud; **nublarse** *vr Meteor* to become cloudy, cloud over; *fig* **se le nubló la razón**, he lost his mind; **se le nubló la vista**, his eyes clouded over.

nubosidad *nf Meteor* cloudiness.

nuboso,-a *adj Meteor* cloudy.

nuca *nf Anat* nape, back of the neck.

nuclear *adj* nuclear; **central n.**, nuclear power station.

núcleo *nm* 1 *(gen)* nucleus; *(parte central)* core. ■ *Inform* **núcleos magnéticos**, core *sing*. 2 *(grupo de gente)* circle, group.

nudillo *nm (gen pl) Anat* knuckle.

nudismo *nm* nudism.

nudista *adj & nmf* nudist.

nudo *nm* 1 knot; **hacer un n.**, to tie a knot; *fig* **se me hizo un n. en la garganta**, I got a lump in my throat. ■ **n. corredizo**, slipknot; **n. gordiano**, Gordian knot; **n. marinero**, sailor's knot. 2 *Náut (milla)* knot. 3 *Bot* knot, node. 4 *fig (vínculo)* link, tie. 5

(punto principal) crux, core; **el n. de la cuestión**, the heart of the matter. 6 *(de comunicaciones)* centre, *US* center. ■ *Ferroc* **n. de comunicaciones**, junction.

nudoso,-a *adj (madera)* knotty, full of knots; *(bastón)* knobbly; **mano nudosa**, gnarled hand.

nuera *nf* daughter-in-law.

nuestro,-a I *adj pos* of ours, our; **lo n.**, what is ours; **nuestra familia**, our family; **un amigo n.**, a friend of ours. II *pron pos* ours; **es de los nuestros**, he is one of us; **este libro es n.**, this book is ours; *fam* **los nuestros**, our side, our people.

nueva *nf* piece of news; *fam* **hacerse de nuevas**, to pretend not to know, pretend to be surprised; *fam* **me cogió de nuevas**, it took me by surprise.

Nueva Delhi *n* New Delhi.

Nueva York *n* New York.

Nueva Zelanda *n* New Zealand.

nueve I *adj inv (cardinal)* nine; *(ordinal)* ninth; **a las n.**, at nine o'clock. II *nm inv* nine; *véase tamb* ocho.

nuevo,-a I *adj (gen)* new; *(adicional)* further; **de n.**, again; **es más n. que yo**, he hasn't worked here as long as I have; **está (como) n.**, it's as good as new; **hay que hacer nuevas indagaciones**, we need to carry out further investigation; **n. en el oficio**, new to the trade; *fam* **¿qué hay de n.?**, what's new? II *nm,f* newcomer; *(principiante)* beginner; *Univ (novato)* fresher. ◆**nuevamente** *adv* again.

nuez *nf* 1 *Bot* walnut; *fam* **mucho ruido y pocas nueces**, a lot of fuss about nothing. ■ **n. moscada**, nutmeg. 2 *Anat* **n. (de Adán)**, Adam's apple.

nulidad *nf* 1 *(ineptitud)* incompetence; *(persona)* nonentity; **ser una n.**, to be hopeless *o* useless. 2 *Jur* nullity.

nulo,-a *adj (inepto)* useless, totally incapable; **ser n. para algo**, to be hopeless *o* useless at sth. 2 *(sin valor)* null and void, invalid; **declarar n.**, to nullify; **voto n.**, invalid vote.

núm. *abr de* **número**, number, n.

Numancia *n Hist* Numantia.

numantino,-a I *adj Hist* Numantian, of Numantia; *fig (resistencia)* heroic. II *nm,f* Numantian.

numeración *nf* numeration. ■ **n. arábiga**, Arabic numerals *pl*; **n. romana**, Roman numerals *pl*.

numerador *nm* 1 *Mat* numerator. 2 *(aparato)* numerating machine.

numeral *adj & nm* numeral.

numerar I *vtr* to number. II **numerarse** *vr Mil* to number off.

numerario,-a I *adj* **profesor n.**, teacher on the permanent staff; **profesor no n.**, teacher on a temporary contract. II *nm* 1 *(miembro)* full member. 2 *(dinero)* cash.

numérico,-a *adj* numerical.

número *nm* 1 *(gen)* number; **en números redondos**, in round figures; *fig* **sin n.**, countless. ■ **n. arábigo**, Arabic numeral; **n. cardinal**, cardinal number; **n. de matrícula**, registration number, *US* license number; **n. de serie**, serial number; **n. entero**, whole number; **n. fraccionario** *o* **quebrado**, fraction; **n. impar/ordinal/par/primo**, odd/ordinal/even/prime number; **n. romano**, Roman numeral. 2 *Ling* number. 3 *Prensa* number, issue. ■ **n. atrasado**, back number; **n. extraordinario**, special edition. 4 *(de zapatos)* size. 5 *(en espectáculo)* sketch, act; *fam* **ese tío es todo un n.**, that bloke's a real laugh; *fam* **montar un n.**, to make a scene; *fam* **¡vaya n.!**, what a scene!

numeroso,-a *adj* numerous, large.

numismática *nf* numismatics *sing*.

numismático,-a I *adj* numismatic. II *nm,f* numismatist.

nunca *adv* 1 never, ever; **casi n.**, hardly ever; **más que n.**, more than ever; **n. en la vida,** never in my life; **n. jamás,** never ever; **n. más,** never again; **ser lo n. visto,** to be unheard of. 2 *(en interrogativa)* ever; **¿has visto n. cosa igual?,** have you ever seen anything like it?

nunciatura *nf* nunciature.

nuncio *nm* nuncio. ■ **n. apostólico,** papal nuncio.

nupcial *adj* wedding, nuptial; **marcha n.,** wedding march.

nupcialidad *nf* marriage rate.

nupcias *nfpl fml* wedding *sing*, nuptials; **casarse en segundas n.,** to marry again.

nurse *nf* nurse, nanny.

nutria *nf Zool* otter.

nutrición *nf* nutrition.

nutrido,-a I *pp de* **nutrir.** II *adj* 1 *(alimentado)* nourished; **bien n.,** well-nourished; **mal n.,** undernourished. 2 *(numeroso)* large, numerous.

nutrir I *vtr* 1 *(alimentar)* to nourish, feed. 2 *fig* to encourage, feed. 3 *(suministrar)* to provide, supply. II **nutrirse** *vr (alimentarse)* to feed, draw on.

nutritivo,-a *adj* nutritious, nourishing; **valor n.,** nutritional value.

Ñ

Ñ, ñ ['eɲe] *nf (la letra)* fifteenth letter of the Spanish alphabet.

ña *nf Am vulg véase* **doña.**

ñácara *nf CAm* ulcer, sore.

ñam *interj fam* ¡**ñ., ñ.!,** yum-yum!, yummy!

ñame *nm Am Bot* yarn.

ñandú *nm Am Orn* nandu, American ostrich.

ñandutí *nm Am* nanduti (lace).

ñanga *nf CAm* marsh.

ñangada *nf CAm* 1 *(mordisco)* bite. 2 *(disparate)* stupid thing to do.

ñango,-a *adj* 1 *Am (bajo)* short-legged; *(patojo)* lame. 2 *Méx (flaco)* skinny; *(débil)* weak.

ñaña *nf* 1 *CAm (excremento)* excrement. 2 *Arg Chi (hermana mayor)* elder sister.

ñaño,-a *nm,f Am* 1 *(hermano)* *(hombre)* brother; *(mujer)* sister. 2 *(amigo)* good friend.

ñapa *nf Am* bonus, little extra.

ñatas *nfpl* nose *sing*.

ñato,-a *adj* 1 *Am* snub-nosed. 2 *Arg (feo)* ugly. 3 *Arg (perverso)* perverse.

ñau *nm Am* meow, miaow.

ñeque I *adj* 1 *Am (vigoroso)* vigorous; *(fuerte)* strong. 2 *CAm Cuba (valiente)* brave. 3 *CAm Cuba (que trae mala suerte)* jinx. II *nm* 1 *Am (fuerza)* energy. 2 *CAm Méx (golpe)* blow; *(bofetada)* cuff, punch.

ñiquiñaque *nm fam* 1 *(objeto)* junk, rubbish. 2 *(persona)* good-for-nothing.

ñisca *nf* 1 *CAm Col (excremento)* excrement. 2 *Am (pizca)* bit, small piece.

ño *nm Am vulg véase* **señor.**

ñoco,-a *adj Am (le falta un dedo)* lacking a finger; *(le falta una mano)* one-handed.

ñoñería *nf,* **ñoñez** *nf* 1 *(sosería)* insipidness, bore. 2 *(melindrería)* fussiness.

ñoño,-a I *adj* 1 *(soso)* insipid, dull. 2 *(melindroso)* fussy. 3 *Am (viejo)* old; *(chocho)* decrepit. II *nm,* dull *or* spineless person.

ñoqui *nm Culin* gnocchi *pl*.

ñu *nm Zool* gnu.

O

O, o *nf (la letra)* O, o; *fig* **no sabe hacer la o con un canuto,** he doesn't know a thing, he hasn't got a clue.

o *conj* or; **jueves o viernes,** Thursday or Friday; **o ... o,** either ... or; **o sea que,** that is, that is to say, so; **o sea que no voy,** in other words, I am not coming.

O. *abr de* **Oeste,** West, W.

OAA *nf abr de* **Organización para la Agricultura y la Alimentación,** Food and Agriculture Organization, FAO.

oasis *nm inv* oasis.

obcecación *nf* blindness; *fig* obstinacy.

obcecado,-a I *pp de* **obcecar.** II *adj* blinded; *fig* stubborn.

obcecar [1] **I** *vtr* to make blind; *fig* **la ira lo obceca,** he is blinded by anger. **II** obcecarse *vr* to be blinded; *fig* to get mixed up.

obedecer [43] **I** *vtr* **1** *(acatar)* to obey; **no obedece a razones,** he won't listen to reason; **obedece a tu padre,** do as your father says. **2** *(responder)* to respond to; **el volante no le obedeció,** the steering wheel wouldn't turn. **II** *vi (provenir)* to be due to; ¿a qué obedece esa actitud?, what's the reason behind this attitude?

obediencia *nf* obedience.

obediente *adj* obedient.

obelisco *nm* **1** *(monumento)* obelisk. **2** *Tip* obelisk, dagger.

obertura *nf Mús* overture.

obesidad *nf* obesity.

obeso,-a *adj* obese.

óbice *nm* obstacle; **eso no es ó. para que yo no ...,** that won't prevent me from ... .

obispado *nm* **1** *(dignidad, diócesis)* bishopric. **2** *(residencia)* bishop's palace.

obispo *nm* **1** *(prelado)* bishop. **2** *Méx (borrego)* four-horned ram.

óbito *nm fml* demise, decease.

obituario *nm Prensa* obituary.

objeción *nf* objection; **o. de conciencia,** conscientious objection; **poner una o.,** to raise an objection, object.

objetante *adj* objecting, dissenting.

objetar *vtr* to argue, object to, point out; **no tengo nada que o.,** I have no objections.

objetivar *vtr* to look objectively at, deal with objectively.

objetividad *nf* objectivity.

objectivismo *nm* objectivism.

objetivo,-a **I** *adj* objective. **II** *nm* **1** *(fin, meta)* objective, aim, goal. **2** *Mil* target. **3** *Cin Fot* lens; **o. zoom,** zoom lens.

objeto *nm* **1** *(gen)* object; **mujer o.,** sex object; **objetos perdidos,** lost property *sing*. **2** *(fin)* aim, purpose, object; **con o. de ...,** in order to ...; **tiene por o. ...,** it is designed to ... . **3** *(tema)* theme, subject, matter. **4** *Ling* object.

objetor,-a **I** *adj* objecting, dissenting. **II** *nm,f Mil* objector; **o. de conciencia,** conscientious objector.

oblea *nf* **1** *Rel* wafer. **2** *Farm* capsule.

oblicuo,-a *adj Geom* oblique.

obligación *nf* **1** *(deber)* obligation; **antes la o. que la devoción,** business before pleasure; **cumplir con sus obligaciones,** to fulfil one's obligations; **por o.,** out of a sense of duty; **tengo o. de ...,** I have to ... . **2** *Fin* bond, debenture. ■ **obligaciones garantizadas,** guaranteed *o* mortgage debentures *o* bonds. **3** **obligaciones,** *(familia)* family *sing*.

obligacionista *nmf Fin* bondholder.

obligado,-a **I** *pp de* **obligar. II** *adj* obliged; **verse *o* estar o. a,** to be obliged to.

obligar [7] **I** *vtr* **1** *(forzar)* to compel, force. **2** *Arg Chi (invitar)* to pay for sb's drink. **II** obligarse *vr* to be under an obligation to, be obliged to.

obligatoriedad *nf* obligatory nature.

obligatorio,-a *adj* compulsory, obligatory.

oblongo,-a *adj* oblong.

obnubilado,-a **I** *pp de* **obnubilar. II** *adj* stunned, dazed.

obnubilar *vtr* to dazzle.

oboe *nm Mús (instrumento)* oboe; *(intérprete)* oboist.

oboísta *nmf Mús* oboist.

óbolo *nm* **1** *Hist* obolus. **2** *fig* mite, small contribution.

obpo. *abr de* **obispo,** bishop, bp.

obra *nf* **1** *(trabajo)* piece of work, work; **mano de o.,** manpower, labour, workforce; **manos a la o.,** let's get down to work; **por o. (y gracia) de,** thanks to; **todo esto es o. suya,** this is all his doing. **2** *Arte* work; *Lit* work; *Mús* opus; **o. de teatro,** play; **o. maestra,** masterpiece; **obras completas,** collected *o* complete works. **3** *(acto)* deed; **obras son amores (y no buenas razones),** actions speak louder than words. **4** *(institución)* institution, foundation; **o. benéfica,** charity. **5** *Constr* building site. **6 obras,** *(arreglos)* repairs; **'carretera en o.',** 'roadworks'; **'cerrado por o.',** 'closed for repairs'; **tenemos la casa en o.,** we've got the builders in.

obrador *nm* workshop.

obraje *nm* **1** *(manufactura)* manufacture. **2** *Arg Bol Par* sawmill. **3** *Méx (carnicería)* butcher's shop.

obrar **I** *vi* **1** *(proceder)* to act, behave; **o. bien/mal,** to do the right/wrong thing; **o. con buena intención,** to act in good faith; **o. con ligereza,** to act without thinking. **2** *(estar)* to be; **o. en poder de,** to be in the hands of. **II** *vtr (hacer)* to work.

obrerismo *nm* labour *o* US labor movement, labourism, *US* laborism.

obrerista **I** *adj* labour, *US* labor, worker. **II** *nmf* labourist, *US* laborist.

obrero,-a **I** *adj* working; **clase obrera,** working class. **II** *nm,f* worker, labourer, *US* laborer. ■ **o. especializado/no especializado,** skilled/unskilled worker; **o. portuario,** docker.

obscenidad *nf* obscenity.

obsceno,-a *adj* obscene.

obscurantismo *nm* obscurantism.

obscurantista *adj & nmf* obscurantist.

obscurecer [43] **I** *vi impers* to get dark. **II** *vtr* **1** *(ensombrecer)* to darken. **2** *Arte* to shade. **3** *fig (ofuscar)* to cloud; *(superar)* to overshadow; **el mal tiempo obscureció la ceremonia,** the bad weather put a cloud over the ceremony. **III** obscurecerse *vr (nublarse)* to become cloudy.

obscurecimiento *nm* darkening.

obscuridad *nf* darkness, gloom; *fig* obscurity.

obscuro,-a *adj* **1** *(gen)* dark. **2** *fig (origen, idea)* obscure; *(future)* uncertain, gloomy; *(asunto)* shady; *(nublado)* overcast; **sus intenciones son obscuras,** his intentions are not clear.

obsequiar [12] *vtr* to give, offer, present.

obsequio *nm* gift, present.

obsequioso,-a *adj* attentive, obliging.

observable *adj* observable.

observación *nf* **1** *(acción de observar)* observation; *Mil* **puesto de o.,** observation post. **2** *(comentario)* observation, remark, comment.

observador,-a **I** *adj* observant. **II** *nm,f* observer.

observancia *nf* observance.

observar *vtr* **1** *(mirar)* to observe, watch. **2** *(notar)* to notice; **se ha observado un aumento/una mejora de ...,** there has been a rise/an improvement in ... . **3** *(cumplir)* to observe; **hacer o. algo a algn,** to point sth out to sb; **o. las buenas costumbres,** to be on one's best behaviour.

observatorio *nm* observatory. ■ **o. meteorológico,** weather station.

obsesión *nf* obsession.

obsesionar I *vtr* to obsess; **estoy obsesionado con ello,** I can't get it out of my mind. II **obsesionarse** *vr* to get obsessed; **se obsesiona por cualquier tontería,** he gets worked up about the slightest thing.

obsesivo,-a *adj* obsessive.

obseso,-a I *adj* obsessed. II *nm,f* obsessed person; **un o. sexual,** a sex maniac.

obsoleto,-a *adj* obsolete.

obstaculizar [4] *vtr* to obstruct, hinder, get in the way of, block.

obstáculo *nm* obstacle, hindrance; **poner obstáculos a algo/algn,** to hinder sth/sb, put obstacles in the way of sth/sb.

obstante (no) *loc adv* nevertheless, all the same.

obstar *vi* to hinder, prevent; **eso no obsta para que ...,** that's no reason not to ..., that doesn't prevent ... .

obstetricia *nf Med* obstetrics *sing.*

obstinación *nf* obstinacy, stubbornness.

obstinado,-a I *pp de* **obstinarse.** II *adj* obstinate, stubborn.

obstinarse *vr* to persist (**en,** in).

obstrucción *nf* obstruction; *Med* blockage.

obstruccionismo *nm Pol* obstructionism.

obstruccionista *nmf Pol* obstructionist.

obstruir [62] I *vtr* **1** *(obstaculizar)* to block, obstruct. **2** *(progreso)* to impede; *(reforma)* to stand in the way of. II **obstruirse** *vr* to get blocked up.

obtención *nf* obtaining, securing.

obtener [87] I *vtr* *(alcanzar)* to obtain, get; **o. un crédito,** to raise a loan; **o. una victoria,** to secure a victory. II **obtenerse** *vr* *(provenir)* to come (**de,** from).

obturación *nf* blockage, obstruction.

obturador *nm* **1** *(gen)* plug, stopper; *Fot* shutter. **2** *Mús* languid. **3** *(rueda)* valve.

obturar *vtr* to block (up), plug (up).

obtuso,-a *adj* obtuse.

obús *nm* **1** *Mil (cañón)* howitzer; *(proyectil)* shell. **2** *Aut* tyre *o US* tire valve core.

obviar [12] I *vtr (evitar)* to obviate, remove; **hay que o. las dificultades,** the difficulties have to be overcome. II *vi (oponerse)* to stand in the way (of).

obvio,-a *adj* obvious.

oca *nf* **1** *Zool* goose. **2** *(juego)* **la o.,** ≈ snakes and ladders *sing.*

ocasión *nf* **1** *(momento)* occasion; **con o. de ...,** on the occasion of ...; **en cierta o.,** once; **en contadas ocasiones,** on very few occasions. **2** *(oportunidad)* opportunity, chance; **aprovechar la o.,** to make the most of an opportunity; **dar o. a algo,** to give rise to sth; **dar o. a algn de ...,** to give sb the chance *o* the opportunity to ...; **si se presenta la o.,** if the opportunity arises; **si tienes o.,** if you have the chance. **3** *Com* bargain; **de o.,** cheap; **precios de o.,** bargain prices.

ocasional *adj* **1** *(de vez en cuando)* occasional. **2** *(fortuito)* accidental, chance.

ocasionar *vtr (causar)* to cause, bring about; *(ser la causa de)* to be the cause of; **o. un revuelo,** to cause a stir.

ocaso *nm (anochecer)* sunset; *(occidente)* west; *fig (declive)* fall, decline.

occidental I *adj* western, occidental. II *nmf (persona)* westerner, person from the west.

occidentalizar [4] *vtr* to westernize.

occidente *nm* west, Occident; **el O.,** the West.

occipital *Anat* I *adj* occipital. II *nm* occipital (bone).

occiso,-a *adj fml* deceased.

OCDE *nf abr de* **Organización para la Cooperación y el Desarrollo Económico,** Organization for Economic Co-operation and Development, OECD.

Oceanía *n* Oceania.

oceánico,-a *adj* oceanic.

océano *nm* ocean.

oceanografía *nf* oceanography.

oceanográfico,-a *adj* oceanographic.

oceanógrafo,-a *nm,f* oceanographer.

ocelo *nm Zool* ocellus.

ocelote *nm Zool* ocelot.

ochava *nf* **1** *(octava parte)* eighth. **2** *(ocho días)* eight days. **3** *Am (esquina)* corner.

ochavar *vtr Am* to cut the corner of.

ochenta I *adj inv (cardinal)* eighty; *(ordinal)* eightieth; **andar por los o.,** to be in one's eighties; **durante los años o.,** in the eighties; **el o. por ciento del personal,** eighty per cent of the staff; **hacía más de o. grados,** the temperature was in the eighties; *Aut* **ir a o.,** to do *o* be doing eighty (kilometres an hour); **mañana cumplirá o. años,** he will be eighty (years old) tomorrow; **unos o. pasajeros/coches,** about eighty passengers/cars. II *nm inv* eighty.

ocho I *adj inv (cardinal)* eight; *(ordinal)* eighth; **a los o. días,** in a week, in a week's time; **cuesta o. dólares,** it costs eight dollars; **dieron las o.,** the clock struck eight; **el o. de febrero,** the eighth of February; **en el siglo o.,** in the eighth century; **las o. en punto,** eight o'clock precisely *o* on the dot; **llegará el día o.,** he will arrive on the eighth; **o. días,** a week; **o. mil,** eight thousand; **se marcharon los o.,** all eight of them left; **somos o.,** there are eight of us; **son las o.,** it is eight o'clock; **tiene o. años,** he is eight (years old); **un niño de o. años,** a boy of eight, an eight-year-old boy; **venga a las o. en punto,** come at eight o'clock sharp; **viven en la calle Goya, número o.,** they live at number eight Goya Street. II *nm inv* eight; **el o.,** (number) eight; *Naipes* **el o. de corazones,** the eight of hearts; **o. más o. son dieciséis,** eight and eight are *o* make sixteen; **o. sobre diez,** eight out of ten; *fig* **ser más chulo que un o.,** to be as proud as a peacock.

ochocientos,-as I *adj inv (cardinal)* eight hundred; *(ordinal)* eight hundredth. II *nm* eight hundred.

ocio *nm* leisure, idleness; **en mis ratos de o.,** in my spare *o* leisure time.

ociosidad *nf* idleness.

ocioso,-a I *adj* **1** *(inactivo)* idle; **vida ociosa,** life of leisure. **2** *(inútil)* pointless, useless. II *nm,f* idler.

ocluir [62] I *vtr* to occlude, obstruct, close (up). II **ocluirse** *vr* to become obstructed.

oclusión *nf* occlusion.

oclusivo,-a I *adj* occlusive. II *nf Ling* occlusive.

ocre *nm* ochre, *US* ocher.

octaédrico,-a *adj Geom* octahedronal.

octaedro *nm Geom* octahedron.

octagonal *adj Geom* octagonal.

octágono *nm Geom* octagon.

octanaje *nm* octane number.

octano *nm* octane.

octava *nf Mús Lit* octave.

octavilla *nf* 1 (*panfleto*) hand-out, leaflet. 2 *Lit* octave.

octavo,-a I *adj* eighth; **quedar en o. lugar,** to come eighth; **una octava parte,** an eighth; **vivir en el o. piso,** to live on the eighth floor. II *nm,f (de una serie)* eighth; **fue el o. en llegar,** he was the eighth to arrive. III *nm* 1 (*parte*) eighth; **tres octavos,** three eighths. 2 *Impr* octavo; **libro en o.,** octavo book.

octete *nm Quím* octet.

octeto *nm Mús* octet, octette.

octogenario,-a *adj & nm,f* octogenarian.

octogésimo,-a I *adj* eightieth; **octogésima parte,** eightieth. II *nm,f (de una serie)* eightieth. III *nm* (*parte*) eightieth; *véase tamb* **octavo,-a.**

octogonal *adj Geom* octagonal.

octógono *nm Geom* octagon.

octosílabo,-a I *adj* octosyllabic. II *nm* octosyllable.

octubre *nm* October; *véase tamb* **noviembre.**

ocular I *adj* ocular, eye; **testigo o.,** eyewitness. II *nm Opt* eyepiece.

oculista *nmf Med* ophthalmologist, oculist.

ocultación *nf* concealment; *Astron* occultation.

ocultar I *vtr* to conceal, hide; **o. algo a algn,** to hide sth from sb. II **ocultarse** *vr* to hide (oneself).

ocultismo *nm* occultism.

ocultista *adj & nmf* occultist.

oculto,-a *adj* concealed, hidden; **ciencias ocultas,** occult sciences; **motivo o.,** ulterior motive.

ocupación *nf* 1 (*tarea*) occupation, activity. 2 *Mil* occupation; **o. (ilegal) de viviendas,** squatting.

ocupado,-a I *pp de* **ocupar.** II *adj* (*persona*) busy; (*asiento*) taken; (*aseos, teléfono*) engaged; (*puesto de trabajo*) filled; *Mil* occupied.

ocupante *nmf (de una casa)* occupant, occupier; (*ilegal*) squatter; (*de un vehículo*) occupant.

ocupar I *vtr* 1 (*apoderarse*) to occupy, take. 2 (*llenar*) to take up; **ocupa mucho sitio,** it takes up a lot of space. 3 (*estar en*) to be; **María ocupaba el asiento trasero,** María was sitting in the back seat. 4 (*desempeñar*) to hold, fill; **Luis ocupará la presidencia,** Luis will be president; **o. un cargo,** to hold (an) office *o* a post. 5 (*dar que hacer*) to occupy; (*trabajadores*) to employ; **esta empresa ocupa un centenar de obreros,** the firm employs a hundred workers; **esto me ocupa totalmente,** this takes up all my time. 6 (*habitar*) to live in, occupy. II **ocuparse** *vr* to occupy; **o. de** *o* **en o con,** (*vigilar*) to look after; (*reflexionar*) to look into; **ella se ocupa de la parte técnica,** she takes care of the technical side; **o. de un asunto,** to deal with a matter; **tú, ocúpate de lo tuyo,** you mind your own business.

ocurrencia *nf* (*agudeza*) witty remark, wisecrack; (*idea*) idea; *iron* bright idea; **¡qué ocurrencias tienes!,** what an absurd idea!

ocurrente *adj* bright, witty.

ocurrir I *v unipers* to happen, occur; **¿qué ocurre?,** what's going on?; **¿qué te ocurre?,** what's the matter with you? II **ocurrirse** *vr* to think; **no se me ocurre nada,** I can't think of anything; **¿nunca se te ha ocurrido pensar que ...?,** has it never occurred to you that ...?; **que no se le ocurra venir,** he'd better stay well away from here; **se me ocurre que ...,** it occurs to me that ...; **¡se te ocurre cada cosa!,** you do come out with some funny things!

oda *nf Lit* ode.

odalisca *nf Hist & fig* odalisque.

odeón *nm Hist* odeum, odeon.

odiar [12] *vtr* to detest, hate; **odio tener que ...,** I hate having to ... .

odio *nm* hatred, loathing; **mirada de o.,** hateful look; **tener o. a algn,** to hate sb.

odioso,-a *adj* hateful, detestable.

odisea *nf* Odyssey; *fig* odyssey; *fam* **fue toda una o.,** it was a real hassle; *fam* **¡menuda o.!,** what a saga!

odómetro *nm* odometer.

odontología *nf Med* dentistry, odontology.

odontológico,-a *adj Med* dental, odontological.

odontólogo,-a *nm,f Med* dental surgeon, odontologist.

odorífero,-a *adj,* **odorífico,-a** *adj* odoriferous.

odre *nm* wineskin.

OEA *nf abr de* **Organización de Estados Americanos,** Organization of American States, OAS.

oeste *nm* west; *Náut* westward.

ofender I *vtr* to offend. II **ofenderse** *vr* to get offended (**con, por,** by), take offence *o US* offense (**con, por,** at).

ofensa *nf* offence, *US* offense.

ofensivo,-a I *adj* offensive, rude. II *nf Mil* offensive; **tomar la ofensiva,** to take the offensive.

ofensor,-a I *adj* offending. II *nm,f Jur* offender.

oferta *nf* offer; *Fin Ind* (*proposición*) bid, tender, proposal; (*suministro*) supply; *Com* **de o.,** on (special) offer; **o. pública de adquisición hostil,** hostile takeover bid; **o. y demanda,** supply and demand.

ofertar *vtr* 1 (*ofrecer*) to offer. 2 (*vender*) to tender. 3 *Am* (*prometer*) to promise.

ofertorio *nm Rel* offertory.

off *adj* 1 (*desconectado*) off, disconnected. 2 (*fuera de lugar*) off; *Teat* offstage; **voz en o.,** *Teat* voice offstage; *Cin* voice-over.

office *nm* pantry.

offset *nm Impr* offset.

offside *nm Ftb* offside.

oficial,-a I *adj* official. II *nm* 1 *Mil Náut* officer. 2 (*empleado*) clerk. 3 (*obrero*) skilled worker. III *nf* 1 *Cost* dressmaker's assistant. 2 (*empleada*) female office worker. 3 (*obrera*) skilled worker.

oficialidad *nf* 1 (*cualidad*) official character *o* nature. 2 *Mil* officers *pl*, officialdom.

oficialismo *nm Am* 1 (*gobernantes*) authorities *pl*. 2 (*partidarios*) government supporters *pl*.

oficializar [4] *vtr* to make official.

oficiante *nm Rel* officiant.

oficiar [12] *vi* 1 *Rel* to officiate. 2 (*hacer de*) to act (**de,** as).

oficina *nf* office. ■ **horas de o.,** business hours; **o. de empleo,** job centre, *US* job office; **o. pública,** government office.

oficinista *nmf* office worker; clerk.

oficio *nm* 1 (*ocupación*) job, occupation; (*que requiere especialización*) trade; **aprender un o.,** to learn a trade; **ser del o.,** to be in the trade; **soy albañil de o.,** I'm a bricklayer by trade; *fam* **gajes del o.,** occupational hazards; *fam* **sin o. ni beneficio,** without prospects. 2 (*comunicación oficial*) official letter *o* note. 3 *Rel* service; *Hist* **el Santo O.,** the Inquisition; **o. de difuntos,** office for the dead. 4 (*función*) role, function. 5 **oficios,** (*acción*) offices.

oficioso,-a *adj* 1 *(noticia, fuente)* unofficial. 2 *(persona)* officious.

ofidio *nm Zool* snake.

ofrecer [43] **I** *vtr* 1 *(dar) (premio, amistad)* to offer; *(banquete, fiesta)* to hold; *(regalo)* to give. 2 *(presentar)* to present; **la ciudad ofrecía un aspecto festivo,** the town looked in a holiday mood; **la situación ofrece pocas posibilidades,** the situation is rather limited; **o. resistencia,** to offer resistance. **II ofrecerse** *vr* 1 *(prestarse)* to offer, volunteer; **me ofrecí,** I volunteered; **me ofrezco para lo que sea,** if there's anything I can do. 2 *(presentarse)* to present itself; **el valle entero se ofrecía ante nuestra vista,** the whole valley lay before us. 3 *(ocurrírsele a uno)* to want; **aquí estoy para lo que se le ofrezca,** if there is ever anything you want, don't forget to let me know; **¿qué se le ofrece?,** what can I do for you?; **¿se le ofrece algo más?,** anything else?, will that be all?

ofrecimiento *nm* offer, offering.

ofrenda *nf Rel* offering.

ofrendar *vtr Rel* to make offerings *o* an offering.

ofrezco *indic pres véase* **ofrecer.**

oftálmico,-a *adj Med* ophthalmic.

oftalmología *nf Med* ophthalmology.

oftalmólogo,-a *nm,f Med* ophthalmologist.

ofuscación *nf,* **ofuscamiento** *nm* blinding, dazzling.

ofuscar [1] *vtr* 1 *(deslumbrar)* to dazzle. 2 *fig (confundir)* to blind.

ogro *nm* ogre.

oh *interj* oh!

ohm *nm,* **ohmio** *nm Elec* ohm.

oídas (de) *loc adv* by hearsay; **le conozco de o.,** I've heard of him.

oído *nm (sentido)* hearing; *Anat (órgano)* ear; **aplicar el o.,** to listen carefully; **aprender de o.,** to learn by ear; **dar oídos a algo,** to listen to sth; **decir algo al o. de algn,** to whisper sth in sb's ear; **duro de o.,** hard of hearing; **llegar a oídos de algn,** to come to sb's attention *o* notice; **ser todo oídos,** to be all ears; **taparse los oídos,** to close one's ears; **tener buen o.,** to have a good ear; *fig* **hacer oídos sordos,** to turn a deaf ear; *fig* **regalarle el o. a algn,** to flatter sb.

oír [75] *vtr* to hear; **¡oiga Ud.!,** now look here!; **¡oye!,** hey!; *Tel* **se oye mal,** I can't hear you (properly), it's a very bad line; *fig* **como quien oye llover,** it's like water off a duck's back; *fig* **hacerse o.,** to make oneself heard; *fam* **como lo oyes,** believe it or not; *fam* **o., ver y callar,** you haven't seen or heard anything, O.K.?

OIRT *nf abr de* **Organización Internacional de Radiodifusión y Televisión,** International Radio and Television Organization, IRTO.

OIT *nf abr de* **Organización Internacional del Trabajo,** International Labour Organization, ILO.

ojal *nm* buttonhole.

ojalá *interj* let's hope so!, I hope so!; **¡o. no lo hubiera visto!,** I wish I hadn't seen it; **¡o. sea cierto!,** I hope it is true!, if only it were true!

ojeada *nf* glance, quick look; **echar una o.,** *(echar una mirada)* to take a quick look (**a,** at); *(vigilar)* to keep an eye (**a,** on).

ojeador,-a *nm,f Caza* beater.

ojear[1] *vtr (mirar)* to have a quick look at.

ojear[2] *vtr Caza* to beat.

ojeo *nm Caza* beating.

ojeras *nfpl* rings *o* bags under the eyes.

ojeriza *nf* dislike, grudge; **coger o. a algn,** to take a dislike to sb.

ojeroso,-a *adj* with rings under the eyes, haggard; **triste y o.,** sad and weary.

ojímetro (a) *loc adv fam* roughly, at a rough guess.

ojiva *nf* 1 *Arquit* ogive. 2 *Mil* warhead.

ojival *adj Arquit* ogival.

ojo **I** *nm* 1 *Anat* eye; **o. morado** *o* **a la funerala,** black eye; **ojos saltones,** bulging eyes; *fig* **a o. (de buen cubero),** at a rough guess; *fig* **a ojos vista,** clearly, openly; *fig* **ándate con o.,** be careful; *fig* **calcular** *o* **medir a o.,** to guess; *fig* **en un abrir y cerrar de ojos,** in the twinkling of an eye; *fig* **le bailaban los ojos,** his eyes widened with delight; *fig* **mirar a algn con buenos ojos,** to look favourably upon sb; *fig* **o. por o.,** **diente por diente,** an eye for an eye and a tooth for a tooth; *fig* **ojos que no ven (corazón que no siente),** out of sight, out of mind; *fig* **saltar a los ojos,** to be evident; *fig* **tener buen o.** *o* **o. clínico para algo,** to have a good eye for sth; *fam* **¡dichosos los ojos!,** I'm so glad to see you!; *fam* **no pegué o.,** I didn't sleep a wink; *fam fig* **costar un o. de la cara,** to cost a fortune *o* an arm *o* a leg; *fam fig* **tener el o. echado a algo,** to have one's heart set on sth. 2 *(agujero)* hole; *Cost (de aguja)* eye. ■ *Náut* **o. de buey,** porthole; **o. de la cerradura,** keyhole; *fig* **o. de un puente,** span. **II** *interj* careful!, look out!; **o. con hacer ruido,** be careful not to make a noise.

ojota *nf Am* sandal.

ola *nf* wave.

ole *interj,* **olé** *interj* bravo!

oleáceas *Bot* **I** *adj* oleaceous. **II oleáceas** *nfpl* oleaceae *sing.*

oleada *nf* wave; *fig* **o. de turistas,** influx of tourists.

oleaginoso,-a *adj* oleaginous.

oleaje *nm* swell.

óleo *nm* 1 *Arte* oil; **pintura** *o* **cuadro al ó.,** oil painting. 2 *Rel* chrism, oil.

oleoducto *nm* pipeline.

oleoso,-a *adj* oily.

oler [60] **I** *vtr* 1 *(percibir olor)* to smell. 2 *fig (adivinar)* to smell, feel; **huelo algo raro,** there is something fishy. **II** *vi* 1 *(exhalar)* to smell; **huele que apesta,** it stinks; **o. a,** to smell of; **o. bien/mal,** to smell good/bad. 2 *fig (parecer)* to smell, smack (**a,** of); **huele a mentira,** it sounds like a lie; *fam* **me huele a cuerno quemado,** there's something fishy going on here. **III olerse** *vr fig* to feel, sense; **me lo olía,** I thought as much.

olfatear *vtr* 1 *(oler)* to sniff, smell. 2 *fig (indagar)* to nose, pry into; *(sospechar)* to suspect.

olfateo *nm* sniffing, smelling; *fig* snooping.

olfativo,-a *adj* olfactory.

olfato *nm* sense of smell, olfaction; *fig* good nose, instinct; *fig* **tener o. para los negocios,** to have a flair for business.

oligarca *nmf* oligarch.

oligarquía *nf* oligarchy.

oligárquico,-a *adj* oligarchic, oligarchical.

oligofrenia *nf* mental handicap.

oligofrénico,-a **I** *adj* mentally retarded. **II** *nm,f* mentally retarded person.

olimpiada *nf Hist* Olimpiad; *Dep* Olympiad, Olympic Games *pl;* **las olimpiadas,** the Olympic Games.

olímpico,-a adj 1 Dep Olympic; **Juegos Olímpicos,** Olympic Games. 2 fig (altivo) haughty, lofty; **desprecio o.,** utter disdain.

Olimpo n el O., Mount Olympus.

oliscar [1] vtr, olisquear vtr to sniff, smell; fig to nose (into), pry into.

oliva nf Bot olive; **aceite de o.,** olive oil.

oliváceo,-a adj olive-green.

olivar nm Agr olive grove.

olivarero,-a Agr I adj olive; (del cultivo) olive-growing. II nm,f olive grower.

olivicultura nf Agr olive growing.

olivo nm Bot olive (tree).

olmeda nf, olmedo nm elm grove.

olmo nm Bot smooth-leaved elm; fig **pedir peras al o.,** to ask the impossible.

ológrafo,-a adj & nm holograph.

olor nm smell; **buen/mal o.,** nice/nasty smell; **o. corporal,** body odour; fig **o. de santidad,** odour of sanctity.

oloroso,-a I adj fragant, sweet-smelling. II nm full-bodied sherry.

olote nm CAm Méx corncob.

OLP nf abr de **Organización para la Liberación de Palestina,** Palestine Liberation Organization, PLO.

olvidadizo,-a adj forgetful; **hazte el o.,** pretend you've forgotten.

olvidado,-a I pp de olvidar. II adj forgotten; **o. de Dios,** godforsaken.

olvidar I vtr to forget; **olvidé el paraguas en casa,** I've left my umbrella at home; fam **¡olvídame!,** leave me alone! II olvidarse vr to forget; **me he olvidado el bolso en tu casa,** I've left my handbag at your house; fam **puedes olvidarte de mí,** you can leave me out of it; fam **ya puedes olvidarte del coche,** you can say goodbye to the car.

olvido nm 1 (desmemoria) oblivion; **caer en el o.,** to fall into oblivion; **enterrar en el o.,** to cast into oblivion. 2 (descuido) forgetfulness, absent-mindedness; (lapsus) oversight, lapse; **en un momento de o.,** in a moment of forgetfulness; **un o. imperdonable,** an unforgivable oversight.

olla nf Culin saucepan, pot. ■ **o. exprés** o **a presión,** pressure cooker.

omaso nm Anat third stomach.

ombligo nm Anat navel; fig **contemplarse el o.,** to contemplate one's navel; fam fig **encogérsele a uno el o.,** to get the wind up.

ombudsman nm ombudsman.

ominoso,-a adj abominable, dreadful.

omisión nf omission.

omiso,-a I pp de omitir. II adj negligent; **hacer caso o. de,** to take no notice of.

omitir vtr 1 (no decir) to omit, leave out. 2 (dejar de hacer) to neglect, overlook.

ómnibus nm inv Aut coach.

omnímodo,-a adj all-embracing, total.

omnipotencia nf omnipotence.

omnipotente adj omnipotent, almighty.

omnipresencia nf omnipresence.

omnipresente adj omnipresent.

omnisciencia nf omniscience.

omnisciente adj, omniscio,-a adj omniscient, all-knowing.

omnívoro,-a Zool I adj omnivorous. II nm,f omnivore.

omóplato nm, omoplato nm Anat shoulder blade.

OMS nf abr de **Organización Mundial de la Salud,** World Health Organization, WHO.

onanismo nm onanism.

once I adj inv (cardinal) eleven; (ordinal) eleventh; **a las o.,** at eleven o'clock. II nm inv eleven; Ftb eleven, team. III **las onces** nfpl (refrigerio) elevenses, mid-morning snack sing; véase tamb ocho.

ONCE nf abr de **Organización Nacional de Ciegos Españoles,** ≈ Royal National Institute for the Blind, RNIB.

onceno,-a adj & nm véase undécimo,-a.

oncología nf Med oncology.

oncológico,-a adj Med oncological.

oncólogo,-a nm,f Med oncologist.

onda nf 1 (en el agua) ripple. 2 Fís wave; fig **estar en la misma o. que algn,** to be on the same wavelength as sb; fam fig **estar en la o.,** to be with it. ■ **longitud de o.,** wavelength; **o. expansiva,** shock wave; **o. hertziana,** Hertzian wave; Rad **o. larga/ media/corta,** long/medium/short wave. 3 Peluq wave. 4 Cost scallop.

ondear vi 1 (bandera) to flutter; **o. a media asta,** to be flying at half mast. 2 (agua) to ripple.

ondia interj euf crikey!, US gee!

ondina nf Mit Nereid.

ondulación nf undulation, wave; (agua) ripple.

ondulado,-a I pp de ondular. II adj (pelo) wavy; (metal, cartón) corrugated; (paisaje) rolling, undulating.

ondulante adj undulating.

ondular I vtr (el pelo) to wave. II vi (moverse) to undulate.

ondulatorio,-a adj wavy; **movimiento o.,** wave motion.

oneroso,-a adj onerous.

ónice nm Min onyx.

onírico,-a adj oneiric, dream, of dreams.

ónix nm Min onyx.

onomástico,-a I adj onomastic, name. II nf saint's day.

onomatopeya nf onomatopoeia.

onomatopéyico,-a adj onomatopoeic.

ontogénesis nf, ontogenia nf Biol ontogeny, ontogenesis.

ontología nf Filos ontology.

ontológico,-a adj Filos ontological.

ONU nf abr de **Organización de las Naciones Unidas,** United Nations (Organization), UN(O).

onubense I adj of o from Huelva. II nmf native o inhabitant of Huelva.

onza[1] nf (medida) ounce.

onza[2] nm Zool ounce, snow leopard.

onzavo,-a adj & nm véase undécimo,-a.

opa Am I adj stupid. II interj hello!

opacidad nf opaqueness, opacity.

opaco,-a adj opaque.

opalescencia nf opalescence.

opalescente adj opalescent.

opalino,-a adj opal, opaline, opal-like.

ópalo nm Min opal.

opción nf 1 (elección) option, choice; (alternativa) alternative; **la o. más fácil,** the soft option; **no tienes o.,** you have no choice. 2 (derecho) right; (posibilidad) opportunity, chance.

opcional *adj* optional.

open *nm Golf* open.

OPEP *nf abr de* **Organización de los Países Exportadores de Petróleo,** Organization of Petroleum Exporting Countries, OPEC.

ópera *nf Mús* opera; **ó. bufa,** comic opera, opera buffa.

operable *adj* operable.

operación *nf* **1** *Med* operation. ■ **o. quirúrgica,** surgical operation. **2** *Fin* transaction, deal; **operaciones bursátiles,** stock exchange transactions. **3** *Mil* manoeuvre, *US* maneuver, operation. **4** *Mat* operation.

operacional *adj* operational.

operado,-a **I** *pp de* **operar**. **II** *adj* who has been operated on. **III** *nm,f* recovery patient.

operador,-a **I** *nm Mat* operator; *Inform* operator. **II** *nm,f* **1** *(técnico)* operator. **2** *Med* surgeon. **3** *Cin (de la cámara) (hombre)* cameraman; *(mujer)* camerawoman; *(del proyector)* projectionist. **4** *Tel* operator.

operando *nm Inform Mat* operand.

operante *adj* operative.

operar **I** *vtr* **1** *Med* to operate **(a,** on); **le han operado de las amígdalas,** she's had her tonsils out. **2** *(producir)* to bring about. **II** *vi (hacer efecto)* to operate, work; *Fin* to deal, do business (with); *Mat* **o. con quebrados,** to work in fractions. **III** **operarse** *vr* **1** *Med* to have an operation **(de,** for). **2** *(producirse)* to occur, come about; **se ha operado una mejoría en el paciente,** the patient has shown an improvement.

operario,-a *nm,f* operator, worker.

operativo,-a *adj* operative.

operatorio,-a *adj* operational.

opereta *nf Mús* operetta.

operístico,-a *adj* operatic.

opiáceo,-a *adj* opiate.

opinable *adj* debatable, arguable.

opinar *vi* to think, give one's opinion, be of the opinion; **tú, ¿qué opinas?,** what do you think?; **yo no quiero o.,** I'd rather not comment, I'd rather not give an opinion.

opinión *nf* **1** *(juicio)* opinion, view, point of view; **cambiar de o.,** to change one's mind; **soy de la o. de que ...,** I'm of the opinion that ... . **2** *(fama)* reputation.

opio *nm (drogas)* opium; **fumadero de o.,** opium den.

opiomanía *nf (drogas)* addiction to opium.

opiómano,-a *nm,f* opium addict.

opíparo,-a *adj* lavish. ◆**opíparamente** *adv* lavishly; **comieron o.,** they dined sumptuously.

oponente **I** *adj* opposing. **II** *nmf* opponent, opposite number.

oponer [78] *(pp* **opuesto)** **I** *vtr (a un plan, persona)* to oppose; *(resistencia)* to offer; **no tengo nada que o. a tu plan,** I've no objections to your plan. **II** **oponerse** *vr (estar en contra)* to be opposed, be against; *(ser contrario a)* to be in opposition **(a,** to), contradict; **o. a algo,** to oppose sth.

Oporto *n* Porto.

oporto *nm (vino)* port.

oportunidad *nf* opportunity, chance.

oportunismo *nm* opportunism.

oportunista *adj & nmf* opportunist.

oportuno,-a *adj* **1** *(a tiempo)* timely; **¡qué o. fuiste!,** that was well-timed! **2** *(conveniente)* appropriate; **si te parece o.,** if you think it appropiate. ◆**oportunamente** *adv* opportunely.

oposición *nf* **1** *(gen)* opposition. **2** *(examen)* competitive examination; **está preparando oposiciones para entrar en un banco,** he's studying for a bank entrance examination; **ganar** *o* **sacar la o.,** to pass a competitive examination.

opositar *vi* to sit a competitive examination.

opositor,-a *nm,f* **1** *(candidato)* candidate for a competitive examination. **2** *Am Pol* opponent.

opresión *nf* oppression; **o. en el pecho,** tightness of the chest.

opresivo,-a *adj* oppressive.

opresor,-a **I** *adj* oppressive, oppressing. **II** *nm,f* oppressor.

oprimido,-a **I** *adj* oppressed; *fig* **con el corazón o.,** downhearted. **II** **los oprimidos** *nmpl* the oppressed *pl.*

oprimir *vtr* to squeeze, press; *fig* to oppress; **oprima el botón,** press the button; *fig* **o. con el poder,** to oppress with power.

oprobio *nm* ignominy, opprobrium.

optar *vi* **1** *(elegir)* to choose **(entre, por,** between); **o. entre A y B,** to choose between A and B; **o. por,** to opt for; **opté por ir yo mismo,** I decided to go myself. **2** *(aspirar)* to apply **(a,** for); **poder o. a un puesto,** to be entitled to apply for a post.

optativo,-a *adj* optional; *Ling* optative.

óptico,-a **I** *adj* optic, optical; **aparatos ópticos,** optical instruments; **nervio ó.,** optic nerve. **II** *nm,f* optician. **III** *nf* **1** *Fís* optics *sing.* **2** *(tienda)* optician's (shop).

optimismo *nm* optimism.

optimista **I** *adj* optimistic. **II** *nmf* optimist.

óptimo,-a *adj* very best, optimum, excellent.

opuesto,-a **I** *pp de* **oponer**. **II** *adj* **1** *(contrario)* contrary, opposed; **conducta opuesta a las reglas,** misconduct; **en direcciones opuestas,** in opposite directions; **tenemos gustos opuestos,** we have conflicting tastes. **2** *(de enfrente)* opposite; **el extremo o.,** the other end.

opulencia *nf* opulence, luxury; **vivir en la o.,** to live a life of luxury.

opulento,-a *adj* opulent.

opus *nm Mús* opus.

opúsculo *nm* booklet; short work.

opuse *pt indef véase* **oponer**.

oquedad *nf* hollow, cavity.

ora *conj arc* now; **o. ríe, o. llora,** now he laughs, now he cries.

oración *nf* **1** *Rel* prayer. **2** *Ling* clause, sentence; **partes de la o.,** parts of speech. ■ **o. simple/compuesta,** simple/complex sentence; **o. subordinada/ principal,** subordinate/main clause. **3** *(discurso)* oration, speech.

oráculo *nm* oracle.

orador,-a *nm,f* speaker, orator; **tiene dotes de o.,** he's a gifted speaker.

oral *adj* oral; *Med* **por vía o.,** to be taken orally.

orangután *nm Zool* orang-outang, orang-utan.

orante *adj Arte* praying; **en posición o.,** kneeling.

orar *vi Rel* to pray.

orate *nmf* lunatic; *(hombre)* madman; *(mujer)* madwoman; **casa de orates,** lunatic asylum.

oratoria *nf* oratory.

oratorio[1] *nm* **1** *Mús* oratorio. **2** *(capilla)* oratory.

oratorio,-a[2] *adj* oratorical.

orbe *nm* **1** *(mundo)* world; **en todo el o.**, throughout the world. **2** *(bola)* orb.

órbita *nf* **1** *Astron Astronáut* orbit; *fig* orbit; **entrar en ó.**, to go into orbit; *fig* **se sale de la órbita de mis competencias**, it lies outside my jurisdiction. **2** *Anat* eye socket; **con los ojos fuera de las órbitas**, with his eyes popping out of his head.

orbital *adj* orbital.

orca *nf* *Zool* orc, killer whale.

órdago *nm* *fam* **de ó.**, fantastic, great; **una riña de ó.**, a hell of an argument.

orden **I** *nm* **1** *(colocación)* order; **lo encontré todo en o.**, everything was in its place; **todo en o.**, everything in order. **2** *(concierto)* order; **las fuerzas del o.**, the forces of law and order; **llamar a algn al o.**, to call sb to order; **mantener el o.**, to keep order; **o. público**, law and order; **sin o. ni concierto**, without rhyme or reason. **3** *(sucesión)* order; **de primer o.**, first-rate; **del o. de ...**, in the order of ...; **o. del día**, agenda, order of the day; **por o. de edad/estatura**, by age/height. **4** *Arquit Bot Zool* order; **o. dórico/jónico**, Doric/Ionic order. **5** *Mil* drill. **6** *fig (campo)* sphere; **en el o. económico**, in the economic sphere. **II** *nf* **1** *(mandato)* order; *Mil* **¡a la o.!**, **¡a sus órdenes!**, sir!; **por o. del señor alcalde**, by order of his Lordship the Mayor; *fig* **está a la o. del día**, it's the done thing. **2** *Hist Rel* order; **o. militar**, military order; **órdenes sagradas**, holy orders. **3** *Com* order; **o. de pago**, money order. **4** *Jur* warrant, order. ■ **o. de arresto** *o* **detención**, warrant for arrest; **o. de registro**, search warrant; **o. judicial**, court order.

ordenación *nf* **1** *(disposición)* arrangement, organizing. **2** *Rel* ordination.

ordenada *nf* *Mat* ordinate.

ordenado,-a **I** *pp de* **ordenar**. **II** *adj* **1** *(arreglado)* tidy, in order. **2** *Rel* ordained.

ordenador,-a **I** *adj* ordering. **II** *nm* *Inform* computer, data processor; **o. personal**, personal computer.

ordenamiento *nm* ordering.

ordenanza **I** *nm* *Mil* orderly; *(en oficina)* messenger. **II** **ordenanzas** *nfpl* regulations, code *sing*; **o. municipales**, by-laws.

ordenar **I** *vtr* **1** *(arreglar)* to put in order; *(habitación)* to tidy up; *fig (encaminar)* to direct; *fig* **o. las ideas**, to collect one's thoughts; *fig* **o. su vida**, to put one's affairs in order. **2** *(mandar)* to order to; *Com* **o. un pago**, to authorize a payment. **3** *Rel* to ordain. **II** **ordenarse** *vr* *Rel* to be ordained **(de**, as), take holy orders.

ordeñadora *nf* *Agr* milking machine.

ordeñar *vtr* *Agr* to milk.

ordeño *nm* *Agr* milking.

órdiga *interj* **¡la ó.!**, crikey!, *US* gee!

ordinal **I** *adj* ordinal. **II** *nm* *(número)* ordinal.

ordinariez *nf* *(grosería)* vulgarity, coarseness; *(expresión)* rude remark.

ordinario,-a *adj* **1** *(corriente)* ordinary, common. **2** *(grosero)* vulgar, common.

ordinograma *nm* *Inform* flow chart.

orear **I** *vtr* *(ventilar)* to air. **II** **orearse** *vr* *(tomar el aire)* to get some fresh air.

orégano *nm* *Bot* oregano, marjoram; *fig* **no todo el monte es o.**, it's not all plain sailing.

oreja *nf* *(gen)* ear; *(de zapato)* flap; *(de sillón)* wing; *fig* **con las orejas gachas**, with one's tail between one's legs; *fam* **calentarle las orejas a algn**, to box sb's ears; *fam* **con una sonrisa de o. a o.**, with a huge grin; *fam fig* **verle las orejas al lobo**, to have a narrow escape.

orejano,-a *Am* **I** *adj (animal)* shy; *(persona)* unsociable. **II** *nm,f (animal)* shy animal; *(persona)* unsociable person.

orejar *vtr* *Am* to eavesdrop.

orejear *vi* **1** *(animales)* to wiggle its ears. **2** *Arg Guat Hond (dar tirones de orejas)* to pull the ears of. **3** *Méx PR (desconfiar)* to be distrustful of, be suspicious of.

orejero,-a **I** *adj* **1** *Am (receloso)* suspicious, distrustful. **2** *Arg (chismoso)* gossiping, scandal-mongering. **II** *nf* **1** *(de gorra)* earflap; *(de sillón)* wing. **2** *Am* earring worn by Indians.

orejón[1] *nm* **1** *Culin* piece of dried peach *o* apricot. **2** *(person)* big-ears. **3** *(tirón)* pull on the ear; **darle un o. a algn**, to pull sb's ear.

orejón,-ona[2] **I** *adj* *Am* **1** *(orejudo)* big-eared. **2** *(tonto)* stupid. **II** *nm* *Méx (calzonazos)* henpecked husband.

orejudo,-a **I** *adj* big-eared. **II** *nm* *Zool* long-eared bat.

oremus *nm* *Rel* let us pray; *fam fig* **perder el o.**, *(hilo)* to lose the thread, get lost; *(paciencia)* to lose one's cool.

orensano,-a **I** *adj* of *o* from Orense. **II** *nm,f* native *o* inhabitant of Orense.

orfanato *nm* orphanage.

orfandad *nf* orphanhood.

orfebre *nm* goldsmith, silversmith.

orfebrería *nf* gold *o* silver work.

orfelinato *nm* orphanage.

orfeón *nm* *Mús* choral society.

orfeonista *nmf* *Mús* member of a choral society.

organdí *nm* *Tex* organdie.

orgánico,-a *adj* organic.

organigrama *nm* organization chart, flow chart, flow diagram; *Inform* flow chart.

organillero,-a *nm,f* *Mús* organ-grinder.

organillo *nm* *Mús* barrel organ, hurdy-gurdy.

organismo *nm* **1** *(ser viviente)* organism. **2** *(entidad pública)* organization, body, institution.

organista *nmf* *Mús* organist.

organización *nf* organization.

organizado,-a **I** *pp de* **organizar**. **II** *adj* organized; **viaje o.**, package tour.

organizador,-a **I** *adj* organizing. **II** *nm,f* organizer.

organizar [4] **I** *vtr* to organize. **II** **organizarse** *vr* to organize oneself; *fig* to happen; **se organizó un escándalo**, it ended in a rumpus.

órgano *nm* **1** *Mús* organ. **2** *Anat* organ.

orgasmo *nm* orgasm.

orgía *nf* orgy.

orgiástico,-a *adj* orgiastic.

orgullo *nm* **1** *(propia estima)* pride. **2** *(arrogancia)* arrogance, haughtiness.

orgulloso,-a *adj* **1** *(satisfecho)* proud. **2** *(arrogante)* arrogant, haughty.

orientación *nf* **1** *(dirección)* orientation, direction. **2** *Arquit (de un edificio)* aspect. **3** *(enfoque)* approach; **hay que darle una nueva o. al problema**, we have to look at the problem in a different way. **4**

(guía) guidance; **cursillo de o.,** induction course; **estos datos te servirán de o.,** this information will give you an idea; **o. profesional,** career guidance, vocational guidance.

orientador,-a I *adj* advising, advisory, guiding. II *nm,f* guide, adviser, counsellor.

oriental I *adj* eastern, oriental; **hemisferio o.,** eastern hemisphere. II *nmf* Oriental.

orientar I *vtr* 1 *(dirigir)* to orientate, direct; **charla orientada a los padres,** talk aimed at parents; **educación orientada al logro académico,** education geared to academic success. 2 *Arquit (edificios)* to position, place; **una casa orientada al sur,** a house facing south. 3 *(guiar)* to guide; **el policía les orientó,** the policeman gave them directions. II orientarse *vr* 1 *(encontar el camino)* to get one's bearings, find one's way about; *fig* to get into the swing of things; **los ciegos se orientan por los sonidos,** blind people are guided by sounds. 2 *(dirigirse)* to tend towards.

oriente *nm* 1 East, Orient; **el Extremo** *o* **Lejano O.,** the Far East; **el O. Medio,** the Middle East; **el Próximo O.,** the Near East. 2 *(masonería)* **Gran O.,** the Grand Lodge.

orificio *nm* hole, opening; *Anat Téc* orifice. ■ **o. de admisión** *o* **entrada,** inlet; **o. de salida,** outlet.

origen *nm* origin; **dar o. a,** to give rise to; **de o. español,** of Spanish extraction; **de o. humilde,** of humble origins *o* birth; **en los orígenes de la historia,** at the dawn of history; **país de o.,** country of origin; **tiene sus orígenes en la Edad Media,** it dates back to the Middle Ages.

original *adj & nmf* original.

originalidad *nf* originality; *pey* eccentricity.

originar I *vtr* to cause, give rise to. II originarse *vr* to originate, have its origin.

originario,-a *adj (procedente)* original; *(primigenio)* original; **ser o. de,** *(persona)* to come from; *(costumbre)* to originate in.

orilla *nf* 1 *(borde)* edge; *(del río)* bank; *(del mar)* shore; **a la o. del mar,** by the sea, at the seaside. 2 *Arg Méx (arrabales)* outskirts *pl.*

orillero,-a *adj Am (persona)* suburban.

orillo *nm Tex* selvage, selvedge.

orín[1] *nm (herrumbre)* rust.

orín[2] *nm (gen pl) (orina)* urine.

orina *nf* urine.

orinal *nm* chamberpot; *fam* potty.

orinar I *vi* to urinate. II orinarse *vr* to wet oneself.

oriol *nm Orn* oriole.

oriundo,-a I *adj* native of; **ser o. de,** to come from, originate from. II *nm Ftb* foreign player of Spanish parentage who plays for a Spanish team.

orla *nf* 1 *Cost* trimming, edging. 2 *Univ* graduation photograph.

orlar *vtr Cost* to put an ornamental edge on.

ornamentación *nf* ornamentation, decoration.

ornamental *adj* ornamental.

ornamentar *vtr* to adorn, embellish.

ornamento *nm* 1 *(adorno)* ornament. 2 **ornamentos,** *Rel* vestments.

ornar *vtr lit* to adorn, embellish.

ornato *nm (atavío)* finery; *(adorno)* decoration.

ornitología *nf* ornithology.

ornitológico,-a *adj* ornithological.

ornitólogo,-a *nm,f* ornithologist.

ornitorrinco *nm Zool* duck-billed platypus.

oro *nm* 1 gold; **de o.,** gold, golden; *fig* **libro de o.,** visitors' book; *fig* **tratar algo como o. en paño,** to handle sth with great care; *fam fig* **prometer el o. y el moro,** to promise the earth; *prov* **no es o. todo lo que reluce,** all that glitters is not gold. ■ **o. blanco,** white gold; **o. de ley,** fine gold; **patrón o.,** gold standard. 2 **oros,** *Naipes (baraja española)* ≈ diamonds.

orogenia *nf Geol* orogeny, orogenesis.

orografía *nf Geog* orography, orology.

orográfico,-a *adj Geog* orographic, orological.

orondo,-a *adj* 1 *(con barriga)* potbellied. 2 *fig (ufano)* smug, self-satisfied; **lo dijo y se quedó tan o.,** he said it without batting an eyelid.

oropel *nm* tinsel.

oropéndola *nf Orn* golden oriole.

orquesta *nf Mús* orchestra; *(de verbena)* dance band.

orquestación *nf Mús* orchestration; *fig* orchestration, organization.

orquestal *adj Mús* orchestral.

orquestar *vtr Mús* to orchestrate; *fig* to orchestrate, organize.

orquestina *nf Mús* orchestrina.

orquídea *nf Bot* orchid.

orsay *nm Ftb fam* offside.

ortiga *nf Bot* (stinging) nettle.

ortigal *nm Bot* nettle field.

ortodoncia *nf Med* orthodontics *sing*, orthodontia.

ortodoxia *nf* orthodoxy.

ortodoxo,-a *adj & nm,f* orthodox.

ortografía *nf* orthography, spelling; **faltas de o.,** spelling mistakes.

ortografiar [13] *vtr* to write correctly.

ortográfico,-a *adj* orthografic, orthografical; **signos ortográficos,** punctuation *sing.*

ortopedia *nf* orthopaedics *sing*, *US* orthopedics *sing.*

ortopédico,-a I *adj* orthopaedic, *US* orthopedic; **pierna ortopédica,** artificial leg. II *nm,f* orthopaedist, *US* orthopedist.

ortopedista *nmf* orthopaedist, *US* orthopedist.

oruga *nf* 1 *Zool* caterpillar. 2 *Bot* rocket. 3 *Téc* caterpillar.

orujo *nm (hollejo)* grape or olive skins left after pressing; *(bebida)* grape spirit.

orza[1] *nf* earthenware jar.

orza[2] *nf Náut* luff, luffing.

orzar [4] *vi Náut* to luff.

orzuelo *nm Med* sty, stye.

os *pron pers pl* 1 *(complemento directo)* you; **os veo mañana,** I'll see you tomorrow. 2 *(complemento indirecto)* to you; **os escribiré,** I'll write to you; **os lo mandaré,** I'll send it to you. 3 *(con verbo reflexivo)* yourselves; **¿no os quejáis?,** don't you complain?; **os hacéis daño,** you're hurting yourselves; **os organizáis muy bien,** you are very well organized; **¡qué pronto os levantáis!,** you do get up early! 4 *(con verbo recíproco)* each other; **os parecéis,** you look alike; **os queréis mucho,** you love each other very much.

osa *nf* 1 *Zool* she-bear. 2 *Astron* **O. Mayor,** Great Bear, *US* Big Dipper; **O. Menor,** Little Bear, *US* Little Dipper.

●sadía *nf* 1 *(audacia)* daring, boldness, fearlessness. 2 *(desvergüenza)* impudence.

●sado,-a *adj* 1 *(audaz)* daring, bold, fearless. 2 *(desvergonzado)* shameless.

●samenta *nf* bones *pl*, skeleton.

●sar *vi* to dare.

●sario *nm* ossuary.

●scar *nm Cin* Oscar.

●scense I *adj* of *o* from Huesca. II *nmf* native *o* inhabitant of Huesca.

●scilación *nf* 1 *Fís* oscillation. 2 *(de precios)* fluctuation.

●scilador *nm Fís* oscillator.

●scilante *adj* 1 *Fís* oscillating. 2 *(precios)* fluctuating.

●scilar *vi* 1 *Fís* to oscillate. 2 *(variar)* to vary, fluctuate.

●sciloscopio *nm Fís* oscilloscope.

●sculo *nm lit hum* kiss.

●scurantismo *nm* obscurantism.

●scurantista *adj* & *nmf* obscurantist.

●scuras (a) *loc adv* in the dark; **nos quedamos a o.**, we were left in darkness.

●scurecer [43] *vi impers* & *vtr* & *vr véase* obscurecer.

●scurecimiento *nm véase* obscurecimiento.

●scuridad *nf véase* obscuridad.

●scuro,-a *adj véase* obscuro,-a.

●seo,-a *adj* osseous, bony; **tejido ó.**, bone tissue.

●sera *nf* bear's den.

●sezno *nm Zool* bear cub.

●sificación *nf* ossification.

●sificarse [1] *vr* to ossify.

●sito *nm fam* **o. (de peluche)**, teddy bear.

●slo *n* Oslo.

●smio *nm Quím* osmium.

●smosis *nf inv*, **osmosis** *nf inv* osmosis.

●smótico,-a *adj* osmotic.

●so *nm Zool* bear; *fam fig* **hacer el o.**, to play the fool. ■ **o. blanco**, polar bear; **o. hormiguero**, anteater; **o. marino**, fur seal.

●ssobuco *nm Culin* osso bucco.

●stensible *adj* ostensible, obvious.

●stentación *nf* ostentation; **con o.**, ostentatiously; **hacer o. de algo**, to show sth off.

●stentar *vtr* 1 *(jactarse)* to show off, flaunt. 2 *(poseer)* to hold; **ostenta el cargo de**, she holds the position of.

●stentoso,-a *adj* ostentatious.

●steópata *nmf Med* osteopath.

●steopatía *nf Med* osteopathy.

●steopático,-a *adj Med* osteopathic.

●stra *nf Zool* oyster; *fig* **aburrirse como una o.**, to be bored stiff; *fam* **¡ostras!**, crikey!, *US* gee!

●stracismo *nm* ostracism.

●strería *nf* oyster restaurant.

●strero,-a I *adj* oyster. II *nm,f* oyster trader. III *nm Orn* oystercatcher.

●strícola *adj* oyster.

●stricultura *nf* oyster culture.

●suno,-a *adj* bear-like.

●TAN *nf abr de* **Organización del Tratado del Atlántico Norte**, North Atlantic Treaty Organization, NATO.

otario,-a *adj Arg Urug* foolish, simple.

otate *nm Méx* stick.

oteador,-a *nm,f* lookout.

otear *vtr* to scan, search; **o. el horizonte**, to scan the horizon.

otero *nm* knoll, hillock.

OTI *nf abr de* Organización de la Televisión Iberoamericana.

otitis *nf inv Med* infection and inflammation of the ear, otitis.

otomán,-ana *adj* & *nm,f* Ottoman, Othman.

otoñal *adj* autumnal, autumn, *US* fall.

otoño *nm* autumn, *US* fall.

otorgamiento *nm (concesión)* granting, authorization; *(de un premio)* award, awarding.

otorgante *nmf* garantor.

otorgar [7] *vtr* 1 *(conceder)* to grant, give (**a**, to); *(premio)* to award (**a**, to); **o. un indulto**, to grant pardon. 2 *Jur* to execute, draw up. 3 *(conferir)* to confer (**a**, on).

otorrinolaringología *nf Med* otolaryngology.

otorrinolaringólogo,-a *nm,f* ear, nose and throat specialist, otolaryngologist.

otro,-a I *adj indef* other, another; **entre otras cosas**, amongst other things; **otra cosa**, something else; **otra vez**, again; **otra vez será**, some other time; **o. día**, another day. II *pron indef* other, another; **el o.**, **la otra**, the other; **entre otros**, among others; **los otros**, **las otras**, the others; **nunca me he visto en otra igual**, I just didn't know what to do; **¡otra, otra!**, encore!, more!; **o. de mis amigos**, another (one) of my friends; **o. tanto**, as much; **otros tantos**, as many; **que vaya o.**, let someone else go; *fam* **o. que tal**, here we go again.

otrora *adv arc* formerly.

otrosí *adv Jur* moreover, furthermore.

ova *nf Bot* alga.

ovachón *nm Méx fam* fat slob.

ovación *nf* ovation, cheering, applause.

ovacionar *vtr* to give an ovation to, applaud.

oval *adj*, **ovalado,-a** *adj* oval.

óvalo *nm* oval.

ovárico,-a *adj Anat* ovarian.

ovario *nm Anat* ovary.

oveja *nf* 1 *Zool* sheep, ewe; *fig* **cada o. con su pareja**, every Jack has his Jill; *fig* **la o. negra (de la familia)**, the black sheep (of the family). 2 *Am Zool* llama.

ovejuno,-a *adj* sheep.

overbooking *nm* overbooking.

overear *vtr SAm Culin* to brown.

overol *nm Am* overalls *pl*.

ovetense I *adj* of *o* from Oviedo. II *nmf* native *o* inhabitant of Oviedo.

ovillar *vtr (lana)* to wind *o* roll into a ball.

ovillo *nm* ball (of wool); *fig* **hacerse un o.**, to curl up into a ball; *fig* **por el hilo se saca el o.**, by putting two and two together.

ovino,-a *adj* ovine; **ganado o.**, sheep *pl*.

ovíparo,-a *adj Zool* oviparous.

OVNI *nm abr de* **objeto volador no identificado**, unidentified flying object, UFO.

ovoide *adj* & *nm* ovoid.

ovulación *nf* ovulation.

ovular I *adj* ovular. II *vi* to ovulate.

óvulo *nm* ovule.

oxálico,-a *adj Quím* oxalic.

oxhídrico,-a *adj Quím* oxyhydrogen.

oxidable *adj Quím* oxidizable.

oxidación *nf Quím* oxidation; *(efecto en los metales)* rusting.

oxidado,-a I *pp de* oxidar. II *adj Quím* oxidized; *(efecto en los metales)* rusty; *fig* **su inglés está un poco o.,** her English is a bit rusty.

oxidante *nm* oxidizer.

oxidar I *vtr Quím* to oxidize; *(efecto en los metales)* to rust. II **oxidarse** *vr Quím* to oxidize; *(efecto en los metales)* to rust, go rusty.

óxido *nm* 1 *Quím* oxide. ■ **ó. de carbono,** carbon monoxide. 2 *(orín)* rust.

oxigenación *nf Quím* oxygenation.

oxigenado,-a *adj* oxygenated; **agua oxigenada** (hydrogen) peroxide.

oxigenar I *vtr* 1 *Quím* to oxygenate. 2 *Peluq* to bleach. II **oxigenarse** *vr fig* to get a breath of fresh air.

oxígeno *nm* oxygen. ■ **bomba de o.,** oxygen cylinder *o* tank.

oye *indic pres & imperat véase* oír.

oyente *nmf* 1 *Rad* listener. 2 *Univ* occasional student.

ozono *nm Quím* ozone.

P

P, p [pe] *nf (la letra)* P, p.

p. *abr de* **página,** page, p.

P.A., p.a. *abr de* **por autorización.**

pabellón *nm* 1 *(tienda)* bell tent. 2 *Arquit* pavilion; *(anexo)* annex, block. 3 *(dosel)* canopy. 4 *(de un instrumento)* mouthpiece. 5 *(de la oreja)* outer ear. 6 *(bandera)* flag; **navegábamos bajo p. panameño,** we sailed under the Panamanian flag.

pábilo *nm*, **pabilo** *nm* wick.

pábulo *nm fml* food, sustenance; *fig* fuel; **dar p. a,** to encourage.

paca *nf* bale, pack.

pacato,-a *adj* 1 *(escrupuloso)* prudish. 2 *(apaciguado)* moderate, peace-loving.

pacense I *adj* of *o* from Badajoz. II *nmf* native *o* inhabitant of Badajoz.

paceño,-a I *adj* of *o* from La Paz. II *nm,f* native *o* inhabitant of La Paz.

pacer [42] *vtr & vi* to graze, pasture.

pachá *nm (pl pachaes)* pasha, pacha; *fam fig* **vivir como un p.,** to live like a king.

pachaco,-a *adj Am (inútil)* useless; *(enclenque)* weak.

pachamanca *nf SAm Culin* type of barbecue.

pachanga I *adj véase* pachanguero. II *nf Méx* celebration, rowdy party.

pachanguero,-a *adj fam pey (música)* catchy.

pacho,-a *adj* 1 *CAm Chi fam (regordete)* chubby. 2 *CAm (aplanado)* flattened.

pachol *nm Méx* matted hair.

pachón,-ona I *adj* 1 *Zool* pointer. 2 *Am (peludo)* hairy; *(lanudo)* woolly. II *nm,f Zool* pointer. III *nm fam* phlegmatic person.

pachorra *nf fam* sluggishness; **tener p.,** to be phlegmatic.

pachulí *nm (pl pachulíes) Bot* patchouli, pachouli.

paciencia *nf* patience; **armarse de p.,** to grin and bear it; **perder la p.,** to lose (one's) patience; **tener mucha p.,** to be very patient; *prov* **la p. es la madre de la ciencia,** if at first you don't succeed, try, try again.

paciente *adj & nmf* patient. ◆**pacientemente** *adv* patiently.

pacificación *nf* pacification; *fig (apaciguamiento)* appeasement.

pacificador,-a I *adj* pacifying. II *nm,f* peacemaker

pacificar [1] I *vtr* to pacify; *fig (apaciguar)* to appease, calm. II **pacificarse** *vr* to calm down.

pacífico,-a *adj* peaceful.

Pacífico *nm* **el (océano) P.,** the Pacific (Ocean).

pacifismo *nm* pacifism.

pacifista *adj & nmf* pacifist.

paco,-a I *adj Arg Chi (rojizo)* reddish. II *nm Am (sereno)* night watchman; *(policía)* policeman.

pacota *nf* 1 *Arg (grupo)* gang. 2 *Méx (objeto)* piece of junk; *(persona)* worthless person.

pacotilla *nf* 1 *Náut* seaman's duty-free perks *pl*. *fam* **de p.,** shoddy, trashy.

pactar *vtr* to agree to; **han pactado una tregua** they've agreed to a truce.

padecer [43] *vtr & vi* 1 to suffer; **padece del corazón,** he suffers from heart trouble. 2 *fig* to suffer

padecimiento *nm* suffering.

padrastro *nm* 1 stepfather. 2 *fig (mal padre)* harsh *o* severe father. 3 *(pellejo)* hangnail.

padrazo *nm* easy-going *o* indulgent father.

padre I *nm* 1 *(gen)* father; **p. de familia,** head *o* family; **p. político,** father-in-law; *fam* **de p. y muy señor mío,** tremendous, terrific; *ofens* **¡tu p.!,** up yours! 2 *fig (precursor)* father, creator; *irón* **¿quién es el p. de la criatura?,** who put this together? 3 *Rel* father, priest; **el santo p.,** the Pope, the Holy Father. 4 *Rel* God; **P. Eterno,** Heavenly Father *(oración)* **P. Nuestro,** Lord's Prayer. 5 **padres** parents; *(antepasados)* ancestors. II *adj fam* huge **llevarse un disgusto p.,** to be extremely upset **pegarse la vida p.,** to live like a king.

padrear *vi* 1 *(parecerse al padre)* to resemble one's father. 2 *(engendrar)* to breed.

padrenuestro *nm (pl padrenuestros) Rel* Lord's Prayer.

padrillo *nm Am Zool* stallion.

padrinazgo *nm* 1 godfathership. 2 *fig (patrocinio)* patronage, sponsorship.

padrino *nm* 1 godfather; *(de boda)* best man. 2 *fig* sponsor, protector. 3 **padrinos,** godparents; *fig* **hay que tener buenos p.,** you have to know the right people.

padrón *nm* 1 *(censo)* census. 2 *fig (deshonra)* dishonour, *US* dishonor, disgrace. 3 *(padrazo)* easygoing *o* indulgent father. 4 *Am Zool* stallion.

padrotear *vi Méx* 1 *vulg véase* **padrear.** 2 to go out with prostitutes.

paella *nf Culin* paella, rice dish made with vegetables, meat and/or seafood.

paellera *nf* paella pan.

paf *interj* bang!

pág *abr de* **página,** page, p.

paga *nf wage; (niños)* pocket money; *fig* **esto fue la p. por su comportamiento,** she got her just deserts. ■ **p. extra,** bonus.

pagable *adj* payable.

pagadero,-a *adj* payable; *Fin* **cheque p. al portador,** cheque payable to bearer.

pagado,-a I *pp de* **pagar.** II *adj* 1 paid. 2 *fig* **p. de uno mismo,** smug, self-satisfied.

pagador,-a I *adj* paying. II *nm,f* payer; *(de banco, institución, etc)* cashier.

pagaduría *nf* pay office.

págalo *nm Orn* skua.

paganismo *nm* paganism, heathenism.

paganizar [4] I *vi* to profess paganism. II *vtr* to paganize.

pagano,-a[1] *adj & nm,f Rel* pagan, heathen.

pagano,-a[2] *nm,f fam* 1 *(pagador)* person who pays for others. 2 *fig (cabeza de turco)* scapegoat.

pagar [7] I *vtr* to pay; **¿cuánto pagaste por el coche?,** how much did you pay for the car?; **p. en metálico** *o* **al contado,** to pay cash; *fig* **¡así pagas lo que ha hecho por ti?,** is that how you repay him for what he's done for you?; *fig* **(ella) lo ha pagado caro,** she's paid dearly for it; *fam fig* **me las pagarás,** I'll get you for this, you haven't heard the last of this. II **pagarse** *vr* 1 *(uso impers)* to be paid, cost; **¿ a cuánto se pagan las patatas?,** how much are (the) potatoes? 2 *fig (ufanarse)* to be proud of; **p. de sí mismo,** to be full of oneself, be self-satisfied, be smug.

pagaré *nm Fin* promissory note, IOU; **p. del tesoro,** treasury note.

página *nf* page; **en la p. 3,** on page 3; *fig* **aquellos hombres escribieron una p. importante de la historia,** those men wrote an important chapter in history.

paginación *nf* pagination.

paginar *vtr* to paginate, number the pages of.

pago[1] *nm* 1 *Fin Com* payment; **p. a cuenta,** payment on account. ■ **p. adelantado** *o* **anticipado,** advance payment; **p. contra entrega,** cash on delivery; **p. inicial,** down payment. 2 *fig* return, payment; **en p. por su hospitalidad …,** in return for her hospitality … .

pago[2] *nm* 1 *(finca)* estate, property. 2 *Am (aldea)* village; **por** *o* **en estos/aquellos pagos,** in this/that area.

pagoda *nf Arquit* pagoda.

pagro *nm (pez)* Couch's sea bream.

paica *nf Am fam* girl in her puberty.

paila *nf Am* (frying) pan.

pailón *nm Bol Ecuad Hond Geog* bowl.

paíño *nm Orn* petrel.

paipái *nm,* **paipay** *nm (pl* **paipáis)** large palm fan.

país *nm* country, land; **vino del p.,** local wine. ■ **P. Vasco,** Basque Country.

paisaje *nm* landscape, scenery.

paisajista *nmf Arte* landscape painter.

paisanada *nf Arg* group of peasants.

paisanaje *nm* civil population.

paisano,-a I *adj* of the same country. II *nm,f* 1 *(compatriota)* fellow countryman *o* countrywoman, compatriot. 2 *(civil)* civilian; *(policía etc)* **ir de p.,** to be wearing civilian clothes; **en traje de p.,** in plain clothes.

Países Bajos *npl* **(los) P. B.,** the Netherlands, the Low Countries.

paja *nf* 1 straw; **techo de p.,** thatched roof; *fig* **hombre de p.,** stooge. 2 *fam fig (superfluo)* padding, waffle; *fig* **meter p.,** to waffle; *fig* **no te enfades por un quítame allá esas pajas,** don't make a mountain out of a molehill. 3 *vulg (masturbación)* wank; **hacerse una p.,** to wank.

pajar *nm (almacén)* straw loft; *(en el exterior)* straw rick.

pájara *nf* 1 *(cometa)* kite. 2 *(pajarita)* paper bird. 3 *fam (desfallecimiento)* blackout. 4 *fam pey (mujer)* **es una p. de mucho cuidado,** she's a crafty old devil.

pajarear I *vi Méx (fijar atención)* to watch with interest. II *vtr Am (ahuyentar pájaros)* to shoo, put to flight.

pajarera *nf* aviary.

pajarería *nf* 1 *(tienda)* pet shop. 2 *(pájaros)* flock *o* flight of birds.

pajarero,-a I *adj* 1 *Orn* of *o* relating to birds. 2 *fam (persona)* chirpy, merry; *(color)* gaudy, loud. II *nm,f* 1 *(vendedor)* bird dealer. 2 *(cazador)* bird catcher.

pajarita *nf* 1 *(prenda)* bow tie. 2 *(de papel)* paper bird.

pájaro *nm* 1 *Orn* bird; **a vista de p.,** bird's-eye view; *fig* **matar dos pájaros de un tiro,** to kill two birds with one stone; *fig* **tener la cabeza llena de pájaros,** to be scatterbrained; *prov* **más vale p. en mano que ciento volando,** a bird in the hand is worth two in the bush. ■ **p. carpintero,** woodpecker; **p. mosca,** hummingbird. 2 *fam fig (hombre)* chap; *(astuto)* sly person, slyboots *sing;* **p. de cuenta,** big shot. 3 **pájaros,** *Arg* daft ideas.

pajarraco *nm pey* 1 *Orn* ugly bird. 2 *fig (astuto)* slyboots *sing.*

paje *nm* page; *Náut* cabin boy.

pajel *nm (pez)* pandora.

pajizo,-a *adj* 1 *(de paja)* (made of) straw. 2 *(de color de paja)* straw-coloured, *US* straw-colored.

pajolero,-a *adj fam* bloody, damn.

pajón,-ona *adj Méx* curly.

pajuate *adj Arg (persona)* silly.

pajuerano,-a *nm,f Arg Bol Urug* country bumkin.

pajuye *nm Culin* banana preserve.

Pakistán *n* Pakistan.

pakistaní *adj & nmf* Pakistani.

pala *nf* 1 shovel; *(mecánica)* power shovel; *(de jardinero)* spade; *(recogedor)* dustpan; *(de cocina)* slice; **p. para pescado,** fish slice. 2 *Dep (de pinpong, frontón)* bat. 3 *(de remo, hélice, etc)* blade. 4 *(de zapato)* upper. 5 *fam fig* skill; *pey* cunning; **tiene buena p.,** he is very skilful.

palabra *nf* 1 word; **de p.**, by word of mouth; **dirigir la p. a algn**, to address sb; **juego de palabras**, pun; **según las palabras de ...**, according to ...; **tener unas palabras con algn**, to have a few words with sb; *fig* **a la primera p.**, very soon; *fig* **comerse las palabras**, to swallow one's words; *fig* **decir la última p.**, to have the last word; *fig* **dejar a algn con la p. en la boca**, to cut sb off; *fig* **ser de pocas palabras**, to be a man *o* woman of few words, not be very talkative; *fig* **Teresa vio de qué iba el asunto a la primera p.**, Teresa knew immediately which way the wind was blowing; *fam·fig* **ni p. de esto a nadie**, don't say a thing to anybody. ■ **p. clave**, key word; **palabras mayores**, *(insultos)* swearwords; *(de importancia)* big talk *sing.* 2 *(habla)* speech; **el don de la p.**, the faculty of speech. 3 *(promesa)* word; **cogerle la p. a algn**, to take sb at his word; **faltar a la p.**, to break one's word; **hombre de p.**, man of his word; **p. de honor**, word of honour; **tener p.**, to keep one's word. 4 *(lengua)* language; **una mujer de p. clara**, a woman who expresses herself clearly. 5 *(turno para hablar)* right to speak; **dar** *o* **conceder la p. a algn**, to give the floor to sb; **tener la p.**, to have the floor.

palabrear *vtr Am* to promise to marry.

palabreja *nf* strange *o* difficult word.

palabrería *nf* palaver.

palabrota *nf* swearword; **decir palabrotas**, to swear.

palacete *nm Arquit* small palace, mansion.

palacio *nm (grande)* palace; *(pequeño)* mansion; **P. de Justicia**, Law Courts; *fig* **las cosas de p. van despacio**, it all takes time.

palada *nf* 1 *(paletada)* shovelful. 2 *(de remo)* stroke.

paladar *nm* 1 *Anat* palate. 2 *(sabor)* taste. 3 *fig (sensibilidad)* palate.

paladear *vtr* to savour, *US* savor, relish.

paladeo *nm* savouring, *US* savoring, relishing.

paladín *nm lit* champion; *Hist* paladin.

paladino,-a *adj* obvious, public.

palafito *nm Arquit* lake dwelling.

palafrén *nm lit* palfrey.

palafrenero *nm* groom.

palanca *nf* 1 *Téc* lever; **hacer p.**, to (act as a) lever. 2 *(manecilla)* handle, stick. ■ *Aut* **p. de cambio**, gear lever, gearstick, *US* gearshift; **p. de mando**, control lever. 3 *fig (influencia)* leverage, influence, pull. 4 *Dep (trampolín)* diving board.

palangana I *nf* 1 washbasin. 2 *Am (fuente)* serving dish, platter. II *nm Am (descarado)* fresh *o* forward man.

palangre *nm Pesca* boulter.

palanqueta *nf* crowbar.

palastro *nm (de cerradura)* plate.

palatal *adj & nf Anat Ling* palatal.

palatino,-a¹ *adj (palatal)* palatal.

palatino,-a² *adj (palaciego)* palatine, palace, court.

palco *nm Teat* 1 *(asiento)* box. 2 **p. escénico**, stage.

palenque *nm* 1 *(empalizada)* palisade. 2 *fig (palestra)* arena. 3 *Am (estaca)* tethering *o* hitching post.

palentino,-a I *adj* of *o* from Palencia. II *nm,f* native *o* inhabitant of Palencia.

paleografía *nf* palaeography, paleography.

paleolítico *adj* palaeolithic, paleolithic.

paleontología *nf* palaeontology, paleontology.

Palestina *n* Palestine.

palestino,-a *adj & nm,f* Palestinian.

palestra *nf* arena; *fig* **salir** *o* **saltar a la p.**, to ente the fray, take the field.

paleta *nf* 1 *(herramienta) (pala)* small shovel; *(d albañil)* trowel. 2 *Culin (espátula)* slice. 3 *Arte (d pintor)* palette. 4 *Téc (de hélice, ventilador)* blade *(molino)* wind vane. 5 *Anat* shoulder blade. 6 *De (de cricket, pingpong)* bat. 7 *CAm (caramelo)* lo lipop; *(helado)* ice lolly, lolly.

paletada *nf (de pala)* shovelful; *(de paleta de a bañil)* trowelful.

paletilla *nf* 1 *Anat* shoulder blade. 2 *Culin* shoulde **p. de cordero**, shoulder of lamb.

paleto,-a I *adj fam pey* unsophisticated, boorish. ■ *nm,f fam* pey country bumpkin, yokel, boor. III *nr Zool* fallow deer.

paliacate *nm Méx* big bright scarf.

paliar [12] *vtr* to alleviate, palliate.

paliativo,-a *adj & nm* palliative.

palidecer [43] *vi* 1 *(persona)* to turn pale. 2 *fig (cc lores)* to fade; *(luz)* to grow dim. 3 *fig (disminuir* to diminish, be on the wane.

palidez *nf* paleness, pallor.

pálido,-a *adj* pale, pallid; **ponerse** *o* **volverse p.**, t turn pale.

palillero *nm* toothpick case.

palillo *nm* 1 *(mondadientes)* toothpick; **palill chinos**, chopsticks; *fam* **está como un p.**, he's as thin as a rake. 2 *(de hacer punto)* knitting needle. 3 *M* drumstick. 4 *Taur fam* banderilla.

palinodia *nf* retraction, recantation; **cantar la p.**, t recant.

palio *nm* 1 canopy; *fig* **recibir a algn bajo p.**, to giv sb a royal welcome. 2 *Rel* pallium.

palique *nm fam* chat, small talk; **estar de p.**, to hav a chat.

palisandro *nm Bot* rosewood.

palitoque *nm*, **palitroque** *nm* 1 *Taur* banderill 2 *Am (bolos)* skittels *pl, US* bowling.

paliza *nf* 1 *(zurra)* thrashing, beating; **darle a alg una p.**, to beat sb up. 2 *(derrota)* beating; **¡menud p. os dimos!**, we thrashed you! 2 *fam (cosa pesad* bore, pain (in the neck); **dar la p. a algn**, to bore annoy sb; **darse una p.**, to wear oneself out; **el viaj fue una p.**, the journey was a drag; **¡qué p. de tío** what a boring bloke!

palma *nf* 1 *Anat* palm; *fig* **conocer algo/a algn com la p. de la mano**, to know sth/sb like the back o one's hand. 2 *Bot* palm tree; *fig* **llevarse la p.**, t win, triumph; *irón* to take the biscuit. 3 *(de cab llerías)* sole. 4 **palmas**, *(palmadas)* clapping *sing (aplauso)* applause *sing*; **batir palmas**, to clap, ap plaud.

palmada *nf* 1 *(golpe)* slap; **dar palmadas a algn e la espalda**, to give sb a slap on the back. 2 *(aplaus* applause, clapping.

palmar¹ *nm* palm grove.

palmar² *vi fam* **palmarla**, to snuff it, kick it.

palmarés *nm* 1 *(historial)* service record. 2 *(ver cedores)* list of winners.

palmario,-a *adj* obvious, evident.

palmatoria *nf* candlestick.

palmear I *vi* to applaud, clap. II *vtr (espalda etc* to tap.

palmera *nf Bot* palm tree.

palmeral *nm Bot* palm grove.

palmero,-a I *adj* of *o* from La Palma. II *nm,f* native *o* inhabitant of La Palma.

palmesano,-a I *adj* of *o* from Palma de Mallorca. II *nm,f* native *o* inhabitant of Palma de Mallorca.

palmeta *nf* cane; **el maestro le castigó con la p.**, the teacher caned him.

palmetazo *nm* caning.

palmípedo,-a I *nm,f Orn* web-footed bird. II *adj* web-footed.

palmito *nm* 1 *Bot* palmetto. 2 *Culin* palm heart.

palmo *nm (medida)* span; **un p. de tierra,** a tiny plot of land; *fig* **p. a p.**, inch by inch; *fam fig* **con un p. de lengua fuera,** out of breath; *fam fig* **dejar (a algn) con un p. de narices,** to let (sb) down.

palmotear *vi* to clap.

palmoteo *nm* clapping.

palo *nm* 1 stick; *(vara)* rod; *(pértiga)* pole; *(de escoba)* broomstick; *fig* **a p. seco,** on its own; *fig* **nos bebimos el vodka a p. seco,** we drank the vodka neat; *prov* **de tal p. tal astilla,** like father, like son. 2 *(golpe)* blow; **dar palos,** to hit, strike a blow; *fig* **dar un p. a algn,** to play a dirty trick on sb; *fig* **la crítica le dio un buen p.**, the critics slated him; *fig* **echar a algn a palos,** to throw *o* kick sb out; *fig* **p. de ciego,** shot in the dark; *fig* **dar palos de ciego,** to grope about in the dark. 3 *(madera)* wood; **cuchara de p.**, wooden spoon. 4 *Náut (mástil)* mast. ■ **p. mayor,** mainmast. 5 *Golf* club. 6 *(trazo de letra)* stroke. 7 *Naipes* suit. 8 *Dep (de portería)* crossbar, goal post.

paloma *nf* 1 *Orn* pigeon; dove; **p. de la paz,** dove of peace. ■ **p. mensajera,** homing *o* carrier pigeon; **p. torcaz,** wood-pigeon; **p. zurita,** stock dove. 2 *fig (persona)* dove, lamb. 3 **palomas,** *(olas)* white horses.

palomar *nm* pigeon house, dovecote.

palometa *nf (pez)* Ray's bream.

palomilla *nf* 1 *Ent* grain moth. 2 *(tuerca)* wing *o* butterfly nut. 3 *Am fam (plebe)* mob, gang. 4 **palomillas,** *(olas)* white horses.

palomino *nm* 1 *Orn* young pigeon, young dove. 2 *(mancha)* pigeon droppings *pl*.

palomita *nf fam* **palomitas de maíz,** popcorn *sing*.

palomo *nm* 1 *Orn* cock pigeon. 2 *Am Zool* white horse.

palotada *nf* stroke with a drumstick; *fam* **no dar p.**, not to do *o* say anything right.

palote *nm* 1 stick; *Mús* drumstick. 2 *(trazo)* pothook; downstroke. 3 *Arg Cuba Culin* rolling pin.

palpable *adj* palpable, concrete.

palpación *nf Med* palpation.

palpar *vtr* to touch, feel; *Med* to palpate; *fig* **p. la realidad,** to be in touch with reality.

palpitación *nf* palpitation, throbbing.

palpitante *adj* palpitating, throbbing; *fig* **una cuestión p.**, a life issue.

palpitar *vi* to palpitate, throb; *fig* **en sus palabras palpita el rencor,** resentment shows through his words.

pálpito *nm fam* hunch, presentiment.

palúdico,-a *Med adj* malarial; **fiebre palúdica,** malaria.

paludismo *nm Med* malaria.

palurdo,-a I *adj* uncouth, boorish. II *nm,f pey* boor, country bumpkin, hick.

palustre *adj Geog* marshy, boggy.

pambazo *nm Méx Culin* type of bread roll.

pambiche *nm Am* light fabric.

pamela *nf* 1 *(prenda)* broad-brimmed hat. 2 *Arg* dandy.

pampa *nf* 1 *Geog* pampa, pampas *pl*. 2 *SAm (caballo, vaca)* animal with a white head and a dark body. 3 *Arg (indígena)* pampean Indian. 4 *(negocio)* dishonest.

pámpano *nm Bot* vine shoot *o* tendril.

pampeano,-a *adj SAm* of *o* from the pampa, pampean.

pampero,-a *Am* I *adj* of *o* from the pampa, pampean. II *nm Meteor* strong wind over the pampas from the Andes.

pampirolada *nf* 1 *Culin* garlic and bread sauce. 2 *fam (tontería)* silly thing, nonsense.

pamplina *nf* 1 *fam (gen pl) (tontería)* nonsense; **¡déjate de pamplinas!**, stop that nonsense! 2 *Bot* chickweed.

pamplinero,-a *adj*, **pamplinoso** *adj* silly, foolish.

pamplonés,-esa I *adj* of *o* from Pamplona. II *nm,f* native *o* inhabitant of Pamplona.

pamplonica *adj* of *o* from Pamplona.

pan *nm* 1 bread; **barra de p.**, French bread; **p. con mantequilla,** bread and butter; **p. tierno/duro,** fresh/stale bread; *fig* **llamar al p. p. y al vino vino,** to call a spade a spade; *fam fig* **con su p. se lo coma,** let him stew in his own juice; *fam fig* **contigo p. y cebolla,** love on a shoestring; *fam fig* **es p. comido,** it's a piece of cake; *fam fig* **ser bueno como un pedazo de p.** *o* **más bueno que el p.**, to be as good as gold, be a treasure. ■ **p. ácimo,** unleavened bread; **p. de molde,** loaf of bread; **p. integral,** wholemeal *o* wholewheat bread; **p. rallado,** breadcrumbs *pl*. 2 *fig (alimento)* bread, food; **el p. nuestro de cada día,** our daily bread; **ganarse el p.**, to make *o* earn a living. 3 *(metal)* leaf; **p. de oro,** gold leaf.

pana *nf Tex* corduroy; **p. lisa,** velvet.

panacea *nf* panacea.

panadería *nf* baker's (shop), bakery.

panadero,-a *nm,f* baker.

panadizo *nm Med* whitlow.

panal *nm* honeycomb.

Panamá *n* Panama.

panamá *nm (pl panamaes)* 1 *(prenda)* Panama hat. 2 *Am* shady business, racket.

panameño,-a *adj & nm,f* Panamanian.

pancarta *nf* placard; *(en la calle)* banner.

páncreas *nm inv Anat* pancreas.

panda[1] *nm Zool* panda.

panda[2] *nf (amigos, gente)* group; *pey* gang, crowd.

pandear I *vi* to bend; *(apandar)* to sag. II **pandearse** *vr* to bend; *(apandarse)* to sag.

pandeo *nm* bending; *(apandar)* sagging.

pandereta *nf Mús* tambourine.

pandero *nm Mús* large tambourine.

pandilla *nf fam véase* **panda**[2].

pando,-a *adj* 1 sagging; *(pared)* not straight; *(viga)* warped. 2 *fig (lento)* slow. 3 *Méx (borracho)* drunk.

panecillo *nm* bread roll.

panegírico,-a *lit* I *adj* panegyric, panegyrical, eulogistic. II *nm* panegyric, eulogy.

panel *nm* panel.

panela *nf Am* brown sugar loaf.

panera *nf* breadbasket.

pánfilo,-a *adj fam* **1** *(lento)* slow, indolent. **2** *(bobo)* silly, stupid; *(crédulo)* gullible.

panfletario,-a *adj* propagandist.

panfletista *nmf* lampoonist, pamphleteer.

panfleto *nm* lampoon, political pamphlet.

panga *nf Náut (lancha)* launch; *(bote)* barge.

pánico *nm* panic; **presa del p.**, panic-stricken; **sembrar el p.**, to cause panic; *fam fig* **de p.**, *(estupendo)* great, terrific; *(terrible)* terrible, awful.

paniego,-a *adj Agr* wheat-producing.

panificación *nf* bread making.

panificadora *nf* (industrial) bakery.

panificar [1] *vtr* to make bread.

panino *nm Méx* **1** *(enjambre)* swarm of wasps. **2** *(conjunto)* set.

panizo *nm Bot* millet; maize.

panocha *nf* **1** *Bot* corncob; *(trigo etc)* ear. **2** *Am Culin* maize cake.

panoja *nf Bot* corncob; *(trigo etc)* ear.

panoli *adj fam* gullible, idiot.

panoplia *nf* **1** *(colección)* panoply. **2** *(armadura)* suit of armour *o US* armor.

panorama *nm* **1** *(vista)* panorama, view. **2** *fig* panorama; **un negro p.**, a gloomy outlook.

panorámica *nf Cin TV* panorama.

panorámico,-a *adj* panoramic.

panqueque *nm Am Culin* pancake.

pantagruélico,-a *adj* gargantuan.

pantaletas *nfpl Am* panties.

pantalón *nm (gen pl)* **1** trousers *pl*; *fam fig* **bajarse los pantalones**, to give in; *fam fig* **llevar los pantalones**, to wear the trousers. ■ **p. bombacho**, cossack trousers; **p. corto**, *(de niño)* short trousers; *Dep* shorts; **p. vaquero**, jeans. **2** *(braga)* panties *pl*, knickers *pl*, *US* step-ins *pl*.

pantalonero,-a *nm,f* trouser maker.

pantalla *nf* **1** *Cin TV Inform* screen; **la pequeña p.**, the small screen; **llevar un libro a la p.**, to make a book into a film; **p. de radar**, radar screen. **2** *(de lámpara)* shade. **3** *(de chimenea)* fireguard. **4** *fig (tapadera)* cover, front; **servir de p.**, to act as a decoy. **5** *Arg (cartelera)* poster, notice.

pantano *nm Geog* **1** *(natural)* marsh, bog. **2** *(artificial)* reservoir.

pantanoso,-a *adj* **1** *Geog* marshy, boggy. **2** *fig (dificultoso)* thorny, difficult.

panteísmo *nm Filos* pantheism.

panteón *nm* **1** *Arquit (tumba)* pantheon, mausoleum. ■ **p. familiar**, family vault. **2** *Am (cementerio)* cemetery.

pantera *nf Zool* panther.

pantomima *nf* **1** *Teat* pantomime, mime. **2** *pey (farsa)* farce.

pantomino *nm* pantomime, mime.

pantorrilla *nf Anat* calf.

pantufla *nf*, **pantuflo** *nm (prenda)* slipper.

panty *nm (prenda)* (pair of) tights *pl*.

panza *nf* **1** *fam* belly, paunch. **2** *(de vasija)* belly. **3** *Anat Zool* belly.

panzada *nf* **1** *(en el agua)* belly flop. **2** *fam (hartazgo)* bellyful.

panzudo,-a *adj* potbellied, paunchy.

pañal,-a *nm* **1** nappy, *US* diaper; **un niño de pañales**, a baby in nappies; *fig* **estar en pañales**, to be wet behind the ears. **2** *fig (origen)* origin, lineage; **ser de humildes pañales**, to come from a humble background. **3 pañales**, *(ropa)* baby clothes.

pañería *nf* **1** *(tienda)* draper's shop. **2** *(persona)* draper.

paño *nm* **1** cloth material; *(de lana)* woollen *o US* woolen cloth; *(para polvo)* duster, rag; *(de cocina)* dishcloth; **traje de p.**, woollen suit; *fig* **conocerse el p.**, to know one's stuff; *fig* **paños calientes**, half measures; *fig* **ser el p. de lágrimas de algn**, to give sb a shoulder to cry on; *fam fig* **ser del mismo p.**, to be two of a kind. **2 paños**, *(ropa)* clothes; **en p. menores**, in one's underclothes. **3** *(de pared)* wall, panel. **4** *(de un cristal, vidrio)* mist, haze. **5** *Arte* drapery. **6** *Teat* **al p.**, offstage. **7** *Am (terreno)* plot of land.

pañol *nm Náut* storeroom.

pañoleta *nf* **1** shawl. **2** *Taur* bullfighter's tie.

pañuelo *nm (para la nariz)* handkerchief; *(para los hombros)* shawl; *fig* **el mundo es un p.**, it's a small world.

papa¹ *nm* **1** *Rel* pope. **2** *fam (papá)* dad, daddy.

papa² I *adj inv Arg Chi (bueno)* excellent, good. II *nf* **1** *Am* potato. **2** *fam* **no saber ni p. (de algo)**, not to have the faintest idea (about sth).

papá *nm (pl papás) fam* dad, daddy.

papacho *nm Méx* caress, pat.

papada *nf Anat* double chin.

papado *nm Rel* papacy.

papagayo *nm Orn* parrot.

papal *adj Rel* papal.

papalón,-ona *adj Méx* idle, lazy.

papamoscas *nm inv Orn* flycatcher. ■ **p. cerrojillo**, pied flycatcher; **p. gris**, spotted flycatcher.

papanatas *nmf inv* sucker, twit.

paparrucha *nf*, **paparruchada** *nf fam* **1** *(tontería)* (piece of) nonsense. **2** *(obra insubstancial)* botch (up).

papaya *nf* papaya *o* papaw fruit.

papayo *nm Bot* papaya *o* papaw tree.

papear *vi* **1** *(balbucir)* to stammer, stutter. **2** *arg (comer)* to scoff, stuff oneself.

papel *nm* **1** paper; **p. cuadriculado**, squared paper; **p. de música**, music score (paper); **p. higiénico**, toilet paper. ■ **p. carbón**, carbon paper; **p. cebolla**, onionskin; **p. de arroz**, rice paper; **p. de barbas**, bloom; **p. de carta**, writing paper, stationery; **p. de China**, India paper; **p. de estaño** *o* **plata**, aluminium *o* tin foil; **p. de estraza**, brown paper; **p. de fumar**, cigarette paper; **p. de lija**, sandpaper; **p. de seda**, silk paper; **p. pintado**, wallpaper; **p. secante**, blotting paper. **2** *(hoja)* piece *o* sheet of paper; **hagamos números sobre el p.**, let's work it out on paper. **3** *(carta, credencial)* document. **4** *Fin* **p. moneda**, paper money, banknotes *pl*; **p. de pagos**, stamped paper. **5** *Cine Teat (carácter)* role, part; **esta actriz interpretó el p. de Julieta**, this actress played the part of Juliet; *fig* **el p. de la oposición en la política actual**, the role of the opposition in today's politics; *fig* **María hizo un buen p. en el examen oral**, Maria did well in the oral exam. **6 papeles**, *Admin* documents, identification papers.

papela *nf arg* identity card.

papeleo *nm fam* paperwork; **estoy con el p. de la matriculación**, I'm going through the registration formalities.

papelera *nf (despacho)* wastepaper basket; *(calle)* litter bin.

apelería *nf* **1** *(tienda)* stationer's. **2** *(material)* stationery. **3** *(papeles)* sheaf of papers.

apelero,-a *adj* paper; **la industria papelera,** the paper industry.

apeleta *nf* **1** *(de rifa, empeño)* ticket; *(de votación)* ballot paper; *(de examen)* *(tema)* exam paper; *(resultados)* report. **2** *fam (dificultad)* tricky problem, difficult job; *(engorro)* drag; **¡menuda p.!,** what an awful situation to be in!

apelón *nm* *fam* **1** *(persona)* show-off. **2** *(acto)* ridiculous performance; **¡vaya p. me has hecho hacer!,** you made me look really silly!

apelote *nm* *pey* worthless document; useless piece of paper.

apeo *nm* *arg* grub.

aperas *nfpl* *Med* mumps.

apila *nf* *Anat* papilla.

apilla *nf* pap, mush; *(de niños)* baby food; *fam* **echar la primera p.,** to be as sick as a dog; *fam* **estar hecho p.,** to be shattered; *fam* **hacer p. a algn,** to make mincemeat of sb.

apiro *nm* papyrus.

apirotazo *nm*, **papirote** *nm* flick.

apirusa *nf* *Arg* attractive woman.

apisa *nf* *Rel* female pope.

apista *nmf* papist; **ser más p. que el papa,** to out-Herod Herod.

apo[1] *nm* **1** *(papada)* double chin. **2** *(bocio)* goitre. **3** *Orn (buche)* crop.

apo,-a[2] *adj* *CAm* silly, stupid.

apú *adj & nmf (pl papúes)* Papuan.

apúa Nueva Guinea *n* Papua New Guinea.

aquebote *nm (pl paquebotes)* *Náut* packet boat.

aquete *nm* **1** *(caja)* packet; *(grande)* parcel, package; **un p. de cigarrillos/galletas,** a packet of cigarettes/biscuits; *fam fig* **meter un p. a algn,** to punish sb severely. ■ **p. postal,** parcel. **2** *(conjunto)* set, package; **el p. de medidas económicas,** packet of financial measures; *Fin* **p. de acciones,** share package. **3** *fam (en moto)* passenger; **ir de p.,** to ride pillion. **4** *fam (persona)* clumsy; **¡qué p. de tío!,** what a bore! **5** *Méx (asunto difícil)* tough job.

aquetería *nf* **1** packaging. **2** *Arg Par Urug (en el vestir, decoración)* elegance. **3** *Arg (mercería)* haberdashery.

aquidermo *nm* *Zool* pachyderm.

aquistán *n* Pakistan.

aquistaní *adj & nmf* Pakistani.

ar **I** *adj* **1** equal. **2** *Mat* even. **II** *nm* **1** *(pareja)* pair; *(dos)* couple; *(complementario)* peer; **un p. de terrones,** a couple of lumps; **un p. de zapatos/guantes,** a pair of shoes/gloves. **2** *Mat* even number; **pares y nones,** odds and evens. **3** *(noble)* peer. **4** *(locuciones)* **a la p.,** *(juntos)* together; *(al mismo tiempo)* at the same time; *Fin* par value; **a la p. que ...,** as well as ...; **de p. en p.,** wide open; *fig* **con el corazón abierto de p. en p.,** with open arms; *fig* **sin p.,** matchless.

ara *prep* **1** *(objeto indirecto)* for, to; **importante p. nosotros,** important to us; **p. ti,** for you. **2** *(dirección)* to, towards; **p. arriba,** upwards; **p. delante y p. detrás,** backwards and forwards; **salió p. casa,** he set off for home. **3** *(finalidad)* to, in order to; **bueno p. la salud,** good for your health; **p. eso no hace falta que venga,** there's no need to come; **¿p. qué?,** what for?; **¿p. qué lo quieres?,** what do you want it for?;

p. que te compres un regalo, for you to get a present for yourself; **p. terminar antes,** as to *o* in order to finish earlier. **4** *(motivo)* **p. que no te enfadaras,** so as not to annoy you; **¿p. qué has venido?,** why did you come? **5** *(tiempo)* by, for; **hay p. rato,** it will be some time before it's over; **¿p. cuánto tienes?,** *(tardar)* how long will you be?; *(durar)* how long will it last you?; **p. entonces,** by then; **p. la semana próxima,** (by) next week; **p. Semana Santa,** at Easter. **6** *(comparación)* for, considering; **amable p. con todos,** kind to everyone; **p. esta época del año,** for this time of the year; **p. ser la primera vez,** considering it's the first time. **7** *(aptitud)* as; **Pedro vale p. arquitecto,** Pedro would make a good architect. **8** *(locuciones)* **dar p.,** to be sufficient; **la comida da p. todos,** there is enough food for everybody; **p. sí,** to *o* for oneself; **hacer algo p. sí,** to do sth for oneself; **leer un libro p. sí,** to read a book to oneself; **ir p. viejo,** to be getting old; **no es p. tanto,** no need to make such a fuss; **no estoy p. nadie,** I don't want to see anybody; **p. eso,** for that reason; **p. mí, tenía que haberlo hecho,** I think he should have done it.

parabién *nm (pl parabienes)* congratulations *pl*; **dar el p. a algn,** to congratulate sb.

parábola *nf* **1** *Geom* parabola. **2** *Rel* parable.

parabólico,-a *adj* parabolic; *TV* **antena parabólica,** satellite dish, parabolic aerial.

parabrisas *nm inv* *Aut* windscreen, *US* windshield.

paraca[1] *nf* *Am* wind from the Pacific.

paraca[2] *nm* *arg* para, parachutist.

paracaídas *nm inv* parachute; **lanzar(se)** *o* **tirar(se) en p.,** to parachute.

paracaidismo *nm* **1** parachuting. **2** *Méx* squatting.

paracaidista *nmf* *Dep* parachutist; *Mil* paratrooper.

parachoques *nm inv* **1** *Aut* bumper, *US* fender. **2** *Ferroc* buffer.

parada[1] *nf* **1** stop; **hacer p. en ...,** to stop at ...; **p. en seco,** dead stop. ■ **p. de autobús,** bus stop; **p. de taxis,** taxi stand *o* rank; **p. discrecional,** request stop. **2** *Ftb* save, catch, stop.

parada[2] *nf* *Am Mil* parade.

paradero *nm* **1** *(lugar)* whereabouts *pl*; **averiguar el p. de algn,** to locate sb; **p. desconocido,** whereabouts unknown. **2** *(desenlace)* end; **tener mal p.,** to come to a sticky end. **3** *Am (apeadero)* *(de tren)* halt; *(de autobús)* bus stop.

paradisíaco,-a *adj* heavenly.

parado,-a **I** *pp de* **parar**. **II** *adj* **1** stopped, stationary; *(quieto)* still; *(máquina)* at rest; *(fábrica)* at a standstill; **se quedó p.,** he remained motionless; *fig* **salir bien/mal p.,** to come off well/badly. **2** *(sin trabajo)* unemployed, out of work. **3** *fig (lento, inactivo)* slow; *(desconcertado)* confused, surprised; **no es que sea tonto, sólo un poco p.,** he's not silly, just a little bit too slow. **4** *Am (de pie)* standing. **III** *nm,f* unemployed person; *(despedido)* laid off; **los parados,** the unemployed *pl*.

paradoja *nf* paradox.

paradójico,-a *adj* paradoxical.

parador *nm* roadside inn; **p. nacional** *o* **de turismo,** state-run hotel.

paraestatal *adj* *Pol* semiofficial.

parafernalia *nf* paraphernalia *pl*.

parafina *nf* *Quím* paraffin.

parafrasear *vtr* to paraphrase.

paráfrasis *nf inv* paraphrase.

paraguas *nm inv* **1** umbrella. **2** *arg* French letter.

Paraguay n Paraguay.

paraguaya nf Bot type of peach.

paraguayo,-a adj & nm,f Paraguayan.

paragüero nm umbrella stand.

paraíso nm paradise; **p. terrenal,** heaven on earth. ■ Fin **p. fiscal,** tax haven. 2 Teat gods pl, gallery.

paraje nm spot, place.

paralela nf 1 Geom parallel (line). 2 **paralelas,** Gimn parallel bars.

paralelismo nm parallelism; fig similarity.

paralelo,-a I adj parallel; fig **tu situación es paralela a la mía,** your position is similar to mine. II nm parallel; Elec **estar en p.,** to be in parallel. ◆**paralelamente** adv parallel; (comparablemente) comparably.

paralelogramo nm Geom parallelogram.

parálisis nm inv Med paralysis; **p. infantil,** poliomylitis.

paralítico,-a adj & nm,f paralytic.

paralización nf 1 Med paralysis. 2 (detención) halting, stopping.

paralizador,-a adj, **paralizante** adj paralysing.

paralizar [1] I vtr to paralyse; (circulación) to stop; **tener una pierna paralizada,** to be paralysed in one leg. II **paralizarse** vr 1 to be paralysed. 2 fig to come to a standstill.

paramento nm 1 (deoración) decoration, adornment. 2 Arquit face, facing.

parámetro nm Mat parameter.

paramilitar adj paramilitary.

páramo nm 1 Geog bleak plain o plateau, moor. 2 SAm (llovizna) drizzle.

parangón nm fml comparison; **sin p.,** incomparable.

paraninfo nm Univ assembly hall, auditorium.

paranoia nf paranoia.

paranoico,-a adj & nm,f paranoiac, paranoid.

parapetarse vtr 1 to take shelter o cover. 2 fig to take refuge.

parapeto nm 1 parapet. 2 (de defensa) barricade.

paraplejía nf Med paraplegia.

parapléjico,-a adj & nm,f paraplegic.

parar I vtr 1 to stop; fam **pararle los pies a algn,** to put sb in his o her place. 2 (preparar) to prepare, set; **p. una trampa,** to prepare o set a trap. 3 Dep to cut off, intercept; (tiro) to save; Esgr to parry. II vi 1 to stop; **p. de hacer algo,** to stop doing sth; **¡para de llorar!,** stop crying!; **sin p.,** nonstop, without stopping; fam **no p.,** to be always on the go. 2 (alojarse) to stay; **nunca he parado en este hotel,** I have never stayed at this hotel. 3 (recaer) to end up; **la casa paró en posesión de los nietos,** the grandchildren ended up inheriting the house. 4 (darse por vencido) to give up; (ella) **no paró hasta encontrarme,** she didn't give up until she found me. 5 (llegar) to lead; **¿adónde quieres ir a p.?,** what are you getting at?; **¿adónde vamos a ir a p.?,** what is the world coming to?; **fue a p. a la basura,** it ended up in the dustbin; **todo paró en nada,** it all came to nothing. 6 CAm (enriquecerse) to make money. 7 fam (estar) to be; **nunca paro en casa,** I'm never at home. III **pararse** vtr 1 (gen) to stop; (coche etc) to come to a halt; **p. a pensar,** to stop to think; **p. en seco,** to stop dead, pull up sharply. 2 Am (ponerse en pie) to stand up. 3 Arg (caer) to fall down.

pararrayos nm inv lightning conductor, US lightning rod.

parasicología nf parapsychology.

parasicológico,-a adj parapsychological.

parasicólogo,-a nm,f parapsychologist.

parasitario,-a adj parasitic, parasitical.

parásito,-a I adj parasitic, parasitical. II nm parasite; fig **es un p. que vive a costa de s** **amigos,** he's a parasite who lives off his friends **parásitos,** Rad statics sing.

parasol nm sunshade, parasol.

parcela nf 1 (de tierra) plot. 2 fig (porción) portic share; **p. de poder,** share of power.

parcelación nf parcelling out, division into plot

parcelar vtr (tierra) to parcel out.

parche nm 1 patch; (para rueda, vestido) **poner** **p. a,** to patch. 2 (emplasto) plaster. 3 pey (chapu: botched up o slapdash job; **poner parches,** to pap over the cracks. 4 fam **¡oído al p.!,** beware!, lo out!

parchís nm ludo.

parcia adj Méx partnering.

parcial adj 1 (no completo) partial. 2 (partidar biased. ◆**parcialmente** adv partially, partly.

parcialidad nf 1 partiality. 2 (prejuicio) bi prejudice.

parco,-a adj 1 (moderado) sparing, moderate; **p.** **palabras,** reticent. 2 (escaso) scarce; (comi frugal, scanty.

pardela nf Orn shearwater.

pardiez interj desus goodness me!, blimey!

pardilla nf (pez) roach, rudd.

pardillo,-a I nm,f pey yokel, bumpkin. II nm O linnet. ■ **p. sizerín,** redpoll.

pardo,-a adj brown; dark grey.

pardusco,-a adj brownish grey, dull coloured; drab.

parecer[1] nm 1 (aspecto) appearance. 2 (opinió opinion; **cambiar o mudar de p.,** to change on mind; **según su p.,** according to him.

parecer[2] [43] I vi 1 to seem, look (like); **a lo q** **parece,** apparently; **así parece,** so it seems; **aunq** **no lo parezca,** incredible as it seems; **no parecía q** **fuera a nevar,** it didn't look as if it would sno **parece difícil,** it seems o looks difficult; **parecía (c** **cera,** it looked like wax; (uso impers) **parece que** **arranca,** it looks as if it won't start; **parece menti** I can't believe it. 2 (estar de acuerdo) to agree; **cor** **te parezca,** whatever you like; **¿te parece?,** is th okay with you?, what do you think? 3 (opinar) think; **me parece bien/mal,** I think it's a good/b idea; **me parece que sí/no,** I think/don't think **¿qué te ha parecido?,** what did you think of it? **parecerse** vr to be alike, look like; **¿en qué se p** **recen A y B?,** how are A and B alike?; **no se p** **recen,** they're not alike; **se parecen a su madre,** th look like their mother.

parecido,-a I pp de **parecer.** II adj 1 alike, simil: **ambos son parecidos,** they're alike; **éste es muy** **al otro,** this looks very much like the other one. **bien p.,** good looking. III nm likeness, rese: blance; **tener p. con algn,** to bear a resemblance sb.

pared nf 1 Arquit wall; (montaña) side; **vivir p. p** **medio,** to live next door; fig **entre cuatro pared** within four walls, confined; fig **las paredes oy** walls have ears; fam fig **subirse por las paredes,** be seething (with anger). ■ **p. maestra,** main wa **p. medianera,** party wall. 2 Dep one-two, wall pa

paredón nm 1 thick wall. 2 fam (de fusilamiento) execution wall; fig **llevar a algn al p.**, to put sb up against the wall.

pareja nf 1 pair; **hacer p.**, to be two of a kind; **no encuentro la p. de este calcetín,** I can't find the other sock; **por parejas,** in pairs. 2 (hombre y mujer) couple; (de baile, juegos) partner; (hijo e hija) boy and girl; (de la Guardia Civil) pair of Civil Guards; **hacen buena p.,** they make a nice couple, they're well matched. 3 (en póker) pair; **doble p.,** two pairs. 4 fig **correr parejas** o **a las parejas,** (venir juntos) to come together; (ser parecidos) to be on a par.

parejero,-a I adj 1 Am pey hanger-on. 2 Méx Ven (amigo) friend. II nm CAm Equit good, fast racehorse.

parejo,-a adj 1 (parecido) equal, similar, alike; **por p.** o **un p.,** on a par. 2 (al mismo nivel) on the same level, even.

parentela nf fam relations pl, relatives pl.

parentesco nm relationship, kinship.

paréntesis nm inv 1 parenthesis, bracket; **abrir/cerrar p.,** to open/close brackets; **entre p.,** in parentheses o brackets. 2 fig break, interruption; (digresión) digression.

pareo[1] nm (prenda) pareo; (de hombre) loincloth; (de mujer) wraparound.

pareo[2] nm (aparejamiento) pairing, coupling.

parezco indic pres véase **parecer.**

pargo nm véase **pagro.**

paria nmf pariah.

parida nf fam silly thing; **decir paridas,** to talk nonsense; **hacer paridas,** to do really stupid things.

parido,-a I pp de parir. II adj arg **bien p.,** cool.

paridad nf 1 (equivalencia) equivalence, parity; (semejanza) similarity. 2 Fin parity (of exchange).

pariente,-a I nmf relative, relation. II nm,f fam (esposo) hubby, old man; (esposa) missus, wife.

parihuela nf stretcher.

paripé nm pretentiousness; **hacer el p.,** to pretend, put on an act.

parir vtr & vi 1 to give birth (to). 2 fig (crear) to produce; **¿quién ha parido este plan?,** who's idea was it to do it like this? 3 vulg **poner a algn a p.,** (ofender) to piss sb off; (insultar) to give sb hell.

París n Paris.

parisino,-a adj Parisian.

paritario,-a adj joint; **comité p.,** joint committee.

parking nm car park, US parking lot.

parlamentario,-a I adj parliamentary. II nm,f member of parliament, MP, US congressman.

parlamento nm 1 Parl parliament. 2 (discurso) speech.

parlanchín,-ina I adj fam talkative, chatty. II nm,f fam chatterbox.

parlante adj I talking; **castellanoparlante,** Castilian-speaking. II nm f speaker; **castellanoparlante,** Castilian speaker.

parlar vi, **parlotear** vi to chat, chatter.

parloteo nm prattle, chatter.

parmesano,-a I adj & nm,f Parmesan. II nm Culin (queso) **p.,** Parmesan cheese.

parné nm arg dough, cash.

paro nm 1 (detención) stop, stoppage. 2 (desempleo) unemployment; **estar en p.,** to be unemployed; **cobrar** o **vivir del p.,** to be on the dole; **p. forzoso,** forced unemployment. 3 Ind (interrupción trabajo) stoppage; **p. laboral,** industrial action; **p. técnico,** shutdown owing to technical problems.

parodia nf parody.

parodiar [12] vtr to parody.

paroxismo nm paroxysm.

parpadear vi (ojos) to blink, wink; fig (luz) to flicker; (estrellas) to twinkle.

parpadeo nm (de ojos) blinking; fig (luz) flickering; (estrellas) twinkling.

párpado nm Anat eyelid.

parque nm 1 park. ■ **p. de atracciones,** funfair; **p. nacional,** national park; **p. zoológico,** zoological garden, zoo. 2 (de niños) playground. 3 (conjunto de vehículos) car park; **p. de bomberos,** fire station. 4 Mil depot; **p. de artillería,** artillery stores pl.

parqué nm Constr parquet.

parquedad nf 1 (moderación) moderation. 2 (escasez) scantiness.

parqueo nm Am (acto) parking; (sitio) parking lot.

parquet nm véase **parqué.**

parquímetro nm Aut parking meter.

parra nf grapevine; fam **subirse a la p.,** to hit the roof.

parrafada nf fam 1 (monólogo) dreary monologue. 2 (conversación) chat; **echar una p.,** to have a chinwag.

párrafo nm paragraph.

parral nm vine arbour o US arbor.

parranda nf fam 1 (juerga) spree; **ir(se) de p.,** to go out on the town. 2 Mús group of singers o musicians.

parrandear vi to go out on the town.

parricida I adj parricidal. II nmf parricide.

parricidio nm parricide.

parrilla nf 1 Culin grill, gridiron; **carne/pescado a la p.,** grilled meat/fish. 2 Téc grate. 3 Aut Dep starting grid.

parrillada nf Culin mixed grill.

párroco I adj parish. II nm (cura) **p.,** parish priest.

parroquia nf 1 Rel parish; (iglesia) parish church. 2 fam (clientela) customers pl.

parroquial adj parochial, parish.

parroquiano,-a nm,f (regular) customer.

parsimonia nf 1 (calma) phlegm, calmness. 2 (moderación) carefulness.

parsimonioso,-a adj 1 (calmado) unhurried, calm. 2 (moderado) careful, economical, sparing.

parte I nf 1 (pedazo) part; Ling **p. de la oración,** part of speech; **primera/última p.,** first/last part. 2 (en una repartición) share, portion; **quiero mi p.,** I want my share; **yo he hecho mi p.,** I've done my bit; fig **la p. del león,** the lion's share. 3 (lugar) place, spot; (zona) part, area; (dirección) way; **en esta p. del país,** in this part of the country; **en** o **por todas partes,** everywhere; **en otra p.,** somewhere else; **una u otra p.,** somewhere or other; **se fue por otra p.,** he went a different o another way; fig **esta discusión no lleva a ninguna p.,** arguing like this won't get us anywhere. 4 (de un diálogo, lucha, contrato) party; Jur party; **ambas partes están de acuerdo,** both parties agree; **p. contraria,** opposing party; fig **ser juez y p.,** to be one's own judge and jury. 5 (bando) side; **¿de qué p. estás?,** which side are you on?; **ponerse de p. de,** to take side with. 6 (parentesco) side; **por p. de mi madre/padre,** on my mother's/father's side. 7 Teat (papel) part, role. 8 **partes,** euf (genitales) private parts. 9 (locuciones) a una y otra p., on both sides; de mi *o* por mi p., as far as I am concerned; de p. a p., from one side to the other; de p. de ..., on behalf of ...; ¿de p. de quién?, your name, please?; *Tel* who's calling?; *Tel* llamo de p. de tu tío, I'm calling on your uncle's behalf; en gran p., to a large extent; en p., partly; ir por partes, to proceed step by step; la mayor p., the majority; llevar la mejor p., to have the advantage; llevar la peor p., to be at a disadvantage; llevarse la mejor p., to come off best; poner de su p., to do one's best; por otra p., on the other hand; tomar p. en, to take part in. II *nm (informe)* report; p. médico, medical bulletin *o* report; p. metereológico, weather forecast *o* report.

partición *nf (reparto)* division, sharing out; *(de herencia)* partition; *(de territorio)* partition.

participación *nf* 1 *(acto, actividad)* participation; *(pago)* contribution. 2 *Fin (intereses)* interest, investment; *(acción)* share, *US* stock; p. en los beneficios, profit-sharing. 3 *(en lotería)* part of a lottery ticket. 4 *(notificación)* notice, notification. ■ p. de boda, wedding invitation.

participante I *adj* participating. II *nmf* participant.

participar I *vi* 1 to take part, participate (en, in); p. en la conversación, to take part in the conversation; p. en un concurso, to enter a competition. 2 *Fin* to have a share. 3 *(compartir)* to share; no participo de vuestro optimismo/vuestra opinión, I don't share your optimism/view. II *vtr (notificar)* to notify.

partícipe I *adj* participating. II *nmf* participant; hacer p. de algo, *(notificar)* to inform about sth; *(compartir)* to share sth; *Com Fin* ser partícipes en un negocio, to be partners in business.

participio *nm Ling* participle.

partícula *nf* particle.

particular I *adj* 1 *(concreto)* particular; en este caso p., in this particular case; en p., in particular; nada de p., nothing special. 2 *(no público)* private, personal; clase/casa p., private class/home. 3 *(raro)* peculiar. II *nmf (individuo)* private individual. III *nm (asunto)* subject, matter; hablaremos sobre este p. más adelante, we shall deal with this subject in due course. ◆particularmente *adv* specially.

particularidad *nf* 1 *(aspecto)* particularity, aspect. 2 *(peculiaridad)* peculiarity.

particularizar [4] I *vtr* 1 *(caracterizar)* to distinguish, characterize. 2 *(singularizar) (persona)* to single out. 3 *(detallar)* to give details about. II particularizarse *vr (caracterizarse)* to stand out; *(persona)* to distinguish oneself.

partida *nf* 1 *(salida)* departure. 2 *(remesa)* batch, consignment; *(pedido)* consignment. 3 *(juego)* game; hacer *o* echar una p., to have a game; *fig* jugar una mala p. a algn, to play a dirty trick on sb. 4 *(persona) (banda)* party, gang; p. de caza, hunting party. 5 *Fin (entrada)* item; contabilidad por p. doble, double-entry bookkeeping. 6 *Jur (certificado)* certificate; p. de nacimiento, birth certificate.

partidario,-a I *adj* supporting; ser/no ser p. de algo, to be for/against sth. II *nm,f* supporter, follower; es p. del aborto, he is in favour of abortion.

partidismo *nm* party spirit, bias.

partidista *adj* biased, partisan.

partido,-a I *pp de* partir. II *adj* split, divided. III *nm* 1 *Pol* party; sistema de partidos, party system. 2 *Dep* match, game. ■ p. amistoso, friendly game; p. de vuelta, return match. 3 *Jur (distrito)* district; p. judicial, administrative area. 4 *(provecho)* ad-

vantage; sacar p. de, to profit from. 5 *(resolución,* tomar p. por, to side with. 6 *(persona casadera)* ser un buen p., to be a good catch, be eligible.

partir I *vtr* 1 *(dividir)* to split, divide; pártelo en dos, split it in two. 2 *(repartir)* to share out; *(distribuir)* distribute. 3 *(romper, cortar) (frutos secos)* to crack; *(madera)* to cut; *(pan)* to break; *fig* me parte el corazón, it breaks my heart; partirle la cara a algn, to smash sb's face in. 4 *fam (desbaratar)* to ruin, spoil; p. a algn por la mitad, to mess things up for sb. II *vi* 1 *(marcharse)* to leave, set out *o* off; p. para *o* con rumbo a algún lugar, to set off for somewhere. 2 *(fecha, antecedente)* p. de, starting from; a p. de ahora, from now on; a p. de hoy, as of today; si partimos de la base que, if we assume that. III **partirse** *vr* to split (up), break (up); *fam* p. de risa, to split one's sides laughing.

partisano,-a *nm,f Pol Mil* partian.

partitivo,-a *adj & nm Ling* partitive.

partitura *nf Mús* score.

P.D. *abr de* posdata, postscript, P.S.

p.ej. *abr de* por ejemplo, for example.

parto *nm* 1 *(alumbramiento)* childbirth, delivery labour, *US* labor; estar de p., to be in labour; p. sin dolor, painless childbirth. 2 *fig* product, creation; p. del ingenio, brainchild.

parturienta I *adj (woman)* in labour *o US* labor who has just given birth. II *nf* woman in labour *o US* labor, woman who has just given birth.

parva *nf* 1 *Agr (mies)* unthreshed corn. 2 *fig (montón)* heap, pile.

parvedad *nf* 1 *(pequeñez)* littleness, smallness. 2 *(escasez)* shortage, sparseness; p. de medios, limited *o* scant means *pl*.

parvo,-a *adj* 1 *(pequeño)* little, small. 2 *(escaso)* sparse.

parvulario *nm* nursery school, kindergarten.

párvulo,-a *nm,f* infant.

pasa *nf Culin* raisin; p. de Corinto, currant; *fam fig* estar hecho una p., to be all shrivelled up.

pasable *adj* passable, tolerable. ◆pasablemente *adv* passably, tolerably.

pasacalle *nm Mús* lively march.

pasada *nf* 1 *(paso)* passage, passing; *(con trapo,* rub, clean; de p., in passing; hacer una p./varias pasadas, to pass once/several times; *fam* dale otra p. give it another going *o* run over; *fam* deberías dar otra p. con la plancha a estos pantalones, you should give these trousers another run over with the iron 2 *Cost* row of stitches. 3 *(jugarreta)* dirty trick hacer una (mala) p. (a algn), to play a dirty trick (on sb). 4 *fam (exageración)* exaggeration; eso es una p., that's a bit much. 5 *CAm (reprimenda,* reprimand.

pasadero,-a I *adj (pasable)* passable, tolerable. II *nm (piedra)* stepping stone.

pasadizo *nm* corridor, passage.

pasado,-a I *pp de* pasar. II *adj* 1 *(gen)* past; los pasados días, the past few days; *fam* lo p. p. (está) let bygones be bygones. 2 *(último)* last; el año/lunes p., last year/Monday. 3 *(anticuado)* dated, oldfashioned; p. (de moda), out of date *o* fashion. 4 *(estropeado) (flor)* faded, withered; *(alimento)* bad; *fig (noticia)* old hat. 5 *Culin (cocido)* cooked lo quiero muy p., I want it well done; p. por agua, *(huevo)* boiled; *fig (sin sustancia)* insubstantial. 6 *(después)* after; pasadas las dos, after two; p. mañana, the day after tomorrow. III *nm* 1 *(gen)* past;

Ling past (tense); **en el p.,** in the past; **tu p. no me importa,** I don't care about your background. **2 pasados,** ancestors.

pasador *nm* **1** *(colador)* colander; strainer. **2** *(pestillo)* bolt, fastener. **3** *(prenda)* pin, clasp; *(de corbata)* tiepin; *(para el pelo)* (hair) slide, hairpin; *(para los puños)* cufflink.

pasaje *nm* **1** *(gen)* passage. **2** *(pasajeros)* passengers *pl.* **3** *Lit Mús (fragmento)* passage. **4** *(calle)* alley. **5** *Am (billete)* ticket.

pasajero,-a **I** *adj* passing, temporary; **aventura pasajera,** fling. **II** *nm,f* passenger.

pasamano *nm,* **pasamanos** *nm inv (barra)* handrail; *(de escalera)* banister, bannister.

pasamontañas *nm inv* Balaclava (hood).

pasante *nm (gen)* assistant; *Jur* clerk.

pasaporte *nm* passport; **hacerse o sacarse el p.,** to get one's passport; **renovarse el p.,** to renew one's passport; *fam* **dar (el) p. (a algn),** *(despedir)* to send (sb) packing; *(matar)* to bump (sb) off.

pasapurés *nm inv* Culin potato masher.

pasar **I** *vtr* **1** *(gen)* to pass; *(objeto)* to pass on, give, hand over; **pásame la sal,** pass (me) the salt. **2** *(recado, mensaje)* to give; *(página)* to turn. **3** *(trasladar)* to move; **hemos pasado la televisión al comedor,** we have moved the TV set to the dining room; **p. a o en limpio,** to make a clean copy of. **4** *(introducir)* to insert, put through; *(colar)* to put through; **p. el hilo por el ojo de una aguja,** to thread a needle; **p. la sopa por un colador,** to strain the soup. **5** *(cruzar)* to cross; *(barrera)* to pass through o over; *(límite)* to go beyond; **es imposible p. la frontera sin pasaporte,** one cannot cross the border without a passport. **6** *(padecer)* to suffer, endure; *(enfermedad)* to get over; **p. frío,** to be cold; **p. hambre,** to go hungry; *fam* **pasarlas canutas o moradas,** to go through hell, have a rough time. **7** *(tiempo)* to spend, pass; **pasamos una semana solos,** we spent a week on our own; **p. el rato,** to kill time; **pasarlo bien/mal,** to have a good/bad time. **8** *(perdonar)* to forgive, tolerate; *(omitir)* to overlook; **¡esto no hay quien lo pase!,** nobody could stand for this!; **p. por alto o por encima,** to miss; **pase por esta vez,** I'll let you off this time. **9** *(sobrepasar)* to go beyond, be over; *(aventajar)* to surpass, beat; **(ella) ha pasado los treinta,** she's over thirty; **su hermano ya le pasa 10 cm,** his brother is already 10 cm taller than him. **10** *Aut (adelantar)* to overtake, *US* pass. **11** *(deslizar)* to run; **le pasó la mano por el pelo,** he ran his fingers through his hair; **pásale un trapo,** wipe it with a cloth; **p. el cepillo por el pelo,** to pass a comb through one's hair. **12** *Educ (examen)* to pass. **13** *Cin (película)* to run, show. **II** *vi* **1** *(gen)* to pass, go by; **déjale p.,** let him by; **el tren pasa por Burgos,** the train goes via Burgos; **¿ha pasado el autobús?,** has the bus gone by?; **ha pasado un hombre,** a man has gone past; **pasa por casa mañana,** come round to my house tomorrow; **p. de A a B,** to go from A to B; **p. de largo,** to go by (without stopping); *fig* **aún podemos p. con menos,** we can still manage with less; *fig* **p. por encima de algn,** to walk all over sb; *fig* **p. por la cabeza o la imaginación,** to cross one's mind; *fig* **p. sin,** to do without; *fam* **ir pasando,** to manage, get by; *euf* **p. a mejor vida,** to pass away. **2** *(continuar)* **p. a,** to go on to; **p. a ser,** to become; **pasaron a discutir el siguiente punto,** they went on to discuss the next issue. **3** *(caber)* to go through; **no pasará por la puerta,** it won't go through the door. **4** *(entrar)* to come o go in; **hazle p.,** ask him to come in; **pase, por favor,** please come

in. **5** *(cesar)* to come to an end; **ya pasó lo peor,** the worst is over. **6** *(ser aceptado)* to pass, be accepted; **puede p.,** it's OK, it'll pass. **7** *Naipes* to pass. **8** *(persona)* **p. por,** to be considered; **pasa por sabio,** he is considered to be a wise man; **se hace p. por abogado,** he passes himself off as a lawyer. **9** *(exceder)* **p. de,** to exceed, go beyond; **pasa de los cincuenta,** he's over fifty; **pasan de cien,** there are more than a hundred of them; **p. de moda,** to go out of fashion; *fig* **p. de la raya,** to go too far; *fam* **p. de castaño oscuro,** to be too much. **10** *(tiempo)* to pass, go by; **¡cómo pasa el tiempo!,** how time passes! **11** *fam (no intervenir, no opinar)* to be indifferent **(de,** to), not take part **(de,** in), ignore; **(ella) pasa de estudiar,** she isn't into studying; **pasa de todo,** he doesn't give a damn; **yo paso,** count me out. **III** *v unipers (suceder)* to happen; **lo que pasa es que ...,** the thing is that ...; **pase lo que pase,** whatever happens, come what may; **¿qué le ha pasado?,** what has happened to her?; **¿qué pasa aquí?,** what's going on here?; **¿qué te pasa?,** what's the matter?; **¿y qué pasa?,** so what?; *fam* **¿qué pasa?,** how are you? **IV pasarse** *vr* **1** *(al enemigo)* to pass over **(a,** to). **2** *(acabarse)* **se te ha pasado la hora,** your time is over o up. **3** *(dejar escapar)* to miss; **se me pasó la ocasión,** I missed my chance o opportunity. **4** *(gastar tiempo)* to spend o pass time; **pasárselo bien/mal,** to have a good/bad time; **pasárselo en grande,** to have a marvellous time; **se pasó la tarde durmiendo,** he slept all afternoon. **5** *(olvidar)* to forget; **se me pasó llamarle,** I forgot to call him up. **6** *(echarse a perder)* *(flores)* to wither; *(comida)* to go off. **7** *fam (excederse)* to go too far; **no te pases,** don't overdo it; **no te pases con la sal,** don't add too much salt; **p. de (la) raya o de rosca,** to go too far, overstep the mark; **p. de listo,** to be too clever by half; **se pasa de generoso,** he's too generous. **8** *(ir)* **p. por,** to call in at; **pásate por la oficina en cuanto puedas,** call in at the office as soon as you can.

pasarela *nf* **1** *(puente)* footbridge; *(de barco)* gangway. **2** *Teat* catwalk.

pasatiempo *nm* pastime, amusement, hobby; **mi p. favorito es la lectura,** my favourite pastime is reading.

pascana *nf Am* **1** *(mesón)* inn. **2** *(de un viaje) (etapa)* stage (of a journey); *(parada)* stopover.

pascua *nf* **1** *Rel (fiesta cristiana)* Easter; *(fiesta judía)* Passover; **P. de Pentecostés,** Whitsun; **P. de Resurrección o florida,** Easter; *fam* **hacer la p.,** to mess things up. **2 pascuas,** *(Navidad)* Christmas *sing;* **¡felices P.!,** Merry Christmas!; *fam* **de P. a Ramos,** once in a blue moon; *fam* **estar como unas p.,** to be (as) happy as Larry, be over the moon; *fam* **... y santas p.,** ... and that's that; **lo hacemos y santas p.,** we'll do it and that's that.

pase *nm* **1** *(permiso)* pass, permit. **2** *(de una película)* showing. **3** *Dep Taur* pass.

paseante *nmf* passer-by, stroller.

pasear **I** *vt* **1** *(persona)* to take for a walk; *(perro)* to walk. **2** *fig (exhibir)* to show off. **3** *CAm (negocio, hacienda)* to ruin. **II** *vi* to go for a walk, take a walk. **III pasearse** *vr* to go for a walk.

paseíllo *nm Taur* opening parade.

paseo *nm* **1** *(a pie)* walk; *(en bicicleta, caballo)* ride; *(en coche)* drive; *(en barco)* trip; **dar un p.,** to go for a ride o a walk; *fam* **enviar o mandar (a algn) a p.,** to send (sb) packing; *fam* **¡mándalo todo a p.!,** to hell with it all!; *fam* **¡vete a p.!,** get lost! **2** *(avenida)* promenade, avenue. **3** *CAm (mascarada)* costumed parade.

pasillo *nm Arquit* corridor, hallway. ■ *Av* p. aéreo, air corridor.

pasión *nf* passion; *Rel* **la P.**, the Passion; **tener p. por**, to have a passion for.

pasional *adj* passionate; **crimen p.**, crime of passion.

pasionaria *nf Bot* passion flower.

pasito *adv* gently, softly.

pasividad *nf* passivity, passiveness.

pasivo,-a I *adj* passive; **clases pasivas**, pensioners. **II** *nm Com* liabilities *pl.*

pasma *nf arg* police; **la p.**, the fuzz *pl.*

pasmado,-a I *pp de* **pasmar. II** *adj (asombrado)* astounded, astonished, amazed; *(atontado)* flabbergasted; **dejar p. a algn**, to amaze sb; **quedarse p.**, *(asombrado)* to be amazed; *(atontado)* to stand gaping.

pasmar I *vtr* **1** *(asombrar)* to astound, astonish, amaze; *(atontar)* to stun. **2** *(enfriar)* to chill. **II pasmarse** *vr* **1** *(asombrarse)* to be astounded *o* amazed. **2** *(estar helado)* to be chilled.

pasmarote *nm fam* twit, dope.

pasmo *nm* astonishment, amazement.

paso,-a[1] *adj* dried; **ciruela pasa**, prune; **uva pasa**, raisin.

paso[2] *nm* **1** *(acción)* passage, passing; **a su p. por la ciudad**, when he was in town; **de p. tráete un tenedor**, bring a fork on your way back; **el p. del tiempo**, the passage of time; **estar de p.**, to be just passing through; **'prohibido el p.'**, 'no entry'; **salir al p. de algn**, to go to meet sb; *fig* **salir al p. de habladurías**, to forestall gossip about oneself. **2** *(pisada)* step, pace; *(modo de andar)* gait, walk; *(huella)* footprint; *(ruido de andar)* footstep; *(distancia)* pace; **caminar con p. firme**, to walk with a firm step; **dar un p. en falso**, *(tropezar)* to trip; *fig* to make a wrong move; **Mil llevar el p.**, to keep in step; **volver sobre sus pasos**, to retrace one's steps; *fig* **a dos pasos**, a short distance away; *fig* **a p. de tortuga**, at a snail's pace; *fig* **a pasos agigantados**, by leaps and bounds; *fig* **dar el primer p.**, to take the first step; *fig* **seguir los pasos de algn**, to follow in sb's steps; *fig* **seguirle los pasos a algn**, to keep track of sb. **3** *(camino, pasaje)* passage, way; **¡abran p.!**, clear the way!; **abrirse p.**, to force one's way through; *Aut* **'ceda el p.'**, 'give way'; **cerrar el p.**, to block the way. ■ *Ferroc* **p. a nivel**, level *o* US grade crossing; **p. de cebra**, zebra crossing; **p. de peatones**, pedestrian crossing, *US* crosswalk; **p. elevado**, flyover, *US* overpass; **p. subterráneo**, *(para peatones)* subway; *(para coches)* underpass. **6** *fig (avance)* advance, progress; **un gran p. adelante**, an important step forward; **un mal p.**, a wrong move. **7** *(trámite) (gen pl)* step, move; **dar los pasos necesarios para ...**, to take the necessary steps to ... . **8** *Geog (de montaña)* mountain pass; *Mar* strait. **9** *Rel* Easter procession float.

pasodoble *nm Mús* paso doble.

pasota *nmf fam* waster.

pasotismo *nm fam* waster mentality.

pasparse *vr Am (piel)* to crack.

pasquín *nm Pol* subversive poster.

pasta *nf* **1** *(masa)* paste. ■ **p. de dientes** *o* **dentífrica**, toothpaste; **p. de madera/de papel**, wood/paper pulp. **2** *Culin (para pan, pasteles)* dough; *(italiana)* pasta; *fam* **ser de buena p.**, to be good-natured; *fam* **tener p. de**, to have the makings of. **3** *(pastelito)* small cake, petit four. **4** *fam (dinero)* dough, bread;

soltar la p., to cough up the money; **una p. (gansa)**, a packet, a bomb, a pile.

pastaflora *nf Culin* sponge cake.

pastaje *nm Am* pasture, grass.

pastar *vtr & vi* to graze, pasture.

pastel *nm* **1** *Culin* cake; *(de carne, fruta)* pie. **2** *Arte* pastel; **dibujo al p.**, pastel drawing. **3** *fam* pey *(intriga)* shady deal; **descubrir el p.**, to spill the beans.

pastelear *vi fam* pey to be involved in shady deals.

pasteleo *nm fam* pey shady *o* crooked deal.

pastelería *nf* **1** *(pasteles)* cakes *pl*, pastries *pl*; *(dulces)* confectionery. **2** *(tienda)* confectioner's (shop).

pastelero,-a *nm,f* **1** pastrycook, confectioner. **2** pey crook, shady character.

pasterización *nf*, **pasteurización** *nf* pasteurization.

pasterizar [4] *vtr*, **pasteurizar** [4] *vtr* to pasteurize.

pastiche *nm* **1** *Arte* pastiche. **2** *fam (chapuza)* botch(-up).

pastilla *nf* **1** *Farm* tablet, pill; *fam (anticonceptivo)* pill; **pastillas para la tos**, cough drops. **2** *(de jabón)* bar; *(de chocolate, turrón)* piece; **p. de café con leche**, toffee. **3** *fam* **a toda p.**, at full speed.

pastizal *nm* grazing land, pasture.

pasto *nm* **1** *(acción)* grazing; *(pastizal)* grazing land, pasture. **2** *fig (alimento)* food; **es p. de la murmuración**, gossip thrives on it; **p. espiritual**, spiritual food *o* nourishment; **ser p. de**, to be prey to; **ser p. de las llamas**, to go up in flames; **su nombre es p. de los periódicos**, her name is headline material. **3** *fig* **a todo p.**, in great quantities; **había comida a todo p.**, there was a pile of food.

pastón *nm fam* bomb, packet.

pastor,-a I *nm,f Agr (hombre)* shepherd; *(mujer)* shepherdess. ■ **perro p.**, sheepdog. **II** *nm Rel (protestante)* pastor, minister.

pastoral I *adj* pastoral. **II** *nf* **1** *Lit Rel* pastoral. **2** *Mús* pastorale.

pastorear *vtr* **1** *(pastar)* to graze, pasture. **2** *Am (acechar)* to lie in wait for. **3** *CAm (mimar)* to spoil, pamper. **4** *Arg Urug (cortejar)* to court.

pastoreo *nm* shepherding.

pastoril *adj Lit* pastoral.

pastosidad *nf* **1** *(espesor)* pastiness. **2** *(de la lengua)* furriness. **3** *(de la voz)* mellowness.

pastoso,-a[1] *adj* **1** *(pastoso)* pasty. **2** *(lengua)* furry. **3** *(voz)* mellow.

pastoso,-a[2] *adj Am (terreno)* grassy.

pasudo,-a *Am* **I** *adj (pelo)* curly. **II** *nm,f (persona)* curly-haired person.

pata *nf* **1** *Zool (de animal)* leg; *(con garra)* paw; *(pezuña)* hoof. **2** *(de mueble)* leg; *fig* **patas arriba**, upside down. **3** *fam (de persona)* leg; **a la p. coja**, hopping on one foot; **a p.**, on foot; **de cuatro patas**, on all fours; *fig* **estirar la p.**, to kick the bucket; *fig* **mala p.**, bad luck; *fig* **meter la p.**, to put one's foot in it; *fig* **p. de gallo**, crow's foot; *fig* **poner a algn de patas** *o* **patitas en la calle**, to kick sb out. **4** *fam (despropósito)* silly remark, clanger; *fam* **a la p. (la) llana**, without formalities. **5** *Orn (hembra)* duck.

patada *nf* **1** *(puntapié)* kick, stamp; *(paso)* step; **dar patadas en el suelo**, to stamp one's feet; **dio una p. al balón**, he kicked the ball; *fig* **en dos patadas**, in a jiffy; *fam* **a patadas**, tons of; *fam* **dar la p. a algn**, to give sb the boot; *fam* **me da cien patadas**, I can't tand the sight of it; *fam* **sentar como una p. en el stómago,** to be like a kick in the teeth; *fam* **tratar a algn a patadas,** to push *o* shove sb around. **2** *Méx rechazo)* brush-off.

atalear *vi* **1** *(bebé)* to kick. **2** *(de rabia)* to stamp one's feet (with rage). **3** *fam (protestar)* to kick up a fuss.

ataleo *nm* **1** *(de bebé)* kicking. **2** *(de rabia)* stamping. **3** *fam (protesta)* angry protest; *fam* **derecho al p.,** right to protest.

ataleta *nf fam* fit, tantrum.

atán *nm pey* bumpkin, lout, yokel.

atasca *nf* **1** *Pan SAm (tumulto)* row, quarrel. **2** *Am Culin* pork and corn stew.

atata *nf* potato; *fam* **ser una p.,** to be a duffer. **patatas fritas,** chips, *US* French fries; **patatas nuevas** *o* **tempranas,** new potatoes.

atatal *nm,* **patatar** *nm* potato field.

atatero,-a *adj* **1** *(de patatas)* potato. **2** *fam (burdo)* coarse, rough; **un rollo p.,** a real bore.

atatín *loc adv fam* **que si p. que si patatán,** this, that and the other, and so on and so forth.

atatús *nm inv fam* dizzy spell, queer turn; **me dio un p.,** it made my head spin.

até *nm Culin* pâté.

atear **I** *vtr* **1** *(pelota, persona)* to kick; *(pisotear)* to stamp on. **2** *fam (tratar mal)* to trample on, treat roughly. **3** *Teat (abuchear)* to boo, jeer. **4** *fam (andar)* to trudge about *o* around. **II** *vi* **1** *(patalear)* to stamp (one's foot with rage). **2** *Am (caballo)* to kick. **3** *Am (indigestar)* not to settle well. **III** pa-earse *vr fam (andar)* to walk, foot it; *(despilfarrar)* to blow; **se pateó la herencia de su tío,** he blew all his uncle's fortune.

atena *nf* paten; *fam* **limpio como una p.,** as clean as a new pin.

atentado,-a *adj* patented.

atentar *vtr* to patent.

atente **I** *adj (evidente)* patent, obvious; **hacer p.,** to show clearly. **II** *nf (autorización)* licence, *US* license, grant, warrant; *(de invención)* patent; *fig* **p. de corso,** total impunity.

ateo *nm* **1** *(pataleo)* stamping. **2** *Teat (abucheo)* boo, booing, jeer, jeering.

aternal *adj* paternal, fatherly.

aternalismo *nm* paternalism.

aternalista *adj* paternalistic.

aternidad *nf* paternity, fatherhood.

aterno,a *adj* paternal; **abuelo p.,** grandfather on the father's side, paternal grandfather.

atético,-a *adj* pathetic, moving.

atetismo *nm* pathos *sing.*

atibulario,-a *adj* sinister, harrowing.

atíbulo *nm* scaffold, gallows *pl.*

aticojo,-a *fam* **I** *adj* lame, gammy-legged. **II** *nm,f* lame person.

aticorto,-a *adj fam* short-legged, dumpy.

atidifuso,-a *adj fam* dumbfounded, flabbergasted; **quedarse p.,** to be flabbergasted.

atilargo,-a *adj fam* long-legged, lanky.

atilla *nf* **1** *(de gafas)* arm. **2 patillas,** *(pelo)* sideboards, *US* sideburns.

atín *nm* **1** *(gen)* skate; *(de ruedas)* roller skate; *(de hielo)* ice skate; *(patinete)* scooter. **2** *Náut* pedal boat.

átina *nf* patina; **dar p.,** to coat with a patina.

patinador,-a *nm,f* skater.

patinaje *nm Dep* skating. ■ **p. artístico,** figure skating; **p. sobre hielo/ruedas,** ice-/roller skating.

patinar *vi* **1** *(con patines)* to skate; *(sobre ruedas)* to roller-skate; *(sobre hielo)* to ice-skate. **2** *(deslizarse)* to slide; *(resbalar)* to slip; *(vehículo)* to skid. **3** *fam (equivocarse)* to put one's foot in it, slip up.

patinazo *nm* **1** *(resbalón)* skid. **2** *fam (equivocación)* blunder, boob; **dar** *o* **pegar un p.,** *(patinar)* to skid; *fam (equivocarse)* to make a boob.

patinete *nm* scooter.

patio *nm* **1** *(de una casa)* yard, courtyard, patio; *(de recreo)* playground; *fam* **¿cómo está el p.?,** what's up? **2** *Teat* pit. ■ **p. de butacas,** stalls *pl,* *US* orchestra.

patitieso,-a *adj fam* **1** *(asombrado)* dumbfounded, flabbergasted; **dejar p.,** to astound; **quedarse p.,** to be flabbergasted *o* dumbfounded. **2** *(de frío, miedo)* numb, stiff. **3** *(estirado)* stuck-up, strait-laced.

patituerto,-a *adj fam* bandy-legged.

patizambo,-a *adj fam* knock-kneed.

pato *nm* **1** *Zool* duck; *fam* **pagar el p.,** to carry the can. ■ **p. cuchara,** shoveler; **p. (macho),** drake; **p. mandarín,** mandarin duck; **p. salvaje** *o* **silvestre,** wild duck. **2** *Am (bacineta)* chamberpot.

patochada *nf* blunder, bloomer, boob.

patógeno,-a *adj* pathogenic.

patojo,-a *nm,f Am* street urchin.

patología *nf* pathology.

patológico,-a *adj* pathological.

patólogo,-a *nm,f* pathologist.

patoso,-a *adj* clumsy, awkward.

patraña *nf* lie, fabrication, story.

patria *nf* fatherland, native country. ■ **madre p.,** motherland; **p. adoptiva,** country of adoption; **p. celestial,** heaven; **p. chica,** one's home town *o* region.

patriada *nf Arg Urug* feat.

patriarca *nm* patriarch.

patriarcado *nm* patriarchy.

patriarcal *adj* patriarchal.

patricio,-a *adj & nm,f* patrician.

patrimonial *adj* patrimonial, hereditary.

patrimonio *nm (bienes)* wealth; *(heredado)* patrimony, inheritance. ■ **p. cultural,** cultural heritage; **p. nacional,** national wealth.

patrio,-a *adj* **1** *(nativo)* native; **suelo p.,** native soil. **2** *(paterno)* paternal; *Jur* **patria potestad,** paternal authority. **3** *Arg (caballo)* stray.

patriota *nmf* patriot.

patriotería *nf pey* chauvinism, jingoism.

patriotero,-a *pey* **I** *adj* chauvinistic, jingoistic. **II** *nm,f* chauvinist, jingoist.

patriótico,-a *adj* patriotic.

patriotismo *nm* patriotism.

patrocinador,-a **I** *adj* sponsoring. **II** *nm,f* sponsor.

patrocinar *vtr* to sponsor, patronize.

patrocinio *nm* sponsorship, patronage; **bajo el p. de,** sponsored by.

patrón,-ona **I** *nm,f* **1** *(jefe)* boss; *(amo)* master; *(ama)* owner. **2** *(de pensión) (hombre)* landlord; *(mujer)* landlady. **3** *Náut* captain, skipper; *fig* **donde hay p., no manda marinero,** the boss is the boss. **4** *Rel* patron saint. **II** *nm* **1** *Cost Téc* pattern; *fig* **cortado por el mismo p.,** cast in the same mould. **2** *(medida)* standard; **p. oro,** gold standard.

patronal I *adj* 1 *Pol* employers'; **cierre p.**, lockout; **clase p.**, managerial class. 2 *Rel* of a patron saint; **fiesta p.**, patron saint's day. II *nf (asociación)* employers' association; *(dirección)* management.

patronato *nm*, **patronazgo** *nm* 1 *(empresariado)* employers' association. 2 *(institución)* organization, society, board, foundation. 3 *(protección)* patronage.

patronear *vtr Náut* to skipper.

patronímico,-a I *adj* patronymic. II *nm* patronymic, surname.

patrono,-a *nm,f* 1 *(jefe)* boss; *(empresario)* owner, employer. 2 *Rel (santo)* patron saint.

patrulla *nf* 1 *Mil* patrol; **estar de p.**, to be on patrol; **estar de p. en** *o* **por una zona**, to patrol an area. ■ **coche p.**, patrol car. 2 *(grupo)* group, band; **p. de rescate**, rescue party.

patrullar I *vtr* to patrol. II *vi* to be on patrol.

patrullero,-a I *adj* patrol, patrolling. II *nm,f Náut* patrol boat; *Av* patrol plane.

patueco,-a *nm,f CAm* street urchin.

paulatino,-a *adj* gradual; **de un modo p.**, gradually. ◆**paulatinamente** *adv* gradually, little by little.

paupérrimo,-a *adj superl de* **pobre**; extremely poor, poverty-stricken.

pausa *nf* 1 *(descanso)* pause, break; *Mús* rest; **a pausas**, at intervals; **sin p.**, continuously. 2 *(calma)* calmness; **con p.**, calmly, unhurriedly.

pausado,-a *adj* unhurried, calm.

pauta *nf* 1 *(regla)* ruler; *(para escribir)* writing guide; *(línea)* line, guideline; *Mús* staff. 2 *fig (ejemplo)* example, model; **marcar la p.**, to set the example *o* pattern.

pautado,-a *adj* ruled, lined; *Mús* **papel p.**, ruled paper.

pava¹ *nf* 1 *Orn* turkey hen; *fam* **pelar la p.**, to court. ■ **p. real**, peahen. 2 *arg (colilla)* butt. 3 *fam (mujer sosa)* bore, dull woman. 4 *Am (sombrero)* broad-brimmed hat. 5 *CAm Col (flequillo)* fringe, *US* bangs *pl*.

pava² *nf Arg Bol* kettle.

pavada *nf fam* dullness, flatness.

pavear *vi* 1 *Am (hacer tonterías)* to mess about. 2 *Arg Chi (burlarse)* to (play a) joke. 3 *Arg (pelar la pava)* to court, woo.

pavero,-a *nm,f fam* braggart, show-off.

pavesa *nf* 1 *(chispa)* spark. 2 *(ceniza)* cinder.

pavimentación *nf (de calles, carreteras)* paving; *(de una habitación)* flooring.

pavimentar *vtr (calle, carretera)* to pave; *(habitación)* to floor, lay flooring in.

pavimento *nm (de calle, carretera)* paving, pavement; *(de habitación)* flooring.

pavita *nf Arg* bowler hat.

pavo *nm* 1 *Orn* turkey; *fam* **estar en la edad del p.**, to be growing up; *fam* **no ser moco de p.**, to be nothing to scoff at; *fam* **subírsele el p. a algn**, to blush. ■ **p. real**, peacock. 2 *fam (tonto)* twit, ninny. 3 *Am (polizón)* stowaway.

pavón *nm* 1 *Orn (pavo real)* peacock. 2 *Ent* peacock butterfly. 3 *Metal* bluing.

pavonearse *vr fam* to show off, strut.

pavoneo *nm fam* showing off, strutting.

pavor *nm* terror, dread, panic.

pavoroso,-a *adj* terrible, dreadful, frightful.

paya *nf Arg Chi (canción)* improvised song; *(acción)* improvisation of a song.

payacate *nm Méx Per* shawl.

payador *nm Arg Chi Urug* folk singer who sin **payas**.

payar *vi Arg Chi* to sing **payas**.

payasada *nf* clownish thing to do *o* say; **hacer p yasadas**, to act the clown.

payasear *vi Am* to act the clown.

payaso *nm* clown; **hacer el p.**, to act the clown.

payé *nm* 1 *Arg Par Urug (amuleto)* amulet; *(br jería)* witchcraft. 2 *Arg Urug* sorcerer, wizard.

payés,-a *nm,f* Catalan *o* Balearic peasant.

payo,-a *nm,f* non-Gipsy person; *fam* bloke.

paz *nf (gen)* peace; *(sosiego)* peacefulness; *(tratad* peace treaty; **descansar en p.**, to rest in peace; **est en p.**, to be at peace; *fig* to be quits *o* even; **firm la p.**, to sign a peace treaty; **hacer las paces**, make (it) up; **poner p.**, to make peace; **todo lo q quiero es un poco de p.**, all I want is some pea and quiet; *fam* **aquí p. y después gloria**, that's a there is to it; *fam* **¡déjame en p.!**, leave me alone

pazguatería *nf* 1 *(estupidez)* silliness, stupidity. *(mojigatería)* prudishness.

pazguato,-a I *adj* 1 *(estúpido)* silly, stupid. 2 *(m jigato)* prudish. II *nm,f* 1 *(estúpido)* simpleton, tw 2 *(mojigato)* prude.

pazo *nm* Galician country house.

PBAI *nm abr de* **proyectil balístico de alcance inte medio**, medium-range ballistic missile, MRBM.

PBI *nm abr de* **proyectil balístico intercontinenta** intercontinental ballistic missile, ICBM.

pbro. *Rel abr de* **presbítero**, presbyter.

PCE *nm Pol abr de* **Partido Comunista de Españ** Spanish Communist party.

PCUS *nm Pol abr de* **Partido Comunista de la Unión Soviética**, Communist Party of the Soviet Unio CPSU.

pe *nf* name of the letter P in Spanish; *fam* **de pe pa**, from A to Z.

peaje *nf Aut* toll. ■ **autopista de p.**, toll motorwa *US* turnpike.

peana *nf* 1 *(pedestal)* pedestal, stand. 2 *fam (pi* foot.

peatón *nm* pedestrian. ■ **paso de peatones**, pede trian crossing, *US* crosswalk.

peca *nf* freckle.

pecado *nm Rel* sin; **hacer** *o* **cometer un p.**, to si commit a sin; *fig* **en el p. lleva la penitencia**, *the* sin carries its own punishment; *fam* **de mis pecado** of mine; **esta hija de mis pecados**, this daughter mine; *fam* **sería un p. tirar la comida**, it would b a sin to throw the food away. ■ **p. capital** *o* **morta** deadly sin; **p. original**, original sin.

pecador,-a *Rel* I *adj* sinful. II *nm,f* sinner.

pecaminoso,-a *adj Rel* sinful.

pecar [1] *vi Rel* to sin; *fig* **peca de salado**, it's a b too salty; *fig* **p. por defecto**, to fall short of th mark; *fig* **p. por exceso**, to go too far.

pecera *nf* fishbowl, fishtank.

pechar¹ I *vi fam (apechugar)* to take on; **p. con peor trabajo**, to take on the worst job. II *vtr SA fam (dinero)* to scrounge.

pechar² *vtr Am* to shove, push.

pechera *nf Cost (de camisa)* (shirt) front; *(de ve tido)* front, bosom.

pechero *nm* bib.

pecho *nm Anat (gen)* chest; *(de mujer)* breast, bosom, bust; *(de animal)* breast; *fig (interior)* heart; **dar el p.** (a un bebé), to breast-feed (a baby); **tomar el p.,** to be breast-fed; *fig* **a p. descubierto,** defenceless; *fig* **abrir el p.** (a algn), to open up one's heart (to sb); *fig* **tomar(se) (algo) a p.,** to take (sth) to heart; *fam* **a lo hecho, p.,** it's no use crying over spilt milk; *fam* **echarse (algo) entre p. y espalda,** to tuck (food) away;. *fam* **partirse el p.,** *(esforzarse)* to break one's back, slave away; *(reírse)* to split one's sides with laughter.

pechuga *nf* 1 *(de ave)* breast. 2 *fam (de mujer)* boob. 3 *Am (descaro)* cheek, nerve. 4 *CAm (estorbo)* trouble, annoyance.

pechugón,-ona *adj fam* big-breasted.

pécora *nf fam* **(mala) p.,** *(arpía)* witch, bitch; *(prostituta)* whore, tramp.

pecoso,-a *adj* freckled, freckle-faced.

pectoral I *adj* 1 *Anat* pectoral, chest. 2 *Farm* cough; **jarabe p.,** cough syrup. II *nm Farm* pectoral, cough medicine.

peculiar *adj* peculiar, characteristic.

peculiaridad *nf* peculiarity, characteristic.

peculio *nm* one's own money *o* savings.

pedagogía *nf* pedagogy.

pedagógico,-a *adj* pedagogic, pedagogical.

pedagogo,-a *nm,f* pedagogue, teacher, educator.

pedal *nm* 1 *Téc* pedal. ■ *Aut* **p. de embrague,** clutch pedal; **p. de freno,** footbrake, brake pedal. 2 *fam (borrachera)* bender; **coger un p.,** to get sloshed *o* plastered.

pedalear *vi* to pedal.

pedaleo *nm* pedalling, *US* pedaling.

pedáneo,-a *adj* local.

pedanía *nf* district.

pedante I *adj* pedantic. II *nmf* pedant.

pedantería *nf* pedantry.

pedazo *nm* piece, bit; **a pedazos,** in pieces; **caerse a pedazos,** to fall apart *o* to pieces; **hacer pedazos,** to break *o* tear to pieces, smash (up); *fig* **hacer pedazos (a algn),** to tear (sb) to pieces; *fam* **esta chica es un p. de pan,** that girl is a pet; *fam ofens* **es un p. de animal** *o* **de alcornoque,** he's a blockhead.

pederasta *nm* pederast.

pederastia *nf* pederasty.

pedernal *nm Min* flint; *fig* **duro como un p.,** hard as a rock.

pedestal *nm* pedestal; *fig* **colocar a algn en un p.,** to put sb on a pedestal.

pedestre *adj* 1 *(a pie)* on foot, walking. 2 *fig (vulgar)* ordinary, pedestrian.

pediatra *nmf Med* paediatrician, *US* pediatrician.

pediatría *nf Med* paediatrics *sing,* *US* pediatrics *sing.*

pedicuro,-a *nm,f Med* chiropodist.

pedida *nf* engagement. ■ **pulsera de p.,** engagement bracelet.

pedido *nm* 1 *Com* order; **hacer un p.,** to place an order. 2 *(petición)* request; **atender un p.,** to grant a request.

pedigrí *nm Zool* pedigree.

pedigüeño,-a I *adj* demanding, insistent. II *nm,f* pest, nuisance.

pedir [34] *vtr* 1 *(gen)* to ask (for); **no se puede p. más,** you couldn't ask for more; **p. a una chica en matrimonio,** to ask for a girl's hand in marriage; **p.**

algo a algn, to ask sb for sth; **p. prestado,** to borrow; **piden mucho dinero,** they're asking (for) a lot of money; **te pido que te quedes,** I'm asking you to stay; *fig* **p. cuentas,** to ask for an explanation; *fam* **p. peras al olmo,** to ask for the moon. 2 *Com (encargar)* to order; *(en un bar, restaurante)* to order; **no se qué p.,** I don't know what to have. 3 *Com (precio)* to ask; **¿cuánto piden por esta casa?,** how much are they asking for the house? 4 *(mendigar)* to beg; **p. limosna,** to beg. 5 *fig (requerir)* to need, require; **esta casa pide a gritos que la restauren,** this house is in bad need of repair; **esta enfermedad pide reposo,** this illness requires rest.

pedo *nm vulg* 1 *(ventosidad)* fart, wind; **tirarse un p.,** to fart. 2 *(borrachera)* bender; **agarrar** *o* **coger un p.,** *(emborracharse)* to get sloshed *o* pissed; *(drogarse)* to get really stoned, get high.

pedorrera *nf vulg* string of farts.

pedorreta *nf vulg* raspberry.

pedrada *nf* 1 *(lanzamiento)* throw of a stone; *(golpe)* blow from a stone; **a pedradas,** (by) throwing stones; **matar a algn a pedradas,** to stone sb to death; **pegar una p. a algn,** to throw a stone at sb; **rompió la ventana de una p.,** he smashed the window with a stone. 2 *fig (expresión mordaz)* wounding remark.

pedrea *nf* 1 *(pelea)* fight with stones. 2 *Meteor (granizada)* hailstorm. 3 *(en lotería)* small prizes *pl.*

pedregal *nm* stony *o* rocky ground.

pedregoso,-a *adj* stony, rocky.

pedrera *nf* stone quarry.

pedrería *nf* precious stones *pl,* gems *pl.*

pedrisco *nm Meteor* hailstorm; *(lluvia de piedras)* shower of stones.

pedrusco *nm fam* rough stone, piece of stone.

pega *nf* 1 *(adhesivo)* glue. 2 *fam (obstáculo)* snag, difficulty; *(objeción)* objection; **a todo le encuentra** *o* **pone pegas,** she finds fault with everything. 3 *(falso)* **de p.,** sham. 4 *Am (trabajo)* job.

pegada *nf* 1 *Ten* stroke, hit. 2 *Box* punch; **tener buena p.,** to pack a hard punch.

pegadizo,-a *adj* 1 *(pegajoso)* sticky. 2 *Mús (canción)* catchy.

pegado,-a I *pp de* pegar. II *adj* 1 *(adherido)* stuck. 2 *Culin (quemado)* burnt. III *nm Med (emplasto)* patch, sticking plaster.

pegajoso,-a *adj* 1 *(pegadizo)* sticky. 2 *fig (persona)* tiresome, hard to get rid of.

pegamento *nm* glue.

pegapega *nf Am* birdlime.

pegar[7] I *vtr* 1 *(adherir)* to stick; *(con pegamento)* to glue; *(póster, cartel)* to put up, fix (up); *Cost (botón)* to sew on; *fam* **no pegó ojo,** he didn't sleep a wink. 2 *(arrimar)* to put against, lean against; **pegó la silla a la puerta,** he put the chair against the door. 3 *fam Med (contagiar)* to give; *fig* to give, communicate; **me ha pegado sus manías,** I've caught his bad habits. 4 *(fuego)* to light. II *vi* 1 *(adherirse)* to stick. 2 *(armonizar)* to match, go; **el azul no pega con el verde** *o* **el azul y el verde no pegan,** blue and green don't go together *o* don't match; *fig* **ella no pegaría aquí,** she wouldn't fit in here. 3 *(estar próximo)* to be next (a, to). 4 *(sospechar)* *fam* **me pega que ...,** I have a hunch that ... . III **pegarse** *vr* 1 *(adherirse)* to stick; **se ha pegado,** it has stuck. 2 *Culin (quemarse)* to get burnt. 3 *(arrimarse)* to get close; **pégate a mí,** stay close to me. 4 *fam fig* to stick; **p. como una lapa,** to stick like a limpet. 5 *Med* *(enfermedad)* to be catching *o* contagious; *fig (melodía, acento)* to be catchy; ¿**el sarampión se pega?**, are measles contagious?

pegar² [7] **I** *vtr* **1** *(golpear)* to hit; **p. una bofetada a algn**, to slap sb. **2** *(dar, realizar)* **p. un grito**, to shout; **p. un salto**, to jump; **p. un susto a algn**, to give a fright to sb; **p. un tiro**, to shoot. **3** *fam* **dale que te pego**, on and on. **4** *Arg Chi* to keep on working hard at. **II** *vi (golpear)* to hit, beat; **p. duro**, to hit hard; **p. en**, to strike (against); **p. en el blanco**, to hit the target; **pegar en la pared con un palo**, to hit the wall with a stick; *fig* **¡cómo pega el sol!**, isn't the sun beating down?; *fig* **p. fuerte**, *fam (estar de moda)* to be all the rage; *(vino)* to be strong stuff. **III** *pegarse* *vr* **1** *(pelearse)* to fight. **2** *fam (darse)* to have, get; **p. la buena vida**, to live like a king; **p. un hartón de trabajar**, to slave *o* slog away; **p. un tiro**, to shoot oneself; **p. una comilona**, to have a feast. **3** *fam* **pegársela a algn**, to trick *o* deceive sb; **se la pega a su marido**, she's cheating on her husband.

pegatina *nf* sticker.

pego *nm fam* **dar el p. a algn**, to take sb for a ride, fool sb; **es una baratija pero da el p.**, it's a cheap imitation but it looks like the real thing.

pegote *nm* **1** *(emplasto)* patch, sticking plaster. **2** *fam (chapuza)* mess, botch-up. **3** *fam (gorrón)* sponger, hanger-on. **4** *fam* **tirarse** *o* **marcarse un p.**, to tell a tall tale.

pegual *nm* **1** *Am (cincha)* girth. **2** *Arg (sobrecincha)* surcingle.

pehuén *nm Bot* monkey puzzle tree.

peinado,-a **I** *pp de* **peinar**. **II** *adj (pelo)* combed; *(relamido)* affected, overdone. **III** *nm* **1** *Peluq* hairdo, hairstyle. **2** *Tex* combing. **3** *arg (policial)* door-to-door search, sweep.

peinador,-a **I** *nm,f (persona)* hairdresser. **II** *nm* **1** *(bata)* bathrobe. **2** *Am (tocador)* dressing table.

peinar **I** *vtr* **1** *(pelo)* to comb, do; *fam* **p. canas**, to be going grey. **2** *arg (policía)* to comb; **la policía peinó el barrio en busca de los atracadores**, the cops combed the area for the bank robbers. **II** *peinarse* *vr* to comb one's hair.

peinazo *nm* crosspiece, lintel.

peine *nm* **1** *(para pelo)* comb; *fam fig* **¡te vas a enterar de lo que vale un p.!**, you've got it coming (to you)! **2** *Tex* reed.

peineta *nf* ornamental comb.

peinilla *nf Am* type of cane knife.

pejiguera *nf fam* drag, nuisance.

pela *nf fam* peseta; **tiene muchas pelas**, he has a lot of money, he's loaded.

pelada *nf Am* blunder, mistake.

peladero *nm Am* barrenland, wasteland.

peladilla *nf* **1** *(dulce)* sugared almond. **2** *(guijarro)* small pebble.

pelado,-a **I** *pp de* **pelar**. **II** *adj* **1** *(sin pelo)* hairless; *(calvo)* bald. **2** *(piel, fruta)* peeled. **3** *(terreno)* bare. **4** *(hueso)* clean. **5** *(cantidad)* bare; *(número)* round. **6** *fam (arruinado)* broke, penniless. **7** *Am (desvergonzado)* impudent, insolent. **III** *nm,f (pobre)* poor person. **IV** *nf Peluq fam* (short) haircut.

peladura *nf* peeling.

pelagatos *nmf inv fam* poor devil, nobody.

pelaje *nm* **1** *Zool* fur, hair. **2** *fam pey (apariencia)* looks *pl*, appearance. **3** *fam (clase)* class, kind, ilk.

pelambre *nm* **1** *(pelo)* mop (of hair), long *o* thick hair. **2** *(pelaje)* fur, hair.

pelambrera *nf fam* mop (of hair), long *o* thick hair.

pelandusca *nf fam* whore, tart.

pelapatatas *nm inv* potato peeler.

pelar **I** *vtr* **1** *(cortar el pelo)* to cut the hair of; *(fruta)* to peel; *(mariscos)* to shell; *(ave)* to pluck; *fam* **hace un frío que pela**, it's brass monkey weather; *fam fig* **ser duro de p.**, to be a hard nut (to crack). **2** *fam (robar)* to fleece. **II** *pelarse* *vr* **1** *(cortarse el pelo)* to get one's hair cut. **2** *(levantarse la piel)* to peel; *fam* **p. de frío**, to freeze. **3** *fam* **pelárselas**, to do sth fast; **corre que se las pela**, he runs like mad. **4** *vulg (masturbarse)* **pelársela**, to wank, jerk off. **5** *Am (confundirse)* to become confused. **6** *Am (frustrarse)* to become frustrated.

peldaño *nm* step; *(de escalera de mano)* rung.

pelea *nf (gen)* fight; *(riña)* row, quarrel; **buscar p.**, to look for trouble. ■ **p. de gallos**, cockfight.

peleado,-a **I** *pp de* **pelear**. **II** *adj* **estar p. (con algn)**, not to be on speaking terms (with sb).

pelear **I** *vi (gen)* to fight; *(reñir)* to quarrel; *fig* to struggle (**por**, to). **II** *pelearse* *vr* **1** *(gen)* to fight; *(reñir)* to quarrel. **2** *(enemistarse)* to fall out.

pelele *nm* **1** *(muñeco)* straw puppet; *fig* puppet; **Juan es solo un p. de Pepe**, Juan is just Pepe's yes man. **2** *(prenda)* rompers *pl*.

peleón,-ona *adj* **1** *(pendenciero)* quarrelsome, aggressive. **2** *fam (vino)* cheap, plonk.

peletería *nf* **1** *Ind* furrier's; *(tienda)* fur shop. **2** *(pieles)* furs *pl*.

peletero,-a **I** *adj* fur; **comercio p.**, fur trade. **II** *nm,f* furrier.

peliagudo,-a *adj* difficult, tricky, hairy; **pregunta peliaguda**, tricky question.

pelicano¹, **pelícano** *nm Orn* pelican.

pelicano,-a² *adj* grey-haired.

pelicorto,-a *adj* short-haired.

película *nf* **1** *Cin* film, picture, *US* movie; **echar** *o* **poner una p.**, to show a film; *fam* **de p.**, fabulous. ■ **p. de miedo** *o* **terror**, horror film; **p. del Oeste**, Western; **p. en color/en blanco y negro**, colour/black-and-white film; **p. muda**, silent film; **p. sonora**, talkie, talking picture. **2** *Fot* film. **3** *(piel)* pellicle.

peligrar *vi* to be in danger or threatened; **hacer p.**, to endanger, jeopardize.

peligro *nm (gen)* danger; *(riesgo)* risk; **con p. de ...**, at the risk of ...; **corre (el) p. de ...**, to run the risk of ...; **estar en p.**, to be in danger; **fuera de p.**, out of danger; **poner en p.**, to endanger.

peligrosidad *nf* danger, dangerousness.

peligroso,-a *adj* dangerous, risky.

pelillo *nm fam* trifle, slight annoyance; **echar pelillos a la mar**, to bury the hatchet.

pelirrojo,-a **I** *adj* red-haired, ginger-haired. **II** *nm,f* redhead.

pella *nf* round mass, lump.

pelleja *nf* **1** *(piel)* skin, hide. **2** *fam (persona delgada)* skinny person. **3** *fam (prostituta)* whore.

pellejerías *nfpl Am* difficulties, jam *sing*.

pellejo *nm* **1** *(piel)* skin; *fam* **no quisiera estar en su p.**, I wouldn't want to be in his shoes. **2** *(odre)* wineskin. **3** *fam (vida)* life, skin, neck; **arriesgar** *o* **jugarse el p.**, to risk one's neck.

pelliza *nf* fur jacket.

pellizcar [1] *vtr* to pinch, nip.

pellizco *nm* pinch, nip.

●elma *nmf,* pelmazo,-a *nm,f (persona)* bore, drag.

●elo *nm* 1 *(gen)* hair; **a p.,** *(en equitación)* bareback; *fam (desnudo)* stark naked; **cortarse el p.,** *(uno mismo)* to cut one's hair; *(en la peluquería)* to have one's hair cut; **llevar el p. largo,** to have long hair; *fig* **no tiene ni un p. de tonto,** he's no fool; *fig* **Sonia no tiene pelos en la lengua,** Sonia's very outspoken; *fig* **soltarse el p.,** to let one's hair down; *fig* **tomar el p. a algn,** to pull sb's leg, take the mickey out of sb; *fig* **traído por los pelos,** far-fetched; *fig* **venir al p.,** *(ser oportuno)* to come at right the moment; *(ser útil)* to come in handy; *fam* **con pelos y señales,** in full detail; *fam* **faltó un p. para que ganase,** he very nearly won, he lost by an inch; *fam* **hasta los pelos,** up to here; *fam* **por los pelos** *o* **un p.,** by the skin of one's teeth; *fam* **se me pusieron los pelos de punta,** it gave me the creeps; *fam* **un hombre de p. en pecho,** a tough guy. 2 *Zool (de animal)* fur, coat, hair. 3 *Tex (de una tela)* nap, pile. 4 *(cerda)* bristle.

●elón,-ona *adj* 1 *(sin pelo)* hairless, bald. 2 *(arruinado)* broke, skint.

●elota I *nf* 1 *(gen)* ball; **jugar a la p.,** to play ball; *fam* **devolver la p.,** to give tit for tat. ■ **p. de tenis,** tennis ball; **p. de fútbol,** football. 2 *Dep* pelota. 3 *fam (cabeza)* nut. 4 **pelotas,** *vulg (testículos)* balls; **coger** *o* **pillar a algn en p.,** to catch sb on the hop; **dejar a algn en p.,** to fleece sb; **en p.,** starkers; **estoy hasta las p.,** I'm pissed off. 5 *Arg Bol (batea)* cowhide boat. 6 *Cuba Méx (deseo)* passion; **tener p. por,** to have a crush on. II *nmf fam (pelotillero)* toady, fawner; **este tío es un p.,** he's a real toady; **hacer la p. a algn,** to toady to sb, butter sb up.

●elotari *nm Dep* pelota player.

●elotazo *nm fam* swig.

●elotear I *vtr Com (cuenta, partida)* to check. II *vi* 1 *Dep* to kick a ball around; *Ten* to knock up; *(calentar)* to warm up. 2 *fig (reñir)* to quarrel, argue.

●eloteo *nm* 1 *Ten* knock-up; *(calentamiento)* warm-up. 2 *fig (riña)* quarrel, argument.

●elotera *nf fam* quarrel, row.

●elotilla *nf fam* toady, fawner; **hacer la p. (a algn),** to fawn on (sb).

●elotillero,-a *nm,f fam* toady, fawner.

●elotón *nm* 1 *Mil* squad, party; **p. de ejecución,** firing squad. 2 *fam (grupo)* small crowd, bunch. 3 *(amasijo)* bundle.

●elotudo,-a *adj Arg* slack, sloppy.

●eluca *nf* wig; **llevar p.,** to wear a wig.

●eluco *nm arg* watch.

●eluche *nf véase* felpa.

●eludear *vi* 1 *Arg (salvar una dificultad)* to solve a problem. 2 *Arg Urug (atascarse)* to get stuck. 3 *Arg Urug fig (titubear)* to stammer, stutter.

●eludo,-a *adj* hairy, furry.

●eluquear *Am* I *vtr* to cut the hair of. II **peluquearse** *vr* to have one's hair cut.

●eluquería *nf (de señoras)* hairdresser's (shop); *(de caballeros)* barber's (shop); **ir a la p.,** to go to the hairdresser's *o* the barber's.

●eluquero,-a *nm,f (de señoras)* hairdresser; *(de caballeros)* barber.

●eluquín *nm* toupee; *fam* **ni hablar el p.,** not on your life.

●elusa *nf,* pelusilla *nf* 1 fluff; *(de planta)* down. 2 *fam* jealousy (among children).

●elvis *nf inv Anat* pelvis.

pena *nf* 1 *(castigo)* punishment, penalty; **bajo** *o* **so p. de,** under penalty of. ■ **p. de muerte** *o* **capital,** death penalty. 2 *(tristeza)* grief, sorrow; **me da p. verte así,** it makes me sad to see you like that; *fig* **sin p. ni gloria,** unmarked. 3 *(lástima)* pity; **¡qué p.!,** what a pity! 4 *(dificultad)* hardships *pl,* trouble; **a duras penas,** with great difficulty; **merecer** *o* **valer la p.,** to be worth it; **merece la p. intentarlo,** it's worth (giving it) a try; **no merece la p.,** it's not worth the bother. 5 *CAm (vergüenza)* shame.

penacho *nm* 1 *(de ave)* crest, tuft. 2 *Mil (de plumas)* plume.

penado,-a I *pp de* penar. II *nm,f* convict.

penal I *adj* penal; *Jur* **código p.,** penal code. II *nm* prison, jail, gaol.

penalidad *nf (gen pl)* hardships *pl,* troubles *pl.*

penalista *nmf* criminal lawyer.

penalización *nf* sanction, penalization; *Dep* penalty.

penalizar [4] *vtr* to penalize.

penalti *nm (pl* penaltis*) Dep* penalty; *fam* **casarse de p.,** to have a shotgun wedding.

penar I *vtr* to punish. II *vi* to be in torment, suffer; **p. por algo/algn,** to pine for sth/sb.

penca *nf Bot* fleshy leaf.

penco *nm* 1 *fam (jamelgo)* nag, jade. 2 *fam fig* ass, twit.

pendejo *nm* 1 *(pelo)* pubic hair. 2 *fig (cobarde)* wet, coward. 3 *fig (pendón)* playboy. 4 *Am (tonto)* jerk, dummy.

pendencia *nf* quarrel, fight.

pendenciero,-a *adj* quarrelsome, argumentative.

pender *vi* 1 *(colgar)* to hang (**de,** from; **sobre,** over); *fig* **mi vida pende de un hilo,** my life is hanging by a thread; *fig* **pende sobre nosotros una grave amenaza,** a serious threat is hanging over us. 2 *(estar pendiente)* to be pending.

pendiente I *adj* 1 *(colgante)* hanging (**de,** from). 2 *(por resolver)* pending; *Educ* **asignatura p.,** failed subject; *Com* **p. de pago,** unpaid; **tiene una asignatura p.,** he has to resit one exam; **estar p. de,** *(esperar)* to be waiting for; *(vigilar)* to be on the lookout for. II *nm* 1 *(joya)* earring. 2 *Méx (preocupación)* worry. III *nf (de un tejado)* pitch; **en p.,** sloping; **esta p. es muy pronunciada,** this slope is very steep; **hacer p.,** to slope.

pendón *nm* 1 *(bandera)* banner; *Hist* pennon. 2 *pey (mujer)* slut, whore; *(hombre)* playboy.

pendonear *vi fam* to gad about.

pendular *adj* pendular.

péndulo *nm* pendulum.

pene *nm Anat* penis.

penetrabilidad *nf* penetrability.

penetrable *adj* penetrable.

penetración *nf* 1 *(gen)* penetration. 2 *fig (perspicacia)* insight, perception.

penetrante *adj* 1 *(gen)* penetrating; *(frío, voz)* piercing; *(herida)* deep. 2 *fig (inteligencia)* sharp, acute.

penetrar I *vtr (gen)* to penetrate; *(substancia)* to permeate; *fig (intención, significado)* to grasp, understand; **p. un misterio,** to get to the bottom of a mystery. II *vi (penetrar)* to penetrate (**en,** in); *(entrar)* to go *o* get (**en,** in); *fig* **frío que penetra en los huesos,** cold that gets into one's bones; *fig* **un grito penetró en la noche,** a scream pierced the night.

penicilina *nf Med* penicillin.

penísula *nf Geog* peninsula.

peninsular I *adj* peninsular. **II** *nmf* native *o* inhabitant of the (Iberian) Peninsula.

penique *nm (moneda)* penny; **dos peniques,** twopence.

penitencia *nf* 1 *Rel* penance; **como** *o* **en p.,** as a penance; **hacer p.,** to do penance. 2 *fam* pain, bind; **esto más que un trabajo es una p.,** this job is like doing penance.

penitenciaría *nf* prison.

penitenciario,-a *adj* penitentiary, prison.

penitente *adj & nmf Rel* penitent.

penoso,-a *adj* 1 *(lamentable)* sorry, distressing. 2 *(laborioso)* laborious, difficult.

pensado,-a I *pp de* **pensar. II** *adj* thought, thought out; **bien p.,** creo que me quedaré, on reflection, I think I'll stay; **bien p.,** no está tan mal, all things considered, it isn't that bad; **en el momento menos p.,** when least expected; **este trabajo está poco p.,** this paper is badly thought out; **mal p.,** evil-minded; **tener algo p.,** to have sth planned, have sth in mind.

pensador,-a *nm,f* thinker.

pensamiento *nm* 1 thought; **adivinar los pensamientos de algn,** to read sb's mind. 2 *(mente)* mind; **no me pasó por el p.,** it didn't cross my mind; *fig* **como el p.,** like a flash; *fig* **ni por p.,** not in the least. 3 *(máxima)* saying, motto. 4 *Bot* pansy.

pensar [27] **I** *vi (gen)* to think (**en,** of, about; **sobre,** about, over); **¿en qué/quién piensas?,** what/who are you thinking about?; **no pensé en ello,** I didn't think of it; **p. para sí** *o* **consigo,** to think to oneself; *fig* **sin p.,** *(con precipitación)* without thinking; *(involuntariamente)* involuntarily. **II** *vtr* 1 *(gen)* to think; *(opinar)* to think about; *(considerar)* to think over *o* about; **esto da mucho que pensar,** this is food for thought; **(me) lo pensaré,** I'll think about it; **pensándolo bien** *o* **mejor,** on second thoughts; **p. bien/mal de algn,** to think well/badly of sb; **piénsalo bien,** think it over; **pienso que ...,** I think that ...; **¿qué piensas de esto?,** what do you think about this?; **sólo con pensarlo,** just the thought of it; *fam* **¡ni pensarlo!,** not on your life! 2 *(proponerse)* to intend; **pienso quedarme,** I plan to stay. 3 *(concebir)* to make; **p. un plan,** to make a plan; **p. una solución,** to find a solution.

pensativo,-a *adj* pensive, thoughtful; **estar p.,** to be deep in thought.

Pensilvania *n* Pennsylvania.

pensión *nf* 1 *(dinero)* pension, allowance; **cobrar la p.,** to draw one's pension. ■ **p. alimenticia,** alimony; **p. vitalicia,** life annuity. 2 *(régimen de alojamiento)* board and lodging. ■ **media p.,** partial board; **p. completa,** full board. 3 *(residencia)* boarding house. 4 *(hotel)* guesthouse.

pensionado,-a I *adj* pensioned. **II** *nm,f* pensioner. **III** *nm Educ* boarding school.

pensionista *nmf* 1 *(del estado)* pensioner. 2 *Educ* boarder.

pentaedro *nm* pentahedron.

pentagonal *adj* pentagonal.

pentágono *nm* pentagon.

pentagrama *nm,* **pentágrama** *nm Mús* staff, stave.

Pentecostés *nm sing Rel* 1 *(cristiano)* Pentecost, Whitsun, Whitsuntide; **domingo de P.,** Whit Sunday. 2 *(judío)* Pentecost.

penúltimo,-a *adj & nm,f* next to the last, penultimate.

penumbra *nf* penumbra, half-light.

penuria *nf* 1 *(escasez)* scarcity, shortage. 2 *(pobreza)* poverty, penury.

peña[1] *nf* 1 *(roca)* rock, crag. 2 *Ecuad Guat PR fi (sordo)* deaf person.

peña[2] *nf* 1 *(de amigos)* circle, group of friends. 2 *Ft* pool.

peñascal *nm* rocky place.

peñasco *nm* rock, crag.

peñón *nm* rock. ■ **el P. de Gibraltar,** the Rock c Gibraltar.

peón *nm* 1 *(trabajador)* unskilled labourer *o US* la borer. ■ **p. agrícola,** farmhand; **p. caminero** roadman; **p. de albañil,** hod carrier, hodman. 2 *Aje drez* pawn; *(damas)* man. 3 *(peonza)* top.

peonada *nf* day's work.

peonaje *nm* group of labourers *o US* laborers.

peonía *nf Bot* peony.

peonza *nf (spinning)* top.

peor I *adj* 1 *(comparativo)* worse; **A es p. que B,** *A* is worse than B. 2 *(superlativo)* worst; **el p. de lo dos,** the worse (of the two); **el p. de los tres,** th worst of the three; **en el p. de los casos,** if the wors comes to the worst; **éste es el p. de todos,** this is th worst of all; **lo p.,** the worst (thing). **II** *adv* 1 *(comparativo)* worse; **anda p. que antes,** he doesn't wal as well as he used to; **así es p.,** that's worse; **cad vez p.,** worse and worse; **¡p. para mí** *o* **ti!,** too bad! **p. que p.,** worse still; **¡tanto p.!,** so much the worse 2 *(superlativo)* worst; **es el que p. canta,** he is th one who sings the worst.

pepazo *nm* 1 *Am (pedrada)* throw of a stone; *(dis paro)* shot; *(golpe)* blow. 2 *Am fig (mentira)* lie.

pepenar *vtr* 1 *Am (recoger)* to collect, gather. *Méx Min (metal)* to sift. 3 *Méx (asir)* to seize, grab

pepinazo *nm fam* 1 *(explosión)* blast, explosion. *Ftb (disparo)* cannonball shot.

pepinillo *nm Bot* gherkin.

pepino *nm Bot* cucumber; *fam* **me importa un p.,** don't give a hoot.

pepita *nf* 1 *(de fruta)* pip, seed. 2 *(de metal)* nugget 3 *Am (almendra de cacao)* cocoa bean.

pepito *nm Culin* meat sandwich.

pepitoria *nf Culin* fricassee; **pollo en p.,** fricasse of chicken.

pepona *nf* large paper doll.

peque *nm fam* kid, little 'un.

pequeñez *nf* 1 *(de tamaño)* smallness, littleness. *(nimiedad)* trifle; **se preocupa por pequeñeces,** he very nitpicking. 3 *(mezquindad)* meanness, petti ness; **p. de miras,** narrow-mindedness.

pequeño,-a I *adj* 1 *(gen)* small, little. 2 *(joven* young. 3 *(bajo)* short. **II** *nm,f* child; **de p.,** as child; **María es la pequeña,** Maria is the youngest *fig* **dejar p.,** to put in the shade.

Pequín *n* Peking.

pequinés,-esa I *adj* Pekinese. **II** *nm,f (persona* Pekinese. **III** *nm Zool (perro)* **p.,** Pekinese.

pera I *nf* 1 *Bot* pear; *fam* **partir peras con algn,** t fall out with sb; *fam* **poner las peras al cuarto,** t give a ticking off; *fam* **ser la p.,** to take the cake ■ **p. de agua,** juicy pear. 2 *Elec (interruptor)* pear shaped switch. 3 *(perilla)* goatee. 4 *(de líquido, aire* bulb. 5 *vulg (pene)* prick. **II** *adj fam (cursi)* **niño p.** spoilt upper-class brat.

peral *nm Bot* pear tree.

peraltar *vtr* 1 *Arquit* to stilt. 2 *(carretera)* to bank

peralte *nm* banking.

perca *nf (pez)* perch.

percal *nm Tex* percale; *fig* **conocer el p.**, to know one's stuff.

percance *nm* mishap, setback; **el viaje discurrió sin p.**, the trip went off without a hitch.

percatarse *vr* to notice, realize; **no se percata de nada,** he doesn't notice anything.

percebe *nm* 1 *Zool* (goose) barnacle. 2 *fam (persona)* fool, idiot.

percepción *nf* perception; **p. extrasensorial,** extrasensory perception.

perceptible *adj* 1 *(sensible)* perceptible. 2 *Fin* receivable, payable.

perceptivo,-a *adj* perceptive.

percha *nf* 1 *(sostén)* perch; *(colgador)* (coat) hanger; *(fijo en la pared)* rack; **cuelga el abrigo en la p.,** hang your coat up; *fam fig* **tener buena p.,** to be well-built. 2 *Méx (conjunto)* group.

perchero *nm* clothes rack.

percherón,-ona *nm,f Zool* Percheron.

percibir *vtr* 1 *(notar)* to perceive, notice; **no se percibía ningún ruido,** no noise could be heard. 2 *(cobrar)* to collect; **percibo un sueldo muy bajo,** I'm on a low wage.

perclorato *nm Quím* perchlorate.

perclórico,-a *adj Quím* **ácido p.,** perchloric acid.

percloruro *nm Quím* perchloride.

percusión *nf* percussion; **instrumentos de p.,** percussion instruments.

percusionista *nmf Mús* percussionist.

percusor *nm*, **percutor** *nm (armas)* firing pin, hammer.

perdedor,-a I *adj* losing. II *nm,f* loser.

perder [28] I *vtr* 1 *(gen)* to lose; **dar algo por perdido,** to give sth up as lost; **p. agua,** to leak; **p. de vista,** to lose sight of; **p. el color,** to turn o go pale; **p. el juicio** o **la razón,** to go out of one's mind; **p. la esperanza,** to lose hope; *fig* **p. los estribos,** to fly off the handle. 2 *(dejar escapar)* to miss; **ayer volví a p. el tren,** yesterday I missed the train again. 3 *(malgastar)* to waste; **p. tiempo,** to waste time. 4 *(ser la perdición)* to be the ruin o downfall of; **la ambición le perdió,** ambition was her downfall. II *vi* 1 *(gen)* to lose; **echar (algo) a p.,** to spoil (sth); **salir perdiendo,** to come off worst. 2 *(desmejorar)* to go off; *(en salud)* to get worse; *(en valor)* to devaluate; **la abuela ha perdido mucho en pocos meses,** Grandma has been getting worse over the last few months. 3 *Tex (desteñirse)* to fade. III **perderse** *vr* 1 *(extraviarse)* to get lost; **me perdí en la oscuridad,** I got lost in the darkness. 2 *(cosas)* to be lost; **nunca se me pierde nada,** I never lose anything; **se ha perdido un cuchillo,** a knife is missing. 3 *(no asistir)* to miss; **no te lo pierdas,** don't miss it; **te has perdido una buena cena,** you missed a good dinner. 4 *(desaprovecharse)* to go to waste; **con este calor la comida se pierde enseguida,** food goes off quickly in this heat. 5 *fig (desvanecerse)* to die out; **p. de vista,** *(desaparecer)* to fade o disappear into the distance; *(extenderse)* to stretch out as far as the eye can see. 6 *(entregarse a los vicios)* to be a lost cause; **en cuanto descubrió los placeres de la vida se perdió,** as soon as he discovered life's pleasures he was a lost cause; **p. por,** to be crazy about.

perdición *nf* 1 *(ruina moral o material)* undoing, ruin, downfall; **el orgullo será su p.,** his pride will be his undoing. 2 *Rel* damnation, perdition.

pérdida *nf* 1 *(extravío)* loss; **la p. de algn,** the loss of sb; **no tiene p.,** you can't miss it; **p. del conocimiento,** loss of consciousness. 2 *(de tiempo, esfuerzos)* waste; **intentar convencerlo es una p. absoluta de tiempo,** it would be a complete waste of time to try to persuade him. 3 *(de un fluido)* leak, leakage. 4 *Fin* loss; **vender con p.,** to sell at a loss. 5 **pérdidas,** *Mil* losses. 6 **pérdidas,** *(flujo)* wastage *sing.*

perdido,-a I *pp de* **perder.** II *adj* 1 *(extraviado)* lost; **aquí está el cuchillo p.,** here's the lost knife; **lo podemos dar por p.,** it is as good as lost; *fig* **p. en sus pensamientos,** lost in thought; *fig* **un lugar p.,** an isolated place. 2 *(animal, bala)* stray. 3 *(acabado)* finished; **si me encuentran estoy p.,** if they find me I'm done for. 4 *fam (sucio)* filthy; **lo dejaron todo p. de barro,** the whole place was covered in mud. 5 *fam (completo)* absolute; **idiota perdida,** hopelessly stupid; **loco p.,** mad as a hatter. 6 *(enamorado)* crazy; **estar p. por algn,** to be crazy o nuts about sb. III *nm,f (depravado)* rake; *(mujer)* whore. ◆**perdidamente** *adv* madly, desperately.

perdigar *vtr Culin (carne)* to brown, half-cook.

perdigón *nm* 1 *(proyectil)* pellet; **perdigones,** pellets, shot *sing.* 2 *Orn* young partridge.

perdigonada *nf* 1 *(disparo)* shot. 2 *(herida)* shot wound.

perdiguero,-a *adj* partridge-hunting; **perro p.,** setter.

perdiz *nf Orn* partridge; **p. común,** red-legged partridge; **p. nival,** ptarmigan; **p. pardilla,** partridge; *fig* **fueron felices y comieron perdices,** they all lived happily ever after.

perdón *nm* pardon, forgiveness; **con p. (sea dicho),** if you will pardon my saying so; **eso no tiene p.,** it is unforgivable; **pedir p.,** to apologize; **¡p.!,** sorry!

perdonable *adj* forgivable, excusable.

perdonar *vtr* 1 *(remitir)* to forgive; **¿me perdonas?,** will you forgive me?; **por esta vez te perdono,** I'll let you off this time; *fig* **no perdona (ni) una,** he doesn't miss a thing. 2 *(excusar)* to excuse, pardon; **perdone que le moleste,** sorry for bothering you. 3 *(eximir)* to exempt; **le han perdonado dos años de cárcel,** she got two years' remission; **perdonarle la vida a algn,** to spare sb's life. 4 *(aprovechar)* **no p.,** to miss; **no perdona oportunidad para,** he doesn't miss the chance to.

perdonavidas *nm inv fam* braggart, bully.

perdulario,-a I *adj* 1 *(descuidado)* careless, negligent, sloppy. 2 *(disoluto)* immoral, dissolute. II *nm,f* 1 *(descuidado)* careless person. 2 *(vicioso)* immoral person.

perdurable *adj* 1 *(eterno)* everlasting. 2 *(duradero)* durable, long-lasting. ◆**perdurablemente** *adv* everlastingly.

perdurar *vi* 1 *(durar)* to endure, last. 2 *(persistir)* to persist, continue to exist.

perecedero,-a *adj* perishable; **artículos perecederos,** perishables.

perecer [43] *vi* to perish, die.

peregrinación *nf*, **peregrinaje** *nm* pilgrimage.

peregrinar *vi* 1 *(ir de peregrinaje)* to go on a pilgrimage. 2 *fig (errar)* to go to and fro o back and forth.

peregrino,-a I *adj* 1 *(gen)* on a pilgrimage. 2 *(aves)* migrating. 3 *fig (extravagante)* odd, peculiar; **sus ideas son siempre peregrinas,** he always has such harebrained ideas. II *nm,f* pilgrim. III *nm Méx (co-*

brador) bus conductor. ◆**peregrinamente** *adv* peculiarly, strangely.

perejil *nm Bot* parsley.

perendengue *nm* trinket, cheap ornament.

perengano *nm fam* so-and-so, what's his name.

perenne *adj*, **perenne** *adj* perennial, perpetual, everlasting.

perennidad *nf* everlasting quality, perpetuity.

perentoriedad *nf* peremptoriness, urgency.

perentorio,-a *adj* peremptory, urgent, pressing. ◆**perentoriamente** *adv* urgently.

pereza *nf* laziness, idleness; **me da p. salir,** I don't feel like going out; **tener p.,** to be *o* feel lazy.

perezco *indic pres véase* **perecer.**

perezoso,-a I *adj* **1** *(holgazán)* lazy, idle. **2** *(lento)* sluggish. **II** *nm,f* lazy person, idler. **III** *nm Zool* sloth. ◆**perezosamente** *adv* lazily; *(lentamente)* sluggishly.

perfección *nf* perfection; **hacer algo a la p.,** to do sth perfectly *o* to perfection.

perfeccionamiento *nm* **1** *(acción)* perfecting. **2** *(mejora)* improvement.

perfeccionar *vtr* to perfect; *(mejorar)* improve, make better; **ha ido a a Inglaterra a p. su inglés,** he's gone to England to improve his English.

perfeccionismo *nm* perfectionism.

perfeccionista *adj & nmf* perfectionist.

perfectibilidad *nf* perfectibility.

perfectible *adj* perfectible.

perfectivo,-a *adj* perfective.

perfecto,-a *adj* perfect; **nadie es p.,** nobody is perfect. ◆**perfectamente** *adv* **1** *(con perfección)* perfectly; **te entiendo p.,** I quite understand (you), I know what you mean. **2** ¡**p.!,** *(de acuerdo)* agreed!, all right!

perfidia *nf* perfidy, treachery.

pérfido,-a I *adj* perfidious, treacherous; *pey* **la pérfida Albión,** perfidious Albion. **II** *nm,f* traitor. ◆**pérfidamente** *adv* perfidiously, treacherously.

perfil *nm* **1** *(gen)* profile; *(contorno)* outline, contour; **de p.,** in profile; **fotografía mi mejor p.,** photograph my best side; **vista de p.,** side view. **2** *(trazo)* upstroke. **3** *fig (característica)* feature, characteristic. **4** *Geom* cross section.

perfilado,-a I *pp de* **perfilar. II** *adj* **1** *(rostro)* long and thin; *(labios, nariz, etc)* well-shaped. **2** *(dibujado)* outlined. **3** *Téc* streamlined. **III** *nm* **1** *(dibujo)* outline. **2** *Téc* streamlining.

perfilar I *vtr* **1** *(dar forma)* to shape, outline. **2** *(dibujar)* to draw the outline of. **3** *(acabar)* to give the finishing touches to. **4** *Téc* to streamline. **II** **perfilarse** *vr* **1** *(tomar forma)* to take shape. **2** *(recortarse)* to stand out.

perforación *nm*, **perforado** *nm (gen)* perforation; *Min* drilling, boring; *Inform (de tarjetas)* punching.

perforador,-a I *adj (gen)* perforating; *Min* drilling, boring. **II** *nm,f (gen)* perforator; *(de billetes)* puncher; *Min* driller, borer. **III** *nf Téc* drilling machine; *(de billetes)* punch, punching machine; *Inform* **perforadora de teclado,** keypunch.

perforar *vtr (gen)* to perforate; *Min* to drill, bore; *Inform* to punch.

performance *nf* performance.

perfumador *nm* perfume spray.

perfumar I *vtr* to perfume. **II** *vi* to perfume. **III** **perfumarse** *vr* to put on perfume; **p. mucho,** to use a lot of perfume.

perfume *nm* perfume, scent.

perfumería *nf* perfumery; *(en grandes almacenes)* perfume counter *o* department.

perfumista *nmf* perfume maker *o* seller.

perfusión *nf* perfusion.

pergamino *nm* **1** *(piel)* parchment. **2 pergaminos** *(títulos de nobleza)* title deeds.

pergeñar *vtr (plan)* to sketch, outline; *(texto)* to prepare, draft.

pérgola *nf* pergola.

pericardio *nm Anat* pericardium.

pericarpio *nm Bot* pericarp.

pericia *nf* expertise, skill; **la p. del piloto evitó lo peor,** the pilot's skill avoided a great disaster.

pericial *adj* expert; **informe p.,** expert report.

periclitar *vi fml* to decline, wane.

perico *nm* **1** *fam Orn (gen)* parakeet; *(australiano)* budgerigar. **2** *arg (drogas)* snow, cocaine.

periferia *nf (gen)* periphery; *(alrededores de ciudad)* outskirts *pl.*

periférico,-a I *adj* peripheral. **II** *nm Inform* peripheral device *o* unit.

perifollo *nm* **1** *Bot* common chervil. **2 perifollos,** *pe (adornos)* frills, trimmings.

periforme *adj* pear-shaped.

perífrasis *nf inv* periphrasis, long-winded explanation.

perifrástico,-a *adj* periphrastic, long-winded, verbose.

perilla *nf (barba)* goatee; *fam* **de perilla(s),** *(oportuno)* at the right moment; *(útil)* very handy; **me viene de p.,** it's just the ticket.

perillán,-ana *nm,f fam* rascal, rogue.

perimétrico,-a *adj* perimetric.

perímetro *nm* perimeter.

perinatal *adj Med* perinatal.

perineal *adj Anat* perineal.

perineo *nm Anat* perineum.

periodicidad *nf* periodicity.

periódico,-a I *adj* **1** *(cíclico)* periodic, periodical; *Quím* **tabla periódica,** periodic table. **2** *(publicación)* periodical. **3** *Med (fiebre)* recurrent. **II** *nm* newspaper.

periodismo *nm* journalism.

periodista *nmf* journalist, reporter.

periodístico,-a *adj* journalistic; **artículo p.,** newspaper article.

periodo *nm*, **período** *nm* period.

peripatético,-a *adj Filos* Peripatetic; *fig* ridiculous.

peripecia *nf* sudden change, vicissitude; **durante la cena nos relató las peripecias de su juventud,** over dinner he told us about the ups and downs of his youth.

periplo *nm* voyage, tour.

peripuesto,-a *adj fam* dolled-up.

periquear *vi CAm* to flatter, court.

periquete, **en un p.,** in a jiffy.

periquito *nm* **1** *Orn (gen)* parakeet; *(australiano)* budgerigar. **2** *Ftb* Español supporter.

periscópico,-a *adj* periscopic.

periscopio *nm* periscope.

perisodáctilo,-a *adj & nm Zool* perissodactyl.

perista *nm* fence, receiver (of stolen goods).

peristilo *nm Arquit* peristyle.

peritaje *nm* 1 *(informe)* expert *o* specialist report. 2 *(estudios)* technical studies *pl*.

perito,-a I *adj* expert. II *nm,f* technician, expert; **p. industrial/agrónomo/aeronáutico,** ≈ industrial/ agricultural/aeronautical expert.

peritoneal *adj Anat* peritoneal.

peritoneo *nm Anat* peritoneum.

peritonitis *nf Med* peritonitis.

perjudicado,-a I *pp de* perjudicar. II *adj* harmed, damaged. III *nm,f* victim; **el p. siempre soy yo,** I am always the loser.

perjudicar [1] *vtr (dañar)* to harm, injure; *(estropear)* to damage; *(intereses)* to prejudice; *(en paquetes de tabaco)* '**las Autoridades Sanitarias advierten que: el tabaco perjudica seriamente la salud',** 'Government health warning: smoking can seriously damage your health'; **no quiero perjudicarte,** I don't want to spoil it for you.

perjudicial *adj* prejudicial, detrimental, harmful. ◆**perjudicialmente** *adv* prejudicially.

perjuicio *nm* prejudice, harm, damage; **en p. de,** to the detriment of; **sin p. de,** without prejudice to.

perjurar *vi* 1 *Jur* to commit perjury. 2 *fam* to swear a lot; **le juró y perjuró que era verdad,** he swore again and again that it was true.

perjurio *nm Jur* perjury.

perjuro,-a I *adj* perjured. II *nm,f* perjurer.

perla *nf* 1 pearl; **p. cultivada,** cultured pearl. 2 *fig (persona)* gem, jewel. 3 *fam* **de perlas,** marvellously; **venir de perlas,** to be just the thing.

perlado,-a *adj (forma)* pearl-shaped; *(color)* pearl-coloured; *US* pearl-colored; *lit* **p. de sudor,** with beads of sweat.

permanecer [43] *vi* to remain, stay; **ha permanecido en el puesto durante más de treinta años,** he's been in the same job for thirty years.

permanencia *nf* 1 *(inmutabilidad)* permanency, permanence. 2 *(estancia)* stay.

permanente I *adj* permanent; **comisión p.,** standing committee; **servicio p.,** 24-hour service. II *nf Peluq* permanent wave, perm; **hacerse la p.,** to have one's hair permed. ◆**permanentemente** *adv* permanently.

permanganato *nm Quím* permanganate.

permeabilidad *nf* permeability, pervious nature.

permeable *adj* permeable, pervious; *fig (receptivo)* receptive.

pérmico,-a *adj & nm Geol* Permian.

permisible *adj* permissible.

permisión *nf* permission.

permisividad *nf* permissiveness.

permisivo,-a *adj* permissive.

permiso *nm* 1 *(autorización)* permission; **con su p.,** with your permission, if you don't mind; **pedir p.,** to ask permission. 2 *(documento, licencia)* licence, *US* license, permit; **p. de conducir,** driving licence, *US* driver's license; **p. de residencia,** residence permit. 3 *Mil* leave; **estar de p.,** to be on leave.

permitido,-a I *pp de* permitir. II *adj* permitted, allowed.

permitir I *vtr* to permit, allow; **¿me permite?,** may I?; **permítame,** allow *o* permit me; **si el tiempo lo permite,** weather permitting. II **permitirse** *vr* 1 to permit *o* allow oneself; **me permito recordarle que,**

let me remind you that; **no puedo permitirme ese lujo,** I can't afford it. 2 *(uso impers)* to be permitted *o* allowed; *(en letrero)* '**no se permite fumar',** 'no smoking'.

permuta *nf* exchange.

permutable *adj* permutable.

permutación *nf* 1 *(cambio)* exchange. 2 *Mat* permutation.

permutar *vtr* 1 *(cambiar)* to exchange. 2 *Mat* to permute.

pernear *vi* to shake *o* kick one's legs.

pernera *nf* trouser leg.

pernicioso,-a *adj* pernicious.

pernil *nm Culin* ham.

pernio *nm* hinge.

perno *nm Téc* bolt.

pernocta *nf Mil (pase de) p.,* overnight pass.

pernoctar *vi* to stay overnight *o* the night.

pero I *conj* but; **el dinero hace ricos a los hombres p. no dichosos,** money makes men rich but not happy; **p., ¿qué pasa aquí?,** now, what's going on here? II *nm* fault, objection; **poner** *o* **encontrar peros (a algo/a algn),** to find fault (with sth/with sb).

perogrullada *nf* truism, platitude.

perogrullesco *adj* platitudinous.

perol *nm Culin* large saucepan, pot.

peroné *nm Anat* fibula.

peronismo *nm Pol* Peronism.

peronista *adj & nmf Pol* Peronist.

peroración *nf* speech.

perorar *vi* to deliver a speech.

perorata *nf* boring speech.

perpendicular *adj & nf Geom* perpendicular. ◆**perpendicularmente** *adv* perpendicularly.

perpendicularidad *nf Geom* perpendicularity.

perpetración *nf* perpetration.

perpetrar *vtr* to perpetrate, commit.

perpetuación *nf* perpetuation.

perpetuar [11] I *vtr* to perpetuate. II **perpetuarse** *vr* to be perpetuated; *(hacer durar)* to go on interminably.

perpetuidad *nf* perpetuity; **a p.,** in perpetuity.

perpetuo,-a *adj* perpetual, everlasting; *Jur* **cadena perpetua,** life imprisonment. ◆**perpetuamente** *adv* perpetually.

perplejidad *nf* perplexity, bewilderment.

perplejo,-a *adj* perplexed, bewildered; **dejar p.,** to perplex, bewilder; **quedar(se) p.,** to be perplexed *o* bewildered.

perra *nf* 1 *Zool* bitch. 2 *fam (moneda)* penny; **estar sin una p.,** to be broke. 3 *fam (idea fija)* obsession, fixed idea; **coger la p. de (hacer algo),** to take it into one's head (to do sth); **coger una p.,** to fly off the handle.

perrera *nf (para guardar perros)* kennel, kennels *pl*; *Ferroc* dog box.

perrería *nf fam* dirty trick; **hacerle una p. a algn,** to play a dirty trick on sb.

perrero *nm* dog-catcher.

perro,-a I *adj fam* lousy, wretched; **¡perra suerte!,** what rotten luck! II *nm* 1 *Zool* dog; *(en letrero)* **cuidado con el p.,** beware of the dog; **p. callejero** *o* **suelto,** stray dog; **p. faldero,** lapdog; *fig* **¡a otro p. con ese hueso!,** come off it!, pull the other one!; *fig* **p. viejo,** old hand; *fam* **de perros,** lousy; *fam* **vida de perros,** dog's life; *prov* **p. ladrador, poco mor-**

dedor, his bark is worse than his bite. 2 *Culin* **p. caliente,** hot dog. 3 *fam (canalla)* rotter, swine.

perruno,-a *adj* canine, dog; *(lealtad)* doglike.

persa *adj & nmf* Persian.

persecución *nf* 1 *(seguimiento)* pursuit; **salieron en su p.,** they set off in pursuit (of him). 2 *Pol (represión)* persecution.

persecutorio,-a *adj* 1 *(que sigue)* pursuing. 2 *(opresor)* persecutory; *Med* **manía persecutoria,** persecution mania.

perseguidor,-a I *adj* 1 *(seguidor)* pursuing. 2 *(represor)* persecuting. II *nm,f* 1 *(el que sigue)* pursuer. 2 *(opresor)* persecutor.

perseguir [56] *vtr* 1 *(gen)* to pursue, chase; *(seguir)* to run after, follow; *fig* **me persigue la mala suerte,** I'm dogged by bad luck. 2 *(reprimir)* to persecute. 3 *fig (pretender)* to pursue, be after; **¿qué persigues?,** what are you aiming at?

perseverancia *nf* perseverance, constancy.

perseverante *adj* persevering, constant.

perseverar *vi* 1 *(persistir)* to persevere, persist; **si perseveras en tu actitud,** if you continue to have that attitude. 2 *(durar)* to last.

Persia *n* Persia.

persiana *nf* (Persian) blinds *pl.*

pérsico,-a I *adj* Persian; **golfo P.,** Persian Gulf. II *nm Bot* persicaria, red shank.

persignar *Rel* I *vtr* to cross. II **persignarse** *vr* to cross oneself.

persistencia *nf* persistence.

persistente *adj* persistent.

persistir *vi* to persist.

persona *nf* person; **algunas personas,** some people; **buena p.,** nice person; **en p.,** in person; **por p.,** per person; *Ling* **la primera p. del plural,** the first person plural; *Jur* **p. jurídica,** legal entity; *fam* **p. mayor,** grown-up.

personaje *nm* 1 *(celebridad)* celebrity, personage, important person. 2 *Cin Lit Teat* character.

personal I *adj* 1 *(particular)* personal, private. 2 *Ling* personal. II *nm* 1 *(plantilla)* staff, personnel. 2 *fam (gente)* people. ◆**personalmente** *adv* personally.

personalidad *nf* personality.

personalismo *nm* 1 *Filos* personalism. 2 *Pol (parcialidad)* partiality. 3 *(egoismo)* egoism.

personalista *adj* 1 *Filos* personalistic. 2 *(parcial)* partial. 3 *(egoísta)* egoistic.

personalizar [4] *vtr* 1 *(aludir)* to personalize. 2 *(encarnar)* to personify. 3 *(adaptar)* to become *o* get personal.

personarse *vr* to present oneself, appear in person.

personificación *nf* personification.

personificar [1] *vtr* to personify.

perspectiva *nf* 1 *(gen)* perspective; **en p.,** in perspective; **p. lineal,** linear perspective. 2 *(futuro)* prospect, outlook; **las perspectivas son inmejorables,** the perspectives could not be better.

perspicacia *nf* keen understanding, insight, perspicacity.

perspicaz *adj* sharp, perspicacious.

perspicuo,-a *adj* perspicuous, clear.

persuadir I *vtr* to persuade; **estar persuadido de que,** to be convinced that. II **persuadirse** *vr* to become convinced.

persuasión *nf* persuasion.

persuasivo,-a I *adj* persuasive, convincing. II *nf* persuasiveness.

persuasor,-a *nm,f* persuader, convincer.

pertenecer [43] *vi* to belong (**a,** to); *fig* **no me pertenece decirlo,** it's not for me to say.

perteneciente *adj* belonging.

pertenencia *nf* 1 *(propiedad)* possessions *pl,* property. 2 *(afiliación)* affiliation, membership. 3 **pertenencias,** personal belongings.

pértiga *nf* pole; *Dep* **salto de p.,** pole vault.

pertinacia *nf* 1 *(persistencia)* persistence. 2 *(obstinación)* obstinacy.

pertinaz *adj* 1 *(persistente)* persistent. 2 *(obstinado)* obstinate, stubborn. ◆**pertinazmente** *adv* 1 *(persistentemente)* persistently. 2 *(obstinadamente)* obstinately.

pertinencia *nf* 1 *(relación)* pertinence, relevance. 2 *(adecuado)* appropriateness.

pertinente *adj* 1 *(relativo)* pertinent, relevant. 2 *(apropiado)* appropriate; **esta decisión no es p. a mi cargo,** it is not up to me to decide.

pertrechar I *vtr* to equip, supply (**de, con,** with). II **pertrecharse** *vr* to equip oneself.

pertrechos *nmpl (equipo)* equipment *sing; Mil* ammunition *sing.*

perturbación *nf* disturbance; **p. del orden público,** breach of the peace; *Med* **p. mental,** mental disorder.

perturbado,-a I *pp de* **perturbar.** II *adj* 1 *(confuso)* confused. 2 *(desequilibrado)* (mentally) deranged *o* unbalanced. III *nm,f* mentally deranged *o* unbalanced person.

perturbador,-a I *adj* disturbing. II *nm,f* disturber, unruly person.

perturbar *vtr (público)* to disturb; *Med* **p. la mente,** to perturb one's mind.

Perú *n* Peru.

peruano,-a *adj & nm,f* Peruvian.

perversidad *nf* perversity.

perversión *nf* perversion.

perverso,-a I *adj* perverse, evil. II *nm,f* 1 *(malvado)* evil *o* wicked person. 2 *(depravado)* pervert. ◆**perversamente** *adv* perversely.

pervertidor,-a I *adj* pervertible. II *nm,f* perverter.

pervertir [35] I *vtr* to pervert, corrupt. II **pervertirse** *vr* to be perverted, become perverted.

pervivencia *nf* survival.

pervivir *vi* to survive.

pesa *nf* 1 *(peso)* weight; *Gim* **levantamiento de pesas,** weightlifting. 2 *Am (carnicería)* butcher's (shop).

pesabebés *nm inv* baby-scales *pl.*

pesacartas *nm inv* letter-scales *pl.*

pesada *nf* weighing.

pesadez *nf* 1 *(con peso)* heaviness; *fig (de estómago)* fullness. 2 *fig (lentitud)* slowness, sluggishness. 3 *fam (fastidio)* drag, nuisance.

pesadilla *nf* nightmare; **de p.,** nightmarish.

pesado,-a I *pp de* **pesar.** II *adj* 1 *(gen)* heavy; *(comida)* rich, heavy; *(tiempo)* close, sultry. 2 *fig (lento)* slow, sluggish. 3 *(fatigoso)* hard, tough. 4 *(aburrido)* tedious, dull; **ponerse p.,** to be a pest; **¡qué p. eres!,** what a drag you are! III *nm,f* bore, pest. ◆**pesadamente** *adv* heavily; *(despacio)* slowly, sluggishly.

pesadumbre *nf* grief, affliction.

pesaje *nm* weighing.

pésame *nm* condolence, sympathy; **dar el p.,** to offer *o* express one's condolence *o* condolences; **mi más sentido p.,** my deepest sympathy.

pesantez *nf Fís* gravity.

pesar I *vtr* 1 *(determinar el peso)* to weigh up. 2 *(examinar)* to weigh. II *vi* 1 *(tener gravedad)* to weigh; **¿cuánto pesas?,** how much do you weigh?; **pesa cien gramos,** it weighs a hundred grams; *fig* **toda la responsabilidad pesa sobre mí,** all the responsibility falls on me. 2 *(ser pesado)* to be heavy; **A pesa más/menos que B,** A is heavier/lighter than B; **pesa demasiado,** it's too heavy; **p. poco,** to be light. 3 *fig (tener importancia)* to play an important part. III *v unipers (ser de lamentar)* to be a pity; **mal que te pese,** whether you like it or not; **me pesa que no lo aceptes,** I'm sorry that you won't accept it; **pese a (que),** in spite of; **pese a quien pese,** in spite of everything. IV *nm* 1 *(pena)* sorrow, grief. 2 *(arrepentimiento)* regret; **bien a su p.,** much to his regret. 3 **a p. de,** in spite of; **a p. de todo,** in spite of everything; **a p. mío/tuyo,** against my/your will; **hazlo a p. de lo que digan,** do it in spite of what they say. V **pesarse** *vr* to weigh oneself.

pesario *nm Med* pessary.

pesaroso,-a *adj* 1 *(triste)* sorrowful, sad. 2 *(arrepentido)* regretful, sorry.

pesca *nf* 1 fishing; *(con caña)* angling; **ir de p.,** to go fishing; **p. de altura,** deep-sea fishing; **p. de bajura,** coastal fishing; **p. submarina,** underwater fishing; *fam fig* **andar a la p. de,** to fish for; *fam* **toda la p.,** the whole caboodle. 2 *(peces)* fish; *(pescado)* catch.

pescadería *nf* fish shop, fishmonger's (shop).

pescadero,-a *nm,f* fishmonger.

pescadilla *nf (pez)* young hake.

pescado *nm* fish; **p. blanco/azul,** white/blue fish.

pescador,-a I *adj* fishing. II *nm,f (hombre)* fisherman; *(mujer)* fisherwoman; **p. de caña,** angler.

pescante *nm* 1 *(de carruaje)* coachman's seat. 2 *Constr* jib, boom. 3 *Náut* davit.

pescar [1] I *vtr* 1 to catch *o* land (fish); **ir a p. truchas,** to go trout fishing. 2 *fam (coger)* to pick up, catch; **le pescó la policía,** the police caught him; **no pesca ni un chiste,** he doesn't get a single joke; **p. un buen trabajo,** to land a good job. II *vi* to fish; **ir a p.,** to go fishing; **p. con caña,** to angle; *fig* **p. en río revuelto,** to fish in troubled waters.

pescozada *nf,* **pescozón** *nm* slap on the neck *o* head.

pescuezo *nm fam* neck; *hum* **retorcer el p. a algn,** to wring sb's neck.

pesebre *nm* 1 *(cajón)* manger, stall. 2 *(belén)* Nativity scene.

peseta *nf* 1 *Fin* peseta. 2 **pesetas,** *fam* money *sing.*

pesetero,-a I *adj* stingy, money-grubbing, tight. II *nm,f* skinflint.

pesimismo *nm* pessimism.

pesimista I *adj* pessimistic. II *nmf* pessimist.

pésimo,-a *adj* very bad, awful, terrible; **de pésima calidad,** absolutely useless. ◆**pésimamente** *adv* awfully, wretchedly, terribly.

peso *nm* 1 *(gravedad)* weight, heaviness; **al p.,** by weight; **ganar/perder p.,** to put on/lose weight; **p. bruto/neto,** gross/net weight; *fig* **caer por su propio p.,** to be self-evident; *fig* **de p.,** *(persona)* influential; *(razón)* convincing; *fig* **la familia en p.,** the whole family; *fig* **me quité un p. de encima,** it took a load off my mind. 2 *Fin* peso. 3 *Dep (de lanzar)* shot; *(de levantar)* weight; **lanzamiento del p.,** shot put; **levantamiento de p.,** weightlifting; *Box* **p. mosca/pesado,** flyweight/heavyweight.

pespunt(e)ar *vtr Cost* to backstitch.

pespunte *nm Cost* backstitch.

pesquera *nf,* **pesquería** *nf* fishery, fishing ground.

pesquero,-a I *adj* fishing. II *nm* fishing boat.

pesquis *nm fam* gumption, wit; **no tener p.,** to be as thick as two short planks.

pesquisa *nf* 1 *(investigación)* inquiry; **hacer pesquisas,** to make inquiries. 2 *Arg Ecuad Par (policía)* secret police.

pestaña *nf* 1 *(pelo)* eyelash, lash. 2 *Anat Bot* fringe. 3 *Téc* flange; *(de neumático)* rim.

pestañear *vi* to blink; **sin p.,** without batting an eyelid.

pestañeo *nm* blink, blinking.

pestazo *nm fam* stink, stench.

peste *nf* 1 *Med* plague; *Hist* **la p. negra,** the Black Death; **p. bubónica,** bubonic plague; *fig* **una p. de mosquitos,** a plague of mosquitoes. 2 *(hedor)* stench, stink. 3 *(cosa mala)* pest, nuisance. 4 **pestes,** *(palabras de enojo)* swearing *sing,* obscenities; **decir** *o* **echar pestes,** to curse.

pesticida *nm* pesticide.

pestífero,-a *adj* 1 *(dañino)* pestiferous. 2 *(maloliente)* foul, stinking.

pestilencia *nf* 1 *(peste)* pestilence. 2 *(mal olor)* stench, stink.

pestilente *adj* 1 *(dañino)* pestilent. 2 *(maloliente)* stinking, foul.

pestillo *nm* spring bolt; *(cerrojo)* bolt, latch; *(de la contraventana)* shutter catch.

petaca I *nf* 1 *(para cigarrillos)* cigarette case; *(para picadura)* tobacco pouch; *(para bebidas)* flask. 2 *(broma)* apple-pie bed. 3 *CAm (joroba)* hump. 4 **petacas,** *Méx (nalgas)* buttocks. II *nm,f Am (holgazán)* idler, slacker.

pétalo *nm Bot* petal.

petanca *nf* game of bowls, boules *pl.*

petardo *nm* 1 *(explosivo)* firecracker, firework; *Mil* petard. 2 *fam (persona) (fea)* ugly person, horror; *(inútil)* good-for-nothing, worthless person; *(aburrida)* bore. 3 *(drogas)* joint.

petate *nm Mil* luggage; *fam* **liar el p.,** *(marcharse)* to leave, pack up and go; *(morir)* to kick the bucket.

petenera *nf Mús* Andalusian popular song; *fam* **salirse por peteneras,** to go off at a tangent.

peteretes *nmpl* sweets.

petición *nf* request; *Jur* petition, plea; **a p. de,** at the request of; **p. de mano,** proposal (of marriage).

peticionar *vtr Am* to request.

peticionario,-a *nm,f Jur* petitioner.

petimetre *nm pey* dandy.

petirrojo *nm Orn* robin (redbreast).

petitorio,-a *adj* petitionary.

peto *nm* 1 *(prenda)* bib, bodice. 2 *Hist (de armadura)* breastplate.

petrel *nm Orn* petrel.

pétreo,-a *adj (de piedra)* stone; **una superficie pétrea,** a stony surface.

petrificación *nf* petrification.

petrificar [1] *vtr*, petrificarse *vr* to petrify.
petrodólar *nm Fin* petrodollar.
petróleo *nm* petroleum, oil; **p. crudo,** crude oil; **pozo de p.,** oil well.
petrolero,-a I *adj* oil; **la industria petrolera,** the oil industry. II *nm Náut* oil tanker.
petrolífero,-a *adj* oil; *Geol Min* oil-bearing.
petroquímico,-a *Quím* I *adj* petrochemical. II *nf* petrochemistry.
petulancia *nf* arrogance, vanity.
petulante *adj* arrogant, vain.
petunia *nf Bot* petunia.
peúco *nm* 1 *(de niño)* bootee. 2 *(dormir)* bedsock.
peyorativo,-a *adj* pejorative, derogatory.
peyote *nm Bot* peyote, mescal.
pez[1] *nm Zool* fish; *fam fig* **ella está como p. en el agua,** she's in her element; *fam fig* **estaba p. en ciencias,** he knew nothing at all about science; *fam fig* **p. gordo,** big shot. ■ **p. cinto,** scabbard fish; **p. de San Pedro,** John Dory; **p. espada,** swordfish; **p. martillo,** hammerhead shark; **p. volador,** flying fish.
pez[2] *nf* pitch, tar.
pezón *nm* 1 *Anat* nipple. 2 *Téc* tip, knob.
pezuña *nf Anat Zool* hoof.
piadoso,-a *ajd* 1 *(devoto)* pious. 2 *(compasivo)* compassionate; **mentira piadosa,** white lie. ◆piadosamente *adv véase* pío,-a[2].
pialar *vtr Am* to hobble.
piamontés,-esa *adj & nm,f* Piedmontese.
pianísimo *adv & nm Mús* pianissimo.
pianista *nmf Mús* pianist, piano player.
pianístico,-a *adj Mús* pianistic, piano.
piano *Mús* I *nm* piano. ■ **p. de cola,** grand piano; **p. de media cola,** baby grand (piano); **p. recto/vertical,** upright piano. II *adv* I *Mús* piano. 2 *fam (despacio)* slowly, nice and easy.
pianoforte *nm Mús* pianoforte, piano.
pianola *nf Mús* pianola.
piar [13] *vi* to chirp, tweet.
piara *nf Zool* herd of pigs.
piastra *nf Fin* piastre.
PIB *nm Fin abr de* **producto interior bruto,** gross domestic product, GDP.
pibe,-a *nm,f RPl* kid.
pica *nf* 1 *Hist Mil* pike; *fig* **poner una p. en Flandes,** to bring off sth really difficult. 2 *Taur* goad. 3 *Naipes* spade. 4 *Am (sendero)* track, path.
picacho *nm* mountain peak.
picada *nf véase* picadura.
picadero *nm* 1 *Equit* riding school. 2 *fam (piso)* bachelor pad.
picadillo *nm Culin (carne)* minced meat; *(guiso)* type of stew; *fam* **hacer p. a algn,** to make mincemeat of sb.
picado,-a I *pp de* picar. II *adj* 1 *Culin (pasado)* off, bad; *(vinos)* sour; *(carne)* high. 2 *Culin (cortado)* chopped; *(molido)* minced; *(tabaco)* cut. 3 *(mordido)* bitten; *(de avispa, abeja)* stung. 4 *Med (diente)* decayed; **p. de la viruela,** pockmarked. 5 *(mar)* choppy. 6 *fam (molesto)* piqued, narked. III *nm* 1 *(acción de picar)* chopping. 2 *Av* dive, diving; **caer en p.,** to plummet.
picador *nm Taur* mounted bullfighter, picador.
picadora *nf* mincer.

picadura *nf* 1 *(de serpiente, insecto)* bite; *(de avispa, abeja)* sting. 2 *(en una fruta)* spot; *Med (de viruela)* pockmark; *(en un diente)* decay, caries *sing; Metal* pitting. 3 *(tabaco)* cut tobacco.
picaflor *nm* 1 *Orn* hummingbird. 2 *Am (persona)* lady-killer.
picajoso,-a I *adj* touchy. II *nm,f* touchy person.
picana *nf* 1 *SAm* goad. 2 *Arg Bol Culin* breast of rhea. 3 *Arg Chi Culin* shank.
picante I *adj* 1 *Culin* hot, spicy. 2 *fig (malicioso)* risqué, spicy. II *nm* piquancy, hot spice.
picapedrero *nm* stonecutter.
picapica *nf* **polvos p.,** itching powder *sing.*
picapleitos *nmf inv* pey bad lawyer.
picaporte *nm* 1 *(aldaba)* door knocker. 2 *(pomo)* door handle.
picar [1] I *vtr* 1 *(punzar) (insectos, serpientes)* to bite; *(avispas, abejas)* to sting; *(espino, barba)* to prickle. 2 *(espolear)* to spur on; *Taur* to goad, wound. 3 *(comer) (aves)* to peck (at); *(persona)* to nibble, peck (at). 4 *Pesca* to bite. 5 *(escocer)* to itch **me pica la nariz,** my nose is itching; **me pican los ojos,** my eyes are smarting; *fam* **a quien pique que se rasque,** if the cap fits, wear it. 6 *(perforar)* to prick, puncture, punch. 7 *Culin (moler)* to mince *(cortar)* to chop up. 8 *fig (incitar)* to incite, goad **le picaron para que lo dijera,** he was forced into saying it; **p. la curiosidad (de algn),** to arouse (sb's) curiosity; **p. el amor propio (de algn),** to wound (sb's) self-esteem. 9 *Mús* to play a note. II *vi* 1 *(escocer)* to itch; *(herida)* to smart. 2 *(calentar el sol)* to burn. 3 *Culin* to be hot; *(vino)* to be sharp 4 *Pesca* to bite. 5 *fig (dejarse engañar)* to swallow it. 6 *Av* to dive. III *picarse vr* 1 *(fruta)* to spot, rot *(vino)* to turn sour; *(ropa)* to become moth-eaten *(metal)* to pit; *(dientes)* to decay. 2 *(mar)* to ge choppy. 3 *(sentirse herido)* to take offence *o US* offense; *(enfadarse)* to get cross. 4 *(drogas)* to shoot up. 5 *Am (emborracharse)* to get drunk. 6 **picárselas,** *Arg (largarse)* to scarper.
picardía *nf* 1 *(bribonería)* naughtiness; *(astucia,* craftiness; **tener mucha p.,** to be a crafty old devil 2 *(travesura)* dirty trick; *(procacidad)* naughty thing.
picaresco,-a I *adj* 1 *(deshonesto)* roguish. 2 *Li* picaresque. II *nf* 1 *(pandilla)* gang of rascals. *Lit* picaresque literature.
pícaro,-a I *adj* 1 *(travieso)* naughty, mischievous *(astuto)* sly, crafty. 2 *(procaz)* risqué. II *nm,f* rascal sly person, rogue.
picatoste *nm Culin* crouton.
picazón *nf* 1 *(que pica)* itch; *(que quema)* smarting stinging. 2 *fig (desazón)* uneasiness, anxiety.
picea *nf Bot* spruce; **p. de Noruega,** Norway spruce **p. de Serbia,** Serbian spruce.
picha *nf vulg* cock, prick.
pichana *nf Arg* broom.
piche I *adj CAm* tight-fisted, mean. II *nm* 1 *Am fam (miedo)* fear. 2 *CAm Zool* kind of armadillo.
pichear *vtr Béisb* to pitch.
pícher *nm Béisb* pitcher.
pichi *nm (prenda)* pinafore dress.
pichico *nm CAm Anat* phalanx of an animal.
pichocal *nm Méx* pigsty.
pichón[1] *nm Orn* young pigeon; **tiro al** *o* **de p.,** pigeon shooting.
pichón,-ona[2] *nm,f fam (persona)* darling, pet.

picnic *nm* picnic; **ir de p.,** to go for a picnic.

pico *nm* 1 *Orn* beak, bill. 2 *Orn* woodpecker; **p. menor,** lesser-spotted woodpecker; **p. picapinos,** great spotted woodpecker. 3 *(punta)* corner. 4 *(de vasija)* spout; *(de cazuela)* lip. 5 *(herramienta)* pick, pickaxe, *US* pickax. 6 *Geog (cima)* peak; *fig (valor máximo)* peak. 7 *fam (boca)* mouth; **abrir el p.,** to talk; **cierra el p.,** shut your trap; **darse el p.,** *(besarse)* to smooch; *(llevarse bien)* to get along well; **ir de picos pardos,** to paint the town red; **ser** *o* **tener un p. de oro,** to have the gift of the gab; **tener mucho p.,** to be a great talker. 8 *(cantidad)* odd amount; **éramos cincuenta y p.,** there were fifty odd of us; **llegó a las dos y p.,** he arrived just after two; *fam* **costar un p.,** to cost a bomb. 9 *(drogas)* fix; **darse un p.,** to give oneself a fix.

picogordo *nm Orn* hawfinch.

picoleto *nm fam* civil guard; **los picoletos,** the Civil Guard *sing.*

picor *nm (leve)* itch, tingling; *(doloroso)* smarting, stinging.

picota *nf* pillory; *fig* **poner a algn en la p.,** to pillory sb.

picotada *nf,* **picotazo** *nm* peck.

picotear *vtr & vi* 1 *Orn* to peck. 2 *(comer)* to nibble.

picoteo *nm* 1 *Orn* pecking. 2 *(de comer)* nibbling.

picto,-a *Hist* I *adj* Pictish. II *nm,f* Pict. III *nm Ling* Pictish.

pictografía *nf* pictography.

pictográfico,-a *adj* pictographic.

pictórico,-a *adj Arte* pictorial. ◆**pictóricamente** *adv* pictorially.

picudo,-a *adj* pointed, beaked.

picuyí *nm Arg* filth, grubbiness, muck.

pidgin-english *nm Ling* pidgin English.

pídola *nf* leapfrog.

pie *nm* 1 *Anat* foot; **pies,** feet; **al p.,** close by, at hand; **a los pies de** *o* **al p. de,** at the foot of; **a p.,** on foot; **a p. firme,** steadfastly; **de p.,** standing up; **de pies a cabeza,** from head to foot; **echar p. a tierra,** to get down, dismount; **en p.,** standing; **hacer p.,** to touch the bottom; **ir a p.,** to walk, go on foot; **no se tuvo de p.,** he couldn't stand up; **panti sin pies,** footless tights; **perder p.,** to get out out of one's depth; **poner los pies en,** to set foot in; **ponerse de p.,** to stand up; **quedar en p.,** to remain (standing); **tener los pies planos,** to have flat feet; *fig* **a los pies de algn,** at sb's service; *fig* **a p.** *o* **pies juntillas,** blindly; *fig* **al p. de la letra,** to the letter, word for word; *fig* **buscar tres** *o* **cinco pies al gato,** to split hairs; *fig* **con buen/mal p.,** on the right/wrong footing; *fig* **con pies de plomo,** gingerly, cautiously; *fig* **dar p. a,** to give cause for; *fig* **el ciudadano de a p.,** the man in the street; *fig (pendiente)* **en p.,** pending; *fig* **en (un) p. de igualdad,** on an equal footing; *fig* **levantarse con el p. izquierdo,** to get out of bed on the wrong side; *fig* **no tener ni pies ni cabeza,** to be absurd; *fig* **pararle los pies a algn,** to put sb in his *o* her place; *fam fig* **hacer algo con los pies,** to mess *o* botch sth up; *fam fig* **no dar p. con bola,** to do everything wrong. ■ *Med* **p. de atleta,** athlete's foot; *Zool* **p. de cabra,** goose barnacle; *Impr* **p. de imprenta,** imprint; *Téc* **p. de rey,** calliper, *US* caliper. 2 *(de un instrumento)* stand; *(de una copa)* stem. 3 *(de un escrito, una página)* foot. 4 *Impr (de una ilustración)* caption. 5 *(medida)* foot. 6 *Teat* cue. 7 *Lit* foot.

piedad *nf* 1 *Rel* devoutness, piety. 2 *(compasión)* compassion, pity; **por p.,** out of pity; **¡por p.!,** for pity's sake!; **tenga p. de ellos,** have mercy on them. 3 *Arte* pietà.

piedra *nf* 1 *(roca)* (stone); *(de mechero)* flint; **p. de afilar,** whetstone; **p. de molino,** millstone; **p. filosofal,** philosopher's stone; **p. pómez,** pumice (stone); **p. preciosa,** precious stone; **poner la primera p.,** to lay the foundation stone; *fig* **a tiro de p.,** a stone's throw away; *fig* **p. de toque,** touchstone; *fam* **menos da una p.,** it's better than nothing; *fam fig* **me dejó** *o* **me quedé de p.,** I was taken aback; *fam fig* **no dejar** *o* **quedar p. por mover,** not to leave a stone unturned; *hum* **¡que uno no es de p.!,** one can only stand so much! 2 *Med* stone, calculus. 3 *Meteor* hailstone.

piel *nf* 1 *Anat* skin; **p. de gallina,** goose pimples *pl*; *(persona)* **p. roja,** redskin; *fig* **dar la p. por algo,** to give one's right arm for sth; *fam* **ser de la p. del diablo** *o* **de Barrabás,** to be a little devil. 2 *(de fruta, de patata)* skin, peel. 3 *(cuero)* leather; *(con pelo)* fur; **zapatos/bolso de p.,** leather shoes/handbag. 4 **pieles,** fur *sing*; **un abrigo de p.,** a fur coat.

piélago *nm lit* ocean, deep.

pienso *nm* fodder, feed; **piensos compuestos,** mixed feed *sing.*

pierio,-a *adj Mit* Pierian.

pierna *nf Anat* leg; **estirar las piernas,** to stretch one's legs; *Culin* **p. de cordero,** leg of lamb; *fig* **estirar la p.,** to kick the bucket; *fam* **dormir a p. suelta** *o* **tendida,** to sleep like a log.

pierrot *nm Lit* Pierrot.

pieza *nf* 1 *(elemento)* piece, part, element; **p. de recambio,** spare part; **precio por p.,** price per item; *(prenda)* **traje de dos piezas,** suit; *fig* **me dejó** *o* **me quedé de una p.,** I was speechless *o* dumbfounded *o* flabbergasted; *fam* **¡buena p. estás tú hecho!,** a fine one you are! 2 *(habitación)* room. 3 *Caza* specimen, piece, head. 4 *Cost (trozo, remiendo)* patch. 5 *Tex (de tela)* roll, piece. 6 *(juegos)* piece, man. 7 *Teat* play; **p. corta,** sketch. 8 *Mús* song, piece.

piezoelectricidad *nf Fís* piezoelectricity.

piezoeléctrico,-a *adj Fís* piezoelectric.

pífano *nm Mús* fife.

pifia *nf fam* 1 *(error)* blunder, bloomer; **cometer una p.,** to put one's foot in it. 2 *Am (burla)* gibe, taunting, mockery.

pifiar [12] *vi fam* to blunder, make a bloomer.

pigmentación *nf* pigmentation.

pigmento *nm* pigment.

pigmeo,-a I *adj* Pygmy, pigmy; *fig* pygmean. II *nm,f* Pygmy, Pigmy; *fig* pygmy, pigmy.

pignoración *nf Fin* pledge.

pignorar *vtr* to pawn.

pija *nf vulg* cock, prick.

pijada *nf fam* 1 *(dicho)* stupid *o* empty remark; **no dice más que pijadas,** he talks nothing but rubbish. 2 *(cosa)* trifle; **se molesta por cualquier p.,** he gets annoyed at the slightest thing.

pijama *nm (prenda)* pyjamas *pl.*

pijo,-a I *adj fam* 1 *(afectado)* posh; **hablar en plan p.,** to talk posh; **un barrio p.,** a posh area. 2 *(tonto)* stupid, fool. II *nm,f fam (afectado)* daddy's boy; *(afectada)* little rich girl. 2 *vulg (pene)* prick, cock.

pijotada *nf véase* pijada.

pijotear *vi Am* to haggle.

pijotería nf véase **pijada.**

pijotero,-a adj fam annoying, tedious, boring.

pila nf **1** (montón) pile, heap; fig (muchos) piles pl, heaps pl, loads pl; **una p. de libros,** a pile of books; fig **una p. de años,** a lot of years. **2** Elec battery; **p. seca,** dry battery. **3** Constr pier. **4** (recipiente) (de la cocina) sink; (de baño, lavadero) basin; (de agua) small fountain; Rel **p. bautismal,** font; fig **nombre de p.,** Christian name.

pilar[1] nm **1** Arquit pillar; fig (apoyo) pillar, support. **2** (mojón) milestone; (poste) post.

pilar[2] nm waterhole.

pilastra nf Arquit pilaster.

pilatuna nf Am dirty trick.

pilcate nm Méx urchin.

pilcha nf Am piece of clothing.

pilche nm Am wooden bowl.

píldora nf pill; **la p.,** the (contraceptive) pill; **p. abortiva,** morning-after pill; fig **dorar la p.,** to gild the pill; fam **se tragó la p.,** he fell for it.

pileta nf **1** (pila) sink; (para lavar ropa) laundry. **2** (piscina) swimming pool.

pilila nf fam willy.

pillaje nm looting, pillage, plunder.

pillar I vtr **1** (robar) to plunder, loot. **2** (coger) to catch; (alcanzar) to catch up with; **lo pilló un coche,** he was run over by a car; **¡te pillé!,** caught you!; fam **p. un resfriado,** to catch a cold. **3** fam (hallarse) to be; **me pilla un poco lejos,** it's a bit far for o from me; **si te pilla de camino,** if you're going in that direction. II **pillarse** vr to catch; **p. un dedo/una mano,** to catch one's finger/hand; fig **p. los dedos,** to come out the loser, lose money.

pillastre nm fam rogue, scoundrel, rascal.

pillear vi to lead the life of a thug.

pillería nf **1** (acción) dirty trick. **2** (panda de pillos) gang of rascals.

pillín nm fam little rascal.

pillo,-a I adj **1** (travieso) naughty. **2** (astuto) sly, cunning. II nm,f **1** (niño) naughty child; **¡qué p. eres!,** what a naughty boy you are! **2** pey (adulto) thug.

pilón[1] nm **1** (abrevadero) trough. **2** (lavadero) basin, sink, laundry. **3** (pilar) pillar, column; (poste) post.

pilón,-ona[2] I adj Arg Chi one-eared. II nf (novia) bride; (joven) young girl.

pilonga adj Bot (castaña) **p.,** dried chestnut.

pilórico,-a adj Anat pyloric.

píloro nm Anat pylorus.

piloso,-a adj hair.

pilotaje nm pilotage, piloting.

pilotar vtr Av to pilot, fly; Aut to pilot, drive; Náut to pilot, steer.

pilote nm Arquit pile.

piloto I nm **1** Av Náut pilot; Aut driver; **p. automático,** automatic pilot; **sin p.,** pilotless. **2** (luz) pilot lamp, light. II adj pilot; **piso p.,** show flat; **programa p.,** pilot programme.

piltra nf fam bed.

piltrafa nf **1** fam weakling; **estar hecho una p.,** to be on one's last legs. **2** piltrafas, (residuos) scraps.

pimentero nm Bot pepper plant.

pimentón nm Bot paprika, red pepper.

pimienta nf pepper; **p. blanca/negra,** white/black pepper.

pimiento nm (planta) pimiento; (fruto) pepper; **p. morrón,** sweet pepper; fam **me importa un p.,** I don't give a damn, I couldn't care less.

pimpante adj fam spruce, smart; **más p. que una rosa,** as fresh as a daisy.

pimpinela nf Bot pimpernel.

pimplar vi fam to drink, go boozing.

pimpollo nm **1** Bot shoot. **2** fam (persona) dish, smasher.

pimpón® nm Dep ping-pong, table tennis.

pinacoteca nf art gallery.

pináculo nm Arquit pinnacle.

pinar nm pine grove, pine wood.

pincel nm brush, paintbrush; fig (estilo) style.

pincelada nf brushstroke, stroke of a brush; fig **con cuatro pinceladas ella expresó lo que sentía,** in a few words she outlined how she felt.

pincelar vtr to paint.

pincha nmf fam, **pinchadiscos** nmf inv fam disc jockey, DJ.

pinchar I vtr **1** (punzar) to prick, prickle; (desinflar) to burst; **p. un balón,** to burst a ball; **una barba que pincha,** a prickly beard. **2** fam (incitar) to prod; (molestar) to get at, nag; **deja ya de pincharle,** stop getting at him; **hay que pincharla,** she needs prodding. **3** Med to inject, give an injection to. II vi Aut to puncture. **2** fig (fracasar) to fail; fam **ni pincha ni corta,** he cuts no ice. III **pincharse** vr **1** (picarse) to prick oneself; **me pinché el dedo con un alfiler,** I pricked my finger with a pin. **2** (drogas) to shoot up.

pinchazo nm **1** (punzadura) prick. **2** (de dolor) sudden o sharp pain. **3** Aut puncture, blowout.

pinche nm **1** (ayudante de cocina) kitchen assistant. **2** Arg PR (alfiler) hatpin. **3** Méx PR (bribón) rogue.

pinchito nm Culin apéritif.

pincho nm **1** (punta) (sharp) point; (de planta) thorn, prickle; (de animal) spine; **alambre de pinchos,** barbed wire. **2** Culin apéritif; **p. moruno,** shish kebab; **tomar unos pinchos,** to have a snack o some starters.

pinchulear vtr Arg to decorate, embellish.

pindárico,-a adj Pindaric.

pindonga nf fam gadabout.

pindonguear vi to gad about.

pineal adj pineal.

pineda nf pine grove, pine wood.

pingajo nm fam **1** (harapo) rag. **2** pey (mujer despreciable) slut.

pingo nm fam **1** (prenda) shabby garment. **2** (pingajo) rag; **vas hecho un p.,** what a mess you look. **3** (persona despreciable) rotter. **4** CAm (caballo) fast horse. **5** Méx (diablo) **el p.,** the devil. **6** pingos, (ropa mala) rags.

ping-pong® nm Dep table tennis, ping-pong.

pingüe adj abundant, plentiful; **pingües beneficios,** fat profits.

pingüino nm Orn penguin.

pinitos nmpl fam first steps; **hacer p.,** to take one's first steps.

pinnípedo,-a adj & nm Zool pinniped, pinnipedian.

pino nm Bot pine; fig **hacer el p.,** to do a handstand; fam **en el quinto p.,** in the back of beyond. ■ **p. albar,** Scots pine; **p. himalayo,** Bhutan pine, Himalayan blue pine; **p. insigne,** Monterey pine; **p. manso,** stone pine; **p. piñonero,** stone pine.

pinole *nm CAm* maize drink.

pinrel *nm fam* foot, hoof; **pinreles,** feet *pl*, hooves.

pinta[1] **I** *nf* **1** *(mota)* dot; *(lunar)* spot. **2** *fam (aspecto)* look; **tener buena/mala p.,** to look good/bad; **tiene p. de ser interesante,** it looks interesting. **3** *Am (color)* colour *o US* color of the animals. **4** *Am (linaje)* lineage, family. **II** *nmf fam* shameless person.

pinta[2] *nf (medida)* pint.

pintada *nf* **1** *(inscripción)* graffiti *pl*. **2** *(acción)* painting (on a wall). **3** *Orn* guinea fowl.

pintado,-a I *pp de* pintar. **II** *adj* **1** *(coloreado)* painted; *(en letrero)* **recién p.,** wet paint; *fam fig* **el más p.,** the best (person) in town; *fam fig* **es su hermana pintada,** she's the spitting image of her sister; *fam fig* **nos viene que ni p.,** it is just the ticket; *fam fig* **te está que ni p.,** it suits you to a tee. **2** *(maquillado)* made-up. **3** *(con manchas)* speckled, mottled.

pintamonas *nmf inv pey* bad painter, dauber.

pintar I *vtr* **1** *(dar color)* to paint; **p. con pistola,** to spray. **2** *(dibujar)* to draw, sketch. **3** *fig (describir)* to describe, give the full picture of. **II** *vi* **1** *Naipes* to be trumps. **2** *fam (importar)* to count; **yo aquí no pinto nada,** *(estoy de más)* I am out of place here; *(no tengo nada que ver)* I have nothing to do with this. **III** pintarse *vr* **1** *(maquillarse)* to put make-up on. **2** *fig (mostrarse)* to show, appear. **3** **pintárselas,** *fam (arreglarse)* to manage; **se las pinta solo,** there is no one like him.

pintarraj(e)ar I *vtr* to scribble, daub. **II** pintarraj(e)arse *vr* to tart oneself up.

pintarrajo *nm* scribble, daub.

pintiparado,-a *adj fam* just right; **me viene p.,** it is just the job, it is just what I need.

pinto,-a *adj* spotted, dappled; *Zool* **caballo p.,** pinto; *Bot* **judía pinta,** pinto bean.

pintón,-ona *adj Arg* tipsy.

pintor,-a I *nm,f* painter; *fam* **p. de brocha gorda,** *(de paredes)* house painter; *pey* dauber. **II** *adj Arg* swanky, showy.

pintoresco,-a *adj* **1** *(lenguaje, estilo)* picturesque. **2** *(estrafalario)* eccentric, bizarre.

pintura *nf* **1** *(acción, arte)* painting; **p. a la acuarela,** watercolour; **p. al óleo,** oil painting; **p. al pastel,** pastel drawing; **p. rupestre,** cave painting; *fam fig* **no la puedo ver ni en p.,** I can't stand the sight of her. **2** *(materia)* paint.

pinturero,-a *fam* **I** *adj* swanky, showy. **II** *nm,f* show-off.

pinza *nf* **1** *(gen pl)* tweezers *pl*; *Téc* pincers *pl*, tongs *pl*; **p. de la ropa,** clothes peg; **p. del pelo,** clip, clasp; *fam* **había que cogerlo con pinzas,** he was a wreck; *fam* **sacarle algo con pinzas a algn,** to drag sth out of sb. **2** *Cost* dart. **3** *(de animal)* pincer, nipper.

pinzar [4] *vtr* to take out with tweezers.

pinzón *nm Orn* chaffinch; **p. real,** brambling.

piña *nf* **1** *Bot (de pino)* pine cone; *(de otros árboles)* cone. **2** *Bot (ananás)* **p. (americana),** pineapple. **3** *fig (grupo)* clan, clique. **4** *fam (golpe, puñetazo)* whop, punch. **5** *Am (trompada)* bump, bang.

piñata *nf* pot full of sweets.

piñón[1] *nm Bot* pine seed *o* nut; *fam* **estar a partir un p. (con algn),** to be hand in glove (with sb); *fam* **están a partir un p.,** they're thick as thieves.

piñón[2] *nm Téc* pinion; **p. de cambio,** bevel pinion.

pío[1] *nm (de pájaro, ave)* cheep, chirp; *fam* **no dijo ni p.,** there wasn't a cheep out of him.

pío,-a[2] *adj* pious. ◆**piamente** *adv* **1** *(devotamente)* piously. **2** *(misericordiosamente)* mercifully.

piocha[1] *nf Méx (herramienta)* pickaxe, *US* pickax.

piocha[2] *nf Méx* **1** *(barba)* goatee. **2** *(bueno)* *(hombre)* good-looking man; *(cosa)* excellent thing.

piojo *nm* louse; *fig* **p. resucitado,** social climber.

piojoso,-a *adj* **1** lousy; *(sucio)* dirty, filthy. **2** *fig (mezquino)* stingy, mean.

piolet *nm Dep* ice axe *o US* ax.

piolín *nm Am* thin rope.

pionero,-a *nm,f* pioneer.

piorrea *nf Med* pyorrhoea, *US* pyorrhea.

pipa[1] *nf* **1** *(de fumar)* pipe; **fumar en p.,** to smoke a pipe. **2** *(tonel)* barrel.

pipa[2] *nf Bot (pepita)* pip; *fam* **no tener ni para pipas,** to be broke; *fam* **pasárselo p.,** to have a great time.

pipermín *nm (menta)* peppermint; *(licor)* peppermint liqueur.

pipeta *nf Quím* pipette.

pipí *nm fam* pee, wee-wee; **hacer p.,** to pee, wee-wee.

pipián *nm Am Culin* stew.

pipiolo,-a *nm,f* **1** *fam (niño)* youngster; *(novato)* novice. **2** *Arg Ven (bobo)* half-wit. **3** **pipiolos,** *CAm* money *sing*.

pipón,-ona *adj Am* **1** *(harto)* full. **2** *(barrigón)* pot-bellied.

pique *nm* **1** resentment; **tener un p. con algn,** to be at odds with sb. **2** **a p. de,** on the point of. **3** **irse a p.,** *Náut* to sink; *(un plan)* to fall through; *(un negocio)* to go bust.

piqué *nm Tex* piqué.

piquera *nf* hole.

piqueta *nf* pickaxe, *US* pickax.

piquete *nm* **1** *(estaca)* stake, post. **2** *(persona)* picket; **p. de huelga,** strike picket. **3** *Mil* **p. de ejecución,** firing squad.

piquiña *nf Col PR RD (picor)* itch.

piquituerto *nm Orn* crossbill.

pira *nf* pyre.

pirado,-a *arg* **I** *pp de* pirar. **II** *adj* **estar p. por algo,** to be mad about sth.

piragua *nf* canoe.

piragüismo *nm Dep* canoeing.

piragüista *nmf Dep* canoeist.

piramidal *adj* pyramidal.

pirámide *nf* pyramid; **las pirámides de Egipto,** the Egyptian Pyramids.

piraña *nf Am (pez)* piranha.

pirar *vi,* pirarse *vr arg* to clear off, hop it; **pírate, píratelas,** beat it.

pirata *adj & nmf* pirate; **edición p.,** illegal edition; **emisora p.,** pirate radio.

piratear I *vi* to pirate. **II** *vtr fig* **1** *(avión)* to hijack. **2** *(plagiar)* to pirate; **p. cintas de video,** to pirate videotapes.

piratería *nf* piracy; **p. aérea,** hijacking.

pirenaico,-a *adj & nm,f* Pyrenean.

pirindolo *nm fam* thingumabob, thingummy, thingamajig.

Pirineos *nmpl Geog* Pyrenees.

piripi *adj fam* tipsy, merry; **estar p.,** to be drunk.

pirita *nf Min* pyrite.

piro *nm arg* **darse el p.,** to hop it.

pirómano,-a *nm,f Med* pyromaniac; *Jur* arsonist.

piropear *vtr* to shout a compliment at, make a verbal pass at.

piropo *nm* compliment, pass; **un desconocido le echó un p. por la calle,** a stranger made a pass at her in the street.

pirotecnia *nf* pyrotechnics *sing*.

pirotécnico,-a I *adj* pyrotechnical; **productos pirotécnicos,** fireworks. II *nm,f* pyrotechnist.

pirueta *nf* pirouette; *fig* **tuve que hacer piruetas para poder cobrar,** I had to go to great lengths to get my money.

piruetear *vi* to pirouette.

pirujo,-a *adj CAm* sceptical.

pirulí *nm* lollipop.

pis *nm fam* wee-wee, pee; **hacer p.,** to wee-wee, have a pee.

pisada *nf* 1 *(acción)* step, footstep; **oí pisadas,** I heard footsteps; *fig* **seguir las pisadas de algn,** to trail sb. 2 *(huella)* footprint.

pisapapeles *nm inv* paperweight.

pisar I *vtr* *(gen)* to tread on, step on; *(acelerador)* to press; *Teat* **p. las tablas** *o* **un escenario,** to tread the boards; *(en letrero)* **'prohibido p. el césped',** 'keep off the grass'; **¿te pisé?,** did I step on your foot?; *fig* **no p. un lugar,** not to set foot in a place; *fig* **jamás he pisado su casa,** I have never set foot in his place; *fig* **pisarle el terreno a algn,** to beat sb to it; *fig* **pisarle los talones a algn,** to tread on sb's heels. II *vi* to tread, step; *fig* **ella no se deja p. por nadie,** she can stand up for herself.

piscar *vtr Méx (maíz)* to harvest, collect.

piscardo *nm (pez)* minnow.

piscicultura *nf* pisciculture.

piscifactoría *nf* fish farm.

piscina *nf* swimming pool.

Piscis *nm inv Astrol Astron* Piscis.

pisco I *nm* 1 *Am (aguardiente)* type of strong liquor. 2 *SAm (pavo)* turkey. II *adj Am (presuntuoso)* conceited.

piscolabis *nm inv Culin fam* snack.

piso *nm* 1 *(suelo)* floor. 2 *(planta)* floor; **autobús de dos pisos,** double-decker bus; **en el tercer p.,** on the third floor. 3 *(vivienda)* flat, apartment. 4 *(de zapato)* sole. 5 *Am (derecho a entrada)* right of entry.

pisotear *vtr (pisar)* to trample on; *(aplastar)* to stamp on; *fig* **se ha pisoteado el derecho de expresión,** freedom of speech has been trampled on.

pisotón *nm* stamp (of the foot); **darle un p. a algn,** to stamp on sb's toes.

pista *nm* 1 *(superficie)* track. ■ **p. de baile,** dance floor; *Dep* **p. de carreras,** racetrack; **p. de circo,** ring; *Dep* **p. de esquí,** ski run *o* slope; *Dep* **p. de patinaje,** ice rink; *Dep* **p. de tenis,** tennis court; *Aut* **p. de tierra,** dirt track; *Téc* **p. sonora,** soundtrack. 2 *Av* **p. de aterrizaje,** landing strip; **p. de despegue,** runway. 3 *Inform* track. 4 *(rastro)* trail, track; **estar sobre la p.,** to be on the right track; **seguir la p. a algn/a algo,** to trail sb/sth. 5 *(indicio)* clue, hint; **dame una p.,** give me a clue.

pistacho *nm Bot* pistachio nut.

pistero,-a *adj CAm* money-grubber.

pistilo *nm Bot* pistil.

pisto *nm* 1 *Culin* ≈ ratatouille. 2 *fig* hotch-potch. 3 *Am (dinero)* money. 4 *fam* **darse p.,** to show off.

pistola *nf* 1 *(arma)* gun, pistol; **a punta de p.,** at gunpoint. 2 *(para pintar)* spray gun; **pintar a p.,** to spray-paint.

pistolera *nf* holster.

pistolero *nm* gunman, gun, gangster.

pistoletazo *nm* gunshot.

pistón *nm* 1 *Téc (émbolo)* piston. 2 *(de arma)* cartridge cap. 3 *Mús* piston.

pistonudo,-a *adj fam* great, fantastic, smashing.

pita[1] *nf Bot* agave, pita.

pita[2] *nf (gallina)* hen, chicken.

pitada *nf* 1 *(abucheo)* booing, hissing. 2 *(pitido)* whistle.

pitanza *nf* 1 *(ración)* ration. 2 *Am fam (ventaja)* advantage; *(ganga)* bargain.

pitar I *vtr* 1 to whistle at; *Dep* to referee; **el árbitro pitó (la) falta,** the referee called a fault; *fam* **irse** *o* **salir pitando,** to fly off. 2 *(en señal de desagrado)* to boo, hiss. II *vi* 1 *(pito)* to blow. 2 *fam (funcionar)* to work, function; **esto no pita,** this doesn't work.

pitido *nm* whistle.

pitillera *nf* cigarette case.

pitillo *nm* cigarette, fag.

pitiminí *nm (pl pitiminíes) Bot* fairy rose bush; **rosa de p.,** fairy rose.

pito *nm* 1 whistle; *Aut* horn; *fam* **me importa un p.,** I don't give a hoot; *fam* **por pitos o por flautas,** for one reason or another; *fam* **tomar a algn por el p. del sereno,** to treat sb as a nobody. 2 *Orn* **p. real,** green woodpecker. 3 *fam (cigarrillo)* fag. 4 *vulg (pene)* prick, willie. 5 *Am (pipa de fumar)* pipe.

pitón *nm* 1 *Zool* python. 2 *(de botijo)* spout. 3 *(de toro)* horn.

pitorrearse *vr fam (escarnecer)* to scoff (**de,** at); *(reírse)* to make fun (**de,** of).

pitorreo *nm fam* scoffing, teasing; **¡ya está bien de p.!,** give over!

pitorro *nm* spout.

pitote *nm arg* hubbub, din.

pitre *nm Am (lechuguino)* toff.

pitufo,-a *nm,f* Smurf.

pituitario,-a *adj Anat* pituitary.

pítuso,-a I *adj* lovely, cute. II *nm,f* lovely child.

pivot *nmf Dep* pivot.

pivotar *vi* to pivot.

pivote *nm* pivot.

pizarra *nf* 1 *Min Constr* slate. 2 *Educ (encerado)* blackboard; **salir a la p.,** to go up to the blackboard.

pizarral *nm* slate quarry.

pizarrín *nm* slate pencil.

pizarroso,-a *adj* slaty.

pizca *nf* 1 *(poco)* little bit, tiny piece; **ni p.,** not a bit; **no me hace ni p. de gracia,** I don't like it at all; **una p. de sal,** a pinch of salt. 2 *Méx Agr (recolección)* maize harvest.

pizpireta *adj fam (mujer) (vivaracha)* lively and attractive; *(astuta)* cute, sharp.

pizza *nf Culin* pizza.

placa *nf* 1 plate; **p. de matrícula,** number plate, *US* license plate. 2 *(conmemorativa)* plaque.

placaje *nm Rugby* tackle; **hacer un p. (a un jugador),** to tackle (a player).

placebo *nm Farm* placebo.

placenta *nf* placenta.

placentario,-a *adj* placental.

placentero,-a *adj* pleasant, agreeable.

placer[1] *nm Min* placer.

placer[2] *nm* pleasure; **ha sido un p. (conocerle),** it's been a pleasure (meeting you); **los placeres de la carne,** the pleasures of the flesh; **un viaje de p.,** a holiday trip; *fml* **tengo el p. de,** it gives me great pleasure to.

placer[3] [76] *vtr fml* to please.

placidez *nf* placidity.

plácido,-a *adj* placid, easy-going.

plaga *nf* 1 plague; *(calamidad)* calamity. 2 *Agr* pest, blight; *(de langostas)* plague.

plagado,-a I *pp de* **plagar.** II *adj* plagued.

plagar [7] *vtr* to cover, fill; **la cocina estaba plagada de moscas,** the kitchen was infested with flies.

plagiar [12] *vtr* 1 *(copiar)* to plagiarize. 2 *Am (secuestrar)* to kidnap.

plagiario,-a I *adj* plagiaristic. II *nm,f* plagiarist.

plagio *nm* plagiarism.

plaguicida *nm Agr* pesticide.

plan *nm* 1 *(proyecto)* plan, project; **¿qué planes tienes para mañana?,** what are your plans for tomorrow? 2 *(programa)* scheme, programme; *Educ* **p. de estudios,** syllabus; *Fin* **p. de inversiones,** investment plan. 3 *Med* course of treatment. 4 *(altitud)* height; *(nivel)* level. 5 *fam (actitud)* attitude; *(manera)* way; **en p. de broma,** for a laugh; **en p. grande,** on a grand scale; **eso tampoco es p., eso no es p.,** that isn't on; **si te pones en ese p.,** if you're going to be like that (about it). 6 *fam (ligue, cita)* date.

plana *nf* 1 page, side; *fam* **corregirle** *o* **enmendarle la p. a algn,** *(criticarle)* to criticize sb's work; *(superarle)* to outdo sb. 2 *Prensa* page; **a toda p.,** full page; **primera p.,** front page. 3 *Mil* **p. mayor,** staff.

plancton *nm Biol* plankton.

plancha *nf* 1 *(de metal)* plate. 2 *(para planchar)* iron; *(ropa planchada)* ironing. 3 *Culin* grill; **sardinas a la p.,** grilled sardines. 4 *Impr* plate. 5 *fam (equivocación)* blunder, boob; **¡vaya p.!,** you've really put your foot in it!

planchado,-a I *pp de* **planchar.** II *nm* ironing.

planchar *vtr* 1 to iron. 2 *Am (adular)* to flatter.

planchazo *nm fam* blunder, boob.

planchista *nmf* panel beater, *US* body man.

planchistería *nf* panel beater's, body shop.

planeador *nm Av* glider.

planeamiento *nm* 1 *Av* gliding. 2 *(proyecto)* planning.

planear I *vtr* to plan. II *vi Av* to glide.

planeta *nm* planet.

planetario,-a I *adj* planetary. II *nm* planetarium.

planicie *nf Geog* plain.

planificación *nf* planning. ■ **p. familiar,** family planning.

planificar [1] *vtr* to plan.

planilla *nf* 1 *Am Fin (cuenta)* account. 2 *(formulario)* application form.

plano,-a I *adj* 1 *(llano)* flat, even; **de p.,** *(llano)* flatly; *(de lleno)* directly. 2 *Geom Mat* plane. II *nm* 1 *Geom Mat* plane. 2 *Arquit* plan, draft; *(mapa)* map; **levantar el p. de la ciudad,** to draw a plan of the city. 3 *Cin* shot; **un primer p.,** a close-up; *fig* **estar en primer p.,** to be in the limelight; *fig* **estar en segundo p.,** to be in the background.

planta *nf* 1 *Bot* plant. 2 *(del pie)* sole. 3 *(piso)* floor, storey. ■ **p. baja,** ground floor. 4 *Arquit (plano)* ground plan. 5 *Ind* factory, plant. 6 *(proyecto)* plan. 7 *fam* **de buena p.,** good looking.

plantación *nf* 1 *Agr* plantation. 2 *(acción)* planting.

plantado,-a I *pp de* **plantar.** II *adj* 1 planted. 2 *fam* **bien p.,** good looking. 3 *fam* **dejar a algn p.,** *(no comparecer)* to stand sb up; *(abandonar)* to walk out on sb; **dejarlo todo p.,** to give up everything; **no te quedes ahí p.,** come on, move.

plantar I *vtr* 1 *Agr (árboles, campo)* to plant. 2 *(poner)* to put, place; **p. la tienda de campaña,** to set up tent; **p. un poste,** to put in a post; *fam fig* **p. a algn de patitas en la calle,** to throw sb out; **p. cara a algn,** to stand up to sb. 3 *(pegar)* to plant *o* land. 4 *fam (cantar, largar)* to tell off; **le plantó cuatro frescas,** he gave him a piece of his mind. 4 *fam (no comparecer)* to stand sb up; *(abandonar)* to walk out on sb; **plantó el trabajo,** he left his job, just like that. II **plantarse** *vr* 1 to stand; **se plantó en la puerta,** he stood in the doorway. 2 *(llegar)* to arrive; **en cinco minutos se plantó aquí,** he got here in five minutes flat. 3 *fig (mantenerse firme)* to stick to stubbornly. 4 *Naipes* to stick. 5 *Am (arreglarse)* to get all dressed up.

plante *nm fam* walkout.

planteamiento *nm* 1 *(exposición)* raising, exposition. 2 *(enfoque)* approach.

plantear I *vtr* 1 *(trazar)* to plan; **debemos p. este asunto cuidadosamente,** we've got to plan this carefully. 2 *(establecer)* to implant; **el gobierno Suárez planteó esta reforma,** the Suárez government implanted this reform. 3 *(exponer)* *(caso)* to state; *(idea, asunto)* to expound; *(problema)* to pose. 4 *(proponer)* to raise, set up, bring up. II **plantearse** *vtr* & *vr* 1 *(considerar)* *(problema, situación)* to face; **deberías planteártelo en serio,** you ought to think about it seriously. 2 *(uso impers)* to arise; **se (nos) planteó un problema,** we were faced with a problem.

plantel *nm fig* cadre, clique; **cuentan con un buen p. de químicos,** they've got a strong chemistry staff.

plantificar [1] I *vtr fam* to plant; **le plantificó una bofetada,** he landed him a punch in the face. II **plantificarse** *vr* 1 *fam pey (ponerse)* to put on. 2 *fam (llegar)* to arrive (**en,** at). 3 *CAm (arreglarse)* to get all dressed up.

plantilla *nf* 1 model, pattern; *(para dibujar)* French curve. 2 *(personal)* permanent staff, personnel; **estar en p.,** to be on the payroll. 3 *(de zapato)* sole; *(interior)* insole. 4 *Am Culin* thin sponge cake. 5 *Méx (fingimiento)* pretence.

plantío *nm Agr* field.

plantón *nm fam* long wait; **dar un p. a algn,** to stand sb up; **estar de p.,** to be kept waiting.

plañidera *nf arc* hired mourner.

plañidero,-a *adj* mournful, plaintive.

plañido *nm* lamentation; mourning.

plañir [40] *vi* to mourn.

plaqué *nm* gold *o* silver plate.

plasma *nm Biol* plasma.

plasmar *vtr* 1 *(moldear)* to mould, *US* mold, shape. 2 *fig (proyecto, sentimiento)* to capture, grasp.

plasta *fam* I *nf* 1 lump; **estos guisantes están hechos una p.,** these peas are all mushy. 2 *(chapuza)* botch-up, mess. II *nmf (cosa o persona aburrida)* bore; **este tío es un p.,** this bloke is a drag; **¡vaya p. de película!,** what a boring film!

plástica *nf* plastic art; **las artes plásticas,** the plastic arts.

plástico,-a I *adj* plastic. II *nm* 1 plastic. 2 *arg (disco)* record.

plastificado,-a I *pp de* plastificar. II *adj* plastic-coated.

plastificar [1] *vtr* to coat *o* cover with plastic.

plastilina® *nf* Plasticine®.

plata *nf* 1 *Metal* silver; *(objetos de plata)* silverware; *fam* **como una p.**, as clean as a new pin; *fam* **hablar en p.**, to lay (it) on the line. ■ **p. de ley,** sterling silver. 2 *Am* money.

plataforma *nm* 1 platform; *Ferroc* turntable. ■ *Geog* **p. continental,** continental shelf. 2 *fig (punto de partida)* stepping stone, springboard. 3 *Pol* platform.

platanal *nm,* **platanar** *nm* banana plantation.

platanero *nm Bot* banana tree.

plátano *nm* 1 *(fruta)* banana. 2 *(árbol)* plane. ■ **p. común,** London plane; **p. falso,** sycamore; **p. oriental,** Oriental plane.

platea *nf Cin Teat* stalls *pl, US* ground floor.

plateado,-a I *pp de* platear. II *adj* silvered, silver-plated. III *nm* silver plating.

platear *vtr* to silver-plate.

platense I *adj* of *o* from the River Plate. II *nmf* native *o* inhabitant of the River Plate.

platería *nf* 1 *(oficio)* silversmith's craft. 2 *(taller)* silversmith's workshop. 3 *(tienda)* silversmith's (shop).

platero,-a *nm,f* silversmith.

plática *nf* 1 chat, talk; **estar de p.**, to be chatting. 2 *Rel* sermon.

platicar [1] *vi* 1 to chat, talk. 2 *Rel* to deliver a sermon.

platija *nf (pez)* plaice.

platillo *nm* 1 small plate; *(de taza)* saucer. 2 *(de balanza)* pan, tray; **pasar el p.**, to pass round the hat. 3 *Culin* meat and vegetable stew. 4 *Mús* cymbal. 5 **p. volante,** flying saucer.

platina *nf* 1 *(de microscopio)* slide, stage. 2 *Téc* worktable. 3 *(tocadiscos)* deck; **doble p.**, double deck.

platino *nm* 1 *Metal* platinum; **rubio p.**, platinum blond. 2 **platinos,** *Aut* contact breaker *sing,* points.

plato *nm* 1 *(gen)* plate, dish; **lavar los platos,** to do the dishes; *fam* **pagar los platos rotos,** to carry the can; *fam* **parece que no ha roto un p.** en su vida, butter wouldn't melt in his mouth. 2 *Culin (parte de una comida)* course; **de primer p.**, for starters; **p. fuerte,** main course; **una comida de tres platos,** a three-course meal. ■ **p. combinado,** one-course meal. 3 *(guiso)* dish; **un p. español,** a Spanish dish; *fig* **no es p. de mi gusto,** it's not my cup of tea. 4 *(de balanza)* pan, tray. 5 *(de tocadiscos)* turntable. 6 *Dep* **tiro al p.**, trapshooting.

plató *nm Cin* (film) set; *TV* floor.

platón *nm Am* 1 *(palangana)* washbasin. 2 *(fuente)* serving dish.

platónico,-a *adj* Platonic.

platonismo *nm Fil* Platonism.

plausibilidad *nf* plausibility.

plausible *adj* 1 *(admisible)* plausible, acceptable. 2 *(digno de alabanza)* commendable.

playa *nf* 1 beach; **iremos de vacaciones a la p.**, we're spending our holidays at the seaside. 2 *Am (espacio amplio)* open space; **p. de estacionamiento,** car park, *US* parking lot.

playeras *nfpl* plimsolls, *US* sneakers.

playero,-a *adj* beach; **un vestido p.**, a beach dress.

playo,-a *adj Am (aplanado)* flat.

plaza *nf* 1 *(lugar en una población)* square. 2 *Com (población)* place, town. 3 *(mercado)* market, marketplace. 4 *Aut* seat; **un coche de cuatro plazas,** a four-seater (car). 5 *(puesto)* post, position; **convocar una p.**, to advertise a post; **ocupar una p.**, to fill a post *o* vacancy; **p. vacante,** vacancy; **plazas limitadas,** limited number of (vacant) posts; *Educ (para niño)* **reservar p.**, to put his *o* her name down. 6 *Taur* **p. de toros,** bullring. 7 *Mil* **p. fuerte,** fortified town; *(fuerte)* stronghold.

plazo *nm* 1 *(periodo)* time, period; *(término)* time limit; **a corto/largo p.**, in the short term/in the long run; **el p. de matrícula acaba mañana,** tomorrow is the last day for enrolling; **el p. termina el viernes,** Friday is the deadline; **en un p. de quince días,** within a fortnight. 2 *Fin* instalment, *US* installment; **comprar a plazos,** to buy on hire purchase, *US* buy on an installment plan; **en seis plazos,** in six instalments.

plazoleta *nf,* **plazuela** *nf* small square.

pleamar *nf (mar)* high tide.

plebe *nf* masses *pl,* plebs *pl.*

plebeyo,-a I *adj* plebeian. II *nm,f* plebeian, pleb.

plebiscito *nm* plebiscite.

plegable *adj* folding, collapsible; **silla p.**, folding chair.

plegado,-a I *pp de* plegar. II *adj* folded. III *nm* folding.

plegamiento *nm Geol* folding.

plegar [48] I *vtr* 1 *(doblar)* to fold. 2 *Cost* to pleat. II **plegarse** *vr* to give way, bow.

plegaria *nf Rel* prayer.

pleiteador,-a I *adj* pleading. II *nm,f* litigant.

pleitear *vi Jur* to conduct a lawsuit, plead, sue.

pleitesía *nf* tribute, homage.

pleito *nm* 1 *(riña)* argument, dispute. 2 *Jur* lawsuit, litigation; **poner un p. (a algn),** to sue (sb).

plenamar *nf véase* pleamar.

plenario,-a *adj* plenary; **sesión plenaria,** plenary session.

plenilunio *nm* full moon.

plenipotencia *nf* full powers *pl.*

plenitud *nf* plenitude, fullness; **en la p. de la vida,** in the prime of life.

pleno,-a I *adj* full; **en plena noche,** in the middle of the night; **en plenas facultades,** in full possession of one's faculties; **en p. día,** in broad daylight; **le dio en plena cara,** it hit him right in the face; **los empleados en p.**, the entire staff. II *nm* plenary meeting.

pleonasmo *nm Lit* pleonasm.

plétora *nf fig* abundance, plethora.

pletórico,-a *adj* abundant, brimming.

pleura *nf Anat* pleura.

pleuresía *nf,* **pleuritis** *nf inv Med* pleurisy.

plexiglás® *nm (plástico)* Perspex®, *US* Plexiglass®.

plexo *nm* plexus. ■ **p. solar,** solar plexus.

plica *nf* sealed envelope.

pliego *nm* 1 *(hoja)* sheet *o* piece of paper; *Jur* **p. de cargos,** list of charges; *Admin* **p. de condiciones,** bidding specifications. 2 *(carta)* sealed letter.

pliegue *nm* 1 fold. 2 *Cost* pleat. 3 *Geol* fold.

plinto *nm* 1 *(de columna)* plinth. 2 *Gimn* horse.

plisado,-a I *pp de* plisar. II *adj* pleated; **falda plisada,** pleated skirt.

plisar *vtr Cost* to pleat.

plomada *nf* 1 *(albañil etc)* plumb line. 2 *Pesca* weights *pl*, sinkers *pl*.

plomazo *nm fam* bore, drag; ¡**qué p.!**, what a bore!

plomería *nf* plumbing.

plomero,-a *nm Am* plumber.

plomífero,-a *adj fam (aburrido)* boring, tedious.

plomizo,-a *adj* lead, leaden; *(color)* lead-colored, *US* lead-colored.

plomo *nm* 1 *Metal* lead; **soldadito de p.**, tin soldier; *fam fig* **andar con pies de p.**, to walk with leaden steps. 2 *(plomada)* plumb line. 3 *Elec (fusible)* fuse; **se han fundido los plomos**, the fuses have blown. 4 *fam (pesado)* drag, bore; **este libro es un p.**, this book is really boring; **ser un p.**, to be a drag *o* a bore. 5 **a p.**, vertically; **caer a p.**, to fall right down; **cayó a p. sobre el suelo**, he fell flat on the floor.

pluma *nf* 1 feather; **ligero como una p.**, as light as a feather; **un cojín de plumas**, a feather cushion; *arg* **tener p.**, to be camp. 2 *(de escribir)* pen; **p. estilográfica**, fountain pen; *fig* **dejar correr la p.**, to write screeds; *fig* **ganarse la vida con la p.**, to earn one's living as a writer. 3 *Dep* **peso p.**, featherweight.

plumaje *nm* 1 *(de ave)* plumage. 2 *(de adorno)* plume, crest.

plumazo *nm* stroke of the pen; **de un p.**, with a stroke of his pen.

plúmbeo,-a *adj pey* boring, tedious.

plúmbico,-a *adj* plumbic.

plumero *nm* 1 *(para limpiar el polvo)* feather duster. 2 *(plumier)* pencil case. 3 *(adorno)* plume; *fam* **se te ve el p.**, I can see through you.

plumier *nm* pencil box.

plumilla *nf*, **plumín** *nm* nib.

plumón *nm* 1 *Orn* down. 2 *(edredón)* eiderdown; *(anorak)* down-filled anorak; *(saco de dormir)* down-filled sleeping bag.

plumoso,-a *adj* feathery.

plural *adj & nm* plural.

pluralidad *nf* plurality.

pluralismo *nm* pluralism.

pluralizar [4] *vi* 1 *(poner plural)* to pluralize. 2 *(generalizar)* generalize.

pluri- *pref* pluri-; **pluricelular**, pluricellular.

pluriempleo *nm* moonlighting.

plurilingüe *adj* multilingual.

plurivalente *adj* 1 *Quím* polyvalent. 2 versatile, comprehensive.

plus *nm Fin Seg* bonus, bonus payment.

pluscuamperfecto *nm Ling* pluperfect.

plusmarca *nf* record.

plusmarquista *nmf Dep* record breaker.

plusvalía *nf Econ* appreciation, capital gain.

plutocracia *nf Pol* plutocracy.

plutócrata *nmf Pol* plutocrat.

plutonio *nm Min* plutonium.

pluvial *adj* rain.

pluvímetro *nm*, **pluviómetro** *nm* rain gauge.

P.O. *abr de* **por orden**, in order.

población *nf* 1 *(ciudad)* town; *(pueblo)* village. 2 *(conjunto de habitantes)* population. ■ **p. flotante**, floating population.

poblada *nf Am* 1 *(muchedumbre)* crowd. 2 *(motín)* riot.

poblado,-a **I** *pp de* **poblar**. **II** *adj* 1 populated; **un jardín p. de rosas**, a garden full of roses; **una zona muy poblada**, a densely populated area. 2 *(peludo)* bushy, thick; **cejas pobladas**, bushy eyebrows. **III** *nm (pueblo)* village; *(ciudad)* town.

poblador,-a *nm,f* settler.

poblar [31] **I** *vtr* 1 *(con gente)* to settle, people; *(con plantas)* to plant. 2 *(vivir)* to inhabit. **II** **poblarse** *vr* 1 *(llenarse un lugar)* to become crowded. 2 *(árboles)* to come into leaf.

pobre **I** *adj* poor; ¡**p.!**, poor thing!; **p. de ti si ...!**, you'll be sorry if ...!; **ser p. de espíritu**, to be small-minded; **un hombre p.**, a poor man; **un p. hombre**, a poor devil; **una película p. en primeros planos**, a film poor in close-ups. **II** *nmf* poor person, pauper; *(mendigo)* beggar; ¡**el p.!**, poor thing!; **los pobres**, the poor *pl*.

pobreza *nf* 1 *(indigencia)* poverty. 2 *(escasez)* scarcity; **p. de recursos naturales**, lack of natural resources.

pocero *nm* 1 *(que hace pozos)* well digger. 2 *(que limpia pozos)* sewer-man.

pocilga *nf* pigsty; *fam fig* **su casa parece una p.**, his house looks like a pigsty.

pocillo *nm* cup.

pócima *nf* 1 *(medicinal)* potion. 2 *pey* concoction, brew.

poción *nf* potion.

poco,-a **I** *adj* 1 little, not much; **hace p. tiempo**, a short time ago; **hay p. sitio**, there is little space; **p. tiempo**, not much time; **¿qué hiciste ayer? —poca cosa**, what did you do yesterday? —not much; **tiene p. interés**, *(persona)* he's not very interested; *(cosa)* it's not very interesting. 2 **pocos,-as**, few, not many; **pocas cosas**, few things; **pocas veces**, not very often. 3 *(locuciones)* **a p. de**, shortly afterwards; **a p. de**, shortly after; **dentro de p.**, soon; **hace p.**, a short while ago; **p. a p.**, slowly; **p. antes/después**, shortly before/afterwards; **por p.**, almost; **por p. se cae**, he nearly fell; **por p. que pueda**, if I can at all; **y por si fuera p.**, and to top it all. **II** *pron* 1 little, not much; **queda p.**, there isn't much left; **ya queda p.**, it'll soon be over. 2 **pocos,-as**, few, not many. **III** *adv* not (very) much, little; **ella come p.**, she doesn't eat much; **es p. simpático**, he's not very nice; **estaré p. aquí**, I won't be here long. **IV** *nm* **lo p. que tiene**, the little he has; **un p.**, a little; **ya sabes lo p. que le gusta**, you know how little he likes it.

pochismo *nm Am* type of Spanish spoken by Mexicans in California.

pocho,-a *adj (fruta)* bad, overripe. 2 *fig (persona) (débil)* off-colour, *US* off-color; *(triste)* depressed, down; **ando un poco p.**, I'm feeling a bit down. 3 *Méx* Americanized Mexican, chicano.

pocholo,-a *adj fam* lovely, pretty.

poda *nf* 1 *(acción)* pruning. 2 *(época)* pruning season.

podadera *nf* pruning shears *pl*, secateurs *pl*.

podar *vtr* to prune.

podenco *nm Zool* hound.

poder¹ *nm* 1 *(gen)* power; *Jur* **por poderes**, by proxy. ■ *Econ* **p. adquisitivo**, purchasing power; **p. legislativo**, legislative power. 2 *Pol* power, authority; **el partido en el p.**, the party in power. 3 *(posesión)* possession; **ayer llegó a mi p.**, it reached me yesterday; **estar en p. de algn**, to be in the power *o* the hands of sb. 4 *(fuerza, vigor)* strength.

poder² [77] **I** *vtr* 1 *(tener la facultad de)* to be able to, can; **no podía valerse**, he couldn't manage on his own; **no pudo menos que sonreírse**, he couldn't help smiling; **no puedo hablar**, I can't speak; **podrías ha-**

berme advertido, you could have warned me; *fig* **no puedo más,** I can't take any more; *fam* **no p. tragar a algn,** not to be able to stand o stick sb. **2** *(tener permiso)* may, might; **¿puedo pasar?,** may I come in?; **ya puedes irte,** you may go now; *fam* **¿se puede?,** may I (come in)? **3** *(uso unipers) (ser posible)* may, might; **no puede ser,** that's impossible; **puede que ellos no lo sepan,** they might not know; **puede que tenga razón,** maybe he's right. **II** *vi* **1** to cope **(con,** with); **no puede con tanta comida,** he can't eat so much food; **no puedo con tanto ruido,** I can't stand so much noise. **2** to be stronger than; **les puede a todos,** he can take on anybody.

poderío *nm* **1** *(facultad)* authority. **2** *(poder)* power. **3** *(bienes)* wealth.

poderoso,-a I *adj* **1** *(con poder)* powerful. **2** *(eficaz)* effective. **II** *nm,f* **1** *(con poder)* powerful person. **2** *(rico)* rich o wealthy person.

podio *nm,* **pódium** *nm Dep* podium.

podólogo,-a *nm,f Med* podologist.

podómetro *nm* pedometer.

podré *indic fut véase* **poder.**

podredumbre *nf* **1** putrefaction, rottenness. **2** *fig (corrupción)* corruption, rottenness.

podrido,-a I *pp de* **podrir. II** *adj* **1** *(putrefacto)* rotten, putrid. **2** *(corrupto)* corrupt; *fam* **p. de dinero,** stinking rich.

podrir *vtr defect véase* **pudrir.**

poema *nm Lit* poem; **p. en prosa,** prose poem; *fam fig* **fue todo un p.,** *(romántico)* it was like a fairy tale; *(falso)* it was a pie in the sky.

poesía *nf Lit* **1** *(género)* poetry. **2** *(poema)* poem.

poeta *nmf* poet.

poético,-a *adj* poetic.

poetisa *nf* poetess.

póker *nm véase* **póquer.**

polaco,-a I *adj* Polish. **II** *nm,f* Pole. **III** *nm (idioma)* Polish.

polar *adj* polar.

polaridad *nf* polarity.

polarización *nf* **1** *Fís* polarization. **2** *fig (concentración)* concentration.

polarizar [4] *vtr* **1** *Fís* to polarize. **2** *fig (ánimo, atención)* to concentrate.

polca *nf Mús* polka.

polea *nf Téc* pulley.

polémica *nf* **1** *(disputa)* polemic, controversy, dispute. **2** *(arte)* polemics *sing.*

polémico,-a *adj* polemic, controversial.

polemista *nmf* polemicist, polemist.

polemizar [4] *vi* to argue, debate.

polen *nm Bot* pollen.

poleo *nm Bot* pennyroyal.

poli- *pref* poly-; **policlínica,** polyclinic.

poli *fam* **I** *nmf* cop. **II** *nf* **la p.,** the fuzz *pl.*

policía I *nf* police (force); **ha llegado la p.,** the police are here. **II** *nmf (hombre)* policeman; *(mujer)* policewoman.

policíaco,-a *adj,* **policiaco,-a** *adj,* **policial** *adj* police; **novela/película policiaca,** detective story/film.

policromo,-a *adj* polychromatic.

policultivo *nm Agr* mixed farming.

polichinela *nm Teat* Punch.

polideportivo *nm* sports centre o US center o complex.

poliédrico,-a *adj* polyhedral, polyhedric.

poliedro *nm* polyhedron.

poliéster *nm Quím* polyester.

polietileno *nm* polythene, US polyethylene.

polifacético,-a *adj* versatile, many-sided; **es un hombre muy p.,** he's a man of many talents.

polifonía *nf Mús* polyphony.

polifónico,-a *adj Mús* polyphonic.

poligamia *nf* polygamy.

polígamo,-a I *adj* polygamous. **II** *nm,f* polygamist.

polígloto,-a *adj & nm,f,* **poligloto,-a** *adj & nm,f* polyglot.

poligonal *adj* polygonal.

polígono *nm* polygon. ▪ **p. industrial,** industrial area.

polígrafo,-a *nm,f* polygraph.

polilla *nf Ent* moth.

polimorfismo *nm* polymorphism.

polimorfo,-a *adj* polymorphic, polymorphous.

Polinesia *n* Polynesia.

polinesio,-a *adj & nm,f* Polynesian.

polinización *nf Bot* pollination.

polinizar [4] *vtr Bot* to pollinate.

polio *nf,* **poliomielitis** *nf Med* polio, poliomyelitis.

pólipo *nm* **1** *Med* polypus, polyp. **2** *Zool* polyp.

polisílabo,-a *adj Ling* polysyllable.

polisón *nm desus (prenda)* bustle.

politécnico,-a *adj & nm Educ* polytechnic.

política *nf* **1** politics *sing;* **hablar de p.,** to talk (about) politics. **2** *(estrategia)* policy; **la p. de esta empresa,** the policy of this firm; **una p. de no agresión,** a non-aggression policy.

político,-a I *adj* **1** political; **partido p.,** political party. **2** *(pariente)* in-law; **hermano p.,** brother-in-law; **su familia política,** her in-laws. **II** *nm,f* politician.

politiquear *vi* **1** to dabble in politics. **2** *Am* to job.

politiqueo *nm pey* petty politics *sing.*

politizar [4] *vtr* to politicize.

póliza *nf* **1** *(sello)* stamp. **2** *Seg* insurance policy; **suscribir una p.,** to take out a policy.

polizón *nm Náut* stowaway.

polizonte *nm fam* cop.

polo[1] *nm* **1** pole; *fig* **ser polos opuestos,** to be poles apart; **ella es el p. opuesto de ...,** she is the complete opposite of ... ▪ **p. norte,** North Pole; **p. positivo/negativo,** positive/negative pole. **2** *fig (centro)* **ser el p. de atención,** to be the centre of attraction.

polo[2] *nm* **1** *(helado)* ice lolly, US Popsicle®. **2** *(prenda)* sports shirt, polo neck (sweater).

polo[3] *nm Dep* polo. ▪ **p. acuático,** water polo.

polonés,-esa I *adj* Polish. **II** *nm,f* Pole.

Polonia *n* Poland.

poltrón,-ona I *adj* idle, lazy. **II** *nf* easy chair.

poltronería *nf* idleness, laziness.

polución *nf* pollution.

polvareda *nf* **1** cloud of dust. **2** *fig* uproar, scandal.

polvera *nf* powder compact.

polvero *nm Am véase* **polvareda 1.**

polvete *nm vulg* screw, fuck.

polvo *nm* **1** dust; **limpiar** o **quitar el p.,** to dust; **lleno de p.,** covered with dust; *Fin fig* **limpio de p. y paja,** net; *fam* **estar hecho p.,** *(cansado)* to be knackered; *(deprimido)* to be depressed; *fam* **hacer p. a algn,**

(cansar) to wear sb out; *(frustrar)* to ruin sb's plans. **2 en p.**, powdered; **leche en p.**, powdered milk; **nieve en p.**, powdery snow. **3** *vulg* screw, fuck; **echar un p.**, to have a screw. **4** polvos, powder *sing*; **p. de talco**, talcum powder; *fam* **p. de la madre Celestina**, magic powder.

◗ólvora *nf (gen)* gunpowder; *(fuegos artificiales)* fireworks *pl; fig* **gastar p. en salvas**, to waste one's efforts; *fig* **se extendió como un reguero de p.**, it spread like wildfire; *fam* **no haber inventado la p.**, to be as thick as two short planks.

◗olvoriento,-a *adj* dusty.

◗olvorín *nm* gunpowder arsenal; **polvorines atómicos**, atomic fall-out *sing*.

◗olvorón *nm Culin* sweet pastry.

◗olvorosa *nf* **poner pies en p.**, to take to one's heels, scarper.

◗olla *nf* **1** *Orn* young hen. **■ p. de agua**, moorhen. **2** *vulg (pene)* prick.

◗ollada *nf (de gallina)* brood.

◗ollear *vi fam* to become aware of the opposite sex.

◗ollería *nf* poultry shop.

◗ollero,-a I *nm,f* poulterer, poultry farmer. **II** *nf* **1** henhouse. **2** *Am (prenda)* skirt.

◗ollino,-a *nm,f* **1** *Zool* young ass. **2** *fam (persona)* good-for-nothing.

◗ollito *nm dimin* chick.

◗ollo *nm* **1** *Orn Culin* chicken; *(pollito)* chick. **2** *fam (joven)* -chico) lad; *(chica)* lass.

◗olluelo,-a *Orn* **I** *nm,f dimin* chick. **II** *nf* crake.

◗omada *nf Farm* cream, ointment.

◗omar *nm Agr* apple orchard.

◗omelo *nm Bot (árbol)* grapefruit tree; *(fruto)* grapefruit.

◗ómez *adj inv Geol* **piedra p.**, pumice (stone).

◗omo *nm* **1** *(de puerta)* knob. **2** *(de espada)* pommel. **3** *(frasco)* scent bottle.

◗ompa *nf* **1** bubble; **p. de jabón**, soap bubble. **2** *(en la ropa)* billow. **3** *(ostentación)* pomp. **4** pompas fúnebres, *(ceremonia)* funeral *sing; (servicio público)* undertaker's *sing*.

◗ompis *nm inv fam* backside, bottom.

◗omposidad *nf* pomposity.

◗omposo,-a *adj* pompous.

◗ómulo *nm Anat* **1** *(hueso)* cheekbone. **2** *(mejilla)* cheek.

◗onche *nm (bebida)* punch.

◗onchera *nf* punch bowl.

◗oncho *nm (prenda)* poncho.

◗onderación *nf* **1** *(deliberación)* deliberation; **hablar con p.**, to weigh one's words carefully. **2** *(equilibrio)* balance; *(moderación)* sense. **3** *(alabanza)* (high) praise.

◗onderado,-a I *pp de* ponderar. **II** *adj* **1** *(deliberado)* deliberate. **2** *(equilibrado)* well-balanced, prudent. **3** *(alabado)* highly praised.

◗onderar *vtr* **1** *(asunto)* to weigh up *o* consider. **2** *(alabar)* to praise.

◗onderativo,-a *adj* highly favourable *o US* favorable.

◗ondré *indic fut véase* **poner**.

◗onedero *nm* nesting box.

◗onedora *adj* egg-laying; **gallina p.**, egg-laying hen.

ponencia *nf* **1** *(en conferencia)* paper, communication; *(informe)* report. **2** *Jur* position of reporter. **3** *(comisión)* reporting committee.

ponente *nmf (en conferencia)* speaker; *(informador)* reporter.

poner [78] *(pp* **puesto) I** *vtr* **1** *(gen)* to put; *(colocar)* to place; **con mucho cuidado**, be careful; **p. a un lado**, to put aside; **p. al corriente**, *(actualizar)* to update; *(informar)* to bring up to date; **p. algo a secar**, to put sth to dry; **p. de manifiesto**, to show; **p. en duda**, to cast doubt on, question; **ponlo aquí**, put it here; *fam* **p. de patitas en la calle**, to kick *o* throw out. **2** *(huevos)* to lay. **3** *(gesto, mueca)* to make, put on; **p. mala cara**, to pull a long face. **4** *(hacer adquirir condición)* to make; **p. colorado a algn**, to make sb blush; **p. triste a algn**, to make sb sad; *ofens* **p. a parir**, to get on sb's tits. **5** *(vestir a algn)* to put; **le pondré el vestido azul**, I'll put her blue dress on her; **¿qué llevaba puesto?**, what was he wearing? **6** *(preparar)* to get ready; **¿has puesto el despertador?**, have you set the alarm (clock)?; **p. la mesa**, to set the table. **7** *(suponer)* to suppose; **pongamos que Ana no viene**, supposing Ana doesn't turn up; **pongo por caso**, for example. **8** *TV Cin* to be on, show; *Cin* **¿dónde la ponen?**, where is it showing?; **¿qué ponen en la tele?**, what's on the telly? **9** *(conectar)* to turn *o* switch on; **pon la radio**, turn the radio on. **10** *(enviar)* **p. una carta/un telegrama**, to send a letter/telegram. **11** *Tel (con persona)* to put through; *(conferencia)* to make. **12** *(escribir)* to write; **pon tu nombre en esta lista**, write your name down in this list; **p. por escrito**, to write (out); **¿qué pone aquí?**, what does it say here?; **¿qué pone el periódico?**, what does the newspaper say? **13** *(instalar)* to install, *US* instal; **le han puesto el teléfono**, he's had a telephone put in; **p. la luz/el gas**, to install electricity/gas. **14** *(establecer)* to set up; **p. un negocio**, to set up a business. **15** *(dejar)* to leave (en, with); **pongo el dinero en tus manos**, I'll leave the money with you. **16** *(contribuir)* to put in; **cada uno pone 25 pesetas**, each one pays 25 pesetas; **p. de su parte**, to do one's bit. **17** *(alabar)* to praise; *(desacreditar)* to mark; *fam* **p. a algn por las nubes**, to sing sb's praises; *fam* **p. como un trapo**, **p. de vuelta y media**, to pull to pieces. **18** *(imponer)* *(multa)* to impose; *(trabajo)* to give, assign. **19** *(dar nombre a)* to name; **le pusieron como su padre**, they named him after his father. **20** *(dedicar a un trabajo)* to get a job as; **puso a su hijo de mecánico**, he got his son a job as a mechanic. **II** **ponerse** *vr* **1** to put *o* place oneself; **póngase cómodo**, make yourself comfortable; **ponte en contacto con Luis**, get in touch with Luis; **ponte más cerca**, come closer; **se ha puesto perdido de barro**, he's covered in mud. **2** *(vestirse)* to put on; **ella se puso el jersey**, she put her jumper on. **3** *(volverse)* to become; **se puso muy contento**, he was very happy; **p. colorado**, to blush. **4** *(estados de salud)* to get; **p. bueno**, to recover; **p. malo** *o* **enfermo**, to become ill. **5** *(llegar)* to get; **se pusieron allí en nada**, they got there in no time. **6** *Astron* to set; **el sol se pone por el oeste**, the sun sets in the west. **7** *Tel* to answer; **dile que se ponga**, ask her to come to the phone, put her on. **8** **p. a**, to start to; **p. a trabajar**, to get down to work; **se puso a cantar**, he started to sing. **9** *(exaltarse)* to get upset; **no te pongas así**, don't take it like that; **p. a malas con algn**, to have a falling out with sb. **10** **p. de**, to get a job as; **p. de taxista**, to get a job as a taxi driver.

poney *nm Zool* pony.

pongo *indic pres véase* **poner**.

poniente *nm* 1 *(occidente)* West. 2 *(viento)* westerly (wind).

pontazgo *nm* bridge toll.

pontevedrés,-esa I *adj* of *o* from Pontevedra. II *nm,f* native *o* inhabitant of Pontevedra.

pontificado *nm* pontificate.

pontificar [1] *vi* to pontificate.

pontífice *nm* Pontiff; **el Sumo P.**, His Holiness the Pope.

pontificio,-a *adj* pontifical.

pontón *nm Náut* pontoon.

ponzoña *nf* venom, poison.

ponzoñoso,-a *adj* venomous, poisonous.

pop *adj* & *nm inv Mús* pop.

popa *nf Náut* stern; *fig* **ir viento en p.**, to go smoothly *o* very well.

pope *nm Rel* pope.

popelín *nm Tex* poplin.

populachería *nf pey* cheap popularity.

populachero,-a *adj pey* common, vulgar.

populacho *nm pey* plebs *pl*, masses *pl*.

popular *adj* 1 *(folklórico)* folk; **arte/música p.**, folk art/music. 2 *(famoso)* popular. ◆**popularmente** *adv* commonly.

popularidad *nf* popularity.

popularizar [4] *vtr* to popularize.

populista *adj* & *nmf* populist.

populoso,-a *adj* densely populated.

popurrí *nm Mús* potpourri.

póquer *nm* poker; **p. de ases,** *Naipes* four aces *pl*; *(dados)* poker of aces.

por *prep* 1 *(tiempo)* for; **allá p. mayo,** sometime around May; **p. ahora,** for the time being; **p. aquel tiempo, p. entonces,** at that time; **p. la mañana,** in the morning; **p. la noche,** at night, during the night; **p. Navidades,** for *o* at Christmas. 2 *(lugar)* by; **pasamos p. Soria,** we went through Soria; **p. ahí,** over there; **p. allí,** that way; **p. debajo de,** under; **p. dentro,** inside; **¿p. dónde vamos?**, which way are we taking?; **p. el camino,** on *o* along the way; **p. la calle,** in the street; **p. la izquierda,** on the left (side); **p. mi casa,** near my house; **p. todas partes,** everywhere, all over. 3 *(agente, autor)* by; **atropellado p. un coche,** run over by a car; **pintado p. Picasso,** painted by Picasso. 4 *(causa)* because of; **es p. eso que ...**, that's why ..., for that reason ...; **p. algo será,** there must be some reason; **p. otras razones,** for other reasons; **p. su culpa,** because of him; **p. sus ideas,** because of her ideas. 5 *(medio)* by; **p. avión/correo,** by plane/post; **p. escrito,** in writing; **p. la fuerza,** by force. 6 *(a cambio de)* for; **cambiar algo p. otra cosa,** to exchange for sth for sth else; **p. tres mil pesetas,** for three thousand pesetas. 7 *(distribución)* per; *(uno por uno)* by; **casa p. casa,** from house to house; **clasificado p. autores,** classified by authors; **p. cabeza,** a head, per person; **p. hora/mes,** per hour/month; **iba a ochenta p. hora,** he was doing eighty an hour. 8 *Mat* **dos p. tres, seis,** two times three is six. 9 *Mat (porcentaje)* per; **diez p. ciento,** ten per cent. 10 *(finalidad)* for; *(con verbo)* to, in order to; **lo hice p. ti,** I did it for you *o* for your sake; **p. lo que,** therefore; **p. llegar antes,** (in order) to arrive earlier; **p. no molestarle,** so as not to bother him. 11 **p. qué,** why. 12 **estar p.,** *(no hecho)* to remain to be; **eso está p. ver,** that remains to be seen; **está todo p. hacer,** we're right at the beginning. 13 *(a punto de)* **estar p.,** to be about to; **estuve p. llamarte,** I almost phoned you. 14 *(en busca de)* for, to; **baja p. tabaco,** go down for some cigarettes; **fue a p. el médico,** he went to fetch the doctor. 15 **p. haber,** for having; **p. haberse equivocado,** for having made a mistake. 16 *(locuciones)* **p. así decirlo,** to say something; **p. cierto,** by the way; **¡p. Dios!**, for God's sake!; **p. ejemplo,** for example *o* instance; **p. favor,** please; **p. lo general,** in general; **p. lo visto,** apparently; **p. más/muy ... que sea,** no matter how ... he *o* she is; **p. mí,** for my part, as for me; **p. mucho que ...**, no matter how much ...; **p. nada,** for nothing; **p. si acaso,** just in case; **p. sí mismo,** by himself; **p. supuesto,** of course; *fam* **p. las buenas,** for the hell of it.

porcelana *nf* porcelain, china; **una p.,** a piece of china.

porcentaje *nm* percentage; *(proporción)* rate.

porcentual *adj* percentage.

porcino,-a *adj* porcine; pig; **ganado p.,** pigs *pl*.

porción *nf* portion, part; **una pequeña p.,** a small quantity.

porcuno,-a *adj véase* **porcino,-a.**

porche *nm* 1 *(soportal)* arcade. 2 *(entrada)* porch.

pordiosear *vi* to beg.

pordiosero,-a I *adj* begging. II *nm,f* beggar.

porfía *nf* 1 *(lucha)* fight; *(discusión)* argument. 2 *(obstinación)* obstinacy, pig-headedness, stubbornness; **a p.,** in competition.

porfiar [13] *vi* 1 *(disputar)* to fight. 2 *(insistir)* to be pigheaded.

porfolio *nm Arte* portfolio.

pormenor *nm* detail; **venta al p.,** retail.

pormenorizar [4] *vi* to go into detail.

porno *adj inv fam* pornographic.

pornografía *nf* pornography.

pornográfico,-a *adj* pornographic; *Cin* X-rated.

poro *nm* pore; *fig* **rezumaba satisfacción por todos los poros,** he oozed satisfaction.

pororó *nm Am* popcorn.

porosidad *nf* porosity, porousness.

poroso,-a *adj* porous.

porque *conj* 1 *(causal)* because; **no estudio p. no me gusta,** I don't study because I don't like it. 2 *(final)* so that, in order that.

porqué *nm (pl porqués)* reason; **me pregunto el p. de su negativa,** I wonder why he refused.

porquería *nf* 1 *(suciedad)* dirt, filth; **estar hecho una p.,** to be really filthy; **la casa está llena de p.,** the house is very dirty; **no hagas porquerías,** don't be a pig. 2 *(cosa de poco valor)* rubbish; **por su cumpleaños le compraré cualquier p.,** I'll get her something small for her birthday. 3 *(trastada)* dirty trick. 4 *fam (comida)* rubbish, *US* junk food; **no comas esas porquerías,** don't eat that rubbish.

porqueriza *nf* pigsty.

porquerizo *nm* pigman.

porra *nf* 1 *(de policía)* truncheon, baton. 2 *Culin* type of fried pastry. 3 *fig (persona)* bore. 4 *fam (locuciones)* **mandar a algn a la p.,** to tell sb to go to hell; **¡porras!**, damn it!, shit!; **¿qué porras ...?**, what on earth ...?; **¡qué vacaciones ni qué porras!**, holidays — like hell!; **¡una p.!**, you're talking crap!; **¡vete a la p.!**, get lost! 4 *Arg Bol (mechón)* forelock. 5 *Méx Teat* claque.

porrada *nf fam* 1 *(golpe)* blow *o* thump (with a truncheon). 2 *(montón)* pile, heap; **una p. de,** heaps of, loads of.

porrazo *nm (golpe)* blow, thump; *(contra el suelo)* bump; **pegarse un p. con algo,** to bump into sth; *fig* **de golpe y p.,** all of a sudden, suddenly.

porreta *nmf fam* 1 *(fumador de hachís)* head. 2 *(desnudo)* **en p.,** in the buff, starkers.

porrillo (a) *loc adv fam* by the score, galore.

porro *nm arg* joint; **darle al p.,** to smoke dope regularly.

porrón *nm* glass bottle with a spout coming out of its base, used for drinking wine.

porta *nf Náut* port, porthole.

portaaviones *nm inv Náut* aircraft carrier.

portada *nf* 1 *(de libro)* title page; *(de revista)* cover; *(de periódico)* front page; *(de disco)* sleeve. 2 *Arquit (fachada)* front, façade, facade.

portador,-a I *adj* carrying. II *nm,f* carrier, bearer; *Com* **páguese al p.,** pay the bearer; *Med* **p. de virus,** virus carrier.

portaequipajes *nm inv Aut* boot, *US* trunk.

portaestandarte *nm Mil* standard bearer.

portafolios *nm inv* briefcase.

portal *nm* 1 *(zaguán)* porch, entrance hall. 2 *(puerta de la calle)* street door, main door, gateway. 3 *Rel* **p. de Belén,** Nativity scene.

portalada *nf Archit* large doorway, gateway.

portalámparas *nm inv Elec* socket.

portamaletas *nm inv véase* **portaequipajes.**

portaminas *nm inv* propelling pencil.

portamonedas *nm inv* purse.

portante *nm fam* **tomar** *o* **coger el p.,** to leave, take one's leave.

portaobjetos *nm inv* slide.

portar I *vtr arc* to carry. II **portarse** *vr* to behave; **portaos bien,** be good, behave yourselves; **p. mal,** to misbehave; **se portó como un héroe,** he acted like a hero.

portátil *adj* portable.

portavoz *nmf* spokesperson; *(hombre)* spokesman; *(mujer)* spokeswoman.

portazo *nm* slam of a door; **dar un p.,** to slam the door.

porte *nm* 1 *(aspecto)* demeanour, appearance; **un hombre de p. distinguido,** a distinguished-looking man. 2 *(transporte)* transport, carriage; **portes pagados,** carriage paid.

porteador,-a *nm,f* porter.

portear *vi* to carry, transport.

portento *nm* 1 *(cosa)* wonder, marvel. 2 *(persona)* genius; **Laura es un p. bailando,** Laura is a wonderful dancer.

portentoso,-a *adj* extraordinary, prodigious.

porteño,-a I *adj* of *o* from Buenos Aires. II *nm,f* native *o* inhabitant of Buenos Aires.

portería *nf* 1 *(vivienda)* porter's house; *(garita)* porter's lodge. 2 *(empleo)* job of porter. 3 *Dep* goal.

portero,-a *nm,f* 1 *(de vivienda)* porter, caretaker; *(de edificio público)* doorman. ■ **p. automático,** entryphone. 2 *Dep* goalkeeper.

pórtico *nm* 1 *Arquit (portal)* portico, porch. 2 *(con arcadas)* arcade.

portillo *nm* 1 *(abertura)* breach, opening, gap; *(puerta secundaria)* side door *o* entrance; *(postigo)* wicket. 2 *fig (a una solución)* opening; **es necesario buscar el p. de este problema,** we have to find a solution to this problem.

portorriqueño,-a *adj & nm,f* Puerto Rican.

portuario,-a *adj* harbour, *US* harbor, port; **(trabajador) p.,** docker, *US* longshoreman.

Portugal *n* Portugal.

portugués,-esa I *adj* Portuguese. II *nm,f (persona)* Portuguese; **los portugueses,** the Portuguese *pl.* III *nm (idioma)* Portuguese.

porvenir *nm* future; **sin p.,** with no prospects; **tener el p. asegurado,** to have a secure future.

pos- *pref* post-; **posmoderno,** post-modern.

pos *adv* **en p. de,** behind, after; **va en p. de la fama,** he's after fame.

posada *nf* inn; **dar p.,** to offer hospitality, take in.

posaderas *nfpl fam* buttocks.

posadero,-a *nm,f* innkeeper.

posar I *vi (para fotografía, retrato)* to pose, sit. II *vtr* to put *o* lay down; **p. la mirada en algo,** to rest one's gaze on sth; **posó su mano sobre la mesa,** he laid his hand on the table. III **posarse** *vr* 1 *(aves)* to settle, alight; *(avión)* to land. 2 *(líquido, polvo)* to settle.

posdata *nf* postscriptum, postscript.

pose *nf* 1 *(postura)* pose. 2 *(actitud)* affected attitude *o* posturing, posing; **su p. de indiferencia me molesta mucho,** I hate her pretending to be indifferent.

poseedor,-a I *adj* who possesses. II *nm,f* owner, possessor.

poseer [61] *vtr* to possess, own.

poseído,-a I *pp de* **poseer.** II *adj* possessed; **poseído de rabia,** enraged. III *nm,f* possessed person.

posesión *nf* possession; **estar en p.,** to have; **tener en p.,** to be in possession of; **tomar p.,** *(de algo)* to take possession **(de, -);** *(de un cargo)* to take up **(de, -).**

posesionar I *vtr* to give possession of. II **posesionarse** *vr (tomar posesión)* to take possession **(de,** of); *(apropiarse)* to seize.

posesivo,-a *adj & nm* possessive.

poseso,-a I *adj* possessed. II *nm,f* possessed person; *fig* **como un p.,** like a madman.

posguerra *nf* postwar period.

posibilidad *nf* possibility, chance; **no hay ninguna p. de,** there is no chance of; **no tienes ninguna p.,** you don't stand a chance.

posibilitar *vtr* to make possible, facilitate.

posible I *adj* possible; **de ser p.,** if possible; **en (la medida de) lo p., dentro de lo p.,** as far as possible; **¿es p., really?; es p. que venga,** he might come; **hacer lo p.,** to do one's best; **lo antes p.,** as soon as possible; **¿será p. que no venga?,** don't tell me he's not going to come!; **si nos es p.,** if we possibly can. II **posibles** *nmpl fam* (economic) means. ◆**posiblemente** *adv* possibly.

posición *nf* position; **p. económica,** economic situation; **p. social,** social status.

positivado *nm Fot* developing.

positivismo *nm Filos* positivism.

positivo,-a *adj & nm* positive. ◆**positivamente** *adv* positively.

pósito *nm* 1 *Agr (granero)* communal granary. 2 *(cooperativa)* co-operative.

poso *nm* 1 *(sedimento)* dregs *pl,* sediment. 2 *fig (vestigio)* trace.

posponer [78] *(pp* **pospuesto)** *vtr* 1 *(relegar)* to put in second place *o* behind, relegate. 2 *(aplazar)* to postpone, put off.

post- *pref* post-; **postnatal,** postnatal.

posta nf 1 (caballos) relay; (parada) staging stop. 2 **a p.**, on purpose; **lo han hecho a p.**, they did it on purpose.

postal I adj postal; **paquete p.**, parcel (sent by post); **servicio p.**, post, mail; **tarjeta p.**, postcard. II nf postcard.

poste nm (gen) pole; Dep (larguero) post; fam **parado como un p.**, dead still.

póster nm (pl pósters) poster.

postergación nf 1 (retraso) delay, delaying; (aplazamiento) postponement. 2 (relegación) relegation.

postergar [7] vtr 1 (retrasar) to delay; (aplazar) to postpone. 2 (relegar) to relegate.

posteridad nf posterity; **pasar a la p.**, to go down in history.

posterior adj 1 (lugar) posterior, rear; **parte p.**, back. 2 (tiempo) later (**a**, than), subsequent (**a**, to); **el accidente fue p. a la enfermedad**, the accident came after the illness. ◆**posteriormente** adv subsequently, later.

posteriori (a) loc adv a posteriori.

posterioridad nf posteriority; **con p.**, later.

postgraduado,-a adj & nm,f postgraduate.

postigo nm (de puerta) wicket; (de ventana) shutter.

postín nm fam boasting, showing-off; **darse p.**, to show off, swank; **de p.**, posh, swanky.

postizo,-a I adj 1 (artificial) false, artificial; **dentadura postiza**, false teeth pl, dentures pl. 2 (sobrepuesto) detachable. II nm hairpiece.

postoperatorio,-a I adj postoperative. II nm postoperative period.

postor nm bidder; **mejor p.**, highest bidder.

postración nf prostration.

postrado,-a I pp de postrar. II adj prostrate; fig **p. por el dolor**, prostrate with grief.

postrar I vtr to prostrate. II **postrarse** vr to prostrate oneself, kneel down.

postre nm Culin dessert, sweet; **¿qué hay de p.?**, what's for dessert?; fig **a la p.**, in the end; fig **para postres**, on top of all that.

postrero,-a adj last.

postrimería nf (gen pl) last part o period; **en las postrimerías del siglo pasado**, at the end of the last century.

postulación nf (de dinero) collection.

postulado,-a I pp de postular. II nm postulate.

postulante nmf 1 (de colecta) collector. 2 Rel postulant.

postular vtr (dinero) to collect.

póstumo,-a adj posthumous.

postura nf 1 (posición) position, posture. 2 fig (actitud) attitude; **adoptar una p.**, to take o adopt an attitude. 3 (puja) bid.

postventa adj, **posventa** adj after-sales; **servicio p.**, after-sales service.

potable adj 1 (agua) drinkable; **agua no p.**, not drinking water; **agua p.**, drinking water. 2 fam (aceptable) acceptable.

potaje nm 1 Culin hotpot, stew; **p. de legumbres**, vegetable stew. 2 fig (mezcla) mixture.

potasa nf potash.

potasio nm potassium.

pote nm pot; (jarra) jug; fam **darse p.**, to show off.

potencia nf power; Mat **elevar un número a la quinta p.**, to raise a number to the power of five; **en p.**, potential; **un asesino en p.**, he's a potential

murderer; Pol **las grandes potencias**, the super powers; **un motor de gran p.**, a very powerfu engine.

potenciación nf boosting, promotion, strength ening.

potencial I adj potential. II nm 1 (gen) potencial **p. eléctrico**, voltage; **p. humano**, manpower. 2 Lin conditional (tense). ◆**potencialmente** adv poten tially.

potencialidad nf potentiality.

potenciar [12] vtr to boost, promote, strengthen; p **el comercio**, to promote trade.

potentado,-a nm,f potentate.

potente adj powerful, strong.

potestad nf power, authority.

potestativo,-a adj optional, facultative.

potingue nm fam pey 1 (bebida) concoction. 2 (ma quillaje) make-up, face cream o lotion.

poto nm 1 Chi Ecuad Per (vasija) vessel, jug. 2 Ar Bol Chi (trasero) bottom.

potra[1] nf Zool filly.

potra[2] nf fam luck; **tener p.**, to be jammy.

potranco,-a nm,f colt.

potro nm 1 Zool colt. 2 (de herrador) stanchion. (de gimnasia) horse. 4 (de tortura) rack.

poyo nm stone bench.

poza nf puddle.

pozal nm well bucket.

pozo nm 1 (gen) well; **p. de petróleo**, oil well; fig p **de sabiduría**, fund of knowledge; fig **p. sin fondo** bottomless pit. 2 Min shaft, pit.

P.P. abr de por poder

práctica nf practice; **con la p.**, with practice; **en la p.**, in practice; **período de prácticas**, practica training period; **poner (algo) en p.**, to put (sth into practice; **tener mucha p. en**, to have a lot o practice in.

practicable adj 1 (posible) feasable. 2 (camino, ca rretera) passable.

practicante I adj Rel practising, US practicing. I nmf Med nurse, medical assistant.

practicar [1] I vtr (gen) to practise, US practice (hacer) to make; **p. un agujero**, to make a hole **¿practicas algún deporte?**, do you go in for any sport? II vi to do one's practice; **antes de licenciarse practicó durante un mes en una escuela**, he taugh in a school for a month before graduating.

práctico,-a I adj (gen) practical; (útil) handy useful. II nm Náut coastal pilot. ◆**prácticamente** adv practically.

pradera nf meadow, prairie.

prado nm 1 (campo) meadow, field. 2 (paseo) promenade.

Praga n Prague.

pragmática nf pragmatics sing.

pragmático,-a I adj pragmatic. II nm,f pragmatist.

pragmatismo nm pragmatism.

pral. abr de principal, first floor, US second floor.

praxis nf inv fml praxis.

pre- pref pre-; **precientífico**, prescientific.

preámbulo nm 1 (introducción) preamble. 2 (rodeo) circumlocution; **déjate de preámbulos**, stop beating about the bush; **sin (más) p.**, getting straight to the point, without further ado.

preaviso nm previous warning, notice.

prebenda *nf* **1** *Rel* prebend. **2** *fig (chollo)* sinecure, cushy job.

preboste *nm* provost.

precalentamiento *nm* **1** *Téc* preheating. **2** *Dep* warming up.

precalentar [27] *vtr* **1** *Téc* to preheat. **2** *Dep* to warm up.

precario,-a *adj* precarious.

precaución *nf* caution, precaution; **con p.,** cautiously; **por p.,** as a precaution; **tomar precauciones,** to take precautions.

precaver *vtr*, **precaverse** *vr* to take precautions **(de, contra,** against).

precavido,-a I *pp de* **precaver. II** *adj* cautious, prudent; *prov* **hombre p. vale por dos,** forewarned is forearmed.

precedencia *nf* precedence, priority.

precedente I *adj* preceding. **II** *nmf* predecessor. **III** *nm* precedent; **sentar p.,** to establish *o* set up a precedent; **sin p.,** unprecedented, unparalleled; **y que no sirva de p.,** don't take it as a rule.

preceder *vtr* to precede, go before.

preceptista *nmf* theorist.

precepto *nm* precept, rule; *Rel* **fiestas de p.,** days of obligation.

preceptor,-a *nm,f Educ* (private) tutor.

preces *nfpl Rel* prayers.

preciarse [12] *vr* to boast; **me precio de ser su amigo,** I'm proud of being his friend.

precintar *vtr* to seal.

precinto *nm* seal.

precio *nm* price; **al p. de,** at the cost of; **poner p. (a algo),** to put a price (on sth); **poner p. a la cabeza de algn,** to put a price on sb's head; **p. prohibitivo,** prohibitive price; **p. simbólico,** nominal cost; **subida de precios,** rise in prices; *fig* **a cualquier p.,** at any price, at all costs; *fig* **no tener p.,** to be priceless. ■ **p. de coste,** cost price; **p. fijo,** fixed price.

preciosidad *nf* **1** *(cualidad)* preciousness. **2** *(cosa)* lovely thing; **es una p.,** it's really lovely. **3** *(persona)* darling; **¡qué p. de niño!,** what a delightful child!

precioso,-a *adj* **1** *(valioso)* precious, valuable. **2** *(hermoso)* lovely, beautiful.

precipicio *nm* precipice, cliff; *fig (abismo)* abyss.

precipitación *nf* **1** *(prisa)* haste; *(imprudencia)* rashness; **con p.,** *(con prisa)* hastily, hurriedly; *(imprudentemente)* rashly, precipitately. **2** *Meteor* precipitation, shower.

precipitado,-a I *pp de* **precipitar. II** *adj (apresurado)* hasty, hurried; *(imprudente)* rash. **III** *nm Quím* precipitate. ◆**precipitadamente** *adv (con prisa)* hastily, hurriedly; *(imprudentemente)* rashly, precipitately.

precipitar I *vtr* **1** *(arrojar)* to throw, hurl down. **2** *(acelerar)* to hurry, rush; **no precipites los acontecimientos,** don't rush things. **3** *Quím* to precipitate. **II precipitarse** *vr* **1** *(arrojarse)* to hurl oneself. **2** *(actuar precipitadamente)* to hurry, rush; **no nos precipitemos,** let's take things easy.

precisar I *vtr* **1** *(determinar)* to determine, give full details of; **no puedo p. cuando,** I can't say when exactly. **2** *(necesitar)* to require, need; **se precisa una gran habilidad,** great skill is required. **II** *vi (ser necesario)* to be necessary; **p. de algo,** to need sth.

precisión *nm* **1** *(exactitud)* precision, accuracy, exactness; **con p.,** precisely, accurately. ■ **instrumento de p.,** precision instrument. **2** *(aclaración)*

clarification. **3** *(necesidad)* need; **tener p. de algo,** to need sth.

preciso,-a *adj* **1** *(necesario)* necessary, essential; **es p. que la llames hoy,** you must phone her today. **2** *(exacto)* accurate, exact; **en este p. momento,** at this very moment. **3** *(claro)* concise, clear; **este informe es muy p.,** this report is very clear. ◆**precisamente** *adv (con precisión)* precisely; *(exactamente)* exactly; **¡p.!,** exactly!; **p. por eso,** for that very reason.

precocidad *nf* precocity, precociousness.

preconcebido,-a *adj* preconceived; **ideas preconcebidas,** preconceptions.

preconcepción *nf* preconception.

preconizar [4] *vtr* to recommend, advocate.

precoz *adj* **1** *(persona)* precocious. **2** *(fruta)* early.

precursor,-a I *adj* precursory. **II** *nm,f* precursor.

predecesor,-a *nm,f* predecessor.

predecir [79] *(pp* **predicho)** *vtr* to foretell, predict.

predestinación *nf* predestination.

predestinado,-a I *pp de* **predestinar. II** *adj* predestined.

predestinar *vtr* to predestine.

predeterminación *nf* predetermination.

predeterminar *vtr* to predetermine.

prédica *nf Rel* sermon; *fam (perorata)* harangue.

predicación *nf* preaching.

predicador,-a *nm,f Rel* preacher.

predicado,-a I *pp de* **predicar. II** *nm Ling* predicate.

predicamento *nm* fame, prestige.

predicar [1] *vtr* to preach; *fig* **p. con el ejemplo,** to practise what one preaches.

predicativo,-a *adj* predicative.

predicción *nf* prediction, forecast.

predice *indic pres véase* **predecir.**

predigo *indic pres véase* **predecir.**

predije *pt indef véase* **predecir.**

predilección *nf* predilection; **predilecciones y aversiones,** likes and dislikes; **sentir p. por algo,** to prefer sth.

predilecto,-a *adj* favourite, *US* favorite, preferred.

predio *nm* estate, property. ■ **p. rústico,** country estate; **p. urbano,** town property.

predisponer [78] *(pp* **predispuesto)** *vtr* to predispose.

predisposición *nf* predisposition.

predispuesto,-a I *pp de* **predisponer. II** *adj* predisposed.

predominación *nf*, **predominancia** *nf* predominance.

predominante *adj* predominant, predominating; **la corriente p.,** the prevailing current.

predominar *vi* to predominate, prevail.

predominio *nm* predominance.

preeminencia *nf* pre-eminence.

preeminente *adj* pre-eminent.

preescolar *adj Educ* preschool; **etapa p.,** nursery education.

preestablecer [43] *vtr* to pre-establish.

preestablecido,-a I *pp de* **preestablecer. II** *adj* pre-established.

preexistencia *nf* pre-existence.

preexistir *vi* to pre-exist.

prefabricación *nf* prefabrication.

prefabricado,-a I *pp de* prefabricar. **II** *adj* prefabricated.

prefabricar [1] *vtr* to prefabricate.

prefacio *nm Lit* preface.

prefecto *nm* prefect.

prefectura *nf* prefecture.

preferencia *nf* preference; **con p.**, preferably; **de p.**, preferably; *Aut* **p.** (**de paso**), right of way; **tener p. por algo**, to have a preference for sth.

preferente *adj* preferable, preferential. ◆**preferentemente** *adv* preferably, preferentially.

preferible *adj* preferable; **es p. que no vengas,** you'd better not come. ◆**preferiblemente** *adv* preferably.

preferido,-a I *pp de* preferir. **II** *adj* preferred. **III** *nm,f* favourite, *US* favorite.

preferir [35] *vtr* to prefer; **prefiere no salir,** he'd rather stay at home; **prefiero el calor al frío,** I prefer the heat to the cold.

prefijar *vtr* **1** *(fijar con antelación)* to fix *o* arrange in advance. **2** *Ling* to prefix.

prefijo *nm* **1** *Ling* prefix. **2** *Tel* code, *US* area code.

pregón *nm* public announcement.

pregonero *nm* town crier.

pregonar *vtr* **1** *(anunciar)* to announce publicly. **2** *fig (divulgar, difundir)* to reveal, disclose.

pregunta *nf* question; **contestar a una p.**, to answer a question; **hacer una p.**, to ask a question; **p. capciosa,** catch question.

preguntar I *vtr* to ask; **a mí no me lo preguntes,** don't ask me; **p. algo a algn,** to ask sb sth; **p. por algn,** to ask after *o* about sb. **II** preguntarse *vr* to wonder; **me pregunto si vendrá,** I wonder whether he'll come.

preguntón,-ona *fam* **I** *adj* inquisitive, nosey. **II** *nm,f* nosey-parker, busybody.

prehistoria *nf* prehistory.

prehistórico,-a *adj* prehistoric.

prejuicio *nm* prejudice; **tener prejuicios,** to be prejudiced, be biased.

prejuzgar [7] *vtr* to prejudge.

prelación *nf* priority, preference.

prelado *nm Rel* prelate.

preliminar I *adj* preliminary. **II** *nm* preliminary; **preliminares,** preliminaries.

preludiar [12] *vtr* **1** *Mús* to prelude. **2** *fig (anunciar)* to announce; *(empezar)* to introduce.

preludio *nm* **1** *Mús* prelude. **2** *fig (anuncio)* prelude; *(inicio)* introduction.

prematrimonial *adj* premarital.

prematuro,-a I *adj* premature. **II** *nm,f* premature baby.

premeditación *nf* premeditation; **con p.**, deliberately.

premeditado,-a *adj* premeditated, deliberate. ◆**premeditadamente** *adv* with premeditation.

premiado,-a I *pp de* premiar. **II** *adj* prize-winning.

premiar [12] *vtr* **1** *(dar un premio)* to award a prize **(a, to). 2** *(recompensar)* to reward.

premier *nm (pl premiers) Pol* premier.

premio *nm* **1** *(gen)* prize, award; **dar un p.**, to award a prize. ■ **p. de consolación,** consolation prize; **p. en metálico,** prize money; *Univ* **p. extraordinario,** award with special distinction. **2** *(recompensa)* reward, recompense. **3** *(de lotería)* prize; **le**

tocó un p., he won a prize. ■ **p. (gordo),** big prize, first prize.

premiosidad *nf* **1** *(torpeza)* clumsiness, awkwardness. **2** *(urgencia)* urgency.

premioso,-a *adj* **1** *(torpe)* clumsy, awkward. **2** *(urgente)* urgent.

premisa *nf* premise.

premolar *adj & nm Anat* premolar.

premonición *nf* premonition.

premonitorio,-a *adj* premonitory, warning.

premunir *vtr*, **premunirse** *vr* to take precautions.

premura *nf* **1** *(apremio)* haste; *(urgencia)* urgency; **con p.**, urgently. **2** *(escasez)* shortage, lack; **con p. de tiempo,** under time pressure.

prenatal *adj* antenatal, prenatal.

prenda *nf* **1** *(prenda)* garment, article; **prendas interiores,** underwear *sing.* **2** *(garantía)* token, pledge; **dar en p.**, to pledge; **en p.**, as a pledge of; *fam* **no dolerle prendas a uno,** to spare no effort *o* expense; *(reconocer un error)* to admit one was wrong; *fam* **no soltar p.**, not to say a word. **3** *(juego)* **prendas,** forfeits. **4** *(cualidad)* quality, talent. **5** *fam (persona)* darling, sweetheart.

prendar I *vtr* to captivate, delight; **dejó a todos prendados,** everyone was taken by him. **II** **prendarse** *vr (aficionarse)* to take a fancy **(de,** to), be captivated **(de,** by); *(enamorarse)* to fall in love **(de,** with); **se prendó de ella,** he fell for her.

prendedor *nm* brooch, pin.

prender I *vtr* **1** *(arrestar)* to arrest; *(encarcelar)* to put in prison. **2** *(sujetar)* to fasten, attach; *(con alfileres)* to pin. **3** *(fuego)* to set; **p. la lumbre,** to start a fire. **II** *vi (planta)* to take root; *(fuego)* to catch; **esta leña no prende,** this wood won't light; *fig* **sus ideas prendieron rápidamente en los trabajadores,** the workers quickly caught on to his ideas. **III** **prenderse** *vr* to catch fire.

prendido,-a I *pp de* prender. **II** *adj* **1** *(sujeto)* fastened, caught. **2** *fig (encantado)* enchanted, captivated; **quedar p.**, to be captivated.

prendimiento *nm* arrest, capture.

prensa *nf* **1** *Téc (prensadora)* press. **2** *Impr* printing press; **entrar en p.**, to go to press. **3** *Prensa* press; **la p. diaria,** the newspapers *pl*, the dailies *pl*; *fig* **tener buena/mala p.**, to have a good/a bad press; *fam* **los chicos de la p.**, the journalists. ■ **agencia de p.**, press agency; **conferencia de p.**, press conference.

prensado,-a I *pp de* prensar. **II** *adj* pressed, compressed; **madera prensada,** chipboard. **III** *nm* pressing.

prensar *vtr* to press.

prensil *adj* prehensile.

preñado,-a I *adj* **1** *(mujer)* pregnant; **preñada de 3 meses,** 3 months pregnant. **2** *fig (lleno, cargado)* pregnant **(de,** with), full **(de,** of); **ojos preñados de lágrimas,** eyes filled with tears. **II** *nm (embarazo)* pregnancy.

preñar *vtr (mujer)* to make pregnant; *(animal)* to impregnate.

preñez *nf* pregnancy.

preocupación *nf* **1** *(inquietud)* worry, concern. **2** *(prejuicio)* prejudice.

preocupado,-a I *pp de* preocupar. **II** *adj* worried, concerned.

preocupar I *vtr* to worry; **me preocupa que llegue tan tarde,** I'm worried about him arriving so late. II **preocuparse** *vr* to worry, get worried **(por,** about); **no te preocupes,** *(no te inquietes)* don't worry; *(déjalo correr)* never mind.

preparación *nf (gen)* preparation; *(formación)* training; *(aptitud)* capacity; **p. musical,** musical training.

preparado,-a I *pp de* preparar. II *adj* 1 *(dispuesto)* ready, prepared; *Culin* **comidas preparadas,** ready-cooked meals; **p. de antemano,** prepared. 2 *(capacitado)* trained, qualified. III *nm Farm (medicamento)* preparation.

preparador,-a *nm,f Dep* coach, trainer.

preparar I *vtr* 1 *(gen)* to prepare, get ready; **prepara las maletas,** pack your bags; **p. la comida,** to get lunch ready; **p. un examen,** to prepare for an exam. 2 *(enseñar)* to train, teach; *Dep (entrenar)* to train, coach. II **prepararse** *vr* 1 *(gen)* to prepare oneself, get ready; **me preparaba para salir cuando sonó el teléfono,** I was getting ready to leave when the telephone rang; **se prepara una buena tormenta,** there's a big storm brewing. 2 *Dep (entrenarse)* to train; **se está preparando para los Juegos Olímpicos,** he's training for the Olympic Games.

preparativo *nm* preparation; **hacer los preparativos para,** to make preparations for.

preparatorio,-a *adj* preparatory.

preponderante *adj* preponderant.

preponderancia *nf* preponderance, prevalence.

preponderar *vtr* to prevail.

preposición *nf Ling* preposition.

preposicional *adj Ling* prepositional.

prepotencia *nf* power, dominance.

prepotente *adj* powerful, domineering.

prepucio *nm Anat* foreskin.

prerrequisito *nm* prerequisite.

prerrogativa *nf* prerogative.

presa *nf* 1 *(captura)* capture, seizure; **hacer p.,** to seize; **el fuego hizo p. en su vestido,** the fire set light to her dress. 2 *(cosa)* prey, catch; *fig* prey; **caer p. de,** to fall prey to; **el cazador siempre debe perseguir a su p.,** hunters should always stalk their prey; *fig* **ser p. de,** to be a victim of; **p. del pánico,** panic-stricken. 2 *Orn (uña)* claw; *Zool (colmillo)* tusk. 3 *(embalse)* dam; *(acequia)* channel, ditch.

presagiar [12] *vtr* to predict, foretell.

presagio *nm* 1 *(señal)* omen; **buen/mal p.,** good/bad omen. 2 *(premonición)* premonition.

presbicia *nf Med* long-sightedness, far-sightedness.

presbiterianismo *nm Rel* Presbyterianism.

presbiteriano,-a *adj & nm,f Rel* Presbyterian.

presbiterio *nm* presbytery.

presbítero *nm Rel* priest.

prescindir *vi* 1 *(pasarse sin)* to do without; **podemos p. del coche,** we can do without the car. 2 *(omitir)* to leave out, omit. 3 *(desembarazarse)* to get rid of.

prescribir *(pp prescrito) vtr & vi* to prescribe; **el médico le prescribió unas vacaciones,** the doctor advised him to take a holiday.

prescripción *nf* prescription; **p. facultativa,** medical prescription.

prescrito,-a I *pp de* prescribir. II *adj* prescribed.

preselección *nf (gen)* short list, short listing; *Dep* seeding.

preseleccionar *vtr (gen)* to short-list; *Dep* to seed.

presencia *nf* 1 *(gen)* presence; **en p. de,** in the presence of; **hacer acto de p.,** to put in an appearance. ■ **p. de ánimo,** presence of mind. 2 *(aspecto)* presence, look; **de buena p.,** distinguished-looking.

presencial *adj* **testigo p.,** eyewitness.

presenciar [12] *vtr (estar presente)* to be present at; *(ver)* to witness.

presentable *adj* presentable; **no estoy p.,** I'm not dressed for it, I'm not dressed for the occasion.

presentación *nf* 1 *(gen)* presentation; *(aspecto)* appearance; *(de personas)* introduction; *(de producto)* launching; **carta de p.,** letter of introduction; **hacer las presentaciones,** to introduce two or more people; **p. en sociedad,** debut, coming out. 2 *Am (petición)* petition, request.

presentador,-a *nm,f Rad TV* presenter, host, hostess.

presentar I *vtr* 1 *(gen)* to present; *(mostrar)* to show, display; *(ofrecer)* to offer; **la habitación presentaba un aspecto desolador,** the room looked gloomy; **p. excusas,** to excuse oneself; **p. la dimisión,** to tender one's resignation; **p. un candidato,** to propose sb; **p. un libro/una película,** to launch a book/film; **p. una demanda** *o* **una denuncia,** to bring an action; *Jur* **p. pruebas,** to submit proof; **p. una queja,** to lodge a complaint. 2 *(una persona a otra)* to introduce; **le presento al doctor Ruiz,** may I introduce you to Dr Ruiz; **ser presentada en sociedad,** to make one's debut, come out. II **presentarse** *vr* 1 *(comparecer)* to present oneself; *(inesperadamente)* to turn *o* come up; **preséntese en mi oficina mañana,** report to my office tomorrow; **se presentó sin avisar,** he turned up without warning *o* unexpectedly. 2 *(ocurrir)* to present itself, arise; **si se presenta la ocasión,** should the opportunity arise. 3 *(candidato)* to stand; **p. a unas elecciones,** to stand for election, *US* run for office. 4 *(a examen)* to sit (**a,** for). 5 *(darse a conocer)* to introduce oneself (**a,** to); **p. en sociedad,** to make one's debut, come out.

presente I *adj* present; **estar p. en,** to be present at; **hacer p.,** to declare, state; **hacer p. algo a algn,** to remind sb of sth; **la p. (carta),** this letter; **las personas aquí presentes,** the people here present; **los presentes,** those present; **mejorando lo p.,** present company excepted; **¡p.!,** here!, present!; **tener p.,** *(tener en cuenta)* to bear in mind; *(recordar)* to remember. II *nm* 1 *(tiempo actual)* present; **al** *o* **de p.,** at present; **hasta el p.,** up to the present. 2 *Ling* **(tiempo) p.,** present tense; **participio de p.,** present participle. 3 *fml (regalo)* present, gift.

presentimiento *nm* presentiment, premonition; **tengo el p. de que ...,** I have the feeling that ... .

presentir [35] *vtr* to have a presentiment *o* premonition of; **presiento que lloverá,** I've got the feeling that it's going to rain.

preservación *nf* preservation, protection.

preservar *vtr* to preserve, protect **(de,** from); **(contra,** against).

preservativo,-a I *adj* preservative. II *nm* sheath, condom.

presidencia *nf* 1 *Pol* presidency. 2 *(de una reunión) (hombre)* chairmanship; *(mujer)* chairwomanship.

presidencial *adj* presidential.

presidente,-a *nm,f* 1 *Pol* president; **p. del gobierno,** Prime Minister, Premier. 2 *(de una reunión)* chairperson.

presidiario,-a *nm,f* prisoner, convict.

presidio *nm* prison, penitentiary.

presidir *vtr* 1 *Pol (país)* to rule, head; *fig* **la bondad preside todos sus actos,** he is motivated by kindness. 2 *(reunión)* to chair, preside over.

presilla *nf Cost* fastener.

presión *nf* pressure; **a** *o* **bajo p.,** under pressure; **hacer p.,** to press; *fig (influir)* to pressurize; *Pol* to lobby. ▪ *Pol* **grupo de p.,** pressure group, lobby; *Culin* **olla a p.,** pressure cooker; **p. arterial** *o* **sanguínea,** blood pressure; **p. atmosférica,** atmospheric pressure.

presionar *vtr* to press; *fig* to pressurize, put pressure on.

preso,-a I *adj* imprisoned. II *nm,f* prisoner.

prestación *nf* 1 *(servicio)* service. 2 *(ayuda)* help, assistance; *(subsidio)* provision, supply, benefit. 3 *Téc (gen pl)* preformance.

prestado,-a I *pp de* **prestar.** II *adj (a alguien)* lent; *(por alguien)* borrowed; **dejar p.,** to lend; **ese libro está p.,** that book is on loan; **pedir p.,** to borrow; *fam* **vivir de p.,** to scrounge.

prestamista *nmf Fin* moneylender.

préstamo *nm* 1 *(acción de prestar)* lending; *(acción de pedir prestado)* borrowing. 2 *(cantidad, cosa)* loan; **pedir un p.,** to ask for a loan. 3 *Ling (palabra)* loanword.

prestancia *nf* 1 *(excelencia)* excellence, high quality. 2 *(distinción)* distinction, elegance.

prestar I *vtr* 1 *(dejar prestado)* to lend, loan; *(pedir prestado)* to borrow; **¿me prestas cien pesetas?,** could you lend me a hundred pesetas?; **¿me prestas tu pluma?,** can I borrow your pen? 2 *(atención)* to pay; *(ayuda)* to give; *(servicio)* to do, render; *Jur (declaración)* to make; **p. juramento,** to make an oath, swear. II **prestarse** *vr* 1 *(ofrecerse)* to offer oneself **(a,** to); **se prestó a llevarnos a casa,** she (willingly) gave us a lift home. 2 *(acceder)* to agree; **no te prestes a ese juego,** don't get mixed up in that sort of thing. 3 *(dar motivo)* to cause; **se presta a (crear) malentendidos,** it makes for misunderstandings.

prestatario,-a *nm,f Fin* borrower.

presteza *nf* promptness, diligence; **con p.,** promptly.

prestidigitación *nf* conjuring, magic.

prestidigitador,-a *nm,f* conjuror, magician.

prestigiar [12] *vtr* to give prestige to.

prestigio *nm* prestige.

prestigioso,-a *adj* prestigious.

presto,-a I *adj* 1 *(dispuesto)* ready, prepared. 2 *(rápido)* swift, quick, prompt. II *adv arc (con rapidez)* rapidly, promptly; *(en seguida)* at once.

presumible *adj* probable, likely.

presumido,-a I *adj* vain, conceited. II *nm,f* vain person.

presumir I *vtr (suponer)* to presume, assume, suppose. II *vi* 1 *(vanagloriarse)* to boast, show off; **ella presume de artista,** she likes to think she's an artist; **presume de guapo,** he fancies himself. 2 *(ser vanidoso)* to be vain *o* conceited; *Am* to provide with sth in case it is needed.

presunción *nf* 1 *(suposición)* presumption, supposition. 2 *(vanidad)* vanity, conceit.

presunto,-a *adj* pressumed, supposed; *Jur* **el p. autor del crimen,** the alleged criminal. ◆**presuntamente** *adv* supposedly.

presuntuosidad *nf* vanity, conceit.

presuntuoso,-a I *adj* 1 *(vanidoso)* vain, conceited. 2 *(pretencioso)* pretentious, showy. II *nm,f* 1 *(va nidoso)* vain *o* conceited person. 2 *(pretencioso)* pretentious person, show-off.

presuponer [78] *(pp* **presupuesto)** *vtr* to presuppose.

presupuestar *vtr Fin* to budget for; *(importe)* to estimate for.

presupuestario,-a *adj* budget, budgetary.

presupuesto,-a I *pp de* **presuponer.** II *adj* presupposed. III *nm* 1 *(supuesto)* supposition, assumption. 2 *Fin* budget; *(cálculo)* estimate; **hacer un presupuesto (de un trabajo),** to give an estimate (for a job).

presuroso,-a *adj (rápido)* quick; *(con prisa)* in a hurry.

pretencioso,-a I *adj* pretentious. II *nm,f* pretentious person.

pretender *vtr* 1 *(querer)* to want to, mean to; **pretendo acabar pronto,** I mean to finish soon. 2 *(intentar)* to try; **pretende ayudarnos,** he's trying to help us; **¿qué pretendes insinuar?,** what are you getting at? 3 *(afirmar)* to claim; **pretende ser el más rico,** he claims to be the richest person around. 4 *(aspirar a)* to try for; *(cargo)* to apply for. 5 *(cortejar)* to court, woo.

pretendido,-a I *pp de* **pretender.** II *adj* 1 *(fingido)* pretended. 2 *(supuesto)* so-called, would-be.

pretendiente,-a I *adj* aspiring. II *nm,f* 1 *(de una mujer etc)* suitor. 2 *Pol (al trono)* pretender. 3 *(a un cargo)* applicant, candidate.

pretensión *nf* 1 *(aspiración)* aim, aspiration; **mi única p.,** the only thing I want. 2 *(soberbia)* pretentiousness; **con demasiadas pretensiones,** too pretentiously; **tener muchas pretensiones,** to be commanding; **tener pocas pretensiones,** to be undemanding; **tenía la p. de que ganaría,** he was convinced he was going to win.

pretérito,-a I *adj* past, former. II *nm Ling* preterite *o* simple past tense.

pretextar *vtr* to plead, allege; **pretextó que tenía dolor de cabeza,** he claimed he had a headache.

pretexto *nm* pretext, excuse; **con el p. de que ...,** on the pretext that ... .

pretil *nm* 1 *Arquit* parapet. 2 *Am (atrio)* atrium, forecourt.

prevaldré *indic fut véase* **prevaler.**

prevalecer [43] *vi* 1 *(triunfar)* to triumph; *(imponerse)* to prevail; **prevaleció la razón,** common sense prevailed. 2 *Bot (planta)* to take root.

prevaleciente *adj* prevailing.

prevaler [89] I *vi véase* **prevalecer.** II **prevalerse** *vr (valerse, servirse)* to avail oneself **(de,** of), take advantage **(de,** of); **se prevalió de su autoridad para conseguir lo que quería,** he took advantage of his position to achieve his ends.

prevención *nf* 1 *(precaución)* prevention; **en p. de,** as a prevention against. 2 *(preparación)* preparation. 3 *(medida)* precaution; **tomar prevenciones,** to take precautions. 4 *(prejuicio)* prejudice; **tener prevención contra algn,** to have a prejudice against sb. 5 *(policial)* police station.

prevenir [90] *vtr* 1 *(preparar)* to prepare, get ready. 2 *(precaver)* to prevent, forestall; *(evitar)* to avoid; **para p. la gripe,** to prevent flu; *prov* **más vale prevenir que curar,** prevention is better than cure. 3 *(advertir)* to warn.

preventivo,-a *adj* preventive; *(medidas)* precautionary; *Jur* **detención** *o* **prisión preventiva,** remand in custody; *Med* **medicina preventiva,** preventive medicine.

prever [91] *(pp* **previsto)** *vtr* **1** *(conjeturar)* to foresee, forecast. **2** *(planear)* to plan. **3** *(anticipar)* to make allowances for.

previo,-a *adj* previous, prior; **p. pago de su importe,** only on payment; **sin p. aviso,** without prior notice. ◆**previamente** *adv* previously.

previsible *adj* foreseeable.

previsión *nf* **1** *(acción de prever)* forecast; *Meteor* **p. del tiempo,** weather forecast. **2** *(precaución)* precaution; **en p. de,** as a precaution against.

previsor,-a *adj* careful, far-sighted.

previsto,-a I *pp de* **prever. II** *adj* foreseen, forecast; **todo salió según lo p.,** everything turned out as planned *o* expected.

prieto,-a *adj* **1** *(apretado)* firm, tight; **de carnes prietas,** with a firm body. **2** *(color)* blackish, very dark. **3** *fig (tacaño)* mean.

prima *nf* **1** *(gratificación)* bonus; *(de un seguro)* insurance premium. **2** *(persona) véase* **primo,-a.**

primacía *nf* primacy.

primado *nm Rel* primate.

primar[1] *vi* to have priority, prevail.

primar[2] *vtr* to give a bonus to.

primario,-a *adj* primary; *Educ* **educación primaria,** primary education.

primate *nm* **1** *Zool* primate. **2** *(persona)* outstanding person.

primavera[1] *nf* **1** spring, springtime; *fig* **(ella) tenía quince primaveras,** she was fifteen. **2** *Bot* primrose.

primavera[2] **I** *adj* gullible, naive. **II** *nmf* simpleton, sucker, mug.

primaveral *adj* spring, spring-like; **hace un tiempo p.,** it's like spring.

primer *adj (delante de nm) véase* **primero,-a.**

primera *nf* **1** *(clase)* first class; **viajar en p.,** to travel first class. **2** *Aut (marcha)* first gear. **3 a la p.,** at the first attempt; *fam* **a la p. de cambio,** *(así que pueda)* as soon as the opportunity arises; *(inesperadamente)* when least expected; *fam* **de p.,** great, first class; **me viene de p.,** it's just the job.

primerizo,-a I *adj* **1** *(principiante)* novice. **2** *(madre)* first-time; *(niño)* first. **II** *nm,f* novice. **III** *nf* first-time mother.

primero,-a I *adj* **1** *(que precede)* first; *(anterior)* former; **de primera necesidad,** basic; **el primer paso es ...,** the first thing to do is ...; **es el p. de la clase,** he's top of the class; **iré a primera hora de la tarde,** I'll go first thing this afternoon; *Prensa* **primera página,** front page. **2** *fig (fundamental)* first, basic, main; **lo p. es la familia,** the family comes first. **II** *nm,f* first; **llegar el p.,** to arrive first; **no eres el p. en llegar,** you're not the first to arrive; **nos vamos a primeros de mes,** we shall be leaving at the beginning of the month. **III** *adv* **1** *(en primer lugar)* first; **cómete eso p.,** eat that first. **2** *(antes, más bien)* rather, sooner; **p. me moriría que pedirle dinero,** I'd rather die than ask him for money; *véase tamb* **primera.**

primicia *nf* **1** *Bot* first fruit. **2** *Prensa* novelty; **p. informativa,** scoop.

primigenio,-a *adj* original, primitive.

primitivo,-a *adj* **1** *(original)* original, first. **2** *Hist* primitive. **3** *(tosco)* coarse, rough.

primo,-a I *adj* **1** *(materia)* raw. **2** *Mat (número)* prime. **II** *nm,f* **1** *(pariente)* cousin; **p. hermano,** first cousin; **p. segundo,** second cousin. **2** *fam (tonto)* fool, drip, dunce; **hacer el p.,** to be taken for a ride.

primogénito,-a *adj & nm,f* first-born, eldest.

primor *nm* **1** *(delicadeza)* delicacy; **con (gran) p.,** (very) delicately. **2** *(belleza)* beauty; **esta niña es un p.,** this girl is lovely; *fam* **dibuja que es un p.,** he's a fantastic drawer. **3** *(habilidad)* care, skill.

primordial *adj* essential, basic, fundamental.

primoroso,-a *adj* delicate, exquisite.

prímula *nf Bot* primula.

prínceps *adj inv Impr* **edición p.,** first edition.

princesa *nf* princess.

principado *nm* principality.

principal I *adj* main, chief, principal; **lo p. es que ...,** the main thing is that ...; *Arquit* **puerta p.,** front door. **II** *nm* **1** *(piso)* first floor, *US* second floor. **2** *(jefe)* chief, boss.

príncipe I *nm* prince. ■ **p. azul,** Prince Charming; **p. consorte,** prince consort; **p. de Gales,** Prince of Wales; **p. heredero,** crown prince. **II** *adj inv* **edición p.,** first edition.

principesco,-a *adj* princely.

principiante I *adj* novice. **II** *nmf* beginner, learner, novice.

principio *nm* **1** *(fundamento)* principle; **el p. de Arquímedes,** Archimedes' principle; **hombre de principios,** man of principles; **no tener principios,** to have no principles; **por p.,** in principle. **2** *(comienzo)* beginning, start; **a principio(s) de,** at the beginning of; **al p., en un p.,** at first, in the beginning; **dar p. a algo,** to start sth off; **en p.,** in principle. **3** *principios, (nociones)* rudiments, basics.

pringar [7] **I** *vtr* **1** *(ensuciar)* to make greasy *o* dirty. **2** *fam* **¡ya la has pringado!,** now you've done it! **II** *vi arg* **1** *(trabajar)* to work hard. **2** *(morirse)* to kick the bucket. **III pringarse** *vr (ensuciarse)* to get greasy *o* dirty.

pringoso,-a *adj (grasiento)* greasy; *(sucio)* dirty; **manos pringosas,** sticky hands.

pringue *nm (grasa)* grease; *(suciedad)* dirt, filth.

prior,-a *nm,f Rel (hombre)* prior; *(mujer)* prioress.

priorato *nm Rel (cargo)* priorate; *(comunidad)* priory.

priori (a) *adv* a priori.

prioridad *nf* priority; **dar p. a algo,** to give priority to sth; **tener p.,** to have priority.

prioritario,-a *adj* prior, priority; **ser p.,** to have priority.

prisa *nf (prontitud)* hurry, rush; *(velocidad)* speed; **a p.,** *véase* **aprisa; correr p.,** to be urgent; **me corre mucha p.,** I need it right away; **date p.,** hurry up; **de p.,** *véase* **deprisa; salió a toda p.,** he left in a hurry; **tener p.,** to be in a hurry.

prisión *nf* prison, jail, gaol; **fue condenado a veinte años de p.,** he was given twenty years. ■ **p. preventiva,** remand in custody.

prisionero,-a *nm,f* prisoner.

prisma *nm Mat* prism.

prismático,-a I *adj* prismatic. **II prismáticos** *nmpl* binoculares, field glasses.

priva *nf arg* booze.

privación *nf* deprivation, privation; **pasar privaciones,** to be in great need.

privado,-a I *pp de* **privar. II** *adj* private; **vida privada,** private life.

privar I vtr 1 (despojar) to deprive (**de**, of). 2 (prohibir) to forbid, ban. 3 fam (gustar) to like; **no me priva la vida de campo,** I don't go for country life. II vi 1 (estar de moda) to be fashionable o popular. 2 fam (beber) to booze. III **privarse** vr 1 (despojarse) to deprive oneself (**de**, of), go without; **no se priva de nada,** he really spoils himself. 2 fam (emborracharse) to get drunk.

privativo,-a adj exclusive (**de**, of).

prive nm fam booze.

privilegiado,-a I adj privileged. II nm,f privileged person.

privilegio nm privilege.

pro I nm (provecho) advantage; **en p. de,** in favour of; **hombre de p.,** man of integrity; **los pros y los contras,** the pros and cons. II prep (a favor de) in favour o US favor of; **campaña p. desarme,** campaign for disarmament, disarmament campaign.

pro- pref pro-; **prodemocrático,** prodemocratic.

proa nf Náut prow, bows pl; **poner la p. a algn,** to take a stand against sb; **poner p. a,** to set sail for.

probabilidad nf probability, likelihood; **tiene pocas probabilidades,** he stands little chance.

probable adj probable, likely; **es p. que llueva,** it'll probably rain; **es p. que no lo sepa,** he's unlikely to know; **lo más p. es que ...,** it's very likely that ... .

probado,-a I pp de **probar.** II adj proven; **de probada eficacia,** of proven efficiency; **un hecho p.,** a proven fact.

probador nm fitting room.

probar [31] I vtr 1 (comprobar) to test, check; **prueba la puerta a ver si está cerrada con llave,** check to see if the door is locked. 2 (intentar) to try; **lo hemos probado todo,** we've tried everything. 3 (demostrar) to prove, show; **eso prueba que tenía razón,** that shows I was right. 4 (comer, beber) to try; **no había probado este vino,** I had never tried this wine before; **prueba esta sopa,** taste this soup. II vi 1 (sentar) to suit; **la humedad le prueba mal,** dampness is bad for him. 2 to try; **p. a,** to attempt o try to; **por p. no se pierde nada,** there is no harm in trying; **prueba a levantarlo,** try and lift it; **prueba a meterlo de lado,** see if it fits sideways. III **probarse** vr (prenda) to try on.

probatura nf fam try.

probeta nf Quím test tube. ■ **niño p.,** test-tube baby.

probidad nf honesty, integrity, decency.

problema nm problem, trouble.

problemático,-a adj problematic.

probo,-a adj honest, upright, decent.

procacidad nf (dicho) rude remark; (hecho) indecent act.

procaz adj rude, indecent.

procedencia nf 1 (origen) origin, source. 2 (oportunidad, adecuación) adequacy, appropriateness; Jur merits pl.

procedente adj 1 (originario) coming (**de**, from); **el vuelo p. de Sevilla,** the flight (coming) from Seville. 2 (oportuno, adecuado) adequate, appropriate, fitting; Jur proper.

proceder I vi 1 **p. de,** (originarse) to come from; **procede del norte,** he's from the North. 2 (actuar) to act, behave; **siempre procede con cautela,** he is always careful o cautious. 3 (ser oportuno) to be advisable o appropriate; **en estas situaciones procede tomar medidas drásticas,** under these circumstances it is advisable to take drastic measures. 4 Jur (ser

conforme) to take proceedings (**contra**, against); **la protesta no procede,** objection overruled; **p. contra algn,** to sue sb. 5 (ejecutar) (gen uso impers) to proceed; **p. a una votación,** to proceed to an election; **se procedió a la elección del presidente,** they went on to the election of the chairman. II nm (comportamiento) behaviour, US behavior; **de recto p.,** upright.

procedimiento nm 1 (método) procedure, method; **utiliza unos procedimientos poco ortodoxos,** he uses unorthodox methods. 2 Jur (trámites) proceedings pl.

proceloso,-a adj lit tempestuous, stormy.

prócer nm great man, notable; **los próceres de la nación,** the country's great men.

procesado,-a I pp de **procesar.** II adj 1 Jur accused. 2 Com Téc processed. III nm,f Jur accused.

procesador nm Inform processor, central processing unit; **p. de datos/textos,** data/word processor.

procesal adj Jur procedural.

procesamiento nm 1 Jur prosecution; **auto de p.,** indictment. 2 (elaboración) processing; Inform processing; Inform **p. de datos/textos,** data/word processing; Inform **p. por lotes,** batch processing.

procesar vtr 1 Jur to prosecute. 2 (elaborar, transformar) to process; Inform to process.

procesión nf procession; fig **la p. va por dentro,** he's putting on a brave face.

procesional adj processional.

procesionaria nf Ent processionary moth.

procesionario nm Rel processional.

proceso nm 1 (fases sucesivas) process; Inform **p. de datos,** data processing; **p. de elaboración del pan,** bread-making process; **p. mental,** thought process. 2 (transcurso del tiempo) time; **en el p. de un año,** in the course of a year. 3 Jur trial, suit, hearing.

proclama nf proclamation; Rel **p. matrimonial,** banns pl.

proclamación nf proclamation.

proclamar vtr to proclaim; **el presidente ha proclamado su inocencia en el escándalo,** the president has declared his innocence in the scandal; **no es necesario proclamarlo a los cuatro vientos,** you don't need to broadcast it.

proclítico,-a adj Ling proclitic.

proclive adj prone, apt, inclined; **es muy p. a dejarse llevar por sus sentimientos,** he often gets carried away by his emotions.

procónsul nm Hist proconsul.

proconsular adj Hist proconsular.

procreación nf procreation.

procreador,-a I adj procreant, procreative. II nm,f procreator.

procrear vtr to procreate.

proctología nf Med proctology.

proctológico,-a adj Med proctological.

proctólogo,-a nm,f Med proctologist.

proctoscopio nm Med proctoscope.

procuración nf Jur procuration, power of attorney.

procurador,-a nm,f Jur procurator.

procurar vtr 1 (intentar) to try, attempt; **hay que p. no molestar a nadie,** we have to try not to bother anybody; **procura no hacer ruido,** try not to make too much noise; **procura que no te vean,** make sure they don't see you. 2 (proporcionar) (to manage) to get; **ella le procuró un trabajo,** she got a job for him.

prodigalidad *nf (abundancia)* lavishness; *(profusión)* extravagance, prodigality.

prodigar [7] **I** *vtr (despilfarrar)* to spend lavishly, lavish. **II** **prodigarse** *vr* 1 *(ser amable, ayudar)* to go out of one's way, be helpful *o* kind. **2** *(exhibirse)* to show off; **cree que para triunfar tiene que p. sus apariciones en público,** he thinks he has to be in the public eye more to be successful.

prodigio *nm* 1 *(suceso sobrenatural)* prodigy, miracle; **hacer prodigios,** to work wonders. **2** *(niño)* child prodigy.

prodigiosidad *nf* prodigiousness.

prodigioso,-a *adj (sobrenatural)* prodigious; *(maravilloso)* wonderful, marvellous, *US* marvelous, fantastic. ◆**prodigiosamente** *adv* prodigiously.

pródigo,-a **I** *adj* 1 *(derrochador)* extravagant, wasteful; *Rel* **el hijo p.,** the prodigal son. **2** *(generoso)* generous, lavish; **ella es p. en regalos,** she's very generous with presents. **II** *nm,f (gastador)* spendthrift.

producción *nf (acción)* production, manufacturing; *(producto)* product; *Cin* production; **p. en cadena,** mass production.

producir [46] **I** *vtr* 1 *(gen)* to produce, manufacture, make; *(árboles, terrenos)* to yield, bear; *(rendir)* to be profitable; *Cin* to produce; **el negocio no produce lo que esperábamos,** this business is not as profitable as we expected; **el país produce más de lo que puede exportar,** the country produces more than it can export. **2** *fig (originar)* to cause, bring about; **los cambios bruscos de tiempo producen enfermedades,** sudden changes in the weather cause illnesses. **II** **producirse** *vr* to take place, happen; **las transformaciones políticas se están produciendo a una velocidad inimaginable,** the speed with which the present political situation is changing is unbelievable.

productividad *nf* productivity.

productivo,-a *adj* productive; *(beneficioso)* profitable; **las últimas inversiones han resultado muy productivas,** the latest investments have been very profitable.

producto *nm* 1 *(cosa)* product; *Com* product, manufactured item; *Agr* produce; **p. alimenticio,** foodstuff; **productos agrícolas,** farm *o* agricultural produce; **productos de belleza,** cosmetics; **productos de consumo,** consumer goods; *fig* **el éxito es p. del trabajo,** success is the product of hard work. **2** *Mat* product.

productor,-a **I** *adj* productive, producing; **país p. de petróleo,** oil-producing country. **II** *nm,f* producer. **III** *nf* *Cin* production company.

proel *nm* *Náut* bowman.

proemial *adj* *Lit* proemial, introductory.

proemio *nm* *Lit* proem, introduction, preface.

proeza *nf* heroic deed, exploit; **ganar al campeón sería una auténtica p.,** to defeat the champion would be a real exploit.

prof *abr de* **profesor,** teacher.

prof[a] *abr de* **profesora,** *(mujer)* teacher.

profanación *nf* desecration, profanation.

profanador,-a **I** *adj* profanatory, irreverent. **II** *nm,f* profaner.

profanamiento *nm* desecration, profanation, irreverence.

profanar *vtr* to desecrate, profane; **no deberías p. su memoria,** you shouldn't desecrate her memory.

profano,-a **I** *adj* 1 *Rel* profane, secular; *(irreverente)* irreverent. **2** *(inexperto)* lay, uninitiated. **II** *nm,f (hombre)* layman; *(mujer)* laywoman; **soy p. en la materia,** I know nothing about the subject.

profase *nf* *Biol* prophase.

profecía *nf* 1 *(gen)* prophecy. **2 profecías,** *Rel* Minor Prophets.

proferir [35] *vtr* to utter; **p. insultos,** to hurl insults.

profesar **I** *vtr* 1 *Rel* to profess; **profesa la religión musulmana,** he professes Islamism; *fig* **p. una gran admiración a algn,** to have a great admiration for sb. **2** *(ejercer)* to practise, *US* practice, profess; **profesa como médico,** he is a practising doctor. **II** *vi* *Rel* to profess.

profesión *nf* 1 *(gen)* profession; **fotógrafo de p.,** photographer by profession; **p. liberal,** liberal profession; **ser de la p.,** to be in the same profession. **2** *Rel* taking of vows; **p. de fe,** profession of faith.

profesional *adj & nmf* professional. ◆**profesionalmente** *adv* professionally.

profesionalidad *nf,* **profesionalismo** *nm* professionalism.

profesionalizar [4] *vtr* to make more professional.

profeso,-a **I** *Rel* *adj* professed. **II** *nm,f* *Rel* professed monk *o* nun. **III** *adv* **ex p.,** intentionally.

profesor,-a *nm,f (gen)* teacher; *Univ* lecturer; *(catedrático)* professor.

profesorado *nm* 1 *(profesores)* teaching staff, teachers *pl.* **2** *(cargo)* post of teacher.

profesoral *adj (gen)* teachers', teaching; *Univ* lecturers'.

profeta *nm* prophet.

profético,-a *adj* prophetic.

profetisa *nf* prophetess.

profetizar [4] *vtr* to prophesy, foretell.

profiláctico,-a *Med* **I** *adj* prophylactic. **II** *nm* condom, *US* prophylactic.

profilaxis *nf* *Med* prophylaxis.

prófugo,-a **I** *adj* fugitive, fleeing. **II** *nm,f* fugitive. **III** *nm* *Mil* deserter.

profundidad *nf* 1 *(hondura)* depth; **de poca p.,** shallow; *Fot* **p. de campo,** depth of field; **seis metros de p.,** six metres deep *o* in depth. **2** *fig (de ideas, pensamientos)* profundity, depth, profoundness; **meterse en profundidades,** to get to the bottom.

profundizar [4] *vtr & vi* 1 *(cavar)* to deepen. **2** *fig (discurrir)* to study in depth; **p. en un tema,** to look deeply into a matter.

profundo,-a *adj* 1 *(hondo)* deep; **en lo más p.,** deep down. **2** *fig (intenso)* profound; **un pensamiento p.,** a profound thought. ◆**profundamente** *adv* deeply.

profusión *nf* profusion; **con p.,** profusely.

profuso,-a *adj* profuse. ◆**profusamente** *adv* profusely.

progenie *nf* 1 *(casta)* family, lineage. **2** *(descendientes)* offspring, progeny.

progenitor,-a *nm,f (antepasado)* ancestor, progenitor; *(padre)* father; *(madre)* mother; **progenitores,** *(padres)* parents.

progenitura *nf* offspring, progeny.

progesterona *nf* *Biol* progesterone.

prognosis *nf inv* prognosis.

programa *nm* programme, *US* program; *Inform* program; ¿**cuál es el p. para mañana?**, what's the plan for tomorrow?

programable *adj* programable, programmable.

programación *nf (gen)* programming, *US* programing; *Rad TV* programme planning.

programador,-a *nm,f Inform* programmer.

programar *vtr* to programme, *US* program; *Inform* to program; **me gusta p. las vacaciones con antelación,** I like to plan my holidays in advance.

programático,-a *adj* programmatic.

progre *adj* & *nmf fam* trendy, lefty.

progresar *vi* to progress, make progress.

progresía *nf fam* trendies *pl*.

progresión *nf* progression; *Mat* **p. aritmética/geométrica,** arithmetic/geometric progression; *Mús* **p. armónica,** harmonic progression.

progresismo *nm Pol* progressionism.

progresista *Pol* **I** *adj* progressive. **II** *nmf* progressist, progressive, member of a progressive party.

progresivo,-a *adj* progressive. ◆**progresivamente** *adv* progressively.

progreso *nm* progress; **sus progresos son sorprendentes,** her progress is surprising.

prohibición *nf* prohibition, ban; *Hist* **los años de la p.,** the Prohibition years; **p. de fumar,** smoking ban.

prohibicionista *nmf* prohibitionist; *Hist* Prohibitionist.

prohibido,-a **I** *pp de* prohibir. **II** *adj* forbidden, prohibited, banned; *Aut* **dirección prohibida,** no entry; **está prohibido fumar aquí,** you can't smoke here; **'prohibida la entrada',** 'no admittance'; **p. aparcar/fumar,** no parking/smoking.

prohibir [21] *vtr* to forbid, prohibit, ban; **'se prohíbe pasar',** 'no admittance *o* entry'.

prohibitivo,-a *adj,* **prohibitorio,-a** *adj* prohibitive, prohibitory; **los precios de las viviendas están prohibitivos,** house prices are prohibitive.

prohijación *nf,* **prohijamiento** *nm* adoption.

prohijar [20] *vtr* to adopt.

prohombre *nm* great *o* outstanding man.

prójimo,-a **I** *nm,f fam* person, type; **¡hay cada p. por ahí!,** it takes all kinds!; **la prójima,** the wife. **II** *nm* one's fellow man, one's neighbour *o US* neighbor; **ama a tu p.,** love thy neighbour. **III** *nf* loose woman.

pról. *abr de* **prólogo,** prologue, *US* prolog.

prolapso *nm Med* prolapse, prolapsus.

prole *nf* offspring.

prolegómeno *nm* introduction, prolegomenon; **dejémonos de prolegómenos y vayamos al grano,** let's skip the introduction and get down to business.

proletariado *nm* proletariat.

proletario,-a *adj* & *nm,f* proletarian.

proliferación *nf* proliferation.

proliferar *vi* to proliferate; **tras el cambio político, han proliferado toda clase de partidos,** after the political change, all kinds of parties have appeared.

prolífico,-a *adj* prolific.

prolijidad *nf* verbosity, long-windedness, prolixity.

prolijo,-a *adj* 1 *(dilatado)* verbose, long-winded, prolix. 2 *(meticuloso)* excessively meticulous.

prologar [7] *vtr* to prologue, *US* prolog, introduce.

prólogo *nm* prologue, *US* prolog.

prolongación *nf* prolonging, extension, prolongation.

prolongado,-a **I** *pp de* prolongar. **II** *adj* 1 *(más largo que ancho)* elongated. 2 *(largo)* long; **una discusión prolongada,** a long discussion. ◆**prolongadamente** *adv* at length.

prolongamiento *nm* prolonging, extension, prolongment.

prolongar [7] **I** *vtr* 1 *(alargar)* to prolong, extend. 2 *(hacer durar)* to prolong; **tuvimos que p. la espera hasta que el avión estuvo preparado,** we had to make them wait even longer until the plane was ready. **II prolongarse** *vr* to go on, last longer; **la reunión se prolongó hasta las seis,** the meeting went on until six.

promediar [12] **I** *vtr (repartir)* to average out. **II** *vi (interceder)* to mediate.

promedio *nm* average; **como p.,** on average; **escribe un p. de cinco libros al año,** on average, he writes five books a year.

promesa *nf* promise; **romper una p.,** to break a promise; *fig* **la joven p. de la música/del baile,** the promising young musician/dancer.

prometedor,-a *adj* promising.

prometer **I** *vtr* to promise; **te lo prometo,** I promise; *fig* **p. el oro y el moro,** to promise the moon. **II** *vi* to be promising; **esto promete,** this looks promising. **III prometerse** *vr (pareja)* to get engaged; *fam* **nos las prometíamos muy felices,** we had great expectations.

prometido,-a **I** *pp de* prometer. **II** *adj* promised; **cumplir lo p.,** to keep one's word *o* one's promise; **lo p. es deuda,** a promise is a promise. **III** *nm,f (hombre)* fiancé; *(mujer)* fiancée.

prominencia *nf (protuberancia)* protuberance, bulge; *(elevación)* rise, prominence; *fig (importancia)* prominence.

prominente *adj* 1 *(que se eleva)* protruding, projecting; *(elevado, importante)* prominent. 2 *An (ilustre)* illustrious, famous.

promiscuidad *nf* promiscuity, promiscuousness.

prosmicuo,-a *adj* promiscuous. ◆**promiscuamente** *adv* promiscuously.

promoción *nf (gen)* promotion; *Com (mejor empleo)* promotion, advancement; *Com (oferta)* offer; *Educ* **p. universitaria,** class *o* year *o* group that graduates at the same time.

promocionar **I** *vtr (cosas)* to promote; *(personas)* to give promotion to; **la publicidad es imprescindible para p. un producto,** advertising is essential to promote a product. **II** *vi Dep* to promote. **III promocionarse** *vr fam* to blow one's own trumpet.

promontorio *nm Geog* promontory, headland.

promotor,-a **I** *adj* promoting. **II** *nm,f* promoter.

promover [32] *vtr* 1 *(cosas, personas)* to promote; **p. a algn a jefe,** to promote sb to manager; *Jur* **p. una querella contra algn,** to take legal action against sb. 2 *(causar)* to cause, give rise to.

promulgación *nf Jur* enactment.

promulgar [7] *vtr Jur* to enact.

pronación *nf* pronation.

prono,-a *adj* prone.

pronombre *nm Ling* pronoun; **p. demostrativo/personal/relativo,** demonstrative/personal/relative pronoun.

pronominal *adj Ling* pronominal.

pronosticador,-a *nm,f* forecaster.

pronosticar [1] *vtr* to predict, foretell, forecast; *Med* to make a prognosis of.

pronóstico *nm* forecast; *Med* prognosis; **de p. grave,** seriously ill *o* injured; **de p. leve,** not seriously injured; **de p. reservado,** under observation.

prontitud *nf* quickness, rapidity, promptness.

pronto,-a I *adj* quick, fast, prompt; **estar p. para hacer algo,** to be ready *o* willing to do sth. **II** *nm (impulso)* sudden impulse; *(de ira)* fit of anger, outburst. **III** *adv* 1 *(deprisa)* quickly, rapidly; **al p.,** at first; **de p.,** suddenly; **por de** *o* **lo p.,** *(para empezar)* to start with; *(de momento)* for the time being; **ven p.,** come quickly. 2 *(temprano)* soon, early; **hasta p.,** see you soon!; **lo más p. (posible),** as soon as possible; **tan p. como,** as soon as; **ven p.,** come early.

pronunciación *nf* pronunciation.

pronunciado,-a I *pp de* **pronunciar. II** *adj* 1 *(dicho)* pronounced, uttered. 2 *fig (marcado)* pronounced.

pronunciamiento *nm* 1 *Mil* uprising, insurrection. 2 *Jur* pronouncement.

pronunciar [12] **I** *vtr (decir)* to pronounce; **pronuncia el inglés como si fuese nativo,** he sounds like an English native; **pronunció un discurso histórico,** he gave a historic speech. **II pronunciarse** *vr* 1 *(opinar)* to declare oneself; **me pronuncio a favor de esa decisión,** I agree with this decision. 2 *Mil (sublevarse)* to rise up.

propagación *nf* propagation, spreading.

propagador,-a I *adj* propagative. **II** *nm,f* propagator.

propaganda *nf* 1 *Pol* propaganda. 2 *Com* advertising, publicity.

propagandístico,-a *adj* advertising, publicity; **campaña propagandística,** advertising campaign; **lo hicieron sólo con fines propagandísticos,** it was only a publicity stunt.

propagar [7] **I** *vtr* to propagate, spread. **II propagarse** *vr* to spread.

propalar *vtr (secretos)* to spread.

propano *nm Quím* propane.

proparoxítono,-a *adj Ling* proparoxytone.

propasarse *vr* to go too far; **p. con la bebida,** to drink too much.

propender *vi* to have a tendency, be inclined.

propensión *nf* 1 *(inclinación)* tendency, inclination. 2 *Med* susceptibility.

propenso,-a *adj* 1 *(inclinado)* prone, inclined. 2 *Med* susceptible; **soy p. a los catarros,** I catch colds very easily.

propiciar [12] *vtr* 1 *(ganar el favor)* to win over. 2 *(causar)* to cause; **su actitud desafiante ha propiciado el enfrentamiento,** his defiant manner provoked the confrontation. 3 *Am (patrocinar)* to sponsor.

propiciatorio,-a I *adj* propitiatory; **víctima propiciatoria,** scapegoat. **II** *nm* 1 *(reclinatorio)* prie-dieu. 2 *Hist* propitiatory, mercy seat.

propicio,-a *adj* propitious, apt, suitable; **ser p. a,** to be inclined to.

propiedad *nf* 1 *(posesión)* ownership; *(cosa poseída)* property; **tener (algo) en p.,** to own (sth); **una casa p. del estado,** a council house. 2 *(cualidad)* property, quality; **propiedades medicinales,** medicinal properties; *fig* **con p.,** properly, appropriately; **emplear una palabra con p.,** to use a word properly.

propietario,-a I *adj* proprietary. **II** *nm,f* owner; **es p. de varias tiendas,** he owns several shops.

propileo *nm Arquit* propylaeum, propylon.

propilo *nm Quím* propyl.

propina *nf* tip; **dar p. (a algn),** to tip (sb); *fam* **de p.,** as a tip.

propinar *vtr* to give; *fig* **p. una paliza a algn,** to give sb a hiding.

propio,-a *adj* 1 *(de uno)* own; **en su propia casa,** in his own house. 2 *(indicado)* proper, correct, suitable, appropriate; **es lo p. en estos casos,** it is the right thing (to do) in these cases; **juegos propios para su edad,** games suitable for their age. 3 *(particular)* typical, peculiar; **características propias de los ingleses,** characteristics peculiar to the English (people); *fam* **es muy p. de él,** it is very typical of him. 4 *(mismo) (hombre)* himself; *(mujer)* herself; *(animal, cosa)* itself; **el p. autor,** the author himself. 5 **propios,-as,** themselves; **los p. inquilinos,** the tenants themselves. 6 *Ling* proper; **nombre p.,** proper noun. ◆**propiamente** *adv* really, exactly; **p. dicho,** strictly speaking.

proponer [78] *(pp* **propuesto) I** *vtr* to propose, put forward, suggest; **me han propuesto para el cargo de presidente,** I have been put forward for the post of president; **propongo ir al cine,** why don't we go to the cinema? **II proponerse** *vr* 1 *(intentar)* to intend; **se propone terminar el trabajo mañana,** he intends to finish the work tomorrow. 2 *(decidir)* to decide, be determined; **el nuevo juez se ha propuesto acabar con la delincuencia,** the new judge is determined to put a stop to delinquency.

proporción *nf* 1 *(relación)* proportion; *Mat* proportion; **en p. con,** in proportion to. 2 **proporciones,** *(tamaño)* size *sing*; **de grandes p.,** huge, massive.

proporcionado,-a I *pp de* **proporcionar. II** *adj* 1 *(que guarda proporción)* proportionate, in proportion. 2 *(facilitado)* supplied, provided, afforded; **la ayuda humanitaria proporcionada por los países desarrollados,** humanitarian help provided by developed countries. ◆**proporcionadamente** *adv* proportionately.

proporcional *adj* proportional. ◆**proporcionalmente** *adv* proportionately.

proporcionalidad *nf* proportionateness.

proporcionar *vtr* 1 *(disponer con proporción)* to proportion. 2 *(dar)* to supply *o* provide with; **le proporcioné un trabajo,** I found *o* gave him a job; **le proporcionó una gran alegría,** it made her very happy.

proposición *nf* 1 *(propuesta)* proposition, proposal; **le hizo una p. de matrimonio,** he proposed to her. 2 *Ling (oración)* clause; **p. relativa,** relative clause.

propósito *nm* 1 *(intención)* intention; **ella tenía el p. de cambiar,** she was determined to change. 2 *(objetivo)* purpose, aim; **con el p. de,** in order to; **fuera de p.,** beside the point. 3 **a p.,** *(por cierto)* by the way; *(adrede)* on purpose, intentionally; **a p. de viajes, ¿has estado en Japón?,** speaking of travelling, have you been to Japan?; **hacer algo a p.,** to do sth on purpose.

propretor *nm Hist* propraetor, propretor.

propuesta *nf* suggestion, proposal, plan; **a p. de algn,** at sb's suggestion.

propuesto,-a *pp de* **proponer.**

propugnar *vtr* to defend, advocate.

propulsar *vtr (vehículo)* to propel, drive; *fig (idea)* to promote.

propulsión *nf* propulsion; **p. a chorro,** jet propulsion; **avión de p. a chorro,** jet (plane).

propulsor,-a I *adj* propelling. II *nm Téc* propellent. III *nm,f fig (persona)* promoter.

propuse *pt indef véase* **proponer**.

prorrata *nf* share, pro rata; **a p.,** in proportion, pro rata.

prorratear *vtr* to apportion, *US* prorate.

prorrateo *nm* sharing, apportionment, *US* proration.

prórroga *nf* 1 *(prolongación)* extension; *Dep* extra time, *US* overtime. 2 *(aplazamiento)* postponement; *Mil* deferment; *Mil* **ha obtenido una p. por estudios,** he was allowed to defer because of his studies.

prorrogable *adj* that can be extended.

prorrogar [7] *vtr* 1 *(prolongar)* to extend. 2 *(aplazar)* to postpone; *Mil* to defer.

prorrumpir *vi* to burst; **al conocer la noticia prorrumpió en lágrimas,** on hearing the news he burst into tears; **p. en gritos,** to shout.

prosa *nf Lit* prose.

prosaico,-a *adj* prosaic. ◆**prosaicamente** *adv* prosaically.

prosaismo *nm Lit* prosaism, prosaicism.

prosapia *nf (tamb hum)* lineage, ancestry.

proscenio *nm Hist Teat* proscenium.

proscribir *(pp proscrito) vtr (persona)* to exile, banish; *fig (cosa)* to ban, prohibit.

proscrito,-a I *pp de* **proscribir**. II *adj (persona)* exiled, banished; *(cosa)* banned. III *nm,f* exile, outlaw.

prosector *nm Med* prosector.

prosecución *nf*, **proseguimiento** *nm* continuation.

proseguir [56] *vtr & vi* to carry on, continue; **debemos p. con el trabajo,** we must go on with the work.

proselitismo *nm* proselytism.

proselitista *adj* proselytic.

prosélito *nm* proselyte.

prosénquima *nf Anat* prosenchyma.

prosimio *nm Zool* prosimian.

prosista *nmf Lit* prose writer.

prosístico,-a *adj* proselike.

prosodia *nf Ling* prosody.

prosódico,-a *adj Ling* prosodic.

prosopopeya *nf Lit* prosopopoeia, prosopopeia.

prospección *nf* 1 *Min* prospect; **p. petrolífera,** oil prospection. 2 *Com* survey.

prospectar *vtr Min* to prospect.

prospecto *nm* leaflet, prospectus.

prosperar *vi* to prosper, thrive; **nuestro negocio prospera,** we are doing a roaring trade; *fig* **la idea no prosperó,** the idea wasn't accepted.

prosperidad *nf* prosperity.

próspero,-a *adj* prosperous, thriving; **p. año nuevo,** Happy New Year.

próstata *nf Anat* prostate (gland).

prostático,-a *adj Anat* prostatic.

prosternación *nf* prostration.

prosternarse *vr* to prostrate oneself.

prostibulario,-a *adj* relating to a brothel.

prostíbulo *nm* brothel.

prostitución *nf* prostitution.

prostituir [62] I *vtr* to prostitute. II **prostituirse** *vr* to prostitute oneself.

prostituta *nf* prostitute.

prota *nmf fam véase* **protagonista**.

protactinio *nm Quím* protactinium.

protagonismo *nm* 1 *Teat Cin* leading role. 2 *(importancia)* significance, importance; **acaparar el p.,** to steal the limelight, hog the show; *fig* **(afán de) p.,** desire to be in the limelight.

protagonista *nmf* 1 *Cin Lit Teat* main character, leading role; **¿quién es el p.?,** who plays the lead? 2 *fig (persona principal)* centre *o US* center of attraction; *(héroe) (hombre)* hero; *(mujer)* heroine.

protagonizar [4] *vtr Cin Teat* to play the lead in, star in; *fig* **el niño que protagonizó el suceso,** the child involved in the incident.

protección *nf* protection.

proteccionismo *nm* protectionism.

proteccionista *adj & nmf* protectionist.

protector,-a I *adj* protecting, protective; **sociedad protectora de animales,** ≈ Royal Society for the Prevention of Cruelty to Animals. II *nm,f* protector. III *nm Box* mouthpiece, gumshield.

protectorado *nm Pol* protectorate.

proteger [5] *vtr* to protect, defend, shield.

protegido, -a I *pp de* **proteger**. II *adj* protected. III *nm,f (hombre)* protégé; *(mujer)* protégée.

proteico,-a *adj* proteinous, proteinic.

proteína *nf* protein.

proteínico,-a *adj* proteinic.

prótesis *nf inv* 1 *Med* prosthesis. 2 *Ling* prothesis, prosthesis.

protesta *nf* protest; *Jur* objection; **presentar una p. formal,** to make a formal protest; *Jur* **p. denegada,** objection overruled; *Jur* **se admite la p.,** objection sustained.

protestante *adj & nmf Rel* Protestant.

protestantismo *nm Rel* Protestantism.

protestar *vi* to protest; *Jur* **¡protesto, su señoría!,** objection, Your Honour!; **sin p.,** without protest; *fam* **¡deja ya de p.!,** stop moaning, will you!

protesto *nm Com* protest.

protestón,-ona I *adj fam* moaning, grumbling. II *nm,f* moaner, grumbler.

protocolario,-a *adj* formal; **es una invitación protocolaria,** the invitation is a pure formality.

protocolo *nm* 1 *(reglas)* protocol; *Inform* protocol. 2 *fig (etiqueta)* etiquette, formalities *pl*; **sin protocolos,** informally.

protohistoria *nf* protohistory.

protohistórico,-a *adj* protohistoric.

protón *nm Fís* proton.

protónico,-a[1] *adj Ling* pretonic.

protónico,-a[2] *adj Fís* protonic.

protoplasma *nm Biol* protoplasm.

protoplásmico,-a *adj Biol* protoplasmic.

prototipo *nm* prototype.

protozoo *nm Biol* protozoon, protozoan.

protuberancia *nf* protuberance.

protuberante *adj* protuberant, bulging.

proustiano,-a *adj Lit* Proustian.

prov. *abr de* **provincia,** province, prov.

provecto,-a *adj lit* old; **de edad provecta,** advanced in years.

provecho nm profit, benefit; **¡buen p.!**, enjoy your meal!; **de p.**, beneficially; **sacar el máximo p. de**, to get the most out of; **sacar p. de algo**, to benefit from sth; **un hombre de p.**, a man with prospects. ◆**provechosamente** adv beneficially.

provechoso,-a adj (beneficioso) beneficial, useful; Com (lucrativo) profitable.

proveedor,-a nm,f supplier, purveyor.

proveer [61] (pp provisto) vtr 1 (suministrar) to supply, provide. 2 (preparar) to get ready. 3 (dar) (un empleo) to fill.

proveniente adj (procedente) coming; (resultante) arising, resulting; **el tren p. de Granada**, the train from Granada; **su éxito es p. de sus esfuerzos**, her success is the result of her efforts.

provenir [90] vi (proceder) to come; (originarse) to arise, result, spring.

Provenza n Provence.

provenzal I adj Provençal. II nmf (persona) Provençal. III nm (idioma) Provençal.

proverbial adj proverbial. ◆**proverbialmente** adj proverbially.

proverbio nm 1 (sentencia) proverb. 2 **proverbios**, (libro de la Biblia) Proverbs.

providencia nf 1 Rel providence. 2 Jur ruling, judgement.

providencial adj providential; **su repentina aparición fue p.**, her sudden appearance was a godsend. ◆**providencialmente** adv providentially.

próvido,-a adj provident.

provincia nf province, ≈ county; **capital de p.**, county town; **provincias**, the provinces.

provincial adj provincial; **diputación p.**, ≈ county council.

provincianismo nm pey provincialism.

provinciano,-a adj & nm,f pey provincial.

provisión nf 1 (acción) provision; Fin **p. de fondos**, reserve funds. 2 **provisiones**, (suministros) provisions, supplies.

provisional adj provisional. ◆**provisionalmente** adv provisionally.

provisto,-a I pp de proveer. II adj (suministrado) provided; **este automóvil está p. de todos los adelantos técnicos**, this car is equipped with the latest in technology. III nf RPI (comida) food.

provocación nf provocation, instigation, incitement.

provocado,-a I pp de provocar. II adj provoked, caused; Jur **incendio p.**, arson.

provocador,-a I adj provocative. II nm,f instigator, agent provocateur.

provocante adj provoking.

provocar [1] vtr to provoke, instigate, incite; **aquéllo provocó las risas de todos**, that made everyone laugh; **con su discurso provocó la huelga**, her speech brought about the strike; **p. un incendio**, (accidentalmente) to cause o start a fire; (intencionadamente) to commit arson.

provocativo,-a adj provocative; **me miró con actitud provocativa**, he looked at me provocatively.

proxeneta nmf procurer, pimp.

proxenetismo nm procurement.

proximidad nf nearness, proximity, closeness; **dada la p. de las elecciones**, as elections are coming up; **en las proximidades de**, close to, in the vicinity of.

próximo,-a adj 1 (cerca) near, close; **las vacaciones están próximas**, holidays will soon start; **p. a la estación**, near the station. 2 (siguiente) next; **el p. año/mes**, next year/month; **en fecha próxima**, shortly; **la próxima parada**, the next stop. ◆**próximamente** adv (pronto) soon; (dentro de poco) before long; Cin Teat (en letrero) 'coming soon'.

proyección nf 1 (gen) projection. 2 Cin showing. 3 fig (difusión) diffusion; (futuro) future; **las declaraciones han tenido una gran p. en la prensa**, his declarations had wide press coverage; **este joven jugador tiene una gran p.**, this young player has a great future.

proyectar I vtr 1 (luz) to project. 2 (hacer planes) to plan; **proyectan mudarse pronto**, they are thinking of moving out shortly. 3 Cin to project, show. 4 Arquit to plan; Téc to design; Mat to project. II **proyectarse** vr 1 to project oneself. 2 Cin (uso impers) to show.

proyectil nm projectile, missile.

proyectista nmf planner, designer.

proyecto nm (plan) project, plan; Téc plan; Arquit design; **p. de acuerdo/de resolución**, draft agreement/resolution; Pol **p. de ley**, bill; **tener algo en p.**, to be planning sth; **ella tiene muchos proyectos**, she's got a lot of plans.

proyector nm 1 (de luz) searchlight; (foco) spotlight. 2 Cin projector.

prudencia nf (cuidado) prudence, discretion; (moderación) care; **con p.**, (con cuidado) with care, cautiously; (moderadamente) in moderation, moderately.

prudencial adj (gen) prudential, discreet; (moderado) moderate, careful, cautious; fam **a una distancia p.**, at a safe distance. ◆**prudencialmente** adv prudentially.

prudente adj prudent, sensible, wise; **a una hora p.**, at a reasonable time; **lo más p. sería esperar**, the wisest thing (to do) would be to wait. ◆**prudentemente** adv prudently.

prueba nf 1 (argumento) proof; Jur evidence, proof; **dar pruebas de**, to show signs of; **en p. de su amor**, as a sign of her love; **la p. de ello es que**, the proof of it is that; **tener pruebas de algo**, to have proof of sth. 2 (examen, ensayo) test; Cost fitting; Téc trial; **a p.**, on trial; **a p. de agua**, waterproof; **a p. de balas**, bullet-proof; Cin **hacerle una p. a algn**, to screen-test sb; **haz la p.**, try it; Av **piloto de pruebas**, test pilot. 3 Fot Impr proof; **corrección de pruebas**, proofreading. 4 Dep event. 5 Am (juego de manos) sleight of hand, trick.

prurito nm 1 Med itch, pruritus. 2 fig (deseo) urge.

Prusia n Prussia.

prusiano,-a adj & nm,f Prussian.

prúsico,-a adj Quím prussic.

P.S. abr de post scriptum, post scriptum, PS.

pseudo adj pseud, pseudo.

psicoanálisis nm inv Psic psychoanalysis.

psicoanalista nmf Psic psychoanalyst.

psicoanalítico,-a adj Psic psychoanalytic, psychoanalytical.

psicoanalizar [4] vtr to psychoanalyse, US psychoanalyze.

psicodélico,-a adj psychedelic, psychodelic.

psicodrama nm Psic psychodrama.

psicofármaco nm Farm psychoactive drug.

psicología nf Psic psychology.

psicológico,-a *adj Psic* psychological.

psicólogo,-a *nm,f Psic* psychologist.

psiconeurosis *nf inv* psychoneurosis.

psicópata *nmf Psic* psychopath, sociopath.

psicopatía *nf Psic* psychopathy.

psicopático,-a *adj* psychopathic.

psicopatología *nf* psychopathology.

psicosis *nf inv Psic* psychosis.

psicosomático,-a *adj Psic* psychosomatic.

psicoterapeuta *nmf* psychotherapist.

psicoterapia *nf Psic* psychotherapy.

psique *nf* psyche.

psiquiatra *nmf Psic* psychiatrist.

psiquiatría *nf Psic* psychiatry.

psiquiátrico,-a *Psic* **I** *adj* psychiatric; **hospital p.,** mental hospital. **II** *nm* mental hospital.

psíquico,-a *adj* psychic, psychical.

psiquis *nf inv* psyche.

PSOE *nm Pol abr de* **Partido Socialista Obrero Español,** Socialist Workers' Party.

psoriasis *nf inv Med* psoriasis.

pta. *abr de* **peseta,** peseta.

ptas. *abr de* **pesetas,** pesetas.

púa *nf* 1 *(de plata)* thorn; *(de animal)* quill, spine; *(de tenedor)* prong; *(de alambre)* barb; *(de peine)* tooth; **alambre de púas,** barbed wire. 2 *Mús* plectrum. 3 *Arg (espolón)* spur.

pub *nm (pl pubs, pubes)* pub.

púber *adj & nmf,* púbero,-a *adj & nm,f* adolescent.

pubertad *nf,* pubescencia *nf* puberty.

púbico,-a *adj* pubic.

pubis *nm inv Anat* 1 *(vientre)* pubes *pl.* 2 *(hueso)* pubis.

publicable *adj* publishable.

publicación *nf* publication.

publicar [1] *vtr* 1 *Impr (libros)* to publish. 2 *(difundir)* to publicize; **los periódicos acaban de publicar la noticia,** the newspapers have just published this piece of news.

publicidad *nf* 1 *(hacer público)* publicity; **dar p. a,** to publicize. 2 *Com* advertising; **el mundo de la p.,** the world of advertising.

publicista *nmf* publicist.

publicitario,-a *adj* advertising, publicity; **campaña publicitaria,** publicity campaign.

público,-a **I** *adj* public; **enemigo p.,** public enemy; **en p.,** in public; **es del dominio p.,** it's common knowledge; **opinión pública,** public opinion; *Admin* **sector p.,** public sector, civil service. **II** *nm* public, audience; *Dep* spectators *pl;* *TV* viewers *pl;* **abierto al p.,** open to the public; **dar** *o* **sacar (algo) al p.,** to make (sth) public; **el p. en general, el gran p.,** the general public. ◆públicamente *adv* publicly.

pucelano,-a **I** *adj* *o* of from Valladolid. **II** *nm,f* native *o* inhabitant of Valladolid.

pucherazo *nm fam Pol* rigging of an election; **ha habido p. (en las elecciones),** the elections have been rigged.

puchero *nm* 1 *(olla)* cooking pot; *(cocido)* stew. 2 *(llanto)* pout; **hacer pucheros,** to pout.

pucho *nm* 1 *Am (residuo)* waste. 2 *SAm (colilla)* dog-end.

puco *nm Am* 1 *(escudilla)* earthenware bowl. 2 *(plato)* wooden plate.

pude *pt indef véase* poder.

pudendo,-a *adj (feo)* ugly; *(asqueroso)* filthy; *hum* **partes pudendas,** private parts.

pudibundez *nf* prudishness.

pudibundo,-a *adj* prudish.

púdico,-a *adj* 1 *(casto)* chaste, decent. 2 *pey (pudibundo)* prudish.

pudiente *adj* rich, wealthy.

pudín *nm Culin* type of crème caramel.

pudor *nm* chastity, decency, modesty; *fig (vergüenza)* shame; *Jur* **actos contra el p.,** indecent behaviour.

pudoroso,-a *adj* decent, modest; *fig* shameful.

pudridero *nm* 1 *(de basura)* pit, rubbish dump. 2 *(de cadáveres)* temporary vault.

pudrir **I** *vtr defect (descomponerse)* to rot, decay. 2 *fig (molestar)* to upset, annoy. **II** pudrirse *vr (descomponerse)* to rot, decay; *fig* to languish; *fam* **p. de aburrimiento,** to be bored to death; *fam* **¡que se pudra!,** let him rot!

pueblada *nf Am (tumulto)* mob; *(motín)* riot.

pueblerino,-a **I** *adj* 1 *(de pueblo)* village; **la vida pueblerina,** village life. 2 *pey (tosco)* countrified, provincial. **II** *nm,f* 1 *(nativo)* villager. 2 countrified person; *pey* bumpkin.

pueblo *nm* 1 *(gente)* people; **el p. español,** the Spanish people; **la soberanía del p.,** the sovereignty of the people. 2 *(población)* village; (small) town; **p. de mala muerte,** one-horse town; *pey* **de p.,** provincial, bumpkin.

puente *nm* 1 *Constr* bridge; *Elec* bridge, tie; *Náut* bridge; *Med (entre dos dientes)* bridge, bridgework; *Av* **p. aéreo,** *(civil)* air shuttle service; *Mil* airlift; **p. basculante,** balance *o* bascule bridge; **p. colgante,** suspension bridge; **p. giratorio,** swing bridge; **p. levadizo,** drawbridge; **p. de mando,** wheelhouse; **p. de peatones,** footbridge; **tender un p. sobre un río,** to bridge a river; *fig* **tenderle un p. (de plata) a algn,** to give sb an opportunity. 2 *(entre dos fiestas)* long weekend; **hacer p. el lunes,** to take Monday off (because Tuesday is a bank holiday).

puentear *vtr Elec* to bridge.

puerco,-a **I** *adj fig (sucio)* filthy; *(asqueroso)* disgusting; *(ruin)* mean. **II** *nm,f* 1 *Zool* pig, sow; **p. espín,** porcupine. 2 *fig (gen)* pig; *(canalla)* swine.

puericultor,-a *nm,f* paediatrician, *US* pediatrician.

puericultura *nf* paediatrics *sing,* *US* pediatrics *sing.*

pueril *adj* 1 *(infantil)* childish, puerile. 2 *(vano)* useless, vain; **sus esfuerzos fueron pueriles,** his efforts were in vain.

puerilidad *nf* 1 *(propio de niño)* childishness, puerility. 2 *fig (insignificancia)* insignificance.

puerperal *adj Med* puerperal; **fiebre p.,** puerperal fever.

puerperio *nm Med* puerperium.

puerro *nm Bot* leek.

puerta *nf (gen)* door; *(de jardín, de muralla) (verja)* gate; *Aut* **coche de cinco** *o* **tres puertas,** hatchback; *Aut* **coche de cuatro puertas,** four-door car, saloon; **de p. en p.,** door to door; **las puertas de la ciudad,** the gates of the town; **nos encontraremos a la p. del cine,** we'll meet outside the cinema; **p. corredera/giratoria,** sliding/revolving door; **p. principal/de servicio,** main/tradesmen's entrance; *fig* **a las puertas, en puertas,** imminent; *fig* **a las puertas de la muerte,** on the threshold of death; *fig* **a p. cerrada,** behind closed doors; *fig* **la p. del éxito,** the gateway to success; *fig* **llamar a la p. de algn,** to call on sb for help; *fig* **por la p. grande,** in a grand manner; *fam* **cogió la p. y se fue,** he upped and went; *fam fig* **darle a algn con la p. en las narices** *o* **en la cara,** to shut *o* slam the door in sb's face.

puerto *nm* **1** *(de mar)* port, harbour, *US* harbor; **p. deportivo,** marina; **p. franco,** free port; **p. marítimo,** seaport; **tomar p.,** to come into port. **2** *(de montaña)* (mountain) pass.

Puerto España *n* Port of Spain.

Puerto Rico *n* Puerto Rico.

puertorriqueño,-a *adj & nm,f* Puerto Rican.

pues *conj* **1** *(puesto que)* as, since; **no pudo contestar, p. ni él mismo lo sabía,** he couldn't answer as he didn't even know himself. **2** *(por lo tanto)* therefore; **la situación requiere, p., una solución inmediata,** the situation demands, therefore, a quick solution; **repito, p., que hace lo que debe,** therefore, I repeat he is doing what he should. **3** *(entonces)* so; **no me hiciste caso, p. no te quejes ahora,** you didn't listen to me, so don't complain now. **4** *(para reforzar)* **¡p. claro que no!,** but of course not!; **¡p. claro que sí!,** but of course!; **p. como iba diciendo,** well, as I was saying; **¡p. mejor!,** so much the better!; **¡p. no!,** certainly not!; **¡p. peor!,** that's even worse!; **¡p. sí!,** of course!; **¿y p.?,** so what? **5** *(como pregunta)* **¿p.?,** why?

puesta *nf* **1** *Astron (de un astro)* setting; **p. de sol,** sunset. **2** *Biol (de huevos)* laying; *fig* **p. a punto,** tuning, adjusting; *fig* **p. al día,** updating; *fig* **p. de largo,** coming out, debut; **p. en escena,** staging; **p. en marcha,** starting-up, start-up; **p. en órbita,** putting into orbit; *véase* **puesto,-a**.

puestero,-a *nm,f Am* stallholder.

puesto,-a I *pp de* **poner. II** *adj* **1** *(colocado)* set, put; **dejaron la mesa puesta,** they didn't clear the table; *fig* **estar p. en una materia,** to be well up in a subject; *fam fig* **ir p.,** to be high. **2** *(ropa)* on; **con el abrigo p.,** with one's coat on; **¿qué llevaba p.?,** what was he wearing?; *fig* **no tener más que lo p.,** to have only what one is standing up in; *fam* **ir muy p.,** to be all dressed up. **III** *nm* **1** *(lugar)* place; *(asiento)* seat; **devuélvelo a su p.,** put it back in its place; **en primer p.,** in the first place; **te cambio el p.,** shall we change seats?; *fig* **(saber) estar en su p.,** to know one's place. **2** *(local) (en un mercado)* stall; *(en una exposición)* stand; **p. de flores,** flower stall; **p. de periódicos,** newspaper stand; **p. de policía,** police station; **p. de socorro,** first-aid post. **3** *Mil* post; **p. de vigilancia,** sentry post. **4** *(empleo)* position, post, job; **incorporarse a su p. (de trabajo),** to take up one's duties; **p. de trabajo,** job, post; **p. vacante,** vacancy. **IV** *conj* **p. que,** since, as; **tendrás que esperar p. que has llegado tarde,** you'll have to wait since you arrived late.

puf[1] *nm (pl* **pufs, pufes***)* pouf, pouffe.

puf[2] *interj* ugh!

pufo *nm fam* trick; **¡menudo p. le metieron!,** they pulled a fast one on him!

púgil *nm Box* boxer, fighter.

pugilato *nm* **1** *Box* boxing. **2** *(pugna)* battle, struggle.

pugilístico,-a *adj Box* pugilistic, boxing.

pugna *nf* battle, fight; **estar en p. por algo,** to struggle over sth.

pugnar *vi* to fight, struggle; **ambos jugadores pugnaban por el balón,** both players fought for the ball.

puja[1] *nf (pugna)* struggle.

puja[2] *nf (acción)* bidding; *(cantidad)* bid.

pujante *adj* thriving, prosperous.

pujanza *nf* strength, vigour, *US* vigor.

pujar[1] **I** *vtr (pugnar)* to struggle. **II** *vi* **1** *(hablar mal)* to be inarticulate. **2** *(vacilar)* to hesitate.

pujar[2] *vtr* **1** *Naipes* to bid. **2** *(en una subasta)* to bid higher.

pujo *nm* **1** *Med* tenesmus. **2** *(ansia)* craving, urge; **tener pujos de,** to have aspirations to *o* of.

pul *nm Am (influencia)* influence; *(protección)* protection.

pulcritud *nf* cleanliness, neatness.

pulcro,-a *adj* (extremely) clean; (extremely) neat.

pulenta *nf Am* stew.

pulga *nf Ent* flea; *fam* **buscarle las pulgas a algn,** to taunt sb, provoke sb; *fam* **tener malas pulgas,** to be nasty, have a nasty streak.

pulgada *nf* inch.

pulgar *nm* thumb.

pulgarada *nf* **1** *(golpe)* flick, fillip. **2** *(porción)* pinch. **3** *(pulgada)* inch.

Pulgarcito *nm Lit* Tom Thumb.

pulgón *nm Ent* plant louse.

pulgoso,-a *adj* flea-bitten, flea-ridden.

pulguillas *nm inv fam fig* touchy person.

pulido,-a I *pp de* **pulir. II** *adj* **1** *Téc* polished. **2** *fig (fino)* elegant, refined. **3** *(pulcro)* neat, clean.

pulidor,-a I *adj* polishing. **II** *nf Téc* polishing machine.

pulimentar *vtr* to polish.

pulimento *nm (acción)* polishing; *(material, brillo)* polish.

pulir I *vtr* **1** *Téc (metal, madera)* to polish. **2** *(perfeccionar, mejorar)* to put the finishing touches to; **necesito p. mi alemán para obtener ese trabajo,** I've got to improve my German to get the job. **3** *fam (robar)* to pinch, steal. **II** **pulirse** *vr fam (dinero)* to spend, squander; *(acabarse)* to finish; **nos hemos pulido un litro de coñac,** we've polished off a litre of brandy.

pulmón *nm Anat* lung; *Med* **p. de acero,** iron lung.

pulmonar *adj Anat* lung, pulmonary.

pulmonía *nf Med* pneumonia.

pulpa *nf* pulp.

pulpejo *nm* soft *o* fleshy part.

pulpería *nf* **1** *Am (tienda)* grocer's shop. **2** *(bar)* Galician snack bar where boiled octopus is served.

pulpero *nm* octopus fisherman.

púlpito *nm Rel* pulpit.

pulpo *nm Zool* octopus.

pulposo,-a *adj* pulpy, soft, fleshy.

pulsación *nf (gen)* pulsation; *(latido del corazón)* beat, throb; *(en mecanografía)* stroke, tap; **pulsaciones por minuto,** ≈ words per minute.

pulsador *nm* push-button.

pulsar I *vtr* **1** *(tocar)* to press; *fig (tantear)* to sound; **p. las teclas de la máquina de escribir,** to tap the typewriter keys; **p. un botón,** to press (a button); *fig* **p. la opinión de la gente,** to sound out what people think. **2** *Mús (tañer)* to play; **p. las cuerdas de la guitarra,** to pluck a guitar. **II** *vi* to throb, beat, pulse.

púlsar *nm Astron* pulsar.

pulsátil *adj*, **pulsativo,-a** *adj* pulsating, beating, throbbing.

pulsera *nf (aro)* bracelet; *(de reloj)* watchstrap; **reloj de p.,** wristwatch.

pulso *nm* **1** *Anat* pulse; **tomarle el p. a algn,** to take sb's pulse; *fig* **tomar el p. a la opinión,** to sound out opinion. **2** *(mano firme)* steady hand; **dibujo a p.,** freehand drawing; **echarle un p. a algn,** to arm-wrestle with sb; **levantar algo a p.,** to lift sth with one's bare hands; *fig* **se lo ha ganado a p.,** *(merecido)* he's worked hard for it; *irón* it serves him right. **3** *fig (tacto)* tact, care, prudence; **tratar algo con mucho p.,** to be very tactful when dealing with sth.

pulular *vi* to multiply.

pulverizacion *nf (de sólidos)* pulverization; *(de líquidos)* spraying.

pulverizador,-a **I** *adj (sólidos)* pulverizing; *(líquidos)* spraying. **II** *nm* spray, atomizer; **p. nasal,** nasal spray.

pulverizar [4] *vtr (sólidos)* to pulverize; *(líquidos)* to spray; *Dep (un récord)* to break; *fig (matar)* to pulverize.

pulverulento,-a *adj* powdery, dusty.

pulla *nf* dig.

pullover *nm* pullover, jumper.

pum *interj* bang!

puma *nm* *Zool* puma.

pumba *interj* bang!

puna *nf* *SAm* **1** *(páramo)* high moor. **2** *(mal)* mountain *o* altitude sickness. **3** *(tierra alta)* puna.

punción *nf* *Med* puncture.

puncionar *vtr* *Med* to puncture.

pundonor *nm* self-respect, self-esteem, dignity.

pundonoroso,-a *adj* honourable, *US* honorable, trustworthy; **un hombre p.,** a man of great dignity.

punible *adj* punishable.

punición *nf* punishment, punishing.

púnico,-a *adj* Punic.

punitivo,-a *adj* punitive.

punta **I** *adj* top; **hora p.,** rush hour; **velocidad p.,** top speed. **II** *nf* **1** *(extremo)* tip; *(extremo agudo)* point; *Peluq* **córteme sólo las puntas,** I just want the ends trimmed; **de p.,** on end; **de p. a cabo, de p. a p.,** from one end to the other; **p. del dedo,** fingertip; **sacarle p. a un lápiz,** to sharpen a pencil; *fig* **estar de p. con algn,** to be at odds with sb; *fig* **lo tengo en la p. de la lengua,** I have it on the tip of my tongue; *fig* **me pone el pelo de p.,** it gives me the creeps; *fig* **ponerle a algn los nervios de p.,** to make sb very nervous; *fam* **de p. en blanco,** dressed up to the nines; *fam* **había gente a p. pala,** there were thousands of people; *fam* **siempre le sacas p. a todo lo que digo,** you always read too much into what I say. **2** *(de cigarrillo) (colilla)* dog-end. **3** *(pequeña cantidad)* bit; **una p. de sal,** a pinch of salt; *fig* **tiene una p. de loco,** he has a streak of madness. **4** *Geog (cabo)* point, foreland, headland. **5** *(clavo)* nail. **6** *(de grabador)* needle. **7 puntas,** *Cost (encaje)* needlepoint *sing.* **8 de puntas,** on tiptoe; **andar de p.,** to walk on tiptoe.

puntada *nf* *Cost* stitch; *fam* **no da p.,** *(no hace nada)* he doesn't do a thing; *(no acierta)* he gets nothing right.

puntal *nm* *Arquit* prop; *(travesaño)* brace, beam; *fig (soporte)* pillar, support.

puntapié *nm* kick; **echar a algn a puntapiés,** to kick sb out.

punteado *nm* **1** *(marcado puntos)* dotting. **2** *Mús* plucking.

puntear *vtr* **1** *(dibujar)* to dot. **2** *Mús (guitarra)* to pluck. **3** *Arg Urug* to lead.

punteo *nm* *Mús (guitarra)* plucking.

puntera *nf* **1** *(del zapato)* toe. **2** *(remiendo)* steel cap; **zapatos con punteras,** steel-capped shoes.

puntería *nf* aim; **dirigir la p. (a algo),** to aim (at sth); **rectificar la p.,** to change one's aim; **¡qué p.!,** that was a good shot!; **tener buena/mala p.,** to be a good/bad shot.

puntero,-a **I** *adj* outstanding. **II** *nm* pointer.

puntiagudo,-a *adj* pointed, sharp.

puntilla *nf* **1** *Cost (encaje)* lace. **2** *Taur* dagger; **dar la p.,** *Taur* to finish (the bull) off; *fig (liquidar)* to finish off. **3 de puntillas,** on tiptoe.

puntillismo *nm* *Arte* pointillism.

puntillista *adj* *Arte* pointillist.

puntilloso,-a *adj* punctilious; *pey* touchy.

punto *nm* **1** *(gen)* point; **a p.,** on the point; **de todo p. imposible,** absolutely impossible; *Culin* **en su p.,** just right; **estar a p. de hacer algo,** to be on the point of doing sth; **estuve a p. de caerme,** I almost fell; **has dado en el p.,** you've hit the nail on the head; **hasta cierto p.,** to a certain *o* some extent; **hasta el p. de,** to the point of; **hasta tal p.,** to such an extent; **p. culminante,** climax; **p. de apoyo,** backup; **p. de congelación/ebullición,** freezing/boiling point; **p. de contacto,** point of contact; *Geom* **p. de intersección,** point of intersection; **p. débil,** weak point; **p. muerto,** *Aut* neutral; *fig (impase)* deadlock; **p. de partida,** starting point; **p. de referencia,** point of reference; **p. de vista,** viewpoint, opinion. **2** *(marca, señal)* dot; **línea de puntos,** dotted line; *fig* **poner los puntos sobre las íes,** to dot one's i's and cross one's t's. **3** *(apartado, sección)* point; **los puntos del orden del día,** the points on the agenda. **4** *(lugar)* place, spot, point; **p. de encuentro** *o* **de reunión,** meeting point; **p. de observación,** lookout. **5** *(signo de puntuación)* full stop, *US* period; **dos puntos,** colon; **p. y aparte,** full stop, new paragraph; **p. y coma,** semicolon; **p. y seguido,** full stop; **puntos suspensivos,** dots, *US* suspension points; *fig* **con puntos y comas,** in great detail; *fig* **poner p. final a algo,** to put an end to sth. **6** *(tiempo)* **en p.,** sharp, on the dot; **las seis en p.,** six o'clock sharp; **llegaron a las tres en p.,** they arrived at exactly three o'clock; **ella llegó en p.,** she arrived punctually. **7** *(tanto)* point; **ganar** *o* **marcar diez puntos,** to score ten points; *fig* **ganar/perder (muchos) puntos (para algn),** to go up/down in sb's estimation. **8** *Cost Tricot* stitch; **¿cuántos puntos pongo?,** how many stitches do I cast on?; **hacer p.,** to knit; **p. de cruz,** cross-stitch; **p. del derecho/revés,** plain/purl stitch; **un vestido de p.,** a knitted dress. **9** *Med* stitch; **le dieron cinco puntos en la cabeza,** he had five stitches put in his head.

puntuable *adj* valid.

puntuación *nf* **1** *Ling* punctuation; **signos de p.,** punctuation marks. **2** *(en una competición)* scoring; *(número de puntos)* score. **3** *Educ* marking; *(calificación)* mark; **obtener una buena p.,** to get a good mark.

puntual **I** *adj* **1** *(a la hora)* punctual; **una persona p.,** a punctual person. **2** *(exacto)* exact, accurate, precise. **3** *(aislado)* specific. **II** *adv* punctually; **llegó p.,** he arrived punctually *o* on time. ◆**puntualmente** *adv* punctually.

puntualidad *nf* punctuality; **la p. es una gran virtud,** punctuality is a great virtue.

puntualizar [4] *vtr* **1** *(detallar)* to give full details of, describe in detail. **2** *(especificar)* to leave clear; **hay que p. que no estaba solo,** it should be pointed out that he wasn't on his own.

puntuar [11] **I** *vtr* **1** *(al escribir)* to punctuate. **2** *Educ (calificar)* to mark. **II** *vi Dep* to score.

punzada *nf* **1** *(de dolor)* sudden sharp pain; *fig (de remordimiento)* pang. **2** *(pinchazo)* prick.

punzante *adj* **1** *(que pincha)* sharp, prickly; **objeto p.,** sharp object. **2** *(dolor)* acute, sharp, piercing. **3** *fig* biting, cutting, hurtful, spiteful.

punzar [4] *vtr* to prick; *fig* to torment.

punzón *nm Téc* punch.

puñada *nf fam veáse* **puñetazo.**

puñado *nm* handful; **un p. de amigos,** a handful of friends; *fam* **a puñados,** by the score, galore.

puñal *nm* dagger; *fig* **ponerle a algn el p. en el pecho,** to hold a pistol to sb's head.

puñalada *nf* **1** *(con puñal)* stab; *fig* **una p. trapera,** a stab in the back. **2** *fig (disgusto)* grievous blow.

puñeta *nf fam* annoying thing; **hacerle la p. a algn,** to pester sb, annoy sb; **¡puñetas!,** damn!; **¡vete a hacer puñetas!,** go to hell!

puñetazo *nm* punch; **le tiró al suelo de un sólo p.,** he knocked him to the ground with one blow.

puñetería *nf fam* **1** *(mala intención)* bloody-mindedness. **2** *(cosa)* trifle, mere nothing.

puñetero,-a *fam* **I** *adj (cosa)* bloody, damned; *(persona)* **no seas p.,** don't be awkward *o* bloody-minded. **II** *nm,f* pest; **el p.,** the so-and-so.

puño *nm* **1** *(mano cerrada)* fist; **apretar los puños,** to clench one's fists; **enseñarle a algn el p.,** to shake one's fist at sb; *fig* **comerse los puños,** to be starving; *fig* **de su p. y letra,** written in his own hand; *fig* **tener a algn en un p.,** to have sb under one's thumb. **2** *(ropa)* cuff. **3** *(de espada)* hilt; *(de bastón)* handle.

pupa *nf* **1** *(en los labios)* cold sore. **2** *fam (daño)* pain; **¿te has hecho p.?,** have you hurt yourself?

pupila *nf* **1** *Anat* pupil. **2** *(persona) véase* **pupilo,-a.**

pupilaje *nm* **1** *(de un niño, un huérfano)* tutelage. **2** *(de alumno)* pupillage. **3** *Aut* long-term parking; **'se admiten coches a p.',** 'long-term parking available'.

pupilar *adj* pupillary.

pupilo,-a *nm,f* **1** *(niño, huérfano)* ward, orphan. **2** *(alumno)* pupil.

pupitre *nm* desk.

pupusa *nf CAm Culin* corn and cheese pasty.

puquío *nm SAm* spring, fountain.

purasangre *adj & nm Zool* thoroughbred.

puré *nm Culin* purée; **p. de patata,** mashed potatoes; **p. de tomate,** tomato purée; **p. de verduras,** thick vegetable soup; *fam* **estoy hecho p.,** I'm worn out.

pureza *nf* **1** *(calidad de puro)* purity, pureness. **2** *(castidad)* chastity.

purga *nf* **1** *Med* purge, purgative. **2** *fig (limpieza, depuración)* purge.

purgación *nf* **1** *Med* purging. **2** **purgaciones,** *fam* the clap *sing*.

purgante *adj & nm* purgative.

purgar [7] **I** *vtr* **1** *Med* to purge. **2** *(limpiar, depurar)* to purge. **3** *(expiar)* to purge, expiate; **debe p. sus crímenes,** he should pay for his crimes. **II** **purgarse** *vr* to take a purgative.

purgatorio *nm Rel* purgatory.

purificación *nf* purification.

purificador,-a **I** *adj* purifying. **II** *nm,f Téc* purifier.

purificar [1] *vtr* to purify.

purina *nf Quím* purin, purine.

purismo *nm* purism.

purista *nmf* purist.

puritanismo *nm* puritanism.

puritano,-a **I** *adj* puritan, puritanic, puritanical. **II** *nm,f* puritan, Puritan.

puro,-a **I** *adj* **1** *(sin mezclas)* pure; **aire p.,** fresh air; **filosofía pura,** pure philosophy. **2** *(mero)* sheer, mere; **la casa se cayó de p. vieja,** the house collapsed out of sheer age; **la pura verdad,** the plain truth; **por pura casualidad,** by pure chance; **por pura curiosidad,** out of sheer curiosity. **3** *(casto)* chaste, pure. **II** *nm* **1** *(cigarro)* cigar. **2** *fam (bronca)* dressing-down, telling-off; **¡vaya p.!,** that's a difficult one!

púrpura *adj* purple.

purpurado *nm Rel* cardinal.

purpúreo,-a *adj* purple.

purpurina *nf* purpurin.

purulencia *nf* purulence, purulency.

purulento,-a *adj* full of pus, purulent.

pus *nm* pus.

puse *pt indef véase* **poner.**

pusilánime *adj* faint-hearted, coward, pusillanimous.

pusilanimidad *nf* faint-heartedness, cowardice, pusillanimity.

pústula *nf* sore, pimple, spot, pustule.

puta *nf ofens* whore; **de p. madre,** great, terrific; **de p. pena,** bloody awful; **no tengo ni p. idea,** I haven't (got) a bloody clue; **pasarlas putas,** to go through hell, have a rotten time.

putada *nf vulg* dirty trick; **¡qué p. que no queden entradas!,** what rotten luck, the tickets are sold out!

putativo,-a *adj* putative, supposed.

putear *vulg* **I** *vi* to go whoring. **II** *vtr* to fuck *o* piss sb about *o* around, make sb's life a misery; **¡no me putees!,** don't fuck me about!

puteo *nm ofens* pissing around.

puterío *nm fam* prostitution.

putero,-a *adj vulg* whoring.

puticlub *nm fam* brothel.

puto,-a **I** *adj ofens* bloody. **II** *nm* male prostitute, stud.

putrefacción *nf* putrefaction, rotting.

putrefacto,-a *adj,* **pútrido,-a** *adj* putrefied, rotten.

puya *nf Taur* steel point (of a lance).

puyar *vtr CAm* to annoy, bother.

puzzle *nm* puzzle.

P.V.P. *nm abr de* **precio de venta al público,** recommended retail price, RRP.

Q

Q, q [ku] *nf (la letra)* Q, q.

Q.D.G., q.D.g. *abr de* **que Dios guarde.**

quantum *nm (pl* **quanta)** quantum.

que[1] *pron rel* **1** *(sujeto) (persona)* who, that; *(cosa)* that, which; **el chico q. me lo dijo,** the boy who told me; **la bomba q. estalló,** the bomb that went off; **la moto q. me gusta,** the motorbike that I like. **2** *(sujeto)* **lo q.,** what; **eso es lo q. me asusta,** that's what frightens me. **3** *(complemento) (persona)* whom, who; *(cosa)* that, which; **el hombre con el q. hablé,** the man who I spoke to; **el libro q. me prestaste,** the book (that) you lent me. **4** *(complemento) (de tiempo, lugar)* when, where; **el jardín en el q. jugábamos,** the garden where we used to play; **las ocasiones en q.** le visité, the times when I visited him.

que[2] *conj* **1** that; **dice q. está cansado,** he says (that) he's tired; **quiero q. vengas,** I want you to come. **2** *(comp)* that; **habla tan bajo q. no se le oye,** he speaks so quietly (that) he can't be heard. **3** *(causal, consecutiva) (no se traduce)* **cuidado q. te vas a caer,** careful, you'll fall; **deprisa q. no tenemos mucho tiempo,** hurry up, we haven't got much time. **4** *(énfasis) (no se traduce)* **¡q. no!,** no!; **¡q. sí!,** yes!; **¡q. te calles!,** I said be quiet! **5** *(deseo, mandato) (con subj)* **¡q. te diviertas!,** enjoy yourself!; **¡q. se atreva!,** he wouldn't dare! **6** *(copulativa)* and; **corre q. corre,** hell for leather. **7** *(final)* so that; **ven a q. te dé un beso,** come and let me give you a kiss. **8** *(locuciones)* **¿a q. no?,** I bet you can't!; **¿a q. no lo adivinas?,** I bet you can't guess; **q. yo sepa,** as far as I know; **yo q. tú,** if I were you; *fam* **q. si esto q. si lo otro,** this, that and the other.

qué **I** *pron interr* **1** what; **a ver q. dicen,** let's hear what they're saying; **no sé q. decir,** I don't know what to say; **¿q. hora es?,** what time is it?; **¿q. pasa?,** what's the matter?; **¿q. quieres?,** what do you want?; *fam* **¿q. tal?, ¿q. hay?,** how are things? **2** *(cuál)* which; **¿q. libro quieres?,** which book do you want? **3** *(en exclamativas)* how, so; **¡q. lástima!,** what a pity!; *fam* **¡y q.!,** so what? **4** *(indica cantidad)* how; **¡q. de coches!,** what a lot of cars! **II** *nm* **sin q. ni para** *o* **por,** without rhyme or reason.

quebrada *nf* **1** *Geol* ravine, gorge. **2** *Am* stream.

quebradero *nm fig* **q. de cabeza,** headache.

quebradizo,-a *adj (débil)* fragile; *(rompedero)* brittle.

quebrado,-a **I** *pp de* **quebrar. II** *adj* **1** *(roto)* broken; *(terreno)* uneven, rough; *(voz)* faltering; *Mat* **número q.,** fraction; *Culin* **pasta quebrada,** puff pastry. **2** *Fin* bankrupt. **III** *nm Mat* fraction.

quebradura *nf* **1** *(grieta)* crack, fissure. **2** *Med* hernia, rupture.

quebrantador,-a *adj* crushing.

quebrantahuesos *nm inv Orn* lammergeier.

quebrantamiento *nm* **1** *(gen)* breaking, breaking up; *(de salud)* weakening, deterioration. **2** *Jur (de una ley)* violation, infringement.

quebrantar **I** *vtr* **1** *(romper)* to break, shatter. **2** *(violar promesa, ley)* to break. **3** *fig (debilitar)* to weaken; *(ánimo)* to break. **II** **quebrantarse** *vr* **1** *(quebrar)* to crack; *(romperse)* to break. **2** *(salud)* to be shattered.

quebranto *nm* **1** *(pérdida)* loss; *(daño)* damage. **2** *(lástima)* pity. **3** *(aflicción)* grief, affliction. **4** *fig (desaliento)* discouragement.

quebrar [27] **I** *vtr* **1** *(romper)* to break. **2** *(violar promesa, ley)* to break; **q. la ley,** to break the law. **3** *(suavizar)* to soften; *(color)* to make paler. **4** *(doblar)* to bend. **5** *Arg (domar un potro)* to break in. **II** *vi* **1** *Fin* to go bankrupt; *fam* to go bust. **2** *fig (con amigo)* to fall out, break up. **III** **quebrarse** *vr* **1** *(voz)* to break; *(estar ronco)* to become hoarse. **2** *Med* to rupture oneself. **3** *fig (ánimo)* to break.

quechemarín *nm Náut* yawl.

quechua **I** *adj* Quechuan. **II** *nmf (persona)* Quechua. **III** *nm (idioma)* Quechuan.

queda *nf* **toque de q.,** curfew.

quedada *nf arg* trick, joke.

quedar **I** *vi* **1** *(permanecer)* to remain, stay; **la cama quedó sin hacer,** the bed was left unmade; *(en cartas)* **quedamos a la espera de ...,** we await ... . **2** *(resultar en situación o estado)* to remain, be; **¡queda adjudicado!,** sold!; **q. a deber algo,** to owe sth; **q. en ridículo,** to make a fool of oneself; **q. uno bien/mal,** to make a good/bad impression; *fam* **q. como un señor,** to create a very good impression. **3** *(ropa etc) (favorecer)* to look; *(venir a medida)* to fit; **me queda corta,** it is too short; **quedaría muy bien allí,** it would look very nice there. **4** *(terminar)* to end; **todo quedó en nada,** it all came to nothing; *fam* **ahí quedó la cosa,** that's how it stands. **5** *(acordar)* to agree (en, to); **¿en qué quedamos?,** so what's it to be? **6** *(en un lugar)* to arrange to meet. **7** *(estar situado)* to be; **¿por dónde queda tu casa?,** whereabouts is your house? **8** *(faltar)* to be left, remain; **queda poco,** there's not much left; *fig* **no quedó títere con cabeza,** nothing was left intact. **II** **quedarse** *vr* **1** *(permanecer)* to stay; **q. sin amigos/trabajo,** to lose one's friends/job; **q. sin dinero/pan,** to run out of money/bread; *fam* **q. sin blanca,** to be broke; *fam* **se quedó tan tranquilo,** he didn't bat an eyelid. **2** *(resultar situación o estado)* to be, remain; **q. huérfano,** to be left an orphan; *fig* **me quedé en blanco,** my mind went blank. **3** *(en alojamiento)* to stay; **me quedé en casa todo el día,** I stayed at home all day. **4** *(detenerse)* to stay; *(estarse parado)* to stand; **me quedé mirándole,** I stood there looking at him; **no te quedes en la puerta,** do come in; **q. atrás,** to be left behind; *(por propia voluntad)* to stay behind. **5** **q. con,** *(retener)* to keep; *fig* to remain; **q. con hambre,** to be still hungry; **quédate con la vuelta,** keep the change; *fig* **q. con la boca abierta,** to be amazed; *fig* **q. con las ganas de algo,** to go without sth. **6** *(mar, viento)* to become calm. **7** *fam* **q. con algn,** to make a fool of sb.

quedo[1] *adv* softly, quietly.

quedo,-a² *adj* quiet, still.

quehacer *nm* task, chore; **los quehaceres domésticos,** housewear *sing,* household chores *pl.*

queja *nf* **1** *(disconformidad)* complaint; **no tener q. de algn,** to have no complaints about sb; *Jur* **presentar una q.,** to lodge a complaint. **2** *(de dolor)* groan, moan.

quejarse *vr* **1** *(expresar dolor)* to suffer, groan. **2** *(expresar descontento)* to complain **(de,** about); **no puedo quejarme,** I can't complain; **te quejas de vicio,** you're a born complainer.

quejica *fam* **I** *adj* grumpy. **II** *nmf* moaner.

quejido *nm* groan, cry.

quejumbroso,-a *adj* whining; **en tono q.,** in an aggrieved tone.

quema *nf* burning; *fig* **huir de la q.,** to beat it, flee.

quemadero *nm* **1** *Hist* stake. **2** *(para basura)* incinerator.

quemado,-a **I** *pp de* **quemar. II** *adj* **1** burnt, burned; **huele a q.,** something is burning; **q. por el sol,** sunburnt. **2** *fig (resentido)* embittered. **3** *fig (acabado)* spent, burnt-out; **como actor está q.,** as an actor he's a bit of a has-been. **4** *arg (persona, local)* known to the police. **5** *arg (sexualmente)* **ir q.,** to be dying for it.

quemador *nm* **1** *(de cocina etc)* burner. **2** *Am (mechero)* lighter.

quemadura *nf* **1** *Med* burn; *(escaldadura)* scald. **2** *Bot* smut.

quemar **I** *vtr* **1** *(consumir)* to burn; *fig* **q. dinero,** to throw money away. **2** *(agotar) (persona)* to burn out. **3** *(vino)* to distil. **4** *CAm* to swindle. **5** *Méx (herir con bala)* to shoot. **II** *vi* to be burning hot; **este café quema,** this coffee's boiling hot. **III** **quemarse** *vr* **1** *(persona)* to burn oneself; *fig* **q. las pestañas,** to burn the midnight oil. **2** *(objeto)* to be burnt; **se ha quemado el arroz,** the rice is burnt.

quemarropa *loc adv* **a q.,** point-blank; **disparar a algn a q.,** to shoot sb point-blank.

quemazón *nf* **1** *(calor)* intense heat. **2** *(comezón)* itch. **3** *fig (dicho picante)* smarting, cutting word.

quepis *nm inv* kepi.

quepo *indic pres véase* **caber.**

queratina *nf Biol* keratin.

querella *nf* **1** *(pelea)* dispute. **2** *(queja)* complaint. **3** *Jur* charge.

querellante *nmf* plaintiff.

querellarse *vr Jur* to bring an action, lodge a complaint.

querer¹ *nm* love, affection.

querer²[80] **I** *vtr* **1** *(amar)* to love; **Pepe sabe hacerse q.,** Pepe's got winning ways; *prov* **quien bien te quiere te hará llorar,** you've got to be cruel to be kind. **2** *(desear)* to want; **¿cuánto quieres por la bici?,** how much do you want for the bike?; **lo hice sin q.,** I didn't mean to do it; **¡por lo que más quieras!,** for Heaven's sake!; **quieras o no,** like it or not; **quiere ser médico,** he wants to be a doctor; **si quieres,** if you want (to); *(en la boda)* **sí, quiero,** I will; **todo el que quiera,** anyone who wants to; *fig* **el quiero y no puedo,** pretentious ideas; *fig* **q. es poder,** where there's a will there's a way; *fam* **está como quiere,** he *o* she is gorgeous. **3** *(por favor)* would; **¿quieres callarte?,** would you be quiet!, please shut up!; **¿quieres ir al cine?,** would you like to go to the cinema. **3** *(significar)* **q. decir,** to mean; **¿qué quiere decir?,** what does it mean? **4** *(ser conveniente)* to need; **estas plantas quieren más agua,**

those plants need more water. **II** **quererse** *vr* to love each other.

querido,-a **I** *pp de* **querer. II** *adj* dear, beloved; *(en carta)* **q. amigo,** dear friend. **III** *nm,f* **1** *(amante) (hombre, mujer)* lover; *(mujer)* mistress. **2** *(apelativo cariñoso)* darling.

queroseno *nm* kerosene, kerosine.

querré *indic fut véase* **querer.**

querube *nm,* **querubín** *nm* cherub.

quesadilla *nf Culin Am* tortilla with savoury cheese filling.

quesera *nf* cheeseboard and cover.

quesero,-a **I** *adj* **1** cheese. **2** *(persona)* cheeseloving. **II** *nm,f (que lo hace)* cheese maker. **2** *(que le gusta)* lover of cheese.

queso *nm* **1** *Culin* cheese. ■ **q. de cabra,** goat's cheese; **q. en lonchas,** sliced cheese; **q. rallado,** grated cheese. **2 q. de cerdo,** brawn, *US* headcheese. **3** *Cost* **medio q.,** semicircular ironing board.

quetzal *nm Fin* standard monetary unit of Guatemala.

quevedos *nmpl* pince-nez *pl.*

quiá *interj* no!, never!

quicio *nm* **1** *(bisagra)* hinge; *(espacio interior)* jamb; *(de puerta)* doorpost. **2** *fig* **estar fuera de q.,** to be beside oneself; **sacar a algn de q.,** to infuriate sb, make sb's blood boil.

quiché *adj & nmf (de Guatemala)* Quiché.

quichua *adj & nm,f véase* **quechua.**

quid *nm* crux; **ahí está el q. de la cuestión,** there's the crux of the matter; **has dado en el q.,** you've hit the nail on the head.

quiebra *nf* **1** *(abertura)* crack, fissure. **2** *Fin (bancarrota)* bankruptcy, failure; *(crack)* crash. **3** *fig (fracaso)* collapse; **la q. de la sociedad,** the break-up of society.

quiebro *nm* **1** *Taur* dodge. **2** *Ftb* dribbling. **3** *Mús* trill.

quien *pron rel* **1** *(sujeto)* who; **fue el jefe q. me lo dijo,** it was the boss who told me. **2** *(complemento)* whom, who; **es a ti a q. quiero,** it's you I love; **las personas con quienes trabajo,** the people (who) I work with; **su padre, a q. se parece ...,** her father, who(m) she resembles ... . **3** *(indef) (la persona que)* whoever, anyone who; **hay q. dice lo contrario,** some people say the opposite; **q. quiera venir que venga,** whoever wants to can come; *fig* **q. más q. menos,** everybody.

quién *pron interr* **1** *(sujeto)* who?; **¿q. sabe?,** who knows?; **¿quiénes sois?,** who are you? **2** *(complemento)* who, whom; **díme con q. has estado,** tell me who you've been with; **¿para q. es?,** who is it for? **3** *(pos)* whose; **¿de q. es esa bici?,** whose bike is that?

quienquiera *pron indef (pl* **quienesquiera)** whoever; **q. que sea,** whoever it may be.

quietismo *nm* **1** *Rel* quietism. **2** *(inacción)* inertia; *(estancamiento)* stagnation.

quieto,-a *adj* **1** *(sin moverse)* still; **estáte q.,** keep still, don't move!; **¡quietos ahí!,** stop *o* stay where you are! **2** *(sosegado)* calm; **es un chico q.,** he's quiet; **mar quieta,** calm sea.

quietud *nf* **1** *(sin movimiento)* stillness. **2** *(calma)* calm.

quijada *nf Anat* jawbone; **q. inferior,** lower jaw.

quijotada *nf* quixotic deed.

Quijote *nm* **Don Q.,** Don Quixote.

quilate *nm* carat; *fig* **de muchos quilates,** of great value.

quilo¹ *nm* **1** *Biol* chyle. **2** *fig* **sudar el q.,** to sweat blood.

quilo² *nm véase* kilo.

quilla *nf Náut* keel; *fig* **saber algo de q. a perilla,** to know sth backwards. **2** *Astron (constelación)* Carina.

quimba *nf Am (garbo)* elegant style in working *or* dancing.

quimera *nf* **1** *Mit* chimera. **2** *fig (ilusión)* fantasy, pipe dream. **3** *fig (aprensión)* apprehension. **4** *(riña)* quarrel.

quimérico,-a *adj* unrealistic, fanciful.

química *nf* chemistry.

químico,-a **I** *adj* chemical. **II** *nm,f* chemist.

quimil *nm Méx* **1** bundle (of clothes). **2** *fig* heap *o* load of things.

quimioterapia *nf Med* chemotherapy.

quimono *nm* kimono.

quina *nf Bot* quinine, Peruvian bark; *fig* **tragar q.,** to swallow hard, grin and bear it.

quincalla *nf* metal pots and pans *pl,* tinware.

quincallero *nm* **1** *(fabricante)* maker of tinware. **2** *(vendedor)* tinker.

quince **I** *adj inv (cardinal)* fifteen; *(ordinal)* fifteenth; **el q. de agosto,** the fifteenth of August. **II** *nm inv* fifteen; *véase tamb* ocho.

quinceañero,-a *adj & nm,f* fifteen-year-old.

quincena *nf* fortnight, two weeks.

quincenal *adj* fortnightly, every two weeks.

quincuagenario,-a *adj & nm,f* quinquagenarian.

quincuagésimo,-a **I** *adj* fiftieth; **quincuagésima parte,** fiftieth. **II** *nm,f (de una serie)* fiftieth. **III** *nm (parte)* fiftieth; *véase tamb* octavo,-a.

quiniela *nf* football pools *pl;* **hacer una q.,** to do the pools.

quinielista *nmf* person who does the pools.

quinientos,-as **I** *adj inv (cardinal)* five hundred; *(ordinal)* five hundredth; **mil q.,** one thousand five hundred, fifteen hundred. **II** *nm,f* five hundred; *fam* **a las quinientas,** very late.

quinina *nf* quinine.

quinqué *nm* oil lamp.

quinquenal *adj* quinquennial, five-year.

quinquenio *nm* quinquennium, five-year period.

quinqui *nm fam* delinquent, petty criminal.

quinta *nf* **1** *(casa)* country house. **2** *(reclutar) Mil* conscription, *US* draft. **entrar en quintas,** to be called up *o US* drafted. **3** *Mús* fifth.

quintacolumnista *adj & nmf* fifth columnist.

quintaesencia *nf* quintessence.

quintal *nm (medida)* 46 kg. ■ **q. métrico,** ≈ 100 kg.

quintana *nf* country house, villa.

quintar *vtr* **1** *Mil* to conscript, *US* draft. **2** to take one in five.

quinteto *nm Mús* quintet.

quintilla *nf Lit* five-line stanza.

quintillizo,-a *nm,f* quintuplet, quin.

Quintín *nm* Quentin; *fam* **se armó la de San Q.,** there was a hell of a row.

quinto,-a **I** *adj* fifth; **quinta columna,** fifth column. **II** *nm,f (de una serie)* fifth. **III** *nm (parte)* fifth; *fam* **una q. de cerveza,** a small beer. **2** *Mil* conscript, recruit; *véase tamb* octavo,-a.

quíntuplo,-a *adj & nm* quintuple.

quiñar *vtr Am* to knock, bang.

quiosco *nm* kiosk; **q. de periódicos,** newspaper stand.

quiquiriquí *nm (pl quiquiriquíes)* cock-a-doodle-doo.

quirófano *nm* operating theatre.

quiromancia *nf,* **quiromancía** *nf* palmistry, chiromancy.

quiromántico,-a *nm,f* palmist, chiromancer.

quirúrgico,-a *adj* surgical.

quiscudo,-a *adj Am* bristly.

quise *indic fut véase* querer.

quisicosa *nf fam* riddle, puzzle.

quisque *pron fam* **todo** *o* **cada q.,** everyone, everybody.

quisquilla *nf (marisco)* common prawn.

quisquilloso,-a **I** *adj* fussy, finicky, fastidious. **II** *nm,f* fusspot.

quiste *nm Med* cyst.

quita *nf Fin* partial acquittance.

quitaesmaltes *nm inv* nail varnish *o* polish remover.

quitamanchas *nm inv* stain remover.

quitanieves *adj & nm* **(máquina) q.,** snowplough, *US* snowplow.

quitar **I** *vtr* **1** *(gen)* to remove, take out, take off. **2** *(separar)* to remove, take out; **q. la piel de una manzana,** to peel an apple. **3** *(sacar)* to take off, take out; *(prendas)* to take off; *Med* **q. los puntos,** to take out the stitches; **q. tiempo,** to take up a lot of time; **quítate el abrigo,** take your coat off; **un cuello de quita y pon,** a detachable collar; *fig* **q. importancia a algo,** to play sth down; *fig* **q. las ganas a algn,** to put sb off. **4** *(apartar)* to take away, take off; **quita eso de delante,** clear that away; **quítale esa idea de la cabeza,** tell him to forget it. **5** *(la mesa)* to clear. **6** *(mancha)* to remove. **7** *(dolor)* to relieve. **8** *(hipo)* to stop; **le quitó el hipo,** it stopped her hiccups; *fig* it took her breath away. **9** *(sed)* quench; **te quitará la sed,** it will quench your thirst. **10** *(hambre)* to stop feeling hungry; **no lo comas, te quitará el hambre,** don't eat it, because it will spoil your appetite. **11** *(sueño)* to keep awake. **12** *Mat (descontar)* to take off; *(restar)* to subtract; **de once quita dos,** eleven minus two. **13** *(robar)* to steal, take; **me han quitado el bolso,** my handbag's been stolen. **14** *(coger)* to take; **quitarle el sitio a algn,** to take sb's place *o* seat. **15** *(impedir)* to stop, prevent; **eso no le quita valor,** that doesn't detract from its value; **eso no quita para que seas educado,** that's no reason not to be polite. **16** *(prohibir)* to stop; **me han quitado el fumar,** they've stopped me (from) smoking. **17** *(libertar de cargas)* to relieve, free. **18** *fam (radio, agua, electricidad)* to turn off. **19** *(locuciones)* **no q. ojo a algn,** not to take one's eyes off sb; **¡quita!,** *(persona)* go away!; *(cosa)* take it away!; **q. la palabra de la boca a algn,** to take the words rights out of sb's mouth; **yo ni quito ni pongo,** it's nothing to do with me; *fam* **que me quiten lo baila(d)o,** they can't take that away from me. **II** **quitarse** *vr* **1** *(apartarse)* to move away; **¡quítate (de ahí)!,** come out, get out (of there)! **2** *(desaparecer)* to go; *(mancha)* to come out; **la mancha no se quita,** the stain won't come out; **se me ha quitado el dolor de cabeza,** my headache's gone; **se me han quitado**

las ganas, I don't feel like it any more. **3** *(sacarse) (prendas, gafas)* to take off; **q. el bigote,** to shave one's moustache off; **q. el sombrero,** to tip one's hat; **q. un diente,** to have a tooth out; *fig* **q. años,** to lie about one's age. **4** *(renunciar a) (bebida, fumar, etc)* to give up. **5** *(deshacerse de)* to get rid of; **q. a algn de encima,** to get rid of sb.

quitasol *nm* parasol, sunshade.

quite *nm* **1** *Esgr* parry. **2** *Taur* distraction of bull by assistants to allow the escape of the bullfighter; *fig* **estar al q.,** to be ready to help.

quiteño,-a **I** *adj* of *o* from Quito. **II** *nm,f* native *o* inhabitant of Quito.

quizá *adv,* **quizás** *adv* perhaps, maybe; **q. llueva,** perhaps it will rain; **q. no,** maybe not; **q. sí,** maybe.

quórum *nm inv* quorum.

R

R, r ['erre] *nf (la letra)* R, r.

R. *abr de* **Reverendo,-a,** Reverend, Rev, Revd.

rabadán *nm* head shepherd.

rabadilla *nf* **1** *Anat* coccyx. **2** *Culin (de buey)* rump.

rabanillo *nm Bot* wild radish.

rábano *nm Bot* radish; *fig* **tomar el r. por las hojas,** to get hold of the wrong end of the stick; *fam* **me importa un r.,** I don't give a toss, I couldn't care less; *fam* **¡un r.!,** no way! ▪ **r. blanco** *o* **picante,** horseradish.

rabí *nm (pl rabíes) Rel* rabbi.

rabia *nf* **1** *Med* rabies *sing.* **2** *fig (ira)* fury, rage, anger; **dar r.,** to make furious, infuriate; **¡qué r.!,** how annoying!; **tener r. a algn,** not to be able to stand the sight of sb.

rabiar [12] *vi* **1** *Med* to have rabies. **2** *fig (sufrir)* to be in great pain; **r. de dolor,** to writhe in pain. **3** *fig (enfadarse)* to rage; **estar a r. con algn,** to be furious with sb; **está que rabia,** he's fuming; **hacer r. a algn,** to make sb see red. **4** *fig (desear)* **r. por,** to long for; **rabiaba por conseguir el cargo,** she was dying to get the job. **5** *fam* **a r.,** a lot, very much; **me gusta a r.,** I'm mad about it.

rábico,-a *adj Med* rabid.

rabieta *nf fam* tantrum; **coger una r.,** to throw a tantrum.

rabillo *nm* **1** *Bot (de hoja)* stalk, stem. **2** *Bot (cizaña)* darnel. **3** *(del ojo)* corner; **mirar por el r. del ojo,** to look out of the corner of one's eye.

rabino *nm Rel* rabbi.

rabínico,-a *adj* rabbinical.

rabioso,-a *adj* **1** *Med* rabid; **perro r.,** rabid dog. **2** *fig (enfadado)* furious; **ponerse r.,** to fly into a rage. **3** *(dolor)* terrible, intense. **4** *(color)* shocking, garish. ◆**rabiosamente** *adv* furiously.

rabo *nm Anat* tail; *fig* **aún falta el r. por desollar,** the worst is yet to come; *fam* **irse con el r. entre las piernas,** to go away with one's tail between one's legs.

rabón,-ona **I** *adj* **1** *(animal)* bobtailed. **2** *Arg Ven (cuchillo)* handleless. **II** *nf Am (mujer)* camp follower.

racanear *vi fam* **1** *(holgazanear)* to idle, slack. **2** *(ser tacaño)* to be stingy.

rácano,-a *adj fam* **1** *(holgazán)* idle, lazy. **2** *(tacaño)* stingy, mean.

RACE *nm Aut abr de* **Real Automóvil Club de España,** ≈ Royal Automobile Club, RAC.

racha *nf* **1** *(de viento)* gust, squall. **2** *fam (período)* spell, patch; **a rachas,** in fits and starts, on and off; **tener una buena r.,** to have a piece of luck; **tener una mala r.,** to go through a bad patch. **3** *fam (serie)* string, run, series *sing;* **una r. de accidentes,** a string of accidents.

racial *adj* racial, race; **disturbios raciales,** race riots; **prejuicio r.,** racial prejudice.

racimo *nm* bunch, cluster; **r. de uvas,** bunch of grapes.

raciocinio *nm* **1** *(razón)* reason. **2** *(razonamiento)* reasoning.

ración *nf* ration, portion, share; *(de comida)* portion, helping; *(en paquete)* 'tres raciones', 'serves three'; **una r. de patatas fritas, por favor,** a portion of chips, please.

racional *adj* rational. ◆**racionalmente** *adv* rationally, reasonably.

racionalidad *nf* rationality.

racionalismo *nm* rationalism.

racionalista *adj & nmf* rationalist.

racionalización *nf* rationalization.

racionalizar [4] *vtr* to rationalize.

racionamiento *nm* rationing. ▪ **cartilla de r.,** ration book, ration card.

racionar *vtr (limitar)* to ration; *(repartir)* to ration out.

racismo *nm* racism, racialism.

racista *adj & nmf* racist, racialist.

racor *nm Téc* connecter, adapter, adaptor.

rada *nf Geog* bay, inlet.

radar *nm (pl radares) Téc* radar; **pantalla de r.,** radar screen.

radiación *nf* radiation.

radiactividad *nf* radioactivity.

radiactivo,-a *adj* radioactive.

radiado,-a **I** *pp de* radiar. **II** *adj Bot Zool* radiate.

radiador *nm* radiator.

radial *adj* radial; **neumáticos radiales,** radial tyres.

radiante *adj* radiant **(de,** with).

radiar [12] *vtr* **1** *Fís* to radiate. **2** *Rad* to broadcast, transmit, radio. **3** *Med* to X-ray. **4** *Am (expulsar)* to expel; *(despedir)* to fire.

radicación *nf* **1** *(instalación)* taking root, settling down. **2** *(situación, ubicación)* setting, location.

radical **I** *adj* radical. **II** *nm Ling Mat* radical, root. ◆**radicalmente** *adv* radically.

radicalismo *nm Pol* radicalism.

radicalizar [4] *vtr,* **radicalizarse** *vr (conflicto)* to intensify; *(postura)* to harden.

radicar [1] I *vi* 1 *(estar, encontrarse)* to be (situated) **(en,** in), be rooted **(en,** in). 2 *fig* **r. en,** to lie in, stem from; **el problema radica en la economía,** the problem lies in the economy. II **radicarse** *vr (establecerse)* to settle (down).

radio[1] *nm* 1 *Anat Geom* radius; **en un r. de 3 kiló-metros,** within a radius of 3 kilometres. ■ *fig* **r. de acción,** field of action, scope, sphere of influence. 2 *(de rueda)* spoke. 3 *Rad fam* radio operator.

radio[2] *nm Quím* radium.

radio[3] *nf* 1 *(gen)* radio, wireless; *(aparato)* radio (set); *(mensaje)* wireless message; **por r.,** by radio; on the radio; **me enteré por la r.,** I heard (about) it on the radio; **poner la r.,** to turn on the radio. ■ **r. galena,** crystal set; **r. pirata,** pirate radio station.

radioactividad *nf* radioactivity.

radioactivo,-a *adj* radioactive.

radioaficionado,-a *nm,f Rad* radio ham.

radiocasete *nf (pl radiocasetes)* radio cassette.

radiodespertador *nf* radio alarm.

radiodifusión *nf Rad* broadcasting.

radioescucha *nmf Rad* listener.

radiofónico,-a *adj Rad* radio; **entrevista radiofó-nica,** radio interview; **espacio** *o* **programa r.,** radio programme.

radiografía *nf* 1 *(técnica)* radiography. 2 *(imagen)* X-ray, radiograph; **hacerse una r.,** to have an X-ray taken.

radiografiar [13] *vtr* to X-ray.

radiología *nf Med* radiology.

radiólogo,-a *nm,f Med* radiologist.

radiómetro *nm* radiometer.

radiorreceptor *nf* radio receiver, radio (set), wireless (set).

radioteléfono *nm* radiotelephone.

radiotelegrafista *nmf* radio *o* wireless operator.

radiotelescopio *nm* radio telescope.

radioterapia *nf* radiotherapy, radium therapy.

radiotransmisión *nf* radio transmission, broad-casting.

radiotransmisor *nm* radio transmitter.

radioyente *nmf Rad* listener.

RAE *nf abr de* Real Academia Española.

raer [81] *vtr* to scrape (off).

ráfaga *nf* 1 *(de viento)* gust, squall. 2 *(de disparos)* burst. 3 *(de luz)* flash.

rafia *nf Bot* raffia.

raglán *adj inv Cost* raglan; **mangas r.,** raglan sleeves.

raid *nm (pl raids)* raid; *Av* **r. aéreo,** *(ataque)* air raid; *(vuelo a gran distancia)* long-distance flight, long-haul flight.

raído,-a I *pp de* **raer.** II *adj* worn, threadbare.

raigambre *nf* 1 *Bot* roots *pl*, root system. 2 *fig* tra-dition, history; **de honda r.,** deep-rooted.

raíl *nm,* **rail** *nm Ferroc* rail.

raíz *nf (pl raíces)* 1 *(gen)* root; **arrancar de r.,** to pull up by the roots; **echar raíces,** *(planta)* to take root; *fig (establecerse)* to put down roots, settle (down); *fig* **a r. de,** as a result of; *fig* **cortar algo de r.,** to nip sth in the bud. 2 *Mat* **r. cuadrada,** square root.

raja *nf* 1 *(corte)* cut, slit; *(hendidura)* crack, split. 2 *(tajada) (de melón etc)* slice.

rajá *nm (pl rajaes)* rajah.

rajado,-a I *pp de* **rajar.** II *adj* 1 *(hendido)* cracked, split. 2 *fam (cobarde)* yellow. III *nm,f fam (co-barde)* chicken, coward. IV *nf vulg (vagina)* slit, cunt.

rajadura *nf* crack, split.

rajante *adj Arg (rápido)* quick, rapid; *(inmediato)* immediate.

rajar I *vtr* 1 *(hender)* to crack, split. 2 *(melón etc)* to slice. 3 *arg (persona)* to cut up; **dame el dinero o te rajo,** hand over your money or I'll cut you up. II *vi* 1 *fam (hablar mucho)* to chatter, rabble on; **¡cómo raja el tío!,** he doesn't half go on! 2 *fam (presumir)* to boast, show off. III **rajarse** *vr* 1 *(partirse)* to crack, split. 2 *fam (desistir)* to back out; *(acobar-darse)* to chicken out. 3 *Am (gastar)* to spend lav-ishly. 4 *Am (escapar)* to rush *o* run off.

rajatabla (a) *loc adv* to the letter, strictly; **cumplir las normas a r.,** to follow the rules to the letter.

rajón,-ona *CAm* I *adj* 1 *Méx (poco fiable)* un-reliable. 2 *(valentón)* bragging, boastful. 3 *(osten-toso)* ostentatious; *(espléndido)* lavish. II *nm,f* 1 *Méx (que se raja)* quitter. 2 *(fanfarrón)* show-off, braggart. 3 *(persona ostentosa)* ostentatious person; *(espléndida)* lavish person.

ralea *nf pey* type, sort, ilk; **son de la misma r.,** they are two of a kind, they are birds of a feather.

ralentí *nm* 1 *Cin* slow motion; **rodar una escena al r.,** to film a scene in slow motion. 2 *Aut* **con el motor al r.,** with the engine ticking over.

rallado,-a I *pp de* **rallar.** II *adj Culin* grated; **queso r.,** grated cheese.

rallador *nm* grater.

ralladura *nf* grating, gratings *pl*; **ralladuras de limón,** grated lemon rind.

rallar *vtr* to grate.

rally *nm (pl rallys) Aut* rally.

ralo,-a *adj* sparse, thin; **dientes ralos,** teeth with gaps between them.

ram *nm Inform* ram.

rama *nf* 1 *(de árbol)* branch; **algodón en r.,** raw cotton; *fam* **andarse** *o* **irse por las ramas,** to wander off the subject, digress. 2 *(de ciencia, industria)* branch.

Ramadán *nm Rel* Ramadan.

ramaje *nm* branches *pl*, foliage.

ramal *nm* 1 *(de carretera, ferrocarril)* branch. 2 *(de cuerda)* strand.

ramalazo *nm fam* (passing) fit; **le entró el r. nos-tálgico,** he became all nostalgic; **un r. de locura,** a streak of madness.

rambla *nf* 1 *(cauce)* watercourse, channel. 2 *(ave-nida)* boulevard, avenue. 3 *Am (muelle)* dock, quayside.

ramera *nf* prostitute, whore.

ramificación *nf* ramification, consequence.

ramificarse [1] *vr* to ramify, branch (out).

ramillete *nm* 1 *(de flores)* posy. 2 *(conjunto)* bunch, group, collection.

ramo *nm* 1 *(de árbol)* branch; *Rel* **Domingo de Ramos,** Palm Sunday. 2 *(de flores)* bunch, bouquet. 3 *(de ciencia, industria)* branch; **el r. de la hoste-lería,** the hotel and catering trade.

rampa[1] *nf (cuesta)* ramp. ■ *Astronáut* **r. de lanza-miento,** launching pad.

rampa[2] *nf (calambre)* cramp.

rampante *adj Herald* rampant, blatant.

ramplón,-ona *adj* coarse, vulgar.

ramplonería *nf* coarseness, vulgarity.

rana *nf Zool* frog; *fam* **salir r.**, to be a disappointment.

ranchero,-a I *adj Méx* 1 *(apocado)* timid, diffident. 2 *(ridículo)* ridiculous; *(rude)* rude, coarse. 3 *(de campo)* country. II *nm,f* 1 *(cocinero)* camp cook, mess cook. 2 *(granjero)* rancher, farmer. III *nf Méx Mús* popular song.

rancho *nm* 1 *Mil (comida)* mess; *fig* **hacer r. aparte**, to go one's own way. 2 *(granja)* ranch. 3 *Am (finca)* country state, farm, ranch. 4 *Arg (sombrero de paja)* straw hat.

rancidez *nf*, **ranciedad** *nf* rancidity, rancidity, rankness.

rancio,-a *adj* 1 *(comida)* stale; *(mantequilla)* rancid; **saber a r.**, to taste rancid; **vino r.**, mellow wine. 2 *(antiguo)* ancient; **de r. abolengo**, of ancient lineage.

randa I *nf (encaje)* lace trimming. II *nm fam (ratero)* pickpocket.

ranfla *nf Am* ramp.

ranglán *adj inv véase* **raglán**.

rango *nm* 1 *(jerarquía)* rank; **de alto r.**, high-ranking. 2 *Am (jerarquía elevada)* high social standing. 3 *Am (esplendidez)* pomp, splendour, *US* splendor.

Rangún *n* Rangoon.

ranking *nm (pl rankings)* ranking, status.

ranún *nm Arg Par Urug* rogue, scoundrel.

ranura *nf* 1 *(surco)* groove. 2 *(de máquina, teléfono)* slot; **introduzca una moneda en la r.**, put a coin in the slot.

ranurado,-a *adj* grooved.

rapacidad *nf* rapacity, rapaciousness.

rapapolvo *nm fam* ticking-off, talking-to; **echar un r. a algn**, to give sb a dressing-down.

rapar *vtr (afeitar)* to shave; *(pelo)* to crop.

rapaz[1] I *adj* 1 *Zool* predatory; **ave r.**, bird of prey. 2 *fig (persona)* rapacious, grasping. II *nf* bird of prey; **rapaces**, *Zool* predators; *Orn* birds of prey.

rapaz,-a[2] *nm,f* youngster; *(muchacho)* lad; *(muchacha)* lass.

rape[1] *nm (pez)* angler fish.

rape[2] *nm fam (pelo)* **cortado al r.**, short, close-cropped.

rapé *nm* snuff.

rapidez *nf* speed, rapidity.

rápido,-a I *adj* 1 *(gen)* quick, fast, rapid. 2 *Am (campo)* flat. II *adv* quickly; *fam* **¡y r.!**, and hurry up!, and make it snappy! III *nm* 1 *Ferroc* fast train, express. 2 **rápidos**, *(de un río)* rapids. ◆**rápidamente** *adv* quickly.

rapiña *nf fam* robbery, theft.

raposa *nf* 1 *Zool* (female) fox, vixen. 2 *fam fig (persona)* sly old fox.

raposera *nf* foxhole.

rapsodia *nf Mús* rhapsody.

raptar *vtr* to kidnap, abduct.

rapto *nm* 1 *(secuestro)* kidnapping, abduction. 2 *fig (arrebato)* outburst, fit; **r. de cólera,** fit of anger.

raptor,-a *nm,f* kidnapper, abductor.

raqueta *nf* 1 *(de tenis)* racket; *(de ping-pong)* bat, *US* paddle. 2 *(de nieve)* snowshoe. 3 *(de crupier)* rake.

raquítico,-a I *adj* 1 *Med* rachitic, rickety. 2 *fam (escaso)* small, meagre, *US* meager; *(débil)* weak. II *nm,f* person with rickets.

raquitismo *nm Med* rachitis, rickets *pl*.

rareza *nf* 1 *(poca frecuencia)* rarity, rareness; *(escasez)* scarcity. 2 *(peculiaridad)* oddity; *(extravagancia)* eccentricity.

rarificar [1] *vtr* to rarefy.

raro,-a *adj* 1 *(poco frecuente)* rare; *(escaso)* scarce; **rara vez**, seldom. 2 *(extraño)* odd, strange, weird; **¡qué r.!**, how odd!; *fam* **es un tío r.**, he's a strange guy. ◆**raramente** *adv (rara vez)* rarely, seldom; *(de manera extraña)* oddly, strangely.

ras *nm* level; **a r. de,** (on a) level with; **a r. de tierra,** at ground level; *Av* **volar a r. de tierra,** to fly low, hedgehop.

rasante I *adj (tiro)* grazing, close; *(vuelo)* low, skimming. II *nf (de camino)* slope. ■ **cambio de r.,** brow of a hill.

rasar *vtr (rozar)* to graze, skim; *Av* **r. el suelo,** to fly low, hedgehop. 2 *(nivelar)* to level.

rasca *nf fam* 1 *(hambre)* hunger. 2 *(frío)* cold.

rascacielos *nm inv* skyscraper.

rascador *nm* 1 *(herramienta)* scraper, rasp. 2 *(de una caja de cerillas)* striking surface.

rascar [1] I *vtr* 1 *(con las uñas)* to scratch. 2 *(con rascador)* to scrape, rasp. 3 *Mús (guitarra)* to strum. II **rascarse** *vr (con las uñas)* to scratch (oneself).

rascón *nm Orn* water rail.

rasera *nf Culin* spatula, fish slice.

rasero *nm* leveller; *fig* **medir con el mismo r.,** to treat impartially.

rasgado,-a I *pp de* **rasgar**. II *adj* 1 *(desgarrado)* torn. 2 *(ojos)* slit, almond-shaped; *(boca)* wide.

rasgadura *nf* tear, rip.

rasgar [7] I *vtr* to tear, rip. II **rasgarse** *vr* to tear, rip; *fig* **r. las vestiduras,** to pull one's hair out.

rasgo *nm* 1 *(trazo)* stroke; *fig* **explicar a grandes rasgos,** to outline, explain briefly. 2 *(característica)* characteristic, feature, trait; *(de la cara)* feature; **tiene rasgos orientales,** he looks Oriental. 3 *(acto)* act, feat; **en un r. de generosidad,** in a moment of generosity.

rasgón *nm* tear, rip.

rasguear I *vtr Mús (guitarra)* to strum. II *vi (escribir)* to write, scribble.

rasgueo *nm* strumming (of guitar).

rasguñar I *vtr* to scratch, scrape. II **rasguñarse** *vr* to scratch, scrape; **se rasguñó las rodillas al caer,** he fell and grazed his knees.

rasguño *nm* scratch, scrape.

rasilla *nf* 1 *Tex (tela)* serge. 2 *Constr (ladrillo)* tile.

rasmillado,-a *nm,f SAm* scratch, graze.

raso,-a I *adj* 1 *(llano)* flat, level; *(liso)* smooth; *(vuelo, lanzamiento)* low; **una cucharada rasa de,** a level spoonful of. 2 *Mil* **soldado r.,** private. 3 *(atmósfera)* clear, cloudless; **al r.,** in the open (air); **cielo r.,** clear sky. II *nm Tex* satin.

raspa *nf* 1 *(de pescado)* bone, backbone. 2 *(del trigo)* beard. 3 *Am fam (reprimenda)* ticking-off. 4 *Cuba Méx PR (azúcar moreno)* brown sugar. 5 *Méx (chanza)* joke. II *nm Arg Urug (ratero)* petty thief. III *nmf fam* 1 *(protestón)* moaner. 2 *(persona delgada)* bean-pole.

raspada *nf Méx* reprimand, ticking-off.

raspado *nm Med* scraping, scrape.

raspador *nm (gen)* scraper; *(de caja de cerillas)* striking surface.

raspadura *nf* 1 *(ralladura)* scraping, scrapings *pl*. 2 *(señal, marca)* scratch, mark.

raspar I *vtr* 1 *(rascar)* to scrape (off). 2 *(borrar)* to scratch out. 3 *(al paladar)* to be sharp on; *(la piel)* to be rough on. 4 *(hurtar)* to nick, pinch. 5 *Am (reprender)* to reprimand.

rasposo,-a *adj* 1 *(aspero)* rough, sharp. 2 *Arg Urug (prenda)* shabby, threadbare. 3 *Arg Urug (persona)* slovenly, dirty. 4 *Arg Urug (tacaño)* mean, stingy. 5 *Méx (bromista)* joking, teasing.

rastra *nf* 1 *(huella)* track, trail. 2 *Agr (grada)* harrow. 3 *(de ajos, cebollas)* string. 4 *(para pescar)* trawl net. 5 **a rastras,** *(arrastrando)* dragging; *fig (de mal grado)* grudgingly; **lo sacaron del bar a r.,** he was dragged out of the bar. 6 *Arg Urug* gaucho's leather belt.

rastreador *nm* tracker. ▪ *Náut* **r. de minas,** minesweeper.

rastrear I *vtr* 1 *(seguir el rastro)* to track, trail. 2 *(río)* to drag, dredge. 3 *(para pescar)* to trawl. 4 *(averiguar)* to find out. 5 *Agr* to rake. II *vi Av (volar bajo)* to fly low, hedgehop.

rastreo *nm* 1 *(seguimiento)* tracking, trailing, tracing. 2 *(de un río)* dragging, dredging. 3 *Pesca* trawling. 4 *Agr* raking.

rastrero,-a *adj* 1 *(que se arrastra)* creeping, crawling; **pájaro de vuelo r.,** low-flying bird. 2 *fig (bajo, despreciable)* vile, base.

rastrillada *nf Am* trail, track.

rastrillar *vtr* 1 *Agr (hojas)* to rake. 2 *(cáñamo, lino)* to comb, hackle. 3 *Am (arma)* to cock. 4 *Arg (fusil)* to fire.

rastrillo *nm* 1 *Agr (herramienta)* rake. 2 *(de castillo)* portcullis. 3 *(de cáñamo, lino)* comb, hackle. 4 *fam (mercadillo)* flea market; **r. benéfico,** jumble sale.

rastro *nm* 1 *(huella)* trace, sign; *(en el suelo)* track, trail; **ni r. de,** not a trace of; **perder el r. de algn,** to lose sb's scent; **seguir el r. de algn,** to follow sb's trail. 2 *(mercado)* **el R.,** the Madrid flea market.

rastrojo *nm Agr* 1 *(paja)* stubble. 2 *(campo)* stubble field.

rasurar *vtr*, **rasurarse** *vr* to shave.

rata I *nf Zool* rat; *fam* **más pobre que las ratas,** as poor as a church mouse. II *nm fam* 1 *(ratero)* pickpocket, thief. 2 *(tacaño)* mean o stingy person.

rataplán *nm (del tambor)* drumbeat, rub-a-dub.

ratear[1] *vtr (repartir)* to share out proportionately, give out pro rata.

ratear[2] *vtr fam (robar)* to steal.

ratear[3] *vi (arrastrarse)* to crawl, creep.

rateo *nm* pro rata distribution.

ratería *nf* petty theft, pilfering.

ratero,-a *nm,f* pickpocket; **r. de hotel,** hotel thief.

raticida *nm* rat poison.

ratificación *nf* ratification.

ratificar [1] I *vtr* to ratify. II **ratificarse** *vr* to be ratified.

rato *nm* 1 *(momento, instante)* while, time, moment; **a ratos,** at times; **a ratos perdidos,** at odd moments; **al poco r.,** shortly after; **¿cuánto r. hace que se fue?,** how long is it since she left?; **esperar un r.,** to wait a while; **hace ya un buen r.,** some time ago; **¡hasta otro r.!,** see you (later)!; **hay para r.,** it'll take a while; **pasar el r.,** to kill time; **pasar un buen/mal r.,** to have a good/bad time; **ratos libres,** free time *sing.* 2 *fam (mucho)* **un r.,** very, a lot; **sabe un r. de música,** he knows a lot about music.

ratón *nm* 1 *Zool* mouse; *fam* **r. de biblioteca,** bookworm. 2 *Inform* mouse.

ratonera *nf* 1 *(trampa)* mousetrap; *fig* **caer en la r.,** to fall into the trap. 2 *(agujero)* mousehole.

ratonero *nm Orn* buzzard.

raudal *nm* 1 *(corriente de agua)* torrent, flood. 2 *fig (abundancia)* flood, abundance; **a raudales,** in abundance; **la gente entró a raudales,** people poured o flooded in.

raudo,-a *adj lit* swift, rapid.

raya[1] *nf* 1 *(línea)* line; *(de color)* stripe; **camisa a rayas,** striped shirt. 2 *(guión)* dash. 3 *(del pantalón)* crease. 4 *(del pelo)* parting; **hacerse la r.,** to part one's hair. 5 *(límite)* limit; *fig* **tener a r.,** to keep at bay; *fam* **dar quince o ciento y r. a algn,** to run rings round sb. 6 *arg (de droga)* fix, dose.

raya[2] *nf (pez)* skate.

rayado,-a I *pp de* **rayar.** II *adj (tela)* striped; *(papel)* ruled. III *nm* stripes *pl.*

rayano,-a *adj* bordering; **r. en,** bordering on.

rayar I *vtr* 1 *(papel)* to rule, draw lines on. 2 *(estropear una superficie)* to scratch; **alguien me ha rayado el coche,** somebody's scratched my car. II *vi* 1 *(lindar)* **r. en,** to border on; **raya en la locura,** it borders on madness; **raya en los cincuenta,** he is about o around fifty. 2 *(día, alba)* to dawn; **al r. el alba,** at dawn.

rayo *nm* 1 ray, beam. ▪ **rayos de sol,** sun's rays; **rayos X,** X-rays. 2 *(relámpago)* (flash of) lightning; *fam* **caer como un r.,** to drop like a bombshell; *fam* **echar rayos,** to be furious; *fam* **¡que la parta un r.!,** **¡mal r. la parta!,** to hell with her!; *fam* **saber a rayos,** to taste awful.

rayón *nm Tex* rayon.

rayuela *nf* hopscotch.

raza[1] *nf* 1 race. ▪ **r. blanca,** white race; **r. humana,** human race; **r. negra,** black race. 2 *(de animal)* breed; **de r.,** *(perro)* pedigree; *(caballo)* thoroughbred.

razón *nf* 1 *(facultad)* reason; **atender a razones, entrar en r.,** to listen to reason; **perder la r.,** to lose one's reason; **uso de r.,** power of reasoning. 2 *(motivo)* reason, cause; **con r.,** with good reason; **¿cuál es la r.?,** what's the reason?; **r. de estado,** reason of state; **r. de más para,** all the more reason to; **tener razones para,** to have cause to. 3 *(mensaje)* message; **mandar r.,** to send a message. 4 *(justicia)* rightness, justice; **asistirle a algn la r.,** to be in the right; **con r. o sin ella,** rightly or wrongly; **dar la r. a algn,** to say that sb is right; **no tener r.,** to be wrong; **tener r.,** to be right. 5 *(información)* 'r. aquí', 'enquire within', 'apply within'; 'r. en portería', 'enquiries to caretaker'. 6 *Com* **r. social,** trade name, firm's name. 7 *Mat* ratio, rate; **a r. de,** in the ratio of, at the rate of.

razonable *adj* reasonable; **dentro de lo r.,** within reason. ◆**razonablemente** *adv* reasonably, rationally.

razonado,-a I *pp de* **razonar.** II *adj* reasoned, well-reasoned.

razonamiento *nm* reasoning.

razonar I *vtr (argumentar)* to reason out. II *vi (discurrir)* to reason; *(hablar)* to talk.

RDA *nf abr de* **República Democrática de Alemania,** German Democratic Republic, GDR.

re *nm Mús* re, ray.

re- *pref* re-; **reconstruir,** to rebuild.

reabastecer [43] *vtr (de combustible)* to refuel.

reabastecimiento *nm* refuelling.

reabrir *(pp reabierto) vtr* to reopen; *fig* **r. viejas heridas,** to open old wounds.

reacción *nf* reaction. ■ **avión de r.,** jet (plane); **r. en cadena,** chain reaction.

reaccionar *vi* to react.

reaccionario,-a *adj & nm,f* reactionary.

reacio,-a *adj* reluctant, unwilling; **mostrarse r. a hacer algo,** to be reluctant to do sth.

reacondicionar *vtr* to recondition.

reactivar *vtr* to reactivate.

reactivo,-a I *adj* reactive. **II** *nm Quím* reagent.

reactor *nm* **1** *Fís* reactor. ■ **r. nuclear,** nuclear reactor. **2** *Av (avión)* jet (plane).

readaptación *nf (de un enfermo)* rehabilitation; **r. profesional,** industrial retraining.

readaptar *vtr,* **readaptarse** *vr* to readapt, readjust.

readmisión *nf* readmission.

readmitir *vtr* to readmit; *(trabajador)* to re-employ.

reafirmación *nf* reaffirmation, reassertion.

reafirmar *vtr* to reaffirm, reassert.

reagrupación *nf,* **reagrupamiento** *nm* regrouping.

reagrupar *vtr,* **reagruparse** *vr* to regroup.

reajustar *vtr* to readjust.

reajuste *nm* readjustment. ■ *Pol* **r. ministerial,** cabinet reshuffle.

real¹ *adj (efectivo, verdadero)* real; **en la vida r.,** in real life; **necesidades reales,** real necessities.

real² **I** *adj (regio)* royal; *fig* grand, fine; **la familia r.,** the royal family; **palacio r.,** royal palace; *Jur* **por r. decreto,** by royal decree; *fam* **porque no me da la gana,** because I don't feel like it; *fam* **es una r. moza,** she's a good-looking girl. **II** *nm* **1** *(moneda)* old Spanish coin worth 25 **céntimos;** *fam* money; **estar sin un r.,** to be penniless; **no vale un r.,** it is worthless. **2** *(feria)* fairground. ◆**realmente** *adv (gen)* really; *(en realidad)* actually, in fact; **r. no ha pasado nada,** in (actual) fact, nothing has happened; **r. no lo entiendo,** I really can't understand it.

realce *nm* **1** *(relieve)* relief; **bordado de r.,** relief embroidery. **2** *fig (esplendor)* splendour, *US* splendor, distinction; **dar r. a,** to enhance; **poner de r.,** to highlight.

realeza *nf* royalty.

realidad *nf* reality; **en r.,** in fact, actually; **la r. es que ...,** the fact of the matter is that ... .

realismo *nm* realism.

realista I *adj* realistic. **II** *nmf* realist.

realizable *adj (objetivo)* attainable; *(plan, proyecto)* feasible.

realización *nf* **1** *(de un deseo)* realization, fulfilment, *US* fulfillment. **2** *(de un proyecto)* execution, carrying out. **3** *Cin TV* production.

realizador,-a *nm,f Cin TV* producer.

realizar [4] **I** *vtr* **1** *(ambición)* to realize, fulfil, *US* fulfill, achieve; *(deseo)* to fulfil. **2** *(plan)* to execute, carry out; **r. un viaje,** to make a journey. **3** *Cin TV* to produce. **4** *Fin (vender)* to realize. **II** **realizarse** *vr* **1** *(ambición)* to be realized, be fulfilled, be achieved; *(sueño)* to come true. **2** *(proyecto)* to be executed, be carried out. **3** *(persona)* to fulfil *o US* fulfill oneself.

realquilado,-a I *pp de* **realquilar. II** *adj* sublet. **III** *nm,f* person who sublets from another.

realquilar *vtr* to sublet.

realzar [4] *vtr* **1** *(pintura)* to highlight. **2** *fig (belleza, importancia)* to enhance, heighten; **su modestía realza la nobleza de su gesto,** his noble demeanour is heightened by his great modesty.

reanimación *nf* revival.

reanimar *vtr,* **reanimarse** *vr (gen)* to revive; *(fiesta, conversación)* to liven up.

reanudación *nf* renewal, resumption, re-establishment; **r. de las clases,** return to school; **r. de negociaciones,** resumption of talks.

reanudar I *vtr* to renew, resume; **r. el paso** *o* **la marcha,** to set off again; **r. las clases,** to go back to school; **r. negociaciones,** to resume negotiations; **r. una amistad,** to renewal a friendship. **II** **reanudarse** *vr* to start again, resume; **se reanudó el trabajo después de la huelga,** work was resumed after the strike.

reaparecer [43] *vi* to reappear, recur; *(artista)* to make a comeback.

reaparición *nf* reappearance, recurrence; *(de artista etc)* comeback.

reapertura *nf* reopening.

reaprovisionar *vtr* to replenish, restock.

rearmar *vtr,* **rearmarse** *vr Mil* to rearm.

rearme *nm* rearmament.

reaseguro *nm Seg* reinsurance.

reasumir *vtr* to reassume, resume.

reata *nf* **1** *(cuerda)* rope. **2** *(de caballos, mulas)* packtrain.

reavivar *vtr* to revive.

rebaba *nf* rough edge.

rebaja *nf* **1** *(reduccón)* lowering, reduction. **2** *Com (descuento)* reduction, discount; **nos hicieron una r.,** they gave us a discount. **3** *Com* **rebajas,** sales; **en r.,** in the sales; **'grandes r.',** 'huge reductions'; **precio de r.,** sale price.

rebajado,-a I *pp de* **rebajar. II** *adj* **1** *(tierra, techo)* lowered; *(arco)* depressed. **2** *(precio, mercancía)* reduced. **3** *(humillado)* humbled. **III** *nm Mil* soldier exempted from duty.

rebajar I *vtr* **1** *(tierra)* to lower; *(arco)* to depress. **2** *(precio)* to cut, reduce; *(cantidad)* to make a reduction in; **r. cinco mil pesetas,** to make a reduction of five thousand pesetas. **3** *(color)* to tone down, soften; *(intensidad)* to diminish. **4** *(humillar)* to humiliate. **5** *(de servicio)* to excuse, exempt **(de,** from). **II** **rebajarse** *vr (humillarse)* to humble oneself; **r. a hacer algo,** to stoop to do sth, descend to doing sth; **r. ante algn,** to bow before sb.

rebaje *nm Mil* exemption.

rebanada *nf* slice; **r. de pan,** slice of bread.

rebanar *vtr* **1** *(hacer rebanadas)* to slice, cut into slices. **2** *(cortar)* to cut *o* slice off.

rebañar *vtr* **1** *(comida)* to finish off; **r. el plato (con pan),** to wipe one's plate clean (with bread). **2** *fig (apoderarse de)* to clean out.

rebaño *nm* **1** *(de ovejas)* flock; *(de otros animales)* herd. **2** *Rel* flock.

rebasar *vtr* **1** *(exceder)* to exceed, go beyond, surpass; **r. los límites,** to overstep the mark. **2** *Náut (pasar por)* to pass; *Aut (adelantar)* to overtake.

rebatible *adj* refutable.

rebatir *vtr* to refute.

rebato *nm* alarm; **tocar a r.,** to sound the alarm.

rebautizar [4] *vtr* to rechristen, rebaptize.

rebeca *nf (prenda)* cardigan.

rebeco *nm Zool* chamois.

rebelarse vr to rebel, revolt; **r. contra el gobierno,** to rebel against the government.

rebelde I adj rebellious; fig **una tos r.,** a persistent cough. II nmf rebel.

rebeldía nf 1 (insurrección) rebelliousness. 2 Jur default; **declararse en r.,** to default.

rebelión nf rebellion, revolt.

rebenque nm Am whip.

reblandecer [43] I vtr to soften. II **reblandecerse** vr to soften, become soft.

reblandecimiento nm softening; **r. cerebral,** softening of the brain.

rebobinado,-a I pp de **rebobinar.** II adj rewound. III nm rewinding.

rebobinar vtr to rewind.

reborde nm edge, flange, rim.

reborujar vtr Méx to mix (up).

rebosante adj overflowing (**de,** with), brimming (**de,** with).

rebosar I vi 1 (recipiente, líquido) to overflow, brim over. 2 fig **r. de,** to be overflowing o brimming with; **rebosaba de salud,** she was glowing with health. II vtr (abundar) to abound; **el lugar rebosaba alegría,** the place was bursting with happiness.

reboso nm Am driftwood.

rebotar I vi 1 (pelota) to bounce, rebound. 2 (bala) to ricochet. II vtr 1 (clavo) to clinch. 2 (ataque) to repel. 3 fam (poner fuera de sí) to upset, put out; **este tío me rebota,** this guy puts me out. III **rebotarse** vr fam (ponerse fuera de sí) to get upset o angry; **se rebota por nada,** he gets angry very easily.

rebote nm 1 (de pelota) bounce, rebound; **de r.,** on the rebound; fig **hacer algo de r.,** to do sth on the rebound. 2 (de bala) ricochet.

rebozado,-a I pp de **rebozar.** II adj Culin coated in breadcrumbs o batter.

rebozar [4] vtr Culin to coat in breadcrumbs o batter.

rebozo nm 1 (prenda) muffler, wrap, shawl. 2 fig (disimulación) dissimulation; **de r.,** secretly, in secret; **sin r.,** openly, frankly.

rebrotar vi Bot to shoot, sprout.

rebufar vi to snort loudly.

rebufo nm loud snort.

rebullir [41] vi, **rebullirse** vr to stir, begin to move.

rebuscado,-a I pp de **rebuscar.** II adj affected, recherché.

rebuscamiento nm affectation.

rebuscar [1] vtr to search carefully for.

rebuznar vi to bray.

rebuzno nm braying, bray.

recabar vtr 1 (pedir, solicitar) to ask for, entreat; **r. información,** to ask for information. 2 (conseguir) to obtain, manage to get.

recadero,-a nm,f messenger, errand boy o girl.

recado nm 1 (mandado) errand; **hacer recados,** to run errands. 2 (mensaje) message; **dejar un r.,** to leave a message. 3 Am (montura) saddle and trappings pl. 4 Méx PR **recados,** (saludos) regards, greetings.

recaer [67] vi 1 Med (enfermo) to relapse; fig (en vicios, equivocaciones) to backslide, relapse. 2 (corresponder) to fall (**sobre,** on); **la responsabilidad recae sobre ella,** the responsibility falls on her.

recaída nf Med relapse; (en vicios, equivocaciones) backslide, relapse; **sufrir una r.,** to have a relapse.

recalar vi Náut to sight land.

recalcar [1] vtr fig to underline, stress, emphasize.

recalcitrante adj recalcitrant.

recalentar [27] vtr (comida) to reheat, warm up; (calentar demasiado) to overheat.

recamado nm embroidery.

recamar vtr to embroider.

recámara nf 1 (habitación) dressing room. 2 (de arma) chamber. 3 fig (cautela) reserve, caution.

recambiar [12] vtr to change (over).

recambio nm 1 (repuesto) spare (part); **rueda de r.,** spare wheel. 2 (de tinta) refill.

recapacitar vi to think over; **recapacita sobre ello antes de decidir,** think it over before you decide.

recapitulación nf recapitulation, summing-up, recap.

recapitular vtr to recapitulate, sum up, recap.

recarga nf refill.

recargable adj refillable, rechargeable.

recargado,-a I pp de **recargar.** II adj 1 (sobrecargado) overloaded. 2 fig (estilo) overelaborate, exaggerated, affected.

recargar [7] vtr 1 (volver a cargar) to reload; Elec (pila) to recharge. 2 (sobrecargar) to overload. 3 Fin (aumentar) to increase. 4 (adornar con exceso) to overelaborate, exaggerate.

recargo nm Fin extra charge, surcharge.

recatado,-a I pp de **recatar.** II adj 1 (prudente) prudent, cautious. 2 (modesto) modest, decent.

recatar I vtr to hide, cover up. II **recatarse** vi to be cautious, act discreetly; **sin r.,** openly.

recato nm 1 (cautela) caution, prudence; **sin r.,** openly. 2 (pudor) modesty.

recauchutado,-a I pp de **recauchutar.** II nm (de neumático) retreading.

recauchutar vtr (neumático) to retread.

recaudación nf 1 (cobro) collection; **r. de impuestos,** tax collection. 2 (ingresos) income, receipts pl; (cantidad recaudada) takings pl, take; Dep gate; **hacer una buena r.,** to have a good takings. 3 (oficina de impuestos) tax collector's office.

recaudador,-a nm,f tax collector.

recaudar vtr to collect.

recaudería nf Méx greengrocer's (shop).

recaudo nm 1 (recaudación) collection. 2 (precaución) precaution; **estar a buen r.,** to be in safekeeping; **poner algo a buen r.,** to put sth in a safe place. 3 Am (legumbres) mixed vegetables pl.

recelar vtr to suspect, distrust.

recelo nm suspicion, distrust.

receloso,-a adj suspicious, distrustful.

recensión nf review.

recental adj sucking; **cordero r.,** sucking lamb.

recepción nf 1 (de una carta) receipt. 2 (en hotel, oficina) reception (desk); **pregúntelo en r.,** ask at reception. 3 (fiesta oficial) reception. 4 Rad reception.

recepcionista nmf receptionist.

receptáculo nm receptacle.

receptividad nf receptiveness, receptivity.

receptivo,-a adj receptive.

receptor,-a I nm,f (persona) recipient, receiver. II nm Rad TV receiver.

recesión *nf Econ* recession.

recesivo,-a *adj* recessive.

receso *nm* recess.

receta *nf* **1** *Culin* recipe; *fig* recipe, formula. **2** *Med* prescription.

recetar *vtr Med* to prescribe.

recetario *nm Med* prescription pad.

rechace *nm Dep* point-blank save.

rechazar [4] *vtr* **1** *(gen)* to reject, turn down, resist, refuse; **r. una oferta,** to turn down an offer. **2** *Mil* to repel, repulse, drive back.

rechazo *nm* **1** *(acción)* rejection, refusal, resistance; *Med* **r. de un órgano,** rejection of an organ; *fig* **de r.,** indirectly, as a consequence. **2** *(negativa)* denial, rejection.

rechifla *nf fam* **1** *(silbido)* hissing, booing, catcalls *pl.* **2** *(mofa)* mockery, jeering.

rechiflar *vtr* **1** *(silbar)* to hiss, boo. **2** *(mofarse)* to mock, jeer at.

rechinante *adj* creaky, squeaky.

rechinar *vi (madera)* to creak; *(metal)* to squeak, screech; *(efecto en el oído)* to grate; *(dientes)* to grind, gnash, grate; **me rechinan los dientes de frío,** my teeth are chattering with the cold.

rechistar *vi* to clear one's throat; *fam* **sin r.,** that's final.

rechoncho,-a *adj fam* chubby, tubby.

rechupete (de) *loc adv fam* marvellous, *US* marvellous, fantastic; *(comida)* delicious, scrumptious.

recibidor *nm* entrance hall.

recibimiento *nm* reception, welcome.

recibir **I** *vtr (gen)* to receive; *(acoger)* to welcome; *(invitados)* to entertain; **el rey recibe los miércoles,** the king receives visitors on Wednesdays; **fueron a recibirle a la estación,** they went to meet him at the station; *(en carta)* **recibe un abrazo de,** lots of love from; **r. un premio,** to receive an award; **r. una negativa,** to be refused, meet with a refusal. **II** **recibirse** *vr Am* to graduate; **r. de abogado,** to qualify as a lawyer.

recibo *nm* **1** *(resguardo)* receipt; *(factura)* invoice, bill. **2** *(recepción)* reception, receiving; **acusar r. de,** to acknowledge receipt of.

reciclado,-a **I** *pp de* **reciclar.** **II** *adj* recycled.

reciclaje *nm* **1** *(de residuos)* recycling. **2** *fam (de profesores)* retraining.

reciclar *vtr* **1** *(residuos)* to recycle. **2** *fam (profesores)* to retrain.

recién *adv* **1** *(recientemente)* (antes de pp) recently, newly; **café r. hecho,** freshly-made coffee; **r. casados,** newlyweds; **r. nacido,** newborn baby. **2** *Am (hace poco)* recently; just; **r. llegó,** she has just arrived. ◆**recientemente** *adv* recently, lately.

reciente *adj* recent.

recinto *nm (cercado)* enclosure; *(zona)* area, grounds *pl,* precinct, precincts *pl;* **r. comercial,** shopping precinct; **r. ferial,** fairground.

recio,-a **I** *adj (robusto)* strong, sturdy; *(grueso)* thick; *(voz)* loud; *(tiempo)* harsh, severe; *fig* **en lo más r. de la batalla,** in the thick of the battle. **II** *r. adv (con fuerza)* hard, heavily; **hablar r.,** to speak loudly.

recipiente *nm* vessel, receptacle, container.

reciprocidad *nf* reciprocity.

recíproco,-a *adj* reciprocal.

recitación *nf,***recitado** *nm* recitation.

recital *nm Mus* recital; *Lit* reading.

recitar *vtr* to recite.

recitativo *nm* recitative.

reclamación *nf* **1** *(demanda)* claim, demand. **2** *(queja)* complaint, protest, objection; **presentar una r.,** to lodge a complaint.

reclamar **I** *vtr* **1** *(pedir)* to claim, demand. **2** *(exigir)* to require, demand. **II** *vi* **1** to protest **(contra,** against). **2** *Jur* to appeal.

reclamo *nm* **1** *Caza* decoy bird, lure. **2** *fig* inducement. **3** *(anuncio)* advertisement; *(eslogan)* advertising slogan.

reclinar **I** *vtr* to lean **(sobre,** on). **II** **reclinarse** *vr* to lean back, recline.

reclinatorio *nm* prie-dieu.

recluido,-a **I** *pp de* **recluir.** **II** *adj (gen)* shut away, locked away; *(encarcelado)* imprisoned, interned.

recluir [62] *vtr (gen)* to shut away, lock away; *(encarcelar)* to imprison, intern; *(en institución mental)* to confine.

reclusión *nf* **1** *(gen)* seclusion; *(encarcelamiento)* imprisonment, internment. **2** *(lugar)* retreat.

recluso,-a **I** *adj* imprisoned; **población reclusa,** prison population. **II** *nm,f* prisoner, inmate.

recluta *Mil* **I** *nmf (voluntario)* recruit; *(obligatorio)* conscript. **II** *nf (acción)* recruitment, conscription.

reclutamiento *nm* **1** *(voluntario)* recruitment; *(obligatorio)* conscription. **2** *(reclutas)* (voluntarios) recruits *pl;* (voluntarios) conscripts *pl.*

reclutar *vtr* **1** *(voluntariamente)* to recruit; *(a la fuerza)* to conscript. **2** *Arg (ganado)* to round up.

recobrar **I** *vtr* **1** *(gen)* to recover, retrieve; *(conocimiento)* to regain; **r. el aliento,** to get one's breath back. **2** *Mil (plaza)* to recapture. **II** **recobrarse** *vr* to recover, recuperate.

recochinearse *vr fam* to make fun **(de,** of), laugh **(de,** at).

recochineo *nm fam* mockery.

recodo *nm (de río)* twist, turn; *(de camino)* bend.

recogedor *nm* dustpan.

recogepelotas *nmf inv Dep (muchacho)* ball boy; *(muchacha)* ball girl.

recoger [5] **I** *vtr* **1** *(coger)* to pick up, take back; **recoge el libro del suelo,** pick the book up. **2** *(reunir)* to gather, collect; **r. datos,** to gather information. **3** *(ordenar)* to clear up; *(limpiar)* to clean; **recoge todo esto,** clear all of this away; **r. la mesa,** to clear the table. **4** *(ir a buscar)* to pick up, fetch; **te recogeré a las ocho,** I'll pick you up at eight. **5** *Agr* to harvest, gather, pick; **r. fruta,** to pick fruit. **6** *(albergar)* to take in, shelter; **lo recogió un tío,** he was taken in by an uncle. **II** **recogerse** *vr* **1** *(irse a casa)* to go home; *(irse a la cama)* to go to bed. **2** *(levantarse)* to lift up, pick up; **r. el pelo,** to put one's hair up; **se recogió la falda,** she gathered up her skirt. **3** *(meditar)* to retire, go off alone.

recogida *nf (gen)* collection; *Agr (cosecha)* harvest, harvesting.

recogido,-a **I** *pp de* **recoger**. **II** *adj* **1** *(apartado)* secluded, withdrawn; **vida recogida,** secluded o quiet life. **2** *(pelo)* pinned back, tied back.

recogimiento *nm* withdrawal, recollection; **vivir con r.,** to lead a withdrawn o secluded life.

recolección *nf* **1** *(recogida)* collection, gathering. **2** *Agr (cosecha)* harvest, harvesting; *(temporada)* harvest time.

recolectar *vtr* **1** *(reunir)* to collect, gather. **2** *Agr* to harvest.

recoleto,-a *adj* 1 *(lugar)* quiet, secluded. 2 *(persona)* withdrawn, retiring.

recomendable *adj* recommendable, advisable; **no ser r.**, to be unwise.

recomendación *nf* recommendation, reference; **carta de r.**, letter of introduction.

recomendado,-a I *pp de* recomendar. II *adj* recommended. II *nm,f (hombre)* protégé; *(mujer)* protégée.

recomendar [27] *vtr* to recommend, advise.

recomenzar [47] *vtr* to recommence, begin again.

recompensa *nf* reward, recompense; **en r.**, as a reward, in return.

recompensar *vtr* 1 *(retribuir)* to reward, recompense; '**se recompensará**', 'reward offered'. 2 *(compensar)* to compensate.

recomponer [78] *(pp recompuesto) vtr* to repair, mend, alter.

recomposición *nf* repairing, mending, alteration.

recompuesto,-a I *pp de* recomponer. II *adj (acicalado)* dressed up.

reconcentrar I *vtr* 1 *(congregar)* to bring together. 2 *(concentrar)* to concentrate (**en**, on), devote (**en**, to); **r. toda la atención en un tema**, to give a subject one's full attention. 3 *Quím* to make more concentrated. II reconcentrarse *vr (ensimismarse)* to concentrate, withdraw into oneself.

reconciliable *adj* reconcilable.

reconciliación *nf* reconciliation.

reconciliar [12] I *vtr* to reconcile. II reconciliarse *vr* to be reconciled.

reconcomerse *vr fam* to be consumed (**de**, with); **se reconcomía de curiosidad por conocerla**, he was itching to meet her.

reconcomio *nm* 1 *(deseo)* itch, desire, longing. 2 *(rencor)* grudge, resentment; *(envidia)* envy.

recóndito,-a *adj* hidden, secret; **en lo más r. del alma**, deep down.

reconfortante I *adj* comforting. II *nm Med* tonic.

reconfortar *vtr (confortar)* to comfort; *(animar)* to cheer up.

reconocer [44] I *vtr* 1 *(gen)* to recognize; **¿no me reconoces?**, don't you recognize me? 2 *(admitir)* to recognize, admit; **hay que reconocerlo**, let's face it; **no quiere reconocerlo**, he won't admit it. 3 *Med (paciente)* to examine. 4 *Mil* to reconnoitre. II reconocerse *vr* 1 *(gen)* to recognize each other. 2 *(admitir)* to admit; **r. culpable**, to admit one's guilt.

reconocible *adj* recognizable.

reconocimiento *nm* 1 *(gen)* recognition; **en r. de**, in recognition o appreciation of. 2 *Med* examination, checkup. 3 *Mil* reconnaissance.

reconquista *nf* reconquest; *Hist* **la R.**, the Christian capture of the Iberian Peninsula, freeing it from Moorish rule.

reconquistar *vtr* to reconquer, recapture, regain.

reconsiderar *vtr* to reconsider.

reconstituir [62] *vtr* to reconstitute.

reconstituyente *nm Med* tonic.

reconstrucción *nf* reconstruction.

reconstruir [62] *vtr* to reconstruct.

recontar [31] *vtr* 1 *(volver a calcular)* to recount, count again. 2 *(volver a narrar)* to recount, retell.

reconvención *nf* reproach, reprimand.

reconvenir [90] *vtr* to reproach, reprimand.

reconversión *nf* reconversion; *Ind* modernization, rationalisation, reorganization.

reconvertir [35] *vtr* to reconvert; *Ind* to modernize.

recopilación *nf* 1 *(resumen)* summary, resumé. 2 *(compendio)* compilation, collection.

recopilador,-a *nm,f* compiler.

recopilar *vtr* to compile, collect.

recórcholis *interj fam* crumbs!

récord *adj & nm* record; **batir un r.**, to beat a record; **en un tiempo r.**, in record time; **establecer un r.**, to set a record; **tener el r.**, to hold the record.

recordar [31] I *vtr* 1 *(rememorar)* to remember; **ahora no lo recuerdo**, I can't remember; **si mal no recuerdo**, **que yo recuerde**, as far as I can remember. 2 *(traer a la memoria de otro)* to remind; **¿a quién te recuerda?**, who does she remind you of?; **r. algo a algn**, to remind sb of sth; **recuérdamelo cuando nos veamos**, remind me when we next meet. II *vi Am (despertar)* to wake up; **mañana, recuérdeme**, wake me up tomorrow.

recordatorio *nm* 1 *(aviso)* reminder. 2 *Rel (de defunción)* notice of death; *(de comunión)* souvenir of first communion.

recordman *nmf Dep* record holder.

recorrer *vtr* 1 *(distancia)* to cover, travel; *(país)* to tour, travel through o round; *(ciudad)* to visit, walk round; **recorrimos media ciudad antes de encontrar un bar abierto**, we walked round half the town before we found a bar open. 2 *(examinar)* to go over, look over; **he recorrido su última novela**, I had a look through his latest novel.

recorrido *nm (distancia)* distance travelled; *(trayecto)* trip, journey; *(itinerario)* itinerary, route; **la maratón tiene un r. accidentado**, the marathon course is very hilly; **trenes de largo r.**, intercity trains.

recortable *adj & nm* cutout; **muñeca r.**, cutout doll.

recortado,-a I *pp de* recortar. II *adj* 1 *(cortado)* cut out. 2 *(borde)* jagged. III *nm Arg (pistola)* gun.

recortar *vtr* 1 *(cortar lo sobrante)* to cut out. 2 *(cortar con arte)* to cut off, trim; *fig* **el gobierno ha recortado el presupuesto de defensa**, the government has cut defence spending.

recorte *nm* 1 *(acción)* cutting; *(de pelo)* trim, cut; *fig (disminución)* cut; **r. de las pensiones**, cut in pensions; **recortes del presupuesto**, budget o expenditure cuts. 2 *(trozo)* cutting, clipping, trimming; **r. de periódico**, newspaper cutting, press clipping.

recostado,-a I *pp de* recostar. II *adj* reclining, leaning, lying.

recostar [31] I *vtr* to lean; **recuéstalo en la puerta**, lean it against the door. II recostarse *vr (tumbarse)* to lie down; *(sestear)* to take a short rest.

recova *nf* 1 *Am (mercado)* food market. 2 *Arg (portal)* doorway, porch.

recoveco *nm* 1 *(curva)* turn, bend; *fig* **hablar sin recovecos**, to speak plainly. 2 *(rincón)* nook, corner. 3 *Méx (adorno)* intricate ornamentation.

recreación *nf* 1 *(acción)* recreation. 2 *(diversión)* recreation, break, amusement.

recrear¹ I *vtr (divertir)* to amuse, entertain. II recrearse *vr* to amuse oneself, enjoy oneself; **r. con**, to take pleasure o delight in.

recrear² *vtr (crear de nuevo)* to recreate.

recreativo,-a *adj* recreational; **actividades recreativas**, recreational activities.

recremento *nm Med* recrement.

recreo *nm* 1 *(diversión)* recreation, amusement, entertainment; **viaje de r.,** pleasure trip. 2 *(en el colegio)* break, playtime, recreation.

recriminación *nf* recrimination, reproach.

recriminar *vtr (reprender)* to recriminate; *(reprochar)* to reproach; **le recriminaba su pereza,** she reproached him for being lazy.

recriminatorio,-a *adj* recriminatory.

recrudecer(se) [43] *vtr & vr* to worsen, aggravate; **se ha recrudecido el frío,** it has grown much colder.

recrudecimiento *nm (empeoramiento)* worsening; *(aumento)* heightening, deepening, upsurge; **se teme un r. del temporal para las próximas horas,** it's feared that the storm will get worse over the next few hours.

rectal *adj Anat* rectal; **termómetro r.,** rectal thermometer.

rectangular *adj Geom* rectangular.

rectángulo,-a *Geom* **I** *adj* rectangular; **triángulo r.,** right-angled triangle. **II** *nm* rectangle.

rectificable *adj* rectifiable.

rectificación *nf* rectification; *(corrección)* correction, remedy.

rectificador,-a I *adj* rectifying. **II** *nm Elec* rectifier.

rectificar [1] *vtr* to rectify; *(corregir)* to correct, remedy.

rectilíneo,-a *adj* straight; **describir una trayectoria rectilínea,** to go in a straight line.

rectitud *nf* straightness; *fig* uprightness, honesty, rectitude.

recto,-a I *adj* 1 *(derecho)* straight; **en línea recta,** in a straight line. 2 *(honesto)* upright, honest. 3 *Geom* right; **ángulo r.,** right angle. **II** *nm Anat* rectum. **III** *nf Geom* straight line; *(de carretera)* straight stretch; *Dep* **la r. final,** the home straight. **IV** *r. adv* straight (on); **sigue r.,** go straight on. ◆**rectamente** *adv* honestly.

rector,-a I *adj (principio)* guiding, ruling; *(persona)* leading. **II** *nm,f Univ Rel* rector.

rectorado *nm* rectorship, rectorate.

rectoral *adj* rectorial.

rectoría *nf* 1 *(cargo)* rectorship, rectorate. 2 *(casa)* rectory.

rectriz *nf Orn* rectrix.

recua *nf (hilera de caballos, mulas)* drove, train; *fig* string, series, drove, train.

recuadro *nm Prensa* box.

recubierto,-a *pp de* recubrir.

recubrimiento *nm* covering.

recubrir *(pp recubierto)* *vtr* to cover.

recuento *nm* re-count, count; **hacer r. de votos,** to count *o* re-count the votes.

recuerdo *nm* 1 *(memoria)* memory, recollection; **tener un buen r. de,** to have happy memories of. 2 *(regalo etc)* souvenir, keepsake; **me trajeron un r. de su viaje,** they brought me back a souvenir from their trip. 3 **recuerdos,** *(saludos)* regards, greetings; **dale r. de mi parte,** give him my regards; *(en carta)* **(muchos),** best wishes.

recular *vi (retrasarse)* to go back, move back; *fig (ceder)* to back down.

recuperable *adj* recoverable, retrievable.

recuperación *nf* recovery, retrieval, recuperation; **el enfermo ha experimentado una r. asombrosa,** the patient has made an extraordinary recovery.

recuperar I *vtr* to recover, retrieve, recoup, regain; **hay que r. las clases perdidas,** you must make up the classes you have missed; **r. el afecto de algn,** to win back sb's affection; **r. el conocimiento,** to regain consciousness; **r. la salud,** to recover (one's health). **II recuperarse** *vr* to get over, recover, recuperate; **aún no se ha recuperado del susto,** he still hasn't got over the shock.

recurrente I *adj* 1 *Jur* appealing. 2 *(repetido)* recurrent. **II** *nmf Jur* appealer.

recurrible *adj Jur* appealable.

recurrir *vi* 1 *Jur* to appeal. 2 **r. a,** *(acogerse) (a algn)* to turn to; *(a algo)* to make use of, resort to; **recurrió a mí para que la ayudara,** she turned to me for help; **r. a la violencia,** to resort to violence.

recurso *nm* 1 *(medio)* resort; **como último r.,** as a last resort. 2 *Jur* appeal; **r. de apelación,** remedy of appeal; **r. de casación,** high court appeal. 3 **recursos,** *(medios)* resources, means; **los r. naturales de un país,** the natural resources of a country.

recusable *adj* objectionable.

recusación *nf Jur* challenge, objection.

recusar *vtr Jur* to challenge, object to.

red *nf* 1 *(malla)* net, netting; *Peluq* hairnet. 2 *(sistema)* network, system; *Com* **r. comercial,** sales network; **r. de espionaje,** spy ring; *Com* **r. de supermercados,** chain of supermarkets; *Ferroc* **r. ferroviaria,** rail *o* railway network. 3 *Elec* mains *pl.* 4 *Inform* lattice, network. 5 *fig (trampa)* trap; **caer en la r.,** to fall into the trap.

redacción *nf* 1 *(acción de escribir)* writing; *(estilo)* wording. 2 *Prensa* editing. 3 *(redactores)* editorial staff; *(oficina)* editorial office. 4 *(escrito)* composition, essay.

redactar *vtr* 1 *(escribir)* to write; *(carta)* to draft; *(con estilo)* to word. 2 *Prensa* to edit.

redactor,-a *nm,f Prensa* journalist; **r. jefe,** editor in chief.

redada *nf* 1 *(de peces)* catch, haul. 2 *(policial) (en un solo sitio)* raid; *(en varios lugares a la vez)* round-up.

redaño *nm* 1 *Anat (mesenterio)* mesentery. 2 **redaños,** *fam (valor)* guts.

redecilla *nf* 1 *Peluq* hairnet. 2 *Anat* reticulum.

redención *nf* redemption.

redentor,-a I *adj* redeeming. **II** *nm,f* redeemer; **el R.,** the Redeemer.

redentorista *nmf* Redemptorist.

redicho,-a *adj fam* affected, pretentious.

rediez *interj fam* 1 *(enfado)* damn it! 2 *(sorpresa)* good heavens!

redil *nm* fold, sheepfold; *fig* **volver al r.,** to return to the fold.

redimible *adj* redeemable.

redimir I *vtr* to redeem. **II redimirse** *vr* to redeem oneself.

rediós *interj fam* 1 *(asombro)* good heavens! 2 *(enfado)* damn!

redistribución *nf* redistribution; **la r. de la riqueza,** the redistribution of wealth.

redistribuir [62] *vtr* to redistribute.

rédito *nm Fin* yield, interest.

redivivo,-a *adj* resuscitated, revived.

redoblar I *vtr* 1 *(intensificar)* to redouble, intensify; **r. los esfuerzos,** to redouble one's efforts. 2 *(torcer)* to bend back, clinch. **II** *vi (tambores)* to roll.

redoble *nm* roll; **el r. de los tambores,** the roll of drums.

redoma *nf Quím* flask.

redomado,-a *adj* 1 *(verdadero)* utter, out-and-out. 2 *(astuto)* sly.

redonda *nf* 1 *Mús* semibreve. 2 *(comarca)* region; **a la r.,** around; **no hay ningún hotel en cien millas a la r.,** there is not a single hotel within one hundred miles of here.

redondear I *vtr* 1 *(poner redondo)* to round, make round. 2 *(cantidad)* to round off, round up, make up to a round number; **para r. daremos un valor de 10 a la gravedad,** in round figures let's give gravity the value of 10. 3 *Cost* to level off. II **redondearse** *vr* 1 *(ponerse redondo)* to become round. 2 *(enriquecerse)* to become wealthy.

redondel *nm* 1 *fam (círculo)* circle, ring. 2 *Taur* ring, arena.

redondez *nf* roundness; **en toda la r. de la tierra,** in the whole wide world.

redondo,-a I *adj* 1 *(circular)* round; **cara redonda,** round face; *fig* **caer r.,** *(caerse)* to collapse; *(morir)* to drop dead; *fig* **mesa redonda,** round table. 2 *(rotundo)* categorical; **un no r.,** a flat refusal. 3 *(perfecto)* perfect; **un negocio r.,** an excellent business deal. 4 *(cantidad)* round; **en números redondos,** in round figures. II *nm Culin* topside.

redrojo *nm* 1 *Bot* small bunch of late grapes. 2 *fam fig* puny child, runt.

reducción *nf (disminución)* reduction.

reducido,-a I *pp de* **reducir**. II *adj* 1 *(disminuido)* reduced, decreased. 2 *(limitado)* limited, small.

reducir [46] I *vtr* 1 *(disminuir)* to reduce, cut down, break down, decrease, shorten. 2 *(vencer)* to subdue; **r. al enemigo,** to subdue the enemy. 3 *Med* to set. 4 *Culin* to boil down. 5 *Mat* to reduce, convert; **r. las libras a kilogramos,** to convert pounds to kilos. II *vi Aut* to change to a lower gear. III **reducirse** *vr* 1 *(disminuirse)* to be reduced, diminish. 2 *(ahorrar)* to economize.

reductible *adj* reducible.

reducto *nm Mil* redoubt, stronghold; *fig* **utilizaremos la fuerza sólo como último r.,** we'll use force only as a last resort.

reductor,-a *adj* reducing.

redundancia *nf* redundancy, superfluousness.

redundante *adj* redundant.

redundar *vi* 1 *(rebosar)* to overflow; *(abundar)* to abound. 2 **r. en,** *(resultar)* to result in, lead to; **redundará en su propio beneficio,** it will be to his own advantage.

reduplicación *nf* reduplication, redoubling.

reduplicar [1] *vtr* to reduplicate, redouble.

reedición *nf* reprint, reissue.

reedificación *nf* rebuilding.

reedificar [1] *vtr* to rebuild.

reeditar *vtr* to reprint, reissue.

reeducación *nf* re-education.

reeducar [1] *vtr* to re-educate.

reelección *nf Pol* re-election.

reelecto,-a *adj Pol* re-elected.

reelegir [55] *vtr Pol* to re-elect.

reembolsable *adj* reimbursable.

reembolsar I *vtr (pagar)* to reimburse; *(deuda)* to repay; *(devolver)* to refund; **la empresa me ha reembolsado los gastos del viaje,** the company has reim-

bursed my travel expenses. II **reembolsarse** *vr (cobrar)* to be paid.

reembolso *nm* reimbursement; *(deuda)* repayment; *(devolución)* refund; **contra r.,** cash on delivery.

reemplazable *adj* replaceable.

reemplazar [4] *vtr* to replace **(con,** with).

reemplazo *nm* replacement; *Mil* call-up.

reemprender *vtr* to start again.

reencarnación *nf* reincarnation.

reencarnarse *vr* to be reincarnated.

reencontrarse *vr* to find oneself again.

reencuentro *nm* reunion.

reenganchado *nm* re-enlisted soldier.

reenganchar(se) *vtr & vr Mil* to re-enlist.

reenganche *nm* re-enlistment.

reestreno *nm Teat* revival; *Cin* reshowing, rerun.

reestructuración *nf* restructuring, reorganization.

reestructurar *vtr* to restructure, reorganize.

reexpedir [34] *vtr* to return.

reexportar *vtr* to re-export.

ref. *abr de* **referencia,** reference, ref.

refacción *nf* refreshment, snack.

refaccionar *vtr Am Aut* to repair, do up.

refajo *nm* petticoat, underskirt.

refanfinflarse *vr fam* not to give a toss; **tus problemas me la refanfinflan,** I don't give a toss about your problems.

refectorio *nm* refectory, dining hall, canteen.

referencia *nf* 1 *(relación)* reference; **con r. a,** with reference to; **hacer r. a,** to refer to. 2 **referencias,** *(informes)* references; **en aquella empresa siempre piden r.,** that company always asks for references.

referendo *nm*, **referéndum** *nm (pl referéndums)* referendum.

referente *adj* concerning, regarding **(a,** -).

referir [35] I *vtr* 1 *(contar)* to tell, relate; **r. una historia,** to tell a story. 2 *(remitir)* to refer. 3 *CAm (blasfemar)* to swear. 4 *Méx (echar en cara)* to accuse. II **referirse** *vr (aludir)* to refer **(a,** to); **¿a quién te refieres?,** who do you mean?; **por lo que se refiere a eso,** as for that.

refilón (de) *loc adv* 1 *(oblicuamente)* obliquely; *(de lado)* sideways; **mirar algo de r.,** to look at sth out of the corner of one's eye. 2 *fig (de pasada)* briefly.

refinado,-a I *pp de* **refinar**. II *adj* refined. III *nm* refining; **r. del azúcar,** sugar refining.

refinador *nm* refiner.

refinamiento *nm* refinement.

refinar I *vtr* 1 *(azúcar, alcohol)* to refine. 2 *fig (perfeccionar)* to perfect, finish off. II **refinarse** *vr (perder la vulgaridad)* to polish oneself.

refinería *nf* refinery; **r. de petróleo,** oil refinery.

reflectante *adj Fís* reflective.

reflectar *vtr Fís* to reflect.

reflector,-a I *adj* reflecting. II *nm* 1 *(cuerpo que refleja)* reflector. 2 *Elec* spotlight, searchlight. 3 *Astron (telescopio)* reflector, reflecting telescope.

reflejar I *vtr* to reflect. II **reflejarse** *vr* to be reflected **(en,** in); **su imagen se refleja en el espejo,** his image is reflected in the mirror.

reflejo,-a I *adj* 1 *(luz, rayo)* reflected. 2 *(movimiento)* reflex. II *nm* 1 *(imagen)* reflection. 2 *(destello)* gleam, glint. 3 *Peluq* tint, rinse; **reflejos,** streaks, highlights. 4 *Anat* reflex; **r. condicionado,**

conditioned reflex; **tener reflejos,** to have good reflexes.

réflex *Opt* **I** *nm inv (sistema)* reflex. **II** *nf inv (cámara)* reflex camera.

reflexión *nf* reflection; **con r.,** on reflection; **este tipo de decisiones necesitan una profunda r.,** this type of decision demands serious consideration.

reflexionar *vi* to reflect (**sobre,** on), think (**sobre,** about).

reflexivo,-a *adj* 1 *(persona)* reflective, thoughtful. 2 *Ling (verbo)* reflexive.

reflotar *vtr* to refloat.

reflujo *nm* ebb, ebb tide.

refocilar I *vtr impers* to enjoy, amuse. **II refocilarse** *vr* to enjoy oneself in a coarse way.

reforma *nf* 1 *(gen)* reform; **r. agraria,** agrarian reform; *Pol Fin* **r. fiscal,** tax reform. 2 *Hist* **la R.,** the Reformation. 3 **reformas,** *Constr* alterations, repairs, improvements; **'cerrado por r.',** 'closed for alterations'.

reformador,-a I *adj* reforming. **II** *nm,f* reformer.

reformar I *vtr* to reform; *Constr* to renovate, do up; **r. una casa,** to renovate a house. **II reformarse** *vr (corregirse)* to reform oneself.

reformatorio *nm* reformatory, reform school; **r. de menores,** remand home.

reformismo *nm* reformism.

reformista *adj & nmf* reformist.

reforzado,-a I *pp de* reforzar. **II** *adj* reinforced, strengthened.

reforzar [50] *vtr* to reinforce, strengthen.

refracción *nf Fís* refraction; **índice de r.,** refractive index; **r. doble,** double refraction, birefringence.

refractar(se) *vtr & vr Fís* to refract.

refractario,-a *adj* 1 *Téc* heat-resistant. 2 *(persona) (poco dispuesta)* unwilling, reluctant; *(opuesta)* opposed; **r. a cualquier cambio,** opposed to all change.

refractivo,-a *adj* refractive.

refractor *nm Opt Astron* refractor, refracting telescope.

refrán *nm* proverb, saying; **como dice el r.,** as the saying goes.

refranero *nm* collection of proverbs or sayings.

refregar [48] *vtr* to rub vigorously; *fig* **r. algo a algn,** to rub sth in.

refregón *nm* rub, rubbing.

refreír [37] *(pp refrito) vtr (volver a freír)* to fry again; *(freír demasiado)* to overdo.

refrenar I *vtr* 1 *(al caballo)* to rein in. 2 *(contener)* to restrain, curb, control; **r. las pasiones,** to curb one's passions. **II refrenarse** *vr* to restrain *o* control oneself.

refrendar *vtr* 1 *(firmar)* to endorse, countersign. 2 *(pasaporte)* to stamp.

refrendo *nm* 1 *(firma)* endorsement, countersignature. 2 *(sello)* stamp, visa.

refrescante *adj* refreshing.

refrescar [1] **I** *vtr* to refresh, cool; *fig* **r. el inglés,** to brush up one's English; *fig* **r. la memoria,** to refresh one's memory. **II** *vi* 1 *(del tiempo)* to turn cool. 2 *(bebida)* to be refreshing. **III refrescarse** *vr* 1 *(tomar el aire)* to take a breath of fresh air. 2 *(beber)* to have a drink.

refresco *nm* 1 *(comida)* snack. 2 *(bebida)* soft drink, refreshments *pl.*

refriega *nf (lucha)* scuffle, brawl; *(escaramuza)* skirmish.

refrigeración *nf (enfriamento)* refrigeration, cooling; *(aire acondicionado)* air conditioning. 2 *(aperitivo)* snack.

refrigerado,-a I *pp de* refrigerar. **II** *adj (enfriado)* refrigerated, cooled; *(con aire acondicionado)* air-conditioned; **local r.,** air-conditioned premises.

refrigerador *nm* refrigerator, fridge.

refrigerante I *adj* refrigerating, cooling. **II** *nm Quím* refrigerant.

refrigerar *vtr (enfriar)* to refrigerate; *(con aire acondicionado)* to air-condition.

refrigerio *nm* snack, refreshments *pl.*

refringente *adj Fís* refringent.

refrito,-a I *pp de* refreír. **II** *adj* refried. **III** *nm fam (cosa rehecha)* rehash.

refucilo *nm* lightning.

refuerzo *nm* 1 *(fortalecimiento)* reinforcement, strengthening. 2 **refuerzos,** *Mil* reinforcements.

refugiado,-a I *pp de* refugiar . **II** *adj* refugee. **III** *nm,f* refugee; **r. político,** political refugee.

refugiar [12] **I** *vtr* to shelter, give refuge to. **II refugiarse** *vr* to shelter, take refuge; **r. de la lluvia,** to shelter from the rain.

refugio *nm* 1 *(protección)* refuge, shelter; **r. antiaéreo,** air-raid shelter; **r. atómico,** (nuclear) fallout shelter; *fig* **su amistad es un r. para mí,** her friendship is a source of comfort to me. 2 *Aut* (traffic) island.

refulgencia *nf* radiance, brilliance.

refulgente *adj* radiant, brilliant.

refulgir [6] *vi (brillar)* to shine; *(resplandecer)* to glitter, sparkle.

refundición *nf* 1 *Metal* recasting. 2 *Lit Teat* adaptation.

refundir **I** *vtr* 1 *Metal* to recast. 2 *Lit Teat* to adapt. **II refundirse** *vr Am (perderse)* to get lost.

refunfuñar *vi* to grumble, moan, complain.

refunfuñón,-ona *fam* **I** *adj* grumbling, moaning. **II** *nm,f* grumbler, moaner.

refutable *adj* refutable, disprovable.

refutación *nf* refutation, disproof.

refutar *vtr* to refute, disprove.

Reg. *abr de* **registro,** register, reg.

regadera *nf (recipiente)* watering can; *fam* **estar como una r.,** to be as mad as a hatter.

regadío,-a I *adj* irrigable. **II** *nm* 1 *(acción)* irrigation, watering; **cultivo de r.,** irrigation farming. 2 *(tierras)* irrigated land.

regalado,-a I *pp de* regalar. **II** *adj* 1 *(de regalo)* given as a present; *(gratis)* free. 2 *(muy barato)* dirt cheap. 3 *(agradable)* pleasant, comfortable; **lleva una vida regalada,** he has *o* leads an easy *o* comfortable life. 4 *(delicado)* delicate.

regalar I *vtr* 1 *(dar)* to give (as a present); **con cada caja te regalan una entrada,** there's a free ticket with each packet; **lo regalé,** I gave it away; **¿qué quieres que te regale?,** what present would you like?; **regálale una corbata,** get him a tie. 2 *(halagar)* to flatter; **r. el oído,** to be a pleasure to hear. 3 *(mimar)* to pamper, spoil. **II regalarse** *vr* to spoil oneself (**con,** with).

regalía *nf* 1 *Hist* royal prerogative. 2 *fig (privilegios)* privilege, prerogative. 3 *(derechos de autor)* author's rights *pl.*

regaliz *nm Bot* liquorice, *US* licorice.

regalo *nm* 1 *(obsequio)* gift, present; **dar (algo) de r.,** to give (sth) as a present. 2 *(comodidad)* pleasure, comfort; **vivir con gran r.,** to live a life of luxury. 3 *(exquisitez)* delicacy.

regañadientes (a) *loc adv* reluctantly, unwillingly, grudgingly.

regañar I *vtr fam* to scold, tell off. II *vi* 1 *(reñir)* to argue, quarrel, fall out. 2 *(refunfuñar)* to grumble, moan, complain.

regañina *nf* 1 *(reprensión)* scolding, telling-off. 2 *(riña)* quarrel, argument.

regañón,-ona *fam* I *adj* grumpy, irritable. II *nm,f* grumbler, moaner.

regar [48] *vtr* 1 *(esparcir agua)* to water. 2 *(lavar la calle)* to wash down, hose down. 3 *fig (esparcir)* to scatter, sprinkle; *(derramar)* to pour. 4 *fig (beber)* to wash down.

regata¹ *nf Agr* irrigation channel.

regata² *nf Náut* regatta, boat race.

regate *nm* dodge; *Dep* dribble.

regateador,-a *nm,f* haggler.

regatear¹ I *vtr* 1 *(precio)* to haggle over, barter for. 2 *(escatimar)* to be sparing with; **no regatearon esfuerzos,** they spared no effort. II *vi* 1 *(comerciar)* to haggle, bargain. 2 *Dep* to dribble.

regatear² *vi* 1 *Náut* to race. 2 *Col Cuba PR (caballos)* to race.

regateo *nm* 1 *(precios)* haggling, bargaining. 2 *Dep* dribbling.

regato *nm* 1 *(charco)* pool. 2 *(arroyo)* stream.

regazo *nm* lap.

regencia *nf* regency.

regeneración *nf* regeneration.

regenerador,-a I *adj* regenerative. II *nm,f* regenerator.

regenerar *vtr* to regenerate.

regenta *nf Pol* regent.

regentar *vtr* 1 *Pol* to rule, govern. 2 *(tener un cargo)* to hold. 3 *(dirigir)* to manage, direct.

regente I *nmf Pol* regent. II *nm* 1 *(magistrado)* magistrate. 2 *(director)* manager.

regicida I *adj* regicidal. II *nmf* regicide.

regicidio *nm* regicide.

regidor,-a *nm,f* 1 *(concejal)* town councillor. 2 *Teat* stage manager.

regiego,-a *adj Méx* untameable.

régimen *nm (pl regímenes)* 1 *Pol* regime, rule, system; **antiguo r.,** old regime. 2 *Med* diet, regime, regimen; **estar a r.,** to be on a diet. 3 *Téc (velocidad)* speed. 4 *(condiciones)* rules *pl*; **r. tormentoso,** stormy weather.

regimiento *nm Mil* regiment.

regio,-a *adj* 1 *(real)* royal, regal. 2 *fig (magnífico)* splendid, majestic; *(suntuoso)* sumptuous, luxurious, elegant.

región *nf* region.

regional *adj* regional. ◆**regionalmente** *adv* regionally.

regionalismo *nm* regionalism.

regionalista *adj & nmf* regionalist.

regir [55] I *vtr* 1 *(gobernar)* to govern, rule. 2 *(dirigir)* to direct, manage. II *vi (estar vigente)* to be in force, apply, prevail; **el mes que rige,** the current month; *fam* **no r.,** to have a screw loose. III *regirse vr* to be guided, go (**por,** by); **siempre me rijo por**

este diccionario, I always go by what this dictionary says.

registrado,-a I *pp de registrar*. II *adj* registered, recorded, noted, listed; **marca registrada,** registered trademark.

registrador,-a I *adj* registering, recording; **caja registradora,** cash register. II *nm,f* registerer, recorder.

registrar I *vtr* 1 *(examinar)* to search, inspect, look through; *(cachear)* to frisk; **registraron sus maletas,** their suitcases were searched. 2 *(inscribir)* to register, record, note. 3 *(grabar)* to record. II **registrarse** *vr* 1 *(inscribirse)* to register, enrol. 2 *(detectarse)* to be recorded *o* reported; **se ha registrado un ligero temblor,** a slight tremor has been recorded. 3 *(ocurrir)* to happen.

registro *nm* 1 *(inspección)* search, inspection, scrutiny. 2 *(inscripción)* registration, recording. 3 *(libro)* register; *(oficina)* registry; **r. civil,** births, marriages and deaths register; *(oficina)* registry office; **r. de la propiedad,** property registry; **r. electoral,** electoral roll. 4 *Mús* register; *(de órgano)* stop; *fig* **tocar todos los registros,** to pull out all the stops. 5 *Inform* register.

regla *nf* 1 *(norma)* rule, regulation, norm, custom; **en r.,** in order; **la excepción confirma la r.,** the exception confirms the rule; **las reglas del juego,** the rules of the game; **por r. general,** as a (general) rule; **r. de oro,** golden rule; **salir de la r.,** to overstep the mark. 2 *(instrumento)* ruler; **r. de cálculo,** slide rule. 3 *Mat* rule; **r. de tres,** rule of three; *fam* **sabe leer y escribir y las cuatro reglas,** he knows the three Rs. 4 *Med* period; **tener la r.,** to have one's period.

reglado,-a *adj* ruled, lined.

reglaje *nm* adjustment.

reglamentación *nf* 1 *(acción)* regulation. 2 *(reglamento)* regulations *pl*, rules *pl*.

reglamentar *vtr* to regulate.

reglamentario,-a *adj* statutory, required, prescribed; *Mil* **arma reglamentaria,** regulation gun. ◆**reglamentariamente** *adv* in due form, statutorily.

reglamento *nm* regulations *pl*, rules *pl*.

reglar *vtr* 1 *(regular)* to regulate. 2 *(ajustar)* to adjust. 3 *(papel)* to rule, draw a line.

regleta *nf Impr* space.

regletear *vtr Impr* to space.

regocijar I *vtr* to delight, amuse. II **regocijarse** *vr* to be delighted, rejoice; **r. de** *o* **con,** to delight in, take pleasure in.

regocijo *nm* 1 *(placer)* delight, joy, happiness. 2 *(alborozo)* rejoicing, merriment.

regodearse *vr fam* to delight (**con,** in); *(con crueldad)* to take a cruel delight (**con,** in).

regodeo *nm fam* delight; *(cruel)* cruel delight.

regodeón,-ona *adj Am* fussy.

regordete,-a *adj fam* plump, tubby, chubby.

regresar *vi* to return, go back, come back.

regresión *nf* regression; *(decaimiento)* deterioration, decline; **en vías de r.,** on the decline.

regresivo,-a *adj* regressive.

regreso *nm* return; **a mi r.,** on my return; **estar de r.,** to be back; **viaje de r.,** return journey.

regüeldo *nm vulg* burp, belch.

reguera *nf* 1 *(canal)* irrigation channel. 2 *SAm Náut (ancla)* anchor; *(cable)* cable.

reguero *nm* **1** *(canal)* irrigation channel. **2** *(corriente)* trickle of water. **3** *(señal) (de humo)* trail; *(de sangre)* trickle; **propagarse como un r. de pólvora,** to spread like wildfire.

regulable *adj* adjustable.

regulación *nf* **1** *(control)* regulation, control. **2** *(ajuste)* adjustment.

regulador,-a I *adj* regulating. **II** *nm* regulator; *Rad TV* **r. de volumen,** volume control.

regular I *vtr* **1** *(medir)* to regulate, control. **2** *(ajustar)* to adjust. **II** *adj* **1** *(conforme a la regla)* regular; **por lo r.,** as a rule; *Ling* **verbo r.,** regular verb. **2** *fam (mediano)* average, so-so; **¿qué tal la comida? —r.,** how was the food? —average. ◆**regularmente** *adv* **1** *(comúnmente)* regularly. **2** *(medianamente)* so-so.

regularidad *nf* regularity; **con r.,** regularly.

regularización *nf* regularization.

regularizar [4] *vtr* to regularize.

regurgitar *vtr* to regurgitate.

regusto *nm* aftertaste.

rehabilitación *nf* rehabilitation; *(en rango, reputación)* rehabilitation, reinstatement.

rehabilitar I *vtr* to rehabilitate; *(en rango, reputación)* to rehabilitate, reinstate. **II rehabilitarse** *vr* to rehabilitate oneself.

rehacer [73] *(pp rehecho)* **I** *vtr* **1** *(volver a hacer)* to redo, do again. **2** *(reconstruir)* to remake, rebuild; *fig* **tendrá que r. su vida,** she will have to rebuild her life. **II rehacerse** *vr* **1** *(recuperarse)* to recover, recuperate. **2** *fig (dominarse)* to pull oneself together.

rehén *nm* hostage.

rehilete *nm* **1** *(flechilla)* dart. **2** *(volante)* shuttlecock.

rehogar [7] *vtr* *Culin* to brown.

rehostia *nf arg ofens* **ser la r.,** *(bueno)* to be fucking good; *(malo)* to be bloody awful.

rehuir [62] *vtr* to shun, avoid; **no rehúyas la pregunta,** don't avoid the question.

rehusar [18] *vtr* to refuse, decline, turn down; **rehusé contestar,** I refused to answer.

reidor,-a *adj* happy, laughing.

Reikiavik *n* Reykjavik.

reimportar *vtr* to reimport.

reimpresión *nf* *Impr* **1** *(acción)* reprinting. **2** *(resultado)* reprint.

reimprimir *(pp reimpreso)* *vtr* *Impr* to reprint.

reina *nf* **1** *(monarca)* queen; *Zool* **abeja r.,** queen bee; **la r. madre,** the Queen Mother; *fig* **r. de belleza,** beauty queen. **2** *fam (cariño)* love, ducky; **¡gracias, r.!,** thanks, love! **3** *Ajedrez* queen.

reinado *nm* reign.

reinante *adj (que reina)* reigning, ruling; *(prevaleciente)* prevailing; **el buen tiempo r.,** the current spell of good weather.

reinar *vi* to reign; *fig* **volvió a r. el silencio,** silence reigned once more.

reincidencia *nf* relapse; *Jur* recidivism.

reincidente *adj & nmf* relapsing; *Jur* recidivist.

reincidir *vi* to relapse, fall back (**en,** into); **r. en el delito,** to relapse into crime.

reincorporación *nf* reincorporation; *(a un cargo)* reinstatement, re-employment.

reincorporar I *vtr* to reincorporate; *(a un cargo)* to reinstate, re-employ. **II reincorporarse** *vr* to rejoin; **se reincorporó al ejército,** he rejoined the army.

reineta *nf* *Bot* pippin.

reingresar *vi* to return, re-enter, rejoin; **reingresó en el coro,** she rejoined the choir.

reingreso *nm* return, re-entry.

reino *nm* kingdom; **el r. de los Cielos,** the Kingdom of Heaven; **el r. vegetal,** the vegetable kingdom.

Reino Unido *n* **el R. U.,** the United Kingdom.

reinserción *nf* adaptation, reintegration; **r. social,** social reintegration.

reinsertar(se) *vtr & vr* to reintegrate.

reintegrable *adj* *Fin* returnable, repayable.

reintegración *nf* **1** *(reincorporación)* reinstatement. **2** *(pago)* refund.

reintegrar I *vtr* **1** *(reincorporar)* to reinstate, restore. **2** *(pagar)* to reimburse, refund. **II reintegrarse** *vr* to return (**a,** to); **se reintegró a su trabajo,** she returned to her job.

reintegro *nm* **1** *(reincorporación)* reinstatement. **2** *(pago)* reimbursement, refund, repayment. **3** *(en lotería)* winning of one's stake.

reír [37] **I** *vtr* to laugh at; **le ríe todos sus chistes,** he laughs at all her jokes. **II** *vi* to laugh; *irón* **¡no me hagas r.!,** don't make me laugh!; *prov* **quien ríe el último ríe mejor,** he who laughs last laughs longest. **III reírse** *vr* **1** *(mostrar alegría)* to laugh; **¡no te rías!,** don't laugh!; **r. a carcajadas,** to roar with laughter. **2** *(mofarse)* to laugh (**de,** at), make fun (**de,** of); **¿de qué te ríes?,** what are you laughing at?; **siempre se ríen de mis consejos,** they always make fun of my advice.

reiteración *nf* reiteration.

reiterar *vtr* to reiterate, repeat.

reiterativo,-a *adj* repetitive, repetitious, reiterative. ◆**reiteradamente** *adv* repeatedly, reiteratively.

reivindicación *nf* claim, demand.

reivindicar [1] *vtr* to claim, demand; **el atentado fue reivindicado por los terroristas,** the terrorists claimed responsibility for the attack.

reivindicativo,-a *adj* claiming, demanding.

reja[1] *nf* *Agr* ploughshare, *US* plowshare.

reja[2] *nf* **1** *(de ventana)* grill, grille, grating, bar; *fam* **estar entre rejas,** to be behind bars. **2** *Méx (zurcido)* darn, mend, patch.

rejego,-a *adj* **1** *Am (manso)* tame. **2** *CAm Méx (indomable)* untameable. **3** *Méx (irascible)* irascible, irritable.

rejilla *nf* *(de ventana)* grill, grille; *(chimeneas)* latticework; *(de horno)* gridiron; *(de ventilador)* grill; *(de silla)* wickerwork; *(para equipaje)* luggage rack; *Aut* **r. del radiador,** radiator grille.

rejón *nm* *Taur* lance.

rejoneador,-a *nm,f* *Taur* bullfighter on horseback.

rejonear *vtr* *Taur* to fight on horseback

rejoneo *nm* *Taur* bullfighting on horseback.

rejuvenecedor,-a *adj* rejuvenating, rejuvenescent.

rejuvenecer [43] **I** *vtr* to rejuvenate. **II rejuvenecerse** *vr* to become rejuvenated.

rejuvenecimiento *nm* rejuvenation, rejuvenescence.

relación *nf* **1** *(correspondencia)* relation, relationship; *(conexión)* connection, link; **con** *o* **en r. a,** with regard to; **relaciones diplomáticas,** diplomatic relations; **relaciones públicas,** public relations; **tener buenas relaciones,** to be well connected; **tener relaciones con un chico,** to be going out with a boy. **2** *(lista)* list, record; **la r. de los pasajeros,** the passenger list. **3** *(relato)* account, telling. **4** *Mat* ratio; *Téc* **r. de compresión,** compression ratio.

relacionado,-a I *pp de* relacionar. **II** *adj* related, connected, linked; **estar bien r.,** to be well connected; **r. con,** related to, connected with.

relacionar I *vtr* **1** *(poner en relación)* to relate, connect, associate **(con,** with). **2** *(listar)* to list. **II** **relacionarse** *vr* **1** *(estar conectado)* to be related, be connected. **2** *(alternar)* to mix, get acquainted.

relajación *nf (gen)* relaxation; *(aflojamiento)* slackening, loosening.

relajado,-a I *pp de* relajar. **II** *adj (gen)* relaxed; *(aflojado)* loose, slack.

relajante *adj* relaxing.

relajar I *vtr (gen)* to relax; *(aflojar)* to loosen, slacken. **II relajarse** *vr* **1** *(descansar)* to relax; *(viciarse)* to let oneself go. **2** *(dilatarse)* to slacken, loosen.

relajo *nm* depravity, dissoluteness.

relamer I *vtr* to lick. **II relamerse** *vr* to lick one's lips.

relamido,-a *adj (afectado)* affected; *(pulcro)* prim and proper.

relámpago *nm* flash of lightning; *fig* **guerra r.,** blitzkrieg; *fig* **pasó como un r.,** he flashed past; *fig* **visita r.,** lightning visit.

relampagueante *adj* flashing.

relampaguear *vi impers* to flash.

relampagueo *nm* **1** *(relámpagos)* lightning. **2** *(centelleo)* flashing.

relanzamiento *nm* relaunch.

relanzar *vtr* to relaunch.

relatar *vtr (narrar)* to narrate, relate; *(hacer relación)* to report, tell.

relatividad *nf* relativity; *Fís* **teoría de la r.,** theory of relativity.

relativismo *nm Filos* relativism.

relativista *adj & nmf* relativist.

relativo,-a I *adj* relative; **en lo r. a,** with regard to, referring to, concerning; **r. a,** relative to. **II** *nm Ling* relative.

relato *nm* **1** *(cuento)* tale, story. **2** *(informe)* report, account.

relax *nm fam* **1** *(descanso)* relaxation. **2** *(prostitución)* call-girl service.

relé *nm Elec* relay.

releer [61] *vtr* to reread.

relegación *nf* relegation.

relegar [7] *vtr* to relegate.

relente *nm* dew.

relevancia *nf* **1** *(significancia)* relevance. **2** *(importancia)* importance.

relevante *adj* **1** *(significante)* relevant. **2** *(importante)* important.

relevar *vtr* **1** *(sustituir)* to relieve, take over from; *Mil* to change, relieve. **2** *(destituir)* to dismiss, remove from office. **3** *(eximir)* to exempt from.

relevo *nm* **1** *Mil* relief, change (of the guard). **2** *Dep* relay; **carrera de relevos,** relay race.

relicario *nm* **1** *Rel* reliquary. **2** *(estuche)* locket *(caja)* box.

relieve *nm Arte* relief; **en r.,** in relief; *fig* **poner de r.,** to emphasize.

religión *nf* religion; **entrar en r.,** to take vows.

religiosidad *nf* religiousness, religiosity.

religioso,-a I *adj* religious. **II** *nm,f (hombre,* monk; *(mujer)* nun. ◆**religiosamente** *adv* religiously.

relinchar *vi* to neigh, whinny.

relincho *nm* neigh, whinny.

reliquia *nf* relic.

rellano *nm* landing.

rellenar *vtr* **1** *(escribir)* to fill in, fill up; **r. un formulario,** to fill in a form. **2** *(llenar del todo)* to cram pack, stuff **(de,** with). **3** *Culin (un ave)* to stuff; *(un pastel)* to fill; *Cost (un cojín)* to fill. **4** *(volver a llenar)* to refill, fill again.

relleno,-a I *adj (lleno)* crammed, packed, stuffed **(de,** with); *Culin* **pastel r.,** cake with a (cream) filling; *Culin* **pavo r.,** stuffed turkey. **II** *nm Culin (de aves)* stuffing; *(de pasteles)* filling; *Cost* filling padding.

reló *nm,* **reloj** *nm (gen)* clock; *(de pulsera)* watch; **carrera contra r.,** race against the clock; **r. de arena,** hourglass; **r. de caja,** grandfather clock; **r. de pulsera,** wristwatch; **r. de sol,** sundial; **reloj despertador,** alarm clock.

relojería *nf* **1** *(arte)* watchmaking, clockmaking. **2** *(tienda, taller)* watchmaker's, clockmaker's ■ **bomba de r.,** time bomb.

relojero,-a *nm,f* watchmaker, clockmaker.

reluciente *adj* shining, gleaming, glittering.

relucir [45] *vi* **1** *(brillar)* to shine, gleam, glitter; *prov* **no es oro todo lo que reluce,** all that glitters is not gold. **2** *(destacarse)* to excel, stand out, shine; **sacar a r. un tema,** to bring up a subject.

reluctancia *nf Fís* reluctance, reluctancy.

reluctante *adj* reluctant.

relumbrar *vi* to shine, gleam, dazzle.

relumbrón *nm* **1** *(destello)* flash, glare. **2** *(ostentación)* flashiness, ostentation; **de r.,** flashy.

reluzco *indic pres véase* relucir.

remachar *vtr* **1** *Téc* to drive home, hammer. **2** *fig (confirmar)* to drive home, hammer home, stress.

remache *nm* rivet.

remanente I *adj (resto)* residual, remaining *(saldo)* remainder; *(extra)* surplus. **II** *nm (restos)* remainder, remains; *(extra)* surplus.

remangar [7] **I** *vtr (mangas, pantalones)* to roll up; *(camisa)* to tuck up. **II remangarse** *vr* **r. la camisa,** to tuck up one's shirt; **r. las mangas/los pantalones,** to roll up one's sleeves/trousers.

remanso *nm* **1** *(estanque)* pool; *(agua estancada)* backwater. **2** *(lugar tranquilo)* quiet place; **r. de paz,** oasis of peace.

remar *vi Dep* to row.

remarcable *adj* remarkable.

remarcar [1] *vtr* to stress, underline.

rematado,-a I *pp de* rematar. **II** *adj* utter, absolute, out-and-out; **loco r.,** as mad as a hatter. ◆**rematadamente** *adv* totally, completely.

rematador,-a *nm,f* **1** *Dep* striker. **2** *Arg Urug (comprador)* auctioneer.

rematar *vtr* **1** *(acabar)* to finish off, round off, complete, put the finishing touches to. **2** *Com (precios)* to knock down; *(vender más barato)* to sell off cheaply; *(en subastas)* to auction. **3** *(matar)* to kill, finish off. **4** *Dep* to take a shot at goal, shoot.

remate *nm* **1** *(final)* end, finish; **de r.,** utter, utterly; **para r.,** to crown it all; **por r.,** finally, in the end; *Com* **precios de r.,** knockdown prices. **2** *Dep* attempt at goal. **3** *(en subastas)* auction.

rembolsar *vtr véase* reembolsar

rembolso *nm véase* reembolso

remedar *vtr (imitar)* to imitate, copy; *(con mímica)* to mimic; *(mofarse)* to mock.

remediable *adj* remediable, that can be corrected.

remediar [12] *vtr* **1** *(poner remedio)* to remedy; *(reparar)* to repair, make good. **2** *(resolver)* to solve; **así no remedias nada,** you won't solve anything that way. **3** *(ayudar)* to help, assist. **4** *(evitar)* to avoid, prevent; **no pude remediarlo,** I couldn't help it.

remedio *nm (cura)* remedy, cure; *(solución)* solution; **como último r.,** as a last resort; **hay que poner r. a esto,** something must be done about this; **no tener más r. que,** to have no choice but to; **sin r.,** without fail; *fam* **¡no tienes r.!,** you're hopeless!

remedo *nm* **1** *(imitación)* imitation, copy; *(mímica)* mimicry, mimicking. **2** *(parodia)* parody; *(burla)* travesty, mockery.

remembranza *nf,* **rememoración** *nf* remembrance, recollection.

rememorar *vtr* to remember, recall.

remendar [27] *vtr* **1** *(corregir)* to mend, repair. **2** *Cost* to mend; *(ropas)* to patch; *(calcetines)* to darn.

remendón,-ona **I** *adj* mended; **zapatero r.,** cobbler. **II** *nm* mender.

remero,-a *nm,f Dep* rower; *(hombre)* oarsman; *(mujer)* oarswoman.

remesa *nf (envío) (de mercancías)* consignment, shipment; *(de dinero)* remittance.

remiendo *nm (arreglo)* mend; *(de calcetín)* darn; *(parche)* patch.

remilgado,-a *adj (afectado)* affected; *(melindroso)* fussy, finicky; *(mojigato)* prudish.

remilgo *nm (amaneramiento)* affectation; *(gazmoñería)* prudishness, primness; **andar con remilgos,** to make a fuss, be fussy.

reminiscencia *nf* reminiscence.

remirado,-a *adj* over-cautious.

remirar **I** *vtr (volver a mirar)* to have a second look at. **II** remirarse *vr (esmerarse)* to take great care.

remisión *nf* **1** *Rel* remission, forgiveness. **2** *Med* remission. **3** *(referencia)* reference. **4** *(envío)* sending.

remiso,-a *adj* remiss, negligent.

remite *nm (en sobre, paquete)* sender's name and address.

remitente *nmf* sender; **'devuélvase al r.',** 'return to sender'.

remitir **I** *vtr* **1** *(enviar)* to send, remit. **2** *(referir)* to refer; **la nota nos remite a la página tres,** the note refers us to page three. **3** *(perdonar los pecados)* to forgive. **4** *(aplazar)* to postpone, adjourn; **tuvimos que r. la reunión hasta el lunes,** we had to postpone the meeting until Monday. **5** *(fiebre, temporal)* to subside. **II** remitirse *vr (atenerse)* to refer **(a,** to).

remo *nm* **1** *(instrumento)* oar, paddle; **ir a r.,** to row. **2** *(deporte)* rowing; **club de r.,** rowing club. **3** *Anat (brazo)* arm; *(pierna)* leg.

remodelación *nf (modificación)* reshaping; *(reorganización)* reorganization; *Pol* **r. ministerial** *o* **del gobierno,** cabinet reshuffle.

remodelar *vtr (modificar)* to reshape; *(reorganizar)* to reorganize.

remojar *vtr* **1** *(empapar)* to soak **(en,** in). **2** *fam (celebrar)* to celebrate, drink to. **3** *Am (dar propina a)* to leave a tip for.

remojo *nm* **1** *(puesto en agua)* soaking; **dejar** *o* **poner en r.,** to soak, leave to soak. **2** *Am (propina)* tip.

remojón *nm fam* soaking, drenching.

remolacha *nf Bot* beetroot; **r. azucarera,** sugar beet.

remolachero,-a *adj* beet.

remolcador *nm* **1** *Náut* tug, tugboat. **2** *Aut* breakdown truck, *US* tow truck.

remolcar [1] *vtr* to tow.

remolino *nm* **1** *(de agua)* whirlpool, eddy; *(de aire)* whirlwind; *(de polvo)* whirl, cloud. **2** *(de pelo) US* cowlick. **3** *(de gente)* throng.

remolón,-ona *adj* lazy, slack; **hacerse el r.,** to shirk, slack.

remolonear *vi* to shirk, slack.

remolque *nm* **1** *(acción)* towing. **2** *(vehículo)* trailer; **a r.,** in tow; *fig* **ir a r. de algn,** to live in sb's shadow.

remontar **I** *vtr* **1** *(subir)* to go up; **r. el vuelo,** to soar; **r. un río,** to sail up a river. **2** *(superar)* to overcome. **II** remontarse *vr* **1** *(pájaros, aviones)* to soar. **2** *(datar)* to go back, date back **(a,** to); **es una tradición que remonta al siglo XV,** it is a tradition which dates back to the 15th century.

remoquete *nm* **1** *fig* quip. **2** *fam* nickname.

rémora *nf* **1** *(pez)* remora. **2** *fig (estorbo)* hindrance; *(problema)* drawback.

remorder [32] **I** *vtr (conciencia)* to cause remorse to; *(inquietar)* to trouble; **me remuerde el haberle mentido,** I feel guilty about having lied to her. **II** remorderse *vr (conciencia)* to suffer remorse; *(inquietarse)* to fret.

remordimiento *nm* remorse; **tener remordimientos,** to feel remorse.

remoto,-a *adj* remote, faraway; *fig* **no tengo la más remota idea,** I haven't got the faintest idea. ◆**remotamente** *adv* remotely, vaguely; **ni r.,** not in the slightest, far from it.

remover [32] *vtr* **1** *(trasladar)* to move over. **2** *(tierra)* to turn over. **3** *(líquido)* to shake up. **4** *(comida etc)* to stir; *(ensalada)* to toss. **5** *(reavivar)* to revive. **6** *fig (alterar)* to change; **este nuevo problema lo ha removido todo,** this new problem has turned everything upside down. **7** *(destituir)* to remove (from office), oust.

remozamiento *nm* **1** *(persona)* rejuvenation. **2** *(fachada)* modernization; *(decoración)* redecoration; *(limpieza)* brightening up.

remozar [4] *vtr (fachada)* to modernize; *(decorar)* to redecorate; *(limpiar)* to brighten up.

remplazable *adj* replaceable.

remplazar [4] *vtr véase* reemplazar.

remplazo *nm véase* reemplazo.

remuneración *nf* remuneration, pay.

remunerado,-a **I** *pp de* remunerar. **II** *adj* paid; **un trabajo bien r.,** a well-paid job.

remunerar *vtr* to remunerate, pay, reward.

renacentista *adj* Renaissance; **pintura r.,** Renaissance painting.

renacer [42] *vi* 1 to be reborn. 2 *fig (revivir)* to revive, come back to life; *(fortalecer)* to acquire new strength.

renaciente *adj* renascent, reviving.

renacimiento *nm* 1 rebirth. 2 *(periodo histórico)* **el R.,** the Renaissance. 3 *fig* revival.

renacuajo *nm* 1 *Zool* tadpole. 2 *fam (niño pequeño)* shrimp.

renal *adj* renal, kidney; **afección r.,** kidney disease.

Renania *nf* Rhineland.

renano,-a I *adj* of o from the Rhine. **II** *nm,f* Rhinelander.

renazco *indic pres véase* renacer.

rencilla *nf* quarrel; **rencillas familiares,** family quarrels.

rencilloso,-a *adj* quarrelsome.

rencor *nm (hostilidad)* rancour, *US* rancor; *(resentimiento)* resentment; **guardar r. a algn,** to have a grudge against sb, bear sb malice.

rencoroso,-a *adj (hostil)* rancorous; *(resentido)* resentful; *(malicioso)* spiteful.

rendición *nf* surrender.

rendido,-a I *pp de* rendir. **II** *adj* 1 *(sumiso)* submissive; *(cortés)* humble; **admirador r.,** devoted admirer. 2 *(muy cansado)* exhausted, worn out.

rendija *nf* crack, split.

rendimiento *nm* 1 *(producción)* yield, output. 2 *Téc (de máquina, motor)* efficiency, performance. 3 *(sumisión)* submissiveness. 4 *(cansancio)* exhaustion, fatigue.

rendir [34] **I** *vtr* 1 *(vencer)* to defeat, conquer. 2 *(producir)* to yield, produce; **por las mañanas rinde más,** he's more productive in the morning. 3 *(cansar)* to exhaust, wear out. 4 *(entregar)* to hand over; *(restituir)* to give back, render; *Mil* to surrender; **r. las llaves,** to hand over the keys; *fig* **r. cuentas,** to account for one's actions. 5 *(dar beneficios a)* to pay, be profitable; **este negocio no rinde,** this business doesn't pay; *fig* **r. el alma,** to give up the ghost. 6 *(ofrecer)* to offer; **r. culto a,** to worship; **r. homenaje a,** to pay homage to; **r. honores a la bandera,** to salute the flag. 7 *Mil (bandera)* to dip; *(armas)* to lower. **II** *vi Am (cundir)* to go a long way. **III** rendirse *vr* to surrender, give in; **¡me rindo!,** I give up!; **r. a la evidencia,** to bow to the evidence.

renegado,-a I *pp de* renegar. **II** *adj & nm,f* renegade.

renegar [48] **I** *vtr* 1 *(renunciar)* to renounce, disown **(de, -);** **r. de su familia,** to disown one's family. 2 *(negar)* to deny vigorously. **II** *vi* 1 *(blasfemar)* to swear, curse. 2 *(quejarse)* to grumble, complain.

renegón,-ona *fam* **I** *adj* grumpy, grouchy. **II** *nm,f* grumbler, moaner.

renegrido,-a *adj* blackened.

RENFE *abr de* Red Nacional de los Ferrocarriles Españoles.

renglón *nm* 1 line; **a r. seguido,** immediately afterwards; *fig* **leer entre renglones,** to read between the lines. 2 *Com (partida)* item. 3 **renglones,** *fam* text *sing;* **poner cuatro r. a algn,** to drop a line to sb.

reniego *nm (blasfemia)* curse, oath.

reno *nm Zool* reindeer.

renombrado,-a *adj* renowned, famous, well-known.

renombre *nm* renown, fame; **de r.,** renowned, famous.

renovable *adj* renewable.

renovación *nf* 1 *(de contrato, pasaporte)* renewal. 2 *(de una casa)* renovation; *(redecoración)* redecoration. 3 *Pol (de un partido)* reorganization.

renovar [31] **I** *vtr* 1 *(gen)* to renew. 2 *(casa)* to renovate; *(redecorar)* to redecorate. 3 *Pol (partido)* to reorganize. **II** renovarse *vr* to be renewed.

renquear *vi* 1 *(de la pierna)* to limp; *(del pie)* to hobble. 2 *fam* to manage, get by; **vamos renqueando,** we're just scraping by.

renta *nf* 1 *Fin (ingresos)* income; **vivir de sus rentas,** to live on one's income; **¿ya has presentado la r. este año?,** have you filed your income tax this year? ■ **impuesto sobre la r.,** income tax; **r. fiscal,** taxable income; **r. nacional,** national income; **r. per cápita,** per capita income; **r. pública,** government debt; **r. variable,** equity securities *pl;* **r. vitalicia,** life annuity. 2 *(beneficio)* interest, return. ■ **r. fija,** fixed interest security. 3 *(alquiler)* rent.

rentabilidad *nf* profitability; *Fin* **tasa de r.,** rate of return.

rentabilizar [4] *vtr* to make profitable.

rentable *adj* profitable.

rentar *vtr* to produce, yield.

rentero,-a *nm,f* tenant farmer.

rentista *nmf* 1 *(experto en renta)* financial expert. 2 *(que vive de rentas)* rentier, person of independent means.

renuencia *nf* reluctance, unwillingness.

renuevo *nm* 1 *Bot* shoot, sprout; **echar renuevos,** to sprout. 2 *(renovación)* renewal.

renuncia *nf* 1 renunciation. 2 *(dimisión)* resignation; **presentar la r.,** to hand in one's resignation.

renunciar [12] *vtr* 1 *(dejar voluntariamente)* to renounce, give up; *(corona, trono)* to relinquish; **r. a su puesto,** to resign (one's post); **r. al alcohol,** to give up drinking. 2 *(abandonar)* to renounce, give up, abandon; **r. a su fe,** to renounce one's faith.

reñido,-a I *pp de* reñir. **II** *adj* 1 *(enemistado)* on bad terms, at odds; **están reñidos,** they are not on speaking terms. 2 *(encarnizado)* bitter, tough, hard-fought.

reñir [36] **I** *vtr* 1 *(regañar)* to scold, tell off. 2 *Mil (batalla)* to fight; *(guerra)* to wage. **II** *vi (discutir)* to quarrel, argue; *(pelear)* to fight; **r. con algn,** to fall out with sb; **r. por algo,** to fight over sth.

reo[1] *nmf* 1 *Jur (acusado)* defendant, accused. 2 *(culpable)* culprit; *(con cargos contra la ley)* offender.

reo[2] *nm (pez)* salmon trout.

reoca *nf fam* **ser la r.,** to be exceptional; *(bueno)* to be fantastic; *(malo)* to be awful.

reojo (de) *loc adv* **mirar algo de r.,** to look at sth out of the corner of one's eye.

reordenar *vtr* to rearrange.

reorganización *nf* reorganization; *Pol* **r. ministerial,** cabinet reshuffle.

reorganizador,-a I *adj* reorganizing. **II** *nm,f* reorganizer.

reorganizar [4] *vtr* to reorganize.

reostato *nm,* **reóstato** *nm Elec* rheostat.

repanchigarse [7] *vr fam véase* repantigarse.

repanocha *nf fam véase* reoca.

repantigarse [7] *vr fam (acomodarse)* to lounge, loll; *(arrellenarse)* to stretch oneself out.

reparable *adj* repairable.

eparación nf 1 (arreglo) repair, repairing; **en r.**, under repair; **taller de reparaciones,** repair shop. 2 fig (desagravio) reparation, amends pl.

eparar¹ I vtr 1 (arreglar) to repair, fix, mend. 2 (ofensa, injuria) to make amends for; (daño) to make good. 3 (reponer) to restore, renew. 4 (considerar) to take into account; **repárelo bien,** think it over. II vi 1 (darse cuenta) r. en, to notice, realize; **reparé en que no llevaba la cartera,** I realized I didn't have my wallet on me. 2 (hacer caso) r. en, to pay attention to; **no r. en gastos,** to spare no expense.

eparar² I vi (detenerse) to stop, stall. II **repararse** vr 1 (detenerse) to stop, stall. 2 Am (caballo) to rear (up).

eparo nm objection; **no tener reparos en,** not to hesitate to; **poner reparos a,** to object to, find fault with.

epartición nf distribution, sharing out.

epartidor,-a nm,f distributor; **r. de la leche,** milkman.

epartir I vtr 1 (dividir) to distribute, divide, share out; **repartámosnos lo que sobra,** let's split what's left. 2 (entregar) to give out, hand out; (correo) to deliver; **r. premios,** to give out prizes; fam fig **empezó a r. puñetazos a todos los que estaban cerca,** he started punching everyone in sight. 3 Naipes to deal. II **repartirse** vr 1 (dividirse) to be distributed o divided o shared out. 2 (entregarse) to be given out o handed out; (correo) to be delivered.

eparto nm 1 distribution, division, sharing out. 2 (distribución) handing out; (de mercancías) delivery; **furgoneta de r.,** delivery van; **r. de premios,** prize-giving. 3 Naipes (turno) deal; (acción) dealing. 4 Cin Teat cast.

epasar vtr 1 (volver a pasar por) to pass by, pass through again. 2 (volver a mirar) to revise, go over. 3 Téc (máquina) to check, overhaul. 4 Cost (ropa) to mend. 5 fam (mirar con descaro) to look over; **la repasó de arriba a abajo,** he looked her up and down.

epaso nm 1 revision, going over; (lección) review; **curso de r.,** refresher course. 2 Téc (máquina) checkup, overhaul. 3 Cost (ropa) mending.

epatear vtr fam to annoy, disgust, turn off; **me repatean los enchufados,** I can't stand people who pull strings.

epatriación nf repatriation.

epatriado,-a I pp de repatriar. II adj repatriated. III nm,f repatriate.

epatriar [14] vtr to repatriate.

epecho nm short steep slope; **a r.,** uphill.

epelar vtr 1 (arrancar) to pull out. 2 (cortar) (cabello) to crop; (uñas) to clip.

epelencia nf 1 (rechazo) repulse. 2 Am (asco) revulsion.

epelente adj repulsive, repellent, revolting; fam **niño r.,** little know-all.

epeler vtr 1 (rechazar) to repel, repulse. 2 (repugnar) to disgust; **me repelen los hipócritas,** I loathe hypocrites.

epeluzno nm fam shiver; **me da r.,** it gives me the shivers.

epente nm fam (movimiento brusco) sudden movement, start; (arrebato) fit, outburst; (improvisación) improvisation; **de r.,** suddenly, all of a sudden; **un r. de ira,** a fit of anger.

repentino,-a adj sudden. ◆**repentinamente** adv suddenly.

repera nf fam **ser la r.,** to take the cake; (persona) to be a real winner.

repercusión nm repercussion.

repercutir vi 1 (resonar) to resound, echo, reverberate. 2 (rebotar) to rebound. 3 fig r. en, to have repercussions on, affect.

repertorio nm 1 Teat repertoire, repertory. 2 (compilación) list, index.

repesca nf fam second chance; (examen) resit; **hacer un examen de r.,** to resit an exam.

repescar [1] vtr fam to give a second chance to; (examen) to allow to resit an exam.

repetición nf 1 repetition; Ftb **r. de la jugada,** action replay. 2 (reloj) repeater. 3 Jur action for recovery. 4 **arma de r.,** repeater, repeating firearm.

repetido,-a I pp de repetir. II adj repeated; **repetidas veces,** repeatedly, countless times. ◆**repetidamente** adv repeatedly.

repetidor,-a I adj repeating; Educ fam **alumno r.,** student who is repeating a year; Rad TV **estación repetidora,** relay station. II nm Rad TV relay, booster station; **r. de televisión,** television relay. III nm,f fam Educ student who is repeating a year.

repetir [34] I vtr to repeat, do again; **no es necesario que me lo repitas,** you needn't tell me again. II vi 1 (volver a servirse) to have a second helping; **¿quién quiere r. de paella?,** who would like some more paella? 2 (venir a la boca) to repeat; **el pepino repite,** cucumber repeats (on one). 3 Educ to repeat a year. III **repetirse** vr 1 (persona) to repeat oneself. 2 (acontecimientos) to recur; **¡que se repita!,** encore!; **¡(y) que no se repita!,** (and) don't let it happen again!

repicar [1] I vtr 1 (partir a trozos pequeños) to break up into bits o pieces. 2 (las campanas) to peal, ring out. II **repicarse** vr (jactarse) to boast.

repintar I vtr (casa, habitación) to repaint. II **repintarse** vr (con cosméticos) to put on layers of make-up.

repipi adj fam **niño r.,** little know-all.

repique nm (de campanas) peal, ringing.

repiquetear vtr & vi 1 (repicar) to peal joyfully; **las campanas repiquetean,** the bells are ringing out merrily. 2 (tamborilear) to beat, tap.

repiqueteo nm 1 (de campanas) joyful pealing. 2 (de tambor) beating, tapping.

repisa nf shelf, ledge; **r. de chimenea,** mantelpiece.

replantar vtr Agr to replant; (transplantar) to transplant.

replantear I vtr 1 (asunto) to restate, reconsider, rethink, think over. 2 Arquit to lay out a ground floor for o in. II **replantearse** vr to reconsider, rethink; **tendrás que replanteártelo todo,** you'll have to think it all over again.

replegarse [48] vr Mil to fall back, retreat.

repleto,-a adj full, full up, jam-packed; **r. de,** packed with, crammed with; **r. de gente,** packed (with people).

réplica nf 1 (contestación) answer, reply; (objeción) retort; **el derecho de r.,** the right of reply. 2 (copia) replica.

replicar [1] I vtr & vi 1 (poner objeciones) to argue, answer back; **los niños no replican,** little boys don't answer back. 2 Jur to answer. II vi 1 to reply, retort. 2 Jur to answer.

replicón,-ona 1 *adj fam* argumentative, cheeky, bold. 2 *nm,f* argumentative person.

repliegue *nm* 1 *(pliegue)* fold, crease; *fig* recess. 2 *Mil* withdrawal, retreat.

repoblación *nf* repopulation. ■ **r. forestal,** reafforestation.

repoblar [31] *vtr* to repopulate; *(bosque)* to reafforest.

repollo *nm* cabbage.

reponer [78] I *vtr* 1 *(devolver)* to put back, replace, restore. 2 *Teat (obra)* to put on again; *Cin (película)* to rerun; *TV (programa)* to repeat. II **reponerse** *vr (de susto, enfermedad, etc)* to recover, recuperate; **r. de,** to recover from, get over.

reportaje *nm* 1 *Prensa Rad* report; *(noticias)* article, news item; **r. gráfico,** illustrated feature. 2 *Cin TV (documental)* documentary.

reportar[1] I *vtr* 1 *(alcanzar)* to bring; **esta relación le reportará muchas ventajas,** this relationship will do him a lot of good. 2 *(refrenar)* to restrain, check. II **reportarse** *vr* to restrain oneself, hold back.

reportar[2] *vtr CAm (denunciar)* to report, denounce.

repórter *nmf*, **reportero,-a** *nm,f Prensa* reporter.

reposacabezas *nm inv* headrest.

reposado,-a I *pp de* reposar. II *adj* quiet, peaceful, calm.

reposapiés *nm inv* footrest.

reposar I *vtr (la cabeza, los pies)* to rest (**en,** on). II *vi* 1 *(descansar)* to rest, take a rest; *Culin* **deje r. la pasta,** leave the dough to stand. 2 *(enterrar)* to lie, rest, be buried. III **reposarse** *vr (líquido)* to settle.

reposición *nf* 1 *(restitución)* restoration; *(cambio)* replacement. 2 *Teat* revival; *Cin* rerun, reshowing; *TV* repeat.

repositorio *nm* repository.

reposo *nm* rest; **en r.,** *(person)* at rest; *Culin* standing.

repostada *nf Am* retort.

repostar *vtr (provisiones)* to stock up with; *Av (combustible)* to refuel; *Aut (gasolina)* to fill up.

repostería *nf* 1 *(pastas)* cakes *pl; (chocolate, caramelos)* confectionery. 2 *(tienda) (de pasteles)* cake *o* pastry shop; *(de chocolate etc)* confectioner's (shop).

repostero,-a *nm,f (de pasteles)* pastrycook; *(de chocolate etc)* confectioner.

reprender *vtr* to reprimand, scold.

reprensión *nf* reprimand, scolding.

represa *nf* dam.

represalia *nf (gen pl)* reprisals *pl,* retaliation; **tomar represalias,** to take reprisals.

represaliado,-a *adj* sanctioned.

representación *nf* 1 representation; *Com* **tiene una r. de una casa de medias italiana,** he represents an Italian hosiery firm. 2 *Teat* performance.

representante I *adj* representative. II *nmf* 1 representative. 2 *Teat (hombre)* actor; *(mujer)* actress.

representar I *vtr* 1 *(reproducir)* to represent, depict, portray; **el cuadro de la entrada representa el paso por el Mar Rojo,** the picture in the hall depicts the crossing of the Red Sea. 2 *(hacer presente)* to state, express. 3 *(equivaler)* to represent, stand for; **¿qué representa?,** what does it stand for?; **representa muchas horas de trabajo,** it involves many hours of work. 4 *(importar)* to mean; **representa**

mucho para mí, it means a lot to me. 5 *Com (compañía, cliente)* to represent. 6 *(aparentar)* to appe to be; **una mujer que no representaba más** **treinta,** a woman who didn't look more than thirt 7 *Teat (obra)* to perform; *(actor)* to act. II **rep** sentarse *vr* to imagine, picture.

representativo,-a *adj* representative.

represión *nf* repression; **r. sexual,** sexual repre sion.

represivo,-a *adj* repressive.

reprimenda *nf* reprimand.

reprimido,-a I *pp de* reprimir. II *adj* repressed. ▮ *nm,f (persona)* repressed person.

reprimir *vtr* to repress; **r. una pasión,** to quench passion.

reprise *nf Aut* acceleration.

reprobable *adj* reproachable, reprehensible.

reprobación *nf* reprobation, reproof.

reprobador,-a *adj* reproachful, reproving.

reprobar [31] *vtr (cosa)* to condemn; *(persona)* reproach, reprove.

réprobo,-a *adj & nm,f* reprobate.

reprochable *adj* reproachable.

reprochador,-a *adj* reproachful.

reprochar *vtr* to reproach; **r. algo a algn,** to r proach sb for sth.

reproche *nm* reproach, criticism.

reproducción *nf* reproduction; **derechos de ▮** copyright; **éste no es el original, es sólo una r.,** th isn't the original, it's just a reproduction.

reproducir [46] I *vtr* to reproduce. II **reproducir** *vr* 1 *(repetirse)* to recur, happen again. 2 *(enge drar)* to reproduce, breed.

reproductor,-a I *adj* 1 reproducing; **máquina r productora,** reproducing machine. 2 *(órgano)* productive. 3 *(animal)* breeding. II *nm,f* breede **los gatos son buenos reproductores,** cats are pers tent breeders.

reprografía *nf* reprography.

reptar *vi* 1 to crawl, slither. 2 *(adular)* to flatter.

reptil, réptil I *adj* reptilian, reptile. II *nm (animal)* reptile. 2 **reptiles,** *(clase)* reptiles *pl.*

república *nf* republic; *Lit fig* **la R. de las letras, t** intelligentsia.

republicanismo *nm* republicanism.

republicano,-a *adj & nm,f* republican.

repudiar [12] *vtr* to repudiate.

repudio *nm* repudiation.

repuesto,-a I *pp de* reponer. II *adj (enferm* recovered. III *nm* 1 *(recambio)* spare part, spar *Aut* **rueda de r.,** spare wheel. 2 *(provisión)* stock

repugnancia *nf* loathing, disgust.

repugnante *adj* repulsive, disgusting, revolting.

repugnar I *vi* to disgust, revolt; **me repugna la c** **liflor,** I find cauliflower disgusting. II *vtr (negar)* conflict; *(contradecir)* to contradict.

repujado,-a I *pp de* repujar. II *adj* embossed, r poussé.

repujar *vtr* to emboss.

repulsa *nf* 1 *(rechazo)* rebuff; *fig* condemnation. *(reprimenda)* reprimand.

repulsión *nf* repulsion, repugnance.

repulsivo,-a *adj* repulsive, revolting.

repuntar *Am* I *vi (lluvia, enfermedad)* to (begin t make itself felt, show the first signs. II *vtr (ar males)* to round up.

repuse *pt indef véase* **reponer.**

reputación *nf* reputation.

reputado,-a I *pp de* **reputar. II** *adj* reputed, reputable.

reputar *vtr* to consider, deem.

requebrar [27] *vtr (lisonjear)* to court; *(adular)* to flatter, pay compliments to.

requemado,-a I *pp de* **requemar. II** *adj* scorched, burnt.

requemar I *vtr* to scorch, burn; **plantas requemadas por el sol,** plants scorched by the sun. **II requemarse** *vr* **1** *(quemarse)* to scorch. **2** *(enfadarse)* to burn with anger.

requerimiento *nm* **1** *(súplica)* request; **a r. de algn,** at sb's request. **2** *Jur (intimación)* injunction. **3** *Jur (aviso)* summons *pl.*

requerir [35] *vtr* **1** *(necesitar)* to require; **esto requiere gran destreza,** this requires a lot of skill; *Tex* **'no requiere plancha',** 'non-iron'. **2** *(con autoridad)* to demand, call for; **el ministro requirió su presencia,** the minister summoned him. **3** *(solicitar)* to request. **4** *Jur (avisar)* to summon. **5** *(persuadir)* to persuade; *lit* **r. de amores,** to court, woo.

requesón *nm Culin* cottage cheese.

requete- *pref fam* really, very, incredibly; **requetebueno,** really good, smashing; **requetemoderno,** ultramodern.

requeté *nm Hist Mil* Carlist soldier; **los requetés,** the Carlist forces.

requiebro *nm* flirtatious remark.

réquiem *nm (pl* **réquiems)** *Rel Mús* requiem.

requintar *vtr Am (apretar mucho)* to tighten.

requisa *nf* **1** *(inspección)* inspection. **2** *Mil (embargo)* requisition.

requisar *vtr* **1** *Mil* to requisition. **2** *fam (apropiarse)* to grab, swipe.

requisito *nm* requirement, requisite; **cumplir todos los requisitos,** to fulfil all the requirements; **r. previo,** prerequisite.

requisitoria *nf Jur* requisition, demand.

res *nf* beast, animal; *(cabeza de ganado)* head *inv* (of cattle); **r. lanar,** sheep *inv.*

resabido,-a *adj pey* pretentious, pedantic.

resabio *nm* **1** *(mal sabor)* unpleasant *o* bad aftertaste. **2** *(vicio)* bad habit.

resaca *nf* **1** *(después de beber)* hangover; **tener r.,** to have a hangover. **2** *Náut* undertow, undercurrent. **3** *Am (aguardiente)* eau de vie, firewater. **4** *Méx irón* **la r.,** the very essence.

resalado,-a *adj fam (vivo)* lively; *(gracioso)* charming, attractive.

resaltar *vi* **1** *(sobresalir)* to project, jut out. **2** *fig* to stand out; **hacer r.,** to emphasize, stress, underline.

resalte *nm,* **resalto** *nm (saliente)* ledge.

resarcir [3] *vtr* to compensate, indemnify.

resbaladizo,-a *adj* **1** slippery. **2** *fig* slippery, tricky.

resbalar *vi* **1** *(deslizarse)* to slide; *(gotas, lágrimas)* to trickle (down); **r. en** *o* **sobre el hielo,** to slide *o* slip on the ice. **2** *(involuntariamente)* to slip; *Aut* to skid. **3** *fig (desliz)* to slip up, make a slip.

resbalón *nm* slip; **dar un r.,** to slip, slide; *fig* to slip up.

resbaloso,-a I *adj* slippery. **II** *nm Arg Mús* popular dance.

rescatador,-a *nm,f* rescuer.

rescatar *vtr* **1** *(liberar)* to rescue, save. **2** *Mil (ciudad)* to recapture. **3** *(recuperar) (objeto)* to recover; *(tiempo)* to make up for. **4** *Am (traficar)* to sell on the move. **5** *Méx (revender)* to resell.

rescate *nm* **1** *(salvamento)* rescue; **equipo de r.,** rescue team. **2** *(recuperación)* recovery, recapture. **3** *(suma)* ransom; **exigir r. por algn,** to hold sb to ransom.

rescindible *adj (contrato)* cancellable, rescindable.

rescindir *vtr* to rescind, annul, cancel; **r. el contrato,** to cancel the contract.

rescisión *nf* rescission, annulment, cancellation.

rescoldo *nm* **1** *(brasa)* embers *pl.* **2** *fig (recelo)* lingering doubt.

resecarse [1] *vr* to dry up, become parched.

reseco,-a *adj* **1** *(muy seco)* very dry, parched. **2** *(flaco)* very thin, skinny.

resentido,-a I *pp de* **resentirse. II** *adj (ofendido)* resentful; *(amargado)* bitter; **estar r.,** to have a chip on one's shoulder; **estar r. por algo,** to be resentful of sth, resent sth. **III** *nm,f* resentful person.

resentimiento *nm (rencor)* resentment; *(amargura)* bitterness.

resentirse [35] *vr* **1 r. de,** to suffer from, feel the effects of; **aún me resiento de la espalda,** I still have trouble with my back. **2** *(debilitarse)* to be weakened. **3** *fig* to become resentful, feel resentment; *(amargarse)* to feel bitter; *(ofenderse)* to feel offended; *(enfadarse)* to get annoyed; **r. por algo,** to take offence at sth.

reseña *nf* **1** *Lit* review; *Prensa* write-up. **2** *(descripción)* brief description; *(narración breve)* account. **3** *Mil* review.

reseñar *vtr* **1** *Lit* to review. **2** *(describir)* to describe; *(acontecimiento)* to give an account of.

reserva I *nf* **1** *(plazas, entradas)* reservation, booking; **'r. de habitaciones',** 'room reservation'. **2** *(provisión)* reserve; *(existencias)* stock; **reservas de carbón,** coal reserves *o* stocks. ■ **Fin r. de divisas,** foreign currency reserves *pl.* **3** *Mil* reserve, reserves *pl.* **4** *(cautela)* reservation. **5** *(recato, secreto)* reserve, discretion; **con la mayor r.,** in the strictest confidence; **guardar** *o* **tener algo en r.,** to keep sth in reserve; **sin reserva(s),** without reservation; **tener reservas sobre algo,** to have reservations about sth. **6** *(vino)* vintage; **un vino de r.,** a vintage wine. **7** *(terreno)* reservation; **r. de indios,** Indian reservation. **II** *nmf Dep (sustituto)* reserve, substitute.

reservado,-a I *pp de* **reservar. II** *adj* **1** *(habitaciones, plazas)* reserved, booked. **2** *(persona, carácter)* reserved, quiet; *(frío)* distant. **3** *(asunto)* confidential. **III** *nm (de restaurante etc)* private room; *Rail* reserved compartment.

reservar I *vtr* **1** *(plazas, billetes)* to reserve, book. **2** *(guardar)* to keep, save. **3** *(ocultar)* to withhold, keep to oneself. **II reservarse** *vr* **1** *(conservarse)* to save oneself **(para,** for); **se reserva para la carrera,** she's saving herself for the race. **2** *(guardar para sí)* to withhold; **r. la opinión,** to withhold one's opinion, to keep one's opinion to oneself.

reservista *nmf Mil* reservist.

resfriado,-a I *pp de* **resfriar. II** *adj Med* with a cold; **estar r.,** to have a cold; **estoy muy r.,** I have a bad *o* heavy cold. **III** *nm Med (catarro)* cold; *(de poca importancia)* chill; **coger un r.,** to catch (a) cold.

resfriar [13] **I** *vtr (enfriar)* to cool. **II resfriarse** *vr* **1** *(enfriarse)* to cool off. **2** *Med* to catch (a) cold.

resfrío *nm Med* cold.

resguardar I *vtr* 1 *(proteger)* to protect, shelter **(de,** from). 2 *(salvaguardar)* to safeguard **(de,** against). II **resguardarse** *vr* 1 *(protegerse)* to protect oneself. 2 *(salvaguardarse)* to safeguard oneself.

resguardo *nm* 1 *(protección)* protection, shelter. 2 *(garantía)* safeguard, guarantee. 3 *(recibo)* receipt, pay-in slip; *(de talonario)* counterfoil, stub; *(vale)* voucher.

residencia *nf* 1 *(permanencia)* residence; **permiso de r.,** residence permit; **tener la r. en,** to reside in. 2 *(lugar)* residence; **hotel r.,** residential hotel; **r. de ancianos,** old people's home; *Univ* **r. de estudiantes,** hall of residence, *US* dormitory.

residencial *adj* residential.

residente *adj & nmf* resident; **no r.,** non-resident. ■ **médico r.,** resident doctor.

residir *vi* 1 *(vivir)* to reside, live, dwell **(en,** in). 2 *fig* to lie **(en,** in).

residual *adj* residual; **aguas residuales,** sewage.

residuo *nm* 1 residue. 2 **residuos,** waste *sing,* refuse *sing;* **r. radiactivos,** radioactive waste.

resignación *nf* resignation, acquiescence.

resignado,-a I *pp de* **resignar.** II *adj* resigned. ◆**resignadamente** *adv* resignedly.

resignar I *vtr* to resign, relinquish. II **resignarse** *vr* to resign oneself **(a,** to).

resina *nf* resin.

resinoso,-a *adj* resinous.

resistencia *nf* 1 resistance; *Pol* **la R.,** the Resistance; **oponer r.,** to resist; **r. pasiva,** passive resistance. 2 *(aguante, fuerza)* endurance, stamina; *(fortaleza)* strength; **prueba de r.,** endurance test. 3 *Elec* resistance.

resistente *adj* 1 resistant **(a,** to); **r. al fuego,** fire-resistant. 2 *(fuerte)* strong, tough, hardy.

resistir I *vi* 1 *(gen)* to resist. 2 *(soportar)* to hold (out); **¿resistirá este nudo?,** will this knot hold? 3 *(durar)* to last; **este edificio resiste,** this building has stood the test of time. II *vtr* 1 *(soportar)* to resist, tolerate; **no lo puedo r. más,** I can't stand it any longer; **no puedo r. la tentación,** I can't resist temptation. 2 *(sostener peso etc)* to bear, withstand. III **resistirse** *vr* 1 *(forcejear)* to resist; *(oponerse)* to offer resistance. 2 *(costar esfuerzo)* to struggle; *fam* **se le resisten las matemáticas,** she's having a hard time with maths, maths isn't her strongest subject. 3 *(negarse)* to refuse; **me resisto a creerlo,** I refuse to believe it, I find it hard to believe.

resma *nf* ream (of paper).

resol *nm* glare (of the sun).

resolución *nf* 1 *(de un problema)* solving; *(solución)* solution. 2 *(decisión)* resolution, decision; **r. fatal,** death wish; **r. judicial,** court decision; **tomar una r.,** to pass a resolution.

resolver [32] *(pp* **resuelto)** I *vtr & vi* 1 *(solucionar)* to solve, resolve; *(asunto)* to settle. 2 *(decidir)* to resolve, decide; **resolví quedarme,** I decided to stay. 3 *Fís* to dissolve. II **resolverse** *vr* 1 *(solucionarse)* to be solved; *(resultar)* to work out. 2 *(decidirse)* to resolve, decide, make up one's mind **(a,** to). 3 *(acabar)* to end (up) **(en,** in); **todo se resolvió en un altercado,** it all ended in a quarrel.

resollar [33] *vi* *(respirar)* to breathe heavily; *(con silbido)* to wheeze; *(de cansancio)* to puff and pant; *fig* **sin r.,** without a word.

resonancia *nf* 1 *(repercusión)* resonance; *(eco,* echo. ■ **caja de r.,** sounding board. 2 *fig (noto riedad)* importance; *(consecuencias)* repercussion *pl;* **tener r.,** to cause a stir.

resonante *adj* resounding; *fig* important.

resonar [34] *vi (retumbar)* to resound; *(cristal, me tales)* to ring; *(tener eco)* to echo.

resoplar *vi (respirar)* to breathe heavily; *(de can sancio)* to puff and pant.

resoplido *nm* 1 *(resollido)* heavy breathing; *(sil bido)* wheezing; *(de cansancio)* panting. 2 *(por en fado)* snort.

resorte *nm* 1 *(muelle)* spring. 2 *fig* means *pl;* **co nocer todos los resortes de algo,** to know all the in and outs of sth.

respaldar I *vtr fig* to support, back (up). 2 *An (afianzar)* to ensure. II **respaldarse** *vr (recostarse,* to lean back **(en,** on).

respaldo *nm* 1 *(de silla, papel)* back. 2 *fig (apoyo,* support, backing.

respectar *v defect* to concern, regard; **por lo que a mí respecta,** as far as I'm concerned.

respectivo,-a *adj* respective; **en lo r. a,** with regarc to, regarding. ◆**respectivamente** *adv* respec tively.

respecto *nm* proportion, relation; **al r., a este r.** in this respect; **con r. a, r. a, r. de,** with regard to **r. a mí,** as for me, as far as I am concerned.

respetabilidad *nf* respectability.

respetable I *adj* 1 *(digno)* respectable; **un r. señor de Sanlúcar,** a highly respected gentleman from Sanlúcar. 2 *(considerable)* respectable. II **el r. nn** *Teat fam* the audience.

respetar I *vtr* 1 *(venerar, apreciar)* to respect; **ha cerse r. de todos,** to command everyone's respect 2 *Aut* **r. la derecha,** to yield to traffic coming from the right. II **respetarse** *vr* to have self-respect.

respeto *nm* 1 *(gen)* respect; **falta de r.,** lack of re spect; **por r. a,** out of consideration for. 2 *(miedo,* fear; **esta oscuridad me inspira r.,** this darkness scares me a bit. 3 **respetos,** *fml* respects; **presentar sus r. a algn,** to pay one's respects to sb.

respetuoso,-a *adj* respectful.

respingar [7] *vi* 1 *(caballo)* to shy. 2 *fam (falda etc,* to curl up.

respingo *nm* 1 *(sacudida)* start, jump. 2 *fig (en fado)* huff.

respingón,-ona *adj (nariz)* snub, upturned.

respiración *nf* 1 *(acción)* breathing, respiration ■ **r. artificial,** artificial resuscitation; **r. boca a boca** mouth-to-mouth respiration, the kiss of life. 2 *(aliento)* breath; **perder la r.,** to lose one's breath **sin r.,** breathless; *fig* **que corta la r.,** breathtaking 3 *(ventilación)* ventilation.

respiradero *nm* 1 *Téc* air vent. 2 *fig (descanso)* res pite.

respirar I *vi* 1 *(aire)* to breathe; **r. mal,** to breathe with difficulty, gasp; *fig* **habla sin r.,** he talks non-stop. 2 *fig* to relieve; **déjame r., ¿vale?,** give me a break, will you?; **no poder r. (de trabajo),** to be up to one's eyes in work; **¡por fin respiro!,** well, that's a relief! II *vtr (absorber)* to breathe (in), inhale; **r. gases tóxicos,** to inhale toxic fumes; *fig* **r. felicidad,** to ooze happiness.

respiratorio,-a *adj* respiratory; **aparato r.,** res piratory system.

espiro *nm* **1** *(resuello)* breathing. **2** *(descanso)* breather, break; *(prorroga)* respite; *fig* **no dar r.**, to give no peace, have no respite.

esplandecer [43] *vi* *(sol)* to shine; *(metal)* to gleam; *(relucir)* to glitter; *(fuego)* to glow; *fig* **Natalia resplandecía por su belleza,** Natalia was resplendent in her beauty.

esplandeciente *adj* **1** *(brillante)* shining; *(metales)* gleaming; *(reluciente)* glittering; *(fuego)* glowing. **2** *(esplendoroso)* resplendent, radiant.

esplandor *nm* **1** *(brillo)* brightness; *(muy intenso)* brilliance; *(de fuego)* glow, blaze. **2** *(esplendor)* splendour, *US* splendor; *(brillantez)* radiance.

esponder **I** *vtr* to answer; **r. a una carta,** to reply to a letter; **r. al teléfono,** to answer the phone. **II** *vi* **1** *(reaccionar)* to respond; *Med* **r. a un tratamiento,** to respond to a course of treatment. **2** *(corresponder)* to answer; **responde al nombre de Ramón,** he goes by the name of Ramón; **r. a una descripción,** to fit a description; **r. a una necesidad,** to answer *o* meet a need. **3** *(rendir)* to produce. **4** *(avalar)* to guarantee; **r. de algn,** to be responsible for sb; **r. por algn,** to vouch for sb, act as a guarantor for sb.

espondón,-ona *adj fam* argumentative, cheeky.

esponsabilidad *nf* responsibility; **cargar con la r. de algo,** to take responsibility for sth; **r. limitada,** limited liability.

esponsabilizar [4] **I** *vtr* to make *o* hold responsible **(de,** for). **II responsabilizarse** *vr* to assume *o* claim responsibility **(de,** for).

esponsable *adj* responsible; **Andrés es un chico muy r.,** Andrés is a very responsible boy; **hacerse r. de algo,** to assume responsibility for sth; **la persona r.,** *(en trabajo etc)* the person in charge; *(en crimen, robo)* the perpetrator.

esponso *nm* **1** *Rel* prayer for the dead. **2** *fam (reprimenda)* ticking-off.

esponsorio *nm Rel* responsorial psalm.

espuesta *nf* *(gen)* answer, reply; *(reacción)* response; **en r. a,** in response to.

esquebrajadura *nf* crack.

esquebrajarse *vr* to crack.

esquemor *nm (resentimiento)* resentment, ill feeling.

esquicio *nm* **1** *(abertura)* crack, chink. **2** *fig* glimmer; **un r. de esperanza,** a glimmer of hope. **3** *(ocasión)* chance; *(oportunidad)* opportunity; *(posibilidad)* possibility, chance. **4** *Am (vestigio)* trace, vestige.

esta *nf Mat* subtraction.

establecer [43] **I** *vtr* to re-establish; **r. el orden,** to restore order. **II restablecerse** *vr* **1** to be re-established; *(orden etc)* to be restored. **2** *Med* to recover.

establecimiento *nm* **1** re-establishment; *(orden etc)* restoration. **2** *Med* recovery.

estallar *vi* **1** *(látigo)* to crack. **2** *(hacer ruido)* to crack.

estallido *nm* crack.

estante *adj* remaining; **lo r.,** the rest, the remainder, what is left over.

estañar *vtr (flujo de sangre, herida)* to staunch.

estar **I** *vtr* **1** *Mat* to subtract, take away; **r. seis de diez,** to subtract six from ten. **2** *(quitar)* to reduce, lessen; **r. importancia a algo,** to play sth down. **II** *vi (quedar)* to be left, remain; **en todo lo que resta de mes,** in what's left of the month.

restauración *nf* restoration.

restaurador,-a **I** *adj* restoring. **II** *nm,f* restorer.

restaurante *nm* restaurant; *Ferroc* **coche r.,** restaurant *o* buffet car.

restaurar *vtr* **1** *(cuadro, edificio)* to restore. **2** *(en un cargo)* to reinstate.

restitución *nf* restitution.

restituir [62] *vtr (restablecer)* to restore; *(devolver)* to return, give back.

resto *nm* **1** rest, remainder; *fam* **echar el r.,** to give sth all one has got, to go all out. **2** *Mat* remainder. **3 restos,** remains; *Culin* leftovers. ■ **r. mortales,** mortal remains.

restregar [48] *vtr (frotar)* to rub hard; *(fregar)* to scrub.

restricción *nf* restriction.

restrictivo,-a *adj* restrictive.

restringir [6] **I** *vtr* to restrict, limit, curb; **r. la libertad de,** to restrict the freedom of. **II restringirse** *vr* to restrict oneself, limit oneself.

resucitar *vtr* & *vi* to resuscitate; *fig (restablecer)* to revive.

resuelto,-a **I** *pp de* **resolver.** **II** *adj (decidido)* resolute, determined.

resuello *nm (acción)* breathing; *(aliento)* breath, gasp.

resulta *nf* consequence; **de resultas de,** as a result of.

resultado *nm* result; *(consecuencia)* outcome; **como r.,** as a result; **dar buen r.,** to work, give results.

resultante *adj* resultant, resulting.

resultar *vi* **1** *(gen)* to result; *(ocurrir)* to turn out; **ahora resulta que no puede venir,** now it seems she can't come. **2** *(acabar siendo)* to turn out to be; *(llegar a ser)* to prove to be; **a pesar de todo, resultó muy simpático,** in spite of everything, he turned out to be very nice; **vino a r. lo mismo,** it amounted to the same thing. **3** *(dar resultado)* to work (out); *(ser positivo)* to be successful; **no resulta comprar barato,** buying cheap doesn't pay. **4** *(venir a costar)* to cost, come to; **el coche me resultó por medio millón de pesetas,** the car cost me a half a million pesetas.

resumen *nm* summary, briefing; **en r.,** in short, to sum up.

resumir **I** *vtr (recapitular)* to summarize; *(concluir)* to sum up. **II resumirse** *vr* **1** *(recapitularse)* to be summed up. **2** *(venir a ser)* to be reduced to; **el examen se resume en cuatro preguntas tontas,** the test boils down to a few silly questions.

resurgimiento *nm* resurgence, reappearance.

resurgir [6] *vi* **1** *(revivir)* to reappear. **2** *(resucitar)* to resuscitate.

resurrección *nf* resurrection; **Domingo de R.,** Easter Sunday; *Rel* **la R.,** the Resurrection.

retablo *nm* altarpiece, reredos *sing.*

retacear *vtr* **1** *(recortar)* to cut out. **2** *Arg Par Uru (escatimar)* to stint.

retaco *nm fam* short person, shorty, squirt.

retador,-a *adj* challenging.

retaguarda *nf,* **retaguardia** *nf Mil* rearguard; **ir a la r.,** to bring up the rear.

retahíla *nf* series *sing,* string; *irón* **me citó una r. de autores desconocidos,** he reeled off the names of a string of little-known authors.

retal *nm (desperdicio)* remnant; *(pedazo)* scrap.

retama *nf Bot* broom.

retamal *nm Bot* broom patch, broom thicket.

retar *vtr* 1 to challenge; **r. a duelo,** to challenge to a duel. 2 *Arg Chi* to insult.

retardado,-a I *pp de* retardar. II *adj* delayed, retarded; **dispositivo de efecto r.,** delayed-action device.

retardar I *vtr (detener)* to slow down; *(retrasar)* to delay. II retardarse *vr* to be delayed.

retardo *nm* delay.

retazo *nm* 1 *(retal)* remnant; *(pedazo)* scrap. 2 *(fragmento)* fragment, piece, snippet.

retemblar [27] *vi* to shake, tremble.

retén *nm* 1 *(de tropas etc)* reserves *pl*, reinforcements *pl*. 2 *(previsión)* stock, store.

retención *nf (gen)* retention; *Fin* withholding; **r. de haberes,** stoppages *pl;* **r. de tráfico,** (traffic) hold-up, traffic jam.

retener [87] I *vtr* 1 *(conservar)* to retain; *(cosa prestada)* to keep back, hold back; **sólo hay que r. las ideas más importantes,** one is just meant to take in the main idea. 2 *Fin (descontar)* to deduct, withhold. 3 *(detener)* to detain; *(arrestar)* to arrest. II retenerse *vr* to restrain oneself, hold back.

retentiva *nf* retentiveness, memory.

reticencia *nf* 1 *(reserva)* reticence, reserve. 2 *(retintín)* innuendo, insinuation; **lo dijo con cierta r.,** she said it in a rather sarcastic tone.

reticente *adj* 1 *(reservado)* reticent, reserved. 2 *(con retintín)* insinuating.

retícula *nf,* **retículo** *nm Opt* reticle.

retina *nf Anat* retina.

retintín *nm* 1 *(tintineo)* ringing; *(ruido)* tinkling. 2 *(tono sarcástico)* innuendo, sarcastic tone.

retinto,-a *adj (color)* dark chestnut.

retirada *nf Mil* retreat, withdrawal; **batirse en r.,** to beat a retreat.

retirado,-a I *pp de* retirar. II *adj* 1 *(alejado)* remote; *(tranquilo)* secluded. 2 *(jubilado)* retired. III *nm,f* retired person, *US* retiree.

retirar I *vtr* 1 *(apartar, alejar)* to take away, remove; **le retiraron el carnet de conducir,** he had his driving licence taken away; **retira la silla,** move your chair back; **r. dinero del banco,** to withdraw money from the bank; **r. lo dicho,** to take back what one has said. 2 *(jubilar)* to retire. II retirarse *vr* 1 *Mil* to retreat, withdraw. 2 *(apartarse)* to withdraw, draw back, move back; *Tel* **no se retire,** hold on, don't hang up; **puede r.,** you may leave; **r. a su cuarto,** to retire to one's bedroom; **retírate de la ventana,** come *o* move away from the window. 3 *(jubilarse)* to retire.

retiro *nm* 1 *(jubilación)* retirement. 2 *(pensión)* pension; **cobrar el r.,** to receive one's pension. 3 *(lugar tranquilo)* retreat. 4 *Rel* **r. (espiritual),** retreat.

reto *nm* 1 challenge; **aceptar un r.,** to accept a challenge; **lanzar un r. a algn,** to challenge sb. 2 *Am* insult.

retocar [1] *vtr* to retouch; *(fotografía etc)* to touch up; *(perfeccionar)* to put the finishing touches to.

retoñar *vi* 1 *Bot (rebrotar)* to shoot, sprout. 2 *fig* to reappear.

retoño *nm* 1 *Bot (rebrote)* shoot, sprout. 2 *fig (niño)* kid.

retoque *nm* retouching, touching up; **dar los últimos retoques a,** to put the finishing touches to.

retorcer [54] I *vtr* 1 *(cuerda, hilo)* to twist; *(ropa)* to wring (out); *fam* **te voy a r. el pescuezo,** I'm going to wring your neck. 2 *fig (argumento)* to twist; *(ter-*

giversar) to distort. II retorcerse *vr* 1 to twist, be come twisted; *(doblar)* to bend, buckle. 2 *(persona* **r. de dolor,** to writhe in pain; **r. de risa,** to double up with laughter, split one's sides laughing.

retorcido,-a I *pp de* retorcer. II *adj fig* twisted **mente retorcida,** warped mind.

retorcimiento *nm* 1 twisting. 2 *fig* twistedness.

retórica *nf Lit* rhetoric; *fam fig* **tienes mucha r.** yours are empty words.

retórico,-a I *adj* rhetorical. II *nm,f* rhetorician.

retornable *adj* returnable; **'envase no r.',** 'non deposit bottle'.

retornar I *vtr (devolver)* to return, give back. II *v (volver)* to return, come back, go back.

retorno *nm* 1 *(trueque)* return. 2 *(recompensa)* re ward.

retorta *nf Quím* retort.

retortero *nm fam* **andar al r.,** *(estar ocupado)* to be up to one's ears; *(ansioso)* to climb the walls; *(ena morado)* to be head over heels; **llevar** *o* **traer a alg al r.,** *(tenerlo dominado)* to have sb under one's thumb; *(hacerlo trabajar)* to push sb around.

retortijón *nm* 1 twist. 2 *(dolor)* stomach cramp.

retozar [4] *vi* to frolic, romp.

retozo *nm* frolic.

retozón,-ona *adj* frolicsome, playful.

retracción *nf* retraction.

retractable *adj* retractable.

retractación *nf* retraction, withdrawal; **r. pública** public retraction.

retractar I *vtr* to retract, revoke, withdraw. II re tractarse *vr* to retract, take back; **me retracto de l que dije,** I take back what I said.

retráctil *adj (uña, garra)* retractile; *(tren de aterri zaje)* retractable.

retraer [88] I *vtr* 1 *(volver a traer)* to bring back again. 2 *(disuadir)* to dissuade. 3 *(echar en cara)* t reproach; **r. algo a algn,** to reproach sb for sth. I retraerse *vr* 1 *(retirarse)* to withdraw; *(por miedo* to shy away; **r. de la política,** to give up politics. *(refugiarse)* to take refuge.

retraído,-a I *pp de* retraer. II *adj* 1 *(tímido)* shy reserved. 2 *(solitario)* solitary; *(recluído)* secluded

retraimiento *nm* 1 *(timidez)* shyness, reserve, re tiring nature. 2 *(soledad)* solitude; *(reclusión)* se clusion.

retransmisión *nf Rad TV* broadcast, transmission ■ **r. en diferido,** repeat broadcast; **r. en directo,** live broadcast.

retransmisor *nm Téc* transmitter.

retransmitir *vtr* 1 *(mensaje)* to relay. 2 *Rad TV* t broadcast; **r. en diferido,** to broadcast a recording of; **r. en directo,** to broadcast live.

retrasado,-a I *pp de* retrasar. II *adj* 1 *(tren)* late *(reloj)* slow. 2 *(persona)* behind; **estar r. en mate máticas,** to be behind in maths; **ir r. en los pagos** to be in arrears; **tengo trabajo r.,** I'm behind in m work. 3 *(país)* backward, underdeveloped. 4 *Me (mental)* retarded, backward. III *nm,f* **r. (mental),** mentally retarded person.

retrasar I *vtr* 1 *(retardar)* to slow down, retard. 2 *(atrasar)* to delay, put off, postpone. 3 *(reloj)* to pu back. II *vi* to be late, behind time; *(reloj)* to be slow. III retrasarse *vr* 1 to be late, arrive late, be delayed; *(reloj)* to be slow; **me retrasó el tráfico,** the traffic held me up; **¿por qué te has retrasado tanto?,** what kept you? 2 *(en los estudios)* to fall behind.

traso nm 1 (demora) delay; el tren llega con r., the train is late; llevamos una hora de r., we are an hour behind schedule; vamos con r., we're running late. 2 (subdesarrollo) backwardness, underdevelopment. ■ Med r. mental, mental deficiency, mental retardation.

tratar I vtr 1 Arte to paint a portrait of; Fot to photograph, take a photograph of. 2 fig (describir) to describe, portray, depict. II retratarse vr 1 Arte to have one's portrait painted; Fot to have one's photograph taken. 2 fam (pagar) to pay up, cough up.

tratista nmf Arte portrait painter o artist; Fot photographer.

trato nm 1 Arte portrait; Fot photograph; fig es el vivo r. de su padre, he is the spitting image of his father. ■ r. robot, identikit picture, photofit picture. 2 (descripción) description, portrayal, depiction.

treparse vr (recostarse) to lean back; (ponerse cómodo) to lounge back.

treta nf Mil retreat; tocar r., to sound the retreat.

trete nm lavatory, toilet.

tribución nf (pago) pay, payment; (recompensa) reward, remuneration.

tribuir [41] vtr 1 (pagar) to pay; (recompensar) reward, remunerate. 2 Am (favor) to return, repay.

tro adj inv fam (retrógrado) reactionary; (antiguo) old-fashioned; la moda r., the old-fashioned look.

troacción nf retroaction.

troactivo,-a adj retroactive; Jur una ley con efecto r., a retroactive law.

troceder vi 1 (recular) to go back, move back, back away, recede; hacer r. a algn, to force sb back. 2 (echarse atrás) to back down.

troceso nm 1 (movimiento) backward movement, retirement. 2 Med aggravation, deterioration, worsening. 3 Econ recession. 4 (de un arma) recoil.

trocohete nm Astronáut retrorocket.

trógrado,-a I adj 1 (que retrocede) retrograde. 2 fig Pol (reaccionario) reactionary. II nm,f (reaccionario) reactionary.

tropropulsión nf Av jet propulsion.

trospección nf retrospection.

trospectivo,-a adj & nf retrospective.

trovisor nm Aut rear-view mirror.

truécano nm pun, play on words.

tuerzo indic pres véase retorcer .

tumbante adj resounding; fig ostentatious, pretentious.

tumbar vi 1 (resonar) to resound, echo. 2 (tronar) to thunder, boom.

tuve pt indef véase retener .

uma nm, reúma nm Med rheumatism.

umático,-a adj & nm,f Med rheumatic.

umatismo nm Med rheumatism.

unión nf 1 (de gente) meeting, gathering; asistir a una r., to attend a meeting; celebrar una r., to hold a meeting. ■ Pol r. en la cumbre, summit meeting. 2 (encuentro, celebración) reunion; r. de ex-alumnos, old students' reunion. 3 (de datos, objetos) collection, gathering.

unir [19] I vtr 1 (congregar) to assemble, gather together; r. a toda la familia, to get all the family together. 2 (recoger) to gather (together); (dinero) to raise. 3 (coleccionar) to collect. 4 (cualidades) to

have, possess; r. todos los requisitos, to fulfil all the requirements. II reunirse vr to meet, gather, get-together; r. con algn, to meet sb.

reválida nf Educ Hist final examination.

revalidación nf ratification, confirmation.

revalidar vtr to ratify, confirm, validate.

revalorización nf Econ (de moneda) revaluation; (de precio) appreciation.

revalorizar [4] vtr, revalorizarse vr Econ (moneda) to revalue, revalorize; (precio) to appreciate.

revancha nf 1 (venganza) revenge; tomarse la r., to take revenge. 2 Naipes return game; Dep return match.

revanchismo nm vengefulness, vindictiveness.

revanchista I adj vengeful, vindictive. II nmf person bent on revenge.

revelación nf revelation.

revelado,-a I pp derevelar . II nm Fot developing.

revelador,-a I adj revealing. II nm Fot developer.

revelar vtr 1 (dar a conocer) to reveal, disclose; r. un secreto, to reveal a secret. 2 Fot (película) to develop.

revendedor,-a nm,f 1 (gen) seller; (detallista) retailer. 2 Cin Teat (de entradas) ticket tout, scalper.

revender vtr 1 (gen) to resell; (al por menor) to retail. 2 Cin Teat (entradas) to tout.

reventa nf 1 (gen) resale; (al por menor) retail. 2 Cin Teat (de entradas) touting.

reventar [27] I vtr 1 (hacer estallar) to burst, explode; (neumático) to puncture, burst. 2 (romper) to break, smash. 3 (arruinar) to ruin, spoil. 4 fig (agotar) to exhaust, tire out. 5 fam (fastidiar) to annoy, bother; le revienta pedir favores, he hates asking for favours. 6 fam (asamblea, celebración) to disturb, break up. II vi 1 (estallar) to burst, explode; r. de orgullo, to be bursting with pride; r. de ganas de hacer algo, to be dying to do sth; reventaba de rabia, he was furious. 2 fam (morir) to peg out, snuff it. III reventarse vr 1 (estallar) to burst, explode. 2 fam (cansarse) to tire oneself out.

reventón I adj Bot clavel r., large carnation. II nm 1 (estallido) burst, explosion. 2 (de neumático) blowout, puncture, flat tyre o US tire.

reverberación nf reverberation, reflection.

reverberar vi to reverberate, reflect.

reverbero nm 1 (reverberación) reverberation. 2 Am (cocinilla) cooking stove.

reverdecer [43] vi 1 (planta) to grow green again. 2 fig (revivir) to revive, come to life again.

reverencia nf 1 (respeto) reverence; Rel Su R., (Your) Reverence. 2 (inclinación) bow, curtsy; hacer una r., to bow, curtsy.

reverencial adj reverential.

reverenciar [12] vtr to revere, venerate.

reverendo,-a adj & nm,f reverend.

reverente adj reverent.

reversible adj reversible.

reversión nf 1 (devolución) reversion. 2 (cambio total) reversal.

reverso nm reverse, back; fig el r. de la medalla, the other side of the coin.

revertir [35] vi 1 (volver) to revert, return, go back; Tel conferencia a cobro revertido, reverse-charge call, US collect call. 2 Jur to revert. 3 (resultar) to result (en, in); r. en beneficio de, to be to the advantage of; r. en perjuicio de, to be to the detriment of.

revés *nm* 1 *(reverso)* reverse, back, wrong side, inside; **al** *o* **del r.**, *(al contario)* the other way round; *(la parte interior en el exterior)* inside out; *(boca abajo)* upside down; *(la parte de detrás delante)* back to front; **al r. de lo que dicen,** contrary to what they say. 2 *(golpe)* backhander; *(bofetada)* slap; *Ten* backhand (stroke). 3 *fig (contrariedad)* setback, reverse; **los reveses de la vida,** life's misfortunes; **reveses de fortuna,** setbacks, blows of fate.

revestimiento *nm Téc* covering, coating.

revestir [34] I *vtr* 1 *(recubrir)* to cover (**de,** with), coat (**de,** with), line (**de,** with). 2 *(disfrazar)* to conceal, disguise. 3 *fig (tomar)* to take on, acquire; **la herida no reviste importancia,** the wound is not serious. II **revestirse** *vr (virtud, actitud)* to arm oneself (**de,** with); **r. de paciencia,** to arm oneself with patience, be patient.

revisar *vtr* 1 *(gen)* to revise, check, go through. 2 *Fin (cuentas)* to check, audit. 3 *(billetes)* to inspect. 4 *Aut (coche)* to service, overhaul.

revisión *nf* 1 *(gen)* revision, checking. ∎ *Fin* **r. de cuentas,** audit, auditing; *Med* **r. médica,** checkup. 2 *(de billetes)* inspection. 3 *Aut (de coche)* service, overhaul.

revisionismo *nm Pol* revisionism.

revisionista *adj & nmf Pol* revisionist.

revisor,-a *nm,f* ticket inspector.

revista *nf* 1 *Prensa (publicación)* magazine, journal, review. ∎ **r. de modas,** fashion magazine; **r. del corazón,** love story magazine; **r. juvenil,** teenage magazine; **r. semanal,** weekly review. 2 *(inspección)* inspection; **pasar r. a,** to inspect, review. 3 *Teat* revue; **chica de r.,** chorus girl.

revistar *vtr Mil* to inspect, review.

revistero *nm* magazine rack.

revitalizar [4] *vtr* to revitalize.

revival *nm* revival.

revivificar [1] *vtr* to revivify, revive.

revivir I *vi* to revive, come to life again. II *vtr* to revive, bring back to life.

revocable *adj* revocable.

revocar [1] *vtr* 1 *Jur (derogar) (ley)* to revoke, repeal; *(orden)* to cancel, rescind. 2 *Constr (enlucir)* to plaster, stucco; *(encalar)* to whitewash.

revolcar [49] I *vtr* 1 *(derribar)* to knock down, knock over. 2 *fam (oponente)* to floor, defeat, crush. 3 *fam (examen)* to fail, flunk. II **revolcarse** *vr* to roll about; **r. en el fango,** to wallow in the mud; *fig* **r. de risa,** to split one's sides laughing.

revolcón *nm* 1 *fam (revuelco)* fall, tumble. 2 *fam (suspenso)* failure. 3 *vulg (sexual)* romp.

revolotear *vi* to fly about, flutter about, hover.

revoloteo *nm* fluttering, hovering.

revoltijo *nm,* **revoltillo** *nm (mezcla)* mess, jumble; *fig (confusión)* mess; *Culin* **r. de gambas,** scrambled eggs *pl* with prawns.

revoltoso,-a I *adj* 1 *(travieso)* mischievous, naughty. 2 *(rebelde)* rebellious, unruly. II *nm,f* 1 *(travieso)* mischievous child, handful. 2 *(rebelde)* rebel. 3 *(alborotador)* troublemaker.

revolución *nf (gen)* revolution; *Hist* **la R. Francesa,** the French Revolution; *Téc* **50 revoluciones por minuto,** 50 revolutions per minute.

revolucionar *vtr* to revolutionize.

revolucionario,-a *adj & nm,f* revolutionary.

revolver [32] I *vtr* 1 *(mezclar)* to mix; *(ensalada)* to toss; *(líquido)* to stir. 2 *(desordenar)* to mess up, disturb; **r. la casa,** to turn the house

upside down. 3 *(producir náuseas)* to upset; **me re** **vuelve el estómago,** it turns my stomach. II **revo** **verse** *vr (agitarse)* to roll; *(en la cama)* to toss an turn. 2 *(volverse)* to turn round; *fig* **r. contra algr** to turn against sb. 3 *(el tiempo)* to turn stormy; *(* *mar)* to become rough.

revólver *nm (pl* **revólveres)** revolver.

revoque *nm Constr* 1 *(enlucido)* plastering; *(enca* *lado)* whitewashing. 2 *(material)* plaster, stucco *(cal)* whitewash.

revuelco *nm* fall, tumble, wallow.

revuelo *nm* 1 *(revoloteo)* fluttering. 2 *fig (agitación* stir, commotion, upheaval; **provocar** *o* **armar u** **gran r.,** to cause a great stir.

revuelta *nf* 1 *(insurrección)* revolt, riot. 2 *(curva* bend, turn.

revuelto,-a I *pp de* **revolver.** II *adj* 1 *(desorde* *nado)* jumbled, in a mess; *(enredado)* tangled *Culin* **huevos revueltos,** scrambled eggs. 2 *(líquido* cloudy. 3 *(tiempo)* stormy, unsettled; *(mar)* rough 4 *(revoltoso)* agitated, annoyed; **la gente está re** **vuelta,** people are annoyed. 5 *(época)* turbulent **están los tiempos muy revueltos,** these are turbuler times.

revulsión *nf Med* revulsion.

revulsivo,-a *adj & nm Med* revulsive.

rey *nm* 1 *(monarca)* king; *fig* **a cuerpo de r.,** like king; *fig* **vivir a cuerpo de r.,** to live like a king; *pro* **a r. muerto, r. puesto,** off with the old, on with th new. ∎ *Rel* **(el día de) Reyes,** (the) Epiphany; **el r** **de la selva,** the king of the jungle; *Hist* **el R. Sol** the Sun King; *Hist* **los Reyes Católicos,** the Catholi Monarchs *o* Kings; **los Reyes de España,** the Kin and Queen of Spain; *Rel* **los Reyes Magos,** the Three Kings, the Three Wise Men. 2 *Ajedre Naipes* king; **el r. de corazones,** the king of hearts

reyerta *nf* quarrel, brawl, dispute.

reyezuelo *nm* 1 *pey (rey)* kinglet. 2 *Orn* **r. (sen** **cillo),** goldcrest; **r. listado,** firecrest.

rezagado,-a I *pp de* **rezagar.** II *adj* **ir r.,** to la behind; **quedar r.,** to be left behind. III *nm,f* strag gler, latecomer.

rezagar [7] I *vtr (dejar atrás)* to leave behind *(atrasar)* to postpone, delay. II **rezagarse** *vr* to la *o* fall behind.

rezar [4] I *vi* 1 *(orar)* to pray; **r. a Dios,** to pray t God. 2 *(decir)* to say, read; **la placa rezaba 'Car** **bonilla S.A.',** the plate read 'Carbonilla S.A.'. *(ser aplicable)* **r. con,** to concern, apply to; **esto n** **reza conmigo,** that does not concern me. II *vtr Re (oración, misa)* to say.

rezo *nm* 1 *(acción)* praying. 2 *(oración)* prayer.

rezongar [7] *vi* to grumble, moan.

rezongón,-ona I *adj* grumbling, griping. II *nm,* grumbler, griper.

rezumar I *vtr (líquido)* to ooze, exude; *fig* **su car** **rezumaba alegría,** her face exuded happiness. II *v* to ooze out, seep, leak. III **rezumarse** *vr* to ooz out, seep, leak.

RFA *nf abr de* **República Federal de Alemania** German Federal Republic, GFR.

ría *nf* estuary, river mouth; *(en Galicia)* ria.

riachuelo *nm* brook, stream.

riada *nf* flood, flooding.

ribazo *nm* embankment, bank.

ribera *nf* 1 *(de río)* bank; *(del mar)* seashore, shore 2 *(zona)* riverside, waterfront.

ribereño,-a I *adj* riverside, waterfront. **II** *nm,f* *(persona)* riverside *o* waterfront dweller.

ribete *nm* **1** *Cost* edging, border. **2 ribetes,** *(indicios)* touch *sing*, something *sing;* **tener r. de cómico,** to be something of a comic.

ribeteado,-a I *pp de* ribetear. **II** *adj Cost* edged, bordered.

ribetear *vtr Cost* to edge, border.

ricacho,-a *nm,f,* **ricachón,-ona** *nm,f fam* moneybags *sing*.

ricino *nm Bot* castor-oil plant. ■ **aceite de r.,** castor oil.

rico,-a I *adj* **1** *(adinerado)* rich, wealthy; **hacerse r.,** to get rich. **2** *(abundante)* rich; **r. en proteínas,** rich in protein. **3** *(delicioso)* delicious; **esta sopa está muy rica,** this soup is very good. **4** *(bonito)* lovely, adorable; **¡qué niño más r.!,** what a lovely child! **5** *(excelente)* rich, magnificent; **una tela muy rica,** an excellent piece of material. **6** *(tierra)* rich, fertile. **7** *fam (tratamiento)* mate; **mira r., haz lo que quieras,** look mate, do what you want; **oye r., ¿tú me has tomado por imbécil?,** look mush, what do you take me for? **II** *nm,f* rich person; **los ricos,** the rich; **nuevo r.,** nouveau riche. ◆**ricamente** *adv (lujosamente)* richly; *fam* **tan r.,** very well; **aquí estoy tan r.,** I feel great here; **he dormido tan r.,** I slept very well.

rictus *nm inv* grin; **r. de dolor,** wince of pain.

ricura *nf fam* **1** *(de comida)* deliciousness. **2** *(tía buena)* smashing girl; **¡qué r.!,** what a girl!; **¡qué r. de niño!,** what an adorable child! **3** *(tratamiento)* love; **¡oye, r.!,** hey you!, hey, gorgeous!

ridiculez *nf* **1** *(cualidad)* ridiculousness; *(objeto)* ridiculous thing; **¡qué r.!,** how ridiculous! **2** *(nimiedad)* triviality.

ridiculizar [4] *vtr* to ridicule, deride.

ridículo,-a I *adj* ridiculous, absurd. **II** *nm* ridicule; **hacer el r., quedar en r.,** to make a fool of oneself; **poner en r. a algn,** to ridicule sb, make a fool of sb.

riego *nm Agr* watering, irrigation. ■ **boca de r.,** hydrant; **r. por aspersión,** sprinkling; *Anat* **r. sanguíneo,** blood circulation.

riel *nm Ferroc* rail; **r. de cortina,** curtain rail.

rielar *vi lit* to shimmer, gleam; **la luna en el mar riela,** the sea shimmers in the moonlight.

rienda *nf* rein; *fig* restraint; *fig* **aflojar las riendas,** to let up, slacken; *fig* **dar r. suelta a,** to give free rein to; *fig* **empuñar las riendas,** to take the reins; *fig* **llevar las riendas,** to hold the reins, be in control.

riesgo *nm* risk, danger; **a r. de, con r. de,** at the risk of; **correr el r. de,** to run the risk of. ■ *Aut* **seguro a todo r.,** fully-comprehensive insurance.

rifa *nf* raffle; **me tocó en una r.,** I won it in a raffle.

rifar I *vtr* to raffle (off). **II** *vi Méx (sobresalir)* to distinguish oneself, be outstanding. **III rifarse** *vr fam* **r. algo,** to fight over sth.

rifle *nm* rifle.

rigidez *nf* **1** *(dureza)* rigidity, stiffness. **2** *fig (severidad)* strictness, inflexibility, firmness.

rígido,-a *adj* **1** *(duro)* rigid, stiff. **2** *fig (severo)* strict, inflexible, firm.

rigor *nm* **1** *(gen)* rigour, *US* rigor; *(severidad)* severity, strictness; **con r.,** rigorously; **de r.,** indispensable; **en r.,** strictly speaking. **2** *(aspereza)* rigour, *US* rigor, harshness; **los rigores del invierno,** the rigours of winter.

rigurosidad *nf* rigorousness, strictness.

riguroso,-a *adj (gen)* rigorous; *(exacto)* exact; *(severo)* severe, strict. ◆**rigurosamente** *adv (gen)* rigorously; *(meticulosamente)* meticulously; *(severamente)* severely, strictly; **r. cierto,** absolutely true.

rijo *indic pres véase* regir.

rijoso,-a *adj* **1** *(pendenciero)* quarrelsome. **2** *(lujurioso)* lustful.

rima *nf Lit* **1** *(gen)* rhyme. ■ **r. imperfecta,** half rhyme; **r. perfecta,** full rhyme. **2 rimas,** *(poema)* poem *sing*.

rimar *vtr & vi* to rhyme **(con,** with).

rimbombante *adj (gen)* ostentatious, showy; *(lenguaje)* pompous, pretentious.

rímel *nm* mascara.

Rin *n* **el R.,** the Rhine.

rincón *nm* corner; *fam* **vive en un r. de la costa,** he lives in a remote spot on the coast.

rinconada *nf* corner.

rinconera *nf Mueb* corner table.

ring *nm (pl* **rings)** *Box* ring.

ringlera *nf* row, line.

ringlete *nm Am (persona)* active *o* energetic person.

ringorrango *nm fam* **1** *(en la escritura)* rambling. **2** *(adorno)* frill, adornment.

rinoceronte *nm Zool* rhinoceros.

riña *nf* **1** *(pelea)* fight, brawl. **2** *(discusión)* row, quarrel, argument.

riñón *nm* **1** *Anat* kidney; *fam* **costar un r.,** to cost an arm and a leg, cost a bomb; *fam* **tener el r. bien forrado** *o* **cubierto,** to be well off; *fam euf* **tener riñones,** to have guts. ■ *Med* **r. artificial,** kidney machine. **2** *Culin* kidney; **riñones al jerez,** kidneys in sherry sauce.

riñonada *nf* **1** *Anat* cortical tissue of the kidney; *fam* **costar una r.,** to cost an arm and a leg. **2** *(de res)* loins *pl;* **chuleta de r.,** loin chop. **3** *Culin (guiso)* kidney stew.

río *nm* **1** *(gen)* river; **r. abajo,** downstream; **r. arriba,** upstream; *fig* **pescar en r. revuelto,** to fish in troubled waters; *prov* **a r. revuelto, ganancia de pescadores,** there's good fishing in troubled waters. **2** *fig* stream; **r. de lágrimas,** flood of tears.

rioja *nm* Rioja wine.

riojano,-a I *adj* of *o* from La Rioja. **II** *nm,f* native *o* inhabitant of La Rioja.

ripio *nm* **1** *(residuo)* refuse, waste. **2** *Constr* rubble, filling. **3** *(palabras de relleno)* padding, waffle, verbiage; *fam* **no perder r.,** not to miss a trick. **4** *Am (pavimento)* gravel.

ripioso,-a *adj* padded (out).

riqueza *nf* **1** *(cualidad)* richness, wealthiness. **2 riquezas,** wealth *sing*, riches.

risa *nf* laugh, laughter; **ataque de r.,** fit of laughter; **es (cosa) de r.,** it's laughable; **me da r.,** it makes me laugh; **r. de conejo,** forced smile; **tomarse algo a r.,** to laugh sth off; *fig* **morirse** *o* **mondarse** *o* **desternillarse** *o* **troncharse de r.,** to die *o* fall about laughing; *fam* **esta película es una r.,** this film is a scream; *fam* **mi hermano es una r.,** my brother is a laugh; *fam fig* **tener algo muerto de r.,** to have sth sitting; *fam fig* **tengo el coche muerto de r.,** my car is just sitting there; *vulg* **mearse de r.,** to piss oneself laughing.

riscadillo *nm Am Tex* cotton linen.

risco *nm* crag, cliff.

risible *adj* laughable.

risilla *nf*, **risita** *nf* giggle, titter; *(risa falsa)* false laugh.

risotada *nf* guffaw.

ristra *nf* 1 *(sarta)* string. ■ **r. de ajos,** string of garlic; **r. de cebollas,** string of onions. 2 *fig* string, series *sing*; **una r. de mentiras,** a pack *o* string of lies.

ristre *nm* **en r.,** at the ready; **máquina en r.,** camera at the ready.

risueño,-a *adj* 1 *(sonriente)* smiling; **cara risueña,** smiling face. 2 *(alegre)* cheerful. 3 *(prometedor)* bright, promising; **un futuro r.,** a bright future.

Rita *nf* Rita; *fam* ¡**cuéntaselo a R.!,** pull the other one!; *fam* ¡**que lo haga R.!,** let someone else do it!

rítmico,-a *adj* rhythmic, rhythmical; **gimnasia rítmica,** eurhythmics *sing, US* eurythmics *sing.*

ritmo *nm* 1 *(gen)* rhythm. 2 *(paso)* pace, rate, speed; **llevar un buen r. de trabajo,** to work at a good pace.

rito *nm* 1 *Rel* rite; **ritos funerarios,** funeral rites. 2 *(ritual)* ritual.

ritual *adj & nm* ritual; **danza r.,** ritual dance; *fig* **ser de r.,** to be customary.

ritualidad *nf*, **ritualismo** *nm* ritualism.

ritualista I *adj* ritualistic. II *nmf* ritualist.

rival *adj & nmf* rival.

rivalidad *nf* rivalry.

rivalizar [4] *vi* to rival (**en,** in).

rivera *nf* brook, stream.

rizado,-a I *pp de* rizar. II *adj* 1 *(pelo)* curly. 2 *(mar)* choppy. III *nm* curling.

rizador *nm* curling tongs *pl*, curling iron.

rizar [4] I *vtr* 1 *(pelo)* to curl; *(tela, papel)* to crease; **r. el rizo,** *Av* to loop the loop; *fig* to split hairs. 2 *(mar)* to make choppy. II **rizarse** *vr* *(pelo)* to curl, go curly.

rizo *nm* 1 *(de pelo)* curl. 2 *(en el agua)* ripple. 3 *Tex* terry velvet. 4 *Av* loop.

rizoma *nm* *Bot* rhizome.

rizoso,-a *adj* naturally curly.

RNE *nf abr de* **Radio Nacional de España.**

róbalo *nm*, **robalo** *nm* *(pez)* bass.

robar *vtr* 1 *(objeto)* to steal; *(banco, persona)* to rob; *(casa)* to break into, burgle; **le robaron la cartera,** he had his wallet stolen; **r. un coche,** to steal a car; *fig* **en aquel supermercado te roban,** they really rip you off in that supermarket; *fig* **robarle el corazón a algn,** to steal sb's heart. 2 *Naipes (carta)* to draw.

robinia *nf* *Bot* false acacia, robinia.

roble *nm* *Bot* oak (tree); *fig* **fuerte como un r.,** as strong as an ox. ■ **r. albar,** durmast oak, sessile oak; **r. americano,** red oak; **r. cerris** *o* **turco,** Turkey oak.

robledal *nm*, **robledo** *nm* oak grove *o* wood.

roblón *nm* rivet.

robo *nm* *(gen)* robbery, theft; *(en casa)* burglary; **cometer un r.,** to commit a robbery; *fig* **estos precios son un r.,** these prices are daylight robbery. ■ **r. a mano armada,** armed robbery.

robot *nm* *(pl* **robots***)* robot.

robótica *nf* robotics *sing.*

robustecer [43] I *vtr* to strengthen. II **robustecerse** *vr* to gain strength, grow stronger.

robustecimiento *nm* strengthening.

robustez *nf* robustness, strength, sturdiness.

robusto,-a *adj* robust, strong, sturdy.

roca *nf* rock; **cristal de r.,** rock crystal; *fig* **tener un corazón de r.,** to have a heart of stone.

rocalla *nf* pebbles *pl*, stone chippings *pl.*

rocambolesco,-a *adj* incredible, fantastic, far-fetched.

roce *nm* 1 *(fricción)* rubbing; *(en la piel)* chafing. 2 *(marca) (en la pared)* scuff mark; *(en la piel)* chafing mark, graze. 3 *(contacto ligero)* brush, light touch. 4 *fam (trato entre personas)* contact. 5 *fam (discusión)* friction; **ha tenido varios roces con su jefe,** she has had a few disagreements with her boss.

rochela *nf* *Am* din, racket.

rociada *nf* 1 *(rociadura)* spraying, sprinkling. 2 *fig* shower, hail, stream; **una r. de balas,** a hail of bullets. 3 *(rocío)* dew.

rociar [13] I *vtr* 1 *(salpicar)* to spray, sprinkle. 2 *fig (esparcir)* to scatter, strew; *fam* **r. una comida con vino,** to wash down a meal with wine. II *v impers* **roció anoche,** a dew fell last night.

rocín *nm* 1 *Zool (caballo)* nag, hack. 2 *fam fig (zoquete)* blockhead, stupid fellow.

rocío *nm* dew.

rockero,-a *Mús* I *adj* rock; **música rockera,** rock music. II *nm,f (cantante)* rock singer; *(músico)* rock musician; *(fan)* rock fan.

rococó *adj & nm Arte* rococo.

Rocosas *npl* **las R.,** the Rockies.

rocoso,-a *adj* rocky, stony.

roda *nf* *Náut* stem.

rodaballo *nm* *(pez)* turbot.

rodada *nf* tyre *o US* tire mark.

rodado,-a I *pp de* rodar. II *adj* 1 *(piedra)* smooth, rounded; **canto r.,** boulder; *fig* **venir r.,** to happen at just the right moment. 2 *(vehículo, transporte)* on wheels, wheeled; **tráfico r.,** road traffic, vehicular traffic. 3 *fig (persona)* experienced.

rodaja *nf* slice; **en rodajas,** sliced.

rodaje *nm* 1 *Cin (filmación)* filming, shooting. 2 *Aut* running in; '**en r.**', 'running in'.

rodamiento *nm* *Téc* bearing. ■ **r. de bolas,** ball bearing.

Ródano *n* **el R.,** the Rhone.

rodante *adj* rolling.

rodapié *nm* skirting board, *US* baseboard.

rodar [31] I *vtr* 1 *Cin (película, escena)* to film, shoot. 2 *Aut (coche)* to run in. II *vi* 1 *(gen)* to roll, turn; **el camión rodó por la pendiente,** the lorry rolled down the hill; **rodó escaleras abajo,** he fell down the stairs; *fig* **echarlo todo a r.,** *(estropearlo)* to spoil everything; *(desistir)* to give up. 2 *(rondar)* to roam, wander, drift; **no me gusta tener mis papeles rodando por la casa,** I don't like having my paperwork all over the house; **r. por el mundo,** to roam the world. 3 *Aut* to run; **es un coche que rueda bien,** it's a car that runs well.

Rodas *n* Rhodes.

rodear I *vtr* 1 *(gen)* to surround, encircle; **la policía rodeó el edificio,** the police surrounded the building; **un bosque rodea la casa,** the house is surrounded by a wood. 2 *Am (ganado)* to round up. II **rodearse** *vr* to surround oneself (**de,** with); **se rodea de todas las comodidades,** he surrounds himself with all sorts of comforts.

rodeo *nm* 1 *(desvío)* detour; **dar un r.,** to make a detour. 2 *(al hablar)* evasiveness; **andarse con rodeos,** to beat about the bush; **no andarse con rodeos,**

to get straight to the point. **3** *(encierro de ganado)* round-up; *(espectáculo)* rodeo.

rodera *nf* track, tyre *o US* tire mark.

Rodesia *n* Rhodesia.

rodesiano,-a *adj & nm,f* Rhodesian.

rodete *nm* **1** *Peluq* bun, chignon. **2** *(para cargar cosas en la cabeza)* (ring-shaped) pad.

rodilla *nf* **1** *Anat* knee; **de rodillas,** *(arrodillado)* kneeling; *fig (humildemente)* on bended knees; **doblar** *o* **hincar la r.,** *(arrodillarse)* to go down on one knee; *fig (humillarse)* to humble oneself; **hincarse de rodillas,** to kneel down, go down on one's knees. **2** *(trapo)* cloth, floorcloth.

rodillada *nf,* **rodillazo** *nm* blow with the knee; **dar un r. a algn,** to knee sb.

rodillera *nf* **1** *Cost* knee patch. **2** *Dep* knee pad.

rodillo *nm* roller. ■ **r. de cocina,** rolling pin.

rododendro *nm Bot* rhododendron.

Rodríguez *nm fam* Rodríguez; *fam (marido)* **estar de R.,** to be alone while one's family is away on holiday, be a grass widower.

roedor,-a *adj & nm Zool* rodent.

roedura *nf* **1** *(acción)* gnawing. **2** *(marca)* gnaw mark.

roer [82] *vtr* **1** *(hueso)* to gnaw; *(galleta)* to nibble at. **2** *fig* to gnaw, nag, torment; **los remordimientos le roen la conciencia,** feelings of guilt gnawed at his conscience; *fig* **un hueso duro de r.,** a hard nut to crack.

rogar [52] *vtr* **1** *(pedir)* to request, ask; *(implorar)* to beg, implore, plead; **hacerse de r.,** to play hard to get; **le rogó que se marchara,** he asked her to leave; **'se ruega silencio',** 'silence please'. **2** *(rezar)* to pray.

rogativas *nfpl Rel* rogations.

roído,-a **I** *pp de* roer. **II** *adj* gnawed, eaten away.

roigo *indic pres véase* roer.

rojear *vi* to redden, turn red.

rojez *nf* redness.

rojiblanco,-a *adj* red-and-white.

rojizo,-a *adj* reddish.

rojo,-a **I** *adj* **1** *(encarnado)* red; *Fin* **estar en números rojos,** to be in the red; **Mar R.,** Red Sea; **ponerse r.,** *(gen)* to turn red; *(ruborizarse)* to blush; **r. de ira,** red with anger. **2** *(caliente)* red-hot. **3** *Pol (comunista)* red, communist; *Hist (en la guerra civil española)* Republican. **II** *nm (color)* red; **al r. vivo,** *(caliente)* red-hot; *fig (tenso)* very tense, very heated. **III** *nm,f Pol (comunista)* red, communist; *Hist (en la guerra civil española)* Republican.

rol *nm* **1** *(lista)* roll, list. **2** *(papel)* role; **jugar un r.,** to play a role.

rolar *vi Am* to associate **(con,** with), go around **(con,** with).

rollizo,-a *adj* chubby, plump.

rollo *nm* **1** *(gen)* roll; **r. de papel higiénico,** roll of toilet paper; *Culin* **r. de primavera,** spring roll. **2** *(de grasa)* roll, layer. **3** *fam (pesadez)* drag, bore, pain; **es el mismo r. de siempre,** it's the same old story; **este libro es un r.,** this book is a drag; **este tío es un r.,** this guy is a pain in the neck; **un r. de película,** a boring film. **4** *fam (asunto, historia)* affair; **no está en el r.,** he's not one of us; **tiene un r. con Pedro,** she's having a fling with Pedro.

rom *nm Inform* rom.

Roma *n* Rome; *fig* **revolver R. con Santiago,** to move heaven and earth; *prov* **cuando fueres a R. haz lo que vieres,** when in Rome do as the Romans do; *prov* **todos los caminos conducen a R.,** all roads lead to Rome.

romana *nf (balanza)* steelyard.

romance **I** *adj Ling* Romance. **II** *nm* **1** *(idioma)* Romance; *(español)* Spanish; *fig* **hablar en r.,** to speak plainly **2** *Lit* narrative poem, romance, ballad. **3** *(aventura amorosa)* romance.

romancero *nm Lit* collection of romances.

románico,-a *adj & nm* **1** *Arte Arquit* Romanesque. **2** *Ling* Romance.

romano,-a *adj & nm,f* Roman.

romanticismo *nm* romanticism.

romántico,-a *adj & nm,f* romantic.

romanza *nf Mús* romance.

rombo *nm Geom* rhombus.

romboide *nm* rhomboid.

romería *nf Rel* pilgrimage; *(excursión)* trip, excursion.

romero,-a[1] *nm,f Rel* pilgrim.

romero[2] *nm Bot* rosemary.

romo,-a *adj* **1** *(sin punta)* blunt, dull. **2** *(nariz)* snub.

rompecabezas *nm inv* **1** *(juego)* (jigsaw) puzzle. **2** *fig (problema)* riddle, puzzle; **este caso es un r.,** this case is a riddle.

rompecorazones *nmf inv fam* heartbreaker, heartthrob.

rompehielos *nm inv Náut* icebreaker.

rompeolas *nm inv* breakwater, jetty.

romper *(pp roto)* **I** *vtr* **1** *(gen)* to break; *(papel, tela)* to tear; *(vajilla, cristal)* to smash, shatter; *(pantalones)* to split; **r. las hojas de un libro,** to tear *o* rip out the pages of a book; *fig* **r. el hielo,** to break the ice; *fam* **r. la cabeza** *o* **crisma,** to kill, clobber. **2** *(relaciones)* to break off; *(contrato)* to break. **3** *(cerca, límite)* to break through *o* down. **4** *(gastar)* to wear out. **5** *Mil* **r. el fuego,** to open fire; **r. filas,** to break ranks, fall out'; **r. las hostilidades,** to initiate hostilities. **6** *(mar, aire)* to cleave. **II** *vi* **1** *(olas, día)* to break. **2** *(acabar)* to break **(con,** with); **ha roto con su pasado,** she broke with her past; **rompió con su novio,** she broke it off with her boyfriend. **3** *(empezar)* **r. a,** to burst out; **rompió a llorar,** he burst out crying; **r. en,** to burst into; **rompió en llanto,** she burst into tears. **III** **romperse** *vr* **1** *(gen)* to break; *(papel, tela)* to tear; **se le han roto las gafas,** he's broken his glasses; **se me han roto las medias,** I've torn my stockings; **se me han roto los vaqueros,** my jeans have split; **se rompió por la mitad,** it broke *o* split in half; *fig* **r. la cabeza,** to rack one's brains; *fam (persona)* **de rompe y rasga,** determined, resolute. **2** *(desgastarse)* to wear out.

rompible *adj* breakable.

rompiente *nm* reef, shoal.

rompimiento *nm (rotura)* breaking, breakage; *fig (de relaciones)* breaking-off.

ron *nm* rum.

roncadora *nf Am* large spur.

roncal[1] *nm Orn* nightingale.

roncal[2] *nm Culin* variety of cheese made from ewe's milk.

roncar [1] *vi* to snore.

roncear **I** *vtr Arg Chi (mover con palancas)* to lever, move by levering. **II** *vi Am (espiar)* to spy on, keep watch on.

roncha *nf* **1** *Med (en la piel)* swelling, lump; *fig* **levantar ronchas,** to cause a stir. **2** *(rodaja)* (round) slice.

ronco,-a *adj* hoarse; **quedarse r.,** to lose one's voice.

ronda *nf* **1** *(patrulla)* round, beat, patrol; **hacer la r.,** to do one's rounds. **2** *Mús (conjunto)* group of strolling minstrels; **salir de r.,** to go out and sing serenades. **3** *(carretera)* ring road; *(paseo)* avenue. **4** *(serie)* round; **pagar una r.,** to pay for a round of drinks. **5** *Naipes* hand, round.

rondalla *nf* **1** *Mús* group of strolling minstrels. **2** *(cuento)* tale, story.

rondar I *vtr* **1** *(vigilar)* to patrol, do the rounds of. **2** *pey (merodear)* to prowl around, hang about, haunt; **siempre ronda por aquí,** he's always prowling around here. **3** *(cortejar)* to woo, court. **4** *(estar cerca)* to be about o approximately; **debe r. los sesenta,** he must be about sixty; **me anda rondando un catarro,** I'm getting a cold; **me ronda el sueño,** I'm feeling sleepy. II *vi* **1** *(vigilar)* to patrol. **2** *(merodear)* to prowl around, roam around; **me gusta r. por las tiendas,** I like wandering around the shops.

rondón (de) *loc adv* unexpectedly, unannounced; **colarse de r.,** to slip in unnoticed.

ronquear *vi* to be hoarse.

ronquera *nf* hoarseness.

ronquido *nm* snore, snoring.

ronronear *vi* to purr.

ronroneo *nm* purring.

ronzal *nm* halter.

ronzar [4] *vi* to crunch, munch.

roña I *nf* **1** *(mugre)* filth, dirt. **2** *Med Vet (sarna)* mange. **3** *fam (tacañería)* meanness, stinginess. II *nmf fam (tacaño)* scrooge, miser.

roñería *nf* meanness, stinginess.

roñica *fam* I *adj* mean, stingy. II *nmf* scrooge, miser.

roñoso,-a I *adj* **1** *(mugriento)* filthy, dirty. **2** *Med Vet (sarnoso)* mangy. **3** *fam (tacaño)* mean, stingy. II *nm,f (tacaño)* scrooge, miser.

ropa *nf* **1** *(gen)* clothes *pl,* clothing; **quítate la r.,** take your clothes off; *fig* **a quema r.,** point-blank; *fig* **hay r. tendida,** watch what you say; *fig* **no tocar la r. a algn,** not to touch a hair of sb's head; *prov* **la r. sucia se lava en casa,** one should not wash one's dirty linen in public. ■ **r. blanca,** (household) linen; *Cost* **r. hecha,** ready-made clothes; **r. interior,** underwear. **2** *Culin* **r. vieja,** meat stew.

ropaje *nm* robes *pl,* vestment.

ropavejero,-a *nm,f* second-hand clothes dealer.

ropero *nm* **(armario) r.,** wardrobe, *US* (clothes) closet.

roque *nm* **1** *Ajedrez* rook. **2** *fam* **quedarse r.,** to fall fast asleep.

roqueda *nf,* **roquedal** *nm* rocky place.

roquero,-a *adj & nm,f véase* **rockero,-a.**

rorro *nm fam* baby.

rosa I *adj inv (color)* pink; **clavel r.,** pink carnation; **novela r.,** romantic novel; *fig* **verlo todo de color r.,** to see everything through rose-tinted spectacles. II *nf* **1** *Bot* rose; *fig* **fresco como una r.,** as fresh as a daisy; *fig* **no hay r. sin espinas,** there's no rose without a thorn; *prov* **la vida no es un lecho de rosas,** life is not a bed of roses. ■ *Náut* **r. de los vientos,** compass (rose); *Bot* **r. silvestre,** dog rose.

2 *Arquit (rosetón)* rose window. **3** *SAm (rosal)* rosebush. III *nm (color)* pink.

rosáceo,-a *adj* rose-coloured, rosy.

rosado,-a I *adj* **1** *(de color rosa)* pink, rosy. **2** *(vino)* rosé. II *nm (vino)* rosé.

rosal *nm Bot* rosebush.

rosaleda *nf Bot* rose garden.

rosario *nm* **1** *Rel* rosary, beads *pl;* **rezar el r.,** to say the rosary; *fig* **acabar como el r. de la aurora,** to come to an abrupt end, end badly. **2** *(sarta)* string, series *sing;* **r. de improperios.** string of insults.

rosbif *nm (pl rosbifs) Culin* roast beef.

rosca *nf* **1** *(de tornillo)* thread; **r. de Arquímedes,** Archimedes' screw; **tapón de r.,** screw-on top; *fig* **pasarse de r.,** to go too far; *fam* **hacer la r. a algn,** to suck up to sb. **2** *(anillo)* ring; *(espiral)* spiral, coil. **3** *Culin* ring-shaped roll o pastry. **4** *Arg Chi (discusión)* argument; *(pelea)* fight, clash.

rosco *nm Culin* ring-shaped roll o pastry; *vulg* **no comerse un r.,** not to get one's oats.

roscón *nm Culin* ring-shaped roll o pastry.

roseta *nf* **1** *(en las mejillas)* flush. **2** *(de cintas)* rosette. **3** *(de regadera)* rose, nozzle. **4** **rosetas,** *(de maíz)* popcorn *sing.* **5** *Am (de espuela)* rowel.

rosetón *nm Arquit* rose window.

rosquilla *nf* ring-shaped pastry; *fam fig* **venderse como rosquillas,** to sell like hot cakes.

rosticería *nf Méx Nic* grillroom, steak house.

rostro *nm* **1** *(cara)* face; *fam* **echarle r.,** to be daring o cheeky; *fam* **tener mucho r.,** to have a lot of nerve; *fam* **¡vaya r.!,** what cheek! **2** *(pico de ave)* beak.

rotación *nf* rotation. ■ *Agr* **r. de cultivos,** crop rotation.

rotativo,-a I *adj* rotary, revolving. II *nm* newspaper. III *nf* rotary press.

rotatorio,-a *adj* rotary, rotating, revolving.

roto,-a I *pp de* **romper.** II *adj* **1** *(gen)* broken; *(papel)* torn; *(gastado)* worn out; *fig* **con el corazón r.,** heart-broken. **2** *(andrajoso)* in tatters, tattered, ragged. III *nm* **1** *(agujero)* hole, tear; *prov* **nunca falta un r. para un descosido,** birds of a feather flock together. **2** *Arg Per (chileno)* Chilean. **3** *Méx (petimetre de pueblo)* village dandy.

rotonda *nf Arquit* rotunda.

rotor *nm* rotor.

rótula *nf* **1** *Anat* kneecap. **2** *Téc* ball-and-socket joint.

rotulación *nf* lettering.

rotulador *nm* felt-tip pen.

rotular[1] *vtr* to letter, label.

rotular[2] *adj Anat* kneecap.

rótulo *nm* **1** *(letrero)* sign, notice; **r. de neón,** neon sign. **2** *(titular)* title, heading.

rotundidad *nf* firmness.

rotundo,-a *adj* **1** *(terminante)* categorical; **éxito r.,** resounding success; **una negativa rotunda,** a flat refusal. **2** *(frase)* well-rounded.

rotura *nf* **1** *(ruptura)* breaking, breakage, break, crack; *Med* fracture. **2** *(en un tejido)* tear, rip.

roturación *nf Agr* ploughing, *US* plowing.

roturadora *nf* plough, *US* plow.

roturar *vtr* to plough, *US* plow.

roulotte *nf Aut* caravan.

royalty *nm (pl royalties)* royalty.

rozadura *nf* scratch, chafing mark, abrasion.

rozagante *adj* **1** *(ufanoso)* splendid, magnificent. **2** *(vistoso)* showy.

rozamiento *nm* **1** *(roce)* rubbing, friction. **2** *fig (discusión)* friction, disagreement.

rozar [4] **I** *vtr* **1** *(raspar)* to touch, rub against, brush against; *fig (tema)* to touch on. **2** *Agr (ganado)* to graze. **3** *Constr (pared)* to make grooves in *o* on. **II** *vi (raspar)* to rub. **III rozarse** *vr* **1** *(raspar)* to rub, brush **(con,** against). **2** *fig* to rub shoulders **(con,** with).

r.p.m. *abr de* **revoluciones por minuto,** revolutions per minute, rpm.

Rte. *abr de* **remite, remitente,** sender.

RTVE *nf abr de* Radio Televisión Española.

rúa *nf* street.

Ruanda *n* Rwanda.

ruandés,-esa *adj & nm,f* Rwandan.

rubéola *nf Med* German measles *pl,* rubella.

rubí *nm (pl rubíes) Min* ruby.

rubia *nf* **1** *(mujer)* blonde. ■ **r. oxigenada,** peroxide blonde; **r. platino,** platinum blonde. **2** *fam (peseta)* one-peseta coin.

rubiales *nmf inv fam (hombre)* blond; *(mujer)* blonde.

rubicundo,-a *adj* rosy, rubicund, reddish.

rubio,-a I *adj (pelo, persona)* fair, blond, blonde; **tabaco r.,** Virginia tobacco. **II** *nm* **1** *(hombre)* blond. **2** *(pez)* red gurnard.

rublo *nm (moneda)* rouble.

rubor *nm* blush, flush.

ruborizarse [4] *vr* to blush, go red.

ruboroso,-a *adj* blushing, bashful.

rúbrica *nf* **1** *(trazo)* flourish added to a signature. **2** *(título)* title, heading.

rubricar [1] *vtr* **1** *(firmar)* to sign with a flourish; **firmado y rubricado,** signed and sealed. **2** *(respaldar)* to endorse, ratify.

rubro,-a I *adj fml* red. **II** *nm (título)* title, heading.

ruco,-a *adj CAm (caballo)* old, useless.

ruda *nf Bot* rue.

rudeza *nf* roughness, coarseness.

rudimentario,-a *adj* rudimentary.

rudimento *nm* rudiment.

rudo,-a *adj* rough, coarse.

rueca *nf* distaff.

rueda *nf* **1** *(gen)* wheel; *fig* **comulgar con ruedas de molino,** to be very gullible; *fam* **ir sobre ruedas,** to go very smoothly. ■ **r. de la fortuna,** wheel of fortune; **r. de molino,** millwheel; *Aut* **r. de recambio,** spare wheel; *Aut* **r. delantera/trasera,** front/rear wheel; *Téc* **r. dentada,** cog, cogwheel. **2** *(corro)* circle, ring. ■ **r. de prensa,** press conference. **3** *(rodaja)* round slice. **4** *(turno)* round.

ruedo *nm* **1** *Taur* bullring, arena; **dar la vuelta al r.,** to walk round the bullring receiving applause; *fig* **echarse al r.,** to launch oneself into sth. **2** *(de falda)* hem. **3** *(estera)* round mat.

ruego *nm* request, petition; **'ruegos y preguntas',** 'any other business'.

rufián *nm* **1** *(granuja)* villain, scoundrel. **2** *(proxeneta)* pimp.

rufianesca *nf* underworld.

rufianesco,-a *adj* villainous.

rugby *nm Dep* rugby.

rugido *nm* **1** *(bramido)* roar, bellow; *(viento)* howl. **2 rugidos,** *(de tripas)* rumbling *sing.*

rugir [6] *vi* to roar, bellow; *(viento)* to howl.

rugoso,-a *adj* wrinkled, rough.

ruibarbo *nm Bot* rhubarb.

ruido *nm (gen)* noise; *(sonido)* sound; *(jaleo)* din, row; *fig* stir, commotion; **hacer** *o* **meter r.,** to make a noise; *fig* to cause a stir; *fam fig* **mucho r. y pocas nueces,** much ado about nothing. ■ **r. ambiental** *o* **de fondo,** background noise.

ruidoso,-a *adj* **1** *(que hace ruido)* noisy, loud. **2** *fig (sensacional)* sensational.

ruin *adj* **1** *(vil)* vile, base, despicable. **2** *(tacaño)* mean, stingy. **3** *(raquítico)* puny, weak.

ruina *nf* **1** *(hundimiento)* ruin, collapse; **amenazar r.,** to be about to collapse. **2** *fig* downfall, end, fall. **3 ruinas,** *Arqueol* ruins.

ruindad *nf* **1** *(vileza)* vileness, meanness. **2** *(acto)* mean act, low trick.

ruinoso,-a *adj* **1** *Fin* ruinous, disastrous. **2** *(destartalado)* dilapidated, tumbledown.

ruiseñor *nm Orn* nightingale. ■ **r. bastardo,** Cetti's warbler.

ruleta *nf* roulette. ■ **r. rusa,** Russian roulette.

rulo *nm* **1** *(rizo)* curl, ringlet. **2** *(para rizar el pelo)* curler, roller. **3** *Culin* rolling pin.

rulot *nf (pl rulots) véase* roulotte.

Rumanía *n* Rumania, Roumania.

rumano,-a I *adj* Rumanian, Roumanian. **II** *nm,f (persona)* Rumanian, Roumanian. **III** *nm (idioma)* Rumanian, Roumanian.

rumba *nf Mús* rhumba, rumba.

rumbear *vi* to dance the rhumba *o* rumba.

rumbo[1] *nm* **1** *(dirección)* direction, course; **(con) r. a,** bound for, heading for, in the direction of; **marcar el r.,** to set the course; **perder el r.,** *(avión, barco)* to go off course; *fig (persona)* to lose one's bearings; **poner r. a,** to head for. **2** *Arg (herida)* cut on the head.

rumbo[2] *nm fam fig* **1** *(pompa)* pomp, show, lavish display. **2** *(generosidad)* generosity, lavishness.

rumboso,-a *adj fam fig* sumptuous, lavish.

rumia *nf* rumination.

rumiante *adj & nm* ruminant.

rumiar [12] **I** *vtr* **1** *(mascar)* to chew. **2** *fig (pensar)* to ruminate, reflect on, chew over. **II** *vi (mascar)* to ruminate, chew the cud.

rumor *nm* **1** *(habladuría)* rumour, *US* rumor; **corre el r. de que ...,** rumour has it that ... . **2** *(murmullo)* murmur.

rumorearse *v unipers* to be rumoured, *US* be rumored; **se rumorea que ...,** it is rumoured that ... .

rumoroso,-a *adj (arroyo)* murmuring.

runfla *nf,* **runflada** *nf fam* **1** *(montón)* lot, heap. **2** *Am (gentío)* crowd.

runrún *nm* **1** *(ruido)* buzz, noise, murmur. **2** *fam (rumor)* rumour, *US* rumor.

runrunearse *v unipers fam* to be rumoured, *US* be rumored.

runruneo *nm* buzz, noise, murmur.

rupestre *adj* rock; **pintura r.,** cave painting.

rupia *nf (moneda)* rupee.

ruptura *nf (rotura)* breaking, breakage; *fig (de relaciones)* breaking-off.

rural *adj* rural, country; **finca r.,** country estate.

Rusia *n* Russia.

ruso,-a I *adj* Russian. **II** *nm,f (persona)* Russian. **III** *nm (idioma)* Russian.

rústico,-a I *adj* rustic, rural. **II** *nm* peasant, yokel.

ruta *nf* route, way, road; *fig* **la r. del éxito,** the road to success.

rutilante *adj lit* shining, sparkling, gleaming.

rutilar *vi lit* to shine, sparkle, gleam.

rutina *nf* routine; **por r.,** as a matter of course.

rutinario,-a *adj* **1** *(habitual)* routine; **visita rutinaria,** routine visit. **2** *(persona)* unimaginative, pedestrian, dull.

Rvda. *abr de* **Reverenda,** Reverend, Rev. Revd.

Rvdo. *abr de* **Reverendo,** Reverend, Rev, Revd.

S

S, s ['ese] *nf (la letra)* S, s.

S *abr de* **Sur,** South, S.

S., s. *abr de* **San** *o* **Santo,** Saint, St.

s. 1 *abr de* **siglo,** century, c. **2** *abr de* **siguiente,** next, following.

s/ 1 *abr de* **suyo,-a**; *véase* **suyo,-a. 2** *abr de* **su(s)**; *véase* **su.**

S.A. 1 *abr de* **Sociedad Anónima,** Limited, Ltd, PLC, plc. **2** *abr de* **Su Alteza,** His *o* Her Highness, H.H.

sábado *nm* Saturday; *véase tamb* **viernes.**

sabana *nf Geog* savanna, savannah.

sábana *nf* sheet; *fam* **se me pegaron las sábanas,** I overslept. ■ **s. encimera/bajera,** top/bottom sheet.

sabandija *nf* **1** *(animal)* bug, insect, creepy-crawly. **2** *fig (persona)* louse.

sabañón *nm Med* chilblain.

sabático,-a *adj* sabbatical.

sabatino,-a *adj* relating to Saturday.

sabedor,-a *adj* aware **(de,** of), informed **(de,** about).

sabelotodo *nmf inv* know-all.

saber[1] *nm* knowledge.

saber[2] [83] **I** *vtr* **1** *(conocer)* to know; **hacer s.,** to inform; **para que lo sepas,** for your information; **que yo sepa,** as far as I know; **¿se puede s. por qué?,** may I ask why?; **vete tú a s.,** goodness knows; **ya lo sabes todo,** now you know all about it; **¡y yo qué sé!,** how should I know!; *fig* **a s.,** namely; *fig* **no sabe por dónde se anda,** he hasn't got a clue; *fig* **no s. dónde meterse,** to feel embarrassed; *fig* **s. más que Lepe,** to be nobody's fool; *fam* **el señor no sé cuántos,** Mr so-and-so. **2** *(tener habilidad)* to be able to, know how to; **¿sabes cocinar?,** can you cook?, do you know how to cook?; **¿sabes hablar inglés?,** can you speak English? **3** *(enterarse)* to learn, find out; **no lo supimos hasta ayer,** we only found out yesterday; **¿qué sabes de Marisa?,** have you heard from Marisa? **II** *vi* **1** *(tener sabor)* to taste **(a,** of); **sabe bien,** it tastes good; *fam fig* **le sabe mal que ...,** he is upset *o* annoyed that ... . **2** *Am (soler)* to be accustomed to. **III** **saberse** *vr* to know; **me lo sé todo,** I know it all; **ya se sabe,** you know how it is.

sabido,-a I *pp de* **saber. II** *adj* known; **como es s.,** as everyone knows; **es noticia sabida,** it is a well-known fact; **s. es que ...,** it is well known that ... .

sabiduría *nf* **1** *(conocimientos)* knowledge, wisdom. **2** *(prudencia)* wisdom.

sabiendas (a) *loc adv* knowingly; **a s. de que ...,** knowing full well that ... .

sabihondo,-a *fam* **I** *adj* pedantic. **II** *nm,f (sabelotodo)* know-all; *(pedante)* pedant.

sabio,-a I *adj* **1** *(con conocimientos)* learned, knowledgeable. **2** *(prudente)* wise; *(sensato)* sensible. **II** *nm,f* **1** *(instruido)* learned person, man *o* woman of learning. **2** *(poseedor de la sabiduría)* sage, wise person.

sabiondo,-a *adj fam véase* **sabihondo,-a.**

sablazo *nm (golpe)* blow with a sabre; *(herida)* sabre wound; *fam fig* **dar un s. a algn,** to touch sb for money, scrounge some money off *o* from sb.

sable *nm* sabre, *US* saber.

sableador,-a *nm,f fam* sponger, scrounger.

sablear *vtr* to touch for money, scrounge money off.

sablista *nmf fam* sponger, scrounger.

sabor *nm* **1** *(gusto)* taste, flavour, *US* flavor; **con s. a limón,** lemon-flavoured; **sin s.,** tasteless. **2** *fig (impresión)* feeling; **dejar mal s. (de boca),** to leave a bad taste in one's mouth.

saborear *vtr* **1** *(degustar)* to taste. **2** *fig (apreciar)* to savour, *US* savor, relish.

saboreo *nm* savouring, *US* savoring.

sabotaje *nm* sabotage.

saboteador,-a *nm,f* saboteur.

sabotear *vtr* to sabotage.

sabré *indic fut véase* **saber**[2].

sabroso,-a *adj* **1** *(gustoso)* tasty; *(delicioso)* delicious. **2** *(agradable)* delightful. **3** *Am (hablador)* talkative.

sabrosón,-ona *adj Am (hablador)* talkative; *(simpático)* nice; *(divertido)* fun.

sabrosura *nf Am (calidad de sabroso)* tastiness; *fig (deleite)* delight.

sabueso *nm* **1** *(perro)* bloodhound. **2** *fig (persona)* sleuth.

saca *nf* large sack. ■ **s. de correos,** mailbag.

sacaclavos *nm inv* pincers *pl,* nail-remover.

sacacorchos *nm inv* corkscrew.

sacacuartos *nm inv fam* money-waster.

sacadineros *fam* **I** *nm inv* money-waster; *(timo)* racket, swindle. **II** *nmf inv (persona)* swindler, fiddler.

sacafaltas *nmf inv fam* critic, fault-finder.

sacamuelas *nmf inv fam* dentist; *fig* **hablar más que un s.,** to be a chatterbox.

sacapuntas *nm inv* pencil sharpener.

sacar [1] **I** *vtr* **1** *(gen)* to take *o* pull *o* get out; **s. a algn a bailar,** to ask sb to dance; **s. brillo a algo,** to make sth shine; **s. dinero del banco,** to withdraw money from the bank; **s. la lengua,** to stick one's tongue out; **sacó un pañuelo del bolso,** she took a handkerchief from her bag; *fig* **s. a algn de sí,** to infuriate sb; *fig* **s. adelante,** *(hijos)* to give a good education to; *(negocio)* to help prosper; *fig* **s. algo a relucir,** to bring sth up (in conversation); *fig* **s. faltas a algo,** to find fault with sth; *fig* **s. fuerzas de flaqueza,** to draw strength from nowhere; *fig* **sacarle los colores a algn,** to make sb blush. **2** *(obtener)* to get; *(premio)* to win; *(dinero)* to get, make; *(conclusiones)* to draw, reach; **¿qué notas has sacado?,** what marks did you get?; **s. algo en claro** *o* **en limpio,** to make sense of sth. **3** *(extraer)* to obtain, extract; **s. provecho de algo,** to benefit from sth. **4** *(introducir)* *(nuevo producto)* to bring out; *(nueva moda)* to bring in. **5** *(publicar)* to publish, bring out. **6** *(hacer)* *(fotografía)* to take; *(fotocopia)* to make. **7** *(comprar)* to get, buy; **s. un abono,** to buy a season ticket. **8** *Ten* to serve; *Ftb* to kick off. **II sacarse** *vr* **1** *(desvestirse)* to take off. **2** *(hacerse)* to have taken; **s. una foto,** to have a photograph taken.

sacarina *nf* *Quím* saccharin.

sacarosa *nf* *Quím* sucrose.

sacerdocio *nm* priesthood.

sacerdotal *adj* priestly.

sacerdote *nm* priest; **sumo s.,** high priest.

sacerdotisa *nf* priestess.

saciable *adj* satiable.

saciar [12] **I** *vtr* *(satisfacer)* *(hambre)* to satiate, sate; *(sed)* to quench; *(deseos)* to satisfy; *(ambiciones)* to fulfil, *US* fulfill. **II saciarse** *vr* to satiate oneself, be satiated; **comer/beber hasta s.,** to eat/drink one's fill.

saciedad *nf* satiation, satiety; **repetir algo hasta la s.,** to repeat sth over and over (again).

saco *nm* **1** *(bolsa)* sack, bag; *fig* **no echar algo en s. roto,** to take good note of sth. ■ **s. de dormir,** sleeping bag; **s. de viaje,** overnight bag. **2** *(contenido)* sackful, bagful. **3** *Anat* sac. **4** *Mil* sack; **entrar a s. en una ciudad,** to pillage a town. **5** *Am* *(chaqueta)* jacket; *(abrigo)* coat.

sacón,-ona *adj* *CAm* **1** *(acusón)* telltale, sneaking. **2** *(adulador)* flattering.

sacralizar [4] *vtr* to consecrate.

sacramental *adj* *Rel* sacramental; *Teat* **auto s.,** mystery play.

sacramentar *vtr* *Rel* to administer the last sacraments.

sacramento *nm* *Rel* sacrament; **el Santísimo S.,** the Blessed Sacrament.

sacrificado,-a **I** *pp de* sacrificar. **II** *adj* *(persona)* self-sacrificing.

sacrificar [1] **I** *vtr* **1** *(ofrecer en sacrificio)* to sacrifice. **2** *(matar reses)* to slaughter. **II sacrificarse** *vr* to make a sacrifice *o* sacrifices; **s. por algn/algo,** to sacrifice oneself for sb/sth.

sacrificio *nm* sacrifice.

sacrilegio *nm* sacrilege.

sacrílego,-a *adj* sacrilegious.

sacristán,-ana *nm,f* *Rel* verger, sexton.

sacristía *nf* *Rel* vestry, sacristy.

sacro,-a[1] *Anat* **I** *adj* sacrum. **II** *nm* **(hueso) s.,** sacrum.

sacro,-a[2] *adj* *(sagrado)* sacred.

sacrosanto,-a *adj* sacrosanct.

sacudida *nf* **1** *(gen)* shake; *(espasmo)* jolt, jerk; **avanzar a sacudidas,** to jolt along; **dar una s. a algo,** to shake sth. **2** *(terremoto)* earthquake. **3** *(conmoción)* shock; **s. eléctrica,** electric shock.

sacudidor *nm* carpet beater.

sacudir **I** *vtr* **1** *(agitar)* to shake; *(alfombra, sábana)* to shake out. **2** *(quitar)* *(arena, polvo)* to shake off. **3** *(golpear)* to beat. **4** *(conmover)* to shock, stun. **II sacudirse** *vr* *(deshacerse de)* to shake off, get rid of; **s. el polvo de la manga,** to shake the dust off one's sleeve.

sádico,-a **I** *adj* sadistic. **II** *nm,f* sadist.

sadismo *nm* sadism.

sadoca *fam* **I** *adj* sadistic. **II** *nmf* sadist.

sadomasoquismo *nm* sadomasochism.

sadomasoquista **I** *adj* sadomasochistic. **II** *nmf* sadomasochist.

saeta *nf* **1** *(dardo)* arrow, dart. **2** *(del reloj etc)* hand, needle. **3** *Mús Rel* flamenco song.

saetera *nf* loophole.

safari *nm* **1** *(cacería)* safari. **2** *(parque)* safari park.

saga *nf* *Lit* saga.

sagacidad *nf* *fml* *(listeza)* cleverness, sagacity; *(astucia)* astuteness, shrewdness.

sagaz *adj* *(listo)* clever, sagacious; *(astuto)* astute, shrewd.

Sagitario *nm* *Astrol Astron* Sagittarius.

sagrado,-a *adj* sacred, holy; **Sagrada Familia,** Holy Family; **S. Corazón,** Sacred Heart.

sagrario *nm* *Rel* tabernacle.

sagú *nm* *Bot* *(planta)* sago palm; *(fécula)* sago.

Sahara *n* Sahara.

saharaui *adj* & *nmf* Saharan.

sahariano,-a **I** *adj* Saharan. **II** *nf* *(prenda)* safari shirt *o* jacket.

sahumado,-a *adj* *Am fam* tipsy, merry.

sahumerio *nm,* **sahúmo** *nm* **1** *(substancia)* aromatic substance, incense. **2** *(humo)* aromatic smoke.

saín *nm* **1** *(grasa)* animal fat; *(de pescado)* fish oil. **2** *(suciedad)* dirt, grease.

sainete *nm* **1** *Teat* comic sketch, one-act farce. **2** *Culin* *(bocadito)* titbit, *US* tidbit; *(delicia)* delicacy.

sainetero *nm,* **sainetista** *nm* *Teat* writer of **sainetes.**

sajón,-ona *adj* & *nm,f* *Hist* Saxon.

sal *nf* **1** *(cloruro de sodio)* salt. ■ **s. fina,** table salt; **s. gema,** salt crystals; **s. gorda,** cooking salt. **2** *fig* *(gracia)* wit; *(gentileza)* charm; **la s. de la vida,** the spice of life. **3** *sales,* *(perfumes)* smelling salts. ■ **s. de baño,** bath salts.

sal *imperat véase* salir.

sala *nf* **1** *(habitación)* room; *(en un hospital)* ward. ■ **s. de espectáculos,** *(teatro)* theatre; *(cine)* cinema; **s. de espera,** waiting room; **s. de estar,** lounge, living room; **s. de exposiciones,** exhibition hall; **s. de fiestas,** nightclub, discotheque; **s. de lectura,** reading room; **s. de operaciones,** operating theatre; **s. de partos,** delivery room. **2** *Jur* courtroom; *(tribunal)* court.

salacot *nm* *(pl* **salacots)** pith helmet, topee.

saladería *nf* *Arg* meat-salting industry.

saladero *nm* salting room *o* house.

salado,-a **I** *pp de* salar. **II** *adj* **1** *(con sal)* salted; *(con exceso de sal)* salty; **agua salada,** salt water. **2** *fig* *(gracioso)* witty, funny; *(encantador)* charming, winsome. **3** *Am (infortunado)* unlucky. **4** *Arg Chi (caro)* expensive.

saladura *nf* salting.

salamanca *nf Arg Zool* flat-headed salamander.

salamandra *nf Zool* salamander.

salamanqués,-esa I *adj* of *o* from Salamanca. **II** native *o* inhabitant of Salamanca.

salamanquesa *nf Zool* gecko.

salame *nm*, **salami** *nm Am Culin* salami.

salar *vtr* **1** *(curar en sal)* to salt. **2** *(sazonar)* to salt, add salt to. **3** *Am (dar mala suerte)* to bring bad luck to; *(echar a perder)* to ruin, spoil.

salarial *adj* salary, wage.

salario *nm* salary, wages *pl*. ▪ **s. mínimo,** minimum wage.

salaz *adj* salacious.

salazón *nm* **1** *(acción de salar)* salting. **2** *(carne, pescado)* salted meat *o* fish. **3** *Am (mala suerte)* bad luck.

salchicha *nf* sausage.

salchichería *nf* pork butcher's (shop).

salchichón *nm* (salami-type) sausage.

saldar *vtr* **1** *Fin (cuenta)* to settle, balance; *(deuda)* to pay off. **2** *Com (vender barato)* to sell off. **3** *fig (diferencias)* to settle, resolve.

saldo *nm* **1** *Fin* balance, difference. ▪ **s. acreedor,** credit balance; **s. deudor,** debit balance; **s. negativo,** negative balance, deficit; **s. positivo,** positive balance, surplus. **2** *(de una deuda)* liquidation, settlement. **3** *(resto de mercancía)* remnant, remainder, leftover; **a precio de s.,** at bargain prices.

saldré *indic fut véase* salir.

saledizo,-a I *adj* projecting. **II** *nm* projection, ledge.

salero *nm* **1** *(recipiente)* saltcellar. **2** *fig (gracia)* charm; *(ingenio)* wit; **tener mucho s.,** to be very witty.

saleroso,-a *adj (agradable)* charming; *(ingenioso)* witty; *(animado)* lively.

salesa *nf Rel* nun of the Order of the Visitation.

salesiano,-a *adj & nm,f Rel* Salesian.

salgo *indic pres véase* salir.

sálico,-a *adj* Salic; **ley sálica,** Salic Law.

salida *nf* **1** *(partida)* departure; **el tren tiene su s. a las siete,** the train leaves at seven o'clock. **2** *Dep* start; **línea de s.,** starting line; **s. nula,** false start. **3** *(viaje corto)* trip. **4** *(puerta etc)* exit, way out; **callejón sin s.,** dead end; **s. de incendios,** fire exit; **tener s. a,** to open on to. **5** *(momento de salir)* coming out; *(de un astro)* rising; **s. del sol,** sunrise; **te vi a la s. del cine,** I saw you leaving the cinema. **6** *Com* outlet, market. **7** *(perspectiva)* opening; **es una carrera sin salidas,** it is a career with no openings. **8** *Fin* outlay, expenditure. **9** *(recurso)* solution, way out; **no tengo otra s.,** I have no other option. **10** *fam (ocurrencia)* witty remark, witticism; **s. de tono,** improper *o* unfortunate remark. **11** *Inform* output.

salido,-a I *pp de* salir. **II** *adj* **1** *(saliente)* prominent, projecting; **ojos salidos,** bulging eyes. **2** *(animal)* on *o* in heat; *vulg (persona)* horny, out for it.

saliente I *adj* **1** *(que sobresale)* projecting, prominent; *fig* outstanding. **2** *(cesante)* outgoing. **II** *nm* projection, overhang, ledge.

salífero,-a *adj* saline.

salinidad *nf* salinity.

salino,-a I *adj* saline. **II** *nf* **1** *Min* salt mine. **2** *(instalación)* saltworks *sing*.

salir [84] **I** *vi* **1** *(de un sitio)* to go out, leave; *(venir de dentro)* to come out; **¿está Marcos? —no, ha salido,** is Marcos in? —no, he's gone out; **salió de la habitación,** she left the room; **s. disparado,** to shoot off; *fig* **salió en mi defensa,** he came to my defence; *fig* **s. de dudas,** to make sure; *fam* **s. pitando,** to rush out. **2** *(partir)* to leave, depart; **el tren sale a las nueve,** the train leaves at nine. **3** *(novios)* to go out (con, with). **4** *(aparecer)* to appear; **el anuncio que sale en la tele,** the advertisement that's on TV; **es una revista que sale los jueves,** it's a magazine that comes out on Thursdays; **ha salido una nueva ley,** a new law has come in; **la foto salió en todos los periódicos,** the photo appeared in all the newspapers. **5** *(resultar)* to turn out, turn out to be; **¿cómo te salió el examen?,** how did your exam go?; **el pequeño les ha salido delincuente,** their youngest son turned into a delinquent; **salió presidente,** he was elected president; **salió vencedor,** he was the winner; **s. ganando,** to come out ahead *o* on top; **s. ileso de un accidente,** to come out of an accident uninjured. **6** *(ocurrir)* to happen, occur; **salga lo que salga,** whatever happens. **7** *(ofrecerse)* to come up; **le ha salido un trabajo interesante,** an interesting job has come up; **si sale la ocasión,** if the occasion arises. **8** *(precio)* to cost, come to, work out; **sale a mil pesetas,** it comes to a thousand pesetas; **s. barato/caro,** to work out cheap/expensive. **9** *(proceder)* to come from; **el vino sale de la uva,** wine comes from grapes. **10** *(brotar)* to come out; **ha salido una hoja,** a leaf has come out; **me salen granos,** I'm getting spots. **11** *(sobresalir)* to project, stick out. **12** *(parecerse)* to take after; **ha salido al abuelo,** she takes after her grandfather. **13** *(solucionar)* to work out; **el crucigrama no me sale,** I can't work out the crossword. **14** *(decir inesperadamente)* to come out with; **¡con qué cosas sales!,** the things you come out with! **15** *(dar)* to open on; **la calle sale a una plaza,** the street opens on to a square. **II** **salirse** *vr* **1** *(líquido, gas)* to leak (out); *(tornillo etc)* to come off, come out; **se ha salido la leche,** the milk has boiled over; *fig* **s. de lo normal,** to be out of the ordinary. **2** *(salir)* to go out; **s. de la carretera,** to go off the road; *fam* **s. con la suya,** to get one's own way.

salitre *nm Quím* saltpetre, *US* saltpeter.

saliva *nf* saliva; *fig* **gastar s.,** to waste one's breath; *fig* **tragar s.,** to swallow one's feelings.

salivación *nf* salivation.

salival *adj* salivary.

salivar *vi* to salivate.

salivazo *nm* spit.

salmantino,-a I *adj* of *o* from Salamanca. **II** *nm,f* native *o* inhabitant of Salamanca.

salmo *nm Rel* **1** *(alabanza a Dios)* psalm. **2 Salmos,** *(los de David)* Psalms.

salmodia *nf* **1** *Rel* psalmody. **2** *fam (canturreo)* monotonous singing.

salmodiar [12] **I** *vi Rel* to sing psalms. **II** *vtr (canturrear)* to sing monotonously.

salmón I *nm (pescado)* salmon. **II** *adj (color)* salmon pink, salmon.

salmonado,-a *adj* **1** *(parecido al salmón)* similar to salmon; **trucha salmonada,** salmon trout. **2** *(color)* salmon pink, salmon.

salmonelosis *nf inv Med* salmonellosis, salmonella.

salmonete *nm (pescado)* red mullet.

salmorejo *nm Culin* **1** *(salsa)* sauce made from vinegar, water, pepper and salt. **2** *SAm (gazpacho)* type of gazpacho.

salmuera *nf Culin* brine.

salobre *adj (agua)* brackish; *(gusto)* salty, briny.

salobreño,-a *adj* saline.

salobridad *nf* brackishness.

Salomón *n* **Islas S.**, Solomon Islands.

salomónico,-a *adj* Solomonic, Solomonian; *Arquit* **columna salomónica,** wreathed column.

salón *nm* **1** *(en una casa)* lounge, sitting room, drawing room. **2** *(en edificio público)* hall. ■ **s. de actos,** assembly hall; **s. de baile,** dance hall. **3** *(establecimiento)* shop. ■ **s. de belleza,** beauty salon; **s. de té,** tearoom, teashop. **4** *(exposición)* show, exhibition. ■ **s. del automóvil,** motor show.

salpicadero *nm Aut* dashboard.

salpicadura *nf* splashing, spattering.

salpicar [1] *vtr* **1** *(rociar)* to splash, spatter; **me salpicó el abrigo de barro,** he splashed mud on my coat. **2** *fig (esparcir)* to sprinkle; **salpicó su discurso de anécdotas,** he sprinkled his speech with anecdotes.

salpicón *nm* **1** *(acción)* splash, spatter. **2** *Culin* cocktail. ■ **s. de mariscos,** seafood cocktail.

salpimentar [27] *vtr* **1** *Culin* to season. **2** *fig (amenizar)* to season, spice.

salpullido *nm Med* rash.

salsa *nf* **1** *Culin* sauce. ■ **s. bechamel,** white sauce; **s. de tomate,** ketchup; **s. inglesa,** Worcester sauce; *fig* **en su (propia) s.,** in one's element. **2** *fig* zest, spice. **3** *Mús* salsa.

salsero,-a **I** *adj (entrometido)* meddlesome. **II** *nf (recipiente)* gravy boat.

saltador,-a **I** *adj* jumping, leaping. **II** *nm,f Dep* jumper; **s. de altura,** high jumper; **s. de pértiga,** (pole) vaulter. **III** *nm (cuerda)* skipping rope.

saltamontes *nm inv Ent* grasshopper.

saltaojos *nm inv Bot* peony.

saltar **I** *vtr* **1** *(obstáculo, valla)* to jump (over); **saltó la valla con facilidad,** he jumped over the fence easily; *fig* **estar a la que salta,** to be always ready to take a chance. **2** *(omitir)* to skip, miss out. **II** *vi* **1** *(elevarse en el aire)* to jump; **s. a la cuerda,** to skip; **s. de la cama,** to jump out of bed; **s. en paracaídas,** to parachute; *fig* **s. a la vista,** to be obvious, be as plain as the nose on one's face; *fig* **s. de alegría,** to jump for joy; *fig* **s. sobre algn,** to pounce on sb. **2** *(romperse)* to break, burst; **el agua caliente hizo s. el cristal,** the hot water shattered the glass; **hacer s.,** to blow up; **s. en pedazos,** to break into little pieces; *fig* **hacer s. la banca,** to break the bank. **3** *(desprenderse)* to come off; **saltó el corcho,** the cork popped out. **4** *(encolerizarse)* to explode, blow up; **por menos de nada salta,** the smallest thing makes him explode. **III** *saltarse vr* **1** *(omitir)* to skip, miss out. **2** *(no hacer caso)* to ignore; **s. el semáforo,** to jump the lights; **s. el turno,** to jump the queue; *fam* **s. algo a la torera,** to ignore sth totally. **3** *(desprenderse)* to come off; **se le saltó un botón,** one of his buttons came off; **se me saltaron las lágrimas,** tears came to my eyes.

saltarín,-a **I** *adj* lively, bouncing. **II** *nm,f* **1** *(alegre)* energetic person. **2** *(persona atolondrada)* madcap.

salteado,-a **I** *pp de* **saltear. II** *adj* **1** *(espaciado)* spaced out. **2** *(irregular)* irregular. **3** *Culin* sauté, sautéed.

salteador *nm* highwayman.

saltear *vtr* **1** *(asaltar) (banco)* to rob; *(a algn)* to hold up. **2** *(hacer irregularmente)* to do in fits and starts; *(visitas)* to space out; *(partes de un libro)* to skip. **3** *Culin* to sauté.

salterio *nm Rel* Psalter.

saltimbanqui *nmf (acróbata)* acrobat, tumbler; *(hombre de circo)* member of travelling circus.

salto *nm* **1** *(acción)* jump, leap; *fig (paso adelante)* leap forward, advance, bound; **dar** *o* **pegar un s.,** to jump, leap; **de un s.,** in a flash; **s. en el vacío,** leap in the dark; **subir/bajar de un s.,** to jump up/down; *fig* **a s. de mata,** from hand to mouth; *fig* **a saltos,** in leaps and bounds; *fig* **el corazón me daba saltos,** my heart was pounding. ■ **s. de agua,** waterfall; **s. de cama,** negligée. **2** *Dep* jump. ■ *Atlet* **s. de altura,** high jump; *Natación* **s. de la carpa,** jack-knife; *Atlet* **s. de longitud,** long jump; *Natación* **s. del ángel,** swan dive; **s. mortal,** somersault; *Atlet* **triple s.,** hop, step, jump, triple jump. **3** *fig (omisión)* gap. **4** *(despeñadero)* precipice.

saltón,-ona *adj* **1** *(prominente)* prominent; **ojos saltones,** bulging eyes. **2** *Am (comida)* half-cooked.

salubre *adj* salubrious, healthy.

salubridad *nf* salubrity, salubriousness, healthiness.

salud *nf* health; **beber a la s. de algn,** to drink to sb's health; **gozar de buena s.,** to be in good health; **rebosar s.,** to be glowing with health; *fig* **creo que aceptan tarjetas pero llevaré algo en efectivo para curarme en s.,** I think they accept credit cards, but just to be on the safe side, I'll take some cash; *fam* **¡s.!,** cheers!

saludable *adj* **1** *(sano)* healthy, wholesome; **tener un aspecto s.,** to look healthy. **2** *fig (beneficioso)* good, beneficial.

saludar *vtr (mostrar respeto)* to greet; *(decir hola a)* to say hello to; *Mil* to salute; **no nos saludamos,** we are not on speaking terms; *(en una carta)* **le saluda atentamente,** yours faithfully; **saluda de mi parte a,** give my regards to.

saludo *nm* greeting; *Mil* salute; **reciba un atento s. de,** yours faithfully; **un s. de,** best wishes from.

salva *nf Mil* salvo, volley; *fig* **s. de aplausos,** round of applause.

salvable *adj* which can be saved *o* kept *o* preserved.

salvación *nf (gen)* salvation; *(rescate)* rescue; *fig* **no tiene s.,** there is no hope for him.

salvado *nm Culin* bran.

salvador,-a **I** *adj* saving. **II** *nm,f (gen)* saviour; *(rescatador)* rescuer. **III** *nm* **1** *Rel* **el S.,** the Saviour. **2** *(país)* **El S.,** El Salvador.

salvadoreño,-a *adj & nm,f* Salvadoran, Salvadorian.

salvaguarda *nf véase* **salvaguardia.**

salvaguardar *vtr* to safeguard (**de,** from), protect (**de,** from).

salvaguardia **I** *nf* **1** *(documento)* safe-conduct. **2** *(protección)* safeguard, protection. **II** *nm (protector)* guardian.

salvajada *nf* atrocity, savagery, brutal act.

salvaje **I** *adj* **1** *Bot* wild, uncultivated. **2** *Zool* wild. **3** *(pueblo, tribu)* savage, uncivilized. **4** *fam (violento)* savage, wild. **5** *(incontrolado)* wild. **II** *nmf* **1** *(habitante primitivo)* savage. **2** *(bruto)* boor.

salvajismo *nm* savagery.

salvamanteles *nm inv* table mat.

salvamento *nm*, **salvamiento** *nm* rescue.

salvar I *vtr* 1 *(librar del peligro)* to save, rescue (**de**, from); *(barco)* to salvage. 2 *(superar) (obstáculo)* to clear; *(dificultad)* to get round, overcome. 3 *(recorrer)* to cover; **salvamos la distancia en menos de dos días**, we covered the distance in less than two days. 4 *(atravesar)* to cross. 5 *(exceptuar)* to exclude, except; **salvando ciertos errores**, except a few mistakes. II **salvarse** *vr* 1 *(sobrevivir)* to survive, come out alive; *(escaparse)* to escape (**de**, from); **¡sálvese quien pueda!**, every man for himself!; *fam* **s. por los pelos**, to have a narrow escape. 2 *Rel* to be saved, save one's soul.

salvavidas *nm inv* life belt.

salve *nf Rel* Hail Mary.

salvedad *nf* 1 *(excepción)* exception; **con la s. de mis amigos**, except for *o* barring my friends. 2 *(condición)* condition, proviso; **me excusaré con la s. de que él también lo haga**, I'll apologize on condition he apologizes too. 3 *(reserva)* reservation.

salvia *nf Bot* sage.

salvo,-a I *adj* unharmed, safe; **estar a s.**, to be safe; **poner algo a s.**, to put sth in a safe place; **sano y s.**, safe and sound; *euf* **salva sea la parte**, bottom. II **s.** *adv (exceptuando)* except (for); **s. que**, unless; **todos s. él**, everyone except for him.

salvoconducto *nm* safe-conduct.

samaritano,-a *adj & nm,f* Samaritan.

samba *nf Mús* samba.

sambenito *nm* 1 *Hist* sanbenito. 2 *fig (deshonra)* disgrace; *(descrédito)* stigma; **colgarle un s. a algn**, to give sb a bad name.

sambubia *nf Méx* pineapple drink.

Samoa *n* Samoa.

samoano,-a *adj & nm,f* Samoan.

samovar *nm* samovar.

samurai *nm*, **samuray** *nm Hist* samurai.

san *adj* saint; **el día de S. Esteban**, Boxing Day; **el día de S. José**, St Joseph's Day; *véase* **santo,-a**.

sanable *adj* curable.

sanador,-a I *adj* curative. II *nm,f* curer.

sanagoria *adj Arg* foolish, simple-minded.

sanar I *vtr (curar)* to cure, heal. II *vi* 1 *(persona)* to recover, get well. 2 *(herida)* to heal.

sanatorio *nm* clinic, nursing home, sanatorium.

sanción *nf* 1 *(penalización)* sanction. 2 *(aprobación)* sanction, approval. 3 *Jur* penalty.

sancionable *adj* sanctionable.

sancionar *vtr* 1 *(castigar)* to penalize. 2 *(aprobar)* to sanction.

sanco *nm Am Culin* type of stew.

sancochar *vtr Culin* to boil, parboil; *Am* to boil meat in water and salt.

sancocho *nm Am Culin* stew of meat, yucca and plantain; *CAm fig* mess.

sanctasanctórum *nm Rel* sancta sanctorum, Holy of holies.

sancho,-a *nm,f Méx* sheep.

sandalia *nf* sandal.

sándalo *nm* sandalwood.

sandez *nf* piece of nonsense; **decir sandeces**, to talk nonsense; **¡qué s.!**, what nonsense!

sandía *nf Bot* watermelon.

sandinista *adj & nmf* Sandinista.

sandio,-a I *adj* silly, foolish. II *nm,f* fool.

sandunga *nf* 1 *fam (gracia)* charm, wit. 2 *Am (jolgorio)* merriment. 3 *Méx (baile)* regional dance.

sandunguero,-a *adj* jolly, fun-loving.

sandwich *nm Culin* sandwich.

sandwichería *nf* sandwich bar.

saneado,-a I *pp de* **sanear**. II *adj* sound, healthy.

saneamiento *nm* 1 *(de un terreno)* drainage, draining; *(de un edificio)* cleaning, disinfection. 2 *Fin* compensation.

sanear *vtr* 1 *(terrenos)* to drain; *(edificios)* to clean, disinfect. 2 *Fin* to compensate.

sanedrín *nm Rel* Sanhedrin.

sangrado *nm Impr* indention, indentation, indent.

sangradura *nf Med* incision, cut.

sangrante *adj* 1 *(que sangra)* bleeding. 2 *fig (flagrante)* flagrant, blatant.

sangrar I *vtr* 1 *Med* to bleed. 2 *(un árbol)* to tap. 3 *fam (sacar dinero)* to bleed dry. 4 *Impr* to indent. II *vi (emanar sangre)* to bleed.

sangre *nf* blood; **de s. caliente**, warm-blooded; **de s. fría**, cold-blooded; **donar s.**, to give blood; *fig* **a s. fría**, in cold blood; *fig* **a s. y fuego**, by fire and sword; *fig* **no llegó la s. al río**, the worst didn't happen; *fig* **s. fría**, sang-froid; *fig* **subírsele la s. a la cabeza**, to see red; *fig* **tener mala s.**, to be evil; *fam* **lo lleva en la s.**, it runs in the family; *fam fig* **tener s. de horchata**, to have water in one's veins.

sangría *nf* 1 *Med* bleeding, bloodletting; *fig* drain. 2 *(bebida)* sangría. 3 *Impr* indentation.

sangriento,-a *adj* 1 *(con sangre)* bloody. 2 *(cruel)* cruel.

sanguijuela *nf Zool* leech, bloodsucker.

sanguinario,-a *adj* bloodthirsty.

sanguíneo,-a *adj* blood.

sanguino,-a *adj & nf* blood.

sanguinolencia *nf* bloodiness.

sanguinolento,-a *adj* bloody, bloodstained; **ojos sanguinolentos**, bloodshot eyes.

sanidad *nf* 1 *(calidad de sano)* health, healthiness. 2 *Admin* public health, sanitation; **Ministerio de S.**, Ministry of Health.

sanitario,-a I *adj* sanitary, health; **centro s.**, health centre. II *nm,f* health officer. III *nm (instalaciones)* bathroom fitting.

sanjuanear *vtr Méx* to beat, hit.

sano,-a *adj* 1 *(bien de salud)* healthy, fit; *(saludable)* healthy, wholesome. 2 *(libre de error)* good, sound; *(juicio)* right; **filosofía sana**, sound philosophy. 3 *(sincero)* sincere.

sánscrito,-a *Ling* I *adj* Sanskritic. II *nm* Sanskrit.

sanseacabó *interj fam* **y s.**, and that's that!

sansón *nm fam* he-man; **estar hecho un s.**, to be as strong as an ox.

santacrueño,-a I *adj* of *o* from Santa Cruz de Tenerife. II *nm,f* native *o* inhabitant of Santa Cruz de Tenerife.

santanderino,-a I *adj* of *o* from Santander. II *nm,f* native *o* inhabitant of Santander.

santateresa *nf Ent* praying mantis.

santería *nf* 1 *(beatería)* sanctimoniousness. 2 *Arg (tienda)* shop which sells religious objects.

santero,-a I *adj (beato)* sanctimonious. II *nm,f* 1 *(sacristán)* caretaker, verger. 2 *(mendigo)* alms collector.

santiagués,-esa I *adj* of *o* from Santiago de Compostela. II *nm,f* native *o* inhabitant of Santiago de Compostela.

santiaguino,-a I *adj* of *o* from Santiago de Chile. **II** *nm,f* native *o* inhabitant of Santiago de Chile.

santiamén *nm fam* **en un s.,** as quick as a flash, in a flash, in no time at all.

santidad *nf* saintliness, holiness; **Su S.,** His Holiness.

santificación *nf* sanctification.

santificar [1] *vtr Rel* to sanctify, make holy; **s. las fiestas,** to keep the Sabbath and holy days.

santiguar [22] **I** *vtr* to bless, make the sign of the cross over. **II santiguarse** *vr* to make the sign of the cross, cross oneself.

santísimo,-a I *adj* most holy; *fam* **hacer la santísima,** to be a nuisance. **II el S.** *nm Rel* the Holy Sacrament.

santo,-a I *adj* **1** *(gen)* holy, sacred. **2** *(bueno)* saintly; **un s. varón,** a saint. **3** *fam* blessed; **hace su santa voluntad,** he does as he damn well pleases; **todo el s. día,** all day long. **II** *nm,f* **1** *(gen)* saint; *fig* **desnudar a un s. para vestir a otro,** to rob Peter to pay Paul; *fam* **¡por todos los santos!,** for heaven's sake!; *fam fig* **Francisco no es s. de mi devoción,** I'm not terribly fond of Francisco; *fam fig* **quedarse para vestir santos,** to be left on the shelf; *fam fig* **se me fue el s. al cielo,** I clean forgot. **2** *(día onomástico)* saint's day; **hoy es su s.,** today is his saint's day; *fig* **¿a s. de qué?,** why on earth?

santón *nm* **1** *Rel* santon. **2** *(sabio)* sage, wise man.

santoral *nm Rel* calendar of saints' feast days.

santuario *nm* sanctuary, shrine.

santurrón,-a I *adj* sanctimonious. **II** *nm,f* sanctimonious person.

santurronería *nf* sanctimoniousness.

saña *nf* **1** *(crueldad)* cruelty, viciousness; **con s.,** viciously. **2** *(furor)* blind anger, fury; **con s.,** furiously.

sapiencia *nf fml* *(sabiduría)* wisdom; *(conocimiento)* knowledge.

sapiente *adj fml* wise.

sapo[1] *nm* **1** *Zool* toad; *fam* **echar sapos y culebras,** to rant and rave. **2** *Am* game in which coins are thrown into the mouth of a metal toad.

sapo,-a[2] *adj Am* astute, cunning.

saponificación *nf Quím* saponification.

saponificar [1] *vtr Quím* to saponify.

saque *nm* **1** *Ftb* kick-off. ■ **s. de banda,** throw-in; **s. de esquina,** corner kick; **s. inicial,** kick-off. **2** *Ten* service. **3** *fam* **tener buen s.,** to be a big eater.

saqueador,-a I *adj* *(en ciudades)* plundering, pillaging; *(en casas)* looting. **II** *nm,f* *(de ciudades)* plunderer, pillager; *(de casa, tienda)* looter.

saquear *vtr* *(ciudad)* to sack, plunder, pillage; *(casas y tiendas)* to loot.

saqueo *nm* *(de ciudades)* sacking, plundering, pillaging; *(de casa, tienda)* looting.

S.A.R. *abr de* **Su Alteza Real,** His *o* Her Royal Highness, H.R.H.

sarampión *nm Med* measles *pl.*

sarao *nm* knees-up; *fam* **¡vaya s.!,** what a mess!

sarape *nm Guat Méx* type of poncho.

sarasa *nm fam ofens* queer, fairy.

sarazo,-a *adj Am* **1** *(que empieza a madurar)* ripening. **2** *fam* *(achispado)* tipsy.

sarcasmo *nm* sarcasm.

sarcástico,-a *adj* sarcastic.

sarcófago *nm* sarcophagus.

sarcoma *nm Med* sarcoma.

sardana *nf Mús* sardana (Catalan dance and music).

sardina *nf* *(pez)* sardine.

sardinero,-a I *adj* sardine; **la flota sardinera,** the sardine fishing fleet. **II** *nm,f* sardine seller.

sardo,-a *adj & nm,f* Sardinian.

sardónico,-a *adj* sardonic.

sarga *nf Tex* serge, twill.

sargento *nm Mil* sergeant; **s. primero,** master sergeant; *fam* **ser un** *o* **una s.,** to be a tyrant.

sari *nm* sari.

sarmentoso,-a *adj* bony, scrawny.

sarmiento *nm Bot* vine shoot.

sarna *nf Med* itch, scabies *sing*; *Zool* mange; *fam fig* **s. con gusto no pica,** if you want something badly enough you'll put up with anything.

sarnoso,-a *adj* itchy, scabby; *Zool* mangy.

sarpullido *nm Med* rash.

sarraceno,-a *adj & nm,f* Saracen.

sarracina *nf* **1** *(pelea)* brawl, free-for-all. **2** *(masacre)* massacre.

sarracino,-a *adj & nm,f véase* **sarraceno,-a.**

sarro *nm* *(sedimento)* deposit; *(en los dientes)* tartar; *(en la lengua, en una pava)* fur.

sarta *nf* string; *fam fig* **s. de mentiras,** string of lies.

sartén *nf* frying pan, *US* skillet; *fig* **tener la s. por el mango,** to have the upper hand.

sartenada *nf* panful.

sastra *nf* tailoress, female tailor; *Cin Teat* wardrobe mistress.

sastre *nm* tailor.

sastrería *nf* **1** *(tienda)* tailor's (shop). **2** *(oficio)* tailoring.

Satán *nm,* **Satanás** *nm* Satan.

satánico,-a *adj* satanic.

satanismo *nm* Satanism.

satélite *nm* satellite; *fig* **país s.,** satellite state.

satén *nm Tex* satin.

satinado,-a I *pp de* **satinar. II** *adj* satiny, glossy, shiny. **III** *nm* gloss, shine.

satinar *vtr* to gloss, make glossy.

sátira *nf Lit & fig* satire.

satírico,-a *adj Lit & fig* satiric, satirical.

satirizar [4] *vtr Lit & fig* to satirize.

sátiro *nm Mit & fig* satyr.

satisfacción *nf* satisfaction; **s. de un deseo,** fulfilment of a desire.

satisfacer [85] *(pp* **satisfecho) I** *vtr* **1** *(deseos, necesidades)* to satisfy. **2** *(cumplir)* to meet, satisfy. **3** *(deuda)* to pay. **II satisfacerse** *vr* to be satisfied, satisfy oneself.

satisfactorio,-a *adj* satisfactory.

satisfecho,-a I *pp de* **satisfacer. II** *adj* satisfied; **estoy s.,** I've had enough to eat; **me doy por s.,** that's good enough for me; **s. de sí mismo,** self-satisfied, smug.

sátrapa *nm Hist* satrap; *fig* despot, satrap; *fig* **vivir como un s.,** to live like a king.

saturación *nf* saturation.

saturado,-a I *pp de* **saturar. II** *adj* saturated.

saturar *vtr* to saturate.

saturnismo *nm Med* saturnism, lead poisoning.

Saturno *nm Astron Mit* Saturn.

sauce *nm Bot* willow.

saúco *nm Bot* elder.

saudade *nf* nostalgia, homesickness.

saudí *adj & nmf*, **saudita** *adj & nmf* Saudi; **Arabia Saudita,** Saudi Arabia.

sauna *nf* sauna.

saurio,-a *adj & nm,f Zool* saurian.

savia *nf Bot* sap; *fig* sap, vitality.

saxo *nm Mús fam* 1 *(instrumento)* sax. 2 *(músico)* saxophonist.

saxofón *nm Mús* 1 *(instrumento)* saxophone. 2 *(músico)* saxophonist.

saxofonista *nmf Mús* saxophonist.

saxófono *nm Mús véase* saxofón.

saya *nf (falda)* skirt; *(enagua)* petticoat.

sayal *nm Tex* sackcloth.

sayo *nm* cassock, smock; *fig* **cortarle un s. a algn,** to run sb down; *fig* **hacer de su capa un s.,** to do as one pleases.

sazón I *nf* 1 *(madurez)* ripeness; **en s.,** ripe. 2 *Culin* seasoning; **en s.,** in season. 3 *(época)* season, time; **a la s.,** at that time. II *nf Am (bien cocinar)* good cooking.

sazonar I *vtr Culin* to season, flavour, *US* flavor. II **sazonarse** *vr* to ripen.

s/c. *abr de* **su cuenta,** your account.

scooter *nm* scooter.

Sdad. *abr de* **sociedad,** Society, Soc.

se¹ *pron* 1 *(reflexivo) (a él mismo)* himself; *(a ella misma)* herself; *(a usted mismo)* yourself; *(a ellos mismos)* themselves; *(a ustedes mismos)* yourselves; **todos los días se lava las manos varias veces,** she washes her hands several times a day; **María se mira en el espejo,** Maria looks at herself in the mirror; **morirse,** to die; **no se lo creen,** they don't believe it; **ustedes se confunden,** you are making a mistake. 2 *(recíproco)* one another, each other; **se aman,** they love one another. 3 *(voz pasiva)* **el vino se guarda en cubas,** wine is kept in casks; **se ha suspendido el partido,** the game has been postponed. 4 *(impersonal)* **nunca se sabe,** one never knows; **se dice que,** it is said that; **se habla inglés,** English spoken.

se² *pron pers (dativo) (a él)* him; *(a ella)* her; *(a usted o ustedes)* you; *(a ellos)* them; **se lo diré en cuanto les vea,** I'll tell them as soon as I see them; **¿se lo explico?,** shall I explain it to you?; **¿se lo has dado ya?,** have you given it to him yet?

sé¹ *indic pres véase* saber².

sé² *imperat véase* ser².

S.E. *abr de* **Su Excelencia,** His *o* Her Excellency, HE.

sea *subj pres véase* ser².

sebáceo,-a *adj* sebaceous; *Anat* **glándulas sebáceas,** sebaceous glands.

sebo *nm* 1 *(para velas)* tallow. 2 *(grasa)* fat. 3 *(mugre)* grease, filth.

seboso,-a *adj* greasy.

seca *nf* 1 *(sequía)* drought. 2 *Arg (cantidad de humo)* puff of smoke.

secadero *nm* drying room.

secado *nm* drying.

secador,-a I *nm* dryer, drier. ■ **s. de pelo,** hairdryer. II *nf* clothes dryer, tumble dryer.

secano *nm* dry land; **cultivo de s.,** dry farming.

secante¹ I *adj (que seca)* drying; *(papel)* blotting. II *nm* 1 *(papel)* blotting paper. 2 *Ftb* spoiler.

secante² *adj & nf Geom* secant.

secar [1] I *vtr (gen)* to dry; *(lágrimas, vajilla)* to wipe; *(una hoja)* to blot. II **secarse** *vr* 1 *(gen)* to dry; *(persona)* to dry oneself; **déjalo que se seque,** leave it to dry; **s. las manos,** to dry one's hands. 2 *(marchitarse)* to dry up, wither.

sección *nf* 1 *(corte)* section, cut; *Geom* section; **s. transversal,** cross section. 2 *(departamento)* section, department. 3 *Mil* section.

seccionar *vtr* to section, cut.

secesión *nf* secession.

secesionismo *nm* secessionism.

secesionista *adj & nmf* secessionist.

seco,-a I *adj* 1 *(sin humedad)* dry; **frutos secos,** dried fruit; **limpieza en s.,** dry-cleaning; *fig* **a secas,** just, only; *fig* **dejar s.,** to kill; *fig* **Pepe a secas,** just plain Pepe. 2 *(vinos)* dry. 3 *(personas, carácter)* dry. 4 *(tono)* curt, sharp. 5 *(delgado)* skinny; **más s. que un higo,** *(delgado)* as thin as a rake; *(viejo)* old and wizened. 6 *(golpe, ruido)* sharp; *fig* **a palo s.,** simply, on its own; *fig* **frenar en s.,** to pull up sharply; *fig* **parar en s.,** to stop dead. II *nm Am (coscorrón)* smack *o* knock on the head; *(puñetazo)* punch.

secoya *nf Bot véase* secuoya.

secreción *nf* secretion.

secreta *fam* I *nf* secret police. II *nmf* secret policeman *o* policewoman.

secretar *vtr* to secrete.

secretaría *nf* 1 *(oficina)* secretary's office; *Admin* secretariat; **S. de Estado,** State Department. 2 *(cargo)* secretaryship, office of secretary.

secretariado *nm* 1 *(oficina)* secretariat. 2 *(cargo)* secretaryship. 3 *Educ* secretarial course.

secretario,-a *nm,f* secretary; **s. de Estado,** Secretary of State.

secretear *vi* to whisper secrets.

secreteo *nm* whispering.

secreter *nm Mueb* writing desk, bureau.

secreto,-a I *adj* secret; **en s.,** secretly. II *nm* 1 *(lo oculto)* secret; **guardar un s.,** to keep a secret; **s. a voces,** open secret; **s. de Estado,** state secret. 2 *(sigilo)* secrecy.

secta *nf* sect.

sectario,-a *adj* sectarian.

sectarismo *nm* sectarianism.

sector *nm* 1 *Geom* sector. 2 *(parte)* sector; *Com Pol* **s. público/privado,** public/private sector; **un s. de la opinión pública,** a section of public opinion. 3 *(zona)* area; **un s. de la ciudad,** an area of the city. 4 *Inform* sector.

sectorial *adj* sectoral.

secuaz *nmf (seguidor)* supporter, follower; *pey* underling.

secuela *nf* consequence, result.

secuencia *nf* sequence.

secuencial *adj* sequential.

secuestrador,-a *nm,f* 1 *(raptor) (de personas)* kidnapper; *(de un avión)* hijacker. 2 *Jur* sequestrator.

secuestrar *vtr* 1 *(raptar) (personas)* to kidnap; *(aviones)* to hijack. 2 *Jur* to sequester, seize, confiscate.

secuestro *nm* 1 *(rapto) (de personas)* kidnapping; *(de un avión)* highjacking. 2 *Jur* sequestration, seizure, confiscation.

secular I *adj* 1 *Rel* secular, lay. 2 *(antiquísimo)* ancient, age-old. II *nm* secular.

secularizar [4] *vtr Rel* to secularize.

secundar *vtr* to support, second.

secundario,-a *adj* secondary.

secuoya *nf Bot* redwood, sequoia; **s. gigante,** giant sequoia.

sed *nf* thirst; **dar s.,** to make one thirsty; **quitar** *o* **matar la s.,** to quench one's thirst; **tener s.,** to be thirsty; *fig* **tener s. de,** to thirst for.

seda *nf* silk; *fam fig* **ir como una s.,** to go smoothly.

sedal *nm Pesca* fishing line.

sedán *nm Aut* sedan.

sedante I *adj* **1** *Farm* sedative. **2** *(sosegante)* soothing. **II** *nm Farm* sedative.

sedar *vtr* to sedate.

sedativo,-a *adj* sedative.

sede *nf* **1** *(residencia)* headquarters, central office; *(de gobierno)* seat; **s. social,** head office; *Fin* company headquarters. **2** *Rel* See; **la Santa S.,** the Holy See.

sedentario,-a *adj* sedentary.

sedente *adj* seated, sitting.

sedería *nf Tex* **1** *(comercio)* silk trade. **2** *(tienda)* silk shop.

sedero,-a *adj* silk; **industria sedera,** silk industry.

sedición *nf* sedition.

sedicioso,-a I *adj* seditious. **II** *nm,f* rebel.

sediento,-a *adj* thirsty; *fig* **s. de poder,** hungry for power.

sedimentación *nf* sedimentation.

sedimentar I *vtr* to settle, deposit. **II sedimentarse** *vr* to settle.

sedimentario,-a *adj* sedimentary.

sedimento *nm* sediment, deposit.

sedoso,-a *adj* silky, silken.

seducción *nf* seduction.

seducir [46] *vtr (gen)* to seduce; *(persuadir)* to tempt.

seductor,-a I *adj (gen)* seductive; *(persuasivo)* tempting. **II** *nm,f* seducer.

sefardí *(pl sefardíes)* **I** *adj* Sephardic. **II** *nmf* Sephardi.

sefardita *adj & nmf véase* **sefardí.**

segador,-a *Agr* **I** *nm,f (persona)* reaper, harvester. **II** *nf (máquina)* reaper, harvester. ■ **segadora de césped,** lawnmower.

segar [48] *vtr* **1** *Agr (maíz etc)* to reap, cut; *(césped)* to mow. **2** *fig (matar)* to mow down. **3** *fig (truncar)* to cut off; **s. la juventud de algn,** to cut sb down in his prime.

seglar I *adj* secular, lay. **II** *nmf* lay person; *(hombre)* layman; *(mujer)* laywoman.

segmentación *nf* segmentation.

segmentar *vtr* to segment.

segmento *nm* **1** *(gen)* segment. **2** *Inform* overlay.

segoviano,-a I *adj* of *o* from Segovia. **II** *nm,f* native *o* inhabitant of Segovia.

segregación *nf* **1** *(separación)* segregation. ■ **s. racial,** racial segregation, apartheid. **2** *(secreción)* secretion.

segregacionismo *nm* racial segregation, apartheid.

segregacionista *adj & nmf* supporter of racial segregation *o* of apartheid.

segregar [7] *vtr* **1** *(separar)* to segregate. **2** *(secretar)* to secrete.

seguidilla *nf Mús* Spanish type of dance and music.

seguida *nf* rhythm; **en s.,** immediately, straight away; **en s. termino,** I've nearly finished.

seguido,-a I *pp de* **seguir. II** *adj* **1** *(continuo)* continuous; **una línea seguida de casas,** a straight line of houses. **2** *(consecutivo)* consecutive, successive; **tres lunes seguidos,** three Mondays in a row; **tres veces seguidas,** on three consecutive occasions.

seguido *adv* straight; **todo s.,** straight on, straight ahead.

seguidor,-a I *adj* following. **II** *nm,f* follower.

seguimiento *nm* **1** *(perseguimiento)* pursuit; **en s. de,** in pursuit of. **2** *(continuación)* continuation. **3** *Astronáut* **estación de s. (espacial),** tracking station.

seguir [56] **I** *vtr* **1** *(gen)* to follow **(a, -)**; **a la tormenta siguió la lluvia,** rain followed the storm; **le seguía con la mirada,** she follow him with her eyes; **seguí su consejo,** I followed her advice; **¡sígame!,** follow me!; *fam* **s. a algn como un perrito,** to dog sb *o* sb's footsteps. **2** *(continuar, proseguir)* to continue; *(un camino)* to continue on; **s. su curso,** to take its course; **sigue hablando, te escucho,** please carry on, I'm listening. **3** *(perseguir)* to chase; **nos seguía una policía,** a policeman was chasing us. **4** *Educ (curso)* to do, follow. **II** *vi* **1** *(proseguir)* to go on, carry on; **sigue por la avenida hasta llegar a la plaza,** go straight along the avenue until you reach the square. **2** *(continuar)* to continue to be; **sigue con vida,** he's still alive. **III seguirse** *vr* to follow, ensue; **de esto se sigue que ...,** it follows that ... .

según I *prep* **1** *(en conformidad con)* according to; **s. la Biblia,** according to the Bible; **s. la cara que puso,** judging from his reaction; **s. lo que dicen,** according to what they say; **s. su opinión,** in his opinion. **2** *(depende) (s. + que)* depending on; **s. el tiempo que haga,** depending on the weather; **s. lo que digan,** depending on what they say. **II** *adv* **1** *(como)* just as; **estaba s. lo dejé,** it was just as I had left it. **2** *(eventualidad)* depending on; **no sé qué haré, s.,** I don't know what I'll do, it depends; **s. estén las cosas,** depending on how things stand; **s. y cómo,** it all depends. **3** *(a medida que)* as; **s. iba leyendo me daba cuenta de que ...,** as I read on I realized that ... .

segundero *nm (de reloj)* second hand.

segundo,-a[1] **I** *adj* second; **en s. lugar,** in second place; **quedar s.,** to come second; *fig* **decir algo con segundas (intenciones),** to say sth with a double meaning. **II** *nm,f (de una serie)* second (one); *fam fig* **el s. de a bordo,** the second in command. **III** *nm (parte)* second: *véase tamb* **octavo,-a.**

segundo[2] *nm (tiempo)* second; **sesenta segundos,** sixty seconds.

segundón *nm* second son.

segur *nm* **1** *(hacha)* axe, *US* ax. **2** *(hoz)* sickle.

seguramente *adv* **1** *(seguro)* surely; **sólo hazlo si puedes hacerlo s.,** don't do it if you aren't sure about it. **2** *(probablemente)* most probably; **s. no lloverá,** it isn't likely to rain.

seguridad *nf* **1** *(gen)* security; **cárcel de máxima s.,** maximum security prison; **cerradura de s.,** security lock; **medidas de s.,** security measures; *Fin* **s. financiera,** financial security. **2** *(física)* safety; **s. en carretera,** road safety. **3** *(confianza)* confidence; **hablar con s.,** to speak with confidence; **s. en sí mismo,** self-confidence. **4** *(certeza)* sureness; *(verdad)* certainty; **con toda s.,** most probably; **en la s. de que ...,** knowing that ...; **para mayor s.,** *(mayor protección)* for safety's sake; *(mayor certeza)* to be on the safe side; **tener la s. de que ...,**

to be certain that ... . **5** *(en administración pública)* security; **S. Social,** ≈ Social Security, *GB* National Health Service. **6** *(fiabilidad)* reliability.

seguro,-a I *adj* **1** *(gen)* secure. **2** *(físicamente)* safe; **en sitio s.,** in a safe place; **sentirse s.,** to feel safe; *fig* **ir sobre s.,** to play safe. **3** *(tener confianza)* confident; **está segura de ella misma,** she has self-confidence. **4** *(cierto)* sure; *(verdadero)* certain; **dar algo por s.,** to take sth for granted; **estoy s. de que ...,** I am sure that ... . **5** *(de fiar)* reliable; **método s.,** safe method. **6** *(firme)* steady, firm. II *nm* **1** *Seg* insurance. ■ **s. a todo riesgo,** fully comprehensive insurance; **s. contra incendios,** fire insurance; **s. contra terceros,** third party insurance; **s. de vida,** life insurance. **2** *(dispositivo)* safety catch *o* device; **quitar el s.,** to remove the safety catch. III *adv* for sure, definitely.

seis *inv* I *adj (cardinal)* six; *(ordinal)* sixth. II *nm* six; **a las s.,** at six o'clock; **el s. de mayo,** the sixth of May; *véase tamb* **ocho.**

seisavo,-a *adj & nm véase* **sexto,-a.**

seiscientos,-as *inv* I *adj (cardinal)* six hundred; *(ordinal)* six hundredth. II *nm* **1** *(número)* six hundred. **2** *Aut fam* 600 cc SEAT car; *véase tamb* **ocho.**

seísmo *nm Geol (terremoto)* earthquake; *(temblor de tierra)* earth tremor.

selección *nf* **1** *(gen)* selection. ■ *Biol* **s. natural,** natural selection. **2** *Dep* team. ■ **s. nacional,** national team.

seleccionador,-a *nm,f* **1** *(gen)* selector. **2** *Dep* selector, team manager.

seleccionar *vtr* to select.

selectividad *nf* selectivity; *Univ* **(prueba de) s.,** entrance examination.

selectivo,-a *adj* selective.

selecto,-a *adj* select; **ambiente s.,** exclusive atmosphere.

selector *nm* selector button; *Aut* **s. de velocidades,** gear lever, *US* gearshift.

selenita *nmf* moon dweller.

self-service *nm* self-service cafeteria.

selva *nf (jungla)* jungle; *(bosque)* forest.

seivático,-a *adj* woodland.

sellar *vtr* **1** *(documento)* to seal; *(timbrar)* to stamp. **2** *(pozo, habitación)* to close (up); *fig* **s. los labios,** to seal one's lips. **3** *fig* to conclude; **sellaron el acto con una comida,** they finished off the ceremony with a meal.

sello *nm* **1** *(de correos)* stamp. **2** *(para estampar)* seal. **3** *(precinto)* seal. **4** *(carácter distintivo)* hallmark, mark; **la calidad es el s. de la casa,** quality is the hallmark of our firm. **5** *Farm* capsule.

semáforo *nm* traffic lights *pl.*

semana *nf* week; **entre s.,** during the week; **hoy hace una s.,** a week ago (today). ■ **S. Santa,** Holy Week, Easter.

semanada *nf* week's work.

semanal *adj* weekly.

semanario I *adj* weekly. II *nm Prensa* weekly magazine.

semántica *nf Ling* semantics *sing.*

semántico,-a *adj Ling* semantic.

semblante *nm lit* **1** *(expresión)* countenance; *(cara)* face; **mudar el s.,** to change colour. **2** *fig (aspecto)* look; **tener buen s.,** to look good.

semblanza *nf lit* portrait.

sembrado *nm Agr* sown field.

sembrador,-a *nm,f* sower.

sembradora *nf Agr* seed drill.

sembrar [26] *vtr* **1** *Agr (semillas, grano)* to sow. **2** *fig (esparcir)* to scatter, strew; **el camino está sembrado de dificultades,** life is fraught with difficulties; **s. el pánico,** to spread panic.

semejante I *adj* **1** *(parecido)* similar. **2** *pey (comparativo)* such; **nunca he visto nada s.,** I've never seen anything like it; **s. desvergüenza,** such insolence. **3** *Geom (triángulo)* similar. II *nm (prójimo)* fellow being; **nuestros semejantes,** our fellow beings.

semejanza *nf* similarity, likeness.

semejar *vi & vr* to be like, resemble.

semen *nm* semen.

semental *nm* stud.

sementera *nf* **1** *(época)* sowing season. **2** *(tierra sembrada)* sown field. **3** *fig (origen)* breeding ground, source.

semestral *adj* half-yearly; **pagos semestrales,** half-yearly payments.

semestre *nm* six-month period, semester.

semicircular *adj* semicircular.

semicírculo *nm* semicircle.

semiconductor *nm Elec* semiconductor.

semiconsciente *adj* half-conscious.

semicorchea *nf Mús* semiquaver, *US* sixteenth note.

semidesierto,-a *adj* half-deserted.

semidesnudo,-a *adj* half-naked.

semidiós,-osa *nm,f* demigod.

semidirecto,-a *adj* semidirect; *Ferroc* **un tren s.,** an express train.

semifinal *nf* semifinal.

semifinalista *nmf* semifinalist.

semifondo *nm Dep* **prueba de s.,** medium-distance race.

semifusa *nf Mús* hemidemisemiquaver, *US* sixty-fourth note.

semilla *nf* seed; *fig (orígen)* **la s. de la discordia,** the seeds of discontent.

semillero *nm* **1** seedbed. **2** *fig* hotbed, breeding ground.

seminal *adj* seminal.

seminario *nm* **1** *Educ* seminar. **2** *Rel* seminary.

seminarista *nm Rel* seminarist.

semiología *nf Ling* semiology.

semiótica *nf Ling* semiotics *sing.*

semiprecioso,-a *adj* semiprecious.

semiseco,-a *adj (vino etc)* medium-dry.

semita I *adj* Semitic. II *nmf* Semite.

semítico,-a *adj* Semitic.

semitono *nm Mús* semitone.

semivocal *Ling* I *adj* semivocal. II *nf* semivowel.

sémola *nf Culin* semolina.

sempiterno,-a *adj* everlasting, eternal.

Sena *n* el S., the Seine.

senado *nm* **1** *Pol* senate. **2** *(reunión)* assembly.

senador,-a *nm,f* senator.

senaduría *nf* senatorship.

senatorial *adj* senatorial.

sencillez *nf* simplicity.

sencillo,-a *adj* **1** *(sin adornos)* simple, plain. **2** *(fácil)* simple, easy; **¡es lo más s. del mundo!,** it's the easiest thing! **3** *(persona) (natural)* natural, unaffected; *(ingenuo)* naïve, gullible; *(incauto)* unwary. **4** *(no compuesto)* single. **5** *(billete)* single.

senda *nf*, **sendero** *nm* path.

sendos,-as *adj pl* each; **con sendas carteras en la mano,** each carrying a briefcase.

senectud *nf* old age.

Senegal *n* Senegal.

senegalés,-esa *adj & nm,f* Senegalese.

senil *adj* senile.

senilidad *nf* senility.

seno *nm* **1** *(pecho)* breast, bosom. **2** *fig* bosom, heart; **en el s. de la familia,** in the bosom of the family. **3** *(matriz)* womb. **4** *(cavidad)* cavity, hollow, hole. **5** *Geog* gulf, bay. **6** *Mat* sine.

sensación *nf* **1** *(gen)* sensation, feeling; **s. de calor,** feeling of warmth; **tengo la s. de que ...,** I have a feeling that ... . **2** *(impresión)* sensation; **causar s.,** to cause a sensation.

sensacional *adj* sensational.

sensacionalismo *nm* sensationalism.

sensacionalista **I** *adj* sensational, sensationalistic; **prensa s.,** gutter press. **II** *nmf* sensationalist.

sensatez *nf* good sense; **obrar con s.,** to act sensibly.

sensato,-a *adj* sensible.

sensibilidad *nf* **1** *(emotividad)* sensibility. **2** *(perceptividad, sentido artístico)* sensitivity. **3** *Téc (precisión)* sensitivity.

sensibilización *nf* sensitization.

sensibilizar **[4]** *vtr* **1** *(hacer sensible)* to sensitize. **2** *Fot (película)* to sensitize. **3** *fig (concienciar)* to sensitize, make aware; **s. la opinión pública,** to arouse the public opinion.

sensible *adj* **1** *(impresionable)* sensitive. **2** *(delicado)* sensitive; **piel s.,** sensitive skin. **3** *(perceptible)* perceptible. **4** *(que causa pena, dolor)* heavy, considerable; *fml* **lamentamos tan s. pérdida,** we regret such a sad loss. **5** *Téc (preciso)* sensitive.◆**sensiblemente** *adv* noticeably, considerably.

sensiblería *nf* over-sentimentality, mawkishness, gush.

sensiblero,-a *adj* over-sentimental, mawkish, gushy.

sensitivo,-a *adj* **1** *(sensible)* sensitive. **2** *(de los sentidos)* sense; **órgano s.,** sense organ.

sensorial *adj*, **sensorio,-a** *adj* sensory.

sensual *adj (hedónico)* sensuous; *(sexual)* sensual.

sensualidad *nf (hedonismo)* sensuousness; *(sexualidad)* sensuality.

sentada *nf* **1** *(acción)* sitting; **de una s.,** in one sitting. **2** *fam (protesta)* sit-in (demonstration); **hacer una s.,** to hold a sit-in.

sentado,-a *adj* **I** *pp de* **sentar**. **II** *adj* **1** seated, sitting. **2** *(establecido)* established, settled; **dar algo por s.,** to take sth for granted; **dejar s. que ...,** to make it clear that ... . **3** *(sensato)* sensible.

sentador,-a *adj Arg Chi Par (prenda)* becoming, flattering.

sentar **[27]** **I** *vtr* **1** *(en silla etc)* to sit, seat. **2** *(establecer)* to establish; **s. las bases de algo,** to lay the foundations of sth. **3** *SAm (caballo)* to rein in sharply. **II** *vi* **1** *(color, ropa, peinado)* to suit; **el pelo corto te sienta muy bien,** short hair doesn't suit you. **2** *(comida)* **s. bien/mal a,** to agree/disagree with; **la salsa le sentó mal,** the sauce disagreed with him; **la sopa te sentará muy bien,** the soup will do you good. **3** *(agradar)* to please; **le sentó mal la broma,** she

didn't like the joke; *fam* **la noticia le sentó como un tiro,** the news came as a terrible blow to him. **III sentarse** *vr* **1** *(persona)* to sit, sit down. **2** *(el tiempo)* to settle (down). **3** *(líquidos)* to settle.

sentencia *nf* **1** *Jur (condena)* sentence; *(decisión)* judgement; **visto para s.,** ready for judgement. **2** *(aforismo)* maxim, saying, motto.

sentenciar **[12]** *vtr Jur* to sentence (**a,** to).

sentencioso,-a *adj* sententious.

sentido,-a **I** *pp de* **sentir**. **II** *adj* **1** *(penoso)* deeply felt; *fml* **reciba mi más s. pésame,** please accept my deepest sympathy. **2** *(sensible)* sensitive; **es muy s. y se enfada por nada,** she's very touchy and loses her temper very easily. **III** *nm* **1** *(gen)* sense; **los cinco sentidos,** the five senses; *fig* **hacer algo con los cinco sentidos,** to take great pains with sth. ■ **s. común,** common sense; **s. del humor,** sense of humour; **sexto s.,** sixth sense. **2** *(conciencia)* consciousness; **dejar sin s. a algn,** to knock sb out; **perder el s.,** to faint. **3** *(significado)* sense, meaning; **doble s.,** double meaning; **no lo digo en ese s.,** I don't mean it that way; **s. figurado,** figurative sense. **4** *(razón de ser)* meaning, sense; **hablar sin s.,** to talk nonsense; **no tiene s.,** it doesn't make sense; **¿qué s. tiene ...?,** what's the point in ...? **5** *(dirección)* direction; **en s. opuesto,** in the opposite direction; *Aut* **(de) s. único,** one-way.

sentimental **I** *adj* sentimental; **vida s.,** love life. **II** *nmf* sentimental person.

sentimentalismo *nm* sentimentality.

sentimentaloide *adj fam* gooey, over-sentimental, gushy.

sentimiento *nm* **1** *(gen)* feeling; **buenos sentimientos,** sympathy *sing*; **un s. de alegría,** a feeling of joy. **2** *(pesar)* sorrow, grief; *fml* **le acompaño en el s.,** my deepest sympathy.

sentir **1** *nm* **1** *(sentimiento)* feeling. **2** *(opinión)* opinion, view.

sentir **2** **[34]** **I** *vtr* **1** *(gen)* to feel; **no sentí nada,** I didn't feel a thing; **s. amor por algn,** to feel love for sb; **s. hambre/calor,** to feel hungry/hot; *fig* **dejarse o hacerse s.,** to make itself felt. **2** *(oír)* to hear. **3** *(lamentar)* to regret, be sorry about; **lo siento en el alma,** I am terribly sorry; **lo siento (mucho),** I'm (very) sorry; **sentí mucho la muerte de tu amigo,** I'm very sorry to hear about the death of your friend; **siento molestarle,** I'm sorry to bother you. **4** *(presentir)* to feel, think; **siento que va a ocurrir algo,** I think something is going to happen. **II sentirse** *vr* to feel; **me siento mal,** I feel ill; **¿qué tal te sientes?,** how are you feeling?; **s. con ánimos de hacer algo,** to feel like doing sth, feel up to sth; **s. ofendido,** to feel offended or put off.

seña *nf* **1** *(peculiaridad)* mark; **señas personales** *o* **de identidad,** description *sing*, (personal) particulars. **2** *(gesto)* sign; **hablar por señas,** to talk in sign language; **hacer señas a algn,** to signal to sb. **3** *(indicio)* sign; **por más señas,** specifically. **4 señas,** *(dirección)* address *sing*.

señal *nf* **1** *(indicio)* sign, indication; **dar señales de vida,** to show signs of life; **en s. de,** as a sign of, as a token of; **es buena s.,** it's a good sign. **2** *(gesto etc)* signal, sign; **dar la s.,** to give the signal; **hacer señales a algn,** to signal to sb; **s. de alarma,** alarm signal. **3** *(placa)* sign. ■ *Aut* **s. de tráfico,** road sign. **4** *(marca)* mark; *(vestigio)* trace; **deja una s. en la página diez,** mark page ten; **dejar s.,** to leave a mark; **ni s.,** not a trace. **5** *(cicatriz)* scar, mark. **6** *Tel* tone; **s. de comunicar,** engaged tone, *US* busy signal; **s. de llamada,** dialling *o US* dial tone. **7** *Com* deposit. **8** *Rel* **s. de la cruz,** sign of the cross; **hacer la s. de la cruz,** to make the sign of the cross.

señalado,-a I *pp de* señalar. **II** *adj* **1** *(insigne, famoso)* distinguished, famous. **2** *(fijado)* appointed, fixed; **el día s.,** the appointed day; **un día s.,** a red-letter day. **3** *(marcado)* marked, scarred; **tiene la cara señalada,** his face is scarred.

señalar I *vtr* **1** *(indicar, determinar)* to mark, indicate; *(hacer notar)* to point out; *fig (apuntar hacia)* to point to; **el aumento del paro señala un decaimiento de la economía,** the rise in unemployment is a sure sign of a lull in the economy; **la nieve señala la llegada del invierno,** (the) snow marks the beginning of winter; **señálamelo y así lo reconoceré,** point it out to me so I'll recognize it; **su derrota señala el fin de una época,** his defeat marks the end of an era. **2** *(marcar)* to mark; **s. algo con una cruz,** to mark sth with a cross. **3** *(con el dedo)* to point at. **4** *(subrayar)* to stress, underline; **s. la importancia de algo,** to stress the importance of sth. **5** *(fijar precio, fecha)* to fix, arrange; **s. la fecha de la boda,** to set the date of the wedding. **6** *(designar)* to appoint; **s. a algn para hacer algo,** to appoint sb to do sth. **7** *(dejar cicatriz)* to mark, scar. **II** señalarse *vr (sobresalir)* to stand out; *(distinguirse)* to distinguish oneself.

señalización *nf* **1** *(colocación de señales)* signposting. **2** *(señales)* road signs.

señalizar [4] *vtr (carretera)* to signpost.

señero,-a *adj (exclusivo)* unique; *(supremo)* outstanding.

señor,-a I *adj* **1** *(distinguido)* distinguished, grand. **2** *fam* fine; **es un s. coche,** it's quite a car; **una señora casa,** one hell of a house. **II** *nm* **1** *(hombre)* man; *(caballero)* gentleman; **el s. de los bigotes,** the man with the moustache; **ser todo un s.,** to be a real gentleman. **2** *(amo)* master; *Hist* **s. feudal,** feudal lord. **3** *Rel* **El S.,** the Lord; **ministro del S.,** priest; **Nuestro S.,** Our Lord. **4** *(tratamiento de respeto)* sir; **buenos días, s.,** good morning, sir; *(en carta)* **muy s. mío,** Dear Sir; **¡sí s.!,** yes sir! **5** *(con apellido)* Mr; **el Sr. Pérez,** Mr Pérez. **6** *(con título) (no se traduce)* **el s. ministro,** the Minister.

señora *nf* **1** *(mujer)* woman; *fml* lady; **¡señoras y señores!,** ladies and gentlemen!; **una s. de unos cincuenta años,** a woman in her fifties. ■ **s. de compañía,** companion. **2** *(ama)* mistress; *Hist* lady; **en estos momentos la s. no está en casa,** the lady of the house is out at the moment. **3** *Rel* **Nuestra S.,** Our Lady. **4** *(tratamiento de respeto)* madam; **buenas tardes, s.,** good afternoon, madam; *(en carta)* **muy s. mía,** Dear Madam. **5** *(con apellido)* Mrs; **la Sra. González,** Mrs González. **6** *(con título) (no se traduce)* **la s. ministra,** the Minister. **7** *(esposa)* wife; **mi s. no puede venir,** my wife cannot come.

señorear *vtr* **1** *(mandar)* to rule, control. **2** *fig (dominar)* to tower over.

señoría *nf (hombre)* lordship; *(mujer)* ladyship.

señorial *adj* stately, majestic; **casa s.,** stately home.

señorío *nm* **1** *(dominio)* dominion, rule. **2** *(terreno)* estate, domain. **3** *(majestuosidad)* stateliness. **4** *(porte distinguido)* distinction; *(elegancia)* elegance.

señorita *nf* **1** *(joven)* young woman; *fml* young lady. **2** *(tratamiento de respeto)* Miss; **¿señora o s.?,** Miss or Mrs? **3** *(con apellido)* Miss; **S. Muñoz,** Miss Muñoz. **4** *Educ fam (maestra)* **la s.,** the teacher, Miss. **5** *fam (puro)* small cigar.

señorito *nm* **1** *desus (hijo del amo)* master (of the house). **2** *fam pey (joven rico)* rich kid, daddy's boy.

señorón,-ona *adj & nm,f fam pey* big shot.

señuelo *nm* **1** *Caza* decoy. **2** *fig (cebo)* bait. **3** *Arg Bol (para ganado)* lead steer.

sepa *subj pres véase* saber[2].

sépalo *nm Bot* sepal.

separable *adj* separable, detachable.

separación *nf* **1** separation. ■ *Jur* **s. conyugal,** legal separation. **2** *(espacio)* space, gap.

separado,-a I *pp de* separar. **II** *adj* **1** separate; **por s.,** separately, individually; **añadir las claras y las yemas de los huevos por s.,** add egg yolks and whites separately. **2** *(divorciado)* separated.

separador,-a *adj* separating.

separar I *vtr* **1** *(gen)* to separate; **estaban riñendo y tuvimos que separarlos,** they were arguing so we had to separate them; **hemos de s. un caso del otro,** we have to consider each case individually; **los separaron de clase,** they were put in separate classes. **2** *(desunir)* to detach, remove; **separa la etiqueta, por favor,** take off the label, please. **3** *(dividir)* to divide, separate; **los separaron en grupos de diez,** they were broken up into groups of ten each. **4** *(guardar)* to set aside; **ha separado un poco de comida para ti,** he's put aside some food for you. **5** *(apartar)* to move away; **separa la silla de la pared,** move the chair away from the wall. **6** *(destituir)* to remove, dismiss. **II** separarse *vr* **1** to separate, part company; **al llegar a la carretera se separaron,** when they reached the road they went their own ways. **2** *(matrimonio)* to separate; **sus padres se separaron el año pasado,** his parents separated last year. **3** *(desprenderse)* to separate, come off **(de,** from); **se han separado las hojas del libro,** the pages have fallen out of the book. **4** *(apartarse)* to move away; **s. de las viejas amistades,** to part company. **5** *(abandonar)* (gen negativo) to part **(de,** with); **nunca me separaré de este cuadro,** I shall never part with this painting.

separata *nf Impr* offprint.

separatismo *nm Pol* separatism.

separatista *adj & nmf Pol* separatist.

sepelio *nm fml* burial, interment.

sepia I *nf (pez)* cuttlefish. **II** *adj & nm (color)* sepia.

septentrión *nm fml* north.

septentrional *adj fml* northern.

septicemia *nf Med* septicaemia, *US* septicemia.

séptico,-a *adj* septic; **fosa séptica,** septic tank.

septiembre *nm* September; **el 5 de s.,** the 5th of September; **en s.,** in September; *véase tamb* noviembre.

séptimo,-a I *adj* seventh; **el s. arte,** the cinema; **la séptima parte,** a seventh; *fam* **en el s. cielo,** in seventh heaven. **II** *nm,f (de una serie)* seventh. **III** *nm (parte)* seventh; *véase tamb* octavo,-a.

septuagenario,-a *adj & nm,f* septuagenarian.

septuagésimo,-a I *adj* seventieth; **septuagésima parte,** seventieth. **II** *nm,f (de una serie)* seventieth; **s. primero,** seventy-first; **s. segundo,** seventy-second. **III** *nm (parte)* seventieth; *véase tamb* octavo,-a.

sepulcral *adj* sepulchral; *fig* **silencio s.,** deathly silence.

sepulcro *nm* tomb; *fam* **ser un s.,** to keep mum.

sepultar *vtr* to bury.

sepultura *nf* **1** *(tumba)* grave. **2** *(entierro)* burial; **dar s. a algn,** to bury sb.

sepulturero,-a *nm,f* gravedigger.
sequedad *nf* 1 dryness. 2 *fig* curtness, abruptness.
sequía *nf* drought.
séquito *nm* 1 *(grupo de acompañantes)* entourage, retinue. 2 *Pol* group of followers.
SER *nf Rad TV abr de* Sociedad Española de Radiodifusión.
ser[1] *nm* 1 *(ente)* being. ■ **s. humano,** human being; **S. Supremo,** Supreme Being; **s. vivo,** living being. 2 *(vida)* existence, life; *fml* **dar el s.,** to give life. 3 *(valor)* core; **esto constituye el s. del espectáculo,** this is the heart of the show.
ser[2] [86] *vi* 1 *(suceder)* to be; **el estreno será mañana,** tomorrow is the opening night. 2 *(identificar)* to be; **es alto y rubio,** he is tall and fair; **Jaime es médico,** Jaime is a doctor. 3 *(clasificar)* to be; **Jaime es el médico,** Jaime is the doctor. 4 *(indica procedencia)* to be, come **(de,** from); **¿de dónde eres?,** where are you from?; **José María es de San Sebastián,** José María is from San Sebastián. 5 *(indica material)* to be made **(de,** of); **la mesa es de madera,** the table is made of wood. 6 *(indica color)* to be; **el edificio es gris,** the building is grey. 7 *(indica posesión)* to be, belong to; **¿de quién es este abrigo?,** whose coat is this?; **el perro es de Ricardo,** the dog belongs to Ricardo. 8 **s. para,** *(finalidad, adecuación)* to be for; **este jabón es para las manos,** this is hand soap; **estos modales no son de caballero,** that isn't gentlemanly behaviour. 9 *(localización tiempo, día, hora)* to be; **es de día,** it's daytime; **es invierno,** it's winter; **son las dos de la tarde,** it's two o'clock *o* p.m. 10 *(costar)* to be, cost; **¿cuánto es?,** how much is it? 11 *(causar)* to be, cause; **la bebida fue su perdición,** drinking was his downfall. 12 *(ficción en juegos)* to be; **tú serás la princesa y yo la bruja,** you can be the princess and I'll be the witch. 13 *(consistir en)* to be, lie in, consist of; **el secreto es hacerlo despacio,** the secret lies in doing it slowly. 14 *(devenir)* **s. de,** to become of; **¿qué será de mí?,** what will become of me? 15 *(auxiliar como pasiva)* to be; **el hecho será verificado,** the fact is to be verified; **fue asesinado,** he was murdered. 16 *(locuciones)* **a no s. que,** unless; **a poder s.,** if possible; **como debe s.,** as it should be; **¿cómo es eso?, ¿cómo puede s.?,** how can that be?; **como sea,** anyhow; **de no s. por ...,** had it not been for ...; **érase una vez,** once upon a time; **es de esperar/desear que ...,** it is to be expected/hoped that ...; **es más,** furthermore; **es que ...,** it's just that ...; **lo que sea,** whatever; **no es nada, ha sido una caída tonta,** it's all right, it was just a little fall; **no será para tanto,** it won't come to that; **o sea,** that is (to say); **por si (fuera) poco,** to top it all; **no puede s.,** it can't be true; **puede s.,** it could be, it's possible; **sea como sea,** in any case, be that as it may; **siendo así,** that being so; **un si es no es,** a trifle, a touch; *fam* **s. de lo que no hay,** to be a real winner; *fam* **s. muy suyo,** to be an eccentric.
sera *nf* large basket, pannier.
seráfico,-a *adj* seraphic, angelic.
serafín *nm* seraph.
serbal *nm Bot* **s. silvestre,** rowan, mountain ash.
serenar I *vtr (gen)* to calm, quieten; *(persona)* to calm down. **II serenarse** *vr* 1 *(persona)* to calm down; *(mar)* to grow calm. 2 *Meteor (tiempo)* to clear up.
serenata *nf Mús* serenade.
serenera *nf Am (prenda)* coat, cape.
serenidad *nf* serenity, calm; **conservar la s.,** to keep calm.

sereno[1] *nm* 1 *(vigilante)* night watchman. 2 *(humedad nocturna)* night dew, night air; **dormir al s.,** to sleep out in the open.
sereno,-a[2] *adj* 1 *(persona)* calm; *(ambiente)* peaceful; *fam* **estar s.,** to be sober. 2 *Meteor (cielo)* clear; *(tiempo)* fine, good.
serial *nm Rad TV* serial.
seriar [12] *vtr* to serialize.
serie *nf* 1 *(gen)* series *sing*; **fabricación en s.,** mass production; **fabricado en s.,** mass-produced; *fig* **fuera de s.,** out of the ordinary, unique. 2 *(cadena)* series *sing*, succession, string; **una s. de acontecimientos,** a string of events. 3 *Rad TV* serial, series *sing*. 4 *Dep* series *sing*; **s. mundial,** world series.
seriedad *nf* 1 *(severidad)* seriousness; **con s.,** seriously. 2 *(gravedad)* seriousness, gravity. 3 *(formalidad)* reliability, dependability; **falta de s.,** irresponsibility.
serigrafía *nf* serigraphy, silk-screen printing.
serio,-a *adj* 1 *(severo)* serious; **en s.,** seriously; **¿en s.?,** are you serious?, do you really mean that?; **hablo en s.,** I'm serious; **ponerse s.,** to become serious, look serious. 2 *(grave, importante)* serious, grave; **asunto s.,** serious matter. 3 *(formal)* reliable, dependable, responsible. 4 *(color)* sober. 5 *(traje)* formal.. ◆**seriamente** *adv* seriously.
sermón *nm* 1 *Rel* sermon. 2 *fam (represalia)* sermon, lecture, ticking-off.
sermoneador,-a *fam* **I** *adj* fault-finding, nitpicking. **II** *nm,f* fault-finder.
sermonear *vi* 1 *Rel* to preach. 2 *fam (reprener)* to lecture.
seroso,-a *adj* serous.
serpentear *vi (enrollar)* to wind; *(zigzaguear)* to wind one's way, meander.
serpenteo *nm (vueltas)* winding; *(zigzag)* meandering.
serpentín *nm (tubo)* coil.
serpentina *nf* 1 *(tira de papel)* streamer. 2 *Min* serpentine.
serpiente *nf Zool* snake. ■ **s. de cascabel,** rattlesnake; **s. pitón,** python.
serraduras *nfpl* sawdust *sing*.
serrallo *nm* harem.
serranía *nf* mountainous area *o* country.
serranilla *nf Lit* lyric composition in short verses.
serrano,-a I *adj* 1 mountain, highland. ■ *Culin* **jamón s.,** cured ham. 2 *desus (hermoso)* nice; **un cuerpo s.,** a shapely figure. **II** *nm,f* highlander.
serrar [27] *vtr* to saw.
serrería *nf* sawmill.
serreta *nf Orn* **s. chica,** smew; **s. grande,** goosander; **s. mediana,** red-breasted merganser.
serrín *nm* sawdust.
serrucho *nm (herramienta)* handsaw.
servible *adj* usable, serviceable.
servicial *adj* helpful, obliging, accommodating.
servicio *nm* 1 service; **servicios públicos,** public services, (public) utilities. ■ **s. a domicilio,** delivery service. 2 *(empleados domésticos)* servants *pl*; *(no fijo)* domestic help. 3 *Mil* service; **estar de s.,** to be on duty. ■ **s. militar,** military service. 4 *(favor)* service, favour, *US* favor; **hacer** *o* **prestar s.,** to do a favour; *fam* **hacer un flaco s.,** to do more harm than good. 5 *Dep* service, serve. 6 *(juego, conjunto)* set; **s. de té,** tea set, tea service. 7 **servicios,** *(retrete)* toilet *sing*, *US* rest room *sing*.

servidor,-a *nm,f* **1** *(criado)* servant; *fml* **s. de usted,** at your service; *(en carta)* **su seguro s.,** yours faithfully. **2** *(eufemismo)* myself; ¿**quién se ocupa de esto?** —s., who's taking care of it? —I am; ¿**Ramón Lopera?** —un s., Ramón Lopera? —yes?

servidumbre *nf* **1** *(criados)* servants *pl*, staff *pl*. **2** *(condición de siervo)* servitude. **3** *(sujeción a los vicios etc)* compulsion. **4** *Jur Fin* servitude.

servil *adj (humilde)* servile; *(obediente)* subservient.

servilismo *nm (humildad)* servility; *(obediencia)* subservience.

servilleta *nf* serviette, napkin.

servilletero *nm* serviette ring, napkin ring.

servio,-a **I** *adj* Serbian. **II** *nm,f (persona)* Serbian. **III** *nm (idioma)* Serbian.

servir [34] **I** *vtr* **1** *(gen)* to serve; *Mil* **s. a la patria,** to serve one's country. **2** *(prestar ayuda a)* to help; *(en tienda etc)* ¿**en qué puedo servirle?,** what can I do for you?, may I help you?; *fml* **para servirle,** at your service. **3** *(dar comida, bebida a)* to serve, wait on; ¿**le sirvo una copa, señor?,** would you like a drink, sir? **4** *Com (suministrar a)* to supply with; **le serviremos la mercancía lo antes posible,** we shall deliver your merchandise as soon as possible. **II** *vi* **1** *(gen)* to serve; *Mil* **s. en Ceuta,** to serve in Ceuta. **2** *(camarero etc)* to serve; **s. en la mesa,** to wait at table. **3** *(trabajar de criado)* to be a servant; **ponerse a s.,** to go into service; **s. en casa de algn,** to be in service at sb's house. **4** *(valer)* to be useful, be suitable; *(instrumento)* to be good; **de nada sirve hablar,** talking is useless; **mi paraguas no sirve,** my umbrella is no good; **no sirve,** it's no good; **tu consejo me sirvió de mucho,** your advice was very useful to me. **5 s. para,** to be used for, be for; ¿**para qué sirve esto?,** what is this (used) for? **6 s. de,** to serve as, act as; **s. de aviso,** to serve as a warning; **s. de enlace,** to act as a go-between. **7** *Dep* to serve. **III** **servirse** *vr* **1** *(comida etc)* to help oneself; **sírvete tú mismo,** help yourself. **2 s. de,** to use, make use of; *fig* **se han servido de ti,** you've been taken advantage of. **3** *fml (carta)* to be kind enough to; **sírvase** *o* **sírvanse comunicarnos su decisión,** please inform us of your decision.

servofreno *nm Téc* servo brake.

servomecanismo *nm* servomechanism.

servomotor *nm* servomotor.

sésamo *nm* **1** *Bot* sesame. **2** *Lit & fam* ¡**ábrete, s.!,** open, sesame!

sesear *vi Ling* to pronounce Spanish **c** (before **e** *o* **i**) and **z** as **s**.

sesenta *inv* **I** *adj (cardinal)* sixty; *(ordinal)* sixtieth; **los años s.,** the sixties. **II** *nm* sixty; **nací en el s.,** I was born in nineteen sixty; *véase tamb* ocho .

sesentavo,-a **I** *adj* sixtieth. **II** *nm,f (de una serie)* sixtieth. **III** *nm (parte)* sixtieth; *véase tamb* octavo,-a .

sesentón,-ona *adj & nm,f fam* sixty-year-old.

seseo *nm* pronunciation of Spanish **c** (before **e** *o* **i**) and **z** as **s**.

sesera *nf fam* brain, brains *pl*.

sesgadura *nf* cut on the bias.

sesgar [7] *vtr* **1** *(cortar)* to cut on the bias. **2** *(torcer)* to slant. **3** *Arg (renunciar a un propósito)* to renounce.

sesgo *nm* **1** *Cost* **al s.,** on the bias. **2** *fig (curso de un asunto)* slant, turn; **tomar un s. favorable/desfavorable,** to take a turn for the better/worse.

sesión *nf* **1** *(reunión)* meeting, session; *Jur* session, sitting; **se abre la s.,** the meeting is open; **se cierra la s.,** the meeting is adjourned. ■ **s. plenaria,** plenary session. **2** *Cin* showing. ■ **s. continua,** continuous showing; **s. de noche,** late show; **s. de tarde,** matinée.

seso *nm* **1** *Anat* brain. **2** *fam fig* brains *pl*, grey matter; *(juicio)* sense; *(volverse loco)* **beber** *o* **beberse el s.** *o* **los sesos,** to lose one's mind; **calentarse** *o* **devanarse los sesos,** to rack one's brains; *(tener bajo la influencia)* **tener sorbido el s.** *o* **los sesos a algn,** to have sb under one's spell. **3 sesos,** *Culin* brains.

sestear *vi* to have a nap.

sesudo,-a *adj* **1** *(inteligente)* intelligent, brainy. **2** *(sensato)* sensible; *(prudente)* wise.

set *nm Ten* set.

seta *nf (comestible)* mushroom; *(no comestible)* **s. venenosa,** toadstool.

setecientos,-as *inv* **I** *adj (cardinal)* seven hundred; *(ordinal)* seven hundredth. **II** *nm* seven hundred; *véase tamb* ocho .

setenta *inv* **I** *adj (cardinal)* seventy; *(ordinal)* seventieth; **los años s.,** the seventies. **II** *nm* seventy; *véase tamb* ocho .

setentavo,-a **I** *adj* seventieth. **II** *nm,f (de una serie)* seventieth. **III** *nm (parte)* seventieth; *véase tamb* octavo,-a .

setentón,-ona *adj & nm,f* seventy-year-old.

setiembre *nm véase* septiembre .

seto *nm* hedge.

setter *nm (perro)* setter.

s.e. u o. *abr de* **salvo error u omisión,** errors and omissions excepted.

seudónimo *nm* pseudonym; *(de escritores)* pen name.

Seúl *n* Seoul.

severidad *nf* **1** *(gravedad)* severity, harshness. **2** *(rigurosidad)* strictness.

severo,-a *adj* **1** *(grave)* severe, harsh. **2** *(riguroso)* strict; **ser s. con algn,** to be hard on sb. **3** *(estilo)* stark, severe.

Sevilla *n* Seville.

sevillanas *nfpl Mús* Sevillian folk songs and dance.

sevillano,-a **I** *adj* of *o* from Seville, Sevillian. **II** *nm,f* native *o* inhabitant of Seville, Sevillian.

sexagenario,-a *adj & nm,f* sexagenarian.

sexagesimal *adj* sexagesimal.

sexagésimo,-a **I** *adj* sixtieth; **una sexagésima parte,** a sixtieth. **II** *nm,f (de una serie)* sixtieth; *véase tamb* octavo,-a .

sex-appeal *nm* sex appeal.

sexi *adj véase* sexy .

sexismo *nm* sexism.

sexista *adj* **1** *(gen)* sexist. **2** *(hombre)* male chauvinist.

sexo *nm* **1** sex. ■ **el bello s.,** the fair sex; **el s. débil,** the weaker sex; **el s. fuerte,** the stronger sex. **2** *(genitales)* genitals *pl*.

sexología *nf* sexology.

sexólogo,-a *nm,f* sexologist.

sextante *nm Náut* sextant.

sexteto *nm Mús* sextet.

sexto,-a **I** *adj* sixth. **II** *nm,f (de una serie)* sixth. **III** *nm (parte)* sixth; *véase tamb* octavo,-a .

séxtuplo,-a *adj & nm* sextuple.

sexuado,-a *adj* sexed.

sexual *adj* sexual, sex; **vida s.**, sex life. ◆**sexualmente** *adv* sexually.

sexualidad *nf* sexuality.

sexy *adj* sexy, with sex appeal.

Seychelles *npl* Seychelles.

s.f. *abr de* **sin fecha**, not dated.

s/f. *abr de* **su favor**, your favour *o* US favor.

shah *nm (título)* shah.

sherry *nm (vino)* sherry.

Shetland *n* **las Islas S.**, the Shetland Isles, Shetland *sing.*

shetland *nm Tex* Shetland wool.

shock *nm Med* shock.

short *nm (prenda)* shorts *pl.*

show *nm* **1** *(espectáculo)* show. **2** *fam (exhibición)* show, display; **montar un s.**, to put on a show.

si¹ *conj* **1** *(condicional)* if; **como si**, as if; **por si acaso**, just in case; **si acaso**, if by any chance; **si hubiesen llegado a tiempo**, if they had arrived in time; **si llueve, iremos en coche**, if it rains, we'll go by car; **si no**, if not; **si quieres**, if you like, if you wish. **2** *(disyuntivo)* whether; **dime si te gusta o no**, tell me whether you like it or not; **no sé si ir o no**, I don't know whether to go or not. **3** *(protesta, sorpresa)* but; **¡si está llorando!**, but she's crying!; **¡si no quiero!**, but I don't want to!

si² *nm (pl* **sis)** *Mús* ti, si, B.

sí¹ *pron pers* **1** *(singular)* **(él)** himself; *(ella)* herself; *(cosa)* itself; *(plural)* themselves; **de por sí, en sí**, in itself; **hablaban entre sí**, they were talking among themselves *o* to each other; **por sí mismo**, by himself; **sí misma**, herself; **sí mismo**, himself. **2** *(uno mismo)* oneself; **decir para sí**, to say to oneself; **estar fuera de sí**, to be beside oneself (with anger); **estar sobre sí**, to be on one's guard; **volver en sí**, to come round, regain consciousness.

sí² **I** *adv* **1** yes; **¡claro que sí!**, of course!; **creo que sí**, I think so; **dije que sí**, I said yes, I accepted, I agreed; **¡eso sí que no!**, certainly not!; **porque sí**, *(sin razón)* because I *o* you feel like it; *(por naturaleza)* that's the way it is; **¡que sí!**, yes, I tell you!; **un día sí y otro no**, every other day. **2** *(uso enfático) (no se traduce)* **sí que está bien hecho**, it certainly is well done; **sí que me gusta**, of course I like it. **II** *nm (pl* **síes)** yes; **dar el sí**, to say yes, accept, agree; **síes y noes**, yeas and nays.

siamés,-esa **I** *adj* Siamese. **II** *nm,f (mellizo)* Siamese twin.

sibarita **I** *adj* sybarite, sybaritic. **II** *nmf* sybarite.

sibaritismo *nm* sybaritism.

Siberia *n* Siberia.

siberiano,-a *adj & nmf* Siberian.

sibila *nf Mit* sibyl.

sibilante *adj & nf Ling* sibilant.

sibilino,-a *adj* **1** *Mit* sibylline. **2** sibylline; *fig* cryptic, enigmatic.

sicalíptico,-a *adj* suggestive, erotic, pornographic.

sicario *nm* hired gunman; *fam* goon.

Sicilia *n* Sicily.

siciliano,-a *adj & nm,f* Sicilian.

sicoanálisis *nm inv véase* psicoanálisis.

sicoanalista *nmf véase* psicoanalista.

sicoanalítico,-a *adj véase* psicoanalítico,-a.

sicoanalizar [4] *vtr véase* psicoanalizar.

sicodélico,-a *adj véase* psicodélico,-a.

sicodrama *nm véase* psicodrama.

sicofanta *nm*, **sicofante** *nm* imposter, fake.

sicofármaco *nm véase* psicofármaco.

sicología *nf véase* psicología.

sicológico,-a *adj véase* psicológico,-a.

sicólogo,-a *nm,f véase* psicólogo,-a.

sicómoro *nm Bot* sycamore.

siconeurosis *nf inv véase* psiconeurosis.

sicópata *nmf véase* psicópata.

sicopatía *nf véase* psicopatía.

sicopático,-a *adj* psicopático,-a.

sicopatología *nf véase* psicopatología.

sicosis *nf inv véase* psicosis.

sicosomático,-a *adj véase* psicosomático,-a.

sicote *nm Am* foot odour *o* US odor.

sicoterapia *nf véase* psicoterapia.

sicoterapeuta *nmf véase* psicoterapeuta.

SIDA *nm Med abr de* **síndrome de inmunodeficiencia adquirida**, acquired immune deficiency syndrome, AIDS.

sidecar *nm Aut* sidecar.

sideral *adj* sidereal, astral; **espacio s.**, outer space.

siderurgia *nf Ind* iron and steel industry.

siderúrgico,-a *adj Ind* iron and steel; **la industria siderúrgica**, the iron and steel industry.

sidra *nf* cider.

siega *nf Agr* **1** *(acción)* reaping, harvesting. **2** *(temporada)* harvest (time). **3** *(mieses)* harvest.

siembra *nf Agr* **1** *(acción)* sowing. **2** *(temporada)* sowing time.

siempre *adv* always; **a la hora de s.**, at the usual time; **como s.**, as usual; **eso es así desde s.**, it has always been like that; **para s.**, for ever; **para s. jamás**, for ever and ever; **s. pasa lo mismo**, it's always the same; **s. viene tarde**, he is always late; **s. que**, *(cada vez que)* whenever; *(a condición de que)* provided, as long as; **s. y cuando**, provided, as long as; **son amigos de s.**, they are old friends.

siempreviva *nf Bot* everlasting flower, immortelle.

sien *nf Anat* temple.

siena *adj (color)* sienna, dark yellow.

sierpe *nf* **1** *Zool fml* serpent. **2** *fig (mal genio)* bad-tempered person; *(feo)* ugly person.

sierra *nf* **1** *Téc Carp* saw. ■ **s. circular**, circular saw; **s. mecánica**, power saw. **2** *Geog* mountain range, sierra.

Sierra Leona *n* Sierra Leone.

sierraleonés,-esa *adj & nm,f* Sierra Leonean.

siervo,-a *nm,f* **1** *(esclavo)* slave; *Rel* **s. de Dios**, servant of God. **2** *Hist* serf.

siesta *nf* siesta, nap; **dormir** *o* **echar la s.**, to have a siesta *o* an afternoon nap; **la hora de la s.**, (summer) early afternoon.

siete *inv* **I** *adj (cardinal)* seven; *(ordinal)* seventh. **II** *nm* **1** seven; **son las s.**, it's seven o'clock; **el s. de abril**, the seventh of April, April the seventh; **hablar más que s.**, to talk nineteen to the dozen. **2** *fam (rasgón)* tear; **me he hecho un s. en los pantalones**, I've ripped my trousers. **3** *LAm (ano)* anus; *véase tamb* **ocho**.

sietemesino,-a **I** *adj* seven-month. **II** *nm,f* **1** seven-month baby, premature baby. **2** *fam (enclenque)* weakling. **3** *fam (chico presumido)* little squirt.

sífilis *nf inv Med* syphilis.

sifilítico,-a *adj & nm,f* syphilitic.

sifón *nm* 1 *(para trasvasar líquidos)* siphon. 2 *(tubería)* U-bend, trap. 3 *(botella)* soda siphon. 4 *(soda)* soda, soda water; **whisky con s.**, whisky and soda.

sig. *abr de* **siguiente**, following, fol.

sigilo *nm* 1 *(discreción)* discretion. 2 *(secreto)* secrecy; **con mucho s.**, in great secrecy; *Rel* **s. sacramental**, secrecy of the confessional.

sigiloso,-a *adj* 1 *(mesurado)* discreet. 2 *(asunto)* secret; *(persona)* secretive. ◆**sigilosamente** *adv (mesuradamente)* discreetly; *(secretamente)* secretly; **entró s. en la habitación,** she crept o slipped into the room.

sigla *nf* acronym; **EE.UU.** son las siglas de Estados Unidos de América, U.S.A. is the abbreviation of United States of America.

siglo *nm* century; **por los siglos de los siglos,** for ever and ever; *fam* **hace siglos que no le veo,** I haven't seen him for ages. ■ *Hist Lit* **el S. de las luces,** the Eighteenth Century; *Hist Lit* **el S. de Oro,** the Golden Age.

signar I *vtr* 1 *(firmar)* to sign. 2 *Rel* to make the sign of the cross over. II **signarse** *vr Rel* to make the sign of the cross, cross oneself.

signatario,-a *adj & nm,f* signatory; **el s. del documento,** the signatory of the document.

signatura *nf* 1 *Impr* signature. 2 *(en bibliotecas etc)* catalogue number. 3 *(firma)* signature.

significación *nf* 1 *(sentido)* meaning. 2 *(importancia)* significance.

significado,-a I *pp de* **significar.** II *adj (conocido)* well-known; *(importante)* important. III *nm* 1 meaning; **el s. de una palabra,** the meaning of a word. 2 *Ling* signifier.

significante *nm Ling* significant, signifier.

significar [1] I *vtr* 1 to mean; **'persistir' significa insistir en una cosa,** 'persistir' means to continue with something. 2 *(manifestar)* to express, make known. II **significarse** *vr* to stand out.

significativo,-a *adj (relevante)* significant; *(expresivo, con sentido)* meaningful; **un gesto s.,** a meaningful gesture. ◆**significativamente** *adv (con relevancia)* significantly; *(expresivamente, con sentido)* meaningfully.

signo *nm* 1 *(gen)* sign; **cantar es s. de alegría,** singing is a (sure) sign of happiness. 2 *Astrol* sign; **s. del zodiaco,** zodiac sign. 3 *Ling* mark. ■ **s. de admiración,** exclamation mark; **s. de interrogación,** question mark. 4 *Mat* sign; **s. de sumar,** plus sign; **s. positivo,** positive sign. 5 *lit (destino)* fate, destiny.

sigo *indic pres véase* **seguir.**

siguiente *adj* following, next; **¡el s.!,** next, please!

sij *adj & nmf Rel* Sikh.

sílaba *nf* syllable.

silabario *nm* spelling book.

silabear *vi* to divide words into syllables.

silábico,-a *adj* syllabic.

silampa *nf CAm Meteor* drizzle.

silba *nf* hissing; **el público respondió con una escandalosa s. a ...,** the audience hissed and booed at ... .

silbar *vi* 1 *(producir silbos)* to whistle. 2 *(abuchear)* to hiss, boo.

silbato *nm* whistle.

silbido *nm* 1 *(acción)* whistle, whistling; *(agudo)* hiss; **el s. del viento,** the whistling of the wind. ■ **s. de oídos,** ringing in the ears. 2 *Tel* ring, ringing.

silbo *nm (acción)* whistle, whistling; *(voz aguda)* hiss.

silenciador *nm* 1 *(de arma)* silencer. 2 *Aut* silencer, *US* muffler.

silenciar [12] I *vtr* 1 *(un sonido)* to muffle. 2 *(omitir)* to hush; **los informativos silenciaron las declaraciones,** the news programmes made no mention of the statements. 3 *Am (acallar)* to silence. II *vi (guardar silencio)* to keep silent.

silencio *nm* silence; **en s.,** in silence; **guardar s.,** to keep quiet; **imponer s. a algn,** to make sb be quiet; *fig* **el s. de la prensa es significativo,** the silence of the press is meaningful.

silencioso,-a *adj (persona)* quiet; *(cosa)* silent; **motor s.,** silent motor.

sílex *nm inv Min* silex, flint.

silfide *nf Mit* sylph.

silicato *nm Quím* silicate.

sílice *nf* silica.

silicio *nm* silicon.

silicona *nf* silicone.

silicosis *nf inv Med* silicosis.

silla *nf* 1 chair; *fig* **Don Ramón ocupa una silla en la Academia,** Don Ramón holds a seat in the Academy. ■ **s. de ruedas,** wheelchair; **s. giratoria,** swivel chair. 2 *Equit* **s. (de montar),** saddle.

sillar *nm Constr* ashlar.

sillería[1] *nf* 1 chairs *pl*, set of chairs. 2 *(del coro)* choir stalls *pl*.

sillería[2] *nf Constr* ashlar.

sillín *nm Cicl Equit* saddle.

sillón *nm* 1 *(butaca)* armchair. 2 *Equit* side-saddle.

silo *nm* silo.

silogismo *nm* syllogism.

silueta *nf* 1 *(contorno)* silhouette, outline. 2 *(del cuerpo)* figure, shape.

silvestre *adj* wild; **plantas silvestres,** wild plants.

silvicultor,-a *nm,f* forestry expert.

silvicultura *nf* forestry.

sima *nf Geol* chasm, abyss.

simbiosis *nf inv Biol* symbiosis.

simbiótico,-a *adj Biol* symbiotic.

simbólico,-a *adj* symbolic, symbolical.

simbolismo *nm* symbolism.

simbolista *adj & nmf* symbolist.

simbolizar [4] *vtr* to symbolize.

símbolo *nm* symbol.

simetría *nf* symmetry.

simétrico,-a *adj* symmetric, symmetrical.

simiente *nf Agr* seed.

simiesco,-a *adj* simian, apelike.

símil *nm* 1 *(comparación)* comparison; *(semejanza)* resemblance, similarity. 2 *Lit* simile.

similar *adj* similar.

similitud *nf* similarity, ressemblance.

similor *nm Metal* pinchbeck.

simio *nm Zool* simian, monkey.

simonía *nf* simony.

simoníaco,-a I *adj* simoniacal. II *nm,f* simoniac.

simpatía *nf* 1 *(agrado)* liking, affection; **cogerle s. a algn,** to take a liking to sb; **ganarse la s. de todos,** to win everyone's affection; **simpatías y antipatías,** likes and dislikes; **le tengo mucha s.,** I am very fond of him. 2 *(solidaridad)* sympathy, solidarity. 3 *Med* sympathy.

simpático,-a *adj* 1 *(amable)* nice, likeable; *(agradable)* kind, friendly; *(encantador)* charming; **hacerse el s.**, to ingratiate oneself; **me cae s.**, I like him. 2 *Med* sympathetic.

simpatizante I *adj* sympathetic. II *nmf* sympathizer.

simpatizar [4] *vi* to get on (**con**, with); **simpatizamos al instante**, we hit it off from the start.

simple I *adj* 1 *(gen)* simple, easy. 2 *(fácil)* simple, easy. 3 *(mero)* mere; **es una s. fórmula**, it's a mere formality; **por s. descuido**, through sheer carelessness. 4 *(persona)* simple, simple-minded. II *nm* 1 *(persona)* simpleton. 2 *Ten* singles *pl*. ◆**simplemente** *adv* simply.

simpleza *nf* 1 *(bobería)* simple-mindedness. 2 *(tontería)* nonsense.

simplicidad *nf* 1 *(sencillez)* simplicity. 2 *(ingenuidad)* naïveté, naïvety.

simplificación *nf* simplification.

simplificar [1] *vtr* to simplify.

simplismo *nm* simplism, oversimplification.

simplista *adj* simplistic, oversimple.

simplón,-ona I *adj* simple, naïve. II *nm,f* simpleton.

simposio *nm* symposium.

simulación *nf* simulation.

simulacro *nm* sham, pretence; **un s. de ataque,** a mock attack.

simulado,-a I *pp de* simular. II *adj* simulated.

simular *vtr* to simulate, pretend, feign; **s. un accidente,** to rig an accident.

simultanear *vtr (hacer al mismo tiempo)* to do simultaneously *o* at the same time; *(combinar)* to combine; **simultanea el trabajo y los estudios,** he's working and studying at the same time.

simultaneidad *nf* simultaneity.

simultáneo,-a *adj* simultaneous. ◆**simultáneamente** *adv* simultaneously, at the same time.

simún *nm Meteor* simoom.

sin *prep* without; **está s. lavar,** it hasn't been washed; **estamos s. pan,** we're out of bread; **fuimos, no s. antes preguntar si podíamos,** before going, we did ask if we could; **iremos sin ti,** we'll go without you; **se fue s. pagar,** he left without paying; **s. más ni más,** without further ado; **s. que nadie lo notara,** without anyone noticing.

sinagoga *nf Rel* synagogue.

sinalefa *nf Ling* synaloepha, *US* synalepha.

sinapismo *nm* 1 *Med* mustard plaster. 2 *fam fig (pesadez)* bore, drag.

sincerarse *vr* to open one's heart (**con**, to).

sinceridad *nf* sincerity; **con toda s.,** in all sincerity.

sincero,-a *adj* sincere. ◆**sinceramente** *adv* sincerely.

síncopa *nf* 1 *Ling* syncope. 2 *Mús* syncopation.

sincopado,-a *adj Mús* syncopated.

síncope *nm* 1 *Med* syncope, fainting, faint. 2 *Ling* syncope.

sincronía *nf* synchrony.

sincrónico,-a *adj* synchronic.

sincronización *nf* synchronization.

sincronizar [4] *vtr* to synchronize.

sindicación *nf* 1 *(afiliación)* joining of a trade union. 2 *(sindicalismo)* trade unionism.

sindical *adj* trade union, union.

sindicalismo *nm* trade unionism, unionism.

sindicalista I *adj* trade union, union. II *nmf* trade unionist, unionist.

sindicar [1] I *vtr* to unionize. II **sindicarse** *vr* 1 *(afiliarse)* to join a trade union. 2 *(formar un sindicato)* to form a union.

sindicato *nm* union, trade union.

síndico *nm* 1 *Pol* elected representative. 2 *(depositario)* trustee; *Jur* (official) receiver.

síndrome *nm Med* syndrome.

sinecura *nf* sinecure.

sinestesia *nf* synaesthesia, *US* synesthesia.

sinfín *nm* endless number; **un s. de preguntas,** an endless number of questions.

sinfonía *nf* symphony.

sinfónico,-a *adj* symphonic.

Singapur *n* Singapore.

singladura *nf Náut* day's run.

singular I *adj* 1 *(único, solo)* singular, single. 2 *(excepcional)* exceptional, unique. 3 *(raro)* peculiar, odd. II *nm Ling* singular; **en s.,** in the singular; *fam* **¡habla en s.!,** speak for yourself!

singularidad *nf* 1 *(unicidad)* singularity. 2 *(excepcionalidad)* uniqueness. 3 *(rareza)* peculiarity.

singularizar [4] I *vtr* to single out, distinguish. II **singularizarse** *vr* to stand out, distinguish oneself.

sinhueso *nf fam* tongue; **darle a la s.,** to natter.

siniestra *nf* left hand.

siniestrado,-a *adj* damaged.

siniestro,-a I *adj* 1 *lit (izquierdo)* left, left-hand. 2 *(maligno)* sinister, ominous. 3 *(funesto)* fateful, disastrous. II *nm (catástrofe)* disaster, catastrophe; *(incendio)* fire.

sinnúmero *nm* endless number.

sino[1] *nm fml* fate, destiny.

sino[2] *conj* 1 but; **no fui a Madrid, s. a Barcelona,** I didn't go to Madrid but to Barcelona; **no sólo ... s. (también) ...,** not only ... but also ... . 2 *(solamente)* only; **no quiero s. que me oigan,** I only want them to listen (to me). 3 *(excepto)* but, except; **no escribo a nadie s. a mi padre,** I only write to my father.

sínodo *nm Rel* synod.

sinonimia *nf* synonymy.

sinónimo,-a I *adj* synonymous. II *nm* synonym.

sinopsis *nf inv* synopsis.

sinóptico,-a *adj* synoptic, synoptical; **cuadro s.,** diagram, chart.

sinrazón *nf* wrong, injustice.

sinsabor *nm (gen pl)* trouble, worry; **mi vida está llena de sinsabores,** my life is full of worries.

sinsubstancia *nmf fam* flighty person.

sintáctico,-a *adj Ling* syntactic, syntactical.

sintaxis *nf inv Ling* syntax.

síntesis *nf inv* synthesis.

sintético,-a *adj* synthetic.

sintetizador *nm* synthesizer.

sintetizar [4] *vtr* to synthesize.

sintoísmo *nm* Shinto, Shintoism.

sintoísta *nmf* Shintoist.

síntoma *nm* symptom.

sintomático,-a *adj* symptomatic.

sintonía *nf* 1 *Elec Rad* tuning. 2 *Mús Rad (de programa)* signature tune. 3 *fig* harmony; **estar en s. con algn,** to get on well with sb.

sintonización *nf* 1 *Rad* tuning. 2 *fig* harmony.

sintonizador *nm Rad* tune, tuning knob.

sintonizar [4] I *vtr Rad* to tune in; **s. una emisora,** to tune in to a radio station. II *vi fig (llevarse bien)* to get on well, be on the same wavelength.

sinuosidad *nf* 1 *(de un camino)* bend, curve. 2 *(de argumento)* tortuousness. 3 *(de persona)* deviousness.

sinuoso,-a *adj* 1 *(camino)* winding. 2 *(argumento)* tortuous. 3 *(persona)* devious.

sinusitis *nf Med inv* sinusitis.

sinvergüencería *nf fam* shamelessness.

sinvergüenza I *adj (desvergonzado)* shameless; *(descarado)* cheeky. II *nmf (desvergonzado)* scoundrel, rotter; *(caradura)* cheeky devil.

sionismo *nm* Zionism.

sionista *adj & nmf* Zionist.

sique *nf véase* psique.

siquiatra *nmf véase* psiquiatra.

siquiatría *nf véase* psiquiatría.

siquiátrico,-a *adj véase* psiquiátrico,-a.

síquico,-a *adj véase* psíquico,-a.

siquiera I *adv (por lo menos)* at least; **dime s. su nombre,** at least tell me her name; **ni s.,** not even; **ni s. sé su nombre,** I don't even know his name. II *conj (aunque)* although, even though; **ven, s. sea por dos días,** do come, even if it's only for two days.

sirena *nf* 1 *Mit* siren, mermaid. 2 *(señal acústica)* siren. ■ **s. de niebla,** foghorn.

sirga *nf* rope, towrope, towline.

sirgar [7] *vtr* to tow.

Siria *n* Syria.

sirimiri *nm Meteor* fine drizzle.

sirio,-a *adj & nm,f* Syrian.

sirla *nf arg* stick-up.

sirlar *vtr arg* to mug.

sirlero,-a *nm,f arg* mugger.

siroco *nm Meteor* sirocco (wind).

sirte *nm* sandbank.

sirviente,-a *nm,f* servant.

sisa *nf* 1 *(hurto)* petty theft, pilfering, filching. 2 *Cost* dart; armhole.

sisar *vtr* 1 *(hurtar)* to thieve, pilfer, filch. 2 *Cost* to dart, take in.

sisear *vi* to hiss.

siseo *nm* hiss, hissing.

sísmico,-a *adj* seismic.

sismo *nm* earthquake, tremor.

sismógrafo *nm* seismograph.

sismología *nf* seismology.

sismológico,-a *adj* seismological.

sisón,-ona[1] *fam* I *adj* pilfering, filching. II *nm,f* petty thief, pilferer.

sisón[2] *nm Orn* little bustard.

sistema *nm* system; **por s.,** as a rule. ■ *Inform* **s. cableado,** hard-wired system; *Mat* **s. de ecuaciones,** simultaneous equations *pl; Inform* **s. experto,** expert system; *Mat* **s. métrico decimal,** decimal metric system; *Geog* **s. montañoso,** mountain chain; *Anat* **s. nervioso,** nervous system; **s. operativo,** operative system; **s. planetario,** planetary system; **s. solar,** solar system.

sistemático,-a *adj* systematic.

sistematizar [4] *vtr* to systematize.

sitar *nm Mús* sitar.

sitiado,-a I *pp de* sitiar. II *adj* besieged. III *nm,f* besieged; **los sitiados,** those under siege, the besieged.

sitial *nm* seat of honour *o US* honor.

sitiar [12] *vtr* to besiege, lay siege to.

sitio[1] *nm* 1 *(lugar)* place; **cambiar de s.,** to move; **cambiar de s. con algn,** to change places with sb; **ceder el s.,** to give up one's place; **en cualquier s.,** anywhere; **en todos los sitios,** everywhere; *fig* **quedarse en el s.,** to die. 2 *(espacio)* space, room; **guardar s. a algn,** to keep a seat for sb; **hacer s.,** to make room; **hay s. para todos,** there's room for everyone; **ocupar mucho s.,** to take up a lot of space.

sitio[2] *nm Mil* siege; **en estado de s.,** in a state of siege; **poner s. a una ciudad,** to besiege a town, lay siege to a town.

sito,-a *adj fml* situated, located; **un edificio s. en Sevilla,** a building situated in Seville.

situación *nf* 1 *(circunstancia)* situation; **la s. política,** the political situation. 2 *(posición social etc)* position; **su s. económica es precaria,** his financial position is very insecure. 3 *(emplazamiento)* situation, location.

situado,-a I *pp de* situar. II *adj (gen)* situated; *fig* **estar bien s.,** to be comfortably off.

situar [11] I *vtr (en un lugar)* to place, put, situate, locate. II **situarse** *vr* 1 *(en un lugar)* to be placed *o* situated *o* located. 2 *(abrirse paso)* to get on, do well, be successful.

siux *adj & nmf* Sioux.

sketch *nm Cin Teat* sketch.

s/L *abr de* su letra (de crédito).

S.L. *abr de* **Sociedad Limitada,** private limited company, Ltd.

slalom *nm Dep véase* eslalon.

slip *nm véase* eslip.

slogan *nm véase* eslogan.

S.M. *abr de* **Su Majestad,** Your Majesty.

SME *Econ abr de* **Sistema Monetario Europeo,** European Monetary System, EMS.

smoking *nm véase* esmoquin.

s/n. *abr de* sin número.

snob *adj & nmf véase* esnob.

snobismo *nm véase* esnobismo.

s/o. *abr de* **su orden,** your order.

so[1] *prep (bajo)* under; **so pena de,** under penalty of.

so[2] *nm fam* **¡so imbécil!,** you damned idiot!

so[3] *interj (a las caballerías)* whoa!

soasar *vtr Culin* to roast lightly.

soba *nf fam* 1 *(paliza)* hiding, thrashing. 2 *(manoseo)* fondling, pawing.

sobaco *nm Anat* armpit.

sobado,-a I *pp de* sobar. II *adj* 1 *(desgastado)* worn, shabby; *(libro)* well-thumbed, dog-eared. 2 *fig (frase, tema, etc)* well-worn.

sobajar *vtr* 1 *(ajar)* to crumple, mess up. 2 *Am (humillar)* to humiliate.

sobaquera *nf Cost* dress shield.

sobaquina *nf fam* underarm odour *o US* odor.

sobar *vtr* 1 *fam (pegar)* to thrash. 2 *vulg (manosear)* to fondle, finger, paw. 3 *(molestar)* to pester. 4 *arg (dormir)* to sleep. 5 *Am (hueso)* to set. 6 *Am (enjabonar)* to flatter.

sobeo *nm vulg* fondling, fingering.

soberanía *nf Pol* sovereignty; **bajo la s. de,** under the rule of.

soberano,-a I *adj* 1 *Pol (con autoridad)* sovereign; **poder s.,** sovereign power. 2 *fig (extremo)* extreme, supreme. 3 *fam* huge, great. II *nm,f (monarca)* sovereign. ◆**soberanamente** *adv* extremely, supremely.

soberbia *nf* 1 *(orgullo)* pride; *(arrogancia)* arrogance, haughtiness. 2 *(suntuosidad)* sumptuousness, pomp. 3 *(ira)* anger, rage.

soberbio,-a *adj* 1 *(orgulloso)* proud. 2 *(arrogante)* arrogant, haughty. 3 *(suntuoso)* sumptuous, magnificent. 4 *(magnífico)* splendid, magnificent, superb. 5 *fam* huge, great. ◆**soberbiamente** *adv* 1 *(con arrogancia)* arrogantly. 2 *(magníficamente)* magnificently, superbly.

sobo *nm véase* **soba**.

sobón,-ona *fam* I *adj* given to fondling, randy. II *nm,f* randy person; **ser un s.,** to be fresh *o* all hands.

sobornable *adj* bribable, venal.

sobornar *vtr* to bribe, suborn.

soborno *nm* 1 *(acción)* bribery. 2 *(dinero, regalo)* bribe.

sobra *nf* 1 *(exceso)* excess, surplus; **de s.,** *(no necesario)* superfluous; *(excesivo)* more than enough; **estar de s.,** to be in the way; **saber algo de s.,** to know sth only too well. 2 **sobras,** *(desperdicios)* leftovers.

sobrado,-a I *pp de* **sobrar**. II *adj (que sobra)* abundant, more than enough; **andar s.,** to have a lot to spare; **sobradas veces,** repeatedly; **s. de,** plenty; **andar s. de tiempo,** to have plenty of time. III *adv (demasiado)* too. IV *nm* attic, garret. ◆**sobradamente** *adv* extremely.

sobrante I *adj* leftover, remaining, spare, surplus. II *nm* surplus, excess.

sobrar *vi* 1 *(haber más de lo necesario)* to be more than enough, be too much; **me sobran ideas,** I've got plenty of ideas; **sobran tres sillas,** there are three chairs too many. 2 *(estorbar)* to be in the way; *fam* **tú sobras aquí,** you are not wanted here. 3 *(quedar)* to have left over; **nos sobró dinero,** we had some money left over.

sobrasada *nf Culin* Majorcan sausage.

sobre[1] *nm* 1 *(para carta)* envelope. 2 *(de sopa etc)* packet. 3 *fam (cama)* bed; **me voy al s.,** I'm off to bed.

sobre[2] *prep* 1 *(encima)* on, upon, on top of; **lo dejé s. la silla,** I left it on the chair. 2 *(por encima)* over, above; **volamos s. Francia,** we are flying over France. 3 *(acerca de)* about, on; **un libro s. Cervantes,** a book about Cervantes. 4 *(aproximadamente)* about; **vendré s. las ocho,** I'll come át about eight o'clock. 5 *fig* upon; **mentira s. mentira,** lie upon lie. 6 **s. todo,** especially, above all.

sobre- *pref* super-, over-.

sobreabundancia *nf* superabundance, overabundance.

superabundante *adj* superabundant, overabundant.

sobreabundar *vi* to superabound.

sobrealimentación *nf* overfeeding.

sobrealimentado,-a I *pp de* **sobrealimentar**. II *adj* overfed.

sobrealimentar *vtr* to overfeed.

sobrecalentar [27] *vtr*, **sobrecalentarse** *vr* to overheat.

sobrecarga *nf* 1 *Téc* overload. 2 *fig (preocupación)* additional burden, further worry.

sobrecargar [7] *vtr* 1 *Téc* to overload. 2 *fig (de preocupaciones, trabajo)* to overburden.

sobrecargo *nm Náut* supercargo.

sobrecogedor,-a *adj* 1 *(que asusta)* frightening. 2 *(que conmueve)* dramatic, awesome.

sobrecoger [5] I *vtr* 1 *(asustar)* to frighten, scare. 2 *(coger desprevenido)* to startle, take by surprise. II **sobrecogerse** *vr* 1 *(asustarse)* to be frightened *o* scared. 2 *(sorprenderse)* to be startled. 3 *(impresionarse)* to be overawed; **s. de,** to be seized with, be overcome by.

sobrecubierta *nf (de libro)* jacket, dust cover.

sobredicho,-a *adj fml* aforementioned, aforesaid, above-mentioned.

sobredorar *vtr* 1 *(metal)* to gild. 2 *fig (disimular)* to gloss over.

sobredosis *nf inv* overdose.

sobreentender [28] I *vtr (comprender)* to understand; *(deducir)* to deduce. II **sobreentenderse** *vr* to be understood; **se sobreentiende,** that goes without saying.

sobreexceder *vtr* to exceed.

sobreexcitación *nf* overexcitement.

sobreexcitar I *vtr* to overexcite. II **sobreexcitarse** *vr* to get overexcited.

sobreexponer [78] *vtr* to overexpose.

sobreexposición *nf* overexposure.

sobregirar *vtr Fin* to overdraw.

sobregiro *nm Fin* overdraft.

sobrehilado,-a I *pp de* **sobrehilar**. II *nm Cost* whipstitch.

sobrehilar *vtr* to whipstitch.

sobrehumano,-a *adj* superhuman.

sobreimpresión *nf Fot Cin* superimposing.

sobrellevar *vtr* to endure, bear.

sobremanera *adv* exceedingly.

sobremesa *nf* 1 *(tertulia)* after-dinner chat; **estar de s.,** to have an after-dinner chat. 2 *Mueb* **lámpara de s.,** table lamp.

sobremodo *adv* exceedingly.

sobrenadar *vi* to float.

sobrenatural *adj* supernatural.

sobrenombre *nm* nickname.

sobrentender [28] *vtr & vr véase* **sobreentender**.

sobrepaga *nf Fin* bonus.

sobreparto *nm* postnatal confinement; **dolores de s.,** afterpains.

sobrepasar *vtr* to exceed, surpass; *(rival)* to beat.

sobrepelliz *nf Rel* surplice.

sobrepeso *nm (de carga)* overload, excess weight; *(de persona)* excess weight.

sobrepoblación *nf véase* **superpoblación**.

sobreponer [78] *(pp* **sobrepuesto***)* I *vtr* 1 *(poner encima)* to put on top. 2 *(anteponer)* to put before. II **sobreponerse** *vr* 1 *(superar)* to overcome; **s. al dolor,** to overcome pain. 2 *(animarse)* to pull oneself together.

sobreprecio *nm Com* surcharge.

sobreproducción *nf* excess production, overproduction.

sobrepuesto,-a I *pp de* **sobreponer**. II *adj* superimposed.

sobrepujar *vtr* to surpass, outdo.

sobrepuse *pt indef véase* sobreponer.

sobrero,-a *adj* 1 *(sobrante)* surplus, spare. 2 *Taur (toro)* spare.

sobresaliente I *adj* 1 *(protuberante)* jutting out, sticking out, protruding. 2 *fig (que destaca)* outstanding, excellent. II *nm Educ (en la escuela)* A; *Univ* first. III *nmf* 1 *Taur (torero suplente)* substitute bullfighter. 2 *Teat (actor suplente)* understudy.

sobresalir [84] *vi* 1 *(proyectarse)* to jut out, stick out, protrude. 2 *fig (destacar)* to stand out, excel.

sobresaltar I *vtr* to startle. II **sobresaltarse** *vr* to be startled, start.

sobresalto *nm (movimiento)* start; *(susto)* fright, shock.

sobresdrújulo,-a *adj Ling* accented on the syllable preceding the third from the end.

sobreseer [61] *vtr Jur* to stay; **s. una causa,** to stay proceedings.

sobreseimiento *nm Jur* stay, dismissal.

sobrestante *nm* foreman.

sobrestimar *vtr* to overestimate.

sobresueldo *nm* extra pay, bonus.

sobretasa *nf* surcharge.

sobretodo *nm* 1 *(abrigo)* overcoat. 2 *(guardapolvo)* overalls *pl.*

sobrevalorar *vtr* to overestimate.

sobrevenir [90] *vi* to happen, occur; **le sobrevino una desgracia,** disaster struck (him).

sobreviviente I *adj* surviving. II *nmf* survivor.

sobrevivir *vi* to survive; **s. a algn,** to outlive sb.

sobrevolar [31] *vtr Av* to fly over.

sobrexceder *vtr véase* sobreexceder.

sobrexcitación *nf véase* sobreexcitación.

sobrexcitar *vtr,* **sobrexcitarse** *vr véase* sobreexcitar.

sobriedad *nf (moderación)* sobriety, moderation, restraint; *(en la bebida)* soberness.

sobrina *nf* niece.

sobrino *nm* nephew.

sobrio,-a *adj* 1 *(estilo, color)* sober, plain. 2 *(persona)* moderate, restrained; **s. en la bebida,** temperate in one's drinking habits. 3 *(estilo)* concise.

socaire *nm Náut* lee; **al s.,** leeward; *fig* **al s. de,** under the protection of.

socaliña *nf* ruse, cunning trick.

socapa *nf* pretext, dodge; **a s.,** surreptitiously, on the sly.

socar [1] *CAm* I *vtr* 1 *(apretar)* to press down, squeeze. 2 *(molestar)* to annoy, pester. II **socarse** *vr (emborracharse)* to get drunk.

socarrar *vtr* to scorch, singe.

socarrón,-ona I *adj* 1 *(burlón)* sarcastic, ironical. 2 *(taimado)* sly, cunning. II *nm,f* 1 *(guasón)* sarcastic *o* ironical person. 2 *(persona astuta)* sly fox.

socarronería *nf* 1 *(burlonería)* sarcasm, irony, wry humour. 2 *(astucia)* slyness.

socavar *vtr* 1 *Min* to dig under. 2 *fig* to undermine; **s. la moral de la gente,** to weaken the morale of the people.

socavón *nm* 1 *Min* gallery, tunnel. 2 *(bache)* hollow, hole.

sociabilidad *nf* sociability, friendliness.

sociable *adj* sociable, friendly.

social *adj* social; **cambios sociales,** social change.
 ◆**socialmente** *adv* socially.

socialdemocracia *nf Pol* social democracy.

socialdemócrata *Pol* I *adj* social democratic. II *nmf* social democrat.

socialismo *nm Pol* socialism.

socialista *adj* & *nmf* socialist.

socialización *nf (gen)* socialization; *(de industria etc)* nationalization.

socializar [4] *vtr (gen)* to socialize; *(industria etc)* to nationalize.

sociedad *nf* 1 *(gen)* society; **presentarse en s.,** to make one's debut. ■ **alta** *o* **buena s.,** high society; **ecos de s.,** gossip column; **s. de consumo,** consumer society. 2 *(asociación)* association, society. ■ *Rel* **S. de Jesús,** Society of Jesus; **S. de Naciones,** League of Nations; **s. protectora de animales,** society for the prevention of cruelty to animals. 3 *Com* company. ■ **s. anónima,** limited *o US* incorporated company; **s. comanditaria** *o* **en comandita,** limited partnership; **s. limitada,** private limited company; **s. mercantil,** (trading) company.

socio,-a *nm,f* 1 *(miembro)* member; **hacerse s. de un club,** to become a member of a club, join a club. 2 *Com (asociado)* partner, associate; *(accionista)* shareholder, member. ■ **s. capitalista** *o* **comanditario,** sleeping *o US* silent partner. 3 *fam (compinche)* mate, pal.

socioeconómico,-a *adj* socioeconomic.

sociología *nf* sociology.

sociológico,-a *adj* sociological.

sociólogo,-a *nm,f* sociologist.

soco,-a *adj* 1 *(manco)* one-armed; *(sin una pierna)* one-legged. 2 *CAm (borracho)* drunk. 3 *Arg (caballo)* useless.

socolar *vtr CAm (terreno)* to clear.

socollón *nm CAm Cuba* sudden and violent shake.

socorrer *vtr* to help, assist, come *o* go to the aid of.

socorrido,-a I *pp de* socorrer. II *adj* 1 *(útil)* handy, useful. 2 *(abastecido)* well-stocked. 3 *fig (frase, argumento)* hackneyed, well-worn.

socorrismo *nm* life-saving.

socorrista *nmf* life-saver, lifeguard.

socorro *nm* 1 *(ayuda)* help, aid, assistance; **acudir en s. de algn,** to go to sb's aid; **¡s.!,** help! ■ **puesto de s.,** first-aid post; **señal de s.,** distress signal; **trabajos de s.,** rescue work *sing.* 2 *Mil (provisiones)* supplies *pl,* provisions *pl.*

socrático,-a *adj* & *nm,f Filos* Socratic. ■ **puesto**

soda *nf* 1 *Quím* soda. 2 *(bebida)* soda water.

sódico,-a *adj Quím* sodium; **bicarbonato s.,** sodium bicarbonate.

sodio *nm Quím* sodium.

sodomía *nf* sodomy.

sodomita *adj* & *nmf* sodomite.

soez *adj* vulgar, crude, rude.

sofá *nm (pl sofás)* sofa, settee. ■ **s. cama,** sofa bed, studio couch.

Sofía *n* Sophia.

sofión *nm* 1 *(bufido)* snort, bellow. 2 *(trabuco)* blunderbuss.

sofisma *nm* sophism.

sofista *nmf Filos* sophist.

sofisticación *nf* sophistication.

sofisticado,-a I *pp de* sofisticar. II *adj* sophisticated.

sofisticar [1] *vtr* to sophisticate.

soflama *nf* 1 *(llama)* flicker, glow. 2 *(rubor)* blush. 3 *pey (perorata)* harangue. 4 *fig (engaño)* deceit. 5 *fig (zalamería)* cajolery.

soflamar I *vtr* 1 *(chamuscar)* to scorch, singe. 2 *(avergonzar)* to make blush. 3 *fig (engañar)* to deceive. 4 *fig (halagar)* to cajole. II **soflamarse** *vr (chamuscarse)* to burn.

sofocación *nf* 1 *(ahogo)* suffocation, stifling sensation. 2 *(rubor)* blushing. 3 *(de un incendio)* extinction. 4 *(de una rebelión)* suppression.

sofocado,-a I *pp de* **sofocar**. II *adj* suffocated.

sofocante *adj* suffocating, stifling; **hacía un calor s.**, it was unbearably hot.

sofocar [1] I *vtr* 1 *(ahogar)* to suffocate, stifle, smother. 2 *(incendio)* to extinguish, put out. 3 *(rebelión)* to put down, suppress. 4 *fig (avergonzar)* to make blush. II **sofocarse** *vr* 1 *(ahogarse)* to suffocate, stifle. 2 *fig (ruborizarse)* to blush. 3 *(enfadarse)* to get angry *o* upset.

sofoco *nm* 1 *(ahogo)* suffocation, stifling sensation. 2 *fig (vergüenza)* embarrassment; *(disgusto)* shock; **le dio un s.**, it gave her quite a turn.

sofocón *nm fam* shock; **llevarse un s.**, to get into a state.

sofoquina *nf fam* 1 *(calor)* stifling heat. 2 *(sofocón)* shock.

sofreír [37] *vtr* to fry lightly, brown.

sofrito *nm Culin* fried tomato and onion sauce.

software *nm Inform* software.

soga *nf* rope, cord; *fig* **dar s. a algn**, *(burlarse)* to make fun of sb; *(seguir la corriente)* to keep sb talking; *fig* **estar con la s. al cuello**, to be in dire straits.

soja *nf Bot* soya bean, US soybean.

sojuzgar [7] *vtr* to subjugate.

sol[1] *nm* 1 *(astro)* sun; *(luz del sol)* sunlight, sunshine; **al ponerse el s.**, at sunset; **al salir el s.**, at sunrise; **al** *o* **bajo el s.**, in the sun; **de s. a s.**, from sunrise to sunset; **día de s.**, a sunny day; **hace s.**, it's sunny, the sun is shining; **s. y sombra**, *Taur* seats which enjoy some sun and some shade; *(bebida)* brandy and anisette drink; **tomar el s.**, to sunbathe; *fig* **arrimarse al s. que más calienta**, to know which side one's bread is buttered on; *fig* **no dejar a algn ni a s. ni a sombra**, to pester *o* harass sb continually. ■ **s. de medianoche**, midnight sun; **s. naciente**, rising sun; **s. poniente**, setting sun. 2 *fam (persona)* darling; **ser un s.**, to be a darling. 3 *Fin* standard monetary unit of Perú.

sol[2] *nm Mús* sol, G.

solana *nf (lugar)* sunny spot; *(de una casa)* sun lounge; *(terraza)* veranda, verandah.

solano[1] *nm* easterly wind.

solano[2] *nm Bot* nightshade.

solapa *nf* 1 *(de chaqueta)* lapel. 2 *(de sobre, bolsillo, libro)* flap. 3 *fig* pretext.

solapado,-a I *pp de* **solapar**. II *adj (persona)* sly, evasive. ◆**solapadamente** *adv* stealthily, in an underhand way.

solapar I *vtr fig (ocultar)* to conceal, cover up. II *vi (cubrir en parte)* to overlap.

solar[1] *adj* solar; **año s.**, solar year; **luz s.**, sunlight.

solar[2] *nm* 1 *(terreno)* plot; *(en obras)* building site. 2 *(casa de familia noble)* ancestral home; *fig (linaje)* lineage, line.

solar[3] [31] *vtr* 1 *(zapatos)* to sole. 2 *(suelo)* to floor.

solariego,-a *adj (familia)* ancient and noble; **casa solariega**, ancestral home.

solario *nm*, **solárium** *nm* solarium.

solaz *nm fml* 1 *(descanso)* rest, relaxation; *(esparcimiento)* recreation, entertainment. 2 *(consuelo)* consolation, solace.

solazar [4] I *vtr* 1 *(relajar)* to relax; *(divertir)* to entertain, amuse. 2 *(consolar)* to console, comfort. II **solazarse** *vr (relajarse)* to relax; *(divertirse)* to enjoy oneself.

soldada *nf* salary, pay.

soldadesca *nf* 1 *(profesión)* military profession. 2 *pey (soldados)* soldiery.

soldadesco,-a *adj* soldier-like, soldierly.

soldado *nm* soldier. ■ **s. raso**, private.

soldador,-a I *nm,f* welder. II *nm* soldering iron.

soldadura *nf* 1 *(acción)* soldering, welding. 2 *(trozo, lugar soldado)* soldered joint, weld.

soldar [31] I *vtr (metal)* to solder, weld; **s. por puntos**, to spot-weld. II **soldarse** *vr (huesos)* to knit.

soleá *nf (pl* **soleares***) Mús* Andalusian song and dance.

soleado,-a *adj* sunny.

solear *vtr*, **solearse** *vr* to expose to the sun, put in the sun.

solecismo *nm* solecism.

soledad *nf* 1 *(estado)* solitude; *(sentimiento)* loneliness. 2 **soledades**, *(lugar)* lonely place *sing*.

solemne *adj* 1 *(majestuoso)* solemn, majestic. 2 *(serio)* solemn, grave. 3 *pey* downright; **es una s. estupidez**, it's downright stupid, it's sheer stupidity.

solemnidad *nf* 1 *(pompa)* solemnity, pomp, formality. 2 *(ceremonia)* solemn ceremony, ceremonial occasion.

solemnizar [4] *vtr* to solemnize, celebrate, commemorate.

solenoide *nm Elec* solenoid.

soler [32] *vi defect* 1 *(en presente)* to be in the habit of, be accustomed to; **solemos ir en coche**, we usually go by car; **sueles equivocarte**, you are usually wrong. 2 *(en pasado)* to use to; **solía ser muy criticón**, he used to be very critical.

solera *nf* 1 *(soporte)* prop, support. 2 *(de molino)* lower millstone. 3 *(de horno)* floor. 4 *(de vino)* lees *pl*. 5 *fig* tradition; **de s.**, old-established; **vino de s.**, vintage wine.

solfa *nf* 1 *Mús* solfa, musical notation; *fam* **poner en s.**, to ridicule. 2 *fam (paliza)* thrashing, beating.

solfear *vtr* 1 *Mús* to solfa. 2 *fam (zurrar)* to thrash, beat. 3 *fam (abroncar)* to give a dressing-down to.

solfeo *nm Mús* solfa.

solicitación *nf (acción)* requesting; *(solicitud)* request, application.

solicitador,-a *nm,f*, **solicitante** *nmf* applicant, petitioner.

solicitar *vtr* 1 *(pedir)* to request, ask for; **s. un trabajo**, to apply for a job. 2 *(persona)* to chase after; **es una persona muy solicitada**, he *o* she is much in demand. 3 *(mujer)* to woo, court.

solícito,-a *adj* obliging, attentive.

solicitud *nf* 1 *(diligencia)* care, attention. 2 *(petición)* request, petition; *(de trabajo)* application; **a s.**, on request.

solidaridad *nf* solidarity.

solidario,-a *adj* 1 *(unido)* united; *(causa)* common. 2 *Jur* jointly responsible.

solidarizar [4] I *vtr (unir)* to unite. II **solidarizarse** *vr* to show one's solidarity (**con**, with); **s. con**, *(apoyar)* to support; *(unirse a)* to join.

solideo *nm Rel* skullcap.

solidez *nf (resistencia)* solidity, strength; *(firmeza)* firmness; *fig (de principio etc)* soundness; *(de color)* fastness.

solidificación *nf (de un líquido)* solidification; *(de una pasta)* hardening, setting.

solidificar [1] *vtr*, **solidificarse** *vr (líquido)* to solidify; *(pasta)* to harden, set.

sólido,-a I *adj (resistente)* solid, strong; *(firme)* firm; *fig (principio etc)* sound; *(color)* fast. II *nm Fís* solid.

soliloquio *nm Lit* soliloquy.

solio *nm* throne.

solista *nmf Mús* soloist.

solitaria *nf Med* tapeworm.

solitario,-a I *adj* 1 *(que está solo)* solitary, lone; *(que se siente solo)* lonely; *Av* **vuelo en s.**, solo flight. 2 *(lugar)* deserted, lonely. II *nm* 1 *(diamante)* solitaire. 2 *Naipes* solitaire, patience.

soliviantar *vtr* 1 *(persona, sentimiento)* to rouse, stir up. 2 *(irritar)* to irritate.

sollo *nm (pez)* sturgeon.

sollozar [4] *vi* to sob.

sollozo *nm* sob; **prorrumpir en sollozos**, to start sobbing.

solo,-a I *adj* 1 *(sin compañía, sin ayuda)* alone, on one's own, by oneself, by itself; **a solas**, alone, by oneself; **café s.**, black coffee; **hablar s.**, to talk to oneself; **se enciende s.**, it switches itself on automatically; **vivir s.**, to live alone; **whisky s.**, straight whisky. 2 *(solitario)* lonely; **sentirse s.**, to feel lonely. 3 *(único)* only, sole, single; **ni un s. día**, not a single day; **una sola vez**, only once, just once; *fam* **quedarse s.**, to have no equal; **se queda s. comiendo**, no one can eat like him. II *nm* 1 *Mús* solo. 2 *Naipes* solitaire. 3 *fam (café)* black coffee.

sólo *adv*, **solo** *adv* only, just; **con s.**, **s. con**, just by; **no s. ... sino (también)**, not only... but (also); **no s. dibuja sino que también pinta**, she not only draws, but she paints as well; **s. para adultos**, for adults only; **s. que**, only, but; **tan s. con**, just by. ◆**solamente** *adv* only; **no s.**, not only; **s. con mirarte lo sé**, I know just by looking at you; **s. que ...**, except that ... .

solomillo *nm* sirloin.

solsticio *nm Astron* solstice.

soltar [31] I *vtr* 1 *(desasir)* to release, let go of; **¡suelta!**, let go!; **¡suéltame!**, let me go!, take your hands off me!; *fam* **s. la pasta**, to cough up. 2 *(desatar)* to untie, unfasten, loosen; **s. un nudo**, to loosen a knot. 3 *(prisionero)* to release; *(pájaro)* to let out; *(perro)* to unleash. 4 *(humo, olor)* to give off. 5 *(dar)* to deal, strike; **le soltó un par de bofetadas**, he gave him a few smacks. 6 *(decir, contar)* to come out with, let slip; **nos soltó un sermón**, he started preaching to us; **s. la lengua**, to speak freely; **s. un taco**, to swear; **s. una carcajada**, to burst out laughing. II **soltarse** *vr* 1 *(desatarse)* to come untied *o* unfastened *o* loose. 2 *(perro etc)* to get loose, break loose. 3 *(desprenderse)* to come off; *(tornillo)* to come loose. 4 *(adquirir habilidad)* to become proficient, get the knack; **s. en un idioma**, to become fluent in a language. 5 *(desenvolverse)* to lose one's shyness, become self-confident; **le ha costado pero parece que por fin empieza a s.**, it's taken him a long time but now it looks as if he's relaxed. 6 *(relajarse)* to loosen up, let oneself go; **s. a su gusto**, to let off steam.

soltería *nf* single state; *(de hombre)* bachelorhood *(de mujer)* spinsterhood.

soltero,-a I *adj* single, unmarried. II *nm (hombre)* bachelor, single man. III *nf (mujer)* single woman spinster; **apellido de soltera**, maiden name.

solterón,-ona *pey* I *nm (hombre)* old bachelor. I *nf (mujer)* old maid.

soltura *nf (agilidad)* agility; *(seguridad)* confidence assurance; *(al hablar)* fluency, ease; **hablar u idioma con s.**, to speak a language fluently *o* wit ease.

solubilidad *nf Fís* solubility.

soluble *adj Fís* soluble.

solución *nf* 1 *(gen)* solution; **la s. de un problema** the solution to a problem. 2 *Quím* solution.

solucionar *vtr (problema)* to solve; *(asunto huelga)* to settle.

solvencia *nf* 1 *Fin* solvency; *(pago)* settlement. *(fiabilidad)* reliability; *(reputación)* good reputation; **fuentes de toda s.**, completely reliable sources

solventar *vtr (problema)* to solve, resolve; *(deude asunto)* to settle.

solvente I *adj* 1 *Fin* solvent. 2 *(fiable)* reliable. I *nm Quím* solvent.

soma *nm* soma, matter.

Somalia *n* Somalia.

somalí *adj & nmf* Somali.

somanta *nf fam* beating; **dar una s. a algn**, to giv sb a thrashing.

somatar *CAm* I *vtr (zurrar)* to give a thrashing beat up. II **somatarse** *vr (darse un golpe)* to knoc oneself about badly.

somatén *nm Cat* civilian militia.

somático,-a *adj Med* somatic.

sombra *nf* 1 *(ausencia de sol)* shade; **a la s.**, *(sí sol)* in the shade; *arg (en la cárcel)* in the nick; **da s.**, to shade, give shade. 2 *(silueta proyectada* shadow; **hacer s.**, to cast a shadow; *fig* **hacer s. algn**, to overshadow sb; *fig* **no fiarse ni de su s.**, to be very distrustful; *fig* **reírse hasta de la propia s** to laugh at everything. ■ **s. de ojos**, eyeshadow **sombras chinescas**, shadow theatre *sing*. 3 *(vestigic* trace, shadow; **ni por s.**, not in the least; **ni s. de** not a trace of; **sin s. de duda**, beyond a shadow c doubt. 4 *(suerte)* luck; **tener buena s.**, *(tener suerte* to be lucky; *(ser agradable)* to be pleasant; **tene mala s.**, *(no tener suerte)* to be unlucky; *(ser desa gradable)* to be unpleasant. 5 *(espectro)* ghos shade. 6 *fig (oscuridad)* darkness, obscurity. 7 *(ma cula)* spot, stain. 8 *(clandestinidad)* secrecy; **go bierno en la s.**, shadow cabinet; **trabaja en la s.**, h works undercover. 9 *Am (falsilla)* lined paper a guide under writing paper. 10 *Méx (toldo)* awning

sombraje *nm*, **sombrajo** *nm* shade, shelter fron the sun.

sombreado *nm* shading.

sombrear *vtr* to shade, cast a shadow upon.

sombrerera *nf* hatbox.

sombrerería *nf (para señoras)* milliner's; *(para cc balleros)* hatter's.

sombrerero,-a *nm,f (para señoras)* milliner; *(par caballeros)* hatter.

sombrerete *nm* 1 *(de chimenea)* cowl. 2 *Bot (d seta)* cap.

sombrero *nm* 1 *(prenda)* hat; **sin s.**, hatless bareheaded; *fig* **quitarse el s. ante algn**, to tak one's hat off to sb. ■ **s. canotier**, straw hat; **s. cordc**

bés, wide-brimmed Andalusian hat; **s. de copa,** top hat; **s. de jipijapa,** Panama hat; **s. de tres picos,** three-cornered hat; **s. hongo,** bowler hat. **2** *Bot (de seta)* cap.

sombrilla *nf* parasol, sunshade.

sombrío,-a *adj* **1** *(lugar) (oscuro)* dark; *fig (tenebroso)* sombre, gloomy. **2** *fig (persona)* gloomy, sullen.

somero,-a *adj (superficial)* superficial, shallow; *fig* **hizo una somera exposición del tema,** she gave a brief summary of the subject.

someter I *vtr* **1** *(rebeldes)* to subdue, put down; *(rebelión)* to quell; *(pasiones)* to subdue. **2** *(exponer, mostrar)* to subject **(a,** to), expose **(a,** to); **s. a prueba,** to put to the test; **s. algo a la autoridad,** to refer sth to an authority; **s. algo a votación,** to put sth to the vote. **3** *(proposición, idea)* to submit, present. **II someterse** *vr* **1** *(rendirse)* to surrender, yield; *fig* **s. a la opinión de algn,** to bow to sb's opinion. **2** *(recibir)* to undergo; **s. a un tratamiento,** to undergo treatment.

sometimiento *nm* **1** *(dominación)* subjection, subjugation. **2** *(presentación)* submission, presentation.

somier *nm (pl* **somieres)** spring mattress.

somnambulismo *nm véase* **sonambulismo.**

somnámbulo,-a *adj & nm,f véase* **sonámbulo,-a.**

somnífero,-a I *adj* somniferous, sleep-inducing. **II** *nm* sleeping pill.

somnolencia *nf* somnolence, sleepiness, drowsiness.

somnoliento,-a *adj* sleepy, drowsy.

somorgujo *nm,* **somormujo** *nm Orn* grebe.

son *nm* **1** *(sonido)* sound; **al s. del tambor,** to the sound of the drum. **2** *(rumor)* rumour, *US* rumor. **3** *(modo)* manner, way; **a mi s.,** my way. **4** *(motivo, pretexto)* reason; **¿a s. de qué?,** whatever for?; **sin ton ni s.,** without rhyme or reason; **venir en s. de paz,** to come in peace.

sonado,-a I *pp de* **sonar. II** *adj* **1** *(muy conocido)* famous; *fam* **hacer una que sea sonada,** to cause a great stir. **2** *fam fig (trastocado)* mad, crazy; **estar s.,** *(boxeador)* to be punch-drunk; *(estar loco)* to be off one's rocker.

sonaja *nf* **1** *(de pandereta)* small metal disk. **2 sonajas,** *(juguete)* rattle *sing.*

sonajero *nm* baby's rattle.

sonambulismo *nm* somnambulism, sleepwalking.

sonámbulo,-a I *adj* sleepwalking. **II** *nm,f* somnambulist, sleepwalker.

sonar [31] **I** *vi* **1** *(resonar)* to sound; **s. a,** to sound like; **suena bien,** it sounds good; *prov* **cuando el río suena, agua lleva,** there's no smoke without fire. **2** *(campana, timbre, teléfono)* to ring. **3** *(reloj)* to strike; **sonaron las cinco,** the clock struck five. **4** *(conocer vagamente)* to sound familiar, ring a bell. **5** *(pronunciarse)* to be pronounced; **la 'h' no suena,** the 'h' is not pronounced; **se escribe como suena,** it is written as it's pronounced; **tal y como suena,** just as I am telling you. **6** *Arg Chi Urug (enfermedad)* to suffer. **7** *Arg Chi Par (fracasar)* to fail, blow it. **8** *Arg Chi (empleo, en el juego)* to losc. **9** *Arg Chi (sufrir consecuencias)* to suffer consequences. **II sonarse** *vr (nariz)* to blow one's nose.

sónar *nm Náut* sonar.

sonata *nf Mús* sonata.

sonatina *nf Mús* sonatina.

sonda *nf* **1** *Med* sound, probe. **2** *Náut* sounding line. **3** *Min* drill, bore. **4** *Aeronáut* probe; **s. espacial,** space probe.

sondear *vtr* **1** *Med* to sound, probe. **2** *Náut* to sound. **3** *Min* to drill, bore. **4** *fig* to test, sound out; **s. la opinión pública,** to test public opinion.

sondeo *nm* **1** *Med* sounding, probing. **2** *Náut* sounding. **3** *Min* drilling, boring. **4** *(encuesta)* poll; *TV* **s. de audiencia,** rating; **s. de la opinión pública,** public opinion poll.

sonetista *nmf Lit* writer of sonnets.

soneto *nm Lit* sonnet.

sónico,-a *adj* sonic.

sonido *nm* sound; **barrera del s.,** sound barrier.

soniquete *nm véase* **sonsonete.**

sonoridad *nf* sonority.

sonorización *nf* **1** *Cin (de película)* recording of the soundtrack. **2** *(amplificación)* amplification. **3** *Ling (en fonética)* voicing.

sonorizar [4] *vtr* **1** *Cin (película)* to record the soundtrack of. **2** *(amplificar)* to install amplifying equipment in. **3** *Ling (en fonética)* to voice.

sonoro,-a *adj* **1** *Cin* sound; **banda sonora,** soundtrack; **efectos sonoros,** sound effects; **película sonora,** talking picture. **2** *(resonante)* loud, resounding; **voz sonora,** resounding voice. **3** *Ling* voiced.

sonreír [37] *vi,* **sonreírse** *vr* to smile; **me sonrió,** he smiled to me; *fig* **le sonrió la fortuna,** fortune smiled on him.

sonriente *adj* smiling.

sonrisa *nf* smile; **dirigir una s. a algn,** to smile to sb; **esbozar una s.,** to smile.

sonrojar I *vtr* to make blush; **(hacer) s. a algn,** to make sb blush. **II sonrojarse** *vr* to blush.

sonrojo *nm (rubor)* blush, blushing. **2** *(vergüenza)* shame, embarrassment.

sonrosado,-a I *pp de* **sonrosar. II** *adj* rosy, pink.

sonrosar *vtr* to go *o* turn pink.

sonsacar [1] *vtr (gen)* to wheedle; *(secreto)* to worm out.

sonsonete *nm* **1** *(voz)* sing-song (voice), monotonous voice. **2** *(tono)* mocking tone. **3** *(golpecitos)* rhythmic tapping.

soñado,-a I *pp de* **soñar. II** *adj* of one's dreams, dreamed-of; **que ni s.,** marvellous, fantastic.

soñador,-a I *adj* dreamy, dreaming. **II** *nm,f* dreamer.

soñar [31] *vtr & vi* **1** *(dormir)* to dream; **s. con,** to dream of *o* about; *fig* **¡ni soñarlo!,** not on your life!; *fig* **s. con los angelitos,** to have sweet dreams. **2** *(fantasear)* to daydream, dream; **s. despierto,** to daydream.

soñarrera *nf fam,* **soñera** *nf* **1** *(sueño profundo)* deep sleep. **2** *(ganas de dormir)* sleepiness; **cogerse una s.,** to feel sleepy.

soñoliento,-a *adj* sleepy, drowsy.

sopa *nf Culin* soup; *fig* **comer la s. boba,** to be a parasite; *fig* **dar sopas con honda a algn,** to outshine sb; *fig* **quedar hecho una s.,** to get soaked to the skin; *fam* **estar hasta en la s.,** to be everywhere. ■ **s. boba,** gruel; **s. juliana,** spring vegetable soup.

sopapo *nm* slap; **dar un s. a algn,** to slap sb.

sopar *vtr,* **sopear** *vtr Culin* to dunk.

sopero,-a I *adj* soup; **cuchara sopera,** soup spoon; **plato s.,** soup dish. **II** *nf* soup tureen.

sopesar *vtr* to try the weight of; *fig* to weigh up.

sopetón *nm fam* slap; **de s.,** all of a sudden.

sopicaldo *nm Culin* thin soup.

sopla *interj fam* good gracious!

soplado,-a I *pp de* **soplar.** II *adj fam* 1 *(borracho)* drunk, tight, tipsy. 2 *(engreído)* conceited. III *nm Téc* glass-blowing.

soplador *nm Téc* glass-blower.

soplagaitas *nmf inv pey fam* cretin, idiot, fool.

soplamocos *nm inv fam* slap, punch.

soplapollas *nmf inv vulg* berk.

soplar I *vi* 1 *(correr el viento)* to blow. 2 *fam (denunciar)* to squeal. II *vtr* 1 *(polvo etc)* to blow away; *(sopa)* to blow on. 2 *(apagar) (vela)* to blow out. 3 *(llenar de aire)* to blow up. 4 *Téc (vidrio)* to blow. 5 *(decir con disimulo)* to whisper *o* tell the answer. 6 *fam (denunciar)* to split on. 7 *fam (robar)* to steal, pinch. III **soplarse** *vr* 1 *(lanzarse aire)* to blow on; **s. los dedos,** to blow on one's fingers. 2 *fam (beber)* to down; *(comer)* to wolf down.

sopleque *nm Arg* pretentious *o* conceited man.

soplete *nm Téc* blowlamp, blowtorch.

soplido *nm* blow, puff.

soplillo *nm* fan; *fam* **orejas de s.,** sticking out ears, cauliflower ears.

soplo *nm* 1 *(acción)* blow, puff; *(de viento)* puff, gust; *fig* **pasar como un s.,** to fly past. 2 *(instante)* moment, minute; **en un s.,** in a jiffy. 3 *fam (delación)* tip-off; **dar el s.,** to split, squeal. 4 *Med* souffle, murmur.

soplón,-ona *fam* I *adj (niño)* telltale; *(delator)* informing, who informs. II *nm,f* 1 *(niño)* telltale, sneak; *(delator)* informer, squealer. 2 *CAm Teat* prompter. 3 *Méx pey (policía)* cop.

soponcio *nm fam* fainting fit, swoon; **me dio un s.,** I passed out, I fainted.

sopor *nm* sleepiness, drowsiness.

soporífero,-a *adj*, **soporífico,-a** *adj* 1 *(que adormece)* soporific, sleep-inducing. 2 *(aburrido)* boring, dull.

soportable *adj* bearable.

soportal *nm Arquit* porch; **soportales,** arcade *sing*.

soportar *vtr* 1 *(sostener)* to support, bear. 2 *fig (tolerar)* to bear, endure; *(aguantar)* to put up with; **no soporto la lluvia,** I can't stand rain.

soporte *nm* support; *Inform* **s. físico,** hardware; **s. logístico,** software.

soprano *nmf Mús* soprano.

sor *nf Rel* sister.

sora *nf SAm* alcoholic drink made from maize.

sorber *vtr* 1 *(beber)* to sip; *(un huevo)* to suck. 2 *(absorber)* to soak up, absorb; *fam* **sorberle el seso a algn,** to go to sb's head.

sorbete *nm Culin* sorbet, sherbet.

sorbo *nm* 1 *(acción)* sip; **beber a sorbos,** to sip. 2 *(trago)* gulp; **de un s.,** in one gulp.

sordera *nf Med* deafness.

sordidez *nf* 1 *(suciedad)* squalor. 2 *(mezquindad)* meanness.

sórdido,-a *adj* 1 *(sucio)* squalid, sordid. 2 *(mezquino)* mean.

sordina *nf* 1 *Mús (en trompeta)* mute, sordino; *(en piano)* damper; *fig* **a la s.,** silently, on the quiet. 2 *(en reloj)* silencer, muffler.

sordo,-a I *adj* 1 *(persona)* deaf; **quedarse s.,** to go deaf; **s. como una tapia,** stone-deaf; *fig* **permanecer s. a,** to remain deaf to. 2 *(golpe, ruido, dolor)* dull. 3 *(cólera)* pent-up. 4 *Ling* voiceless, unvoiced. II

nm,f deaf person; **los sordos,** the deaf *pl*; *fam fi* **hacerse el s.,** to turn a deaf ear.

sordomudez *nf Med* deaf-muteness.

sordomudo,-a I *adj* deaf and dumb, deaf-mute. II *nm,f* deaf and dumb person, deaf-mute.

sorgo *nm Bot* sorghum.

soriano,-a I *adj* of *o* from Soria. II *nm,f* native *o* inhabitant of Soria.

soriasis *nf inv Med* psoriasis.

sorites *nm inv Filos* sorites *sing*.

sorna *nf (ironía)* sarcasm; *(mofa)* mocking tone.

soroche *nm CAm* altitude sickness, mountain sickness.

sorprendente *adj* surprising, amazing, astonishing; *(extraordinario)* extraordinary.

sorprender I *vtr* 1 *(causar extrañeza)* to surprise astonish, amaze; **no me sorprendería nada,** wouldn't be at all surprised. 2 *(coger desprevenido* to catch unawares, take by surprise; **sorprendieron al ladrón,** they caught the burglar in the act. 3 *(descubrir)* to discover. II **sorprenderse** *vr* to be surprised; **¿de qué te sorprendes?,** why are you so surprised?

sorpresa *nf* surprise; **coger de** *o* **por s.,** to take by surprise; **llevarse una s.,** to be surprised.

sorpresivo,-a *adj Am* unexpected, surprising.

sorrasear(se) *vtr & vr Méx SAm Culin* to half-cook.

sorrostrada *nf* insolence.

sorteable *adj* avoidable, which can be avoided.

sortear *vtr* 1 *(someter a suerte)* to draw *o* cast lots for; *(rifar)* to raffle (off); *Mil* to draft. 2 *(evitar)* to avoid, overcome, get round. 3 *Taur* to dodge.

sorteo *nm* draw; *(rifa)* raffle.

sortija *nf* 1 *(anillo)* ring. 2 *(rizo)* curl.

sortilegio *nm* 1 *(hechicería)* sorcery, witchcraft. 2 *(hechizo)* spell.

S.O.S. *nm* SOS; **lanzar un S.O.S.,** to send out ar SOS.

sosa *nf* 1 *Bot* saltwort. 2 *Quím* soda. ■ **s. cáustica** caustic soda.

sosaina *nmf fam* dull person, bore.

sosegado,-a I *pp de* **sosegar.** II *adj (tranquilo)* calm, quiet; *(pacífico)* peaceful.

sosegador,-a *adj* calming.

sosegar [48] I *vtr (aplacar)* to calm, quieten. II **sosegarse** *vr (tranquilizarse)* to calm down.

sosegate *nm Arg Urug* reprimand, reprehension.

sosera *nf*, **sosería** *nf* insipidity, dullness.

soseras *inv* I *adj* dull, boring. II *nmf* dull person, bore.

sosia *nm* double, lookalike.

sosiego *nm (calma)* calmness; *(paz)* peace, tranquility.

soslayar *vtr* 1 *(ladear)* to slant, put on a slant. 2 *fig (eludir)* to avoid, dodge.

soslayo (al *o* **de)** *loc adv* sideways; **mirar de s.,** to look sideways (at).

soso,-a *adj* 1 *(comida)* tasteless; **la sopa está sosa,** the soup needs more salt. 2 *fig (sin gracia)* insipid, dull, flat; **¡qué hombre tan s.!,** what a bore (he is)!

sospecha *nf* suspicion; **despertar sospechas,** to arouse suspicion; **por encima de toda s.,** above suspicion; **s. fundada,** well-founded suspicion; **tengo la s. de que ...,** I suspect that ... .

sospechar I *vtr (pensar)* to think, suppose, suspect. **II** *vi (desconfiar)* to suspect; **s. de algn,** to suspect sb.

sospechoso,-a I *adj* suspicious. **II** *nm,f* suspect. ◆**sospechosamente** *adv* suspiciously.

sosquinar *vtr SAm* to slant.

sostén *nm* **1** *(apoyo)* support. **2** *(sustento)* sustenance. **3** *(prenda)* bra, brassière.

sostener [87] **I** *vtr* **1** *(sustentar)* to support, hold up. **2** *(sujetar)* to hold. **3** *fig (aguantar) (dificultades)* to endure, bear, put up with. **4** *fig (defender) (teoría, punto de vista)* to defend, uphold; **s. que ...,** to maintain that ... . **5** *(mantener)* to hold, sustain; **s. la palabra,** to keep one's word; **s. una conversación,** to hold a conversation; **sostenerle la mirada a algn,** to stare sb down; *fig* **s. una familia,** to support a family. **II sostenerse** *vr* **1** *(mantenerse)* to support oneself. **2** *(permanecer)* to stay, remain; **se sostuvo en la presidencia cinco años,** he held the presidency for five years.

sostenido,-a I *pp de* **sostener. II** *adj* **1** *(continuado)* sustained; *(constante)* steady. **2** *Mús* sharp; **sol s.,** G sharp. **III** *nm Mús* sharp.

sostenimiento *nm* **1** *(apoyo)* support. **2** *(mantenimiento)* maintenance.

sostuve *pt indef véase* **sostener.**

sota *nf* **1** *Naipes* jack, knave. **2** *(desvergonzada)* slut.

sotabanco *nm* attic.

sotabarba *nf* **1** *(barba)* Newgate frill *o* fringe. **2** *(papada)* double chin.

sotana *nf Rel* cassock, soutane.

sótano *nm Arquit* basement, cellar.

sotavento *nm Náut* lee, leeward; **Islas de S.,** Leeward Islands.

sotechado *nm Constr* shed.

soterrado,-a I *pp de* **soterrar. II** *adj* buried, hidden.

soterrar [27] *vtr* to bury; *fig* to hide.

soto *nm (arboleda)* grove; *(matorrales)* thicket.

sotreta I *adj SAm* **1** *(caballo)* lame. **2** *(persona)* untrustworthy, slippery. **II** *nf Arg Bol Urug* **1** *(con defectos)* runt. **2** *(holgazán)* idler.

soufflé *nm Culin* soufflé.

soviet *nm Pol* soviet.

soviético,-a *adj & nm,f* Soviet; **la Unión Soviética,** the Soviet Union.

sovietización *nf Pol* sovietization.

sovietizar [4] *vtr Pol* to sovietize.

sovietólogo,-a *nm,f Pol* Sovietologist.

soy *indic pres véase* **ser**[2].

S.P. *abr de* **Servicio Público.**

sparring *nm Box* sparring partner.

speaker *nmf Rad TV* presenter, commentator.

sport (de) *loc adj* casual, sports; **chaqueta s.,** sports jacket; **ropa s.,** casual clothes *o* wear.

spot *nm (pl* **spots)** *TV* commercial, advert, ad.

spray *nm (pl* **sprays)** spray.

sprint *nm Dep* sprint.

sprintar *vi Dep* to sprint.

sprinter *nmf Dep* sprinter.

Sr. *abr de* **Señor,** Mister, Mr.

Sra. *abr de* **Señora,** Mrs.

Sras. *abr de* **Señoras.**

S.R.C., s.r.c. *abr de* **se ruega contestación,** please reply, R.S.V.P.

Sres. *abr de* **Señores,** Messieurs, Messrs.

Sri Lanka *n* Sri Lanka.

Srta. *abr de* **Señorita,** Miss.

SS *nf abr de* **Seguridad Social,** ≈ National Health Service, NHS.

S.S. *abr Rel de* **Su Santidad,** His Holiness, H.H.

SS.AA. *abr de* **Sus Altezas,** Their Royal Highnesses.

s.s.s. *abr de* **su seguro servidor,** your humble servant.

Sta., sta. *abr de* **Santa,** Saint, St.

stand *nm Com* stand.

standard *adj & nm* standard.

standardizar [4] *vtr* to standardize.

standing *nm* standing; **pisos de alto s.,** de luxe flats *o* apartments.

starter *nm Aut* choke.

statu quo *nm* status quo.

status *nm inv* status.

stick *nm Dep* stick.

Sto., sto. *abr de* **Santo,** Saint, St.

stock *nm Com* stock.

stop *nm Aut* stop sign.

striptease *nm* striptease; **hacer un s.,** to strip.

su *adj pos (un objeto) (de él)* his; *(de ella)* her; *(de usted, ustedes)* your; *(de animales o cosas)* its; *(impersonal)* one's; *(de ellos)* their; **su coche,** his *o* her *o* your *o* their car; **su pata,** its leg; **sus libros,** his *o* her *o* your *o* their books; **sus patas,** its legs.

suasorio,-a *adj* persuasive.

suave *adj* **1** *(liso, llano)* smooth. **2** *(dulce) (luz, voz, música, palabras)* soft. **3** *Meteor (templado)* mild. **4** *(tranquilo) (paso)* easy. **5** *(apacible)* gentle, mild. ◆**suavemente** *adv* smoothly.

suavidad *nf* **1** *(lisura)* smoothness. **2** *(dulzura)* softness. **3** *Meteor* mildness. **4** *(tranquilidad)* ease. **5** *(docilidad)* gentleness.

suavizante *nm* **1** *(para el pelo)* (hair) conditioner. **2** *(para la ropa)* fabric softener.

suavizar [4] *vtr* **1** *(alisar)* to smooth (out). **2** *(hacer más dulce)* to soften; *fig* **es necesario s. las tensiones que hay entre ellos,** tension between them will have to be eased.

suba *nf Arg Urug Com* rise.

subacuático,-a *adj* underwater.

subafluente *nm Geog* tributary.

subalimentación *nf* undernourishment.

subalimentado,-a I *pp de* **subalimentar. II** *adj* undernourished, underfed.

subalimentar *vtr* to undernourish.

subalterno,-a *adj & nm,f* subordinate, subaltern; *Com* clerk.

subarrendamiento *nm Com* sublease.

subarrendar [27] *vtr Com* to sublet, sublease.

subarrendatario,-a *nm,f Com* subtenant.

subarriendo *nm Com* sublease.

subasta *nf* auction; **sacar a s.,** to auction (off).

subastar *vtr* to auction (off), sell at auction.

subatómico,-a *adj Fís* subatomic.

subcampeón *nm Dep* runner-up.

subcomisión *nf* subcommittee.

subconsciencia *nf Psic* subconscious.

subconsciente *adj & nm Psic* subconscious.

subcontratista *nmf Com Fin* subcontractor.

subcontrato *nm Com Fin Jur* subcontract.

subcutáneo,-a *adj* subcutaneous.

subdelegación *nf* subdelegation.

subdelegado,-a *nm,f* subdelegate.

subdelegar [7] *vtr* to subdelegate.

subdesarrollado,-a *adj* underdeveloped.

subdesarrollo *nm* underdevelopment.

subdirector,-a *nm,f* assistant director *o* manager.

súbdito,-a I *adj* subject. **II** *nm,f* subject, citizen, national; **s. francés,** French citizen.

subdividir *vtr* to subdivide.

subdivisión *nf* subdivision.

subempleo *nm* underemployment.

subespecie *nf Biol* subspecies *sing.*

subestimar *vtr* to underestimate.

subexponer [78] *vtr Fot* to underexpose.

subexposición *nf Fot* underexposure.

subfusil *nm Mil* sub-machine-gun.

subgénero *nm Biol* subgenus.

subida *nf* **1** *(ascenso)* ascent, climb; *Dep Aut* hill climb. **2** *(pendiente)* slope, hill. **3** *(aumento) (temperatura)* rise; *Com Fin (de precios, salarios)* rise, increase. **4** *fam (drogas)* high.

subido,-a I *pp de* subir. **II** *adj* **1** *(alto)* high. **2** *(intenso)* strong; **de un rojo s.,** deep red; **s. de tono,** daring, risqué.

subíndice *nm Mat* subindex.

subir I *vtr* **1** *(ascender) (montaña, escaleras)* to climb; *(calle)* to go up. **2** *(llevar arriba)* to carry up, take up, bring up; **súbame las maletas por favor,** carry my suitcases upstairs, please; **súbelo arriba,** put it upstairs. **3** *(levantar)* to lift, raise; **suba la cabeza,** raise your head. **4** *(aumentar)* to raise, put up. **5** *(dar más volumen a) (radio, televisión)* to turn up; *(voz)* to raise; **si no subes la voz no podré oírte,** if you don't raise your voice I won't be able to hear you. **II** *vi* **1** *(ir arriba)* to go up, come up; **¿subes o bajas?,** are you going up *o* coming down?; *fig* **s. al trono,** to ascend to the throne. **2** *(entrar en un vehículo)* **s. a,** *(coche)* to get into; *(autobús)* to get on; *(barco, avión, tren)* to board, get on; **s. a bordo,** to go aboard. **3** *(montar)* **s. a,** to get on. **4** *(aumentar)* to rise, go up; *fam* **s. como la espuma,** to rise sky high. **5** *(totalizar)* to amount to, come to; **¿a cuánto sube la cuenta?,** what does the bill come to? **III** **subirse** *vr* **1** *(ir arriba) (árbol)* to climb up; *(piso)* to go up; *fig* **el champán se le ha subido a la cabeza,** the champagne's gone to his head; *fig* **s. a la parra,** to blow one's top; *fig* **s. por las paredes,** to hit the roof, go up the wall; *fig* **subírsele la sangre a la cabeza,** to see red. **2** *(entrar) (coche)* to get into; *(autobús, avión, tren)* to get on, board. **3** *(montar)* to get on. **4** *(ropa, calcetines)* to pull up; *(cremallera)* to do up, zip up; *(mangas)* to roll up.

súbito,-a *adj* sudden; **de s.,** suddenly, all of a sudden. ◆**súbitamente** *adv* suddenly.

subjefe,-a *nm,f* subchief, second in command.

subjetividad *nf* subjectivity, subjectiveness.

subjetivismo *nm* subjectivism.

subjetivo,-a *adj* subjective.

subjuntivo *nm Ling* subjunctive.

sublevación *nf,* **sublevamiento** *nm* rising, revolt, rebellion.

sublevar I *vtr* **1** *(alzar en sedición)* to stir up, arouse; *(rebelar)* to incite to rebellion. **2** *fig (indignar)* to infuriate, enrage. **II** **sublevarse** *vr* to rebel, revolt; **los soldados se sublevaron,** the soldiers mutinied.

sublimación *nf* sublimation.

sublimado,-a I *pp de* sublimar. **II** *adj* sublimated. **III** *nm Quím* sublimate.

sublimar *vtr* **1** *(gen)* to sublimate; *Psic* to sublimate. **2** *(ensalzar)* to praise, exalt.

sublime *adj (excelso)* sublime; *(eminente)* noble, lofty; **lo s.,** the sublime.

subliminal *adj* subliminal.

submarinismo *nm Dep* skin-diving.

submarinista *nmf Dep* skin-diver.

submarino,-a *Naut* **I** *adj* submarine, underwater. **II** *nm (buque)* submarine.

submaxilar *adj Anat* submaxillary.

subnormal *Med* **I** *adj* subnormal, mentally handicapped. **II** *nmf* subnormal; *fam* blockhead, dunderhead.

suboficial *nm* **1** *Mil* noncommissioned officer. **2** *Náut* petty officer.

suborden *nm Biol* suborder.

subordinación *nf* subordination.

subordinado,-a I *pp de* subordinar. **II** *adj* subordinate; *Ling* **oración subordinada,** subordinate clause. **III** *nm,f* subordinate.

subordinar I *vtr* to subordinate. **II** **subordinarse** *vr* to subordinate oneself.

subproducto *nm* by-product.

subrayar *vtr* **1** *(hacer una raya)* to underline. **2** *fig (recalcar)* to emphasize, stress, underline.

subrepticio,-a *adj* surreptitious. ◆**subrepticiamente** *adv* surreptitiously.

subrogar [7] *vtr Jur* to subrogate, substitute.

subrutina *nf Inform* subroutine.

subsanable *adj* **1** *(remediable)* reparable, rightable, that can be mended *o* put right. **2** *(solucionable)* surmountable.

subsanar *vtr* **1** *(remediar)* to rectify, put right; **s. un error,** to correct a mistake. **2** *(compensar)* to make up for.

subscribir *(pp subscrito) vtr véase* suscribir.

subscripción *nf* subscription.

subscriptor,-a *nm,f* subscriber.

subscrito,-a *pp & adj & nm,f véase* suscrito,-a.

subsecretaría *nf* **1** *(cargo)* undersecretaryship. **2** *(oficina)* undersecretary's office.

subsecretario,-a *nm,f* undersecretary.

subseguir(se) [56] *vtr & vr* to follow (next), come after.

subsidiar *vtr fml* to subsidize.

subsidiario,-a *adj* subsidiary.

subsidio *nm* allowance, benefit. ■ **s. de paro,** unemployment benefit, dole.

subsiguiente *adj* subsequent, succeeding, following.

subsistencia *nf* **1** *(supervivencia)* subsistence. **2** **subsistencias,** *(provisiones)* food *sing,* provisions, supplies.

subsistente *adj* surviving, lasting.

subsistir *vi* **1** *(conservarse)* to subsist, last, remain. **2** *(vivir)* to subsist, live on, survive.

subsónico,-a *adj Av* subsonic.

substancia *nf véase* sustancia.

substancial *adj véase* sustancial.

substanciar *vtr véase* sustanciar.

substancioso,-a *adj véase* sustancioso,-a.

substantivar *vtr véase* sustantivar.

substantivo,-a *adj & nm véase* sustantivo,-a .

substitución *nf véase* sustitución .

substituible *adj véase* sustituible .

substituir *vtr véase* sustituir .

substitutivo *nm véase* sustitutivo .

substituto,-a *pp & nm,f véase* sustituto,-a .

substracción *nf véase* sustracción .

substraer *vtr véase* sustraer .

substrato *nm Geol Filos* substratum.

subsuelo *nm* subsoil.

subteniente *nm Mil* second lieutenant.

subterfugio *nm (escapatoria)* subterfuge; *(pretexto)* pretext.

subterráneo,-a **I** *adj* subterranean, underground. **II** *nm* **1** *(túnel)* tunnel, underground passage. **2** *Arg Urug* tube, underground, *US* subway.

subtitular *vtr* **1** *Cin* to subtitle. **2** *Lit* subhead, subheading.

subtítulo *nm Cin* subtitle.

subtropical *adj Geog* subtropical.

suburbano,-a **I** *adj* suburban. **II** *nm* suburban train.

suburbial *adj* suburban.

suburbio *nm (barrio periférico)* suburb; *(barrio pobre)* slums *pl*.

subvalorar *vtr* to underrate, underestimate, undervalue.

subvención *nf Fin* subsidy, grant.

subvencionar *vtr* to subsidize.

subvenir [90] *vtr Fin* to meet, defray.

subversión *nf* subversion.

subversivo,-a *adj* subversive.

subvertir [35] *vtr* to subvert, upset, overthrow.

subyacente *adj* underlying.

subyugación *nf* subjugation.

subyugar [7] *vtr* **1** *(dominar)* to subjugate. **2** *fig (cautivar)* to captivate.

succión *nf* suction.

succionar *vtr* to suck (in).

sucedáneo,-a **I** *adj* substitute, ersatz. **II** *nm* substitute.

suceder **I** *vi* **1** *(ocurrir) (uso impers)* to happen, occur; **por lo que pueda s.,** just in case; **¿qué sucede?,** what's going on?, what's the matter?; **suceda lo que suceda,** whatever happens, come what may. **2** *(seguir)* to follow, succeed; **a la tormenta sucedió la calma,** calm followed the storm; **sucedió a su padre como presidente,** he succeeded his father as president. **II** sucederse *vr* to follow one another, come after the other.

sucedido,-a **I** *pp de* suceder . **II** *nm fam* event.

sucesión *nf* **1** *(serie, conjunto)* series *sing*, succession. **2** *(al trono)* succession. **3** *(herencia)* succession, estate, inheritance. **4** *(descendientes)* issue, heirs *pl*; *Jur* **derechos de s.,** *(al legalizar el testamento)* death duties; *(al heredar)* probate duties.

sucesivo,-a *adj* **1** *(siguiente)* following, successive; **en lo s.,** from now on. **2** *(consecutivo)* consecutive, running. ◆**sucesivamente** *adv* successively; **y así s.,** and so on.

suceso *nm* **1** *(acontecimiento)* event, happening, occurrence. **2** *(hecho delictivo)* crime; *(incidente)* incident; *Prensa* **sección de sucesos,** accident and crime reports.

sucesor,-a *nm,f* successor.

suciedad *nf* **1** *(porquería)* dirt, filth. **2** *(calidad de sucio)* dirtiness, filthiness.

sucinto,-a *adj* brief, concise, succinct. ◆**sucintamente** *adv* briefly, concisely.

sucio,-a *adj* dirty; *(color)* off, dirty; **un amarillo s.,** an off-yellow; *fig* **en s.,** in rough; *fig* **juego s.,** foul play; *fig* **negocio s.,** shady business.

sucre *nm Fin* standard monetary unit of Ecuador.

suculencia *nf* succulence, juiciness.

suculento,-a *adj* succulent, juicy.

sucumbir *vi* **1** *(ceder)* to succumb, yield; **s. a la tentación,** to give in to temptation. **2** *fml (morir)* to perish.

sucursal *nf Com Fin* branch, branch office; *(delegación)* subsidiary.

suche *nm* **1** *Ecuad Per Bot* white frangipani. **2** *Arg (grano)* spot, pimple.

súchil *nm Bot* white frangipani.

sudaca *nmf pey* South American.

Sudáfrica *n* South Africa.

sudafricano,-a *adj & nm,f* South African.

Sudamérica *n* South America.

sudamericano,-a *adj & nm,f* South American.

Sudán *n* Sudan.

sudanés,-esa *adj & nm,f* Sudanese.

sudar **I** *vtr* **1** *(transpirar)* to sweat, exude; *fam fig* **s. la gota gorda,** to sweat blood. **2** *(manchar de sudor)* to stain with sweat. **3** *(obtener con esfuerzo)* to work hard for. **II** *vi* to perspire, sweat; *fig* **hacer s. a algn,** to drive sb hard.

sudario *nm* shroud.

sudeste **I** *adj (del sudeste)* southeast, southeastern; *(dirección sudeste)* southeasterly. **II** *nm* **1** *(punto cardinal)* southeast. **2** *(viento)* southeast wind; *(viento fuerte)* southeasterly.

sudoeste **I** *adj (del sudoeste)* southwest, southwestern; *(dirección sudoeste)* southwesterly. **II** *nm* **1** *(punto cardinal)* southwest. **2** *(viento)* southwest wind; *(viento fuerte)* southwesterly.

sudor *nm* **1** *(transpiración)* sweat, perspiration. **2** *fig (esfuerzo)* effort, hard work; *fig* **con el s. de mi frente,** by the sweat of my brow; *fig* **costar muchos sudores,** to be a struggle.

sudorífero,-a *adj* sudoriferous.

sudorífico,-a *adj & nm* sudorific.

sudoríparo,-a *adj Anat* sudoriferous; **glándulas sudoríparas,** sweat glands.

sudoroso,-a *adj* sweaty.

Suecia *n* Sweden.

sueco,-a **I** *adj* Swedish. **II** *nm,f (persona)* Swede; *fam* **hacerse el s.,** to pretend not to understand, play dumb. **III** *nm (idioma)* Swedish.

suegra *nf* mother-in-law.

suegro *nm* father-in-law; **mis suegros,** my in-laws.

suela *nf* **1** *(del zapato)* sole; *fig* **no te llego ni a la s. del zapato,** you're one step ahead of me. **2** *Bill* leather tip.

sueldo *nm* salary, pay, wages *pl*; **asesino a s.,** hit man; **aumento de s.,** pay rise; **estar a s.,** to be on a salary.

suelo *nm* **1** *(superficie)* ground; *(de interior)* floor; **dar consigo en el s.,** to fall; **echar al s.,** to demolish; **s. de madera,** wooden floor; *fig* **echar por los suelos,** to ruin; *fig* **estar por los suelos,** *(precios)* to be rock-bottom; *(ánimos)* to be very low; *fig* **poner algo por los suelos,** to run sth down, tear sth to pieces; *fam* *fig* **besar el s.,** to fall flat on one's face. **2** *(tierra)* soil, earth. **3** *(territorio)* soil, land; **s. extranjero,** foreign soil; **s. patrio,** native land. **4** *(campo, terreno)* land; **s. cultivable,** arable land. **5** *(de carretera)* surface.

suelta *nf* freeing, release; **dar rienda s. a,** to free, let loose.

suelto,-a I *adj* **1** *(no sujeto)* loose; **esa pieza está suelta,** this part has come loose. **2** *(desatado)* undone, untied; *fig* **atar cabos sueltos,** to tie up loose ends; *fig* **dinero s.,** loose change. **3** *(en libertad)* free; *(huido)* at large. **4** *(desaparejado)* odd; **hojas sueltas,** loose sheets (of paper); **números sueltos,** odd numbers; **se venden sueltos,** they are sold singly *o* separately *o* loose. **5** *(holgado)* *(prenda)* loose, loose-fitting. **6** *Lit (estilo)* flowing, easy. **II** *nm* **1** *(dinero)* (loose) change. **2** *Prensa* short article, item.

sueño *nm* **1** *(acto de dormir)* sleep; *(ganas de dormir)* sleepiness; **conciliar el s.,** to get to sleep; **entre sueños,** while half-asleep; **me caigo de s.,** I can't keep my eyes open; **me da s.,** it makes me sleepy; **tener el s. ligero,** to be a light sleeper; **tener s.,** to feel *o* be sleepy; *fig* **quitar el s.,** to keep awake. **2** *(cosa soñada)* dream; **en sueños,** in one's dreams; *fig* **s. dorado,** cherished dream; *fam* **¡ni en sueños!,** I wouldn't dream of it!, not on your life!

suero *nm* **1** *Med* serum. **2** *(de la leche)* whey.

suerte *nf* **1** *(fortuna)* luck, fortune; *(azar)* chance; **buena/mala s.,** good/bad luck; **echar algo a suertes,** to draw lots for sth; **estar de s.,** to be in luck; **la s. está echada,** the die is cast; **por s.,** fortunately; **probar s.,** to try one's luck; **¡que tengas s.!,** good luck!; **trae mala s.,** it's unlucky. **2** *(destino)* fate, destiny. **3** *(condición)* lot; **mejorar la s. de los pobres,** to improve the lot of the poor. **4** *(género)* kind, sort, type; **toda s. de personas,** all kinds of people. **5** *Taur* stage (of the bullfight).

suertero,-a *adj Am fam* lucky.

suertudo,-a *adj fam* lucky.

suéter *nm* sweater.

suficiencia *nf* **1** *(capacidad)* sufficiency. **2** *(conveniencia)* suitability, competence. **3** *(engreimiento)* smugness, complacency.

suficiente *adj* **1** *(bastante)* sufficient, enough; **hay s. comida para todos,** there is enough food for everybody; **tener lo s. para vivir,** to have enough to live on. **2** *(idóneo)* suitable. **3** *(engreído)* smug, complacent. ◆**suficientemente** *adv* enough.

sufijo,-a *Ling* **I** *adj* suffixal. **II** *nm* suffix.

sufragar [7] **I** *vtr* **1** *(costear)* *(empresa)* to finance; *(gastos)* to pay, defray. **2** *(ayudar)* to help, aid. **II** *vi Am* to vote **(por,** for).

sufragio *nm* **1** *Pol* suffrage; *(voto)* vote. ■ **s. universal,** universal suffrage. **2** *(ayuda)* help, assistance; *Rel* **misa en s. de ...,** mass for the soul of ... .

sufragismo *nm Pol* suffragism, suffragist movement.

sufragista *Pol* **I** *nmf* suffragist. **II** *nf* suffragette.

sufrido,-a I *pp de* sufrir. **II** *adj* **1** *(persona)* patient, long-suffering. **2** *(tela)* hardwearing. **3** *(color)* practical, that does not show the dirt.

sufrimiento *nm* suffering.

sufrir I *vi* *(padecer)* to suffer; **hacer s. a algn,** to cause sb pain; **s. del corazón,** to have a heart condition. **II** *vtr* **1** *(tener)* *(accidente)* to have; *(operación)* to undergo; *(dificultades, cambios)* to

experience; **s. dolores de cabeza,** to suffer from headaches; **s. hambre,** to know hunger; **s. vergüenza,** to be ashamed. **2** *(aguantar)* to bear, put up with. **3** *(consentir)* to tolerate.

sugerencia *nf* suggestion.

sugerente *adj*, **sugeridor,-a** *adj* suggestive.

sugerir [35] *vtr* to suggest.

sugestión *nf* suggestion.

sugestionable *adj* impressionable, easily influenced.

sugestionar *vtr* to influence, persuade.

sugestivo,-a *adj* **1** *(que sugiere)* suggestive. **2** *(fascinante)* fascinating, alluring.

suicida I *adj* suicidal; **misión s.,** suicide mission. **II** *nmf (persona)* suicide.

suicidarse *vr* to commit suicide, kill oneself.

suicidio *nm* suicide.

suite *nf* **1** *Mús* suite. **2** *(de hotel)* suite.

Suiza *n* Switzerland.

suizo,-a I *adj* Swiss. **II** *nm,f (persona)* Swiss. **III** *nm Culin (bollo)* bun; *(chocolate con nata)* hot chocolate with cream.

sujeción *nf* **1** *(acción)* subjection. **2** *(atado, ligadura)* fastening.

sujetador I *adj (que sujeta)* fastening. **II** *nm (prenda)* bra, brassière.

sujetapapeles *nm inv* paper clip.

sujetar I *vtr* **1** *(agarrar)* to hold; **¡sujétalo bien!,** hold it tightly! **2** *(fijar)* to fix, secure, hold down, hold in place; **s. algo con clavos,** to nail sth down. **3** *(someter a disciplina)* to control, restrain. **4** *(restringir la libertad)* to tie down. **II** **sujetarse** *vr* **1** *(agarrarse)* to hold on. **2** *(someterse)* to subject oneself **(a,** to).

sujeto,-a I *adj* **1** *(atado)* fastened, secure; **bien s.,** tightly fastened. **2** *(privado de libertad)* tied down. **3** *(sometido)* **s. a,** subject to, liable to; **s. a cambios,** liable to change. **II** *nm* **1** *(individuo)* fellow, individual, person. **2** *Ling* subject. **3** *(materia)* subject.

sulfamida *nf Farm* sulpha drug, sulphonamide.

sulfatación *nf Quím* sulphation.

sulfatar *vtr Quím* to sulphate.

sulfato *nm Quím* sulphate.

sulfhídrico,-a *adj Quím* sulphuretted, *US* sulphureted; **ácido s.,** hydrogen sulphide.

sulfurar I *vtr* **1** *Quím* to sulphurate. **2** *fam (exasperar)* to exasperate, burn up, infuriate. **II** **sulfurarse** *vr fam* to lose one's temper, blow one's top.

sulfúrico,-a *adj Quím* sulphuric.

sulfuro *nm Quím* sulphide.

sulfuroso,-a *adj Quím* sulphurous.

sultán *nm* sultan.

sultana *nf* sultana.

sultanato *nm* sultanate.

suma *nf* **1** *(cantidad)* sum, amount. **2** *Mat* sum, addition; **s. total,** sum total. **3** *(resumen)* summary; **en s.,** in short. **4** *Com* total.

sumadora *nf Com* adding machine.

sumamente *adv* extremely, highly.

sumando *nm Mat* addend.

sumar I *vtr* **1** *Mat* to add, add up; **suma y sigue,** carried forward; *fam* and that's not all. **2** *(valer)* to total, amount to. **3** *(hacer un resumen)* to summarize, sum up. **II** **sumarse** *vr* to join **(a,** in); **s. a un partido,** to join a party.

sumarial *adj Jur* pertaining to an indictment.

sumariar *vtr Jur* to indict.

sumario,-a I *adj* summary, brief; *Jur* **juicio s.**, summary proceedings *pl*. II *nm* 1 *Jur* legal proceedings *pl*, indictment. 2 *(resumen)* summary.

sumarísimo,-a *adj Jur* swift, expeditious.

sumergible I *adj* submergible, submersible. II *nm Náut* submarine.

sumergir [6] I *vtr (meter bajo el agua)* to submerge, submerse, immerse; *(hundir)* to sink, plunge. II **sumergirse** *vr* 1 *(meterse bajo el agua)* to submerge, go underwater; *(hundirse)* to sink. 2 *fig (concentrarse)* to become immersed **(en, in)**.

sumerio,-a *adj & nm,f Hist* Sumerian.

sumidero *nm* drain, sewer.

suministración *nf véase* suministro.

suministrador,-a *nm,f* supplier.

suministrar *vtr* to supply, provide; **s. algo a algn,** to supply sb with sth.

suministro *nm* supply, supplying, provision; **suministros,** supplies.

sumir I *vtr (hundir)* to sink, plunge, submerge; *fig* to plunge; *fig* **s. a algn en la miseria,** to plunge sb into poverty. II **sumirse** *vr fig* to immerse oneself **(en, in)**, lose oneself **(en, in)**.

sumisión *nf* 1 *(acto)* submission. 2 *(actitud)* submissiveness.

sumiso,-a *adj* submissive, obedient. ◆**sumisamente** *adv* submissively.

súmmum *nm* summit, acme, peak.

sumo,-a *adj (supremo)* supreme, highest; *(grande)* greatest; **a lo s.,** at (the) most; **con s. cuidado,** with extreme care; **en s. grado,** to the highest degree; **suma autoridad,** supreme authority; **s. sacerdote,** high priest.

sunita *nm Rel* Sunnite.

sunna *nm Rel* Sunna.

suntuario,-a *adj* sumptuary.

suntuosidad *nf* sumptuousness, magnificence.

suntuoso,-a *adj* sumptuous, magnificent, splendid.

supe *pt indef véase* saber².

supeditación *nf* subjection, subordination.

supeditar I *vtr* to subject **(a,** to); **estar supeditado a,** to be subject to *o* dependent on. II **supeditarse** *vr* to subject oneself **(a,** to), bow **(a,** to).

súper *fam* I *adj* super, great. II *nm* 1 *(supermercado)* supermarket. 2 *(gasolina)* super.

superable *adj* superable, surmountable.

superabundancia *nf* superabundance.

superabundante *adj* superabundant.

superabundar *vi* to superabound.

superación *nf* 1 *(de dificultades, problemas)* overcoming, surpassing. 2 *(de uno mismo)* self-improvement; **afán de s.,** desire to improve *o* better oneself.

superado,-a I *pp de* superar. II *adj* antiquated, outdated, obsolete; **es una técnica superada,** it's an antiquated technique.

superar I *vtr* 1 *(ser superior)* to surpass, exceed, excel. 2 *(vencer) (obstáculos, dificultades)* to overcome, surmount. II **superarse** *vr* 1 *(sobrepasarse)* to excel *o* outdo oneself. 2 *(mejorarse)* to improve *o* better oneself.

superávit *nm Fin* surplus.

supercarburante *nm* high octane fuel.

superchería *nf* trick, fraud, hoax.

superconductividad *nf Fís* superconductivity.

superconductor *nm Fís* superconductor.

superdesarrollado,-a *adj* overdeveloped.

superdesarrollo *nm* overdevelopment.

superdotado,-a I *adj* exceptionally gifted. II *nm,f* genius.

superestructura *nf* superstructure.

superficial *adj* superficial.

superficialidad *nf* superficiality, superficialness.

superficie *nf* 1 *(parte externa)* surface; **la s. de la mesa,** the surface of the table; **la s. terrestre,** the land surface. 2 *Geom (área)* area; **la s. del triángulo,** the area of the triangle.

superfino,-a *adj* extra fine.

superfluidad *nf* superfluity, superfluousness.

superfluo,-a *adj* superfluous.

superhombre *nm* superman.

superintendencia *nf* superintendence, superintendency.

superintendente *nmf* superintendent.

superior I *adj* 1 *(más alto)* top, upper; **labio s.,** upper lip; **parte s.,** upper part. 2 *(mayor)* greater, higher, larger; **una cantidad s. a mil pesetas,** an amount greater than a thousand pesetas. 3 *(mejor)* superior; **calidad s.,** top quality; **ser s. a todos,** to surpass everyone; **un vino s.,** an excellent wine. 4 *Educ* higher; **enseñanza s.,** higher education. II *nm* 1 *(jefe)* superior; **respetar a los superiores,** to respect one's elders. 2 *Rel* superior.

superiora *nf Rel* mother superior.

superioridad *nf* 1 *(persona con autoridad)* superiority. 2 *(ventaja)* advantage.

superlativo,-a *adj & nm Ling* superlative.

supermercado *nm* supermarket.

supermujer *nf* superwoman.

supernumerario,-a *adj & nm,f* supernumerary.

superpetrolero *nm Náut* supertanker.

superpoblación *nf* overpopulation, overcrowding.

superpoblado,-a *adj* overpopulated, overcrowded.

superponer [78] *(pp* **superpuesto)** I *vtr* to superpose, superimpose; *fig* to put before. II **superponerse** *vr fig* to come before.

superposición *nf* superposition.

superpotencia *nf* superpower.

superproducción *nf* 1 *Ind* overproduction. 2 *Cin* mammoth production.

superpuse *pt indef véase* superponer.

supersecreto,-a *adj* top secret.

supersónico,-a *adj* supersonic.

superstición *nf* superstition.

supersticioso,-a *adj* superstitious.

supervalorar *vtr* to overvalue, overrate.

supervisar *vtr* to supervise.

supervisión *nf* supervision, control.

supervisor,-a *nm,f* supervisor.

supervivencia *nf* survival.

superviviente I *adj* surviving. II *nmf* survivor.

superyó *nm Psic* superego.

supino,-a I *adj* 1 *(boca arriba)* supine, face up. 2 *fig (absoluto)* total absolute; **un s. error,** an absolute mistake. II *nm Ling* supine.

súpito,-a *adj Am* sudden.

suplantación *nf (falsificación)* forgery; **s. de personalidad,** impersonation.

suplantador,-a *nm,f (falsificador)* forger; *(sustitución de persona)* impersonator.

suplantar *vtr* to supplant, replace, take the place of.

suplementario,-a *adj* supplementary, additional, extra; *Geom* supplementary.

suplemento *nm* **1** *(añadido)* supplement; *Prensa* **s. dominical,** Sunday supplement. **2** *Com* addition, extra fee; **sin s.,** without extra charge.

suplencia *nf* substitution, replacement.

suplente *adj & nmf* **1** *(sustituto)* substitute, deputy, stand-in. **2** *Teat* understudy. **3** *Dep* reserve (player).

supletorio,-a **I** *adj* supplementary, additional; **cama supletoria,** extra bed; **teléfono s.,** extension. **II** *nm Tel* extension.

súplica *nf* request, entreaty, plea; **a s. de,** at the request of.

suplicante **I** *adj* beseeching, entreating. **II** *nmf* suppliant, supplicant.

suplicar [1] *vtr & vi* to beseech, implore, beg; **le suplico que se vaya,** I beg you to go away *o* leave.

suplicio *nm (tortura)* torture; *(tormento)* torment.

suplir **I** *vtr* **1** *(reemplazar)* to replace, substitute. **2** *(compensar)* to make up for. **3** *(remediar)* to remedy. **II** **suplirse** *vr SAm (conformarse)* to resign oneself.

suponer [78] *(pp* **supuesto)** *vtr* **1** *(pensar)* to suppose, assume; **supongamos que ...,** let's assume that ...; **supongo que sí,** I suppose so. **2** *(significar)* to mean; **el premio supone mucho para mí,** the prize means a lot to me. **3** *(implicar)* to mean, entail, require; **eso va a s. mucho trabajo para su madre,** that will mean a lot of work for her mother. **4** *(adivinar)* to guess; *(imaginar)* to imagine; **me lo suponía,** I guessed as much; **¿quién lo iba a s.?,** who would have guessed it?; **te suponía más viejo,** I thought you were older (than that).

suposición *nf* supposition, assumption.

supositorio *nm Farm* suppository.

supranacional *adj Pol Fin* supranational.

supremacía *nf* supremacy.

supremo,-a *adj* supreme; *lit* **hora suprema,** dying moments *pl*, final hour; **jefe s.,** commander-in-chief; *Jur* **tribunal s.,** supreme court.

supresión *nf* **1** *(eliminación)* *(de una rebelión)* suppression; *(de dificultades)* elimination, removal; *(de una ley, un impuesto)* abolition; *(de restricciones)* lifting; *(de una palabra)* deletion. **2** *(voluntaria)* omission.

suprimir *vtr* **1** *(eliminar)* *(una rebelión)* to suppress; *(dificultades)* to eliminate, remove; *(una ley, un impuesto)* to abolish; *(restricciones)* to lift; *(una palabra)* to delete, take *o* leave out. **2** *(voluntaria)* to omit; **me han suprimido el alcohol,** I've been told to cut out alcohol.

supuesto,-a **I** *pp de* **suponer.** **II** *adj* **1** *(asumido)* supposed, assumed; **dar algo por s.,** to take sth for granted; **¡por s.!,** of course! **2** *(pseudo)* so-called, self-styled; **el s. presidente,** the self-styled president. **3** *(falso)* assumed, false; **nombre s.,** assumed name. **III** *nm (creencia)* supposition, assumption; *(hipótesis)* hypothesis.

supuración *nf Med* suppuration.

supurar *vi Med* to suppurate, fester.

supuse *pt indef véase* **suponer.**

sur *nm* south; **al s. de,** (to the) south of; **viento del s.,** south wind; *(viento fuerte)* southerly wind.

Suramérica *nf* South America.

suramericano,-a *adj & nm,f* South American.

surcado,-a **I** *pp de* **surcar.** **II** *adj* lined, wrinkled; **cara surcada de arrugas,** deeply-wrinkled face.

surcar [1] *vtr* **1** *Agr* to plough. **2** *fig (viajar)* to cut through; **s. los mares,** to ply the seas.

surco *nm* **1** *Agr* furrow. **2** *(arruga)* wrinkle. **3** *(señal)* *(dejado por una rueda)* rut; *(en un disco)* groove.

surcoreano,-a *adj & nm,f* South Korean.

sureño,-a **I** *adj* southern. **II** *nm,f* southerner.

sureste *adj & nm véase* **sudeste.**

surf *nm Dep* surfing.

surfista *Dep* **I** *adj* surf. **II** *nmf* surfer.

surgir [6] *vi* **1** *(aparecer)* to arise, emerge, appear; **continuamente surgen problemas,** problems are always cropping up; **surgió de la nada,** it came out of nowhere. **2** *(brotar)* to spring forth, spurt up.

suripanta *nf fam Teat* chorus girl; *pey* tart.

Surinam *n* Surinam.

surmenaje *nm (mental)* mental fatigue; *(exceso de trabajo)* overwork.

suroeste *adj & nm véase* **sudoeste.**

surrealismo *nm* surrealism.

surrealista **I** *adj* surrealist, surrealistic. **II** *nmf* surrealist.

sursuncorda *nm fam hum* **el s.,** the Pope, the great panjandrum; **¡aunque me lo pidiera el s.!,** not even if the Pope himself asked me!

surtido,-a **I** *pp de* **surtir.** **II** *adj* **1** *(variado)* assorted. **2** *(bien provisto)* well stocked. **III** *nm Com* range, selection, assortment.

surtidor *nm* **1** *(chorro)* jet, spout. **2** *(fuente)* fountain. ■ **s. de gasolina,** petrol *o US* gas pump.

surtir *vtr* **1** *(proveer)* to supply, provide. **2** **s. efecto,** *(funcionar)* to have the desired effect, work.

surto,-a *adj Náut* anchored.

susceptibilidad *nf (gen)* susceptibility; *(sensibilidad)* sensitivity, touchiness.

susceptible *adj (gen)* susceptible; *(sensible)* oversensitive, touchy; **s. de,** *(tendente)* liable to; *(capaz)* capable of.

suscitar *vtr (provocar)* to cause, provoke; *(rebelión)* to stir up, arouse; *(discusión)* to start.

suscribir *(pp* **suscrito)** **I** *vtr* **1** *(adherirse)* to subscribe, endorse; **suscribo sus opiniones,** I second his opinions. **2** *fml (firmar)* to sign; *Fin* to subscribe. **II** **suscribirse** *vr* to subscribe **(a,** to); **acabo de suscribirme al nuevo periódico,** I've just taken out a subscription to the new newspaper.

suscripción *nf* subscription.

suscriptor,-a *nm,f* subscriber.

suscrito,-a **I** *pp de* **suscribir.** **II** *adj* **1** *(abonado)* subscribed; **estar s. a,** to subscribe to, have a subscription to. **2** *(abajo firmado)* undersigned. **III** *nm,f* undersigned.

susodicho,-a *adj* above-mentioned, aforesaid.

suspender *vtr* **1** *(colgar)* to hang, hang up, suspend. **2** *(aplazar)* *(trabajo, acontecimiento)* to delay, postpone, put off; *(reunión)* to adjourn. **3** *(suprimir)* *(pagos)* to suspend; *(servicios)* to discontinue. **4** *Educ* to fail; **he suspendido, me han suspendido,** I've failed (the exam). **5** *(despedir)* to suspend, remove.

suspense *nm* suspense; **mantener a algn en s.,** to keep sb hanging *o* in suspense; *Lit* **novela de s.,** thriller; *Cin* **película de s.,** thriller.

suspensión *nf* 1 *(levantamiento)* hanging (up), suspension. 2 *Aut* suspension. 3 *(aplazamiento)* delay, postponement; *(de una reunión)* adjournment. 4 *(supresión)* suspension, discontinuation; *Fin Jur* **s. de pagos,** suspension of payments.

suspensivo,-a *adj* suspensive; *Ling* **puntos suspensivos,** row of dots, *US* suspension points.

suspenso,-a I *adj* 1 *(colgado)* hanging, suspended. 2 *fig (desconcertado)* baffled, bewildered. II *nm* 1 *Educ* fail. 2 *(asunto, trabajo)* **en s.,** pending; **estar en s.,** to be pending.

suspensores *nmpl Am* braces, *US* suspenders.

suspensorio *nm Dep* jockstrap.

suspicacia *nf* 1 *(desconfianza)* mistrust, distrust, wary. 2 *(sospecha)* suspicion, suspiciousness.

suspicaz *adj* 1 *(desconfiado)* untrusting, distrustful. 2 *(que sospecha)* suspicious.

suspirar *vi* to sigh; *fig* **s. por,** to long for.

suspiro *nm* sigh; **dar el último s.,** to breathe one's last; **deshacerse en suspiros,** to heave great sighs.

sustancia *nf* 1 *(gen)* substance; **sin s.,** lacking in substance; *fam* **persona de poca s.,** characterless person. 2 *(esencia)* essence.

sustancial *adj* 1 *(gen)* substantial, considerable, important. 2 *(fundamental)* essential, fundamental.

sustanciar [12] *vtr* to condense, abridge.

sustancioso,-a *adj* 1 *(alimentos)* wholesome. 2 *fig (libro, discurso)* meaty.

sustantivar *vtr* to use as a noun.

sustantivo,-a I *adj* substantive. II *nm Ling* noun, substantive.

sustentable *adj* tenable.

sustentación *nf* 1 *(soporte)* support. 2 *(mantenimiento)* sustenance, maintenance.

sustentáculo *nm* prop, support.

sustentar I *vtr* 1 *(peso)* to support. 2 *(familia)* to maintain, support. 3 *(teoría)* to support, defend. II **sustentarse** *vr* to sustain oneself, live **(de,** on).

sustento *nm* 1 *(alimento)* sustenance, food; **ganarse el s.,** to earn one's living. 2 *(apoyo)* support.

sustitución *nf* substitution, replacement.

sustituible *adj* replaceable, expendable.

sustituir [62] *(pp sustituto)* *vtr* 1 *(remplazar)* to substitute, replace. 2 *(hacer las veces de)* to stand in for.

sustitutivo *nm* substitute.

sustituto,-a I *pp de* **sustituir.** II *nm,f* substitute, stand-in, replacement.

susto *nm* fright, shock, scare; **llevarse** *o* **darse un s.,** to get a fright; *fig* **caerse del s.,** to be frightened to death; *fig* **no pasar del s.,** to be just a scare.

sustracción *nf* 1 *Mat* subtraction. 2 *(robo)* theft.

sustraer [88] I *vtr* 1 *Mat* to subtract. 2 *(robar)* to steal, remove. II **sustraerse** *vr (eludir)* **s. a** *o* **de,** *(preguntas)* to evade; *(tentaciones)* to resist.

sustrato *nm Geol Filos* substratum.

susurrante *adj* whispering.

susurrar *vtr (gen)* to whisper; *(el agua)* to murmur; *(hojas)* to rustle.

susurro *nm (gen)* whisper; *(del agua)* murmur; *(de hojas)* rustle.

sutil *adj* 1 *(delgado)* thin, fine. 2 *(delicado) (aroma)* delicate; *(color)* soft; *(brisa)* gentle. 3 *fig (diferencia, pregunta)* subtle. ◆**sutilmente** *adv fig* mildly, subtly.

sutileza *nf* 1 *(finura)* thinness, fineness. 2 *fig (dicho)* subtlety.

sutilizar [4] I *vtr* 1 *(adelgazar)* to make fine, thin down. 2 *fig (pulir)* to polish, refine, perfect. II *vi (ser preciso)* to quibble, split hairs.

sutura *nf Med* suture.

suturar *vtr Med* to stitch.

suyo,-a *adj & pron pos (de él)* his; *(de ella)* hers; *(de usted, ustedes)* yours; *(de animales o cosas)* its; *(de ellos, ellas)* theirs; **los zapatos que lleva María no son suyos,** the shoes Maria is wearing aren't hers; **varios amigos suyos,** several friends of his *o* hers *o* yours *o* theirs; *fam* **es muy s.,** he's very aloof; *fam* **hacer de las suyas,** to be up to one's tricks; *fam* **ir (cada uno) a lo s.,** to mind one's own business; *fam* **salirse con la suya,** to get one's way.

svástica *nf Herald* swastika.

Swazilandia *n* Swaziland.

swing *nm Dep Mús* swing.

T

T, t [te] *nf (la letra)* T, t.

t *abr de* **tonelada(s),** ton, tons.

t. *abr de* **tomo.**

taba *nf* 1 *Anat* anklebone, astragalus. 2 *SAm fig (lata)* drag. 3 *Méx (charla)* chat.

tabacal *nm* tobacco field *o* plantation.

tabacalero,-a I *adj* tobacco. II *nm,f (cultivador)* tobacco grower; *(vendedor)* tobacco trader. III *nf* **La Tabacalera,** Spanish state tobacco monopoly.

tabaco *nm* 1 *(planta, hoja)* tobacco. ■ **t. picado,** shredded tobacco, shag; **t. rubio,** Virginia tobacco. 2 *(cigarrillos)* cigarettes *pl*.

tabalear I *vi (con los dedos)* to drum. II *vtr (balancear)* to swing, rock.

tabaleo *nm (con los dedos)* drumming.

tabanco *nm CAm* attic, loft.

tábano *nm Ent* horsefly.

tabaquera *nf (caja)* tobacco box; *(para rapé)* snuffbox; *(petaca)* tobacco pouch.

tabaquismo *nm Med* nicotinism, nicotine poisoning.

tabardillo *nm* 1 *Med (insolación)* sunstroke. 2 *fam (persona)* nuisance, bore, pain.

tabardo *nm Hist* tabard.

tabarra *nf fam* nuisance, bore; **dar la t.**, to be a nuisance.

tabasco® *nm* tabasco® sauce.

taberna *nf* pub, bar; *(antiguamente)* tavern.

tabernáculo *nm Rel* tabernacle.

tabernario,-a *adj fam* coarse, rude.

tabernero,-a *nm,f* publican; *(hombre)* landlord; *(mujer)* landlady.

tabernucha *nf fam*, **tabernucho** *nm* dive, pit.

tabicar [1] *vtr* **1** *(ventana, puerta)* to wall up. **2** *(habitación)* to partition off, divide.

tabique *nm* **1** *(pared)* partition (wall). **2** *Anat* **t. nasal,** nasal bone.

tabla *nf* **1** *(gen)* board; *(de madera)* plank, board; *fig* **a raja t.,** strictly, to the letter; *fig* **hacer t. rasa de algo,** to make a clean sweep of sth; *fig* **t. de salvación,** last hope. ■ **t. de lavar,** washboard; **t. de planchar,** ironing board; *Dep* **t. de surf,** surfboard; *Dep* **t. de windsurf,** sailboard. **2** *Arte* panel. **3** *Cost* pleat; **falda de tablas,** pleated skirt. **4** *(índice)* index; *(lista)* list; *(catálogo)* catalogue. ■ **t. de materias,** (table of) contents. **5** *Mat* table. ■ **t. de multiplicar,** multiplication table. **6** *Agr* plot, bed. **7 las tablas,** *Teat* the stage *sing*; **pisar las t.,** to tread the boards, go on the stage; **tener (muchas) t.,** *Teat* to be an experienced actor *o* actress; *fig* to be an old hand. **8 tablas,** *Ajedrez* stalemate *sing*, draw *sing*; **quedar en t.,** *(juego)* to end in a draw; *fig (asunto)* to be deadlocked *o* unresolved, reach stalemate. **9 tablas,** *Taur* fence *sing*. **10** *Rel* **Tablas de la Ley,** Tables of the Law.

tablado *nm* **1** *(suelo)* wooden floor; *(plataforma)* wooden platform. **2** *Teat* stage.

tablao *nm fam* flamenco bar *o* show.

tablear *vtr* **1** *(madera)* to cut into planks. **2** *(tierra)* to divide into plots. **3** *Cost* to pleat.

tablero *nm* **1** *(tablón)* panel, board. ■ *Av* **t. de instrumentos,** instrument panel. **2** *(en juegos)* board. ■ **t. de ajedrez,** chessboard. **3** *(encerado)* blackboard.

tableta *nf* **1** *(tabla pequeña)* small board. **2** *(pastilla)* tablet. **3** *(de chocolate)* bar.

tabletear *vi* to rattle.

tableteo *nm* rattling, rattle.

tablilla *nf* *(tabla pequeña)* small board.

tablón *nm* **1** *(gen)* plank; *(en construcción)* beam. ■ **t. de anuncios,** notice *o US* bulletin board. **2** *fam (borrachera)* drunkenness; **agarrar un t.,** to get drunk.

tabú *adj & nm (pl tabúes)* taboo.

tabulación *nf* tabulation.

tabulador *nm* tabulator.

tabuladora *nf Inform* tabulator.

tabular *vtr* to tabulate.

taburete *nm* stool.

tacanear *vtr Arg* to squash, crush, pound.

tacañería *nf* meanness, stinginess.

tacaño,-a **I** *adj* mean, stingy. **II** *nm,f* miser.

tacatá *nm*, **tacataca** *nm* baby-walker.

tacha *nf* **1** *(defecto)* flaw, blemish, defect; **sin t.,** flawless, without blemish. **2** *(clavo grande)* large tack; *(decorativo)* large stud.

tachadura *nf* crossing out.

tachar *vtr* **1** *(hacer un borrón)* to cross out. **2** *fig* **t. de,** to accuse of; **no le puedes t. de ladrón,** you can't accuse him of being a thief.

tachigual *nm Méx* type of cotton.

tacho *nm Am* **1** *(recipiente de metal)* metal bowl. **2** *(para el azúcar)* boiler. **3** *(para calentar el agua)* pan, kettle. **4** *(hoja de lata)* tin. **5** *(cubo de la basura)* dustbin, *US* trash can.

tachón[1] *nm (borrón)* crossing out.

tachón[2] *nm (tachuela)* large tack; *(decorativo)* large stud.

tachonar *vtr* to stud, adorn with studs; *fig* **un cielo tachonado de estrellas,** a star-studded sky.

tachuela[1] *nf* **1** *(clavo)* tack, stud; **clavar algo con tachuelas,** to tack sth. **2** *Am (rechoncho)* plump person.

tachuela[2] *nf Méx Ven* metal cup.

tácito,-a *adj* tacit; **regla tácita,** unwritten rule.

taciturno,-a *adj* **1** *(callado)* taciturn, silent. **2** *(triste)* sullen; *(lunático)* sulky, moody.

taco *nm* **1** *(tarugo)* plug; *(tapón)* stopper. **2** *(de bota de fútbol)* stud. **3** *(bloc de notas)* notepad, writing pad; *(calendario)* tear-off calendar; *(entradas)* book; *(billetes)* wad. **4** *Culin (de jamón, queso)* cube, piece. **5** *Bill* cue. **6** *Méx Culin* taco, rolled-up tortilla pancake. **7** *fam (lío)* mess, muddle; **armarse o hacerse un t.,** to get all mixed up. **8** *fam (palabrota)* swearword; **soltar un t., soltar tacos,** to swear. **9** *arg (drogas)* lump of hash. **10 tacos,** *fam (años)* years; **ya he cumplido veinte t.,** I've already passed the twenty mark.

tacómetro *nm* tachometer.

tacón *nm* heel; **zapatos de t.,** high-heeled shoes.

taconazo *nm* kick with the heel.

taconear *vi (pisar)* to tap one's heels; *(golpear)* to stamp one's heels.

taconeo *nm (pisada)* heel tapping; *(golpe)* stamping with the heels.

táctica *nf* tactic, tactics *pl*, strategy; **su t. consistió en no decir nada hasta el final,** her tactic was not to say a word until the end.

táctico,-a **I** *adj* tactical. **II** *nm,f* tactician.

táctil *adj* tactile.

tacto *nm* **1** *(sentido)* touch. **2** *(acción de tocar)* touch, touching; **es agradable al t.,** it feels nice. **3** *fig (delicadeza)* tact; **¡qué falta de t.!,** how tactless!; **tener t.,** to be tactful.

tacurú *nm* **1** *Arg Par Urug (hormiguero)* ant heap, ant hill. **2** *Arg Urug Ent (hormiga)* small ant.

taekwondo *nm Dep* tae kwon do.

tafetán *nm Tex* taffeta.

tafia *nf Am* type of rum.

tafilete *nm* morocco leather.

tagalo,-a **I** *adj* Tagalog. **II** *nm,f (persona)* Tagalog. **III** *nm (idioma)* Tagalog.

tagarote *nm CAm* **1** *(potentado)* upright person. **2** *(mañoso)* cunning *o* sly person.

Tahití *n* Tahiti.

tahitiano,-a **I** *adj* Tahitian. **II** *nm,f (persona)* Tahitian. **III** *nm (idioma)* Tahitian.

tahúr *nm* cardsharp, cardsharper.

taifa *nf Hist* **reinos de taifas,** small Spanish kingdoms after the disintegration of the Caliphate of Cordova in 1031.

taiga *nf* taiga.

Tailandia *n* Thailand.

tailandés,-esa **I** *adj* Thai, Siamese. **II** *nm,f (persona)* Thai, Siamese; **los tailandeses,** the Thai *o* Thais. **III** *nm (idioma)* Thai, Siamese.

taimado,-a I *adj* **1** *(astuto)* sly, crafty. **2** *Arg Ecuad (perezoso)* lazy. **II** *nm,f* **1** *(astuto)* sly *o* crafty person. **2** *Arg Ecuad (perezoso)* lazy person.

taita *nm Arg Chi Par* father.

Taiwan *n* Taiwan.

tajada *nf* **1** *(rodaja)* slice; *fig* **sacar** *o* **llevarse t.,** to take one's share. **2** *(corte)* cut; *(cuchillada)* stab; **dar una t.,** to cut. **3** *fam (borrachera)* drunkenness; **pillar una t.,** to get smashed.

tajamar *nm* **1** dyke. **2** *CAm Chi (dique)* ditch. **3** *Am (presa)* dam; *(balsa)* pool, pond.

tajante *adj* strong, sharp; **orden t.,** strict order; **ser de** *o* **tener opiniones tajantes,** to be dogmatic.

tajar *vtr* to cut, chop (off).

tajeadura *nf Am* large scar.

Tajo *n* **el T.,** the Tagus.

tajo *nm* **1** *(corte)* cut, slash. **2** *(para cortar carne)* chopping block *o* board. **3** *Geog (escarpe)* steep cliff. **4** *(taburete)* stool. **5** *fam (trabajo)* work; **me voy al t.,** I'm going to work.

tal I *adj* **1** *(semejante)* such (a), similar; **en tales condiciones,** in such conditions; **nunca dije t. cosa,** I never said such a thing. **2** *(tan grande)* such, so; **es t. su valor que ...,** he is so courageous that ...; **lo dijo con t. convecimiento que ...,** he said it with such conviction that ... . **3** *(cosa sin especificar)* such and such; **t. día y a t. hora,** such and such a day and at such and such a time. **4** *(persona)* person called ...; **te llamó un t. García,** someone called Garcia phoned you. **5** *(locuciones)* **como si t. cosa,** as if nothing had happened; **t. vez,** perhaps, maybe; *prov* **de t. palo, t. astilla,** like father, like son. **II** *pron (alguno) (cosa)* something; *(persona)* someone, somebody; **t. para cual,** of a kind; **(y) como t.,** and therefore *o* as such; **y t. y cual,** and so on; *ofens* **una t.,** a prostitute. **III** *adv* **1** *(así)* just; **t. cual,** just as it is; **lo dejé t. cual,** I left it just as I found it; **t. (y) como,** just as; **t. (y) como te lo digo,** just as I'm telling you. **2** **¿qué t.?,** how are things?; **¿qué t. ese vino?,** how do you find this wine? **IV** *conj* as; **te lo contamos t. como nos lo contaron a nosotros,** we're telling you just like *o* as they told us; **con t. (de) que,** so long as, provided; **con t. de que no hables,** so long as you don't talk; **de t. manera que,** in such a way that; **lo que sea con t. de no trabajar,** anything to avoid work.

tala *nf* tree felling.

taladrador,-a I *adj* drilling. **II** *nm,f* driller, borer. **III** *nf (herramienta)* drill.

taladrar *vtr (gen)* to drill; *(pared)* to bore through; *(billetes)* to punch; *fig* **t. los oídos,** to make an ear-splitting noise.

taladro *nm* **1** *(herramienta)* drill; *(barrena)* gimlet. **2** *(agujero)* hole.

talaje *nm Arg Chi Méx* pasture.

talán *nm* ding-dong.

talante *nm* **1** *(semblante)* disposition; **tiene un t. pacífico,** she's a very calm person. **2** *(voluntad)* willingness; **de buen t.,** willingly; **de mal t.,** unwillingly, reluctantly.

talar[1] *adj* full-length, long; **vestidura t.,** long dress *o* habit.

talar[2] *vtr* **1** *(árboles)* to fell, cut down. **2** *(lugar)* to devastate.

talco *nm* talc. ■ **polvos de t.,** talcum powder.

talega *nf* **1** *(bolsa)* bag, sack; *(contenido)* bagful, sackful. **2** *(dinero)* money.

talego *nm* **1** *(bolsa)* long bag, long sack; *(contenido)* bagful, sackful. **2** *arg (cárcel)* clink, hole. **3** *arg (mil pesetas)* one thousand peseta note.

talento *nm* **1** *(inteligencia)* talent, intelligence; **tener t.,** to be talented *o* intelligent. **2** *(aptitud)* gift, talent; **tiene t. para la música,** he has a gift for music.

talentoso,-a *adj*, **talentudo,-a** *adj* talented, gifted.

talero *nm Am* whip.

Talgo *nm Ferroc* fast passenger train.

talio *nm Quím* thallium.

talión *nm* **la ley del t.,** an eye for an eye, a tooth for a tooth.

talismán *nm* talisman, lucky charm.

talla *nf* **1** *(escultura)* carving, sculpture. **2** *(tallado)* cutting, carving; *(metal)* engraving. **3** *(estatura)* height; *fig* stature; *fig* **dar la t.,** to be good enough; *fig* **de (mucha) t.,** outstanding. **4** *(de prenda)* size; **¿qué t. usas?,** what size are you?

tallado,-a I *pp de* **tallar. II** *adj (madera)* carved; *(piedra)* cut. **III** *nm (de madera)* carving; *(de piedras preciosas)* cutting; *(de metales)* engraving.

tallador,-a *nm,f (de madera)* woodcarver; *(de piedras preciosas)* diamond cutter; *(grabador de metales etc)* engraver.

tallar I *vtr* **1** *(madera, piedra)* to carve, shape; *(piedras preciosas)* to cut; *(metales)* to engrave. **2** *(medir)* to measure the height of. **3** *(valorar)* to value, appraise. **4** *Naipes* to deal. **II** *vi Arg (charlar)* to chat.

tallarines *nmpl Culin* tagliatelle *sing*, noodles *pl*.

talle *nm* **1** *(cintura)* waist. **2** *(figura) (de hombre)* build, physique; *(de mujer)* figure, shape. **3** *Cost* shoulder to waist measurement.

taller *nm* **1** *(obrador)* workshop, shop. ■ *Aut* **t. de reparaciones,** garage. **2** *Arte* studio. ■ **t. de teatro,** drama workshop. **3** *Ind* factory, mill.

talleta *nf Am* type of sweet.

tallo *nm Bot* stem, stalk; *(renuevo)* sprout, shoot.

talludo,-a *adj* **1** *Bot* leggy, tall. **2** *(no joven)* middle-aged. **3** *fig (enviciado)* with bad habits.

talmente *adv fam* literally, exactly.

talo *nm Bot* thallus.

talón *nm* **1** *Anat* heel; *(de media, calcetín)* heel; *fig* **pisarle los talones a algn,** to follow close behind sb, be at the heels of sb. ■ *fig* **el t. de Aquiles,** Achilles' heel. **2** *Com Fin (cheque)* cheque, *US* check; *(recibo)* receipt; *(matríz)* stub. **3** *Aut* flange.

talonario *nm (de cheques)* cheque *o US* check book; *(de billetes)* book of tickets; *(de recibos)* stub book.

talonear I *vi (andar deprisa)* to hurry. **II** *vtr And Am (al caballo)* to spur.

talud *nm* slope.

tamal *nm Am* **1** *Culin* tamale. **2** *fig (embrollo)* confusion, mix-up; *(intriga)* intrigue.

tamalear *vtr Méx fam* to touch up, grope.

tamango *nm Am* **1** *(calzado)* footwear. **2** *(calzado de cuero)* leather shoe. **3** *(calzado viejo)* battered old shoe.

tamaño,-a I *adj* such a big, so big a; **¿cómo puede alguien creer tamaña mentira?,** how can anybody believe such a big lie? **II** *nm* size; **de gran t.,** large; **del t. de,** as large as, as big as.

tamarindo *nm Bot* tamarind.

tamarisco *nm Bot* tamarisk.

tambaleante *adj* *(persona)* staggering, tottering; *(mueble)* shaky, wobbly.

tambalearse *vr* *(persona)* to stagger, totter; *(mueble)* to wobble; *fig* to be shaky; **entró tambaleándose,** he staggered in; *fig* **el gobierno se tambalea,** the government is tottering.

tambaleo *nm* *(de persona)* staggering, reeling; *(de mueble)* wobble, wobbling.

tambarria *nf Am* binge, spree.

tambero,-a I *adj* 1 *Arg (manso)* tame. 2 *Am (de tambo)* inn. II *nm,f* 1 *Arg (vaquero)* dairy farmer. 2 *Am (dueño)* innkeeper, landlord.

también *adv* 1 *(igualmente)* too, also, as well; **ellos vienen, y yo t.,** they're coming along, and so am I; **¿lo harás?, yo t.,** are you going to do it?, so am I; **tú t. puedes venir,** you can come too. 2 *(además)* besides, in addition; **no me apetece y t. es que estoy cansado,** I don't feel like it and besides I'm tired.

tambo *nm* 1 *Am (parador)* inn. 2 *Arg Urug (vaquería)* dairy farm.

tambor *nm* 1 *Mús (instrumento)* drum; *(persona)* drummer; *fig* **a t. batiente,** triumphantly. ■ **t. mayor,** drum major. 2 *Téc (de arma)* cylinder, barrel; *(de lavadora)* drum; *(del freno)* brake drum. 3 *Cost (para bordar)* tambour, embroidery frame. 4 *Anat* eardrum. 5 *(de jabón)* large tub, giant size pack. 6 *(para enrollar cable)* capstan. 7 *Cuba Méx (bote de latón)* tin. 8 *Méx (colchón)* spring mattress.

tamboril *nm Mús* small drum.

tamborilear *vi* 1 *Mús* to play the drum. 2 *(tabalear)* to drum with one's fingers.

tamborileo *nm* drumming.

tamborilero,-a *nm,f* drummer.

Támesis *n* **el T.,** the Thames.

tamiz *nm* sieve; **pasar por el t.,** to sift; *fig* to scrutinize.

tamizar [1] *vtr* 1 *(harina, tierra)* to sieve; *(luz)* to filter. 2 *fig (seleccionar)* to screen.

tampoco *adv* *(en afirmativas)* nor, neither; *(en negativas)* either, not … either; **Juan no vendrá y María t.,** Juan won't come and neither will Maria; **la Bolsa no sube, pero t. baja,** the stock market isn't going up, but it's not going down either; **¿no fuiste al cine? —yo t.,** you didn't go to the cinema? —nor did I; **no lo sé, —yo t.,** I don't know, —nor do I.

tampón *nm* 1 *(de entintar)* inkpad. 2 *Med* tampon.

tam-tam *nm Mús* tom-tom.

tamuga *nf Am* bundle.

tan *adv* 1 *(tanto)* such, such as; **es t. listo,** he's such a clever fellow; **no me gusta t. dulce,** I don't like it so sweet; **no sabía que era t. tarde,** I didn't know it was so late; **¡qué gente t. agradable!,** how very nice these people are!; **¡qué vestido t. bonito!,** what a beautiful dress! 2 *(comparativo con como)* as … as; **está t. alto como tú,** he's as tall as you (are). 3 *(comparativo con que)* so … (that); **iba t. deprisa que no lo ví,** he passed by so fast that I couldn't see him. 4 **de t.,** so; **dejó la nuez sin abrir de t. dura como estaba,** the walnut was so hard that he couldn't crack it; **no pudo salir de t. malo como estaba,** he couldn't go out because he felt so ill. 5 **t. siquiera,** even, just; **no tienen t. siquiera para comer,** they haven't even got enough to eat; **si t. siquiera tuviéramos su teléfono,** if only we had her phone number.

tana *nf Méx* raffia bag.

tanate *nm Am* 1 *(zurrón)* leather pouch. 2 **tanates,** *(trastos)* stuff *sing*, things *pl*.

tanatear *vtr Am (mudarse)* to move.

tancolote *nm Méx* basket.

tanda *nf* 1 *(conjunto)* batch, lot; *(serie)* series *sing*, course; **por tandas,** in batches; **t. de palos,** thrashing. 2 *(turno)* shift; **me ha tocado la t. de noche,** I've been put on the night shift. 3 *Bill* game.

tandariola *nf Méx* noise.

tándem *nm* 1 *(bicicleta)* tandem. 2 *(dos personas)* team of two.

tanga *nm* tanga.

tangencial *adj* tangential; **efecto t.,** side effect.

tangente I *nf* tangent; *fig* **salirse** *o* **escaparse por la t.,** to go off at a tangent. II *adj Mat* tangent; **líneas tangentes,** tangent lines.

Tánger *n* Tangier.

tangible *adj* tangible.

tango *nm Mús* tango.

tanguista *nf* cabaret girl.

tanque *nm* 1 *Mil* tank. 2 *(depósito)* tank, reservoir. 3 *(vehículos cisterna)* tanker.

tanqueta *nf Mil* light tank.

tantán *nm Mús* tom-tom, tam-tam.

tantear I *vtr* 1 *(calcular)* to estimate, guess. 2 *(probar) (medidas)* to size up; *(pesos)* to feel; **deberías t. los nudos,** you should test the knots; **tanteó el cajón para ver si cabía el jarrón,** he sized the drawer up to see if the vase would fit in it. 3 *fig (investigar)* to try out, put to the test; **t. a algn,** to sound sb out; **t. el terreno,** to see how the land lies. II *vi Dep* to (keep) score.

tanteo *nm* 1 *(cálculo aproximado)* estimate, guess. 2 *(prueba)* reckoning, rough estimate; *(de medidas)* sizing up. 3 *(sondeo)* trial, test; *(de la actitud de una persona)* sounding. 4 *Dep* score; **igualar el t.,** to draw.

tanto,-a I *nm* 1 *(punto)* point; **marcar** *o* **apuntarse un t.,** to score a point; *fig* **con aquel hallazgo se apuntó un t. a su favor,** that discovery was a feather in his cap. 2 *(cantidad imprecisa)* so much, a certain amount; **les pagan (un) t. por cada pieza que venden,** they pay them a percentage for each piece they sell; **Com t. por ciento,** percentage. 3 *(poco)* **un t.,** a bit; **es un t. ridículo,** it's a bit silly; **la casa es un t. pequeña,** the house is rather *o* somewhat small. II *adj* 1 *(incontables)* so much; *(contables)* so many; **¡ha pasado t. tiempo!,** it's been so long!; **no dormí de tanta excitación,** I was so excited that I couldn't sleep; **no le des t. dinero,** don't give him so much money; **tantas manzanas como puedas,** as many apples as you can. 2 *(aproximadamente)* odd; **cincuenta y tantas personas,** fifty odd people; **en el año sesenta y tantos,** in nineteen sixty something. III *pron (incontable)* so much; *(contables)* so many; **es una chica de tantas,** she's nothing special; **no tengo tantos,** I haven't got so many; **otras tantas,** as many again; **otro t.,** as much again, the same again; **uno de tantos,** run-of-the-mill; *fam* **a las tantas,** very late, at an unearthly hour. IV *adv* 1 *(cantidad)* so much; **estaba rojo de t. llorar,** his face was red from crying so much; **no llegará a t.,** it won't come to that; **¡te quiero t.!,** I love you so much! 2 *(tiempo)* so long; **¿por qué has tardado t.?,** what kept you so long? 3 *(frecuencia)* so often; **no vengas t.,** don't come so often. 4 *(locuciones)* **en** *o* **entre** *o* **mientras t.,** meanwhile; **estar al t.,** *(informado)* to be informed; *(alerta)* to be on the alert; **no es** *o* **hay para t.,** it's not that bad; **no será t.,** things can't be as bad as you're making them out to be; **por lo t.,** therefore; **t. más/menos,** all the more/less; **t. mejor/peor,**

so much the better/worse; **t. si vienes como si no,** whether you come or not; **¡y t.!,** oh yes!, and how!; *fam* **ni t. ni tan poco** *o* **calvo,** neither one extreme nor the other.

Tanzania *n* Tanzania.

tanzano,-a *adj & nm,f* Tanzanian.

tañer [38] *vtr Mús* to play; **t. campanas,** to toll *o* ring bells.

tañido *nm (de instrumento)* sound; *(de campanas)* toll, ringing.

tapa *nf* 1 *(cubierta)* lid, top; *(de botella)* cap, top, stopper; *(de libro)* cover; *(de zapato)* heelplate; *Aut (de cilindro)* head; *fam fig* **levantarse** *o* **saltarse la t. de los sesos,** to blow one's brains out. 2 *Culin (comida)* appetizer, snack. 3 *(de res)* round of beef.

tapabocas *nm inv* scarf, muffler.

tapacubos *nm inv Aut* hubcap.

tapadera *nf* 1 *(tapa)* cover, lid. 2 *fig (persona)* cover, front.

tapadillo *nm* **hacer algo de t.,** to do sth secretly.

tapado,-a I *pp de* **tapar. II** *adj* 1 covered; *(con tapa)* with the lid on; *(con ropas o mantas)* wrapped (up). 2 *(obstruido)* obstructed, clogged; **tengo la nariz tapada del resfriado,** my nose is blocked up with this cold. 3 *(oculto)* concealed, hidden. **III** *nm Am* overcoat.

tápalo *nm Méx* shawl.

tapanca *nf Am* trappings *pl.*

tapaojo *nm Am* ornamental head collar.

tapar I *vtr* 1 *(gen)* to cover; *(con tapa)* to put the lid *o* top on; *(con ropas o mantas)* to wrap up. 2 *(obstruir)* to obstruct; *(tubería)* to block. 3 *(ocultar)* to hide; *(vista)* to block; **t. el sol,** to block out the sun. 4 *(encubrir)* to cover up for sb. **II taparse** *vr* 1 *(cubrirse)* to cover oneself; *(abrigarse)* to wrap up. 2 **t. los oídos,** to put one's fingers in one's ears.

taparrabos *nm inv* loincloth; *fam (bañador)* bathing trunks *pl.*

tape *nm Arg Urug (guaraní)* Guarani; *(indio)* Indian.

tapera *nf SAm* ruins *pl.*

tapete *nm* (table) runner; *fig* **estar** *o* **poner sobre el t.,** *(discutir)* to be on the carpet *o* under discussion; *(plantear)* to bring up.

tapia *nf (cerca)* garden wall; *(de adobe)* mud wall, adobe wall; *fam fig* **más sordo que una t.,** as deaf as a post.

tapiar [12] *vtr* 1 *(área)* to wall in *o* off. 2 *(puerta, ventana, etc)* to wall, close up.

tapicería *nf* 1 *(arte)* tapestry making; *(tapices)* tapestry. 2 *(de muebles, coche)* upholstery. 3 *(tienda)* upholsterer's shop *o* workshop.

tapicero,-a *nm,f* 1 *(que hace tapices)* tapestry maker. 2 *(de muebles, coche)* upholsterer.

tapioca *nf Culin* tapioca.

tapir *nm Zool* tapir.

tapisca *nf* 1 *CAm (de maíz)* corn harvest. 2 *Méx (de café)* coffee harvest.

tapiscar [1] *vtr CAm* to harvest corn.

tapiz *nm* 1 *(paño)* tapestry. 2 *(alfombra)* rug, carpet.

tapizado,-a I *pp de* **tapizar. II** *adj* 1 *(muebles)* upholstered. 2 *fml (cubierto)* covered; **una senda tapizada de hojas,** a path carpeted with leaves. **III** *nm* 1 *(de muebles)* upholstering. 2 *(colgaduras)* tapestries.

tapizar [4] *vtr* 1 *(muebles)* to upholster. 2 *(cubrir con tapices)* to cover with tapestries.

tapón *nm* 1 stopper, plug; *(de botella)* cap, cork; **pon el t. al lavabo,** put the plug in the basin. ▪ **t. de rosca,** screw-on cap. 2 *(del oído)* wax in the ear. 3 *fam (persona)* shorty, stubby. 4 *(baloncesto)* block. 5 *Aut* traffic jam.

taponamiento *nm* obturation, plugging.

taponar I *vtr* 1 *(tubería, hueco)* to plug, stop, obturate; *(el paso)* to block; *(poner el tapón)* to put the plug in. 2 *Med (herida)* to tampon. **II taponarse** *vr* to get clogged *o* blocked; **se me han taponado los oídos,** my ears are blocked up.

taponazo *nm* 1 *(ruido)* pop. 2 *(golpe)* hit, shot; **rompió un cristal de un t.,** he broke a window pane with the flying cork.

tapujo *nm* deceit, secrecy; **andarse con tapujos,** not to come clean (about sth); **sin tapujos,** openly.

taquear I *vi* 1 *Arg Chi (taconear)* to tap one's heel. 2 *Am* to play pool. 3 *Méx* to eat maize cakes. **II** *vtr Am* 1 *(atiborrar)* to stuff, fill. 2 *(arma)* to ram, tamp. **III taquearse** *vr* to stuff oneself.

taquicardia *nf Med* tachycardia.

taquigrafía *nf* shorthand, stenography.

taquigrafiar [13] *vtr* to write in shorthand.

taquigráfico,-a *adj* written in shorthand; **signos taquigráficos,** shorthand symbols.

taquígrafo,-a *nm,f* shorthand writer, stenographer.

taquilla *nf* 1 ticket office, booking office; *Cin Teat* box-office; **un éxito de t.,** a box-office success. 2 *(recaudación)* takings *pl.* 3 *(armario)* locker. 4 *Am (estaquilla)* tack.

taquillero,-a I *adj fig (film, play)* popular. **II** *nm,f* booking *o* ticket clerk.

taquimecanografía *nf* shorthand and typing.

taquimecanógrafo,-a *nm,f* shorthand typist.

tara *nf* 1 *(peso)* tare. 2 *(defecto)* defect, blemish, fault.

tarabilla I *nf* 1 *Orn* **t. común,** stonechat; **t. norteña,** whinchat. 2 *fig (habla confusa)* jabber, prattle. 3 *(aldabilla de puertas)* latch, catch. **II** *nmf fam (persona)* chatterbox.

tarabita *nf Am* rope bridge.

tarado,-a I *pp de* **tarar. II** *adj* 1 *(defectuoso)* defective, damaged. 2 *(persona)* handicapped. **III** *nm,f fam* idiot, nitwit.

tarambana *adj fam* madcap.

taranta *nf Arg CR Ecuad* madness.

tarantela *nf Mús* tarantella.

tarantín *nm CAm Cuba (cachibache)* stuff, things *pl.*

tarántula *nf Zool* tarantula.

tarar *vtr Com* to tare.

tararear *vtr* to hum.

tarareo *nm* humming.

tararira *adj fam* **estar t.,** *(loco)* to be batty *o* potty; *(borracho)* to be drunk.

tarascada *nf fam* rude retort, snappy answer.

tardanza *nf* delay.

tardar I *vtr (emplear tiempo)* to take time; **¿cuánto se tarda?,** how long does it take?; **tarda una hora en cocerse,** it takes an hour to cook; **tardé tres años,** it took me three years. **II** *vi (demorar)* to take long; **a más t.,** at the latest; **no tardes,** don't be long; **no puede t.,** he should be here any moment now; **se tarda más en tren,** it takes longer by train; **tarda en**

llegar, he's late; **tardarás en empezar,** it'll be some time before you start.

tarde I *nf* 1 *(hasta las seis)* afternoon; **buenas tardes,** good afternoon; **función de t.,** matinée; **son las 4 de la t.,** it is 4 o'clock in the afternoon. 2 *(después de las seis)* evening; **a las 8 de la t.,** at 8 p.m. *o* in the evening; **a última hora de la tarde,** early this evening; **buenas tardes,** good evening. **II** *adv* 1 *(hora avanzada)* late; **se está haciendo t.,** it's getting late; **siento llegar t.,** I'm sorry I'm late. 2 *(demasiado tarde)* too late; **es ya t. para ir al cine,** it's too late now to go to the cinema. 3 *(locuciones)* **de t. en t.,** very rarely, not very often; **(más) t. o (más) temprano,** sooner or later.

tardío,-a *adj* late, belated; **fruta tardía,** late fruit.

tardo,-a *adj* 1 *(lento)* slow; **t. en comprender,** slow to understand. 2 *(torpe)* slow.

tarea *nf* job, task; **las tareas de la casa,** the chores, housework *sing*; **tareas escolares,** homework *sing*; **una t. poco grata,** an unpleasant job (to do).

tareco *nm* *Am* stuff, things *pl*.

tarifa *nf* 1 *(precio)* tariff, rate; *(en transportes)* fare. ■ **t. reducida,** reduced rate, special deal; **t. turística,** tourist class rate. 2 *(lista de precios)* price list.

tarifar *vtr* to put a price to, price.

tarima *nf* platform, dais.

tarjeta *nf* card. ■ **t. de crédito,** credit card; **t. de visita,** visiting *o* US calling card; *Inform* **t. perforada,** punch *o* punched card; **t. postal,** postcard.

tarraconense I *adj* of *o* from Tarragona. **II** *nmf* native *o* inhabitant of Tarragona.

tarrayazo *nm* *Am* cast (of net).

tarro¹ *nm* 1 *(vasija)* jar, pot, tub; **un t. de miel,** a jar of honey. 2 *fam (cabeza)* bonce; **comer el t. a algn,** to brainwash sb; **está mal del t.,** he's off his rocker. 3 *Am (lata)* tin, can.

tarro² *nm* *Orn* shelduck.

tarsana *nf,* **társana** *nf* *Bot Am* soapbark.

tarta *nf* cake, tart, pie, flan.

tartaja *adj & nmf fam* stammerer, stutterer.

tartajear *vi* to stammer, stutter.

tartajeo *nm* *(manera de hablar)* stammering, stuttering; *(defecto)* stammer, stutter.

tartajoso,-a I *adj* stammering, stuttering. **II** *nm,f* stammerer, stutterer.

tartaleta *nf* *Culin* small pastry case.

tartamudear *vi* to stutter, stammer.

tartamudeo *nm* *(manera de hablar)* stuttering, stammering; *(defecto)* stutter, stammer.

tartamudez *nf* stutter, stammer.

tartamudo,-a I *adj* stuttering, stammering. **II** *nm,f* stutterer, stammerer.

tartana *nf* 1 *(carruaje)* trap. 2 *fam (coche viejo)* banger, heap.

tártaro,-a¹ **I** *adj & nm,f* *Hist* Tartar. **II** *adj Culin* **salsa tártara,** tartar sauce.

tártaro² *nm* *Odont* tartar.

tartera *nf* 1 *(fiambrera)* lunch box. 2 *(cazuela)* baking tin.

tartesio,-a *adj & nm,f* *Hist* Tartessian.

tarugada *nf* *Méx* piece of mischief.

tarugo *nm* 1 *(de madera)* lump of wood. 2 *(de pan)* chunk of stale bread. 3 *fam (persona)* blockhead.

tarumba *adj* *fam* crazy, mad; **estar t.,** to be bonkers; **volver t. a algn,** to drive sb crazy.

tasa *nf* 1 *(valoración)* valuation, appraisal. 2 *(precio)* fee, charge; **tasas académicas,** course fees. 3 *(impuesto)* tax, levy. 4 *(límite)* limit; *(medida)* measure; **sin t.,** without limit. 5 *(índice)* rate. ■ **t. de natalidad/mortalidad,** birth/death rate.

tasación *nf* valuation, appraisal.

tasador,-a *nm,f* valuer.

tasar *vtr* 1 *(valorar)* to value, appraise; **t. una casa en tres millones de pesetas,** to value a house at three million pesetas. 2 *(poner precio)* to set *o* fix the price of. 3 *(artículo)* to tax. 4 *(regular)* to regulate; *(limitar)* to limit; *(racionar)* to ration.

tasca *nf* bar, pub; *fam* **ir de tascas,** to go on a pub crawl.

tata *nf* *fam* nanny.

tatarabuelo,-a *nm,f* *(hombre)* great-great-grandfather; *(mujer)* great-great-grandmother; **tatarabuelos,** great-great-grandparents.

tataranieto,-a *nm,f* *(hombre)* great-great-grandson; *(mujer)* great-great-granddaughter; **tataranietos,** great-great-grandchildren.

tataratear *vi* *CAm Ven* to struggle.

tate I *nm* *arg* hashish. **II** *interj* *(cuidado)* look out!, steady!; *(caramba)* good grief!, crumbs!

tatemar *vtr* *Méx* to roast.

tatetí *nm* *Arg Urug* *(juego)* noughts and crosses.

tatuaje *nm* 1 *(dibujo)* tattoo. 2 *(procedimiento)* tattooing.

tatuar [10] **I** *vtr* to tattoo. **II tatuarse** *vr* to have a tattoo *o* tattoos; **t. el pecho,** to have one's chest tattooed.

taúca *nf* *Bol Ecuad Per* heap, stack.

taucar *vtr* *Bol Ecuad Per* to pile, stack.

taurino,-a *adj* of *o* relating to bullfighting; **la fiesta taurina,** bullfighting.

Tauro *nm* *Astrol Astron* Taurus.

tauromaquia *nf* tauromachy, (art of) bullfighting.

tautología *nf* tautology.

taxativo,-a *adj* precise, restricted, specific; **de forma taxativa,** in a categorical way.

taxi *nm* *Aut* taxi.

taxidermia *nf* taxidermy.

taxidermista *nmf* taxidermist.

taxímetro *nm* taximeter, clock.

taxista *nmf* taxi driver.

taxonomía *nf* taxonomy.

tayacán *nm* *CAm* right-hand man.

taza *nf* 1 cup; **una t. de café,** *(recipiente)* coffee cup; *(con café)* a cup of coffee. 2 *(contenido)* cupful; **tres tazas de azúcar,** three cupfuls of sugar. 3 *(de retrete)* bowl.

tazcal *nm* *Méx Culin* 1 *(tortilla)* maize pancake. 2 *(cesto)* pancake basket.

tazón *nm* bowl.

te¹ *nf* *(pl tes)* 1 name of the letter **T** in Spanish. 2 *Constr* tee.

te² *pron pers* 1 to you, for you; **no quiero verte,** I don't want to see you; **te compraré uno,** I'll buy one for you, I'll buy you one; **te lo dije,** I told you; **te quiero,** I love you. 2 *(reflexivo)* yourself; *(sin traducción)* **bébetelo todo,** drink it up; **lávate,** wash yourself; **no te vayas,** don't go; **¿te aburres?,** are you bored?; **¿te compraste uno?,** did you get one for yourself?; **te matarás,** you'll kill yourself.

té *nm* *(pl tés)* tea; **t. con limón,** lemon tea; **salón de t.,** tearoom.

tea *nf* torch; *fam* **cogerse una t.**, to get drunk *o* plastered.

teatral *adj* **1** *Teat* theatrical, dramatic; **grupo t.**, theatre company; **obra t.**, play. **2** *fig (exagerado)* stagy, *US* stagey, exaggerated; **es muy t.**, he's always a bit over the top.

teatralidad *nf* showmanship, staginess.

teatro *nm* **1** theatre; **autor de t.**, playwright; **obra de t.**, play. **2** *(arte de representar)* theatre, acting; **dejar el t.**, to give up the stage; **vive para el t.**, she lives for the stage. **3** *Lit* drama. **4** *fig (lugar)* scene, theatre; **el t. de la batalla**, the scene of the battle. **5** *fig (exageración)* show; **echarle t. a un asunto, hacer t.**, to play-act, be melodramatic, put on (such) a show.

tebeo *nm* children's comic; *fam* **está más visto que el t.**, that's old hat.

teca *nf Bot* teak.

techado,-a I *pp de* **techar. II** *adj* roofed, covered. **III** *nm,f* roof, covering; **bajo t.**, indoors.

techar *vtr* to roof.

techo *nm* **1** *Constr* ceiling; *(de coche, tejado)* roof; **viven bajo el mismo t.**, they live under the same roof. **2** *Av (altura máxima)* ceiling. **3** *fig* limit, end; **el tema ha tocado t.**, the subject has been exhausted, there's nothing more to say about this subject.

techumbre *nf* roof, covering, roofing.

tecla *nf* key; *fig* **dar en la t.**, to get it right; *fig* **tocar teclas**, to pull strings; *fig* **tocas demasiadas teclas**, you're trying to do too many things at once.

teclado *nm* keyboard; *Inform* **t. expandido**, expanded keyboard.

teclear *vi* **1** *(piano)* to press the keys; *(máquina de escribir, ordenador)* to tap the keyboard, type. **2** *(tamborilear)* to drum, tap with one's fingers; *fig* **la lluvia tecleaba sobre el tejado**, the rain fell pitter-patter on the roof. **3** *fig (problema, asunto)* to approach. **4** *Am (agonizar)* to be dying. **5** *Am (negocio)* not to be doing well.

tecleo *nm* **1** *Mús* fingering. **2** *(ruido)* rattle, clatter.

técnica *nf* **1** *(tecnología)* technics *pl*, technology; **t. mecánica**, mechanical engineering. **2** *(habilidad)* technique, method; **toca bien pero le falta t.**, he plays well but he lacks method.

tecnicidad *nf* technicality.

tecnicismo *nm Ling* technicality, technical word *o* expression.

técnico,-a I *adj* technical; **carrera técnica**, technical degree; **vocabulario t.**, technical vocabulary. **II** *nm,f* technician, technical expert.

tecnicolor *nm* Technicolor.

tecno- *pref* techno-.

tecnocracia *nf Pol* technocracy.

tecnócrata *nmf* technocrat.

tecnocrático,-a *adj* technocratic.

tecnología *nf* technology.

tecnológico,-a *adj* technological.

tecomate *nm* **1** *CAm Bot* bottle gourd. **2** *CAm (vasija)* cup. **3** *Méx* earthenware cup.

tecuco,-a *adj Méx* mean, stingy.

tedio *nm* tedium, boredom, monotony.

tedioso,-a *adj* tedious, boring, monotonous.

tegumento *nm* integument.

Teherán *n* Teheran.

teína *nf* theine.

teja *nf Constr* tile; *fam fig* **a toca t.**, on the nail.

tejadillo *nm* **1** *Aut* roof. **2** *Constr* roof.

tejado *nm* roof.

tejamaní *nm*, **tejamanil** *nm Constr* roofing board.

tejano,-a I *adj* Texan. **II** *nm,f (persona)* Texan. **III** **tejanos** *nmpl (prenda)* jeans.

tejar¹ *nm* tile works *pl*.

tejar² *vtr* to tile.

Tejas *n* Texas.

tejedor,-a I *adj* weaving. **II** *nm,f* weaver.

tejemaneje *nm fam* **1** *(mucha actividad)* bustle, fuss; **¿qué es tanto t.?**, what's all this fuss about? **2** *(maquinación)* intrigue, scheming; **algún t. se deben traer**, they must be cooking up sth.

tejer *vtr* **1** *(en el telar)* to weave. **2** *(hacer punto)* to knit. **3** *(araña)* to spin. **4** *fig (plan)* to weave, plot, scheme; **t. y destejer**, to chop and change.

tejido *nm* **1** *(tela)* fabric, textile; **t. de punto**, knitted fabric. **2** *Anat* tissue. ■ **t. óseo**, bone tissue; **t. muscular**, muscle *o* muscular tissue; **t. nervioso**, nervous tissue. **3** *fig* web.

tejo¹ *nm* **1** *(juego)* hopscotch, children's game similar to quoits. **2** *fam* **tirar los tejos a algn**, to court *o* woo sb.

tejo² *nm Bot* yew (tree).

tejón *nm Zool* badger.

tejuelo *nm* label on the spine of a book.

tela *nf* **1** *Tex* material, fabric, cloth; *(de la leche)* skin. ■ **t. de araña**, cobweb; **t. metálica**, gauze. **2** *fam (dinero)* dough. **3** *Arte* painting. **4** *(locuciones)* *fig* **haber o tener t. para rato**, to have a lot to do *o* talk about; *fig* **poner en t. de juicio**, to question; *fig* **tiene mucha t.**, it's not an easy thing.

telar *nm* **1** *Tex* loom. **2** *Teat* gridiron.

telaraña *nf* cobweb, spider's web.

tel. *abr de* **teléfono**, telephone, tel.

tele *nf fam* telly, TV.

telearrastre *nm* ski lift.

telecabina *nf* single cable car.

telecomunicación *nf (gen pl)* telecommunication.

telediario *nm TV* television news bulletin.

teledirigido,-a I *pp de* **teledirigir. II** *adj* remote-controlled; **proyectil t.**, guided missile.

teledirigir [6] *vtr* to operate *o* guide by remote control.

telefax *nm* telefax, fax.

teleférico *nm* cable car *o* railway.

telefilm *nm*, **telefilme** *nm* TV film.

telefonazo *nm* buzz, ring; **dar un t. (a algn)**, to give (sb) a ring.

telefonear *vt & vi* to telephone, phone; **t. a casa/ la oficina**, to telephone home/the office.

telefonía *nf* telephony.

telefónica *nf* **Compañía T.**, ≈ British Telecom.

telefónico,-a *adj* telephone; **central o centralita telefónica**, switchboard, telephone exchange. ◆**telefónicamente** *adv* by telephone.

telefonista *nmf* (telephone) operator.

teléfono *nm* telephone, phone; **está hablando por t.**, she's on the phone; **guía o listín de teléfonos**, telephone directory; **te llamó por t.**, she phoned you.

telegrafía *nf* telegraphy; **t. sin hilos**, wireless telegraphy.

telegrafiar [13] *vtr* to telegraph, wire.
telegráfico,-a *adj* telegraphic; **giro t.**, giro, money order; **lenguaje t.**, telegraphic speech. ◆**telegráficamente** *adv* by telegram; *fam* **hablar/escribir t.**, to speak/write telegraphically.
telegrafista *nmf* telegraphist, telegrapher.
telégrafo *nm* 1 telegraph; **poste de t.**, telegraph pole. 2 **telégrafos**, post office *sing.*
telegrama *nm* telegram, cable.
telengues *nmpl CAm* things *pl*, stuff *sing.*
telele *nm fam* **darle a uno un t.**, to have a fit.
telemando *nm* remote control (unit).
telemanía *nf* telly addiction.
telemática *nf Téc* telematics *sing.*
telemetría *nf* telemetry.
telémetro *nm* telemeter, rangefinder.
telenovela *nf* television serial.
teleobjetivo *nm Fot* telephoto lens *sing.*
telequinesia *nf* telekinesis.
telepatía *nf* telepathy.
telepático,-a *adj* telepathic. ◆**telepáticamente** *adv* by telepathy.
telescópico,-a *adj* telescopic.
telescopio *nm* telescope.
telesilla *nm* chair lift.
telespectador,-a *nmf TV* viewer.
telesquí *nm* ski lift.
teletexto *nm* teletext.
teletipo *nm* teletype, teleprinter; **noticia de t.**, news from an agency.
televidente *nm,f TV* viewer.
televisar *vtr* to televise.
televisión *nf* 1 (*sistema*) television. 2 *fam* (*aparato*) television set; **ver la t.**, to watch television.
televisivo,-a *adj* television; **espacio t.**, television programme.
televisor *nm* television set.
télex *nm inv* telex.
telilla *nf* film, skin; **la t. de la leche,** the skin of milk.
telón *nm Teat* curtain. ■ *Pol* **t. de acero,** iron curtain; **t. de fondo,** *Teat* backdrop; *fig* background.
telonero,-a *adj* first on stage, support; **grupo t.**, support band.
telúrico,-a *adj* telluric.
tema *nm* 1 (*de libro, de conversación*) topic, subject, theme; (*de examen*) subject; **atenerse al t.**, to keep to the point; **le tocó un t. fácil**, he was given an easy subject; **por favor no toques este t. otra vez**, don't go into that again, please; **salir del t.**, to go off at a tangent; **t. de actualidad**, current affair; *fam* **cada loco con su t.**, everyone has his hobbyhorse. 2 *Mús* theme. 3 *Ling* root, stem, theme; **el t. del verbo decir es dec-**, the stem of the verb **decir** is dec-.
temario *nm* (*de examen*) programme; (*de conferencia*) agenda.
temático,-a I *adj* 1 (*de tema*) thematic. 2 *Ling* of *o* relating to the stem of a word; **vocal temática**, thematic vowel. II *nf* (*tema*) subject matter.
temblar [27] *vi* 1 (*de frío*) to shiver; (*de miedo*) to tremble (**de**, with); (*voz*) to quiver; (*con sacudidas*) to shake; **le tiemblan las manos**, he's got shaky hands. 2 *fig* (*estar asustado*) to shake with fear, dread; **tiemblo ante el futuro**, I shudder when I think of the future.

tembleque *nm fam* shaking fit; **sólo de pensarlo me da** *o* **entra (el) t.**, I get the shivers just thinking about it.
temblón,-ona I *adj fam* trembling, shaky. II *nm Bot* **álamo t.**, aspen.
temblor *nm* tremor, shudder; **el enfermo tenía temblores**, the patient was shaking. ■ **t. de tierra**, earth tremor.
tembloroso,-a *adj*, **tembloso,-a** *adj* (*con sacudidas*) shaking, (*voz*) quivering, (*de frío*) shivering; (*de miedo*) trembling; **manos temblorosas**, shaky hands.
temer I *vtr* 1 to fear, be afraid (of); **teme al enemigo**, he is afraid of the enemy. 2 (*sospechar*) to fear, be afraid of; **temo que esté muerto**, I fear he's dead; **temo que no podrá recibirte**, I'm afraid (that) he won't be able to see you. II *vi* 1 to be afraid; **era de t.**, it had to happen; **no temas**, don't be afraid. 2 (*preocuparse*) to worry; **no hay nada que t.**, there is nothing to worry about. III **temerse** *vr* to fear, be afraid; **¡me lo temía!**, I feared this would happen!
temerario,-a *adj* reckless, rash.
temeridad *nf* 1 (*actitud*) temerity, rashness. 2 (*acto temerario*) reckless act.
temeroso,-a *adj* 1 fearful, timid; **t. de**, fearing (that); **t. de Dios**, God-fearing. 2 (*medroso*) frightful.
temible *adj* dreadful, fearful, frightful, frightening; **un ejército t.**, a fearsome army.
temido,-a I *pp de* **temer**. II *adj* feared, dreaded; **t. de** *o* **por todos**, feared by everybody.
temor *nm* 1 (*de Dios*) fear. 2 (*recelo*) worry, apprehension; **tener t.**, to feel apprehensive; **tus temores son infundados**, there's no reason for you to worry.
témpano *nm* ice floe; **ser como un t.**, to be as cold as ice.
temperamental *adj* temperamental.
temperamento *nm* temperament, nature; **tiene buen t.**, he is good-natured; **tener t.**, to have a strong character.
temperancia *nf* temperance, moderation, restraint.
temperar I *vtr* (*calmar*) to temper, mitigate. II *vi Am* to have a change of air; (*veranear*) to spend the summer.
temperatura *nf* temperature; **¿qué t. hace?**, what's the temperature?; *Med* **le ha subido la t.**, his temperature has gone up. ■ **t. máxima/mínima**, maximum/minimum temperature.
tempestad *nf Meteor* storm; *fig* turmoil, uproar; *fig* **levantar tempestades**, to cause a turmoil; *fig* **una t. en un vaso de agua**, a storm in a teacup. ■ **t. de arena**, sandstorm; **t. de nieve**, snowstorm, blizzard.
tempestuoso,-a *adj* stormy, tempestuous, violent, wild.
templado,-a I *pp de* **templar**. II *adj* 1 (*agua*) lukewarm, warm; (*clima, temperatura*) mild, temperate. 2 (*moderado*) moderate; (*sereno*) composed, unruffled; **nervios bien templados**, steady nerves. 3 *Mús* (*afinado*) tuned. 4 (*metal*) tempered. 5 *Can Col PR* (*borracho*) drunk. 6 *Am* (*severo*) strict, severe. 7 *SAm* (*enamorado*) in love. 8 *CAm Méx* (*listo*) smart.
templanza *nf* 1 (*moderación*) moderation, restraint. 2 (*del clima*) mildness.

templar I *vtr* **1** *(gen)* to moderate, temper. **2** *(algo frío)* to warm up; *(algo caliente)* to cool down. **3** *(cólera)* to appease; *(apaciguar)* to calm down. **4** *(cuerda, tornillo)* to tighten up. **5** *(bebida)* to dilute. **6** *Mús (instrumento)* to tune. **7** *Téc (metal)* to temper. **8** *(colores)* to match. **II templarse** *vr* **1** *(calentar)* to warm up, get warm. **2** *(persona)* to restrain, control oneself. **3** *Can Col PR (emborracharse)* to get drunk. **4** *Cuba Méx (huir)* to escape, run away. **5** *Ecuad Guat Hond (morirse)* to die. **6** *SAm (enamorarse)* to fall in love.

templario *nm Hist* Templar.

temple *nm* **1** *(fortaleza)* boldness, courage; *(estado de ánimo)* frame of mind, mood. **2** *Téc (de metal)* temper; **dar t.**, to temper. **3** *Arte* tempera.

templete *nm* **1** *(pabellón)* pavilion, kiosk. **2** *(templo pequeño)* small temple.

templo *nm* temple; *fam fig* **una mentira como un t.**, an utter lie; *fam fig* **una verdad como un t.**, a patent truth.

temporada *nf* **1** *(en artes, deportes, moda)* season; **en plena t.**, at the height of the season. ■ **t. alta**, high *o* peak season; **t. baja**, low *o* off season. **2** *(período)* period, time; **por temporadas**, on and off.

temporal I *adj* **1** *(transitorio)* temporary, provisional; **bienes temporales**, worldly goods. **2** *Ling* temporal. **II** *nm Meteor* storm, tempest; *fig* **capear el t.**, to ride out the storm.

temporero,-a I *adj (trabajador)* seasonal, temporary. **II** *nm,f* seasonal *o* temporary worker.

temporizar [4] *vi* to temporize.

tempranero,-a *adj* **1** *(persona)* early-rising. **2** *(cosecha)* early.

temprano,-a I *adj* early. **II** *adv* early; **más t.**, earlier.

tenacidad *nf* **1** *(perseverancia)* tenacity, perseverance. **2** *(de metal)* tensile strength.

tenacillas *nfpl (para pelo)* curling tongs; *(para vello)* tweezers.

tenaz *adj (gen)* tenacious; *(perseverante)* persevering, unflagging; *(persistente)* persistent, unremitting.

tenaza *nf*, **tenazas** *nfpl (herramienta)* pliers, pincers; *(para el fuego)* tongs; *fam fig* **esto no se puede coger ni con tenazas**, I wouldn't touch it with a barge pole.

tenca *nf (pez)* tench.

tencal *nm Méx* wicker baskets *pl*.

tencolote *nm Méx* **1** *(cesta)* basket. **2** *(jaula)* cage.

tencua *Méx* **I** *adj* harelipped. **II** *nmf* person with harelip.

tendedero *nm* clothesline, drying place.

tendencia *nf* tendency, inclination, predisposition, leaning; **tener t. a hacer algo**, to tend to do sth, have a tendency to do sth.

tendenciosidad *nf* tendentiousness, partiality, bias.

tendencioso,-a *adj* tendentious, biased.

tendente *adj* directed (**a**, at), aimed (**a**, at).

tender [28] **I** *vtr* **1** *(mantel)* to spread; *(red)* to cast; *(puente)* to throw; *(vía, cable)* to lay; *Náut (velas)* to spread. **2** *(ropa, colada)* to hang out. **3** *(mano)* to stretch *o* hold out. **4** *(emboscada, trampa)* to lay, set. **5** *(tumbar)* to lay; **estaba tendido en el suelo**, he was lying on the floor. **6** *(tener tendencia)* to tend (**a**, to), have a tendency (**a**, to). **7** *Constr (pared, techo)* to plaster. **II tenderse** *vr* **1** *(tumbarse)* to lie down, stretch out. **2** *(caballo)* to run at full gallop.

tenderete *nm* **1** *(puesto)* market stall. **2** *(montón)* heap, mess.

tendero,-a *nm,f* shopkeeper.

tendido,-a I *pp de* **tender. II** *adj* **1** *(extendido)* spread *o* laid out. **2** *(persona)* lying down; **le dejé t. de un solo puñetazo**, I floored him with a single blow. **3** *(ropa, colada)* hung out; **¿hay ropa tendida?**, is there any washing on the line? **III** *nm* **1** *(colada)* wash, washing. **2** *(de vía, cable)* laying; *(de puente)* construction. ■ **t. eléctrico**, electrical installation. **3** *Taur (asientos)* front tiers *pl* of seats, US bleachers *pl*. **4** *Am (ropa de cama)* bed linen.

tendón *nm Anat* tendon, sinew.

tenebrista *adj & nmf Arte* tenebrist.

tenebrosidad *nf* darkness, shadiness, obscurity.

tenebroso,-a *adj* **1** *(sombrío)* dark, gloomy. **2** *(siniestro)* sinister, shady.

tenedor,-a I *nm,f Fin* holder. ■ **t. de acciones**, shareholder. **II** *nm Culin* fork.

teneduría *nf* book-keeping.

tenencia *nf Jur* tenancy, possession. ■ **t. ilícita de armas**, illicit possession of arms.

tener [87] **I** *vtr* **1** *(gen)* to have, have got; **tenemos un examen**, we've got an exam; **t. tiempo**, to have time, **t. una idea**, to have an idea; **tengo algo que deciros**, there's something I want to tell you; **tiene los ojos negros**, she's got dark eyes; **va a t. un niño**, she's expecting; *fam* **¡ahí (lo) tienes!**, so there you are!; *fam* **¿(con qué) ésas tenemos?**, is that so? **2** *(poseer)* to own, possess. **3** *(sostener)* to hold; *(coger)* to take; **lo tienes en la mano**, you're holding it; **ten al niño mientras abro**, hold the baby while I open the door; **ten, es para ti**, take this *o* here you are, it's for you. **4** *(sensación, sentimiento)* to be; *(sentir)* to feel; **¿qué tienes?**, what's wrong with you?; **t. calor/frío**, to be hot/cold; **t. cariño a algn**, to be fond of sb; **t. compasión**, to take pity; **t. ganas de ...**, to feel like ...; **t. ilusión**, to be enthusiastic; **t. miedo**, to be frightened; *fam* **no tenerlas todas consigo**, *(dudar)* to have one's doubts; *(tener miedo)* to be afraid. **5** *(mantener)* to keep; **la preocupación me ha tenido despierto toda la noche**, worrying has kept me up all night; **t. a algn contento**, to make sb happy; *fam* **tenerla tomada con algn**, to have it in for sb. **6** *(medir)* to measure; **la casa tiene cien metros cuadrados**, the house is 100 square metres. **7** *(contener)* to hold, contain. **8** *(edad)* to be; **tiene casi treinta (años)**, she's almost thirty (years old). **9** *(celebrar)* to hold; **t. una reunión**, to hold a meeting. **10** *(considerar)* to consider, think; **me tienen por estúpido**, they think I'm a fool; **ten por seguro que lloverá**, you can be sure it'll rain. **II** *v aux (obligación)* **t. que**, to have (got) to; **tengo que irme**, I must leave; **tienes/tendrías que verlo**, you must/ should see it. **III tenerse** *vr* **1** *(sostenerse)* to stand up; **no t.**, to be tired out; **t. firme**, to stand upright. **2** *(dominarse)* to control oneself. **3** *(considerarse)* **t. por**, to think *o* consider oneself; **se tiene por muy inteligente**, he thinks he's very intelligent.

tenga *subj pres véase* **tener.**

tengo *indic pres véase* **tener.**

tenia *nf* taenia.

teniente *nm Mil* lieutenant. ■ **t. coronel/general**, lieutenant colonel/general. **2** *(de ayuntamiento)* **t. de alcalde**, deputy mayor.

tenis *nm Dep* tennis.

tenista *nmf* tennis player.

tenor[1] *nm Mús* tenor.

tenor² *nm* tenor, purport; **a este t.**, like this; **a t. de**, according to.

tenorio *nm* Don Juan, lady-killer, Casanova.

tensado,-a I *pp de* tensar. II *adj* taut, tautened, tense.

tensar *vtr (cable, cuerda)* to tauten; *(arco)* to draw.

tensión *nf* 1 *Téc (de materiales)* stress; *(de gases)* pressure. 2 *Elec* tension, voltage. ■ **alta/baja t.**, high/low tension. 3 *Med* **t. arterial**, blood pressure; **t. nerviosa**, nervous strain. 4 *(de una situación)* tension, tenseness; *(de una persona)* stress, strain; *(angustia)* anxiety; **en medio de una gran t.**, in a very tense situation; **en t.**, tense.

tenso,-a *adj* 1 *(cuerda, cable)* tense, taut. 2 *(persona)* tense; *(relaciones)* strained.

tensor I *adj* tensile. II *nm* 1 *Anat Mat* tensor. 2 *Téc* turnbuckle.

tentación *nf* temptation; **caer en la t.**, to succumb *o* give in to temptation.

tentáculo *nm* tentacle.

tentador,-a *adj* tempting, enticing.

tentar [27] *vtr* 1 *(palpar)* to feel, touch; **t. el camino**, to feel one's way. 2 *(incitar)* to tempt, entice; *fam* **¡no me tientes!**, don't tempt me!, don't say it twice! 3 *(atraer)* to attract, appeal.

tentativa *nf* attempt, try. ■ *Jur* **t. de asesinato**, attempted murder.

tentempié *nm fam (pl tentempiés)* 1 *(comida)* snack, bite. 2 *(juguete)* tumbler.

tenue *adj* 1 *(delgado)* thin, light; *(tela)* flimsy, thin; **una t. niebla**, a light fog. 2 *(luz, sonido)* subdued, faint.

teñido,-a I *pp de* teñir. II *adj* 1 *(gen)* dyed; *(pelo)* tinted, dyed; *fig* tinged; **una voz teñida de tristeza**, a voice tinged with sadness. III *nm (acción)* dyeing.

teñir [36] I *vtr* 1 *(cambiar el color)* to dye; *(cambiar el tono)* to tone down. 2 *fig* to tinge with. II **teñirse** *vr* 1 *(cambiar de color)* to turn. 2 *(pelo)* to dye one's hair.

teodolito *nm Téc* theodolite.

teología *nf* theology.

teológico,-a *adj* theological.

teólogo,-a *nm,f* theologian, theologist.

teorema *nm Mat* theorem.

teoría *nf* theory; **en t.**, theoretically.

teórica *nf* theory, theoretics *sing.*

teórico,-a I *adj* theoretic, theoretical, hypothetical. II *nm,f* theoretician, theorist.

teorizar [4] I *vtr* to theorize on. II *vi* to theorize **(sobre,** on).

tepalcate *nm Guat Méx* 1 *(vasija)* earthenware jar; *(cacharro)* piece of junk. 2 *Salv (fragmento)* fragment of pottery.

tequiar [12] *vtr CAm* to pester.

tequila *nm* tequila.

terapeuta *nmf* therapist.

terapéutica *nf* therapeutics *sing*, therapy.

terapéutico,-a *adj* therapeutic.

terapia *nf* therapy.

tercer *adj* third; **el t. mundo**, the third world; *véase* tercero,-a.

tercermundista *adj* third-world.

tercera *nf* 1 *(clase)* third class; **viajar en t.**, to travel third class. 2 *Aut (marcha)* third (gear). 3 *Mús (intervalo)* third. 4 *prov* **a la t. va la vencida**, third time lucky.

tercero,-a I *adj* third. II *nm,f* 1 *(de una serie)* third; **vive en el t.**, he lives on the third floor. III *nm* 1 *(parte)* third. 2 *(mediador)* mediator; *(persona ajena)* outsider; *Jur* third party; **seguro contra terceros**, third party insurance. 3 *(proxeneta)* pimp, procurer; *véase tamb* octavo,-a.

terceto *nm* 1 *(verso)* tercet. 2 *Mús* trio.

terciar [12] I *vtr* 1 *(dividir)* to divide into three. 2 *(poner en diagonal)* to place diagonally *o* crosswise. 3 *Am (vino, leche)* to water (down). 4 *Arg Col Méx (cargar a la espalda)* to carry across one's back. II *vi* 1 *(mediar)* to mediate, arbitrate; **t. entre dos enemigos**, to mediate between two enemies. 2 *(participar)* to take part, participate; **t. en el debate**, to take part in the debate. III **terciarse** *vr (ocasión)* to arise; **si se tercia**, should the occasion arise.

terciario,-a *adj* tertiary.

tercio *nm* 1 *(parte)* (one) third. 2 *Mil* division. 3 *Hist* infantry regiment. 4 *Taur (suerte)* stage, part (of a bullfight). 5 *(de cerveza)* medium-size bottle of beer.

terciopelo *nm Tex* velvet.

terco,-a *adj* stubborn, obstinate.

tergal® *nm* type of polyester fabric.

tergiversación *nf* distortion, twisting.

tergiversado,-a I *pp de* tergiversar. II *adj* distorted, twisted.

tergiversar *vtr (hechos, motivos)* to distort; *(declaraciones, ideas)* to twist.

termal *adj* thermal.

termas *nfpl (baños)* spa *sing*, hot baths *o* springs *pl*; *Hist* thermae *pl*.

térmico,-a *adj* thermic, thermal.

terminación *nf* 1 *(acción)* ending, termination. 2 *(conclusión)* completion. 3 *(parte final)* end.

terminado,-a I *pp de* terminar. II *adj* finished, completed; **dar (algo) por t.**, to consider (sth) finished.

terminal I *adj* terminal; **estación t.**, terminus. II *nf* 1 *Elec* terminal; *Inform* terminal. 2 *(estación)* terminus.

terminante *adj* 1 *(categórico)* categorical, final. 2 *(dato, resultado)* conclusive, definite, definitive. ◆**terminantemente** *adv* categorically; **queda** *o* **está t. prohibido**, it is strictly forbidden.

terminar I *vtr (acabar)* to finish, complete. II *vi* 1 *(acabarse)* to finish, end; *(completamente)* to finish off; **termina en seis/vocal**, it ends with a six/vowel; **termina ya**, will you finish that (off) now, please; **t. bien**, to have a happy ending; **t. de**, to finish doing; **no termina de convencerse**, he still isn't quite convinced; **t. mal**, *(historia)* to have an unhappy ending; *(relación)* to come to a sticky end; *(personas)* to end up on bad terms. 2 *(ir a parar)* to end up **(como**, to as), end **(en**, in, with); **terminarás loco**, you'll go mad; **terminé rendido**, I was exhausted by the end of it; **terminó comprándolo**, he ended up buying it; **terminó por caerse**, he ended up falling down. 3 *(eliminar)* to put an end **(con**, to). 4 *(reñir)* to break up **(con**, with). III **terminarse** *vr* 1 *(acabarse)* to finish, end, be over; **se ha terminado la fiesta**, the party is over. 2 *(agotarse)* to run out.

término *nm* 1 *(final)* end, finish; **dar t.**, to conclude; **llevar (algo) a buen** *o* **feliz t.**, to carry (sth) through (successfully); **poner t. a algo**, to put an end to sth. 2 *Ferroc (estación)* terminus. 3 *(límite)* limit, boundary. ■ **t. municipal**, district. 4 *(plazo)* term, time; **en el t. de un día**, within the space of a day.

5 *(palabra)* term, word; *(argumento)* point, term; **en otros términos,** in other words; **en términos generales,** generally speaking; **invertir los términos,** to get *o* put it the wrong way round; *Jur* **los términos de un contrato,** the terms of a contract. **6** *Filos Mat* term; **(por) t. medio,** on average. **7** *(lugar, posición)* place; *Arte* **primer t.,** foreground; *fig* **en último t.,** as a last resort.

terminología *nf* terminology.

terminológico,-a *adj* terminological.

termita *nf*, **termite** *nf Ent* termite.

termo[1] *nm* thermos (flask), flask.

termo[2] *nm véase* termosifón.

termodinámica *nf* thermodynamics *sing.*

termodinámico,-a *adj* thermodynamic, thermodynamical.

termómetro *nm* thermometer.

termonuclear *adj Téc* thermonuclear.

termosifón *nm* **1** *(calentador)* boiler, water heater. **2** *Téc* thermosiphon.

termostato *nm Téc* thermostat.

ternario,-a *adj* ternary.

terne *nm Arg Bol* gaucho knife.

ternera *nf* **1** *Zool* calf. **2** *Culin* veal.

ternero *nm* calf.

terneza *nf* tenderness; **ternezas,** sweet nothings.

ternilla *nf* cartilage.

terno *nm* **1** *(gen)* set *o* group of three; *(prendas)* three-piece suit. **2** *fam (juramento)* swearword.

ternura *nf* tenderness, gentleness.

terquedad *nf* **1** *(obstinación)* stubbornness, obstinacy. **2** *(dureza)* toughness, hardness.

terracota *nf* terracotta.

terrado *nm Constr* flat roof, terrace.

Terranova *n* Newfoundland.

terranova *nm Zool* Newfoundland dog.

terraplén *nm* embankment.

terráqueo,-a *adj* earth; **globo t.,** *(tierra)* (the) earth; *(esfera)* globe.

terrateniente *nmf Agr* landowner.

terrazo *nm* terrazzo.

terremoto *nm Geol* earthquake.

terrenal *adj* earthly, worldly.

terreno,-a I *adj* earthly, worldly. **II** *nm* **1** *(tierra)* (piece of) land, ground; *(solar)* plot, site; *Geol* terrain; *Agr (de cultivo)* soil; *(campo)* field; **ganar/ perder t.,** to gain/lose ground; **hacer algo sobre el t.,** *(en el lugar)* to do sth on the spot; *fig (improvisar)* to improvise sth; *fig* **conocer el t.,** to be familiar with it; *fig* **preparar el t.,** to pave the way, prepare the ground; *fig* **saber uno el t. que pisa,** to know what one's doing; *fig* **ser t. abonado (para algo),** to be receptive (to sth). **2** *Dep* field, ground. **3** *fig* field, sphere; **está en su propio t.,** he's on home ground.

térreo,-a *adj* earthen.

terrestre I *adj* **1** *(de la tierra)* terrestrial, earthly. **2** *(por tierra)* by land. **II** *nmf (persona)* terrestrial.

terrible *adj* terrible, awful.

terrícola I *adj* land. **II** *nmf (persona)* earth dweller; *Lit (en ciencia ficción)* earthling.

terrier *nm Zool* terrier.

territorial *adj* territorial; *Tel* **código t.,** area code.

territorio *nm* territory; **en todo el t. nacional,** nationwide, all over the country.

terrón *nm* **1** *(de tierra)* clod. **2** *(de azúcar, sal)* lump. **3 terrones,** *(tierras)* land *sing.*

terror *nm (gen)* terror; *Cin* horror; **me da t.,** it terrifies me.

terrorífico,-a *adj* terrifying, frightening.

terrorismo *nm* terrorism.

terrorista *adj & nmf* terrorist.

terroso,-a *adj* **1** *(con tierra)* earthy, earthen. **2** *(color)* earth-coloured, *US* earth-colored.

terruño *nm* **1** *(terreno)* piece of land. **2** *(patria chica)* homeland, native land.

terso,-a *adj* **1** *(liso)* smooth. **2** *(brillante)* glossy, shining. **3** *(estilo)* polished, fluent.

tersura *nf* **1** *(cualidad de liso)* smoothness. **2** *(brillo)* glossiness, shine. **3** *(de estilo)* polish, fluency.

tertulia *nf* get-together; **estar de t.,** to sit around and talk; **hacer t.,** to have a get-together. ■ **t. literaria,** literary gathering.

tesina *nf Univ* first degree dissertation.

tesis *nf inv* **1** *Fil* thesis; *(opinión)* view, theory; **sostener una t.,** to hold a theory. **2** *Univ* thesis. ■ **t. doctoral,** doctoral thesis.

tesitura *nf* **1** *Mús* tessitura. **2** *fig (estado de ánimo)* mood; *(actitud)* attitude.

tesón *nm* tenacity, firmness.

tesorería *nf (oficina)* treasurer's office; *(cargo)* treasurer.

tesorero,-a *nm,f* treasurer.

tesoro *nm* **1** *(gen)* treasure. **2** *(erario)* exchequer. ■ **T. Público,** Treasury. **3** *fig* treasure; **ese niño es un t.,** this child is a gem. **4** *(diccionario)* thesaurus.

test *nm Téc* test.

testa *nf* head.

testador,-a *nm,f Jur (hombre)* testator; *(mujer)* testatrix.

testaferro *nm* front man.

testamentaría *nf Jur* testate proceedings *pl.*

testamentario,-a *Jur* **I** *adj* testamentary. **II** *nm,f* executor.

testamento *nm* **1** *Jur* will, testament; **hacer *o* otorgar t.,** to make *o* draw up one's will. **2** *Rel* **Antiguo/Nuevo T.,** Old/New Testament.

testar *vi* to make *o* draw up one's will.

testarada *nf*, **testarazo** *nm* butt *o* bump *o* knock on the head.

testarudez *nf* stubbornness, obstinacy, pigheadedness.

testarudo,-a *adj* stubborn, obstinate, pigheaded.

testículo *nm Anat* testicle.

testifical *adj* attesting, witnessing.

testificar [1] *vtr* to testify.

testigo I *nmf (gen)* witness; **poner (a algn) por t.,** to call (sb) to witness; **Rel a Dios pongo por t.,** I swear to God. ■ *Jur* **t. de cargo/descargo,** witness for the prosecution/defence; *Jur* **t. ocular, t. presencial,** eyewitness; *Rel* **Testigos de Jehová,** Jehovah's Witnesses. **II** *nm* **1** *fig* evidence, proof. **2** *Dep (en carreras de relevos)* baton.

testimonial *adj* testimonial.

testimoniar [12] *vtr* **1** *Jur (dar testimonio)* to bear witness to, testify to, attest to. **2** *fig (mostrar)* to show, prove, express.

testimonio *nm Jur* testimony; *(prueba)* evidence, proof; **dar t.,** to give evidence; **levantar falsos testimonios,** to commit perjury *o* slander.

testosterona *nf Biol* testosterone.

teta *nf fam* **1** tit, titty, boob; **dar la t.**, to breast-feed; **niño de t.**, nursing baby; **quitar la t.**, to wean; *vulg* **es t. de monja** *o* **novicia**, it's delicious; *vulg* **¡vaya par de tetas!**, what a pair of tits! **2** *(de vaca)* udder.

tetamen *nm vulg* tits *pl*, boobs *pl*.

tetánico,-a *adj Med* tetanic.

tétano *nm*, **tetanos** *nm inv Med* tetanus.

tetepón,-ona *nm,f Méx* stocky person.

tetera *nf* teapot.

tetilla *nf* **1** *Anat* man's nipple. **2** *(de biberón)* (rubber) teat. **3 queso de t.**, type of Galician cheese.

tetina *nf* (rubber) teat.

tetona *adj & nf vulg* buxom (woman), busty (woman).

tetralogía *nf* tetralogy.

tetrarquía *nf* tetrarchy.

tetrasílabo,-a I *adj* tetrasyllabic, tetrasyllabical. **II** *nm* tetrasyllable.

tétrico,-a *adj* gloomy, dull, dismal.

tetuda *adj & nf vulg véase* tetona.

teutón,-ona I *adj* **1** *(alemán)* German. **2** *Hist* Teutonic. **II** *nm,f* **1** *(persona)* German. **2** *Hist (persona)* Teuton.

textil *adj & nm* textile.

texto *nm* text. ■ **libro de t.**, textbook.

textual *adj (gen)* textual; *(exacto)* literal; **en palabras textuales**, literally.

textura *nf* **1** *Tex (trama)* texture. **2** *(en minerales)* structure.

tez *nf* complexion.

ti *pron pers* you; **es para ti**, it's for you; **hazlo por ti**, do it for your own sake; **lo digo por ti**, I am thinking of you; **no sabía nada de ti**, I hadn't heard anything from *o* about you; **piensas demasiado en ti mismo**, you worry too much about yourself, you're always thinking about yourself; **por ti**, because of you.

tía *nf* **1** *(pariente)* aunt; **t. abuela**, great-aunt. **2** *fam (mujer)* girl, woman; **¡qué t.!**, one hell of a woman!; **¡qué t. más imbécil!**, what a stupid girl *o* woman!; *fig* **¡no hay tu t.!**, nothing doing!; **t. buena**, a bit of all right.

tiangue *nm CAm Per (mercado)* small market; *(puesto)* stall.

tianguis *nm Méx* market.

tiara *nf* tiara.

Tíber *n* **el T.**, the Tiber.

Tibet *n* **(el) T.**, Tibet.

tibetano,-a I *adj* Tibetan. **II** *nm,f (persona)* Tibetan. **III** *nm (idioma)* Tibetan.

tibí *nm Am* cufflinks *pl*.

tibia *nf Anat* tibia, shinbone.

tibiarse [12] *vr CAm Ven fam* to become angry *o* irritated.

tibieza *nf (gen)* tepidity; *fig* lack of enthusiasm; *fig* **acogió la victoria con t.**, he didn't show any enthusiasm about the victory.

tibio,-a *adj* **1** *(gen)* tepid, lukewarm; *fig* **la obra obtuvo una tibia acogida**, the play had a tepid reception; *fam* **poner t. a algn**, to pull sb to pieces. **2** *Am fam (enojado)* angry, irritated.

tiburón *nm* shark.

tic *nm (pl tiques)* **1** *Med* tic, twitch. ■ **t. nervioso**, nervous tic *o* twitch. **2** *fig (mania)* habit.

ticholo *nm Arg* small brick.

tictac *nm* tick-tock, ticking.

tiempo *nm* **1** *(gen)* time; **a t.**, in time; **a su (debido) t.**, in due course; **a un t.**, **al mismo t.**, at the same time; **al poco t.**, soon afterwards; **antes de t.**, (too) early *o* soon; **con el t.**, in the course of time, with time; **con t.**, in advance; **corre el t.**, time goes by *o* flies; **¿cuánto t.?**, how long?; **¿cuánto t. hace?**, how long ago?; **dar t.**, to give time; **de un** *o* **algún t. a esta parte**, for some time now; **demasiado t.**, too long; **estar a t. de**, to still have time to; **ganar t.**, to save time; **hacer t.**, to kill time; **¿nos da t. de llegar?**, have we got (enough) time to get there?; **perder (el) t.**, to waste time; **sin perder t.**, at once; **¿qué tal andamos de t.?** how are we doing for time?; **t. atrás**, (some) time ago; **t. libre**, free time; **tómate el t. que quieras**, take your time; **y si no, al t.**, time will tell; *fig* **dar t. al t.**, to let matters take their course; *fig* **pasar** *o* **matar (el) t.**, to kill time. **2** *(época)* time, period, age; **a través de los tiempos**, through the ages; **de t. inmemorial**, from time immemorial; **en mis tiempos**, in my time; **en otro(s) tiempo(s)**, formerly; **eran tiempos difíciles**, they were hard days; **¡qué tiempos aquéllos!**, those were the days! **3** *(temporada)* season; **fuera de t.**, *(fuera de temporada)* out of season; *fig (inoportunamente)* at the wrong moment. **4** *(meteorológico)* weather; **¿cómo está el t.?**, what's the weather like?; **hace buen/mal t.**, the weather is good/bad; *fam fig* **t. de perros**, lousy weather. **5** *(edad)* age; **¿cuánto** *o* **qué t. tiene su niño?**, how old is your baby *o* child? **6** *Mús* movement, tempo, time. **7** *Dep (parte, período)* half. **8** *Ling (del verbo)* tense.

tienda *nf* **1** *(establecimiento comercial)* shop, *US* store; **ir de tiendas**, to go shopping. ■ **t. de comestibles**, **t. de ultramarinos**, grocer's, *US* grocery store. **2** *(de campaña)* tent. ■ **t. (de campaña)**, tent.

tienta *nf* **a tientas**, by touch; **andar a tientas**, to feel one's way; **buscar (algo) a tientas**, to grope (for sth).

tiento *nm* **1** *(prudencia)* caution; *(tacto)* tact; **con t.**, tactfully. **2** *(de ciego)* stick. **3** *(pulso)* steady, hand. **4** *fam (trago)* swig; **dar** *o* **echar un t. a la botella**, to take a swig from the bottle.

tierno,-a *adj* **1** *(blando)* tender, soft. **2** *(reciente)* fresh; *(persona)* young; **pan t.**, fresh bread; **una tierna niña**, an innocent young girl. **3** *(cariñoso)* affectionate, loving; **¡qué niña más tierna!**, isn't she a darling! **4** *Chi Ecuad Guat (fruto)* green, unripe.

tierra *nf* **1** *(planeta)* earth, world. **2** *(superficie sólida)* land; **¡t. a la vista!**, land ahoy!; **tocar t.**, *Náut* to reach harbour; *Av* to touch down. **3** *Agr (terreno cultivado)* land, soil; **vivir de la t.**, to make a living from the land. **4** *(país)* country; **t. de nadie**, no-man's-land; **t. natal**, homeland. **5** *(suelo)* ground; **dar en t. con algo**, to drop *o* throw sth on the ground; *fig* **caer por t.**, to crumble; *fig* **echar** *o* **tirar por t. planes**, to spoil plans; *fig* **echar t. encima de un asunto**, to hush up an affair; *fig* **poner t. por medio**, to make oneself scarce; *fig* **t. trágame**, I wish the ground would open and swallow me up. **6** *Elec* earth, *US* ground.

tierral *nm Am* cloud of dust.

tieso,-a *adj* **1** *(rígido)* stiff, rigid; *(erguido)* upright, erect; **con las orejas tiesas**, with its ears pricked up; *fig* **quedarse t. de frío**, to be frozen stiff; *fam* **dejar t. a algn**, *(pasmado)* to leave sb astonished; *(muerto)* to do sb in. **2** *fam (engreído)* stiff, starchy, full of oneself. **3** *fig (saludable)* in good shape.

tiesto *nm* flowerpot.

tifoideo,-a *Med* **I** *adj* typhoid. **II** *nf* **(fiebre) tifoidea**, typhoid (fever).

tifón *nm Meteor* 1 *(huracán)* typhoon. 2 *(de agua)* waterspout.

tifus *nm inv Med* typhus (fever).

tigre *nm* 1 *Zool* tiger. 2 *fam (retrete)* loo; *fam* **oler a t.**, to stink. 3 *Am Zool (jaguar)* jaguar.

tigresa *nf* 1 *Zool* tigress. 2 *fig (mujer)* femme fatale.

tijera *nf (gen pl)* (pair of) scissors *pl*; **silla de t.**, folding chair.

tijereta *nf* 1 *Ent* earwig. 2 *Dep* scissors *pl*.

tijeretada *nf*, **tijeretazo** *nm* snip.

tila *nf* 1 *Bot (flor)* lime *o* linden blossom. 2 *(infusión)* lime *o* linden blossom tea.

tilbe *nm Arg* fishing trap.

tildar *vtr* to call, brand; **me tildó de bobo,** he called me stupid.

tilde *nm & f* 1 *Impr (de la ñ)* tilde; *(acento ortográfico)* written accent. 2 *fig (defecto)* fault, flaw.

tiliche *nm CAm Méx* 1 *(baratija)* trinket. 2 *(buhonería)* pedlar's ware, hawker's ware.

tilico,-a *adj Bol Méx* skinny.

tilín *nm* 1 *(sonido)* ting-a-ling; *fig* **José le hace t.**, she fancies José. 2 *Méx (en un momento)* **en un t.**, in a twinkling, in next to no time.

tilintar *vtr Am (cuerda)* to pull, tighten.

tilinte *adj CAm* elegant.

tilma *nf Méx* cotton blanket.

tilo *nm Bot* lime tree.

tiloso,-a *adj CAm* dirty, filthy.

timador,-a *nm,f* swindler, cheat.

timar *vtr* to swindle, cheat, trick; **me han timado un millón de pesetas,** I was cheated out of a million pesetas; **me timó dos duros en el cambio,** he short-changed me by ten pesetas.

timba *nf* 1 *fam (garito)* gambling den. 2 *fam (partida)* game *o* hand (of cards). 3 *Am (barriga hinchada)* swollen stomach.

timbal *nm* 1 *Mús* kettledrum; *(tamboril)* small drum. 2 *Culin (empanada)* timbale, meat or fish pie.

timbalero,-a *nm,f* kettle drummer.

timbrado,-a I *pp de* timbrar. II *adj* stamped; **papel t.**, *(sellado)* stamped paper; *(con membrete)* letter-headed stationery.

timbrar *vtr (carta)* to stamp, mark; *(documento)* to seal.

timbrazo *nm* loud *o* long ring; **dar un t.**, to ring the bell.

timbre *nm* 1 *(de la puerta)* bell; **tocar el t.**, to ring the bell. 2 *(sello)* stamp, seal; *Fin* fiscal *o* revenue stamp. 3 *Mús (sonido)* timbre; **t. nasal,** twang.

timidez *nf* shyness, timidity.

tímido,-a *adj* shy, timid; **hizo un t. intento,** he made a half-hearted attempt.

timo¹ *nm (estafa)* swindle, fiddle, confidence trick; **dar el** *o* **un t.**, to cheat, swindle; **¡vaya t.!**, what a rip off!; *fam* **el t. de la estampita**, a con trick.

timo² *nm Anat* thymus.

timón *nm* 1 *Náut Av* rudder; *fig* **empuñar** *o* **llevar el t.**, to be at the helm. 2 *(del arado)* beam. 3 *Am Aut (volante)* steering wheel.

timonear *vi* to steer, be at the helm.

timonel *nm Náut* steersman, helmsman.

timorato,-a *adj* 1 *(tímido)* shy, timid. 2 *(mojigato)* prudish.

tímpano *nm* 1 *Anat* eardrum. 2 *Arquit* tympanum. 3 *Mús (timbal)* kettledrum; *(en orquesta)* timpani *pl*, timps *pl*.

tina *nf* 1 *(tinaja)* earthenware vat. 2 *(recipiente)* vat, tub. 3 *(bañera)* bath, bathtub.

tinaco *nm Am* large earthenware jar.

tinaja *nf* large earthenware jar.

tinerfeño,-a I *adj* of *o* from to Tenerife. II *nm,f* native *o* inhabitant of Tenerife.

tinglado *nm* 1 *(cobertizo)* shed. 2 *(tablado)* platform, raised floor. 3 *fig (embrollo)* mess; **¡menudo t. habéis armado!,** what a terrible mess you've made! 4 *fig (intriga)* intrigue; **¿qué t. os traéis?,** what's cooking then? 5 *fig (mundillo)* setup, racket; **conocer el t.**, to know the setup.

tinieblas *nfpl* 1 *(oscuridad)* darkness *sing*. 2 *fig (ignorancia)* ignorance *sing*, confusion *sing*; **estar en t. (sobre algo)**, to be in the dark (about sth).

tino *nm* 1 *(prudencia)* (common) sense, good judgement; *(moderación)* moderation; **con t.**, wisely; **sacar de t. a algn**, to make sb lose their temper, make sb mad; **sin t.**, *(imprudentemente)* foolishly; *(con moderación)* immoderately. 2 *(puntería)* (good) aim; **tener buen t.**, to be a good shot.

tinta *nf* 1 *(gen)* ink; **escribir con t.**, to write in ink; *fig* **esto ha hecho correr mucha t.**, much has been written about this; *fig* **recargar** *o* **cargar las tintas**, to exaggerate; *fig* **saber algo de buena t.**, to have got sth straight from the horse's mouth; *fig* **sudar t.**, to sweat blood. ■ **t. china**, Indian ink; **t. simpática**, invisible ink. 2 **tintas**, colours, hues; *fig* **medias t.**, ambiguities, half measures.

tintar *vtr* to dye.

tinte *nm* 1 *(colorante)* dye; *(proceso)* dyeing. 2 *(tintorería)* dry-cleaner's; **llevar algo al t.**, to have sth dyed. 3 *fig (matiz)* shade, colouring, *US* coloring; **una novela con tintes religiosos**, a novel with religious overtones. 4 *fig (apariencia)* veneer, gloss; **un hombre con un t. de erudición**, a man with a touch of learning about him.

tinterillar *vtr CAm Col* to take to court.

tintero *nm* inkpot, inkwell; *fig* **se quedó en el t.**, it wasn't said.

tintinear *vi* 1 *(vidrio)* to clink, chink. 2 *(campanillas)* to jingle, tinkle.

tintineo *nm* 1 *(de vidrio)* clink, clinking, chink. 2 *(de campanillas)* jingling, ting-a-ling.

tinto I *adj* 1 *(vino)* red. 2 *(teñido)* dyed; *lit* **t. en sangre**, bloodstained. II *nm (vino)* red wine.

tintorera *nf (pez)* blue shark.

tintorería *nf* dry-cleaner's.

tintorero,-a *nm,f* dry-cleaner.

tintorro *nm fam* plonk, cheap red wine.

tintura *nf* 1 *(colorante)* dye. 2 *(proceso)* dyeing. 3 *Farm Quím* tincture. ■ **t. de yodo**, iodine.

tiña *nf* 1 *Med* tinea, ringworm. 2 *fig (mezquindad)* meanness, stinginess. 3 *fig (pobreza)* misery, poverty.

tiñoso,-a *adj* 1 *Med* scabby, mangey, mangy. 2 *fam (mezquino)* mean, stingy.

tío *nm* 1 *(pariente)* uncle; **mis tíos,** my uncle and aunt; **t. abuelo**, great-uncle. 2 *fam* fellow, bloke, *US* guy; **¡eres un t. (grande)!,** you're a great bloke *o* guy!; **t. bueno**, good-looking man; **¿vale, t.?**, O.K. mate?, *US* get it man?

tiovivo *nm* roundabout, merry-go-round.

tiparraco *nm fam* idiot, twerp.

tipazo *nm fam* good figure.

tipejo *nm fam* idiot, twerp.

típico,-a *adj* 1 *(característico)* typical, characteristic; **eso es t. de María,** that's just like María; **¡lo t.!,** the same old thing! 2 *(de interés turístico)* traditional, picturesque; **un plato t.,** a traditional *o* local dish.

tipificación *nf* 1 *(normalización)* standardization. 2 *(caracterización)* typification.

tipificar [1] *vtr* 1 *(normalizar)* to standardize. 2 *(caracterizar)* to typify.

tipismo *nm* local colour, picturesqueness.

tiple I *nm (voz)* treble, soprano. II *nmf (persona)* soprano (singer).

tipo *nm* 1 *(clase)* type, kind; **todo t. de,** all kind *o* kinds of; **un nuevo t. de tren,** a new type of train. 2 *Fin* rate. ■ **t. bancario** *o* **de descuento,** bank rate; **t. de cambio/interés,** rate of exchange/interest. 3 *fam (persona)* guy, fellow, bloke, *US* guy; **t. raro,** weirdo. 4 *Anat (de hombre)* build, physique; *(de mujer)* figure; **tiene buen t.,** *(hombre)* he's well-built; *(mujer)* she's got a good figure; *fig* **aguantar el t.,** to keep cool *o* calm; *fig* **dar el t.,** to fit a description *o* the bill; *fig* **jugarse el t.,** to risk one's neck. 5 *Impr* type.

tipografía *nf* typography.

tipográfico,-a *adj* typographic, typographical; **error t.,** printing error.

tipógrafo,-a *nm,f* typographer.

tíquet *nm (pl tíquets) (billete)* ticket; *(recibo)* receipt.

tiquismiquis *fam* I *nmf inv* fusspot; **ser un t.,** to be a fusspot. II *nmpl* 1 *(escrúpulos)* silly scruples; **andarse con t.,** to be fussy. 2 *(rencillas)* bickering *sing*; **andarse con t.,** to be squabbling.

tira I *nf* 1 *(banda, cinta)* strip; **t. de zapatos,** shoe strap. 2 *(de dibujos)* comic strip. 3 *fam* **la t.,** a lot, loads *pl*; **había la t. de gente,** there were hundreds of people; **hace la t. que no la he visto,** I haven't seen her for yonks. II *nm Am fam (policía)* cop.

tirabuzón *nm* 1 *(rizo)* ringlet. 2 *(sacacorchos)* corkscrew.

tirachinas *nm inv* catapult, *US* slingshot.

tirada *nf* 1 *Impr (impresión)* printing; *(edición)* edition; **t. reducida,** limited edition. 2 *(distancia)* stretch; **hay una buena t. hasta el pueblo,** it's a good few miles to the village. 3 *(serie)* (long) series *sing*; **de/en una t.,** in one go.

tirado,-a I *pp de* **tirar.** II *adj fam* 1 *(precio)* dirt cheap. 2 *(problema, asunto)* dead easy. 3 *(abandonado)* **dejar t. (a algn),** to let (sb) down.

tirador *nm* 1 *(persona)* shooter, marksman; **es un buen t.,** he is a good shot. 2 *(de puerta, cajón)* knob, handle; *(cordón)* bell pull. 3 *(tirachinas)* catapult, *US* slingshot.

tiraje *nm Impr* 1 *(impresión)* printing. 2 *(distribución)* circulation.

tiralíneas *nm inv* tracer, drawing *o* ruling pen.

Tirana *n* Tiranë, Tirana.

tiranía *nf* tyranny.

tiránico,-a *adj* tyrannic, tyrannical.

tiranización *nf* tyrannizing.

tiranizar [4] *vtr* to tyrannize.

tirano,-a *nm,f* tyrant.

tirante I *adj (tenso)* tight, taut; *fig* **estar t. con algn,** to be at odds with sb; *fig* **una situación/relación t.,** a tense situation/relationship. II *nm* 1 *Cost (gen pl)*

strap. 2 *Téc* brace, stay. 3 *(de caballería)* trace. 4 *Arquit* tie (beam).

tirantez *nf* 1 *(tensión)* tightness, tautness. 2 *fig (de una situación, relación)* tension, strain.

tirar I *vtr* 1 *(echar)* to throw, fling; **¡tírame la pelota!,** throw me the ball!; **t. una moneda al aire,** to toss a coin. 2 *(dejar caer)* to drop; **cuidado, no lo tires,** be careful you don't drop it. 3 *(desechar)* to throw away; **estos zapatos están para tirarlos,** these shoes have had it; *fig* **t. (el) dinero,** to squander money. 4 *(derribar)* to knock down; *(líquido)* to spill; *(casa, árbol)* to pull down; **t. la puerta (abajo),** to smash the door in; **t. un vaso/una botella,** to knock a glass/bottle over. 5 *Impr* to print; **esta revista tira millones de ejemplares,** this magazine has a circulation of millions. 6 *(hacer) (foto)* to take; *(línea, plano)* to draw. 7 *(tiro)* to fire; *(cohete)* to launch; *(bomba)* to drop. 8 *(dar) (coz, patada)* to kick; *(pellizco)* to give; *(beso)* to blow; *Ftb (saque)* to take. 9 *Am (acarrear)* to carry. II *vi* 1 *(cuerda, puerta)* to pull; **t. de una carreta,** to draw a cart; *fig* **tira y afloja,** give and take, compromise. 2 *(chimenea, estufa)* to draw; **esta estufa no tira,** this stove doesn't draw very well. 3 *(en juegos)* to be a player's move *o* turn; **tiras tú,** it's your move *o* turn. 4 *(funcionar)* to work, run; **¿aún tira tu coche?,** does your car still work? 5 *(persona)* to manage, get by *o* along; **ir tirando,** *(espabilarse)* to manage; *(tener buena salud)* to be okay; **yo tiraría con la mitad de lo que tú ganas,** I'd make do with half the money you earn. 6 *(durar)* to last; **estas cortinas aún tirarán otro año,** these curtains will last another year; *fam* **a todo t.,** at the most *o* latest. 7 *(tender)* **t. a,** to tend towards; **tira a salado,** it's a bit (too) salty. 8 *(parecerse)* **t. a,** to take after; **tira a su madre,** he takes after his mother. 9 *(ir)* to go, turn; **tirad a la izquierda y luego todo derecho,** turn left and then go straight on; **¡venga, tira ya!,** come on, get going!; *fig* **t. para,** to be attracted to; **su hijo también tira para negociante,** his son is also attracted to business. 10 *(mantenerse)* **t. con,** to get by *o* along. 11 *(disparar)* to shoot, fire. 12 *(sacar, usar)* **t. de,** to pull out; **tiró de cartera y nos invitó a todos,** he pulled out his wallet and paid for all of us. III *tirarse vr* 1 *(lanzarse)* to throw *o* hurl oneself; **se tiró al agua de cabeza,** he dived into the water. 2 *(tumbarse)* to lie down. 3 *(tiempo)* to spend; **me tiré una hora esperando,** I waited (for) a good hour. 4 *vulg (fornicar)* to screw, fuck; **t. a algn,** to lay sb.

tirita® *nf* Elastoplast®, Band-aid®, plaster.

tiritar *vi (gen)* to shiver, shake, tremble; *(dientes)* to chatter.

tiritera *nf,* **tiritona** *nf (gen)* shivering; *(de dientes)* chattering; **me dio la t.,** I started shivering.

tiro *nm* 1 *(lanzamiento)* throw; **errar el t.,** to miss the mark, fail; *Ftb* **t. a gol,** shot at goal. 2 *(disparo, ruido)* shot; **a t.,** *(de arma)* within range; *(a mano)* within reach; **dar** *o* **pegar un t.,** to shoot, fire a shot; **pegarse un t.,** to shoot oneself; *fig* **le salió el t. por la culata,** it backfired on him; *fam fig* **me sentó como un t.,** *(hecho)* I felt awful; *(comida)* it made me feel really ill; *fam fig* **ni a tiros,** not for love or money. ■ **t. al blanco,** target shooting; **t. al plato,** trap-shooting; **t. con arco,** archery. 3 *(galería de tiro)* shooting gallery. 4 *Cost (de vestido)* shoulder width; *fig* **de tiros largos,** all dressed up. 5 *(caballerías)* team; **animal de t.,** draught animal. 6 *(de chimenea)* draught, *US* draft; *Min* **t. de mina,** mineshaft. 7 *(de escaleras)* flight.

tiroides I *adj* thyroid. II *nm inv* thyroid (gland).

Tirol *n* (el) T., Tyrol.

irolés,-esa *adj & nm,f* Tyrolese, Tyrolean.

irón *nm* pull, tug; **dar un t. de orejas,** to pull sb's ear; *fam* **de un t.,** in one go; *arg* **dar el t.,** to snatch sb's handbag.

ironear *vi Am* to pull, draw.

irotear I *vtr* to shoot, snipe. II **tirotearse** *vr* to exchange shots.

iroteo *nm* shooting, firing to and fro.

Tirreno *n* (Mar) T., Tyrrhenian Sea.

irria *nf fam* dislike; **le tengo t.,** I dislike him, I can't stand him.

isana *nf Culin* infusion, tisane.

ísico,-a *Med* I *adj* tubercular, consumptive. II *nm,f* consumptive.

isis *nf inv Med* tuberculosis, consumption.

isú *nm Tex* gold or silver lamé.

itán *nm Mit* titan.

itánico,-a *adj Mit* titanic.

itanio *nm Min* titanium.

itear *vtr SAm* to laugh (**de,** at), make fun (**de,** of).

ítere *nm* 1 *(marioneta)* puppet, marionette; *fig* **no dejaron t. con cabeza,** no-one was spared; *fig* **no quedó t. con cabeza,** everything was upside down. 2 *fig (persona)* puppet, dupe.

iti *nmf fam (hombre)* young guy; *(mujer)* young girl; **¡hola, t.!,** ¡hello gorgeous!

itilante *adj* 1 *(temblor)* quivering. 2 *(luz)* flickering; *(estrella)* twinkling.

itilar *vi* 1 *(temblar)* to quiver. 2 *(luz)* to flicker; *(estrella)* to twinkle.

itileo *nm* 1 *(temblor)* quiver. 2 *(de luz)* flicker; *(de estrella)* twinkle.

itiritar *vi* to tremble, shiver.

itiritero,-a *nm,f* 1 *(que maneja títeres)* puppeteer. 2 *(acróbata ambulante)* travelling acrobat.

itubeante *adj* 1 *(indeciso)* hesitant. 2 *(que se tambalea)* staggering, shaky. 3 *(al hablar)* stammering.

itubear 1 *(dudar)* to hesitate, waver. 2 *(tambalearse)* to stagger, shake, totter. 3 *(tartamudear)* to stammer.

itubeo *nm* 1 *(duda)* hesitation; **sin t.,** decisively. 2 *(temblor)* stagger, staggering, tottering. 3 *(tartamudeo)* stammering.

itulación *nf Educ* qualifications *pl.*

itulado,-a I *pp de titular.* I *adj* 1 *(de nombre)* called. 2 *Educ (licenciado)* graduate. 3 *Educ (diplomado)* qualified. 4 *Am (presunto)* supposed, presumed.

itular I *adj* appointed, official; **jugador/juez t.,** official player/judge. II *nmf (persona)* (office) holder; *Educ* **el t. de cátedra,** the professor; *Pol* **el t. de la cartera,** the minister. III *nm Prensa* headline.

itular *vtr (poner título)* to call; **¿cómo se titula?,** what is it called? II **titularse** *vr* 1 *(tener título)* to be called. 2 *Educ* to graduate (**en,** in).

itularidad *nf* entitlement.

ítulo *nm* 1 *(de obra)* title; *(de texto legal)* heading. 2 *Educ* degree; *(diploma)* certificate, diploma; **tener los títulos necesarios,** *Educ* to have the necessary qualifications; *(méritos)* to have the necessary qualities. 3 *(documento)* title; **t. de propiedad,** deeds. 4 *(noble)* noble person; **t. de nobleza,** nobility title. 5 *Prensa (titular)* headline. 6 *Com* bond, security; *(valor)* security.

tiza *nf* chalk; **una t.,** a piece of chalk.

tiznado,-a I *pp de tiznar.* II *adj* sooty, blackened.

tiznadura *nf* soot mark, smudge.

tiznar I *vtr* to blacken, soil with soot. II **tiznarse** *vr CAm Arg* to get drunk.

tizne *nm* soot.

tizón *nm* half-burnt stick, brand; *fig* **negro como un t.,** as black as soot *o* coal.

tlacuino,-a *adj Méx* missing a few teeth.

tlapalería *nf Méx* hardware shop.

tlemole *nm Méx* chilli with tomato sauce.

toa *nf Am* rope.

toalla *nf* towel; *fig* **arrojar** *o* **tirar la t.,** to throw in the towel.

toallero *nm* towel rack *o* rail.

Tobago *n* Tobago.

tobera *nf Téc* tuyère, twyer; *Av* nozzle.

tobillera *nf* ankle sock *o* support.

tobillo *nm Anat* ankle.

tobogán *nm* 1 *(para niños, mercancías)* slide, chute. 2 *(trineo bajo)* toboggan, sledge.

toca *nf (sombrero)* headdress; *(de monja)* wimple.

tocadiscos *nm inv* record player.

tocado *nm* 1 *(peinado)* coiffure, hairdo. 2 *(prenda)* headdress.

tocado,-a I *pp de tocar.* II *adj* 1 *(fruta)* bad, rotten. 2 *fam (perturbado)* crazy, touched; **t. de la cabeza,** touched, not all there. 3 *Dep* injured.

tocador *nm* 1 *(mueble)* dressing table; **artículos de t.,** toiletries. 2 *(habitación)* dressing room, boudoir; **t. de señoras,** powder room.

tocante *a loc adv* concerning, about; **en lo t. a ...,** with reference to ... .

tocar [1] I *vtr* 1 *(gen)* to touch; **por favor no t. la mercancía,** please do not handle the goods; **tócalo y verás que suave es,** feel it, you'll see how soft it is; *fig* **me has tocado el corazón,** you've touched my heart; *fig* **no ha tocado ni una coma,** he hasn't changed a single comma; *fam fig* **toca madera,** touch wood. 2 *(revolver)* to play with, mess about with; **no toques mis cosas,** stop fiddling with my things. 3 *(instrumento, canción)* to play; *(timbre)* to ring; *(puerta)* to knock; *(bocina)* to blow, honk; *(campanas)* to strike; *Mil (diana)* to sound; **t. a muerto,** to toll. 4 *Dep (diana)* to hit; *(en esgrima)* to touch. 5 *(mencionar)* to touch on; **mejor no t. el tema,** let's keep off the subject. II *vi* 1 *(corresponder)* to be one's turn; **¿a quién le toca jugar/fregar?,** whose turn is it to play/do the washing up? 2 *(caer en suerte)* to win; **¿a cuánto tocamos?,** how much did we win?; **le tocó el gordo** *o* **el primer premio,** he won the first prize; **le tocó la mili en Málaga,** he was posted to Málaga (for the military service). 3 *(tener que)* to have to; **nos tocó salir a arreglarlo,** we had to go out and fix it. 4 *(afectar)* to concern; **me toca muy de cerca,** I'm deeply affected by it; **por lo que a mí me toca,** as far as I am concerned. 5 *(ser parientes)* to be related *o* a relative of. 6 *Av Náut* to call (**en,** at), stop over (**en,** at). 7 *(entrar en contacto)* to touch; **t. con,** to be next to; **t. en,** to border on; *fig* **t. a su fin,** to be coming to an end. III **tocarse** *vr* 1 *(a uno mismo)* to touch oneself; **t. la nariz,** to pick one's nose. 2 *(una cosa con otra)* to touch each other; *fig* **los extremos se tocan,** the ends touch one another.

tocar I *vtr (peinar)* to do the hair of. II **tocarse** *vr (cubrirse)* to cover one's head.

tocata I *nf Mús* toccata. **II** *nm fam* record player.

tocateja (a) *loc adv* cash; **pagar a t.,** to pay on the nail.

tocayo,-a *nm,f* namesake.

tocho *nm* **1** *(hierro)* iron ingot. **2** *fam (libro) (grande)* tome; *(aburrido)* boring book.

tocinería *nf* pork butcher's.

tocino *nm Culin* lard. ■ **t. ahumado,** smoked bacon; **t. entreverado,** streaky bacon; **t. de cielo,** sweet made with egg yolk.

tocólogo,-a *nm Med* tocologist, obstetrician.

tocón[1] *nm Bot* stump.

tocón,-ona[2] *nm,f fam* groper; **Jaimito es un t.,** Jaimito's got roving hands.

tocuyo *nm Am Tex* coarse cotton cloth.

todavía *adv* **1** *(a pesar de ello)* still; **¿y t. te quejas?,** and you're still unsatisfied? **2** *(tiempo)* yet, still; **no mires t.,** don't look yet; **t. la quiere,** he still loves her; **t. no,** not yet. **3** *(para reforzar)* even, still; **esto t. te gustará más,** you'll like *o* enjoy this even more; **t. más/menos,** even more/less.

todito,-a *adj fam* all.

todo,-a I *adj* **1** *(sin excluir nada)* all; **t. el mundo,** (absolutely) everybody; *fam* **t. quisqui** *o* **Cristo** *o* **Dios,** every Tom, Dick and Harry. **2** *(entero)* complete, thorough; **es toda una mujer,** she is every inch a woman. **3** *(igual)* (exactly) like; **es t. su padre,** he's the image of his father. **4 todos,** *(cada)* every; **t. los martes,** every Tuesday. **II** *nm* **1** *(totalidad)* whole. **III** *pron* **1** *(sin excluir nada)* all, everything; **ante t.,** first of all; **con t.,** in spite of everything; **del t.,** completely; **después de t.,** after all; **eso es t.,** that's all, that's it; **estar en t.,** to be really with it; **hay de t.,** there are all sorts; **lo sé t.,** I know all about it; **t. lo contrario,** quite the contrary *o* opposite; **t. lo más,** at the most; **t. son desgracias para nosotros,** we have nothing but misfortune; *fam* **fue t. uno,** it all happened at once; *fam* **no tenerlas todas consigo,** not to be all there; *fam* **ser t. uno,** to be all the same (thing). **2** *(cualquiera)* anybody; **t. aquél** *o* **el que quiera,** anybody who wants (to). **3 todos,** *(cada uno)* everybody; **t. salieron perdiendo,** they all came off worse. **IV** *adv* completely, totally; **volvió t. sucio,** he was all dirty when he got back.

todopoderoso,-a *adj* all-powerful, almighty; **el T.,** the Almighty.

toga *nf* **1** *(de magistrado)* gown, robe. **2** *Hist* toga.

togado,-a I *adj* **1** *(magistrados)* robed. **2** *Hist* togaed. **II** *nm* gentleman of the robe, lawyer.

Togo *n* Togo.

togolés,-esa *adj & nm,f* Togolese.

toilette *nf* toilet, toilette; **hacerse la t.,** to make oneself up.

toisón *nm* fleece; **Orden del T. de Oro,** Order of the Golden Fleece.

Tokio *n* Tokyo.

toldería *nf Am* Indian camp.

toldillo *nm* **1** *(toldo pequeño)* small awning. **2** *Am (mosquitera)* mosquito *o* fly net.

toldo *nm* **1** *(cubierta)* awning; *(de camión)* tilt, canvas; *(en la playa)* sunshade. **2** *Am (cabaña)* tent, teepee.

toledano,-a I *adj* of *o* from Toledo; *fam* **pasar una noche toledana,** to toss and turn all night. **II** *nm,f* native *o* inhabitant of Toledo.

tolerable *adj* tolerable.

tolerado,-a I *pp de* tolerar. **II** *adj* allowed, tolerated; *Cin Teat* **espectáculo t. para menores,** entertainment suitable for children.

tolerancia *nf (gen)* tolerance; *(resistencia)* resistance.

tolerante *adj* tolerant, lenient.

tolerar *vtr* to tolerate; *(inconvenientes)* to stand *(gente)* to put up with; *(comida, bebida)* to take; *(peso)* to bear; **no tolero el desorden,** I can't stand untidiness.

toma *nf* **1** *(acción)* taking. ■ **t. de agua,** outlet, tap; **t. de aire,** intake, inlet; *Elec* **t. de corriente,** plug, socket; **t. de posesión,** takeover; **t. de tierra,** *Elec* earth, *US* ground; *Av* landing, touchdown. **2** *Med* dose. **3** *Mil* capture. **4** *(grabación)* recording. **5** *Cin* take, shot. **6** *Am (acequia)* channel, irrigation ditch.

tomado,-a I *pp de* tomar. **II** *adj* **1** *(voz)* hoarse; **tener la voz tomada,** to have a hoarse voice. **2** *Am (borracho)* drunk.

tomadura *nf* taking; *fam fig* **t. de pelo,** *(engaño)* hoax; *(burla)* joke; *(timo)* rip-off.

tomar I *vtr* **1** *(coger)* to take; **me tomó de la cintura,** he put his hands round my waist; **toma,** here (you are); **toma la primera a la derecha,** take the first to the right; **t. decisiones,** to make *o* take decisions; **t. a algn de la mano,** to hold sb's hand; **t. el autobús/ tren,** to catch the bus/train; **t. el sol,** to sunbathe; **t. la palabra,** to speak; *Av* **t. tierra,** to land; **t. un taxi,** to take a taxi; *fig* **t. las de Villadiego,** to beat it; *fam* **¡toma!,** *(sorpresa)* fancy that!; *(enfado)* it serves you right!; *fam* **¡toma castaña!,** take that!; *fam* **tomarla con algn,** to have it in for sb; *fam fig* **toma y daca,** give and take. **2** *(comer, beber)* to have; **¿qué tomas?,** what would you like (to have)? **3** *Mil* to take; **t. una plaza,** to capture a position. **4** *(adquirir)* to acquire; **t. afecto** *o* **cariño a,** to become fond of; **t. la costumbre de,** to get into the habit of. **5** *(aceptar)* to accept; **lo toma o lo deja,** take it or leave it. **6** *(entender)* to take; **t. algo a mal,** to take sth badly; **t. en serio/broma,** to take seriously/as a joke. **7** *(considerar)* to take **(por,** for); **me tomó por mi hermano,** he took me for my brother. **II** *vi (encaminarse)* to go; **t. hacia la derecha,** to turn right. **III** *tomarse vr* **1** *(cogerse)* to take; **t. la molestia de,** to take the trouble to; **t. las cosas con calma,** to take it easy; *fam* **no te lo tomes así,** don't take it like that. **2** *(comer)* to eat; *(beber)* to drink; **¿te has tomado la medicina?,** have you taken your medicine?

tomate *nm* **1** *Bot* tomato; **salsa de t.,** *(de lata)* tomato sauce; *(de botella)* ketchup, catsup; *fig* **ponerse como un t.,** to go as red as a beetroot. **2** *fam (jaleo)* fuss, commotion; **se armó un buen t.,** there was a right to-do. **3** *fam (dificultad)* snag, catch; **parece fácil pero tiene t.,** it looks easy but there's a snag in it.

tomatera *nf Bot* tomato plant.

tomavistas *nm inv* cine *o US* movie camera.

tómbola *nf* tombola.

tomillo *nm Bot* thyme.

tomo *nm* volume; *fam* **de t. y lomo,** utter, out-and-out.

ton *nm* **sin t. ni son,** without rhyme or reason.

tonada *nf* **1** *Mús* tune, song. **2** *Am (acento)* accent.

tonadilla *nf Mús* ditty, little tune.

tonadillero,-a *nm,f* ditty writer *o* singer.

tonalidad *nf* tonality.

tonel *nm* barrel, cask; *fam fig* **como un t.,** as fat as a pig.

tonelada *nf* ton; **t. métrica,** tonne, metric ton.

tonelaje *nm* tonnage.

tonelería *nf* 1 *(fabricación)* cooperage, barrel-making. 2 *(tienda)* barrel shop.

tonelero,-a I *adj* barrel, cask. II *nm,f* cooper, barrel-maker.

tongo *nm Box* fix; **hacer t.,** to rig; **hubo t. en el combate,** the fight was fixed.

tónico,-a I *adj* 1 *Ling* tonic, stressed. 2 *Mús & Med* tonic. II *nm Med* tonic; *(cosméticos)* skin tonic. III *nf* 1 *(tendencia)* tendency, trend; **tónica general,** overall trend. 2 *(bebida)* tonic (water). 3 *Mús* tonic.

tonificante *adj* invigorating.

tonificar [1] *vtr* to tone up, invigorate.

tonillo *nm* 1 *(sonsonete)* drone, monotone. 2 *(deje)* accent, lilt. 3 *(retintín)* sarcastic tone.

tono *nm* tone; **a t. con,** in tune *o* harmony with; **bajar de t.** *o* **el t.,** to lower one's voice; *fig* to tone down an argument; **dar el t.,** to set the tone; **subir de t.** *o* **el t.,** to speak louder; *Mús* **t. mayor/menor,** major/minor key; **un t. alto/bajo,** a high/low pitch; *fig* **dar (buen) t.,** to give class *o* prestige; *fig* **darse t.,** to put on airs; *fig* **de (buen) t.,** *(elegante)* elegant, stylish; *(cortés)* gentlemanly; *fig* **de mal t.,** vulgar; *fig* **fuera de t.,** inappropiate, out of place; *fig* **sin venir a t.,** for no good reason; *fig* **usa otro t. conmigo,** use another tone with me.

tontada *nf fam* 1 *(bobada)* silly thing, nonsense. 2 *(insignificancia)* trifle.

tontaina *fam* I *adj* foolish, silly. II *nmf* fool, nitwit.

tontear *vi* 1 *(decir tonterías)* to act the clown, fool about. 2 *(galantear)* to flirt.

tontería *nf* 1 *(calidad de tonto)* stupidity, silliness. 2 *(dicho, hecho)* silly *o* stupid thing; **decir tonterías,** to talk nonsense; **déjate de tonterías,** be serious. 3 *(insignificancia)* trifle; **cómprale una t.,** get her a little something.

tonto,-a I *adj* silly, dumb; **¡qué t. (soy)!,** silly me!; *fam* **ponerse t.,** to get stroppy. II *nm,f* fool, idiot; **hacer el t.,** to act the fool; **hacerse el t.,** to play dumb; **t. de remate** *o* **de capirote,** prize idiot. III *nm Am* jemmy.

tontuna *nf fam* silliness.

topacio *nm Min* topaz.

topar I *vi* to bump; **t. con algo,** to come across sth; **t. con algn,** to bump into sb; **t. con una dificultad,** to come up against a difficulty; **t. con un problema,** to run into a problem. II **toparse** *vr (encontrarse gente)* to meet; *(dificultades)* to meet up with, encounter; **se toparon con la policía,** they ran into the police.

tope I *adj* 1 *(máximo)* top, maximum; **fecha t.,** deadline; **precio t.,** top price. 2 *arg (fantástico)* fab, super; **¡t.!,** smashing! II *nm* 1 *(límite)* limit, end; *fig* **estar hasta los topes,** to be full up; *fam* **a t.,** *(al máximo)* flat out; *(genial)* terrific. 2 *Téc* stop, check; **t. de puerta,** doorstop. 3 *Ferroc* buffer, bumper, bumping post. 4 *Am (encuentro)* chance meeting. III *adv arg* incredibly; **t. difícil,** really difficult.

topetada *nf*, **topetazo** *nm* butt, bump; **al caernos nos dimos una t.,** we fell and bumped into each other.

tópico,-a I *adj Med Farm* for external use; **uso t.,** external use. II *nm* commonplace, cliché.

topo *nm Zool* mole; *fig* **más ciego que un t.,** as blind as a bat.

topografía *nf Geog* topography.

topográfico,-a *adj Geog* topographic, topographical.

topógrafo,-a *nm,f Geog* topographer.

toponimia *nf* 1 *Ling* toponymy. 2 *(conjunto de nombres)* place names *pl*.

toponímico,-a *adj* toponymic, toponymical.

topónimo *nm* place name.

toque *nm* 1 *(acto)* touch; **dar el último t.,** to put the finishing touch; **t. de atención,** warning (note); *Ftb* **t. de balón,** ball control; *fam* **dar un t. a algn,** *(llamar)* to call sb to task; *(llamar la atención)* to call sb's attention. 2 *(sonido) (de campanas)* peal, pealing, ringing; *(de trompetas)* blare, sounding; *(de sirena)* hoot; *(de claxon)* honk. ■ **t. de alarma,** alarm signal; *fig* warning; *Mil* **t. de diana,** reveille; **t. de difuntos,** death knell; **t. de queda,** curfew; *Mil* **t. de retreta,** tattoo.

toquetear *vtr* 1 *(manosear)* to fiddle with, finger. 2 *(acariciar)* to fondle.

toqueteo *nm* 1 *(manoseo)* fiddling, handling. 2 *(caricias)* fondling, petting.

toquilla *nf* 1 *(pañuelo)* (knitted) shawl. 2 *Am (sombrero)* straw hat.

torácico,-a *adj Anat* thoracic; **caja torácica,** chest cavity.

tórax *nm Anat* thorax.

torbellino *nm* 1 *(de viento)* whirlwind. 2 *fig (confusión)* whirl, turmoil; **un t. de ideas,** a brainstorm. 3 *(persona)* whirlwind; **eres un t.,** you're a real live wire.

torcaz *adj Orn* **paloma t.,** ringdove, wood pigeon.

torcedura *nf* 1 *(acción)* twist, twisting. 2 *Med* sprain.

torcer [54] I *vtr* 1 *(gen) (cuerda, hilo)* to twist; *Med* to sprain; *fig* **no dar su brazo a t.,** not to give in; *fig* **t. el gesto,** to look cross. 2 *(doblar) (metal)* to bend; *(madera)* to warp; *fig* **t. la esquina,** to turn the corner. 3 *(inclinar) (cuadro)* to slant; **está torcido,** it's crooked *o* lopsided. 4 *(desviar) (el curso)* to change; *(significado)* to distort; *fig (a algn)* to corrupt, pervert; **t. la vista,** to look away. II *vi* to turn (left *o* right). III **torcerse** *vr* 1 *(doblarse)* to twist, bend. 2 *Med (tobillo, mano)* to sprain. 3 *(plan)* to fall through. 4 *(empeorar)* to take a turn for the worse.

torcido,-a I *pp de* **torcer.** II *adj* 1 *(que no es recto)* twisted; **lleva la corbata torcida,** his tie is crooked. 2 *(madera)* warped; *(metal)* bent. 3 *Med* sprained, strained. 4 *(ladeado)* slanted, crooked, lopsided. 5 *CAm (desgraciado)* unlucky.

tordo,-a I *adj* dapple-grey. II *nm Orn* thrush.

torear I *vtr Taur* to fight; *fam* **t. a algn,** to tease *o* confuse sb; *fam* **t. un asunto,** to tackle a matter skilfully. II *vi Taur* to fight; **torea bien,** he is a good bullfighter.

toreo *nm* bullfighting; *fam* **¡se acabó el t.!,** no more fooling around!

torero,-a I *adj Taur* of *o* relating to bullfighting. II *nm,f* bullfighter, matador. III *nf (chaquetilla)* bolero (jacket); *fam fig* **saltarse algo a la t.,** to ignore sth completely, pay no heed to sth.

tormenta *nf Meteor* storm.

tormento *nm* 1 *(tortura)* torture, torment. 2 *(padecimiento)* intense suffering, tribulation; *fam* **ser un t.,** to be a real torture.

tormentoso,-a *adj* stormy.

tornado *nm Meteor* tornado.

tornar *fml* **I** *vtr* **1** *(devolver)* to give back, return. **2** *(convertir)* to transform, turn; **tornó el agua en vino,** he turned the water into wine. **II** *vi* **1** *(regresar)* to return, go back; **t. en sí,** to regain consciousness. **2** *(volver a hacer)* to do over, repeat; **t. a leer,** to read again. **III** **tornarse** *vr* to become, turn; **se tornó fiero,** it became wild.

tornas *nfpl* **volver las t.,** to turn the tables.

tornasol *nm* **1** *Bot* sunflower. **2** *(colorante)* litmus. **3** *(irisación)* iridescense.

tornasolado,-a *adj* iridescent.

torneado,-a **I** *pp de* **tornear.** **II** *adj* **1** *Téc* lathed, turned on the lathe. **2** *(cuerpo)* shapely, with soft curves. **III** *nm* *Téc* turning.

tornear *vtr* *Téc* to turn.

torneo *nm* **1** *Hist* tourney, joust. **2** *Dep* tournament, competition.

tornero,-a *nm,f* turner, lathe operator.

tornillo *nm* screw, bolt; *fam fig* **apretarle los tornillos a algn,** to put the screws on sb; *fam fig* **te falta un t.,** you're got a screw loose. ▪ **t. de banco,** vice, *US* vise, clamp; **t. de orejas,** thumbscrew.

torniquete *nm* **1** *(gen)* turnstile. **2** *Med* tourniquet.

torno *nm* **1** *Téc* lathe; **t. de alfarero,** potter's wheel. **2** *(elevador)* winch, windlass. **3** *(en convento)* revolving window. **4** **en t. a,** *(alrededor de)* around; *(acerca de)* about.

toro *nm* *Zool* bull; *Taur* **ir a los toros,** to go to a bullfight; *fig* **ver los toros desde la barrera,** to stand in the wings; *fam* **estar hecho un t.,** to be a strapping man; *fam* **fuerte como un t.,** as strong as an ox. ▪ *Taur* **t. bravo** *o* **de lidia,** fighting bull.

toronja *nf* *Bot* grapefruit.

torozón *nm* *Am* bit.

torpe *adj* **1** *(sin habilidad)* clumsy. **2** *(poco inteligente)* dim, thick. **3** *(movimiento)* slow, awkward.

torpedear *vtr* *Mil* to torpedo.

torpedero,-a *Mil* **I** *adj* torpedo. **II** *nm* torpedo boat.

torpedo *nm* **1** *Mil* torpedo. **2** *Pesca* **(pez) t.,** electric ray.

torpeza *nf* **1** *(física)* clumsiness, ungainliness. **2** *(mental)* dimness, stupidity. **3** *(de movimiento)* slowness, heaviness. **4** *(error)* blunder.

torpón,-ona *adj fam* **1** *(falto de habilidad)* clumsy. **2** *(tonto)* dim, stupid.

torrar *vtr* to toast.

torre *nf* **1** *(gen)* tower; *fig* **t. de marfil,** ivory tower. **2** *Mil* *Náut* turret. ▪ **t. de vigía,** crow's nest. **3** *Constr* (country) house, villa. **4** *Ajedrez* rook, castle.

torrefacto,-a *adj* torrified, roasted; **café t.,** high roast coffee.

torrencial *adj* torrential.

torrente *nm* **1** *(de agua)* mountain stream, torrent; *Anat* **t. sanguíneo** *o* **circulatorio,** bloodstream. **2** *fig* *(abundancia)* flood, stream; **t. en voz,** loud strong voice.

torreón *nm* *Mil* fortified tower.

torrero *nm* lighthouse keeper.

torreta *nf* **1** *Arquit* turret, small tower. **2** *Mil* *(de tanque)* turret; *Náut* *(de submarino)* conning tower.

torrezno *nm* *Culin* rasher of fried bacon.

tórrido,-a *adj* torrid.

torrija *nf* *Culin* French toast.

tórsalo *nm* *CAm* *Ent* *(larva)* larva; *(gusano)* worm.

torsión *nf* **1** *(torcedura)* twist, twisting. **2** *Téc* torsion; **momento de t.,** torque.

torso *nm* **1** *Anat* torso. **2** *Arte* bust.

torta *nf* **1** *Culin* cake; *fig* **te va a costar la t. un pan,** you'll lose more than you'll gain. **2** *fam (golpe)* slap, punch; **pegarse una t.,** to get a bump; *fig* **ni t.,** not a thing. **3** *fam (borrachera)* binge; **coger** *o* **pillar una t.,** to get plastered.

tortazo *nm* *fam* **1** *(bofetada)* slap, punch. **2** *(golpe)* whack, thump; **darse un t.,** to crash.

tortícolis *nf inv* stiff neck, wryneck, crick in the neck.

tortilla *nf* *Culin* **1** *(egg)* omelette, *US* omelet; **t. (a la) francesa,** (plain) omelette; *fig* **se volvió la t.,** the tables were turned. **2** *CAm* *Méx* tortilla.

tortillera *nf vulg* dyke, lesbian.

tortita *nf* *Culin* pancake.

tórtola *nf* *Orn* dove.

tórtolos *nmpl fam* lovebirds, lovers.

tortuga *nf* *Zool* *(de tierra)* tortoise, *US* turtle; *(de mar)* turtle; *fig* **a paso de t.,** at a snail's pace.

tortuosidad *nf* tortuousness.

tortuoso,-a *adj* tortuous.

tortura *nf* **1** *(tormento)* torture. **2** *(padecimiento)* intense suffering, agony.

torturador,-a *nm,f* torturer.

torturar **I** *vtr* to torture. **II** **torturarse** *vr* to torture oneself.

torvo,-a *adj* grim, fierce.

tos *nf* cough, coughing. ▪ *Med* **t. ferina,** whooping cough.

Toscana *n* Tuscany.

toscano,-a *adj & nm,f* Tuscan.

tosco,-a *adj* **1** *(basto)* rustic, rough. **2** *(persona)* uncouth.

tosedera *nf SAm* cough.

toser *vi* to cough; *fig* **no hay quien le tosa,** he's one step ahead of everyone.

tosquedad *nf* roughness, crudeness.

tostada *nf* (slice of) toast; *fam* **olerse la t.,** to smell a rat.

tostadero *nm* roaster.

tostado,-a **I** *pp de* **tostar.** **II** *adj* **1** *(pan)* toasted; *(café)* roasted. **2** *(moreno)* tanned, brown. **3** *(marrón)* brown. **4** *Méx* *(molesto)* upset.

tostador,-a *nm,f* *(de pan)* toaster; *(de café)* roaster.

tostar [31] **I** *vtr* **1** *Culin* *(pan)* to toast; *(café)* to roast; *(carne, pescado)* to brown; *fig* *(la piel)* to tan. **2** *Am* *(zurrar)* to tan. **II** **tostarse** *vr* to turn *o* get brown.

tostón *nm* **1** *Culin* *(pan frito)* crouton. **2** *fam (tabarra)* bore, drag; **dar el t.,** to get on everybody's nerves; **este libro es un t.,** this book is a drag.

total **I** *adj* *(completo)* total, overall, complete; *Med* **anestesia t.,** general anaesthetic; *fam* **es un follón t.,** it's an utter mess. **II** *nm* **1** *(todo)* whole; **el t. del ejército,** the whole army; **en t.,** in all. **2** *Mat* total, sum. **III** *adv* so, in short; **¿t. para qué?,** what's the point anyhow?; **t. que ...,** so ..., to make a long story short ...; **t., tampoco te hará caso,** he won't listen to you, anyway.

totalidad *nf* whole, totality; **en su t.,** as a whole.

totalitario,-a *adj* totalitarian.

totalitarismo *nm* totalitarianism, dictatorship.

totalitarista *adj* totalitarian.

totalizar [4] **I** *vtr* to total. **II** *vi* to amount to; **¿cuánto totalizan los gastos?**, what do the expenses come to?

tótem *nm (pl tótems o tótemes)* totem.

totorecada *nf CAm* silly thing.

totoreco,-a *adj CAm* stunned, dizzy.

tournée *nf Teat* tour.

toxicidad *nf* toxicity.

tóxico,-a **I** *adj* toxic, poisonous. **II** *nm* toxicant, poison.

toxicología *nf Med* toxicology.

toxicológico,-a *adj Med* toxicologic, toxicological.

toxicólogo,-a *nm,f Med* toxicologist.

toxicomanía *nf Med* drug addiction.

toxicómano,-a *Med* **I** *adj* addicted to drugs. **II** *nm* drug addict.

toxina *nf* toxin.

tozudez *nf* obstinacy, stubbornness.

tozudo,-a *adj* obstinate, stubborn, headstrong.

traba *nf* **1** *(sujeción) (de rueda)* chock; *(de caballo)* hobble. **2** *(enlace)* bond, tie. **3** *fig (obstáculo)* hindrance, obstacle, shackle; **poner trabas**, to raise objections.

trabado,-a **I** *pp de* **trabar.** **II** *adj* **1** *(sujeto)* fastened. **2** *(salsa)* smooth. **3** *(atascado)* jammed. **4** *(coherente)* coherent.

trabajado,-a **I** *pp de* **trabajar.** **II** *adj* elaborate, carefully worked.

trabajador,-a **I** *adj* **1** *(que trabaja)* working. **2** *(laborioso)* hard-working; **un pueblo t.**, an industrious nation. **II** *nm,f* worker, labourer, *US* laborer.

trabajar **I** *vtr* **1** *(dar forma)* to work (on); **t. el hierro/la madera**, to work iron/wood; **t. la tierra**, to till the land; *Culin* **t. una pasta**, to knead the dough. **2** *(intensificar el trabajo)* to work on; **hay que trabajarlo más**, we need to put more work into it; **tienes que t. el francés**, you'll have to work harder in French. **3** *fam (convencer)* to (try to) persuade; **t. a algn para que haga algo**, to talk sb into doing sth. **II** *vi* **1** *(gen)* to work; **trabaja mucho**, he works hard; **t. de camarera**, to work as a waitress; **t. en**, to work at *o* in; **t. por horas**, to be paid by the hour; **trabajo de profesor**, I'm a teacher; *fam* **t. como un condenado *o* una bestia**, to slave away; *fam* **t. en balde**, to work in vain. **2** *Cin Teat* to perform, act; **¿quién trabaja en esa película?**, who's in that film? **3** *Constr (soportar)* to be under stress; **esta viga trabaja mal**, this beam is not doing its job properly.

trabajo *nm* **1** *(ocupación)* work; **ir al t.**, to go to work. ■ **t. a destajo**, piecework; **t. de equipo**, teamwork; **t. de media jornada**, part-time job; **t. eventual**, casual labour; **trabajos forzados *o* forzosos**, hard labour; **t. intelectual**, brainwork; **t. por turno(s)**, shiftwork; *Educ* **trabajos manuales**, arts and crafts; *fam fig* **t. de chinos**, very intricate, tedious work. **2** *(tarea)* task, job; **ha hecho un buen t.**, she's done a good job. **3** *Educ* report, paper; **mañana tengo que presentar un t.**, I have to hand in a report tomorrow. **4** *(esfuerzo)* effort; **con mucho t.**, with great effort; **cuesta t. creerlo**, it's hard to believe; **puedes ahorrarte el t.**, you can save yourself the trouble. **5** *(empleo)* employment, job; **estoy sin t.**, I'm out of work.

trabajoso,-a *adj* **1** *(laborioso)* hard, laborious; *(difícil)* difficult. **2** *Am (molesto)* bothersome.

trabalenguas *nm inv* tongue twister.

trabar **I** *vtr* **1** *(sujetar) (piezas móviles)* to lock, fasten; *(piezas sueltas)* to join, unite; *(mecanismo)* to jam; *(persona)* to shackle; *(las patas de un caballo)* to hobble. **2** *(impedir)* to hinder; *(un plan)* to obstruct. **3** *Culin (salsas)* to thicken. **4** *fig (principio)* to start; **t. amistad/conversación**, to strike up a friendship/conversation. **II** **trabarse** *vr* **1** *(cuerdas)* to get tangled up. **2** *(mecanismo)* to jam, seize up; *fig* **se le trabó la lengua**, he got tonguetied.

trabazón *nf* **1** *(ensamblaje)* joining, assembly. **2** *(enlace)* bond, tie; *fig (de ideas)* link, coherence.

trabilla *nf (de pantalón)* belt loop; *(de chaqueta)* half belt.

trabucar [1] **I** *vtr* to jumble *o* mix up. **II** **trabucarse** *vr* to get all mixed up.

trabucazo *nm* shot from a blunderbuss.

trabuco **I** *nm (arma)* blunderbuss. **II** *adj Méx (pequeño)* small; *(estrecho)* narrow.

traca *nf* string of firecrackers, jumping jack.

trácala *nf Am* trick.

tracción *nf Téc* traction; *Aut* **t. delantera/trasera**, front-/rear-wheel drive; *Aut* **t. en las cuatro ruedas**, four-wheel drive.

tractor,-a **I** *adj Téc* driving. **II** *nm Aut* tractor.

tractorista *nmf* tractor driver.

tradición *nf* tradition.

tradicional *adj* traditional; **es lo t.**, it's the traditional thing to do.

tradicionalismo *nm* **1** *Filos Rel* traditionalism. **2** *Pol* radical conservatism.

tradicionalista *adj & nmf* **1** *Filos Rel* traditionalist. **2** *Pol* radical conservative.

traducción *nf* translation. ■ **t. automática**, machine translation; **t. directa/inversa**, translation from/into a foreign language; **t. simultánea**, simultaneous translation.

traducir [46] **I** *vtr* **1** *(gen)* to translate (**a**, into). **2** *(expresar)* to express, show. **II** **traducirse** *vtr* to result in; **la infección se traduce en fiebre**, the infection results in a temperature.

traductor,-a **I** *adj* translating. **II** *nm,f* translator. ■ **t. jurado**, sworn translator.

traer [88] **I** *vtr* **1** *(gen)* to bring; **trae**, give it to me; **t. (buena) suerte**, to bring good luck; *fig* **t. de cabeza a algn**, to drive sb mad. **2** *(llevar puesto)* to wear; **traía un traje negro**, he was wearing a black suit. **3** *(llevar consigo)* to carry; **¿qué traes en esa bolsa?**, what are you carrying in that bag?; *fig* **¿qué se traen entre manos?**, what are they up to? **4** *(causar)* to cause; **traerá como consecuencia ...**, it will result in ...; **t. consecuencias**, to have serious consequences; **t. consigo**, to bring about; **t. problemas**, to cause problems. **5** *(llevar noticias)* to feature, carry; **¿qué trae hoy 'El País'?**, what's in 'El País' today? **II** **traerse** *vr* **1** *(llevar consigo)* to bring along; **tráete a tu hermana**, bring your sister along. **2** **traérselas**, *(ser de cuidado)* to be really hard *o* difficult; **el profesor de latín se las trae**, the Latin teacher is very hard on us.

traficante *nmf (gen)* dealer, trader; *(productos ilegales)* trafficker. ■ **t. de drogas**, drug trafficker *o* pusher.

traficar [1] *vi (gen)* to deal; *(ilegalmente)* to traffic; **t. con drogas**, to traffic in drugs.

tráfico *nm* **1** *Aut* traffic. ■ **accidente de t.**, road *o* *US* car accident; **t. rodado**, road traffic. **2** *Com* traffic, trade. ■ **t. de drogas**, drug traffic.

tragacanto *nm Bot* tragacanth.

tragaderas *nfpl fam* throat *sing; fig* **tener buenas t.,** *(ser crédulo)* to be gullible; *(tener pocos escrúpulos)* to be too much of a conformist.

tragadero *nm* drain.

tragaldabas *nmf inv fam* glutton, pig.

tragaleguas *nmf inv fam* keen walker.

tragaluz *nm Arquit* skylight.

tragamillas *nmf inv fam* keen walker.

tragaperras *nf inv* **(máquina) t.,** slot machine.

tragar [7] **I** *vtr* **1** *(ingerir)* to swallow; *fig* **deseaba que lo tragara la tierra,** he wished the earth would swallow him up. **2** *fam (engullir)* to gobble up, tuck away; **traga que da gusto,** he really puts it away. **3** *fig (absorber)* to swallow up, absorb; *(consumir)* to eat up; **t. millas,** to burn up the miles. **4** *fig (soportar) (persona)* to stand, stomach; *(suceso)* to stand for, put up with. **5** *fig (creer)* to believe, swallow; **t. la píldora,** to fall for it, swallow it. **6** *fig (disimular)* to hide, keep to oneself; **decidió t. lo que pensaba de él,** he decided not to show what he thought about him. **II** *vi* to swallow (up); **le cuesta t.,** he finds it hard to swallow. **III** **tragarse** *vr* **1** *(ingerir)* to swallow. **2** *(absorber)* to swallow up, absorb; *(consumir)* to eat up. **3** *fig (creer)* to believe, swallow; **se lo traga todo,** she'd fall for anything. **4** *fig (disimular)* to hide.

tragasables *nmf inv* sword-swallower.

tragedia *nf* tragedy; *irón* **¡qué t.!, se me ha terminado el tabaco,** woe is me!, I've run out of cigarettes; **terminar en t.,** to end tragically.

trágico,-a **I** *adj Teat* tragic; **escritor t.,** tragedian; *fam* **ponerse t.,** *(situación)* to become *o* get tragic; *(persona)* to get all serious. **II** *nm,f Teat* tragedian.

tragicomedia *nf Cin Teat* tragicomedy.

tragicómico,-a *adj* tragicomic.

trago *nm* **1** *(bebida)* swig, drop; **beberse algo de un t.,** to down sth in one go; **echar un t.,** *(echar un sorbo)* to take a swig; *(tomar algo)* to have a drink. **2** *fam (adversidad)* rough time; **pasar un mal t.,** to have a bad time of it; **tener que volver a verle, ¡qué t.!,** how awful to have to see him again!

tragón,-ona **I** *adj fam* greedy, piggy. **II** *nm,f* glutton, big eater.

traición *nf* treason, betrayal; **a t.,** treacherously; **alta t.,** high treason.

traicionar *vtr (gen)* to betray; *(delatar)* to give away, betray; *fig* **le traicionó su acento,** his accent gave him away.

traicionero,-a *adj* treacherous.

traído,-a **I** *pp de* traer. **II** *adj* **1** *(gastado)* threadbare, worn-out. **2** *(visto)* hackneyed, trite; **t. y llevado,** well-worn, hackneyed.

traidor,-a **I** *adj* treacherous. **II** *nm,f* traitor.

traigo *indic pres véase* traer.

tráiler *nm (pl tráilers)* **1** *Cin* trailer, *US* preview. **2** *Aut* articulated lorry, *US* trailer truck.

traína *nf Náut* trawl (net).

trainera *nf Náut* trawler.

traje[1] *nm* **1** *(de hombre)* suit. ■ **t. a medida,** tailor-made suit; **t. cruzado,** double-breasted suit; **t. de baño,** bathing suit *o* costume, swimsuit; **t. de calle,** town clothes *pl; Taur* **t. de luces,** bullfighter's costume; **t. de paisano,** civilian clothes *pl;* **t. espacial,** spacesuit. **2** *(de mujer)* dress. ■ **t. de chaqueta,** tailored suit; **t. de novia,** wedding dress; **t. largo *o* de noche,** evening dress. **3** *Mil* dress. ■ **t. de campaña,**

battledress; **t. de ceremonia,** full *o* formal dress; **t. de faena,** fatigue dress, undress; *fam* **t. de bonito,** formal dress.

traje[2] *pt indef véase* traer.

trajeado,-a **I** *pp de* trajearse. **II** *adj fam* sharp, dapper.

trajearse *vr* to dress up.

trajín *nm fam* comings and goings *pl,* hustle and bustle.

trajinar **I** *vi (moverse mucho)* to run *o* bustle about. **II** *vtr Arg Chi (engañar)* to deceive, trick.

tralla *nf* **1** *(látigo)* whip. **2** *(cuerda)* rope.

trallazo *nm* **1** *(golpe)* lash. **2** *(chasquido)* crack of a whip.

trama *nf* **1** *Tex* weft, woof. **2** *Lit (argumento)* plot.

tramado,-a **I** *pp de* tramar. **II** *adj CAm* **1** *(valiente)* brave, valiant. **2** *(difícil)* intricate.

tramar *vtr* to plot, cook up; **están tramando algo gordo,** something big is on the way; **¿qué tramas?,** what are you up to?

tramitación *nf Jur* procedure, steps *pl;* **¿cuánto tarda la t. de pasaporte?,** how long does it take to get a passport?

tramitar *vtr* **1** *(gestionar)* to take the necessary (legal) steps to obtain; **debo t. mi permiso de residencia,** I have to obtain my residence permit. **2** *fml (despachar)* to convey, transmit. **3** *Com Jur Fin* negotiate, carry out, process, transact.

trámite *nm* **1** *(paso)* step; **¿falta algún t. por cumplir?,** are there any more formalities to be gone through?; *fig* **de puro t.,** unimportant, easy. **2** *Com Jur Fin* procedures *pl,* proceeding.

tramo *nm (de carretera, vía)* section, stretch; *(de escalera)* flight.

tramontana *nf Meteor* north wind, tramontane.

tramoya *nf Teat* **1** *(maquinaria)* stage machinery. **2** *fig (trama)* plot, scheme.

tramoyista *nmf Teat* **1** stagehand, scene shifter. **2** *fig (farsante)* schemer.

trampa *nf* **1** *(abertura)* trap door, hatch. **2** *(de caza)* trap, snare; **caer en la t.,** to fall into the trap; **tender una t.,** to set *o* lay a trap. **3** *Mil (emboscada)* ambush. **4** *(engaño)* fiddle; **hacer trampa(s),** to cheat. **5** *(truco)* trick; **este juego tiene t.,** this game has got a catch; *fam* **sin t. ni cartón,** honest, real.

trampear *vi fam* **1** *(engañar)* to fiddle, live by one's wits. **2** *(ir viviendo)* to get by, manage.

trampero,-a *nm,f* trapper.

trampilla *nf* trap door, hatch.

trampolín *nm* **1** *Natación* springboard, diving board. **2** *Esquí* ski jump. **3** *fig (medio)* springboard, starting point.

tramposo,-a **I** *adj* tricky, deceitful. **II** *nm,f* trickster, cheat; *Naipes* cardsharp.

tranca *nf* **1** *(garrote)* cudgel, club; *fam* **a trancas y barrancas,** with great difficulty. **2** *(en puerta, ventana)* bar. **3** *fam (borrachera)* binge, skinful; **coger *o* pillar una t.,** to get plastered.

trancazo *nm* **1** *(golpe)* blow with a cudgel; *fam* **pegarse un t.,** to come a cropper. **2** *fam (gripe)* flu; *(resfriado)* cold.

trance *nm* **1** *(coyuntura)* (critical) moment, juncture; **estar en t. de ...,** to be on the point of ...; **pasar por un t.,** to hit a bad patch; **en t. mortal *o* de muerte,** on the point of death; **sacar a algn de un (mal) t.,** to get sb out of a fix; **último t.,** final moment; *fig* **a todo t.,** at all costs. **2** *(éxtasis)* trance.

ranco *nm* stride; *fig* **a trancos,** in a hurry.

ranquilidad *nf* calmness, tranquillity, *US* tranquility; **con t.,** calmly; **para mayor t.,** to be on the safe side; **para tu t.,** for your own peace of mind; **paz y t.,** peace and quiet; **perder la t.,** to get het up; **pídemelo con toda t.,** don't hesitate to ask me; **¡qué t.!,** how peaceful!

ranquilizador,-a *adj* calming, reassuring.

ranquilizante I *adj* calming, reassuring. II *nm Farm* tranquillizer, *US* tranquilizer.

ranquilizar [4] I *vtr* 1 *(calmar)* to tranquillize, *US* tranquilize, calm down. 2 *(dar confianza)* to reassure; **me tranquilizó oír tu voz,** hearing your voice set my mind at rest. II **tranquilizarse** *vr* 1 *(calmarse)* to calm down; **¡tranquilízate!,** calm *o* cool down! 2 *(relajarse)* to relax, set one's mind at rest.

ranquilo,-a *adj* 1 *(sin inquietud)* calm, tranquil, relaxed; **aguas tranquilas,** still waters; **para que estés t.,** for your own peace of mind; **tengo la conciencia tranquila,** my conscience is clear; *fam* **déjame t.,** leave me alone; *fam* **quedarse tan t.,** not to bat an eyelid; *fam* **¡t.!,** *(no te preocupes)* don't (you) worry!; *(no pierdas la calma)* take it easy! 2 *(sin ruidos)* quiet, still, peaceful. 3 *(persona)* placid, calm, easy-going.

ranquillo *nm fig* knack; **coger el t. a algo,** to get the knack of sth.

ransacción *nf Fin* transaction, deal.

ransalpino,-a *adj Geog* transalpine.

ransandino,-a *adj Geog* transandean.

ransatlántico,-a I *adj* transatlantic. II *nm Náut* (ocean) liner.

ransbordador *nm Náut* (car) ferry.

ransbordar I *vtr* to transfer; *Náut (mercancías)* to transship; *Náut (de orilla a orilla)* to ferry across a river. II *vi Ferroc* to change trains, *US* transfer.

ransbordo *nm* 1 *Ferroc* change, *US* transfer; **hacer t.,** to change *o* transfer. 2 *Náut* transshipment.

ranscendencia *nf véase* trascendencia.

ranscendental *adj véase* trascendental.

ranscendente *adj véase* trascendente.

ranscender *vtr & vi véase* trascender.

ranscontinental *adj* transcontinental.

ranscribir *(pp transcrito) vtr* to transcribe.

ranscripción *nf* transcription.

ranscrito *pp de* transcribir.

ranscurrir *vi* 1 *(pasar el tiempo)* to pass, go by, elapse; **dejé t. cinco minutos antes de volver a llamar,** I waited five minutes before phoning again. 2 *(acontecer)* to take place, go off.

ranscurso *nm* course *o* passing (of time); **con el t. de los años,** with the passing of time; **en el t. de ocho días,** in the course *o* space of a week.

ranseúnte *nmf* 1 *(peatón)* pedestrian. 2 *(residente temporal)* temporary resident.

ransexual *adj & nmf* transsexual.

ransexualismo *nm* transsexualism.

ransferencia *nf (gen)* transference; *Fin* transfer; **t. bancaria,** banker's order.

ransferible *adj* transferable.

ransferir [35] *vtr* 1 *(de lugar)* to transfer. 2 *(aplazar)* to postpone. 3 *Fin* to transfer, convey.

ransfiguración *nf* transfiguration.

ransfigurar I *vtr* to transfigure. II **transfigurarse** *vr* to become transfigured.

transformable *adj* transformable.

transformación *nf* transformation.

transformador,-a I *adj* transforming. II *nm Elec* transformer.

transformar I *vtr* to transform, change. II **transformarse** *vr* to change, turn into; **este sillón se transforma en (una) cama,** this armchair converts into a bed.

transformista *nmf* quick-change artiste.

tránsfuga *nmf* 1 *Mil* deserter. 2 *Pol* turncoat.

transfusión *nf* transfusion.

transgredir *vtr* defect to transgress, break.

transgresión *nf* transgression.

transgresor,-a *nm,f* transgressor, lawbreaker.

transiberiano,-a I *adj* Trans-Siberian. II *nm Ferroc* **el T.,** the Trans-Siberian Railway.

transición *nf* transition; **período/gobierno de t.,** transition period/government; **sin t.,** abruptly.

transido,-a *adj* deeply affected; **t. de angustia,** beset with anxiety; **t. de dolor,** racked with pain; **t. de frío,** chilled to the bone; **t. de miedo,** panic-stricken.

transigencia *nf* 1 *(concesión)* compromise, yielding. 2 *(actitud)* lenience, tolerance.

transigente *adj* accommodating, lenient, tolerant.

transigir [6] *vi* 1 *(ceder)* to compromise, yield, give in; **en eso no puedo t.,** I cannot possibly agree to that. 2 *(tolerar)* to tolerate, bear.

transistor *nm Elec* transistor.

transistorizado,-a *adj Elec* transistorized.

transitable *adj* transitable, passable; **la carretera no está t.,** *(en malas condiciones)* the road is in bad condition; *(cerrada)* the road is closed to traffic.

transitado,-a I *pp de* transitar. II *adj* busy; **una carretera muy transitada,** a busy *o* well-travelled road.

transitar *vi* to go from place to place, travel (about).

transitivo,-a *adj Ling* transitive.

tránsito *nm* 1 *(movimiento)* movement, passage; **pasajeros en t.,** passengers in transit. 2 *Aut* traffic; **'cerrado al t.',** 'road closed'; **una calle de (mucho) t.,** a busy street. 3 *euf (muerte)* death, passing.

transitoriedad *nf* transience, transiency.

transitorio,-a *adj* transitory, transitional, interim; *Jur* **disposición transitoria,** provisional order *o* ordinance.

translación *nf véase* traslación.

translúcido,-a *adj véase* traslúcido,-a.

translucir [45] *vtr véase* traslucir.

transmigración *nf* transmigration.

transmisión *nf* 1 *(paso)* transmission; **t. del pensamiento,** thought transmission. 2 *Jur (de bienes)* transfer(ence). 3 *Téc* drive; **t. delantera/trasera,** front-/rear-wheel drive. 4 *Rad TV* transmission, broadcast; *Mil* **(cuerpo de) transmisiones,** signal corps *sing*.

transmisor,-a *Telec* I *adj* transmitting; **estación transmisora,** radio station. II *nm* transmitter.

transmitir *vtr* 1 *(comunicar)* to transmit, pass on; **no me acordé de transmitirle tu recado,** I forgot to give him your message. 2 *Jur* to transfer, hand down. 3 *Med* to transmit, pass on; **las moscas transmiten microbios,** flies carry germs. 4 *Rad TV* to transmit, broadcast.

transmutación *nf* transmutation.

transmutar I *vtr* to transmute. II **transmutarse** *vr* to change (completely), transform.

transoceánico,-a *adj* transoceanic.

transparencia *nf* 1 *(calidad)* transparency, transparence. 2 *Fot* slide.

transparentar I *vtr (emociones etc)* to reveal, betray. II **transparentarse** *vr (ser transparente)* to be transparent; **esta tela se transparenta**, this is see-through material. 2 *(emociones, intenciones)* to show (through).

transparente I *adj* transparent; *fig* **puedes fiarte de él, es t.**, you can trust him, he's straight. II *nm* 1 *(visillo)* net curtain. 2 *(pantalla)* shade, blind.

transpiración *nf* transpiration, perspiration.

transpirar *vi* to transpire, perspire.

transpirenaico,-a *adj* trans-Pyrenean, beyond the Pyrenees.

transplantar I *vtr* 1 *(gen)* to transplant. 2 *(trasladar)* to transfer. II **transplantarse** *vr* to uproot oneself, emigrate.

transplante *nm* transplant, transplantation; *Med* **t. de corazón/córnea**, heart/eye transplant.

transponer [78] *(pp transpuesto)* I *vtr* 1 *(mudar de sitio)* to transpose, move about. 2 *(atravesar)* to cross over. 3 *(trasplantar)* to transplant. II **transponerse** *vr* 1 *(esconderse)* to hide; *(el sol)* to set, go down. 2 *(quedarse dormido)* to doze off.

transportador,-a I *adj* transporting; **cinta transportadora**, conveyor belt. II *nm* 1 *Téc* transporter, conveyor. 2 *(de dibujo)* protractor.

transportar I *vtr* 1 *(gen)* to transport; *(pasajeros)* carry; *(mercancías)* to ship; *fig* **transportado de felicidad**, utterly happy. 2 *(ángulo)* to transfer. 3 *Mús* to transpose. II **transportarse** *vr fig* to be transported *o* enraptured.

transporte *nm* 1 *(medios de)* transport. ■ **transporte(s) públicos**, public transport. 2 *(acción de)* transport, *US* transportation; *Com* freight. ■ **t. de mercancías**, freight transport; **t. marítimo**, shipment. 3 *Mús* transposition. 4 *fig (éxtasis)* ecstasy, bliss, transport.

transportista *nmf* carrier.

transposición *nf* transposition.

transvasar *vtr* 1 *(líquidos)* to decant. 2 *(de un río a otro)* to transfer.

transvase *nm* 1 *(de líquidos)* decanting. 2 *(de ríos)* transfer.

transversal *adj* transverse, cross.

transverso,-a *adj* transverse.

tranvía *nm* 1 *(vehículo)* tram, tramcar, *US* streetcar. 2 *(sistema de transporte)* tramway.

tranviario,-a I *adj* tram, *US* streetcar; **red tranviaria**, tramway. II *nm,f* tram driver.

trapacería *nf* trick, fiddle.

trapacero,-a I *adj* tricky. II *nm* fiddler, trickster.

trapajoso,-a *adj* 1 *(ropa)* ragged, tattered. 2 *(persona)* dowdy, shabby. 3 *(pronunciación)* badly articulated; **hablar t.**, to speak with a thick voice.

trapatiesta *nf fam* racket; **se armó una t.**, there was quite an uproar.

trapear *vtr* 1 *Am (limpiar)* to mop. 2 *CAm* to criticize severely.

trapecio *nm* 1 *Geom* trapezium, *US* trapezoid. 2 *Med (hueso)* trapezium; *(músculo)* trapezius. 3 *(en gimnasia)* trapeze.

trapecista *nmf* trapeze artiste.

trapense *adj* Trappist.

trapería *nf* old-clothes shop.

trapero *nm* rag-and-bone man, *US* junkman.

trapezoide *nm Geom* trapezoid, *US* trapezium.

trapichear *vi* to (be on the) fiddle.

trapicheo *nm* jiggery-pokery, fiddling; **andar(se) con trapicheos**, to be dishonest.

trapillo *nm* **de t.**, casually dressed.

trapisonda *nf fam* 1 *(jaleo)* fuss, to-do, commotion. 2 *(enredo)* scheme, plot.

trapista *nm Arg* rag-picker.

trapitos *nmpl fam* clothes, rags; **hablar de t.**, to talk about clothes.

trapo *nm* 1 *(viejo, roto)* rag. 2 *(bayeta)* cloth, **t. de cocina**, dishcloth; **t. de polvo**, duster; *fam* **estar hecho un t.**, to be worn out; *fam* **poner (a algn) como un t.** (sucio), to tear sb apart; *fam* **lavar los trapos sucios**, to wash one's dirty linen (in public); *fam* **sacar los trapos sucios a relucir**, to take the skeletons out of the cupboard. 3 *Taur* red cape. *fam* **trapos**, clothes, rags. 5 *fam* **a todo t.**, flat out.

trapujear *vi CAm* to smuggle.

tráquea *nf Anat* trachea, windpipe.

traquear *vtr Arg CR Méx* to pass through.

traquetear I *vtr (agitar)* to shake, bang about. II *vi (hacer ruido)* to clatter, rattle.

traqueteo *nm* 1 *(ruido)* rattle, clatter. 2 *(movimiento)* jolting, bumping.

traquido *nm (crujido)* crack, bang.

tras *prep* 1 *(después de)* after; **t. la muerte de su padre**, after his father's death; **uno t. otro**, one after the other. 2 *(detrás)* behind; **sentados uno t. otro**, seated one behind the other. 3 *(en pos de)* after, in pursuit of; **la policía va t. ella**, the police are searching for her; **voy t. una vacante de juez**, I'm after a vacancy for judge.

trasalpino,-a *adj véase* transalpino,-a.

trasandino,-a *adj véase* transandino,-a.

trasatlántico,-a *adj & nm véase* transatlántico,-a.

trasbordador *nm véase* transbordador.

trasbordar *vtr & vi véase* transbordar.

trasbordo *nm véase* transbordo.

trascendencia *nf* 1 *(importancia)* importance, significance; **aquel invento tuvo una gran t.**, that invention had far-reaching consequences; **sin t.**, of little significance. 2 *Filos* transcendence, transcendency.

trascendental *adj*, **trascendente** *adj* 1 significant, consequential, far-reaching. 2 *Filos* transcendent, transcendental.

trascender [28] I *vtr (averiguar)* to discover, bring to light. II *vi* 1 *(darse a conocer)* to become known, leak out; **t. a la opinión pública**, to become common knowledge. 2 *(extenderse)* to spread, have a wide effect; **esperemos que el mal ejemplo no trascienda**, let's hope nobody will follow this bad example. 3 *(exhalar olor)* to smell; **el olor de café trascendía a toda la casa**, the smell of coffee wafted all over the house; *fig* **todo su discurso trasciende a fascismo**, his whole speech reeks of fascism. 4 **t. de**, to go beyond, surpass; **esta decisión trasciende de mi competencia**, this decision is beyond my powers. 5 *Filos* to be transcendent *o* transcendental.

trascribir *vtr véase* transcribir.

trascripción *nf véase* transcripción.

trascrito *pp de* trascribir.

trascurrir *vi véase* transcurrir.

trascurso *nm véase* transcurso.

trasegar [48] *vtr* **1** *(mudar)* to move about, shuffle. **2** *(líquidos)* to decant. **3** *fam (beber)* to swill.

trasero,-a I *adj* back, rear; **en la parte trasera,** at the back. **II** *nm Anat fam euf* bottom, bum.

trasferencia *nf véase* transferencia.

trasferible *adj véase* transferible.

trasferir [35] *vtr véase* transferir.

trasfiguración *nf véase* transfiguración.

trasfigurar *vtr véase* transfigurar.

trasfondo *nm* background; **había un t. de tristeza en sus palabras,** there was an undertone of sadness in her words.

trasformable *adj véase* transformable.

trasformación *nf véase* transformación.

trasformador,-a *adj & nm véase* transformador,-a.

trasformar *vtr véase* transformar.

trasformista *nmf véase* transformista.

trásfuga *nmf véase* tránsfuga.

trasfusión *nf véase* transfusión.

trasgo *nm Mit* goblin, imp.

trasgredir *vtr véase* transgredir.

trasgresión *nf véase* transgresión.

trasgresor,-a *nm,f véase* transgresor,-a.

trashumancia *nf* transhumance, seasonal migration.

trashumante *adj* transhumant.

trasiego *nm* comings and goings *pl*, hustle and bustle; **t. de personal,** reshuffle.

traslación *nf* **1** *Astron* passage, movement. **2** *Mat* translation. **3** *Lit* metaphor.

trasladar I *vtr* **1** *(cosa)* to move; *(persona)* to move, transfer; **t. ideas al papel,** to put down one's ideas in writing. **2** *(acontecimiento)* to postpone, put off; *(reunión, prueba)* to adjourn. **3** *(traducir)* to translate. **4** *fig* to explain. **II** **trasladarse** *vr (persona, cosa)* to go, move.

traslado *nm* **1** *(de casa)* move, removal; **¿cuándo haremos el t.?,** when are we going to move? **2** *(de personal)* transfer. **3** *(copia)* copy. **4** *Jur* notification.

traslúcido,-a *adj* translucent, semitransparent.

traslucir [45] **I** *vtr fig (sentimientos, intenciones)* to show, reveal; **su tono de voz dejaba t. el miedo,** his tone of voice betrayed his fear. **II** **traslucirse** *vr* **1** *(ser traslúcido)* to be translucent. **2** *(adivinarse)* to show (through); *(revelarse)* to be revealed.

trasluz *nm* diffused *o* reflected light; **mirar algo al t.,** to hold sth against the light.

trasmano *nm* **a t.,** out of reach; **(me) coge a t.,** it's out of my way.

trasmigración *nf véase* transmigración.

trasmisión *nf véase* transmisión.

trasmisor,-a *adj & nm véase* transmisor,-a.

trasmitir *vtr véase* transmitir.

trasmutación *nf véase* transmutación.

trasmutar *vtr véase* transmutar.

trasnochado,-a I *pp de* trasnochar. **II** *adj* **1** *(desfasado)* old, hackneyed. **2** *fig (persona)* bleary-eyed, haggard.

trasnochador,-a I *adj* given to staying up late. **II** *nm,f* night bird, nighthawk.

trasnochar *vi* to stay up (very) late.

traspapelado,-a I *pp de* traspapelar. **II** *adj* mislaid, misplaced.

traspapelar I *vtr (papeles etc)* to mislay, misplace. **II** **traspapelarse** *vr (documentos etc)* to get mislaid *o* misplaced.

trasparencia *nf véase* transparencia.

trasparentar *vtr véase* transparentar.

trasparente *adj & nm véase* transparente.

traspasar *vtr* **1** *(atravesar)* to go through; *(río)* to cross; *(perforar)* to pierce; **una bala le traspasó el corazón,** a bullet went through his heart; *fig* **estos silbidos te traspasan el oído,** that whistling noise pierces your ears. **2** *(comercio, derechos, jugador)* to transfer; **'se traspasa',** 'for sale'. **3** *fig (exceder)* to exceed, go beyond; **t. los límites de lo establecido,** to go beyond the set limit. **4** *fig (afectar)* to transfix.

traspaso *nm* **1** *(de comercio, derechos)* transfer. **2** *Com (venta)* sale; **cogió el t. de un comercio,** he bought a shop. **3** *(precio)* takeover fee; **piden 10.000 de t.,** they want 10,000 for the takeover.

traspatio *nm Am* back garden *o* yard.

traspié *nm (pl traspiés)* stumble, trip; **dar un t.,** to trip; *fig* to slip up.

traspiración *nf véase* transpiración.

traspirar *vi véase* transpirar.

traspirenaico,-a *adj véase* transpirenaico,-a.

trasplantar *vtr véase* transplantar.

trasplante *nm véase* transplante.

trasponer [78] *vtr véase* transponer.

trasportador,a *adj & nm adj véase* transportador,-a.

trasportar *vtr véase* transportar.

trasporte *nm véase* transporte.

trasposición *nf véase* transposición.

traspuesto,-a I *pp de* trasponer. **II** *adj* **quedarse t.,** to nod *o* doze off.

trasquilado,-a I *pp de* trasquilar. **II** *adj* **1** *(oveja)* sheared; *fig* **(ir a por lana y) salir t.,** to come out the loser. **2** *(pelo)* cropped. **3** *fam (mermado)* curtailed, cut down.

trasquilar *vtr* **1** *(oveja)* to shear. **2** *(pelo)* to crop. **3** *(dinero, recursos)* to curtail.

trasquilón *nm* **1** *fam (corte de pelo)* slash, chop; **con *o* a trasquilones,** unevenly cut. **2** *fam fig (dinero)* loot, catch.

trastabillar *vi* **1** *(dar traspiés)* to stumble, trip. **2** *(tambalearse)* to stagger, totter. **3** *(tartamudear)* to stutter, stammer.

trastabillón *nm Am* stumble, trip.

trastada *nf fam* **1** *(broma pesada)* prank. **2** *(mala jugada)* dirty trick.

trastazo *nm fam* whack, wallop, thump; **me di un t. contra un coche,** I bumped into a car; **se pegó un t.,** he came a cropper.

traste[1] *nm Mús* fret.

traste[2] *nm* **1** *Am (trasto)* piece of junk. **2** *fig* **dar al t. (con un plan),** to spoil (a plan); **irse al t.,** to fall through.

trastear[1] *vtr Mús* to play.

trastear[2] I *vi (revolver)* to rummage about. **II** *vtr* **1** *Taur* to play with the cape. **2** *fig (manejar)* to twist around one's little finger.

trastero *nm* **1** **(cuarto) t.,** junk room. **2** *Méx (alacena)* larder.

trastienda nf 1 (rebotica) back room; fig **por t.,** under the counter. 2 fig (astucia) cunning; **tener mucha t.,** to be a dark horse. 3 Chi Méx fam (trasero) bottom, rear (end), buttocks pl.

trasto nm 1 (que no sirve) piece of junk; (objeto cualquiera) thing; **¿qué hace este t. ahí en medio?,** what's this thingamajig o thingummy doing right in the middle?; **ser un t. viejo,** to be useless. 2 (niño) little devil. 3 Mueb piece of furniture. 4 **trastos,** tackle sing, gear sing; **los t. de escalar,** the climbing gear; **se fue con todos los t. de coser,** she went away with the whole sewing kit. 5 **trastos,** fam (posesiones) belongings things; **llévate tus t.,** take all your stuff with you; **coger** o **liar los t.,** to pack up and leave; **tirarse los t. a la cabeza,** to have a blazing o flaming row.

trastocar [49] vtr véase trastornar.

trastornado,-a I pp de trastornar. II adj mad, unhinged; **esta mujer me tiene t.,** this woman has driven me crazy; **mente trastornada,** unbalanced mind.

trastornar I vtr 1 (revolver) to turn round; fig to disarrange. 2 (desordenar) to turn upside down. 3 (alterar) (planes) to disrupt; (paz, tranquilidad) to disturb; (estómago) to upset; fig (molestar) to trouble, bother, annoy. 4 fig (perturbar) to unhinge; **trastorna a los hombres,** she drives men crazy. II **trastornarse** vr to go out of one's mind, go mad.

trastorno nm (molestia) trouble, inconvenience; (perturbación) disruption, upset, upheaval; (desorden) confusion; Med **t. estomacal,** stomach upset; **t. mental,** mental disorder o disturbance.

trastrocamiento nm switch, reversal.

trastrocar [49] vtr (gen) to switch o change around; (orden) to reverse, invert; (significado, sentido) to change.

trasunto nm fml copy, replica; **un fiel t. de la realidad,** a true representation of reality.

trasvasar vtr véase transvasar.

trasvase nm véase transvase.

trasversal adj véase transversal.

trasverso,-a adj véase transverso,-a.

trata nf slave trade o traffic. ■ **t. de blancas,** white slave trade.

tratable adj easy to get along with, friendly, congenial.

tratadista nmf treatise writer, essayist.

tratado,-a I pp de tratar. II nm 1 (estudio) treatise. 2 (pacto) treaty.

tratamiento nm 1 (gen) treatment; Med **un t. a base de antibióticos,** a course of antibiotics. 2 Téc processing, treatment. 3 (título) title; **le debes dar t. de Excelencia,** you must address him as Your Excellency. 4 Inform processing; **t. de datos,** data processing; **t. de textos,** word processing.

tratante nmf dealer.

tratar I vtr 1 (asistir, atender) to treat; **nos han tratado muy bien,** they were very nice to us; **t. a algn bien/mal,** to treat sb well/bad. 2 Med (enfermedad) to treat. 3 (asunto) to discuss. 4 (manejar) to handle. 5 (gestionar) to handle, run. 6 Inform Téc to process. 7 Quím to treat. II vi 1 (relacionarse) **he tratado más con la hermana,** I'm more acquainted with her sister; **t. con algn,** to see o visit sb frequently. 2 (tener tratos) to deal (con, with); (negociar) to negotiate (con, with). 3 (intentar) **t. de,** to try; **trata de entenderlo,** try to understand. 4

(llamar) **t. de,** to address as; **no es necesario que me trates de usted,** you needn't address me as 'usted' 5 (calificar) to consider, look on; **le trató de loco** he treated him as if he were mad. 6 (versar) **t. de** o **sobre** o **acerca,** to be about; **¿de qué trata?,** what i it about? 7 Com **t. en,** to deal in. III **tratarse** vr (recíproco) to treat each other. 2 (llamarse) to ad dress each other; **se tratan de tú,** they call eacl other tú. 3 (hablarse) to talk to each other, be or speaking terms. 4 (ser cuestión) **t. de,** to be a ques tion of; **se tratará de una media hora,** it'll be abou half an hour; **sólo se trata de ser más puntual,** it's only a matter of being on time. 5 (referirse) **t. de** to be about; **¿de qué se trató durante la cena?,** wha was the subject during supper?; **se trata de ur cuento irlandés,** it's an Irish story.

tratativa nf Arg business meeting.

trato nm 1 (de personas) manner, treatment; (con tacto) contact; pey dealings pl; **no tengo t. con Juan** I have nothing to do with Juan; **tener un t. agradable,** to have a pleasant manner; **t. diario,** daily contact. ■ **malos tratos,** ill-treatment sing; **t. de gentes,** a way with people. 2 (acuerdo) agreement **hicimos el t. de dejar de fumar,** we agreed to stor smoking; **¡t. hecho!,** it's a deal! 3 Com deal; **cerra un t.,** to close a deal; **estar en tratos con algn,** to be negotiating with sb. 4 (tratamiento) title; **dar a algr el t. de Señoría,** to address sb as Your Lordship.

trauma nm trauma; fam **el t. de la mili,** the drag o doing military service.

traumático,-a adj traumatic.

traumatismo nm traumatism.

traumatizar vtr Med to traumatize; fam to shock.

traumatología nf (hospital) accident ward.

travelín nm Cin TV travelling, US traveling.

través I nm (pl traveses) 1 (de madera) crosspiece, crossbeam. 2 (inclinación) slant. 3 fig (desgracia) misfortune. II adv 1 **a t. de,** through; (por dentro de) **lo supe a t. de su mujer,** I found out through his wife. 2 **de t.,** (transversalmente) crosswise; **pon los cubiertos de t. en el plato,** place the cutlery crosswise on the plate. 3 (de lado) sideways; **mirar de t.,** to look askance at; **ponlo de t. o no pasará,** put it sideways or it won't go through. III prep **al** o **a t.,** across, over; **a t. del río,** across the river.

travesaño nm 1 Arquit crosspiece; (viga) crosspiece. 2 Ftb crossbar.

travesía nf 1 (viaje) voyage; **la t. del Atlántico,** the crossing of the Atlantic. 2 (calle) cross street, passage. 3 (distancia) distance. 4 Arg Bol (región) arid plain.

travestí nmf, **travesti** nmf transvestite.

travestismo nm transvestism.

travestirse vr to wear clothes belonging to the opposite sex.

travesura nf mischief, childish prank; **hacer travesuras,** to get into mischief.

traviesa nf 1 Ferroc sleeper, US tie. 2 Constr (viga) trimmer.

travieso,-a adj mischievous, naughty.

trayecto nm 1 (distancia) distance, way; **hay un largo t. de aquí a Madrid,** it's a long way o journey from here to Madrid. 2 (recorrido) route, itinerary; **final de(l) t.,** terminus, end of the line.

trayectoria nf 1 (de proyectil, geométrica) trajectory. 2 fig (orientación) line, course; **la impecable t. democrática de nuestro partido,** our party's staunchly democratic path.

raza *nf* **1** *(apariencia)* looks *pl*, appearance; **no llevar** *o* **tener trazas de,** not to look as if; **no lleva trazas de curarse,** it doesn't look as if he's going to get better. **2** *Arquit* plan, design. **3** *(maña)* skill, knack; **este chico no tiene ninguna t. para la pintura,** this boy is no good at painting.

razado,-a I *pp de* trazar. **II** *adj* laid out, designed. **III** *nm* **1** *(plano)* layout, plan. **2** *(dibujo)* drawing, sketch. **3** *(de carretera, ferrocarril)* route, course.

razar [4] *vtr* **1** *(línea, carta)* to draw; *(parque)* to lay out; *(edificio)* to design; *(esbozo)* to draw (up). **2** *(describir)* to sketch; **t. una semblanza (de algn),** to describe *o* depict (sb). **3** *fig (idear)* to draw up the broad lines of.

razo *nm* **1** *(línea)* line. **2** *(de una letra)* stroke. **3** *(rasgo facial)* feature.

rebejo *nm fam (gen pl)* staff, gear.

rébol *nm* **1** *Bot* clover, trefoil. **2** *Naipes* club. **3** *(carreteras)* (motorway) interchange.

rece *inv* **I** *adj (cardinal)* thirteen; *(ordinal)* thirteenth; **el t. de abril,** the thirteenth of April, April the thirteenth; **martes y t.,** ≈ Friday 13th. **II** *nm* thirteen; *fig* **estar** *o* **mantenerse** *o* **seguir en sus t.,** to stick to one's guns; *véase tamb* ocho.

receavo,-a *adj* thirteenth; *véase tamb* octavo,-a.

recho *nm* **1** *(distancia)* distance, way; **a trechos,** in parts *o* places; *prov* **del dicho al hecho hay un buen t.,** there's many a slip 'twixt cup and lip. **2** *Agr* plot, patch. **3** *fam* bit, piece.

regua *nf Mil* truce; *fig* respite, rest.

reinta *inv* **I** *adj (cardinal)* thirty; *(ordinal)* thirtieth; **murió el t. de junio,** he died on June the thirtieth; **los años t.,** the thirties. **II** *nm* thirty; *véanse tamb* ochenta *y* ocho.

reintena *nf* thirty; **una t. de invitados,** thirty-odd guests.

reintavo,-a I *adj* thirtieth. **II** *nm (parte)* thirtieth; *véase tamb* octavo,-a.

remebundo,-a *adj* terrible, dreadful.

remendismo *nm Lit* coarse *o* gloomy realism in literature.

remendista *adj* sensationalist.

remendo,-a *adj* **1** *(terrible)* terrible, dreadful, frightful; *fam* **tomarse algo por la tremenda,** to make a great fuss about sth. **2** *(muy grande)* enormous; *fig* tremendous.

rementina *nf* turpentine. ■ **esencia de t.,** oil *o* spirits of turpentine.

remolar *lit* **I** *vtr (banderas)* to wave. **II** *vi* to flutter, wave.

remolina *nf fam* uproar, shindy.

rémolo *nm Mús* tremolo.

rémulo,-a *adj lit (vacilante)* quivering, tremulous; *(luz, llama)* flickering.

ren *nm* **1** *Ferroc* train; **cambiar de t.,** to change (trains), *US* transfer; **coger** *o* **tomar el t.,** to catch a train; **el tren a** *o* **para París,** the train to Paris; **iremos en t.,** we'll go by train; *fam* **estar como (para parar) un t.,** to be hot stuff *o* very sexy. ■ **t. correo,** mail train; **t. de cercanías,** suburban train; **t. de pasajeros,** passenger train; **t. de mercancías** *o* **de carga,** goods *o US* freight train; **t. directo,** through train. **2** *Mil* convoy. **3** *Téc* set (of gears *o* wheels). ■ *Av* **t. de aterrizaje,** undercarriage; **t. de lavado,** car wash. **4** *fig (ritmo)* speed, pace; **vivir a todo t.,** to lead a grand life.

rena *nf arg* clink, hole.

renca *nf (prenda)* duffel *o* duffle coat.

trencilla *nf Cost* braided ribbon.

trenza *nf* **1** *Peluq* plait, *US* braid; **t. postiza,** switch. **2** *Cost* braid. **3** *Arg (lucha)* wrestling.

trenzado,-a I *pp de* trenzar. **II** *adj* **1** *(entrelazado)* intertwined. **2** *Cost* braided. **3** *Peluq (cabello)* plaited, *US* braided.

trenzar [4] *vtr* to intertwine; *Peluq* to plait, *US* braid. **II** *vi* **1** *(en danza)* to weave in and out; *(caballo)* to caper. **2** *Am (luchar)* to wrestle.

trepa *nm arg* go-getter, social climber.

trepador,-a I *adj* climbing; **ave trepadora,** creeper; **planta trepadora,** climber, creeper. **II** *nf Orn* creeper. **III** *nm fam* go-getter, social climber.

trepanación *nf Med* trepanation.

trepanar *vi Med* to trephine, trepan.

trépano *nm (en perforaciones)* bit.

trepar[1] **I** *vtr (persona)* to climb. **II** *vi* **1** *(persona, planta)* climb. **2** *fam fig (socialmente)* to be a social climber.

trepar[2] *vt* **1** *(taladrar)* to drill. **2** *Cost* to trim.

trepidación *nf* vibration, shaking.

trepidante *adj* vibrating, shaking; *fig* **lleva un ritmo de vida t.,** he leads a hectic *o* frantic life.

trepidar *vi* **1** to vibrate, shake. **2** *Am (vacilar)* to hesitate.

tres I *adj inv (cardinal)* three; *(ordinal)* third; **el t. de mayo tengo un examen,** I must take an examination on May the third; **las t.,** three o'clock; *fam* **como t. y dos son cinco,** as sure as eggs are eggs; *fam* **de t. al cuarto,** cheap, of little value; *fam* **ni a la de t.,** there is *o* was no way. **II** *nm (pl treses)* three; **t. en raya,** noughts and crosses, *US* tick-tack-toe; *véase tamb* ocho.

trescientos,-as I *adj inv (cardinal)* three hundred; *(ordinal)* three hundredth; **en (el año) mil t. cuarenta y uno,** in (the year) thirteen forty-one. **II** *nm* three hundred; *véanse tamb* ochenta *y* ocho.

tresillo *nm* **1** *Mueb* (three-piece) suite. **2** *Mús* triplet. **3** *Naipes* ombre.

treta *nf* trick, ruse.

tríada *nf* triad.

triangular *adj* triangular.

triángulo I *adj* triangular. **II** *nm Geom Mús* triangle. ■ **t. equilátero,** equilateral triangle; **t. isósceles,** isosceles triangle; **t. rectángulo,** rectangle triangle; *fig* **t. amoroso,** eternal triangle.

tribal *adj* tribal, tribe.

tribu *nf* tribe.

tribulación *nf* tribulation.

tribuna *nf* **1** *(plataforma)* rostrum, dais; **t. de (la) prensa,** press box. **2** *Dep* grandstand.

tribunal *nm* **1** *Jur* court; **llevar a los tribunales,** to take to court. ■ **T. Constitucional,** constitutional court; **t. de apelación,** court of appeal; **T. Supremo,** High Court, *US* Supreme Court; **t. (tutelar) de menores,** juvenile court. **2** *(de examen)* board of examiners.

tribuno *nm Hist* tribune.

tributable *adj* subject *o* liable to tax.

tributación *nf* taxation, levy.

tributante *nmf* taxpayer.

tributar *vtr (impuestos)* to pay; **t. un homenaje,** to pay a tribute.

tributario,-a I *adj* tributary; **sistema t.,** tax system. **II** *nm,f* taxpayer.

tributo nm 1 (impuesto) tax. 2 fig Hist tribute; **t. de amistad,** token of friendship.

tríceps nm inv Anat triceps sing.

triciclo nm tricycle.

tricolor adj tricolour, US tricolor, tricoloured, US tricolored.

tricornio nm 1 three-cornered hat, tricorn, tricorne. 2 arg (guardia civil) (member of the) civil guard.

tricot nm knit, tricot.

tricotar vtr to knit; **máquina de t.,** knitting machine.

tricotosa nf knitting machine.

tridente nm trident.

tridimensional adj three-dimensional.

triedro nm Geol trihedron.

trienal adj triennial.

trienio nm triennium.

trifásico,-a I adj Elec three-phase. II nm fam white coffee with brandy.

trifulca nf fig squabble, row, rumpus.

trigal nm wheat field.

trigésimo,-a I adj thirtieth; **t. primero,** thirty-first. II nm,f (de una serie) thirtieth. III nm (parte) thirtieth; véase tamb octavo,-a.

trigo nm 1 Bot wheat; fig **meterse en trigo(s) ajeno(s),** to meddle in sb else's affairs; fig **no ser t. limpio,** (persona) not to be totally above board; (asunto) to be dubious o shady. 2 fam (dinero) dough.

trigonometría nf trigonometry.

trigonométrico,-a adj trigonometric, trigonometrical.

trigueño,-a adj (pelo) corn-coloured, dark blonde; (piel) dark, swarthy; (persona) olive-skinned.

triguero,-a I adj wheat; **espárrago t.,** wild asparagus. II nm Orn corn bunting.

trilateral adj three-sided, trilateral.

trilita nf gelignite.

trilogía nf trilogy.

trilla nf Agr threshing.

trillado,-a I pp de **trillar.** II adj fig (expresión) overworked, well-worn; **camino t.,** beaten path.

trilladora nf threshing machine; **t. segadora,** combine harvester.

trillar vtr Agr to thresh.

trillizos,-as nm,fpl triplets.

trillo nm Agr thresher.

trillón nm trillion, US quintillion.

trimestral adj quarterly, three-monthly, trimestral; **examen t.,** end-of-term examination.

trimestre nm quarter, trimester; Educ term.

trimotor nm Av three-engined aircraft.

trinar vi 1 Orn Mús to warble. 2 fam to rage, fume; **María estaba que trinaba cuando por fin llegué,** María was really fuming when I finally arrived.

trinca nf trio, threesome.

trincar[1] [1] I vtr fam (capturar) to catch. II **trincarse** vr ofens to screw; **t. a una tía,** to screw a bird.

trincar[2] vr fam to drink; **se trincó una botella de ron él solito,** he put away a bottle of rum all by himself.

trinchante nm 1 (cubierto) carving knife. 2 Mueb serving o side table.

trinchar vtr (carne) to carve, slice (up).

trinche nm Am 1 (tenedor) fork. 2 véase trinchante 2.

trinchera nf 1 Mil trench. 2 Méx (cuchillo) curve knife.

trinchero nm véase **trinchante** 2.

trineo nm sled, sledge, sleigh.

Trinidad n Trinidad.

trinidad nf Rel trinity; **la Santísima T.,** the Blesse o Holy Trinity.

trinitario,-a adj & nm,f Trinitarian.

trino nm 1 Orn warble, trill. 2 Mús trill.

trinomio nm Mat trinomial.

trinquete[1] nm Náut foremast.

trinquete[2] nm Dep pelota played in a closed court

trinquete[3] nm Téc pawl, ratchet.

trío nm trio.

trip nm arg (drogas) trip.

tripa nf 1 (intestino) gut, intestine; fam tummy **dolor de t.,** stomach ache; fig **hacer de tripas co razón,** to pluck up courage; fig **revolver las tripas** to turn one's stomach; fam **echar/tener t.,** to ge have a paunch. 2 vulg (embarazo) belly. 3 (de va sija) belly. 4 **tripas,** (gen) innards; (de fruta) cor sing, seeds; (documentos) dossier pl.

tripartito,-a adj divided into three, tripartite.

triple adj & nm triple; **si aciertas, ganarás el t., i** you win, you'll get back three times your money **un t. salto mortal,** a triple somersault.

triplicado,-a I pp de **triplicar.** II adj triplicate; po **t.,** in triplicate.

triplicar [1] vtr to triple, treble.

triplicidad nf triplicity.

trípode nm tripod.

Trípoli n Tripoli.

tripón,-ona nm,f 1 fam (tripudo) potbellie person. 2 Méx (chivo) young goat.

tríptico nm triptych.

triptongo nm Ling triphthong.

tripudo,-a adj fam paunchy, potbellied.

tripulación nf crew.

tripulante nmf crew member.

tripular vtr to man.

trique nm Am noughts and crosses, US tick-tack toe.

triquinosis nf inv trichinosis.

triquiñuela nf fam trick, dodge; **andarse con tri quiñuelas,** to be a trickster; **saberse las triquiñuelas** to know (all) the dodges.

triquitraque nm clackety-clack, clatter.

tris nm fig bit; **en un t.,** in a jiffy; **estuve en un t. de llamarte,** I nearly called you; **por un t.,** by the skir of one's teeth; **no se cayó por un t.,** it was pure luck that he didn't fall.

trisílabo,-a Ling I adj trisyllabic. II nm trisyllable

triste adj 1 (infeliz) sad, unhappy; **es t., pero e verdad,** it's sad but true; **poner t. a algn,** to make sb sad; **ponerse t.,** to become o turn sad. 2 (oscuro sombrío) dismal, gloomy; **hacer un t. papel,** to cu a sorry figure; **t. futuro,** bleak future. 3 (único single, only; **ni un t. penique,** not a single penny. 4 (insignificante) poor, humble; **su padre era un t. pi capedrero,** his father was a simple stonecutter.

tristeza nf sadness; **tristezas,** problems, sufferings.

tristón,-ona adj fam gloomy, sad.

tritón nm 1 Zool newt. 2 Mit Triton.

trituración nf grinding, trituration.

riturado,-a I *pp de* triturar. II *adj* ground, crushed; *fig* **me ha devuelto el libro t.,** he's given the book back to me all crumpled up.

riturar *vtr* 1 *(machacar)* to grind (up), triturate. 2 *fig (físicamente)* to beat (up); *(moralmente)* to tear apart.

riunfador,-a I *adj* winning. II *nm,f* winner.

riunfal *adj* triumphant; **salir t.,** to come out the winner *o* on top.

riunfalismo *nm* boastfulness; *Pol* jingoism.

riunfalista *adj* boastful; *Pol* jingoistic, chauvinist, chauvinistic.

riunfar *vi* to triumph, win; **t. en la vida,** to succeed in life.

riunfo *nm* 1 *(victoria)* triumph, victory; *Dep* win. 2 *(éxito)* success. 3 *Naipes* trump.

riunvirato *nm* *Hist* triumvirate.

rivial *adj* trivial, petty.

rivialidad *nf* triviality, pettiness.

rivializar *vtr* to trivialize, minimize.

riza *nf* bit, fragment; **hacer trizas,** to tear to shreds; *(gastar)* to wear out; *fam fig* **estoy hecho trizas,** I feel washed out.

rocar [49] I *vtr* 1 *Com (permutar)* to barter, exchange. 2 *(transformar)* to turn **(en,** into), convert. II **trocarse** *vr (mudarse)* to change **(en,** into), switch round.

rocear *vtr* to cut up (into bits *o* pieces).

rochemoche (a) *loc adv fam* haphazardly.

rofeo *nm* trophy.

roglodita *nmf* troglodyte.

rola *nf fam* lie, fib.

role *nm* trolley (pole).

rolebús *nm* trolley bus.

rolero,-a *fam* I *adj* lying. II *nm* liar, fibber.

romba *nf* waterspout. ■ **t. de agua,** violent downpour.

rombo *nm* *Med* thrombus.

rombón I *nm* *Mús (instrumento)* trombone. ■ **t. de pistones** *o* **llaves,** valve trombone; **t. de varas,** slide trombone. II *nmf* trombonist.

rombosis *nf inv* *Med* thrombosis.

rompa I *nf* 1 *Mús* horn. 2 *(de elefante)* trunk. 3 *(de insecto)* proboscis. 4 *fam fig* hooter. 5 *Anat* tube. ■ **t. de Eustaquio,** Eustachian tube, **t. de Falopio,** Fallopian tube. 6 *(nube) véase* tromba. 7 *fam (borrachera)* **llevar una t., estar t.,** to be sloshed *o* plastered. II *nmf* horn player.

rompada *nf* 1 *(puñetazo)* thump, punch. 2 *(choque de personas)* bump, collision. 3 *arg (drogas)* hit.

rompazo *nm* bump; **darse** *o* **pegarse un t.,** to have a bump, crash.

rompeta I *nf* 1 *Mús* trumpet. 2 *Méx (borrachera)* binge. II *nmf* trumpet player.

rompetazo *nm* trumpet blast.

rompetilla *nf desus* ear trumpet.

rompetista *nmf* trumpet player, trumpeter.

rompicar [1] *vi* to trip (up), stumble.

rompicón *nm* 1 *(tropezón)* trip, stumble; **a trompicones,** in fits and starts; **saqué la carrera a trompicones,** I scraped through and got my degree. 2 *(golpe)* blow, hit.

rompiza *nf fam* fight.

rompo *nm* spinning top.

rompudo,-a *adj* *SAm* thick-lipped.

tronada *nf* thunder storm.

tronado,-a I *pp de* tronar. II *adj* old, broken-down.

tronar [31] *vi* to thunder.

troncha *nf* *Am (tajada)* slice.

tronchante *adj* *fam* hilarious, uproarious.

tronchar I *vr* 1 *(árboles)* to cut down, fell. 2 *fig (esperanzas etc)* to destroy. II **troncharse** *vr* **t. de risa,** to split one's sides with laughter.

troncho¹ *nm* *Bot* stem, stalk.

troncho,-a² *adj* *Arg* 1 *(mutilado)* maimed. 2 *(pedazo)* piece.

tronco *nm* 1 *Anat* trunk, torso. 2 *Bot (tallo de árbol)* trunk; *(leño)* log; *fam fig* **dormir como un t.,** to sleep like a log. 3 *Geom* frustum; **t. de cono,** truncated cone. 4 *(tiro de dos caballos)* team. 5 *(linaje)* family stock. 6 *arg (compañero)* mate, pal, chum.

tronera I *nf* 1 *(gen)* dow; *(de fortificación)* loophole; *Náut* porthole. 2 *(de billar)* pocket. II *nmf fam (hombre)* rake; *(mujer)* slut, loose woman.

trono *nm* throne.

tropa I *nf* 1 *Mil* soldiers *pl.* 2 *(grupo de gente)* troop, crowd. 3 **tropas,** *Mil* troops, fighting soldiers; **t. de asalto,** storm troops. II *nm* *Am (mal educado)* rude *o* coarse man.

tropel *nm* throng, mob; **en t.,** in a mad rush.

tropelía *nf* 1 *(atropello)* outrage. 2 *véase* tropel. 3 *(delito)* crime.

tropezar [47] *vi* 1 *(trompicar)* to trip, stumble **(con,** on); **t. con algo/algn,** to come across sth/sb; **tropecé con Quique en el concierto,** I ran into Quique at the concert. 2 *fig* **t. con,** *(dificultades)* to come up against; *(persona)* to disagree with; **el proyecto tropezó con muchos obstáculos,** the project ran into many difficulties.

tropezón *nm* 1 *(traspié)* trip, stumble; **dar un t.,** to trip; *fig* **a tropezones,** in fits and starts. 2 *fig (error)* slip-up, faux pas. 3 *fam (de comida)* chunk of meat.

tropical *adj* tropical.

trópico *nm* tropic.

tropiezo I *nm* 1 *(obstáculo)* trip. 2 *fig (error)* blunder, faux pas; *(revés)* setback, mishap. 3 *(riña)* quarrel. II *indic pres véase* tropezar.

tropilla *nf* *Am* drove.

troposfera *nf* *Geog* troposphere.

troquel *nm* die.

troqueladora *nf* stamping press.

troquelar *vtr* to stamp.

trotaconventos *nf inv* *lit* procuress, go-between.

trotador,-a *adj* trotting.

trotamundos *nmf inv* globe-trotter.

trotar *vi* 1 *(caballo)* to trot. 2 *fam (andar deprisa)* to bustle, run *o* run about.

trote *nm* 1 *(de caballo)* trot; **al t.,** at a trot. 2 *fam (actividad)* chasing about, (hustle and) bustle; **de** *o* **para todo t.,** for everyday use *o* wear; **ya no está para esos trotes,** he cannot keep up the pace any more.

trotón,-ona *adj* trotting.

trova *nf* *Lit* medieval poem, lyric.

trovador *nm* troubadour.

trovadoresco,-a *adj* troubadour.

trovar *vi* *lit* to write poetry *o* verses.

Troya *n* *Hist* Troy; **caballo de T.,** Trojan horse; *fig* **aquí** *o* **allí fue T.,** that's where *o* when the trouble began.

troya *nf Am* spinning top game.

troyano,-a *adj & nm,f* Trojan.

trozo *nm* piece, chunk; **lo cortó a trozos,** he cut it in(to) pieces.

trucaje *nm Cin* trick photography.

trucar [1] *vtr* to doctor, alter; **t. una fotografía,** to doctor a photograph; *fam* **se ha trucado el mini,** he souped up the Mini.

truco *nm* 1 *(ardid)* trick; *TV Cin* gimmick; **este rompecabezas tiene t.,** this puzzle has a catch; **t. publicitario,** advertising stunt *o* gimmick. 2 *(tranquillo)* knack; **coger el t. (a algo),** to get the knack *o* hang (of sth).

truculencia *nf (crueldad)* cruelty; *(exceso)* sensationalism.

truculento,-a *adj (cruel)* cruel; *(excesivo)* sensationalistic.

trucha *nf* 1 *(pez)* trout. 2 *Am (tienda)* stand. 3 *Méx (chaveta)* derrick.

trucho,-a *adj Am* cunning.

trueno *nm* 1 *Meteor* thunder, thunderclap. 2 *fam (joven)* madcap.

trueque *nm Com* barter, exchange.

trufa *nf* 1 *Bot Culin* truffle. 2 *(bombón)* chocolate truffle.

trufar *vtr Culin* to stuff with truffles.

truhán,-ana *nm,f* rogue, crook.

trullo *nm arg* clink.

truncado,-a I *pp de* **truncar.** II *adj* truncate, truncated, cut short.

truncar [1] I *vtr* 1 to truncate, *fig* cut short; *fig* **t. las ilusiones,** to shatter hopes. 2 *fig (escrito)* to leave unfinished, cut off; *(sentido)* to upset. II **truncarse** *vr fig* to cut short.

trust *nm (pl* **trusts)** *Fin* trust, cartel.

tse-tsé *adj Ent* **mosca t.,** tsetse *o* tzetze fly.

tu *adj pos* your; **tu libro,** your book; **tus libros,** your books.

tú *pron* you; **de tú a tú,** on equal terms; **trátame de tú, por favor,** call me **tú,** please.

tuareg *nmpl* Tuareg, Tuaregs.

tuba *nf Mús* tuba.

tuberculina *nf* tuberculin.

tubérculo *nm* 1 *Bot* tuber. 2 *Med* tubercle.

tuberculosis *nf inv Med* tuberculosis.

tuberculoso,-a *adj* 1 *Bot* tuberous. 2 *Med* tubercular, tuberculous.

tubería *nf* 1 *(de agua)* piping, pipes *pl*, plumbing. 2 *(de gas, petróleo)* pipeline.

tubo *nm* 1 *(de análisis etc)* tube; *fam* **hacer pasar a algn por el t.,** to put the screws on sb; *fam* **pasar por el t.,** to knuckle under; *arg* **alucinar por un t.,** to flip (out). ▪ **t. de ensayo,** test tube. 2 *(tubería)* pipe. ▪ *Aut* **t. de escape,** exhaust (pipe). 3 *Anat* tube.

tubular *adj* tubular; **(neumático) t.,** bicycle tyre.

tucán *nm Orn* toucan.

tuco,-a¹ I *adj (manco)* one-handed. II *nm Am (trozo)* piece. III *nm,f (tocayo)* namesake.

tuco² *nm Arg Urug Culin* tomato sauce.

tuerca *nf Téc* nut.

tuerto,-a I *adj* one-eyed, blind in one eye; **quedarse t.,** to become *o* go blind in one eye. II *nm,f* one-eyed person. III *nm (agravio)* wrong, injustice.

tuerzo *indic pres véase* **torcer.**

tuétano *nm* marrow; *fig* bones *pl*, essence; **hasta lc tuétanos,** through and through; **estaba dolida hast los tuétanos,** she was cut to the bone.

tufo *nm* 1 *(mal olor)* foul odour *o US* odor *o* smel fug. 2 *(emanación)* fume, vapour, *US* vapor.

tugurio *nm* 1 *(casucha)* hovel, shack. 2 *fig* hole.

tul *nm Cost* tulle.

tulenco,-a *adj Am (enclenque)* thin; *(patojo)* lame

tulipa *nf* 1 *Bot* small tulip. 2 *(lámpara)* tulip-shape lampshade.

tulipán *nm Bot* tulip.

tullidez *nf* 1 *(impedimento)* paralysis, disability. *(cansancio)* exhaustion.

tullido,-a I *pp de* **tullir.** II *adj* crippled, disabled III *nm,f* cripple.

tullir [41] *vtr* 1 *(paralizar)* to cripple. 2 *(de can sancio)* to wear *o* tire out.

tumba¹ *nf* grave, tomb; *fig* **a t. abierta,** (at) ful speed; *fam* **no diré nada a nadie, soy (como) una t** my lips are sealed.

tumba² *nf Am (tala)* felling of trees.

tumbadero *nm Méx Cuba* brothel.

tumbado,-a I *pp de* **tumbar.** II *adj* lying, stretche out; **t. al sol,** lying in the sun.

tumbar I *vtr* 1 *(derribar)* to knock down *o* over. *Educ fam* to fail. 3 *Col Cuba Méx (talar)* to fell. I *vi* 1 *(caer a tierra)* to fall down. 2 *arg (matar)* t bump off. III **tumbarse** *vr* 1 *(acostarse)* to li down, stretch down. 2 *(arrellanarse)* to lie back. *ofens* to screw, lay.

tumbía *nf Am* large basket.

tumbo *nm* jolt, bump; **dar tumbos,** to jolt, bump.

tumbona *nf* easy chair; *(de lona)* deck chair.

tumefacción *nf* swelling, tumefaction.

tumefacto,-a *adj* swollen.

tumor *nm Med* tumour, *US* tumor.

túmulo *nm* 1 *(en arqueología)* tumulus, barrow. *Geog* mound. 3 *(catafalco)* catafalque.

tumulto *nm* tumult, commotion.

tumultuoso,-a *adj* tumultuous, riotous.

tuna *nf arc* student folkloric music group.

tunante,-a I *nm,f* rogue, crook; **el muy t. se larg sin pagar,** the rascal cleared off without paying. I *nf* prostitute.

tunco,-a *adj Am* one-handed.

tunda *nf fam* 1 *(paliza)* beating, thrashing. 2 *(tra bajo agotador)* exhausting job, drag.

tundir¹ *vtr (pieles, paño)* to shear.

tundir² *vtr* to thrash.

tundra *nf Geog* tundra.

tunecí,-ina *adj & nm,f,* **tunecino,-a** *adj & nm,* Tunisian.

túnel *nm* tunnel.

Túnez *n* 1 *(país)* Tunisia. 2 *(ciudad)* Tunis.

túnica *nf (prenda)* tunic.

tuno¹ *nm Bot* prickly pear.

tuno,-a² I *nm,f (bribón)* rogue, crook. II *nm (es tudiante)* member of a **tuna.**

tuntún (al o al buen) *nm* haphazardly, any ol how.

tuntuneco,-a *adj CAm* silly.

tupé *nm (pl* **tupés)** 1 *(peluca)* toupee. 2 *fam (des caro)* nerve, cheek.

tupición *nf* 1 *Am fig* confusion. 2 *Méx (espesura)* dense vegetation.

tupido,-a I *pp de* tupir. **II** *adj* **1** *(espeso)* thick, dense. **2** *Am (obstruido)* blocked.

tupir I *vtr (apretar)* to pack, tight, press down. **II tupirse** *vr* **1** *(de comida)* to stuff oneself. **2** *(confundirse)* to get muddleheaded.

turba¹ *nf* **1** *(combustible)* peat, turf. **2** *(abono)* peat (moss).

turba² *nf (muchedumbre)* mob, crowd.

turbación *nf* **1** *(alteración)* disturbance. **2** *(preocupación)* anxiety, worry. **3** *(desconcierto)* confusion, uneasiness.

turbado,-a I *pp de* turbar. **II** *adj* **1** *(alterado)* disturbed, unsettled. **2** *(preocupado)* worried, anxious. **3** *(desconcertado)* confused, baffled, put off.

turbador,-a *adj* **1** *(que altera)* disturbing, unsettling. **2** *(preocupante)* worrying. **3** *(desconcertante)* confusing, disconcerting, off-putting.

turbante *nm (prenda)* turban.

turbar I *vtr* **1** *(alterar)* to unsettle; *(paz, tranquilidad)* to disturb; *(agua)* to stir up. **2** *(preocupar)* to upset *o* worry. **3** *(desconcertar)* to baffle, put off. **II turbarse** *vr* **1** *(preocuparse)* to be *o* become upset. **2** *(desconcertarse)* to be *o* become confused *o* baffled.

turbina *nf Téc* turbine.

turbio,-a *adj* **1** *(oscurecido)* cloudy, muddy, turbid; *fig* **lo veo todo t.,** I see everything blurry. **2** *pey* shady, dubious; **un negocio t.,** a shady business. **3** *fig (turbulento)* turbulent; **un período t.,** an unsettled *o* turbulent period.

turbonada *nf Meteor* **1** *(chubasco)* stormy squall *o* downpour. **2** *Arg (viento)* gale.

turborreactor *nm Téc* turbojet (engine).

turbulencia *nf* turbulence.

turbulento,-a *adj* turbulent, troubled, unruly.

turco,-a I *adj* Turkish; **cama turca,** divan. **II** *nm,f (persona)* Turk; *fig* **cabeza de t.,** scapegoat. **III** *nm (idioma)* Turkish.

turcomano,-a *adj & nm,f* Turkman, Turkoman.

turgencia *nf* turgidity, turgidness.

turgente *adj,* **túrgido,-a** *adj* turgid.

turismo *nm* **1** *(gen)* tourism, touring; **hacer t.,** to go touring *o* sightseeing. **2** *(industria)* tourist trade *o* industry. **3** *Aut* private car.

turista *nmf* tourist; **hacer el t.,** to get taken in.

turístico,-a *adj* tourist; **de interés t.,** of interest to tourists.

turmalina *nf Min* tourmaline.

túrmix® *nm* liquidizer, blender.

turnar I *vi* **1** *(alternar)* to alternate. **2** *Méx* to send on. **II turnarse** *vr* to take turns.

turno *nm* **1** *(tanda)* turn, go; **¿a quién le toca el t.?,** who's next? **2** *(período de trabajo)* shift; **estar de t.,** (to be) on duty; **t. de día/noche,** day/night shift.

turolense I *adj* of *o* from Teruel. **II** *nmf* native *o* inhabitant of Teruel.

turón *nm Zool* polecat.

turquesa *adj & nf* turquoise.

Turquestán *n* Turkestan, Turkistan.

Turquía *n* Turkey.

turro,-a *adj Arg* stupid, idiotic.

turrón *nm* Christmas sweet similar to nougat made with almonds and honey or sugar.

turulato,-a *adj fam* flabbergasted, flummoxed.

tururú *adj fam* touched; **¡t.!,** get stuffed!

tusa *nf* **1** *SAm (maíz)* cornhusk. **2** *CAm Cuba (mujerzuela)* slut.

tusar *vtr Am* to crop.

tusón,-a *Am* **I** *adj (sin rabo)* tailless. **II** *nf (prostituta)* whore.

tute *nm* **1** *Naipes* card game. **2** *fam* beating, trashing; **darse un t.,** to wear oneself out.

tutear I *vtr* to address as **tú. II tutearse** *vr* to address (each other *o* one another) as **tú;** *fig* to be on familiar terms.

tutela *nf* **1** *Jur* guardianship, tutelage; **bajo t.,** in ward. **2** *fig (protección)* protection, guidance; **bajo la t. de,** under the protection of.

tutelar *adj* tutelar, tutelary.

tuteo *nm* use of the **tú** form of address.

tutiplén (a) *loc adv fam* in a grand way, **come a t.,** he eats like there's no tomorrow.

tutor *nm* **1** *Jur* guardian. **2** *fig (protector)* protector, guide. **3** *Educ (profesor)* tutor. **4** *Agr* stake, prop.

tutoría *nf* **1** *Jur* guardianship, tutelage. **2** *Educ* post of tutor.

tutú *nm* **1** *(prenda)* tutu. **2** *Arg Orn* bird of prey.

tuturuto,-a *adj* **1** *Am (lelo)* half-witted, stupid. **2** *Am (borracho)* drunk.

tuve *pt indef véase* tener.

TV *abr de* **televisión,** television, TV.

TVE *nf abr de* Televisión Española.

tuyo,-a I *adj pos* of yours, one of your; **¿es amigo t.?,** is he a friend of yours?; **un libro t.,** one of your books; **unas amigas tuyas,** some friends of yours. **II** *pron pos* yours, your own; **éste es t.,** this one is yours; **métete en lo t.,** mind your own business; **prométeme que no harás de las tuyas,** promise me that you won't get up to your old tricks; *fam* **los tuyos,** *(familiares)* your family; *(amigos)* your friends.

tweed *nm Tex* tweed.

twist *nm Mús* twist.

U

U, u *nf (la letra)* U, u.

u *conj (delante de palabras que empiecen por o o ho)* or; **siete u ocho,** seven or eight; **ayer u hoy,** yesterday or today.

Uagadugú *n* Ouagadougou.

ubérrimo,-a *adj* very fertile, rich; **vegetación ubérrima,** luxuriant vegetation.

ubicación *nf* location, position.

ubicar [1] I *vi (en un lugar)* to be, be situated. II *vtr Am (situar)* to locate, situate, place. III ubicarse *vr* 1 *(en un lugar)* to be situated *o* located. 2 *Arg (en un empleo)* to get a job.

ubicuidad *nf* ubiquity.

ubicuo,-a *adj* ubiquitous, omnipresent.

ubre *nf Zool* udder.

Ucrania *n* Ukraine.

ucraniano,-a I *adj* Ukrainian. II *nm,f (persona)* Ukrainian. III *nm (idioma)* Ukrainian.

Ud. *abr de* usted, you.

Uds. *abr de* ustedes, you.

UEO *nf abr de* **Unión de la Europa Occidental,** Western European Union, WEU.

uf *interj* 1 *(alivio)* phew! 2 *(repugnancia)* ugh!

ufanarse *vr* to boast (**de,** of).

ufanía *nf* conceit, arrogance.

ufano,-a *adj* 1 *(orgulloso)* conceited, arrogant. 2 *(satisfecho)* satisfied, happy.

Uganda *n* Uganda.

ugandés,-esa *adj & nm,f* Ugandan.

ugetista I *adj* (related to the) UGT; **la política u.,** UGT policy. II *nmf* member of the UGT.

UGT *nf abr de* Unión General de Trabajadores.

ujier *nm* usher.

ukelele *nm Mús* ukelele.

úlcera *nf Med* ulcer; **u. de estómago,** stomach ulcer.

ulceración *nf Med* ulceration.

ulcerar *vtr,* **ulcerarse** *vr Med* to ulcerate.

ulceroso,-a *adj* ulcerous.

ulterior *adj* 1 *(más allá)* ulterior, further. 2 *(siguiente)* subsequent; *(posterior)* later, further. ◆ulteriormente *adv* subsequently, afterwards.

ultimación *nf* completion, conclusion.

ultimar *vtr* 1 *(terminar)* to finish, conclude, complete, finalize; **u. un negocio,** to conclude a deal. 2 *Am fam (matar)* to kill, finish off.

ultimátum *nm (pl* **ultimátums)** ultimatum.

último,-a *adj* 1 *(en el tiempo)* last; *(más reciente)* latest; *(de dos)* latter; **a últimos de mes,** towards the end of the month; **la última casa a mano derecha,** the last house on the right; **llegar el ú.,** to arrive last; **por ú.,** finally; *fig* **estar en las últimas,** *(moribundo)* to be at death's door; *(arruinado)* to be down and out; *fam* **a la última,** up to date; **va vestida a la última,** she likes to wear the latest fashions; *fam* **¡es lo ú.!,** that really is the limit. 2 *(en el espacio)* furthest; *(más abajo)* bottom, lowest; *(más arriba)* top, last; *(más atrás)* back, last; **está el ú. de la lista,** he's at the bottom of the list; **hasta el ú. pueblo del país,** up to the furthest village of the country; **siempre se sienta en la última fila,** he always sits in the back row; **vivo en el ú. piso,** I live on the top floor. 3 *(definitivo)* final; **es mi última palabra,** that's my final word. ◆últimamente *adv* lately, recently.

ultra *Pol fam* I *adj* extreme right-wing. II *nmf* extreme right-winger; **los ultras,** the extreme right *sing.*

ultra- *pref* ultra-; **ultravirus,** ultravirus.

ultraconservador,-a *adj & nm,f* ultraconservative.

ultracorto,-a *adj Rad* ultrashort.

ultraderecha *nf Pol* extreme right (wing).

ultraderechista *Pol* I *adj* extreme right-wing. II *nmf* extreme right-winger.

ultrajante *adj* outrageous, insulting, offensive.

ultrajar *vtr* to outrage, insult, offend.

ultraje *nm* outrage, insult, offence.

ultramar *nm* overseas (countries), abroad; **del** *o* **en u.,** overseas.

ultramarino,-a I *adj* overseas. II *nm* 1 *(tienda)* grocer's (shop), *US* grocery (store). 2 **ultramarinos,** *(comestibles)* groceries.

ultramoderno,-a *adj* ultramodern.

ultramontano,-a *adj & nm,f* ultramontane.

ultranza (a) *loc adv* 1 *(a muerte)* to the death. 2 *(a todo trance)* at all costs, at any price; **paz a u.,** peace at any price. 3 *(acérrimo)* out-and-out, extreme; **un ecologista a u.,** a fanatical ecologist.

ultrapasar *vtr* to surpass, go beyond.

ultrasónico,-a *adj* ultrasonic.

ultrasonido *nm* ultrasound.

ultratumba I *adv* beyond the grave. II *nf* afterlife.

ultravioleta *adj inv* ultraviolet.

ulular *vi* 1 *(viento, animal)* to howl. 2 *(búho)* to hoot.

umbilical *adj* umbilical; **cordón u.,** umbilical cord.

umbral *nm (de la puerta)* threshold; *fig* threshold, verge; **en el u. de,** on the threshold *o* verge of; **en el u. de la muerte,** at death's door.

umbrío,-a *adj,* **umbroso,-a** *adj* shady.

un,-a I *art indet* 1 a, an; **un coche,** a car; **un huevo,** an egg; **una flor,** a flower; **vino un lunes,** she came one Monday. 2 **unos,-as,** some; **unas flores,** some flowers. II *adj (delante de nm sing)* one; **tiene un año,** she's one year old; **un chico y dos chicas,** one boy and two girls; *véase tamb* uno,-a I .

unánime *adj* unanimous.

unanimidad *nf* unanimity; **por u.,** unanimously.

unción *nf* 1 *Rel* unction. 2 *fig (devoción)* devotion, fervour.

uncir [3] *vtr* to yoke.

undécimo,-a I *adj* eleventh. II *nm,f (de una serie)* eleventh. III *nm* 1 *(parte)* eleventh; *véase tamb* octavo,-a.

undulación *nf véase* ondulación.

undular *vi véase* ondular.

UNED *nf abr de* **Universidad Nacional de Educación a Distancia,** ≈ Open University, OU.

ungido,-a I *pp de* ungir. II *adj Rel* anointed.

ungimiento *nm Rel* unction.

ungir [6] *vtr Rel* to anoint.

ungüento *nm Med* ointment.

unicameral *adj Pol* unicameral, single-chamber.

unicelular *adj* unicellular, single-cell.

unicidad *nf* uniqueness.

único,-a *adj* 1 *(solo)* only, sole; **es el ú. que tengo,** it's the only one I've got; **hijo ú.,** only child; **la única vez,** the only time; **lo ú. que quiero,** the only thing I want. 2 *(extraordinario)* unique; **un hecho ú. en la historia,** an event unique in history. ◆únicamente *adv* only, solely.

unicolor *adj* of one colour *o US* color.

unicornio *nm Mit* unicorn.

unidad *nf* 1 *(gen)* unit; *Mil* **u. de combate,** combat unit; *Com* **coste por u.,** unit cost; **u. monetaria,** monetary unit. 2 *(cohesión)* unity; *Lit* **u. de acción, lugar y tiempo,** unity of action, place and time; **u. política,** political unity.

unidireccional *adj* unidirectional.

unido,-a I *pp de* unir. II *adj* united.

unifamiliar *adj* **vivienda u.,** detached house.

unificación *nf* unification.

unificador,-a I *adj* unifying. II *nm,f* unifier.

unificar [1] *vtr* to unify.

uniformado,-a I *pp de* uniformar. II *adj* in uniform, uniformed.

uniformar *vtr* 1 *(igualar)* to make uniform, standardize. 2 *(poner un uniforme)* to put into uniform, give a uniform to.

uniforme I *adj* 1 *(igual)* uniform. 2 *(superficie)* even. II *nm (prenda)* uniform; **usar u.,** to wear a uniform.

uniformidad *nf* 1 *(igualdad)* uniformity. 2 *(de superficie)* evenness.

uniformizar [4] *vtr* to make uniform, standardize.

unigénito,-a I *adj Rel* only-begotten. II **el U.** *nm Rel* the Son of God, Jesus Christ.

unilateral *adj* unilateral, one-sided; **acuerdo u.,** unilateral agreement.

unión *nf* 1 *(gen)* union; **en u. de,** together with; **u. de cooperativas,** cooperative union; *prov* **la u. hace la fuerza,** united we stand. 2 *Téc (acoplamiento)* joining, coupling. 3 *Téc (junta)* joint, coupler.

Unión Soviética *n* Soviet Union.

unionismo *nm* unionism.

unionista *nmf* unionist.

unipersonal *adj* single, individual; *Ling* unipersonal.

unir I *vtr (juntar)* to unite, join (together); *(combinar)* to combine (**a,** with); **están muy unidos,** they are very attached to one another; **la nueva carretera une las dos comarcas,** the new road links both districts; **nos une una buena amistad,** we are very good friends. II **unirse** *vr (juntarse)* to unite, join; *(combinarse)* to combine; *fml* **u. en matrimonio,** to unite in marriage.

unisex *adj inv* unisex.

unísono *nm* harmony, unison; **al u.,** in unison.

unitario,-a *adj* unitary; **precio u.,** unit price.

Univ. *abr de* **Universidad,** university.

universal I *adj* universal; **acuerdo u.,** universal agreement; **historia u.,** world history. II **universales** *nmpl Filos* universals. ◆**universalmente** *adv* universally.

universalidad *nf* universality.

universalización *nf* universalization.

universalizar [4] I *vtr* to universalize. II **universalizarse** *vr* to become universal.

universidad *nf* university. ■ **u. a distancia,** Open University; **u. laboral,** technical college.

universitario,-a I *adj* university; **título u.,** university degree. II *nm,f* university student *o* graduate.

universo *nm* universe.

uno,-a I *adj* 1 *(cardinal)* one; **a la una,** at one o'clock; **es la una,** it is one o'clock; **el número u.,** number one; **el tomo u.,** volume one; **llegará el día u. de abril,** he will arrive on the first of April. 2 **unos,-as,** some; **habrá unos** *o* **unas veinte,** there must be around twenty; **unas cajas,** some boxes; **u. libros,** some books. II *pron* 1 one; **de u. en u.,** one by one; **se miraron u. a otro,** they looked at each other; **una de dos,** one of the two; **u. (de ellos), una (de ellas),** one of them; **u. más, u. de tantos,** one of many; **u. mismo,** oneself; **u. tras otro,** one after the other; **u. u otro,** one or the other; **u. y otro,** both; **unos cuantos,** a few; **unos y otros,** all. 2 *(impers)* one, you; **u. tiene que mirar por sus intereses,** one has to look after one's own interests. 3 *fam (persona)* someone, somebody; **u. que pasaba por allí,** some passer-by; **vive con una,** he's living with some woman. 4 *fam (trastada)* dirty trick; **hacerle una a algn,** to play a dirty trick on sb. 5 *fam (paliza)* thrashing; **le dieron una buena,** he got a really good thrashing. III *nm inv* one; **el u.,** (number) one; **el u. de Mayo,** the first of May; **treinta y u.,** thirty-one.

untadura *nf* 1 *(acción)* greasing, smearing. 2 *(untura)* grease, ointment.

untar I *vtr* 1 to grease, smear; **u. pan con mantequilla,** to spread butter on bread. 2 *fam (sobornar)* to bribe. II **untarse** *vr* 1 *(mancharse)* to get stained *o* smeared. 2 *fam (forrarse)* to line one's pockets, feather one's nest.

unto *nm* grease, ointment.

untuosidad *nf* greasiness, oiliness.

untuoso,-a *adj* greasy, oily, slippery.

untura *nf* ointment.

uña *nf* 1 *Anat* nail; *(del dedo)* fingernail; *(del dedo del pie)* toenail; **hacerse** *o* **arreglarse las uñas,** to manicure one's nails; **morderse** *o* **comerse las uñas,** to bite one's fingernails; *fig* **esconder las uñas,** to hide one's feelings; *fig* **estar de uñas,** to be at daggers drawn; *fig* **ser u. y carne,** to be inseparable, be hand in glove; *fam* **tener las uñas largas,** to be light-fingered. 2 *Zool (garra)* claw; *(pezuña)* hoof; *(del alacrán)* sting.

uñada *nf* scratch (with nail).

uñero *nm* 1 *Med (inflamación)* whitlow. 2 *Med (uña encarnada)* ingrowing toenail.

uñetas *nmpl CAm Col* thief.

uperización *nf (de leche)* sterilization.

uperizar [4] *vtr (leche)* to sterilize; **leche uperizada,** sterilized milk.

Urales *nmpl* **los U.,** the Urals.

uralita *nf Constr* uralite.

uranio *nm Quím* uranium.

Urano *nm Astron* Uranus.

urbanidad *nf* urbanity, politeness.

urbanismo *nm* town planning.

urbanista *nmf* town planner.

urbanístico,-a *adj* town-planning, urban; **conjunto u.,** housing estate.

urbanización *nf* 1 *(proceso)* urbanization. 2 *(conjunto residencial)* housing development *o* estate.

urbanizar [4] *vtr* to urbanize, develop; **zona sin u.,** undeveloped area; **zona urbanizada,** built-up area.

urbano,-a I *adj* urban, city; **guardia u.,** (traffic) policeman. II *nm,f fam (hombre)* (traffic) policeman; *(mujer)* (traffic) policewoman.

urbe *nf* large city, metropolis.

urdimbre *nf* 1 *Tex* warp. 2 *fig (trama)* intrigue, scheme.

urdir *vtr* 1 *Tex* to warp. 2 *fig (tramar)* to plot, scheme.

urea *nf* urea.

uremia *nf Med* uraemia, uremia.

uréter *nm Anat* ureter.

uretra *nf Anat* urethra.

urgencia *nf* 1 *(gen)* urgency; *(necesidad)* urgent need; **con u.,** urgently. 2 *(emergencia)* emergency; **cura de u.,** first aid; **en un caso de u.,** in an emergency.

urgente *adj* urgent; **correo u.**, express mail. ◆**urgentemente** *adv* urgently.

urgir [6] *vi* to be urgent *o* pressing; **me urge (tenerlo)**, I need it urgently; **urge encontrar una solución**, a solution is urgently required.

úrico,-a *adj* uric.

urinario,-a I *adj (de la orina)* urinary. II *nm (retrete)* urinal.

urna *nf* **1** *Pol* ballot box; *fig* **acudir a las urnas**, to vote. **2** *(vasija)* urn. **3** *(caja)* glass case.

urogallo *nm Orn* capercaillie.

urogenital *adj Med* urogenital.

urología *nf Med* urology.

urólogo,-a *nm,f Med* urologist.

urraca *nf Orn* magpie.

URSS *nf abr de* **Unión de Repúblicas Socialistas Soviéticas,** Union of Socialist Soviet Republics, USSR.

ursulina *nf Rel* Ursuline nun.

urticaria *nf Med* hives, urticaria.

Uruguay *n* **(el) U.**, Uruguay.

uruguayo,-a *adj & nm,f* Uruguayan.

usado,-a I *pp de* **usar.** II *adj* **1** *(de segunda mano)* second-hand, used. **2** *(gastado)* worn out, old.

usanza *nf lit* fashion, custom; **a la antigua u.**, in the old style.

usar I *vtr* **1** *(gen)* to use. **2** *(prenda)* to wear; **sin u.**, new. II *vi* to make use **(de,** of). III **usarse** *vr* to be used *o* in fashion; **ya no se usa esta palabra**, this word is no longer used.

usía *pron pers fml (para hombre)* Your Lordship; *(para mujer)* Your Ladyship.

usina *nf* **1** *Am (fábrica de gas)* gasworks *sing; (central eléctrica)* power station. **2** *Arg (estación de tranvía)* tram stop.

USO *nf abr de* **Unión Sindical Obrera.**

uso *nm* **1** *(utilización)* use; **en u.**, in use; **en u. de,** *(utilizando)* using, making use of; *(en virtud de)* by virtue of; **hacer buen u. de**, to make good use of; **hacer mal u. de**, to misuse; **hacer u. de**, to make use of; **hacer u. de la palabra**, to take the floor; **instrucciones de u.**, instructions for use; *Farm* **u. externo/tópico**, external/local application. **2** *(ejercicio)* exercise; **el u. de un privilegio**, the exercise of a privilege. **3** *(de prenda)* wearing; **es obligatorio el u. de corbata**, ties must be worn; **la ropa se gasta con el u.**, clothes wear out with use. **4** *(costumbre)* usage, custom; **al u.**, in fashion, in the style *o* fashion

of; **al u. catalán**, in the Catalan style *o* manner; **usos y costumbres**, ways and customs. **5** *Ling* usage.

usted *pron pers fml* you; **¡muchas gracias!** —**¡a u.!**, thank you very much! —you're welcome!; **¿quién es u.?**, **¿quiénes son ustedes?**, who are you?; **tratar a algn de u.**, to use the polite form of address with sb.

ustedes *pron pers pl fml* you; *véase* **usted.**

usual *adj* usual, common.

usuario,-a *nm,f* user; **los usuarios del teléfono**, telephone users.

usufructo *nm Jur* usufruct, use.

usura *nf* usury.

usurero,-a *nm,f* usurer.

usurpación *nf* usurpation.

usurpador,-a I *adj* usurping. II *nm,f* usurper.

usurpar *vtr* to usurp.

utensilio *nm* **1** *(herramienta)* utensil, tool; **utensilios de cocina**, kitchen utensils. **2** *(aparato)* device, implement.

uterino,-a *adj Anat* uterine.

útero *nm Anat* uterus, womb.

útil I *adj (gen)* useful; *(día)* working. II *nm (herramienta)* tool, instrument; **útiles de escritorio**, writing instruments; **útiles de labranza**, agricultural implements; *Taur* **útiles de matar**, matador's equipment *sing.*

utilería *nf Teat* (stage) props.

utilidad *nf (gen)* usefulness, utility; *(beneficio)* profit.

utilitario,-a I *adj* utilitarian. II *nm Aut (coche)* utility vehicle.

utilitarismo *nm Filos* utilitarianism.

utilitarista *adj & nm,f Filos* utilitarian.

utilizable *adj* usable, fit *o* ready for use.

utilización *nf* use, utilization.

utilizar [4] *vtr* to use, utilize, make use of.

utillaje *nm* tools *pl*, equipment.

utopía *nf* Utopia.

utópico,-a *adj & nm,f* Utopian.

uva *nf Bot* grape; *fam* **estar de mala u.**, to be in a bad mood; *fam* **tener mala u.**, *(estar de mal humor)* to be in a bad mood; *(tener mal carácter)* to be a nasty piece of work, be bad-tempered.

uve ['uβe] *nf* name of the letter V in Spanish.

UVI *nf abr de* **unidad de vigilancia intensiva,** intensive care unit, ICU.

úvula *nf Anat* uvula.

V

V, v ['uβe] *nf (la letra)* V, v.

V *Elec abr de* **voltio(s),** volt, volts, V.

v. **1** *abr de* **véase,** see, s.; *(latín)* vide, v. **2** *abr de* **verso,** verse, v.

v/ *abr de* **visto,** approved.

vaca *nf* **1** *Zool* cow; *fig* **las vacas flacas**, the lean years; *fig* **las vacas gordas**, the years of plenty; *fig* **ya vendrán las vacas gordas**, the good times will

come. ■ **v. lechera**, milch cow, dairy cow; **v. marina**, sea cow. **2** *(carne)* beef.

vacación *nf (gen pl)* holiday, holidays *pl*, *US* vacation; **estar de vacaciones**, to be on holiday; **irse de vacaciones**, to go on holiday; *fam* **vacaciones a la sombra**, time spent in jail. ■ **vacaciones escolares**, school holidays; **vacaciones pagadas**, paid holidays.

vacada *nf* herd of cows.

vacante I *adj* vacant. II *nf* vacancy.

vacar [1] *vi* to fall *o* become vacant.

vaciadero *nm* 1 *(conducto)* sewer. 2 *(vertedero)* dumping ground, rubbish tip.

vaciado I *pp de* **vaciar**. II *nm* 1 *(acción)* emptying, hollowing out. 2 *Arte* casting, moulding, *US* molding. ■ **v. de yeso**, plaster casting; **v. en molde**, casting in a mould.

vaciar [13] I *vtr* 1 *(recipiente)* to empty; *(contenido)* to pour (away); **la policía mandó v. el local**, the police ordered everyone to leave the place. 2 *(dejar hueco)* to hollow out. 3 *Arte (moldear)* to cast, mould, *US* mold. 4 *(afilar)* to sharpen. II **vaciarse** *vr* 1 *(quedar vacío)* to empty. 2 *fam (desahogarse)* to let it all out.

vacilación *nf* 1 *(duda)* hesitation, vacillation. 2 *(falta de decisión)* irresolution. 3 *(oscilación)* vacillation, swaying.

vacilante *adj* 1 *(persona)* hesitant, irresolute. 2 *(voz)* hesitant, faltering. 3 *(luz)* flickering. 4 *(paso, mesa, etc)* unsteady, shaky.

vacilar *vi* 1 *(dudar)* to hesitate, vacillate, waver; **sin v.**, without hesitation. 2 *(al andar)* to sway, stagger, wobble. 3 *(voz)* to falter. 4 *(luz)* to flicker. 5 *fam (tomar el pelo)* to joke, tease.

vacile *nm fam* teasing.

vacilón-ona *nm,f fam* joker, teaser.

vacío,-a I *adj* 1 *(gen)* empty; *(hueco)* hollow; *fig* **palabras vacías**, empty words; *fig* **tener la cabeza vacía**, to be empty-headed; *fig* **volver con las manos vacías**, to come back empty-handed. 2 *(sin ocupar)* vacant, unoccupied. II *nm* 1 *(gen)* emptiness, void; **volver de v.**, to come back empty-handed; *fig* **caer en el v.**, to fall on deaf ears; *fig* **hacer el v. a algn**, to send sb to Coventry, cold-shoulder sb; *fig* **sentía un gran v.**, he was feeling empty. 2 *(hueco)* gap; *(espacio)* (empty) space. 3 *(vacante)* vacancy. 4 *Fís* vacuum; **en v.**, in a vacuum; **envasado al v.**, vacuum-packed.

vacuidad *nf* vacuity, emptiness.

vacuna *nf Med* vaccine; *Vet* cowpox.

vacunación *nf Med* vaccination.

vacunar I *vtr Med* to vaccinate (**contra**, against); *fig* to inure. II **vacunarse** *vr* to get oneself vaccinated.

vacuno,-a *adj* bovine; **ganado v.**, cattle.

vacuo,-a *adj* vacuous, empty.

vadeable *adj (río)* fordable; *fig (dificultad)* surmountable.

vadear *vtr (río)* to ford; *fig (dificultad)* to overcome.

vademécum *nm inv* handbook, vademecum.

vado *nm* 1 *(de un río)* ford. 2 *Aut* **'v. permanente'**, 'keep clear'.

Vaduz *n* Vaduz.

vagabundear *vi* 1 *(vagar)* to wander, roam. 2 *(holgazanear)* to idle, laze around.

vagabundeo *nm* 1 *(merodeo)* wandering, roaming. 2 *(holgazanería)* idling, lazing around.

vagabundo,-a I *adj* 1 *(errante)* wandering, roving, *pey* vagrant; **perro v.**, stray dog. II *nm,f (trotamundos)* wanderer, rover; *(sin casa)* tramp, *US* hobo; *pey* vagrant, tramp.

vagancia *nf* idleness, laziness, vagrancy.

vagar [7] *vi* to wander about, roam about.

vagido *nm* cry of a newborn baby.

vagina *nf Anat* vagina.

vaginal *adj Anat* vaginal.

vago,-a I *adj* 1 *(indefinido)* vague. 2 *(perezoso)* lazy, idle. II *nm,f* 1 *(holgazán)* idler, slacker, layabout; **hacer el v.**, to laze around. 2 *Jur* vagrant; *Hist* **ley de vagos y maleantes**, vagrancy act.

vagón *nm Ferroc* 1 *(para pasajeros)* carriage, coach, *US* car. 2 *(para mercancías)* truck, wagon, goods van, *US* freight car, *US* boxcar. ■ **v. cisterna**, tanker.

vagoneta *nf* small open wagon.

vaguada *nf Geog* lowest part of a valley, stream bed.

vaguear *vi* 1 *(errar)* to wander, roam. 2 *(holgazanear)* to idle around, laze around.

vaguedad *nf* vagueness; **hablar sin vaguedades**, to get straight to the point.

vaharada *nf* puff, breath.

vahído *nm* fainting *o* dizzy spell.

vaho *nm* 1 *(aliento)* breath. 2 *(vapor)* steam, vapour, *US* vapor. 3 **vahos**, *Med* inhalation *sing*.

vaina I *nf* 1 *(de espada)* sheath, scabbard; *(de instrumentos etc)* case. 2 *Bot* pod, husk. 3 *Am fam (molestia)* bother, nuisance. II *nmf (persona)* good-for-nothing. III *adj Am fam (molesto)* bothering, annoying.

vainica *nf Cost* hemstitch.

vainilla *nf* vanilla.

vaivén *nm* 1 *(oscilación)* swaying, swinging, to-and-fro movement. 2 *(de la gente)* coming and going, bustle. 3 *fig (cambio)* fluctuation, change; **los vaivenes de la vida**, life's ups and downs.

vajilla *nf* tableware, crockery, dishes *pl*; **lavar la v.**, to wash up; **una v.**, a set of dishes, a dinner service; **v. de porcelana**, chinaware.

valdré *indic fut véase* **valer**.

vale *nm* 1 *(comprobante)* voucher; **v. de devolución**, credit note. 2 *(pagaré)* promissory note, IOU (I owe you).

valedero,-a *adj* valid.

valedor,-a *nm,f* protector, patron.

valencia *nf Quím* valency.

valenciano,-a I *adj* Valencian. II *nm,f* Valencian. III *nm (dialecto)* Valencian.

valentía *nf* 1 *(valor)* courage, bravery. 2 *(acto valeroso)* heroic deed, bold act.

valentón,-ona *pey* I *adj* bragging, boastful. II *nm,f* braggart.

valentonada *nf pey* bragging, boasting.

valer[1] *nm* value.

valer[89] I *vtr* 1 *(tener un valor de)* to be worth; **no vale nada**, it is worthless; **vale una fortuna**, it is worth a fortune. 2 *(costar)* to cost; **¿cuánto vale?**, how much is it?, how much does it cost?. 3 *(ganar)* to earn, win, get; **su insolencia le valió una paliza**, his insolence earned him a beating. 4 *(proteger)* to protect; **¡válgame Dios!**, God help me! II *vi* 1 *(tener un valor de)* to be worth. 2 *(servir)* to be useful, be of use; **no vale para hombre de negocios**, he is no use as a businessman; **tienes que hacer v. tus derechos**, you must assert your rights. 3 *(ser válido)* to be valid, count; **no hay excusa que valga**, no excuses; **no vale copiar**, copying doesn't count, there's no point in copying. 4 *(ser preferible)* **más vale**, it is better; **más vale que te vayas ya**, you had better leave now; *prov* **más vale prevenir que curar**, prevention is better than cure; *prov* **más vale tarde que nunca**, better late than never. 5 *fam* **¿vale?**, all right?, O.K.?; **vale**, all right, O.K. III **valerse** *vr* to use, make use (**de**, of); **v. de todos los medios**, to try everything; **v. por sí mismo,** to be able to manage on one's own.

valeriana *nf Bot* valerian.

valeroso,-a *adj* brave, courageous.

Valeta *n* **La V.,** Valletta.

valgo *indic pres véase* valer.

valía *nf* value, worth, merit.

validar *vtr* to validate, make valid.

validez *nf* validity.

valido,-a *adj & nm* favourite, *US* favorite.

válido,-a *adj* valid.

valiente **I** *adj* 1 *(valeroso)* brave, courageous, bold. 2 *(excelente)* fine, excellent, first-class; *irón* ¡v. amigo eres tú!, a fine friend you are! 3 *pey (bravucón)* boasting, bragging. **II** *nmf* 1 *(valiente)* brave person. 2 *pey (bravucón)* boaster, braggart. ◆**valientemente** *adv* bravely, courageously, boldly.

valija *nf* 1 *(maleta)* case, suitcase. 2 *(de correos)* mailbag. ■ **v. diplomática,** diplomatic bag.

valimiento *nm Pol* favour, *US* favor, protection.

valioso,-a *adj* valuable, precious.

valón,-ona **I** *adj* Walloon. **II** *nm,f (persona)* Walloon. **III** *nm (idioma)* Walloon.

valona *nf* 1 *Am (crines)* cropped mane. 2 *Méx (favor)* favour, *US* favor, service.

valor *nm* 1 *(valía)* value, worth; *(precio)* price; **objetos de v.,** valuables; **sin v.,** worthless; **una actriz de gran v.,** a very talented actress. ■ *Fin* **v. adquisitivo,** purchasing power; **v. alimenticio,** food value; **v. nominal,** face value (of a cheque). 2 *Mat Mús* value; **escala de valores,** scale of values. 3 *(importancia)* importance; **dar v. a,** to attach importance to. 4 *(valentía)* courage, valour, *US* valor; **armarse de v.,** to pluck up courage. 5 *(descaro)* cheek, nerve; **¡qué v.!,** what a nerve! 6 **valores,** *Fin* securities, bonds, assets. ■ **v. en cartera,** investments; **v. inmuebles,** real estate *sing.*

valoración *nf* 1 *(tasación)* valuation, valuing. 2 *(revalorización)* appreciation.

valorar *vtr* 1 *(tasar)* to value, calculate the value of; *fig* **v. a algn en mucho,** to hold sb in high esteem. 2 *(aumentar el valor de)* to raise the value of.

valorización *nf* 1 *(tasación)* valuation, valuing. 2 *(revalorización)* appreciation.

valorizar [4] *vtr* 1 *(tasar)* to value. 2 *(revalorizar)* to raise the value of.

vals *nm* waltz; **bailar el v.,** to waltz.

valuar [11] *vtr* to value.

valva *nf Bot Zool* valve.

válvula *nf* valve. ■ **v. de cierre,** stopcock; **v. de seguridad,** safety valve.

valla *nf* 1 *(cerca)* fence; *(muro)* wall; *Mil* stockade. ■ **v. publicitaria,** hoarding, *US* billboard. 2 *Dep* hurdle; **los 100 metros vallas,** the 100 metres hurdle race. 3 *fig (impedimento)* obstacle, hindrance.

valladar *nm* 1 *(valla)* fence. 2 *fig (defensa)* defence.

vallado *nm (valla)* fence; *Mil* stockade.

vallar *vtr* to fence (in), build a fence around.

valle *nm Geog* valley; *fig* **v. de lágrimas,** vale *o* valley of tears.

vallisoletano,-a **I** *adj* of *o* from Valladolid. **II** *nm,f* native *o* inhabitant of Valladolid.

vallista *nmf* 1 *Dep* hurdler. 2 *Am* valley dweller.

vallunco,-a *adj CAm* rustic, peasant.

vampiresa *nf* vamp, femme fatale.

vampiro *nm* 1 *(espectro)* vampire; *fig* bloodsucker, parasite. 2 *Zool* vampire bat.

vanagloria *nf* vainglory.

vanagloriarse [12] *vr* to boast **(de,** of).

vandalismo *nm* vandalism.

vándalo,-a **I** *adj Hist* Vandal, Vandalic. **II** *nm,f Hist* Vandal; *fig* vandal.

vanguardia *nf* 1 *Mil* vanguard, van; *fig* **ir a la v. de,** to be at the forefront of. 2 *Arte Lit* avant-garde, vanguard.

vanguardismo *nm Arte Lit* avant-garde movement.

vanguardista *Arte Lit* **I** *adj* avant-garde. **II** *nm,f* avant-gardist.

vanidad *nf* vanity, conceit.

vanidoso,-a **I** *adj* vain, conceited. **II** *nm,f* vain person.

vano,-a **I** *adj* 1 *(presuntuoso)* vain, conceited. 2 *(ilusorio)* vain, futile, useless; **en v.,** in vain. **II** *nm,f Arquit* opening, bay.

vapor *nm* 1 *(gas)* steam, vapour, *US* vapor; *Culin* **al v.,** steamed. ■ **máquina de v.,** steam engine; **v. de agua,** water vapour. 2 *Náut* **(barco de) v.,** steamer, steamship; **a todo v.,** at full steam, at great speed. 3 **vapores,** *Med* vapours, hysteria *sing.*

vaporización *nf* vaporization.

vaporizador *nm* vaporizer, atomizer, spray.

vaporizar [4] **I** *vtr* to vaporize. **II** **vaporizarse** *vr* to vaporize, become vaporized, evaporate.

vaporoso,-a *adj* 1 *(que despide vapor)* vaporous. 2 *(tejido)* sheer.

vapulear *vtr* 1 *(zurrar)* to beat, thrash. 2 *fig (criticar)* to slate, criticize.

vapuleo *nm* 1 *(zurra)* beating, thrashing. 2 *fig (crítica)* slating, negative criticism.

vaquería *nf* 1 *(establo)* cowshed. 2 *(lechería)* dairy.

vaqueriza *nf* cowshed.

vaquerizo,-a **I** *adj* cattle. **II** *nm,f* cowherd.

vaquero,-a **I** *adj* cow, cattle; **pantalón v.,** jeans *pl,* pair *sing* of jeans. **II** *nm* cowherd, *US* cowboy. **III** **vaqueros,** *nmpl (prenda)* jeans, pair *sing* of jeans.

vaqueta *nf* cowhide.

vaquetón,-ona *adj Méx* barefaced, shameless.

vaquilla *nf Am Zool* yearling heifer *o* calf.

vara *nf* 1 *(palo)* pole, rod. 2 *(bastón de mando)* staff, mace; *fig* **tener v. alta en,** to have a hold on. 3 *Taur* lance, pike; **poner varas,** to thrust at the bull.

varadero *nm Náut* shipyard, dry dock.

varado,-a **I** *pp de* varar. **II** *adj* 1 *Náut* beached, in dock. 2 *Am (sin recursos)* broke; *(sin ocupación fija)* without regular work.

varapalo *nm* 1 *(palo largo)* long pole. 2 *(golpe)* blow with a pole. 3 *fam (daño)* blow, setback.

varar **I** *vtr Náut (barco)* to beach, dock. **II** *vi* 1 *Náut* to run aground. 2 *fig (negocio)* to come to a standstill. 3 *Am (vehículo)* to break down.

varazo *nm* blow with a stick *o* pole.

varear *vtr* 1 *(fruta)* to knock down (with a pole). 2 *(golpear)* to beat with a stick.

varec *nm Bot* kelp.

vareo *nm* knocking down (fruit from trees).

variabilidad *nf* variability.

variable **I** *adj* variable, changeable. **II** *nf Mat* variable.

variación *nf* variation. ■ *Fís* **v. magnética,** magnetic declination.

variado,-a I *pp de* variar. **II** *adj* varied, mixed; **galletas variadas,** assorted biscuits.

variante I *adj* variable. **II** *nf* 1 *(versión)* variant. 2 *(diferencia)* difference.

variar [13] **I** *vtr (cambiar)* to vary, change. **II** *vi* 1 *(cambiar)* to vary, change; *irón* **para v.,** as usual, just for a change. 3 *(diferir)* to differ, be different.

varice *nf*, **várice** *nf Med véase* variz.

varicela *nf Med* chickenpox, varicella.

varicoso,-a I *adj* varicose. **II** *nm,f* person suffering from varicose veins.

variedad *nf* 1 *(variación)* variety, diversity; *prov* **en la v. está el gusto,** variety is the spice of life. 2 *Bot Zool* variety. 3 **variedades,** *Teat* variety show *sing.* ■ **teatro de v.,** variety, music hall, *US* vaudeville (theater).

varilla *nf* 1 *(vara)* rod, stick. 2 *(de abanico, paraguas)* rib; *(de corsé)* stay.

varillaje *nm (de abanico, paraguas)* ribs, ribbing.

vario,-a *adj* 1 *(variado)* varied, assorted. 2 *(diverso)* different, diverse. 3 *(mudable)* changeable, variable. 4 **varios,-as,** *(algunos)* several, some.

variopinto,-a *adj* diverse, assorted; **un público v.,** a mixed audience.

varita *nf* small stick. ■ **v. mágica,** magic wand.

variz *nm Med* varicose vein.

varón *nm (hombre)* man; *(chico)* boy; **hijo v.,** male child; **sexo v.,** male sex; *fam* **un santo v.,** a kind soul.

varonil *adj* manly, virile, male.

Varsovia *n* Warsaw. ■ *Mil* **Pacto de V.,** Warsaw Pact.

vas *indic pres véase* ir.

vasallaje *nm Hist* vassalage; *fig* servitude, serfdom, subjection.

vasallo,-a *nm,f Hist* vassal; *(súbdito)* subject.

vasco,-a I *adj* Basque; **el País V.,** the Basque Country. **II** *nm,f (persona)* Basque. **III** *nm (idioma)* Basque.

vascuence *nm (idioma)* Basque.

vascular *adj Anat* vascular.

vasectomía *nf Med* vasectomy.

vaselina *nf* vaseline®; *fam* **dar v. a algn,** to soft-soap sb.

vasija *nf* vessel, pot, vase, jar.

vaso *nm* 1 *(para beber)* glass; *fig* **ahogarse en un v. de agua,** to make a mountain out of a molehill. 2 *(florero)* vase. 3 *Anat Bot Fís* vessel. ■ **v. capilar,** capillary; **vasos comunicantes,** communicating vessels; **vasos sanguíneos,** blood vessels.

vástago *nm* 1 *Bot* shoot. 2 *fig (de una familia)* offspring. 3 *Téc* rod, stem. 4 *Am Bot* banana stalk.

vastedad *nf* vastness, immensity.

vasto,-a *adj* vast, immense.

vate *nm* 1 *Lit (poeta)* poet. 2 *(adivino)* prophet.

Vaticano *n* **(Ciudad del) V.,** Vatican (City).

vaticano,-a *adj & nm* Vatican.

vaticinador,-a I *adj* prophesying, predicting. **II** *nm,f* prophet, seer.

vaticinar *vtr* to prophesy, predict, foretell.

vaticinio *nm* prophesy, prediction.

vatio *nm Elec* watt.

vaya¹ *interj* well!; ¡**v. enredo!,** what a mess!; ¡**v. por Dios!,** goodness me!; ¡**v., v.!,** well, well!, well I'm blowed!

vaya² *subj pres véase* ir.

Vd. *abr de* usted, you.

ve I *imperat véase* ir. **II** *indic pres véase* ver.

vecinal *adj* local.

vecindad *nf* 1 *(vecindario)* neighbourhood, *US* neighborhood, vicinity. 2 *(vecinos)* community, residents *pl*, neighbours *pl*, *US* neighbors *pl*. ■ **casa de v.,** block of flats.

vecindario *nm* 1 *(población)* residents *pl*, inhabitants *pl*. 2 *(vecindad)* neighbourhood, *US* neighborhood. 3 *(vecinos)* community, residents, neighbours, *US* neighbors.

vecino,-a I *adj* neighbouring, *US* neighboring, nearby; **la iglesia está en el pueblo v.,** the church is in the next village. **II** *nm,f* 1 *(persona)* neighbour, *US* neighbor; **el v. de al lado,** the next-door neighbour. 2 *(residente)* resident; *(habitante)* inhabitant. ■ **asociación de vecinos,** tenants' association.

vector *nm* vector.

veda *nf (prohibición)* prohibition; *(de caza)* close season, *US* closed season; **levantar la v.,** to open the season.

vedado,-a I *pp de* vedar. **II** *adj* forbidden, prohibited. **III** *nm* private preserve.

vedar *vtr* 1 *(prohibir)* to forbid, prohibit, ban. 2 *(impedir)* to prevent.

vedette *nf Cin Teat* star.

vega *nf* fertile plain *o* lowland.

vegetación *nf* 1 *Bot* vegetation. 2 **vegetaciones,** *Med* adenoids.

vegetal I *adj* vegetable; **el reino v.,** vegetable kingdom. ■ **carbón v.,** charcoal. **II** *nm* vegetable, plant.

vegetar *vi Bot* to grow; *fig (persona)* to vegetate.

vegetarianismo *nm* vegetarianism.

vegetariano,-a *adj & nm,f* vegetarian.

vegetativo,-a *adj* vegetative; *fam* **lleva tres años en estado v.,** he has been in a coma for three years.

vehemencia *nf* vehemence.

vehemente *adj* vehement.

vehículo *nm* 1 *(gen)* vehicle; *(coche)* car; *fig* **los viajes son un v. de intercambio de ideas,** travelling is a vehicle for exchanging ideas. 2 *Med (transmisor)* transmitter, carrier.

veinte I *adj inv (cardinal)* twenty; *(ordinal)* twentieth; **el v. de junio,** (on) the twentieth of June; **los locos años v.,** the roaring twenties. **II** *nm inv* twenty; *véase tamb* ocho.

veintena *nf (veinte)* twenty; *(unos veinte)* about twenty.

vejación *nf*, **vejamen** *nm* 1 *(molestia)* vexation. 2 *(humillación)* humiliation.

vejar *vtr* 1 *(molestar)* to vex, annoy. 2 *(humillar)* to humiliate.

vejatorio,-a *adj* 1 *(molesto)* vexatious, annoying. 2 *(humillante)* humiliating.

vejestorio *nm fam* old person *o* crock.

vejete *nm fam* old man.

vejez *nf* old age; *prov* **a la v., viruelas,** there's no fool like an old fool.

vejiga *nf Anat* bladder. ■ **v. de la bilis,** gall bladder.

vela¹ *nf* 1 *(candela)* candle; *fam* **encender una v. a Dios y otra al diablo,** to have a foot in both camps; *fam* **estar a dos velas,** to be broke; *fam* ¿**quién te ha dado v. en este entierro?,** who gave you any say in the matter? 2 *(desvelo)* wakefulness; **pasar la noche en v.,** to have a sleepless night. 3 *(vigilia)* vigil, watch; *(de un muerto)* wake.

vela² *nf Náut* sail; **a toda v., a velas desplegadas,** under full sail, at full speed; **alzar** *o* **largar velas,** to set sail; *fig* **recoger velas,** to back down. ■ **barco de velas,** sailing boat, sailing ship; **v. mayor,** mainsail.

velada *nf* evening (party).

velado,-a I *pp de* **velar** II *adj* 1 *(oculto)* veiled, hidden. 2 *Fot* blurred.

velador,-a I *adj (que vigila)* watching, guarding. II *nm (vigilante)* watchman, guard. III *nm* 1 *(candelero)* candlestick. 2 *Am (mesilla de noche)* bedside table. IV *nf Méx (lámpara de parafina)* glass lampshade; *(de noche)* night light.

velamen *nm Náut* sails *pl.*

velar¹ *adj & nf Ling* velar.

velar² I *vtr* 1 *(cuidar)* to watch over; **v. a un enfermo,** to sit up with a sick person. 2 *(muerto)* to keep vigil over. II *vi* 1 *(no dormir)* to stay awake; *(no acostarse)* to stay up. 2 *(hacer guardia)* to keep watch; *Rel* to keep vigil. 3 *fig (cuidar)* to look **(por,** after), watch **(por,** over).

velar³ I *vtr* 1 *(poner un velo)* to veil; *fig* to hide, cover. 2 *Fot* to blur, fog. II **velarse** *vr Fot* to become blurred *o* fogged.

velarización *nf Ling* velarization.

velarizar *vtr Ling* to velarize.

velatorio *nm* vigil, wake.

veleidad *nf* 1 *(inconstancia)* fickleness, inconstancy. 2 *(capricho)* whim, caprice.

veleidoso,-a *adj* fickle, inconstant.

velero,-a *Náut* I *adj* sailing. II *nm* sailing boat *o* ship.

veleta I *nf* weather vane, weathercock. II *nmf fam* fickle *o* changeable person.

velo *nm* 1 *(prenda)* veil; *(Rel* **tomar el v.,** to take the veil, become a nun; *fig* **correr un tupido v. sobre algo,** to cover up sth, keep sth quiet. 2 *Anat* velum. ■ **v. del paladar,** soft palate, velum.

velocidad *nf* 1 *(rapidez)* speed, velocity; **a toda v.,** at full speed; **le multaron por exceso de v.,** he was fined for speeding; *Aut* **v. máxima 60 km,** 60 km speed limit. ■ *Av Náut* **v. de crucero,** cruising speed; *Inform* **v. de transmisión,** bit rate; *Inform* **v. operativa,** operating speed. 2 *Aut (marcha)* gear; **cambiar la v.,** to change gear. ■ **caja de velocidades,** gear box.

velocímetro *nm* speedometer.

velocípedo *nm* velocipede.

velódromo *nm* cycle track, *US* velodrome.

velomotor *nm* moped.

velón *nm* 1 *(lámpara de aceite)* oil lamp. 2 *Am (vela)* big candle.

veloz I *adj* swift, rapid, quick, fast. II *adv* quickly, fast; **el tiempo pasa v.,** time flies.

vello *nm* hair.

vellocino *nm* fleece. ■ *Mit* **V. de Oro,** Golden Fleece.

vellón *nm* fleece.

vellosidad *nf (vello)* down; *(abundancia)* hairiness.

velloso,-a *adj,* **velludo,-a** *adj* downy, hairy, fluffy.

vena *nf* 1 *Anat* vein. 2 *Geol Min* vein, seam. 3 *(de madera)* grain. 4 *fig* mood; **estar en v. para,** to be in the mood for; **le ha dado la v. por irse a la China,** he has taken it into his head to go to China; **tener una v. de loco,** to have a streak of madness; **tiene v. de músico,** he has a gift for music.

venablo *nm* javelin, dart; *fig* **echar venablos,** to blow one's top, explode with anger.

venado *nm* 1 *Zool* deer, stag. 2 *Culin* venison.

venal *adj* 1 *(vendible)* venal, which can be bought. 2 *pey (sobornable)* venal, corrupt.

venalidad *nf* venality.

vencedor,-a I *adj* 1 *Dep* winning. 2 *Mil* conquering, victorious. II *nm,f* 1 *Dep* winner, victor. 2 *Mil* conqueror, victor.

vencejo¹ *nm* band, string.

vencejo² *nm Orn* swift; **v. real,** alpine swift.

vencer [2] I *vtr* 1 *Mil (enemigo)* to conquer, defeat, vanquish; *Dep (rival)* to beat; **v. o morir,** do or die. 2 *(dificultad)* to overcome, surmount; **le venció el sueño,** he was overcome by sleep; **no te dejes v.,** don't give in. II *vi* 1 *(pago, deuda)* to fall due, be payable. 2 *(plazo)* to expire. III **vencerse** *vr* 1 *(controlarse)* to control oneself. 2 *(doblarse)* to bend, incline.

vencido,-a I *pp de* **vencer** II *adj* 1 *Mil (derrotado)* defeated, vanquished; *Dep* beaten; *fig* **darse por v.,** to give up, accept defeat. 2 *(pago, deuda)* due, payable; **el alquiler se paga al mes v.,** the rent is paid at the end of each month. 3 *(plazo)* expired; *fam fig* **a la tercera va la vencida,** third time lucky.

vencimiento *nm* 1 *(inclinación)* bend, inclination. 2 *(de un pago, una deuda)* maturity. 3 *(de un plazo)* expiry, maturity.

venda *nf* bandage; *fig* **tener una v. en los ojos,** to be blind, go around with one's eyes closed.

vendaje *nm* dressing.

vendar *vtr* to bandage; *fig* **v. los ojos a algn,** to blindfold sb.

vendaval *nm* strong wind, gale.

vendedor,-a I *adj* selling. II *nm,f (gen)* seller; *(hombre)* salesman; *(mujer)* saleswoman. ■ **ambulante,** hawker, street salesman.

vender I *vtr* to sell; **v. a plazos,** to sell on credit; **v. al contado,** to sell for cash; **v. al por mayor,** to (sell) wholesale; **v. al por menor,** to (sell) retail. II **venderse** *vr* 1 *(estar en venta)* to be on sale, be sold; **se vende,** for sale; **sólo se vende en farmacia,** only on sale at chemists; *fam fig* **se vende como rosquillas,** it's selling like hot cakes. 2 *(dejarse sobornar)* to sell oneself.

vendible *adj* saleable, marketable.

vendido,-a I *pp de* **vender** II *adj* sold.

vendimia *nf* 1 *(cosecha)* grape harvest. 2 *(año de cosecha)* vintage, year.

vendimiador,-a *nm,f* grape picker.

vendimiar [12] *vtr (uvas)* to pick.

vendré *indic fut véase* **venir**

Venecia *n* Venice.

veneciano,-a *adj & nm,f* Venetian.

veneno *nm (químico, vegetal)* poison; *(animal)* venom; *fig* spite, venom.

venenoso,-a *adj* 1 *(que envenena)* poisonous. 2 *fig* spiteful, venomous.

venerable *adj* venerable.

veneración *nf* veneration, worship.

venerar *vtr* to venerate, revere, worship.

venéreo,-a *adj Med* venereal.

venero *nm* 1 *(manantial)* spring. 2 *Min* seam, vein. 3 *fig (fuente)* source, origin; **aquel almanaque es un v. de datos,** that almanac is a mine of information.

venezolano,-a *adj & nm,f* Venezuelan.

Venezuela *n* Venezuela.
venga *subj pres véase* venir.
vengador,-a I *adj* avenging. **II** *nm,f* avenger.
venganza *nf* vengeance, revenge.
vengar [7] **I** *vtr* to avenge. **II vengarse** *vr* to avenge oneself; **v. de algn,** to take revenge on sb.
vengativo,-a *adj* vengeful, vindictive.
vengo *indic pres véase* venir.
venia *nf* **1** *fml (permiso)* permission. **2** *(perdón)* pardon. **3** *Am Mil (saludo)* salute.
venial *adj* venial.
venialidad *nf* veniality.
venida *nf* coming, arrival; **idas y venidas,** comings and goings.
venidero,-a *adj* future, coming; **en lo v.,** in the future.
venir [90] **I** *vi* **1** *(gen)* to come **(a,** to); **el año que viene,** next year; **la escena más famosa viene ahora,** the most famous scene now follows; **la guía viene también en italiano,** the guidebook also comes in Italian; **voy y vengo,** I'll be right back; *fig* **eso no viene a cuento** *o* **al caso,** that's beside the point; *fig* **lo veía v.,** I could see it coming; *fig* **me vino la idea de alquilar la casa,** I hit on the idea of renting out the house; *fig* **v. a la memoria,** to remember; *fig* **v. a menos,** to come down in the world; *fig* **v. al mundo,** to be born; *fig* **v. rodado,** to come *o* happen at just the right time; *fam* **a ti no te va ni te viene,** it's none of your business; *fam* **no me vengas con historias,** don't come to me with your excuses; *fam* **¡venga ya!,** *(basta)* stop it!, that's quite enough!; *(expresa incredulidad)* come off it! **2** *(llegar)* to arrive; **vino a las once,** he arrived at eleven. **3** *(proceder)* to come from; **de ahí viene su desgracia,** that was his downfall; **la casa le vino de su madre,** he inherited the house from his mother. **4** *(ir bien o mal, ajustarse)* **esos zapatos te vienen grandes,** those shoes are too big for you; **v. bien,** to be suitable *o* convenient; **el metro me viene muy bien,** I find the underground very handy; **v. mal,** to be unsuitable *o* inconvenient; **recogerlo hoy me viene mal,** it is very inconvenient for me to pick it up today; *fam* **le viene que ni pintado,** it suits her down to the ground; *fam* **me viene de perlas,** it's just what I needed, it's just the ticket; *fam* **no les viene en gana trabajar los lunes,** they don't feel like working on Mondays. **II** *v aux* **1** *(v.* + *a* + *infin)* **viene a ser lo mismo,** it's all the same in the end; **vino a parar en la cárcel,** he ended up in jail. **2** *(v.* + *a* + *ger)* **venía solicitando este empleo desde hace un año,** I've been asking for this job for a year. **3** *(v.* + *a* + *pp)* **los cambios de temperatura vienen motivados por los vientos,** the changes in temperatures are caused by the wind. **III venirse** *vr* **1** *(volver)* to come back, go back. **2 v. abajo,** to collapse; *fig* **el teatro se venía abajo con los aplausos,** the applause shook the theatre.
venoso,-a *adj* **1** *(sangre)* venous. **2** *(manos etc)* veined, veiny. **3** *(hoja)* veined, ribbed.
venta *nf* **1** *(acción)* sale, selling; **en v.,** for sale; **estar a la v.,** to be on sale; **poner a la v.,** *(casa)* to put up for sale; *(mercancías)* to put on sale. ■ **v. a plazos,** credit sales *pl*; **v. al contado,** cash sale; **v. al por mayor,** wholesale; **v. al por menor,** retail; **v. de pisos,** flats for sale; **v. postbalance,** clearance sale, *US* post-inventory sale. **2** *(artículos vendidos)* sales *pl*. ■ **contrato de v.,** bill of sale; **departamento de ventas,** sales department. **3** *(posada)* country inn; *(restaurante)* restaurant.

ventaja *nf* advantage; **ganó la carrera con tres metros de v.,** she won the race by three metres; **llevar v. a,** to have the advantage over; **sacar v. a,** to be ahead of; **sacar v. de,** to profit from, use to one's own advantage, take advantage of; **Ten v. para Rodríguez,** advantage to Rodríguez.
ventajista *nmf* opportunist.
ventajoso,-a *adj* advantageous.
ventana *nf* **1** *Arquit* window; **v. de guillotina,** sash window; *fig* **tirar algo por la v.,** to waste sth. **2** *Anat (de la nariz)* nostril.
ventanal *nm* large window.
ventanilla *nf* **1** *(de vehículo, de sobre, de banco)* window. **2** *Cin Teat* (ticket) window. **3** *Anat (de la nariz)* nostril.
ventanillo *nm,* **ventanuco** *nm* small window.
ventarrón *nm* strong wind, gale.
ventear I *vtr CAm Méx (ganado)* to brand, stamp. **II ventearse** *vr Am* **1** *(envanecerse)* to give oneself airs. **2** *(salir mucho)* to go out a lot.
ventero,-a *nm,f* innkeeper.
ventilación *nf* ventilation; **sin v.,** unventilated.
ventilador *nm* ventilator, fan.
ventilar I *vtr* **1** *(habitación)* to ventilate, air; *(vestido)* to air. **2** *fig (opinión)* to air; *(cuestión)* to discuss, clear up. **II ventilarse** *vr* **1** *(habitación)* to be ventilated; *(vestido)* to be aired. **2** *fig (opinión)* to be aired; *(cuestión)* to be discussed *o* cleared up. **3** *fam (terminar)* to finish off. **4** *(tomar el aire)* to get some fresh air.
ventisca *nf* blizzard, snowstorm.
ventisquero *nm* **1** *(ventisca)* blizzard, snowstorm. **2** *(de montaña)* part of a mountain above the snow line.
ventolera *nf* *(golpe de viento)* gust of wind; *fam* **darle a uno la v. de hacer algo,** to take it into one's head to do sth; *fam* **darle a uno la v. por algn,** to take a fancy to sb.
ventosa *nf* **1** *(gen)* suction cup; *Med* cupping glass. **2** *Zool* sucker. **3** *(abertura)* vent, air hole.
ventosear *vi* to break wind.
ventosidad *nf* wind, flatulence.
ventoso,-a *adj* windy.
ventrículo *nm Anat* ventricle.
ventrílocuo,-a I *adj* ventriloquistic. **II** *nm,f* ventriloquist.
ventriloquia *nf* ventriloquy, ventriloquism.
ventrudo,-a *adj fam* pot-bellied.
ventura *nf* **1** *(felicidad)* happiness; **le deseo toda clase de venturas,** I wish you every happiness. **2** *(suerte)* luck; *(casualidad)* chance, fortune; **a la buena v.,** with no fixed plan; **por v.,** *(por casualidad)* by chance; *(por suerte)* fortunately; **echar la buena v. a algn,** to tell sb's fortune; **probar v.,** to try one's luck.
venturoso,-a *adj* lucky, fortunate.
Venus I *nm Astron Astrol* Venus. **II** *nf Mit* Venus. ■ **monte de V.,** mount of Venus.
veo-veo *nm fam* **el juego del v.-v.,** I-spy.
ver[1] *nm* **1** *(vista)* vision, sight. **2** *(apariencia)* looks *pl*, appearance; **de buen v.,** good-looking.
ver[2] [91] **I** *vtr* **1** *(percibir imagen)* to see; **déjeme v.,** let me see; **lo vi con mis propios ojos,** I saw it with my own eyes; **v. la televisión,** to watch television; *fig* **dejarse v.,** to appear, become apparent; *fig* **ni visto ni oído,** very quickly; *fig* **v. venir algo,** to expect sth to happen; *fam* **había un jaleo que no veas,**

you should have seen the fuss that was made; *fam* **¡habráse visto qué cara más dura!,** he's got a nerve!; *fam* **hasta más** *o* **a más v.,** see you; *fam* **¡hay que v.!,** it just goes to show!; *fam* **tengo un hambre que no veo,** I'm so starving. **2** *fig (observar, examinar)* to see, have a look at; **a v.,** let me see, let's see; **eso está por v.,** that remains to be seen; **¿lo ves?,** see!; **te veo triste,** you look sad; **(ya) veremos,** we'll see. **3** *fig (entender)* to understand; **no veo por qué le gusta tanto,** I can't see why he likes it so much; **por lo que veo,** apparently, it seems; **ya lo veo,** I can see that. **4** *(visitar)* to see, visit; **ven a verme cuando quieras,** come and see me whenever you like. **5** *Jur (caso)* to try, hear. **6 tener que v. con,** to have something to do with. **II verse** *vr* **1** *(imagen etc)* to be seen; **se ve el mar desde aquí,** you can see the sea from here. **2** *(encontrarse con algn)* to meet, see each other; *fig* **vérselas con algn,** to deal with sb; *fam fig* **no se pueden ni v.,** they hate each other. **3** *(encontrarse en una situación)* to find oneself; **me veo teniendo que comprarme otro coche,** I can see myself having to buy another car. **4 se ve que,** apparently.

vera *nf* edge, side, border; **a la v. de,** beside, next to.

veracidad *nf* veracity, truthfulness.

veranda *nf* veranda.

veraneante *nmf* holidaymaker, *US* (summer) vacationist.

veranear *vi* to spend one's summer holiday.

veraneo *nm* summer holiday; **lugar de v.,** (summer) holiday resort.

veraniego,-a *adj* summer, summery; **temporada veraniega,** summer season.

veranillo *nm* **v. de San Martín,** Indian summer.

verano *nm* summer.

veras *nfpl* truth; **de v.,** really, seriously; **lo siento de v.,** I am truly sorry; **te lo digo de v.,** I'm serious, I'm not joking.

veraz *adj* veracious, truthful.

verbal *adj* verbal; **expresión v.,** oral expression.

verbena *nf* **1** *(fiesta)* street *o* all-night party; **la v. de San Juan,** street party held on the eve of Saint John's Day. **2** *Bot* verbena.

verbigracia *adv fml* for example, for instance.

verbo *nm Gram* verb. ■ **v. auxiliar/copulativo/irregular/transitivo,** auxiliary/attributive/irregular/transitive verb.

verborrea *nf fam* verbosity, verbal diarrhoea.

verbosidad *nf* verbosity, wordiness.

verdad *nf* **1** truth, truthfulness; **a decir v., la v. sea dicha,** to tell the truth; **de v.,** really, truly, seriously; **de v. que no lo sabía,** I swear I didn't know; **es v.,** it is true; **faltar a la v.,** to lie; **¿no es v.?,** isn't that so?; **un amigo de v.,** a real friend; **una v. a medias,** a half truth; *fam* **decirle a algn las cuatro verdades,** to give sb a piece of one's mind; *fam* **tan de v. como que es de día,** it's a true as I'm standing here. **2** *(confirmación)* isn't it?, aren't you?, don't you?, etc ...; **debe haber salido, ¿v.?,** he must have gone out, mustn't he?; **está muy bien, ¿v.?,** it is very good, isn't it?; **hay cuatro, ¿v.?,** there are four, aren't there?; **no te gusta, ¿v.?,** you don't like it, do you?; **vendrá a la fiesta, ¿v.?,** she'll come to the party, won't she?

verdadero,-a *adj* true, real. ◆**verdaderamente** *adv* truly, really.

verde I *adj* **1** *(colour)* green; *fam fig* **poner v. a algn,** to call sb every name under the sun. **2** *(fruta)* green, unripe; *(madera)* unseasoned. **3** *fig (inmaduro)* green, immature. **4** *fam (obsceno)* blue, dirty; **un chiste v.,** a dirty joke. II *nm* **1** *(colour)* green. **2** *(hierba)* grass. **3** *Pol* green; **el partido v.,** the Green Party.

verdear *vi* *(brotar)* to turn green; *(mostrar el color)* to look green.

verdecillo *nm Orn* serin.

verderón *nm Orn* **v. común,** greenfinch.

verdín *nm* scum.

verdor *nm (color)* greenness; *(de plantas)* verdure; *fig* youthfulness, vigour.

verdoso,-a *adj* greenish.

verdugo,-a I *nm* **1** *(el que ejecuta)* executioner. **2** *(prenda)* Balaclava (hood). II *nmf fig* tyrant.

verdugón *nm* **1** *(herida)* weal. **2** *Am (rotura de la ropa)* rent, rip.

verduguillo *nm Taur* stiletto.

verdulería *nf* greengrocer's (shop).

verdulero,-a I *nm,f* greengrocer. II *nf pey* coarse *o* foulmouthed woman.

verdura *nf* **1** *(del color)* greenness, greenery. **2** *(hortaliza)* vegetables *pl*, greens *pl*.

verdusco,-a *adj* (dark) greenish.

vereda *nf* **1** *(camino)* path, lane; *fig* **meter por** *o* **en v.,** to bring (sb) into line. **2** *Am (acera)* pavement, *US* sidewalk.

veredicto *nm Jur* verdict.

verga *nf* **1** *Náut* yard. **2** *Anat Zool* penis. **3** *(palo)* thin stick.

vergajo *nm* pizzle, whip.

vergel *nm* orchard.

vergonzante *adj* shamefaced.

vergonzoso,-a *adj* **1** *(penoso)* shameful, disgraceful. **2** *(tímido)* shy, bashful.

vergüenza *nf* **1** *(pena)* shame; **es una v.,** it's a disgrace; **¿no te da v.?,** aren't you ashamed?, have you no shame?; **no tiene v.,** he's a shameless person; **¡qué poca v.!,** how shameful! **2** *(timidez)* shyness, bashfulness; **le da v. cantar en público,** she feels shy about singing in public. **3** *(bochorno)* embarrassment; **se me cayó la cara de v.,** I was so embarrassed; *(honor)* **si tuviera v.,** if he were a man of honour. **4 vergüenzas,** *fam euf* private parts.

vericueto *nm Geog* rough path.

verídico,-a *adj* truthful, true.

verificación *nf* verification, checking; *Fin* **v. de cuentas,** audit.

verificador,-a I *adj* verifying, checking. II *nm,f* tester.

verificar [1] I *vtr* **1** *(comprobar)* to verify, check. **2** *(llevar a cabo)* to perform, carry out. II **verificarse** *vr* **1** *(tener lugar)* to take place, occur. **2** *(resultar verdad)* to come true.

verja *nf* **1** *(reja)* grating, grille. **2** *(cerca)* railing, railings *pl*. **3** *(puerta)* iron gate; **la V. de Gibraltar,** the frontier with Gibraltar.

vermut *nm,* **vermú** *nm (pl vermús)* **1** *(bebida)* vermouth. **2** *(aperitivo)* aperitive.

vernáculo,-a *adj* vernacular; **lengua vernácula,** vernacular.

verónica *nf* **1** *Bot* veronica. **2** *Taur* kind of pass with the cape.

verosímil *adj* *(que puede ser verdadero)* probable, likely; *(creíble)* credible.

verosimilitud *nf (que puede ser verdad)* probability, likelihood; *(creible)* credibility, verisimilitude.

verraco *nm Zool* male pig, boar.

verruga *nf* 1 *Med Bot* wart. 2 *CAm (ganga)* perk. 3 *CAm (ahorros)* savings *pl.*

versado,-a I *pp de* versar. II *adj* versed. III *nf Am* long poem.

versal *adj & nf Impr* capital (letter).

versalita *adj & nf Impr* small capital (letter).

versallesco,-a *adj fam fig (muy galante)* chivalrous; *(afectado)* affected.

versar *vi* **v. sobre,** to be about, deal with.

versátil *adj* 1 easily turned; *Anat* mobile. 2 *fig (voluble)* changeable, inconstant.

versatilidad *nf fig* changeableness, inconstancy.

versículo *nm Rel* verse, versicle.

versificación *nf* versification.

versificador,-a *adj & nm,f* versifier.

versificar [1] I *vtr* to versify. II *vi* to write in verse.

versión *nf* 1 version, account. 2 *(traducción)* translation; **película en v. original,** film in the original language; **película inglesa en v. española,** English film dubbed in Spanish. 3 *Cin Teat* adaptation; **la película es una v. de una novela de Torres,** the film is based on *o* is an adaptation of a Torres novel.

verso[1] *nm* 1 verse; **en v.,** in verse. ■ **v. blanco/libre,** blank/free verse. 2 *fam (poema)* poem; **hacer versos,** to write poems.

verso[2] *nm (de libro)* verso, left-hand page.

vértebra *nf Anat* vertebra.

vertebrado,-a *adj & nm* vertebrate; *Zool* **los vertebrados,** the vertebrates.

vertebral *adj* vertebral; *Anat* **columna v.,** spinal column, spine.

vertedera *nf Agr (de arado)* mouldboard, *US* moldboard.

vertedero *nm (de basura)* rubbish dump, tip.

verter [28] I *vtr* 1 *(de un recipiente a otro)* to pour (out). 2 *(derramar)* to spill. 3 *(vaciar)* to empty (out). 4 *(traducir)* to translate. 5 *fig (opiniones etc)* to express, voice. II *vi (desembocar)* to flow, run (a, into). III **verterse** *vr* to spill.

vertical I *adj* vertical; **ponlo v.,** put it upright. II *nf Geom* vertical (line). III *nm Astron* vertical.

vértice *nm Anat Geom* vertex.

vertiente *nf* 1 *(de una montaña, un tejado)* slope; *fig* aspect; *fig* **desde otra v.,** from a different angle. 2 *Am (manantial)* spring; *(fuente)* fountain.

vertiginoso,-a *adj* dizzy, giddy; *(que causa turbación)* causing dizziness; *fig* **venía a una velocidad vertiginosa,** he approached at breakneck speed.

vértigo *nm* 1 vertigo; *(turbación)* dizziness; *(por alcohol)* giddiness; **la altura me da v.,** heights make me feel dizzy; **tener v.,** to feel dizzy *o* giddy. 2 *fig* frenzy; **de v.,** frenzied; **me da v. sólo de pensarlo,** I go dizzy just thinking about it.

vesania *nf* 1 *(locura)* insanity. 2 *(furia)* rage.

vesícula *nf Bot Med* vesicle; **v. biliar,** gall bladder.

vesicular *adj* vesicular.

vespa® *nf* (motor) scooter.

vespertino,-a I *adj* evening. II *nm Prensa* evening newspaper.

vespino® *nm* moped.

vestal *nf Mit* vestal (virgin).

vestíbulo *nm* 1 *(de casa particular)* hall, entrance; *(de edificio público)* vestibule, entrance hall, foyer, lobby. 2 *Anat* vestibule.

vestido,-a I *pp de* vestir. II *adj* dressed; **v. de militar,** in military uniform; **v. de verano,** wearing *o* in summer clothes. III *nm (ropa)* clothes *pl; (de mujer)* dress; **museo del v.,** museum of costume; **v. de noche,** evening dress.

vestidura *nf* clothing, clothes *pl; Rel* **vestiduras sacerdotales,** vestments; *fam* **rasgarse las vestiduras,** to raise an outcry, make a great to-do.

vestigio *nm (huella)* vestige, trace, remains.

vestimenta *nf* clothes *pl,* garments *pl.*

vestir [34] I *vtr* 1 *(llevar puesto)* to wear; **vestía un traje de pana,** he was wearing a corduroy suit. 2 *(a alguien)* to dress; **viste al niño,** dress the baby; *fig fam* **quedarse para v. santos,** to be left on the shelf; *prov* **vísteme despacio que tengo prisa,** more haste less speed. 3 *(cubrir)* to cover **(de,** with). II *vi* 1 to dress; **ropa de (mucho) v.,** formal dress; *fam hum* **el mismo que viste y calza,** the very same, none other. 2 *fam* to be classy, look smart; **la seda viste mucho,** silk always looks very elegant. III **vestirse** *vr* 1 to get dressed; dress; **enseguida me visto,** I'll be dressed in a second. 2 *(comprar prendas)* to buy one's clothes; **se viste en París,** he buys his clothes in Paris. 3 **v. de,** to wear, dress in; *(disfrazarse)* to disguise oneself as; **v. de payaso,** to dress up as a clown; *fam* **v. de punta en blanco,** to dress up to the nines.

vestuario *nm* 1 *(conjunto de vestidos)* clothes *pl,* wardrobe; *Teat* wardrobe, costumes *pl; Mil* uniform. 2 *Teat (camerino)* dressing room. 3 **vestuarios,** *Dep* changing room *sing; (fábricas etc)* cloakroom *sing.*

veta *nf Min* vein, seam; *fig* streak; *fig* **tiene una v. de loco,** there's a mad streak in him.

vetar *vtr* to veto, put a veto on.

veteado,-a I *pp de* vetear. II *adj* veined, streaked.

vetear *vtr (piedras, madera)* to grain, streak.

veteranía *nf* seniority, long experience; *(soldado)* long service.

veterano,-a I *adj* veteran. II *nm,f* veteran; *fam* **es un v. en estas lides,** he is an old hand at this. III *nm Chi Méx (viejo)* old man.

veterinario,-a I *adj* veterinary. II *nm,f* veterinary surgeon, vet, *US* veterinarian. III *nf* veterinary medicine *o* science.

veto *nm* veto; **derecho a v.,** power *o* right of veto.

vetustez *nf fml (antiguedad)* antiquity; *(vejez)* great age.

vetusto,-a *adj fml (antiguo)* ancient; *(viejo)* very old.

vez *nf (gen)* time; *(ocasion, turno)* occasion; **a la vez,** at the same time; **a o algunas veces,** sometimes; **alguna que otra v.,** on the odd occasion; **Ana habló una v., Paco dos veces y Jorge tres,** Ana spoke once, Paco twice and Jorge three times; **cada v.,** each *o* every time; **cada v. más,** more and more; **cada v. peor,** worse and worse; **de una v.,** in one go; **de una v. para siempre,** once and for all; **de v. en cuando,** now and again, every so often, every now and then; **en v. de,** instead of; *(en cuentos etc)* **érase *o* había una v.,** once upon a time; **¿le has visto actuar alguna v.?,** have you ever seen him act?; **muchas veces,** very often; **otra v.,** again; **tal v.,** perhaps, maybe.

v.g(r). *abr de* **verbigracia,** for instance, for example, eg.

vía 514 vida

vía I *nf* **1** *(camino)* road; *(carril)* lane; *(calle)* street; **v. de circunvalación,** bypass; **v. pública,** public thoroughfare. ▪ *Astron* **V. Láctea,** Milky Way. **2** *Anat* passage, tract, canal; **vías urinarias,** urinary tract *sing; Farm* **(por) v.** oral, to be taken orally. **3** *Ferroc* track, line; **de v. doble,** double-track; **de v. estrecha,** narrow-gauge, *fam fig* mediocre; **el tren situado en la v. 2,** the train standing at platform 2. ▪ **v. férrea,** railway track, *US* railroad track; **v. muerta,** siding. **4** *fig (modo)* way, manner, means; **dar v. libre a,** to leave the way open for; **por v. oficial,** through official channels; **recurrir a la v. judicial,** to go to law; **vías de comunicación,** communication channels. ▪ *Jur* **v. contenciosa,** legal action. **5 en vías de,** in the process of; **en v. de construcción,** under construction; **países en v. de desarrollo,** developing countries. **6** *por* **v.,** *(transportes)* by; *(a través de)* via, through; **Madrid-Londres v. París,** Madrid-London via Paris; **por v. aérea/marítima,** by air/sea; **por v. terrestre,** overland; **transmisión v. satélite,** satellite transmission.

vía crucis *nm Rel* Way of the Cross, Stations *pl* of the Cross; *fig* great suffering.

viabilidad *nf* viability.

viable *adj* viable.

viaducto *nm* viaduct.

viajante *nmf* commercial traveller, travelling salesman *o* saleswoman.

viajar *vi* to travel.

viaje *nm* **1** *(recorrido)* journey, trip; *(largo, en barco)* voyage; **¡buen v.!,** bon voyage, have a good trip!; **irón** too bad!, good riddance!; **estar de v.,** to be away (on a trip); **irse** *o* **marcharse de v.,** to go on a journey *o* trip; **v. de ida,** outward journey; **v. de ida y vuelta,** return journey, *US* round trip; **v. de negocios,** business trip; **v. en barco,** boat trip; **v. en tren,** train journey; *lit* **el último v.,** one's journey's end. ▪ **v. de novios,** honeymoon. **2** *(concepto de viajar)* *(gen pl)* travel; **en sus viajes a la India,** on his travels to India. ▪ **agencia de viajes,** travel agency; **cheque de v.,** traveller's cheque; **libro de viajes,** travel book. **3** *(carga)* load; **dos viajes de arena,** two loads of sand; *fam* **de un v.,** in one go; *fam* **¡menudo v. le has pegado a la tarta!,** you've had a good go at the cake! **4** *arg (drogas)* trip.

viajero,-a I *adj* travelling. II *nm,f* **1** *(gen)* traveller. **2** *(en transporte público)* passenger; **¡viajeros al tren!,** all aboard!

vianda *nf* **1** *fml* food, viands *pl.* **2** *Arg Urug (fiambrera)* lunch basket.

viandante *nmf (transeúnte)* pedestrian, passer-by.

viaraza *nf Am* fit of anger.

viario,-a *adj* road, highway.

viático *nm Rel* viaticum.

víbora *nf* **1** *Zool* viper; *fig* **lengua de v.,** spiteful *o* viperine tongue. **2** *Méx* money belt.

viborear *vi Arg Urug (serpentear)* to wind, twist.

vibración *nf* vibration; *Ling* rolling, trilling.

vibrador *nm* vibrator.

vibrante I *adj* vibrant, vibrating; *Ling* rolled, trilled. II *nf Ling* vibrant.

vibrar *vtr & vi* to vibrate; *Ling* to roll, trill.

vibratorio,-a *adj* vibratory.

vicaria *nf Cub Bot* red periwinkle.

vicaría *nf* **1** *(dignidad)* vicarship, vicariate. **2** *(residencia, despacho)* vicarage; *fam* **pasar por la v.,** to get married (in church).

vicario,-a I *adj* vicarial, substitute. II *nm,f* vicar; **el V. de Cristo,** the Vicar of Christ.

vicealmirante *nm* vice admiral.

vicepresidencia *nf* **1** *Pol* vice-presidency. **2** *(de compañía, comité)* vice-chairmanship.

vicepresidente,-a *nm,f* **1** *Pol* vice president. **2** *(de compañía, comité)* vice-chairperson; *(hombre)* vice-chairman; *(mujer)* vice-chairwoman.

vicesecretario,-a *nm,f* assistant secretary.

vicetiple *nf* chorus girl.

viceversa *adv* vice versa.

vichar *vtr Am* to spy (on).

viche *adj Méx* hairless, with no hair.

vichy *nm Tex* gingham.

viciado,-a I *pp de* **viciar.** II *adj* **1** *(corrompido)* corrupt. **2** *(aire) (que huele mal)* foul; *(contaminado)* polluted; *(cargado)* stuffy.

viciar [12] I *vtr* **1** *(corromper)* to corrupt; **las malas compañías le viciaron,** bad company led him astray. **2** *(aire)* to pollute, contaminate. **3** *(anular)* to vitiate, nullify. **4** *(tergiversar)* to twist, distort. II **viciarse** *vr* **1** *(enviciarse)* to take to vice; *(corromper)* to become corrupted. **2** *(deformarse)* to go out of shape; **la persiana se ha viciado,** the blind is warped.

vicio *nm* **1** *(corrupción)* vice, corruption. **2** *(mala costumbre)* bad habit; *(inmoralidad)* vice; **de v.,** for no reason at all, for the sake of it; **quejarse de v.,** to complain out of sheer habit. **3** *(falta física)* defect.

vicioso,-a I *adj* **1** *(persona)* depraved, perverted. **2** *(cosa)* faulty, defective; **círculo v.,** vicious circle. **3** *(frondoso)* luxuriant, thick. II *nm,f* **1** depraved person. **2** *(niño consentido)* spoiled *o* spoilt child.

vicisitud *nf (gen pl)* vicissitude; **las vicisitudes de la vida,** life's ups and downs.

víctima *nf* victim; **no hubo víctimas en el accidente,** there were no casualties in the accident; **v. propiciatoria,** scapegoat.

victrola *nf Am* gramophone, record player.

victoria *nf* victory, triumph; **alzarse con la v.,** to come out victorious; **cantar v.,** to proclaim a victory.

victoriano,-a *adj* Victorian.

victorioso,-a *adj* victorious. ◆**victoriosamente** *adv* triumphantly.

vicuña *nf Zool* vicuña, vicuna.

vid *nf Bot* vine, grapevine.

vida *nf (gen)* life; **amargarle la v. a algn,** to make sb's life a misery; **cambiar de v.,** to change one's lifestyle; **como si le fuera la v. en ello,** as if his life depended on it; **costarle algo la v. a algn, pagar algn con su v.,** to pay with one's life; **dar v. a,** to give life to; **daría mi v. por,** I would give my right arm for; **de por v.,** for life; **Dolores es una amiga de toda la v.,** Dolores is a lifelong friend; **en la flor de la v.,** in the prime of life; **en mi v.,** never in my life; **en v. de,** during the life of; **entre la v. y la muerte,** between life and death; **escapar** *o* **salir con v.,** to come out alive, survive; **estar con/sin v.,** to be alive/dead; **ganarse la v.,** to earn one's living; **hacerle la v. imposible a algn,** to make life impossible for sb; **llevar una v. agitada/tranquila,** to lead a busy/quiet life; **¡mi v.!, ¡v. mía!,** darling!, my love!; **nivel de v.,** standard of living; **no puedo llevar su tren de v.,** I can't compete with his lifestyle; **perder la v.,** to die; **quitarle la v. a algn,** to take sb's life; **se pasa la v. trabajando,** he's always working, he doesn't do anything but work; **seguro de v.**, life insurance; **señales de v.**, signs of life; *euf* **la otra v.**, the next life; *euf* **pasar a mejor v.**, to pass away; *fam* **¡así es la v.!**, such is life!, that's life!; *fam* **contarle a algn su v. y milagros**, to tell sb one's life story; *fam* **darse o pegarse la gran v.**, to live it up; *fam* **v. de perros**, dog's life; *fam* **y tu hermana, ¿qué es de su v.?**, what about your sister, what's she up to these days?; *fam euf* **echarse a la v.**, to go on the game, become a prostitute.

vidalita *nf Am Mús* plaintive love song.

vidente *nmf* seer, soothsayer.

video *nm* video; **grabar en v.**, to video-tape, record on video.

videoclub *nm* video club.

videojuego *nm* video game.

vidorra *nf fam* easy life; **pegarse la gran v.**, to live like a king.

vidorria *nf* **1** *Am pey* dog's life, miserable life. **2** *Arg fam* cushy number.

vidriado,-a **I** *pp de* vidriar. **II** *adj* glazed. **III** *nm* **1** *(cerámica)* glazed earthenware. **2** *(barniz)* glaze. **3** *(acción)* glazing.

vidriar [14] **I** *vtr (cerámica)* to glaze. **II** **vidriarse** *vr* to become glazed, become glassy; *fig (asunto)* to become tricky.

vidriera *nf* **1** *(ventana)* glass window; **(puerta) v.**, glass door; *(de galería, balcón)* French window. **2** *Arquit Arte (ventana de colores)* stained-glass window. **3** *(escaparate)* shop window.

vidriería *nf* **1** *(fábrica)* glassworks *sing*. **2** *(tienda)* glass shop.

vidriero,-a *nm,f* **1** *(fabricante)* glass-maker. **2** *(que coloca cristales)* glazier.

vidrio *nm* **1** *(sustancia)* glass. ▪ **fibra de v.**, fibreglass. **2** *(objeto)* glass object; **tienda de v.**, glass shop; *fam* **pagar los vidrios rotos**, to carry the can.

vidrioso,-a *adj* **1** *(quebradizo)* glass-like; *(frágil)* brittle; **ojos vidriosos**, glazed eyes. **2** *(resbaladizo)* slippery. **3** *fig* touchy; **asunto v.**, delicate matter; **carácter v.**, sensitive temperament.

vieira *nf (pez)* scallop.

viejo,-a **I** *adj* **1** *(persona)* old; **es más v. que yo**, he's older than me; **estar v.**, to look old; **hacerse v.**, to grow old; *(en tono afectivo)* **un v. amigo**, an old friend; *fam* **más v. que la nana** *o* **que Matusalén**, as old as the hills; *fam* **ser un gato** *o* **un perro v.**, to be a sly old fox. **2** *(cosa)* old; *(desgastado)* worn out, old; **caerse de v.**, to be falling apart (with age). **3** *(antiguo)* ancient, old; **viejas costumbres**, ancient customs. **II** *nm* old man; **los viejos**, elderly people; *fam* **mi v.**, my *o* the old man; *fam* **mis viejos**, my folks, my parents. ▪ *fam* **v. verde**, dirty old man. **III** *nf* old woman; *fam* **mi vieja**, my *o* the old lady, my old woman.

Viena *n* Vienna.

vienés,-esa *adj & nm,f* Viennese.

viento *nm* **1** wind; **hace** *o* **sopla mucho v.**, it is very windy; *Mús* **instrumentos de v.**, wind instruments; **la rosa de los vientos**, wind rose; *fig* **beber los vientos por algn**, to be crazy about sb; *fig* **contra v. y marea**, come hell or high water; *fig* **corren malos vientos**, it's not the best moment, the time is not right; *fig* **ir como el v.**, to fly like the wind; *fig* **ir v. en popa**, to go splendidly, do very well; *fam fig* **mandar a algn a tomar v.**, to tell sb where to go; *prov* **quien siembra vientos recoge tempestades**, they that sow the wind shall reap the whirlwind. ▪ **vientos alisios**,

trade winds. **2** *(rumbo)* direction; *fig* **gritar algo a los cuatro vientos**, to shout sth from the rooftops. **3** *Caza* scent. **4** *fam (ventosidad)* wind, flatulence. **5** *(cuerda)* rope, guy.

vientre *nm* **1** *Anat* belly, abdomen; **bajo v.**, lower abdomen; **dolor de v**, stomach ache; *fam* belly ache. **2** *(conjunto de vísceras)* bowels *pl*; **hacer de v.**, to have a bowel movement. **3** *(de mujer embarazada)* womb. **4** *(de barco, vasija)* belly.

viernes *nm inv* Friday; **de v. en ocho días**, the Friday after next; **de v. en una semana**, a week on Friday, Friday week; **el periódico del v.**, Friday's newspaper; **el v.**, on Friday; **el v. antepasado**, the Friday before last; **el v. pasado**, last Friday; **el v. por la mañana/tarde/noche**, (on) Friday morning/afternoon *o* evening/night; **el v. próximo** *o* **que viene**, next Friday; **el v. siguiente**, the following Friday; **este v.**, this Friday; **la película del v.**, the Friday film; **los v.**, on Fridays; **todos los v.**, every Friday; **un v. sí y otro no**, every other Friday. ▪ **V. Santo**, Good Friday.

Vietnam *n* Vietnam.

vietnamita **I** *adj* Vietnamese. **II** *nmf (persona)* Vietnamese. **III** *nm (idioma)* Vietnamese.

viga *nf Arquit* **1** *(de madera)* beam, rafter; **v. maestra**, main beam; **v. transversal**, crossbeam. **2** *(de hierro, acero)* girder.

vigencia *nf* validity; **entrar en v.**, to come into force *o* effect, become valid; **estar en v.**, to be in force, be valid.

vigente *adj* in force, valid.

vigésimo,-a **I** *adj* twentieth; **vigésima parte**, twentieth; **v. primero**, twenty-first; **v. segundo**, twenty-second. **II** *nm,f (de una serie)* twentieth. **III** *nm (parte)* twentieth; *véase tamb* octavo,-a

vigía **I** *nf (atalaya)* watchtower, lookout post. **II** *nmf (gen)* lookout; *(hombre)* watchman; *(mujer)* watch-woman.

vigilancia *nf* vigilance, watchfulness; **bajo v.**, under surveillance. ▪ *Med* **unidad de v. intensiva**, intensive care unit.

vigilante **I** *adj (despierto)* vigilant, watchful; *(alerta)* alert. **II** *nm (guarda)* watchman; *(de banco, con armas)* guard; **v. nocturno**, night watchman.

vigilar **I** *vtr (ir con cuidado)* to watch; *(con armas etc)* to guard; *(supervisar)* to oversee; **vigila al niño**, keep an eye on the baby; **vigila que no entren**, make sure they don't get in; **vigila que no se salga la leche**, take care that the milk doesn't boil over. **II** *vi (gen)* to keep watch; *(observar)* to watch; **v. por** *o* **sobre**, to watch over, look after; **v. por el bien público**, to guarantee public law and order.

vigilia *nf* **1** *(no dormir)* vigil, watch; **pasar la noche de v.**, to stay awake all night. **2** *(víspera)* eve; *Rel* vigil. **3** *Rel (abstinencia)* abstinence; **guardar la v.**, to abstain from eating meat. **4** *(trabajo)* night work *o* study; **este trabajo es fruto de sus vigilias**, this work is the product of many sleepless nights.

vigor *nm* **1** vigour, *US* vigor; *(fuerza, robustez)* strength. **2** *(de una ley)* force, effect; **en v.**, in force; **poner en v.**, to put into effect.

vigorizador,-a *adj (que da vitalidad)* invigorating; *(que da robustez)* fortifying; **medicamento v.**, tonic.

vigorizar [4] *vtr* **1** *(dar vitalidad)* to invigorate; *(dar robustez)* to fortify. **2** *fig (animar)* to encourage; *(estimular)* to stimulate.

vigoroso,-a *adj (vital)* vigorous; *(fuerte)* strong, sturdy.

viguería nf Arquit 1 (de madera) beams pl. 2 (de metal) girders pl.

vigueta nf Arquit 1 (de madera) small beam. 2 (de metal) small girder.

vikingo nm Viking.

vil adj fml (person) vile, base, despicable; (act) vile.

vileza nf 1 (cualidad) vileness, baseness. 2 (acto) vile act, despicable deed.

vilipendiar [12] vtr fml 1 (ofender) to vilify, revile, insult. 2 (despreciar) to despise; (rebajar) to humiliate.

vilipendio nm fml 1 (ofensa) vilification, abuse. 2 (desprecio) scorn, contempt; (humillación) humiliation.

vilipendioso,-a adj fml 1 (ofensivo) vilifying. 2 (menospreciado) contemptible; (humillado) humiliated.

vilo (en) loc adv 1 (suspendido) in the air, suspended. 2 fig (intranquilo) on tenterhooks, in suspense; tener a algn con el alma en v., to keep sb in suspense.

villa nf 1 (casa) villa, country house. 2 (población) town.

Villadiego nm fam coger o tomar las de V., to clear off, beat it.

villancico nm Mús (Christmas) carol.

villanía nf fml 1 (cualidad) vileness, baseness. 2 (acto) vile deed, despicable act, villainy. 3 (dicho grosero) coarse remark.

villano,-a nm,f villain.

villorrio nm pey one-horse town.

vinagre nm vinegar; fig bad tempered person.

vinagrera nf 1 vinegar bottle. 2 vinagreras, oil and vinegar cruets, cruet (stand) sing.

vinagreta nf Culin vinaigrette sauce.

vinajera nf Rel 1 cruet (for wine and water). 2 vinajeras, cruets.

vinatería nf 1 (comercio) wine trade. 2 (tienda) wine shop.

vinatero,-a I adj wine. II nm,f wine merchant.

vinaza nf (vinos) poor quality wine, plonk.

vincha nf Am (sujetapelo) hair ribbon, hair band; (para la cabeza) headband.

vinculación nf 1 (acción) linking, binding. 2 (vínculo) link, bond; (contacto) relation, connection.

vincular I vtr 1 to link, bind; (relacionar) to relate, connect; los dos temas no están vinculados en absoluto, the two subjects are totally unrelated. 2 Jur (bienes) to entail. II vincularse vr to link oneself (a, to).

vínculo nm 1 link, bond, tie; vínculos familiares, family ties. 2 Jur entail, entailment.

vindicación nf 1 (venganza) vengeance, revenge. 2 (defensa) vindication.

vindicar [4] vtr 1 (vengar) to avenge. 2 (defensar) to vindicate.

vindicativo,-a adj 1 (vengativo) vindictive. 2 (que defiende) vindicatory; (leyes) punitive.

vindicatorio,-a adj vindicatory.

vine pt indef véase venir.

vinícola adj wine-producing.

vinicultor,-a nm,f wine producer.

vinicultura nf wine production o growing.

vinificación nf wine-making process.

vinílico,-a adj vinyl.

vinilo nm vinyl.

vino nm wine; ir de vinos, to go on a drinking spree; fig tener mal v., to become aggressive when drunk; fam bautizar el v., to water down wine. ▪ v. abocado, fortified wine; v. añejo, vintage wine; v. blanco/tinto, white/red wine; v. clarete, claret; v. de aguja, slightly sparkling wine; v. de la casa, house wine; v. de mesa, table wine; v. dulce/seco, sweet/dry wine; v. espumoso, sparkling wine; v. generoso o de postre, full-bodied wine; v. peleón, plonk; v. rosado, rosé.

vinoso,-a adj wine-like, wine.

viña nf vineyard; prov de todo hay en la v. del Señor, it takes all kinds (to make a world).

viñador,-a nm,f vine grower.

viñedo nm vineyard.

viñeta nf 1 Impr vignette. 2 (en tebeo) historia en viñetas, comic strip, strip cartoon.

viola Mús I nf viola. II nmf viola player.

violáceo,-a I adj violaceous, violet. II violáceas nfpl Bot violaceae pl.

violación nf 1 (de un derecho, una ley) violation infringement. 2 (de una persona) rape.

violador,-a n 1 (de un derecho, una ley) violator. 2 (de una persona) rapist. 3 (de un lugar) violator, trespasser; (de una tumba) desecrator.

violar vtr 1 (un derecho, una ley) to violate, infringe 2 (una persona) to rape. 3 (un lugar) to violate, trespass; (tumba) to desecrate.

violencia nf 1 violence; con v., violently, by force la no v., non-violence. 2 (sentimiento) embarrassment; (situación) embarrassing situation; si te causa v. ..., if you find it embarrassing ... . 3 (acción injusta) outrage. 4 (violación) rape.

violentar I vtr 1 (forzar) to force, break open (sitio) to break into, enter by force; v. una cerradura, to force a lock (open); v. una puerta, to break a door down. 2 (obligar) to force, use force on. 3 (enojar) to infuriate. 4 (texto) to twist, distort. II violentarse vr 1 (obligarse) to force oneself (vencer repugnancia etc) to overcome one's reluctance. 2 (pasar vergüenza) to be embarrassed (avergonzarse) to feel ashamed. 3 (molestarse) to get annoyed.

violento,-a adj 1 (brutal) violent. 2 (carácter) violent; persona de carácter v., person of a violent nature. 3 (embarazoso) embarrassing, awkward. 4 (molesto, incómodo) embarrassed, awkward; se sentía v. en aquella casa, he felt ill at ease in that house. 5 (postura) unnatural, forced. 6 (sentido de un texto) twisted, distorted.

violeta I adj violet. II nm (color) violet. III nf Bot violet.

violetera nf violet seller.

violín Mús I nm violin; fam fiddle. II nmf violinist primer v., first violin.

violinista nmf violinist.

violón I nm double bass. II nmf double bass player

violoncelista nmf, **violonchelista** nmf violoncellist, cellist.

violoncelo nm, **violonchelo** nm violoncello, cello.

viperino,-a adj Zool viperine, viperous; fig venomous; lengua viperina, spiteful o venomous tongue.

vira nf 1 (saeta) dart. 2 (de zapato) welt.

virada nf Náut tack, tacking.

virago nf virago.

viraje *nm* **1** *(curva)* turn, bend. **2** *(acción de girar)* *(en coche)* turn; *Náut* tack. **3** *fig* change in direction, volte-face, about-face; *Pol* change in policy. **4** *Fot* toning.

virar I *vi* **1** *Náut* to tack, put about; *(coche)* to turn round. **2** *fig* to change; **v. en redondo,** to change completely. **II** *vtr Fot* to tone.

virgen I *adj* **1** *(persona)* virgin. **2** *fig* virgin, pure; *(en estado natural)* unspoiled; *(reputación)* unsullied; **aceite v.,** pure olive oil; **cinta v.,** blank tape; **selva v.,** virgin forest. **II** *nmf* virgin. **III** *nf Rel* **la (Santísima) V.,** the (Blessed) Virgin; *fam* **ser un viva la V.,** to be a devil-may-care person.

Virgenes *npl* **las (Islas) V.,** the Virgin Islands.

virginal I *adj* virginal. **II** *nm Mús* virginal.

Virginia *n* **V. Occidental,** (West) Virginia.

virginidad *nf* virginity.

virgo *nm* **1** *(virginidad)* virginity. **2** *Anat* hymen.

Virgo *nm Astrol Astron* Virgo.

virguería *nf arg* **1** *(cosa extraordinaria)* gem, marvel; **hacer virguerías,** to work wonders, be a dab hand. **2** *(adorno exagerado)* frill.

virguero,-a *adj arg* smart, great; **esta camisa es muy virguera,** that shirt is the business.

vírgula *nf,* **virgulilla** *nf* **1** *Impr (coma)* comma; *(punto)* point; *(apóstrofe)* apostrophe; *(acento)* accent. **2** *(raya)* line, dash.

vírico,-a *adj* viral.

viril *adj* virile, manly; **miembro v.,** penis, male member.

virilidad *nf* virility.

virreina *nf (mujer del virrey)* viceroy's wife; *(la que gobierna)* female viceroy, vicereine.

virreinato *nm* viceroyalty.

virrey *nm* viceroy.

virtual *adj* virtual. ◆**virtualmente** *adv* virtually.

virtud *nf* **1** virtue; *fig* **en v. de,** by virtue of. **2** *(propiedad, eficacia)* property, quality; **hierbas con virtudes curativas,** medicinal herbs, herbs with medicinal properties.

virtuosismo *nm* virtuosity.

virtuoso,-a I *adj* virtuous. **II** *nm,f* **1** virtuous person. **2** *(músico)* virtuoso.

viruela *nf* **1** *Med* smallpox. **2** *(cicatrices)* pockmarks *pl.*

viruji *nm fam* fresh air.

virulé (a la) *loc adv fam* **1** *(torcido)* crooked, twisted. **2** *(estropeado)* broken, damaged; **un ojo a la v.,** a black eye. **3** *(de cualquier manera)* any old how.

virulencia *nf* virulence.

virulento,-a *adj* virulent.

virus *nm inv* virus.

viruta *nf Carp* shaving.

vis *nf* **v. cómica,** comic sense.

visa *nf Am* visa.

visado,-a I *pp de* **visar.** **II** *adj* endorsed with a visa. **III** *nm* visa.

visaje *nm* grimace, (wry) face.

visar *vtr (pasaporte)* to endorse (with a visa); *(documento)* to endorse, approve.

víscera *nf Anat* **1** *(órgano)* internal organ. **2** **vísceras,** *(conjunto de órganos)* viscera, entrails.

visceral *adj* **1** *Anat* visceral. **2** *fig (intenso)* profound, deep-rooted; **reacción v.,** gut reaction.

viscosidad *nf* viscosity.

viscoso,-a *adj* viscous.

visera *nf* **1** *(de casco)* visor; **calarse la v.,** to pull down one's visor. **2** *(de gorra)* peak; **gorra de v.,** peaked cap. **3** *(pieza suelta de plástico etc)* eyeshade.

visibilidad *nf* visibility; **curva con mala v.,** blind corner.

visible *adj* **1** *(que se puede ver)* visible. **2** *(manifiesto)* evident. ◆**visiblemente** *adv* **1** *(perceptiblemente)* visibly. **2** *(claramente)* evidently.

visigodo,-a *Hist* **I** *adj* Visigothic. **II** *nm,f* Visigoth.

visigótico,-a *adj Hist* Visigothic.

visillo *nm* small lace *o* net curtain.

visión *nf* **1** *(acción de ver)* vision; *fig* **v. de conjunto,** overall view. **2** *(vista)* sight. **3** *(aparición)* vision; *fam* **quedarse como quien ve visiones,** to look as if one has seen a ghost. **4** *(entendimiento)* vision, view; *(perspicacia)* foresight.

visionario,-a *nm,f (adivino)* visionary; *(iluso)* person who imagines things.

visir *nm Hist* vizir, vizier.

visita *nf* **1** *(acción)* visit; **estamos de v. en la ciudad,** we are visiting the town; *Med* **horas de v.,** surgery hours; **ir de v. a casa de algn,** to pay sb a visit; **tarjeta de v.,** visiting card; **v. de cortesía,** courtesy visit. **2** *(invitado)* visitor, guest; **tenemos v.,** we have a visitor. **3** *(invitados)* visitors, guests; **tenemos v.,** we have visitors.

visitación *nf Rel* Visitation.

visitador,-a I *adj* fond of visiting. **II** *nm,f* **1** *(invitado)* person fond of visiting, frequent visitor. **2** *Farm (representante)* pharmaceutical salesman *o* saleswoman. **III** *nm (inspector)* inspector.

visitante I *adj* visiting. **II** *nmf* visitor.

visitar *vtr* **1** *(ir a ver)* to visit; **ven a visitarnos cuando quieras,** come and see us whenever you like. **2** *(examinar) (un lugar)* to visit, inspect. **3** *Am (ir al médico)* to go to the doctor's.

vislumbrar *vtr* **1** *(ver mal)* to glimpse, catch a glimpse of, see vaguely; **vislumbró dos figuras en la oscuridad,** she could make out two shapes in the darkness. **2** *fig (conjeturar)* to begin to see, begin to grasp.

vislumbre *nf (gen)* glimpse; *(resplandor tenue)* glimmer; *fig* glimmer; *fig* **tener vislumbres de,** to have an inkling of.

viso *nm* **1** *(reflejo)* sheen. **2** *fig (aspecto)* appearance; **tener visos de,** to seem, appear; **una persona de v.,** an important person. **3** *Cost (forro)* unattached lining.

visón *nm Zool* mink.

visor *nm* **1** *Fot* viewfinder. **2** *(de arma)* sight.

víspera *nf* **1** *(día anterior)* day before; *(de festivo)* eve. **2** **vísperas,** *Rel* vespers.

vista *nf* **1** *(gen)* sight, vision, eye, eyes *pl;* **a la v.,** visible; **alzar la v.,** to raise one's eyes; *Com Fin* **a tantos días v.,** so many days after sight; **apartar la v. de,** to look away from; **a primera** *o* **simple v.,** at first sight, on the face of it; **bajar la v.,** to look down; **clavar** *o* **fijar la v. en,** to stare at; **con vistas a,** with a view to; **conocer a algn de v.,** to know sb by sight; **corto de v.,** short-sighted; **en v. de,** in view of, considering; **no le quitó la v. de encima,** she didn't take her eyes off him; **perder de v.,** to lose sight of; **¡quítalo de mi v.!,** take it away; **tener la v. cansada,** to be suffering from eyestrain; **tener mala v.,** to have poor eyesight; **¡tierra a la v.!,** land ahoy!; *fig* **a la v. de todos,** *(abiertamente)* openly;

(públicamente) in full view of everyone; *fig* **actuar con mucha v.,** to act with great foresight; *fig* **comer a algn con la v.,** to undress sb with one's eyes; *fig* **es algo que salta a la v.,** it sticks out a mile; *fig* **punto de v.,** point of view, viewpoint; *fig* **tener v. de lince,** to have eyes like an eagle; *fig* **tiene mucha v. para los negocios,** she has a good head for business; *fig* **volver la v. atrás,** to look back; *fam* **¡hasta la v.!,** goodbye!, see you!; *fam fig* **hacer la v. gorda,** to turn a blind eye. 2 *(panorama)* view; **a v. de pájaro,** a bird's-eye view; **con v. al mar,** overlooking the sea. 3 *(cuadro, dibujo, fotografía)* view; **v. marina,** seascape. 4 *(aspecto)* look, appearance. 5 *Jur* trial, hearing.

vistavisión *nf Cin* wide screen.

vistazo *nm* glance; **dar** *o* **echar un v. a algo,** to have a (quick) look at sth; **échale un v. a mi bolso,** keep an eye on my handbag.

visto,-a I *pp de* **ver.** II *adj* 1 *(dado)* in view of, considering; **está v. que no le interesa,** it is obvious that he is not interested; **por lo v.,** evidently, apparently; **v. que,** in view of the fact that, seeing *o* given that; *fig* **ni v. ni oído,** in a flash. 2 *(aceptable)* acceptable; **estar bien v.,** to be well looked upon, be considered acceptable; **estar mal v.,** to be frowned upon. 3 *(pasado de moda)* old-fashioned; **eso está muy v. ya,** there is nothing new about that, that's a very old trick; **este actor está muy v. ya,** that actor's becoming a bit passé; **lo nunca v.,** something extraordinary, something quite out of the ordinary; *fam* **esto es lo nunca v.,** this really takes the biscuit. ■ *Constr* **ladrillo v.,** uncovered brickwork. III *nm* **v. bueno,** approval, O.K.; **dar el v. bueno a algo,** to approve sth, O.K. sth.

vistoso,-a *adj* 1 *(colorido)* bright, colourful, *US* colorful. 2 *(llamativo)* showy, flashy.

visual I *adj* visual; **campo v.,** field of vision. II *nf* 1 *Téc* line of sight. 2 *arg* sight.

visualizar [4] *vtr* to visualize.

vital *adj* 1 *(relativo a la vida)* vital, living; **espacio v.,** living space. 2 *(fundamental)* vital, essential. 3 *(persona)* lively, vivacious, full of vitality.

vitalicio,-a I *adj* life, for life; **cargo v.,** post held for life; **pensión vitalicia,** life annuity *o* pension. II *nm (pensión)* life annuity; *(seguro)* life insurance policy.

vitalidad *nf* vitality.

vitalizar [4] *vtr* to vitalize.

vitamina *nf Biol Quím Med* vitamin.

vitaminado,-a *adj Med* vitamin-enriched, with added vitamins.

vitamínico,-a *adj Med* vitamin.

vitando,-a *adj* 1 *(que se debe evitar)* to be avoided. 2 *(odioso)* odious, hateful.

vitela *nf* vellum.

vitelino,-a *Biol* I *adj* vitelline. II *nf* vitelline membrane.

vitícola *adj* wine-growing, wine-producing, viticultural.

viticultor,-a *nm,f* wine grower, viticulturer.

viticultura *nf* wine growing, viticulture.

vito *nm Mús* Andalusian dance and song.

vitola *nf* 1 *(medida)* standard cigar measurement. 2 *(faja)* cigar band. 3 *Mil (calibrador)* calibrator.

vítor I *interj* bravo!, hurrah! II *nm* cheer; **entre vítores de la multitud,** amidst the cheers of the crowd.

vitorear *vtr* 1 *(dar vítores a)* to cheer. 2 *(aplaudir)* to applaud.

vitoriano,-a I *adj* of *o* from Vitoria. II *nm,f* native *o* inhabitant of Vitoria.

vítreo,-a *adj* 1 *(de vidrio)* vitreous, glass-like, glassy. 2 *Fís Elec* vitreous.

vitrina *nf (armario)* glass *o* display cabinet; *(de exposición)* glass case, showcase; *(escaparate)* shop window.

vituallas *nfpl* provisions, food *sing.*

vituperable *adj* reprehensible, deserving censure.

vituperación *nf* vituperation.

vituperar *vtr* to vituperate, condemn.

vituperio *nm* vituperation, condemnation, censure.

viudedad *nf* widower's pension, widow's pension.

viudez *nf* widowhood.

viudo,-a I *adj* widowed; **es v.,** he is a widower; **quedó viuda,** she was left a widow. II *nm,f (hombre)* widower; *(mujer)* widow.

viva I *interj* hurrah!; **¡v. el novio!,** three cheers for the groom!; **¡v. el rey!,** long live the king! II *nm* cheer; **dar vivas,** to cheer.

vivac *nm (pl vivaques) Mil* bivouac.

vivacidad *nf* vivacity, vivaciousness, liveliness.

vivalavirgen *nmf inv fam* devil-may-care person.

vivales *nmf inv fam* crafty devil, smooth operator, clever customer.

vivamente *adv* 1 *(con viveza)* in a lively fashion. 2 *(intensamente)* strongly, intensely. 3 *(profundamente)* deeply, acutely.

vivaque *nm Mil* bivouac.

vivaquear *vi* to bivouac.

vivar *nm* 1 *(de conejos)* warren. 2 *(vivero de peces)* fish farm *o* hatchery.

vivaracho,-a *adj fam* lively, sprightly, vivacious; **ojos vivarachos,** sparkling eyes.

vivaz *adj* 1 *(con vida)* lively, vivacious. 2 *(perspicaz)* sharp, quick-witted. 3 *Bot* perennial.

vivencia *nf* personal experience.

víveres *nmpl* provisions, supplies, food *sing.*

vivero *nm* 1 *(de plantas)* nursery. 2 *(de peces, moluscos)* fish farm *o* hatchery. 3 *fig (lugar adecuado)* breeding ground, hotbed.

viveza *nf* 1 *(persona)* liveliness, vivacity; *(color, relato)* vividness; *(ojos)* sparkle. 2 *(agudeza)* sharpness, quick-wittedness. 3 *(ardor)* passion, force.

vividizo *nm Méx fam* scrounger.

vívido,-a I *pp de* **vivir.** II *adj (real)* real, real-life *o* true-life; *(experimentado)* based on personal experience.

vívido,-a *adj* vivid.

vividor,-a *nm,f* 1 *(que sabe vivir)* person who makes the most of life. 2 *pey* sponger, scrounger.

vivienda *nf* 1 *(en general)* housing, accommodation; **escasez de v.,** housing shortage. 2 *(morada)* dwelling; *(casa)* house; *(piso)* flat; **un bloque de viviendas,** a block of flats; **v. unifamiliar,** detached house.

viviente *adj* living, alive; *fam* **todo bicho v.,** every living creature.

vivificador,-a *adj,* **vivificante** *adj* life-giving.

vivificar [1] *vtr* to give life to, vivify, enliven.

vivíparo,-a *adj Biol* viviparous.

vivir I *nm* life, living; **gente de mal v.,** shady characters. II *vi* 1 *(tener vida)* to be alive, live; **hay que seguir viviendo,** life must go on; **no tener con** *o* **de qué v.,** to have nothing to live on; **si pudiera volver a v.,** if I could live my life over again; **tú sí que sabes**

v. bien, you really know how to enjoy life; **vive de milagro,** it's a wonder he's still alive; **vive de sus ahorros,** she lives off her savings; **viven de la pesca,** they make their living by fishing; *lit* **y vivieron felices y comieron perdices,** and they (all) lived happily ever after; *fig* **no dejar v. a algn,** to give sb a hard time; *fig* **v. a cuerpo de rey,** to live like a king; *fig* **v. al día,** to live from day to day; *fig* **v. del aire,** to live on fresh air; *fam* **vamos viviendo,** we are managing, we are getting by; *fam* **v. a lo grande,** to live it up, live in style. **3** *(habitar)* to live; **vive con sus padres,** she lives at home; **vive en Montevideo,** he lives in Montevideo; **viven juntos,** they live together. **4** *(durar)* to last. **III** *vtr (pasar)* to live, live through; **allí viví mi juventud,** I spent my youth there; **los que no hemos vivido la guerra,** those of us who did not live through the war.

vivito,-a *adj fam* **v. y coleando,** alive and kicking.

vivo,-a I *adj* **1** *(gen)* living, alive, live; **a lo v.,** vividly; **de viva voz,** verbally, by word of mouth; *TV (programa)* **en v.,** live; *Ling* **lengua viva,** living language; *Med* **llaga viva,** open wound; **materia viva,** living matter; *Med* **operar a algn en v.,** to operate on sb without an anaesthetic; **su recuerdo sigue v.,** the memory of him lives on; **v. o muerto,** dead or alive; *fig* **herir** *o* **tocar a algn en lo más v.,** to cut sb to the quick; *fig Pol* **las fuerzas vivas de un país,** the driving forces behind a country; *fam* **es el v. retrato** *o* **la viva imagen de su madre,** she is the spitting image of her mother. **2** *(fuego, llama)* live, burning; **al rojo v.,** red-hot. **3** *(vivaz)* lively, vivacious. **4** *(color)* vivid, bright. **5** *(dolor, deseo, etc)* acute, intense, deep. **6** *(inteligencia)* sharp, quick. **7** *(descripción, estilo)* lively, graphic. **8** *(carácter)* quick, irritable; **tiene el genio v.,** she's very quick-tempered. **9** *(listo)* sharp, clever. **10** *(astuto)* shrewd, sly. **II** *nm* **1** *(que vive)* living person; **los vivos y los muertos,** the living and the dead. **2** *(persona avispada)* quick-witted person; **un par de vivos,** a couple of crafty characters. **3** *(borde, canto)* border, edge. **4** *Cost* trimming, border.

vizcacha *nf SAm Zool* vizcacha, viscacha.

vizcaíno,-a *adj & nm,f* Biscayan.

Vizcaya *n* Biscay; **el golfo de V.,** the Bay of Biscay.

vizcondado *nm (título)* viscounty, viscountcy; *(territorio)* viscounty.

vizconde *nm* viscount.

vizcondesa *nf* viscountess.

VºBº *abr de* **visto bueno.**

vocablo *nm Ling* word, term.

vocabulario *nm* vocabulary.

vocación *nf* vocation, calling.

vocacional *adj* vocational.

vocal I *adj* vocal. **II** *nf Ling* vowel. **III** *nmf* member; **v. de una junta,** member of a board.

vocálico,-a *adj Ling* vocalic.

vocalismo *nm Ling* vowel system.

vocalista *nmf Mús* vocalist, singer.

vocalización *nf* vocalization.

vocalizar [4] *vtr & vi* to vocalize.

vocativo *nm Gram* vocative.

voceador,-a I *adj* vociferous, loud-mouthed. **II** *nm,f* shouter. **III** *nm* town crier.

vocear I *vi (dar voces)* to shout, cry out. **II** *vtr* **1** *(gritar algo)* to shout, cry out. **2** *(divulgar)* to publish, proclaim.

voceras *nm inv fam* loudmouth.

vocerío *nm* shouting, uproar, hullabaloo.

vocero,-a *nm,f* spokesperson, *(hombre)* spokesman; *(mujer)* spokeswoman.

vociferador,-a *adj,* **vociferante** *adj* vociferous.

vociferar *vtr & vi* to vociferate.

vodevil *nm US Teat* vaudeville, music hall.

vodevilesco,-a *adj US* vaudevillian, music-hall.

vodka *nm* vodka.

vol. *abr de* **volumen,** volume, vol.

voladizo,-a *Arquit* **I** *adj* projecting, jutting out. **II** *nm* projection.

volado,-a I *pp de* **volar. II** *adj* **1** *Impr* superior. **2** *fam* **estar v.,** *(intranquilo)* to feel uneasy; *(impaciente)* to be in a hurry. **III** *nm CAm (rumor)* rumour, *US* rumor.

volador,-a I *adj* flying. **II** *nm* **1** *(cohete)* rocket. **2** *(pez)* flying fish. **3** *(molusco)* type of squid.

voladura *nf Constr* blowing up, demolition; *Min* blasting (of rocks).

volandas (en) *loc adv (por el aire)* in the air, flying through the air; *fig (rápidamente)* rapidly, swiftly.

volandeira *nf (pez)* queen.

volandero,-a *adj* **1** *Orn* ready to fly. **2** *(suspendido)* hanging; *(suelto)* loose. **3** *(imprevisto)* unexpected, unforeseen. **4** *(vagabundo)* restless, wandering.

volante I *adj* **1** *(que vuela)* flying; **platillo v.,** flying saucer. **2** *(que se desplaza)* flying, mobile; **escuadrón v.,** flying squad. ■ *Dep* **medio v.,** half back, wing half. **II** *nm* **1** *Aut* steering wheel; **ir al v.,** to be driving; **un as del v.,** a motor-racing champion. **2** *Téc* flywheel; *(de reloj)* balance wheel. **3** *Cost* flounce; *(adorno)* frill, ruffle. **4** *Dep* shuttlecock. **5** *(aviso, comunicación)* note; **necesita un v. de su médico de cabecera,** you need a note from your GP.

volantín *nm* **1** *Pesca* type of fishing line. **2** *Am (cometa)* small kite.

volantón,-ona *adj* newly-fledged.

volapié *nm Taur* method used in killing the bull.

volar [31] **I** *vi* **1** *(elevarse)* to fly; **echarse a v.,** to fly away, fly off. **2** *fig (ir deprisa)* to fly; **cenó volando,** he ate his dinner in a flash; **pasar volando,** to fly past; **¡volando!, que no llegamos,** jump to it or we'll be late! **3** *(noticia)* to spread like wildfire. **4** *fam (desaparecer)* to disappear, vanish; **han volado los tres billetes que dejé en el cajón,** the three notes I left in the drawer have vanished. **II** *vtr* **1** *(hacer estallar) (edificios)* to blow up, demolish; *(caja fuerte)* to blow open; *Min* to blast. **2** *Impr* to raise. **3** *Caza* to flush. **III** *volarse vr* **1** *(papeles etc)* to be blown away. **2** *(encolerizarse)* to lose one's temper, blow up.

volatería *nf* **1** *Caza* falconry. **2** *(conjunto de aves)* fowl *sing,* birds.

volátil *adj* volatile.

volatilidad *nf* volatility.

volatilizar [4] **I** *vtr* to volatilize. **II** **volatilizarse** *vr* to vanish into thin air.

volatín *nm* acrobatics *pl.*

volatinero,-a *nm,f* acrobat.

volcán *nm* **1** *Geol* volcano. **2** *Arg Bol Col (torrente)* summer torrent.

volcánico,-a *adj* volcanic.

volcar [49] **I** *vtr* **1** *(derribar)* to turn over, knock over, upset; *Náut* to capsize. **2** *(vaciar)* to empty out. **3** *(turbar la cabeza)* to make feel dizzy. **4** *(hacer cambiar de parecer)* to make change one's mind. **5** *(irritar)* to irritate, annoy. **II** *vi (coche)* to overturn, turn over; *(barco)* to capsize. **III** **volcarse** *vr* **1**

(vaso, jarra) to fall over, tip over; *(coche)* to overturn, turn over; *(barco)* to capsize. **2** *fig (entregarse a algo)* to do one's utmost; **se volcó para conseguirme una plaza,** she really went out of her way to get me a seat.

volea *nf* **1** *Dep* volley. **2** *(de carruaje)* whippletree, swingletree.

volear *vtr Dep* to volley.

voleibol *nm Dep* volleyball.

voleo *nm* **1** *Dep* volley; *fig* **a(l) v.,** at random, haphazardly; *fig* **de un v.,** very quickly, in one go. **2** *fam (bofetada)* slap.

volframio *nm Quím* wolfram.

volquete *nm* dumper, tipcart.

voltaje *nm Elec* voltage.

voltear I *vtr* **1** *(dar la vuelta a)* to turn over, roll over; *(por el aire)* to toss; *(poner boca abajo)* to turn upside down. **2** *(dar vueltas a)* to whirl, twirl. **3** *Am (derribar)* to knock down. **4** *Am (derramar)* to spill. II *vi* to turn over, roll over; *(acróbata)* to do somersaults. III **voltearse** *vr Am* **1** *(cambiar de opinión)* to turn one's coat. **2** *(cambiar de partido)* to go over to another party.

voltense *adj & nmf* Voltaic.

voltereta *nf* somersault.

volteriano,-a *adj & nm,f* Voltairian, Voltairean.

voltímetro *nm Elec* voltmeter.

voltio *nm Elec* volt.

volubilidad *nf* **1** *(inconstancia)* fickleness, changeableness. **2** *Bot* volubility.

voluble *adj* **1** *(inconstante)* fickle, changeable. **2** *Bot* voluble, twining.

volumen *nm* **1** *Fís* volume; *(tamaño)* size; *fig* **de mucho v.,** sizeable, important. **2** *(intensidad)* volume; **baja el v.,** turn the volume down. **3** *(tomo)* volume; **obra en tres volúmenes,** three-volume work.

voluminoso,-a *adj* voluminous; *(enorme)* massive, bulky.

voluntad *nf* **1** *(como virtud)* will; **buena v.,** good will; **buena v. no le falta,** she's very willing; **fuerza de v.,** willpower; **hace falta mucha v. para dejar de fumar,** it takes a lot of willpower to give up smoking; **tiene mucha v.,** he is very strong-willed; **v. férrea** *o* **de hierro,** iron will, will of iron. **2** *(deseo)* will, wishes *pl*; **a v.,** at will; **¿cuánto le doy, entonces? —la v.,** how much should I give you, then? —whatever you think right; **ganarse la v. de algn,** to win sb over; *Rel* **hágase tu v.,** Thy will be done; *Rel* **la v. de Dios,** God's will; **lo dejo a tu v.,** it is up to you; **no lo dije con v. de,** I didn't mean to; **por causas ajenas a nuestra v.,** due to reasons beyond our control; **última v.,** last wish; *fam* **siempre hay que hacer su santa v.,** everything always has to be done his way.

voluntario,-a I *adj* voluntary; **ofrecerse v.,** to volunteer. II *nm,f* volunteer. ◆**voluntariamente** *adv* voluntarily.

voluntarioso,-a **1** *(de gran voluntad)* willing. **2** *pej (testarudo)* wilful, *US* wilfull, headstrong.

voluptuosidad *nf* voluptuousness.

voluptuoso,-a *adj* voluptuous.

voluta *nf* **1** *Arquit* volute, scroll. **2** *(espiral)* spiral, column; *(de humo, cigarrillo)* (smoke) ring.

volver [32] *(pp* **vuelto)** I *vtr* **1** *(dar vuelta a)* to turn; *(poner boca abajo)* to turn upside down; *(lo de fuera dentro)* to turn inside out; *(la parte de atrás delante)* to turn back to front; *(dar la vuelta a)* to

turn over; **v. los ojos hacia,** to turn one's eyes towards; **volverle la espalda a algn,** to turn one's back on sb; *fig* **v. la vista atrás,** to look back. **2** *(convertir, hacer)* to turn, change, make; **ha vuelto esta casa en un infierno,** it has made this place hell; **la fama le ha vuelto engreído,** fame has made him conceited; **me vas a v. loco,** you are driving me mad; **vuelve esta frase a pasiva,** put this sentence into the passive. **3** *(torcer)* to turn; **al v. la esquina,** on turning the corner. II *vi* **1** *(regresar)* to return; *(venir)* to come back; *(ir)* to go back; **no quiero v.,** I don't want to go back; **v. atrás,** to go back; **v. de vacío,** to return empty-handed; **v. en sí,** to come round, recover consciousness; **v. sobre sus pasos,** to retrace one's steps. **2** **v. a,** to do again; **hay que v. a empezar,** we've got to start all over again; **vuelve a llover,** it's raining again. III **volverse** *vr* **1** *(darse la vuelta)* to turn; **la página se volvió,** the page turned over; *fig* **todo se ha vuelto en su contra,** everything has gone against him. **2** *(regresar)* *(venir)* to come back; *(ir)* to go back; *fig* **v. atrás,** to go back on one's word. **3** *(convertirse)* to become; **se ha vuelto más difícil,** she's become more difficult; **se volvió rojo,** it turned red; **v. loco,-a** to go mad.

vomitar I *vi* to vomit, be sick; **tengo ganas de v.,** I feel sick, I want to be sick. II *vtr* to vomit, bring up; *fig* to belch, spew out; **v. sangre,** to cough up blood; *fig* **v. injurias,** to hurl insults.

vomitivo,-a *adj & nm Med* emetic.

vómito *nm (resultado)* vomit; *(acción)* vomiting.

vomitona *nf fam* **echar la v.,** to be violently sick.

voracidad *nf* voracity, voraciousness.

vorágine *nf* vortex, whirlpool.

voraz *adj* voracious; *fig* raging, fierce.

vórtice *nm* **1** *(torbellino)* vortex, whirlpool. **2** *(de ciclón)* centre of a cyclone.

vos *pron pers* **1** *arc (usted)* ye, you. **2** *Am (tú)* you.

vosear *vtr* to address as **vos**.

voseo *nm* use of **vos**.

Vosgos *n* **los V.,** the Vosges.

vosotros,-as *pron pers pl* **1** *(como sujeto)* you; **v. lo queréis,** you want it. **2** *(con prep)* you; **decididlo entre v.,** decide it among yourselves; **no iremos sin vosotras,** we won't go without you.

votación *nf* **1** *(voto)* vote, ballot. **2** *(acción)* voting; **poner** *o* **someter algo a v.,** to put sth to the vote, take a ballot on sth; **v. a mano alzada,** (voting by a) show of hands.

votante I *adj* voting. II *nmf* voter.

votar *vi* to vote; **v. a favor/en contra de algo,** to vote for/against sth; **v. a** *o* **por algn,** to vote (for) sb.

voto *nm* **1** *(gen)* vote; **diez votos a favor y dos en contra,** ten votes for and two against; **por mayoría de votos,** by a majority vote; **tener v.,** to have the right to vote; **una persona, un v.,** one person, one vote; **v. de censura/confianza,** vote of no confidence/confidence; **v. secreto,** secret ballot; *fam* **tú no tienes ni voz ni v. aquí,** you have no say in this matter. **2** *Rel* vow; **hacer v. de castidad/pobreza,** to take a vow of chastity/poverty. **3** *(deseo)* wish; **hago votos por su éxito,** I sincerely want him to succeed. **4** *(blasfemia)* curse, oath.

vox *nf* **v. populi,** vox populi.

voy *indic pres véase* ir.

voz *nf* **1** *(sonido)* voice; **aclararse la v.,** to clear one's throat; **alzar** *o* **levantar la v.,** to raise one's voice; **a media voz,** in a low voice, softly; **baja la v.,** lower your voice; **dar la v. de alarma,** to raise the alarm;

de viva v., verbally; **en v. alta,** aloud; **en v. baja,** in a low voice; **le está cambiando la v.,** his voice is breaking; **v. apagada,** weak voice; *Teat* **v. en off,** voice offstage; **v. ronca,** hoarse voice. **2** *(grito)* shout; **a v. en cuello** *o* **grito,** at the top of one's voice; **a voces,** shouting; **dale una v.,** give him a shout; **dar voces,** to shout; *fig* **estar pidiendo algo a voces,** to be crying out for sth, need sth badly; *fig* **secreto a voces,** open secret. **3** *(en una reunión)* voice, say; **tener v. y voto,** *(opinión)* to have a say; *Pol* to be a voting member. **4** *(rumor)* rumour; **corre la v. de que ...,** rumour has it that ...; **es v. pública,** it's common knowledge. **5** *Gram (palabra)* word. **6** *Gram (del verbo)* voice; **v. pasiva,** passive voice. **7** *Mús* voice; **canción a tres voces,** three-part song; **cantar a dos voces,** to sing a duet; **llevar la v. cantante,** to sing the leading part; *fig* to rule the roost.

vozarrón,-ona *nm,f* powerful *o* big voice.

vudú *nm* voodoo.

vuelco *nm* upset, tumble; **dar un v.,** *(coche)* to overturn; *fig (empresa)* to go to ruin; *fig* **me dio un v. el corazón,** my heart missed a beat.

vuelo *nm* **1** *(acto)* flight; *(acción)* flying; **al v.,** in flight; **alzar** *o* **emprender** *o* **levantar el v.,** to take flight; **remontar el v.,** to soar up; **tomar v.,** to grow; *fig* **cazarlas** *o* **cogerlas al v.,** to be quick on the uptake; *fig* **de alto v.,** important, far-reaching; *fig* **de un v.,** in a flash, in no time at all. **2** *Av* flight; **personal de v.,** flight crew; **v. chárter/nocturno/regular,** charter/night/regular flight; **v. espacial,** space flight; **v. libre,** hang-gliding; **v. sin escala,** non-stop flight; **v. sin motor,** gliding; *fam fig* **tener muchas horas de v.,** to be an old hand at sth. **3** *Orn (plumas)* flight feathers *pl*; *(alas)* wings *pl*; *fig* **cortarle los vuelos a algn,** to clip sb's wings. **4** *Cost (amplitud)* fullness, flare; **una falda de v.,** a full skirt. **5** *Arquit (voladizo)* projection.

vuelta *nf* **1** *(giro)* turn, rotation; *(en carreras)* lap, circuit; **dar la v. al mundo,** to go round the world; **darle la v. a algo,** *(en redondo)* to turn sth round; *(boca abajo)* to turn upside down; *(la parte de dentro fuera)* to turn inside out; *(la parte posterior delante)* to turn back to front; **dio media v. y se fue,** she turned round and walked off; *Taur* **la v. al ruedo,** lap of honour; *Dep* **la v. ciclista a España,** the Tour of Spain; **v. de campana,** somersault; *fig* **la cabeza me da vueltas,** my head is spinning; *fig* **no le des más vueltas,** stop worrying about it; *fig* **no tiene v. de hoja,** there's no doubt about it; *fam* **le da cien vueltas a su jefe,** her boss couldn't hold a candle to her; *fam fig* **buscarle las vueltas a algn,** to (try to) find fault with sb; *fam fig* **cogerle las vueltas a algn,** to have sb figured out; *fam fig* **poner a algn de v. y media,** to pull sb to pieces. **2** *(paseo)* walk, stroll; **dar una v. en coche,** to go for a drive *o* a spin (in the car); *fam* **date una v. por casa,** drop in and

see us. **3** *(regreso)* return; *(viaje)* return journey, way back; **a la v. de las vacaciones,** after the holidays; **a su v.,** when he came back; **a v. de correo,** by return post; **estar de v.,** to be back; *fam* not to have been born yesterday; **¡hasta la v.!,** see you when you *o* I get back!; **la v. al colegio,** back to school; *Dep* **partido de v.,** return match; **v. a escena,** comeback (of an artist). **4** *(curva)* bend, turn, curve; **estar a la v. de la esquina,** to be just around the corner *o* very close; **una carretera con muchas vueltas,** a winding road. **5** *(parte de atrás)* back, reverse; **ver instrucciones a la v.,** for instructions, see back. **6** *Dep (turno)* round. **7** *(cambio)* change, alteration; *fam* **la vida da muchas vueltas,** life is full of ups and downs. **8** *(dinero)* change. **9** *Tricot* row. **10** *Cost (forro)* lining.

vuelto,-a **I** *pp de* **volver. II** *adj* **jersey de cuello v.,** rollneck sweater. **III** *nm* **1** *Impr* verso. **2** *Am (dinero)* change.

vuelvepiedras *nm inv* *Orn* turnstone.

vuestro,-a **I** *adj pos* your; **un amigo v.,** a friend of yours; **vuestra majestad,** Your Majesty; **v. libro,** your book. **II** *pron pos* yours; **éstos son los vuestros,** these are yours; **lo v.,** what is yours, what belongs to you; *fam* **siempre os salís con la vuestra,** you always get your own way.

vulcanología *nf* *Geol* volcanology, vulcanology.

vulcanólogo,-a *nm,f* *Geol* volcanologist, vulcanologist.

vulgar *adj* **1** *(que carece de delicadeza)* vulgar, coarse, common; **lenguaje v.,** coarse language. **2** *(común, general)* common, general; **latín v.,** vulgar Latin. **3** *(ordinario, trivial)* ordinary, banal; **idea v.,** commonplace idea. **4** *(no técnico)* lay; **el término v.,** the lay term. ◆**vulgarmente** *adv* **1** *(generalmente)* generally. **2** *(de manera vulgar)* vulgarly.

vulgaridad *nf* **1** *(grosería)* vulgarity, coarseness; **decir vulgaridades,** to use bad language. **2** *(trivialidad)* banality, triviality; **decir vulgaridades,** to talk in platitudes.

vulgarismo *nm* *Ling* popular phrase *o* expression, vulgarism.

vulgarización *nf* popularization, vulgarization.

vulgarizar [4] **I** *vtr* **1** *(popularizar)* to popularize, spread a knowledge of, vulgarize. **2** *(hacer vulgar)* to make common. **II** **vulgarizarse** *vr* to become vulgar *o* popular *o* common.

vulgo *nm* **el v.,** the common people *pl*; *pey* the masses.

vulnerabilidad *adj* vulnerability.

vulnerable *adj* vulnerable.

vulneración *nf* **1** *(de la reputación)* damaging, harming. **2** *(de un tratado, un acuerdo)* violation.

vulnerar *vtr* **1** *(deshonrar)* to damage, harm. **2** *(violar) (la ley, un acuerdo)* to violate.

vulva *nf* *Anat* vulva.

W, w [uβe'ðoβle] *nf (la letra)* W, w.

W *abr de* **vatio(s),** Watt, Watts, W.

wagneriano,-a *adj & nm,f* *Mús* Wagnerian.

walkie-talkie *nm* walkie-talkie.

walkman® *nm* walkman®.
wáter *nm (pl wáteres) fam* toilet.
waterpolo *nm* water polo.
week-end *nm* weekend.
wélter *nm Box* welterweight.

whisky *nm (escocés)* whisky; *(irlandés, US)* whiskey.
windsurf *nm,* **windsurfing** *nm* windsurfing.
windsurfista *nmf* windsurfer.
wolfram *nm,* **wolframio** *nm Min* wolfram.

X, x ['ekis] *nf (la letra)* X, x.
xenofobia *nf* xenophobia.
xenófobo,-a I *adj* xenophobic. II *nm,f* xenophobe.
xerografía *nf* xerography.
xilofonista *nmf* xylophonist.

xilófono *nm* xylophone.
xilografía *nf (arte)* xylography; *(impresión)* xylograph.
xilográfico,-a *adj* xylographic, xylographical.
xilógrafo *nm* xylographer.

Y, y [iɣri'eɣa] *nf (la letra)* Y, y.
y *conj* **1** and; **Sevilla y Málaga,** Seville and Malaga; **son las tres y cuarto,** it's a quarter past three; **una chica alta y morena,** a tall, dark-haired girl; **y no tardes,** and don't be late. **2** *(diferenciación)* and; **hay políticos y políticos,** there are politicians and politicians. **3** *(repetición)* and; **días y días,** (for) days and days. **4** *(en pregunta)* what about ...?; **¿y López?,** what about López?; **¿y los demás?,** what about the others?; **y tú, ¿qué opinas?,** what do you think? **5** **¿y qué?,** so what?; **sí, he suspendido, ¿y qué?,** yes, I failed the exam, so what? **6** **¿y si ...?,** what if ...?; **¿y si no llega a tiempo?,** what if he doesn't arrive in time?; **¿y si no es verdad?,** what if it isn't true? **7 y eso que,** although, even though; **sigue engordando y eso que no come nada,** she's still putting on weight even though she eats hardly anything. **8** **¡y tanto!,** you bet!, and how!; **¿te hace ilusión? —¡y tanto!,** are you looking forward to it? —you bet I am!; *véase tamb* e.
ya I *adv* **1** *(con pasado)* already; **ya lo sabía,** I already knew; **ya en la Edad Media,** as far back as the Middle Ages. **2** *(con presente)* now; **es preciso actuar ya,** it is vital that we act now; **¿son las nueve ya?,** don't tell me it's nine o'clock already!; **ya está aquí,** he's already arrived; *(ahora llega)* here he is!; *fam* **ya caigo,** now I get it, now I see. **3** *(con futuro)* **ya hablaremos luego,** we'll talk about it later; **ya nos veremos,** see you!; **ya vendrá,** she will be here soon; **ya verás,** you'll see. **4** *(ahora mismo)* immediately; **¡hazlo ya!,** do it at once!; **¡lo necesito, ya!,** I need it this minute!; **pero ya mismo,** this very minute! **5 ya no,** no longer; **ya no es como antes,** it isn't like it used to be; **ya no viene por aquí,** he doesn't come round here any more. **6** *(refuerza el verbo)* **ya entiendo,** I see, I understand; **ya era hora,** about time too; **ya lo creo,** of course, I should think so; **ya lo sé,** I know; **ya me dirás,** what can you expect?; **ya se acabó,** that's the end of it; **ya ves,** well, you see;

ya viene, here he comes; **¡ya voy!,** coming!; **¡ya está!,** there we are!, done! II *interj irón* **te juro que no le he visto —¡ya, ya!,** I swear I haven't seen him —oh yes! III *conj* **1** *arc* **ya ... ya ...,** sometimes ... sometimes ...; **ya hace frío, ya calor,** first it's cold and then it's hot. **2 ya que,** since; **ya que no sabe hablar francés,** as he can't speak French; **ya que tengo el coche,** since I've got the car.
yaacabó *nm Orn* South American hawk.
yac *nm Zool* yak.
yacaré *nm Am Zool* alligator, cayman.
yacente *adj* lying; **estatua y.,** recumbent statue.
yacer [92] *vi* to lie, be lying; **aquí yace ...,** here lies ... .
yacimiento *nm Geol* bed, deposit; **yacimientos petrolíferos,** oilfields.
yago *indic pres véase* **yacer**
yagual *nm CAm Méx* padded ring for carrying loads on the head.
yaguana *nf Arg* milk pot.
yaguar *nm Zool* jaguar.
yaguasa *nf CAm* small duck.
Yakarta *n* Jakarta.
yámbico,-a *adj* iambic.
yambo *nm* iamb.
yanacón,-ona *nm,f Am* Indian tenant.
yanga *adj Arg* neglected.
yanqui *pey* I *adj* Yankee. II *nmf* Yankee, Yank.
yantar[1] *nm arc* food, viands *pl.*
yantar[2] *vtr arc* to eat.
yapa *nf Am* **1** *Min* mercury (added to silver ore to facilitate extraction). **2** *(propina)* extra.
yapar *vtr Am* to add as an extra.
yarará *nm SAm Zool* large poisonous snake.
yaraví *nm Am* Quechuan song.

yarda *nf* yard.
yare *nm CAm Ven* poisonous juice from the yucca.
yaro *nm Bot* arum.
yate *nm Náut* yacht.
yaya *nf Am Bot* lancewood.
yazgo *indic pres véase* yacer.
yedra *nf véase* hiedra.
yegua I *nf* 1 *Zool* mare. 2 *Am* cigar stub. II *adj Am* stupid.
yeguada *nf* 1 herd of horses. 2 *Am (disparate)* silly thing.
yeguar *adj* of mares *o* horses.
yegüero,-a *nm,f* keeper of a herd of horses.
yeísmo *nm Ling* pronunciation of ll as y.
yelmo *nm arc* helmet.
yema *nf* 1 *(de huevo)* yolk. 2 *Bot* bud. 3 *(del dedo)* fingertip. 4 *Culin* sweet made from sugar and egg yolk.
Yemen *n* Yemen; **República Democrática Popular del Y.**, People's Democratic Republic of Yemen; **República Arabe del Y.**, Yemen Arab Republic; **Y. del Norte**, North Yemen; **Y. del Sur**, South Yemen.
yemení *adj & nmf*, **yemenita** *adj & nmf* Yemeni.
yen *nm (moneda)* yen.
yendo *ger véase* ir.
yerba *nf* 1 *véase* hierba. 2 *Am* maté.
yerbatero,-a *Am* I *adj* maté; **la industria yerbatera**, the maté industry. II *nm,f* 1 *(curandero)* witch doctor who uses herbs. 2 *(comerciante)* maté merchant.
yerbear *vi Arg Urug* to drink maté.
yerbera *nf Arg Urug* container for maté.
yergo *indic pres véase* ergir.
yermo,-a I *adj* 1 *(sin vegetación)* barren, uncultivated. 2 *(despoblado)* deserted, uninhabited. II *nm* 1 *Geog* barren land, wasteland. 2 wilderness.
yerno *nm* son-in-law.
yernocracia *nf fam* nepotism.
yero *nm Bot Agr* vetch bean.
yerra *nf Am* cattle branding.
yerro I *nm arc* mistake, error; **y. de imprenta**, printing error. II *indic pres véase* errar.
yersey *nm*, **yersi** *nm (prenda)* pullover.
yerto,-a *adj* stiff, rigid; **y. de frío**, frozen stiff.
yesal *nm*, **yesar** *nm* gypsum quarry.
yesca *nf* 1 tinder. 2 *fig* fuel. 3 **yescas**, tinderbox *sing*.
yesería *nf* 1 *Constr* plasterwork, plastering. 2 *(fábrica)* gypsum kiln.
yesero,-a I *adj* plaster. II *nm,f* plasterer.
yeso *nm* 1 *Geol* gypsum. 2 *Constr* plaster.
yesoso,-a *adj (gen)* chalky; *Tec* gypseous.
yeta *nf Arg Urug* bad luck.
yeti *nm* yeti, abominable snowman.
yeyuno *nm Anat* jejunum.
Yibuti *n* Djibouti.

yiddish *nm (idioma)* Yiddish.
yiu-yitsu *nm* jujitsu.
yo I *pron pers* I; **entre tú y yo**, between you and me; **¿quién es? —soy yo**, who is it? —it's me; **que yo sepa**, as far as I know; **¿quién lo ha cogido? —yo no**, who's taken it? —not me; **yo que usted**, if I were you; **yo mismo**, I myself; **yo soy de los que ...**, I'm one of those who ...; **yo soy el culpable**, I am to blame; **yo soy quien te lo digo**, I'm the one who's telling you. II **el yo** *nm Filos Psic* the ego, the self.
yod *nf Ling* yod.
yodado,-a *adj* iodized.
yodo *nm* iodine.
yoduro *nm* iodide; **y. de plata**, silver iodide.
yoga *nm* yoga.
yogui *nmf*, **yoghi** *nmf* yogi.
yogur *nm* yogurt, yoghurt; **y. de piña**, pineapple yoghurt; **y. descremado** *o* **desnatado**, low-fat yoghurt.
yogurtera *nf* yoghurt maker.
yoin *nm arg (drogas)* joint.
yola *nf Náut* yawl.
yonqui *nmf arg (drogas)* junkie, drug addict.
yóquey *nm*, **yoqui** *nm Dep* jockey.
yoyo *nm*, **yoyó** *nm* yo-yo.
Yuandé *n* Yaoundé.
yubarta *nf Zool* finback, rorqual.
yuca *nf* 1 *Bot* yucca. 2 *Culin* cassava, manioc. 3 *Bol CAm* lie.
yucal *nm Bot* yucca plantation.
Yucatán *n* Yucatan.
yucateco,-a I *adj* of *o* from Yucatan. II *nm,f* native *o* inhabitant of Yucatan.
yudo *nm* judo.
yudoka *nmf* judoka.
yugada *nf Agr* yoke of oxen.
yugar *vi Arg Urug* 1 to eke out a living. 2 to graft, slog.
yugo *nm Agr* yoke; *fig* **bajo el y. de la dictadura**, under the yoke of the dictatorship; *fig* **sacudir el y.**, to throw off the yoke (of oppression *o* servitude).
Yugoslavia *n* Yugoslavia.
yugoslavo,-a *adj & nm,f*, **yugoeslavo,-a** *adj & nm,f* Yugoslav, Yugoslavian.
yugular *adj Anat* jugular.
yunque *nm* anvil; *fig* rock.
yunta *nf* yoke *o* team of oxen.
yuntero *nm* ploughman, *US* plowman.
yute *nm Bot Tex* jute.
yuto,-a *adj & nm,f Hist* Jute.
yuxtaponer [78] *(pp* **yuxtapuesto***) vtr* to juxtapose.
yuxtaposición *nf* juxtaposition.
yuxtapuesto,-a I *pp de* yuxtaponer. II *adj* juxtaposed.
yuyero,-a *nm,f Arg* herbalist.
yuyuba *nf Bot* jujube.

Z

Z, z ['θeta] *nf (la letra)* Z, z.

zacate *nm Méx* **1** *CAm (heno)* hay, fodder. **2** *(estropajo)* pan scrub.

zacatón *nm CR Méx Nic* tall pasture grass.

zafacoca *nf* **1** *Am (alboroto)* row, rumpus. **2** *Méx (azotaina)* beating.

zafado,-a I *pp de* zafar. **II** *adj* **1** *Am (atrevido)* brazen, shameless. **2** *Arg (vivo, despierto)* sharp, alert.

zafaduría *nf Arg Chi Urug* impudence, nerve.

zafanarse *vr CAm* to rid oneself, free oneself.

zafar I *vtr* **1** *(soltar)* to loosen, untie. **2** *(desembarazar)* to free, clear. **II** *vi Am (èquivocarse)* to make a slip. **III** zafarse *vr* **1** *(librarse)* to get away **(de,** from), escape **(de,** from); *fig* **z. de un compromiso,** to get out of a commitment. **2** *Am (hueso)* to become dislocated.

zafarrancho *nm* **1** *Náut* clearing of the decks. ■ **z. de combate,** call to action stations. **2** *fam (riña)* row. **3** *fam (destrozo)* ravage, destruction.

zafio,-a *adj* uncouth, rough, coarse.

zafiro *nm Min* sapphire.

zafra[1] *nf* **1** *(cosecha)* sugar cane harvest *o* crop. **2** *(fabricación)* sugar making. **3** *(tiempo)* sugar cane harvest time.

zafra[2] *nf (vasija)* oil can *o* jar.

zaga *nf* **1** *(parte posterior)* rear; **a** *o* **en la z.,** behind, at the rear; *fig* **no irle en z. a algn,** to be every bit as good as sb. **2** *Dep* defence.

zagal *nm* **1** *(muchacho)* lad. **2** *(pastor)* shepherd.

zagala *nf* **1** *(muchacha)* lass. **2** *(pastora)* shepherdess.

zaguán *nm* hall, hallway.

zaguero,-a *nm,f Dep* back.

zaherir [35] *vtr* **1** *(sentimientos)* to hurt. **2** *(reprender)* to reprimand. **3** *(censurar)* to reproach. **4** *(burlarse)* to mock.

zahones *nmpl* chaps.

zahorí *nmf (pl* zahoríes*)* **1** *(adivino)* seer, clairvoyant; *(de agua)* water diviner. **2** *fig* mind-reader.

zahúrda *nf* pigsty, hovel.

zaino,-a *adj* **1** *(traidor)* treacherous, false. **2** *(caballo)* chestnut; *(res vacuna)* black.

Zaire *n* Zaire.

zaireño,-a *adj & nm,f* Zairean.

zalamería *nf* flattery, cajolery.

zalamero,-a I *adj* flattering, fawning. **II** *nm,f* flatterer, fawner.

zalea *nf Méx PR* sheepskin.

zalema *nf* **1** *(reverencia)* salaam, bow. **2** *(zalamería)* flattery, cajolery.

zamacuco,-a I *nm,f (persona solapada)* crafty person. **II** *nm fam (borrachera)* drunkenness.

zamarra *nf (prenda)* sheepskin jacket.

zamarro *nm* **1** *(zamarra)* sheepskin jacket. **2** *(piel)* sheepskin. **3** *fig (astuto)* sly *o* cunning man. **4** *fig (lerdo)* lout, dimwit. **5 zamarros,** *Am (pantalones)* chaps.

zamba *nf Arg Mús* samba.

zambardo *nm* **1** *Arg (chiripa)* fluke. **2** *Arg Chi (torpeza)* awkwardness, clumsiness; *(avería)* breakage.

Zambeze *n* **el Z.,** the Zambezi.

Zambia *n* Zambia.

zambiano,-a *adj & nm,f* Zambian.

zambo,-a I *adj* **1** *(de piernas torcidas)* knock-kneed. **2** *Am (persona)* half Indian and half Negro. **II** *nm,f Am (persona)* person who is half Indian and half Negro. **III** *nm Zool (mono)* spider monkey.

zambomba I *nf Mús* kind of primitive drum. **II** *interj fam* phew!

zambombazo *nm fam* **1** *(explosión)* bang, explosion. **2** *(golpe)* blow.

zambra *nf* **1** *Mús* gypsy dance. **2** *fig (algarada)* uproar, racket, din.

zambrote *nm CAm* jumble, hotch-potch.

zambullida *nf* dive, plunge; **darse una z.,** to go for a swim, take a dip.

zambullir [41] **I** *vtr (en el agua) (persona)* to duck; *(cosa)* to dip, plunge. **II** zambullirse *vr* **1** *(en el agua)* to dive, plunge. **2** *fig (en una actividad)* to lose oneself **(en,** in).

Zamora *n* Zamora; *prov* **no se ganó Z. en una hora,** Rome wasn't built in a day.

zamorano,-a I *adj* of *o* from Zamora. **II** *nm,f* native *o* inhabitant of Zamora.

zampabollos *nmf inv fam* glutton.

zampar *vtr*, **zamparse** *vr fam* to gobble down.

zampoña *nf Mús* rustic flute, panpipes *pl*.

zampullín *nm Orn* **z.** *(chico* *o* *común)*, little grebe.

zanahoria I *nf Bot* carrot. **II** *adj Arg fam (tonto)* dim-witted. **III** *nmf Arg fam (tonto)* dimwit.

zanca *nf* leg.

zancada *nf* stride; **en dos zancadas,** in a flash.

zancadilla *nf* **1** *(traspiés)* trip; **ponerle** *o* **echarle la z. a algn,** to trip sb up. **2** *fam (engaño)* ruse, trick.

zanco *nm* stilt.

zancón,-ona *adj* **1** *Arg (traje)* too short. **2** *CAm (larguirucho)* long-legged.

zancudero *nm CAm Méx Ven* cloud of mosquitoes.

zancudo,-a I *adj* **1** *(persona, animal)* long-legged. **2** *Orn* wading, **ave zancuda,** wading bird, wader. **II** zancudas *nfpl* waders. **III** *nm Ent* mosquito.

zanganear *vi* to idle, laze around.

zángano,-a I *nm,f fam (persona)* idler, lazybones *inv*. **II** *nm Ent* drone.

zangolotear *fam* **I** *vtr (sacudir)* to shake, jiggle. **II** *vi (moverse)* to fidget, fuss around.

zanja *nf* **1** *(fosa)* ditch, trench. **2** *Am (arroyada)* watercourse.

zanjar *vtr* **1** *(abrir zanjas)* to dig a ditch *o* trench in. **2** *fig (asunto)* to settle.

zapa *nf Mil* sap, trench.

zapador *nm Mil* sapper.

zapallada *nf Arg* fluke, stroke of luck.

zapallo *nm* **1** *Am Bot* pumpkin, calabash. **2** *Arg Chi (chiripa)* fluke, stroke of luck.

zapapico *nm* pickaxe, *US* pickax, mattock.

zapata *nf* **1** *(cuña)* wedge. **2** *Náut Téc* shoe. ■ *Aut* **z. de freno,** brake shoe.

zapatazo *nm* blow with a shoe; **dar zapatazos,** to stamp one's feet; *fig* **tratar a algn a zapatazos,** to kick sb around.

zapateado *nm* Spanish dance.

zapatear *vi* to tap one's feet.

zapateo *nm* foot-tapping, heel-tapping.

zapatería *nf* **1** *(tienda)* shoe shop. **2** *(oficio)* shoe-making.

zapatero,-a **I** *nm,f* shoemaker, cobbler; *(vendedor)* shoe dealer; **z. remendón,** cobbler; *fam* **¡z., a tus zapatos!,** mind your own business! **II** *adj (comida)* hard, undercooked.

zapatiesta *nf fam* rumpus, row; **armar una z.,** to kick up a rumpus.

zapatilla *nf* slipper. ■ **z. de ballet,** ballet shoe; **z. de deporte,** running *o* jogging shoe.

zapato *nm* shoe; **zapatos de tacón,** high-heeled shoes; *fam fig* **saber dónde le aprieta el z.,** to know which side one's bread is buttered on.

zapatón *nm Am* overshoe.

zape *interj fam* **1** *(al gato)* shoo!, scat! **2** *(asombro)* gosh!, crumbs!

zapotazo *nm Guat Méx* blow.

zapote *nm Bot* sapodilla.

zapoteca *adj & nm,f* Zapotec.

zapoyol *nm CAm Méx* sapodilla seed.

zar *nm Hist* czar, tsar.

zarabanda *nf* **1** *Mús* saraband. **2** *fam (jaleo)* bustle, confusion, turmoil. **3** *Méx (zurra)* beating, thrashing.

zaragata *nf fam* rumpus, row.

zaragate *nm,f* **1** *Am (zascandil)* busybody, meddler. **2** *Méx (truhán)* rascal.

Zaragoza *n* Saragossa.

zaragozano,-a **I** *adj* of *o* from Saragossa. **II** *nm,f* native *o* inhabitant of Saragossa.

zaramullo,-a **I** *nm,f Am fam (zascandil)* meddler, busybody. **II** *adj CAm Col (remilgado)* fussy, finicky.

zaranda *nf* sieve.

zarandajas *nfpl fam* odds and ends, trifles.

zarandear **I** *vtr* **1** *(cribar)* to sieve. **2** *(sacudir)* to shake; *(empujar)* to jostle, knock about, push around. **3** *Am (ridiculizar públicamente)* to abuse publicly. **II** **zarandearse** *vr* **1** *fig (ajetrearse)* to bustle about, rush about. **2** *(contonearse)* to swagger, strut.

zarandeo *nm* **1** *(criba)* sieving. **2** *(sacudida)* shaking; *(empujones)* bustling about, rushing about. **2** *(contoneo)* swaggering, strutting.

zarapito *nm Orn* curlew.

zarazo,-a *adj Am (fruto)* underripe.

zarcero *nm Orn* melodious warbler.

zarcillo *nm* **1** *Bot (brote)* tendril. **2** *(pendiente)* earring.

zarigüeya *nf Zool* opossum.

zarina *nf Hist* czarina, tsarina.

zarista *adj & nm,f* czarist, tsarist.

zarpa *nf* claw, paw; *fam* **echar la z.,** to grab.

zarpar *vi Náut* to weigh anchor, set sail.

zarpazo *nm* clawing; **dar *o* pegar un z. a,** to claw.

zarpear *vtr CAm Méx* to splash with mud.

zarrapastroso,-a **I** *adj fam* scruffy. **II** *nm,f* scruff.

zarza *nf Bot* bramble, blackberry bush.

zarzal *nm* bramble patch.

zarzamora *nf Bot (zarza)* blackberry bush; *(fruto)* blackberry.

zarzaparrilla *nf Bot* sarsaparilla.

zarzuela *nf* **1** *Mús* Spanish operetta. **2** *Culin (type of)* fish stew.

zas *interj* crash!, bang!

zascandil *nm* busybody, meddler.

zascandilear *vi* to meddle, snoop around.

zenit *nm Astron* zenith.

zepelín *nm Av* zeppelin.

zeta **I** *nf* zed, *US* zee. **II** *nm (coche)* **z.,** police car.

zigzag *nm (pl zigzags o zigzagues)* zigzag.

zigzagueante *adj* zigzag.

zigzaguear *vi* to zigzag.

Zimbabwe *n* Zimbabwe.

zimbabuo,-a *adj & nm,f* Zimbabwean.

zinc *nm Quím* zinc.

zíngaro,-a *adj & nm,f* gypsy.

zipizape *nm fam* row, scuffle.

zis, zas *interj* biff!, bash!

zócalo *nm* **1** *(de pared)* skirting board. **2** *(pedestal)* plinth. **3** *Méx (plaza)* main square.

zoco *nm* Moroccan market place, souk.

zocotroco *nm Am* **1** *(cosa)* hunk, lump. **2** *(persona)* great fat lump.

zodiacal *adj Astrol* zodiacal.

zodiaco *nm,* **zodíaco** *nm Astrol* zodiac. ■ **signo del z.,** sign of the zodiac.

zombi *nmf,* **zombie** *nmf* zombie; *fam* **estar z.,** to be crazy.

zompopo *adj CAm* dim-witted.

zona *nf* zone, area. ■ **z. verde,** park.

zoncear *vi Am* to act the fool.

zoncha *nf* head.

zonchiche *nm CAm Méx* buzzard.

zonda *nm Arg Bol* hot Andean wind.

zontear *vtr CAm* **1** *(animal)* to cut the ears off. **2** *(asa)* to break.

zonzoreno,-a *adj CAm* dim-witted.

zoo *nm* zoo.

zoología *nf* zoology.

zoológico,-a **I** *adj* zoological; **parque z.,** zoo. **II** *nm* zoo.

zoólogo,-a *nm,f* zoologist.

zoom *nm Cin Fot* zoom.

zopenco,-a *fam* **I** *adj* daft, stupid. **II** *nm,f* dope, half-wit.

zopilote *nm Am Orn* buzzard.

zoquete **I** *adj fam (lerdo)* dull, stupid. **II** *nmf fam (lerdo)* blockhead. **III** *nm (tarugo)* block of wood.

zorcico *nm Mús* Basque song and dance.

zorongo *nm* **1** *Mús* Andalusian song and dance. **2** *(moño)* bun. **3** *(pañuelo)* kerchief (worn round the head).

zorra *nf* **1** *Zool* fox, vixen. **2** *fam (prostituta)* whore.

zorral *adj CAm Col* inconvenient.

zorrería *nf fam* dirty trick.

zorrillo,-a I *nm Am Zool (mofeta)* skunk. II *adj Méx* 1 *(remolón)* lazy, slack. 2 *(tonto)* dim-witted.

zorro,-a I *adj fam* 1 *(astuto)* cunning, sly. 2 *vulg* bloody; **no tener ni zorra (idea),** not to have the slightest idea. II *nm,f fam (persona)* fox, sly person. III *nm* 1 *Zool* fox. 2 *(piel)* fox-fur, fox-skin. 3 **zorros,** *(para el polvo)* duster *sing; fam* **estar hecho unos z.,** to be knackered. 4 *Am Zool (mofeta)* skunk.

zorzal *nm Orn* thrush. ■ **z. alirrojo,** redwing; **z. charlo,** mistle thrush, mavis; **z. real,** fieldfare.

zote I *adj* dim-witted. II *nm,f* dimwit.

zozobra *nf* 1 *Náut (hundimiento)* sinking, capsizing. 2 *fig (congoja)* worry, anxiety.

zozobrar *vi* 1 *Náut (hundirse)* to sink, capsize. 2 *fig (persona)* to be anxious, worry. 3 *fig (proyecto)* to fail, be ruined.

zueco *nm* clog.

zuiza *nf CAm* beating, thrashing.

zulaque *nm* lute.

zulú *adj & nm,f* Zulu.

zumaya *nf Orn* tawny owl.

zumba *nf* 1 *(burla)* teasing, joking. 2 *(paliza)* beating, thrashing. 3 *(cencerro)* bell. 4 *Méx (borrachera)* drunkenness.

zumbado,-a I *pp de* **zumbar.** II *adj fam* crazy, mad.

zumbador *nm Am* bullroarer.

zumbar I *vi* to buzz, hum; **me zumban los oídos,** my ears are buzzing; *fam* **salir zumbando,** to zoom off. II *vtr fam* 1 *(pegar)* to thrash. 2 *(burlarse)* to tease,

make fun of. 3 *Am vulg (arrojar)* to throw, fling. III **zumbarse** *vr (burlarse)* to tease, make fun of.

zumbido *nm* buzzing, humming.

zumbón,-ona I *adj* teasing, joking. II *nm,f* teaser, joker.

zumo *nm* juice; **z. de naranja,** orange juice.

zunchar *vtr* to fasten with a band *o* hoop.

ZUR *nf* **zona de urgente reindustrialización,** industrial redevelopment area.

zurcido,-a I *pp de* **zurcir.** II *adj Cost* darned. III *nm Cost* darn, mend.

zurcir [3] *vtr Cost* to darn; *fam* **¡(anda y) que te zurzan!,** go to hell!

zurdazo *nm Am* left-handed blow.

zurdear *vi Arg Col Méx* to be left-handed.

zurdo,-a I *adj* 1 *(persona)* left-handed. 2 *(mano)* left. II *nm,f (persona)* left-handed person. III *nf (mano)* left hand.

zuro *nm* stripped corncob.

zurra *nf* beating, thrashing.

zurrar *vtr* 1 *(pegar)* to beat, flog; *fam* **zurrarle la badana a algn,** to give sb a good hiding. 2 *(piel)* to tan.

zurria *nf CAm Col* beating, thrashing.

zurriaga *nf véase* **zurriago.**

zurriagazo *nm* 1 *(latigazo)* lash, stroke. 2 *fig (desgracia)* mishap, stroke of bad luck.

zurriago *nm* whip.

zurrón *nm* shepherd's pouch *o* bag.

zutano,-a *nm,f fam* so-and-so; *(hombre)* what's-his-name; *(mujer)* what's-her-name.

NOTES

NOTES

NOTES

NOTES

NOTES

NOTES

NOTES

NOTES

Réalisation Partenaires
Imprimé en France

How to consult this dictionary

Grammatical gender of Spanish translation.

Phonetics of a different pronunciation in a given semantic or grammatical category.

relay ['riːleɪ] I *m* 1 relevo *m*; *Sport* **r. (race),** carrera *f* de relevos; **100 metres r.,** los 100 metros relevos; **to work in relays,** trabajar por relevos. 2 *Elec* relé *m*, repetidor *m*. 3 *Rad TV (broadcast)* retransmisión *f*. ■ **r. station,** estación *f* repetidora. II [rɪ'leɪ] *vtr* 1 *(pass on)* difundir, divulgar. 2 *Rad TV* retransmitir.

Traducciones con indicación del género gramatical.

Transcripción fonética cuando la pronunciación cambia en una determinada categoría semántica o gramatical.

Irregular plural with phonetic transcription.

Comparative and superlative forms of an adjective with spelling change.

Bracketed indicators show which meaning of a word is being translated.

Fixed noun combinations.

Phrasal verbs.

rostrum ['rɒstrəm] *n (pl rostrums or rostra* ['rɒstrə]*)* tribuna *f*.

rosy ['rəʊzɪ] *adj (rosier, rosiest)* 1 *(complexion)* sonrosado,-a. 2 *fig (future)* prometedor,-a, optimista.

rot [rɒt] I *n* 1 *(decay)* putrefacción *f*; *fig* **when the r. sets in,** cuando las cosas empiezan a decaer. ■ **dry r.,** putrefacción *f* de la madera. 2 *fam (nonsense)* tonterías *fpl*. II *vtr (pt & pp rotted)* pudrir. ◆**rot away** *vi* pudrirse, descomponerse.

Plurales irregulares con transcripción fonética.

Formas comparativa y superlativa de un adjetivo con cambios ortográficos.

Indicadores entre paréntesis para contextualizar la acepción que se traduce.

Nombres en construcciones fijas.

Phrasal verbs.

American spelling of headword.

savoury, *US* **savory** ['seɪvərɪ] I *adj (tasty)* sabroso,-a; *(salted)* salado,-a; *(spicy)* picante. II *n GB* entremés *m* salado, tapa *f*, canapé *m*.

Palabra de entrada en inglés americano.

Past simple and past participle of verbs which are irregular or undergo spelling changes.

Cross-reference from irregular verb parts to main verb entry.

saw[1] [sɔː] I *n (tool)* sierra *f*, serrucho *m*. ■ **mechanical s.,** sierra *f* mecánica. II *vtr & vi (pt sawed; pp sawed or sawn)* serrar, aserrar. ◆**saw up** *vtr* serrar **(into,** en), aserrar **(into,** en); cortar **(into,** en).
saw[2] [sɔː] *pt see* **see**[1].

Pasado y participio pasado de verbos irregulares o verbos con cambios ortográficos.

Entradas para formas verbales irregulares con envío a la entrada del verbo.

Optional element in headword (also in phonetics).

screw-top(ped) ['skruːtɒp(t)] *adj* de tapón a rosca.

Elemento opcional en la entrada (también en la fonética).

Doubled up example with translation.

scrupulous ['skruːpjʊləs] *adj* escrupuloso,-a. ◆**scrupulously** *adv* escrupulosamente; **s. clean,** de lo más limpio, impecable; **s. honest/careful,** sumamente honrado,-a/cuidadoso,-a.

Ejemplos con elementos intercambiables con sus correspondientes traducciones.

Alternative elements separated by *or*.

sellotape® ['seləteɪp] I *n* celo® *m*, cinta *f* adhesiva. II *vtr* pegar *or* fijar con celo®.

Elementos alternativos separados por *or*.

Optional element in translation.

American English pronunciation.

shoestring ['ʃuːstrɪŋ] *n* cordón *m* (de zapato); *fig* **to do sth on a s.,** hacer algo con poquísimo dinero.
shoetree ['ʃuːtriː] *n* horma *f*.
shone [ʃɒn, *US* ʃəʊn] *pt & pp see* **shine**[1].

Elemento opcional en la traducción.

Pronunciación de inglés americano.

Phonetic transcription.

Cross-reference to a full entry for numbers, days and months.

Approximately equivalent institution, organization, etc.

sixteenth [sɪks'tiːnθ] I *adj* decimosexto,-a. II *n* 1 *(in series)* decimosexto,-a *m,f*. 2 *(fraction)* dieciseisavo *m*, diecimosexta parte *f*; *see also* **seventh**.
sixth [sɪksθ] I *adj* sexto,-a; **s. sense,** sexto sentido; *Educ* **s. form,** ≈ COU; **s. former,** ≈ estudiante de COU. II *n* 1 *(in series)* sexto,-a *m,f*. 2 *(fraction)* sexto *m*, sexta parte *f*; *see also* **seventh**.

Transcripción fonética.

Envío a una entrada completa en las entradas correspondientes a números, días y meses.

Instituciones, organizaciones, etc., aproximadamente equivalentes.